上海府縣舊志叢書

補遺卷

上 海 通 志 館　編

第一册

上海古籍出版社

图书在版编目(CIP)数据

上海府縣舊志叢書. 補遺卷 / 上海通志館編. —上海：上海古籍出版社，2022. 11

ISBN 978-7-5732-0468-4

Ⅰ. ①上… Ⅱ. ①上… Ⅲ. ①上海—地方志 Ⅳ. ①K295. 1

中國版本圖書館 CIP 數據核字(2022)第 190975 號

上海府縣舊志叢書·補遺卷

（全四册）

上海通志館　編

上海古籍出版社出版發行

（上海市閔行區號景路 159 弄 1-5 號 A 座 5F　郵政編碼 201101）

（1）網址：www. guji. com. cn

（2）E-mail：guji1@guji. com. cn

（3）易文網網址：www. ewen. co

上海中華商務聯合印刷有限公司印刷

開本 787×1092　1/16　印張 205　插頁 21　字數 4,363,000

2022 年 11 月第 1 版　2022 年 11 月第 1 次印刷

ISBN 978-7-5732-0468-4

K·3280　定價：1500. 00 元

《上海府縣舊志叢書》整理出版委員會

《上海府縣舊志叢書·補遺卷》

主　編：吴一峻
副主編：吕志偉

《上海府縣舊志叢書》出版緣起

編輯出版《上海府縣舊志叢書》,醖釀、籌備於2004年,啓動於2007年,是繼上海市地方志辦公室圓滿完成《上海鄉鎮舊志叢書》的整理出版以後,開展的又一項大規模的舊志整理工作。這也是上海地方志系統在市委、市政府領導下,依靠包括學術界在内的社會各界的力量,進一步開展保護、開發、利用方志古籍重要工作的項目之一。

存史、資政、教化,是爲志書的基本功能。作为一種文獻載體,一個地區不同時期的方志,記錄了這個地區不同時期的疆域變遷、行政沿革、經濟狀況、人文傳統、民風習俗,可謂林林總總,蔚为大觀,從而相對完整地構成了這個地區的歷史面貌。上海的行政轄區,歷史上有過多次變化,每一次變化,都與其社會發展規模的不斷擴大、社會影響的不斷深廣密切相關。上古之世,上海初具雛形,被譽为"方志之祖"的《越絶書》便對這片土地上的狀況有所描述。兩漢以降,散見於江南發達地區志書中的上海史料漸多。到了唐宋時期,上海依託華亭縣而發展,史載曾有獨立志書問世,惜今已不存。南宋紹熙年間所修的《雲間志》,大約是目前所知現存的上海地區最早的志書了。至於元明而到清代、民國,上海地區迅速發展,往往多則數十上百年,少則十餘載,便有一次較爲正規的志書編纂活動,由此積累的上海地區的發展史料,更具規模,更爲系統。這些志書,除大部分鄉鎮志和一部分專志爲私人編纂外,絶大多數均屬官修,資料來源大都可靠翔實,體例格式也多完備合理。

時至今日,中國共產黨所領導的新中國成立六十年間,特别是改革開放三十年以來,上海的行政轄區已逐步擴大到六千三百四十多平方公里,從近代中國最大的工商都會,發展成爲當今中國改革開放的重要門户,其所發生的巨大變化,用日新月異來形容似不爲過。但是,歷史的理性告訴我們,傳統,始終是社會發展的基石,文明,必定是人類進步的象徵。上海方志舊籍的歷史,同樣可以向今人揭示這一真諦。

上海地區自古以來就有志書編纂的優良傳統,堪稱中國方志修纂較爲集中的區域之一,且體現出鮮明的連續性。據文獻記載,松江建府以後,編纂府志的活動前後多達十五次,平均每四十八年就有一次,修纂縣志的平均間隔時間,也達到每四十七年就有一次。這一現象,不僅表明了當地政府對修志工作的重視,更因所修志書内容的連續性、系統性,較大程度地保證了這些地區歷史面貌的完整性,同時也大大增添了志書本身的史料價值。可以認爲,如果這些志書得以留存至今,那麽,毫無疑問地將使我們對歷史上的上海地區有更清晰的認識。

然而,據上海市地方志系統截至目前的統計,大量的方志舊籍,已在流傳過程中散佚或殘缺,這一狀況隨之産生了兩方面的問題。一方面,出於保護古籍的目的,方志舊籍也作爲一個重要門類而受到重視,但往往造成这些珍本、孤本深藏庫房,甚至秘不示人的現象。另一方面,出於廣泛吸取傳統精華而編纂新志的目的,或是出於深入研究地方歷史的需要,由於難以儘可能系統地解讀、使用史料,使相關工作缺乏必要的基礎資料保障,從而對編纂或研究質量帶來不利影響。

有鑒於此,近代以來,方志工作者一直耿耿于此,希望通過必要的努力,儘可能使方志舊籍或相關内容能在妥善保護的前提下得以開發、利用。二十世紀三四十年代,柳亞子先生主持的上海通志館,即匯聚了一批資深學者,充分利用珍貴的地方文獻,編寫了五百餘萬字的《上海通志稿》。此舉不但開啓了上海地方史研究的學術高潮,而且爲今人提供了衆多值得進一步探索的课題。遺憾的是,這項工作並未最終完成。從八十年代起,隨着新編方志工作的全面展開,上海各區縣相繼對記載了本區域歷史的方志舊籍加以關注,有的還對此進行了認真的爬梳、整理,可惜的是,相關工作缺乏必要的統一計劃,以致成效不一,質量參差。進入新世紀以後,上海市地方志辦公室在大批新編志書陸續問世的情況下,曾對方志舊籍進行了較完整的梳理,相關成果反映在《上海方志提要》一書中。此前,金恩輝等主編、臺北漢美出版有限公司出版的《中國地方志提要》的"上海市"部分,涉及的上海地區方志舊籍較爲豐富,幾乎涵蓋了迄今所知或存世或散佚的所有志書。

較成規模的方志舊籍選編,一次是在二十世紀六十年代中期至八十年代,臺北成文出版社的《中國方志叢書》,收入上海地區的方志舊籍二十餘種;另一次是九十年代初,江蘇古籍出版社、上海書店、巴蜀書社等聯合出版的《中國地方志集成》,上海地區入編的方志舊籍有三十餘種。這兩種叢書均爲影印,基本保持了方志舊籍的原貌,入編的也均爲各時期的較重要者,不過,受版本遴選的限制,加之影印質量尚有欠缺,對今人的利用也帶來諸多不便。

爲了進一步開發方志舊籍的學術價值,爲新一輪修志工作提供更爲完備並具有一定質量的資料,從 2004 年起,上海市地方志辦公室在進行《上海鄉鎮舊志叢書》整理工作的同時,就開始考慮將上海地區的府縣志舊籍彙編成一套便於今人利用的叢書。2007 年秋,這項工作開始啓動,基本釐清了迄今所知的存世本的庋藏情況,據此開列出分期分批著手整理的書目,並將根据規劃,成熟一批,出版一批。此項工作的全面完成,將牢牢依託於我們和上海方志界同仁,以及包括學術界在内的社會各界的通力合作。

編入這套叢書的方志舊籍,主要是今上海市行政轄區内的成書於 1949 年以前的府志、衛志、縣志、廳志。新中國成立後的五六十年代,上海有個别縣份編有内部印行的方志,保留了較多今天難以查找的史料,故作爲附録編入。一些編志過程中形成的資料集,一些屬於某個歷史時期縣級行政當局編寫的縣況報告,雖非志書,但存世極少,流傳亦稀,史料相當珍貴,亦作爲附録編入,以備查考。地區性專志如明代的《雲間海防志》、《水利志》,民國時期的《上海食用魚類圖志》、《上海金石録》等,均不在入編之列。按此標準,編入叢書的府縣舊志、資料輯錄，分爲府（衛）志若干卷，縣（廳）志就其所屬行政轄區分若干卷。

對方志舊籍的整理、研究和利用開發，近年來已在全國方志界形成共識，相關成果也不斷湧現，但我们對上海地區的方志舊籍進行整體性的整理出版，尚屬首次。其工作方法、整理質量、出版形式、成果推廣手段等，還需要我們在具體工作中不斷探索。對此，我們真誠希望專家、同仁給予批評指導。

《上海府縣舊志叢書》整理出版委員會

2009 年 10 月

《上海府縣舊志叢書》凡例

一、今上海市行政轄區内，從古代而至1949年前編纂之府志、衛志、縣志、廳志之刊刻本、未刊稿本、鈔本等，均爲本叢書整理出版物件。一地而有不同歷史時期之多種者，悉予收録，以明當地變遷沿革。暫時無法收集者，容當後補。

二、因修志而採集之資料，凡已彙編成册者，以及民國年間地方政府所編之縣況報告或調查報告，雖非志體，惟因史料珍貴，可補志書之不足，故作爲附録，予以入編。

三、新中國成立後至二十世纪五六十年代纂成之縣志，所采史料堪補今之不足，惟因内部印行，流傳甚稀，亦作为附録，予以入編。

四、所録志書按行政轄區分卷。府志、衛志各爲若干卷，郊區(縣)各爲若干卷；川沙、南匯轄區先後併入今之浦東新區，然其各有歷史，自應有别，故各爲若干卷。

五、各書整理，概以尊重原著、保持原貌爲原則；原書(稿)之題記、序跋、圖版、注釋、引文等，悉予保留；不得不删減之重複者，保留原目，以明全貌。

六、部分舊志尚未成書，或有未編目録者，均由整理者據正文次序補編目録；部分舊志目録與正文有異，均按正文釐清。

七、整理者按現行現代漢語規範對原書文字進行標點，一般不分段，不做注釋；原則上不作考訂及增補。原文明顯錯訛者徑改，有疑問或漫漶不辨者作技術說明，並於原字後加問號、圓括號。原文使用的避諱字或缺筆字徑改，異體字一般不改。

八、各書多有版本不同者，均參以工作底本，作文字對勘；遇有内容較大差異，擇其要者於《整理説明》中交代。

九、標點者所撰《整理説明》，主要交代作者、内容、該書重要價值、整理工作概況，以及其他必須説明的情況。

十、叢書採用繁體字横排，原書用於敬稱、謙稱時之特定格式，均予取消。

總　目

本册書目

崇禎松江府志

〔明〕方岳貢　修
〔明〕陳繼儒　等纂
謝　輝　校點

整理説明

《崇禎松江府志》，原名《松江府志》，九十四卷，存四十七卷，明方岳貢修，明陳繼儒等纂。

本書爲明崇禎年間松江府所修兩部《府志》之一。另有五十八卷本一種，上海圖書館與日本内閣文庫有藏。學界此前多認爲，五十八卷本早出，九十四卷本後出。然今考《松風餘韻》卷十一引《客諧偶抄》載："崇禎改元，郡侯方禹修議其事，聘陳眉公徵君同有學識者數人，設局東禪寺。凡百年之内，興革損益，人物宦績之類，悉羅次編録。而田舍翁、賣菜傭，偶有一事，亦輒夤緣竄入。孝子順孫，填街塞巷。其有遺漏者，又有志餘，通前幾百卷。郡志之廣，甲於天下。成事太速，較閲未精，事多重複，字多訛謬。刻板既就，侯忽疑之，又命孝廉俞廷諤訂閲，稍爲進退，重刻置郡齋，而事始就緒。"其中言及初成者卷數接近百卷，恰與此九十四卷本的情況相合。由此可見，九十四卷本才是陳繼儒所修的早出之本。又按九十四卷本之卷六十七載："母生嘉靖壬辰，今辛未，已百歲矣。"此文又見於五十八卷本之卷四十三，"辛未"作"壬申"。辛未爲崇禎四年(1631)，九十四卷本當成於是年。五十八卷本爲次年所成，故改爲"壬申"，即崇禎五年(1632)。亦能證九十四卷本成之在先。

今見九十四卷本，半頁九行十九字，白口，四周單邊，單黑魚尾。版心上題"松江府志"，中題卷數，下題頁數及卷名。版式行款與五十八卷本大致相同，但細節上有差異。其最爲明顯者爲，五十八卷本有的内容作雙行小字，如卷四十六《第宅園林》，首條"孔宅在海隅鄉"爲大字，"府北六十里"云云爲小字，以下皆同。而九十四卷本皆作大字，無雙行小字者。其字體、分卷、内容等方面亦不相同。可見五十八卷本爲另行刊刻，並未襲用九十四卷本之舊板。今傳本僅存卷十至二十七、卷六十六至九十四，總計四十七卷。涉及物産、風俗、田賦、役法、荒政、鹽法、織造、水利、人物、第宅園林、冢墓、寺觀、著述、詩品、畫苑、書評、兵燹、災異、志逸等門類。

與五十八卷本相比，九十四卷本存在内容氾濫、編次失當、文字訛誤等一些問題，但仍具有重要價值。一方面，其内容比五十八卷本豐富很多，保存了大量不見於五十四卷本的珍貴史料。另一方面，其反映了陳繼儒初纂《府志》的面貌。特别是同一地在兩三年内先後纂修兩部志書的情況，并不常見，以此本與後出的五十八卷本作對比研究，對於豐富發展方志學史亦有意義。

本次對九十四卷本《松江府志》的整理，以《上海圖書館藏稀見方志叢刊》影印上海圖書館藏明崇禎刻殘本爲底本。因本書傳世者僅有此本，故對其的校勘以他校爲主。凡此本中文字訛脱衍倒，以及因原件破損造成的闕文，多用與之有直接承繼關係的明崇禎刻五十八卷本《松江府志》（《日本藏中國罕見地方志叢刊》影印本）加以校補。原書卷中偶有墨筆校語，如卷八十五"流傳而爲宋之趙伯駒、伯驌兄弟"，"驌"字旁墨筆改"驌"，亦擇優採用。卷十之端所題"松江府志卷之十，物産一"原闕，據版心補。限於學力，不足之處敬請讀者批評指正。

北京外國語大學國際中國文化研究院　謝　輝

崇禎松江府志目録

松江府志卷之十

物　産　一

(前闕)遠家禊池所産,名禊寶。又一名玉臂龍。

蓮實名菂,花紅者實小而甘,白者實大而淡。凡果心向上,蓮獨向下。其心名薏,其房可滌硯。

石榴,一名若榴,亦名安石榴,一名丹若。陸機與弟雲書曰:張騫使外國,得塗林安石榴種,有甘有酢,酢者可入藥。段成式云:甜者謂之曰天漿。

柿,《内則》所加庶羞三十一物之一,又七絶之六曰嘉實。今有方柿、緑柿、銅盆柿、海門、蜜罐、牛奶諸種。義熙中,吴令顧修期言,縣有柿,殊本合條。

銀杏,即文杏,俗名白果。歐陽文忠有《和梅聖俞鴨脚子》詩,聖俞倡云:鴨脚雖百箇,得之誠可珍。又鴨脚類緑李,其名因葉高,以葉狀鴨脚也。

棗,大而鋭上曰壺,細腰曰邊,白熟曰樍,樹小實酢曰樲,實小而圓紫黑色曰遵,大如雞卵曰洗,苦味曰曆泄,不着子曰晳,味短苦曰還味。後世又有紫棗、玄棗、西王母棗、東海蒸棗、洛陽夏白,與夫雞心、牛頭、羊矢、獼猴、雞冠諸名。松棗實亦少。

梨,《本草》曰:快果俗名生梨,古曰樝。亦非常産。

橙,作"棖"。《橘録》云:橙木有刺,香氣馥馥,可以熏袖,可以芼鮮,可以漬蜜,真佳實也。梅聖俞詩:玉臼搗虀憐鱠美,金盤按酒助杯香。韓昌黎亦有"鵠殼攢瓖橙"之句。

香櫞,肉酢而皮氣特清馥。

橘,素華丹實,皮既馨香,又有善味。屈原比之夷齊,願置以爲像,取其貞介,似有志也。古有橘官,主貢橘。越有橘稅,爲橙橘户,吴闞澤表請除臣之橘户是也。今有緑橘、朱橘、金橘、蜜橘、匾橘諸種。

柚,郭璞曰:似橙而大于橘。《禹貢》揚州厥包橘柚,言不耐寒,故包而致之。杜詩:天寒橘柚垂。《列子》曰:吴楚有大木焉,其名爲櫾,已憒厥疾。

核桃,即胡桃,産絶少。

地栗,俗呼爲荸薺。

菱,一作"蔆"。王安貧《武陵記》:兩角曰菱,四角曰芰。荷菱水物可厭,故古取菱花爲鏡。今紅色者最早爲水紅菱,遲而大者爲鴈來紅,青者爲鸚哥青,大者爲餛飩菱,小而鋭角者爲野菱。《廣志》云：淮漢以南，凶年以菱爲蔬。杜詩：水果剥菱芡。

芡，一名雞頭，幽州人謂之鴈頭，又名鴈喙。芡與菱花皆晝合宵炕。《淮南子》曰：雞頭已瘻。山谷詩：明珠論斗煮雞頭。又名鴻頭，韓詩：鴻頭刺刺尖。蘇子容謂有五穀之甘，可以療飢。真佳果也。

唐東嶼菱詩：交游苹荇侣菰蒲，懷玉藏珍類隱儒。葉底只因頭角露，此生不得老江湖。

十年之計，在于樹木，如"椅桐梓漆，爰伐琴瑟"是也。今種植第飾園榭而已，獨元守王致和以栽桑勸民，圖目有十七。其言曰：昔柳子厚作《種樹傳》，謂可移之官理，得養民之道焉。枯者膏之，弱者扶之，噢煦培植，毋敢傷之，其事有相類者。且五畝樹桑，王政也。故桑首之。凡木之屬二十有五。

桑，檿屬。吾松紡織木棉，不力蠶事，有稻田而無桑林。迺夏税有絲綿之賦，並未始出于桑也。

榆曰藴莖，白粉也。類有十種。《管子》曰：五粟五沃之土，其榆條直以長。《説文》：有刺莢者爲蕪荑。司烜氏春取榆火。細葉者堅韌，可爲器，名綿榆。

槐，《淮南子》：槐之生入季春五日而兔目，十日而鼠耳。又老槐生火，花可以染，實可入藥，根可作神燭。一種樛屈側垂，爲盤槐。《爾雅》：守宫槐，晝聶夜炕。亦謂之合昏槐。蓋啓閉以時，有守之義。

楝，《管子》：五位之土種楝。又鳳皇非楝實不食。二十四番花信風，至楝花而終。其材輕且堅，可爲犂轅及牛牽。

椿，葉初芽可食。

樗似椿，散木也。

檀有黄白二種，又别種。農時以其放葉，及冬青開花爲雨候。俗呼等水檀。

樸，俗呼爲樸榆。

柞，一名雞骨樹。《詩》稱柞棫，蓋良木之易成者。

冬青，一名女貞，亦謂萬年。枝麄細葉二種。女貞子經霜紫黑，可入藥餌。

石楠，葉冬夏青紅。

梓，《埤雅》：梓爲木王。又名香梓。

樟，香木，亦名章。

松木宜山。東坡《種松》詩：我昔少年日，種松滿東岡。初移一寸根，瑣細如插秧。二年黄茆下，一一攢麥芒。三年出蓬艾，滿山散牛羊。不見十餘年，想作龍蛇長。今俗呼柴松，另一種名括子松。

柏，古曰蒼官。一種枝葉如片。側生者爲側柏。

杉，本作椺。《名山志》曰"華子岡上紫杉千仞"是也。

檜，一名栝。柏葉松身名圓柏，一種爲纓絡檜。

松江府志卷之十一

物產二

松無深山大林，鮮皮革齒牙骨肉之利，畜産甚微。民用不給，遂至卧無尨犬，食少牂羊。僅僅力穡，惟恃牛以代耕，故牛首之。凡獸畜之屬十有三。

牛，大牲也。天地之數起于牽牛，故物以牛爲大。特牛爲犅，牛父爲特，子爲犢，二歲爲犻，三歲爲犙，四歲爲牭。騬牛爲犗，純色爲牷，駁爲犖，白黑雜爲犡犥，黄白色爲犥，駁如星爲抨，黄牛虎文爲犻，黄而黑唇爲犉，白脊爲犕，長脊爲犡，白牛爲搉。許叔重以爲牛者所植穀，穀者民之命，是以王法禁殺牛，犯禁者誅。故曰殺牛必亡之數。今有黄牛，有水牛，多力一名牯牛。《廣記》載南山牛自稱桃林班特。處士寧戚有《相牛經》，韓昌黎有《下邳侯革華傳》。又陽翟田老呼爲黄毛菩薩。

羊有羜、羒、牂、羭、羖、羍之異。五月生羔曰羜，吴羊白羝曰羒，羊牡羒牝曰牂，黑羝曰羭，夏羊牝者曰羖，七月生羔曰羍。今稱羯羊爲佳，出青浦，艾祁産尤美。《古今註》云：羊一名髯鬚主簿。

豬，作"豥"，一曰彘，一曰豕。性能水牧，故瀦以豬，以豬所食息也。豕子曰豚，小豚爲豰，生三月爲豯，生六月爲豵。或曰：一歲爲豵。又生三子爲豵，二歲能相把拏爲豝，三歲豕肩相及爲豣。又曰：豕生二謂之師，生一謂之特。《古今註》云：一名長喙將軍，又一名黑面郎。《幽怪録》記烏將軍事，宋袁淑有《大蘭王九錫文》。

犬，《爾雅》：狗四尺爲獒。韓犬爲盧，宋犬爲猉，多毛爲尨。《酉陽雜俎》云：豺遇狗，輒跪如拜狀。狗爲豺舅也。《漢・南蠻傳》載槃瓠事，李至有《桃花犬歌》。東坡《于儋耳得烏喙犬》詩：晝馴識賓客，夜悍爲門户。又：何當寄家書，黄耳定乃祖。又云：敝帷不棄，爲埋狗也。死猶不忍食其肉，况可殺乎？

貓，小畜之猛者。性陰畏寒，雖盛暑卧日中，鼻端常冷，惟夏至即温。目睛子午卯酉竪斂如綖，寅申巳亥如鏡，辰戌丑未如棗形。《爾雅翼》云：其耳經捕鼠之後，則有缺如鋸，猶虎食人而鋸耳也。洗面過耳，有客至。一名蒙貴，一名烏圓，見《雜俎》。又《郊特牲》迎猫爲食田鼠。陸務觀詩：裹鹽迎得小貍奴，盡護山房萬卷書。慙媿家貧策勳薄，寒無氈坐食無魚。

鷄，司時之畜。《爾雅》：雞三尺爲鶤。雞積陽火德之精，故陽出鷄鳴，以類感也。《禮》

祭宗廟之鷄曰翰音。田饒告哀公以雞有五德,猶日瀹而食之,以所從來近也。《風俗通》呼雞曰朱朱,雞傳朱氏翁所化。又《禽經》曰:鷹雞多秋生。紀渻子養鬪雞。祝雞翁能呼雞名字。子美有《縛雞行》。宋處宗畜長鳴雞,能作人語。

鵝,一名野鴈。《内則》舒鴈翠,言尾也。古人謂鵝性頑而傲,蓋迫之愈前,抑之愈卬,似不入于禮。唐僖宗與諸王鬪鵝。東坡云:鵝能警盗,又能却蛇,且又有祈雨厄。悲夫!古祈雨用鵝故也。《清異録》名爲兀地奴。又一種駕鵝,野鵝也。俗名沙鵝。

鴨,一名舒鳧,鶩屬。首深緑者謂之鴨頭緑。其雄者尾翅起如鈎。《禽經》曰:鴨鳴呷呷。《上林賦》有煩鶩,爲鴨也。建昌侯孫慮于堂前作鬪鴨欄。司馬君實《水鴨詩》:䙰褷出短蒲,毰毸浴清水。今土人以白羽、烏嘴、鳳頭者爲貴。符昭遠名鴨爲減脚鵝。

兔視月而有子,其目尤瞭,謂之明視。月惟望一日滿,餘時缺,兔唇亦缺,以類相致然。兔自有雌雄,古樂府:雄兔脚撲朔,雌兔眼迷離。按:蒙恬所造秦筆,非兔毫。以枯木爲管,鹿毫爲柱,羊毛爲皮,謂之蒼毫,亦非竹管。崔豹説之甚詳。已下俱非吾松常産。

貍,俗呼香貍,斑文,時生山阜間。

蝟,俗呼刺蝟,一作“彙”。《爾雅》:蝟,毛刺。註曰:今蝟也。生茅葦中。《淮南子》曰:鵲矢中蝟。緯書曰:火爍金,鵲啄蝟。

貛,《爾雅》:貒子,貗也。註:貒,豚也。亦名貛,俗名猪貛,一種狗貛。俱肥腴多膏,居丘墓深穴,土人以獵犬捕之。

獺,水居食魚,率以正月聚魚水傍,謂之祭魚。獺不祭魚,國多盗賊。蔡邕《月令章句》曰:獺毛蟲,西方白虎之屬。水居而殺魚者也。舊説諸畜肝葉數皆定,惟獺肝一月一葉,十二月則十二葉。俗傳獺背有塔形。

孔子曰:食水者善游而耐寒。謂魚類也。松澤國多水,給于魚鱻,又加海焉,頗繁其族,歲澇迺賤。近魚税告急,徵如催租矣。按,吴江父老云:鱸魚出松之長橋南者,味美而肉緊,宜鱠,在諸魚之上。江中者四腮,他處止三腮耳。昔吴都獻松江鱸魚,隋帝曰:所謂金虀玉鱠,東南佳味也。故鱸首之。凡鱗介之屬四十有三。

鱸魚,《説文》:大首細鱗。《韻會》一曰巨口細鱗。《吴興志》:鄉俗以鱸鱠爲盛饌,潔白鬆軟不腥。白居易詩:水鱠松江鱗。韋應物:松江獻白鱗。羅隱:鱠憶松江滿箸紅。即季鷹所思鱸魚也。《金谷園記》:鱸魚常以仲秋從海入江。又有脆鱸,漢左慈在曹操坐,以銅盤貯水,竿餌釣,引出松江鱸魚,皆三尺餘,生鮮可愛。鄉俗又有骨淡羹,每斫鱠,悉以骨熬羹,淡有真味。昔人珍鱠至此。

鯉魚,《爾雅·釋魚》鯉爲冠。《埤雅》云:壽有至千歲者,且能神變。吴人謂小者爲鯉花。當脅一行,無大小三十六鱗,好事者呼爲六六魚。古種類甚多,崔豹云:兖州謂赤鯉爲赤驥,青鯉爲青馬,黑爲黑駒,白爲白騏,黄爲黄騅,皆取馬名。以其靈仙所乘,能飛越江湖故也。陶朱公養懷子鯉魚,長三尺者二十頭,牡鯉長三尺者四頭,以二月上庚納池中。至來年二月,得鯉魚長一尺者萬五千枚,三尺者四萬五千枚,二尺者萬枚。按:此二十魚,一歲生七萬枚,計每頭生三千五百枚,不盈尺者無數。故《魚麗》美萬物盛多,終之以鯉,盛之極也。唐律：取鯉魚即宜放，號赤鯶公，賣者杖六十。以國氏李，諱其同音也。故用魚符，蓋取象于鯉。

白魚，葉氏《避暑録》云：太湖白魚實冠天下。今澱河、三泖皆有之。其形纖長而白者曰白鰷，又謂白鯈。

鯽魚，即鮒也。古謂鮒爲鰿。或云：鯽是稷米所化。杜詩：鮮鯽銀絲鱠。别種有金銀、玳瑁、水晶、三尾、落花諸色，好事者畜爲清玩。

鱖魚，有斑文鮮明者爲雄。誤鯁，啖橄欖則愈。東坡所謂狀似松江之鱸，即此也。又桃花水至而鱖肥。

鯿魚，即魴也。以槎斷水，用禁人捕，謂之槎頭鯿。陸機云：魴魚廣而少肥，甜而少肉。蓋細鱗之美者。宋景文詩：鱠縷薦盤鯿縮項。昔宋張敬兒獻齊高帝一千八百頭，即此也。

鯔魚，《續志》：魚若披緇，故名。土人于潮泥地鑿池，仲春取盈寸者種之，秋而漸長，腹背皆腴。此魚食泥，與百藥無忌。

鱠，殘魚。《博物志》：吴王孫權江行，食鱠有餘，棄之中流，化而爲魚。亦曰吴餘。長數寸，大如箸，尚類鱠形。《舊志》云：按，吴王疑闔閭，非孫權也。

銀魚，類鱠殘而小，宜爲鱐，可致遠。俗呼麵條魚，又呼王瓜魚。張子野詩：春後銀魚霜下鱸，遠人曾到合思吴。湖泖皆有之。

鮆魚，刀魚也。俗呼刀鱭。《江賦》云：鯼鮆順時而往還也。《説文》曰：鮆飲而不食。

黄顙魚，似鮎而色黄，身有黑斑。食此魚忌食荆芥。

比目魚，出黄浦。一名鰨魚，亦曰板㲉，又曰板魚，淛人呼鞋底魚。郭氏曰：狀如牛脾，鱗細，紫黑色。一眼兩片，相合乃可行。今所見俗呼箬板，有兩眼，如浮箬，而行不相比也。

推沙魚，一名吹沙魚。無細骨。冬月腴耎，至春尾腐以敗。人或呼爲重唇，唇厚特甚，有若鼁黽，故名。一種短而紅腮者，名蝦虎，亦然。惟松有之。

斑魚，似河豚而小，色淡黑，有斑。鼓氣則腹脹如毬。

鰱魚，即鱮鱅也。大首細鱗。昔人品魚之不美者，故語曰：買魚得鱮，不如噉茹。郭璞曰：鰫似鰱而黑。今魚有白黑二種。

鱒魚，目赤，今呼爲赤眼鱒。《爾雅翼》云：多衹獨行，亦有兩三頭同行者。見網輒遁。土人匿水草間，設餌釣之，得一頭，則其群徘徊尋覓，釣取殆盡。

鱧，即俗呼黑魚也。身有黑斑，若北斗之象，夜則仰首向北而朝焉。有自然之禮，故从禮。膽獨甘也，故从醴。今道家忌之，以其首戴斗，又指爲厭，有天厭爲雁、地厭爲犬、水厭爲鱧之説。相傳公礪蛇所變。

鮎魚，即鮧也。偃額，兩目上陳，頭大尾小，身滑無鱗。一名鯷魚，一名鮧魚。善登竹，其有水堰處，能自下騰上。

鱖歸魚，即俗呼旁皮也。似鯿而最小，謂之魚婢，又謂妾魚。蓋其行以三爲率，一在前，二在後，故名。

鰻魚，《埤雅》：有雄無雌，以影漫于鱧之鬐鬛而生。故呼曰鰻鱺。《本草》云：能殺蟲，焚其骨辟蚊。

鱓,俗作鱔。或云:荇芩根及人鬚所化。夏于淺水作窟,如蛇冬蟄,故又名蛇鱓。其性好睡,鬻者必置鰌其中,使動撓,不則睡死。鰌似魚非魚,與他魚爲牝牡。

鰣魚,出海中。鄉俗以夏至半月爲三時,魚盛于四月,取迎時之義。銀鱗丕粲,厥味鍾焉,存而烹之,肥甘莫匹。

河豚魚,一名䰽,一名嗔魚。世傳有毒,能殺人。魚無頬,無鱗與口,目能開合及作聲。備此四者,故人畏之。治必净潔,烹必過熟,其心肝及頭目,毒于野葛也。其魚每三頭相從,號爲一部。諺云:得一部,典一袴。言烹和所用爲多。又名鯸鮐魚,或爲鶘夷魚。《通志》載梅聖俞詩:春洲生荻芽,春岸飛楊花。河豚當是時,貴不數魚蝦。諺云:蘆青一尺莫,與河豚做主客。《苕溪漁隱》評東坡詩:蔞蒿滿地蘆芽短,正是河豚欲上時。言二月河豚已盛,不止欲上也。其腹中腴,名西施乳。東坡在資善堂,嘗與人談河豚之美者,云:直那一死。他日又記吴人丁隲食河豚而死,以爲世戒。曾子固于范饒州坐,客語食河豚,有詩:其狀已可怪,其毒亦莫加。忿腹若封豕,怒目猶吴蛙。庖烹苟失所,入喉爲鏌鋣。若此喪軀體,何須資齒牙。又《金陵食河豚戲書》云:食魚必河豚,此理果何謂。非鱗亦非介,芒刺皮如蝟。觀形固可憎,況復論腸胃。禍心中包藏,有挾無忌畏。戕人甚刀鋸,豈數墨宫剕。范成大《河豚嘆》詩:蟛亨强名魚,殺氣孕慘毒。既非養生具,宜謝砧几酷。吴儂真差事,網索不遺育。捐生决下筯,束手汗僮僕。朝來里中子,饞吻不待熟。濃睡唤不膺,已落新鬼籙。觀昔人論食河豚,禍乃甚烈。楊樞《松故述》云:樂宗茂,仁和人,以進士來同知府事。弘治戊申,署上海縣。食河豚,既徹,問有餘,則侍卒已食盡矣。倉卒取烹以進,下咽而死。庚午春,有户部丁自勸,以監粟至郡。會公讌,食河豚而美。庖宰繼進,誤中其毒,未卒席,已不救矣。市人相戒,食者遂少,不爲珍味。俗傳解毒以橄欖,或甘草,或甘蔗,或水調炒槐花末,及龍腦水、至寶丹。或大吐出毒,可生。

石首魚,俗呼黄魚。《海族志》云:初出水龍鳴,夜視有光。炙轂子曰:石首,鯼也。腹中鰾可作膠,謂之大膠。唐張彦遠云:吴中鰾膠,采章之用。蓋古畫家用之。曬爲鱐曰鮝。俗名其石爲黄魚枕,能下石淋。韋昭曰:石首成鴟,即鴨也。《吴地志》曰:石首至秋,化爲冠鳧。

鰳魚,一作勒魚。腹下骨如鋸可勒,故名。

鯧魚,身廣而頭鋭,細鱗而骨脆,出與石首同時。

鰵魚,似石首而大。梅魚,似石首而小。《雲間志》:石首小魚,長五寸。秋社化爲黄雀,今人即呼爲黄婪。婪讀去聲。江南以梅魚迎梅,與青蝦並美,有梅魚青蝦會以賞新。

鱘鰉魚,口在頷下,長鼻軟骨,有甲而肉色黄,疑即鱣也。有一種似鱣,口亦在頷下,頭小而尖似兜鍪,軟骨可鮓,肉色白,俗呼爲尖嘴鱘魚,疑即鮪也。

螃蟹,《廣雅》云:雄曰狼蠘,雌曰博帶。江湖海浦皆有之,惟三泖所出味佳。按,高似孫《蟹畧》:三泖屬華亭,蟹大而美,人呼爲泖蟹。梅聖俞《謝送蟹》詩:幸與陸機還往熟,每分吴味不嫌猜。張志和《漁歌》:松江蟹舍主人(權)[歡]。日華子曰:性凉。故張文潛詩:

中炎若逢蟹,其快如霜冰。皮日休詩:病中無用霜螯(起)[處]。陸龜蒙:藥栢應阻蟹螯香。《食品》云:腹下有風蟲,如木鼈子而小,色白。大發風毒,中毒或致死,惟大黄、冬瓜、紫蘇汁可解。同柿子食,發霍瀉。八月腹有稻芒,向東輸海神,所謂執一穗以朝其魁也。漁采者承流緯蕭而障之,名曰蟹斷。司馬公詩:稻肥初斷蟹。疎寮詩:斷頭蟹大都須買。今惟出青浦潘蕩者大而美。有一種小如錢者,名金錢蟹,又最小者名虱蟹。

蝤蛑,生海邊泥穴中。大者曰青蟳,小者曰黄甲,兩小足曰撥棹子。《埤雅》曰:兩螯至彊,能與豹闘。柳子厚詩:蝤蛑願親燎。歐陽永叔:爲我辦酒殽,羅列蛤與蛑。

白蟹,生海中。巨匡,旁甲尖利。傅肱《蟹譜》謂之螃。時有青蝦,《舊志》云:蝦大如掌,雋永懸殊,俗謂之對蝦。一種曰白蝦,不甚大。昔人有詩云:青蝦白蟹地,紅杏緑楊天。

蝦生水澤中者有梅蝦,梅雨時有之,俗呼時蝦。《爾雅翼》云:蘆蝦青色,相傳蘆葦所變。泥蝦稻花所變,多在田泥中,一名苗蝦。又海中有蝦姑,狀如蜈蚣,云管蝦。

水雞,俗呼田雞。蛙屬,入饌。《清異録》名爲鼓吹長。

彭蜎,一作彭越,世傳醢彭越覆江中所化。一作蚏。或曰:辣螺化爲蜎,蜎又化爲蟬。郭璞曰:膏可塗癬。樂天詩:鄉味珍彭蜎。《晉書》:夏純孝海邊拾彭蜎以資養。

鸚哥嘴,彭蜞螯也。《爾雅》曰:蜞似蟹而小。陶隱居曰:似彭越而大。蟹十二種,此居第五。一名竭朴。《世説》:蔡謨過江食之,委頓吐下,方知非蟹。今鄉俗賤之,以其食稻,殺而取螯,間有食者。然《舊志》俱載,竝不言沙鉤。

沙鉤,俗呼沙裡鉤,一名沙裡狗。生海堧沙中,善疾走,寒凍深蟄,乃可鉤取。吕亢《蟹圖》,沙狗與焉。《爾雅翼》載沙狗蘆虎,皆蟹之屬,漬以甘釀。王弇州評吴中海味,此爲第一。其族有招潮、擁塗、蠣奴、倚望,俱不可食。

水母,即蛇也。俗呼海蜇,一名蜡,一名蟦,一名鮓魚,一名樗蒲魚,一名海鉏。《江賦》所謂水母目蝦也。其形濛濛如沫,又如凝血,廣數尺方圓,生氣物也。衆蝦附之,隨其東西,以蝦爲目。蝦見人則驚,蛇亦隨之而没,故曰蝦動蛇沉。東坡:蟲憐目待蝦。

鼈,俗呼甲魚。在《易》,離爲鼈、爲蟹、爲龜。《考工記》以内骨爲鼈之屬。一名神守,養魚者納鼈以守魚。《淮南子》曰:鼈無耳而目不可以瞥,精于明也。《埤雅》曰:鼈以目聽。崔豹《古今註》:鼈一名河伯從事,又名裙襴大夫。其骨在外、肉在内者爲龜。有攝龜,江東呼爲陵龜,腹甲曲折,解能自張閉。好食蛇,俗又呼呷蛇龜。《江賦》有鼈三足、龜六眸。

黿,介蟲之元也。卵如雞子,一産三百枚。江浦有之。

白蜆,生海沙中,亦曰扁螺。與蛤蜊同産于海口,有紫緑者佳。别種出港浦諸水,名黄蜆、青蜆。

蟶,殼長如指,肉分兩股如人形。與海螄同生沙土中,似螺而長。不若崇明、太倉之多給于市販。

蠃,俗呼田螺,生水田。商人水德,以螺首謹其閉塞,使如蠃也。金山海沙一種小者,文五色,爲錦螺。

蛣,《爾雅翼》云:蚌也。《江賦》曰:璅蛣腹蟹。今生水澤者俗呼爲蚌,其肉爲水菜,似非蛣也。牡蠣亦蚌屬,殼厚,附石而生,肉名蠣黄。《舊志》又載淡菜,蚌屬。吴中盛有,今絶少,惟出東越。吐蛈則金山有之。

蘇子瞻和文與可詩:金橙縱復里人知,不見鱸魚價自低。須是松江烟雨裏,小船燒薤搗香虀。

鄭谷詩:白頭波上白頭翁,家逐船移浦浦風。一尺鱸魚新釣得,兒孫吹火荻花中。

皮日休《松江早春》詩:松陵清净雪消初,見底新安恐未如。穩凭船舷無一事,分明數得鱠殘魚。

王世貞《金魚賦》:何水族之微眇,承金儀之熠艴。形表瑞于帝符,色微緣於佛日。冠蹙浪之瓊丙,抱含書之丹乙。鱗奕奕而垂錦,沫霏霏而布瑟。容與如泰,彷徨如隘。駢集如殢,倏散如避。乍遠乍近,疑訴疑畏。縱横兮微颸之蕩朝霞,浮湛兮鈎月之澹烟蘿。衡穿兮約約,曳箨而度銀河;順流兮芙蓉,析苞而委素波。欲躍兮四觸鬣而皆隅,將潜兮小罜尾而就淤。唼喋兮指萍苴充旦餔,委翳兮藉荇藻托宵居。甘霖霢霂兮似有蠲,白日霮靅兮竟焉舒。從龍邁兮乖夙好,中獺忌兮幾不保。江湖邈兮故鄉,風雨淹兮中道。念比目之傷拆,若刳腸而就槁;幸脱身於鼎鼐,敢辭羈乎盆沼。鰍鱔迫兮自言親,蚌蠃狎兮忘匪倫。交煦沫兮匹儔,寄食息兮他人。君不見兮南溟之巨鱗,礙天津兮戛崑崙,粻餘皇兮噏洪淪。揚鬐甲兮恣膏肉,龍伯逝兮緍不屬。嗟生命兮在天,汝何爲兮惆悵。涸轍兮見憐,清泠兮蒙放。泱兮蕩,漾兮朗。擕負浘瀁,縱心調暢。何莊惠之足論,竟相忘於波浪。亂曰:欻女麗罶,芳其餌兮。委身受紲,中怖痗兮。咫尺牖連,隔千里兮。凶吉樛伏,曷終始兮。譬彼吞舟,制螻螘兮。優哉游哉,聊卒歲兮。

元張憲《謝碧雲師送蟹》詩:天風吹綻黄金粟,簷前老兔飛寒玉。客窻不記是中秋,但覺鄰家酒漿熟。泖田秋霽稻未鐮,葦箔竹斷收團尖。紅膏溢齒嫩乳滑,脆美簇簇橙絲纖。無腸公子誇矍鑠,兩戟前驅終受縛。靨心晝暖白玉臍,兜牟夜泣紅銅殼。麯生風度亦可憐,且對霜娥供大嚼。酒後高歌繞碧雲,九峰一夜霜華落。

《舊志》不載蟲部,自有不可廢者。如高陽製書于科斗,莊公避車于螳螂,梭雞有催織之功,鬪螘多兼弱之智,蟲色以應文武,蠖屈以表帝居,地螾屬龍,巨斧象馬,皆得而考焉。蠶則天駟也,又爲龍精,月直大火浴其種,故蠶首之。凡蟲之屬十有三。

蠶,倉庚鳴則生,食而不飲,二十二日而化。荀卿賦曰:三俯三起,事乃大已。鄉俗不事繭絲,間亦有飼蠶者,然不大熟。

蜜蜂,人家畜之。群蜂千百,擁大者爲王。一日兩出而聚鳴,號爲兩衙。其出採花者,取花鬚上粉寘兩髀。或採無所得,經宿花中,不敢歸房中。多則或分爲隊。冬則割蜜,蜜脾底爲蠟。他方有土蜜、木蜜、黄連蜜、梨花蜜、檜花蜜、何首烏蜜,各隨所採花色釀之。温廷筠嘗得一句云:蜜官金翼使。久無人屬,乃自聯之曰:花賊玉腰奴。道盡蜂蝶。

稺蜂,俗呼胡蜂,細腰純雄。《淮南子》以蜂爲貞蟲,言其無欲也。其作房懸綴必以漆,楊鐵崖詞所謂堅似七姑汁者,名露蜂房,又名百穿。取諸蟲抱而成子。

胡蝶,物之善化者。崔豹《古今註》曰:蛺蝶,一名野蛾,一名風蝶。或黑或青斑,名曰鳳子,一名鳳車。唐《滕王蛺蝶圖》有江夏班、大海眼、小海眼、村裏來、菜花子之目。今土人呼黑而有彩者曰梁山伯,純黄色者曰祝英臺。東坡又有《鬼蝶》詩:雙眉卷鐵絲,兩翅暈金碧。初來花争妍,忽去鬼無迹。

蟬,無口而鳴,飲而不食,三十日而蜕。一曰螗蜩,一曰蜋蜩,或作蜺,寒蜩。郭璞曰:寒螿也。似蟬而小,青赤。《月令》七月寒蟬鳴是也。《論衡》曰:復育轉而爲蟬。復育名枯蟬。董仲舒曰:齊后怨王而死,變爲蟬。故一名齊女。其形大而黑者名馬蜩,一名蛃,則爲蚱蟬。其小而緑色者爲蠑。陸士龍有《寒蟬賦》。

螢,一名暉夜,一名丹良,一名丹鳥夜光,一名宵燭,一名夜照,一名熠燿。《周書·時用》云:腐草不爲螢,穀實鮮落。《萬畢術》:螢火却馬。又《務成子》有螢火丸方。

蜻蜓,一名青亭。小而黄者曰胡黎,一曰胡離。小而赤者曰赤卒,一曰絳絳綿,一曰赤衣使者。總曰青蛉。《淮南子》稱爲水蠆所化,名蟌。好飛集水上,故杜詩:蜻蜓立釣絲。

螳螂,其子蜱蛸。小暑至後五日而生,所應者微陰,故螳螂司殺之小者也。子着桑上,名桑螵蛸。

絡緯,一曰莎雞,一呼絡絲娘。今俗呼紡織娘。

蟋蟀,一曰促織,一名蜻蛚,一名蛬。好鬬,勝輒矜鳴。《春秋説題辭》曰:趣織鳴,女作兼。又里語曰:趣織鳴,嬾婦驚。

戴勝、螻蟈、蚯蚓,皆載《月令》。戴勝似鵲而冠,有文采,如戴花勝。一作戴鵟,又名戴南,一名戴頒,出必躬桑之候也。螻蟈一名螜,一名螻蛄。有五能而不能成其伎,其出入與蚓同時也。蚓一名土蟺,夏夜好鳴,江東人謂爲歌女,亦曰鳴砌。《周書》曰:蚯蚓不出,嬖奪后。蚯蚓不結,君政不行。郭璞所贊"蚯蚓土精,無心之蟲"是也。乃若螃蠐爲天螻,尺蠖爲步屈,蛅蟖爲蛓蟲,蟫蠹爲壁魚,孳母爲朝菌,蛣蜣爲弄丸,蜘蛛爲知誅,蟰蛸爲喜母,果蠃爲蠮螉,白鳥爲豹脚,吴公爲蝍蛆,蝘蜓爲壁宫,細追、蝸蝓、螘蠠、蜚蠅,皆蟲類也。松土污淤,蕃化變復,非四時之所創,匠物形纖備,聊附載之。

吾松器幣,藉四方轉轂,成海隅一都會。若《舊志》所載,僅存其名。至服用食物,廼有什倍往時者。百年來漸失古意,而民滋衰困,惟布縷差甲他郡,及鹵舄所産吴鹽而已。故餘得附紀,而以布首之。凡食貨之屬八。

木棉布,《舊志》云:古名吉貝。《續志》云:出沙岡車墩間。幅闊三尺餘,緊細若紬。其後織者競利,狹幅促度,夐殊于前。今所在有之。《通志》云:史記梁武帝身衣布衣,木棉皂帳。古詞:紅塵不上木棉裘。東坡詩:江東賈客木棉裘。虞伯生:木棉鶴袖小烏巾。另種紫木棉,色赭而淡,名紫花布。

番布,《通志》云:初,鎮人黄道者,少淪落崖州。元元貞間,始遇海舶還松。織崖州被,教他姓婦,仰食者千餘家。初有折枝、團鳳、棊局諸樣。

兼絲布,以白苧或黄草兼絲爲之。苧可綵色,爲暑服之冠。今不復見。又以絲作經,而緯以棉紗。《舊志》謂之絲布,即俗所稱雲布也。近有兼絲木棉,製爲絨布,其顔色花紋各異,出局中者佳。

藥斑布,《舊志》云:出青龍㸃巷。今城郭多有之,即俗呼澆花布也。《通志》載《嘉定志》云:布碧花白,有若碑刻。今所染五色俱備。鄭谷詩:布素豪家定不看,若無花彩入時難。又有志載黄草布、苧布、蔴布、金山布,註曰:今無。

織衲,《續志》云:出下沙。其紋如衲,春融和,秋凄清,更服之。亦註曰:今無。近復有織爲衲布者。

綾,《舊志》云:一名紵絲綾,自唐有之。天寶中,吴郡貢方紋綾。大曆六年,禁吴綾爲龍鳳、麒麟、天馬、辟邪之紋者。宋夏竦對策,宦者以吴綾手巾乞題詩。《續志》云:出泖灣,服舊可澣。頃因當道求索者多,間爲藥綾者,紕薄而傅以藥。其上供者亦用龍鳳等樣,幅廣而長,曰官綾。織染局所造,有素地者,俗呼光綾,即楊鐵崖詞所謂砑光綾也。今多用越産,名杭綾。

錦與只孫及紗,皆局造。只孫,紵絲地團花,有青、緑、紅三色。元時貴近侍宴之服,今衛士擎執者服之。《舊志》註云:今亦未見。

紫白錦,《續志》云:多爲坐褥寢衣,雅素異于蜀。《新志》云:無。今間有織者。又紵絲及《通志》所載絲綿,非松産。

《舊志》云:吾松三梭布,滋爲象眼、綾紋、雲朵、膝襴、胸背等樣。成化間,鄉人有以餉貴近者,流聞禁庭,下府司織造赭黄、大紅、真紫、麟鳳、榖文。工作胥隸並緣爲姦,一疋有費至百金者。孝宗在東宫,深知其弊,即位首罷之。嘗閲内帑見之,曰:此一布比文綺十端。終身不御,自是遂絶。

成化間,湘陰宋端知華亭縣,以雲布一端獻其師華容黎侍郎淳。淳題其外封曰:昔之縣令,拔茶種桑。今之縣令,錦上添花。却還不受。

宣德間,巡撫周文襄忱以布折税,疋准二石,以便耕者。兩端織紅紗爲識,謂之紅紗官布。近歲折數益減,布亦紕薄,殆非昔比。

已上見顧文僖公《志》。今布折改爲布解,解役乃滋困矣。

産布之地,在浦西者曰莘莊,曰朱家行,曰華涇橋,曰長橋,曰曹河涇,曰龍華,曰太平橋,曰法華,曰浄安寺。在浦東者曰三林塘,曰中心河,曰六里橋,曰海塘浜,曰楊涇,曰唐橋,曰周浦,曰杜家行,曰艾家行,曰閘港,曰川沙,曰陸家行,曰高行,曰高橋。通計二十三路。其最佳者京標收買,次則宣府客買,更次則各邊衛及閩浙雜客收之。别有二十三保江灣、懸沙、嚴家角諸路,其大者宣府客買,次則蔚州、楊河、徽州及大同左衛,并各處雜客收之。其在城所出,精粗不齊,各路布亦並有之。另有漿紗,闊長者糧户收買進京,小者各邊互市,委官收買。又有新塲、下砂、閔行、沈庄諸路所産,爲郡城及朱家角標客收買,亦大布也。

行布之路有二,曰走標,曰開行。走標者,于京師、臨清及揚州諸處列肆焉,而載布往貿者也。開行者,宣府、大同、各鎮衛及閩浙之客,持銀以來,主家接之,而貿布以去者也。凡開行之人,大都土著,而走標則歙賈居多。

徐獻忠《布賦》。序云：邑人以布縷爲業，農氓之困藉以稍濟。然其爲生甚疲苦，非若他郡邑蠶繅枲苧之業，力少利倍者，可同日語也。然天下所共衣被，而詳其衷者甚寡。于是核其事，告諸觀風者，作《布賦》。

客有至吴下邑，覽織婦之布素，歆卉物之流澤，將島夷之末計，啓閨房之長息。迺喟然而嘆曰：美哉布也。是固一疋可以媿盗心，不得千金之償約者歟。何賫者之逐逐，而拾者之堇堇也。下邑之士曰：羅紈繡文，素綈錦綾，長裾交褘，流景飛晶。此居者之所揚輝，而觀者之所凝睇也。子不是慕，而慕諸貧民之業，亦有説乎？客曰：布通貴賤之服，不擇温凉，而適其爲製也。疏陋縑繒，密殊絹縠。有氍毹之毛毳，齊縞素之潔白。賤靡綺之浮華，傷貝錦之徒飾。孺夫匹婦可濟其乏缺，通都大邑與千乘之富相埒。豈虚言哉？曰：子何不傷其勞而徒羡其美，不稽其私而徒夸其會。子亦欲聞其勞且病乎？若乃鐵木相軋，手挽足壓。且餧且扐，出絮吐核。張弓柱弦，弦急聲噎。牽條絡車，咿啞錯雜。借光於膏，繼夜於日。心急忘寐，力疲歌發。衾簟空寒，漏水寂溢。婦子喧闐，老稺畢力。客曰：若是勞乎？曰：未也。嫠婦卷袖，妖姬解珮。含愁入機，凝寒弄杼。流蘇綰綜，一伏一起。踏躡相次，上下不已。縷斷苦接，梭澀恐膩。手習檻匡，聲揚宫徵。長夜凄然，得尺望咫。寒雞喔喔，解軸趨市。方是時也，母聞謗而不暇投杼，妻迎夫而帖然坐起。客曰：若是勞乎？曰：未也。織婦抱凍，龜手不顧。匹夫懷饑，奔走長路。持莽莽者以入市，恐精粗之不中數。飾粉傅脂，護持風露。摩肩擘以授人，騰口説而售我。思得金之如攫，媚賈師以如父。幸而入選，如脱重負。坐守風簷，平明返顧。客曰：若是勞乎？曰：未也。婦辭機而望遠，子牽裳而怨饑。先潔釜而待米，旋汲水而候炊。語少待以相慰，既久竚而始歸。夫嬰嬰以捐涕，云攘攘者在途。索子錢而不釋，併布母以如飛。夫狼攫虎啗，肉寒骨解。無一語之抗聲，猶三噈而稱怪。握兩手以授之，拂空拳而吞欬。雖卒歲之靡從，完小信而不怠。是豈但一織婦而衣十人，殆所謂一室肥而衆俱瘵者也。客曰：若是病乎？曰：未也。海上之民，土薄水淺，其惡易遘。枵腹者未知其税駕，鶉衣徒羡夫長袖。夫廣儲豐積，出自農夫之耕；一絲寸縷，皆從匹婦之手。然而繭絲告成，置蠶不問；耕犂召豐，於牛何有。是固天下之同風，惟江南爲叢藪。晦鍾之他税從升，塗泥之末路計斗。是以手不停機，而終歲無衣；窮年仡仡，而不贍其口。客曰：何言之過也。滄海變遷，化爲陵陸。禹土塗泥，䃢注渫渌。禾黍芃芃，滿家彌谷。貧擕白墮，富樹華屋。婚媾靡靡，徒侶簇簇。顧今日之江南，殆海内之樂國。雖有布縷之征，亦豈加於穀粟。何徒抱杞人之憂，損名都之望乎？曰：否否，不然。恒歲之運，水毁木饑。消長相代，前建後除。陽九陰七，聽命皇祇。今昔庚甲，火仇馮夷。炕令爍金，天漢飛灰。槁土沃焦，赤地拆龜。既葵藜之莫采，亦木綿之變衰。枝無垂莪，絮罕葳蕤。傾筐脱負，采掇支離。寡夫擁腫，哲婦鴟夷。里胥蹀躞，督郵喧豗。無尺寸之可縫，況綱運之崔巍。匪凶歲之取盈，抑國計之在兹。當是時也，雖使星婺獻技，火鼠脱鬣。罄大夏之全産，省公儀之百室。傴陽不懸於城雉，匡廬借練於飛瀑。亦何以應之？客曰：嗟哉，下邑之民若是病乎？曰：未也。工以習勝，巧自技生。傷末路之靡淫，變素樸爲華英。始力作以助農，終辯麗以耀名。競良工之巧思，幻化國之神能。於是飄絮若蓬，刻縷若鬊。積歲成匹，累纖敵絨。廣倍乎東海之二尺，袤齊乎別渚之五虹。鑿以團鳳，繞以飛龍。綴金章以錯緣，變猩草之鮮紅。爛太霞之朝采，奪景烏之晶瑩。袨已浮乎龍水，綃何羡乎鮫宫。蓋其技巧始於渡海之黄嫗，章閒出自戀闕之鉅公。忘萬家之膏腴，邀一日之歡悰。傳觀内近，遂入公宫。一匹遂抵於千緡，聯筐始達於重瞳。民已窮而益偪，霜既結而冰從。嗚呼嗟乎！蒟醬竹杖，天馬蒲萄。通西國而開越巂，窮異詭而馳臆胸。啓皇武之遠畧，皐臣騫之作俑。平聲。朝槿不思其暮落，寒灰尚戀夫冬烘。竟殘桃之取戾，何獻曝之耿衷。今聖主龍飛，問民疾苦。諸非著令，改不暖坐。首蠲兹役，卹我隕仆。尚衣之絺繡有章，進御之浮靡不取。免徭征之巨累，始息肩而就卧。雖紅紗之綱運尚存，而貂璫之督課稍妥。客乃瞿然作而言曰：甚哉！鄙人不知民之病苦若是也。九月授衣，猶以爲晚。終歲作勞，祁寒不免。吾又何敢袖手以向人，徒負暄而思暖。

鹽，《舊志》云：出下沙青村袁浦，以灰曬日即成鹽。出浦東横浦者，以土曬五日始鹹，色白如雪。今按：濱海業鹽者，各有鹽場。每場畝許，址圓而平，聚細沙爲壘。壘傍鑿一滷井，傍井有方池，深尺許，名曰槖。側施竹筒，潛通于井。晴明日取窪水澆場上曬之，見有皚皚起白者，謂之鹽花。隨所壘之沙匀覆場上，復曬幾日，則鹽花上升，壘沙又白矣。乃以柴鋪槖底，以灰覆柴上，取場沙聚之，灌以窪水。水由竹筒滲入井中，是曰滴滷。井滿汲取貯之，俟有數十擔，傾置于鍋。凡一竈四鍋，首鍋近火，末鍋近突。煎之竟日，而首鍋之滷成鹽，遂取起首鍋鹽。餘三鍋之將成未成者，以次運入首鍋，而鹽悉從首鍋成矣。當煎煮時，二鍋撈起者，名爲撈鹽，白而乾潔，鹽之上者。蓋以首鍋火力太猛，易生鹽駁，而末鍋火力稍微，不得遽凝也。每煎一次，可得鹽二百斤，多者可三百斤。其滷井中先取滴滷，二次下水者，味薄不堪作鹽，土人用以淹菹。熬波之苦，未易形容，聊述其煎煮如此。另有甃磚作場，以沙鋪之，澆以滴滷，曬于烈日中，一日可以成鹽，瑩如水晶，謂之曬鹽，價倍于常。然惟盛夏有之，不能多得。

凡滴滷，以石蓮肉投之輒浮者爲真，用浸花果，經久不壞。

鹽取精于日，成形于火。霪雨沙淡，久陰沙濕，不能成鹽，價亦時踊。其産鹽之地，自寶山至九團，謂之窮海水，不成鹽，鱗介亦鮮。自川沙至一團，水鹹可煮，亦有海錯。惟南匯沙嘴及四團尤饒。

貨器，《前志》載銅器。《續志》載棕笠。《通志》載牛尾帽、梅花燈、蒲花胖褥。《新志》載草薦、蘆薦、藍靛，出上海。又有撥羅絨紋補子，出鶴沙鎮，謂之下沙繡。及鐵力花梨木，爲梳具交椅者，精製異于他郡。《吴志》載蒲鞋、草履。杜荀鶴：草履隨船賣。其來已久。《新唐書》：文帝時，吴越間織鎖草履，纖如綾縠，前代所無。《通志》又載華亭出蒲靴，甚惜足，耆老多着以禦寒。顧文僖公《志》載漆紗巾，號松江方巾。墨出青龍鎮，宋有章生，後有任景周，元有衛學古，皆得古法。銀器製作極精，元有唐俊卿、嘉興朱碧山、平江謝君餘並稱。細木器如屏風、酒卓、香几之類，出泖濱。右貨器皆隨時變易，或昔有今無，或他郡並産，不必出于松者，附見以備考焉。

剪絨花毯，《志》稱以木棉線爲經，采色毛線結緯而翦之。花様異巧，應手而出，能爲廣數丈者。昌黎詩：兩厢鋪氍毹。東坡詩：披香殿上紅氍毹。註：毛席也。至今有之。

食物，《續志》載煎鴨、鰽乾、蒲白鮓、間肝生、葱韲鵝、大爊麪，皆府之市食也。《通志》載海蟄鮓，富人彌歲右醳甘滋。臘黄，冬月有之，名因色近也。以菉豆退沙，入糖蜜酥麝，粿爲糕片而鬻，時爲珍庖。脆梅甘豆，市以青梅製脆，鏤虚其中，黑豆巨者糜蒻之，用糖瀹豆汁，充炎月美供。梅能已渴，豆能消暑云。銀絲豆生，舊出小蒸，本以豆末粿麵爲之，細如絲髮。顧《志》載茶食，有蓼花、地黄盒、一捻酥等名。線版糖、石榴糖，中虚外圓，一名毬子，二種並出泖涇。酒稱雪香酒、短水酒、九峰酒、清酒。以九月初造新者名開清，佳者曰靠壁清。上海有清酒，曰燒清。右食物所載，今爲市脯，不加于籩。其諸列肆者，競夸珍味，亦徒果饕腹耳。不足紀也。若麯生風味，覺頗倍于往時矣。

謙牧隱《負鹽婦行》：負鹽婦，何勞苦，百結青裙走風雨。雨花灑鹽鹽作滷，背負空筐淚流雨。道傍行人試問之，拭淚吞聲爲君語。妾家原住山之東，夫家名在兵籍中。荷戈崎嶇戍東海，妾來萬里來相從。前年海上風塵起，樓船百戰風濤裏。良人邁勇身先死，白骨誰憐填海水。去年小兒攻高郵，至今血作淮河流。今年大兒征饒州，饒州未復軍尚留。中原封裝鄉信絶，官倉不開口糧缺。空營木落風火飛，夜雨殘燈泣嗚咽。鄰家嫠婦胡不歸，去年嫁作商人妻。繡羅裁衣念春暉，落花飛絮愁深閨。妾心如水甘貧賤，辛苦負鹽終不怨。得錢糴米供舅姑，泉下無慙見夫面。繡衣使者來河東，采詩正欲觀民風。莫棄吾儂負鹽婦，歸朝早奏明光宫。

元賈策《燈》詩：翠竹籠紗來海上，不妨長夜作清遊。兩行竹暈摇春色，萬點花光在馬頭。行處忽驚疎影動，襲衣疑是暗香浮。幾回錯認窗前月，惱亂詩腸卒未休。

孫華孫《竹廳山歌》：旋教煎鴨買鰽乾，日日江城富曉餐。普照寺前蒲白鮓，今朝驚見忽堆盤。府橋一分間肝生，鵓鴣葱韲更得名。轉細大爊甜似蜜，貧家待客儘豐盈。

松江府志卷之十二

風　　俗

千里不同風，百里不同俗。史無臚載者，載之自應劭《風俗通》始。其後《荆楚歲時記》、《東京夢華録》，皆昉於劭，而《郡國志》亦不廢焉。吾松正德辛巳以來，日新月異，自儉入奢，即自盛入衰之兆也。吾友青蓮子有風俗二十四變，而未敢暢言之者何？曰：太上因之也。昔子貢觀蜡以爲狂，夫子曉之曰：百日之勞，一日之澤。蓋因民俗而不嚴爲之禁如此，第去其太甚而已。然公移公約，則悉附於篇中，砥俗之旨微矣哉。

習　　尚

松故吴之裔壤，負海枕江，土膏沃饒，風俗淳秀，其習尚亦各有所宗。自東都以後，陸氏居之，康績以行誼聞，遜抗以功名顯，機雲以詞學著，國人化之。梁有顧希馮，唐有陸敬輿。至宋而科名盛，故其俗文。有魚稻海鹽之富，商賈輻輳，故其俗侈。有康僧會、船子、夾山之遺蹤，故尚佛。有金山柘湖之靈跡，故信鬼神、好淫祀。有三甲五甲之風，故或號難理。文物衣冠，蔚爲東南之望。田野小民，生理裁足，皆知以教子孫讀書爲事，故士奮于學，民興于仁。租税百萬，歲期而集。雖役重賦煩，身受敲榜，終未嘗有一言犯上，罹淫放不孝之刑。故嚚訟者少，淳良者多。《舊志》云：府城之俗，謹繩墨，畏清議，而其流失之隘。上海之俗，喜事功，尚意氣，而其流失之夸。然不肯首事，喜于隨衆，諺所謂松江齊也。

吉凶多沿俗禮，冠不備三加，婚事親迎，喪事亦尚佛老。《舊志》載天順、景泰以前，男子窄袖短躬衫，裾幅甚狹，雖士人亦然。婦女平髻寬衫，制極樸古。婚會以大衣，俗謂之襖子，領袖緣以圈金，或挑線爲上飾。其綵繡織金之類，非仕宦家絶不敢用。燕會果肴以四色，至五色而止。尤重師範，時教授以下，至府以賓禮見，不庭參。燕科貢士，時皆上坐，景泰中猶然。見部使者，長揖不跪。使者涖學進講，坐堂之西序，成化中猶然。今自顧文僖公以來，凡百十餘年，俗日侈靡，民日凋瘁，無復昔日風規矣。江淹曰：經邦緯治，去華爲急。體國制變，循素爲先。是在坊民者有以風之，其君子之德乎。若四時節序，閭井所尚，與《舊志》小有同異，亦畧得而紀焉。

歲　時

正月一日,《春秋》謂之端月。雞鳴起,悉正衣冠,拜天地、家廟、尊長,後以次拜隣里親戚。盛輿服,往來馳遻,各投刺于門,爲賀歲。文衡山太史詩云:新春車馬賀年初,名刺紛紛滿舊廬。我亦隨人投一紙,世情嫌簡不嫌虚。此風蘇松皆同。一日至三日,禁不掃除室中。小兒競擊鑼鼓,爲罷市。立春前一日,以綵仗迎春于東郊。又先一日,鼓樂雜伎,先呈府縣,爲呈宴。至日,士女觀者垂簾闐市,茹春餅,進春酒,爲看春。立春之候,祭芒神,鞭土牛。《舊志》于七日、八日、九日會佛寺,名龍華,今廢。上旬之暮,女子邀卜厠姑,又向竈爲嚮卜,以秫穀投釜爆之,名卜流花,又名米花。女子曳綵,戴珍珥,以金珠翡翠相誇尚。上元前後爲元宵節,家製粉餌,爲看燈圓,即《舊志》呼珍珠圓也。及油䭔,亦以粉爲之。采竹結棚於通衢,燈皆刻飾紙帛,穿綴綵珠,剪簇絢繪,工競百巧。市人各挂綵懸流蘇,以障幕覆之。金鼓管絃,火樹最勝,遊人往往達曙爲常。是夕,農家争束芻,徧燒田間,謂照田。蠶家祀竈,爲接竈。按:《禮·(樂)[禮]器》:竈者,老婦之祭。尊于缾,盛于盆。言瓶爲尊,盆盛饌也。《舊志》十七日會普照寺,燃巨燭,士女七日方散。月内誦《蓮華經》,又醮章爲禳火,已不復見。

郡守許公維新《元宵》詩:元宵氣候和,微雲澹河漢。然燈起東風,聊作豐登辦。糕繭兆繭良,遂爲先蠶奠。太守分爲民,敢作耳目玩。迅雷忽砰砯,花燭紅燦爛。冲空萬虹流,矯如射天箭。鼓吹衆壘鳴,有如鉅鹿戰。海潮沸疑近,方昏又忽旦。北方瘠土生,驟然經未慣。彷皇步庭階,呼僮防火患。開關告海防,或然有外變。轉笑告者迂,無聊坐夜半。棲烏禁不鳴,樓角寂宿鸛。豈亦訝非常,焚巢愁禍亂。良久月沉西,燈消火亦倦。熱鬧逐霜零,鼓角隨風散。燈花个幾錢,量費應無算。消者灰與塵,散者衣若飦。即此耳目前,可卜餘鄉縣。富貴猶堪惜,其如貧與賤。夏畦苦作勞,當午滴禾汗。膏血一粒艱,用作泥沙眄。急來不勝情,枉競田廬畔。争鬬一無術,不情告加嘆。重求却失輕,作此顛倒見。雖去鄙吝心,此理無難判。荆楚風土謡,往古先賢傳。本以教耕桑,末流成惑眩。害財最苦奢,足民莫如儉。歲穀餘三年,中仍慮水旱。此宵已如斯,八節費巨萬。往歲魃爲妖,揚塵江流斷。茹草腹不充,道殣嗟逋竄。安得燈與花,煮作飢寒膳。奈何揮金穀,泖底九峰澗。年祲再禱神,神恫民亦怨。禁屠與止沽,赴南如北面。守臣罪可誅,何不爲民勸。燎原況易焚,射天是恭慢。無禮召祝融,恣錢買禍難。馬舞青樓街,熊嘯錦廛徧。此其在眼前,皆可爲殷鑒。齊傖不能詞,存爲不職案。省費反樸風,何勝愜大願。

二月十二日,百花生日,以紅綵繫群卉。十九日,觀音大士誕晨,群詣佛寺進香。始放風鳶,亦曰風筝,又曰放鷂子。郎仁寶云:春之風自下而升,紙鳶因之以起。夜以燈爇燭,懸線而升之。亦有烟火,飛如繁星。

三月清明,祀先。家設野祭,拜掃先塋,挂紙錢,謂之紙幢。家長率子孫咸往,名標墓。俗折柳枝及薺花戴于首。清明先三日,郡牒城隍神,至期請詣厲壇。郡民執香花,騎從擁導前後者數萬餘人。至晚,復以華燈千炬迎歸入廟。七月十五日、十月一日亦如之。元時于是日有鞦韆之戲。《舊志》載歌咢游山迎會。先時巫者舁神偶，沿門互唱索錢，結綵成幡勝，以奉嶽神，爲錢幡會，至今有之。自茶笋之候，九峯惟佘山、神山、干山，畫舫鱗次，徵歌載酒，游者無虚日。二十八日，東岳帝誕辰。里人聚鼓樂旗幡騎蓋，迎神于東岳廟。

四月八日，俗稱浴佛之辰。浮屠設供，以水浴釋迦像，謂九龍吐水之日也。《舊志》于是日迎華光會。

五月朔日，貼門符。端午收桃艾，競采雜藥。《夏小正》：此月蓄藥以蠲毒氣。切菖蒲，屑雄黄酒中，合老幼飲之，云辟邪。有織組雜物相贈遺，囊雄黄以佩。小兒噉角黍，今呼爲糉。周處謂角黍節，白龍潭競渡，戲龍舟，遊人出觀，各具酒食醉客。《舊志》薦新麥以特牲，祠先于正寢。今夏至日祀先，是日爲始。凡三日爲頭時，五日爲二時，七日爲末時。俗謂禁月忌探病。一呼時曰黣。是月，廛閈啓醮爲禳瘟。十三日，關帝誕辰，郡民以旗幟劍盾、騎從鼓樂迎神，奔走塞道。惟《舊志》所載，重五，軍校褙柳于擊場。謂以柳枝插地，數騎用剗子箭或弓弩馳射。《金史》：中元重陽，各射柳毬塲爲褙。久廢。

六月六日，俗俱滌器于河，浴貍犬，家以麪爲飥飥。伏日，竝曬書及衣裘。十九日，觀音大士成道之期。士女詣超果寺進香者千衆，烟縷如霧。或供長幡，懸殿梁間以祈福。

七月七日，以菱芡瓜果爲七夕之會，不復乞巧。揉麪爲巧果，及煎茄，俱油煿之。中元祀先以素羞。僧舍設齋，爲人禮懺薦亡，曰盂蘭盆會。至晚，化冥錢，或施餤口。《蘇志》謂之鬼節。晦值三十日，相傳爲地藏開眼。又寺僧造紙船，爲白蓮船。男婦多以錢米、豆麥、棉花少許寄置其中，爲趁船，以祈生方西渡。至夕，作梵事而焚之。

八月，《舊志》：朔日收露水磨墨，點小兒女額，謂之天灸。中秋賞月，俗稱"中秋月，夜夜華"，往往有把酒候之者。朱之純《三山亭》詩，有"坐看雙鶴落雲間"，註：華亭每中秋夜，有仙鶴下。今未嘗見也。俗以月餅相餉。田家祀先農，醵錢爲會，曰青苗社，亦曰謝天會。今田農時舉之。二十四日，割新稻，謂之開稻門，以祀竈。

九月，《舊志》：市造新酒，名開清。有三等，上名短水，中曰九峯，下曰清。今惟存短水之名，市中售之。九日登高。《武林舊事》載菊糕，以糖内秫麪，雜揉爲之。上縷肉絲鴨餅，綴以榴顆，標以綵旗。今家製糕爲重陽糕，以紙旗插之，供神佛及竈。《舊志》又載舂紅餚，首薦先，然後對菊泛茱萸，嘗新酒。

十月一日，祀先。《舊志》：朔日開爐，以麵裹菠菜爲餅，獻登祠堂，復拜掃先墓。今惟以蔬果設祭家祠。上海拜墓，至今不廢。

十一月，冬至，治花糕，封豨羊，祀先。三日，罷市，交賀如歲首。鼓吹喧闐，號豁聽。更互結宴，名分冬酒。俗重冬至而畧歲節，諺云：肥冬瘦年，出《豹隱紀談》。近冬至節不復相賀，張肆如故。至夕，家設酒果，及祀先祀竈而已。

十二月，臘，糶歲計米，曰冬舂。謂舂米藏之藁草，經歲不蛀，佳者爲檀香米。二十四日夜，祀竈，爲送竈。祀用粉團糖餅，謂竈神朝天，言人過失，用飴糖取膠牙之意。是夕，掃屋塵，曰除殘。農人爇炬，復照田蠶，看火色占水旱。白主水，紅主旱，猛烈主豐，萎衰主歉。出《田家五行》。二十五日，舉家食赤豆粥，辟瘟。范至能詩云：家家臘月二十五，淅米如珠和豆煮。大杓撈鐺分口數,疫鬼聞香走無處。今惟僧家于二十八日煮糜,雜置栗棗及豆,謂之臘八粥。丐者以煤塗面,飾爲竈神,一丐裝婦女,共揭竹枝,跳舞鳴鑼,儺於街市,自朔日至二十四日止。除日奉先,夜燒松盆以代爆竹,取松柴燎之,加以竹。共擊鑼鼓,震火礮及諸烟火徹夜。《舊志》云:燒粈盆爆竹。《韻會》註:粈,粉滓也。一曰粥凝。又《歲時雜記》:除夕作蕡燭,以麻粈濃油,如庭燎。律有元日油粈之文。或作粈浴,又呼生盆,生氣也,殺陰生陽也。《神異經》:西方山中有山臊,聞爆竹聲則驚遁云。隣互擎炒豆相迎,僉掬而交納之,且啗且祈,曰凑投。造粉糕。炳燭爚瀹,燒蒼术辟瘟丹。畫石灰于地,書吉祥字,或象戈矢,以辟邪。夜分,禬瘟神,易門神桃符,貼春聯于門壁,簷除徧插柏葉冬青,缾甕俱覆其口,恐降瘟災。先期汲井水,昏即封之。祀先及家神。老幼圍爐,尊卑列坐而飲,亦曰守歲。至閉門,則震火炮者三,旦開門亦如之。《舊志》又載:五鼓一籌,更燭炷香,陳果設醴,祝家神,參祠堂。然後舉家東向立,自卑而尊,飲屠蘇酒。飲酹,尊者就席,以次賀畢,遂出賀。此一歲風俗之大畧也。

吕克孝《田家月令》十二首:正月淞江春水鮮,麥苗薺葉緑如烟。孛婁笑把流花卜,喜得今年勝舊年。二月淞江燕子飛,蠶豆花開竹笋肥。人人拍手攔街笑,正是前村散社歸。三月淞江鳩雨晴,家家插柳是清明。草深黄犢春來長,曉起扶犂試學耕。四月淞江梅雨多,新秧纔蒔便成科。只愁舶棹東風急,盡向簷前結草簑。五月淞江稻正長,日中耘稗汗如漿。今朝一陣分龍雨,不用推車坐夜凉。六月淞江水没堤,黄豆青苗一截齊。若到甲申晴到夜,今年米價賤如泥。七月淞江風漸凉,棉花雪白稻花香。街頭點火收官布,只説機梢要放長。八月淞江浪拍天,荳棚瓜蔓竹籬邊。兒童結網扳罾去,魚蟹都來不用錢。九月淞江霜樹殘,草乾潮落剩沙灘。布衫燈下重重補,月照蘆花夜更寒。十月淞江盡築場,繞場稻積密于墻。如何黄犬連村吠,里長催糧上縣倉。冬月淞江長至前,家家打鼓謝茶筵。了酬心願無他事,不擾官司好晏眠。臘月淞江冰作堆,雪花一尺伴寒梅。田蠶照罷圍爐坐,兒女同酬守歲杯。

《嘉禾志》:《前漢地理志》云:江南地廣,火耕水耨,民食魚稻。故農器與漁具,比他方甚備。

農　器

松農器大約如陸龜蒙《耒耜經》所載。經曰:民之習通謂之犂。冶金而爲之者,曰犂鑱,曰犂壁。斲木而爲之者,曰犂底,曰壓鑱,曰策額,曰犂箭,曰犂轅,曰犂梢,曰犂評,曰犂建,曰犂槃。木金凡十有一。事耕之土曰墢,墢猶塊也。起其墢者,鑱也。覆其墢者,壁也。草之生,必布於墢,不覆之,無以絶其本根。故鑱引而居下,壁偃而居上。負鑱者曰底,底之次曰壓鑱,鑱之次曰策額,言可以扞其壁也。自策額達於犂底,縱而貫之,曰箭。前如桯而樛者曰轅,後如柄而喬者曰梢。轅有越,加箭可弛張焉。轅之上又有如槽形,亦如箭焉。刻爲級,前高而後卑,以其淺深類可否,故曰評。評之上,曲而衡之者,曰建。建,捷也,所以柅其轅與評。無是,則二物躍而出,横於轅之前。末曰槃,言可轉也。轅之後末曰梢,中在手,所以執耕者也。犂耕而後有爬,散撥去芟者焉。爬而有礰礋焉,有磟碡焉。自爬至礰礋,皆有齒,磟碡觚稜而已。咸以木爲之,堅而重者良。江東之田器盡於是。牛犂之後,復以刀耕,制如鋤而四齒,俗呼爲鐵搭是也。無力買牛用以耕,每人日可一畝,率十人當一牛。

灌水以水車,即古桔槔之制。有戢輻,有眠牛,有鹿耳,有車桁。高鄉之車曰水龍。有不用人而以牛運者,曰牛車。亦有并牛不用,而以風運者,然不常用。

黄顯《踏車行》:踏車踏車聲咿啞,老農力疲雙眼花。炎炎火日上灸背,血汗下滴沾泥沙。東溝水乾潮信窄,移車且向西浜踏。西疇力灌水未盈,回視東疇已龜坼。歸來辛苦唇吻焦,渴心飲水飢腹枵。青簑藉地纔好睡,又被雞聲催接潮。呼兒急起搬車走,婦饁晨炊女提酒。如此勤勞幸有秋,顆粒何曾先到口。簸秕去糓颺糠粞,輸納上倉渾似泥。老翁夜歸語老婦,了却官租甘忍飢。

顧彧《田家女行》:妾生田舍家,自小能踏車。從知力稼穡,不但執桑麻。東吴土卑下,水畔殊火畬。瘠磽每失養,旱潦尤所嗟。時俗頗驕脆,内匱外示奢。豐年飯不足,凶歲生何涯。關河兵車久,税賦時和加。需徭令益迫,愁苦聲愈譁。空村落木静,烏雀紛呀呀。西風入茅屋,萬室驚飛沙。廟堂豈無意,被德宣幽遐。邦君武陵守,心願蝗爲蝦。潜生憸刻人,鼓毒如怒蛙。自謂長國利,臣職無乃差。鼷鼠或制龍,嗺犬多噬猳。常聞小人進,往往成傾邪。秦法耗衛鞅,齊政隳易牙。慎初理失機,滋久禍必芽。乾坤厭凋劾,日月常光華。願圖《豳風》詩,女織男耕枷。賤妾雖薄命,庶保崇陽茶。

范至能《田家》詩:高田二麥接山青,傍水低田緑未耕。桃李滿村春似錦,踏車椎鼓過清明。下田戽水出江流,高壠翻江逆上溝。地勢不齊人力盡,子男長在水車頭。

農無田者,爲人傭耕,曰長工。農月暫傭者,曰忙工。田多人少,倩人助,已而還之,曰伴工。

冬寒即屋以藏牛,謂之牛囤,唐人謂之牛宫。陸龜蒙有《祝牛宫詞》。序曰:冬十月,耕牛違寒,築宫納而造之。建之前日,老農請乞靈于土官,以從鄉教。予勉之而爲辭。四牸三牯,中一去乳。天霜降寒,納此室處。老農物物,度地不畝。東西幾何,七舉其武。南北幾何,丈二加五。偶楹當間,載尺入土。太歲在亥,餘不足數。上締蓬茅,下遠官府。耕耨及時,飲食得所。或寢或卧,免風免雨。宜爾子孫,實我倉庾。牛囤即牛欄也。

楊維禎《吴農謡》:吴農竭力耕王田,王賦已供常餓眠。董賢鄧通何爲者,一生長用水衡錢。

顧彧《竹枝詞》:東望圓沙已坍江,西來兩岸復瀧淙。民租官税無繇辦,落盡阿儂紅淚雙。

張世美《憫農賦》:己酉之歲,維夏徂暑。霪雨連旬,風號雷怒。綿綿不休,漏天莫補。始則浮堦决衢,終則浸隴渰畝。閭閻僅存半屋,江湖連爲一區。禾方植而就困,土沮爛而不舒。河伯起于平地,天吴舞於交衢。生靈百萬,俱化爲魚。雖世運之就厄,實民命之難須。當是時也,欲車戽以救兮,岸堙没而無堤也。欲障土以隄兮,風蕩泊而易傾也。欲日以爍之兮，勢方盛而難亢也。欲風以扇之兮，西來緊而加盈也。若吾民之自盡兮，當先事之爲備。築隄防以豫患兮，又何洪水之爲累。人事之不修兮，惟事乎苟安。隄防之不豫兮，莫虞乎時艱。有司督責兮，逋負欲完。自遺伊慼兮，是誰之愆。

附：練子寧書雲間陳士傑閲耕軒，有云：天子誕膺天命，四征弗庭。即位之初，首務教民稼穡。下蠲租之詔，重末作之禁，謹兼并之律。向之數百年之間，文衣精食，乘堅驅良，浮淫交泰，以病夫民者，皆轉而之南畝矣。味膏粱者，知衣食之本，而不以耒耜爲卑。被文繡者，知飢寒之原，而不以畎畝爲耻。天下之士，圓冠而方履者，舉以不躬播穫、操銚鎛爲羞。而吴越之墟，齊魯之境，至於野無曠土，而室無懈人。天子神化之妙，何其至哉！余嘗觀《詩》，至于《楚茨》、《甫田》諸篇，見其公卿世禄之家，相與農夫田婦，周旋慰勞於畎畝阡陌之間。上不以貴而驕其下，下不以賤而耻其上。其忠厚之至，非獨足以見當時太平之風，而公卿大夫之賢，亦因可以槩見矣。

漁　具

濱海之地，業漁者多於耕。入國朝來，斥鹵化爲良田，漁非耕類矣。然江湖泖浦，取魚之術亦多，有皮陸序述所不能盡者。其述漁具云。

大凡結繩持網者，總謂之網罟之流。曰罛，曰罾，曰罺。圓而縱捨曰罩，挾而升降曰罟。緡而竿者總謂之筌。筌之流曰筒，曰車。横川曰梁，承虚曰笱。編而沈之曰箄，矛而卓之曰矠，棘而中之曰叉，鏃而綸之曰射，扣而駭之曰桹，置黿而守之曰神，列竹於海澨曰滬，錯薪於水中曰槮，所載之舟曰舴艋，所貯之器曰笭箵。其他或術以招之，或藥而盡之，皆出於《詩》、《書》、雜傳。其所詠題十五，曰網，曰罩，曰罶，曰釣筒，曰釣車，曰魚梁，曰叉魚，曰射魚，曰鳴桹，曰滬，曰槮，曰種魚，曰藥魚，曰舴艋，曰笭箵。今漁於海者，有箄網，有蒲網。漁於江浦者，有注網，有絲網、塘網。編竹斷港曰斷，不出水者曰横簾，可捕蟹。以數百鉤繫餌，一繩牽之，曰張釣。又有鉤繫線，射鱉而中之，轉車而收之者。此數事又昔人所未及。

貝(闕)[瓊]《觀捕魚記》：松江産魚非一，取魚者或以罩，或以叉，或以笱，或以罾。巨家則斫大樹置水中，爲魚叢。魚大小畢赴之，縱横盤互，人亦無敢輒捕者，故萃而不去。天始寒，大合漁者，編竹斷東西津口，以防其佚，乃撤樹兩涯，鼓而毆之。魚失其所依，或駭而躍，或怒而突，戢戢然已在釜中矣。於是駕百斛之舟，沉九囊之網，掩其左右，遮其前後。而盈車之族，如鍼之屬，脱此掛彼，損鱗折尾，無一縱者。予觀而嘆曰；魚之托於水也，非無九州四海之可歸也。而歸于數畝之陂，朽株之下，以爲至安無患，若登龍門焉。烏知誘之者將以制之，養之者將以殺之？人之機亦巧且深矣。予又傷其盡而無遺，何其不仁之甚邪？嗚呼！天下之死於盡取者，豈獨魚已乎，豈獨魚已乎！故書爲記。

《舊志》云：俗務紡織，他技不多。如綾布二物，衣被天下。松無蠶桑，惟木棉有之，歲入多寡亦異。婦女專以紡織爲業，游手白徒反有資之養生者。

紡　織

紡織不止鄉落，雖城中亦然。里媪晨抱綿紗入市，易木棉花以歸，機杼軋軋，有通宵不寐者。田家收穫，輸官償債外，未卒歲室廬已空，其衣食全在此。《前志》云：百工衆技與蘇杭等。若花米踊價，匹婦洗手而坐，則男子亦窘矣。

王禎《木棉叙》曰：木棉無採養之勞，有必收之效。埒之枲苧，免績緝之工，得禦寒之益。雖曰南産，言其通用。則北方多寒，或繭纊不足，而裘褐之費，最爲省便。農務助桑麻之用，華夏兼蠻夷之利矣。

陶九成《輟耕録》曰：閩廣多種木棉，紡織爲布，名曰吉貝。松江府東去五十里許，曰烏泥涇。其地土田磽瘠，民食不給，因謀樹藝以資生業，遂覓種于彼。初無踏車椎弓之製，率用手剖去子，線弦竹弧置案間，振掉成劑，厥功甚艱。國初時，有一嫗名黄婆者，自崖州來，乃教以作造桿彈紡績之具。至于錯紗配色、綜綫挈花，各有其法。以故織成被褥帶帨，其上折枝、團鳳、棋局字樣，粲然若寫。人既受教，競相作爲，轉貨他郡，家既就殷。未幾嫗卒，莫不感恩，灑泣而葬，又立像祠焉。

丘濬《大學衍義補》曰：自古中國所以爲衣者，絲麻葛褐而已。漢唐之世，遠夷雖以木棉入貢，中國未有其種，民未以爲服，官未以爲調。宋元之間，始傳其種入中國，然猶未以爲征賦。故宋元《食貨志》皆不載。

張所望《閱耕餘録》曰：吾松以棉布衣被天下，而棉花之來，莫詳其始。相傳謂種出西番，元時始入中國。按《通鑑》：梁武帝木棉皁帳。史炤《釋文》云：木棉，江南多有之。以春三月下種，既生，須一月三薅。至秋，生黄花結實。及熟時，其皮四裂，其中綻出如綿。土人以鐵鋌碾去其核，取如綿者，以竹爲小弓，長尺四五寸許，牽弦以彈綿，令其匀細，卷爲筒，就車紡之，自然抽緒，如繅絲狀，織以爲布。按：史炤所言，即今之棉花無疑矣。但今製彈綿之弓，以木爲之，長六尺餘，則與古稍異耳。謂起自元時，非也。第史炤以此解木棉，亦未爲當。木棉出交廣，其樹盈抱，其實如酒杯，其口有綿可作布。見張勃《吴録》。即今之斑枝花。楊用修辨之，是矣。徐光啓《吉貝疏》曰：吉貝之名，獨昉于《南史》，相傳至今，不知其義。意是海外方言也。故是草本，而曰木棉者，南中地煖，一種之後，開花結實，以數歲計，頗似木芙蓉。不若中土之歲，一下種也。又木者，草木之總名。吉貝之稱木，即《禹貢》之言卉，取别于蠶絲耳。閩廣不稱木棉者，彼中别有一種木棉樹，高十餘丈，枝幹如桐，葉如胡桃稍大，花如辛夷，色如渥丹，一樹數千枚。秋結子，剖之如酒匜，殼甚堅，中絮純白，仍著黑子。一名攀枝花。中作裀褥，雖柔滑而不韌，絶不能牽引，豈堪作布？或疑木棉是此，謂可爲布，而其法不傳，非也。《吴録》所言木棉，亦即是吉貝。蓋南方吉貝，數年不凋，其高丈許，固不足恠也。

熊澗谷《木棉歌》：秋陽收盡枝頭露，烘綻青囊翻白絮。田婦携筐採得歸，渾家指作機中布。大兒來覓襦，小兒來覓袴。半擬償私債，半擬輸官賦。竹籠旋著活火薰，蠹蟲母子走紛紛。尺鐵碾出瑶空雪，一弓彈破秋江雲。中虚外泛搓成索，晝夜踏車聲落落。車聲纔冷催上機，知作誰人身上衣。小女背面臨風泣，憶曾隨母園中拾。

顧彧《竹枝詞》：平川多種木棉花，織布人家罷緝麻。昨日官租科正急，街頭多賣木棉紗。

董僉憲良史《織布謡》：朝拾園中花，暮作機上紗。婦織不停手，姑紡不停車。園中花有盡，蟲蝕兼風損。苟通商販來，騰踊價無准。經多愁緯少，買花連夜造。不惜斤兩過，且要邊幅好。門前索租賦，催錢又催布。細意織得成，猶恐監官怒。年飢負私債，錢物無稱貸。擬儘納官餘，抱布城中賣。城中布雖賤，得錢圖得現。不恨利輕微，但願身常健。舉家忙不已，一絲難上體。錢布汗血成，監官莫輕視。

吾松以漁稻紡織爲生，舊傳富庶，今漸凋瘵。昔魏文靖公驥有詩，自叙曰：松江素爲浙西富庶之地，元末兵後，化爲丘墟。有士人過此，以詩感懷。予嘗記其一聯，有"十里笙歌連巷陌，兩行珠翠壓樓臺"之句，餘則忘之。故足成其韻，以爲慕奢侈者之勸。茫茫瓦礫間蒿萊，曾見當年富庶來。十里笙歌連巷陌，兩行珠翠壓樓臺。若非天上神仙窟，也是人間錦繡堆。誰信達人嫌過盛，都緣樂極又生哀。

占　候

正月歲朝，夙興，視天氣明暗，以有雲而暗主豐年。諺云：年朝黑鹿秃，高低鄉盡熟。《歲朝類紀》謂元日昧爽，當觀雲氣，東方黄雲，主其年熟。《隨時録用》云：首三日天陰，人安，蠶麥十倍。連五日雨，及端朔東北風，皆大熟。人日晴，人民安。月内虹，十月穀貴。雷弗寧，日食，穀賤，盗疢多。又元日值立春，主民大安。諺云：百年難遇歲朝春。立春日晴暖爲佳。諺云：春寒多雨水，春暖百花香。《田家五行》云：春牛釋色，本按立春日之支干納音，今田家自以此占歲事，頗亦有驗。頭黄主熟，又專主菜麥大熟。青主春多瘟，赤主春旱，黑主春水，白主春多風。身色主上鄉，蹄色主下鄉。四時占法並同。又以正月上旬子日，驗一歲休咎。占云：甲子豐年丙子旱，戊子蝗蟲庚子叛。若逢壬子水滔滔，只在正月上旬看。正月初八日爲上八，夜觀参星過月西，則多旱，否則多水。蓋八日爲穀，故占如此，且以此卜元夕之晴雨。諺云：上八不見参星，月半不見華燈。

二月八日，得西南風爲稔歲。此際每多風雨，俗傳爲祠山神所致。花朝晴，則百果成實。諺云：有利無利，只看二月十二。

三月亦喜晴無雨，麥乃有秋。諺云：三月溝底白，莎草變成麥。上巳日聽蛙聲，占水旱。諺云：田雞叫得啞，低田好稻把。田雞叫得響，田内好牽槳。唐詩云：田家無五行，水旱卜蛙聲。正謂此也。又清明雨，百果損。十一日，麥生日，喜晴。

四月初八日，夜雨則傷小麥。諺云：小麥不怕神共鬼，只怕四月初八夜裏雨。又俗以芒種日爲入梅，梅後十五日爲入時。施真卿《叢話》謂淮浙以芒種節氣後爲梅雨，夏至中氣後爲時雨。故周處《風土記》云：夏至前名黄梅雨。或分上時、中時、下時。其初雨爲迎時，末雨則送時。諺云：高田只怕迎時雨，低田只怕送三時。蓋初時而雨則旱，末時而雨則潦也。若中時而雷，謂之腰報，亦主多雨。《埤雅》云：湘浙四五月間，梅欲黄落，蒸鬱而雨，謂之梅雨。沾衣多腐爛,謂之霉。故三月雨爲迎梅,五月爲送梅。或以芒種後遇壬入梅,夏至後遇庚出梅。前半月爲梅雨,後半月爲時雨。遇雷電謂斷梅。如芒種後五日遇壬,則梅高五尺。如十二日遇壬,則梅高一丈二尺。度物之高下,過此則不蒸濕也。

五月,如夏至日晴,則暑不大酷。諺云:夏至有雲三伏熱。《田家五行》又云:夏至無雲三伏熱。未知孰是。又五月忌甲申、乙酉日雨,雨則有大水。諺云:甲申猶自可,乙酉怕殺我。《道山紀聞》云:春夏甲申日雨,占爲米貴。秋甲申雨,則稻禾吐芽,亦主穀貴。皆因雨之大小。《便民圖纂》又云:春甲子雨,撑船入市。夏甲子雨,赤地千里。秋甲子雨,禾頭生耳。冬甲子雨,飛雪千里。《歲時類紀》亦謂四時甲子日,喜晴忌雨。則是甲申、甲子,又有不同。然所謂禾頭生耳,正以大水淹浸,稻禾吐芽也。又五月朔旦,爲早禾本命,尤忌雨作。《避暑録》云:吴俗以五月二十日爲分龍日。諺云:二十分龍,廿一日雨,主雨水多。廿一日鱟主旱,俗呼鱟即虹也。前此夏雨時行,所及必徧。自分龍以後,或及或不及,若有命而分之者。故五六月間,每雷起雲簇,雨不移時,謂之過雲雨。雖二三里,亦有不同。或濃雲中若尾墜地,而宛延舒卷者,雨亦止其一方,謂之龍掛。諺云:夏雨隔田晴。又云:夏雨分牛舂。惟小暑日畏雷。諺云:小暑一聲雷,倒轉作黄梅。亦雨水多也。吴人三時亦喜雨。《歲時樂事》云:三時必有雨,田家以爲甘澤,邑里相賀,名曰嘉雨。諺云:打鼓送三時,百日弄車趙。言聞雷主旱。

六月初,亦忌雨。占云:初一落雨井泉枯,初二落雨井泉浮,初三落雨連太湖。小暑日雨,名曰黄梅顛倒轉,主有水。若東南風及成片白雲起,則有白棹風,主退水,兼主旱。東坡詩云:三時已斷黄梅雨,萬里初來白棹風。正此日也。又諺云:六月不熱,五穀不結。又云:六月蓋被,田中無米。蓋三伏中是稿稻天氣,又當下壅之時,最要晴,晴則必熱也。

七月,如立秋日忌雷聲。諺云:秋孛鹿,損萬斛。立秋後虹見,爲天收,雖大稔亦減分數。蓋吴音呼虹若許候切,其音近於耗,故謂虹見爲天收,則物消耗。《菽園雜記》云:今人露置酒醬於庭,見虹則急掩蓋之,不爾則致消耗。如逢白露日雨,亦爲荒歉之應。又言:春雷十日陰,秋雷十日熱。諺云:田怕秋旱。

八月十二日爲鹽生日,雨則鹽貴。十三爲滷生日。二十四日爲稻藁生日,雨則藁腐。俗言是日上午雨爲竈上荒,言米貴也。下午雨爲竈下荒,言柴貴也。又八月露下而雨,爲淋露雨。九月霜降而雲,爲護霜雲。又稻秀時忌風,蓋風則禾穗摇動,多粃不實。故云:稻秀只怕風來擺,麥秀只怕雨來淋。若秋分在社日前,則田有收而穀賤。社日在秋分前,則田無收而穀貴。諺云:分了社,白米徧天下。社了分,白米如錦墩。《歲時廣記》又云:秋分在社前,斗米换斗錢。秋分在社後,斗米换斗豆。

九月九日晴,則冬無雨雪。諺云:重陽無雨一冬晴。《歲時類紀》云:九日無雨立冬晴,三冬少雨。二十七日,俗呼潘婆報,以晴雨占田禾。

十月朔旦晴和,則少寒。小雪日雪,則穀賤。遇三日連霧,主發西風。

十一月,凡冬至後逢第三戍爲臘。臘前三番雪,謂之三白,大宜菜麥。諺云:若要麥,見三白。又云：臘雪是被，春雪是鬼。又主來年豐稔。謝靈運《雪賦》云：盈尺則呈瑞於豐年。又雪五日不消，爲赤脚雪，又主殺蝗蟲子。諺云：一寸雪入泥一尺，一尺雪入泥一丈。東坡詩云：遺蝗入地應千尺。正謂此也。

十二月，如遇立春在殘歲，主冬煖。諺云：兩春夾一冬，無被煖烘烘。凡霜止一朝，爲獨脚霜，主雨，要安静爲上吉。諺云：除夜犬不吠，新年無疫厲。此民俗一歲占候之大槩也。

松江府志卷之十三

風　俗

《示儉公移》附

代巡甘公士价爲嚴禁奢侈以維風化事。竊見民間風會日流，習尚日侈，暴殄天物，靡費民財，良用扼腕。備行四府官屬，將一切奢靡風俗，互相講求，從長商酌，逐一裁省得中。要在合乎人情，宜于土俗，俾矯枉不至過正，而士民斷斷可從。覆核頒布，使民間家喻户曉，無敢敗盟。此汲汲維風一念，敢不與府州縣各官，矢心則傚，以爲鼓舞斯民之地。其頑民梗化，不可教誨者，三尺具在。故每款間以律法終焉。

一，冠服。家無擔石之儲，而衣飾盡皆綺羅珠翠；身無一命之寄，而冠巾半係忠静凌雲。甚至家隸走卒、星相俳優，皆竊戴儒巾、濫穿雲履，遍身紬絹，貴賤不分。今議稱縉紳冠服，頒自朝廷，照依品秩，各有定式。惟舉監生員，褻衣便巾，隨人製造。以致唐晉凌雲諸巾，紛紛雜出。甚至綴以玉圈玉瓶，下及星相俳優皆用之。又綺羅諸錦，巧見疊出。有男子衣女衣者，或穿銀紅、出爐銀色及紅履者，有女衣飾值幾百金者。不惟違悖國法，抑且妖異可駭。及今不止，後敝若何？相應立約定式，舉監生員各用紗羅製造四方素巾，女服亦從簡便，不得僭侈。查得洪武三年，令庶民男女衣服，並不得僭用金繡錦綺、紵絲綾羅，許用紬絹素紗。其首飾釧鐲，並不許用金玉珠翠，止用銀。本年，又定士庶妻首飾許用銀鍍金，耳鐶用金珠，釧鐲用銀。服淺色團衫，許用紵絲綾羅紬絹。洪武十四年，令農民之家，許穿紬紗絹布，商賈之家，止許穿絹布。如農民之家，但有一人爲商賈者，亦不許穿紬紗。萬曆二年，禁舉人、監生、生儒，下至民庶奴隸之輩，不許僭戴忠静金線冠巾，穿錦綺鑲履，及張傘蓋，戴煖耳。相應申明頒示，使士民遵守，則不期儉而自儉矣。

一，宴會。殽饌必窮四方水陸之珍，器皿皆用描金點翠之飾。陳設花果，扮演戲文，羅列滿前，何從下箸。民間至有數金不能宴一親、會一客者。今議稱宴會以洽賓主之懽，迺杯盤稠叠，水陸雜遝，貧者因此廢禮，富者愈以得志。風俗之弊，實由於此。今後凡大宴會，每席止用卓一張，葷五器，時菜五器，京果五小碟，醃菜五小碟，酒五行或七行，湯三道，米食一道，麵食一道。不折席，不演戲文，不用鼓手樂人攢盒。若新客，則宜加一小幫卓爲敬。至於庶民，尤宜省約，使情文適均，可以經久。查得洪武二十六年，定公侯一品二品，酒注酒盞用金，餘用銀。三品至五品，酒注用銀，酒盞用金。六品至九品，酒注酒盞用銀。餘皆用磁漆木器，並不許硃紅及抹金描金，雕琢龍鳳文。庶民酒注用錫，酒盞用銀，餘磁漆。相應申明頒布，使士民遵守。至於殽饌，宜隨其家之所有，及其土之所產。大約牲品止用五器，京果時果共用五器。其餘菜果小碟，不得過二十品。麵食二器，湯二道。取其成禮洽情而已。攢盒起自近世，既設殽品，此亦可省。客從量給酒餅，或折賞時錢，多不過百文。鼓吹絲竹，慶筵可用，餘席不用爲雅。若夫四方水陸之珍，及陳列糖餅，攢簇花罩，毫無實用。搬演戲文，徒滋淫蕩。至於倡優，更不可令入宅舍。均應禁革。再照酒以成禮，不繼以淫。民間宴會，賓主俱宜早赴，薄暮而罷。不必給燭，爲長夜之飲。不惟無沉湎争競之失，而彼此門户，日入即閉，尤可杜絶姦盜。亦省刑省事之一端也。

一，婚禮。婿家厚備聘財，婦家大修奩具，動輒以千百計。稍有不備，或至相讐。與夫花幣宴會之類，浪費尤多。豈但長其男女驕奢之習，往往有過時竟不得婚且嫁者。今議稱婚禮之始，合二姓以承宗祧，不宜以財物相競。近日奢靡成風，男家厚備聘財，女家大修奩具。稍有不備，動至相讐。非但長男女之驕奢，且過時不得婚嫁。又有厭貧而悔親者，有無女而誆聘者。風俗之弊，莫此爲甚。今後凡納采、納徵、請期之禮，與女家衣飾器具，俱宜酌定數目，俾知遵守。貧者以次遞減。男女聘娶之後，及與親朋節序吉凶，止以四羹四果爲敬，或二羹二果，令人可受可繼，乃見真情，煩費何益。禮制既定，人有常心。富者不得挾財驕恣，貧者不至受富人之凌挫矣。查得洪武元年，令凡民間嫁娶，並依朱文公《家禮》行。嘉靖八年題准，士庶婚禮，如問名、納吉，不行已久，止倣《家禮》納采、納幣、親迎等禮行之。所有儀物，二家俱毋過求。其男家儀物，女家奩具，稱家有無，不必拘定數目，但以簡約爲主。倘富厚之家，愛其女者，撥給産業，尤爲實用。不得侈其奩具，以長驕惰之習。花幣宴會，彼此各從省約，毋致暴殄。亦所以爲兒女惜福也。

一，喪祭。七七祭儀，備極繁侈。牛羊鹿豕，烹宰無數。或招集僧道，大作佛事；或宴待親友，歌舞滿庭。比至出殯，則用綾段爲棚帳，裂絹帛爲幢旛。或結綵樓，或裝馬戲，搬演雜劇，填塞道路。一時紛華奪目，不復知送死爲何事矣。今議稱喪葬禮在慎終，情在哀戚。近乃作樂娱尸，大烹雜集，延異教以徼福，争風水而停喪。庶民之家，擅用方相、紼翣、功布，炫熿道路。遞相倣傚，貧者至稱貸以益之，弊也極矣。相應嚴行禁止。官員照依品秩用方相、功布、翣、銘旌。吊者成禮而行，主不受吊禮，客不受筵席。鼓吹、僧道、齋醮與風水之説，盡爲一洗。庶民照常行禮，不許僭踰。至於祭文用綾絹，亦非古禮，相應止用紙軸。如平日非相處厚善，或因子弟而及父兄者，皆非真情。涕既無從，軸應裁革。查得喪禮，惟《文公家禮會成》，斟酌損益，最爲得中。洪武五年詔：古之喪禮，以哀戚爲本，治喪之具，稱家有無。近代以來，富者奢僭犯分，力不及者揭借財物，炫耀殯送。及有惑於風水，停柩經年，不行安葬。宜令中書省集議定制，頒行遵守，違者論罪如律。嘉靖八年題准，士庶喪禮，各稱家之有無以爲厚薄。時忌致祭，亦隨所有以伸追慕，不以富侈，不以貧廢。巨家大族能遵禮，以爲庶民之倡者，有司量加勸勵。至於方相，四品以上四目，七品以上兩目，八品以下不用。翣，公侯六，三四以上四，五品以上二。功布，品官用之，長三尺。今庶民有力之家，皆僭用方相等件矣。七七大作佛事，盛設祭品。舉殯之日，鼓吹彩亭，填街塞路。爲人子者，竭思殫力以炫觀聽，不知哀戚爲何事矣。今後自舉喪以至殯送，惟在致哀。但遇時忌，或親朋致祭，止量備牲帛果醴，或間用猪羊。亦庶乎國奢示儉之意。

一，房舍。房舍則用層樓畫棟。查得洪武二十六年，定官員蓋造房屋。如一品二品，廳堂五間九架，屋脊許用瓦獸梁棟斗栱，簷桷用青碧繪飾。門屋三間五架，門用緑油及獸面擺錫環。三品至五品，廳堂五間七架，屋脊用瓦獸梁棟，簷桷用青碧繪飾。正門三間三架，門用黑油擺錫環。六品至九品，廳堂三間七架，梁棟止用土黄刷飾。正門一間三架，黑門鐵環。庶民所居房舍，不過三間五架，不許用斗栱及綵色裝飾。相應申明頒示，使士民各知遵守，違者并匠作以服舍違式論罪。又有不惜重費，裝搆花園，祇供遊翫者。久之無力修飾，未免鞠爲茂草，尤在可省。

一，簡帖。簡帖則用大紅銷金。今議稱臣子一切表箋奏疏，俱不用紅紙，而士民反用之。甚至施報稠叠，所費不貲。自後官府惟到任，與民間婚姻大事，許用紅柬，其餘俱用白柬。閒時往來，則單柬通名。如綾絹殼、紅心手本、錦軸，並行裁革。有情不容已者，文以紙軸，於情更真。又有所謂術士之帖，異言異服，乘隙爲奸，官中更宜痛絶。查得先朝，惟元老鉅公用紅紙單帖，施之庶官。而庶官以下，止用白紙摺帖答之。蓋不敢上擬元老鉅公也。尋常平交往來，止用白紙單帖。即白紙摺帖，所用甚少。而拜客通書，俱用紅紙全柬，此則嘉靖年間，尚罕見也。今吴中庶民之家，一槩用之。甚有銷金紅帖、銷金紅封袋，殊爲浪費。每念古人造紙以便民用，今濫用至此，實紙之厄也。今後民間惟婚姻納采、納徵，及慶賀七十以上，齒德俱尊誕日，許用紅柬。其餘尋常往來，只用單幅白帖。或後輩於前輩，間用全柬，即封套亦可省。若賀祭等軸，所重在文，用紙爲便。

以上各款，皆參酌適中，不過緣情節禮，去其太甚者耳。其餘交際饋遺米鹽器具之類，不遑細及。但事事力祛浮文，共敦實意，自是長久相處、永保身家道理。夫民間所以不肯從儉，只爲侈靡成風，恐怕鄉中恥笑。不知此何足恥？倘奢之不已，至於富家日日鬻産，貧家日日揭債，勢必饑寒流落，爲盗爲非，是可恥也。且造化每每忌盈，受用不宜太過。故儉之一字，不但惜財，亦是惜福。還留些有餘不盡者，以遺子孫，實養生裕後之善經也。吾民試相與長慮却顧，大家返樸還淳，全在此舉，望之望之。語稱奢則示之以儉，因命曰《示儉公移》云。萬曆二十年正月日。

又《與陸平泉書》

貴鄉文勝已極，日入於奢，輒不自量，欲圖挽回一二，因有《示儉公移》。所慮循習日久，頓革爲難。仰惟門下德隆望重，表正鄉閭，不佞私心日深嚮往。倘蒙不鄙，毅然倡率，庶齊民有所視效，以相與共還雅道，門下所造福桑梓者無量已。

《善俗裨議》附

風俗者，世道之元氣，政治之根本。吾松生齒繁庶，財賦取給，第江左浮華，俗尚沿習。

邇來儀文盛而本實衰，物力耗而財用詘，侈靡成風，公私俱困。屬臺使者按部，目擊時敝，鋭意裁節，申明禁約，檄下條議。吾輩少長于斯，事關桑梓，敝在眉睫，可漫視而不加之意乎？語云：俗奢則示之以儉。禮失而求之野，返樸還淳之謂也。必上令而下始行，一倡而羣始和。故自上動下之謂風，與衆共由之謂俗。然上惟舉要以導民之趨，下則傒應以從上之令。如必曰某禮當用某物，某物當用若干，纖悉枚舉，使奉行者不能盡從，或稍有出入，則上令而下不從，是法不行也。行之而有出入，是法不信也。今惟去泰去甚以抑其過，從禮從俗以約其中。上舉其要，而下盡其凡。斯令出惟行，而導民成俗之體要得矣。

一，婚禮。自議婚而後納采、問名、請期、親迎。今議婚、請帖、卜吉、謝允，俱在納采之前，則不必用幣、不設筵宴可知。至納采而後，備物用幣，禮重始交也。至宴會，俗有前筵後筵，即古禮先享後燕之義也。賓主獻酬，用以洽禮。今燕享前後，皆列盛筵，並用花幣，俗謂之擡飯。不若統施於燕畢，以告成禮，且免煩費。娶婦用聘儀，嫁女行奩具，自貴族以至富室皆然。然就中聘儀之多寡，奩具之厚薄，或彼此爭勝，或較量責備，何異論財。今擬聘儀奩具，各稱家有無，不必求備。

一，喪禮。初喪則用賻儀，然止於族中有服卑幼。至服後，則親賓姻黨吊用楮鏹冥幣。近俗類用吊帛，雖喪家有受不受，然用以贈生者則無名，以贈死者則非實。不若單用香楮，倣古束芻之義。且喪事尚質，于禮猶宜。喪葬大事，人子竭情盡禮。然惟周於身、周於椁者，所當致力，勿之有悔焉耳。近俗喪家用樂，類作佛事，葬則張結彩亭，扮演雜劇，羅列祭品，及設席以延吊客。是於哀戚中備儀文，喪制中求觀美。雖其中守禮者不隨俗，而習俗移人，所當裁革。惟襄事之先，預告葬期，亦不用裂帛。祭禮，古用脯醢蔬菜，以達誠孝。近來陳設太繁，品物太豐，多傷物命，以腥穢几筵。於生者無益，死者不安。今末俗信尚輪迴因果，至延僧道，爲亡者懺罪超生。不知惜物命是爲亡者超生，戒暴殄是爲亡者懺罪。舍真實而事虛無，達者不爲。宜痛革浮費，還雅素，以盡追遠之誠。

一，賓禮。除宴會餽遺，緣情酌禮，去繁就簡。近來膏粱子弟，以堂序非燕僻，畏禮文爲拘礙。往往結合羣小，顧覓游山船隻，陳設酒殽，挾歌童妓女，辟耳目以便狎昵，游狹邪以恣淫褻。不惟蕩志損財，亦且傷風敗類，所當嚴禁。乃若婚嫁送迎，遠行祖餞，禮俗當行者，不在此例。

《鄉會公約》附

吾松僻處一隅，俗號淳樸。邇來沿習侈靡，愈趨愈競。誇炫者眡簡約爲尋常，狥俗者務侈汰爲豐厚。俗尚易流，莫知紀極。每與鄉郡縉紳士友談及，無不扼腕時弊，欲革靡從。然人情安於循襲之易，而苦於倡率之難。徒委之有志未行，空言無益。近見白下諸老梓行復古從先進之意，其於世道風俗，良非小補，擬與同郡諸公約而行之。雖不敢藉口表率，庶幾同心以冀挽回。謹列其事於左。

一，門刺以通氏名。尋常往來，不論行輩先後，止用單幅白帖。除燕會請期、時節慶賀，方用全帖紅簽，餘惟婚姻嘉禮及郡縣初任，一用紅帖。

一,彼此往來拜訪,主於敘情,亦藉以考問德業。若徒循故套來往,頻復投刺,似非古道。今約非有面談屬議,不相拜訪,亦不拘答拜。其他若親遞請帖,及謝勞謝酒之類,尤係煩勞,請悉議罷。

一,賓至主人接見,俱有常禮,近四拜概無等夷。今約平交抗行,止行兩拜。惟卑幼尊長,禮行四拜。然彼此揖讓舉手,俱不得過膝。

一,尋常往來,不用冠帶,約止常服。出則可以見客,入則便於燕居。免脱着拘窘之勞,且近真率。若公會大賓,不在此例。

一,歲時燕會,禮不能無。近來羅列飣餖,堆案狼籍,暴殄生物,徒滋煩費。今約每會止時菓五、殽五,即豐不過十品,葷素熱盞各五,米麵小食各二。非婚姻大會,不得擺列糖餅,攢簇花罩,以誇侈盛。

一,禮尚往來,交際餽送,恒情不免。然施者度其可受,受者量其可復。今約每遇節序,或時新等物,餽止一二,多不過三四品,主於達情。若必擬備物充庭,則施者既煩,受者難復。或因難廢禮,情不相洽。不若物薄而情厚之爲愈也。

八十一老人平泉陸樹聲約。

方　言

風土不同,語言亦異。吴音蓋有所本,今畧記之。如:

寧馨,出《容齋隨筆》,云:寧馨字,晉宋間人語助,猶言若何也。《桑榆雜録》云:寧猶言如此。馨,語助也。晉山濤謂王衍"何物老嫗,生寧馨兒"。南宋王太后志子業"那得生寧馨兒"。

嬸,世母。妗,舅母。出張文潜《明道雜志》,云:二字合呼也。二合如真言中合兩字音爲一。

漢子,出北齊魏愷辭青州長史,文宣帝怒曰:"何物漢子,與官不就。"今稱烈丈夫曰好漢子,曰硬漢。

儂,出《湘山野録》,錢王歌:你輩見儂的歡喜,永在我儂心子裏。古今竹枝詞多稱我爲儂,謂人曰渠。

親家,見《唐·蕭嵩傳》。今北方以親字爲去聲。按盧綸作《王駙馬花燭詩》云:人主人臣是親家。亦有所祖。馮道語趙鳳家婢,長云:"傳語親家翁,今日好雪。"今男女兩父相謂,俱稱親家。

百姓,出《前漢·蒯通傳》:臣范陽百姓蒯通也。今吾城軍衛人,多呼鄉民爲百姓。

娘子,出《風俗通》:漢何敞爲鬼蘇珠娘,按誅亭長龔壽。《隋書》韋世康與子弟書:況娘春秋已高。今通爲婦女之稱。謂穩婆爲老娘,女巫曰師娘。又曰某娘,曰幾娘,鄙之曰婆娘。見《輟耕録》。

丫頭,出劉賓客《寄贈小樊》詩:花面丫頭十二三,春來綽約向人時。今呼女子之賤爲丫頭。

點心，出《唐史》：鄭傪爲江淮留後，家人備夫人晨饌。夫人顧其弟曰："治妝未畢，我未及餐，爾且可點心。"設果餌。

上頭，出花蕊夫人《宫詞》：年初十五最風流，新賜雲鬟使上頭。今女子新髻曰上頭。

男，出《詩》：乃生男子。吴中凡生丈夫子，則曰男兒。鄉音合男兒二字爲一，若以平聲呼煖字而稍輕。古詩有《賣团行》，則团字爲煖音也。

書手，出唐《報應記》：宋衎，江淮人，應明經舉。後因病廢業，爲鹽鐵院書手。今稱吏胥爲書手。

經紀，出唐滕王元嬰與蔣王皆好聚斂。太宗嘗賜諸王帛，敕曰："滕叔蔣兄，自能經紀，不須賜物。"今呼善營生者爲經紀。

縮朒，出《漢・五行志》：王侯縮朒。今呼退懦不任事者，謂縮朒不前。

鈔暴，出史漢建武九年，匈奴轉盛，鈔暴日增。今謂生事凌人曰鈔暴。

不耐煩，見《宋書》庾登之弟仲文傳。

温暾，出王建《宫詞》：新時草色暖温暾。又白樂天詩：池水暖温暾。今湯茗諸類，不冷不熱，以温暾呼之。謂寒則曰冰冷。

含胡，出唐顏杲卿含胡而絶。東坡詩：臧否兩含胡。今以呼語音不明者。

儇利，出《詩》：揖我謂我儇兮。吴人謂機巧有小才者。又兒黠爲儇頑。

參差，出《詩》：參差荇菜。今吴言物之不齊，與伴侶前後，皆曰參差，又曰七參八差。

歡喜，出《史記》：民得以接歡喜。《唐書》：后令賦歡喜詩。今吴人道憐愛此物爲歡喜心，有悦樂亦如之。

郎當，出古詩：鮑老郎當舞袖長。今俗呼人之衰憊者曰郎當。

修婝，出中和二年，修婝部伍。今謂葺理整齊也。

眠娗，出《列子》：眠娗諈諉。註：眠，莫典切。娗，徒典切。今俗謂不倜儻任事者曰眠娗。

卒暴，出《前漢・陳湯傳》：興卒暴之師。今俗謂人性急者，亦曰卒暴。

寒毛，出《晉・夏統傳》：聞君之談，不覺寒毛盡戴，白汗四匝。今俗謂嚇得我寒毛直竪，亦此意也。

數説，出《左傳》：執子商而數之。又如漢高之數羽十罪，須賈擢髮難數之類。今俗謂責人曰數説。

不快，出陳壽作《華陀傳》。今人遇有疾稱不快，有憤鬱亦如之。

利市，出《易・説卦》：巽爲利市三倍。今俗遇如意事，皆曰利市。

罷休，出《史記》：吴王謂孫武曰："將軍罷休。"今謂罷必綴以休字。

多許，出《隋書》：天下何處有多許賊。許字吴音若黑可切。

若干，出《繁露》，取十干之名，言自一至十也。今謂計數皆曰若干。

放手，出《後漢》：殘吏放手。吴人謂貪縱爲非也。亦曰放肆。

面孔，出唐《傳信記》：面孔不似胡孫。

手記,出鄭玄《詩箋》:后妃羣妾,當御于君所。女史書其日月,授之以鐶,著于手記以成法。今俗呼指鐶爲戒指,通曰記事。

綿絮,出《晉·徐則傳》:雖隆冬沍寒,不服綿絮。今鄉人謂襖貯綿花者曰綿絮。

蘆蓚,出宋瑯琊王敬徹,遺命一蘆蓚藉下。今吴人謂葦席曰蘆蓚。

甌磚,出《魏·扈累傳》:獨居道側,以甌磚爲障。即甓也。通謂之磚。

蘇頭,出摯虞云:流蘇緝鳥尾垂之,以下垂曰蘇。今謂絲帨之餘爲蘇頭。

黄撰,出《平準書》:漢武造白金三品,一曰白撰。錢乃銅造,故名黄撰。今呼好錢之名。

急須,出沈括《忘懷録》:有行具二肩,其附帶雜物,内有虎子、急須子。《菽園雜記》云:急須,[飲]器,以其應急而用也。吴人以煖酒器爲急須。急音轉爲的,須音與蘇同。

夜航船,出古樂府,有《夜航船》曲。皮日休詩有"明朝有物充君信,攜酒三樽寄夜航"。今呼船曰航船,夜趁船遠行曰夜航船。

鐵鐮,出唐詩:腰鐮欲何之,東園刈秋韭。今種植多用之。鐵犁,吴農墾田器。吴才老作力制切。

蟹斷,出陸龜蒙《蟹志》,云:稻之登也,率執一穗以朝其魁,然後任其所之。蚤夜曹沸,指江而奔。漁者緯蕭,承其流而障之,名曰蟹斷。今陂湖在在有之。

中飯,出唐詩:山僧相勸期中飯。今俗謂午餐亦曰中飯。

活計,出唐詩:休厭家貧活計微。今俗謂治生理者,亦曰做活計。

過世,出秦《苻登傳》:陛下雖過世爲神。今俗謂人已殁曰過世。

一片,出唐詩:一片承平雅頌聲。今謂衆聲高曰一片響,見白色曰一片白之類。

拗花,出唐詩:試問酒旗歌板地,今朝誰是拗花人。又古樂府:拗折楊柳枝。今稱折花皆曰拗。

喝賜,唐人倡伎當筵舞者,有纏頭喝賜。今之言犒賞也。

了得,今人呼兒慧曰了得,即小時了了之意。

嚕塗,北人謂鼾睡聲曰打呼,吴人則曰打嚕塗。疑即呼字之反切,如孔稱窟籠、圓稱突欒之例。

龍鍾,古詩多用之。陶九成有《龍鍾》詩:豹變知無及,龍鍾愧不堪。今俗呼老態爲龍鍾。

盤膝,屈足也。今吴人呼跏趺曰盤膝。

哉字出《詩》:亦已焉哉。皆止語詞,猶云了也。今音之止語皆有哉字。

捽字出《左傳》:捽而出之。按《漢書注》,顔師古曰:捽,持頭髮也。音才兀切。

鏖字出《漢·霍去病傳》:合短兵鏖皋蘭下。顔師古曰:鏖謂苦擊而殺之也。今俗謂打擊之甚者曰鏖。

霞字出《增韻》:日邊彤雲。通作赮。《漢·天文志》:雷電赮虿。今諺云:朝霞不出市,晚霞行千里。又俗呼電爲閃。

糝字出《莊子》：孔子厄於陳蔡，藜羹不糝。今俗云米糝飯糝。杜《漫興》詩"糝徑楊花鋪白氈"是也。

脣字出《正韻》，口唇也。又脣合無際貌。今吴人謂合唇曰脣嘴。

奔字《漢書》多作犇，逋悶切。今人呼疾走曰奔。

那字出《韻會》，何也。今言何人曰那個，見《儂渠録》。

斤九鼇，鄉諺也。初不知所本。考弋陽德興産梨頗大，有至一斤九兩者，土人謂之斤九梨。蓋最其類之大者言之，猶芋言魁也。今俗用以目時人之精慧者。

又有聲之轉者，古叶音多有之。如羹爲庚，古郎反。行衡爲杭，户郎反。死爲洗，想止反。争爲側羊反。餘可類推。去漢音不甚相遠，見龔氏《方言考》。至如不潔爲齷齪，送人曰怠慢，受人凌辱爲欺侮，謂此曰箇裏，謂甚曰忒煞，謂羞媿爲惡模樣，謂醜惡曰潑賴，及事際、受記、薄相之類，並見《蘇志》，皆有古意。細分之，則境内亦自不同風。涇以南類平湖，泖以西類吴江，吴淞以北類嘉定，趙屯以西類崑山，府城視上海爲輕，視嘉興爲重。大率皆吴音也。金山俗音参五方，非南非北，自設衛後始然。

俗　變

顧文僖公敘風俗曰：松之風俗，見于《志》者幾變矣。觀其變而世可知。今姑紀其變者，率巨家勢閥先之。自婚喪賓祭、冠履服飾，下及煩碎。風之變也，慨世者思以砭俗，寧無意乎？躬行節儉，請自士大夫始。

鄉飲之變。禮制速致仕官及民齒德儒行者，行飲酒禮。故有爵兼有齒德爲僎，齒德次僎者爲賓，又次賓者爲介。府官爲主，佐屬序爵坐于西，耆老儒士序齒坐于東。教官揚觶，生員讀誥及律。聽畢，行酒五行七行或十行，拜揖而退。今鄉飲不必大老巨卿，及齒德儒行耆老，有司舉行故事。其不赴飲者，送席而已。

婚娶之變。婚前一日送奩于男家，今爲迎粧。以奩飾幃帳、卧具枕席迎于通衢，鼓樂擁導，婦女乘輿雜遝，曰送嫁粧。金珠璀璨，士大夫家亦然，以誇奩具之盛。又新婦將合巹，首戴花髻，剪綵紙爲之。男家所預送者，用親人以竹籭覆而挑去之，爲挑方巾，始飲酒三行。此俗禮不知始于何日，沿不可廢。知禮者並宜議革者也。

喪祭之變。弔者俱用降真，喪家設木架，架香其中。香值日踊，婦女聚號不哀。銘旌用緋帛，長幅大書，有以銀箔飾之者。瓣香束芻，便爲苟簡。將舉殯，則爲迎祭，羅列陳設槃者百案，曰九煎。剪綵作人物花果、紙俑輿從，亦以百數。優人裝演故事，鼓樂駢闐，俱騎而迎于喪所。易過于戚，君子譏之。

贈賻之變。古喪禮有贈賻之儀，謂助以貨財，如"凡民有喪，匍匐捄之"是也。貧家未遭喪率窘醫禱，喪窘含禭。所恃交戚量爲賻助，以資緩急，使飦粥可供，殯櫬可舉。今士夫家既不受贈，而貧家亦不復致賻，僅醵金備榼，餖飣腥穢，署名于軸，一拜而退。古意蕩然矣。

賓宴之變。席必備列方圓，蔬果之外，卓榼圍碗，添果時蔌。遇公宴上司，鄉紳醵分，器用靖窑,殽菜百種,徧陳水陸,選優演劇,金玉犀斝,遞舉行觴。或翻席復設于别所,張華燈,盛火樹,流連達曙。俗貧而示之以侈,作俑其誰?

冠髻之變。國初所用巾帽,帽以六瓣合縫,下綴以簷。亦聖祖所製,若曰六合一統云。楊廉夫見聖祖以方巾,謂四方平定巾。商文毅召用自編民,亦以此巾見。今士人已陋唐晉諸製,少年俱純陽巾,爲横摺兩幅,前後覆之。爲披巾,止披巾後一幅。又如將巾,以藍線作小雲朵綴其旁,復緣其所披者以藍,爲雲巾。前繫以玉,作小如意,爲玉結。製各不一。女子髻亦時變,近小而矮。如髮髢,有雲而覆後者爲純陽髻,有梁者爲官髻。有綴以珠,或垂絡于後,亦有翠飾爲龍鳳者。古人雖卿相,致政入里門,用肩輿平巾。賢婦人椎髻力作,有不棄簪簪者。此何可多見。

服飾之變。男子廣袖,垂大帶,與身等。組織花紋新異,如雪梅水田,凡數十種。女子衫袖如男子,衣領緣用繡帊,如蓮葉之半,覆于肩曰圍肩,間綴以金珠。裙用綵繡。《志》稱挑線織金,争醜之以爲拙陋。然貧家男女,形鵠衣鶉,田巷相望,得求敗緼,亦爲奇温。使人心惻。

履襪之變。舊製民間多用布履,有鑲履爲二鑲、三鑲之製,色用青藍或紅緑,爲朝鞋。今履用純紅及各色,鑲者少用。又有道鞋、毬鞋、靴頭鞋。其面淺而稍闊者,曰董鞋。有綵線組爲花者,爲網繡鞋。亦有紗製,襯以皮金者。有裂布而組之,爲布條鞋。襪製初窄,後寬大短面,稱其履。多有以紗羅紬綾爲之。市中造襪,客爲收買,曰尤墩布襪。

組繡之變。舊有絨線,有刻絲。今用劈線爲之,寫生如畫。間有用孔雀毛爲草蟲者。近繡素綾裝池作屏,其值甚貴。又有堆紗作折枝,極生動。尤珍顧繡,斗方作花鳥,香囊作人物,刻畫精巧,爲他郡所未有。

布縷之變。《志》稱三梭布,後用雲布。今有七寸九寸,爲標布官布。又有飛花布、丁娘子布、織花絨布,爲眉織。今京標染青皆新改,放長名色。舊貴尤墩布,以其厚且重,不便穿製,織者亦稀。惟真紫花布,道俗咸用之。

染色之變。初有大紅、桃紅、出爐銀紅、藕色紅,今爲水紅、金紅、荔枝紅、橘皮紅、東方色紅。初有沉緑、柏緑、油緑,今爲水緑、豆緑、蘭色緑。初有竹根青、翠藍,今爲天藍、玉色月色淺藍。初有丁香茶褐色、醬色,今爲墨色、米色、鷹色、沉香色、蓮子色。初有緇皂色,今爲鐵色、玄色。初有姜黄,今爲鵞子黄、松花黄。初有大紫,今爲蒲萄紫。

几案之變。初止用官卓,有並春,即小副卓也,盛席則添設之。今家有宴几,有天然几。書卓以花梨、癭柏、鐵栗、楡木爲之。椅初有太師及栲栳圈、摺叠之製,今製竹木各異。其式至有用離奇蟠根,爲座及榻者。

輿蓋之變。士夫輿悉用閩製,此宋航海時所遺式也。初青絹轍,今俱用藍色,黄轍則用金紅黄色,其簷倍深,向鄉衮出入所未曾有。至嫁娶,初時必先世仕族,間用一蓋前導,或青或黄,隨其官品。近庶民厮隸,率用黄蓋,以爲美觀矣。

舟楫之變。初有航船、游山船、座船、長路船,今爲浪船、樓船。朱欄翠幕,浄如精廬。游人往往召客,張燕其中。遠近通行小舟,稱航船如故。其泖西舟人所棹,曰水荒船。言低鄉無田可種，以船爲生，故名。

室廬之變。初惟廳事堂樓，鄉大夫多有居城外者，如南郊兩張尚書，東郊孫尚書，西郊顧尚書，有司即於所居建坊。今縉紳必城居，故宦宅第轉展相售。居必巧營曲房，欄楯臺砌，點綴花石，几榻書畫，競事華侈。《舊志》所稱俗尚清雅，飾玩好，猶仍至今。國初舊廬，無一二存者。

園林之變。初先達里居，粗有園亭，與貧交故舊，往來盤薄，或讀書賦詩。如顧文僖傍秋亭，近陸文定適園，並無層臺危榭。乃有輦石疏渠，靡極土木，費至千萬緡者，僅供冶遊。頃復用黄石纍山，向横雲半爲石工所鑿。今山靈更苦剥膚矣。

迎送之變。初，子弟游庠及送科試，有司例用綵絨花披紅藥絹，及紅旗一對。有乘肩輿，亦有步行者。今新進送學，巨室宦家多乘馬張蓋，羅綺紬紵，綵旗百竿，簪花至用珠翠作金龍以耀首。親戚争以酒禮花幣迎者，交錯于途。自郡齋至文廟謁拜，始各歸家，設燕以待。鄉薦南歸，舟至西墅，迎接亦如之。讀書人纔少進步，正當教以儉約，士大夫不宜以此訓子弟也。

緹帙之變。初，鄉大夫諸生與郡縣交際絶少，近輒用册葉錦屏，册詩則倩代作，以士夫署名。或有摹石刻棗，裝爲墨帖者，計潤計工，率倍收之。一錦屏不下百人，而裝池之費，每計數十金。王者徧索授紀綱，紀綱因而爲利，且藉此阿上官。遂有亡行者，身犯大垢，甘與金木爲伍而不悔。往郡侯棠邑許公維新初詣郡時，郡士亦有送錦屏者，侯録其文却之。士懇請固留，第令付郡庠暫收公用，後不得爾。士慙而退。終侯任，遂無敢以私交者。

楮素之變。初見古名家書翰，俱用素紙，間用宋箋、譚箋、粉箋、羅紋箋，大書用疋紙而已。近漸用金箋、砑光綾、素絹諸幀軸，而交際多用全柬大紅，婚用銷金，餘短箋單幅，繪花絶巧。日異日新，殊非大雅。

巫醫之變。《舊志》載高啓《里巫行》云：里人有病不飲藥，神君一來疫鬼卻。走迎老巫夜降神，白羊赤鯉縱横陳。兒女殷勤案前拜，家貧無殺神勿怪。老巫擊鼓舞且歌，紙錢索索陰風多。巫言汝壽當止此，神念汝虔賒汝死。送神上馬巫出門，家人登屋啼招魂。今巫禱率宰殺爲祭品，陳列凡十數卓爲叠臺，徧禳諸神，歌唱達曙。又用歌童，時侑以曲，鼓樂間之，獻花獻幣。病者小差，則以爲占卜之驗，禱賽之靈，轉相愚惑，雖貧家亦勉强事禱。醫初頂帽步行，儒家或曾署官，賓禮於有司者戴巾。今皆乘輿絡繹，其以術名家者亦多。

方外之變。僧有禪有教，緇黄服經有别，出則穿之曰偏衫，頂高帽。今方外皆鐵色便衣搭帽，冬用幅巾，或觀音兜而已。初應教茹葷，間有齋者。近初染剃有志少年，皆習禪行，俱持齋，寫字學畫，爲清課。此又善變者也。

優劇之變。初，大宴會始演戲，曰步戲，俱舊本。宴女客尊親，則用傀儡。今翻爲新劇且必妓女，應接不暇。《舊志》載孫華孫《竹廳山歌》云：城裏歌姬日赴筵，上廳角妓似神仙。吾家每欲延佳客，十日前頭與定錢。則歌姬已有之。近倍華綺，惟官府宴席不用。

聲妓之變。初止有粗樂細樂，後增胡拍提琴，變小樂器爲十錦諸響，製亦稍易。宴會或邀妓雜坐賓筵，視爲雅客，若非曲中人矣。

僮豎之變。初，士夫隨從皆青布衣，夏用青苧，冬有衣鐵色粗褐者，便爲盛服，然不常用。近僮豎皆穿玄色羅綺，至有天青、暗緑等色，中褻裏衣或用紅紫。見賓客侍左右，恬不爲異。雖三公八座，間亦有之。凡一命之家與豪侈少年，競爲姣飾。不第亡等，即家法可知矣。

右二十四條，聊記其稍變者，不能備悉。風俗之弊，世道因之。善乎張世美之論倭變而志其始，曰：人之情自朴以趨之於僞，僞則未有不反之於朴。世之俗自儉以趨之於奢，奢則未有不反之於儉。時之勢自衰趨之於盛，盛則未有不反之於衰。吾松自高皇開國之初，歷亂離愁思之餘，民淳俗簡，奢侈不作，矯僞不生。重以前元紀綱之壞，民俗僭擬無度，懲創宿弊，法禁嚴密，人人畏懼而重犯法。服飾有章，而無綺羅綿繡之華。飲食有節，而無奇珍侈靡之費。宫室有制，而無垂簷積棟之觀。居官者循品級之分，爲下者安庶民之常。是以人之情朴而無僞也，世之俗儉而無奢也，時之勢衰而未至於盛也。五氣順布而不乖，四民樂業而不蕩，蠻夷息猾夏之虞，奸宄絶窺覦之念。蓋自開國以至於今，承平百五六十年，較如一日。奈何邇年以來，休養生息，豐亨豫大。人之情日趨於僞，世之俗日趨於奢，時之勢日趨於盛。閭閻以奢豪相尚，士夫以侈靡相競。服飾則重羅綺而賤疏布，美麗無章也。飲食則尚珍奇而厭常品，侈靡無節也。宫室則崇鉅麗而陋茅茨，僭擬無度也。紛華互勝而儉朴不存，虚僞有餘而誠確不足。蓋相趨以成風，相沿以成俗，郡中莫不皆然，海上尤爲特甚。是以物極則反，勢偏則激，而意外之變所由作，不測之禍所由生矣。是以智者居安則思危，居寵則思殆。兢兢焉求終之善以承其始，惴惴焉求身之淑以令其家。胡文定公有言曰：大抵人家須常有些不足處。若十分快意，隄防有不恰好事出來。此保家之道也。公父文伯之母有曰：民勞則思，思則善心生。逸則淫，淫則忘善，忘善則惡心生。沃土之民不材，淫也。瘠土之民莫不向義，勞也。此保國之道也。周成王告治官曰：若昔大猷，制治於未亂，保邦於未危。此保天下之道也。故安而思危，則奢侈美麗無以啓其端。寵而思殆，則浮靡放縱無以乘其隙。奢侈不啓其端，則可以常安而不危。放縱不乘其隙，則可以常寵而不殆。安而不危，其何有意外之虞；寵而不殆，又安有不測之禍也哉？

松江府志卷之十四

舊志賦額附載

宋紹熙四年，定墾官民田土。闕。夏税一十五萬三千三百五十三貫一百一十五文，秋苗秔米一十一萬二千三百一十六石九斗一升四合六勺一抄。實數六萬七千餘石，縣官歲督，纔三萬八千石止。

開禧三年，以南四鄉折補酒錢二税，徑解所司，遇災依例蠲放。

樓鑰《南四鄉記》畧：自張涇堰壞，海潮大入，雲間、胥浦、仙山、白沙四鄉，蕩爲巨壑。漫及蘇湖秀邑，不復可耕。乾道七年，朝廷不憚重費，大興修築。海患雖除，民力愈竭，斥鹵未清，租税全失。至是歲久，農民漸歸故業，可以起賦。猶未忍盡復舊貫，量估米值，使之樂輸。會計四鄉夏税，折帛爲緡錢二萬，苗米近三萬斛，斛三緡合爲九萬。於内以六萬五千三十九貫，充一歲月解之數，以補酒額，分隸發納。尚有增額三萬貫有奇，皆不可催促之數，又盡蠲之。自淳熙六年爲始。四鄉之賦既輕而易輸，三十餘年敷抑之害，一旦洗去，感被寬恩，闔境爲之鼓舞。今又將三十年，而四鄉復成大弊。春催夏税，夏催秋苗。是蠶桑未動，而責以折絹，銍艾未施，而責以折苗，殆無此理。其尤害者，遇有災傷，如今歲既旱而蝗，他處皆有蠲減，此獨不與，而征催益急。别置牌引名色，至不可縷數。欲下漕司及本府措置，每歲别委官，專催四鄉二税，徑解所隸，不許邑官干預。仍除去版帳中酒錢之數，起催輸納並依條限給鈔，無得稽遲。災傷均與蠲放。民賴以寬，錢又無欠，邑亦易辦，一舉而三利具焉。上意開納，旋即施行。汪立中到官，固已歷究本末，無路自達。又以四鄉所輸，每歲多不及額，邑爲補足，尤難支吾。天假之幸，有此際會，且蒙俯察。官僚吏民，交口相賀。郡太守程公卓，喜斯邑之少寬，戒飭上下奉行惟謹。立中深恐後人不知其詳，願書而登之石。

端平元年，秋苗米實徵五萬七千八百一十石。是時華亭令楊瑾行經界法。

袁甫《修復經界記》畧：華亭浙右壯邑，歲入苗號踰十萬石，實六萬七千有奇，而縣官歲督，纔三萬八千止。蓋自紹興經界，迄今百年，官無版籍，吏緣爲姦，隱匿詭寄，弊倖非一。重以此邑西連湖，北枕江，東南並海，田齧於水，無歲無之。繇是賦役俱病，貧富交困，而争訟四起。紹定五年，楊君來爲司征。越明年，監簿趙君與簉出守嘉禾，整圖籍，寬賦斂，欲自近邑始。招君幙下，置田圍局，募甲首，給青册，命之曰抄撩。匿者露，虚者實。乃檄君攝事華亭。君日受訟牒,力究弊源。蠲胥吏白納之錢,代民户積欠之賦,弛酒税無藝之征,德意漸孚矣。則以禮屬鄉官,分任其責。不履畝,不立限,不任吏。每都甲首,鄉官擇之。每圍青册,甲首筆之。田之頃畝,昭哉可觀。邑士民相與舉令於州,州上之朝,俾遂爲真。夙夜黽勉,以竟前功。賦籍一定,詭挾有歸。既又白郡,以北三鄉上田賦重,則降而爲中。以北三鄉折糯價重,則復減而從輕。以青龍鎮地積計税重,則盡降而從畝。以邑郛及諸鄉浮財物力頗爲民擾,則止以實産定和買役錢之數。令可謂盡心也已。又諗于衆曰:吾當與爾增減槩量之羸,以示優恤。未幾,明天子新更大化,誕布寬政,痛減斛面,盡蠲債逋。令得奉行上意,不負初約。於是端平元年秋苗,以五萬七千八百一十石爲額,較遞年之數逾二萬,而民不以爲厲。

景定四年,秋苗米加徵一十五萬八千二百石有奇,并紹熙舊額,共二十七萬五百一十六石。是時宰相賈似道行買公田法。其法以會子及官誥、度牒派買民田,用免和糴,遂益糧如右。租既太重,民不能堪。太學生葉李、蕭規上疏論之,有曰:公田之害,慘於青苗。似道之罪,浮於安石。宋末,官民田土税糧共四十二萬二千八百二十餘石,乃宋之文思院斛。

元至元二十四年,括勘税糧四十五萬八千九百三石,較宋末加三萬六千一百一十一石。宋景定以下,俱出《續志》。按《嘉禾志》:至元間,三十五萬一千九百四十一石。

大德中,夏税絲六百一十二斤六兩九錢四分,綿一百八十斤一兩一錢五分。秋税糧一十九萬九千七百五十五石一斗九升六合,鈔三百七十六定二錢三分。

延祐元年,元科二税六十五萬三千九百餘石。先是,大德中没入朱清、張瑄田土。二年,經理自實,加九萬一千一百餘石,共七十四萬五千餘石。各色鈔定絲綿在外。

至順三年,二税實徵二十九萬三千二百石有奇。糧二十萬一千六百石,荳麥九萬一千石有奇。

後至元三年,二税實徵二十九萬一千二百石有奇。糧二十萬一千六百七十石有奇,荳麥八萬九千石有奇。

至正十年詔:水深長蕩,有額無徵租,盡爲蠲免。時知府王克敏以助役閉償,不奉命。十五年,定墾官民田土四萬五千七百二十二頃六十一畝五分八釐六毫。夏税絲一千三百四十四斤九兩二錢三分一釐,綿二百三十四斤一十二兩五錢九分四釐,麥九萬八千三百五十九石六斗六升六合三勺。秋税糧六十八萬四百三十石九斗七升四合,鈔一千九百九十八定四十二兩三錢七分一釐。按:是時苗税,公田外,復有江淮財賦都總管府,領故宋后妃田,以供太后;江浙財賦府,領籍没朱張田,以供中宫;稻田提領所,領籍没朱管田,以賜丞相脱脱;撥賜莊領宋親王及親籍明慶、妙行二寺等田,以賜影堂、寺院、諸王、近臣。撥賜莊在上海縣十九保。新籍田又有汪闕闕、滿經歷。諸王如鎮南王、郯王,近臣如大司徒阿僧哥。又有起科白雲宗僧人田糧,皆不係府縣元額,其數莫考。其間田有陷江陷海、抛荒積荒、水深長蕩、有額無徵、無田虚包、公占營廨、疆官抑伏府判官驢驢,知府申某,華亭尹丁景恭、楚恭。等色事故。則其糧皆第役分償,名曰均陪。凡糧鈔,歲留賦府之官兵禄食外,悉供于朝。鈔轉行省廣濟庫,糧海漕京師。江浙鈔轉輸其府,糧及撥賜歲或海漕内給以直。

楊彌昌《上海縣苗糧改科荳麥記》:國朝昔於松江置府,乃割華亭縣之五鄉,立上海縣。

其地瀕海，潮汐蕩激，挾沙土於畎澮。於是鹵瘠之壤，日積以亢，川流不通，五鄉莫不病之，而高昌、長人兩鄉尤甚。穀不宜稻，稔歲農惟仰食荳麥，遇旱乾則莽爲不毛之墟。夫何田下而賦上，以石計四十萬有奇，槩科秔糧，與沃壤等。有司峻期取盈，富有力者轉糴以輸，貧無所措，則里正代償。因而破蕩轉徙，邑民重困，孰拯恤之，其來尚矣。真定鄧公伯川諱巨川，爲斯邑丞。至治二年秋，行田檢災，詢知其弊，慨然建議，請易米以荳麥，以從土宜，以紓民力。且謂華亭境壤相接者，亦從改科。會嘉興路治中壽之高公，來覆視災田，聞而是之，遂上其議於行省。未幾鄧公以廉能，選爲行省掾史。爲之力陳民瘼，上官惻然，遄俾銜命上中書，亦及斯事。公又昌言于政事堂，拳拳爲下邑疲氓請命。乃下其議地官，迄獲從請。命始自泰定二年，聽以荳麥準秋糧，仍俾憲司覆實惟允，著爲令，刻石以貽不朽。余惟《禹貢》則壤成賦，而銍秸粟米，各隨其地。《周典》辨土教稼，而令貢斂賦，厥政均齊。凡皆以便爾民，而不彊以所無云爾。玆上海創縣今幾年，長民凡幾人，習弊恬害，莫之省憂。仁哉鄧公，於易賦一事，始至而力圖之，已去而卒成之。以貽邑民無窮之利，而餘潤及鄰焉。古循吏之去而見思，信不誣矣。

江浙行省所委檢校官王艮《議免增科田糧案》：參詳松江府原係華亭一縣，自至元二十九年，割東北五鄉爲上海縣，四至八到，僅及五百餘里。以志書考之，亡宋紹熙年間，止該秋苗秔米一十一萬二千三百一十餘石。至宋末年，賈似道以官誥度牒，派買公田，增糧一十五萬八千二百餘石。租額太重，民不能堪。及考縣宰楊瑾所記，宋末官民田土税糧，共該四十二萬二千八百餘石，乃宋之文思院斛。至元二十四年括勘，該四十五萬八千九百三石有奇。比之亡宋舊額，增糧三萬六千一百一十一石。大德七年，斷没朱清、張瑄田土，秋夏二税共該糧十餘萬石。官田私租，糧額亦重。延祐元年，元科秋糧夏税六十五萬三千九百餘石。延祐二年，經理自實，秋夏税糧七十四萬五千餘石。比之延祐元年，秋夏税糧又增九萬一千一百餘石。以一縣之民，分爲兩縣。以一縣之官民田土，加以亡宋公田重額之租。至歸附後，括勘經理，及斷没朱張田糧，比之亡宋，又增一倍。地力既竭，民亦重困。又況沿沙海塗，見設下沙等五場，歲辦額鹽一十二萬八千三百六十五引一百九十斤。官錢每引三定，該辦課鈔三十八萬五千九十五定。除支工本錢每引二十兩，該鈔五萬一千三百四十六定外，實辦起解三十三萬三千七百四十九定。以周圍五百里之境土，除諸名項課程鈔定絲綿外，計撥該辦秋夏税糧七十四萬餘石，煎辦鹽課三十三萬餘定。其於國家支計，不爲小補。視其地形，東南隸上海，高仰瘦瘠。西北隸華亭，卑污積水。西則受杭州嘉興之水，達黄浦港以入海。北則受常湖蘇州之水，由太湖經澱山湖以入海。自澱山湖築捺圍岸成田，水道窄狹。黄浦港以西，潮漲淤淺，水不能泄。每遇小雨，諸水所會，即成一壑，田禾渰没，所以華亭每罹水患。稍遇天旱，上海則有旱傷。是故災傷無歲無之。以天曆二年至至元四年十月所收税石較之，除兩財賦外，本府實該計撥糧四十二萬九千餘石。除至順三年實徵到官二十九萬三千二百餘石，内正糧二十萬一千六百石，荳麥九萬一千餘石去零。至元三年，實徵到官二十九萬一千二百餘石，糧二十萬一千六百餘石，荳麥八萬九千餘石。其餘八年災傷太重，所收特少。以十年通而計之，該正耗糧四百五十二萬八千七百餘石,其實徵到官一百七十六萬九千九百餘石,正糧一百一萬八千餘石,荳麥七十萬九千九百餘石。則是每年止收苗米荳麥一十七萬餘石。考之簿書,糧額則多,稽之倉廩,實收則少。蓋因民力有限,水旱爲災,以致如此。其里正主首,陪閉官糧,在在消乏。以此觀之,官田租重者,尚宜優減,水道淤塞者,所當疏通,以求實效。今徐瑁所陳曹夢炎等霸占澱山湖田,則官糧與主户俱已上倉。烏馬兒平章等元置趙平原郡公田土,部擬即同己業,賣出者已照民田則例收納官糧。潘文桂所告收馬草地、撥屬財賦府、營圍沙職等田,官額已重。主户雖有所收,緣此等田地,以己鈔過佃,經官給據納租。兼之出備工本,修築圍岸,應付貸糧,折科白糧秈稻,和雇和買,皆出主户。遇有饑荒,官司勸率上户賑濟。是主户者得此小利,爲朝廷惠養小户,辦納官糧,應當雜役,其勞亦略相當。所謂蕩租,已皆撥屬魯王位下管辦,輸納官錢。借曰富豪兼并,朱張則斷没,曹夢炎田土已皆入官,朱國珍、管明又已全籍其家,餘無幾矣。其所言者,止有竈户瞿時學等,虚包沙塗田糧。奉使宣撫所委官,元問已招數内,天曆二年已撤佃造册三千六十一頃七十六畝二分,收科糧二萬二千一百一十六石六斗二合。外有陳訴虚包八百五十餘頃,該糧八千五百餘石。緣所委官,原擬以别無條段四至,及欽奉泰定二年閏正月初一日詔赦一欵:延祐二年,三省經理田土,所差人員,徼名生事,威迫官府,抑逼人户,虚增田糧。除自實頃畝,依例科徵。其無田虚增之數,仁宗皇帝常諭有司,體覆除豁。遷延至今,與民爲害。其在官已有文案,即仰廉訪司體覆明白,就便除豁,違者從監察御史糾治。欽此。除欽遵外,據上項田糧,終是未經體覆,擬合行移廉訪司,欽依體覆相應。爲此本省累經劄付合屬,委官踏視。及行移廉訪司體覆,檢校官查照催行不絶。見擬收科,運司恢辦鹽課,妨奪踏視未完。夫以海隅之民,辦三十餘萬定無虧之課,設有些少塗蕩,田糧未科,鹽課所利,亦已多矣。國家藏富於民,民富則國富。徐瑁所言,蓋如販夫鬻婦,屑屑校錙銖之利,豈知爲國之大體。是見其末而不見其本,知其細而不知其大者也。萬一動摇虧課,則失大利。推原徐瑁所言,不過欲多樁糧數蕩鈔,以竦動朝廷之聽。報復妄告烏馬兒寄鈔開庫受罪之宿怨,立衙門,徼名爵,以遂其一己之私而已。又其甚者,以革前無可對證之事,摭言烏平章受贓二萬定,曹平章、徐理問受屬,泛濫陳説,加誣已死及無辜之人。此其陰險,蓋欲盡鉗今日在位者之口,使不敢言,以肆其毒。倘從其説,增添租額,伏慮兩浙江東三道,民心動摇,患生不測。是豈爲國家培養根本,久安長治之策哉?卑職忝居下幕,誤蒙委用照勘,親閲案牘,目覩民患,不敢苟避徐瑁加誣之嫌,以自緘默。蓋欲上報朝廷委任之意,下安黎庶動擾之憂。至元五年二月,本府奉行省備中書,可其議。

張之翰《檢荒租》詩:田頭亂插白紅牌,翁媪相看不敢猜。十八年愁今日散,愛民使者檢荒來。三載徒勞二載過,傍人休笑拙催科。浙江儘有荒閑地,不似松江分外多。右之翰當知府事,行視荒租,遂有斯作。後租獲免,民懷之,書石以介上海縣庠壁。

袁介《檢田吏》:有一老翁如病起,破衲襤褛瘦如鬼。曉來扶向官道傍,哀告行人乞錢米。時予棒檄離江城,解后一見憐其貧。倒囊贈與五升米,試問何故爲貧民。老翁答言聽我語,我是東鄉李千五。家貧無本爲經商,只種官田三十畝。延祐七年三月初,賣衣買得犁與鉏。朝耕暮耘受辛苦,要還私債并官租。誰知六月至七月,雨既絶無潮又竭。欲求一點半點雨,不啻農夫眼中血。滔滔黄浦如溝渠,田家争水如争珠。數車相接接不到,稲田一旦成沙塗。官司八月受災狀,我恐徵糧喫官棒。相隨鄰里去告災,十石秋糧望全放。當年隔岸分吉凶,高田盡荒低田豐。縣官不見高田旱,將謂亦與低田同。文字下鄉如火速,勒我將田都首伏。只因嗔我不肯首,盡把我田批作熟。太平九月開旱倉,主首貧乏無可償。男名阿孫女阿惜,逼我嫁賣陪官糧。阿孫賣與運糧户,即目不知在何處。可憐阿惜猶未笄,嫁向湖州山裏去。我今年紀七十奇,饑無口食寒無衣。東求西乞度殘喘,無由早向黄泉歸。旋言旋拭腮邊淚,予亦羞慙汗沾背。老翁老翁勿復言,我是今年檢田吏。

王冕《江南婦》:江南婦,何辛苦。弊衣零落裙斷腰,赤脚蓬頭面如土。日間力田隨夫郎,夜間緝蔴不上牀。緝蔴成布抵官税,力田得米歸官倉。官輸未了憂鬱腹,門外又聞私債促。大家揭帖出陳帳,生穀十年還未足。大兒五歲方離手,小女三週未能走。社長呼名散户由,夏季官糧添兩口。舅姑老病毛骨枯,忍凍忍饑蹲破廬。殘年無物做慈孝,對面冷淚如流珠。燕趙女兒顔似玉,能撥琵琶調新曲。珠翠滿頭金滿臂,日日春風嫌酒肉。五侯七貴争取憐,一笑可博十萬錢。歸來重籍錦繡眠,不信江南婦人單被穿。

《廉訪使者實覈松江旱禾見農食有感》:麥飯黄漿粥半甌,索嘗老嫗淚盈眸。華堂終日肥甘者,還亦曾知此味不。

王綸《水深歎》:至正十年夏,四月戊戌吉。皇帝詔四方,夙夜靡暇逸。興利與除害,守令宜怵怵。江南水深蕩,租税無所出。官府議除豁,生民務存恤。松江素汙下,川陌流汩汩。惜哉郡太守,民情固沈匿。茫茫修竹鄉,卑濕難具述。只如來字圍,積潦恒數尺。歸附八十年,未始睹穎栗。胡爲吝一言,歲閉六百石。省憲雖至明,蔽隱不容詰。嗚呼皇天后土皆白日,何獨使我寘此幽暗室。有食不令充我饑,有藥那得療吾疾。皁胥自此從驃突,妻子何時免啾唧。緊太守兮民之父母,盍自省兮爾俸爾秩。縱然民命不爾憂,奚謂王言棄如嫉。九重閶闔雖深密,民瘼民冤極纖悉。爾居郡縣親目擊,忍聽咨嗟起蓬蓽。巨浼崩隄匯爲一,雨不崇朝先汎溢。荒蒲衰葦風瑟瑟,爾亦何難究其實。掊民聚斂非仁術,財聚民離果誰失。欺君不容誅,戕民有常律。我命一何苦,爾見一何執。君恩寬厚難復得,再拜仰天長太息。

舊志徭役

唐制,百户爲里,五里爲鄉。里設正一人,掌案比户口,課植農桑,檢察非違,驅催賦役。在邑居者名坊正,在田野居者名村正。據唐華亭一縣,統鄉三十,則里正六十五人也。

宋制,熙寧以前,以衙前主官物,以里正、户長、鄉書手課督賦税,以耆長、弓手、壯丁逐捕盗賊,以承符、人力、手力、散從官給使令。又有曹司、押録、虞候、(陳)[揀]掐,並以鄉户等第定差。熙寧以後,曰保正,曰保長。據嘉熙《便民省劄》,華亭諸鄉苗税,舊例差保長三百人有奇。

端平甲午,知華亭縣楊瑾停差保長,募民爲直鄉,重置義役田,以充役費。

《義役始未序》畧:紹興間,衙前弓手則用傭法,鄉都保長則用差法。然差役既仍舊,則吏奸民訟相挺爲擾,族黨里姻相疾如仇,其弊固自若也。乾道間,義役之法立。其説聽民自等第出田,各以久近任使,官特主其籍而藏之,意非不美也。然久則弊,弊則争,争則議者反謂不如差役之便。嗚呼!雇役差役,而復有義役,法亦詳矣,弊乃終不免焉。華亭諸鄉舊多義役,自版籍零落,催科煩擾,役田廢而入兼併之家,故義役壞而差役起矣。夫使役可差,雖無義役可也。詭挾隱寄,争訟紛拏,而役又不可差,不獲已用雇役法,官自召募直鄉,承遞文引。行之一年,頗無缺事。繼承臺府之命,俾糾義役,瑾遂得畢力經紀,幸而就緒。大槩糾錢置産,永蠲苗税,名曰官田。民歲收租,俾充役費,名曰義莊。既又免差税長,併令雇募。間有鄉保不堪糾役者,官自置田,以其税代之。故邑無闕役,户無澆訟,而義風成矣。是法也,蓋合雇役、差役、義役而一之者也。但時移事久,官取其賦則弊,民據其産則弊,役户不重糾則弊,吏姦不痛懲則弊。保護封植,使永久無弊者,要在上下均任其責耳。

李知退《重建義役記》畧:邑之保五十有四,嘗爲義役,未幾從散約壞。會郡太守亦以義役爲諸邑勸,且捐鏹俾買田以供役費。君以郡鏹他日終爲吾邑累,不若推誠以諭邑人,與其嚚訟以破家,孰若施舍於今,以絶無窮之争。君信義素孚於人,遂相勸勉,不戒而集。即以其錢買田,盡入官籍,分畀諸保。而貧弱之鄉,不能爲役之助者,君銖積寸累,得錢八千四百緡,買田給之。最爲田若地二萬六千畝有奇。且復申明,盡蠲其苗税。苗一千一百六石有奇,税一百三十一貫有奇,絹之以鏹折者一百五十四疋有奇。州家元鏹,亦復索而歸之郡矣。條章品式,纖微委曲,講畫詳明,且鏤板以示後來。所以加惠邑人,垂百年之規,至矣盡矣。

元制,保里與宋同,里有正、有主首,在邑居者爲坊正。

余卓《松江府助役田糧記》畧:松江府奉省劄,准中書省咨,欽依奏准事理,委官詣華亭縣、上海縣,分詣鄉保。就與各處耆宿人等,斟酌該出助役田糧數目、坐落條段、主户花名開申。每歲儲蓄,推舉信義之家以充里正,掌管收租助役,輪流相沿交割,不許有司干預。攢造文册,一本責付里正,一本路府用印封記收貯,一本解省。本府總計助役民田一萬六千九十八段,計田一千四百六頃三十一畝八分九釐,該米六萬三千五百四十四石二斗六升五合。合納税米五千一百二石一斗四升九合,實有助役米五萬八千四百四十二石一斗一升六合。華亭計田六百八十九頃四十九畝五分二釐,除納税外,實有助役米三萬二千一百二十四石五斗五升三合。上海計田七百一十六頃八十二畝三分七釐,除納税外,實有助役米二萬六千三百二十九石五斗六升三合。

今制,以里長老人主一里之事,如宋之里正耆長。以糧長督一區賦税,以塘長修理田園、疏決河道。其餘雜役,並於均徭點差。

里長一萬四千三百五十人,俱從黄册編定,歲輪一千四百三十五人爲見役,其餘爲排年。

老人一千四百三十五人，選高年有行止者充之。

糧長二百九人，選丁糧相應有行止者充之。

塘長二百九人。

解運兩京軍需顔料等物解户二百一十人。

各倉斗級六十五人。

各庫庫子六十二人。

各學齋夫三十八人。

各學膳夫八人。

門子八十六人。

皂隸一百四十二人。

禁子四十六人。

遞運所館夫四人。

遞運所防夫二十四人。

遞運所水夫五百四人。舊例造册編定，歲輪一百六十八人應役，三年而周至。消乏僉替，有充當三十餘年者。弘治十六年，知府劉琬奏革。每歲照數，於均徭人户内點差。每名折收銀八兩，雇人充役。

各巡檢司弓兵七百五十人。

各鹽場工脚三十五人。

各税務巡攔二百五十四人。

各舖司兵二百十一人。

鐘夫二人。

渡夫四十四人。

縴夫三百十二人。

民快七十人。

應捕七十人。

南京刑部看監皂隸五人。

南京兵馬司弓兵六十一人。自解户至此，並於均徭人户内點差。

山東鳳陽等處馬夫一千三百六十四人。洪武間，以北方地廣人稀，於江浙蘇松等府照糧僉撥，赴各處養馬走遞。糧僉不足，又以市民益之。正統十二年，巡撫尚書周忱因集價買馬，重爲民患，議於秋糧帶徵耗米，易銀代之。今義役馬價米是也。弘治十六年，知府劉琬以馬價既於秋糧帶徵，而馬夫名役猶爲民累，奏准革去。每歲比照御史陳金奏定事例，徵米易銀，雇募當地土民充役，南北兩便。至今行之。

松江府志卷之十五

國朝賦額

松江財賦之鄉，田下下而賦上上。近者軍興不息，而國計單虚，非特小民枵腹攢眉，即上官催征之時，亦且含涕敲朴，而不欲正視之矣。此豈得已而不已哉？余爲是獨詳賦額，而先之以八故，終之兩大害。此賦之大綱骨也，幸賜詳覽焉。

查官田民田糧重之故

太祖高皇帝受命之初，收天下田税，每畝起科止三升五升，有三合五合，反輕於古昔井田之税，此之謂民田。國初，有因兵燹後遺下土田無主者，有籍没張士誠者，有籍没土豪虐民得罪者，此之謂官田。查得弘治十五年，松江府民田止七十三萬二十八畝，官田有三百九十八萬五千六百畝，則官田不更多于民田乎？召民耕種，輸租于官，此租額，非糧額也。小民送納各倉，遠涉江湖，極其煩苦，以致累年拖欠，逃徙抛荒。乃復轉賣官田於民間，又將官田租額攤作民田糧額。雖有上中下三鄉之别，而總之賦極重，不可反矣。松郡糧重始于此。

查力差銀差聽差之故

太祖洪武元年，定法：每田一頃，出丁夫一人。三年，置直隸應天均工夫圖册，每歲農隙，其夫赴京供役，每歲率用三十日遣歸。田多丁少者，以佃人充夫，其佃户出米一石，資其費用。非佃人而計畝出夫者，其資費每田一畝，出米二升五合。他如府州縣雜差亦如之。其後分力差、銀差、聽差三項。係力差者，計其代當工食之費，量爲增減。係銀差者，計其扛解交納之費，加以贈耗。又其後派銀僱役，力差變爲銀差，而聽差并罷之矣。初，弘治元年，令各處編審均徭，但于均徭人户，丁糧有力之家，止編本等差役，不許分外加增。若貧難下户、逃亡絶户，聽其空閒，不許徵銀，及額外濫設聽差等項。違者聽撫按等官糾察問罪。此力差、銀差、聽差之所自始。

查絲綿折絹之故

吾松徧栽花稻，不種桑，不養蠶。而歲賦農桑絲綿，折絹若干，載在夏税額中。松民既有細布粗布之解京，又有内號外號之織造，則絲綿折絹一項，似乎可以奏蠲也。查得金時之田制，凡民户以多植桑棗爲勸，少者必種其地十之三，又少者必種其地十之一。除枯補新，使之不缺。元太宗丙申年，始行絲科之法。每二户出絲一斤，并隨路絲線顔色輸於官。五户出絲一斤，并隨路絲線顔色輸於本位。此金元之遺制，而相沿猶未改也。其有農桑絲綿折絹，自此始。

查馬草豆料之故

國初，光禄寺、犧牲所、御馬監，并象馬牛羊房等草料，俱於民間照田糧科徵解納，官軍草料亦如之。洪武二十五年，以百姓供給艱難，令北平等處衛所官軍，不支草束，自采野草備用，自後遂有秋青草事例。宣德以來，通命在京在外軍衛有司，量派軍夫采打，置場收納，與民納草相兼支用。而其因時制宜，措備支給，法亦不一。其黄黑豆等料，即于稅糧内折徵，不更載。此馬草之徵所自始。

查一條鞭之故

往時夏稅秋糧，及丁銀、兵銀、役銀、貼役銀，種種各色不一。或分時而徵，或分額而徵。上不勝其頭緒之碎煩，下不勝其追呼之雜沓。自嘉靖四十年，龐侍御尚鵬公按浙，改作一條鞭法，最稱簡便直捷。但于平米上分本色米、折色銀兩項，里排徵之于納户，而縣官派之于各色。孰是起運，孰是存留，孰是額設，敦是加編，孰是宜後宜先，孰是宜增宜減，孰是朝廷曾赦而猶存如故，孰是户漕撫按曾減而猶增如故。其筭數在縣總，那移亦在縣總，而摘發則在精明之縣大夫。是法行之七八十年矣。此一條鞭之所自始。

查加派從糧不從畝之故

隆慶二年，巡撫林潤奏言：江南諸郡，久已均糧，民頗稱便。惟松郡未均，請乞暫設專官丈之。吏部題原任本府同知新轉員外郎鄭元韶，陞湖廣按察司僉事，領敕專管丈田，均牽斗則。丈得松江三縣，上鄉筭平米一石，准共田貳畝七分三釐九毫；中鄉平米一石，准共田叁畝一分二釐五毫；下鄉平米一石，准共田叁畝六分三釐。凡有不時錢糧加派，俱照前周文襄所行則例，無分上中下三鄉，一槩論糧加耗。貧富適均，官民兩便。此一定不易之法也。若從平米上每石加派，則所派輕；從田上每畝加派，則所派重。今遼餉亦宜準此，俟遼事平後，并原派除之。蓋糧額之輕重易見，而田數之多寡難明耳。此加派從糧不從田之始。

查錢穀瑣碎易眩之故

賦額如海，見者望洋。况米之數則曰升、曰合、曰勺、曰抄、曰撮、曰圭、曰粟、曰顆、曰粒，銀之數則曰釐、曰毫、曰絲、曰忽、曰微、曰纖、曰沙、曰塵、曰埃。此項積之無補于丘山，而筭之甚眯于心目。惛惛悶悶，得無爲驪龍之睡乎？龍睡而盜者攫其珠去矣。前輩云：銀至釐而止，米至合而止，其下悉宜抹除之。不然，墮入奸人雲霧中，可恨也。此錢穀混淆之所自始。

查青由之故

嘉靖三十七年，奏准：天下正賦，户給青由。先開田畝糧石，仍分本色、金花折銀，使民周知輸納。其一時加派，不得混入，亦不分官員、舉監、生員、吏户人等，一例均派。令給印信小票，與民執照，事畢停止。此青由之所自始。以上陳繼儒查。

田賦加減之額

洪武三年庚戌九月，户部奏：賞軍用布，其數甚多，請令浙西四府，秋糧内收布三十萬疋。上曰：松江乃産布之地，止令一府輸納，以便其民。餘徵米如故。

洪武七年甲寅五月，上以蘇、松、嘉、湖四府，租税太重，特令户部計其數。如畝税七斗五升者，除其半，以甦民力。

洪武十三年庚申三月，上曰：民猶樹也。樹利土以生，民利食以養。民而盡其利，猶種樹而去土也。比年蘇松各郡之民，困于重租，而官不知恤。其賦之重者，宜悉減之。於是舊額田畝科七斗五升至四斗四升者，減十之二；四斗三升至三斗六升者，俱止徵三斗五升。以下仍舊。自今年爲始，通行改科。

洪武十七年甲子七月，命蘇、松、嘉、湖四府，以黄金代輸今年田租。

洪武二十二年己巳夏四月朔，命杭、湖、温、台、蘇、松諸郡，民無田者，許令往淮河迤南滁和等處就耕。官給鈔户三十錠，使備農具，免其賦役三年。

洪武二十四年，合府定墾官民田地山池塗蕩四萬七千六百五頃一畝。

夏税。大麥九千九百四十五石一斗七升二合。小麥一十萬一千五百三十四石三斗四升九合。絲九千七百八十三兩九分九釐。綿二千二百二十六兩九錢二分八釐。鈔一萬五千五百七十四貫九百一十文九分。

秋糧。秔米八十七萬八千三百九十七石一升七合。穤米一千六百七十六石七斗四升三合。赤米三十二萬五千五百八石一斗一升七合。黄豆九萬三千九百一十三石九升六合。斑豆九千九百六十六石七斗七升。菉豆四十六石五斗四合。赤穀九百四十三石三斗八升七合。

以上洪武時，華、上二縣總數。

又查户部會計，洪武年間原額田土，官民共五萬一千三百二十頃九十畝。

夏税，麥一十萬七千四百九十六石，絹六百六十六疋。

秋糧，米一百一十一萬二千四百石，錢鈔三千七十二錠。

永樂十年，定墾官民田地山池塗蕩四萬六千六百一十二頃八十畝八分五釐。

夏税。大麥九千八石七斗二升九合。小麥九萬五千九百一石三斗。絲九千七百二十四兩九錢二分八釐四毫六絲三忽。綿二千五百二十兩八錢八分。鈔一萬五千五百三十七貫八百文。

秋糧。秔米八十二萬六千二百三十一石九斗五升七合。穤米一千二百六十五石七斗五合。赤米二十八萬二百七十九石五斗七升六合。黄豆八萬六千六百九十石五斗三升六合。斑豆九千五百三十七石二斗五(斗)[升]六合。菉豆三十二石七斗八升五合四勺。赤穀八百七十九石六斗七升。

以上永樂時，華、上二縣總數。

宣德五年二月二十一日，敕減本府税糧米麥豆菉，共計三十萬二千八百八十五石一斗四升二合。

夏税。大麥正耗一千四百九十石四斗一升二合。小麥正耗一萬一千九百七十六石八斗二升九合。

秋糧。秔米正耗一十萬五千九百九十六石一升六合。糯米正耗三百三十一石二斗一升一合。赤米正耗六萬七千八百三石二斗五升一合。黄豆正耗一萬三千四百九十二石一斗八升二合。斑豆正耗一千六百二十五石二斗二升四合。菉豆正耗五石四斗六升四合。赤穀正耗一百六十四石五斗四升。

以上宣德五年，華、上二縣總數。

敕諭：各處舊額官田，起科不一，租糧既重，農民弗勝。自今年爲始，每田一畝，舊額納糧自一斗至四斗者，各減十分之二；自四斗一升至一石以上者，各減十分之三。永爲定制。欽此。

七年，定墾官民田地山池塗蕩四萬六千八百八十八頃一十九畝六分一釐。

夏税。大麥七千六百六石九斗八升八合。小麥八萬四千四百三十八石四斗四升九合。絲九千九百五十四兩四錢九分四釐五毫。綿二千五百三十兩三錢五分四釐。鈔一萬六千九百二十貫六百七十文三分。

秋糧。秔米六十三萬六千七百一石一斗七升九合。糯米九百三十四石四斗九升四合。赤米二十二萬七千五百八十八石九斗五升三合。黄豆七萬三千一百二石三升四合。斑豆七千九百四十一石五斗六升九合。菉豆二十七石三斗二升一合。赤穀七百一十五石一斗二升一合。

以上宣德七年，華、上二縣總數。

八年，巡撫侍郎周忱奏定加耗折徵例。洪武、永樂中，税糧額重，積欠數多。五年，定撥起運米四十三萬九千，實納止六萬六千有奇。每正糧一石，徵平米至二石，而猶不足。忱至，盡袪宿弊，設法通融。二年後，逋欠悉完，至是定例。

一，加耗。華亭縣有徵正糧，每石徵平米一石七斗。上海縣有徵正糧，每石徵平米一石九斗。凡夏税麥豆絲綿、户口食鹽、馬草義役、軍需顔料、逃絶積荒田糧、起運脚耗，悉於此支撥。其後視歲豐凶及會計多寡，或減或加，率不出此數。《名臣録》每石加六斗至五斗止。

一，折徵。金花銀一兩一錢，准平米四石六斗，或四石四斗。每兩加車脚鞘匭銀八釐。闊白三梭布一疋，准平米二石五斗，或二石四斗，至二石。每疋加車脚船錢米二斗，或二斗六升。布疋長四丈，闊二尺五寸，舊例疋重三斤，納者率以紗麤驗退。忱奏不拘斤重，止取長闊，兩端織紅紗以防盜剪。至今行之。闊白綿布一疋，准平米一石，或九斗八升。每疋加車脚船錢米一斗，或一斗二升。俱照糧派於重則官田，俗名輕齎。白熟秔糯米，每一石准平米一石二斗，照糧派於輕則民田。

以上宣德八年，華、上二縣總數。

十年乙卯七月壬辰，債運糧儲總兵官及各處巡撫等，與廷臣會議軍民利益。一，松江府近因少米，徵收黄豆一萬石。比運到京，多有濕爛。宜依時值，改收綿布解京。

正統四年，奏准：蘇松等府官民田地，因水坍漲去處，有司丈量。漲出者給附近小民承種，照民田例起科。坍没者悉與開豁税糧。見《會典》。

五年庚申五月庚申，命直隸松江府華亭、上海二縣，今年折糧大三梭布五萬九千七百三十二疋免徵，第徵中等三梭布二萬疋，每疋折糧二石，其餘折徵闊白綿布。以其民困災故也。

七年,定墾官民田地山池塗蕩四萬六千九百九十一頃三十八畝七分八釐。

夏税。大麥七千六百六石九斗八升八合。小麥八萬四千五百五十三石四斗七升六合。絲九千九百九十兩八錢六分九釐。綿二千五百四十八兩四錢九分八釐五毫四絲九忽。鈔一萬六千九百一十一貫一伯五十三文。

秋糧。秔米六十三萬七千三百六十五石四斗一升六合。糯米九百三十四石四斗九升四合。赤米二十一萬七千七百三十一石七斗一升六合七勺。黄豆七萬二千二百九十石二斗三升二合。斑豆七千九百四十一石五斗六升九合。菉豆二十七石三斗二升一合。赤穀七百一十五石一斗二升一合。

以上正統七年,華、上二縣總數。

景泰三年,定墾官民田地山池塗蕩四萬七千四十七頃八十畝七分六釐。

夏税。大麥七千六百八石二斗三升九合。小麥八萬四千五百七十三石一斗九合。絲九千九百九十七兩九錢七分八釐。綿二千五百五十二兩三分。鈔一萬六千八百六十貫八百七十文。

秋糧。秔米六十三萬七千七百八十石八升九合。糯米九百三十四石四斗九升四合。赤米二十一萬七千七百三十六石七斗五升七合。黄豆七萬三千三百一石五斗六升七合。斑豆七千九百四十四石六斗九升六合。菉豆二十七石三斗二升一合。赤穀七百一十五石一斗二升一合。

以上景泰時,華、上二縣總數。

天順元年四月丙辰,户部言八事,内一款云:蘇松等府,糧長納户人等,送納糙白等糧。乞敕内府供用庫等衙門,如例一尖一平收受。及在外衙門,一體遵守,以恤民艱。

是歲,巡撫右僉都御史李秉改定加耗例。六斗以上田,止徵正額。五斗以上田,每石加一斗五升。四斗以上田,每石加三斗。三斗以上田,每石加六斗。二斗以上田,每石加八斗。一斗以上田,每石加一石五升。五升以上田,每石加一石一斗五升。

按,此法據文而觀,最爲平均。然聚數則之田,於一户由帖之中,查筭實註,不勝其煩。而里書之飛走,不復可稽覈矣。不久復舊,蓋知其行之難也。又按,是時金花銀准米三石四斗,三梭布准米一石五斗,綿布准米七斗五升。輕於此而重於彼,亦未見其利也。

二年,巡撫右副都御史崔恭復舊例。

華亭縣正糧一石,徵平米一石七斗,或減至五斗。

上海縣正糧一石,徵平米一石九斗。

金花銀一兩,准平米三石四斗,或三石八斗。

闊白三梭綿布一疋,准平米一石五斗,或一石四斗。

闊白綿布一疋,准平米七斗五升,或八斗,至七斗。

五年十二月癸酉,停免直隸蘇州府、松江府所屬今年被灾田地,秋糧七萬九千七百八十餘石,馬草四萬一千四百八十餘包。

六年,定墾官民田地山池塗蕩四萬七千一百二十二頃九畝八分。

夏税。大麥七千六百一十石五斗五升四勺。小麥八萬四千六百三十四石三斗二升九合。絲一萬一十一兩四分五釐。綿二千五百五十四兩三錢四分六釐。鈔一萬六千五百三十四貫八百七十一文一分三釐。

秋糧。秔米六十三萬八千一百一十一石五斗七升七合。糯米九百三十四石四斗九升四合。赤米二十一萬七千八百一石七斗三升五合。黄豆七萬三千三百九十八石一斗一升五合。斑豆七千九百四十五石二斗八升四合。菉豆二十七石三斗二升一合。赤穀七百一十五石一斗二升一合。

以上天順六年，華、上二縣總數。

是歲，巡撫右副都御史劉孜奏定召佃荒田例。通計兩縣積荒田四千七百餘頃，召民開佃。不論原額，肥田畝税米三斗，瘠田二斗，謂之官租。仍與民約，永不起科加耗。

按，是時秋糧加耗，華亭每石始七斗，至四斗五升。上海每石始八斗五升，至六斗。金花銀一兩，初准米三石八斗，其後准四石。至成化六年皆然。又歲積餘米二十萬。此荒蕪開闢之效也。

七年癸未六月，命浙江布政司并直隸蘇、松、徽、常四府，以今年折銀秋糧一十二萬石，收買青紅紵絲一萬疋。從中官林寬請也。

成化四年，巡撫都御史邢宥括得業蕩，每畝徵平米三升。舊例每徵鈔六十文。

八年，定墾官民田地山池塗蕩四萬七千一百三十一頃七十九畝九釐。

夏税。大麥七千六百一十石五斗五升。小麥八萬四千六百三十七石五斗五升七合。絲一萬一十一兩四錢六分四釐。綿二千五百五十四兩五錢七分二釐。鈔一萬六千五百八貫九百一十八文三釐。

秋糧。秔米六十三萬八千一百八十六石七斗一升七合。糯米九百三十四石四斗九升四合。赤米二十一萬七千八百一十石九斗一升八合。黄豆七萬三千四百六石五斗七升。斑豆七千九百四十五石二斗八升四合。菉豆二十七石三斗二升一合。赤穀七百一十五石一斗二升一合。

以上成化八年，華、上二縣總數。

二十二年，知府樊瑩奏定折徵白銀例。凡糧運綱費及供應軍需之類，應支餘米，易銀充用者，徑徵白銀入庫，照數支遣。每銀一兩，隨時估高下，或准平米二石，或二石五斗。

華亭縣正糧一石，加耗米三斗二升，白銀一錢五分。

上海縣正糧一石，加耗米三斗三升，白銀二錢。

弘治八年，巡撫右副都御史朱瑄始定分鄉論田加耗例。

華亭縣：東鄉每畝加耗斗一升，中鄉斗三升，西鄉斗五升。後中鄉畝加斗四升，西鄉加斗五升。東鄉又分沿海、不沿海，沿海畝加一斗，不沿海加斗一升。

上海縣：東鄉畝加斗一升，中鄉斗三升，西鄉斗五升。後又分東鄉沿海畝加一斗，不沿海加斗一升。中鄉畝加斗三升，西鄉斗六升。

金花銀，自成化十四年至是，每兩准平米二石六斗。

十一年，巡撫右副都御史彭禮復論糧加耗，加得業蕩平米爲五升二合六勺。

弘治四年辛酉六月，府部等衙門以災異陳言三十一事，内一事曰祛積弊。直隸松江府等處，折糧等項布疋，務收本色如式。本府掌印官驗解，該部驗送庫，該巡視科道并部委官同收。其有指稱權豪勢要，誆騙銀兩者，許科道參問重治。

十五年，定墾官民田地山池塗蕩四萬七千一百六十九頃八十畝三分六釐。

夏税。大麥七千六百一十三石六斗六升。小麥八萬四千六百五十二石五斗二升七合。絲一萬一十三兩四錢三分三釐。綿二千五百五十五兩四錢九分。鈔一萬六千四百六十六貫五百一十二文三分三釐。

秋糧。秔米六十三萬八千三百四十一石一斗六升。糯米九百三十四石四斗九升四合。赤米二十一萬七千八百八十八石二斗八升三合。黄豆七萬三千四百一十一石四斗五升二合。斑豆七千九百四十七石七斗二合。菉豆二十七石三斗一升一合。赤穀七百一十五石一斗二升一合。

以上弘治十五年,華、上二縣總數。

又查户部會計弘治年間賦額田土,官民共四萬七千一百五十六頃六十一畝八分八釐。比洪武原額,減四千一百六十六頃二十八畝一分一釐。

夏税:大小麥九萬二千二百五十八石六斗一升,比洪武原額減一萬五千二百三十七石三斗八升九合。絲綿折絹六百九十七疋三丈一尺五寸七分。農桑絲折絹一百六十七疋二丈一尺六寸一分六釐。二項絹共八百六十四疋五丈三尺一寸八分六釐,比洪武原額增一百九十八疋五丈三尺一寸八分六釐。税鈔三千二百六十七錠七百一十五文九分。

秋糧:米九十三萬九千二百二十六石二斗三升二合,比洪武原額減一十七萬三千一百七十三石七斗六升七合。馬草三十一萬六千二百二十五包四斤九錢零。

是歲,都御史彭禮、知府劉琬改定加耗例。官田論糧加,每石徵平米一石六斗。民田論田加耗,每畝徵耗米一斗二升。

十七年,同知史俊奏定荒糧折銀例。除坍江、坍湖、抄出、海塘、積荒田糧,係槩縣包陪外,其餘新逃拋荒田土,每糧一石,折徵銀二錢。

正德二年,巡撫左副都御史艾璞重定論田加耗例。

華亭縣:東鄉每畝加七升,中鄉加一斗,西鄉加一斗三升。四年,水災,西鄉熟田畝加至三斗六升。次年,三鄉熟田並畝加一斗九升四合。

上海縣:東鄉每畝加七升,中鄉加一斗一升,西鄉加一斗四升。

六年,巡撫右僉都御史張鳳復論糧加耗,并銀布折徵舊例。

《復舊規革弊便民案》:據華亭縣耆民嚴泰等呈,切照松江地方不滿二百里,糧儲動盈百餘萬。宣德年間,巡撫侍郎周文襄公因時處置,爲民便益。每秋糧一石,加耗六斗七升。金花銀一兩,准平米四石。細布一疋,准平米二石。粗布一疋,准平米一石。起運出兑,官軍俸糧、師生廩禄不缺,尚有餘糧賑濟饑民。弘治年間,始于田上加耗,分作三鄉,又分沿海、不沿海,等第不一。糧書乘機紊亂作弊,以致民遭其殃,官受其累。自古國以民爲本,民以食爲天。連年災傷疫癘,饑饉相仍,死亡者衆,存在者寡。幸蒙欽差都堂大人撫按,整理糧法,深爲民便,呈乞裁處等因到縣。本縣先爲延訪民情,以圖治安事。據上海縣耆民朱禋等呈稱,聞之父老,各處田糧多在田上加耗,惟吾松江則不可行。有上中下三鄉,有肥薄瘦三等,有升斗斛三科。俱係先朝秤土起糧,因地立法,非後人所可改易。宣德間,巡撫周文襄公奏將東鄉拋荒田土,召民開墾,三年之後,止取原糧。復奏折徵金花銀,粗細布一疋,准平米一石。于時起運不減今日,倉庫有存留之富,閭閻有賑濟之儲。官不知勞,民甚稱便。其後知府樊公,復念小民運糧之苦,奏將綱用耗米,折收白銀。每兩准平米一石五斗,給與糧長,令其自運。官民兩便,至今賴之。當時並是糧上加耗,每石不過六斗七斗而已。弘治七年,本縣董知縣因與巡撫同鄉,更變糧法,卻於田上加耗。雖分三等,東鄉終是不平。何也?西鄉雖是糧重,每畝歲收米或三石餘者有之。中鄉雖是糧輕,每畝歲收或一石五斗不足者有之。若濱海下田,不過可種綿花五六十斤、菉豆五六斗而已。法既不平,且復多變,或畝加八升九升,或一斗,或一斗七升四合。頻年以來,率無定例。且如正德四年,何等災傷。朝廷准荒六分三釐,官司[不]與主張,聽從糧長賣派,以致民心不服,輸納不齊。糧長又復瞞官,私收入己。所以因循至今拖欠。若當時照依欽准事例,派與六分三釐,小民安敢不典家賣産,依期完納?老民正不知先年何故,金花銀准米四石,布疋准米二石一斗,卻乃錢糧反多。今者金花銀不過一石九斗,白銀不過一石七斗,何故錢糧反少。若曰輕糧多在小户,不知大户亦有重額之田,未見其害也。只是以王道待天下,自然平正。若存大小户、輕重田之心,則前人立法之意全無,而物之不齊之説亦徒然也。田上加耗,不可行也明矣。據此案候在卷。今據前因,參看得松江一府,大户多輕則之田,小户多重則之賦。論田起耗,若便小民。然斗則數多,書手作弊,雖精于筭者,亦被欺瞞,況小民乎?本院已將萬石一覽，通行發府議處。正欲將金花銀每兩准米四石，細布一疋准米二石，粗布一疋准米一石，先儘下户及陪貱之糧。有餘并將白銀以次分與中户，又次及於上户。務使貧富適均，官民兩便。今嚴泰等又稱糧上加耗，與民便益，合准照糧徵派相應。爲此仰抄案回府，着落當該官吏，即行各縣掌印官。今後派徵錢糧，俱照先年巡撫周尚書所行則例，不分東西中三鄉，一槩糧上加耗。金花銀兩布疋，先儘重則官田。每銀一兩折米四石，粗布一疋折米一石，細布一疋折米二石，白銀一兩隨時定價。其上中高户，俱派與本色秔糯等米。務使民心悦服，而錢糧不至于有弊；國計充足，而官府不至于有累。仍翻刊告示，發鎮店鄉村，凡有人煙去處，張挂曉諭知悉。

附記正德間各項田土并税糧科則

本府額管田三萬七千三百六十八頃七十一畝一分九釐。華亭二萬一千二頃七十七畝五分一釐，上海一萬六千二百六十四頃九十三畝六分七釐。

地六千六百一十三頃二十四畝二釐。華亭二千四百一十七頃八十九畝八分八釐，上海四千一百九十五頃三十四畝一分三釐。

山四十一頃六十八畝四分七釐。華亭四十頃三十一畝七分七釐六毫，上海一頃五十一畝七分。

池一百三十一頃一十八畝八分三釐。華亭四十九頃二十三畝六分三釐，[上]海八十一頃九十五畝一分七釐。

塗六十六畝六分五釐，俱屬華亭。

蕩三千四十八頃五十一畝一分三釐九毫。華亭一千九百九十五頃三十三畝四釐，上海一千五十三頃一十八畝九釐。已上通共四萬七千二百四頃二分九釐。正德六年，户總科數比弘治十五年，增三十四頃二十畝有奇，比正德五年歲報，增三千一百二十七頃有奇。

官田地山池塗蕩三萬二千四百八十八頃三十四畝二分七釐，糧七十二萬八千七百五十二石三斗三升一合。

一升起科田四十七頃二十四畝八分九釐，糧五十石五斗七升三合。

二升起科田三頃三十畝九分九釐九毫，糧七石八升三合。

三升已上起科田九百五十九頃二十一畝七分六釐八毫，糧三千一百八石二升七合六勺。

四升以上起科田二頃一十七畝三分四釐，糧九十四石六斗七升七合。

五升以上起科田三千四百八十五頃八十五畝二分六毫，糧一萬八千三百九十三石四斗二升七合。

六升以上起科田一十七頃四畝一釐一毫，糧一百一十三石三斗五升八合六勺。

七升以上起科田一十頃八十三畝八分八釐，糧八十二石一升六合。

八升以上起科田二十五頃九十七畝二分八釐九毫，糧二百二十七石四升三合。

九升以上起科田九頃一十畝九分一釐，糧八十七石六斗三升二合。

一斗以上起科田七千七百一十頃六分五釐，糧九萬七千七百一十七石九斗三升六合。

二斗以上起科田九千九百六十二頃二畝八分一釐四毫，糧二十三萬九千七百一十六石八斗三升六合。

三斗以上起科田七千四百四十九頃四十三畝三分三毫，糧二十五萬二百二十一石三斗四升八合。

四斗以上起科田一千四百二十六頃七十四畝七分七釐八毫，糧六萬二千一十九石九斗一升九合。

五斗以上起科田一千四十八頃六十四畝零，糧五萬二千七百二十六石五斗四升六合。

六斗以上起科田一百二十頃六十八畝二分二釐，糧八千三百一十一石三斗五升九合。

七斗以上起科田一百九十六頃三十四畝三分一釐，糧一萬五千五百二十五石四斗五升八合。

八斗以上起科田地六十一畝二分六釐九毫，糧二百一十九石六斗六升一合。

九斗以上起科田五十畝四分五釐，糧五十石一斗四升二合。

一石以上起科田五十二畝八釐，糧六十九石四斗四升五合。

二石以上起科田一畝六分八釐，糧四石六斗一升一合。

三石以上起科田一畝一分，糧四石一斗六升七合。

四石以上起科田二分二釐，糧一石六斗。

民田地山池塗蕩七千三百五十六頃九十一畝六分五釐，糧四萬六千四百九十三石九斗五升六合三勺，起科田八分三釐。

一升起科田二十畝四分九釐，糧二斗四升九合三勺。

二升起科田六十八頃六十二畝九分五釐，糧一百四十六石八斗六升七合。

三升以上起科田六百三十七頃二十五畝三分八釐七毫，糧二千六十五石二斗四升五合九勺。

四升以上起科田五十五頃二分三釐，糧二百三十六石三斗九升三合。

五升以上起科田五千四百九頃二十畝七分四釐，糧二萬八千九百一十八石二斗六升六合。

六升以上起科田六十三畝五分六釐，糧四石四斗四合。

七升以上起科田三十八畝九釐，糧二石九斗八升六合。

八升以上起科田七頃六十八畝四分五釐，糧六十二石五升四合。

九升以上起科田二十五畝一分，糧四斗七升一合一勺。

一斗以上起科田九百九十四頃八十一畝四分九釐，糧一萬一千三百三石二斗七升九合。

二斗以上起科田一百七十八頃四十二畝三分□釐五毫，糧三千六百一十三石九斗八合四勺三斗。以上起科田四頃三十九畝九分七釐，糧一百三十六石三斗八升。

四斗以上起科田二畝，糧九斗九升三合。

已上通共三萬九千八百四十五頃九分三釐，糧七十九萬五千二百四十六石二斗八升五合八勺，爲見在有徵。又有逃絶、抛荒、抄出、海塘、坍洳、坍江、倉基、召佃、累陪、寄莊、告申等項田地四千二百二十七頃八十畝八分四釐八毫，該糧一十四萬四千三百二十四石一斗八升九合四勺，爲槩縣包陪。通共四萬四千七十三頃六畝七分七釐，該糧九十三萬九千五百七十石四斗七升五合二勺。比總科數，減三千一百三十頃九十七畝有奇。比正德五年歲報，減四頃四畝有奇。

《舊志》顧文僖云：按田賦歲有增減，蓋消長不齊，理之所有。然正德五、六二年，糧額無改，而户總及歲報田數，相去至三千一百二十七頃有奇，殆不可曉。至於官田四升以下，民田二升以下，科則獨見府總，而民間亦未聞也。此類必有知者，今並存之，以備參考。

張之象云：正德五年，本府論田加耗，故輒減田土總額，令每畝派耗數多。及官民依法徵納，則所隱額田例輸耗米，咸歸書筭，賣與姦豪，悉依是年東鄉每畝加耗七升例計之，亦該米二萬一千八百八十九石。至正德六年，本府復論糧加耗，故以田畝實數報官，而别設法侵没。蓋事之易曉者也。

嘉靖六年，左春坊左諭德顧鼎臣，奏爲陳愚見、剗積弊，以裨新政事。言：東南諸府，法制大壞。府州縣總書書手，造作姦弊，無所不至。或私雕印信，詐領錢糧；或依倣判押，套寫文字。或將上司坐派，增減數目；或將府州縣案卷，追改年月。或將宥免重科徵，或將暫徵槩作歲辦。或總數與撒數不合，或官簿與底簿不同。或將已徵在官，支調侵分；或將私收入己，申報民欠。或將官田改作民田，或將肥蕩改作瘦蕩。或將荒糧扣賣別區，或將熟糧灑派細户。其泰甚者，城郭附近田塗，虚報坍江、坍湖、坍海；膏腴常稔地土，揑作板荒、抛荒、積荒。每年糧額虧欠，以千萬計。負累槩州縣良善人户包補，日積月久，坐致困窮。姦頑得計，或有田無糧，或不耕而食。新舊要結，永享富樂。雖間有聰明老練上司，搒求問發，終莫能得其要領，闖其藩籬，以破其巢穴。何況州縣官員，初入仕途，百責所萃。未及三四年，陞遷交代。孰能勾稽磨筭，以摘發其姦哉？又言：姦頑里書，愚弄踏荒官員，將隣界别州縣荒田，一槩丈量，以圖虚揑之數。其坍江等頃，寫遠四散，多被推蕩影射，尤難根究。乞敕撫按，并議差官督踏丈量。該户部題准行撫院。嘉靖九年，欽依顧鼎臣奏，着實舉行。

嘉靖丙子，巡按直隸御史陳九德言：國家財賦，仰給東南，而蘇、松、常、鎮四府居半。但其土沃民澆，飛詭百出，管糧同知權輕，不能鎮壓。或持法稍嚴，則豪猾大姓，輒相與排根去之。故奸弊滋長，國賦不登。請特重其事權，以蘇松兵備兼理。從之。《嘉靖實録》。

嘉靖己未，巡撫歐陽鐸、巡按陳蕙，籍上其所檢覈蘇松常鎮坍荒公占田地四千四百二十餘頃五十餘畝，正米十一萬五千七百五十三石有奇。請即以今所清出隱蔽田糧六萬一千五百五十餘石補之。其餘無徵者，乞於南京夏税馬草鹽鈔諸色銀内除豁。事下户部覆言：諸州縣坍荒田糧，不知從前以何抵補。今既欲抵以清出隱蔽之糧，復欲除豁南京夏税等銀。宜更下彼處撫按官，熟議而後行之。報可。《嘉靖實録》。

嘉靖十六年，太子太保、禮部尚書顧鼎臣，奏爲懇瀆宸嚴，明飭典憲，以振舉軍國大計事。該户部題：財賦出於東南，而蘇松常鎮等府，視他郡爲尤重。田糧定於版籍，而欺隱灑派等弊，在今日爲尤多。蓋官吏更代不常，而里書飛詭益甚。致小民税存而産去，大户有田而無糧。害及生民，大虧國計。奉旨：是便行與撫按官，著各該知府，親詣州縣，用心清查。有虚應故事，及延捱遲誤的，指實參奏。欽此。

松江知府黄潤議，以八事定税糧。一曰以原額稽其始，二曰以事故除其虚，三曰以分項别其異，四曰以歸總正其實，五曰以坐派起其運，六曰以運餘撥其存，七曰以存餘考其積，八曰以徵一定其則。凡金花白銀、粗細布價，一例均攤。各衙門正耗白糧，石加舂辦米貳斗。省去頭緒，只作本折兩項派徵。

嘉靖丙午，總理糧儲工部尚書李充嗣言：蘇、松、常州、嘉、湖五府，正德年間，以内府新添小火者五千三十二名，歲用食糧，各府增派，共二萬四千一百四十八石。餘解進供用庫，及節年所派南京酒醋局等衙門，復不下數千。通加耗，共一十三萬七千餘石。歲比不登，小民重困。乞敕該部查免。户部題覆，從之。《嘉靖實録》。

隆慶二年，巡撫右僉都御史林潤奏言：江南諸郡，久已均糧，民頗稱便。惟松郡未均，貧民受累，勢不能堪。請乞暫設專官，丈田均糧，以重國賦，以蘇民困。吏部題以原任本府同知轉員外郎鄭元韶，陞湖廣按察司僉事，領敕專管華、上二縣。沿坵履畝，逐一丈量，均章斗則。

隆慶三年，僉事鄭元韶耑主均田均糧之議，盡數清丈。悉去官民召佃之名，章作上中下三鄉定額。田有字圩號數，册有魚鱗歸户。至今田額以是爲凖。

以上僉事鄭元韶清丈華、上二縣數。

萬曆元年，復建青浦縣。分華亭縣四十一、二、三保，計八十三里，三十五、三十八保，計三十八里，上海縣五十保，計二十九里，三十一、三十三、三十四，四十五、七、八等保，計一百一里。共該田地池山塗蕩沙漊，共八千零八十七頃三十八畝九分八釐四毫六絲。

萬曆二年，定墾官民田地山池塗蕩四萬三千七百二十六頃八十一畝五分七釐。

華亭縣定墾田地山池塗蕩二萬一千九百五十二頃三十九畝三分。自嘉靖十七年起，歷年增減，并丈量均攤升科。至萬曆元年，分除青浦縣外，實查有徵止此。

科則。

全熟田每畝均科正糧二斗四升五合。

低薄田每一畝五分准熟一畝。新荒田每二畝准熟一畝。舊荒田每三畝准熟一畝。山每二畝准熟一畝。得業塗蕩每畝科米一斗五升。茅柴蕩每畝科米一斗。茭草塗蕩、積水河漊,每畝科米五升。

加耗。

上鄉每畝加耗一斗二升。中鄉每畝加耗七升五合。下鄉每畝加耗三升。

本色。

本年奉文,收青浦縣退還原分四十三保八區不等田。又增收首告起復并清查出額不等田。又奉文,退還原包補浦東、横浦二場水鄉、竈田、蕩灰場,原議隨田鹽蕩價銀兩,仍聽鹽司自行辦課。有司該除平米,又除護塘外區畐不等折銀,抵派料價,及存留軍儲,并支沿海區畐折銀,共應本色二十五萬七千八百三十二石九斗二合。

折色。每平米一石,折銀四錢。

折色銀並支沿海區畐折銀,實徵一十九萬六千六兩五錢四分三釐。

另編。如馬役料價、派修運河米折銀等項,不知起自何年。但俱于税糧額内撥派,于歲額無增减,似不必録。其練兵貼役,于税糧外照平米派辨。

練兵。銀一萬三千一百八十四兩二錢八分五釐。

貼役。銀四千四百六十九兩七錢一分二釐。此項每平米一石,官户派銀二分,民户派銀二釐。

正編。均徭銀一萬八千八百八十二兩九錢二分六釐。又里甲均平銀五千一百五十四兩一錢三分五釐。

夏税。小麥四萬七千七百九十五石二斗二升。農桑絲絹九十七疋,每疋折銀七錢。

秋糧。五十萬二千一百三十七石八升三合。每石加耗四斗,或至三斗二升。三梭布一萬七千八百三十疋。棉布七萬六千七百二十疋。馬草一十五萬二千九百七包。鹽鈔折銀四百一十二兩五錢。

上海縣定墾田地池塗蕩一萬五千六百二十頃八十一畝六分二釐。

科則。

全熟田每畝均科正糧二斗五合。低薄田每一畝五分准熟一畝。新荒田每二畝准熟一畝。舊荒田每三畝准熟一畝。另傍浦留步,上鄉田每一畝四分准熟一畝,低薄田每二畝一分准熟一畝,新荒田每二畝八分准熟一畝,舊荒田每四畝二分准熟一畝。得業蕩每畝科米一斗五升。茅柴蕩每畝科米一斗。茭草塗蕩、積水河漊,每畝科米五升。

加耗。

上鄉每畝加耗九升。下鄉每畝加耗三升。

本色。

本年增收首告起復不等田,勘還蕩塘外南匯所軍營地,及多丈民田,奉文退還原包補下砂等三場水鄉竈等,原議隨田蕩價銀兩,聽鹽司自行辦課。有司應除平米,又勘除上下鄉低田平米,共本色一十五萬一千五百五十一石五斗八升三合。

折色。

折色銀一十一萬五千七百六十六兩二錢三分五釐。

另編。

練兵。銀七千七百五十六兩八錢玖分八釐。

貼役。銀二千四百三兩一錢七分九釐。

正編。均徭銀一萬三千五百四十八兩四分九釐。又里甲均平銀三千七十五兩七錢九分四釐。

夏税。小麥二萬九千二十一石六斗五升二合。農桑絲絹六十疋,每疋折銀七錢。

秋糧。三十萬五千四百三十三石八斗七升二合。三梭布一萬八百二十五尺。棉布四萬六千五百七十七疋。馬草九萬二千七百七十四包。鹽沙折銀二百五十八兩五分二釐。

青浦縣,自元年分割華亭、上海二縣田地山池塗蕩六千一百五十三頃六十畝六分五釐三毫。内除公占無業絶墳等,有徵田地山池塗蕩六千一百四十六頃六十三畝七分。

科則。

全熟田,華亭每畝科正糧二斗四升五合,上海每畝科正糧二斗五合。低薄田每一畝五分准熟一畝。新荒田每二畝准熟一畝。舊荒田每三畝准熟一畝。山每二畝准熟一畝。得業蕩每畝科米一斗五升。茅柴蕩每畝科米一斗。茭草塗蕩、積水河漊,每畝科米五升。

加耗。

分華亭上鄉每畝加耗一斗二升,中鄉七升五合。上海上鄉每畝加耗九升,下鄉加耗六升。

本色。

本年增收并勘原分華、上不等田,又勘除倉基、城基、演武場、山川壇、養濟院等,又奉文歸還華亭縣田地河蕩,勘減原分上海縣多丈民田等,應除平米,共本色六萬八百四十八石一斗三升一合。

折色。

折色銀四萬六千四百八十兩二錢六分九釐。

另編。

練兵。銀三千一百一十四兩四錢三釐。

貼役。銀八百三十兩九錢七分三釐六毫。

正編。均徭銀五千一百六十二兩四分四釐。又里甲均平銀一千九百十兩一錢一釐。

夏税。小麥一萬一千六百五十四石六斗六升。農桑絲絹二十二疋二丈四尺六寸。

秋糧。一十三萬一千六百五十五石二斗七升八合。三梭布四千三百四十五疋。棉布一萬八千七百三疋。馬草三萬七千三百一十九包。鹽鈔銀一百三兩五錢。

是年,青浦城磚工料,奉議將三縣不等准熟田,每畝派銀二釐五毫築造。

是年,糧儲右參政舒議定賦役條編。如夏税秋糧馬草,於本年糧長内,僉點櫃頭管收,經催催之。均徭均平銀兩,亦于見年糧長内,僉點櫃頭二名,坐櫃管收,仍令經催催之。仍給青繇税糧徭里總載一紙,經排小户兩項分納,同時比較。又議照實徵册式,限五年行推收一次。首年造定,五年照派。賣田者當差,買田者出抱户貼之。其均徭力差,出票對支者,自萬曆三年爲始,以一都起挨或三都止,次年遞挨至某都止,周而復始。不得越次編派,避重就輕。

是年,補編一年,後不爲例。因工部坐派綾紗并連箱櫃料銀,三縣背五千七百四十五兩。又華亭補徵上年會計,奉文折減沿海區畾平米,抵派四司工料,虧少銀二百一十六兩三錢七分五釐。募增水陸哨民壯一百二十名,每名每月銀七錢五分,次年停。上海奉議修沿海備塘水竇,本縣平米每石截派銀七釐。募增水陸哨民壯二百二十名,每月每名銀七錢五分,次年免。

以上萬曆六年,重建青浦後,華、上、青三縣總數。

萬曆六年見額。户部會計。

田土,官民共四萬二千四百七十七頃三畝三分八釐五毫。比弘治減四千六百七十九頃伍十八畝五分。

夏税,大小麥九萬二千二百六十石四斗一升九合六勺。比弘治增一石八斗八合。起運京庫小麥六萬石,每石折銀二錢五分。鳳陽府倉小麥一萬二千七百石,南京各衛倉小麥一萬五千石,每石折銀四錢。以上共起運麥八萬七千七百石,存留大小麥四千五百六十石四斗一升九合。絲綿折絹六百九十七疋三丈一尺五寸七分。與弘治同,存留。農桑絲折絹一百七十九疋二丈四尺一寸。比弘治增一十二疋二尺九寸四分。本色一半,折色一半,每疋折銀七錢。起運南京庫。税鈔三千二百六十七錠七百一十五文。與弘治同,存留。

秋糧,米九十三萬九千二百二十六石二斗三升貳合。與弘治同。起運京庫米二十七萬四千六百八十七石二斗六升二合,每石折銀二錢五分。光禄寺白熟粳米一萬三千六百石,准糙粳米一萬四千九百六十石。白熟糯米二千二百石,准糙粳米二千四百二十石。酒醋麵局白熟糯米二千一百石,准糙粳米二千三百一十石。供用庫白熟粳米一萬七千三百五十二石四升七合,准糙粳米一萬九千八十七石二斗五升一合。北京公、侯、駙馬、伯并公主歲支禄米八千五百三十五石。内小麥二百一十八石,每石折銀四錢,其餘米每石折銀七錢。府、部、院、寺等衙門并神樂觀糙粳米一萬七千八百五十七石,本色八分,折色二分,每石折銀一兩。京庫闊白三梭綿布三萬三千疋,准米六萬六千石。闊白綿布一十四萬二千疋,准米一十四萬二千石。内四萬二千二百二十六疋,每疋折銀三錢,餘俱本色。南京光禄寺次等白粳米六千石,准糙粳米六千六百石。南京會同館次等白粳米二百二十五石,准糙粳米二百四十七石五斗。南京神樂觀糙粳米四百八十九石二斗叁升,每石折銀六錢。南京公、侯、駙馬、伯并府、部、院、寺等衙門,俸米一萬二千一百四石二斗九升,禄米三千石,俱每石折銀七錢。兑軍米貳拾萬三千石,淮安倉改兑米貳萬九千九百五拾石,徐州倉米一萬五千石,揚州府倉米一萬伍千石。願納折色者,每石折銀六錢。南京各衛倉米玖千四百六十六石。宗人府等衙門派剩米二萬六千八百五十三石三斗八升六合,每石折銀七錢,解太倉銀庫。以上共起運米八十六萬九千五百六十六石九斗二升,存留米六萬九千六百五十九石三斗一升二合。

馬草,三十一萬六千二百五十一包五斤二兩五錢零。比弘治增二十六包。起運京庫草二十二萬包,每包折銀三分。南京户部定場草六萬三千包,本色。以上共起運草二十八萬三千包,存留草三萬三千二百五十一包五斤二兩五錢零。

以上萬曆六年,華、上、青三縣總數。

萬曆十年黄册,遵奉明例,以清丈均攤科則,實徵田糧入册,舊額田糧并鈔等項開豁。

萬曆十五年,松江府爲清查糧額,以甦民困事。奉巡撫都御史佘立批:據本府華、上、青三縣鄉民趙惠、鍾勝等呈詞前事。切照蘇松糧賦,極爲繁苦。蘇州府已蒙天臺軫念,行帖部差進士袁黄清筭外。但本府見徵田賦,不減蘇州,而地窄役繁,望恩尤切。乞照蘇州府一體憐恤,仍帖進士袁隨詣本府,逐一清查。得蠲粒米絲銀,舉屬天寬地厚等情。奉批:仰松江府查報。行間,隨該本府入境,檢查前卷,催請進士袁,親詣府城。該本府會同本官,將合屬一應糧賦,逐款清查,反覆酌定,彙爲一册,開列上覽。照得松江幅圓,不逮三四百里,而水居其半,直區區彈丸地耳。至舉其糧賦,乃亞于蘇州。蚤夜奔命,以奉惟正之供,財力蓋交詘矣。矧重以水灾,民多流亡。本府徧諮父老,周眎封内,竊爲傷之。適奉有明文,延聘專官,爲之清查。豈非地方轉移之一大機會乎?苟可議減,以甦重困,誠無所措,亦奚所憚。第錢糧增捐,係干題請。必其上無損於公家,下有益於百姓者,方敢議減。必其議之而可以請,請之而可以從者,方敢議減。至于徭役一節,律以他處,不無冗濫。亦須去其泰甚,稍爲減捐。若驟加驅逐,恐饑荒之後,治生爲難。計出無聊,將相率而爲盗耳。以通郡計之,所省幾何?一旦委吾民于盜賊,所傷實多。本府蓋熟計之,非一朝夕矣。

秋糧。一,減光禄寺白粳正米三千六百石。查得本寺白粳米,積貯甚多。曾經科臣劉魯條議,慮其朽腐,要將本折輪年解納。今查前項粳米,解運一石,所費三倍。積貯既多,則嘉靖十六年額外續增三千六百石,應從裁減。即正額之米,亦應查照科臣所議上請,聽令本折輪解。庶百姓之膏血,不爲廪中之朽腐矣。

一,減瑞安長公主駙馬禄銀三百五兩。查係萬曆十四年,奉派原在部額之外坐徵。但查歷年舊規,公主婚禮畢後,應用禄米麥折,次年即併入北京公侯禄銀項内,通融支給,不當額外加派。相應裁減。

一,減續增京庫闊白棉布九萬九千七百七十四疋。原議本色每疋價銀二錢五分,扛銀三分,共徵銀二錢八分,折色每疋價銀三錢。後又奉文,增加本色布銀二分,以爲鋪墊,共銀三錢,適平矣。而後復議增加鋪墊銀二分四釐,共增銀二千三百九十四兩五錢七分六釐。是鋪墊之外,又增一鋪墊也。後增銀二分四釐,相應裁減。

一,減宗人府等衙門派剩正米銀五千九十肆兩九錢二分二釐。查得户部每年會計,將應徵各項錢糧正米,盡數起派。仍餘二萬五千四百七十四石六斗一升四合,名爲派剩。每石折銀七錢,聽撥各衙門文職官員折俸之用。遞年奉派不一,彼減此增,彼增此減,原不出于部額之外。但既曰派剩,則非復各衙門應支正數,往往積之無用。故隆慶以前,視爲可緩,十無一二完解。遇有災傷,輒將本項議免。萬曆以來,纂入考成,督責遂急。邇年水灾重大,閭閻耗民委不堪。近據進士袁所議,欲將前項米數,盡數免徵。但查前銀,係九十三萬九千二百二十六石額米之數。在額米豈容免徵,但銀數相應酌減。合將前銀,每石減派二錢,量徵五錢。則原額不失,而民困少甦矣。

一,減揚州府倉正米銀一千五百兩。

一,減徐州永福倉正米銀一千五百兩。

查得本府應解揚、徐二倉正米三萬石,每石折銀陸錢。但二郡地方雖屬江(比)[北],實去江南不遠,穀米頗賤,似應量爲酌處。合照會計例,折銀五錢徵解。則彼之額數不虧,而此之民力少寬矣。

夏税。一,減南京倉麥折銀二千二百五十兩。

一,減鳳陽府倉麥折銀一千九百五兩。二倉小麥共二萬七千七百石,每石折銀四錢,折價頗重。查得京庫麥折例,每石折銀二錢五分。似應比照前例解納,每石減銀一錢伍分,庶輕重適平矣。

役辦。一，減供用庫加派蠟茶料銀六百五十二兩三錢四分二釐。查得嘉靖十六年賦册，額派本府本色黄蠟一千四百斤，每斤價銀二錢。芽茶一千二百斤，每斤價銀六分。葉茶一千二百斤，每斤價銀三分。續於四十一等年，該太監蔡等題稱缺乏，加派本折黄蠟三千二百一斤一十一兩四錢。每斤價銀二錢，該銀六百四十兩三錢四分二釐。其芽茶每斤另增銀一分，該增銀十二兩。共多加銀六百五十二兩三錢四分二釐。夫額派黄蠟，止於一千四百斤，而加派之數，反浮于原額幾至三倍。蓋緣四十一等年，爲世廟醮壇之用，故加派至此。隆慶以後，一切罷而不行，前項黄蠟仍復踵而未革。年復一年，蓄此將安用哉？今當地方重困之後，合將四十一等年，加派黄蠟銀及芽茶價銀，盡行裁減。

一，減北京光禄寺歲用果品厨料價銀一百三十五兩六錢。查得該寺果品厨料斤數，俱與舊額相同。中間菉笋原議每斤伍分五釐，自萬曆元年奉文，加價銀五釐，共銀六分。香蕈每斤二錢三分，如價銀一分，共銀二錢四分。蒔蘿每斤二分九釐，加價銀五釐，共銀五分五釐。較之舊數，通共增價銀二十五兩六錢。及查蘇州府會計價值，菉笋每斤三分，蜂蜜每斤三分，則本府實多價銀一百一十兩。蘇松二府豈宜異同？合比照蘇州例派徵，亦甦息之一端也。相應議減。

一，減斧刃磚料銀玖百兩。查得前項磚價，原係蘇松等七府派辦。但當時偶因缺磚，暫行派辦。今年復五年，前磚置之何用？相應議減。

一，減修河米銀一千二十一兩一錢。始自萬曆元年派徵，解赴鎮江府，修濬運河之用。今查該府置閘啓閉，蓄洩得宜，漕船無滯。前銀置之無用，相應減派。

一，議增改折平米銀一萬七千七百七十二兩一錢四分五釐。查得各縣改折平米，嘉靖以來未之有也。有之自隆慶三年始。當時督糧僉事鄭丈勘，改折四錢平米八千一百八十九石五斗有奇，五錢平米一萬一千三百八十二石九斗有奇。分别沿海區啚，低薄荒田，或逼近海者，或稍遠於海者，改折二項平米，以甦其困。夫何此竇一開，千弊競起，十餘年來，紛紛告改。有改折四錢者，有改折四錢五分者，有改折五錢者。日積月累，遂增改折平米至一十六萬六千三百三十八石五斗有奇。夫果逼近海者乎，皆腹裏田也。雖低窪瘠薄，在腹裏不可謂盡無。即令有之，豈應如此之多耶？其爲豪有力者，乘機而賄改也强半矣。夫改折之米日益增多，則舊額之米日益增重。賦役之不平莫甚于此矣。若不通行各縣，即將折糧田地，除督糧僉事鄭，於隆慶三年丈糧奏准改折者，聽令照舊。以後乘機告改者，聽該縣逐一清查。如係膏腴田地，悉與改復原額，一體派徵。果係低窪瘠薄，亦要量增銀數。如舊改折四錢者加作五錢，四錢五分者加作五錢五分，五錢者加作六錢派徵。庶額無偏累，而弊可少釐矣。候查勘明實至日，另文詳奪，通該議減，并議增輕額。共銀三萬九千三十兩六錢八分七釐，每銀一兩，准平米二石，該米七萬八千六十一石三斗七升四合。

已上各款錢糧，本府會同進士袁，參酌往復數次，似可行之無疑者。獨派剩宗人府米銀一欵，在袁議欲全免，本府祗欲量減銀數。改折平米，在袁議欲盡復原額，本府祗欲量增銀數。爲小異耳。

傜役。一，減府縣禁子銀六十八兩八錢。查得本府司獄司并華、上二縣禁子工食，每名歲編銀九兩，另編别具銀各八兩。青浦縣禁子每名編銀七兩二錢，另編刑具銀八兩。夫用一禁子也，青浦止編銀七兩二錢，而本府與華、上二縣，獨多編銀一兩八錢，委爲編重。且另編有刑具銀。其多編之數，相應減派。青浦獄囚較之本府與華、上二縣，相去懸隔。其刑具銀應減派一半，止編銀四兩。

一，減舖司兵銀一百五十一兩二錢。查得各縣舖司兵，萬曆五年通共編定一百九十七名，工食每名銀七兩二錢。至六年減兵四名，七年減兵三十三名，實存兵一百六十名。至十二年復增至一百七十九名，委屬冗濫。合照七年裁定名數編派，庶爲適平。華亭縣如府前總舖司兵，原編十一名，應減去一名，止編十名。吉陽、斜塘、滕港、西塘灣、陳涇、風涇六舖，每舖編兵五名，應各減兵一名，每舖止編兵四名。沈涇塘、廣富林、鍾賈山、三界址四舖，每舖原編兵六名，應各減兵二名，每舖止編兵四名。共減兵十五名。通波、興福、黄涇、胡婆、紫江、車墩、楊胥、蓮花、前江、漕涇、青村、柘林、白帶、馬橋、金山衛前共十五舖，每舖各編兵三名，袁浦舖原編二名。應照舊上海縣龍華、烏溪、華涇、八尺、徐公港、江橋六舖，每舖各編兵四名。先於萬曆七年間，每舖裁減各一名，止編三名，應照舊。其縣前總舖司兵六名，周八、楊灰、中後所三舖，每舖各編兵三名，川沙堡舖兵二名，應照舊。青浦縣浦闕、陳涇、白鶴三舖，每舖編司兵五名，應各減兵二名，每舖止編兵三名。其減六名。其縣前唐行舖司兵五名，青龍、艾祁、北簳山、郟店四舖，每舖司兵三名，應照舊。爲查各舖司兵，既已裁其人數，則工食似難議減。且計日授食，古今通道。人既在官，則闔家仰給盡在此矣。若遽從嘉靖年間事議給，恐於人情未便。

一，減扣解民壯工食抵充兵餉銀七十二兩。查將民壯之設，所以防禦庫獄，及城垣河港，水陸賴之，所從來久矣。今查華亭縣民壯五百名，皆屬練兵千户領之，即所謂民兵也。大小哨船一十六隻，分佈民兵二百名，防守河港。餘兵分佈城守，并府縣庫獄。上海縣三百九十名，大小哨船八隻，分佈民兵一百名，防守河港，餘兵分佈城守庫獄。青浦縣二百三十名，大小哨船六隻，分佈民兵五十名，防守河港，餘兵分佈城守庫獄。俱非存役。切照本府地方，東連黄浦，西接泖湖，南臨大海，北抵吴淞。鹽盗出没，備禦難周，未可與别府州縣同日而語。況今時值灾傷，盗賊易于竊發。若使頓行裁革，萬無一備，咎將誰諉？且在萬曆八年，奉文裁減已定，勢難再議。其扣解巡捕民壯工食銀一百四十四兩，亦經奉文免編。扣解抵充兵餉銀三千三百八十四兩，内銀一千八百九十兩，係供川沙寶鎮兵餉支用。一千四百二十二兩，係解發太倉州，放給吴淞陸營官兵口糧。亦難議減。惟存銀七十二兩，每年解貯府庫，遇有急缺及大紅等項段疋支用。似屬盈餘，相應減編。

一，減富户銀四十五兩。查得富户銀兩，原奉部文坐派。據袁進士議稱，前項銀兩原可緩，相應減派。

一，減弓兵銀三百六十兩。查得本府所屬巡司九處，皆邊海邊湖要害地方，緊難比之腹裏。當時弓兵編派獨多者，正坐此耳。但各役自扣抵鹽斤以來，束手坐食，即遇拿獲私鹽，往往賣放。亦安用坐肥此輩爲哉？合無每一巡司，酌量減去弓兵五名，責令用心巡緝。拿獲私鹽，務期一一報官，不許一切聽其抵扣。其扣減弓兵名下鹽斤，均派現存弓兵賠補。其扣解弓兵抵充兵餉銀九百二十兩，已經奉文免編，無容再議。

一，減協濟蘇州府修理龍衣座船銀一百兩。查得前銀，向係蘇州府額編修船銀内動支修理。萬曆十四年，奉欽差兵備按察使王條議，於本府派銀一百兩，銀發蘇州府協修。原非定額。本府委屬繁難，前項銀兩應照袁進士所議，派于常鎮二府協濟可也。相應議減。

一，減寫表工食等銀三十一兩七錢八分四釐。查得萬壽元旦長至，原派紙劄什物撰寫銀共六十三兩，與蘇州府多寡懸殊。二府不宜異同，應照蘇州府例派編，止該銀三十一兩二錢一分六釐。相應減派。

一，減馬料銀三百兩。查得華亭縣額設馬三十匹，上海縣馬二十五匹，青浦縣馬十五匹。每匹歲編工食、鞍轡、草料銀一十二兩，專供院道按臨，并支應差來官舍之用，别無差遣，委應議處。今查華亭縣原編馬三十匹，該銀三百六十兩。量留馬十五匹差用，將五匹徵銀六十兩在庫，臨時雇馬湊用，餘十匹減派。上海縣陸路居半，較與華、青二縣事體不同。原編馬二十五匹，該銀三百兩。量留馬十二匹差用，將五匹徵銀六十兩在庫，臨時雇馬湊用，餘八匹減派。青浦縣向無院道駐劄，獨有監兑一衙門駐劄。縣原編馬十五匹，該銀一百八十兩。留馬五匹差用，將三匹徵銀三十六兩在庫，臨時雇馬湊用，餘七匹減派。

共減徭役銀一千一百二十八兩七錢八分四釐。

已上各款徭役，本府緣進士袁所議，而量爲劑損，所謂去其太甚耳。無業之民，仰藉一役自食，不啻中人之産。一旦驟加驅逐，人情事勢俱屬未便。即建議自今日，須以日月爲始，方令退役。庶秋稻既登，而生計可遂矣。以上皆知府喻均議覆。

萬曆十九年，東平告急，於三縣田地，每畝加編三釐。至三十三年後，遞減九毫。四十三年，詳定每畝實編銀二釐。

萬曆二十一年會計：

華亭縣額徵平米五十九萬五千九百三十二石八斗有奇。除護塘外，平米八千一百六十九石五斗零。每石折銀四錢，仍作本色。又有改折平米八萬九千三百四十八石八斗零，止納折銀四萬二千八百七十三兩八錢五分，抵作起運。實該驗派本折二色平米四十九萬八千四百一十四石四斗有奇。

上海縣額徵平米三十九萬一千二百三十二石四斗五升零。除改折平米四萬六千九百一十三石四斗有奇，止納折銀二萬二千五百二十一兩八錢六分零，抵作起運。實該驗派本折二色平米三十四萬四千一百九石有奇。

青浦縣額徵平米二十二萬八千九十石五斗零。除改折平米四萬一千四百五十九石二斗零,(上)[止]納折銀一萬九千九百六兩六錢九分零,抵足[起]運。實該驗派本折二色平米一十八萬六千六百三十一石三斗有奇。

萬曆四十六年,加遼餉銀一萬四千八百六十六兩九錢六分,候遼平即止。四十六年,户部劄付又加三釐,兵、工二部又坐派一釐。天啓元年,照徵。

天啓二年,定墾官民田地山池塗蕩四萬二千三百四十三頃四畝五分。

是年,巡撫都御史胡應台清查實筭,減去舊額公占、無業、絶墳、義冢等,實徵平米一百二十一萬二千五百三十二石八斗五升。内除華亭縣斥鹵田土,改折四錢平米,仍作存留本色,金山衛軍前支放。又萬曆四十七年,南京户部劄派光禄寺米三千石,耗辦米一千三百二十石。外實徵本色四十四萬四千七百八十三石六斗五升三合三勺。

折色。

折色銀三十八萬八千一百三十四兩一分四釐。

另編。

練兵。銀二萬三千九百三十八兩一錢。

貼役。解杠銀一萬七千八百四十一兩四錢三釐。田上加編兵餉銀八千五百二十五兩二錢二分二釐。此項因萬曆十九年間,東事告急,於三縣田地,每畝加編三釐。至三十三年後,遞減九毫。四十三年,詳定每畝實編銀二釐。

遼餉。銀一萬四千八百六十六兩九錢六分。此係萬曆四十六年加徵,候遼平即止。四十八年,户部劄付又加三釐五毫,兵、工二部又坐派一釐。天啓元年,照徵。院道于内扣銀買米,與漕船帶價,外實解部銀二萬四千二百五十二兩三錢三分。

正編。

均徭。銀三萬七千七百四十五兩六錢九分一釐。里甲銀一萬二千四百九十八兩五錢四分三釐。遇閏加銀二千三十六兩三錢五分三釐零。

夏税。大麥七萬二千七百石,每石折銀四錢,或至二錢五分。小麥一萬五千石,每石折銀四錢。農桑絲絹一百七十九疋二丈四尺一寸,每疋折銀七錢。内本色四分,折色六分。萬曆三十四年,改折七分。額徵缺另自積筭此數。

秋糧。額徵總數見前實徵平米。三梭布三萬三千疋。棉布九萬九千七百七十四疋,折色布四萬二千二百二十六疋,每疋折銀二錢。萬曆四十五年,改織三梭布黄絲三線五千疋。馬草二十二萬包,每包折銀三分。鹽鈔九千二百八十五兩三錢八分九釐。

均徭。銀三萬七千七百四十五兩六錢九分一釐。里甲銀一萬二千五百五十八兩五錢四分三釐。

附載本府雜派,原不入編會計。

門攤課税,每歲銀八百五十九兩六錢四分一釐。

漁課歲該銀五百五十七兩四錢六分三釐。

匠班銀一千五百一兩二錢。

城租銀歲該一百三十三兩。

以上天啓二年,華、上、青三縣總數。

附本色總計。

每石正米加二六米二斗六升,每斗折二六輕賫銀五分。萬曆四十二年奉文,賫銀内扣出上河備剥一分銀二千三十兩,分給運糧官帶解。隨扣扛銀二十兩三錢,免編於民。議每正一石，給蘆席銀一分二釐，又給楞木一根。查照經賦册，每根銀五錢。萬曆二十六年，奉部議，將楞木每根銀五分，松板每片四錢，每片加銀五分。又萬曆四十六年，奉劄徵解簹繼銀二千三十兩。至天啓元年，知府張宗衡查明申部免。四十五年起，每布一疋，加墊貼銀七分四釐。舊止給解扛銀三錢。

附運糧。

每正米一石，編給夫船銀四錢，貼役銀三錢五分，車脚銀三錢八分四釐七毫。萬曆四十七年，奉議，每石加大通橋脚價銀五釐。

萬曆四十七年，加增惠、桂。二王禄米二千石。照瑞王例，每石加白耗三斗。

附查坍漲絶田二害。

吾松倡議之大害有二。凡郡縣聰明老練，意在興革，則奸人即以查塌漲之説進，又以查絶田之説進，而府縣未必其遂聽也。吏胥利于差遣牟利，而言之于士大夫。士大夫詭托于經濟奇策，而獻之於郡縣。郡縣不察，命官踏勘丈量，而小民不勝其詐害矣。

何謂查塌漲？《大明會典》：正統四年，奏准：蘇松田地，凡傍江海泖湖，有漲沙去處，或可漸墾，成蕩成田者，給附近小民承種，照例起科。若塌没無可踪跡者，悉將税糧開豁。自正統至今，滄桑改移，間亦有之。但此説一倡，印官無暇，不得不委之衙官，衙官不得不委之左右。胥隸得賄，則指漲爲塌，有田無税。不得賄，則指塌爲漲，無田起科。索詐多緒多端，種毒最遠最徧。此松人第一大害也。

何謂查絶田？當萬曆己酉、庚戌間，有里人請查絶田，可得十萬貲，以佐地方緩急。張公檄三縣清查，即有明契明買者，買後更賣者，告詰紛紛。人情洶洶，謗帖盈堦，至欲剸刃倡議之人。而轉展查田，猶未止也。適青浦王公思任對張公曰："凡絶户之田，既經趙錢孫李，又過高曾祖考，豈復有絶田可問哉？"張公悟，即時停寢，而民情始安。此松人第一大害也。

松江府志卷之十六

田　　賦三

頃皇上勤恤民隱，特命司農纂修經賦，臺諫監督之，郡國上臺察，臺察上户曹。撮總彙凡，釐訂天下會計出入之數，甚盛典也。若郡志賦額則異是。徐文貞公曰：吾松田賦浩穰，長吏辱臨於此，文者厭其俗，清者苦其繁。即經賦一册，未嘗過而問焉，悉付之左右。飛洒那移，莫可窮詰。甚有因而去其籍者。故復於會計外，詳著賦額於篇，附存志中，以爲神明卓異之助。特在耐煩一磨筭耳，非碎也。松困於賦久矣。所謂告司馬君實不得不多也。

崇禎歲計現徵賦額

官民田地、山池、塗蕩、公占、無業、義塚、絶墳等項，舊額四萬二千五百四十九頃二十四畝二分，該平米一百二十一萬五千四十五石八斗。

華亭縣除公占等項免科外，該有徵田地、山蕩、河溇一萬九千三百九十七頃九十一畝九分一釐，本折平米五十九萬五千一百八十四石六斗七升八合。

上海縣除公占等項，該有徵田地、河溇、塗蕩一萬四千八百五十四頃二十三畝七分二釐，該本折平米共三十八萬九千三百四十六石八斗四升三合。

青浦縣除公占等項，實該見在有徵田地、山池、塗蕩八千九十頃八十八畝八分六釐，本折平米該二十二萬八千一石三斗二升八合。

以上三縣，計該田地、塗蕩、無業、公占、義塚等項，共四萬二千五百二十一頃七十九畝二分七釐。内除公占等項，共一百七十八頃七十四畝七分六釐免科外，實在有徵田地、山池、塗蕩，共四萬二千三百四十三頃四畝五分。

驗派總數

本府額徵本折錢糧，實該有徵平米，通共一百二十一萬二千五百三十二石八斗五升。合用本色米四十五萬七千二百七十三石一斗六升三合。内除華亭縣護塘之外，斥鹵田土改折四錢平米八千一百六十九石五斗一升。雖係折糧，仍作存留本色，金山衛所軍前支放。又萬曆四十七年分會計，奉南京户部劄，派改光禄寺米三千石，耗辦米一千三百二十石。實派本色米四十四萬四千七百八十三石六斗五升三合。内：華亭縣應徵本色米二十二萬三千六百二石二斗五升五合。内斥鹵准四錢折平米八千一百六十九石五斗一升，實徵本色米二十一萬五千四百三十二石七斗四升五合。上海縣應徵本色米一十四萬三千三百七十石六斗三升八合。青浦縣應徵本色米八萬五千九百八十石二斗七升。

本色起運米二十八萬七千一百三十一石八斗五升五合。内：華亭縣米一十四萬八百二十六石三斗二升六合。上海縣米九萬二千四百三石二斗三升三合。青浦縣米五萬三千九百二石二斗九升五合。歲用耗辦米一十一萬五千二百四十八石一斗八合。内：華亭縣米五萬六千五百二十四石三斗二升八合。上海縣米三萬七千八十八石四斗一升七合。青浦縣米二萬一千六百三十五石三斗六升一合。

存留米五萬五百七十三石二斗。内除華亭縣護塘之外斥鹵田土，改折四錢平米八千一百六十九石五斗一升，實派米四萬二千四百三石六斗八升九合。内：華亭縣米二萬六千二百五十一石六斗。除斥鹵外，實派米一萬八千八十二石八升九合。上海縣米一萬三千八百七十八石九斗八升七合。青浦縣米一萬四百四十二石六斗一升三合。

折　色

合用起運、歲用、存留銀三十八萬八千一百三十四兩一分四釐。内：華亭縣銀一十八萬九千六百三十兩五錢五釐。上海縣銀一十二萬六千八百二十七兩四分五釐。青浦縣銀七萬一千六百七十六兩四錢六分三釐。

另　編

練兵銀二萬三千九百三十八兩一錢。内：華亭縣一萬一千七百九十一兩七錢二分一釐。上海縣銀七千八百六十一兩四錢二分六釐。青浦縣銀四千二百八十四兩九錢五分二釐。

貼役解扛銀一萬七千八百四十一兩四錢三釐。内：華亭縣銀八千六百九十五兩九錢三分九釐。上海縣銀五千七百七十七兩六錢一分八釐。青浦縣銀三千三百六十七兩八錢四分五釐。

田上加編兵銀八千五百二十五兩二錢二分二釐。此項餉銀，原於萬曆十九年，東事告急，議於三縣田地，每畝加邊餉銀三釐。至三十三年後，遞減去九毫。四十三年詳定，每畝實編銀二釐。向經照法編徵。内：華亭縣該銀三千九百一十九兩六分四釐。上海縣銀三千五十三兩三錢一釐。青浦縣銀一千五百五十二兩八錢五分六釐。徵完解府轉解。

遼餉銀一萬四千八百六十六兩九錢六分一釐。此項係萬曆四十六年分奉文加增。内派：華亭縣銀六千八百一十二兩七錢二分四釐，又扛銀九十五兩三錢七分八釐，共六千九百八十兩一錢三釐。據該縣申，將本年棉布貼墊銀三千六百二十一兩一錢九分，又量復修河銀八百八十五兩二錢二分七釐。不敷，將四十四年棉布貼墊銀一千四百九十九兩一錢二分三釐，又量復修河銀八百八十五兩二錢二分七釐。又不敷，將四十五年布墊銀一十七兩三錢三分四釐，抵解前銀。該縣免編於民，實編銀八千五十四兩二錢三分六釐。内：上海縣銀五千二百二十四兩六錢四分四釐。青浦縣銀二千八百二十九兩五錢九分二釐。徵完解府轉解,遼平即止。

至四十八年,續奉户部劄付,内開本年又加三釐五毫。又奉兵、工二部坐派,每畝各加銀一釐。連前每畝共加銀九釐。至天啓元年,照例派徵。本府該銀三萬八千二百二十九兩三錢三分。續奉院道憲牌,於内扣銀買米二萬三千二百九十五石,每石價銀六錢,該銀一萬三千九百七十七兩。買米與漕船帶價,外實該解部銀二萬四千二百五十二兩三錢三分。内:華亭縣該銀一萬七千五百一十八兩四錢三分五釐。内扣銀六千八百五十四兩三錢二分,買米一萬一千四百二十三石八斗六升八合,實徵解部銀一萬六百六十四兩一錢一分四釐。内據該縣申,將棉布墊貼,及泰昌元年南糧改折、耗辦盤用等銀五千一百三十九兩四錢六釐抵解。外實該編銀五千五百二十四兩七錢七釐。據該縣申開,每平米一石,派遼米一升九合,遼銀九釐。上海縣該銀一萬三千四百三十四兩八錢一釐。内扣銀四千五百四十九兩五錢一分三釐,買米七千五百八十二石五斗二升二合,實徵解部銀八千八百八十五兩二錢八分七釐。内據該縣申,將泰昌元年南運改折省存銀抵解,外實該編銀八千四百六十六兩八分八釐。據該縣申開,每畝派遼米四合,遼銀五釐。青浦縣該銀七千二百七十六兩九分三釐。内扣銀二千五百七十三兩一錢六分五釐,買米四千二百八十八石六斗九合,實徵解部銀四千七百二兩九錢二分八釐。内據該縣申,將泰昌元年南運改折省銀抵解,外實該編銀四千四百五十五兩一錢三分五釐。據該縣申開,每平米一石,派遼米一升八合,遼銀一分九釐。

均徭銀共三萬七千七百四十五兩六錢九分一釐。内扣小盡銀一百一十六兩三錢一分八釐。遇閏加銀二千三十六兩三錢五分三釐,無閏免編。内:華亭縣派銀一萬五千二百六十兩二錢四分三釐。上海縣派銀一萬五千九十八兩四錢四分七釐。青浦縣銀七千三百八十七兩六釐。

里甲銀共一萬二千四百九十八兩五錢四分三釐。内扣小盡銀三兩五錢一分五釐。遇閏加銀三百二十七兩五錢一分一釐,無閏免編。[内]:華亭縣派銀五千八百五十三兩九錢七分五釐。上海縣銀三千九百五十七兩八錢八分五釐。青浦縣銀二千六百八十六兩六錢八分二釐。

稅 糧 項 下

夏稅

京庫金花折銀麥六萬石,該銀一萬五千兩。華亭縣銀七千三百五十六兩九錢一分八釐。上海縣銀四千八百二十七兩二錢五分五釐。青浦縣銀二千八百一十五兩八錢二分六釐。

解扛銀三百兩。内:華亭縣銀一百四十七兩一錢三分八釐。上海縣銀九十六兩五錢四分五釐。青浦縣銀五十六兩三錢一分六釐。

加滴珠銀一百五十兩。内:華亭縣銀七十三兩五錢六分九釐。上海縣銀四十八兩二錢七分二釐。青浦縣銀二十八兩一錢五分八釐,係屬徭里編徵,鎔入錠内,與同秋糧米折金花正扛銀兩,通行三縣,徵完聽詳。按季委官彈兑,解部交納。

北京公、侯、駙馬、伯并公主,歲支小麥六百三石五斗四升八合,折銀二百四十一兩四錢一分九釐。内:華亭縣銀一百一十八兩四錢六釐。上海縣銀七十七兩六錢九分二釐。青浦縣銀四十五兩三錢一分九釐。

解扛銀三兩三錢七分九釐。内:華亭縣銀一兩六錢五分七釐。上海縣銀一兩八分七釐。青浦縣銀六錢三分四釐,與同秋糧項下米折銀兩,通行徵完,解府轉解。

南京倉小麥一萬五千石,折銀六千兩。内:華亭縣銀二千九百四十二兩七錢六分七釐。上海縣銀一千九百三十兩九錢二釐。青浦縣銀一千一百二十六兩三錢三分。

解扛銀九十六兩。内:華亭縣銀四十七兩八分四釐。上海縣銀三十兩八錢九分四釐。青浦縣銀一十八兩二分一釐。通行徵完,解府轉解。

鳳陽府折銀麥一萬二千七百石,該銀五千八十兩,解扛銀一十五兩二錢四分。内:華亭縣正銀二千四百九十一兩五錢四分二釐,扛銀七兩四錢七分四釐。上海縣正銀一千六百三十四兩八錢三分,扛銀四兩九錢四釐。青浦縣正銀九百五十三兩六錢二分六釐,扛銀二兩八錢六分。通行三縣徵完,解府轉解。

南京農桑絲絹一百七十九疋二丈四尺一寸,該銀一百二十五兩八錢二分七釐,不等扛銀二兩七分三釐。内本色四分,折色六分。萬曆三十四年奉文,於本色四分内,改折七分。實徵本色三分,該絹二十一疋一丈八尺二寸,該銀一十五兩九分八釐,解扛銀三錢一釐。折色七分,該絹一百五十八疋五尺九寸,價銀一百一十兩七錢二分九釐,解扛銀一兩七錢七分一釐。内:華亭縣本色三分絹一十一疋,價銀七兩七錢,扛銀一錢五分四釐。折色絹七十七疋,價銀五十三兩九錢,扛銀八錢六分二釐。上海縣本色三分絹七疋,價銀四兩九錢,扛銀九分八釐。折色七分,絹五十一疋,價銀三十五兩七錢,扛銀五錢七分一釐。青浦縣本色三分絹三疋一丈八尺二寸,價銀二兩四錢九分八釐,扛銀四分九釐。折色七分絹三十疋五尺九寸,價銀二十一兩一錢二分九釐,扛銀三錢三分八釐。

秋糧

軍運

兑軍儹運正米二十萬三千石。每石加耗米四斗,該米八萬一千二百石。内:華亭縣正米九萬九千五百六十三石六斗二升四合,耗米三萬九千八百二十五石四斗四升九合。上海縣正米六萬五千三百二十八石八斗六升一合,耗米二萬六千一百三十一石五斗四升四合。青浦縣正米三萬八千一百七石五斗一升五合,耗米一萬五千二百四十三石六合。徵完候奉漕單,坐派領運官旗,兑給轉運。

又每石加二六米二斗六升,每斗折輕齎銀五分,該二萬六千三百九十兩。每兩給解銀一分,該二百六十三兩九錢。於萬曆四十二年奉文,輕齎銀内扣出。上河備剥銀二千三十兩,分給運糧把總官帶解。隨扣扛銀二十兩三錢,省免於民。外實編銀二百四十三兩六錢。内:華亭縣正銀一萬二千九百四十三兩二錢七分一釐,扛銀一百一十九兩四錢七分六釐。上海縣正銀八千四百九十二兩七錢五分一釐，扛銀七十八兩三錢九分四釐。青浦縣正銀四千九百五十三兩九錢七分六釐，扛銀四十五兩七錢二分九釐。徵完解府聽詳，委官解淮。

又每正米二石，給蘆蓆一領，計蓆一十萬一千五百領，不等價銀一千七十五兩九錢。內本色三分，蓆三萬四百五十領，該銀三百六十五兩四錢。華亭縣蓆一萬四千九百三十四領，價銀一百七十九兩二錢一分四釐。上海縣蓆九千七百九十九領，價銀一百一十七兩五錢九分一釐。青浦縣蓆五千七百一十六領，價銀六十八兩五錢九分三釐。徵給各衛領運官旗，備辦本色之用。折色七分，蓆七萬一千五十領，該銀七百一十兩五錢。內：華亭縣蓆三萬四千八百四十七領，該銀三百四十八兩四錢七分二釐。上海縣蓆二萬二千八百六十五領，該銀二百二十八兩六錢五分一釐。青浦縣蓆一萬三千三百三十七領，該銀一百三十三兩三錢七分六釐。

又每正米二千石，給楞木一根。查照經賦册載，每根銀五錢。於萬曆二十七年會計，奉部文，行撫按二院，轉道仰府，將楞木每根加銀五分，松板每片加銀五分。今該楞木每根五錢五分，計一百一根，該銀五十五兩八錢二分五釐。內：華亭縣木四十九根，該銀二十七兩三錢七分九釐。上海縣木三十二根，該銀一十七兩九錢六分五釐。青浦縣木一十九根，該銀一十兩四錢七分九釐。

又每正米二千石，給板九片，每片價四錢五分。計板九百一十三片，該銀四百一十一兩七分五釐。內：華亭縣板四百四十八片，該銀二百一兩六錢一分六釐。上海縣板二百九十三片，該銀一百三十二兩二錢九分。青浦縣板一百七十一片，該銀七十七兩一錢六分七釐。徵發領運官軍，備辦轉解。

又每正米一石，原設過江水脚米六升，折銀三分。除下江總領運，例不加給外。其上江總領運，編給萬曆四十七年會計，奉漕單，坐派錦衣總領運米七萬六千七石九斗六升六合，應給過江水脚銀二千二百八十兩二錢三分八釐。旗手總領運米七萬六千八百九十八石六斗六升一合，應給過江水脚銀二千三百六兩九錢五分九釐。共編銀四千五百八十七兩一錢九分八釐。內：華亭縣銀二千二百五十四兩八釐。上海縣銀一千九百五十九兩八錢六分五釐。青浦縣銀三百七十三兩三錢二分四釐。徵發領運官軍，作水脚之用。

萬曆四十六年，奉劄開筐纜銀一分，與輕齎銀一併解，該銀二千三十兩。內：華亭縣銀九百九十五兩六錢三分六釐。上海縣銀六百五十三兩二錢八分八釐。青浦縣銀三百八十一兩七分五釐。徵完解府聽詳，委官解淮。隨於本年會計內編解訖，次年相同。至四十八年，查照蘇州事例，於輕齎內扣解免編。至天啓元年，本府知府張查明申部，照舊免編訖。

改兑淮安常盈倉米二萬九千九百五十石。查經賦册載，每正米一石，加耗三斗二升。萬曆二十一年，將耗米二升折銀一分，該二百九十九兩五錢。內：華亭縣銀一百四十六兩八錢九分三釐。上海縣銀九十六兩三錢八分四釐。青浦縣銀五十六兩二錢二分二釐。解府聽詳，委官解淮。止加耗米三斗，該耗米八千九百八十五石。內：華亭縣正米一萬四千六百八十九石三斗一升三合，耗米四千四百六石七斗九升三合。上海縣正米九千六百三十八石四斗二升一合，耗米二千八百九十一石五斗二升六合。青浦縣正米五千六百二十二石二斗六升六合，耗米一千六百八十六石六斗七升九合。

又每正米二石，給蘆蓆一領，計一萬四千九伯七十五領，不等價銀一百五十八兩七錢三分五釐。內三分蓆四千四百九十二領，該銀五十三兩九錢一分。內：華亭蓆二千二百三領，銀二十六兩四錢四分。上海縣蓆一千四百四十五領，銀一十七兩三錢四分九釐。青浦縣蓆八百四十三領，銀一十兩一錢二分。徵發領運官軍，備辦本色。折七分蓆一萬四百八十二領，該銀一百四兩八錢二分五釐。內：華亭縣蓆五千一百四十一領，銀五十一兩四錢一分二釐。上海縣蓆三千三百七十三領，銀三十三兩七錢三分四釐。青浦縣蓆一千九百六十七領，銀一十九兩六錢七分七釐。

又每石給篬纜一分，銀二百九十九兩五錢。華亭縣銀一百四十六兩八錢九分三釐。上海縣銀九十六兩三錢八分四釐。青浦縣銀五十六兩二錢二分二釐。徵完解府，同輕齎聽詳，委官解淮。

每石原設過江水脚米折銀三分，除下江例不給外，其上江總領運，照編奉單，坐派錦衣總領兑米一萬五千四百一石三斗一升三合，應給水脚銀四百六十二兩三分九釐。旗手總領運米三千九百二十六石四斗二升一合，應給水脚銀一百一十七兩七錢九分二釐。共五百七十九兩八錢三分二釐。內：華亭縣銀二百九十兩六錢七分九釐。上海縣銀二百八十九兩一錢五分二釐。徵發各衛領運官軍水脚。

民北運

北京供用庫白熟粳正米一萬七千三百五十二石四升七合。每石加歲用白耗米三斗，該米五千二百五石六斗一升四合。又加舂辦米二斗，該四千五百一十一石五斗三升二合。三項共准糙米二萬七千六十九石一斗九升三合。內：華亭縣米一萬三千二百七十六石三斗八升九合。上海縣米八千七百一十一石三斗二升。青浦縣米五千八十一石四斗七升六合。徵發糧解，舂辦解京。

又每石夫船銀四錢，該銀六千九百四十兩八錢一分八釐。內：華亭縣銀三千四百四兩二錢二釐。上海縣銀二千二百三十三兩六錢七分三釐。青浦縣銀一千三百二兩九錢四分二釐。徵發各解，僱募夫船。

每石車脚銀三錢八分四釐，該六千六百七十五兩三錢三分二釐。扣出石壩號房每石銀一釐，該二十四兩八錢一分三釐。內：華亭縣車脚銀三千二百七十三兩九錢九分一釐。內扣脚價銀一十二兩一錢七分。上海縣車脚銀二千一百四十八兩二錢三分五釐。內扣脚價銀七兩九錢八分五釐。青浦縣車脚銀一千二百五十三兩一錢五釐。內扣脚價銀四兩六錢五分八釐。車脚銀徵完解府，轉送總部官入鞘，沿途給各糧解僱車之用。其脚價銀另文解府轉解。

萬曆四十七年，奉部劄，每石增大通橋脚價五釐，該八十六兩七錢六分。內：華亭縣銀四十二兩五錢五分二釐。上海縣銀二十七兩九錢二分。青浦縣銀一十六兩二錢八分六釐。徵完解府轉解。

每石貼役銀三錢五分，計該六千七十三兩二錢一分六釐。內：華亭縣銀二千九百七十八兩六錢七分七釐。上海縣銀一千九百五十四兩四錢六分四釐。青浦縣銀一千一百四十兩七分四釐。徵給糧解貼役。

酒醋麵局白熟糯正米二千二百石，每石加白耗米三斗，該米六百六十石。又加舂辦米二斗，該五百七十二石。內：華亭縣共糙米一千六百八十三石二斗六升一合。上海縣一千一百四石四斗七升六合。青浦縣六百四十四石二斗六升一合。徵發糧解，舂辦起解。

每石夫船銀四錢，該銀八百八十兩。內：華亭縣銀四百三十一兩六錢五釐。上海縣銀二百八十三兩一錢九分九釐。青浦縣銀一百六十五兩一錢九分五釐。徵發僱募夫船。

又每石編車脚銀三錢八分四釐，該銀八百四十六兩三錢四分。內扣石壩號房脚價銀三兩一錢四分六釐。內：華亭縣該銀一兩五錢四分二釐。上海縣該銀一兩一分二釐。青浦縣該銀五錢九分。徵完另文解府轉解。

實該車脚銀八百四十三兩一錢九分四釐。內：華亭縣銀四百一十三兩九分六釐。上海縣銀二百七十二兩三錢六分六釐。青浦縣銀一百五十八兩八錢七分六釐。徵完解府，轉送總部官，沿途給發。

萬曆四十七年，每石加大通橋脚價銀五釐，該銀一十一兩。內：華亭縣銀五兩三錢九分五釐。上海縣銀三兩五錢三分九釐。青浦縣銀二兩六分四釐。解府轉解。

每石貼役銀三錢五分，該七百七十兩。華亭縣銀三百七十七兩六錢五分四釐。上海縣銀二百四十七兩七錢九分九釐。青浦縣銀一百四十四兩五錢。

光禄寺白熟粳正米一萬三千六百石。每石加歲用白耗米三斗，該米四千八十石。又加舂辦米二斗，該三千五百三十六石。白熟糯正米二千二百石。每石加歲用白耗米三斗，該米六百六十石。又加舂辦米二斗，該五百七十二石。二項共准糙米二萬四千六百四十八石。內：華亭縣准糙共米一萬二千八十七石七斗八升三合。上海縣共米七千九百三十一石六升五合。青浦縣共米四千六百二十九石一斗五升一合。徵發糧解，舂辦解京。

又每石加給夫船銀四錢，該六千三百二十兩。內：華亭縣銀三千九十九兩四錢三分一釐。上海縣銀二千三十三兩六錢六釐。青浦縣銀一千一百八十六兩九錢六分一釐。徵發各解，僱募夫船。

又每石車脚銀二錢八分四釐，該四千四百九十八兩二錢六分。內每石應扣石壩號房脚價銀一釐，該二十二兩五錢九分四釐。內：華亭縣銀一十一兩八分。上海縣銀七兩二錢七分。青浦縣銀四兩二錢四分三釐。徵完另文解府轉解。

實該車脚銀四千四百七十五兩六錢六分六釐。華亭縣銀二千一百九十四兩九錢四分。上海縣銀一千四百四十兩一錢四分九釐。青浦縣銀八百四十兩五錢七分六釐。解府轉送總部官入鞘，沿途給各糧解募車。

又每石貼役銀二錢二分，該三千四百七十六兩。華亭縣銀一千七百四兩六錢八分七釐。上海縣銀一千一百一十八兩四錢八分三釐。青浦縣銀六百五十二兩八錢二分九釐。徵給各解貼役之用。

萬曆四十七年，部劄坐派，每石加大通橋脚價銀三釐，共該四十七兩四錢。內：華亭縣銀二十三兩二錢四分五釐。上海縣銀一十五兩二錢五分二釐。青浦縣銀八兩九錢二釐。解府轉解。

又萬曆四十七年，加增惠、桂。二王禄米二千石。查照昔年瑞王事例，每石加白耗米三斗，該米六百石。又加舂辦米二斗，該五百二十石。共准糙米三千一百二十石。內：華亭縣准糙共米一千五百三十石二斗三升八合。上海縣共米一千四石六升九合。青浦縣共米五百八十五石六斗九升一合。給發糧解，舂辦赴京。

又每石夫船銀四錢，該銀八百兩。內：華亭縣銀三百九十二兩三錢六分八釐。上海縣銀二百五十七兩四錢五分三釐。青浦縣銀一百五十兩一錢七分七釐。

又每石車脚銀三錢八分四釐，該七百六十九兩四錢。內每石扣石壩號房脚銀一釐，該二兩八錢六分。內：華亭縣銀一兩四錢二釐。上海縣銀九錢二分。青浦縣銀五錢三分六釐。徵完解府轉解。

實該車脚銀七百六十六兩五錢四分。內：華亭縣銀三百七十五兩九錢五分八釐。上海縣銀二百四十六兩六錢八分五釐。青浦縣銀一百四十三兩八錢九分六釐。徵解轉送總部官入鞘，沿途給發各解募車。

又每石貼役銀三錢五分，該銀七百兩。內：華亭縣銀三百四十三兩三錢二分二釐。上海縣銀二百二十五兩二錢七分一釐。青浦縣銀一百三十一兩四錢五釐。徵發各解貼役。

華亭縣共折色銀一千一百一十三兩五分。上海縣共折色銀七百三十兩三錢三分一釐。青浦縣共折色銀四百二十六兩一分五釐。惠、桂。二王，雖經撥賜藩田，分封之初，尚未調妥。俟田租妥當，此項依舊奏免。尚有望於仁人。

五府、六部、都察院等衙門八分糙粳正米一萬三千一百二十七石七斗九升五合。每石加耗米二斗，該二千六百二十五石五斗五升九合。共糙米一萬五千七百五十三石三斗五升四合。內：華亭縣准糙共米七千七百二十六石四斗九合。上海縣共米五千六十九石六斗九升七合。青浦縣共米二千九百五十七石二斗四升七合。徵給糧解，裝運解京。

又每石夫船銀四錢，該銀五千二百五十一兩一錢一分八釐。內：華亭縣銀二千五百七十五兩四錢六分九釐。上海縣銀一千六百八十九兩八錢九分九釐。青浦縣銀九百八十五兩七錢四分九釐。徵給各解，僱募夫船。

又每石車脚銀二錢八分四釐，該銀三千七百三十七兩四錢八分三釐。內每石扣石壩號房脚價銀一釐，該銀一十八兩七錢七分二釐。內：華亭縣應扣銀九兩二錢七釐。上海縣扣銀六兩四分一釐。青浦縣扣銀三兩五錢二分四釐。徵完解府轉解。

實該車脚銀三千七百一十八兩七錢一分。內：華亭縣銀一千八百二十三兩八錢八分三釐。上海縣銀一千一百九十六兩七錢四分四釐。青浦縣銀六百九十八兩八分二釐。徵完解府，轉送總部官入鞘，沿途給發各解募車。

又每石加給大通橋脚價銀三釐，該銀三十九兩三錢八分三釐。內：華亭縣銀一十九兩三錢一分六釐。上海縣銀一十二兩六錢七分四釐。青浦縣銀七兩三錢九分三釐。徵完解府轉解。

又每石貼役銀二錢，該銀二千六百二十五兩五錢五分九釐。内：華亭縣銀一千二百八十七兩七錢三分四釐。上海縣銀八百四十四兩九錢四分九釐。青浦縣銀四百九十二兩八錢七分四釐。

府、部、院等衙門二分折銀米三千二百八十一石九斗四升八合。每石折銀一兩，該銀三千二百八十一兩九錢四分八釐。每兩解扛銀一分四釐，該銀四十五兩九錢四分七釐。内：華亭縣正銀一千六百九兩六錢六分八釐，解扛銀二十二兩五錢三分五釐。上海縣正銀一千五十六兩一錢八分七釐，扛銀一十四兩七錢八分六釐。青浦縣正銀六百一十六兩九分三釐，扛銀八兩六錢二分五釐。徵完與同正糧給文，批差糧解，赴府解部。

民南運歲用折色附

南京光禄寺次等白粳原額正米六千石。内萬曆四十七年，南京户部劄開，應改折五分米三千石，每石折銀七錢，該銀二千一百兩。每兩解扛銀一分四釐，該銀二十九兩四錢。内：華亭縣正銀一千二十九兩九錢六分八釐，扛銀一十四兩四錢一分九釐。上海縣正銀六百七十五兩八錢一分五釐，扛銀九兩四錢六分一釐。青浦縣正銀三百九十四兩二錢一分五釐，扛銀五兩五錢一分九釐。

實徵本色正米三千石，會同館正米二百五十石。二項俱每石加耗二斗，該米六百五十石。又舂辦米二斗，該米七百八十石。神樂觀糙粳正米，經賦册載本色五分，折色五分。今部劄派全徵本色，該米四百五十二石一升三合。每石止加耗米二斗，該米九十石四斗二合。已上各衙門准糙共米五千二百二十二石四斗一升五合。内：華亭縣准糙共米二千五百六十一石三斗九升。上海縣共米一千六百八十石六斗六升一合。青浦縣共米九百八十石三斗六升二合。徵發糧解，裝運赴京。

又每石給盤用銀二錢，共該銀七百四十兩四錢二釐。又貼役銀一錢，共該銀三百七十兩二錢一釐。内：華亭縣盤用銀三百六十三兩一錢三分八釐，貼役銀一百八十一兩五錢六分九釐。上海縣盤用銀二百三十八兩二錢七分四釐，貼役銀一百一十九兩一錢三分七釐。青浦縣盤用銀一百三十八兩九錢八分九釐，貼役銀六十九兩四錢九分四釐。二項徵發各糧解，貼役盤費。

存留

本府軍儲米共五萬五百七十三石二斗。遇閏加編米三千六百七十三石六斗三升五合，無閏免編。内除華亭斥鹵折銀四錢平米八千一百六十九石五斗一升，雖係折銀，仍作本色，存留金山衛所，軍前支放。實徵本色米四萬二千四百三石六斗八升九合。内於萬曆四十七年，加增華亭金山水營風汛米一百石，練兵銀内減銀五十兩，造入增減册，申詳行縣徵解。續奉兵道尹牌開除去，仍於練兵項下增銀五十兩，就將前項加增風汛，易銀五十兩，抵解練兵訖。内：

華亭縣存留米二萬六千二百五十一石六斗。内除改折外，實派米一萬八千八十二石八升九合，遇閏加編米一千八百五十一石六升七合。内派軍儲南倉本色米一萬一千六百二十石八斗，又改折平米六千石，遇閏加編米一千一百八十九石三斗三合。柘林堡倉本色米一千三百五十石八斗八升九合，又改折平米一百六十九石五斗一升，遇閏加編米一百四石七斗六升四合。青村倉本色米一千五十八石八斗，又改折平米二千石，遇閏加編米二百一十石七斗八升三合。本縣倉吏承恤孤米一千八百五十一石六斗，遇閏加編米一百五十四石三斗。内府縣衛正堂及各學司吏三十四名。内本府照磨所吏二名，每年每名口糧六石，遇閏加編米一石。餘存三十四名，每名每年口糧三石六斗，遇閏每名加米三斗。已上共正米一百二十七石二斗，共閏月米一十石六斗。承舍六名，每名每年口糧三石六斗，遇閏每名加米三斗。共正糧二十一石六斗，共閏月糧一石八斗。恤孤四百七十三名，每名每年口糧三石六斗，遇閏每名加米三斗。共正糧一千七百二石八斗，共閏月糧一百四十一石九斗。

風汛米二千三百石。内米一百石，折銀五十兩，抵解練兵。遇閏加編局匠口糧七十六石一斗六升七合，運軍閏月糧六十二石八升三合，操軍閏月糧五十三石六斗六升七合。已上三項，止編閏月口糧，原糧俱於折色項下支領。各項行縣，遇閏照徵，給役支領，無閏免編。

上海縣存留米一萬三千八百七十八石九斗八升七合，遇閏加編米一千一百五十四石六合。内派軍儲北倉扣補青浦縣青村倉米一百五十八石五斗八升七合。廣儲倉米一萬二千一百九十二石。内運納南匯所米一萬一千二百六十石八斗，遇閏加編米七百七十五石九斗八升一合。又川沙米九百三十一石二斗，遇閏加編米六十七石一斗六升七合。本縣倉吏承恤孤米四百二十八石四斗。内縣司吏八名，該糧二十八石八斗，遇閏加編米二石四斗。恤孤一百一十一名口，該糧三百九十九石六斗，遇閏加編米三十三石三斗。行縣徵發各役。又遇閏編局匠口糧六十七石二斗五升二合，松江所運軍閏月糧二百七石九斗六合。二項額編折色項下支領，無閏免編。

風汛米一千一百石，該縣徵解。

青浦縣存留米一萬四百四十二石六斗一升三合，又上海縣補還青村倉米一百五十八石五斗八升七合，又遇閏加編米六百六十八石五斗六升二合。内派青村倉米九千四百一十石四斗，於内扣減松江操運官軍月糧一百五十八石五斗八升七合，免編於民訖。其所虧糧米，查將上海軍儲北倉糧米，照補青村所作放。實派九千二百五十一石八斗一升三合，遇閏加編六百四十八石四斗七升。本縣司吏八名，該糧二十八石八斗，閏月二石四斗。恤孤米四十五名口，該糧一百六十二石，遇閏共加一十三石五斗。各項糧米，該縣徵完放給。遇閏加編局匠口糧四石一斗九升二合，於額編折色項下支領，無閏免編。

風汛米一千石，徵完解府轉解。

折色

起運北解

金花折銀米二十七萬四千六百八十七石二斗六升二合。每石折銀二錢五分，該銀六萬八千六百七十一兩八錢一分五釐。每兩解扛銀二分，該一千三百七十三兩四錢三分六釐。每兩滴珠銀一分,該六百八十六兩七錢一分八釐。滴珠係屬徭編徵,鎔入錠内。華亭縣正銀三萬三千六百八十兩八錢六分一釐,扛銀六百七十三兩六錢一分七釐,滴珠三百三十六兩八錢八釐。上海縣正銀二萬二千九十九兩七錢六分一釐,扛銀四百四十一兩九錢九分五釐,滴珠二百二十兩九錢九分七釐。青浦縣正銀一萬二千八百九十一兩一錢九分三釐,扛銀二百五十七兩八錢二分三釐,滴珠銀一百二十八兩九錢一分一釐。徵完聽詳委官,與同夏税麥折金花,按季解部交納。

京庫闊白三梭布三萬三千疋。每疋連價扛折銀六錢一分,該二萬一百三十兩。四十五年,加編改織黄絲三線五千疋,每疋加墊貼銀二錢五分。黄絲二線布二萬八千疋,每疋墊貼銀一錢五分。共墊貼銀五千四百五十兩。華亭縣布一萬六千一百八十五疋,該正銀九千八百七十二兩八錢五分,墊貼銀二千六百七十二兩九錢五分。上海縣布一萬六百二十疋,該銀六千四百七十八兩二錢,墊貼銀一千七百五十三兩九錢。青浦縣布六千一百九十五疋,該銀三千七百七十八兩九錢五分,墊貼銀一千二十三兩一錢五分。徵給解户,買布解府,騐印解部。

闊白棉布九萬九千七百七十四疋。每疋價銀三錢,該銀二萬九千九百三十二兩二錢。墊貼該銀七千三百八十三兩二錢七分六釐。内:華亭縣布四萬八千九百三十五疋,該銀一萬四千六百八十兩五錢,墊貼銀三千六百二十一兩一錢九分。内墊貼銀兩,據本縣申抵遼餉。上海縣布三萬二千一百九疋,銀九千六百三十二兩七錢,墊貼銀二千三百七十六兩六分六釐。青浦縣布一萬八千七百三十疋,銀五千六百一十九兩,墊貼銀一千三百八十六兩二分。三縣徵完,給銀解户,買布解府,騐印解部。折色布四萬二千二百二十六疋。每疋折銀三錢,該銀一萬二千六百六十七兩八錢。每兩解扛銀一分四釐,該銀一百七十七兩三錢四分九釐。内:華亭縣正銀六千二百一十三兩三錢七分五釐,扛銀八十六兩九錢八分七釐。上海縣正銀四千七十六兩六錢七分,扛銀五十七兩七分三釐。青浦縣正銀二千三百七十七兩七錢五分五釐,扛銀三十三兩二錢八分八釐。徵完解府轉解。

京庫折[銀]草二十二萬包。每包折銀三分,該銀六千六百兩。每兩扛銀一分四釐,該銀九十二兩四錢。華亭縣正銀三千二百三十七兩四分五釐,扛銀四十五兩三錢一分八釐。上海縣正銀二千一百二十三兩九錢九分二釐,扛銀二十九兩七錢三分五釐。青浦縣正銀一千二百三十八兩九錢六分二釐,扛銀一十七兩三錢四分五釐。解府轉解。

宗人府派剩折銀米二萬八千九百六十八石三升二合,每石折銀七錢。於内撥派榮昌公主俸禄銀三百五兩,壽寧公主俸禄銀三百五兩。二項共銀六百一十兩。每兩給解扛銀一分四釐,該銀八兩五錢肆分。内:華亭縣正銀二百九十九兩一錢八分,扛銀四兩一錢八分八釐。上海縣正銀一百九十六兩三錢八釐,扛銀二兩七錢四分八釐。青浦縣正銀一百一十四兩五錢一分,扛銀一兩六錢三釐。徵完解府轉解。

宗人府等衙門派剩米折銀一萬九千六百六十七兩六錢二分三釐。每兩解扛銀一分四釐,該銀二百七十五兩三錢四分六釐。内:華亭縣正銀九千六百四十六兩二錢六釐,扛銀一百三十五兩四分六釐。上海縣正銀六千三百二十九兩三錢七分六釐,扛銀八十八兩六錢一分一釐。青浦縣正銀三千六百九十二兩四分，扛銀五十一兩六錢八分八釐。徵完解府轉解。

公侯歲支折銀禄米一萬三百七十石一斗五升六合。每石折銀七錢，該銀七千二百五十九兩一錢九釐。每兩解扛銀一分四釐，該銀一百一兩六錢二分七釐。內：華亭縣正銀三千五百六十兩三錢一分一釐，扛銀四十九兩八錢四分四釐。上海縣正銀二千三百三十六兩一錢五釐，扛銀三十二兩七錢五釐。青浦縣正銀一千三百六十二兩六錢九分二釐，扛銀一十九兩七分七釐。徵完解府，與同夏税麥折，一併轉解户部交納。本項常年增減不同，每年奉部劄派徵。

户口鹽鈔銀七百七十四兩五分二釐。每兩解扛銀一分四釐，該銀一十兩八錢三分六釐。內：華亭縣正銀三百七十九兩六錢四分二釐，扛銀五兩三錢一分四釐。上海縣正銀二百四十九兩一錢三釐，扛銀三兩四錢八分七釐。青浦縣正銀一百四十五兩三錢六釐，扛銀二兩三分四釐。徵完解府，轉解户部交納。

甲丁二庫銀硃等料銀二千四百一十一兩三錢一分一釐，不等鋪墊銀六百二十四兩二錢九分二釐，又不等扛銀四十一兩二錢三分八釐。華亭縣正銀一千一百八十二兩六錢五分三釐，鋪墊銀三百六兩一錢九分一釐，扛銀二十兩二錢二分三釐。上海縣正銀七百七十六兩一釐，鋪墊二百兩九錢六釐，扛銀一十三兩二錢六分九釐。青浦縣正銀四百五十二兩六錢五分七釐，鋪墊一百一十七兩一錢九分四釐，扛銀七兩七錢四分五釐。徵發鋪户，備本色解部。

甲字庫硃一千七百四十六觔，每觔銀五錢，鋪墊一錢一分。光粉七百九十五觔十兩，每觔四分七釐，鋪墊一分一釐。籐黄一百七十一觔十兩六錢六分六釐，每觔銀一錢，鋪墊一錢一分。烏梅一千三百八十一觔十三兩，每觔二分，鋪墊一分一釐。靛花青一千六百八十觔，每觔七分五釐，鋪墊一錢一分。丁字庫桐油六千五觔十三兩，每觔四分，鋪墊八釐。黄銅四百八十五觔三兩，每觔銀一錢一分三釐，鋪墊一分六釐。紅熟銅八百二觔三兩，每觔銀一錢，鋪墊一分六釐。錫九百四觔六兩，每觔二分五釐，鋪墊一分六釐。生銅四百八十八觔，每觔銀五分，鋪墊銀一分六釐。黄蠟二千二百三十四觔二兩，每觔銀一錢六分，鋪墊一分六釐。生漆四千八百七十觔十兩，每觔一錢，鋪墊一分六釐。

光禄寺菉笋厨料銀五百九十六兩一錢。每兩解扛一分四釐，該銀八兩三錢四分五釐。內：華亭縣正銀二百九十二兩三錢六分四釐，扛銀四兩九分三釐。上海縣正銀一百九十一兩八錢三分五釐，扛銀二兩六錢八分五釐。青浦縣正銀一百一十一兩九錢一釐，扛銀一兩五錢六分六釐。徵給鋪商備辦，解寺交納。內該菉笋四千觔，每觔銀六分。蜂蜜五百觔，每觔銀五分五釐。蒔蘿一百觔，每觔銀三分。薄荷二百觔，每觔銀二分。香蕈三百觔，每觔銀二錢四分。核桃七千觔，每觔銀二分五釐。茶葉七百觔，每觔銀二分五釐。木耳六百觔，每觔銀八分。銀杏三百五十觔，每觔銀二分六釐。

供用庫本折色蠟茶銀一千四十兩三錢四分二釐，不等解扛銀二十二兩八錢七分八釐。內本色蠟茶銀七百五十五兩八錢，扛銀一十八兩八錢九分五釐。內：華亭縣銀三百七十九兩九錢五分七釐。上海縣銀二百四十九兩三錢一分。青浦縣銀一百四十五兩四錢二分七釐。徵發鋪商,買辦轉解。

黄蠟三千一百七十九觔,每觔銀二錢,每兩扛銀二分五釐。牙茶一千二百觔,每觔銀八分,每兩扛銀二分五釐。葉茶一千二百觔,每觔銀二分,每兩扛銀二分五釐。

折色黄蠟一千四百二十二觔十一兩四錢,該銀二百八十四兩五錢四分二釐。每兩扛銀一分四釐,該銀三兩九錢八分三釐。内:華亭縣正銀一百三十九兩五錢五分七釐,扛銀一兩九錢五分三釐。上海縣正銀九十一兩五錢七分一釐,扛銀一兩二錢八分二釐。青浦縣正銀五十三兩四錢一分四釐,扛銀七錢四分七釐。

禮部牲口銀一千五百一十兩。每兩解扛銀一分四釐,該銀二十一兩一錢四分。内:華亭縣正銀七百四十兩五錢九分六釐,扛銀一十兩三錢六分八釐。上海縣正銀四百八十五兩九錢四分四釐,扛銀六兩八錢三釐。青浦縣正銀二百八十三兩四錢六分,扛銀三兩九錢六分八釐。解府轉解。

藥材銀一十兩八錢,加增包裹紙劄六兩五錢三分一釐。每兩解扛銀一錢七分一釐,該銀二兩九錢六分三釐。内:華亭縣正銀八兩四錢九分七釐,扛銀一兩四錢五分三釐。上海縣正銀五兩五錢六分六釐,扛銀九錢五分一釐。青浦縣正銀三兩二錢六分七釐,扛銀五錢五分八釐。解府轉解。

工部四司工料銀二萬七百五十二兩二錢七分。内:華亭縣銀一萬一百七十八兩一錢八分四釐。上海縣銀六千六百七十八兩四錢三分四釐。青浦縣銀三千八百九十五兩六錢五分二釐。近因内號袍服,崇禎元年,奉旨停織,撤回太監李實,前銀奉部文吊解。

外號歲造并虎豹改織皮金,共改一千一百六十七疋,不等價銀五千一百八十一兩八錢四分,鋪墊解扛銀七百兩二錢。又箱槓二十九隻,每隻一兩七錢八分一釐。三項共正扛鋪墊銀五千九百三十三兩六錢八分九釐。内:華亭縣正扛銀二千九百一十兩二錢四分七釐。上海縣正扛銀一千九百九兩五錢七分。青浦縣正扛銀一千一百一十三兩八錢七分一釐。給發堂長,織造袍段。

大紅織皮金虎豹胸背段八十三疋,每疋銀一十兩一錢八分。大紅織金雲鶴胸背段二十五疋,每疋價銀八兩五錢。大紅獅子胸背段二十五疋,每疋銀八兩五錢。礬紅織皮金虎豹胸背段一十七疋,每疋銀五兩一錢。青織金胸背段一百八疋,黑緑織金胸背段一百九十五疋,礬紅織金胸背段一百七疋,每疋銀四兩。青黑緑礬紅光素段六百七疋,每疋銀三兩六錢。堂長織完,解府驗印,分作二運起解。

遇閏加段九十七疋,該銀三百八十二兩三錢八分二釐,扛銀二十七兩八錢八分。内:華亭縣正扛銀二百一兩二錢四釐。上海縣正扛銀一百三十二兩三分四釐。青浦縣正扛銀七十七兩二分二釐。

本色民七箭支料銀八百六十二兩五錢二分八釐。内:華亭縣銀四百二十三兩四錢三分一釐。上海縣銀二百七十七兩七錢六釐。青浦縣銀一百六十一兩三錢八分九釐。解府給發匠户,造箭四萬枝。每枝價銀一分五毫,扛解鋪墊銀三百二十兩,工食銀一百二十兩。

斧刃磚料銀九百兩,每兩解扛銀一分二釐,該銀一十兩八錢。內:華亭縣正銀四百四十一兩四錢一分五釐,扛銀五兩二錢九分六釐。上海縣正銀二百八十九兩六錢三分五釐,扛銀三兩四錢七分五釐。青浦縣正銀一百六十八兩九錢五分,扛銀二兩二分七釐。解府給發鋪户,備辦本色轉解。

民七軍器料銀七百三十八兩一錢三分七釐。內:華亭縣銀三百六十二兩二分八釐。上海縣銀二百三十七兩五錢四分五釐。青浦縣銀一百三十八兩五錢六分四釐。解府給發匠户,備辦本色轉解。

胖襖二百八十副,每副銀一兩二錢,該三百三十六兩。解扛銀一錢,該二十八兩。內:華亭縣一百三十七副,銀一百六十四兩四錢,扛銀一十三兩七錢。上海縣九十副,銀一百八兩,扛銀九兩。青浦縣五十三副,銀六十三兩六錢,扛銀五兩三錢。解府給發匠户,備辦本色轉解。

起運南解

南京各衛倉米折銀五千一十八兩九錢五分,又脚耗銀七百一十三兩七錢一分三釐。內:華亭縣正銀二千四百六十一兩六錢,又脚耗銀三百五十六兩八錢五分五釐。上海縣正銀一千六百一十五兩一錢八分三釐,又脚耗銀二百一十四兩一錢二分五釐。青浦縣正銀九百四十二兩一錢六分六釐,脚耗銀一百四十二兩七錢三分三釐。徵完候部劄,坐派領衛所官,支作行糧。

公、侯、駙馬、伯、五府、六部、都察院等衙門俸禄折銀七千八百七十九兩三錢一分九釐。每兩解扛銀一分六釐,該銀一百二十六兩六分九釐。內:華亭縣正銀三千八百三十五兩八分二釐,扛銀六十一兩三錢六分一釐。上海縣正銀二千五百三十三兩七錢二分六釐,扛銀四十兩五錢三分九釐。青浦縣正銀一千五百一十兩五錢九釐,扛銀二十四兩一錢六分八釐。解府轉解。

定場倉草折銀一千一百三十四兩。每兩解扛銀一分四釐,該銀一十五兩八錢七分六釐。內:華亭縣正銀五百五十六兩一錢八分二釐,扛銀七兩七錢八分六釐。上海縣正銀三百六十四兩九錢四分一釐,扛銀五兩一錢九釐。青浦縣正銀二百一十二兩八錢七分七釐,扛銀二兩九錢八分。解府轉解。

光禄寺蜜糖銀八十六兩七錢。每兩扛銀一分二釐,該銀一兩四分。內:華亭縣正銀四十二兩五錢二分三釐,扛銀五錢一分。上海縣正銀二十七兩七錢一釐,扛銀三錢三分四釐。青浦縣正銀一十六兩二錢七分五釐,扛銀一錢九分五釐。解府轉解。

光禄寺惜薪司運柴脚銀七百八十五兩一錢九分。每兩解扛銀一分二釐,該銀九兩四錢二分二釐。內:華亭縣正銀三百八十五兩八分五釐,扛銀四兩六錢二分一釐。上海縣正銀二百五十二兩六錢一分一釐,扛銀三兩三分一釐。青浦縣正銀一百四十七兩四錢九分二釐,扛銀一兩七錢六分九釐。解府轉解。

藥材料銀一兩二錢。內:華亭縣銀五錢八分九釐。上海縣銀三錢八分六釐。青浦縣銀二錢二分五釐。解府轉解。

鹽課

兩浙運司水鄉蕩價白塗包補，共銀九千二百八十五兩三錢八分九釐。每兩扛銀一分二釐，該銀一百一十一兩四錢二分四釐。内：華亭縣正銀四千六百八兩五錢一分五釐，扛銀五十五兩三錢二釐。上海縣正銀三千九百六十八兩七錢七分六釐，扛銀三十五兩六錢二分五釐。青浦縣正銀一千七百八兩九分七釐，扛銀二十兩四錢九分七釐。解府轉解鹽運司交納。

協濟

協濟揚州府倉米折銀九千兩。每百兩扛銀一錢五分，該銀一十三兩五錢。内：華亭縣正銀四千四百一十四兩一錢五分，扛銀六兩六錢二分一釐。上海縣正銀二千八百九十六兩三錢五分三釐，扛銀四兩三錢四分四釐。青浦縣正銀一千六百八十九兩四錢九分五釐，扛銀二兩五錢三分四釐。解府轉解。

徐州承福倉米折銀九千兩。每百兩解扛銀三錢，該二十七兩。内：華亭縣正銀四千四百一十四兩一錢五分，扛銀一十三兩二錢四分二釐。上海縣正銀二千八百九十六兩三錢五分三釐，扛銀八兩六錢八分九釐。青浦縣正銀一千六百八十九兩四錢九分五釐，扛銀五兩六分八釐。解府轉解。

驛傳馬役銀七千八百八十四兩一錢一分，扛銀九十四兩六錢八分一釐。内：華亭縣銀三千八百一十二兩四錢五分，扛銀四十七兩七分四釐。内山東昌平等驛二千八百二十三兩一錢二分，扛銀三十三兩二錢三分二釐。鳳陽大店驛六百七十二兩，扛銀六兩四分八釐。(除)[滁]州滁陽驛一百六十兩，扛銀二兩五錢六分。河間瀛海驛一百一十五兩三錢三分，扛銀四兩一錢四分一釐。應天江淮驛四十二兩，扛銀一兩九錢二釐。上海縣銀二千五百五十六兩六錢六分八釐，扛銀二十九兩七錢七分八釐。内滁州滁陽驛三十五兩三錢三分，扛銀五錢六分五釐。大柳驛四十二兩，扛銀六錢七分二釐。鳳陽睢陽池河王莊驛二百二十九兩五錢九分，扛銀二兩六分六釐。山東昌平等驛二千二百四十九兩七錢四分八釐，扛銀二十六兩四錢七分五釐。青浦縣銀一千五百一十四兩九錢九分二釐，扛銀一十七兩八錢二分七釐。解府轉解。

協濟昌平州銀三十兩。内：華亭縣銀一十四兩七錢一分三釐。上海縣銀九兩六錢五分四釐。青浦縣銀五兩六錢三分一釐。解府轉解。

量復修河二升米折銀一千八百四兩八錢八分。内：華亭縣銀八百八十五兩二錢二分七釐，申抵遼餉。上海縣銀五百八十兩八錢四分三釐，青浦縣銀三百三十八兩八錢一分六釐，解府轉解。

松江所淺船銀八百八十八兩二分六釐。内：華亭縣銀四百三十五兩五錢四分二釐。上海縣銀二百八十五兩七錢八分一釐。青浦縣銀一百六十六兩七錢一釐。給發該所，備料造船。查得本府額編淺船四十七隻，每五年一大造，每隻民七料銀五十二兩二錢三分六釐。每年據本所開報隻數，編入會計。

田上加編兵銀八千五百二十五兩二錢二分二釐。内：華亭縣銀三千九百一十九兩六分四釐。上海縣銀三千五十三兩三錢一釐。青浦縣銀一千五百五十二兩八錢五分六釐。解府轉解。

存留項下

合用銀六千八百兩六錢四分。内府縣合屬官俸銀一千一百九十五兩六錢八分,遇閏應編銀九十九兩六錢四分。府正每年五十七兩六錢,遇閏編四兩八錢。同知二員,每員每年三十八兩四錢,遇閏每員加三兩二錢。通判二員,每員每年三十六兩,遇閏每員加三兩。推官每年二十七兩,遇閏加二兩二錢五分。經歷、知事、照磨、簡較、金山衛經歷,每年二十四兩,遇閏加二兩。永豐軍儲南北倉、青村倉、横浦場大使,袁浦、浦東、青村、下沙頭場、二場、三場大使、副使,織染局司獄司大使,已上共一十九員。每員每年俸銀一十九兩二錢,共銀三百六十四兩八錢,遇閏共加銀三十兩四錢。遞運所大使一員,每年九兩六錢,遇閏加編八錢。府縣屬共俸銀七百二十七兩八錢,遇閏共加銀六十兩六錢五分。内:華亭縣應解銀四十兩三錢六分一釐,遇閏應加二十九兩七錢四分五釐。上海縣銀五百一十六兩九錢五分五釐,遇閏加一十九兩五錢一分五釐。青浦縣銀一百七十兩四錢八分四釐,遇閏加一十一兩三錢九分。

知縣三員,每員每年俸銀二十七兩,遇閏共加六兩七錢五分。縣丞五員,每員每年俸銀二十四兩,遇閏共加銀十兩。主簿、典史各三員,每員每年俸二十四兩,遇閏共加銀六兩。三縣巡簡九員,每員每年一十一兩五錢二分,遇閏共加銀八兩六錢四分。上海縣廣儲倉大使一員,每年一十九兩二錢。已上共該俸銀四百六十七兩八錢八分,遇閏共加三十八兩九錢九分。徵完給發。

府衛縣五學師生俸廩銀二千六十四兩九錢六分。内府學教授每年俸銀六十兩,遇閏加五兩。訓導四員,每員每年三十六兩,遇閏共加一十二兩。廩生四十名,每名每年一十二兩,遇閏共加四十兩。吏一名,并香燭每年共銀六兩七錢二分,遇閏加五錢六分。已上通共六百九十兩七錢二分,遇閏共加五十七兩五錢六分。衛學教授每年俸銀六十兩,遇閏加五兩。訓導每年三十六兩,遇閏加三兩。廩生二十名,每名廩銀一十二兩,遇閏共加二十兩。吏一名,并香燭每年七兩五錢六分,遇閏加六錢三分。已上通共三百四十三兩五錢六分,遇閏共加二十八兩六錢三分。前項俸廩銀兩,俱係華亭縣徵解。華亭縣學教諭一員,訓導二員。上海學教諭一員,訓導二員。青浦學教諭一員,訓導一員。每員每年俸銀三十六兩,遇閏共加二十四兩。又每學廩生二十名,共六十名。每名每年廩銀一十二兩,遇閏共加銀六十兩。吏三名,每名每年香燭銀七兩五錢六分,遇閏共加銀一兩六錢八分。已上共一千三十兩六錢八分,遇閏共加八十五兩八錢九分。三縣解放。

織染局匠口糧銀八百八十兩。内:華亭縣銀四百三十五兩五錢。上海縣銀二百八十五兩七錢六分。青浦縣銀一百六十六兩七錢四分。解府給發。

松江所運軍月糧改折解淮銀一千一百二十八兩。内:華亭縣銀六百九十九兩一錢。上海縣銀四百二十八兩九錢。解府轉解。

松江所運軍行糧改折銀一千五百二十四兩。内:華亭縣銀二百二十三兩八錢二分九釐。上海縣銀一千三百兩一錢七分一釐。解府給發。

匠班扛銀八兩七分八釐。内：華亭縣銀四兩五分五釐。上海縣銀二兩八錢八釐。青浦縣銀一兩二錢一分五釐。徵完給發。

田上加編兵銀八千五百二十五兩二錢二分二釐。内：華亭縣銀三千九百一十九兩六分四釐。上海縣銀三千五十三兩三錢一釐。青浦縣銀一千五百五十二兩八錢五分六釐。解府轉解。

已上各項會計錢糧，係本府奉部文坐派，帖縣追徵。每年酌量所用，稍有增減。

松江府志卷之十七

田　　賦四

均徭項下

［起運］

南京國子監膳夫二十三名,每名一十兩,該二百三十兩。每兩扛銀一分二釐,該二兩七錢六分。華亭縣一十一名,銀一百一十兩,扛銀一兩三錢二分。上海縣八名,銀八十兩,扛銀九錢六分。青浦縣四名,銀四十兩,扛銀四錢八分。解府轉解。

南京各部柴薪皂隸八十一名,每名一十二兩,該九百七十二兩。耗銀三錢,該二十四兩三錢。每兩扛銀一分二釐,該一十一兩六錢六分四釐。遇閏每名加一兩,該八十一兩。華亭縣三十六名,正銀四百三十二兩,耗銀一十兩八錢,扛銀五兩一錢八分四釐,遇閏加編三十六兩。上海縣三十名,該正銀三百六十兩,耗銀九兩,扛銀四兩三錢二分,遇閏加編三十兩。青浦縣一十五名,該銀一百八十兩,耗銀四兩五錢,扛銀二兩一錢六分,遇閏加編一十五兩。解府轉解。

南京各衙門直堂直廳皂隸三十六名,每名一十兩,該銀三百六十兩。耗銀三錢,該一十兩八錢。扛銀一分二釐,該四兩三錢二分。内:華亭縣一十六名,銀一百六十兩,耗銀四兩八錢,扛銀一兩九錢二分。上海縣一十四名,銀一百四十兩,耗銀四兩二錢,扛銀一兩六錢八分。青浦縣六名,銀六十兩,耗銀一兩八錢,扛銀七錢二分。解府轉解。

南京五城兵馬司弓兵五十名,每名銀八兩五錢,該四百二十五兩。每兩扛銀一分二釐,該五兩一錢。華亭縣二十二名,銀一百八十七兩,扛銀二兩二錢四分四釐。上海縣一十九名,銀一百六十一兩五錢,扛銀一兩九錢三分八釐。青浦縣九名,銀七十六兩五錢,扛銀九錢一分八釐。解府轉解。

解京富户一十五名,每名銀三兩,該四十五兩。每兩扛銀一分六釐,該七錢二分。華亭縣七名,連扛銀二十一兩三錢三分六釐。上海縣五名,連扛銀一十五兩二錢四分。青浦縣三名,連扛銀九兩一錢四分四釐。解府轉解。

撫院及書吏寫本官吏供應年例銀一百九十六兩九錢二分,廩給并過客嗄程銀六十兩,填宅家火銀二十兩,書本房油燭柴炭銀一十七兩四錢九分一釐。共二百九十四兩四錢一分一釐,遇閏共加銀二十四兩五錢三分四釐。華亭縣一百四十七兩二錢五釐,遇閏加一十二兩二錢六分七釐。上海縣八十八兩三錢二分三釐,遇閏加七兩三錢六分。青浦縣五十八兩八錢八分二釐,遇閏加四兩九錢六釐。解府轉解。

提學察院供應廩餼銀九十五兩八錢七分三釐,鋪陳轎傘銀九兩三錢二分四釐,各役工食銀一百一十三兩四錢四分一釐。共銀二百一十八兩六錢三分八釐,遇閏共加銀一十八兩二錢一分九釐。華亭縣一百九兩三錢一分九釐,遇閏加九兩一錢九釐。上海縣六十五兩五錢九分一釐,遇閏加五兩四錢六分五釐。青浦縣四十三兩七錢二分七釐,遇閏加三兩六錢四分三釐。解府轉解。

巡漕察院供應銀五十兩,遇閏共加銀四兩一錢六分六釐。華亭縣銀二十五兩,遇閏加二兩八分三釐。上海縣一十五兩,遇閏加一兩二錢五分。青浦縣一十兩,遇閏加八錢三分三釐。解府轉解。

兵備道卓幃銀八兩三錢,鋪陳銀六兩,書吏口糧銀一百六十八兩,門皂工食銀一百一十五兩二錢。共銀二百九十七兩五錢,遇閏加書吏口糧、門皂工食銀二十三兩六錢。華亭縣一百四十八兩七錢五分,遇閏加一十一兩八錢。上海縣八十九兩二錢五分,遇閏加七兩八分。青浦縣五十九兩五錢,遇閏加四兩七錢二分。徵完起解。

總兵供應等銀三百七十五兩七錢,遇閏共加銀三十一兩三錢八釐。華亭縣一百七十兩,遇閏加一十四兩一錢六分六釐。上海縣一百三十五兩二錢,遇閏加一十一兩二錢一分六釐。青浦縣七十兩五錢,遇閏加五兩八錢七分五釐。徵完起解。

撫院寫本吏鋪陳銀七兩,華亭縣徵解。

按院監書吏鋪陳銀一十三兩,華亭縣徵解。

協濟蘇州修理袍舡及織造府役銀,俱於崇禎元年減編訖。

包補下砂二三場鹽課銀二千四兩七錢八分八釐,上海縣解府轉解。

抵補句容縣協濟海防銀一十八兩,遇閏加一兩二錢,上海縣解府轉解。

扣解操院座舡水手工食抵充兵餉銀七十二兩。華亭縣三十六兩,上海縣二十四兩,青浦縣一十二兩。解府轉解。

兑留操江兵餉抵充吴淞兵餉銀二百六十兩,遇閏共加銀二十一兩六錢六分六釐。華亭縣一百一十八兩,遇閏加九兩八錢三分三釐。上海縣九十三兩,遇閏加七兩七錢五分。青浦縣四十九兩,遇閏加四兩八分三釐。起解。

扣減民壯工食抵充吴淞兵餉銀一千四百二十二兩,遇閏共加銀一百一十八兩五錢。華亭縣一千八十兩,遇閏加九十兩。青浦縣三百四十二兩,遇閏加二十八兩五錢。徵完起解。

抵補常州府扣留兵餉銀三百四十五兩,遇閏共加銀二十八兩七錢五分。華、上二縣各議銀一百一十五兩,遇閏各加九兩五錢八分三釐。青浦縣一百一十五兩,遇閏加九兩五錢八分三釐。徵完起解。

撫院牙兵加給工食銀五兩三錢,遇閏共加銀四錢四分一釐。華亭縣二兩六錢五分,遇閏加二錢二分。上海縣一兩五錢九分,遇閏加一錢三分二釐。青浦縣一兩六分,遇閏加八分八釐。解府轉解。

存留

本府各官皂隸三十四名,每名銀一十二兩,該銀四百八兩。遇閏每名加銀一兩。内知府六名,同知、通判、推官每員四名,經歷、知事、照磨、簡較每員二名。華、上二縣各一十四名,各一百六十八兩,遇閏各加派一十四兩。青浦縣六名,七十二兩,遇閏加銀六兩。解府。

三縣各官皂隸三十一名,每名銀一十二兩,該銀三百七十二兩。遇閏每名加銀一兩,共三十一兩。内知縣四名,縣丞、主簿二名,典史一名。華、上二縣各一十一名,各一百三十二兩,遇閏各加銀一十一兩。青浦縣九名,一百八兩,遇閏加九兩。徵完支用。

本府各官馬夫一十名,該銀四百兩。内府官共一十員,每員一名。華、上二縣各銀一百六十兩,青浦縣八十兩。解府支用。

三縣各官馬夫一十四名,該銀五百六十兩。内知縣、丞簿、典史每員一名。華、上二縣各二百兩,青浦縣一百六十兩。徵完支用。

本府各官皂快二百二名,每名銀三兩六錢,該七百二十七兩二錢。内知府五十名,同知、通判、推官各一十二名,經歷、知事、照磨、簡較各四名。華亭縣三百五十二兩八錢,上海縣二百八十八兩,青浦縣八十六兩四錢。徵完放給。

本府各官門子一十八名,每名銀三兩六錢,該銀六十四兩八錢。内知府四名,同知、通判、推官二名,經歷、知事、照磨、簡較每員一名。華、上二縣各銀二十八兩八錢,青浦縣七兩二錢。徵完支放。

三縣各官門子一十七名,每名銀三兩六錢,該銀六十一兩二錢。内知縣二名,縣丞、主簿、典史一名。華、上二縣各銀二十一兩六錢,青浦縣一十八兩。徵完放給。

三縣皂快一百八十名,每名銀三兩六錢,該銀六百四十八兩。内知縣四十名,縣丞、主簿六名,典史四名。華、上二縣各銀二百二十三兩,青浦縣二百一兩六錢。徵完放給。

本府儒學齋夫一十名,該銀一百二十兩。每名扣小盡一錢六分六釐,共一兩六錢四分六釐。遇閏每名加銀一兩,共一十兩。華亭縣給。

膳夫四名,該銀二百四十兩。

門子一十三名,每名銀七兩二錢,該銀九十三兩六錢。扣小盡一兩三錢,遇閏加編七兩八錢。華亭縣徵給。

庫子六名,每名銀七兩二錢,該銀四十三兩二錢。扣小盡六錢,遇閏加編三兩六錢。華亭縣給。

看守敬一亭、名宦鄉賢二祠、射讀所、射圃亭門子四名,該銀一十四兩四錢。華亭縣給。

金山衛儒學齋夫四名,該銀四十八兩。扣小盡六錢六分六釐,遇閏加編四兩。華亭縣給。

膳夫二名,該銀一百二十兩,遇閏加編一十兩。華亭縣給。

門子四名,該銀二十八兩八錢。扣小盡四錢,遇閏加編二兩四錢。華亭縣給。

庫子二名,該銀一十二兩。扣小盡一錢六分六釐,遇閏加一兩。華亭縣給。

三縣儒學齋夫一十六名,每名銀一十二兩,該一百九十二兩。扣小盡二兩六錢六分六釐,遇閏加編一十六兩。華、上二縣各該銀七十二兩,各扣小盡一兩,遇閏各加六兩。青浦縣該四十八兩,扣小盡六錢六分六釐,遇閏加四兩。徵完放給。

膳夫六名,該銀三百六十兩,遇閏加編銀三十兩。華、上、青三縣各該一百二十兩,遇閏各加一十兩。徵完放給。

門子一十九名,每名銀七兩二錢,該銀一百三十六兩八錢。扣小盡一兩九錢,遇閏加編一十一兩四錢。華亭縣五十七兩六錢,扣小盡八錢,遇閏加四兩八錢。上海縣四十三兩二錢,扣小盡六錢,遇閏加三兩六錢。青浦縣三十六兩,扣小盡五錢,遇閏加三兩。徵完放給。

庫子一十一名,每名銀七兩二錢,該七十九兩二錢。扣小盡一兩一錢,遇閏加銀六兩六錢。華、上二縣各該銀二十八兩八錢,各扣小盡四錢,遇閏各加二兩四錢。青浦縣二十一兩六錢,扣小盡三錢,遇閏加一兩八錢。徵完放給。

看守祠廟門子九名,每名銀三兩六錢,該銀三十二兩四錢。華亭縣一十四兩四錢,上海縣一十兩八錢,青浦縣七兩二錢。徵完放給。

參將供應犒賞等銀四百一十六兩二錢,遇閏加供應銀二十八兩一分六釐。華亭縣一百五十兩,遇閏加一十二兩五錢。上海縣二百六兩二錢,遇閏加一十兩五錢一分六釐。青浦縣六十兩,遇閏加五兩。解府放給。

雲間遞運所抵應庫役銀二百一十六兩八錢。内扣給所夫四名,銀二十四兩。扣小盡三錢三分,遇閏即於本項内加給二兩。館夫一名,銀七兩二錢。扣小盡一錢,遇閏即於本項内給六錢。華亭縣一百一十五兩六錢,扣小盡二錢二分五釐。上海縣五十七兩六錢,扣小盡一錢一分二釐。青浦縣四十三兩六錢,扣小盡九分五釐。放給。

修舡料銀二百二十七兩二錢。華亭縣一百七兩二錢,上海縣七十兩,青浦縣五十兩。修舡。

座紅站舡水夫一百五名,每名銀七兩二錢,該銀七百五十六兩。扣小盡銀一十兩五錢,遇閏加銀六十三兩。華亭縣三百四十五兩六錢,扣小盡四兩八錢,遇閏加二十八兩八錢。上海縣二百三十兩四錢,扣小盡三兩二錢,遇閏加一十九兩二錢。青浦縣一百八十兩,扣小盡二兩五錢,遇閏加一十五兩。聽文放給。

三縣座仙船水手二十四名,每名銀六兩,該銀一百四十四兩。扣小盡銀一兩九錢九分九釐,遇閏加銀一十二兩。華亭縣六十兩,扣小盡八錢三分三釐,遇閏加五兩。上海縣三十六兩,扣小盡五錢,遇閏加三兩。青浦縣四十八兩,扣小盡六錢六分六釐,遇閏加四兩。徵完放給。

本府公堂日用心紅、紙劄、筆墨、油燭、柴炭銀一百一十二兩,遇閏共加銀九兩三錢三分三釐。華亭縣四十五兩,遇閏加三兩七錢五分。上海縣四十三兩,遇閏加三兩五錢八分三釐。青浦縣二十四兩,遇閏加二兩。解府支用。

三縣公堂日用心紅、紙劄、筆墨、油燭、柴炭銀二百一兩六錢,遇閏共加一十六兩八錢。華亭縣八十六兩四錢,遇閏加七兩二錢。上海縣七十二兩,遇閏加六兩。青浦縣四十三兩二錢,遇閏加三兩六錢。支用。

三縣修置轎傘鋪陳等銀一百二十兩。華亭縣六十二兩五錢,上海縣四十七兩五錢,青浦縣一十兩。徵貯備用。

松江分司門皂九名,每名銀七兩二錢,該銀六十四兩八錢。扣小盡九錢,遇閏加銀五兩四錢。華亭縣二十八兩八錢,扣小盡四錢,遇閏加銀二兩四錢。上海縣二十一兩六錢,扣小盡三錢,遇閏加一兩八錢。青浦縣一十四兩四錢,扣小盡二錢,遇閏加一兩二錢。徵完徑給。

本府永豐庫司獄司皂隸二名,該銀七兩二錢。華亭縣徵給。

本府司獄司禁子二十名,除上海廊房城濠租銀内抵給四名,外一十六名,該銀每名九兩,共一百四十四兩。扣小盡銀二兩,刑具銀八兩。遇閏加銀一十二兩。華亭縣九十兩。扣小盡一兩二錢五分,刑具四兩。遇閏加七兩五錢。上海縣三十六兩。扣小盡五錢,刑具三兩。遇閏加三兩。青浦縣一十八兩。扣小盡二錢五分,刑具一兩。遇閏加一兩五錢。解府轉給。

三縣監禁子二十三名,不等工食銀一百九十四兩四錢,刑具銀二十兩,遇閏加銀一十六兩二錢。華、上二縣各該銀七十二兩。扣小盡該一兩,各刑具銀八兩。遇閏各加六兩。青浦縣五十兩四錢。每名共扣小盡七錢,刑具銀四兩。遇閏加四兩二錢。給發。

導河夫銀五百兩。華亭縣二百二十五兩,上海縣一百七十五兩,青浦縣一百兩。近奉總河部院,每年各縣吊解銀三十一兩一錢五分,解府轉解,抵遼餉。餘聽修浚之用。

本府秋糧總書紙張工食銀四十六兩六錢。華亭縣一十兩八錢,上海縣二十六兩八錢,青浦縣八兩。徵完徑給。

本府攢造徭里會計文册紙張工食銀一十兩。華、上二縣各銀四兩,青浦縣二兩。徵完徑給。

三縣秋糧總書紙張工食銀一百八十兩。華、上、青三縣各銀六十兩。放給。

織染局庫子工食并文移紙劄等銀八十兩,上海縣徵給。

府縣巡鹽民壯六十名,每名銀七兩二錢,該四百三十二兩。扣小盡銀六兩,遇閏加銀三十六兩。華亭縣編本府并本縣銀二百八十八兩,扣小盡四兩,遇閏加二十四兩。青浦縣一百四十四兩,扣小盡二兩,遇閏加一十二兩。放給。

府縣巡捕民壯六十名,每名銀七兩二錢,該銀四百三十二兩。華亭縣編本府本縣各二十名,該二百八十八兩。青浦縣二十名,該一百四十四兩。放給。

本府海防理刑公署門子二名,該銀四兩,華亭縣徵給。

看守察院公館門子九名,該銀一十九兩四錢。華亭縣東南二察院各一名,每名三兩。

二公館各一名,每名一兩二錢。上海縣東北二察院、海防、公館各一名,每名二兩。青浦縣察院一名,三兩。徵完放給。

本府急遞鋪司兵一十名,該銀七十二兩。扣小盡一兩,遇閏加六兩。華亭縣放給。

縣鋪司兵一百五十一名,每名七兩二錢,該銀一千八十七兩二錢。扣小盡一十五兩一錢,遇閏加銀九十兩六錢。華亭縣二十六鋪銀六百五十五兩二錢,扣小盡九兩一錢,遇閏加五十四兩六錢。上海縣一十一鋪銀二百五十二兩,扣小盡三兩五錢,遇閏加二十一兩。青浦縣八鋪,該銀一百八十兩。扣小盡二兩五錢,遇閏加一十五兩。放給。

縣巡司弓兵三百六十五名,每名銀八兩二錢,該銀二千九百九十三兩。扣小盡四十一兩五錢六分九釐,遇閏加銀二百四十九兩四錢一分六釐。華亭縣泖橋司兵四十五名,小貞、金山、南橋三司各兵四十名,該銀一千三百五十三兩。扣小盡一十八兩七錢九分一釐,遇閏加一百一十二兩七錢四分九釐。上海縣三林、黄浦、吴淞三司各兵四十名,該銀九百八十四兩。扣小盡一十三兩六錢六分六釐,遇閏加銀八十一兩九錢九分九釐。青浦縣澱山司兵四十五名,新涇司兵三十五名,該銀六百五十六兩。扣小盡九兩一錢一分一釐,遇閏加五十四兩六錢六分六釐。徑給。

兵備道仙船水手八名,每名銀七兩二錢,該銀五十七兩六錢。扣小盡銀八錢,遇閏加銀四兩八錢。華亭縣徵給。

外鋪鋪夫二名,每名二兩,該銀四兩。華亭縣徵給。

三縣聽用廠夫二百八十六名,不等該銀一千五百九十四兩。縣官轎傘夫在内撥用。華亭縣一百二十名,該銀六百四十八兩。扣小盡銀九兩,遇閏加銀五十四兩。上海縣五十名,該銀二百五十兩。青浦縣一百一十六名,該銀六百九十六兩。放給。

府學教官五員,馬夫五名,該銀四十五兩。華亭縣放給。

縣學教官八員,馬夫八名,該銀七十二兩。華、上二縣各三名,各該二十七兩。青浦縣二名,該一十八兩。徵完放給。

本府正佐轎傘夫三十五名,每名銀七兩二錢,該銀二百五十二兩。扣小盡銀三兩五錢,遇閏加二十一兩。華亭縣徵給。

各塲鹽課司工脚銀一百二十五兩。華亭縣横浦、袁浦、青村、浦東四塲銀八十兩。上海縣下砂一二三塲銀四十五兩。徵給。

三縣走差馬三十九匹,每匹鞍轡草糧工食銀一十兩八錢,該銀四百二十一兩二錢。扣小盡銀五兩八錢五分。華、上二縣各一十六匹,各該一百七十二兩八錢,各扣小盡二兩四錢。青浦縣七匹,該銀七十五兩六錢,扣小盡一兩五分。徵完放給。

三縣河下皂隸八十五名,不等該銀四百八十五兩。華亭縣六十名,該三百六十兩。上海縣一十二名,該六十兩。青浦縣一十三名,該六十五兩。放給。

河下門子一名,聽事官吏二名,每名銀三兩六錢,該銀一十兩八錢。華亭縣徵給。

上司按臨并查盤委官内班門厨皂隸柴米,及抄案書手飯食銀五十兩。華亭縣三十兩,上海縣二十兩。徵給。

上司按臨供送心紅、油燭、柴炭銀三十五兩。華亭縣二十兩，上海縣一十五兩。徵完聽用。

本府各官燈夫四十六名，每名銀三兩六錢，該銀一百六十五兩六錢，遇閏加銀一十三兩八錢。華亭縣七十九兩二錢，上海縣五十兩四錢，青浦縣三十六兩。

三縣各官員下燈夫四十名，每名銀三兩六錢，該銀一百四十四兩，遇閏加銀一十二兩。内正官每員六名，佐二首領官每員二名。華、上二縣各一十四名，各銀五十兩四錢，遇閏各加銀四兩二錢。青浦縣一十二名，該銀四十三兩二錢，遇閏加銀三兩六錢。徵給。

河下燈夫一十四名，每名銀三兩六錢，該銀五十兩四錢。華亭縣六名，該銀二十一兩六錢。上、青二縣各四名，各該銀一十四兩四錢。徵給。

本府預備倉倉夫四名，每名銀七兩二錢，該銀二十八兩八錢，修理銀二十兩。共銀四十八兩八錢，扣小盡銀四錢。華亭縣該一十四兩四錢，修理銀八兩五錢，扣小盡二錢。上海縣該七兩二錢，修理銀七兩，扣小盡一錢。青浦縣該七兩二錢，修理銀四兩五錢，扣小盡銀一錢。徵給。

三縣濟農倉倉夫一十二名，每名銀七兩二錢，該銀八十六兩四錢。修理銀四十五兩。共銀一百三十一兩四錢，扣小盡銀一兩二錢。華、上、青三縣各四名，各該二十八兩八錢，修理銀各一十五兩。

軍儲南北、廣儲、柘林、寶山、川沙倉，每倉倉夫二名，共一十八名。每名銀七兩二錢，該一百二十九兩六錢。修理軍儲三倉，每倉銀一十兩。柘林三倉，每倉銀七兩。該共銀一百八十兩六錢，扣小盡銀一兩八錢。華亭縣編軍儲南北二倉、柘林倉一十名，該七十二兩。修理南北倉，每倉一十兩，柘林倉七兩。該二十七兩，扣小盡一兩。上海縣編廣儲倉、寶山、川沙倉八名，該五十七兩六錢。修廣儲倉一十兩，寶山、川沙倉各七兩。該銀二十四兩，扣小盡銀八錢。徵解。

青村倉倉夫四名，每名銀七兩二錢，該銀二十八兩八錢，修理銀一十兩。共銀三十八兩八錢，倉夫扣小盡銀四錢。華亭縣一名，該七兩二錢，修理銀一十兩，扣小盡一錢。青浦縣三名，該二十一兩六錢，扣小盡三錢。徵完徑給。

三縣水陸練兵官四員，不等廩糧銀七十九兩二錢，遇閏加銀六兩六錢。華亭縣總練官一員，廩糧銀二十五兩二錢，遇閏加銀二兩一錢。總練水哨官一員，廩銀一十八兩，遇閏加一兩五錢。上、青二縣練兵官各一員，廩銀一十八兩，遇閏各加銀一兩五錢。徵完徑給。

兵備道清字號仙船水手五名，每名銀七兩二錢，該銀三十六兩。扣小盡銀五錢，遇閏加銀三兩。華亭縣三名，該二十一兩六錢，扣小盡三錢，遇閏加一兩八錢。上海縣二名，該一十四兩四錢，扣小盡二錢，遇閏加一兩二錢。徵完徑給。

兵備道快手二名，每名銀七兩二錢，該銀一十四兩四錢。扣小盡銀二錢，遇閏加銀一兩二錢。青浦縣徵給。

扣減民壯工食抵充川沙寶鎮兵餉銀一千八百九十兩，上海縣徵給。

三縣防守城池庫獄團練水陸兵壯一千二百四十名，每名銀七兩二錢，該銀八千九百二十八兩,遇閏加銀七百四十四兩。華亭縣四百六十名,該三千三百一十二兩,遇閏加銀二百七十六兩。上海縣四百八十名,該三千四百五十六兩,遇閏加銀二百八十八兩。青浦縣三百名,該二千一百六十兩,遇閏加一百八十兩。徵完徑給。

寶山所壯兵一百名,每名銀一十兩八錢,該銀一千八十兩,遇閏加銀九十兩。上海縣徵給。

里甲項下

本府里甲均平銀共一萬二千五百五十八兩五錢四分三釐。内扣小盡銀三兩五錢一分五釐,遇閏加銀三百二十七兩五錢一分一釐。華亭縣五千八百五十三兩九錢七分五釐。上海縣三千九百五十七兩八錢八分五釐。青浦縣二千六百八十六兩六錢八分二釐。

起運

撫院公費銀一百五十四兩四錢四分四釐,遇閏加銀一十二兩八錢七分。華亭縣六十四兩四錢三分三釐,遇閏加銀五兩三錢六分九釐。上海縣五十九兩一錢二分二釐,遇閏加銀四兩九錢二分六釐。青浦縣三十兩八錢八分八釐,遇閏加銀二兩五錢七分四釐。解府轉解。

按院公費銀三百七十二兩五錢,遇閏加銀三十一兩四分一釐。華亭縣一百四十一兩二錢二分,遇閏加銀一十一兩七錢六分八釐。上海縣一百三十兩一錢二分,遇閏加銀一十兩八錢四分三釐。青浦縣一百一兩一錢六分,遇閏加銀八兩四錢三分。徵完起解。

漕院公費銀三十兩,遇閏加銀二兩五錢。華亭縣一十五兩,遇閏加銀一兩二錢五分。上海縣九兩,遇閏加銀七錢五分。青浦縣六兩,遇閏加銀五錢。解府轉解。

兵備道公費銀三百二十兩,遇閏加銀二十六兩六錢六分六釐。華亭縣一百五十兩,遇閏加編一十二兩五錢。上海縣一百一十兩,遇閏加九兩一錢六分六釐。青浦縣六十兩,遇閏加銀五兩。徵完起解。

存留

本府齎進萬壽、千秋、長至、正旦表箋一十通,合用撰寫工食紙張什物銀四十六兩二分。北表府佐官盤纏銀一百兩。如委首領官,止給銀四十兩,餘銀留抵下年支用。南表首領官盤纏銀一十八兩。共銀一百六十四兩二分。華亭縣八十一兩六錢二分,上海縣六十二兩九錢,青浦縣一十九兩五錢。解府聽用。

習儀、拜牌、接勑、出表并祈禱救護,合用香燭庭燎銀五兩。華亭縣二兩二錢,上、青二縣各一兩四錢。聽用。

本府并三縣祭祀共銀三百七十九兩三錢九分七釐。華亭縣編本府祭祀銀一百一十九兩一錢三分三釐。内:文廟祭銀三十六兩二分七釐。啓聖祠祭銀六兩二錢二分六釐。名宦鄉賢銀四兩八錢四分七釐。土地祠銀二兩一錢九分。社稷山川壇銀二十七兩六錢九分二釐。郡厲壇銀二十四兩。三賢祠、馮楊公祠、東海壇銀一十八兩一錢五分一釐。本縣祭祀銀三十三兩五錢八分七釐。上海縣祭祀銀一百二十二兩九錢。青浦縣祭祀銀一百三兩七錢七分七釐。聽用。

府縣正月十月舉行鄉飲二次銀六十六兩。華亭縣三十兩,上海縣二十兩,青浦縣一十六兩。徵完辦用。

歲貢生、府學、縣衛學正倍盤纏,府縣迎送合用花紅扁禮,并餞送折席盤纏,又上司批給路費,每年均編銀三百六十五兩五錢六分五釐。華、上、青三縣各編銀一百二十一兩八錢五分五釐。徵完聽用。

本府新官到任家火、公宴、祭祀銀七十五兩六錢六分六釐。華亭縣三十六兩三錢三分三釐,上海縣二十四兩五錢二分二釐,青浦縣一十四兩八錢一分一釐。徵完聽用。

三縣新官到任家火、公宴、祭祀銀八十四兩六錢六分五釐。

華、上二縣各三十兩六錢六分六釐,青浦縣二十三兩三錢三分三釐。徵完聽用。

北運總部府佐官長夫一十名,每名銀一十二兩,該銀一百二十兩。華亭縣五十四兩六錢,上海縣四十二兩八錢七分,青浦縣二十二兩五錢三分。徵完解用。

南運協部長夫二名,每名銀一十二兩,該銀二十四兩。此項近係糧長自解,前銀聽詳別用。

協部北運官長夫五名,每名銀一十二兩,該銀六十兩。華亭縣三十兩,上、青二縣各一十五兩。聽用。

學院歲考并按院按臨觀風,及府縣歲季考各學生員,合用試卷,供給行賞花紅筆墨,府縣迎送新進生員入學花紅、綵旗、酒席銀八百七十兩。華亭縣四百兩,上海縣二百七十兩,青浦縣二百兩。徵候聽用。

鹽院按臨考試各學生員,合用試卷、供給行賞銀一百三十兩。華亭縣六十兩,上海縣四十兩,青浦縣三十兩。徵完聽用。

上司按臨并府縣朔望下學,行香講書,行賞紙筆墨銀三十八兩。華亭縣二十兩,上海縣一十二兩,青浦縣六兩。徵完聽用。

本府公費銀九百兩,遇閏加七十五兩。華亭縣三百六十五兩,遇閏加三十兩四錢二分。上海縣三百四十六兩,遇閏加二十八兩八錢三分。青浦縣一百八十九兩,遇閏加一十五兩七錢五分。解府聽用。

三縣公費銀一千九百兩,遇閏加銀一百五十八兩三錢三分三釐。華亭縣八百兩,遇閏加六十六兩六錢六分六釐。上海縣六百兩,遇閏加五十兩。青浦縣五百兩,遇閏加四十一兩六錢六分六釐。徵完支用。

置辦上司卷箱扛架牌面等銀一十七兩。華亭縣一十兩,上海縣四兩,青浦縣三兩。徵完聽用。

本府修理衙門銀三百七十一兩。内正堂八十兩,以二十兩爲歲修,六十兩聽候新任修衙。佐二五廳各五十兩,以十兩爲歲修,四十兩聽候新任修理。首領四衙,各四兩。庫官二兩。府、衛學教授各四兩。訓導五員,各三兩。華亭縣一百四十四兩,上海縣一百二十七兩,青浦縣一百兩。徵完聽用。

本府各廳及察院冬夏卓幃銀三十三兩。華亭縣編府堂理刑廳及各察院銀一十八兩。上海縣編海防、董漕二廳銀九兩。青浦縣編水利、管糧二廳銀六兩。徵完備送。

府縣各衙門桃符、門神、迎春土牛彩鞭銀一十二兩。華亭縣六兩,上、青二縣各三兩。徵完備用。

三縣修理衙門銀二百一十八兩。内知縣五十兩,以十五兩爲歲修,三十五兩聽候新任修理。佐二官各四兩。首領官各三兩。縣學教諭各四兩。訓導各三兩。華、上二縣各七十五兩,青浦縣六十八兩。徵完聽用。

修理察院公館各衙門銀七十二兩。華亭縣三十五兩,上海縣二十五兩,青浦縣一十二兩。徵完聽用。

三縣冬夏卓幃銀一十二兩。華、上、青三縣各該銀四兩。徵完聽用。

三縣備用銀一千五百兩。華亭縣七百兩,上、青二縣各四百兩。聽用。

三縣印刷青由紙張七十五兩二錢。華亭縣四十兩八錢,上海縣二十一兩二錢,青浦縣一十三兩二錢。徵完備辦散給。

各屬養濟院孤老六百三十名口,每名口歲給柴布衣絮銀一兩一錢,該銀六百九十三兩。華亭縣四百七十三名口,銀五百二十兩三錢。上海縣一百一十二名口,銀一百二十三兩二錢。青浦縣四十五名口,銀四十九兩五錢。徵給。

總兵衙門并本府及各廳仙船水手四十一名,每名銀六兩,該銀二百四十六兩。扣小盡銀三兩四錢一分五釐,遇閏加二十兩五錢。華亭縣三十五名,該二百一十兩,扣小盡二兩九錢一分五釐,遇閏加一十七兩五錢。青浦縣六名,該三十六兩,扣小盡四錢九分。

歲終新書銀一百七十五兩。華亭縣八十兩,上海縣六十五兩,青浦縣三十兩。徵完辦用。

修理察院公館家火銀二十八兩。華亭縣一十五兩,上海縣一十兩,青浦縣三兩。徵完支用。

修理座仙船銀三十五兩。華亭縣一十五兩,上、青二縣各一十兩。支用。

修理府監一十六兩,縣監二十四兩,共銀四十兩。華亭縣府監銀七兩,縣監銀八兩,共一十五兩。上海縣府監銀五兩四錢,縣監銀八兩,共一十三兩四錢。青浦縣府監銀三兩六錢,縣監銀八兩,共一十一兩六錢。聽用。

兵備道長隨厨役一名,該銀七兩二錢。扣小盡一錢,遇閏加銀六錢。華亭縣徵給。

京庫米麥折金花銀八萬三千六百七十一兩八錢一分五釐。每兩滴珠銀一分,該銀八百三十六兩七錢一分八釐。華亭縣四百一十兩三錢七分七釐,上海縣二百六十九兩二錢七分,青浦縣一百五十七兩七分。徵完解府。

本府歲造歲繳一應本册勘合紙劄箱袱銀四兩。華亭縣一兩八錢八分,上海縣一兩二錢四分,青浦縣八錢八分。徵給。

各縣備用抵充兵餉銀二千一百兩。華亭縣一千兩,上海縣八百兩,青浦縣三百兩。徵完解給。

約　　編

應天府科場席舍供應等銀七百九十七兩八錢三分。華亭縣三百八十一兩五錢二分,上海縣二百五十四兩三錢四分,青浦縣一百五十八兩九錢七分。解府轉解。

本府應朝造册紙劄工食銀一十二兩。路費正官一百二十兩,首領官四十兩,吏書各七兩。共銀一百八十六兩。華亭縣、上海縣各七十五兩,青浦縣三十六兩。解府聽用。

三縣應朝每縣造册紙劄工食銀一十二兩。路費正官銀一百兩,首領官三十兩,吏七兩,該銀一百四十九兩。共銀四百四十七兩。華、上、青三縣各一百四十九兩。徵完聽用。

三縣考試生童供給銀三十兩。華、上、青三縣各一十兩。聽用。

本府考試生童供給銀一十五兩。華、上、青三縣各五兩。聽用。

學院考試生童供給銀一十五兩。華、上、青三縣各銀五兩。聽用。

府衛學考卷銀二十兩。華亭縣一十兩,上海縣六兩,青浦縣四兩。聽用。

三縣儒學考卷銀三十四兩。華亭縣一十六兩,上海縣一十二兩,青浦縣六兩。徵完聽用。

三縣應試生儒,照依上科考案,府衛、華亭、上海、青浦,共二百四十七名。每名花紅、綵旗、酒席、盤纏、卷資、船銀四兩二錢八分二釐,該銀一千五十七兩六錢五分四釐。又府縣官并各儒學教官酒席銀五兩八錢五分。華亭縣編府衛學銀二百一十一兩九錢五分九釐,縣學銀二百三十五兩五錢一分,酒席銀二兩三錢七分五釐。上海縣編府衛學銀一百二十七兩一錢七分五釐,縣學銀二百一十四兩一錢,酒席銀一兩八錢六分五釐。青浦縣編府衛學銀八十四兩七錢八分三釐,本縣學銀一百八十四兩一錢二分六釐,酒席銀一兩六錢一分。聽用。

三縣會試舊舉人五十九名,每名盤纏銀二十四兩,該銀一千四百一十六兩。華亭縣六百七十二兩,上海縣三百八十四兩,青浦縣三百六十兩。聽用。

本府餞行會試舊舉人每名盤纏等銀三兩,該一百七十七兩。華亭縣八十四兩,上海縣四十八兩,青浦縣四十五兩。聽用。

三縣餞行會試舊舉人每名盤纏等銀三兩,該一百七十七兩。華亭縣八十四兩,上海縣四十八兩,青浦縣四十五兩。聽用。

按院宴待新舉人一十七名,每名花紅、旗扁、盤纏、卷資、牌坊、酒席、盃盤銀一百一十八兩二錢,該二千九兩四錢。又院道府官酒席銀一十二兩五錢。華亭縣九百四十五兩六錢,酒席一兩二錢五分。上海縣五百九十一兩,酒席三兩七錢五分。青浦縣四百七十二兩八錢,酒席二兩五錢。聽用。

府縣接待新舉人一十七名,每名旗扁、禮物、花紅、錦標、酒席銀一十兩,該一百七十兩。華亭縣八十兩,上海縣五十兩,青浦縣四十兩。聽用。

撫按、河道、操江、提學、巡鹽、巡江、巡倉、屯田、兩道會行,共十一處,行賀新舉人一十七名,每名折儀旗扁銀四十四兩四錢七分九釐,該銀七百五十六兩一錢四分三釐。華亭縣三百五十五兩八錢三分二釐，上海縣二百二十二兩三錢九分五釐，青浦縣一百七十七兩九錢一分六釐。聽用。

三縣會試新舉人一十七名，每名盤纏銀二十四兩，該銀四百八兩。華亭縣一百九十二兩，上海縣一百二十兩，青浦縣九十六兩。

本府餞行會試新舉人一十七名，每名盤纏等銀三兩，該銀五十一兩。華亭縣二十四兩，上海縣一十五兩，青浦縣一十二兩。聽用。

三縣餞行會試新舉人一十七名，每名盤纏等銀三兩，該銀五十一兩。華亭縣二十四兩，上海縣一十五兩，青浦縣一十二兩。聽用。

已上一十八項，原議子午卯酉年編用。如有盈餘，抵留下科支用。不足，詳支官銀，湊給編補。

中式進士八名，每名牌坊、捷報、行賀、旗扁、花段、羹菓銀一百二十四兩，共銀九百九十二兩。華、上二縣各三百七十二兩，青浦二百四十八兩。聽用。

撫按、河道、操江、提學、巡鹽、巡江、巡倉、屯田并兩道會行共一十處，行賀新進士八名，每名旗扁折儀銀六十五兩一錢一分九釐，共銀五百二十兩九錢五分二釐。華、上二縣各該一百九十五兩三錢五分七釐，青浦縣一百三十兩二錢三分八釐。聽文支送。

三縣會試武舉盤纏三科，每名銀一十八兩，新科每名二十四兩。計編三科四名，該七十二兩。新科約編九名，該銀二百一十六兩。共二百八十八兩。華、上二縣各三科銀一十八兩，新科七十二兩。青浦縣三科銀三十六兩，新科七十二兩。

已上三項，原議辰戌丑未年編用，餘年免編。

武進士三名，每名牌坊銀五十兩，該一百五十兩。華、上、青三縣各銀五十兩。此項原議候捷報至日，照編給用。

已上均徭各欵錢糧，雖係定編，每年秋間筭派時，本府行縣，查有增減數目，仍類册申府報道，轉呈撫院批允，帖縣追徵解給。

開載府額雜派原不入編會計錢糧

門攤課税

歲該銀八百五十九兩六錢四分一釐。每于城市鄉鎮開鋪之家，分别等則派徵，各有定額。給府縣闔屬官吏并吏承，及衛所官庫俸鈔。

華亭縣并税課司共銀六百七十六兩八錢七釐，上海縣一百兩，青浦縣八十三兩五錢五分四釐。

漁課

歲該銀五百五十七兩四錢六分三釐。俱係三縣河港得利人户出納，塘長催辦。内除詳抵北京工部項下蘇繖折價及脚解，共銀五十七兩一錢七釐外，餘銀五百兩三錢五分六釐，抵充織造。近因停織，前銀貯庫聽解。華亭縣三百二十四兩三錢三分三釐，上海縣一百一兩六錢一分四釐，青浦縣一百三十一兩五錢一分五釐。

匠班

額該各色人匠三千三百三十六名,每名徵銀四錢五分。内據三縣報府,除故絶人匠,又除存留上工局匠外,實在班匠一千四百九十六名,該銀六百七十三兩二錢。華亭縣實在班匠七百五十一名,該銀三百三十七兩九錢五分。上海縣實在班匠五百二十名,該銀二百三十四兩。青浦縣實在班匠二百二十五名,該銀一百一兩二錢五分。

城租

本府塹地連營地等項,每歲共該徵租一百三十三兩,聽松江所徵收,抵該所軍需之用。自萬曆元年至崇禎三年,總數俱查明。

顧氏貼役義田

華亭縣顧正心,用銀七萬四千七百兩,買過義田四萬八百三畝,該租米四萬三千六百三石。餘銀三萬兩,奉文分買青浦縣義田,一體助役。共同前銀十萬四千七百兩足。歲有豐凶,租有多寡。原使先儘錢糧,餘俱均助本家。既輸之業,豐亦不染其利,荒亦不受其累,惟聽之官收官放而已。其詳一見華亭義田册,一見青浦義田册。

助役義田序

松江賦重役繁,百姓凋殘。萬曆丁亥年,顧署丞捐已貲四千,積筭計子母滿十年,可得銀十萬四千七百兩,分貼華亭、青浦諸役辛勤。累一十五年,得銀七萬四千七百兩,買田取租,先助華役。惜未竟業而屬纊。其子顧懿德承父命,罄力輸完銀三萬兩於官,仍買田旋助青役。是舉也,不煩公帑,不斂私怨,析例分條,防奸塞竇。令兩邑大小諸役,歲蒙實惠,共免凋殘殞滅之苦。卓然良法美意,前無古人矣。知華亭縣聶紹昌序。

又序

華亭顧光禄正心,見其鄉人爲役所累,不謀於衆,不丐於人,慨然捐十萬之貲,上書買田助役。當事者得旨,議以七萬助華亭,三萬助青浦。其助青浦也光禄自買之田,用銀五千七百有奇。事未竣而賫志以没。未盡之銀,議貯公帑。其子懿德日夜號踊,以爲先人待此瞑目。數時議者不肯任,任者不盡議,遂成築舍。頃思任承乏兹土,大中丞徐公檄下,以爲七年未竟之事。任不敢辭,以爲述者之功,與作者等。後人而待後人,待將曷已?因思顧氏之銀,嫌疑之害小,磨滅之害大也。磨滅之害遲,苟且之害速也。究之苟且終歸磨滅,而又不免嫌疑。則苟且二字,大爲喫緊關頭也。于是任又中夜思之,先從助役之初意勘入,以救貧爲主。劄二萬助排年役,劄一萬助大役。俱令其自擇自買,自結自管,包租包换。使其耳目口舌自相鈐制,而不敢生心。而猶慮其和同虚應也,又時或抽勘之,以驗其真僞。隨租論田,隨田論價,當堂給銀,分銀給役。又爲之議貼,緩急輕重各有差等。又爲之刊刻圖形,註明契結等項,使其世世子孫共知,而不可動摇影射。蓋是役也,質之天日,訪之高賢,商之父老。自詳允以迄報績,凡五匝月者。久之,向來顧氏之銀未入縣帑,而求售者履盈户外。公請私械,耳聾目眩。有惡田之名,而欲脱之以避役者。有惡田之實,而欲卸之以取貲者。有代人居間,而兼收其名實者。任悉佯應之而已。以百姓之銀,買百姓之田,本百姓之願,了百姓之事。銀不經手,事必從衆。則是非毁譽,雖在千鋒萬鏑之中,任業爲任事之人矣。自信免于苟且,餘俱弗顧也。或曰:光禄乃市義之雄者,利人乃以自利耳。借曰市義,則十萬之母,可得一萬之子。免役之説,今日始定。何不食崖蜜,而取償於回味之橄欖也?即如老子取與之策,則十萬亦孤注哉。嗟乎!以十萬爲孤注者,世無其兩也。得兩人,而世亦有濟也。今之人心何其不恕也!知青浦縣事王思任題。

松江府志卷之十八

國朝賦役利弊議

吾松一郡之賦，幾當大省之七，古未有也。陸士衡詩云：余固水鄉士，攬轡臨清淵。若江浦湖泖，居地之半。昔人所稱吴之水如碁枰，吴之田如川谷，吴之民如棲苔葦之末，而飄摇無所定。薄地盡力亦盡矣，況可横加以無名之征，不減之賦乎？亦窮則變、變則通之日也。因集先輩憂時至論，著于篇，以俟仁人君子如周文襄其人者，採而行焉。

勑　諭

洪武十三年庚申三月壬辰朔，命户部減蘇、松、嘉、湖四府重租糧額。上謂之曰：天地生物，所以養民。上之取民，不可盡其利也。夫民猶樹也。樹利土以生，民利食以養。民而盡其利，猶種樹而去其土也。比年蘇松各郡之民，衣食不給，皆爲重租所困。民困於重租，而官不知恤，是重賦而輕人。亦猶虞人反裘而負薪，惜其毛，不知皮盡而毛何所傅，豈所以養民哉？其賦之重者，宜悉減之。於是舊額田畝，科七斗五升至四斗四升者，減十之二；四斗三升至三斗六升者，俱止徵三斗五升。以下仍舊。自今年爲始，通行改科。

正統元年丙辰閏六月丁卯，行在户部奏：浙江直隷蘇松等處，減除歲糧數目，已命重覈，尚多不實。蓋緣各司府縣官，不念朝廷供給，惟知掠美沽名，以致倉廪歲用不敷。請移文各處巡撫、侍郎并司府縣官，用心覈實。其官田准民田起科，每畝秋糧四斗一升至二石以上者，減作二斗七升。二斗一升以上至四斗者，減作二斗。一斗一升至二斗者，減作一斗。明白具數，送部磨勘。

顧文僖公《傍秋亭雜記》九則

宋晁景迂謂今賦役幾十倍于漢，林勳謂宋租七倍于唐，加以夏税幾十倍。按：唐一夫百畝，歲入租二石。畝計租二升，七倍則斗四升也。然紹熙間，華亭田四萬七千頃，省額租十一萬二千三百有奇，實數六萬七千餘石。歲督纔三萬八千石，極多至五萬七千而已。以田計租，比唐纔加十之一二。七倍之説，或他有所據，吾鄉有未然也。今總計二税折納運耗等，爲平米百三十八萬有奇。比宋爲十二倍以上，比實徵常數三十倍而有餘矣。而岸草、商税、魚鹽等類，又不計焉。漢唐不敢望也，求爲宋民亦何可得哉？而有官君子，又往往以加賦爲言,吾不知其何心也。

吾鄉征税之重,天下無之,而岸草一節尤無謂。舊例度田至水際,皆併岸外沙塗一步有半,通計爲田。前人之意,蓋以沙塗有水草茭蘆之利故也。沙塗且税,則岸可知矣。成化壬辰,以東南水利廢弛,設僉事一員董之,始創爲岸草之税。而吾松一府,計爲銀七千兩有奇,歲解南京工部。弘治壬戌、癸亥,撫臣檄取他用,而部符督催甚急。郡守,撫臣之同鄉也。共議于秋糧畝加五合,以足其數。松田四萬七千餘頃,率二畝一升,爲米二萬三千五百餘石。假曰姑以應一時之急,猶或可爾,而此後遂爲常税。岸草之征價,又自如也。則此米將安歸乎?

吾鄉之田,東南岸海,西北臨江濱湖,歲有崩陷。而沿海沙田,利薄税重,民往往棄而不耕,税無所出。又有公館、學舍、倉基之税,皆於秋糧帶徵。而糧之加耗,又專責之小户。故耗益重而民日困。宣德初,有石加八斗至一石者。周文襄既立法,令大小户均出耗米。又以抛棄荒田,召人佃種。江浦漲沙,亦聽民開墾。俱照民田起科,而收其税,以裨帶徵之數。至天順間,巡撫劉公孜復奏爲定制。凡荒田不拘原額,但畝徵平米二斗,肥田或三斗,謂之官租。此外永不起科加耗。由是耕者日衆。自立法至成化三四年間,正糧日加五斗,比宣德初幾去其半。文襄始之,劉公成之。國計足而民不困,江海崩陷原額,蓋以永蠲,不復徵取矣。成化以來,又有貧民抛荒田土,俗呼新逃,不在召佃之例,又累里甲包賠。弘治末,同知史俊請照御史吴一貫奏行新例,每糧一石,折收銀二錢。有旨准行。民方以爲便,而郡守乃併沿海永蠲之税,類徵二錢。吴御史時已遷官,力争不可。瀕行爲衆言,因及岸草之説。嗟乎!同知,佐貳也。求以便民,而守乃因以爲利。人心之相去,一何遠也!

松江在宋,本華亭一縣,田賦之數見紹熙四年。景定公田法行,加賦至二十八萬,入元乃四十萬。大德中,覈實及籍没二朱張管後,爲七十萬。國朝洪武二十四年,至百四十萬,皆正糧也。然歲徵曾不及半。宣德中,手詔減免。鄉人知爲東里楊公之力而已,近乃知出同知王公源,而文襄特贊成之。嗚呼!由十一而爲百四十,由百四十而爲九十三,乘除則相遠矣。然章皇盛德,實此公發之,施及旁郡,惠于無窮。安知後不有聞風而起者?愚謂斯人東南之氓,尸而祝之,雖百世可也。

正德戊寅,東南大水。七月初,嘉、湖、蘇奏並至。松江府治水官方督民車水,且責令捕魚,曰:只此可以充税。然實不得私一鱗,有藏匿者,輒枷項示衆。嘗坐金澤頤浩寺,受事者皆越泖見之。一日大風,荷連枷者皆溺死。比卒事,寺之書畫古器,幾爲之空。郡守出行水,登細林山,遥望而下,曰:"苗青如此,何水也?"其後不得已而奏,得旨免二分。歲已盡,税已畢輸,民間不復知矣。嘗聞永樂中,通政趙居任以七月車水,張賓暘至而罷之。又嘗登超果寺橋,令居民插茭蘆水田中,曰:"望青亦可也。"民不悟,從之,其後皆據以起税。故有白水徵糧趙通政之謡。由今觀之,皆實語也。而因以利焉,又趙之所無也。

今之夏秋二税,即古所謂粟米之征,唐之所謂租。農桑絲絹,即古所謂布縷之征,唐之所謂調。今之甲首均徭,即古所謂力役之徵,唐之所謂庸。租出於田,調出於家,庸以身計,不相侵越者也。近歲均徭,併計丁産甲首亦計田出錢。既出米,又以起庸,已非古矣。

然姑以定物力之厚薄，不得不然。而均徭官田畝取銀四分，民田畝六分。甲首民田畝取分五釐，官田畝一分。皆十歲一輸，畝歲爲錢四五文而止，猶未重也。正德丁丑、戊寅以來，乃以田隨人户分九等。上户畝出銀二錢五分，甚者至五錢，蓋嘗有一户而輸銀七百兩者。嘻！極矣。夫所以爲上户者，爲其田之多也，非謂其所收之獨厚也。所以爲中下户者，謂其田之少也，非謂其所收之薄也。均以取之，而上户之所出，已自重於中下矣。又從而加之，幾至於十倍。此非古人不忍爲，亦末世所未有也。

元至正中，詔免水深長蕩税。知府王克敏不行。錢艾衲修郡志，書以爲戒。然止於不免，未嘗有所益也。國朝水蕩畝徵鈔六十文，以實計之，爲錢三四文而已。成化三年，撫臣邢宥括得業蕩畝税米三升，以爲太重。弘治末，加至五升三合六勺，今則六升有奇矣。使王公聞之，固當蹙額。而艾衲老人當此，又不知其何以書也。

松江歲比不登。辛巳風秕。壬午秋，大風雨害稼。癸未夏旱，高鄉種不入，秋大風連雨，熟稼多浥損。撫臣奏災未報，榜示諸州，先輸起運之數，以候蠲除。又禁取私租負欠，專足公輸。至春，又諭令有司勸農分，煮粥以食餓者。新撫又下令，開倉賑貸，逋欠皆停。民方欣然，忽劄下，令具豪强逋負五十石至千石者，提問追解。其末云：縱不忍爲滅門刺史，亦當爲破家縣令。聞者駭異。而户部咨行巡按王御史杲災傷奏，得旨照例蠲除。京運不敷，通融處置。松災八分以上，例免五分有奇。新撫劄下遵行，且令以在庫官錢，借充運數。至是民以爲實惠矣。及有司具申，則批云：府縣沽名，不卹國計。五分之税，止許於存留項下准除。松賦連夏税折徵，及綱用雜辦，總爲米百三十八萬有奇，而留用者不滿六萬。假令盡免，猶不及一分之半也。號令如此，人誰適從？自是敲朴盈庭，死者相繼。非惟不忍見，固亦不忍聞矣。且舊冬米價雖貴，石不過銀七錢上下。顧以墻壁之文，導使逋慢。新歲因禁租負，人皆閉廩。五六月間，石至一兩六錢之上，乃嚴令急徵。如詔旨，當輸一石者輸五斗。如臺令，當輸一石者，輸二石有奇，而猶不止也。

鄉父老陸璿嘗言：周文襄公爲侍郎巡撫，百姓不知有凶荒，朝廷不知有缺乏。或問其故，曰：當時濟農倉米嘗數十萬，一遇水旱，便奏免糧，奏准免數，即以濟農倉米補完。所以民不知凶荒，朝廷不知有缺乏也。問當何處得此米，曰：此有二項。一，奏改南京公侯禄米於各府支關，松江省下運耗十五萬石。其一，遵朝命勸借得米六萬石，催糧里甲運入濟農倉，賑濟補災之外，歲有寬餘。此米之所以多也。又曰：每歲臘月徵糧畢，新正十五後，便有文書來放糧。曰：此是百姓納與朝廷餘賸數，今還與百姓食用，種朝廷田，秋間又納朝廷税也。即放米，每户率二石，不曾有一石時。雖云抵斗還官，其實多不取。先祖言：吾家嘗一次領黄豆六石，後升合不曾追也。予幼時聞此，亦不知其曲折如何。後閲公年譜，及胡祭酒儼《濟農倉記》，始得其詳。故時公侯禄米，皆請于南京，各府運米南京者，每石加六斗。公請令其人赴各府就支，石與船價米一斗。計所餘石該五斗，總得米十五萬石。又遵朝廷勸分之令，于秋糧帶徵，得米六萬石。歲積米共二十一萬石。賑濟補災及糧運虧損，悉於此出。乃知所謂百姓不知有凶荒，朝廷不知有缺乏者，誠不知也。今文武禄米，折徵銀解京，已非舊法。以一石六斗之米，而易銀七錢，所餘似不爲少。況勸借六萬之數，每歲帶徵米,嘗少减于昔。則名雖没而實猶存也。又況得業蕩米歲有增加,由六十文鈔而爲米三升,由三升而爲五升二合,至六升。召佃官租二斗者爲二斗九升,三斗者爲三斗九升矣。則歲入所增,又不知當幾何也。而問之典守,率皆茫然不知,有知而不言。有能稽見此數,歲積于倉,則近時君子,所以勞心焦思,朝慮夕晝,使人承奉不暇,而實無分寸于民者,可一洗而空之。嗚呼!吾安得見斯人哉?

陸文裕公一則

加耗二字,起於後唐。明宗入倉,見受納主吏折閲,乃令石取二升,爲鼠雀耗。我太祖則每斗起耗七合,石爲七升,蓋中制也。江南糧税,每石平米上加耗,已至七八斗。蓋併入雜辦,通謂之耗,意不止於鼠雀爲也。近時巡撫乃於田畝上加耗,則漸失初意矣。五季漢隱帝時,王章爲三司使,始令更輸二斗,謂之雀耗。當時人怨之,史亦謂章聚斂刻急。胡致堂推本其殺身,以爲興利之戒。

徐文貞公四則

《與撫按論均糧書》云:今之爲均糧之説者,大率有三。民之求均糧者曰:田一也。而其爲糧,或畝三斗,遞增之以至五斗;或畝一斗,遞减之以至五升。其多寡若是懸絶也,是不可以不均也。有司之有志利民者曰:松之民其日困乏而不能支,由糧重也。均之庶少輕乎?是不可以不均也。其有志釐弊者曰:松之田糧,斗則繁多,易於增减。存糧之弊,由之作焉。是不可以不均也。而實不然。蓋松之田糧,其在西鄉,畝自三斗至五斗。而其收租,亦自一石三斗至一石五斗。間有一石七八斗,如金澤鎮者焉。故糧五斗而租一石三斗者,西鄉之下田也。其在東鄉,畝自一斗至五升。而其收租,亦自七斗至五斗。間有以花荳代租,如十四五保者焉。故糧五升而租七斗者,東鄉之上田也。今姑以西鄉之下田言之,租一石三斗,除納正糧五斗,加耗一斗,其贏尚七斗。以東鄉之上田言之,租七斗,除納正糧五升,加耗一斗,其贏不過五斗五升。是五升之贏租,比五斗之贏,反不足一斗五升也。而況均徭之編,五升田畝出銀一錢,五斗田畝僅出銀三分乎?又況近例,五斗田不加耗乎?以東鄉之上田,比西鄉之下田若此,則以西鄉之上田,比東鄉之下田可知矣。如是而欲均之,可不可也?且夫謂均糧而糧可輕也,今五斗减而五升增,是朝三暮四,狙公之計耳。而得謂之輕乎?又況今之均糧也,上鄉畝四斗六升,中鄉畝三斗二升,下鄉畝一斗八升,併昔之所謂五升者不復見矣。即其所謂五升者,三倍而取之乎?夫所謂上中下三鄉者,其以田之肥瘠、租之多寡爲等乎,則如前所均可矣。如其不然,無乃求以利之,而反以病之。將使東鄉之下田棄而不敢耕,而逋賦無所取乎?若是者,僕未見其可也。或曰:子之言均糧之不可,則既然矣。然而存糧之害,亦子之所親覩也。其將何以救之?曰:是其説亦有三,在有司者加之意耳。夫松之存糧,有其人已往,莫可究詰,里甲代之輸者矣。有其人尚存,欲自訴理,而無其階者矣。有將爲增减之弊,故舉往時所謂魚鱗圖册,而亂之者矣。今欲救尚存之弊,請於民之赴訴者,無撓權勢,無狥請託,無通貨賄,一切斷之以法,使歸原額。當亦漸以復矣。

《復黎漢門論折漕書》云：漕糧折銀，此意本欲爲民便。不知適遇米賤之時，又在徵納之後，乃更爲擾。頗憶漕運正米一石，連蓆耗等項，該平米一石七八斗。故言漕糧一石者，實爲米一石七八斗也。以一石七八斗之米，易原題一石之價，不知相去尚該幾何？然此一石七八斗，乃在官之數。民間上納加與糧長者，又不知每石幾何。若欲退還小民，使糴銀以納。乞爲細一查算，近日兩院所留漕糧，不知與應折之數相當否？縱不相當，亦乞先儘此數扣留，然後將多餘者退還。所謂寬一分則受一分之賜也。統望留意。退米還民，恐多奸弊，且費月日。不如就令收糧糧長自糴。每漕糧一石，准平米一石七八斗。似更簡便也。

《與連白石中丞書》云：運道之阻，此中士大夫正共憂之。昨會東谷礪菴，僕爲言：南方輸米一石入都，計須用米二石。每石以銀五錢計之，凡費銀一兩。而京師軍士得米一石，賣銀不過四錢。若以今年未到之糧，令明歲每石折解銀七錢，却按季以銀五錢折米一石，支給軍士。如此則每石百姓可省銀三錢，軍士可多得銀一錢，而朝廷有餘銀二錢，可供他用。至旗軍之行糧，修船之料價，又皆可省，而軍亦藉以少甦。二公頗以爲然。不意鄙見乃與高明偶合，當爲公力贊行之也。

《與周崦山撫院書》云：國家財賦，仰給東南，東南之賦，蘇松最重。今其民力已疲竭矣，然而國用方詘，雖欲有以休息之不能也。昔宋新法行，程伯子爲縣令，未嘗格詔不行，而就中斟酌，民便受惠。士大夫間有志於程伯子之爲，而才力有足副焉者，非公其誰乎？新命之下，聞者莫不忻忭，輒舉其要者，具呈别幅。中間語意，或發端而未竟，或商量而未决，蓋俟高明再加詢訪耳。一，紓督逋之患。松江一郡耳，而積逋至百四十餘萬。即如明旨以五分徵之，爲數猶七十萬有奇。今欲取諸一旦，民不駭以走，則死於囹圄，激爲寇盜，可豫策也。昨督逋使者行，階請以嘉靖元年至十五年災免赦免者，併入五分數中，而從二十六年倒徵之，以足其數。所謂倒者，已見許矣。其前一説，未敢任也。階以爲使者之出，以督逋爲責。此事誠雖望其必從，乃若明公，則職任有間矣。試籌其可否疏請焉，何如？一，查易米之弊。敝郡歲徵秋糧，其取民之數，視起運之數，率餘十一焉。有司使其典守者鬻之，而收其直，謂之易米。然以其在起運存留之外也，官吏之惰偷者，既莫之鉤考，而其不肖者，則遂與爲奸利。故其侵匿，前後計之，不啻數十萬而已。夫竭力之膏血，輸之於官，顧又不在公帑，而歸諸私橐，可不謂舛甚乎？今誠嚴爲查究，取以代貧民之逋，於國用時艱，或庶乎兩有濟也。一，除餘田之害。戰國之良臣，孟氏所不道也。而往時君子，或慕其勳業，丈民之田，計其贏餘，分積寸累，而加之稅。其有餘與否，蓋特出於丈田者之意，未必實也。又其餘田，懸於户而不屬於畝。如曰一户某人，共田若干，共餘田若干。却不言某户坐落某處，田若干，餘田若干。有總數，無細數。民徒知户有餘田，而不知爲某處某田之餘也。故民之貧者，其實田則已鬻去，而餘田猶以户存。所加之耗，勢不得不出於賠納。賠納不給，則徙且死。徙且死，則勢不得不責之里甲。其爲害方輾轉滋蔓，未有窮也。誠破流俗之見，一剗去之，萬世之幸。

陸文定公二則

《汲古叢語》云：馬文昇言：天下財力大耗，諸無所出。蘇松折糧銀價輕，宜稍增之。詔下廷議，倪岳曰：東南民力竭矣，又復重之。因而生變，咎將誰委？議遂寢。霍文敏公韜爲少宰日，上疏言：蘇松賦額太重。以松華亭一縣言之，其糧額之數，較之河間一郡九縣猶多。大臣念切民艱，不以出位爲嫌，有所避忌。若此可謂得大臣之體。

《與撫臺減糧額書》：本府華、上二縣，舊額正糧九十三萬餘石。每歲户部劄付坐派兩京各衙門銀米，該府遵照輕重加耗，筭明造數，申呈撫臺會計。復筭訖，發府派徵。查自嘉靖十五年以前，俱糧上加每正糧一石，或加耗四斗，或五斗六斗。此係該部各年坐派不一，故加耗因之重輕。至嘉靖十六年，巡撫歐陽公以糧上加耗，田有科則輕重不同，民户病在不均。行令府縣掌印官，帶同書筭，俱赴南京會議，悉照部劄坐派筭定。改議田上加耗，除五斗以上重額田畝不加外，其五斗以下者，每田一畝，加耗米一斗二合。甚爲得均，民亦稱便。共筭正耗平米一百三十萬餘石。其往年派徵金花、粗細布、白粳糯米各項名色，俱已削去，止派本折銀米二項。庶官府易于稽查，里書難于隱弊，小民可以户曉。但自此以後，遞年以來，户部之坐派漸增，故郡縣之派徵加重。以致額數漸盈，逋負日積，民力益困。今欲寬省民力，須據十六年賦役書册，及遞年撫院印發會計文册，細數查筭，則輕重自見。或于平米内，將本折二項，量加輕減，一例均派。則民力少寬，一方均于受惠矣。

奉化令長谷徐公三則

《復劉沂東加耗書》：伏蒙詢及加耗一節。切以郡内華亭一縣言之，有東西二鄉。東鄉糧輕而收利薄，此願糧上加耗者也。西鄉糧重而收利厚，此願田上加耗者也。偏聽之，則必有受病之處。然歸于截長補短之論，則有金花銀一節，爲之權衡也。往年金花銀，每兩折米四石。近自巡撫歐公一變，止得折米二石。大略金花銀十萬兩，共折米四十萬石。今每兩減去二石，是減去二十萬石矣。不知此米作何下落？但查出此米，若田上加耗，則將此銀盡派與輕額之田；若糧上加耗，則將此銀盡派與重額之田。如此庶幾彼此無病，而民或少瘳矣。

本處田糧起耗，始于周文襄公，則有年譜可查。其派折多寡定額，則有宜春張公萬石一覽圖可考見。文襄起耗者，因當時雜派太多，民不堪擾。乃將雜派各項名色，盡于田糧上一併帶追，謂之耗米。若本年雜派少，或米價高，則耗米有餘羨，即留作次年耗米之數。積羨數年，則田上可全免耗米。此誠善法也。後來耗米遂爲常年定例，積羨在官者，俱立收頭，易銀置之餘庫。以致侵欺數多，致今有監禁者。又如南京兑糧軍船，轉搬至儀真，每石有過江米七升，每萬米則有七百石。若他衛兑船直達者，則無此米。此耗米可省之一端也。若當年米價高貴，則派折之數加多，而上倉米派，止足兑運之數。其餘如南京糧之類，及運船綱價，俱與派銀，民獲其利。此亦省耗米之一端也。貴在隨時通變，心心爲民，則耗米儘有可省之處。若云金花銀照今坐派京料增多，故減去折米之數。則文襄公以來，原有坐派京料。近所增者，如道衣九十件，每件該銀六十兩，而蠲免大紅細布，自可抵足。其餘所增，亦無多端。今減折止自嘉靖十七年起，豈十六年以前，乃無此料，而俱派自十七年，頓有十萬兩，故減去折色二十萬石耶？此項可據文襄年譜原存京料，及十六年以前以後雜派而查之，無難矣。爲今之計，金花銀查復原折之數，則以補貼加耗受病之田。或槩縣于田上加耗，則補于輕額。或槩于糧上加耗，則補于重額。民必鼓舞稱快。如不復查出，或別有干礙，或妄推坐派之多，則莫若止將自泖以西之田，補貼華亭之十四、五保邊海里分。將上海縣之中鄉良田，補貼十七、九保邊海里分。所謂補貼云者，將沃土量加耗米二分，將瘠土量減二分而已。除此邊海里分外，其餘保分及十四、五、七、九保内，亦有不邊海去處，皆照舊田上加耗。可以減去官田重額之累，固善法也。補貼雖定，而金花原折之數，必須查復，以寬闔郡之民。更于耗米之内，扣筭積羡，以備加派京料，或備補被荒里分錢糧，民病庶乎少瘳矣。夫文襄之法，行之歲久，固或有不宜於今者。要之補偏捄弊，不失其初意可也。

按：文襄年譜有減科一節。正統元年，從巡撫周忱奏，浙江嘉湖、直隸蘇松等府官田，准民田起科。每畝秋糧四斗一升以上至一石者，減作二斗七升。其二斗一升以上至四斗者，減作二斗。其一斗一升至二斗者，減作一斗。於是蘇州府逐減秋糧八十餘萬石，他府有差。今查考松江府官田，原額故在，未嘗減則，則他郡可知。不知年譜何所據而編入也。或公有奏稿，而未及奏行，或既上奏而未下者耶？今五郡重額，民實不堪。若欲以官民一均糧，誠恐既均之後，理無可減之法。有憂國之計者，按其年譜，請之於朝，然後以一則均之。斯其爲利民之策矣。

翰林孔目柘湖何公《叢説》三則

夫均糧，本因其不均而欲均之也。然各處皆已均過，而松江獨未者，蓋各處之田，雖有肥瘠不同，然未有如松江之高下懸絶者。夫東西之兩鄉，不但土有肥瘠。西鄉田低水平，易於車戽。夫妻二人，可種二十五畝，稍勤者可致三十畝。且土肥獲多，每畝收三石者不論，只説收二石五斗，每歲可得米七八十石矣。故取租有一石六七斗者。東鄉田高岸陡，車皆直竪，無異於汲水。水稍不到，苗盡槁死。每遇旱歲，車聲徹夜不休。夫妻二人極力耕種，止可五畝。若年歲豐熟，每畝收一石五斗。故取租多者八斗，少者只黄豆四五斗。農夫終歲勤動，還租之後，不彀三二月飯米，即望來歲麥熟，以爲種田資本。至夏中，只喫麄麥粥，日夜車水，足底皆穿。其與西鄉不同矣。文襄巡歷既久，目見其如此，故定爲三鄉糧額加耗之數，以爲一定而不可易。不然，則文襄於東鄉之民，非有親故，何獨私厚之耶？夫既以均糧爲名，蓋欲其均也。然未均之前，其爲不均也小；既均之後，其爲不均也大。是欲去小不均，遂成大不均矣。爲民父母者，可不深惟而痛省哉？《松事叢説》。

以前松江錢糧，分毫無拖欠者。自正德十年以後，漸有逋負之端矣。憶得是歐石岡變法論田加耗之時也。夫下鄉糧只五升，其極輕有三升者。正額五升，若加六，則正耗總八升。今每畝加耗一斗，則是納一斗五升，已增一半矣。夫耗米反多於正米，其理已自不通。

若上鄉譬如正額三斗,加六則每畝該納米四斗八升。今論畝加一斗,則是止納四斗,已減八升。若是正額四斗,已減一斗四升矣。蓋周文襄公巡撫一十八年,常操一小舟,沿村逐巷,隨處詢訪。遇一村朴老農,則携之與俱卧於榻下。待其相狎,則咨以地方之事,民情土俗無不周知。故定爲論糧加耗之制,而以金花銀、粗細布、輕賫等項,裨補重額之田。斟酌損益,盡善盡美。顧文僖作文襄年譜,所謂循之則治,紊之則亂,蓋不虚也。今爲歐石岡一變論田加耗之法,遂虧損國課,遺禍無窮。有地方之責者,可無加之意哉!

嘗見東鄉之田,岸下畧有茭蘆,即飛弓一步。夫些少茭蘆,但可以供數日燒柴而已。有何利息,便作實田起糧。如此冤苦,當何所控訴耶?況業户用錢者,則有茭蘆者算作無茭蘆,便不飛弓。不用錢者,雖無茭蘆算作有茭蘆,便有飛弓。小民無知,何從辨别?是自立名色,自開孔隙,以與弓正良民作騙局矣。東鄉有立積水河與魚池二樣名色。積水河則四畝作一畝,魚池則二畝算一畝。夫積水河本爲旱歲救田,高鄉若一月無雨,苗必稿死,故積水救之。又不出米,又不出柴,如何算作實田?今四畝亦包一畝之税矣。魚池則積水河之稍大者,以其稍寬,可以養魚,遂用工本銀買魚苗蓄之。若數年多雨,魚或生息,亦有微利。或一年無水,則數畝之池,車戽立盡,而魚即槁死。且五六月中,無處可賣,皆臭腐棄去,雖本錢亦無覓處。今二畝作一畝實田徵糧,則人心其何能堪?況今試以積水河爲魚池,魚池爲積水河,即使公廉清正之官,親至其地踏勘,亦何從辨之?今但憑公正與良民開報,使良民公正皆伯夷史魚則可。又何望一區之中,伯夷史魚之多耶?近有責任水利,不思泥沙淤塞,誰之咎也。反沿鄉丈量,以開墾報功。此等用心,即免王法,能逃天刑乎?

少師太岳張公一則

《答應天巡撫宋陽山論均糧足民書》:來翰謂蘇松田賦不均,侵欺拖欠云云,讀之使人扼腕。公以大智大勇,誠心任事,當英主綜覈之始。不於此時剔刷宿弊,爲國家建經久之策,更待何人?孔子爲政,先言足食。管子霸佐,亦言禮義生于富足。自嘉靖以來,當國者政以賄成。吏朘民膏,以媚權門。而繼秉國者,又務一切姑息之政,爲逋負淵藪,以成兼并之私。私家日富,公室日貧。國匱民窮,病實在此。僕竊以爲賄政之弊易治,姑息之弊難治。何也?政之賄,惟懲貪而已。至于姑息之政,倚法爲私,割上肥己,即如公言,豪家田至七萬頃,糧至二萬,又不以時納。夫古者大國公田三萬畝,而今且百倍於古大國之數,能幾萬頃而國不貧?故僕今約己敦素,杜絶賄門,痛懲貪墨,所以救賄政之弊也。查刷宿弊,清理逋欠,嚴治侵漁攬納之奸,所以砭姑息之政也。上損則下益,私門閉則公室强。故懲貪吏者,所以足民也。理逋負者,所以足國也。官民兩足,上下俱益,所以壯根本之圖,建安攘之策,倡節儉之風,敦禮義之教。明天子垂拱而御之,假令仲尼爲相,由求佐之,恐亦無以踰此矣。今議者率曰:吹求太急,民且逃亡爲亂。凡此皆奸人鼓説以摇上,可以惑愚闇之人,不可以欺明達之士也。夫民之亡且亂者,咸以貪吏剥下,而上不加恤,豪强兼并,而民貧失所故也。今爲侵欺隱占者,權豪也,非細民也。而吾法之所施者,奸人也,非良民也。清影占,則小民免包賠之累,而得守其本業。懲貪墨,則閭閻無剥削之擾,而得以安其田里。如是民且將尸而祝之,何以逃亡爲?願公堅持初意,毋惑流言。異時宰相不爲國家忠慮,狥情容私,甚者輦千萬金入其室,即爲人穿鼻矣。今主上幼沖,僕以一身當天下之重,不難破家以利國,隕首以求濟。豈區區浮議,可得而摇奪者乎?公第任法行之。有敢撓公法,傷任事之臣者,國典具存,必不容貸。

撫臺懷魯周公一則

爲東事久寧,民困未息等事。據蘇松兵糧道呈,據蘇州府議稱,新增兵餉,每田一畝編銀三釐。自三十二年汰兵,減免一釐。以後各營俱稱單弱,難以再減。況新添奇兵遊哨,雖由額兵抵數,而官目廩糧、修船置械,未免量增,應照舊仍編二釐。等因到院。據此看得,奇兵之設,原抽各營見在之兵,食各兵故有之餉。非出額外,不必加增。即官目廩糧、修船置械,所費有幾。只於各營事故兵糧内,及各處拿獲盜船鹽船盜贓盜械内,一加稽核,便可作用。不必遂議加增。矧此一時民窮財盡,盜賊充斥。苟徒念庚癸之呼,不顧脂膏之竭,將所稱前門拒狼,後門進虎,得無是乎?惟是本院欲爲民而養兵,又欲爲國以安民。前議似再當斟酌,除原詳收候外,擬合行查。爲此牌仰本道官吏,照牌事理,即查奇兵之設,兵與餉俱係原編額設,有何外費。官目廩糧、修船置械等項,約費若干。若於事故兵糧盜船盜械等項内,劑量通融,是否足用,因何又議加增。逐一查議停妥,具由速報,以憑批發施行。毋得延緩未便。

郡丞孫公玉巒議賦八則

一,松江田畝自清丈後,各縣俱有科則可查矣。然至今日,而一鄉之中,復分幾則,一則之中,間有異析。大要上海一縣,除徵本色外,其折色皆係五錢。而華亭則有五錢,有四錢。又有舊折四錢或四錢五分,而今仍復五錢者。總之,折有盈縮,糧無增減。上中下三鄉内,各有定額,而區保未經分析,或易混淆。今若坐定某則之田,係某保某區,則界限既明,而後有損益,亦不甚相遠矣。若青浦則視華、上兩縣分割之地以定鄉,則割自華者從華,割自上者從上,又不可一槩論也。大率各府平米一百二十一萬三千八百餘石之數,自萬曆十八年查起,雖遞有增有減,然轉於千百之内,不能溢於千百之外。輸之者固已相安,減之者亦不見惠。只宜查照本折,每年待部文到日,編入會計。於一定不易之中,略寓變通神化之意可耳。

一,本色起運之有正耗,存留之有本折,固也。但軍運視前固無異同,而民運則間有增加。如近日奉文,新增惠、桂二王禄米二千石,則又松郡向來所無者。雖其間亦有稍減,以佐其不足,而損益固已弗侔矣。至存留一節,軍儲殆無可議,而恤孤之米,每年遞增,三縣總計,遂多至一千六百餘石。即哀此煢獨,似宜有增無減,而冒名頂支者,亦未必無當清查量減,以杜濫冒者也。若倉吏承支米一百二十七石二斗,亦得於恤孤米内同編。夫既有吏典之名矣,何孤之可恤乎?況每名歲支三石六斗,亦覺太厚,雖盡行汰去,原不爲過。第業在額編,量行減去一半可耳。其監兑衙門,舊有承差二名,每名歲支米三石六斗。今此差既裁,徑當減編無疑。

一,折色起運金花、京邊鹽課等項,及存留官俸、師主廪糧,另編練兵兵餉、均徭里甲,歲有常額,依期照數起解給發,不待言矣。惟是地方所時常呈請者,止以萬曆二十年,曾因東事告警,於三縣田額内,每畝加編兵餉銀三釐。今事平之後,各處俱已撤去,獨松江以濱海緊要,增兵未減,照數徵給。雖屢奉道院憲查缺少兵額,減去九毫四絲,尚存二釐六絲。現在實徵給發各兵,難於議減。第近查練兵兵餉經賦原額,合三縣共少編銀二千一百八十餘兩。若將加編銀内,減存如數,編入練兵兵餉,亦可於二釐内減編四分之一。但此項少編之銀,查原未曾實減,已扣買風汛四千三百石。況術同狙公,又事之所不必議者。似不若暫時因仍,待後兵減之日,逐年減去,未爲晚耳。至於近日奉部文,加編邊餉三釐五毫之數。華亭章知縣已將本年粗布墊貼,及量復修河夫銀、先年未完布墊,抵充免編。俟遼事平寧,仍歸在本項名下,聽候支給項上清查。有此項錢糧,亦議借扣抵解。倘得照例,免於田上加編,固一時節愛美事也。但遼餉至緊,近復議以金花暫行抵解。而抵完金花之需,將來恐亦不得不出於此。

一,存留軍儲,往年俱與漕糧並徵。近因贈耗稍省,徵比又緩,而此中之人,遂有倡爲輕糧之説者。以致棼棼相求,與者竭矣,而求者未厭。當事視爲難局,院道嚴於申禁。數年之前,頗有調停。頃幸三縣毅然議止,一時軍士皆獲宿飽,而啚民均得稍沾輕省之利,奸民不得遂其拖欠之計。但其間尤有説者。派分之均匀,徵納之以時,固在賢令尹矣。而於中又有積年刁軍,串同倉官所掌印官,偏支獨領。强者腹果,弱者待哺。一遇徵放,稍稍後時,則呈告蠭起。而兑支折銀之弊,從此滋矣。故禁倒倉收則費省,而民樂於蚤完。禁偏支領則蠹清,而軍得以咸沾。至於先期徵貯,按月給發,則有不言之教。所謂不蘄革弊,而弊自祛者也。

一,雲間原係澤國,苦潦者十之六七,而苦旱者十之二三。故田畝科派,從來不一。華亭有上中下三鄉,上海有上下鄉而無中,青浦有上中鄉而無下。然查自奉鄭兵道丈量之後,迄今已五十年矣。中間滄桑遞變,坍漲勢殊。有昔之腴田,今爲瘠薄者;有昔之確壤,今反稔收者。雖於中荒熟分數,未必大相遠絶,而揆之時勢,固覺微有異同,亦不得不窮而思變也。但履畝清查,更張頗大,而因時擇便,化裁猶易。矧五年編審,各役之大小輕重,原可融通。倘於編役之時,細查區保荒熟,有今昔異宜者,不妨稍爲斟酌,以示無致偏累之意。或遇會計,改折之中,略加優恤,亦可蘇貧民旦夕之困也。

一,松郡三面濱海,海邊之地多係斥鹵,或柴草蕩。故護塘内外,俱奉改折者,正以其准畝不等,又不可與荒田同例論也。然而不奉改折之内,其田亦未必盡種稻苗者。何故?蓋以稻苗之田,必用水接濟。而此中之水,近海則懼潮汐之淤没,遠海則又懼車戽之難支。故種稻未能,其勢不得不種花荳。而所謂花荳者,又不免坐待天時。若風雨咸若,則其收且數倍于苗,即以其所倍買米辦糧,尚有餘力。萬一不然,而雖蘄薄收,亦不可得矣。以故每年備辦漕白,甚是費心費力。迨至漕白一完,而室中之所蓋藏寧幾?倘遇米價照常,人家量其食指多少,筭計時日,猶可支持。若如今者,米值之騰湧,卒出不意。則十室九空,而救濟無策，真有大可慮者。况接壤之府，如蘇如嘉，皆係省會通衢，商賈往來絡繹，勢必經由，接濟猶易。而此中三縣，皆在盡頭之處，内湖外海，勢難飛渡。必待外鄉載來，而十數萬枵腹之衆，已先立槁矣。又況邊海地方，原得以例請折。今松江一府，止三縣耳。所解本色，編至四十餘萬，亦不爲不多。雖則壤成賦，王土王民，自宜照舊輸納。而揆地之宜，通時之變，似不得不預爲之計也。故量議改折，此三縣所同，而上海尤宜獨先者，以其種花荳多而種稻少故耳。伏候上裁。

華亭邑侯魯齋章公申文一則

華亭縣爲欽奉敕諭事。奉巡撫王案驗，行府照依咨案，備奉欽依内事理。即將惠、桂二王歲支禄米，會同蘇、松、常三府，查照先年瑞王禄米事例，分派明白。於四十八年爲始，筭入會計徵辦，另行解運等因。到縣遵行間。今據本縣北運糧長高軻等連名呈，爲奉文增解王府禄米，懇賜查議申詳事。奉文增解惠、桂二王禄米二千石，軻等思得萬曆四十三年，坐派瑞王禄米，緣因本府坐臨邊海，米不堪用。具呈户部大堂，撿閱《大明會典》，本府與嘉湖委係邊海，米色粗惡，不堪上用，並不註載王府米石。惟蘇、常二府，有内官監并各王府米。《會典》昭然，當蒙部堂批開，王米原屬蘇、常，何得混洒雲間。移文撫院查明，四十四年即蒙免派外。今奉部派兩王禄米，懇乞亟賜申府轉詳。查將上年批免部文，以甦疲役等情前來。據此，已該本縣看得，府治三縣，東抵海濱，西至泖浦，地勢下溼。所出糧米，委屬青嫩，不堪上供。歷年會計，止派供用庫等衙門白糙粳糯。其親王禄米，向不坐派。查四十三年，偶加瑞王禄米，雖經起解，隨蒙改免在卷。今復奉派兩王禄米各千石，誠爲松江增所未有。竊恐轉糴應解，不惟民力不勝，亦非任土作貢之義。倘解去不堪，至煩駁换，則貽累糧解身家，更有不忍言者。此各役紛紛引《會典》爲詞，有以也。今奉本府帖開，候闔會議妥分派，真地方百姓哀免有機。伏乞憲臺大賜主持，查《會典》舊例，竟行詳免，糧解得以息肩，而地方亦不苦于征繕也。係干錢糧，未敢擅便，擬合申請。

華亭縣免加遼餉告示

華亭縣爲遼事孁危孔棘，遼餉計足宜周等事。奉巡撫都御史王憲牌，内開案驗前事，已經備行松江府，將劄開田土四萬二千四百七十七頃三畝三分零，每畝加派銀三釐五毫，共銀一萬四千八百六十六兩九錢六分有奇。仍先行設處撮解，照數徵補去後。爲照遼左被兵，軍興告匱，大司農不得已而議請加賦。臣子誼屬同仇，即愛民念切，何敢别有執阻？但念部劄所派銀兩，期於勉完此數而止，不必問所從出。若官府極力搜求，能有一二存櫃，可以凑數一分，即於田上少派一分，小民亦沾一分之惠，而於國事無悮，不害爲奉公之義。合行查議等因。行縣查照原行事理，即將一應庫藏堪動無礙錢糧，可以凑解遼餉。一面核實筭准實在熟田加派數目，筭扣應減若干，實編若干，每畝應編若干，各查明白。具由報府，以憑總算轉報等因。已該本縣遵奉牌開，搜查庫櫃，並無餘貯堪動錢糧可解。爲查縣額田土，除公占外，實在田地、山池、塗蕩、河漊，共計一百九十四萬一千六百零八畝五分二釐三毫八絲。無論高下，每畝派銀三釐五毫，筭止該銀六千七百九十五兩六錢二分九釐。及奉府牌行縣，另備應用水脚銀兩類解。相應查照京庫解扛事例，每兩議貼水脚銀一分四釐，又該銀九十五兩一錢三分八釐。正貼共銀六千八百九十兩七錢六分八釐，即欲加派於民。但照地方賦重之區，年來加派無歲不增。況當舊年遭旱，新春霪雨爲災，小民困苦已極，正項錢糧難于措辦，豈堪意外之徵？本縣目擊時艱，朝夕躊躇，計無所出。查得棉布一項，原編正銀一萬四千六百八十兩五錢，與加增墊貼銀三千六百二十一兩一錢九分，相配而行。從來東南賦重，無過雲間。往往歲額徵及七八分，即納者比者，心力交窮矣。歷查棉布一欵，俱以民欠，解未足額。則加編之銀，雖爲實編，明爲實欠也。莫若改爲遼餉之用，是以實欠爲實用也。一可以清逋，一可以佐急。一可以使本縣之會計，無多寡之參差；一可以使百萬之生靈，無重徵之隱痛。計無便於此矣。所慮者扼吭拊背，争布解之食耳。不知布解之家，必田盈數千畝，而後受役也。今雖無加編之入，而省加編之出矣。揆情度理，當無不稱便者。遼事既定，復還本項支銷其餘布解，又非終奪之也。則棉布加編，已當遼餉强半矣。復查可緩銀兩，如量復修河二升米，折銀八百八十五兩二錢二分七釐六毫二絲。向雖正編，亦爲民欠，似亦可暫援以抵充者。此皆四十六年之銀也。餘有不敷銀二千三百八十四兩三錢五分，將四十五年棉布加編銀，摘解湊補。如旦夕偃戈，則斟酌兩歲之間，已足充用。萬一醜虜匪茹，勞我師徒，則已前二項，俱以本年作主，由近及遠，以先年者佐之。大約即三年不罷，亦可免加矣。總之，援緩抵急，援加編抵加編。縣司雖不能爲無米之炊，實不忍見此孑遺之民，加之重額，又不敢以同仇之念，竟忘枕戈。故反覆設處，以爲權宜之計，伏乞憲裁。若職言不謬，乞將棉布銀三千六百二十一兩一錢九分，量復修河二升米折銀八百八十五兩二錢二分七釐六毫二絲，有不敷銀二千三百八十四兩三錢五分九毫四絲六忽五微，以四十五年會計加編棉布墊貼銀内支抵足額，官民兩便矣。具由申奉兵備蕭詳批，據議有濟餉之實，無加賦之名。一轉移間，軍需民隱，所全者多矣。仰候撫院詳示行繳。又奉署府事推官劉批開，據議止將該縣四十六年棉布貼墊，及修河米折，以抵撮借過邊餉之數。其餘未足，仍取四十五年棉布墊貼償之，并不須於田畝科歛分毫。此正謂移緩就急，援加編以抵加編。小民省田畝之出米，有不樂于墊折之供者？是又借邊餉以鼓逋輸之一法也。其議已妥，萬無可疑。仰候院道詳示行繳。遵候間，又奉本府帖文，亦爲前事，該奉巡撫王，據華亭縣申詳，批動支本縣棉布、修河米折等銀，支抵足額，以充遼餉，以免加編緣由。奉此，據議，其所爲窮黎計甚盛。但恐兩項原派，或于本項内俱不可缺，則與其争于後日，較莫若慎之于今，覺爲妥耳。仰道作速覆確報。奉此，合行查議。牌仰本府，查照該縣所詳，動支前項布銀，并修河米折、四十五年布墊，以抵遼餉。但恐兩項原派，或奉文催索，比時作何支應。與其争于後日，莫若慎之於始。議該府逐一覆確妥當，具由申報，以憑轉詳備行，仰縣覆議轉詳。等因到縣。又該本縣覆議得，東南民力已竭，非獨華亭也。而華亭當積荒積欠之後爲甚。故華亭之加編，與他處不同。他處十分全完，民出一分，官得一分之用。華亭歲額完不及八分。此自有華亭，以賦重如此矣。即使加額起解，第加欠耳。後日相沿既久，海角細民，知加編之日，而不知停止之時，袛爲胥吏弊竇。

故今日議抵加編，仰邀憲慈爲百姓造一福，正爲衙蠹革一弊也。至於憲臺長慮，恐有一夫不獲之憂，則縣司請得而解之。夫布解之苦，非苦于解，苦于無銀也。查往年有買布起解，批廻至後給銀者，又有批廻至而銀尚民欠者。役安得不苦？今預給櫃銀半歲，而後責其批廻。聞近日有勤謹之人，尚獲微直。此輩大户皆有人心，無可争者一也。況加編非舊額也。正銀既已愆期，役人愬苦，然後議加編以償之。窮民則担頭加負，役人仍畫餅望梅耳。今稍節其額外，非奪之額内，無可争者二也。況正銀有粗細布之額，加編亦有粗細布之額。而歷查前卷，粗布向以民欠，解不及法。今細布之全解者存其實，而粗布之不全解者汰其虚，已曲體布解之隱矣。無可争者三也。又況布解之家，必田盈數千畝而受役也。計一歲之加，一户之中，少者亦及十兩。今日犁庭之威，未卜何年。而寡婦稚子，斂穧穫稻之所給，蠲停又未卜何日。省一歲非望之得，而免後日無窮之徵。凡爲身家子孫計者，靡不樂爲之。無可争者四也。若修河米折，此在地方興工取用耳。今查年來亦無大工作，其可通融，更不待言矣。再照此地額重賦繁，縣司即攢眉督催，究竟不得不爲地方受過。今增遼餉六千八百九十餘兩，是增六千八百九十餘兩京邊也。而援緩抵急，官民雖無加賦之名，而縣司獨受考成之重。然蟣蠓一職，忝有民社，敢不爲其難？所仗憲臺之威靈鼓舞，俾地方多好義終事之賢，先爲民倡，則職之大幸耳。具由申覆去後。隨蒙本府覆看得，本府所屬各縣，賦額繁夥，而華亭尤最。邇來災傷叠至，加賦歲增，民力凋敝，未有甚于此時者也。兹奉部文，以遼餉加派，每畝加銀三釐五毫。遵經行縣，多方處解。已據華亭縣，于見徵白銀内，撮借銀六千八百九十兩零，解府類解矣。惟是所加之銀，該縣不忍以重困之民，復有額外之賦。故議將四十六年見徵棉布加編，并量復修河米折，尚有不敷銀，以四十五年會計加編棉布墊貼銀内，支抵足額，充爲遼餉。誠于賦額無虧，于民生有裨。該縣苦心籌度，委爲斟酌權宜之策。業具緣由呈請。續奉批示前因，仰見憲臺經國憂民至意。又經行縣覆查，據議條分詳悉，鑿鑿可行。然是舉也，職徑詢之輿情，考之賦册，酌盈濟虚，以緩抵急。小民無絲毫之派，而遼餉如額。誠有如憲劄所開，期于勉完此數而止，不必問所從出。少派一分，民受一分之惠者。不庶幾官民兩利乎？是必仰藉憲臺大爲主持，准賜轉詳候示，行令該縣，遵照徵補前借銀兩，每年著爲遼餉之用。仍候事平之日，復還原額，統候上裁遵行。具呈申奉本道覆看得，華亭賦重役繁，民苦輸將，已不堪命。頃又重以遼餉加編，當此民窮財匱之秋，復爲割肉醫瘡之術，將恐無民。有司義切同仇，而不曲爲設處，以濟軍興，又恐無國。該縣計粗布緩于細布，雖編而未盡解，故其墊貼名編實欠。河渠久幸疏通，地方又不煩畚鍤，故其米折雖派仍逋。今以其欠之民者徵之抵餉，餉既不虧。以其額之應徵者徵之於民，民又不怨。豈非兩利無害？而該縣計及於此，其心誠苦矣。既經該府覆議相應，合無候詳允示行，令遵照徵完，以抵前項借解銀數。倘將來遼患未平，一兩年間照例議行，候事寧歸還原額。則應徵應緩，仍照常年可也。具由呈詳。本院批開，二項銀既經覆妥，准如議抵補遼餉，免其加編，以成該縣恤民雅意，後悉照議行。此繳。奉批前因，第恐不能遍知，合行出示，以使家知户曉，毋爲奸役所欺。須至示者。

陳繼儒一則

《華亭章公遼餉記》：嘗考吾松賦額繁重，一始于宋景定間，賈似道買民田爲公田。再始于元大德、至元間，朱清、張瑄等籍没。三始于張士誠之增賦。而吾朝因之，每田正賦加耗，幾至四五斗餘。其間田之陷江陷海、抛荒積荒、有額無徵、有徵無户者，又以數萬計，而水旱之災不與焉。華亭山田地蕩，共一百九十五萬有奇，額派賦五十九萬五千八百四十石。往爲東宫大婚，乾清、坤寧大工，以及寧夏、朝鮮、征播之役，賦益增，民日益困，而新額不少減。頃以遼左絓兵，每畝加派三釐五毫，約銀六千九百九十五兩。照京庫解扛例，又貼九十五兩。部下華亭，令君章公嘆曰：夫遼且燃眉，泄泄視之則無國。邑且剥膚，唯唯奉之則無民。於是將見徵白銀，撮借如數解部訖，而後徐議徵補之法。一曰棉布加編，一曰修河米折，皆萬曆四十六年實加實欠者也。以此抵餉，適得强半。餘更不敷，則以四十五年者充之。萬一醜虜匪茹，具如前議。其籌度斟酌，委曲那移，可謂嘔心之極矣。夫粗布緩而未必解，河道通而不必疏。今以欠之民者徵之抵餉，餉不虧；以其額之應徵者徵之在民，民不怨。其利一。既使本縣之會計無多寡之參差，又使百萬之生靈無重徵之隱痛，其利二。遼餉急則以助遼，遼事定，則加編仍還之布解，米折仍還之修河。其利三。院道免催督之煩，有司免考成之累。其利四。不入條編之内，不作維正之供，本未曾加，後何求減。其利五。朝廷不得已而取之，縣大夫不得已而應之，上不問所從出，下不問所從處。遼左有濟餉之實，而人間不知有搜括加賦之名。其利六。此六利者，皆章公目不睫，食不甘，手畫心記而得之，他邑不敢望也。非特他邑，即海内縣大夫，皆不敢望也。嗟乎！此直三年德政中一事耳。公清如胡威，敏如劉穆之。即如倉數百楹，不移歲而就。編審十年之里役，五年之大役，不一月而就。其詗貧富賢不肖，則千手千眼也。其破微曖，剸煩劇，則百億化身也。其設處遼餉，以緩抵急，以加編抵加編，則六根互用，而化工在手也。公遜功不居，而士大夫與小民亦得恩不覺。但恐遼左無止戈之期，大司農歲下添餉之檄。閭巷傳呼，胥史錯愕，舍公成議而他是圖。譬如擔上加擔，病後加病，華之人若之何其能久也？請書之堅珉，以紀公之苦心隱德。且以告鄰邑大夫，及後事之君子，或來取法，豈非拯溺救焚之一助哉？故諸孝廉王君獻吉、諸生王宗熙、辰熙、杜麟徵之請，而爲之記。公名允儒，號魯齋。丙辰進士，江西南昌人。其踊躍捐貲鐫石者，具列姓名于左方。

何司理士抑一則

大抵加派之説，論賦不論田。當時松之薦紳父老與郡太守趙公豫，力争平米以定賦則。上鄉田每三畝筭平米一石，中鄉田每四畝筭平米一石，下鄉田每五畝筭平米一石。故賦額雖重，猶不爲民困。比來加徵不一而足，率每畝加銀三釐。則上鄉一石平米加至九釐，中鄉一石平米加至一分二釐，下鄉一石平米加至一分五釐。而低窪之田，其額反浮于膏腴。此奸書莫大之弊竇，而令長不知也。今試查户部及撫按通行會計，果按平米加派乎，抑按田畝加派乎？是在長民者加之意耳。

比部適軒俞公一則

是時奸民誣告絶田，牽連騷擾，入於考成事例，本縣該三十七萬餘畝，華亭、青浦尤多。虚首嚴追，民甚苦之，幾至煽亂。有俞顯卿議畧曰：絶户田畝，係宣德、景泰年間，人絶田荒，賦役貽累里甲。天順六年奏准，召民開佃，以補糧差。方其初佃，大費工本。及轉佃别姓，即以工本爲民立契得銀。小民既已出銀，又焉爲白占？今欲追價，則價已付之原主，世無一田二值之理。若與原主追價，則原主以前又有原主，轉轉追尋，何日清楚？始奸豪創議，僅欲奪其連界田土數頃。不意禍延萬姓，日甚一日。府縣拘於成案，不敢變更。即今查勘，尤多弊端。書手老人，家至户到。報私仇者，揑本名爲絶户；得重賄者，隱絶户爲本名。收頭利其侵尅，皂快利其勾攝。雖僻遠之氓，無一不見官府；凡有田之户，無一不被遭攀責。人情洶洶，禍變可虞。議甚詳切。耆民羅奉等，抄呈巡撫都御史張佳胤，具奏停止，民始獲安。

松江府志卷之十九

役法一

三縣役重已極，非獨當役難，即審役更難。下則身家俱斃，上則心口兩窮。此豈細事哉！昔温公蜀公與蘇文忠兄弟，反覆專論役法。蓋處置得宜，非獨安小户以安大户，且欲便前官而并便後官也。故十年編審催徵，五年編審收解，凡抱桑梓之憂，獻芻蕘之議者，詳哉乎其言之矣。幸賜覽而講求焉，無聰明射覆，無鹵莽完局。蓋生靈以合縣計，歲月以五年十年計，一不妥而倒懸可知也。役額細列于後。

十年編審役額

經催。

總催。

塘長。

該年。

總甲。

以上三縣俱同。

五年編審役額

布解。赴北京。

北運。赴北京。

收兑。收米兑軍。

收銀。在縣收放。

南運。赴南京。

風汛。本衛所。

鳳陽麥折。赴鳳陽。

蜜糖解户。南京光禄寺。

南京柴薪解户。赴南京。

南京各部柴薪解户。赴南京。

南京五城弓兵解户。赴南京。

南京直堂解户。赴南京。

南京國子監膳夫解户。赴南京。

兩浙運司船鹽解户。赴杭州。

織造府解户。赴杭州。

以上三縣俱同。

二六輕賫

鹽糧解頭。

南京公侯解頭。

徐州米折解頭。

揚州米折解頭。

山東昌平驛解頭。

鳳陽大店驛解頭。

河間府瀛海驛解頭。

徐州滁陽驛解頭。

南京農桑絲絹解頭。

以上十役,上、青俱有,華亭獨免者,繇議將顧署丞貼役義米内,每石量扣二斗,共一千二百石,收貯以給解官。自此十役不復再編矣。

經催即里長

華亭縣六百八十名。

上海縣三百九十八名。

青浦縣二百三十名。

總催

舊制,每區設催辦糧長一名,專管催徵本區銀米。每年秋,赴南京闕領勘合,然後承役。亦重典也。萬曆三年,因編審不均,民多告困,始于本區輪年分催内,選其丁力尤勝者一名,以充催辦,名曰總催。令督率各里分催,勾當公務。小民稱便。

每啚歲輪經催一名,催辦糙糧、白糧、白銀。除官甲書册,自催自比外,所存田畝,保中分啚,啚分十甲。各啚應納銀米,責在經催一人。其苦樂由本啚人户之完欠,而人户之完欠,又係該啚田地之高下,本年收成之豐歉。更有經催善良,而人户奸頑者,則任意拖賴,而累歸經催。又有人户善良,而經催奸巧者,則私侵入己,托名民欠。錢糧不起,皆由二弊。是役也,自今年十月開徵,至明年十月完限。如數盡足,尚有匝歲奔走之勞。而民欠難完,往往墮悮,甚有四五年尚未清楚者。沿鄉催辦,則有跋涉之苦。入城比限,則有盤纏之苦。完不如數，又有血杖之苦。田地抛荒，又有拖欠之苦。人户逃亡，有代賠之苦。若遇水旱凶年，錢糧無出，舉一啚之困苦，獨萃于一人。破身亡家，賣妻鬻子，累月窮年，未能脱累。故百畝以下人户，充此一役，猶慮不堪。若以他役朋充分毫，未有不立斃者也。

學憲洪州王圻《經催總催議》：隆慶初年，有稱鄉宦田多爲累者。有司體察此意，遂分官民爲二甲。田在官甲者，每年輪撥知數一人，自催自充。追呼鞭撻，無異齊民。而民户之所催所兑者，不過細户田糧，然尚有叫困號窮者。此其故在報役之難、侵歲之難，與追比如數之難也。何謂報役之難？蓋上之人遇編僉年，不過寄耳目於公正。而所謂公正者，又不過寄高下於恩仇。財累鉅萬之貲，而詭稱無告；家無立錐之地，而詭稱有餘。上稍不詧，而漏富差貧，或不免矣。近撫臺設立虎頭鼠尾册，爲僉役張本，庶幾革弊端。何謂侵歲之難？東南財賦出於地利，倘時而水旱，則窮民無輸。民無輸，勢必督過役人。始則桁楊敲朴，繼則查盤坐配坐遣。即中人之産，可立破矣。何謂追比如數之難？蓋比較之法，總催齊集分催，分催率領排年，排年開報頑户，分區分日，次第查比。而管數之老人，原押分區之皂快，皆革不用。此近日所行，最爲良法。

華亭聶公紹昌《經催議》：松郡之役，莫苦于經催。經催不過於一啚十排年之中，挨次輪辦。而一啚之錢糧起總，盡責其身，十日一限。一身在鄉催辦，一身到縣應比。所以近之有分身催比之難，有上城下郭、衙門押保之難，有代人賠賍之難。遠之有幾年徵欠之難，有十年查盤納罪之難。是以承此役者，身家多喪。總之大患有二，一在拖欠，一在侵欺。染于經催爲侵欺，逋于民間爲拖欠。不問細民之完多完少，而惟經催之是責，則良者空自爲良，頑者落得爲頑。所以敲朴愈多，而負課愈甚。殊不知經催特輸役之人，有何罪而代奸頑受此箠楚哉？欲除拖欠，惟在于明悉細户。而欲除頑户侵欺，其要在明摘欠户。今細户之納與不納，茫無查考，而徒寄出納完欠之分數，於總書櫃書之手。任其糢糊出入，種種奸弊，即有神明，莫能搜剔原頭。總由實徵細册，上下茫然，納者不知其納，侵者難究其侵。縣官之神日疲，而侵賴之害日熾。今本職議，欲於各區各啚立一實徵細户田糧册，每區總催開列啚總一册，一樣二本，一本發總催收執，一本存縣發櫃上收執。此册先開一區錢糧總數，次開各啚錢糧總數，即就一啚分爲十限。每限總催于各啚名下開其完欠，完者開其實數若干，寫如數二字，欠者開其實欠若干，寫不如數三字。又將人户田數，照依虎頭鼠尾例，其多者于前，少者于後，以憑比較。其點拘頑户，先拘其田糧最多者，次及其田糧少者。雖有先後，决無倖免。官甲囤户亦准此。

撫臺周公孔教《徵糧緩急議》：錢糧之中有起存，起存之中有緩急。率憑吏書那移作弊，先其所緩，後其所急。以致上供緊要，反多不完。今後各州縣額徵糧，除本色務要當年完足外，其折色銀造簡明手册二本。要見某州縣某項折銀若干，係緊急，某項折銀若干，係稍緩。不拘夏税、秋糧、料價、徭里、起運、存留，逐項細開。通共該銀若干，分爲二十限。使民一目了然，便於輸納。至於存留内，若各役對支工食，即米麥布草之類，許其作價收完。不得刁難小民，作欠拖累，違者定行拏究。吴中小民困苦，辟之一碗飯，以漸而食，人不致噎。若并食，恐不能堪。宜體此意。

撫臺周公孔教《禁委官徵比示》：惟是各州縣掌印官，勤恤民隱者固多，偷安好逸者間有。每遇比較，率委佐領。以致書吏作弊，如減數寬限等弊，無所不至。甚則良民畏法，先完者或臨比不到，亦復差人拘擾。是無論完欠，盡皆拘役於官。悞民生理，何所寄命？本院深加憐恤，今與吾民約，一應額徵錢糧，雖限十個月完納，但有能將下限應完錢糧，前限併完者，該限比期不必赴縣，免其伺候。若錢糧預完，止因限期不到，仍復拘擾者，顯係書吏作弊。許據實赴告，以憑拿究。至于比較，只責成掌印官親比，佐領官並不得干預。清慎勤乃居官要法，比較有何煩難，竟偷安圖逸，不爲民造福乎？若禁約之後，掌印官適己自便，仍委佐領，佐領官不即懇辭，代爲比較，致使十羊九牧，民不聊生者。或本院訪出，或被告發，佐領官拿究，掌印官參處，决不姑息。

撫臺周公孔教《禁出串遲延示》：本縣設櫃收銀，一遇當限，肩摩接踵。納户壅滯不前，糧長出串不及。致令鄉民鎮日守候，反滋延漫。今後細户納銀，宜即時給串，以免守候之苦。

撫臺周公孔教《定限徵比示》：比較不定限期，不分完欠，則坊里日日在官，細户時時輸納，月無寧日，民不聊生。今爲吾民約法二十限完納，仍以十一月開限，至次年十月完足，五六月農忙停徵，每月仍分上下二班。中間有能預限先完者，不必到縣應比，以妨農業。若有拒頑，三限不交，明開白牌拘比。

華亭鄭公友玄《經催十甲均辦條議》：本縣本折額賦，幾及五十萬。其里甲計共八十區六百三十啚，每啚排年十名，分辦十年。一勞九逸，其比較亦云簡便，法似可久。然逋賦因之愈甚，經催之累，遂至鬻産破家而莫支。蓋因十甲輪役，彼此互欠，則承役之年，一人代十甲以償逋，而中人之産立盡。且充役如此其苦，則大家啚卸目前，利人包辦。而無田赤棍，恣意索貼。貼一入手，恣意收侵。幸而催科稍寬，則募人代杖了事。萬一差追緊逼，携家以逃。而官仍問之正身，必更鬻産賠納，雖大家亦破矣。且一啚并額多至數百金，萬不得已而差一衙役押追，見其重逋不能即完，亦谿壑其欲，勒騙酒食。遂至取給正賦以供之，而所逋益不能完。困累終年，官民愁嘆，其流弊殆不可勝言。然豈民盡無良哉？蓋一人拖賴，則九甲必至互欠。九甲欠而一人償，則役斷難充。而包攬無賴，侵逃相尋，雖有淳民，亦末如之何也。今本縣新編里甲，搜查詭寄，一按田籍，授之以役，則包攬無繇呈身。且一人分辦一甲，額輕户少，不待厲禁，而朋賴包侵之弊俱絶。第往年一人應比，今驟增十人比較，似屬紛沓。然往年一月兩限者，改省一月一限，則淳良安枕，樂於上納。又每限止摘其極欠者，榜示赴比，甚者押令全完。則淳役趨早完之便，頑役畏不完之害。人情鼓舞，易於終事。即或鞭朴不廢，總爲頑民設法。較之混比溷追，愚姓賍賠，奸人欺侵，其法之煩簡，又豈啻十百而已哉？今縣司行之兩年，上下相習。但棍徒覬覦包攬，輒能匿名摇上。雖里排各慮及此，求批官照協議私盟，期於無墜。然非仰藉明示，無以警奸約衆也。伏候裁示。曹撫臺批：據議徵比有法，包侵弊絶，豈容棍徒爲之旁摇也。如議行。

華亭鄭公友玄《派三倉申文》：爲酌議賦役，以甦民困事。照得五茸一邑，人不盡饒，地不加腴，而布縷、粟米、力役兼征焉。重以逋賦，則民苦益甚。此時即不敢輕言減賦息役，亦猶有長吏所得行者在也。縣司自青浦移此，迄踰數載，仰見上臺憂民之誠，發於聲顔筆舌，則愧無寸長撫綏，以康厥庶民上達者。今酌陳一二，特據其已見已行，下狥民請，以爲地方久計，非有政異也。實亦不敢喜事振矯，上飾明聽。伏乞憲臺俯賜批示，勒石施行。

一，輕糧定派荒區，議賦也。布解、北運、區運、收銀肆者，議役也。里甲、塘長、義米三項，則賦役兼之，次列於後。

一，周文襄公衡土成賦，隨土力重輕，分鄉之上中下以爲則。然地勢高者，土雖輕而熟，低者土雖重而災。折銀徵糧，間不得其平。百餘年來，遵而不改。是以本縣徵派漕米，另立荒區一項。以致措納者苦，催辦者苦，收兑者苦，比較者亦苦。蓋漕米必不容欠，必不容緩。而民有不容不欠、不容不緩之情。即欠者緩者，勉强徐完，卒無濟於漕之急也。上下相累，莫之能解。查華亭縣軍儲一項，應派金山倉米一萬一千六百二十石零，柘林倉米一千三百五十石，青村倉米一千五十八石零。又風汛一項，應派金山倉米一千七百二石零。共計米一萬七千九百三十石零。存留平給，既省漕糧重耗，四季次納，又不追并於一時，更受米價騰踴之害。照數儘派荒區，不虧額賦合勺。而瘠土之民，每年所省，已不(不)[下]六千餘金。且輕糧坐派有額，則漕糧不得藉荒影逋，而兑軍便。軍儲等項，往往爲奸胥那移，甚至有糧無户，侵没莫問。今派之全區全啚，又使重賦之後，感激措納，而本軍亦便。今將各區啚派定糧數，開後勒定，以便永守。伏候裁示。

金山倉：

一保三區，四十九啚、五十一啚、六十四啚。

八保三區，二十一啚。

十保二區，十一啚。

三十六保七區，副二十二啚、六啚、三十啚。

三十七保二區，十三啚、十五啚、十六啚、十九啚、二十啚。

三十七保三區，十四啚、十八啚、二十一啚、二十二啚、二十四啚、三十一啚。

三十八保二區，一啚、三啚、十一啚、十二啚、二十五啚、二十九啚。

三十八保三區，二啚、四啚、五啚、八啚、九啚、二十六啚。

三十八保四區，六十六啚、十四啚、十五啚、十七啚、四十三啚。

三十八保五區，九啚、十啚、十八啚、二十啚、方二十七啚。

三十六保四區，二十七啚。

三十九保一區，鄉二啚、鄉四啚。

三十九保二區，鄉一啚、六啚、府學義田、縣學義田。

金山風汛：

三十六保六區，七啚、八啚、九啚、十啚、十一啚、三十三啚。

四十三保三區，十一啚、十三啚。

四十三保八區，三十四啚、三十五、六啚、四十啚。

柘林倉：

四十保二區,正十九啚、又十九啚。

四十三保三區,十二啚。

十三保八區,三十五、六啚。

青村倉:

八保三區,二十一啚。

四十三保三區,十九啚、二十啚、二十一啚、二十二啚。

三十八保三區,九啚。

北倉:

八保三區,二十一啚。

三十六保六區,八啚、九啚、七啚、十啚、十一啚、三十三啚。

四十三保三區,十一啚、十二啚、十三啚、二十二啚。

三十八保四區,六十六啚。

三十九保二區,六啚。

曹撫臺批:軍儲風汛坐派荒區,俾瘠土之民,受催科中撫字,且奸胥不能上下其手,法至善也。如議行。此法上、青皆可遵爲永利。

顧署丞正心派助華亭里排役田。鄉村里役六百一十六名,(其)[共]貼義田一萬四千九百一畝四分三釐,該除糧凈米共八千九百四十七石五斗六升。

前件照啚徵數,派助各啚管業。其田多寡不一,給單取租,完糧贍役。每年租米十甲均分,錢糧十甲均納。如遇荒年,錢糧十甲牽賠,不得獨累一甲,不許役棍私侵。倘有佃户拋荒,十甲共出工本,設處種熟。每年四月以裡,各將完過串單,呈縣稽查。永與顧氏無涉。

城内外方厢里長四十二里,共貼義田一千一百八十九畝五釐一毫,該除糧凈米共八百三十九石八斗。

前件因總甲一役,有差撥守宿迎接官府,出備火把之類。故坊厢總甲,每啚貼除糧凈米二十五石;附城總甲,每啚貼除糧凈米一十五石,給田管業外。後因各役賴糧,萬曆三十七年,咨部册議,每年義租,十甲均納。如遇荒年,錢糧十甲牽賠,不得獨累一甲。各於經催名下比徵。四月以裡,如無完過串單,其田還官,聽改别助。如有佃户拋荒,十甲朋種成熟,永與本家無涉。

城内外坊厢守宿四十二里,共貼義田二千一百四十二畝七分六釐,該除糧凈米一千三百石。

前件因此役輪年總甲取贍僱夫,難以十甲均分。倘遇荒年,將何支贍,必至獨累一甲。故萬曆三十七年,咨部册欵,已經議革。但各總甲具呈本縣,情願荒年賠夫賠糧,並不累及顧氏。立有合同議單,附卷准復。今議仍舊給田管業,錢糧附於經催名下比徵。四月以裡,如無滿呈,其田聽縣,改作别助,永與顧氏無涉。

極荒啚貼田七百八十三畝三分八釐,該除糧凈米四百三十石。

次荒啚貼田六百九畝七分二釐,該除糧浄米三百二十石。

前件槩縣里役俱照平米津貼外,念内有極荒次荒啚分,有賠荒比併之苦,故有此議。

加貼原分義田低瘠及極荒啚分,共撥義田三百二十三畝八分三釐,該除糧浄米一百八十三石。

前件該本家查覆,原分義田數内,間有低瘠者及極荒啚分,催辦甚難。查將裁革項下,量行貼助。各照續加畝數,取租支贍。其糧附于原分義田項下,一併完納。無論荒熟之年,務須先儘錢糧,餘爲貼贍。永與顧氏無涉。

聶公紹昌《均荒均絶示》:近訪得民隱二種,一曰積年荒田之未均也,一曰無糧絶田之未均也。除已往不究外,只據見年,凡餘田絶荒在啚者,各自查出。如荒田,荒必十甲分之,不忍一甲獨累賠糧,所以均其害也。如絶田,絶亦十甲分之,不許一甲獨作已産,所以均其利也。預先派明,臨審執單面質。本縣唤舊役新役,驗主户田之多寡,定役之有無;驗客户田之多少,定貼之輕重。一一如家人家事,公議妥當,方行裁定。倘有無田攬役,如十甲互相攻擊,期于奸計不售,異日方不受累耳。的于本月二十一日爲始,照比較舊薄,挨次續審。若推收一節,不必枉費機關。見奉按院批詳,屯户不許收入,團户不許私散。故宦浙宦止許推出,見宦不許濫收。主户可爲合併,客户不可飛派。本縣决不狥私,以忝父母之責,以貽百姓之憂。各宜遵守,須示。

陸文定公《坊厢議》:承諭議處主客二户,可謂至當。蓋主户承役,客户貼銀,則主户可以得甦,客户免於編派。公私兩便,輿情已翕然矣。惟坊厢一役,最爲煩苦。愚意以舊户不可更易,累重不可不甦。擬於啚内士民,量行資助,以置義田,垂之永久。是明府百世之惠也。

《坊厢議》:每年本啚總甲一名,專職譏防盜賊,禁止鬪毆賭博,及不孝不弟、不務生理之人。有一于此,里排總甲公同呈官,鄉城皆然。獨總甲在城者,名曰坊厢。有守宿僱夫當夜之苦,燈籠火把之苦,撥派人夫之苦,各衙門答應物件之苦。比之鄉間總甲,萬分勞費。理應公議貼法妥當,呈堂摽定,以蘇積困。

塘　長

每啚歲輪該年一名,率作人夫協力濬築。有六七啚爲一區者,有十餘啚爲一區者。區有該年數名,内點一名充爲塘長,專主督率各啚人夫,輪修本區水利。今議定爲役不出區之法,則該區人户,各名自開其田邊河,自築其田邊岸。人人可以効力,且人人樂于用力。亦可使人户就近赴工,止出人力,不輸銀米,百弊俱絶。但竭澤而漁,後必無魚;煩策而馳,勢必覆轍。如該年係第一甲輪充,止可用各啚第一甲人力。又必照田量派,如田百畝,止可役十工至二十工止,其餘九甲悉皆休息。必不可紊亂此法,以盡耗民力。但使年年農畢舉行,則區内工程,自然次第相及。低鄉無不築之岸,高鄉無不濬之河,水利修而農事興矣。

塘長專主督率各啚人夫,輪修本啚水利。但塘長之苦,苦在撥調遠區。其開河動經數十里,工費動及數十金。塘長派之該年,該年歛之人户。今歲不已,而復明歲;此河不已,而復彼河。有名無實,勞費不貲。若使差必出于正堂,水衙不得私撥,役不出于本啚,别區不得遠調。則圩岸自修,而水旱無虞矣。

郡丞孫公應崑《條議》:今年之塘長,即去年之總催。而總催又領經催,經催又領排年。故每一總催,區分多者有十餘啚,少亦有五六啚或三四啚,而每啚又有十排年。是役一塘長,而動煩百十人,人固未可輕動也。但松本水鄉,低田宜築圩以備潦,高田宜開濬以備旱,其勢不得不用。而況潮汐往來之地,濁入清出,日積月累,淤泥壅塞。若不時加疏導,則城市鄉村,多難通往。故昔人以塘長與總催更换遞用,良有見耳。然以官府用塘長,必酌其遠近緩急之宜,猶不至于遺累。而豪有力者討塘長自爲用,一准呈後,撥派各啚起夫。各啚憚于遠差,只得顧募泥頭挑濬。甚有折銀賄免,以報工竣。而塘長與該啚所費多矣。此撥夫之不可輕聽輕用者也。其區啚之内,無河可濬者,亦要開具册報存案,專築本啚圩岸,預防水災。此亦該啚之踴躍而樂從者也。

華亭章公允儒示:塘長輪年承充,往往獨稱苦累,何耶?蓋以上役之後,工房吏胥有按季需索之例,水利衙有頂區之例。大區五兩一啚,小區二兩一啚。以槩縣計之,不下幾百金矣。至于搬運泥土、裝釘棘茨、開濬河道,又以遠近多寡抑勒之。此塘長之苦,悉由衙蠹之所致也。今後塘長差撥搬運開濬等項,設立簿籍,聽本縣一一親註,地方吏書毫不得假手。至于裝釘棘茨,勢不能免。臨時酌量多寡,輪流派取,定不偏累一人。如有承行人役,藉口常例,仍前需索抑勒者,即指名呈告,重罪究革。

鄭公友玄《塘長議》:江南水利,最關民命。高則浚河,低則築圩。圩岸之工力甚省,但督業主租户,各治其田,而事畢矣。惟開浚所費甚鉅,則泥頭利於包工,頂名具呈,駕言某河宜開。一奉批行,而該管書手爲政矣。槩縣塘長八十名,受賄免差,則應役者少,役少而費益增。此點差之弊也。如百丈河十名役,以九丈派坐一名,以九名派分一丈,一視賄之多寡爲上下,而愚者横蒙重累。此派段之弊也。是外則泥頭恣意包攬,不饜不已。其或塘長貧不能給,督率啚民以應力作,則催儹之委官,督押之衙役,肆行索勒,費且無筭。總計上下書役皂快,以至委官泥頭諸人,分途掊尅,皆極其厭飫者。而八十名塘長安能給之?不得不分派各甲。各甲細户鬻田房、鬻子女以應之,猶以爲未足也。究之,一年一度,擾費如此,而開浚何曾著尺寸之效?直爲若輩作生涯耳。且塘長即總催,小塘即各甲排年。終年奔馳催辦不暇,而勞費横出,較之應比更甚。至或侵正項以奉若輩,則戕民生適以蠹國課也。縣司雖非專管,觸目恫胸,能不曲爲之計乎?歷據里排呈議,酌量可久之法。大抵令泥頭包工,費給而工完,始於水利實實有濟。諺稱塘長爲小充軍,蓋以興作必於冬時,天寒凜冽,而携鋤荷擔於百里數十里之外,霜棲雪食以赴役,其苦甚也。人情如此,縱嚴督力作,必不能前,徒虚費時日已耳。何如盡委泥頭,坐見其成之爲便乎?今議將一邑河漊,關切利賴者,本府親勘,總計幾處,分爲五年,次第浚築。其致札營求,以掩庇塘長者,一槩禁絶。仍計本年浚河若干丈,應泥頭工費若干,除塘長實應修築本區外,得若干名。一照各區田若干畝,應派開浚河段若干丈。有傍近區分,親願赴工者,聽其自完。此外或願納銀,印令水利官唤集泥頭,遵每方一丈給銀三錢之例,具認代工。立冬塘長照畝出銀授之。則泥頭不敢多索,衙役不得勒詐,書役不能上下其手,而官無履野守督之煩,民無赴工疲敝之苦。法孰有便於此者?其棘茨一項,本屬公署等處緊需,其費無幾。亦派定數區常川任之,免其開浚。每年給銀若干,交看管人役代其釘載,則需索俱杜矣。曹撫臺批:水利爲江南第一義。該縣目擊浚築之弊,酌議可久之法。包工泥頭,分年分段,按例而令塘長授之以值。則多索者無名可指,勒詐者無隙可乘。官不必王遵之露宿,民得効涇州之息趼。戴叔倫均水法,無以過之。如議行。

總　甲

每啚歲輪總甲一名,專職譏防之事。争閗非常,呈官究治。盜賊竊發,率衆捍禦。今多溺職,視爲空役者多矣。今總甲惟附郭者稱煩苦,當加體恤。而四鄉居民,最苦盜賊,乃盜賊竊發,多在冬月收成之時。松郡沿海多官兵,冬月汛畢,於各鄉村鎮,量撥官兵二三十名,水鄉各撥船兵一二十名,協同守禦,民可無虞。百姓平日輸財養兵,正欲資其捍衛之用。民間力役多端,聽其休息,亦無不可。

上海父老公呈:總甲一役,三縣皆然,惟上海最稱煩苦。向當編審時,偏將城居大户,或故宦子孫,僉點總甲。一遇上司巡歷,如按院駐劄、兵道查盤、隨巡公署,以至撫臺巡海,寶山、川沙、南匯諸衙門,俱責總甲承值,備辦擺設等項。及上房書吏門厨,纖悉取給,無所不備。每于一處約費百餘金,破産蕩家,莫可告訴。若得查華、青事例,槩無苛擾。此尤休息疲役之第一事也。

松江府志卷之二十

役法二

粗細布解户上上役

每歲粗細布共銀三萬八百四十七兩四錢九分。布解四名,每名共該領銀七千七百一十一兩八錢七分五釐。五年之内,華亭應編粗細布解頭二十名。上海縣十名,青浦縣五名。

洪武三年庚戌九月辛卯,户部奏:賞軍用布,其數甚多。請令浙西四府秋糧内收布三十萬疋。上曰:松江乃産布之地,止令一府輸納,以便其民。餘徵米如故。

弘治十六年癸亥四月丁未,户部奉旨:文武大臣及科道議上足國裕民之策十二事。内一事曰戒掊克,謂蘇松常等府,歲解折糧布疋,舊例送部看中,送貯甲字庫備用。弘治六年,該庫以布疋不登原樣揀出,姦人恐嚇解户,揭借賄囑,至費銀八(千九)[九千]兩。近奏准,今後該部看中送庫,不必再揀。而該庫執奏,布不及三斤,欲得自揀。不知蘇松布精細,而斤數不足,北方布粗厚,而斤數有餘。自今蘇松等處,解布至部,揀中送庫,不得再揀,以免解户借銀賄囑之弊。奉旨,更議以聞。

華亭熊公劍化申文:查得布户官解民解,先年竟自僉改,曾未具題。又查得布搭糧船,恐慮淺剥,欲附進表,又恐陸行。惟有織造内號外號袍段大船,舡空箱少,搭載頗便。或每疋議給坐艙銀一二釐,共銀若干。官商親付舡頭,以爲沿途順帶之費,諒亦無辭。況板堅不水發,途路不欺凌,官舡不邀奪,壩閘不留難,關津不勒掯,似覺穩妥可行。候批發蘇州府會同計議可否,未敢擅便,擬合請詳。

華亭聶公紹昌《布解議》:華亭布解最爲煩苦。一縣額供三線細布二千四百五十餘疋,每疋布價銀七錢,鋪墊扛解盤用銀一錢一分。二線細布一萬三千四百五十餘疋,每疋布價銀六錢,鋪墊扛解盤用銀一錢一分。闊白線布四萬八千九百餘疋,每疋布價銀三錢四分,鋪墊扛解盤用銀九分。自領銀、投牙、賃房、聽驗、印解、布袱、油紙、包索、舟車、關閘、掛號、銷批、到京門單、税鈔、内相、庫官、吏書、司房、保識、庫夫、長隨、厨役、見面、後手、擺飯、茶果、土儀、磕頭、復求、顧夫、交納等項,每疋賠銀不止二三錢。一經退回,則重復解進,每疋有賠至五六錢者。在本鄉先經揀選驗印,至京又且任意揀退,百千浩費,此真莫大之役。如萬觔之擔,必當委之萬觔氣力之人。而近年乃僉點中人之家,又不給銀。單寒下户,豈能賠買,勢不得不賣田鬻産,揭債買布,挨到京邸。及其交卸獲批,則已吸骨及髓,更無身家餘剩矣。所以吴中一聞此役,如赴死地。蒙徐撫臺奏請,二綫與粗布照價改折,三綫布以本色附袍船解進。而寢閣不行,朝野同惜。今議於五遞年中,編定此役。以第一般實巨富,田餘二千畝,家累巨萬金者承之。必不容勢家營脱,必不使中户濫充。編審既定,每年驗係大户正身,决無包攬。先給銀若干,驗收布若干,印貯庫中,隨即發銀再買。驗收既足,給文發行,即時并鋪墊銀給之,定勒限期解京批廻。一面報本院知會户部,以防其中途濡滯之弊。庶幾肩此役者可獲更生,而布縷之征可以永永終事矣。

華亭章公允儒議:細布解户,役中最苦。惟是現給全給,少舒十分之二三。訪得舊日皂快,赴該房書手買牌,催買布疋。一僉到手,即爲原差。至於驗布有費,印布有費,承行吏總常例,且不貲矣。汝等歷千里之風波,本縣窮日力而比較,乃填奴輩之溪壑也。言之痛恨。今後敢有吏書人役,仍襲故套者,許指名呈告,以憑追究。

通判孫公應崑《議布解申文》:布解一役,議編必真正大户,銀必先時足給,解必依期起行,批必刻限掣銷。繇此做去,自可永永遵守。而松郡之人,猶不免於稱煩者。何也?夫三綫細布,一疋價銀六錢一分外,又鋪墊、扛解、盤用銀貳錢五分,是八錢六分矣。二綫細布一疋,價銀陸錢一分,又鋪墊、扛解、盤用銀一錢五分,是七錢六分矣。闊白棉布一疋,價銀三錢外,又鋪墊、扛解、盤用銀七分四釐,是三錢七分四釐矣。果若領解之役,正身前去,分毫無耗,留作盤纏,到京使費實用。則亦何嘗見其有虧,而不能無失者?有故紈袴之子,多憚遠行,則往往僱倩親識之人,包攬代解。而包攬之人,實者剋之以肥家,虚者耗之以淫蕩。糜費無餘,各項使用不得周全,則有卧批退回之苦。累及正身,破家蕩産,職此之由。頃遵院道憲行查議,一時府縣備極參酌,而議官收官解,則往事之不克終可鑒。議帶解改折,則今日之事體難行。其道無出於公審、足給、早解、早銷四者,上行下安。當日文襄公德意,至今猶存也。伏候上裁。

郡侯方公岳貢《布解議》:布解之受累無窮,而約畧言之,其病有四,曰發價之太遲也,扣銀之太重也,衙蠹之縱横,而催批之太急也。蓋此役須該縣大富者充之,官視以爲大富也,吏胥門皂無不耽耽,視爲大富也。曰:夫夫畏官法而輕錢帛者。欲以充公費而飽谿壑,非若輩奚取焉?於是有先買布後給銀之説,而布解困於是。有每十扣一扣五之例,而布解困於是。有頂區府快拴通縣快,見面錢有例,催領銀有例,催買布有例,催驗布、催印布有例,催曬布、催布出境有例。追押布出境,而安家路費又有例。節節需索,而布解之膏血盡矣。其印布也,鋪堂有例,茶房、庫房有例,書門、皂快各有例,不則踐踏及之。布方出境,而催批之檄相續不絶。每一票至,非數金相酬,難禁其淩逼。層層剥削,而布解之皮骨盡矣。今議將解户名下應納之糧餉,盡數扣作布價,餘則官給串單,令解户設櫃自收。則遲發重扣之弊可除也。官府多一票,則小民多一累。況大富如布解,尤群小所視爲魚肉者乎?今議,府縣催押之票,一切已之。但令解户自具限狀,某日有布可印。違限責之,夫亦何辭?至夫驗布曬布之票,與押令出境之役,則又萬萬可省者。每春季起程者,限以八箇月;四月起程者,限以十箇月;五月起程者,限以對年。寬以時日,而責其違限,夫又何辭?

票既省,限既寬,皂快斂手矣。而門内需索,尚有意料之外者,曰印發之不速也,侍從之太多也。惟是隨到隨印,隨印隨發,絶不留宿。而一吏一門之外,非挑布守布者,不許與布近。違則重創之,明示以官府護惜解役之意。而赴院掛號,上臺親爲查問,前弊未懲,嚴提重究。或亦蘇息積苦之一端也。

華亭鄭公友玄《議布解申文》:舊例解户四名,領解梭布一萬六千一百八十五疋,棉布四萬八千九百三十五疋。除價扛外,又有墊貼銀兩,共銀三萬八百四十七兩零。給役之費,差亦贍舉。然五年之内,必竭數十大户之力,甚至破家而猶不得完者,何也?大户出名,則人皆利之。自領銀以至銷批之日,在外在京等,吏書而上,極於内庫官監,無名之費,不可勝紀。若改以官解,則奪其羶慕,外費永革,而内費亦省其十之七八。以内外所省,盡歸之正費,則官解無累。然向來官解不能竟事者何故?領買不得其人,收解不得其法,差委不得其官也。今在城機户,慣織官布者,原自有人。查布分别二線三線,有每疋定價三錢八分或四錢者,各增二分,則機户不謂厲己也,而任之矣。機户既定,則分派里排,令各買二三十疋上納,即算除白銀比簿之額。且一二月之前,以銀交機户,報數在官,已免里排比責。一二月之後,仍嚴限機户交布,其不如式者,止責之機户。則里排無受勒受賠之累,亦不謂厲己也,而任之矣。又何患領買之侵費乎?里排納縣驗訖,即同扛價墊貼一并解府。仍於扛價内,每年量扣百金,修本縣及糧廳座船二隻,以供運載。而解官監之,直至河西務起岸登車,亦即於扛價内扣銀僱車入京。凡車每輛若干,亦有舊例定數可比者。即或水陸舟乘,解官不能不藉書快之照管,仍每名重給工食恤之。而現成銀布,官自監守,與書快無預。又何患收解之乾没乎?解官向爲縣佐府幕所營,蓋不待布之起程,而費已不貲。況衙役因之以騙剋,其暗耗尤甚。迨解官到京,欠納一以身家相狥,而悔無及矣。至今譚者哀之。頃者新奉功令,以官布責成白糧總部官帶解。蘇常各府向以佐貳官解,隨即遵行。松江因屬民解,未即議更。然年年縣奉總部催解,總部入京,亦年年蒙部切責。今果遵旨,委糧廳幫解,其領買收解,俱行縣料理。計原編扛墊,儘足潤解官之苦,當不至力諉也。又何患差委之營求乎?夫差委與領解收買,俱無可慮,則官解行而民解可免。即舊役分任白糧等解,則一邑之役盡輕矣。豈徒爲布解一役而已耶?乃鄉紳持論,則謂官解美法也。行之數年而不繼,則仍爲民累。且曰審編必公道、必殷實,發銀必早、必完,必永如給串自收之新法。爲布役計、身家計,長久無過此道矣。縣司再進布役而詢之,各役亦謂身係大户,往役固宜。但得役之不竭力、不破家者,即屬萬幸。今給串收銀,法便役輕,雖布解甚苦,亦甘之矣。先據糧解丘賢等條陳,謂布役之苦,衙門指詐,弊竇無窮,貂璫勒索,谿壑難盈。且不特此也,買布而後領銀,不免重揭子錢。且買布印驗,解布獲批,而價未領足。即領亦必仗請托賄求,所領又不得實。無怪乎民間視之如蹈湯火也。既蒙洞悉前弊,布銀現給全給,并衙門需索一應牌票雜費,盡行禁革,所省實多,各役皆有起色矣。顒望申詳,將前項積弊,嚴示禁約。其自收新法,勒石永垂,即是陰德。初縣司蒞任之始,查儘京邊金花,完及五分,即派仁義禮智信五號銀櫃,令布役自收,收完具領。吏書不令經手,民納之而民收之。故放領營扣之弊,徹底清釐。此固法之甚便而可久者。今將官解一議,俟之後舉。但嚴禁衙門需索雜費,仍永行自收之例,則官布不爲民病。伏候裁示。撫臺薇垣曹公批:布價給串自收,收完具領,不令吏書經手,盡釐放領譻扣之弊,洵法之甚便而可久者。如議行。

陳繼儒《查布解事宜》:謹查得,細布之役,原起於正統八年。周文襄諱忱者,念松江府賦役煩重,奏將闊白三梭布一疋,准平米二石五斗,每疋加車脚船錢米二斗六升。闊白棉布一疋,准平米九斗八升,每疋加車脚船錢米一斗二升。布每疋長四丈二尺五寸,舊例每疋重三斤,納者率以紗粗驗退。又奏不拘斤重,止取長闊,兩端織紅紗,以防盜剪。至今行之。此松江布解之所繇起也。華亭布解四名,細布一萬六千一百八十五疋,每疋價銀六錢一分。内改織黄線三絲布二千四百五十二疋,每疋加增銀二錢五分。二絲布一萬三千七百三十三疋,每疋增銀一錢五分。粗布四萬八千九百三十五疋,每疋價銀三錢。又每疋加銀七分四釐。通共粗細布銀三萬八百四十七兩餘。向曾搭派北運,一役兩役,人甚苦之。以後遂點客商買布,即有光棍串同保結,充作大商。銀一入手,視爲已物,浪費不經,化爲烏有。有此改僉大户。大户本欲領銀買布,或曰待驗布後給銀。及布已驗矣,或曰待解布後領銀。及布已解矣,批廻已銷矣,領者愈迫,給者愈遲。或以現總而推委舊總之錢糧,或以前甲而强求新甲之償補。或有十不得六七者,或有干請求給,僅許對支者。一年如此,累年可知。此向來二三年前,布解之所繇困也。布役之苦,若賃房、聽驗、印解、布袱、油紙、包索、舟車、闢閘、掛號、銷批、到京門單、税鈔、内相、庫官、吏書、司房、保識、庫夫、長隨、厨役、見面、後手、擺飯、茶果、土儀、磕頭、復求、僱夫、交納等項,每疋除鋪墊外,賠銀四錢二分。稍不遂願,任意揀退,兩次三番,千辛萬苦。即使盡發現銀,尚多賠補,而況布解而銀給不如數乎?通計華亭布役四名,上海二名,青浦一名,一年即破七家。若朋充者,又不知破碎幾家矣。請先言往時官解之害。官買官解,本官既不諳物價,又不能賠償。衙官委之衙書,衙書委之行户。如昔年簡較段金、郭殿邦,典史余和,皆以解布之故,監死京中,至今痛惜。況官有去留,而布未了局,錢糧干係,誰則任之?蓋細布之大要有二:先發銀而後解布,則布不足。先解布而後領銀,則銀不足。惟以大户買布,則無包攬侵欺之患。如數發銀,則無稽遲短少之患。不必官解之復踵前弊也。頃鄭父母創令,解户設櫃給串,先收布價銀,隨收鋪墊扛解銀,驗印起批,信爲良法。方公祖又將例行之上海、青浦,而布役之困可甦矣。别有刁棍條陳用標布客解布者,商非土着,既難托銀,又無田土,勢難僉役。役一及之,則客商之布標散,而鄉鎮之布莊亦散矣。其關係三縣之命脉,非細故也。

三線細布,勢不容折。闊白粗布濫惡稀疎,北人最所厭棄。若照原價三錢七分,改折給散,彼既利於得銀,銀又可以轉買商布。比之二線既堅,且有餘利可落。省出墊貼銀四千二百兩,減去會計徵額。此一舉兩得者也。惟細布即發現銀,粗布將銀改折,其不易之定論乎!

顧署丞正心派助華亭布解四名,共貼義田七百六畝三分九釐三毫九絲,該除糧浄米四百八十石。

前件每布解一名,原議貼役米一百五十石。萬曆三十九年,本縣條陳請詳,都院議將前米每石扣出二斗，貼二六輕齎等解十名。今該每名止貼净米一百二十石。每年三月赴縣，當官拈鬮，分管前田，各照單數取租支贍。其錢糧附於各役囤户名下比徵，無論荒熟之年，先儘錢糧，餘租贍役。永與顧氏無涉。

北運白糧上上役

每歲領運上供白米，及府部等衙門禄米，實該正米三萬五千八百八十八石一斗七升。此項縣派區啚，該役自收，不煩收兑出入。又領夫船車脚銀一萬六千六十餘兩，此項徵收在櫃，奉票支領。是役也，在家有收貯舂辦之苦，在途有風波剥淺之苦。到通州剥船，由閘車運到倉，有虧損之苦。交納有折耗鋪墊、歇家勒掯、盤纏守候之苦。又途遇軍船官船，捱擠不前，隔年守凍之苦。須得家厚丁壯，往年熟慣水路人户充之。議將熟區田千畝内外者編此。五年應編北運一百四十名。

成化以前，解户上白糧及各物料，户、工二部委官，同科道驗收，解户不與内臣等見面。故軍校不得脅勒，内臣不得多取，小民亦不至虧害。成化以後，部官避嫌糧料，不肯驗收，俱令小民運送内府，而害不可勝言矣。糧長之害，李康惠疏之最詳。曰：家有千金之産，當一年即有乞丐者矣。家有壯丁十餘，當一年即有絶户者矣。民避糧役，過於謫戍，官府無如之何。有每歲一换之例，有數十家朋當之條。始也破一家，數歲則沿鄉無不破家者矣。讀其言，真堪流涕。

御史錢桓《民運疏》：竊惟南直蘇、松、常三府，浙江嘉、湖二府，歲輸白糧二十一萬四千八百餘石，以充内庭供應及各官廩禄。軍民兩運，總屬公需矣。及見南來部運官投遞解批，問以今歲白糧何遲滯若此，乃對曰：行至泇河，爲漕軍阻遏，守候四十餘日。及行至臨清，又爲漕軍阻遏，守候三十餘日。稍欲移舟而前，則數千漕艘，數萬旗軍，一呼蜂擁，孰敢攖其鋒哉？不得不忍氣吞聲，挽舟遠避。直俟漕艘過盡，方敢尾其後而行耳。職聞此言，不覺髮竪眦裂。白糧非私貨，胡爲受制至此乎？即今内供白糧，缺乏已極。倉臣耿鳴雷，督責部運各官，量行車運入京，以濟急需，固權宜變通之策也。乃詢其脚價之費，每米一石，運一百里，脚價銀一錢二分。尚有凍阻天津、德州者，遠至五六百里。脚價之倍費，又可知也。糧長隻身數千里外，舉目無親，誰爲應援？殊可憐憫。職查漕運議單，一則曰：白糧聽儹幫。一則曰：白糧起運，軍七民三。未聞有軍先民後之例。夫以餉軍漕糧，而較之内供白糧，其輕重固有分矣。聞漕糧之積，尚支二年，而較之旦暮待用之白糧，其緩急又有分矣。顧以軍而凌其民，是謂不法。以軍餉之故，而壓上供之需，是謂不義。若今不爲嚴禁重懲，則日甚一日，歲遲一歲，將重爲民害，而上供其何賴焉？宜行總漕巡漕衙門，嚴爲申飭。凡通津處所，大張告示。如白糧過淮、過洪、過閘，先到先行。若有漕軍仍前欺凌阻遏者，許部運官指名申詳總漕巡漕衙門，盡法拏究，必罪不貸。然而非常法也。明歲以後，還宜查照舊例，行各該巡撫，十一月以裏，即責成州縣官，督令糧長舂辦包完。十二月以裏，即責成部運官，督糧長裝載開行。有不遵者，即繩以法。夫民船自備，原與軍船不同。若民運先行，與軍運不礙。況白糧數少，不過二十分中之一分耳。船少則啓行自速，行早則守凍無虞。如是而白糧猶不早完,職請伏妄言之誅矣。

給事中陸樹德《民運疏》:東南財賦之來,有軍運,有民運。軍運以充六軍之儲,民運以供百官之禄。人皆知軍運之重,而不知民運之苦。夫軍運以十軍,而運米四百石或五百石,民運以一民,而亦運米四百石或五百石。軍運之船,皆官所造,而軍不知。民運之船,則民自顧,而官不知。軍運以軍法結爲漕法,一呼百應,人莫敢犯。民運以田里小民,供役遠道,語言鄙俚,衣服村賤,人人得而侮之。軍運經各該分司衙門,無抑勒需求之苦。民運經各該衙門,動以遲違情蹊,問擬工價,併諸雜色使用。軍運過洪閘,一錢不煩,而洪夫閘夫,共與挽拽。民運每過一洪,用銀十餘兩,過一閘,用銀五六錢。所過共三洪、五十餘閘,而費可知矣。其最苦者,船户皆江淮奸民,慣造此船,裝載白糧。每僱船價及撑駕夫價,計不下二百餘兩。糧一入船,其驅使糧長,不啻奴婢。每日供奉船長及撑駕夫,不啻奉其父母。蓋糧在船中,即糧長身家所係。吞聲忍氣,曲爲順從,勢不得不然也。其最所畏者,軍運每淩虐民運。有等豪惡之軍,故將已船撞擦民運之船。民船板厚,而軍船板薄,微有損傷,即便蜂攢鴉擁,盡入民船,百般挾詐,不厭其欲不已。其他入京攬頭之需索,入倉交納之艱難,又不可勝言。凡充是役,未有不破家者。臣產東南,親見此苦。詢諸父老,咸謂宜將白糧并入運軍順帶,使民出所有以益軍,軍出餘力以代民,似無不可者。但今年限期已迫,尚未敢輕議上請。今所當議者,合無將民運并入議單,兼責之漕臣,令各該參政一體督促進閘,總運參政督催至京。則軍運不敢肆其淩虐,船户不得恣其奸貪,而洪閘亦可無需索之患。如有此等,許不時呈告,以憑警治。伏乞敕下該部,會議施行。

給事中歸子顧《民運疏》:國家之賦役,莫重於東南。而賦役之艱難,莫重於民運。職生三吴,自爲諸生時,即知北運之苦。試舉其受累之大有三:一曰水脚之侵没,二曰沿途之需詐,三曰交納之留難。夫運糧之有水脚,每船不下百金,似亦可濟春辦之耗折,長途之勞費,交納之賠償。獨奈何侵漁者衆也。米未下船,而先盤詰,牌票百出,索取千方。船尚未募,而妄爲好歹,胥吏哆口而談,縣令拱手而聽。各官原有費額,另納公堂使費銀兩。各項原有編銀,復索轎夫修船工食。既有總部協部之官,已而添官押役。原有儹運催運之役,已而添役押幫。且扛頭把持,而水手任其僱募;兜攬紛紜,而撑駕聽其遲速。蓋糧未行,而水脚已耗其過半矣。是水脚之侵費,不可不重加裁革也。至如糧船之行,往返六千餘里,涉險數十餘處,民已不勝匍匐。而皇店皇木之暴戾抑勒,關津閘壩之阻滯留難,快船官座船之欺淩需索,重至疊出。不惟詐財,且阻去路。而早則起車,遲則守凍,耗費不貲。且州縣查驗矣,又有淮安理刑之驗,通州糧衙之驗。何爲者也?況淮安之驗驗其少,少則罪之。通州之驗驗其多,多又罪之。少不可,多不可,爲之民者,安所逃罪乎?是沿途之需詐,不可不重爲議處也。若夫交納之累,尤有不可勝言者。五經科道,七經内官,掛號三十二衙門,亦云瑣矣煩矣。而糧未入城,先講使用。初入倉庾,各役先索常例。管門者有錢,把解者有錢。有數銖粒於掌上,選銖粒於盤中者。選畢則每石而收之,收重有罰,收輕有罰。有每石費五錢者,甚至有一二兩者。況近時之新斛,比國初之斛,多有異同,賠補甚難。且遲留有罪,違限有罪,京中之罪未償,而府州縣銷批之罪又至。則交納之弊,又不可不重爲裁革也。先年有題准民運規則稽弊票册，責令府州縣，凡解户人給一本收照。如官吏故違明旨，抑勒索騙，許即據實填註前件之下，候完日繳查參究。以故尚有顧忌。而今寢閣，不復給矣。小民安能訴耶？若遲延守凍之苦，更有不堪者，則漕船虐阻之故也。漕運之與民運，均爲國儲。漕卒之艘萬，其實糲，六師食之。民之艘千，其實精，六宫百執事食之。乃漕卒怙其衆而驕其民，凡道路險阻之處，抑之不得過，曰：吾爲官運也，宜先；而爲私運也，宜後。故將漕船擦民船。民船損，則忍氣吞聲，莫敢誰何。軍船傷，則鴉擁蜂攢，百般挾詐，惟意所欲。故民之畏軍如猛虎，而莫敢以身當也。夫軍與民，皆王臣也。一銖一粒，皆王土所出也。何不嚴爲申令，雖五府之中，俾得隨到隨行。令一州一縣自爲群，而不必候各府，可乎？或一州一縣之中，得先則先行，令十家五家自爲幫，而不必候各邑，可乎？漕卒未行，何妨解户之先行也？漕船未過閘，何妨民船之先過也？先後聽民自便，要以不違限爲主。如此既無風波之險，又免守凍之苦矣。凡如此弊，皆臣所目擊而親嘗者。故備陳苦情，以瀆天聽。

撫臺懷魯周公《申明派徵糧法》：照得撫屬派徵本色，除軍運外，又有民運。如北京白糧，昔年周文襄公，念道路風波，撑駕煩苦。乃令各州縣官，於每歲派徵之際，將民運本家之米，盡數免其兑軍，作爲民運。若本家不足，許舉報附近殷實之户，扣數補足。其不奉派運米者，通計百姓甚多，另將兑軍俸糧等米，通融均派。邇來有司置民瘼於度外，竟將派米之法，悉付總書掌握。從此總書攬大權，謀大利，將民運有米之家都派兑軍，頑啚反派爲民運之欠户。運船將行，欠户躲避，累各運頭，賣田鬻産，補米開船。及至運完抵家，新運接踵。有司方以新糧爲急，何暇於舊運追補哉？喪身破家，害皆繇此。今當派徵之際，務將文襄公已試之良法，着實修舉，勿使權落總書之手。有犯前弊，許北運糧長首告，提總書嚴究。

董漕同知方公應明《北運議》：或問曰：役莫苦於北運。身既親之矣，可得歷歷而言歟？對曰：北運之不先也，始有所羈而不能先也，中有所阻抑而不敢先也，前有所畏避而不欲先也。何謂始有所羈而不能先？夫運必資舟楫，無水脚價，則失其資矣。乃今不請托則不得也，不對支民間則不得也，不營求比限則不得也，不鑽求放單則不得也，不扣除公堂則不得也。未涉江淮，已爲魚肉。安得冬理舟米，春濟東風之便乎？是水脚價爲北運之命脉，最宜當官而現給，量時而蚤給，破陋規而全給者也。何謂中有所沮抑而不敢先？白糧上供，漕糧軍餉，輕重自殊。乃先漕後白，强軍既逞横江湖之上，而上人更助漕沮白，不買幫則不得行也。其最苦者，漕白相值，遇險破舟，而令白賠漕。私詐未遂，鑽求公斷。私詐十餘金而不得，公斷百餘金而莫誰何。是倒授强軍以恐喝之柄也。不寧惟是，河上游徒，賄得緝盜未消之批，遍搜糧艘。沿河刁棍，怙恃村里烏合之衆，强禦糧長。部官目擊之，非不執有三尺。彼藉口差委，將解諸院道，實繁有徒。將發問該管有司，又非所屬之吏也。則惟聽飽其欲去矣。即去，已羈程數十里矣。甚至關閘之間，止司啓閉，商賈攸往，一見糧艘，必得重賄以導之行。是處處皆北運之强禦。何如重部官之權，俾得直陳軍丁强横詐害之狀，以爲軍官殿最，備兩臺考察之一端。則軍官自爲制，以民糧分入軍幫可，以一府之民糧合入軍幫亦可也。至關閘爲擾,彼自以官品償之。若棍徒爲梗,在兩臺一傳示,而有司禁之自止。繇是運官更時其起居,審其風波,無怠無急,則衆役無險危之苦,自無死亡之患也。何謂前有所畏避而不欲先也? 苦莫苦於守凍,彼何敢後? 意必較守凍而苦又甚焉者矣。蓋守凍臨濟,每名打點不過五十金。而一至河西天津之間,則内監以起車爲例,所費不貲,每名非二百金,則百五十金也。照顧不及,攙和水土,竊取米數。且有連車推入私室者矣,且有搶奪近地,而無人問之者矣。即部院布以寬政,或車十之一,或始議終免。而一聞起車之議,則一番催促,一番打點,一處催促,處處打點。況内府無厭,打點未幾,而催促隨之。是以起車爲虚名,而吏書受實利,先至者首被害也。何如守凍遠者用五十金,而不驚其心也? 且勿論往歲,即今之役,議起車者數矣。民之私用不知其幾,而所運車不過二千石。不識内府何以支其虚,以待冰泮之際哉? 似不如永裁起車之例,以塞吏書口實。則各役無陸運之費,争脱守凍之苦,又何樂栖栖河上,踰歲而不得至也? 所以然者何也? 彼皆視條陳爲虚文,徒指弊立法,而事竣之日,無人據往議而按其實、信其賞、必其罰。是以小人無忌,指弊而弊在,立法而法亡矣。使誠能悉糧解始末之苦,則人人踴躍而前。未離本地,所省已多。然後照往歲有司扣除水脚之數,改造糧船如漕船式。則不數年,可造輕舟數十。白糧未有不早供公家之需,而勿重煩廟堂之議也。不知有當於識者之採擇否。

華亭聶公紹昌《北運議》: 東南之役,最險最危,而又有極重極大之費者,莫甚於北運。有三千餘里之苦,有洪閘淺溜之苦,有經年隔歲之苦。比之在鄉諸役,更險更遠。正米外又有私耗舂辦,每石約贈七斗,車水脚等銀,每石約貼八九錢。其使用似覺充足,而往往至于破家者,何故? 蓋其在鄉,則苦於漕軍之争兑,候米候銀之躭延,船户水手之需索。其在途,則苦於漕船之壓阻,漕軍之嚇詐,關津官店之索税。其到京,則又苦於車輦之狼籍,盗竊歇家之積奸,朋詐内璫之横肆攫取,批廻之守候淹遲,守凍之賠費百倍。而尤最苦者,曰銀米緩發,曰船幫開遲。蓋糧役不過中人之家,豈有贏餘,自僱夫船,自備蓬檣索纜,專待公家貼銀以爲用。而往往以錢糧不敷,至於擔閣。今本職先將北運糧長本户糧米,免其兑漕,儘數捺作白糧外。次將白糧正耗米與收兑漕米,拈鬮分派。必不使總書作弊,專派荒區荒啚,有苦樂不均之患。惟車水脚等銀,常苦徵納不前,或有遲悮不發。及既解銀至部運衙門,又不全給,半留上鞘,以待中途徐給。所以糧役延挨時日,至三四月中,乃始開幫,甚有五月而開者。夫五月正當山水盡發,泇河會通,宜乘大水溢行之時。而糧船方在江淮以南,逗遛不進。及達泇閘,水已淺涸,則安得而不遲延守凍哉? 今本職議請頒定限期規則,務於十月,即鬮派白糧應收區啚,派定即聽糧役及早舂辦,決不許漕糧借兑。而車脚水脚,儘除本户白銀外,其餘銀兩,自十二月至正月,即盡數一頓與之。必於十一月舂辦,十二月下糧完足,至正月即擺幫,二月即一齊開幫。則三月抵淮,四月入泇,五月而過會通河,六七月從衛河而直抵張灣。刻期遄發,毋容違限。至於途間,當遵歷年具題欽定,各船頭立一大牌,明諭以漕糧係三軍之芻糗,白糧係尚方之玉食。並不許漕船争壓白糧之前,又不許漕船以腐爛船米,故爲挨擦,以滋詐害。有争壓詐害者,衛官參題漕軍重究。又遵屢題,免於途中留驗。以妨嚴程。則糧船可以如期而進。而至於榷關官店,當念御用廩皞,何乃困之以税。合請憲檄照會闗税衙門,不得索税分毫,永無擾累。其抵京,則又在風力倉塲部院,痛革歇家之朋索,内璫之多取,批廻之久稽。而十月中,各使竣役,獲批以南。則御用得以及期,糧役可以補救,亦東南一大利益也。

華亭章公允儒議:北運正米一石,耗贈舂辦幾八斗,夫船車水脚銀七八錢矣。但使役人誠實,自無所苦,苦者風波千里,聽之天耳。查往例,收糧先儘本區,以隣區找足。此欲其遄往也。乃舊日各糧長,身未着役,即謀營區保糧書,每名勒詐數金。一經到倉,雜費百生。糧衙書手,指官索詐,動稱不盡禮,且先漕而後白也。是以糧長甘心愚弄,所費六七金矣。旋而赴領車水脚,吏書縣總駕言陋規,所費且至不貲。今本縣一槩痛革,敢有因循舊習者,許諸人首發,坐贓究遣。至於區保俱經親定,牌票俱無一擾。各糧長俱逢十日一報完欠數,六限不完,本縣親提比足。絶不假手吏書衙役,以滋弊竇。其北運加贈,止許與漕糧平等。違者許經辦人役首稟,一體重究。

華亭鄭公友玄申文:北運民解二十八名,計米共三萬五千六百零。領糧赴京,凡舂辦包載、鬧溜起剥之煩,與漕軍擦詐、車載狼籍之耗,歇家搆索、内璫横攫之費,種種茹荼,已不能堪。然事勢有所必至,即各役亦安之矣。至衙役需索,船户帶貨,及撐夫短縴,分外打詐,中途受累最甚。是在總部官設法嚴禁,縣司曷敢越俎而問?惟是派收糧米,儘本名、本啚、本區嚴比速完,使之歲除前後,便了舂辦,則起行早。即途中濡滯,猶不致於守凍,而費自省。其車水脚銀,一照布價之例,分派給串先收。勿令吏書經手,以杜扣剋等弊。則原編銀兩,粗足前途之費。如去年北運,自謂不必到京,每名所收糧銀,已省至三百金,職此故也。法稱最便,應垂永例。伏惟裁示。撫臺曹批:白糧陋弊多端,部運官先自禁之,而設法盡爲釐剔。至於派收務儘本名、本啚、本區,嚴限歲前舂辦。車脚銀兩給串先收,一照布價之例,悉杜扣剋諸弊。糧解又何病焉?如議行。

陳繼儒《查北運白糧事宜》:天下大矣,白糧獨責之蘇州、松江、常州、嘉興、湖州五府,何也?竊嘗思之,而得其故矣。國初自南京取給五府,其勢近便。自成祖定鼎北京,而白糧相沿不改者,二百五十八年矣。在直省不知五府之偏累,在一府不知董漕者之獨勞,今已無可奈何矣。白糧之苦,不獨在軍强民弱,不獨在軍先民後,不獨在過洪過閘,不獨在過闗過鈔,不獨在僱船僱車,不獨在帶餅帶磚,不獨在稽查盤驗,不獨在各倉、各局、各衙門之刁頓留難。而尤苦愆期守凍,出於意料之外耳。白糧守凍,一年而兼兩年之船錢,一年而兼兩年水手之工食。千瘡萬孔,借貸無門。蓋守凍以舂辦之不先也。舂辦不先,以收米之不足也。收米不足,以荒區與頑户納米之不肯完也。若使納米既足,又即付之[車]水脚價,船户水手應時輳集,正月開幫,豈有愆期需滯之患哉?今鄭父母設法,使北運者先儘本名,隨儘本區,以收白糧,置櫃給串,以收脚價。方公祖又將此法例行之上海、青浦。北運之困,其解倒懸乎?此皆在吾鄉臺省未上疏之前,而預爲區處者也。白糧中又抽出惠、桂二王禄米,另開於後。惠王、桂王二府共米一千石,耗米五百石,車脚水脚共銀三千兩。向者繇南解北,北運順帶,猶可言也。今者自吴解楚,跋涉艱難,不可言也。盍行就近附近,略派湖廣田畝上合許,九牛一毛,似不爲過。以楚中千石,即解楚中二王,何如?更不然,將千石改折,并同脚價銀齊解,以便自糴自辦。豈必從下流而逆遡上流,越長江洞庭之險,又豈必舍賤米而運貴米,多交納往來之煩乎?推而行之蘇常可矣。

《董漕旦心方公遺愛碑》。陳繼儒記:郡丞旦心方公,由壺關令移劇洪洞,其異績載在百政録。庚戌,業已下尺一,徵公需次爲臺諫。會有沮公於當路者,出丞吾松。洪洞百餘人走京師上疏攀留,訴太宰輿前,不報。明年,公董漕入都,洪洞人猶在。當除夕,釀錢刑羊豕獻公。公麾之,曉喻數四,乃散歸。其爲人思慕若此。已下車松郡,旋領漕事。漕竣,拜南司農郎。而松之思慕公,不啻洪洞也。則相與奏牒鹽臺楊公,公特命樹碑中界山之道左。是地也,軍民漕艦之所必經,華青送迎之所必駐,道里均,耳目集,斯公之畏壘鄉乎。諸紳裾父老屬記於余,余嘆曰:江南之俗,凡司理邑大夫被徵者,道有碑,像有祠,蓋感與羶俱焉。若方公而繫去後思,其三代直道之遺哉!公治行最高,而處公郡丞則最屈。非有輕去其官之心,則將更絃而皷,善刀而藏,惛惛焉以刻日待遷而已。何知漕事?即漕事,簡者厭其煩,文者厭其俗,弛肩掉臂而去已大幸。有誰肯爲百姓建必然之畫者乎?而公獨否否。蓋國家之漕有二:軍漕以儲九大鎮也,民漕以儲六宫百執事也。等王土也。獨江南五郡之民,走三千里外,轉二十一萬四千八百石之粟,此於役最煩。等郡丞也,獨公轄五十八艦,粟四萬餘石,此於江南丞最苦。則何也?有丞名而無丞實,有漕害而無漕利故也。公每論及此,輒慷慨任曰:孔子叙政,曰食、曰兵、曰信,而食先之。唐關中時斗米千錢,韓滉運百萬斛入朝,德宗與太子動色相賀。則漕豈細事哉?漕弊久,民爲甚。惟弊端清自君子,弊孔塞諸小人,而轉漕始稱便耳。故事漕額水脚之費,每艦八百餘金。邑上之漕大夫,漕大夫以次分之鄉賦長。公曰:此邑事也。檄使盡散之,毫髮不以染指。度所却恒例,不下二千餘金。此便於在家者一。故事,民漕苦横軍,苦暴關。公力禱之當事,軍不敢虐民,關不敢苛税。不查驗,不車運,而吾松超爲首幫矣。此便於在途者一。故事,内官監與庫局倉塲,誅求無厭。而公挺身先之,或轉相居間。耗贈比他艦獨輕,交納比他郡獨易。其便於在京者一。而公不止是也,公堂有禁,公費有禁,交際襍儀有禁,胥隸横索有禁。即筆楮薪蔬之屬,絶不煩之鄉賦長。民便公因便漕,非特漕法一變,即漕大夫之故習,亦爲之一變矣。公非爲是皦皦也。蓋北運之難,獨五郡知之,海内不知也。獨董漕丞知之,即他丞不知也。以不可知之役,而加之以水陸不可期之程,風濤不可測之險,與公私不可貲之費。非公設身處地,推心置腹於諸苦中,漕其能濟乎?公途頓既久,往往不給,或轉貸故人。甚則典衣鎔帶,童僕客死,輿隸不堪其憂,而公略無感慨不自怡之色。且曰:人情不甚遠。諸役人家豈盡腴?即父母妻子之慮,豈盡恝然?其勞苦當百倍我耳。衆聞之,皆感動泣下。而公又著爲《北運要略》,凡苦不能盡言,言不能盡竟者,燦然筆之於書。謂即此是真學問,即此是真利濟,即此是真忠愛。雖舍清華而就冷署,舍冷署而就水濱,甘之矣。嘻!公真聖賢豪傑之用心也。獨廉吏也歟哉?公文章高古,酷類荀、管。所著有《心問》,皆先賢所不經道。暇則與文學子弟,揚権古今,人甚懷之。治郡攝青邑篆,聽訟徵賦,皆有惠政,而漕爲大。故書其大者,張之道左。自公漕後,邑侯大夫皆相約峻却恒例,不取一錢,公創之也。則碑去思者,宜自公始。公名應明,號旦心。甲辰進士,自松郡丞轉南京户部員外郎,堅辭榷差，司節慎庫，以廉潔著稱云。

顧署丞助派華亭北運糧解三十名，共義田二千八百八十一畝五分九釐，該除糧浄米共一千八百石。

前件每北運一名，原議貼役米七十五石。萬曆三十九年，本縣條陳，議將前米每石扣出二斗，貼二六輕齎等解十名。今該每名止貼浄米六十石。每年三月，赴縣拈鬮，分管前田，各照單數取租支贍。其錢糧附於本役圖户册内比徵。無論荒熟之年，先儘錢糧，餘租贍役。永與本家無涉。

松江府志卷之二十一

役　法　三

收兑糧長上等役

每歲兑軍正耗米一十三萬九千三百八十八石，淮米正耗米一萬九千九十五石，衛倉正耗米五千六百六十石，行糧一千一百石，遼米一萬七千一百三十七石九斗四升。其官甲書册，民甲囤户，本名田糧，常年例應自囤自兑，其田畝推收不同。大約歲兑漕米八萬石，實存兑軍漕米七萬八千餘石。歲用收兑糧長六十名，每名約兑漕糧一千三百石。是役也，自本年十月至十二月，有守候交納之苦。每名約僱書筭、斛手、搬運、看守人夫數名，并借賃倉厫，置買蘆蓆木板，食用諸費之苦。自明年正月至三四月，有守候交兑之苦。又有旗軍勒措贈耗、横索使用之苦。又有頑户插和粞穀水漿，米多濕熱，在倉蒸黑之苦。又有船錢擔錢之苦。又有旗軍踼斛淋尖之苦。但收支不出本鄉，比之北運不同。宦僕强軍，勢可相抵。今議官甲田九百畝，編充一名，囤户慣役有千畝者，亦類編充。五年之内，該編收兑糧長三百名。

宣德六年辛亥十一月丙子，行在户部定官軍兑運民糧加耗則例。先是，平江伯陳瑄言：江南民運糧，赴臨清等倉。若與官軍兑運，加耗與之，民免勞苦，得以務農，軍亦少有贏利。命侍郎王佐，往淮安與瑄等再議，以爲可行。上復命群臣議。至是，吏部尚書蹇義等議奏，其法實便。軍民加耗之例，請每石湖廣八斗，江西、浙江七斗，南直隸六斗，北直隸五斗。民有運至淮安，兑與軍運者，止加四斗。如有兑運不盡，令民運赴原定官倉交納，不納兑者，聽自運。官軍補數不及，仍於揚州衛所備倭官軍内摘撥。其宣德六年以前，軍告漂流，運納不足者，不爲常例。許將粟米黄豆小麥抵斗，於通州上倉。軍兑民糧，請限本年終及次年正月完，就出通關。不許遷延，妨誤農業。其路遠衛所，就與本都司填給勘合。從之。

御史張振之《救止民運疏》：據揭報爲黄河水泛，淤塞運道，妨阻糧船等事。議要查照往年河變事例，將糧米寄囤，就撥各軍看守，空船回南修艙，仍照舊管運到京。但來歲之糧，不無顧此失彼。權議改折，則見今京通二倉，畜積無多，勢必難行，其勢不能不取之民運等因。臣歷查接管舊卷，往年河變事例，如嘉靖十八年、三十一年、三十二年、三十六年，不得已而寄囤,往往有之。惟是民運之説,自有運軍以來未聞也。漕司何見,而一旦倡議及此?臣請先陳民運之害,而後及其議處之方,可乎?夫人之情,安於其所常爲。無故而驟加之以所不能則駭,刑驅勢迫而强之從則怨。先年民運,止於徐、淮、臨、德四倉。官軍轉運,尚交納稱難,弊害百出,而議爲官軍水次交兑。自成化以後,百年相守,田野郊邑之民,不知運糧爲何事矣。一旦責之舍耕鉏,操舟楫,而涉歷江河險阻、風濤洶湧之衝,其誰堪之?彼有號苦而已耳,駭走而已耳。有力者則囑托告免,轉相攀陷而已耳。此其不可行一也。萬一迫于官司,不得已認役,則不得不轉包積年[走京]光棍,私傭横惡長船,召募無籍水手。欲無侵累賠盜,不可得也。此其不可行二也。有民運則必有官部運,裁革冗員之後,官既不多,數千里遠行,欲無常例科索,不可得也。此其不可行三也。旗官交兑,下有千百户,上有指揮把總。然且船抵水次,而有頑户不納,倉厫無糧,較斛議耗,交相鬭怒。又或勢豪私兑,每至米不乾圓潔净,抵京掛欠追賠。一田野小民,欲與有司較美惡,争多寡,論遲速,得乎?其勢不至于數月守待,濕爛支吾,傾資代應不止也。此其不可行四也。往時十年一編均徭,今則提編加徵,不知幾倍矣。往時五年一審糧長,今則三年一當,甚至有年年者矣。往時十年一名里役,今則一家二三名矣。當此困窮,雖振荒蠲賦,尚不能救,而加此百年未有之役乎?此其不可行五也。一年開端,將來遂爲定制。寄囤守凍,無幾無之。今年凍阻,明年兑運,孰不以後到之爲利?此其不可行六也。此臣所謂民運之害,斷斷不可行也。然則今日之計何如?臣查前項淤閣船糧一千九百二十九隻數内,見有廣洋衛船五隻,寧波衛船四十五隻抵灣。又奏留糧米六萬石,約計該船一百五十隻。未到糧船不過一千七百二十餘隻。户部作速差官一員,會同天津、臨清、德州三倉主事,查船可抵灣者,連夜催趕前來,起剥張家灣,打造露囤。每船止留領幫官員旗軍四名看守,餘六名押出空船。仍每船先給銀三兩,爲打囤及回船添傭人夫之費。其二分羡餘,通候納糧完日,掣有通關領幫官領回,同掌印官給散。不許運軍規望遲悮。其應納糧米,悉改通倉,以防裏河水凍。省下由閘等銀,扣留通庫,明年該衛補還京倉虧少由閘等銀,即將前銀凑給。此船可抵灣者,其處置如此也。其次則催至天津倉,先扣六萬石或十二萬石,如法曬收,抵作明年該倉糧米。扣省起剥由閘羡餘等銀,解貯通庫,待後遮洋總補運京通二倉,給與支用。其餘糧米盡行寄囤,亦留領幫官員旗軍四名看守。星夜趕出空船,及時修艌,派領新運。缺下官旗,照數另自僉補。打囤等項用剩銀兩,盡留所在官庫。一面行漕司,嚴督附近遮洋山東江北各總,及早起運。先到幫船起米一完,即選跟幫官一員,率領軍船,裝載寄囤糧米,一路協同原運官,催趕防範,抵灣交卸。仍動支銀兩,優奬犒賞,以厚其歸。一切起欠納糧,並不干累。則各總官軍,樂于裝載寄囤,空船不必再勞還涉,妨誤新運。此亦先年成議,頗爲簡便。臨德二倉,如有寄囤,亦宜照例施行。此船之最遠,不可抵灣者,其處置如此也。但收納不許如先年准照漂流,免其曬揚。如有起欠掛欠一千石以上,不行買補者,官旗参送法司,查照議單侵盜事例問遣。一千石以下者,發兵馬司監追。有司運官違限等項,俱要分别参降,毋事姑息。庶寄囤者不敢乘機作弊,遲欠者亦知所懲。今歲空船可回,明歲運船不缺,無待民運,無事改折,而歲漕可足矣。他如打囤完固,以避風雨,巡警戒嚴,以防他虞,則責之各倉主事,與所在地方官司,非臣所能遥度也。

張起潛公起家己未入爲御史,於嘉靖四十四年,巡視京、通二倉。比時運政大壞,一歲中掛欠至數十萬。該倉場等衙門張侍郎等官,節題將運官監追降職。有以指揮而降至總旗者,有監追而斃獄者。然而弊源不清,掛欠日甚。公慨然以興革爲己任,首論罷漕司民運之議,以免小民塗炭。傳檄十三總,各員役俱得條陳利弊。公掃一室,獨自啓閉,取可用者粘置屋壁。凡所收條陳兩巨篋,閱可四十晝夜,兩目赤腫,流血不已。已而集言事者,親與商榷。參酌南北之中,定爲條陳八欵,具疏奏之。會與司徒有隙,議格不行。次年,各員役千百成群,泣投通狀,懇行前法。宋給事中題請頒行天下,載入議單,著爲令甲。

華亭聶公紹昌《收兑議》:收兑之役,不苦於收之難,苦于兑之難。而其實兑之多費,由于收之不精。蓋漕軍見米之不精也,多勒贈耗以爲利;糧役因兑之多費也,益插穢雜以售欺。所以一當交兑,煩費蝟起。有綱司話會,有踢斛淋尖,有網圈後手,使用不可勝記。風力官員欲爲民少減贈耗,即環擁囂呼,張拳犯上,而莫誰何。其在旗軍,則利歸旗甲,不過恣一時之浪費。及至兑米入船,中途浥爛,反累運官揭債賠補。回衛之日,累小軍扣除月糧,以抵京債。此不平之在軍者也。其在糧長,諸用不貲,常至賣產鬻業,盡蕩其家。其在國用,則軍糧之所交于京通諸倉者,皆濫惡不堪,積久盡腐,而其病又在于國矣。然軍之所以得爲民害者,又皆由傍倉奸棍,糾引漕軍,大開詐局。漕軍利奸棍以爲腹心,奸棍利漕軍以爲囊槖,互相勾引。花街鬧市,浪擲金錢。未及交兑,漕軍地頭之費,已百孔千瘡。專待多勒贈耗,以償所用。于是倉棍輸情指點曰:某某是糧役渠魁。一賂此人,即爲多耗多用之倡。而兑軍之費,始騷然煩重,而不可以禁止。今幸撫按漕臺,刻列告示,嚴行禁戢。若納户米既乾潔,不得耗贈之外,多勒升合,違者一體責治。悉遵漕運議單,每百止加濕潤米三石五斗,或外再加三石五斗而止。又嚴申漕規,止許一旗一軍,到倉交兑。其綱司話會、踢斛淋尖、網圈後手之類,一切禁約。通完之日,即催趲開幫前去。如此則漕粟乾潔,軍無腐壞累賠之苦;漕令嚴肅,倉無講兑喧擾之虞。又查得華亭糧米,在萬曆十八年間,因收成久雨,倉米黑爛。是年交兑,旗軍大閧,辱及官府。一切使用,從此開端。自後逐年增加,因以爲例。以故四郡之中,惟松爲甚。即一郡三縣之中,而華亭尤甚。如南京豹韜、龍虎、廣洋、水軍等衛旗甲,食利已非一日,且與奸棍素相糾結。沿習諸弊,頓革甚難。今將豹韜等衛,凡積年專兑華亭者,派兑别府。另撥衛所領兑華亭,庶可使彼此各遵憲禁,自得一槩輕省。斯真甦劇役、裕軍儲之一大計也。

華亭章公允儒示:收兑所收之米,聽兑漕糧。既總代小民之勞,復首犯强軍之難。蓋自布解而下,此役稱苦。訪得舊日糧房吏書,稱派區保,每名索銀五兩。隨而到倉收米,即有差役紛紛騙詐。倉棍蓋斛,每石要米一升。總甲討報,每名索銀一兩。糧房書手稱做比簿,每名要銀二兩。頂區保家,每名索銀五錢。糧衙書手指稱本官有徵比漕糧之責,每名索銀四兩,書手一兩。外有隨娘大叔之費,又得五錢。稍若遲延,多方尋事。非曰多勒贈耗,即曰私用大斛。至于皂快小甲門子之類,尤不可計。銖求百出,民脂幾何?各區荒熟品搭;俱本縣親派。其收米之後,只于初二、十六,赴縣親遞完欠數,並無一差之擾。設有朦朧混僉者，許收兑即執票赴禀，以欺詐坐罪。至于比簿一節，俱本縣親自吊查，總撒相同，用印鈐蓋，絶無那移。汝等毋聽積書愚弄也。若收兑既省雜費，止許加二受贈。敢有指稱使費，大斛多勒及折乾者，與前項人等，或經告發，或經訪出，一體坐罪。

撫臺毛公一鷺《與總漕止淮運啓》：伏讀蘇石水公祖條議，因漕兑日遲，將凍阻各船，令各郡邑運米赴淮，就近交兑。既經部覆，功令方新，何敢置喙。惟是此中士民，一聞斯舉，皆相顧徬徨，争言其極不便者，且極言其大可慮者。蓋三吴賦額，半於天下。即以蘇松四郡言之，爲漕糧計正耗百五十三萬石，爲運船計三千艘，爲經收糧長計萬餘人。今欲民自僱船，運淮交兑。無論此中輕舠小艇，既不堪重載，且不便出江。即吴地經商者，亦皆從浙河外江僱船，非若江廣淮揚諸處，商舶雲集，可呼之立至也。無論民力已殫，無貲覔船，即有貲而無船，將安用之？此不便在僱船也。此中糧多，則糧長更多。年來十役九廢，除官大户外，率多零星小户。在途盤剥，未免踈失，寄頓漫藏，更虞火盗。一官之耳目有限，各船之照料難周。此不便在押運也。軍强民弱，從來皆然。向在水次交兑，有道府彈壓，守令講戢，尚時有淩躁之端。若迫之遠涉，何異赴湯蹈火？且令與悍軍講兑，不啻如羊見虎，逃亡勢所必至。此不便在交兑也。糧長不獨辦漕糧一項，折色亦屬催辦。有如以本色遠涉，將折色白銀屬之何人？是本色未必速，而折色愈加緩。況兑糧正農事匆忙之時，奪其農時，必至抛荒田地。春不耕，秋何望？且將爲來歲之漕慮矣。此不便在催徵也。每石減耗一斗，在運軍似亦費米若干石。然此一斗之耗，軍豈甘心短少？稍加抑勒，便足取償。且各糧長盤剥虧折，費必數倍，勢必復派里甲。當此皮骨空存之日，誰堪叠役，誰甘重徵？互相規避，輾轉遲延。此不便在科派也。各省修船，彙集淮上。或船到而匠役缺乏，或船多而材料未充，或米到而船未修，或船修而米不至。凍阻之餘，益增其守候之苦。況以一衣帶之水，屯數千百之船，争先競後，擾攘擠軋，欲速而反得遲。此不便在修船也。至遠近船隻，見漕事需船，急於星火，誰肯操舟就索？勢必裹足遠匿，將鈔關之額課必虧。又常鎮去歲困於旱蝗，有如客船不到，米價必至騰貴。恐搶攘衝决，事出意外。而況目今三王之國，凡公私船隻，皆取資於裝運。萬一凍阻之船，既以封阻而不至，商販之船，又以思禍而不前。則數十萬漕糧，豈能無脛而走？凡此不便，窾係似在漕糧之外，病痛俱在漕糧之内，政今日漕事切膚隱憂也。鷺愚無似，細詳部覆與蘇公祖原議，雖不過以尾幫凍阻爲言，似匪關全漕干繫。然聞去歲凍阻頗多，關係甚大，而三吴事體，又與各省事體不同。緣此中賦繁役重，糧多船少。而在水旱頻仍之後，種種彫敝情景，未易殫之筆舌。而身在地方一日，即擔一日之任。且恐今日不言，而他日言之無益者。故不敢不述地方士民之情以聞。此事關係江南利害頗大，雖功令繇於廟筭，而補偏救敝，通變宜民，尤望斟酌主持，調停旋轉。惟有速催回空，早到水次，早得交兑。毋許延捱，以守凍爲辭。其守凍者，望即查各府確數，仍設法照糧催船，照舊兑運，爲此中遠計。庶於漕事萬全，於地方再造矣。

《三縣止淮兑公呈》：舊淮撫蘇公奏請，回空倉兑，守凍淮兑。雖出一時權宜，將來恐爲永例。兩臺諭意，索公呈不索公書，以公書不便入疏也。收兑之説，向來移軍以就倉，豈能裝米以就軍？但管倉以内，豈能管倉以外？今收之于倉，而運之于淮，是兑役而兼北運之半矣。民弱軍强,有何法度可以彈壓?米多船少,有何錢糧可以僱募?客船相戒不入,有何巧妙可以招徠?風波何以搭救,損壞何以抵償,守候何以脱卸,盤纏何以借貸,偷竊何以稽查,争鬬何以排解,舟薄何以重載,重載何以過閘?非惟糧長無此千手千眼,即縣大夫亦不能人人遥制,有此千百億化身也。欲通反成擠軋,欲快反致羈遲,其大不便于漕者如此。惟有查回空、趕回空,不得隨處躭延,故作守凍,此淮撫遣官遣牌之事也。撥回空,不撥守凍,儘數先下松江,船到即兑,此漕儲道之事也。而淮運斷斷乎其不可行矣。

司理徐公日曦《江南募船代運詳議》:今最重莫如漕糧,計蘇松獨甲於他郡,乃兑運漸遲於邇年。況西北戎馬生郊,宜東南轉輸更亟。先事預圖,何如拮据。近奉憲檄,恪遵明旨,欲僱募民船,以濟新運。委曲權宜,勢非獲已。第須商酌調妥,不致臨期跲躄。繇來漕米出辦民間,運艘責之旗甲,有司衛弁分曹而治。船至無糧,郡縣之咎。若幫船少而回空遲,雖有催督之任者,不能代之理也。政惟專屬,畧無旁諉,於是催儹必嚴,修艌必飭,人與事習,保無他虞。間有漂溺焚燬,灑帶未盡,量僦民舟,補其見缺。然亦漕軍自供厥役。祖制時宜,永無攸斁。今一旦問之州縣,代與僱覓,其貲釜取之輕齎月糧,猶可言也。并輪輓分之閭閻徭役,其可繼乎?二郡之糧十有七八,運船此時百無一至。若輩尋常遷延規避,功令驅之,猶且不率。聞有代之勢而分其過者,裹足匿影,益以有辭。求之愈急,應之愈緩。民僱不已,改爲民運。江南無縣無白糧,無歲無南解。析骸殞命,蕩産鬻兒。支吾門户不給,尚克代軍伍難勝之任乎?職每從監兑,見諸軍咆哮不戢。現船現米,生端掯勒,多索耗贈,争嫌米色。谿壑是盈,如奉驕子。若更予之以自便,累民以難堪,濟變一時,階厲後世,恐漕法繇此壞矣。蘇常鎮州邑臨大河,通商舶者有限。其餘迂回僻遠,港水淺窄,與雲間三縣逼近海隅,又有泖浦之險。運艦而外,江廣載船,日月一至,往往白糧解户,遠涉江外,身家相倚,賠費不貲。使僱船一人運糧,更一人痛癢不關,情態錯出。毋論薄版輕舟,負重致遠,洪波懸溜,意外生虞。甚有不肖奸旗,折乾盜賣,利其漂沉,推諉首事。雖竭頂踵,不足以殉。作事謀始,寧得不縂縂過計?以職之愚,謂徵糧有無,有司事也。催督旗船,仍屬衛所。稽查見在回空修艌之數,星夜到次交兑開幫。刻期嚴限,毋以代僱爲辭。果被兵燹,急難修造,或凍涸不前,需待無日者,亦必官軍親集兑所,筭給應領貲銀,隨便僱買船隻,撑駕兑運,自可無悮。彼知擔不易釋,須畢力仔肩;法不容寬,務兼程必濟。救急之方,無善于此。抑職尤有説焉。漕事之難,無過於松之上海。卑職目擊其艱,去歲六月,過淮逋糧尚餘六萬。職以半月嚴追,幸竣其局,究竟縣官猶煩白簡。今年災歉特甚,逾不聊生,哺糟咽糠,逃徙亡筭。職每親臨比併,見民皮骨僅存,血杖淋漓,淚與俱下。然不敢愛姑息而後催科,定當竭心力以稱上指。第僱船代運之事,斷難加積羸極困之氓。責之無米之炊,望其不脛而走。一朝反側,恐有不可言者。職方被催督之檄,爲此迂緩之言,跡疑自寬,念則轉切。爲地方乃以利國家,惟台臺詳計而審行之。

華亭鄭公友玄《收兑申文》:本縣漕兑一十七萬有奇,不爲少矣。舊例八十區點糧長八十名,收納户米,與官軍交兑,役稱最苦。二十年内,懲區運私侵逃累之弊,始改收兑六十名,責令坐倉受納,不許在家收費。且將闔縣各區糧米,縱横派收,照派押兑,而其苦益甚。

如收兑一名,派米一千八百石。先期比較里排,催納不足。其頑户拖欠,事所必有。及軍船臨次欠兑,姑令糧長代出,而後追頑户補償。此雖萬不得已之勢乎,而追補不能如數。則是以幾名糧長,代一邑之頑户完逋,此賠兑之苦也。歷年糧長慮臨兑派賠,則以收足爲勝筭。或他人以八錢收一石,則此以七錢收,而彼又以五錢收。收者攘之愈急,其折價愈下。傍倉各棍利其然,即包收鄉間。細户東西觀望,但價輕者與之。故遊手閑棍,享不貲之獲。糧長每收二石,止有一石之實,而暗賠者半。此搶收之苦也。夫搶收者賠,而未收者亦賠,則糧長所貯之米,自然不能應兑。而倉棍知其底裡,搆令兇軍乘機打詐,以便話會交兑。於是逃匿者,鬻償者,一以身家性命爲孤注。此搆詐之苦也。因有三苦,而糧書之權始重矣。蓋本縣之有荒區,此其地勢使然。而又巧搆細户,另揑頑區名色。故糧長畏其荒頑不完,則賄派熟醇區分,而派收有費。凡衛所幫大軍悍,糧長委曲規避。凡出兑之先後,亦以賄囑,而派兑又有費。然在門内者,一肅禁之即止,而三苦則積痛難療。縣司極力調劑,始得成效。大抵蠲除荒區,改派軍儲恤孤等,則小民不得藉口拖延。而又嚴禁頑區名色,以開抗逋之門。此其要也。凡糧長已收者派兑,其民欠仍着細户自兑,且先於歲前追完,貯倉以待軍船,則賠兑之苦豁矣。循區運之法,每區僉大户一名,或獨充,或朋充,止令收入本區。而越收顆粒,即有厲禁。棍徒不得東西遊納以取利,其逋欠即行囤兑,則搶收之苦豁矣。糧長照收派兑,又無抑價賠耗,自有貯足好米待兑,而悍軍倉棍不能挾制。一照縣司前詳,每百石遵例出給私耗,縣衛正印兩面交兑。米不佳則責糧長,軍不受則責伍長。奸棍無所施其口舌,則搆詐之苦豁矣。縣司行之數年,流弊已杜,似難紛更。第猾書倉奸,遽奪生涯,即暫時斂避其神通,保無終變乎?撫臺批:漕糧賠兑之苦,搶收之苦,搆詐之苦,不獨雲間。據議種種調劑,使三苦盡豁,猾書倉奸,無所售其弊,便國便民。如有變亂成法者,重典創之可也。依議行。

陳繼儒《查收兑事宜》:收兑者,糙糧也。謂糧長收之於倉,而兑之於軍也。統計松江府華、上、青三縣,兑運米二十萬三(十)[千]石,改兑米二萬九千九百五十石。改兑糧運納通州倉,每石正糧外加耗米三斗。兑運糧亦運納通州倉,或撥京,或撥邊。京糧繇内河六閘盤剥,然後到京。爲此每石正糧外加耗米四斗。邊糧又入泓船,剥至鞏華城密雲,然後到邊。爲此每石正糧外加耗米四斗。已上二項,此正耗也。每臨兑時,又於每百石正耗糧米外加幾擔,名曰濕潤,以補沿途蒸折之數。此又耗外之耗也。正耗若干,淮撫派之。外加濕潤若干,府縣主之。

一,某衛所糧船一隻,僉點旗甲一名,運軍九名。運軍撑駕,旗甲總管。每人一月口糧八斗,每名共十二箇月,共九石六斗。縣官給衛官,衛官給各軍。編入會計,皆於彼處地方支領,於華、上、青無干。如松江所官軍派運别處,則於松江三縣支領行月二糧,亦與彼處無干。

一,查得淮撫議單一欵,每年漕糧俱限十月開倉,十二月報完。糧船限三月終過淮,四月終過洪。近因漕政久廢,萬曆四十年,又立漕單開兑之期。船到水次,大州縣限十日,小州縣限五日兑完。不兑完者,責在有司。兑完之後,即限過淮日期。江南限二十日,漕院坐京口，催督運船。運官有能如期過淮者，淮撫印給薦票一張，或獎票一張，統候糧完，如期獎薦。如有司無糧，軍衛無船，督糧司道及府州縣掌印管糧官，并領運把總、指揮、千百户，各罰俸半年。此題准事例也。漕規雖嚴，或以空船未來，或以遏勒耗贈，遂至躭延日久，蹉過漕期。運官無所藉口，捏稱倉廒無米，米色粗惡。又捏稱有司故意抑軍，毫不加耗。觸怒各臺，希脱己罪。故某衛所空船以某日到水次，當報也。某衛所船到，而衛所官未到，當報也。某船某日兑完，當報也。某船兑完，開幫或未開幫，當報也。如此十日一報，則運官無所容其譸，而府縣之賢勞者，自然有薦而無罰矣。

一，濕潤之外，又有所謂綱司話會，此向來套名。蓋收兑糧長與旗軍私相授受，每米一石，出銀二三分，以充酒飯之費。此府縣雖知而不問者也。但向有傍倉積棍，名曰倉老鼠，慣在就中刁唆攛掇，爲强軍之向導細作。先期訪出此等積棍，分調監候，糧船開完，乃始釋放。昔年毛司理掌印，常行之矣。

往年收兑，稱中役僅費百金。四五年來，費及五六百金，以至破家者。一年六十名收兑，豈堪破六十家之産乎？此無他，舊派太多，每倉收米一千七百石故耳。糧長承役修倉，磚瓦蘆蓆楞木有費，僱募斛手有費，僱募倉書有費，工食有費，使用有費。自十月至五六月，費已無經，而納户尚多掛欠。收米如此其難也。已而漕船既到，縣總倉棍暗通漕卒，正耗之外，嚇詐多端。明加踢斛淋尖，陰講綱司話會。每百石米增十擔外，每一石銀增一錢外。稍不遂意，凌虐糧長，侵侮縣官，不滿其欲不已。兑米又如此其難也。至於大保大區，借改折之名，倩人代杖延挨，不肯納糧。直待旗軍催兑比較通關之時，於是有折銀減價，使之不得不收者，名曰搶收。有先賒糧若干，方納糧若干，使之不得不賒者，名曰賒串。若不搶不賒，且并其搶收賒串之銀米，而俱無之矣。派額米缺一石，糧長自賠一石；缺百石，糧長自賠百石。米價日踴，賠價日多。米不能賠，而借債鬻産、賣男鬻女隨之矣。雖欲不破家亡身得乎？若使本區收本區，行區運法，派額既不至隔區，奪保頑户不至藉口荒區，奸民又不至覬望搶收賒串，此亦清弊竇之一策也。又聞之運軍與淮上漕書，搆同揀擇，用賄派船。派江北淮泗之船，至江南四郡之内。撫道不得彈壓，則氣勢必定咆哮。往返二千餘程，則官弁反多違限。何如常鎮蘇松，自相更調，以近附近，視以遠調近者，果孰便孰不便耶？此特在撫按倉漕一斟酌間，而收兑受福不淺矣。

顧署丞派助收兑糧長六十三名，共貼義田三千七百九十八畝三分八釐，該除糧净米共二千二百四十石。

前件每收米一千石，原議貼役米三十五石。萬曆三十九年，本縣條陳，議將前米每石扣出二斗，貼二六輕齎等解十名。今每收兑米一千石，該貼净米二十八石。每年三月赴縣拈鬮，各照單數取租支贍。其錢糧附於本役囤户册内比徵，無論荒熟之年，先儘錢糧，餘租仍照出兑通關扣給。如有盈餘，算出還官。永與顧氏無涉。

收銀總催中等役

每歲編收銀總催，金花有銷滴之苦，收納有晝夜看守櫃銀之苦，收時有僱募書筭食用盤纏之苦，又有造册查盤十年之苦，解放有折耗等候之苦。每收銀壹千兩，費銀五十餘兩。

撫臺周公孔教《禁借支文移》：照得吴中賦重，催科不易。然就其中，亦自有緩急之分。如户部之金花京邊，禮部之藥材牲口，工部之段疋料銀，此起運中之最急者。若掌印官能先其所急，每遇開徵，先完此數項，而後及其餘，錢糧何至墮欠，考成何煩查參？惟是有司漫不留心，遂致户庫吏書，朋比爲奸。將徵完貯庫錢糧，利其加二加三，扣除常例，那放各役工食。有未役而先支一年者，有上年而透支下年者。各奸之谿壑充盈，帑藏之脂膏匱乏矣。日積月累，動欠千萬，夙逋由此而釀成，有司因此而參罰。即今倉廩空虚，九邊告急。或奉明旨，差官守催。或奉特旨，將撫按有司住俸罰俸，甚爲嚴切。爲此牌仰各屬官，今後徵收折色銀兩在庫，務要先將金花藥材、京邊牲口、段疋料銀等項，緊急起批，差官解京。然後將存留各項及各役工食，以次徵給。如不分緩急，仍前任從吏書爲政，將庫貯現銀，那移撮借，以致解京緊要錢糧，拖逋不完。定將各該吏書，坐贓究革，干礙職官，一體參治。

華亭聶公紹昌《收銀議》：今之收銀，即昔之長收。昔年長收之濫觴，在管月買辦。舉公家承應上司、餽送交際，一切浩費，盡責其人。所以蕩析人家，百無一存者。於是乃以大收改而爲小收，大收二三萬，小收自一千至四千而止。然查近年收銀者，不過一二百畝，或三四百畝之家。猶是中户，豈勝蝟費？往時相沿積弊，如傾銷滴補，解放虧折，書筭衙役，種種需索。又有僱募櫃書，僦寓盤用。所以一千必費銀四五十兩，豈是中人所堪？更有衙役攬納，逼減天平，而積猾櫃書，尤慣包攬，磨洗官串，詭發附收，那東掩西，莫可究詰。既攬此而包彼，必移後以飾前。接踵朋奸，動侵千百。本職洞悉此弊，已痛革附收。且議嚴禁積年櫃書，挺身包攬，務使櫃收皆正身的名。亦不許占定櫃口，聽糧長自令所親，秤收登記，竟用櫃書寫串筭數。仍須役人自擇具結，報名于官，以便查弊究治。然收銀所最苦者，尤在于收放不速，動淹歲月。今議請頒定收放之法，必置京邊及各項上供緊要者于前，而其餘次急者、稍緩解放者，以次開列，不得任意先後。且十櫃多少均放，苦樂適調。一班所收，即儘數放去。收盡放絶，總撒相同。然後及次班，則無存櫃積侵之弊，亦無久候盤用之苦。又以櫃派啚，一定不移。如槩縣六百三十里，舊設甲乙等十櫃，每櫃派定六十三啚，使收納不得混淆。收之既齊，放之亦速。一班交一班，一季交一季。如金花銀，例應傾銷滴補，其完解原分四季，亦照銀均派，自無此盈彼詘之患。又嚴革衙門騷擾，又頒定法馬，不時查較，以絶弊源。則承此役者，竣事速而不以擔延浪費，補納均而不以畸重向隅，收解一而不以賠償滋累，雜用免而不以追呼剥削。庶幾中户之家，不代巨富之累。所裨于國計出入者，亦不小小也。

署縣水利孫公應崑《收銀議》：收銀編有定役，或以數百，或以千萬。然大要千百者其常也。班次既定，即挨序上櫃收放，不待言矣。第其間或有包收買放者。何謂包收？其人不暇自辦，而攬爲代充。攬之而不得當，則有侵欺之虞。即攬之而得當，亦有需勒之弊。故正身不可不查也。是清收之源也。何謂買放？其銀業以收貯，而避重就輕，通同總書以開數，則隱弊難稽。糾合領解以作奸，則正項反欠。故放銀不可不覈也。是節收之流也。若乃派定啚櫃，禁勒贈耗，則當事者自有區畫耳。

華亭章公允儒《收銀示》：收銀總催原編已定，間有不足，不得不借之提補。但惟二三百兩者最苦。蓋往歲編審時，大户漏役，是以偏科于中人之家。且數少在後，雜放皆盡，又時日經久，有妨生理，本縣所深念者也。然相沿既定，難以頓更，俟下次編審，當有别議耳。惟是舉目前之費，如號串紙張，及募書筭手，此必不可省者。至有衙門内外之人，一經上櫃，糧房書手先索印串號票錢，守堂門子有送串請印錢，老人有稽查守宿錢，縣總有解放輕重錢，皂快小甲有上櫃土地錢。甚有一班赤棍，名曰日遊神，日逐在櫃攪擾，多方騙詐。畧不順情，肆行辱罵。開口則曰櫃書不幫襯，用强打詐。如此之輩，所用紙包，一上櫃時，不下數十。收催無所措，不得不用私等，勒之經催納户。于是緣而毒中之通縣矣。今本縣已廉得其情，俟日遊神再犯，斃之杖下。如衙門人役，有仍前等弊者，許收催首發。其收催多勒加耗，許納户人等明舉，一體重治。再照有等鄉愚，聽積棍甜言，或偷自身閑逸，聽人包收。包者身在局外，廣作弊竇。一經查出侵欺，俱坐之本人，而神奸漏網矣。今後如有包役及受包者，計贓坐罪。

華亭鄭公友玄《議收銀申文》：收銀一役，較運解之費頗省。如募書工食及發串紙張等項，直以顧氏貼銀一項，辦之足矣。第收銀兑解，則輕重有等。最重者無過金花，今每千額派三百兩，前後適均。至於銀匠解官，必當堂兑發，期無苛勒。其他散兑，最稱便宜。亦以傾錠多少參派，不縱總書上下其手，自無偏累之嘆。且挨定班次，隨收隨放，使之早竣歸寧，尤稱省便。且每年額銀二十五萬，除逋欠及對支外，止編收催二十萬。合五年計之，則以百萬爲率。盡大户而役之，常難取盈。今除北運布解約肆五萬兩，派櫃自收，計五年可省二十餘萬。即以之加輕於七十餘萬之役，則人人輕省，是亦暗消役累之法也。凡此苦心調停，永絶流弊，似宜相守無更者。再查火耗一項，上下聞之知之，誰能掩耳偷鈴？第此中例除六釐三毫，較他處以分錢計數者遠甚。然他處暗加於民，江南賦重，故小民以輕等色銀，重困收役。則此項亦獨取之收銀役人，最稱不便。縣司居恒耻聞之，即出身策對，痛言其穢。故任青溪迄今，示革陋規，即首此項。況前縣多有恤役示禁者，即縣司行之，亦非矯也。後來豈無同心？蓋在官之規陋一禁，則衙門無名之費，一一肅除。其加惠收役，并一邑小民，有不止於毫釐而已者。伏候裁示。曹撫臺批：調停櫃收，備極苦心。嚴禁火耗，不累收銀役人，尤見清卓。如議行。

顧署丞派助華亭收銀總催九十名，共貼田四千五百一十三畝八分七釐，該除糧净米共二千七百二十石。

前件每收銀一千兩，原議貼役米一十七石。萬曆三十四年，本家未蒙免役。蒙縣議，將米每十七石内，扣出九斗，還贍本名。故每收銀一千，議貼米一十六石一斗。萬曆三十九年，本縣條陳，議將前米每石扣出二斗，貼二六輕齎等解十名。今每收銀一千兩，實該貼净米一十二石八斗八升。每年三月，赴縣拈鬮，分管前田，各照單數，取租支贍。其錢糧附于本役圖户册内比徵，無論荒熟之年，務須先儘錢糧，餘租贍役。永與顧氏無涉。

南　運中等役

每歲領運南京光禄寺及會同館白米，神樂觀糙米。此項縣派區啚，自行收貯，不涉收兑。又領盤用銀兩，此項徵收在櫃，奉票支領。是役也，脚力足用，解米從容，人不甚苦之。今議於布解一名，相兼一名，以輕補重，每名編田三百畝。南運之役均矣。

華亭章公允儒示：南運頗無賠費，所以與布解相兼。但衙門積役，不揣細布之難，獨想南運之利。糧房吏總，先索派收之規，復騙延緩之例，每名索用數金。糧衙書門皂快，搜索不已，指稱官有舊規，役有常例，亂出牌票。或稱押完，或稱計數，或稱驗糧，或稱驗船，或稱押出境，或稱唤領批。誅求無所不至，其何以堪？今後敢有仍前需索者，許指名具告，或擒扭到縣，以憑重治。

顧署丞助派華亭南運糧長四名，共四一百十九畝八分，該除糧浄米共六十四石。

前件原議，此役隔年起解，賠費甚輕，因不議貼。新例與同北運漕糧，當年起解各役，比例告貼。查得裁革項下，每名議貼除糧浄米二十石。萬曆三十九年，本縣條陳，議將前米每石扣出二斗貯倉，聽貼二六輕賫等十解。今每名止貼浄米一十六石。每年三月，赴縣拈鬮，各照單數，取租支贍。其錢糧附于本役圄户册内比徵，無論荒熟之年，先儘錢糧，餘米贍役。永與顧氏無涉。

風汛解户中等役

每名領銀買米舂辦次白米一千六百餘石，待沿海出汛軍兵自行支領。解户五名。

蜜糖解户下等役

每年領運銀四十二兩，赴南京光禄寺交納。

鳳陽麥折解户中等役

每年領運銀二千四百九十一兩，赴鳳陽驛交納。

南京柴薪解户下等役

每年領運銀三百八十五兩，赴南京交納。

南京各部柴薪解户中等役　扛銀五兩一錢零

每年領運銀四百三十二兩，耗銀一十兩八錢，赴南京各部交納。

五城弓兵解户下等役　扛銀二兩二錢零

每年領正銀一百八十七兩，赴南京五城兵馬司交納。五年内應編五城弓兵解户五名。

南京直堂解户下等役　扛銀一兩九錢零

每年領運正銀一百六十兩,耗銀四兩八錢,赴南京交納。

船鹽解户中等役

每年領運銀八百兩,赴運司交納。

軍器庫子下等役

每年造軍器看守。

南京國子監膳夫解户下等役　扛銀一兩二分

每年領運正銀一百一十兩,赴南京國子監交納。

織造府解户下等役

每年領運銀二百七十五兩,赴杭州織造府交納。

華亭縣差官解免民解凡有十項

二六輕賫解頭上等役

每歲領運二六輕賫銀一萬三千九百餘兩,赴淮安府總督漕院驗發漕船。華亭已議官解,其盤纏扛價,將顧義役米議給,民間減此役矣。

鹽糧解頭上等役

每歲領運兩浙鹽運司水鄉蕩價,并包補白塗蕩價四千六百餘兩,赴杭州府鹽運司交納。華亭已議差官,盤纏扛解,將顧義役米議給,民間減此役矣。

南京公侯解頭上等役

每歲領銀四千一百六十餘兩,赴南京交納。華亭已議差官,盤纏扛解,將顧義役米議給,民間減此役矣。

徐州米折解頭

每歲領運銀四千四百一十四兩零,赴徐州永福倉交納。華亭已議差官,盤纏扛解,將顧義役米議給,民間減此役矣。

揚州米折解頭

每歲領運銀四千四百一十四兩零,赴揚州府倉交納。華亭已議差官,盤纏扛解,將顧義役米議給,民間減此役矣。

山東昌平驛解頭

每歲領運驛傳馬役銀二千八百二十三兩零,山東兖州府昌平驛交納。華亭已議差官,盤纏扛解,將顧義役米議給,民間減此役矣。

鳳陽大店驛解頭

每歲領運驛傳馬役銀六百七十二兩零，赴鳳陽府宿州大店驛交納。華亭已議差官，盤纏扛價，將顧義役米議給，民間減此役矣。

河間府瀛海驛解頭

每歲領運驛傳馬役銀一百一十五兩零，赴河間府瀛海驛交納。華亭已議差官，盤纏扛價，將顧義役米議給，民間減此役矣。

滁州滁陽驛解頭

每歲領運驛傳馬役銀一百六十兩，赴(徐)[滁]州滁陽驛交納。華亭已議差官，盤纏扛價，將顧義役米議給，民間減此役矣。

南京農桑絲絹解頭

每歲領運南京庫農桑絲絹銀六十一兩六錢，赴南京交納。華亭已議差官，盤纏扛價，將顧義役米議給，民間減此役矣。

萬曆三十八年，郡侯張公九德，軫念五遞年内，有二六輕賫解頭五名，鹽糧解頭五名，南京公侯解頭五名，徐州米折解頭五名，揚州米折解頭五名，山東昌平驛解頭五名，鳳陽大店驛解頭五名，河間府瀛海驛解頭五名，滁州滁陽驛解頭五名，南京農桑絲絹解頭五名。往年俱僉徭户承充，賠費繁劇，無不破家。條陳一欵，委官應解，可免勒索。隨蒙本縣聶知縣，又念衙官倉巡，禄薄官卑，難任扛墊補輕路資等費。議將顧署丞原貼細布、北運、收銀、收兑、南運役米九千一百三十石内，每石扣出二斗，可得米一千八百二十六石。收貯官倉，津貼各解，亦爲不便。今議照依濟荒助葬事例，每年筭派人役，將貼解田上應完糙糧，照依會計，儘派各田保名下造册，送專管衙門，立限追完。仍加三筭贈，作准正額。餘米俱照原刻册，每石易銀四錢五分，納(下闕)。

松江府志卷之二十二

役　　議

徐文貞公二則

《論白册青由書》：階少時，見里中率以八月成白册，九月散青由。至十一月，民輸税且畢矣。近年不審何故，青由之散，恒至歲終，於是民得藉口以逋恒賦。及賦入不登，官司不知此輩皆豪强狡猾之徒，而槩以爲小民拖欠，不復追理。於是賴糧者漫無所懲，而其侵欺者，因亦無自考驗發覺。國家之經費，民間之風俗，蓋胥病焉。伏惟明公考求故事，早給青由，嚴查侵欺，則裕國厚俗之大者也。

按：國初設立黄白二册，黄册十年一造，白册一年一更。蓋緣吴下田畝，賣買不常，故有田千年、主八百之謡。若候十年推收，則錢糧必責原户抱納，强梁者得利拖延，貧弱者笞箠賠貱，其弊必多。故令民間另造實徵文册，糧隨田轉，田去糧除，名曰白册，實爲民便。近歲縣總以此抑勒取利，倡爲推收失額之説，以簧鼓上人耳目。其實暗受人財，私自推收者，不可勝計。此在賢守令洞燭其情，規復祖宗舊制，誠千載一時也。

《論糧長利弊書》：近歲松民之病多矣，而其大者莫如糧長。階嘗妄謂糧長之所以病，由官司律糧長太嚴，而其自律太疎耳。所謂律糧長太嚴者何也？往時糧長當西成之後，爲酒餚召其里中之稍饒裕者，飲食之而求助焉。大約多者可得米三二百石，少者百石，謂之開倉。糧長歲取其家之贏，以貸於民。姑以法例計之，貸米千石，可得息三百石，謂之放債。合是二者，故糧長雖費，而其本不傷，其力不困。近年官司一切禁絶。以開倉助於人，而人自助之，准諸古昔，實有相賙相恤之義。謂之嚇詐，可乎不可乎？有無相通，自古則然。以本取息，猶以母生子，其在律文，原未嘗禁。而謂之擾害，又可乎不可乎？明知其不可而故爲之，必欲糧長人履伯夷之行，家有原憲之貧，故曰律之太嚴也。所爲自律太疎者何也？階往年憂居，見親友之役於官者，其始也有拜見之禮，自管糧以及催督查追之官，莫不受賂焉。有鋪堂之費，自吏書門皂以及民快坊甲之屬，莫不索賄焉。其中又有買限之錢焉，有銷限之錢焉，有乞免正身之錢焉，有乞追欠户之錢焉，有打發承牌之錢焉，有冬至節年節之錢焉，有僱人代杖之錢焉，有杖而醫藥之錢焉，有解糧沿途供給之錢焉，有解糧常例人事之錢焉。傾銷則自多扣秤頭，私易成色，而不足之數責以償焉。出兑則不能抑制豪軍之過取，而不足之數責以償焉。拖欠侵欺，則受賄聽囑，漫不查究，而不足之數又責以償焉。至於勸借預徵、買辦公用等項名色，紛然雜出，莫知愧畏。故曰自律太踈也。伏惟明公仁惠之心，方嚴之政，素有聞於時。夫仁惠莫先於恤民之隱，方嚴莫先於制其僚屬吏胥，使不敢肆。尚幸有以處此。

比部鴻州徐公一則

江南差役以田爲序，此經法也。夫國家以民爲役，以田制役，雖古盛世不能易。後代人奸法弊，民不皆有田，役亦不盡從田，於是有偏累不均之恨。蓋舉海内皆然，江南爲甚矣。夫江南財賦劇地，諸役最稱煩辛。迺今任鉅産之家，優游豐盈，坐作淫侈，而徒使貧苦之民，貲窘力單，奔馳敲朴，此當世所爲不平者。誠於士大夫之産，立有定例，限其品額，額外有餘，更爲裁抑之法。或即從官途懲警，或特設鄉政遏防。務令不得任意逾越，以侵削閭閻，陵夷志節。倘過營分外，即議在毀廉。但令教肅風清，必無敢顯托不類者。若也登壟意重，振濯心微，彼既欲自同庸民，國家亦何難賤士？此定士大夫之例，當明布朝章，以成畫一，不得但委之郡縣者也。此制既定，然後將槩縣官民户田，履畝核實，歸併造册，照産列名以注役。多寡不紊，輕重不踰，下毋得私營脱減，上毋得曲法低昂。此則於均役之中，便有限田之意。大要田多役不妨過重，田少役不妨加輕。將令富者勢不可多，貧者無可使有。需以歲月之深，徐俟推移之理。此作法於無制之後，寓意於常法之間。在任事者以至公之心，行至平之政，而堅持之、永守之，庶乎齊均之效，可以漸致。即末世無全功，亦或可幾十五也。至於因時隨勢，法在必利，而不至病人。正行旁行，無失本意，而總歸合轍。則在善行之人，用意真密，審圖無弊焉耳。顧其所以難行，則有由然。大要九重一人，與閭閻萬口，未有不知其便。而梗撓之人，皆大所不利，言則爲賊。所以歷千餘載，而訖無成法定議無惑也。

撫臺檢吾徐公二則

《會題均役疏》：爲東南徭役不均，民生日困，懇乞聖明，嚴旨清核，以解倒懸事。職惟我國家二百年來，惟正之供，强半倚辦東南，稱爲外府。每歲陸輓海輸，輻凑而致之輦下者，秋毫皆小民力也。其至苦至繁，職往理刑雲間，業已稔知艱難之狀。而比自任撫以來，耳目所聞見，公家之差役倍增，豪横之兼併無筭，殆於昔日更有甚焉者。職不勝咨嗟扼腕，敢據實備摘其所以受病之故，及今急議釐正之舉，謹會同巡按，一一爲皇上陳之。職等按吴中之役，除一切里排等小役，艱辛萬狀者無論。至如收櫃收倉、解布解絹、南北兩運，有終歲拮据，始得竣事者。有水宿風飡，皸皴道路，貲空産罄，流落他鄉。甚而血杖淋漓，公庭疲曳，查盤逼迫，獄底羈監，三年五年，尚未得息肩者。蓋因隆慶年間，吴中士夫創立官甲，自辦自比，自收自兑。未幾巧詐百出，弊竇紛然。有倚官甲爲避差之窟而詭寄者，有通錢神於猾胥之手而花分者，有寄莊而圖優免者，有故宦而仍濫免者。相沿積習，牢不可破，而長民之吏，莫能究詰。夫總計一縣之田，止有此數，此增則彼減。官户之田日增一日，則民户之田不減不止。故縣中一遇編差,上户不足,點及中户,中户不足,點及朋户。於是豪門子弟,倚勢人奴,方且坐擁良田美宅,歌童舞女,耳中曾不聞役之一字。而彼甕牖貧民,鶉衣百結,豕食一餐,反共出死力,以代大户非常之勞費。此情理之難通。職等以爲今日役法之弊,物窮則反,斷無膠柱不移之勢。而此中賢士夫,桑梓情切,未必非相與拯捄之一會也。該職等嚴行道府縣,逐一清查,自甲科以至一命,謹遵照《會典》,厚加優免外,於鄉紳大體似無不愜。其餘限外田畝,及有詭寄花分寄莊故宦,槩不容隱匿。無論官民,盡數照田編役,以甦積困。此舉利於公,不利於私,若不著爲令甲,異日必致更張,恐終貽皇上軫恤東南之慮。伏望俯采職等所言,亟敕下户部覆核。果於地方少有裨補,行職等查確,編定勒石,永爲遵守。職等無任激切待命之至。奉聖旨:這所奏關係賦役,該部便看了來説。户部覆疏:户部一本,爲東南徭役不均,民生日困,懇乞聖明清覈,以解倒懸事。該應天巡撫徐民式題前事,奉聖旨:這所奏關係賦役,該部便看了來説。欽此。欽遵。該科抄出,到部送司。案呈到部,覈看得東南財賦之藪,惟吴中居饒;徭役彫敝之嗟,惟吴中最劇。家温食厚者,半花分而詭寄;倚門旁户者,盡逃富以差貧。巨奸爲之窟穴其中,猾胥得以出入其手。華屋素封之輩,享數萬畝,而役字終身不聞。風飡水宿之夫,僅擔石儲,而繁費累歲不息。此地方撫按所爲目擊,而痛焉若割,却顧而蹙,不終朝者也。據照《會典》優免之例,加倍常額,則鄉紳之體貌攸存。清積年冒濫之條,逐畝科差,則編户之勞逸共適。有田必有賦,賦無隱射之虞;有賦必有役,役無偏疲之苦。其君子悦禮好義,首事以爲之先;其小人守法奉公,望風而惟恐後。行之允稱便利,懸之永爲成規。既經撫按具題前來,相應覆請恭候勑下本部,移咨應天巡撫并都察院,轉行巡按御史。將蘇松等府詭冒濫免田畝,確行查編,勒爲令甲。毋此行而彼掣,毋朝更而夕改。其所屬有司,或骫法市恩,及豪右阻撓者,聽撫按指名參究。事明之日,開造田賦徭役類册,繳部查考。庶上完國課,下紓民力。三吴數百年之積困,從此少甦乎。等因。萬曆三十八年十一月二十一日,户部署部事、總督倉場、都察院右僉都御史兼户部右侍郎孫等具題。二十八日,奉聖旨:是賦役法貴均平,豈可偏累。這所議着著爲令,永久遵行,不許阻撓變更。其中編派事宜,還着撫按官詳細經畫,務絶弊端,以成永利。

《答吴門縉紳書》:式猥以戇拙,濫叨江南之命。賦額繁重,甲於寓内。區區綿力,不能遽爲小民乞緩催科、罷榷税,深用爲媿。獨念此中役困民苦,莫知底極,不勝鰓鰓過慮。一面以均役事,會同具疏題請,一面督率州縣,清覈舉行,案奉明旨,永著爲令矣。伏承在朝在鄉諸老先生,各有書揭相督過。不知者謂役及縉紳,知者謂役及寄户。吴郡鄉紳,生殖惟田。然查萬畝計者,率多寄户之産。而寄户之家,有田連阡陌,一差不及者,有白首豪華,一世不役者。富者益富,貧者益貧。徒使同鄉共井之人,生于役,老于役,死于役。或縲絏獄底,或客死京師,或鬻女賣男,或扳親累故。諸凡苦狀,度諸老痛心疾首,已非一日。特苦于積弊相沿,無可如何耳。限制已定,即有目前强寄者,既可以藉口推辭,而拖誤錢糧者,又不至貽累宦册。此亦士大夫第一快事,而反大爲不平之鳴。一則曰:舊制鄉官一應雜泛差徭,盡行優免,今當差非制也。又以罷職者曰:革職爲民當差,今與民當差,似罷職矣,非體也。不知雜泛差徭,如今地方火夫夜巡、築城修河等,從煙門户口起者,此項即生員且復其身,何況鄉紳?今日之差,則從田起役,以完朝廷賦貢之事,非聽使令於府縣官,與排門編審者也。若南北二運,所運者何米也?田中上供之米也。櫃收輕齎,所收所齎者何銀也?田中之銀也。役因田起,即應隨田承役。是役其田也,非役其人也。迺執免於照丁編户之差,并欲免因田而起之役。濫觴至於免親外之親,友外之友,以及臧獲奸豪,可乎?據各縣解到官甲文册,明白開註寄户姓名,特不便摘發,以傷雅道。而槩謂吴中縉紳,同於庶民之往役,不亦過乎?限田行矣,而議者又條爲貼役之説,因與道府縣熟議之。俱稱貼田,似矣。然肥田不貼,而貼瘠田者有之;今年暫貼,而年久收歸者有之。非霸種於鄉豪,則盜賣於猾里。此貼田之難也。貼田不可則貼米,似矣。然豪户索之於小民,徵一取什;小民索之於宦家,什不得一。誰爲收貯,誰爲交割?此貼米之難也。貼米不可則貼銀,似矣。然此銀徵之在官,胥吏侵漁,有司那借,呈領闕支,轉二三番手,而始得津貼,然已糜廢及半矣。且正税猶不肯盡輸,況爲額外之征,而安能令其隨派隨給也?至小民之視豪奴悍僕,如鬼見帝,又不必言矣。甚且一入會計加派之中,永無再輕再減之日。名爲加派,不名貼役。重賦之鄉,豈堪重派?此貼銀之難也。前此當事者,何嘗不議平役、議津貼。今試問役米、役銀、役田,復安在乎?不肖所爲輾轉而浩嘆者此也。又有謂官田散圖,照依嘉湖事例,均田均甲者。嘉湖之例,田至三百畝,即僉里長一名。若數千萬畝之家,里長不知幾何,又不若合併應役之爲便也。此均甲之不敢聞命也。又有謂詭寄清而花分在,合將三四十畝以上,儘數朋充者。夫大户之田以百而朋千,其役猶可;小户之田以十而朋百,其役何堪?即以四五十畝之家論之,除完糧外,僅餘二三十石耳。凡一年公私之雜費,新舊之積逋,皆取給其中。能朋北運乎,能朋收銀收兑乎,能朋細布皇磚乎?今有千鈞之鼎,使孟賁舉之,則談笑而無難。若付之羣小兒不能,又付之餒夫不能,又付之久病垂絶之人不能。故大户之千畝者,應充千畝之役,則孟賁也。使攢數十小户,亦千畝矣。第此皆群小兒也,餒夫也,久病垂絶之人也。過慮花分之難盡,而欲合槩縣之群小兒、餒夫、病人,以填大户之缺畧,使其家家朋役,畝畝出銀。是豪强兼併之藉,而仁人君子之所必不樂爲也。此槩縣朋役之不敢聞命也。又有謂是役也,始則縉紳不便于體面,繼則小民不便于交納。蓋謂官甲之收銀,大馬大等也;官甲之收米,大斗大斛也。獨不思此誰爲之,賢主不可治以家法,有司不當懲以官法乎?奈何因噎而廢食也?大都按天理人情之至,大户宜充,小户宜豁,酌經久可行之法。吏胥不得高下其手,豪貪無所躲閃其中。得法之平,畫一之術也。不肖原非喜事好名,第見民困于差役,官窮于編差,不得已爲此地方公平永計。知我罪我,一切聽之而已。況一時免役之日,與子孫充役之日,孰長孰短,又當深長思矣。善乎范文正公有云:士大夫居鄉,早完官税,佐國家之急;調停役法,分桑梓之憂。此外别無可以報君父者。三吴賢才,至國朝爲尤盛。其自待肯出范文正公之後哉?

華亭邑侯井愚聶公一則

《均役全書叙》:紹昌承乏華亭,首當荒政。甫幸就緒,而十甲編審之期至矣。又踰朞,而五年大役之期又至矣。大抵江南賦役，皆出於田，有田則有銀有米。銀米誰催之，則總催分催是也。誰收之，則櫃收收兑是也。誰解之，則南北解頭是也。誰運之，則南北運糧長是也。此皆照田派役，因役派年，均名正差，並非雜泛。編審經催，以十年爲率，論主户不論客户。編審重役，以五年爲率，論大户不論小户。經催之苦，雖有官甲分其勞，而大役之苦，實則官甲重其累。何也？寄户之田多，則當役之田少；當役之田少，則疊役之人多。疊役之人多，則破家産、繫囹圄、鬻子女、扳親故者，不可勝計。勢窮必變，物極則反。有司雖有補偏救弊之心，而終無拔本塞源之策。頃大中丞徐公疏請限田，嚴查花詭。夫役法一新，紹昌等既當洗心奉職。而況華亭爲大中丞甘棠舊治所在，如熟路之車，巧習俱備，如照膽之鏡，毫髮難逃。比之他州他縣，尤萬萬不同也。爲此夙夜兢兢，或參酌於前令，或採擇於條陳。或先於踏勘水災之時，密訪其某消某長；或忽於比限錢糧之日，抽問其誰詭誰分。有欲散甲散圄者，此不過變詭寄而爲花分耳，不許。有欲投櫃暗報者，此挾讐報怨耳，不許。有僉點公正者，此脅騙詐財耳，不許。有推收過册者，此臨時閃卸耳，不許。有多編空役者，此以開居間竇耳，不許。有積金不積産之説者，此莫須有耳，不許。諸蠹已革，宿套已除，然後清花分，共得田三十四萬五千畝，清詭寄，共得田三十四萬一千四百九畝。通計華亭之役，每年二百餘名，五年共一千零十役。昔之編役，田在十一萬之中，今之編役，田在六十八萬六千餘之外。多田者役重，則少田者自然輕矣。新役者初承，則舊役者自然後矣。此非縣令得而主之，田主之也。亦非縣令得而役之，彼之田自役之也。裒多益寡者，官之法；損有餘補不足者，天之道。即大中丞何心之與有哉？嗟乎！吴中賦役繁重，誰不扼腕言之，而特未嘗深惟其故。蓋當役者有民無官，此役之所以重而益重也。貼役者有增無減，此賦之所以繁而益繁也。今不議貼而議均，則大中丞之苦心也。不更法而守法，則後日仁人君子之同心也。蕭規曹隨，房謀杜斷，又賴爲國爲民者，真心主持于上，而後羣有司得以遹觀厥成，億萬姓得解於百餘年倒懸之積困。是皆天啓之也，人曷與焉？

上海邑侯魯人徐公一則

《均役叙畧》：吴中花詭通天，自昔言之，而今則詭之敝爲尤甚。大抵民户之花分，不過以百而化十。官甲之寄户，有十不止而及百，百不止而及數千者。花分之户，散于各圖，少則充點里排，多則并作圄户。惟寄户之田，一入官甲之内，縉紳指爲己産，有司指爲宦田，即有極煩極重之役，往往舍而之他。于是差中户、差小户、差朋户，甚則差無産之户，及頻年疊役之人。啚書公正，任意妄報，高下在心，增減在手。是從來上海之役，役人而不役田也，役貧而不役富也，役舊而不役新也，役以意而不役以實也。今奉行新例，查出花詭實田，共四十萬餘畝。照田之多寡，定役之重輕，因而即定年之先後，一以田額爲準。其上差者以千五百畝當之，中差者以七百畝當之，下差者以二百餘畝當之。彼此品搭不及者，以上中下田畝之數朋當之。數十畝之下無與焉。其宦族無從漏逃，子户不敢飛灑。此尺尺寸寸，嚴於法之中者也。其京銜外秩加免有倍，衿韋武弁亦沐餘波，此上上下下，貸於法之外者也。

青浦邑侯遂東王公一則

《均役叙》畧：青浦小縣耳。割華亭之瘠土，僅僅聚石成城，鑿城通氣。民賦與華、上相頡頏，而大役倍爲繁苦。往年僉大役，皆從訪報中來。訪則不必其實，而報則不必其公。不公不實，則被役之家，無不立破者。三吴官户不當役，於是有田之人，盡寄官户，逃險負嵎，而役無所得之。所得之者，其貧弱也，不則其愚蒙也。貧弱漸亡，愚蒙漸詐，則勢且至於無田無役。不特當役者苦，而編役者尤更苦。徐大中丞曰：是誠苦。然而何必苦也？有田當役，則義而忠，論田編役，則公而實。於是有清田均役之議。疏上報可，遂下檄清詭寄，禁花分，使有司得便宜行事。任偶以遷謫之餘，始移至邑，倉卒計無所出，因静而思曰：清田如併銀，均役如市貨，有銀則有貨矣。然詭寄不須清，花分必難禁也。何者？官甲有優免之限，則限外皆當役之田，是不須清也。唯是趙析爲錢，張分與李，何從而知之？因立花分之禁，始而懸賞罰，許首告，弔賣契，而自願併田者十之一。既而對累年，實徵查，一旦亡去，田屬何人，賣在何日，駁處數豪姓，而自願併田者十之五。既而出示，將所報之田數，盡行刻册，廣貼鄉城，許受分者不還，而知情者年年得以挾之，且終身不敢怨一人，而自願併田者十之九。於是得田一十六萬八十八畝。私自喜曰：銀既併矣，貨足市矣。然而貨有貴賤，銀有功苦，不可一槩而論。於是乎將田爲折筭法，以齊其荒熟，將役爲兼搭法，以等其重輕。而又計五年之役，見勞者與之居後，方勞過者與之居中，可勞而未勞者與之居前，爲輪息法以養其氣力。請託不可，關白不行。併田在於私署，所以防吏書；審役在於公所，所以合億兆。田多一畝者，不得抑之而後；田少一畝者，不得提之而前。以筭子爲畫一之法，以帳簿爲剖萬之本。於是田二千五百畝當細布解，一千二百畝當秋糧總書，一千畝當北運，八百畝當公侯輕齎解，四百畝當風汛，三百畝當水鄉蕩價、鳳陽等倉解，二百五十畝當收銀一千，二百畝當農桑絲絹解及收兑南運，一百二十畝當柴薪解。父老子弟各不相争，俱欣欣然有喜色相告也。曰：往年無田有役，今役必以田，公矣。往年田少役重，今論田而役，公矣。往年荒田空多者當役，今役皆熟田，公矣。往年五年三四役，今五年一役，三年一役，公矣。往年五十畝當大役，今七十畝以下俱高枕貼席，而不知所謂役，公矣。詳允之日，田歌社舞，街頌巷懽，以爲建縣以來，無有今日。似若令有力焉者。不知大中丞主持廟謨，破群囂而任獨怨。斟酌調停，叮嚀告戒之際，有非小民之所得知者。令不過奉行文亡害耳。然小民即以此功大中丞，大中丞亦不必受。何者？損有餘以補不足，天之道也。物壞極而後有事，政之經也。以天之道，還政之經，亦時勢不得不然耳。《易》曰：有事而後可大。可大則願可久。故既壽之於石，而又刻之於書，以告來者。

華亭邑侯東鰲項公一則

語云：三人言，則從其二。以其同而公也。本職既革方正，猶恐上不面審，下不親認，紛紛鬼報鬼應，終無已時。若將所定色役，再三研審，不時抽點五六七人，或富或貧，或老或幼，或黠或愚，或鎖之後堂，或置之東廊西廊，或分之案前案後。將某區某保某人，應充應豁,應增應減,寫單呈來。智者不及謀,謀者不及合。取其同,不取異。是不用方正,而人人方正也。是人人方正,而不知誰爲方正也。欲營求不暇,欲需索不能,欲暗報不及。至明日臨時別生變化,則衆役之偷心息,而公論自出矣。

邑侯懷吾王公一則

《禁編審臨期推收告示》:民間買賣田產,推收過户,辦糧當差,法非不善。但行於編審之時,恐以照田而定役,勢必逃役而推田。或囤户散爲小户,或民甲收入官甲。飛灑詭寄,鬼揑花名,徒益絮煩,無裨編審。况推收則于該房有費,于圖書有費,于攢造册籍有費。而奸人乘機作弊,變亂成規,專借推收轇葛之時,以藏不可窮詰之竇。本縣先已灼見此弊矣。爲此禁止推收,官甲歸官,囤户歸囤,不許推落各啚,以滋煩擾。

華亭邑侯際華熊公二則

《革方正告示》:照得本縣往年編審,先舉區中方正報役,最爲第一大蠹。或假公濟私,或挾仇報怨,或賣富欺貧,或恃强凌弱,或曲庇親友,或借聽家僮,或受旨于鄉紳,或謀充于區棍。需索扇詐,如鬼如蜮。是百姓未得均役之利,而先受報役之害也。本縣照田編役,田有多寡,則役有重輕,役有新舊,則年有先後。即有公正,安所用之?爲此先出示,决不僉點方正,以害鄉愚。爾等無爲此輩脅制,枉費錢財,自取罪戾。其在城在鄉市猾,有撞太歲等類者,許首出重賞減役。其罪犯照指官誆騙律,一體問遣。

《禁編審奸蠹告示》:照得往年報役僉役之弊,區啚奸人及公門員役,靡不鷹揚虎視,(騸)[騙]詐萬端。詐不遂意,縱田少,則曰積金不積產。錢神有功,縱田多,則曰外有餘内不足。或挾仇以報役,或親故以隱瞞。甚至無户無田者,或揑黄册鬼名,而云是彼原籍;或借白册他人之田,而云是彼親寄。一役陷及,百口莫辨,冤哉冤哉!至于上官僉役,未嘗不苦。如富豪之家,托人營免,即青衿之輩,蝟集乞哀。宦家僕戚,恐涉狐鼠之嫌;區中刁猾,每生告訐之擾。問之左右,靡非賣法之徒;反之中心,原無聞見之實。悮僉一名,令一家有破亡之慘;輕縱一名,致一輩有污衊之謡。是役若待報,報必不公;役若待僉,僉未必當也。今後如有舊役積棍,根連株引,借編役爲奸。平日既武斷鄉曲,臨役又指官誆騙。下則搜訐一鄉隙萌,上則伺察官府動定,百計射利,恐嚇小民者,訪出計賍配遣。

華亭邑侯井愚聶公四則

《清花詭》:華亭賦煩役重,皆爲役法不均,花分者多逃于囤户之外,詭寄者多藏于官甲之中。如南北兩運、細布、收銀、兑軍、二六輕賫、光禄公侯等差解,大户不點,點及中户,中户不點,點及朋户。或罄家產賍補,或鬻子女陪償。或稱貸京師,流落不返;或監禁獄底,控訴無門。查盤則累及子孫,變賣則攀扯親故。民當今日,譬如魚遊釜中,奄奄待盡。而富豪奸猾之徒,坐擁膏腴,明逃花詭。有田連阡陌,而一差不及者;有白首豪華,而一世不役者。有膏梁子弟,倚勢奴僕,良田美宅,歌兒舞女,而耳中不聞役之一字者。及見里排纏縷，則反欲訕笑其人；每聞大户破家，則反欲謀吞其產。苦樂不均，莫可言狀。役法至此，豈特爲民父母者之憂，實亦賢士大夫拯溺救焚之一會也。今奉都院憲牌，爾等凡有將田詭寄官甲，大户鬼名花分者，限二十日内，從實赴告，首明歸正。如有逡巡觀望，而爲他人首出者，即奉憲例，田産一半入官，一半給賞。本犯依律坐罪，决無輕貸之理。蓋行法之初，全在信賞必罰。而積弛久玩之後，不得不重處一人，以令衆人。無虐鰥寡，無畏高明，本縣惟有三尺從事而已。

《禁官册分詭》：士宦寄田，原非得已。以親及親，以友及友，以僕及僕。寄户之田既多，則當役之田自少，勢不能不爲限制。非特憂恤小民，亦使賢士大夫反得藉口，以謝親友耳。今優免以外，截田當差，詭寄之弊，不清自清。但士夫果係田少，不妨照數優免，以彰清德。而奸民規避百出，反移彼宦免外之田，以足此宦當免之數。一起一伏，忽合忽分。其次各學生員，亦往往有之。是詭寄之中，而又寓花分之巧弊也。爲此通諭官甲，以前日書册爲據，此後不得毫有增減那移。若有詭寄，不即首明者，將此田永爲士夫恒業，爾等悔之無及矣。今限十日歸正，無得仍前玩視，以貽後悔。

官甲書册，詭寄田畝，已清十之七八，而餘田有倍于囤户。惟編役之中，斟酌相宜，乃可與久。故餘田及五千畝者，除二千畝起布解一名。餘田至萬畝者，除四千畝起布解二名。至于南北二運，各項差解，非民甲諳練慣熟者，不能承受。請以收銀總催之半，糙糧兑軍之大半，役官甲餘田可乎。何也？往時里排催鄉官白銀，不惟主人難見如帝，管數人亦難見如鬼。徙倚侯門，吞飢忍凍，徒手而返，限杖難逃。自立書册，而官甲之白銀自納自比，隱然充里排之役。獨自傾銷交納，猶累收銀總催耳。今議官户田少者，以收銀之役加之，與民甲一體傾銷交納，此役之稍輕者也。往時收兑糧長，收鄉宦糙糧，或插和水穀，或斛斗不准，既無衡尖，又無加耗。自立書册，而官甲之糙糧自收自兑，隱然充一收兑之役。獨自本名正項，非與人互代耳。今議官甲田多者，以收兑之役加之。民代官甲南北運等差，而官甲代民兑軍一事。此役之亦重者也。或有難縣司者曰：兑軍重役，何以加縉紳？卑職應之曰：南北兩運，何減于兑軍？況每年囤户，或依宦親央求帶兑，則便于官甲，而不便于民甲明甚。無已，又以南北兩運，易收兑之役，何如？難者之口始不能辨，曰：縉紳無往役之體，子弟又非習事之人。非委家僮，則尋包攬。不如兑軍收銀二役，足履實地，耳聞目擊。縣司易于稽查，主人易于約束也。官囤俱以爲便。

官甲詭寄已明，民户花分難明。清查既不能周知，舉首亦有未盡。先事而發焉，知不屬乘風；後事而陳焉，知不爲下石。莫若以五遞年舊役册籍，合區唤審，自相攻擊。某有田已囤，應充某役；某有田未囤，應充某役。某人消乏應減，某人興旺應增。區有大小，亦有荒熟。荒區之租，視熟區半收；荒區之田，視熟區亦半值。囤户多者其區實，囤户少者其區耗。斟酌變通，稍有權法。如父母之于子，或量其食之飽與不飽，又量其力之勝與不勝。此天理人情之至，而彼此較得其平矣。不然，合今日編差之田，止及一邑十分之三。有田不囤者，逸于役之外。是花分之奸民得志，而已囤之良民反受累也。且令官甲旁觀者，有後言曰：法及于詭寄，而不能及于花分。有司何説之詞？卑職寢食俱廢，以思其至當，惟官甲可按册編役,至民甲不能合區面審。是求均役,而反得不均,非所以仰承憲諭也。

華亭邑侯魯齋章公二則

《爲親王禄米與鄉紳書》:貴鄉地勢下濕,米色青嫩,從來有次白而無上白。是以不派親三禄米,《會典》可稽也。四十三年,曾一派瑞府,旋以父老具呈而止。今復派惠、桂二府各千石。竊恐此派既定,又須派水車脚及加耗,計米與銀,當三千餘金矣。是又增一遼餉也。天子萬壽無疆,聖子神孫不億其麗,將來何所底止?不肖儒不揣綿力,業具文争之。而人微言輕,當不能得。恐貴鄉異日謂禄米之派,由某某始也。實不敢受。據見年北運,陳情甚切,然加派實通邑共之。台臺旋轉乾坤,當有妙用。敢以奉聞,乞賜裁定。

《二王禄米告示》:華亭縣爲欽奉勑諭事。奉巡撫都御史王案驗奉欽依内事理,即將惠王、桂王禄米一千石,又該耗米五百石,查照先年瑞王禄米事例徵辦。仍候本府關會蘇常二府,議妥至日,分派明白,筭入會計,轉詳另行。等因到縣。奉此,查得萬曆四十七年分,應徵漕白二糧會計,雖未奉下,而徵收之期已及。本期暫照上年派法徵諭外,今奉部文,新增惠、桂二王禄米,出自意外。本縣切念民力不堪,糧役艱苦,隨備由申請本府,轉詳院道改派。惟恐文移往返,倘有别議,反至擔延,合先曉諭。爲此示仰第九甲縣總、經催、團図户人等知悉,各將加增兩王禄米,一面暫照本縣派法,每平米一石,徵米三合二抄,照數催辦完納,以便起運。萬一全無,總候會計至日,另示施行。

附《縉紳爲禄米合揭》:頃下部文,惠、桂二王禄米,分派蘇、松、常三府依運,送府交納。生等聞之,不勝惶駭。夫派米一千,加耗有五百餘石,車脚水脚有三千餘金。近則災邑難堪,遠則復何底極。松田瀕海,米色粗嫩,從來有次白而無上白,不派親王禄米,此載在《會典》可查。萬曆四十三年,曾派瑞王禄米,糧長控部大堂,批云:王米原屬蘇、常,何故洒派雲間。移文開豁。此又載在部案可查。今爲二王槩均攤三府,使爲松民者,將執所産以供額,則米不中程;將因駁退轉糴,則臨時無米。將派北運各船帶解,則衆心不齊,批廻瑣碎;將議貼批頭獨解,則王府出納,群璫爲政。非可以理諭,非可以法禁,其難更有百倍於部收者。勒掯不已,必至借貸那移,顛踣道路,生有破家之虞,死無還鄉之望。長吏之催科受督,考課被牽,寧有窮期乎?况每歲解京粗布、二線布、三線布,共十萬有奇。二百年布縷之征,既以松江獨任其全,則目前邸禄之派,亦宜蘇、常各分其半。故瑞府千石,立蒙部免,而糧長之援例哀求,非無據而云然也。若賦額之繁重,遼餉之新增,三郡相同,未暇引瀆。伏祈細閲《會典》,吊查部文,特爲荒邑疲氓主持,控之司農,撥之隣郡。使地方既有更生之樂,長吏亦省期會之煩。台臺功德,實與峰泖等其高深,周文襄並其尸祝矣。爲此合詞請命,不勝激切盼望之至。

少司寇觔思陸公一則

《縣總不宜點大户》:縣總一節,止爲吴中賦額煩重。田畝之推收,錢糧之出入,縣官勢不能自查自筭。于是設立縣總一名,專管數目,原未嘗以合縣支應累之也。及後增減低昂，多出其手，飛詭洒派，變幻無窮，種種神奸，莫可致詰，遂有僉點大户爲縣總之議。大户全不諳練，又不親至縣中，仍舊僱募積書代之。弊作積書，罪坐大户，此利害之易見者也。大户一充縣總，指爲奇貨。凡合縣公用，及迎送上司使客、嗄程酒席、送禮賞賜，及公差犒勞之費，悉喚縣總支賠。少有不繼，小則呵詈，大則鞭笞。既要日日答應縣官，又要日日查理錢糧數目。一家之蓄積有限，一人之精神幾何？此亦利害之易見者也。又有宦家黠僕，代主充當；又有富室幫閒，挨身奔走。或用一而指百，或用百而指千。溷開帳目，明欺紈袴。指稱官費，暗入私囊。此又利害之旁出，而不可盡詰者也。若十年之查盤，千金之求脱，又特縣總之餘事耳。今蒙憲臺洞察，爲松江第一害民重役，督牌首革，不許陽革陰用。即考選慣筭書手，代充大户，深爲良法美意。夫既用書手，必先搜剔書手之弊，使之不能朋比爲奸。而後他年之大户，乃不至照前僉點。此又今日之所當亟講者。照得松江三縣，每縣有縉紳書册之田，號曰官甲，則宜立官甲之總。有歸并輳集之田，號曰囤户，則宜立囤户之總。有零星小民之田，號曰民户，則宜立民户之總。三總既分，一覽具見。如本總田地若干，錢糧若干，徵若干，收若干，解若干，放若干，存留若干，完欠若干。官甲之錢糧不明，責在官總；囤户之錢糧不明，責在囤總；民户之錢糧不明，責在民總。彼不得那此，甲不得飛乙。而要領全在五年方許田地推收，始無紊亂耳。向因合縣之大，止一縣總，縣總之勞，又止一人。一人而或僉及木偶不識字之鄉人，及膏粱不諳事之子弟。權落積書之手，禍歸大户之家。豈惟大户，即小民亦有不勝其害者。如荒區混于熟區，舊欠混于新欠，少欠混于多欠是也。豈惟小民，即有司亦有不勝其累者。或錢糧之中不開起存，起存之中不開緩急。將徵完貯庫正額銀兩，扣除常例，撮借雜放。日積月累，動欠萬千。夙逋由此而釀成，有司因此而參罰是也。凡此縣總諸弊，付之積書，則機括熟而易爲竇；付之大户，則積書全無干繫，而其爲竇滋多。惟將官囤民三項，分爲三總。除議工食外，凡經答應上司，皆有向來公費錢糧，不許分毫差及三總。則三總既得悉心查筭，又不能朋比那移，似亦該縣之大端大本也。

疏稿一則

松江府在京鄉官，禮科等科給事中葉有聲、許譽卿，監察御史董羽宸、錢士貴、沈猶龍、馮明玠，兵部王陞，工部董中行、王庭柏、朱長世、唐昌世、王熲、姚元胤等一本。奏爲東南根本至重，差役困苦難支，非邀皇仁拯溺之恩，曷慰聖主如傷之視。謹實瀝諸艱，仰祈再造事。切惟國家財賦，全在東南，而大小征輸，悉資民力。休息之尚無以必其生，困苦之終難以甦其命。矧松郡僻處濱海，民貧役重。更以年來加派，水旱洊臻。上户無再傳之業，下户多速斃之形。家已罄而公務未完，人雖亡而妻孥猶繫。其歌萇楚而嗟斗箕者，蓋比比是矣。當此堯舜之世，不爲急解其倒懸，則負吾民；目擊凋瘝之狀，不思披衷以入告，則負吾君。致君澤民，臣等所學何事，乃當此遭逢而自失之也。役緒多端，難以縷指。如收銀徵糧、塘長里甲，以至南運輕賫、公侯馬價、麥折祚襖、柴薪風汛、驛傳鹽司等解役，種種冗耗。雖皆不便于民，而有司能爲體恤，便足去其太甚。此何敢仰瀆聖聽？惟是重大難堪之役，加諸氿泉我憚之人,毛髮空存,膏髓已竭。必皇上大沛德音,予以再造。庶溝中之瘠獲有起色,而國用民生兩無所病。輒敢以繇來之蠹,與善後之啚,一一陳之。一曰布解。夫布非獨產于松,惟松粗細兼解,倍爲繁難。假令給銀在先,買布在後,衙役無有需索,吏總無有指扣,關津無有横征,積歇無有勒掯,門税鋪墊無有濫溢,猶可醫瘡剜肉,强自支吾。奈二線三線之加編,往往不入會計,展轉乾没。即正項布解,或先買半發,或解後始領,或經久不給,漸成烏有。而關津盤驗,所至畏途。臨清有罰,河西務有罰,崇文門復有罰。或量帶餘布,以備損壞,則又指爲夾帶,苛罰隨之。及至交納,則鋪墊之外,歇家巧立名色。土儀有費,茶果有費,庫夫驗布有費。掛號銷號各衙門尚未竣事,而府縣已監比家屬,苛罰又隨之。嗟嗟!小民雞肋有幾,奚勝此多方吮啄也。查照此役,昔年原係官解,後歸諸民。今蘇州尚屬在官,松郡豈應獨異?設有不便,請照常起解。但價必先期預給,一切不許扣除,并嚴禁衙門需索。有仍踵陋規者,許解户到京日,赴合干衙門揭禀。其撫按監司,亦于掛號之日,面查官價有無全發,有無尅扣。如或短少,即行該縣給足。仍各給路引一道,明開正布若干,備布若干,以便津關驗放,不許科罰。一切舊規,如門單籌牌、脚價庫夫、工食鋪墊等項,須酌定成則,竪立板榜,并刊書册,永爲遵守。仍令巡視衙門,密訪嚴禁,不許保歇搆通生事,違者重究。而布解其得所矣。一曰北運。夫白糧原係上供,米貴精鑿。往年以本區之米,儘派本區,如本區不足,則找派隣近熟區。乃邇來經吏總之手,往往派以荒區,掗納濕米,易至紅腐,賠補既難。迨裝載在途時,遇洪閘衝激,全艘漂散,性命俱沉。且軍衛漕船恃衆壓捺,俾不得前進。少不遜避,百般撞擊,或乞破己船,肆行詐賴。甚而每縣索取買幫銀,有動至數百兩者。萬一買幫不得,勢必愆期守凍。非外加水脚,則募船起剥,耗折食用,所費不貲。而部運衙門常規日濫,積書門役、長押短押,所費又不貲。及至京交卸,舊例正米百石,加耗五石,鋪墊銀不過五六兩。今被保識强勒,耗米加至二三十石,墊銀加至二三十兩矣。典批賣批,加息稱貸,經年不歸,及歸而索逋者盈門。蕩産傾家,易如反掌。嗟嗟!此民誰非以王事馳驅,而弱肉强食乃如此也。查照先年漕臣孫居相奏革前弊,復經部運同知方應明條陳,御史韓浚題准。北運坐派本區,務在十一月收足,隨給夫船銀兩,以便顧募船隻。正月開行,六月到京。每船置立紅牌,不許旗軍阻抑。其車脚繇閘米折等銀,總部官沿途給發,不許尅扣。仍聽合干衙門嚴行查訪,以定本官賢否。再勑巡倉御史,如白糧到倉,嚴禁積年保識,插盗糧米。較定官斛,與祖制鐵斛相同,不得索贈淋尖。此皆良法美意,永永可行。今廢弛已久,相應再爲申飭。而北運其稍甦矣。一曰收兑。夫收倉雖次于北運,而昔年每名派收不及千石,今且加其半矣。舊制漕規每百加耗三石六斗,今且加至三四十石矣。又有奸民不便納米,包役收銀,遂至陋區搶收,争就輕折。及運船一到,懼比通關。而猾胥倉虎,搆通漕卒,多端唬詐。每正米百石,于前勒耗之外,又勒扛司話會銀二三十兩。稍不遂意,榜掠隨之。甚至凌虐縣令,莫敢誰何。且十月開倉,延至五六月,方始交兑,賠費又何可勝筭?查昔年長興令熊明遇,凡遇糧户收米到倉,每石加增一斗,盛貯口袋,委官驗頓在倉,糧長各發寧家。俟運船到日,將各倉編成號籤,總置筒内,聽旗軍自掣何號,正官與運官開倉交兑,並不列收兑姓名。則强軍何從索詐,倉棍何從勾引。而從前積弊，庶幾稍清，收兑亦不至重困矣。然調劑在與時宜，而剔蠹要從近始。如縣總掌握田畝，那移錢穀，慣以侵尅爲事。一遇編審，飛灑隱匿，蠹弊萬端。此他郡所無，而臣郡獨有，决當永革不用。另有華、青兩縣義田肆萬畝，乃昔年光禄寺臣顧正心，仗義贍役，捐貲所買。曾經題請勒石，俾各輕重諸役，在在沾惠。奈邇來托言官收官給，徵在庫者，盡飽吏胥，欠在下者，悉肥佃保。美舉漸成湮没，所當一併清查，少助苦役者也。以上利弊，臣等伏見邇來召對，孜孜以民瘼爲念。是敢仰體宸衷，踰限瀝陳，代爲請命。伏乞洞察臣等非因桑梓起見，實爲根本深維。勑下撫按、倉漕、巡視諸臣，逐欵釐革，奏請遵守。將見水火之衆，還以衽席。黄童白叟，靡不歌咏太平，頂祝聖壽于無疆矣。臣等無任激切哀鳴之至。崇禎二年正月，奉聖旨：賦役原未厲民，有司不加軫恤，致貽民累。這奏布解等役利弊，該撫按悉心講求，關倉漕各衙門的咨以畫一，務俾夙蠹盡祛。顧正心助役田，委賢明官嚴加清覈，使民沾實惠。完日具奏。該衙門知道。

撫臺薇垣曹公手訂松江府賦役核減簡明册

松江府本折錢糧起存原額及裁減總數

《賦役全書》開載：

額徵本色米四十四萬四千七百八十三石六斗五升三合。

起運米二十八萬七千一百三十一石八斗五升五合。

歲用米一十一萬五千二百四十八石一斗八合。

存留米四萬二千四百三石六斗九升。

該府重修裁定：

本色米四十萬五千八百四十三石五合。

起運米二十八萬七千三十三石二斗五升九合。

歲用米一十一萬四千五百九石七斗四升六合。

存留米四千三百石。

本院覆核相同。

《賦役全書》開載：

額徵折色銀三十八萬八千一百三十四兩一分四釐九毫。

練兵役扛傜里科朝約編銀一十萬三千八百七十一兩四錢二釐九毫。

共折色練兵等項共銀四十九萬二千五兩四錢一分七釐八毫。

起運銀二十七萬八千五百八兩七錢七分五釐五毫。

歲用銀一十八萬三百二十九兩三錢七分六釐三毫。

存留銀三萬三千一百六十七兩二錢六分六釐。

該府重修裁定：

折色銀四十五萬四千二百七十二兩一錢三分二釐一毫。

傜里科朝約編銀五萬二千九百一十二兩九錢八分八釐八毫。

折色練兵徭里科朝約編共銀五十萬七千一百八十五兩一錢二分九釐。

起運銀二十八萬四千八百七十九兩七錢六分九釐七毫。

歲用銀一十八萬五千一百三十三兩四錢四釐四毫。

本院覆核：

裁減折色銀一萬八千五百六十九兩四錢四分六釐一毫。

裁減徭里科朝約編銀一千六百九十三兩一錢七分二釐。

共減銀二萬二百六十二兩六錢一分八釐一毫。

另項：

加派遼餉銀三萬八千二百二十九兩三錢三分四釐。內除買運遼米銀二萬四千四百五十九兩七錢五分，又扣棉布墊貼抵餉銀五千四百五十九兩二錢七分六釐，止實編遼餉解部銀八千三百一十兩三錢四釐四毫。

雜項充餉解部銀八千一百八兩六錢四釐五毫，歷年係抽扣原編，不係增編另編，吏書毋得私派。

本院覆查《全書》内，該府雜派，不入會計者，門攤、漁課、匠班、城租四項，共銀二千一百六十六兩一錢九分七釐五毫。解京充餉。

松江府本折銀糧裁減各欵

本院看得，松江府原編本院送過客下程銀六十兩，填宅家火銀二十兩，徑裁免編。

本院看得，本府自天啓六年，加增本院吏書廩給供應銀一十六兩，應裁免編。各縣數内俱豁減。

本院看得，本府原編本院寫本吏鋪陳銀七兩，應裁免編。

本院看得，據户部駁欵册開，常州府料銀，自萬曆二十三年以後，止有屯田司料銀，每年解部外。其營虞都三司料銀，已經撫按題留，抵給改織段價。今已停織，理合免編等因。户部既云，常州府營虞都三司，料銀免編。則松江府原編四司工料銀二萬七百五十二兩二錢七分，除屯田司料銀，每年解部外，其營虞都三司料銀，應依部議免編。

本院看得，本府額編南京各衛倉糙米，折銀五千一十八兩九錢五分，編銀徵放爲便。既徵銀給放，不用脚價，原編脚耗折銀七百一十三兩七錢一分，應減去二百兩免編。

本院看得，本府驛傳馬役銀内，原編山東昌平等驛銀二千八百二十三兩一錢二分，河間府瀛海驛銀一百一十五兩三錢三分。遵奉新旨，崇禎三年，抵充援兵之用。崇禎四年，徑行免編。

本院看得，本府原編知府快手三十名，該府裁定二十四名，應再裁四名。同知通判推官快手各十二名，應各裁四名，共裁二十名。每名工食三兩六錢，共裁銀八十六兩四錢，免編。

本院看得，本府原編看守敬一亭、名宦鄉賢二祠、射讀所、射圃亭門子四名，應裁一名，裁工食三兩六錢，免編。

本院看得，本府原看守祠廟門子，華亭縣四名，應裁二名，上海縣三名，青浦縣二名，各裁一名。共裁四名。每名工食銀三兩六錢,共裁銀一十四兩四錢,免編。

本院看得,本府原編所官筆札銀十兩,所夫工食銀六兩,應裁外。仍當裁去祗應庫役銀七十兩,免編。

本院看得,本府屬座仙船水手,華亭縣十名,應裁四名,青浦縣八名,應裁二名。每名工食銀六兩,共裁銀三十六兩,免編。

本院看得,本府屬原編各縣傘轎鋪陳銀,華亭縣六十二兩五錢,應裁三十二兩五錢。上海縣四十七兩五錢,應裁二十兩五錢。共裁銀五十三兩,免編。

本院看得,府廳巡鹽巡捕民壯,無益而有擾。應各裁十名,共裁二十名。每名工食七兩二錢,共裁銀一百四十四兩,免編。

本院看得,本府屬華、上、青三縣,裁汰鋪兵四十七名,減銀三百三十八兩四錢,相應減編。

本院看得,本府屬華、上、青三縣,共裁廠夫八十六名,應減銀四百五十七兩九分一釐零,免編。

本院看得,本府新官到任家火等銀,每年編銀七十五兩六錢六分,應減銀十兩。華、上、青三縣,每年編八十四兩六錢六分,每縣各減銀五兩。府縣共減銀二十五兩,免編。

本院看得,本府原編上司行香紙筆銀,華亭縣二十兩,應減六兩,上海縣十二兩,應減三兩,免編。

本院看得,本府原編卷厢扛架牌面等銀十七兩,應減七兩,免編。

本院看得,青浦縣備用銀四百兩,應減一百兩,免編。

本院看得,本府原編總兵及該府并各廳水手四十一名,該府册開三十八名,應再裁五名。每名銀六兩,裁銀三十兩,免編。

本院看得,本府編歲終新書銀一百七十五兩,應減四十兩,免編。

本院看得,萬曆四十三年《全書》,松江府武舉新科會試盤費,止編九名,應裁三名。每名銀二十四兩,共銀七十二兩,免編。

本院看得,本府增編行賀武舉十二名,每年編銀七兩五錢六分,行賀武進士三名,每年編銀一兩八錢九分。此二項應于公費銀内動支,盡行免編。已上裁減免編。

本院看得,松江府棉布墊貼銀内,華亭縣餘銀二千八百八十一兩一錢九分,上海縣餘銀一千六百三十六兩六分六釐,青浦縣餘銀九百四十二兩二分,盡數抵解地畝加派遼餉。應將三縣地畝加派遼餉内,照數減編,使小民實受其惠。

本院看得,松江府華、上、青三縣,原編總書紙張工食銀一百八十兩。除于内抽三分遼餉銀五十四兩,解京充餉外,仍當裁銀四十五兩,免編。

本院看得,松江府華、上、青三縣,裁馬十一匹,減銀一百一十八兩八錢。内奉例扣三分遼餉銀三十五兩六錢四分,編徵解部,遼平減編。餘銀八十三兩一錢六分,徑行免編。

本院看得,軍儲米俱已通行折銀。松江府原編軍儲南北、廣儲三倉,每倉倉夫四名;柘林、寶山、川沙三倉,每倉倉夫二名;青村倉倉夫四名。共二十二名。每名工食銀七兩二錢,共裁銀一百五十八兩四錢。除抽三分遼餉三十八兩八錢八分,又八兩六錢四分,汰革助餉八名,該銀四十兩三錢二分。共八十七兩八錢四分,解京充餉外。實減銀七十兩五錢六分,免編。已上扣餉減編。

本院看得,松江府額編本院公費銀一百五十四兩四錢四分四釐,裁銀七十七兩二錢二分二釐,解京充餉。

本院看得,松江府額編兵道公費銀三百二十兩,應扣一百六十兩,解京充餉。

本院看得,松江府原編總兵供應銀三百七十五兩七錢,應裁銀一百七十五兩七錢,解京充餉。

本院看得,松江府原編参將供應犒賞等銀四百一十六兩二錢,應裁銀一百六十六兩二錢,解京充餉。已上裁銀充餉。

門攤課税一項,歲該銀八百五十九兩六錢四分一釐。每年徵完留本處,支給府縣閫屬官員,并吏承,及衛所官軍俸鈔之用。華亭縣并税課司共銀六百七十六兩八分七釐。上海縣銀一百兩。青浦縣銀八十三兩五錢五分四釐。

本院看得,官員、吏承、衛所官軍俸鈔,各有額編。則前銀八百五十九兩六錢四分一釐,應解京充餉。

漁課一項,歲該銀五百五十七兩四錢六分三釐五毫。遞年俱係華、上、青三縣所轄河港業漁人户出納,各該塘長催辦。内除原奉詳允,抵解北京工部項下蔴鐵折價銀四十六兩七釐,又脚解銀一十一兩一錢,共銀五十七兩一錢七釐外。餘銀五百兩三錢五分六釐五毫,聽留本處,抵充織造支用。華亭縣銀三百二十四兩三錢三分三釐六毫。上海縣銀一百一兩六錢一分四釐六毫。青浦縣銀一百三十一兩五錢一分五釐三毫。

本院看得,松江府漁課,除抵北京工部蔴鐵併脚解共銀五十七兩一錢七釐外。餘銀五百兩三錢五分六釐五毫,原抵充織造。今織造既停,應解京充餉。

匠班額該各色人匠三千三百三十六名,每名徵銀四錢五分。該銀一千五百一兩二錢。内據三縣開報故絶人匠共計一千四百七十名,又除存留上工局匠三百七十名。實在班匠一千四百九十六(十)名,該徵銀六百七十三兩二錢。

華亭縣額該各色人匠一千六百六十八名。内除故絶人匠六百七十八名,又存留上工局匠二百三十九名。實在班匠七百五十一名,該銀三百三十七兩九錢五分。

上海縣額該各色人匠一千一百五十一名。内除故絶人匠五百三十三名,又存留上工局匠九十八名。實在班匠五百二十名,該銀二百三十四兩。

青浦縣額該各色人匠五百一十七名。内除故絶人匠二百五十九名,又存留上工局匠三十三名。實在班匠二百二十五名,該銀一百一兩二錢五分。

本院看得,松江府實在匠班該徵銀六百七十三兩二錢,原抵充織造支用。今織造既停,應解京充餉。

城租一項,該府塹地連營地等項,每歲共該租一百三十三兩。

本院看得,松江府城租銀一百三十三兩,原係松江所千百户等官,借名公費支用。應每歲解京充餉。

以上四項，共銀二千一百六十六兩一錢九分七釐五毫，應每歲解京充餉。已上雜派充餉。

本院看得，萬曆四十七年《全書》，原編過江水脚米折銀四千五百八十七兩一錢九分八釐八毫。今該府因崇禎奉漕撫淮單坐派水脚銀五千四百九十一兩六錢五釐，遂議增銀九百四兩四錢六釐一毫。然此係偶增之數，逐年流動，未宜編入《全書》。仍當照舊止編四千五百八十七兩一錢九分八釐八毫，裁去九百四兩四錢六釐一毫。

本院看得，松江府新編：寧德公主禄銀三百五兩，解杠銀四兩二錢七分。應比照瑞安、延慶二公主例，改于宗人府銀撥派。應行減編，另文咨部定奪。

本院看得，松江府編甲字庫項下烏梅，止該一十二兩。《全書》悮刊十三兩，應行改正。

本院看得，上海縣額徵運司蕩銀二千九百六十八兩，《全書》悮刊三千九百六十八兩。相應改正。

本院看得，松江府兑留操江兵餉抵充吴淞兵餉銀二百六十兩，扣減民壯工食抵充吴淞兵餉銀一千四百二十二兩，抵補常州扣留兵餉銀三百四十五兩。俱應改註兵餉銀欵内，以杜吏書侵隱之弊。

本院看得，松江府原編各縣水陸練兵官四員不等廪糧銀七十九兩二錢，應併入兵餉項下，以杜影冒之弊。

本院看得，松江府原編扣減民壯工食抵充川沙寶鎮兵餉銀一千八百九十兩，各縣團練水陸兵壯銀八千九百二十八兩，寶山所壯兵銀一千八十兩，三項共一萬一千八百九十八兩。應併入兵餉項下，以杜影冒之弊。

本院看得，松江府原編各縣備用抵充兵餉銀二千一百兩，應併入兵餉項下，以杜吏書侵隱之弊。

本院看得，松江府約編科朝二十二項，共銀九千七百八十七兩三錢二分九釐。係三年一次，每年止應分編三千七百四十五兩四錢九分六釐八毫。

本院看得，松江府一款標兵口糧銀二百一十五兩，乃華、上、青三縣原編河下皂隸及廠夫銀改充兵糧。係改編，不係增編。止宜改造兵餉款内，仍註明係減河下皂隸及廠夫原編，以杜後來溷增之弊。

本院看得，松江府廠夫銀四十五兩，既改充兵糧，原註廠夫一款，徑當削去。

本院看得，松江府河下皂隸銀一百七十兩，既以改抵兵糧，原註河下皂隸一款，徑當削去。

本院看得，松江府四十三年《賦役全書》内，原附載雜派，不入會計錢糧。已上清額改正。

松江府志卷之二十三

荒　　政

古云救荒無奇策，此言似是而實非也。長吏盡心設處，而士大夫以實心策應之，何事不辦？若議論煩多，文移展轉，其不索於枯魚之肆者幾希。此口上救荒，紙上救荒耳。活數百萬生靈，勝二十四考中書令，如富鄭公之於青州，何嘗不奇乎？更聞陽明先生云：饑民必救，亂民必斬。荒政之奇，更盡括于此矣。救荒如救焚，何可不載？故特補前志之闕。

敕　　諭

洪武元年八月，詔今歲水旱去處，所在官司不拘時限，從實踏勘。實災租税，即與蠲免。

洪武二年十二月，賑應天、蘇、松、杭、湖諸郡貧民，人給米一石、棉布一疋。

洪武十一年五月，上以蘇、松、嘉、湖之民，嘗被水災，已嘗遣使賑濟。至是復慮其困乏，再遣使存問。仍濟飢民六萬二千八百四十四户，命户賜米一石。免其逋租六十五萬二千八百二十八石。

洪武十一年七月，蘇州、松江、揚州、台州四府海溢，漂民居，人移溺死者。詔遣官存恤之。

洪武十一年十一月，上以松、蘇、嘉、湖、杭五府屢被水災，艱於衣食。命悉罷五府河泊所，免其税課，以其利與民。今歲魚課未入徵者，亦免之。

洪武十九年，詔所在鰥寡孤獨，勘明果有田糧，有司未曾除去，設若無可自養者，官歲給米六石。其孤兒有田，不能自爲，既免差役。有親戚者，有司責令親戚收養。無親戚者，鄰里養之，毋致失所。其無田，有司一體給米六石。鄰里親戚收養其孤兒名數，分豁有無恒産，以狀來聞，候出幼同民立户。

永樂二年八月，户部臣言：松江府華、上二縣，今歲水災，低田税糧宜令以帛代輸。從之。

永樂二年十一月，以蘇、松、嘉、湖、杭等府水災，蠲其今年糧六十萬九千九百餘石。

永樂四年九月，賑蘇、松、嘉、湖、杭、常六府流徙復業民户十二萬二千九百有奇，給粟十五萬七千二百石有奇。

永樂十二年十一月,蠲蘇、松、嘉、湖、杭五府水災田租四十七萬九千七百餘石。初,有司請減半徵之。上謂户部尚書夏原吉等曰:民田被水無收,未有以賑之,又可徵税耶?悉蠲之。

永樂二十二年十月,命户部:蘇、松、嘉等被水灾處,今歲秋糧悉令折輸布鈔,如永樂五年例。每石輸布一疋,或鈔六錠。

洪熙元年正月,詔各處遇有水旱災傷,所司即便從實奏報,以憑寬恤。毋得欺隱,坐視民患。又勑布政使周幹等,巡行應天八府,察民利病。諭曰:朕祗奉鴻圖,君臨兆庶,惓惓夙夜,康濟爲心。而南方諸郡,尤廑念慮。誠以民衆地遠,情難上通。今特命爾等,巡視應天、鎮江、常州、蘇州、松江、湖州、杭州、嘉興八府。其軍民安否何似,何弊當去,何利當建。審求其故,具以實聞。爾等必公必勤,毋徒苟應故事,庶副朕憂憫元元之意。欽哉。

洪熙元年六月,詔有被水旱災傷去處缺食貧民,有司即便取勘賑濟,毋得坐視民患。

宣德元年九月,左通政岳福奏:蘇、松、嘉、湖諸郡,春夏久雨,禾稼損傷。上命行在户部遣官覆視,被災者蠲其税。

宣德三年八月,巡按直隸監察御史林文秩言:蘇州府吴江、常熟等縣,松江府華亭縣久雨,山水衝决圩岸,渰没田苗。命行在户部驗數蠲租。

宣德三年十月,巡撫蘇松等處大理寺卿胡槩奏:各部累差郎中、主事等官,催督蘇、松及浙江諸郡,造紙買銅鐵等物。今年蘇、松及紹興等府,水澇民飢,乞停買諸物,所差官員悉取回京。上命六部除軍需所用外,餘悉停止,所差官員各令還京。

宣德七年九月,巡按蘇松監察御史王來言:今年四月至六月苦雨,海潮泛溢,漫没堤圩。所屬長洲、吴江、崑山、常熟、華亭、上海、宜興、金壇八縣,低田皆没,苗稼無收。上命行在户部遣人覆視,蠲其租税。

宣德九年八月,勑諭應天、蘇、松等府州縣今水旱蝗蝻災傷之處,民人缺食,好生艱辛。但是工部派辦物料,即皆停止,待豐熟之時辦納。其不係災傷之處,所派辦物料亦皆陸續辦納,不許逼迫。差去催辦官員人等,除修造海船物料外,其餘悉令回京。不許遷延在外擾民,違者論罪不恕。爾等其體朕恤民之心,欽哉。故諭。

宣德九年十月,勑諭巡撫侍郎周忱:比聞直隸亢旱,兵民飢窘,良用惻然。今將寬恤事件,特勑頒示。爾等其欽承朕命毋怠。故諭。被災之處,人民乏食。爾等即委官前去,於所在官倉,量給米糧賑濟,毋得坐視民患。

宣德十年二月,詔水旱災傷之處,并聽府州縣及巡撫官從實奏聞,朝廷遣官覆勘處置。并不許巧立名色,以折糧爲由,擅自科歛小民金銀段疋等物,那移作弊,侵欺入己。違者罪之。

正統五年五月,以水災,命直隸松江府華亭、上海二縣,今年折糧大三梭布五萬九千七百三十二疋免徵,第徵中等三梭布二萬疋,每疋折糧二石。其餘折徵闊白綿布。

正統五年七月,勑諭行在工部右侍郎周忱:朕惟饑饉之患,治平之世不能無之。惟國家思患預防,亟爲賑濟。自古聖帝明王暨我祖宗,如洪武中,倉廩有儲,旱澇有備,具在令典,民用賴之。比年所任州縣匪人,不知保民,隳廢成法。凡遇飢荒,民無仰給。今特命爾兼總督南直隸應天等府及廣德州預備之務。爾等其精選各府州縣之廉公才幹者,委之專理,必在得人,爾則往來提督。朕承祖宗大統,夙夜惓惓,以生民爲心。爾等其祇體朕心,堅乃操,勵乃志,精謀慮,勤慎毋怠。凡事所當行者,並以便宜施行,具奏來聞。勿怠勿徐,須處置有方,不致騷擾,而必見成効。庶使倅遇災荒,民患有資,不至甚艱。朕選擇而委任,爾必精白一心,以副委任。其往懋哉!如所遷委官,先有别差,爾則差官代理其先辦之事。今選委者遇其考滿,亦須事完,然後赴京。爾亦不必來朝,有事但遣人齎奏。一切合行事宜,條示于後。故諭。

一,見今官司收貯諸色課程并贓罰等項鈔貫,及收貯諸色物料,可以貨賣者,即依時價,對换穀粟,或易鈔糴買,隨土地所産,不拘稻穀米粟二麥之類。務要堅實潔浄,不許插和糠粃沙土等項。并須照依當地時直,兩平變易,不許虧官,不許擾民。凡州縣正官所積預備穀粟,須計民多寡,約量足照備用。如本處官庫支糴,本府官庫不敷,具申户部奏聞處置。

一,凡有丁力田廣,及富實良善之家,情願出穀粟於官,以備賑貸者,悉與收受。仍具姓名數目奏聞。非情願者,不許抑逼科擾。

一,糴米在倉,每倉須立文簿一様二扇,備書所積之數。一本州縣收掌,一付看倉之人收掌,并用州縣印信鈐記。但遇飢歲,百姓艱苦,即便賑貸。并須州縣官一員躬親監支,不許看倉之人擅自放支。二處文簿并書放支之數,還官之數亦用。放支之後,并將實數具申户部。所差看倉,須選忠厚中正有行止老人富户,就兼收支。不許濫用素無行止之人,及僉斗級等項名色,庶免後來作弊。

一,凡各處閘洪陂塘圩田,濱江近河堤岸,有損壞當修築者,先計工程多寡,務要農隙之時,量起人夫用工。或人力不敷,工程多者,先於緊要去處整理,其餘以次用工,不可迫急。若近江河隄防,工程浩大者,但於受利之處,令起夫協同修理。其起集人夫,務在驗其丁力,均平差遣,毋容狥私作弊。凡所作工程,務要堅固經久,不許苟且,徒費人力。府縣正佐官時常巡視,毋致損壞。

一,各處陂塘圩岸,果有實利,及比先有司或失於開報,許令條陳利民之實,踏勘明白,畫圖貼説,具申工部定奪。如利不及衆,不許虚費人力。

一,但遇近經水旱灾傷去處,預備之事,并暫停止。豐年有收,依例整理。或有衝决圩岸,必須修理者,及時修理,亦須斟酌人力。

正統五年七月,勑行在工部右侍郎周忱:得奏,鎮、常、蘇、松等府,潦水爲患,農不及耕,心爲惻焉。今遣員外郎王瑛往視,就齎勑諭爾。爾即躬自踏勘,凡各部所渰没,不得耕種之處,具實奏來處置。其被水之民,有艱難乏食者,悉於官倉儲糧給濟。仍戒飭郡縣官善加存恤,毋令失所。

正統十年八月,巡撫直隸工部左侍郎周忱奏:南直隸并浙江蘇、松、嘉、湖等十四府州,正統九年水災,無徵糧米共四十九萬三千五百六十三石有奇。上命户部驗實蠲之。

正統十二年四月，免直隸常州、蘇州、松江、鎮江四府，蘇州、鎮海二衛，被災秋糧子粒八十八萬四千七百七十餘石，草二十一萬六百三十餘包。

正統十四年九月，詔書内一欵云：各處有被水旱災傷之處，許令申達上司，踏勘得實。該徵糧草，所司即與除豁。人民缺食者，即便設法賑濟，毋令失所。

景泰五年九月，户部尚書張鳳等奏：浙江嘉、湖，直隸蘇、松、常、楊等府被災。議當行十事。一，被災等處，今年兑軍糧一百三十四萬餘石，民運糧八十三萬二千餘石，宜停免。令軍就淮安常盈大軍等倉支運五十萬石，邳州倉支運四萬石，每石加耗一斗五升。臨清倉支運十萬石，每石加耗六升。德州倉支運二十四萬石，每石加耗五升。以補盤剥之費。俱赴通州倉交納。其民運糧數，并各項起運存留、馬草折銀等項，候差官踏勘災傷至日，奏請定奪。一，被災等處，今年正月以前，民間欠夏秋本色、折色、存留、起運糧草、花絨，屯軍未完子粒，俱暫停徵，候明年秋成，陸續完納。其餘枣株牛租課米、户口食鹽鈔貫、買辦皮張野味魚油翎鰾，除已徵在官者，付糧里人等領解。未完之數，盡行蠲免。一，被災等處，其應該僉選幼軍校尉力士，將見清勾逃故等項軍丁，俱暫停止，候明年秋成追補。一，被災等處官吏、生員、承差人等，有犯該監收，及常人盜倉庫錢糧死罪，及受財枉法、不枉法等罪，流罪以下罪名，例解京詳審發落者，不必解，如例納米爲民。一，被災等處，先有犯人命强竊盜，及逃軍、逃民、逃匠人等，并飢寒窘迫，逃聚山林，累年不行復業者，限三個月還職役復業，廣其自新之路。一，被災等處官員軍民人等，除先因攬納誆騙係官錢糧顔料，見行追納者不免外，其餘一應該徵入官之贓，俱免追徵。一，被災等處，但有富豪勢要之家，舉放私債，多取利息，官司並不許違例追理，待豐年本利交還。一，被災等處軍民人等，有犯笞杖罪者，如在京軍例，的决發落。一，被災州縣等衙門官皂，除額設外，敢有多取與者，並聽風憲官詢察糾舉具奏。取者與者，並黜罷爲民。疏聞，詔議行。

成化元年八月，詔南直隸、浙江、河南諸處，民漂溺飢死者，所司即爲埋瘞，勿使暴露。從給事中袁芳請。

成化元年十一月，刑部臣奏：比者南京户部左侍郎陳翌，因災異言，審録重囚，乞照正統間事例，差官請勑，分往各布政司并直隸府州，會同巡按御史，審録見監罪囚。事下臣等議，竊見是年各處司府州縣，例該起程赴京朝覲。廣東、廣西、湖廣、四川，賊情未息。南北直隸并浙江等處，水旱災傷。分官賑恤，事務煩冗。若再差官審録，不無勞擾。欲通行各處問刑衙門，見監囚輕罪從宜發落，重罪會官詳審，不許淹滯隱匿。違者許巡撫、巡按并按察司官嚴加究治。仍候時年豐稔，地方寧靖，會議差官審録。則事有條理，獄無淹滯矣。上是之。

成化二年閏三月，發松江府糧十萬石，賑濟淮徐等處飢民。從巡撫都御史林聰請。

成化十七年七月，以水旱免松江府秋糧米八萬五千三百餘石，草一萬四千餘包。

弘治四年八月，工部尚書賈俊言：蘇、松、浙江近被水患，民不聊生。而頃者織造段疋之令，至于再三，其數不下數萬。以瘡痍未起之民，加煩重不堪之役，誠可憫惜。乞暫令停免之。上曰：諸府既有水災，今次所派段疋羅紗，姑令停織。俟明年秋熟後，陸續織造供用。

弘治五年二月,以水災免蘇、松、嘉、湖等府衛糧草子粒有差。其非全災者,暫停徵納,以三分爲率。自弘治五年爲始,每年帶徵一分。

弘治五年七月,以水災免蘇、松、常、嘉、湖五府正官朝覲。從巡撫都御史佀鍾奏。

弘治五年八月,以水災停南京、兩浙、蘇、松等處之額外織造者,并取回督造官員。從南京給事中楊廉等奏。

弘治五年十一月,以水災,免蘇、松、常、鎮、太平、寧國、應天七府所屬,并蘇州、太倉、鎮海三衛,浙江嘉、湖、杭三府所屬,并杭州前右二衛,湖州守禦千户所,弘治四年夏秋税糧有差。

弘治八年五月,以水災,免應天及蘇、松、常、鎮、太、寧、池、安八府,及蘇州、建陽、宣州、安慶四衛,弘治七年分糧草子粒有差。

十一月,以蘇州府滸墅關,今年秋冬二季并明年春夏二季,解京課銀,留賑蘇、松、常、鎮四府飢民。

弘治十五年,議准:蘇、松災傷,起運不前。暫將一年在京各衙門官員月糧米,每石折銀八錢。該在南京本色禄俸,每石照舊折銀七錢。其南京各衙門官員俸糧,每月米一石,折銀八錢。其餘并南京各衛倉糧,俱每石折銀七錢。漕運糧米折銀二十萬石,每石兑運七錢,改兑六錢,各解交納。

正德元年十一月,以鎮江、蘇州、常州、松江等府,鎮江、蘇州二衛災傷,免其存留糧草子粒有差。

正德三年十二月,總督蘇、松等處糧儲都御史羅鑒奏:蘇、松、杭州等府旱災,該徵兑軍米并兩京官吏俸糧,俱不能足數。請盡折銀,省其脚耗,以備本處俸糧,及賑濟之用。下户部議覆,宜于無災該徵兑軍米内,量准折銀四十萬石,石五錢;兩京俸糧内准折糧十萬石,石七錢。省其脚耗,以補有災不能起用運之數。猶不足,則於臨德等倉支運。本處俸糧及賑濟所需,聽從宜處置。從之。

正德五年十一月,詔以蘇、松、常三府水災,凡起運京庫及南京各倉税糧、絲絹、綿布,俱量改折色。存留者本色折色中半徵收,仍存省脚價,以補應兑之數。各衛所屯田子粒,俱視災之輕重除免。從巡按御史請。

正德七年十二月,以旱災,免蘇、松、常、鎮四府并鎮江等衛秋糧有差。

正德十四年三月,詔以地方災重,發南京贖罪并草場銀四萬一千七百有奇,并滸墅鈔關、兩淮鹽價之贏者。

正德十四年八月,以水災,免蘇、松、常、鎮等府夏税有差。

嘉靖四年正月,以巡按朱實昌言,詔蠲免蘇、松、常帶征錢穀三十八萬有奇。

嘉靖七年,上憫蘇、松被災,蠲免全税。發太倉庫銀一百萬兩,抵補起存錢糧,餘行賑濟。

隆慶二年十一月,以蘇、松、常三府水災,詔改折額解禄米倉糧一年。

萬曆七年，蘇、松水災，巡江御史林應訓先後疏請蠲賑。北京馬草銀六千六百兩，宗人府米折銀一萬七千八百三十二兩二錢零，俱經全免。鹽鈔銀七百七十四兩零，北京公侯俸禄米麥銀七千二百九十五兩七錢八分零，俱半免。馬價銀七千八百八十四兩一錢一分，免四徵六，餘帶徵。折布銀一萬二千六百六十七兩八錢，俱全免。

萬曆十五年，南京御史陳邦科奏：爲救荒裕民，乞將蘇、松等處起運漕糧，半准改折，半准蠲免。不得止蠲存留，致爲虚惠。是年，發太僕寺馬價及南京户部銀共四十萬兩，命户科右給事中楊文舉往江南賑濟。

萬曆十七年，敕户科右給事中楊文舉曰：直隸浙江，係財賦重地。近該各撫按官奏報旱灾異常，小民飢困，流離失所。朕心惻然，已該部議發太僕寺馬價及南京户部銀各二十萬兩，分給賑濟。今特命爾前去南直隸應天、蘇、松等府，及浙江杭、嘉、湖三府地方，會同彼處撫按官，查照被灾輕重，人户多寡，將前項銀兩通融分派。仍慎選實心任事有司官員，計口給賑。務須放散如法，使飢民各沾實惠。不許任憑里書人等侵尅冒支。其應徵應停，及改折等項錢糧，仍與撫按官備細查理，逐一示諭小民。無使姦猾吏胥及糧長土豪，通同作弊。各該承委官員，悉聽爾會同撫按官嚴加稽考，遵照上、中、下定格，分别薦奬論劾。儻有無知惡少，乘機嘯聚，假名勸借，公行搶奪，甚至拒捕傷人者，爾即會同撫按官，遵照先次諭旨，擒拿首惡審實，一面梟示，一面具奏。若府州縣官有縱容隱匿者，從參奏劾。内開載未盡事宜，聽爾斟酌奏請施行。事完之日，通將賑過州縣、用過銀兩數目，造册奏繳。爾受兹委任，尤當持法奉公，悉心經畫，務使惠溥人安，以副朕軫恤小民至意。如或遷延踈玩，具文塞責，罪有所歸。爾其欽哉。故勑。

萬曆十七年分旱荒，户部題覆松江府三縣蠲免見年錢糧數。户部項下應免：宗人府派米價一萬八千五百四十一兩九錢零。京庫鹽鈔銀七百七十四兩零。兑軍正兑漕糧改折省免耗米八萬一千二百石，并輕齎蓆板、過江水脚等項銀三萬三千五百五十八兩零。改兑淮安府常盈倉糧，改折省減耗米九千五百八十四石，并蓆板過江水脚銀九百九十三兩零。府部院等衙門糙粳米，改折省減耗米二千七百九十八石零，并夫船車脚銀九千五百八十一兩零。光禄寺白熟粳米一半，省減耗舂辦米三千四百二十七石零，并夫船車脚銀四千一百九十兩零。南京各衛倉耗脚銀七百十三兩零。揚州府倉一半米價銀四千五百兩。鳳陽府倉一半米價銀二千五百四十兩。徐州永福倉一半米價四千五百兩。工部項下應免：箭枝料銀八百六十二兩零。軍器民七料銀七百三十八兩零。斧刃磚料銀九百兩。松江所淺船民七料銀七百三十一兩零。存留項下應免：松江所運軍行月二糧米五千三百七十石零。三縣共免本色米一十萬二千三百七十九石八斗八升零，折色銀八萬三千一百二十五兩七錢零。松江府三縣停徵見年錢糧數。户部項下停徵停存：兑軍正改兑漕糧正米二十三萬二千九百五十石，每石連蓆板耗脚准銀五錢，共銀一十一萬六千四百七十五兩。内除見徵五分外，實停徵五分，該銀五萬八千二百三十七兩五錢。停光禄寺白粳米分准銀一千三百六十兩，停下年徵解。禮部項下停徵：藥材銀十兩八錢。牲口銀一千五百十兩。南京各衛倉米價三分銀一千五百五兩六錢零。工部項下停徵：歲造段料一半銀二千三百十三兩五錢零。胖襖銀三百三十六兩。兵部項下停徵：協濟外府驛傳馬役銀七千八百四十八兩零。共銀七萬三千一百五十七兩六錢一分九釐五毫。蠲免帶徵三年錢糧數。帶徵萬曆十四年分錢糧，免宗人府衙門派剩米准銀九千四百四十一兩三錢零。帶徵萬曆十五年分錢糧，免户口鹽鈔銀七百七十四兩五分零。免宗人府等衙門派剩米准銀一萬七千八百三十二兩二錢二分零。帶徵萬曆十六年分錢糧數，免户口鹽鈔銀七百七十四兩五分零，免宗人府等衙門派剩米准銀一萬八千四百十五兩八錢八分零。共免帶徵銀四萬七千二百三十七兩五錢九分零。户部覆撫臺佘、給事中楊疏。

萬曆二十九年十一月，户部覆，直隸巡按何熊祥題：蘇、松水災異常，乞將嘉定縣永折漕糧，姑准減折一年。毋分正改，每石折徵銀五錢。以後仍照原題起解。被災十分，江寧一縣。被災九分以上，太倉州、吴江、崑山、武進、江陰、宜興、金壇七縣。本年漕糧俱准改折七分，仍徵本色三分。被災八分以上，長洲、吴縣、常熟、華亭、上海、青浦、無錫、丹徒、丹陽九縣，俱准改折五分，仍徵本色五分。其改折之數，不分正改，照例每石折銀五錢，連蓆板、耗脚、輕齎在内，每同本色齊徵。其改折項下運軍月糧，亦准扣數免編。

以上俱見《實録》。

顧文僖公一則

《與翁太守》：乙丑之歲，郡中嘗潦。比時巡撫魏公，惑于憸言，以爲新主即祚，不應告災，凡有訴者皆斥去。洎事勢已迫，方議奏陳，則已後時，不蒙檢放。于是一歲無徵之糧，凡十三萬石，均敷邑中。怨咨之聲，溢于道路。今日之水，視乙丑且數倍。極其勢所損苗糧，豈止十三萬石而已？區區之愚，欲望鑒前之失，飛驛上報。仍請于總司，速加賑濟，使得安存。一面曉諭鄉胥，及此稍晴，速爲區處。圩岸有可措手，督民併力。假令撈土于田，以補塍闕，損一存五，爲利已多。或有豪强阻撓，指名明正其罰。如此則災重者雖無如之何，而稍輕者薄有所收，猶足相補。若陳請後時，税額不減，復如往年。則此茫然巨浸之中，當徵數十萬石之粟，雖有智者，孰能爲謀，而亦豈仁人之所忍耶？

刑科給事中胡洪疏畧一則

一謂止强暴之併吞，禁私債之横取。一謂各處每遇賑濟，率令里胥驗户報名，故取索多端，伺候月久。欲令廉幹官據驗册籍，但田二三畝以下者，與極貧人户，刻時一槩驗口給濟。一謂比來守令，一遇災荒，恐有逋負，急取徵科，致小民賣妻鬻子。乞勑大臣，親詣有災地方，急爲覆勘，上請徵免。户部覆奏，從之。

御史張天德疏畧

淫雨經年，四望一壑。不惟秋成粒米之無望，更兼蠶桑菜麥之無資。蒞兹土者，欲官帑賑濟，則庫無餘錢；欲勸民間樂輸，則情難强逼。故巡按御史傅好禮請留一萬漕糧，應天府府尹張檟請借二萬五千納鍰。此皆親睹危急，以爲收拾人心之舉，非要譽求德于民也。

夫錢糧原屬起運者，固不可免。而原屬存留者，亦不可缺。臣意以每年所餘之鈔關者，發爲應、太、池、寧等府賑濟之資。滸墅關者，發爲蘇、松、常、鎮等府賑濟之資。兩關者，發爲浙江各府賑濟之資。此不過以商賈之餘財，拯蒼生之急困，因抽分之隣近之小民。其勢爲甚便。若不蠲此虛貯之餘税，以挽回岌岌將去之人心，臣恐兵，一呼響應。則不惟塗炭生靈，且有調兵命將之費，修城叠壘之費。將必致厪聖衷内帑。何如割此贅疣，速爲給濟。在皇上爲不費之惠，在小民獲更生之路乎。

徐文貞公四則

《上内閣乞救荒書》：敝郡去歲水災，賴公顧念舊畿，破格賑卹。不意今歲復遭淫雨，疇渰没。民之困窮，在撫按之奏陳，郡縣之勘報，計已能詳之。某跧伏山林，不宜屢出位以及政事。但念萬民之命，懸於君相，譬如赤子恃父母以生。赤子不幸有疾，非父母則無所訴。而爲父母者，亦不以嘗一療赤子之疾，遂自謂已足，不顧惜其再病之能亡身。況公拯溺哺饑，視民之輾轉望救，情尤懇迫。故輒敢復以控籲。伏乞台慈，不以民之積咎致災爲可惡，而惟見夫重疊被災患爲可憐；不以下之挾恩再請爲可尤，而獨軫夫顛蹶號呼爲出於不得已；不以國之經費，勢不容捐以爲德，而深慮夫民窮之甚，或足以生事而耗財。仍垂望外之施，曲慰溝中之望。則豈惟松人幸於再活，某幸於言之再行而已哉。

《與胡雅齋撫臺》：連日晴霽，雖低田渰没如故，而中田之退出者，則可以復種矣。但苦無秧，民間遂相與集人舟，礪鎗刃，偷高田之稻種之。其高田之守望者，亦集衆禦之。彼此務以力勝，因而殺傷者相繼。竊以爲此風不戢，日後人命之訟必多。況偷去之稻，種已後時，根莖損傷，亦不能活。而素習偷盜之人，詭云無妨，得銀五錢，包偷一畝。愚民妄圖收獲之利，冒罪信從。請明諭而嚴禁之。

《與吕沃洲代巡》：國家歲運四百萬石，例不捐以與民。而況今日國用方詘，即使以破例爲言，亦徒增司計者之一哂，而於事不可望濟。惟請折色，則於四百萬石者無損也。然而凶年米價翔踴，率一石值銀八九錢。而起運米一石例折銀七錢，以過江蓆耗通計，實爲米一石七斗有奇。是民以米八九斗，免歲運一石七斗有奇。而其受惠，常與免歲運之半等也。故在有司可以請，而民受惠多者，折色是也。不然，民之命縱不蒙恤，而有司税額亦何由登乎？

《與衷洪溪郡侯》：適見按院所行告示，其爲民之心，本極懇切。但今奸民所以未敢肆者，懼搶奪之罪耳。使搶奪無罪，而激變有刑，則奸民乘之妄作，以富家存留自食之米，槩指爲餘剩，强迫稱貸，盡其有而去，富者將何以自存？夫富者獨非民乎？且奸民今日貸於甲，明日貸於乙，既罄富者之有，貧弱之民乃更無所於貸。則無乃利奸惡而斃善良乎？敝鄉貧民，皆佃種富民之田。如令富民毋計利吝施，各自貸其租户，苟非租户，不得妄指稱貸，違者各坐以罪。其中人自有田房者，理當自食，不得亦稱貧民，往貸于富家。至於貧難生員，及一種不耕游手之民，則着落地方報名於官，另爲處給。如此庶卹貧安富，一舉兩得，而亂可弭也。

江陵太岳張公二則

《復徐文貞》：恒雨爲災，下民墊溺，皆執政非人，積怨干和所致也。明主循漢家故事，策免大臣，以消災沴，則不肖必首當汰黜矣。捧誦台翰，不勝媿悚。先是撫按疏至，上覽之痛惻，已兩奉特旨議處。乃蠲卹之令，猶屯膏未沛者，以故事，必勘明而後可定分數耳。茲奉台教，會地曹覆顧掌科疏上。謹再擬旨，申仁主子惠之意，慰黎民仰望之心。竢勘至，即按嘉靖三十四年及四十年例，破格蠲貸。茲不敢徒用蠲免存留，虛文塞責，以重得罪於元元也。謹謝台教，并陳不職之罪，唯師翁憐而宥之。

《答應天巡撫胡雅齋》：吴中蠲卹，部覆雖不能盡，如所請，然比之嘉靖甲寅、辛酉，已爲優矣。但踰格之恩，宜從上出。皇明祖制，凡優免稅糧，當内定于心，臨期便決，勿使人先知，要名于外，良亦爲此。乃聞公以議蠲分數，遂傳布于民間。彼中士民方蒿目以望，而朝廷又不能盡從其請，則恩出于下，怨歸于上矣。今宜如部議，宣布上德意，從實舉行。

少宗伯楓山章公一則

昔人謂救荒無善政，雖以朱子大賢，浙東荒政，其功德及民甚大。然猶自謂不過討得幾本青綾册子，不能盡如其意，則其他可知矣。一，來教謂每啚貧户，擇其尤者四十户報之，此意亦可。但不知令何人開報？若付之糧里，適以爲其取錢作弊之資，而貧無錢者不得報矣。愚謂只取黄册啚，眼將該啚里長老親自審問。假如某户人口若干，田糧若干，以何事爲業。其有田産而富貴者，不必言矣。或無田産，而爲商賈工匠、僧道醫卜諸技藝之業者，皆可自給。惟無田産、無職業，及老幼殘疾者，乃爲真貧，所宜賑濟。其或户有田糧，而爲他人所詭寄，或同户各房有田糧，而本身無有，又無技藝營生者，亦爲貧民，亦宜賑濟。此等事若非爲政者先之勞之，而付之乎下之人，則有無端賣弄作弊，不惟無益，而反有害矣。一，來教謂書記號簿，填寫小帖，甚善甚善。但付之里老分散，則其或散或不散，亦不能無弊。不若令里老叫來，驗其人物飢瘦、衣服藍縷者，親自給散，爲無弊也。今年荒旱，積年所無，甚爲可憂。《周官》十二荒政，所宜講求。先輩有救荒活民之書，亦宜時常檢看，早爲處置，以防後患。

光禄少卿小川顧公一則

《濟荒煮粥議》：年來兵荒相繼，民不堪命。茲復淫雨爲災，田疇淪没，高低遠近，一望皆水，死徙流亡，難以數計。自今抵麥熟時尚數月，豈能垂首枵腹，坐以待斃？勢必爲盗。將來事勢，更有不可言者。幸我邑大父母，悉心經畫，既捐(捧)[俸]議賑，復勸士民樂助，民得所天矣。第飢民甚多，錢穀絶少，濟給須别等第、酌緩急。以地言之，吾邑東西二鄉，高下迥絶。西鄉崧宅、青龍、盤龍、幹山、唐行、松塘、泰來橋、杜村、新市、趙屯、平原等處，水災爲甚。諸翟、南翔、江橋、觀音、法華、龍華、烏泥涇、吴會、北橋、閔行等處次之。一團周浦、下沙、新場，三團高家行、東溝、陸家行，八團等鎮又次之。此地有三等，難於一例處也。以户言之，有絶爨枵腹、垂命旦夕者，有貧難已甚、可營一食者，有秋禾全無、尚能舉貸者。此民有三等，難於一槩處也。考古荒政，可行於今日者，惟作粥一法，不煩審户，不待防奸，至簡至要，可以舉行。而世俗咸謂不便，蓋緣曾有舉於邑治，不知散布諸處。以致四方飢民，聞風併集，主者勢不能給，致民相聚而死，遂謂此法不良。今總計本縣市鎮，不下四十餘處。每處計里設廠，人衆者十餘廠，次減三之一，又次減十之五。每處令誠實里老一人主之，好義縉紳親自提調，務令粥必精潔，不得插和生水，及以生粥害人。每廠設缸五六隻，四面分列，使男女老幼分别就食，不至擠軋。凡以飢來食者，無論軍民、男女、老幼，計口多寡，均粥給濟之。起今十二月半，抵麥熟時止。計用米不過二十萬石，可活三四十萬人。取用有數，未致太糜。賑恤有等，不致虚費。窮餓垂死之人，晨得而暮即起。其效甚速，其功甚大。能以拯救阽危爲心，自擔石以至升斗，在在總是施恩；自一月以至日時，刻刻可以種德。惟仁人長者亟圖之。

郡侯楓谷喻公六則

《雲間吏牘畧自序》：嗟乎！人心之變，至無藝也。君子變而之善，小人變而之惡。《易》曰：窮則變。爲君子言也，善變也。語曰：人窮則詐。爲小人言也，變猶未極也。詐而不已，將變而之盜賊；盜賊不已，將變而之禽獸；禽獸不已，將變而之梟獍。何以明之？大江南北，奪攘紛紜，比閭之中，森爲讐敵。非變而之盜賊乎？中原游食，以人肉爲糧，僵仆在前，刀機在後，餘息猶存，羸肌已毁。而兩淮之上，且有竊烹隣婦之嬰兒，以希一飽者。非變而之禽獸乎？往傳關隴以西，骨肉相食，猶疑而未信。間者淛東之民，争啖其子，具見滕開府啓事中，語極悲痛。非變而之梟獍乎？嗟乎！人心之變，而至於梟獍也，則窮以耳。直詐云乎哉？是以君子悲人窮也。均自徂歲移守雲間，以八月之廿七日入境受事。當是時，江南之水粘天，魚龍以阡陌爲宫。而高岸之莖，稍自遠於沮洳者，輒復爲疾風所敗。歲是以大侵，閭閻之窮極矣。賴主上明聖，與二三當軸計安重地，霈然下蠲恤之詔，視他處有加，德澤誠渥。第雲間土俗，貧富霄壤。有田之家一，無田之家百。蠲恤所及者，有田之家耳。是一家蒙惠，而百家鮮救也。其誰知之？均伏念主職其要，臣職其詳。均守臣也，安危屬乎身。藉令無事則已，一不幸而有事，非均孰任其咎？於是召二三長吏，及老父之憂民者，與計便而行之。議抑子錢，議減租課，議貯役米，議發帑庾。不足而又申出粟之令，布煮粥之條。既而跳梁者法之，羸瘠者哺之，露骼胔者瘞之。請蠲請賑，不憚再三。凡調劑于上下之間，斟酌於危迫之際者，紛往沓來，日不下數十百牘。一切是非毁譽，置之度外，直以其身殉之。蓋厓厓匝歲，而均薾然病矣。秋來雨暘差若，歲且大有，境内無復他虞。而均始移文當路，奉身而退。檢藥之暇，因括平日所治吏牘，詮其稍有關繫者，屬諸剞劂，名曰《雲間吏牘畧》。嗟乎！人心與世道，相爲聯絡者也。今日之人心，其變爲何如耶？爲盜賊，爲禽獸，爲梟獍，而卒不敢爲反側。道殣相枕，白骨縱横，而海内奠於覆盂，莫敢揭竿而鬨者。則繇主上惓惓拯民之心，至誠惻怛，陰維之於上也。均不肖，誤蒙推擇，于役兹土。即在事之日淺，未能彰明教化，陶冶風俗，比肩古循良。至其夙夜孜孜矻矻，仰體主上至誠惻怛之心,力拯茲土之人,不令其終窮者,何敢自後於君子哉?嗟乎!讀《雲間吏牘畧》者,倘察其於人心世道,稍有毫毛之助,而不以文具文具之,則均可以去矣。《畧》凡四卷。首禮教,食不可先禮也。次荒政,時所急也。次賦役,地所重也。次平反,仁人之所隱也。萬曆戊子仲秋朔日,雲間守臣新建喻均書于敬事堂。

近據華亭二三父老言,本縣積米之家,多者鉅萬,少亦數千。顧乃坐索高價,閉廩自封。欲得太守責令各區地方,開報積米之家,給以官簿,酌價糶賣。太守反覆思之,倘給簿酌價之説一行,則無賴子弟,將羣聚而日叩富人之門。稍不滿望,争奪競起,是導之亂也。太守未敢輕議。獨是勸諭出粟一節,□有行者。第太守在事之日淺,自揆譾劣,何能以虚言相感動?雖然,松江固好義之邦也。查得户部荒政事例,有能捐米粟千石、銀千兩,輸官備賑者,撫按即爲具題,竪坊旌奬。境内士民有能出米千石或銀千兩,以佐太守賑貸者,亡論縉紳大夫,即布衣閭巷之人,太守當與抗禮,尊爲上客,旋即轉達竪坊。凡我士民,亦何惜而不爲?即不能盡如前數,各隨力量所及,不論銀米,不計多寡,或數百,或數十,或數兩數石,不妨開報,期於有濟。太守當一一籍而記之。多者申達兩臺,給以冠帶扁額,免其差徭。少者太守酌量給扁,仍榜示旌善亭,大彰激勸。如平日曾被陷害,坐罪污衊者,能行此善事,太守亦與湔洗,許其自新。且盈虚消息何常,嗇財者豈盡能世守?以此贏餘,惠彼嗷嗷,則老弱免溝壑之填,而壯者無逃移之苦。太守幸甚,地方幸甚。

松江府原奉巡撫都御史佘憲牌,據所屬華、上、青三縣,各查堪動官銀二千兩。點解大户陳艮、王漢、萬汲等,具領到府,轉解本院,給批前赴江湖二省買米去後。續據華亭縣申,據大户陳艮等十名,開報米數并價值前來。該本府已經備行各縣出示,將前米穀着令各役,在于城市鄉鎮,照依定價,止許一二斗或三四斗,糶與本地小民。不許奸徒假充貧户冒糴,私自貴糶,違者許諸人首告去後。爲照本府所定各役發糶米價,較之近日城市,已自相懸。稍足自活者,誠沾惠不淺。獨極貧下户,無銀貿易者,則無由得望顆粒。故本府酌定前價,稍存贏餘,正思以待此輩耳。竢發糶完日,除正項銀數抵足官銀外,餘銀仍聽各縣給發各大户糴米,與同預備倉積穀,相兼賑濟,是亦一助也。

遵奉撫按明文,本府轉行華亭縣,勸諭好義監生顧正心煮粥一月,陳大廷、張思齊共煮粥一月。以三月初一日起,至五月初三日止。在於本府四城門空閑寺觀,安集各饑民,一日兩飡。每處差委千户盧承惠、百户鄭玄等各一員,監督就食。本府仍不時親詣稽察外。即今天氣漸熱,東作方興,已經示令各歸農業去後。據各委官與同監生顧正心開報,濟過男婦用米粞七百二十三石二斗,僱工人工食米粞七十二石,山柴六千八百四十束,豆二十八石。陳大廷濟過用米粞四百七十八石四斗,僱工人工食米粞三十八石四斗,山柴五千一百六十束,豆二十一石二斗四升。張思齊濟過男婦用米粞四百七十四石六斗四升,僱工人工食米粞三十八石四斗,山柴四千八百束,豆一十七石七斗。各具數目前來。據此,爲照監生顧正心,歲捐數千金置義田,以贍闔縣之役,費已不(資)[貲]。今復首倡煮粥之議,本府不欲盡人之力,再三止之,而本生執義愈固,竟申前議。陳大廷、張思齊競相應和,赴義如歸,不惜重資,以救數萬垂絶之命。姑亡論所費,即奔走効力者,各不下數十輩。而張思齊一僕，且以管粥染病亡矣。此三人者，詎非一方之義士哉？俱應照例題請竪坊，仍應免其雜泛差徭，以示獎勵者也。

蒙兵備副使李、巡撫都御史佘案驗，即便轉行所屬各縣，將應賑飢民，作速查審明白。該府仍將前項准留贓罰，查明該銀若干。酌量各縣被災輕重，分別某縣應發若干，某縣應發若干。併將賑濟事宜，逐一酌量停妥，星夜具由詳報，以憑覆勘轉詳，分發給賑等因。遵行間，續奉兵道憲牌，仰本府即將留賑銀兩，或分發差官，領往出産米麥處所，收糴米麥給賑。或就于本地積有米麥之家，諭以大義，令稍減價值，官爲糴買，分賑于民。或仍將官銀照名給散。逐一酌議，何者爲便，務求民得霑惠。併查某州縣該銀若干，劑量停當，作速具由詳報。文到，併將兩院贓罰銀兩數目，呈報施行等因。蒙此，遵查本府所屬三縣，小民貧苦已極。即今米價，每斗價至一錢六分。處處待賑，人人仰哺，蓋又難以分別災傷輕重矣。但華亭地大而麥少，上海有麥而少收，青浦地狹而無麥。華亭、青浦先收勸助之米，放給已盡，而未完者，竟因上海奸人呈撓，亦復觀望不完。近來米價踊貴轉甚，亦難責備。上海近日認助，雖有七千石之數，而的確能完者，得五千石止矣。而各縣望賑者，不啻數萬人。查得本府縣庫，先蒙取解蘇州府萬曆十五年分撫院項下解京贓罰銀四百二十兩，按院項下見貯府庫解京贓罰銀七百二十九兩，三縣解過蘇州府贓罰銀共九百九十八兩，通共銀二千一百四十七兩。仍乞發滸墅關税一萬五千兩，與贓罰銀相兼而放。此時農務正殷，各田主之家，勉强相助，加有升斗之麥，眼前尚足支持。惟閏六月與七月，極爲緊關。若往江廣糴買新米，或託之委官，則一人之力有限。或託之大户，則推諉在所不免。往返之間，必致稽誤。如去年買米大户，七月領銀，直至今年正月方回，此可以鑒矣。若責令本處有米之家，減價糴買，則前已認助一番，今復强令糶賣，勢必難行。本府反覆詢之縉紳父老，皆以散銀更便。莫若分作二次給散，先一次限在閏六月，後一次限在七月。若至八月，則本處花亦有收，禾亦漸熟，而各處客米亦相繼至矣。散銀之時，須責成正官，親詣各鄉，面審飢民。委果饑餒不能存活者，方准給散，聽其領銀，易買食物，不必拘泥原報人數。其稍可自活，不得一槩妄給。在華亭地大人衆，上海、青浦地雖不侔，以事勢劑量，亦略相當。大約以十分爲率，華亭應給銀四分，上、青各三分。仍各以助米相兼而賑，庶可保無他虞矣。

本府轉行華亭縣，勸諭好義監生顧正心煮粥一月，陳大廷、張思齊共煮粥月餘。先具用過米粞、柴價數目，申報兩院，題請旌異去後。看得監生顧正心、陳大廷、張思齊，煮粥一月，全活甚衆，亦應建坊以示獎勸，實與户部頒行事例相符。及該本府通查三縣助米人數，其在各縉紳春元，倡義助賑，雖有多寡不同，而執義甚高，深爲可嘉。另容本府類製一扁，懸置各學明倫堂，以風示後來。不敢槩議送扁輕瀆外，但查其助米最多，應在題請竪坊之例者。今查得華亭縣鄉宦，原任太常寺卿徐助米三百石，尚寶司卿徐助米六百石，尚寶司少卿徐助米三百石，一家兄弟共助米一千二百石。此應特建一坊，以示獎勸者也。上海縣富民王漢同男王國棟、王楷助米一千石，青浦縣富民楊道通助米一千石，上海縣春元倪甫英助米伍百石，監生王學詩同男春元王尚行助米五百石。以上四人，並與前例相合。俱應特建一坊，以示勸獎者也。華亭縣監生張承祖助米四百一十四石，監生范允恒助米三百石,上海縣監生施一化、富民王柱檄、黄葑各助米三百石,青浦縣監生陳邦禮助米三百石。以上六人米數雖少,而此時米價甚貴,每石至一兩二三錢,即以準八百石之粟,亦足相當。似應酌量共建一坊,以酬其義。其助米二百石以下,仍容本府遵照撫院頒行事例,分别給與冠帶,免差置扁,以示奬勸。地方官何忍蔽人之善,虚人之惠,而使泯泯不揚也。

松江府示。照得本府勸助銀米,已經備開總數,曉諭士民,仍行各屬徧諭外。但陸續給發本府項下銀米,及未開列細名,郡内士民何由知之?誠恐將來疑爲染指,未可知也。事關名節,豈容默然?合再出示曉諭。爲此,今將發過各縣賑濟并煮粥銀米稻穀,細名細數,備列於後。粒米銖銀,倘有隱漏,能逃鬼神之默鑒乎?士民其通知之。故示。

松江府示。照得亭林、後港、張堰三處,倡搶奸民,已該本府親詣,擒拏金侃等一百二十二人。枷號沈成等十三名于張堰,枷號金侃等四十名於府城四門,責放潘乃弓等六十九名。惟搶張一誠家,各犯情罪頗重,仍嚴拿不宥外。其餘查係情輕,祇是羣聚借貸,往往指爲强搶。姑容悔過自新,俱免深究。其逃竄在外者,許還家生理。續有拏到者,亦從寬處。即遇人首發,亦不准理。保甲長人役先經領票押拏者,速來銷繳。如匿票不銷,在外騙詐鄉村貧民及失主之家,擅毁各犯房屋什物,逼逐不得安生者,訪出一體重治不貸。

《申報奸民搶奪緣由》:本府自二月初旬以來,見米價踊貴,饑民羣集,即將官米發糶,并勸諭士民量助銀米,以爲賑濟之需,諭令饑民還家待賑。至本月十九日未時,據華亭縣巡捕縣丞魏國忠稟稱,該縣亭林鎮饑民白晝聚搶。本府不勝驚愕,隨查本鎮地方,係全熟區畐,與别鄉水災重大者不同,何以至此。本府恐其久則結聚不散,致生他變,即日馳赴本鎮。至則漏下二鼓矣,無一人知者。次早着落本鎮保總人等,押發各失主顧左等認拿,隨即拿獲搶犯金侃等六十一名。又聞後港、張堰二處,亦皆效尤,薄暮又馳至後港,拏獲搶犯包環等十名。次蚤馳至張堰,拏獲搶犯顧四等五十一名。通計一百二十二名。本府陸續審究,分别枷責。華亭一縣地方,今已獲安。又據上海縣申報,周浦鎮饑民搶散發糶官米二百餘石,乘搶居民楊鈿家財。本府關行海防匡同知,前詣該鎮拿究外。再照華亭之亭林、後港、張堰,與上海周浦,地方皆屬東南高鄉,號稱全熟,並無災傷。即今徧地麥秀青青,乃敢相扇聚搶,誠不可曉。推原其故,蓋由地方蓄米之家,各利外商販糴,不肯假貸貧民。以致衆口嗷嗷,始則哀求,既乃强取。取之不已,則聚而行搶。二三日間,相繼效尤,且搶及官米矣。據其紛紜之狀,深爲可惡。原其饑餒之情,又屬可憫。本府一面曉諭士民,凡有田之家,每畝給借佃户米五升,以濟其急。俟農工既起,陸續給借,便可接至禾熟。仍行令各縣,作速議賑,以爲善後之計。至於平日綏輯無術,本府蓋不得而辭其責也。除將各犯分别究招解詳外,理合先行呈報。

《調停租債示》:據華亭縣居民黄忠呈稱,歲歉年荒,若不預爲處置,百姓必致流離。勢宦豪家徵租取債,縱僕虎威,摇駕器械花船,助主之勢,准折小民田房兒女,實爲慘戚。若不嚴禁,各豪仍蹈前勢,百姓必不安生。懇天出示嚴禁。内開:一,租米錢糧根本,勢不可缺。懇令田主照荒徵取。應五六分者,五六分徵;應二三分者,二三分徵。一,債主常年累筭,必得厚利。今值荒歉,止可還利,待豐年償還其本。錢糧有緩徵之例,何況于債?據此看得,居民黄忠所呈,未爲無見。近蒙聖天子俯從兩院之請,將本郡漕糧改折六分,停徵四分。則有田之家,受上恩亦厚矣。至于佃田人户,委應酌處以蘇其困。遇有高阜去處,收成五六分者,即還租五六分。如低窪去處,收成二三分者,即還租二三分。在田主不得一槩取盈,在佃户不得藉口全賴。至於取債,亦宜從寬。如能本利全完者,不論銀米,止許取利二分。不得仍執舊例,加三加四取討。不能全完者,或還利將本借轉,或還本將利借轉。仍明立文約付照,待豐年照數交還。債主不得一槩取盈,債户不得藉口全賴。大户有力之家,仍要禁緝家僕,不許凌虐佃債人户。又該本府訪得,各家家人,欺瞞本主,廣放私債。一到佃户之家,不問豐歉,勒將自己債利,盡數取足,致將家主正項租稻拖欠。以致主人怒其佃户,而佃户又不敢伸言。如有此等,本府定行重治。爲此曉諭,凡大户有力之家,并佃户人等,務宜遵守,毋得故違取戾。

《安集饑民示》:奸民倡搶者,本府已重治之矣。至於真正饑民,豈容坐視而莫之救?若悉待官府賑濟,勢必難徧。凡我士大夫以及百姓有田之家,各宜體亮,每畝先借佃户米五升,以濟其急。候農工既起,陸續再借。大約每畝借佃户米二斗,便可接至禾熟。如至期拖賴不還,本府親爲究追,决不食言。其典户將米典借鄉民者,每石止許准價八錢。不許高擡取利,致滋民困。鄉鎮排門夫兵防護甚切,許所在里排勸諭有蓄之家,量行給米資助,令其早暮巡警,彼此有益。至於米價,可謂貴極,及今不糶,更待何時?萬一釀成他變,雖有粟,吾得而食諸?各宜刻日發糶,仍稍平其價,則地方之受惠多矣。

《檄屬縣收埋棄骸緣由》:照得病餧相乘,遂至仆死道傍,無族收瘗,殊爲可憫。爲此仰縣官吏,差地方人等,收屍埋罨義塚,或本地空閑處所。仍於該縣官米内給米一斗,與收埋之人,作爲工食之需。每十日將各屍名數并埋罨處所,一併查考。

比部鴻洲徐公二則

爲郡守,積穀備荒是第一務。不入私室,不爲饋遺,買穀入倉,擇部民有行父老主之。倉須完繕高燥,用柴蓋護。待主倉者如家之主計,優以禮遇,免其雜役,不使左右群小有所需求。每厫有定數,折耗有餘糧。時加檢問,察其盈縮。一遇凶歉,發而平糶。豫訪耆德,散布各鄉,質盟於明神,感動以誠懇。間遣自愛屬吏,巡行稽查。或親乘小舟,突詣廉問。夫預備則有待無弊,久而益饒;散糶則民便利均,不至羣聚。而又身勞誠感,不廢稽防,庶幾民有實惠。如此而百姓猶流亡喪亂,始可委諸天矣。

世廟時,廣東僉事林希元上《荒政叢書》。内列綱六,目二十有三。曰:有二難,得人難,審户難。有三便,極貧之民便賑米,次貧之民便賑錢,稍貧之民便賑貸。有六急,垂死貧民急饘粥,疾病貧民急醫藥,病起貧民急湯米,既死貧民急墓瘞,遺棄小兒急收養,輕重囚繫急寬恤。有三權,借官錢以糶糴,興工作以助賑,貸牛種以通變。有六禁,禁侵漁,禁攘盜,禁遏糴,禁宰牛,禁度僧。有三戒,戒遲緩,戒拘文,戒遣使。其審勢立欵,推情設策,可謂幾盡。若斟酌事宜,務令實惠及民,則在仁人君子,自盡厥心焉耳。竊思遣使之戒,厥有前徵。往年江南被災,發帑命官賑濟,無益而更滋騷擾。昔司馬文正公謂,不如專任監司守宰。但監司守宰,身任其事,又以得人爲急而難。蓋苦心綜理雖在我,而布散分任須用得其人。苟一人失用,即一處一事爲其所誤,而僵死不知幾何人矣。丘文莊欲於所部縉紳監生,與夫耆老人等,凡平日爲鄉人所信服者,俾各就所在,因人給散。大要就一方人情土俗,酌於才品,期其不負委任。惟預備勸助二端,不在明白開欵。蓋勸助一事,行之不善,反成苛索。預備一節,當在平日,臨迫則難。倘被災太甚,應用浩繁,倉卒措置錢米,不免巧婦束手之歎。若只倚辦官庫,額少用浮,中道稱竭,安得委而坐視歟?念此,必當先事不忘經營,臨事廣爲方畧。

學憲洪洲王公六則

《議平糴》:古稱商賈之事,可通於官府。蓋握權奇,時通塞,銖較而寸權之,亦救荒權宜之一策也。大都年凶穀貴,小民病之。若發官廩,減價出糶,而四方巨儈販運穀米,一時輳集,其價自平矣。我朝周忱巡撫直隸,初至蘇松,屬大饑穀貴。忱廉得江浙湖廣大稔,令人槖金至其地,故抑其直勿糴,且給言吴中米價高甚。用是三省大賈,販米數百艘集吴中。忱乃下令,盡發官廩貸民,半收其直。城中米價驟減,各賈進退兩難,只得賤糶。忱復椎牛釃酒謝之,各賈悉大歡而去。米價既平,乃復官糴以實廩。蓋昔耿壽昌之法,穀賤增價而糴,穀貴減價而糶,忱蓋祖其法而善用之者。但減不可太減,增不可過增,使不越原直,庶官廩不竭,而惠可繼矣。然所以佐平糶者,又在無遏糴,俾商販諒我之公,凡道經我境者,俱運米而來。又在無抑價,俾商販聞風,價直倍常,自將輻輳而至。慎斯術也,復何患米價不漸平,而嗷嗷者不甦之生哉?

《議發倉》:國朝夏原吉奉命往撫三吴饑民,奏發倉粟三十餘萬石,民賴以濟。夏寅以吴中饑,投書撫臺,發廩二十萬斛,糴十萬石,三吴賴以全活。

《議倡義》:蓋富民,國之衛也,民之依也。所謂藏富於民者,藏之此矣。記曰:富則仁義附焉。夫好義之心,人孰無之?要在上之人陽激而陰率之,則倜儻之士將浮慕焉。雖嗇夫,亦捐千金如敝蹝矣。趙閲道知趙州,歲大歉。公集富民,誘以賑濟之義,自解腰間金帶置庭下。於是施者雲集,全活十數萬人。我朝何喬新奉命賑晉中,請發内帑并淮鹽銀數萬兩,勸貸富室,得粟數十萬石,活三萬人,招回復業者十四萬人,附籍者六萬餘户。凡此皆以百姓之財,救百姓之死。倡導鼓舞之機,惟豪傑默運之已耳。

《議煮粥》:蓋荒人民流徙,饑餒疾病,扶老挈幼,驅之不前,緩之則斃。資之錢幣,則價湧而難糴。散之菽粟,則廩歉人衆而難遍。惟煮粥庶可救燃眉。宋程頤謂,救饑者,使之免死而已,非欲其豐肥也。當擇寬廣之處宿戒,使辰入,至巳則闔門不納,午而後與之食,申而出之。日得一食,則不死矣。其力自能營一食者,皆不來矣。比之不擇而與者,當活數倍之多也。凡濟饑當分兩處。擇羸弱者作稀粥,早晚兩給,勿使至飽。俟氣稍完,然後一給。第一先營寬廣居處,切不得令相枕藉。作粥須官自嘗,恐生及入石灰也。我朝萬曆十四年,河南彰德府饑。巡撫衷公議,發賑餘米數千石,及該府庫貯銀若干,於豐穰處糴米,隨在委官煮粥,日一餐,人給三碗。明年,復行開封等州縣如彰德,所全活不可勝計。

大都煮粥雖救荒下策，然舉行固自有法。蓋處之宜廣不宜隘，舉之宜同不宜異，令行宜嚴不宜寬，食之口宜散不宜聚，授之餐宜遍不宜頻。是在賢守令善行之而已。

《議給粟》：年行賑給之錢，類費而鮮實。餔之粥，或聚而難散。惟出公廪之餘，藉富室之蓄，計口給粟。人不過升合，家不過斗釜。庶幾乎拯溺救焚之一策也。昔趙抃知越州，命吏録老稚不能自食者二萬一千九百餘人。故事，歲廪窮人，止三千石。抃勸富人及僧道食羡者，得粟四萬八千餘石。自十月朔起，人日受一升，幼小者半之。市郊各置給粟所，共五十七處。受粟者男女異地，各以便受之。且戒富人勿閉糴，又出官粟五萬餘，平其價糶之。爲糶粟所十有八處，以便糴者。又傭民修城，爲工者三萬八千，計工倍與粟。棄男女者得收養之，全活甚衆。蘇次恭爲澧州開賑，患劄記不公，給印曆一本，用紙半幅。上自書家大人若干，小兒若干，合請米若干，榜于門。如虚首出甘罪。又請米分幾人爲隊，用旗引。卯時一刻給第一隊，二三刻及辰巳如之。即老幼、婦女、病弱，悉得均糴。萬曆十五年，中州饑。時衷巡撫貞吉至其地，見河北諸郡及他省流寓者甚衆。因命所司查勘，每大口給粟二斗，小口五升，活二萬餘人。願回籍者，計程人給粟二升。又移檄本郡邑計口賑之，有地者量給種，一時復業者三千餘口。以上三公，皆得給粟良法。舉而行之，存乎其人而已。

松江府志卷之二十四

荒　政　下

撫臺懷魯周公二十二則

今歲突遭水患，自三月二十九日以至五月二十四日，霪雨晝夜不歇。墻垣傾圮，萬井無烟。較之嘉靖四十年間，被灾更慘矣。查嘉靖七年，地方奏報灾傷。蒙允，將本年起存錢糧盡行蠲免，稍輕者照依分數勘實，即便停徵，或量爲折徵。三十三年，奏報灾傷。蒙允，將本年存留錢糧盡蠲免，起運額派大半改折，又將内府糧米賑濟。四十年，奏報水灾。蒙允，將本年兑軍糧米、民運白糧，盡行改折。宗人府米折并京庫草折布絹等銀，俱停徵。仍將鈔關船税與各府引價事例等銀，俱留賑濟。至萬曆十年，奏報水灾。蒙允，將本年起運漕糧并南京各衛倉糧改折，宗人府草折、南京倉麥折全免，折布并府部院公侯禄米鹽鈔等銀停徵。及留關税并各府事例等銀賑濟。萬曆十七年，奏報灾傷。蒙允，將本年起運漕糧盡數改折，内停徵五分。德府禄米、光禄寺白糧、府部院等衙門，俱收准折。宗人府等衙門派剩米折，京庫鹽鈔，蘇、太、鎮三衛本折行月二糧，鎮江倉麥折本色黄白麻料，蘇、太、鎮三衛軍器淺船民七料銀，并南京光禄寺衙門本折、米豆、絹折、草折、蜜糖等銀，俱准蠲免。揚州、鳳陽二倉米麥折，免徵一半。牲口藥材糧銀，歲造段疋胖襖，協濟馬役，俱准停徵。萬曆十六年以前，各項舊欠錢糧，除金花漕折外，其餘悉准停徵。又蒙專差科臣楊文舉，齎銀三十萬兩，前來賑濟。是歷年蠲賑之事例具在。但蠲止存留，上有虚名，民無實惠。賑取倉廩，則倉廩所積有限，無能濟其萬一。此特可施之尋常之灾而已，今遇非常之灾傷，全望非常之蠲賑。即今灾傷甫告，已見搶米於路者。雖職以嚴法禁止，而民之思亂可知。計此時，職猶能奉皇上之法紀，竭心力之調停，以維繫於馬奔獸駭之間。過此日饑一日，益復無聊。加之督逋日急，鞭朴益煩。竊恐流亡之民，力不能辦，將使蠲停之權，不在上而在下。職有不忍言者。伏乞敕下户部，亟行按臣查勘。將重灾地方本年錢糧，無論起存，破格蠲免。萬曆三十五年以前舊欠錢糧，盡數停徵。又將滸墅鈔關與税監所抽税銀，量留一年。及各府事例税契、撫按贓罰，凡可動可留等銀，盡留備賑。此不過捐皇上一年之租，易此二百年孝順之百姓，不爲餓殍盜賊。此其所得孰多？不則不惟損今日歲入之額，職恐且益以他年軍興之費，爲憂愈深耳。職言已盡，職心欲嘔。儻不蒙俞允，惟有席藁待罪而已。

疏畧。

今日東南之灾，臣憂不在民而在國，憂不在荒而在亂，憂不在東南而在西北。臣用是凛凛，凡開倉發賑，廣儲弭盜，通商平糴，煮粥散米，一切列爲二十三欵。督責有司，設誠而力行之。今灾民無慮數百萬，日擁臣之門，援引嘉靖七年事例，如兑軍漕糧及南京各衛倉糧等項錢糧，泣訴全免。乞聖上俯念此邦之民，非他邦比。將前項錢糧，破格蠲免。儻皇上不蒙賜蠲，勢必至民且自蠲之。猘瘈鹿挺，何所不至。萬一地方不幸至此，一日軍興之費，且倍於一年之蠲。此其利害多少，較若列眉。伏乞勑下户部，應蠲者亟蠲，應折者亟折，應停者亟停，應賑者亟賑。則今日之民心自安，後日之供輸益力。又疏畧。

救荒必先覈實，而後惠無虚冒。如縣有幾保，保有幾區，區有幾啚，須先分大段明白。某保幾區爲荒，某保區爲熟，某保區爲半荒。啚書沿門需索，任意低昂。貧户艱於買求，則田荒而反作熟；富豪易爲恐喝，則田熟而反作荒。即荒册已定，而官府難於遍踏。踏荒之時，且有船頭之作弊，得賄則引至荒處，無賄則引至熟圩。故當止報荒區之僅熟者，則其所剩皆荒，不辨而自明矣。近城去處，縣官親自踏勘。窮鄉僻處，仍責佐貳廉能官，處處親到，督令現年保甲開寫。蓋錢糧是其干繫，開報豈敢不公正？虞熟田不報，則踏勘之時，當令各熟田每圩插一木板，約高五六尺者。明開一圩中，某人熟田若干，佃户某，某人熟田若干，佃户某。若有不插板之熟田，即係漏報，其作報之人法無赦。若踏勘官當預置竹籤，上開區啚，藏於籤筒。不可托吏書收執，以防弊竇。須密封衙内，時常行製。又宜簡從役輿皂，單騎輕舟，帶籤而往。隨意疾赴田間，出人不意，掣籤細查。其間又不無移坵换段之弊，要在加意釐革，嚴法創懲，則處處可以得實也。其半荒區分，亦止報熟勘。熟勘之法亦如之。夫荒熟既盡得實，則饑民大畧可知矣。此即可與籍饑民之法，竝行而不悖。是在良有司事事關心，步步着脚。雖知煩勞，吾輩受些煩勞，百姓受許多全活。陰德無限，令名無窮。

法行非人，即一家父子、兄弟、夫婦之間，猶有不公不明之處。況荒政非比他事，可以坐理。巡行阡陌，躬歷閭閻，此在郡守，勢不能也，不得不責成於各縣。縣大地廣，縣官又不能也，勢不得不責成於佐貳。府官須加意精選，開名到院，以憑特委。但衙官自好者絶少，而衙役生事者極多。若任此輩，則到一鄉先索一鄉之供億，行一事先啓一事之弊端，是拯其溺而益之深也。即教職中，科甲青年既厭薄不屑，尋常流輩又闒茸罔功。即如往歲大户積米，曾委教職監糶矣。而假票報糴，虚數報完。遠商米船，亦委衙官監糶矣。而米或歸姦牙，或歸衙役。饑民百里持錢，終日曾不得顆粒，而空手歸矣。且糶未半而報完矣。莫若每縣公報殷實者碩數人，素以公平信義，爲一鄉所推服者。縣官假以禮貌，諭以賞罰，分任而專責成之。有功旌以扁額，最者給以冠帶。如有作弊，民不均沾者，查審得實，據法究坐。今歲之穀不登，來春之計當蚤。九十月之交，正是種麥之時。有司須單騎省從，巡行村落。省麥不足，兼種菜蔬。菜熟則二三月可不饉，麥熟則四五月可不饑。又問其疾苦，周其困乏。勿憚心煩，勿惜脚力。吾輩脚力所到，即民之生意可回矣。

灾民枵腹望賑，蒙皇上曠蕩之恩，准賜淮揚税銀五萬兩，分給蘇、松四府。本院屢次行文催督,該監苦以榷收未足,乏銀起解爲辭,須至三月内方濟。即使三月内税銀果到,已索之枯魚之肆,何益哉?爲此示仰各府州縣,不必株守税銀,然後行賑。其一應錢糧等項,凡屬見徵在官者,不論緩急,通行那撮,預爲賑濟。至於撮去錢糧數目,本院即行文該監,迸催償補,决不累爾有司。至若給放之日,各屬正官尤須加意親驗,毋使佐領吏書染指乾没,毋使公約糧里兼并侵漁,毋使鬼名花户巧爲濫竊,毋使僻地單丁獨爲向隅。各官宜體本院一點實心,毋虚文塞責。

今歲雖遇水灾,本院一行各屬,隨宜發賑。一行各屬,動支官銀,差官前去别處收米,前來平價救民。一諭别處糧食,凡有客商興販到此者,隨到隨放,不許收税。一禁牙行店家,不許盟誓傳籌,平增米價。一諭巨室大家,不許希索高價,閉糴病民。一躬親祈禱,務期挽回天意,早賜晴霽,以救萬民。一具疏奏聞,請蠲請賑,以安四境。凡可爲灾民計者,無不竭力料理。目今雖水勢滔天,旦晚波濤消退,商賈漸至,米價漸平。爾等存心苦守,不過眼前。各宜仰體本院真切爲民之意,共爲良善。勿因目前大水,頓喪良心,遽踰三尺,聚衆搶奪,自投陷穽。

本院因見年歲凶荒,苦心竭力,凡可救活爾百姓,不愛髮膚。如請蠲請賑,積米平糶等項,不一而足。爾等宜仰體本院一腔真意。若好勇疾貧,乘機搶奪,如姦徒羅文獻、盧二、高二等,已經拿解前來,綁押遊示六門畢,即斃之通衢訖。夫各犯搶人糧米,本以倖生,反以速死。此等姦徒,在在有之。若不及蚤改行,本院决不姑息,治亂民正以安良民。爲此諭軍民人等,務農者趁此水退,隨便耕種雜糧蔬菜,亦可餬口。經營者肩挑步擔,傭工趁食,亦可活命。各安生理,省儉度日,未必即死。若怙終不悛,如羅文獻等,頃刻立斃,屍骸暴露,誰爲憐惜?爾等思之,速速改過,毋蹈覆轍。

漕折不蒙部覆,業已無可奈何。然就中轉移調劑,則有本院在。爾曹稍有物力之家,各宜勉力輸將,以完國課。其果係全荒人户,勘實被灾十分者,已行道酌議。或於庫貯錢糧,通融那抵漕運。爾等毋得妄作非爲,自取殺身之禍。本院所最惜者饑民,所最恨者亂民。朝廷三尺具在,本院决不爾貸。

賑糴之舉,期於饑民得沾實惠。隨門審察,逐户填註大人幾口、小兒幾口。或絶無生計,或稍有過活,即時分上饑、次饑二等。五家爲保,即被水飄没,人户星散之處,亦令就近五六家作一保。若一户不實,一保俱不得賑。饑户有遺漏者,許本户陳訴。有詐冒者,許同保首告。至期縣官即忙,不得改日。至於縣大地廣,縣官難於徧歷,精擇佐貳及教雜職等,協同各鄉公正有德之士,不拘紳衿耆老,相與商求。務使舉無遺人,人無遺舉。庶一粟一米,皆到饑民之口。千萬留意。

四郡望賑之民,不啻百萬。本院多方設處,將原題事例、税契、魚課三項,并本院所捐俸銀,每府百兩,及院道府以下各官所捐之資,鄉紳士民所助之數,通行查出。再將上年各刑廳所查,府縣庫内各項堪動錢糧,盡數搜括,大約以五分爲準。今次先給三分,留二分以俟三四月青黄未接之際,再行放給。

查得往時遇灾,曾有諭令坐罪繫獄之徒,許其出資或銀或米,交納在官,准與寬釋。一以開自新之路，一以爲賑民之資。不識今歲亦可倣行否，仰行各屬酌議。要見犯何罪者，或納銀、或納米若干，定立數目規則。并議銀米作何收貯，灾民作何分給。務使重犯不致幸免，灾民得沾實惠。俟水患稍平，饑民得食，即行停止。

各府理刑官，查盤是其職掌，不得姑息隱瞞。須親到各縣倉厫，逐一盤核，每倉貯穀米通共若干，支銷若干，實在若干。其於各義倉、社倉及學田，亦查核如前。通將見在實數，各申報本院。不可聽吏書支吾影射，使百姓之脂膏，恣姦貪之魚肉。

本院近檄所司，酌動官銀，差官往豐熟去處，收糴米麥，以備平糶。分買則衆力易辦，就近則厝處無難。民既樂從，法亦簡便。不然，各縣未役者買米數百石，免役三年。又不然，有田之户不可復困，而無田大户有典有囤者，亦可使也。又不然，士夫自本身親子侄兄弟外，凡諸叔伯諸侄，及親戚有田，久寄名書册者，亦可使也。又不然，商人之開典於部中者，擇其嬴於資而嗜於義者，禮而召之，亦可使也。總之，各商民止藉其力，不傷其財，原不爲厲。惟是此輩憚於遠涉，亦有不必遠涉者。連年豐稔，民有蓋藏。今富家巨室豐倉不出糶者，畏官價耳。誠不定以一切之價，聽其以時價糴糶，糶於民與糶於官，糶於外境與糶於本境，等價耳。亦復何畏？近糴不足，始不得已而遠涉；米粟不足，始不得已而兼收菽麥。大都一番在糶，一番在糴，一番在途。循環轉運，絡繹不絶。買米到縣，官驗入倉，爲期日親自給糶。大抵百人以上，便慮冗雜，當分場逐隊，用旗引之法。徐寧孫、蘇次參成式具在也。若縣大民衆，縣官難遍，不妨就諸城門相近寺院，凡十數處，或衙官雜職分理。至於村落餓殍，豈能就升斗之粟，以緩須臾之死，扶病而來，排擠不前，守候艱難，浩嘆空返。須於各荒歉區中，或鬧鎮人衆，或寺觀空房，多置倉厫，扁以義倉。俟民糴一到，官爲驗數，即入義倉。仍選委本區好義士民，爲鄉閭所信服者，延見慰諭，加禮激勸。不駭以大户之名，而風以義民之號。設鑼一面於門外，有真實饑民不得入糴者，許鳴鑼入禀。度糶將半，即以糶本交官，即給往再糴，以備接濟，不得斷絶。至麥熟乃止。事竣，凡糴米及監視糶米商民，給扁、給冠帶之外，或免其差役。典户仍給券，令其的子弟得占籍與考焉。庶乎人樂用命。

本院設法賑濟，其次莫如收米平糶，可以少濟民艱。爲此牌仰本府官吏，即行各州縣掌印官，查將在庫稍緩堪動錢糧，具數請詳院道，暫行那借。選委廉幹府首領，或縣佐貳官，給與印信批文，親自前去豐熟産米地方，收買好米前來。照依彼中原價，量加折耗脚價，官爲糶賣。止許細户零星均糴，不許姦徒串通牙行，頓販覓利。糶完繇報，復輪差一官，再去收回，糶賣如前。直至雜糧有收，灾民得食停止。仍將借支米價，收歸原項還庫。完日行令各屬，備開一次借支銀若干、買米若干，二次借支銀若干、買米若干，差官何人，何月日前去收米，何月日回還，何月日糶完，次次具揭申報。查考其載米船隻，或借用各區沙船，或着埠頭雇覓民間大船。悉聽各該掌印官與委官，隨宜酌用。如委官料理得宜，糴糶有方，使灾民得濟，該府據實報院，以憑優獎。若轉托下人，處置失宜，無裨實用，該府亦從實報院，以憑戒飭。

民間之積貯有限，而商賈之通濟無窮。故商賈來則穀米多，穀米多則米價自平。故疏通商賈,尤爲救荒急務。本院心切濟民,先切通商,已將米價聽從民便。誠恐有司奉行不謹,反病商民。合再示諭各屬有司,須細爲酌量,賤不病商,貴不病民。其價隨時高下,聽商民從便交易,務使商民兩得其平,庶爲善政。但各商須尋義中之利,比較往年稍有利息,便當知足。毋得狥利忘義,損人利己。如有姦牙狡儈,乘藉荒年,故意增減,病商病民,訪知及告發,定行拿究。

每見荒年一番僉報,闔邑騷然。姦民乘之,攘臂而起。致令富家巨室,人人自危。今本院捐俸爲首,以次及道府州縣。儻鄉紳先生,慷慨仗義行仁者,聽其自書若干,不願者不强也。至於任俠慕義,如顧正心者,三吴富民豈謂無人? 儻有捐數萬金救民者,本院即爲題旌,萬金而下,樹坊給扁,俱無所吝。欲冠帶者,給冠帶以榮終身;欲效用者,給劄付以令效用。又爲之免其重役。即如輸米百五十石者,免五百畝之差三年;輸米三百石者,免千畝之差三年。米遞加,田亦遞免。俱聽其自書,有司不得一毫勒强。近青浦縣候選序班王仕,捐貲五百兩助賑,吴縣監生朱國賓,措銀千兩助糴。即令縣官親往其家,懸扁以旌之,仍免三年重役,使得爲善之報。本院之不食言如此。夫請蠲請賑,禁搶奪,禁强借,本院之保護富豪,不遺餘力。儻富豪終吝,一錢不出,無論辜負本院,且非自爲身家計也。

擁重貲而開典者,以吾民爲外藏久矣。每年僅以額課解税監外,官府不役,差解不及,是此輩之獲民利亦厚矣。乃一遇歲侵,類稱無本收當,深藏閉户。間有當者,較之平常所典,十僅與一。夫獲利于豐稔之時,而坐視於凶荒之日。無論非情法之所宜,亦非此輩身家之利也。合無示諭,令此輩遇有小民衣飾器具,照依常年規則,值十當七。不得過爲尅估,且託言無本,以拒絶貧民。仍着典鋪每家赴縣,具領憲給印信批文。不論遠近,令其糴米來家,銀米兼當。而其米一照時價高下。如此在開典之家,既可以米爲本,且可以糴獲利。在來典之民,不必易米以銀,竟可以物博米。況典之鋪多,則米之途廣。前之當者將盡,後之糴者又來。此亦以民濟民中一術也。

議荒政而及於鳩工,使貧民得役力以糊口,事誠然矣。如各縣原無應作之役,亦無可動之銀,而輒議興工,則勢必至加編加派以取給。是猶剜垂斃之肉而療饑,饑未療而先速其亡矣。至於無煩官帑,有益大户,而兼可以濟貧民者,無如修圩一事。蓋圩埂日塌,僅存一綫,所以一遇大水,捍禦無策。今誠及八九月水退之時,縣官輕舠寡從,遍至窮鄉。每圩之中,有田而稍饒者,計畝出米若干;有田而家貧者,計畝出力若干。即以饒者之米,充貧者之腹,而使之畢力於修築。其圩埂之狹者培之,低者增之。有數千畝共一圩者,仍界畫爲數圩,而多築埂以分之。夫埂厚而高,則禦水有具;圩分而小,則車戽可施。在出米者,非置之無用之地;在出力者,即自爲己田之謀。且可以目前救荒之謀,爲後來備荒之用。其地非水鄉,無圩可修,或繕治城池,或平治橋道,或營建官廨。大都動千人之工,則活千人;動萬人之工,則活萬人。但須於富民不擾,於饑民得濟。此又救荒一端也。

灾民之最不堪者,無如勾攝一事。八口旬日之供,不能當市肆之一嚼;貧民終歲之役,不能充胥隸之一飽。其大弊有三:一則軍丁之起解。夫一軍赴伍,其僉妻掛號,旅邸長途之費,不下二百餘兩。每一里排約費二三金,而此二三金者,里胥又掊斂於細户。故一軍起解，而半縣騷然矣。一則隔屬之關提。有冒籍生端者，每以關提快拖累之謀。在承提者視爲利藪，在被關者畏若赴火。雖經禁革，猶恐有司奉行不謹，爲灾民之累。一則遠年未完之案。節次拘催，及拘催而人亡世遠，徒拘一二里排及親故回話，拘一番多一番之擾。自今凡一切勾軍補伍、關提人犯，一槩暫停，通俟有秋之後查行。至於遠年舊案，可銷者銷，可豁者豁。已問配而贓久未完者，姑准發配。亦所以感召天和也。

挽回天變，惟在真切愛民。目前消弭急務，須遵本院節次。原行刑杖，當省者即省，勿任喜怒，濫加囹圄；當清者即清，勿將無辜槩禁。積穀本以備荒，當出則出，當易則易，務在便民。擬罪衹以懲姦，應杖而杖，應笞而笞，須從輕減。至若五月六月，時值農忙，朝廷原有熱審恩例，本院立有緩比限期。當此灾年，愈宜軫恤。聽訟者寧過哀矜，毋博風裁。催科者寧從寬限，毋徒竭澤。要在念念恤民，事事過厚。庶幾一團實意，或可感格天心。而孑遺之民，亦將有更生之望。

吴俗奢侈，通都鬧市羅列珍奇，彼此征逐，不知底止。甚且甘脆盈庖，青樓迷惑。以致少年輕薄，破產不恤。此猶可諉曰輕薄蕩子。乃若軒軒華組，楚楚青衿，坐擁樓船，身携婉孌。一席之費，可救八口之饑。何不汙樽抔飲，以一二施之餓而欲死者。風俗至此，亦官司之責也。自今約法，率先自本院始，如燕會交際，鼓吹劇戲，一切浮費縟禮，俱從減省。諸有司俱當如約，共成雅道，以救灾荒。至於婚喪吉凶嘉禮，及宴飲居室，一切往來問遺諸費，仍望士大夫首倡儉道，以爲齊民標的。至於閭巷市肆，有敢仍前淫巧，及貴遊博徒，遨遊馳騁，種種奢淫等項，俱許有司廉實究治。

青浦邑侯韓公鵬南一則

《上撫臺揭帖》：青浦水灾最爲慘惡。目前恩典將下，獨有派荒一事，不得不以去就力争。若得酌盈濟虚，真賑亦在此，真蠲亦在此。夫所謂酌盈濟虚者，非謂盡以東南之恩典，獨加於青浦之荒也。特分數有多寡厚薄耳。如東南租米，每石得銀八錢五分，視往年一石而得二石也。比之青浦顆粒無收者何如？東南有米有薪，比之青浦寸草不生者何如？東南高阜，收割稻後，即種菜麥，比之青浦田仍尺水，春熟無望者何如？東南屋廬如故，烟爨如故，比之青浦招集流亡，屋有青苔，溝多白骨者何如？且青浦不惟無租，而兼又益之以賠糧之苦；不惟賠糧，而兼又益之以修築圩岸之苦，又益之以預買穀種之苦。東南曾有一于是乎？即以棉花傷損爲名，而青浦一望全荒，即欲畧求傷損，而亦不可得。如望其每日三餐，畢竟爲張良之辟穀；如望其撈摸魚蟹，畢竟爲王祥之卧冰。既饑且寒，非盗則死。獨有派荒一事，仰仗恩臺，或截長補短，或移肥就瘠。若使一槩均攤，不惟饑民之命不支，饑民之心不服，即官司日夜徵比，皆無所措手足矣。職有何法補輳錢糧，更有何顔敲朴餓莩？轉展思之，惟痛哭流涕，解綬掛冠，以謝此百萬生靈耳。

青浦邑侯遂東王公一則

萬曆戊申，自春徂夏，大雨三越月不止。青浦縣市水高盈尺，四鄉田圍盡決，廬舍漂没,流移無算。予既至,告飢者以千計。倉廩空乏,官司束手。力請之上臺及縉紳先生之好義者,出粟賑飢,實行荒政。因稽之往事,父老爲余言,正統甲子秋,大風雨晝夜不息,湖海漲湧,漂没人畜屋廬無數。士民請之周文襄公,盡發廣儲倉穀二十餘萬石以賑之。疏聞於朝,免秋糧之半,民乃獲濟。正德己巳、庚午之菑,流殍盈途,官廩告匱。里人王君僖捐金賑濟,全活甚衆。嘉靖辛酉,大水歲飢。顧君從禮捐租首創,沿區中設蓬廠,作粥以食之。萬曆丁丑,大疫且飢。顧命醫遍藥,復施以粥,其死者作叢塚瘞之。萬曆丙戌、戊子,水旱相繼,人民菜色,僵尸枕籍。曹君恕、諸君從禮揮涕長歎,各遍叩有力者,貸白鏹,糴舊穀,視遠近多寡,賑施有方。又請之兩臺得改折,民賴以生。夫國家施仁,養民爲首。今之守令,或不能祗承,而所在姦民,豪奪鄉里,恬不知怪。若而人出粟用助賑濟,義可嘉矣。今飢莩滿野,安得若人傾貲以賑耶?余傷時俗之殊,而感義士之遺軌,故爲記之。

大司空改亭丁公一則

民方告歉,欲法整率乎民,民實非贏。不聞蘇州之變乎?景泰中,蘇州飢甚,勸借富民,民多匿粟不發。官怒,導民自取,民遂縱火肆掠,自海上至内境,各執干刃相扞。於是大户群奏於京,敕都御史王文勘究,一切坐飢民不軌。非大理卿薛瑄論捄,當時之獄幾不可解。是勸民出粟之難也。夫勸民固難,而屢年勘合,有設法賑濟之説,則在委曲善處之耳。嘗讀楊東里諸家文集,永樂、宣德間,固有賑矣。永樂之賑,多出倉庫之羡,宣德之賑,間勸富民之財。請述勸民一二實事。宣德九年,掌吉水縣事知州柯暹遇大災,親具羊酒,往富家致禮。於是民競出粟,胡有恒千五百石,曾希恭二千石。巡撫侍郎趙新上其事於朝,遣進士捧敕勞柯暹,旌胡有恒等。此州縣勸粟之舊也。正統三年,各省荒飢,朝廷募民出粟。當時泰和蕭襄粟千二百石,新淦鄭宗魯粟二千石,廬陵陳謙粟千二百石。奏聞,敕行人盧懋賫璽書至其家,建坊表爲義民,旌異其閭。此朝廷勸粟之舊也。夫出粟賑濟,本以爲民。尊如朝廷,尚勸賞有禮,不欲用勢臨之。何哉?財者民之心也。奪民之心,民所弗快。非有大慰其心,誰肯(勸)[歡]然勸輸,損己貲而佐上急?故始勸之有方,後旌之有典如此。一曰:邑民有爲事未結者,備查申請。不論久近,量其事情,酌以輕重,令出粟免罪。二曰:邑民有産之家,必藉佃户。令各貸粟佃户,以救其急。待秋穫量償,不賙者罰。仍官爲出示,以定約束。三曰:里中之民,寧無樂義倡借者。特煩尊駕,省約騶從,親至其家,如柯暹故事。此有裨於救民,實無虧於大體,在執事一加意焉耳。然此勸募也,未及賑也。至給散之際,情弊實多。里胥報名,則有買求之弊。素蓄恩怨,則有抑揚之弊。刻期支給,則有奔走之艱。到城日久,則有守候之艱。人聚鬱烝,則有疾病之患。每每賑未及而身先斃於道途,粟未頒而償已輸於邸店。其名似美而實非,名之曰濟,反以釀害。莫若開報之時,嚴爲條束。又選邑之德行幹濟,素稱正直者三四人,加以禮遇,勞以酒饌,立爲公正。又於各區選有身家一二人,亦加優禮,立爲鄉長。俾與公正竝抵村落,糾同里老,審報極貧之户與次貧户,計其人口。或銀或粟,以及錢布,應與若干,即時給散。公同紀載,以憑稽核。儻有不法,罪歸公正。其里老止許糾舉奸弊,不得因而揑害。執事又精心篤意，提挈綱領於上。一遇奸欺，即置以法。且命以賑後查考，有貧者不被，被者不應，罪坐無赦。如此，飢民無經旬候伺之勞，免扶病載途之苦，袪里胥需索之憂，庶幾實惠可敷。而執事起死廻生之澤，亦當逸而享成矣。

陳繼儒《丁司空四賑亭碑記》：青浦邑城中之南，新建丁司空四賑亭。司空嘉善籍，而亭青浦者何？曰：司空四荒四賑，捐金錢米粟以萬計。遠近流亡，聞而争趨之。吴江青浦地勢窪下，與公泖居相接壤，其食公之德爲尤甚。往萬曆戊子大水，庚申大旱，甲辰、甲子又大水，而粟價翔踴極矣。當事下遠糴、閉糴、平糴之令，富人扃廪以規數倍息。飢者僵於途，悍者掠于市。豪商大賈，壅上流之粟莫敢前，民且蠢蠢思動。此吴越何等時也？公謝絶諸事，閔閔以救荒爲第一義。搜括先世之遺貲積粟，先煮糜，次給米。乞米者擠擁不得前，則令泊舟于數里外，公載米唱發之。又爲其風雨計，則施以葦席；爲其寒慄計，則施以木棉布襦。不問浙直，不問男女老幼，計口闗支，務使人人各饜其果然之腹而後已。其他齋禱于神明，上書于朝貴，請折請蠲，秘不使人知，亦不望人報。公豈有分毫市恩要譽之念哉？公每賑捐米二萬石，再賑捐一萬五千石，三賑一萬石，四賑六千石，其全活人不可勝數。浙直請碑公，公辭；請祠公，公又辭。竟不意爲吴江所先。青人俛而嘆曰：屈指戊子以來，吾儕之死而生、骨而肉者，其誰非丁公所賜也？子而子，孫而孫，復得享有一鍾半菽之飽者，其誰非丁公所再造也？今不祠，將無爲吴江父老所笑。上狀于郡侯方公，縣大夫鄭公、朱公，皆曰後矣。至是醵金召工，斳材陶甓，而亭不半歲告成。名雖亭，實則祠也。第官師士民，僅悉公之救荒一端耳。公筮仕句容令，廉明精密，理縣如理家，愛民如愛子。七年不謝薦舉，兩覲不餽京儀。力止胡中丞會題吴士期，而其後胡得免于清議，人稱公爲真縣令。已擢北臺，張江陵修橐所劉公之怨，屬公按遼，鍜錬其贓事。公辭以疾，江陵怒，抵其揭于地。公歸而江陵敗，然未嘗翹故相之過，以博名高，以希速化。家食二十餘年，寂寂也，人稱公爲真御史。已薦起南廷尉，陞奉常，操臺。甦排門，更顧役，定妖寇，治橋道，濬河渠，疏錢法。凡爲民節省，爲民諄諄，排解勸諭，則家庭爾汝，布帛菽粟也。人稱公爲真中丞。而義倉救荒，則天若以此擔專授公，皆歷歷有奇兆焉。公二十時，晚宿書樓，夢見程明道先生，遂行四拜禮。及宰句容，入上元縣後署東偏，則明道先生神像在焉，故上元簿也。公肅衣冠而拜之，儼如夢中，遂有志于聖賢萬物一體之學。此公學問之所自始也。又在縣夢義倉二字，覺而異之。後經滁州鎮，忽見太僕寺懸義倉扁，即心動，遣僕建倉於宅右，以應其兆。尋夢纍纍蓬跣而號者若而人，公嘆曰：吾此生得無有賑飢之責乎？此公義倉救荒之所自始也。往歲兩臺上疏，請詔表揚，特加公太子太保，賜扁建坊，以示風厲，而公辭愈堅。奉旨：卿捐貲賑飢，原非博名。加銜建坊，義當示勸。乃懇辭至再，准成克讓，以昭無所爲而爲之盛心。該部知道。青人走相告曰：詔書以義許公，以誠亮公，而未嘗遏抑吾儕之俎豆公也。大恩不報，計莫若建祠；祠不許，計莫若改爲四賑亭。公將何辭以拒我？陳子曰：爾曹何知，吾將告汝。公辭宫保，正當魏璫爵賞濫觴之時；辭建祠，又正當魏璫稱功誦德之日。迨海内璫祠盡毁，而後始服公之讓再讓三，且愧且懼。穆然其有深思，卓識高風，先幾定力，挽回士大夫廉耻名節于人間，其功不在救荒下。是亭也，豈獨碑四賑而已哉?

陳繼儒《松江守曙海張公去思碑記》:往松江守曙海張公,精心治郡,擢徽寧兵使者。公偶疾,郡人奔走群望,如禱父母。已得興化陳翁來,不數劑輒愈。公拜廟行,老稚執香而導送之,攀帷曳轍,及越界猶未忍返。嘗築祠塑像于求忠書院中,至是復樹碑西驛。西驛在五達之衢,故耳目輻輳地也。因屬陳子爲之記。陳子執筆而嘆曰:今之松,非復公昔日之松,難言矣。初戊申、己酉間,吾松一望彌沼,富者閉庾,飢者掠于市。公飛□騰牒,請賑請蠲,請停徵,請設粥局。有尼而止之者曰:煮糜多斃,人人且聚爲盜。公曰:民飢而死,與飽而死孰善?民以飢盜乎,以飽盜乎?于是設粥局凡八所,召義民畀之粟芻,而不佞儒亦推擇爲監督。公不憚窮鄉僻塢,每局必臨之,推錢粥鈞中,又親嘗其旨否生熟而後出。飢民合掌送公,有嗚咽不能語者。自春徂夏,麥亦有秋,公然後行派荒法。東南核熟中之荒,西北核荒中之孰。荒半者與之以半折,全荒者與之以全折。流亡遠歸,僵餓漸起,所全活以萬萬計。公之救荒有如此者。荒政既畢,徐中丞復以均田均役之命下。公分檄三邑,搜花詭百萬餘畝。多田者役重,則少田者自然輕矣。新役者初承,則舊役者自然後矣。熟區者應差,則荒區者自然減矣。多寡亭平,官民畫一,賦煩役重之鄉,頓解其倒懸水火之厄。公之定役有如此者。徐中丞給滸墅羡金,置田贍學。公銀必親發,田必躬勘,刻畫圖號。使售田者不敢借瘠爲腴,佃田者不敢隱多爲寡。中丞之學田,無異公之學田也。顧光禄置田四萬餘畝,爲華、青贍役。公設處永便之策,官收之,官散之。利必歸于役人,害不貽于顧氏。顧氏之義田,無異公之義田也。其他閉糴有禁,掠奪有禁,博徒惡少年有禁,訟師有禁,塘長之遠調者有禁,借絶田絶甲生事者有禁。出冤囚,藥疫癘,瘞暴骨。其善政不勝書,冥行亦不勝記。而又捐俸爲方正學創求忠書院,請復姓,請賜其子孫逢掖。又爲張許兩節婦旌閭表墓建祠,意皆出俗吏上。故郡人至今謳吟思慕之,談説張公不去口。曰:自張公在事時,部檄有風雨下者乎?胥史有窺瞯顰笑,因緣爲姦者乎?有一事轉屬士大夫,使爲關説者乎?士大夫有豪奴横行,如餓豺狼者乎?有市物抑值,即全值不給者乎?有審役不問消長肥瘠者乎?有草草救荒散糧,徒手歸煮糜枵腹去者乎?公八面受敵之才,攝之以一塵不染之守,三邑老稚如戴天履地,而不知其恩。公去二十餘年,時事日非,風俗大變。而後知公真慈母,真醫師,真與造物司命等。而豈尋常俎豆所能報公哉?公起家西曹,平反甚多,類于定國;授鉞延綏,西虜不敢飲馬于河,關陜大有寧宇,類范文正;守松捍大難,救大災,類富鄭公。余嘗欲集古今用刑不殘,救荒不怠,爲將不妄殺者,題曰《活人全書》,而張公正其人也。公當之無愧詞,尸而祝之亦無愧色。故大書直書于代言之石,以告後之人。若公之爲郎爲帥,别有本朝之名臣録,不具書。

尚璽許繩齋抄寄山東督理荒政御史過承山疏議八則

適接邸報,見漕運總督陳薦一本,爲流民情狀已陳,懇敕招回,以銷亂萌事。纍數千言,總慮流民之爲害,冀臣等之招回耳。臣披閱再三,不覺且愧而且懼。夫以東省之災民,令其就食他鄉,致彼處地方官設處以全活。臣又不能即時招回,以煩督臣之憂念,臣之所大愧也。從來敢爲戎首之亂民，多起於飢寒迫身之災民，而流民更甚。且會聚村市，千百成群，更難解散。若聽其爲害於他鄉，此與以隣國爲壑何異？招之使歸，而仍無以慊其望，未必不激而成變，又臣之所大懼也。臣自入境之初，竊念招撫流移，爲荒政第一要務。即移檄徐淮河間等處，大約謂東省災民，紛紛就食於他鄉，而河間徐淮等處尤多，本院心竊憐之。夫我實有民，而令其就食他鄉，且河間淮徐等處，亦係被災之地。爾民不難舍此而就彼者，止緣飢寒之苦迫於前，催徵之苦又迫於後，萬不得已而輕去其鄉耳。然爾等寧爲離鄉背井之民，不爲作姦壞法之民，則又爾等本來之良心，不因垂危而頓易者。今聖天子方普施賑濟，而有司亦斤斤奉行。錢糧槩不催徵，詞訟槩不准理。各處設有粥廠，而不願食粥者，查果貧難，又各量助其耕作之費。儻有奉行無法者，本院又不時參處。則東土又爲爾民之樂土矣。凡爾流移之民，幸翻然省悟，各自回鄉。且連日得雨，六府皆有二麥之望，又爾民所習聞也。如以千里間關，乞食無門，則當明開籍貫，於彼處地方，起一印信公文，許其沿途就食粥廠。如入東省地方，而有司或以隔遠，不容食一二日之粥者，許赴道府申告。三春漸畢，農事可興，二麥有望，秋成亦不遠。爾民幸早自爲計。鄉里親知，祖宗墳墓，爾民寧終忍棄而不顧乎？慎勿執迷不悟，生爲離鄉之流民，死作他鄉之餓鬼也。所在居民，如有弟男子侄、親戚故舊，逃移在外者，查訪得實，蚤通音信，轉相傳示，令其速歸。至流民之仍歸故土者，該地方官查明籍貫，一體稍助其耕種之費，仍於賑濟銀米内動支。將流民歸籍姓名，與賑過銀米數目，造册類報。此實臣之酌量時勢，通行之直省，遍掛之城市，以曉諭流民者。督臣或尚未之見乎？臣竊謂流徙不常之民，但可招之使歸，不能强之使必歸；但無驅之使去，亦難禁之使不去。强之必歸，而仍無以慰其願，終難留之使不去。禁之不去，而苟無以安其生，不爲溝中之餓鬼，必爲劫掠之亂民矣。總之，出死而就生，固人情之所必然。樂寬而憚苛，尤流民之所深計。苦於無以爲生，更苦於無以爲税。本年暫爾停徵，他年必至重徵，災民慮此至熟矣。故臣之曉諭流民，首以錢糧槩不催徵爲言。而數日以内，通省地方，多以流民復業，求廣賑銀申請者。或此煢煢他徙之民，亦信臣言之不虚也。倘前此之積逋不蠲，而後此之國課復急，將去者必不來，而來者仍復去。隴畝盡成荒區，而賦税何所取辦？日後事體，恐更煩廟堂之憂矣。民心至愚實至神，聖恩欲普又欲斷。則東省錢糧，除本年俟秋成時，相機酌議外，其已前逋負，非盡數蠲免，則逃徙他鄉之民，即差官招諭，而設法禁止，竟何益之有。

臣竊觀署印之官，其稍知自愛者，諉于五日之京兆，汎汎如不繫之舟。其甘爲不肖者，幸此一日之事權，耽耽如久餓之虎。以是知正官之不可一日缺也。矧此災傷之時，與極重之地乎？

民窮盜起，已行該地方官嚴行緝拿外。惟是明火執仗之盜，未必不爲攻城劫庫之盜。且一郡如此之竊發，他郡多乘而效尤。語云：不見其形，願察其影。今其形已著矣，若不及今預防，將來情景更有不可知者。則亟安飢民以杜絶亂民之漸，廣議蠲賑以曲全飢民之生，是廟堂今日之第一務也。

法欲其簡而易行，又欲其均而普徧。自去冬以來，停徵息訟，撫按已通行於遍省。惟是賑銀與賑粥兩者,俱有利弊,而地方之議論,亦互有異同。臣酌量於人情事勢之間,似當兩存而兩用之。有田有丁之民,查果貧難者,當酌量賑銀,以助其東作之費。無田無丁之民,貧難自活者,當收入粥廠,以延其旦夕之生。而小民稍有身家,顧恤廉耻者,詎肯輕入粥廠哉?臣請自今以後,所在有司開設粥廠,聽貧民之自來就食。俟三日之後,令食粥者自開姓名籍貫,隨以每廠就食貧民若干數目,開報撫按衙門,以便酌量賑發。若審户報名之法,無救溝壑之危,先飽姦貪之腹,一切可廢也。

姦民以首告爲騙局,而民病;貪官借詞狀以科罰,而民愈病。詞狀之病民,種種不一,而拖累尤甚。一人連告數衙門,一詞牽帶數十人。准狀之後,等候問結,至經年累月,尚無下落。又有一等棍徒,横行結黨,少不當意,群起而告之。彼告此證,此告彼證。或牽不相干之人,以圖掛費。或詭數百里之外,以快報復。或扯殷實之富室,以恣嚇索。或詭其出没變幻狀,以圖久累。或人證全而故云不全,或人證到而已先潛逃,及人證散而又禀催提。此等風尚,即在安常無事小民,已自難堪。目今災祲頻仍,爲害更何底止?息訟一節,臣已再三申飭。自後詞狀,或係自理,或係上司批發,地方有司要以速行問結爲主。自理詞狀,尤在投狀時逐一查審。如有以小事而裝成大事,以遠事而裝成近事,以他人之事而冒作自己之事,當時盤問。業得真情,即應重處,以儆將來。一詞之中,原被干證,有踰六人外者,槩不許准。至人命重情,勢不得不與准理。邇來揑裝人命者,弊端百出,而拖害無窮。故有以人命出告者,州縣正官責令原告,將已死之屍擡至附近地方,親自看驗,方與准理。果係真正人命,亦當即時親簡問結。不許耽閣以累平民,併累苦主。其餘户婚田産事情,則當隨准隨問,隨問隨結。願息之狀,審無别情,當徑自逐出,不許再行追紙。鞫審之狀,酌定罪名,當照常發落,不許濫加科罰。佐貳首領等官,槩不許私准詞狀。其府州縣正官,自理詞狀,近者限五日,遠者限十日。俱要速行歸結,不許稽延。至半月之外,或上司批發詞狀,亦當隨到隨審。如係隔屬難拘者,請詳改批。如係已經問結者,請詳註銷。或有遠年難結之事,與遠年難追之贓,亦當即時申請,以了未完。違者地方有司,輕則紀過,重則參處。庶刁風可息,而拖累可免矣。

贖刑盛世所不廢,而周穆王之時,則併大辟而議贖,不可訓矣。本朝之贖,自徒流雜犯而止。而斬罪、絞罪、軍罪,概不得出贖以倖免,法最爲近古。然有論死而取决無日者,有論配而發遣無期者。衆心之憤未快,而囹圄之累日多。至軍徒發遣,騷擾幾遍合邑,中途脱逃,貽累又及他人。臣心竊傷之。若願輸粟全活數百人,是亦改過遷善之機也。除真正人命强盗外,中有鬭毆殺人,而或係一時過悮,據法論遣,而原非永遠充軍者,該地方官酌量聽其出穀免罪。如無穀而願出銀者,聽取本地倉庫收,類繳布政司,以備賑濟之用。然止行之於本年春夏之間,後不得援以爲例。則既足昭欽恤之意,亦足廣浩蕩之恩。

訪得地方官不肖者,多營私槖,即所稱賢者,亦僅獵虚聲。某日領米若干,某日領銀若干,而民間全無實惠。某處設粥廠若干,某廠費賑米若干,而申報總屬空言。甚則有假搬運以横擾地方者,又甚則有借報名以多侵使費者。貧民未必受益,而富民實先受累。被災者未獲一日之飽,而報灾者先得數月之糧。死亡遍野,豈盡災荒之故哉?至佐貳等官,反有視此爲奇貨。將賑銀賑米，盡歸烏有，而朦朧以報上官者。吏治之弊，莫此爲甚。爲此牌行本道，凡州縣各官，有仍前自甘不肖，而驅民溝壑者，該道嚴行查訪，從實開報，以便本院不時參處革逐。

小民安則巨室安，亦地方富民自爲身家計。而平糶便民，地方未有應者。豈民間之空虚，至此極乎？抑慮災民之生心，有所畏而不敢。或力可以施予，而因見地方奉行無法，恐銀米竟付長流，故忍而至此。爲此牌行該道，轉行各屬地方，勸諭富室。將所積粟麥等項，先扣本家足用外。其有餘者，照依時價糶與飢民，以解一時米珠之阨。有司官仍以姓名報院，以憑酌量旌異。然皆聽民之自願，不許衙官衙役，借官糶以擾害富民。荒政莫善於此。過侍御，松江籍。

陳繼儒十二則

踏荒：縣公踏荒，東踏則西怨，西踏則東怨。舟車所至，攀擁叫號。里排總甲，有伺候之費，有送迎之費，有造册之費，有愚民買荒之費。不如一槩以全荒具申上司。舊規奏報夏災，例在五月。今已過期，似難復緩。直待兩臺題請，朝廷旨下，户部覆行，然後輕輿寡從，踏勘未遲。今不必沿鄉履畝也。

勘荒：得錢做荒，出錢買荒，其弊種種不一。須令該啚里排開報得分明，啚書造册得分明。如一保之中，某區爲熟區，某區爲荒區。一區之中，某啚爲熟啚，某啚爲荒啚。一啚之中，某圩爲熟圩，某圩爲荒圩。俱用印鈐記訖，然後行抽勘之法。勘圩則刻，勘區、勘啚則寬。又然後行抽問之法，或問事，或比較。問過去前甲之里排則公，問見在挨甲之里排則私。大抵種田全荒者，即是上貧之飢民也。種田半荒者，即是次貧之飢民也。得一圩之真荒田若干，真飢民若干，而衆啚不敢欺矣。得一啚之真荒田若干，真飢民若干，而衆區不敢欺矣。勘荒在此，賑飢亦在此。本之以惻隱不忍之念頭，參之以神明不測之作用。寧過仁，無過義。寧使得便宜在百姓，無使得便宜在朝廷。此勘荒之大指也。

儘荒：勘荒固難，而派荒尤難。説者曰：縣大夫不能千百其化身，而方圓於一手。何如一槩攤荒，使荒熟皆霑恩典。此爲熟鄉作説客而設也。夫東南與西北，非特地勢之高下不同，抑且有災無災之截然迥别。若幸而有恩，應儘數派與荒區。惟荒區有改折，惟荒區有停徵帶徵，惟荒區有粥賑米賑，而高鄉不得望焉。夫荒區菜麥不及收矣，秧苗不及栽矣，即栽腐爛矣。即間有可救者，皆數十百人共踏大朋水車，男罷耕，女罷織，甚則皮穿脚腫矣。今高鄉有是乎？富户見田荒，誰肯借貸債米？業主見田荒，誰肯接濟工本米？啼飢號寒，賣男鬻女，今高鄉有是乎？租米既不能還，錢糧安所從出？佃户苦，業户苦，里排苦，縣官苦。今高鄉有是乎？蓋當道之請命，爲荒不爲熟也。朝廷之特恩，爲荒不爲熟也。父老之拖泥帶水，匍匐攀號，正恐以荒作熟也。縣官之曝日衝風，親行踏勘，正恐以熟作荒也。若不問苦樂高低，槩行攤荒之法，似於官吏覺便，而於救災則甚不均、甚不服。夫低鄉涕泣而求之，高鄉談笑而得之。膏粱而欲坐享餓殍之飡，孟獲而欲分奪嬰兒之乳。此豈鬼神之望吾良吏者乎？士大夫無以此曲動上聽可也。

禁亂：夏秋之交，舊水未消，新水復横。正如舊錢糧未足，新錢糧復徵。三吴百姓之苦，未有甚於今日者也。且大暑而徹夜極寒，大雨而浹日不止。天時可怪，歲事可疑。自古水旱必相仍，兵荒必相繼。即極盛太平之世，且不能免。而況以好奢之世界，當易動之物情，可不爲寒心哉？昔蜀道寇作，臨汝侯嘲羅研曰：卿蜀人，何樂禍如此？研曰：蜀中百家爲村，有食者不過數家。貧迫之人十常八九，束縛之吏十有二三。若令有五母雞、二母彘，床上有百錢，甑中有數升麥飯，雖蘇、張巧説於前，韓、白按劍於後，將不能一夫爲盜矣。古來亂民常挾飢民而起，如王仙芝、黄巢之類，不能枚舉。必須當路者先服飢民之心，攝亂民之膽，而後可以永保於無事。何謂服飢民之心？如菲衣惡食，教民節儉，緩征停訟，與民休息，任怨任勞，怕因怕果。如切自家痛癢，如救自家骨肉。披髮纓冠，廢寢忘食。所謂服飢民之心者也。何謂攝亂民之膽？只今大水彌天，姦人借事生釁。或有裝駕快船，以割稻爲利者。或有搶奪篙櫓貨物，以增築圩岸爲名者。或有聚衆鼓噪，以借米糴米爲名者。此皆亂法之民。若有此等倡禍，即刻前往，擒拿首惡。輕則繫獄，重則捆打。此所謂攝亂民之膽者也。蓋救災恤患之中，專寓防微杜漸之意。飢民必救，亂民必斬。舍此八字，别無荒政矣。

禁張皇：夫上人要有救荒之心，而不當有救荒之狀。如銀賑、米賑、粥賑，此爲無田者而設也。而目前庫中之銀幾何，倉中之穀米幾何？此不可遽言賑也。如蠲免，如改折，如停徵帶徵，此爲有田者而設也。而目前之荒疏未上，朝廷之恩例未下，此不可以遽言蠲也。大抵飢民如小兒，不忍用威，又不敢遽用恩。挨得一刻不啼哭，則一刻之餅餌且止；挨得一日不啼哭，則一日之餅餌且止。留前貯後，相時而行。屈指七月至十月，終有一百二十日之期。幸而高鄉成熟，則新米可接濟矣。又屈指十一月至明春四月，終有一百八十日之期。幸而春熟有望，則豆麥又可接濟矣。獨二熟未至，接濟何人？萬姓嗷嗷，命在呼吸。前則以設法預備爲主，後則以分頭急救爲主。中間則在閒時忙做，忙時閒做。勿促之告急，勿挑使動，如遏糴抑價之類是也。

請改漕折：改折一事，近雖奉有明旨，但時事多艱，拘攣當破。議賑則倉庫空虚，議蠲則金花難免。獨有漕糧一項。漕糧每石輕齎、席板、過江、水脚、折耗等項，計費銀二兩。若得幾分請折，每石止徵銀五錢，則餘米存留地方，有田者明沾實惠，無田者暗受恩波，計無便於此矣。查得改折事例，被災十分、九分以上者，改折七分。又查得被災八分以上者，不分正改兑，每石折銀五錢。此定制也。今三縣災傷，正當十分、九分之數。則改折漕糧，正當每石折銀五錢之時。前有萬曆十六年及三十七年水災奏准文卷，歷歷可查。申請道院援例乞恩，亦寬中之寬，恩外之恩，而未知可得否也。若復請今歲停徵太過，則來歲帶徵益多。姑息於目前，而箠楚於日後。不惟難爲百姓，抑且難爲縣官。且看部覆何如耳。

禁遏糴：以官救民，不若以民濟民；以民濟民，不若以商濟民。我既遏糴，隣亦效尤，寸寸節節，皆是死路。當聽其自相灌輸，較是兩便。蓋本方之米有限，日用則米日消；四方之米無窮，日來則價日減。此不待智者而後知也。若云米在外者，則欲招來，米出境者，則欲嚴禁。非惟用情之不恕，抑亦立法之難行。此猶士大夫半明半暗之説也。

糴米：救荒之法，無如設處糧食，爲第一義。揀選大户，領銀轉販，給付印批，勒限回縣，似矣。目今庫藏空虚，官銀何處撮借？愚謂使大户糴米，不如使大户積米。如不願遠糴，而願積米者，即將本家之米，自貯本家之倉。積米若干，時價若干，但取結狀印信登册訖。後日價踴，原照前價平糶。幸而價不甚昂，米還大户，而官無與焉。在官府許境内之米留之境内，不必處糴米之銀；在大户以留之在家者聽之在官，不必增遠販之費。此不遏之遏，不糴之糴也。揀選積米大家，只將屯户查明，量田之多寡，酌米之重輕。如千畝、五百畝之家，或有餘蓄，下此則不能矣。若開報殷實，徒生詐端，請託營求，易生煩擾。其不便者一。領銀糴米，銀一到手，豈無花費之子弟，侵尅之家人。其不便者二。我遏我糴，彼遏彼糴，口語鬬争，關津阻隔。其不便者三。遠涉江湖，擔延歲月。其不便者四。遠方價高，回鄉價減，查驗推委，多所支離。其不便者五。華亭八十餘區，試選區中大户，召而問之，願積米乎，願糴米乎？其情實可以立見矣。

禁抑價：抑價之説，行於官糶則可，行於民糶則不可。蓋官府設法銀兩，遣官遠方，販得糧食，畧有頭緒矣。然後發與良善大户，平價糶與飢民。但姦徒或以低銀至者，以低錢至者，以短價至者。受之則大户虧本，拒之則喧嚷相加。甚則詐告小升小斗，詐告插穀插粞，而添出詞訟，無已時矣。況抑勒減價，則積米之家閉廩不出，販米之商聞風不來。本欲抑價，而價愈增，此立斃之道也。

平糶：官糶官糴，其名甚美。而往年奉行臺諭，幾至大亂。蓋强梁者得之，軟弱者不得也。附近者得之，遠僻者不得也。衙門之狡猾、臧獲之親厚者得之，而鰥寡孤獨、疾病無告者不得也。詭名詭姓、假爲藍縷之服者得之，而真正飢貧者不得也。或擁軋，或叫號，或困踣，或鬬争。或聲言以減竊告，以拌和告，以小斗斛告。本家不勝其煩，但求糊塗苟且，了事而止。有平糶之名，無平糶之實。若不體帖設行，則區處錢糧之艱難，遠販糧食之辛苦，俱付之兒戲一擲耳。可惜可惜，慎之慎之。直待鋪行十分踴貴之候，始付好義大户，平糶飢民。但許升計，不許斗計，自城及鄉。然亦可暫而不可久也。

散賑：夫用衆宜在狹處，不宜在廣闊處。如在廣闊處唱名，叫一人而千萬人俱擁案前。本人不到，而他人冒應冒領者有之。應去復來，領去復應，其誰能一一而稽察哉？大抵散賑，不散米而散票，此常法也。散票之法，莫如晴明上城，安排布置，每啚分作十甲。第一甲以至十甲，每甲將水牌開寫飢民姓名，挨甲編定。有一城垛，靠立飢民一名。縣公乘轎，門子執票，有一名即將一票付之。得票者從轎後陸續過去，未領票者從轎前挨次前來。散過一啚，又是一啚。散過十甲，又是十甲。飢民執票就倉，倉吏認票發米，先後亦以此爲次第。兵法云：用衆如用寡，分數明也。此即散賑之法也。

田主賑佃户：查得華亭田一百九十五萬畝，若田主各自接救佃户，種田一畝者付米二升，種田十畝者付米二斗，共計米三萬九千，即省出官米三萬九千石矣。即使官販，有如此之直捷乎？即使官糴，有如此之均匀乎？人自爲給，無强梁擠軋之弊。家自爲賑，無遊手冒名之弊。平時借作工本米，凶年借作性命米。工本米至冬月補償，性命米至豐月補償。各立券爲準，不還者告官究追。此官府不賑之中，而民間暗寓賑濟之法。比之報名分賑，執票平糴者，有淹速，有均否，有真僞，有會集之擾，有辨察之煩，其孰便孰不便也乎？且賑飢之事，官府既不能遍及鄉村，又不能確定災傷之重輕，與飢户之真僞。惟田主與租户，痛癢相關，情形又實。凡田之果荒與否，家之果貧與否，不待踏勘，而彼此灼然，莫可掩飾者。今能照依前議，既報其平日胼手胝足之勞，又救其目前逃亡餓殍之苦。此安插佃户第一義，而當事者又且賑之以濟其窮，庶不立稿矣。況士農工商，惟農最苦。比之游手閑民，及素不識姓名者，休戚萬萬也。田主置之度外，彼且相率而去其故居。抛棄屋廬，誰人看守？明年菜麥，誰人下種？田主勞費，豈不多於今日哉？是説也，無田者、田少者皆欣然以爲可行，而轉展阻撓，倡言不便者，必出於多田富户之僕輩。獨不思田多則易於轉移，人飢又易於爲德。决不分外多求，亦决不因求生事。仁人首倡，轉相勸諭，繇城而鎮，繇鎮而鄉，繇吴而越，繇吴越而推之他方被荒之處，豈非根本簡便之良法哉？雖然，爲富不仁者，見年歲荒歉，方思與佃户追索租債，或准折子女，或抵償器物。而乃以周恤之説進，吾知必掩耳而不受也。悲夫！

萬曆三十七年天馬山煮粥事宜

城郭不如鄉村。設粥於城郭，則游手之人多；設粥於鄉村，則力耕之農衆。聚則疫痢易染，分則道里適中。設粥城郭十之一，鄉村十之九，則較得其平矣。

委官不如委好義。大户一心以奉委官，又一心以救飢民。精神既分，事事苟且。惟敦請賢士大夫，爲地方素所信服者，監督煮粥。朝夕無供應之煩，左右無需索之苦。柴米不能凑手，可以猝請猝應，於當事者又無扞格不通之虞。昔井愚聶公嘗行之而效矣。

搭廠不如寺院。搭廠費竹木，費柴薪，費工食。既防火燭，又防風雨，又少遮攔。惟在地方大寺院，一便水漿，一便造竈，一便寓房，一便貯柴積米，一便容民畜衆。

早煮不如遲煮。煮粥最宜慎始慮終，須計量倉穀多寡，可食若干人，可支若干月，然後起手。若驟然輕舉，一時穀盡，又驟而已之，令老弱者轉死，强梁者且生他心。不可不慎。

土竈不如磚竈。土竈齷齪易敗，磚竈潔净可久。其大鍋、鍋蓋、水缸等項，即從地方鎮上店家借之，編號登記訖。若火鈐、檐桶、淘蘿、簸扁諸小物類，大户領價置之。

執事不如選用飢民。選用飢民，須衣服洗净，精力健旺者。每人給米二升，許令給事煮粥。如有不好潔、不聽命，因而偷盗米糧物件者，逐出更换。

粞粥不如米粥。往時粞粥，多有半生半熟者，間有拌和石膏者，往往食後致病而死。若米粥則無此弊，故煮粥决以白米爲主。

草柴不如木柴。官既發米，隨將買柴銀兩，同時給發。每日用柴百束，先買二三千束備用。坐柴可以代凳，餘炭可以煮茶。日逐劈柴，最爲煩苦。飢民待粥空閒者，即以劈柴委之，劈完加粥一碗。

喫粥不如帶粥。凡煮粥，上午一次，下午一次。奔走道途，倘遇風雨，尤覺艱難。若願喫粥者，許令自帶碗箸，以便就食。若願帶粥者，許令自家帶鉢，并給二次，以便携歸。昔嘗行此法，願喫者少，願帶者多。蓋喫則止於一人，帶則歸分老幼。不妨生理，不失碗筋，不成群混擾，不竟日奔馳。飢民既得安閒，而執事者亦少得半日之休息矣。

給粥老人先於童壯。前鍋粥熟，即貯缸中，遇老即發。蓋老者尫羸，不能久待，童壯者尚可待也。

給粥婦人先於男子。婦人領粥，出自萬不得已，來即發之。蓋婦人廉耻最重，不能久待，男子猶可待也。

童子壯男各分一處。凡童子最難馴伏，須擇人管攝，使之自屯一隊。或喫或帶，擊鑼引旗，五童一隊，挨次散之。凡壯男，須俟煮粥有餘，末後給散，擊鑼引旗亦如之。大約以巳午爲期，馴良生理者，不必先來久候，强暴頑梗者，不致屯聚後留。亦分别調馭之一法也。

丐流毋得混擾飢民。丐流溷入飢民，非特不潔，亦且不甘。另遣乞丐頭領，置之粥塲遠處，别設粥賑之。

飢民日登記籍。錢糧出自官府，苦心區處得來，一粒一毫俱要着落。抛撒者上干天刑，侵漁者難逃憲網。凡每日男女領粥若干，每日煮過米若干，執事工食米若干，一一登記簿籍，以呈查考。

修道路橋梁。大水之後，岸有低窪者補平之，橋有橋板、橋欄腐壞者修好之。無令飢病之人，因而傾跌致斃。先宜周密預爲之。

另籌領粥。凡遠近有體面之人，如學究，如里排，如醫生等類，以領粥爲慙，而實以絶粒爲苦。另置竹籌，烙鐵記色分籌，即托他人領粥，不必親身到廠。

煮粥須要嘗粥。粥之生熟厚薄，有插和、無插和，須要監督與大户親看親嘗。則執事者自然用心，而飢民亦且心服。昔郡侯張曙海公祖，親臨天馬山粥塲，散粥之時，予進飢民粥三碗，小菜八碟，欣然餐罷而去。萬民合掌頂禮，歡呼送之。如此光景，歷歷尚在目前，甚有寫圖以贈張公者。此萬曆三十七年間事也。

顧義田救援大荒

共助田三千二百二十九畝二分七釐，該除糧浄米二千一千九十八石九斗四升。前件原議，每石定價易銀四錢五分，共銀一千兩，納貯府庫，以備三縣濟荒。因三十六年水荒，本府知府張委官外省乞糴煩難，改將前米責令官倉收貯。致有修倉、鋪墊、蒸折、鼠耗一切諸費，未免仍要易銀，殊爲不便。今議每年算派人役，將濟荒助葬田上應完糙糧，照依會計，儘派各田保名下造册，送專管衙門立限追完。仍加叁算，贈作准正額。餘租俱照原刻册，每石易銀四錢五分，納貯官庫。先完白銀，餘作濟荒助葬之用。庶免蒸折賠費之累，且佃户樂於蚤納，可使垂久遵行，而田永不抛荒矣。

按臺李公堯《禱雨祝文》

悲哉吴民，備當陽九。神試聽之，可雨乎否？前年大水，上年大旱。水旱災傷，死者大半。何以死之，曰飢與厲。有口誰糊，有骨誰瘞。奄奄病者，父子抱哭。星火開倉，還圖剜肉。極目今秋,甦我殘喘。造物云何,甘霖不遺。痛此澤國,陂塘如赤。刺水秧鍼,能堪火炙。萬姓皇皇,籲天無路。苗死人死,急在旦暮。天心降割,當罰御史。御史不德,何預赤子。齊心暴日,爲民聲哭。神欲好生,忍惜澍雨。萬曆己丑旱災。

撫臺周公孔教《禱雨祝文》

亢陽彌旬,應龍徒蟄。芻靈矯首,人祠孰給。圭璧無愛,肥遺或職。庶降嘉澍,可望歲入。如某承匱,矢心待旦。咨諏未幾,竭靨几案。庶格昊穹,載賡雲漢。胡禱弗應,遭此旱暵。嗚呼噫嘻,桑林甫虔,雲不待族。言發雨施,辭卒澤沐。惟躬不德,徒事祗肅。巫焉用焚,尫焉用暴。顧兹秏斁,皆所招尤。豈冤孝婦,豈濫督郵。果爾無赦,曷冀有秋。民則何辜,逢此百憂。嗚呼噫嘻,一望赫炎,四埜懸耜。有渰已晚,屯膏奚俟。庶雲貫斗,豐隆是使。庶月離畢,峴蓋咸喜。

郡侯禹修方公一則

《與合郡鄉紳啓》:伏念松郡編户稠繁,食指廣浩。地連海浦,易生釜裏游魚;藪聚萑苻,難集澤中哀鴈。若不預營修備之策,曷解窮民無告之憂。本府受牧求芻,恤深嫠緯,多方設處,薄有貯存。頃當米珠粒玉之秋,稍行計口散籌之法。腹腸微潤,踴貴漸平。第太倉稊粟,未廻餓雀之飢;弱海涓流,莫挽枯鱗之涸。所願秉慈者,同樹德于編橋,共興思於指囷。譬彼渺茫福果,尚希結種旃林。況此現在家鄉,何靳推恩梓黨。權貲力之豐嗇,準捐助之等差。或緡鏹,或稻粟,施貸隨人;或十百,或斗斛,多寡任便。庶一倡衆和,聚沙可以成丘;挹彼注兹,充飢不煩畫餅。本府嚴稽收掌,别立規條。升合必期及民,錙銖勿令虚蠹。所冀仁人長者,以及主客賈商,弗懲往事那借之非,遂吝今日捐賑之義。蓋救飢民以奠富室,安危相關;羞財虜而啞命媒,高明同志。乘此秋稔,共布春温。無虚三吴好義之名,致遜先民樂施之美。謹啓。諸好義如約者,各以平糶之數登簿,不下萬石。是歲米價不踊。

孝廉俞廷諤,於莘莊鎮給華亭饑民,寧國寺給上海饑民。慮人户不等,給散不均。先將粥票面散,以五日爲止,後乃按票給米。并勸衆曰:煮粥濟荒,原爲真正饑民也。兩日分給粥票,一方極苦之人,已洞然明白矣。竊思爾等就食,有老弱者,有疾病者。風雨泥塗,往來艱苦。且農事方興,奔走守候,費了功夫。又恐挨擠喫得不均,急忙煮得不熟。今特驗票給米,每人一日計米八合,十日一給。其年老疾病、女人小厮等,另一日給。衆人得此斗升,拿歸蘄栖,將就度日。挨到麥豆熟時,便可活命。丁壯藉以力耕,可望秋成。上不負太爺救濟你們苦心,亦本宅惓惓屬望之意。自三月初七日起,至五月初七日止。凡用米五百石零,給過饑民三千一十口零,皆郡侯方公之德澤也。其間更有未及分票之人,扶携遠來,闐擁號呼。察其果係饑乏,則人三升或五升給之。又有老疾顛苦,更可悲憫者,日給之外,又稍益之。臨時别有權宜,未可執一論。於時有周姓者,年一百四歲矣。耳目幾廢,兩人扶掖而來。與之飯,猶健啖。問居恒何所爲,對云:何所思爲,選柴滌米而已。又問之,如饑歲無米可滌何？對云：隨饑隨餓，隨緣隨度而已。其人類有道者。郡人顧朝侃目擊記事。

萬曆三十六年，大荒久雨，饑民載塗。七年，撫臺懷魯周公檄郡守曙海張公、華亭令井愚聶公、青浦令鵬南韓公，分往鄉村煮粥，共十八處。皆領顧光禄濟荒米，付大户士宦好義者監督之。獨佘山一帶，苦無粥廠。俞彦直自捐倉米三百餘石，煮粥宣妙寺中。老稚四方來就食，甚有貧婦携紡具於竈旁，以待饜腹者。所活不可勝數。

天啓甲子，太僕懷野吴公捐米三千石，分賑華、上兩縣。

崇禎庚午，歲大祲，斗米百三十錢，民有食糠覈者。郡侯禹修方公發貯倉義米七千餘石，平糶郡治内外，又親行分賑上海饑民。

是年，通政素我李公捐米二百石，親賑城市。

憲副厚源徐公捐米二百石，親賑七寶。

方伯七澤張公捐米二百石，親賑龍華。

太常雲來朱公捐米三百石，分賑新市、新塲、金澤。

孝廉俞彦直捐米三百石，親賑莘庄、朱家行、長橋。詳具散米式。

郡守方公貯倉米，除賑濟開銷外，實在米七千七百三十五石九斗六升三合九勺。

松江府志卷之二十五

鹽　　法

《洪範》五行，一曰水潤下作鹹。此管仲煮海富齊之法也。吾朝召商種屯，實粟于塞下，而取償于鹽引，則富而兼之以强矣。自葉淇倡折色而鹽政壞，邊與腹，商與丁，皆貧憊莫能支。而姑爲吾松計，恤窮丁，清占産，均攤偏重偏輕之額，而庶乎少救於萬一也。志鹽法。

鹽之舊額

宋乾淳間，華亭五場，祖額一十二萬八千袋有奇。其後歲辦止七萬袋。宋鹽五十斤爲一石，六石爲一袋，輸鈔錢十八千。

景定元年，實辦鹽八萬三千袋有奇。是歲，革罷華亭茶鹽分司。權買納官黄震盡蠲逋欠，及散還亭户鹽本錢，并請罷分司。

元初，鹽課無額。至元十三年，兩浙通辦四萬四千餘引，引價五兩。十五年，始立額一十五萬九千餘引，引益九兩。元貞以後，歲有增益。至順元年，辦及四十八萬引，引價三定。後至元、至正間，凡再減鹽額，兩浙通辦二十七萬引。府境五場，爲額十五萬六千餘引，比宋原額增二萬八千。實辦七萬四千九百一十八引有奇。比宋景定實辦減八千八十引有奇。

下沙場三萬三千四百一十五引七十九斤。

浦東場一萬六千六百六十四引一百九十斤。

横浦場一萬二百六引一百八斤。

青村場一萬七十七引二百九十五斤。

袁部場四千五百五十四引二百七十四斤。

國朝設兩浙都轉運鹽使司於杭州，設松江分司於府境下沙鎮，以同知或副使一員涖之。統新舊八場，比元制減一增四。二十七團竈户，分給柴蕩工本鈔，督辦鹽課。其竈户有濱海、水鄉。其後鈔法變更，柴價又爲總催尅取，濱海鹽丁日就貧困。正統六年，巡撫侍郎周忱乃以水鄉竈户應納糧六萬餘石，盡留本府支用。節其運耗，置贍鹽倉，分貯各場。總三萬六千餘石，用以賑贍鹽丁，及補逃亡闕課。所貼柴價，亦貯之各倉，官爲支給。按崔富《鹽政一覽》，贍鹽倉已不見登載，而水鄉柴價改徵爲米。其後諸人屢有更張，具列于後。

各場竈户共二萬七千八百五十三丁,柴薪蕩五千七十六頃八畝有奇。歲給工本鈔一萬五千三百六十一定一貫九十一文有奇。額辦鹽七萬六千八百二引一百三十七斤十一兩,每引重四百斤。比元實辦數增一千八百八十四引有奇。其鹽分二等。鹽司按歲徵辦,商人執引照支,依次遞給者,謂之常股。增直中納,不依資次,引到即支者,謂之存積。正統以來,常股四分,存積六分。成化間,御史李瑢改常股六分,存積四分。

竈户田地連接民産,易爲隱蔽,灘蕩並無塍岸,難以丈量。册籍頃畝,俱是隨意捏寫,以應官司督責。若論原有土地,十纔開報一二。自前元時,附近大家往往據爲私業。至於國朝,舊習猶存。富家占地萬畝,不納粒米,而莫能究詰。貧弱不取寸草,歲輸重課,而無所控訴。由是竈户分爲濱海、水鄉二等。

濱海竈户一萬七千八百五十四丁,該辦鹽四萬八千八百六十六引三百九十三斤六兩三錢。

水鄉竈户九千九百九十九丁,該辦鹽二萬七千九百三十五引一百四十四斤四兩七錢。共折納米四萬三千四百一十石,分貼濱海竈丁,代爲辦課。近歲催目刻取,有一丁出米八石至十石,或出銀五兩至六兩者。

浦東場六團

竈户三千四百三十丁,共受草蕩六百六十一頃五十二畝七分,每丁一十九畝三分。歲支工本鈔二千三百七十一錠八百一十八文,每丁三貫四百五十六文。共辦鹽一萬一千八百五十五引三百二十七斤五兩三錢,每丁三引一百八十二斤六兩四錢。内濱海一千七百二十三丁,該辦鹽五千九百五十四引二百七十五斤三兩三錢。水鄉一千七百七丁,該辦鹽五千八百九十九引一百五十六斤十二兩八錢。每丁折納米六石,共米一萬二百四十二石。

袁部場五團

竈户三千四百六十二丁,共受草蕩三百三十九頃九十三畝一釐,每丁九畝八分一釐八毫八絲。歲支工本鈔一千二百二十八錠三貫一百三十三文,每丁二貫五百文。共辦鹽八千七百四十三引一百四十六斤一十二兩二錢,每丁二引二百一十斤三兩。内濱海二千四百一十九丁,該辦鹽六千一百九引四十三斤九兩。水鄉一千四十三丁,該辦鹽二千六百三十四引二十五斤九兩。每丁折納米四石,共米四千一百七十二石。

青村場四團

竈户四千一丁,共受草蕩五百四十六頃四十二畝一分四釐,每丁一十三畝六分五釐七毫。歲支工本鈔二千六百定三貫七百八十九文。共辦鹽一萬四百三引二百十五斤一兩五錢,每丁二引二百四十斤一兩五錢。内濱海三千六百三十九丁,該辦鹽九千四百六十二引一百一斤二兩五錢。水鄉三百六十二丁,該辦鹽九百四十一引一百一十三斤十五兩。每丁折納米四石,共米一千四百四十八石。

下沙場五團

竈户五千二百五十四丁,共受草蕩九百七十一頃九十九畝,每丁一十八畝五分。歲支工本鈔二千八百一十六定三貫九百四十五文,每丁二貫六百八十文五分。共辦鹽一萬四千八十三引一百三十八斤十二兩八錢,每丁二引二百七十二斤三兩二錢。内濱海三千五百二丁,該辦鹽九千三百八十七引四十四斤六兩四錢。水鄉一千七百五十二丁,該辦鹽四千六百九十六引九十四斤六兩四錢。每丁折納米四石,共米七十八石。

下沙二場三團

竈丁蕩鈔等數並同一場。内濱海二千七百七十四丁,該辦鹽七千四百三十五引二百八十二斤十二兩八錢。水鄉二千四百八十丁,該辦鹽六千六百四十七引二百五十六斤。每丁折納米四石,共米九千九百二十石。

下沙三場三團

竈户五千二百五十三丁,共受草蕩一千一百五頃九十九畝七分,每丁一十八畝五分。歲支工本鈔二千八百一十定一貫三百六十文,每丁二貫六百八十文五分。共辦鹽一萬四千八十一引二百六十六斤九兩六錢。内濱海二千八百九丁,該辦鹽七千五百二十九引二百九斤十二兩八錢。水鄉二千四百四十四丁,該辦鹽六千五百五十一引五十六斤十二兩八錢。每丁折納米四石,共米九千七百七十六石。

青浦場三團舊設

竈户九百四十三丁,共受草蕩一百八十二頃九十畝,每丁三十畝。共辦鹽二千五百二十七引三百十四斤一兩一錢,每丁二引二百七十二斤三兩七錢。内濱海七百三十二丁,該辦鹽一千九百六十二引七十三斤四兩四錢。水鄉二百一十一丁,該辦鹽五百六十五引二百四十斤十二兩七錢。每丁折納米四石,共米八百四十四石。

天賜場舊設

竈户二百五十六丁,共受草蕩一百九十五頃三十二畝八分,每丁七十六畝三分。共辦鹽一千二十六引一百六十三斤三兩二錢,每丁四引三斤一十二兩二錢。

成化間,御史林誠奏定折徵鹽課例。每三分爲率,以二分存場給客,餘一分照商人折支例,時以無鹽給客,每引折與銀三錢。徵銀入官,送運司轉解。

二十二年,知府樊瑩議,以水鄉折鹽米,均入該縣糧耗項下帶徵白銀,徑送運司交納。原撥草蕩價,仍與各場徵解。其納米竈户,還入民伍當差。此時若以旬日覈實田土,計丁均扣,收其租利,完納課銀,當餘大半,而爲沿海富室取。僅扣蕩地若干畝,每畝槩徵草價銀若干,謂之水鄉蕩價。虧銀則加本縣秋糧耗米包補,謂之水鄉鹽價。

弘治十一年,御史藍章復僉水鄉户,補濱海竈丁。後知府劉琬欲併其鹽課於秋糧帶徵,不果。按,水鄉折鹽米,前既於秋糧帶徵,則不當重役。又於秋糧帶徵,是重徵也。

按,原扣水鄉丁蕩,俱在縣境納糧民田之東,各場辦課竈地之西。外不近海,内不傍江。歲種花稻豆麥,無異負郭膏腴。府縣鹽司兩不編差,東海士民視爲仙境。徵價之後,又不曾坼裂爲河,陷没爲湖。正德三年,沿海富家忽言,水鄉蕩價内白塗銀無徵,受累賠納。竟爲此輩誑設,割民間已入黄册科鈔分補。此外不敷,再加縣糧耗米包補,謂之白塗蕩價。自是水鄉丁蕩(正)[止]徵銀若干,而該縣士民,歲代各場補納鹽課矣。

隆慶三年,丈田均糧。富家將水鄉蕩,或報爲科糧民田,以絶竈户之告分;或指爲濱海丁蕩,以拒縣人之丈量。俱該場姦人受賄,而除富家之額也。

鹽之舊倉

西鹽倉在舊西湖東。宋乾道八年,併入北倉,置浙西茶鹽分司。元爲浙西鹽使司,元貞初罷。

張之翰《浙西鹽倉記》:自煮海鬻筴,鹽利不容廢;置場籍户,鹽禁不容弛。蓋有産則有積,入則有出,亦變通之權,便益之法也。故倉不得不設。松江枕江負海,厥土廣潟,牢盆之贏,實百他郡。後陞爲府,仍司浙西鹽鹺,併浙江東錢清、西興及江北六場隸焉。舊有倉,歸附以來,廢爲瓦礫。昭信校尉、浙西鹽使阿散,前任松江府判官,有明敏稱。閱十年,來涖是(同)[司]。至之(目)[日],首以倉爲急務。乃率僚吏,即故基峙屋八十一楹。既成,求爲記。予謂修廊縵回,簷角翔舞,重欒傑棟,屬連演迤,此倉之營造也。漉沙結白,熬波出素,冰裂雹碎,晐轉的皪,此倉之儲蓄也。風帆海艘,隨潮下上,富商巨賈,雲合雨集,此倉之發運也。此固爲美,猶恐未之盡。領斯倉者,或邪溝暗港,私販旁午,私日多而官日少,可不思所屏息乎?或倉吏綱兵,姦利相視,混晶英而雜僞惡,可不思所核視乎?或上虧國用,下闕民食,利未興而害未除,可不思所建白乎?昔杜中立爲義武節度使,歲輓鹽海濱,人甚苦之。置數百人,具舟以載,民不勞而軍食足,當時號爲飛雪將。劉忠肅責監衡州鹽倉,人皆食善鹽,且儲其羨以爲償,弊減什七八,父老目爲學士鹽。今昭信建立若此,則中立之才可見矣。至於處監當之職,任均輸之賢,如忠肅者,尤當選其人。昭信生西域,久仕華夏,趣向甚可嘉,故併書以告。至元癸巳日。

北鹽倉在今府西北三十步。

支鹽倉在今府西北三十五步。

搬運倉在張涇堰。乾道八年置,主運浦東場鹽。

今俱廢。

鹽之二鄉

濱海竈户,謂之滷丁,男婦悉諳煎曬。水鄉窵遠,在二三十里之外。原因濱海丁闕,僉以補之。然業非素習,每丁貼助滷丁米六石或四石,代與辦鹽。每歲滷丁到鄉,陸續收取。雖云貼米,錢布雜物無所不受。出者不覺其難,收者各得其用。其後鹽司定立千百長名役,令收水鄉鹽價,騷擾百端。知府樊瑩憫其若此,請以鹽價均入秋糧帶徵起解,原撥蕩價亦與各場徵收。後因濱海竈丁消耗,復用水鄉僉補。强者規避,弱者侵逃。雖有補竈之名,殊無辦鹽之費。訪得沿海居民,原非竈籍,而私自煎鹽者,往往而然。今後合于滷丁逃亡者,即以此居民僉補之。

國朝設兩浙鹽運司,設松江分司于府境。八場二十七團竈户,分給柴蕩工本鈔辦鹽課。竈户附近煎鹽者曰濱海,住遠不煎鹽者曰水鄉。水鄉例出柴價,貼濱海竈丁煎鹽,以辦國課。歲久生弊,利莫如鹽,而害亦莫甚于鹽。鈔既不行,柴蕩總催私占,柴價總催辦尅,竈户煎鹽貧苦,此海濱竈丁之害也。據丁上册,遞年出銀,不計貧富,此水鄉竈丁之害也。今須有司運司,同出沿海地方,會同總催里甲,逐蕩編號造册。民竈各報明填册,插旗細丈。再照前號各造經册,仍報濱海竈户,給産煎鹽,優免均徭。仍造緯册,開寫得業名姓。總催不得包賠,以滋他弊。

鹽之新額

嘉靖十二年,直隸御史周題准,清理竈丁,均分蕩地。將實在鹽課,通行各場,照依見在丁數,均匀辦納。其草蕩先爲豪强兼併,逐一查出均撥。聽巡鹽御史,每五年一次,委官分投清理,永爲定規。十六年,知府黄刊行賦役册,清理蕩價銀,不許富家占鹽司地,逐竈户入水鄉,令縣民包補。

萬曆二十六年,鹽法道覆議,濱海竈户分給蕩地,以資煎辦。有等富竈盡行兼併,民間勢豪雄據罔利,以致貧難小竈鹽課虚賠。通行各分司,嚴督各場查究追給。

浦東場原額二千一百四十四户,竈丁五千一百三十八丁。今五千二百八十丁。

袁浦場原額二千四十九户,竈丁三千四百六十二丁。今六千七百二十丁。

青村場原額二千四百三十七户,竈丁四千一百三十丁。今一萬二千八百丁。

下沙場原額三千七百九十五户,竈丁四千一百四十九丁。今一萬四千四百丁。

下沙二場原額三千六百七十六户,竈丁五千二百五十二丁。今一萬四千四百丁。

下沙三場原額三千二百八十户,竈丁五千二百五十三丁。今五千二百八十二丁。

浦東場灘塲三千三百七十五畝六分六釐六毫,每丁撥六分五釐七毫。今查草蕩四萬九百九畝二分四釐,每丁得分七畝□分四釐七毫有奇。灘塲二千一百一畝六分四釐,每丁得分三分九釐八毫四忽。計派銀一百三十兩七錢九分九毫。

袁浦場灘塲一萬九千五百二弓三尺,草蕩一百七十三頃九十六畝三分三釐。每丁撥分灘塲二弓三尺,草蕩二畝一分三釐。今查草蕩六千三十二畝三分,每丁得分八分九釐七毫有奇。灘墩三千八百三十七畝八分七釐,每丁得分五分七釐七毫一絲。計派銀一百九兩二錢八分五釐八毫,自辦抵課。

青村場灘塲十頃三十九畝九分。今查草蕩三萬三千七十六畝七分四釐,每丁得分二畝五分八釐四毫零。灘墩一萬一千八百一十九畝一分一釐,每丁得分九分二釐三毫三絲零。計派銀一百五兩七錢四分九釐。

下沙場灘塲七千七百四十四弓四尺八寸,草蕩七百三十八頃九十七畝八分三釐九毫。每丁分撥灘塲一弓五尺二寸,草蕩一十七畝八分一釐一毫。今查草蕩六萬五千三十一畝二分,每丁得分四畝五分一釐六毫。灘墩五千五百三十四所,每丁得分三分八釐四毫三絲。計派銀二百七兩九錢一分一釐三毫。

下沙二場灘塲一百五十一頃二十二畝八毫,草蕩七百六頃四十畝四分七釐五毫。每丁分撥灘塲四畝一分,草蕩十八畝五分。今查草蕩六萬三千九百五十畝,每丁得分四畝三分八釐一絲一忽。灘墩一萬八千六百九十二畝,每丁得分一畝二分八釐二絲七忽。計派二百四兩四錢五分四釐。

下沙三場地蕩共一千二百八頃三十五畝二分八釐。今查草蕩四萬九千九百五十畝，每丁得分五畝四分四釐九毫五絲。灘墩八千一百八十七畝六分三釐，每丁得分八分六釐一毫八絲。計派一百六十五兩五錢二分一釐。

萬曆四十二年，蒙鹽院批允，松江府華亭縣派徵水鄉銀四千六百八兩五錢一分五釐九毫三絲四忽一微五纖六沙四塵六埃。内解京銀一千五百三十六兩一錢七分一釐七毫，給商銀三千七十二兩三錢四分四釐四毫。草蕩銀一千六百九兩六錢二分一釐五毫。内解京銀五百三十六兩五錢四分九毫，給商銀一千七十三兩八分一釐六毫。

竈丁消耗，縣民受害，固由富家竊據鹽司田土。若歷年官司莫能清理，亦由貧催欲分富家世業。以致此輩聞有言及者，即走馬會黨，計産合財，五六百金，指日可集。以賄吏書，吏書爲之心醉；以餽士夫，士夫爲之遊説；以購姦猾，姦猾爲之告擾。查勘申詳，動經歲月，言者力竭，而事在高閣矣。合無悉聽此輩世爲永業，但計畝依官地起科，以足額銀。則富家不須阻撓，貧催咸得減課。

先年府縣鹽司丈量田土，中間常隱數里。今幸民田再經丈量，圖册具在，一加檢覈，即難影蔽。宜令各場嚴督各催，于民田竈地及圖甲界上，每百步作一墩，以正大界。灘場草蕩，悉照熟地，立尺許塍岸，以爲小界。乃自民田以至海涯，依法編號丈量。近嘗量者，亦須覆丈。備造魚鱗圖册，分别田蕩灘場，照依官地起科。圖册完備，總計該徵銀數。踰於課額，通容均減。若不及數，通融均加。至不可加，乃令縣補。既濱海總催咸無賠費，竈丁不須避役，先令縣加糧耗，及割鈔蕩以補鹽價蕩價，并近年又多補銀共若干，悉當停止，收還縣徵秋糧加耗米。若因陋就簡，以完課安竈，要在設法編催。蓋今鹽課出於總催，催有逃缺，課即虧失，故每五年一爲僉補。查得隆慶三年，量各場熟地。萬曆十四年，縣派均徭，竈丁得免民間熟地。若督各場，或計該場里竈地，或計各户優免民田，以均差役，則催難逃而課常足，濱海竈丁可無消耗矣。右本年十月呈，蒙批允，派徵青村場一百二十八兩三錢九分一釐二毫六絲。内解京銀八十兩五錢五分六釐三毫六絲，給商銀四十七兩八錢三分六釐。

上海縣派徵水鄉銀二千四百二兩一錢九分六釐六毫二絲七忽八微四纖四沙六塵二埃。内解京銀八百兩七錢三分二釐六絲，給商銀一千六百一兩四錢六分四釐一毫四絲。額徵草蕩銀三千九百四十六兩一錢六分四釐六毫二絲三忽五微。内解京銀一千三百一十五兩三錢八分八釐二毫，給商銀二千六百三十兩七錢七分六釐四毫。白塗銀四百九十八兩一錢四分九釐八毫。内解京銀一百六十六兩四分九釐九毫，給商銀三百三十二兩九分九釐九毫。倉基税銀五兩五錢七分九釐六毫六絲，解京。青浦縣派徵水鄉銀一千七百八兩九分七釐五毫九絲七忽九微八纖二沙二塵二埃。内解京銀五百六十九兩三錢六分五釐八毫，給商銀一千一百三十八兩七錢三分一釐七毫。

鹽之總催

萬曆四十三年具呈，鹽院楊批：照蕩僉催，此不易之論也。但將蕩户名下，實查某人蕩産若干,不許畐書花分子户,以滋影射。計畝僉差,按籍可定。其貧竈之有丁無蕩者,絶不許波及。蕩産一清,則丁差自減。使貧竈寬一分,受一分之賜矣。查議各場總催:浦東場六十名,袁浦場二百名,今一百六十名。青村場三百名,下沙場三百名,下沙二場三百名,下沙三場三百名。

正統元年丙辰,儹運糧儲總兵及各處巡撫侍郎至京,會議軍民利便事宜,以事聞。一,松江華亭、上海二縣,竈户充糧長者,止令辦納本户鹽課,不許謀充總催頭目,庶税糧鹽兩不悮。

正統三年,巡撫直隸行在工部侍郎周忱言鹽課事。一,松江鹽場總催頭目,一年一代。中間富貴良善者少,貧難刻薄者多。催納之際,巧生事端,百計朘削。以致竈丁不能安業,流移轉徙。今後總催頭目,宜點選殷實大户之人,常川應當。若有仍前剥削者,逮問革役。丁力消乏者,照名僉補。則事易集而不擾。

正統六年,周文襄議,選殷實竈丁,爲十排年總催,其次爲頭目,輪年應當。有消乏者,依前選替。當時便之。

景泰元年,松江府上海縣民奏:本府原係松江分司横浦等場鹽課司,隸兩浙運司。後因竈户逋負鹽課,命巡撫侍郎周忱提督。忱以遠處竈丁不諳煎鹽,近場竈丁不務耕植,令遠丁出米,給與近丁代煎。彼此俱利,鹽課充足。近蒙以分司隸浙江布政使司,不行忱法,又設總催頭目,民甚苦之,請仍敕忱提督。事下監察御史林廷舉等議,言宜令浙江布政司推行忱法,革總催頭目。從之。

總催之累,在地有肥瘠,課無重輕。貧竈逃亡,總催杖比。故有司編審排年,例以丁力相應者,作十總催。歲輪一人,率領比較,以完十甲之課。再點收頭收銀,亦遞年一易。總催既已革,濱海竈户處置得宜,樂于煎鹽,不累及水鄉,水鄉免遞年出銀。其總催一年止令率領比較,無積年久役侵收之弊,民得安生矣。

各場竈丁多不至場,凡稱辦課免均徭者,皆本管總催及造册書手之田,本户未嘗聞也。各場歲辦鹽課,俱是總催各以所管田地灘蕩,召附近貧民耕樵晒煎,收其租銀,納場解送運司。運司以銀轉解京庫,及給引商。引商以銀向貧民買鹽運掣。但各催納銀畧同,所分土地美惡、頃畝多少亦異。分地多而又美者,完課猶餘百金。分地少而又惡者,賣男鬻女以填足。或地雖同,而有民田多者,冒免徭銀,浮於鹽課。窮無田者,歲輸二十金,不獲免毫釐。故貧催多逃,每五年一編補。凡承役者澌滅無遺,當補役者聞風先去。此濱海竈丁消耗,而催役常缺、課銀常虧之大畧也。善乎陸文裕之言曰:鹽法在晒土爲鹵以成,而欲晒土必有攤場,欲煮鹵必有草蕩。今之草蕩場蕩,悉爲總催者所并,而鹽課又爲總催所欺,竈丁不過總催家一傭工而已。欲處之,在于盡復竈丁之場蕩,而盡懲總催之姦欺,則其弊可息乎。

鹽之補課

上海縣包補下沙三場鹽課本色銀九十五兩八錢五分,給商。

萬曆十五年，下沙三場竈户夏禹績呈，蒙鹽院李詹批府，備行縣丞倪維幹議。將該場九團富竈之田，盡入有司，歲編均徭。徵銀在官，類解運司，抵作衆竈鹽課。原額不敷，明示各竈，自行辦補。覆勘相同，備呈本院李詳批。據呈，貧富沾惠，可免不均之歎矣。如議。帖行該縣，將九團富竈田畝并徵銀數目，以憑查考。一面知會運司，纂入事宜摘要，永爲定規。繳奉此通行遵照，候於萬曆十五年秋糧會計内，派徵十六年均徭，併行造册，扣筭編銀，徵解運司，抵作衆竈鹽課。其不敷之數，明示各竈，通融辦補。

議均派各場補袁浦場課額一千四百三十三兩七錢一分二釐。

萬曆四十二年，袁浦場總催蔡師澤、翁亨，生員蔡効誠呈詞等因。本場原蕩三萬三千九百九十三畝，屢罹潮患，僅存六千三十二畝三分。每丁不過一畝之數，納銀至三錢八分二釐七毫五絲，較各場迥異。連年總催賠累不堪。本年以竈額輕重，甘苦不均，具呈楊院。蒙批，祖制有丁有蕩，課大槩從蕩辦也。今蕩止六千餘畝，而每丁課至四錢有零，此課從何處辦納也。以一司場分均一司之課銀，即如民間以一縣之錢糧攤派於一縣。裒多益寡，所以相濟，而非所以相厲也。仰松江分司，速查各場蕩各若干，每丁課銀各若干，以憑酌議施行。如該司原有蕩册，先具揭回報，以杜隱匿。行該場查蕩，不過取一總數，每丁納課若干，總催自有定數，開數報院。續後議，將浦東等各場丁蕩課額劑量牽派，每畝一槩加銀五釐四毫九絲八忽，共銀一千四百三十三兩七錢一分二釐。呈詳。復批，袁浦場重困已極，若非如此通融，將來窮竈骨盡髓乾，必無噍類矣。每畝止加銀五釐有奇，所損者不過秋毫，而可以活袁浦場萬竈之命，何愛而不爲也？本院又細思之，均一額課也，袁浦之驟減者，固易見德，而各場之驟增者，亦未必無怨。查得崇明天賜場目下具題，照舊民竈均攤額課。前任袁知縣酌議，小民情愿加課銀六百兩，業已詳定施行。此六百兩之課，政可以補袁浦場之不足。今于該場一千四百三十三兩有奇之數，均派各場者，再減銀六百兩。每蕩所加五釐四毫九絲八忽，又減其半。衆擎易舉，更易爲力矣。仰該司同吴推官清筭明白。其派納以四十三年爲始，袁浦場額蕩若干，坍塌若干，亦要查明，以便入數等因。續又議，查除崇明縣六百兩，該縣徑解外，浦東等六場，共派銀八百三十三兩七錢一分二釐，抵補本場坍塌之數。具由覆詳，自四十三年爲始，各場竈户照派徵納，仍移行運司，載入新正鹺規。復蒙本院具題。

浦東場撥丁蕩四萬九百九畝二分四釐，計派銀一百三十兩七錢九分九毫，計竈五千二百八十丁，每丁納課一錢六分九釐。

青村場撥丁蕩三萬三千七十六畝七分六釐五毫，計派銀一百五兩七錢四分九釐，計竈一萬二千八百丁，每丁納課一錢四分七釐。

下沙場撥丁蕩六萬三千三十畝，計派銀二百七兩九錢一分一釐三毫，計竈一萬四千四百丁，每丁納課一錢零一毫。

下沙二場撥丁蕩六萬三千九百五十畝，計派銀二百四兩四錢五分四釐，計竈一萬四千六百丁，每丁納課五分八釐。

下沙三場撥丁蕩五萬一千七百七十二畝四分八釐，計派銀一百六十五兩五錢二分一釐,計竈九千五百丁,每丁納課一錢三分三釐。

袁浦場撥丁蕩六千三十二畝三分,計派銀一十九兩二錢八分五釐八毫,計竈六千七百二十丁,每丁納課三錢八分三釐四毫。自辦抵課。

已上六場,蕩共二十六萬七百七十一畝九分八釐五毫,每畝派銀三釐一毫九絲七忽一微,共該銀八百三十三兩七錢一分二釐。

青浦場先因灘蕩坍海,竈課空賠。具呈前院,議割崇明縣有司羨餘沙地銀三百零五兩,續議同治浦東等六場餘蕩銀三百兩補之。現今每丁納銀九分九釐三毫,原係坍海無徵場蕩,已經分司强列議撥補。

鹽之別額

青浦場三團,本府掣係嘉定縣徵收。

天賜場,本府掣係崇明縣徵收。俱轉解運司。

橫浦場,本縣止徵解蕩價及官俸、弓脚、工食銀兩,屬嘉興分司管轄。

府縣鹽快,各巡司弓兵,一年四季,每年限獲鹽一萬六千二百斤,船二十一隻,鹽犯二十一名。每年歲編工食,有提獲鹽船,收候商人支掣,三百斤爲一引。無獲,即以工食扣抵爲例。

鹽之秤掣

楊鹽院鶴序:鹺規始于淄川韓公,至關中牛公加詳。乃參校行鹽事宜,分爲邊商、內商、票商、額課、場竈等項。如季掣之規,掣摯之法,州縣之考成,場課之徵解,禁戢私鹽,優恤窮竈,視昔加詳焉。如票鹽之掣,與引鹽不殊,或視爲虛文,轉委倉巡小吏者。不知賄賂易通,夾帶難察。掣摯謂何?萬曆七年議,委該府總巡官秤掣,附府縣分不必別委。如外縣,則正官秤掣。掣期向皆隨到隨掣,後易以四季終爲正掣,以孟月終爲續掣。萬曆十五年,李院議,一月一掣,不疾不徐,庶幾適中。掣所大都在附近地方。華亭縣鹽在蔣涇橋埠秤掣。上海縣鹽到埠秤掣,復于黄浦地方,該縣驗發。

鹽之疏畧

巡撫侍郎周忱議竈户鹽課:一,華亭、上海二縣竈丁,計負鹽課六十二萬二千餘引。催責不已,煎鹽不敷,竈丁日以逃竄。宜官鑄鐵鍋一二百口,給與負鹽竈丁,令其户下人口,協助煎辦。一,松江煎鹽之人,近者名曰鹵丁,遠者名曰竈丁。惟鹵丁諳練煎鹽,然貧窘者多。使其食足,何患鹽課不完?前代嘗有贍當官田。洪武初,雖給耕種,俱起科納糧。今二縣竈丁,每年應徵運秋糧,無慮五六餘萬。欲將竈丁秋糧存留本處,免其兑軍遠運。却以所節省耗米,于各場收貯,養贍貧難鹵丁,及雇人補煎逃户額鹽。其遠鄉竈户所貼柴鹵錢米,亦于倉囤收貯,明白支銷。如此,則官無枉費,而人不逃竄矣。一,鹽課之利,歲有定數,不在于官,則在于私。所以連年不完者,蓋由私鹽得售,故官課日虧。雖有軍民官巡捕,中間有狥私故縱者,有通同販賣者,有誣執平民者。賞罰不明,人懷幸免。宜令華亭、上海并蘇州嘉定三縣,點選行止服衆者爲老人。分定地方,率所在總小甲防守,官司往來巡視。但遇私販,發露必究。經過湖路,罪及縱容之人。如此,則鹽徒息僥倖之心,而兇惡漸可絶矣。上命速行之。

又帶補鹽額:近臣兼理松江鹽課,訪得各塲去年以前,共逋負鹽五十三萬六千九百二十餘引。今年又該正額鹽一十五萬七千七百六十引有奇。切惟煮海之功,日有定數。歷年逋負,責其一日償之,民何以堪?乞將逋負之數,自今年爲始,每年正額之外,帶補一分。則民力得以少紓,國計可以漸辦。事下行在户部覆奏,言帶補之法,誠爲便利。但須十年以上,方可完足。即時准擬,誠慮頑民恃恩怠惰,日就遷延。請通將所逋作六分,每年額外帶補一分,六年内補負可足矣。上從之。

沈淮鹽政五款:一,查給工本舊制,每竈一丁,給與工本鈔二貫六十文,易米可四石之數。故沿海沙地長蕩,每畝税鈔六十文。今諸蕩不復徵鈔,已改收平米三升或五升。乞查改徵蕩米,照依原定鈔貫,筭給竈户,以充工本之用。一,勘給草蕩灰塲。舊法,竈户皆有附近草蕩,以煎鹽柴薪,約計所收價直,可抵今一丁鹽課之半。其後塲司以竈丁屢易,不復撥與,俱爲總催豪右侵占樵割。于各竈名下,徵取全丁額鹽。乞委所司,追取草蕩舊數,踏勘明白,照丁撥派,明立界限,以防侵奪。一,停止折徵。成化間,因各塲無鹽給客,每引折與銀三錢。比之中納,其利十倍。巡鹽御史林誠奏,將竈丁鹽課一半徵銀解京,一半存塲給客,鹽政大壞。況初給價銀,非皆本色,故衣弊器,盡以折充。每引三錢,特其名耳。今乃實徵本色,貧者或先事而逃催,見在者率併爲賠納。欲利反害,無甚於此。乞特敕運司,自正德元年爲始,停止銀兩,照舊徵鹽。一,禁革賣引。凡支鹽引目,不許中途增價轉賣,此舊例也。近歲商人駕之曰合本,諉之曰分撥。夫引既非其本名,鹽又不由支領,不謂之私販而何?又有豪猾之人,支領之際,併包夾帶私鹽,或落價折准庫物。官吏疊其聲威,催目受其淩虐。乞自今凡遇開中,委官監察,不許勢要之人,冒禁上納。一,存恤竈丁。夫刮沙汲海,炙日熬波,未有如竈户之勞者。蓬首墨肌,灰卧糠食,未有如竈户之窮者。加之有司與鹽司分爲兩家,其督鹽課者,雖百方箠楚,縶女囚男,有司不問也。其徵賦歛者,雖百端取索,賣婦鬻子,鹽司不知也。況濱海土地,類多沙瘠。府之税糧,論糧加耗,而不以田,蓋爲此也。近歲有司不原初意,槩與水鄉同加耗米。至點均徭,亦不分肥瘠,一例出銀。查得竈户施安、徐淮等,各告巡撫彭韶李。嗣蒙將竈丁全户正糧,並折金花銀兩。錢塘海寧與華亭上海,同一浙西地也。乞敕所司,將濱海竈丁,量爲存恤。訪求先年侍郎周忱事例,設法賑濟。其餘一應雜泛差徭,悉與除免。庶幾瀕海窮民,得畢力事功,雖勞不怨矣。

章懋議處鹽法五款:一曰存恤竈户。竈户採辦薪蒭,朝夕烹煉,不勝勞苦,固所當恤。而單丁老弱窮户,尤可哀矜。其有丁力衆多,家道殷富,爲總催大户者,煎鹽既多,私賣尤廣,亦宜有以處之。合照黄册事例,凡民户之里甲有缺,即將圖内丁糧高大者,析户當差,以補其數。若以竈户之丁多家富者,亦行析户充役,照丁辦課,以補竈籍逃絶,皆免雜泛差徭。二曰輕減鹽糧。國初,嘗命以掣下餘鹽,行令各縣赴司關領,分給小民,計口食鹽,而納鈔以償。民得鹽而納鈔,固所樂也。厥後鹽司久無餘鹽關給,而鹽鈔又改鹽糧,困苦尤甚。亦宜如秋糧折色事例,納銀准鈔,使民受一分之賜,亦爲幸矣。三曰申禁鹽竊。昔商人輸粟邊倉,而給引鹽以償其費。近來每遇開中之時,權豪之家詭名請託,占竊轉賣。商人不求于彼,無路中納。以故中鹽者少,邊餉不充。伏望申嚴禁例,使權豪不得玩法,以襲前非矣。四曰鹽商挾私。夫商人輸粟餉兵,受鹽于官,出外平賣,利亦厚矣。乃于正數外,賄求場官,任意加重。掣鹽之後,運入江船,復行夾帶。至于經過,則又賄求批驗盤詰人員,不行照引截角,徑自越關,隨在發賣。及其已賣,不即繳引,仍將前引影射私鹽。往復數次,多取價利。以致載鹽船户,亦相效尤。此皆商人之倚官挾私,所當豫防者也。五曰禁治鹽徒。夫鹽商之夾帶影射,固私鹽也。其有肩挑步擔,而沿街貨賣,亦私鹽也。亦有座船江船水夫船户之屬,隨其攬載官員,肆行收買者,亦私鹽也。民販既難悉禁,官載不敢盤問,以此私鹽盛行,官鹽阻壅。然皆所得不多,爲害亦小。若嚴加巡察,則不敢爲矣。惟有一種無賴之徒,十五爲羣,出没江上,滿載私鹽,沿江貨賣。有不肯者,則將私鹽丢入船内,口稱巡捕,稱嚇取財。浮游之際,遇有客船遭風,及孤船無侶者,即便壅衆登掠。舟人見其勢兇,力不能敵,任其所取,不敢與抗,抗則被傷。及至奪其所有,乃復飄然長逝。江面闊遠,頃刻之間,失其所在,惟有呼天痛哭而已。又有船行遇晚,未及止宿,或船行太早,天色未明,皆被劫奪。此等肆無忌憚,積習成風,恐生他變。昔唐末之王仙芝、黄巢,元末之張士誠是已。不可不早爲之所。凡此數事,皆爲國之要務,長治久安之道,豈有外于是哉?

周用議處餘鹽:照得沿海居民,專一興販私鹽,招集流亡,越境私販。始則圖利販鹽,繼而結黨行劫,又至出海通番。雖旋勦除,禍根終在。原其所自,實由聚衆販鹽。失今不爲之計,將來禍患尤大。處之之法,惟在浙西鹽貨流通餘鹽,皆有下落,使鹽徒解散,方爲有益。緣各鹽場俱有定額,除浙江嘉興分司,松江分司鹽場,俱係松江府所屬地方。華亭有浦東、袁浦、青村、青浦四場,上海有天賜、下沙等四場。内除青浦、天賜坍海外,實該六場。大約每年額課,每大小二引,折一大引,各四百斤,共五萬五千四百五十五引零。每引折銀六錢,每年解部課銀一萬五千一百四十餘兩。其轉解運司本色折銀一萬五千四百二十餘兩。内二縣水鄉竈丁無徵鹽課銀七千五百八十餘兩,俱于二縣秋糧内包補。華亭縣包補四千三百二十餘兩,上海縣三千二百五十餘兩。前項鹽課俱係竈丁出辦,餘鹽却不許變易。前項無徵課銀俱係二縣民户包補,其竈丁餘鹽亦不許轉買食用,官司又不給價。若不私相轉販,何以存活?凡議鹽法者,皆稱商鹽宜通,私鹽宜塞。其實商鹽未嘗不塞,私鹽未嘗不通。蓋商鹽以引目爲名,利在買來夾帶,及不繳退引。官司以盤掣爲名,利在縱容夾帶,又不追退引。所以商鹽但求苟免捕獲,其實滲漏影射居多。故謂商鹽未嘗不塞。官司巡捕私鹽,一向通同作弊。其實家户俱食私鹽,故謂私鹽未嘗不通。鹽法至此,豈惟商鹽不通,併商鹽亦俱變爲私鹽。各處私犯鹽徒,相聚爲害,難以處置。所以處置之方,專在處置餘鹽。且竈丁煎鹽辦課,即是民户種田辦糧。民户辦糧餘米,聽其變易,惟竈丁辦課餘鹽,却作私鹽,一切有禁。人情物理,實有不堪。爲今之計,莫若將松江分司,查照原額鹽課銀兩，每場各該若干，本場竈户每户若干，又每丁若干。照依徵糧排甲法則，立爲三限。修復松江分司衙門，行令浙江運司，前來住劄，及時聽令商人入場收買。責令總催比併各竈，依限將課銀完納。課銀未完，就于地頭嚴禁鹽貨出場。中間若有先自辦納課銀，停鹽待價者，聽從其便。但遇課銀一完，隨即開報運司并巡鹽衙門。各場餘鹽，聽令各竈丁自行發賣。或轉賣陸路，肩挑背負，并水路小船，各人販賣。但不許挾持軍器，及越過行鹽地方。大約每年限上半年辦課，下半年開禁。各竈丁既知餘鹽許令自賣，必肯早辦課銀。商人既知餘鹽許容平買，必不營求夾帶。其餘人等亦知餘鹽不禁轉賣，必不冒法聚衆興販。前項越境淮鹽，無處發賣，不禁自止。目前一應私販，俱可轉爲商人。此法若無窒礙，亦可與嘉興分司一體舉行。其該縣水鄉竈丁，亦可因此招回復業，增辦課銀，漸補無徵之數。如或鹽貨流通，價值低賤，仍聽竈丁免納折色，俱納本色上倉，作爲存積。亦可漸復召商開中，以實邊儲之法。或謂私鹽自來有禁，不知鹽法自來亦有不同。如洪武年間，煎鹽工本在官支給，隨其多少，俱屬官物。其後鹽課立有定額，其外餘鹽，亦有本場收貯，給與米麥之例。彼時禁賣私鹽，一是原額在官工本，一是不肯送官受價。罪以私鹽，情法猶有可據。此後煎鹽工本既不出於官，竈丁餘鹽又不爲收買，惟獨禁賣私鹽之法，未見處置。但餘鹽决無委棄之理，鹽徒决有聚衆之勢，官司决難去通縱之弊，地方决難免擾攘之患。立法之始，本以惠民足國，末流之弊，遂至争民施奪。誠爲可慮。伏惟詳議，早見施行，則民生國計幸甚。

鹽之議畧

巡撫彭韶《卹貧竈議》：一，各場竈户多有艱窘，府州縣預備倉糧不多，豈得有餘賑濟竈户？近行各場，立預備倉。乞令今後，巡鹽御史并大小問刑衙門，若有提問徒罪以上竈户，并一應干碍鹽法司事内囚犯，杖徒以上罪名，應該納米贖罪者，俱發所在場倉，責令官攢看守。無倉場分，則于有司官倉另廒收貯。俱申巡鹽御史查考盤驗。遇有凶年，賑濟貧竈，秋成照數還官。一，各場俱有見年總催頭目，不過一身應役。奈有無知官攢，但遇分司官吏到場，或相識官員經過，及衙門拜見，銷牌解册等項，俱派頭目出辦答應。每年有使銀十兩或十四五兩者。竈催艱難，人已不堪，又加此等，尤爲重害。合令巡鹽御史，不時吊查究問。一，竈户優免，俱有見例。奈何奸民，暗將田糧詭寄，以圖濫免。有豪强竈户，田畝千餘，人丁百十，止當竈丁數名。其有司差役，推托不[充]。乞將竈户該辦全課二十三十丁以上，俱各通户優免。其餘課鹽丁，每丁貼與私丁三丁，每丁除田二十五畝，免其差役夫馬。此外多餘丁田，俱發有司當差。其奸民詭寄田糧，及豪强竈户影佔差徭，就將多餘丁田，照數收補逃故竈丁。若詭寄不多者，依律問罪，田糧改正。

又《進鹽場圖詩疏》：庶民之中，竈户尤苦，惜乎古今未有圖詩。臣近履鹽場，始識其槩。海鹽煎熬，全資竈户。雖有等分，業産蕩然。糧食不充，安息無所，未免預借他人，所得課餘悉還債主，艱苦難以言盡。小屋數椽，不蔽風雨。粗粟糲飯，不能飽餐。此居食之苦也。山蕩渺漫，人偷物踐，欲守無人，不守無入。此蓄薪之苦也。晒淋之時，舉家登場，刮泥汲海。午汗如雨，隆寒砭骨，亦必爲之。此淋滷之苦也。煎煮之時，燒灼薰蒸，蓬頭垢面，不似人形，酷暑如湯，亦不敢離。此煎辦之苦也。寒暑陰晴，日有課程，前者未足，後者復來。此徵鹽之苦也。客商到場，無鹽抵價，百端逼辱，舉家憂惶。此賠鹽之苦也。疾病死喪，尤不能堪，逃亡則身口飄零，復業則家計蕩盡。去往兩難，安生無計。所宜加意矜念，遇事寬恤者也。

巡鹽御史李瑢《收餘鹽議》：一，松江、嘉興二分司，額課共十一萬四千有奇。每歲辦鹽，不及四五分。近例令竈丁遠者出米，給近者食用，俾代其煎鹽上倉。然近竈辦納本名鹽課，尚有拖欠，況可令其代納遠竈之課乎？請今後徵米到場收候，近竈辦納本名正鹽外，若有餘鹽，隨其多寡，送官秤收。每一大引，與米二石。該場官攢按月支給，不許留難。

崔富《鹽政一覽序》：兩浙鹽課各有攸責。且以松江一分司言之，丁將三萬人，非不多也。頃逾五千蕩，非不廣也。而額鹽歲凡七萬六千八百六引有奇，苟能上下同心效力，則國有餘用矣。奈何人病登場，以數萬之衆，而在竈親煎者，才三千一百七十五人。蕩吞鉅户，以三千一百七十五人，縱使下手，而旺月乏柴，鹽從奚就？霧横煙斜，積日累年。人但見滷竈煎鹽矣，然不知隨煎隨賣。小者徒以餬口，大者競相肥家。卒能納官者，幾何人邪？是以關單累歲虚出，客商經年坐守，徒有煮海之名而已。今有監察御史專理之，復命少監都御史遞爲綜理。客商無鹽，設法完給；竈丁無糧，設法賑給；場團缺盤，設法鑄給。以致草蕩斛斗之類，罔不究心。期月之間，百廢具舉，而鹽法一新矣。乃因督課之餘，旁搜博采，編成是帙。于國家煮海足邊之方，未必無小補云。成化己丑十二月。

顧文僖公《舊志》：按，竈丁消耗，蓋有其由。蕃息招徠，亦必有道。今不務存撫，但知選僉，選僉未幾，又復消耗。此固鹽司之失，然有司不與講究本末，遇有僉補，即議均賠。夫海之鹽猶田之粟也。鹽課之不充，補之以粟。農田之無歲，海豈能知之？必若亭户消亡，則鹽當絶矣。而海氓之食利自如，官課雖虧，而私家之興販猶昔也。以此質之鹽司，其有説乎？且事當探本，謀當慮後。松田税重極矣，又加以海，孰能當之？此則長民者所當留意。

鹽臺楊鶴《鹽政議》：國初，有鹽丁，有竈户，有場有蕩。雖勞而不厭其苦，故能與屯政相表裏，而利賴甚溥。至于今則不然，奸胥作蠹，丁户銷亡，豪强并吞，成法廢盡。華亭水鄉，膏腴鉅萬，富室擁占者動以千計，歲入倍于沃壤。兼以例援優恤，役豁而累消；田從改折，糧輕而利厚。吾不知歲額若干兩，而攤場草蕩不知其幾者。豪强受其惠乎，抑貧窮竈丁受其惠乎？上海鹽場總催一名，向值銀一百兩，今不下二百餘兩。緣每名分受海灘若干弓，直至海濱，約上鄉田百畝，中鄉田百畝，草場百畝。沿海便于泄瀉，其值倍于膏腴。各團邊海皆然，而歲額亦不過若干兩。此其利豪强得之乎，抑竈丁得之乎？竊見廟堂條議，未嘗不計坍漲，定蕩額，未嘗不計丁分蕩。然而灘蕩之影射通神，丁户之捏名入鬼，又安所得而核其實乎？此亦愚之所知，而其所未及知者，弊端又不知幾千百也。爲今之計，須大豁侵占之端，實勘場蕩之數，詳究竈丁消耗之源。或賑恤流亡以復其業，或清給原産以安其居。庶于立法之意，不相椎鑿，而通邊足用之道，於是乎在。民亦相安于煮海而不犯矣。

《均抵課議》：各場小竈，原給草蕩灘場，管辦抵課。緣各竈居址星散，不便管業，因而歸併總催者有之，私相典賣者有之。夫蕩地原議抵課，今本竈既未得業，亦應於得業之家，追抵課額，庶無偏累。宜通行各場，除照丁管業者不議外，其有分蕩不曾得業者，細查竈丁納課若干，該分灘蕩若干，其上中下蕩每畝各課若干，造册在官。于得蕩之人名下，追出前銀，交與見役收頭領解。除減各竈本名下蕩價抵課外，仍該丁課若干，填註徵銀簿内，不許催役多收。其催役亦出串单，于竈丁收執。

《編徭役議》：竈户日臨邊海，窮年汗血，煎辦鹽觔。較之民間，勞苦懸矣。舊例編僉徭役，分別優恤，載在令甲可考。邇來有司異視竈丁，審編之際，止據田地多寡，無論民竈異籍，一槩編僉里長，致今告擾。合行申飭，凡遇審編里長，除奸竈希圖兩躲差役，逃出本場境外，置買民田産業，或詭寄他人田土，聽有司一體編差外。如全竈里分，照舊應役，民竈相離者，先儘丁田相應民户。竈丁田比該里民户獨多一倍以上，方報充當。其田土無多，及丁力不堪者，不得一槩編僉雜泛差役。間有置買民籍田地，不過百畝者，聽其自行辦納糧差與原管里長，毋得乘機科派額外重差。

《清竈蕩議》：各場竈蕩濱連邊海，原有二則。窪下者專主曬淋，寬平可備樵採。二者相須，煎辦鹽課。邇因貧竈有力者間於上，則蕩地開墾成熟，佔爲己業，隨量徵税銀，以爲備荒，及充補解京餘鹽不足之數。致有奸竈乘機隱漏，豪强因而兼併。近奉明旨，丈量田畝。附場縣分里遞人等，遂將前項開墾竈地，報入有司，以抵民産。而有司亦即丈入民田數内，攘爲己功。夫蕩有坍漲，每歲不常。舊例五年一清丈之，量爲裒益，以足課額。今因其開熟，改爲民田。倘蕩地坍塌，從何抵補？况竈蕩民田各有疆界，不可擅變者也。若聽其開墾，而不令陞科，固以啓奸人影射之弊。如因其開墾，而奪以與民，又以重貧竈包賠之苦。今除晒淋蕩地，照舊通候五年清查外。其餘開墾成熟塗蕩，行徧歷丈勘。果在民田界内者，仍入竈籍，酌量肥瘠，計畝陞科，以補歲額。民竈相連者，各照原定界限。有司不得一槩混量，抵補充額。豪右不許割據爲業，揑佃兵餉，冒税名色。如遇新漲沙塗，例應仍歸各竈煎辦，民户不得混行越占。庶竈户有常業，而鹽課亦不致虧耗矣。

《通積引議》：夫鹽引每歲四十四萬，原額也。但邊商經營糧料，納之既如此其難，守候課價，領之又如此其苦。領課價者年欠一年，則納糧料者自然歲減一歲。今户部報數，少至三十五六萬，甚且又少至三十二三萬矣。内商因其來引不如額，故疏引亦不如期，遂至積引幾一百五十萬。本院司又不得已，故設高枝接引之法。必商人先納新引在司，而後續發舊引付商。但新舊兼行，壅積愈甚。今當令本地内商，年銷舊引，無得壅滯如前。而邊商既補五年課價，無得虧納糧料原額于後。此以外益内，以内裕外，雖久不易之策也。

《行票引議》：夫鹽引壅積，説者爲設小票之故。行一票則占一引，行百票則占百引。但票與引自有分别。蓋行票于産鹽之地，有票者爲官鹽，無票者爲私鹽，興販者不待禁而自禁矣。如行票于引鹽之地，則引價重而票價輕，人將利票而不利于引，雖欲行引，而自決不能行矣。故無引行之地票則可，而票攙于引行之地則不可。以票而遏私鹽則可，以票而妨引鹽則不可。票之不能雜于引界，猶引之不能更增于票界也。合無于沿海産鹽地方，單行小票。而腹内無鹽地方,有引外加票者,盡數追銷。則票利原自疏通,而止引不至混壅矣。

附鹽司去思

元陳旅《李侯德政序》畧:兩浙鹺賦,以引計凡四十八萬,而松江賦十萬有奇。連歲亢暘淫霖,沴菑相乘。至順二年,東潁李侯實來,首分司松江。周視亭場,知民困悴,侯愀然軫憂,即屏酒肉,日夜籌便宜。先諭民之富者出財,貧者傭力,使相資以即功。先是,浙西行義田助役法,及于竈户。侯牘上行省,反覆辨晳,亭民往往得釋。有妄以沿海塗蕩餘利獻于官者,貴近得賜所獻,遣使趣徵,威令嚴峻。行省檄侯稽覈所有而與之,侯以爲不可,具前後文移利害,白于行省。亡何,彊臣族誅,竟罷餘利之徵。每季工本給於諸場,則先與之期日,既集其人,即呼姓名面給之,無毫釐不及。給已遂行,单馬羈童,又適他場,雖昏夜勿止,吏胥不暇爲姦。民有私犯鹺者,即哀矜决遣之,有所牽引悉不問。凡異時之需,擾于民者,皆聞風斂跡。牢盆之外,一無所費。蓋侯之在分司也,夙起晏休,躬治文書,决庶務,盛夏亦端居終日不少懈,故人人得沐其惠。或一事乖方,一民失所,則痛心疾首,若已致之。侯德之在我人若此。兹代去,吾等能忘之乎?

張以誠《侍御楊公生祠記》:侍御修齡楊公,以甲寅夏按吴,既行部吾郡,竢代者三閱月。公甫下車,即延見長吏及父老子弟,曰:國家以東南四郡爲筦庫,而松猶其尾閭。豈獨漕綱百萬,金錢纂組稱是。即海濱斥滷,國課攸需。顧東南民力竭矣,其可以加惠元元,一甦重困者,亟條上議,可幸及余簡書。于是公循驗故實,爬搔瘠肥,即慨然曰:袁浦場介在海隅,其聚廬而處者,實與魚龍瀺灂,争一旦之命。而又課重則法在取盈,氓貧則勢同剜肉。迄今不爲,後益刓敝。其下所司,論利便,計長久,余且盱軫以待。蓋袁浦歲額,視諸場等,爲課二千五百七十有奇。而諸場計丁徵課則甚輕,計蕩贍丁則甚厚。海風蓬蓬,黄茅白葦之區,上者人得數畝,下亦不失其半。袁浦户口六千七百有奇,而産不逮者什一,是人不能以一畝贍也。而課額不啻視諸場倍之。馮夷不仁,挾洪濤而嚙者,歲泐月洳。追呼何怒,則君其問諸水濱。於是有售妻易子,以供徵逋者。或舉子則自溺之,曰:無令他日以骨髓易滄桑艷中一立錐地也。蓋自數十年來,日漬於土矣。既所司强公司理吴,公蚤夜籌畫,益徵問疾苦,條上狀。今袁浦之事異矣。藉令疆場之地,一彼一此,秦肥而越瘠,是無袁浦也。袁浦敝,則編册之有成額者,諸場不得不代受其敝。窮則變,變則通,吾何愛不爲萬民請命乎?廼疏請以袁浦之半,均派六場。凡畝量增銖黍,而袁浦之丁課已減十六。又以崇明天賜之加額補助六場,而六場之增派又減其十五。蓋公苦心調維,上贏國課,而下奪民生於焚膏敲骨之餘者,髯幾爲枯矣。公既爲兹土萬世,而一時被公之澤者,謀祝而祀之。予因是而有感於國計盈虚之故,與民生榮瘁之原也。國家鹺政之虚實,實關邊政之虚實。數十年來,謀臣借箸,司農握籌,無不藉三吴兩越,以爲奉公養兵之地。而鹺政之壞也,勢不能復得之種邊之商,則當優恤之待商之户。顧非真才練達者,不能得其總綱;非真心惠民者,不能燭其幽隱。公蒿目熟慮,及一切文武大計,而彈丸斥滷,荷公生全,就燥推温，洊登之席。公之明澤遠矣。先嘗奏免諸司商税一萬八千有奇，詔蠲其半。而又清灘蕩之侵占於豪右者，計役分授，一稟成制，如蘆蓰等場之按産編役，皆創舉之善政，不磨之成規也。兹以袁浦耑祠，不備書。

附鹽署之建置

徐獻忠《新建松江鹽運分司記》：松江分司者，兩浙都轉運所分四司之一也。其屬有横浦、浦東、青村、下沙、青浦、天賜諸場。凡課辦文移，各以本司印信行事，若專官，而實都轉運使司僚佐所分轄也。其初以亭場官位卑，而竈皆土著，或有數世擅其利爲豪者。其相使若指臂之癰腫，不能卒運動。故以總司僚佐分督之。然歲止一巡，停止數日，輒復去，無臨治廨舍可住劄。竈有所赴愬，非走千里、齎經月費不能達。故往往爲强有力者所勝，而課辦亦難集。私負販者，雖屬郡邑卒吏緝邏，亦多逸出。其端實起于分司官不住劄之故。侍御鄢公按浙中，既察竈所疾苦，廉諸豪右不法者置之法。以爲非建分司廨舍臨治之，卒無以善其後。于是上請于朝，其經制之畧宏矣。自後近淮董公繼之，念其議雖下郡，有司稍緩，即無以成鄢公之志，乃鋭督之有司者。時署府事同知今遷嘉興郡畢子竟容，已經其始。而郡太守劉公存德適來蒞治，即取通判張君世衡所相延慶寺餘地，案行華亭令張君敦復，刻期興建云。總計門堂寢翼十聯址地一十三畝零，垣維周固，堦墀爽豁，足以壯其觀望。其費一出于本院項下，有司夫工之外，别無所科。劉子既落其成，即述職北上，而張君署其事。乃以劉子之意，俾獻忠爲之記。予惟在昔經理，足國之計，租税之外，止有鹽、鐵、緡錢三物。然銅鐵官匱竭已久，諸池井鹵斥亦豐嗇有時，妖祥間作。亘萬世不竭者，惟海鹽而已。而蘇松江海聯屬，帆檣利便，負販四出者，大梗商政。其原于法弛而官遠，豪右横而纖細屈也。故論者以爲振肅條教，障塞委流，加以撫字輯睦，順時宣令，則豈特商有所賴，國計有所資而已哉！二公同心同德，諸有司各務其職。即門觀偉然，令品昭詳如是，其著烈亦勤矣。居是者知所重焉可也。

范惟一《松江分司浦東場新建公署記》畧：松江分司浦東場故無署，蓋建自萬曆丙子始云。先是隆慶改元，該司按查水鄉草蕩，初制蕩止産草，户止樵採，僅僅抵税而足。嗣後地利漸闢，户丁日孳。蕩臨河墾爲田，佃米或至石，而自藝者倍焉。以故議加鏹，以補米限課，而竈額稍減，業已行之矣。乃丈均時，柄事者不原本始，槩以蕩入有司徵糧。糧倍課不啻什五，而竈病甚。會院史萬君廉知之，行郡更而復焉。由是課仍舊貫，蕩利頗盈。積之兩年，而應徵入官者，二百鏹而羨。于是分司吴君曰：諸場越在海澨，距郡城數十里而遥。吾之蒞松也，當巡行諸場，于何戾止？向也殊苦之。兹幸有羨鏹可署，署之便。乃請于鹺院王君，庀材募庸，建署若干楹。越數月而署成。場使丁偉奉吴君命，乞余文以記始事。余惟國家于河山之東，及淮浙之境，負海而郡邑者，即海課鹽，建官蒞政。既各設都轉運司專其事，而又歲遣御史，各奉璽書巡察之以爲常。吾松邊海，諸場隸之。兩浙轉運復特設分司，官品從四，金緋與郡守埒，其責任重矣。吾嘗聞太宰周恭肅公之疏鹽法也，其大旨畧曰：竈之鹽而課也，猶之乎民之田而糧也。夫民既糧矣，則得食其田之餘。乃竈而課也，獨不得餘之食乎？立法之始，本以惠民足國，而其末流，遂乃滋弊。予又嘗閲故太子太保彭惠安公韶之《進鹽場圖詩》，大抵摹寫貧竈之情，而欲矜念寬恤之。夫恭肅、惠安，世所稱名臣也。而所爲加意於竈如此，吾每念而誦之。乃吴君特舉曠典，王君復振起宏規，所矜念寬恤於竈者，固皆與恭肅、惠安同心者哉。余因記署而併及於竈，署固爲竈設也。將以告夫來者，幸視法二君。豈惟竈獲休焉，將國家永賴之矣。王君名藻，真定人。吴君名宗吉，浮梁人。

附　載

一，鹾規刊載，捕役不許擅入場團，許離場三十里外，黄浦塘内巡緝。所刻碑榜可考。近有鹽梟，謀充捕役名色，實係販鹽爲生。私造雙桅大船，内藏多人，俱招集惡少。時入鹽場，用强奪買。[南]北兩場，俱被侵霸，莫敢誰何。不知本衛舊有三巡一官，督緝巡捕、巡鹽、巡江，總委一轄。又前有憲例，或造中軍標下划船式樣，止正捕一名、水手二名巡緝。今謀充廣捕者，動稱官差，巡鹽販鹽，捕盜爲盜。弊一。

一，本府官鹽，憲派四門九鎮住賣。皆因河路四通五達，俱屬泖湖黄浦，接連鹽場。因官攢不行覺察，私販團保受賄，通同護送出場。今雖設立稽煎稽賣文簿，查考四季鹽觔，有盈者賞，虧者罰。皆因引壅税逋，故設此律。豈官攢竟受團保捏填，虚應回覆，遂致竈煎通販如故。弊一。

一，横浦場地屬本府，官俸支給，竈丁係屬華亭管轄，錢糧起解運司分司驗納。奸胥不遵憲例，妄生事端，稱有運司浙直各處提解。松江、嘉興二府總巡，亦設文簿，輪流差提查比。以致需索例規，各項使費。松江解簿未轉，總巡提比又來。循環反復，異常艱苦。使小竈幫貼，永無息肩，貧枵日甚。將何買柴煎鹽，還商配掣。弊一。

一，軍有月糧，兵有兵餉。豈容私自攤晒煎鹽，覇占竈産。或糾親隣朋本，强買興販。或時挜售鄉民，稍不如意，反陷窩囤，擁家紥詐者有之。弊一。

一，運鹽船商等自造，亦國課邊儲所係，非比尋常貨船。近因糧船續到水次，一時未齊，即有積胥役蠹，以捉船官票，謀送僉發，分散粘封各項貨船，恣行紥詐。混將裝鹽商船遍拏，用錢買脱。或不如意，衆擁江抛官鹽在岸，鎖押船户。不顧商人水程違限，坐罰割没。弊一。

一，鹽院傳立例刊榜，凡小竈問不應罪名科罰等項，嚴禁苛求。折銀止一兩三錢，重者三兩六錢，罰穀不得過十四石五斗。今不辨起解如期，不顧錢糧多寡，是否違限，重罰罪穀，監禁酷比。遂有變産抵償，售男鬻女，貨妻賣身，小竈冤抑無控者。弊一。

松江府志卷之二十六

織　造

王者垂衣裳而治天下，蓋取諸乾坤。尚方天府，歲供法服，禮也。第窮簷絶塞之下，不有杼柚其空，婦嘆於室者乎？又不有卧牛衣之窶士，裹鐵衣之邊戍乎？以此思寒，寒可知也。頃皇上踐祚初年，首停織造。三縣額設加編，漸可望減。聖明儉德普矣哉！

江南織造，惟浙直杭、嘉、湖、蘇、松五府設局。祖制，差内官一員專任，或在杭，或在蘇。今松有織造局，局官司之。

一曰内號，乃上用袍服，常年以春秋二運解進。其段之疋數，浙直以四六派之，而蘇松又以四六分之。松局居海隅，匠户有逃亡者，僅存三百七十餘名，分别織、挽、絡、染、打線、結綜、篾七作。每遇開造時，内中舉選殷實者，充堂長之役，肩任應辦絲料，分發小匠領造。段完解京，起運之後，其價於三縣四司銀解給。倘有不敷，題留關税補之。逐運清楚，縣無欠額，匠無罣牽，接濟後運，從容裕如。近來段疋輪運，不容遲緩。三縣料價，拖閣經年。充是役者，只得捐産揭債賒料以織完。及其透價，年更月换，縣視緩逋，煩府行催，縣總以新舊托辭，千般勒索。候得縣中解銀，資本先費。往例本府發銀，便而省費。今紊亂舊規，解銀監給，司房姦蠹，任意扣除，領銀者十無二三到手。復有本監衙門下役、皂快、門子、舍人、軍牢、班頭、轎夫，所官跟隨人役，蜂屯蟻聚，打駡婪詐，不遂不已。乃致罄身而回，宦債不能償，商絲不能了，東逃西竄，涕泣相視而已。又如内帑進用之段，此係五局，總歸蘇、杭兩府民匠織造。各府堂長出銀，隨段解進。若有帑銀賫發，折本尤可，若無帑銀，化爲烏有。此苦上又苦也。又如小匠領一段料，舉家驚持，妻絡子饋，日工夜宿，所係者一月四斗口糧。先時派米，被糧户拖欠。續後議以折銀三錢，於三縣條編銀内徵解散給。此法之至善者也。近今又以派發糧户對支，與派米無異矣。今之停造，革除庫役，又增一煩。守門看庫，看機跟官，日無暇刻。靠此二錢之銀，焉能充贍。此又苦上之苦也。

一曰外號。歲造段疋，向屬有司管理。祖制，額派每年一千一百六十七疋，遇閏月加派淺色素段九十七疋。内有大紅織金雲鶴、獅子胸背段五十疋，每長三十二尺，價銀每疋八兩五錢。礬紅青黑緑織金犀牛、海馬、熊羆胸背段四百十疋，每長三丈二尺，每疋價四兩。礬紅青黑緑光素段六百零七疋，每長三丈二尺，每疋價三兩六錢。至萬曆年間奉文，將素段一百疋，改織大紅織金虎豹胸背段八十三疋，每長四丈二尺，每價十兩一錢八分。

礬紅十七疋,每價五兩一錢。又于天啓四年奉文,將素段一百十七疋,改織大紅織金斗牛、飛魚、麒麟等項胸背段,丈尺價值與前虎豹段相同。其各料價,編入三縣會計白銀内徵給。先是,萬曆三十一年,有鎮江府姦民王一卿,妄奏每疋段價内扣銀四錢,名曰羨餘,隨段解進,以助大工。至四十三年,奉文蠲免,免徵于民。今段價内,每疋減銀四錢。其扛墊,各府每疋一兩一錢,本府止得原編六錢。段疋解京,赴内承運庫交納,墊費與各府例不相同,有進呈御覽退駁之虞。解户典批,揭債賠累。告部咨送撫按,轉行道府,關防各府相同設處無碍官銀五錢抵給,共足一兩一錢之數。遵依在卷。近又奉文,以崇禎元年爲始,于扛墊六錢内,免茶菓銀九分五釐,亦已詳免。其大紅段價,每兩又減二錢。查得先年給銀完段,至有侵弊,坐問杖配者百名,監比二十餘年。前歲蒙按院王題豁,衆户得生。前守許公勒石定規,完段給銀,官不煩而匠無累,此誠良法也。又因遞年縣解料銀不足,段疋不能完全。内庫賞夷缺乏,乃有參罰之例。且今段疋,有司督責,抑求精美,猶虞交納煩難。反將料墊減而又減,乃織解兩難之事也。

一曰急缺,又名改造。此段五年一坐派,專供喜慶頒賞之用。其段有紵絲、紗羅、綾紬、絹錦,其色有大紅、淺色,其花樣有彩粧、織金、閃色、蟒龍、飛魚、斗牛,纏身胸背,工甚煩瑣。料扛蘇松會估相同,因無正編,惟聽議詳外府四司銀抵織。關領有往返之勞,守候有盤纏之費。

一曰綾紗。此段十年一派,白絲經緯,長闊工煩。其體式料價,浙直相同。每長八丈,闊三尺二寸。其價花者每疋九兩九錢,素者每疋九兩七錢,供宫殿裱刷窗槅之用。紗每長四丈,闊與綾同。其價每疋一兩七錢,供郊社祭祀焚帛之用。料扛隨段數之多寡派徵。三縣不惟工煩,抑且絲價今倍于昔,工食物價又倍于昔。況絲産于浙地,收買易便,省盤纏之費。吾松隔遠,綾價相同,亦爲損益。交納屬司禮監,扛墊每一綾一紗一兩□錢。近聞亦議減價,亦是兩難之事矣。

一曰只遜駕衣。向無此段,近時坐派七百五十副,五彩粧花,紅淺相半,工甚煩瑣。每副又有裏絹一疋,價彷蘇州,銀出外府。請詳院道關支,不能易於解給。

今之内外織造,皆被中官上下剥削之後,小匠悉已困乏。方郡侯岳貢查各年各役所逶段價,屬縣積逋料銀,盡數嚴催解給,秋毫不染。松局皆沾其惠。

萬曆三年閣臣張居正《請罷織造内臣對》

工部覆禮科左給事中顧九思、工科都給事中王道成等疏,請罷蘇松及應天織造,取回原差内臣。上遣文書官傳諭云:御用袍服,緊急織造,且未可罷。若如部議,取回内臣,改屬撫按有司,則織造不精,誰任其責?且見有錢糧,不必加派。先生每擬票來。臣與同官二臣,持工部疏入,見上於便殿,奏云:近日蘇、松等處,水灾重大。據撫按官奏報,及臣等所聞,百姓困苦流離,朝不謀夕,有群聚劫奪者。地方錢糧委難措處。且自前年星變時,親奉明旨,停止織造,着孫隆回京。至今尚未完報。是詔令不信,而德澤不宣也。臣等謂宜從該部所請,以彰皇上敬天恤民至意。民惟邦本,願少加聖心。上曰:朕未嘗不愛惜百姓,但彼處織造不久當完，遠不過來春爾。臣對言：皇上德意，臣民無不欣仰。即孫隆在彼，亦能仰體聖心，安静行事。但地方多一事則有一事之擾，寬一分則受一分之賜。今彼中織完，十未四五，物料錢糧，尚有未盡徵完者。灾地疲民，不堪催督。願皇上且取回孫隆，其應天被災稍輕，許坤仍舊可也。上乃許之，曰：近降去花樣，皆御前發出銀兩，竝不加派擾民。此一件還着織完回京，其餘則皆停罷可也。臣等頓首曰：幸甚！蓋是時，宫中自大婚以來，應受賜者，皆籍記以待。又當供奉慈寧，歲幣益不足，盡仰東南織造，上心亦難之。乃從中發銀五千兩畀孫隆，約用盡更請，一不以煩百姓，外廷莫得知也。故上指此爲言，因以部疏授臣云：先生將去票來。又顧臣等云：君臣一體，今有司通不奉行，百姓安得受惠。臣等言：誠如聖諭。臣等今日，亦無非推廣皇上德意而已。願皇上重惜民生，保固邦本，則百萬生靈，仰戴至仁，實社稷靈長之慶。因叩頭出。次日，奉聖旨：蘇、松地方，災傷重大。孫隆着查近降花樣，御前發去銀兩，應織袍服，上緊凑織，完日即便回京。其以前織完的照數解進，未完的都着停止。物料等項，准作歲造段疋支用。撫按官還查數明白具奏。許坤且着照舊。

萬曆四年閣臣張居正《又請酌減增造段疋疏》

伏蒙發下工科都給事中王道成等，請酌減織造段疋一本。臣等查得，先該承運庫太監孔成等，以賞賜夷人段疋缺乏，題請行南京蘇松浙江等處增織。於内又將上用袍服等項，併請織造。共該七萬三千疋。奉聖旨：工部知道。今科臣王道成等，因見東南地方灾傷重大，民力罷敝，恐加派擾民，故有此奏。臣等看得，歲造段疋，原有定額。祖宗朝計一歲所造，賞賚諸費，尚有贏餘。至嘉靖年間，賞賚無時，每稱缺乏。乃行文於該地方增織，謂之急缺段疋。然亦間一行之，非可爲常例者也。今查萬曆三年，該庫已稱缺乏，請於歲造之外，添織九萬有餘。其時以大婚禮重，賞賜浩繁。該部不得已，欽遵明旨，設法措處。然聞之各地方庫藏，搜括已盡。經今四年，方得織完，而添織之旨又下。計該庫所開數目，度所費非得銀四五十萬，不能辦此。索之庫藏，則庫藏已竭；加派小民，則民力已疲。況今歲南直隸浙江一帶，皆有水災。頃蒙特恩，破格蠲賑，又取回織造太監。罷困之民，方得更生。乃又重復加派，子惠之恩未洽，誅求之令即施。非聖慈所以愛養元元，培植邦本之意也。民窮財盡，賦重役繁，將來隱憂，誠有不可勝諱者。科臣所奏，宜留聖心。臣等看得，該庫偶因三衛夷人賞賜段疋，缺少虎豹一樣服色，及近年北虜俺答欵貢，歲增賞賚，溢於舊數，故題請添織。以上二項，委不可已。至於上供御用等項，則近年南京太監許坤、蘇杭太監孫隆，織進御前者，已自足用，不必又取辦於歲造矣。臣等愚見，伏乞聖明，再諭該庫，查北虜俺答一宗賞賜，一歲約該幾何，及三衛夷人虎豹服色，缺少幾何。照數行該地方添織，即作歲造之數，其餘皆可停止。惟復俯從科臣之言，一槩減半織造，其支費銀兩，勑下户、工二部酌處，免復加派小民。庶近日蠲恤之旨，不爲虚文，罷極之民，少得蘇息也。臣等職在帷幄，蒙皇上心膂之寄，豈不知國用浩繁，事在難已。敢故爲節省之言，以沽違拂之譽？但事關邦本，不得不爲深長之慮。伏望裁酌施行。奉聖旨：東南地方既有災傷，這段疋等項，准減半織造。其支費銀兩,着户、工二部措處,毋得加派小民。欽此。

崇禎元年,工部接出聖諭:朕自御極以來,孜孜民力艱苦,思與休息。惟是封疆多事,徵輸煩重,未遑蘇豁。乃者織造錢糧,雖係上供急需,朕痛念連年加派絡繹,東西水旱頻仍,商困役擾,民不聊生,朕甚憫焉。今將蘇杭在機織造錢糧,上緊成造,着該地方官解進。梁棟不必候代,即着馳驛回京。其改織錢糧,仍入歲造内應用。織造員缺,暫行停止。朕不忍以衣被組繡之工,重困此一方民力。稍加軫念,用示寬仁。俟東西底定之日,方行開造,以稱朕敬天恤民至意。特諭。

税課古額附考

宋紹興間,酒務清煮兩界祖額六萬六千二百五十貫一百四十八文,遞年趁辦,實一十一萬五百八十九貫一百六十文。税務祖額六萬一千七百一十三貫七百七十四文。自紹興以來,蠲柴薪麥麵等税外,歲辦四萬八千四百六十三貫七百七十四文。住賣茶鹽香礬各有荖。

附録《版帳減分記》:華亭浙右壯邑,版帳繁瀚,自紹興初已病之。乾道中,錢公良臣入參大政,專議優恤。以南四鄉折苗充補,民力稍紓。其後折苗徑解所隸,無復助縣之不及,所仰猶酒税。縣非孔道,關征之入無幾。酒務清煮兩界,約用穤一萬五千石。端平初,令户部尚書趙公與簒牧此邦。從前令金部楊公瑾之請,歲撥秫六千石爲釀本,又以畸苗五釐潤之。月額雖重,藉是畧可展布。嘉熙新楮頒,入納以五折一。三邑告病,率得減分。獨華亭,時爲令者知不可爲,一意求去。欠力申請,錢會尚各半。月計十七界會十一萬三千六百八十三貫有奇。諸色泛抛,主管司縣官俸給支遣不與焉。後之來者,亦相繼率解印綬。每詣銓,無或敢向者。淳祐甲辰春,退翁被特旨此來。蚤夜以思,求民之瘼。越一月,獄户清。又一月,財賦見端緒。惟版帳鑿空責償,上下相視無豫色。會金部豐公雲昭開藩之明年,遂條利害以告。公喟然曰:流弊之極,吾固知之。州縣痒痾同體,倘坐視其困,而不加省,後將難繼。而廢壞之迹,復相尋矣。於是酌變通之宜,裁分數之額。定以四分錢、六分會,移文于縣,著爲定式。雖未能盡如他邑之例,而寬一分真受一分之賜。命下之日,邑之人莫不舉手相賀曰:賢哉使君,吾邑其庶乎!夫有土此有財,非天雨鬼輸,損益消長,勢所必至。州迫之縣,縣迫之民,長此安窮?玆仁人之所爲動心也。今使君推節用愛人之方,寬一分以優下邑。充是心以往,仁不可勝用矣。然則版帳之難,始得參政錢公而民以蘇,繼得尚書趙公而民再蘇,今得金部豐公而民其永蘇。二三君子之用心,可謂深識脉絡,休戚之所繫矣。謹記顛末,使後人德之。淳祐五年四月望日,通直郎、特差知嘉興府華亭縣、主管勸農公事、兼兵馬都監、兼監鹽場、主管堰事、搜捉銅錢下海出界、專一點檢圍田事、兼弓手寨兵軍正、借緋施退翁書并題蓋。

《書版帳減分記後》:壯哉其爲華亭!然積弊歲深,趨尚銓者望望去之,至勞廟朝選授。施退翁以材明,被旨爲之宰。靡廢不舉,課吏以最。惟版帳鑿空取辦,視昔加難。蓋夷丘實淵，父不念鞠子傷耳。州縣本一家也，積縣爲一州而宅牧，積州爲一路而置使。大小相維，本以養民力於不涸之淵。而守令承流，尤爲近民。若牧守知縣之難易，參伍緩急而扶持之，則令亦知體上意、酌民情，何邑不治？若勢隔而情不孚，則州肆欲於縣，縣亦移疾於民。剥牀以膚，不極不止。學道愛人，古有是乎？乃自近世以來，咸以縣爲不可嚮邇，古今豈有易民而治？縣猶昔也，初無成毀，大官實毀之。利自一孔以上，守盡括而歸于州，縣不得而有。若昔所謂有餘不足之相通，守不問也。況郡寮視令如隸，州胥疾縣如仇，指諸邑爲泉府。一有不得其欲，則玩長吏於掌股，大書長(街)[銜]，吏兵號呶入邑，突加詬罵，胥徒麕奔，吏舍爲空，百里之雷息響矣。華亭以版帳爲病，錢公良臣以南四鄉折苗紓于前，折苗徑解所隸。則趙公與篙酌還釀本，分撥畸苗濟于後。邑告病自若，則豐侯雲昭復裁爲一分之寬令，遂得以通濟，凋瘵用蘇。乃識顛末，侈前趙後豐之惠，貽我副墨。定子獲與寓目，作而曰：積弊不可頓革，而仁心可以推充。古者不盡利以遺民，今取惟恐不盡，安得而遺之？古者有不便，輒弛以利民，今明知其不便，安得而弛之？華亭若版帳之弊積久，而前後二長吏各充其勤恤之心，寬之又寬之。仁哉！然植德莫若滋，去疾莫如盡。亦既知其爲不便矣，盍以轉聞而速已之？今所至縣邑，疾痛均壹。儻又充類而敷施之，使郡龔黄，縣卓魯，民之受賜，不既多乎？淳祐七年二月春分，臨卭高定子書。

元至元間，歲辦五千四百四十三定二十三兩四錢九分四釐。酒醋課四千三百五十七定二十九兩。酒課四千一百七十七定二十九兩，醋課一百八十定。税課一千二十四定四十八兩九錢九分。河泊課六十定四十五兩五錢四釐。

大德中，歲辦三千六百五定二十七兩九錢六分八釐。酒課三千四百二十五定二十七兩九錢六分八釐。

至正十五年，額辦鈔八千二百三定四十四兩六分九釐。酒醋課五千五百七十八定四十一兩五錢六釐。税課二千六百二十五定二兩五錢六分三釐。

華亭縣鈔五千五百六十六定二十兩三錢一釐。酒醋課三千六百五定二十八兩六釐。税課一千九百六十定四十二兩二錢九分五釐。

上海縣鈔二千六百三十七定二十三兩七錢六分八釐。酒醋課一千九百七十三定一十三兩五錢。税課六百六十四定一十兩二錢六分八釐。

國朝永樂十五年，額辦諸色課鈔八萬五千四百三十二定二貫九百六十四文。

本府税課司鈔二萬二千二百八十九定三貫八百三十文。商税鈔一萬七千二百一十二定一貫九百九十文。契本工墨鈔二定六百四十文。門攤鈔五千七十五定一貫文。

黄渡河泊所魚課鈔一萬七千一百八十二定四貫四百六十文。

華亭縣并所屬税課局鈔二萬八千四百六十六定七百六十四文。商税鈔一萬八千七百八十八定一貫四百三十四文。魚課鈔一千八百六十九定三貫六百二十文。契本工墨鈔一十四定一百二十文。門攤鈔三千五百七十定二貫二百六十文。酒醋鈔三千二百七十七定三貫一百一十文。果本租鈔六十五定三貫文。房屋賃鈔八百八十定二貫二百二十文。

上海縣并所屬税課局鈔一萬七千四百九十三定三貫九百一十文。商税鈔一萬三千六百六十五定三貫六百七十文。契本工墨鈔一定二貫文。門攤鈔九百四十七定四貫五百文。酒醋鈔二千三百六十一定二貫六百四十文。果木租鈔一百五十四定四貫二百文。房屋賃鈔三百六十二定一貫九百文。

天順至成化八年,額辦諸色課鈔一十一萬七千九百一十定五貫五百五十四文。

本府税課司鈔二萬四千八十六定九百七十文。

黄渡河泊所鈔一萬八千五十九定一貫八百六十文。

華亭縣張涇税課局鈔四千三百三定二貫八十文。南橋税課局鈔六千二百七十三定三貫五百八十文。葉謝税課局鈔三千六百四十九定三貫八百四十文。七寶税課局鈔九千五百三十五定四貫九十文。鳳凰山税課局鈔一萬六千五百四十八定二貫文。小貞税課局鈔四百九十四定一貫七百六十六文。楊巷税課局鈔六百七定一貫九百三文。金澤税課局鈔四百三十定一百二十七文。

上海縣税課局鈔一萬□千三百八十七定三百三十八文。烏泥涇税課局鈔八千二百五十三定一貫四百七十二文。新涇税課局鈔一萬一千二百八十四定一貫五百二十八文。

弘治元年至十八年,額辦課鈔六萬三千七百九十四定四貫六百二文,銅錢六十三萬七千九百五十文。商税鈔五萬二千九百一十八定一貫一百八十六文,銅錢五十二萬九千一百八十二文。魚税鈔一千一百八十六定二貫三百二十文,銅錢一萬一千八百六十五文。契本工墨鈔一十二定三貫七百五十三文,銅錢一百二十八文。門攤鈔八百一定八百八十文,銅錢八千一十二文。酒醋鈔二千六百二定三貫四百二十文,銅錢二萬六千二十文。房屋賃鈔六百三十六定四貫八百四十文,銅錢六千三百七十文。果木租鈔一百一十定一貫一百文,銅錢一千一百二文。魚課税鈔五千五百二十六定二貫一百五十三文,銅錢五萬五千二百六十五文。按,此項即裁革黄渡舊額。

松江府志卷之二十七

水　　利

萬曆戊子大水，上特命憲副許公來江南。陸文定公語之曰：治水者，大約以神禹爲法，以孔孟爲衡。濬江導海，孟子之水利也。盡力溝洫，孔子之水利也。許公用違其言，幾耗數萬金錢，而訖無底績。夏周諸公，惓惓以修圩爲第一義，其溝洫之遺意乎！故先列敕諭，次列治策治績，而乃以治田終焉。

國朝敕諭

永樂三年，敕諭户部尚書夏原吉、都察院僉都御史俞士吉、通政司左通政趙居任、大理寺少卿袁復：四郡之民，頻年厄於水患。今舊穀已罄，新苗未成，老稚嗷嗷，饑餒無告。朕與卿等，能獨飽乎？其往督郡縣丞，發倉廩賑之。所至善加撫綏，一切民間利害，有當建革者，速具以聞。卿等宜體朕憂民之心，欽哉！無忽。

宣德五年，敕諭工部右侍郎周忱：今命爾往南京、應天、蘇州、松江、常州、鎮江、太平、寧國、池州、徽州、安慶、廣德州，巡撫遞年一應税糧，務在從長設法，區畫得宜，使人不勞困，輸不後期。尤在敷宣德意，撫恤人民，扶植良善。其水田圩岸，爾亦相度時宜整理，俾無旱潦之患，庶副朕委任之重。欽哉！故諭。

正統九年，敕諭工部右侍郎周忱：近聞浙江嘉湖等府，直隸蘇松等府地方，今秋多雨，潦水暴溢，渰没田稼，漂蕩民居，溺死人畜。蓋因各處遞年將舊通江海河港，乘乾旱之時，築塞爲田耕種。及因遞年沙漲，以致水不流通，人受其患。今特命爾會同巡按御史，嚴督各該府縣，拘集耆民里老人等，詢訪踏勘各處原通江海河港故道。果被豪强之人築塞爲田，即令退還。并年深淤塞之處，爾等公同計議，督令府縣官起倩人夫開挑。務要水道通行，不至爲患。其餘湖池陂塘圩岸，可以蓄洩水利，防備旱潦者，悉從其修築開通。其間果有豪强之徒，占據把持，以爲己利者，爾即拿問。輕則量情懲治，情重者具奏區處。用工之際，尤須相度地勢，酌量民力。其殷富田多之家，務令儘力用工。貧難下户，及田少糧重者，酌量差遣，不可誤其生理。如工程浩大，人力艱難，非旬月可成者，爾宜審度用工。宜令受利近便去處，同心同力，切不可妨廢農時。朕惟豪强專利，小民受害，論法難容。今姑宥其罪，使之自新，保其身家。爾爲朝廷重臣，宜表率同事，公以存心，廉以律身，勤以從事,必誠必信,用圖久遠。毋虚勞民力,毋苟具文移以塞責,毋狃於小利以爲功。爾克盡職,民受實惠,朕惟爾嘉。朝廷以安養斯民爲念,宜深體朕心,爲民造福,以副任使。或有窒礙難行之事,亦須體諒人情,從長計議奏來,不許違誤。故諭。

弘治七年,敕諭工部侍郎徐貫兼都御史,往同巡撫都御史何鑑:朕惟直隸蘇、松、常、杭、嘉、湖六府,數年以來,屢被水災,園田渰没,廬舍漂溺。民既無聊生,財賦又何自而出?今特命爾,會同彼處巡撫御史,親詣其地,逐一踏勘。如果前日之水道形跡具存,今日之水患實由於此,即於所在司府州縣,量取丁夫錢糧,督同委官人等,以次興工修築疏濬。凡敕内該載不盡事宜,聽爾便宜處置。文武職官軍民人等,有負才識,諳曉水利者,悉聽委用。職官敢有違慢乖方,狥私廢事者,五品以下徑自提問,應奏請者參奏施行。其興工之際,務審水道利害,人情從違。固不可畏難退避,失經國之良圖;亦不得鑿空妄爲,致小民之嗟怨。殫心畢慮,利國便民,斯不負朝廷委任之意。故敕。

弘治八年,敕諭工部都水司主事姚文灝:直隸蘇、松、常、鎮及浙江杭、嘉、湖七府,并蘇州鎮江等衛所,地方廣闊,銀糧浩大,每歲收成,全資水利。積年以來,河港溝渠湖塘等項,盡皆壅塞。或被豪强之人,占爲己業,旱無所溉,雨無所洩,以致田穀不登,軍民缺食。近差工部侍郎徐貫,往會巡撫等官,通行疏濬,已奏工完。但恐歲月寖久,港瀆漸致堙塞,水利不能興舉,圩岸愈見坍塌,財賦無從出辦。兹特陞爾前職,命爾專一往來前項府衛地方,提督各該管官員,修理湖塘,疏通河港,開濬溝渠。及一應圩岸未經修築者,及時修築;各處閘壩未盡修理者,隨宜修理。合用木石等料,於各該田有力之家,從公勸諭,或别爲措置。人夫於所在附近軍衛,有司相度起工。仍須督役以時,調度有法,使蓄洩有備,旱澇無虞。毋事虚文,務臻實効,以爲地方經久之計。爾其勉之慎之。故敕。

嘉靖□年,敕諭巡撫都御史歐陽必進:朕惟國家財賦,取給東南。近該前巡撫都御史丁汝夔及巡按吕光洵,各題稱蘇、松、常、鎮四府地方,連年水旱頻仍。皆由水利湮廢,以致民困賦逋,貽患非細。乞要查舊例,通行修濬。事下該部,轉行彼處,查勘得太倉州、常熟、崑山等縣,七浦、白茆、新涇等河港,鹽鐵、許浦等塘堰修濬,有官民併力合修者。其所費財用,有原派導河夫,及存留各項銀米,并撫按司府州縣贓罰,與夫應解錢糧,堪以那借者,俱令支用。已經該部議奏前來,相應依擬。爾見有地方巡撫之責,特命專理其事。爾宜查照節題事理,及巡按委官勘處緣由,將四府支河動支前項銀米,查議原奏官民合修分修地方,坐委能幹官員,責令及時修理,庶幾事克有濟。爾仍照先年撫臣李充嗣事例,不時躬往督視,務使緩急有備,旱澇無虞,期於一勞而永逸。各該承委官員,除巡按御史,每年閲視工程,分别勤惰舉劾外,如有違慢悞事者,五品以下,爾即徑自拿問,應奏請者,奏聞施行。事完之日,通將修濬過緣由,畫圖貼説,并用過錢糧數目,造册奏繳。及將勤幹賢能官員,通行論奏,以憑旌擢。故諭。

隆慶陸年七月二十八日,詔書内一款:大江南北,財賦所出,全資水利。各處設有水利僉事,各府州縣設有水利通判。縣丞等官,近來往往視爲末務,上下因循,一遇水荒,即奏乞蠲免。撫按督令專管水利司道官,往來巡歷,着落有司官,將該管地方水利,着實講求議處。何處當疏通其源,何處當挑濬其流,壩堰圩岸在在增修,使蓄洩有備,旱潦無傷。合用夫役,取諸得利之家,毋令騷擾。若功程浩大,撫按官查其先年導河夫役,用剩貯庫,及該府州縣近地魚課,奏留修理隄壩等銀兩,酌量動支。有司官有仍前曠職誤事,及地方土豪之家,阻撓壅塞,專利病民者,撫按官參拿處治。

萬曆四年,敕諭監察御史林應訓:近因言官建議,蘇、松、常、鎮等處,水利久湮,要差御史一員專管。該部議覆相應,今特命爾督理前項地方水利。務要時常往來巡察,督率各該司道及府州縣掌印官,責令水利官帶同塘長人等,躬親相度,考究源委。要見某處係上游水匯,某處係下流支港。應分某水以殺其勢,應闊某岸以緩其衝,應濬某湖以會其流。某處壩閘應修,某處塘堰應築。合用人工,隨宜區處。其劉家河、黄浦、七浦、白茆、范家港、大黄浦,及各鄉支河,尤當分疏。其餘緊要河港湖匯,并浙直交界所,如有未經開通,及已開仍欠深闊,與夫塘堰涇瀆、陡門閘壩等項,應修應濬,應復舊,應新置者,通勘估議處。如一圩之中,塘岸溝池等項,不煩多費者,即令得業之家,量田多寡,出力修濬。果係土工浩大,動支淘河等銀應用。如再不敷,會同撫按官從長計議,務求共濟,各不得推諉。其該道并府州縣掌印等官,敢有怠玩誤事,及水利官營求别差,曠廢職業,或需索常例,利己病民。應拿應參,並聽舉行如例。若勢豪之家,侵塞水利,姑令首正免罪。敢有隱瞞及違拒阻撓者,即行拿問。干礙職官,指名參奏。每年終,將修濬過緣由,造册奏繳。復命之日,仍將所屬大小官,曾否有益水利,照例舉劾,以昭勸懲。爾爲憲臣,受兹重委,須夙夜殫心,務俾水利興舉,旱澇有備,以爲益國便民之計。如或因循苟且,虚應故事,責有所歸。爾其欽承之。故敕。

萬曆十六年,敕諭湖廣按察司副使許應逵:近該撫按官題稱,江南水患不常,亟宜復設專官管理。該部議覆相應,命爾前去,專管蘇、松等四府水利,駐劄松江府地方,兼理農務。爾宜查照該部題准事理,踏看所屬地方,估計工程,議處錢糧,起調人夫。涇港湮塞者,設法開濬。圩岸低薄者,着實修築。務使支河疏通,達於江海,隄防堅固,可禦水澇。如官民勢豪之家,占種淤地,侵奪水利者,爾即清查改正。敢有抗拒阻撓,應拿問者徑自拿問,應參奏者參奏處治。四府及所屬州縣官員,悉聽委用。如有重大程工,應合奏請者,申呈撫按官,奏請施行。其不急工程,聽爾便宜斟酌。不必虚費財力,致拂人情。錢糧等項,除聽撫按官總理節制外,别衙門不得干預。爾亦不得關白參謁,致妨公務。每年終,仍將做過工程,用過錢糧,轉呈撫按官造册奏繳,青册送部查覈。爾爲憲臣,受兹委任,須躬親相度,竭力經理,不避勞怨。使水利興舉,益國便民,斯爲稱職。如或因循苟且,虚應故事,責有所歸。爾其勉之慎之。故敕。

水　利　考

松江爲蘇州下流,去海甚近。北截於吴淞江,而西南有澱湖、當湖,金銀青白蕩漾諸水,聯絡環繞,皆源於太湖,而委之三泖。三泖一曰圓泖,一曰大泖,一曰長泖。旁釃爲數渠,自澱湖北出爲趙屯浦,逕望湖涇,至胥溝分流,爲内勛浦,爲會仙浦,爲古盤浦,爲南瀨浦,爲梁紇浦,並入於江。又東出爲大盈浦,逕南漕港,絶横泖,合北漕港,由新河會於青龍江、白鶴江,入於江。又西出爲大石浦,北逕崑山之道褐浦、千墩浦,入於江。圓泖則東出爲横山塘,過沈涇塘,北折至通波塘,由顧會浦分流,爲艾祁浦,爲崧子浦,入於江。大泖則東出爲漕浜,又東出爲走馬塘,並北折而東,爲七里涇,由通波塘入於江。又東出爲石湖塘,歷東西山涇,合秀州塘北流,從通波塘入於江。此並華亭、青浦二境,自西迤北,入江之水也。長泖則東出斜塘,爲潢潦涇。又東流爲瓜涇塘,爲詹家匯。北折爲黄浦,爲范家浜。二百五十餘里,合於江。逕南蹌口,入於江。又東出爲歸涇塘,爲胥浦塘,並東流至掘撻涇,入於黄浦。又東出爲瀝瀆塘,合於胥浦,入於潢潦。此竝華亭西境迤南入浦之水也。浦于湖泖,其所宣泄,視他浦最爲要害。往時東江浚利,其分流入潢潦涇,抵詹家匯,不能至黄浦,至南折奔注東江,入海甚徑易。自東江填滅,諸水皆屈流入黄浦,勢頗紆緩。浦之廣深,僅半淞江。逮永樂初,夏忠靖公原吉以淞江淤塞頗多,施功甚難,乃開崑山之夏駕浦,嘉定之顧浦,掣太湖之水,入劉家港。又以黄浦爲通江要道,度其旁有范家浜,至南蹌口,可逕入海。乃濬令廣深,上屬黄浦。于是水勢遂不復東注淞江,而盡縱諸水以入浦,浦勢自是數倍于淞江矣。今考其入浦之水,自李墖匯分枝者,則有若南錢塘、官紹塘、米市塘、南俞塘、鹽鐵塘、北俞塘、洞涇騆馬塘、六磊塘、車溝新村塘、吴店塘、烏泥涇、華漕港、龍華港、蒲匯塘諸水。此並華亭、上海二境,自南迤北,而東入于浦者也。自界涇横泖分枝者,則有若高蔣涇、顧胥塘、前後岡塘、上下横涇、方西塘、淺沙塘、金匯塘、閘港、下沙浦、即鹽鐵塘。鹽鐵塘、都臺浦、沈莊塘、周浦塘、三林塘、黄淄漊、馬家浜、陳村塘諸水。此並華亭、上海二境,自南迤北,而西入于浦者也。其盤龍塘、沙岡塘、竹岡塘、横瀝塘、新涇諸水,則又二境之間,自南至北,達于浦而通于江者也。夫浦勢湍悍,入海徑易,議者以爲可補東江之闕。又以爲淞江浚,則太湖之水盡決。而東南境内受水多,必汎溢爲害。若淞江既濬,宜急復東江故道,使水勢奇分,則三郡宜皆有益。或又以東江通則鹹潮溢,而近江之田,復爲斥鹵之壤矣。通東江不利。其言如此,雖未必盡是,亦並爲論次,庶夫計議者有考驗焉。吕光洵撰。

華亭縣

舊西湖	澱山湖	石湖	瑁湖
三泖	謝家泖	横泖	金林蕩
連湖蕩	黿蕩	東白蕩	西陳蕩
毛練蕩	六百畝蕩	張蕩	雪落漾
東青漾	李墖匯	吉陽匯	詹家匯
白龍潭	落河潭	横瀝	小河
日月河	倉河	玉帶河	龍河
新河	新運鹽河	鹽河	黄浦
横浦	石臼浦	通波塘	盤龍塘
金澤塘	章練塘	濮陽塘	小蒸塘

大蒸塘	白牛塘	葑澳塘	秀溪塘
柘澤塘	走馬塘	沈涇塘	神山塘
五里塘	祥澤塘	秀州塘	斜塘
古浦塘	石湖塘	南錢塘	瓜涇塘
米市塘	官紹塘	諸家塘	南俞塘
茭門塘	淺沙塘	駟馬塘	沙岡塘
紫岡塘	竹岡塘	新村塘	横瀝塘
大茫塘	瀝瀆塘	胥浦塘	驅塘
徐浦塘	顧胥塘	前岡塘	後岡塘
方西塘	小官紹塘	南橋塘	新塘
金匯塘	俞江塘	顧莊塘	柘瀝塘
岡涇塘	陸江塘	郭家塘	捍海塘
練家浜	黄家浜	沈家浜	大墖浜
金家浜	浦家浜	駱家浜	陸道浜
東松浜	西松浜	蔣家浜	爛路港
曹墳港	泖港	華陽港	蕭塘港
麵杖港	彭巷港	五丫港	曹港
胡家港	滕港	金山港	褚菴港
菊花港	曹涇港	洮港	祝家港
東泖港	莊港	運港	八曲港
新港	趙卷港	龍泉港	青村港
百曲港	菴港	牛市涇	王家涇
雪答港	水雪涇	楓涇	潜鳳涇
西山涇	竹管涇	察樹涇	丘涇
東山涇	七里涇	浪墩涇	沈村涇
採花涇	二里涇	泗涇	外波涇
洞涇	張涇	潢潦涇	夜遊涇
集賢涇	朱涇	蕩涇	蔣涇
斜涇	高蔣涇	廟涇	蘆涇
御史涇	泖涇	新涇	界涇
洋涇	游涇	梅林涇	蔣巷涇
莊公涇	野民涇	華家涇	秋涇
惠高涇	處士涇	謝墳涇	西番涇
歸涇	徐涇	掘撻涇	白涇
山涇	沈涇	曹涇	褚涇

前鳳涇	蔣松涇	小張涇	高家涇
後涇	白茆涇	沈湖涇	潘涇
横涇	黄墳涇	善涇	奉賢涇
丫叉涇	千步涇	褚石涇	語兒涇
黄蠻涇	鄉界涇	南洋涇	中洋涇
北洋涇	瑶涇	吴埨涇	姚涇
招賢涇	吴衝涇	爛涇	蒨涇
蔣家涇	胡婆涇	荷涇	望湖涇
東西徐涇	秋巷涇	從令涇	巨漕
黄泥漕	車溝	蘆溝	長漊
楊婆漊	黄泥漊	朱家漊	丘家灣
落照灣	盛家灣	三里汀	丁家洋
何家溜			

右二百二十九水。

蒲匯塘長三千五百五十丈，闊狹不等，淺深不等。土三千二百方。夫十萬二千工。工食并車水銀二千一百一十七兩。

南運鹽河長一千四百二十丈，闊狹不等，加深三尺。土一千七百七十五方。夫一萬七千七百五十工。工食并車水銀三百八十三兩四錢。

北俞塘長一千丈，闊狹不等，加深二尺五寸。土九百五十五方。夫九千五百五十工。工食并車水銀二百一十一兩。

鹽鐵塘長二千七十六丈六尺，闊狹不等，淺深不等。土二千九百方八釐。夫二萬九千工八分。工食并車水銀六百二十一兩五錢四分八釐。

東運鹽河長一千三百三十二丈，闊三丈五尺，加深三尺。土一千二百二十五方四分四釐。夫一萬二千二百五十四工四分工食并車水銀二百六十五兩六分八釐。

上横涇等枝河二十處。

右二十五水。蒲匯塘已下俱應修濬。上横涇已下俱應修濬。

金匯塘口應置閘一座。闊四丈四尺，厚八尺。料價銀八十八兩二錢二分二釐。

上海縣

吴淞江	古江	鶯竇湖	下沙浦
魯家匯	鴨子匯	梁家匯	西沙洪
川洪	撇洪	運鹽貳河	中新河
減水河	黄浦松江洩水要道。	入海浦	大蹌浦
許浦	魚浦	郭巷浦	下沙浦
東上澳浦	西蘆浦	大盧浦	上海浦
南蹌浦	舊清浦	東溝浦	西溝浦
小來浦	矴溝浦	郭浦	平浦

張正浦	楊樹浦	沙岡塘	篛帽塘
横瀝塘	蒲匯塘	六磊塘	新村塘
吴店塘	岡涇塘	鹽塘	沈莊塘
周浦塘	聖浦	陳村塘	北鹽塘
曲鹽塘	水仙塘	鶴坡塘	界浜
石橋浜	徐里浜	范家浜	張家浜
戴家浜	周家浜	劉家浜	師家浜
陸家浜	金家浜	馬家浜	夏家浜
方浜	薛家浜	肇家浜	徐家浜
俞家浜	侯家浜	南楊浜	北楊浜
唐浜	陸道浜	枯樹浜	郁家浜
猪行浜	朱家浜	柴長浜	站船浜
南長浜	北長浜	永泉浜	黄家浜
張婆浜	蔣家浜	薛家浜	李家浜
顧家浜	青方浜	急水浜	東廟涇
吴衙涇	杜婆涇	洋涇	周涇
半段涇	野奴涇	彭家涇	横清涇
交紋涇	蕭師涇	陶涇	上江涇
唐子涇	横涇	烏泥涇	曹吴涇
灌涇	蒲撻涇	牛腸涇	吴睍涇
種涇	三涇	中分涇	莊家涇
俞木涇	李從涇	楊淄涇	龍遊港
楊港	枯樹港	沈沙港	大魚港
蹌港	龍華港	新港	八尺港

日赤港北通肇家浜,大浦風波,船可由此港入。東抵上海,西出新江口入郡,爲邑中要道。永樂中,夏忠靖公濬。今歲久湮塞,宜留意開治。　韓倉港　閘港去海不遠,疑即東江故道。

横眠港	郁家港	官路港	邵瀝港
翁家港	陶河港	牌樓港	小姑港
馬橋港	夾港	一竈港	二竈港
三竈港	八竈港	鄭家漕	連家漕
蘆溝	趙家溝	黄淄漊	石賜漊
倪家灣	玄沙	牛角尖	

右三百五十四水。

都臺浦長一萬五千五百五十八丈,闊狹不等,淺深不等。土一萬二千八十八方。夫一十二萬一千一百三十工。工食并車水銀二千七百五兩七錢。

本河應置閘一座。厚四丈,長三丈。料價銀二百三十八兩一錢。

北俞塘長二千四百七丈,闊五丈二尺,深淺不等。土一千四百二方五分。夫一萬四千二十五工。工食并車水銀三百四十二兩七錢四分。

横港長一萬九千三百二十丈,闊狹不等,深淺不等。土二萬四千九百四十四方。夫二十四萬九千四百二十工。工食并車水銀四千九百八十八兩四錢。

吴淞江東自闞橋起,西至江橋止。南北兩岸,俱淤漲成灘塗,未曾計方估價。

四竈港	五竈港	六竈港	七竈港
百步港	界涇	竹岡塘	紫岡塘
奚婆漨	中漕港	西上澳	新涇
菖蒲漊	秦家港	三村塘	百曲塘
肇嘉浜	中分涇	華漕浦	

右二十三水。都臺浦已下四水俱應修濬。四竈港已下一十九水俱應修濬。

青浦縣

吴淞江	白鶴江	浦家江	西舊江
澱山湖	潘蕩	周家蕩	三分蕩
大盈浦	艾祁浦	顧會浦	崧子浦
盤龍浦	南趙屯浦	北趙屯浦	會仙浦
古塘浦	内勛浦	石浦	直浦
盧浦	古盆浦	南澥浦	梁紇浦
西霞浦	趙浦	朱墅浦	淮浦
華潮浦	赤眼浦	嚴倘浦	東施浦
管浦	玄武塘	神山塘	烏鯗塘
新江塘	横塘	沈涇塘	諸家塘
柘澤塘	柘溪塘	崧宅塘	唐才浜
道林浜	潘家浜	高家浜	施家浜
石家浜	黄代涇	張七涇	郭杭涇
杜店涇	謝夫子涇	凌涇	韓涇
蔣涇	四達涇	吴貴涇	宋涇
顧方涇	望湖涇	杭家涇	潘家涇
孔宅涇	吴涇	東盛涇	金涇
煙墩涇	白米涇	徐涇	團圓涇
南北寺涇	淡涇	磚窑涇	夏皮涇
毛流涇	牛腸涇	張家涇	李莊涇
新涇	胡涇	孔涇	秋末涇
篠涇	曹子涇	印涇	千步涇

苧墩涇	周涇	斜涇	曹港
支流港	北漕港	七匯港	南漕港
山涇港	青墩港	胥溝	江洸漕
鳳溪塘	浦洋涇	陳涇	話字涇

右一百四水。

通波塘長三千九百四十(七十工一尺)[丈],闊狹不等,加深六尺。土八千一百七方二分三釐。夫八萬一千七十工二分三釐。工食并車水銀一千七百兩三錢七分。

横泖河長七千丈,闊狹不等,加深六尺。土一萬四千五百六十方。夫一十四萬五千六百工。工食并車水銀三千五十兩一錢。

崧塘長五千丈,闊狹不等,加深六尺。土六千五百五十七方九分八釐。夫一十五萬五千五百七十九工八分八釐。工食并車水銀一千三百八十七兩一錢。

盤龍塘長三千丈,闊六丈,加深五尺。土三千二百二十五方。夫三萬二千二百五十工。工食并車水銀六百九十兩。

青龍江長六百丈,闊一十一丈,加深六尺。土一千二百四十八方。夫一萬二千四百八十工。工食并車水銀二百六十一兩六錢。

趙屯浦長二千九百丈,闊一十一丈,加深六尺。土五千一十方九分。夫六萬一百一十三工。工食并車水銀九百三十三兩一錢八分。

漕港	石塘港	赤鴈浦	西浦
淮浦	管浦	玄武塘	圓潭
四達涇	牛腸涇	毛流涇	團圓涇
山涇口	新涇		

右二十水。通波塘已下六水俱應修濬。漕港已下十四水俱應修濬。

松江府志卷之六十六

割　　股

割股兒，孝可涕。懷短刀，訴上帝。親卧床，藥不愈。股肉香，異常味。病霍然，神所庇。勇猛心，震天地。將軍頭，祖師臂。

趙恭，字思恭，上海人。家貧好學，涉獵經史，性尤篤孝。母方氏，卧疾久不愈。恭憂悴不知所爲，乃嚙臂肉，作羹啖之，疾尋愈。父通患蠱疾，其弟敬刲股肉，爲糜以進，亦愈。時竝稱之。

沈得四，華亭人。洪武十一年，祖母張遘疾，得四割股食之，即愈。久之，祖父病，得四又取肝作湯以進，隨飲而瘳。有司上其事，下詔旌之，仍徵授太常寺贊禮郎。其後有鍌者，少喪耦不娶，人稱義夫，有司旌之。

張榮一，華亭人。洪武十九年，母楊氏病劇，榮一禱天，剖腹取肝以進，母啖之即愈。里人以其事聞，詔旌其門，繪像城隍廟。成化中猶存。

顧文敏，晚號清隱。父仲睦坐法被逮死，子孫法應戍邊。孝子年十三，齧指作血書白父冤。高皇帝憫之，得充本府箭匠，奉屍歸。洪武二十三年九月，賜手詔旌其門。載《大典》。

陳泰，號檜清，華亭人。刲股肉愈母疾，錢文通公誌其墓。亦松之獨行也。

楊松，字國用。家貧，竭力奉親。父病痔，爲之吮。母病不能食，刲臂肉修藥以療。後父遘危疾，復刲股作羹以進。家益落，爲人傭以贍養。有司上其事，復其家。

陳時熙，性孝友。父遇倭，將刃之。時熙哀請身代，獲釋。後父病，刲右股調羹以進，父遂愈。

盛坤，母顧氏心痛，藥不能療。坤禱天，刲左臂肉，調羹以進，母痛立止。後母復病，坤復刲右臂，痛愈如前。母卒，廬墓三年。

居宗晟，華亭人。成化中，母張氏患膈氣疾，醫禱弗效。宗晟剖胸取肝和酒，刲股肉爲湯以進，母食之，尋愈。時母年八十，宗晟年五十一矣。知縣戴冕聞之，下里中覈實，將聞于朝，不果。鄉人至今稱之。

孟羽治，三十五保人。性至孝，母迮氏，七十一歲，嘉靖三十三年，被倭所擄。治乞以身代，不從，捐金請贖，得與俱還。迮驚悸成疾，醫禱弗效，治刲股以療。歿久，鄉人稱之不置。

王節，上海人。素業農。嘉靖辛酉，父病危甚。節不告於家，以刀割左股肉，作羹進之，病旋愈。楊公豫扁其廬曰“白華遺響”。

張可成。五十保人。萬曆二十三年，父守誠病故，鬻身營葬。母馮氏患病，醫藥不效，割右股肉以奉，病隨愈。里老具聞，卓侯給銀旌賞。

張茂。五十保人。母沈氏，病久不愈。割股肉作糜以進，母疾始安。與可成俱行學查勘。

馮大京，邑諸生，南江公仲嗣達可之第二子。達可性孝友，事兄勑齋公如事父，一生制行不苟。萬曆己亥，病劇。大京默禱于神曰：吾父每晨起，必以一日所行之事告天。每月朔，復總計而焚告之。豈其有欺妄耶？願損己壽益之。遂刲股肉，作羹以進。達可絶而復甦，又三年卒。大京戒家人諱言之，歿後其行始著。

周應文，白沙里人，家傭也。三歲失母，其父鳳育之廿載。萬曆丁酉秋，父患心疾楚甚。文醫禱莫效，合門長齋，欲往謁普陀大士，丐方救父。遂出，剜開心胸，深闊各三寸餘。即投海，漂二十里，水至頸而不没。至柘林，有盤石，遂坐其上。所開竅若柝，榴連晝夜，不飢不疼，口念阿彌陀佛。會百夫長吴某，亦以母病，從普陀乞方還，舉以授文。文欣然還家，以剜内血和藥進。父服之，其病立止。唐進士之屏爲作孝子傳。

高應炅，字仲彩。五十保人。祖母曹氏病革，應炅禱天，引刀割左臂肉，作羹以進。祖母食之，尋愈。里中父老聞於令，覈實申府，牓其廬曰“孺孝可風”。時應炅方舞勺，讀書晝夜不輟，嘔血而死。衆共惜之。

馮汝翼，父可齋病篤，萬方不效。遂割股食親，病隨愈。學使者按部，旌爲孝子。

蔣坤元，少孤貧，事母備極甘旨。子時英，嘗割股療父疾。時英妻李氏，亦孝事姑嫜，里人稱世孝焉。

藝　術

琴了無聲，弈了無跡。志士惜陰，見而嘆息。醫决死生，卜斷吉凶。司馬季主，扁鵲倉公。具載《史記》，志將無同。松有醫俠，巧奪神功。品超藝外，名在術中。

宋賈宣伯，有神藥。嘗寓松江，得巨魚，置罟中。因投小刀圭藥，魚引吸即死，取視得八足若爪利焉。後吴江有怪，土人謂蛇爲孽。宣伯以數刀圭投潭中。明旦，老蛇死，浮于水，而水蟲莫知其數。

元吴鍾山，不詳其名。家鍾賈山，遂以自號，人亦因而稱之。善太乙九宫諸算術，自言其學得之父竹所，竹所傳之其父一峰。江湖間推重其術，鍾山亦自秘，不輕語人。會稽楊廉夫嘗至松江，鍾山就見曰：先生棄官已十年，數盈十必變，未有往而不復、屈而不信者。截自四十九而往，爲下箸曰：某年起某官，某年移某所，某年當調内，某年當致事而去。後一如其言。

東維子《數説》：予讀唐志，觀趙達九宫一算之術。其計飛蝗，推鹿肉，算某年月日，時中之類，其應如神。公孫滕事之爲師，欲得其術，而父子不相授受也。夫聖賢道學，固有授受，而術者之本，雖父子不能相授受也。學不難於聖賢乎？松江吴鍾山，以太乙九宫諸算之術鳴江湖。不能傳其傳，而傳鍾山之傳，祖父孫三世。非其天授之性，異於庸衆人遠甚，能之乎？

劉世賢，字希孟，東光人。宋丞相忠肅公摯九世孫，朔齋中書震孫之曾孫也。忠肅善琴，子孫世其學。其後徙湖州，至世賢，遂以琴名浙右。爲人端重，持論正大。虞文靖公集嘗贈以文。游松江，與曹知白善。至正癸巳，卒小蒸，歸葬湖州。子孫遂家於松，世稱善琴，而曰鴻者名尤著。

馮子振書韻語贈之曰：朔齋之孫元祐家，異世門閥凌秋霞。空山無人琴自語，歷歷往代虚豪華。清冰古雪松質峻，照眼何限桃李葩。堅持静操欲矯俗，淡泊安得退淫哇。朱絲絃上三太息，此事寧久迷塵沙。諸君耳濁箏琵琶，月明庭户留棲鴉。高山流水試一聽，昭代復見真伯牙。

王逢《題奎章虞公琴序》詩云：蕙靈日披猖，章甫遂淪墜。聯翩忠肅後，相逢良深器。英瑶出璣璘，珠星見旒綴。横琴貞素館，心神翛遺世。薄雲行蘭皐，清露落松吹。而翁久仙化，難忘二曲義。伏讀奎章文，如坐夔龍肆。廣陵無遺響，良冶有賢嗣。尚愧柳柳州，執筆先友記。

莫仲仁，華亭人。病聾，以醫名。邑人某病蠱，衆醫莫療。仲仁下峻劑，吐蟲數升，立愈。有病寒，逾七日發狂，陰且縮，法死。仲仁徐以常藥理之而平。有病痢噤不食者七日，氣殆絶。仲仁投以湯，即納食飲而起。一大官病瘵，衆醫争進。仲仁望而走曰：雖扁鵲不可爲已。出門而斃。其神驗若此。

沈光明，華亭人，以治目鳴。先世嘗受術於龍樹師，内外障七十二種，悉能治而去之。光明克世其學，士大夫(感)[咸]重之。

周貞，江湖隱人。字子固，晚號玉田隱者。好學讀書，負奇氣。大德、元貞間，出爲汗漫游。至揚子江，歎曰：仕所以濟人，苟以一藝拯人之疾苦，雖不仕於時猶仕也。乃返棹吴淞江，亟取神農黄帝書，下至金宋諸醫家習之，名動西浙。每遇奇疾，古今人所未喻者，輒以意與善藥速已。瞿運使得熱病，雖祈寒，亦以水晶浸水，輪取握手中。醫以爲大熱，公曰：此寒極似熱，非熱也。飲以附子湯愈。衛立禮得寒病，雖盛夏，必襲重裘，擁火坐密室中。醫投以烏附增劇。公曰：此熱極似寒，非寒也。煮大黄芒硝飲之，愈。王君海子病癩，衆醫莫能療。貞授匕藥漱之，牙齦出穢血數斗，既而形盡瘦骨立。徐以美味補之，數月瘥。王經歷患身輕，飄飄若行空中。易醫七十人，皆以爲風虚，與熱劑轉加。公曰：此海毒也。即以寒凉之劑驅之，隨愈。趙鶴臯妻病咽乾，水漿不能下，衆醫盡愕。貞叩以平生所最嗜，獨鸂鶒，即命烹餁進之。授以匕箸，入口無所苦。已而食進，病如失。一婦人因産子，舌出不能收。貞以硃砂傅其舌，仍命作産子狀，以兩女掖之。乃於壁外潛累盆盎，置危處，墮地以作聲，聲聞而舌收矣。一女子忽嗜食泥，日食河中汙泥三碗許。貞取壁間敗土調飲之，遂不嗜泥。貞以古方今病不合，出奇輔法，而取驗類如此。又善繪事，精音律。外謙易而内嚴峻，落落不與世俯仰。王公大人每卑禮鈎致，貞視之邈如也。平居與客談玄，亹亹不能休。焚香清坐，怡然自得。賓至，則刲羊釃酒，與之盡歡。間有餽遺，輒以賙人之急，雖屢空不顧也。至正乙未秋，淮兵犯吴境，城陷。貞杜門堅卧，不食飲者九日而卒，時年八十有三。

徐神翁者，居華亭之南郭。精《靈樞》、《素問》諸書。性急于利人，而不自爲利。人有求者，輒予善藥。嘗曰：勢可及物者，恒病于德。德足及物者，恒局于位。吾自老人紫陽處士博施廉取，所活幾千人矣。華亭人咸稱徐神翁。會稽楊鐵崖先生病久痢，不食飲。衆醫以爲藥不可及，先生亦謝衆醫曰：雖倉公且不可藥。神翁獨以爲能治，治七日而愈。譯史彌堅女遇暴疾，神翁過而視之曰：邪陰外薄而内争也。飲藥遂甦。由是人益稱其神。神翁聞之，笑曰：吾豈以神自功哉？亦視强弱緩急治之耳。北方土厚而氣勁，牛羊駞馬之味，勝于淮魚海錯，病實者十九。東南分領海間，其産不與燕趙齊。氣未充而耗者蚤，形既虧而賊者甚。一有寒暑相仇，則戚然弗勝。欲以北方之治，治東南之人，不亡則憊，所以攻之而反益之也。吾察南北異宜，虚者充之，實者下之，本固枝强，故其疾可已。譬善兵者先附民，而不空内事外，以快意爲務。寇虜既翦，國隨以定。不然，則創愈鉅而敵愈衆。以是術施之治人，百不一失。奚爲神翁哉？人乃服其言。翁名復，字可豫。三吴貴人多薦之，遂隱不出。

貝闕曰：太史公作《扁鵲傳》，紀其遇長桑君，授禁方，飲上池水三十日，盡見人五臟癥結，特詭診脉名。其説怪誕不經。若神翁之言，不異衆醫之言。其治人效速而大者，術精而能真知其證，衆醫弗能知爾。余與彌堅遊，得于其子公哲所聞如此。或謂神翁言多夸，非也。故採之以備録于傳云。

至正癸卯七月一日，會稽老鐵禎病寒疾，十七日，變滯下疾，一晝夜起倒無慮百數。它醫視疾，曰：老鐵去矣，元氣脱矣。已而徐神翁可豫來切脉，曰：頃吾于西門視一劇證，其脉與公等。然公七日起，彼不出三日當殂。遂投劑，至期果獲平復，而閲三日者殂矣。余賴神翁再生之恩，無以報。述長謡四章三十有四句，以將吾謝忱。其辭曰：大婦焚書鎖書房，小婦禁酒關客堂。鐵郎怒婦欲逐婦，胡爲有此反厥常。婦言汝書婬作荒，而況酣酒兼成荒。諢官俳客竟歡具，青眸皓齒争恩光。饒君皮囊九州鐵，寧有幾鍊真陽鋼。無幾鐵郎病寒厥，元氣譸張脱如絶。南醫來劫姹女芽，北醫斂手走銅穴。妻兒乞寫遺囑書，故吏門生各分别。入門一笑徐神翁，我藥豈無瞑眩功。扶盲起瘸别有法，槁樹刻日還春容。三日滯下遏暴硔，五日内熱生清風。七日飲酒蓮水白，十日喫飯金城紅。神翁神效果殊絶，不爾鐵郎投鬼轍。買羊沽酒謝神翁，侑以長歌歌激烈。鐵郎之債填未徹，三史全書待筆削。我今壽鐵郎，鐵郎到耆耋。莫托神翁起死丹，且聽婦言養生訣。楊維禎撰。

國朝朱信，華亭人。父元祐，元武舉千户。信精于筭術，永樂中，累官至工部郎中。子倫，舉進士，爲監察御史。相傳時甃某城，使信計之，當用甎若干。既而有餘，詰之，謝曰：此失料灰縫耳。如其言度之，不失尺寸。

姚暘，字啓明，華亭曲水村人。父潤祖，元醫學教授。好古博雅，著聲吴越。暘少孤，事母孝,世其家學。洪武中,以人材試行人。宣德間,除莆田尹有聲。未幾辭歸,號柳隱。

相子先,字人傑。浙人,僑居七寶鎮。滑稽多智,知詩善畫,尤精于奕。洪武中,召至京師。文皇在燕邸,亦與對奕,所賜有龍篆奕具。其子孫遂爲松人。

劉基《贈相子先序》云:禮樂射御書數之藝,君子游焉,博其理也。其不在此科者,士弗尚,吾獨於碁乎有取。蓋碁末技也,而有用兵之道。可以通人之智,知緩急存亡,進退取舍。有乘機應變,攻守之法,避實擊虚,投間抵隙,兼弱取亂之道,無所不備。吾嘗讀《孫子》十三篇,而知古人制敵之術。意奕碁必出於兵家教戰者所製,非其他娱目悦耳者比。其所以不得附於六藝者,以其爲兵也。夫兵,君子慎言之,而可以教乎哉?宜其在六者之外也。自天下爲戰國,而司馬穰苴、孫武、吴起之徒,公然以兵爲教。於是學戰陣者,不必寓於物以求之。而棊遂爲娱樂之具,而精其數者,亦日用而不知耳。陶士行以周物之智,不違纖芥,而不喜人爲棊。當時僚佐,實不知其可以達于兵,而徒爲費時亂日。使有知及此者,以告士行,士行當教人爲不必投其具於江中矣。儒者之道,格物以致其知,貴能推其類也。故觀水而知學,觀耨田而知治國,善推之而已矣。是故無用之技也,旁通之可以措大事。吾於此而知智者之不死也。相生子先兄弟皆精于碁,人無與敵焉。吾每惜其用心之專,而懼其無益於無用也。故原夫制作之本意以語之。方今寇盗竊發,武夫環視如林。無或能出一謀、發一慮,生能碁之策乎?使不曠日糜粟,以憂農民,不亦偉哉!

楊青,金山衛篠館街瓦匠也。幼名阿孫。永樂初,充役京師。内府屏墻始堊,有異彩。上疑問,無敢對者。阿孫伏地對曰:"此蝸牛遺跡耳。"上悦其能以實對,問知爲楊阿孫。上曰:"幼名未改乎?方今楊柳青矣,可名楊青。"仍賜工部冠帶所官。青頓首謝。一日,内小殿成。上閲之喜,以金銀豆賞工匠,撒之殿下,任令自取。衆競往,青獨後,上心重之。後大營朝闕,任青爲都工。青善心計,凡制度崇廣,材用大小,悉稱上意。事竣,陞工部左侍郎。其子某,亦善父業,官至工部郎。青後以老疾乞南京休養,卒賜祭葬。

李肅,號杏林。大父晉卿,元江浙西湖書院山長。十歲喪父,初習岐黄,從金華雲居趙先生游。趙爲朱丹谿門人,值元季擾攘,遨遊松江,遂占籍焉。遇遘疾扣者,不以富貴貧賤二其心,醫名日振。永樂初膺薦,拜松江府醫學正科,年幾七旬,復被召。中使臨門,拜命即行。至覲上,奏對稱旨,賜金織段服二襲,日食大官。未幾,上率六師平胡扈駕,給以從人名馬及諸禦寒之具。或惜其年老,不勝跋涉。肅正色曰:"恭逢萬乘爲天下蒼生而行,吾何敢以老身爲惜,不思報上恩哉?"子敬,舉永樂丁酉。念正科年老,上疏乞就禄養,特授上海儒學訓導。遇假必放舟泝潮,夕發曉至,上堂拜壽畢,信宿赴學矣。如是者十載,亦異數也。孫祥,天順丁丑進士。魏文靖公驥爲肅傳,錢文通公溥志敬墓。

姚恭靖公廣孝贊曰:先生之容,老而融融。先生之德,老而彌碩。職典郡醫,惠澤弘施。待漏金門,簪韍有儀。惟斯人兮,生太平世。五福攸臻,逍遥百歲。

顧子昇,華亭横雲山人。明《九章筭術》。永樂丙戌,召至京,試藝高等,充户部令史。丙申,授福建泰寧縣丞,以老乞致仕。曾孫曦,能世其學,有詩名。

孫子奕,博學能詩,尤善脉藥。嘗舉爲本府醫學正科。

張源，字復本，號丹崖，華亭人。少業嬰醫。永樂癸巳，徵入爲醫士。出入禁御，侍從巡北京，光禄給膳，恒受金繒之賜。洪熙初，賜第于皇華坊。宣德間，陞御醫，給敕命。正統間，陞院判，階承德郎。丁母憂，上命馳驛奔葬即還。景泰間，乞骸骨歸。置第城西南隅，樂園池花竹之勝。時出賜金以會賓友，贍貧乏，置書以教諸孫。享年八十有八，卒。

徐彪，字文蔚。初侍父叔珙于秦，其客舍，許魯齋遺址也。秦王題其垒曰魯菴，秦中人遂呼魯菴。晚自號希古生。正統間，用薦者言，徵入太醫院。受詔視廣陵王病疾于雲中。王腫濕，彪投藥，不半月而愈。尋命視昌平侯楊洪，疾瀕死，彪療治，不旬日瘥。由是稱旨，留掌御藥，陞御醫。景泰二年，陞院判，階承德郎。日侍禁掖，寵賜甚厚。上嘗問藥性遲速，彪借人性善惡之旨對。問攝生，對以《内經》固元氣之説。蓋以醫諫云。先是，叔珙爲鄉人羅嵩所搆，逮繫詔獄。彪時年十五，上書請代。文皇帝嘉其孝，特詔出叔珙。後嵩自以罪繫論死，彪營救之甚力，嵩感媿無以自容，叔珙亦謂彪節俠也。六年，預修中秘書。書成，蔭子墱爲國子生。著《本草辯明》十卷，《論嗽痢條》、《傷寒纂例》各二卷行世。

何全，字廷用，號翠谷，華亭人。宋元來，世以醫名。有濟世堂，載郡志。全生而穎慧，遊郡庠有聲。然志趣曠逸，無意功名。正統丁卯，父母强之應試，即領鄉薦。不欲徙故業，益精岐黄術。每以匕劑起沉痾，貧者不責其酬。高風仁術，一世景仰。張東海作像贊盛稱之。東關俊士坊，爲全立也。曾孫十翼，仕景楚二府良醫，能世其業。今郡中稱傷寒科，必首何氏。

姚蒙，字以正。家百曲港。善醫，尤精太素脉，定人休咎若符契。都御史鄒公來學巡撫江南，訪而召之，以醫生見。鄒公素嚴重，姚有口眼歪斜發動疾，公心輕之，問曰："汝亦有疾？"對曰："有風疾。"曰："既有風疾，何不醫之？"曰："是胎風。"公即引手，令其診脉。姚退却不前，再命之再却。公始曰："診脉須坐。"呼座坐之，姚乃方脉。既畢，公問之，姚叙病源一二，公亦知醫，頷之。最後姚曰："大人根器上别有一竅出汙水。"公大驚曰："此予隱疾甚秘，汝何由知？"姚跪曰："以脉得之。左手關脉滑而緩，肝第四葉有漏，洞下相通既久。"公始改容謝之，乃求藥。姚曰："不須藥，只到南京便好。"以手策之曰："今是初七，得十二日可到。"公曰："知之矣。"即治行。果十二日晨抵南京，入會同館而卒。蒙臨終作謝世詞，警悟超脱，蓋有所見云。孫湘，舉鄉薦。同時有沈元吉者，切脉不逮蒙，而明斷善用藥，屢起危疾，與蒙並稱。

張懋，字勉之，號敬菴。由太學選新建丞。精符呪，祈禱晴雨，袪除魔祟，咸獲奇應。懋謁選時，陶真人有寵于上。偶出秘字問陶，陶不解，聞懋名，躬詣之。懋爲悉解，上大悦。陶欲薦懋共事，辭之。後上遣御史遍訪異書，懋遺書盡入内府。後有俞若冰號心月者師事之，盡得其術，資復穎敏，凡金章科儀、符呪訣語，極艱澀者，一覽成誦。四六清新，道流醮壇奏疏咸丐之。性喜長夜飲，醉則叫號狂噪，竟病酒卒。

陸恕，亭林鎮人，昭侯之裔。專心于《易》，精卜筮，尤善望氣占星之法，所言十不失一。性至孝，父患危疾，燃臂香禱于寶雲寺大士前，願以身代，父病尋愈。年八十有四，一夕忽謂其孫庭藻曰："吾將歸矣。"閲三日，結跏瞑目，里人相傳以爲坐化云。

何鑾,字廷音,號育泉。宋何滄十二世孫,習四世祖將仕郎何侃醫業,精太素脉。時龍華張憲副慕之,特聘至家,以一雛僧白皙而都者,腕帶金釧,出以試診。鑾診半晌,即趨出,謂憲副曰:"適所診脉,全屬無恙。但其脉清如入水珠,似帶孤骨。若男子即爲僧道,若女子亦作尼師,但不應在公府中耳。"憲副起而謝曰:"真神人也。"又督學馮侍御校士吴中,有一隱疾,諸醫莫識,特召鑾診視。啓侍御曰:"昔老封翁之舉台臺也,春秋得無高乎?"曰:"然。""臺下齡未十五,即不荷攝真元,以致精神耗削。今日之尩羸,皆權輿於此。"侍御首肯者數四。又曰:"臺下腎囊之左,有一小孔。其疾發時,年尚十二三也。迄今竅猶未滿,且時出惡水。偶觸發,則痛楚不可言。果有是否?"侍御唯唯,曰:"先生其再世之秦越人乎!"

何如曾,字希魯,號質齋。何滄十六世孫也。習先世肘後秘書,性孝友,察脉能知人臟腑虚實。與張孝廉省廉交暱。一日,孝廉欲上春官,别曾。曾送之,把臂良久,知其病已在膏肓,乃謂曰:"棘闈尚遥,且稍緩行旆何如?"張不悟,舟次昆陵而疾作,抵家不旬日殂。曾與鹿城徐大参同遊吴,適吴郡某太夫人有危疾,名醫滿座,診其六脉俱沉,罔知措手。曾前往視,因謂同事曰:"諸君不讀經乎?此即所謂雙伏也。譬如天將降雨,六合晦冥,微風盡息。雨後萬物皆甦,此换陽之吉兆也。"以一劑投之,午後汗出而疾瘳矣。

沈椿,字元齡,號春江。錢塘人,寓華亭。樂土風質厚,乃挈妻子來居。爲人直戇,遇人有不平事,面發頳争辯之,然初無與其利害也。以是呼爲沈義氣云。椿究心醫學,熟於《本草》,察脉立方,多取奇驗。雖幼科,兼善大方。嘗曰:"醫道難精,苟免庸下殺人幸矣。敢言利耶?"平居喜吟短句,嘗書一聯於座云:慚無文學承先世,幸有陰功積後昆。時雙江方公爲郡太守,椿之内弟也。三年未嘗入官舍,亦未嘗以片語及之,可以知其所守矣。

張鶴溪,善療奇疾。嘉靖壬寅,包侍御節母年六十七,暴中氣絶,積日不甦。郡中醫畢集,咸曰:"病風中在臟腑,不可以湯熨鐵石起矣。"張至,診訖,獨攘臂曰:"此謂氣虚挾痰,可下人參劑,七日甦,甦能言鬼神事。"衆醫大笑之。張乃和人參劑投之,七日而寤,既道鬼神事甚詳。衆醫始口噤走。

沈虚明、王節之,並幼科聖醫。兩人相得甚驩,凡有疑疾,互相推讓,酌而下藥,不妬嫉也。虚明謹厚謙下,凡大家窶人子延之,俱一一診視,不置厚薄輕重于其間。郡太守子病,夫人諄諄告以子病之由,虚明若不聞。太守訝其故,對曰:"夫人自對明府説,醫生已悉知之矣。"一貴宦將之官,虚明送之,囑曰:"公子出痘,切莫用藥。上痘不必用藥,下痘用藥亦無功,中痘須藥扶持,然未必得人,則不如不藥之爲愈也。"有藥媪善治疳,虚明拜而受方。媪亡,爲治後事。其篤誼類此。虚明之正傳,爲啓雲王一鵬。

王節之長子一鳳,號碧梧。初以小兒科行,後兼習大方。仲子一鵬,即世所稱啓雲者也。跅弛不羈,與酒人游。父或督過之,沈虚明獨曰:"我視此子目力不群,我生平青囊之秘,雖兒子不傳者,悉當授之。"自是遂爲虚明高足,而神用更出其右。有兒垂絶,無生理,决其某日生則生。有兒安好,全無死法,决其某日死則死。或餽之多金,不投藥而去。或不投藥,又往往索多金而去。病家視其去來爲死生,又何聽其詞色可否爲憂喜。神異變化，怪怪奇奇，皆非方書之所載。而鵬時雜以詼諕，翕然稱爲神仙云。所得隨手輒盡，或諷之，曰："我若重阿堵，即用藥亦不靈矣。"出門下者多有聲，而雲間以小兒醫獨誇江南，蓋自一鵬始。

旌　　義

漢王符有云：竊位之人，一旦富貴，則皆背親捐舊，踈骨肉而親便辟，薄知友而厚犬馬。寧朽貫千萬，而不忍貸人一錢。情知積粟腐倉，而不忍貸人一斗。骨肉怨望於家，細人謗讟於道。前人已敗，後争襲之，誠可傷也。繇此觀之，則錢岡志所載旌義一欵，顧文僖何可畧而不書？余故追補之，并前後好義者，皆得列名其間。使後人聞風興起，去鄙去嗇，不至爲潛夫所姍笑，亦奬激薄俗之少助也。

元陳良用，字子忠，號清逸。宋太傅康肅公堯咨之十一世孫。元至正丙午，輸粟千石賑濟飢民，詔授冠帶榮身。洪武三年庚戌卒，年八十七。

元瞿霆發，助上海縣學田五百畝。

元僧善能，助上海縣學田四百九十餘畝。僧覺玄，助上海縣學田蕩六百畝有奇。夏椿捨田五百畝，建義塾於浄土橋東。聞於朝，旌其門爲義士。

國朝徐進，置義田至一萬餘畝，贍義塾。後即其塾爲華亭縣儒學，其子彦裕復任經費。臺司義其事，上之於朝。

嘉、隆、萬曆各宦助學田田數，見《學政》，不另書。

旌　　義見錢岡《舊志》。

華亭縣授冠帶以榮終身

景泰二年，領京倉米五百斛，赴萬全左衛交納。

沈玉。東門内人。　　黄璘。四十三保人。

景泰二年，輸納馬草於山海等處。

黄瑜。四十三保人。

景泰四年，自備米八百斛，運赴京倉交納。

金鼎。二保人。　　張祐。四保人。

胡德裕。四保人。　　陳汝賢。五保人。

宋琦。十三保人。　　張畦。三十八保人。

戴益。三十九保人。　　李森。四十保人。

黄世昌。瑜、璘之父。

景泰四年，輸麥七百斛，以實京儲。

張紹。畦之弟。　　陸珩。四十三保人。

孫顯。四十三保人。

景泰五年，輸米八百斛，本府賑飢。

侯端。六保人。 顧遜。四十保人。

杜端。四十三保人。 杜剛。端之弟。

授正七品承事郎散官

天順四年，輸米八百斛，赴湖廣賑荒。

張鏐。畦之子。

成化元年，輸米五百斛，本府賑飢。

胡鳳。德裕之子。 沈瑾。四保人。

陳瑄。汝賢之子。 陳禎。瑄之子。

張溥。七保人。 劉琪。十四保人。

胡澄。三十七保人。 張嗣。三十八保人。

顧奎。四十保人。

成化五年，輸米三百斛，赴廣東預備軍餉。

侯佩。端之子。

成化六年，輸米三百斛，赴廣西整理軍餉。

王禎。四十一保人。 張漢。四十二保人。

授從九品將仕佐郎散官

成化六年，輸米三百斛，赴廣西整理軍餉。

袁偉。三十九保人。

成化元年，輸米一百五十斛，賑濟鄉民。敕表其門爲義民。

朱璧。五保人。

上海縣授冠帶以榮終身

景泰四年，自備米八百斛，運赴京倉交納。

沈珪。十六保人。 曹洽。二十三保人。

何睦。 山玉。

錢鎮。 喬節。

陳恒。 楊彝。俱二十四保人。

夏璣。五十保人。

景泰五年，輸米八百斛，本縣賑飢。

張英。十七保人。 張璘。十八保人。

姚喆。二十四保人。

景泰六年，輸米八百斛，本縣賑飢。

蔡璠。十七保人。 徐昂。二十二保人。

孔達。二十三保人。 吴春。

談愷。 陶林。

陳復。　　張經。

李紳。俱二十四保人。　　吴昂。二十六保人。

授正七品承事郎散官

天順四年，輸米八百斛，赴湖廣賑飢。

梅元。二十六保人。

成化二年，輸米五百斛，本縣賑飢。

陸經。二十二保人。　　曹珙。二十三保人。

徐亮。　　楊蕃。俱二十四保人。

余平。二十六保人。

成化三年，輸米五百斛，本縣賑飢。

王謙。　　蔡玉。

張得潤。俱十八保人。　　周瓛。二十保人。

喬益。　　何欽。俱二十四保人。

成化七年，輸米三百斛，赴廣西整理軍餉。

唐瑾。　　唐琛。俱五十保人。

授正八品迪功郎散官

成化三年，輸米四百斛，本縣賑飢。

印行。　　張子安。俱二十四保人。

萬曆十六年，郡守喻均勸借煮粥姓名米數，已載《荒政》中，不另書。

萬曆十五年，顧正心買助華亭役田四萬八百三畝零，助青浦縣役田九千九百三畝零，撫按具題。見《役法》。

萬曆四十六年，南京太僕寺少卿吴炯進助邊餉銀一萬兩。奉聖旨：吴炯捐産助邊，忠義可尚。銀兩着依擬解發。華亭邑侯章允儒議得，本宦歷仕四十年，清修一節。鬻田三千畝，補綴萬金。即以捐助之田，著爲優免之數，以紀殊恩。具申撫臺王如議，印照永免。

松江府志卷之六十七

賢　媛

鳥有鶼，失偶則不棲。魚有鰈，去一則不遊。物尚如此，而況人乎？故郡有節烈婦，志不絶書，以附于古者哭市崩城、投淵化石之後，此女中張許也。其次養尊嫜，扶門祚，辛勤數十年，手挈六尺之孤，復還之亡者，此女中李西平、郭汾陽也。雖然，彤管青編，必節烈乃録，何異見樹而采其枯，見月而取其缺，可乎？太史公不爲婦人立傳，而政姊以俠，陵母以智，皆得書。則史法可知矣。

漢張白妻陸氏，績之女也。績爲鬱林守時所生，因名鬱生。年十三，嫁同郡張白。白兄温廢徙，白死，誓不再嫁。姚信表之。

表曰：臣聞唐虞之政，舉善而教，旌德擢異，三王所先。是以忠臣烈士，顯名國朝，淑婦貞女，表迹家閭。蓋所以闡崇化業，廣殖清風。使苟有令性，幽明俱著，苟懷懿姿，士女同榮。故王蠋建寒松之節，而齊王表其里；義姑立殊絶之操，而魯侯高其門。臣切見故鬱林太守陸績女子鬱生，少履貞特之行，幼立匪石之節。年始十三，適同郡張白。侍廟三月，婦禮未卒，白遭罹家禍，遷死異郡。鬱生抗聲昭節，義形於色，冠蓋交横，誓而不許。奉白娣妹險巇之中，蹈履水火，志懷霜雪。義心固於金石，體信貫於神明。送終以禮，邦士慕則。臣聞昭德以行，顯行以爵，苟非名爵，則勸善不嚴。故士之有誄，魯人志其勇；杞婦見書，齊人哀其哭。乞蒙聖朝，斟酌前訓，上開天聰，下垂坤厚。哀鬱生以義姑之號，以勵兩髦之節。則皇風穆暢，士女改視矣。裴松之《三國註》。

晉陸氏，機、雲族女，適會稽張茂。茂爲吴興太守，值王敦問鼎，執正不移，敦遣沈充攻城殺之。陸氏乃傾家資，率茂部曲爲先登以討充。充敗，乃詣闕上書，謝茂不克之責。詔褒茂夫妻忠烈，並加封爵。

孫氏，虞潭母。晉成帝二年，蘇峻反，詔潭督三吴等郡諸軍事，與顧衆同討峻。潭母孫氏戒之曰："吾聞忠臣出孝子之門，爾當舍生取義，勿以吾老爲累。"乃盡發家僮以助戰，貿所服環帶以給軍資。潭既平蘇峻，又修滬瀆壘以禦孫恩，一心報國，母之教也。朝廷知其憂國忠誠，拜武昌侯。太夫人加金章紫綬，没復賜謚。婦人生而封爵，死而易名，自潭母始。一云，孫氏非郡人也。潭禦孫恩，有功於松，皆母之教，故特表出之。

南宋孔夫人，顧琛母。初，顧惔娶於婁之孔氏，生琛。琛本吴人，而爲吴郡太守。晉安帝隆安初，孔氏年百餘歲矣。瑯琊王廞於吴中爲亂，以女爲貞烈將軍，悉以女人爲官屬，以孔氏爲司馬。及孫恩亂後，東土饑荒，人相食。孔氏散家糧以賑邑里，得活者甚衆，生子皆以孔爲名焉。

唐韋夫人者，南康王之女叔也。適溧陽令陸偘，即宣公贄之母。溧陽卒于官，夫人訓公成大儒，作唐賢相，皆夫人之德也。德宗勑迎養[京]師，道路置驛，時人榮之。及卒，皇后賻遺，因葬洛陽。見權德輿所爲文。

宋湖陰女子，姓詹氏。秀州華亭人，僑寓湖陰。其父詹先生老且貧，以教授小兒爲業，獨與一子一女俱。詹氏姿貌甚美，以女工給先生朝夕。嘗手抄《古烈女傳》，至暮夜，必熟誦數四而寢，雖寒暑不廢也。鄉人咸異之。淮寇張遇聚黨寖多，既屠池陽，復寇湖陰，邑人皆遁走。先生泣謂女曰："吾死無恨，奈若何？"女曰："父獨何憂？吾計久决。今日豈得父子俱生耶！"頃之賊至，欲殺其父兄。女謂賊曰："吾父貧且老，君意不在金帛，但欲得我耳。吾幸得執巾帚，以奉君侯，請釋父縛。不然，父子俱死，無益也。"賊命遣之。女以手麾其父，使急去。賊挈女行數里，過東市橋，躍入水而死。後數日，其從兄夜夢女曰："吾已活吾父兄，今來與兄訣。"兄旦忽忽不樂，妻怪問之，告之故。妻大驚曰："吾夜夢小姑如生平，亟來相别，如君言。"明日，果有告以女子死之狀。

練氏，適章仔鈞爲統兵官，即章粢始祖也。嘗出兵，有二將後期當斬，夫人練氏救之。後二將握兵南唐，破建州，夫人猶在。二將使人以金帛遺夫人，且授一白旗，曰："吾屠城，夫人植旗於門，吾戒士卒弗犯也。"夫人悉返之，曰："幸思舊，願全此城，否則與俱斃耳。"二將感其言，止不屠。舊史曰：一女子，全活數十萬生命。其後得象及粢，功名顯盛，信有天道。

郭氏，光禄大夫郭三益之女孫。適雲間葉氏，蚤寡，因誓節爲尼，名正覺，居法雲寺。能詩，有一絶云：春朝湖上風兼雨，世事如花落又開。退省閉門真樂處，閒雲終日去還來。後人景其志節，刻詩於石，以銀填之，竪于覺骨塔前。

元管夫人，名道昇，字仲姬。泖西小蒸人，今其地尚名管家路。歸趙孟頫，封吴興郡夫人。天姿開朗，德容俱備。翰墨辭章，不學而能。嘗手書《金剛經》至數十卷，以施名山。天子命夫人書千文，敕玉工磨玉軸，送秘書監裝池收藏。又嘗畫墨竹及設色竹圖以進，蒙賜内府上尊酒。謁興聖宫，皇太后命坐賜食，恩意優渥，受知兩宫。卒年五十八。

公《行狀》稱：元延祐帝及太后愛公翰墨，有應制，則命管夫人與仲穆副其體，而藏之秘閣，曰：令後世知子昂父子夫婦，皆工八法也。

管夫人能畫與詩，嘗入覲中宫，命寫梅稱旨，命題之云：雪後瓊枝嫩，霜中玉蕊寒。前村留不得，移入月中看。

陳氏，錢塘儒家女。其夫縣曹吏，因兵亂隸軍籍，戍于華亭。夫久出不還，聞雁有感，因題于華亭戍壁曰：浪喜燈花落又生，夜寒頻放剪刀聲。游鴻不寄征夫信，顧影娉婷無限情。或勸之曰："若質美性慧，在富室爲紅女，不猶愈守空戍、忍饑寒乎？"答曰："饑寒小事耳。不察而聽汝，失節莫大焉。"或慚而退。

張洙宗魯《和聞雁詩》曰：青蘋風起别鴻生，寒盡春來不寄聲。多少離群歸欲盡，天涯抛棄獨何情。謝嘉維則云：缺月微明瘴霧生，兩鄉夢斷玉簫聲。無由並跨秦臺鳳，夜夜離鴻别鶴情。王逢云：江南江北荻花生，妾處君邊第一聲。何似春風湖上宅，銀筝玉柱白頭情。

翠娥秀，李姓，趙女也。既笄，以處子適鎮守松江管軍副萬户石薛徹都爲小婦，無子。徹都卒，秀時年二十五，服喪過哀，且固護指爪，示無他志。免喪，爪長寸許。父母以之歸，將怵之改適。對曰："爪折可也。"然護之愈嚴。薛徹都子世爵事之如母，秀復簪珥道裝，益明其志。年踰八袠，爪長尺餘以終。

劉氏，燕山人。幼失父母，賴兄而贅壻。壻松江人也，初不知爲逋亡戍卒而有妻。居久之會赦，因紿劉曰："吾歸省，須春復來。"遂還不復往。間數年，劉訪抵松，壻不之認。劉乃仰天拊心痛哭曰："良人我棄，我將安歸？獨有效死渠前爾。"由是剪髮，日誦佛經，行匄于市。宿昔嫳姥家人多之，施倍常匄。構一室，製棺，夜卧其中，殆五十餘年。鄰火，劉入棺，聲呼曰："什用願悉取去，乞與闔棺，以畢吾事。"救火者從其言，與室俱燬。

顧氏二貞，長曰中，次曰和，顧亨女也。胥字而寡。中慕古貞烈操，非節孝事弗語。和剪髮自堅，父母議婚皆不聽。及卒，臨川奉智題其墓曰處士墳。吉安楊清爲《二貞傳》。

陸貞婦趙氏，安吉幕長澤孫女，鄞處士陸焘妻。至正間，兩浙多虞，焘辭海寧主塾，與趙隱居松之瓢湖。丁未夏四月，海隅有警，兵猝至。焘偕趙倉皇赴舟，同難者争槎。焘竄登岸，將復携趙以行，而兵偪之，傷刃者三，逐仆深淖，趙竟自投于淵。當時有歌之者曰：四月三日兵撓湖，婦女多被辱與驅，殉節伊誰天水姝。

任氏，青龍任水監月山之女孫。父以水監廕得官，生二子一女。至正中，北人有楊姓者官于華亭，因亂僑居任氏館舍。楊即爲其子聘任女，其子生而騃，初不知也。嘗登墻窺所聘女，任氏父兄皆惡而悔之，欲絶婚不可得，遂遷延其婚期。楊遂北歸，音耗不相聞，乃以女復受南鄉某氏聘。及親迎船至門，女遂剪髮而泣曰："奈何以一身而有二夫？吾將奉佛終身焉。"親戚勸諭百方，卒不改志。久之，忽一日，傳楊子已死。或有以夫既死再爲勸者，愈執不從。後爲女冠終。

楊節婦，龍華人。至正丁丑夏，彗星現。天下童男女訛惑，皆成配。時楊年十三，贅張都水子裕。十五生一女，十七裕蚤世。楊守節五十餘年，食淡茹素，寢處一室，里人呼其室爲楊節婦居。王逢過龍華，步經其故居，感嘆久之，曰："蘇文忠有林氏媪詩，請繼其響。"詩曰：日度虀鹽歲枲麻，望中修竹帶蘘葭。老人爲説眉山叟，詩紀青裙紫笑花。十七孀居亂幾更，隔溪聞得紡車聲。却思臣妾書降表，不獨南朝謝道清。

吴妙寧，上海人。年二十一，贅同里張氏子。越四載，邑大姓以事變坐連其父。寧泣曰："吾父苟無地爲解，族其赤矣。吾不遄死，禍延良人，悔孰甚？"遂雉經死。未克葬，徵繫吏果至。聞寧死，嗟異而去。梧溪王逢詩曰：紅羊年，黑鼠月。張婦吴，儼遺烈。九山風酸泖波月，二氣舛錯愁雲結。百里泥塗昏墊中，梅花一樹驚飄雪。我招數十節義魂，扁舟今過西新村。歲月堂上虚鳴珮，烟雨墻角餘繅盆。篇詩爲付孝子浩，四海薄俗何當敦。

胡氏，姚某婦，陳村人。十八而嫁，生兒未週歲，夫死。族賂鄰婦，爲富家求婚。婦抱兒泣曰："不獲從夫地下，有此兒耳。尚乞生圖富貴耶?"族驅迫之，婦度不能容，乃乞歸。父母亦憐其少，如夫黨言，婦以死自誓，竟完其節。

韓氏女，父華亭豪姓。女垂笄，上海朱氏以禮聘之，未行。會壻翁坐死，貲籍于官，女父遂欲絶其婚而他適。女知之，蹙然易容，趨對曰："彼雖翁死家籍，壻在焉。忍盛衰改操，以事二姓?"父曰："吾業已絶之，毋多言。"既祈母請，迄不能回。女歆然默泣，積歲餘，成瘵而隕。

諸氏，華亭士人王子温妻。子温性疎縱，且居貧，諸以女紅給其服膳。丙申歲，王與敬以兵焚劫松江，温欲挈婦逃難。婦流涕曰："事迫矣，豈可以我故致累而身? 第去，我自爲計。"子温遂漣泣逋逃，婦與鄰嫗避于裏南城陋室中。頃之賊入，鄰嫗皆爲所汚。至婦，怒駡曰："吾父爲吏，人皆稱其廉平。吾夫儒者。我年倍于汝母等，豈從汝賊求活耶?"賊掣刃剖其腹，曰："且看母腹中何有。"腸胃盡出，駡不絶口。子温，子章弟也。

費氏元琇，江陰知事朱道存妻，都漕萬户費雄女。至正十六年，江陰亂，依其父居松江之上海縣。未幾縣陷，苗軍復大掠，手刃以入，將犯之。氏怒叱曰："吾貴家女，何敢犯我?"投釵珥于地，苗攫之去。既苗沓至，索貲無有，遂驅迫就道。氏揆不免，乃攀堂楹，厲聲曰："吾義不辱。"比遇害，爪入楹木，血沁于指。

梧溪王逢曰：費夫人之生也，柔惠足以德于人，歿也，貞烈足以表于世。謹爲辭以弔之。辭曰：青蕡花白浦水黄，雲日黤慘風悲凉。停轤西向三酹觴，旂旌葆幢來混茫。若有人兮凛如霜，星流電馳誰可望。微言夙習大洞章，功成據宅居帝鄉。銀河蟾竄肆翺翔，我以北斗挹酒漿。帝曰欽哉無太康，下爲叔世扶綱常。進規退矩禮自防，釵荆裙布今孟光。尊姑養之植德堂，朱氏堂名。堂階珠樹聯瑶芳。明璫蒼珮森琳瑯，撾鐘考鼓樂未央。楚氛遮天耀天狼，飄然歸寧父母旁。正坐漆室憂葵傷，官兵寇我加劒鋩。昊天倚杵海變桑，身有濺血無回腸。烈婦殉節死固當，名與黄浦流俱長。稽首再拜淚雨滂，鞴焉直上驂鸞凰。

費氏元徽，琇之妹，歸華亭陶氏。年幾三十喪夫，將營夫墓，泣命兩其竁，曰："吾不即死者，以仰有舅姑，俯戀弱女耳。"時家世艱虞，乃勤紡織以給，孝奉舅姑以及葬祭，終始一節。壽踰八十，竟遂同穴之志。號爲費氏雙節。

葉妙真，烏泥涇人，歸于夏氏。其翁病廢，日侍湯藥，滌垢穢，寒暑無間者七年。既没，負土成墳，感動鄰里。王逢《夏孝婦》詩：翁姑視父母，孝敬無異轍。先王禮防微，復有男女别。吾鄉夏家婦，姆媪争播説。翁初病重腿，既瘻七歲月。捧湯俯滌穢，操篳躬致潔。寒燠昏晨間，問候罔違缺。良人事巫祝，出胙晚笑割。婦也具酒漿，婉婉罄歡悦。庭莎泫零露，野芳亂啼鴂。西丘地下姑，及兹翁同穴。高桑八九樹，載念姑培蘖。青裙襞積衣，重濕新淚血。涇横泥自烏，井田泉自冽。詩亡聖悠遠，竊頌規世末。頌罷見孤雲，心神亦飛越。

沈景新母及婦，平江人。至正中，景新調上海吏，江浙苗軍來，大肆殺掠。母與婦謀曰："吾家素清白，義不受辱。"爲苗軍擄，曰："從吾，不殺汝。"婦姑大駡。苗先殺其姑，縛婦髮馬尾曳殺之。

暗都剌妻張氏,華亭人。夫爲莒縣監,卒于官,張自縊死。

國朝楊氏,華亭德門女。洪武中,妻里之王彦章。五年夫亡,年二十四,子端甫二歲。氏誓不再適,養舅姑,拊孤子。及舅姑殁,子端亦蚤死。端妻倪氏尤孝,姑婦並守節,育端子豫補郡庠生,勉勵其學。正統初,詔旌其門。

鄒氏,青龍鎮人。年十六,歸何文祥。甫半載,夫逝。有遺腹,越五月生。氏口斷臍帶,誓曰:"此生少所天,有如此帶。"遂食蔬茹素,艱苦備常,没身無怨。

謝氏,泖上右族。國初籍没坐誅,以婦給象奴。婦紿奴曰:"待祭亡夫,乃從爾。"奴信之。婦携酒飯,至武定橋哭奠,賦詩曰:"不忍將身配象奴,自携麥飯祭亡夫。今朝武定橋頭死,一劍清風滿帝都。"遂自刎。

倪妙貞,上海漢成里人,孫思聰妻。生子益五歲,次儆甫朞,而夫死。時年二十五,哀毁骨立。未幾,父與弟及子益繼死,獨與母及幼子、弟子綳居,甘艱苦以存二姓之祀。母壽終,撫子侄成立,人稱其節孝云。

黄氏,莆溪何某繼妻。何家素饒,洪武初,罣名欺隱,當没産。某貨殖它郡,黄獨與諸老弱居。官怒,掠徵黄,榜抶累百,身無完膚,昏頓就斃者屢,言卒不紊。次掠姒,又次掠姑。姑號呼,黄方呻吟,即狼狽起,蔽翼之。且告姑老不勝捶,力丐身代。辭氣艱惻,官愍釋焉。翼日,黄復扶傷詣官,泣請某前室之子,及姒之子若婦,凡在繫者,少休私舍,贏糧以俟遣。里士范公亮曰:昔鄭休妻石,鄭義宗妻盧,遺事並著晉唐史。今何婦兼類之,可稱述也。王逢詩曰:江南枳花開,妾當非望災。孝義由中心,榜楚從百回。古嘗亡猸禍林木,今見青蠅憎白玉。破鐺盡没氣若絲,官曹尚擬夫刑贖。君不聞一鷹揚,百鳥亡,一犬走,百兔僵,騶虞麟趾周家祥。

楊氏,懷遠將軍侯貞妻。及笄,歸懷遠。洪武中,懷遠戍東昌,卒。楊哀毁踰禮,三年不湯沐,不鹽酪。年方二十四,其孤端甫四歲。奉姑撫子,勤苦自力,至八十歲終。端别有傳。

湯節婦慧信,上海龍華人,嫁華亭人鄧林。洪武末,林卒。節婦年二十五,一女七歲。鄧族利其居址,迫使歸。節婦曰:"我生死鄧家婦,何歸?"鄧知不可奪,乃貿其居於巨家張。婦泣曰:"我守夫骨於兹土,奈何棄之?"欲自盡,張義而去之。既而曰:"彼惟利吾財耳。"乃盡以家貲還鄧,躬織紝以自給。歲癸亥大水,乙亥復水,節婦居荒野沮洳中。時女適富林曹氏,操舟來迎,不許。請暫憩舟中,亦不許。曰:"吾守此六十年,縱没溺以從汝父於地下,吾甘心焉。"年九十三卒。嘗植柳曰:"彼植拳拳然猶望其生,可爲人而不知自立?"每食果,留核種之,曰:"吾成物之性,即所以成吾之性也。"學士錢溥傳其事。

孝行女沈氏,名妙蘭。未嫁,母患心疾,貧不能致醫,剖脅刲肝爲液進,母食之遂愈。永樂丙申旌表。

金氏,華亭金興一女。年十九,嫁同縣阮文亮。五年而夫卒,誓不改嫁。養舅姑,撫孤子,寡居四十年。天順戊寅,年七十,旌表其門。

胡淑貞,上海山宗海妻。永樂十年,宗海死。氏年二十七,孝姑教子,守節以壽終。天順初，知縣李紋具奏爲貞節，學士錢溥誌其墓。

俞氏，名妙觀。張文通妻，高昌鄉俞奐昭女。適張五載，張病瘵，俞屏容飾，勤侍湯藥。及卒，俞慟絶復甦，至夕自經死。舅姑族人具大棺同殮，以終其志。時年二十有六。正統三年，旌爲貞烈之門。

彭氏，右所千户陳童妻。童亡時，彭甫笄，撫孤子琮，長襲職。琮謫戍塞外，彭偕其妻繆從行。琮逃歸，繆棄兒他適，彭孑然傭給，撫守兩朞孤孫。值虜至，負之奔竄。天順改元，赦還，琮亦復職。未幾琮卒，子輔襲，即彭所撫塞外孫也。輔亦蚤世，復撫曾孫某，亦夭。惟琮繼室幼兒弼在，彭又育底于承襲。年八十餘卒。

宋壽貞，華亭蕭塘人。御史瑮女，嫁錢學士仲子岐。岐通經學古，累舉不利。壽貞亦讀書孝謹，侍夫疾三載不懈。及卒，棄其二女自縊。衆嫗救之復甦，誓不欲生，遂屏食卒，年二十五。詔旌所居門曰貞烈。從父主事宋瑛爲之傳。

陳御史煒詩云：玉堂子婦臺臣女，三十夫亡亦無子。花顔憔悴怨情多，自分生存不如死。憶得從前初嫁時，朱陳門地兩相宜。雍雍琴瑟和鳴處，澗草池芹雨後滋。燈火辛勤過十載，夫壻厎羸妾心駭。釵環不惜買良醫，露禱曾祈此身代。誰料多才妬鬼工，長松一夜摧天風。絲蘿已負生前願，魚水還應地下同。惻惻何心向人世，水粒連朝不知味。謾道從容就義難，誰知烈婦捐生易。我昔觀風淞水濱，雙垣屹立爲何人。君不見東鄰婦，朝着衰麻暮歌舞。又不見鄙丈夫，眼前富貴偷生取。他時買葬九峰巔，莫近錢家墳上土。

彭通妻某氏，朱涇人。通貧爲遞兵，成化中卒。妻乞貸易棺焚其骸，歸而自縊。知府王衡出俸金治葬，自爲文祭之，立石表墓，將聞于朝。會去任，不果。里士王良佐等，皆爲詩歌詠之。

唐淑清，上海蔡倫妻。夫亡時，年二十四。勵志守節，奉舅姑以孝聞。育子式、堅，娶侯昱女淑、潤爲妻。式亦卒，遺腹子經，爲儒學生，亦卒。姑婦同心，克全厥操，鄉里稱爲雙節。成化丁亥，詔旌表其門。

郁淑貞，上海人。副使文博女，嫁同里孔瑜。瑜行商，死于寇。郁氏時年二十五，不再嫁。成化丙午，知縣劉琬上狀。弘治丙辰，旌其門。

袁真真，衛學生曹雲龍妻，松江中所舍人清女。其舅寢疾，姑持刃入祠，將刲股捄夫。袁知之，急趨泣告曰："姑老且病，不宜爲此。"即攘刃自刲股肉，和棗湯以進。舅病遂愈。

張璿妻胡氏，字元善；弟璣妻瞿氏，字妙嫺；珩妻楊氏，字妙賢。皆年三十喪其夫，同心守節。成化己丑，旌其門爲三節。胡氏以子駿貴，封太孺人。

鄧節婦，莫知其名，見《吴文定公集》。文定贈詩，有"一水纔知節婦奇，眼中覺得九峰低"之句。

趙氏，京師人，錦衣衛指揮讓女。少保華亭張公鎣時爲都御史，爲子昱聘之，歸有日矣。會鎣以憂去，昱亦病卒，遺書報讓，令再嫁。女艴然曰："我聘於張，即張氏婦也。又誰嫁？且夫死，將不有其家乎？"取粧具悉焚之，誓以必死。及張還朝，請以婦禮見，遂留不去。居止常依姑，姑衛夫人深禮之，女亦盡其孝敬。姑得危疾，女奉湯藥，退而涕泣謂侍者曰:“吾所以生,以有姑在。姑死,吾亦逝矣。吾奩笥所有,爾悉以與吾共事者。”且密召其姊訣。姑聞而大驚,因慟哭,出痰數升,疾遂愈。以兄杲子爲之子。後數年,翁姑及杲相繼殁。執節愈堅,屏居一室,撫子教之以奉昱祀。郡守劉琬上其事,詔旌其門。

顧文僖清詩云:妾面君未識,妾心君豈知。君死妾獨存,誰當知妾悲。父母生我時,願我有所歸。生死向君家,終我百歲期。我非慕共姜,我非師伯姬。自憐有此心,不忍分兩岐。皇天閔嫭弱,回光照孤闈。大字表貞節,黄金鑄門楣。我女諒匪婦,拜命慙恩私。番思摧裂初,一死真如飴。餘生已多祜,寧復知此爲。賢者有備責,妾亡無悔辭。永抱一寸丹,千秋從是非。

李氏,上海人。景泰間,嫁同縣沈璠。年二十六而寡,操守無玷。弘治辛亥,旌其門。

陸氏,名蓮,上海周浦人。父純,母計氏。嫁青龍鎮茅瓊。瓊卒,節婦年二十九,矢志不二。二子震、霆,家業凋落,幾不能爲生。乃專屋静居,躬紡織奉舅姑二子,言笑不聞。雖里嫗鄰婦,罕覿顔面。弘治辛亥,詔旌其門。

胡氏,周仲文母,以知書聞。嘗以濃墨大書“閒雅安和”四字,此閨秀所難者。岳正作《雙壽堂記》。

張氏,楊玉山小妻,南京人。成化間,玉山商于南都,娶之。婚踰月,楊以婦妬辭張。張遂屏居自守,楊亦數往來,所贈遺千計。二十餘年,楊以役累,罄產赤貧,婚嫁無策,怏怏失明。張聞之,直造楊廬,拜主母,捧楊首大慟。乃悉出向所贈金珠,具粧嫁其二女,并爲二子納室,留侍湯藥一年。楊死,守其柩不去。既免喪,其父母强之不歸,矢志以殁。

龔氏,青浦人。嘉靖戊戌旌表。

童權妻郁氏、側室孫氏,俱唐行鎮人。二氏皆盛年喪夫,無子。截髮誓不改節,紡績課其嗣子烈至成立。錢福詩云:年少何堪喪藁砧,持身不愧柏舟吟。金刀曾剪延賓髮,黄卷長存教子心。鏡裏孤鸞無對影,琴中别鶴有哀音。佇看旌表門閭後,同被天階寵渥恩。

張氏,華亭縣學生王惠妻。惠有俊才,卒。氏年二十八,誓死不嫁。正德己巳,旌其門。

楊氏,華亭人。楊景春女,嫁松江所軍餘黄鑾。鑾亡,守節不二志。知縣張岐以聞,正德辛未,下詔旌表,建坊北倉之左。

康氏,張掖妻。督運遘疾,卒于昆陵道中。康年二十一,懷遺腹,越月子生。荼苦萬狀,撫育遺孤,以衍宗祀。嘉靖壬午,郡人刑部郎中周珮表其墓。

俞氏淑安,任仕中妻,上海新江鄉人。年二十而寡,女二歲,男甫五月。姑先夫卒,舅宦遠方,家貧無依。氏斷髮自誓,織紝教子。女適俞邦用,邦用亦早喪,勸其再適。女曰:“再嫁誰奉俞姓宗祀?且辱吾母。”乃歸,與母同居守制。詔旌所居曰“雙節之門”。

張氏善才,上海漢成里金復妻。復二十三卒,善才年與之同,誓死不再嫁。孝養舅姑以天年終,撫六歲孤壽成人,五十餘年如一日。

陸氏,沈振宗妻。養姑至孝,嘗刲股愈姑疾,里稱爲孝婦。

談氏,嚴泰妻。泰客死,婦年十九,無子而貧。飲苦茹澹,以養舅姑。五十餘年,未嘗見齒。宗黨欲請旌之，婦堅辭曰："吾始願不及此，盡我心耳。"

戚氏，王瑾妻，高昌鄉人。胡氏，陳伯昂妻。子彬妻何氏，唐行人。雷氏，陸宗黼妻，唐行人。王氏，張欽妻，三林里人。陳氏，董愉妻，長人鄉人。許氏，蔡金妻，華亭人。已上六人，見《上海舊志》，行履不詳。

節婦某氏，上海人。既嫁，夫患風癩不起，舅姑謀奪以妻少子。婦覺，密告其夫，夫泣而遣之母家。遂携筐篋去，潛製喪斂衣衾。夫既死，父母不以告婦。乃棺不闔，露置水濱，蓋俗之待惡疾者皆然。婦聞之，即盂飯瀹鷄，偕幼妹至棺所，抱屍浴之，斂衣衾，闔棺設祭。祭畢，遂與妹訣，即以巾幕面投水死。惜無能傳其姓氏者。張汝弼傳之。

李(氏)[夫人]，楊州通判劉遠明女，歸上海主簿李從吉。年二十八，夫死，志不少二，誨二女有法。長妙貞，贅唐文祥。次妙堅，贅沈源仲。二壻亦蚤世，女年皆二十餘。母女相依爲命，撫遺孤各有成立，壽皆八十餘。西昌尹厚、瀼東黄黼、武陵顧逵，皆一時文士，爲作《三節傳》及詩詞傳于世。

施氏，徐煦妻。年十八，姑有所私，施每諷以義。姑銜之，謀欲敗其守，施以死自固。姑與所私怒，且慮事洩，搗殺之，潛瘞郊西。連旬雷雨震溢，縣令馮彬疑有冤，廉得之，逮訊首伏，置之獄。時溽暑，啓婦棺，面如生。人皆駭異，爲作《辨貞録》。

姚氏，庠生顧雲龍妻。二十三守節，勤苦操家，無大故不出閫閾，事庶姑以孝聞。壽八十一。嘉靖壬辰旌表。

顧氏，李賓陽妻，上海顧定芳女。歸李三載，夫亡。越四月，舉遺腹子。泣曰："先夫有後，可死矣。"遂以遺孤托兄從禮，絶粒死，年僅二十一。督學趙公鏜、邑侯喻公顯科旌其門。

劉氏，千户張綱妻。竇氏，百户張敏妻。陳氏，軍人劉熙妻。皆年二十餘而寡，無子，苦節食貧，皆七十餘歲終。衛人作《三節婦歌》誦之。

孟氏，王廉妻，年二十六歲而寡。時姑且未老，兒方五歲。孟孝養終身，教其子成立，補衛庠生。事聞，將奏旌，會子宸亦卒，不果。

蔡氏，生員沈露妻。露死，蔡方二十六歲，求死者數四。念姑老，二子在抱，强起奉姑撫幼，辛勤四十年如一日。巡按尚維持上其事，詔旌其門。

王氏妙真，莊銓妻也。婚五年，銓死，遺孤世忠三歲。舅姑欲奪其志，王氏抱世忠啼曰："陰瑜妻以屍還陰，尚病其不早决。吾當死莊氏户内。"卒不爲奪。嘉靖戊申，巡按饒天民廉得其實，與顧嶽妻秦氏、曹雷妻陳氏、山禧妻某氏、姚佐妻某氏，並奏于朝。值倭變，議未下。詳潘恭定恩所著傳中。

金氏，張問仁妻。夫卒，金年少，毁容自矢，煢煢撫孤，白首一節。

瞿氏，胡汝任妻，太守霆孫女。時有倭難，里媪言及村落女婦受辱事，瞿自矢曰："吾脱不幸，惟有死耳。"既而奔竄，與賊遇。瞿慮不免，從衆中奮擲道傍河中。婢挽之不起，竟溺死。

顧氏，華亭白沙鄉人。生員顧倫女，贅同里張匡爲壻。夫死，年方二十七。遂營葬穴，艱辛自守,撫孤成立。既歿,合葬平家灣父墓之側。張弼請于有司,爲建節婦橋于墓門,并詠其事。詩曰:北溪高塚對橋門,節婦芳名萬古存。瞑目終酬同穴志,苦心曲盡撫孤恩。寒烟蔓草無行迹,淡月梅花有斷魂。客子往來休濯足,溪流從此不曾渾。

趙氏,秦環妻。環少嬰孱疾,趙時年二十二。環疾革,囑其兄璽曰:"婦少年無子,吾死只作一壙。"趙聞之,欲先夫死,闔户自縊。家人驚救,遂髡髮見志。環死,環兄璽尋卒。妻張氏亦年少,與趙同誓死守。兩婦煢然,始終一節。耿督學定向、邵巡按陛旌其門曰貞節。後二十餘年,族人秦鍃女嫁進士潘伯翀,亦早寡,以苦節死。監司交旌其廬。

談氏,推官承儒女。承儒無子,贅張伯深爲壻。年二十二,伯深死。舅姑授以産,遜與伯叔。及父卒于官,遺田數畝,族人奪之,或謂當訟之官。談泣曰:"未亡人少不踰閫閾,乃以争産故,忍耻向公庭乎?"歷年六十四。督學耿定向、按院劉曰睿下檄旌之。

孫氏,鶚之女,歸嘉定沈思道。思道屬纊時,誓相從地下。及就木,孫引刀自刎,不得死,家人日夕守之。潛吞鍼服毒,百計自殘,踰年竟自經死。嘉靖九年,詔旌其門。

沈氏,太守瞿霆孫繼武妻,二十一而寡。家貧無子,孝事後姑,苦節五十五年。督學耿定向旌之。

宋氏,工部郎宋臣女,許聘葉方伯萱孫周。閱三載,周歿。氏甫十七,以死自誓。父母慰解之,氏曰:"生爲葉氏婦,死俱死耳。"遂報葉。葉仍行納徵禮,卜日方伯暨夫人並至,與氏髻,會拜畢,隨更衰絰,迎周魂旌歸。居繐帳中,晝夜哀號,凡四十六載,卒與葉生同兆焉。時嘉靖丙午歲。郡縣旌表其門。

楊氏,父啓東,曹涇里巨族也。池州守包公鼎之子志,從嘉興贅於楊,因家焉。生子節方五歲,孝二歲,志亡。氏督二子甚嚴,每損一衣、壞一器,輒誡以懲,曰:"少不知戢,長益誕肆。"二子感奮力學。迨有室,每夜二婦力女紅,侍立不敢坐,候二子課竟,始入内,以爲常。節應試,遣老僕隨行,中鄉榜歸。老僕云:"同榜曾邀之於平康里。"母聞之,流涕覆面,先責而後拜焉。後相繼成進士,訓曰:"守身義養,粗糲亦甘。饕詖敗官,牲鼎爲惡。"二子服官廉慎,一時徵入爲南北御史,負直聲。節後忤楚閹,戍莊浪衛。孝劾嚴分宜,請告養。母年七十有二卒,節奉嚴旨,不得歸行服,服斬衰九年。曹涇離海塘不遠,夜有神火數百道,逶迤而前。及包母門,隱不見,過復灼然。母子正氣,爲鬼神所憚如此。

蒙泉公仲子杞述其父叔爲御史時,留里人飯,母問飯何客,以陸對。怒曰:"陸諢名清水陸,游閒人,何敢坐吾席?"召孝入跪而數之,不少霽。節聞,亟趨入曰:"孝無子,欲買妾,邀陸卜龜耳。"母更大怒曰:"買妾不請母命,私卜之,而汝爲曲護耶?"發憤至出涕。二子搏顙泣謝過,至半月始容相見。杞時六歲,母最鍾愛,爲跪泣請,猶未解頤。後杞六十餘,口述此事,尚簌簌淚下云。太史文徵明傳曰:母生時豢養三猫,及屬纊,家人焚故衣,火方熾,猫悉投火死。昔韓愈氏書北平王乳猫之異,謂其感應召致,出于至仁,有信及豚魚之德。余于賢母亦云。母居家爲孝女,婦爲令妻,又嘗被命爲太孺人,今皆不書。書賢母,列其所重,爲作傳。

唐氏,上海杜時官妻。時官少服賈,抱病將卒。氏年二十三,無子,有老姑。時官命之曰:"伯氏有子宗亮,立爲後以養其姑。"後賈事廢,家日就貧,遇歲大祲者三。氏操愈勵,年五十餘。宋子南華傳其事。

宋氏,字子羽,禮部何良傅婦。良傅素羸疾,氏日持誦《楞伽》祈祐之。良傅暈且死,氏泣不食,私欲自經。保母曰:"夫未屬纊,何至是?"又二日,忽暴絶。氏謂不復起,即縊于誦經室中。先一日,有田人見紫雲如蓋,從所居起而西,衆方怪之。已而良傅少甦,竟不死。哭之曰:"哀哉子羽,而欲就吾泉下,廼我又將何就焉?且吾木石之性,夙慕孺仲,而賢妻澹泊樂志,實有古萊婦之風,將與我老山中。乃遽爾也。"終身不復娶。

徐獻忠誄曰:嗟嗟令人,殷宗之孫。光啓蘭儀,翼訓夫君。緝藻揚標,組繢生芬。陳詩夙夜,聯踃瑶琨。乃蹇多戾,作命不辰。緹縈孑已,子道孔任。共姜痁哀,傃死若臨。謂耉非福,矢心在闇。天不勝德,制命自心。孝娥賈首,撰志靈津。梁妻明素,刻面以珍。嗟嗟令人,斯義是敦。明夷之守,苦節亦甘。冰霜並冽,玄黄可陳。嗟嗟令人,孰儔此論。殘形曰孝,從一曰貞。麗玆典義,生光昊青。幽標不逝,國命秉靈。

莊氏,華亭人,適士人張雲鵬。雲鵬瘵疾,日羸憊,氏周旋弗懈。雲鵬卒,氏年二十,命兩其竁以示决。守志五十年,孫文簡爲立傳。

曹氏,副使定菴女孫,莫後景婦。年十四,父母俱亡。莫收爲養媳,奉侍太姑。經六年,寢食與俱,言笑不苟。方擬成婚,後景病故,女即粒不沾唇,被不蓋絮,但求速殞。舅姑問病下幕,方言飲泣。月餘卒,彌留之際,但以夫婦得殉爲安,父母未葬爲恨。

金氏,葛佃妻。年二十喪夫。萬曆九年,奉旨旌表。

周氏,蔡應奎妻,青浦人。夫坐罪卒,家貧無倚,其姑强之再適,因抱女投河死。

李氏,練塘名家女。既笄,歸小蒸庠生沈默。甫三月,夫卒。繼姑逼之再適,備加楚毒。一夕,沐浴取衣百結自縊,與夫合葬曹墳東。

褚氏,十五保楊子安妻。倭難作,子安率義旅捍蔽,死之。氏收屍殯葬,撫孤可任,年七十六。郡縣表閭。

張氏,陳嗣陸妻,潘蕩里人。年二十一,夫亡,舉遺腹子孝。中年,子又夭,與媳吴氏同撫孤孫濟良。壽八十四。

陸氏,上海廩生陳無逸妻,潘蕩里人。陳卒,氏年二十三,子世蕃尚襁褓。訓子僅成童,補諸生,復夭。守節七十六年,邑侯屠隆旌之。

陸娟,潤玉女。自少穎異,授以書史,輒憶不忘。長亦通敏,不妄言動。有索其父送行詩者,父不在,爲代作云:津亭楊柳碧毿毿,人醉東風酒半酣。萬點落花舟一葉,載將春色過江南。父歸責之,自是吟咏絶不及門外事。及歸馬龍,姑亡,事舅至孝。舅没,托以二女,乃置净室,與之同寢處者十年。既嫁,始復夫室。無出,爲夫置妾,生一子。將卒,以所作稿悉焚之,曰:"非婦人事也。"

張氏,青浦人,曹祺妻。年十五適祺。越四年,夫亡,子甫三歲。誓不再嫁,奉姑孀居六十年,壽八十一。吴門袁洪愈傳其事。

王氏,何四妻,琴村浜民琴童女。嘉靖中,被倭俘虜,義不受污,爲賊所刃,屍浮于河。

越三日，父母收其屍，兩手猶緊握裙帶。

倪氏，高橋倪捕爵女。倭寇上海，烈女同嫂奔竄，猝與寇值，女見嫂被執，投水自盡。寇以長戈起之，諭以好言。女以死拒寇，寇怒，拽兩足，分其屍，死之。

高氏，譚應禮妻，住華亭十保。倭奴突至洋涇，執氏并二僕婦，欲污之。高氏罵不絶口，遂被害，斷其四肢。二僕婦亦赴水死。事聞，奉旨旌表高氏貞烈之門。

張氏，文學韓洪謨妻。甲寅，倭攻郡城，入其家。洪謨具儒衣冠，擎曲迎之，語未脱口，刃斷其脅矣。氏號赴被執，子女號救其母，俱死焉。越二日，里中收殮，見氏左膊已受三刃，尚堅執下體衣不解也。父老曰：烈而慘，未有如韓氏一門者也。是時東郭有陸野塘者，其妻亦不屈節死。故人爲之咏曰：青血流天地，丹心照古今。野塘巖下士，一日遂知名。

陶氏，南門四十保民應奎女，貧未嫁。倭至，與其母奔避。賊及之，遂沉于河。母挽之出，答曰："兒不能顧父母。"遂入深淵死。其鄰女張氏，爲桶匠張經女。聞陶死，嘆曰："嗟乎！得死所矣。"既寇入其家，亦投河死焉。

王氏，夏文學世勳妻，居葉謝鎮。甲寅夏，寇經鎮，夫婦奉其母，偕弟妹同載而逃。賊邀之于浦，氏語其小姑曰："我兩人義不可辱。"挽袂而投于河。世勳與弟皆遇害。

趙氏，泗涇居民李之葉妻。甲寅五月，寇至，家人逃散。氏獨南走，抵官涇橋。賊追之，度不免，赴水，水淺不死。賊褰衣逼焉，氏瞑目大罵死。

張氏，浦南化成菴居民譚三妻。甲寅四月，避賊出奔。賊追及，欲淫之。執不從，受刃于水涯之間。

浦南朱氏二女，文學明輔妹。寇臨境，父兄挈之逃。抵瓜涇塘，爲賊追迫，與婢秋香連結投河死。越三日，父獲三屍于沙岡口，手猶不解焉。秋香張姓。

焦氏，文學朱煥妻。居浦南，與家人避寇，至黄浦，爲賊追迫。煥獨扶其母逸，焦被執，與子婦唐氏相率投河。賊怒，亂刃死焉。二子懋信、懋謙奔及，亦死。

張氏婦，泗涇人。寇至，其夫張仲珍逃。氏爲賊得，不辱死。

陸氏婦，七寶鎮居民陸台蘭妻。賊至出奔，爲賊所逼，投橋下死。

三烈女，俱上海人。其一包氏，其二不知其姓，蓋包之婢子云。包已字于錢，年二十許。值島夷之難，家人奔竄，遺三女在後。寇追及之，相去百武許。包氏先赴水，二女從之。浮沉間，寇倒長戈授包，温言諭之起。包不爲顧，自擲深處。寇以戈刺之，二女子争以身捍，遂俱被重創以死。

吴氏，御史馮恩母。恩上疏論劾冢宰汪鋐，逮詔獄。訛言洶洶，欲籍其家，家人奔竄。氏挈孫行可入京，瀝血爲疏奏曰：兒戇無狀，萬有餘罪。但妾臨年，不忍見子被僇，願身贖孤以延嗣息。事雖不報，而行可卒申其説，末減戍雷。先是恩考績，封吴太孺人，以壽終。

黄氏，楊允繩妻。允繩以給事中論劾大官丞姦蠹，下獄且論死。是時氏與子應祈，質一室委巷中，日夜擘絣，而絮衣橐饘，五年如一日。應祈當有室，不肯室。氏泣謂曰："若父長繫，若且煢煢不爲一綫計。"强之室。甫孕，應祈憂憤餓死。舉子又踰月，允繩死西市。氏乃强力携其婦及扶二櫬歸。渡江遘風浪，禦宵警，神色不小懾。及家，家坐久繫危廢。

氏料理之，襄二喪，教其孤孫忠裕。莊皇帝恤録命下，氏屏居，又數載卒。年六十九。

楊氏，富林里人，周雲鵠妻，思兼母。少通文義，嫁雲鵠，困于踐更，立志教其子讀書。令從舅氏樞授經，與中表豫孫同學，竟成大儒循吏。思兼迎養楚臬，雲鵠偉軀便腹，欲市楚中楷材，氏誓不從曰："子爲憲臣，如以遺體累其清白，不濟此大江。"思兼唯唯不敢。日引古名節事垂訓，若崔玄暐母盧氏《誡子篇》曰："仕宦者以錢物上其父母，父母但知喜悦。必是禄俸餘資，誠亦善事。若非禮所得，與盜賊何異，獨不内愧于心？"至今此語，周氏猶懸堂中。夫婦相莊，正面向外而語，不相左右顧。嚴重如此。見孫文簡公《墓銘》。

張氏，父珣有隱德，以獨女歸周學憲思兼，舉子紹節。側室先舉紹元，已二歲。氏愛與己子等，自痘疹聘婚，以至析産，一無差異。學憲有遺語，其訓紹元曰："元吾長子也。汝無以庶字存于胸中，但當知嫡母之恩，備盡孝道。人家嫡妻悍妬，多有不相容者，豈能享有田宅？思此則孝弟之心，油然而生矣。"訓紹節曰："節吾嫡子也。汝無以少字存于胸中，但當知事長之禮，如楊椿之事楊播，司馬温公之事伯康，乃吾志也。"氏迎養舅姑于楚，後姑卒，事翁昕夕慇懃，無異親女。學憲歿，二孤方垂髫，課督如嚴父。所延師若方公應選、徐公益孫，皆名士。敬憚周母，不敢出塾外。子孫以清白著稱。袁公福徵誌其墓。紹節婦李氏，貢生復科女。少孤，嫁時不及事翁，事姑以孝聞。母高，外祖母節婦胡，俱無後，迎養二十年，爲之喪葬。紹節年三十抱羸疾，氏調護扶持，衣不解帶者三載，竟得起色。紹節之自爲狀曰："余病賴孺人以生，而孺人竟以余故，勞瘁卒也。"年僅四十。陳繼儒爲之銘曰：清白吏，清白子，清白婦，天作之合賢者耦。

任氏，華亭人，參政勉之孫女，嫁張杲。年十九寡，撫遺腹子思稍長，補邑庠生，以孝行著。詔表其門。

王氏，金山衛舍人黄裳妻。夫亡，年二十二，守節四十年。嘉靖癸卯，詔旌其門。

汪氏，青村所人，嫁金山衛庠生李泮。倭寇入城，泮拒敵陣亡，給葬優恤。氏年二十八，撫孤守節者三十六年。院道旌之。

胡氏，華亭縣北俞塘人。年十七，嫁高恕。越四年，恕卒。有子女各一，遺孤復夭。舅姑奪之百端，氏益自奮。舅姑歿，轉徙流離，矢志如故。萬曆六年，郡邑旌其門。年八十，以壽終，啓恕竁合窆。距造生壙日適六十年。

張氏，莫隱妻。年十九歸隱，踰年隱病卒。俗焚死者故衣，氏遽投烈焰，掖之出，復以身蔽棺，計必殉，遂屏粒。父母姑舅慰之，第應諾。强之飲藥，悲咽不出語，比進食亦然。家人知其終無易志，不復强。密顧侍嫗曰："人六七日不食死矣，我不食一旬猶生，何耶？"嫗曰："賴飲水耳。"即又絶水。頃之，五内毁裂，噫氣不屬，竟死，顔色若生。從叔如忠紀其事，奉旨旌表。

姚氏，舉人姚臣女，舉人張德瑜妻。二十四喪夫，及葬，結廬墓側。李郡侯多見，稱其守志三十八年，妻道、婦道、母道兼備。邑侯卓鈿表其廬。

許郡侯維新爲賦《貞桃篇》云：桃之夭夭，其葉彌貞。之子于歸，厥心允誠。抗志而嫠，九死爲輕。如彼霜隕，不替其英。劉蔡幽芳，歿者以生。褒德之後，允兹令名。

姚氏，大理寺丞馮公恩第七子衍可妻。嫁七載，夫亡。氏年二十七，守制四十餘年，勗子成家，壽七十三歲。有婢繆氏，髫年侍衍可，甫十三而衍可歿。依主母姚。共守一室，誓不肯嫁，家人尤贊重焉。壽亦至七十二歲。同被院道旌獎，歲給粟帛。姚氏又與張德瑜妻爲親姊妹，稱姚氏雙節。

陳氏，沈槐妻，琴村浜人。未嫁夫亡，欲往奠，父母阻之，竟自縊死。

唐氏，大參本堯女。適太史陳懿德子允正，舉一子。允正卒，逾年子復夭，會太史亦卒。氏請于父，自營壙事竣，忽沐浴更衣，戒女奴曰："吾困少憩。"命之出，楗户，書後事畢，遂自縊。啓篋中，凡含殮旌襚，歲月製者，罔不豫備。衣帶間書"夫婦同葬"四字。萬曆朝，建坊旌表。

朱氏，貞晦所生女，吴穡妻。穡年三十夭，子烱甫六齡。矢節自守，負土成塚。屬兵掠歲侵，二釄不給，戚屬交諷之。氏且憤且慟，幾欲刻面自毁。力織以給姑養，課子遺經。烱感奮，成進士，未就官。俟年六十，直指上其事，得旨旌閭，烱始出謁選，累官南京太僕卿。公邃理學，好爲德於鄉。初艱嗣，辛酉生一子，人謂積德之報，公名之曰天賜云。

何氏，華亭楊允修未婚妻。夫亡，年十七。在室聞變，即斷髮毁容，絶粒誓死。後往奠夫家，隨於柩前鎖門，守制不還。守節三十六年，萬曆元年，奉詔旌表。

富氏，華亭楊承勳妻。夫故，婦年十九，守節五十一年，七十歲卒。奉旨旌表。

陸氏，上海人，贅華亭徐從教爲妻。避倭吴興，鬱鬱不得志。時有子益孫少敏，撫而歎久之。嘗詠一絶句，悲愴婉切。一日趣客與談，若訣者。客去，面壁西向而逝。氏上奉孀姑，携十歲孤與喪歸里葬訖。歸女與彭太學汝讓，嚴課益孫，子壻皆成大名。氏守節七十六年卒。

附子益孫呈：益孫係萬曆六年，由華亭縣學生員，援例入南監，告改北監。十四年七月二十七日丁母憂，現今守制。適蒙憲查履歷，伏念益孫少孤，賴母陸氏辛勤撫養，垂四十年。今母不幸見背，劬勞未報，啣恨終天。益孫既不能獵榮顯以慰母顔於生前，又何忍輟悲思而負母恩於身後。制服有限，痛結無涯。願伏草土以終身，永懷風木而歿世。未能從殞，已是偷生。莫可抒哀，敢希倖進。志雖微而已决，情庶愜而少安。直吐血誠，冀蒙憐准。所有原給文引及假帖，已於母亡之日焚化訖。

又呈：益孫命本蹇薄，遇更艱危。父死倉皇，喪羈異土。痛母陸氏，孑然孤嫠。遘兹凶禍，慟寄棺而殞絶寺外，跣送葬而兩死雪中。秖緣姑老在堂，兒幼在膝。千百般備嘗人間之苦楚，四十年受盡一世之孤窮。向非母氏此身，誰活徐門三代。益孫報劉無日，抱恨終天。是用焚引柩前，結廬墓下。詎意匹夫之細行，猥辱天臺之寵褒。被以孝名，實滋厚懼。蓋益孫既賴母以成身，本當立身以報母。不能揚名以慰母，何忍借母以竊名。況棄彼不可必之仕進，豈曰逃榮；反冒此不易得之美名，宛同捷徑。反覆三思，只欠一死。伏望天臺，停寢表閭。成我之恩，與生我等矣。

大學士王錫爵《祭徐母文》：予有良友，曰徐長孺。逮事寡母，老且嬰慕。憶昨謁母，鬒髮未衰。飲食衎衎，家人嘻嘻。期頤是徵，豈遽永離。欒欒棘人，傷如何其。嗚呼哀哉！

彼皮相者，吊母不夭。夫人有子，居不飾枅。夫人有家，食不二籩。而余知母，竊謂不然。惟母安命，不問櫛束。先薪後桂，處之恬足。惟母成子，始終以義。命爲丈夫，他無所冀。苦節而甘，居貧而安。兒也采葵，婦也授餐。静性有餘，其神彌全。含飴弄孫，曷不百年。嗚呼哀哉！人盡有子，孰如長孺。生則養志，死則廬墓。風雨之夕，或哭或拊。焄蒿者氣，戢于煖土。蓼莪自貴，何必纓組。予志厥媺，將載國乘。先以蕪辭，薦彼尊彝。惟木將拱，惟德則馨。漬酒宿草，尚其我聽。

楊氏，青浦唐嘉會未婚妻。年十九，夫亡。父母欲行改嫁，擇吉受聘。氏聞，深夜自縊。時萬曆四十一年十二月初七日也。陳繼儒志其墓，奉詔旌表。今並祀三烈祠。

袁氏，孝子楊應祈妻。應祈爲父頌冤身死，氏年方二十四，忍死抱孤，奉姑黄，扶二櫬歸。課督弱子，義方備至。萬曆三十四年，奉詔旌表楊應祈妻袁氏孝子節婦之門。

貞女林氏，温州郡丞恕女。年二十，受楊道立聘。甫三月，楊病卒。氏是時隨父宦江西，訃至，即蔬食縞衣，遘疾幾殆。歲餘，有議姻者，父將許之。氏聞，截髮自誓。凡三十年，卒不克合葬。縣尹陳公卜地殯焉。

貞女袁氏，元徵之女。生三月，受聶士濂聘。未婚聶夭，氏告父，往守制。姑病，躬湯藥奉事。姻戚憐其無倚，涕泣道之，卒不能奪。

烈女姚氏，孝廉簣仲女也。年十二，受黄籌幼子聘。未幾黄夭，父母欲更許，氏誓不更二姓。平湖有强委禽者，氏屢欲自刎。平湖某至訟之官，郡侯方公廉、司理吴公時來嘆曰："此松郡間氣，我輩扶植節義，可令其改志耶?"不許。終身不嫁，守節而終。

鄭氏，年十七，歸邑庠生姜從謙。姜夭，氏年二十七，斷髮毁容，屏處一室。值歲祲，姑乏送終，微諷改節。氏從容就縊，既絶復甦，守節至老。嘉靖間，郡邑表其閭。

夏氏，方伯公寅女孫。適郡庠生姜如崗，甫二載卒。氏年十九，事舅姑，撫遺息，拮据五十三年卒。直指邢公侗旌之。

董氏，虞部章憲文妻。蚤喪父，甫十三，來侍姑。莫斗室中，寂不聞聲。十九始廟見，憲文已爲諸生，出館穀，緈粟無兼旬。早夜絍紡易米，炊進其姑嫜，餘鐺底焦飯，乃自食之。翁竹梧公雲鳳性嗜飲，念無資，每呼新婦晚且止酒。氏必曰："酒已温矣。"實未嘗酤也。密遣老嫗，急賒取滿壺，侑以菜果，間具肉臛。家故有錫偏提，時質酒家，而薦瓦缶。翁問故，輒佯解之。奩蓄一鏡，典數文，不能取，臨梳取盆水自照而已。夏帳冬綿，必先取適于姑嫜。家數遷徙，艱苦萬狀。甑釜瓶鉢、刀砧床几之類，一一親自檢括。手掖老人行，煢然無一婢僕。然晨昏之養，甘毳無缺。及憲文舉進士，奉至京邸，復至淮，稍得捧卮上壽，而翁病，姑繼之。氏夜不交睫，起坐展側，跪而扶之。翁至哽咽泣謂曰："而爲婦廿載餘良苦，我願而有婦，如事我足矣。"克襄兩大事，尋卒。里黨稱爲孝婦。

桂氏，華亭人，郡庠生唐鏊妻。年二十六，鏊亡，矢志不二。子堯賓，甫三歲。苦訓成名，卒爲良吏。壽六十七。隆慶中，巡按吴從憲類奏請旌。

李氏，上海人。景泰間，嫁同縣沈璠，年二十六而寡。勤紡織，撫孤子女成立，操守無毫髮玷。弘治辛亥，旌其門。

潘氏,華亭人,受葉氏子聘。葉鬻身相府,潘耻爲婢,誓不嫁。葉娶妻生子,氏兄諷其適人,曰:"即同再醮,吾不願也。"乃坐卧一室,終身不笄不嫁,鄰媪罕得見其面。年六十八終。

潘氏,胡明達妻。夫亡,年二十八,誓欲殉夫。以遺孤兆龍七齡,哀號求哺,强延視息紝織,善養舅姑。守令以節孝題門。孫開文進士疏題,奉旨建坊。

貞女林氏,郡丞恕姪女。甫期,受沈懋賢聘。沈年十四殤,氏隨父宦教職,聞訃欲自盡。父母日夕防之,遂剪髮寄獻靈前。及沈殯,必欲往送。父率以至,撫棺號慟。旋入内室不出,止一老嫗作伴,足不出閫外,惟歲時伏臘,出見舅姑。隆慶五年,邑侯張公燭題貞孝烈女以獎之。年四旬,自擇日而卒。

陳氏,年十七,適邢應鳳,生二女。夫亡,氏遂絶飲食。二弟欲奪其節,潜受海上某姓聘,以母病紿之歸省。洎登舟,始明言,因進簪珥請易吉。氏號慟不從,衆謀欲劫之行。氏度不可脱,佯爲温語曰:"事既爾爾,已無可奈何。但未有婦再適人,翁姑子女俱不聞者。若輩能往白吾姑,一訣乃可。"紿之使去,氏隨抱所生幼女,躍入黄浦。事聞,郡侯臧公繼芳憐其奇節,抵二弟罪,表其門。所生長女,喪父時年甫十歲,朝夕悲號凡二載,哭不絶聲而卒。瞑目時,猶痛吁數十聲而逝。及焚其骸,則胸坎俱血淤,腸胃俱潰裂,見者無不流涕。黄門袁世榮傳其事。

蘇氏,華亭人。御史克温女,嫁庠生沈胤嘉。年二十七病卒,氏亦齊年。遺孤承歆甫六歲,長養成立,爲府庠生。萬曆三十三年,承歆復卒,又撫育諸孫成立,爲庠生者二人。卒年七十八,孀居五十二年。邑侯張公繼桂、郡侯許公維新,俱給綽楔旌閭。

龔氏,富欽妻。欽死,守節撫孤。嘉靖戊戌,子赴京具疏,詔旌其閭。

徐氏,七寶人,陸珴妻。年二十,珴死,未及葬。會倭掠七寶,縱火焚廬舍。氏拊膺哀悼,欲投火自焚,父掖止之。已乘間收珴骸骨囊枕中,持枕以行。雖踉蹌避難,未嘗去手。倭退歸葬,終身守節。

葉氏,華亭人,錢塘尹宗行孫女。年二十,適陳學士長子軒。軒侍父肄業胄監,卒於京。氏年二十七,聞訃即毁容截髮,屏去膏沐。孝事舅姑,撫孤成立。卒年七十六。

李氏,華亭李貢生女,適浦南陳怡。怡亡,氏年二十六,一子玧在襁褓。母子伶仃孤苦,守節五十八年。

孫氏,華亭袁軾妻。二十七孀居,遺孤鏐逾年夭,嗣姪鍾訓成諸生。貞守五十年,隆慶中,七十一歲卒。

黄氏,陳講未婚妻。青浦人,爲養婦。講夭死,氏誓以死,孀居三十七年卒。

陳氏,華亭葉灼妻。二十四夫亡,冰霜自矢。夜閉户,必巡視而後即安。所居幾五十年,未嘗遷坐。至七十六而歿。氏手植橘樹一株,每遇亡忌,摘實薦新,歲無缺供。氏没,橘亦隨槁。王文肅錫爵手書貞節表之。孫嘉林,縣庠生。

節婦宋氏,盛鶴妻。夫亡,年二十一。撫孤葬夫,虚右竁以待。養姑取給紡績,人不堪其憂。嘉靖二十三年,合郡訛傳倭警,男女奔竄幾空。氏謂寡婦義不出門,提刀俟死,幸無恙。年七十餘終。奏聞旌表,建坊東門外錢明宫右。教子邦承,讀書好俠,官縣丞。

張氏,孝廉宋堯俞妻。萬曆四十六年,子孝廉懋澄題請旌表。

沈氏,嘉興太僕卿玄華女,歸徐太常元春子錦衣有慶。嚴憚朱氏姑,而待妾梁氏最有恩。有慶生本高,卒。氏方盛年,却屏一室,静翳無言聲。年踰六十卒。後本高上疏,兩母得並旌。董宗伯題其坊曰"相門雙節"。

陳氏,張士震繼妻。歸張僅歲餘,張病不起。氏誓殉,嚴防之。促爲夫入土,砌磚龕於柩側,朝夕依焉。後絶粒二十餘日而死,時丁未四月二十一日也。葬于將山。司李毛一鷺躬自祭奠,郡侯張九德題其墓曰"女中夷齊"。建祠學宫東偏,春秋祭祀不絶。

陳繼儒《祭文》曰:古之節婦,或尅面引鏡,或劈耳握刀,或割髮表心,或截鼻見旨。非外迫豪强,則内迫父母耳。張茂才彌留之際,烈婦以節許之。父母不忍傷烈婦心,愍然亦以白頭守節許烈婦矣。烈婦豈不能須臾忍而竟死耶?程嬰未死,以趙氏有朔在。張世傑、陸秀夫未死,以宋氏有帝昺在。今烈婦誰倚乎?有孤則保孤爲重,孤無可立,則殉夫爲重。等死耳,溺死,畏死,排墻死,賊盗毒蛇猛獸死,五日不汗死,七日不穀死,詎若烈婦今日之死爲快哉?村嫗竈婢以緩死勸節婦,此若以蘇屬國、洪忠宣勸人。夫屬國十九年而歸漢,忠宣十八年而歸宋,要自有天幸,不當與人臣道也。藉令數年之内,不幸以他故死,即不忍爲逆劉豫所留,亦將爲降李陵所笑。文信國被執,就義稍緩,太學生王炎午作生祭文以速之。謄寫百篇,榜之水陸通衢,曰:"公欠一死耳。"今烈婦飲毒飲金,繼之絶粒,必從張生地下而後已。既不覬蘇屬國、洪忠宣之生還,又不待王炎午之生祭。則烈婦之死,加忠臣一等矣。一死而後不辱張氏婦,一死而後不辱陳氏女。一死而流寓之九峰若首陽,三泖若娥江。使見者心膽皆慄,談者齒舌俱香。感激義烈,敬奠一觴。非止爲閨閫勸,蓋將廉頑起懦,告諸男子,慎無負七尺之鬚眉,而蔑百代之綱常也。

許氏,許初女,贅嚴爲壻。嚴飲博不治生,僦居西湖庄之僻隅。諸惡少聚而進曰:"而婦頗艾,曷不令共吾輩歡,日可得青蚨治酒張博。"嚴即以意誨婦,婦叱之,屢被箠楚不從。一日,諸惡少以壺豆進。婦避之鄰媪家,泣顧懷中女曰:"而父不才,吾又安能靦顔存喘息,俟女成也?"鄰媪不知所謂。少間,聞闔户聲,嫗往覘之,婦拔刀刎頸仆地矣。嫗驚呼鄰報初,初挈醫來視,取熱鷄皮封之,復抓去。明旦氣絶,萬曆壬寅二月八日也。年二十五。邑侯俞思冲捐俸殯殮,許郡侯維新旌其門曰貞烈,命葬于黄耳祠側。今並祀陳節婦祠。

康氏,司理學詩孫女。歸李生九星,從翁少尹宦。少尹卒於官,扶櫬南還,道出彭蠡湖。夜半風狂斷維,舟撼幾裂。氏驚起探姑,失足墮水,急呼漁人援之。氏輒誓必死,泣告姑曰:"兒夙承母訓,言不出閨。今乃假手漁人乎?"絶水粒者三日。姑含淚解釋,家人旦暮環侍。及抵故里,甫入閤未半晷,以自經報矣。時萬曆甲辰九月三日也。年僅二十有一。馮夢禎爲之傳。

尹氏,年十八,歸陳鳴韶。鳴韶早世,氏年二十三,生子善道甫六歲,舅姑垂老。夙夜力作以供薪水,更挑燈課子。舅殁,家益落。奉其姑張萍棲外家,敬事不衰。善道後舉戊子鄉魁,上狀于朝,旌其門。

曹氏，華亭人，府庠生黄文衡妻。文衡年三十病亡，氏年二十九，藐孤一曾甫九齡。氏殯夫課子，備極酸辛。比一曾入庠有聲，萬曆癸卯，一曾舟覆廣富林死。氏勉支棤殮，越三月殂，守節五十六年。直指馬公從聘旌奬。

陳氏，吴鑑妻，寄藉華亭。年二十三，夫亡，遺孤一週。撫之成立，孝養舅姑。孀居五十七載，邑侯俞公思冲題貞壽以旌之。殁年八十。

陸氏，中丞樹德女，孝廉范允謙妻。謙早世，撫孤必溶補諸生。性剛介，操家凜凜者四十餘年。題請奉旨旌表。

謝氏，士人賈穎石妻。未三十，夫亡。矢志撫孤，教育倍至。性嚴整，不妄言笑，非歲時不見宗黨。年七十。

李氏，華亭庠生吴聘甫妻，刑部郎中敏孝母。夫亡，時年二十八，敏孝甫半朞。孝養翁姑，訓子登科。苦守四十餘年，殁年六十八。奉旨旌表。

侯氏，華亭人胡體晉妻。婚甫一載，夫殁，有遺腹子。會有欲奪其志者，乃紿母出，杜門自縊，年二十二。貧不能葬，里中人士醵錢助之。

楊氏，華亭人，適張雲漢。夫亡，氏年二十四，子齊羽甫一朞。守節二十五年，齊羽復夭。婦陳氏年二十六，遺孤賓臣甫三歲。姑婦飲冰，白首秉摻，稱雙節云。

金氏，青浦人吕克忠妻。嫁甫彌月，克忠死。屢欲自經，爲姑所阻。於是蓬首垢面，棄床褥不寢，蹲卧竈灰中，或竟日不餐。已而歸母家守節，與吕隔一垣，時梯屋望柩而泣，竟墮地死。

聞人氏，宋誼妻。蚤寡，歷四十年。既疾病，不肯飲藥，曰:"未亡人得死爲幸，奚以湯藥爲生哉?"終不飲藥死。

周氏，宋味松之妾。味松嘗夜卧，令一女奴召周氏。女奴害周寵，不時召。待久不至，問故，女奴曰:"周方與某婦嬉戲。"味松大怒，起提周氏折髀。周氏涕泣，請還母家。味松卒，周氏來奔喪，慟哭不食，數日死。

宋氏，平湖陸瀾妻。歸瀾未幾，夫死，誓不再適，終始一節。奉詔旌表。

奚氏，刑部郎中昊女。嫁曹筠坪，生子嗣榮。筠坪課之嚴，間被撻流血。氏不諫止，曰:"好人家兒潰家産，往往成于母之姑息。"嗣榮嘗夜歸，筠坪怒，跪之床下。夜半，燭盡滅，氏寢而覺，呼視之，猶在地也。嗣榮由是大慟，力問學，舉進士，爲虞衡郎，封氏安人。年七十五卒。徐文貞公銘之曰:有玉在璞世未識，磨礱雕琢不遺力。治玉彌苦愛彌極，錫封安人昭内則。

徐氏，祥澤里人。年十七，歸楊鉞，爲贈給事中溥仲子。弘治己未，鉞以郡椽上官之役，暑行暴卒于旅。氏方蓐産，姑姒恐傷其心，秘不以聞。氏察衆顔貌覺之，隕絶。會所産女又不舉，溥議爲鉞立後。氏堅辭，撫其從子若孫若曾，一一有恩。而中丞公豫孫，尤氏所鍾器。十九嫠居，至八十三考終。豫孫嘗謂，氏于楊門爲貞婦，爲壽母，而未得表旌。言輒泣下。沈愷志其墓。

包氏，贈公志女。早喪父，奉母楊太孺人，家教惟謹。嫁唐自道，生三子二女。年二十七而寡，冰掺酷似其母。有兄節孝，兩侍御之風。長子世材，恂恂篤行，生平不知有欺僞事，自號無懷。萬曆壬辰，氏壽九十，及見孫之屏成進士。明年癸巳卒，世材年已七十有四，白頭苴經，啼若嬰兒。之屏以邑令乞終養，與郡侯堂邑許公風雅相尚。許公禮世材爲鄉飲賓，壽八十八而歿。莫方伯如忠、董别駕傳性，皆氏婿。

唐氏，莊某妻。有二子，長允中，仲允武。某歿，氏撫兩孤，督允中學。學成，爲雲間《易經》鼻祖。隆慶丁卯，領順天解元，不及第而卒。允武以明經爲州别駕，稱古長者。允中子元禎，崇禎戊辰成進士。其先世三楹，在泗涇鎮闤闠中。自宋理宗端平元年迄今，三經兵燹，巋然無恙，皆其母子保持之力也。

錢氏，兵部侍郎蔡汝賢妻。汝賢爲諸生，鄉舉時已逾三十，又十三年未得第。日者云："須斷弦始發跡。"氏念曰："奈何以一婦人遲滯其功名乎？"丁卯九月，自縊死。汝賢遂以戊辰成進士，歷給事中，官至中丞。不再娶，亦不通室。考績贈氏淑人，人稱爲義夫。特其名臣言行中之一事也。

翁静簡，指揮使國衡姪女。年九歲，父患危症。女扃户，向大士拜禱，剜左股一臠授母黄氏，煮羹奉父，父病尋愈。衛人士欲上其事，女辭之。父卒後，嫁西嘉瑞。甫半載，母疾，復割股以進母。古來割股，未有救父又復救母，若翁孝女者。

沈氏，泖濱人。令尹古浦之妹，張甲妻。夫亡，年二十，寡居四十載，以貞節旌。吴石湖先生爲之傳，周萊峰先生題其傳後曰：忠臣不事二君，貞女不更二夫。綱常所在，苟可出入，天下之事，靡不可爲矣。延平先生有云：吾輩欲求寡過，且謹守格法，庶幾不差。至哉斯言！因系以詩：皮去毛安附，垣頹室自傾。比來尋物理，時欲與君評。庶守忠貞節，毋忻簡易名。紛紛諸叟論，所願獨延平。

范氏，青浦庠生徐伸妻。年二十七，伸死。撫育四歲孤士衡，拮据佐讀，補庠生。孀居四十六年。萬曆庚申，奉詔旌表。

劉氏，顧可大妻。芳年孀居，事姑教子，六十壽終。天啓三年旌表。

顧氏，萬里女。幼受秦氏聘，未娶病亡。女立志守節，父母强逼改嫁，自縊死。邑侯鮑公奇謨旌其墓。

張氏，沈斌山妻。夫殁，年二十有四。永訣之日，哀號絶粒，屢欲捐殉，翁姑力解乃止。子汝駿，妻早逝，遺孫天禧，撫養教誨。每紡織終宵，篝燈課誦，孫游邑庠。日惟禮佛，精進焚修。氏貧苦守節，孝事翁姑，嘻笑之聲，不聞户外者六十年。年八十有四，無疾而卒。

林氏，太守一愚女。許字楊道中，未婚而夭。女過視含斂，誓不履二庭。父母成其志，守節于家。郡邑上其事，奉詔旌表。

顧氏，青浦錢雲川妻。夫死，抱其胤子若珍，娶婦謝氏。若珍復夭，婦姑相守。謝先以節殉，顧矢節壽終。

顧氏，華亭上横涇故民殷尚才妻。年二十四喪夫，茹素禮佛，孝事其姑。享年八十有五。

蘇氏，華亭人，歸徐奉常。甫舉一子，奉常卒。撫孤成立，婚娶有孫，子婦相繼殀，遺孤在襁褓,躬親教養。稍有不率,輒痛哭訓戒。孀居四十年,足未嘗履户外。郡邑議旌,氏堅却曰:"老嫗自守其素節,何足上煩官府耶?"

宋氏,華亭蕭塘人。國初孝子沈得四後裔沈文沼之妻。少讀書,晢大體。年二十,歸文沼。文沼食貧力學,宋脱簪佐讀,互相訂可,夫婦如師友焉。二十有三,文沼亡,遺孤五月,絶粒誓死。紡績徹夜,十指爲血。翁姑憐之,謀奪其志。宋手書告母曰:"女蒙父母擇配沈君,可謂得人。豈意遽然一疾,三載夫妻,天促其筭,言念及此,五内寸裂。幸已生兒,撫令成大,終身所倚,此素志也。敢更生他心哉?昨有人來求帖,女則堅志不允。蓋聞臣之事君,有死無二;婦之從夫,終身不改。此人之大倫,女之大節也。今公公特來商議,幸父母再三却之。倘四大人之意俱然,寧蹈東海而死耳。有何面目見沈君於地下乎?"自是翁姑父母不敢復言。孤稍長,爲親自督課,講解弗輟。甚則繼以夏楚,即嚴父不過也。孤名泓,崇禎元年選貢,有聲于時。氏成疾,泓進藥,輒揺手曰:"此吾見汝父時也,何以生爲益?"感泣月餘死,年五十四,孀居三十二載。事翁姑以孝,待伯叔以禮。歲時率泓祀其夫,哀動左右。性甘苦,所食惟熟油苦菜而已。鶉懸百結,寒暑以之。泓語次,淚溢于睫,至不能成聲。孝子哉!郡侯方公岳貢表其門曰"風高孟母"。

徐氏媛,吴縣人。太僕少卿時泰女,學憲范允臨妻。范少失怙恃,家落,姻約幾中變,媛誓必從之。范成進士,以南兵曹奏最,封安人。少工書,善古文詩歌,好奇者嘗乞其銘以志墓。有《絡緯吟》刻行。年五十餘卒。

沈氏,華亭人。鳳峰先生愷孫,嫁吴之龍爲繼妻。年二十四,之龍病瘵死,氏守節四十年。舅吴氏役累蕩産,氏屏跡陋室以居,茹叁奉佛,紡績自甘,不愧名賢之胤。

葛氏,郡文學張積基妻。年十九歸基,兩載夫亡。泣誓守貞,撫一歲孤天彝,今已成立,鄉族重之。見汪太常慶百傳。

曾氏,南橋里人。八歲許字薛繼憕,年十九待嫁。一夕,氏夢薛送麻帛至,心訝爲不祥。越月憕死,氏哭踊幾絶,毁奩焚紈綺,擲樓而墮。父母兄弟防閑勸諭,氏曰:"若不容吾死,惟終身死守,以無負薛耳。"憕父往候,氏慟哭,出拜舅以誓。無何,有以庚帖請者。氏聞,遂絶粒死。薛遂以禮迎氏柩,與憕合葬北郊外菴山之西。

侯氏,金機妻。二十而寡,時藐孤甫三月。侯教育遺孤,茹荼五十載,衆共稱之。

楊氏,庠生李光初妻。年二十五,生子僅僅襁褓,而光病卒。當蓋棺時,氏斷一指投其中曰:"先割吾指,以誓從夫於地下。姑留我身,以撫孤於將來。"及葬夫後,悲哀骨立,不能飲食而亡。青浦邑侯王思任表其廬曰"斷指奇節"。今孤兒入蘭溪庠,名傳節,號半李,志不忘母也。

陸氏,華亭人,徐正禮妻。夫亡時,年二十九。守節四十七年。天啓壬戌,奉旨旌表。子昌貽,府庠生。

鮑氏,王應瑞妻。應瑞病殁,鮑年方二十七,子紹恩甫三歲。矢節植孤,迄于成立。壽七十餘卒。

陸安人,太宰莊簡公女弟,參知姚體信妻。裔出貴族,清儉敦樸。世崇佛教,年三十後，即絶葷茹素，焚香誦經。參知宦游，輒命妾媵相隨。一意精修，不知人間有妬寵争妍之事。即馭臧獲輩，不以笞詬相加。年六十有九，坐卧一樓四十年，昕夕皈依西方。歿之時啓足，下爪盤旋若蜿蜒狀，合掌端然而逝。有圖刻行世。

張氏，華亭人，水部公烈之姊。年十七，歸憲副富好禮仲子廩生于德。于德以痛父之歿，哀毁成疾，不起。時氏年僅二十，家務倥偬，里役旁午，更屬島夷之警。氏以一身撑持拮据，備歷艱辛。生一女，贅郁伯純爲壻，撫侄孫永祚爲嗣。邑侯俞公思冲給匾表揚。

楊氏，趙屯浦人，沈九思妻。夫亡，年二十一，誓守不再適。即所居事佛，凡五十餘年。

蘇氏，上海人。年十九，受盛萬年聘。萬年從喬一琦督兵遼東，未便歸娶。俄聞一琦戰歿，年亦陣亡，女誓不欲生。時尚未有確信，父母慰諭再三，氏乃强食。已知凶問，即于次日投繯死，時萬曆己未春也。學使駱公駸曾旌其閭。

楊氏，華亭人。郡佐楊侍山女，歸太學姚孟彦。年二十四，孟彦早世，孤諭纔四歲。謝鉛華，躬布素，礪志撫孤，爲姚氏女宗。年六十有八。

黄氏，金山衛指揮使西昌言之妻，承勳之母。二十六而夫亡，哀毁幾絶。堅志苦節，備極慈孝。孀居七十載，壽九十五而終。院道旌表。

沈氏，布政使沈恩女，歸庠生顧從仁。二十五，夫亡守節。時值倭變，亂離播遷，備嘗艱苦。子九叙，甫孩幼，氏撫字以至成立。年五十壽終。督學耿公旌其門。

楊氏，適華亭庠生沈惟一。年二十四喪夫，遺孤士進方三齡，氏撫育成立。享年八十有六。

蔣氏，適郡民徐侃。侃死僅百日，有宦奴奚禄，逼之改嫁石如玉。誓不從，投水者再，捄免，夜自縊死。燕郡丞論二人遣戍，畢司理覆訊，謂氏凛凛激烈，九死不回，舍孤赴義，當如議以謝貞魂者也。

唐氏，何三德妻。有二子，長萬化，次萬仞。夫亡，氏年二十餘，即矢志課子。萬仞爲諸生，復早世。守節五十年，年七十有六。天啓四年，奉詔旌表。萬化以壬戌進士，今爲福建提學副使，封太宜人，猶得以禄養云。

李氏，水部昭祥女，嫁方伯莫如忠第六子生員是卿。婚始一載，卿歿，氏年十八。守制六十年，今七十有九。子維盛，餼嘉善庠，有聲。

朱氏，司成大韶庶妹，嫁生員李日林。李江行遇風，得心疾，歸卒，無子。氏奉舅姑，撫嗣子，播遷伶俜。守節五十二年，今年七十有六，始終清潔如一。

楊氏，湯國輔妻。夫死時，氏年二十六，遺孤六歲。守節三十年，備經苦楚，貧不能具朝夕。

王氏，封君煒女，張永鑑妻。夫故，氏年二十歲。痛夫夭折，屢覓自盡，以舅姑謹防獲免。毁容矢志，守節四十餘年，見今六十一歲。天啓六年具題，崇禎元年，奉旨旌表。

翁氏，沈太僕愷孫泰階妻。泰階年二十卒，氏少一歲，遺孤方三月。姑張氏性嚴，氏遵奉教餙，無異在室。課子葬姑，守節已三十一載。

劉氏，殷廷翰妻，十九歸殷。夫輒病，纏綿七載而卒，無子。茹荼三十六年，今六十一歲,府縣給匾旌揚。

以上俱例不立傳。其奉旨旌表及院道郡邑褒揚者,姑附存之。

附壽母王氏,李聯芳繼室,生四子。仲庠生新枝,伯與季俱蚤殁。叔子喬枝,終身不娶,昕夕共母氏起居,年已七十有一。母生嘉靖壬辰,今辛未,已百歲矣。尚健啖,日飯三盂,酒可升許。太守方公特賜優禮,捐俸爲倡,邑侯鄭公暨鄉士紳月餼以供,郡中一人瑞也。

松江府志卷之六十八

游　寓

彈丸峯泖，游者不鄙而辱臨焉。寓公客卿，饘於是，粥於是，聚國族於是，長子孫於是。其否否者，往來漸熟。兒童牽衣而迎之曰：吾家先生至矣！清風古道，高咏微言，尚在詩筒酒瓢間，寧忍以飄風視之乎？志游寓。

笮融，丹陽人。初，徐州牧陶謙使督廣陵漕運。曹操攻謙，徐土不静。融護謙男女百口、馬三十匹，走北亭鄉避難，卒遂葬於此。至今稱爲笮墓。

鄒湛，南陽新野人。嘗寓居孔宅，故名鄒孔宅。湛嘗見一人，自稱甄仲舒，乃悟曰：吾宅西有積土敗瓦，其中必有死人。檢之果然，厚加歛葬。後捨宅爲慧日寺。

朱放，字長通。襄州人，隱於越之剡溪。嗣曹王皐鎮江西，辟爲節度參謀，尋歸越。遭寇亂，避地雲間。先有寄張山詩云："知君住處足風烟，古樹荒村在眼前。便欲移家逐君去，惟愁未有買山錢。"至是留寓焉。貞元初，召爲拾遺。劉長卿贈以詩云："詔書徵拜脱荷裳，身在東山閉草堂。閶闔九門通禁籍，華亭一鶴在朝行。滄洲離别風烟遠，青鎖幽深漏刻長。今日却廻垂釣處，海鷗相見已高翔。"然放終不就也。後山陰賊退，仍歸剡溪。劉又送之詩云："越中初戰罷，江上送歸橈。"後終於廣陵。有詩集，顧況序。

序云：因都國出麟角鳳喙，爲續斷之膠，與本無異。朱君能以烟霞風景，補綴藻繡，符於自然。山深月清，中有猿嘯。復如新安江水，文魚彩石，歷歷可數。其杳瓊倏颯，若有人衣薜荔而隱女蘿。立意皆新奇，創離聲樂友之什，情思最切。雖有諫職，心遊江湖。謝病而來，慕出塵之侣，精好《涅般》、《維摩》經，愛人爲善。有志未就，終於廣陵舟中。識與不識，聆風嚮義，相與興嘆。我主人延陵包君、兵部李侍郎、禮部劉侍郎，皆有託孤之舊。子郁襲其先行，敬事父友，泣捧遺文，祈余冠序。

顧況《送朱拾遺》：楚天暮秋，衰草多霜。我送朱兄，置酒寒塘。他方有遺名之人，語出世之事。昔我大師，居毘耶離方丈之室。以虚空量，納諸群有。爲法而來，難於酬對。兄辯才者，精於語默。雪山有草，可生醍醐。上賢不自豐，故貧也。上智不任數，故樂也。言出以機，在心爲咎，故慎也。和平發中，金玉鏗鏘，如秋水之溢塘。殊不知長松倚空，遠鶴孤唳，如兄也。將刀畫水，水中不斷。以道親人，人何有别。何山不可以爲家，何水不可以泛舟。我送朱兄，浮於亂流。主明不在諫，故臣有瀾漫之遊。

梁肅《送朱拾遺》：長通以比興之文，名震翰林，又以玄遠之致，升聞天朝。其静也，眄滄海以遂志，其動也，披白雲以受詔。吴中賢士大夫相賀不暇，長通方移疾餌藥，不出東山者三年。或曰：以君之才之識，宜行而止，宜語而默。且君命召，其可以久乎？繇是不俟駕，亦不敢言病。獻歲之吉，涉江而西。夫宴息以弘道，繇道以致遠。位在乎忠，道在乎辭，蓋拾遺之志如此。彼離别之難，秦吴之遠，前期之不易，皆付之樽中可也。群賢於是酒酣歌詩，以代雜珮之贈。

張志和，字子同，婺州人。唐肅宗慕其高，命待詔翰林。後出爲南海尉，遂放浪江湖，與陸羽往還，因托迹吴興。舴艋既敝，請於顔魯公，得漁舟更之，以爲浮家泛宅。垂綸於松江震澤間，自謂烟波釣徒。所著《玄真子》及《大易》十五篇，其卦三百六十五。後憲宗圖其像求之，不可得。李德裕稱志和隱而有名，顯而無事，不窮不達，嚴光之比。

志和《漁父詞》：西塞山邊白鷺飛，桃花流水鱖魚肥。青箬笠，緑蓑衣，斜風細雨不須歸。　雲溪灣裏釣漁翁，舴艋爲家西復東。江上雪，浦邊風，反著荷衣不嘆窮。　松江蟹合主人歡，菰飯蓴羹亦共飡。楓葉落，荻花乾，醉泊漁舟不覺寒。　青草湖中日正圓，巴陵漁父棹歌連。釣車子，掘頭船，樂在風波不用仙。

兄松齡和：樂在風波釣是閒，草堂松徑已勝攀。太湖水，洞庭山，狂風浪起且須還。

顔魯公碑：士有牢籠大虚，檝掖玄造，擺元氣而詞鋒首出，軋無間而理窟肌分者，其惟玄真子乎！玄真子姓張氏，本名龜齡，東陽金華人。父遊朝，清真好道，著《南華象罔説》十卷，又著《冲虚白馬非馬證》八卷，代莫知之。母留氏，夢楓生腹上，因而誕焉。年十六，遊太學，以明經擢第。獻策肅宗，深蒙賞重，令翰林待詔，授左金吾衛録事參軍。仍改名志和，字子同。尋復貶南浦尉，經量移，不願之任，得還本貫。既而親喪，無復宦情，遂扁舟垂綸，浮三江，泛五湖，自謂烟波釣徒。著十二卷，凡三萬言，號玄真子，遂以稱焉。客或以其文論道縱横，謂之造化鼓吹。京兆常詣爲作《内解》。玄真(文)[又]述《太易》十五卷，凡三百六十五卦。以有無爲宗，觀者以爲碧虚金骨。兄浦陽尉鶴齡，亦有文學。恐玄真浪跡不還，乃於會稽東郭，鋤地結茅齋以居之，閉竹門十年不出。吏人嘗呼爲掏河夫，執畚就役，曾無忤色。又欲以大布爲褐裘，(復)[後]徐氏聞之，手爲織纊，一製十年，方暑不解。所居草堂椽柱，皮節皆存，而無斧斤之跡。文士效柏梁體作歌者十餘人。浙東觀察使、御史大夫陳公少遊聞而謁之，坐必終日，因表其所居曰玄真坊。又以門巷湫隘，出錢買地，以立閈閭，曰迴軒巷。命評事劉太真爲叙，因賦柏梁之什，文士詩以美之者十五人。既門隔流水，十年無橋，陳公遂爲創造，行者謂之大夫橋，遂作《告大夫橋》文以謝之。嘗以豹皮爲茵，鷄皮爲屩，隱素木几，酌班螺杯，鳴榔杖拏，隨意取適。垂釣去餌，不在得魚。肅宗嘗錫奴婢各一，玄真配爲夫妻，名奴曰漁僮，婢曰樵青。人問其故，漁僮使棒釣收綸，蘆中鼓枻，樵青使蘇蘭炊桂，竹裏煎茶。竟陵子陸羽、校書郎裴修嘗詣，問有何人往來。答曰："太虚作室而共居，夜月爲燈以同照，與四海諸公未嘗離别，有何往來。"性好畫山水，皆因酒酣乘興，擊鼓吹笛，或閉目，或背面，舞筆飛墨，應節而成。大曆九年秋八月，訊真卿於湖州，前御史李蕚以縑帳請焉。俄揮灑横抪而纖纊，霏拂亂搶而攢毫。電馳須臾之間，千變萬化。蓬壺彷佛而隱見，天水微茫而招合。觀者如堵，轟然愕眙。在坐六十餘人，玄真命各言爵里紀年、名字第行，於下作兩句題目，命酒以蕉葉書之，授翰立成，潛皆屬對，舉席駭嘆。竟陵子因命畫工圖而次焉。真卿以舴艋既敝，請命更之，答曰："倘惠漁舟，願以爲浮家泛宅，沿泝江湖之上，往來苕霅之間，野夫之幸矣。"其詼諧辯捷皆此類。然立性孤峻，不可得而親疎，率誠澹然，人莫窺其喜愠。視軒裳如草芥，屏嗜欲若泥沙。希跡乎道丈夫，同符乎古作者，莫可測乎。忽焉去我，思德滋深。曷以寘懷，寄諸他山之石。銘曰：邈玄真，超隱淪。齊得喪，甘賤貧。泛湖海，同光塵。宅漁舟，垂釣綸。輔明主，斯若人。豈烟波，終此身。

邵桂子，字德芳。淳安人，號玄同。咸淳間，以博學宏詞登進士第，教授處州，棄歸。慕天隨子之風，家於松江之修竹鄉，殁乃還葬。生平喜爲詩，而意象冲融，足淹高聽。裁謝風塵之表，脱超凡徑之外。所謂卧深巖壑，思逸滄洲，瀟灑風流，固宜爾也。其寓松江，有詩云：家住千峰落照邊，移居三泖白鷗前。東隣舊日秦侯隱，西洛新巢衛叟還。當日釣遊頻入夢，何時婚嫁送歸田。會須共跨青溪鶴，點易寒窓伴老仙。具見雅致高尚，寓首丘之思焉。

邵桂子娶華亭曹澤之女，因家小蒸。爲斯文領袖者四十年，八十二卒。所著有《脞談稿》，又作忍、默、恕、退四卦以自警。子祖義，池州學録。能詩，工篆隸。

俞韋齊，汴梁人。侍孝宗讀，有詩名，而好方外之學。遍游名山，至雲間，擇紫岡家焉。父伯雍，以愈高宗左頤瘍，賜保宜大夫、資政殿學士。其七世孫曰仲明，號湛然子。游心好道，老釋之書，遍覽無遺。得至人三五飛步之術，能致風雨，不苟慕名利。父殁，奉喪葬東海上，結廬其傍。事其母尤謹。

吴惟信，字仲孚。湖州人，寓居白鶴村，以詩鳴。郡人糜先生見惟信文，亟稱之。一日相遇，扣所作，惟信誦一絶云："白髮傷春又一年，閒將心事卜金錢。梨花瘦盡東風軟，商畧平生到杜鵑。"糜不覺下拜曰："天才也。"

高晞遠，號照菴，通州人。咸淳、德祐間，通判平江府。自城潰，家亦散亡，煢然一身，浮游江湖。嘗館於衛參政涇家，以所學私淑諸人。晞遠資禀秀朗，學問該博，尤精邵堯夫之學。謂堯夫觀物以聲色氣味，聲色氣味有一萬七千二十四，人之目若鼻口，不能盡其觀與嗅嘗。惟一萬七千二十四聲，可以字别。舉聲之一例，而色氣味可類推也。嘗手截竹爲管，以定五音六律，進退疏數，細微弗差。晚嗜《參同契》，研究甚力。嘗謂其書大抵以納甲之説，寓其行持進退之度。然納甲法即先天圖也。第未知伯陽用虞翻之圖，抑虞翻反用伯陽之圖耳。他凡術數、太乙、六壬諸家，咸究其妙。因動聞聲，可以驗吉凶、定禍福。其學後皆無傳者。

林景曦，字德陽，别號霽山，温之平陽人。咸淳辛未，自太學釋褐，授泉州教官，歷禮部架閣，轉從政郎。適元兵熾，遂不復仕。恒與同舍生鄭樸翁輩，私相嗟悼。丙子，元兵破杭。有楊總統盡發宋諸陵，棄其遺骸於草莽，人莫敢收。先生在越，痛憤不已。乃與樸翁陽爲采藥，偕行陵上，以草囊拾之，盛以二函。託言佛經，埋瘞越山，植冬青樹志之。聞者莫不敬仰，識與不識咸稱霽山先生。會稽王監簿素相契善，與尋歲宴之盟。於是往來吴越,殆廿餘年。居雲間甚久,有《雲間懷古》、《神山訪僧》、《二陸故居》、《澱湖》、《黄耳塚》諸作。戊申卧疾,歸卒於家,年六十九。所著詩文集十卷,皆感發於忠義,士林傳誦之。

吴潛,字毅夫。宣城人,侍其父寓居下沙鹽場讀書。後魁多士,爲宋開慶名相。

殷羣,號古溪。娶曹學諭女,因居小蒸,至今呼其地爲殷莊。仕宋至轉運司幹辦公事。

任士林,字叔實。家奉化松林鄉,人稱松鄉先生。其先蜀綿竹人,宋少師希夷之後。八世祖始來居奉化,再徙崎山。士林六歲能屬文,書經耳不忘,諸子百家之言靡不周覽。文章沉厚正大,一以理爲主,不作庾語,棘人喉舌,而含蓄頓挫,使人讀之有餘味。趙子昂、袁伯長輩咸推其文,謂今之柳河東云。大德間,携家華亭。與衛山齋善,有《訪山齋》詩,及《興聖塔》、《華藏院》諸記。至大初,舉爲安定書院山長。明年卒,葬松林鄉。子耜,繇松江府史至兩浙鹽運照磨致仕。會天下亂,子孫遂家華亭。

章齊,字叔敬,江陰人。少喪母趙,侍父孝謹。長善詩,尤好琴。有田膏腴,有宅静邃。暄辰凉夕,藥闌竹嶼,俎脮豆腆,時捧一卮晏如也。至正十五年八月,守臣搆亂,遂謝吏禄,奉父隱於淞。亂定歸,踰年城復陷。時父外往,齊草舍露行,問道訪候。兵後躡奔吴門,且物色諸昆弟侄姓之流散者,而父終不見,乃哀毁致疾。七日,呼子庠具紙筆,書《蓼莪》詩首四句,卒。年三十七。庠以鄉里梗隔,葬上海之奥原。王逢志其墓。銘曰:始焉同歸終分携,孝乖慈暌,秖繫亂離,死可以無悲。

張昱,字元弼,廬陵人。仕元,累陞行樞密院判,嘗贊謀戎幕。元末政壞,遂棄官不仕。張士誠據有浙西,禮致之不屈。與楊廉夫相得,遂寓松江,號一笑居士。洪武初,訪求前元故臣之賢者,嘗被徵至京,深見温接。已而憫其老,曰:"可閒矣。"厚賜遣歸。更號可閒老人,徜徉浙西湖山之間,詩酒自適。年八十有三。

楊維禎,字廉夫。會稽人,封會稽男宏之子。母李氏,夢月中金錢墮懷而生。稍長穎悟,日記數千言。弱冠,父不爲授室,築萬卷樓鐵崖山中,使讀書,去其梯,轆轤傳食。久之,俾游學甫東,鬻良馬益裝。公節縮諸費,購黄氏群書以歸。父懽曰:"此顧不多於良馬耶?"泰定丁卯,擢進士第,署天台尹。天台多黠吏,執官短長,世號八鵰。公按以法,民大快。改錢清場鹽司令,鹽賦病民,白其事行中書,弗聽,頓首涕泣,至投印去,乃獲減額。俄丁兩艱,結廬桐原。有酹墓者,植竹笻於地,笻發蘖芽,枝葉鬱如,人以爲孝感。詔修遼、金、宋史,作《正統辨》千言。大司徒歐陽玄讀而奇之,將引置近列,有尼之者,遂去吴興。會華亭大姓吕翁延於家誨子弟,遂居華亭。久之,除杭州四務提舉。四務爲杭州劇曹,公日夜爬梳不暇,騎驢謁太府,塵土滿衣襟間。尋陞江西儒學,未上。汝潁兵起,辟地富春山,依元帥劉九九。張士誠知其名,召之不往。士誠復使其弟來,以幣聘之。返其書,斥其六罪。復上書元丞相帖木兒,謫其貪賄養亂。丞相惡之,遂歸華亭,受業益衆。洪武二年,聘至京師修纂。公不樂仕,詠《買妾》詩云:"買妾千黄金,許身不許心。使君自有婦,夜夜白頭吟。"僅百日,稱肺疾歸。未幾卒,年七十有六。方病革,謂左右:"吾欲觀化一巡。"即撰《歸全堂記》,頃刻而就,擲筆曰:"九華伯潘君招我,車馬俟久。"乃逝。侍者聞數百人登樓,步履聲相接。守林公慶出貲,葬之干山東麓,與陸居仁、錢惟善稱三高士墓。維禎居松，於百花潭上考槃，稱小蓬萊，示不忘越也。別有柱頰樓、草玄閣。嘗燕坐臺上，客至不下臺迎，每就見之，相與高談大噱。或出桃核盃酌酒，酒半，取鐵笛作長短弄，傍若無人。遇天爽氣清，必躡屐登山，或泛舟三泖，出必以歌兒舞女從。無日無賓，賓至無不沉醉，公獨醒然。或令侍兒歌白雪詞，自吹笙和之。投贄乞文，坐無虚席。初聘錢氏，忽遘惡疾，錢父母請罷婚，卒娶之，錢疾尋愈。黠奴負金，度無以償，詐爲收券，不之詰。貴遊子流落，客其家，竊古名畫去。公曰："我與之往達官爲贄，非盗也。"一日，遊盤龍塘，夜宿普門寺，盗乘隙竊所蓄殆盡。質明，家人往白，賦詩不輟。徐曰："老鐵在是，即長物與人共可也。"接引人物，稱賞或過其實，即有深隙者，無一詬語相答。天下以爲長者。

自傳：鐵笛道人會稽人，祖關西出也。初號梅花道人。會稽有鐵崖山，其高百丈，上有萼緑梅花數百植，層樓出梅花，積書數萬卷，是道人所居也。泰定間，以《春秋》經學擢進士第，仕赤城令，轉錢清海鹽，皆不信其素志。輒棄官，將妻子遊天目山，放於宛陵、昆陵間。雲中雲間山水最清遠。又自九龍山涉太湖，南泝大小雷之澤，訪縹緲七十二峯。東抵海，登小金山。脱烏巾，冠鐵葉冠，服褐毛寬博。手持鐵笛一枝，自稱鐵笛道人。鐵笛得洞庭湖中，冶人緱氏子，嘗掘地得古莫耶，無所用，鎔爲鐵葉筒之，長二尺有九寸，竅其九，進於道人。道人吹之，竅皆應律，奇聲絶人世。江上老漁狎道人，時時唱《清江欸乃》。道人爲作《廻波引》和之，仍自歌曰："小江秋，大江秋，美人不來生遠愁，吹笛海西流。"又歌曰："東飛烏，西飛烏，美人手弄雙明珠，九見烏生雛。"城中貴富人，聞道人名，多載酒道人所，幸聞笛。道人爲一弄畢，便卧遣客。即客不去，卧吹笛自如也。嘗對客云："笛有君山古弄，海可卷，蛟龍可呼，非鈞天大人不發也。"晚年，同年夫有以遺太白稱於上，用玄纁物色道人於五湖之間，道人終不起。道人性踈豁，與人交無疑二。雖病凶危坐，不校文則弄扎翰，或理音樂。素不善(奕)[弈]畫，謂(奕)[弈]損閒心，畫爲人役，見即屏去。至名山川，必登高遐眺，想見古人風節，曠邁非常人所能測也。與永嘉李孝先、茅山張伯雨、錫山倪瓚、崑陽顧瑛爲詩文友。碧桃叟釋臻、知歸叟釋現、清容叟釋信爲方外友。其文有驚世者，有《三史統論》五千言，《太平綱目》二十策，《歷代史鉞》二百卷。詩有《瓊臺曲》、《洞庭褋吟》五十卷，藏於鐵崖山云。贊曰：有美人兮，冠鐵葉之卷卷，服兔褐之躚躚。雷浦之濱兮，鐵崖之顛。噏陰呼陽兮，履坤戴乾。萬竅不作兮，全籟于天。其漆園之傲吏兮，緱山之遊仙也耶。

鐵崖云：吾未七十休官，在九峯三泖間，殆且二十年，優游光景過於樂天。有李五峯、張句曲、周易癡、錢思復爲倡和友，桃葉柳枝、瓊花翠羽爲歌歈伎，第池臺花月主者乏晉公耳。然東諸侯如李越州、張吴興、韓松江、鍾海鹽，聲伎高譙，余未嘗不居其右席，則池臺主者未嘗乏也。風日好時，駕春水宅，先生舫名。赴吴越間。好事者招致，效昔人水舫故事，蕩漾湖光島翠，望之呼鐵龍仙伯，顧未知香山老人有此無也。客有小海生，賀公爲江山風月福人，且貌公老像，以八字字之。又賦詩其上曰："二十四考中書令，二百六字太師銜。不如八字神仙福，風月湖山一担擔。"眉公筆記。

維禎《實録》云：父宏，字國器，號澹圃老民，漢太尉之後。父敬字主一，善治生好施。公兄弟三人，兄實，弟賀，賀自孩提繼外氏。父嘗問公志，對曰："大兄有驅世才，既以馬文困爲志，某則願學少游，稱鄉里善人耳。"父善其對。有薦以仕，謝曰："衣人之衣，必懷人之憂；食人之食，必死人之事。某才踈不能憂人之憂，親在不能死人之事。無願仕也。"事親以孝謹聞。母寡二十年，傍母朝夕護眠食。性寬坦，與物未嘗有競。子四，維禎爲第三子，舉進士，在官頗用柱後惠文彈治。公不樂，亟示官箴曰："願汝爲鳳不爲鶚。"寮友爭傳爲格訓。禎轉官錢清令，時方以鹺逋爲急務，辦上必病下。公又書范文正公言以誨曰："公罪不可無，私罪不可有。"繇是維禎在職，爲民受罪，至欲投印去，獲減引額三千，皆公教督之力也。

張觀，字可觀，嘉定人。少遊江湖，志尚古雅。工畫山水，師夏圭、馬遠，及見盛懋、丁野夫，而與吴仲圭遊。故其筆力古勁，無俗弱之氣。尤善鑒古器物書畫。嘗徙居華亭，再徙嘉興。洪武中還吴，寓長洲之周莊，卒。

龔詡，字大章，崑山人。父督，洪武初爲給事中，謫戍死。詡少依母族，冒姓王氏。既長，隱迹田里，肆力經書，晝夜不輟。尚書周忱屢至其家，資訪時政。兩薦爲松江太倉教授，皆不就。有田三十畝，力耕自給。晚歲獨與一老婢居破廬中，種荳植麻，詠歌自適。没年八十餘。後門人私謚爲安節先生。

趙孟頫，字子昂，號松雪。吴興人，宋太祖秦王德芳之後。元搜訪遺逸，得孟頫於江南。累官翰林學士承旨，謚文敏，詳史傳。文敏初誕，母丘夫人夢一僧入室。年十一二，好書《金剛經》。自言與僧語，常似眷屬。兄孟僩，文文山客。避兵皈依中峯禪師於松江本一禪院，文敏亦稱弟子。每受師書，必焚香望拜而後啓，手畫師像以遺同參。往來郡城南禪、普照、亭林，及泖上崇福寺最數，梁棟皆其手題，而寶雲碑尤爲世所傳重。其他書畫或藏佛腹中，或藏殿閣拱版上。後人偶得之，如獲奇寶焉。娶泖西管氏，名道昇，即管夫人，能寫竹，畫大士像，工書。小蒸尚稱管道云。

薛倫，字叔道。父琮，知富陽縣時生倫。少即嗜學，長與兄儀隨父任監支松江。從楊鐵崖游，通《春秋》，善詩與琴。洪武中，舉賢良方正。以禮部主事劉鏞薦，授萬安縣丞。以母老乞休不仕，留吴中讀書，七年始歸。授徒别墅，擇鄉子弟之俊者教之。嚴師子弟禮，先小學之節而後學文。士翕然嚮風，知禮節焉。平生澹泊，以清白世其家。年八十五。有集，載《如皋志》。

錢惟善，字思復，號曲江，錢塘人。博學能文章，長於《毛氏詩》。領至正辛巳鄉薦，仕至副提舉。寓居華亭，與楊廉夫、陸宅之結詩文社。嘗過顧仲瑛玉山草堂，賦詩曰："露井風蘭護翠寒，高梧修竹有棲鸞。謝家寶樹平泉石，今在玉山佳處看。"時稱其清致。尤賞其《羅刹江賦》。所刻有《思復稿》，華亭夏溥序行之。

張煜《醉漁爲錢思復賦》云：江湖猶自有狂夫，白髮蕭然負壯圖。睡着任船隨月走，醉鄉臨水索花扶。要知吕望真漁者，可惜酈生非酒徒。澤畔獨醒誠可詠，春風能到雪肌膚。

貢師泰，字泰甫，宣城人。以胄監釋褐出身爲翰林(侍)[待]制，拜御史有聲。嘗奉詔使江浙，民之陷賊者曲宥之，刑殘之家免以土賦，又爲之和糴，江浙多獲其惠。至正中，自禮部尚書爲平江路總管。甫視事，而淮兵至，守將莫能支。師泰率義兵出戰，不敵，懷印走松江。嘗寓静安寺，賦招提八詠。其《滬瀆》一章，忠憤之氣猶可想見云。所著有《玩齋集》。王禕稱其氣充而能暢，辭嚴而有體，講道則精而不鑿，論政則辨而不夸，成一家言。

楊維禎撰《貢公平糴記》畧云：余惟管仲有輕重之權，李悝有地力之教，而平糴之法出焉。大要裒多益寡，稱物平施，使民適足而已。歷代祖之，漢曰均輸、曰常平，唐始置和糴使，宋有博糴便糴之科，皆爲美制。而任之不得其人，則亦無異於强取也。今公以内帑錢若干，不經有司之散斂，親與民市，告以信令。民之聽之，若子聽父。不三日，飛艄艆舶，填塞津溢，米積於地，槩不暇給。未越月，廪入於永寧泰定。民不知擾，而粟已盈數。蓋得和糴之本法，而足以宣上德意。豈非朝廷任得其人之效歟！又聞公有篋中書，凡一綱二十目，皆切於議大政、决大利害，而天下資以爲治者也。

王逢《聞貢平江詭姓名張平軒遁海上傷懷一首》：聞道今張禄，羈棲滄海村。微吟在野兕，暫托避風鶢。積雨昊天缺，浮雲漢月昏。伍符柄不與，千石貴休論。

王逢，字原吉，江陰人。才氣俊爽，弱冠有令名。臺臣以茂才異等薦，固辭。浙西分憲以晦跡丘園薦，不報。兵興，大府交辟，亦不就。避地青龍江上，以吟咏自娱，扁其居曰冥鴻。已移居横泖，又自横泖遷烏涇宋驥院故居，號最閒園。一時郡邑守相數存問，或具舟艆相訪，逢俱不報。辭以詩云："酒在陶尊藥在壺，田園傍舍未全蕪。三時雨後占龍母，十日春容付鼠姑。生恠裨諶謀有獲，老憐寧武使偏愚。貴游下問終身事，有愧鄒書大丈夫。"又云："雲林一辱徵書下，客舍三煩齋馬過。千里快風當六月，中年斜日奈長痾。饌違松上銀鱸膾，酒遠州前白鷺波。野性自今甘放逐，水禽山鹿不吾多。"其樂志如此。鄱陽周伯琦稱爲天隨、玄真子之流。初，祖母徐夫人嘗手植雙梧故里。逢追思之，因名所寓曰梧溪精舍。所著有《梧溪集》。

王逢《還龍江寓隱》：家寄青龍白鶴江，徘徊落日影成雙。賓筵久謝元王醴，親隴猶依季子邦。春老鳳梧瞻省掖，秋遺蟹稻接漁矼。君侯過譽慚何敢，姑許雞鳴近宋窓。

《移居横泖作今日何日四章别龍江諸友》：今日何日白露稀，東家西隣柿棗肥，紫蟹登罶魚上磯。大兒借舟女澣衣，載遷避地身莫歸。　黄獨米大黄精踈，瓠壺牽蔓滿前除，木樨花開陰覆書。我獨何心亟離居，感子載遺雙嘉魚。　今日何日天風凉，僕奴整齊車馬光，青衿玉珮鶴髪黄。褋然執酒跽道傍，與我面别心不忘。　今日何日潮大來，天風送我帆當開，匪君之故重徘徊。人生所貴無嫌猜，春明再過江上臺。

《移居烏涇最閒園》詩六首：卜宅賓賢里，生涯始有涯。憂緣常念亂，貧爲數移家。徑合交枝果，簾當獨樹花。池臺幾峯石，相友卧烟霞。　平生一丘壑，今住小林泉。樹古走籐蔓，沙虚行竹鞭。紅蛛網石罅，白燕下琴邊。不有故山憶，溪南買祭田。　隣曲敦新好，園林恍昔遊。衣冠時徑入，棋局夜忘收。已遂蓴羹興，何煩杞國憂。人生貴行樂，兩鬢颯先秋。　地深雛鳳穴，池浸小龍泓。白石垂綸影，蒼苔拄杖聲。人心嘗澹泊，風物自虚清。多却詩千首，無由避隱名。　丘園宜養病，薄暮一徘徊。倦蝶投烟草，潛魚樂水苔。尊中天影落，巾上月明來。家政傳兒子，惟須藥籠材。　無才甘在野，多懶愜行園。石露溥雲氣，池風損水痕。草深眠雉子，林静習鴉孫。擬著幽居録，漁樵共討論。

黄公望,字子久。常熟陸神童之弟,出繼永嘉黄氏。黄氏父年已九十始得之,曰:"黄公望子久矣。"因而名字焉。性聰敏,博極群書。百氏九流之術,無不通曉。尤善畫山水,初師董源巨然,稍變其法,自成一家。所著寫山水訣,至今宗之。補浙西憲掾,以忤權豪棄去。黄冠野服,往來三吴間。初寓蘇之文德橋,至松居柳家巷,又與曹知白相善,多留小蒸。今此地有精《九章算術》者,蓋得其傳也。後隱杭之筲箕泉,已歸富春,年八十六而終。

别傳云:黄公望運思落筆,氣韻流動,畫家極力,不能追擬,得其片紙皆寶之。元至元中,浙西廉訪使徐琰辟爲書史,棄去。更名堅,號一峯,又自稱大癡道人。放浪江湖。

戴表元《畫像贊》:身有百世之憂,家無擔石之樂。蓋其達似晉宋酒徒,俠似燕趙劍客。至於風雨寒門,呻吟盤礴,欲援筆而著書,又將爲齊魯之學也。

葉杞,字南有,號漪南。先世京口宦族,有别業在淞之吴匯。杞讀書,負材諝。前太史楊瑀守建德,辟掾,辭。兵興,進士李國鳳經畧南土。杞密陳時事十條,李嘉納之。授進義副尉、丹徒縣主簿,將别任之,而柄移藩鎮矣。乃築草堂於魚鱗涇上,扁曰漪南。秘書卿貢師泰爲序,楊維禎、魯淵爲歌詩,王逢爲楚音二章以樂之。遂老於松。

王逢詩云:苕碕兮蓬屋,魚鱗之漪兮一曲。渦盤兮洑洄,風舒徐兮水波縠。中青天兮琴滄浪,招白鷗兮送黄鵠。匪濯吾纓兮匪濯吾足,懷賢其渴兮誓將心沃。 紃屨兮布服,蓮葉其舟兮魚鱗其屋。雲浄兮天開,蘋白花兮草豐緑。河曲曲兮釣鉤,將恢恢兮綱目。仁義是漁兮憸口腹,腹不人累兮人誰吾辱。

吕克勤,字勉夫。東萊人,申國正獻公十二世孫。性豪邁不羈,學問該博,能文章,以醫名世。游松江,與邵桂子爲文字交。子紹聞,孫文虎。

謝應芳,字子蘭,毘陵人。兵亂南遷,居吴之葑門,轉婁江,渡吴松,寓篠涇。年踰八十,歸老其鄉之横山。平生博雅好古,在鄉郡嘗請復鄒忠公祠,寓吴又請復顧元公祠墓。所著述有《思賢録》、《辯惑編》,詩有《龜巢摘稿》。崑山盧熊稱其在憂患顛沛之中,無蹙迫憤懣之辭云。

陶宗儀,字九成,台之黄巖人。少舉進士,一不中,即棄去。務古學,無所不窺。出游浙東西,師潞國張公翥、永嘉李孝光、京兆杜本。故其文章繩撿家法,過人遠甚。尤刻志字學,工舅氏趙集賢雍篆筆。家甚貧,抵松教授弟子。遇人無夷險佞直,一接以誠。平居寡言笑,至論古今人物,上下數千年,竟日不倦。至正間,辟舉行人校官,皆不就。張士誠據蘇,議署軍諮,不往。洪武辛亥,詔取天下士。癸丑,命守令舉人才,又以病免。或誚讓之,歎曰:"捧檄而喜,所以爲親。禄不逮養,適增悲耳。況今賢良輩出,草莽之臣,老死太平幸矣。踰分之榮,其敢覬乎?"藝圃一區,果蔬薯蕷,度給賓祭已,餘悉種菊,栽接溉壅,身自爲之。間遇勝日,引觴獨酌,歌所自爲詩,撫掌大噱,人莫測也。宗儀崎嶇亂離幾二十年,喪葬祭禮備盡其力,人以孝稱。家城北泗水之南,買地結廬以老,子孫遂爲松人。

宋濂《送陶九成辭官歸華亭序》畧:天台陶宗儀九成,有學之士也。僑居華亭之泗涇,飲水著書,多至一百餘卷。會朝廷設六科以求賢,郡守遂以九成薦,將授之官。九成慨然曰:"不仕古云無義。當草昧之初,兵戈未息,法制未定,民氣未蘇,吾不可以不仕,不仕何以解生民倒懸哉？今天清地寧，六合一家。論道經邦，皆夔龍稷契之彦；趨事赴功，多龔黄姚宋之儔。四方人士，樂觀治化之成。贏糧而馳騖者，動千餘人。無事於吾也，吾可以不仕矣。去而爲巢父，爲許由，爲嚴光，擊壤而歌，爲太平之幸民，不亦可乎？”白之銓曹，銓曹允之；列之丞相府，相君嘉之。於是翩然東歸，薦紳之家咸唶曰：“九成之出處，其亦合於義哉！”或曰：“非是之謂也。九成有弟曰宗傳，近擢代縣令。曰宗儒，妙簡爲選曹郎。九成之意，以謂一家不可以俱仕，恐妨進賢之路，故力辭之。不特如前所云而已也。”曰：“是未知九成者也。九成伯仲之才，不爲不美矣，其問學不爲不充矣。九成之志，豈不欲如河東之三薛、清江之三孔、虎林之三沈、番陽之三洪，蜚英聲於當時，樹芳烈於後世？其所以果於辭榮而謝寵者，亦度其時可以不仕也。避嫌云乎哉？”抑予聞，國家稽古右文，大興文治。嚴禁林清切之選，增成均弟子之員。有如九成之賢，其在所棄乎？九成行哉！席不及煖，突不暇黔，予知鶴書之赴隴矣。

《秋江送别圖》，處士陶九成東歸，左司郎中堵文明作而贈之也。國子助教檇李貝瓊賦十四韻云：秋色來淮南，火雲猶律兀。迢迢白門道，鷄鳴動車轍。憶昨雲間時，龍潭共看月。賦詩淡不枯，喜君如靖節。高情天姥雲，清氣蛾眉雪。飄零十年後，相見俱白髮。鍾山風雨夜，辛苦那忍説。向來歌舞地，野草纏白骨。獵場猶種黍，馳道今生蕨。天寒老鶴歸，日落孤鴻滅。草堂何日築，慚綴橋門列。有道終布衣，無才亦朱紱。且持一盃酒，慰此千里别。待我三泖邊，蚤晚辭金闕。

陶南村父陶煜，字明遠。自號逍輿山人，又更號白雲處士。就禄試吏，浮沉六寮。遂昌鄭元祐爲狀，楊廉夫爲志。

楊乘，字文載，濱州人。蚤爲天官小史，辟中書參議掾，歷穀城、介休二縣尹，拜監察御史，擢江浙行省員外。是年，杭州陷。乘與郎中赫德爾、王仲温，員外月忽難，都事張鏞，俱坐黜。退居松江之青龍鎮，依章元澤以居。後御史臺以乘等職在贊理，不當罪，宜復其官爵，上之，事遂白。十六年丙申，淮人陷平江，連陷松江。秋七月十八日，齎禮幣造請。乘遣人告曰：“吾廢處田里久，不足以辱使者。吾當擇日受命，請以幣置里門外。”經等如其言。公命子卣卓具牲醴，告祖禰。既竣事，復命酒飲。逮暮起，行後圃中，顧西日晴好，慨然曰：“晚節如是足矣。”命卣等治畦，處置家事如平日。撫其孫虎林，怡怡自得也。歸坐至夜分，二子立侍。命曰：“二子行且休，吾將就寢。”詰旦，卣等怪寢門未啓，發視之，則已自經。得遺語云：“死生如晝必有夜。吾老矣，正以得全晚節爲快。”又二年，臺臣白其事，贈官賜謚。録其子卣山東宣慰司都事，卓清忠書院山長。章元澤殯之。

葉杞《輓楊員外》詩：太息南冠久陸沉，百年風節見於今。王嘉不赴公孫詔，朱泚寧移秀實心。遼海有靈歸夜月，荒原無樹着秋吟。不知江漢新降鬼，曾憶天朝雨露深。

王逢《弔楊員外》詩：翠羽無深巢，麝香無隱穴。由是老蚌珠，淚泣滄海月。於乎楊員外，竟類膏自爇。憶昨佐南省，四境正騷屑。朝廷忌漢人，軍事莫敢説。遂罹池魚禍，遄彼柳惠黜。寄身傍江潭，乃心在王室。星躔錯吴分，氣候乖鄒律。天風摇青簀，徒步空短髮。譙玄初謝遣，龔勝終守節。譬如百鍊鋼，不撓從寸折。又如合抱松，豈藉澗底蘖。我時浮扁舟,鷗外候朝日。荒郊無留景,别業自深鬱。時清議勸忠,公冤果昭晰。大名流天地,當與河水竭。結交卣卓間,遺言見餘烈。

杜英發,字俊卿。祁國公衍九世孫,仕爲建寧學正,陞容州教授,歸隱西霞浦。族困於徵徭,倡置義田,儲粟以資之。隣里婚喪皆賴以給。

張憲,字思廉,會稽山陰人。家玉笥山,自號玉笥生。少力學有志,既壯負才不羈,薄游四方。慕魯連之爲人,不治産業,年四十猶不娶。承平時走京師,謁貴人,談天下事,衆謂之狂。及淮西兵起,首抗大議,復不報。去入富春山,爲方外游。一旦升高望遠,若有所覩,退謂所親曰:"吾亟去,汝輩亦慎毋居此。"衆不信。俄寇至,兵死者五百家。孫大雅謂其閒静寡默,在稠人中,或被推墮不較。及遇事酬酢,談兵説劍,天下一豪健辯士。與縉紳輩爲文章,談王道,從容禮法,雖老儒先生避之。嘗學於楊廉夫,往來松郡中最久,湖山名跡多見之詩云。

馬麐,字公振,太倉人。元季避兵於郡南,園池亭榭,幽閴自娱。屏絶世慮,日誦經史。爲人不事修飾,樂與賢士大夫交。楊廉夫深器重之。長於詩歌,有《醉漁》、《草堂》二集。

洪恕,字主敬。金華人,避兵華亭。性孝,尚氣節。能詩,善行草。以講授終。

火魯忽達,漢名魯得之。西域康里人,平章冀國公保八子也。性重厚,安貧好學。弱冠爲館甥於小蒸曹氏,挈家入燕中。乙亥,大都鄉試,以父蔭授晉寧治中,改監長興州。秩滿,仍居小蒸。歷漕運萬户,浙東元帥,入爲利用監大卿以卒。子企賢,繇直省舍人仕至吏部尚書。

邁里古思,漢名吴善卿。西夏人,僑居松郡。至正甲午,登進士,授紹興路録事司達魯花赤。撫字周至,民愛之如父母。杭州之尅復也,左丞楊完者統洞苗,恣横劫掠,邁里怒叱吏兵殲之,苗盡死。江南置臺於越,檄邁里督義兵,招果毅軍分守要害。永康寇起據縣,邁里談笑復之。除廉訪司知事,遷建康道經歷,除行樞密院判官。時御史大夫拜住哥統臺軍三千,紀律不嚴,民罹其害。邁里折抑之,又不爲拜禮。或諫之,曰:"吾知上有君、下有民耳,安問其他?"拜聞其語,銜之。會與方國珍部兵戰不利,馳歸,遂遇害於拜第。民麻跣慟哭,從之者萬餘人。事聞,贈中大夫,僉江浙樞密院事,封西夏侯,謚忠勇。

戴良曰:楊完者虎視錢塘,方國珍擅威四明。邁里古思往往誅其部曲,無所顧望。爲臺端貴人所忌,召至私第,使健者候諸門擊殺之。先是餘姚同知禿堅、慈溪縣尹陳麟,亦皆慕公自奮,三人鼎立,爲犄角勢,東南之氣稍振。及禿堅以無罪誅,陳失勢陷,至公死,而上下之望遂絶。諸君所以深恨於斯時也。

陳堯道輓詩:小范胸中有甲兵,檀公身後壞長城。大星墮地中軍愴,白馬憑朝覇主傾。碧血不隨金石化,丹心長貫斗牛明。會稽高共浯溪竝,誰與磨厓刻姓名。

董章詩:大夫寧制虜,元帥豈容文。白髮難忘母,丹心只爲君。虎狼千里戰,吴越半江分。落日孤城在,忠良死後聞。

柯九思,字敬仲。仙居人,以廕補華亭尉。遇文宗於潛邸,及即位,擢爲典瑞院都事。置奎章閣,特授學士院鑒書博士。凡内府所藏法書名畫,咸命鑒定。賜牙章,得通籍禁署,寵顧甚隆。以言罷出。文宗崩，因流寓松江，時往來玉峯吴閶。九思善畫竹石，得文同筆法。嘗自謂寫幹用篆法，枝用草法，葉用八分，或用魯公撤筆法，木石用金釵股、屋漏痕之遺意。卒於吴中。

王逢《贈柯博士》詩：鍾阜天回王氣新，憶君扈從入楓宸。旋平内難櫜弓矢，遂沭殊恩列縉紳。元宰或同司雨露，史官曾擬奏星辰。羽旌影動宫花日，龍鼎香傳禁樹春。白馬獨遊絲鞚好，縹醪雙賜玉壺醇。委蛇退食收金鑰，怵惕存心表翠珉。文皇嘗賜其父江西提學謙《訓忠碑》。三絶鄭虔親帝許，四能平子舊誰倫。僑居暫作東吴客，奉引依然上國賓。稔歲葑田饒蟹稻，高秋松水長鱸蓴。神馳紫塞風生角，夢隔瑶池月照裀。白首馮唐仍晚遇，青袍杜甫豈長貧。明沙近望清如洗，行駕仙槎復問津。

孫固，字以貞，生元泰定間。恬曠博綜，長於詞賦。感時不樂仕進，惟杜門敦行修業。有群盜閧至村聚，老幼奔避。公讀書聲聞於外，盜知之，不入其户。國初，辟署華亭縣學事。與楊鐵崖、陶南村友善。嘗自扁其齋曰聽雪，因自號聽雪，胡祭酒儼爲之記。所著有《聽雪齋稿》。玄孫璽，仕按察僉事，贈尚書。子南京刑部尚書植，謚簡肅。植子孝廉成名、憲副成泰。皆以清白著名。

胡儼《贈聽雪》：茶竈烟沉鶴夢驚，梅花香冷蝶魂清。捲簾試看飛瓊舞，隔竹俄聞裂帛聲。黄葉秋乾緣砌響，銀沙風急灑窓鳴。絶勝聽雨巴山裏，一夜鄉心白髮生。

顧禄：寒逼層霄勢轉加，明河凍合玉無瑕。天工戲剪瓊瓏片，人世開成頃刻花。帶雨有聲踈復密，舞風無力整還斜。軒中高卧閒聽處，輸與南谿隱士家。

徐梬：映雪軒中映素華，分明如雨灑窓紗。山空夜鶴行枯葉，天冷孀娥剪落花。隱几坐來疑瑟瑟，捲簾看處或斜斜。幽人洗得塵心浄，起傍寒梅自煮茶。

陶宗儀：瑶池阿母教飛瓊，細搗冰花擁旆旌。郭索行沙林竹底，吴蠶食葉紙窓明。短編清夜誰家讀，柔櫓寒溪遠處鳴。閉户先生俄傾耳，松聲沸起煮茶鐺。

賴良，字善卿。天台人，宋名臣好古之裔，以詩鳴。客雲間，楊鐵崖、王梧溪、錢艾衲皆與唱和。以東南詩人多隱而未著，乃遊吴越間，采諸詩可傳者，商之鐵崖，評而序之，命曰《大雅集》。一時稱爲盛事。

倪瓚，字元鎮，號雲林，無錫人。清姿玉立，性好潔，多讀書，禮樂制度靡不究索。至治間，歐、虞、范諸老以詩鳴，瓚板行於世。日晏坐清閟閣，於世累泊如也。間作山水小景，高韻絶世，然不輕作。家故饒，一日棄田宅去，曰："天下多事矣，吾將遨遊以翫世。"自是往來五湖，寓居松之泖上，望之若古仙異人。其避居泖上詩云："泖渚淹留再燠寒，移居何處卜林巒。可憐産不能恒業，聊復心隨所寓安。船底流澌微淅淅，葦間初日已團團。故人存没應難訪，愁裏題詩强自寬。"又云："竹西鶯語太丁寧，斜日山光澹翠屏。春與繁花俱欲謝，夢如中酒不能醒。鷗明野水孤帆影，鵲没長天遠樹青。舟楫何堪更留滯，爲窮幽賞過華亭。"詩亦清灑有致。江陰張端表其墓。

倪元鎮寄松江府判官張德常詩後題云：陰陽冥隲，宜少留意。閒居尚可爲之，況身有職任，而值飢者易爲食乎？仙官分置洞宫，亦如世間局任者矣。吾德常兄固知之也。

鐵穆公毅，由進士累遷通顯，隱居教授海上。王逢贈之詩云："府倅今梅福，詞場老益豪。自牋悲二俊，遠引慕三高。甑石餘儲粟，宫羅剩賜袍。垂虹月千頃，蓮葉擬同操。"

貝瓊，字廷珍。天資夐出，厭棄舉子業，力追古作。與楊鐵崖諸公遊，評其才瞻氣雄，爲一時傑。元時教授雲間，所著《清江稿》，《雲間集》居其半。洪武初，徵修《元史》。歷官國子博士。

唐煒，字明遠。避居小蒸，鑒古鼎彝圖畫。嘗養一鳴雞，隣人以爲攘己者，持去不較。又有假其古定十器，而毁其一者。煒乃云："頃所假九器，何不歸耶？"時人多服其雅量。

楊仁壽，號漁隱，天台人。以元季亂，挾演《易》術，來居於松之陶溪。能詩文，精草書，得鮮于樞家法。子爲東昌守，以酗酒得罪死，戍公遼陽，卒以書法動主帥，得歸，更號生還叟。八十餘卒。

李暲，字叔如，號稼翁，冀北人。父可壬，爲華亭尹，遂入籍於此。學識敏博，英邁介特。善醫學，能詩文。有《稼翁集》二册及《湯液本草》。

華文瑾，號雲林，無錫世家也。避元季亂，奉母來寓於松。積學好古，因舉人才不就，教授鄉里，克盡師道。年六十二卒。

姚汝嘉，號愚默，本鎮人。學行樸實，爲鄉里師，不苟隨時俗，有古人風。年八十餘，猶讀書不倦。與楊華諸公結社以終老，俱葬於陶溪之純陽菴，一時稱爲陶溪四隱。

高啓，字季迪，長洲人。少孤，力學工詩。至正間，張士誠開府平江，承制以淮南行省参政饒介爲諮議参軍事。介有文學，喜士。啓時年十六，或薦於介。介見啓詩驚異，以爲上客。啓不屑，去隱吴淞之青丘。洪武初，以廷臣薦，與修《元史》，授翰林國史院編修官，命教功臣子弟。一日召見，啓與編修官謝徽俱對。時已薄暮，上御闕樓，擢啓户部侍郎，徽吏部郎中。啓以年少未習理財，且孤遠不敢驟膺重任，遂與徽俱辭。於是賜罷，仍各賜内帑白金，給牒放還，復居青丘。先是，啓嘗以史事爲國子祭酒魏觀屬官，雅相知契。及是觀守蘇，爲徙居城中，延問郡中政事得失，接見甚密。會觀得罪，連坐死，年甫三十有九。啓身長七尺，有文武才。於書無所不讀，尤粹於史。其文喜辯擊，馳驟上下，精采焕發，而詩尤號名家。所著有《缶鳴》、《鳧藻》二集。

秦裕伯，字景容，大名人。從父仕元都，就學胄監，登第，累官至福建行省郎中。會世亂，棄官寓楊州，復避地松江之上海以養母。時張士誠據姑蘇，遣人招之，拒不納。吴元年，上命中書檄下松江起之。裕伯對使者曰："裕伯受元爵禄二十餘年，背之是不忠也。母喪未終，忘哀而出，是不孝也。不孝不忠之人，何益於人國？"乃上書於中書固辭。洪武元年，省臣復檄起之，裕伯稱疾不起。上乃手書諭之曰："海濱之民好鬭，裕伯智謀之士，而居此地，苟堅守不起，恐有後悔。"裕伯拜書，遂入朝。裕伯博辨，善爲辭。上欲命以官，屢以故辭。至是以爲待制。

洪武二年三月，上與翰林待制秦裕伯等論學術。上曰："爲學之道，志不可滿，量不可狹，意不可矜。志滿則盈，量狹則驕，意矜則小。盈則損，驕則惰，小則陋。故聖人之學，以天爲準，賢人之學，以聖爲則。苟局於狹小，拘於凡近，則亦豈能克廣其學哉？"裕伯對曰：

"誠如聖諭。"

孫作,字大雅,一字次知,江陰人。自曾祖徵川傳至作,而學益大,門弟子以尚清先生稱之而不名。著書十二篇,號《東家子》,詞旨閎博。至正兵起,挈家入吴,盡棄他物,惟載先代藏書兩敝簏。張士誠聞而廪禄之,卒以母病謝去。用是益貧,熙怡自若。久之,衆爲買田築室於松焉。洪武癸丑,召纂修《日曆》,授翰林編修官。乞外,授太平府教授。三年,選學官任,除國子助教。明年,分教中都。又明年,還成均。又明年,陞國子司業。後終於漢成里。所著有《滄螺集》,版行於時。宋太史濂有《東家子傳》。

錢龠,字得鉉,號艾衲生,吴興人。從楊廉夫讀書郡中,一室如破舟,啜菽飲水,力學不怠,以古文辭名。洪武癸丑冬,舉天下巖穴之士,曰秀才,曰人才。而松江以秀才人才舉者三人,一馮恕,授湖州府學官;一良用,授高州府茂明邑長;一即龠,授國子學録。

宋克,字仲温,長洲南宫里人。少跌宕不羈,好韜畧。將北走中原,會道梗弗果。家居以氣節自勵,性伉直,人有過,輒面折之。與人議論,據事析理,期於必勝。一旦厭事,閉門謝客,操觚染翰,日費千紙,遂以書名。章草久不傳,至克始得其法。筆精墨妙,可與古人竝驅。游松江,寓城東俞氏。郡人多學其書,陳文東嘗從授筆法。吴僧善啓謂宋筆正鋒,陳多偏鋒,以是不及云。洪武中,同知鳳翔府,卒。

王瑕,字伯純,維揚人。通《春秋》,任府學訓導,因家華亭。有《龍洲集》。

楊基,字孟載。其先蜀人,徙蘇州。文采秀麗,爲名流所稱。洪武初,游松江,爲府學訓導,與丘克莊、全希賢同官。當時分教有司,得自延聘,皆極州里之選,後皆至大官。丘禮部侍郎,全文華殿大學士,基亦至山西按察使。鄉人以爲美談。

基工於詩。初會稽楊維禎客松江,往來吴中,以詩自豪。基嘗於坐上賦《鐵笛歌》,維禎驚喜,與俱東。語所從曰:"吾在吴,又得一鐵來矣。若曹就之學,優於老鐵學也。"至正、洪武之際,與高啓、張羽、徐賁齊名,號吴中四傑。所著有《眉菴集》。

王震,字以東,蘇州人。慎密清白。洪武初,嘗徵較大祀樂,後徙華亭。時初頒大成樂,諸郡皆聘震教習。永樂初復徵,以老疾辭。所著有《八音圖》、《彭溪稾》。

車程,天台人,寓籍上海。經行修明,工古詩文。

曹睿,字新民,温州人。爲府學訓導,占籍華亭。通《詩》、《書》二經,詩文號《獨叟集》。

俞從隆,字在明,錢塘人。洪武初鄉貢進士,累官河南行省郎中。以病免,寓居郡城。明《春秋》,善詩文。後以壽終。

過璘,字大璞,平湖人,成化丙戌進士。父仍贅郡人顧氏,因家華亭。璘舉進士,猶以平湖貫,故自號半松。繇工部主事歷江西按察副使致仕。爲人闓朗方直,歷官有能聲,遇事不避利害。許州民趙隆等,或誣以妖言,挾聲勢恐喝,期必殺以覬賞。璘理出之。豐城李民泰,陷平民兄弟三人爲刼盗,繫獄十餘年。璘得其情,杖殺民泰,釋繫者,江西人以爲神。當路不悦,遂致仕。正德己巳卒,年七十九。

成廷珪,維楊人,避地海上。淹貫百氏,嘗闢萬竹樓。好歌詩,尤長於律,世稱成八句,有《居竹集》行世。卒葬吴會。

麴祥,字景福,其先永平人。永樂初,侍父百户亮調任金山。戊戌,值倭寇,被擄以去,時年四十。久之,轉商日本。其主聞祥中國人,召見大悦,留左右,改名元貴,爲士官,畜有妻子。然乃心未嘗忘中國,屢諷主入貢。宣德壬子,與使臣抵京,上疏陳情言:"臣夙昔遭虜,拋釁骨肉,痛心死生,路梗流離,艱虞萬狀,生還中國,夫豈繇人?伏乞賜歸侍。"上柔遠方隆,不欲遽留之,遣令還國,詔諭蕃王,仍給驛暫詣金山。乃知父昔陣亡,惟母在。母曰:"果吾兒,耳陰有赤痣。"驗之信然,持抱慟哭踰時,悲動隣里。重違王命别去,至日本,啓以聖諭,王允之,仍遣入貢。乙卯,達京師,復申前請,詔許襲職歸養。祥歸,事母備奉甘旨,聞人言及父事,輒哽咽不已。後母寢疾三載,昕夕扶持,不離左右。及卒,哀毁骨立,不釋衰絰者三年。祥博覽經史,通《左氏春秋》學,善吟咏。年八十餘壽終。

馮淮,字會東,號雪竹。初居崑山安亭,好吟詩,往來松江上禪寺,獨坐古桂下,吟不輟。陸文裕公深讀淮詩,請爲社會,遂家焉。子遷與邃俱能詩,事淮以孝聞。教授自給,耻干謁。監司知遷名,檄邑令以束帛禮於其廬,遷終不詣謝。淮有《江臯集》,遷有《長鋏齋集》,邃有《馮子潛詩草》、《南游稿》。

會東志格高華,不肯向人貸貫錢斗粟。第日夕苦吟,以幽棲爲愉快,不事生産。暮年家益日落,興益日豪,酒懷亦自有致。邃嘗以踐更匍匐公庭,邑令屠公隆問得其名,遽令釋囚服延坐,邃亦傲然上座,時人兩賢之。四明沈明臣有六傷詩,其一爲傷馮子喬遷而作也。詩曰:"漢代馮野王,苗裔子喬氏。博洽維高風,詩文亦宏肆。春園載酒過,門人問奇字。酒德劉伯倫,五斗與妻誓。解醒復鯨吞,于鬣戟而刺。一死家遂零,寒茅淹江澨。"

會東過海上,訪陸文裕。時五月,有朱橘垂顆。文裕忻然曰:"聞馮雪竹久矣,請爲賦詩。"會東即口占,語逼唐人,大稱賞之。會東性瀟灑,好遊觀山水,而力不能。有士人遊者,願挾會東以爲重。頗遊吴越諸山,及匡廬、武夷,至輒有詩。文裕子思豫以江上别業贈之,父子力耕其間。後日本寇掠,乃走上海城中。潘録事爲分宅居之,士大夫争相迎欵。松俗文雅愛士,自會稽楊廉夫、天台陶九成,勝國時僑居者,樂其風土。會東見重海邑,蓋其遺風也。

宋旭,字初暘,號石門。居崇德縣之禦兒鄉,以畫名海内。嘉靖中避寇,移家雲間。從陸文定、莫方伯、周學憲諸公結社賦詩,不作大曆以後語。乞詩畫者屨滿户外。嘗往來西郊,居超果四賢祠,禪燈孤榻,皈依竺乾,世以髮僧高之。好施予,橐無長物。與新安方道成爲莫逆交。季子普明,年三十,貧不能婚,又跛其足。旭重憐之,妻以少女,尤人情所難。年八旬,矍鑠善飯。因訪吴興舊游,畫白鵲寺九大壁,氣吞古人。嘗與諸禪侶蔬供,忽辭入小憩,就榻神色了了,無疾而逝。

吴孺子,字少君,號玄鐵,蘭谿人。素不問家人生業,妻子殁,遂以無家所,寄泊山村野店、僧廬道院、城隅水曲間。性好游,雖懸崖絶壑,亥項束腓,能上下如鼪鼯。嘗游鴈宕,樂其奇峻,絶糧,啖蘆菔四十日,猶不反。與王元美兄弟、何元朗、戚希仲、趙汝師、孫齊之、余君房、沈嘉則輩相友善,所至不能數日。過松江南禪寺,後移居東佘白石山房,依章公覲以居。每携瘦株枯柢、竹杖瓦罇、古劍奇石,種種陳設位置。頂匏冠,着道服,終日瀹茗焚香。

有一曲几，以萬歲藤爲之，手自摩娑，光澤可鑑。一日，袁左相履善訪少君山中。少君藉虎皮着地坐，履善前膝几憑而談，偶折几一足。少君憤憤瞋目，手鐵如意起，詬而詈之。履善急走匿，望影避去。少君便欲他徙，向公覲自誦其詩，有“老骨不知何處白，好山端爲阿誰青”之句。公覲固留之，許割佘山翠微爲葬地。少君曰：“余往别郁伯承他游，謂老人猶展風燭，此去不知吹滅何許。死後幸同錢懋縠焚其骨，盛以陶器，沉於嚴陵灘下。何者？吾生愛灘水至清，且使營魄得時望家鄉耳。”居久之，往梁谿。余君房復以書招少君曰：“吾營菟裘於官奴城外，請于我老。”時年八十一矣。後一年卒。少君喜詩歌，學杜少陵。又善畫雞鶩水鳥，間畫山水，幽峭閒適。嘗過谷亭道中，見有瓠奇甚，以數縑易爲瓢。至荆溪，遇盜擊破，抱而泣者數日。王弇州爲作《破瓢歌》唁之，故又號破瓢道人。一號病鶴，一號懶和尚。王太學穉登爲立傳，而鄒學憲迪光誌之。

彭齡，號幼朔。萬曆庚寅間，曾寓松江。或稱江鶴，號甑甄子，或稱祝會海，或鄒長春，莫詳其氏籍。始與董太史玄宰游，年七十許。越三十餘年至松，復僑居焉。携一侍姬、二小鬟。健啖，喜飲凉酒。每留客不聽去，譚所遇仙釋鬼狐神魅，皆人間不經有事。及稱説古今奇書秘典、符籙禁方、丁甲避兵之術。能錬金火，可凝汞，以服氣法教人長生。有丹藥，着置衣領間，取靈氣温浴，能起死者立活之。士大夫多出門下，董太史迎館樓居，居近坐化菴。幾半載，忽欲南遊，復移家去。行時以雙櫬自隨，坐化於廣陵，李氏姬即死之以殉公。不獨公異人，乃姬亦烈婦人也。公嘗出眎猴蜕一具，長可寸許，頭半於身，云得自終南樵者。樵者入一山，蒙茸虎豹，險不可測。聞有誦經聲，披榛而入，遠望重巖，一僧趺盤石坐。始投以石，漸近，僧忽不見，見小石函，上題建始元年字，發視得此。群詫聚觀，公適遇，以鏹易粟，購而寶之。公玄學如海，能詩不常詩，濡翰日可百牋，以筆代口。或言公嘗舉孝廉，令某邑。又云貴筑人。

西儒利瑪竇者，精於天文地理技術，宗天主教。繇海外抵香山嶼，至留都，遂遊雲間。士大夫多崇禮之，而徐宗伯光啓尤敬事焉。入京都卒，神廟特恩賜葬。其傳製器甚精巧，如西洋炮，試之遼左，尤有奇效，奴虜聞之膽落。相彄目長髯，坦易近人，非禮不動，有中華大儒之風。他著述甚富，不勝書。凡用物名目種類特創，并西字記號二十，形象各異，不能殫記。詳其門下西海耶穌會士鄧玉函口授《圖説録最》一書，關西王公徵有序。

《遠西奇器圖説録最》：《奇器圖説》乃遠西諸儒，携來彼中圖書，此其七千餘部中之一支。就一支中，此特其千百之什一耳。余不敏，竊嘗仰窺制器尚象之旨，而深有味乎璇璣玉衡之作，一器也。規天條地，七政咸在，萬禩不磨。奇哉！蔑以尚已。考工指南而後，代不乏宗工哲匠。然自化人奇肱之外，巧絶弗傳，而木牛流馬，遂擅千古絶響。余甚慕之愛之，間嘗不揣固陋，妄製虹吸、鶴飲、輪壺、代耕，及自轉磨、自行車諸器，見之者亦頗稱奇，然於余心殊未甚快也。偶讀《職方外紀》，所載奇人奇事，未易更僕數。其中一二奇器，絶非此中見聞所及。如云：多勒多城在山巔，取山下之水，以供山上，運之甚艱。近百年内，有巧者製一水器，能盤水直至山城，絶不賴人力，其器自能晝夜轉運也。又云：亞而幾墨得者，天文師也。承國王命，造一航海極大之舶。舶成，將下之海，計雖傾一國之力，用牛馬駱駝千萬,莫能運也。幾墨得瞽作巧法,第令王一舉手引之,舶如山岳轉動,須臾即下海矣。又造一自動渾天儀,其七政各有本動,凡列宿運行之遲疾,一一與天無二。其儀以玻璃爲之,悉可透視,真希世珍也。《職方外紀》,西儒艾先生所作,其言當不得妄。余蓋爽然自失,而私竊嚮往曰:嗟乎!此等奇器,何緣得當吾世而一覿之哉?丙寅冬,余補銓如都,會龍精華、鄧函璞、湯道未三先生,以候旨修曆,寓舊邸中,余得朝夕晤請教益甚讙也。暇日因述《外紀》所載質之,三先生笑而唯唯,且曰:"諸器甚多,悉著圖説,見在可覽也。奚敢妄?"余亟索觀,簡帙不一,第專屬奇器之圖之説者,不下千百餘種。其器多用小力轉大重,或使升高,或令行遠,或資修築,或運芻餉,或便泄注,或上下舫舶,或預防災祲,或潛禦物害,或自舂自解,或生響生風。諸奇妙器,無不備具。有用人力物力者,有用風力水力者,有用輪盤,有用關捩,有用空虛,有即用重爲力者。種種妙用,令人心花開爽。間有數製,頗與愚見相合。閲其圖繪,精工無比。然有物有像,猶可覽而想像之,乃其説則屬西文西字。雖余嚮在里中,得金四表先生,爲余指授西文字母字父二十五號,刻有《西儒耳目資》一書,亦畧知其音響乎。顧全文全義,則茫然其莫測也。於是亟請譯以中字。鄧先生則曰:譯是不難,第此道雖屬力藝之小技,然必先考度數之學而後可。蓋凡器用之微,須先有度有數。因度而生測量,因數而生計算,因測量計算而有比例,因比例而後可以窮物之理,理得而後法可立也。不曉測量計算,則必不得比例;不得比例,則此器圖説必不能通曉。測量另有專書,算指具在《同文》,比例亦大都見《幾何原本》中。先生爲余指陳,余習之數日,頗亦曉其梗槩。於是取《諸器圖説》全帙,分類而口授焉。余輒信筆疾書,不次不文,總期簡明易曉,以便人人覽閲。然《圖説》之中,巧器極多。第或不甚關切民生日用,如飛鳶、水琴等類,又或非國家工作之所急需,則不録,特録其最切要者。器誠切矣,乃其作法或難,如一器而螺絲轉太多,工匠不能如法,又或器之工值甚鉅,則不録,特録其最簡便者。器俱切俱便矣,而一法多種,一種多器,如水法一器,有百十多類,或重或繁則不録,特録其最精妙者。録既成,輒名之爲《遠西奇器圖説録最》云。客有愛余者,顧而言曰:吾子嚮刻《西儒耳目資》,猶可謂文人學士所不廢也。今兹所録,特工匠技藝流耳。君子不器,子何敝敝焉於斯?矧西儒寓我中華,我輩深交,固真知其賢矣。第其人越在遐荒萬里外,不過西鄙一儒焉耳。奚爲偏嗜篤好之若此?余應之曰:學原不問精麤,總期有濟於世人。亦不問中西,總期不違於天。兹所録者,雖屬技藝末務,而實有益於民生日用、國家興作甚急也。儻執不器之説而鄙之,則尼父繫《易》,胡以又云"備物制用,立成器以爲天下利,莫大乎聖人"?且夫畸人罕遘,紀學希聞,遇合最難,歲月不待。明睹其奇,而不録以傳之,余心不能已也。故嚮求耳目之資,今更求爲手足之資已耳。他何計焉?夫西儒在兹多年,士大夫與之遊者,靡不心醉神怡,彼且不驕不吝。奈何當吾世而覿面失之?古之好學者,裹糧負笈,不遠數千里往訪。今諸賢從絶徼數萬里外,齎此圖書以傳我輩,我輩反忍拒而不納歟?諸賢寥寥數輩,胥皆有道之儒,來賓來王,視昔越裳肅慎,不啻遠之遠矣。正可昭我明聖德來遠,千古罕儷之盛。邇來余省新從地中掘出一碑,額題《景教流行中國碑頌》,乃唐郭子儀時所鐫,千載如新。與今日諸賢所傳敬天主之教,一一若合符節。所載自唐太宗以後凡六帝，遞相崇敬甚篤也。在昔已然，今又何嫌忌之與有？客又笑謂余曰：是固然矣。苐就子言，耳目有資，手足有資，而心獨可無資乎哉？西儒縹緗盈室，資心之書必多。子不之譯，而獨譯此器書，何也？余俯而唯唯曰：有迹之器具麤可指陳，無形之理譚猝難究竟。余小子不敏，聊以辦此足矣。若夫西儒義理全書，非木天石渠諸大手筆，弗克譯也。此固余小子昕夕所深願，而力不逮者。其尚俟之異日。客遂頷然而去，余因併録其言，以識歲月。天啓七年丁卯孟春，關中涇邑了一道人王徵謹識。

周道隆，號雲汀，吴閶人。父明涯公，嘗客文榮袁相公所，代撰青詞。性骯髒，不善事貴人，拂衣歸，寓居華亭。與中江莫公、南湄李公、南洲高公爲詩友。公死，教授里中兒，得糈供母。三十外始娶，四十餘而終。善詩工書，僦居委巷中，窗前僅二三弓地。結豆棚覆之，乘涼其下。足跛口欹，好歌詩，歌聲往往達籬落外。童蒙輩皆知有蘭亭禊帖、古文及七才子，道隆教之也。

松江府志卷之六十九

方　外　一

世網如八陣圖，逗入輒不能出，波波劫劫，寧知蕋宫葱嶺，别有道人在乎？吾松向稱寂寞之濱，往來雲水，代多靈跡。若神與之游，際極詣會，不啻嚼萬年冰也。道在世外，夫豈欺我？志二氏。

康僧會，其先康居國人，世居天竺。會年十餘歲，二親亡。服畢出家，礪行甚峻。篤志好學，明解三藏，博覽六經，天文圖緯，多所綜涉。[辯]於樞機，頗屬文[翰]。時江右佛教未行，乃杖錫東[游]。以吴赤烏十年初達建業，營立茅茨，設像行道。時吴國初建，有司奏曰："有異人入境，自稱沙門。容服非恒，事應察檢。"孫權曰："昔漢明夢神，號稱爲佛。彼之所事，豈其遺風耶？"即召會詰問有何靈驗。會曰："如來遷迹，忽逾千載。遺骨舍利，神曜無方。昔阿育王起塔及八萬四千，夫塔寺之興，以表遺化也。"權以爲誇誕，乃謂會曰："若得舍利，當爲造塔。苟其虚妄，國有常刑。"會請期七日，乃謂其屬曰："法之興廢，在此一舉。"乃共潔齋静室，以銅瓶加几，燒香禮請。七日期畢、寂然無應。求申二七日，亦復如之。權曰："此欺誑。"將欲加罪。會更請三七日，權又特聽。會誓曰："法雲應降，而吾等無感，何假王憲，當以死爲期耳。"三七日暮，猶無所見，莫不震懼。既入五更，忽聞瓶中鏗然有聲。會自往視，果獲舍利。明旦，權自手執瓶，瀉於銅盤，舍利所衝，盤即破碎。權大驚，起曰："希有之瑞也。"會進曰："舍利威神，豈直光相而已？乃(却)[劫]燒之火不能焚，金剛杵不能碎。"權命試之，乃置舍利於鐵砧碪上，使力者擊之，砧碪俱陷，舍利無損。權大嗟伏，即爲建塔。以始有佛寺，故號建初寺。因名其地爲陁里，由是江左佛法大興。嘗杖錫至由拳吴婁間，留像金粟寺，時或放光。終於晉武太康元年。

《樂郊私語》云：金粟寺有康僧會身像，余于至正癸巳，始得頂禮。明年春，翻閲輪藏踰旬。偶於晡時作禮像前，見像眉間有光，須臾若白線，婀娜而出，盤繞華蓋而上。余遂鳴鐘集衆，稱佛名號，禮拜讚頌，至暮復從眉間攝入。衆嘆希有。

文喜，禦兒人，姓朱氏。梁開成間，嘗之五臺山，禮文殊大士。後參仰禪師，命爲典座。一日，見文殊跨獅子緣鼎側，文喜訶曰："文殊自文殊，文喜自文喜。"遂掌之。文殊湧空曰："苦瓠連根苦，甜瓜徹蒂甜。修行三大劫，却被老僧嫌。"咸通中，築室千頃山居之。

心鑑禪師藏奂，姓朱氏，蘇州華亭人。母方娠及誕，嘗聞異香。未冠，禮道曠禪師出家，詣嵩嶽受具戒。再詣五洩山，入靈默大師室，參授道要。唐大中十二年，洛下修長壽寺，敕奐居焉。明年，歸姑蘇，再住明州棲心寺。所在禪者雲集，凡入師室者，疑難冰釋。咸通七年示寂，葬於天童山。賜號心鑑，塔曰壽相。

船子和尚，名德誠。節操高邈，度量不群。自印心於藥山，與道吾、雲巖爲同道交。洎離藥山，乃謂二同志曰："公等應各據一方，建立藥山宗旨。予率性疎野，惟好山水，樂情自遣，無所能也。他後知我所止之處，若遇伶俐座主，指一人來，或堪雕琢，將授生平所得，以報先師之恩。"遂分携。至秀州華亭，泛一小舟，隨緣度日，以接四方往來。時人莫知其高蹈，因號船子和尚。一日，泊舟岸邊閒坐。有官人問："如何是和尚日用事？"師竪橈子曰："會麽？"官人曰："不會。"師曰："棹撥清波，金鱗罕遇。"師有偈數篇，載水志法忍寺。道吾後到京口，遇夾山上堂僧問："如何是法身？"山曰："法身無相。"曰："如何是法眼？"山曰："法眼無瑕。"道吾不覺失笑，山便下座，請問道吾："某甲適來祗對，這僧話必有不是，致令上座失笑，望不吝慈悲。"吾曰："和尚一等是出世，未有帥在。"山曰："某甲甚處不是，望爲指示。"吾曰："某甲終不説，請和尚到華亭船子處去。"山曰："此人如何？"吾曰："此人上無片瓦，下無立錐，和尚若去，須易服而往。"山乃散衆束裝，直造華亭。船子纔見，便問："大德住甚麽寺？"山曰："寺即不住，住即不似。"師曰："不似似箇甚麽？"山曰："不是目前。"法師曰："甚處學得來？"山曰："非耳目之所到。"師曰："一句合頭語，萬劫繫驢橛。"師又問："垂絲千尺，意在深潭。離鈎三寸，子何不道？"山擬開口，被師一橈打落水中。山纔上船，師又曰："道，道。"山擬開口，師又打。山豁然大悟，乃點頭三下。師曰："竿頭絲線從君弄，不犯清波意自殊。"山遂問："抛綸擲釣，師意如何？"師曰："絲懸渌水，浮定有無之意。"山曰："語帶玄而無路，舌頭談而不談。"師曰："釣盡江波，金鱗始遇。"山乃掩耳，師曰："如是，如是。"遂囑曰："汝向去直須藏身處没踪迹，没踪跡處莫藏身。吾三十年在藥山，秖明斯事。汝今已得他後，莫住城隍聚落，但向深山裏钁頭邊，覓取一箇半箇接續，無令斷絶。"山乃辭行，頻頻回顧。師遂唤闍黎，山乃回首。師竪起橈子曰："汝將謂别有。"乃覆船入水而逝。

霄韻，駐錫松江，飄然塵外，間以詞翰遊戲三昧。劉禹錫贈其《遊天台》詩云："曲江僧向松江見，又道天台看石橋。鶴戀故巢雲戀岫，比君猶是不逍遥。"

聰道人，姓仰氏，名德聰。初受戒於梵天寺，參請諸方，密契心印。太平興國三年，結廬佘山之東峰，二虎爲之衛，名大青小青。有禪者造之，見掛一書於梁間，問之，曰："此佛經也。"問："嘗讀否？"曰："如人看家書，既知之矣，何再讀爲？"嘗曰："古人貴行，吾何言哉。"自是問都不答。天禧元年七月，趺坐而化。閱月，貌如生，即建塔於東峯之麓。山民有卜葬於側者，其家夜聞虎嘯，亟徙去。釋靈鑑銘誌，載《丘墓》。

聰嘗住超果寺，慶依尊者自杭奉觀音像來，聰預知之，曰："三日内當有主公至。"及期果然，今寺奉爲開山祖。一曰：秀道者昔廬此山，後建浮屠于山巔，工畢，遂積薪自焚。上有碑銘，許尚題。辛勤成雁塔，俄赴積薪焚。静夜沉沉影，疑來護刻文。

長水法師，名子璿，秀州華亭人。有道行，註《華嚴經》八十一卷。過精嚴寺，講《楞嚴經》,自作疏。疏未作時,夢文殊入口,既畢,夢出於口。疏成,紙爲之貴。錢易奏賜號楞嚴大師。後跏趺而寂,以兩甕合之,葬真如寺。宋建炎初,金兀术兵至發之,見手爪遶身,復瘞之而出。

僧密古,字太初,號竹深。族姓錢氏,邑之儀鳳里大族也。以詩名,有集曰《白雲謡》。壯歲棄妻妾出家,館於小蒸曹氏數十年,竟守戒行以終。

石屋禪師《送松江竹深上人》詩云:参方禮祖外邊事,一着工夫在己躬。親覲阿師秋已半,樹彫葉落露金風。

妙悟大師,諱希最,族姓施,湖州人。其母感異夢而生,乳中遇相者曰:"是子骨法異常,勿染於俗。"因捨出家,依郡之廣化寺僧寶新爲師。四歲祝髪受具戒,十五學天台教於錢塘師慧才。才善之,曰:"宗風不墜矣。"擢居上首,緇流競號曰義虎。治平中,來講秀州青龍鎮隆平塔院,道俗咸嚮。居累年,一日,不得意於鎮宰,即拂衣去之霅川。後復買居於勝果寺,講説如初。寺僧子雲之室夙有祟,師乃呪塊土,擲於怪室中。須臾,得片紙書曰:"今被法來遣難捨,法力没,余當復來。"於是寧息者累日,其後擊物颺火,變怪大作。子雲惶怖,復請師禳之。師至怪所,訶之曰:"汝果何物耶? 得非未離幽壤之苦,將丐慧力以求生耶? 何爲擾人不已。汝不聞惱法師者,頭破七分乎?"爲之講説輪廻因緣,仍令衆僧聲呪,以破其罪障。俄而空中轟然有聲,得朱書數十字,自稱有漢烈士沈光,大畧悔過謝罪,自蒙懺解夜,已生他化矣。師謂他化天也。元祐庚午季夏六日,師説法訖,作偈頌,優游坐逝。孟冬十八日闍維,得舍利數十,瑩采陸離。臘七十三。

政黄牛,字焕然,華亭黄氏子,住餘杭功臣山。幼孤,爲童子有卓識,詞語皆出人意表。其師稱於人,有大檀越奇之,以度牒施之,跪奉謝而不受。其師問故,曰:"恩不可輕受,彼非知我者,特以師之言,施百千於一童子,保其終身能施物不責報乎? 如來世尊,大願度生,則有慈廕,今《妙法蓮華經》是也。當折節誦持,恩併歸一,於義爲安。"其師自是益奇之。年十八,果以其志爲大僧,游方問道三十年乃罷。其居功臣山,嘗跨一黄犢。蔣侍郎堂出守杭州,與政爲方外友。每來謁,必軍持掛角上,市人争觀之,政自若也。至郡庭下犢,而談笑終日而去。一日,郡有貴客至。蔣公留政曰:"明日府有燕飲,師固奉律,能爲我少留一日,因欵清話。"政諾之。明日,使人要之,留一偈而去矣。曰:"昨日曾將今日期,出門倚杖又思惟。爲僧只合居巖谷,國士筵中甚不宜。"坐客皆仰其標致。又作《山中偈》曰:"橋上山萬層,橋下水千里。唯有白鷺鶿,見我常來此。"冬不擁鑪,以荻花作毬,納足其中,客至共之。夏秋好翫月,盤膝大盆中,浮池上,自旋其盆,吟笑達旦,率以爲常。書筆法勝絶,如晉宋間風流人。嘗笑學者臨法帖曰:"彼皆知翰墨爲貴者,其工皆有意。今童子書畫多純筆,可法也。"秦少游見政字畫,必收蓄之。有問者曰:"師以禪師名,乃不談禪,何也?"曰:"徒費言語。吾懶,寧假曲折,但日夜煩萬象爲敷演耳。言語有間,而此法無盡,所謂造化無盡藏也。"九峯鑒韶禪師嘗客政,韶坦率不事事,每竊笑之。一夕將卧,政使人呼韶,不得已,犨頞而至。政曰:"月色如此,勞生擾擾,對之者能幾人?"韶唯唯而已。呼童子使熟炙,韶方饑,意作藥石。久之,乃橘皮湯一盃。韶匿笑去,曰:"無乃太清乎。"政風調高,老益清癯。嘗自贊其像曰:“貌古形踈倚杖藜,分明畫出須菩提。解空不許離聲色,似聽孤猿月下啼。”

守蔣侍郎堂有詩曰:禪客尋常入舊都,黄牛角上掛瓶盂。有時帶雪穿雲去,便好和雲畫作圖。

端師子,吴興人,始見弄師子者,發明心要,則以綵帛像其皮,時時著之,因以爲號。住西佘山,嗣姑蘇翠峯月禪師。西佘去湖州密邇,每雪朝,著綵衣入城,小兒争譁逐之。從人乞錢得,即以散饑寒者。錢穆父赴官浙東見之,約明日飯。端黎明獨往,避雨入道旁人家,幼婦出迎。俄其夫至詬逐,竟爲邏卒所收。穆父吏速客見之,問故,曰:“煩寄聲錢公,本來赴齋,中塗奸情事發,請自飯。”穆父聞之,驚且笑,顧客曰:“此僧胸中無一點疑事。”又嘗見持死雞疾行者,挽衣問何之,曰:“雞爲狸害,法不可食,將棄水中。”端苦求之,道路聚觀,諷曰:“當得偈乃可與。”端跪作祭文曰:“維靈生有鷹鴉之厄,死有湯鑊之災。生時要汝報曉,死後無人收埋。奉爲轉化檀越,施肚爲汝作棺材。”一本云:“闍黎無可布施,施肚爲汝作棺材。”言卒,携雞去,以施饑者。能誦《法華經》,湖人争延之,必得錢五百乃開帙。目誦數句,即持錢地坐,去缺薄者易之而去。好歌《漁父詞》,月夕必歌之達旦。有狂僧號回頭和尚,以左道鼓動流俗,士大夫亦安其妄。方對丹陽守吕公肉食,端徑至指曰:“正當與麽時,如何是佛。”回頭不能遽對,端捶其頭,推倒乃行。又有妖人號不托,掘秀州城外地有佛像,建塔其上,傾城信敬。端見,搕住曰:“如何是佛?”不托擬議,端趯之而去。章丞相子厚請升座,使俞秀老撰疏,叙其事曰:“推倒回頭,趯翻不托。七軸之蓮經未誦,一聲之漁父先聞。”端聽僧官宣至此,以手揶揄曰:“止。”乃坐,引聲吟曰:“本是瀟湘一釣客,自東自西自南北。”大衆雜然稱善。端顧笑曰:“我觀法王法,法王法如是。”下座。子厚留飯,端瞋説偈曰:“章惇章惇,請我看墳。我却喫素,汝却喫葷。”子厚爲大笑。時吕太尉吉甫亦留丹陽,三人者日過從。吉甫誦禪定功德,諸般若中第一,曰:“惠卿修之十年。子厚獨稱鍛可忘憂,(稽)[嵇]康得僊,竟作劒解。”端説偈曰:“章公好學仙,吕公好坐禪。徐六喻檐板,各自見一邊。”聞者傳以爲笑樂。元祐初,圓照禪師自京師慧林退歸姑蘇,見端於甘露,曰:“汝非端師子乎?”曰:“是。”圓照戲之曰:“村裏師子耳。”端應聲曰:“村裏師子村裏弄,眉毛與眼一齊動。開却口,肚裏直籠統,不愛人取奉。直饒弄到帝王宫,也是一場乾打閧。”圓照稱美,不悟其譏也。端客無錫,欲歸湖,且行江上,問:“有湖秀便船乎?”篙師曰:“我行常潤船也。”端欣然曰:“亦可。”乃附船尾。高郵秦觀少游聞其高道,請升座於廣慧。端以手自指曰:“天下無雙月,人間只一僧。一堂風冷淡,千古意分明。”少游首肯之。端高自稱譽,吐語奇怪,逸人也。病牙久不愈,謂衆曰:“明日遷化去。”衆以爲戲語,請説偈。端索筆大書曰:“端師子,太慵懶,未死牙齒先壞爛。二時伴衆赴堂,粥飯都趕不辦。如今得死是便宜,長眠百事皆不管。第一不著看管,第二不著喫粥飯。”五更遂化,閲世七十二。東吴祠之,以爲散聖。

鰕子和尚,名智儼,居静安寺。七月十五日,有胥村人來寺齋僧,因請同往。船行見捕鰕者,儼買一斗,索水噉之,謂漁者曰:“齋回還汝錢。”令舟子勿泄,登岸前行。舟人言其故,衆人皆厭聞。至齋家,不請上座,令席地一飯,而無襯錢。還,漁者索錢,曰:“無錢還我鰕。”儼徐云:“還汝。”復索水飲,隨吐出活鰕盈斗。人皆以爲異,名鰕子和尚。將示寂,歛蒲艸爲萬餘繩,懸諸廊廡,曰:“吾將作大緣事。”繼即坐蜕。人競以錢懸繩,繩皆滿,遂以建佛閣。今静安寺有鰕子道場。

可觀,字宜翁,别號竹菴。華亭戚氏子,祝髪邑之寶雲寺。年十一,進具戒。得法於車溪卿法師,嘆曰:“語言文字皆糠粃耳。”紹興間,主當湖德藏,一室蕭然,人不堪之。乃曰:“松風山月,此我無盡衣鉢。”時杲大慧自徑山來訪,對語終日,嘆曰:“教海老龍也。”乾道七年,丞相魏杞出鎮姑蘇,請主北禪。入院之辰,適值重九,指座云:“胸中一寸灰已冷,頭上千莖雪未消。老步只宜平地去,不知何事又登高。”魏公擊節不已。淳熙七年,皇子魏王牧四明,聘主延慶祖庭。行李寂寂,無不歎服。幾二載,復歸當湖竹菴。一日,忽謂門弟子曰:“我行後,當擇三無日闍維,收舍利塔之。”弟子請曰:“何謂三無日?”師曰:“無事無風無雨,便是好日。”語畢,端坐而化,壽九十有一,淳熙九年也。荼毘火盡,舌根不壞,煙所到處,舍利無算。塔於德藏西北隅,爲築城所夷。知縣謝良弼夢一紫衣老僧謂曰:“我竹菴和尚也。以塔累公。”旦日尋訪,果得塔,因爲繕治,復立石表之。所著述《楞嚴補註》等書行世。嘗自讚畫像云:“維摩説不壞於身,而隨一相。老竹菴壞與不壞,初無欠帳。到處江山風月,不是這箇氣量。”

可觀法師一日聞舉唱曰“般若寂寥”,忽有悟云:“如服一杯降氣湯。”有《圓覺手鑑》、《行菴録》。眉公筆記。

暢法華,閩人。姓陳氏,出家名會暢。因游江浙,駐錫秀州隆福寺。日誦《法華經》或一部,或兩部。夜禮兜率天宫彌勒菩薩,或二百拜,或三百拜。以日繫月,自强不息。凡寓此約三十餘載,始終一貫,故人呼爲暢法華。或體羸氣劣,偶酒殽處,不問親疎,我所嗜者則餐之,以水蕩口,誦經復初。及康寧,則過中人或與物,乃云:“佛制枝葉花果,不許入口。”至六十五歲,夢登一閣,有異人謂師曰:“此是兜率天宫,師壽止七十五歲,當來此居。”暢稽首:“我願八十歲,所誦經方滿二萬部。”異日無語。翌日,索筆大寫夢中事於屋壁,由是愈加持誦。經數既滿,師壽八十矣。冬除夜,澡浴更衣,待旦賀正。至半夜,坐滅於所卧之牀。居人顔霸帥衆言奉香爲薪。彼焚之地有墳塚環遶,其家咸夢宗族歸曰:“藉僧來焚,我當辭去。”口舌根自火而出,體柔色紅。舍利麄大,五色瑩然。煙燄中飛迸,纍於艸樹。自闍維之後,從祥符年至天聖末,得二十餘載,靈骨在焉。僧澤隨收得片骨於竅中,舍利資生,遂以火試,鏗然堅固。由是作石函,瘞於寺門之左,上建石塔以識之。法孫子來於嘉祐中,乞天台了弘大師爲之記。

慧辯,字訥翁,賜號海月,華亭富氏子。生時有異,父母令入普照,從天竺韶及浮石矩傳天台教觀。韶將老,命師代講,夢章安以金篦擊其口曰:“汝勤於誨人,當得辯智。”久之率繼其席。嘉祐中,翰林沈時卿帥郡,以嚴爲理。察師道行,獨異之,俾涖僧職,遷都僧正。東坡時爲通守,嘗與師爲方外之游。講授二十五年,往來常千人。辯容止端靖,不蓄長物。有盗夜入其栖,脱衣與之,使從支徑遁去。無何,歸隱草堂,但六事隨身而已。熙寧六年冬，旦起盥濯，别衆而化。遺戒須待東坡至，方可合龕。四日，坡始抵山中，見其趺坐如生，頂尚温煖，作三絶哭之。蘇穎濱爲之塔銘。至萬曆間，蓮池宏作傳，入武林高僧。

東坡《海月辯公真讚併叙》：海月大師慧辯者，神宇澄穆，不見愠喜，而緇素悦服，予固喜從之游。每往見師，清坐相對，時聞一言，則百憂冰解，形神俱泰。因悟莊周所言東郭順子之爲人，人貌而天虚，緣而葆真，清而容物，使人之意也消，蓋師之謂也。一日，師卧疾，使人請予入山，至則師化四日矣。予在黄州，夢至西湖，上有大殿，榜曰“彌勒下生”，而故人辨才、海月之流，皆行道其間。師没後二十一年，予謫居惠州，天竺净惠師屬參寥子以書遺予曰：“檀越許與海月作真贊，久不償此願，何也？”予矍然而起，爲説贊曰：人皆趨世，出世者誰。人皆遺世，世誰爲之。爰有大士，處此兩間。非濁非清，非律非禪。惟是海月，都司之式。庶復見之，衆縛自脱。我夢西湖，天宫化城。見兩天竺，宛如平生。雲披月滿，遺像在此。誰爲贊之，惟東坡子。

東坡挽詩三首：欲尋遺跡强沾裳，本自無生可得亡。今夜生公講堂月，滿庭依舊冷如霜。　生死猶如臂屈伸，情鍾我輩一酸辛。樂天不是蓬萊客，憑仗西方作主人。　欲訪浮雲起滅因，無緣却見夢中身。安心好住王文度，此理何須更問人。

東坡又云：契嵩禪師嘗瞋，人未嘗見其笑；海月慧禪師常喜，人未嘗見其怒。予在錢塘，親見二人，皆趺坐而化。嵩既茶毘，火不能壞，益薪熾火，有終不壞者五。海月比葬，面如生，且微笑。乃知二人以瞋喜作佛事也。世人視身如金玉，不旋踵爲糞土，至人反是。予以是知一切法以愛故壞，以捨故常在，豈不然哉？

藏奂，姓朱氏，蘇州華亭人。母方娠及誕，常聞異香。爲兒時墮井，有神人接持而出。丱歲出家，禮道曠禪師，詣嵩嶽受具。母每思念涕泣，因一目不視。迨其歸省，即日復明。母喪哀毁，廬墓間頗有徵祥。詣五洩山，遇靈默大師，一言辨析，旨趣符合。洎周洛再構長壽寺，敕度居焉。時内典焚燬，梵宇煨燼，手緝散落，實爲大藏。尋南海楊公收典姑蘇，請奂歸故林，建精舍。大中十二年，鄞水任景求捨宅爲院，迎奂居之。剡寇求甫率徒二千，執兵晝入。奂瞑目宴坐，色且無撓。盜衆皆悸懾，叩頭謝過。寇平，州奏請改額爲棲心寺。奂學識泉涌，指鑒岐分。詰難排縱，攻堅索隱，皆一言入神，永破沈惑。咸通七年秋八月三日，預命香水剃髮，謂弟子曰：“五七日在矣。”及期而滅，權窆天童巖，已周三載。一日異香凝空，遠近郁烈。弟子相謂曰：“昔師囑累令三載後當焚我身。今異香若此。”乃發塔視之，儼若平生。以其年八月，依西域法焚之，獲舍利數千粒，其色紅翠。十三年，弟子戒休賫舍利，述行狀，詣闕請謚。奉敕哀誄，易名曰心鑑，塔曰壽相。奂在洛下長壽寺，謂衆曰：“昔四明天童山僧曇粹，是吾前生也。有墳塔存焉。”相去遼遠，人有疑者。及追驗事實，皆如其言。初，任景將迎奂，人或難之。對曰：“治宅之始，有異僧令大其門，二十年之後，當有聖者居之。比奂至止，果二十年矣。”又奂將離姑蘇，爲徒衆留擁，乃以椶拂與之曰：“吾在此矣，汝何疑焉？”暨乎潛行，衆方諭其深旨。又令寺之西北隅，可爲五百墩以鎮之。或曰：“力何可致？”奂曰：“不然，作一墩，植五株柏可也。”凡微言奥旨皆此類。刺史崔琪撰塔碑，金華縣尉邵朗題額。

浄梵，嘉禾華亭人，姓笪氏。母夢光明滿室，見神人似佛，因生師。十歲依勝果寺祝髮，嗣湛謙二法師。初住無量壽院，講《法華經》十餘過。大觀中，結二十七僧修法華懺，感普賢授羯摩法，呼浄梵比丘名，聲如撞鐘。時長洲令王公度目擊其事，題石爲記。又嘗夢黄衣人請入見冥王者，令檢簿云："浄梵比丘，累經劫數，講《法華經》，即遣送歸。"時姑蘇守應公有婢被祟，請師授戒，妖即滅。葛氏請施戒薦夫，見夫遶師三匝而去。待制賈公見師道行，補管内法主持十餘年。化後茶毘，有舍利五色。

文照大師，名銓。善鼓琴，有美琴曰響泉。居普照寺，閉户絶交，第挹好風良月，焚香撫弄，云以供佛。隣貴慕之，隔墻作亭，宵須以聽。師知之，徙於北牖。元祐間，獨與主簿劉發厚善。發嘗邀一客同見師，師方操縵爲泛聲，客遽稱善，師即止，客不懌去。師顧曰："何得引俗人入吾座也！"發愧謝。師所居閣曰妙音。

劉發詩：寶琴何所得，所得甚幽微。聊借絲桐韻，還超智慧機。霜風悲玉軫，江月入珠徽。向此諸緣盡，人間孰是非。

法寧，先住沂州馬嵴山浄居寺，人稱曰馬嵴禪師。一日，航海抵青龍。有章衮母夫人高氏，夢天人曰："古佛至。"翌日迎師，止錢氏園。夜其地有光，掘得碑云"大唐禪寺"，福德橋下又得金剛佛像，於是建寺尊奉焉。後右丞朱諤迎主佘山昭慶而卒，塔在方丈東偏。師雲門宗派，嗣雪竇明，明嗣長盧和，和嗣法雲本。

山門石刻莫儔詩云：夜發神光如掣電，浄居還遇再興時。

妙覺，俗姓朱，七寶人。在家祝髮，苦行持修。背後涅《心經》，深入膚理。發愿往戒壇，兩手各燒落二指。年六十餘無恙，忽一日，沐浴更衣，别隣里，謂子曰："吾將去矣，在常州白家某房某月日托生。汝可來問。"遂坐而瞑。有白氣一道冲天，隱隱見人狀。未幾，子往覓，果是日生一男，背見《心經》字。

靈照，蘭溪盧氏子。幼失怙恃，辭兄入寶慧寺，依香嚴湛師，又依浄覺。熙寧中，主華亭超果。每歲開浄土會七日，道俗常二萬人。夢中見三聖，跪問曰："靈照一生期生安養，可果願否？"觀音指曰："浄土不遠，有願即生。"一日卧疾，謂侍者曰："吾往生有期矣。"即西面趺坐而化。塔在院之東南隅。

惟湛，義烏宋氏子。父母逢異僧曰："汝生子六人，第五者宜令出家。"後入道雙林，覃思得度，首謁神照，復往依廣智。嘗白智曰："師所從者我無疑，若圓頓絶待之旨，當須自得。"後敷講於雲間超果，大揚化道。天台一宗振於三吴，自湛始。熙寧六年三月，趺坐而逝。火浴之頃，舍利粲然。

妙普，號性空，自號桃花菴主。漢州人，久依死心獲證。抵華亭，追舡子遺風，好吹鐵笛，放曠自樂。嘗爲偈咏，自娱其山居曰："心法雙空猶隔妄，色空不二尚餘塵。百鳥不來春又過，不知誰是住菴人。"建炎初，徐明叛，道經烏鎮，民多逃亡，師獨荷策而往。賊見其偉異，疑爲詭伏。師曰："吾禪者，欲抵密印寺。"賊怒，欲斬之。師曰："大丈夫要頭便斫取，奚怒爲？吾死必矣，願得一飯以送終。"賊奉肉食，師如常齋畢，乃曰："孰當爲我文之以祭?"賊咲而不答。師索筆大書曰:"嗚呼惟靈,勞我以生,則大塊之過。役我以壽,則陰陽之失。乏我以貧,則五行不正。困我以命,則時日不吉。吁哉至哉!賴有出塵之道,悟我之性,與其妙心。則其妙心,孰與爲隣?上同諸佛之真化,下合凡夫之無明。纖塵不動,本自圓成。妙矣哉,妙矣哉!日月未足以爲明,乾坤未足以爲大。磊磊落落,無罣無礙。六十餘年,和光混俗。四十二臘,逍遥自在。逢人則喜,見佛不拜。咲矣乎,咲矣乎!可惜少年郎,風流太光彩。坦然歸去付春風,體似虚空終不壞。"遂舉筯飫餐,賊徒大笑。食罷復曰:"劫數既遭離亂,我是快活烈漢。如今正好乘時,便請一刀兩段。"乃大呼"斬,斬"。賊駭異,稽首謝過,令衛而出。烏鎮之廬舍免焚,實師之惠也。紹興庚申冬,造大盆,穴而塞之。修書寄雪竇持禪師曰:"吾將水葬矣。"壬戌歲,持至,見其尚存,作偈嘲之曰:"咄哉老性空,剛要餧魚鼈。去不索性去,祗管向人説。"師閲偈咲曰:"待兄來證明耳。"令徧告四衆,衆集,師爲説法要,仍説偈曰:"坐脱立亡,不若水葬。一省燒柴,二省開壙。撒手便行,不妨快暢。誰是知音,舡子和尚。高風難繼百千年,一曲漁歌少人唱。"遂盤坐盆中,順潮而下。衆皆隨至海濱,望欲斷目。師取塞,戽水而回,衆擁觀,水無所入。復乘流而往,唱曰:"舡子當年返故鄉,没蹤跡處妙難量。真風偏寄知音者,鐵笛横吹作散場。"其笛聲嗚咽,頃於蒼茫間,見以笛擲空而没。衆號慕,圖像事之。後三日,於沙上趺坐如生。道俗争往迎歸,留五日闍維,舍利大如菽者莫計。二鶴徘徊空中,火盡始去。衆奉舍利靈骨,建塔於青龍。

永明智覺禪師,諱延壽,餘杭王氏子。自兒時知敬佛乘,及冠,日一食。誦《法華經》五行俱下,誦六十日而畢,有羊群跪而聽。年二十八,爲華亭鎮將。嘗舟歸錢塘,見漁舡萬尾戢戢,惻然意折,以錢易之,放於江。裂縫掖,投翠嵓禪師岑公,學出世法。吴越文穆王聞其風悦慕,爲剃髮。衣不繒纊,食無重味,持頭陀行。嘗習定天台天柱峯之下,有烏類尺鷃,巢衣裓中。時韶國師眼目世間,北面師事之。韶曰:"汝與元帥有緣,他日大作佛事,惜吾不及見耳。"初説法,衆至二千人,時號慈氏下生。高麗遣僧航海問道,其國王投書,敘弟子禮,奉金絲織成伽梨、水精數珠、金澡鉼等。并僧三十六人,親承印記。相繼歸本國,各化一方。

弘覺範贊曰:予初讀《自行録》,録其行事,日百八件。計其貌狀,必枯悴尩劣。及見其畫像,凛然豐碩,眉目秀拔,氣和如春。味其平生,如千江之月。研其説法,如禹之治水,孔之聞韶,羿之射,王良之御,孫子之用兵,左丘明、太史公之文章。嗚呼!真乘悲願而至者也。

碧雲尊者,諱守詳,號碧雲,姑蘇華亭人。賦性孤介,五戒嚴持。宋隆興間,先建功德司於合掌橋,掌龍華會。郡之士夫莫初隆等,懷香懇請開山延壽,四衆歸向。創十六觀堂,與衆同修淨業,德風益盛,遂成巨刹。大宏天台教觀,至今祖堂塑像,謚號尊者云。

淨岳,嘉定二年禮興聖寺僧若顔爲師,從鑑堂義法師受天台教觀,盡得其要。出世説法杭之劉寺,終於大雄,前後凡七座道場,所至緇白向化。嘗取宗門要典,曰《金剛錍》,科分章段，卓然超出，妙絶古今。傳其宗者，有竹堂正法師、静翁明法師云。

浄真，華亭人，出家師興聖寺僧若平。嘉定六年，參堂宗賢首教。嘉熙三年，浙江錢塘江坍，浄真以偈呈安撫趙端明曰："海沸江河水接連，民居衝蕩益憂煎。投身直入龍宫去，要止驚濤浪拍天。"遂投于（下闕）。

松江府志卷之七十

方　外　二

中峰禪師，名明本。錢塘人，居天目山。四方從遊者日盛，在處結茆，皆名幻住。元仁宗朝，賜號廣慧禪師，召主院不就，杖錫來雲間，扁舟棲泊泖上。泖寺荒落，師戴星沐雨，結跏趺坐，洒然自得也。宋宗室趙孟僴出家北道堂，是爲月麓昌公。禮師座下，嘗請説法。昌公從兄孟頫同來至止，因改道堂曰本一院，所憩之室曰幻住山房，曰得坐軒。先是，中峰師栖弁山之黄沙坑，漁者得雪溪片石來獻，刻石亳字，欲以名泉。適入本一院，鑿井，井水沸發，林禽之上，舊名古亳泉在焉，遂以名泉。師手書遺跡，留院中甚多，若《皮袋子歌》、《九字梅花詩》、《水居十詠》，院中至今寶藏之。後歸天目示寂，賜謚普應國師。昌公舊志《節義》，孟頫今見《流寓》，别有傳。

倪元鎮《題中峰觀蓮像》：東南唱道據禪林，諷詠蓮心契本心。善矣不塵仍不染，美哉如玉復如金。三周妙法耆闍崛，十丈開花玉井岑。今日仰師猶古佛，風波回首一長吟。

趙孟僴，號月麓，宋之宗室。其先家黄巖，景定辛酉，年十七，及胄舉，父訓選赴南宫，遂得游謝南齋、歐陽巽齋、劉須溪、朱約山諸公之門。文天祥見之曰："是子瑚璉器也。"咸淳乙亥，開江東浙西閫，天祥以玉垣從事辟之偕行。抵吴僅五十日，而大事已去。天祥見召環衛，王邦傑開門降元。授邦傑按撫使，孟僴吴江尉，固以疾辭。遂去吴，依親友以居。越十年，爲道士，名道淵，居松江北道堂。又五年爲僧，名順昌。因自號三教遺逸，改道堂爲本一菴，子孫遂爲郡人。所著詩文名《湖山汗漫集》，内有遥祭文丞相文。臨終端坐，手辭以訣。有曰："文山之客，千古忠貞。"《嘉興志》又曰："王室之懿，文山之客，千古忠赤。"共十二字。

陶菊隱，嘉興人，以號行。德祐末，元兵南下，菊隱聞勤王之詔，散家財招集義兵以拒元，謁文丞相於軍。宋亡，遺士流寓者多以爲依。戒子孫勿仕元，當時與趙孟僴、殷澄稱秀州三義。《浙江通志》。

子温，字仲言，號日觀，又號知歸子，郡人。宋季元初，萍浮四方，止杭之瑪瑙寺。善草書，喜畫蒲萄，鬚梗枝葉皆草書法也。世號温蒲萄。時貴慕其畫，贄金求之，一筆不與，逢佳士遽命紙筆。雅好着恢帽短衣，囊錢果，猖翔街陌。探囊投市中兒，問："識温相公麼？"由是進止輒擁群兒，讙呼温相公。時有賓肖羅漢，醉則維筆竿杪，草聖芬媚。詩人遂有"長竿醉草賓羅漢，短褐徉狂温相公"之句。温性嗜酒，然楊總統飲之酒，一不霑唇。每見則曰

"掘墳賊,掘墳賊"云。

温日觀《自題葡萄卷》:松江府是我鄉州,有媿平生欠一遊。子去扁舟泊烟渚,相煩致意舊沙鷗。跋云:華亭友人歸故里,爲詩以餞,日觀奉送,欣有今日之乍相識。曾公有元云:旦晚有燕京之行矣。因題。

趙孟僩《題所藏温日觀蒲萄》:淋漓淡墨殘雲濕,老兔忽作鮫人泣。欲令象罔求玄珠,三尺藟藤光怪入。細看却是墨蒲萄,恍如架壓秋風高。老温作此贈行客,一段清奇詩更豪。曾君持向燕山去,萬里塵沙朝復暮。相看絶似歲寒交,天上歸來秖如故。凉州刺史真癡兒,不如蒲萄酒一巵。君携畫卷歸亦奇,九山猿鶴今奚疑。

趙松雪題:日觀老師作墨蒲萄,初若不經意,而枝葉肯綮,細玩之纖悉皆具,殆非學所能至。俗人懇懇求之,靳不與一筆。遇佳士雖不求,輒索紙筆,揮灑無吝色。豈可謂道人胸中無涇渭耶?吾與師僅一再面,去冬曾君自吴來燕,辱以一紙見寄。相望數千里,不遐遺乃爾。展轉把玩,因想勝風。欲相從西湖山水間,何可得也。因曾君出示此卷,敬書其後而歸之。辛卯歲二月二十二日,吴興趙孟頫。

天如禪師惟則,俗姓譚氏,永新人。得法普應國師中峰本公。中峰倡道天目山之師子岩寺,名菩提正宗。至正二年壬午,師之門人相率買地結屋,悉如藂林規制。師每説法,參問多至數百,隨其悟解,開導誘掖,至于安衆,必擇法器,不泛然以容。檀施與貲,師取共具,纔足即止。諸行省平章皆稽顙問道,執弟子禮。師説法不設厓險,不自陳衒,悟解緣由,以啓學人,捷出蹊徑。其爲學平實縝密,鞭辟近裏。故自臨濟一宗,化機局段爲之一變焉。有《楞嚴會解》、《語録》、《别録》、《剩語》若干卷。江浙諸名山屢請主席,堅却不受。遁跡松江之九峰間十有二年,道價自振。帝師與以佛心普濟文慧大辯禪師之號,兼與金襴僧伽梨衣。至正十四年甲午,廬陵歐陽玄記其事。

得喜,姓錢氏。童丱時叩中峰禪師,獲玄旨歸。有施北花園地,遂結菴延四方雲水。鑿基得古石,刻錢喜二字,猶宿緣符契。於是編茅未齊,禪錫紛委。喜持鉢餉衆,飢寒瘖病及無告者,傾衣盂濟之,知舊死無所歸者殯之。中峰大書"喜見"二字扁其菴,達官儆士、父老兒童悉稱喜菩薩。吴江程林仲喪母,致喜演法,有金甲白帽神人,合掌見其後良久。諸大家禳祈,獲喜一至爲幸。至順中,卜遷盤龍塘。不三年,遂成勝刹。及卒火後,驩泣交喧。或拾片骨、取撮灰,襲藏供禱,則舍利纍纍而生,至穿劚火所以求之。

净真,字如菴,華亭人,姓沈氏。母夢明月從海而升,墮於懷,覺而有娠。童齓授以《法華》,歷耳成誦。識者多奇之,謂夢月升海,豈海月都師之再來耶?出家受具,博究諸乘。首參雲夢澤公,次參無極度公。盡得宗旨,因嗣法席。已遷華亭超果。至順辛未,舉爲上天竺座主。大開法會,賜金紋衣,賜號佛心弘辨。癸酉冬,預知時至,留偈而終。茶毘得舍利五色,舌根頂骨不壞。

殊隱,字盤谷,海鹽人。貌不揚而志氣超邁,博覽經史,性好山水。至元中,遊禮五臺、峩眉,及徧歷名山勝地。嘗自云"足跡半天下,詩名滿世間"。高麗瀋王聞其德望,遣使招致杭之慧因寺,講《華嚴》大意。王悦,厚供以還。年七十餘,精修净業而終。有《游山詩集》三卷。

念常，號梅屋。姓黄氏，華亭人。母夢僧龐眉雪髮，稱大長老，願托宿焉，因而有娠。及誕，神光燭室，異香逾日不散。自幼喜焚香孤坐，剃染受具，博通内外群籍。參佛智禪師，舉角聲因緣頌有省，佛智稱爲教中偉器，文苑奇才。所著有《佛祖歷代通記》，按史編年，叙入宗傳，大有補於教乘。

元智，授業於朱涇法忍寺。皇慶二年，開山東林寺。延祐中，詣都進銅像。時亢旱，奉勑祈雨立應，賜號佛日普照大德禪師，及金襴伽黎。歸寺闡揚宗教，遐邇響慕。延祐七年辭世，至今塑像奉祠。

覺慶，號曰壽堂。弱歲禮壽梅峰爲師，甃石衢，鑿義井，施湯茗，行鍼藥，凡可以澤物者靡不爲。至正辛巳，杖錫雲間，觀普照佛會隆盛，遂預作别四明及杭之麴院道友二書，并偈云："無量劫來元有我，無有有我我亦無。無我無人無覓處，蕩蕩光明耀太虚。"將以正月二十三日，於會中坐化。人皆止之，有陳源堅者，迎歸其家。越二日，復示衆云："興來立到三更後，徹骨寒來有幾人。吾既云辭世，胡顔復留。"言已而寂。三日荼毘於西延恩，徧體汗下，復迎以歸。是夕紅光燭天，又十日顔貌如生，鬚髮自長，人皆嘆異。源堅自剪髮，易所居爲菴，髹慶身祠之。

德林，東甌人。至正甲午，禪坐上海之柘澤廢寺，饑寒弗嬰其心。環歲夏五，忽語人曰："疇能施我一龕，九月一日，將此色身焚却。"人以爲欺，不之信。至期空鉢囊，易薪樵自環，趺坐合掌，云："二十七年學無爲，信手拈來獲得渠。一具幻身歸四大，這番不受業風吹。"云竟，火自身起。觀者始矍然膜拜曰"活燒人"，云："地里以爲不祥。"林且噴曰："雨過即無事。"

覺岸，字寶洲。湖州烏程人，姓吴氏。年十三，禮郡之天寧普覺獨孤明禪師。薙髮受具法，嗣杭之净慈晦機熙禪師，説法於松江南禪。一日，儒士劉澤民室請講《楞嚴》大義，至七徵心，忽净瓶水騰躍，注于其懷。坐者驚愕，有孫以貞者問之，師笑而答曰："此偶然耳。"嘗於普覺文房，采摭内外典籍成編，題曰《稽古畧》行世。

明顛師，郡南薛塔人，族姓薛氏。猖狂若顛，衣不蔽體。人或遺之衣，則轉以施人。大雪中露脛跣足，手持鐵釘，遇瓦礫拾置袖中。人與之誠語，則答以機鋒。或侮之，則酬以狂語。兒輩争挽袖覓錢，或與之一錢兩錢，無緣則不與。市肆與之錢，則其門駢集。或飯之，不問遠近、識不識，皆凌晨而至。飯於市，去則探錢置几上酬直，數多寡不差。有倭奴見之，羅拜云："曾向海中失風，得此僧幸免於死。"慧性通，不學而能詩。嘗作《菖蒲》詩云："根下塵泥一點無，性便泉石愛清孤。當時不惹湘江恨，葉葉如何有淚珠。"嘗遇濟顛於朱涇，彼此不相識，忽相顧曰："咦!"濟顛贈之詩曰："青蒻笠前天地闊，碧蓑衣底水雲寬。不言不語知何事，只把人心不自謾。"嘗自寫頂相，有刻本流傳。

紹宗，字一原，號遂初。上海陳氏子，十三出家里之安國寺，得法於静菴鎮法師。天資穎悟，戒行精嚴。洪武癸酉應召，有事廬山，奏對稱旨，賜金縷僧伽黎等服。丁丑正月五日，示微疾，端坐而化。勑遣中使致祭，荼毘日會者數千人。其徒奉舍利遺骨。塔于安國寺。

善信，號無疑，蘇州嘉定人。禮上海施水菴僧智德爲師，參請蘇城萬峰和尚。素不識字，惟一味禪。洪武三十四年，年五十九。十月二十八日，示微疾，乃與衆云："我自出家以來，脅不至席，工夫今日了當，將從此辭。"索浴入龕畢，於咳嗽間欻然火起，自焚其身。寺僧爲起塔繪像，住持勇禪師以偈悼云："一念纔空萬境忘，更無餘事可商量。翻身永入火光定，驚倒靈山老藥王。出輪廻又入輪廻，究竟何曾有去來。昨夜水河中火發，虚空燒作一堆灰。"

清濋，號蘭江。天台人，姓劉氏。嘗説法吴中，緇素傾嚮，四座至無所容。後居天界寺，高皇帝召對稱旨，御製《清濋説》賜之。有《應制次登鍾山》等作。晚年憩錫郡之東禪寺，有《望雲集》及《語録》、《毘盧正印》。學士宋濂爲序。

原真，字用藏，姓朱氏，上海人。得度于華亭興聖寺，傳天台教觀。戒行高潔，歲修法華彌陀具足期懺，書《法華》等經。洪武乙丑，微疾，索浴書偈坐終。偈云："四十二年，無作無修。有生有滅，大海一漚。真歸無歸，心空净遊。"

如泰，華亭人。不識字，乘一小舟，四方參請。洪武己亥四月，至珍敬菴，微疾。二十六日，對衆自言："我於初三日去也，衆來送我。"至日，以所乘舟寘於陸地，索浴更衣，對佛説偈曰："山僧新圓寂，諸人皆不識。乘駕白牛車，親到樂邦國。"衆送舟所，又復説偈云："五十九年世間嬉，涅槃一日到來催。忽然踏着虚空路，一去樂邦永不回。一枝紅燄起，四色藕花香。"遂入舟自焚。

德然，號唯菴，華亭張氏子。生具異相，左足下有一痣，口能容拳，舌能舐鼻。七歲誦《法華經》，於杭之天龍寺初參洪石屋，後參長千巖。洪屬以緣在吴松，爲書"松隱"二字，遂來郡南，結菴以居，扁曰"松隱"。足不越閫者三年，道風日盛。嘗劙指血書《華嚴經》八十一卷，天雨寶花。洪武初，以高行僧薦。尋還松隱，建塔七級，奉藏所書《華嚴經》。二十一年四月十四日，沐浴辭衆而逝，全身塔于松隱。有《船居詩》十首，學士宋濂爲序。

普智，字無礙，號一枝叟。浙江臨平褚氏子，出家於天竺龍井寺。依東溟日法師，授天台性具之學，優於講説。歷四大道場，終于松江延慶。平居禮誦，寒暑不暫輟，暮年專修净業。永樂戊子正月二日，會衆端坐，西面念佛而逝。嘗集(討)[註]《彌陀經》。

志常，號梅隱，華亭朱氏子。禮本一院僧善實薙度，習禪誦，服勞執事。及進具戒，歷參南堂了菴、西齋楚石二大知識，有得而歸，遂繼師席。延接雲水，邑人嚮慕其化。平居誦《華嚴》、《圓覺》、《楞嚴》等經，以爲日課。臨終諭衆勉力進修，合掌泊然而逝。

善啓，字東白，號曉菴，長洲宦族楊氏子。甫能言，即通佛典。父母異之，命禮永茂院主爲浮屠。屏迹龍山，窮日夜課誦經典百氏不輟。永樂戊子，主郡之延慶寺。召纂修《永樂大典》，校《大藏經》，賜金縷僧伽黎服。一時名人若沈民望、王汝玉、錢原溥，皆與爲方外交。嘗論儒釋之辯曰："且各爲其教。"又曰："東魯垂道，西竺見性，皆莫先於厚本。"故雖離父母，而養生送死率從厚，與兄弟極友愛云。正統癸亥示寂，歸葬于龍山。溥誌其塔。

道安，字静中。華亭人，朱姓。六歲出家興聖寺，十三通《法華》，得度於松隱德然覺公。二十參唯菴然公，服勤廿載，有省。領唯菴命，於松隱建浮圖七級，造千佛像。還興聖，重修寶塔，建般舟三昧道場一期九十日。永樂丙申，年七十有七，坐亡。偈云："不會掘地討天，也解虚空打橛。驚起須彌倒舞，海底蝦蟇吞月。踏翻生死大洋，説甚漚興漚滅。"

僧敬，陝西人，俗姓杜。有妻妾三人，妾皆懷孕。因長子夭，憤然棄家南游。至崧宅，悦其土山水木之勝，結廬以居。謂袁將軍有功兹地，非托梵宇，則祠不能久。遂拓舊菴爲佛舍，以東濟名之。越十九年，妾之兩子，一爲吴會太守，一爲鎮令，識敬爲父。敬終不就養，卒老禪衲，以終净修。

敬公，七寶寺僧人呼爲敬講主。平日誦經，坐榻皆穿。能詩，有《青松集》。洪武中，訪天下大高僧，以賜親王，敬與焉。名士送行詩甚多。居金陵數年，賞賚甚厚。

袁凱送行詩：雨歇郵亭暑氣微，溪頭四牡正騑騑。雲遮幢蓋應争羡，日暎袈裟倍有輝。護法試從金刹講，晴空擬見寶花飛。遥知十院多清暇，隨處行吟對夕暉。

辨如海，金澤寺僧。淳實精嚴，藏經悉能誦解。禪行不虧，尤工詩。正德中，與錢學士鶴灘結詩社，鄉大夫咸高之。年九十餘，無疾端坐而逝。副憲曹定菴贈以詩曰："雲間惟愛此僧閒，錫杖芒鞵懶出山。瓦鉢盂中清净水，布袈裟上木連環。無聲無色詩千首，聽雨聽風屋半間。春滿土牀誰是伴，白雲飛去又飛還。"

西照，嚴氏子，名塘，始號天育，雲南楊林人。生而質性凝重，已婚，偶一日讀《金剛偈》有感，因曰："父母妻割愛出世，無論此生他生，誓期證道。"家人咸駭愕怨嗟，師復諭之曰："昔吾佛世尊爲悉達太子，不遵净飯王命，盡棄妃嬪，潛入雪山修行。以世法較之，一何忍焉？及爲三界尊，化導無量，豈唯現前報恩，百倍寰中，即無始累劫眷屬，總獲善果。且幻身非實，真性易迷。一旦改頭换面，何處相認？豈若一人得成菩提，均霑甘露利益。"遂投禮永泉寺月空薙染，改名慧才。尋往安寧州，參普通和尚，發明極樂指歸。又偕同行善友雲水，日唯一食。適吴歷越，請益於天如老人。復于佛慧講肄，遍聞諸經奥義。末依雙徑禪，萬松門風高峻，不輕許可，日磨歲汰。委師口訥心通，造詣親切，得受記莂。嘗指金天示之，師始號天育，復稱西照。無何，萬松示滅，益務韜晦。時陸文定未嗣，手抄《陀羅尼經》。入浙，詢知師賢，至延師馬嵴寺禮誦，結朞一週竟。明年，又移錫龍潭。又二稔，迎還故寮，專修净業，一食不私。隆慶庚午十一月十三日午時，沐浴更衣，端坐而化。

陸文定公《禪林餘藻》云：西照老人坐夏馬嵴，予間過之，相向默然，意其爲本色住山人也。及觀方居士潯南叙述其與雙徑醻問，皆語赴來機。迺知向坐默時，聲如雷也。近來衲子談教乘者，率簧鼓人聽，至祖意茫然。叢席中如此老人，悟實際者蓋少。臘日齋中作静坐觀，童子掃雪，熾炭沸湯次，忽繹巴陵鑒老銀椀裡盛雪公案，疑滯未釋，惜無雙徑續舉揚發一問答，特呵凍墨書此。老人其收之鉢囊，俟他日重上徑山，向禪默中作無語醻之也。

蒼山禪師，滇南人。名智空，字妙有，姓葛氏。師生點蒼山之陽，長身修眉，兩顴秀聳，遂自號蒼山野衲云。年十三，禮曹溪普通和尚。及長，徧遊南嶽匡廬，東至徑山，傳法萬松座下。隆慶元年，杖錫來松，居城西超果寺。陸文定公、徐文貞公與爲方外友。師授以《楞嚴咒心》及《法界圖》，曰："佛之宗旨盡在於是。其諸修行，則存乎人耳。"師於物澹然無所好,恒輟所衣食,贍諸方僧,赴之如歸。行苦而禮恭,色和而語莊。爲人祈禱,無不立應,士庶咸德之。萬曆丁丑示寂,徐文貞爲之塔銘。

陸文定公云:蒼山禪師生緣滇南,傳法徑山,行緣在諸方。往歲余識禪師於金陵報恩僧舍,迨余謝病還,掛錫城西之超果。一時禪衲如天育、無着,皆以遊寓至,鼎立法席,緇白歸仰,稱雲間三禪。會存齋徐公解政歸,聞師名,一見語緣相契,曰:"不意法道季末,叢社中見此老宿。"遂定交。久之,師往徑山,掃萬松塔。四衆勤請,復挈錫還超果。一日謁公,公方作《三一壘偈》舉示,師密言徵詰,了悟宗旨。公撫掌曰:"吾乃今日真見蒼山矣。"爲作《蒼山傳》。師他日示余,余曰:"蒼山本色,公已當下拈出。即今觀者,欲知蒼山境界,現前有無。有則撑突虚空,無則虚空消殞。更須不落梯磴,方是與蒼山境界,有相應處。雖然,有無中猶是望崖,但恐蒼山不肯在。"

無着禪師,名善愛,又號巖谷老人,姓劉氏。父曰恩,生于山西之寧鄉。髫年祝髮廣濟寺,師事洪潤和尚。古貌癯身,抱朴任真,訥不出口。持菩薩戒甚嚴,終日一食。徧遊普陀、五臺、峨眉,晚駐錫鳳皇山,揜關三年,復修浄業佘山塔院。嘉靖四十一年,陸文定公請居龍潭禪寺。隆慶六年六月二十一日卒,世壽六十九,荼毘窣堵沐堂之麓,徐文貞公銘塔。師與天育蒼山,皆自遠來,闡明佛法,化導松人,功德居多。

白雲,薙染南禪禪寺。年二十四五時,遇一道者,授以定静之法,精虔有得。後又遇之,欣然謂曰:"汝已小定矣,非大定也。"蓋謂静時雖小定,應物未免動揺。須于日用間摻存,始爲得力。此後仍向静中求之,真所謂寶月當空,形容難盡。夏陽衢先生曾以静中所見告雲,雲曰:"船已到張家灣,只少橛子。偈云:一坐焚香甚寂寥,不知海闊與山高。個中流出無窮影,盡世丹青難畫描。"問:"如何用功?"曰:"以一切諸相爲賓,以太陽爲主,此即把柄。"又曰:"性如天,清明廣大。性如地,包容徧覆。性如水,周流無滯。"亦常以瑜珈教,爲人祈禳,昭應赫然。居常持《陀羅尼呪》得力。一日,跪禱大士前,祈賜靈應。忽覩所供浄瓶水湧沸尺餘,師悲感涕泗。後以供水療病人輒愈,時比之錢喜菩薩云。隆慶戊辰示寂。所著有《白雲心法》,周萊峰先生爲之序。

《心法序》曰:余少多疾病,心境紛襍,久習止觀,終隔藩籬。近參白雲和尚,訪以至道,言詞夷曠,動符往哲。和尚本禪家,乃與儒契,竊以爲疑。叩其所自,乃云:初入叢林,即修戒律。持之累年,尚未有入。忽于樹底,獲接異人。土木形骸,不事修飾。去而復來,往返數四。印可之後,始斷踪跡。問以姓氏,默而不答。異哉斯賢,將古之隱君子耶?不然,授受之際,何其奇詭卓絶,若斯之甚也?和尚與人論難,朝夕靡倦。其徒悟真默記其語,久而成帙,題曰《白雲心法》,屬予序。余謂悟真所記,中含理奥。異日得多聞辨慧,如文殊阿難,潤以華藻,演而成經,與《楞嚴》、《圓覺》並傳於世無疑也。和尚諱德淳,華亭沈氏子。遵母之命,十五出家。中遭挫折,清操彌勵。迨于晚節,遠近皈依。曾有三願:一者,手植庭檜,期于成列。二者,衣食之餘,或有羡積,買爲寺産,以助焚修。三者,禪宗一派,絶響有年,冀遇至人,授之正法。厥後三年,悉如所願云。嘉靖癸亥,周思兼撰。萬曆甲寅,直指楊公鶴按部雲間,獲覩萊峰先生學道記言,手抄數四。并師心法,嘆服其高。欲重梓行,未獲全本,中止。

高峰和尚,名性常,雲南人。薙染于伏牛山,飛錫馬嶜禪寺,與天育、蒼山、無着往還參契。周萊峰先生嘗訪師,氣象昂昂,若弗爲禮。舉蒲扇輕摇,坦然坐定,瞑目不語。問:“名利關不能透,如何?”師云:“此事是大丈夫所爲,要撇就撇。若把等閒看待,終是脱不下。”問:“撇不下奈何?”曰:“此是染業深重。”問:“既如是,欲把名利二字,常常參看,要見他無用處,此是工夫否?”曰:“若如此,終是撇不下。”又問:“辟如有人要打你,要殺你,此心動否?”曰:“此時正是工夫親切處。即今居士對人談論心動否?”萊峰言:“心中正有相對意在。”師云:“除却眼前,更無工夫親切時節。不要問人,只問自己。”士大夫請益者麕集,無不滿志而去。後示寂寺中,至今祖堂奉師爲宗主。

雪菴昺禪師,中丞張佳胤銘塔。序云:余撫兩浙,有僧明禮從雲間來,出其師雪菴行實丐塔銘。按禪師爲余邑北門四川銅梁人,族姓曾氏。從母胎出,聞腥葷輒嘔噦不休,見神像必禮拜。其父百嘗之,無所好,惟喜瞻佛寺中。時年八歲,其父捨入城西壽隆寺,僧遐永祝髮爲弟子,法名昌昺。又三年,十一歲,授内典。善記,記即了大旨。又可數年,發大勇猛,辭其師,自謂與雷峰禪師同姓,且冥契其出世之符,遂號雪菴云。因參天峰禪師,受無字公案,誓必大悟乃已。攀陟峨眉山,禮普賢大士,獲覩身光。逕裹香進步,直越鳳山嶺,求振宗和尚印證。振宗者,大覺禪師高足弟子也。相見語合,遂付偈囑,蓋至是而居然有得矣。下巫峽,順流東邁,抵雲間,稍住錫於坐化菴中。爲宗伯陸平泉先生所知,居雲間馬嶜寺,學士大夫多從之游,共建禪堂五楹居之。初,禪師將至,馬嶜忽飛鳥盡去。俄頃,有郡官命伐取殿前銀杏,陸宗伯以師故,請於郡,不得伐。他日,宗伯再過,見雙樹婆娑,飛鳥咸集,喜而賦詩,有“不改清陰待我來”之句,聞者以爲美談。先是,余撫吴,行部雲間者再。禪師竟匿迹不以聞,人亦鮮知者。後余抵金陵,投劾將歸,始從他僧知禪師住雲間。仍作書問亡恙,且重其善晦。又於巴岳山中,搆赤松、招隱二菴以待。但報謝,無他語。余歸山中,起家南卿。復寓書,招禪師至天界,静談兩閲月,强之歸,余亦擬拂衣去。禪師但云:“此皮囊何地不可遺,公遇明時,且未得歸。恐老僧先歸,而公尚不及歸也。”語訖,而泰公陳太史亦抵書云:“幸勿奪我遠公。”其爲諸大夫敬重如此。未幾,聞禪師示寂。時其徒明禮朝夕侍,默默無語。一日,忽索浴。浴罷,仍結跏,端然長逝。嗟乎!彼於生死齊一,而追悟天界寺中先歸之語,始驗矣。昔太原孚上座臨終無語,識者以爲自得彌深,而示人最切,禪師近之哉。没後囊無長物,藉宋侍御之子民倩造龕,而徐澤夫尤有風義,經紀禪師後事最力。余與禪師爲童子交,中年爲方外友,迺捐俸授明禮造塔。銘曰:身自銅梁生,骨自雲間瘞。銅梁既非鄉,雲間亦非寓。東西蜀與吴,大地兩撮土。生前葛藤言,爲師大分别。師今離幻緣,常住無罣礙。塔形標蓮花,聊示衆生意。真宅在太虚,非以此塔故。

袾宏,字佛慧,别號蓮池。俗姓沈氏,仁和人。投西山性天理和尚祝髮,乞無塵玉律師就壇受具,即單瓢隻杖,遍參知識。北游五臺,至伏牛,參偏融、笑巖二大老。過東昌,忽有悟,作偈曰:“二十年前事可疑,一千里外遇何奇。焚香擲戟渾如夢,魔佛空争是與非。”隆慶辛未,乞食梵村,見雲棲山水幽寂,遂有終焉之志。山故伏虎禪師刹也。師弔影寒岩,絶糧七日,倚壁危坐,虎患以寧。歲亢旱,循田念佛,時雨隨注。民咸曰:“師福吾村,願鼎新之,以永吾福。”遂成蘭若。然無崇門,無大殿,惟禪堂安僧,法堂奉經像,餘取蔽風雨耳。自此道大振,海内歸心。因令大衆誦《梵網戒經》及比丘諸戒品。師以精嚴律制爲第一行,著《沙彌要畧》。念初發足(摻)[参]方,從參究念佛得力,遂開净土一門,極力主張。著《彌陀疏鈔》十萬餘言,更録古德機緣中喫緊語編之,曰《禪關策進》,曰《緇門崇行録》。自習燄口,時親設放。嘗有見師座上現如來相者,蓋觀力也。天性樸實簡淡,無緣飾,虚懷應物。貌温粹,弱不勝衣,聲若洪鐘。生平惜福,垂老自浣濯,出溺器亦不勞侍者。終身布素,一麻幃乃母艱時物,勿易也。總師摻履,以平等大悲,攝化一時。非佛言不言,非佛行不行,非佛事不作。出世始終,一無可議者。先是萬曆丁亥,師于麵杖港之萬竹林菴,講《彌陀鈔》。檇李包檉芳,吾鄉彭汝讓、徐益孫、唐文獻、陳繼儒,同往聽法,灑然意銷而歸。

真可,字達觀,晚號紫柏老人。其先句曲人,專以毘舍浮佛偈示人。或問:“師亦持否?”曰:“吾持二十餘年,已熟句半。若熟兩句,于死生無慮矣。”師念大藏梵本繁重,不能遠及,遂刻方册,易爲流通,師實始其事。北游至石經山,訪琬師行跡,得佛舍利若干,若有所感焉。慈聖聖母聞師至,命近侍陳儒致齋供,賜紫伽黎。師謝曰:“自慚貧骨難披紫,施與高人福更增。”因請舍利入内供三日。是時公卿臺省,無不折節下禮。師道價益高,名益重。意欲續《傳燈録》,逗留京師。至萬曆癸卯冬,竟罹妖書之獄,成一大負云。臨終索浴端坐,安然而逝,癸卯十二月十七日也。世壽六十有一。師化後,待命六日,顔色不敗。及出,衆憚莫敢收視。吾鄉戴士毅夜出,置師土墻間,封閉兩旁,懺悔而退。其後肉身南還雙徑,憨山師從南嶽越數千里來,擇以十一月十九日茶毘。拾堅固子數十顆,堅固牙三四枚,頂門骨纍纍如貫珠。仍歸塔焉,銘其墓。先是,師嘗過坐化菴、南禪寺、泖塔,激揚宗旨,名流響應,相好端嚴,神氣奕奕。晚年留鬚髯,議論英辨可畏。而隨機接引,盎然如春,見之無不心折者。當其趺坐泖塔時,凡民居遠近,見神火隱隱起練塘,或起樹杪,遶塔院,似螢而差大,光煒煒有輝。師去而光遂泯滅不見。曹松記。

德清,號憨山。俗出全椒蔡氏,祝剃于報恩寺,參請天界,雲谷師許以法器。風神逸上,慧翼高翀。遂卓錫牢山那羅延窟,供奉慈聖皇太后所賜《大藏經》,建海印寺成。適以外魔突起,逮戍雷陽,寺歸道士。師得訪曹溪遺跡,整頓彼方釋子,令知六祖家風。久之逢宥,師遂徜徉五岳,俛仰二儀,從南嶽下,渡江而東,探奇雙徑五雲,以至雲間,歸者如市,已復過曹溪。天啓癸亥秋,示疾粤中,建塔瘞焉。廬山諸道俗弟子請于當路,卒歸葬匡廬。師與陸莊簡公投,董宗伯有法乳之契。盤旋峰泖,開示惓惓,學者樂其易親焉。先是,師被禍叵測。達觀師時在匡山,聞報,爲誦《法華經》百部,冀祐不死。及將南放,會師于下關旅泊菴,執手嘆曰:“公以死荷負大法。古人爲法,有程嬰杵臼之心,我何人哉?公不生還,吾不有生日。”瀕行囑曰:“吾他日即先公死,後事屬公。”遂長别。後竟赴雙徑,會其弟子法鎧等茶毘,又爲銘其塔,曰:“向受紫柏老人别語,今幸目擊,得以少盡心焉。”所著作發明經疏外,有《道德》、《南華》註,《夢游》、《東游》諸集數十種,板行于世。覺印記。

洪恩,號三懷。金陵人,俗出大姓黄氏。師自髫齔時歸報恩寺,事無極法師。般若内薰,夙習頓現。凡讀治世經書及内典,利如奔馬。不勞執疑問難,全得法髓。其示人直截根源,不事枝葉,一句一偈,無不首肯心服。嘗講經於小崑山,陸宗伯九十餘,特往訪之。聽者濤擁風靡,講筵圓滿。本寺圖刻《谷響集》以紀其盛。修南京報恩塔後,復飯僧於無錫望亭,雲水雜沓,躬督其事。春秋六十有四。師倡賢首宗於海内,弟子繼席者以百千計,弘法之功,足蓋前哲。所著作有《雨花》等集行世。一兩記。

惠上人,號松溪,天台瀑布寺講師也。本北人,南游海上,卓錫崇寧菴。清修苦行,大闡宗風。萬曆甲寅,年八十九化去。至戊午,五改臘矣。荼毘破棺,無穢氣,顔色如生。其腹瓠,如鼓之作逢逢聲。衆皆驚異瞻禮。

定僧者,雲間南禪寺修浄業僧也。失其名,居常念佛,以荳記數,積三十六擔。將示寂時,戒其徒覓巨缸二,置庭前,端坐入定,乃合兩口,而植樹表之。樹今大十圍,蓋百餘年矣。達觀師指寺前樹曰:"此下有定僧。"衆憒憒不知所謂。居人何姓者將穿圃,深五尺許,忽得石板,以爲金寶穴也。發之,見滿缸皆亂髮,其下果坐一定僧。見者駭異,亟閉之。

夜臺禪師,西蜀人。少習導引辟穀之術,遇大智師於峨眉,薙髮受戒。辭師至終南伏牛,又至五臺,多服水齋,作務不輟。山中患虎,師謂衆曰:"業畜囉唣,何不訶而遣之?"衆笑不答。師日則静坐,夜則游臺。衆且疑師孟浪,試以小物雜置岩岫間,語師曰:"吾遺某物在某所,過時好爲我尋覓。"師至曉,果持物還歸之,衆始驚信。五臺方圓五百里,暴風怒號,走大石,吹騾馬,如掃葉相似。師棕衣棕帽,手握鐵杖,掛十二環。每遇風起,憑杖竪立,風止即行。有時昏黑,墮入坑谷中,鐵杖垂卷,而師無恙。遇虎即投身示之曰:"汝噉我,結一小緣。"遇礦賊,振錫環響,賊遥呼曰"夜臺師",慴服不敢動。大雪滿山,衆負錨,跡師雪中。師已僵稿,雪埋腰膝間。衆舁歸,置爇火土剉上,沃以湯。稍久而甦,復夜行如前。師夜中時見燈光野火,猛獸鬼怪。親見文殊,或爲老比丘,或爲美好婦女,抱嬰兒,赤躶下體,頃刻不見。如是夜游二十餘年,天下釋子皆呼爲夜臺和尚。癸卯入京師,中官欲圖寫師像,堅執不許。强以師破衲進,太后賜鉢杖,及紫斕袈裟一襲,師送入清凉山紫府院中,居恒蒙戎故衲而已。師先於塔院寺設千盤會,於龍泉寺設龍華會,皆四十九日。於峨眉、五臺,各鑄幽冥鐘一口,重萬三千觔。於普陀、峨眉請藏經二部,於九華設水陸道場。所至皆爲皇上、皇太后祝釐萬年。内賜鏹粟,分施静室及諸貧僧,銖兩尺寸不入私橐,故久而禁廷益信之。師出,嘗遣中官與俱。魯、代、荆諸藩邀師府中,師留數日或半月,即别歸。虜婦三娘子曾遣譯迎師,師謝不往。虜送名馬二十疋,内大青馬能行數百里,師養之,老死櫪中。師往反四大名山,精神戹頓。由蜀至廣陵,忽病作。道人某斷指入糜,冀起師疾。師呵曰:"出世人豈效兒女子所爲?吾期已近矣。"是時疾已瘳,買一巨舫,設水陸像,放焰口不絶。庚戌十月,由通州渡海,過福山,欣然欲留。先遣散諸弟子,獨留老道人自隨。登舟將行,有新安二賈客懇附舟。師曰:"此有緣人。"許諾。揚帆甚駛,問:"日中乎?"曰:"中矣。"命作飯飯二客,復出襯錢授之。因禮十方諸佛曰:"我欲歸海。"衆驚曰:"今已在海中,復何歸?"師曰:"我幼聞解脱菩薩臨命終時,戒其弟子分身爲三,一施鳥獸,一施魚鱉,一施螻蟻。我今亦爾。"衆哀號牽挽,師出一紙授客,即解脱菩薩語也。衆哀挽不已,師曰:"汝爲我禮佛。”衆皆拜，師一躍入海。衆欲收帆援師，師端坐水浪上，摇手曰：“帆一下，汝曹皆覆矣。”須臾，白雲黄霧，擁師而去，時萬曆庚戌十月二十五日也。老道人歸，言之廣陵人，廣陵人言之師弟子覺印。師嘗過雲間，駐錫本一禪院，再至白石山。貌不踰中人，面額多皺摺，語言精簡，望而知其爲枯木寒灰人也。末路透脱，遊戲清浄海中，殆古者杯渡船子之流歟。

陳繼儒贊曰：鐵杖瘦如骨，衲衣不遮膝。人間茫茫夢未醒，吾師夜行到日出。

董其昌贊曰：普化摇鐸而入雲，吾師捨筏而蹈海。末後一句，希奇精彩。龍王順風而迎，象衆望洋而駭。滄溟之水皆立，金剛之體不壞。清凉山上脚頭禪，寂滅海中得自在。

朱道人，名松，唐行鎮人。有室，三子二女，皆務耕織。自甲寅倭亂後，始茹素，持浄土佛號。曾于五臺山遇師，得密語付囑，歸冥修默坐，即不問生事。見其子蓄豕數頭，皆放去。爲陳説輪迴因果，舉家感悟，咸持齋。越數年，忽于壬戌四月紡紗時，性真發現。到九月，有童子報以示寂之期，在來年七月五日。至癸亥正月七日，乃投無塵長老，詣佘山宣妙寺，息緣面壁。四月間，始露消息於人。七月朔，緇白填委。周萊峰、夏陽衢、高南洲往訪，道人已不食三日矣。萊峰問以輪迴之事，道人云：“劫外修行，方免得輪迴。劫内修行，免不得輪迴。一性昏迷萬事差，寧可有足無眼，不可有眼無足。這個血心，不可靠他，此是凡心。若是性真廣大無邊際，這是正路。我從前苦行拜師，俱不是。去年忽然見性之後，方纔曉得。”陽衢問：“員滿未曾？”曰：“員滿了。”問：“曾打破虚空否？”曰：“打破了。”問：“消息的否？”曰：“的當。”“明日恐不能去。”曰：“决要去。”萊峰又問定心之法，指其心曰：“這個怎教他不思想？在這裡做工夫，怎免得輪迴？”因指其上曰：“在這裡做。”問：“如何做得？”曰：“這個那裡照不到，正是廣大無邊。”問：“何不在家脱化，却到此？”曰：“有人言十方所在，萬人相送，連日擾擾太甚，定不得心。”問：“去後認得今日眼前人否？”曰：“怎麼不認得？”問：“火起時痛否？”曰：“就如燒這木頭。”又問：“煩惱到來掉不下，如何？”曰：“輕輕放下便了。”或問：“修行必須出家否？”曰：“不分僧俗，但辦肯心，俱可修行。在俗尤易，譬如火中蓮花也。”或以過時爲虞，曰：“二十三十也好修，五十六十也好修，不論遲速，但明心性爲本。”大衆普請，但曰：“汝等來遲。”强請之，則曰：“第一要不貪耳。”初四日，值道人誕辰，道衆咸稽首賀，聚者千餘人。跪者，拜者，跂而望者，就而視者，炷香持帛而焚者，疑信參半者。道人略不顧，顔色自若。就池浴竟，乃跏趺坐，至晚偃息。明晨辰刻，曰：“可矣。”先令舁龕上山絶頂，整衣登山，迅速如飛。向龕拜者三，入龕觀定。復出，北向拜天者三，東西拜大衆者二，然後入。正午，東西舉手作辭衆狀。須臾放火，燎及鬚髮，猶摩面合掌云。周萊峰記其事，李中條爲之行實。

小道人，張姓，嘉興人。髫年出家馬嵣寺作務，一字不識也。早晚功課外，執爨厨下，一切煩勞之役，歡欣領受，事無不辦。稍得空閒，拜誦《藥師》、《法華》、《華嚴》三經。沿街手拾字紙，以竹籃貯，歸投諸水火。對天叩拜爲常。形體黧瘦，三時粥飯，取潔釜餘瀝，聊以充腹。曰：“精潔茶飯，非薄福人所宜受享也。”淅米必揀虫蟻施放，馴鳥繞而待哺焉。或與錢不受，衆稱之曰小菩薩。萬曆乙未春正月十三日，忽打坐厨下，却飲食。十四夜，見有七八小孩於竈角前，如戲來閧，强起立，至五鼓坐化。

淡齋僧，每食白飯一盂，不食鹽酪。披一衲，數十年寒暑不易。或供錢糈，受即施之，不頃刻留。人問以經律，曰："愚未能習。"或强聒之，則曰："吾知有佛一字，又知有善一字，此外無知。若輩亦只須如此。"居超果寺數十年，一日語其徒曰："我去矣。"取一浴具，趺坐其中，數令人灌水。水沾其膚，氣若蘭芷。居一月灌畢，合掌而化。

松江府志卷之七十一

方　外　三

葛玄，字孝先，吴人。初從左慈受九丹液僊經，遍歷名山，修煉大丹。丹成得仙，號葛仙翁。每飲酒，則入人家門前陂水中卧，竟日乃出。曾從吴王船行至三江口，阻風，船多漂没。仙翁船亦沉于松江，不知所在。吴王歎曰："仙翁有道，何不能濟？"乃遣使求之。久，忽見仙翁從水上行來，衣履不濕，面有酒容。既見，言曰："臣從伍子胥邀飲，淹屈殿下于此。"又嘗舟行，弟子見篋笥中有十許符，因問曰："此符之驗，可得見乎？"仙翁曰："神符亦無所不爲。"乃取一符投水中，水迅急，符逐流而下。復投一符，迎逆水上。再取一符投水，亭亭不上不下。須臾，上符下，下符上。

杜蘭香者，自稱南陽人。初，漁父漁於松江，泊舟葦秔深處，四顧無人。忽聞兒啼聲，跡之，得三歲女子在岸側，憐而舉之。十餘歲，天姿奇偉，靈顔姝瑩，殆天人也。忽有青童靈人，自空而下，來集其家，携女而去。臨昇天，謂其父曰："我仙女杜蘭香也。有過，謫于人間。玄期有限，今去矣。"自後時亦還家。其於洞庭包山，降張碩家。碩蓋修道者，蘭香降之三年，授以舉形飛化之道，碩亦得仙。初降時，留玉簡、玉唾盂、紅火浣布，以爲登真之信。又一夕，命侍女齎黄麟羽帔、絳履、玄冠、鶴氅之服，丹玉珮揮劒，以授於碩，曰："此上仙之所服，非洞天所有也。"不知張碩仙定何班品。漁父亦老，因益少，往往不食。亦學道江湖，不知所之。出《墉城仙録》。

降碩家有侍婢二，名萱枝、松枝，爲詩贈碩。詩曰："阿母處靈嶽，時遊雲霄際。衆女侍羽儀，不出墉宫外。飈輪送我來，豈復耻塵穢。從我與福俱，嫌我與禍會。"乃出薯蕷子三枚，大如鷄子，云："食此，令君不畏風波，辟寒暑。"碩問："禱祀何如？"蘭香曰："藥可除疾，淫祀何益？"碩既成婚，授以輕舉之術，遂絶迹不來。年餘，碩船行，忽見蘭香乘車於山際，不勝驚喜，徑往造香，欲登其車。其奴扞之，遂退。

王可交，以耕釣自業，居於松江趙屯村。年三十餘，莫知有真道。一旦棹漁舟，方擊檝高歌入江，行數里間，忽見一綵畫花舫，漾于中流。有道士七人，皆年少，玉冠霞帔，服色各異。侍從十餘人，總角雲鬟。又四人，黄衣乘舫。一人呼可交姓名，方驚異，不覺漁舟已近舫側。一道士令總角引可交上舫，見七人面前，各有青玉盤，酒器果子，皆瑩徹有光，可交莫識。又有女妓十餘人，悉持樂器。可交遠立於筵末，遍拜。七人共視可交，一人曰："好骨相，合仙。生於凡賤，眉間已炙破矣。”一人曰：“與酒喫。”侍者瀉酒，而樽中酒再三瀉之不出。侍者具以告，道士曰：“酒是靈物，必得入口，當换其骨。瀉之不出，亦命也。”一人又曰：“與之栗喫。”俄一人於筵上取二栗，付侍者與可交，令便喫。視之，其栗青赤，光如棗，長二寸許，嚙之有皮，肉脆而甘。食方盡，一人曰：“王可交已見之矣，可令去。”命一黄衣送上岸，覓漁舟不見，黄衣曰：“不必漁舟，但合眼自到。”於是合眼，若風水林木浩浩之聲。令開眼，已失黄衣所在，但見峰巒重疊，松柏參天，坐草中石上。望見有門樓，人出入。俄頃，採樵者并僧十餘人問何人，可交具以對。又問：“何日離家？”曰：“今日早離家。”又問：“今日是何日？”對：“是三月三日。”樵者與僧驚：“今日是九月九，去三月三日，已半年餘。”可交問：“地是何所？”僧曰：“此是天台山瀑布寺前也。”乃問：“此去華亭多少地？”僧曰：“水陸千餘里。”可交自訝不已。乃爲僧邀歸寺，設食。可交但言飽，不喜聞食氣，唯飲水耳。衆僧審問，極異之，乃以狀白唐興縣，以達越州廉使王渢。渢素奉道，召之見，極以爲非常之事。可交身長七尺餘，儀容殊異，言語清爽。渢歎曰：“真僊人也！”遣人至蘇州詰其實，具言三月三日墮水死，妻子已招魂葬訖，王渢甚稱異。後可交却歸鄉里，備話歷歷。已絶穀，不復耕釣。往四明山二十餘年，復出明州賣藥。使人沽酒，得錢但施于人。時言藥則壺公所授，酒則餘杭阿母相傳。藥極去疾，酒甚醉人。明州里巷皆言王仙人藥酒，道俗多圖其形像，能辟痁與邪魅。後三十餘年，却入四明山，不復出。

沈羲者，吴郡人。學道於蜀中，能消災治病。羲子歸卓孔寧，家于華亭谷。與妻賈共載，詣之還。逢白鹿、青龍、白虎車各一乘，從者皆數十騎，朱衣仗矛帶劍，輝赫滿道。問羲曰：“君是沈羲否？”羲愕然不知何等，答曰：“是也。”騎人曰：“若有功於民，心不忘道。自少小以來，履行無過。壽命不長，年壽將盡。黄老今遣仙官來下迎，侍郎薄延之，乘白鹿車是也。度世君司馬生，青龍車是也。迎使者徐福，白虎車是也。”須臾，有三仙人羽衣持節，以白玉簡、青玉介、丹玉字授羲。羲不能識，遂載羲昇天。昇天之時，道間鋤耘人皆共見。斯須大霧，霧解，失其所在。但見羲所乘車牛，在田食苗。或有識是羲車牛，以語羲家弟子。恐是邪鬼將羲藏山谷間，乃分布百里内求之，不得。四百餘年，忽還鄉里，推求得數世孫名懷喜。懷喜告曰：“聞先人説，家有先人仙去，久不歸也。”出《神仙傳》。

湯道亨，自號赤脚道人。宋季引一猱，云自金陵來，處茅椒于府北。猱大如人，能主給使。亨夜坐時舒光，人推異，争飯之。豐薄不謝，第言分定去。由是愈益異之，因構菴以居，名曰太古，以延竚四方雲水之客。久之，有軍士戲烹其猱食之。亨即咨嘆，與所親訣别，手偈云：“八十一年饒舌，終日化緣不歇。重陽時節歸家，一路清風明月。”遂端居而化。

块圠子，姓蔣氏，號清谷，不知何許人。年二十五，涉獵經史，言辭簡邃。髼首垢面，動静不羈。元至正初，抵松江，坐太古圜室。已則歷市廛佯狂，人呼爲風子。一夕，叩府人沈蒲團門。家人拒之，不肯去，且告之曰：“將蒲團來坐我。”沈異之，擕一蒲團，導詣蔬圃草蓬中宴坐。沈徐暱久之，有所省發，輒委俗傾身服役爲弟子。由是人皆崇向，争施與。因以其地爲菴，即所號爲扁。乃融然一室，足不踰閾者三年。嘗有問者曰：“《近思録》‘定然後始有光明’，是金丹否？”蔣曰：“賢且去味《中庸》。”又嘗手詩示沈曰：“萬紫千紅總是春，何須饒舌問東君。啞人得夢向誰説，豎起空拳指白雲。”又云：“不偏不倚立於中，不著西邊不著東。超出東西南北外，一毫頭上釣蒼龍。”一日，進沈曰：“吾乘化盡矣，若等勉之。”言絶而蜕。

彭真人，名宏大，法名通微，道號素雲先生，河南汝陽人。父諱壽安，號樂耕善士，家世以孝行聞。元大德丙午春正月十五夜，母陳氏夢一老叟，羽衣黄冠，持大桃一枚，以授陳氏食之，因有娠。十四月，于丁未二月十五午時，生真人于汝陽東城，異香滿室。八歲，父授以《大學章句》，讀至心正身修，語父曰：“只此便是要緊處。”每請父曰：“讀書人做官後來如何？”父訝其癡而異之。又曰：“時有限，事無窮，奈何？”十二遊郡之紫潭長生菴，見全真劉月淵講《道德經》，云：“我有大患，爲我有身。”又曰：“功成名遂身退，天之道也。”真人坐聽終日而歸，口不絶誦。父聞之曰：“兒子薄富貴，得非作出世人耶？”父知其志，乃命出家於紫潭，事劉月淵爲師。年二十，父殁。服闋，至正甲申，朝禮武當山。時太和張真人主紫霄宫，真人服勞執役，汲水斫柴，苦行三年，晨夕勿懈。太和真人見其狀不凡，常與談論，嘆曰：“我教得人矣。”悉以鍊氣棲神秘旨授之。真人告曰：“某欲遍遊名勝，兼訪終南，乞師指示。”太和真人即捉筆書三十二字云：“胡馬悲嘶，燕市鵑啼。江南日上，塞北雲低。遇戌則止，逢辰即棲。太平浩叟，盛世希夷。”後賢解曰：胡馬悲嘶，言元運將終也。燕市鵑啼，天下將亂，地氣自南而北也。江南日上，真主出江南也。塞北雲低，胡運已終，元帝北奔也。遇戌則止，彭公羽化于甲戌歲也。逢辰即棲，彭公棲神于辰山也。太平浩叟，恭遇大明開運也。盛世希夷，言彭公兩遇聖朝恩命也。此太和張真人先見之明。真人拜辭，往終南，浹日不食，惟飲澗泉。口占偈曰：“半肩匏笠曉風寒，欲覓終南去路難。老我風塵惟白髪，笑人奔走只青山。半生落葉依秋岸，廿載孤舟寄晚湍。極目天涯幾休歇，仍將身世夢中看。”至終南山草菴，一老人迎問曰：“道人何來，非彭子乎？”真人叩頭曰：“彭某末世凡夫，心慕至道。今幸到山，叩師指點。”老人曰：“予山野耕人，居宋末，失怙，不識一字。年二十五，從朽木真人來此，九十餘年矣。我師入林採藥，言汝寧彭子今日當來。”少頃，老人進粟湯，無菜。真人問曰：“朽木真人有姓字乎？”老人曰：“前年一先生來，相貌北方人，名耶律楚材，談論幾日。言我師曾于宋理宗朝作宰相，姓真名德秀。及問我師，云非也。”至晚，朽木回草菴，草衣竹杖，荷負藥草而至。真人叩拜，朽木答禮，曰：“彭子來耶？”朽木命坐，老人進麥湯。朽木探囊，取丸藥數顆授曰：“世途風景，其來不易。”真人告以遍閲名山，求探玄奥，望師開示。朽木曰：“某避世人，粗知《易》理，餘無所能。”真人即懇《易》大旨洞曉，皆朽木之教也。一日請曰：“聞純陽吕公棲止終南，可得面乎？”朽木曰：“吕公時面吾子，子何訪之？我之知汝，吕公之言也。”住半年，告行。真人戒曰：“明主出矣，道不妄行。”真人拜别，離終南，歷關内，渡江南入閩，登武夷，優游龍虎、上清山。歲壬辰，浮浙水，陟天目，過錢塘。明年，遊姑蘇，至松江郡南五十里，有道院曰池坎。院之焚修者，見真人匏笠而來，形貌奇古，因請以居。又明年，海上鶴砂善士創館延之。住十三年，度弟子周埜雲等十人。甲辰，太清菴張浄雲迎奉，講受經義。洪武元年戊申，真人已六十二歲。迺距澱山之陽樹菴，度弟子魯谷谿等五人。谷谿輩勸大建觀宇，真人曰：“我受太和真人囑云：東吴佳勝，雲間有福地焉。蓋辰山乃天下七十二福地。此非我托跡處也。松郡之北二十里，有神山，舊名辰山。天寶六年，改名細林山。中有道院，曰崇真。宋太平興國元年，三茅真君現光於此，稱小茅峰。泉甘木茂，山拱水朝，我將往焉。"有羽士郭得全者，義士夏椿之甥也。學博志高，因母族夏氏墓在山，于本山度爲黄冠。一見真人，邀入草堂，頓首叩拜。具香燭告山靈，以師禮事。真人憶太和真人"逢辰即棲"之語，遂結茅以居。久之，有道士一人，芒鞋鶴氅，容貌清奇。見真人，長揖就坐，云："彭子無恙乎？"道士四顧徘徊，若有吟哦之狀。真人獻茶，道士飲曰："山有泉脉否？"真人曰："舊云有泉，枯涸已久，雨後飲潤水耳。"道士曰："晚來當具一井，助汝修持。"道士復問曰："曾識我否？"真人曰："得非純陽吕真人乎？"道士笑曰："在紫霄宫時曾談論，今不識耶？"臨行，提筆題一詞曰："野鶴舞天端，縹緲淡無影。長嘯一聲日月高，海外烽烟静。飄泊百年身，歸去還須省。莫惹皇家丹鳳來，熱我青鞋冷。"書畢，復贈以麈曰："此可以揮世慮。"灑然而去。至晚，陰雲遍合，霹靂一聲，石罅擊開，遂成一井，色瑩甘，嘗供不竭。真人結蒲龕趺坐終日，名其關曰清虚玄關。時高皇帝遍求天下隱逸高人，有司以聞，特旨召見。郡侯至山相見，曰："聖朝撥亂反正，人物一新。先生抱真守一，安養高致。今奉旨來召，公其往乎？棲神秘旨，點化工夫，可得聞乎？"真人曰："某因罹亂世，自願棲跡山林，待我大命，餘無所知。假使人人修鍊飛昇，于世何益？大道幻窅，豈有秘訣可傳耶？且黄白點鍊，奪天之巧，是與造化争忤，皆名爲貪。九天之上，無貪神仙也。今天子掃清中國，分别華夷，非前世比。只當益修至治，以輔太平，奚暇問方外清虚事？山僻野人，無補世道，何面目于峥嶸龍虎中，見太平天子耶？"癸酉冬，山西周純長男名有仁，販布入閩賣，去三年無消息。請真人揲蓍，斷云："無咎。"周祈以明判吉凶，乃曰："汝且少坐，我當爲汝覓一消息。"真人入關，止静趺坐二時，謂曰："周長者在否？汝子因賒布索未得，來年三月方回。在福州某店飯我，寄書一封。"至期，男果回，言："寄彭公書到否？"父母始驚信。自此松民播揚，真神仙矣。二十七年，大旱，郡邑捕取赤蛇紫燕焚之。嘲者曰："誰教蓬島青頭鴨，來殺松江赤練蛇。"有請真人曰："如此亢旱，先生忍不蘇斯民塗炭乎？"真人曰："堯大聖，不能回水旱之災。若焚蛇燕，是干天怒也。"適縣吏持公文，請真人禱雨。真人與郡邑諸司齋戒三日，同宿壇所，焚香草表章一通，傳曰："懶夫自入山，足不至城市。承命求雨上天，惟一誠以感之，幸各戒慎。明日申時，雨至矣。"卯時，引衆官向壇四拜，進表章于爐，隨焚符三道，俯伏四拜而退。午時，登臺作法，披髪仗劍，焚符數道，命衆官拜完，俯伏俟雨。申時，陰雲四布，風從西北來，雷電並起，大雨如注，至五六寸。士民歡呼，枯苗復生。郡侯静海李公作《神雨行》以讚之曰："陽威爍爍妖虹發，千江萬江流水竭。老農提子挈妻行，手挽桔槔苦炎熱。家家焚禱呼蒼天，舉目長空火星烈。須臾一望雲霓生，漸至中天轉消滅。先生出處汝水濆，曾看玉宇浮海津。未暇燃藜訪劉向，先持神水甦黎民。揮毫點點草泥封，妙運甘霖在筆鋒。符章驟發天丁擁，檄下東洋起困龍。一聲霹靂如攻戰，萬仞雲頭來掣電。瞬時霖雨足滂沱，大渠小渠皆充徧。我師修鍊已入神，上天貴德無私親。名高岱岳應重否，坐看驚龍蟄已成。"二十七年甲戌秋八月二十一日，清旦啓關，沐浴易服，拜天地畢，正襟趺坐，唤徒輩曰："我將返我真，汝等立志向道勿懈。"又曰："九天之上，無不忠不孝神仙。欲修仙道，先修人道。今人人倫未盡，開口説修仙佛，蒸砂作飯，豈不遠哉。”乃舉筆書偈曰：“九十韶光一度春，由來幻法已非真。玉音謾説追空相，金紫羞將潤色身。已見聖朝新態度，休疑海外舊風塵。于今解脱縈纏網，萬仞峰頭月一輪。”書畢，問左右曰：“何時？”曰：“日正中。”廼端然正坐而逝。越七日，面色如生。遂于八月二十七日，以石龕瘗于山中，遠近士庶送者數千人。是年九月朔，高皇帝御乾清宫。忽熟寢，夢太和張真人具朝服，率彭真人，羽衣玉簡，望上朝賀。上問：“此何人也？”真人曰：“汝寧彭子。陛下特旨，命守臣召見，不果。今來謝耳。”上問：“彭子道法可傳乎？”彭真人曰：“清心是道，寡慾是丹，願陛下勿捨近圖遠。”時上忽驚覺，遂命中使鄭承恩至松郡，入山宣旨，而真人已羽化矣。中使以聞，上甚疑其誕，十一月初五日，復遣中使入山，啓竁視之。龕門未壘，用板門鎖閉而已。時真人羽化，語徒曰：“逝後七日方瘗，不須壘石。”中使令開鎖，焚香禮拜，視之如生。肉身正而不欹，長爪遶身。復命得旨，有司甃以磚石，繚以垣墻。俾弟子郭得全嗣守其墓，以崇香火。賜號明真子素雲先生。

白鶴仙，不知何代人。洪武初，館于華亭俞彦達顯之家。顯之兄允，少好方術，見而心異之。嘗持數百錢，邀道士飲，不令翁知也。當壚者以美器進，痛飲懽甚。頃之，允起更衣，道者碎其盞于地，酒家噪而前。道者笑曰：“試覓之市中。”見博者有器絶類，一博得之。而博徒憤甚，聚十數少年，争來求博，道士必奇勝。衆譁不已，乃挈一担水，出百錢，喝云：“汝欲背耶，抑字耶？”信手撒去，百錢鱗次擔上。又以一錐立墻外，隔垣投之，無不貫錐上。衆始驚訝而散。允益心異之，請學其技。道士曰：“子有奇氣，當奉大對，爲天子命吏，是不足學。”允遂折節讀書，以《春秋》第三人登進士，官禮部主事。謫長沙判，未至，暴卒七日矣。忽有醫者負藥而至，或戲之曰：“寺有死者，可復生否？”曰：“可。”入取青囊一粒，納之口中。有頃，嘔數聲，竟起。於是家人大喜，競以金帛酬醫。醫不受，曰：“昔嘗館其家，我故人也。”再問姓名，第云：“長沙有白鶴大仙廟，盍往修之？”乃知少所遇者，白鶴仙云。

終南山人，正德初，馬二遊松江，遇一方士，盤桓日久，自稱終南山人。或叩山中事，答曰：“山内自一乾坤，所居之人，服食與世不殊，無是非爾我之心，壽皆百數十歲。動用俱備，獨乏者鹽耳。山西南有一洞，四川境也，水湧難進。欲入者必飛石於洞頂，上有人問其由，則閘水使進也。山中有至人，知天地國家之災祥。曰：今朝廷有事。令我輩十餘人出遊，引好人去耳。子心亦善，去彼至樂且壽。如國初宋景濂，方死數十年耳。”馬二不能從，其人即隱不見。《七修類藁》。

林酒仙者，入華亭市，不事熏修梵唄，惟酒是嗜。手持鐵鍵槌，日遊市間，不問酒主名，夜即卧酒壚底。酒家争供以酒，以爲聖師。

貧極道人，年可三十餘。面有赭色，日披髪走市中。能以稻柴心作筆，書大字匾額，人皆訝其癡。會府學博士某，離家甚遠，居悒悒，思得近地一官以事母。一日，乘輿出，貧極從街頭撫其肩曰：“而佳音至矣。”心異之，堅請入署。貧極曰：“今且無往，待信至，我當自來。”一日晨往，謂曰：“報吉者已在西關外。”即遣人偵之，果如其言。喜甚，跪請曰：“不知以何者爲壽？”貧極曰：“第取佳酒來。”遂延二友善飲者共酌，進酒三樽，意人可一樽足矣。已三樽竭，二友俱醉，貧極絶無酒意，更索獨酌，連傾七樽。始大異，贈以金帛，皆辭，第受一襖一靴服之。衆覘其動止，時往僻處，列如師弟相坐狀，喃喃移晷而去。後不知所之。

朱蒲包者，上海界浜沈氏僕也。母生朱十許歲，改適他姓，絶足母家。十八爲寶山募兵，壯而受室。已室，於儕伍行遊市中，遇異人授藥一丸，燁燁有光。服之，覺腹中熱氣分湧，遂不覺寒暑飢渴。身衣破衲，冒以蒲包。與之酒，飲輒醉，醉輒笑呼，當街卧。人駭其踪跡恢詭，遂呼蒲包仙云。朱行必挾四竿竹自隨，夜宿則植竹於途，不施苫蓋，露卧其中。大雨無沾濕，霜雪裂膚，朱鼻息齁如也。市人釀酒而酸，朱手挾竹攪其甕中，輒變爲甘。以此諸酒家争延朱，具飲食，朱便坐地爲大嚼。有私以其母飲食雜置其間，朱推食大詬而去。夏月裸坐赤日中，不浴而净。冬月河冰合，以竹敲冰，冰輒解，裸坐水底，振衣而起。生平不爲人談禍福，或無意吐一語，後必奇中。有兄弟不睦者，微服訪之，約爲方外兄弟。朱瞠目視良久，曰："自家兄弟安在，與别人結兄弟耶?"又問身壽幾何，朱云："來日便是去日。"抵家無疾而化。

明誠子，汪姓，顯微名，明誠其號。新安富室子，棄家訪道，久而有得。萬曆乙未、丙申間，過松江，館俞憲僉汝爲家。默坐冥然，簡于酬應。叩之或啓一二語，書版格以復者居多。上海令許汝魁、青浦令卓鈿同造訪，謂許大類婆子氣，謂卓目氣不佳，能解事就間否，恐不得也。時卓適有目疾，不悟其諷己。明年覲回，甫至境而卒。許後官京卿三品。一夕，同俞、姜兩秀才宴坐，咄曰："頃有香氣，二君聞否？來歲俞當得子，姜捷矣。"果然。嘗登樓四望，曰："郡中氣旺甚，西城尤異，元魁鼎甲，兆應不遠。"丁酉，南北發兩解，爲徐光啓、吕克孝，辛丑爲張以誠。其神驗率類此。丙申冬别去，不復至矣。

松江府志卷之七十二

第宅園林

郡内外第宅園林，雕峻詭壯，力窮而止。有秉燭一覽，肩輿一登，而終身不得住者。又有俄轉眼而易姓，俄百年而易爲蔓草寒煙者。華顛隣叟，慨焉傷懷，而後人廣求方幅，遑遑問舍如故也。今志書所存，譬之簷前燕泥，雪中鴻爪而已。讀平泉遺誡，乃知巢公巢、壺公壺，未爲無見。范文正云：人苟有道義之樂，形骸可外，況居室哉？志第宅，而園林附之。

孔宅，府北六十里海隅鄉。《前志》云：宋淳熙間，居民浚河，得一牌，云：天寶六年，黄池縣令朱氏，葬于崑山縣全吴鄉孔子宅之西南。孔宅之名舊矣。今其地有夫子廟，在慧日院側。又院僧疏廟隩渠，得寶玉六事，璧三、環二、簪一。《舊圖經》云：昔有姓孔者，遊吴居此。蓋吾夫子未嘗適吴。以闕里譜系考之，孔氏二十二代孫潛，後漢太子少傅，避地會稽，遂爲郡人。二十九代滔，梁海鹽令。三十二代嗣哲，隋吴郡主簿。三十四代禎，隋蘇州長史。豈孔氏子孫，有僑寓宦遊于吴，而遂居華亭者邪？亦猶建康有孔子巷，乃聖亭侯所奉之廟。蓋子孫即所居立先聖廟耳。今廟側又有梁紇廟，其爲子孫奉祀之地明矣。所瘞璧簪珮之屬，其孔堂之遺寶，得非子孫葬先聖衣冠寶璧於是地乎？其旁有宰我墩、顔淵井。今考闕里譜，自後漢孔潛僑寓於吴，至滔，至嗣哲，至禎，蓋相傳累代爲吴人，其地號稱孔宅久矣。子姓繁衍，占籍廣闊。所謂白雀江，去今孔宅僅四五里，梁紇廟理應有之，非傅會也。元至正間，里人章弼建講院，以集鄉俊之來學者。距今凡若干年，廟貌剥落，墓址蒿萊。考其故跡，僅十之一二耳。萬曆丙午，陸應陽創義重修，俞汝楫贊成之。申文定公記。

嘉靖間，里人掘聖墓，聞其中隱隱作雷聲，懼而退。又聖像側有顔、曾二像，島夷犯境，毁曾像。俄一人帶兩纓者，與戰良久，寇遁去。人疑子路之靈，故塑像以配。又孔禎之後，六十四代奉祀孫尚質，見聖像年久圮壞，請於賈侯新其像，是年麥秀兩岐。又萬曆某年，土人伐廟樹，口鼻流血，乃止。又殿傍老樹，鸛巢其上，殿瓦悉污。一夕風雨拔樹，鸛擊死，而片瓦不動。

陸應陽《孔廟落成志喜呈毛使君》：僻地何人禮素王，千秋遺跡感荒凉。有緣忽破蒿萊色，不朽重開日月光。南渡世家存俎豆，東來靈氣儼衣裳。異時若問宫墻外，滿地棠陰雨露香。《長至日衣冠墓落成》：衣冠不是舊登臺，數仞宫墻次第開。此日望中高氣色，嶽雲疑駕海東來。

陸績宅,在長谷。《吴地記》云:漢廬江太守陸康,與袁術有隙。使從子遜與其子績,將家遷于長谷。

陸遜宅,在長谷。《元和郡國志》:華亭谷在縣西三十五里。陸抗宅在其側。

陸曄宅,在崑山。曄字士光,仕晉爲車騎。機《[贈]從兄車騎》詩云:"髣髴崑山陰,婉孌谷水陽。"此也。

陸機宅,在崑山平原村。《舊圖經》云:華亭谷水東有崑山,世傳陸機宅。又普照寺,爲陸氏園亭,後捨爲寺。然建康亦有陸機宅,在秦淮之側。李太白《王處士水亭》序云:齊朝南苑是陸機宅。按,孫皓徙居建康,機、雲分領父兵,爲牙門將軍。蓋機仕于朝,則居建業,華亭乃其里第。家在平原村,爲别業在寺址無疑。

陸機《懷土賦》云:余去家漸久,懷土彌篤。方思之殷,何物不感。曲街委巷,罔不興詠。水泉草木,咸足悲焉。故述斯賦。昔故都之沃衍,適新邑之丘墟。遵黄川以葺宇,被蒼林而卜居。悼孤生之已晏,恨親没之何速。排虚房而永念,想遺塵其如玉。眇緜邈而莫構,徒佇立其焉屬。感亡景於存物,惋隤年於拱木。悲顧眄而有餘,思俯仰而自足。留兹情於江介,寄瘁貌於河曲。玩通川以悠想,撫征轡而躑躅。伊命駕之徒勤,慘歸途之良難。愍栖鳥於南枝,吊離禽於别山。念亭樹以晤懷,憶路草而解顔。甘堇荼於飴茈,緯蕭艾其如蘭。神何寢而不夢,形何興而不言。

唐詢:舊隍傳遺址,悠然歷祀深。人無令威至,門異下邽箴。谷水當年溜,崑山昔日陰。魯堂那復見,絲竹若爲尋。

王安石:故物一已盡,嗟此歲年深。野桃自着花,荒棘徒生箴。芊芊谷水陽,鬱鬱崑山陰。俛仰但如昨,遊踪不可尋。

梅堯臣:我思陸平原,廢宅荒草深。才高乃速禍,事往不可箴。饑烏噪樹顛,野鼠窟庭陰。黄耳亦已死,家書無復尋。

王艮:士衡多奇才,儒術何困深。少年作文賦,吐秀視含箴。遭讒卒遇禍,白日雲爲陰。一聞華亭鶴,遺趾尚可尋。

段天祐:二陸騎鯨去,于今歲月深。才高多見嫉,文好不容箴。野水添春漲,林煙駐夕陰。蕭條讀書處,遺跡可能尋。

沈遼:朝日欲出已復西,人間興廢那可知。崑山陵谷久已變,水灣惟有將軍碑。

林景曦:二陸不可作,千載空煙蕪。當時騁俊筆,萬象争先驅。有如明月璧,美價傾鴻都。惜哉去就乖,毁此千金軀。人生皆有死,百年同須臾。獨遺文字芳,乃與天壤俱。凄凄崑山寒,冉冉谷水枯。白雀久已昇,黄犬誰復呼。荒祠挂殘陽,扁舟入菰蒲。采蓴薦秋水,庶以明區區。

屠隆:列侯門第舊王孫,況有才名海内尊。孤鶴林皐寒月白,雙龍風雨大湖昏。星懸寶劍司空淚,雪壓高牙烈士冤。荒草牛羊夷墓道,何人脩竹問平原。　玄圃離離總夜光,吴牋颯颯動寒芒。採花涇上春遊屐,黄耳村邊挍獵場。金印光沉邊日紫,繡旗秋捲海沙黄。雙留秀句香南國,歲歲芙蓉谷水陽。

陸瑁宅，在養魚池上，故其池相傳爲瑁湖。

陸錡宅，在錡湖上，湖亦以錡得名。

華亭侯別業曰鶴沙。雲間山水自西來，結滄海東匯，其最勝地。

顧府君宅，在亭林鎮。地有高丘，梁黄門侍郎顧野王於此修《輿地志》。其北有湖，湖南有林，因呼顧亭林湖，亦曰顧亭林宅。今爲寶雲寺，高丘正當寺後，時呼野王讀書堆。相傳宅之故垣，介一檪甓，鍥云：東七里，西七里，衹在七七里。厥後或識以爲謎語。《雲間賦》云：于南迫海，野王之所。人亡而吾伊聲寂，春歸而青深林莽。金璧久瘞，土頽甲第。胡爲七七之説，而成他人之利。謂此。寺有沼深黑，冬夏不竭，云野王墨池。有古松，云野王手植。蓋附會云。

錢良臣：伊昔邊烽備不虞，太平移作梵王居。而今江表全無事，借我三椽更讀書。

袁崧宅，府西北。舊經：昔袁崧居此，因名崧宅。按《晉史》，崧，陳郡陽夏人，隆安四年爲吴郡太守。或者崧殁後，其子孫遂居此乎？今其地里曰崧子，水曰崧，皆其遺跡。

顧謙宅，在府西北崧子里。

朱少師宅，《雲間志》云：在府治後朱家巷。後賜第于平江。

柳侍郎宅，在府治西北柳家巷。

衛文節公宅，在府東南蕭塘，今爲崇福寺。按《蘇志》：涇之祖閬，自華亭徙崑山之石浦，故涇以崑山貫登第。而《前志》云：涇生於蕭塘。《淇水流慶録》云：本居華亭，後遷石浦。《崇福寺記》：華嚴可師捨宅建，而涇以故第益之。然則閬徙崑山，僅同寄籍，而涇之生長，固在華亭。及捨宅爲寺，則定居於崑矣。今鶴城書院以西，相傳亦衛氏故宅。《普照續古録》云：宋建炎中，寺災，至衛宅甎墻始滅。近歲居民於古井得巨甎無數，皆有衛仲英三字。仲英，膚敏之子，與文節從兄弟。

章楶宅，在青龍鎮。楶監華亭鹽，寓於此，子孫遂家焉。建清忠書院。

燕超堂，朱彦美宴息之所。孫覿記曰：中奉大夫直秘閣華亭朱公，著名籍於仕版者五十年，四持使者節，官至上大夫，尊顯三朝。而被遇於太上皇，召見賜帶服，進職中秘。恩賚光寵，一時歆艷以爲榮。年七十，上書納禄，築堂圃中，將朝夕游愒於此。堂成，肅賓客置酒樂之，名之曰燕超。乃詒書，徵余文爲記。予曰：屬者夷狄之禍，蹀血萬里。諸戎長鶩於通都大邑之中，官軍縱掠於深山窮谷無人之境。婦被髪過其夫，女嚣臂號其父，草薙而禽獮之盡矣。脱復漏網，幸而免者，而鉤落張設，熟視無所向，往往饑渴相倚以死。幸而不死，則蒙霜露，披榛莽，踐蛇虺，羸身間行，力竭氣窮，又踣於中道。其最幸者，不死於兵刃，不淪於異域，不斃於饑寒，不仆於道路，間關百難，寒暑易節，而後得至於此，千萬人蓋不一遇焉。顧視田廬，已爲墟矣。追尋妻子，則化爲異物矣。其左右執事使令之人，逃難解散，莫知其鄉矣。單遊羈寓，茫無所之。於是栖栖然求活於升斗，而官冗地褊，一官所居，常數十人闖伺之。不幸而立於争地，則推而納之穽中，且下石焉，又瀕於死，可悲也已。惟朱公聰明敏達，見微知著。方靖康、建炎之亂，積六七年，兵火被四海，衣冠僵仆交迹。公家居海上，不出閭巷，不去墳墓，不見一夫疾步急呼之警。而又才智絶人，自縣令州佐奉使，一路名迹偉然，常最其列。至是潛深伏奥，縮手袖間，不任一事。築舍旁疏池沼，蒔花竹，幅巾藜杖，徜徉其中，夫婦偕老。歲時坐堂上，華髮相映。子孫滿前，腰綬擁笏，奉卮酒爲壽，吹竹彈絲，極懽而罷。得老氏所謂燕處超然者。昔楚漢相持，跳兵走馬，百戰於商之地。而中有黄公綺季之閑，爰兹屏居謝事，浮湛閭里。一出而爲景帝畫梁王非望之謀，遂亦不免。於乎！世亂多故，士大夫係虜劫資之害，溝壑顛仆之憂，與夫竄殛流放之厄，皆自有以取之。惟勝士高人，深明去就顯晦之大節，俛仰遯世，違遠俗患。坐視猿猱顛倒罝網中，而兩手猶未置所操也，兹其所以爲超然者耶？某公夫人之從子也，憂患乖離，不獲見十年矣。其山林之勝，輪奂之華，今不能言也。他日造公之堂，尚能援筆賦之。公諱彦美，字師實，華亭縣人。既請老，自號機山閒人云。又詩云：海禺納萬艘，市區沸百賈。黄塵翳白日，千騎騰一鼓。蛟巢十字路，四顧盡曠土。蝸角兩大國，一怒有漂杵。角名眩多盧，聚訟分衆楚。昏昏氣成霧，濯濯汗浹雨。朱公誤涉世，吏隱寄圭組。俗緣墮人境，心大接天宇。搴芳採蓮舟，擷秀藝藥圃。山寒石稜紫，樹老松鬣古。風牽碧蘿卷，雨壓翠藨舞。寧須鳥催酤，自有花解語。觀魚樂洋洋，夢蝶飛栩栩。坐令游俠窟，化作仙佛土。高卧水國秋，静憩月庭午。不假壺公龍，天上有官府。

晚風清亭，在華亭。史氏家園，米芾書。

百客堂，下沙瞿氏别有園池，甲於浙西。陶南村曰：浙西園苑之勝，惟松江下沙瞿氏爲最古。宋秀州守方岳亦有詩，留題壁間。後紫陽虚谷翁方回來游，繼題十絶。其一云：壁間墨客掃龍蛇，所寫詩佳字亦佳。忽見一詩[增]感慨，吾家宗伯老秋厓。

醉眠亭，在青龍江上。李行中無悔所築，東坡居士爲之銘。

行中自詠：簷低檻曲莫嫌隘，地僻草深宜晝眠。代枕暮憑溪上石，當簾時看屋頭煙。倦游拂壁畫山逕，貪醉解衣還酒錢。一水近通西浦路，客來猶可棹漁船。

趙明叔太博《未識先睨嘉篇》：要識荒亭路不賒，浦西橋北對漁家。窓嫌日曝新栽竹，蔬占畦長未種花。壁上客來堆醉墨，籬根潮過積寒沙。被人悞號陶潛宅，也學門前五柳遮。

蘇軾：已向閒中作地仙，更於酒裏得天全。從教世路風波惡，賀監偏工水底眠。　君且歸休我又眠，人言此語出天然。醉中對客眠何害，須信陶潛未若賢。　孝先風味也堪憐，肯爲周公晝日眠。枕麴先生猶笑汝，枉將空腹貯遺編。

蘇轍：是非一醉了無餘，惟有胷中萬卷書。已把人生比籧傳，更將江浦作階除。欲眠賓客從教去，倒卧氍毹豈暇舒。京洛舊遊真夢裏，秋風無復憶鱸魚。

李常：陶公醉眠野中石，君輒醉眠舍後亭。人知醉眠盡以酒，不知身醉心常醒。衆人清晨未嘗飲，已若醉夢心冥冥。淫名嗜利到窮老，有耳亦不聞雷霆。醉石雖頑委山側，苔昏日剥誰與扃。牧童樵叟亦能指，卒以陶令垂千齡。危簷弱棟倚荒渚，海霧江雨穿疎欞。勿謂幽亭易摧折，勉事偉節同明星。

陳舜俞：酒擔常輕六印腰，醉中一枕敵千朝。興亡藐比榮枯柳，聚散看同旦暮潮。醉法本應塵外有，醒魂徒向水邊招。已聞佳士過從約，不似東風返去橈。

張先：松陵江畔客，築室從何年。世俗徒紛紛，不知李子賢。在彼既不知，不如醉且眠。聲名衮衮誰知命，醉非愛酒眠非病。長江渾渾無古今，羣山回合來相暎。呼奴沽酒不可遲，買魚斫膾煩老妻。何必細繩繫飛兔，百年長短空自知。直將褌蝨視天地，冥冥支枕窮四時。九衢足塵土，朱門多是非。秋風老蓴鱸，扁舟何日歸。

秦觀：醉來豐瘁同，眠去身世失。二樂擅一亭，夫子信超逸。杯行徂老春，肱枕頹外日。壯志未及伸，幽願良自畢。

張景修：樽前從客笑，夢裏任花飛。野鳥喚不醒，家童扶未歸，有榮還有辱，無是即無非。萬事藏於酒，先生亦見幾。

韓宗文：萬慮中來攪不眠，醉時一覺自陶然。冥冥固已忘天地，豈向杯中覓聖賢。昔有遺賢世所憐，滄浪亭下醉時眠。松江變酒終難待，却對殘燈理短編。

蘇棁：趁陽渴鹿背清泉，之子名亭取性便。適意中間却無事，期君忘醉亦忘眠。

晁端佐：瀟洒松陵江上亭，醉來一夢傲雲屏。生前笑語君須惜，世事紛紛不用醒。

晁端稟：杜老顛狂尋酒伴，經旬出走只空牀。輸君縱飲還高卧，長有生涯作醉鄉。貧饒北海樽中物，静勝長安市上眠。亂地春風吹不醒，功成合與酒爲仙。

楊蟠：江花可醉草堪眠，細想人間底處便。客散樽空欲歸去，此身還被月留連。 清簟疎簾一醉身，寂寥不稱咏詩人。春風亦有憐才意，故擺殘花作繡茵。

僧道潛：嘗聞李謫仙，飲酒興無盡。醉來卧空山，天地即衾枕。當時放迹奇，流俗不可近。君今外形骸，與世不拘窘。寸心合虚曠，萬事一以泯。開亭向幽圃，朝夕事醉寢。方簷落日半醒時，起對嬋娟拂瑶軫。

秋厓隱所，方岳居也。岳自題詩云：高下雲藏野老家，縱横水漱竹籬斜。勒將春去許多雨，流出山來都是花。白日風煙三徑草，清時鼓吹一池蛙。身閒不耐閒雙手，洗甑炊香夜作茶。

谷陽園，在西湖上，中有湖齋，朱之純退休之地。

宋蔡肇詩云：陸機異時宅，故物無復迹。悠悠谷水陽，野水悽餘碧。我觀豪士賦，文字豈不白。一爲功名誤，末路真可惜。至今風雨夜，哀鶴鳴不息。千秋得吾人，浄眼照阡陌。結茅風煙際，一悟世網窄。古今一丘貉，貴賤百年客。閉門橙橘香，隱几冰凍釋。我慙升斗禄，矯首望八極。人生勞佚間，此殆天所檄。鵬翔赤霄動，鯨噴碧海坼。爲爾具扁舟，送此齒髮迫。

之純自題湖齋詩，有“園種小桃今結子，池栽翠芰更聞香。六龜已兆千年瑞，雙鶴堪呈八月祥”之句。云：予湖上治圃，於桃根獲古龜六枚，其小如錢。又昔有仙鶴觀，每歲中秋夜，有仙鶴下觀，因得名。今余治圃谷水鄰其地。

雲間洞天，在府治里仁坊内，錢參政良臣園也。宅居其旁，廣輪數里。至今指其坊，猶稱錢家府云。府有御書雲漢昭回之閣、興慶堂，園有東巖堂、巫山十二峯、觀音巖、桃花洞、雪窓、雲榭、來禽渚、流桮亭、桃蹊、柳村、龜巢、橘塢、明月灣、蒼蔔林、圍繡香、風露香、籠錦諸佳致。具見於秋厓方先生《錢府百詠》詩。元時已廢，十二峯半屬尼居之慧海院。惟東巖因舍浮圖，其峯巒竹樹，猶爲城市山林之勝。朋雲亭基在峯之顛，元顧架文琛賦詩，有"昔年緑野裴丞相，今日匡廬遠法師"之句。今峯巖盡廢，而居人往往於其地得山石。成化間，得數峯尤奇。知府稷山王衡輦置郡圃，至今存焉。《百詠詩》録其五。

洞天閟雲間，景勝三十六。花柳迷遠近，岡巒互重複。祥光烜宸賜，夜半牛斗宿。時有衆仙遊，笙歌響幽谷。《雲間洞天》。作堂面東巖，笑傲日飲酒。爽氣浮香鬟，歸雲霾窓牖。深心樂青山，高卧聽白首。寄語安石翁，蒼生望君久。《東巖堂》。皇恩天上來，大書東巖字。鑱石詒孫謀，爲亭侈君賜。榮名動朝野，盛事光典記。神物煩護持，流傳億千祀。《侈賜亭》。山頂佳絶處，危亭冠其巔。蒼煙散林端，曉日浮闌前。俯視毛髮竦，仰觀霄漢連。何當躡長梯，醉拍洪崖肩。《朋雲亭》。楚山固多奇，雲根巧雕鎪。上接飛鳥道，下瞰清溪流。當年高堂夢，莫慰神女愁。行雲晚來歸，遺蹤寄清遊。《巫山十二峯》。

東臯園，在今披雲門外張塔橋西北，宋錢知監别業。

宋儲泳《遊東臯園登漣漪閣》詩：傑閣枕平川，秋光淡遠煙。窓開園外景，影占水中天。野色歸吟笛，征帆過客船。危闌人倚徙，縹緲十洲仙。

郭珙園，在堂子橋東。

知樂亭，邵桂子養魚池上。

滎陽吕克勤記畧：壽樂翁有田數十百畝，在行窩西偏，介乎大小二蒸間。沮洳汙下，茅葦相望，常潴水二尺許。苟遇雨，則瀰漫泛濫。雨稍久，則决堤潰岸，蕩爲大澤。魚鱉所家，鷗鷺以翔。浪波噴薄，浸與湖泖連。以故不受種藝，歲取他田之入以供賦，翁以爲憂。有持陶朱公養魚法以售者，翁遂悟爲下必因川澤之説，亟會衆工疏而浚之，爲一大池。中設四洲，畜魚尾之盈寸者萬計，一以陶朱公爲法。意欲俟其大而鬻之，以當其租入，非直爲貨殖也。於是環以土堤，隱若長垣，上種桑槿，編竹籬以爲障蔽。穴西南一門，備鎖鑰爲出入道。四顧周密，又結茅爲守者宿息之所。翁每棹舟，携賓客子姪，至池上飲酒賦詩、圍棊嘯歌，日暮忘歸，欣然忘其憂而得其樂也。然止在乎舟中，僅得時一策杖，循隄而行，曾未有坐憩之地。或風雨驟至，則萍巾水袖，船頭束書，與樽罍肴核之屬，皆不免沾濡。乃於水中央築一小亭，四面瀠洄，八窓玲瓏，不藻繪，不黝治。自南隄北行至于亭二百步，爲二板橋以達焉。克勤屢獲從咏觴其上，臨窓撫檻，盡見池魚噞喁出没之態。自後翁日來憩息，夏不爲風日之所暴炙，冬不爲霜雪之所侵凌，意甚樂也。雖榜人舟子，亦知翁之樂乎此也。遂揭知樂二字于亭。雖然，欲知真樂，君其問諸水濱。

天和堂，朱樸隱居。樸自號天和子。

豐稷詩：路左漿先饋，門前屨幾重。勇歸塵事擲，恬處道心濃。弄水知幽谷，觀雲想妙峯。夜深孤鶴唳，清露滴高松。

積善堂，祥澤張氏所居。

曹睿記：吴松之南，祥澤之滙，有隱君子居焉，爲清河張氏瑞卿也。其八世祖自杭始遷于華亭之櫻珠灣，六世祖八七翁再遷而至於斯，今又數世矣。棲遲畎畝，代有隱德，祖父子孫皆年登耄耋，以壽考終。曾玄繩繩，世齊厥美，詩書之澤，視昔爲浮，故鄉人以積善家稱之。昭文館學士雪菴李公因大書以名其堂，久而未有記者。於是瑞卿之子麒，懼先世潛德湮没無聞，介吾友陶君九成來徵予文。嗚呼！土之積不厚，則其負太嶽也無力。水之積不厚，則其負大舟也無方。風之積不厚，則其負大翼也無力。一行之善，善矣，非積也。一人之善，善矣，非積也。孔子贊《易》亦曰："積善之家，必有餘慶。"有以哉。余既喜張氏之世德，而又重九成請，乃爲之記，俾來者知所自云。瑞卿名瑶，號後山居士。

居竹堂，曹和甫宅。

方回記云：華亭修竹鄉曹氏，文恭公之後，自永嘉徙居。據九峰三泖之勝，厥壤宜竹，如其鄉名。予友古睦玄同邵君壻其家，爲予言曹氏家世之盛。内子之弟和甫，字仲達。祖守齋先生提幹府君，考梅渚先生司户府君，前太學兩請，舉甲戌進士，蔚爲一時[聞]人。仲達今年二十有五，俊特英發。於大父樂静堂之地，飾園廬，植竹千箇，以居竹扁其書堂。蓋有取於蘇長公之言。

石都尉莊，在東泖。宋江淮總督石都尉之賜莊。有石田飼鶴，有石亭，有石總管廟，有石氏壠跡，石莊記。

歸雁亭，上海費用和嘗畜雙白雁及二雛于園池。元統間去而復還，毛羽光潔，足環儼然。而園亭適成，因以名之。

唐行詩：馴雁冥飛去復還，分明足上誌金環。玉京紅縷曾纏燕，信義由來重若山。

雙硯堂，周待制月巖先生諱仁榮，買地于府城之鄭捏兒坊，創義塾以淑後進。築礎時，掘地深纔數尺，有青石，獲雙硯。硯有款識，乃唐鄭司户虔故物。塾既成，遂名雙硯堂。爾後先生之弟本道先生仔肩，登庚申科，仕惠州判官。虔字弱齊，俗譌爲捏兒云。

雙慶堂，華亭趙氏之居。米芾扁其額。

王逢詩：雙慶大字三尺餘，書學博士米老書。銀鈎鐵畫焕華扁，野鶩家鷄隨墨猪。南垣從事實已久，題封遠寄趙隱居。隱居夫婦百有七十歲，慈顔道氣神仙如。雨燈的的夜猶績，霜髮蕭蕭晨自梳。平生種德還種樹，坐見蓋擁于公閭。大郎賣藥隱城市，小郎謝吏歸村墟。小郎奉觴跽進酒，大郎絭韝躬膾魚。今日何日席不虚，水蒼珮暎青霞裾。鶩羣池散晴雪滿，燕子簾卷薰風初。膝前玉語蘭解笑，柳拂几杖花圍輿。一門四世咸在侍，衆賓屬我留瓊琚。我從去國至避地，目經多難常欷歔。乃翁全獲福善報，伯氏仲氏尚慎終名譽。伯仲載拜荅頌禱，已聞帝夢遊華胥。

五慶堂，蔡君美家，有《五慶圖》。

柳貫序畧云：浙東廉訪使者治吾婺，自余歸里，亟聞其掾蔡君美之賢。今年夏，君美忽以書致吴郡朱澤民所作《五慶圖》示予。蓋君美世家綿竹，而僑居雲間。大母徐，九十猶在。養父檜巖翁，亦且踰楚萊兒戲之歲矣。於是君俊復有三子二孫，蘭菲芝曄，服和襲順。每時節上壽，五世一堂，陳饋羞耇，休有令儀，天之遇蔡氏厚矣。而君美又託之繪事，以寫其盛，復求能言之士，聲之詠歌，流之管絃，彰兹休顯之符。《詩》曰："孝子不匱，永錫爾類。"此之謂也。

不礙雲山樓，張溪楊謙之居。

楊維禎記云：予嘗北渡楊子，訪金山之勝。而不知淞之南，又有所謂大金小金，出没於雲海之中，如壺嶠之在弱流外也。至正九年春，余抵淞之張溪。溪之東有大族，爲楊竹西氏，居之南偏，其樓曰不礙雲山。竹西讌于樓之上，窗户四闢，萬頃之雲，兩鼇之島，皆自獻于眉睫之下。竹西風日佳時，岸巾樓上，手揮五絃之餘，與一二解人談至理。既以八窓不礙者闢于目，復以八荒不礙者洞于心。雲山之觀，盡矣備矣。竹西憮然若有得，起舉酒而自歌曰：海之雲兮油油，雨我田兮有秋。海之山兮離離，障我流兮東之。又歌曰：雲之動兮躚躚，吾與雲動兮動而不遷。山之静兮層層，吾與山静兮静而不停。併録其歌以爲記。

張天雨詩：吴松别有隱人丘，大小金山翠欲流。屋宇雲山俱不礙，老夫伸脚卧西樓。

貝瓊賦曰：巍乎層構之造天兮，既内敞而外隅。滄海浩浩而左匯兮，銀河淵淵而右紆。激回風於四阿兮，宿雲氣於薄櫨。七星挂於北户兮，送結鄰而迎望舒。荷倒植而菡萏兮，芝旁生而扶疎。實仙人之所居兮，候安期於虚無。兩金嵳峩而並峙兮，蛾眉巧以迎予。斷太華之仙掌兮，翦蓬萊之左股。掃新黛之聯娟兮，洗海門之秋雨。九山北起而向背兮，翩鸞迴而鳳舞。泰山拱以旁繞兮，列邾莒於齊魯。雲霏霏以晨蒸兮，散玉衣而輕舉。何卷舒之無恒兮，倏爲龍而爲馬。羌不起於燕坐兮，挹爽氣於尊俎。招夸娥之二子兮，夢高唐之神女。聊徙倚而四望兮，悼吾行其孰與。日散輝於斷岡兮，鳥没影於平楚。美人期而中訣兮，魂縈縈而若睹。吾凌雲以申誠兮，山復險而道阻。願從赤松以授道兮，邈清塵之萬古。昔祖龍之帝六合兮，度浙江而東巡。王氣颯以燐滅兮，瑤草萋而自春。悼三女之中夭兮，高冢崒其猶存。暗沙窑之風雨兮，猶想夫萬乘之雷奔。偉希馮之夙悟兮，逮九齡而知名。荒臺圮而荆棘兮，餘鳥跡之縱横。金石輟而弗聞兮，激流水之泠泠。平原振藻於東吴兮，翔雙鳳於太清。胡鹿苑之一敗兮，竟鎩翼而就烹。黄耳去而不返兮，唳鶴寂而無聲。羡記室之見幾兮，遂南飛而孤征。念丹轂之易鎩兮，鱸秋美而思蓴。卒全軀於濁世兮，歷千春而尚榮。尋古洞之丹砂兮，弔黄雀之仙人。天菁菁而無光兮，哭深林之帝魂。白鹽皎以積雪兮，火萬竈之飛煙。積仲父之厲階兮，蕇海水而桑田。博陸忠而覆族兮，宋南渡而肇祀。漢實薄而少恩兮，獨弗念乎厥始。嗟時俗之好恠兮，語荒唐而無紀。竦余轡於高丘兮，濯余足於清沚。訪吴子之獵場兮，平蕪緑而靡靡。挾白羽以命中兮，感翩翩之飛雉。寵西施以亡國兮，猶痛恨於後嗣。爰抗音以高歌兮，酌兕觥之芳醴。諒高明之可居兮，胡汩没而弗止。陋齊之金谷兮，歲曾幾而荒蕪。雪月空而燕去兮，烏雀啾以驚呼。斥粉黛而弗貯兮，列圖史而自娱。亂曰：雲動不測，氤氳霏霺，勃蓼蓼兮。山静不遷，嶔崟巖嶪，鬱叢叢兮。飛樓蔽虧，青延翠攬，棟隆隆兮。瞻望美人，于彼夕陽，思無窮兮。絃吾素琴，目送飛鴻，烟空濛濛。

環緑亭，黄碧街所創。

三味軒，張麒娱侍之所。别有水亭曰静鑑。

楊維禎《三味軒記》：松江之集賢鄉，有隱者張氏，曰麒，字國祥。自幼修謹，長稱鞠躬君子。時丁兵變，晦迹祥澤，日與古漁老樵爲山水伴。人勸之仕，則曰：余世力農，素非肉食人也。且藩服尚武，又非吾仕之時。子獨不聞吾步兵之仕乎？出赴齊王冏辟，秋風吹衣,徑决去,捷如脱兔,不頃刻留。卒不與沓禄者死鐵鎖,而甘豢者,乃故鄉菰飯、蓴羹、鱸膾三味而已耳。余幸不違親於異鄉千里外,田有菰米,無歉年,水有蓴菜鱸魚,無饉歲。日以三味爲吾菽水之奉,而餘以覃吾賓友,其樂充然也。奚以仕爲?故顔予軒曰三味。雖大貴人方丈食前,五鼎七牢,不以易也。東維子舟過通波塘,麒不遠水陸程,延致于三味所,治酒食,張桐弄竹爲叟驩。叟興酣,爲絃秋聲琴,彈鶴南操以高之。辭曰:驥北逝兮鶴南旋,松之廬兮八世其延。鱸有段兮菰有田,羹我蓴豉兮釀我澤泉,誦有書兮歌有絃。歸與歸與,烏知金罌之癢口兮,玉羚梗咽。

皆夢軒,陳亨道居。

貢師泰記畧云:三江之口,九峯之下,有奇士曰陳汝嘉。履儒者行,衣道士服,蓽門蓬户,與世泊然。更軒其東偏,雜置黄帝、老子、莊周、列禦寇與醫卜種樹之書。日歸自外,朗誦長哦。倦則隱几而卧,形與夢接,嗒焉蘧焉,不知人世之有物我、榮辱、是非、得失、憂喜也。取鄭人甕鹿覆蕉互皆有夢之説,名之以皆夢。

依緑堂。唐君子益家于三江,南距晉二陸故居九峯之陰二十里。山明水秀,原隰衍沃,茂樹長林,蓊然深密者,彌望不絶。有地十餘畝,悉樹以名木。引三江之流,以爲陂池。舁九峯之石,以爲巖阜。桐梓繁蔭,松柏後凋,奇花豐草,參錯映帶。爲堂于其間,日以奉父母、娱親戚賓友爲樂。登其堂,則緑陰滿坐,清氣襲人,心神蕭爽,世慮俱釋,蓋三十年于兹矣。子益既没,其二子景熙、景道復增治之,封培灌溉,構葺有加。以故四方賓客,至者忘歸。又即其中以從事讀書問學,乃取杜老詩中之語,名曰依緑。邵亨貞爲之記。

安雅齋,曹慶孫藏修之所。

柯九思記畧云:江左故家,克世先業,不易其心而流於俗者,予得一人焉,曰華亭曹君繼善。繼善嘗名其讀書之齋爲安雅,蓋取諸荀卿氏之説。先是,予與侍書學士虞公同朝,見其大書安雅之扁以遺君,予故異之。及來吴中,知君爲宋文恭公東畝先生裔孫。君之祖父著聲太學,登仕版,顯于時。及君之身,讀書自樂,不汲汲於進取,求合乎古人之正。其當於注錯,而篤於守道者與?君之居也,挹九峯而俯三泖,實占吴松之勝。居之西偏,搆爲是齋。内則左圖右書,筆牀琴几,而文綺之飾不置焉。外則鑿池貯泉,環以梅竹,孤松挺立其中,而桃杏之眩不植焉。其冲澹蓋出天性,真安於雅而名實相須者哉。故爲之記。

滄洲一曲,邵氏之圃也。華亭大姓邵文博氏,治圃楊溪居第之東偏,垣而環之。鑿方池廣一畝,錯置巨石,相爲經緯,類十洲三島之狀。而奇峯崒然特起,如神人出珠宫,疑有雲氣昏旦上升焉。觀者以爲成于造化也。乃度地搆堂若干楹,坐挹其勝。循池而北,則因高爲亭,風櫺月楹,尤極宏麗。老檜參天,脩楊夾道,不知有三伏時。由亭左行百武,又爲小亭,可坐五六客,以待游觀而憇者。小亭之西五十武,闢塗屬于北垣,有軒在萬竹間,曰緑陰。軒之下溝以通衆水之來,鏘鏘有聲,曰流月。其西軒曰樂琴書。合而名之曰滄洲一曲。記稱滄洲在瀚海中,周回五萬里,其人千歲不死。有飛樓涌閣,皆金銀氣。有琅玕之産,紅鱗白鳳所集,中國之人莫能至者。此雖廣袤不同,而外旋大澤,中俯平野,彷彿其一曲已。户者謹扃鑰,非魁人碩士,鮮克造是。且不遠二百里,招徠余誨其子麟書,暇輒往。

時十月始寒，風高氣烈，而海棠數本，爛熳如春。于是置酒命客，共酌于下，自晝抵夜，圓魄中微雲盡斂，二小姬出，彈箏歌以和之，極驩而罷，恍然出埃壒而超鴻濛也。貝瓊志其事。

瓢湖小隱，在澱湖東，謝士安隱處。任士林曰：東山謝氏子，居坳塘之上，名之曰瓢湖小隱。賦詩自況，諸君交和之。

戴表元詩云：鳳凰山頭春蕨肥，鵜鶘蕩口晚雲飛。扁舟白日自來往，栢酒青天無是非。鷗鳥近人渾不惡，風濤如此欲安歸。明朝我亦東南去，還理松陰舊釣磯。

小桃源，泖西隱君陳衡父氏，世家在泖環之西。既遺其子東西第，又爲園池其間，仍治屋廬。名其堂曰清暉，樓曰明遠，又額其亭曰小桃源。

薌林，徐九齡之居。

記畧曰：淞之邑，帶江枕海，而環爲山。地皆平疇大陸，呀淵疏川。突而高，鬱而秀，蟠而踞之者，則喬木之林，大姓之所宅也。去邑之北五十里，其川爲蒲匯，匯北反爲小萊。岸小萊古屋百十楹者，九齡徐氏之居也。去居左介一百步，鑿池數十里。池上植松柏、栝檜、桂椒、梅橘、桃杏，草則芝蘭、菊芷、荃蓀、薰蕕、鈎蓮彙列，四時之生香，未嘗一日斷也。因額池堂曰薌林。予過海上，九齡榻予堂者數夕。臨别，出楮筆曰："先生海上還，嘻笑怒罵皆成文章。醉墨所及，一草一木有(先)[光]，於薌林獨無言乎？"予曰：草木之香細矣，因人而馨者，大且遠矣哉。栗里五柳以處士香，晉竹林以七賢香，濂溪蓮以茂叔香，羅浮村梅以蘇長公香。草木不以物香，而以人馨也信矣。不然，雖(粹)[梓]澤(乎)[平]泉，林木之綺交錦錯者，不香也。吾愛九齡之人品魁壘，操行極高茂，此吾子之德馨也。楊維禎樂爲之記，并系以詩：徑凹迂廻坳，孤村郡邑遥。林深纏薜荔，藤蔓集鷦鷯。屋築穿花磴，溪噴帶葉潮。漁舟疑入樹，耕犢欲窺巢。蔽芾園驅日，芳菲草秀葽。叢篁邀過客，透木蘸層霄。不霧影常暗，非山色更饒。蒼茫招隱遁，迢僻滌塵囂。雲凝瀟湘竹，人行翠浪橋。落霞篩錦綉，吟蛄噎簫韶。髣髴桃源洞，依稀太古樵。擕鋤畫中出，然火樹間摇。樛倚飛簾白，葩妍戲蝶嬌。日間應吠犬，枝杪可懸瓢。機響聯歌牧，疑聞别境謡。

樂全堂，華亭黄宗武隱居長泖之灣。殖耕桑乎衍沃，藝卉木乎幽勝。上以奉乎百歲之父母，下以長其奕葉之子孫。優游焉誦詩讀書於太平之日，而時未有聞焉。其季子璋舉進士，貢于京師，而大夫士始知其家有所謂樂全堂者，皆欣然稱道之。因求虞集以爲記。

歐陽玄詩：野外岡坻合，海邊洲嶼清。名園依古郡，嘉木列前榮。治世稀勞役，閒居得繕生。尊親逾耄耋，視聽倍聰明。喬梓千年遇，蘭芝奕葉英。文鱗翻洗墨，好鳥和鳴箏。俯仰何修飾，驩娱此盍并。人間儻來物，所少勿經營。

謹節堂，華亭徐去奢居士，爲奉母夫人宋氏而作也。

梧溪王逢曰：初，去奢在壯年，負氣志，部舟師，隸東藩，以功超遷亞中大夫。既夫人齒邁，即棄官歸里。去奢名彦裕，字仲寬，世爲素封家，又以庶民之孝痛自勵，尤可稱也。詩曰：居士前爲都護侯，戈船犀甲戍東甌。風連蜑海青蘋夜，日薄燕關赤葉秋。三組授來丞相幙，六珈光動老人丘。忽興九折王陽歎，絶遺長平趙括憂。美笋嘉魚重鼎列，諼花奇石半簾鈎。導輿復見潘安賦，墊角曾如郭泰留。堂上壽康猶事績，郡中歌頌迭鳴球。尚期呼嫂躬鷄黍，客拜龍鸞禮並優。

來德堂，吕良佐居。

楊維禎記畧云：松之南，其鍾水曰大泖，有川谷陂塘。其氣不沈越，故宅是者多殷饒。然其末也，易流淫靡，虞于湛樂，而替于隸圉者，亦不少焉。惟植之以德，聳之於身，而儀之於子孫，如吕氏輔之者，不能百一也。輔之名其新堂曰來德。予謂世人之爲歲計者，來之以穀，五歲十歲計者，來之以木。然不種，則不能必其報於如期之後也。惟大人君子爲百歲計者，來之以德。種益大而來益遠，來益遠而享益豐。子孫其有名世者作乎！輔之輕財好義，行若古人。棄貴而施舍，補乏而振滯。燕以事耈老，餞以勞賓旅。聚莊以仁乎舊族，設塾以淑乎賢才。吾知輔之氏之爲德也至矣，期於來也遠矣。傳不云乎：興者有吕申之功，以其功之來者遠也。輔之氏思承其後，以繼其興者，尚以余言勉之。

五雲窩，璜溪吕希遠氏之居。希遠嘗客杭，從句曲外史張雨游，思其親不置，外史爲揭其所寓曰白雲。希遠歸耕溪上，養母以孝聞，且廬其先墓。林薄間曾見非烟非霧，蕭索輪囷，具五采以燭人者。此五雲之瑞，孝感之應也。爲易其名爲五雲。

光霽堂，雲間任公子元朴開園池於廬之西偏，蒔花竹其中，而命其堂曰光霽。

光風霽月亭，吕九山家。

儲泳絶句云：一段風流出自然，中和氣候嫩凉天。百年心事無人會，付與茅亭伴吕仙。

水雲深處，曹璜之居。

貝瓊記畧曰：予嘗經竹岡，絶黄浦，邪迤而南，由横涇至青林，盤回百折，如帶舟礙石，不可行。抵暮候海潮而上，四顧徘徊，念可築室讀書，以佚吾老，規欲留而未能也。一日，曹君士璜遣介持圖示予。其號水雲深處者，即璜之所居，實據青林之勝。大抵天壤之間，百年之頃，至樂莫大于適意。能適其意者，不在章綬，而在于一丘一壑。昧者方且犇走通都大邑，急于自售，以徼利劫禄爲事，趨死地如歸者，不亦悲夫！璜能果於忘世，蚤棄内外務，日櫂孤舟，與漁父往來。暮色蒼蒼，星月上升，家童取鐵笛，作龍吟三弄，以和巴歈之歌。則其寄興，豈非高且遠耶？余將去此而從之游，共相忘于水雲之外矣。是爲記。

鳳山園，在鳳凰山。

敬思亭，在邵子猷先壠。

安陽韓性記畧：敬思亭者，邵君子猷之所建也。邵氏家洛陽，康節先生六世而南，由丹徒徙雲間，族葬于秋涇里，至子猷四世矣。子猷即先塋爲丙舍，以奉祠其祖父，構亭扁之以敬思。客有自雲間來者，爲予道其事。予聞而嘆曰：善矣夫，邵氏之名其亭也。丘壠者，先世遺體之所托。望其連岡，觀其崒隧，風樹寒泉之思，自不期然而然者。嗚呼！人孰無是心哉？而世之人乃有厚於奉養，而薄於墳墓者，吾不知其何心。其或過於華侈，觀世示富，而心實不在其先人者，亦豈足爲孝哉？邵君於先塋爲之室廬，嚴其守護，勤其展省，奉祠之禮，歲時不忘。揭敬思之名於亭，因名以表其心，余知邵君之能孝也。

蓮巢，青龍陳氏燕息之地。

緑吉亭，祥澤盧祥種橘處。楊維禎有詩。

水心亭，青龍章顔燕處之所。亭揭一聯云：表裏澄清如此水，行藏端正在吾心。

安節亭，謝氏墓所。京兆宇文公諒記：安節亭者，晉太傅文靖謝公廿六世孫節齋先生之所作也。先生之六世祖隱居華亭之南，曰立極，子孫因家焉。先生諱國光，字觀大。有雅量，夙敏於學，十三能屬文。宋咸淳癸酉領鄉薦，明年上春官，策問求賢，所對剴切。時賈似道柄國，忌直言，主司畏禍，不敢取，以例補太學生。天朝一海宇，遂潛德弗耀。至元廿三年，治書侍御史程公鉅夫承詔搜遺逸，或以先生薦，輒杜門稱疾，且曰：吾與其榮於身，孰若無愧於心乎？日以經史自娱而已。卒於至正乙酉，遺命葬先塋之西，名祭享之亭曰安節，蓋其志也。嗚呼！宋社既屋，文武遺臣，入天朝、位卿相者，不可一二數。獨文山文公、疊山謝公，起身科第，知萬死不顧一生，以全大節，凛凛如秋霜烈日。而天朝特寵異之，以風厲天下。故或官其子孫，或立書院以奉祠事，非後代之所能及也。先生一布衣諸生，矢不踰節，其亦可敬也已。矧不沽不激，得大《易》安節之義。今其諸孫，多好修力學，將復有以科目顯者，是又安節之亨也。其孫質晉與其弟良貞，請發名亭之義，刻石以垂永久。且懼亭之久而或廢，乃相與割田五十畝，以規營繕。故爲之書，復效小山招隱，俾歌以祀先生。其辭曰：若有人兮谷之陽，蘭爲佩兮蓉爲裳。聲獵獵兮擅名場，總六轡兮馳康莊。文八音兮五色，進治安兮長策。披歷歷兮忠肝，横流涕兮太息。事既謬兮時又異，遺紛華兮若蟬蜕。苟榮身兮變初志，寧安節兮内無愧。鱸肥兮胥浦，掇秋英兮汎芳醑。尚友兮淵明，微夫人兮孰伍。松檟兮青青，歸來兮斯亭。節既安兮不朽，仰百世兮儀刑。

玩芳亭，横溪朱熙家園。

静壽堂，衛宗武居。張即之書扁。

瑶芳亭，鳳山費氏先墓。趙魏公書扁。

小山招隱，華亭孫稷長慶之别業，在小横山下。長慶言行謹飭，嘗爲文學官。兵興，遂不仕，讀書賣藥，終老于山。王逢有《招隱辭》。

生意堂，郡士謝文彬居。知府汪從善書扁。

歸來堂，章元澤辭禄奉母之所。楊鐵崖有記。

知止堂，夏世澤居。趙魏公書扁。

草堂，葉以清隱居。

貢師泰詩，有序：諸葛孔明當蜀漢方興，則卧於南陽草廬。陶淵明當晉室將衰，則隱於柴桑草屋。及唐安史之亂，而杜子美又築草堂于浣花溪上。夫三君子者，居皆非有穹堂華構，以侈觀瞻、娱心志也。然而間關寥落之際，即其所處，未嘗不長吟醉飲，放懷自適，以安其所遇焉。今雲間葉子澄結草爲堂，其庶幾有見於三君子者乎？宣城貢師泰系之以詩曰：昨夜東風吹白茅，數間老屋倚江郊。月明棊局留花下，水漲漁舟並柳梢。海蛤味鮮宜薦酒，河豚香美可充庖。琅玕个个高千尺，時有飛來瑞鳳巢。

心遠堂，在鍾賈山。高晞遠詩：種竹期十年，栽橘盈千頭。雖云多遠慮，無乃爲身謀。高人絶塵累，俟德居此丘。泰宇無畦畛，虚室有天游。仁義尚籧廬，道德誠安流。結茅依翠微，極目際平疇。白雲度寥廓，黄鵠下滄洲。百世此周覽，我志尚可求。彼哉錐刀徒，且暮方喧啾。祇應柴桑翁,真趣共悠悠。

時春堂,橫溪朱柯園室。趙魏公書扁。

芳桂堂,烏溪趙弘毅燕處。其後古桂森列,名人多賦詠之。胤嗣廷鸞集爲數卷。

果育齋,孫華孫居。

求志齋,陸仲覽居。

仇遠銘有序:吾友陸仲覽築室藏修,巴西鄧善之學士扁曰求志,南陽仇遠爲銘其壁。時延祐七年中和節日書。大隱山林,小隱朝市。不事外求,各志其志。志義行義,志仁行仁。云何古昔,未見其人。攻苦食澹,我志顔閔。耕閒釣寂,我志望尹。志一先定,詎爲氣移。朝斯夕斯,心誠求之。存則求志,充則達道。先求放心,庶可深造。

安分齋,朱晦翁書。筆勢飛動,楊培揭於鶴沙之居。培,瑀之子也。

來青、覽暉二樓,青龍任氏延賓之所。

楊維禎詩:大江如龍入海口,青山似鳳來雲間。任家高閣東西起,左江右海南青山。錦魚燒尾春前化,黄鶴傳書天上還。老子胡床一横笛,雙成仙珮響[珊珊]。

松江府志卷之七十三

第宅園林二

暎雪齋，孫明叔居。

番陽傅貴全記曰：暎雪齋者，雲間孫明叔書室也。室邇素王燕居之宫，明叔幼習俎豆，禮遜溢於目，《詩》、《書》熟於耳。既長，見益多，聞益博，學日益進。所蓄書經幾千卷，若註，若疏，若解義，諸氏之説備焉。史幾千卷，若記傳，若書志，歷代紀載萃焉。子集又幾千卷，筮史、醫師、方技之精者，古今名賢墨跡之真者，聚以類焉。闢一室，序次甲乙而尊藏之。題曰暎雪，蓋希其先世之勤於學也。而或者疑焉，解之者曰：齋之中素壁四環，紙窻潔幽，籤牙之垂垂，軸玉之踈踈，其境皆雪也。皓兔欲沉，晴烏未翔，曉色漾乎書幌，寒光耀乎虚楹，景又無時而非雪也。指迷瑶琴之彈，手暎玉麈之揮，譚清而屑霏，唾咳而珠玉，則雪在乎其人。濯宿汙於蟬蜕，來新見於融水，湛然虚白，皎然靈瑩，則雪又在乎其人之心。是則雪雖不常有，而吾雪則常有也。雖焚膏而讀，而吾之志則常若暎雪而讀也。明叔其賢矣哉！余常卧衡門，釣寒江，東擢劍溪，北上燕山，交是雪久矣。江空歲晏，梅花欲春，扁舟下松江。明叔邀予坐齋中，焚香讀四聖人《易》，但覺夜寒窻白，萬象昭然。時至正丁亥十二月三日也。

又：暎雪行齋，泗上老人孫氏明叔，始居城東，置群書一室，考古爲學，命之曰暎雪。頃以兵火室燬，乃徙泗水之陽，構草堂以居。及今十有餘年，生事日廢，而書則不減其舊。老人年踰七袠，耳聰目明，手書細字不倦。從政者訪問流風遺俗，貿貿然求諸草澤。老人曰：以予在野，而勤吾大夫君子之轍，其可乎？乃復來城東僦草堂，挾其書硯以從，仍以暎雪行齋名之。見《清江集》。

竹所，余有慶隱居。有慶，宋文襄公靖十二世孫也。

總宜吟所，在谷水湖上。見《儲泳集》。

愛日齋，曹宗儒講學之室。

鐵硯齋，璜溪吕恂讀書處。

一枝安。松之遺俗有三錢焉。其一居市中者，爲武肅王諸孫。今其人猶存，而鍾鼎之習泯矣。其一居市東者，爲參政良臣之裔。今其人皆不復見。又其一居城，爲南渡宦族，支蔓最衍，流風遺韻，間有存者。予及識其子孫四人。復堂先生爲宋季該博老儒，予嘗受業門下。太初先生爲承平文物君子，後託跡浮屠氏以終。皆典刑士也。素菴子善詩詞清談，卒爲孝子之徒。今之存者，惟南金君以明經教授，爲錢氏文脉。南金幼失父，侍其祖，長於異孫。弱冠贅居三泖上，與予同里閈，以文字交三十餘年。既更世故，問舍他鄉，不相周旋者又過半。歲丙申，浙右大亂，所居悉嬰兵燹，扁舟載妻子還泖上。其門人曹幼文闢室館之，名曰一枝安。見邵亨貞《蛾術集》。

翡翠碧雲樓，在杜村，宋杜祁國公九世孫元芳建。以其高出林杪，故名。樓中貯書萬卷，下有蒼厓，碧灣、竹深、荷浄、晴好、雨奇諸軒齋，凡七十二所。别業在東南，雲林池島尤勝。

嘉秀軒，杜氏之居。

邵亨貞記畧云：杜氏世居吴淞，宗族蕃衍。生今年幾三十，能世其學。家於江之南横泖水上，即其居之東偏築室，穹林茂樹間爲茅簷土壁，無刻桷甃治之麗。前列塲圃，後瞰流泉。四榮之外，環以幽花美竹。簷宇高明，窻户瀟灑，藹然如在深山絶壑。而四時之生意，循環無端，應接不暇。暇日過之，燕坐談笑，意趣甚適，名之曰嘉秀。因進之曰：豈徒草木之嘉秀哉？以子之不群，將竇氏之桂、王氏之槐、謝氏之芝蘭玉樹者，生于堦前耳。嗣榮作而謝不敏。

榆溪草堂，陶氏之居。

楊維禎記曰：至正庚子夏四月，余東遊鶴砂，回舟順流下黄龍浦，又東抵榆溪，見大榆數百章，皆百年物也。雨餘新緑蓊鬱，若屯旌擁幄。樹底構草堂一所，堂主者陶中出迎客，供茗飲。書充屋棟，茶竈筆床環左右。又將客步後圃，花樹紅白剌人，自折殿春玉桃花一枝供客。是夜遂宿草堂，明旦干余記。草堂之號，周顒嘗搆諸鍾山，杜甫亦搆諸浣花矣。然鳴騶入(各)[谷]而山林見移，脱巾(攄)[據]床而幾不免禍。天下草堂萬萬也，而享有其身者尠矣。唯爾祖靖節翁，自彭澤來歸，門種五柳，著傳以自況。義熙之節，良史書之。今子孫不堂柳而堂榆，榆視柳等也。烏知後日不有傳榆溪先生在龍浦之東，如傳晉處士與五柳者乎？中曰：某不敏，焉敢望吾前之人。請記爲堂以爲警。

春草軒，松别駕謝禮之居。禮宦而寓者也。

楊維禎曰：淞謝伯理氏，於其正廬左介爲軒一所，命曰春草，本靈運語也。吁！此三百篇後，詞人以興趣言詩者也。以靈運語出於徑辭直指，如"高臺多悲風"、"明月照積雪"，無俟雕刻，而大巧存焉，猶爲去古遠也。伯理嘗與予論詩，大都凌跨六朝，上探漢魏，故於春草有得焉。豈効永嘉詩人，争工於句字間者？

樂静山房，衛叔静仁復之居也。膚敏七世孫。

王逢詩曰：新營别業遠風埃，山緑湖光故入來。四壁有時聞葉墜，一門無事看花開。圖傳龍馬尊家學，冠護貂蟬憶相才。巢燕不隨浮世變，將雛依舊拂蒼苔。

陶南村賦云：屋繞夫容九叠屏，日長客去掩閒庭。岩花暖傍疎簾落，階草晴分汗簡青。温火試香删舊譜，汲泉煮茗績遺經。江南定有徵賢詔，太史方占處士星。

秋圃，華亭陳仁别業。

一峰小隱，在柳家巷，黄公望隱所。今爲福泉菴。

雪松巢，陸居仁便室。

此山中，馬秀卿郊墅。

仇遠詩云：仙人朝去暮知還，野色嵐光一草菴。少室何妨高索價，莫教輕指作終南。

復菴，盧子聰居。子聰居華亭讀書律，嘗著《五服集解》五卷。其合經傳禮文關於喪服者，義例釋議，考究精詳，有補于世。

嬾雲窩，長西瑛居。

張天雨詩：西域高人政不多，房山公後奈君何。不從世去求賢路，只許雲來共嬾窩。山鬼拾薪修茗事，水仙乘月送漁歌。他年倘憶藍袍舊，爲唱紅顏一擲梭。

方壺，華亭鬵湖有大姓，爲宋子正氏。西偏闢室若干楹，方疏四啓，晝夜長明。有石焉，嶄然而獻秀。有木焉，鬱然而交蔭。蓋因揭二字名之。郡人衛德辰便坐，亦名方壺。傅汝礪有詩。

古窩，陳珍居。

楊維禎記：至正丙申，松郡燬于兵。凡富貴家肥楹厚棟，存者什不能一。吾西鄰叟國寶氏之居，乃與古招提巋然而獨存。其題梁歲月，蓋創於宋咸淳初，迨今百有餘年。其材皆交櫂赤杪，然不斵椽，不刻櫨，節棁無金圖碧綴、綺綰繡錯之華，材雖良而制則示後人以儉者也。一日治酒食，延予於其居，請曰：某居幸鄰先生東壁，一弦一誦聲相聞。先生客填至，無坐立所，則析而入吾居，實先生之行窩耳。其可無名？予以其構爲邑屋之古，遂以古窩名。叟清曠質直，平生無二言三行，蓋古之愚直人也。有子一，文東。年未丁，延碩師與之處。時時謁吾門，閱古籍，談古道，學爲古文章。則叟之尚古，而拔流於市井之人者，非徒一棟宇之古者也。吁！今之崇門奥室，金湯其垣池，鐵石其窖藏，文繡衣被，地居千金，子不下堂。而近不閲一世二世，矧能什百而世之也？今叟居繇宋迨今，凡歷世者五。而不夷於劫火，不敓於勢家，夫豈偶然者？文正范公曰：祖宗積德百餘年，而始發於吾。天其或者陳氏後亦有興者乎？吾不辭書之，以示其子文東。叟再拜曰：某曷當，某曷當！明日，持古錦卷來，請書爲《古窩記》。叟姓陳氏，名珍。

白石窩，李介石居。介石字守道，爽邁能書詩。爲松江提控案牘，從省臣守鎮江，兵敗不屈。又有煮雪、鼇甕，皆其齋名。

歸來堂，章元澤吉父，少年以奇才爲丞相府舍人。未幾乘傳，遽爲宣使者，遂通籍貫。近宦遊京師者三十年，出二尹江浙府，適以内艱去。制闋，補鎮撫海道。裁數月，即幡然歸。作歸來堂於室西偏，延賓客于堂中，具聲樂酒事爲驩，時舉觴爲太夫人壽。王梧溪、楊東維皆記其事。

張元弼《歸來堂》詩：使君致仕歸來日，九十慈親猶在堂。秋水鱸魚朝入饌，薰風紈扇晚生凉。孝廉早已稱高士，名德今宜重一鄉。花底板輿喧笑語，白鬚風動彩衣裳。

晚翠軒，章文焕居。距吴江東南五十里曰金澤，當風塵澒洞時，不敢求安，力樹拱把之木。既三四年，稍加叢茂。又數年，鬱然成林。乃築室其下，名以晚翠。

梅月山房，魯郡士人王静初居。三江之上，一室蕭然。有書數百卷，讀書教授，有古孝廉有道之風。屋外古梅數樹，虬枝鐵幹，紺苔蒼蘚，縱横窻牖間。即之如在深山絶谷，居處其下，意自若。廼名之曰梅月山房。

守約齋，金氏之居。

邵亨貞記畧曰：雲間郡西北七八里間，舊家金氏爲百年右族。兵屢入其室，火及而不燎者數四。至今古屈喬木，巋然在望。其嗣子桓，年甫弱冠，讀書問學，遇前輩輒詢先代典故。舊家風俗，志趣與他子弟異，乃名其室曰守約。予少知讀書，于時士友所向，惟舉子業，故亦竭力爲之，意謂儒者之事，蔑有加矣。既弱冠，見前輩皆從事古文詩詞、法書名畫，與夫陰陽術數之學，又慕而好之。年益壯，廼究心六經，得見聖賢窮理盡性之要，天地造化流行之數，古今興衰治亂之跡，人事周旋反覆之理。始知向之所學，皆爲人之事，而不切己者也。孔門三千弟子，推首顔曾。顔子克己復理，曾子日省其身，皆以致力于内爲己學，豈待施諸事而後見哉？今桓以此名室，實有進于聖學焉。桓嘗從予遊，故樂而記其事。

素節亭，前江浙行省幕府豫齋任君故家在焉。任氏世有顯人，冠蓋相望。當承平時，第宅綿亘，臺池花木，圖書文獻，抗于封君。所居當龍江之陰，亭其一也。四檐之外，樹以梅竹，障以松檜，鬱然若在林壑深邃之處。亭中虚明宏敞，於琴書畫卷、詩酒棋槊，凡賓坐客卧，燕游之事，無所不備。亭之始作，當豫齋强仕時，殆歸休以至于今，年垂七袠，與梅竹相爲終始。亭名以素節，其先作云。

夏氏清潤堂。

楊維禎記畧曰：雲間義門夏景淵氏，居同邑吕公之甥館，名其中奥曰清潤，蓋取晋人名樂衛翁壻語也。予與景淵爲昆弟交，既得翰林學士泰野公書其額，遂求誌之。予惟物之清莫踰于水，詩人曰“清如玉壺冰”是也。器之潤莫踰於玉，傳者曰“温而澤”是也。故皆得以比德君子。吾客吕公仲氏家，親識吕公之爲人。高居潔己，行無瑕纇，不與惡人交，不與狎士游。侍其坐，朗然明月之照席也，可謂善清。景淵天質純雅，有大器量，而不苟于小仕。與之交，昭昭然若飲醇酎，可謂能潤。以廣玠之所名名厥居，廣玠忝于時評，而景淵氏之翁壻，豈有媿也哉？

樂善堂，進士趙庭之父宗文所居。袁桷有記。

楊定老銘：人性之善，厥初則均。孰好之篤，由知之真。庶民去之，汩焉忘返。君子人與，樂以不倦。世味酣人，如甘帶且。樂且不足，憂亦有餘。我師孔顔，其樂也内。靡愧靡怍，天君常泰。恂恂趙君，其心則然。見明守固，罔或誘遷。彼以貲雄，我以儉素。彼以氣俠，我以平恕。拳拳理義，食奚萬錢。門宅仁禮，厦奚萬間。其樂伊何，於以安處。流祥衍慶，乃若券取。日培月累，拱把干霄。梓漆致用，利非敢徼。令子成名，厥報克顯。凡今之人，其則不遠。曰祖父孫，三世一心。益懋爾後，視此銘箴。

山舟，華亭干山周氏子鏞鎬藏修之所。鄉貢進士陸君宅之序之，江浙提學魯道源爲詩規美之。延平總管秦景容氏乃爲長言曰：人知兮山不可爲舟，曾不思水載地浮。又曰：山有舟兮不可以濟，龍在野兮孰與治世。王逢讀而感焉，因矯其意，復補一章。辭曰：天有船兮在河潢，檣析木兮柁扶桑。乘剛風兮堂堂，走大地兮川梁。君之舟兮虚器，川弗涉兮山是(懋)[憩]。林空人兮積水白，龍森寒兮來下戲。自非聖哲兮莫濟亂危，維德載義兮姑傒其時。

進德齋，烏溪趙如珪建。聘名儒掖諸子庭芝、庭鸞，生徒遠來者皆館穀之。後庭芝第進士，來學人郭性存、色目人札剌里丁，亦相繼登科，鄉邦稱爲盛事。

東郊草堂，蔡君立隱居之所。

孫作記云：松之海隅有培曰漢城，城之隅有隱君子曰東郊先生。與余既親且厚，其出處亦往往相類，獨才與識不相及。初，江陰之警，公微服杖策，變姓名來吴。余不更事，意謂士君子遇則志四方、善天下，不遇則守墳墓、死鄉里而已，去將何之？未幾，郊壘日斥，鼙鼓日急，戈矛劍戟之聲相聞，晝不得居，夜不得息。然後悔吾知之不豫，引之不決，而公之去，其見遠矣。暨余得脱於難，辛勤來歸，公聞而輟耒東原，且弔且慶，館余客舍。方是時，余視東原耕田之樂，豈可及哉？會四方争延士，復與公合，曳履接席，邂逅相歡。雖時睽離必合，合必相教語曰：若得謝，必同里而居，同畝而耕，以佚吾二人之老。余應曰：諾。則又笑曰：方今中原多故，天下未定，此俊傑馳騖之秋，非公輩高枕之日。若我等乃如公言耳。後余忝教嘉禾，將規田舍，去老松上，以復公言。而先生書來，則已退休于居，買田築室漢城之東，扁曰東郊草堂，徵記其事。余惟士之出處進退，不可以不謹如此。始吾之志也嘗後於公，今公之歸也又先於余，余其去君子而歸小人也審矣。一俯仰間，向之大車長蓋，望塵雅拜者，固已澌滅而無餘。跡其僅存，不過當時齷齪不伸，爲世鄙笑之輩。豈用舍進退，時有利鈍，而貧富貴賤，天之予奪，復有幸不幸邪？抑余奔走饑寒，自其常耳。獨念出入憂患，進退從容，卒能以危爲安，如先生者，庸非真知去就，蚤見明識之士哉？吾田距公三里，幅巾杖履，登君子之堂，樂而賦詩以歌其志，固將有日。先生名訓，字君立，蔡其氏，蓋松之士族也。

海鶴軒，蕭溪吴景原即居第東偏構層軒，養鶴其中。王叔明爲寫圖，陶南村記。

林岫軒，在祥澤里，張賓暘讀書之所。陶九成有記。

紫凝山房，在干山圓智寺。僧熙中自壽安撤席歸止之所。

撫松軒，在干山東阜，劉用和墓廬也。

樗散軒，在吴滙，戴彦文之居。陶九成有記。

讀書莊，在城郭。張夢臣僑松日作，以藏書。

真仁堂，陸和伯劑藥之室。

定軒，趙彦同燕休之所。

雲錦樓，在縣治北，下瞰蓮池。費棨夏月飲賓于此。

楊維禎詩云：高門經過費家府，門前溝水東西流。插花老嫗賣坊酒，騎竹小兒迎縣侯。白雪漫村蠶了簇，黄雲捲壠麥成秋。上海望見旌旗赤，知是將軍烽燧樓。

永思堂，詩人朱楚材居。陶宗儀記。

琴軒，瞿霆發喜鼓琴，集古琴百張，搆堂居之，扁曰琴軒。

西郊野趣軒，在黄家閥，黄銘建。人呼爲西郊先生。

小蓬臺，楊鐵崖寓所樓名，在百花潭上。别有拄頰樓、草玄閣，閣在迎仙橋西北。

貝(璚)[瓊]《小蓬臺誌》：按東方朔《三島記》，蓬萊在東海北，周五千里。禹乘蹻車，曾抵其所。秦皇遣徐福往求不死藥，至輒有風引帆而返，俗疑其妄。會稽爲東南大郡，舊稱小蓬萊，則以其地儗之也。鐵崖楊先生族會稽，而老於松上。即七者寮之東偏，葺樓一所，顔曰小蓬臺，示不忘越也。臺俯大川，别二支，其一南流，其一北折而東，中匯爲百花潭。有三石梁跨川上，南曰金鼇，北曰鐵龍，東曰玉虹。是松之勝，畢效於兹，而爲小蓬臺所有。江雲海雨，山紅野緑，舉在几席之下。則視會稽之蓬萊，大小不同，其超乎埃壒，不啻真在三山雲氣中矣。先生晨興，披鶴氅，冠鐵冠，燕坐其上。客至不下臺，好事者就見之，相與高談大噱。或出桃核杯酌酒，酒半，取鐵笛作長短弄，旁若無人，觀者以爲謫仙人也。瓊惟先生早擢高第，宰天台，後去而客錢塘姑蘇者久之。州郡兵起，往依元帥劉九九於建德。九敗，挈家東下，松之通守顧逖具舟檝迎之。蓋去會稽三十年而息於是，非蓬萊而蓬萊也。會稽受兵尤酷，暴骨如莽，千里蕭條，雖蓬萊而非蓬萊矣。昔杜少陵放浪梁宋吴越，後仕玄宗、肅宗，官至拾遺。然流離顛蹈之際，由鄜入蜀東，宅瀼西，凡三築草堂，少陵歿而天下稱之。先生之與少陵，其跡同，其趣同，其文章之信於時同。異時小蓬臺將見摭於圖志，杜少陵之草堂何足侈哉？於是乎書。

詹同飲《拄頰樓》詩：飛樓高出市塵表，萬丈文光照紫微。洞仙曾與鐵爲笛，天女或裁霞作衣。酒酣尚欲招鶴舞，詩狂未可騎鯨歸。休唤小瓊歌白雪，自有紫簫吹落暉。

筆耕所，吴興錢德鉉鼒流寓淞上，揭讀書之室曰筆耕所。一室如穿破舟。客戲之曰：目不辯黍麥，手不操耒耜，足不踐畎畝，恃三寸穎以代畊所，亦非其所已。德鉉曰：吾不輟吾耕，即不捐而田，而遇汶陽之腴。豈同鹵莽而耕者，滅裂而報哉？且也筆不如目，目不如心，歛以耕之，此耕之所也。而又得其道，豈惟妻子無饑，雖使天下無莩夫其可焉。

書聲齋。

楊維禎記云：余客淞，游亭林，尋所謂野王讀書臺者，已夷爲隧隴，化爲草棘。去臺之西北十里近，爲璜溪，溪有義門夏士文氏，歲聘文行之儒，爲子弟師。六籍子史，下及百氏之書，凡數千卷，皆架插。下爲廡西之齋，童子雁次，蚤夜諷誦，聲徹行路。因名其齋曰書聲，而求誌於余。余聞魯恭王入孔子宫，聞金石聲，而宫不壞。漢高皇過魯，聞弦歌不廢，而邑不殘。書聲之感人也如此。書聲聞於承平之日，未爲奇也。而聞於兵戈格鬬之頃，非一家之曲阜歟？雖然，士之讀書也，沉潛道德性命之微，以極夫禮樂教化之著，豈直聲而已哉？

王逢《題書聲齋》：璜溪溪上魯東家，四壁無塵護絳紗。春水研池窺乳燕，午香簾幙度飛花。賓筵優禮同三釜，秘閣遺書共五車。總羡韋賢家教美，滿籝金璧視泥沙。

又漪瀾堂，夏士文之園亭也。貝清江與魯道源、馬文璧飲於其堂，賦詩云：漪瀾堂上又東風，報答春光酒未空。海鳥一雙鷗尾白，山花千朵鶴頭紅。水邊列坐皆詞客，天上清歌少玉童。不省日斜誰倒載，從教拍手笑三公。又詩云：窗户青紅竹裏開，竹深無地著塵埃。

山移閬苑千峰出，水接銀河一道廻。釀酒每留賓客醉，賦詩重許老夫來。暖風遲日春如海，隨意何妨坐緑苔。

梧溪精舍，在青龍江上，江陰王逢避地之所。逢大母徐夫人，嘗手植雙梧於故里横河之上，故以是名其居，示不忘也。中有蘿月山房、冥鴻亭、小草軒，皆自爲記。

《龍江齋居尚友》詩云：投閒田野罷從軍，孟夏齋居樂可云。銅滴水寒蘭葉露，湘簾風颭柳花雲。門生載酒還多酌，道士籠鵝或一群。近種黄精三百本，秋高分寄許徵君。

小草軒，亦王逢所居，賦四言詩。

最閒園，在烏涇鎮，王逢從青龍移隱于此。園中有藻德池、懷湘坡、樂意生香臺、幽貞谷、濯風所、卧雪窩、流春石、海曙岩，皆詩紀之。

詩曰：有藻兮緑池，類鶏蘇兮葉華滋。彼衮擒兮棁施，予芼湘兮祖禰其祠。月中天兮夜何其，尚日新兮致思。《藻德池》。蛾眉兮曼睩，聯翠衲兮湘灣。有夫君兮配天，泪奚必兮染竹。水落兮歲晚，孑倚石兮玆坂。手差兮長年，鳳不回兮愈遠。《懷湘坡》。鳥下上兮和鳴，花醖馞兮交榮。日奄忽兮曾幾，花就實兮鳥轂鷇。鳥轂鷇兮魚亦有鯆，幽草芳氣兮嘉藻緑滋。世有殷周兮麥秀黍離，墟傷道閔兮鑒者其誰，白駒考槃兮予淑諸私。《樂意生香臺》。谷之小兮不量駝馬，谷之卑兮不樹梧檟，谷之僻兮庸衆攸舍。散木薈蔚兮亂石錯閑，庶全幽貞兮日尚羊其下。《幽貞谷》。鑠石兮金流，汗與喘兮莫匪馬牛。古苔畝青兮岡木挺條，凉飈沃如兮心神天游，天無獨私兮馬牛其休。《濯風所》。雲結兮歲殘，木脱兮草乾。天地否塞兮冰雪冱寒，閉關而卧兮莫敢士干。莫敢干兮安所守也，士之周兮亦可受也。《卧雪窩》。中園兮溝斷，跨石梁兮入竹坂。春雨歇兮緑苔滿，桃煒霞兮蒲刺水短。忍濯足兮釣言消憂，翠碧交飛兮天宇浄流，境則勝兮終不如故丘。《流春石》。石岩岩兮嶡蒼，勢廻瞰兮扶桑。脱神鞭兮既驅，將與延兮朝光。霧祲維朝兮攙熒維夜，草春怒長兮陰木翳夏。穹日觀兮東岱，邈雲臺兮西華。天風泠泠兮空翠吹下，靈或胥降兮攝不擬謝，金鶏鳴兮於焉夙駕。《海曙岩》。

澄懷樓，章仁正之居。

邵亨貞曰：古人有得蕭子雲飛白書者，有得古銅甗者，皆珍異之以名其居。近代趙文敏公有古琴曰松雪，亦以名其齋舍。雲間漁溪南章仁正氏，構樓溪濱以藏群書。樓成之明年，得一古琴，其陰有澄懷字，廼置諸樓中，而取以名其樓。樓距雲間城郭一舍有半。

王逢曰：柘湖章仁正氏，敦善禮士。有琴一，其陰贊曰：淳風難邈，正聲可招。澄懷而作，太古非遥。予嘗掇澄懷顔其樓居，前進士錢公思復記之，且屬(于)[予]三疊辭，對絃而歌云。辭曰：伊美人兮好修，表嘉名兮玆樓。謝璇題兮蘭橑，帶蔬畦兮稼疇。虹霓飲兮柘津，魚鱉安兮横秋。山迢遰兮屏列，木翹秀兮幄周。琴一叠兮旭旦，神超然兮天游。　惟高明兮樓栖，惟善良兮德躋。充璆琳兮啚史，遠壒闠兮輪蹄。酒介壽兮伯氏，古愚。穀綳直兮編黎。魚影行兮藻囷，鶏聲梢兮桃蹊。琴再叠兮晝寂，豁然呈兮端倪。　懷之澄兮樓矗，本漸義兮澹慾。烟千突兮彌繚，雨一成兮旁沃。開北海兮碩尊，送中散兮遐目。龜何曳兮泥尾，馬胡抶兮塵足。諒勞生兮焉休，庸詠歌兮于勗。琴叠三兮斯文，月入窗兮露肅。

王氏讀書樓，在三十保王家渡北。元末里人王士衡建，後燬，其五世孫圻重修。

厚堂、古齋，皆曹知白居。

虞集《厚堂記》畧云：吴會雲間，有君子曰曹君貞素者，名其堂曰厚。美哉厚之爲言也。風不厚不足以舉羽，水不厚不足以勝舟，雲不厚不足以致雨，土不厚不足以生物。是故坤道以致順配天無疆者，亦以其厚而已。《易》象有之，凡六畫之卦，積至於上，而極則過矣。獨敦臨之吉，則坤之體也。敦復之吉，則土之物也。是故人之爲道也，愈積愈厚而不敗者，惟君子之德爲然。曹君之名堂，其知此矣。予聞曹氏故咸淳名進士家，其譜則永嘉大族之分支也。至貞素，益能事琴書，尚氣義，友名勝，樂間退，絶跡權要之門。又能闢池館，藝松菊，弄翰戲墨，吟詠乎猿鶴之群。其居三泖九峰間，故自號曰雲西。隆陽牟公成甫曰：其人志尚清素，有司馬子長之風。浦城楊公仲弘曰：曹君偉然如燕趙劒客，輕財赴義又如先宋韓、吕二家子弟，無鄙夫豪侈之習。則居是堂也，真知所以自厚者矣。又聞其子亦善學好文，仲弘氏嘗記其齋居以勗之。安知非其厚之所發邪？雖然，益培之，勿以輕揚也，庶其可遠大矣。

黄溍《古齋記》云：古坐者，雲間曹君貞素之所游息也。曹君之先，爲永嘉大族。其别於雲間，有爲宋季名進士者，君之伯父也。家益充，所居益以侈大，尺椽寸瓦皆非先廬之舊，獨此坐之屋，猶爲六世故物。自君之曾大父宫使府君徙置今所，號爲西齋，於是又八十有六年矣。君復繕治藻飾，環以佳花美木，池臺水月之勝，蕭然如在穹林邃谷間。更號之曰古坐，而以書來徵文爲記。蓋將示後之人，使無忘也。夫所貴乎古者，豈不以先世氣澤之所存乎？彼沾沾焉慕爲榮古而陋今者，曾不足以知此。方且巧取豪奪乎人之缺壺破斧、枯竹敗素，棄遺無所可用之物，摩挲把玩，而以博古自命。至於先人之廬，一椽之折，一瓦之隳，易而去之，唯恐不亟。眡君之爲，亦可少愧矣。商人之《詩》曰："自古在昔，先民有作。"夫謂之先民，而又謂之昔，非以致意於居處物器之細而已。引而勿替，必有事焉。庸書而歸之，俾刻石陷諸壁間。庶幾後之覽者，復以今爲古，而彌謹其存也。

筆議軒，上海彭汝器手評《宋史》之所。

貝瓊記畧云：瓊從鐵崖楊公在錢塘時，公讀遼、金、宋三史，慨然有志，取朱子義例，作《宋史綱目》。且命瓊曰：宋南北三百年間，載籍視前代猶繁，爾及諸門生當與吾共成之。瓊因告曰：孔子作《春秋》，雖據舊史，而十二公之事，有得於見聞及傳聞之辭，故筆削褒貶，一斷於心，而垂法萬世。今生百年之後，而欲竄定百年之前而不易也。昔歐陽子居史館，嘗論本朝之史，有可書而不得書，有欲書而不敢書。史官務修前事，不及詳於見聞，而趙元昊自僭叛至稱臣，一事不書，他可知矣。由是觀之，當時君臣善惡，功過廢置，百事關大體者，舉不得直書爲勸戒。乃據以定褒貶，惡敢犯天下不韙之罪哉？公以爲然，且曰：考之書，質之人，當必爲之。尋值兵變，流離散處。閲十五年，復會于雲間。公又曰：吾《宋史綱目》已有成書。中又有可論者，未敢出也。嗚呼！公之學上下古今，貫穿百家。其論事直而不詭，足以遠追遷、董，而其慎重如此。一日，何溪彭宗璉氏過瓊清江讀書所，求記所謂筆議軒者。而公且以宋太祖之禍爲趙普之罪，高宗不復中原爲張浚之罪。以至韓通、李筠、李重進以下，凡五十餘人，悉授之，俾有所論焉。因觀所著，則皆祖於龍川、水心。而其言鑿鑿合於人心天理之正，使死者復生，亦不爲過，可見其爲有識之士。而權衡素定於胸中，故敢爲予之所不敢爲也。龍川論唐己未、庚申之變，太宗忍於同氣，此天實爲之，而非其過，可謂曲文其短而乖於誼。宗璉於建隆二年，杜后疾革一事，不特誅后私其所出，且誅太祖不知公義，趙普無忠告之言，君子固無以易之。俟其全書盡出，獲盡觀前古得失之大義，豈非幸歟？雖然，天禍人刑，亦作史者所畏。蓋必有如歐陽子所陳者，宗璉其戒之哉！故樂爲之記，而首舉其與公前所言者云。

芝蘭室，錢全衮尚友之室。黄溍有記，俞希魯銘并序。雲間錢全衮慶餘父，樂與賢士大夫遊。得其詩若文，彙而庋之齋居之所，扁其楣曰芝蘭室。蓋取昔人所謂與善人居，久而俱化之意也。京口俞希魯爲之銘。

竹庭，華亭沈德輝别墅。德輝爲二沈學士之祖，嘗爲上海掌籍吏，邃刑名，多平反。至正間，詔免水深長蕩租額，鄰縣抑者，德輝伸之。既而辨論於行省，曰：恩在普沾。省堂是之，由是鄰儕坐抑累府。鄉人以是多德輝。

袁凱賦《贈竹庭長者》詩：沈公爲吏無私曲，往往能反有冤獄。歸來囊底無一錢，種得庭中數竿竹。竹林陰陰多子孫，誦詩讀書連朝昏。短墻破壁蒼蘚合，人言可比于公門。于公種德不種惡，沈公行厚心不薄。我歌此詩有深意，告爾後來司犴吏。

懷静軒，居延馬季子之所創也。季子之先，曰月哥，曰理术。自雍古部族居静州天山，一傳爲習禮吉思，仕金死節，謚忠愍，血食汴之褒忠廟。二傳爲月忽那，北入見憲宗皇帝，以白衣官斷事，從世皇南征，以勞拜禮部尚書，謚忠懿。三傳爲世昌，尚書省郎中。四傳爲禮，宣政都事。五傳爲祖中，浙西監倉使。仲氏祖常，繇進士第一人入官，至翰林大學士。六傳爲季子，隨都事居于淞之竹岡軒，以懷静名，亦不忘本也。敬題詩曰：爾家世德肇居延，忠義勳名兩代傳。碧血濺波歸九地，白衣扶日上中天。鳳毛麟角聯青紫，春雨秋霜隔隴阡。惟有終身誠孝切，祈連如見氣蒼然。王逢撰。

西疇草堂，夏頤貞居也。

貝瓊詩云：九山惟鳳皇，突兀尊中亩。山斷忽平野，四水東南流。海潮日夜至，新沙成故洲。愛此斗絶境，遂與長沮遊。蒺藜苦滿道，相率開西疇。俗類桃花源，無曆知春秋。風寒禾黍熟，雨多桑柘稠。過從有耆老，請謁無王侯。四時相共保，千歲非所憂。如何萬里客，日暮行未休。騎虎不得下，短衣歸飯牛。

南村草堂，在泗涇北，陶宗儀耕讀之所。杜待制本書扁，李著作孝光、張翰林翥皆有記。

宗儀《南村對雨》詩曰：雨氣連村白，溪流觸岸渾。餘寒欺鳥雀，清潤濕琴樽。修竹明如洗，長楊翠作屯。草堂初睡起，曳履掩柴門。

邵亨貞《草堂記》畧云：自昔有道之士，能終身不汩名利，天下後世清議無異辭者，唯晉靖節先生與吾宗康節先生二人而已。二公之子孫，散處四海，代不乏人。然能繼其高風偉行者，則未見其人也。予與陶君九成游幾四十年矣。九成生長浙東，承平時侍父宦遊西洲。既壯，屢經世變，弓旌纁帛之招，接踵境上，悉毅然不答。築草堂泗溪之南村，左右列琴瑟書册,前後多桑蔴竹樹,四顧皆平疇遠水,出户則可覽觀江山之勝,四時有耕釣蠶牧之營,晨夕有讀書談道之樂。遶屋種菊數十百本,幅巾短褐,逍遥其間。地偏而心遠,胸中所存,不言而可槩見,人亦以爲今代之靖節。余老矣,九成亦逾半百,行將優游卒歲於草堂之下。後之傳逸民者,其肯舍諸?既書以復之,且以歎吾宗之不競也。

袁凱詩:多士方見材,斯人乃梧檟。秉心自超越,當時識趨舍。迢迢溪南村,流水亦清瀉。草木發深潤,里俗況淳雅。於焉事結構,面勢臨曠野。分明治畦町,日夕供灌灑。秋菰已堪煮,春菘行可謝。子真久在谷,幼安去諸夏。囂雜既云遠,憂患兹爲寡。願謝鸞鵠侶,從君鷄豚社。

陶九成《南村十詠》:

《竹主居》:秋窓能種竹,習習轉凉陰。始信身如寄,難移丘壑心。

《蕉園》:曉來分緑影,秋雨覺凉生。寂坐機堪息,時聞砧杵聲。

《來青軒》:臺殿臨虚壑,平林翠不分。冥機觸幽趣,不復在人群。

《闓楊樓》:危樓如倚柳,羽蓋托春臨。不藉沉酣理,寧傳玄賞心。

《佛鏡亭》:池日翻宜晚,春遊不厭頻。傍湖峰影入,抱席水如茵。

《羅姑洞》:玉晨啓玄扉,靈篇曖飛僊。鍊景返洞官,保真憶萬年。

《蓼花菴》:夾岸花叢發,似多含暮情。舟行秋水映,微帶夕陽清。

《鶴臺》:密葉蔭方壇,珍禽寄深谷。華源遠莫窮,時有幽人宿。

《漁隱》:蟹蛤烟中市,漁簑早結緣。鯨魚如可逐,遮莫上青天。

《螺室》:雪戀樹高處,遥看玉萬重。小坐聊自憇,窓外映前峰。

予少遊南邨先生之門,清風雅致,領畧最深,與其子紀南甚相友善。不意先生棄世,忽焉數載。偶從笥中得《南村别墅十詠》,吟誦之餘,不勝慨慕,聊啚小景,以識不忘。啚成即置之故瓿中。一日,紀南過訪,檢出相示。欣然謂先君可從此不朽,傳之後世,猶令人知胸中丘壑。强欲持去,遂命録先生詩于後,并題數語而歸之。正統癸亥春三月既望,京兆杜瓊識。

九成陶隱君品望絶高,與雲林、惟寅輩名重一時。其南村别墅最著人耳目。東原先生從游甚久,親炙其高風。余恨不獲見九成,而幸與東原交知,猶可想像遺範。然不得遊别墅,未免生不同時之嘆。紀南持此册索題,披其圖,讀其詩,不啻置身蕉園漁隱間。而隱君品行,亦怳然展玩中。并知東原之師九成,不獨以同堂已也。題識之餘,猶深景仰云。成化辛丑春二月既望,延陵吴寬書。

沈恒吉學畫于杜東原,石田先生之畫,傳于恒吉,東原已接陶南村,此吴門畫派岷源也。楊龍友一瓣香,爲白石翁薦,若有夙緣矣。董其昌題。

雪巢,雲間陸汝抗,平原内史之仍孫也。築室九峰之西,爲讀書所。塗曁以粉,顔曰雪巢,遂爲號焉。東吴陶振爲之歌曰:雪巢子,癯而清,本是玉皇闕下掌書之仙卿。何年降謫在人世,笠屩七尺籧篨形。入海學孔巢父,辭聘若魯兩生。不肯掉舌西破秦關百二險,不肯伏軾東下齊王七十城。日但讀史兼讀經,閉門慣作聲嚶嚶。結屋九山頭,雪巢以爲名。

四壁銀絢爛，入柱冰峥嶸。神遊黄竹鄉，眼眩白玉京。初疑老蛟湧出海底明月屋，又疑水晶宫闕現出青天十二蓮花層。雪巢子，罷俗纇，絶塵纓，詩骨琢削梅花冰。雪巢一榻卧白晝，天風吹夢梨雲醒。醒來步上九山頂，拂拭秋水睒睒雙瞳青。掛巾三花西華樹，濯足萬里東滄溟。斲玄竅，搜玄精，冥茫八極遊心兵。雄驅萬象入詩筆，佳景直與江山争。我歌雪巢歌，金石相轟訇。爾當起把君山老仙所弄三管笛，和我此歌吹月明。曲終翩然吹大鵬，上朝三十六天之帝庭。毋徒在世苦吟學李杜，黟然黑髮成星星。

招鶴軒，薛復善僑吴淞之黄浦東，構屋鶴坡之上，讀書鼓琴以自適。鐵厓過而喜之，因命其所曰招鶴軒。

凝翠軒，亭林顧野王讀書堆。去東行百步許，有姚氏叔瑜，由其祖若父積善樂施，知書好禮，故其子弟咸有所矜式。由是其子宗武讀書好學，工於詩律。叔瑜嘗構軒，以爲藏修之所。左右前後惟植竹，森然挺秀，蕃茂可觀，因以凝翠題其軒楣。翰林朱孔易先生爲書二大字於首，求諸能言之士歌詠之。

草玄閣，會稽楊鐵崖會兵亂，携家隱於松城迎仙橋河西，構草玄閣以自居。既而仍遇賊難，故作此以嘆：關西夫子振文章，才積書樓一夜亡。鐵笛玉簫聲已斷，瓊花細艸恨何長。空遺鸞鏡明絲髮，無復貂裘護雪霜。百物盡歸梁上客，半生辛苦爲誰忙。

宋濂《送楊維禎還吴淞》：皓仙八十起商山，喜動天顔咫尺間。一代遼金歸宋史，百年禮樂上春官。鄉心只憶鱸魚膾，野性懶隨鵷鷺班。不受君王五色詔，白衣宣至白衣還。

東園、西園，曹澤之宅後果園也。從孫雲西得其地，因鑿池壘山，築室曰求志，葉西磵書扁曰且堂。有暖香亭、摇雪亭，其南曰正厽，橋曰躡虹，廣袤數十畝。天曆己巳冬，大雨雪，竹樹皆凍死。明年大水，園廢。子永，字彦修，家藏《定武蘭亭》善本，自號蘭亭生。孫炳，號雪林。張樞夢辰爲著《雪林先生傳》。以園東偏數畝，易族先宗儒瀼東之地，宗儒家焉。西園有瀼東莊、雪舟、巢雲樓、乾坤一草亭、灌畦亭、古厽、素軒、亭雲、晉逸、窪盈、聽松厽、捫虱軒、松石厽、笙月亭、藕花舟、白醉亭、清暉霞外亭、卧玄翠厽、聽雨春樓、小溪吟屋、卧雪厽、一枝安、小墨莊、雲中春，凡八十六所。

玩芳亭，横溪朱熙家園。

古村居，上海曹迪隱所。中有清暨軒、瓢樂山房、寶古厽，名人題咏甚富。迪字簡伯，宋樞密利用十六世孫。寶古，其弟(名)[明]仲號也，諱昭。子孫世居村中，有古松十二，皆連抱。作草堂始於簡伯之孫賢，扁曰錦溪茅屋。郡人顧清有記，僧宗泐有《古村居》詩：古村民，古村居，古村有田復有廬。屋後桑蔴四五區，屋前榆柳八九株。老婦辟纑兒讀書，青燈夜照三更初。牛角帶經耕且鋤，年年歲歲輸官租。聖人治世如唐虞，飽來擊壤歌康衢。烏紗作巾白布襦，東鄰西舍相招呼，醉歸兀兀杖且扶。古村民，古村居。

世綵堂，吴會韓震之居。父日升年近八十，孫曾滿前。楊維禎爲名其堂，書之者翰林周伯琦也。日升舟次杭之長安，屬其壩一，不容巨舟上下，往來梗塞。請之有司，遂於其東買民地鑿渠，添置其一。至正中，杭州路總管寶哥從其請，今呼爲新壩。

樂静堂，貞溪曹澤之休坐處。又有園亭曰息影。

邵亨貞《息影亭》詩：少陵甘屏迹，元亮久忘言。丘壑幽深地，青山日在門。

友竹軒，陳文莊公詢休憩之所也。當所居之右。宅在華亭南橋明行院前，其先閩人，從宋南渡至此，爲浦南望族。所居頗大，會嘉靖間，島夷焚燬。

思親堂，陳文莊詢建。

自咏云：庭前喬木凌雲高，層層緑葉攢枯條。忽然一夜西風發，長號聲振揚波濤。葉凋枝折久欲静，撼摇無奈風蕭蕭。風蕭蕭，幾時息，孝子聞之淚沾臆。劬勞欲報親不存，但見孤墳長荆棘。人生養親須及時，莫待追思恨無極。

閲耕軒，南橋陳士傑田居。

練子寧記曰：陳士傑家於華亭之東南四十里，作軒以爲燕休之所，名之曰閲畊。一時聞人，多樂道其事而爲之賦。余因其子禮部公禎之請，而爲之銘。銘曰：粒我烝民，時維后稷。物土之宜，是播是植。峙乃錢鎛，于彼西疇。服勤匪懈，庶其有秋。其餉伊餕，其笠伊糾。曾孫至止，嘗其旨否。我場既登，我庾既崇。嗟我婦子，同我歲豐。酌彼春酒，殺時犉牡。烝畀祖考，燕及朋友。有髦者纓，服事於朝。念于艱難，庶用不佻。我行伊何，言適其野。匪遨匪遊，閲兹耕者。萬邦屢豐，天子之功。我歌《豳風》，以告無窮。洪武甲戌冬甲子撰。

胡儼《閲耕軒記》：余昔忝華亭學官，嘗從郡邑長吏祀神海上。竣事旋艫，汎滄波，道瑶溪而返。時維仲春，風日暄淑，景物妍麗。迺捨舟，携二三冠者，散步於垂楊芳草之間。有頎一翁，貌古而顛白，衣冠甚都。命童孥載稼器，指畫程督，心舒目行，閲耕於東皋南畝之上。余異之，揖而問曰："翁沮溺之儔歟？遭逢聖治，不可以忘世也。其鹿門之龐歟？"翁曰："咈哉！古者無不授田之家，衣食足則教化行。後世末作興，故民無恒業。苟無恒業，則國異政，家殊俗。其於先王之教，貿貿焉莫知所從矣。故蘇秦之言曰：使我有負郭田二頃，豈能佩六國相印？夫秦以口舌揣摩押闔諸侯，取不義之富貴，猶蛣蜣之搏臭腐，醯鷄之集甕盂，曾不知耻，反意得志滿。使當時之人，波流風靡，辯詐以相高，僥倖而不顧。先王仁義之道，不絶如綫。其爲害豈細故哉！跡其所由，無恒業故耳。使秦有恒業，必知自守。縱不得爲智士仁人之所爲，亦豈甘心於妾婦穿窬之行耶？吾老矣，幸遇不干戈、不饑饉、不疾疫，得以優游享夫雍熙之樂，故亦不沮溺、不龐公，惟以求吾自適而已。"余聞翁之言，顧謂冠者曰："真長者，子其識之。"他日，陳景祺氏適余，手一卷而請曰："家嚴閲耕軒，願子記之。"余惕然而悟閲耕家瑶溪，因以疇昔所遇衣冠狀貌詢之曰："得非尊公乎？"景祺笑曰："然。"於是述余昔之所遇，并翁之所言，録爲一通，以寄景祺。洪武丙子夏四月記。

方孝孺《閲耕軒詩序》：宋末文弊而俗媮。吴越在宋爲畿甸，土沃利饒。厚貲之家，雍容高貴，以大夫士自處，不屑視小人耕稼之業。有元八九十年間，濡溺晏寧，益泰以嬉。由是閭閻隴畒之齊民，蓋有不知耕耘之時，穜稑之種，銚鎛之器者矣。而況仕有禄位于朝之君子乎？事極而還，繼以大亂。既而真主出而理萬方，除鋤悍驕，培植愿良，重禁游手末作，嚴市籍之法，驅之於農。海内之俗爲之丕變，爲民者以不務農爲羞，爲士者以不習耒耜爲忘本。土陿人庶之邦，幾無曠地。女婦稺子，皆能操耒耜，沾塗泥，躬勞苦而不怨。向之吴越驕惰之氣銷，而以力本治田奉租税相勸勉。則夫俗之美惡，豈不係乎上之所化哉？華亭陳士傑故士族，其子景祺以美才主事于春官，榮顯矣。士傑春秋將高，固宜享珍腴之養，安車以適體，采色以娱目，琴瑟以樂耳。乃獨不忘稼穡之事，當耕耘時，扶杖出郊野，勞徠慰問，與簦笠草衣之氓相爾汝。因扁其休憩之所曰閲耕軒。景祺所交友多名人，聞其事，往往企慕咨嗟，形於詠歌，而屬予以序。夫士傑甫休於家，燕處一室，若無預于天下也。而縉紳之流，動容拊手，爲之賦詠，如見所可異者。豈真以隱居爲足樂哉？蓋以聖天子神化鼓舞之妙，旁達四表，變澆浮爲淳厚。而三吴之地，有若士傑者，以禄食之貴，而知所本如此。觀于一人，而千萬人可得而知。觀于一家，而數百郡可以想見。是則其關於天下也，夫豈微哉？昔者孔子删《詩》三千篇，其所去者蓋衆矣。而雅、頌、《豳風》之什，言農事者班班焉。使人誦之而思其時，見其惠下忠上之情，養老慈幼之義，先時預備之思，敏事竭力之狀，如與之同閭而居、共井而食也。因此而推見聖人重農之意。詩之有關於世者大矣！國朝方隆成周之治，當世之士必有作爲雅、頌，以繼周之文者。安知是詩不足配夫《大田》、《良耜》之篇，以播聖澤於無窮乎？

鶴城管訥：瑶溪耕隱水雲間，門對吴淞九點山。百畝平畦秧馬疾，一犁春雨木龍閒。勸農田畯時相過，結社鄰翁暮不還。我若東歸投老日，幅巾便擬扣柴關。

俞允：白髮江村躬閲耕，農家勞力更勞情。開渠斷岸防多雨，積水方塘備久晴。穫稻築場方夜作，烹鷄酌酒已秋成。年年早納公田賦，多子多孫樂太平。

殷助：陳翁家住白沙溪，投老功名已息機。策杖來時催種秫，傍花行處看扶犁。蒼頭候饁晨炊早，黄犢眠沙夕照低。播穀聲中春務急，此身日日瀼東西。

陶九成：小築瑶溪水北莊，閲耕杖履日徜徉。父菑子播知無逸，妻饁夫耘敬有常。好雨三時禾毓秀，凉風七月稻吹香。相逢田畯談農事，西陌東阡幾夕陽。

積善堂，府丞朱孔易書扁。又有節孝亭，在登山主橋北，爲孝子張思及其母節婦任氏所建。

養浩樓，吴稷讀書之所。王陽明守仁題贈。倭亂，賊衆登樓，見書史滿架，舉火燃不能焚，若有神鬼呵護。因賦詩曰：養浩樓軒敞，歸登小坐餘。八窓天地景，萬卷聖賢書。幸免遭回禄，還教倚太虚。多時城寓窄，還復此寬舒。

閲耕軒，在北錢里。文康公梁儲題。石湖精舍，在北俞塘。宗伯霍韜書額。自得園，在俞塘。俱吴石湖讀書之所。

尚夷齋，鶴砂朱聽作詩好奇，楊維禎名其齋曰尚夷以規之。銘曰：木以繩而正，弓以檠而柔。車以規而轉，舟以窾而浮。惟不夷也，繩檠之在，規窾之繇。惟淑德優，而況乎翰墨之游。

拱翠堂，邵南仲號浦雲所築室也。祖翠岩先生，宋末不仕。

橘隱，楊(漢)[溪]陸伯讓游息之所。距華亭五十里。

改過齋。楊維禎曰：至正九年春，予游淞之明日，邢臺張叔温携數客來見。中一人昂然長，癯然清，言議風發可畏。問爲誰，則曰：袁景文氏也。明日，景文來請曰："凱先世繇錦城僑兹土。先子可潛翁，以詩鳴于松。先子早世，而凱尚幼，力自樹立，頗知讀書屬文。既長，益有志于學。然偏質剛愎，不能齪齪，與里閭浮沉。且又不能隱人善惡，時時立物論，爲臧否。于是與俗寡諧，人亦以此相詆，若有所不容者。今年歲已强矣，欲改是過，故自顔其燕居之所曰改過，而日自省焉。敢求先生一言，以戒吾過，引吾不及，以底于聖人之道。"予駭然異之曰："人以過自諱者，滔滔是也。而未有過自揭而求改者。聖如仲尼而幸聞過，子路人告之以有過則喜。古之聖賢，未嘗以過自諱，此其所以爲聖爲賢也。謝上蔡别程子十年，而能不矜。劉忠定别温公七年，而能不妄語。子信能知過而改，異時復見子松陵之上，昔之剛愎者柔矣，臧否者嘿矣。是子之信能改過也。"景文起謝曰："藥石我者，惟先生一人。敢不再拜，如先生教！"

光節堂，在吉麗橋南，福建參政任勉之宅。勉之以洪武甲戌登科，正統初致仕。士大夫欽其風節表著，因名其堂。

四美堂，任參政以忍讓守勤四字名之。

高棅詩云：五美可從政，聖世垂空文。悠哉希聖者，四美亦足云。仁忍而禮讓，固守仍復勤。以兹牧雄藩，政閒無糾紛。退食對紫微，遥遥九峰雲。銘心坐安宅，佔嗶稽前聞。怡怡張義門，去去孤竹君。瓢飲不改樂，耽經寧舍芸。南山余仰止，千載挹餘芬。

山月軒，在鳳凰山，華亭俞氏讀書垒也。

貝翔記云：華亭之山有九，其最秀者曰鳳凰。嘉言之居，直鳳凰之南，有屋若干楹，蓄書數千卷，日諷誦其間，夜至四鼓弗能休，其勤篤若此。或天高氣清，海月東出，廻視九峰，若青芙渠然，歷歷可數。欣然有得，不待假神仙，而始覩夫所謂清暉廣寒之府也。因名其軒曰山月。久之，游京師，中進士第，擢爲行人，將命四方。西經太華，周流終南太白，東抵岱。衆咸以爲馳傳千里，踰越險阻，蒙犯霜露，非其所堪，而嘉言畧無羈旅無聊之色。後爲江西吉安幕長，尋改辰州，泝大江，觀匡廬，轉浮洞庭，窺蒼梧。衆又以爲幕職位下，簿書事煩，非其所任。而嘉言裁决無滯，嘯傲自若，如在山月軒時也。或以爲嘉言遠祖清老，嘗有"猛虎一聲山月高"之句，見賞于蘇文忠公。軒之得名，其以是歟？嘉言屬余以言，故書以爲記。洪武二十有九年丙子秋八月。

王燧詩：九山有月明如鏡，月色山光互輝映。君家故業隱山中，幾度獨吟秋夜静。夜静山空月倍明，看山對月有餘情。一輪艷彩河邊轉，數點螺鬟天際青。自從來作京華客，何處却看山月色。鳳凰臺下晚春時，石頭城畔凉秋夕。新月還同舊月華，故鄉回首是天涯。但喜人生逢賞事，那知明月落誰家。知君名紀神仙闕，桂子含香待攀折。行看直舍待花陰，未許還山重對月。

姚廣孝詩：秋到華軒夜色清，更殘猶聽讀書聲。江雲淡淡因風散，山月娟娟近水明。城漏已沉縫女息，鄰舂忽動宿烏驚。境幽人勝真堪賞，過客宜忘利與名。

袁凱《三月四日宿嘉言山月軒》：偶踏春光去，來登開士臺。好山依榻住，新月度溪來。清共梅花夢，香分柏葉罍。披襟論千古，奇爾濟川才。

松江府志卷之七十四

第宅園林三

樂琴書處，學士沈度燕休之室。

毘陵王紱詩云：沈君搆華軒，藏書復藏琴。書以載古道，琴以傳古音。古人不可見，惟此悦我心。我心既自得，外慮俱消沉。凉生深竹净，日轉高梧陰。絃誦苟世守，奚須滿贏金。

楊文敏公《題樂琴書處》：君子有至樂，乃寓琴與書。外務絶紛擾，有才恒清虚。簡編日披閲，宴坐窺唐虞。潛玩弗自釋，意適忘其劬。悠然千載心，希彼賢聖徒。有時鳴朱絃，興至聊以娱。泠泠太古音，迥與淫哇殊。清風拂瑶軫，明月照綺疏。一彈曲未終，懷抱湛冰壺。顧兹愜幽趣，四體長安舒。翛然一室間，此樂真有餘。况兹荷寵恩，出入承明廬。風采動當世，卓犖誰能如。退食得清暇，徜徉遂幽居。冲襟益瀟灑，陶情自怡愉。永言崇令德，庶以揚芳譽。

丹桂樓，在南錢村，廣東僉事王祐宅。所藏法書名畫甚富。後有紅木犀數株，因名。傍有賓竹堂、聽雨軒，皆極雅潔。今廢。

詒穀堂，在秀野橋西北，邑人丁孟威居。莆田柯潛記。孟威，編修溥之父也。

雲窩，在城東，太學生張正宗講學授徒之所。士從正宗學，而躡青雲者相繼，因名其居。所著有《大學説》。

瑞芝堂，在金山衛，指揮西寧宅。堂作於成化壬寅夏，又明年甲辰夏，芝生楣間，張弼爲作《瑞芝堂叙》。

栩蘧軒，谷陽竹隱生，名恒，字用常所居。陶九成記。

林岫軒，祥澤張昕取謝玄暉詩語以名。又有竹泉堂，張宗武所搆。

終慕堂，張璠端玉自名其居，寓思親也。

錢溥記畧：華亭張君端玉，當父清逸散人、母岳氏存日，嘗力學取科第，任教官，遷紀善。又嘗教子鎣甫冠舉鄉闈，蓋汲汲欲爲其親顯也。而二親相繼以殁，端玉服喪過哀，朝哭于墓所，夕哭于靈幃，足跡未嘗入城府、預人事，繇是人稱其孝。及服闋赴京，而鎣已舉進士，拜監察御史，綽有聲望。三載績最，例有褒卹之典。端玉遂謝紀善，受封文林郎、雲南道監察御史。命下之日，賀者跡至，而端玉益悲咽不自勝。乃輯其二親事狀、誌銘、哀輓爲一録，題曰“終慕”，且以名其堂。蓋欲終身慕之而不忘者云。

雙壽堂，在蒨涇，光禄少卿周庠奉親之所。

岳正記畧：光禄周君尚文，育德果行，能修文學。夫人胡氏，亦以知書外聞。尚文以兩親爲師，託籍京學，期致於用。翰林學士沈公民則、其弟大理左少卿民望，俱以能書通顯。尚文娶於沈，傳外家筆法。被召入侍文華殿，拜官中書舍人，遷太僕丞，進光禄少卿。比推恩典，舉樂閒受封中書舍人，階徵仕郎，夫人曰孺人。尚文既遂榮養，於是作爲雙壽之堂。堂成，而公卿大夫士愛尚文者，多美之以詩，其亦魯僖之頌乎！正嘗比隣周氏，親見樂閒夫婦，居如賓友，手卷翫讀，温顔怡色，盎如春煦，固樂閒之常習也。乃若夫人者，濃墨大書，閑雅安和，又閨秀之所難者。食報碩果，得理之宜，故於序乎發之。成化庚寅秋八月朔旦。

採芝軒，朱秉中讀《易》之所，任勉之記。子芾、孫錦，皆以《易》名家。

世濟堂，東城何鼎祥，家承七世之醫，聞於吴下，人以名其堂。

三貞堂，在東門外。成化初，旌表中書舍人張駿家爲三貞之門，因以名堂。三貞者，駿母胡氏，世母瞿氏、楊氏也。華亭知縣戴冕有記。

春華堂，在上澳浦南，上海黄瑾别墅。金怡静書扁。瑾有《春華堂對》。

葵軒，南昌同知上海朱祐宅，錢學士溥有記。見《新縣志》。

同善堂，在三里汀西，學士錢溥宅。

自爲記：吾始祖宥一將仕公，自浙徙南橋，居四世爲編民良。吾父奉直府君，甫亂而孤，長徙城東，與吾母宜人趙，益務本崇義，搆迎薰書樓以教子。致吾以文學起家，列官于朝。食指既衆，乃命長子岡，于三里汀東營宅一區，墾田百畝，結廬浚池。居二十年，而木益茂，地益闢，屋室益完好。吾適自嶺南蒙恩歸復于家，藉此以棲吾身、悦吾志。有林泉之幽勝，無城市之諠褋。付功名利達於塵外，杳然如一夢覺。向雖遭讒被黜，若不容於世，而斯堂實容焉。於是名吾前廳曰泖涇一曲，志其所也。正廳曰迎薰，不忘先也。而終以同善名此正寢之堂，見岡肯堂肯搆，以成吾室，肯播肯穫，以力吾菑，非善同於吾乎？子同於吾，即同於祖也。同於祖，即同於天之所自賦也。吾父祖繼百餘年間，皆清苦刻厲，以力於善，而始發於吾。今吾子孫有屋可居，有書可讀，有田可耕，有池可漁，有山可樵，有餘可以及人。負此六可，而不相與爲善，可乎？吾故書此爲《同善堂記》，庶吾子孫繩祖父、啓後人，而各知其善之所當勉云。成化四年戊子二月望，溥男岡刻石立于堂。

曲村居，在府東南四十五里。陝西參政吴行恕，其孫河南參政忱，皆生於此。從村至亭林不十里，舟行凡數十折，因名。

曲水草堂，在黄浦南百曲港上，儒醫姚蒙與其弟臨隱居之所。有别室曰海曙丹房。

俞寰序云：姚君直夫家世自宋來，以儒醫名吴越間。由貞靖先生五傳至梅趣翁蒙，與其子府學生麟，業尤精著。未幾夭而蒙逝，人咸惜其墜緒之莫克舉也。而直夫以明敏之資，窺岐黄之學，復起而振之。南安太守東海張先生樂其爲人，爲隸古扁其所居之小齋，曰海曙丹房。

勤織堂，上海蔣性中作堂奉母，母喜而謂之曰：“吾聞古之人以養志爲大孝。吾壯時勤於紡織，助汝父以興其家。汝父殁，而汝孑立，無厚産。吾紡織愈勤，朝而絲縷，暮而布帛，凡家之用皆賴焉。今幸汝讀書成立，而吾老矣，不復能有爲。汝宜記吾勤苦，以勸汝子孫，吾志足矣。”性中再拜受教，遂以名堂。詳見泰和王直記。

西園，富林曹氏别業。

長洲沈周詩：爲園多半事游嬉，傍宅西偏事事宜。鯈尾趁花溪宛轉，鶯聲隔葉樹參差。地循立畝横分畛，路繞三叉曲作籬。滿面夕陽人已醉，還歌飛蓋舊遊詩。

西溪草堂，戴氏之居。

吴寬記畧曰：由華亭東行二十里而近，得芥涇焉。涇本水名，吴人以溪爲涇，故曰芥涇。緣溪居民百餘家，有田可耕，有圃可種，有磯可釣，有市可買，有舟楫可通，有橋梁可度，有仙宫佛廬可遊賞而憩息。介其間喬木蓊鬱，遠若雲屯。下見周垣高宇，隱隱焉、渠渠焉者，戴氏之所居也。戴故宦家，至彦文府君與其子聲伯，國初坐法謫遷淮西，居四年始釋而回，自號復樂。聲伯生二子，曰廷奉、廷禮，皆以文學稱於鄉。廷奉生一子，曰南京考功郎中景元。廷禮生二子，曰陳州守景昪，中書舍人景暉。其後裔事儒業、舉進士，復相繼有之。故邑人皆推戴氏，不特爲一鄉一里之望也。

遺善堂。顧文僖公自記云：予家在松城之西南，古西湖之南涯。先世自宋元來，安土力穡，未嘗他徙，守分循理，稱於鄉隣。而先祖之名行尤著，西涯少師爲之表墓，所謂遺善處士者也。先考可閒學士無恙時，嘗一新所居，追惟先志，擬作堂以寶善名之。及堂成，少師爲之題扁，易以先祖之號，是爲遺善之堂。堂凡三間，先祠在其東。西偏小室曰芳蘭，以延賓客。堂之後有樓五間，西南皆稻田，當夏秋時，黄雲緑浪，極目數十里，因題曰觀稼。其東下瞰流渠，小樓傍之。樓之初立，有人遺以雙鶴，其後復有雙鶴飛來，馴擾不去，歲歲孳乳，因名之來鶴。循階而下，花竹隱翳，俛而東出，石山峙焉，曰小東山。山皆古石，多得之水際及土中。面山有堂，曰東奥，取柳龍城奥如也之義。山之西南有小茅茨，碧梧覆之，曰南亭。予未得此地時，嘗夢游其處，賦詩一聯，名蓋詩中字也。東奥之左介植丹桂，曰天香室。右介芭蕉數本，曰緑净。天香之後，東闢軒曰静觀。外臨小池，池北有亭，傍列石峯，映以文杏，間以雜花，曰錦石。池南面竹，有亭曰碧寒。亭後架池爲梁，俯觀游鯈，曰魚樂。其間蔬茹之畦，瓜果之區，間錯隱蔽，頗爲深静。賓客之辱斯堂者，皆得以憩息焉。既列其名物爲十二題，求善吟者爲之賦詠，復私記其説如此。使我之後人，獲芘蔭于斯者，皆不可以忘所自云。

鶴涇田舍。

顧文僖詩云：山靈應道我歸來，一徑新添雨後苔，高柳直從江路見，細花還傍竹叢開。百年天際雲千變，萬事林間酒一杯。記得吾家老開府，當年曾勸陸郎回。

錦溪茅屋，曹古松之居。

顧清記云：出郡城而東，舟行十餘里，有水蜿蟺屈折北流者，其名曰蟠龍塘。塘折而東流，遂爲回翔容與之勢，以趨上洋，將東北歸于海。别派入古村，南出龍華，以入于黄浦者，其佳名曰錦溪。溪之上屋數十楹，葺之以茅，古松曹先生家焉，曰錦溪茅屋。錦溪自宋樞密魏公利用十二世孫石巖翁，始居于此。五傳至簡伯者，始以古村自號，於先生爲五世祖。而其弟寶古生明仲，皆讀書尚文。當元之季，名勝之士避地東吴，若鐵崖楊先生、艾衲錢先生、光弼張先生，皆折行輩與交。文物詩書之澤，至今可考。先生去古村既不遠，博雅好古，稱其後人。其爲此屋也，節棁不施，楹楝不飾，修篁美木，映帶左右。先生居其中，自督僮奴課耕植外，未嘗一日去焉。客有問錦溪之義，先生曰：吾溪所謂錦者，與他異。西蜀之錦城，因其物而名之者也。錢塘之錦樹，因其人而名之者也。若吾之錦，則吾溪之自有也。日月星辰麗于上，天之錦也。山川草木粲于下，地之錦也。烟雲輝映，風水相遭，渚之花，汀之草，鳧鷖鴈鷺之翔集，烟罾霧罟之低昂，夾岸之丹楓，流波之素月，夫孰非錦乎？良天佳時，與二三友生坐其中，抵掌談話，考古今，論人物，壺矢博弈，觴豆間設。或醉而縱步溪滸，留連徘徊，返照入溪中，金碧相組繡。回視五屋，如在輞川圖畫中，則欣然而返。如是者逾五十年。蓋人知吾屋之勝，而不知以錦溪勝；知錦溪之勝吾屋，而不知其出於自然，與所由來者遠也。遂書以爲記。

市隱園，姚秋澗之居。何元朗有雜咏四章。

高臺臨曲池，乘月移芳燕。影樹翻翠葆，淩波飄素練。喜共蘭心人，得奉金閨彦。旨酒湛盈觴，清輝聊可薦。　池邊數楊柳，繁密綿清陰。輕颸自南來，翛然已滿林。静夜俗氛屏，亦得開余襟。轉憶張思曼，風流直至今。　金陵花月下，歌舞正相宜。況有盈尊酒，相將傍緑池。露繁移柱澀，波闊度聲遲。坐有周郎在，繁音應見嗤。　石竇傳靈液，仙巖長露芽。名花標異種，一併在山家。清芬流碧落，浩氣凌紫霞。我欲乘風去，誰言天路遐。

東莊，孫文簡承恩之别業。

自爲記云：余前甲戌歲，自玉堂得告歸。明年乙亥，得此莊於韓氏，爲價七十千錢。地在東墩東一里，由俞溪支流折而南。宅一區，以畝計者七，屋幾三十楹。因舊更[葺]之，中爲潛齋，余潛修處也。屋後雜植群卉，爲屏爲欄。北有亭翼然，借借亭也。亭前夾植槐桂十二株，餘桃李柿橘各倍。東有檜亭，西有木香棚。檜亭東疏小河爲環玉溪，蓄魚七八百頭，小橋跨焉。河東地三丈許，植桃李，外爲蔬畦。緣堤芙蓉紅蓼，每秋深的歷可愛。溪北植竹且亭焉，亭曰翛然。田凡九十餘畝，環列宅前後左三面。續得七十餘畝，在莊南一里許，田頗膏腴，非大水旱率得熟。余既得此，喜其地甚僻，又去余家不遠。余且多病厭事，故時至，至則三四日始歸。焚香隱几，冥心却慮，嗒然忘形。或獨行花徑蔬畦，掬水葺樹，爲野人事。倦則與隣翁野老，談説稼穡。晨起登隴首遠眺，霧彌漫被平疇，如白雲滉漾，炊烟矗起林際。宵則聞漁歌互答於清風明月之下，遠村燈乍明乍滅。若夫四時晴晦，景各不同，而各有其趣，雖巧説不能盡。余甚樂此，自謂莫或予及，雖千金不願易也。嗟乎！松多富家大族，彼其田連阡陌，亭臺池榭，率皆瑰奇美麗。吾莊何足比數，而自詫莫余及也？余家世清白，無厚貲，樽節口體，乃克有此薄業。歲所常入，足以給一家饘粥。而今葺此陋居，足爲偃息遊樂之地，余已不啻過望，而又何敢瑰奇美麗之是求乎？雖然，此莊惟以吾故，故雖極陋，而賢士大夫時辱(未)[臨]之，相與笑歌賦詠，以發其趣。區區以富稱者，(臨)[未]必有也。夫然則視彼瑰奇美麗者，吾莊誠何歉焉？因爲之記。

又《東郭草堂記》曰：自予有園居，樹竹木作亭軒，餘廿載矣，日以成趣。而獨虚其中，未有爲讌賓之所。頃乃構堂三間，深十六尺，廣倍之，翼以廻廊，八窗洞啓。雖無所謂巨麗者，而雅潔明整，居然爲吾園之主。因扁曰東郭草堂，記實也。夫古今天下草堂，見於篇什者不一。而其詠内有曰草堂尊酒者，予竊喜之，謂善道人意。夫甫正不遇時，崎窮淪落，故常有安居棲息之念，雨燕風鶯，其託興可悲也。若予者，生當太平，忝竊仕禄，桑梓之地，世相守也。而又何感於甫之言哉？嗟夫！予以迂拙之性，負蠢執愚，既不能與當世才智之士，角逐功名之會，又不能澳澀屈抑，以爲憑藉之地。恒欲褰裳斂迹，退修初服。其於崇顯富貴，實非所冀望。而獨欲得明浄幽邃之居，讀書鼓琴，以樂先王之道。暇則邀二三良友，命壺觴，諧詠歌，談説往古得失理亂之事，較論人物臧否，於是以卒老。斯則平生之愿，而有契於甫之言者此也。然甫惟以生非時也，迫逐於兵戈，其得享草堂尊酒之樂者無幾也，即其詩可考。而予以清時無事，優游暇豫，永諧素心，時葺治之，遂將以貽吾子孫。則視甫所得不多哉？惜也寡昧淺學，無甫之高吟大作，以爲斯堂重，亦如甫之草堂，烜赫有聞於後。此則甫之所多，抑斯堂之不負予，而予之有負於斯堂者也。

又《憶東園八詠》：虚堂亦幽幽，藏修任昏午。研精典籍間，俛仰見前古。君家有書香，努力期接武。不似東隣翁，惟堪貯歌舞。《讀書堂》。中庭何所有，丹桂儼成行。朝露浥華滋，秋風吹古香。名門擅今昔，毓秀非尋常。會多青雲侣，遠紹燕山芳。《叢桂庭》。獨酌明月下，流光正徘徊。長歌邀明月，落我樽中醅。掀髯和月倒，一吸空樽罍。謫仙如可作，此地應追陪。《吸月亭》。幽興渺無極，攝衣陟層臺。天空飛鳥没，萬里長風來。南山自嵳峩，遠覽心神開。懷哉彭澤翁，難與俗子諧。《悠然亭》。甃池自成趣，左右拱吾亭。西池水初滿，東池泉又生。浮光碧練浄，倒影青天澄。時來鳧鷗侣，欲共幽人盟。《聯碧池》。一泓湛寒碧，源脉自中泠。紆徐蜿蜒然，汩汩繞前楹。凭軒聊徙倚，可以濯塵纓。浩歌滄浪吟，千古有餘情。《玉虹軒》。小結作屏幃，翠色日葱蒨。宛宛如雲屯，亭亭當户見。常凌風雨交，不逐朝暮變。深秋摇落時，猶可勝一面。《翠雲屏》。吾聞東園勝，乃似羅浮村。英英姑射收，寂寞回春温。千枝綴晴雪，萬蕋迎朝暾。徘徊自索笑，欲起逋仙魂。《雪香林》。

王廷相《孫氏園宴集》有序：孫太史貞父居松城東，有園亭，花竹甚雅麗，客可遊賞。暇日招諸郡僚會集，出前太守喻公、别駕侯公昔會遊卷，命客繼作。嗟乎！侯公西歸，喻公長已，園池宛然，而主人高興，不減疇昔。覽者寧無今昔之感？況余飄淪轉徙之人，而於邑悲愴又其甚者乎？不可不作也，乃題長句歸之。　河上仙客王子衡，獨携鸞鶴江南行。翰林先生孫貞父，天上歸來閒玉户。客途相遇雲間城，一語風期動千古。千古東山遊，今見東城墅。菡萏漾金池，倉庚拂綺樹。金池綺樹對蓬洲，洲上開尊紫桂秋。主人自是文章伯，對客高吟承宴遊。昇天一曲暮雲散，白拂屢舞文鳩愁。偶逢勝地可虚擲，笑倚江天醉不休。昔時賓客最相親，登高作賦來何頻。遺篇白日光可拾，喻公侯公雙美人。美人清標不相待，明月臨池滿光彩。我來復盡新知樂，美酒十千注滄海。滄海日東徙，潮落黄沙田。雨絲墮泥潦，白雲常在天。昔人已去何時還，我醉起舞清池邊。人生有命不足辨，直道何辭行路難。謝安高卧蒼生悲，尚父非熊成幾時。儒術絶代當自保，高陽酒徒那得知。

傲園，何良俊别業也。

張世美詩云：日轉青蘿壁，花明寶露臺。高棲時偃蹇，長嘯獨徘徊。天静鶴雙唳，人閒鷗數來。本爲潛隱地，劍氣夜衝台。

又四友齋。

何元朗自記云：四友齋者，何子宴息處也。四友云者，維摩詰、莊子、白樂天，與何子而四也。蓋何子之與此三人者友也。何子始家東海上，去而官，得南京翰林院孔目，僦屋住青溪之傍。既三年罷去，時海上居火于兵，何子不能歸，旅寓者又五年。蓋始於癸丑十月，至辛酉八月，徙於蘇，得玄覺寺故地居焉。幾一年所，歸省家弟病。家弟亡去時，吴興堯山臧公爲郡太守，勸何子歸撫其孤，親舊亦皆慫恿何子歸。尚無居，先買得楊氏園，去府治南僅百武許，在委巷中。舊有通梁小堂三間，無别室。因築丙舍以處妻孥，架小樓儲書。壬戌冬，自蘇州來居之。何子性放曠，每日挾一册，命童子提胡床坐樹下，視蒼頭鋤地種蔬，則一日快暢。何子爲文章有一題，日循水數十次行，且行且思，皆俟其自來。思偶不屬，輒置去，不欲竭思，竭思則氣索也。明日復循水行，俟有成文在腹，遂操觚書之，未嘗即據案占綴。故在南京與蘇州，甫入宅即鑿池種蔬。城内居雖有喬木數章，前疊石爲山，比士大夫家甲第，不能百之一。然頗幽適，但無隙地可池可蔬，何子弗樂也。癸亥春，買城南一區，得五畝。上有破屋數楹，撤而新之。餘隙地約三畝嬴，以一畝鑿方池，畜魚數百頭，爲循行地。以二畝稍劣，列蒔諸蔬。池上植枸杞數十本，每晨起，乘露氣，手摘枸杞苗與園蔬作供。人以酒食召者，何子不時往。何子始若有定居矣。夫何子自海上歷南京、姑蘇，以有今日之居，凡五易所。而宴息之處，皆以四友名者，居雖易，而此四友不易也。何子少疵賤，志業無可取，貴勢人不肯與爲友。其齷齪猥瑣者，何子又不肯與爲友。則吾四人者，適可以爲友。古稱同志者友，忘形者友，心莫逆者友。以吾之知此三人，則知此三人者之必知吾，安得不與吾友？故定爲四友。吾在南都時，嘗舉似朱子价，子价樂甚，以爲此吾之心，子先得之矣。黄淳父爲作記，其文甚麗而辯。子价云："文雖佳，未能發公之意，吾當爲公更作一記。"未幾，子价遷九江太守去，記不克成。甲子歲，避暑郊外，乃書之齋壁，以俟知吾四人者告之。

清森閣，在東海上。中有藏書四萬卷，名畫百籤，古今名人墨帖數十本，三代鼎彝二十餘種。何子宴息處也。

詩云：憶在江南住，年時重行樂。二月氣微和，天晴雲翳薄。新水拍湖堤，垂楊蔭郊郭。夷猶白板舫，摇颺青油幕。左右列圖史，中間置杯杓。同心四五人，有酒共斟酌。彼此皆莫逆，歡遊恣談謔。放歌隨所適，偃卧至日落。自從受官來，斯意久寂寞。方慚職業曠，敢計禄養薄。清晨騎馬出，狀貌殊醜惡。去住總由人，何意遭牽縳。俛首對新知，靦顔出然諾。轉背已茫然，心寄將誰託。嗟哉身世改，咄矣性靈錯。何時解天弢，逍遥任寥廓。還君白玉堂，坐我清森閣。

望洋樓，何元朗舊業。在柘林，廢于倭。寓在郡城，故以望洋名。

徐獻忠詩云：故里風烟重所思，登樓惟有仲宣知。越裳終向周南化，范蠡難爲泛宅期。

沙岸晚潮懸客夢，蜃潭晴色阻書帷。高城鼓角相憐意，已共遼天鶴去遲。

太玄亭，徐獻忠之居。

記曰：甲申之秋，徐子作亭瑁湖之阜，仰圓俯方，倣法大象。縱横九尺，得數八十二。曰：是惟《太玄》，楊子取焉。吾嘗謂楊子有玄理，無玄行，不令其身而令其言。其言曰：明哲煌煌，旁燭無疆。夫明哲之燭，宜無疆也。而于楊子何居？君子于天下，雖趨舍萬殊，其要以保身爲法。非其時而行，則過而失中。當其可而隱忍不决，則昧而無終。是皆不足以居成功也。楊子游泳于漢新之間，其終且投閣不悔，是無成功也。隱忍不决，謂楊子宜云，吾固嘗悲之。乃其爲言，可以敷天下、昭後世，因考而法焉，以名吾亭。

又《自題泖涇别業》：隴鴈來何晚，空庭落葉聞。霜天成稻穎，寒日散溪雲。水落沙痕減，風高鳥陣分。明霞堪夕望，農舍慰晴曛。　野色晴偏合，寒潮日兩通。秋深過宿客，風急下雲鴻。牛舍晞朝日，漁梁集晚艓。隣家舂競發，相率慶年豐。

井梧軒，楊南溟子亨之居。

東老堂。

顧清記畧云：憲副沈君子公有宅一區，介府城闤闠間。自其高祖雲泉翁、厥考竹深封君，及君兄弟世居之。君宦游幾二十年，無所改益。賓客之往來，病其偪隘。會西隣有更業者，以厚幣酬之，啓便門而合焉，地始舒衍。有山石花竹之勝，亭臺間之幽致層出。面山有堂，高不倍尋丈，廣不踰數筵，而明暢雅潔。息偃談聚，惟適皆宜。君顧而樂之，乃撤其舊顔，名之曰東老，而屬予記。客有疑而問者曰：東老之云，非吕仙翁所爲題壁，謂貧而有餘樂者乎？彼方適于枯槁寂寞之濱，而君方爲天子耳目，出佐外臺，顧以彼自居，其無乃弗類乎？予曰：古人若謝文靖之東山，裴晉公之緑野，白少傅之龍門香山，洛社之耆英，安陽之晝錦，此其人何嘗不都顯爵、僋厚禄。而考其中，如祥鵬之御風，應龍之憑雲，人仰而望之，異而神之，而我無加焉。雲斂風平，而鬐鬣羽翰猶故也。執是而論，則夫意滿而思謙，處高而能下，浮雲世味，而超然於澹静之天者，正君子之所以遠過於人。而其應會乘時，凌亨衢而陟華要者也。而子奚疑哉？

志應堂。

湛甘泉記云：上海儲南溪既成義塾之堂，胤子太學生昱道其堂之始，曰：翁耻里子之弗訓而倡之義，昱也以教資而成厥志。甘泉子曰：義而公，弘而麗，其堂之名曰志應。志應者，志交應也。一志也，聖功也。蓋取諸《易》。《易》曰："同聲相應，同氣相求。"其志一也。又曰："水就濕，火就燥。雲從龍，風從虎。"而況于人乎？儲子曰：可以訓矣，請記之。

鳳山書屋，朱應祥讀書處，在府東。傍有點易臺、洗心亭。

應祥自題：老夫點易臺前坐，笑看人間歲月忙。落盡薔薇紅玉片，筍梢容易過人長。

西園，李德銘别業。張弼題。

真率園。

徐獻忠記畧：沈鳳峯先生世居郊廛之東，即旁宅爲園。四週林木蔽翳，平田廣野，迤衍而秀發。雖非盡皆其業，自其園觀之，固隱然林丘也。其地有廣池瀰漫，魚鳥相狎，古木壽藤,素多蔭蔽。稍位置亭館,不加藻設,而朴野有餘。間或點綴木石,亦不甚飷飣,而參列旁午,各有天然之勝。雜蒔花藥,錯以果蔬,緑陰芳草之間,蒼寒茂密。時復鳴鳥變聲,若招而集也。先生甫入仕爲尚書比部郎,即寄情其中。酬對少暇,必逍遥著書,竟日夕不出。其後參佐湖藩,乃念太夫人高年,即興潘岳閒居之思,翻然告歸。聞其風者,無不高其志節。而園趣日廣,所著書亦成矣。園東有曲水環帶,因以環溪草堂名其集,有自也。詩云:强辭榮禄慕青山,爲羡高飛鳥倦還。已闢巖扉藏寶籙,更容逋客問松關。清時瑶草方稱瑞,早歲潛龍恐未閒。擁膝好思梁甫意,莫爲谿谷向人間。

張世美詩:早向清時自乞身,亦知林壑正須人。天邊鴻去誰爲慕,海上鷗來自可親。楊子解嘲還説客,班生答戲托爲賓。不緣勢分輕軒冕,豈得緇衣謝洛塵。　緑竹林園好卜居,穿池鑿石傍吾廬。烟霞久秘仙人籙,洞壑深藏太史書。春日採芳還可擷,秋風垂釣自堪漁。勳名不爲凌烟戀,自覺蕭閒與世踈。

柱石塢,陸文裕深别業。

自記云:儼山西偏澄懷閣之下,小滄浪之上,復以暇日周施闌檻,用備臨觀徙倚之適。有川石者三,高可丈許,竝類削成,有奇觀焉,因錯樹之爲三峯。中峯蒼潤如玉,彈窩圓瑩,豐上而鋭下。藉以盆石,有端人正士之象。却而望之,擎空干雲,邈焉寡群,豈八柱之遺非耶?題曰錦柱。傍甃兩臺,其左曰龍鱗石,蒼碧相暈,比次成文,儼然鱗甲之狀,森聳而欲化也。其右石首微墮,而婀娜拱揖,有掀舞之意,名曰舞化虬。合而命之曰柱石塢,曲徑其下,以通往來。每當朝日始升,夕陽初下,曳杖徘徊,聊以寄吾孤岸之氣。時時賦王右丞五言短篇,或歌陶彭澤歸來詞一兩解。俯檻觀游魚,爲之一笑,意甚樂也。客有過者,相携而共樂焉。疑之者進曰:"古之君子,閒居而寡求。今之君子,退藏而喜事,是塢也奚取焉?"儼山人復爲之一笑,徐應之曰:"夫生有定理,物有定分。各還其分,以歸之理,古之道也。兹數石者,遺棄荒林野草之間,蛇虺之所蟠,牛羊之所礪,樵夫牧豎之所踐踏,石固無悔也,而理有不當然者。一旦起而拂拭之,立者爲峯,卧者爲岫,欹者突者爲巖竇。圓者中規,曲者中矩,抗者若介,俯者若委。參而列之者若同志,孤者無黨,正者不倚。各還於理,斯固其分也。而石又何加損哉?且予之理是也,役數夫之力,假旦夕之工,高卑以陳,動静以位,清濁以判,治忽以區,夷險以奠,不曰儉操而博取乎,吾子殆求之形跡之際末矣。"客起曰:"槩于理。"遂書爲記。

又後樂園,在黄浦東,亦文裕之居。

朱察卿詩云:亂後重來百感生,青山誰主鶴相迎。已無金谷園中會,空有山陽笛裏情。曲徑秋風衰草合,敗垣斜日亂蟲鳴。門前江水依然在,却送歸舟似掌平。

紫岡草堂者,董大理恬之别墅,在沙竹二岡之中。《吴郡圖經》謂瀕海之地,岡阜相屬,世傳海中涌三浪而成,若麻姑與王方平語殆是也。大理公自少釣游其間,晚歲解官歸,不植便利産,仍舊所規畫,稍樹竹石果蔬,與二三高尚士歌嘯爲歡。因自號中岡居士,名所著曰中岡集。其子子元以紫岡名其堂,表中岡之名所繇自,且以寄閑寂,使清川茂林之在海上,永有所托也。徐子曰:楊子雲有言,知玄知默,守道之極。世有好遊之士,攬長途,涉要津,以桀列爲長命,至白髪猶忘歸其鄉。其所守顧不異諸斯言哉?一旦收聲藏熱,不知守其德,宅徒芬麗穠郁,植厚樹豐,日蹈壑谷而不自知悟。聞公之風,不大慙恧哉?然有子世其業,使其名迹不沉堙于荒烟野草間,守道玄默之明著,亦無尚諸此矣。徐獻忠記。錢叔寶有《紫岡草堂圖》。

孫文簡公《題董子元紫岡草堂》詩:沙痕海迹見崇岡,岡上幽人結草堂。浦響候潮喧枕蓆,門高喬木帶風霜。庭階舊識乘驄至,宅里今看表鳳翔。莫怪詩書流澤遠,直從汴宋泝源長。

世慶堂,在廣富林。里人曹廷獻創,後厄于火,其子時中重修。

顧文僖公記:曹氏之上世,相傳出宋寶章待制文恭公豳。文恭之先,自閩徙温,其後又自温徙湖。有曰富二翁者,始家松江,則湖之派也,其源流遠矣。富二有孫曰楚暘者,别號雲樵。嘗從蕭山魏先生學,先生器之。傳其子屏山老人廷獻,而家始益大,諸子皆賢。而九峯時和、定菴時中,皆以文學登進士第。定菴官至按察副使,清德雅望,爲鄉人楷。其弟孚若及群子姓,繼登鄉榜者又數人。咸有名行,稱于士林。松江雖信多名族,若曹氏者,指可多屈哉?屏山常作堂于所居,名之曰世慶,昭先德也。中厄于火,定菴重作,而仍其舊名,屬予爲之記。

南溪草堂。

王穉登記曰:顧氏蓋有南溪草堂云,當黄浦之西,肇溪之南,被以長林,帶以廣渠,修坂茀鬱,潮聲去來。廣南公爲諸生時,誅茅于此。後謝二千石歸,日與其邑之士大夫桓盤其中。彈琴命酒,歌咏相屬,短垣曲牖之間,殘墨淋漓,更幾十年,隱隱猶在,與苔文相錯。蓋君錫爲兒時及見之。後廣南之子若孫,相繼以儒術起家,供奉天子,不得歸。歸而風雨飄摇,草堂之址半傾。歲癸未,雨益淫,堂亦益圮。君錫每過其墟,必踟躇搔首,惻焉興嗟,歌黍離而後去。去視橐中之子母索然,則鬻青浦之田若干畝,鳩工庀材,斧斤相尋,而後復還舊觀也。堂以楹計,其前爲三,其次爲五,又次十數。前者龕事廣南公英、省軒公澄、御醫公定芳、少卿公從禮木主,凡四世。次中奉故徐文貞公階,東奉夏文愍公言遺像,文貞君錫婦翁,而文愍則少卿舉主也。又次群宗族之子弟吾伊於此,書聲琅琅,與寒潮互答矣。《詩》云:"孝子不匱,永錫爾類。"非君錫之謂與?顧之子孫尚益勉旃,勿替於學。異時以高蓋駟車起者,幸無忘封殖斯堂哉。

張悦:一室幽然蔭碧蘿,半層東枕白鷗波。窗涵水影摇書幌,門過潮聲雜棹歌。淇簟凉分秋氣早,湘簾晴卷夕陽多。不知何處知音客,長爲携琴載酒過。

沈周:幽居流水稱冥棲,蓼渚沙坪咫尺迷。山雨忽來茅溜細,溪雲欲墮竹梢低。簷前故壘雌雄燕,籬脚秋蟲子母雞。此處風光成小葺,可能無我一青藜。

王鏊:旋鉏荒穢彊名園,小結茅茨便作軒。行處藤枝還自倚,吟餘貝葉亦時翻。閒居未擬潘生賦,知足先師老氏言。長者有車時見過,願聞何處是真源。

玉泓館,顧大理從義别業也。大理有石癖,嘗購米元章硯山而寶之,遂以爲號。又得宣和紫玉泓硯,結玉泓館於潛虬水上,諸怪石列盎中爲小山。山隙樹松柏橘柚、并閩巴且諸種,高不盈尺,而扶踈偃仰,居然有干霄薄雲勢。若夫銅盤石鼓之文,靁罇簠鼎之器,籜冠匏笠之杖,竹環之奇製,怪木古藤之異産,充牣一室。左摩右撫,應接不暇。前有舒嘯臺,响泉溷溷,奇石隱起,作巖巒坡谷狀。臨流一亭,時餌魚其下,曰秋水。曇花菴、來鶴樓前後湖石,奇秀甲江左。修篁線柳,掩映河橋,方之輞川雪堂,未知伯仲。大理臨摹古帖,力追鍾王諸大家。無論《淳化》、《定武》,膾炙人間,即研旁小品,好事者亦購之,如吉光片羽。翰墨之暇,偕伯兄光禄汝由、仲兄鴻臚汝修,婆娑雲廊鶴院間。白首怡怡,若不知有塵世也。文休承有圖卷。

黄石園,石劄横雲,列爲巖岫,林木幽靚,周以曲池。有寶稽堂、交遠閣、野藻亭諸勝。在龍華里,張方伯所望别業也。

竹溪,許福别業。

徐文貞記:松水秀而地多竹,許君惟德居黄泥漕之陽,其水特澄洌可鑑。而君之性尤素好竹,沿漕而植焉以萬計,因自號竹溪。予嘗過而憩焉,烟霏之狀交乎前,風雨之聲交乎耳。蓋水若益秀,而地若益勝。喟然歎曰:樂哉是居乎!吾所願徙而家也。退而考君之履,其隣之叟曰:君故鉅族,席富厚,然於物澹然無所欲。獨時時至竹下,笑言詠歌以自爲適,有古高人逸士之風。則又歎曰:賢哉君子,吾所願從而遊也。比官於北,北土寒,雅不宜竹,間或一見,蓋蕭然數竿耳。而水固不可得兼,或兼矣,其主人非戚里之豪,即黄冠緇衣,率無足與語。竹溪之勝,未嘗不往來[於懷,而]未由一舍此以去。戊子秋,君之子本中[來與予]會,居一歲而别,將歸所謂竹溪者,蓋悵然懷之。史事方殷,欲去不可。嗟乎!今世所稱至樂者,非以能適志耶?予之志在溪山竹石之間,而此身顧不能一日自出於塵埃紛擾之外。然則予之適與不適可知矣。豈非重外物者之爲累歟?予於君又不能無愧也。姑記諸竹上,俟獲去爲君賦焉。右記一首,予昔在史館,爲竹溪許公作。公名福,字惟德,别號竹溪,今侍御惺初君之祖。而記中所云本中者,侍御伯父國子君也。萬曆己卯,侍御以外艱家居,考論世德,因出此卷,俾予手書一過,曰:庶吾祖藉其傳焉。予惟古孝子慈孫之能顯揚其先世者,率皆有行業聞於當時。故人因葉遡根,相與頌而傳之不置。其次欲託諸文章字畫,以規不朽,亦必屬之能者,然後可借以傳。今侍御君端方潔白,其行業已自足有聞,而所謂文章字畫,予又非其人也。則君之見屬,豈予所任哉?雖然,君所以爲其祖□□□子慈孫之心也,不可以不副,遂書而歸。

松江府志卷之七十五

塚墓一

墓者，暮也，長夜不復旦矣。古今墓碑纍纍，非賢子孫世守之不得跡，而跡之村豎田翁之口，孰若反而求諸志中之志，猶可考也。隋楊俊曰：人生求名，一卷史書足矣，何用碑爲？若不能保家，徒與人作鎮石耳。此塚墓所以記之志也。

漢廬江太守陸康墓，郡西北二十里。以下十三墓，除笮融外，俱郡西北。

吴丞相江陵昭侯陸遜墓，郡西北二十三里。

大司馬荆州牧江陵侯陸抗墓，郡北二十二里。

選曹尚書陸瑁墓，郡西北三十二里。

左丞相嘉興侯陸凱墓，郡西北三十二里。《蘇志》云：凱墓在長洲縣鳳凰山。

穎川太守陸宏墓，在華亭西北四十里。按，宏績長子，官會稽南部都尉，其爲穎川太守者曰閎，乃宏八世祖耳。今姑仍《盧志》。

會稽南部都尉陸宏墓，郡西北四十里。《蘇志》云：在平門西北。

長水校尉陸叡墓，郡西北十九里。

征北將軍海鹽侯陸禕墓，郡西北二十七里，崑山之絶頂。

墓碑：君諱禕，字元容，吴郡吴人也。昔龜鳳啓符，媯□□襲□□之胤，世爲諸侯，或□于陸鄉，因氏姓焉。顯考吴故左丞相□聲聞于海内。君繫遠祖之懿緒，承洪族之清□，嵩嶽降其神，淵瀆協其氣。是以景靈咸贊，奇姿挺桀。合九□□性聰，苞五□□□叡。故能□□大業□經□□德指瓊雪而□□行瞰雲霄而厲峻節。若夫敦經好古，玄□圖□，則思□□□之□，神入幽芒之□。□□□而識其機，苞萬品而□其指也。爾乃被褐林□，□遲養真。值□□求士匪□□□□□□□藪沈網繞□□□□□石之□幽澤無散髮之□。君□斂節降志，屈□從時。赤烏六年，徵宿衛郎中，遷左郎中、治書執法、□中校尉、立義都尉、五官郎中、騎都尉，遷黄門侍郎。君堯明□憲允亮納言□□□□□封海鹽侯，加裨將軍，行左丞相、鎮西大將軍事。于時基辰□御，江河異宗，皇□晉蕃平南境有□□□□□□□□□君征北□□□□□□□□□□□□□□□則儒色温□武弁則□氣莊。爾乃撫戎廟筭量敵□□□□ □北攻前□□□□□□□□□□□□□□彼場□憚威之也。及其委戈執□，入賓皇儲，若珍袵席，講道論□□□□□□□□□而□□其□□□世俗方昏，日月不照，鴟梟□□，豺狼競超。君恥寧武之詳愚,厲祖考之烈□□□□□□□□□以□□□□□□□□□興遣貝錦疾□合采□受侮以遐遷,永蕭□於積祀。到大康之□栖□,□水□□□□鱗。君將□□□之蟠,奮朝陽之羽。□□箕之入周,陳洪謨於晉宇。享年不永,春秋知命□□而□夫□□君德,□銘大勳,今之通義,人道之□事也。君元子西曹、章安二縣令,奉車都尉銜,仲子□□ □□大夫□□掾□□子散騎□郎、前將軍,歷陽、宣威二郡内史階。仰堂搆之遺蔭,蒙析薪之□荷。詠□□□永思,感蓼莪□□□□□山以代君命執翰以褒德,庶同輝於日月,垂永照於罔極也。乃作頌焉。其辭曰:□□□□,□□□□。□□□□,□□□□。皇綱不□,天裂地□。煌煌南基,敵輝北辰。桓桓□□,□命作□。龍嘯江□,威響北振。運否承泰,六合□一。帝鑒海嶽,求其隱逸。將彈南冠,入亮皇室。我翼未揮,□□□折。何用不德,命此執翰。鏤金作頌,億載不刊。泰寧二年歲次乙酉十二月壬戌朔一日壬戌立。

《通志》云:墓碑村人疲于征索,遂碎其半。今文雖不全,而龜趺尚存。

許尚詩:崎嶇尋古道,衰草隱寒原。欲讀將軍事,豐碑衹半存。

沈遼詩:朝日欲出已復西,人間廢興那可知。崑山陵谷久已變,水旁惟有將軍碑。

太常劉陽侯潘濬墓,郡西北二十里。

《通志》曰:按《吴志》,濬字承明,武陵漢壽人。弱冠從宋仲子受學,爲郡功曹。孫權殺關羽于荆上,拜爲輔軍中郎將。有功,遷奮威將軍。權即位,封劉陽侯,遷太常。赤烏二年薨。

笮融墓,郡東北四十里。按《吴志》云:融,丹陽人。初,徐州牧陶謙使督廣陵運漕。曹操攻謙,徐土蕭條,融將男女一百口、馬三十疋走廣陵。今北亭鄉有笮墓涇,涇旁有高隴,世稱爲笮墓。

晉左光禄大夫、贈侍中、大將軍、江陵穆公陸曄墓,郡西北四十四里。

後將軍、司馬、西陽亭侯陸監墓,郡西北十九里。

安吉太守陸景文墓,郡西北三里。按,《祥符圖經》載諸陸、潘、笮凡十二墓。陸禕葬在崑山,碑碣尚存,而不之及,其餘無復存者,而笮墓至今稱之,是誠有幸有不幸也已。

左將軍袁崧墓,在上海西長人鄉。《蘇志》載崧墓在横山,云:既爲賊害,其下李祥收骨歸葬。未知孰是。國朝夷爲平陸,里人顧少卿從禮立石建祠,并爲之記。

上海縣西北八十五里新江鄉崧宅里,有土山突然高湧横泖之北者,世傳爲晉袁崧將軍墓焉,因名其里曰崧宅。聞其上舊有祠宇,頽廢後即章氏之業。水鄉泥濘,艱得黄土,山日削而章之業浸微,存糧積其上。嘉靖中,求售無主。先大夫慨然嘆曰:忠賢之蹟,遂使一旦湮没耶?乃捐二十緡錢購得之,廣僅二十畝,存其遺趾。又爲牛羊所蹂踐,荒蕪不毛,而輸重税者幾四十年。隆慶三年,白于監司,請得伐石竪其上,題曰"晉左將軍吴郡太守袁公之墓"。按《晉書》列傳,袁環字山甫,陳郡陽夏人,魏郎中令焕之曾孫。初奉母避亂,求爲江淮間縣,拜吕令,轉江都,因南渡。元帝以爲丹陽令,歷治書御史,廬江、臨川太守。王敦平,爲鎮南將軍。蘇峻之難,與王舒共起義軍,以功封長合鄉侯,徵補散騎常侍,徙大司農,尋除國子祭酒。于時喪亂，欲振頽風，上疏崇儒，載興禮樂，議論誠讜，成帝從之。國學之興，自環始也。卒追贈光禄大夫，謚曰恭。子喬嗣，初拜佐著作郎、輔國將軍、廣陵相。始喬與褚裒友善，及康獻皇后臨朝，喬與裒書曰：皇太后踐祚，將軍之于國，外姓之太上皇也。願將軍怡情無事，親仗賢達。論者以爲得體。遷建武將軍、江夏相。時桓温謀伐蜀，衆方以爲不可，喬力勸温曰："夫經畧大事，故非常情所具。智者了於胷中，然後舉無遺筭耳。"及與温共破蜀，進號龍驤將軍，封湘西伯。尋卒，追贈益州刺史，謚曰簡。子方平嗣，亦以軌素自立。辟大司馬掾，歷義興、琅邪太守。卒，子山松嗣。山松少有才名，博學有文章，著《後漢書》百篇。衿情秀遠，善音樂。舊歌有《行路難》曲，辭頗踈質。山松好之，乃文其辭句，婉其節制。每因酣醉縱歌之，聽者莫不流涕。初，羊曇善唱樂，桓伊能挽歌。及山松《行路難》繼之，時人謂之三絶。時張湛好于齋前種松柏，而山松每出游，令左右作挽歌。人謂湛屋下陳尸，山松道上行殯。山松歷顯位，爲吴郡太守。孫恩作亂，山松守滬瀆城，城陷被害。由是考之，袁之在晉，可爲世臣。其墓之在新江鄉，既以名其里曰崧宅，又曰墓在長人鄉。蓋其鄉之沙岡有築耶城，遺跡尚存，緣海築壘以禦恩，此其一也。故緣壘立築耶廟，以祀將軍，亦後人思慕將軍，生多捍衛之功，而又死于難，故所在立廟祀之，以致崇報禮也。《蘇志》曰：將軍被害，部人海鹽李祥，突白刃收骨歸葬，墓在横山。豈即横泖上之山耶？《志》稱左將軍、護國内史，本傳亦缺。并載碑陰，以俟後之君子。後學顧從禮撰。

唐黄州司馬陸元感墓，在崑山。

《墓誌銘》：君諱元感，字達禮，吴郡吴人也。昔者舜嗣堯曆，協□初以闢門；田育姜姓，賓王終而有國。其後俾侯于陸，開錫氏之源；作相於吴，纂承家之秘。玄德之緒，莫京於代。曾祖慶，梁官至婁令。入陳，三辟通直散騎侍郎，皆不就。祖士季，陳桂陽王府左常侍，隋越王府記室，皇朝太學博士、弘文館學士。父謀道，皇朝周王府文學、詳正殿學士。竝茂稱奕代，餘慶資身。擢慧葉而增芳，飛靈波而益濬。去官辭辟，語默稱賢。函席曳裾，文儒繼美。君生而敏慧，長而温良。識聰朗而惟深，體矜重而不野。宗族愛而加敬，鄉黨狎而愈恭。始以資宿衛，解褐韓王府參軍事，以丁憂去職。服闋，值國討狄，軍出定襄。戎幕擇才，君爲從事。文武吉甫，斯之謂歟。尋爲婺州龍丘丞，贊貳有能，風俗時變。遷睦州建德、和州歷陽二縣令，育人去殺，訓物齊禮。子游絃歌，武城嘆其焉用；仲康鳥獸，中牟稱其仁及。尋加朝散大夫，除黄州司馬。到官未幾，以神龍三年七月二十日，遘疾而卒，春秋七十有五。天不與善，神無福謙，不其悲哉！粤景雲二年三月初一日，葬于崑山，禮也。初，文學府君以擅班固《漢書》，敕授舒王侍讀。君少傳其學，老而無倦。此《易》所謂幹父之蠱，《詩》所謂聿修厥德者也。嗣子南金等，哀號弗及，孝思率至。卜兆是營，封樹特永。憂陵谷之變，託詞頌休。銘曰：簫韶儀鳳，觀國賓王，我祚光兮。東有齊土，南入吴鄉，我族昌兮。自君嗣業，履素含章，我譽臧兮。内游藩邸，外掃戎埸，我才揚兮。爲丞與令，化洽三方，我人康兮。天子命我，我朱孔陽，佐于黄兮。美志未極，盛圖云亡，訴穹蒼兮。碩德休問，地久天長，永無疆兮。朝議郎行右拾遺靳翰撰。

黄池縣令朱氏墓，在孔宅西南，天寶間葬。

隰州司倉支令問妻曹夫人墓,在顧亭林南烽樓之側。見《法雲寺記》。

丘府君墓,在昌唐鄉,今名仙山。

燕胄妻朱氏墓,在華亭舊城西一里修竹鄉。咸通八年葬。宋于酒務得碑,詳見《古城》下。

《續志》曰:嗟乎!由宋及今,世代未遠,而荒塚殘碑,漫不可考。叩之亭父落長,尚有能道其詳者,亦何止朱詹氏四人而已哉!皇元應顯之兆,華碣猶粲然,故得而書之。

朝散郎貝州宗城縣令顧謙墓,在北亭鄉崧子里。

墓誌銘:顧謙字自修,其先吴郡人,季歷丞相肅公之後也。漢魏以降,蔚爲茂族,史傳詳載,此得畧而述焉。大王父諱希揚,登州軍州事衙推。王父諱彭,堯州司户參軍。先府君諱行大,宣州寧國縣丞,先太夫人吴郡陸氏。公即冢子也。體質魁梧,風神朗秀,温其珪璧,凛若松筠。粤在綺紈,資性端敏,卷舒進退,逾于老成。早歲舉明經三禮二科,洞達微言,貫穿精義。獨行不合,時流所排。晚節以談笑曳裾,歷諸侯上客。魏帥何公一見,若平生交,表公高才,請宰劇郡。繇是褐衣拜貝州宗成縣令。公以戎虜之地,民俗驕愎,非鳴琴可齊,實展驥仍乖。理張翰之扁舟,企陶公之遐躅。浙有勝地,雲間故鄉,豹隱鴻冥,韜光晦迹。其有巖廊彦士,山島逸人,每披霧見天,開雲睹雉,莫不高山仰止,如不及焉。噫!人皆知麟鳳之爲瑞,而不知善人爲瑞也。不使公執政當路於時,元龜不泯於將來,盛德必鍾於後嗣。非造物者大誤,彼蒼生之不幸乎?嗚呼!夢感兩楹,釁生二豎。以咸通十三年歲次壬辰六月二十八日丁卯,启手足于蘇州華亭縣北平鄉崧子里之私第,享年六十有七。先是,公于第之南隅,列植松楸,有公叔之想焉。明年,歲在癸巳十一月二十四日乙卯,灼龜析蓍,姑遂先志,窆于兹原,禮也。夫人弘農楊氏,貞順婉約,閨門楷儀,精爽撫孤,罔不適禮。偰滁州全椒縣尉。女一人,適明州象山縣令張夔。男六人,長曰褱,杭州鹽官縣尉。次曰台,常州晉陵縣尉。次曰占,旁州館驛巡官,試左武衛兵曹參軍。次曰實,鄉貢明經。次曰滔,次曰潛,皆在嬰幼。唯實與滔,公之胤,咸能處人接物,孝弟持身,動惟直方,静必温克。奉詩禮之明訓,在邦家而有達。是使聯榮清塗,列羽霄漢,有後於魯,斯其比歟。女二人,長適吴郡張聿之,(經明)[明經]出身,解褐蘇州華亭縣尉。次許嫁吴興姚安之,登童子學究二科,再命爲東宫舍人。率禮樂名儒,簪纓盛族。公之中外姻表,輝映當代,不可一二言也。嗣子褱欲嗣續之不泯,感陵谷之或遷,泣血哀號,請銘幽石。恭爲銘曰:豈弟君子兮,如珪如璋。鳳鳥不至兮,麟出罹殃。彼蒼不仁兮,曷爲其常。甘泉忽竭兮,匿焰摧光。孤惸洒血兮,行路悽傷。青烏告吉兮,寧神高岡。

宋聰道人墳,在佘山南嶺下。

《重遷誌銘》:康定二年正月十九日,擇汀上人創建塔廟,於佘山西峯聰公道人墳後。至慶曆七年十二月二十一日,塔廟成,遂遷葬於南嶺之下,以行狀請銘懿德,以識其葬。師諱德聰,姓仰氏,姑蘇張潭人也。七歲捨家,入杭州慈光院。十三受具戒於梵天寺。既而志樂禪寂,參求知識,密契心印。太平興國二年,歲次戊寅,來抵雲間,尋船子祖師遺蹤。邑人范仁寵與弟姪等,偶獲禮足,乃選勝地,命師居之,因住是山之東峯焉。茅茨不翦,室劣容身,未嘗沐浴,唯好宴坐,人未知識也。一日,有禪者造之,因覩經卷懸之舍下,塵積且厚,遂問之曰:"此佛經也,人皆看之,師獨如此,何也?"乃笑而答曰:"若人之讀書信,既知之矣,可再讀耶?"嘗曰:"古人貴行,吾何言哉?"其他問者,皆默如也。因是人始奇之。咸平中,天旱人饑,盜且作。室屋四面,竹木實繁,潛有取者,而二虎衛之,不可得也。師或經行,常前後似如馴養,故人益奇之。或遇冬月雪深,則閉户四五十日,清風凛然,無敢扣其室者。有劉氏子,北亭鄉人,素嚮其高節,捨財欲廣所居。師堅不從,乃止。天禧元年二月旦日,自言:"今歲將去,不住此矣。"耆老留住,默然不答。以是歲七月初六日坐滅,止十三日,容貌如生。俗年七十四,僧臘六十二。縣尉劉泳施俸錢,率户人於山之西峯搆方墳,全身以安之。今近塔廟而遷,遵毗尼制也。秦虎吞諸國,火天下書。會昌滅浮圖法,廬比丘居。及其興也,勃然若日月之照世。故可陵夷者迹也,不可滅者道也。聰師道人,其行道之人邪? 銘曰:言簡彌深,行清而孤。方高無級,師之墳歟。慶曆戊子閏正月,錢塘西湖石函寶勝蘭若傳天台教沙門靈鑑撰。

贈太子少保朱承進墓,在佘山普照院西。按《朱氏家譜》,承進本汴人,五代時避地吴越,三遷至華亭。積德行善,生子六人,皆訓以儒術,族遂以大。迄宋亡,仕宦不絶。墓地乃林秀才業,少保與弈棋,勝而得之,仍以五十千酬其值,歿因葬焉。孫諤既執政,賜普照院以奉承進香火,《舊志》因以爲諤墓。按譜,諤賜葬平江陽抱山,與《蘇志》合,當以爲正。承進墓至今猶存,上有垂絲柏一株,甚鉅。

尚書朱端常墓,在横雲山。成化間,遭發掘。顧曦有"野人月黑偷金盌,山鬼天寒泣薜蘿"詩。

將仕郎、揚州助教衛公佐墓,在佘山。墓志在府學先賢祠。

進士詹奕墓,在佘山。

詩人儲泳墓,在上海東南長人鄉。

樂静先生墓,在小蒸。方回銘:樂夫樂,以有守。静而樂,所以壽。謚不以爵以德齒,是之謂不朽。

理宗妃林氏墓,故老相傳駱駝墩,縣西新江鄉爲妃墓。

樞幹杜九成墓,在杜村。九成,正獻公五世孫也。孫青龍直學可久、曾孫容州教授英發並祔。英發墓楊維禎爲銘。

元都水監護軍豫章桓敏公羅壁墓,在華亭。

翰林學士承旨程鉅夫銘畧:炎景南謝,天戈于征。江流湯湯,羅侯在荆。惟侯桓桓,歸我神武。綰符析旌,化極海浦。曷憂京師,轉粟于南。超凌鯨波,夷險一心。惟侯之才,孰曰不可。惟侯之德,孰慊于我。

護軍鎮國上將軍、福建宣慰使、都元帥江夏榮敏公費窠墓,在鳳凰山陸寶原。子平江等處運糧萬户拱辰、孫世萬户雄並祔。張東海先生世墓亦在山,今子孫遂以公配享后土氏,穹碑宛然存也。

墓誌畧并銘:始予聞江海間人人喜道費佛子事,已心異之。予友趙公子昂間語予:"此吾婣戚也,不幸今且葬。吾嘗次其事狀,願有以銘。"昔朱文公記其外姻,特稱張佛子。然則善人當得書,況趙公之言,類無不信,乃敘而銘之。公諱窠,字子壽。世湖州長興人,贅嘉興劉氏,因家焉。後又家于上海,自號耐軒老人。至元辛卯十一月五日,忽索紙書遺言,脩然而逝,年七十有三。曾祖實,祖顯,父佑。先娶劉氏,次姜氏、宋氏。一子,拱辰。孫六人,英、雄、俊、傑、福孫、安孫。以三十年三月葬。銘曰:於維費公,允篤且弘。始事海邦,有勞有能。講去其害,豐施薄征。視海若塗,視民若身。調娛一方,不有厥成。易節以老,閭里與榮。歿而見思,陰德在人。鳳凰之岡,梧桐實生。鍾慶趾美,在公子孫。尚公之初,弗替益勤。茈其枌櫝,維永長存。陵陽牟巘譔文,吴興趙孟頫書篆。

山齋衛謙墓,子德嘉祔,在佘山。

悦道處士陸怡墓,在佘山。

三教遺逸趙孟僩墓,在府城本一菴。詳傳。

兩浙都轉運鹽使瞿霆發墓,在上海下沙鎮。

墓誌畧并銘:皇慶元年二月二十六日,兩浙都轉運鹽使瞿公卒于松江上海下沙之里第,得年六十二。明年四月二日,葬于祖塋之東。至正七年,去公之卒三十五年矣,而墓碑無文。子時舉大懼先德之遂泯,始以故浙東廉訪副使臧夢解所爲狀,屬同僉太史院事楊瑀來請銘。乃爲銘曰:海隅選兵,孰扞以寧。鹽民破業,孰奠以生。公既靖之,復還定之。我食我衣,歲或薦饑。出粟賑乏,哺餓以糜。遂肉我瘠,孰不惠懷。廷臣林公,導之以見。再叩天陛,渥恩錫羨。皇帝有旨,碑護而家。汝知鹽筴,往乘副車。海多大風,潮水暴溢。鴻離魚潰,莫保家室。公力拯之,皇褒以秩。正持使節,有赫其光。浙河以東,天菑札荒。公時推擇,出貲散給。拊厓萃逋,歲賦兼集。民有頌言,微公曷粒。德孔厚矣,神之勞之。宜爾耄期,以衎以頤。公不少留,廷命來下。夙悟禪理,無怛于化。若堂之墟,龜峙螭蟠。追刻穹石,百世永傳。應奉翰林文字、登仕郎、同知制誥兼國史院編修官張翥譔。

義士夏椿墓,在細林山,墓碑爲山之一景。子世澤,葬集賢鄉。《通志》夏杞同夏椿。

《旌表義士夏君墓誌》畧并銘:松江故華亭邑,其地多上腴。自鴟夷子皮浮游江湖,以善居積致纍貲鉅萬,故俗喜矜富。邇歲夏氏以義聞於鄉,御史周君景遠爲作義士碑,徵其文,而君之爲義尤信。去年春,予以臬事之松江,甫識君,蓋魁然無他崖異者。及今而其孤世澤等,以吴興李道坦之狀來請銘,予遂矜而銘之。銘曰:是爲義士夏君之藏。君非能梯榮弋譽,垂組銀黄。而豆區之入,惠周翳桑。彼仕者之於民,若越視秦人之肥瘠者,亦獨何心哉。故爲義者,恩常施於不報,名益遠而彌彰,雖死猶不亡也。嗟嗟!夏君歸安于神岡,垂慶千祀,過者尚勿毀傷。承德郎、僉江東建康道肅政廉訪司事鄧文原譔。

夏世澤墓誌畧并銘:國家皇有東南者七十年,郡邑内附之臣多矣。求其子孫之有聞于世者蓋少,而鄉里之間,驟起驟仆,何可勝數?夏氏之家,方盛而未艾,豈非以其行義而得之哉?故可銘。銘曰:吴有名邑,介于江海。人民阜繁,百穀來會。中有恒楹,自我聖元。表以大書,義士之門。其義維何,早識時變。起謁王師,以保鄉縣。既安既輯,治產有日。不私其積,紓衆之給。年或大侵,道殣如林。食之活之,庶盡其心。朝以爲義,酬以禄仕。渾謝弗受,深致斯美。鳴鶴在陰,其子和之。好爵是縻,人曰宜之。一命起家,關市海浦。

冠笏帶履，歸拜父母。轉理郡獄，大邦實難。哀矜拊循，甚稱其官。受知見用，方自兹始。除書在庭，哀慕俄起。鹽筴之司，衆懼莫知。慨然有行，民作生祠。既曰歸休，堂曰知止。加錫命秩，遂志膺祉。生長太平，撫其曾玄。不伐不愆，期頤歸全。集賢之鄉，既寧既宅。視儀前人，有述斯刻。敢告夏氏，報義不忘。可以宜家，可以永昌。學士虞集譔。

蘭溪知州、飛騎尉、武義縣男章夢賢墓，在崧宅里。

墓誌銘：江南章氏系出浦城。居松江之上海青龍崧宅里者，自宋秦國莊敏公楶始。秦國之孫曰登仕郎惟聰，登仕生宣義郎知泰州如皋縣瓊，如皋生迪功郎溥，迪功生夢賢，字思齊，是爲義士君。義士者，以至順元年，浙西大水，朝廷募民能賑粟五百石以上者，爵有差。君出粟二千餘石，而不受爵，故以旌其門也。君孝友通練，儀觀偉然，而敦《詩》、《書》，好施惠，重賓客。至元中，用論薦起家，歷襄陽等處營田提舉，建康等處財賦提舉。以父母俱喪，惟兄儲用使文又多疾，乃棄官，終身不仕，事其兄如父。遂白兄買田置義莊，以給宗族鄰里之不能婚喪及窮乏者。建義塾，以教鄉黨子弟之賢者。其兄歿，撫其孤如子。闔門二百餘口，未嘗有短長之言。泰定三年，以子貴，授忠顯校尉、大都宣課提舉。元統三年，進奉直大夫、婺州路蘭溪州知州、飛騎尉、武義縣男。配楊氏，封武義縣君。至元四年正月二十七日，無疾而卒，春秋七十有二。四月甲申，其孤奉政大夫、江浙等處財賦都總管府副總管元澤，江浙財賦副提舉振孫，嘉興路海鹽州儒學教授裕孫，和寧路儒學正容孫，及定孫、寧孫、斗孫、陵孫，女四人，孫男九人，女九人，奉柩葬里之西浦原先塋之左。六年冬，以書幣至京師請銘。惟章氏終宋之世，内而宰相侍從卿監，外而方伯連率、郡縣守宰丞尉，不可勝計。至君父子，猶蕃盛如此。非世有積德而能之乎？伯兄有疾，即棄官不仕。其視宗族猶一家，一家猶一人，非有孝友至行不能也。其應詔賑粟多而不受爵，亦不以推其子弟，可謂能輕富貴而重仁義者矣。是宜銘。銘曰：世爲相族，家本德門。門旌義士，爵列封君。宗族稱孝，鄉黨推仁。有子振振，有孫詵詵。冠綏彬彬，天以厚于其身。匪厚其身，以篤吴人。翰林直學士、朝請大夫、知制誥、同修國史揭傒斯譔并書。

浙東宣慰副使任仁發墓，在駱駝墩。

湖廣等處泉貨少監陳勇墓，在青龍南。

朱柯墓，在華亭横涇。

貢師泰銘：紫陽蒼蒼，道久彌光。葉大枝蕃，散于四方。華亭之裔，實當四世。潛德弗耀，蔚有奇氣。如彼楩楠，弗棟弗梁。如彼椅桐，弗徽弗張。天賦之秀，宜畀之厚。胡嗇其禄，又徵其壽。子孫詵詵，戩穀爾臻。我銘有臻，視此刻文。

貞素先生曹知白墓，在干山。

墓誌銘：至正十五年春二月五日壬戌，貞素先生曹氏卒。踰月己酉，葬于修竹鄉干山之原。從子慶孫狀先生世裔行實，來請曰："慶孫甚幸，承教叔父。叔父死，墓未得銘，敢以其孫於菟請。"泰遊吴楚間，久高先生之行，遂不復辭。按狀，先生諱知白，字又玄，號雲西。先世有諱靄者，在唐中葉，自閩之霍童山徙居温之許峯，歿。族益蕃衍，若文肅公叔遠、文恭公豳，皆其後也。宋宣和中，十八世孫景修始遷華亭長谷之西。景修生某，某生從龍，從事郎、監行在倉。從龍生潤之，承信郎、幹辦平江府糧料院。潤之生德遠，德遠生先生。先生生于咸淳壬申三月廿八日丙戌，蚤孤，鞠於母謝，而教之成人，則從祖教授君澤之也。先生身長七尺，美鬚髯，性機敏，善識事。至元甲午，詔遣中書左丞□公鑿吴松江，先生以策從行，功居多。大德戊戌，庯田使柳公行水，復獻置閼成隄之法，民甚德之。己亥，丁母艱，哀毁盡禮。服除，以大府薦，教諭崑山。意甚不樂，遂辭去。嘗游京師，王侯鉅公多折節與之交。章辟屢上，先生悉辭謝曰："吾聞燕趙多奇士，庶幾見之，豈齪齪求官者比邪?"即日南歸長谷中，隱居讀《易》，終日不出庭户。尤喜黄老氏之學，扁其居曰長清浄，曰窪盈，曰厚堂，曰古齋，蓋於是超然有所得矣。晚益治圃，種花竹，日與賓客故人以詩酒相娱樂。醉即慢歌江左諸賢詩詞，或放筆爲圖畫，掀髯長嘯，人莫窺其際也。四方士大夫聞其風者，争納履願交。平居於姻族鄉鄙，賙卹惟恐後。尤篤於友義，若文士許應元、李冲、劉世賢，詩僧崇古，生則飲食之，死則爲治喪葬，罔不曲盡其情焉。學者尊之曰貞素先生。有歌詩凡若干卷，浦城楊公仲弘爲之序。先生外和内剛，寡嗜慾，年八十有四，風日清美，猶杖屨閭里間。鄉人士愛敬之，皆迎謁環擁，欣欣有喜色。牟公成甫嘗稱其志尚清素，有司馬子長之風。侍書學士虞公記厚堂，亦謂其尚氣義，樂閒退，皆足以知先生矣。夫人河内李氏，宋觀文殿大學士贈少保諱曾伯之曾孫，先二十年卒。子一人某，女五人。孫男三人，長騶虞蚤世，次於菟，幼彪。曾孫男二人，女一人，俱幼。銘曰：振鐸之封，氏别爲宗。曰閩曰甌，自南徂東。有偉先生，凛焉高風。遐觀闊步，玄館儒宫。既介而通，亦嗇而豐。不倚於立，不詭於從。翼翼其心，冲冲其容。采山薇蕨，涉水芙蓉。菱歌忽斷，五湖三江。叶。有坎其藏，琢石穹窿。謚私而公，靖節文中。朝散大夫、福建閩海道肅政廉訪使貢師泰譔。

祥澤張氏墓，在通波塘上。

《通波阡表》：張氏出青陽，歷漢魏晉唐，爲顯官甲族，代不乏人。宋爲三葉衣冠者曰士遜，稱横浦居士曰九成，無盡居士曰商英。商英拜相，後子孫渡江，遂居杭之菜市。有八世祖某遊松，愛干山之櫻珠灣爲隱地，因結廬居之。六世祖某，號八七居士，又自櫻珠灣遷鳳凰山陽之祥澤匯，與其子通號千一居士，開坵鑿井，以養其親。遇冬雪，掃隙地撒粟，以食凍禽。居士往來，慈烏或有翼而隨者。年九十有三終。娶華亭陸氏，生男顯，築草堂，號隱菴。博涉書籍，尤精梵典，及星曆陰陽風水之術。攻苦食淡如父風，與儒釋唱和，有詩偈若干首傳于鄉。壽八十四終。娶夏氏，生男俊，字晉卿。其爲人廣顙大耳，美髭髯，其聲如鐘。自幼機警，通史傳學，尤長於法律。中慈而外剛，鄉閭以其咈諾爲曲直。人負不平，不之邑而之公，鄉稱張片言。性好施，賑貧周急，創義井，創義舟，建大石梁三。壽七十終。娶同里孫氏，生三子。長愷，次悌，次琺。愷之子曰龍、曰鳳。悌之子曰興、曰旺。琺之子曰麒，女曰妙齡，適盧祥。龍之子曰宗仁、宗禮，女曰淑清。鳳之子曰宗義，女曰淑寧。興之子曰英。麒之子曰彬、曰桓。麒嘗從予遊，每恨先裔成譜未修，三祖之石未立，大懼喪亂之餘，彌遠彌失。招致予過其家，上其祖冢曰通波之原，拜而有請爲三祖阡表。予以其積善之慶，流及五世，至麒而業益修、門益大，張氏子孫食其報者未艾也。於是屬比其事，書之于石，而又繫之以辭曰：張氏得姓，出自青陽。勛之顯者，曰韓之良。柱下相君，彌壽有蒼。八世貴盛，莫過乎湯。茂先仕晉，博洽是長。商英子姓，扈駕在杭。實爲鼻祖，由杭徙松。五世載德，地匯其祥。仁孝授受，本固源長。五世既昌，八世莫京。刻辭阡表，用昭後慶。奉訓大夫、前江西等處儒學提舉楊維禎撰。

松江府學訓導王文澤墓，在横雲山。

奉議大夫、前行臺侍御史、延平路總管兼管内勸農事秦裕伯銘曰：吁嗟王氏，世篤吾仁。紹樹儒術，厥志彌敦。爲善弗報，天道無聞。天匪無聞，享有後人。

上海縣尹劉輝母孔夫人墓，在干山。

錢唐錢大有墓，在佘山慧日院。大有，全衮父也。

《通志》有碣，題曰"錢氏祐之墓"。張昌《葬日喜晴》詩：負土營真宅，親恩似海深。精誠開霽色，孝行感天心。大筆華蒼碣，佳城蔚翠林。詩書傳後裔，會見玉森森。

孝子徐誠墓，在長人鄉，貝瓊爲誌。

三高士墓，在干山東麓。三高者，楊維禎、陸居仁、錢惟善也。萬曆甲申，華亭知縣泰和陳秉浩封土修墓，立三高士碑于其上。

《楊君墓誌銘》：元之世有文章鉅公，起於浙河之間，曰鐵崖君。聲光殷殷，摩戞霄漢，吴越諸生多歸之，殆猶山之宗岱、河之走海，如是者四十餘年乃終。瀕終，召門弟子曰："知我文最深者，惟金華宋景濂氏。我即死，非景濂不足銘我，爾其識之。"卒後三月，吏部主事張學暨朱芾等七人，奉其師治命來請。濂既爲位哭，復繫其爵里行系，而造文曰：君姓楊氏，諱維禎，廉夫其字也。裔出漢太尉震，震十八傳至唐，分爲四院。第二院太師虞卿生堪，堪生承休，承休生嵓。五季時，錢氏有國，嵓仕至丞相，自譜爲浙院。嵓之孫都兵馬使佯，徙浙水東，又分爲浙左院。佯之子成隱，居會稽諸暨之陽，復爲諸暨人，君之十世祖也。高祖文振，曾祖文修，以好善嗜義聞，人呼爲楊佛子。祖敬。父宏，贈奉訓大夫、知温州路瑞安州事、飛騎尉，追封會稽縣男。妣李氏，追封會稽縣君。宋丞相宋勉四世孫也。當縣君有娠，夢月中金錢墜懷，翼日而君生。大夫公摩其頂曰："夢之祥徵，其應於爾乎！"泰定丁卯，用《春秋》擢進士第，署台之天台尹，階承事郎。久之，改錢清塲鹽司令。丁外内艱，結廬於桐原墓。族屬有酹墓者，植竹笻於前，笻發蘖芽，枝葉鬱如。自是不調銓曹者十年。會有詔修遼、金、宋三史，君作《正統辨》千言。大司徒歐陽文公玄歎曰："百年後公論，定於此矣。"將薦之，又有沮之者。尋用常額，提舉杭之四務。累轉江西等處儒學提舉，未上。會四海兵亂，遂浪跡浙西山水間。及入國朝，天下大定，詔遺逸之士，修纂禮樂書，頒示郡國。君被命至京師，僅百日而肺疾作，乃還雲間九山行窩。疾且革，移拄頰樓中，呼左右謂曰："吾欲觀化一巡如何？"乃自起捉筆，撰《歸全堂記》，頃刻而就。擲筆曰："九華伯潘君招我，我當往，車馬俟吾且久。"遂泊然而逝。似聞數十人從函道登樓，其步履之聲相接。時大明洪武庚戌夏五月癸丑也，年七十五。及門之士上書於郡守林君公慶，以封塋爲屬。林君欣然從之，擇地華亭縣修竹鄉干山之原，以六月癸亥舉柩藏焉。君初聘錢氏，忽遘惡疾，錢父母請罷婚，君卒娶之，疾尋愈。繼鄭氏、陳氏。子男一人，杭，鄭出。孫男一，某。女一。君爲童子時，屬文輒有精魄。暨出仕，與時齟齬，遂大肆其力於文辭，非先秦兩漢弗之學。見諸論撰,如覩商敦周彝,雲靁成文,而寒芒横逸,奪人目睛。其於詩尤號名家,震盪凌厲,駸駸將逼盛唐。驟閲之,神出鬼没,不可察其端倪,亦文中之雄乎!薦紳大夫與巖穴之士,踵門求文者座無虚席。以致崖鐫野刻,布列東南間。然其風神夷冲,無一物縈懷。遇天爽氣清時,躡屐登名山,肆情遐眺,感古懷今,直欲起豪傑與游而不可得。或戴華陽巾,被羽衣,泛畫舫於龍潭鳳洲中,横鐵笛吹之。笛聲穿雲而上,望之者疑其爲謫仙人。晚年益曠達,築玄圃蓬臺於松江之上,無日無賓,無賓不沉醉。當酒酣耳熱,呼侍兒出歌白雪之辭,君自倚鳳琶和之。座客或蹁躚起舞,顧盻生姿,儼然有晉人高風。或頗加誚讓,亟罵曰:"昔張籍見韓退之,退之命二姬合彈箏琶以爲樂,爾謂退之非端人耶?"蓋君數奇諧寡,故特托此以依隱玩世耳。豈其本情哉?性疏豁,與人交無疑貳。賤而賢,禮之如師傅。貴而不肖,雖王公亦蔑視之。平生不藏人善,新進小子,或一文之美,一詩之工,必爲批點,黏於屋壁,指以歷示客。尤不録人以小過,黠奴負君金,度無以償,逼君書收券,君笑與之。家藏古名畫,爲西鄰所竊,其僕人追執之。君曰:"吾業與之矣。"僞爲君文以冒受金繒,或疑以問,君曰:"此誠予所作也。"遠近皆知爲寬厚長者云。濂投分於君者頗久,相與論文,屢極玄奥。聞君之死,反袂拭涕久之。念君之不可再得,不敢有孤所屬,故具記其事,而又爲些辭一章,以代勒銘,庶幾招君歸來矣乎。其辭曰:魄淵流金,降空青些。結英揚靈,潰于成些。獨騎麒麟,傷遺經些。衮鉞是非,嚴天刑些。孰軋以摧,勢相傾些。濬發厥辭,益崇紘些。芳潤内洽,光精外形些。離方遯圓,班部自寧些。流霆下春,百里震驚些。鸞騫鳥瀾,天機呈些。鐵甲雕戈,百萬宵征些。茗翹穎竪,媚韶榮些。籠絡萬象,橐籥三靈些。彈壓物怪,晝夜哀鳴些。九華丈人,召還紫清些。白鹿夾轂,五霞軿些。廻風翛翛,雲繩繩些。天人殊軌,誰强攖些。絳府雖樂,毋淪洞冥些。盍乎歸來,返故庭些。大明翰林學士承旨、嘉議大夫、知制誥、兼修國史、兼太子贊善大夫金華宋濂撰。

按,志作于洪武三年。正統五年,巡撫侍郎周忱始刻石,樹之府學講堂西夾室,書篆皆就刻時人也。

魏文靖公驥書誌銘後:右會稽鐵崖楊先生墓誌銘一通,蓋太史金華宋公所撰,去今六十又五年,其族孫宗義徵驥一言附其後。驥憶自弱冠時,聞先輩云,先生當元時,年未三十,而文名已馳南北。虞文靖公稱曰李白天才。會時修遼、金、宋三史,朝廷議論未决,先生有《三史正統辯》。歐陽文公見之,歎曰:"百年後公論,當定於此矣。"今宋太史謂其文中之雄,夫豈不信?惟先生不尚峻絶之行,且於時事直言無諱,故人多忌之,或目之爲狂,用是卒不得大用。然君子之所貴者,豈係於用不用哉?屬元季世,與曲江錢先生於松江,蓋寓公也。後二先生相繼而没,知府林孟善爲卜地,合葬於華亭縣干山之陽。予宦遊松江時,以先君子上高令嘗遊二先生之門,特拜謁其墓,欲摩挲先生是石,已不可得。及物色誌中所載其子航孫泰來,問諸故老,皆莫知所之,令人不勝悽然於夕陽衰草間者久之。今何幸見有宗義,而以是表襮哉!是則先生亦可謂之不死矣。宗義讀書飭行,其來殆未艾。尚幸爲先生推其昭穆,宜嗣者擇而嗣之,則又盛德事也。故併及之。

貝瓊《送劉性初歸雲間序》:宋蘇文忠公序佛者惠勤詩,且言歐陽子好士爲天下第一。

而一時庸人，拔而顯于世者，或負于朝夕之頃，不待貴賤死生而然。勤獨始終不忘，歐陽子没，與人語及，輒泣下，故書以傳之。嗚呼！知人之難，古今所同，豈惟歐陽子哉？而文忠公拳拳于勤言之者，深著歐陽子所以待天下之士如此其厚，而天下之士所以報之者如此其薄，特表勤之異于人人也。今鐵崖先生楊公，位雖不及歐陽子，其好士之風則同。嘗言方今人物，宜拔十而得一。繇是不擇其類，苟有一才一藝者，稱之不置。士以此多出其門，而忌前好勝之徒，以怨報德者，亦有之矣。最後識劉性初于羈旅中，即以遠器許之。及其終也，性初哭之甚哀。既與諸生葬之，復自松江走二百里，求予爲之傳，以備太史氏所録焉。夫先生以文雄一代，固不待傳而知。予嘗先性初從于杭，以觚墨相周旋者三十年，義不可辭。且嘉性初亦歐陽子之惠勤也，視彼負公而變于未没之前者何如哉？故歷敘先生出處行事，及所著關于世教者，悉書以貽之將來。于性初之别也，復張之以序。蓋亦表其爲人勇于義者如此，猶文忠公稱勤之意也。性初大名人，父兄嘗仕于元，而能刮磨豪習，從師讀書。又事玉泉王公瑞菴，學九鍼補瀉法。後遇神師于海上，盡授以丘長生所傳之密語。其術益精，治人往往有十全之效，三吴咸稱之云。洪武五年，歲在壬子，冬十有一月初吉序。

三高士墓前一塚，碣題天放老臣吴公之墓，竟不知何代人物，《郡志》亦不載。

國朝太平府學教授孫作墓，在漢成里平巷村。

孝子金子安墓，在會仙浦西。

廣平主簿、贈吏部郎中夏文宗子太常寺卿夏衡墓，在四十保彭家莊。成化四年賜葬。南陽李賢、建溪楊榮表志。

松江府學訓導邵亨貞墓，在佘山。邵氏世葬泖濱，至亨貞遷此，殁因祔焉。

三節婦墓，在上海肇嘉浜北。邑主簿李從吉妻劉氏，及其女唐文祥妻妙貞、沈原仲妻妙堅。詳《賢媛》。

户部侍郎、贈太子太保僖敏公王鍾墓，在佘山。

鄜州同知、贈中順大夫李塾墓，在佘山之陰。子禮部尚書知興化府至剛、孫陝西布政司參政源、曾孫汀州知府桓並祔。金華宋濂撰塾志，廬陵楊士奇撰至剛表，南陽李賢撰源碑，同郡顧純撰桓志。

解州判官陳壁墓，在佘山西北張静鑑墓之右。

苦節先生沈翼墓，在薛山西麓。子翰林學士度、大理少卿粲、孫禮部員外藻祔。［七］世孫封御史鳳毛墓在其東。

《苦節先生墓表》：沈氏世家華亭。先大父諱德輝，號竹庭，嘗爲郡史，申理冤滯，鄉人德之，稱長者。是生我先人，諱易。少受經於鄉先生魯道源，教學者務力行，而本於忠孝。先人感激奮勵，稍出仕爲禄養計。會張士誠據浙右，省屬有史文炳者，義圖匡復，事未成而遇害。先人嘗預其謀，欲爲史報讐，遂北奔中原，以策干擴廓帖木兒，於軍中甚見獎重。從定貊高還，表爲諮議參軍。已而視元政日乖，慨然去之。是時張寇勢盛，不可歸，往來河洛間。有權以制先生，廬陵碩儒，教授於衛。先人往從卒業，作心法二箴以貽。先人益刻苦自勵，客淇六年，中心未嘗不在親側。衣食不求温飽，隆冬祈寒，單席木榻。或謂何自苦若是，輒潸然曰："親在不獲奉養朝夕，而敢求自安耶？"國朝既平士誠，始歸養。家貧甚，瀡瀡旨甘，極力承歡，而恒蔬食自甘，輒自號蔬食野人。翰林學士詹公同，奉詔求賢至郡，郡首以先人爲言。公自手書專使詣先人，先人謝曰："僕亡國之賤也，將焉用之？且父母皆老，方資不肖以畢餘年，惟仁人終憐之。"乃已。後縣數奉詔舉孝廉、舉秀才，皆引疾辭。杜門二十餘年，衣冠危坐，終日弗懈。爲文章根柢六經，實而不華。善獎迪後學，講下生如龔氏子，始七歲，奮欲求父屍于千里之外。姚氏、張氏子皆十二三，能伸其父冤于官。經先人之教者，後多致通顯。春秋六十，以洪武癸酉終。鄉先生錢慶餘、顔近仁、任季倫、張孟經相與言曰：沈君明性命之微，秉忠孝之誠，敦清苦之行，勵堅貞之操。翹翹乎流俗之表，而不爲一毫死生利害之私計，豈非特立不群者哉？表行代名，如古貞曜之爲者，相與私謚爲苦節先生。先妣顧氏，元淄州尉思忠先生之子。令德賢範，表于族姻。前先人卒。孤兄弟二人，長度，次粲。先人没將十年，兄弟前後被召。度自翰林典籍三遷，今爲侍講學士。粲自中書舍人再遷，今爲翰林侍讀。並叨禁近，日承寵遇之隆，實我先考妣茂德深仁、毓慶垂祚之所致矣。嗚呼！凡我後之人，尚永念哉！永樂二十一年，男度表。

《自樂先生墓表》：嗚呼！此吾友翰林學士沈公之墓。苦節先生有二子，長即公，諱度，字民則。次粲，字民望。洪武中，郡邑交舉文學，弗就。坐累謫雲南，同謫者多名人，率於公交。達官重帥争欲迎致公館下。都督瞿公能入京師，以公偕行。時命翰林舉賢才，禮部尚書江陵楊公以公名上，擢翰林典籍。一時翰林善書，如解大紳之真行，胡光大之行草，滕用亨之篆八分，王汝玉、梁用行之真，楊文遇之行，皆知名當世。而胡、解及公之書，獨爲上所愛。以其弟與子皆善書，皆官之近侍，父子兄弟並榮于朝。爲文章平澹雅則，不爲浮靡。事上必盡誠，被顧問必以正對。由典籍歷陞侍講學士。仁宗皇帝賜誥命，贈其考妣。宣宗皇帝臨御，進翰林學士。年踰七十，再上章乞致仕歸，不聽。公事親孝，與弟粲友愛相篤。爲人貞静不苟附，襟宇澄澹，風韻蕭散。宣德甲寅卒，賜祭葬。元配鍾，贈宜人。繼陳。子二，芹，先卒。藻，大理寺副。孫男二，潮、源。女三。士奇與公同入翰林，相交三十有三年，最相得。其歿也，蓋哭之慟。於是粲及藻求予表墓，予忍以衰朽而忘情老友哉？敬爲之表。廬陵楊士奇撰。

《大理少卿簡菴公墓銘》：文皇御極，運啓昌朝。焕發文翰，誕聚俊髦。時維沈公，兄弟卓越。秖帝左右，日豈三接。晉錫毓廡，逈與類殊。金簡玉册，多公予書。粤古羲獻，媲美晉室。寵渥之隆，視公罕及。昔同兄仕，德伉才齊。世共謂之，陸雲與機。晚偕姪歸，功彌業就。世復謂之，疏廣與受。錫老有堂，玉屏有竁。歸而藏之，于世無愧。後學錢溥撰。

户部員外郎張賓暘墓，在鳳凰山。

廬陵楊士奇銘：遡張之先，厥有顯聞。轉杭暨松，養恬丘園。履善蹈仁，後昌以蕃。迨賓暘甫，懿德夙著。中使召來，洊班朝宁。曰慎曰恭，靡懈晨暮。維國之經，篤在養民。維臣之良，養民時循。維賓暘甫，克修于臣。維賓暘甫，仕不受禄。維大司徒，曰時賢屬。贊治有裨，奉使無辱。蹈高謝榮，不俟年至。濟利攸存，顯隱弗二。表銘其藏，用式有位。

養素先生任季倫墓，在盤龍塘之馬駝巷。子福建參政勉之、曾孫長史順祔。

《養素墓誌銘》：雲間養素任先生，望重一鄉，年八十有五而卒。先以子貴封知縣，再封同知。既葬，其家器前福建參政勉，致其臨終之語於數千里外，託予銘其墓。竊揆予作教雲間時，辱先生不以年德自居，以予爲知己。其臨終之託，良有以也。嗚呼！先生諱繼祖，字季倫，養素其別號。先世四明奉化人。曾大父松鄉先生，元安定書院山長。與趙文敏公、袁文清公同時，翰墨往來，其聲價恒與之頡頏。大父子良，仕元爲兩浙鹽運司照磨，始徙于松。父伯威，妣孫氏。初，伯威蚤卒乏嗣，先生實松鄉先生之從曾孫，有曰漁鄉先生之曾孫，菊莊長興州學正之子，承擇爲後，是爲松鄉先生之嫡曾孫焉。平居志泊如也。喜讀書，窮日夜。篤於踐履，不尚浮華，動作之間，規行矩步。勇於爲義，家庭肅然。訓飭諸子，不懈其正。雖子勉，繇進士以文章政事敭歷中外，累官位至參政，或有於先生語及賢能者，而先生畧不爲意，秖益貽書戒之。畧曰：天道福善禍淫可畏，勿謂已安已治而懈怠，勿謂已能已足而驕矜。其嚴類如此。晚年望榮子貴，幅巾杖藜，委心耕讀。教孫課僕，朝經暮史，東陌西阡，惟自適其適也。郡太守江右黄公子威數抵其家，以資起沃。歲時舉行鄉飲，必禮先生爲大賓。先生亦不屑就，嘗語人曰："士之爲士，無間窮達，當審進退。不可同流合污以爲通，不可矯時干譽以爲高。循其分，守其道，惟日孜孜，斃則斯已。舍此則非吾爲士之事。"觀此言，亦可知先生操守之緒餘矣。配沈氏，元提舉竹庭沈公女。子男三，勉、勗、勤。女一，適方昞。孫男八，肅、哲、聰、弘、穆、雍、廣、衍。女七。元統丙子生，大明永樂庚子卒。嗚呼！先生之行，已幾古人。爲先生之可自致者，全其天也。先生之處，則猶今人。在先生之不可必者，安其命也。故或者以先生之抱負，僅止於矜式鄉邦而止爲惜。抑不知先生雖殁，而有不殁者存。法宜銘。銘曰：玉不琢，全其璞。人之真，肆乃鑿。繄先生，混天成。養之素，克踐形。逝不逝，肅仰企。高風存，儀百世。巍新阡，馬駝原。勒銘詩，示弗諼。太常博士蕭山魏驥撰。

《參政墓誌銘》：初，先生宰番陽，思前令所以亟去，率因襲苟且，拂民情而壅上德。曰："是法所以逮已也。"即大書"孝弟忠信禮義廉耻"八字於廳壁。溥家食時，嘗聞其政。及今閱天下郡志，而饒果詳焉，始知嚮所聞者不誣。善奬煦士類，方憂制中，聞溥與北郭陸潤玉競志于學。一日棹小舟，從陸抵溥家，盡索所爲文覽之，出謂所知曰："陸宜處，錢出乎。"餘二十年來，吾二人出處頗定，而先生知言哉。先生既歸，日引諸孫授經史，被野服，課僮孥耕。郡大夫歲禮爲賓，弗預。有宦達過其門，往往閉弗納。與知者談及今古事，猶言論侃侃如壯夫，年雖耄而氣不衰。元配顔氏，生子肅，早夭。繼姚氏，無子，以弟勤次子弘爲之子。女二，長適吏部郎中俞宗大，次適鄉貢進士孫瓛。孫男四，順、性、志、惠。生于元至正二十三年，殁于大明景泰四年。卜以六年月日，葬祖隴之原。先是，弘以書來曰："先君所知惟子，況子聞先君喪，則曰我宜銘。"於是溥序其狀而銘焉。銘曰：彼罹法傾，我維顯旌。或貴而夭，我維壽考。君恩豈偏，天厚以年。内反諸身，何愧于人。不竟後施，良亦有以。斂而歸之，垂此來裔。太子贊善兼經筵侍講晚生錢溥撰。

《長史墓志銘》畧：正德癸酉秋七月二十七日，先師怡菴先生卒。訃聞於京師，清既爲位哭，遣人致賻奠，且弔其子。退復自念先生葬宜有銘。諸生在門下久，受恩深，知先生家世行事之詳且實。又職在太史,宜爲銘莫先清者。不當如他人,俟其子請,而後乃有言。用謹摭拾綴緝,序而銘之,遺其子,使及葬而刻之。先生成化丙午捷報至,歎曰:"吾年踰四十得一舉,前途事可知,吾無擇焉矣。"明年會試,中乙榜,徑授莒州學正。己酉,考福建鄉試,陞國子助教,選爲涇府右長史,致仕。卒,年六十九。清始從友蘭張先生學,友蘭徙館嘉禾,以清屬先生。先生一見之,許以可教,因歸我以甥,而獎掖成就之,以克有今日。雖勉自飭勵,求無辱於門墻,而未有以報也。而先生歿矣,不能張闡之以示來裔。然攬筆無愧,寫我由衷,固先生所望于門人也。銘曰:卓彼薇菴,文章政事。斂其餘休,以發夫子。名科相望,祖孫百年。完節而歸,無忝厥先。門生顧清撰。

國子祭酒陳詢墓,在華亭瑶涇。天順四年賜葬。禮部尚書顧清銘。子順德通判軏祔,詳《名賢》。

順天府丞朱孔易墓,在佘山。正統十年賜葬。國子祭酒李時勉爲銘。

翰林院編修楊珙墓,在干山,與三高墓相近。蕭山魏驥銘。

贈左軍都督府左都督、追封宣城伯衛炳墓,在府城中北禪寺右。

墓表:公諱炳,字文伍,姓衛氏。故左軍都督府都督僉事青之父,今奉天翊衛宣力武臣、特進榮禄大夫、柱國、封宣城伯、充總兵、鎮守甘肅穎之祖也。公居松之華亭,祖福,父貴,皆潛德弗耀。生而儀觀雄偉,長髯豐頰,膽畧絶倫。元季兵起,乃奮自田里應募長民兵,隸水軍萬户府。時太祖龍飛淮甸,豪傑雲集。公往從之,屢立戰功。克湖廣,平福建,守潼關,効勞甚多。征四川,下滇南,收諸夷,其名益振。至論功授職,每退讓同列而不較。遇敵必鼓勇當先,雖老不怯。執殳三十年,卒爲隊伍長。見其子青廣顙豐頤,有大畧,乃曰:"吾四征不庭,未嘗妄殺以徼功,亦未嘗虜人子女,掠財物爲己有,卒不沾一命而老矣。汝其或者昌大吾門,以白吾志乎?"即以青代之。尋以年勞,陞青薊州衛百户。從太宗靖難有功,累陞指揮使。當是時,公亦受封爲指揮。永樂初,卒于南京官舍,卒年六十有一,歸葬松城中祖塋之次。其後青以翦滅妖寇,陞左軍都督僉事。孫穎又以翊戴功,進封宣城伯,追贈三代。故公與父貴子青,俱贈特進榮禄大夫、左軍都督府左都督,追封宣城伯。龍章錦軸,照耀泉壤,雖抑於生前,實信於死後。其施報之理,如持券相付,有不毫髮爽者。非天道乎?公配李氏,贈伯夫人。子男二,長即青,次通。孫男十一人。長頤,濟南衛指揮使,卒。次即穎,次頩,次預,次顒,次顔,次顥,次頫,次顯,次頠,次順,皆讀書有才畧。孫女九人,都指揮董善,百户楊宗,都指揮國泉,指揮韓輔、鄭福、許端、張愷,鎮撫國俊,千户王雄,其壻也。餘在室曾孫男十九人。穎既領重鎮,洊承封誥,謂惟祖有善而弗彰,非仁也。彰而弗傳,非明也。以予鄉人也,請圖登載其事于石。余聞唐有馬璘,援之孫也。嘗讀祖傳,嘆曰:"使吾祖勳業墜地下乎!"卒爲中興名將。劉宋有王鎮惡,猛之孫也。或薦于裕,與語悦之,曰:"吾聞將門有將。"自古祖有勳烈,建牙當時,必待賢孫振耀顯白,以光史傳而昭無窮。若公之爲祖,雖不及援與猛之顯於其身,而穎之爲孫,其功業所造,蓋有過於璘與鎮惡之爲將者。庸併書之,庶知穎之成功,蓋有本於祖之所遺者焉。故爲之表。天順七年癸未冬,郡人錢溥撰。

翰林院編修周興墓，在佘山。孫承恩志銘。子刑部郎中佩祔。

封都察院右副都御史張瓊墓，在城南龜蛇廟側。

神道碑：公以乙榜授黄縣訓導，滿九載，陞淮王府伴讀。子鎣，御史。滿考推封，乃自陳棄職，扁舟南還，杜門守約，及時督厲僮僕務農業。所居之後，闢地爲園圃，雜植以蔬果。圃中有沼，瀦水養魚。每遇祭祀賓客，取給其中，餘非嘉時令節，及與鄉黨同志宴會，不輕取焉。其會惟老者十數人，衣冠雅飭，勸酬雍容，相與共樂太平之盛，人或比之洛下耆英會云。享年六十有八，以成化辛卯卒。訃聞，賜祭營葬，以又明年葬于城南先壟之原。考諱原壁，號清逸，贈右副都御史。妣岳氏，贈淑人。配吴氏，封淑人。子男二。長鎣，戊辰進士，由御史歷巡撫寧夏。次鑾，戊子貢士。女一，適許誠。鎣自寧夏復命于朝，將歸襄大事，以狀來請文，刻諸神道。予與鎣爲同年友，仰公德譽已久，乃系以銘。銘曰：有美賢哲，挺生華亭。九峯三泖，儲秀鍾靈。學以成己，王國蜚英。復生厥子，大顯于廷。爰自執法，撫鎮邊城。嚴訓是式，勳業斯弘。肆荷皇恩，推褒錫榮。優游林下，謙約不矜。峩峩新冢，惟勑所營。銘以著之，百世其徵。安成彭時譔。

南京吏部尚書、贈太子少保、謚文通錢溥墓，弘治二年賜葬。東海徐溥銘。按察使博，夏時正銘。並在佘山。

南安知府張弼墓，在鳳凰山。子憲副弘宜、都諫弘至，及弘圭、弘玉、弘金，孫其協、其忭、其恂，曾孫德瑜，妻節婦姚氏，封修撰德璨，俱祔。

黄巖東海公銘：東海之東，鳳山穹隆。有氣如虹，凌虚厲空。人曰此[山]，岳劍之鋒。孰知其下，文塚之雄。於乎！萬靈所鍾，鬼護神封。後千百年，兹其不墜于地耶，尚有考乎吾銘之公。

餘姚王華後樂公銘：噫嘻張君，吾榜之英。其守官以貞，其愛民以誠。其屢建茂績，而聿昭令名者，莫非此誠之形。噫嘻張君，奚啻中郎，無愧有道之銘。

南京兵部尚書、贈太子太保、莊懿公張鎣墓，在盤龍塘。

墓誌銘：公諱鎣，姓張氏。累官至太子少保、南京兵部尚書，階至資德大夫、正治上卿，封至祖考妣，廕至其子。及卒，有司具聞。上爲嗟悼，贈榮禄大夫、太子太保，謚莊懿。遣官諭祭，賜葬于華亭盤龍塘之原。卒于弘治癸丑，以丙辰乃窆。公先世本揚州人，從宋南渡居華亭。祖原壁。父瓊，鄉貢士，累官淮府紀善。俱贈太子少保、刑部尚書。祖母岳氏，母吴氏，俱贈夫人。配衛氏，累封夫人。子二。長杲，國子生。次昱。女一，適義官董麟。孫二，長豈，次岌。女三，長受宣城伯衛氏冢孫錞聘，次受金山衛指揮范氏冢孫某聘。乃叙而銘之。銘曰：舊都在南，帝屬群輔。公爲尚書，實贊留務。世際重熙，武偃弗服。本兵壯彊，城府肅肅。公在北陲，摧堅折衝。公在西曹，詰姦制兇。斂厥鋒銛，歸于大體。內修外靖，循治之軌。垂紳正笏，越五六年。華不外襮，實則茂焉。國有大臣，先朝是遺。胡天弗恤，遽爾長逝。生有誥勑，殁有葬祭。稽行易名，式超恒制。九峯之原，實惟帝畿。山環水迎，以徯公歸。穹碑峩峩，過必下馬。我銘其幽，以俟來者。長沙李東陽撰。

都察院右副都御史唐瑜墓，在上海周涇之北。

墓誌銘：公姓唐氏，諱瑜，字廷美。其先晉陽人。高祖英，國朝洪武初，爲上海税課局大使，始居松江。大父以忠，父昭，累封衢州知府。母張氏，繼母沈氏，皆封恭人。娶尹氏，封恭人。年七十二卒，遣官諭祭，賜葬于邑周涇之陽。銘曰：仕有失得，聖不謂命。有失若得，亦詎非正。世豈無得，匪求則競。厥終孰多，公有遺慶。慶不在大，公族斯盛。盍觀後來，粤有天定。長沙李東陽撰。

都察院右副都御史唐珣墓，在府城北荷祥涇。弘治九年賜葬。

大理寺卿朱奎墓，在佘山。弘治十年賜葬。三山林瀚撰神道碑。

大理寺卿王霽墓，在上海陸家浜南。弘治十年賜葬。洛陽劉健銘。

南京兵部尚書、贈太子太保、莊簡公張悦墓，在盤龍塘十字廟南。弘治十六年賜葬。浙江按察副使曹時中銘。

翰林院修撰錢福墓，在府東三里華陽橋。太原喬宇志銘。

墓記：吾與謙太史既歿之明年，爲弘治乙丑，其子元始克營葬事。先事請銘于太常少卿喬君希大，請墓表于閣老西涯李公。使未返而葬期已迫，郡守宜春劉侯聞而太息曰："先生生吾松，爲一代人豪。翰墨之光，賁及草木，旁燭海内。而身歿之後，遺魄所藏，酹奠靡所，碑版勿飾。雖先生之不朽不係乎是，而邦之人士其謂我何？天下之人聞之，其又謂我何？"乃發其俸餘，庀工于庭，浮石輦木，作享堂三間于墓前，外爲石門，屬以周垣。植二碑于門内，左以刻西涯之表，而以其右屬予書其事。予少與與謙及今府學生沈悦惟馨游，志同氣合，責以道誼。君嘗慷慨謂吾三人者，異時入翰林，則以年遞爲作傳，皆笑而諾之。時相傳以爲戲。今三十年，予幸忝從君後，而惟馨猶困塌屋，君復奄先朝露。追惟平生，不知涕之横臆。而侯重以是命予，予尚忍辭之哉？乃用侯之意，即惟馨所爲行狀，摭而書之曰：先生諱福，姓錢氏。家近鶴灘，人稱爲鶴灘先生。八歲能屬文，長益閎肆，凌駕今古，波瀾横溢，鋒焰逼人，有萬夫莫禦之勢。而義理精覈，情景切至，剪裁融化，恒言近事，名理粲然。遂魁大廷，登禁近，名滿天下，霆發霞舉，從者如雲，而娟之者亦至矣。既以疾告歸，掃迹城府，葺田園爲終老計。夷猶山泉，若初未嘗涉世者。知先生者，日望其出以張斯文，而先生已厭世矣。蓋先生之材大，故所立每超於衆。其氣勇，故有爲而必成。其洞識遠覽，曠視一世，既非輩流之所幾及。而震蕩凌厲，將造物者亦難爲容之。故就其所得，雖足以少酬其志，而用弗究宣，數弗及遠，非惟吾人，實古今所同惜也。昔鄭玄以儒學名漢世，北海相孔融表其鄉爲鄭公鄉。先生官止修撰，品在第六，又終于散地，卹典所未及。而劉侯克倡義舉，崇飾而尊顯之。假先生年而究其學，殆無愧鄭公，而侯之心其即融之心哉！翼翼墓垣，幽幽玄宫。華表有輝，過者增敬。錢氏之子孫，其爲感何如也！先生生三十而及第，三年而告歸，又四年而致仕，又七年而終。劉侯名琬，相之者同知張侯什、金侯山，通判姚侯淵、張侯紳、何侯鼎，知華亭縣張侯岐。上海石侯腆，教授汪君集，教諭傅君鼎而下，協恭尚賢，皆于法所得書也。顧清撰。

松江府志卷之七十六

塚墓二

元松江府學訓導胡善墓，在府學明倫堂後。

元處士顧友實墓，在陶蕩浜。

處士不仕胡元，隱居崧宅里，與陶九成、楊鐵崖爲友。家有芸閣，倪雲林爲寫芸閣校書圖。墓碣陸文裕公書。

國朝華亭縣儒學教諭曹宗儒墓，在集賢鄉横雲原。

墓志銘：先生字仲博，號鶴林山人。唐太和初，其先繇福唐之鶴林徙永嘉許峰，有以神明顯應王封享廟食者，事見國史家乘。宋宣和間，二世祖又自許峰徙松江貞溪，故今爲華亭人。高祖宋秉義郎、監鹽官縣酒諱澤之，力學尚農，貲雄於鄉。曾祖宋太學内舍、登進士第、迪功郎、衢州司户參軍諱應符。祖宋宣教郎諱榮老。父元建德路淳安縣儒學教諭諱慶孫，實嚴陵邵氏子。本生父宋文林郎、處州儒學教授諱桂子，娶司户女。宣教蚤世，秉義命後舅氏。中歲讀字書訓詁，更名絮。碩學懿行，學者尊稱爲安雅先生。娶承務郎、循州路同知新州事檇李唐世延女。先生生而穎悟，不爲童習濡染。稍長，于經史百氏書，無不研極原委，尤邃于《春秋》五傳。習舉子業，棄去隸古學。間發爲文章，正大温粹，變化浩汗。折節交當世名士，知府王致和、縣尹張德昭舉茂材，懷其牒弗上。扁齋居曰愛日，壹志奉養，將終身焉。既罹憂棘，丁時多故，舊田廬罔克守，授徒給食它所。皇明洪武戊申，翰林學士詹公同奉詔求賢，擬以名聞，辭免。癸丑，郡守王文貞薦送勸駕吏部試，授松江府華亭縣儒學教諭。邑庠先燬于兵，即徐氏義塾爲之，陋隘弗稱，從而擴充加廣，學制迺備。諸生執經考疑，因其材質開導誘掖，前後貢舉歲咸得上選。府轄倉務庫局，苟或闕員，則用教官攝。將命次訴諸通政使，具奏禁止，海内學較沾溉爲多。乙丑夏，沿牒，會逮疾稍侵。八月十七日，客死京師，年六十有九。卜以卒之明年，葬集賢鄉横雲原，遵治命也。娶廣元路同知新州事宜興岳薦孫女，親迎至所館，未廟見而卒。繼邵武路總管新安汪從善女。子二，有娶陸氏，以國子生二轉工部主事，衡未娶。先生性介直，然不爲崖岸，以峙聲名。奉家諱，几筵告秩，感愴孺慕如平生。待人一以誠，交友遇知己，傾肝鬲無疑二。會勝日觴咏間作，酣極益慎恭，讀書至老忘疲。余惟兵訌以來，喬木故家，荒落垂盡。曹氏一族，枝分條布，衣冠趾美，層樓廣厦，接棟連甍。火風蕩劫之餘，消滅成塵，敗垣背井，荆蒿没人。本支不絶如綫,係先生一人之身。九京不可作矣。曩僑其地,託婚姻之好,承慰藉甚至。及兹典教,又時得以文字相周旋。乃序次其世裔梗槩而銘曰:生不必究厥施,死不必膠厥居。運化莫詰,式還其初。横雲之岡,有鬱者墳。吁嗟乎!先生豈止于斯也耶,而善慶貽於後昆。陶九成撰。

朱祐之墓,在佘山東麓。

祐之字元祐,學士錢習禮爲墓志。

《朱氏佘山先塋記》:華亭朱氏以仕族稱。其先七世祖素,鄱陽人,仕元松江府推官。其子祐之,遂占籍華亭。配楊氏,贈宜人,合葬于佘山東麓。其後族繁,各顧其所親之墓,而佘墓遂荒堙。公有曾孫宓,贅居泗水里,生三子。仲有子,曰訓,[字]季暉,號南溪。有四子,曰承順、承益、承緒、承祊。南溪公殁,既飭其墓廬,乃念佘墓不可考。順嘗語諸弟曰:予數夢崇墓,有樹碑林木者。一老人指顧予了了,而弗能詳,豈其佘墓耶?"益於是簡先代遺文,得錢學士志,乃相與之佘,訪之繆老者。繆指山間羅漢松曰:"此蒼然者,故神奇不可伐。其下自來稱南門朱家墓,今屬之李秀才中孚。"諸君于是訪中孚所繇,云:"朱故祖母,族藏有先世質券。"蓋自成化丁酉至是,六十有七年矣。乃遂償其質,而率宗人修復之。既薙其荒莽,辨其區界,即封以吉壤,樹以叢木,引級爲階,構楹爲堂,庖寢斯嚴,垣墉畢具。百有餘年之墓,一旦維新。諸君孝思深切,誠不多見。而宰木有知,固其先世神靈所護,以待諸今日者也。順於夢寐通之,豈徒然者耶?修墓之年,爲嘉靖癸丑。徐獻忠記。

鎮守松江萬户府李將軍墓,在西林塔院之左。

御史袁凱墓,在東門外賢游涇。萬曆癸卯正月,郡侯許維新清丈立碣,題曰"明侍御海叟袁公之墓"。崇禎己巳,郡人顧懿德同子善有,結廬於墓之東偏,設像祀之。董宗伯其昌題曰白燕菴,以公有《白燕》詩也。其詩曰:故國飄零事已非,舊時王謝見應稀。月明漢水初無影,雪滿梁園尚未歸。柳絮池塘香入夢,梨花庭院冷侵衣。趙家姊妹多相忌,莫向昭陽殿裏飛。

里諸生薛正平《上許郡侯請立墓碣議》:按,袁公凱爲御史,所著詩當皇明艸昧,洗宋元之陋,復覩大雅。即北地信陽,皆推其爲國初詩人冠。公墓在東郭外,顧文僖猶佚諸志。迄今未三百年,墓柏摧爲薪,已尋片石於荆蓁中而不可得也。今幸天下太平,故土著父老猶能言海叟墓。數十年後,或遷徙物故,將與纍纍者共夷爲牧豎來往之地,而又安知其爲公墓哉?昔孺子之墓,至吴嘉禾中,太守徐熙、謝景,相與樹碑種樹,而墓得以久延,意其事亦循吏之不可廢者也。父老私言愚生曰:今太守文而循,必勒石吾袁公墓。倘更亭其旁,使好古者歲時以濁酒吊之,庶風雅不至委諸蔓艸,而免于金魚玉盌之歎也。

太醫院使徐樞墓,在干山之西。宣德間賜葬。子院判彪、玄孫益孫並祔。御筆詩畫,刻碑墓前。御賜宫人陳氏,内臣袁亨、陳福,并葬墓側。

御醫趙友同墓,在鳳凰山之原。廬陵楊士奇志銘。

錢塘知縣葉宗行墓,在莘莊春申橋之南。

鄉進士李寬墓,在洞涇磚橋周家浜。寬洪武開科,中浙江解元。

鄉貢進士李萱墓，在荷祥涇。錢溥志銘。

禮部主事俞允墓，在佘山騎龍堰。

墓志銘：俞之先出吴興俞退翁，宋代高人也。諱汝尚，舉進士，仕青州僉判，召爲侍御史，不就。蕭然物外，尤精禪解。去之日，沐浴趺坐於烈日中。孫莘老表其墓，事詳《宋史》。子有任，仕爲節推。孫侔，龍圖閣學士。曾孫澄清，爲侍郎。自退翁四世，咸以恬致高節，取重於時，稱吴興甲族云。宋季兵起江浙，道善公始避亂徙華亭。道善生道彬，道彬生道新，道新生彦達公顯，即公考也。彦達公而上，俱不仕元。及生公，值高皇帝定鼎初。皇考摩公頂笑曰："缺舌一洗矣。孺子其以《詩》、《書》起乎？"補郡庠生，移籍江寧，成進士，授行人，奉使閩廣湘潭。奏事輒稱上旨，上器異之。是時上之第六子楚王，材秇雄武，數將兵征五開諸蠻。上更欲進之道術，思得醇儒可相王者，擢公楚府紀善，邸中肅然禮敬焉。尋出宰魯山，祀名宦。公性純孝，皇考有奇疾，每發諸醫罔措。公既博識，抉長桑之秘，試爲方投，良已。自是皇考匪公所哎咀弗進也。永樂初，纂修國典，解縉領其事。既成，上猶以爲未備，乃妙簡儒臣，更加纂輯，以姚少師廣孝主之。而公首被召擢，授禮部主事，與侍講鄒緝、儒士陳濟等二十人，同在史局。惟不佞儼亦執鞭從事焉，咸蒙賜書褒美。始公之應召也，上方用法嚴，不敢以烏鳥私請。皇考疾發，而公不在側，竟以不起。公奔訃歸，柴毀幾不欲生。卜地佘山之騎龍堰，完窀穸事，結廬依焉。服闋，復官儀曹。致政歸，以壽終。娶錢氏，有子四人。長曰懽，次悦、懌、愷，皆醇謹恭儉，敦尚《詩》、《書》，有以占公之世澤長矣。故序次其出處大端，系之銘曰：五百名世曠一逢，上有真主風虎從。兩朝之間公人龍，呼吸千載歸心胸。昭回日月粉黻工，一吐厥緒開屯蒙。敉寧吏治罔勿隆，畏壘尸祝碑若虹。厥既受知主重瞳，天衢甫升何忽窮。翅雖匪鎩未受籠，糠粃塵垢卿相崇。優游溪壑薜荔封，風流跌宕爲時宗。今駕格澤驂天公，清聲相望配退翁。宣德八年夏四月，前史官國子祭酒豫章胡儼撰。

山西布政使孫豫墓，在下横涇報德懺院後。

四川布政使王公亮墓，在柘林堡。陳詢志銘。

兵部主事陸友仁墓，在白沙村。

贈兵部主事張熊應墓，在砂蕩里。

子汝弼自爲記曰：張氏世居華亭之砂蕩里，所居巽隅相距四十餘步，古柏盤鬱，文杏森聳者，祖墳也。始祖斗山先生而下，四世葬焉。前瀕于水，不可復容。曾祖守株先生别卜此地，當所居之艮隅，隔水相望一矢許，紆途而南轉二百二十餘步。既葬守株而下二世，景泰庚午，葬先母胡氏安人、先君村居先生合葬焉。其地四面背水，南則通途。於水之陽度水以丈，其袤六十有九，其廣二十有二。近北樹而爲兆域，虚其前爲祭田，且俟後來所葬也。守株先生嘗曰："葬此有五宜：高燥平衍，水潦弗溺，一宜葬。去浦既遠，無潮汐衝嚙，二宜葬。地勢幽僻，無戎馬蹂轢，三宜葬。溝塍既定，不復築，四宜葬。地非膏腴，畊犁不競，五宜葬。子孫雖富貴，有地可容，無事更創。種樹毋揉削聳直，治墳毋虚飾侈麗。聳直侈麗，盗之招也。有力惟崇其封焉。"世謹遵之。今所治先君墓，惟刻墓表一碑於道之左，虚其右以俟褒贈勅命,從俗以義也。吾兄汝輔命作壙記,于是直述其詳,勒諸碑陰。

太常寺卿夏衡墓,在四十保彭家庄。成化四年賜葬。建溪楊榮志銘。

南京禮部尚書顧清墓,在塘橋。嘉靖中賜葬。

墓志銘:公字士廉,學者稱爲東江先生。世居華亭西湖之涘。曾祖文理,祖顯,父瓊。以公貴,祖父俱贈禮部右侍郎。公少受詩於怡菴任先生,字以甥女。弘治壬子,舉應天鄉試第一。明年,登進士第二,廷試二甲第一,改庶吉士,授編修。丁卯,主南畿鄉試。尋充經筵講官,歷陞侍讀學士、掌院篆。甲戌,主武舉試。丁丑,主會試,教習庶吉士。晉禮部右侍郎,予三代誥,蔭一子。肅皇帝入繼大統,以議禮不合,因詔例自引退。後以言官薦,起南京禮部右侍郎,疏辭不允。既病篤懇辭,陞南京禮部尚書致仕,卒,享年六十有九。賜祭葬如制,謚文僖。銘曰:唯公之生實間氣,峰泖之英禀則異。德學才猷人眇媲,雄鳴高褰驚海寓,鳳閣鸞坡日容與。公有長才志經濟,詞翰文章乃餘事。帝曰汝賢汝予毗,朕有大柄遲汝畀。公拜稽首承若懼,臣供臣職敢弗至。佐貳容臺掌邦制,泰山之雲靉而霼,大惠旁施作甘澍。飄風何來汨之去,生平藴蓄百不試。惟賢知賢道相濟,豈伊薰蕕不同器。道有通塞有明晦,凝然泰然見强毅。日再中天廓霧曀,夭者卒定群喙廢。帝命再承臣敢替,恩榮不虧始終義。出處大業公無媿,完璧歸全靡瑕纇。祥澤之原厥土埴,公歸其中坎深邃。公神豈云同物弊,劍氣玉光不得秘,艸木林巒藉光賁。我銘弗文惟直致,來者有徵裨信史。邑人孫承恩撰。

江西副使過璘墓,在蟠龍塘。東江顧清志銘。

監察御史孟陽墓,在華亭鄉。錢溥志銘。

朝列大夫陶永淳墓,在彭家庄。信陽何景明志銘。

禮部郎中唐禎墓,在金匯塘。鉛山費宏志銘。

禮部郎中孟羽正墓,在朱坊橋。仲子養大祔。

吏科給事中夏時正墓,在古浦塘。陸樹聲志銘。

雲南按察使李希顔墓,在洞涇西。

太子少保、禮部尚書孫承恩墓,在蟠龍塘。徐階志銘。

都察院右副都御史胡岳墓。

御史包孝墓,在車墩。沈愷志銘。

工部郎中龔情墓,在語兒涇。陸樹聲志銘。

大理寺寺丞馮恩墓,在古浦塘。徐階志銘。子旌表孝子應天府通判行可祔,陸樹聲志銘。

貴州参政沈霽墓,在洞涇新浜。吴稷志銘。

南京禮部右侍郎董傳策墓,在新河。徐階志銘。

翰林院孔目何良俊墓。

贈少師大學士徐黼墓,在蔣涇匯。會稽董玘志銘。

浙江参政顧中孚墓,在金家灣。張仲謙志銘。

御史徐宗魯墓,在秀野塘。沈愷志銘。

兵部郎中王杲墓,在通波塘。

松江府知府臨川吴鉞壙志畧:王君景昭,鉞同年友也。君任兵部正郎,以正德九年甲戌卒于官,享年四十有七。配徐氏,無子。踰十一年,鉞來知府事,懼君之後嗣弗傳,乃爲命工營墓以襄事。既又立壙以志其槩,庶幾來世有考云。以郡守葬郡中名賢,亦異典也。

太僕寺卿沈愷墓,在北城濠上。

尚寶司司丞董子儀墓,在南俞塘。孫承恩志銘。

禮科右給事中張承憲墓,在天馬山東南之平原。徐階志銘。

給事中、贈光禄寺少卿楊允繩墓,在葉謝。

封工部郎中周雲鵠、子提學副使思兼雙阡,在蔡成涇之南。子紹元、紹節祔。

蔡成涇《雙阡表》:汝南周氏有世德,始於西隱處士,而顯於叔夜,蓋四傳矣。自西隱而下,曰縣簿一山,曰封公竹窗,同一丘爲東阡。而阡之西不數武,則叔夜葬焉,爲西阡。所謂周氏雙阡也。阡久漸圮,叔夜之子紹元、紹節,拮据以葺,徵余文表之。夫叔夜,吾良友也。仕而效績于朝,歸而爲德於里。及其歿而祀於社,蓋四十年如一日矣。余雖耄然,猶記叔夜往時,嘗歷道其先世種德,至今猶耿耿焉。按周之先,自處士彦高公正一生橘亭公鼎,遂著名華亭之蔣巷里。以其卜居於灣,人稱曰灣周。橘亭公有五丈夫子,季西隱公最賢,贅於岳。一山公,岳出也。子竹窗公,言貌不苟,動中矩度。沈太僕志曰:郡之篤行長者,古之隱君子也。余嘗謂叔夜信賢,然非先世積德累仁,以發其祥,曷克臻此哉?且也元節兄弟能讀其父書,而諸孫皆英英千里駒,足世其業,周氏之澤未艾也。萬曆癸卯,九十五翁陸樹聲撰。

思恩府太守錢師周墓,在横雲山之陰。

大理寺卿楊豫孫墓,在任淇浜。

徐階銘:位與名孰重輕兮,君試遡求乎,權以程之。身與子孰短長兮,君試逆觀乎,度以明之。任淇之原土厚水清兮,君其永安乎,徐享而迄成之。

浙江按察司經歷張之象墓,在神山。

河南參政姚體信墓,在五保。

墓志銘:華陸少壯登朝,仕宦二十年,半家居,半山居,半舟居。性豪舉,坦衷不羈,超然俗韻之外。生平不問生産,嘗卜築武林吴山,結廬鑿石,瞰山臨湖,日侶騷人開士尚羊其中。每當風日清美,遊興勃發,苦無資斧,或從典貸,甚至易産長往,不一計所從來。嘉靖乙卯、丙辰聯第,主虞部正,督理徐洪。尋外補,凡兩治郡,兩司藩臬,年七十有二卒。銘曰:士名於鄉,官名于朝。宦成而歸,于焉逍遥。進退維宜,百禄是荷。

副使龔愷墓,在禦溪之東。陸樹聲志銘。

南京兵部侍郎蔡汝賢墓,在瑁湖涇。萬曆中賜葬。

墓志銘:公字用卿,别號龍陽。嘉靖乙卯登鄉書,又十三年戊辰成進士,授大名府推官。召拜禮科給事中,擢兵科都給事中。出爲四川參政,陞福建按察使,晉浙江右布政,改四川,尋改福建、廣東左布政。陞右副都御史,巡撫廣西。進南京兵部右侍郎,贈祖父母、父母、妻如典,蔭子入監讀書。公筮仕大名,廉平不苛。入省首論東南事宜,繼請禮圜丘,請祀真儒,請城青浦。是時貢市初開,俺答、黄台吉、土蠻、速把亥、王杲、賓兔之屬,各以市挾我。閩粤山海之逋寇,江防漕河之劫盜,又往往跳梁。隨指陳利害,鑿鑿中窾,具在奏疏中。自後歷任浙蜀閩廣,士民莫不詠思之。繇中丞進副司馬,自戊辰去鄉里,至已丑始歸故廬。杜門却掃,居恒食不二簋,賓至不刑牲,不卜夜而飲。錢淑人歿,目不邇色者三十年。人勸公再娶,堅謝曰:"吾淑人故糟糠婦也,忍負之乎? 已矣,勿復言。"蓋公以壯年守義,人至今艷稱之,以爲非常情所及。戊辰試卷已落散帙中,座師見亭李公夢神呵曰:"就中有賢人。"急起覆視,得公卷。出爲名臣,入爲有道鄉長者。即清風直節,未能終竟公志。然天下皆知公無四知之金,無再調之瑟。爲徐文貞之鄉人,而見諒于高相國。爲仇者之中傷,而見重于嚴冢宰。真所謂名行兩無愧者耶! 銘曰:公如含光光不發,闇然修之名乃達。手搨白簡霜比烈,身被素絲玉比潔。翛然不受世淄湼,解組完名燿日月。惟帝念哉詢黄髮,公乘箕尾游天闕。有美德耀絃中絶,從一而終矢同穴。珠聯璧合石無缺,明綸煒煌公不没。子孫清白百千葉,過而軾者讀余碣。唐文獻撰。

太子太保、禮部尚書陸樹聲墓,賜葬北城濠之北。

浙江布政使莫如忠墓。

都察院右僉都御史陸樹德墓,在秀州塘。王世貞志銘。

唐府長史袁福徵墓,在佘山之陰。

蓬萊知縣贈大學士錢大復墓,在斜塘。

南京太僕寺卿林景暘墓,在泖涇西。

墓志銘:公號弘齋。成化中有諱濟者,以鄉薦仕爲沔、裕二州守,再傳爲祥,是爲公祖。祥生正蔭,是爲公考。公隆慶戊辰成進士,改庶吉士,授禮科給事中,轉户科右、兵科左、禮科都給事中。上初即位,上聖德十二箴,又言學使者不能遍歷,宜以南直隸之江北屬按臣,湖廣之湖南、廣東之瓊州屬守巡,于考試便。又請修《大明會典》,及詳議宗藩事例,著蹇諤之聲。丁丑,分校禮闈,號稱得人。擢太常寺少卿,乞改南以便迎養,遂遷南京右通政,擢南京太僕寺卿。尋丁外艱,家居二十餘年,接引後進,好爲德于鄉。郡城内外,津梁廟宇,多所修繕。以上腴百畝爲學田,仍置田三百畝以贍族。神觀莊嚴,言詞精簡。里有大役大災,紳衿皆就咨决焉。卒年七十有五。子有麟,文藻孝謹,克世其家。銘曰:謂公不遇耶,則已儲玉堂,歷青瑣,而位躋乎列卿。謂公遇耶,則嬛嬛以歸,鬱鬱以老,而未獲究其生平。徒使公韜光于豹變,而抗志于鴻冥。大學士申時行撰。

南京通政司使許樂善墓,在吕涇。崇禎中賜葬。

墓志銘:大銀臺惺初許公,賜葬吕涇之舊塋。公隆慶辛未進士,仕郟縣令,召入爲御史,按視畿南四郡。請告十六載,起掌河南道,刷南畿卷,典甲辰大計。擢太僕少卿,晉南光禄卿,改南通政使。先世自汴起家邑之田村里。祖竹溪公福,父東川公有良,代修隱德。公立朝居鄉,不近名,不立異,君子長者之行,百世可風。銘之曰:言不務高于天,行不憚潔于淵。豸其角而喙則鳳鸞，金其相而質也璞完。進匪亟而如遭，退匪濡而若鞭。五芽獨嗽，三素自搏，出清入玄。董其昌撰。陳繼儒贊曰：許公江陵所取士也。當江陵奪情不署名，卧疾不與禱。世知有顧憲成、魏允中、劉廷蘭，而不知有惺初許公。終身未嘗舉以示人，亦不願以此博名高而易膴仕。大臣之隱行有如此。

南京工部郎中俞汝爲墓，在上海龍華寺之西。

刑部主事徐三重墓，在三保。

禮部侍郎、贈尚書唐文獻墓，在二里涇龍興橋北。

墓志銘：萬曆乙巳三月，禮部右侍郎、兼翰林院侍讀學士、掌院事抑所唐公薨于位。詔予誥命全葬，遣行人主窀穸，諭祭二壇，甚巨典也。公繇乙酉順天鄉試，丙戌入對，天子親擢第一人，官翰林院修撰。考滿，奉勑贈父母，册封大梁，請告。三載還朝，補原官，知制誥。甲午，皇太子出閣講學，充講官，遷右中允。丁酉，晉右諭德。秋，請告歸。己亥，詔起原官，纂修玉牒副總裁，未赴。庚子，即家晉右庶子，轉左。辛丑冬十月，行册儲大典，覃恩再贈宫庶。壬寅，晉少詹。癸卯，晉禮部右侍郎，掌翰林院事。公十六隸博士弟子員，後蹭蹬名場，悒悒不樂。社中范太學允觀，慨然助貲游北雍，一舉而魁天下。多注意本朝掌故，及名臣風節。皇太子出閣講學，公以端亮方正，首應其選。風範肅穆，音吐和暢，雅得輔導體。子夜鷄鳴，即策馬建章門候供奉。雪虐風饕，不敢以一日澣沐請。禮闈之役，分校者三，主校者一。掌院届京考，教習庶吉士，孜孜以提奬人倫爲念，而世亦以公輔望公矣。公壇宇孤勁，進止皆有表識，熱腸冷面，無敢干以私。憂時感事，往往累日不得怡。每對余嘆息，邇來人物，大抵課虛飾表，非無聲望赫然，然巢阿之鳳，往往竟成羊公之鶴。甚且負嵎而爲虎，馮城而爲狐，營窟而爲兔，含沙而爲蜮。一生姱節，掃地而盡。原其修名養望，元爲榮利而設。以至漏盡鐘鳴，不思收綸罷釣，此坐剛不足耳。當妖書事起，窮治不得主名，言者波及少宗伯郭公正域。公率一二同志，昌言辨雪。華司理鈺以抗税璫下詔獄，公數從圜扉中握手慰藉，橐饘靡間。李黄門沂論權璫，觸上怒，杖之午門。公哭掖之，手調湯藥，日視諸邸舍。此非公之所謂剛歟？公面如削瓜，行類瘦鶴，循循讓步，呴呴讓言，非山澤之癯，則撿括處子耳。迨登仕而朝譽日新，贊大計，衛善人，破散私交，屏絶僥倖。身不滿六尺，而氣雄萬夫。其剛大之氣，有如此者。公少踐更，練習民間疾苦，酷知人痛癢。即閭師三老，久吏兹土者，其曲折不能出公上。每遇大水旱，力請蠲賑。或鄉人繇于京，躓于途，武弁督綱，功曹隸事，輒不恤片言振之，又不獨純任剛也。丁未九月，葬二里涇賜塋。銘曰：元氣磅礴，得剛則烈。震爲風雷，肅爲霜雪。惟公遇之，鬱然邦傑。正色立朝，昌言補闕。不愧科名，不奪大節。八載東朝，啓沃獨切。如海浴日，若星從月。帝念崇勞，卜兆賜穴。鶴表龜趺，金書玉節。夜臺儷從，晝錦若揭。勒銘幽宫，白虹巀嵲。太原王錫爵撰。

紹興府推官何三畏墓，在鳳凰山之陽。

墓志銘：往予與士抑，皆髫鬌就試童子科。督學使耿恭簡公手其文，目爲雙南金。公補諸生，工經術，才名與方衆甫、唐元徵相甲乙，結爲同社。檇李馮開之每當社期，棹一葉東來，相與授簡分觚，流連文酒，數日夜乃去。已開之、元徵與余次第入中秘，公猶困孝廉。

初,萬曆壬午,朱文懿公典順天試,擢公在第十二。既居政府,憐其才,推爲本郡司理。當路檄公讞爰書,决滯洗冤,法比精練老吏,驚以爲神。會中蜚語,拂袖便行。郡士民立碑創祠,以志去思。歸以達生著書爲樂,卜壤鳳凰山,行營兩尊人宅兆,誓墓終老,人莫敢勸駕焉。卒年七十有五。銘曰:公之出也,循吏於越。公之歸也,賓飲於鄉。晚富著述,歸然靈光。卜坎名壤,水燠土香。翽翽者雛,文明以章。五色之采,如雙鳳凰。丹山之穴,終焉允臧。董其昌撰。

諭德張以誠墓,在四十一保朱橋鎮東南。

公字君一,别號清遠居士。高祖南安太守弼,爲成、弘間名臣,世所仰爲東海先生者也。故公號瀛海云。公考諱德璨,八舉子,而公居第四。萬曆壬辰,詔天下選貢,督學曾公象乾司試事,公與南畿。朱大宗伯之蕃、顧少宰起元實膺其選。庚子,公魁應天,辛丑聯第。神廟親擢爲第一人,除修撰。庚戌,同考會試。壬子,主福建鄉試,擢中允,晉諭德,有《勸皇太子講學疏》。甲寅,頒大行皇后哀詔至山西,竣事歸里。丁封公憂,拮据襄事。東海先生世墓在鳳山之麓,子孫合葬焉。封公精青烏家言,卜壤山之最高處。公上下岡巒,耗憊彌篤。以乙卯孟冬朔,嘔血數升。越四日,竟不起。年僅四十有八,士論惜之。公孝弟端凝,冲和修雅。手不釋卷,門無雜賓。舉業得先輩正傳,至今學者程準焉。

建寧府知府王善繼墓,在金家灣。

墓志銘:公號達宇。國初有名文縉名琬者,以文學徵,載郡乘。數傳而爲若川公,公父也。公戊子領鄉薦,乞學官便養,得池之東流。奉艱歸,補嘉定。甲辰第進士,授刑部主事。大璫高淮以遼左不法就逮,馬璫謙亦以盜庫鉛事覺,先後下部。公抗議,以爲二奸依凴城社,蠹國耗民,即寸磔之,不足以謝天下。今槩置不理,第取一二黨附者塞責,舍豺狼而問狐貍,謂法紀何?宜亟下所司,究問如律。擢建寧守,在事甫新整辦,如久任者。竟以勞遘末疾,遂乞休。歸之日,捜羡金百餘,捐復雲龍橋。復檄給學官諸生膏火,洎里中節孝高年粟帛等費。自起家學官,以至典郡,服用不改寒素。雅善堪輿家言,三遷祖墓,數治第宅。享年六十有四,葬春申浦金家灣之新阡,公所自卜也。子獻吉,丙午順天解元。銘曰:矯矯王公,蚤慧晚成。厚若山負,皎若冰澄。孝友忠信,家珤國禎。亦訖于威,不慆于盈。維直維平,則莫敢攖。尚克燕詒,流祉垂馨。陸彦章撰。

南京吏部考功主事陸彦楨墓,在廣富林。

墓志銘:萬曆辛卯,予典試南畿。晚得陸君以寧論策讀之,心竊奇之,急收入高等。暨君來詣,則偉然丈夫也。聽其論議,慨然有經世之志。越乙未,成進士,需次當爲選首。時適有南司副之缺,銓曹欲以畀君,而難於言,舉以問君。君曰:"南北皆王臣也,何擇焉?"遂除君南京行人司副。予訝問故,君曰:"伯父宗伯父與先大夫中丞公,友愛備至,今老矣。南都視敝里如宇下,得便省視。"予心服其誼。明年入賀長至,行至彭城而病,南還抵里中。會有考功新命,適宗伯公滿九十,天子特遣使者存問,君尚爲肅容襄事。又月餘,而脾病大作,遂不起。傷哉!君諱彦楨,字以寧,别號中陽。君少以經濟自負,志趣過人。爲孝廉時,念松俗役法太偏,創均區平役議。東南歲苦輸輓,君力贊中丞公疏上白糧議,民賴以寬。中丞開府齊魯，君裹糧省視，韜跡自晦，津吏不知爲中丞子也。男景朋、景皐。朋孝廉，娶鄭昭服女。茹蔬守節，有司旌其廬。無子，以景皐之子爲之後。

浙江右布政使張爾嘉墓，在佘山。

公字錫之，號佘峰。舉萬曆癸卯鄉薦，癸丑成進士。始令婺之東陽，廉惠多循蹟，立生祠祀之。當考選，疏捄劉光復，薦鄒元標，當事憚其直。授兵部職方主事，時以東事佐樞有聲，力辭郎篆，絶足權門，求外補。分守寧紹台，尋晉右方伯，卒于任。友人陳繼儒哀而弔之，其詞曰：公性温良，氣容與。畏羶途，憚苛禮。削廉隅，鋤營壘。與人交，揭心膂。與人談，呼爾汝。我醉欲眠，類淵明之真率。日出科頭，似管寧之晏起。五載東陽，九年郎署。與吴淳夫同寅，而袖手不掌職方。與崔呈秀同門，而絶足不阿權貴。大節皎然，小心自喜。何羡蠅頭，何蹈虎尾。看火熖之亂投，笑冰山之徒倚。觀察則清净絶塵，方伯則淡泊如水。或賦詩，或隱几。解羽鱗，釋囚繫。栽野蔬，灌庭卉。衣三澣，食單簋。且嘯且歌，爲湖山之蘇白。方内方外，爲衣冠之巢許。既用物之不宏，庶遐齡之可擬。何爲乎絶其伯道之兒，并絶其中郎之女。五日病危，七尺已矣。丹旐素旌，返于故里。空山蕭蕭，空齋偊偊。伴者衲僧，啼者鼯鼠。哭泣無人，我淚如雨。

張烈婦陳氏墓，在天馬山之陽。郡侯張九德題碣曰“女中夷齊”，大宗伯董其昌書。

三御史墓，在北門外五里。

周紹節《請封三御史墓啓》：郡治之北，沿通波塘而往，廢塚累累。其最可傷者，有三御史墓焉。五里橋之側，曰明監察御史何公、配室恭止孺人之墓。封樹已無孑遺，壙後爲耕鋤者剥蝕矣。大灣之傍，曰明監察御史唐公、配室孺人王氏之墓。唐公封藏未改，孺人壙磚盡圮，不久夷爲平壤。於其左又得明監察御史某氏之墓，惜無姓字可記。二墓俱有碣宛然，其一碣石已斷，倒于墓傍。某親歷其地，于荆蓁中摸索三碑，又訪閭里中人，云俱屬廢絶。歸而考郡乘，凡華亭之爲御史者若干人。何公有諱溥者，繇正統丁卯鄉科。唐公有諱哲者，繇永樂乙未進士。廢墓之或出兩公無疑也。故敢遍告仁人長者，爲封樹之。萬曆壬寅具啓。癸卯，林有麟等捐貲封識。今復就圮，是所望於後之君子。

秦裕伯墓，在淡井廟北。

户部侍郎顧彧墓，在寧慶寺傍。

孝子顧文敏墓，在西門内。

孝子徐誠墓，在淡井廟北。

杜知縣墓。本縣知縣杜鎰，在任一十八年，卒遂葬于縣西。今地名杜家灣。

江西参議蔣性中墓，在鷰寶湖。

張萱墓，在高昌鄉。

承直郎、國子司業王應亨墓，在新江鄉朱墅浦之西原。陶九成作壙志。

臨安知府蔣霆墓，在洋涇。陸深志銘。

湖廣参議張穀墓，在縣北。顧清志銘。

廣南知府顧英墓，在郁家宅東。陸深志銘。

詹事府詹事陸深墓,在黄浦東。嘉靖中賜葬。大學士夏言志銘。

禮部侍郎張電墓,在淡井里。嘉靖中賜葬。

江西參議儲昱墓,在三林莊。唐錦志銘。

福州知府朱豹墓,在斜橋西南。子太學生察卿祔。

四川布政使沈恩墓,在長涇。

通政使司右通政趙灼墓,在五里橋。徐階志銘。

贈南京禮部侍郎董體仁墓,在望海塘。萬曆三年賜葬。徐階志銘。子傳策祔。

都察院左都御史潘恩墓,在陳涇。萬曆中賜葬。子湖廣提學副使允哲祔。

江西副使唐錦墓,在周涇玉峰。朱希周志銘。

四川參政戴邦正墓,在望海塘。朱大韶志銘。

湖廣副使張鳴鳳墓,在龍華。

光禄寺少卿顧從禮墓,在赤日港北。王世貞志銘。

陝西參議王圻墓,在三十保。

思州知府蔡懋昭墓,在周浦塘。

南京太僕寺少卿陳所藴墓,在高昌里。

志銘:公字子有,號滬海,世爲海上右族。丙子,以《毛詩》魁南畿。己丑成進士。既仕爲南比部郎,耑心讞斷,數决疑獄,有神明聲。與吉水鄒公爲同舍郎,相引重。洎遷南選曹,嚴覈官評,悉蠲陋例。又以暇日集諸名士,品隲其業。凡受知者,後皆鼎貴。公之勞烈著于藩臬,在岳州以清江絶盜聞,在大名以鋤强字弱聞。在中州,嘗攝十一篆,公以次按視,首刑名,次錢穀,手批目覽,無廢事,亦無曠日。凡公倉卒應事,刃游冰解,而其威信虚公,於學政尤著。晚雖奉朝請,起家南太僕,旋掛冠歸,以老壽終。子庚蕃,太學生,病歿,以廷琛子爲後。銘曰:劍則有鋩,玉斯唾光。揉乃爲鉛,刓乃非方。貞固清强,剔歷維良。薪者爲樸,蔭者爲桑。手搏龍蛇,胸蟠錦襄。千金射矢,一石歸航。遠引高蹈,自致樂康。蘭苗雖短,燕翼則長。罘如之宫,睬彼高昌。董其昌撰。

徐獻忠《改葬嘉魚學訓朱公父子助義碑記》:嘉靖庚申春三月,耆儒吴東林怡,具疏請於衆曰:怡,華亭柘林鎮人也。里中有先輩質菴朱公珙,字良器。成化間,以貢任嘉魚、江山兩縣學訓,致仕歸。有司舉鄉飲者數年,卒。與妻張合葬鎮之横涇南,已六十年餘矣。其父昱,號南隱,嘗以小學教授里中,鄉稱爲好人。其弟瑛,字良用,號爲益菴,亦善士也。其妻某,亦合葬一穴。往歲巡按侍御尚公柘林築城,適墓瀕城濠,疏鑿相妨,一時發掘暴露。其家子孫貧弱,不能掩藏,五棺纍然道傍,見者傷之。怡實爲里中後進,不忍坐令委棄溝壑,思欲别爲改葬,其費頗鉅。怡亦寇後無家,不能獨舉。敢仰郡中賢豪長者,共成義舉。於是何君良佐、良傅、玄之,里人也。徐君陟、馮君恩、楊君子亨,邑人也。各捐貲倡義,郡中起而和者總若干人,營治葬事。質菴暨弟與二配,改葬鎮之西北半里許竹岡東南,隱公别葬上横涇南祖塋側,俱在新城之外。買石勒碑,屬余記其事。

漢濮陽王墓,在四十一保小蒸西四里。高大不生螻蟻,相傳築墳時以酒醋蒸土,故地因以名。

曹王墳，在小蒸曹墳港。港以墓名。

何執中墓，在四十一保濮陽王墓前顔氏居後。有一古井，其泉甘美，故號甘泉。中有何執中墨刻遺跡，故相傳以爲即執中墓。

杜公墳，在五十保琴村浜北。

静鑑張麒墓，在佘山西北。陳文東銘碣併書。

雲南副使楊道亨墓，在修竹鄉。王世貞志銘。

沈怡素墓，在五十保三區，以匠籍徙宛平。有孫禮部尚書墓，在本區，曾孫沈弘道重修。

楊烈女墓，在澱山寺側。兵備按察使俞維宇題碣曰貞女，邑侯鄭友玄立傳。

衛文節公專祀於崑山，其祠堂記云：墓在湖州。今玉屏山之麓，相傳有衛狀元墓，蓋後人傳會云。

太師大學士文貞公徐階墓，萬曆十二年，賜葬于湖州長興縣東山嘉會區之原。遺命不竪碑坊、翁仲、虎羊獅之類，止敕亭二道。

監察御史、贈光禄寺少卿包節墓，在杭州五雲山。

太僕寺卿范惟一墓，在蘇州天平山。

光禄寺卿范惟丕墓，在蘇州天平山。

奉化知縣徐獻忠墓，在湖州九霞山。

贈南京禮部尚書董漢儒，萬曆辛丑冬葬，墓在蘇州漁洋山。

誥贈宜人俞母宋氏墓，在嚴州建德縣。

南京太僕寺卿吴炯墓，在湖州烏程棲賢莊之右，羅山之麓。

瑞昌知縣蔡紹襄墓，在南京方山。

右本郡卜葬外郡者，特列于此，以便百世後子孫訪尋祭掃，《舊志》無此例也。昔范忠宣陪葬山陵，後人求之不得，痛哭數日夜。忽大雨淋漓，始得碑碣。墓之不可不志明矣。

義塚，在華亭胥浦，縣人夏尚忠捨地建。

楊維禎記曰：葬不得埋曰棄，不得其屍曰捐。衣以周身，棺以周衣，槨以周棺，土以周槨，禮也。自夷鬼陀林之教行，始有畔中國之禮，而忍棄其親者，人心之陷溺也久矣。吁，可憫哉！松之民類不以禮葬其親者，人謂無丘陵之地，則有付之水火，亦勢使之然也。仲尼觀延陵季子葬其子，其坎深不至于泉。松之葬也，獨無坏土可坎乎？此華亭夏君尚忠義冢之所以作也。得不食之地于胥涇之東，周垣一里所，爲之封域，名義冢，使藏無地者歸焉。什伍其曹，各樹表識，使其子孫異日有展享之托。又規地一隅爲精舍，俾浮屠者主之以掌其籍。其有貧不克葬者，又出資力以助之。於乎！君之用心亦仁矣。吾聞君之先人清潤處士，嘗憫人積喪不入土者，捐金粟至千斛緡弗計。義冢之舉，其又不爲善繼先志者乎？余固樂書其事，而況君重有請也。於是乎書。君郡之義門，敦武公孫，字士文，承直郎、鎮江路府判官。棄而歸隱，益讀書習禮文事。又創立夏黄書院，以祔享其外祖橘隱公。

其好古崇禮類此。

義山，在澱湖濱。封華亭縣男謝德嘉壘土爲之，以葬邑之寓公，人以是名。

南壇義塚，在二十七保第六啚。絶户闞玉地，并費萬户投没無糧田，通計六畝八分。嘉靖元年，知縣鄭洛書置。萬曆三年，顧少卿從禮復買張氏地一畝七分界之。

西林懺院基義塚，在二十五保第四啚，地二十九畝三分六釐。

錢家巷義塚，在二十五保十三啚。絶户曹辛田蕩，實計三十二畝二分六釐。

法華巷基義塚，在二十五保第六啚。絶户胡保安海遺田二十三畝四分七釐。

青浦縣義塚，在西門外。

各區啚義塚。本郡俗尚火化，崇禎二年，郡守方岳貢、同邑令鄭友玄，每啚設立義塚一所，以便瘞埋，樹石刻定界址。

朱家角義塚，近明遠寺。釐峰席瑞樊、端攀買地置。

禮拜堂，在府城西二里。永樂初蒙古氏建，俗呼回回墳。

松江府志卷之七十七

寺　觀

浮屠老子之宫，金碧照天，鍾鼓動地。獨吾先師殿則不然，正以淡勝之耳。顧老有猶龍之稱，僧有三代威儀之嘆，即孔程且許之。人其人而廬其居，昌黎子得無過激乎？神道設教，存而不論可也。志寺觀。

《舊志》稱叢林，皆洪武二十四年歸併諸小菴院而名。三十五年，俱令復舊，有反盛于叢林者。今仍附叢林，以存舊制。道觀亦如之。

華亭叢林　新隸青浦附

南禪寺，在府學東。初名施水菴，後請額，賜名演教禪院。中有緑�樓、雷音堂，國朝僧綱司治焉。歸併寺一、菴二。

翰林學士閻復《南山勝地記》畧：松江府南禪寺，爲在城諸禪冠。唐元和間，船子和尚過而合爪曰："此地形勢最勝，願來興福。"時未省其語。至宋崇寧，有頭陀張氏即其地而廬焉。掘井得羅漢像十有六，頗異之。後以掩骼賞不受，换牒爲僧，實名普願。而船子願來興福之言始驗。願雖草創數椽，久廢。歲在紹興，得俊公而復興，請于朝爲寺。南渡百餘年，寺門終未光顯。入元踰三十年，住山如寄驛。寶公來住此山，樽浮苴漏，僅僅完備。每出入是門，徘徊四顧。西則儒、老二宫，頡頏争先。寺歛然退後，若有物壓其首。東則墻垣塞路，斗絶築底，若有物障其目。南則斷流如綫，過橋民居櫛比，隙不通軌，若有物横其臆。思欲挈山門而東之，規模定在胸中，凡三四年始克就緒。舊有大石黿蹣跚水涘，輦致其左，背負崇墉，若鼇戴山而前抃也。入門不數步，東南築小土山，植松其上，若虎伏林而旁衛也。兑水來其西，巽風避其南。繚以矮墻，夾以佳植，委蛇曲折，漸入禪境。見者生歡喜心，咸謂布置之巧，獨未有顔其門者。大德中，寶公輙以南山福地四字，乞書于中書右丞馬公，而船子此地最勝之言又驗。夫地不自勝，因人而勝。向也行即面牆，入即窺室，門外曾不容數騎。一轉移間，由南而東，舉目即見山門。由門而入，林影陰翳，若行詰曲山徑間，才見有寺。地雖勝，因人而益勝，固無怪也。獨怪船子和尚距今四百餘年，前後如此其驗。安知昔之願、今之寶，非船子身後身耶？

羅漢井，宋崇寧中張頭陀所鑿也。泉甘而冽。越四百四十年，嘉靖丙申，竹菴上人浚而甃之。都(剛)[綱]一峯德濱爲之銘曰：井之陘，唯水泠泠。止不波兮，使我心平。養之不窮兮，勿羸其瓶。終古不改兮，同其清。

寺僧如玘，字良玉，周文襄公禮重之。時錢文通十八歲，偶過玘公，而文襄適至，錢迫避玘榻後。文襄顧見青衫，曰："何人？"玘以錢對。文襄奇其才，薦之應舉，自是遂聯捷去。

積慶禪寺，本名坐化菴，在府東南，龍門寺相望。元至正辛巳，邑人陳源爲慶禪師捨宅建，慶坐化肉身在焉，菴因以名。正統丁卯，僧惠明請今額。其後福昭等皆相繼營建焉。

董其昌《建禪堂疏》：積慶寺後有宅一區，是先伯之故廬，本給孤之初地。厥考肯堂厥子搆，人都非矣。南方入定北方起，僧其病諸。雖污泥不礙蓮花，而穢土難参香積。每梵鍾之到枕，似得皈依。或勃谿之度垣，殊妨晏坐。非維摩摶取三千界，乃歌利割截無邊身。雲水裹足而不來，居士攢眉而便去。必有布金之緣，如水投水；庶成捨宅之事，以空還空。庶子首作金湯，素菴因而荷擔。願我同志，咸廣檀門。捐彼杖頭阿堵餘，展此袈裟一角地。叢林廢，叢林興，衣鉢宛爾；招提游，招提宿，蓮社開乎。

又疏：江以南列剎相望，未有稱坐化菴者。惟吾郡積慶寺，元壽堂祖師之肉身在焉，是以得名。自元至今，三百餘年矣。夫以地水火風之幻軀，靈光巋若；而晏坐經行之浄域，風雨漂摇。豈壽師護法弘誓之願乎？宿桑非至人所戀，而茇樹亦後代遐思。瞻祖容者，既作希有想、皈敬想，則此寺之栴檀瑞像，即師之七寶臺，此寺之苔蘚閒房，即祖之方丈室。忍視其日就傾圮，而使詩人有禪宫亦銷歇之篇，與世尊亦塵埃之嘆耶？且其求易供，其出易核。無王珣捨武丘之千間，龐藴擲湘流之百萬。證明功德，有壽堂祖師，良足起信。非若他方興作，始則建鼓而招，後乃空華不實。敢以諗於檀施者。

四十八願菴，府南六十里。元僧寶燈山建。

仁壽菴，府南六十里。元僧修建。

北禪寺，在府東北城内。宋紹興間，僧法寧建。元燬。洪武中，僧慧海重建。領歸併院三。

沈愷《重修寺記》畧：馬嵴寺居郡城東北，故名北禪。宋紹興間，僧法寧自沂州馬嵴山浄居寺，航海至青龍。有章氏往迎至此，發地得古碑，云大唐禪寺，又得金剛天王像，因建寺焉。縣令柳君約請今名。元燬于兵。至洪武中，僧慧海重建。有大雄殿、天王殿、金剛殿，又有法堂，有方丈，有放生池，有施食臺。至廊廡齋室，靡不畢具。其地寬衍悠邃，歲時有司祝釐，往往於此，遂爲吾松一大叢林。歲久雨淩風震，諸梵宇以次傾圮，祝聖者亦旋徙普照寺。所存者僅一大殿與二三古樹，非復昔之馬嵴矣。繼之嘉靖甲寅，東夷不靖，有司輒於此駐兵，戎馬蹂踐，鞠爲蓁莽，幾半無寺。賴僧是榮薙荒埋穢，�奥萃良，飾而修之，稍稍重葺。會僧雪菴梵行修潔，來自西蜀，慨然有興墜舉廢之志。墜緒中興，皆自今日始。余草堂去寺不百步，禪居密邇，隨緣聽梵，可朝夕往，當亦不作生客。不待雪菴之請，而樂爲之書。

徐獻忠《贈雪菴和尚翻經馬嵴寺》：已識開函意，先翻入品名。法從空裏化，覺自妙中生。印度隨心見，津梁逐處成。天花應自雨，不獨願燈明。

陸樹聲《題馬嵝寺》，叙云：馬嵝古刹歲久漸圮，地爲居民侵蝕者半，獨殿前雙樹屹立，度僧臘無算。兵後官司取材議及焉，余護存之。他日過寺，寺僧是榮引余讀舊碑，出雙樹下，顧余曰："是木向微公，幾已化去。今清陰宛在，實仗公再來緣，願一言貽山門。"因題識廡壁，以戒芻牧。歲遠香臺半劫灰，斷碑遺蹟掩蒿萊。回看雙樹聞僧語，此日清陰是再來。

清源，號雪泉，係華亭陸氏子。母王氏。七歲學經，誓願出家，投北禪寺坎峯榮公爲師祝髮。蜀僧雪菴倡舉禪堂，遇牛山高峯禪師挂搭。源晨夕請益，蒙師開示。陸宗伯復留天育禪師於寺。源遊南海，見大士現身，發心參學。投留都無極、金臺東巖等席，又參辯融、滄溟二師，諸老宿指示不二。隨至牛山，入鍊魔場，大憊鉗鎚，煆煉死生。歸結觀音閣，與景峯焚香，晏坐其中。景峯後徙龍潭，源依馬嵝如故，六十餘而化。

本一禪院，妙明橋西北，舊北道堂也。元至元末，趙道淵爲僧，易今名。

楊維禎記畧：本一菴者，宋乾道中，邑人沈氏所建也。歲久業廢。至元間，昌公月麓復侵田，撤去舊屋而一新之。又慮後之嗣者，或相踰越也，定爲甲乙，使主菴事。延祐昌寂，其徒存禮懼己弗克肩事，求其才且賢者主焉。時善應菴空林果公，行業峻茂，有聲叢林間。禮延置之，推居己上，事無鉅細悉歸焉。果公度弟子曰浄開、浄譽、善實等，凡十人。乃命開以師事己者視禮。四方參扣之士，聞果公之賢，縢履而至者，踵相接也。顧舊屋褊隘，無以館學者。由是拓易舊制，中爲殿，立大雄氏像，其旁若僧堂、籌室、山門、玄武之殿，燕居庖湢之屋，靡不完具。乃題曰本一院。果寂，開以次主席。開之後，譽實繼之。夫松値兵燹之後，求梵刹于城内外，不啻百餘區。匪夷爲焦土，則穿漏爲四虚之亭。獨本一者，巋然於瓦礫場中，椽瓦不動。人以爲祖師願力所致，而亦譽實之材幹，山門柱石也。予復喻其徒曰：農之爲田也，其始也墾治之、播種之，繼以耨芸之、灌溉之，則宜其田愈腴而愈大，有成利之穫焉。今昌之墾治播種，亦勞矣。果之薅芸灌溉，又勤矣。腴之大之，而收秋穫之功。後之人享有成利者，宜思其所由來哉。果字空林，雲間人。嘗參天目中峯本禪師，機鋒相直，遂超玄窟。實字性空，亦雲間人。通内外典及世諦，人稱蘭奢云。

幻住山房，即大雄殿後禪堂之左室也。中峯卓錫本一院，與月麓昌公、公弟孟頫講道小憩之所。中峯在處結茆，皆名幻住，遂以題之禪堂，湮没應教已久。萬曆壬辰、癸巳間，陸文定、唐文恪與今董宗伯，重復斯堂，分别禪應。有僧廣澄，號湛源者，主堂事。癸丑、甲寅，募修大殿，盡捐鉢衲之資以充費。年六十四示寂。天啓辛酉，有燕京僧孔奇修龍者，達觀門人也。朝海過松，寓山房中，士紳禮異之。以癸亥臘月三十日，端坐面西而化。李納言素我製龕拜送茶毘，香燈導送者百餘人。

吕公樟。院中有樟，歲久枯瘁。隣人患瘡穢甚，其家欲畀之野。患者僾僾僂行，至一橋上，見道人枕二瓶睡，顧謂患者曰："觀子氣骨不俗，何窮如此？"告之以故，曰："無妨，弟隨我行。"偕至院中，入門，道人揖枯樹曰："樟先生無恙。"是夜月色微明，俄頃林影婆娑，謂患者曰："汝但採葉浴瘡，當平復耳。"是歲疫癘大作，土人採葉煎服者立愈。

吕仙《題本一雲堂壁》：方壺圓嶠是蓬萊，仙士原從此地來。請入松壇薦芳茗，羽衣相映碧桃開。

陳必達《題樟》：雲鏁虚堂四壁空，吕公曾此問樟公。如今不見仙人過，古樹蒼蒼寂照中。

許尚《題月麓公墓》：早爲儒冠誤，齋心學竺乹。而今林下塔，夜夜戒光圓。

《題中峯祖燈録》：昔趙文敏與中峯和尚結方外契，間嘗圖寫其像。已復遡衣鉢淵源，爲摹古德像六十四尊。繪事超絶，向藏本一禪院。周子希允暇日假臨副本，各系以小傳，裝成巨帙，將勒石廣傳，而先以謁余。余謂達摩西來，不立文字。諸佛本來面目，似不在此。然寶華莊嚴，亦是法門一種快事也。隨喜展玩，遂爲引其首。萬曆壬寅歲，九十四翁陸樹聲。

趙文敏畫師張僧繇輩。僧繇不能描志公真，而文敏能畫諸祖神照者，蓋得筆法於潙山父子也。觀其威音一像，已挈綱宗。此如大圓鏡，至諸祖華梵不同，面目各别，如鏡中像耳。嘗觀歷代帝王像，故各有異。今以博地凡夫，直紹轉輪王位，所謂大丈夫之事，非將相之所能爲。安得不神觀偉特，令見者作龍象天人想耶？周君摹文敏此圖，殆有夙慧，非學習所致。然余聞之迦文曰：一切衆生具有如來德相。夫巍巍堂堂，輝輝煌煌，如摩醯首羅縱横三目者，吾輩各各具足，須自寫真始得。周君参取可也。董其昌。

陳繼儒《本一禪院志叙》：松郡北菴在妙明橋西北，舊名北道堂。宋宗室趙孟僩不屑仕元，托黄冠遊雲間，更名道淵。又五年，髡髮爲浮屠氏，再更法名曰順昌，號月麓，又自號三教遺逸，改北道堂爲本一禪院。其族弟趙松雪孟頫數來訪之，因請天目山中峯禪師至院，登堂説法，月公實開山第一祖云。月公七十餘坐化，其後延空林性空來嗣院事，緇素歸之。式擴大雄殿，以及廊廡庖湢畢具。有雙松堂，堂之壁，趙希遠所畫松也。有梅影軒，軒之壁，吴仲圭所畫梅也。有幻住山房，中峰寓室也。有得坐軒，月公燕居也。有古亳泉，中峰棲弁山之黄沙坑，漁者得霅溪片石來獻，刻古亳字。而入院鑿井，井水沸發，即題曰古亳泉，故以名也。有伽藍祠，祠周宣靈王，其神曾捍禦紅巾者也。有瓜裏佛，纖細如髮，唐李昭道製也。有西洋簇錦被，駙馬太尉瀋王贈也。有吕樟，植自回先生挂瓢辟蚊處也。有古錚、古鐘、古鼎，宋板大藏經，英宗皇帝賜本也。其他不能臚記。或燬於兵燹，或攘於遊衲，或散佚於本院住持，而院基亦半漁豪貴家矣。況能紀姓字香火于永永乎？月公台之黄巖人，少游謝南齋、歐陽巽齋、劉須溪、朱約山諸公之門。文丞相開閫江浙，辟孟僩與之偕。抵吴僅十日，其環衛王邦傑以城降元。授邦傑安撫使，孟僩吴江尹。孟僩稱疾不就，遠遁雲間。後聞文相狥難燕京，撰文遥祭，涕泗横流。臨終説偈云：文山之客，千古忠貞。蓋至死不忘故宋如此。悲哉！今人但知月公爲開山祖，不知其爲趙孟僩。但知建文時有雪菴和尚，不知宋末有月麓和尚。余故屬超然，特刻中峯、月公、松雪三像，以見緣起之所自，而意則表章月公之忠義也。余嘗考松雪《趙府君阡表》，出宋藝祖，自秀安僖王後，歷嘉定、咸淳，繇蔭官迪功郎至正議大夫。没十二年，而宋祚易姓。至元二十四年，召其子松雪詣闕，拜兵部侍郎，入直集賢，出知濟南府，罷歸。夫孟僩、孟頫，等之宋宗室也，而幸不幸乃如此。嗚呼！死生亦大矣。死生徹，進可爲文丞相，退可爲月公。死生未徹，即官至學士，書畫至趙松雪，兄弟間未免尚負慚色。今月公以大忠大節薰蒸之，中峯以大徹大悟箝錘之。

松雪至是，必且泫然流涕，始悔其從前仕元之非，而恨其逃禪之不早矣。蓋松雪以兩公聞道，非兩公以松雪借名也。此志外之微旨也。月公著《湖山汗漫集》，惜不存，容購訪之。

青嵒塔院，在三十八保。元至元二年，僧輝建。

修學院，府西北。元至元間，僧尚建。

普照講寺，在華亭縣治之西。唐乾元中，僧慧旻建，初名大明。宋大中祥符元年，改今額。寺有陸將軍祠，世傳本陸氏園亭，因以祠之。又謂陸機捨宅爲寺。然機死於晉，而寺建於唐，豈得爲機捨宅？其説妄矣。寺舊規弘偉，元季燬於兵，僧道敏重建佛殿。國朝住僧名偁大珹居敬等，相繼興復，榜其門曰都祝聖道場。每歲正旦冬至聖節，習儀於此。内有海月堂，堂東有秀朵軒、涵暉室，西有香水海，今俱廢。歸併寺一、菴院二。

北礀《重建西方殿記》：華亭普照，其間莊嚴壯麗，莫如無量壽殿。殿之殊特，莫如孟春之月，會千萬人。淛江以西，邈然寡儔。前榮軒豁，八窗玲瓏。佛與四衆，咸得相見。如明鏡中，見其面像。又若帝網，交光相羅。如擊其蒙，如發其蔀。費倍萬計，談笑而集。真懿大師，忠信崇教。大師祖祥，善巧誘倡。徒屬各致其力，作于嘉定九年正月，落成於十二年之四月。北礀不起于座，而告之曰：鄉也窒隘，而不見佛。不見之見，初不加損。今無窒隘，而得見佛。所見之見，初不加益。見見之時，雖佛亦物。見不能及，非物非佛。或曰：佛固自若也，吾見固自若也，有見不見也，何故？則曰：罔克在念，狂聖由是。即見離見，窒隘宏敞，未始二焉。

又《千僧堂記》畧：堂容萬指，燼於某年之寇，亦既久矣。遠人偉其名，務先睹爲快，今也漠然。人以其名在而實亡，乃與柳柳州《鐵爐步志》同。崇教大師愧此缺典，聚族而謀曰：有志者勇有爲，樂施者不吝嗇。吾僧於此逾四紀，凡所興建，根椽片瓦罔不與，舍我事罔集。且吾生平不妄受，受則辨禮義而不及私，信稍孚。將有以相吾志，鼎新以終老。權輿於嘉定庚寅春仲，輪奐于辛卯季秋。越明年，而崇教寂。又明年，嗣孫智淵能繼其志而復其舊。成不愆期，美不踰制。惟壯惟固，勿事侈靡。窗牖洞啓，牀榻衡直。匪雕匪琢，隨宜加飾。華鯨吸月，巨鏞横撞。鮐背在前，犀顱茁霜。旃檀無雜，薝蔔有序。本無位次，如法而住。十利五觀，敢忘講明。以福君親，以保兆民。謂吾素餐，吾餐罔素。於昌明時，密贊潛輔。

張之翰《藏殿記》畧：經自西方教入中國，有曰十二部，有曰六百五十七卷，又有曰五千四十八卷者。蓋如來四十九年之所説，諸菩薩大弟子之所記，西天二十八祖、此土六祖之所傳，與古今高僧賢達之所著。舉而集之，愈久愈夥，非俱舍何以置？梵云俱舍，此言藏。至傅大士作天宫地輪，以盛經典，令諸有情推轉，乃謂之輪藏。藏之不可廢也以此。松江普照寺據通闤，俯漣漪，爲群剎冠。淳祐間燬于火，藏殿一瓦礫場耳。梵修主僧希白，慨然興復。會郡富室王國英及諸大檀那來助，始至元十九年，迄三十一年。越十有三載，而藏殿成，共費錢一十五萬。殿二十楹，藏崇五丈，廣半之。金碧照耀，髹漆精明。上有飛仙橋，中有棲經函，傍有鐵圍山，下有香水海。每巨植砰轟，人運機而神效力，如車之旋，如風之行，如雷霆之驚。壯麗傑特，雖百歲老人，以爲希有。明年，白狀求文。予曰：初經之未廣也,或以金,或以銀,或以血,寫者常多。及經之既廣也,印于福,印于杭,印于蘇,讀者益少。今五千四十八卷,貯以五百四十八函,而總爲一藏,以一藏而載之一輪。豈徒張皇詭異,以誇一方耶?抑將見學者朝講夕誦,内有所自得耶?昔德山周禪師精究律藏,嘗講《金剛般若》,時謂之周金剛。温州安禪師得法于天台,首閲《楞嚴了義》,時謂之安楞嚴。二師纔了一經,已足超詣,矧博三藏者乎?如白之裒集經律論諸書,包涵萬有,覺悟群迷,使人隨取隨足,其用心固勤矣。雖然,凡開是藏、閲是經,曾知夫經自佛口中來,藏從人心上轉。天宫有此法輪,人心亦有此法輪。龍宫有此海藏,人心亦有此海藏。白合掌作禮曰:聞公之説,是人心藏心,同一悟轉,乃藏之無盡者也。願勒石垂不朽。故書以授。是年重陽日,趙孟頫書篆。

牟巘《釋迦殿記》畧:普照寺,陸士衡别業也。自孫氏歸晉,兄弟入洛,以文人膺事任,震動當時。曾未瞬息,已有華亭鶴唳之歎。而其臺榭化爲像設,研席化爲梵唄,乃至今存,何歟?寺北坐九峯,層巒疊嶂,相爲蔽虧,陰陽家謂風氣藏聚,可安千衆者也。唐乾元時,本號大明寺,僧良慧嘗創釋迦如來殿。逮宋祥符間,改賜今額。凡三度重建。淳祐戊申,厄於祝融,里人錢武翼首議興造。其事未竟,子大信繼之。咸淳甲戌,僧慧思請行超,慧辨、賢慧、悟秀以白鎮守沙侯,欣然厚施,久之而就。中設釋迦像,若左若右分列八位,備極莊嚴。而三世如來、圓通大士、應真羅漢、諸天人之相,亦次第而成。是役也,再見丁未,甲子復周,蓋非一手足之力,而超成其終。超既寂,其孫子聞來雪,求文以記,是固可以久傳而不廢也。爲之贊曰:維昔普照王,本自法身出。光明攝方寸,虚空常獨耀。盡三千大千,無量河沙界。皆佛慧照中,夫是之謂普。衆生宿業重,展轉墮迷誤。願佛垂慈憫,與除諸障礙。譬如摩尼珠,炯炯照濁水。一作是念已,業去障自空。而我初不覺,心目劃開朗。稽首釋迦尊,爲我證明之。至大元年三月既望,趙孟頫書。

牟巘《重建千僧堂記》:嘗記唐會昌五年,不啻二十七萬餘僧。宋天禧以後,不啻三十九萬餘僧。何其盛也!昔伊川程子嘗遊僧堂,群僧方食,歎曰:"三代威儀盡在是矣。"彼其拜則膜拜,衣則條衣。于于而來,脱履而升,臨席而坐,不語而食。蔬食菜羹必祭,祭必齋如,雍容可觀。故程子有慨于衷,不覺舍然而歎歟。松江普照寺有千僧堂,自唐乾元、宋淳祐兩戊申回禄之厄,無復舊觀。崇教大師祖祥之所建,潼川北磵居簡之所記者,又悉爲瓦礫之埸。歲在丙子,萬户沙侯來鎮是邑,與慧悟興教大師曇秀相與倡帥,首創鐘樓、庫堂、西廡。又四年己卯,里人趙架閣施所居堂爲之,因陋就簡,意未稱。臨化之際,專以是事付之其徒智受。癸卯,于舊址重建是堂。寬明周密,風日不到,設坐備物。使僧衆得以如法而住,繙誦經帙,下自己工夫。出則聽説法,申祝讚,功德無量。因來求文以記。逆旅之人,當去未去,視彼臨化灑脱明了,辦一大事者爲何如?方且彊立文字,以傳久遠。海會叢林有具眼者,不自獻笑乎?重説偈言曰:盛哉海會,千僧之堂。是爲普照,選佛之埸。萬中選千,千中選百。於百之中,又選其一。愈選愈少,其義伊何。人以爲少,我猶曰多。有如此堂,願力所造。窗几靚深,床座完好。夏有疏簟,冬有重席。攝衣而起,振履而出。千僧齊唱,一口百聲。千口萬聲,清徹朗明。有大導師,默然宴坐。忽獅子吼,唤醒惛墮。聞者震起，得大警悟。須臾之頃，萬化咸具。凡諸佛子，皆得度已。稽首普照，朝夕彈指。至大元年十二月。

牟巘《千佛水陸院記》畧：普照寺自唐乾元至宋，數百年矣，屢興屢廢。淳祐戊申迄今，又六十年。寺之山門、兩廡、佛殿，次第興建。千佛水陸院，地廣費鉅，衆請屬之惠慈大師志新。既領主席，於是慨然捐衣盂，營檀施。寺僧元德爲之分幹，徒浄恩、浄心爲之叶贊，大作新之。始于戊戌，越丁未，來求記。予嘗記釋迦殿矣，復之曰：佛經云，不於一佛二佛、三四五佛而種善根，已於百千萬佛而種善根。何也？夫計億兆者本於一，至寡乃所以爲至衆也。且一者何？心是也。心以方寸而總萬善，如木之有根，生意涵活，千條萬幹，聳壑昂霄，皆自此始。水陸院之義亦然。昔梁武帝嘗製《水陸儀文》，三年而成，幾三十卷。其後差設者，以十六位各分八位而爲上下，召請即通三時。法雖簡，施則博。其上八位慈容端相，爲人敬慕。下八位殊形詭狀，爲人恐怖。有善有惡，有勸有戒，大率以懺悔爲先。有能用意猛烈，一悔之間，諸惡遽除，衆善咸具。曷嘗不本於一哉？今惠慈於此二役，位置曲當。山門兩廊，壁湧天台聖域五百仙流。閣上設西方三聖、銅鑄千佛。閣下設千葉盧舍那佛，普賢、文殊二大士，左右壁湧水陸冥陽三界像。眩耀衆目，輝映芳池。而其池面菡萏敷披，生香不斷，疑從浄土移來此地。皆惠慈胸中自來積善，如木有根，故一念所發，有此殊勝，非徒極莊嚴、事觀美也。蓋欲使生者蠲其罪業、日增福佑，死者拔其幽滯、免墮輪廻而已。爲之銘曰：我觀人心内，有善元無惡。顛迷彼弗知，往往路頭錯。爾時諸天人，一切諸菩薩。忽現慈善相，與衆共説法。法皆由心造，罪亦由心起。心空罪亦空，各已得度已。衆生地獄衆，六道阿修羅。隨佛登天堂，只在一刹那。至大二年十月既望，趙孟頫書。

黄翰《重修寺記》畧：普照寺自宣德五年，住持久缺，日漸頹圮。僧官仁默菴啓東白，憂形于色。咨諸徒侶，咸以前住持上海南廣福講寺敬心淵爲薦。一聞其名，莫不懽喜踴躍，謂其必有力量，大振山門。既至，晝積夜勤，十有三載，罄其衣鉢，十方人士，樂助相成。若大覺寶殿、海月法堂、山門、廊廡、繡朵軒、涵輝室，巍然焕然。落成之日，大衆歎未曾有。心淵諱居敬，别號蘭雪。早於大報恩寺一雨翁會下職知賓，後歷杭州大集慶寺東源翁會中懺首。講大《易》，有學有文。嘗奉詔校經，蓋諸山之表表者。正統壬戌之秋既望。

張鎣《重修記》畧：普照寺内列釋迦、觀音、彌陀、藥師四殿，普賢、看經、千佛三閣。井亭寶塔，分列東西，鐘樓寶藏，析居左右。而又翼以廊廡，周以院舍，爲諸刹之冠。逮元季，入國朝，漸次興舉。正統年間，真定趙侯豫來守是郡，覩正殿之傾仆而鼎建之。天順間，東廣李侯惠崇建三大士殿，而規度殊特。成化間，稷山王侯衡來繼，丕建西方佛殿，未底於成。邇年河南劉侯璟首爲倡導，捐俸聚貲，以爲已任。分委僧綱都綱浄心宗璽，暨僧能豫，協力贊襄。窮簷廣霤，架棟修楶，髹彤金碧，絢耀華美。興工於辛亥，畢工於癸丑。都綱浄心輩咸謂郡侯興廢之功，不可以無述，乃伐石來徵言爲記。弘治六年癸丑三月。

《普照寺續古録》畧：本寺自唐肅宗乾元元年戊戌，敕蘇州華亭大明寺額，高僧慧旻律師首創。師自北簳山菴來建兹寺，初祠陸將軍爲伽藍神。寺僧邑人禱之，名爲廣衛，極有靈應，未詳廣衛之號。後梁乾化二年，吴越王委曲付知事云：華亭大明寺土地廣衛將軍，晉賢陸機之祖。大有靈應,密爲護助。謹具祭獻茶謝神庥。創建未周,遇代宗大曆十五年廢。德宗即位,再興三寶。文宗太和九年,又行代宗之法。武宗會昌三年,大毁寺院,州留一寺,僧員不過三十。是時天下僧尼歸俗者二十六萬五千人,毁寺四萬餘所。武宗崩,宣宗詔天下依舊建立。大中元年,本寺主首良惠,與旻師四世孫元珂律師等,募緣建造。寺後空地,皆荒凉草莽。太祖武肅王命司空張瑗來鎮是邑,寺僧待之蔬素,含恨密聞太祖,乃於寺後開河,三分去二。或謂寺基初廣,東南各距河,西至王井橋,北至居士橋,後北尚有寺園。宋真宗大中祥符元年七月,敕賜改普照寺。祥符九年,大殿成。至和間,寺主妙辨承姚宰供送御書寶殿二字。寶塔,天禧二年道者善誓建。鐘樓,天禧二年僧道雄建。樓高十丈,鐘聲應響五六十里。法華經臺,熙寧六年立。齋堂,僧慶邦别建,高六丈,可容千僧。長堂一日供米十二石,香火日盛,浄人半千,恐有諠諍。寺主法雲有方白邑宰錢寺丞,封杖歸寺,有諍者决焉。皇祐五年,東塔院興教師矩崇讓建舍那閣,高一十丈,有題梁。士人王茂乞覓不滿,經上司告稱違法,追常矩於杭州獄中,枷鎖自釋。治平元年,安公鑄銀卧佛一尊,十大弟子藏在兩重地宫。其院乃興教所成,徒弟通議大師浩慈於元豐二年,捨作十方,請晉水法師浄源住持,傳賢首宗。寶藏院,在大殿後。咸平四年,僧慶軫建。祥符五年,殿直樊守素奉敕賜晉水《發願文》一軸。八年,又賜芝草十一本,竝寶藏院收掌。普賢閣,寶元元年,僧宣梵建。西浴院,景祐三年,僧如授、如鑒建。藥師殿西彌陀殿,通議師浩慈、慈化師慧軫建。元祐六年,匠者丘氏雕無量壽佛丈六金身。崇寧四年,邑人何宗辨雕觀音、勢至二菩薩。大觀四年,建千佛閣、浄土院。天聖八年,僧居踈募建輪藏一所,後有看經閣、南水陸院。至道三年,僧常照建南塔院。慧辨法師乃本邑人,受法于杭州下竺祖韶講主,又與東坡往來,事載於集。賜號海月大師,乃弘天台教一代之祖師也。其海月都司師者,世所欽仰,亦以此名庫廳曰海月堂。寺前東西井亭,政和三年,縣宰姚朝奉書扁,東曰泉潔,西曰兼濟。寺街南亭,慶曆間寺主法雲師有方建。政和間,姚知縣禱於大士得子,名此亭爲請子軒。當寺自祥符以來,凡請主首,皆以講學明行,衆所推伏者充,非一房父子,聯聯相繼。寺有二百房,殿塔堂閣皆僧居之,其中具十科三學者衆。唐之都勾當,國初之管勾,即今知事也。二人三人,隨時所尚,以才力公勤者充之。都副僧首别爲二職,寺以二人充之,初非寺主所領。都僧首掌邑境教門公事,副僧首專掌免丁錢,其後罷副而都兼之。表白之職,大要莊重,以肅檀者之觀聽,今以補次寺主焉。聲贊舊制四人,以善梵唄者任之。綱維以新僧爲之,今以役夫代耳。建炎二年二月初八日,善住火。是年十二月二十八日夜,南廊義津房又火,從三門、塔院、大殿、水陸院、浄土院、千僧堂、厨庫、天王堂、普賢閣、藥師殿俱燼。建炎四年,寺主覺修再建山門,香花亭寺僧智明等造,皆未成。紹興七年,復三經燬,新創之屋署無遺矣。八年,蓋草殿于藏院基,有異僧來建釋迦佛像,瓊首座創鐘樓。三藏道法師欲先作五鳳樓門,道故去不就。十三年,作山門。十七年,冲招二首座作藥師殿。二十八年,寺主慈教彦霞等,於故浄土院基,作輪藏及殿經閣。二十九年,從實首座作普賢殿,慧珂等於天王堂基作觀音殿,超果教院序講主等作千僧堂。隆興二年,瓊首座作寺前二磚塔。乾道元年,序講主作僧堂。初,嵩講師建佛殿,請平江府進道者主之。是年，作新殿，添設彌勒彌陀像，而徙草殿之像居之。進卒，師梵繼之。理法華及白骨廟陸居士等重修大塔。三年，智覺師義聰等作兩廊四十八間，并畫知識菩薩像。淳熙六年，修證師可賢等作浴室厨屋，密首座立表刹。七年，理法華又作塔之香花亭。八年，寺主可權乞官給東南法華懺院基。九年，尚謙於故寶藏院基作法華期懺院。十三年，祖澄作觀音殿，架石橋於池，列天王仙王堂于左右。十四年，希玖刻壁記。紹熙二年，智隆彩畫新殿諸像，作兩峻廊，殿始圓備。從實元海於水陸院基造大悲像及閣，德元法堯以西彌陀殿千佛閣捨爲常住。三年，崇正師都依止慧通鍾樓下造泗洲亭，舊令尹楊潛爲之記。修證師可賢又於彌陀殿北作九品觀堂，以爲别院。四年，文雅造二金剛神。慶元六年，祥公修普賢殿，法華懺院基，作水陸閣。嘉定十一年，功德主祖興成之。淳祐八年戊申四月夜，東廊火，殿堂獨存。先興教常矩欲爲天台教院，紹興二年，德元法堯以其祖通議師浩慈房，捨作十方羅漢觀堂，時修證師可賢爲寺主。次年作觀院，徙羅漢于千佛閣。院有十觀、方丈、厨庫、殿堂、門廡、委骨池，賢爲開山觀主，名曰普照九品觀堂。淳祐八年，移杭州錢塘縣界廢寺梵修院額。寶祐三年，募建觀音殿及天王堂。六年，建普賢法華懺院。景定年間，一公順寂、徒覺照次建禪室，鑄洪鐘，于景定年間，初造小樓架之。後興教師曇秀造鐘樓，于至元十六年，僧堂提點秀公作倡，有東郊趙宅，捨屋爲助建之。秀卒，梵修主僧圓明大師希白，有興復志。會郡富室王提管國英，捨財倡率募衆檀。至元三十一年，殿堂輪藏俱備，刻碑存焉。先是，宋咸淳年内，錢武翼捨財印藏經。寶塔作自淳祐丁未間，故留三層，有壇，胡安人捨田三百畝，衆請了心爲幹緣塔主。至元三十一年，上安塔珠，勝緣未了。大德改元，寺主廣濟慧慈續建寶閣。大德五年七月，以大風衝毁。寺之東南隅古有懺院基，淳熙年間，僧可權築墻爲界。今之墻外東南，官有酒務醉樂園。至元三十一年，寺之正勤耆舊出鈔回買，立施水亭，後僧思澄造屋自居。西北廊三十六間，至元二十六年，松寺主造。東北廊數間，嚴寺主造。懺堂後過廊數間，觀寺主重建。壯麗規模，可使後之視今菩薩心之所行，亦猶今之視昔佛心所行也。名《續古録》。大德六年壬寅中秋日記。

張翮跋：至正丙申秋，余至雲間，僑南山僧舍，識寶洲岸公。一見而知其爲有道之士也，遂爲忘年交。癸卯秋，又得識其郡之諸刹僧。求其老成寡默，可爲叢林楷範者，惟吾寶洲一人。甲辰夏，造丈室，語及諸寺之廢興，寶洲歷言之。以《續古録》鈔署示余，曰："此普照鈔之顛末也。"閲其文，則自唐慧旻律師首創厥基，至宋海月辯大師弘廣其規。及國初，則超上人復加完美。迨丙申春，厄於兵燹。辛丑冬，住持尚古鋭意興復，率耆舊善安志堅，偕文通道敏，募緣重建寶殿，按圖尋復舊觀有日矣。通號性海，尤淳謹有守，蓋中庭月公之高弟也。因録此帙以遺之。至正二十四年甲辰秋九月，在華亭官舍書。

《海月堂改建景蘇閣述》：普照寺有海月堂，宋慧辯大師説法處也。祥符間，真宗賜號。堂舊本五楹，當正殿後，風雨垂剥。萬曆辛亥，有錢道者募改爲閣，奉大士。今即大士旁，以東坡海月並祀焉。海月堂額，郡侯春容賈公筆。景蘇閣，思白董宗伯筆。

善住教院，在普照寺内東北隅。宋皇祐間，僧常矩建，晉水淵法師開山。内有懷晉軒、蓮池瑞像、機雲故宅、高閣層巒、鶴灘秋曉、雲西雙松六景，後廢爲軍營。

大慈寺,府西南十里北錢市。元僧受建。

永福菴,府南十八里。元僧福建。

興聖教寺,府東南穀市橋西。五代漢乾祐二年,邑人張司空子仁捨宅建,明頌蕴法師開山。初名興國長壽,宋祥符中改今額。地縱廣踰三十畝,東有水陸池,南有浮圖,四面九級。有鐘樓,高及浮圖之半。簾級峻整,他郡所無。鐘聲洪亮,聞數十里。元季寺燬,而浮圖與樓獨存。大德間,僧子來修觀音懺,感應甚著。國朝洪武初,以其地三之二作城隍廟。寺僧道安原珍即廟南建懺堂,附塔而居,榜曰興聖塔院。萬曆間,有僧大振斷一手修塔,而塔下爲俗家所廬,尚有待于清正。領歸併院一、菴二、聖堂一。

北磵《大悲閣記》:具千手眼若兩目兩臂,而不自多,登地以前未易議。運兩目兩臂若千手千眼,而不自少,等覺妙覺,則多多益辦。過此以往即佛地。無量聖身,歷塵沙劫。作所難作,辦所難辦。從聞思修,入三摩地,獲二殊勝。始一目二目,而千萬目,乃至八萬四千爍迦羅目。一臂二臂,而千萬臂,乃至八萬四千母陀羅臂。目自鑒覺,而不知鑒覺。手自執捉,而與執捉忘。各安所安,不相違礙。手眼可盡,其應無窮。如風行空,吹萬不同。或不鳴條,濤山撞舂。及其止也,土囊孰封。如月初上,清涵萬水。影分無數,月豈有二。及其入也,銀闕罔閉。如春在花,如意在弦。意兮不傳,春兮不言。硡硐小知,斟酌聖量。如囊流螢,擬熾燎原。又如敲空,欲諧金石。不知人人,圓具此妙。借燈王座,初非高廣。大莊嚴藏,本無關鑰。紹興九年十月,華亭興聖寺火,千手眼大士巋然瓦礫中,命婦衛氏載之歸。居無何,夢女子謂之曰:"盍送我還。"覺而異之,燒香拜像前,憶夢中女惟肖,涓吉護其入,寘諸僧堂。乾道初,議整殘缺。大參錢公良臣實爲之倡,寺僧悟相其事。像復完好,光燭霄漢。行恭慧輝者,蹟光所自,得之於蓮趺右趾,聚族而謀曰:洪覺著靈,陰翊孝治,宜崇閣以尊事。若雲、浄藏、如瑩躍然相和。未幾,恭與雲皆先逝。瑩曰:逝者如斯,未嘗往也。願借一臂力,以畢予志。自淳熙初,訖嘉定癸酉嘉平策勛,勤苦三十年,乃克承奉大士於中,複道上安三世佛。藻梲粲霞,丹楹焕日,翼然横陳,出雲雨上。諸莊嚴事,莫不偉特。宜考績而嘉成功,故繫之以辭曰:泠泠兮載熹,炎炎兮廪而。山移兮數莫移,玉石兮俱焚。王兮温,其錢之信,由衛而敬。信既孚,所敬者盡。載飾兮載完,光奮夜兮斗寒。碧瓦層翬,複道兮雲齊。納月兮琁題,焕金碧兮陸離。同盟兮安之,如瑩兮一夔。紹定三年歲次庚寅九月甲申朔。

任叔實《修塔記》畧:興聖寺在府治之東。南漢乾祐二年,鎮東將軍張司空子仁捨宅建也。寺山門之外,甃石爲梁。其南步石梁而西,有塔屹立,如空中柱。其高若干丈,九棡四面,崇峙而方,縱廣正等。宋熙寧元祐間,賜紫沙門希玠與如納、如禮,協力建置。歲且久,甋瓦頽蝕,丹堊剥落。至元二十有一年,僧行高葺而新之。大德五年,行高逝而清裕主之。明年七月,颶風大作,上而相輪,下而欄楯,掣入空中,墮擲如棄。裕乃嘆曰:"當吾世而塔廢之,不可也。"乃出貲剩爲倡,衆緣駢來,甃補加密,椽梠欄檻,雲擁星附,莊校益精。雙珠七輪插在危,金繩寶鐸懸在觚。九疊崔嵬,千燈周匝,丹梯上通,白堊外飾。中分僧如來坐,層立菩薩神天,殊特妙好,視創始爲有光。既成,鈴鐸揚聲,山河倒景,神光千尺,曉夜發露。戍守之士，瞻拜失容，可謂偉矣。予惟佛氏之宫，設寶塔於闤域之外，飾諸佛像，崇示萬目，使樂善者趍焉。然而佛住世時，從地湧出，遠分多寶之座。佛滅度後，而爲供舍利，甃阿育之藏。是固神通願力之所致也。夫以塔身山立，巍巍然萬物之表，崇善避惡，揭迷塗而有歸。使表正欲從之心一，以破邪見稠林之惑。清裕師有精進心，爲殊勝事，見聞歡喜，伐石記之。

心泰《重修塔記》畧：永樂十有三年夏，興聖教寺重修寶塔成。沙門道安懼來裔不知創業之艱難，寺塔興廢之顛末，以狀授慧立，來越徵文以記。按興聖寺，明頌法師藴公爲開山始祖，立寶塔，功垂成而藴逝。宋熙寧間，賜紫沙門希玠與如納、如禮，踵成前志，爲塔九層，縱廣正等，壯麗可觀。年祀寖遠，崩圮不圖。元至元二十一年，釋行高屬典塔事。大德五年秋，颶風大作，復毁。先是，行已没，繼之清裕，克新舊觀，雄偉有加，松鄉任先生嘗爲記之。元季寺燹於兵，巋然惟鐘樓寶塔僅存。洪武三年，郡守林侯覩遺址閒曠，立城隍祠於其上。道安隸業興聖，念承繼之匪輕，適寺宇之不守。于是拉同志原珍，悉力興復。建懺屋五間，附麗寶塔，爲焚修之所。未幾，塔復壞于颶風，蕩無孑遺矣。安顧瞻盡心，誓圖構葺，未成化去。安徒慧忻，克相安志，罄己財，干募檀施。爰鳩衆工，易舊益新。以意范銅鎔鐵，綰冒其端。庭宇簾隅，甃用甎甓，繚以垣墻。内爲屋，按經奠位，釋迦多寶，分坐塔中，外列分身諸佛，上懸寶蓋，覆二如來。金繩寶鐸，垂亘四阿，風動出音，天樂間作。籠燈互映，明燭玄夜，光芒混星斗。踞城闉市闠之中，誠警昏蒙、樹善福之標幟也。經始于洪武丙子，落成于今乙未之夏。夫佛昔入滅，阿育王取佛舍利塔而藏之，此其有塔廟之椎輪也。然而震旦佛舍利塔曰十有九，余曩所禮者，唯鄮之阿育王塔而已。厥有不藏舍利，而徧於海内外者，豈不椎輪於《法華經》之見寶塔品者乎？興聖寺塔更歷廢興，自漢迄今，餘五百年，復新舊觀。故余于興聖之成住壞空，而占吾教之盛衰理焉。道安所建法幢佛事，積有歲年，于今七十有六，復以塔記托予，益可尚也。徑山住持佛幻叟爲記之。

焚化院，府東三里。元延祐間，僧大祐建。

種福菴，府南二十餘里。元僧瑩建。

通慶菴，府東。元僧貴建。

真聖堂，在谷陽門内。元至正間，僧妙浄建。

延慶講寺，守禦千户所東。其地本施家濱，宋隆興中，每遇陰晦，有金氣如柱亘天，間有聞鐘聲者。吴僧守詳號碧雲者，結茅廬葦中，以衆力成十六觀堂。乾道六年，賜今額。位居台宗十剎之一，與五山争雄。主席者若佛光、梅峯、雲夢，皆宗門匠碩。國朝洪武初，嘗籍于官。十六年，僧永懽奏復，中書舍人詹孟舉爲書賜額。其後主僧普智、善啓等，相繼營建。内有玉龍洞天、碧雲澄懷二堂。歸併寺三、院一、菴三。嘉靖間廢，改爲鹽運司公署，即今新察院。佛像遷南關外，曰延慶移山。董楷有《重興寺記》。

梵修寺，在普照寺西北隅。宋淳熙間，寺僧義聰可賢建。淳祐中賜額。

龍門寺，在集仙門内橋東。宋僧如喜開山于黄土橋，淳祐元年賜額，元至正二十年遷于此。中有聽雪軒，左有龍淵，遇旱不竭。凡鄉貢舉子，必於此設祖而賓興之。元季蕩燬。

永樂六年,僧能勝重建。今半爲馮氏園居,十不存一矣。

杭州路大報國寺沙門大訢記:浙右松江,巨刹相望。龍門寺在府治東南隅。初,如喜、了性二師,俱習智者教,行道於嘉泰辛酉間。喜師主錢塘水月淨教院,歸華亭,距邑東五十里築菴,暨性同居。施湯茗,嚴設佛像崇奉之。凡里人禱祈,誠應無爽,境賴以安。性即爲叢林所推,主天竺彌陀興福院。淳祐戊申,請今額,易菴爲寺,定次甲乙流傳。創建方新,二師繼化,嗣者弗克,遂廢。有思賢者,性師嫡孫也。馳譽禪林,嘗主嘉禾普賢院。歸視蓁莽,勵志興復,擇地于黄土塘北,而改作焉。其徒行潛可宗,克堪付託。潛由靈隱第一座,出住寧國廣教院。而宗適退延慶講席,居杭之南竺山。至元丙戌,命歸,以寺界之。宗曰:寺瀕海,年不熟,屢有寇至。欲圖久而遺後人以安,莫若再遷。辛卯春,賢師西歸。宗乃恪遵遺訓,相今所卜地,南瞰川流,北通市闤,厥位嚮陽,平原如席,衆咸樂之,于是徙居焉。作殿堂樓閣、門廡庖湢,衆宇悉備。宗授正,正授文明,文明授智傳,傳録其實請曰:重念前人創業之不易,來者其可忘之?幸記其顛末。今夫世人積銖累寸,植家業以詒子孫,其能僅守高曾之故業者,十百無一二。況有嗣其光烈令聞者乎?而我徒之居所在,常千百年,不與時爲代謝者,其故何哉?議者謂物生之汨其真而淪於惡者衆矣。吾聖人者出,納諸至善之域。凡有崇其宫室圖像,以存其教者,必以戒爲牖,以定爲室,而以道相授受,其胄無窮也。而曰吾遷吾居、吾食吾土而久者,特未之思耳。傳于是作而曰:吾知所以訓矣,請述以爲記。至元二十年乙丑正月日。

楊維禎《聽雪軒》詩:老夫聽雪龍門寺,淅瀝霰鳴飄雪多。龍噴雨花天作瑞,象占雲葉氣生和。月明蟹過銀沙岸,風細魚沉玉海波。萬籟一空天地老,誰憐聲色老娑婆。

崇福寺,在蕭塘鎮。宋紹聖四年請額。

干文傳《修寺記》:華亭東南四十里曰蕭塘,有寺曰崇福,宋華嚴可師之所建也。師姓衛氏,諱從可。族大而蕃,往往以科舉登顯仕。師獨求出世之道,紹聖元年甲戌,捐宅爲精舍。粤二年丙子,其從大父參政經復以故第益之。凡寺之制,爲一方勝刹。越五十年,雨凌風震,日就頹圮。元至治元年,桑門友首傾己貲,倡以大義。凡寺之耆宿,與夫鄉之好事者,靡不樂助。於是輪奂一新,視昔有加焉。工既訖功,將退處閒寂。衆請曰:兹寺自紹聖迨今,二百三十餘年,未有文以紀其實。其可不勒之堅珉,以垂不朽乎?聞乃諾而求記。予觀友聞始莅兹席,則以葺復爲己任。及功告成,則浩然賦歸,其志良可嘉已。故爲之述其事,以記歲月云。

按《淇水流慶録》,從可乃涇之從大父。紹聖丙子至涇登第,八十八年,記必有誤。涇之捨宅,當在嘉定丙子,時已爲參政,非紹聖也。

西報德懺院,府南三十里。宋達講師建。

慈濟菴,府東八十里。宋嘉定間,僧林建。

爲善菴,府東北四十里。宋紹興間,僧宣慧建。

蓮花菴,府西三十里。元延祐間,僧堅鐵舟建。

超果講寺,郡西三里。本名長壽,唐咸通十五年,僧心鑑建。按《唐會要》、《洛陽伽藍記》，武后以齒髮既老，建長壽寺於東都，改元長壽。《高僧傳》：心鑑藏奂，蘇州華亭人。大中初，修洛下長壽寺，敕奂居焉。奂後歸鄉建寺，復名長壽。宋治平元年，改今額。有觀音大士像石刻，云本錢武肅王宫中所祈禱者。太平中，錢氏歸國，僧慶依得之，未知所適。夕夢白衣道人曰："吾與若偕之雲間。"既寤，乘舟而來。將至縣西，大士舒祥光，下貫超果，遂迎以祠，至今雨暘皆禱之。寺有天台教院，陳舜俞爲記。元至正間，寺燬。洪武十一年，僧景祥重構觀音大殿、堂廊廡、一覽樓等宇。二十四年，清理佛教，併福田等寺院菴三處，以成叢林。二十七年，僧祥耐續造觀音前殿、西方殿、轉輪藏殿、方丈等屋。永樂七年，僧大與增置外山門，翻蓋觀音殿。十五年七月二十四日夜，失觀音像，不知所向。本年，僧得奎續創西廡，甃砌浄道街及兩廊地面。寺有雨華堂、"雲間第一山"高僧宗泐隸額、瑞光井、石假山、見遠亭。天順丁丑，住山正受修蓋金剛殿及雨華堂。庚辰，重建彌陀殿，建方丈於雨華堂後。壬午，修東西二廡。成化丁亥，修一覽樓，高廣逾舊。與夫齋堂、庫室、正殿，增置鼓鐘鳴磬之屬。祠山祐聖二祠像，設山門内。重建石梁，焕然改觀。辛卯，乃建退居一所于佛殿之西，扁名曰西隱。

陳舜俞《天台教院記》畧：天台氏之建化也，以觀心爲法，以念佛爲宗。觀心者，觀有心以至乎無心。念佛者，念彼佛以證乎我佛。或陞階納陛，同踐堂奥，或順風乘航，横絶苦海。真可謂大乘之淵源，導師之方便者矣。原夫清浄本然，無有空假，因緣忽生，萬法以起，河沙妙門，一念而足。所以體同寂照，神冥樂域，丘陵坑坎，悉見嚴浄。衆鳥行樹，皆出法音，用之則然，何遠乎爾。佛龍肇基，神化周浹，諸方向風，緣應如響。則夫來四衆之珍聚，肄六時之白業，棟宇具而神人安，鍾梵作而齋戒修，又可闕乎？秀州華亭縣天台教院者，奠鶴唳之奥園，實龍象之精舍。先是界相東南，地隙草茂，時和年豐，民有餘施。師徒日演，廣厦斯作，講誦未聞，人莫知嚮。法師惟湛，台嶺之宗，實爲苗裔，言厭遊方，聿來胥宇。既以知見提撕其新學，亦用方便誘掖於里俗。於是檀供旁午，規模備具。復即浄室，作西方彌陀之像。其高十有六尺，巋然垂臂，若將援溺，以應經量。邦人吴延宥，善施樂義，乃爲捐金以極塗飾。然後居者有以系瞻誦之愨，遊者以之起師仰之願。揭像運之雄觀，畢空門之能事矣。嗟乎！誰(爲)[謂]布施爲住於相。衆生不愛頂踵，慳貪無厭，暗覆真覺，集爲苦本，流轉生滅，莫知攸止。故夫信捨作則執著亡，執著亡則空寂見，空寂見則佛性具矣。誰謂聲色不足以見如來？今夫金山之聚，不輟乎吾目，和雅之音，不息乎吾耳。塵法雖外，其心則我。苟無聞見，則無我佛。故夫樂苦空而斷因果，厭諸相而求解脱。未足與語道者也。院既大成，嚴像且畢，以僕夙體斯道，見屬隨喜云。時熙寧五年正月辛巳記。

楊維禎《重興寺記》畧：雲間超果寺有大士像，郡志以爲錢王時宫中所奉像也。夢感於王，欲適雲間，王命慶依尊者奉像往。時主寺者釋聰，于像未至前曰：三日内當有主公至。至期果然。像初至禮塔匯，去寺十里近，髻上有光，貫于寺西井。井有金鰻，放光相接，若虹霓然，今名瑞光井者是也。宋理皇書賜額曰"超果靈感觀音教寺"。景定甲子，寺災，僧浄深者抱像投瑞光井，得完。今至正丙申，寺載燬。先一月，像夢于老衲曰：寺不焚者厨堂之閣,可徙吾座。僧行緣者抱之出郊,後厨閣果存。閲三年己亥夏,寺主僧澈自佘山輟席至,募檀施建殿,位置聖像。已而創山門,造橋亭,築垣鑿沼,樹藝花果。又復發田五十餘頃,招徠僧衆,修起翼廬。於是靈像具而法社成,邑人士女暨境外緇素,奔走歸敬。徼惠於水火雨暘,男女無虚日。吾聞石晉時,上竺僧道翊得奇木,刻大士菩薩像,白毫光煜乎晝夜。瑞相之託靈於錢王宫者,無足怪也。然辭去宫邸,必之雲間,白衣大士亦擇地而處乎?得其所託,閲三災而像弗隳,則於地里亦有關乎?今超果得人,而靈蹟益著,不在於澈矣乎?雖然,不逃生滅者,世相然也。瞿曇於世間相中,有不生不滅,玄黄不先,塵墨不後。雖有聖智,莫盡其際。若是則求蹟於有像示現之際者,兒婦人之近也。像以幻出,幻以妄用。以幻用幻,以夢夢夢,吾將於瞿曇乎叩其覺也。澈曰:惟其幻也,淪我生滅。皇覺我幻,不生不滅。吁!此未可與兒婦人道也。余以其言得像外指,於是乎書。澈字靈源,冰雪其寓號。耆宿僧有功於土木者,誠也,瑛也。至正甲辰夏日。

夏寅《重建寺記》畧:吾松超果,古刹也。主其席者受公。予少所遨遊,而交於受公,幾四十春秋矣。寺故有一覽樓,永樂中,尚書夏公原吉治水時常居之,賦《一覽樓》詩。成化八年,予還自西江,過受公,覩夏公詩,墨妙宛然,而樓則改建,宏壯非舊觀矣。又後七年,爲成化己亥,予再過受公,則巍然一覽樓前,剗爲荒墟,左右皆積巨木,而衆工斵削之聲傾耳。受公行指故基列礎示余曰:此將樹正殿。殿之前穿堂,亦架層屋,置鍾鼓其上。又其前爲前殿,計其費非數千緡不可。又明年,庚子八月,受公以畢工請記。

夏原吉《一覽樓》詩并序:永樂甲申,予奉命發廩賑華亭民,假館超果西軒。乘暇携虚中法師,爇百和香,登一覽樓,闢窗遐眺,三泖九峯,舉在目睫,真雲間第一境也。惟金鰻不躍,青虎無聲,可爲悵恨。遂命筆爲七言律詩一首,屬掌書者,他日再過,當執此以爲歲月計。我愛雲間第一山,登臨直倚最高闌。金鰻不起泉光暗,青虎長眠墓草寒。雨歇九峯争獻翠,風回三泖遠呈瀾。翛翛白髮堅公子,還肯分煨似懶殘。

知府黄子威和:樓外湖光矚九山,偶因公暇得凭闌。仰思任重恩難報,俯爲民憂膽易寒。烟散林梢懸霽日,風和江澳偃狂瀾。尚書詞翰存芳潤,屬我登臨興未殘。

錢溥和:金鼇海上湧三山,紫翠平分到畫欄。景撫鶴亭秋唳斷,草封鰻井夜光寒。不才自擬將頹目,有力誰回既倒瀾。感慨一時歸去後,祇園僧定鳥啼殘。

夏寅和:相國南巡愛九山,詩情爛熳此憑闌。一言悟主民財阜,三尺持公吏膽寒。王業有才先翊運,道源無力後揚瀾。尋僧幾度觀詞翰,重惜銀光片紙殘。

袁凱和:湖上雲帆泖上山,無邊風景屬凭闌。波涵秋影鶴灘遠,天接瑞光鰻井寒。花雨滿臺霏白晝,石梁當寺障清瀾。老僧留我登臨久,不覺楓林日又殘。

董其昌《超果寺西隱堂古杏募緣疏》:此旃檀林,有文杏樹。雖老僧過其甲子,實古刹齊其春秋。半瘁半榮,或娑羅之受記;一花五葉,值少林之懸絲。有僧以成法破法,皆爲涅槃;欲樹之捨身分身,而作佛事。匠石屢顧,斧柯將尋。嗟乎!末刦擴販,如來佛猶不免,樹何以堪哉?章吉甫等,捐布地之數金,壽參霄之百尺。恒使僧不有而俗復不有,如連雞之難棲;庶幾才亦全而不才亦全,免萬牛之廻首。人閲樹,樹閲人,畢竟人能呵護;後視今,今視昔,直須今作津梁。若也勿剪勿伐,嘗存烏屋之思;則何壞何成,共證烏窠之法矣。萬曆壬寅臘日。

樹在西隱堂東偏,去僧寮不遠。余童時讀書旁舍,見已合抱。夜深風雨,時作牛鳴。距今五十餘年,寺僧忽欲售之,匠石加以斤斧。雙樹何依,菩提安在,良足慨矣。吉甫章君台鼎爲樹乞命,以歸西隱,諸公即爲施金,矧余與有故人之情者乎?亦捐貲并附斯語。時癸卯春日也。陸從平識。

張之象《四賢咏》。序云:松郡域本揚州,星維斗野,三江浩流,九峯森峙。孕精炳靈,篤生多傑,佩服儒教,彬然向風。漢魏而降,則張朱顧陸,最稱華茂。代歷遐曠,篇咏難詳,乃其著者,畧得指論。季鷹創導于咸寧,二俊揚波于太康,希馮踵武于天嘉。雲蒸飈起,奕世樹烈,挺秀山川,有輝閭里。所謂藝林之準的,後進之領袖。千禩以來,罕睹其匹也。余世家兹土,少習舊聞,每誦其文,嗟賞不輟。尚慕先民,恨與異代。所幸者道終不墜,文或在兹。諒南金之可求,知大雅之復作。浩焉興懷,遂有斯撰。雖效晏子執鞭之役,亦竊附軻氏私淑之誼。嘉靖甲子秋七月,書石于谷水草堂。

季鷹性曠達,本自山林人。浮生貴適意,何物羈我身。命駕凌秋風,拂衣還海濱。野鱠戀瓊鱸,溪羹甘紫蓴。一杯幸可托,千載寧足論。黄花有遺倡,情素藉此申。

士衡太康英,雲津駭龍躍。倫淵才勿殫,喻海辭亦博。談文枚馬儔,擬古王劉作。張華分已投,葛洪賞無怍。功崇不返吴,任重猶羈洛。悽惋成都牋,悵嘆華亭鶴。

士龍秀雲間,弱齡弄篇翰。象岸既瓌瑋,詞鋒亦炳焕。嗜學類顔回,欽賢準姬旦。弘静世所宗,機神衆所憚。抗議干白日,著書烱丹漢。令譽方哲昆,多才秪搆難。

希馮東南美,實爲海内傑。博識傾當年,麗藻嗣往哲。天儀燦繁星,地紀窺玄穴。龜墨乃神解,鳥篆非浮説。賦日已驚群,圖賢亦誇絶。特抱翊王心,終建征侯節。

又題:予嘗爲《四賢詠》,吴門友人錢穀世重繪像簡端,先已鑱石。兹復選勝,得神山崇真院側隙地數弓,盟我同志創造祠宇,歲兩祀之。蓋四賢者,孕靈峯泖,挺秀東南。奉祀之期,則必以上巳重陽,亦存九三之義。請著令甲,永爲山中故事云。

群英接踵應文昌,世代悠悠歷晉梁。三泖波濤清德里,九峯烟雨集賢鄉。簪纓不墜儀刑遠,竹素猶傳姓字香。吾黨敬修蘋藻薦,須期上巳與重陽。

《後四賢述》:超果寺舊有四賢祠,嘉隆間,張王屋先生爲之序贊,勒諸堅珉。旋有醉李宋石門居士棲禪于中,請之宗伯陸文定公,顔其堂曰仰止。而蘋蘩荇藻之薦,以屬之釋子。歲春秋,文定偕季公中丞阜南,巾車造焉。釋子之言曰:雲間四姓最顯盛,而四先生之瓣香一燈,越千餘年。而寺僧守之,非以四先生文章風節,足興後起耶?此文定式祀意也。乃寺之廢而復興,常住永永,少宰顧文僖公爲大檀。而今寺之陽巍然魯靈光者,非公故第耶?其西錯武而近,則東海張公之世里相望也。竊以我明四大宰官,配前四先生,姓氏都同,又兄弟偕也,似天作之合者。擬祀之曰後四賢,而將問記于作者。有識聞之,躍然曰:華亭之有八賢,有季鷹則有南安,有希馮則有文僖,有二内史則有宗伯中丞,抑何其巧埒也。夫四先生值晉代,前後雲擾,鴻飛羅網,奚啻千里,而羽儀膾炙,至今懷思不置。何況當代四賢,或謖謖如巖下松,或淡淡如春月柳,或矯矯爲雲中鶴,或累累如豐年稷。其于鼓吹休朝,冠冕士林,方駕前修,不啻過之。超果蘭若不朽,二祠香火亦不朽。峯泖多英,洵足述也。後學周紹節希允父述。

雨華殿,在鴛鴦大殿後。天啓初年重建,後爲千手觀音閣。閣左右東偏各有樓,西爲禪堂。殿東廊有鏡碑,南爲如如堂,北爲圓悟堂,有轉藏殿。殿西廊爲西方殿,北爲西隱堂,有瑞光井。井有亭,久圮。西方殿,僧如霖募善信楊泗建閣,供定光古佛所居莊嚴聖像。即前記所稱静室作西方彌陀之像,歸然垂臂者是也。舊牓三聖之殿。

西來堂,殿西南。萬曆戊申,講師覺虚[性]一建。舊有四賢祠,吴太僕烱遷于堂之東偏。嗣法常綏、常瑩,婁江人。

雨花堂,殿西北。萬曆中,王侍御元瑞與徐太守琳,結放生社于此。始創三楹,僧性弘修葺,復割西隱之隙地,爲建法堂。

天王殿東西二静室,右爲僧懷誠所居,顧文僖公祀其師任公怡菴,香火尚存。左爲緑漪堂,王侍御宴憇之所,延方外居之。

任士林《曹氏捨超果寺田畧記》:超果寺在今松江府治之西南,實白衣大士瑞光示現之地,衆敬趍湊,慈感如覿。事有吉凶禍福,其頌百三十,置籤以卜之,諦信之歸者亦多矣。昔帥幹曹公某,以子孫畬搆之重,卜乃後紹,籤言其度,吉有遠猷。今宣慰副使勉齋公夢炎日精祈,幾有先見。至元三十一年,以事禱,丕孚襲吉,告無易辭。至大元年,以疾禱,籤復示之父子歡榮,且期七月,事有寵遂。及期習卜,亦不易也。事下果然。先是,沃洲光燁師住山日,嘗迎大士小像行化。公疇昔之夜,夢白衣人求見,纓絡珊珊,云:自超果寺來。明日臨門,公亦悚然。夫大士之于曹氏,何影響相示若是耶?于是公嚴事日篤,凡道塲幢蓋之地,法食雙轉之輪,屢施不倦。自大德五年迄九年,施財若干貫,米若干石,田若干蕩、若干畝。今住持北山文勝師,以所施田歲入五百畝補齋粥,二百畝備修建,百畝舉期懺。且歲以正月,集千僧誦經典。固將彰大士之道,侈曹氏之施而久之也。求文以紀其事。

《覺虚法師狀》畧:覺虚名性一,江右安福人。年十五,辭父入九疑山石溪菴,依三際通禪師剃染。又至南都,參遜菴大師。受戒于無際,受法于雪浪。萬曆癸巳,過雲間,講《楞嚴》于本一禪院。陸宫保贈詩,有"坐聞談了義,真覺此生浮"之句。師謀諸檀越,改葺禪堂,事竣應講諸方。己亥往少林,爲無言禪師立碑。復歸雲間,録禪宗四家語録。移錫超果,結西來堂休老焉。董宗伯贈詩曰:"龍象森森奉麈談,直拈教外首楞嚴。欲知末會人天供,雪後梅花百鳥銜。"乙卯秋示疾,兩手結印而終。閲世五十,塔于本堂之後。法嗣二人,法孫通洽,少慧善詩而夭□説經二十餘會。玄風邈絶,緇素咸追惜之。

福田寺,在泖濱。宋淳祐十年修。武郎錢仲圭建,僧然開山。景定甲子賜額。寺有宣教郎吴天澤泖塔記云:觀符間,老僧如海築臺泖中,作井亭,施湯茗,標燈爲往來之望,歷五年而始成。

廣化漏澤院,在超果寺西北。宋崇寧中,僧永珍建。紹興三年賜額。

許尚記:華亭超果寺之北有地焉,可以掩骼而埋胔。道者永珍,姓葉氏,來自赤城萬年院，一臞比丘也。適奉是詔，乃請於其地主林珍，珍從之。又請地於童昉，昉亦與之。由是漏澤之園成矣。其徒顧善明，亦以道者瘞斂如旨，而得度牒。紹興初，住持僧曇秀始請于朝，得廣化之名。屋纔數楹耳，門廡庳陋，庖湢不具，不足以稱名院之意。太師鄆國章公之後曰欽若，嘉秀有興拓之志，乃割薪米以助之，且以申追遠之意。秀樂與其屬景仁、法欽、景倫、景佺、子元、宗遠，合謀戮力，闢而廣之。翬飛輪焕，猶一望刹然。吾嘗溯珍之始爲是圖，實崇寧之二年。越三十年，始賜額于朝。又三十年，而院始成。後之繼者，知珍之所以經其始，秀之所以成其終，又知國家厚乎民者，使生有所養而死有所殯。則是院也，可不日加意乎？淳熙己亥正月望日。

定心菴，府西三十里四十一保。元天曆間，僧心如月建。

妙嚴教寺，在府城西東嶽行祠之東。宋咸淳間，僧智建。本三乘菴，改妙嚴院，寺仍院名。宗白雲教。元至正間重建，國朝景泰間重修。壬申，僧昕東谷重建佛殿，塑像併中山門十八應真像，出丘彌陀手，眉目如畫。歸併院二。

慧日院，在佘山。山有東、西、中三菴，此爲中菴。詳《山志》。

示應菴，宋淳祐間僧瑫建，久廢。國朝萬曆間，僧明心真胤即故址重建。

蓮隱菴，府南十里。宋紹定間，僧緣建。

安福菴，府北二十里。宋咸淳間，僧照建。

祠山菴，府西三里。元至正間，僧懽建。以下歲月並同。

慈悲懺院，府東三里。僧成空林建。

觀音堂，府西三百步。僧善慶建。

松江府志卷之七十八

寺　觀　二

西禪寺，即龍潭寺，詳《水志》。萬曆間，僧聯輝重建藏經閣，僧月印重修生生閣。歸併寺一。

西林大明禪寺，府西慶雲橋北，舊名西林院。宋咸淳間，僧睿建。前有寶塔。國朝洪武二十年，僧淳厚重建。正統間，僧法瑀徙建于後，復建毘盧閣。初歸併西禪寺，至是請今額。

錢溥《毘盧閣記》畧：松郡距[海甚邇]，環帶峯泖，舟航湊泊，以通百貨，則惟城[西。而其]據勝處，有大禪剎，曰西林禪院。舊有崇恩寶塔，歲久傾圮。其孫法瑀徙建于大雄殿後，復建毘盧閣于塔後。其閣始于景泰壬申，成于天順己卯。三檐重級，高十丈，深六丈，廣十丈有畸。上設毘盧像，十二圓覺于西隅，四楣左右後壁設十方諸佛，下設地藏一座。請賜大明寺額，衆推瑀主寺。蓋城西闤闠數里中，而閣與塔交輝駢峙，以隆一郡偉觀。癸未春，予使交南還，適郡守李侯惠、通府洪侯景德、吴侯春、節推胡侯海，供祖帳於西林，且登焉。凭闌四眺，若將遺世而超然者。然後知佛之教，必因其地與其境以表之。蓋其教以見爲門，以聞爲修，以應爲形。登是閣者，見千萬佛之形，本一性之化；千萬事之夥，原一心之萌。目擊而道得，不言而教行焉。瑀之成此，其擇勝以諭諸人者，豈徒崇一閣以爲飾哉？瑀華亭人，通内外典，卓有戒行，善詩弈。嘗受教於徑山比丘項西疇云。

法忍教寺，在朱涇鎮，詳《水志》。歸併菴五。

雲隱菴，在澱湖西王巷鎮，南接石神廟。宋咸淳間，僧如隱建。元至正間，僧順重修，後廢。國朝正德年，里人懷宗信重建。萬曆中重修。

普福菴，元至正間建。府南三十五里。

崇壽菴，元僧瑩建。

董墳菴，洪武六年，僧壽建。並府南五十里。

金道成菴，至正癸未，僧成建。府西南四十里。

東林禪寺，在法忍寺東，俗呼東法忍。元至大初，僧妙因建。本觀音堂，皇慶初，改額爲寺。至正燬于兵。國初，僧至益重建。歸併院一。

延壽院，在府西南李塔匯。宋嘉定六年，僧元信自定海來，卓錫于此。里大姓錢氏捨地建。初名澄菴,又名圓通。寶祐、咸淳間,僧如霑始易今額。元至大中,同知新昌州事錢大信有記。後燬于兵,僧照重建。院臨驛道,府人祖餞,以此爲節云。匯名李塔,疑亦以曹王明故。詳見《祠廟》。

寶藏禪寺,在海惠寺西。宋熙寧初,[邑人]吴延亮建,白牛禪師開山。紹興五年,賜額[寶藏]護國禪院,寺因舊名。歸併寺一、菴堂三。

定光菴,宋景定間,僧通建。

張世美詩:定光、寶藏二寺,與海慧寺轉屈相並,門徑幽寂,因過有述。一逕幽深薜荔叢,佛樓突兀倚晴空。小橋烟水楓溪接,上刹雲霞慧海通。慈竹迎風喧聚雀,蒼藤掛樹曲蟠龍。僧貧避事門常掩,誰道尋幽客興濃。

報恩寺,在七保。宋僧祐建。

三乘菴,宋景定間,僧卿建。

圓覺期堂,宋熙寧間,僧法海建。定光至此,俱府西南六十里。

太平禪寺,在胥浦南。初名太平興國禪院。宋紹興二年,僧曇無竭建。元燬。至正甲申,僧潤玉隱建于浦北。寺有松風閣,僧元鎮建。歸併寺一、菴院二。

報恩寺,府南四十里。元皇慶間,僧道源建。

陸墳菴,府南六十六里。元至正間,僧道盟建。

龍門院,府西南六十里。元至正癸未,龍門寺僧省建。

澄鑒禪寺,在泖橋。俗呼泖橋寺,詳《水志》,别有記。歸併菴一。

張墳菴,府北二十三里。

興塔禪寺,在泖橋西。即宋興塔院,創建無考。治平初,僧慧月重修。紹興四年賜額,歸併菴堂二。

黄英復《蓮社記》畧:雲間崇尚梵教,地里廣袤,風俗淳龐。十有三鄉寺院,大小凡四十六所。興塔院乃治平初,海慧月禪師重修祈禱道場。紹興間,奉勅立額,僧師展主之。續當里淡軒居士盛熙舉,於開禧丙寅,創建懺堂,倣廬阜作蓮社。會寶慶丁亥,忽遭震凌,掃蕩幾盡。進士直學盛熙朝、里士褚友璿,究心經畫,改建法華經會。同邑李塔滙進士錢相印施蓮經六十部,裝彩普賢聖像及寶塔一所。淳祐九年,鄉進士朱浹又約同志,各助錢置租,命寺僧清了道芳主之,鐫石以垂不朽,求余記實。繼是入社者,盍相與勉之。淳祐十二年歲次壬子三月三日。

萬竹林菴,府西南四十里。洪武三年,僧翰建。

觀音堂,府南二十七里。洪武二十七年,僧皓建。

海慧教寺,在風涇白牛市。宋建隆初,里人姚廷睿捨宅建。初名興國福壽院,治平元年,改爲海慧院。今祀姚爲伽藍神。寺有水波壁、留春亭、精進閣,並廢。歸併菴七。

陳舜俞《經藏記》畧:秀州檇李之奥壤,華亭縣唳鶴之名邑。白牛村在其西,有人煙之富。海慧院於其間,爲蘭若之勝。先是,賜紫僧奉英智力膚敏,傑爲主者,乃募人書所傳之經。其函八百,其卷五千四十有八。居人吴氏子行義施仁,號爲長者,爲之募財僝工,作轉輪而藏之。其屋若干楹,載甓載瑑,飾以金碧,以某年某日落其成也。白牛居士陳舜俞叙其義而贊之曰:天下之險,東有泰華,南有衡岷,西有崑崙龍門,北有太行羊腸,此天所以限方域也。然而寶貨出焉,而負重者至,草木禽獸生焉,而樵蘇弋獵者往。馮者蹶而傷,下者踣而死,又生生之大患也。聖人爲之觀轉篷而作車以載之,嵯峨決而蹊通,崒屼碎而塵飛,視千仞以爲夷,化顛踣以爲安。其車之爲利蓋遠矣。無明之山,慳貪之阻,嗔恚之岡,癡暗之崔嵬,詐妄之叢棘深林,淫亂之坑谷谿澗,而衆生莫之能免也。於是教之,以法爲車,以布施爲輈,以禪定爲軫,以忍辱爲轂,以持戒爲轄,以勇猛精進爲輻,以般若爲輪。度脱諸險,不墮生死。始於自載,終於載人。故此經之輪,不爲無意也。況夫我爲法輪,致遠由己,有相雖外,發心必内。心轉輪駛,心止輪柅。舉真如之性海,一指而遍;盡塵沙之法門,有念斯足。須彌納於芥子,滄海入於毛端。真體道之樞機,利物之關鍵。作之可謂妙用,施之者不爲無窮之利乎?若夫山澗同平,夷險一致,馳騁乎無傲之駕,遨遊乎無方之機。非作非止,孰溺孰載。吾非斯人之徒,其誰與遊?然殊塗同歸,何遠之有?

僧德葵《畫水壁》詩:君不見昔人十日畫一水,摩挲窪窿隨手起。若非胸次吞江湖,安得波瀾來筆底。我來蕭寺觀奇蹤,壁間隱隱騰蛟龍。初疑乘風馭弱水,恍然坐我蓬萊宫。又疑去年八月秋水溢,陰風襲人廊廡濕。誰知畫者巧通神,董羽至今羞死筆。此水不是畫,一水一水勢相及。對此融神坐終日,後人雖畫畫不出。何如倒却毘陵華嚴壁,海慧北廊推第一。

《留春亭》詩:聞説芳亭著意濃,留連美景一壺中。歌聲不放鶯聲老,酒面長陪花面紅。筍迸玉簪穿落日,柳拖金線繫東風。時人盡道春歸去,疑是桃源路忽通。

《精進閣》詩:五月六月火雲蒸,家家納凉前後庭。樓頭四鼓五鼓急,閣上猶聞人誦經。

楊次公《留春亭》詩:古今春過知多少,人不留春頭白早。君欲留春心不知,爲君一賦留春詩。留春莫只留花住,花老春風亦隨去。孰若芝蘭香不歇,亭下長如二三月。

無盡菴,元泰定間,僧净建。

慈福菴,宋慶曆間,僧濟建。並府西。

積慶菴,宋景定間,僧濟建。

崇敬菴,宋咸淳間,僧清建。

北華嚴菴,宋天禧間,僧道隆建。

南華嚴菴。並府西南。

蘆花菴,在泖口,里大姓曹氏建。狀其勝者有"百二十里碧琉璃,三十六陂紅菡萏"之句。

圓智教寺,詳《山志》。歸併院二、菴七。

東嶽塔院,府東南三百步。宋皇祐間,僧洪岳建。

崑山塔院,宋乾道元年,僧心古建。府西北二十三里。

清凉菴,咸淳間,僧湛堂建。府西二十七里。

輝和菴,在四十二保泖西金田村。元至正中,僧允中建。嘉靖中,駙馬鄔景和題曰金田寶藏。又有銀杏、羅漢松各一，皆宋時植。

覺海菴，至正間，僧教建。府西北五十里。

化東菴，至正間，僧道濟建。

善會菴，至正二年，僧德馨建。並府西北六十里。

語澤菴，至正間，僧道正建。

法華菴，至正間，僧真建。並四十三保。

昭慶禪寺，宋慈雲昭慶禪院，詳《山志》。歸併菴三。

大覺菴，府北一十五里。元至正間，僧信覺建。

祥澤菴，府北一十八里，當祥澤之匯。至正初，僧道堅建。堅字鐵山，嘗参千嵒長禪師，有所警悟云。

接待菴，府東北五十四里。至正間，僧源無竭建。

宣妙講寺，宋宣妙院，詳《山志》。歸併寺一。

佘山普照寺，詳《山志》。

澱山禪寺，詳《山志》。歸併寺一、菴四。

壽安講寺，在鍾賈山麓。詳《山志》。

福慶菴，元至正間，僧顯建。

集賢菴，元延祐間，僧智建。並府西南三十里。

福泉菴，至正間，僧垚建。府北。

塘橋菴，至正間，僧名建。府西。

頤浩講寺，在金澤鎮。宋景定中，里人費輔之始創經堂，僧道崇主之。其徒如信開拓，遂成大刹。雖杭之靈隱、蘇之承天，莫匹其偉。元元貞中，賜今額。國朝歸併菴一。洪武中，僧大圓重修。内有五老峰、方丈、趙文敏書。枯樹峯、桃源洞、金鯽池、不斷雲、梅軒、尚書古榻。夏忠定治水時，嘗宿此，遺跡尚在。萬曆丙子，徐文貞公階出所藏吴道子大士像，併以賜蟒留鎮山門。乃于殿西北隅作樓三楹貯之，題曰有衮樓。莫方伯署書，陸文定爲記。

牟巘寺記畧：寺據澱湖之金澤，距松江七十里。宋景定初，巨族費輔之因里人吴進之之施，遂創經堂，以庋大藏，命道崇主之。又以如信貳厥事，竭厥經營，爽塏其地之隘陋者，澄駛其水之卑窪者。至元戊子，建大雄殿，構三門，翼兩廡，樓閣堂室，凡宴息之處，靡所不備。元貞改元，被旨陞院爲寺。越五年，住持清林寶月大師志圓克踵其後。又明年得旨，而明滿總寺事，復大闢山門，建圓通殿，治洪鐘登簨簴。又六年，建毘盧閣，奉千佛顯賢劫應世之次第。至大初，廣庖湢。明年，拓方丈，即其後簣土爲阜，纍石爲峯，以壯形勢。增羡膏腴，汰除磽瘠，以永具瞻。閲歷歲月，績底于成。

僧心泰《金鯽池》：頳鱗躍清沼，洋洋每娱客。幸在放生池，豈有吞鉤厄。

薝蔔室：美哉薝蔔迦，清香恒滿屋。數聲金磬鳴，閒把《楞伽》讀。

陸樹聲《頤浩寺有衮樓記》：頤浩寺當澱湖之金澤，稱名刹。國初，司徒湘陰夏公以治水至，弭節焉。今寺所傳尚書榻故在。歲久古蹟漸湮。萬曆癸酉，郡建新邑，吏議撤材于寺,寺所稱大士殿議及焉。時少師存齋徐公謝政居里第,僧偕徒衆往告公,公曰:"成毁一相,獨奈何毁已成,不可。"吏議迺止。僧以公慈憫護持,請於公,圖所以示信方來者。公解所御袍蟒,輟家藏吴道子大士像畀僧。僧受而庋之寮中,顧庳隘無以稱崇奉也。廼合檀信,相地於大士殿之後,左折而北,作樓三楹。中設大士像,襲袍蟒函置之。公門下士嘉禾吕君爲題之曰有衮。一時緇白覩兹開建,讚仰殊勝。以爲兹寺自湘陰公寓節以來,日墊荒殘,勝緣難再。公一言金湯,轉壞爲成,用仍舊觀,復因之振起同緣,莊嚴佛土,於叢林中衰之日。其有大造於緇錫若此。昔裴相國奪笏於慈明,蘇端明解帶於了元,緇林故宿,至今猶美傳之。矧公慈願所加,衣法兩施,擬量功德,奚啻軼美?抑公輔相兩朝,秉鈞軸,勳庸亘方寓。曁謝政歸,託意禪乘,居成功不宰。而寰海内衣被庥澤,誦司馬洛中者,日想見公衮衣之光也。又豈藉以莊嚴佛土已哉?樓之作,始于丁丑秋七月,落成于戊寅冬十二月,立石于己卯秋八月。

唐順之《金澤寺》詩四首:東南巨浸五湖深,古寺維舟正夕陰。客到山僧罷清磬,雀喧晴日下高林。夾洲烟火三家市,滿目蒹葭萬里心。徙倚不知餘興盡,月明還擬聽龍吟。三江抱處勢如環,野客探奇住不還。一望樓臺疑海上,稍聞雞犬覺人間。幸無漁父知名姓,且與山僧共閉關。自笑歸來張季子,春時蓴葉未堪攀。　何年此地開金刹,宋代流傳直到今。聽法石將山作幻,護經龍與水增深。爐烟裊裊知塵性,柏樹青青見佛心。可是攀緣渾未盡,天花猶自惹衣襟。　水國餘寒芳草稀,偶隨烟艇問山扉。窗中怪石如人立,天際孤帆伴鳥飛。高齋盡日逢僧話,短褐經春换客衣。吴江亦是垂綸地,笑指星文愧少微。

歸真菴,與頤浩寺鄰。元至治間,僧堅建。

東禪禪寺,初桃花菴也。宋時蜀僧性空憩其中。紹興初,僧道因即其地開山。六年,賜額寶勝禪院,後爲寺。以居府東,遂名東禪。國朝洪武中,陞爲叢林。隆慶元年,僧天霞建天王殿、青蓮閣。萬曆間,僧碧空重建西方殿。每歲有司迎春,於此駐節云。歸併寺一、菴院二。

無名氏《清溪亭記》畧:吴之東禪寺僧文友,自號松岩道人。喜讀吾儒書,多識前言往行,一時士大夫樂與之遊。嘗築亭寺之西偏,臨水之濆,蒔花竹其傍。故士大夫過寺者,必訪松岩,而松岩設酒茗,必之乎亭之所。亭之賦詠且將成卷矣。然亭不以松岩名,而名清溪者,蓋清溪其師正一之號也。予未來吴時,聞清溪君以吾儒寄跡墨氏,而不縛墨氏律,日與士大夫飲酒賦詩,以風流自命,非蔬筍末流所能窺也。亭創於至正丙戌夏,成於是年之秋。明年七月記。

化城永壽寺,府南二十七里。其址古胥顧泖也,泖有六和神靈甚。宋端平間,僧妙智苦節清修,並泖架一室奉神。神顯靈于人,凡禱祈者,以所驗重輕發土實泖。未幾泖隆然,遂搆精舍,曰化成菴。元泰定中,賜今額。詳見府學教授張慶所作記。

普門院,在古際留倉東。其初沼也。元至元十六年,杭僧普蓮傍沼結廬,食三白,勵志清修。漁于沼者,日挈塊土基之乃利,由是基益大。一日,夢伽藍神曰:"詰旦黑白二童來,白者可度。"期而果然。蓮與白者坐,超坐于几,蓮默契曰:"此人高如我也。"因留爲徒,名妙淵，竟成勝刹。

喜見菴，府東北七里。元至順間，喜菩薩建。僧明本有記。内有静寄軒，今廢。

寶雲寺，在亭林鎮。初名法雲，在市西北，唐大中十三年建。晉天福五年，湖水壞寺，始遷於今所。其地即梁顧野王故宅。寺之初成，有野王顯夢事，因祠爲伽藍神。其詳見記。宋慶曆六年重修，治平中賜今額。國朝洪武中，僧戒智重建。歸併菴三。

牟巘《重修寺記》：顧亭林湖，在華亭東南三十五里。湖南有顧亭林，顧野王嘗居於此，因以爲名。具載圖志，可覆視也。其地今爲寶雲寺，本號法雲，在顧亭林市西北。唐時有大長者吴仁約、楊師厚買地於此，立毘尼精舍使堅修。二上士入京請院額，遂賜額爲法雲。大中十三年庚辰，寺成，猶未言顧公斷碑事。天福五年，以水潦遷寺于南。石晉開運元年十二月，始畢工。寺之徒二人者，同夢金紫一偉丈夫，云是梁朝侍郎，若有所屬然。明夕又同夢，且告以斷碑處。晨起尋舊寺基，果見片石水次。引絚出之，已殘缺，僅有十四字，曰："寺南高基，顧野王曾於此修《輿地志》。"衆始駭愕，乃即寺東偏立祠，奉之惟恪。嗚嘑！顧公朝代隔絶，死而不亡，發於幽夢，未可以怪誕疑之。畧考其一二，西漢有馮野王，列九卿，性剛潔。公字希馮，蓋慕之也。晚歸陳朝，嘗譔《輿地志》三十卷。此云修志，意即其時也。陳宣帝時，除黄門侍郎。此云梁朝，不忘梁也。劉漢嘗稱天福十二年，以與石晉異，歐陽公非之。此天福五年，即唐天福也。皆有關於寺及斷碑，因書之，使觀者無疑焉。王介甫、梅聖俞嘗有詩，記顧公遺跡，歎其荒寒，亦不及斷碑事。蓋一時蹔遊，不暇考靈鑑等記耳。宋端拱時，邑人胡彦瑫興修其寺。治平甲辰，始改法雲爲寶雲。淳祐戊申、景定庚申，相繼營修。庚申之役，最爲壯麗。元陞華亭爲松江，歲久頽圮。浄月師素習台衡教，自雪慈濟侍香來歸，實爲住持，再加整葺。辛丑七月，風雨之厄，磬捐己資，大作新之，不煩化施。翬飛其井亭，横亘其石梁，頓異舊觀。而千石巨鐘，舂容扣擊，聲震四遠。其願力所充有此，將使顧公之香火，相爲無窮焉。銘曰：宇宙中間，萬法咸備。此理流通，有一無二。善教曰佛，妙用曰神。雖曰不同，厥理則均。顧公有祠，寶雲是依。發幽著靈，殊塗同歸。顧亭之湖，餘潤滲漉。寶雲之雲，奇彩紛郁。灑爲法雨，普沾沙界。法與理貫，無在不在。至大元年五月望日，趙孟頫書。

錢溥《重建寺記》畧：寶雲寺爲顧野王遺址，見夢於寺僧，立祠奉之以護寺，蓋野王殁已三百九十餘年矣。記寺之成，則元至大元年也。記後一百六十年，爲皇明天順六年，主僧德津募衆倡建。去野王立祠，則又五百餘年，而祠與寺復新。夫野王常倡率義軍討侯景之亂，生報主以敵愾，殁祀佛以妥靈，一氣感通，越千載而不爽，其精魄之强，有若是也。雖然，野王我東吴之獻，其所修不止《輿地記》，又有《玉篇》、《國史記録》等書，皆有益於學者。禮於鄉先生殁祭於社，何當以遊業之所感而神明之哉！德津，上洋人，正統間來主斯寺。首新伽藍祠，建觀音殿，像旁列五十三參，塑三世尊像，香積厨、齋供堂、山門、步廊，以次興舉。而後大雄正殿，環以石柱，塗以金碧，完美始終。贊理其事者，檀信吴宗黻、沈文藻也。

唐詢《顧亭林》詩：平林標大道，曾是野王居。舊里風煙變，荒原艸樹疎。湖波空上下，里閈已丘墟。往事將誰語，凄凉六代餘。

王介甫和詩：寥寥湖上亭，不見野王居。平林豈舊物，歲晚空扶疎。自古賢聖人，邑國皆丘墟。不朽在名德，千秋想其餘。

梅聖俞和詩：鄉村空林木，不見古人居。猶尋古人跡，更與古人疎。昔爲賢豪里，今亞蘆葦墟。湖邊夜夜月，光彩波上餘。

成珪《弔顧野王故居》詩：寶雲寺裏舊祠堂，自汲清泉酹野王。白馬有神嘶古道，青衣無夢到禪床。塵銷壞壁書千卷，土蝕殘碑字幾行。欲借《玉篇》遺稿看，山僧無語立斜陽。

徐階《題顧野王宅東沈苧翁書樓》詩：野色春香次第搜，海雲江月共遲留。荒碑雨過苔侵字，古寺煙深樹隱樓。龍去尚看池水黑，鶴歸應弔草堂幽。苧翁亦是清朝彦，倍覺臨風動遠愁。

松隱菴，府南二十七里。元至正間，僧然因參珙石屋，屬然緣在吴松，爲書松隱二字。遂來此，結茅而居，足不越閫者三歲。里人山子才等割地建菴。菴有雨花軒，有寶墖，與興聖西林李墖相望。小松隱菴亦僧然建，大覺菴則僧貴建也。

方廣教寺，在柘林鎮。唐咸通中建，蔡侍郎功德院也。宋建隆中，賜額延壽，改方廣，皆爲院，後爲寺。有蔡侍郎祠，蔡墓亦在寺側，石幢猶其故物。初寺並海，元皇慶壬子，僧正滿等别營一區，俗呼新寺。有觀音像，紹興初，里人鄔氏得之海中。嘗見夢於僧法元，迎歸事之，禱無不應，至今祠焉。歸併院一、菴五。

祖岑《界相記》畧：方廣院者，舊曰延壽。今治平中，改賜今額。相傳蔡侍郎捨宅爲伽藍，石幢題云“唐咸通六年，蔡贊助緣”。追詢耆舊，皆云自昔未聞結界。其徒法勤宗益歎曰：“既禀戒毁形，出處語默皆須應法而動。豈所棲之地猶居自然，在於我曹寧無媿耶?”由是詣邑中超果寺，命比丘祖岑拉二三友，爲其結界。仍以界相刊之于石，永爲不朽。紹興二年十月。

陸文定公樹聲《方廣寺題疏》：柘林方廣寺，圮於兵火。里中何祠部與其兄光禄内翰，醵貲鼎新。適終南山僧明亮以遊方至，屬主其事。亮將卓錫其地，持疏首謁予題。予曰：“今日老夫有一問，待上人語契，即開疏。曾聞夾山對船子云：寺則不住，住則不寺。不寺又不住，不知夾山當日此對，落在何處?”僧云：“住無邊際。”予曰：“既無邊際，云何言住?”僧起，依坐合掌曰：“方廣無邊，應如是住。”予乃援筆題疏，復説偈言：是法方廣，無有邊際。大地山河，覆藏不住。一切莊嚴，如水月喻。不即不離，非一非二。念念遮那，徧十方世。法界重重，應緣顯示。無量無餘，應無所住。我説方廣，如是如是。

萬壽院，宋淳熙六年，僧與芬建。

觀音菴，在泗涇鎮。元至大間，僧静澄建。

平等菴，元泰定四年，僧志建。

撻偃菴，元泰定間，僧賢建。已上府東南六十里。

莫蘇菴，元至正間，僧善慶建。府東南七十里。

慈觀菴，元至正六年，僧德馨建。府東南三十里。

明行教寺，在南橋鎮。晉天福五年，里人蔣漢珹捨宅建。吴越錢忠懿王名曰安和院。

宋太平興國八年，賜額爲明行，寺仍舊名。歸併院一、菴三。

僧居簡北磵《明行院記》畧：華亭圖諜載，春秋時夫差三女子墓田，曰三女岡。聲詩則播諸唐令尹詢，并荆公王介甫、都官梅聖俞。邇岡之刹曰安和，石晉天福五年，蔣漢璲環堵中，芬陀利花擢于陸，聚族而謀曰：是八吉祥、六殊勝處，盍施諸釋梵家？遂基此刹。楨幹於是者曰本立，病潮齧岸址，自漢璲議徙于此，改曰明行，用淮海錢中令歸朝所請之額。堂宇樓殿，金碧焕粲，雲棲鴛瓴，月行璇題，具如經説。藏乘二千餘卷，棗柏大士《華嚴合論》在焉。鍾梵壓萬籟，爲四檀委輸，幾三百年。人天之所瞻，龍象之所懷，不啻故國喬木。罔知創業之艱難，則將怠乃訓，盍講明以詔後世？因系之以辭曰：五季中，民迍邅。沸如縻，號無天。中令君，吴越錢。奮一旅，圖萬全。玉節勁，金城堅。王海國，遮中原。振義聲，開福田。空寂崇，經象傳。幢刹建，泉貨捐。爲帡幪，持危顛。誓子孫，銘肺肝。摛錦繡，包山川。歸有德，同永年。帶如河，礪如山。與竺乾，無當偏。

又《結界記》：余作《三女岡明行院記》於嘉熙初元。越二年，結大界相成，薦請紀其事。其説曰：天可陟，吾疆不可入。地可陷，吾疆不可犯。不吉祥及諸惡律儀，自退舍於廣莫之野，而無何有之鄉。且夫天地之大，八荒之廣，從而無際，衡而無朕。雖吾廬千柱萬礎，磅礴川谷，包絡平野，眇而睬之一鉺耳。吾身小天地，淵乎方寸者，心也。至微也，至幽也。出入無時，莫知其鄉。三灾彌淪，心爲本根。不鉏其根，滋蔓罔既。乃於是中，自熸自溺。然則界相在此而不在彼。曩記錢塘大雄院創建之顛末，嘗究其説矣。今此舉行墜緒，補有寺以來闕典，故申言之。且嘉其事法精至，而秉法攝僧攝衣攝食唱相羯磨，與波羅提木(人)[叉]，絲毫不忒。皆寺之傳教比丘慧日，講明而奏厥功。乃策其勳而系之以辭。辭曰：善乎明行大界相之結也，彌滿清浄於其内，他莫我干也。噫！結固易與爾，守難乎哉。傳曰：重門擊柝，以待暴客。備禦侮也。匪擊柝戒嚴於其外，則猾闕狡闖，强侵暴陵，重門果何恃？譬夫倚界相之固，不希勝進，槃樂怠傲，習燕安之鴆，自以爲安室利處，忘自求多福，則非吾所敢知。

法華禪寺，府東南六十里法華橋西。宋元豐間，僧壽建，久圮。國朝萬曆辛丑，里人陳氏捨地，僧真澄如朗重建。

崇福菴，宋咸淳間，僧妙建。府東南三十里。

志嚴菴，府東南五十四里金匯橋鎮。宋淳熙間，僧守端建。元末燬。國朝嘉靖己丑，僧智明重建，莫方伯如忠題額。萬曆中，僧性方置常住田四十餘畝，里人唐之屏爲記。

本際菴。元延佑僧明本建，趙孟頫額，在十五保。崇禎元僧明正重修，勒石置田十二畝。

七寶教寺，在七寶鎮。初名福壽，在陸寶山。本陸氏香火祠，俗呼陸寶菴。既徙吴松之曲，請于吴越王，賜以金字藏經，曰：此亦一寶也。遂改今名。後因淞江潮壞，三徙於兹。宋初，張澤捨宅爲寺，僧信協力重建。大中祥符元年請額。寺有五代時檜及羅漢松，今檜亡而松猶存。國朝萬曆十三年，僧承業重修，引横瀝水四圍，前石橋爲中香花橋，左右爲東西香花橋，南出市街。歸併寺一、菴十。

陸深《題七寶寺僧詩卷》：嘉靖甲申六月晦秋之三日，予遊七寶寺。入門考驗覽觀之，寺舊爲陸寶院，吴越錢氏以塗金經至，遂易今名，若加一寶云。然陸寶本以陸氏家山名，非以寶數也。其承傳久矣。少憇方丈中，颯颯有秋思。僧静菴焚香作供，出此卷。蓋張學政友山先生手筆，初爲法忍寺作，復作此以遺碧山僧，豈其所自珍愛者耶？友山名璞，鎮人也，有文翰名。此作亦自清逸可翫，因附記歲月于此，付静菴嗣碧山藏之。

趙孟頫《七寶寺》：探奇來寶地，名刹冠叢林。院設機雲代，經描吴越金。霜鐘清繞鶴，池竹緑浮琴。投紱堪玄論，桃源莫浪尋。

姚道元《七寶寺》：翠微深處啓禪扉，僧坐雲中補衲衣。洗鉢澄潭龍卧起，散花珠席鳥驚飛。空連高閣鐘聲寂，日落長廊樹影稀。幾度攢眉投白社，心期不與遠公違。

南七寶寺，宋大中祥符元年，僧信建。

報慈菴，宋咸淳間，僧密建。

餘慶菴，並三十五保。

德濟菴。在三十六保。

壽安施水菴，宋紹興間，僧常建。府東北三十里。

東報德懺院，在十一保。宋咸淳間，僧友懽建。

聚沙菴，宋元豐間，僧妙堂建。三十五保。

資慶菴，宋咸淳間，僧法聳建。三十五保。

施水菴，宋咸淳間，僧奉建。

福智菴，元大德間，僧智建。三十五保。

不經歸併寺院已廢名存者並附

積慶寺，顧亭林寺東。宋淳祐中，寶雲寺僧浄月建。吏部許明奎記。

廣福寺，在張涇堰。宋嘉熙間建。

寧福寺，在七保，俗呼前岡寺。

資福寺。以下頤賦並四十一保。

頤賦寺，宋末李氏捨宅建。

頤正寺，在金澤鎮南。

長壽寺，在大蒸。宋乾道中，僧如行建。元至治間，同知浮梁楊載記，趙孟頫書篆。成化初，僧惠瑛重修。碑舊在縣學，磨其陰刻學圖，今亡。

白蓮寺，海慧寺南。宋紹興間請額，北磵有記。

大明寺，府西北二十五里。宋紹興間請額。

浄土寺，府西北七十里。宋乾道八年請額。

慧海院，府治東南錢府十二峰前。元至元中建。

證覺教院，府治西南。本無礙浴院，宋太平興國二年，徐可潯建。大中祥符元年賜額，北磵有記。今廢爲司獄司。

慧燈墖院，里仁坊内。元大德四年，僧智肅建。其址即錢府之雲漢閣望月臺也。

華藏懺院，槐安坊内。

鄧文原記：松江故華亭邑，今爲府直。府署之西，曰華藏懺院，慧光融照大師從得之所創也。師世家越之南明，早受業華藏寺，既乃遊方參禮，傳天台教觀于台之掖峰、杭之天竺，最後從淵叟法師湛公，居華亭延慶寺，且四十祀。嘗曰：自吾絶浙河而西，意未嘗不在華藏也。儻十數弓之地，鉏荒�奥，規爲蘭若，庶以永華藏之思乎。龔氏有故宅，曠迫窅深。至元己丑，輸貲以售，稍經度。越四年，名聞帝師，即俾正席佘山之普照，嘉畀師號。而師不著貪慾，惟念初志未竟，益堅弘願，礱斵陶甓，傭役具興。爲殿周阿，中嚴像設，崇門飛閣，翼以兩廡。棟宇既備，凡諸道具，巨細完美，十年而訖工。又庋經四大部，買田若干畝，教養之道，皆可淑諸來者。每歲元日，修金光明懺期七晝夜，名曰華藏懺院。介佛海法師澄公，屬予記成事。余聞天台挈止觀之義，爲世津筏。寂静可以證解脱，慧照可以通般若。乃若懺悔，則又息妄之初機，歸真之要路也。《易》曰："不遠復，無祗悔。"曰："艮其背，不獲其身。行其庭，不見其人。"其義淵矣博矣。師能從吾遊，吾爲師發藥焉。師性愿質，廣植善行，既老而彌勤。度弟子曰居簡、宗榘、宗權，皆克讚師之志，其傳以甲乙云。延祐二年丙辰佛成道日記。

報恩院三：一在府西四十里，宋乾道二年請額。一在養濟院北，一在佘山之陰。並元大德間建。

延恩院，雲間第一橋北。本延恩報德院，在今秀野橋東。宋紹興甲寅，律師元偉即接待院舊址爲之。守臣劉徽制爲之請額。後廢。國朝正統間，越僧可立得郡人黄氏地建，因舊額而名。學士錢溥有記。其前爲祭江亭，成化丙午，知府劉璟建。每歲漕運啓行，設祭於此，因令院僧職啓閉焉。弘治末，知縣張岐重建。

圓通院，在十三保。宋咸淳中，道者明無搆井亭，架菴奉補陀像而名。其後落髮，遂與徒明空完兹勝事。元大德間，僧祖順記。

資壽院，在三十八保。元大德間，僧生建。

慶壽院，在鳳凰山。元大德間，張瑄建。

福嚴懺院，在佘山陰。元大德年間，宣慰副使徐世英建，僧杲開山。今廢。

昭福院，佘山左肱。宋末邑人曹氏建。元皇慶中，勑賜土波僧主之。

壽安教院，元大德間，普照僧師安建。

圓修懺院，元延祐中，里人曹氏建。

保安院，泖西。宋乾道七年請額。

慈濟院，海中金山絶頂。宋元豐間，僧惠安建。紹興元年請額。

集福保國水陸禪院，在白牛市東。宋淳熙九年請額。

水月院，在葉謝鎮。元至元間建，國朝景泰間，壞於水。成化間，僧福勝廣理重建。

瑞應教院，在本一院東。宋淳祐四年，天台僧成從善遊雲間超果第一山，視瑞光湫井，金鰻示現，垂光應於卞百十一學諭花園。從善募此地以成院，延比丘貽公爲山主，時洪武壬申也。正統丙寅，始建山門，張宗熙有記。辛酉，孫文豳、文旭鼎新圓通寶殿、方丈等室。

重修于成化年。至萬曆五年,僧居素建彌陀殿于正殿之後,募鑄接引佛一座,高丈許。錢溥有重建記。

本一善應菴,通波門外。天順中,僧德讓重建。

記畧:本一院在城西北隅,其初爲真浄道院。宋乾德中,邦人沈氏所建。歲久蕩析。至元間,月麓昌公始克起廢。延祐初,昌示寂,其徒存禮繼之。會里有禪居曰善應,主僧滋果教行一方。於是推使主席,若昆弟然。果亦率其弟浄開,以師事禮。時至正癸未歲也。遠近禪衲聞禮能讓賢,果有道行,皆接踵至,郡士大夫亦喜而往還。問道之屨,常滿户外,所居隘不能容,乃悉撤而經營之。中爲大雄殿,東序西向爲大士殿,前設山門,後爲法堂,西序東向爲禪棲,稍北爲玄武祠,又後爲方丈室。館客之寮,香積之營,以至祖祠、儲藏、井湢,咸稱位置,以善應名。未幾,果與禮相繼觀化,開乃率職竣事。其徒善譽、善實,又始終竭力,以底于成。

具足菴,府北王行橋東。

順濟菴,在佘山西北潘蕩慶豐橋側。元至正二年,穹禪師建。國朝正統中,評事諸秉文重修。

土地菴,在四十一保。宋咸淳二年,僧溥建。

東林施水院,本定菴居士白蓮道場。寺有藏,歲久敝甚。住持僧智祥力鳩衆緣爲之,僅成規模,其中實無所有。始寺有轉藏,不問多寡,僧以一餅啖之,繇是至者甚衆。人有病祟,必以東林藏轉之即愈。蓋寺有神,姓施,封護國公,爲之打供,僧徒得以濟。《閑窓括異志》。

慶福菴,在四十二保。元泰定初,僧正固建。洪武、正統中僧月軒宗圓、僧璉,天順中僧道慧重修。

蓮社菴,在頤浩寺南。元泰定間,僧頤建。國朝天順中重修。

錢盛寺,在輝和菴西。乃錢盛村錢真濟,于宋慶曆間建,名慈福菴。山門有慈福精藍四字,爲金澤勝跡。

永福寺,在沙岡寺北。宋寶祐中建。初爲普明菴,元大德中,改今名。僧祖順記。

西林懺院,宋淳熙間,僧文逸建。

華嚴院,宋治平二年賜額。

寧海菴,在十二保漴闕,郡南七十里。宋紹興七年建。嘉靖甲寅,島夷焚廢。萬曆元年,興福寺僧静秀雲重建。有海浮巨木一株,官兵百衆不能移。一白眉老人云:"此可塑佛像。"言畢,忽不見。時一道者以手扶之,疾入菴中,爲塑大士像。

資福寺,府城東闕外一十五里。古名祥澤菴,元至正初建,宣德間請額。吏部郎中廣平程南雲題。

古蘭若,在任鄧村,屬金田寺下院。

蓮花菴,在小蒸西,元時建。以地形似蓮花,故名。

靈峰菴,在佘山,地皆金沙。後爲昭慶禪院。

許尚詩:林外三椽建,常思憩息時。莫教嫌逼窄,中有五須彌。

隆興菴,在四十二保朱家村。隆慶元年建。

七匯菴,在四十六保。

天境菴,在五十保。

迎春菴,在青浦縣治東門外。舊名施水菴,又名包菴,今爲迎春之所。

真浄菴,在南門外五十保。

祐聖菴,在小西門外。

沙瀝菴,在北門外五十保。

西菴,陳律師居。律師嘗習儒。

許尚詩:早爲儒官誤,齋心學竺乾。而今林下塔,夜夜戒光圓。

蘆花菴,在小蒸東。狀其勝者有"一百二里碧琉璃,三十六陂紅菡萏"之句。寺久廢,今重修。

種福菴,府南二十里。元僧瑩建。

毛太師菴,在郟店東。

明遠禪寺,在朱家角鎮放三橋南。鎮址南臨三泖,北瞰淀湖,東距青谿。大商巨賈,舳尾相啣,泉貨之奥區也。鎮故無寺,按縣乘有明遠菴,與鎮相望。嘉靖中,燬于兵。萬曆己亥,比丘性潮請于諸上舍從禮、秉禮,得基地十畝,創菴以憩。未幾,正信響應,如許氏、翁氏、席氏、萬氏,各捐緡錢。乃鳩材庀工,畢力興建。不十載,遂成巨刹。辛亥,勑賜護國明遠慈門寺,并賜烏斯藏大士一尊,經十二部,乃構傑閣於殿後貯之。壬子冬,閣成。乙卯,置常住田三十餘畝。戊辰,搆鐘樓,己巳工竣。

永静菴,在蓮湖中萬圩,青浦令賀仲軾題額。相傳國初沈萬三秀畊於其地,鳴鐘鼓鳩衆傳餐,故曰萬圩。有大士自水中流來,里人延金田寺僧宗慧結茅而居。萬曆中創成,與泖塔相埒矣。

潮梵菴,西城跨塘橋南,今呼小補陀。僧真林建。

任鄧菴,在四十二保。洪武初,里人朱燁、朱煜建。

海月菴,在高滸鎮。嘉靖中,僧慧蓮建。

福田菴,在沈巷鎮東。萬曆三年,里中善信建。天啓元年重修。

洪濟菴觀音堂,在四十三保。嘉靖二十年,僧士辛建。

祝聖菴,萬曆己卯建。在仙山鄉府東南二十五里,枕祝家港。中有巨蟒,長十餘丈,歲或現形,亦頗馴擾,土人時見之。天啓間,菴火,蟒遂絶。崇禎二年重建。

點頭菴,在東門内金家衖後。萬曆丙申,僧檀林建,蓮生妙如重修,董宗伯題額。

積善菴,在東門外顧氏園後,普門禪室古蹟。僧如澄重建。

慧攝菴,在浦南前岡。

圓通菴,在風涇鄉。萬曆丁酉,里人費氏捨地,僧廣空建。孝廉王獻吉捐田十三畝,以贍梵修。

貝多菴,郡城西六里,枕陸家浜。僧心鑑薙髮五臺,受戒澄方大師,築菴于萬曆壬子,接待雲水,置常住贍田三十畝。通政李淩雲有記。

茭蘆菴,在秀州塘西江家浜。僧一乘掛錫雲間,築菴於天啓辛酉,置常住贍田二十畝,接禮僧衆。

静節菴,在小趙屯浦上。

保泰菴,在金山衛西門内。洪武初建,名報恩院,爲本衛祝釐之所。嘉靖間,燬于倭。天啓二年,里人楊泗重建,又以餘力甃地二百餘丈。觀察王庭梅有記。

永寧菴,在華亭十三保褚涇西。永樂丙申,陳禎捨地建。正德間燬,萬曆七年重建。

太平菴:一在五十保,景泰年建。一在南城張涇橋下,旁有八角井,僧海濱建。

不香菴,隣並茭蘆菴,船子和尚泊舟晒蓑衣處,僧斷峰建。斷峰本上海庠生,名明璘,字文玉,薙髮參禪宗有得,今還故里。

龍德菴,在府城南門外雙廟。萬曆中,僧大集建。

如是菴,府西北一里。

六和菴,府西北十五里。

大悲閣,府西南豆腐浜。浦口常溺人,萬曆丁亥,建閣鎮之。

香光菴,一名壽量。洞涇李氏捨地,在世桂堂後。萬曆丙辰建。

拈花室,在教場南。郡人徐氏捨地,僧宏念建,置常住飯僧田二十畝。

小石林,在通波門外二里集賢橋北。萬曆中,僧性霖建。

曇華菴,在東門外北城河。萬曆乙卯,僧碧峰建,少司寇陸彦章爲題額。

資慶菴,在大張涇東。僧圓鑑建。

葦菴,在南門外東城河。萬曆乙巳,張侗初宗伯爲僧守心建。

具足菴,府治北門外黑龍浜陸文定公墓東,僊天和尚舊跡。天啓年間,僧正杲重建,改名廻龍菴。

華藏菴,在北門外陸文定公墓北。天啓年,僧雪朗建。

華嚴庵,在南門外。崇禎元年,僧海雲建。

蘭社菴,在府治西門外五里許張涇之側,古鐵笛和尚所建。萬曆甲寅,有江右僧瑞菴草創未竣,其徒三無拓而新之,建石橋,修石路,瘗義塚,舉放生會。

三昧菴,在跨塘橋北。里人俞晉捨地,僧真福建。

永生菴,在東門外三十七保白骨廟界。崇禎二年,僧大會建。

真修菴,在四十一保石湖塘。至拙居士建。

崇寧菴,在靈濟橋南。萬曆中建。

廣福菴,謝稚京建。

松雲菴,在神山東麓。居士俞達建,住僧寂圓。

聚沙菴,在十二保南沙岡右。

圓通菴,舊在十三保萬年涇右。萬曆丙午建。

瑞華閣,一名放生臺,在郡西金沙灘。

平等菴，在南門外。崇禎元年，定之居士建。

隆里菴，天啓丙寅年，僧性方建，置常住田二十畝。

旭陽廟，在十五保拱際橋。里人楊可任同男嘉材建。

小補陀，在干巷。僧寂空、寂慧於水中築臺爲殿，供大士，因名。

辰維閣，在青浦三十八保考功陸中陽墓東。董宗伯題額。孝廉陸景朋父子建，延内光柴石禪誦于此。

飲冰菴，在青浦北門外。萬曆中，僧雪鏡建。

緑香菴，在三界址。萬曆中，僧蒼谷建。

僊液亭，在廣富林。萬曆中，僧如蓮建。

長壽菴，在佘山北千步涇。萬曆中，僧大海建。陸文定公題額。

青蓮菴，在邑治西北。萬曆初建。

九華菴，在邑治東南。萬曆初建。

廣福菴，在四十一保周家涇，俗名頭陀港。董宗伯題額。

與善菴，在高橋鎮。天啓初建造施茶。

集慶菴，在三十保。

衣珠菴，在白龍潭登龍橋南堍。僧慧名建。

法相菴，在澱山普光王寺南。萬曆中，僧如禮建。

願豐禪院，在青浦北門内。嘉靖中建。萬曆甲午，僧廣本重修。辛酉，僧大徹募擴院基。

崇寧禪院，在五十保。萬曆戊午，南海僧如體建。

白衣菴，在五十保高家巷内。天啓五年，僧普净建。

香光菴，在沈巷鎮。萬曆三十八年，僧性樂建。

楞伽室，在白龍潭南。天啓中，僧常睿建。

小補陀，俗名牛郎廟，在漴闕河塘上。

青蓮亭，在天馬山巽隅，楚僧性玉建。性玉美髭髯，持誦《法華經》、《準提呪》廿餘年，脇不帖蓆，足不出户，道行耆宿也。搆亭以後，冬施薑湯，餘時施茶。（下闕）

松江府志卷之七十九

寺　觀　三

上海叢林　新隸青浦附

觀音禪寺，在縣西。宋崇寧初建。淳熙三年，賜額慈報禪院，從錢参政良臣請也。僧覺印開山。元燬。國朝洪武十六年，僧性重建，改今額，爲縣之首刹。前有茂林，後有萬工山，萬工所成也。占地數畝，已夷爲田，其陂陀古柏即遺址。歸併寺二、院一、菴二。

教諭尹務厚記畧：觀音寺在上海縣西十八里。時有觀音聖像浮海而來，咸異之。錢参政良臣捨貲，禮雲門禪師七世孫覺印，創于宋崇寧年，爲縣禪宗首刹。元季廢爲瓦礫。洪武壬戌，僧會本源性公與其徒紹一募建法堂。前觀音像流寓九峰間，見夢於性，舟載以復。庚午，募建殿東西廡。三年，住持本山。甲戌，縣尹張守約捐貲建大佛殿。丁丑，買民房，建天王殿及山門。庚辰，尹杜鎰復營香積厨一所。自後法堂鐘樓，以次而舉。凡立屋若干楹，拓地若干畝，徵予記之。永樂二年十月。

寧國寺，在二十六保。宋隆興元年，僧昌月堂建。乾道二年請額。

寺側舊有黄道婆祠，烏泥涇鎮人，趙如珪建。元季兵燬。國朝成化間，知縣劉琬重建，後廢。萬曆間，重建于張家浜上。

王逢詩：前聞黄四娘，後稱宋五嫂。道婆異流輩，不肯崖州老。崖州布被五色繅，組霧紃雲粲花艸。片帆鯨海得風歸，千軸烏涇奪天造。天孫漫司巧，僅解製牛衣。鄒母真乃賢，訓兒諭斷機。道婆遺愛在桑梓，道婆有志覆赤子。荒哉唐玄萬乘君，終覥長衾共昆弟。趙翁立祠兵火燬，張君慨然繼絶祀。我歌落葉秋聲裏，薄功厚享當愧死。

胡芳詩：黄婆古廟秋復春，不見年來祭賽人。當時抛却金梭去，誰教吴姬織白雲。

張之象記云：上海西南廿餘里，爲烏泥涇，故有道婆祠云。道婆者，姓黄氏，本鎮人也。初淪落崖州，元元貞間，附海舶歸。閩廣多種木棉，織紡爲布，名曰吉貝。而道婆最善是業，州里宗之。先此烏泥涇土壤墝瘠，民多困貧，因謀樹藝以給，遂覓種於閩廣間。然尚無踏車椎弓之制，率用手擘去子，線絃竹弧置案間，振掉成劑，厥功甚艱。道婆乃教以制造捍彈紡織之具，既以便民矣。至于錯紗配色，綜綫挈花，又各有法。故被褥帨帶之類，織以折枝團鳳、棊局文字，粲然若寫。土人競相倣習，稍稍轉售他方以牟利，業頗饒裕。未幾，道婆卒，莫不感恩灑泣而共葬之，已立祠歲時享之。越三十年，祠燬，里人趙某再爲立祠。今再燬，又數十年於兹矣。頃歲行游其所，求問前所謂道婆祠者，業已頹廢，鞠爲灌莽。撫跡增感，低回歔欷者久之。予遂於居舍之東北隅聽鶯橋伴，捨地二畝。其右爲南北周行，乃集里中嘗所稱尚義者凡若干人，共圖興復。經始方旬，而焕然改飭，像設具備，神有棲憑。于是里中庶士，咸曰宜之。落成之日，爰來請記。蓋是舉予實倡之也，義何可辭？先王之制禮也，法施于民則祀之。吾松之民，仰機利以食，實此道婆發之。苟被其澤者，無忘追本之思，則道婆祠祀，可不廢矣。

張所望《寧國寺附建黄母祠碑文》：吾鄉之祠黄道婆也，始自勝國之季，而燬於兵。其後重建輒復廢。而吾家王屋公，改祠于張家浜者，不三十年，亦已化爲榛莽。余每過而傷之，念昔物壤磽瘠，民困無聊，生養至今，伊誰之賜？且輪貢尚方，衣被寰宇，明德遠矣，食報謂何？間與里中好事，謀所以似續不朽者。竊謂榱棟維新，黍離興感，昔人所慨，諒非無因。矧兹數椽，越在荒阻，地僻則寡助，事遠則易忘。旋興旋廢，勢所必至。夫惟金僊氏之教，終古常存，而道婆故皈依法門，亦諸佛所攝，受俎豆于斯，庶幾永劫不壞乎。衆皆是余言，於是議即寧國寺之西偏，附建一祠。余遂捐俸首事，屬寺僧董其役，就能仁之精藍，作報功之福地。祠宇既飭，逋臻厥成，像設莊嚴，輪奂輝奕。爰易舊額，錫以嘉名，勒之貞珉，是稱黄母。蓋衣食之源，嫗實開之，恩斯勤斯，等于育我，是所謂衆人之母也。而以母道事之，誰曰不然？余乃躬率里人，設蘋藻之奠，拜于祠下。群情胥懌，神用居歆。衆乃合詞進曰：歲比不登，吉貝靡所獲。母其陰相我下土，令杼柚不空，民以康乂。繼自今祇奉禋祀其無斁。皆再拜稽首而退，屬余記之如此。至其航海來歸，教民織作之始末，《輟耕録》載之已詳，兹不重述。

福基寺，在三十保。元至元己丑，僧明心開山。

積善院，在二十五保。宋慶元間，千户徐名建。僧顯開山。

潮音菴，元至元間，邑人瞿仲賢建。僧性開山。

常寂菴，元大德十年，僧照建。並十九保。

法華禪寺，在觀音寺東。宋開寶間，僧慧建。元至大初，僧慶重建。後廢，僧善達復新之。歸併院一、菴三。

沙門心泰記畧：上海法華寺，在邑治之西一十八里。宋開寶間，僧慧爲開山第一代。元至大初，雲翁慶禪師大振之，爲兹山中興之祖。趙文敏公壻海道千户費雄佐之甚力，首建大雄殿，趙公書額。普應國師中峰和尚三過其寺。後廢于寺田之多，重徭艱役，僧皆散去。沙門善達歎曰：田多則寺廢，無産則寺興，其興兆于今日乎？乃以寺田數十頃，悉與佃户。故寺無一墢之土，庭無一吏之迹。屋廢者漸興，僧散者復集。甍摧棟橈者，易以堅木。安藏之殿，轉法之輪，售於人者贖之。先是以甲乙住兹山，國朝洪武二十四年，清理佛教，立爲四方禪林，請一公象先董其事。三十有二年，天台沙門智勇捧檄出住兹山。善達念無以延住持，造方丈以居之。無堂以集雲水，建僧堂若干楹以棲之。達倦于事，廼屬其孫如鏍以代。鏍贊住山如其祖，凡叢林所宜有者悉備。達以儉約自持，專修净業，臨終念佛，泊然而逝。洪武三十五年夏五月,號西源,上海人,俗姓金。十歲從僧叔能公出家兹寺,久之首懺于上天竺,復回松之延慶,爲第二座云。鏁,蘇人也。今住山智勇,號無敵,昔掌竺墳于中天竺,爲白雲禪師説公之嗣。其住法華也,初獲西源力贊,繼獲如鏁股肱,故能建諸堂宇,輪奂一新。永樂癸未,達孫維箕募諸施者,範銅爲鐘,以狀乞文爲記。余觀法華諸士,慧公竺山爲開山之祖,慶公雲翁爲中興之人,達爲之興復,鏁爲之建造,於住山無媿矣。遂爲之記。

法華院,在二十二保。元至正間,里人陶侃捨地建。僧福開山。

東林菴,在十九保。元大德壬辰,邑人毛義甫建。僧智開山。

福田菴,在三十保。元至正間,僧壽建。

東隱菴,在五十保。元至正壬寅,僧勤建。

積善講寺,在縣治西北。宋紹興間,里人李阡夢金人乞坐地,遂捨地爲精舍,度其孫師立主之。元至大間,有番賈航海南來,拜師立道上,自云:慕師高德,以貨寶一巨艘施之。不通姓名而去。立遂大拓舊規,請額爲積善院。今寺爲本縣祝聖習儀之地,僧會司治焉。成化間,僧道瑄重修大殿、鐘樓、山門、兩廡,殿後建海雲堂。歸併寺一、菴一。

安國講寺,在二十二保。宋咸淳乙丑,里人朱性建。僧蓮開山。

珍敬菴,在二十六保。宋端平甲午,邑人吴居四捨宅建。僧遠開山。

南積善教寺,在十七保。宋紹興戊寅,僧師浄建。歸併院二。

高子鳳記畧:西林去邑不十里,東越黄浦,又東而匯北,其南抵周浦,皆不及半舍。寺之在周浦者曰永定,在黄浦者曰寧國,而西林居其中,蓋所謂江浦之聚也。里故無寺,紹興戊寅,有比丘浄行化爰止,亟思啓導里人,培植勝業。請於迪功劉均及長者孫氏,得地百畝,創菴以憩。逮淳熙間,而法堂、方丈、齋廬、庫藏,輪奂一新。嘉定初,又得永定七古佛,即之以求福者尤衆。先是,浄夢白蓮七枝,擢秀于堂之所,諗爲瑞相,擬作大殿。其徒道暉嗣之,因徐昌純、葉純裕爲大檀越,鳩材庀工,以奉所得七佛者,前夢至是符焉。暉之法兄道全,以淳祐壬寅始白之禮部。甲辰,乃符錢唐積善寺廢額,甲乙焚修,式延雲水。而浄之派孫文暕,復募作重門練垣,以謹中外之限,遂與永定寧國鼎峙。嘻!亦盛矣。三世協勤,四檀委輪,載祀九十,厥有成績。有可尚者,故受簡記之。淳祐庚戌十月既望。

西林懺院,宋淳熙間,僧文逸建。

海會院,元大德間,僧果建。並二十四保。

龍華教寺,在黄浦西龍華村。相傳吴越忠懿王,常夜泊浦上,風雨驟至,艸莽間祥光燭天,鍾梵隱然。詢其地,古龍華寺基也。遂命大盈莊務將張仁泰重建。宋治平初,賜額空相。西北隅舊有白蓮教院,前有寶墖,時時放光,至今存焉。舊有山門,門外有二井,俗呼龍井。山門燬于倭,重建。歸併寺一。

陸深《龍華寺有懷張玄超》:浦上白雲深,幽居清道心。竹徑鳴風珮,蘭階生晝陰。山僧忘入臘,寶墖舊成林。落日青霞外,高人何處尋。

董其昌《上海縣龍華寺建藏經閣疏》:今海内奉大雄之教甚盛,列刹相望,不知其數矣。

其得敕賜大藏經五千四十八卷者，蓋寥寥乎，千里而遥，曾無一焉。間有之，必其封望之名山，如三峩五岳者。又不然，則如陪京興都，神靈之發跡也。又不然，則如金焦落伽，江海之奥區也。乃兹海邑之在郡縣間，其彈丸乎？龍華寺之在名藍浄刹間，其稊米乎？而得與於敕賜之一數，譬夫幽人寒畯，而與將相大臣，竝膺帶礪之封，豈不異數中之尤異哉？雖然，匹夫而帶礪也，則有濯磨修飾，以答殊寵耳。蕞爾叢林，而聖天子之法施及之，則必爲聖天子弘法。弘法之要，在於闡教。故夫建閣以庀藏，集僧以繙經，作室以安僧，聚糧以接衆。使平原易地，而勝于江山，僻壤孤村，而壯於都會。斯數事何可一廢？吾聞佛法付囑，在天王帝釋。龍華建於錢忠懿王，而賜藏在今皇帝。帝王之事，古今一揆矣。代之有終者，非此方衆庶，而誰望哉？

延恩寺，在二十六保。元延祐間，僧得建。

南浄土講寺，在吴會。俗呼南王寺，又呼王家寺。宋淳祐中，王晉公遠孫雲卿，俗稱王萬三者創建。僧吉開山。初名九品觀堂，元大德中改今額。國朝洪武間復興，宣德間燬。正統初，僧古田重建。歸併寺二、菴一。

資壽寺，舊爲院，在吴會北。元至元末，普照寺僧嚴肇建。以地多王氏所居，俗呼北王寺。

南廣福寺，在二十一保。宋嘉泰間，里人鄒運幹捨宅建。俗呼鄒家寺，僧宗印請額，中大夫孫德之有記。寺臨黄浦，浦自西至此，則折而北流矣。

崇福菴，在四十六保。元至正間，僧永泰建。

明心教寺，縣西南六十里。後梁開平初，都水使者錢綽建，僧通開山。初名華嚴院，宋治平二年，賜今額。寺有石函觀音像，禱求響答。及華嚴寶墖、義虎講臺。治平間，有希最法師居此講經，緇流愛而畏之，號曰義虎。古檜二本，元豐所植，至今存焉。歸併菴二。

高子鳳《石函觀音殿記》畧：劍埋豐邑，氣騰斗牛。寶發陳倉，光集祠宇。是皆寓於有形，而幾於無形者，其靈變翕忽猶若此。況佛菩薩應身闡化，神超像外，而不同於一物者乎？淳熙間，青龍鎮有畦地爲圃者，中廣丈許，藝之不生，溉之散流。夜有祥光上燭，遂發之，得大石函，貯觀音像。夾紵爲質，冠衣儼如，楊枝浄缾在左右手，雲披月滿，姿相殊特。寺鄰沈氏傾橐贖之，奉安明心寺之西壇。寶慶丁亥，震風發屋，像失其蔽，而金采彰施。僧了勝有意創殿，未果。淳祐壬寅秋，一夕厨鑰自開，像立于地。甲辰春，勝疾作，忽夢麗服而瓔珠者，慈視以拊之。既覺，失疾所在。於是罄貲締倡，肇自丙午三月，洎九月畢工。凡有禱求，靡不響答，故爲序次其事。淳祐十年二月。

通濟菴，在十八保。元泰定間，僧深建。

覺城菴，在二十一保。宋紹興二年，僧道然。

永寧教寺，在新塲鎮。元至元辛卯，邑人瞿霆發建。僧允恭開山，名報恩懺院。有鐵佛，高尺餘，相好殊特。建院時得之土中，中峰和尚爲之銘。國朝洪武中，改今額。歸併菴二。

方回院記略：鶴沙距松江僅三舍，地接海濱，古昔居民亦鮮，伽藍未之有也。瞿氏宋建炎間,徙居於此,有積善慕義之風。逮今財賦提舉公震發,與兄少中大夫、兩浙運使公霆發,才德起家,仁讓及物。慨然以爲非伽藍,無以營善而聞道,乃卜地得吉,於其考妣佳城之側,傾貲割畝,命僧允恭攝董之。發地鐵佛一軀,見者驚異,疑瑞應也。尋而材與匠稱,心與力侔,不幾年,紺殿重門,廣廡講堂,凡伽藍所宜有者悉備焉。運使公又撥田若干助伏臘,以報恩懺院爲額。復聞於朝,成宗皇帝賜旨護持,實大德戊戌也。閲十有四年,至大辛亥,住持沙門崇義建大閣,以設四方三聖,至法華二十八品境像,環擁壁間,惟普賢願王儼居于右,上安奉毗盧藏五千餘軸。提舉公屬予爲記。余謂以報恩爲名,其義何也?曰:恩莫大於君親,報莫越於聖道。聞西方聖人之禪觀,圓悟一心,該攝萬行,推而廣之,導物指迷,莫不從化。以斯道報斯恩,不亦善乎?余曰:秉一心爲禪,照萬法爲觀。非禪那不足以契諸佛心,非妙觀不足以破衆生惑。《圓覺》以三觀互推爲二十五輪,《無量壽》以分觀於一十六處。始則端坐浄室,注相一方,存注不休,與想消落。見法界中,朗然明了。所以一輪見諦,而妙觀澄明,一處功成,則真佛圓具。如當臺鏡,萬像顯而鏡無所照之功。如帝網珠,千光聚而珠絶能收之迹。如是觀者,即見清浄願王,玉毫亘天,紺目澄海,殊特相好,徧界光明。然後即斯妙觀於一切時,散作無邊莊嚴佛事。以之報親恩,則劬勞超有漏之纏。至若天龍鬼神,過現未來,冤親賢聖,艸木昆蟲,凡有纖恩,無往不報。然此妙觀入未來際,相續不斷,則報恩功德,亦相須而無盡者焉。遂援筆直書以爲記。泰定二年二月初四日,趙孟頫書并篆額。

資福菴,宋建炎己酉,邑人瞿二建。

福泉菴,元至正二年,僧成建。

東禪菴,元至正初,邑人潘荆州建。僧智福開山。以上三菴並在十九保。

崇慶教寺,在北蔡市。宋嘉定間,邑人蔡功創。僧顯開山。歸併菴二。

善慶菴,在二十保。元至元間,僧勝建。

崇福菴,在四十六保袁將軍墓傍。元至正間,僧永泰建。一在四十四保,元大德二年,僧性建。國朝嘉靖中燬,隆慶元年重建。

永定講寺,在周浦鎮。宋淳熙間,趙宫使建。僧恩法華開山。十四年,請額永定禪院。國朝洪武中,改今額。歸併菴二、堂一。

僧行中《藏經記》畧:有爲天台之教者妙智師,主松江永定之八年,爲至正甲午。新作藏殿成,而庋經之藏未具。聞嘉禾之廢寺曰妙智,其輪藏獨存,購致之,視其識,乃宋端平甲午建也。先是,里人濮仁甫閔其寺廢,購其藏之經奉于家,且與妻沈誓曰:苟得其藏者,以是經歸之。既聞師得藏而或沮,師乃禱觀音氏求之。沈忽夢一僧指其胸曰:"何忘施經之誓耶?"乃悔悟,以經歸永定。嗚呼異哉!向之寺名與師名適同,向之藏建之歲,與師得之歲又同,何其冥符之若是耶?濮與沈能護是經,卒復於原藏,其亦宿爲法中之人乎?宋少保張安道嘗遊瑯琊山藏院,發木匣得經,乃悟其前身爲知藏僧,書《楞伽》未終而化。因續書之,筆蹟與前無少異。今夫是藏也,是經也,一旦完復,若合符契,夫豈無其故哉?乃書以識。至正乙未夏六月。

陳墳菴，在十九保。元大德間，僧圓建。

崇福菴，在十九保魯家匯西。宋天聖元年建，俗呼艸菴，張之象題額。天啓甲子年，僧净淵重修。

法華經堂，在二十五保。宋紹興間，邑人吴常山建。僧有堂開山。

大聖教寺，縣東南四十里。宋紹興間，有異鳥止於郊，鄉人疑爲鳳凰，曰：鳳凰非寶地不止。遂發地，得泗洲僧伽像，僧思修因建寺焉。隆興二年請額，後廢。國朝即普净院榜今額。歸併菴三。

仁壽菴，宋淳祐間，邑人瞿均用捨宅建。僧普安開山。

圓修菴，元至順間建。僧别山一開山。並十九保。

沈和菴，在十七保。元大德間，僧妙智建。

慶寧教寺，在二十二保南蹌村。宋建炎間，僧圜募陳郡馬建，後燬于兵。元大德間重建。北磵有《僧堂記》。歸併菴八。

竹隱菴，宋建炎丙申建。僧道諲開山。

孝思菴，宋建炎間，里人陳七郎建。僧權都正開山。

時思菴，宋乾道戊子，邑人陳九建。僧習開山。

蓮隱菴，宋寶祐丁巳，邑人顧嗣名建。僧昭開山。

圓通菴，元癸未年，僧閒建。疑亦宋建，元重建。

西圓通菴，宋景定間，邑人顧千一建。僧裕開山。

五福菴，宋咸淳乙丑，邑人陳百十八建。僧暹開山。已上七菴皆二十二保。

法華菴，宋僧智了建。在二十三保。

太平教寺，在二十三保。華亭太平禪寺在其西，俗呼此爲東太平。宋太平興國間，僧及操舟雲游，夜泊范家浜，聞蘆葦間有鐘皷音，疑出梵宇，訪之無有。後夜復然，又見白光燭天，發地得鐵佛一，因以建寺。後廢于兵，僧旻秋堂重建。歸併菴四。

致思菴，宋淳熙已亥，僧修建。

華嚴菴，宋寶慶乙酉建。僧道安開山。

圓通菴，元至正初，僧叢建。已上並二十三保。

普明菴，在四十五保。元至正癸酉，邑人任總管建。

静安教寺，在蘆浦。初在滬瀆，吴赤烏中建，號重玄寺。唐更永泰禪院。宋祥符初，改今額，嘉定遷此。寺故有雲漢昭回之閣，閣廢，六字刻諸石。有江中浮來石像石鉢，有吴越王瑜珈道場中毘盧遮那像，五臟皆書錢氏妃嬪氏名。有赤烏碑、陳朝檜、講經臺、蝦子禪、湧泉、緑雲洞，與滬瀆壘、蘆子渡爲八詠，詳具《古蹟》。歸併菴一。

周弼寺記：華亭縣東北百里，松江繞焉。有寺在滬瀆，曰重玄。大中祥符元年，因避聖祖諱，改今額爲静安。嘉定九年，僧仲依以舊基迫近江岸，濤水衝匯，遷基於蘆浦之湧泉，即沸井浜也。中流數尺特深如井，晝夜騰沸，或指爲海眼，因寺遷而異其名焉。寺之靈驗最顯著者，西晉建興元年，有兩石像浮于江浦。吴縣人朱膺迎置於寺，視其背則有銘，蓋七佛中之二，曰維衛，曰迦葉。後六年，漁者又獲兩石鉢于沙際，大如臼。羶辛稍觸之，則變怪輒見，因以爲石像供具。佛閣則因異僧智儼而立。儼有異行駭俗，(則)[取]鰕子爲僧號，常歛蒲艸爲萬餘繩，挂諸廊廡，且曰："吾將作大緣事。"繼即示寂。人競樂施以財，繩皆滿足，閣果成就。是皆傳於閭里，著於雜書，彰彰者也。自佛法渡江而南，浙西信嚮特甚，精藍浄舍，所在布滿。究其從始，其最遠者，極天監、大同而止。孫吴赤烏十年，康僧會始至建業，建寺以居，謂之建初，此寺實相踵而成。當是時，諸寺蓋悉未有也。豈無通都大邑、鄽井衢陌，闡揚道化，乃獨遠取海濱廣斥、江皋閑寂之野？豈非居處爲修持之要，市邊三里，頭陀抖擻，終不若深山遠谷，途路險絶，上衣上食，易窮真諦。異像異僧，亦有所憑而至也。後世棟宇穹窿，金碧晃耀，往來憧憧於闤闠之地，規模則盛矣。然究竟祖師立教本心，倒裳求領，日接緣務，與深禪静觀者，所得孰爲多邪？敗廬弊刹，或焚或毁，何可勝數。此則經教相傳，基業寖廣，歷千載餘，猶能遷改，植久遠計。非擇地得所，願力深重之所致歟？石像既遷于吴門開元寺，而錢氏瑜珈道場盧舍那寶像，與雍熙、宣和兩碣，屹然尚存。雙檜偃蹇，如虬如鳳。則魯望襲美之所題詠也。風恬月澹，鐘聲梵響，悠揚於滄波浩渺之外，與天無際。安知無石像再浮而致，發光彩於蘆葦之間哉？華亭吾外氏所宅，吾少所長聞而異焉，故述而爲記。

胡芳：翠微隱隱出層霄，杖屨來遊不憚遥。冰柱四簷晴作雨，雪山一帶晝隨潮。金鎔柳色藏高閣，紅愛梅花立短橋。賸有流霞注顔色，養生無意問王喬。

雲漢昭回之閣，在蘆子浦南。宋淳熙十年，端明殿學士錢良臣建，以藏宸翰。扁額光宗在東宫時書。今碑存静安寺，閣廢。詩云：雲漢昭回夜，新登最上頭。蘗林幾度臘，片石百年秋。爽氣隨天盡，踈雲帶月流。身今在析木，無暇顧牽牛。

講經臺，在静安寺。宋嘉定間，僧仲依築土臺，聚徒講習於此。遺址猶存。

楊瑀：高僧昔日講經處，人去臺荒草木間。華表不歸千載鶴，至今遺跡鎖空山。

顧彧：我懷依老禪，築臺爲翻經。風清貝葉動，月白雨花零。龍來白髯誦，鬼走文貍聽。百年嘆遺址，雨冷秋冥冥。人生一大夢，鄙夫幾時醒。

講經臺：縹帙白象籤，金書貝多葉。稍披四句偈，已斷七支業。

涌泉亭：甘香蟻丘漿，清浄楊枝露。一勺遍大千，天龍不敢吐。

緑雲洞：龍歸驟覺寒，鷄遠不知午。長年四簷陰，颼颼竹梧雨。

王逢鐘銘：金聲爲物鉅曰鏞，深胤泉府高達穹。谷傳海應流景風，頓息諸苦開群蒙。耳塵空浄心觀通，六囟具圓佛性同，博哉功施垂無窮。

衆善菴，在二十保。宋太平興國間，僧禮建。

普門教寺，在盤龍塘，俗稱盤龍寺。唐大中十二年，吴人陸素建，名觀音院。宋祥符元年賜額。寺有石天王，舊傳大水中漂至，人多禱之。歸併菴二。

德濟菴，在簳山。元大德三年，邑人張謙建。僧穹開山。東堂後骨塔有松上覆，如偃蓋然。

華潮圓通菴，在華潮浦上。宋宣和三年，僧言建。

崇壽講寺，在吴松北楊林，俗稱楊林寺。宋元祐間，僧欽法華建。歸併寺一、菴三。

無名氏《修寺記》：距吴松北五七里，曰楊林。擅楊林之勝，巋然出乎其間者，曰崇壽寺。宋元祐中，沙門欽法華之所建也。奉佛有殿，安衆有寮，闡法有堂，函丈有室。門以限其内外，廊以翼其東西。至于宣明庖湢之所，叢林所宜有者，亦皆具體。既而請于朝，錫今額。堯法師開山，爲第一代，傳佛隴之宗。學子雲從，厥後相承，率皆名德。嘉定壬午，始作西方殿舍聖像，住持浄緣爲之倡。熙寧初，里人總轄張德裕創觀音堂，肖無量壽佛像，作懺悔主，割租税規其入，俾修白業。其仲固以佛殿頽弊，上雨旁風，撤而新之，高廣壯麗，視前有加。落成于淳祐二年六月九日，住持士亨、首座惟一，實相其役。開慶己未，藏殿新成。尋印竺墳五千卷，用雙林大士故事，造天宫寶藏。復捐私帑，市膏腴，爲飯僧計。元至順間，明德處士萬公同室諸氏，翻蓋大雄殿，重飾靈山一會及羅漢像，西方佛殿亦如之，復捨租以益恒産。至大二年，住持澄法師偕曇瑞浄惠，重造法堂五間，曰寶華，以章説法之靈瑞。至元庚辰，住持無隱重蓋山門、鐘樓。至正丁酉，小隱法師建方丈五間，顔曰松月。賓主區分，有所居止。因次第記，申之以辭曰：處爾室，戒爾食。俾有衆，伊誰之力。雖千萬年，典刑可則。後之視今，亦猶今之視昔。

普光寺，即普光教院，在青龍鎮西南。宋紹熙甲寅，里人杜國珍建。僧印開山，寶謨閣學士黄由有記。中有勁節亭。國初廢。正統改元，僧湛秋淵始建法堂。成化間，僧普馨建大雄殿及天王殿，山門、鐘樓、廊廡以次興復。

西隱菴，在泰來橋市。宋乾道三年，僧智思建。中有古柏、古桂、天圓地方池、趙子昂碑記。枕澧溪隆福橋。國朝嘉靖三十三年燬于倭，四十五年重修。

戴墳菴，在四十四保。元至正十年，邑人戴誠甫建。僧學開山。

張浦菴，在三十三保。元至正間，僧忠建。

布金禪寺，在四十七保大盈村，俗稱大盈寺。本法雲院，唐太和二年孫均建，宋易今額，復爲院。佛殿、鐘樓、山門、法堂，歷宣和、建炎、淳祐諸年，郡武弁顔覇、孫曹諸人始備。元至元間，僧性并重修。有巨釜浮江而至，爲寺勝跡。歸併院一、菴三。

陳舜俞《經藏記》：布金院去邑七十里，有上人曰清己。其行淳白，善護其法，閭里莫不嚮焉。邑人顔氏子，首施錢二百萬，書其凡所藏經。又相與營大屋爲輪，而環積之。越三年告成，函以文木，襲以綈錦，載以華輪，瞰以藻閣，繚以朱貝，負以蚪龍，覆以隆厦，周以廣廡。總用錢千萬，前後施者殆數百人。焕乎盛哉！夫輪之名有二：一曰法輪，佛之所乘也。智慧解脱以動之，戒定悲忍以行之。小而入乎微塵而有餘，大而御乎虚空而不能容。擬諸形容，而莫之能名，法輪也。其二曰苦輪，衆生之所乘也。動之以煩惱貪著，行之以嗔亂罪害。上驅乎天，中驅乎人，下轉乎地。散而入乎鬼神之都、禽獸之鄉，而莫知其歸。擬諸形容，亦莫之能名，苦輪也。噫！在佛爲法，在衆生爲苦。存衆生乃有佛，非佛不能度衆生。然佛之度衆生也，未嘗脱吾輪而載之。蓋即其所乘而指其所嚮，故能方軌同轍，而出乎無窮之域焉爾。則凡所謂輪者，可以摧止諸苦，令法流轉，亦幾於佛矣。輪成，上人以予善解其義，其文足以申讚嘆，見屬者不遠千里云。時嘉祐丁丑歲十二月也。

陸深《宿布金寺》：五年荏苒重過寺，一夜空明獨倚樓。水亦何緣俱到海，心如無礙總忘鷗。細尋往事和頭白，多感新凉與病瘳。安用遠公要靖節，暫隨蝴蝶化莊周。

真净院，在唐行南。元至大初，里人曹宣慰建。僧印月江開山。吴門王清憲公都中有記。

寶月接待菴，即寶月禪院。《舊志》在唐行鎮，今鎮爲青浦縣，在城内生春橋西。元至正間，僧善定建，邵亨貞爲作疏語。佛像皆脱沙塑，牌位皆名賢書。後有梅花林，爲寺之勝致。正德辛未，積雨橋壞。鄰人請于縣，欲撤其材以爲橋，遂廢。萬曆元年癸酉重建，今爲祝聖道場。

法會菴，在青龍南。元至正丙申，僧古鑑建。

管浦菴，在管浦上。元至正庚午，僧衍建。

隆福教寺，在青龍鎮。初名報德，唐天寶間建。中有寶塔，長慶間建。前即昇仙臺。歸併寺、菴各二。

大中祥符間，有暢法華駐錫于寺，日誦《法華》。年八十化去，舍利從烟焰中迸出，建石塔寺左。天台了空大師浩弘撰《行業記》，詳《方外》。

楊維禎《重修寶塔并復田記》畧：去華亭縣之北二舍近，其聚爲青龍鎮。鎮之南寺曰隆福，創於唐天寶間。寶塔七級，凡若干尺。造於長慶間，重修于宋慶曆。閲二百餘年，風雨之所經，兵燹之所更，土木殆不支矣。主僧普善覽其敗瓴斷礎，不無愴然者。廼發弘願，白于里之大族宣慰使司任公仁發，獲答其請，始捐貲營建，實大德之三年也。致和元年，公之子賢德繼厥志。至正三年，公之孫士質述其事，而締搆之，力餘及於大佛殿、東西兩廡，皆撤而一新。又假錢若干萬緡，爲復其所失田三十頃，而寺之敝稍振。鄉士王元來請予記。予惟浮圖之製，釋氏書謂佛滅後，鐵輪王造塔八萬四千，一日夜神役也。中國倣之，或以佛骨、以舍利、以金玉神像。唐鳳翔法門寺塔，有佛指骨在焉。三十年輒一開，開則歲豐人安，天子爲遣中使迎之。今塔爲佛牙所在，吾不知若干歲可開，開抑何應。塔之成壞實有數，靈物之開闔當有時。塔之宗，非徒靡吾民力，以視外觀而已也。若普善者，攻苦敷淡，業既成，而行亦有以動乎人。後之施德于將來者，不獨任氏也。至正九年九月八日記。

隆平寺，在四十五保三區青龍鎮隆福寺北，故俗稱南寺北寺。本國清院，唐長慶元年建。宋太平興國中，僧寶重修。國朝嘉靖中，改爲新縣城隍廟。後移縣唐行，欲遷之，神像變色，遂不果。有寶塔，亦廢。

《經藏記》畧：青龍鎮瞰松江上，據滬瀆之口。寺之隸鎮者三，獨隆平藏經未備。治平四年，邑人陳守通乃始出泉購書，而棲經無所。沙門道常即法堂舊構，合衆力植巨軸，貫兩輪，納匭五百。倣雙林善慧之制，藏所謂五千四十八卷者。垂十年，功不克就。元豐四年，曹侯永逸、王侯景琮憫其垂成僅廢，更其徒行清主之。規模法象，即其書皆相合；高下度數，按其體皆可考。袤二丈有二，其崇加三。上爲諸天宫者八，下爲鐵圍山者二。承以藻閣，覆以重椳。八觚竿聳，方匭鱗比。法從導衛，循繞環匝，皆雕鏤刻琢，塗金錯采，盡其巧麗。經費凡三百萬。越明年元朔，合黑白二衆落成之。嗚呼！竭大海水，盡妙高山，雖筆墨有窮，而不能及佛一句少分之義。以予之淺陋，何足語此？而行清數來請文，所願贊其成也，於是乎書。元豐五年春正月，馮翊陳林記。襄陽米芾治事青龍，賓老相過，出此文，愛而書之。

靈鑑《寶塔銘》：宋明天子即位，舉賢才，修文教。不禁浮圖，造塔廟，興佛事。天聖初，道者若松，檀越諸葛果、顔霸與衆謀曰：今天子與天下民植福，而此鎮西臨大江，與海相接，莽然無辨。近無標準，遠何由知？故大舟迅風，直過海口，百無一二，而能入者。因此失勢，飄入深波石焦，没舟陷人，屢有之矣。若建是塔，中安舍利，遠近知路，賈客如歸。觀者若知心至寶塔彼岸，高出貪愛大海，見慢魚龍，乘慈悲舟，生死苦海，一念超越，速如反掌。可不慕乎？輿人然之，遂於隆平精舍，建塔七層，高矗雲霄。自杭、蘇、湖、常等州，月月而至。福建漳泉明越温台等州，歲二三至。廣南、日本、新羅，歲或一至。人樂斯土，地無空閒。衣冠名儒，禮樂揖讓，人皆習尚，以爲風流文物之地。朝廷聞之曰：酒税之利，獄訟之清，宜在得人，不可以不慎。自景祐至今，皆京寺清秩，兼以治人。今歲大稔，遠商併來，塔成無記，歲月磨滅，將爲後人之譏。靈鑑始受縣符，來兹傳道，衆乃丐辭，以紀其實。自惟空示是習，辭媿不文。乃抉鄙思，謹爲銘曰：聖帝無爲，慈不以威。民樂太平，起塔巍巍。上入碧空，下狀鐵圍。烟雲霧靄，出入户扉。中藏舍利，四衆焉依。莊嚴國界，佛日增輝。厥初未建，市井人稀。潮漲海通，商今來歸。異貨盈衢，人無餒饑。刻石爲銘，以贊幽微。億萬斯年，永鎮江圻。嘉祐七年十二月。

福善寺，在四十七保内勳浦之陽。梁貞明六年，僧智道建。時多虎患，道至虎即遁去。晉天福二年，額名尊勝院。宋大中祥符元年，改今額。有吕諤《鑄鐘記》。

寶林菴，在三十三保。宋嘉泰甲午，僧埍建。

東濟菴，在四十六保袁崧墓側。元至正元年，僧敬建，後圮。隆慶初，顧少卿從禮重建。萬曆丙申燬，陸宗伯樹聲、吴駕部炯，即里人薛汀所捨地，重創梵宇，更名慈濟。

俞汝爲記畧：吴淞澤國，水以茂稱者三。其一横泖，絶大盈浦而東也。北折爲流曰崧宅，其上成聚曰崧宅鎮。鎮西偏不百武而近，爲晉左將軍袁崧墓，傍爲東濟菴。元至正初，僧敬從關中來，誅茆結宇，師印度東土，是曰東濟。袁將軍守吴郡，抗賊身死。其下李祥收遺骨封之，隆隆起草莽間。土人訛言將軍墓有奇，取一坏土置爨下，蟻鼠跡無復存者。歲久菴圮，樵採不禁，塚漸夷，而故址非復僧有矣。萬曆初元，蔡諫議復縣青浦，置邑於唐行之廛，割崧宅爲左輔。於時四明屠侯謂將軍死國事，不宜淪没荆棘中。勒石建祠，表將軍遺節，人情勃有復古之思焉。其後卓侯鈿慨然修復，令清東濟遺址，里人薛汀義而返之。寺僧汝成經始其事，梵宇再飾，宫保平泉更名慈濟。余於兹菴之廢興，而知宰官現身説法之意，化導民切。尤幸袁將軍忠魂，可恃棲托。則後先邑侯之表遺忠、存古剎，爲可記也。

不經歸併寺院

勝果寺，在隆福隆平之西。宋乾德間造，有浮圖一座，寶慶間毁。寺有沈光碑。

吕益柔記畧：妙悟大師希最，説法于勝果寺，道俗畏而愛之，號爲義虎。有祟自稱沈光者,師爲之懺解,度生他化天。元祐庚午,示寂荼毘。其徒寶覺、思玄、惠軫求文以記。余爲之歎曰:昔嘗讀《高僧傳》,至法蘭精勤經典,山中神祇皆來受法,人謂德被精靈,竊疑其誕。及覩此,則知佛慧神通,足以斥陰妖之靈嚮,拔重泉之沉魂。明暗兩塗,各獲安利。夫怪者,聖人所不語,將爲後世好誕者戒也。然孔子嘗謂敬鬼神而遠之,又曰幽則有鬼神,是豈以鬼神爲無哉?今沈光變現,顯顯若此。則凡包禍心以欺諸幽者,得不聞是而懼乎?此余所以雖怪而必書也。爲之銘曰:禪律雖殊,歸則同揆。冰泮雪消,俱成一水。師之持律,古佛是擬。聞思惟修,小不逾咫。講明妙教,名流服膺。解破幽障,沈魂獲升。利物既足,坐躋上乘。慧績若此,宜以銘稱。餘詳《方外志》。

真如寺,在青龍南。

福聖教寺,在簳山西。詳《山志》。

廣福講寺,在縣西。石晉天福間建,洪武、成化間重修。內有潘恭定公祠。

徐汝翼記畧:廣福一禪寺也。祠祀潘公者何?曰:以報功也。上海之有本寺,創自石晉天福中。迨嘉靖三十五年,島夷入訌,軍需告詘。籌國者議將東南寺觀,鬻之以助,計金若干。公時填撫河南,命其仲子捐俸償值,寺獲不毁。頃年或尋前議,又幾不免,公復命季子償之如初。寺獲永存,以綿此方福利。今建祠堂,繪公遺像,奉祀其中。記曰:有功德于民則祀之。寺固民所藉以徼福也,幾廢而復存者再,則建祠祀公,亦輿情所快覩爾。夫汾陽鑄像,廣化增崇,白傅懸真,香山益勝。兹立公祠,名當愈顯。爲記歲月如此。

齊昌寺,在縣治南。今廢。

慧日教寺,在孔宅里。寺有宣聖祠,宋元豐賜額,後易今名。併院一、菴三。

衆福院,元大德間,里人曹宣慰建。

利濟菴,元泰定間,唐行、唐昱建。

明遠菴,宋淳熙間,僧聚建。

崇福菴,宋嘉定間,邑人陶光顯建。

松江府志卷之八十

寺　觀　四　尼寺附

華亭　新隸青浦附

僊鶴觀，府南朝真橋東。始創在橋之西，年月無考。宋紹興三十一年，處州天真觀道士葉太真復建。請于朝，即晉廢觀舊額，賜今名。元至正中，道士吴大亨重修，邵亨貞記。國初，以其地設太平南倉，道士陸允中始遷於此。其地故張氏祠堂也。觀雖小，爲府境琳[宫]第一，道紀司治焉。歸併院七、菴堂四。

蓬萊道院，在東門内。元至正中，道士李德安建。國朝洪武庚申，道士金志信等重修。東廡有梓潼神，舊祠于縣學，祠後有竹林，大比歲以筍迸室中，卜薦士之多寡，近神坐則占前名，其驗如響。成化庚寅，提學陳選以神道家者流，非學所當祀。道士李朝陽因請祠于此，仍塑吕真人配之。萬曆中，建利濟侯祠。

元張昱：雲近蓬萊蜃氣消，數峯晴照遠相招。梁間燕子都歸去，觀裏桃花自寂寥。盂飯化人忘戀戀，院墻篁竹謾蕭蕭。雲中何處劉安宅，猶有雞聲報午朝。

錢文通《重修蓬萊道院碑記》畧：府治東百五十步，舊有道院曰蓬萊。宋紹興間，地生靈芝，純陽顯著靈跡，因名，誠吾松第一山也。自元至正間，道士李德安復建，歲久傾圮。洪武初，金志信重修。永樂中，陸道泓來住持。繼李朝陽，戒行超卓，道術高妙。常[以]殿宇卑隘，不足以壯觀一郡爲歉。成化初，先[搆]兩祠，請縣學内文昌像奉于左，塑純陽像奉于右。勤苦精修，不十載，四衆皈依。遂以其徒江守澄竭力經營，撤而更之。正殿三間，高四丈六尺，廣視高倍五丈一尺，深倍廣者四丈八尺。後殿三間，廣與高深俱殺焉。正殿真武居之，後殿老子居之。文昌、純陽二祠，則徙於後殿前之左右。利濟侯祠以及山門諸所，焕然一新。其殿始工之日，正余奉勑致仕還家之又明年也。越三載而落成，朝陽乃謁余，請記其事。余常聞朝陽教其徒若孫，有曰：吾輩絶俗之士，忠孝大事既不得與，亦當以一念不欺爲忠，一事不苟爲孝。深竊嘆其道家者流，本清静無爲，而朝陽獨尚忠孝，殆學老而行儒者歟！此余於是院，所以樂爲之記也。遂俾録歸刻諸石。正德三年戊辰夏五月。

孫文簡承恩《重修蓬萊道院碑記》畧：松有蓬萊道院者，在郡治東百五十步許。地當通衢，委巷北折，甚幽寂。宋紹興間始創，元至正間，道士李德安復建，歲久而圮。成化癸卯，李朝陽始改建之。易卑爲崇,廓隘爲廣,闢陋爲深。中爲正殿,祀真武。祀其師老君於寢殿,祀文昌君并唐吕真人於左右廡,前建利濟侯祠。正德己卯秋,震雷碎其正殿之二柱。江之徒衛大溥者,率其徒鍾秉彝復修之。支傾補弊,益以藻飾,則陛級峻整,丹彩華焕。地若拓而益宏,殿若升而益崇,景若闢而益幽。明軒浄牖,深院曲房,花木葱茸,雅潔蠲麗,若不與市塵接也。院未有記,無以爲山門重,抑無以詔後人以締造之艱,且將泯泯以至墮廢。遂爲文以刻石,復系之詩曰:道原于一,渾淪沕穆。宰世立極,吾道攸屬。老氏者作,同源異曲。清静爲宗,恬澹寡欲。闡教傳世,久益顯暴。爰有攸處,以寄高躅。奕奕斯宫,松城之隩。地僻而窈,光景清淑。復創勝國,郡乘可覆。明益開拓,殿宇高矗。於赫聖帝,玄衮皂纛。金印寶劒,龜蛇承足。太上高居,寢殿嚴肅。文昌純陽,冠弁羽服。萬靈訶護,四衆瞻矚。歲在單閼,雷斧棟木。天威有臨,若儆玩瀆。有大羽士,戒行貞獨。值變兢惕,懺悔退伏。竭力繕治,倒廪罄匱。藻飾其餘,罔有弗縠。若增而勝,丹彩溢目。瀛海異境,恍在塵陸。頗疑其間,僊侣棲宿。神藥靈芝,皓鶴玄鹿。白雲迷户,香靄覆屋。允惟清虚,迥隔凡俗。石磬瑶笙,玉版金籙。考擊鐘鼓,警徹昏旭。玄臺冥冥,丹府煜煜。泊然虚無,神朗内燭。匪兹靈區,曷斷諸慾。思貽厥謀,言謹其屬。爰謁史氏,彤管紀録。刻之貞珉,庸代面告。咨爾後人,罔敢弗勖。精進焚修,秉志誠篤。毋墮前功,殫力繼續。上祝皇釐,下祈民福。四氣順布,雨暘寒燠。以及衆生,均囿化育。嘉靖十有一年壬辰歲秋八月既望。

盟素道院,府東南舊城隍廟側。元至元二十七年,天台桐柏宫祝知觀創始。至正十二年,道士吴蟾友、王玄静建。國朝成化己丑,旱,知府田臻禱而得雨,命住院王惟端等重修。正德己巳,道士王大經建三清閣。久圮,天啓癸亥重建。

朝元道院,在泖口,去府二十七里。元大德間,道士陸景真建。

朝真道院,在干山。詳《山志》。

明真道院,在朱涇鎮。元泰定中,里人陳原昇建。

大興道院,在蕭塘鎮。元至正中,道士范道隆建。

太清道院,在俞塘。洪武元年,道士吴松谷建。萬曆間,改太清禪院,僧蘇湛然重建。

太古菴,府西北三百步。宋建。

施水菴,府東南五十四里。至元間,道士葉雲建。後唐月心捨地重建。

上真菴,在翁家莊西,距府七十里。元泰定二年,道士蕭野雲建。

上真堂,在金山衛東門。元至元間,道士王惟謙建。

長春道院,府城集僊門内橋北。元大德十年,道士鄭道真建,爲境内全真教祖。國朝歸併院七、菴堂二。

浮梁楊載記:余游松江,假館長春道院,其主人則錢塘鄭君道真。君之言曰:僕幼時聞北方人爲全真教,其祖師則長春丘真人,得鍊氣養神之道,入火不焦,入水不濡,出入有無,變化不測,壽無所止極,與天地終始,心甚慕焉。父故將家,將卒千人戍守嚴陵,因病免官。其軍之大將,將以僕名聞朝廷,予父舊卒,使襲父官。僕自念苟學道有功,得如丘真人,雖貴爲王侯,猶不足比儗,何有於列校哉?縻繫於此,終不得爲所欲爲者矣。遁去至永嘉，師受道要，居密室中累年。一旦心躍然思歸，不可制止，歸則父母皆已卒葬。慨然歎曰：身無卻顧之憂，吾道其遂成乎！於是益務遠游，至松江。松江人無爲全真教者，非僕客朱氏，則俱託於逆旅主人。僕遂有志結菴，買地二畝，築室四間，度弟子朱道本等，使嗣守之，以待來者。僕尋去之丹陽，欲渡江不果，復還永嘉。時邑中大家計肅、夏世昌二人，志尚清虚，雅好道術。增地七畝，創制爲今道院，使人招致僕主其事。余聞北方人以全真名教，始重陽王真人。金之衰也，諸侯割據，山東鼎沸。王真人之貌，異於常人，慨然有拯天下之志。天數奪其計，其徒壯士叛已，因絶食居山中。積數年，有道爲神仙，度弟子七人，丘真人最後出。本朝聞其賢，遣臣劉仲禄迎至漠北，謂太祖受命于天，爲萬姓除殘賊，必無多殺。上感其言，斬刈之威大爲衰止。繇是山東之人，始有生殖之望焉。夫爲道者，無爲而無不爲，而善藏其用，則可以功濟天下。古之人有知之者，子房是也。今丘真人以度世爲業，而能盡力匡維，有補於萬億年之鴻緒，挈功盛大，詎讓子房哉？今爲其學者，皆絶去嗜好，以觕惡爲衣食，室中徒設榻，頻坐内踵，狀類禪定，而中有所事事，其法具於《抱朴子》。第丘真人之道，顯重于世，故學者推之，以爲祖焉。道院之制，爲前殿祠事老子，其外兩廡，其後爲堂，高下降殺，與殿相承。余所假館，直室之東北隅。曲徑深窅，有池水叢竹之勝。鄭君之爲人，無驕氣，無惰容，色常欣欣然，如髫齔爲童子時。鄉人化其善，賢者樂從之游。鄭君視之泊然，不以繫累乎其心。有道之候，庶幾在此。至治元年四月十五日。

又《春雨即事呈鄭尊師》：南榮相距數尋間，滿地春泥隔往還。夜雨暗添籬脚水，曉雲濃掩樹頭山。修篁夾徑宜增植，細草侵堦莫漫删。世慮紛紛無止極，敢求大藥駐衰顔。

谷水道院，府城西谷水坊内。《前志》云：在瑁湖北。許尚《百詠》題有道院，註：在西湖之西，後爲延氏蔬圃。疑即此地。曰谷水者，湖之故名也。宋寶慶二年，道士陸景微建。國朝洪武二十年，道士葉雲谷增修。後燬于火，道士黄碧窓、里人馬驥等重建。今湖已湮廢，院之南悉爲民居。其外一水縈紆，舟楫僅達，非考圖志，人不知爲湖矣。中有來鶴亭、東雲所。錢福有詩。

放鶴亭前來鶴亭，自來自放幾時停。道人莫跨入雲去，且坐亭中默誦經。禹步蹴震垣，青雲翳雙履。鏗鍧一鼓萬物茁，東華親授生生理。騎龍握参先太陽，扶摇儵忽幾萬里。爾來鳬翮折，墮落滄溟涘。滄溟荒斥弗可即，日夕枕漱西湖水。崑山北谷有水瑩無滓，别號西湖無乃是。水以北爲陽，斯言亦奇旨。雲邪水邪泊乎相遭兩兩總無心，南北東西亦奚異。谷之陽，雲之東，坐看雲起行水窮，飄然獨得誰能從。緑波不釣尚書魚，紅雲常護仙人宫。逍遥步明月，徙倚臨清風。移石放舟尚礙雲根動，斸苓自飯操畚縮恧憐長松。青牛出關去不返，水雲深處鶴髪積皤翁。近聞天亦私，古傳道至公。滯君小住三百載，且莫掉首思凌空。候余養就餐玉法，把袂闐闔談参同。東雲道士住谷水道院，髮星星矣。修煉弗替，蓋有得者。出卷索題。予傍道院居百年，蓋所謂唳鶴灘者。灘臨西湖上，西湖即谷水之别名，一曰谷陽。或以谷水指崑山北谷而言，故又有水以北爲陽之釋。今皆無復有誌别，以辨其果然與否。惟瑁魚機鶴，漫爲塵土。而羽衣瑶宇，差足寄興者，爲可感云。錢福題。

崇真道院,在細林山。詳《山志》。

玄真道院,在張涇堰。至正二年,里人楊子正建。洪武癸亥,鄒德方重修。

佑聖道院,府東北葛家渡。至正間,道士張守玄建。今廢。

昇真道院,府東南,與新寺鄰。至正二十二年,道士郎道一建。

谷神道院,府南五里。洪武四年,道士陳仁常建。今廢。

上真道院,府北三十里。洪武四年,道士嚴真建。

清谷菴,府西北二里。至正四年,道士蔣清谷建。今廢。

真聖堂,在泖西,去府七十里。洪武十三年,道士彭素雲建。

不經歸併道院已廢名存者並附

東嶽廟,在府城西。建置無考,宋右丞朱諤始大而新之。元至正乙酉災,惟真武殿、五鳳樓廊廡僅存。壬辰,邑人夏濬即樓址立門復舊。國朝成化改元,副道紀曹希昇建玉皇閣。弘治壬子,知府劉璟重修,郡人僉事侯方有記。萬曆中,郡人知府徐琳重建大門,道士建冥司殿于祠右,禱祠靈應。天啓中,重修殿廡。

別廟四:一在張涇堰,元大德五年,邑人施士亨建。一在南匯觜城内,永樂十六年,總旗官庸建。一在干山,元大德八年,山民潘顯建,香火爲盛。一在七寶鎮,宋建。

靈順行宫,府治西南。神顯靈于徽,望秩隆于杭。元至正初,府人倣杭,迎引會社,因築宫祀焉。國朝景泰中,知府葉冕增修。成化間燬,知府王衡重建。今改祀陸宣公、李忠定,而遷神像于别室。

任勉之記:永樂中,予以右府參軍之職,奉勑巡考直隸官吏臧否。至徽之婺源,祖庭有廟,翼然萬山中。是夕,偕御史宿,並夢神感。事竣還朝,竟拜徽守之命。詢其本始,神乃五緯之精,唐光化中,降于此山,告語立廟,具載徽志。自秣陵、宣城、廣德,數百里間,敬事尤謹。行禱之人,不絶于路。昧爽之際,神或現于空中,物色影響,畧可聞見。有夫婦禱而生子,及朞抱之謁謝,中途卒死,仍詣廟謝,已而復生。蓋神之靈響若是,宜人之敬信愈久益虔,香火之祠無間于遐邇矣。吾松府治南,舊有行宫,其靈響尤異,故老皆能道之。

龜蛇廟,在城南濠上。宋淳祐中建。

張璚重修記:松江南城河灣龜蛇廟,世傳其地有蓮花池,居人嘗見巨龜蛇之異。宋淳祐八年,道士余子善建廟,塑真武像,因有龜蛇名。元至正十六年,苗師縱獠入郡大掠,火一月不絶,殃及境内。而斯廟如靈光獨存,人遠望有黑旗颺于上。當時彫耑遺噍,競傳以爲神。國朝洪武初,殿就敝。有紹興販海商,其人與先祖同姓字,始來翻蓋。今存二夾石,即其所捨海船中石也。我曾祖仁清,號一山,嘗卜築廟側。思地有税無主,衆侵穢日廢,乃因編册,收廟基于保勝名下。世遠人亡,永樂改元,高祖本中,號柳塘,轉入于籍。宣德二年,我考原璧,號清逸,與東隱道人徐宗盛,棲遲于此。有志興作,不果。正統十一年,璚官紀善,還守制。載瞻廟貌,歷年滋久,風銷雨秏,朽敗莫可支。乃慨念先志,以起廢爲己任,合里中好義者,施財庀工。至景泰二年,重蓋殿宇,易蘆以板,增置兩廊各三間。東隱搆室傍居,以主其席。後予長子鎣任監察御史,得辭職就里居間,又以山門等未備,欲事營繕。得府判嚴郡洪君景德勸率,糧老陳宣等胥來義助,舉魏忠李義董其事。三越月,殿廊繪塑,重門繚垣,焕然一新。外立龜蛇真境坊,砌磚爲街,甃石爲橋,以通神道。揆天順癸未而上,距初建二百又十八年,至是蓋咸備矣。噫!張氏祖塋鄰于廟,子子孫孫同吾志者,嗣而葺之。庶斯廟有屬,而斯文不昧焉。用鐫諸碑,樹于廟門之左。

玄元道院,在府南會星橋西北。宋建,名城南道院。元後至元間,易今名。

邵亨貞記:清逸先生吴公,先君子之友也。亨貞爲穉子時識之,今垂八袠矣。道行深遠,有古高士風度。治鬼神,制風雨旱澇疾沴如影響。其所居曰玄元院,當華亭縣南城下。一日造焉,忽引至前廡,指楹間有碑石,偃仆其地,曰:是予師仁壽先生陳公所琢也。嘗欲識是院事,不果而逝。今予將丐子文刻之,以成先志。予以先生父友,不能辭。按院始自宋咸淳間,中像玄武帝君,延致仁壽主祠事,此院所由始也。人因其地稱曰南城道院。前至元間,仁壽告老,其徒蘭隱陳公嗣居之。始克買洪氏地于後,以廣其址。至大間,蘭隱殁,清逸嗣之。室屋歲久且壞,乃悉力繕治。後至元間,始命玄元名。又建祠宇于後,奉其師祀焉。未幾,清逸遷主僊鶴觀事,乃俾項君職是,復逾十稔。自前至元逮今,師弟子交承之事,皆請于嗣漢天師,然後行之。先後被教檄者六,受公文者再,咸戒以師弟子相次爲甲乙傳,勿替乃事。此院所由久也。清逸名大亨,號閒雲。仁壽名道然,號省翁,於清逸爲祖。蘭隱名德元,項君名天裕。

衍慶道院,在今縣學前徐家橋南,廢。

玄真道院,在延慶寺南。元至正初,道士魯煙霞、百户汪義建。

西湖道院,在演武場北。元至正元年,道士邵以中建。國朝正統十四年,道士計一寧修。其地舊西湖也,故名。今猶有小渠,自太平橋西流折北,而匯其前。當春夏時,蒲柳参差,鳧雁翔集,城中幽勝處也。成化二十二年,道士蔡静玄修,王良佐有記。

靈真道院,在金家巷。至元末,郡人建和寧保濟經會,作堂于此。後道判柳應元主之,易今名。

明真道院。

清寧道院,府西資福橋。

太素道院,府南郭外。元至正己丑,邑人劉惟一入道時所建。南瞰瓜涇,林木幽蔚,宛在人外。中有端坐全真之所,曰雲巢,故號雲巢子。楊維禎、錢惟善、周之翰時往日游焉。

永壽道院,在干巷鎮。宋寶慶間,羽士張清隱建。國朝洪武初重修。萬曆甲辰,道士沈儀卿、楊士禎建梓潼閣,陸文定公樹聲有記。

石湖道院,府西南,以塘名。

仙山道院,府東南,以鄉名。

鳳仙道院,府東南七十里。元至正間,徐六萬户建,以鎮海隅。國朝永樂初,燬于倭。正統間,里人楊拯重建。

張莊簡公悦《重修鳳仙道院記》:松之曹溪,在郡東南七十里許。其南不數里,即大海焉。瀕海居民以魚鹽爲業,餘無所資。每歲夏秋間,颶風作,陰雨晦冥,海洋簸蕩如山。甚至决隄浸田,漂毁室廬。元至正時,有徐六萬户者,憫其民爲海洋所苦,謂海陰以幽,而幽則有鬼神,宜假威靈以鎮之。于是舍基地六畝,西距溪二百八十步,創祠宇其上,奉香火以祈禱焉。此鳳仙道院所繇建也。迨國朝永樂初,道院燬于倭,舊基鞠爲茂草,幾不可踪跡者四十載。其地之賦,則里民王文亨與其子若孫,累歲輸官,因以其地三之一爲塋墓。正統間,總賦長楊拯,實里中巨擘也。欲爲重建,白郡守趙公豫可之,乃歸命牧者楊道誠董其事。即其基創三官殿,復其院之名如故。景泰末,鄉人陸用初有志爲道士,遂出家,禮郡道紀李志道爲師。成化丙戌,請度牒。壬辰,來住持。居無何,道誠物故。用初獨立募緣,不飲酒茹葷,竭誠殫慮。己亥,作玉皇殿,作東西兩廡。壬寅,作鐘鼓樓,作外之三門。至若庖湢橋井,與夫賓客講演之所,亦皆以次完美。矧像設莊嚴,丹堊鮮麗,巋焉奂焉,制度倍蓰疇昔。于其前人創始之意,益爲有光。而居民藉之,爲保障計,又豈不益爲久永也哉?是不可以無記。郡庠生楊傅,以生長兹土,畧述所聞者,特書其成。予雖差長,然亦未聞其詳。如所謂鳳仙者莫究其義,萬户者莫識其名。詢諸故老,無所考,姑記其大畧,以告來者,又繫以詩:鳳仙原是舊時名,輪奂更新喜落成。門對遠山來秀氣,地環流水播新聲。悠悠日月壺中趣,蕩蕩乾坤物外情。莫怪黄冠絶情事,也曾留客飯青精。

蓬萊道院,在柘林鎮。元至正十年,道士王原常建。

冲和道院,在青村鎮。元至元末,陶宗海建。

北山道院,在府北。

祥澤道院,在泗涇祥澤間,亦曰真武行宫。元至正中,里人周大亨建。萬曆壬辰重建。歲時香火極盛,俗名小武當。

佑聖道院,府東北葛家渡。至正間,道士張守玄建。今廢。

玉宸道院,在佘山。詳《山志》。

玉清觀,在鍾賈山。詳《山志》。

錢明宫,披雲門外。

安于齋,通波門内艾家橋北。宋咸淳間,王蒲友捨宅爲之。舊傳安于二公讀書于此,相繼發跡,故名。國朝天啓年間,復建關聖祠、文昌閣、山門,崇奉温元帥,極有靈驗。

三教堂,莫家巷西。今廢。

雲西堂,雲間第一橋南。天順七年,道士張允真建。與祭江亭相望,郡人祖餞必登焉。

泰山行宫,號聖母廟,府西門外跨塘橋西四十一保。嘉靖十五年,道士陸鉞建。

碧霞行宫,郡東門外二里。嘉靖丙寅年建。萬曆戊申,道士陳宇光建文昌閣,未幾燬。天啓中,改建爲殿。舊名紫霞宫,董宗伯其昌易今額。

義勇武安王廟,在華亭縣學舊射圃東。今廢。

别廟十七:一在雲間遞運所,又曰三義廟。一在千户所,千户費繼光重建。一在演武場。一在水次倉,知縣章允儒重建。一在周公堂東。一在龍門里。一在白龍潭。一在張涇橋。一在金沙灘。一在北圩塘。一在泗涇鎮,有大石橋三,廟壞則橋毁。議者云:鎮旺當興此廟。一在莘莊鎮。一在閔行鎮何家西渡北。水勢湍湧,嘗壞舟楫,里人副使何廣建廟鎮之。後廟頹,復爲患。何三畏、三讓益地重建。一在葉謝鎮西,給事中楊允繩重建。一在七寶鎮,里人主事徐三重重修。一在青村,洪武三年,千户陳叙建。一在南匯嘴,永樂八年,千户張敏建。

沈愷《武安王廟碑》:松故有武安王廟,廟在演武塲東。歲久塲徙,廟日就圮,像亦莽蒼湮没,晨烟夕露,使人意象惘然。鶴峯史公來涖郡,見而喟然曰:神甚威顯,在法以死從事則祀,要之天下人心所同,吾松人可獨後乎?乃徙演武于泖涇之陽,前祀海神,後獨搆一祠,特祀王于中。捐俸若干金,命縣丞董某董其役。會貳守力菴胡公方攝邑事,聞而喜曰:往某以吏事走四方,王嘗以夢告我,脱我于險者屢矣,某甚德之。玆舉也,某豈敢後松人之所以事王者?亦捐俸若干金,不越月,工乃告成。像嚴貌古,典刑如在。顧屬愷一言,以識不朽。竊惟漢季群姦競起,剥亂宇内。曹操以梟雄之資,竊據中原。孫權席父兄之業,虎視江左。天下之勢,炎炎然日趨于吴魏。先主雖帝室之胄,當其微時,荆益未定,隆中未起,一時君臣之分,猶未定也。王勇畧蓋世,能提一旅之卒,横行天下,豈不足以得志?顧獨識先主于草莽之間,倉卒邂逅,即矢心天日,要之以肝膈死生之信。至于顛沛俘虜,愈挫而愈不可奪。故斬將覆軍,發無虚舉,料敵制勝,動有神算。且使漢之信義得明于天下者,不在王與益德歸劉識主之時,而在王辱權罵使之日。故操賊人所知也,權爲漢賊,有知有未盡知者。自王首辱駡其使,不與爲婚,權至是首尾俱露,公議始不容于天下矣。故曰:見辱市人,越宿已忘。見辱君子,萬世不泯。王之係漢,不爲重哉?我是以知王之心,諸葛武侯之心也。嗟夫!人世有新古,民彝無古今。公殁且千三百餘年,忠義在人心,口碑在道路。而民思之者,赫赫如目前事。巷祭而野祝者,徹上下,通古今,彌宇宙,靡有弗思,靡有或忘。天下萬形皆有弊,惟理在穹壤間不朽耳。是可以觀人心之同,抑亦可以觀秉彝好德之良矣。爲之辭曰:瞻美人兮蒲陽,貌虬髯兮奮揚。忠勇鋭兮冠世,乘風雲兮帝鄉。識先主兮漢裔,伸信義兮自將。視孫曹兮若讐,舉義旗兮騰驤。赤壁縱兮機深,虎牢戰兮弛張。誓刮創兮狥國,志烈烈兮胥匡。轟叱咤兮風生,揮赤刃兮莫當。力欲前兮時蹇,漢祚衰兮弗昌。心如晝兮日朗,死猶烈兮洋洋。騎箕尾兮天游,遍靈威兮八荒。参羽葆兮來翔,桑蔭庇兮吴疆。新廟貌兮如昨,奠籩豆兮椒漿。爇宵旦兮輝煌,盛尸祝兮相望。鑒我民兮錫祐,百千秋兮安康。

李塔廟,按《蘇志》吴江昭靈侯廟,引舊經云:唐太宗第十四子明,初封曹王。調露二年,貶蘇州刺史。先天二年,奉勑立祠于松江。梁開平四年,封昭靈侯,廟食十有二所。或號曹王,或號李明王。今府境修竹鄉稱李塔明王廟界,則所祀曹王明也。

護城聖廟,在西南城濠上。嘉靖中建。

大樹大王廟,在縣西二里。

蕭王太子廟,在張公道橋東。

别廟三:一在東門兵馬司西。一在縣治西北二十步。一在五里塘上。

錢公廟,在東門外北四十步。

真聖廟，在府治西垣外。宋元間建。國朝永樂初，郡人孟仲經置地益之。天順中，知府葉冕重修。居民禱祠，有飛鶴翔舞之異。

聖妃宫，在府南仙鶴觀側。

天妃廟，在金山衛小官市南。洪武二十年，指揮僉事李武建。

别廟三：一在衛城外，洪武十三年，指揮僉事徐廣建。一在青村，洪武二十年，千户陳叙建。一在南匯嘴，洪武二十八年，千户陳斌建。

天妃宫，江淮間濱海多有之，其神爲女子三人。俗傳神姓林氏，遂實以爲靈素三女。太虚之中，惟天爲大，地次之。故製字者，謂一大爲天，二小爲地。故天稱皇，地稱后，海次于地者，宜稱妃耳。其數從三者，亦因一大二小之文，蓋(斷)[所]祀者海神也。元用海運，故其神爲重。司馬温公則謂水陰類也，其神當爲女子，此理或然。宋宣和中，遣使高麗，挾閩商以往，中流遭風，賴神以免。使者路見，(迪)[廼]上其事于朝，始有祀。

袁凱《次王叔善祀天妃有雪》詩：酒正初傳内府醪，南來河伯送行舠。百年祀事崇邦典，半夜神光出海濤。花散曉風紛爛熳，禮成春殿肅清高。聖躬端爲蒼生禱，不比尋常漢使勞。

佑聖廟，在朱涇鎮。(宋)[元]泰定間，鄭安四捨地建。

白馬三郎廟，在秀野橋北。

石湖廟，在湖塘上。

烈土大王廟。

何大王廟。

力士明王廟。

五里塘廟。

龍王廟。

陸廟。

三姑廟，在柘湖。相傳秦人邢氏女，入湖爲神，能役鬼工濬湖泖，以弭水患，邦人祀之。湖今堙塞，祠祀亦廢，而澱山普光王寺祠爲伽藍神。何松年記謂，三姑長曰雲鶴，主沉湖；次曰月華，主柘湖；季曰降聖，主澱湖。其説近於傅會，然其神靈甚赫，嘗大旱，請勺水祈，雨隨車至。每歲湖中群蛟競鬪，水爲騰沸，獨不入廟。詳見《會靈祠記》。今瑁湖橋側亦有祠。

居簡《會靈祠記》：嬴秦時，邢氏三女子死而有靈，能役鬼工，各開泖湖豬亂流，以弭水患。澱湖之靈，其季也。網罟之利，舟楫之益，民歌屢豐，災害不生，一方之民，均飫其惠。嘉定七年孟夏，大旱，奔走群望，有禱輒爽。知縣事李伯壽命主簿陸鳳躬至巖扃，檀木始然，水立晝昏，濺沫飛濤，沮洳冠裳。傍睨辟易，陸固自若，不衡不倚，若有相者。得魚得蛙，速雨之徵，必冀所求，不獲不已。白魚既躍，蛙亦隨至，霈雨霶注，三日足用。歲大有秋，申聞朝廷，錫號會靈。陸乃肅齋，賫奉其行，以侈君賜，以答神貺。觀者如堵，震動山谷，水天一碧，幽顯咸若。黄耈鮐背，歎未曾有。爲之歌曰：湖山兮蒼蒼，湖底兮天泱泱。

樓觀[兮]凌空虚，突兀兮金銀鐺。舳艫兮轉輸，秔稌兮繞湖。不知幾千萬年，寄豐凶於慘舒。煙冥冥兮雲淡，風蕭蕭兮葭菼。貝闕兮襲玄窨，物不疵癘兮民不顣頞。焕兮榜題，雨露兮新滋，神之靈兮聽之。

王逢題云：祖龍之世邢三姑，事蹟缺載鬼董狐。相傳有功瀫山湖，百嫗畚鍤當先驅。至今雕櫳暎銅鋪，祈祥弭患無日無。我嘗舴艋駕眇軀，遡風逢禱輒感孚。幾年思報之欲殊，身寢哀病詩澁枯。玆夕天側白玉壺，初月廻朗長庚孤。蒼蒼滄烟斂平蕪，馮夷水仙率啓途。異芬馞馞掠鷗潡，妙音殷殷來鸞衢。桂衣絳綠彷彿見，采旄桂旗惚怳俱。若將有意遺佩珠，儵焉而臨儵爾徂。坡陀肅入一傴巫，亦望文云如韓蘇。玄湘廬神匪私誣，恨不至是東南隅。永池盗摸金僕姑，馳道海齧餘萑蒲。長城陰靈夜哭夫，毛女來客猶避趨。粲哉三姑應里須，啖芝四皓隱德符。四皓一出名可考，孰愈萬方德誕敷，邈與造化長爲徒。

上海道觀　新隷青浦附

通玄觀，在青龍鎮。宋景福元年，道士葉管轄建。國朝洪武六年，道士秦守宗重修。歸併院八，堂壇菴各一。

松江道院，縣治東南，祠真武神。宋鹽監官祝聖之地，後燬于火。元至正二十年，道士曾景玄重建。國朝洪武三十年，道士趙彝善重修。

董楷記：咸淳三年四月，楷奉命分司松江。庀職之三日，循舊比謁廟，所謂真武祠者，僅㷀然一殿。雖創置門廬，梁楝露立，日暴雨淋，將就圮毁。諗于監松江塲吴標，標曰：此星流電繞之旦，臣子所以仰祝萬壽之地。標與前分司劉潛經營建造，羽流庸闒，黠吏舞而侵漁，迄輟工，不可不究也。乃相與謀度，至次年三月，始瓴瓦甓甎，且作兩廡，費不給。又次年正月，設門櫺，續兩廡，二月悉備。深嚴整潔，爲一勝處。其費多出于標。謹按：真武乃北方玄武神，不應有像貌之可瞻，有衣服之儀，有旗幟之飾，有符璽之章，有徒御之衆。世俗以詭誕相承，其事不經。是役也，非敢隨俗乞靈，惟尊君之義，乃率土所同，而不可一日不明者。故在物猶有葵藿之傾心，在民則有華封之祝言，况於委質爲臣子者乎？洪惟東朝以柔雍正淑佐佑先皇，定策不摇，丕乂海宇。皇上臨御以來，却貢獻，杜請謁，彰善去邪，恭天仁民，協氣周流，休德浹洽。微臣等獲依日月之末光，以展采錯事，慶幸無極。如南山之壽，如松柏之茂，天保所以祝其上也，此微臣等所以營建之志也。驅一世之民，躋之仁壽之域，又餘澤所必至也。若爲楹爲費之目，細事也，故不書。

仁濟道院，在吴會。元至元間，里人王民建。至正初，韓日新重修。

平山道院，在十八保。洪武七年，里人沈子文建。永樂元年，道士項子通重修。

洞玄道院，元延祐七年，道士潘復原建。

祥寧道院，元至正二十四年，里人施道良建，在十九保。

正陽道院，在縣市東南。元至正十一年，里人潘守真建。縣之陰陽學寓焉，俗呼小仙宫。

朝真道院，元至順二年，里人任仁發建。在四十四保。

崇真道院,元至正元年,里人戈奉史建。在四十七保。

真聖堂,元至正二十年,道士彭盟朴建。

神霄雷壇,元至順四年,道士邵希陽建。在十九保。

太清菴,元至正道士張静雲建。並十九保。

不經歸併道院

保和道院,在烏泥涇。元至元壬辰,里人趙如珪建。

葆真道院,烏泥涇南張氏南山故址,俗呼南山道院。

鶴坡道院,在鶴坡。宋潘德建。

大盈道院,在唐行真聖堂西、寶月院南。元道士金古山建。

會僊道院,在會僊浦東。元建。國朝弘治十五年,道士曹景玄改建。中有重屋山亭,有司視水江上,必登焉。

朝元道院,在縣西。以下並廢。

真一道院,在縣北楊涇。

西真道院,在坊浜長生橋西。

玉皇閣,在三十八保二區崧子浦濱。洪武初建,後皆傾圮。萬曆中重修。

崇敬道院,在四十六保一區十七啚。洪武年建。

佑聖道院,府北三十六里。元至正里人周大亨建。

澱山真聖堂,在四十三保二區五啚。成化中建。

玄壽堂,一名無量壽堂,在四十六保。

真武道院,在三十一保。

佑聖道院,在縣西南二十里。元至正間,里人顧天祥建。隆慶間,里人拓之,殿宇宏麗,號小武當。

南聖堂,在四十二保三區三十啚。嘉靖二十五年,道士趙可真建。

崇尊道院,在三十八保。

順濟廟,即聖妃宫,在上海縣治東北黄浦上。宋咸淳中重建。後有丹鳳樓,觀潮者登焉。潮洶湧北來,至廟門而伏,過則復起,人以爲神。樓扁宋市舶陳珩書,鳳字鳥首,下畫及尾鉤傍出,勢若翔舞。中肖神姊妹三人,仲季對弈,伯端坐觀之,神采如生,或傳風雨聞落子聲云。

宋渤廟記:莆有神,故號順濟,甌粤舶賈風濤之禱輒應。至元十八年,詔海外諸蕃宣慰使、福建道市舶提舉(莆)[蒲]師文,册命爲護國天妃,松江郡之上洋爲祠,歲久且圮。宋咸淳中,(二)[三]山陳侯珩提舉華亭市舶,議徙新之,屬其從事費寀董率經畫。中大殿三,周廡六十楹,崇樓峙其後,道館翊其右。禮致道師黄德文,奉歲時香火。工垂竟,天台趙侯維良代領舶務,嗣完之。初,邑豪錢氏嘗捨田四十畝,給守祠者。至是,諸君復益田數百畝。里中善士吴夢酉、劉用濟、唐時措、時拱,各推金帛,增丹碧費。既成,雄麗靖深,爲巨觀一都會。始于辛未，畢于庚寅。費之子拱辰勒石具歲月，請紀其自。《禮經》載天壤間山川之大，能生財爲民興雲雨澤物者，皆有神守之。邦君邑人奔走爲祠，享神血食東南，人所信嚮，若驗符契，有年矣。其光景見于肹蠁，威怒奮于雷霆，駭人心目之事非一。國家大一統，舟車通四海，蠻越之邦，南金大貝，貢賦之漕，率由海道入京師。舶使計吏，舶艫附麗，魚貫而至，皆恃以不恐，繄神之力也。異時吏之營已者，津梁塔廟，大抵可以指名鳩財貨。或中途而輟，或既成無益于事，以舞手乘民。神也吏也，分職晦顯。神英明正直而一，吏以端方公忠配之。踰是爲悖天地，爲瀆神祇，何庸徼福哉？陳趙之初心，費之嗣事，凡以佐公上，職思其憂，非營已鳩貨財者也。

南聖妃宫，在縣治北市舶司之左。

古老相傳，湖初陷，白沃史君躍馬疾走不及，遂駐馬，以鞭指得湖東南一角，水至不没，因立廟，迨今此地獨高。又云：兄弟三人，一在沙腰，一在乍浦，一在華亭縣治北，皆稱白沃廟。

白沃史君，順帝永建二年令也。初，縣治在武原鄉，陷爲當湖。君乘馬走，指得湖東北一角，遂不没。民建廟祀之。

關王廟，在北城上。萬曆十三年建。今四城俱有廟，北門崇祀丹鳳樓者，廟宇巍焕，尤稱偉觀。俞顯卿有記。

真武廟，在蔓笠橋南。萬曆三十三年，里人建。

高昌廟，新舊二所。新在城南陳家橋，舊在新廟南二里，皆濱浦。

嶽廟，在縣治東南。别廟三：一在青龍鎮，臨萬柳堤。二在新埸鎮，稱東西嶽祠。其東俗呼郭家廟。

晏公廟二：一在縣西方浜，其西即社稷壇，中有竹石之雅，有司時祀，則於此齋宿焉。一在新埸鎮。

水僊宫，在縣治南，祀茅竹水僊。

淡井廟，在縣西。元時權作城隍祠。

浮霄廟，在楊涇北。

矴溝廟，在矴溝浦西。

魚鱗廟。

江東大王廟，在下沙鎮。

施相公廟，在艾祈匯。

烈士大王廟。

劉清君廟。

懊悔龍王廟。

崇福道院，在三林塘，俗呼聖堂。

封村廟。以村名。

崧子廟。

吾東廟,在三十保。相傳宋大師劉錡奉祠山神在所居之左,故曰吾東。

夏保廟,在界浜。

一王廟,在醎塘。

十澤廟,在白蓮涇南。

十仙廟,在黄淄漊西。

五顯廟,在縣市長生橋。

青山廟,在簳山西。

柘澤廟,在縣南三里。

石神廟,在澱山湖西。

艾祈廟,以地名。

猛將廟,在任墓西北。

章廟,青龍章香火院,祀太傅郇國蘭溪。

太祖廟,在四十七保。

紫藤廟,在四十七保。

保安司徒廟,俱在四十六保。

古境廟,在横泖。相傳元兵至此,有老人指示他往,居民獲免殺掠,以爲神祐,故祀之。今廢。

奚王廟,在四十六保。

斜涇廟,在崧塘上。

陽烏溪廟,在蔡成涇。

曹娥廟,趙屯東村。元泰定間,姚得昌建。國朝隆慶改元,里人高恩重修。

曹涇廟。

曹村廟。

洋涇廟。俱在三十四保。

花橋廟,在三十四保。洪武年建。

火燒廟,在三十三保。

崧子廟,在三十三保。嘉靖間建。

花橋廟,在三十四保。洪武中建。

東嶽行廟,在七寶鎮。宋時建。

聖僧廟,在三十八保。

朱墅明王土地廟,在四十四保。

闕王廟,在青浦南門外弔橋北。一在澱山湖西。

二聖廟,在青龍鎮。下多寶藏,土人往往得之。祀唐張巡、許遠,又名雙忠廟。

太傅明王廟,在青龍太傅橋西。相傳蕭望之顯靈于此,監鎮祀如城隍神。

逢陣山九烈夫人廟,俗傳起自漢武帝,後大清三年建廟,在三十三保。

文武二王土俗神廟。

火神廟，在青浦縣治城内。萬曆二十四年，卓侯鈿以時多火災，捐俸建立。一在佘山。

顧長官廟，在崧塘西。

朱明大王廟。

濮陽王廟，在大蒸。元大德間重建。

三星廟，在鳳凰山鎮。嘉靖中，僧明信即税課局基建，崇奉肅皇帝賜徐文貞公三星像。

糜公廟，在廣富林西。國初祀爲土神，嘉靖中重修。楊豫孫有記。

尼　寺

普寧寺，府南黄耳冢。俗訛爲黄泥蕩，故寺亦呼黄泥。宋慶元六年，尼如湛建。

何良俊《普寧尼寺重修佛殿記》：普寧尼寺者，在府治南七里，傍有晉陸氏黄耳冢。按圖經，陸士衡入洛後，有快犬名黄耳，爲士衡傳家問。後死，人義之，埋焉。今殿後西北隅，有土隆起，二古木盤覆於上者，即其處也。人因呼黄耳祠，俗遂訛爲黄泥寺。寺故有碑，咸淳中燬不存，有傳録本。余按之，寺創建於宋慶元間。有女師諱如湛、號渾源者，湖州王家女。母曹氏，持奉圓通大士。後生師，在襁褓間，即能道圓通品中語。隨父防禦佐金陵戎幕，遂落髮於清凉寺尼僧智圓所。能通《華嚴》、《圓覺》、《法華》諸大部經，鋭志參訪。宿至華亭，禮船子塔。時安康郡夫人號普明居士者，與無住、居住二人留心大乘。得師談論，洞明心印。郡中適寂照院虚席，請師開堂。師一日與二居士泛舟城南，至蓮花蕩，見水天交接。師指之曰："此地塵跡不到，可建立梵刹。"即鳩工車戽，果得神龍窟穴，遂定基興建。檀施雲集，不數月而寺告成。碑所載開山之跡如此。今寺傍一望皆平陸，不復有水天交接之遺處，而碑中亦不載有黄耳事。然余三十年前，曾一至其地，見頹垣傾棟之間，有袁海叟一詩尚存。袁詩即"豢養有恩終不背，交游何事獨相欺"，至今膾炙人口者是也。余猶憶得有朱鳳山一詩，今已忘之，然大率皆詠黄耳事。則其傍爲黄耳冢無疑。余今年春，與董太學子元、顧隱君子登弔古城南，因至其地。見殿宇完整，詢之，則寺尼道權所修建也。中爲正殿三楹，次有兩翼，其旁爲側室，各兩楹，前有門廡，右爲居宇，庖湢寢室皆具，竹樹静深，儼然一名刹也。二君曰："此華亭一勝處，公當記之。"嗚呼！三吴富貴之家，遠延土石，役萬夫，以搆第宅、營冢墓者何限？然未百年，而羊頭傾倚于蔓草之中，墓已犁爲田者，比比是也。其第宅或子孫不克堂構，則不數年而幾易主。其視此何如？夫自晉以迄於今，幾千二百餘年，而黄耳之冢，尚巋然獨存。普寧一尼寺耳，當垂廢之餘，而又有道權者以振復之，是亦豈偶然哉？蓋寺賴名跡以永存，此冢亦托之寺，而不齮齕於樵牧之手。謂天不有意乎？蓋物類亦知有義，以人質之，不能無愧，則天豈不欲祐之，而使之長不朽於宇宙間耶？是不可以不記。乃次第其説，書之於石，以告來者。

法雲寺，在俞塘北。宋淳熙中，郭樞密之子爲其女兄建。女兄適葉氏，葉蚤死，因誓節爲尼居此，故俗呼葉菴。嘉定間，請于朝，賜亭林法雲寺舊額。餘詳《賢媛》。

覺乘寺，在四十二保。里人盛氏女與甥錢俱爲尼，因建，俗呼錢盛寺。元泰定中，顧復記。

實相寺，府西南吴輔國廟後。唐乾符元年建，本清禪寺。宋大中祥符元年賜額，今爲周文襄公祠。

總持寺。

清修寺。並府治東北。

報恩寺，府西。本錢府香火院。

永福寺，沙岡寺北。宋寶祐中建，初爲普明菴。元大德中，改今名。僧祖順記。

貞静菴，在横潦涇浦口。比丘尼真如住持。吏部尚書張瀚、陸光祖各有記。

松江府志卷之八十一

著　　述

班孟堅創《藝文志》,列名氏,不録其文,蓋文不可勝載也。吾郡自漢魏以來,作者代興,豈不家金鑄而户絲繡哉?惜秘藏于笥櫝,而漏落于誰何手者,未能一一訪求耳。嗟乎!著述如野燒,草灰而根存,亦復如夜書,燭滅而字在。故藝文不勝録,而録著述之名氏焉。讀其書,知其人矣。

《渾天圖》、註《易》、釋《玄》,漢鬱林太守陸績著。

《言道》、《審幾》、《娱賓》、《九思》近百篇,《西州清論》,吴散騎常侍陸喜著。

陳氏曰:喜,吴人也。生平慕諸葛孔明,故《西州清論》借其名以行。

《陸士衡集》十卷,晉陸機著。

晁公武《讀書志》曰:機少有異才,文章冠世。所著文章,凡三百餘篇,今存詩賦、論議、箋表、碑誄一百七十餘首。以《晉書》、《文選》校正外,餘多舛誤。

《陸士龍集》十卷,陸雲著。

晁氏曰:雲六歲能屬文,與機齊名。雖文章不及,而持論過之。所著文章三百四十九篇,《新書》十篇。宋華亭令徐民瞻重刻于華亭,有序。

《文筆》數十卷,季鷹張翰著。

《玉篇》三十卷,自爲序。《輿地志》三十卷,《符[瑞]圖》、《顧氏譜傳》各十卷,《分野樞要》、《續洞冥記》、《玄象表》各一卷,《通史要畧》一百卷,《國史紀傳》二百卷,《顧希馮文集》二十卷,俱顧野王著。

《經外雜抄》云:陳左將軍顧野王,更因《説文》造《玉篇》三十卷。梁武帝大同末獻之。其部敘既有所升降損益,其文又增多于叔重。唐上元末,處士孫强復修野王《玉篇》,愈增多其文。今行于俗者,强所修也。叔重專爲篆學,而野王雜以隸書。用世既久,故篆學愈微。野王雖曰推本叔重,而追逐世好,非復叔重之舊。自强以下,固無譏焉。

《崇文總目》云:釋慧力又據野王之書,裒益衆説,皆標文示象,曰《像文玉篇》二十卷。又道士趙利正,删略野王之説以解字文,曰《玉篇解疑》三十卷。

《顧況集》二十卷,唐顧況著。

晁氏曰:況善爲歌詩,性喜詼談。其子非熊銓次其集,皇甫湜序之。

陳氏曰：湜嘗言：吾自爲顧況作序，未常許他人。況在唐爲人推重如此。集本十五卷，今止五卷。

《陸宣公奏議》十三卷，唐陸贄著。別有《集古驗方》。

晁氏曰：舊《翰苑集》外有《牓子集》五卷、《議論集》三卷。元祐中，蘇子瞻乞校正進呈，改從今名，疑是時裒諸集以成云。

陳氏曰：權德輿爲之序，稱《制誥集》十三卷，《奏章》七卷，《中書奏議》七卷。今所存者，《翰苑集》十卷，《牓子集》十二卷。序又稱別集文賦表狀十五卷，今不傳。

東坡蘇氏《乞校正陸贄奏議劄子》曰：臣等猥以空踈，備員講讀。聖明天縱，學問日新。臣等才有限而道無窮，心欲言而口不逮。以此自媿，莫知所爲。竊謂人臣之納忠，譬如醫者之用藥。藥雖進於醫手，方多傳於古人。若以經效於世間，不必皆從於己出。伏見唐宰相陸贄，才本王佐，學爲帝師。論深切於事情，言不離於道德。智如子房而文則過，辯如賈誼而術不踈。上以格君心之非，下以通天下之志。但其不幸，仕不遇時。德宗以苛刻爲能，而贄諫之以忠厚；德宗以猜疑爲術，而贄勸之以推誠。德宗好用兵，而贄以消兵爲先；德宗好聚斂，而贄以散財爲急。至於用人聽言之法，治邊馭將之方，罪己以收人心，改過以應天道，去小人以除民患，惜名器以待有功。如斯之流，未易悉數。可謂進苦口之藥石，鍼害身之膏肓。使德宗盡用其言，則貞觀可得而復。臣等每退自西閣，即相與告言，以陛下聖明，必喜贄議論。但使聖賢之相契，即如臣主之同時。昔馮唐論頗牧之賢，則漢文爲之太息；魏相條晁董之對，則孝宣以致中興。若陛下能自得師，莫若近取諸贄。夫六經三史、諸子百家，非無可觀，皆足爲治。但聖言幽遠，末學支離，譬如山海之崇深，難以一二而推擇。如贄之論，開卷了然，聚古今之精英，實治亂之龜鑑。臣等欲取其奏議，稍加校正，繕寫進呈。願陛下置之坐隅，如見贄面，反覆熟讀，如與贄言。必能發聖性之高明，成治功於歲月。

《朱子語録》曰：《陸宣公奏議》極好看。這人極會議論，事理委曲説盡，更無滲漏。雖至小底事，被他處置得亦無不盡。如後面所論二税之弊極佳。人言陸宣公口説不出，只是寫得出。今觀奏議中，多云"今日早面奏聖旨"云云，"臣退而思之"云云，疑或然也。

楊誠齋跋云：陸宣公之貶也，杜門集古方書而已。或曰避謗者歟，或曰窮而不怨也。楊子曰：宣公之心，利天下而已矣。其用也，則醫之以奏議；其不用也，則醫之以方書。有用有不用者，宣公之身也。宣公之心，亦有用有不用乎哉？

《笠澤藂書》，陸龜蒙著。別有《小名録》三卷、《松陵集》十卷。

自序云：藂書者，藂脞之書也。藂脞猶細碎也。細而不遺大，可知其所容矣。乾符六年春，卧于笠澤之藪。敗屋數間，蓋蠹書十餘篋帕。集作伯。男兒裁三尺許長，碼齒猶未遍。教以藥劑象梧子大小，外研墨泚筆，供紙札而已。體中不甚集作堪。羸耄，時亦隱几强坐。内壹鬱則外揚爲聲音，歌詩賦頌，銘記傳叙，往往雜發。不類不次，渾而載之，得稱爲藂書。自當去聲。諼集作緩。憂之一物，非敢露世家耳目。凡所諱其中，署無避焉。

晁氏曰：龜蒙以末世有官名小名之别，自秦至隋，編而記之。至於神仙玉女之名，婦人臧獲之字，亦無棄焉。龜蒙世稱其博，然此書特雜取於史傳間爾，無異聞也。

晁氏曰：唐陸龜蒙與皮日休酬唱詩，凡六百五十八首。

《朱倣詩》一卷，唐朱倣著。

晁氏曰：朱倣字長通，襄陽人，隱居剡溪。嗣曹王皋鎮江西，辟節度參謀。貞元初，召爲拾遺，不就。顧況有序。

《漁歌碑傳集録》，玄真子著。

陳氏曰：玄真子漁歌，世上傳誦其"西塞山前"一章而已。嘗得其一時唱和諸賢之辭各五章，及南卓柳宗元所賦，通爲若干章。因以顔魯公《碑述》、《唐書》本傳，以至近世用其詞入樂府者，集爲一編。

《陳都官集》三十卷，《廬山記》五卷，陳舜俞著。

陳氏曰：都官員外郎陳舜俞令舉，嘉祐四年制科，以言新法謫官南康。與劉凝之騎牛游廬山，詩畫皆傳於世。初從安定胡先生學，熙寧中六客，其一也。

晁氏曰：先是劉焕嘗爲《廬山記》，令舉因而增廣之，又爲《俯視圖》，紀尋山先後之次云。劉焕凝之、李常公擇皆爲之序。令舉熙寧中謫居所作。

《廣孟子説養氣論》三篇，《毛詩訓解》二十卷，《孟子講義》十四卷，《文集》五十卷，《史贊論》五卷，朝奉大夫李撰著。

《李忠定公奏議》，《靖康傳信録》，《梁溪易傳》、《外篇》共十九卷，《梁谿集》一百二十卷，俱宋丞相李綱撰。毘陵鄭太史鄤序刻《易傳》行之。

陳氏曰：按序，内外篇凡二十三卷。内篇訓釋上下經、《繫辭》、《説》、《序》、《雜卦》并總論，合十卷。外篇釋象七，明變一，訓辭二，類占一，衍數二，合十有三卷。今内篇闕總論，外篇闕訓辭及衍數下卷，存者十卷。蓋罷相遷謫時所作。其書未行於世，館閣亦無之。莆田鄭寅子敬，從忠定之曾孫得其藏本。頃倅莆田，借鄭本傳録。今考《梁谿集》，紹興十三年所編，其訓辭二，序已云有録無書。則雖其家，亦亡逸久矣。豈其有序，而書實未成耶？其書于辭變象占無不該貫，可謂博矣。

又曰：忠定公父夔，進士起家，至右文殿修撰，黄右丞履之甥也。忠定娶吴園先生張根之女，亦右丞外孫。梁谿名集者，修撰葬錫山，忠定嘗廬墓云。

《柳文音義》，知鎮江府事潘緯仲寳著。

晁氏曰：吴郡陸之淵序稱，其平生用心於内，不求諸外，故能會粹所長，成一家言。

《石林總集》一百卷，《年譜》一卷，《建康集》十卷，《春秋傳》、《春秋考》、《春秋讞》共七十二卷，《奏議》十五卷，《燕語》十卷，《避暑録話》二卷，《巖下放言》一卷，《家訓》一卷，《過庭録》二十七卷，《玉澗雜書》十卷，俱葉夢得著。

陳氏曰：尚書左丞吴郡葉夢得少藴，紹聖四年進士。崇觀間驟貴顯，三十一歲掌外制，次年遂入翰林。中廢，至建炎乃執政，才數日而罷。平生所歷州鎮，皆有能聲。胡文定安國嘗以其蔡穎南京之政薦于朝，謂不當以宿累廢。晚兩帥金陵，當兀术臨江，移三山，平郡寇，其功不可没。秦檜秉政，欲令帥蜀，辭不可，忤檜意，以崇慶節度使致仕。其居在下山，奇石森列,藏書數萬卷。既没,守者不謹,居與書俱燼於火。《建康集》皆帥建康時詩文。其初以所蒞官各爲一集,後其家編次,總而合之。此集其一也。《春秋讞》序曰:以《春秋》爲用法之君而己聽之,有不盡其辭則欺民,有不盡其法則欺君。凡啖趙論三家之失,爲辨疑。劉氏廣啖趙之遺,爲權衡。合二書,正其差誤,而補其疏畧,目之曰讞。《考》序曰:君子不難于考人之失,而難于正己之是。必有得也,乃可知其失。必有是也,乃可斥其非。自是讞推之,知吾之所擇爲不誣也,而後可以觀吾傳。《傳》序曰:左氏傳事不傳義,是以詳於史,而事不必實,以其不知經也。公、穀傳義不傳事,是以詳于經,而義未必當,以其必知史也。乃酌三家,求史與經。不得於事則考於義,不得於義則考于事,更相發明以作傳。其爲書,辨討考究無不精詳,然其取何休之説,以十二公爲法天之大數,則所未可曉也。

石林自序《志愧集》曰:進對以來,奏藁藏於家者若干篇。不忍盡棄,乃序次爲十卷,目之曰《志愧集》。夫天下豈無大安危,生民豈無大休戚。矧戎狄亂華,中原分裂。上方櫛沐風雨,旰食圖功。而身遭不世之主,横被非常之知,所言僅如是而已。心非木石,安得不愧?姑自識之,留以遺子孫,庶後世悼其意之不終,或有感勵奮發,慨然少能著見者,猶足雪其無功之耻,而償其未報之恩也。

陳氏曰:《過庭録》與諸子講説者,其中子模編輯之。《雜書》所記,亦當在宣和時所作。玉澗者,石林山居水名也。

《繹聖傳》十二卷,任伯雨德翁撰。

晁氏曰:伯雨盡言之祖。此傳解不甚通,例如解桓十三年二月,公會紀侯、鄭伯。己巳,及齊侯、宋公、衛侯、燕人戰。齊師、宋師、衛師、燕師敗績。取《穀梁》之説,戰稱人,敗績稱師,重衆之説。殊不知齊人伐衛,衛人及齊人戰,衛人敗績,何獨不重衆也?

《小醜集》十二卷,《續集》三卷,任盡言著。

陳氏曰:直秘閣任盡言元受,元符諫官伯雨之孫,紹興從臣申先之子。甲科仕爲太常寺主簿,終于閫憲。楊誠齋序謂,其詩文孤峭而有風稜,雄健而有英骨,忠慨而有義氣。蓋將與唐之貞元、元和,本朝之慶曆、元祐諸公,並轡而先。終非近世陳陳相因,累累隨行之作也。

《易裨傳》二卷,《外篇》一卷,《釋騷》,《林德久集》,俱林至撰。

陳氏曰:内傳凡三篇:曰法象,本之太極;曰極數,本之天地之數;曰觀變,本之揲蓍十八變。外篇則曰反對、世應、互體、納甲、卦氣之類,凡八條。

《谷陽文集》,進士朱之純著。

《洪範九圖九説》,進士陳伯達著。

《華亭百詠》,和光道人許尚著。

《雲間志》三卷,迪功郎、饒州學教授胡林卿,直秘書省林至,尚書朱端常,同華亭知縣楊潛著。

華亭在唐附見《吴地記》,在宋附見《嘉禾志》,有耑志自《雲間志》始。雖竭諸君之力,而事由草創,搜閲太踈。

《静菴集》,進士胡琚著。琚,林卿子。

《學易蹊徑》,《四書説約》,與齋田疇著。

《衛公奏議》,宋侍郎衛膚敏著。

王梧溪曰:衛侍郎奏稾中,乞褒顯死節劄二:韓雄巡檢涇州,金虜犯順,守將請降。雄乃力戰,敗,被擒,不屈死。霍安國守懷州,列城皆破,懷賴安國以全。虜衆再至,城小不能禦,遂自刎,家亦被害。林(已)[良]器戰死河東,陳惇河北遇殺,李振陷溺于燕。王雲、聶(冒)[昌]、陳過庭出使,或殺或留。汴陷,左右班直蔣宣、李福,欲率禁旅衛駕,突圍以遁。閤門祗候吴格,謀與衛士斬關出,劫兩宫於虜營,並機泄殺之。他若二聖可還之策,東南戰守之疏,辭義忠激,猶霜嚴日皎。

《滄菴文集》,《杜詩註》,高子鳳儀甫著。

《樗齋詩選》共二百餘首,朱允恭爾靖著。

《後樂集》,資政殿學士文節衛公涇著。

胡氏曰:集中以奏疏爲第一,文次之,詩又次之。卷帙大繁,今藏書家亦罕存者。

《禮記集説》一百六十卷,直寶謨閣衛湜正叔著。

陳氏曰:衛正叔集諸家説,自註疏而下爲一書,各著其姓氏。寶慶二年表上之,由是寓直中秘。魏鶴山爲作序。

《秋聲集》,常州守水北衛宗武著。

《貫靈篇》,蟾谷子王奎著。

《陰符經解》、《參同》、《藥鏡》、《悟真》四書,《祛疑説》,華谷子儲泳著。

《席上腐談》云:蟾谷華谷皆雲間人,二子皆知而不爲者,書空言耳。予曰:不然。昔人有言不死之道者,齊子往欲學其道,未至而其人死,乃撫膺而恨。富子聞而笑之曰:夫所欲學不死,其人已死而猶恨之,是不知所以爲學。胡子曰:富子之言非也。凡人有術,不能行者有矣。雖能行,而無術者亦有矣。衛人有善數者,臨死以訣喻其子,其子志其言,不能行。他人問之,以其父所言告之,而行其術,與其父無差焉。若然,死者豈不能言生術哉?又曰:《祛疑説》云:開氣爲男,闔氣爲女。一闔一闢,男女攸分。宜春李玉溪注《玉皇心印經》云:男女稟受同也,但感合先後,而分陰陽耳。

《通鑑筆義》,進士濟川葉汝舟著。

凡朝政得失、人才忠佞,以獨見詮之,能發前人未發。

《湖山汗漫集》,宋三教遺逸趙孟僩著。

《讀書管見》三十卷,進士山齋衛謙著。

《古木風瓢集》,元石泉凌嵒著。

《百善》、《百忍》二圖,邵天驥千里著。

《王復元集》,鄉貢進士王泰來著。

《九峰清氣集》,象翁陸鵬南著。

《中庸管見》,《聚疑》,《原孟》,夏侯尚玄著。

《易象發揮》,《易孟通言》,《童子問》,同知吳江州事碧壺陳宏著。

《厚俗篇》,知新喻州羅坤載著。

《藝經》,《畫繼餘譜》,蓼塘莊肅著。

《農田餘話》云:上海莊氏多藏書,故採輯甚備。元文宗時,講筵語及唐聶夷中詩,上詢其有文集否,諸學士皆未聞對。或進言上海莊氏藏書之富,遂特旨下訪其家,果有聶集。上之,勑授某州教授以旌之。

《水利論説》,《副墨集》,《東山高蹈集》,《瀼東漫稿》,教諭安雅先生曹慶孫著。

《水利書》十卷,浙東宣慰副使任仁發著。

《乾坤闔闢》、《天地生成》、《陰陽變化》、《山川流峙》四圖,《易贊》,癡道人周之翰著。

《雙清稿》,《詠史稿》,沈騰茂實著。

《尚書制度圖纂》三卷,《自立齋詩文》十卷,訓導梅泉王文澤著。

《史補斷》,《丹崖夜嘯》,《金聲録》,《玉露吟》,笴隱生余瑾著。

《東維子全集》,楊維禎著。

鐵崖先生全集,有《史義拾遺》,《春秋定是録》、《大意》、《透天關》,《拗律》,《史鉞》,《詠史》,《古樂府》,《君子議》,《麗則遺音》,《四書一貫録》,《五經鈐鍵》,《禮經約》,《補正三史綱目》,《富春人物志》,《上皇帝書》,《勸忠辭》,《平鳴》、《瓊臺》、《洞庭》、《雲間》、《祁上》五集,總若干卷。《唱和竹枝詞》,《正統論》凡二千六百餘言。門人貝瓊手編,爲之序,華亭章琬鋟諸梓。琬,鐵崖門人也。

東海張弼曰:《史義拾遺》,楊鐵崖作。其評《史義拾遺》,而稱曰木者,乃桐廬章木,鐵崖門人也。然《史義拾遺》之稱,鐵崖傳誌及全集皆無稱,但稱《史鉞》耳。(草)[章]木評語亦云:此鉞之可畏。殆即《史鉞》也。所録《咏史詩》,别本亦稱《史鉞》,蓋以同一斧鉞諸史中事故也。今版行《史義拾遺》,當從其定名曰《史鉞》,而繼以《詠史詩》,甚得其倫類。更附鐵崖傳於後,尤當。蓋鐵崖之著述固多,而自以爲得意者,亦惟曰吾《正統傳》、吾《史鉞》耳。今傳之所述,乃《正統辨》之全文,附刻《史鉞》後,一舉盡得鐵崖得意之作。猶狐之腋、麝之臍,既得其所貴重,何必全體哉?

鐵崖《春秋定是自序》云:柳子曰:《春秋》如日月,不可贊也。然則高自立論者,皆誕也。歐陽子曰:《春秋》如日月,然不爲盲者明,而有物蔽之者,亦不得見。然則將以制盲而祛蔽,則亦不能不假於詞也。經不待傳而明者十七八,因傳而蔽者十五六。明目者(怯)[祛]其蔽而通其明,則其如日月者杲杲矣。世之君子既晦於求經,復於諸子求異其説,是惡物蔽,而又自投以翳也。維禎自習《春秋》,不敢建一新論,以立名氏。謹會諸儒之説,而輒自去取之,爲《定是録》。

鐵崖在錢唐時,爲諸生請律體,始作二十首,多奇對。其起興如杜少陵,用事如李商隱。江湖陋體,爲之一變。又時作放體,頽然天縱,不知有四聲八病之拘。可駭可愕,如乖龍震虎,排海突嶽,百萬飛走,辟易無地。什安輩裒而刻之,鐵崖且令評之。太極生曰:真氣脱塗抹,天巧謝雕鎪。太初生曰:健有排山力,工無剪水痕。安曰:先生《拗律》,自是水犀硬弩，朱屠鐵椎。人見之，昂然有不可犯之色，然其中自有翕張妙法，此先生拗律體也。先生擊節賞之，以爲知言。

楓山章懋曰：鐵崖自謂余用三體詠史，用七言絶句體者三百首，古樂府體者二百首，古樂府小絶句體者四十首。絶句人易到，古樂府不易到。至小樂府，則他人不能，惟吾能之。若此編所録者，特其一體耳。抑揚開闔，有美有刺，陳義論事，婉而微章。上下二千年間，理亂興亡之故，若指諸掌。而其命辭，皆即史傳故實，檃括而成。叶諸金石，若出自然。昌黎所謂横空盤硬語，妥貼力排奡者，先生有之。

鐵崖《竹枝詞自序》：余閒居西湖者七八年，與茅山外史張貞居、苕溪郯九成輩爲唱和交。水光山色，浸沉胸次，洗一時尊俎粉黛之習，於是乎有竹枝之聲。好事者流布南北，名人韻士屬和者無慮百家。道揚諷諭，古人之教廣矣。是風一變，賢妃貞婦，興國顯家，而列女傳作矣。采風謡者，其可忽諸？至正八年秋七月，書於玉山草堂。

龍安守林有麟曰：鐵老晚歲避兵我郡，於南郭内大治亭圃。今小蓬壺諸景俱已湮滅，惟草玄閣巍然，如魯靈光。當時峰泖名士，多從之游，袁公海叟其一也。袁公以詩擅場，爲士大夫前茅，不知其源實出於此，其吾松詩派之宗乎？校而刻之，以傳同好。

《古漁唱》，陸厚著。

《田家五行》，陸泳著。

《敬聚齋稿》，叔剛衛仁近著。

仁近，山齋別駕公之孫，其才高出等輩。年未踰壯，而詞已工。楊維禎有序。

《松鄉集》，任士林著。

《圖繪寶鑑》，夏文彦著。

楊維禎序曰：雲間義士夏氏士良，集歷代能畫姓名，由史皇封膜而下，訖于有元，凡若干人。釐爲五卷，題曰《圖繪寶鑑》。介其友天台陶君九成，持其編謁余曰：鄧椿有言，其爲人也多文，雖有不曉畫者寡矣。其爲人也無文，雖有曉畫者寡矣。先生名能文，賜一言標其端。余曰：書盛於晉，畫盛於唐宋，書與畫一耳。士大夫工畫者必工書，其畫法即書法所在。然則畫豈可以庸妄人得之乎？宣和中，建五岳觀，大集天下畫史，如進士科，下題掄選，應詔者至數百人，然多不稱上旨。則知畫之積習，雖有譜格，而神妙之品，出於天質者，殆不可以譜格而得也。故畫品優劣，關於人品之高下。無論侯王、貴戚、軒冕、山林、道釋、女婦，苟有天質，超凡入聖，即可冠當代而名後世矣。其不然者，或事模擬，雖入譜格，而自家所得於心傳意領者則蔑矣。故論畫之高下者，有傳形，有傳神。傳神者，氣韻生動是也。如畫猫者張壁而絶鼠，奉大士者渡海而滅風雨，翊真武者叩之而嚮應，寫人者即能得其精神。若此者，豈非氣韻生動，機奪造化者乎？吾顧未知鑑中事模擬而得名，士良亦能辨之否乎？雖然，梁武作《歷代畫評》，米芾作《續評》，非神識高者不能。士良好古嗜學，風情高簡。自其先公愛閒處士以來，家藏法書名畫爲最多。朝披夕覽，有得于中，且精繪事。是編之作，足以知其品藻者矣，視蕭、米未足多讓也。是爲序。士良名文彦，其先爲吴興人云。

《怡情録》,雲間夏元威集古今事迹,有可書者紀載之。

《沈氏今樂府》,沈子厚著。

東維子曰:松江沈子厚氏,善爲古詩歌行樂府。記余數年前客太湖上,賦《鐵龍引》一章。子厚連和余四章,皆倣鐵龍體,飄飄然有凌雲氣。今年,余以海漕事,住吴興者閲月。子厚時時持酒餚與今樂府至,必命吴娃度腔引酒爲壽。論其格力,有楊盧滕李馮貫馬白諸詞伯之風。而其句字,無小乘俳輩街談市諺之陋。關庾氏而有傳,子厚氏其無傳,吾不信。

《醉漁堂稿》,錢思復著。

《貢禮部集》,貢師泰著。

余忠宣公闕曰:泰甫爲學士仲章君之子,能詩文,不妄交與,惟與余二人驩然相得。時泰甫爲翰林應奉文字,固多暇者,即與聚會。有蔬一品、魚一盤,飲酒三行或五行,即相與賦詩論文。凡經史詞章,古今上下,治亂賢否,圖書彝器,無不言者。意少適,即聯鑣過市,據鞍談謔,信所如而止。翱翔自放,無所求於人。已而皆無所遇,故得富于詩文,而泰甫過我遠矣。

《機緣集》,船子和尚德誠著。

《白雲謡》,釋嵒古集。

《錦溪集》,惟正禪師著。

《游山詩集》三卷,釋殊隱著。

《佛祖通載》,釋念常著。

《稽古畧》,釋覺岸著。

《望雲集》,釋清濋著。

《船居詩》,釋德然著,宋濂序。

《青松集》,釋敬公著。

《異域殊聞》,禮部尚書李至剛著,奉使時撰。東維子有序。

《續松江府志》,《韻府群玉綴遺》,慶餘錢全衮著。

《春秋叙事本末》三十卷,《逸傳》三卷,《鶴林山居稿》三十卷,《左氏辨》,《郡望辨》二卷,《尚友集》三卷,《貞溪編》十卷,教諭曹宗儒元博著。

雲間曹元博氏,按經以證傳,索傳以合經,爲《左氏叙事本末》若干篇。類之精,訂之審,以便學者之觀覽,其用心亦勤矣。

《格古要論》,曹昭明仲著。

自序曰:先子真隱處士,平生好古博雅。素蓄古法書名畫、古琴舊硯、彝鼎尊壺之屬,置之齋閣,以爲珍玩。其售之者,往來頗多。余自幼性亦嗜之,侍于先子之側,凡見一物,必遍閲圖譜,究其來歷,格其優劣,别其是否而後已。迨今老尤弗怠,特患其弗精耳。嘗見近世紈袴子弟,習清事古者亦有之,惜其心雖愛而目未之識矣。因取古銅器書法異物,分其高下,辯其真贋,正其要略,書而成編,析門分類,目之曰《格古要論》,以示世之好事者。然其間或有謬誤,尚冀多識君子,幸而正之。洪武二十一年戊辰春三月望日,雲間曹昭明仲書于澳上之寶古齋。

《七修類稿》云：《格古要論》，洪武間創于雲間曹明仲，天順間增于吉水王功載，收考亦博。然琴論後當入古笙管，淳化帖後當收譜系，珍寶門應入佐母緑，聖鐵異木應入伽藍香，古銅應入古鏡布刀等，珍寶後當設一羽皮，如狐貉孔雀、翡翠豹兕之類。姑存之以待後人。

《春曹詩稿》，《山月軒讀書記》，《俞氏世系》，禮部主事嘉言俞允著。

《薇菴稿》，参政任勉近思著。

《西郊笑端集》，僉事董紀良史著。

董良史，松之善詩者。光禄少卿周尚文，亦吾松世家。其曾祖汝明，嘗館良史於塾。祖仲鼒，其弟子也。得其所著《西郊笑端集》者，藏於家。尚文遂躬爲編挍而行之。集凡若干卷，詩家諸體咸備，應世之文亦附焉。

東海張弼序曰：皇明初，松江之善詩者，御史袁景文爲最，判官陳文東、鄉貢進士陸宅之、山西僉事董良史、處士吴子愚輩，亦相頡頏。會稽楊廉夫避地而居松，其才贍氣雄，震耀當世，則一時才士皆宗之。往往高古不逮，詭恠層出，又景文輩所不屑也。自後漸入纖巧，初學惑之，識者惟宗景文焉。

《滄螺集》六卷，國子司業孫作大雅著。

孫大雅載先世藏書，避亂家于淞，唯好著書。時劒戟之聲相應，遇其得意，窮日夜筆硯不輟。家人讓之，曰：吾丁亂離，復憂飢寒。既無益于時，又無聞于後。是豈天生余意哉？其剖晰先正王魯齋、金仁山、許白雲，皆有根據，非臆説也。

《脞談》，邵桂子著。

《蛾術稿》，訓導復儒邵亨貞著。

虞山趙琦美跋云：予叙古來長短句，録邵學訓亨貞《蛾術詞》五卷。天啓改元辛酉二月，往澄江省女，道過赤岸李近復如一家。閱其書目，有邵學訓《蛾術集》一册，凡二十卷，乃學訓手筆之稿，字畫精妙，因假歸録之。後有《學菴集古詩》一卷，云是其子所作，不知其名爲誰也，并録附後。邵故雲間人，其子孫流寓赤岸，李君過其家，見屋梁間有縑素一束，發之，《蛾術集》也，因携歸而寶之。乃知人世間子孫爲無益，千載而下，有知音者，即其骨肉矣。

《東白集》，任暉著。

《四書備遺》，《書史會要》，《説郛》，《輟耕録》，《副墨詩稿》四卷，南村陶宗儀著。

弇州王世貞曰：九成少貧，以經術教授鄉里。博學工文章，喜纂述。貧不能市書，間從友人借貸得，則録其要語，名之曰《説郛》，凡百餘卷。又籍古之善書者而紀之，曰《書史會要》。所志勝國之文獻，曰《草莽私乘》。而有手録朝典世系、土俗民謳、禨祥物恠，若虞初、齊諧之類，曰《輟耕録》。合之又且百餘卷。屬兵亂，則碎置之甕甈，藏深山土中。事定而後出之，徙居雲間。洪武初，楊維禎、宋濂輩皆爲之序其書。再辟修《元史》，不就。人或强之，則摇其首曰："吾何知史？吾野人也。"竟以高壽終。善楷隸八分書，文亦雅贍有味。贊曰：九成之身，一亂一治。而不與其榮辱，卒保全歸，斯爲優矣。

《袁海叟集》,御史袁凱著。

袁景文,國初詩人之冠。何大復序行其稿,刻于吾松。爲張友山所選者曰《在野集》,爲陸文裕所選者曰《海叟集》。張所望復搜其未備,合爲全帙,仍名《海叟集》。

李夢陽序曰:《海叟集》,雲間袁凱氏所著,海叟其自號也。會稽楊廉夫嘗作《白燕》詩,及覽叟作,驚嘆以爲不及。叟師法子美,雖時有出入,而氣格韻致,不在楊下。其耿耿於叟者,要非一日矣。按集中燕詩,最下最傳,諸高者顧不傳。雲間故吴地,叟亦不與四傑列,皆不可曉者。夫毁譽可盡信哉?陸子淵在京師購得刻本,楮墨焦爛,蠹湼者殆半。乃删定爲今集,仍舊名者,著叟志也。夫韓退之,唐之聞人也。其文至宋歐陽公,始暴於世。然則如叟者,尚奚尤哉?子淵謂國初詩人叟爲冠,故其表揚甚力,君子以爲知言。

何景明序曰:予嘗欲取我朝諸名家集讀之,弗多得。其得而讀之者,又皆不稱鄙意。獨海叟詩爲長。叟歌行近體法杜甫,古作不盡是。要其取法,亦必自漢魏以來者。其所造就,蓋具體而未大耳。噫!其所識亦希矣。海叟爲國初詩人之冠,人悉無有知之。可見好古者之難,而不可以弗傳也。叟集陸吉士深所編定者,李户部夢陽有序,其履歷可考而知也。

陸深題:《海叟集》舊有刻,又别有選行《在野集》者。暇日因與李獻吉員外共讀之,又删次爲今集云。先生多權奇,有才辯,雅善談謔,卒亦以此自免于難。顧其詩乃雅重悲壯,渾雄沉鬱,殊不類。豈先生别出其餘以應世,而中之所有,固自不可測耶?深,先生鄉人也。恨相去遠,無從考論,姑誦其詩,以附私淑之義云。正德元年秋八月八日。

《上海縣志》,户部侍郎顧彧孔文著。

孔文在勝國時,詩文以紙貴。所傳《柳枝詞》妙絶,惜無全稿。

《雪齋明鑑》,潞州判官王默著。

《醉漁集》,馬麐德麟著。

《忠孝集》,《朝天奏疏》,《翰林院稿》,《督撫奏略》,《思親堂稿》,《歸田録》,祭酒文莊公陳詢著。

《龍洲集》,訓導王瑕著。

《湯液本草》,李暲著。

《錢譜》。

陸文裕公云:吾鄉姚氏《錢譜》,盡裒歷代之錢,穴紙譜之,奇形異狀,無所不有,而各疏時代由來。前輩楊鐵崖維禎、錢艾納鼒俱有論撰。予嘗閲之,亦博古之清玩也。

《訂定王叔和脉訣》,太醫院使足菴徐樞著。

《本草明辨》十卷,《分條治嗽痢纂例》二卷,太醫院判徐彪著,奏御行世。

《獨叟集》,訓導曹睿著。

《雙清集》,《紀行詩》,禮科給事中杜隰宗原著。

《五服集解》,盧子聰著。

《九峯一叟稿》,杜桓著。隰弟。

《砥齋集》，晉府紀善錢驥子良著。

《博文編》，《孝經旁訓》，《幼學啓蒙故事》，先知沈易著。

《經進集》，太常典簿顧禄謹中著，解學士縉序。

《灌畦稿》，周彦才著。

《蚓竅集》，長史管訥時敏著。

時敏爲楚相，楚王賢之，命壽諸梓。昔人稱其詩清麗優柔，與景文並駕。自題曰蚓竅，志謙也。胡粹中有序。

《詩傳旁通》，教諭益齋王彦文著。

《滇南稿》，《隨筆稿》，《西清餘暇》，《自樂稿》，學士沈度著。

《簡菴詩稿》，學士沈粲著。

《律解辨疑》，副使何廣公遠著。

《樗菴集》，太常少卿夏衡以平著。

《慎齋集》，焦伯誠著。

《講餘集》，教諭錢復亨著。

《鳳城稿》，《尚素齋集》，封中書舍人金鉉著。

正夫夏寅嘗題尚素《示子》詩云：華亭金尚素，以清才高節，師表一時。有子曰鈍，字汝勵，拜中書舍人。先生嘗作詩示之，當時若吴公訥、金公問，皆世之偉人，與先生久要彌固，嘆服不去口。其刻集盛行。

《瀼東集》，教諭黄黼著。

《桂樓集》，范鼎著。

《夢菴集》，陸潤玉著。

《静翁集》，《静軒行稿》，朱木著。

《忠節備遺録》，雪泉沈富二著。

《葵軒稿》，南昌貳守朱佑民吉著。

《瀛洲稿》，《使交録》，錢溥著。

《雲間通志》，承事郎錢崗著。

郡人李年記云：先是，邑之事實畧見于宋《大一統志》、《嘉禾志》。紹熙四年，知縣楊潛、胡林卿、林至、朱端常等纂修《雲間志》。元貞乙未，知府王光祖、教授劉蒙，重編爲《松江郡志》八卷。張之翰繼守，復與衛謙共增輯之。又七十餘載，爲至正十五年，郡士錢慶餘重考訂，裒其所聞見，爲《續雲間志》十六卷，而黄璋、錢震爲校正刊之。入我朝，正統辛卯，府教授廬陵孫鼎始修爲新志。此郡乘之著，先後有其人也。郡人錢君景高，今翰林學士公之令子。博學好古，嘗病諸志紀載，繁簡不一，艱于披閲。于是彙《大統》、《嘉禾》、前續新志、本朝實録等書，著爲《通志》。損其不切於世教，而益其有關於勸戒者，爲若干卷。然後一郡兩邑，封域山川，土俗税賦，人材物産，一披展間，了然于目。始正統辛卯春，訖于成化丙寅。吾郡守前侍御史白公爲之序。

《文苑類選大成》一百六十三卷，長史李伯璵著。

《紀行集》，《備遺録》，《政監》，《東游録》，《史詠》，《夏文明公集》，布政使止軒夏寅著。

《紀行自序》曰：予周游郡邑，歲逾乃洽。輿舟所至，心目所經，山川之情狀，鳥雲之恠變，士風俗習之異，歲時物色之遷。或撫事而懷賢，或徵今而悼古。事述於言，藁存於腹。譬則春鳥秋蟲，應時而發聲。蓋天機之動，而其美惡不可得而知，而亦不可得而已也。事事之暇，秉燭夜坐，伸紙備録，重潤色之。聲律體製，短長参差，取於適時，不敢擬古。

《碧梧軒詩集》，淮府儀賓李深希達著。

遵岩王慎中云：希達託婚宗室，綺豔膴腆，狗馬子女之養畢給。而獨深沉寂寞，畜其氣，苦其思，以託于烟雲、水石、蟲魚、鳥獸、草木之間。極其陶冶雕鏤之力，與寒士爭尺寸，如恐不及。是其心必大有所不釋，于貴富之養，憤懣鬱積，决焉而肆于此也。其詩雖不怨，蓋其怨之所存者尤深矣。其子博士榕刻之。

《世鳴集》，編修心齋周輿暨子比部北野周佩著。

《定菴集》，張莊簡公悦著。

《易髓》，學正友山張璞著。

《九峯集》，進士曹泰著。

東海張弼云：成化丙戌，時和在高第，獨名能詩，且善筆劄。爲吏部王文端公所稱賞，曰：文學政事人也。坐累家居，益讀所未讀書，夢寐與古人爲儔，詩益工。所刻《九峰唱和集》，殆時和之不幸，而九峰草木魚鳥之幸也。

《鳳山稿》，鄉進士朱應祥著。

何良俊元朗云：朱岐鳳高才傲世，所刻小集儘可誦。如“嗜酒揚雄甘寂寞，忍貧原憲厭繁華”，亦作家也。

《讕言長語》，教諭曹安著。

高密李昆曰：松江曹以寧先生，著書曰《讕言長語》。集平生所聞見，而指別其是非純駁，推正其缺誤未盡。累千萬言，鑿鑿乎近裏到底之論。所謂玄恠迂僻、奇詭固繆之病，咸無之，其可謂知言者歟。

讕言，逸言也。長語，剩語也。達人君子一笑云。安《自叙》語。

《張南安全集》，《天趣稿》，東海張弼著。

先生詩文清鍊脱俗，力追古作。意興所到，從手縱筆，多不屬稿。即有所屬，以草書，故輒爲人持去。以無藁，故益加少。先生没且三十年，家又遭回禄。其子都諫弘至，撿諸舊篋，又訪諸親友所藏，及胥史所私録者，十得二三，隨所得而先後梓之。李東陽爲之序。

《宜晚稿》，《續稿》，憲副定菴曹時中著。

《西潭詩集》，郡伯陳章著。

《雪岑稿》，郡守孫衍著。

《一蠖子集》，《南山集》，大宗伯張駿著。

《竹輿山房雜部》，白沙宋詡著。

所輯皆畜牧種植、屋室飲食之事。

《續通鑑綱目廣義》，訓導西州張時泰著。

《三江水學》，金藻著。

《山樵傳説》，黄鑑明夫著。

《東江家藏集》，《松江府志》，《三事忠告》，《傍秋亭雜記》，《周文襄公年譜》，文僖公顧清著。

《東江先生集》四十二卷，其季子天秩與冢孫應陽刻，潘恭定有序。公之學明體適用，其應酬纂述，頌詠篇什，有關民情世用者可傳也。《傍秋亭記》、《周文襄公年譜》，尤于郡中有關。

《武經七書註釋》，方伯李清希憲著。

《雪航集》，王桓著。

雪航蚤欲有爲，落魄不偶，而以詩鳴。蕭山魏驥、郡人張弼序行之。

東海張弼曰：顧謹中有四環奇，簡知高皇，而有《經進録》行世。袁景文《在野集》之渾厚含蓄，識者謂遠逼盛唐。管時敏《蚓竅集》之清麗優柔，謂可與袁方駕。他若張樞、張璧、吴子愚輩，亦各成家，有足傳者。雖爲良史王公言，而國初松江詩人之評，則盡於是矣。

《陸文裕公集》、《續集》、《外集》，文裕陸公深著。

徐文貞公云：集凡一百卷，其子國子生楫所刻。公嘗言，文以通達政務爲尚，以紀事輔經爲賢。故于輔經，有《詩微》，有《道南三書》，有《學説》，有《同異録》。於論政，有《處置鹽法狀》，有《裨聖學光治體疏》，有《西川用兵書》，有《備胡》、《弭盗》、《賑飢》諸策問。于紀事，有《翰林誌》，有《經筵詞》，有《郊祀録》，有《孫炎花雲傳》。而國家之典章，百司之故實，散見于碑誌序記者尤多。率其言，可以適道；舉其説，可以爲治。信公之深于文也。

長谷徐獻忠云：《儼山先生外集》者，輯畧古義，有《傳疑録》；在史館立義，有《史通會要》；以編修官入試院，有《科塲條貫》；書法造極三昧，有《書輯》；性嗜古，有《奇器録》；考求聖祖刈夷之蹟，及扈從行幸山陵，有《平湖録》及《南巡》、《北還》日録；其寓游歷覽，有《淮封》、《南還》日記，有《河汾燕閒》、《知命》、《停驂》録，有《蜀都》、《豫章》雜抄，有《金臺紀聞》、《玉堂漫筆》；其燕私，有《春風》、《中和堂》隨筆，《願豐堂漫書》，《春雨堂雜抄》，及《溪山夜話》。又有《同異録》，發明格心之業。是皆可以昭世軌、歆人情，名一家言也。

《夢餘録》，《上海縣志》，學憲唐錦著。

《鑒古韻語》，《使交紀行》，《使郢稿》，《集古像贊》，《易卦通義》，《女訓》，《孫文簡公全集》，毅齋孫承恩著。

文簡公平生立言，類其爲人，直項不苟，詞色淳靖廉退，獨以忠實結主知。當公宫詹時，疏請建儲者三，出閣講讀者二。昔宋陳恭公入相，學士張安道草制麻，獨叙其首請建儲，謂功在納忠。公即不究用于時，公之集無愧色矣。

《玉署拾遺》，《萬里志》，《東塾諫草》，都諫龍山張弘至著。

《張古菴文集》，都御史張誥集。

《迂直漫録》,司訓周濟著。

《鶴灘稿》,錢福著。

《三詩翁集》。

孫文簡公序曰：朱涇爲華亭巨鎮,多好古博雅之士。有以詩擅名者三人：一爲王鶴坡氏,名良佐;一爲戚龍淵氏,名韶;一爲張一桂氏,名冕鶴。坡與予有葭莩之雅,嘗編其集八帙畀予。而一桂亦嘗手録其詩歌二百餘篇,寄于都下。龍淵雖稍疎,亦嘗兩賦詩送予北上。今三翁之墓,俱有宿草矣。而力未能刻,念之愴然。乃粗爲選擇刻之,以附古人挂劍之義,命曰《三先生集》云。

《王西園集》,廣文王一鵬著。

《雪窗稿》,吴爰著。

張世美曰：弘治間,政治休明,民物康阜,布衣多博學喜吟。雖家貧,以硯田自給,怡然有餘樂。縉紳先生謝政里居者,相與往復倡酬。郡大夫若宜春劉侯輩,又重以體貌,不與齊民伍。富家大室招延家塾,子弟亦多得師。鄉曲佻達小夫,亦知所敬憚。其關係風教者甚重。在郡城,則有若東野陳粲、味苓顧曦、一槎陳漢、墨潭黄嘉言。在洙涇,則有若鶴坡王良佐、龍淵戚韶、一桂張冕。在唐行,則有若緩齋金藻、雪窗吴爰、西樓高企、雲林金處和、守復張元凱、寅谷陸孝思、雲崖錢岳。在張堰,則有若笑隱陳奎、朴菴邵雲。一時皆爲善吟者。《雪窗吟稿》,馮侍御南江先生取而刻之,雄渾豪邁,信可傳也。若侍御公之刻是稿,又高義之舉,盛德之事。

《一山樵唱》,周禋著。

定菴曹時中序曰：一山君往來京師,遍覽山川之形勝,歷涉往古之遺跡。懷鄉戀闕,撫景感物,與夫懽忻悲戚之情,一寓于詩焉發之。既歸,高堂無恙,慈孝相歡,春風和氣藹如也。每侍暇,適意山水,與諸故人詩酒往還,笑語移日,秉燭論文乃罷。先達如東江輩,每見其吟詠,輒嘖嘖稱歎不已。予亦愛其意味深長,如清微之風,長養萬物,且得詩人六義之體。惜乎才大用小,鸞鳳枳棘之棲,識者能不爲先生悲也?

《古今説海》,良玉黄標著。

《讀史漫筆》,王府教授張武著。

《自樂園集》,徽府長史吴稷著。

《沈東老集》,大参沈霽著。

陸文定公曰：鄉先達東老沈先生,平生恬於仕進。自其歸老泉石,雅有著述,而尤精理學。先生殁若干年,子沈鍵欲哀刻其遺文行世,而困於無資力。縉紳大夫爲醵資,以相其入梓。昔嚴劍南爲杜甫卜草堂,于允元資戴符買山。以先生名德而立言,垂不朽也。覽其遺文,其孰無愛而欲傳之心乎?

《朱福州集》,郡伯清岡朱豹著。

徐獻忠云：朱氏多長者,其四世祖梗,嘗以布衣召至金陵,上安邊十二策。適榜葛剌國進麒麟,因獻頌闕下,有《静翁集》藏于家。其子元振世其業,有《壽梅集》。孫佑仕南昌府同知，工詞，有治才，著《葵軒稿》。佑子曜，提舉清江司，有《玉洲集》。公其子也。

《草堂遺稿》，郡伯顧英著。

陸文裕公云：深幼嘗記其口誦，如"雖憂地險難爲客，且喜官閒好讀書"，"竹林斜日聽啼鳥，苔徑東風數落花"，"吸殘金露難消渴，種得荷錢不濟貧"等作，雋偉奇傑，足以傳矣。

《易經》、《詩經》輯説，《笠江集》，《美芹録》，《詩韵輯畧》，恭定公潘恩著。

徐獻忠云：笠江先生之文，春容和厚，而有典則。蓋本于兩漢，通于韓子。其詩自盛唐充于自得之意，其氣視諸子爲獨平，而渾厚視古昔。其以仕達，固宜然也。

《世經堂集》、《續集》，徐文貞公階著。

陸文定公曰：徐少師邃詣淵蓄，自其潛究名理，達識政體。其大者既以措之事業，而出其餘以有言。故公之文，其議事决策，迎解曲中，則運斤承蜩。其緣情體物，藻思芊縟，則琲聯璧拱。而不事鎔琢，意象淳泊，則黄鍾太羹。至其醇厚爾雅，春容紆徐，則冠冕佩玉，端委而雍肅也。蓋蔚乎廊廟之文。凡爲奏對、爲序記、爲碑志、雜著、語録、古今詩，類次之若干卷，而總題曰《世經堂集》。

《長谷集》，《金石文》，《樂府原》，《吴興掌故》，《唐詩品》，《水品》，《四明半政録》，《洪範或問》，《春秋紀傳録》，《大易心印》，《四書本義分節》，《參同契》，《大地圖衍義》，《山房九笈》，《三江水利考》，奉化令徐獻忠著。

序曰：往予筮仕松江，慕郡中文雅。得長谷徐子，蓋當世有用之才。其仕僅止一縣令，不獲盡展其志。既乃得讀其所爲文，關係世教，非空踈纖細之作也。至與論及時政，咸中時弊，當機宜可行。乃其人深自韜晦，不屑自表見。故其所論著雖多，不耀白於世。且不與海内名士通殷勤、相結納。間有所酬應，必施於先及者，非泛泛也。歲在甲子，予出爲郡長吏，自謂可藉以諏咨治理。顧已棲遯吴興山中且十年，西望白雲，不可跂及。其鄉中諸賢，方欲刻其所爲詩文集。予聞之甚慰，因贊刻焉。夫徐子平時所懷抱，欲見之行事而未竟者，大率槩見於集中。且其辭深厚典據，平正通達，類司馬子長。間有雜類東京者，固其疏越之才，因事觸發。未有深晦，如昭明所選集也。嘗與予論詩，五言重魏晉，七言止取自高岑而上，律止於大曆。今其詩沉鬱彩秀，與諸名家相出入，不謬其所云。其賦才尤爲人所重，若《布賦》一篇，憫念松人愁苦。其情周委詳盡，不蹈襲昔人體裁，徒縱肆弘博，至曲終而後奏雅者倫也。嗟乎！自昔名士無所遇，類有老死丘壑，無可表見於世。或成就一家言，不與草木同腐，而行不足以將之者甚衆。徐子之平生，慎守行義，安恬有素節，而文又足以自華，其常存於後世可知已。惜乎峯泖之間，别無書社可淹其足。蓋嘗見其埋骨青山之詞，歎其遐然遠意，益使人懷慕之不置也。諸大夫表揚其名迹，淳風厚俗，誠一時盛美事，因附爲集序云。賜進士、知松江府事、前工科都給事中石首袁汝是著。

《長谷集》十五卷，吾師長谷先生所著，而諸大夫士所共刻者也。先生棲志道林，覃恩藝苑，以文章名海内，爲遠近所宗慕，諸公序述詳矣。宜陽實承命編訂，始於嘉靖甲子冬，越明年乙丑夏告成，凡若干萬言。是歲八月望，門人董宜陽謹識。

《南湖類稿》，《保治要議》，侍御徐宗魯著。

《救時論》,《田賦議》,郡贊誠菴楊鶴著。

《全吴水畧》,吴韶著。

《藝林贅言》,《夜燈管測》,太僕卿鳳峰沈愷著。

皇甫汸曰：先生吏隱兼適,仕學並優,不待年而乞歸,屢膺薦而不就。晞尚張邴,擬綴陶韋。故其詩融渾婉逸,誦之令人輕三公而細萬物也。詩可以興,不在兹乎？錫山是堂俞君,亦嘗選其數十首,爲明音之冠。睚無遺寶,貴不在多也。

《言史慎餘》,《淞故述》,《火餘雜著》,《雅歌譜》,《連山數學》,《蒙養正謅》,《詩文遺稿》,臨江貳守細林楊樞著。

自述：《淞故述》,述松之故也。淞有志,曷述耶？述以翼志也。時有先後,事有因革,類有淑慝,迹有顯晦,論有久暫。志其先,則後者闕矣。志其因,則革者廢矣。志其淑,則慝者遺矣。志其顯,則晦者隱矣。志其暫,則久者泯矣。闕則踈,廢則散,遺則殘,隱則疑,泯則亡。夫是曰無徵,無徵則鄉人曷稽焉,曷觀而監焉？是故事在志後則述,志有之而今無則述,不協于道而志弗及則述,不求人知而名不傳則述,久而論定則述。述其後,以示備也。述其革,以示尚也。述其慝,以示戒也。述其晦,以示核也。述其久,以示公也。嗚呼！其槩也。歐陽子曰：史有欲書而不得書者,有當書而不敢書者。然則豈惟史哉,豈惟史哉？嘉靖庚寅五月。

《苑詩題選》,《西戍録》,《北逮録》,《通考意抄》,《二十一史意抄》,《釋疑録》,御史蒙泉包節著。

張世美云：侍御包君節,少負俊才,總角游鄉校,弱冠取甲科。有大志,欲以文章勳業名天下,傳後世。其詩與文,在臺中作者曰《臺中稿》,後謫戍湟中所作者曰《湟中稿》,總六卷。

《輿地一覽》,武選郎濮陽曹嗣榮著。

《崇蘭館集》,《程朱繹旨》,《質疑録》,《格致臆見》,方伯中江莫如忠著。

莫子良撰著,皆緣本經術,博綜群籍,檢括名理,漸涵藴藉,尚體要而發之藻蔚,恢恢乎作者之域。又恬于仕進,一意著述。晚辭藩政歸,杜門掃軌。邑後進贄所業以就正者,公提衡其間,披衷導窾,片言解頤,奉以指南。一時懷鉛之士,摳趨景從者,視爲龍門。

《移愚齋筆記》,顧九錫著。

袁宗道曰：顧九錫所著《移愚齋筆記》,上自國家勳德,下及閭閻委巷、方技滑稽、祥異神怪,可喜可愕,罔不具焉。其間所紀巷議街談,不無委鎖,稗官小説,或涉怪誕。然取之博大,而出之無窮,挹之流長,運之神應,所謂一代總統才也。

松江府志卷之八十二

著　述　二

《綱目易覽》,《綱目節評》,《考見録》,《詠史詩》,《荆楚稿》,龍溪令岦齋王鑄著。

《汲古叢語》,《清暑筆談》,《耄餘雜識》,《陸學士題跋》,《善俗裨議》,《鄉會公約》,《陸氏家訓》,《適園雜識》,《病榻寤言》,《長水雜抄》,《禪林餘藻》,《全集》,陸文定公樹聲著。

《何翰林集》,《何氏語林》,《四友齋叢説》,孔目柘湖何良俊著。

中江莫如忠序曰:元朗嫺於文辭,加以談若懸河,識同藻鑒。或咨訪政治,或詮折名理,揚搉古今,指陳堅白。更狎梵侣以玄探,結勝流而觴咏。每一篇出,匪但藝苑翕推,而閭巷遞誦。鳳館咏昌齡之句,雞林售居易之篇,曷讓焉。

《水南集》,郡丞沈東著。

《何禮部集》,大壑何良傅著。

《尊生樓臆記》,《振文堂集》,南冏卿中方范惟一著。

《午江詩稿》,郡守錢師周著。

《蒹葭堂稿》,思豫陸楫著。

中江莫如忠曰:陸文裕公崛起瀕海,入緯國華,放辭瓊琚,雄視一世。其子楫思豫,殊有父風,業冠棘圍,以忌者阻抑,鬱鬱竟卒,纔三十有八齡。所存笥《蒹葭堂集》,詩不滿百,而命詞遒逸,屬思冲和,務嚴體裁,弗矜色澤。文不數十,而議論慨慷,率依名節,深切世務,薄視浮榮。總厥撰著,非苟而已也。

《黄風川詩稿》,《同文録》,《貞離子集》,教授黄日旭著。

《端諒堂集》,給諫白灘張承憲著。

《觀燈百詠》,《[舟簾]百詠》,《木蘭百詠》,《九霞遺集》,弘宇王會著。

《袁履善集》,長史太冲袁福徵著。

集凡數種,各自爲卷。其子之熊手録遺稿,共三千五百葉,未刻。

《江臯集》,雪竹馮淮著。《長鋏齋集》,馮遷著。《子潛詩稿》,馮邃著。

《洪崖集》,左山顧中立著。

《栖霞館集》,屯部郎南湄李昭祥著。

《山靈異録》,教授徐濟著。

《推篷寤語》,《自樂編》,《國計三議》,《珊瑚枝廣記》,《自樂窩全集》,中條李豫亨著。

《周叔夜集》,《學道紀言》,《西齋日録》,《紫霞軒論稿》,萊峯周思兼著。

弇州王世貞曰:余壯好從客豪飲,叔夜獨不飲,而性善病骨立。三日一趣省,瘦影陵競日中。而與之語,時時及節俠,則毅然有三軍不可奪之色。間從袁出所作小詞若詩,以《黄庭》結法書之。或弄筭散草,咸嫵媚蕭踈,令人自親。叔夜死十餘年,其子紹元、紹節輯其所著書,凡詩四卷,文四卷。其文大較有三變焉。食家以還,出入眉山父子,氣溢而材横,飈馳電擊,使人不能正視。東秦清源,忽歛而撫左史,葉玉縷蟲,與造物争巧楚。及歸田,舒而孟堅,又舒而昌黎。固不必盡孟堅、昌黎,然悠乎其味也,森乎其矱也。詩不必盡盛唐,以錯得之,渢渢乎岑李遺響哉。其所别撰,曰《學道紀言》,多識蓄德,又時出獨至之見以参伍之,豈唯一家言而已。

《經史通譜》,《西堂日記》,朋石楊豫孫著。

《經史通譜》上下凡二册,經譜則譜群經之授受,而古今道統亦并附之,此讀經之要也。史譜則譜歷代之統系,而春秋列國亦并附之,此讀史之要也。

《經術堂集》,少司成文石朱大韶著。

《野史雌黄》,廣文高才著。

《采薇集》,《應客緒言》,《讀書雜著》,少宗伯幼海董傳策著。

《雅言漫録》,《撮殘集》,方川龔情著。

《太史史例》,《史記發微》,《唐詩類苑》,《詩紀類林》,《新舊註鹽鐵論》,《唐雅》,《回文類聚》,《剪綵》、《翔鴻》、《聽鶯》、《避暑》、《題橋》、《猗蘭》、《擊轅》、《佩劒》、《林棲》諸稿,《上海縣志》,憲幕王屋張之象著。

何良俊元朗曰:我華亭地偏江左,自機雲入洛,繼踵曹劉,希凴仕梁,比肩徐庾。今雖世代緜越,風氣遷殊,所賴崑丘岩崿,猶著爽靈,谷水澄鮮,尚流芳潤。故薦紳諸公,與逢掖數輩,時相屬綴,富有篇章。幾能方駕天閑,遂欲争馳王路。若我張子玄超,則又英英挺拔者也。

《西谷家藏集》,憲幕張世美著。

《玄門微旨》,俞明時著。

《名臣琬琰録》,《雲間詩文選畧》,《先哲金石録》,《近代人物志》,《雲間百詠》,《松志備遺》,《上海紀變》,《中園雜記》,董宜陽著。

《方壺山人稿》,《醫學决疑》,徐沛著。

《陸子野集》,陸郊著。

周方伯復俊曰:予讀子野詩,而知其有得於斯也。自其幼穉,即神情俊邁,高視不群,好古力學,於書無所不闚。中更島夷變故,避匿備嘗荼苦。玄襟至性,恒以媕婀趨順爲末流。朋儔契合,詩篇往返,薪蕘不吝。遇稍不協,悄焉沈響,亦不樹形迹。詩雖流佈人間,而人得之恒寡。嘗飭其子應陽云:他時刻吾詩,毋多溷我。我見唐世名家,惟二三十篇,而流傳無窮。今書淫木蠹,人毋暇觀焉,多無益也。

《醉石集》,朱察卿著。

《禮記裒言》,《洗冤集覽》,《武學經傳句解》,《續文獻通考》,《稗史彙編》,《雲間海防志》,《兩浙鹽志》,《周禮全書》,《三才圖會》,王圻著。

《廉鑑》,方伯喬懋敬著。

《寶綸閣稿》,學憲潘允哲著。

《諫垣疏草》,《東夷圖説》,少司馬蔡汝賢著。

《穀音》、《明農》二集,運使陸從平著。

《皇明殷遺録》,《巡泉稿》,水部張烈著。

《修齊要覽》,《事類異名》,《尊生要旨》,通政使許樂善著。

《缶音》,《留樞》、《銅鞮》二稿,《泖塔志》,《沁州志》,《荒政要覽》,《明史裨》,《杞籌》,《黄河考》,僉憲俞汝爲著。

豫章鄒元標曰:《杞籌》一書,吾友俞毅夫筆也。憂船政破冒,則疏節省十事。憂河流潰决,則疏開鑿八欵。憂國本,則上書王文端。以至家鄉之賦役、水利、風俗、人心,咸有論列。陰爲補救,誠經世之書也。

侗初張鼐曰:俞毅夫先生體物而大心,經國而重謀,喜任事而不同於衆。是以官爲郎而無怨惡,善病而不解當世之憂。爲南曹司馬郎,洗艅艎之弊一新。太息河防之不振,則言於朝,作《指掌圖説》以告當事。又念東南雨暘爲咎,民苦不飽半菽,則又輯當代荒政,詔諭奏牘、扞禦賑恤之宜,列爲十卷,以示有民社者,有備而無患。先生之精神,可謂至矣。

《元成全集》,《寶善編》,《藝海洞酌》,觀察馮時可著。

臨川湯顯祖曰:元成有五難。有殊絶秀卓偉厲之資,而後可以竟業,公有其資,一也。竟學然後其資庶以有所立於時而不廢,公無不學,而學必深,二也。孤絶而興者佹,得之而已後矣。公生而有忠父孝兄,國家之務,聞若性成,三也。雖滿而動其中,外阻山川閒游之觀,則不適。吴故文物風美之地也,遊客大雅,將朝夕焉。意所至而開,四也。若宦而偏窮偏通,無屈折頓挫之迹,亦不能有所憤會而成文。公外朗而中已蒼,世有知有不知者。物之態色,時之機趣,無所不經。而盡菀蓄以遊於文,五也。公有此五者,其覩於大全,而變化極也。超然不亦宜乎?從子大咸,有《花藥志》三卷。

《楓菴漫録》,《貞白詩》,《舊雨編》,張初著。

《詠史詩》,《筆花樓樂府》,顧正誼著。

《雲間紀時野史》,《倭奴遺事》,鍾薇著。

堂邑許維新曰:余至松江,有事于海,因爲樂歌,好事者争和之。有客曰:“時見朝霞煮沃焦,元氣絪緼天受冶。”語不經人道,鍾封公薇詩也。乃求識公。余請問政所急,笑不答,但言前守李多見、司理畢自嚴兩人長者,從來得人心,無如此兩人。余念公不言事,而指兩人,此龐参見任棠時也。後再見,言松江志書越百年不復續,責在太守。余曰:詳哉。政莫備於志,以志求政,公意也。一日,從容謂公曰:“公嘗導我以思弦太守,倘亦有事可指乎?”公笑曰:“余初以李公相望,以今觀之,雖言李公,公亦不能爲也。”余固問,曰:“李一意寬善縱舍耳。有青衣攝事者,失期久,命杖之。其人曰:請言狀畢,乃受杖。坐簾下,徐徐解襪,以足出示公,曰:走成瘍矣,尚可杖乎? 公大憫恤,急呼醫與治瘍,慰遣之。公能爲乎?"相與笑而罷。公今年八十有二,爲傳其事。

《玉恩堂集》,太僕卿林景暘著。

《張友蓮詩》,張昉著。

《雪堂日抄》,漢陽守孫克弘著。

《峰泖詹言》,《古今醒語》,憲副王明時著。

陸應陽曰:後陽先生居宦廉平,居鄉恬静。登甲第四十年,歷州府藩臬,垂老不能終有其居第,及其身棄之他氏。讀其《詹言》、《醒語》,種種膏肓藥石。至于閨幃習俗、出處聚斂,世所惑溺而不覺者,限田、治水、禦盜,世所蒿目而譚者,皆鑿鑿中窾。自中州請歸,不欲以三公易母氏一日養。母年九十餘,人稱其孝。

《方衆甫集》,學憲方應選著,門人松江守蔡增譽梓。

董其昌叙曰:衆甫舉孝廉,嘗恨不得决去經生之藩,而一意千秋之業。既解褐,意且怒而飛矣。筮仕汝上,翰墨間作。行春有貢俗之篇,懷人有招隱之賦。弔二劉之故壘,訪空同之遺迹。嚮所謂一意千秋業者,至汝乃得之。入職方,日襄廟筭,西人就馘,伸威樂浪之外。夫韓之碑,柳之雅,司馬子長之朝鮮叙傳,於以紀成功、師後事者,是在衆甫,且以汝上集求之。

衆甫諸生時,推爲舉業宗匠。同社若徐益孫、袁之熊保德兄弟、彭汝讓、唐文獻、范允謙、張大倫、何三畏、朱應旌、王煒、楊繼禮、馮夢禎,稿脱紙貴,風流自賞。一時名輩之盛,赤幟江南。

《竹素堂集》,太僕陳所藴著。

陳繼儒序曰:滬海陳先生,嫺古文詞,發於制舉義。擢丙子高魁,名與顧涇陽埒。己丑登第,獨請南曹,與同志共結清真會,直欲遡弘正,追六季而上之。自尚書郎以至太僕,自河洛晉楚以至陪京,其歘歷十九在外,其數請數歸,又十九在丘壑,不在春明門熱人熱地上也。所居名日涉園,園中有竹素堂。客至,相與揚扢風雅,盤礴泉石,命酒飛觴。暇則手一編,咿哦其中。生平無他嗜,敦古道,繙異書,卓然以主持名教、振起斯文爲己任。今《竹素堂》全刻,凡中年晚年之著作皆在焉。不通朝貴牘,不登講學壇。身經五朝,壽踰大耋。劉夢得詩云:"莫道桑榆晚,爲霞尚滿天。"公之謂矣。

《古今災異類考》,黄州守潘元和著。

《石秀齋集》,莫雲卿著。

《南遊》、《北征》、《擊筑》三稿,《木几冗談》,太學彭汝讓著。

《徐孟孺遺稿》,太學徐益孫著。

《潛玉齋稿》,《峰泖先賢志》,《秉燭叢談》,《皇明詩藻》,張所敬著。

《字學指掌》,朱光家著。

《清芬館稿》,孝廉郁伯純著。

《唐宗伯集》，唐文獻著。

馮元成云：唐元徵詩文，高壯幽邃，氣韻神采，飛揚六合，照灼千古。率爾片言，無不合作。臨池之技，端楷秀媚。答客報家，蠅頭細書，未嘗屬草，無一訛字累句，得者無不秘藏。

《陶白齋稿》，《白石山堂詩話》，《陶白齋雜記》，虞部郎章憲文著。

《普慈秘要》，《佛祖金湯》，釋如惺葺著。

《吴生叢語》，《易旨質疑》，太僕少卿吴炯著。

《問龍堂集》，《柱笏齋稿》，唐之屏著。

胡應麟元瑞曰：君公髫丱鋭意千秋大業，弱冠屈首青衿，汎掃博士陳言，一緣飾以西京戰國。蓋身未離逢掖，而譽籍寰中矣。卒之上公車，掇巍第，因以大肆力於文章。出宰百里，鳴琴之暇，篇什輒形。古風樂府，鎔裁於漢，庀材於魏，而旁如晉宋。近體歌行，範格於杜，擘秀於唐。文復奇古瑰邁，一砭尖纖浮艷之聾瞶矣。

《李茂承詩》，李紹箕著。

《雲間人物志》，《皇明世説新語》，李紹文著。

《知古堂稿》，《石室餘論》，檢討高承祚著。

《杞説(塞)[寒]聞》，《奇服齋集》，比部郎楊忠裕著。

《廣輿記》，《洛草》，《笏谿草堂集》，《樵史》，《唐彙林》，《明詩妙選》，《太平山房詩選》，燕、越、洛游諸草，陸應陽著。

《芝園集》，《類鎔》，《雲間志畧》，司理何三畏著。

廣川張文熙序曰：余按部雲間，見邦之士大夫，可友可事，穆乎其風，意其間必有人焉以維之。及見先生，如海鶴龍馬，即異之曰：此風氣所在也。既而登其堂，可絃可歌，讀其書，可興可感，而始有以窺先生之大同。

張鼒序曰：何士抑先生以鄉祭酒，喜著書訓後。每網羅里中故實，人各爲傳。偶一披讀，先達眉宇，如見旦暮。而又詳而有體，質而不諛。以惇史之才，寓仁人長者之教。噫！先生之指遠矣。

《我貴編》，《藻里稿》，《城南稿》，《明月社稿》，周紹元著。

《雲間往哲録》，《蒭蕘之言》，《灌園草》，《和陶詩》，《崇儉約言》，《讀史管窺》，《鶴城正學傳》，《中峯祖燈録》，周紹節著。

徐三重曰：灌園居士謝去諸生，而慕漢陰丈人之爲也。善病而貌益腴，高隱而致益遠，養生而不導引，逃禪而不茹素。百念灰冷，而持論常雄。視人世若萍蹤，而動履常循矩矱。杜門一室，簡酬應，上下古今，揚搉治亂。居平好吟咏，咏亦隨興所到。嘗見其《和陶詩》數章，矢口而出，無意求工，而精神意態，無一非陶。時露英雄本色，即公可知已。

《澤谷農書》，谷陽野父施大經著。

自叙曰：《農書》一編，編古之言民事者而已。古者一政一事，咸以爲民。凡相與集議于朝，採風于使，下令于牧宰，合上下之精神血脉，旦暮灌輸于其中者，無非是物。是以小民之咨嗟疾苦，無細而不聞。主澤之周浹旁皇，無遠而不暨。俗尚敦龐，民心醇固，恒必由此。三代以還,流風未泯,先富後教,説者宗焉。漢下璽書褒循吏,惓惓以富民爲事。唐令所司奏進農書,以察民之隱。而夷陵至于宋季,偏窄驛騷,世道有不可言者矣。管子云:三尺而見水,比之于澤。陸士衡詩云:眷言懷桑梓,毋乃將爲魚。蘇子瞻《游松江》詩云:浮天自古東南水。蓋言民事可念,而吴中澤國之民事,尤可念也。夫精衛填海,鳴若相呼。愚公移山,神若相助。天下精氣之所感召,固有然者,又奚疑于居吴言吴,而抱杞人之憂者乎?兹編也,綜往事以徵之今,而民風較然矣。是宜爲觀風問俗之一助也。

公久頓南宫,兩倅江粵,清恬慈惠,最得民和。拂衣歸隱,居吴門,以耕讀爲樂,即士大夫罕見其面。未宦時,顧涇陽兄弟徒步往訪之,去亦無所報謝,古之狷者也。

《容臺集》,宗伯董其昌著。

陳繼儒叙曰:《容臺集》者,思白董公之所譔也。大宗伯典三禮,敕九卿,觀禮樂之容,故稱容臺。古禮部尚書兼學士,惟蘇東坡、周平園領之,儒臣艷爲極榮。吾朝南秩宗差冷,自京山本寧李公與吾鄉思白董公,接席而來,皆不久引年,特賜馳傳歸。士大夫高之,亦二百年容臺未始有也。公已丑讀中秘書,出補外藩,視學楚中。旋反初服,高卧十八餘年,而名日益重,四方徵文者日益多。自上衮、列卿、臺察、郡邑吏,干旄詣門,則公請;贈遠謁貴,非公文不腆,則公請;浮屠老子之宫,則公請;子孫稱地上觴、文地下石,則公請;藩王戚畹,以及三韓六詔,百蠻之長,懸購著作,雞林新羅故事,則公請;三家之村,五都之市,朝懷贋蹟,而暮獵金錢,依倚生活不勝記,則公請。夫海内文人亦多矣。身當吾世,而目見斷楮殘煤,至聲價百倍者,未有如宗伯公者也。公七十有五餘,手不釋卷,燈下能讀蠅頭書、寫蠅頭字。其高文大册,雋韻名章,温厚中有精靈,瀟灑中有肅括。推之使高,如九萬里垂天之雲;澄之愈清,如十五夜吞江之月。漸老漸熟,漸熟漸離,漸離漸近于平淡自然,而浮華刊落矣。

《留中奏議纂要》,亦董其昌譔。曾經宣付史館,尚未流佈人間,確然元老晚年之定論。《神祖大事記》之權輿也。

《閱耕録》、《續録》,《寶穡堂雜記》,方伯張所望著。

莆陽宋珏曰:叔子以東粵請告歸,營菟裘于龍華之里。閱耕之暇,几席墻溷皆置筆研。取往昔嫩言懿節,可以作忠孝、垂訓誡者録之,頗謬則不録。取輓近奇聞異跡,可以警耳目、表風氣者録之,影響則不録。取諸史百氏,可以参同異、闡幽奥者録之,經人道則不録。取品物之繁會區别,可以標新異、益意智者録之,稍雜傅會疑似則不録。凡八卷,風人美刺勸懲之義,種種各具。叔子二十年宦游最績,亦因是可想見一斑矣。

《農遺雜疏》,宗伯徐光啓著。

《農桑輯要》,《先儒類語》,俞汝楫著。

仲濟有志聖學,常熟耿令君聘入虞山書院,又登東林講席,一時名公皆器重之。勸人爲善,語喃喃不休。禮部聘修部志,以廪生超貢,不久病卒。張鼐私謚曰端懿先生。

《寶日堂初集》,張鼐著。

堂邑許維新曰:世謂即諸生間乎嶽嶽頭角,廉修砥名。行居嘗讀書自重,有穆然之思。

追入中秘,口誦手披,不捨寒暑。其立言引義,務求有用,不肯摹擬當世名人。其立朝卓然自信,行其所安,不肯尋聲逐影,寄居人籬落下。熹廟時天變,陳言八事,末言談宫闈,大拂乳媪逆璫指,旋廢家居,未幾褫削。五年,天子訪落遺佚,起于家,晉少宰。瀕行,裒次其文,而問序故侯。侯圃矣盲矣,能識公諸生文,今安能讀公館閣大臣文?抑侯知世調務求有用,而行于文章者。夫學期明道,文期適用,不會此意,未許讀世調文也。

《須友堂集》,《國史類記》,張以誠著。

《九籥集》,宋懋澄著。

《樂陶集》,長寧令徐充著。

道充本姓蔡,以舊青浦諸生,舉壬子鄉薦。晚爲長寧令,不久歸隱,逃于禪。好爲詩,不屑治生産,遂以貧老。友人贈詩,有"丰姿不爲敲詩瘦,生業翻從作宰貧"之句。與緇衣黄冠夙有緣契,佘山沐堂慧日院,廢而復興,公之力也。

《史疑》,宋存標著。

《空明子》,庠生范廷啓著。少與兄廷言齊名,廷言伉爽,最工舉子業,試輒冠軍。繇孝廉授瓊州守,卒于官。父老念其清貧,出境送之。孫曾有才名。

《史掌蒙始》,李明卿著。

《青蓮館集》,《少君詩》,《子師遺稿》,章台鼎、台鉉、台垣著。

許侯周翰柬:余在郡,習長公詩名,無能致交。近得新刻,展誦一二。館曰青蓮,實兼少陵。然詩佳一出儁俠之氣,牢騷未偶,悼俗傷時,蘇子瞻幾以此罹禍。願長公無作此情,爲吴兒口實也。振藻敷璚,澄懷咏志,奚不可者?柳花水龍吟作,寧專美質夫?章氏世有詩人矣。續有刻者,便寄葺齋主人。維新狀。

《獨寐寤言》,楊昌國著。

《編蓬集》,《唐詩解》,唐汝詢著。

許周翰贈詩曰:唐逸人汝詢,六歲而瞽,書從耳受,多記憶,能爲詩。偕其兄曾城進士,以所著書併詩追送索賦,得舟字。驪歌清絶兩吴鈎,别去幽人幽更幽。大瓠經今隨我去,明珠暗豈向人投。聽餘流水勞師曠,讀後編年憶左丘。世事鄉心關不住,因君且繫木蘭舟。

《張佑君稿》,張啓著。《張希周稿》,張朗著。《璩君瑕稿》,璩之璞著。《桃花社草》,孟養大著。《宋賓之稿》,宋懋觀著。《趙文度稿》,趙左著。《宋明之稿》,宋懋晉著。《蔡幼君詩》,蔡懋孝著。《葉季常詩》,葉之經著。《朗月軒集》,《花茵齋稿》,《馬陵山草》,《許愚公詩》,許身著。《陸瞿彌稿》,陸釋麟著。《張聖清稿》,張積源著。《花影集》,施紹莘著。

諸家詩俱散佚不傳,間有刻者。佑君少負風流,老耽吟詠,借棲黌舍,老于青衫。有孫得雋,先公而卒。君瑕工山水篆隸,刻《蘇長公外紀》,强項不少下,詩骨亦如之。希周傲骨骯髒,野逸自適,嘗從袁峻陽、章鹿苑西游秦晉,詩與書皆矯健。賓之久客燕都,其詩雋朗。文度詩畫雅淡。明之畫贍于詩。直夫爲華里先生子,貧守清白。幼君美髯,多酒態。季常歲薦,愚公孝廉,竝終博士師,好稱詩。瞿彌、聖清、子野皆韻士,詩詞秀麗異常,翩翩無豪貴習氣。享年不若季常、希周，而俱傷伯道，人甚念之。

《焚餘草》，張進士本嘉之室王鳳嫺，及女文姝、媚姝著。

《鴻爪編》，陸文學坊之室楊留華著。

《絡緯吟》，范學憲允臨之室徐媛著。附其著作于後。

《林母徐孺人傳》

歲在玄默困敦，月臨仲商則壯，有雲間之公子姓林氏，而麟其名，手其母夫人之行實，介夫子而索予文。予惟材質駑下，未習詩書，安知鉛槧？惟是執庖親俎，躬枲績，務紘綖，以佐内政耳。豈辨操三寸之觚，搦七十之管，獵博士之緒言，妨女紅之浣滸耶？即點染於筆硯，聊咿唔於短章。不堪覆彼醬瓿，亟當置之糞壤。今欲擅閫外之文詞，闡閨中之淑順，是何異問盲者以道，南轅而北其轍耶？第以林君明命，孝思維則，夫人碩德，壼範肅瞻。是用不諱無文，授簡而爲之傳。按狀，孺人徐姓，南浦右族南疇公之令息也。翁素有隱德，慷慨嗜義，周人於急。里中籍籍，慕稱長者。母孺人張，柔順莊嘉，咸呼名門良姥。爰生孺人，規容履度，蘭藻合章，戚里揚聲，芳庭挺秀。德承燕頡之香，工效徐吾之績。窈窕閨門，掌中明月。翁與孺人，捧之如握，趙璧連城，未忍輕字。及乎太卿林公輝彩蒲輪，滕淑人尚難麟趾。公之王父母稔知孺人賢婉，納幣迎之。遂詠河洲之章，備衾裯之數。貯以别館，有令聞焉。尋以曾王母太淑人、王母王淑人偕之就舍，琴瑟既調，條枚無伐。居恒恭謹温慧，貌降體和，與滕相好，如女兄弟。衆莫不嘖嘖，謂舜之二妃，衛之莊媛，德有逾焉。承兩太母，温頤婉容，怡聲下氣，克謙克競，曾無間色，并無怠愆。以故太卿公倍嘉禮之，如淑人禮。每兩太淑人紉饋之具，必親簡治。食必手調，非是弗敢進也。衣必手製，非是弗敢御也。晨昏展敬，事極於移天；蘋藻挈誠，義申於中饋。櫛縰衿纓，佩帨獻茝，箴管線纊，靡所不飭。親承兩太夫人顔旨，贊襄太卿公誠孝者，孺人也。其他中厨瑣屑，户庭紀綱，悉孺人操之，不以煩滕也。每宗黨餽遺，歲時伏臘，出納應酬，悉洽太卿公旨。公雅好對客評文藝，輒連朝卜夜，孺人則躬持精糈以進。所蓄花勝金篦，悉付酒家胡，以佐賓客，惟恐賓不懽。丙夜尚操作，機杼刀尺聲軋軋不休，未嘗以簠簋不掩，爲公内顧憂。蓋賢姥鬒髦，倚明鏡而辨伏雌；織婦機床，聽寒蛩而催絡緯矣。已太卿歷政兩都，位居華要，輒以孺人從。宵勤暮勵，奚減雞鳴之風；匡贊箴規，無愧脱簪之義。時太卿伏枕室中，忽感異夢，户列鈞天之奏，庭輝絢綵之霞。有物如麟，投懷而出。孺人驚寤，爰誕林君，遂以麟命。帝錫國香，徵蘭祥於庶妾；天陳廣樂，卜麟子於仁君。保世有人，亢宗不乏。賀者咸歸德孺人，孺人愈自抑損，不敢居也。即脱諸孺人之腹，而撫之滕淑人之懷，孺人弗敢有也。滕淑人有之以爲子，孺人毋以爲子也，更戒他人毋泄其非滕子以爲己子，以全滕淑人懽，而孺人故若瞑然無聞也。已林君弱且勝冠矣，主冠者爲白其始，遽然駭且悲。入詢之孺人，而孺人故隱忍弗啓也。已林君勝室有婦，偕子婦問寢視膳，而孺人且遜避弗納也。孺人以己子非己子，滕淑人鞠易子而相仍爲令器，兩默不言。雖比於古之分形合體，薦御授襁者，曷以加哉？孺人居兩太淑人喪，儀範彌肅，襄舉尤工，一如禮也。睦諸姊娣以遜，御下隸以和，生平曾無愠色，是爲衆所慕而歸焉。滕淑人之寢疾垂殁也，生時以好施傾其橐，孺人爲出己資償之,俾太卿倍憐其簡束之勤,則孺人陰爲曲全之耳。比滕革而易簀,孺人哀毁罔措,爇鼎籲天,乞以身代。既訣,則傷踊破涕,呃呃爲勞。林君亦悲楚幾絶,孺人假以示諭解慰,而已則神銷肌憊矣。更以户樞稟總,諸孫遶膝,悉藉撫摩,時其飢飽燥濕。雖在疢乎,尚勤課其群下,執持修脯,蓄釀漬醯,以備歲時。孺人蓋同柳園操杼,桑津浴蠶,愈恭節儉之心,實秉憂勤之德矣。林君既免喪,衆有勉其促駕,謁選銓曹者。君以慈老在堂,憂形於色。孺人曉之曰:蘭室之士,有常賢無常遇,顧自豎何如耳。曷爲崟嶇衢路,折腰五斗,局促轅下耶?況有先人之遺卷在,惟是切磨砥礪,著業將來。勿用蝸角微榮,營營馳逐。以故林君徘徊戲綵,結緑懸藜,姑自珍焉,以俟異日之鵠舉鵬騫,實奉庭闈之慈訓耳。母儀哉與義方競軌矣。而且絶甘茹素,恬情釋典。食不二簋,衣不重飾,練必再浣。林君每將甘膬,爲染鼎指,更進片臠,置之弗御,聊取一二蔬烹而已。其守儉居約,有如此者。或歲時懸帨,萊衣戲舞,輒爲追噓飲泣,愀然失懽,曰:未亡人何意娱樂耶?竟止弗聽。或花晨月夕,林君將母,板輿樂志。孺人輒叱之無縱,云:有太卿遺訓在耳。蓋用曹大家之明訓,執宋伯姬之苦節。其共静貞簡,有如此者。居恒畏風露,沾之則頭爲岑岑,常密坐一室。無何,感河魚之恙。林公爲精理刀圭,和瓊膏玉屑以進,而孺人稍瘳。林君喜踴曰:母得以耆頤綿算,玩諸孫枝,振振頭角,良快慰也。忽於庚戌首夏,舊疾陡舉,則四走醫巫,投之良劑,終無起色。胡香鮮西域之人,靈卉絶瓊田之路。三世無迨於醫門,百草徒窮於藥性。竊銀臺之藥,奔月何年;煎金殿之香,反魂無日。嗚呼痛哉!林君哀念劬勞,乞身露禱,祈之百誠,迄無一效。一日,據床而命林君曰:爲我簡奩貯無恙乎?則呼婢子侍櫛,整衣端拱,手菩提珠,稱西方佛號,喃喃不休,氣惙惙欲絶矣。而君哀情慘切,呼號動天。孺人徐曰:無擾我,我已得至妙真諦矣。目遂瞑,儼然正坐,不失常儀。捫其頂氣,烘烘如蒸,肢體柔和,無改玉色。嗚呼!此真蟬脱耶,羽凌耶。或驂鸞命駕,陟太華耶。抑乘彼白雲,遨遊玉京耶。嗟乎!孺人一善女子身耳,乃能薰修堅懇,超離五濁,心依八覺,理會三空。游智刃於檀林,泛仙舟於法海。了然解脱,言象兩忘。此豈人世凡流,可比肩者耶?此時鹿苑鳴伽,同登妙會,珠林香象,共躡蓮花。長夜城中,翻爲極樂土矣。敬讃休風,永垂貞石,用彰賢範,庶播史臣。東海生曰:女無專行,素德是尚。懿哉孺人,令淑早聞。芝蘭獨茂,敬愛天情。言容禮典,特達鮮矣。少長則望重璇閨,勝婦則芳流宗黨。肅愨以侍姑嫜,琴瑟以和君子。行身之準,動合規箴。履度之端,足稱壼式。可謂七德騰徽,四星連曜者矣。其他蘋藻紘綖,盤匜鹽米,猶其細者耳。至若皈心白業,垂訓青緗,繼華紳之餘緒,襲世胄之墨香。非孺人慧根夙植,教誡素閑,而能然乎哉?嗚呼賢矣!

松江府志卷之八十三

詩　　品

志立藝文，多有玉石魚龍之混。俞彦直從前代以及國朝，其琅琅有聲音，著爲《詩品》，而餘則散見于山水詠歌中。爲先賢張幟在此，爲先賢不敢濫觴亦在此，即題曰雲間詩話可也。

宣宗皇帝御製《醉太平》詞，賜翰林學士沈度。

三春暮久晴，一雨動歡聲。如膏潤物總敷榮，動［吾］民喜慶。秀添麥隴苗新盛，紅垂柳檻花交映。緑舒荷冶葉初生，盡道是豐年好景。

濃雲散雨收，花苑内鳴鳩。曉來喜見日光浮，暖融融永晝。麥苗潤澤添清秀，榴花濕映紅光溜。農夫鼓舞盡謳歌，是處慶豐年醉酒。

御製《睡起》詩，賜右庶子沈粲。

真珠簾外薰風起，青鎖窓前午夢醒。寶鼎散烟香細細，石泉落澗響泠泠。閑看古畫消長日，旋煮新茶解宿酲。頓覺襟懷清似水，數聯吟罷不勝情。

御製詩，宣德二年九月二十八日，賜太醫院使徐叔拱。

雲間秀敏人中英，襟懷磊落冰壺清。群書博覽析理明，青囊金匱尤妍精。濟人利物心秉誠，江南江北驅芳聲。峩冠博帶屬老成，軺車應召來我京。醫人醫國咸見稱，回生起死如通靈。掄材特受官品榮，蒼顔皓首享遐齡。錫爾鳳誥彰爾能，追封雲仍爾所生。竭來思孝攄衷情，懇告祭奠歸先塋。朔風獵獵征帆輕，長江萬里烟波平。故鄉晝錦光熒熒，壺觴親舊歡相迎。私恩公義當並行，北轅宜早登回程。兩全忠孝惟在卿，竹簡千載留清名。

又宣德二年二月十一日，贈徐叔拱還鄉。

太醫老卿八十餘，胸蟠千古岐黄書。鬢含白雪面紅玉，長紆錦綬鳴璚琚。光華近侍今二朝，政恭和寶功業高。五花鸞誥寵先世，南望飛雲心孔勞。歸榮遂爾追遠情，吴郡松江水清泠。春風花開景明麗，待爾重來朝闕庭。

晉平原内史陸機、郎中令陸雲。詩至於晉，稍入輕綺。雖高言妙句，波屬雲委，而漢魏之風一變。元康之際，二陸特秀，開六代之詞源，爲雲間之正始。才名並出，夐隻千古。後世仰之，如絳雲麗星之在霄漢，非一郡之明珠白璧也。京山李維禎云：機之賦曰“詩緣情而綺靡”，其言吴人詩乎？馬班史言，吴東有海鹽章山之銅，三江五湖之利，而延陵季子最。

後嚴助、朱買臣之屬，並以文詞顯漢時。其人往往韶令妍秀，有巧思，飲食衣服，宫室器具，刻畫藻績，爲天下最。東晉以還，聲名文物日盛矣。蓋在士衡前，所傳始爲南音者，出塗山之女。若夏統之暮歌河女章，與木容紫玉爾女之類，大端幻眇婉弱。而其後爲江南、子夜、前後團扇、懊儂諸樂府，則綺靡極矣。士衡吴人，將其時業已開綺靡之漸，而預見之耶？司空張華見機作，篇篇稱善，猶譏其太冶。鍾嶸品其舉體華美，[氣]少於公幹，文劣於仲宣。劉勰謂榛楛勿剪，庸音足曲，識非不鑒，情若吝繁。則綺靡實士衡自道耳。橘柚北渡而化，若榴東移而茂，鷓鴣之飛先南，子規之啼必北。物性風土，固有不可强者。其評士衡，瑜不揜瑕，可稱詩史。

唐太宗傳論曰：陸機、陸雲，實荆衡之杞梓，挺珪璋於秀實，馳英華於早年。風鑒澄爽，神情俊邁。文藻宏麗，獨步當時。言論慷慨，冠乎終古。高詞迥映，如朗月之懸光；疊意回舒，若重岩之積秀。千條析理，則電折霜開；一緒連文，則珠流璧合。其詞深而雅，其義博而顯。故遠超枚馬，高躡王劉，百代文宗，一人而已。

《文心雕龍》云：機雲標二俊之采。又云：張潘左陸，比肩詩衢。采縟於正始，力柔於建安。或析文以爲妙，或流靡以自妍。此其大略也。

鍾嶸《詩品》云：陸機爲太康之英。

《北史・文苑傳》云：潘陸張左，擅侈麗之才，飾羽儀於風穴。

邢子才云：潘陸齊軌，不襲建安之風。

葛洪評陸機云：玄圃之積玉，無非夜光；五湖之吐流，泉源如一。

何大復云：陸詩體俳語不俳，謝則體語俱俳。可謂千古卓識。

王世貞云：謝陸之增而華也，唐律之先兆也。又云：士龍文章差亞乃昆，詩遠不如。又云：士衡翩翩藻秀，饒有才致。

馮時可論曰：《晉史》稱機文喻海，韞蓬山而育蕪，與公之論亦如此。然才大者多有英有蕪，其勢然也。王元美謂，陸不在多而在模擬，寡自然之致。然其集中模擬不免，亦多獨運。又云，頗見才致，無奈俳弱。余謂俳弱處固有，伉健處尤堪讀，不可舉一廢百。元美又謂，人以俳偶之罪歸之三謝，識者謂起自陸平原。然"秦聲發西氣，齊瑟揚東謳"，則魏詩亦然矣。"招摇西北指，天漢東南傾"，則漢詩亦然矣。"遘閔既多，受侮不少"，則《毛詩》亦然矣。

士衡擬古佳句，如"音徽日夜離，緬邈若飛沈。王鮪懷河岫，晨風思北林"，又"佇立想萬里，沈憂萃我心。攬衣有餘帶，循形不盈衿"，又"人生無幾何，爲樂常苦晏。譬彼伺晨鳥，揚聲當及旦"，真蘇李遺響也。至"齊僮梁父吟，秦娥張女彈"，又"飛閣纓虹帶，層臺冒雲冠"，又"挾客控絶景，都人驂玉軒"，便是六朝聲氣。

士衡《擬古明月何皎皎》詩云："安寢北堂上，明月入我牖。照之有餘暉，攬之不盈手。涼風繞曲房，寒蟬鳴高柳。踟躕感節物，我行永已久。游宦會無成，離思難獨守。"此少年仕宦不得志，而思其室家也。"照之有餘暉，攬之不盈手"，以興佳人容光在想，而渺不可即。言外之旨，甚有餘情。

"嘉樹生朝陽,凝霜封其條。執心守時信,歲寒終不彫。美人何其曠,灼灼在雲霄。隆想彌年月,長嘯入飛飈。引領望天末,譬彼向陽翹。"此章以美人喻君,以歲寒明志,有隆想而非熱中,真風雅穆如之音也。

《董逃行歷九秋篇》云:"薺與麥兮夏零,蘭桂踐霜逾馨。禄命懸天難明,妾心結意丹青,何憂君心中傾。"又:"序金罍兮玉觴,賓主遞起雁行。杯若飛電絶光,交觴接卮結裳,慷慨歡笑萬方。"又:"奏新詩兮夫君,爛然虎變龍文,渾如天地未分。"又:"君恩愛兮不竭,譬若朝日夕月。此景萬里不絶,長保初醮髮結,何憂坐成胡越。"昔人云:此篇髣髴歡戚,如在目前,經緯情感,若探衷曲。宫商層疊,綺繡斐亹。其言有文,其聲有永。走僵李杜不能及矣。當爲百世六言之祖。

士龍《贈張士然》詩:"通波激枉渚,悲風薄丘榛。修路無窮跡,井邑自相循。"語殊有致,真與平原齊軌方步。

《石林詩話》云:晉魏間,詩尚未知聲律對偶。然陸雲相謔之辭,所謂"日下荀鳴鶴,雲間陸士龍"者,乃指爲的對。至"四海習鑿齒,彌天釋道安"之類不一。乃知此體出於自然,不待沈約而後能也。

胡應麟云:士衡"來日苦短,去日苦長。今我不樂,蟋蟀在房",絶類古詩。雅頌雖遠,實四言變體之工者。典午以後,殊不易傳。

《詩歸》譚元春云:二陸才名,千古一詞。然手重不能運,語滯不能清。腹之所有,不暇再擇。韻之所遇,不能少變。大陸一生筆墨,只留得民動如烟四字。小陸佳處,只天地則爾、户庭已悠二語耳。静裏平氣,思之又思,若以爲妄,當與鍾子分之。鍾惺云:平生讀潘陸詩,輒恐卧,而無以奪之。有譚子手重不能運五字,二陸無辭,千古大家,同爲語塞。

東曹掾張翰,字季鷹。《晉史》稱其詞義新麗,造次立成,而縱任不拘。

《文心雕龍》曰:季鷹辨切於短韵。

鍾嶸《詩品》曰:季鷹黄華之唱,正叔緣繁之章,雖不具美,而文旨高麗,並得虬龍片甲,鳳皇一毛。張季鷹《雜詩》一首,入《昭明選》,膾炙篇籍間。人知"榮與壯俱去,賤與老相尋"二語,寫情極真。却不知"歡樂不照顔"一句,更幻妙可思。

鍾惺曰:季鷹《詠周小史》詩云:"翩翩周生,婉孌幼童。年十有五,如日在東。香膚柔澤,素質参紅。團輔圓頤,菡萏芙蓉。爾形既淑,爾服亦鮮。輕車隨風,飛霧流烟。轉側猗靡,顧盼便妍。和顔喜笑,美口善言。"有憐恤語,無狎昵語,詠美男宜如此,一入狎昵便淺。又由容止看出性情,是《衛風》"手如柔荑"章法。

齊左長史陸倕。《吟譜》云:陸佐公少勤學,善屬文。任昉爲中丞,後進車軌日至,號爲蘭臺聚。倕有詩贊昉曰:"壯哉荀文若,賢哉陳太丘。"

陸倕《寄贈諸友以詩代書》云:余本水鄉士,閉門江海隅。時逢世道泰,蹇足步高衢。名成官雖立,效微功日踈。入仕乘肥馬,出守擁高車。闕門游昔吏,遷亭有故書。江派資賢牧,宗英出建旟。不勞王布鼓,無賴露田車。弼政非責實,求名已課虚。長卿病猶在,修齡疾未袪。詎知亭長肉,寧挂府丞魚。不能未能止,内訟慙諸己。僶俛從王事,纜舟出淮涘。朋故遠追尋，暄宿清江陰。明旦一分手，翻飛各異林。歸舟隨岸曲，猶聞歌棹音。行者日迢遠，誰見別離心。夕次冽洲岸，明登慈姥岑。水流多回復，余歸良未尋。江關寒事早，夜露傷秋草。心縷姑蘇臺，目送邯鄲道。葭葦日蒼蒼，親知慎早涼。劉兄消渴病，體攝戒無良。殷弟癲眩疾，行止避風霜。劉侯有餘冷，宜餌陟釐方。伏子多風咳，門冬幸易將。率更愛雅體，體弱思自强。吏曹勉玉潤，諷議勗金相。比部多暇日，奚用肆龍章。建德何爲者，無隋疑。無人鄉。記室朋從暇，露蝎附行商。議曹坐朝罷，尺板嗣微疑。芳。雙棲成獨宿，俱飛忽異翔。眷言思親友，沉思結中腸。追惟疇昔時，朝府多歡暇。薄暮塵埃静，飛蓋遥相迓。李郭或同舟，潘夏時方駕。娱談終美景，敷文永清夜。促膝豈異人，戚戚皆朋婭。今日一乖離，澀然心事差。山川望猶近，便以隔天涯。玉躬子加護，昭質余未虧。八行思息勉，一禮望來儀。

陳黄門侍郎顧野王。《吟譜》云：野王九歲作《日賦》，朱异見而奇之。長更勵精力學，無所不曉。

《虚樓續本事詩》云：虞伯施少受學顧野王。野王當夏日聞蟬聲，使詠之。伯施操筆便成，詩曰："垂緌飲清露，流響出踈桐。居高聲自遠，非是藉秋風。"野王喜曰："此子沉静寡欲，要當享大名於天下。"

唐著作郎顧況。《詩品》云：況詩天才不足，而問辯有餘。雖有骨氣，殊乏風采。其《補亡》諸詩，頗有流調可諷。然詞旨不圓，終違機悟。既居茅山，自號華陽真逸。今觀其詩，類裁謝風塵，超脱凡徑，豈感覡於山靈者耶？

顧況家吴淞江上，作《漁父詞》曰："新婦磯邊月明，女兒浦口潮平。"女兒浦在華亭。又張志和浮家泛宅，垂釣三江。其《漁父詞》曰："青篛笠，緑蓑衣，斜風細雨不須歸。"誠江上風景也。二詞俱松江事，宋黄魯直合爲《浣谿沙》詞曰："新婦磯邊眉黛秋，女兒浦口眼波愁，驚兒錯認月沉鈎。青蒻笠前無限事，緑蓑衣底一時休，斜陽細雨轉船頭。"東坡曰："此詞清新婉麗，其最得意處，以山光水色贊玉肌花貌，真得漁父家風。然才出新婦磯，便入女兒浦，此漁父無乃大闊浪乎？"權德輿詩亦有"新婦磯頭雲半斂，女兒灘畔月初明"句，亦祖況詞也。《野客叢書》。

皇甫湜序畧云：偏於逸歌長句，駿發踔厲。往往若穿天心，出月脅，意外驚人語，非尋常所能及，最爲快也。其爲人類其詞章云。

《詩藪》云：顧況樂府整齊閎亮，稍協前規。又"六氣銅渾轉，三光玉律調"頗整贍，近老杜句格。

《唐詩紀事》云：況尚踈遠，近於方外。發爲詩篇，俱遐慕神僊，悲感塵世。其《悲歌》三首并序云：情思發動，聖所不免也。故師乙陳其宜，延陵審其音。理亂之所經，王化之所興，信無逃聲，豈徒文彩之麗，遂作歌以悲之云。邊城路，今人犂田昔人墓。岸上沙，昔時江水今人家。今人昔人共長歎，四氣相催節回换。明月皎皎入華池，白雲離離渡青漢。我欲昇天天隔霄，我欲渡水水無橋。我欲上山山路險，我欲吸井井泉遥。越人翠被今何夕，獨立沙邊江草碧。紫燕西飛欲寄書，白雲何處蓬萊客。　新繫青絲百尺繩，心在君家轆轤上。我心皎潔君不知,轆轤一轉一惆悵。何處春風吹曉幕,江南渌水通朱閣。美人二八顔如花,泣向春風聽春鳥。別時多,見時少。愁人一夜不得眠,瑶井玉繩相對曉。　軒轅黄帝初得仙,鼎湖一去三千年。周流三十六洞天,洞中日月星辰聯。騎龍倒景游八極,軒轅弓劒無人識,東海青童寄消息。

《唐本事詩》載顧況在洛,乘間與一二詩友游苑中,流水上得大梧葉,題詩云:"一入深宫裏,年年不見春。聊題一片葉,寄與有情人。"況明日於上流亦題云:"愁見鶯啼柳絮飛,上陽宫女斷腸時。君恩不禁東流水,葉上題詩寄與誰。"後十餘日,有客來苑中,又於葉上得詩以示況,曰:"一葉題詩出禁城,誰人酧和獨含情。自嗟不及波中葉,蕩漾乘春取次行。"又明皇代,以楊妃虢國寵盛,宫娥皆衰悴,不願備掖庭。嘗書落葉,隨御溝水流出,云:"舊寵悲秋扇,新恩寄早春。聊題一片葉,將寄接流人。"顧況聞而和之,既達聖聽,遣出禁内人不少,或有五使之號。況所和即前四句也。其後《雲溪友議》載盧渥,《北夢瑣言》載李茵。劉斧《青瑣》中,有《御溝流紅葉記》,皆竊況而易其名爲于祐。總不如況詩含藴爲美也。《談藪》,又參《逸史》。

盱眙簿顧非熊。《吟譜》云:非熊三十年塲屋。長慶中,上恠牓無非熊名,令有司追牓。劉得仁以詩賀之曰:"愚爲童稚時,已解念君詩。及得高科晚,須逢聖主知。"

非熊詩遠不如況,而詩名甚噪。及第歸,項斯贈以詩曰:"吟詩三十載,成此一名難。自有恩門入,全無帝里歡。湖光愁裡碧,岩景夢中寒。到後松杉月,何人共曉看。"

宰相陸贄。《吟譜》云:陸敬輿中博學宏詞,入翰林。少以材幸,天子嘗以輩行呼而不名。

宣公不以詩名,其科試詩二首,集所不載。《聞太常清樂》詩云:"南宫聞古樂,拂曙聽初驚。烟靄遥迷處,絲相暗辨名。節隨新律改,聲帶緒風輕。合雅將移俗,同和自感情。遠音兼曉漏,餘響過春城。九奏明初日,寥寥天地清。"又《御園芳草》詩云:"陰陰御園裡,瑶草日光長。靃靡含烟霧,依稀帶夕陽。雨餘荑更密,風煖蕙初香。擁妓緑馳道,乘輿八建章。濕烟摇不散,細影亂無行。恒恐韶光晚,何人辨早芳。"

中書侍郎、同平章事陸扆。劉煦傳云:扆文思敏速,初無思慮,揮翰如飛。嘗金鸞傳賦,命學士和,扆先成,帝覽而嗟異之。

扆詩有"今秋已約天台月"之句。或云:扆,昭宗末舉進士及第,六月牓出,盛暑。同舍戲曰:造牓天也。觀扆此詩,豈幸倉猝苟科第者?

扆《禁林聞曉鶯》詩云:曙色分層漢,鶯聲繞上林。報花開瑞錦,催柳遍黄金。斷續隨風遠,間關送月沉。語當温樹近,飛覺禁林深。繡户驚殘夢,瑶池囀好音。願將棲息意,從此沃天心。

左拾遺陸龜蒙,少攻歌詩,與造物者争柄。遇事輒變化,不一其體裁。始則凌轢波濤,穿穴險固,囚鏁恠異,破碎陣敵,卒造平澹而後已。

《唐詩紀事》云:陸龜蒙居松江甫里,攻文章,與顔蕘、皮日休、羅隱、吴融友善。家貧,與張摶爲廬江吴興二郡丞。李蔚盧携景重之,羅寄詩曰:"龍樓李丞相,昔歲仰高文。黄閣今無主，青山竟不焚。夜船來海月，秋寺伴江雲。只恐塵埃裡，浮名點污君。”

《詩林廣記》載龜蒙《别離》詩云：“丈夫非無淚，不灑離别間。仗劒對樽酒，耻爲游子顔。蝮蛇一螫手，壯士疾解腕。所思在功名，離别何足歎。”愚謂大丈夫以功名意氣自許，大笑出門，何淚之有？此詩慷慨激烈，有男子心。回視郵亭手執，杯酒陽關，哽咽凄凉，昵昵作兒女語者，良可鄙矣。

《談苑醍醐》曰：陸魯望《白蓮》詩：“素蘤多蒙别艷欺，此花端合在瑶池。無情有恨何人見，月曉風清欲墮時。”然陸此詩祖李長吉，長吉《詠竹》詩云：“研取青光寫楚辭，膩香春粉黑離離。無情有恨何人見，露壓烟籠千萬枝。”或疑無情有恨，不可詠竹，非也，竹亦自嫵媚。孟東野《竹》詩云：“嬋娟籠曉烟。”左太冲《吴都賦》詠竹云：“嬋娟檀欒，玉潤碧鮮。”合而觀之，始知長吉之詩之工也。

《苕溪漁隱》曰：天隨子《自遣》、《古意》二詩，思新語奇，超出於尋常之表，可謂不落前人窠臼。《自遣》詩云：“數尺游絲墮碧空，年年長是惹春風。争知天上無人住，也有清愁鶴髮翁。”《古意》詩云：“君心莫淺薄，妾意正棲託。願得雙車輪，一夜生四角。”

皮日休序云：咸通十年，日休爲吴郡郡從事。有進士陸龜蒙云：近代稱温飛卿、李義山爲之最，俾生參之，未知孰爲先後。

吴子華奠文千餘言，略曰：大風吹海，海波淪漣。涵爲子文，無偶無邊。長松倚雪，枯枝半折。挺爲子文，真上巔絶。風下霜晴，寒鐘自聲。發爲子文，鏘將杳清。武林深澗，川長晝白。間爲子文，渺茫岑寂。豕突鯨狂，其來莫當。雲沉鳥没，去其倏忽。膩若凝脂，軟於無骨。霏漠漠，澹涓涓。春哆冶，秋鮮妍。觸即碎，潭下月。拭不滅，玉上烟。

左拾遺朱放。《吟譜》云：放字長通，隱居剡溪，以寇亂避華亭。作《剡溪行》云：“潺湲寒溪上，自此成離别。回首望歸人，移舟逢暮雪。頻行識草樹，漸老傷年髮。唯有白雲心，爲向東山月。”又《送著公歸越》云：“誰能愁此别，到越會相逢。長憶雲門寺，門前千萬峰。石床埋積雪，山路倒枯松。莫學白道士，無人知去蹤。”

顧況云：朱君能以烟霞風景，補綴藻繡，情思最切。又贈放詩云：“野客歸時無四隣，黔婁别久案常貧。漁樵舊路不堪入，何處空山猶有人。”

宋屯田員外郎陳舜俞，字令舉。博學强記，擢制科第一。張子野、蘇東坡相唱和，東坡有《六客詞》，令舉在焉。嘗作詩，與韓魏公乞全瓦古硯。魏公答以詩云：“鄴宫廢瓦埋荒草，取之爲硯成堅好。求者如麻幾百年，如何今日難搜討。吾邦匠巧世其業，能辨瓌奇幼而老。隨材就器固不遺，大則梁棟細棼撩。必須完者始稱珍，何殊巨海尋三島。荆人之璧尚有瑕，夏后之璜豈無考。况乎此物出坏陶，千耕萬斸當翻攪。吾今所得不專全，秘若英瑶藉文繅。君詩苦擇未如意，持贈只虞哈絶倒。君不見鎮圭尺三瑁四寸，大小雖異皆君寶。”

進士朱之純，自號谷陽先生。少有詩文名，不樂仕進，築别業於谷水之陽。自題《湖齋》詩云：“平湖十頃水汪洋，得意茅齋且屈藏。園種小桃今結子。池栽翠芰更聞香。六龜已作千年瑞，雙鶴看呈八月祥。居此翛然忘世味，此心猶懶去南陽。”

徵士李行中,字無悔。高尚不仕,以詩酒娱情。作亭於青龍江上,以寄隱焉。蘇子瞻顔之曰醉眠,歌以贈之。屬而和者子由、少游輩十四人,皆一時名流。

自題《醉眠亭》詩云:簷低檻曲莫嫌隘,地僻草深宜晝眠。代枕莫憑溪上石,當簾時看屋頭烟。倦游拂壁畫山徑,貪醉解衣還酒錢。一水近通西浦路,客來猶可棹漁船。

東坡《答周開祖》云:李無悔近見訪,留此旬餘,亦許秋涼再過。又《志林》云:東坡嘗稱無悔曠達,喜與接席。無悔邀往醉眠亭,數日而别。

資政殿學士章楶,字質夫。以功名顯,詩詞尤見稱於世。嘗作《水龍吟·咏楊花》。東坡與之帖云:"柳花詞妙絶,使來者何以措辭。"

《曲洧紀聞》云:章質夫作《水龍吟·咏楊花》,其用事命意,清麗可喜。東坡和之,若豪放不入律吕。徐而觀之,聲韵諧婉,便覺質夫詞有織綉工夫。晁叔用云:東坡如毛嬙西施,净洗却面,與天下婦人鬭巧,質夫未免用膏澤。

提舉任盡言,字元受。以忠義自負,詩文尤奇峭如其人。楊誠齋萬里評之曰:其五七言邃於追古,四六詞同於騎步,其千百長於論事。大抵爲文孤峭而有風稜,雄健而有英骨,忠慨而有毅氣。蓋將與有唐之貞元、元和,本朝之慶曆、元祐諸公,競轡而先路。非近世陳陳相因、累累隨行之作也。

参政衛涇,字清叔,淳熙十一年進士第一。登第之日,求詞翰者衣袂相接,人爲賦詩,皆滿人意。

嘗泛舟澱湖,咏詩云:踈星殘月尚朦朧,間入烟波一棹風。始覺舟移楊柳岸,直疑身到水晶宫。烏鴉天際雲成點,白鷺灘頭玉作叢。欸乃一聲回首處,青山還在有無中。

徵士儲泳,字文卿。少有詩名,長於持論。弟儲滾,亦以詩名。

安撫使葉夢得,字少藴。博學好古,有經綸一世之才,而不廢著作。詩篇古藻,無寒纖之語。

嘗與程俱游虎丘,分韵作詩,遂冠絶流輩。詩云:我從山中來,更覓林下侣。常憂雲水脚,臨老浣塵土。高堂老禪伯,眉頰耀蓮宇。號風一哮吼,萬竅爲吞吐。乘高寄遠覽,城郭遥可數。長陂去渺莽,積潦斷梅雨。從容半日會,解後平生語。亂石拱槎牙,重淵下深阻。誰能望斗牛,寶氣濯千古。勿作李將軍,彎弓徒飲羽。

布衣高子鳳,字儀甫,以詩名。又嘗註杜詩,林竹溪爲之序。

布衣朱允恭,字爾靖。性嗜吟詠,無日不詩,詩亦見賞于世。四靈趙天樂選其詩二百篇刻行之。

常州守衛宗武,字淇文。所著有《秋聲集》,皆詩也。文及翁稱其清聲俊逸,不愧李青蓮。

黄文若,佚其名,事亦無考。見《周少隱集》,云:"黄文若自華亭携家來游西湖,袖出新詩。其歸乃和前篇,聊以當别詩云。黄郎滿袖出新詩,别後篇章又造微。老驥尚含千里意,翔鸞還帶九雛歸。如君好事真前輩,笑我爲生半昨非。小别不堪頻作惡,灞橋楊柳亦依依。"《送文若歸》二首:"烏帽猶衝九陌塵,扁舟誰釣兩溪春。久虚歸夢尋香國,忽喜清罇對故人。滿眼窮愁嗟我老,此生交舊獨君真。華亭一水無多路,細作來書莫厭頻。"又:"將軍十載半鳴珂,才武憐君中異科。但把長吟作回雪,不教瀕海看熬波。方愁隻影身如寄,便買扁舟意若何。一別應須五年事,好詩從此爲誰哦。"

楊誠齋《跋黄文若詩》云:"五字長城壁不如,鼠肝蟲臂得闢渠。竹坡集裡曾相識,驚見蘭亭繭紙書。"讀兩公詩,文若殆名流也。湮没不傳,惜哉。

吴江尉趙孟僩,號月麓,宋之宗室也。少學詩於劉須溪,劉愛其才,盡授以詩法,相與品評杜詩。所著有《湖山汗漫集》。

教授邵桂子,字德芳。邵本睦人,家於松之修竹鄉,以博學宏詞登進士第。生平喜爲詩,篇詠甚富。世稱其意象冲融,有瀟灑風流之致。

布衣吴惟信,字仲孚。記問該博,以詩鳴於宋。有《菊潭稿》,詩詞清遠,庶幾唐風。

吴郡人麋巽,吟壇名宿也。一日叩所作,誦一絶云:"白髮傷春又一年,間將心事卜金錢。梨花瘦盡東風軟,商略平生到杜鵑。"麋不覺下拜曰:"天才也。"

禮部駕閣從政郎林景曦,平陽人。元楊禿發宋越上諸陵,景曦私以草囊拾之,埋藏越山,樹冬青樹爲志。聞者景仰,稱霽山先生。所著詩《白石集》。

《詩藪》云:林景曦收宋二帝遺骨,樹以冬青,爲詩紀之。復有歌題陸放翁卷後,云:"青山一髮愁濛濛,干戈況滿天南東。來孫那見九州同,家祭如何告乃翁。"每讀此,未嘗不爲滴泪。放翁詩云:"老去元知世事空,但悲不見九州同。王師北定中原日,家祭無忘告乃翁。"忠憤之氣,落落二十八字間。

元處士凌嵒,字山英。少習舉子業,宋亡不仕,放意於詩。胸中塊磊,盡寄之歌詠。志稱其鏘鳴秀拔,駸尋大曆風格。名其集曰《古木風瓢》。

郡中九峰,次第題詠,昔人呼爲山史。

水監任仁發,字子明。精於水學,又善繪事,詩亦清麗。王梧溪曰:"世但知任水監畫馬,蓋以藝揜其能云。"

有《海洲夜景》詩云:斷雲破月照沙洲,水色烟光鎖釣舟。鴻雁一聲驚客夢,蓴鱸雙美動鄉愁。紅飄樹葉霜天曉,白射蘆花海氣秋。昨夜西風又吹冷,天涯游子怯輕裘。

布衣陸鵬南,號象翁。少讀《毛詩》,遂得詩人之趣。文章勁健,邑中推爲鄉先生。與陸伯靈齊名,鄉里稱爲二陸。所著詩文名《九峰清氣集》。

徵士周之翰,字申叟。博極群書,每篇章出,膾炙人口。尤精於易學,自號易癡道人。

有詩《送馬秋野出征淮西》云:"霜原晶晶秋草衰,西風獵獵吹大旗。酒酣仰天數過雁,落日滿地青山低。時艱不作昇平夢,半夜困龍匣中動。此行乘雪蔡州平,書生擬獻平淮頌。"又《咏石棋子》云:"棋子灣頭千丈渦,沉星出世恐無多。自然黑白分明見,天巧團圓不用磨。本與閒人消日月,却教平地起風波。不如煮作仙人供,更覓山中爛斧柯。"二詩俱爲鐵崖見賞。

鄉貢進士陸居仁,字宅之,自稱松雲野衲。以著作自雄,不可一世。詩有格律,非漫然作者。與楊維禎、錢思復相善,没後人稱三高云。

賴善卿稱其《古意》二首,絶似晉魏人語。“采蓮多芳草,種荳褋艾蒿。馬齒似蕙根,魚腸溷鉛刀。舉世方好竽,錦瑟將誰操。已矣屠龍技,終身徒自勞。”又:“王孫玉抵鵲,公子玉抵蛙。夜光投暗室,騄耳困鹽車。燕石錦十襲,楚璜刑再加。哲哉待價翁,懷寶無嘆嗟。”

《大雅集》又載樂府一首云:“楚人弓,懸兩石,五十萬矢陷强敵。絳人弓,箭三隻,長歌入闕成偉績。多箭不如少箭力,制敵若在弓矢間,鳴條牧野高於山。”

《玉山名勝集》載其近體一章云:“同宗入洛稱三俊,累世留吴尚幾家。谷水千家書有種,崑山一片玉無瑕。肉臺應笑金釵筍,羽竈當携石鼎茶。見説草堂開緑野,何時分我白鷗沙。”

掾史袁介,字可潜,凱之父也。自蜀來,占籍華亭。元末爲府掾,以詩名。何良俊云:“世稱其《撿田吏》一篇,質直似《木蘭詩》。其有關時事,則少陵《石壕吏》、白太傅諷諭之類也。”《撿田吏》詩附本傳。

處士衛仁近,字叔剛,德嘉之子也。嘗以詩質楊廉夫,廉夫稱其奇節興象,可追盛唐,非詩門之顓主者,不能至也。

有《敬聚齋詩稿》。世極稱其《秋夜曲》、《白苧詞》、《九山讌集》等篇,覓不可得。《玉山名勝》載近體一章云:“草堂只在玉山西,未識風流顧愷之。鴛冷綉衾春病酒,蠟銷銀燭夜敲碁。每懷鳳鳥栖梧樹,輒倚烏皮唱竹枝。昨夜闌干明月上,惱人簫管不勝吹。”大爲詩家所賞。

俞庸,字子中。俞俊,字子俊。庸仕爲推官,詩載《大雅集》。又見其書《桃竹杖引》,書法趙吴興,亦一時名宿。俊其子也,初仕麗水巡簡,改判平江。尤以詩名,極爲楊、錢諸公所賞。

胡元瑞《詩藪》云:俞子俊《楚州夜泊》詩,全篇匀美,超元末諸公之上。詩云:“漏鼓聲頻欲四更,野航燈火對愁明。城頭楚語驚鄉夢,船尾吴歌動客情。漠漠水雲聽雁度,瀟瀟風雨自鷄鳴。離群遠送何嗟及,未必江湖老此生。”

子俊赴平江,高原朴贈行詩,有“流水落花西子宅,故家喬木范公祠”句。坐客笑曰:“真堪壯子俊行色矣。”又子俊《次高原朴見寄》詩云:“年少簪花壓帽簷,飛觴走斝競春纖。空餘老淚青衫濕,遮莫新愁白髮添。生計有涯蚕上箔,公庭無事鳥窺簾。昔人漫説揚州鶴,自嘆熊魚豈得兼。”

文學孫華,字元實。年十三,即肄業郡庠。郡守張之翰課《春陰》詩,華援筆立就。其結句云:“柳花只在斜陽外,不肯分明過小橋。”守大奇之。

《淞故述》云:程鉅夫時奉命採訪江南,華辭以詩曰:“小人猶有母,率土豈無臣。”語工而意亦深婉。其全文云:“歲晚離家客,更深上水船。犬鳴營柝外,漁唱驛燈前。遠役闕慈母,孤臣伏老天。極知朱紱貴,無奈綵衣妍。”又:“漢使徵求急,潘輿定省頻。小人猶有母,率土豈無臣。歲儉盤炊玉,家貧酒泛銀。自緣憂鶴髮,豈敢逆龍鱗。”

馮濬,字淵如,華亭人。詩載《玉山集》,昔人評其清俊。又《大雅集》稱淵如名以默,自號彈鋏生。有《秋日登樓》詩云:"仙人樓閣禁城東,近水凴虚對雪峰。香轉寶爐金雀尾,酒行仙掌玉芙蓉。湖波西下寒仍緑,山色春來晚更濃。媿似登高能賦客,懸知百尺卧元龍。"又:"片玉山裡碧雲關,背郭漁莊寄柳灣。細雨長竿拂東海,桃花流水出人間。黿鼉窟宅風潭静,鷄犬瀛洲日月閑。公子臨淵無所羡,鈎簾落照看青山。"

錢元方,字彦直,華亭人。有《寄李紫篔》詩云:"謫仙今住五茸西,醉後懶披宫錦衣。天上玉堂無夢到,山中書艇載鵝歸。白雲滿屋詩連軸,大泖當門鱸正肥。安得造君清隱處,紫簫吹月轉山扉。"

李紫篔亦吾郡名流,居薛澱湖之側。王逢、邵亨貞、楊鐵崖皆有贈詩,惜佚其名。又吴郡尤存《贈歸澱山草堂》詩云:"積玉溪頭水拍天,草堂只在澱山前。鳴鳩啼鳥青春裡,古木疏篁落照邊。仙客近傳飡玉法,故人時送買山錢。相逢未盡一杯酒,陸相祠前又撥船。"附記之,使知吾郡有李紫篔。

廣西省郎中朱熙,華亭人。以詩名,爲玉峰顧仲瑛社長,落句矜重。嘗贈阿瑛詩云:"玉山主人清且妍,標格皦皦人中仙。對花時復尋詩句,愛客每能揮酒錢。寒鐙巢雪歌暖響,春水桃源放畫船。我將載酒即相覓,與爾醉倒薰風前。"

袁海叟凱《懷朱郎中熙》詩云:"洞庭秋色晏,蒼梧雲氣深。夫君萬里去,山水逈沉沉。竟日湊浩渺,連天逃崟岑。黿鼉游近渚,猿狖戲遥林。荏苒杜若香,蕭條楓樹陰。皇朝重兹士,遠氓方致琛。而我將何念,歲暮獨離心。離心一何極,日夕遲徽音。衡陽雁不到,搔首更沉吟。"

進士錢璧,字伯全。博學好古,品行端潔。陶宗儀師事之,没身佩服不衰。

璧《贈瑞雲林上人》詩,見賞於楊東維。詩云:"英英谷口雲,鬱鬱溪上林。形影偶相值,去留復何心。握筆攬秋思,倚窓延夕陰。誰云市朝遠,亦足慰幽尋。"

鄉貢進士黄璋,字仲珍,允恭之孫也。受業於鐵崖之門,以詩鳴於時。世傳其《遣興》二首,有杜老風格。詩云:"滿目烽烟在,經春血淚垂。素無投筆志,空有掛冠思。江總真能仕,陶潛托賦詩。獨餘心炯炯,静夜月應知。"又:"牢落悲生計,艱難歎索居。母兄皆寄食,兒女久無書。井邑兵戈滿,郊園瓦礫餘。傷心春雨過,農事定何如。"

教授邵亨貞,字孺復,宋邵桂子之孫也。所著有《蛾術集》。與陶南村友善,南村每以詩文參訂,而尤服其詞,嘆不能及。嘗讀其《擬古樂府序》云:"古人作長短句,音節氣槩,人各不類,往往自成一家。至於今,則律調步武,句語苦無遠致。間有奇語,不過命以新意,亦未見立家。所以擬古最難,强欲逼真,不無蹈襲。稍涉已見,輒復違背,未易措手也。"

樞密院判張昱,字光弼,廬陵人。元末不仕,與楊廉夫寓游松江,以詩酒自適。錢塘陳彦博曰:"讀光弼詩,意婉而詞麗,情閒而調逸,有詩人之風。然光弼以詩人之才,遭時板蕩,其應酬交接,無非衰世末俗之事,故其辭多變。"

楊士奇曰:"張光弼先生少事虞文靖集,得詩法。文靖才高識廣,其詩浩博而不肆,變化而不窮,而一宿於正。先生之詩,氣宇閎壯,節制老成,而從容雅則,稱其傳焉。"

儒學楊維禎,字廉夫。避亂松江,遂老焉。爲一時人文領袖,吾松名流凑聚,詞盟詩社,獨冠江南,先生之力歟。

《詩藪》云:“楊廉夫勝國末,領袖一時。其才縱横豪麗,亶堪作者。而耽嗜瑰奇,沈淪綺藻。雖復含�吐質,要非全盛典刑。至他樂府小詩,香奩近體,俊逸濃爽,如有神助。余每讀,未嘗不惜其大器小成也。”又云:“廉夫歌行,聲價騰湧。今讀之,大率穠麗妖冶,佳處不過長吉文昌,平處便是傳奇史斷。漢魏風軌,未覩藩籬。”又云:“五言絶自廉夫樂府諸篇外,一代寥寥。即虞楊氏集中,罕覩佳者。”又云:“楊七言絶,如西湖、吴下《竹枝歌》,及《春俠》、《宫詞》、《(績)[續]香奩》、《游仙》等作,本學夢得致光,而筆端高爽處,往往逼李供奉。《漫興》學杜,亦略近之。其才情實出趙揭諸家之上。至歌則太溺綺靡,古詩太著議論。五七近體,句格平平,似無足采。才各有近,不可强也。”又云:“老鐵咏史,如‘買妾千黄金,許身不許心。使君自有婦,夜夜白頭吟’,‘生爲仲卿婦,死逐仲卿妻。廬江同樹鳥,不過别枝啼’。此類甚衆,亦大是伎倆人。然惟二十字可耳,更八字便入晚唐。自餘大篇,議論愈工,格調愈遠。”

王弇州曰:楊廉夫作《湘竹龍吟辭》,贈老伶杜清。清蓋出所藏鷓鴣文簫壽楊,而侑以其伎。又命小娃歌楊所作《鐵龍引》,倚而和之,故賦此爲贈。題云“老鐵醉筆”,末又有馮以默七言律,邵思文長歌,不知名竹西者絶句。其結法小異,而墨色正同,疑皆即席之和也。余謂老鐵心腸如鐵,腕如鐵,正爲小娃一歌軟却耳。彼老伶手三尺竹,何能動之?然味其調,要須銅將軍鐵綽板乃稱耳。豈區區小娃所能按也?

楓山章懋曰:自王迹熄而詩亡,一變而騷,再變而選,而樂府,而歌行諸作,至三變而爲律。作者徒知從事聲偶之間,不能馳騁,以極夫人情物理之妙,其去古也遠矣。獨先生之作,逸於思而豪於才,抑揚開闔,有美有刺,陳義論事,婉而微章。上下二千年間,理亂興亡之故若指掌。其命辭皆即史傳故實,檃括而成,叶諸金石,若出自然。昌黎所謂“横空盤硬語,妥貼力排奡”者,先生有之。

楊維禎序《律選》曰:詩至律,詩家之一厄也。東坡嘗舉杜少陵句曰“五更鼓角聲悲壯,三峽星河影動摇”,“五夜漏聲催曉箭,九重春色醉仙桃”,自後寂寥無聞。吾亦有云“露布朝馳玉關寨,捷書夜報甘泉宫”,“令嚴鍾鼓三更月,野宿貔貅萬竈烟”,爲近之耳。余嘗奇其識而韙其論,然猶以爲未也。余在松,凡詩家來請詩法無休日,騷選外談者十九。余每就律舉崔顥《黄鶴》、少陵《夜歸》等篇,先作其氣,而後論其格也。崔杜之作,雖律而有不爲律縛者,惜不與坡老參講之。

楊維禎自叙云:白樂天晚年歸休洛中,娱老者琴歌酒賦。有鄧同、韋楚、元、劉爲唱和友,蠻、素、容、滿爲樂酒具,又有晉公爲雅道主。優游蔗境,十有餘年。身不陷甘露禍,輒自謂福人。然其詩有“病與樂天相伴在,春隨蠻子一時歸”,則其懷抱猶有惡者。吾未七十休官,在九峰三泖間,殆且二十年。優游光景,過於樂天。有李、五峰。張、句曲。周、易痴。錢思復。爲唱和友。桃葉柳枝、瓊花翠羽爲歌歈伎。第池臺花月,主者乏晉公耳。然東諸侯如李越州、張吴興、韓松江、鍾海鹽,聲伎高讌,余未嘗不居其右席。則池臺主者,未嘗乏也。風日好時,駕春水室,舫名。赴吴越間。好事者招致,效昔人水仙舫故事,蕩漾湖光島翠,望之者嘑鐵龍仙伯。顧未知香山老人,有此無也。客有小海生,賀余爲“江山風月福人”,且貌余老像,以八字字之,又賦詩其上,曰:“二十四考中書令,二百六字太師銜。不如八字神仙福,風月湖山一擔擔。天年直至九十九,好景長如三月三。小素小蠻休比似,桃根桃葉尚宜男。”余和之云:“紅兜羅巾白氈衫,金鑾致仕得頭銜。家無撲滿誰從破,世有錢枷人自擔。黄白未嘗傳八八,龍蛇奚用辨三三。人間黄閣在平地,付與西京妄一男。”全不爲險韵所縛。先生嘗曰:韵愈險,句愈奇也。

聶大年《讀楊廉夫詩集》有云:“文章五采鳳皇雛,酒債詩豪膽氣麄。白髮草玄揚子宅,紅粧檀板謝家湖。金鈎夢遠天星墜,鐵笛聲寒海月孤。知爾有靈還不死,滄桑更變問麻姑。”蓋廉夫母夢金鈎入懷而生,别號鐵笛道人。晚年避亂松江之泖湖謝伯理家,蓄四妾,名竹枝、柳枝、桃枝、杏花,皆善音樂。每乘畫舫,恣意所之。豪門巨室,競相迎致。大年之作,極臻其妙,善能用事而叙其實,今集中無也。

副提舉錢惟善,字思復。寓居華亭,與楊、陸結詩社。有《羅刹江賦》最知名。又《賦玉山草堂》詩云:“露井風欄護翠寒,高梧修竹有棲鸞。謝家寶樹平泉石,今在玉山佳處看。”又《題可詩齋》詩云:“自寫游仙記,長懸戀闕心。開樽留好客,促席和新吟。亦有孟東野,豈無支道林。適然幽興至,還復一登臨。”

禮部尚書貢師泰,字泰甫。宣城人,爲平江路總管。淮兵至,走松江,寓静安寺。能詩文,有《玩齋詩稿》。楊維禎序曰:吾元古文,殊未邁韓、柳、歐、曾、蘇、王,而詩則過之。郝元初變,未拔於宋。范陽再變,未幾於唐。至延祐、泰定之際,虞、揭、馬、宋諸公著作,然後極其所摯,下顧大曆與元祐,上踰六朝而薄風雅,吁亦盛矣。繼馬、宋而起者,世惟稱陳、李、二張,而宛陵貢公,則又馳騁虞、揭、馬、宋諸公之間,未知孰軒而孰輊也。

《詩藪》云:貢泰甫“紅蓮日湧神仙幕,翠柏霜飛御史臺”,“千金海上求騏驥,五色雲間下鳳皇”,“貔貅萬竈新趨幕,虎豹千門舊直廬”,“小雨挾雲行斷岸,亂山排浪入孤城”,柯敬仲“雲飄五鳳層樓矗,烟繞群龍法駕來”,“鴛序久陪蒼水使,鳳池曾賦紫薇郎”,皆句格莊嚴,詞藻瑰麗。上接大曆、元和之軌,下開正德、嘉靖之途。今以元人,一槩不復過目,余故稍爲拈出,以俟知者。

徵士王逢,字原吉。江陰人,避地青龍江,以吟咏自娱。汪澤民曰:“王原吉學詩於延陵陳漢卿,陳與柯敬仲俱事邵菴虞公,得其傳。邵菴蔚然儒宗,爲時名臣。柯參書奎章閣,卒。陳今爲東流尹,亦躋顯仕。原吉窮而在下,能以詩鳴,志樂漁隱。”又曰:“原吉守漢卿之學,宗邵菴之傳,博以三百篇之趣,歌春申山水間。發情止義,不古若也哉。”

番陽周伯琦云:原吉之介,三公不易。故其吐而爲詩歌也,闡彝倫之大,襮幽潛之光。一物一事之詠,未嘗不重致其憂思慨嘆焉。其辭婉而諷,其旨微而貞。蓋有得夫六義之藴,植於事爲者如彼,發於詞章者又如此,所謂中倫中慮者非歟?

憲掾黄公望,字子久。流寓松之柳家巷,又留貞溪曹氏最久,以畫著名。顧阿瑛稱其《玉山竹所》詩,致韵清幽,詩中有畫。詩云:“花檻香來風入塵,雕籠影轉月穿櫺。鈎軒平野連天碧,排闥遥山隔水青。”

布衣戴良,字善卿。天台人,客于雲間,以能詩稱。嘗搜吴越間,採諸詩之可傳者,名《大雅集》。楊廉夫批評而序之,吾松入選者二十八人。

錢艾衲鼒序曰:賴善卿以三十年之勞,不憚駕風濤、犯雨雪、冒炎暑,以采江南北詩人之詩。其采也公矣,情深而不詭則采之,風清而不雜則采之,義直而不回則采之,體約而不奢則采之,詞麗而不淫則采之。未始有不關于風教者,亦勤矣哉。非其學博而守約,得詩人之真趣者,不能造于斯也。

奎章博士柯九思,字敬仲,仙居人。以恩補華亭尉,不受,客游於松,以詩名。先輩謂元末諸公詩,一洗宋陋,漸脱元初之習,開洪武之盛,敬仲其一也。

王逢《讀敬仲宫詞題其後》曰:帝作奎章擬石渠,花明長日幸鑾輿。丹丘詞氣凌司馬,封禪何如諫獵書。

陶九成云:柯敬仲以避言路,居吴下,詩名冠於一時。虞邵菴在館閣,因賦《風入松》長短句寄之,云:"畫堂紅袖倚清酣,華髮不勝簪。幾回晚直金鑾殿,東風軟、花裏停驂。書詔許傳宫燭,香羅初剪朝衫。御溝冰泮水挼藍,飛燕又呢喃。重重簾幕寒猶在,憑誰寄、錦字泥緘。報道先生歸也,杏花春雨江南。"詞翰兼美,一時争相傳刻,而此曲遂徧滿海内矣。剪一作試。《輟耕録》。

太守馬琬,字文璧,秦溪人。蚤從楊維禎受《春秋》,後遂卜居松江。工書畫與詩,貝瓊曰:"余講學雲間,文璧自杭來,相與放舟三女岡,登野王讀書臺,酒酣慷慨悲歌,旁若無人,觀者擬古豪傑士也。今且灌園三泖之濱,一欣戚,齊得喪。益工於詩,誦之不啻鼓空梁以破瓦缶之音,進太羹玄酒而撤芻豢之味。信其發於天機,不待雕肝琢腎之爲工。"又云:"文璧脱去凡近,雄詞麗句,或得之一花一草之微,猨嘯鼯吟之夕,野橋風雪之中,行役别離、燕游登眺之夕。與夫朝嵐暮靄變態之時,五茸獵埸、髑髏芳草、傷心墮淚之地。羈人之憤,思婦之哀,神仙隱者之趣,曲盡摹寫之妙。婉而不迫,奇而不僻,蓋有唐人之風裁焉。"

《碧梧翠竹》詩云:片玉山前衆國□,高秋亭館正鮮新。竹間馴鶴明於雪,石上枯桐長似人。庫書新政太平覽,家釀屢熟羅浮春。雄文最草新堂記,筆力端能挽萬鈞。

處士倪瓚,字元鎮。梁谿世族,遭時多事,寓居松江之泖濱。世人珍愛其畫,不知其詩尤清出。其《寓松江》詩云:"已從鷗鳥狎雲深,老我無機似漢陰。采采菊花猶滿地,蕭蕭霜髮不勝簪。南游阻絶傷多壘,北望艱危折寸心。好在吴淞江水上,青猿啼處有楓林。"又《贈周校書》詩云:"中年習静松江渚,回首塵埃多厚顔。富貴不如常處賤,奔馳何似得心閑。參天竹樹存貞碧,動地波瀾任往還。輸與荆溪周處士,避人探道掩松關。"

王弇州云:倪雲林詩法韋蘇州,思致清遠,能道不喫烟火食語。昔人言韋蘇州鮮食寡欲,愛掃地焚香而坐。雲林實類之,不但詩之酷似也。

張玠,見《七修類稿》。郎瑛曰:王振鵬,元世祖時人。善詩畫,仁宗賜號孤雲處士。予幼時見有《蜻蜓》詩畫絹於里中旌[德]觀,誠妙筆也。詩有黍離之哀,詩曰:"露凉芳草曉風吹,紗翼輕明水影欹。莫便臨平山下去,眼睛雙眩碧琉璃。"末二句意其寫圖之時,必伯顔駐師臯亭臨平地名。之日。不忍故國垂亡,而虜騎之覘杭,得詩人之比也。和者雲間張玠云:"翠華銷盡屬猋吹,四翼低飛兩眼欹。秋去藕花摇落久,也愁點碎碧琉璃。"

黄仲琪,見《寶顔堂》。陸文裕公曰:四明謝員,字友規,爲詩文有規矩。元末國初人,爲吏謫臨洮,一時交游有詩文贈行。内華亭黄仲琪一首云:"九霄風翮舉清秋,萬里飄然汗漫游。莫謂流離舍初志,即看登用納嘉猷。黄河太華供詞筆,紫鳳天吴在客裘。及早歸來拜家慶,故鄉終不似并州。"其詩亦壯浪可喜,而吾郡中遂不復知有此人也。當是袁景文一輩人。

吾松僻處海濱,勝國時惟倪雲林與曹雲西、陶南村往來倡和,其載在集中不多見。如《題曹雲西畫松石》云:"雲西老人子曹子,畫手遠師韋與李。衡門晝掩春常閒,摇毫動筆長風起。葉藏戈法枝如籀,蒼石庚庚横玉理。庭前落月滿長松,影落吴松半江水。"《題陶南村草堂》云:"雲溶溶兮覆渚,波剡剡兮侵扉。魚群泳而自樂,狎鷗馴以不飛。"《題黄子久畫》云:"白鷗飛處碧山明,思入雲松第幾層。能畫大痴黄老子,與人無愛亦無憎。"《題管夫人畫竹》云:"夫人香骨爲黄土,紙上蕭蕭墨色新。悽斷鷗波亭子上,鏡臺鸞影暗凝塵。"又《題宋仲温竹枝》云:"畫竹清修數宋君,春風春雨洗黄塵。小窓夜月留清影,想見虚心不俗人。"皆清遠絶塵可諷也。人但知管道昇,不知有宋仲温竹,見倪集可證。

松江府志卷之八十四

詩品下

國朝

大學士全思誠，字希賢。詩學盛唐，王梧溪輩俱尊之爲耆宿。時傳其《問疾》詩，有“千年松下得琥珀，萬壑雨餘生薜蘿。有客饋魚供野供，何人擊竹和樵歌”，能脱窠臼。又云“長吟不盡相思意，矯首霜前一雁過”，殊有遠致。

《送黄璋就試禮部》詩云：喉崔灘前涷雨收，賓筵載詠鹿呦呦。右文天子春秋富，勸駕諸侯禮數優。日下五雲生北闕，天邊一鶚起南州。遥知入射丹墀策，象管翩翩思不休。

國子司業王嘉會，字原禮。元時即有博洽之譽，上海令康伯愚見其詩敦雅，深得風人之旨，以嘉會應詔。高皇帝命賦詩，應制稱旨，即除翰林院簡討。

徵士陶宗儀，字九成。《詩藪》云：“陶九成，勝國博雅士也。所見《滄浪棹歌》僅數十首，頗有氣骨，不類元諸人。”

王建中曰：陶九成裔出淵明，當胡元亂季，中華淪没，蟬蜕滄江淞水之濱，逍遥九峰三泖之境。韜光泉石，不食腥羶，升斗不挂，左衽冠裳。故其詩曰：“古人重節義，出處蓋弗苟。”“未知軒冕貴，但識綱常尊。”且也憤世分崩，悼時陷溺，緬懷經濟，不輕暗投。故其詩曰：“南邨有遺逸，白首軫黎元。”“尼父不復作，聖道誰能新。”及遭際聖祖龍飛，變夷爲夏，考其篇章，每從洪武紀年。故其詩曰：“鍾山毓靈秀，王氣接閶闔。”“天子居大寶，八表底清夷。”當時就聘禮闈，志在大用，故其詩曰：“報名謁鴻臚，會朝造鵷行。”“鶴書還赴隴，光耀起幽潛。”聞宋景濂見其《書史》，稱爲儒碩。假令推轂朝端，以備顧問，未必非陶安、許瑗之儔也。惜楚璞商彝，知稀者貴。以布衣應召，浩然歸山。故其詩曰：“白髮磻溪釣，飛騰未可期。”“壽齡過八十，無夢到鵷行。”可見尚父之心猶在，周公之夢已衰。然而浮白殺青，吟風弄月，未嘗一日不津津也。故其詩曰：“田園已遂陶彭澤，鄉里争稱馬少游。”“臘醅缸面浮香螘，不負吾家漉酒巾。”至此分明以淵明自認，淵明可以不死矣。

博士貝瓊，字仲琚。嘉禾人，宦于淞，遂寓居焉。有《雲間集》，篇什之美，膾炙一時。

王弇州評國朝詩人，極稱貝瓊詩“白雪作花人面落，青山如鳳馬頭看”，非貞元間人不能道。

翰林院編修高啓，字季迪。啓年十六，以能詩見稱。時行省參政饒介爲張士誠參軍，以啓薦，不屑，隱於松之青丘。洪武初，召修《元史》。

楊東里云：高季迪近體五言律勝，其古體則樂府及擬古勝，爲文長於叙事。嘗讀其《蘇州雜詠》詩，備諸體。每一披誦，恍然如親游闔閭故墟，歷覽陳跡，興懷古人，可感可慕，不自知其慨嘆之至矣。

王弇州《詩評》云：高季迪如射雕胡兒，伉健急利，往往命中。又如燕姬靚粧，巧咲便辟。又云：國初季迪材最高，孟載其流亞也。惜元調宋材，浸淫膏肓，未易淘寫。每恨不生何李間，上可開元，次亦不失大曆。

《詩藪》云：高太史諸集，格調體裁不甚逾勝國，而才具瀾翻，風骨穎利，則遠過元人。昭代初雅堪褅禰，而弘正諸賢揚摧殊不及之。用修《詩鈔》，始加蒐輯。至兩瑯琊，咸極表章，衆論遂定。然高下便應及楊、徐、張三子遠矣。又云：季迪下劉青田，才情不若楊孟載，氣骨稍減汪忠勤。以較張徐諸子，不妨上座。絶句小詩，特多妙詣，但未脱元習耳。《旅興》等作，有魏晉風，足爲國朝選體前驅。仲默於國初，特推袁海叟，其詩氣骨出高、楊上，才情大弗如也。

國初高太史季迪啓，當勝國時，年方十六，已有詩名。淮南行省參知政事臨川饒介之分守吴中，使使屢召之而後往。座上皆鉅儒碩卿，以倪雲林《竹木圖》命題，實試之也，且用次原詩木緑曲韻。時太史一愿稚耳，衆易之。侍立少頃，答曰："主人原非段干木，一瓢倒瀉瀟湘緑。踰垣爲惜酒在尊，飲餘自鼓無絃曲。"饒大驚異，延之上座，特爲書于圖，諸老爲之掣肘。自是名益重云。

觀察楊基，字孟載。少與高啓、張羽、徐賁同名，號吴中四傑。楊鐵崖驚服其詩，邀之同歸，遂客松江。

王弇州云：楊孟載《結客少年行》，用君攸體。如"豪名獨擅秋千社，俠氣平欺蹴踘塲。白壁一雙酬劍客，明珠千斛買胡娘。金丸挾彈章臺左，寶騎聞筝太液旁。梅子隔牆羞擲果，桃花深院咲求漿"，語視沈作遠過之。又《岳陽》一首，壯麗欲亞孟浩然。其末句"何人夜吹笛，風急雨冥冥"，尤爲膾炙。然元調未除，正坐此音節迫促故也。

《南濠詩話》云：世稱高、楊、張、徐，而孟載詩律尤精。如云"花無桃李非春色，人有笙歌是太平"，"一官不博三竿日，萬事無過兩鬢星"，予愛其閒曠。及云"亂世身如危處立，異鄉人似夢中來"，"千金已廢床頭劍，一字無存架上書"，則又歎其困窮。"細雨落花來衮衮，緑波芳[草]去迢迢"，"六朝舊恨斜陽裏，南浦新愁細雨中"，予愛其含蓄。及云"柳色嫩于鶯破殼，蘚痕斑似鹿辭胎"，"小雨送華青見蕚，輕雷催笋碧抽尖"，則又驚其新巧。至"翠袖錦筝邀上客，畫船銀燭照歸人"，"高樓錦瑟蓮花屋，深巷珠簾柳浪橋"，則又見其情致綺麗矣。"宣王鼓石青苔澁，武帝金盤玉露多"，"八陣雲開屯虎豹，三江潮落見黿鼉"，則又見其氣象之突兀矣。他如"半醉半醒花冉冉，閑愁閑悶雨沉沉"，"恨不髮如春艸緑，笑曾花似醉顔紅"，"萬里歸心鷗送客，片時殘夢鳥驚人"，則又憂愁痛快，而無牽合排比，其亦詩人之豪哉。

侍御史袁凱,字景文。詩攻杜,爲國初詩人之冠。

何大復云:景文仕宦時,嘗與學士大夫論詩。謂三代前不可一日無詩,故其治美而不可尚。三代以後,言治者弗及詩,無怪其靡有治也。然詩不傳,其原有二。稱學爲理者,比之曲藝小道而不屑爲,遂忘其辭。其爲之者,率牽于時好,而莫之上達,遂亡其意。辭意併亡,而詩道廢矣。故學之者,苟非好古而篤信,弗成也。譬之琴者,古操人所不樂聞,又難學,新聲繁艷易學,人又喜之。非果有自信,孰不就其所易學,以媚人所喜者也?若是將使古道復至于無聞焉而已矣。景明學詩,自爲舉子歷官,于今十年,日覺前所學者非是。蓋詩雖盛稱於唐,其好古者自陳子昂後,莫若李杜二家。然二家歌行近體,誠有可法,而古作尚有離去者,猶未盡可法之也。故景明學歌行近體,有取於二家,旁及唐初盛唐諸人,而古作必從漢魏求之。雖迄今一未有得,而執以自信,弗敢有奪。今年罷宦歸,自以有餘力,得肆觀古人之言。又欲取我朝諸名家集讀之,然弗多得。其得而讀之者,又皆不稱鄙意。獨海叟詩,爲長歌行近體法杜甫,古作不盡是。要其取法,亦必自漢魏以來者。其所造就,蓋具體而未大耳。噫!其所識亦希矣。吾郡守孫公懋仁,篤于好古。其子繼芳者,從予論學,大有向往,常索古書無刻本者以傳。予謂古書自六經下,先秦兩漢之文,其刻而傳者,亦足讀之矣。海叟爲國初詩人之冠,人悉無有知,可見好古者之難,而不可以弗傳也。乃以授之,而并繫以鄙言。觀者亦將以是求叟之意矣。

王弇州評曰:凱詩如兒鷹試風,未成長已自縱快。蘇李之圖,頗見風雅。《(自)[白]燕》之什,亡忝閨房。雖未登大曆之堂,實已超宋人之乘。至其玄覽先事,夷跡藏身,丘園削貢,金石留響,庶幾哉逸民之行歟。又云:如師手鳴琴,流利有情,高山尚遠。陸文裕公云:袁御史海叟能詩,國朝以來,未見其比。有《海叟集》,予爲編修時,嘗與李獻吉、何仲默挍選爲集,孫世祺刻於湖廣。獻吉謂海叟諸詩,《白燕》最下最傳。嘗聞故老云:會稽楊惟禎廉夫,以詩豪東南,賦《白燕》。其警句云:"珠簾十二中間捲,玉剪一雙高下飛。"時海叟在座,意若不滿。遂賦一首云:"故國飄零事已非,舊時王謝見應稀。月明漢水初無影,雪滿梁園尚未歸。柳絮池塘香入夢,梨花庭院冷侵衣。趙家姊妹多相忌,莫向昭陽殿裏飛。"廉夫擊節嘆賞,遂廢已作,手書數紙,盡散座中。一時聲名振起,人稱爲袁白燕。

《金臺紀聞》云:國初,高啓季迪侍郎與袁海叟皆以詩名,而往還唱酬絶少。玄敬常道季迪有《贈景文》詩曰:"新清還似我,雄健不如他。"今其集不載是詩。玄敬得之史鑑明古,史得之朱應祥岐鳳,蓋實録云。

朱鳳岐序《在野集》云:詩自三百篇以後有杜,杜之後歷宋元來,起而效者,皆捕風追影。然能得其膏髓,惟海叟一人而已。

張東海云:孟東野作《遊子吟》,有寸草春暉之語,蓋《蓼莪》所謂"欲報之德,昊天罔極"意也。袁景文亦作《遊子吟》,謂"遊子行萬里,母心亦如之",蓋欲人子體親之心以自保,甚有補于世教,談者尚之。然東野尉溧陽,以吟詩廢曹務,爲時所短。涖官不敬,非孝也。其所以報親之計尚疎耶。景文爲御史,道不果行,卒佯狂勇退,窮死無悔,殆可槩以後世之詩人目之耶?

國子司業孫作，字大雅。自江陰避地於松，遂買田築室家焉。所載惟先世藏書兩簏而已。宋景濂讀其詩文，嘆曰："安得與此人比肩一時也。"

翰林院編修朱芾，字孟辨。少游鐵崖之門，善書法繪事，尤以詩名。常寄張子政詩云："野政老人隱者流，清溪遶屋似愚溝。自編蒲葉作素簡，時寫松花洗玉舟。仲連未遽蹈東海，儒子還復栖南州。别來清事想不廢，詩成應畫李營丘。"

楚府長史管訥，字時敏。九歲能詩，有神童之號。胡粹中評云："管時敏古製近體，其言麗以則，其思深以遠，其義葩而正。温柔敦厚，不迫不切，方諸古人，亦未多讓。"東海張弼評國初詩人，亦稱時敏清麗優柔，與景文並駕。

常題《春江捕魚圖》，昔人稱其詩中有畫。詩云：玄真坊中老孫子，老去今年不知幾。綠蓑短短僅遮身，自小求魚足生理。魚倉蟹舍小蓬門，一帶編隣住江涘。昨夜青山得雨多，門前三尺桃花水。大家魚具都上船，水面紛然若浮蟻。小兒捩柁立船梢，老婦供炊在篷底。大繩屬網絶中流，東船纔下西船起。須臾兩船相向開，來往風波疾如駛。前船得魚先上城，後船回篙刺沙觜。此賓此主尚杯盤，樵青已卧蘆花裏。醒者垂釣醉者眠，東去西來隨所止。不欠官家魚税錢，榮辱從來不干己。吾家江南山水間，煙樹參差絶相似。作客天涯未得歸，一見此圖心獨喜。俸錢幾時當買山，小築茅堂三泖尾。白頭方是謝官時，也學漁家從此起。

太常博士顧禄，字謹中。少負詩名，晚遇高皇帝，喜其詩，時置左右，因名其集曰《經進》。學士解縉序曰：臣縉少侍太祖高皇帝，蚤暮載筆墨楮以俟。聖情尤喜爲詩歌，睿思英發，神文勃興，雷轟電逐，頃刻妙造，玉音沛然，數千百言，一息無滯。臣縉輒艸書連幅，筆不及成點畫。上進，財點定數詠而已，或不易一字。故常喜誦古人鏗鍧炳朗之作，尤惡咿唔齷齪，鄙陋以爲衰世之爲不足觀。而天下之士爲詩者，鮮能得意焉。有詩僧宗泐者，嘗進所精思而刻苦，以爲得意之作百餘篇。高皇一覽，不竟一日，盡和其韻。雄深闊偉，下視泐詩，大明之於爝火也。蓋如泐者，尤不足以當聖意。聖凡度量，相懸固如是耶。近奉内廷，獲覩先皇所御書籍，見其題曰《顧禄詩集》二篇。蓋先皇所嘗置諸左右，深有得于聖情者也。臣縉亟取讀之，見其有高一世之懷，而謂人莫己知，洞萬古之志，而謂聖人可及。謂麒麟鳳凰可馴狎，而九天可安行，上帝所可趨而進也。謂億千百爲須臾，而日月可撫弄，星辰可擠擲也。謂風雲可噓吸，電雷可奔走，造化鬼神可叱咤而使令也。其所以自持者，蓋將與天地久存，而列聖其徒也。此所以上合高皇帝，喜其詩不置。而天下之知者，以爲雲行水流，與物無競，而不知者以爲狂爲愚也。然皆不足以知之，惟高皇帝知之，臣縉知之于今。而後世復有知之者，將嘆其不可得而見矣。

謹中《夜泊》詩，極爲楊鐵崖所賞。詩云："海近潮初上，江清天倒流。故鄉頻入夢，此地獨維舟。落雁沉霜鏡，潛魚避月鈎。不眠催早發，歷歷數更籌。"又："城郭還依舊，人民似昔非。故鄉南去遠，奉使北來稀。水落波聲小，天空月色微。客舟隨處宿，浪跡幾時歸。"

僉憲董紀，字良史。涉歷艱虞，仕不滿志，惟詩篇膾炙人口。《西郊笑端集》，其自名也。張東海曰:"松之善詩者,袁景文爲最,陳文東、陸宅之、董良史、吴子愚輩亦相頡(頑)[頏]。鐵崖先生避地居松,其才贍氣雄,震耀當世,則一時才士皆宗之。往往高古不逮,詭怪層出,又景文、良史所不屑也。自後漸入纖巧,初學惑之。"

王弇州曰:良史爲國初詩人,我絶愛其《海屋》詩,如"過橋雲磬天台寺,泊岸風帆日本船。"

《大雅集》載《題友人山居》詩云:烟蘿寂寂蔭柴扉,路入蒼苔一徑微。江燕定巢來自熟,巖花結子落還稀。修琴有制先抄譜,沽酒無錢更典衣。采藥山童終日去,夜深常與隺同歸。

户部侍郎顧彧,字孔文。學于王逢,以詩名元季,時稱其雄傑。有《塞上曲》、《客夜詩》,見賞于楊、陶。《塞上曲》云:"燕山蒼蒼塞土紫,雪花如沙月如水。穹廬酒煖貂裘温,匈奴角聲全部起。將軍彎弓鬒衝冠,指墮馬蹢心不寒。士卒並持蘇武節,酋魁莫作李陵看。"《客夜詩》云:"露下碧梧白,風生玉籟幽。關河今夜客,天地十年秋。鼓角悲新鬼,衣冠憶舊遊。都將周顗淚,灑遍黑貂裘。"

典籍張壁,字景辰。自陳留徙居華亭,有文名。洪武庚戌開科,得隽郡中。多題咏,每自稱陳留張壁。

東海張弼曰:"張樞、張壁、吴子愚各成一家,有足傳者。"

張樞,字夢辰,壁之兄也。《松事叢説》稱國初詩人,有張夢辰。又胡儼序《讀書莊唱和集》云:"雲間張夢辰,懷抱材德,居鄉里,以經術教授諸弟。諸弟出爲顯官,夢辰獨老于其家,以窮約自守。凡天地之變化,物理之消息,人事之得喪,心思之憂樂,一寓於詩。及諸弟歸,往往與之賡焉。録爲一卷,凡若干首,命之曰《讀書莊唱和集》。"

戎幕吴哲,字子愚。在元季詩名已顯,推爲白眉。張東海云:"入國初,遂與景文並駕。"

王弇州稱吴子愚《遣興》詩,如"摩娑藥籠三年艾,護落人寰五石瓢",参之貞元、長慶無愧色。

貝仲琚稱子愚好苦吟,能滌塵語膚語。律宗盛唐,古體法漢魏。如《過裹洋河》詩云:"裹洋河,何湯湯,奔流百折到瀧崗。砂磯灣灣里路長,船頭照見落日黄。愁雲低没雙凫翔,檣烏孤征心徊皇。遥空半作明月光,凉風忽來吹我裳。荻花夜白含清霜,裹洋河,思故鄉。"

《題畫卷》詩云:"淞陽之居何處尋,展卷聊復慰幽心。門前鶯去花時畢,屋裏雨鳴紅樹深。微茫漢月墮燕草,窈窕吴歈成越吟。南宫仙人獨不死,白雲歲歲蒼山岑。"絶無宋人窠臼。

禮部主事俞允,字嘉言。豫章劉子欽云:嘉言少好學,即與袁海叟凱、陶九成宗儀、陸達夫善、陳主客伯仲結詩社,社中呼爲小友。其《山居》詩有"池草生新句,禽言得異名",又"倚松招鶴舞,冒雨問花安",又"晨炊野鳥呼,夜户生麋守",又"花底課書巖隊伍,山中吹籟奏笙竽",又"青蛇作龍匣底鳴,剪取吴江千尺水"。達夫嘗稱之曰:"俞子穎秀,咄咄逼人。

所謂生吾乎後，其聞道也，吾從而師之。”洪武甲戌中制科，人競指曰：“此咏匣底青龍者。”推重如此。

《題米南宫雲樹山水畫卷上有(邵虞)[虞邵]菴題句贈葉公宗行時宗行以水利奏績授錢塘令》詩云：“遠岫送流水，遥林拂層雲。百川皆朝宗，一峰迥出群。棟梁寄岩穴，慶裔慰黎民。吴淞久洚澇，聖主深憂勤。治水有殊績，授官報奇勳。[會得]圖中意，永言持贈君。”張賓暘曰：“嘉言詩法杜，書法趙吴興，與南宫山水，可稱三絶。”

右方岳陳禎，字景祺。少穎異，讀書好古，善詞章。爲陶南村所推重，集中多屬和。

有罾字韻詩，一時共和。禎詩云：“雨收郊外禾千頃，潮落磯頭水半罾。”南邨云：“松頂雲開晴放鶴，谿頭潮落晚移罾。”嘉言云：“庭前洗竹閒留鍤，池上魚鈎不用罾。”陳裕云：“黄犢遠歸秋雨笠，白魚初上晚潮罾。”裕，禎之弟也。詩卷藏于俞彦直家。

徵士金鉉，字文鼎。瀟灑絶俗，性喜苦吟。所居有清風閣，日與韻士觴咏，不涉塵事。志稱其詩得古人興趣，書畫皆精絶。

邑令陸宗善，字尚訥。以碩學高行舉於鄉，再令巖邑，所至有惠政。以詩名洪、永間。《覺非集》云：“陸先生之詩，渾涵流麗，從容少陵矩矱，而雄奇瓌卓，又可以躡踪韓吏部。其在當時吴中諸詩豪間勍敵也。其《詠松》有曰：‘櫟社大樹能蔽牛，自矜多壽枝相樛。天生奇才貴有用，豈肯老死窮山陬。’可以見其胸中所抱。《題二喬圖》有曰：‘無非無儀婦人職，君臣玩色非良謨。平生懶題美人畫，何處别有曹娥啚。’可以見其性情之正。字畫高古清勁，無一點塵俗氣。即此詞翰，寧不想見之人丰采？是未可與世之纖妍流靡、瑣碎俳偶者，一日語也。”

學諭殷奎，字孝章。少從楊維禎授《春秋》。以薦授縣職，母老不就，改咸陽諭。多著述，能詩。常過顧阿瑛，題其玉山艸堂詩云：“澹香亭外花無數，盡説清明似洛中。梅落愛看千樹雪，蘭開生怕五更風。何郎酒怯春羅薄，陶令薰風霧縠空。吹遍内園天上曲，坐深清夜月朦朧。”同賦者六人，以是詩爲冠。

奎後徙太倉，居武陵橋下，樓名春水船，有詩云：“江南何處憶當先，先憶吾家春水船。有酒有花重度日，無風無雨太平年。”

布衣陸潤玉，號夢菴。隱居北郭，好古博學。攻吟咏，胸懷塊磊，悉寄之詩篇。女貞有詩才，而以貞行稱於世。

《松事叢説》云：陸夢菴工詩，有重名。相城沈貞吉慕陸聲譽，招致家塾教其子。即石田沈周也，爲時名人。

布衣王桓，字公玉，號雪航。有《雪航詩稿》，盛稱于時。

東海張弼曰：雪航初欲有爲，學無不講。出遊兩都，名動縉紳，論事悉中肯(棨)[綮]，故冢宰魏公驥亟稱之。落魄不偶，僅以詩名。然其措詞鑄意，動合矩矱。不爲叫呼咤叱之豪，寒畯咿嗄之陋，掇拾摹擬之工，雕鏤刻抉之巧。蓋鬱其疏遠，而發之於詩，自可接踵前哲。

邑令王良佐，字良弼。布衣戚韶，字龍淵。文學張冕，字一桂。三公出處志行各殊，而同里同社，以詩歌相頡頏，一時稱三詩人。

孫文簡公合行其稿，序曰："鶴坡雅志高古，故好爲斬絶刻削，庸腐語淘洗殆盡。龍淵意氣豪邁，故其詩超逸跌宕。一桂偃然退脩，故其詩冲澹古雅。"又曰："鶴坡以抱負自許，惜不少用于世，嘗有咨嗟慨嘆之意。戚翁妄意自高，囂然鄙世之顯達者，謂莫己若。一桂以病自放，安分委命，無願乎其外之意。故鶴翁詩如古仙劍客，超脱塵外。龍翁詩如燕趙奇士，矯伉自信。桂翁詩如山僧野老，吐露真實。予之所得于三翁，亦論其大較如此。"

大宗伯錢溥，登制科，試《薔薇露》詩稱旨，入詞林。時稱贍蔚，得館閣體。

布政夏寅，其學崇實黜浮，《詠史》等詩，皆有關係，亦不蹈襲膚言。

王弇州評曰：正夫既負穎達，刻意詞家，每卷中見欽謨姓名，不敢下筆，其雅慕相服如此。晚年有作，衆謂過之。其詩如鄉里老人，衣錦綉見達官，非不嚴麗，但鄙嗇可咲。

李東陽《麓堂詩話》曰：夏正夫《虔州懷古》詩曰："宋家後葉如東晉，南渡虔州益可哀。母后徹簾行在所，相臣開府濟時才。虎頭城向江心起，龍脉泉從地底來。人代興亡今又古，春風回首鬱孤臺。"可謂卓然名家。稿中若此甚多，而東南士夫或以爲頭巾詩，何也？

南安守張弼，草書篇翰，流佈遠近，東海之名滿天下。孫文簡承恩曰："東海先生爲人高邁曠達，故其詩多超逸明爽，雅負志操，故其詩多慷慨自許。昔蘇長公讀涪翁詩，謂如見魯仲連、李太白，令人不敢論鄙事。先生之詩，脱出塵囂。此語若爲先生發。"

李文正東陽曰：汝弼詩能清鍊脱俗，力追古作。意興所到，從手縱筆，多不屬稿。即存艸，又以草書故，輒爲人持去。其間清詞驚句，時或傳誦人口。或謂書掩其詩，詩掩其文，藝之至者不兩能，非深知先生者也。

《公餘日録》載東海《送羅一峰外調》詩云："江右衣冠此丈夫，才于玉陛聽傳臚。百年事業丹心苦，萬古綱常亦手扶。郭隗臺前折疎柳，考亭祠下掃寒蕪。問渠榮辱升沉事，天際浮雲自有無。"讀此詩，具見兩公生平之槩。

馮元成曰：東海送翰林四諫皆有詩，慷慨悲壯。

《緑雪亭雜言》云：張東海作《假髻篇》，諷刺時事。其詞曰："東家兒女髮委地，日日高樓理高髻。西家女兒髮垂肩，買妝假髻亦峩然。金釵寶鈿圍珠翠，眼底誰能辨真僞。天桃窓下來春風，假髻美人先入宫。"當路銜之，乃出領郡符，竟不得調而終。邵二泉作挽詩曰："張公不作南安守，只説文章止潤身。滿路棠陰棺蓋後，忌公人是愛公人。"

憲副曹時中，號定菴。真儒碩德，爲鄉典刑。而以風雅自命，吟咏絶俗，有蒹葭遠水、天際雲外之致。

陸文裕公云：曹公博大長者，和厚愷悌，言行丰裁，蔚然有章。

孝廉朱應祥，字岐鳳。有異質，一覽成誦。上春官，不第，著高士巾，放意文酒。大篇長筆，肆意立成。

陸文裕公云：岐鳳敏于辭翰，爲一時所驚服。嘗題一絶云："江面微風瀉浪開，鳥聲啼過釣魚臺。煖雲欲作桃花雨，一片陰從柳外來。"

景州守陳瀚，字深源。清操絶俗，行依古人。家居不事干謁，唯與顧東江、曹定菴倡和往來，陶情自適。

馮元成云：陳先生詩詞，蒼然古色。

高州守陳章，字一夔。抗直守官，端重守己。獨喜吟詩，李西涯、謝方石皆與倡和，咸推許之。

楊謙云：一夔好作詩，藴藉典則，時有直指語。如《咏秋懷》云："人老漸驚生白髮，家貧未辦買青山。"余嘆爲自然妙句。一夔曰："作詩須發得自家意思出乃佳。"余久有此意，口不能道，得一夔語，遂添一悟境。

《松事叢説》云：聯句記中七人，各有互相贈答詩。一夔贈趙栗夫云："菜市街西新卜居，豆棚瓜蔓共蕭疎。胸中富有書千卷，誰笑家無擔石儲。"栗夫得詩，連稱妙甚。衆客傳觀，皆賞以爲雅製。栗夫答云："風流故與時情別，樗散偏于酒趣深。未老便懷投紱計，知公天性在山林。"註云時公雅有長往之志。又王敬止贈一夔云："君家垣西低草堂，常有數斗白銀漿。五十官卑人不識，時時詩裡吐虹光。"一夔答云："梅黄詩句可争能，素操兼看冷似冰。他日期君何處是，龍門寺裡一枝藤。"

翰撰錢福，字與謙。天才敏妙，放意詩賦。無繩尺拘縛之苦，實詞人之豪也。雖見忌一時，而高名千古。

《鶴灘雜記》云：先生每出遊，縱意所適。遠近購請，莛叩嚮答，殆無虚日。每坐客群集，各用幅紙爲起居，酬酢交錯，不廢諧謔。以其隙遞續之，無弗就者。人各嘆賞，歡悦而散。

《戒菴漫筆》云：錢鶴灘福以殿撰罷官家居，余邑梧塍徐氏以五百金爲脯脡，延致家塾。徐二子亦既中鄉科，居半載，僅改課三篇，日挾妓游燕。時邑令某雅好筆翰，一日，邀錢爲君山之游。預探齊韻中隄臍低梯等艱韻，戒吏人於即席發之，欲以困公也。酒三行，請題大觀亭。錢公遂援筆依韻賦曰："水勢兼天山作隄，渚雲烟樹望中齊。直從巴峽纔歸壑，許大乾坤此結臍。胸次决開三極朗，目光摇蕩四垂低。欲騎日月窮無外，誰借先生萬丈梯。"席間縉紳莫不賞歎。又徐氏盛開綺筵於園亭賞牡丹，錢公飲潦倒矣。客有握玳瑁扇者，取而書之曰："玳瑁筵前玳瑁扇，牡丹花下牡丹詩。老梅已在丈人行，曾占春風第一枝。"又咏楊梅詩云："怪底吴人不出鄉，楊梅五月薦新嘗。西州一斗蒲萄酒，南越千頭荔子漿。略着些酸醒酒困，了無點滓涴詩腸。渠家妃子如相見，添得紅塵一倍忙。"又鶴灘髫時，從塾師夜歸，家有客賞菊，揖之。客出對曰："賞菊客來，衆手摘殘彭澤景。"即應曰："賣花人過，一肩挑盡洛陽春。"蓋童時已兆之矣。

詹事陸深，字子淵。蚤負文譽，既入庶常，翹然特出，與李空同、徐迪功相上下。

徐文貞公云：詩學日衰，而浮靡詭誕之作，幾同於俳優俚語。陸公出而通言達理，紀事輔賢，非顓顓輪轅之飾，其用廣矣大矣。

王弇州曰：詹事天才卓逸，翰墨名家，流輩見推，彌布朝野。詩如黎園小兒，急健華麗，所至動人。第媿大雅，亦短深趣。

徐獻忠曰：吾松濱于漲海，猶稱名都。非有寶玉珠璣之産，徒以人文誇越江左而已。

至稱大方之家，則自機雲而後，千數百年，始得儼山公一人。又出華宗，源長有委，道在廊廟，而擅民宗。顧其爲志，實欲匡贊當世，不徒馳情藝事，與文學之士相雄長而已也。

禮部侍郎顧清，字士廉。少與錢與謙齊名，敏不逮錢，而沉渾過之。

孫文簡公曰：東江先生早歲力學，有志聖人之道。其于文章，追古作者，今之歐陽子也。咏吟篇章，有關民情世用，彪炳烜赫于天壤也決矣。

司訓王一鵬，字九萬，號西園。詩宗元白，淡雅成一家言。人復瀟灑出塵，有晉永和風致。工書工畫，每爲人題署尾，必曰西園，故西園之名特著。

布衣馮淮，字會東。自安亭移海上，晦迹林樾，於世無慕，而獨究于詩。長谷徐獻忠曰："山人無内外累，而俯仰自由，故其詩多自得之意，不蹈陳迹。寫撰情景，多驚人語。"

禮部尚書孫承恩，字貞甫。歷承明著作之庭，藻繪帝謨，鴻裁特出。嘗應制賦《瑞雪》詩，上特賜和，書以龍箋，鈐以御寶，題爲《和承恩瑞雪吟》，誠隆遇也。

文簡公喜與人談詩，更憐惜才士。嘗刻鶴坡、龍淵、一桂三詩人稿，序云："詩本性情而發於才，才賦於天，非窮之所能限也。李杜窮同于郊島，而其才之宏闊，郊島所不能同也。故李之作爲豪逸，杜之作爲渾雄，郊島所無也。故郊寒島瘦，噢咿慽蹙，專于窮也。三翁者窮以没齒，而窮不限其才氣昌偉。龍得李之放，鶴得杜之蒼，桂雖少劣，而歌行諸篇，亦頗得白傅之贍，非郊島之一於窮也。"觀公論詩，可以知公之詩矣。

大學士徐階。

蜀趙文肅貞吉云：徐存翁相業似陸敬輿，然敬輿詩不傳，而存翁古近體直逼盛唐。達者之言，不難于無寒乞語，難于有臺閣氣，慮近俗也。徐詩偏有遠致。公有詩云："雨時便住晴時出，難道人謀不勝天。"此可覘公之相業矣。

禮部尚書陸樹聲，字與吉。養高林下，有瀟灑物外之致。詩曰："陸瑁湖邊水漫流，谷陽城外問漁舟。鱸魚正美蓴系熟，不到秋風已倦遊。"此詩何減老坡。

邑令徐獻忠。王弇州曰："獻忠詩法初唐，又多六朝語。雜組成章，積貝爲飾，如入萬花之徑，終靡三山之骨。"

袁汝是曰：徐子與合論詩，五言重晉魏，七言止取高岑而上，行止於大曆。今讀其詩，沉鬱彩秀，與諸名家相出入。其賦才尤爲人所重，若《布賦》一篇，憫念松人愁苦，其情周委詳盡，不蹈襲昔人體裁，徒縱肆宏博，至曲終而後奏雅者倫也。

布政莫如忠，字子良。文學雲卿，字廷韓。陸文定公曰："子良詩抒寫性情，諧合風雅。而緣情體物，敷腴雋永。其所尤膾炙于時者，五七言近體，可上方王孟，抗衡岑(列)[劉]。"廷韓富于才情，王弇州稱其詞翰清麗。嘗作《送春賦》，手自繕寫，書法並妙。皇甫汸稱之曰："以翔鸞翥鳳之勢，而摸爲行雲殢雨之情。"王元美曰："廷韓此賦，恍若阿嬌出長門，小玉枕臂掩，昵盼殊不勝情。然勿令少年見之。"廷韓少謁王遵岩先生，先生絶愛其才，贈以詩，有"扁舟泊近西淮柳，客舍時沽南市酒。路菓紛投駿馬前，山衣寄唤新鶯後"，又"風流絶世美何如，一片瑶枝出樹初。畫舫夜吟令客駐，練裙書卧有人書。"

孔目何良俊，字元朗。儀部何良傅，字叔皮。元朗髫年侍經師課藝，輒覆古文其上，朝夕諷之。比長，棲居憤發者二十年。或挾册行遊，忘墮坑岸。用志精勤，卒成一家言。與弟叔皮齊名，世稱兩何。莫中江如忠曰：元朗文法劉向、司馬遷，詩本蘇李，而近體出高岑間。至其醞釀群籍，勒成一家言，意象縱横，不假繩削。或直陳事理，陶寫胷臆，累數百言，要歸于質厚。倘所謂醇龐沕穆之氣，其在治古者，可想見歟。

《詩藪》云：元朗精于詞，其論大有理會。元朗云："樂府以皦逕揚厲爲工，詩餘以婉麗流暢爲美。《昔昔鹽》、《阿鵲（監）[鹽]》、《阿濫堆》、《突厥鹽》、《疏勒鹽》、《阿那朋》之類，詞名之所由起也。其名不類中國者，歌曲變態，起自羌胡故耳。然自《昔昔鹽》排律外，餘多七言絶，有其名而無其調。隋煬李白，調始生矣。然《望江南》、《憶秦娥》，則以詞起調者也。《菩薩蠻》則以辭按調者也。"又云："北人之曲，以九宫統之。九宫之外，别有道宫、高平、般涉三調。南人之歌，亦有南九宫，然南歌或多與絲竹不協。豈所謂土氣偏詖，鍾律不得調平者耶？"

松江府志卷之八十五

畫　苑

王僧虔論書，或以其人可想，或以其法可傳，夫畫亦然。自來善書者必善畫，畫法即書法也。古之蕭散韻士，以此寫其性靈，非積數十年精神不行世。後人朝吮毫而暮索薦牘，適以涴壐疥壁而已。東坡曰："退筆如山何足珍，讀書萬卷始通神。"敢以爲畫苑書譜法。

《宣和畫譜》云：顧野王，字希馮。七歲讀五經，九歲善屬文，識天文地理，無所不通，尤長於畫。在梁爲中領軍，後宣城王爲揚州刺史，野王與瑯琊王褒並爲賓客。乃令野王畫古賢，命王褒書贊，時人稱爲二絶。畫草蟲尤工，多識草木蟲魚之性，詩人之事，畫亦野王無聲詩也。入陳，至皇門侍郎。今御府所藏一草蟲圖。

《春明録》云：唐顧況攻小筆，嘗求知新亭，監人詰之，曰："余要貌海中山耳。"仍辟畫省王默爲副，落筆有奇趣。《山中作》云："野人愛向山中宿，況在葛洪丹井西。庭前有箇長松樹，半夜子規來上啼。"又："巫峽朝雲暮不歸，洞庭春水晴空滿。"又："頹垣化爲陂，陸地堪乘舟。"又："大孤山盡小孤出，月照洞庭行客船。"皆點筆爲之圖。

《春渚紀聞》云：朱象先少時畫筆，常恨無前人深遠潤澤之趣。一日，于鵝溪絹上作小山，覺不如意，急湔去之，故墨再三揮染，即有悟見。自後作畫，多再滌去，或以細石磨絹，要令墨色着入絹縷者。沈珪道人作墨，亦嘗因搗和墨，蒸去故膠，再入新膠，及出灰池，而墨堅如石，遂悟李氏對膠法。可謂精藝同理。

華亭李甲，寫花鳥靈氣生動。蘇東坡嘗題其畫雁，晁補之和曰："畫寫物外形，要物外不改。詩傳畫外意，貴有畫中態。我今豈見畫，觀詩雁真在。尚想高郵間，湖寒沙璀璀。冰霜已淩厲，藻荇良瑣碎。衡陽渺何處，中沚若烟海。"又云："蕭條新河秋，霜落洲渚潔。蓮垂蘭杜死，菖蒲見深節。慘澹沙礫姿，清波侶群鴨。往時吴興守，看畫境苕霅。爲儀尚不污，孤高北雲月。聞在雪堂時，滿堂唯畫雪。"

雲間陶叔彬，解丹青精理。自有畫帙，題曰《無聲詩意》。楊鐵崖題曰："東坡以詩爲有聲畫，畫爲無聲詩。蓋詩者心聲，畫者心畫，二者同體也。故能詩者必知畫，而能畫者多知詩。叔彬名畫以詩意，不惟知畫，其知詩矣。詩之弊，至宋末而極。我朝詩人往往造盛唐之選，不極乎晉魏漢楚不止也。畫亦然。"

陸宣，字廷旬。華亭南橋人，號節菴。能詩善畫，尤長於傳神。山水不甚工，而清淡蕭散，無塵俗氣。一時名人多與游。子翰，字公藩，以太學生仕知縣。

元趙雲岩，温州人，寓華亭青龍鎮。喜作花鳥，設色有法，亦善戲竹。

張觀，字可觀，華亭風涇人。少游江湖，志尚古雅。工畫山水，師夏圭、馬遠，及見盛懋、丁野夫，而與吴仲圭游。故其筆力古勁，無俗弱之氣。尤善鑒别古器物書畫。元末徙嘉興，洪武中寓長州之周莊。

可觀有《釣雪亭圖》，其筆意清遠，展玩間覺清寒逼人。

《萬玉清秋圖》，華亭張可觀作。此魯昌言别墅也。中有菊坡、梧桐、修竹諸景，濃淡疎密，絶有韵致，世共寶之。

張遠，號梅巖，華亭人。善畫山水人物，學夏圭、馬遠。潛補古畫，無出其右，臨模亦能亂真。

元任仁發，字子明，號山月道人。世居松之青龍鎮，年十八中鄉試，二都水監，開江置閘，凡水議皆仁發主之。善繪事，嘗奉旨入内，畫渥洼天馬圖。今人稱任水監畫馬，蓋以藝掩云。

王逢《題任山月少監職貢圖》云：好風東來快雨俱，天須亭觀職貢圖。厥首高鼻深目胡，冠插翟尾服綉襦。革帶鞮鞻貂襜褕，左女執盞右執壺。手容恭如下大夫，酋妻髻椎將湛盧。五采雜珮相縈紆，轉顧飛虎飛龍旟。鏤耳者殿帕首驅，瓔珞袒跣兩侏儒。一擎木難珊瑚株，一戴五埰狻猊鑪。神獒鬡鬛狀乳貙，復誰牽之鬖髿須。最後峩弁飾寶珠，若將入朝謹進趨。秃奚踉蹡亦在途，錦膊驄帶汗血駒。尊貴卑賤各爾殊，經營意匠窮錙銖。唐稱二閻道元吴，今也少監稱京都。少監材抱豈畫史，禹跡曾爲帝親理。河伯川后備任使，無支祈氏甘胥靡。大德延後貞觀比，輦陸航海填筐篚。鳥言夷面遠能邇，少監臨古不無已。趙公商公暨高李，頡頏霄漢嗟已矣。靄雲曙開儼斧扆，包茅不入纇誰泚。周官大書王會禮，安得臣臣奉天紀。陋儒作歌歌正始。

馬文璧太守寓居泖濱，從鐵崖楊公授《春秋》。工詩與書畫，每遇佳山水，必託之豪素，有董北苑、米南宫之法，輒自題其左，時號三絶。

貝瓊《題馬文璧畫》云："龍江今喜對，雁蕩昔曾聞。樹黑深藏雨，山晴半出雲。行人知虎跡，仙客問羊群。老我成何日，林泉定許分。"又："小橋危跨壑，破壁幸依山。避地人相過，朝天客未還。麝眠春草外，猿掛古松間。寂寞南窓月，殘書亦久閒。"

仲琚《題畫贈馬文璧》云："長憶秦溪馬文璧，能詩能畫最風流。酒酣落筆皆天趣，剪斷巴江萬里秋。"又："田家一簇江南路，草閣柴扉近水開。人背夕陽巫峽去，雁將秋色洞庭來。"

《筆叢》云：松江曹雲西善詩畫，家貲富盛，而文采有餘。嘗築臺以錫塗之，月夜携客痛飲，稱瑶臺云。或醉後灑翰，或秉燭揮毫，有旁若無人之意。時惟常州倪雲林、崑山顧仲瑛可相伯仲。

王逢《題曹雲西山水》云：世治多福人，時危多貴人。貴人乃鬼朴，福人真天民。緬憶曹雲西，生死太平辰。高秋下孤鶴，想見美風神。菀菀露櫸間，幽幽水石濱。槳打甫里船，角墊林宗巾。往訪趙松雪,滿載九峰春。斯啚作何年,授筆爲嘅呻。池廢餘野鴇,井渫揺青蘋。

倪元鎮《題曹雲西畫》云:吴淞江水碧于藍,怪石喬柯在渚南。鼓柁長吟採蘋去,新晴風日更清酣。

《太平清話》云:曹雲西有《霽雪圖》,傍題云:"老雲爲敬之作。"

倪元鎮《題曹雲西畫松石》詩云:雲西老人子曹子,畫手遠師韋與李。衡門晝卷春長閑,彩毫動處雄風起。葉藏戈法枝如籀,蒼石庚庚横玉理。庭前落月滿長松,影落吴淞半江水。

《松事叢話》云:吾松善畫者,在勝國時,莫過曹雲西。其平遠法李成,山水師郭熙,蓋郭亦本之李成也。筆墨清潤,全無俗氣。張梅巖畫尊者,得吴道子筆法。任水監畫馬,有龍眠遺意。此三人傳派最正可稱。

沈月溪,華亭青村人,以稜作爲業。畫山水人物,學馬遠,往往亂真,人莫能辨。

張可觀學馬遠,張子政學黄大痴,筆墨皆是,但不化耳。朱孟辨、張以文畫山水亦好,然只是遊戲,未必精到。

瞿睿夫,名智,松江人。博學善詩,以書法鈎勒蘭花妙絶。爲太史黄溍、提學段天祐、編修李孝光、外史張伯雨所友重。累遷文學官,攝紹興録判,尋棄官去。昔人稱其《畫蘭》云:"我夢陪群仙,尻輪神爲馬。咀秀蒼梧吟,集芳洞庭野。水雲秋滄渟,月露夜清灑。畫者何如人,冲心良獨寫。"

僧時溥,字君澤,號兩岩。華亭人,居奉賢鄉接待寺。通經律,作詩,亦畫墨竹,三稍五葉而已。

黄子久公望,自號大痴。畫宗董巨,自成一家。寓居松江,從遊者無虚日。嘗寫山水訣,以示沈生瑞。其略云:畫樹要四面俱有幹與枝,蓋取其圓潤。要有身分,畫家謂之紐子。要折搭得中,樹身各要有發生。要偃仰稀密相間,有葉樹枝軟,而後皆有仰枝。畫石之法,先從淡墨起,可改可救,漸用濃墨者爲上。石無十步真。石看三面,用方圓之法,須方多圓少。董源坡脚下多有碎石,乃畫建康山勢。董石謂之麻皮皴,坡脚先向筆畫邊皴起,然後用淡墨破其深凹處,著色不離乎此。此石著色要重。董源小山謂之礬頭,山中有雲氣,此皆金陵山景。皴法要滲軟,下有沙地,用淡墨掃屈曲爲之,再用淡墨破。山論三遠:從下相連不斷,謂之平遠。從近隔開相對,謂之闊遠。從山外遠景,謂之高遠。山水中用筆法,謂之筋骨相連,有筆有墨之分。用描處糊突其筆,謂之有墨。水筆不動描法,謂之有筆。此畫家緊要處,山水樹木皆用此。大槩樹要填空,小樹大樹,一偃一仰,向背濃淡,各不少相犯。繁處間疎處,須要得中。若畫得純熟,自然筆法出現。遠山無灣,遠人無目。水出高源,自上而下,切不可斷派,要取活流之源。山頭要折搭轉换,山脉皆順,此活法也。衆峰如相揖遜,萬樹相從,如大軍領卒,森然有不可犯之色。此寫真山之形也。山坡中可以置屋舍,水中可置小艇,此有生氣。山要用雲氣,見得山勢高不可測。畫石之法,最要形象不(要)[惡]。石有三面,或在上,在左側,皆可爲面。臨筆之際,殆要取用。山下有水潭,謂之瀨,畫此甚有生意。四邊用樹簇之。畫一窠一石,當逸墨撇脱,有士人家風。纔多,便入畫工之流矣。或畫山水一幅,先立題目,然後著筆。若無題目,便不成畫。更要記春夏秋冬景色。春則萬物發生,夏則樹木繁冗,秋則萬象肅殺,冬則烟雲黯淡,天色模糊。能畫此者爲上矣。李成畫坡脚,須要數層,取其温厚。米元章論李光丞有後代,兒孫昌盛,果出爲官者最多。畫亦有風水存焉。松樹不見根,喻君子在野,雜樹喻小人峥嶸之意。夏山欲雨,要帶水筆。山上有小塊堆在上,謂之礬頭。用水暈開,加淡螺青,又是一般秀潤。畫不過意思而已。冬景借地爲雪,要薄粉暈山頭。山水之法,在乎隨機應變。先記皴法,不雜布置,遠近相映。大槩與寫字一般,以熟爲妙。紙上難畫,絹上礬了好著筆,好用顔色,易入眼。先命題目,此爲之上品。古人作畫,胸次寬闊,布景自然。合古人意趣,畫法盡矣。

王逢《題黄大癡山水》云:十年不見黄大癡,筆鋒墨瀋元氣垂。絶壁雙巑萬古鐵,長松離立五丈旗。蜀江巫峽動溟涬,陰嵐夜束魚龍吟。峨眉更插空青間,差似胸中之耿耿。大痴與我忘年交,高視河嶽同兒曹。天寒歲晚鴻鵠遠,風雨草樹餘蕭騷。風雨草樹餘蕭騷,大痴真是人中豪。

又《簡大痴》:十年松上築仙關,猿鶴如童守大還。故舊盡騎箕尾去,漁樵長共水雲閑。吹笙夜半桃花碧,倚杖春深竹筍斑。顧我丹臺名有在,幾時再隱陸機山。

華亭沈瑞,得畫法于大痴道人。爲楊鐵崖作《君山吹笛圖》,木石幽潤,水山清遠,人物器具,點綴於毫末者,纖妍可喜。鐵崖跋其尾云:"予往年與大痴扁舟東西泖間,或乘興涉海,抵小金山。衜人出所製小鐵笛,令余吹洞庭曲,衜人自歌小海和之。不知風作水横,舟楫揮舞,魚龍悲嘯也。道人已仙去,余猶隨風塵澒洞中,便若此境與世相隔。今將盡棄人間事,追遊洞庭。儻老人歌紫藟如道人者,出笛懷袖間,吾取其與明相和,引滿數杯,據床三弄,遂與紫藟者終隱十二峰,瑞能從之否?"

管夫人,小貞人。畫與文敏争重,其畫蘭幽絶,題云:"趙管才高柳絮風,水晶宫裏畫幽蘗。秋來紉作夫君佩,笑殺回文漫自工。"

柯博士九思,字敬仲。辟華亭尉,不就。嘗隱華亭,善畫墨竹,人以重價購之。王逢題云:"奎章博士寫蒼筤,葉葉中含雨露香。華髮歸來無限思,九疑山遠暮雲長。"

又嘗臨文湖州墨竹,贈虎石上人。題云:"官罷奎章閣,竹臨文使君。似將湘女淚,痛灑鼎湖雲。雉扇稍堪挹,鸞笙葉忍聞。山僧置岩塢,佳氣若絪緼。"

柯博士九思亦善畫。虞學士集嘗題其畫云:"磯頭風急潮水長,蒹葭蒼蒼繫魚榜。青山一髮是江南,白頭不歸神獨往。幽篁繞屋茅覆簷,木葉脱落秋滿簾。買魚沽酒待明月,定是黄州蘇子瞻。子瞻文章世希有,謫向江波動星斗。夜投斷岸發清嘯,栖鶻驚飛怒蛟吼。圖中風景偶相似,欣然揮灑春雲開。子瞻應是念鄉里,還化江東孤鶴來。"又題畫扇云:"松根茯苓如石髓,服食令人壽千歲。子欲求之觀此圖,老身偃蹇枝扶疎。長鑱篝燈新雨霽,羽人丹丘期不至。却剪蒼筤崖石間,吹作龍吟秋滿山。"又題古木疎篁云:"不見丹丘四五年,幽篁古木更蒼然。蒹葭霜露風連海,翡翠蘭苕月在川。憶昔畫圖天上作,每題詩句世間傳。前村深雪誰高卧,亦有晴虹貫夜船。"

崑山顧瑛《贈柯博士》:鍾阜天回王氣新,憶君扈從入楓宸。旋平内難櫜弓矢,遂沐殊恩列縉紳。元宰或同司雨露,史星曾擬奏星辰。羽旌影動宫花日,龍鼎香傳錦樹春。白馬獨遊連鞚好,縹醪雙賜玉壺醇。委蛇退食收金鑰,怵惕存心表翠珉。三絶鄭虔親帝許,四愁平子舊誰倫。僑居蹔作東吴客,奉引能依上國賓。稔歲葑田饒蟹稻,高秋松水長鱸鮀。神馳紫塞風生角,夢隔瑶池月照裀。白首馮君仍晚遇,青袍杜甫豈言貧。明河近望清如洗,行駕仙槎復問津。

《雪霽還松江圖》,趙氏作也。見王梧溪集,題云:"雪霽丹徒道,歸舟白下門。始罹懷壁罪,終感賜環恩。淮海沙回合,金焦翠殿奔。冰梁觀馬倒,浪屋駭鼉吞。寒薄征裘弊,春隨挾纊温。老親雙喜色,諸幼幾啼痕。茂苑經餘燼,平原認故村。賀生連凍雀,生物逌孤豚。啓鑰官迂駕,居鄰叟抱尊。疎梅微徑曲,亂葉古墻根。烟碧新鑽火,雲紅獨照暾。張儀談舌在,王獻舊氈存。幸甚家全樂,嗟夫野斷魂。乾坤枯樹賦,暮夜翳桑飧。陰德孫敖衍,仁風竇十敦。憂忻繫斐作,啚畫示來昆。"

章瑾,字公瑾,號采芝,青龍章氏之後。晚居李墟,能詩,善草書,師法二王,而硬健骨立,自成一家。尤長於畫,蓋張可觀以後一人而已。爲人雅淡有高致,日登山臨水,所至成趣。遇知己觴咏竟日,畫或頃刻可就,或數日不欲著一筆。寫《寒山拾得像》、《春江送别圖》,皆不愧古人。同里吴子陵,善畫山水,亦並有名。

王叔明善畫山水,流寓雲間。嘗畫《茅山圖》,貝瓊題云:"一峰插天三萬丈,衆峰旁聯不相讓。我行未盡天下奇,王宰寫山工異狀。靄靄句曲雲,蒼蒼溧陽樹。天高去鳥没,日落行人度。茅君已千年,浪憶燒丹處。猶疑風雨夜,騎虎山頭遇。平生好山獨未歸,山中桃花如雨飛。相從采求定何日,長向雲間瞻翠微。"

方孝孺《題王叔明墨竹》云:吴下王蒙藝且文,吴興趙公之外孫。黄塵飄蕩今白髮,典刑遠矣風流存。華亭朱芾稱善畫,每觀蒙畫必歎詫。謂言妙處逼古人,世俗相傳倍增價。昔年夜到南屏山,高堂素壁五月寒。壁間舉目見修竹,烟雨冥漠蛟龍蟠。[呼]童秉燭久不寐,細看醉墨王蒙字。固知蒙也好天趣,畫師豈解知其意。分枝綴葉人所知,要外枝葉求神奇。天機貴足不貴似,此事不可傳諸師。麟溪鄭君好奇士,愛畫猶能賞其趣。嗚呼世間作者非不多,鄭君甚少可奈何。

《松事叢説》云:王叔明洪武初爲泰安知州。泰安廳事後有樓三間,正對泰山。叔明張素絹于壁,每興至,即着筆。凡三年而畫成,傅色都了。時陳惟允爲濟南經歷,與叔明皆妙于畫,且相契厚。一日胥會,值大雪,山景愈妙。叔明謂惟允曰:"改此畫爲雪景何如?"惟允曰:"如傅色何?"叔明曰:"我姑試之。"即以筆塗粉,然色殊不活。惟允沉思良久,曰:"我得之矣。"爲小弓,夾粉筆,張滿彈之。粉落絹上,儼如飛舞之勢,皆相顧以爲神奇。叔明就題其上曰《岱宗密雪圖》,自誇以爲無一俗筆。惟允固欲得之,叔明因輟以贈。陳氏寶此圖百年,非賞鑒家不出。松江張學正廷采,好奇之士,亦善畫。聞陳氏蓄此圖,往觀之,卧其下兩日不去,以爲斯世不復有此筆也。徐武功尤愛之,曰:"予昔親登泰山,是以知斯圖之妙。諸君未嘗登，其妙處不盡知也。”後三十年，歸嘉興御史姚公綬。未幾，姚氏火，此圖遂付煨燼矣。

倪元鎮，名瓚，無錫人。善詩畫，避亂棄田業，隱于華亭。與王逢善，逢贈云：“隱跡懷東老，詩狂慕浪仙。百壺千日醞，雙槳五湖船。書畫通芸閣，征輸歇葑田。鄉評有月旦，未覺虎頭賢。”

倪元鎮《題吴淞山色圖贈潘以仁》詩云：吴淞春水緑，揺蕩半江雲。嵐翠窓前落，松聲渚際聞。潘郎狂嗜古，容我醉書裙。鼓枻他年去，相從遠俗氛。

倪元鎮《畫寄王雲浦》詩云：吴淞江水漾春波，江上歸舟發棹歌。邀我江亭醉三日，鳳笙鸞吹拂雲和。紛紜省署縻官職，老我澄懷倦游歷。看君骨相合成仙，故作長松掛青壁。

倪元鎮《寫松江山色并詩贈子俊茂才》云：窮冬舟過吴淞渚，千里交懽少嵇吕。范張一室小如壺，雞黍時時慰羈旅。阿兄彈琴送飛鴻，讀書頗有沉潛功。阿弟煮茶敲石火，滿江春雨聽松風。圖書四壁醒愁睡，隱几嗒然忘世慮。扁舟一葉五湖游，心與閑雲共來去。三月六日天氣清，爲爾咏出詩無聲。袖有青銅錢三百，爲余沽酒作魚羹。

倪元鎮云：丙午十一月十九日避泖上，丁未十二月十六日始去此，至陳溪分湖間矣。因寫喬柯竹石，并題詩云：“泖渚淹留再燠寒，移居何處卜林巒。可憐産不能恒業，聊復心隨所遇安。船底流澌微淅淅，葦間初日已團團。故人存殁應難訪，愁裏題詩强自寬。”

楊廉夫《寄元鎮》一絶云：祇陀山下問幽居，新長青松七八株。見説近前丞相怒，歸來自寫草堂圖。

貝瓊《題雲林畫》云：雲林先生老更迂，酒酣落筆元氣俱。滄洲赤縣隨意掃，不學徐熙没骨圖。沉犀石帶波濤潤，石上烟稍勢千仞。參天古木蛟龍僵，赤葉已脱荆門霜。北風蕭蕭白日暮，相偶應知不相附。舟山之羽何時來，會待春色陰厓回。

管時敏《題倪元鎮小景》詩云：泖上相逢記昔年，風姿曄曄似神仙。如今看畫渾疑夢，春樹雲林一惘然。

李至剛《題雲林畫》云：故家池館錫山阿，門逕寧容俗士過。清閟閣空詩社散，蛛絲窓户落花多。

曹焕章，華亭人也。善寫生，往往逼真，見者相視而笑。嘗寫席帽山人，山人自題曰：“我生太平時，濯濯春月柳。兵興數避地，短鬢若蓬莠。本無萬羊相，曷煩三毛手。粉墨妙且精，韋布老殊醜。九關去天杳，大林落葉厚。歸歟卧雲根，免夫哆箕口。赤脚躬煮藥，一力助耕畝。尚有復何人，樂志論一首。”

又寫陶九成騎牛像，王逢贊云：“望一男子，冠裳清灑。有青其犍，騎之林下。于時白雲冒嶺，黄落被野。後則加鞭，前則執靶。雖心乎寧田官，而於齊小白爲曠世之交。雖跡乎梁進士，而於高無賴無半面之雅。蓋將得業丘山，富貴土苴。尚友飲水上流樊父，度關西遊之老者歟。”又畫九成濯足圖。

相子先，名禮。素精奕，比學黄大痴畫，輒逼真。嘗登鳳凰山，作圖見寄。王逢相與飲酒至醉，因贈詩曰：“老生不能臣諸侯，却來題名鳳山頭。霜晴本脱壁峭立，鵶兒大字淋漓秋。于時陳肅。邵維翰。隱佘薛,遥睇中原心耳熱。兩人既仕李河南,雁斷鵑啼榮夢歇。邇承奕相遊兹山,三復舊記松蘿間。野僧有待碧紗護,畫圖已自傳神寰。君本家西河,鍾秀西湖曲。龍成倚高寒,雁蕩濯深緑。華亭道阻汎雪船,乘鰓鱸買梅花前。青衣童保進斗酒,解后意氣淩旻天。好將金城畧略上天子,回首共訪巴園仙。"

朱聲遠《鳳山丹房圖》,相子先所畫也。昔人題云:"子先中國士,棋罷畫雲間。黑幹蜿蜒水,青分鸞鶱山。客捫蘿蔦入,童採木芝還。覽卷神爲往,鮮飈灑珮環。"

華亭朱芾,字孟辨。工詩文,兼妙畫理。倪元鎮避亂泖上,送韻孚契,或相對點染。又有立中、蘊中二上人,朝夕談詠。倪嘗贈孟辨詩云:"江水空清好卜居,會衝春雨過平湖。雲山欲覓無聲句,花果誇傳没骨圖。莫倚陸機曾入洛,最憐張翰獨思吴。本瓊二士平安否,應共清吟對酒壺。"

貝清江《題朱孟辨層巒圖》詩云:"叠嶂何崔嵬,遠近皆可數。不學王宰遲,[棄墨如棄]土。林藏風雨黑,石戴冰雪古。初疑造化鍾,已覺精靈聚。遥思兩山下,流泉細通圃。茅屋今如何,人去苔生户。"

金(尚素)[鉉],字尚素。華亭人,客京師,以布衣遊諸鉅公間。書初學鍾繇,變化多自得。又善詩畫,稱三絶。片紙尺墨,遺落人間,争以重利購之。拜中書舍人,風節高邁,追逑古人。既没,楊文貞志其墓。

顧謹中以詩名,嘗游戲筆墨,作山水圖寄管時勉,并題詩其上。管答云:"九點吴山夢裏青,遠烟疎樹晚溟溟。何時買得蠣頭舫,秋水菱歌泖上聽。"

又題云:"我家住在澱河東,風景依稀似畫中。白首曳裾歸未得,鷗波千頃屬漁翁。"

《松事叢説》云:國初士人猶有前輩之風,都喜學畫。顧謹中《經筵集》有自題畫竹詩。

《妮古録》云:朱竹古無所本。宋仲温在試院,卷尾以朱筆掃之,故張伯雨有"偶見一枝紅石竹"之句。管夫人亦嘗畫懸厓朱竹一枝,楊廉夫題云:"網得珊瑚枝,擲向篔簹谷。明年錦棚兒,春風生面目。"

顧應文,號石泉,家府城穀市橋。善畫人物山水,尤精釋道像,脱去俗工習氣,識者貴之。宣德中,徵至京。時二沈以文翰進,寵眷異等。應文耻之,未幾謝病歸,戒子孫曰:"汝輩努力,毋效吾所爲。"

《秋江送别圖送陶九成歸雲間》,左司郎中堵文明所作也。貝瓊序云:"處士陶九成,值天下兵變,蹈海入吴,隱雲間之鳳凰山,後又徙山陽之南村。洪武六年,或有以處士薦者,松江守廉公即隱所起之。至京,以疾辭東歸。"

董玄宰《閑窓論畫》云:趙大年畫,平遠絶似右丞,秀潤天成,真宋之士大夫畫。此一派又轉爲雲林,雲林工緻不皴,而荒率蒼古勝矣。今作平遠及扇頭小景,一以此二人爲宗,使人玩之不窮,味外有味可也。畫家之妙,全在煙雲變滅中。米虎兒謂王維畫見之最多,皆如刻畫,不足學也。惟以雲山爲墨戲。此語雖似過正,然山水中爲着意。生雲不用描染,當以墨漬出,令如氣蒸,冉冉欲墮,乃可稱生動之韻。

昔人評趙大年畫,謂得胸中千卷書更奇。又大年以宗室不得遠游,每朝陵回,得稿胸中丘壑。不行萬里路，不讀萬卷書，欲作畫祖，其可得乎？此吾曹勉之，無望庸史矣。

山之輪廓先定，然後皴之。今人從碎處積爲大山，此最是病。古人運大軸，只三四大分合，所以成章。雖其中細碎處甚多，要之取勢爲主。元人論米高二家畫，正先得吾意。

畫樹之竅，只在多曲。雖一枝一節，無有可直者，其向背俯仰，全于曲中取之。或曰：然則諸家不有直樹乎？曰：樹雖直，而生枝發節處，必不都直也。董北苑樹作勁挺之狀，特曲處簡耳。李營丘則千屈萬曲，無復直筆矣。

枯樹最不可少，時于茂林中間見，乃奇古。茂樹雖檜柏、楊柳、椿槐要鬱森，其妙處在樹頭與四面參差，一出一入，一肥一瘦處。古人以木炭畫圈，隨圈而點之，正爲此也。

宋人多寫垂柳，又有點葉柳。垂柳不難畫，只要分枝得勢耳。點葉柳之妙，在樹頭圓鋪處，只以汁緑漬出，又要森梢有迎風摇颺之意，其枝須半明半暗。又春三月樹未垂條，秋九月柳已衰颯，俱不可混。設色亦須體此意也。

畫樹木各有分别。如畫瀟湘圖，意在荒遠滅没，即不當作大樹及近景叢木。如園亭景，可作楊柳梧竹及古檜青松。若以園亭樹木移之山居，便不稱矣。若重山複嶂，樹木又别。當直枝直幹，多用攢點，彼此相藉，望之模糊鬱葱，有猿啼虎嗥之狀乃稱。至如春夏秋冬，風晴雨雪，又不待言也。

董北苑畫樹，都有不作小樹者，如秋山行旅是也。又有作小樹，但只遠望之似樹，其實憑點綴以成形者。余謂此即米氏洛茄之源委。蓋小樹最要淋漓約略，簡於枝杪，而繁於形影，欲如文君之眉與黛也。相參合則是高手也。

趙大年平遠，寫湖天森邈之景極不俗，然不多皴。雖云學維，而維畫正有細皴者，乃于重山叠嶂有之。趙未之能其妙也。張伯雨題倪迂畫云："無畫史縱横習氣。"予家有此幅，其自題獅子林圖云："此畫真得荆關遺意，非王蒙輩所能夢見也。"其高自標置如此。又顧謹中題倪迂畫云："初以董源爲宗，及乎晚年，畫益精詣，而書法漫矣。"蓋倪迂書絶工緻，晚年乃失之，而聚精于畫，一變古法，以天真幽淡爲宗。要亦所謂漸老漸熟者，若不從北苑築基，不易到耳。

禪家有南北二宗，唐時始分。畫之南北二宗，亦唐時分也。但其人非南北耳。北宋則李師訓父子着色山，流傳而爲宋之趙伯駒、伯(繡)[驌]兄弟，以至馬夏輩。南宋則王摩詰始用雅淡，一變鈎染之法。其傳而爲張漢、荆、關、郭忠恕、董、巨、米家父子，以至元之四大家，亦如六祖之後有馬駒。

畫之道，所謂宇宙在乎手者，眼前無非生機，故其人浩浩多壽。至如刻畫細巧，爲造物忌者，乃能損壽，蓋無生機也。黄子久、沈石田、文徵仲皆壽，仇英短命，趙吴興止六十餘。仇與趙雖品極不同，皆習者之流，非以畫爲寄、以畫爲樂者也。寄樂于畫，自黄公望始開此門庭耳。

陸宣，字廷旬，華亭南橋人，號節菴。能詩善畫，尤長於傳神。山水不甚工，而清淡蕭散，無塵俗氣，一時名人多與游。子翰字公藩，以太學生仕至知縣。

松江府志卷之八十六

書　評

陸士衡機，天才超邁，文章冠一世，而書法入能品。隻字留傳，如吉光片羽，人共寶之。

梁庾肩吾《書品》論曰：陸機以弘才掩迹。

王僧虔云：陸機書，吴士書也。無以校其多少。

唐李嗣真《後書品》，第陸機於下之上。論曰：士衡以下，時然合作，踳褋不倫。或類蚌質珠胎，乍比金沙銀鑠。陸平原猶帶古風。

《宣和書譜》云：陸機字士衡，以文章得名。故雖能章草，以才長見掩。然自歸晉後，閉門十年，篤志儒學，無所不窺，書特其餘事耳。御府所藏二：章草《平復帖》，行書《望相帖》。

陸士龍未有能書稱，獨米元章《秘閣續帖題跋》，見雲姓氏。曰："陸雲、謝安之輩，法若篆籀，體若飛動。"

《宣和書譜》云：陸玩字士瑶，吴人，機從弟。器量洪雅，弱冠有美譽，善詞翰，尤長行書。及登公輔，所辟皆寒素有行之士，不以名位格物。誘納後進，謙若布衣。時瑞星見，以疾不能造朝，親書其表以賀。畧曰："德合神明，嘉瑞屢臻。普天率土，莫不同慶。"筆力瘦硬，有鍾繇法。然議者謂繇書雲隺遊天，群鴻戲水，行間茂密，實亦難過。玩之字畫，雖不期與之方駕，然雅重之氣，發于筆端，而有典則，亦足以昭示於世也。御府所藏行書一，《賀瑞星表》。晉元帝批附。

張季鷹翰，書法不多見。竇臮《述書賦》云："季鷹有聲，古貌磅礴。雖無名驗，攀附張索。如凝陰斷雲，垂翅一鶚。"今見其草書一帖三行，有古榜口，滿騫押尾。

顧榮書，唐時猶有之。《述書賦》云："彦先尚質，無而不有。猶崆峒之上，世俗誰偶。"今見草書帶名三帖，共一十二行。

顧希馮野王，工畫亦工書。《書賦》云："翩翩濟陽，茂世希祥。任樸無間，適俗不忘。父輕而迅，子凛而强。接武隨波，雷同野王。如異肥磽之挺質，俱竹柏之凌霜。"今見其姓名草書二紙。茂世，蔡(累)[景]歷也。子徹，曰希祥，謂希馮書與蔡氏並美也。

唐詢，字彦游。事神宗，内歷禁近，外事方面，以文雅政事顯。嘉祐中，侍讀學士卒。筆跡遒媚，學歐公書，留于奇研，非精紙佳筆，不妄書也。

顧況，字逋翁，自號華陽真逸。撰《瘞鶴銘》刻于焦山，從來疑議紛然，近代焦漪園竑斷以爲逋翁遺跡。

陸宣公不以字學稱。王秋澗集云:"唐人草北山移文,垂拱二年寫。貞元甲戌陸贄觀。數字筆法似是孫過庭。"

曹永,字世長,知白之子也。性穎悟好學,通舉子業。凡詩書六藝,皆習而能之,必造其理。尤淹貫字書八法,魏晉諸家罔不稽考。正書學鍾元常,行草學二王,朋游以能稱。鑒古墨蹟法帖,到手輒辨正僞,次甲乙,無失誤者,行輩尤服其識。身長而偉,貌方而髯,膂力堪射御。弱冠筮仕,以蒙古字學進授瑞安州學正,秩滿陞授柳州路馬樂縣都博鎮巡簡,江浙行省以宣使辟之。

華亭唐君伯讓,持草書《飲中八仙歌》俾予題之。予雖能識八仙歌,而不能知草書之工拙,姑爲書其後云。栝蒼劉基。

王逸老,宋南渡後,號能書者。其一時聲價,猶唐之推張旭、懷素也。逸又兼能畫,不知旭、素之在當日,亦能畫否,今不可考。顧各有所長,或在此,或在彼,弗可强擬倫也。識者以余言爲何如?曲江錢惟善題。

或謂草書千字,不抵行書十字,行書十字,不抵真書一字。蓋以草至易而真至難也。是豈知書者?大抵真草本出一法,有能用筆之精,運意之妙,何施不可。然皆積學乃至。今觀王逸老此書,遒勁圓熟,非得之鼻祖筆意,焉能臻此?唐懷素迨宋黄山谷以下,餘人自不可及。華亭錢應庚識。

張君錫、劉世昌,華亭人。工於臨池,嘗集古草韻,諸家皆備。其序云:"書者小學所習,六藝之一端,史籍所述是也。漢魏之篆隸變爲章草,而有皇(家)[象]《急就》。鍾繇以粲爲楷。至晉二王,集大成以垂後世法。右軍《蘭亭》,一字爲一行主,一行爲終篇要。涵蓄元脉,貫通《黄庭》之飄逸,《樂毅》之深古,《書譜》之蕭散。大令之《洛神》、《地黄湯》之奮迅,二王之草法大變。隋智永全修禊叙。唐以書學立科,以書法相傳。歐、虞、褚、薛,各歸一體,未嘗遠晉。沈、徐、顔、柳,自成一家,豈捨二王。李北海之奇崛,張從申之怪勁,張長史之醉歌濡墨,懷素之絶聽運筆,皆草聖之入神,變化之不窮者也。五代之楊、李,時爲風俗之識。坡翁爲亦可喜,亦可惡,雖可惡,終不可棄。宋之蘇、黄、米、蔡,獨米以大令爲主,變爲清逸。蔡則志在二王,而坡亦近之。黄則一掃晉風,生爲奇怪。薛道祖念念于晉,王著覆震晉風,見于《閣帖》。吴傳朋風流清楚,姜白石如深山隱士,弗染世塵。非敢管見妄濛,暇叙其槩。婦翁張君錫,早年遁跡山水間,鼓晉嗜古。松雪翁、困學老,皆莫逆交。暮年斵南北二郊晉,遂職太常禮儀官。翁去世十五秋矣。黄伯思臨採晉唐草字集以成韻,翁之所收。或有遺欠,翁復臨補,愛淡篤密。忽棄故楮中,近爲鼠棲。世昌覩焉,遂驚取之。疑闕者衆,粘葺十餘過,方得成序,幸而不闕。俾學書者臨寫,朝夕以手相應,變通無窮。不但貧而已富,如馳駿平原,縱横曲折,靡不臨意。又若持昆刀利劒,助勇烈于霜天曉月之下,豈不快哉?學書者初爲平陸之舟,得是書則爲飽天風之帆,駕雲濤于三湘七澤之内,無所凝焉。斯韻之功,不爲小補。以日聞翁師之言,敷于卷首,庶不泯集韻之源。使學者開卷洞見,以積歲之功,盡於少選,豈小小哉。知者然乎否乎?亦必有然者矣。重裝于清勝齋。”董其昌跋云:“勝國時,高人韻士多隱于書畫,故書學猶不減北宋。非獨趙承旨、鮮于太常諸公,即虞集、揭奚斯而下,落筆皆法度。乃不知吾鄉之張君錫、劉世昌,留心墨池。黄長睿作此草書譜,既博且工如此。海虞錢宫詹出以視余,展閲一過,歎賞不及,因題數語歸之。”

朱芾,字孟辨,松江人。才思飄逸,工詞章翰墨之學。真草篆隸清潤遒勁,風度不凡。

陳壁,字文東,松江人。少以才學知名,真草篆隸,流暢快健,富於繩墨。

衛德辰,字立中,華亭人。素以材幹稱,書學《舍利塔銘》。

衛仁近,字叔剛,德辰姪。經子百氏無不該,楷書學《黄庭經》,自有一種風流藴藉,俠才子氣。

章弼,字拱辰,松江人。篤志經史,識度清遠。未十歲,即能扁榜大字。及長,真行草篆皆師趙魏公。

邵亨貞,字復孺。其先睦人,徙居華亭。博通經史,贍於文詞,且工篆隸。

曾遇,字心傳,華亭人。官至安吉主簿,致仕。前至元末,被選入京,書泥金字藏經。

顧禄,字謹中,松江人。少力學,才藻艷發。行楷學蘇文忠,而特工於分隸。

張黻,字孟著,華亭人。書學陳文東,勁健有法。歷大理寺副,至禮部員外郎中。

章昞如,能詩,善楷書,仕至中書舍人。

夏宗文,華亭人。善真章隸書,名重于時。預修《永樂大典》,授廣平縣主簿。子正,有才氣,以鄉貢任岢嵐州學正。衡以能書侍經筵,累官至太常寺卿,時稱長者。有《樗菴集》藏于家。

何元朗云:三宋者,宋充、宋廣、宋璲也。克[字]仲温,號南宫生。姑蘇人,流寓吾松。其書專工章草。廣字昌裔,松江人。書學素師,兼善行草,亦入能品。璲字仲珩,乃潛溪學士之次子,官中書舍人。其書宗康里子山,亦可稱入室者。嘗見其書《玉兔泉聯句詩》云。

王弇州評書云:宋仲温書趙文敏《閣帖》跋。按文敏跋《閣帖》,而叙及書家源體,故當有意,仲温亦似以有意。書之結法,精純圓孅,比之《七姬帖》,差不爲古,然亦足以暎帶來學矣。

又云:宋仲温書《七姬瘞志》,烺烺人目,以爲奇事奇文奇書。按所謂潘左丞者,張王貴壻也。後歸我明,老牖下以死。既負婦翁,又負此七姬。高季迪調與楊用修跋,得其情矣。仲温此札不爲工,取其能去俗存古耳。

宋仲温遊松,寓城東俞氏,陳文東學其書。世謂宋筆正鋒,陳筆偏鋒,以是不及。

楊東里《題宋克遺墨》:南宫生書自魏晉出,用筆精妙,毫髪不苟。洪武中,兩浙擅名法書者,三宋爲首,南宫尤傑出。於今良不易得,此數詩蓋得意之跡,宜珍襲之。

吴匏庵跋宋仲温墨蹟云:國初書家稱三宋,謂璲、克、廣也。克字仲温,號南宫生。其書出魏晉,深得鍾王之法,故筆墨精妙,而風度翩翩可愛。或者反以纖巧病之,可謂知書者乎?

釋静慧,字古明,松江人。正書師虞永興,甚得其法,但欠清婉耳。

《四友齋叢説》云：吾松在勝國時與國初時，善書者輩出。如朱滄洲、陳谷陽，皆度越流輩。《書史會要》中評朱滄洲風度不凡，陳谷陽爲富於繩墨。余以爲陳谷陽出於滄洲之上遠甚。蓋朱誠有風度，亦兼善四體書，但不如陳之法度精密耳。余嘗有陳谷陽書一卷，四體書皆備。其正書一段酷似歐率更，行草則漸逼大令，篆書亦入格。又有其書疏，頭二通全學松雪，極疎爽可愛。又嘗見其章草書《竹葉格賦》一篇，在叔度弟家，殊有古意，出宋仲温上。世評谷陽書爲八寶中之水晶，又以爲得書法于三宋。此皆不知書，妄爲此談耳。

《叢説》云：成祖遷都北平，其宫殿牌額，皆朱孔陽筆也。孔陽，松江人。工署書，筆力遒勁，兼善畫，仕至順天府丞。其子暉，亦能書，官中書舍人。一云子奎，字文徵。亦善題扁，兼能詩。歷中書舍人、尚寶司卿，至大理寺卿致仕，卒。

楊士奇《恭題朱孔陽受敕命後》：右宣德二年，翰林院編修臣朱孔陽所受勑命四道。孔陽一道，其父、母、妻各一道。孔陽謹通録副以藏，間屬臣士奇識於後。臣憶永樂初，詔求四方善書士寫外制，又詔簡其尤善者，於翰林寫内制。且出秘府古名人法書，俾有暇益進所能。於時孔陽兼工署書，駸駸詹希元，矩度風韻，偉然傑出也。一日，上御右順門，召孔陽書大善殿扁，舉筆立就。深荷嘉奬，即日授中書舍人。明日有旨，凡寫内制者，皆授中書舍人。蓋善書授官，自孔陽始。後北京宫殿成，禁扁皆孔陽書，遂陞編修。又五年，始授此敕。編修，史官也。敕文首末，則當時通命史官之詞。孔陽歷事四朝，皆以書法被知遇受勑。後無幾，陞春坊中允。今雖老，筆力愈勁，蒼然歲寒松柏也。位之所進，殆未可量。綸章之褒，亦殆未止於此乎。謹拜手識于後云。

《水東日記》云：廬陵楊文貞公，年幾七十，即作歸田趣四時《滿江紅》詞四首。豈亦吕居仁之作，有以感發其興趣歟？當時卷首沈民則學士隸古。先生自序并詞，皆錢塘蔣廷暉書。畫四段，則華亭朱孔陽筆也。民則、廷暉書，固已名世。而孔陽畫，評者謂其作家士氣皆具，亦今之罕有者矣。予嘗從叔簡得石本，而厄於瞥火。再求得之，則石已壞於墻壓。叔簡因以詩來曰："歸田詞畫富流傳，猶是難兄舊日鐫。愛護無人悲寸毀，近來模本不如前。"

王弇州云：余所藏沈學士民則凡三紙。其一爲《孔子世家》。其一爲《金氏墓誌銘》，王贊善汝玉撰。其一字稍大，爲諸葛武侯《出師表》。沈大理民望字最小，爲《虞書・益稷篇》。《孔子世家》筆勁而氣拘，餘皆圓懿匀好，真魯衛也。波折處與永興尤近，雖温雅可親，不無佐史之歎。

又：《三吴墨妙卷》，爲華亭沈學士度《養心亭記》，作隸古體。雖不甚去俗，然已出宋人上。弟大理少卿粲，手柬小行遒逸有度。

《玉堂叢語》云：太宗徵善書者，試而官之。最喜雲間二沈學士，尤重度書，每稱曰我朝王羲之。

文皇覽沈度書稱善，一時翰林善書，如解大紳之真行草，胡光大之行草，滕用亨之篆八分，王如玉、梁用之真，楊文遇之行，皆知名當世。而度書獨爲上所愛，凡玉册金簡，用之宗廟朝廷，藏秘府，施四裔，刻之貞石，傳于後世，一切大制作，必命度書之。書婉麗飄逸，雍容矩度。兼篆八分,八分尤高古,渾然漢意。

《水東日記》云:長陵喜書畫,於書獨重雲間沈度,于畫最愛永嘉郭文通。以度書豐腴温潤,郭山水布置茂密故也。有對以夏珪、馬遠,輒斥之曰:"是殘山剩水,宋偏安之物也。何取焉?"

董玄宰云:吾松書自陸機、陸雲,創于右軍之前,以後遂不復繼響。二沈及張南安、陸文裕、莫方伯稍振之,都不甚傳世,爲吴中文、祝二家所掩耳。文、祝二家,一時之標,然欲突過二沈,未能也。以空疎無實際耳。

國初諸公儘有善書者,但非法家書耳。其中惟吾松二沈,聲譽藉甚,受累朝恩寵。然大沈正書倣陳谷陽,而失之於軟。沈民望草書學素師,而筆力欠勁,章草宗宋克,而乏古意。此後如吾松張東海,姑蘇劉廷美、徐天全、李范菴、祝枝山,南都金山農、徐九峰,皆以書名家,然非正脉。至衡山出,其隸書專宗梁鵠,小楷師《黄庭經》,爲余書《語林序》,全學《聖教序》。又有其《蘭亭圖》上書《蘭亭序》,又咄咄逼右軍。乃知自趙集賢後,集書家之大成者衡山。世但見其應酬草書大幅,遂以爲枝山在衡山上,是見其杜德機也。枝山小楷亦臻妙,其餘諸體雖備,然無晉法,且非正鋒,不逮衡山遠甚。

陸輔,字友仁。華亭人,宫庶沈粲弟子也。善楷書。

俞宗大,其先河南人。建炎南渡,徙嘉興。曾祖彬,仕元爲浙省檢校,始居上海竹岡西,族大以盛,人呼爲俞莊。宗大善楷書,以薦授中書舍人,歷吏部郎中致仕,進階四品,年九十餘卒。子珙,孫順,皆能書。珙正統中歿王事,順終南京鴻臚寺寺丞。

《松談》云:先朝字學,吾松朱杲最承恩遇,京師門扁皆所書。杲字書作昶書,成祖云:"日不當在傍。"移于永上。子孫世居京師。

王弇州云:大宰錢文通公溥《奇花歌》,事與書法皆新異。又原溥書陳氏碣銘,蓋宋仲温派也。硜硜負峭骨,所乏者姿耳。

王弇州云:南安守東海張先生弼,書昌黎《石皷文歌》,是其最得意筆。遒縱怪逸,高一世而不去世法。又云:張南安汝弼二五言律皆倒韻,而語亦平平。後有數行,極推伏陸務觀,以爲李杜之後,便到此翁。小巫氣索,宜其爾也。南安多狂草,吾吴人又不好收之。今此小行雜楷法,幾于優鉢曇花。然純熟中有緊密,恐不減李貞伯。

陸文裕跋東海草書云:東海先生以草聖蓋一世,喜作擘窠大軸,素狂旭醉,震盪人心目。而此卷矮紙疎行,尤擅清麗。明窓净几之下,娱悦襟抱者不少。況詩律散語,俱有關繫處,不但其子孫當寶之也。

《雜識》云:我朝草書,以張東海爲最。蓋其操縱闔闢,無不如意。且姿態横發,不襲前人畦畛。疑顛素以後,優入妙品,世所謂糾蚓驚蛇,未足踰也。時求書者塞户,遠夷求募,至以十金購書一紙。百餘年來,真蹟蓋寥寥矣。

《妮古録》云:祝允明又論吾鄉書法,近朝所稱,如黄翰、二錢、張汝弼,皆松人也。松人以沈氏遺聲,留情豪墨,迄今猶然,然荆玉一出而已。小錢大致亦可。翰與東海人絶薰蕕,而藝斯魯衛。張公始者尚近前規,繼而幡然飄肆。雖名走海宇,而知音歎駭。今且以人而重，與黄人行技俱下，非吾徒也。又有天駿者，亦將婢學夫人。咄哉！

《淞故述》云：黄汝申憲長手評宋仲温、陳文東書二條，各與二筆法酷類。蓋學昌黎《樊宗師墓志》云。

王弇州書《徐髯仙手跡》云：余生平所得近代名跡，如仲温、希哲、徵仲、履吉輩至多。獨於徐髯仙子仁頗愛之，而不能多得以爲恨。久栖静室，於一切毫翰，付之烏有矣。而新都汪仲嘉忽以此卷見示，皆書青蓮居士作，爲《蜀道難》、《梁父吟》、《天馬》《陽春》二歌、《前有尊酒行》，凡五章。書正草得二體，正體乃有古隸筆，似(卧)[歐]陽蘭臺。草書半得章法，而實步趨會稽。其精雅妍媚，使人嘖嘖生賞。惜腕力少弱，以登蘭臺堂則有餘，叩會稽室或不足耳。

(文)[又]云：徐髯仙霖，雖尺牘數行，亦自鬱跂，於頽然中見老手。

王弇州云：陸文裕深《五十自壽》二章亦典雅，書法最遒麗，風骨蒼然。唯結搆一二筆，小涉疎耳。

又云：陸文裕公結法，無一筆苟。雖尋常家人語，施於所親狎者，亦精審遒密，有二王尺牘遺意。

陸文裕書《岐陽石屏歌謝喻守時子乾》：岐陽之民像侯德，遠致山中一片石。依稀宛見城郭面，彷彿尚帶山川迹。一從乘驄换五馬，霧渚烟村坐來隔。摩挲三復如有情，指麾從吏貽江濱。長卿多病枕書卧，驚起門外高嶙峋。倒履相迎問來使，開椷再拜生陽春。荷侯此惠百歲集，媿我家徒四壁立。忽焉屋底開暮晴，摇蕩虚無翠寒濕。新恩舊惠俱在眼，萬壑千巖互相入。滇南大理空自珍，江上數峰尤絶倫。天然飛走肖麟鳳，瑟爾瑩潤同瑶珉。坐當保障屹不動，豈免覩物終懷人。自是侯家有餘積，留待他年隔朝席。泥金孔雀映芙蓉，郎君近作乘龍客。胡爲致之向儒素，恐使湘靈動深惜。君不見唐朝太宗重畿甸，遍題姓字留宸眷。天生異質當大用，安得隨君獻入光明殿。

儼山先生辭翰二絶，《雪夜翫月歌》長句，尤其得意之作也。時將繇關入蜀，爲右轄矣。先生以大司成謫補外臺，官轍幾半天下，政蹟崇而文藻益進。其有得于江山之助乎？吾友澱山周子大参，持贈都尉鄔玉峰氏，重其人也。予幸展玩移時，落月屋梁，終見丰采。距乙未莫春，凡二十一年，先生下世，餘一紀矣。撫卷愴然。嘉靖丙辰清和之望日，石川居士張寰篝燈于半舫齋書。

李文正小篆八分，足稱能家。行書效勝國時諸人，稍作意法，頗露俗骨。陸文裕自言：吾與吴興同師北海，海内人以吾爲取法於趙。是意不安於趙也。究論其風力，實出吴興之上，而圓熟不及，此公案也。要之，二公當代名流，一語片扎，傳之人間，皆可珍重。而文裕之書，識者尤以爲近世莫及。王長公青冰之喻，是爲得之矣。後學莫是龍識。

儼山先生《寶應雪夜翫月歌》，則出入北海、吴興，雄逸超爽，有秋雕春駿，騰騫絶影之勢。陸之於李，歌辭不妨衣鉢，書法更自青冰也。因令而藏之。王世貞。又云：陸文裕子淵，小楷尤不易得。今此尺牘凡四首，中間行法十三，楷法十七，居然有北海、吴興風度，其語却多凡情可笑。張侍郎文光者，陸公門下士也。陸以書薦之貴溪相，得供奉永陵，驟顯貴，第不爲臨池家所許。而此《蘭亭叙》特楚楚如士人,所恨不堪三復耳。雲間自二沈後,不復能與吾郡抗衡。南安躑躅黄池,文裕跳梁城父。宋晉不競,或思狎主。終未足撑天半壁。

董玄宰云:國朝書法,以吾松沈民則爲正始。至陸文裕,正書學顔尚書,行書學李北海,幾無遺恨,足爲正宗,非文待詔所及也。然人地既高,門風亦峻,不與海内翰墨家盤旋賞會,而吴中君子鮮助羽翅。惟王弇州先生始爲拈出,然蘭之生谷,豈待人而馥哉?《草堂帖》所結集,多文裕書,與文氏父子尺牘具在。世有具眼者,試一品題,知余持論,非爲鄉先達私也。顧汝由伯仲筆,出入文陸兩家,而得之陸者尤多矣。

陸文裕公云:予觀唐之盛,莫過於貞觀、開元。其時文章則燕許沈宋,字畫則歐虞褚薛,皆温潤藻麗,有太平氣象。天寶以後,多事之日,則杜工部、顔魯公出焉。其辭翰非不雄偉俊拔也,而流離死亡之禍具見。弘治末,予初登朝,士大夫之賢者,皆喜習顔書、學杜詩。每與亡友王韋欽佩論之,欽佩以爲非佳兆。孝皇賓天,逆瑾亂政。辛未、壬申之間,霸州盗起,攻城破縣,殺戮甚慘,至煩兩路用兵。而川蜀之盗尤烈,竭天下之力,僅能克之。於是魯公之忠節,工部之詩史,亦畧彷彿覩矣。嗚呼!學術可不慎哉?

張西鶴欲從陸文裕公學書,文裕命先寫一幅來看,張即提筆走書。文裕驚嘆曰:"誰人在我面前提得筆起,子可教矣。"悉以書法授之。

張賓山電,以布衣入都。善書,受知世廟,官至禮侍。其得君,有非諸大僚所能望者。漫紀三事。張一日給假還邸第,上命書古賦一篇。張書完,即與諸妾懽飲,不覺大醉。上遽召,内侍掖之而行,至五鳳樓下方醒。速遣家童至寓,取所書賦,良久而至。張方手接,家童已爲直門内使椎死矣。乃捧賦跪丹墀請死。上取視甚悦,見張醉狀,第連呼酸子而已,遣之歸。又張在上前作書,上亦據其案觀之。見張所用柴心筆,問曰:"此筆佳否?"對曰:"臣用此筆頗便。"又問曰:"每枝價幾許?"對曰:"二分。"又問曰:"卿家尚有幾枝?"對曰:"止十枝,今用其一,尚存其九。"上顧内侍曰:"可將銀一錢八分,至張電家取筆來。"須臾至,果九枝,與張言合。又張初在夏桂洲門下,上賜夏一御札,夏漫書數字于札尾。後數日,上仍索此札。夏窘甚,召張曰:"此事須君一擔當。"張不敢辭,乃徒跣跪上所御殿前,稱醉後偶污御札,請死。上于燈下熟視,曰:"非卿筆也,速去。"于是上怒桂洲,而愈益幸張矣。

松江府志卷之八十七

兵　　燹

新安胡司馬曰：昔之防海，重防其入。今之防海，重防其出。蓋島夷與不逞之徒，皆能窺我圉、决我藩也。往自諸寇蹂躪吾松，後中倭難，迄今八十餘年無警，絶不聞兵燹二字。然老人談及寇變，猶惴惴有戒心焉，而倭爲甚。黨援連結利在盪，渠魁首難利在殲，鋒焰猛悍利在挫。徵調整搠曰防。望星斗，察風角，曰占。腥聞於天，天討不貸，是類是禡，曰詛。伏偵探，設間諜，曰詗。緩而養之，迫而陷之，爲賊所乘，曰被。鬬不得利，圍不得出，執不得脱，則死之，曰殉。料理未來，綢繆善後，曰弭。而兵燹之始末，戰守之機宜，皆在目中矣。

晉安帝隆安三年，孫恩作亂於會稽，劉牢之命劉裕屢摧破之。五年三月，恩北出海鹽，裕追而翼之，築城于海鹽故治。賊日來攻城，裕選敢死士數百人，咸脱甲胄，執短兵，並鼓譟而出。賊震懼奪氣，棄甲散走，斬其大帥姚盛。雖連戰克勝，然衆寡不敵，裕深慮之。一夜，偃旗匿衆，若已遁者。明辰開門，使羸疾數人登城。賊遥問劉裕所在，曰："夜已走矣。"賊乃率衆大上。裕乘其懈奮擊，大破之。恩知城不可下，乃進向滬瀆。裕復棄城追之。海鹽令鮑陋遣子嗣之，以吴兵一千請爲前驅。裕曰："賊兵甚精，吴人不習戰，若前驅失利，必敗我軍，可後爲聲援。"不從。是夜多設伏兵，兼置旗皷，一處不過數人。明日，賊率衆萬餘迎戰。前驅既交，諸伏皆出，舉旗鳴鼓。賊謂四面有軍，乃退。嗣之追奔，爲賊所没。裕且戰且退，賊盛，所領死傷且盡。裕慮不免，至向伏兵處乃止，令脱取死人衣。賊謂當走反停，疑有伏。裕因呼更戰，氣色甚猛，賊乃引軍去。五月，孫恩破滬瀆，殺吴國内史袁山松，死者四千人。是月，裕復破恩于婁縣。十一月，裕追恩于滬瀆及海鹽，又破之，三戰並俘馘以千數。恩自是飢疫，死者大半，自浹口奔臨海。

晉成帝咸和六年，劉徵復寇婁縣。隋開皇末，吴郡沈玄懀、沈傑等，以兵圍蘇州。刺史皇甫績頻戰不利，楊素率衆援之。玄懀勢迫，走投南沙賊帥陸孟孫。楊素擊孟孫于松江，大破之，生擒玄懀。

梁大清四年，侯景遣于子悦、張大黑等，率兵入吴，吴郡太守袁君正迎降。子悦等毒虐，吴人怨憤，各立城栅拒守。王僧辯遣侯填率兵追景，景東奔吴郡，達松江。侯填軍掩至，景衆未陣，皆舉幡乞降。景不能制，乃與心腹數十人單舸走，推墮二子於水。自滬瀆入海，至壼豆洲，羊鵾殺之。

宋建炎四年，兀术分道南侵。韓世忠以前軍駐青龍鎮，邀敵歸擊之。會上元節，秀州張燈高會，忽引兵趨鎮江，兀术遁去。紹興六年十月，解潛復遣兵千人守青龍港口。餘平江諸寇詳後。

紀 蕩 寇

於爍王師，除兇掃穢。再揚我武，爰靖海邦。蕩寇之亂者五人。

張士誠，淮南泰州白駒塲人。與弟士義、士德、士信並駕運鹽綱船，兼業私販。後群盜競起，分據爲亂。至正十三年五月，士誠與李華甫同謀起事。未幾，士誠黨與十有八人，共殺華甫，遂併其衆。焚掠村落，陷通泰高郵。後江陰寇朱英，盛陳江南土地之廣，錢糧之多，子女玉帛之富，以動士誠。於是遣士德率衆攻破常熟州，江南官軍日死鋒鏑，郡縣又罹薦饑。江浙行省丞相達識帖木兒，陞松江府達魯花赤哈散沙爲平江，元帥王與敬。官軍遇戰，敗走入城，不納，退屯嘉興，旋抵松江。士誠遂據平江路，與敬據松江叛，以城降士誠。以史文炳爲樞密院同知，鎮松江。先是，與敬至松時，名曰守禦，實戀娼董賽兒也。後與帖古列思不合，乃令萬户戴列孫等，引軍出西門，燬民房寺觀，撿括金銀財物以行。而完者率苗兵突至，與敬遂北走通波塘，子女玉帛悉爲苗軍所有矣。士誠所倚謀畫，惟士德及部將史椿。後士德被擒，俘致集慶。士誠集衆，復寇海口，孫興祖擊敗之。濠州李濟來降，遂議進討。至正二十六年八月庚戌，以中書左相國徐達爲大將軍，平章常遇春爲副將軍，帥師二十萬伐士誠。大敗其五太子及吕珍、朱暹，得兵六萬人。士誠被圍，士信中礮死。破其城，獲士誠，并獲杭嘉松江等府官吏家屬，送建康。士誠滅。

楊完者，字彦英，武岡綏寧之赤水人。完者内深賊，持權詐，故衆推以爲長，心實忌之。至正十六年二月，淮人陷平江。時江浙行中書省丞相答失帖木兒有旨，得便宜從事，以完者來守嘉興。完者取道自杭，以兵劫丞相，陞本省参知政事，拜添設左丞。所統苗獠、洞猺、答剌罕等，無尺籍伍符，無統屬，相謂曰阿哥、曰麻線，至稱主將亦然。喜著斑斕衣，袖廣狹脩短與臂同，衣幅長不過膝，袴如袖，裙如衣，總名曰草裙草袴。固脰以獸皮，曰護項。束要以帛，兩端懸尻後若尾。無間晴雨被氈毯，狀絶類犬。軍中無金皷，雜鳴小鑼以節進止，其鑼若賣貨郎擔人所敲者。是月，丞相又以王與敬攝元帥事，守松江。與敬據郡應平江，完者遣部將蕭亮、員成來，與敬出奔，苗遂有松江。火一月不絶，城邑殆無噍類。偶獲免者，亦舉刖去兩耳。掠婦女，劫貨財，殘忍貪穢，死者填街塞巷，水爲不流。官庾尚有粟四十萬餘，籍爲已有。越五十日，平江兵破澱湖柵，苗夜遁去。秋，平江兵入杭，苗將吴大旺敗，完者自嘉興來，駐兵城中菜市橋外。完者雖陽浮尊事丞相，生殺予奪，於己是決，威令僅行於杭、嘉兩郡。築營德勝堰，周圍三四里，子女玉帛皆在焉，且以爲郿塢計。時左丞李伯昇、行樞密同知史文炳、行樞密同僉吕珍等，皆先魁淮旅而降順者，以其衆攻殺之。既受圍，遣吏致牲酒於文炳，爲可憐之意曰："願少須臾毋死，得以底裹上路。"報不可，完者乘躁力戰，敗，盡殺所有婦女，自經以死。

錢鶴皋，錢武肅王後。吴元年丁未，倡亂松江，大將軍徐達遣指揮葛俊擒之。俊戰艦艘六艘，自古浦塘入鶴皋，亂兵列塘上以禦。或謂此長蛇陣也，不可易。及聞砲聲，皆散走。俊笑曰："此村民耳。"揮兵入城，鶴皋從北門走還家。其黨號崔元帥者，率兵乘肩輿，逆戰于横濼，衆散就縛。鶴皋匿海上，獲之。鶴皋將起事，周塹列竹護其家。識者笑之，謂如醉人弄酒風一餉間。據府治三日而果敗。

秦璠，通州人。王艮，常熟白茅人。時與王祥俱糾衆，攫魚鹽爲姦。官兵畏不敢捕，遂據南沙，焚掠沿海富民家，勢甚猖獗。時上海無城，巨室多遷避府城，募兵防守。蘇州知府王儀陞兵備副使，守太倉。遣諭降之，不聽，乃使州判石巍等，及吴淞等衛千百户六人、耆民十二人，分五營爲捕盜計。與賊戰于南沙，大敗。巍等還，儀數以不用命杖之。又有人詐爲賊書，夜揭南京衢巷，語多不遜。守者以聞，言官抗論宜大創。詔逮巍等失事官者十九人繫獄，以湯慶充總兵官。慶邳人，即選邳兵千餘南渡。儀復命知州萬敏涉海諭賊，至南沙，會璠、艮他出，敏即與賊黨沈維良等，宿興教寺。維良具饌進，敏留與語，開諭甚悉。敏步覽賊巢，諭其婦子，咸拜泣，願從璠等歸命。璠、艮還，明日召見，諭之不信。敏登舟，不半日抵州境。自是璠、艮疑沈酋有異志，而沈酋亦謀執璠、艮以自贖，數通意于敏。九月，總兵慶及巡撫夏邦謨、操江王學夔、巡按趙繼本、巡江周倫、備倭都指揮李俊輩，咸集太倉，相機進勦。璠、艮度不免，始出焚掠，南入吴淞江横涇、七丫軍營、劉家河等處，劫守船民居。慶始以數千人往，獲賊三人戮之，餘遁去。十一月二日，賊復至。沈酋乘間，欲率所部反戈，爲二賊所挾，跳身遁來。群賊追之，乘勝攻吴淞江，將指上海，未至而返。明日，賊舟二十九艘，又抵劉家河，與師俱泊河口。又明日，我師將發，望見賊猶未進。慶舍所乘舟，登八槳船，圍而射之。賊不支，俱東行。我師悉出大艦，爲横陣追之，圍賊數重，銃砲亂發，烟焰蔽天。李俊等以龍鬚鎗格鬬，斬首二百三十七人，獲舟二十有一。璠死，艮等以五舟遁去。二十二日，發舟師泊天妃宫。儀敏復購殺王艮。二十四日，賊黨宋文盛果殺艮來奔，舟師分道登沙，斬獲無算，俘其生者二千餘人。已鞫訊縱釋，得真盜一百七十人。捷聞，維良以降當貸，巡按舒汀竟論奏殺之。

紀　殲　寇

松首倭難，厥維渠魁。施罛張罝，無一爰脱。殲寇之巨者凡六人。

王直，歙人。始出禁物市西洋諸國，夷人信之。直既習于海，招聚惡少亡命葉宗滿、徐惟學、謝和、方廷助等。尋以徐海、陳東、葉明爲將領，勾引薩摩倭奴爲部落。以從子王汝賢、義子王滶爲腹心，殺賊黨陳思盼，求開市。官弗許，横盜海邊。都御史朱紈出大洋勦之，獲許棟，幾擒直。而閩地豪右，反與賊比。直因併棟諸部，稱五峯船主，勢益大。嘗以扁舟泊列表，參將俞大猷、湯克寬率舟師數千圍之。直突圍敗走，更造巨艦聯舫，方一百二十步，容二千人。木爲城，樓櫓四門，其上可馳馬。據薩摩州松浦津，僭號曰京。先稱天下大元帥，後稱浄海王，人俱稱徽王。三十六島夷，悉聽節制。

嘉靖三十一年，直遣夷漢兵十餘道，分艅流劫蘇松濱海諸郡。

三十二年閏三月，破南匯所。同知任公環、守備解明道，破之于吴淞江口。五月，賊據吴淞。越十日,明道襲破復之。總督胡宗憲知賊縱横,皆直部落。先間使徽州,收直母妻子,繫金華獄。至是出之,借以爲餌。乃疏請移諭日本,伺直動静。以寧波生員蔣洲、陳可願充市舶提舉,爲正副使往。授計使誘直離海。御史金淛、陶承學請立賞格,能生擒王直者,封伯,予萬金。

三十三年,直與徐碧溪、吴德宣等,營柘林爲巢,聯絡二百里。如鸛嘴七八團之間,皆屯聚部落。賊船入吴淞江者十六艘,總兵俞大猷破之,尋分掠松江。七月,攻南匯、青村、金山衛。十二月,陷青村所。

三十四年正月,賊攻南匯、金山。三月,圍上海縣。五千餘屯新塲下沙,千餘屯閘港,數千屯川沙,攻金山。十一月,蔣洲等至五島,見直于客館。直椎髻左衽,旌旂服色擬王者,坐欵鄉曲。洲陳説利害,代爲設畫以自全。直又知母妻無恙,心竊喜,始有渡海之謀。留洲于島,令葉宗滿、王汝賢、王激同陳可願回寧波。胡公即命宗滿等協勦舟山之倭寇。

三十五年,王激自以招直爲名,與葉宗滿回島,而留夏正、童華、邵岳輔、王汝賢于軍門。胡公委心禮遇,直遂決策渡海。先遣蔣洲,次遣王激、葉宗滿等,率鋭卒千餘,執無印表文,詐稱豐州王入貢,泊岑港。直乃與謝和等登舟。時總兵盧鏜與王激善,直至不疑,日聚群倭,伐竹木爲開市計,索母妻子弟,求官封。胡公密調參將戚繼光、張四維等,督諸健將,授便宜設伏。又以夏正爲死間,諭令往見軍門,獨身與王激、葉宗滿同卧帳中,而佯露諸將請戰書几上。激等竊視驚怖,公且作夢囈云:“我欲活汝,汝不來毋怨。”激洩其語于直,始疑之。復使其子澄嚙指血寓直書。直勉從之,遣激攝其軍,遂詣定海,入見軍門。

三十六年十一月,胡公執直付按察使,獄乃集。三司議直罪,疏請梟斬。十二月,直伏誅,傳首京師。激出海,爲颶風所溺死。餘從賊奔敗山谷,親督官兵蒐勦,直黨悉滅。

徐海,少爲杭州虎跑寺僧,代領其叔徐碧海之衆,雄海上,僭稱天差平海大將軍。與其黨陳東引倭入寇,分掠濱海村聚。

嘉靖三十四年正月,海自擁部下萬餘人,自柘林直逼乍浦而岸,悉焚諸舟,令人人各殊死戰。又導故窟柘林者,陳東所部數千人,併攻乍浦。二月,攻金山。時幕府麾下募卒,俱孱弱不可用。止容美土兵千人,及參將宗禮所藉河朔兵八百人耳。總督胡公分兵馳援,遂解乍浦圍,大破之於王江涇,遁歸柘林。五月,復掠乍浦,浙直兵會破之于平望。七月,改屯陶宅,出海賊覆溺甚衆。

三十五年二月,海復巢柘林。陳東自川沙、葉明自老鸛嘴合綜,俱屯柘林分掠。三月,犯青村。四月,合攻乍浦。五月,分屯新塲,海自屯李巷,合屯乍浦。胡公日遣諜海金帛,又使中書羅龍文往説。海亦遣酋至督府,厚待之,而諭使東出海上擊他賊。海果收諸酋鼓行,遇賊朱涇道上,斬首若干。餘賊夜走,俞大猷遮擊殲之。海内怖,日輸欵督府,遂輦所戴飛魚冠及他堅甲名劍數十種,並輸胡公,而遣弟洪入質。公又遣説海,誘縛葉麻獻幕府,以簪珥遺海兩侍女緑珠、翠翹,復勸海縛陳東。海出千餘金,賂薩摩王弟,詐召陳東,因得縛之,而海勢始孤。海自念數有功擒賊,願入欵。期以八月二日,先期帥其黨數百人,列平湖城外。海自率諸酋長胄而入城,見胡、趙、阮三公。諸酋北向稽首,呼死罪。胡公慰諭之，受犒而出。海更慮禍，陰收陳東餘黨。而胡公又遣使往解之，令自擇便地于沈家莊。海果與陳黨分居東西。會永保兵至，海輸二百金，與胡公市酒米，公以藥毒其中歸之。又令陳東詐爲書，約共勦海。海乃竊兩侍女走託幕府，陳黨即勒兵稍而鬭，海中稍，衆大亂。明日，官兵四面薄之，胡公擐甲直入。會風烈，縱火焚之，而海沉于河。甫食頃，餘酋蒐斬殊盡，其中首虜被毒死者三百餘人。于是永保兵俘兩侍女，問海何在，女泣指海所自沉處，永保兵斬海級以歸。海滅。

蕭顯，善戰多謀，素爲劇盜。因叛結倭夷，連艅入寇，首犯松江之瀕海。

嘉靖三十二年四月，陷上海，焚縣治，巢柘林，分屯川沙，破南匯所。浦東沿海二百餘里，新舊之賊，絡繹往來。八月，都御史王忬遣都指揮劉恩至，指揮張四維、百户鄧城等，分兵遏於乍浦。

三十三年，顯自嘉定循海而南，復攻上海。時賊艘多泊黄浦。三月，爲參將盧鏜、兵備任環所破。後顯大敗二十里亭，復統百餘梟鋭南奔。官兵乘之，分道夾攻，困于慈谿。顯就滅。

陳東，薩摩州主之弟，掌書記酋也。初率肥前、豐後、和泉、博多、紀伊諸倭入寇。

嘉靖三十四年正月，攻南匯所、金山。二月，攻青村。三月，圍上海。遁歸日本。

三十五年正月，來屯川沙，并入柘州，與徐海合攻乍浦。分屯陳塲，與葉明合，俱屯乍浦。胡公計縛之，東就滅。

葉明，驍勇善戰，爲諸酋冠。率築前、和泉、肥前、薩摩、紀伊、博多、豐後諸倭入寇。

嘉靖三十五年正月，屯老鸛嘴。四月，併入柘林，合攻乍浦。分屯新塲，合屯乍浦，黨與甚盛。督察趙公趣進兵，胡公曰："今日之事，先撫後勦。以金數萬勾致其心，遣諜間之，徐可圖也。"乃令羅龍文與童華等往説。適明詐爲胡公虎符，潛出硤石，擄祝氏婦。胡公怒，計令海縛明于管懋充舟中，送幕府。明就滅。

林碧川、沈南山與鄧文俊，率倭入寇海邑。參將湯克寬先擒文俊于下馬洋。

嘉靖三十二年四月，碧川、南山巢柘林。十月，歸日本。

三十三年正月，復巢柘林。四月，分掠松江、上海、金山、青村。六月，浙直兵會破之，仍回柘林。九月，掠浙出海，爲把總任錦追敗之，擒碧川、南山就戮。

辛五郎，本徐海偏裨。與陳東、葉宗滿、葉明輩同巢柘林，爲難于乍浦，勢甚猛。

嘉靖三十五年八月，徐海已受督府命，遣諸夷與五郎歸島。胡公密令俞大猷等，分佈海洋要衝，而五郎專責之盧鏜。鏜命治艦之金塘，自乘福船，令諸將率哨船若干以行。次日，瞭見北洋有巨舟，揚帆而南，令哨舡四散潛泊。少選，巨舟艤金塘登憩。鏜知爲五郎也，令叢射之，繼以銃炮。賊止弗擊，鏜乃招衆賊至舟傍慰藉之，并邀五郎至縣欵洽，佯津送之。遂延五郎同舟，餘令哨船分載，多不過三四人。鏜宴五郎至深夜，自坐福船層臺，引雙燈上桅。五郎大驚請别，穴梯而下，不見夷船，欲赴水死。左右不許，遂縛之于清港洋。後獻俘告廟，五郎繼滅。

紀 挫 寇

桑土不戒，禍奄海隅。稟謨受成，滅此朝食。靖寇之捷者，凡三十有七戰。

永樂二年四月，對馬岐倭寇蘇松沿海。上命太監鄭和，諭其王源道義出師，獲渠魁以獻。

嘉靖三十二年閏三月，王直流突蘇松，破南匯所。同知任環、守備解明道，同六合知縣董邦政，敗賊于吴淞江口，復敗于綵綯港，俘斬百餘。

五月，賊據吴淞。解明道襲敗之，斬首百餘人。賊首三大王、六大王死焉，遂復所城。賊遁出海，復爲州判楊汝舟、千户楊循禮所敗，擒斬八十有奇。

十一月，參將湯克寬敗賊于高家嘴。

三十三年正月，蕭顯攻上海縣。都御史王忬遣盧鏜來擊，賊解圍而南。兵備僉事任環統民兵三百、僧兵八十，追襲於五里橋，敗之于習家墳。

二月，盧鏜敗賊于史家浜，賊死者無算。任環復敗之于歸家港。

三月，賊攻南匯所，攻松江府。任環與湯克寬擊敗之，賊退走大門墩。

四月，王直巢柘林。州判金汝舟、指揮姜統敗賊于劉家河，斬首百餘。俞大猷復敗賊于吴淞所，沉其舟十一，斬首二百五十四。

七月，蔡廟港賊併入柘林賊巢，合攻青村。繼至之賊登周公墩者千餘，攻南匯，旋亦入巢，與新至之倭合攻金山。皆爲官軍敵退。

三十四年正月，賊攻南匯所。董邦政搗川沙賊巢，破之，賊死傷者五百餘。監生喬鏜復追敗之。

二月，賊攻青村，指揮翁時獎等擊敗之。

三月，賊攻金山。俞大猷發矢石禦之，賊中傷者甚衆，稍解去。繼至，大猷又敗之，俘斬二百餘。

四月，柘林賊出掠。五月，官兵擊破之，復巢柘林。

七月，知府方廉遣諜投毒井中，柘林賊死者千餘人，斬首百餘。賊出海，復爲俞大猷、盧鏜、婁宇所敗。林碧川等一百二十餘賊，爲把總任錦俘斬無遺。

八月，七丫港吴淞賊遁出海洋。把總楊尚英追敗之，沉其舟六十，俘斬三百有奇。

九月，總督侍郎楊宜遣游擊曹克新、任環搗川沙賊，擊走之，燬其巢。賊遁至吴淞，環督舟師追及，斬獲大半。餘黨走清水窪。

閏十一月，賊屯周浦。僉事焦希程率川兵攻敗之，斬首二百三十有奇，燬其巢。賊遁吴淞，副使王崇古、俞大猷追擊，俘斬一百七十人。

三十五年三月，賊自南滙登犯。任環敗之，婁宇又敗之，俘斬甚衆。又犯青村，把總王應麟進擊。賊匿民房，官兵火攻突走，爲官兵所截，不得去，復匿民房，搜斬之。賊入吴淞，復爲俞大猷、楊尚英、劉堂等設伏掩殺，沉其舟十三，斬首二百五十。

五月，賊攻上海縣，爲官兵所敗。隨進攻府城，劉堂追擊于泖河，敗之。任環、熊桴復追擊瀫山,前後俘斬三百餘賊。

七月,丫□賊與吴淞賊爲官兵所敗,相繼遁出海洋。俞大猷設伏劉家河待之,且攻且逐。追及于茶山東北,沉其舟六十,俘斬三百餘。殘寇宵遁,復爲颶風所覆,無生還者。

紀 防 寇

幕府決策,將吏用命。合彼群力,迄底成功。防寇之効績者,凡文武臣及兵校仗義若而人。

總督浙直福軍務兼巡撫浙江都御史胡宗憲。

提督應天軍務巡撫都御史曹邦輔。

提督操江都御史蔡克廉。

南京兵部督察尚書張經。

巡按蘇松監察御史周如斗。

整飭蘇松兵備副使任環。

添設海防僉事董邦政。

松江府知府方廉,推官吴時來,同知都文奎、羅拱辰,通判韓崇福。

協守副總兵鎮金山盧鏜、俞大猷、湯克寬。

遊兵都司韓璽。蘇松參將楊尚英、解明道。

遊擊車梁、曹克新。把總婁宇。鎮撫陳習。

客兵惟廣西狼兵,其兵必土官親行部署纔出。餘不過柳州水東岩游民,及廣州新會打手之屬而已。曰左江田州瓦氏兵,瓦氏孫男岑大壽、大禄。曰右江東蘭、那地、南丹、歸順等州兵,其兵能以少擊衆。應調凡五千人。時有遊擊白泫、鄒繼芳分轄,而土官頭目則莫峎、羅堂、黄仁等領之。

湖廣土兵,曰永順彭翼南兵,曰保靖彭藎臣兵。應調六千人,又倍兵,共一萬二千人。曰容豸田九霄兵,又九溪等衛容美宣慰司、桑植安撫長官司、麻寮等所上峒茅等峒兵。

廣東東莞打手兵。

河南嵩盧等縣調毛葫蘆等兵。

福兵、漳兵諸水兵。

保河真順等兵,又青徐等處水陸鎗手兵,又邳州兵。始調三百人,後復選調七百人,共一千人。又安慶兵,又崇明沙招集鹽丁一千人。

山東應募僧兵,曰月空、天池、一舟、玉田、太虚、性空、東明、古泉、大用、碧溪等。技用鐵棍,長七尺,重三十斤,號少林僧兵。

浙江坑兵,以處州守坑軍應募。能勇鬪,號藤牌手兵。但不習水戰。

鄉兵用土著,募以團練。時喬太學鏜募兵四百人。新場盛太學際明募兵二百人,皆海上鹽丁精悍,及家丁盛廉、邵搭辣等,時號盛家兵。潘太學元孝募兵三百人。新場倪太學,又楊太學、廪生閔電,俱團鄉兵數百人。崑山潘秀才圓山居海上,收募鹽丁百餘人爲親丁,有膂力,能以大刀殺賊有功。

郡人有徐道人,曾被賊擄,識賊首陳義。義閩人,詐投盧鏜兵,謀以内應。徐告盧擒之,驗左股有痣,戮以殉。康四戴桃負勇,嘗坐城堞發砲石,屢中賊斃之。又有張二郎者,善没水竟日。每遇賊舟,潜泅至,以利鑽穴其底沉之,時斬倭首以獻。穆一郎以軍門計,使潜入陶宅賊巢,投毒于井,又能探取賊出没徑路以歸。同時以間諜説賊者,有閩人蔡忠恕,一名時宜,號玄谷,説賊于柘林舊巢出海。贊畫周述學及華錦,俱爲胡總督謀間,説徐海降軍門。

兵器徵諸郡技擊,一時有湖廣飛標鈎鐮、山東戈鈹、處州狼筅、定武弓弩。凡倭賊恃刀犀利,以大片毛竹拒打,其刀易折。此昔年前朱倭馭徐倭之法也。狼兵有燕尾牌,以桐木或柁木爲之。其長如人之身,其廣不滿尺,其背如鯽魚。故側身前逼,雖當利刃而不能斷。故輕如鳥翼,而一切矢石皆可蔽。田州甲自盔以下,並用堅生牛皮油灌之。甲特周前後腦背而已,兩肩兩臂及股,並别爲小牛角片,置雲肩敵手等名色,取其伸縮如意,便于轉鬬。試召田州工氏或廣中人,能倣製之,一盔甲約二三金可辦也。廣中弓弩,每采毒藥灌其鏃,鏃着人血縷,無不立死,廣人嘗携用之。又嘗聞賊初至松時,倉卒無器械,以紙糊盔,以木爲刃,金銀箔塗飾如優人,騎而巡于城上。承平既久,民不知兵,故奸民詗實以輸賊,禍所從來矣。

紀 占 寇

祥必察禨,諧以志怪。不有智者,孰見未然。占寇之預兆者四事。

嘉靖癸丑六月夕,占望氣候不正。初昏,南天赤氣布滿辰方,忽見蚩尤旗,旗之下天罡主之,當大戰東南隅。癸丑歲星在辰,歲之所在,戰伐必先。日辰爲戊子,戊爲我,子爲彼。赤氣生戊土,而辰拘子水,此戰賊必破敗。果于是月合戰,大勝之。先是,癸丑閏春,郡有張仲之變。身爲禍首,戕慘幃堂,猝出非常,士民駴異。不十日,倭夷犯境,灾民横被鋒刃,不可勝數。徐奉化獻忠爲文弔之,有云:"何皇造之不仁兮,開東南之浩劫。民膏糜于鋒鏑兮,先横灾于司牧。"殺機已先兆矣。癸丑,賊未犯松,柘林民間産一兒,甫墮胎,即逸入床下有聲。人駴視形,有毛角,一夜叉獰鬼也。咸卜不祥。亡何,倭難作,巢柘林最久,而禍最酷。沿海地初生白毛,有黄色者,長尺許。鄉村城市,亦在在有之。民謡曰:"地上白毛生,妻兒老小一齊行。"後倭亂焚劫,男婦奔竄,井邑遂無人烟矣。

紀 詛 寇

殺既穢空,用干神怒。以褫其魄,賊乃滅亡。詛寇之爲詞者凡四章。

嘉靖三十五年丙辰,工部侍郎趙文華奉上命,祭告海神。時寇熾,不能望海。太守方公廉乃爲壇于春申浦上,血牛馬,大會文武。將吏戎服陪列,三軍鎧甲戈戟,樓船旗幟,肅于壇側。文華登壇宣祝,其文曰:"於維東海,東華所宫。百神是宅,萬靈所宗。高山大島,紀問焉窮。蛟龍此窟,蜃氣斯融。沛爲甘霜,澍爲真澤。一潤所滋,無槁弗植。乃兹寇賊,倐起東方。群彼逋逃，以恣猖狂。戕我東人，傷我稼穡。自丑逾寅，今已卯歲。干戈載道，民生孔棘。事聞天子，震怒有赫。無何引罪，遣祀有敕。有文龍章，有禮秩秩。維是刀斧，金鎔玉液。有鬼有神，神不可測。鋒芒所指，維寇是克。期佑王師，元功是即。旌旗在道，征旅在行。殲彼大豕，執彼羶腥。以奏膚功，維神是賴。臨發告虔，誠懇有在。海宇肅清，神德維大。"

三十三年四月日，松江府知府方廉爲文，以籲告上帝。曰："天心仁愛，乾乾昭生物之功；帝德含弘，往往普救時之惠。故雖下民有罪，未必玄念終遺。慨兹東土之灾黎，罹此賊倭之憯毒。始於歲癸丑巳月庚辰，延於歲甲寅巳月辛未。逞鼯鼠之技，以出没海隈；奮魚鰕之勇，以腥汙人類。形踪狡猾，巧爲潜伏以難窺；意氣豺狼，忍肆殺傷而無忌。官兵將校，凱音無幾而旋衂；學士大夫，城守有計而莫支。猥奉郡符，不幸適當其會；圖維民社，虔恭渴盡其愚。日已甘於簞食，猶恐負愆；夕不遑於解衣，寧辭當事。致身願同于潭守，許心敢後於睢陽。然死而無謂，天則深憐；若求而有得，人奚自棄。伏願忽墮倭鋒，帝靈有赫，潜銷賊黨，天討攸彰。即爲殲厥渠魁，永使保全黎庶。謹率同僚吏、合郡士民，用申虔禱。"

又爲文告城隍之神，曰："維百萬姓之生靈，夫豈恒沙之細；尺五天之命令，動成山岳之尊。玉篆龜趺，昭著城復於隍之義；朱門紫府，儼存照臨鑒視之儀。分已重於專城，責可辭於禦難。屬者東南胎禍，松郡尤奇。初然倭寇成群，間亦流民黨與。以奉頭鼠竄之習，張拔山蓋世之威。遵水陸以潜滋，提刀戈而横肆。無辜而死者，指不勝計；有目而死者，心寧忍之。督兵或至於喪師，城守久憐於徒費。予兹來守，適遇其期。每揮淚以許心，敢忘家而倡義。民心雖協，物力漸痍。是用率同僚吏，虔禱神祇。所願速發神兵，嚴施陰殛。剪其醜類，惠此下民。庶咸無負於明時，用皆少塞於大寄。永兹血食，彰爾神威。"

郡人禮部尚書孫承恩，爲郡民籲告城隍之神，曰："嗚呼！民之無辜，數有終極。天有悔禍，亦亶用彰。海寇凶殘，經年累歲。民遭荼毒，奔播死亡，不可數計。某等曩嘗乞靈于神，亦荷洪休顯應，保此遺黎。然賊猶未出境，睥睨睢盱，意實叵測，若有志於孤城者。流言洶洶，公私震懼，某尤所切憤焉。自古若漢唐宋，盜賊之起，皆當國家衰季，上無明君，下多暴政，天人交怨，禍亂乃生。方今國家全盛，太平之世，聖君在上，大小群臣奉公守法，子育黎元。普天率土，罔不傾心向化。而蠢彼么麼豸蜾，上無所因，乃敢公然肆其狂毒，犯我王朝，干我天憲，殺掠人民，劫殺財貨。大逆無道，天地不容。皇天上帝，愍此下民，其有不赫然震怒，亟降之罰，以殄滅之，俾無遺類哉？恩等皆松之民也。惶惶此心，無所控訴。是用再竭愚誠，惟神是禱。伏望俯垂鑒察，大闡威靈，奏達穹玄，速行拯濟，全此孤城。實百萬生靈之幸，非特恩等一身一家之賴而已也。謹告。"

合郡大夫士及居民人等，歃血載牲，上告于天地社稷、兩學文廟，及城隍各廟神靈。盟心矢志，有力者出力，有財者助財，有謀者效能。務在殺賊，以雪死者之憤，以紓門庭父兄之難。俱約五月二十一日，同會南禪寺之雷音堂。用置簿籍一扇，各量家之財力，斟酌填注。多合一二萬人，少不下七八千。日事操演，以求精强，用結義社。夫既曰義，各本人心，各由天理，各以國家地方爲念，各以祖宗父兄爲心。出乎自然，無刑罰之督責，無誨言之勸誘者也。況太倉、嘉定,賊已臨城,士夫人等,俱出義兵攻守,各得保全。蘇州、嘉興等處,俱一體起義團,結備禦。顧吾松可獨少耶?其城外諸士夫人等,及鄉聚士夫人等,亦宜表裏團結,互相策應。不但本郡士夫人等,各處義商,僑寓賢者,食土之毛,利民之息,均有地方之憂。亦宜附屬團結,表裏有備,防禦嚴密。苟或賊夥再聚,隨地自可聲援。以吾松一郡之全力,加之義氣張皇,忠憤激烈,彼何物小醜,敢攖吾之怒刃耶?如毛投火而無弗燎,如卵壓石而無弗破矣。郡中賢豪長者,當各早奮亟倡,無徒逡巡自諉。其間有執迷不省,固爲推調,以自外吾義社者,是其人必助海寇而爲虐者。脱姓名聞於有司,自當别有差委,又不知其吝惜,終可如意否。後無悔,故示。城外人有願附城内團結者聽。是時賊來嘉定,嘉定無城,幸有賢令,各就居民家下拜,男稱爲哥,婦稱爲嫂。率罄家築城禦守,婦則送飯,門户窓榻悉爲障土之具,朝夕間城完無事。崑山有城,亦有賢令,一如嘉定勸率,男子禦守,婦人送飯。賊首頂巨板攻南門,幾破矣。城上乃從門之機縫墜巨石壓賊壓死,餘黨二三十人散去。此皆守城協力之效也,并記之。郡人張世美述。

紀 調 寇

内訌蝨賊,外挾島夷。料敵制人,多算者勝。詷寇之譎謀者凡數則。

日本造船與中國異,必用大木取方合縫,不使鐵釘,惟聯鐵爿,不使麻筋桐油,惟以短水草塞罅漏而已。費功甚多,費材甚大,非大力量,未易造也。凡寇中國者,皆其島貧人。向來所傳倭國造船千百隻,皆虚誑耳。其大者容三百人,中者一二百人,小者四五十人或七八十人。其形卑隘,遇巨艦難於仰攻,苦於犂沉。故廣福船皆其所畏,而廣船旁陡如垣,尤其所畏者也。其底平不能破浪。其布帆懸於桅之正中,不似中國之偏桅。機常活,不似中國之定。惟使順風,若遇無風逆風,皆倒桅盪櫓,不能轉戧。故倭船過洋,非月餘不可。今若易然者,乃福建沿海奸民,買舟於外海,貼造重底,渡之而來。其船底尖能破浪,不畏横風鬭風,行使便易,數日即至也。

凡倭船之來,每人帶水四百斤,約八百碗。每日用水六碗,極其愛惜,常防匱乏也。水味不同海水,鹹不可食,食即令人泄。故彼國開洋,必與五島取水。將近中國,過下八山、陳錢之類,必停舶换水。所以欲换者,冬寒稍可耐久。若五六月,蓄之桶中,二三日即壞,雖甚清洌,不能過數日也。海洋浩渺,風濤叵測,程不可計。遇山而汲,亦其勢耳。盥頮沐浴,海水山水皆可用。或云浴海水令人膚裂,近訪之不然,但黑肌膚而已。倭奴有一秘法,煮泉一二沸,置之缸缶,能令宿而不壞,然亦不過半月,久則不能也。其至普陀必登者,非换水,亦非真欲焚香,乃觀兵訪虚實耳。

倭夷慣爲蝴蝶陣,臨陣以揮扇爲號。一人揮扇,衆皆舞刀而起,向空揮霍。我兵倉皇仰首,則從下砍來。

又爲長蛇陣,前耀百脚旗,以次魚貫而行。最强爲鋒,最强爲殿,中皆勇怯相參。賊每日鷄鳴起,蟠地會食。食畢,夷酋據高坐,衆皆聽令。挾册展視,今日劫某處,某爲長,某爲隊,隊不過三十人。或爲穽以詐坑,或結稻稈以絆奔,或種竹簽以刺逸。

常以玉帛、金銀、婦女爲餌，故能誘引吾軍之邀追。

俘虜必開膛而結舌，莫辨其非倭，故歸路絶。

恩施附巢之居民，故虚實洞知。

賞豐降擄之工匠，故器械易具。

細作用吾人，故盤詰難。

向導用吾人，故進退熟。

預籍富室姓名，而次第取之，故多獲。

宿食必破壁而處，乘高而瞭，故襲取無機。

間常一被重圍，餌以僞緘而逸之。或披簑頂笠，沮溺於田畝。或雲巾紵履，蕩遊於都市。故使我軍士，或愚而投賊，或疑而殺良。

江海之戰，本非其所長。亦能聯虚舟、張弱簾，以空發吾之先鋒；捐婦女、遺金帛，以弭退吾之後逐。

凡舟之裙墻左右，悉裹布帛被褥而濕之，以拒焚擊。交哄間，或附篷而飛越，即雷震而風靡矣。

寇擄我民引路取水，早暮出入，按籍呼名。每處爲簿一扇，登寫姓名，分班點閘。真倭甚少，不過數十人爲前鋒耳。

紀　被　寇

癸甲之變，邑里爲墟。不剪蔓焉，無寧歲矣。被寇之虐者凡五年。

嘉靖三十一年壬子夏，倭舡飄至寶山，人不滿百。時百户馮舉與隊長屈倫，率所部殺賊一人，賊衆奮鬭。百户宗元爵又與賊戰，俱死之。賊據楊氏莊，飽掠旬日，奪漁舟而去。

三十二年癸丑二月十七日，倭賊三十五人泊船五團肆掠，殺金山衛百户王忠，數日即開洋去。時有金宋兩姓，糾鄉兵八百餘，奮欲追勦，爲南匯所范千户力阻而止。范後爲賊所殺。

三月二日，倭三十六人忽于青村所焦墩登岸。備倭指揮黄世科，命百户王河率隊長陳九等，倉卒出禦，被殺，掠下沙等處。月餘，由漕涇入乍浦。百户陳綬、指揮陳善道、總旗張儒戰于長沙灣，死之。

四月八日，倭二百餘人自八團來，屯連賓華橋，與官兵接。夜，倭劫我營，殺數十人。十五日，倭由六團分踪，聚陸氏園中四日，不敢渡浦。知縣喻顯科先遁，守兵争逃。賊直搗縣境，大肆焚劫。

五月四日，賊船數舸凡三百餘人，至漕涇普子廟登岸。賊首蕭顯復率倭由浙至寶山沿掠。兵備任公環調發鎮江及本縣民兵五百餘人，委松江劉通判禦之，戰于連賓橋，大敗，死傷甚衆。劉沉水中一晝夜，僅以身免。初七日，倭千餘從太平寺祝家橋驟至，市民潰散，糧船泊浦上者俱燬。十二日，倭復入寇，北自海口，南自周浦，共三百餘舸。操江蔡公克廉調鎮海衛指揮武尚文、建平縣丞宋鰲，各統兵巷戰。遇中伏，馬蹶，死于西籩笠橋。鰲轉戰至縣橋,被重創以死。先鋒丁爵及袁指揮亦死之。

六月八日,賊二百餘人從宋家浜入縣西焚掠。六合知縣董公邦政追至八團北小灣,小却。二十七日,賊駕白海船艘,直泊北宫前,又擄糧船九艘。處兵遇敵伏發,殺指揮黎鵬舉、鎮撫胡賢,焚劫殆盡。時有韓都司璽,激僧兵月空等,力戰于四墩及梁監生家東,斬賊八十餘級。軍聲稍振,賊遂解去。知府方公廉得城上海,李通判日夜監督完工。董公邦政超陞僉憲,駐劄上海,專理海防。

十月,賊蕭顯等據南沙。金山總兵湯克寬,率邳兵圍賊,遇伏敗死官兵八百人。是時,方公廉復增修郡城,編鄉宦舉監大户家丁力爲防守,親督巡視,晝夜不輟。

三十三年甲寅正月二日,賊蕭顯乘間直抵吴淞,分兵四劫。時皆二三十人作爲一夥。崇明兵船四十號,泊黄浦東岸,戰敗。顯遂逼上海東門,穴民樓,瞰城中。董公邦政嬰城固守,以神鎗手中賊輒斃。復進逼賊營,斬首數級。

二月六日,賊遁去。官兵追至浦東太平寺,突遇數酋,不戰而敗,上海縣丞劉東陽死之。會任公環統民兵三百、僧兵八十來援,戰于葉謝、馬家浜,頗多斬獲。因援兵不繼,僧大有、西堂、天移、古峰二十一人皆死焉。環追襲,敗之于五里橋。参將盧鏜以浙撫王思質命,浮海而至。界浜一戰,焚賊舟七艘,斬首八十級,追圍南城。城甚隘,且無儲粟。我兵不下數千,若令四面掘濠,下釘刺聯木栅,賊可就擒。乃縱令潰逸,遂流入浙省。時巡撫彭草亭詔下獄,以僉都陳午山代之。

三月,賊劉三以二百餘人入吴淞江登岸。十八日,賊至吴望橋。湯克寬兵且戰且却,與耆民施大鯨斬首一百七十二級。邳州兵繼戰,賊悉就擒。二十五日,賊于黄浦出海,大風,船多覆溺,復登岸。蕭顯分據周浦、下沙、新塲、川沙,陳東、徐海據柘林,分艅劫掠。守禦官徐學夔坐失機,獨三團把總婁宇、陳習,屢戰勝之。二十七日,賊九十餘人,自漴闕登岸,焚舟内攻,直抵郡南門。先焚所造大海船十艘,繼焚南倉官糧三厫,又燬民廬四百餘家。千户童元、巡簡李叢禄戰死。賊從干巷轉浦南去。海船初主將議造,幾費萬金,所僉大户中人産悉破。竟付烈爐,時俱憤惜之。

四月二日,官兵自海口追賊百餘,至郡北闕,由東闕俞塘轉至南門,皆飢餒,宿黄耳祠,乃始得食。次早,徑渡浦,從張堰往曹涇沿掠。時得鋭兵邀擊,乘其困憊,賊可成擒矣。四日,賊五百人由上海陸道,過七寶鎮,逼郡東門。時男婦擁城下以萬計,城閉勿納。太守方公廉、推官吴公時來坐城門,盡入之。賊始至,撫按皆登城戒嚴。教授韓崇福從城上射賊二酋,殪之,賊遂引去,崇福陞本府通判。五日,賊往西門,焚劫長橋居民。時兵備任公環統民兵出戰,從辰至午,射賊數人隨斃。環所率兵漸遁,惟數騎自隨。開門入城,恐賊相掩,乃持戈躍馬,衝至莫家巷入,由白龍潭入北闕。時賊縱焚,自弔橋至北俞塘,南抵板橋,烟燎凡七十里,殺死男婦數百人。六日,賊三百餘人,從秀野橋西過廣富林,抵唐行,分艅掠朱家角、沈巷、林家角、葑澳塘,恣行劫擄。處兵追逐,俱敗走。賊至青浦,奪糧船四艘,棄糧水中,悉載所掠重貨,從崑山行出海。十一日,賊八百餘人,自閔行至過清水石橋,直抵西倉,俱下岸行。沿燒廬舍,自秀南橋至小倉橋,并焚倉厫二,聯上岸,止焚跨塘橋、倉橋、秀野橋各民房百家而已。賊大船泊小横潦涇分劫，男婦溺死者六百餘人。又分劫泖之東西，如尤墩、張莊、斜塘、朱涇、泖橋、吕巷、章練塘、高㴰、王巷、周莊、楊扇等鎮，每日率三四十人，各分作夥，以小舟運載大舶者旬餘。若得水兵分佈湖泖，督以將領，邀賊歸路，便可截殺。而縮懦觀望，賊如入無人之境矣。

五月一日，賊七百餘人，從南門列陣，抵西門長橋，遣四酋臨城逼進。城架施佛郎機，斃其二酋，又鄉兵殺死一酋，乃退入白龍潭寺，殺數百餘人。次日，賊乃舟行，傍河民居隔數舍一火。仍分衆往劫泖之東西，至金澤鎮。四日，賊五十餘人從朱涇至，由錢涇橋復往横潦涇分掠，尋據平原村。九日，過章練塘，劫朱家角。十三日，賊自風涇抵金澤，被鄉兵、浙兵三百餘艘圍于馬家兜沈二家，四面皆水。十六日，賊倖潰圍宵遁，半入風涇，半入郡境，從石湖橋奔竄。時山東省祭孫鏜率衆追及，越橋從者僅十人。鏜弓壞更張，遇伏，客兵不援，遂與十人俱死水中。時賊久札上横涇馮中書家，遣船據爛路港，邀截避難民船，窮鄉僻村，殘破殆盡。

六月三日，賊載輜重行。道經葉謝，湯克寬率衆圍之，斬賊四十級，奪獲賊船七艘，大勝之，至今名得勝港。十八日，賊千餘劫蘇州，滿裝大船二十七艘，小船三十餘艘，由嘉興入吾松朱涇鎮。十九日，抵斜塘。解明道代總兵率師守禦。二十日，賊從横潦涇泊閔行、沙岡等處，焚燬蕩析，至廿九日出浦。先是，賊泊近地，郡人震恐。解明道時昏夜率兵，徑回太倉。幸賊引退，不肆攻掠。

七月，賊定札川沙灣，以拆取民房，搭蓋衆廠，盤據結成老巢。時初調河朔兵至，盧鏜等與賊戰，中伏敗，力士丁千觔、馬八百死焉。

八月一日，賊首朱二、僧明山初到柘林，僅八十四人，奸民多投其黨。後海寇續至，衆及千餘，遂以柘林爲窟。八日，軍門檄都司韓璽，統各路兵及僧兵百人，禦南匯倭。四日進兵，焚其三艦。十三日，駐兵白沙灣，猝與賊遇，斬賊百餘。賊隊有紅衣巨寇，最驍勇。僧月空徧視諸僧，皆失色，獨智囊者了無懾怖，即遣拒之。兵始接，智囊提鐵棍一擲，躍過倭左，刀墮。賊稍轉，又躍倭右，復格去其刀。倭應手斃，群賊散走。四僧了心、徹堂、一峰、真元者，乘勝追斬遇害。所屯巢自此亦空。

九月十七日，柘林賊攻青村，相持十日，揭帨爲旗，隊而進。城上矢石雨下，傷者甚衆。千户陳元恩一矢中賊吭，尋解去。時元恩弟元思，以鉛銃置堞間，熟視舉火，即仆一賊，衣紅乘驢，循護塘而行者。

十月八日，賊憤城不下，有二十四賊，詐從西南來。指揮徐承宗、千户葉緒倉卒出兵，中伏而敗，殺溺官兵二百餘人。

十一月，賊札吕巷鎮。湯克寬率邳兵屯朱涇，相距十里許，衆不結營。九日，克寬入郡謁直指，兵無檢束，散處民家。是日天晦黑，自卯至酉。賊乘間夜擊，官民敗死千人。邳兵倉卒，僅張空拳，殺溺無數。其僅免者，裸而渡河。值冬寒，居民多遭奪劫，勢不能禁。自此邳兵亦不復用矣。

十二月五日，賊乘夜雨雪，進攻青村，城柘林，距青村二十五里。夜半臨城，官軍不覺，賊縋而上，縱焚城樓，大肆殺掠，軍民死者幾二千餘人。劫擄財物婦女，城爲之墟。總帥解明道、參將李逢時、許國，以輕進敗衂，俱下詔獄，俞大猷代之。時柘林賊黨聲勢張甚，董公邦政、婁宇等常多斬獲。方公廉又召募民壯，分扼諸寇。喬鏜召募鄉兵四百，潘元三百，盛際時二百，皆海上鹽丁，精悍有斬獲功。是年酷罹倭難，荒旱繼之，疫疾死傷，枕藉載道，于是有免税秋糧之旨。

三十四年乙卯，總督巡撫始入松，乃有勦巢之議。正月，川沙賊攻南匯。董公邦政率兵，搗川沙賊巢。時賊死傷者五百餘人，喬鏜復追敗之。自此賊不復出。

二月，郡忽傳倭至。男女奔竄，守城軍兵皆散走。方公廉獨率一二隸役出偵，至鶴城書院，一二人并遁。公獨行，徐入城。翌日始定。十八日，賊百餘人自桐鄉回，經青村，佯若進攻者。把總金漢、千户陳元恩、監生盛際時，率兵出城追擊之，斬級四十餘。十九日，從南匯所而北，婁宇復敗之海上。

三月六日，廣東瓦氏領狼兵八千人、女侍四十人至松，法嚴不擾。有藥弩甚利速，請出戰。總督張經令協守金山。時有白遊擊頭目鍾富，輕入失利，賊誘殺之，狼兵之鋭爲減。侍郎趙公文華，奉命祀海神。七日，賊三四千自海口來，攻上海縣。董公邦政發兵迎之，戰于浦東陸氏園，我兵輒北。賊有緋衣白馬，持刀衝擊。海防兵陳瑞挺戈獨鬬，竟前斬之，賊懼而退。瑞口銜賊級，截浦而泅，觀者壯其勇。邦政立署爲千户。

四月十七日，永保土兵至。宣慰彭藎臣翼南縱兵恣掠，爲民害。總督方議會勦，賊先于十九日分兵二千餘人，突出金山，從獨山往嘉興。俞大猷率瓦氏兵尾擊，賊反攻匝圍，殺傷我兵甚衆。瓦氏披髮舞刀，往來突陣，浴血奮鬬而出。後徵土兵，并發彭藎臣率保順兵先往戰，不利。總督乃會兵，同浙撫胡公宗憲追賊王江涇，先調永順兵，從泖河遏其前路。賊不得進，乃退入墓亭，三面阻水。永順兵先逐斬賊首千餘級，溺死者千餘，敗賊僅五百人奔巢。而金山守兵不敢邀擊，以此賊多易之。

五月五日，賊分艅八百餘人渡浦。董公邦政、吴公時來、參將周藩、把總婁宇，率兵追至唐行。賊潛匿民廬，俟軍半渡急擊。藩墮水死，官兵被殺傷者千人。賊至蘇州，爲代巡周公如斗所敗，奔常熟。知縣王鈇、致仕參政錢芹拒戰不支，皆死之。賊出海遇颶，覆溺幾盡。十四日，賊衆五百餘人，奪舟渡浦，復抵郡南關，復從西關長橋至秀野橋。永保土兵横暴，無鬬志。賊掩殺之，奔張莊鎮，三面阻水，賊惶怖，恐死絶地。總督予千金，犒彭藎臣，竟留不進。賊得以水軍渡水走，劫蘇而歸巢。

六月二十四日，川沙、柘林賊合踪數千，劫掠杭州。計船七十八艘，由泖橋入巢據守。

七月，總督被劾，以侍郎楊公宜代之。僉都曹公邦輔專督軍情，與賊遇于上海東溝，大戰勝之。賊遁周浦。

八月十四日，川沙賊艘約三百餘，開洋渡海，官兵始焚其巢。柘林賊尚横，適疫癘死傷，方公廉又使諜毒井中，賊死甚衆。其零賊五十四人，由蘇直抵留都城下，往復歙州，還至東壩，由溧水而東，至太湖木瀆。時南匯選鋒精鋭，都御史曹公邦輔調至二百名，遇賊勦殺之。十八日，柘林賊艘約五百餘，開洋遭颶。備倭王世科、把總劉堂等，各駕船乘勢追擊。覆賊大船二隻，斬首二百八十級，又飄賊船二十餘入吴淞口。賊復回柘林，止存九十八艘。登陸者將走川沙，又爲嘉定縣丞張潮及上海兵合擊之。所存柘林賊復焚舟，示無去意，僅存沙外十二艘耳。胡公宗憲遣王沛等，設伏以伺其走，果乘潮潛遁。追及金山海洋，盡犁其舟，脱者定海兵截之。其八團賊徐海，乃移據陶宅。柘林之巢始空，民居井舍蕩無一二存者。

九月十三日，總督會浙直兵進勦陶宅寇。俞大猷、劉顯、董公邦政陣于東，盧鏜陣于南，曹公邦輔、周公如斗留青村。時天雨，前兵將至賊巢，後軍猶隔運鹽河未渡。董公邦政怒千户劉良等，方截其耳。頃之兵潰倒戈，聲若崩萬間屋，邦政隔河亦遁。俞大猷與賊戰，賊止數人，我兵追之佯走。遇一小橋，止單騎可渡。我兵越橋而追，賊匿蘆葦中，突起中截之，後兵奔北。賊掩殺墮水及殺死者，浙兵二千，南兵八百餘人，都司邵昇等皆遇害。次日，浙兵僧兵自南來者，直至賊巢。賊銃砲俱發，僧兵鋭甚，遇賊輒擊斃之。賊乃衣我兵號服器械，繞出兵後，鼓譟混戰。僧兵誤認官軍，賊刃已及，遂死。

十月一日，賊移屯周浦寺，遣賊數百抵陸氏園，窺伺上海。曹公邦輔督山東兵追捕，射傷頗多，賊遁去。十六日，俞大猷復率山東兵及鄉兵萬餘，烏合原無部伍，進勦旋潰。曹公邦輔奮死阻賊，獲保旋師，山東兵遂皆竄去。二十一日，督府發川兵六千、毛葫蘆兵四百，復進勦之。天忽昏霧，未戰輒敗。賊掩殺川兵千餘、毛兵百六十人，餘兵逃散。

十一月二十日，賊乘夜雪，又移營新場，得民家積粟，乃巢之。擄獲鄉民，剪髪充伍。

閏十一月，僉事焦希程率川兵擣周浦賊巢，大破之。先是，總督潛令武生胡亘、朱洸等，設伏賊巢，約舉燧始發。希程與遊擊曹克新雪夜襲之，亘等縱火焚寺。賊驚伏起，斬首一百三十有奇，賊巢燬焉。賊遁吴淞，副使王崇古、俞大猷追擊，大敗之。

十二月十五日，兵部調永安土兵六千至松，比永保稍戢。督撫更議進勦，乃遣土兵住札閘港，俟會兵進發。

三十五年丙辰正月一日，土兵突進賊巢，賊伏起，被殺者千人。

二月，徐海復巢柘林，與陳東合。參將尚允紹札營青村，率兵偵哨，遇賊百人，輒追捕。賊乃伏四橋左右，螺貝聲起，環攻叢射，殺允紹及二指揮、三千户、一武舉，兵卒死者數百餘人。時楊公宜劾爲民，曹公邦輔詔逮，胡公宗憲兼代其任。

三月，賊新至漴闕，胡公宗憲令任公環會參將喬基共擊之。賊逃至蔡廟廢堡，環乃以把總陳習攻東門，車梁攻西門，張維孝攻西北，顧鳴鵬攻西南。賊死拒，官兵逼之，戰方酣，王賓等兵潛從東北入，大破賊斬之。賊遂分支流突，一犯南匯，任公環敗之，婁宇又敗之。總督會兵擣陶宅，賊敗遁出漴闕外洋，婁宇與把總王應麟復敗之于九團。一犯青村，王應麟敗之。一自金山流至西庵，董公邦政盡殲其衆，又追擊新賊于沈莊。再犯吴淞，俞大猷與把總楊尚英、劉堂等，設伏海口，賊至伏發，沉其舟十三艘。

四月十一日，新場舊賊往合新賊，水陸並進，從金山過乍浦入浙。舊賊得船而歸，新賊徧劫嘉湖。

五月一日，倭船一百五十餘艘，自吴淞入上海北宫前，登岸焚劫，造雲梯進攻。通判劉本學署縣篆，邑縉紳諸生請貸帑金二千，募死士分守，凡十有八日。先二日佯退，至十七日夜，窺西南隅地曠，梯而登。守城豎兒楊鈿覺之，大呼，衆驚起。賊刺鈿墮城下，衆亦并堞推墮，磚石雨下，賊受傷奔溺，死者六十七人。遂退入浦，始解圍。十九日，直抵閔行。官兵守浦者獸散，居民奔入城者，蹂踐于途。二十日，賊由斜塘往蘇州，爲吴江水兵衝擊，轉掠郡西關，火七日不絶，焚劫視癸丑尤甚。至二十七日，始解去。把總劉堂追擊之于泖湖，敗之。任公環、同知熊桴復擊于澱山東，又敗之。

六月七日，賊破桐鄉，駕千艘東下，經朱涇，泊吕巷分掠。如四保、五保、七保、八保、張堰、干巷、松隱、横涇等處，焚劫一空。十一日，賊首徐明山即前巢柘林者，遣千户陸鳳并承差健步二名，倭十人，詣南關城下，餘賊稍遠。持總督檄，稱會同效順海商徐明山勦賊求見。時賊姦叵測，内外洶洶。周公如斗即諭鳳，令宣示朝廷威德，賊即移舟徙去。

六月，新安衛百户帥印統廣兵，與賊遇于青村，戰敗死之。海上官兵時獲賊艘，生擒斬首者，皆桐鄉之寇。間有出海，多爲飛艦所擊，無生還故島者。至三十八年己未，賊據崇明山沙，爲官兵所截，七月，奔遁揚州，而松寇始絶。

紀殉寇

義憤同仇，倭乃疸食。不移九死，凛凛猶生。殉難之可考者凡四十有五人，烈婦、貞女十五人。

嘉靖三十三年，倭初至寶山。吴淞百户宗元爵、馮舉及隊長屈倫死之。

二年二月，倭掠五團，金山百户王忠死之。

三月，賊入青村。守禦百户王□及隊長陳寶死之。

賊入乍浦，陳善道、百户陳綬及總旗張儒死之。

五月，賊寇周浦。指揮武尚文、縣丞宋鰲、先鋒丁爵等俱死之。

六月，賊艘泊北宫前，指揮黎鵬舉、鎮撫胡賢死之。

三十三年二月，賊遁浦東，上海縣丞劉東陽及僧兵大有、西堂、天移、古峰等死之。

三月，賊焚南倉，千户童元、華亭巡簡李叢禄死之。李贈光禄寺署丞。

五月，賊竄石湖橋，省祭孫鐣死之。贈光禄寺署丞，又蔭一子爲國子生。

七月，賊札川沙，力士丁千斤、馬八百死之。

八月，賊寇南匯，哨官李府及僧兵了心、徹堂、一峰、真元死之。

三十四年五月，賊至唐行鎮，遊擊周藩死之。後贈都督僉事，録其子襲陞三級。

九月，賊巢陶宅，官兵會勦，都司邵昇、姚泓，生員于岳皆死之。

三十五年，賊戰松江四橋，參將尚允紹，指揮李田、鮑東萊，千户郭勛、崔彦章、李尚節、李鼎，百户趙武、陳清。後贈允紹都督僉事，蔭一子千户世襲。田等八人各贈官陞襲如例。

(二)[三]月，官兵擣乍浦巢，土兵汪相、向鑾，鎮撫彭應時俱死之。

六月，賊寇青村，新安衛百户帥印死之。

賊掠新場，上海廩生閔電死之。

五月,賊攻上海,守城卒楊鈿死之。
上海之寇,胡汝任妻瞿氏死之。
城東之寇,韓洪謨妻張氏死之。
郡城南之寇,應奎女、陶氏、張經女皆死之。
葉謝鎮之寇,夏世勳妻王氏死之。
泗涇之寇,李之葉妻趙氏死之。
浦南之寇,譚三妻張氏死之。
瓜涇塘之寇,朱明輔妹二女死之。
黃浦之寇,朱焕妻焦氏死之。
泗涇之寇,張仲珍妻張氏死之。
七寶之寇,陸台蘭妻陸氏死之。
東鄉橫眠里之寇,三女死之。

松江府志卷之八十八

兵燹二

紀防寇

禍深厝火，動色徙薪。大猷是經，謀乃有獲。紀防寇之詳筴者，凡疏劄籌議二十。

兵部會議，爲懇乞天恩，督責將官，恪守地方，勦滅倭夷，以安民生事。奉南京兵部劄付，及本部等衙門巡按御史莫如仕、兵科等科給事中王國貞等、陝西等道御史温景葵等題，俱奉旨，兵部會官詳議。隨該臣等會同吏部尚書等官李默等議得，南直隸蘇松等府，倭寇猖獗。合候命下，移咨吏部，精選才望素著大臣一員，請勑前去征勦，假以事權，俱得便宜行事。查得山東奏留民兵一枝，及青徐等處水陸鎗手，俱堪召募。合令户部動支太倉銀五萬兩，及本部選差司屬官一員，都察院另差風力御史一員前去，會同撫按等官，精選兵夫五千員名爲一營，就令參將李逢時奏請回京。如果賊勢重大，亦聽本官相機處勦。應用錢糧，應賑恤地方，應委用人員，應調募兵馬，凡論列有所未備，會議有所不盡者，一面施行，一面馳奏。有能斬首一顆，即照邊功，擬陞一級。不願陞者，賞銀一百兩。及其賊首王直等，果能率其黨類，悔罪歸順，既與蠲釋本罪，仍授世襲指揮僉事。其手下黨類，量授千百户等官，亦與世襲。有能擒斬真正賊首，不問軍民及賊中脅從之人，悉授以世襲指揮僉事。及照地方危急，沿江沿海兵備守巡，及府州縣等官，俱候事寧，方許照常陞轉。至於撫操大臣，尤當久任等因。奉旨依擬。臣等查議間，有給事中賀經等，奏爲緊急倭寇窺伺日深，懇乞特命重臣，以聲天威，責成地方官員，以厲後效事。及照倭夷向只負海爲險，今則舍舟而陸攻，圍州郡，北侵通泰，南劫蘇、松、嘉、杭、寧波等處。議者謂尺籍之兵既不足恃，則當以召募勇敢爲上策。近日雖聞借募廣西狼兵，已到五百餘衆。然以借爲名，終是數目寡少，或難長驅。或當調山東之長鎗手，河南之僧兵，湖廣宣慰司之土兵，互爲聲援。特命總督大臣一員，節轄七省，調度其間，以定夾勦大計。伏乞勑下該部，從長議處。查照舊例，推委才望風力大臣一員，領敕前去南直隸適中地方住劄，總督南直隸、浙江、山東、河南、湖廣、福建、廣西等處。一應兵馬錢糧，悉聽調度，得以便宜行事，務期蕩剔。再照尚書張到任以來，修廢勵勇，提綱振紀，允爲東南保障。是宜容留重委，以安地方者也。如巡撫浙江都御史王、巡撫應天都御史屠、鳳陽都御史鄭、操江都御史，俱有地方之責，竝受節鉞之寄。

所宜共戮心力,互爲犄角之勢。又如南京守備魏國公徐、協同守備安遠侯柳、操江臨淮侯李、新任金山總兵解明道、淮安總兵顧寰,既荷殊恩,報效宜切。所當併行警飭,以惕人心。又如文職自方面而下,武職自參將守備而下,有功者俱應本地推用,未效者難以一槩更遷,以塞規避之途等因。又該巡按御史徐栻,奏爲倭寇深入攻劫,日益危急,懇乞聖明,簡命重臣,以彰天威,以安東南根本重地事。切照倭賊之爲東南患,凡三年於兹矣。然亦未有群糾萬數之衆,綿連千里之地,長驅深入,如今之勢,危亟者也。各處巡撫,彼此防守,各有信地,自救不暇,奚望他援? 縱有策應,亦柔脆困疲之民兵,調發愈廣,而臨時征勦之兵折傷愈多。雖有召募兵勇,亦皆出於倉卒備數,初無約束。萬一一處失守,根本動摇。此關係天下之大慮,非特憂在東南而已。伏望敕下該部,作速計議,遣發曾經戰陣將官,統領精兵數枝,星馳前來勦滅。然今之議者又曰: 倭寇强悍剽疾,尺籍之兵數少力弱,率難防禦。必如河南之僧兵,山東之長鎗手,廣西之狼兵,湖廣宣慰司之土兵,互相應援,此必勝之策。然此非本處巡撫所能調集。伏望勑下該部,併行覆查照舊例,仰遵宸斷,推素有才望大臣一員,候敕前往,總督南直隸、閩、浙、山東等處。着令適中地方住劄,一應兵馬錢糧,隨宜調度。各該所屬官員,從其選委聽用。前項各省有名鄉兵,亦望併敕令,得以相機調用,便宜行事等因。俱奉旨兵部看議。又該南京兵部等衙門尚書等官張等,題爲防禦十分緊急倭寇,以安地方事。會同内外守備,并南京府部等衙門科道等官,議照南京爲祖宗根本重地,孝陵在於城外。萬一由江逼近南京,外無援兵,何以策應。臣等以爲急宜行令寧國太平等府衛州縣,務以根本之地爲重,各要操閲募兵,以備截殺。穎州九江各兵備官,亦要一體整備,互爲應援等因。奉旨看議。通抄送司,查得南直隸原設巡撫二員,總督糧儲、提督軍務兼巡撫、兵部右侍郎兼右僉都御史屠,總督漕運兼巡撫鳳陽、右侍郎兼右僉都御史鄭。又添設提督軍務、巡撫浙江福興泉漳、右僉都御史王。嘉靖三十年,該本部題奉欽依,今後臨陣退縮,及逗遛不進者,都指揮以下,許總督大臣斬首。總副參遊官,先取死罪招由,令其帶罪殺賊。其軍士臨陣退縮,及逗遛不進者,亦許總兵官斬首,止開呈軍門知會。節經通行遵照外,通查案呈到部。臣等看得,尚書張等題稱,要寧國、太平、池州、安慶、徽州、廬州、鎮江、常州,遵照該部明文,各操軍募兵,互爲應援。仍行南京户部,支銀五千兩,爲賞功之用。又於在京選擇曾經戰陣將官一二員,統領驍騎二枝,户部支給庫銀數萬兩,隨軍給餉。仍行兩廣,預整田州、南丹、東蘭、那地歸順土兵共五千名,以俟相機分佈截殺。大布明詔,凡賊衆有能自擒賊首歸降者,與千金,得免本罪,照例陞賞。有脅從愚民,俱許隨宜招撫,令其自新。及要南京兵部尚書張,重要責成巡撫都御史王等,策勵供職。守備等官徐鵬舉等,奮激圖報各一節。爲照夷禍猖獗,日甚一日。而東南諸郡邑,小者殘破,大者困圍。所在告急,計無所出。敕差大臣提兵征勦,已有成議,而當時未敢遽擬以總督任者。以應天廬鳳等府,俱以侍郎兼軍職,而應天浙江,又各給有旗牌,提督軍務,事權已重。而差去大臣,位在侍郎之上,各該總督責任,通行查例施行等因。合候命下之日,移咨吏部,將本官量兼憲職。及查照總督湖廣川貴責任,請給敕書,關領符驗旗牌,鑄鈐關防,令其總督南直隸、江南、江北、山東、浙江、兩廣、福建等處軍務。鎮巡而下,悉聽節制。合用兵器錢糧,咸屬調度。守巡兵備文武官,隨宜委用。及督同撫操等官,酌量賊勢緩急,相機征勦。仍查照節年題准事例,都指揮以下,許以軍法從事。文職四品以上,指實參究。五品以下,逕自拿問。此外若懸布賞格,廣誘歸降,招撫脅從,賑恤地方,久任官員,今開載未盡事宜,俱聽從長會同撫操各官,計處停當,一面施行,一面奏報。及行山東添募精兵一千名,與前共六千名,分爲二枝,責令參將李逢時,併原領兵參將許國各統兵。合用符驗旗牌,照例請給。差去御史并司官,務要挑選精鋭,刻期督發,兼程而進,到於揚州地方,交付今任總督大臣,聽其隨賊向往隨用,以解地方州縣之急。御史并司官交軍完日,即便回軍。其紀功悉付各該巡按御史,及咨户部再動支銀一萬兩,共六萬兩,以便召募。并咨南京户部支銀五千兩,就近委官賫領,以爲賞功之用。仍行都御史王、屠、鄭、史,及行魏國公徐、安遠侯柳、臨淮侯李,總兵官顧、解,一體欽遵,協心戮力,用圖保障,以紓皇上南顧之憂。再照倭奴負海爲險,乘風駕濤,往來飄忽。撲之則烏散,緩之則蠅聚。而東南嘉、杭、蘇、松諸郡,素稱佳麗,一望膏腴。若老師費財,久爲戰場,民何以堪?務在相機計處,要不外撫勦兩端而已。如沿海之民,始因樵捕通番,繼以畏罪從亂,逮及妻孥,勢難歸附。此當原其初心,以撫爲主。若真正島賊,蹈海爲亂,及導逆勾引,怙終不悛者,此皆天討。必加刻期平定,仰稱明旨,以解倒懸。此急則治標之方也。但恐設險守固,重門待暴,取象於豫,謂戰不若守也。再照南京兵部尚書張,既該總督蘇松軍務,且兼憲職,别給關防,一切咨劄,承行難後。責令部屬,乞令吏部别選素有風力按察司官二員,或副使僉事等職,并書吏四名,咨送軍門,以備贊畫,承行各該文移,均於事體爲便等因。嘉靖三十三年五月十六日,太子少傅、本部尚書聶等具題。奉聖旨:張經不妨原務兼都察院右都御史,總督直隸、浙江、福建等處軍務,寫敕與他,各該地方官悉聽節制。南京部屬官,有才識的,聽其查取,委用贊畫。不必設山東、兩廣、湖廣應調官兵去處,酌量賊勢緩急,逕自行文調用。各該巡撫官兵併三司巡守道官,即時督發應援。如有抗違遲誤的,着指名參奏拏問。其餘都准擬行,欽此。合咨前去,煩照本部題奉欽依内事理,轉行所屬,一體欽遵施行。

欽差總督南直隸、浙江、福建等處軍務,南京兵部尚書兼都察院右都御史張,題爲薦舉賢才,乞賜擢用,以平倭患事。臣惟群策舉而事乃成,衆思集而事乃精。故古之善用兵者,率從事諸此。而御寇策勳,咸必繇之。爾者倭寇入擾,浙之東西,江之南北,悉被荼毒。所在官司,雖彼此協力,水陸夾攻。然倭賊狡詐百出,黨類日多,全勝未收,大肆欺罔,爲患猶烈。仰蒙宸慮軫念東南赤子,俯納群議,以臣爲總督軍務,期於殄滅夷寇,綏靖地方。臣敢不夙夜籌畫,仰體聖意。又欽蒙敕諭南京屬官,聽臣選擇委用。是欲兼采,庶集衆思,用兵之要,實不外是。臣謹欽遵,訪得南京禮部儀制司郎中盛唐、户部四川司郎中黎遵訓、湖廣司員外郎李一元、雲南司主事蒙大齊、刑部陝西司郎中金立愛、員外郎高登,各職優贍,謨畧精明,已經咨取委用外。又聞閱歷深者則政體必練,懲創久者則智慮益詳。用是詢之輿情,採於衆論,如原任翰林院編修唐順之、原任主事唐樞、原任山西參政胡松、原任廣西參政王鳳靈,之四臣者,操履謹嚴,才學優蔚。議論根於有道,而出言有章;志趣出於忠誠,而立政惟慎。跡雖隱而體國不忘,身雖遠而愛君尤切。若拔於静處之時,處以艱難之事,則政體必練，智慮益詳。畫策而適機宜，致思而得要領。非惟平寇可期，而濟時有具。伏乞敕下吏部，如果臣言可采，再爲題請，或復舊職，或量授官，各以職事。俾臣得以諮决戎機，共清夷患。臣不勝仰望祈禱之至。緣係薦用賢才，乞賜擢用，以平倭患事理，未敢擅便。爲此具本，專差舍人史宗賫捧，謹題請旨。

又題爲亟處兵荒極重地方，以安人心，以消内患事。臣惟民之休戚，係乎地方之安危。而賦之重輕，又係乎民之休戚。是以我國家立政，凡遇灾傷，例必蠲免税糧，以蘇民困。乃若盜賊生發，田業抛荒，舉一里而家無不破，舉一家而人無不傷。則其被禍之慘，又非歲時荒歉所可例論者。若非大加賑恤，亟免税糧，則人心涣散，井邑蕭條。雖勉力追徵，無可輸納。豈惟外侮可憂，而内患且作。其爲地方之禍，莫有甚焉。臣查得倭賊自去年入擾浙江并直隸地方，而華亭、上海、嘉定、嘉善、崑山縣則尤甚焉。於是人各流移，田各荒棄。當此之時，父母妻子尚不能保，豈能用力南畝，而望有秋乎？人心惶懼，既以飢饉爲憂，又以催徵爲慮。甚或抛棄家業，流移他郡。巨家富室，亦有然者。斯其事勢窮迫，實切民艱。臣非不知國家之賦，出於東南，惟正之供，額不可缺。然兵火之後，加以旱灾，流徙之餘，重以追併。竊恐於事無益，於民有妨。誠宜急處，以安民心者也。如蒙勑下户部，速爲查處，即行各該撫按，作急勘議蠲免。仍一面招諭，俾之復業。庶幾百姓仰望聖恩，心各繫戀，不遽流移。則民以懽戴，而地方可安矣。

松江府爲倭賊殘害，田地荒蕪，懇乞奏免秋糧，以安百姓事。蒙巡按御史孫批發本府呈灾傷緣繇，蒙批：地方久罹兵荒，據申足見憂恤民隱之意。申呈到日，本院類奏。此繳。又蒙批發本府批回批開：地方兵荒田地，該府再查明申報。據此，隨該本府知府方廉，會同華亭縣知縣等官杜時芳等，議照異常之灾變，非人事之能爲。本府自開設至今，二百年來，惟永樂戊戌，倭賊一犯金山衛，戰敗而去。於此一百三十餘年，倭警不作，海濱無虞。民藉漁鹽之利，雖遇水旱灾傷，得以相知貿易，不見十分狼狽。舊歲倭寇侵犯沿海，猶得腹裏成熟去處相資。今年深入腹裏，富者逃避，房資被其燒劫；貧者竄伏，男女受其戮辱。一府地方，水陸二途，賊無不到。民間成熟二麥油菜，遭賊蹂踐，皆棄爛於地，不得一分食用。所以民食愈缺，民情愈困。賊今屯聚不散，黄浦遞南，盡皆抛荒。黄浦遞北，小民冒刃栽種。至今大暑節後，猶見耕鋤，然而荒蕪者大半。考諸吴俗風土記，五穀過夏至節後，雖種不生。況自六月初三以來，久旱無雨。本府于十六日，率各僚屬及糧里人等，竭誠祈禱，迄今雨澤未施，禾盡枯槁。兼之兵傷之後，疫癘盛行。病者呻吟滿室，貧者哀號盈途。且賊勢未退，商賈不通，漁鹽利絶，民不聊生，十分狼狽。職等分守四門，日親民庶。見其扶老携幼，若非刀傷箭毒，即是飢容愁態。時常千百成群，告灾求救，不忍見聞。每思此地，舊稱富庶繁華，避兵樂土，今爲瓦礫茂草，戰争沙場。田長稂莠而嘉禾失望，野屯盜賊而良善無家。已曾勘覆，實成十分全災。查得别府夏税，各自徵辦，惟蘇松二府，同於秋糧會計内徵輸。總計兩縣官民田地山池塗蕩，共四萬五千一百八十五頃三十二畝七分六釐五毫七絲。夏税小麥八萬八千四百七十一石五斗三升二合五勺，秋糧九十三萬九千五百四十六石七斗五升一合。舊規水旱灾傷，公占、坍江、版荒等項田地，計糧九千六十八石七斗九升三合三勺,不在作灾之列。又查准灾定例,全災止准七分。在民力完全之時,猶可通融處補。今日之灾,實二百年來所未有之灾。今日之民,實東南地方所極苦之民。如人心腹四肢,俱已受病,雖百方醫治,猶恐不濟。如若更加勞役,則死亡立至矣。又傷殘待哺之民,本應賑恤。但民衆粟少,似難均徧。候另行申議,而地方十分全災,勢不容已。若不具灾申聞,上孤九重加惠元元之心,下失萬民延頸哀哀之望。職等忝司民牧,知民之苦而不言,見民之灾而不救,則尸素之譴,死有餘辜。伏望軫念民庶有倒懸之急,田地絶秋成之望。乞將二税全灾無徵錢糧,盡行具奏蠲免,不拘常年遞減之例。及查秋糧會計内,有帶徵馬役銀八千四百八十五兩一錢七分,水鄉竈丁銀八千七百一十七兩五錢六分一毫五絲九忽九微七纖五沙,白塗銀四百九十八兩一錢四分九釐八毫,甲丁二庫銀硃等料銀三千二百一十七兩九錢四分二釐七毫一絲八忽七微五纖。義役内軍器監淺船、織造、供應、牲口、厨料、皮張等項銀七萬三千九百一十九兩八錢一分四毫六絲九忽六微四纖二沙九塵六埃,户口鹽鈔銀七百七十四兩五分二釐四毫七絲二忽三微五纖五沙二塵,馬草折金花銀六千六百兩。名曰帶徵,實出小民膏血。正耗已足無徵,包帶尤難獨辦,仍乞奏停。及漕運起運本折錢糧,不拘常例,今年俱免坐派。候盜息年登,照常辦解。如此則民命絶而復生,邦本危而復固。不然,地方之患,不獨在於倭寇,而傷殘飢民,亦將勢極變生。東南財賦之邦,未免變爲坵墟。而南都根本重地,難保其不動摇矣。緣係十分災傷,府司理合通行申請。

兵部尚書聶豹等奏略嘉靖三十三年

倭寇作難,調兵選將,設官增備,三年于兹。始設提督于浙江等處,繼加提督於蘇松巡撫,又設總督兼理。將官自副參守把而下,增置二十餘員。調募客兵,近自徐邳山東,遠至廣西湖廣,所費各不下巨萬。又起原任總兵沈希儀、何卿,各帶家丁打手一千。自是大兵四集,滅賊有期。顧在督撫諸臣,協謀共濟耳。今江南州縣既鮮城郭,村居又缺墩堡,則封疆不修。各通海地方守禦官軍,名存實亡,則要害不守。江南居民散處水濱,依江海者鼓檝可至,依腹裏者舍舟可通,則蹊隧未塹。各衛軍卒兵甲朽鈍,遇敵則軍營未壘。通番下海,律有明條。今閩浙勢豪,私造巨舟,與賊交易。稍一厲禁,怨讟朋興。自巡撫朱紈,不得其死,法網遂撤,則禁防不謹。三壤雖存,鞠爲茂草,孤村相望,幾絶炊烟,則民不得務農。進退無紀,功罪不明,軍不蓄威。三四倭奴挺刃而至,官兵數百相顧披靡。而蘇松沿海居民,又每負貸賊,所覬厚利。是民借寇以生,而寇反資糧于我,安望能遏其衝與邀其歸耶?又聞賊據崇明諸沙,彼反據險待我。賊在月浦交戰,彼且設伏出奇,多方誤我。又將虜去丁壯,髡黔入黨,絶其歸路。而各州縣又不能爲之招調處分,中間斃于矢石之下,含冤江海之中,不知其幾。凡此數者,我失其所長,而賊顧乘我所短也。自非大加懲創,亟圖撲滅,臣恐後患益甚。況蘇松密邇留都,襟帶江淮,萬一摇動梗塞,爲患不細。乞申飭督撫,嚴行守令,預築城堡,掘坑塹,整軍置械,固守要害。團練土著,招撫脅從。其與各參遊守把等官,明賞罰之條,厲交通之禁。兩司及府州縣官,不可用者調之去之,甚者以軍法從事。至于督撫罔功,則巡按御史覈實糾劾,容臣等從實參究,以章憲典。得旨:各處調兵將至,張經其督率區畫戰守,克期蕩平。若復怠緩,重罪不宥。比歲題請海道江防聚兵等事,有司漫不修舉。其令浙直巡按御史稽實以聞。

兵部覆總督張經條兵事疏嘉靖三十三年

一,查復備倭舊政。言國初備倭之法久不修,其最急者,在勾補逃軍。乞即于見在數内,選取趫健餘丁,習水戰者,各令收伍食糧。一,總會水戰兵船。言倭寇入擾,其船必繇海洋,其來必繇浙東。請合浙之東西、江之南北,各把總兵船爲一體。每總以其半爲遊兵,半爲守兵。倘賊入本總,則併力截殺;入他總,則守兵爲守信地,而遊兵務令追捕,與他總互相策應。其浙江之視蘇松、江南之視江北,亦如之。有自分彼此,縱賊深入者,查所從來治罪。一,編立本地主兵。言諸路調兵,勞費不貲,而吴浙間耆民沙民、鹽徒礦徒,類皆可用。請于各府所屬州縣,二百里以上者,編兵三百名,二百里以下者二百名。或均徭編派,或各里朋出。每兵一名,定銀十二兩。如自有丁壯鄉民,准其應役,否則徵銀募兵。一,議設海防職守。言吴淞江口及黄浦一帶,皆通海要路。兵船既設,統領無人。請于蘇松各增設同知一員,而以水利通判併入巡鹽。其青村所福山港,亦各設把總一員守之,一,議置遊兵防護。言比歲倭賊焚燒糧船數多,乞動支南京户部募兵銀兩,遣官于徐邳間召募驍勇者一千五百人,付將官周于德領之,俾其沿河哨獲。一,築立衝要城堡。言瓜州京口,乃留都屏障。宜于對峙之處,創建城郭,修置水關,俾運道悉由中行。及浙之北關、松之浦東,亦各築二堡,屯兵戍守。其經費下守臣酌議。一,申明賞罰條格。言我兵禦敵,有陸戰水戰、生擒奪回之異。賊兵臨我,有夥賊零賊、從賊首惡之殊。宜各分别賞罰。統領官亦各照部下功罪,以爲賞罰。其賊俘繫獄者,亟赴守巡官會訊處决,毋容久繫,以防内變。議俱允行。

南京御史屠仲律上禦寇五事疏畧嘉靖三十四年

江南倭寇,軍餉不足。竊觀破耗之弊實數端。召募軍士,動輒敗没,是費數十萬金,不得一夫之力,一也。城守攻築,曠歲無成,是費數十萬金,不得尺地之守,二也。土兵之選,勇怯無擇,衣糧之蠹,日費千金,三也。海上艘艦,擄奪漂燬,修造所需,不可紀算,四也。甲胄之製,數多費廣,一遇接戰,裸體而歸,五也。器械軍裝,耀目震耳,臨陣掩棄,祗爲盜資,六也。六蠹不去,則盡帑藏洩之于尾閭矣。至於加派田糧,勸借富户,有司假此擾民,驅之爲盜。俱宜嚴飭,務俾樽節愛養,以求功效。一曰絶亂源。夫海賊稱亂,起於負海奸民,通番互市。夷人十一,流人十二,寧紹十五,漳泉福人十九。雖槩稱倭夷,其實多編户之逋民也。臣聞海上豪勢,爲賊腹心,標立旗幟,勾引深入,陰相窩藏,展轉貿易,此所謂亂源也。曩歲濱海居民,各造巨舟,人謂明春倭大至,臣初未信,既乃果然。故禦寇之標,在腹裏防之,弭盜之本,當邊海制之。其一禁放洋巨艦,其二禁窩藏巨家,其三禁下海奸民。三法立而亂源塞矣。即使舊賊未盡殄滅,然而後無所繼,其勢自孤,退無所歸,其情知懼。與今日往來自若者不同矣。二曰防海口。夫海固涯涘無際,然賊泛海來犯,放洋則衝濤,入口則起陸,非可絶險而徑渡也。故其往來所由出入,可設險防拒者,姑自江南濱海數郡言之。入平陽港,則近金鄉。入黄花澳,則近盤石而逼温州。入海門,則越新河而寇台州。入寧海關,入湖頭灣,則窺象山、定海,而瞰寧波。入江口,則摇尾於紹興。入鱉子門,則垂涎於杭州。入乍浦峡,則流毒於嘉興。入吴淞江,則犯松江。入劉家河,入七丫港,則掠蘇州。此其大勢也。中間經行,或潛形於馬蹟山,或遁跡於大七洋,及大小衢、上下川,則其要害也。此沿海諸郡之通患也。故拒守諸險,則賊不敢輕犯。一處失守,蔓延各處,不可以彼此分、遠近異也。且賊長於陸戰,短於水鬬,以其船不敵而火器不備也。在我宜用所長,棄所短,則莫若恃海船。請以見在把總船隻,通行查齊,不足則令如法添造,或即令沿邊地方買補。每大小船百隻或五十隻,號爲一綜。募以慣習柁工水稍,而充以原額水軍。于前諸海口,各量緩急,以爲置船多寡。又爲遊兵數綜,分布上流,往來要害。海軍芻糧衣甲之給,比陸軍加優。令其更番巡邏,併力捍禦。來遏其衝,去擊其惰。責以毋令賊入,賊入而力拒有功者陞賞,其失備者重究。此禦寇之長算也。故法不可不厲也。臣聞倭之入也,豈盡無軍之患?蓋有軍而移入便地者矣,有失於巡哨者矣。甚者買渡報水,受其鈎餌者矣。若此則地方奚賴焉?夫百處守之,一處失之,無益也。千日防之,一日踈之,無益也。事在督撫及海道諸臣,明信其賞罰耳。三曰責守令。夫荷戈戟,載甲胄,争鋒死者,將士之能也。保封域,固郊圻,全境安民者,守令之任也。今之守令,不肖者棄城而走矣。其賢者大率遇警則嬰城守耳,其關厢村鎮,委之無可奈何。夫城之外獨非赤子乎?且邊海孤城,卒然無備,猶可誘腹裏巖都。江南奥壤,非可長驅而至者,顧不能設險預防,使寇徜徉去來,若履無人之境。則國家建邦設邑,張官置吏,將焉用耶?自今江南守令之職,當以訓練土兵、保全境土爲殿最。仍敕吏部,凡遇邊海守令員缺,必慎擇才且賢者,然後授之,庶保障足恃。四曰議調發。近日徵調各處兵民,遠近四集。徐邳、山東、永保、川廣,及軍門編調各府義勇,無慮數萬。然師老財殫,竟不見奏功者。臣請指諸臣不善用兵之弊陳之。夫古者用兵,潛機密計,電馳霆擊,進退倏忽,妻子莫聞,所以能有成功也。今則先發後行,克期始動,前軍未啓,而先聲已聞,其弊一也。古者名將,算不百勝,不敢輕動。今也謀不預成,計不先定,冥行突進,動陷伏中,其弊二也。守不據險,屯不列要,奔急救難,賊逸我勞,其弊三也。法曰:夜戰聲相聞,足以相救。晝戰目相見,足以相識。懽愛之心,足以相死。言兵之貴熟習也。今也兵不專一,主客雜聚,卒遇狡賊,易衣變飾,突然來前,不能别識,其弊四也。兵不素統,將不預設,一遇有警,卒然命官。本以烏合之人,帥以未經識面之將,其弊五也。夫三軍之衆,所以冒白刃、蒙矢石,至死而無敢却顧者,威行之素。今法令姑息,紀律不肅,進必有死之恐,退無伏鑕之慮。是以畏敵而不畏將,其弊六也。地形不習,險易不識,趨利不及,避難不早,其弊七也。糧糗不儲,料理不周,遠兵勞役,撫卹未至,枵腹待爨,窮愁思歸,其弊八也。士不精選,勇怯無辨,前擊後解,譁然而散。雖悍夫勇士,或以無援而力屈,或見先奔而膽喪,其弊九也。地狹人衆,不能旋轉,互相排擠。雖有勇敢,無以效其所長,其弊十也。十弊不去,雖頗牧操刃,賁育執戈,莫能濟矣。夫非有遠畧大志,約束號令,不過群爲姦,利在貪淫耳。所以制禦之,則非兵少之憂,而實寡算之患。蓋欲防盗者必知盗情,欲制盗者必存盗心。故必詳謀而熟計之,然後成功可期也。五曰作勇敢。沿海如沙民、鹽徒、打生手及村莊悍夫,皆勇敢可用。然多樂效用於私室,而不樂報名於公家。何者?以公家勢遠而文繁也。豪民以之保村里則有餘,以之充行伍則無益。

何者？以行伍人多而心力涣也。然則順其情，相其宜，以振作鼓舞之，必有術矣。乞敕下各該有司，通諭豪家大族，及里巷豪傑，各爲身家，併力拒守。其有能團結鄉民，保固村鎮者，先與免其糧里押運重役，及徭均一應雜差，獲功者一體陞賞。其有願受文職，審其果能保障一方，及斬首十顆以上，民得比輸粟入監。係有職役者，竝得起送赴部，與本等常選陞授。閭里之人並得以其功，累增至赴部實選。其不願官爵者，則重給賞優恤之，或亦制賊之策也。近蘇、松、嘉、湖之民，嘗有糾集知勇，乘賊怠玩，或掩其昏暮間，能殺賊奪其輜重者，隨爲官軍劫其財而奪其功。夫居民出百死之力，率被劫奪，曾不獲分毫之報，不亦激衆怨而失民心乎？又有村民團結，自相防護，志在全家保妻子耳。有輒謂其能，遂報名入官，以致人各畏避，不敢復謀拒賊。此又沮民之氣而抑其忿也。請諭地方官，凡義民不願在官者，不得一切附報。且嚴禁官軍，不得攘奪民功。則民利而動，無畏而奮，將各思所以自效矣。

光禄寺卿章焕疏陳禦倭兵制八事嘉靖三十四年

倭患之熾，其原不在于外，中原之雄傑爲之謀主也，土著之姦人爲之嚮導也，窮民爲之役使也。有是三者，然後深入能長驅，惟所適而莫之遏。今軍興且四年矣，庶務草創，法守未明，議論叢生，事端棼亂。臣謹條其未安者八事。古者兵將相習，教戒素明，乃可赴敵。今軍門督撫，分閫列旄，下至文武庶僚，紛然衆建。然皆空名，有將無兵也。將佐雜居，諸軍烏合，加以南方素不知兵，軍政久弛。其視諸將弁髦也，諸將之視郡縣傳舍也，兵將之視途人也，如責其赴戰兒戲也。此統兵之制未定者一也。夫將無號令，與無將同。兵無約束，與無兵同。故平時之節制，即臨陣之紀律也。今諸軍目不覩軍容，耳不聞將令。有急驅之，不能卒集，臨陣而逃，轉相劫掠。或殺平民報功，甚者爲賊内應。陵夷既久，漸成亂階。因循則威嚴愈褻，矯正則他釁易生。此馭兵之制未定者二也。調至土兵，賊頗畏忌，然亦獷悍難馴。夫以苗攻倭，猶以毒攻毒，是在上醫國手，劑量斟酌，對證而攻，病去即已。今既乏鼓舞之方，復爲調停之法。事急則倍賞以招侮，勢緩則厭棄而生怨。此調兵之制未定者三也。分道募兵，不按名籍，游手無賴，草竊亡命，悉入彀中。及至而茫無統紀，聚散無稽，多寡不同。故募而來，來而去，去而無兵，則又復募。軍資罄竭，道路驛騷，終無實用。此募兵之制未定者四也。當始發難時，臣嘗有言，急集海上之沙民，可無煩客兵。衆論相持，事機頓挫。今壯士死于行陣，頑民逸而從賊，民氣破傷，摧慘已極。乃始欲用鄉兵、散客兵，此所謂倒行者也。假令客兵已遣，賊衆乘城，鄉兵果可恃乎？鄉兵難恃，未免復徵客兵，不惟緩不及事，且恐重爲客兵所侮。此練兵之制未定者五也。夫兵有營伍，則耳目心志定，而約束易行。今雜處市廛，嬉遊里巷，百貨之所歆艷，侈俗之所浸淫。遂令山東椎樸，變爲紈袴，狼苗鄙野，咸習歌舞。精鋭銷愞，軍氣不揚，淫蠱流行，死亡枕籍。此屯兵之制未定者六也。古者行軍先地利，今南方皆沮洳之澤，萑葦之場，狹邪之徑。至于斷港危橋，單舸片槳，或褰裳而渡，或泅水而遊，動犯兵家之忌。而諸將乃不謹哨探，不量虚實，行無斥堠，止無堅壁，往往履危機、墮狡計、落坑阱而不悟。此行兵之制未定者七也。師行糧從，强者主戰，弱者主爨，此軍制也。今或臨陣而未食，或食至而不均，或師行境外，而食具城中。設欲晨炊蓐食，捲甲疾趨，何以應之？軍機盡泄，忿忿不平。此養兵之制未定者八也。夫軍中之事，有不可定者，機宜變化，因乎敵者也。不可易者，規畫措置，存乎我者也。故將有專閫，兵有常伍，無事相隨，則兵可統也。秩其教令，齊其法制，範我馳驅，是謂三軍之銜轡，則兵可馭也。踐更以示其信，處置以服其心。以諸邊節制之兵爲之準，調到狼土之兵爲之輔，則兵可得而用也。所募之兵，程其技力而籍其家室。守法者厚恤其私，犯令而逃者有孥戮之禁。至於鰥曠遊民，給其田廬，與之配偶，則可以縶其歸念，而兵可募也。以客兵爲權宜，以鄉兵爲實用，日省月試，常如賊至，勞來不怠，甘苦必均，則市人可爲精兵，鋤耰可撻利刃，故兵可練也。有營居，故兵可聚而不可散。有行列，故兵可散而不可亂。賊所往來，兵所出入，有斥堠，故兵可進也。有堅壁，故兵可退也。有戰地，有候人，有諜者，故兵可奇可正、可疑可伏也。給軍有制，犒軍有資，吊死扶傷，恤孤問寡有典，故兵可飽可飢、可生可死也。信能行此八者，而廟算之勝我得之。夫禦倭之道，來則拒之，去則備之。言戰不及守，非良策也。何者？東南無重關阻隔，無高山瞭望。波濤滉瀁，隱見難窺，風帆迅疾，頃刻可至，不能預守。是海壖之險，賊與我共之者也。臣料賊遠來，人持數日之糧，身未達岸，多苦飢者。賊之死命，制于數步之内矣。徒以海濱廩藏露積，故賊至而掩據之，因以爲食。既飽則所向無前，乘我不備。如使蓄積收斂，野無所掠，此賊坐困之道也。故議守者，莫要于城堡相望，遠近相依。賊少則不能攻城，多則所掠不足供所食。賊不能持久，破之必矣。夫賊不能宿飽，則不能深入；不能深入，則不能多獲；不能多獲，則來者無利，而聞風者不來，内地可不煩兵而守矣。且瀕海皆膏腴羡田，廣宅樹蓄，南方所謂樂土也。爲賊蹂踐，民皆遠徙，然其東向思歸之心，豈能日夜忘哉？有城堡則良民歸，田野闢，蓋非獨禦夷，亦安邊足賦之具也。疏上，下兵部議，八事實切時務。復下督撫諸臣議處，從之。

巡撫都御史翁大立題

今日海防之要，惟有三策。出海會哨，毋使入港者得上策。循塘距守，毋使登岸者得中策。出外列陣，毋使近城者下策。不得已而至守城，則無策矣。臣周行海壖，分布信地，視吴淞所，乃水陸之要衝，蘇松之喉吭也。提兵南向，可以援金山之急，揚帆北哨，可以扼長江之險。以副總兵統兵鎮之，自吴淞而北，爲劉家河，爲七丫港，又東爲崇明縣。七丫而西，爲白茆港，爲福山。又折而西北，爲揚舍，爲江陰，爲靖江。又西爲孟河，爲圌山。此皆舟師可居，利于水戰。臣皆設有兵船，非統以把總，即統以指揮。而又以圌山遊兵把總，駐劄營前沙，會哨於江北。吴淞遊兵把總，駐劄竹箔沙，會哨于洋山。常鎮參將，統水陸兵，據江海之交，鎮守于楊舍。所以備水戰者，亦既密矣。但吴淞而南，雖有港汊，每多沙磧，賊可登岸，兵難泊舟。非選練步兵，循塘距守，以出中策不可也。今自吴淞所而南，爲川沙堡，以把總練兵一枝守之。川沙而南，爲南匯所，以把總練兵一枝守之。南匯而西，爲青村所，以把總練兵一枝守之。青村而西，爲柘林堡，以都司練兵一枝守之。此皆不遠六十里，聲援易及，首尾相應，宛然常山之蛇之勢也。柘林而西，爲金山衛，西連乍浦，東接柘林，頻年皆賊所巢窟。添設遊擊將軍一員，統領馬步游兵，往來遊徼。則北可以護松江，而西可以援乍浦矣。

兵部覆九卿科道條陳禦寇事宜嘉靖三十五年

一，選武職。海上將官，惟盧鏜、俞大猷可用，宜貸罪責其後功。浙直總兵劉遠未諳水戰，宜罷回南京左軍帶俸。

一，任文職。教授韓崇福、通判羅拱辰、僉事董邦政皆知兵，不宜以詿誤廢棄。典吏吳成屢立奇功，當不次用之。

一，精選練。鄉兵招募雖多，可用者少。且浙直沿海一帶，原有各衛所軍。平時既以民養兵，臨事復以民衛民，殊失祖宗設軍之意。請汰去鄉兵之老弱者，而修舉各衛所軍政，募民開墾屯田，以充月糧。其浙直通泰之間，最利水戰，往時多用沙船破賊。宜視客兵例，厚加賞給，以招徠之。

一，慎徵調。土夷驕悍難使。毛葫蘆諸兵道遠，不能猝至。不如用嵩盧礦夫，及附近軍民兵之易集者。

一，處軍餉。兵興以來，賦額日增，而最不便者爲提編銀。請量留應天浙直歲運之數，及查取兩淮川廣鹽課，各山香銀關鈔，以舒民力。其民兵工食，各府州縣比原額量加一倍，于丁田取之。沙兵工食，于浙直不被兵之處派之。主客兵糧及犒賞軍器，于軍門所奏留銀給之。

一，守要害。防禦之法，守海島爲上。宜以太倉、崇明、嘉定、上海沙兵，及福、蒼、東莞等船，守羊山、馬蹟。寧、紹、台、温及下八山採捕福、蒼、東莞等船，(等)[守]普陀、大衢。其陳錢山爲浙直分路之始，狼福二山，約束海尾，交接江洋，亦屬要害。宜令通泰兵備參將，督水兵固守。萬一登岸，則副總兵以陸兵遮擊之。

一，明職掌。浙江參將俱隨時倡設，職守未明。請以杭、嘉、湖爲一道，温、處爲一道，寧、紹爲一道，各給敕符旗牌。其臨觀、昌國、金盤等處把總，一如直隸事例，聽撫按會舉。温處守備及舊設浙江總督備倭都司，係冗員，宜裁革。

一，明賞罰。以軍中功次爲五等。

一，論首級。凡軍民臨陣，擒斬有名賊一人者，陞授三級，不願者賞銀一百五十兩。獲真倭從賊一人，及陣亡者，陞授一級，不願者賞銀五十兩。獲漢人脅從賊一人，陞授署一級，不願者賞銀二十兩。

一，論奇功。如在海遇賊，能遏其近港，即近港能遏其登岸。又如登岸，有衝鋒破陣、追之出境者，有所部兵少而斬獲多者。均謂奇功，聽紀功御史勘報，破格陞賞。

一，分信地。凡守備把總，及海防府州縣佐，各有信地。賊至不能拒守，固有常律。若能奮勇斬擒，許以贖之。即罪少功多，仍以功論。如賊從他路出境，有邀截擒獲者，所得即以與之，仍照例陞賞。

一，明級職。武將自守備以下，文官自海防同知以下，所將卒五百，擒斬真倭五人陞一級，十人加一級。所將卒一千，每五人陞署一級，十人實授一級。各以遞陞，至三級而止。如先獲功，後失事革職者准贖。其餘功罪，參將照所屬分論，兵備隨之。副總合所屬通論，巡撫隨之。

一,行撫諭。近侍郎趙文華獲降倭,如入寇海賊,俱係日本所屬野島小夷,爲中國逋逃所引,其王未必知也。乞遣官敕朝鮮,令其傳諭日本王,禁戢諸島。

詔俱如議行。禮部覆查祖宗時宣諭日本故事。宣德七年,曾遣内臣柴山賚敕至琉球,令傳諭日本來朝。嘉靖二十年,爲宗設等犯順,而琉球貢士適來,復令諭之。此皆以夷馭夷,事之已效者也。今朝鮮慕義,在琉球之上,又嘗有遮殺宗設功,爲諸夷所憚。請俟其至,給敕宣諭,如兵部言。詔可。既而浙直奏捷,寢不行。

視師右通政唐順之陞淮揚巡撫陳善後事宜九事嘉靖三十九年

一,禦海洋。禦倭上策,必禦于海。而崇明諸沙、舟山諸山,各相聯絡,乃海賊入寇之路,尤當預防。自今每遇春汛,宜令蘇松兵備暫駐崇明,寧紹兵備或海道暫駐舟山,總副將官常居海中,督兵分哨。如有縱賊入港登岸者,以次論罪。并請更立賞格,凡海中迎斬新倭一人,即給銀二十五兩,以示優典。

一,固海岸。謂賊至既不能禦之於海,則海岸之守爲第二着。而諸將往往相推誤事,以致深入。今宜爲約,沿海力戰,損兵折將,則坐内地不能策應之罪。内地殘破,沿海幸免,則坐沿海縱賊之罪。又或均之爲沿海地方,賊由寧紹登岸,寧紹幸免殘害,温台登岸,温台幸免殘破,而殘破寧紹。往歲但坐地方殘破者之罪,今則宜并坐賊所從入者。其沿海文武將吏,有能衝鋒禦賊,不得登岸深入者,雖無首級,亦以奇功例陞賞。

一,圖海外。沿海逋逃之徒,爲賊嚮導者甚衆。宜嚴行守臣,多方招徠,以消禍本。又古者兵交,使在其間。自葉滿得罪,而逋逃欲歸者,不免自疑。自蔣洲得罪,而人以使絶域爲諱。宜量爲貰減,并開日本國通貢之途。若抄犯如故,則命朝鮮、琉球二國,承制傳諭之。

一,定軍制。調募客兵,坐糜糧餉。今宜急練土著,必不得已而調募。且先取土著,如處兵、沙兵之類以充。其邊方應募者,亦必土人保任,而後用之。至於總督軍門,歲調麻兵,宜有定額。如直隸幾千,浙江幾千,專爲充鋒之用,聽川湖軍門選發。俟土兵練成,則調募悉罷。

一,鼓軍氣。國家承平日久,文吏游談而養尊,武臣恬嬉而保身。每一當賊,股戰却走,顔色可憐。又有遇海風而頭掉目眩,聞潮聲而耳聾心惕者。如此而望長驅海島,掃清大懟難矣。謂宜責文臣督帥,時御戎服,出入軍門,以作武將之氣。武將臨陣時,間取潰校逃卒,斬一二人,以變士卒之耳目,則軍氣自振。

一,復舊制。國初海島近區,皆設水寨。今雙嶼、烈港、峿嶼諸島,海賊巢據者,即其故也。沿海衛所,軍伍素整,屯田亦多。及金塘、玉環諸山,膏腴幾萬頃,皆古來居民置鄉之所,悉可墾種。浙福廣三省,原設三市舶司,所以收其利權,而操之于上,使奸民不得乘其便。今數者俱已廢壞,宜令諸路酌時修舉。

一,别人才。文職如浙江海道副使譚綸、蘇松兵備僉事熊桴,宜久其任而不易其官。待資望可爲巡撫,即以授之者也。杭州府同知唐堯臣、紹興府通判吴成器,異日可當沿海兵備之選者也。所宜罷黜，則台州知府黄大節之貪黷。武職如浙直總兵盧鏜、副總兵劉顯，宜久任者也。革任參將戚繼光、黑孟陽，宜令立功贖罪者也。所宜閑住，則狼山副總兵曹克新之昏懦。境内人才，如原任僉事終養徐九皋、原任刑部主事爲民唐樞、原任知府致仕嚴中，皆宜起爲兵備之用者也。

一，足軍食。古者軍興之費，不盡仰於民，多取之山澤鼓鑄筦榷之利。今民間搜括已盡，所可處者，惟有鹽法而已。如前時浙江巡鹽御史鄢懋卿小票事例，歲亦可得銀數萬兩。此皆不取之國與商，而坐收贏利者也。又各衙門原爲大工緊急，解進贓罰，多寡不等。伏惟聖明，軫念東南兵荒相繼，萬狀艱苦，暫將嘉靖三十九年，浙直兩處贓罰，照數解與各軍門，聽補軍餉，以後年分解京如故。

一，定廟謨。言外患未息，内變恐作。邇者閩浙直隸，倭勢日甚。吴淞定海間，水卒呼糧官劫獄。此履霜之漸，不可長。請行各守臣，預議招懷撫諭之畧，防海固圉之機。具聞于上，斷然行之。庶幾滅賊有期矣。

松江府志卷之八十九

兵　燹　三

紀　弭　寇

徐文貞公階奏劄

論入寇賊情。伏蒙聖明軫念東南財賦之地,欲得賊情之真,臣無任感幸。至于當事者不忠之狀,莫逃洞察,治一人則餘知警畏矣。臣去歲具奏之時,尚聞此賊是真倭。近來細訪,乃知爲首者,俱是閩浙積年販海劇賊。其中真倭不過十分之三,亦是僱募而來者。只因初時官司不能討捕,彼見地方無人,又得利甚廣,故舊者屯據不去,新者續增無窮。而沿海無賴貧民所誘脅,因而從之。故其徒日繁,其勢日猖獗。昨瓦氏兵到,賊初聞甚懼。當事者不能督使乘鋭進勦,且將彼兵分散各處,勢力不全,遂致大敗。賊今四出殺掠,事甚可慮。所幸湖廣土兵新到,尚未交戰。其狼兵敗者,亦只瓦氏一枝,尚有四枝未戰。且看一二日間再報何如也。今總督已易置,所有用兵諸事,須大破連年蒙蔽因循之習,乃可望有成功。臣早間寄書周珫,勉以竭忠圖報。俟有區畫疏至,伏望聖明裁擇施行。乙卯正月十七日。

論責成有司。蒙聖諭,昨日巡按直隸御史周如斗,今日總督周珫,各奏報賊情。臣備審知,舊賊未殄,新賊復來。目今四散殺掠,蘇松兩府既被殘害,而其狂謀,又且欲窺南京,勢甚猖獗。除縱賊釀亂之臣,已蒙聖明逮治。及添調兵馬,責成督撫官勦殺等事,兵部看覆外。臣竊惟用兵固在督撫,而有司官亦各受地方之寄。使有司能以地方爲念,則錢糧必預行處辦,不至兵有枵腹出戰之苦。賊情必豫爲哨探,不致兵有臨期冥行之患。姦逆交通者,必多方緝捕,不致兵機有漏泄之虞。鄉兵必如法團結教練,不致地方有隨在空虚、專恃客兵之弊。今皆不然,安望賊之破滅? 然有司所以敢于如此者,其故有二。一曰,推陞行取,率有常期,奔競鑽刺,積成習俗。故各官當此多事之時,上者望循資,下者逐蹊徑。惟思脱去地方,無有任事之志。一曰,府州縣官,號爲守土。中間雖設有衛所,然其城池,必曰某府州縣之城,不專以城守委之軍官也。去年刑部乃創一例,凡失陷城池者,軍官論死,文官止于降級。故往往輕視其城,不復博求禦賊之計。伏乞于兵部覆奏,特賜御批,兼責有司,并勅吏部,毋照常推陞行取。俟賊平之後,有功者總論超遷。兵部會同法司,援據大義，改定文官失陷城池之罪。庶于兵事有益。

論選任循良。伏蒙諭，南賊無理之甚，或有使之爲亂，何意焉？臣聞此賊，蓋因近來有司貪暴，民不聊生。故一倡百從，相聚爲亂。是賊意無他，只爲虐政所逼，群有司者實使之耳。目今用兵，亦不過救急之着。縱能勝之，恐隨滅隨起，未得永寧。若欲治其根源，須在吏部塞賄囑之門，選任循良而後可，然未易言也。伏惟聖明細訪詳察。辛酉十月。

與孫按院聯泉愼論兵食

今兵事方殷，米價騰貴。若及此時發倉粟，減價官賣之，則起解之銀既可足，而民亦得受一分之惠。如不然，就以此米養兵，而别以官錢代解，則民之買米輸官者，庶少寬一分也。乃若米多，則二説不妨兼舉，高明以爲何如？海防已特設副總兵，且奉尊論，用湯子矣。傳聞郡中按版籍，每三丁抽其一以禦賊。夫此田里之民，不習兵革，雖多何用？徒爲里老開一騙局耳。今湯帥見領邳兵，凡三百人。若令其再於邳徐選調七百，而於崇明沙上之人，及各縣鹽徒中，招集一千，益以民快一千人。共三千人，配搭作十枝。每枝統以把總官一員，分佈金山、上海、太倉、嘉定、常熟及海口要地。每一處有警，即鄰近三四處各馳援夾擊。如此既可成功，而亦不致大耗養兵之費也。又如兵食二事，今既有湯帥職用兵，只得撫院肯爲措置錢糧，使不窘於用。則不必增巡視，不必留操江，而戰功自可成。今士夫有高才大略，且懇切爲國者，眼中僅見公一人。湯帥既繇公薦達，全望公爲之主張，使得展佈，乃有益地方，而不累知人之明也。外鄙見五條奉覽。

一，凡武臣在外，其貪殘庸懦者，自當劾奏。若其人可用，則全在吾輩扶植作興。今湯子來，望戒諭有司，除知府外，其餘自合執屬官之禮，而巡捕官尤不宜與衆官等。至於文移有行，愼勿阻抗。庶彼得行其志而盡其力。蓋此乃上爲朝廷，下爲地方，非故欲崇重武弁。凡我縉紳，只以藺相如之心爲心可也。一，調兵格戰，固總兵之事。乃若糧草器械，及差遣哨探人役，須有盤纏犒勞。獲功之人，須有賞賜。則全賴撫院處給。若舉大事而惜費太過，事必不可成。且寇久不滅，爲費滋大。望於應付常令寬裕，庶彼能奔走下人，而得其死力也。一，湯子所帶邳兵，於地方不能無擾。然方資其用，不得不稍寬之。惟優其供餼，重其賞賜，然後可責將官約束以法耳。一，凡爲賊作耳目，及地方無賴之徒，假賊名目，乘機搶掠者，捕得即杖殺之，勿如常監候。庶民有所畏，而亦可陰杜劫獄反獄之端也。一，倭賊破城，輒加屠戮。故各郡士民，多預徙村落，以爲逃避之地。此雖非人所得已，然有司則誰與共守？宜嚴禁止之。

與楊栽菴論兵十條

一，天下衛所，軍士空虚疲弱，在在皆然。而江南北直隸浙江，又皆有倭患。湖廣辰沅等處，皆有苗患。即使有兵，欲調而用之，兵部計必不能强之使赴。文書往來，徒費歲月。縱使一二果至，亦只應文備數，無益實事，坐耗軍儲。舊倭未滅，轉眼新倭又至，能無誤事？鄙意欲專一選練鄉兵，作養沙兵，及山東北直隸之兵，庶有績效。不然，懸想畫餅，自貽飢餒，恐非計之得也。

一，觀今事勢，苗兵之調，似不容已。但今年苗兵死於賊者，不下一二千。兩宣慰口雖不言,心實已怯。且向來功賞未曾舉行,其心亦不無觖望。若只泛泛調之,彼遣一頭目,領弱卒數千,委蛇而至。欲使之戰則不能,欲放之歸則不敢。欲罪之則恐生他變,欲容之則恐諸軍效尤。此時豈不進退狼狽乎?鄙意以爲宜叙兩宣慰前日之勞,請量加恩澤,而責其親領兵以來,庶於戰有益。至於差去調兵之官,尤須有才識、善處事,乃可統也。

一,苗兵勇悍,真能殺賊。但畏賊之鳥嘴銃,言及即色變。今似當於福建選調善放銃軍民兵二三千人,以爲先鋒,而因以制苗兵之驕。於鄉兵中教二三千人專習此藝,以助聲勢,而因以備福兵之缺。乃若禦銃之具,福兵必知之。多方訪求試驗,豫爲之備,庶可以破賊之長技矣。

一,苗兵頑獷,搶奪固其性然。然有司於其米蔬薪菜,必用之物,皆不與本色,折給銀八分。地方之人,又皆閉門罷市,不與交易。夫銀既不可充飢,彼將束手待斃乎?其肆行搶奪,有司殆亦有以致之也。今似當豫先計算,每兵一名,每日該用某物若干,爲銀若干。千人則每月共該某物若干,爲銀若干。責守令以出銀,而分派丞簿等官,某人辦某物,某人辦某物,各照數給之。又於府佐中委一員專管其事,而時遣幕府官一員,驗視其虧盈美惡,毋使破冒。其他若居處、若船隻、若器用,皆推此意,曲爲之處。然後以理諭之,以法禁之。雖於搶奪未必盡革,當亦不至太甚矣。

一,將才難得,如沈希儀、何卿皆宿將,彼見上官不任之以事,又不優之以禮,自計不能展佈,且防後患,於是各爲避去之謀。彈章交至,忻然而去。蓋非諸公能去兩人,乃兩人能愚諸公也。董邦政、婁宇屢經戰陣,效有勞績。近於文武吏士中,未聞獎拔成就得一二人能殺賊者,而獨於此輩,必欲去焉。夫去此何難也?但後來者不見其增,而見在者日見其減,無乃將至於孤立乎?邦政今奉部符提問,請姑從寬,使在軍門立功贖罪,稍備緩急可也。

一,兵貴精,不貴多。江南自用兵以來,今三年矣。諸兵孰爲可用,孰不可用,計不能掩人耳目,惟細訪而調焉。府庫既空,民財復竭,省不可用者之食,以養可用之兵,則財不費而兵常得飽。其視泛調而不能戰,多調而不能養,得失相去遠甚也。

一,賊之所以取勝者,大槩有二。一曰伏誘,一曰利誘。而我兵所以墮其術中者,其弊亦有二。哨探不明,紀律不嚴也。如欲有功,必痛矯此而後可。

一,我兵往往見賊輒走,不知賊反乘此,得追而殺之。不若奮勇向前,上可以得功,次可以保命。顧不免於走者,繇上官未嘗以此諭之,而軍門又未嘗斬一潰卒故也。平時詳悉曉告,仍申明號令,示以走則必斬。而於進兵之時,選一信實有分曉之官,使專察視,某陣先動,某人先走。及歸,按而斬之毋宥。如此一二次,彼當有所勸懲矣。

一,調來諸兵,宜擇城外寬閒之地以居之。庶民不被攪擾,不至填塞以生疫癘。

一,受降如受敵,自昔已然。況今賊多譎詐,尤當深爲之慮。凡來降者,姑散各鄉,勿令居城中。

與解總兵明道論兵將四弊

朝廷以執事有盛名,簡畀將旄,所倚注甚重。僕亦深抱國家之憂,於執事有私望焉。

近日地方諸君,所以不能取勝者,其弊有四。一曰駕馭無術。如重邳兵則抑沙兵,重沙兵則又抑邳兵,使心各不附之類。二曰賞罰不嚴。如先登者往往爲人奪功,而退避遁逃者不能按行軍法之類。三曰分數不明。如邳兵與民壯等合爲一營,民壯退遁,則邳兵不容不却。及至查責,則互相推諉之類。四曰出兵草率。如募到義勇,既未經操練,又不給衣甲器械,即令出戰之類。而其根本,則在將領智勇俱乏,偏裨不奉令。兹聖明處撫臣及舊將,法亦嚴矣。後此地方愈殘破,聖怒將愈不可測。惟執事勉之勉之。

與張總督經論用兵

聞公親出督師,備極勞苦,主客不協,未克成功。而傍觀者不相諒,致摇聖心。然公今日受任既專,則施爲自易。此賊旦夕殲平,論功大拜,固當不遠。如目前之事,不足道也。鄙見一二條,附呈别楮。一,聞督府新開,文武吏士只知撫按,而不知有督府,此須一大振作。往年陸水村討流賊,過江之日,首斬指揮二人,其下乃用命。夫殺人之事,本非所以勸公。然行兵在威,不如此則威不立。又動調軍馬,原奉旨,抗遲者參奏拿問。公於此等處,恐亦不能做人情。新奉旨責公甚重,不可不仰體也。一,敝鄉雖素稱無兵,近來亦稍稍習武事。至於沙兵,又嘗用之而有効者。今調來客兵,原非素練,又於地方利害,不甚切身。徒費錢糧,無益戰守。似宜揀其不足用者,次第罷去。而加意作興鄉兵沙兵,不惟眼前可得力,亦永久之計也。一,聞蘇松濱海小民,頗與賊往來貿易。賊因而賄之,使爲耳目。故我之動静,賊無不知者。夫使賊深溝高壘,絶不與我相通,我則無可奈何矣。今既與吾民往來無間,彼能用吾民,吾顧不知用之,何耶？海濱大家,久已搬入城中。凡居海上者,皆其佃户家人。若郡縣肯留心,就大家中訪求豪傑,深結而厚勞之,使通其佃户家人,以爲我用。不惟可得賊情,亦可使爲内應也。

與周撫院石崖論兵吏

僕每妄論天下事,以爲非中外協力不可成。況江南實朝廷財賦所出,僕先世墳墓所託。公凡有所注措,敢不力圖奉贊乎？輒有鄙見一二條,具陳别楮。一,江南郡縣之吏,驕怠成習,於民隱兵事,絶不關情。向來撫按諸公,又姑息太過,遂益恣肆。今公須以法督率之,而痛繩貪暴,以收人心,尤爲緊要。若其廉幹卓絶,宜超擢者,亦就隨事題請,用彰懲勸。僕無不竭力贊成也。一,聞鄉間小民,往往爲賊運薪送米,利其厚值,不知郡縣何故不加禁捕。賊既與民相通,又不知何故不乘之,以行反間、樹内應。至於團練,尤不見舉行。只專專坐守一城,視城外百姓,若痛癢不相關者。此弊須公一痛繩也。一,賊舊在内地者既不曾退去,而新至者又日增多。如此雖時有斬獲,豈能盡絶？況賊勢益盛,則我勢益弱。今須整飭海船,拒之於外,而用狼兵、湖兵攻之於内,又鼓舞鄉兵,四散翦之於中,庶可望平耳。一,沙民本能殺賊,但爲前此供給不足,賞罰不明,故縱賊不殺,或反爲賊用。今若優以養之,重以賞之,資以器械,結以恩信,必當得力。至於鄉民斬獲賊級,即時行賞,毋使吏胥刁掯侵漁。則明信之下,亦必競奮。任兵憲素爲士民所信服,專以任之可也。一,國家原未嘗爲幕府設用兵之費,勢不得不取之於民。今士民槩以爲非者,迂且妄也。但有司於民財,既不得已取之,亦須不得已用之。向者或飭厨傳,盛宴會,怡然若無事之時。而民疑於其跡,遂謂上人假養兵之名,爲自奉之計。故夫致民之怨謗者,有司之踈也。今公於當用處,慎勿畏避。惟乞戒論有司,思所以弭謗者而改之,則可耳。

與周按院如斗論鄉兵

鄉兵誠不可不練,然始則貴於選之能精,繼則貴於練之有實。蓋敝地之民,惟濱海者可教以戰。其在腹裡者,雖教難成。若只令里中挨户派取,據田開報。使可教者,或限於數,而不得爲兵,以生他患。不可教者,强使爲兵,徒費糧餉,而終於潰散奔逸。皆非計也。鄙意欲先定用兵之數,求領兵之人,議養兵之費。責令某人於某處住劄,募兵若干,某人於某處住劄,募兵若干。一皆自選自練,自戰自守。而使不能爲兵者,出錢以養之。并給以器械,示以賞罰,庶幾教有成績耳。

與李中丞復齋論懦將

所云套語,誠中世情。然在鄙人所聞,殆不止此。凡謂誘之出海,邀而擊之者,此縱賊之套語也。謂啗之以利,乘其驕惰而擊之者,此賂賊之套語也。謂舍堅避鋭,俟其饑疲而擊之者,此畏賊之套語也。昔孫吴作兵法,葢教人以必勝之術。詎知後人乃借以文過若此哉?可嘆可嘆。

孫文簡公恩論城守

城守之人,皆街巷小民,肩販度命。一旦驅而爲兵,真無爲官死守之志。迫於饑餒,而無能自供,恐反怨生不測,能不爲之寒心?兩倉支米,亦誠救急之策。但米多空頭,兼有朽腐,一石止可舂四五六斗,不久責其還銀四錢五分。小人頗不以爲便,而且有出怨言者。僕謂宜減價三錢,至秋成還官,庶人樂從也。今城門晝閉,内外隔絶,倉卒未能盡運入城。使賊至而據有之,雖欲使民自取,而無繇矣。況藉寇以兵,而資盗以糧,尤所當慮。此何時而尚循出納常格耶?義助一節,人情好義者寡。今除士大夫外,絶無一人附和。大都城中殷實之家,皆以堆積典債爲務。銖兩升斗,但知積累深藏,而欲割以與人,視如肌膚性命然,寧死而不忍捨也。此恐亦須藉官府,命地方查報,以示激勸。且諭以今日利害,禍福所關,庶或不得不從耳。

馮廷尉恩柬徐文貞論禦倭

吾松倭奴大舉入寇,亮前後疏劄飛報,公已稔知。但其中或多諱言其慘,亦有虚張其數,恐未有實録。此寇本從馬積山追勦下來,沿海劫掠,野行草伏。數不滿千,多不過五六百,少不上四五十人。但窮寇亡命力戰,我兵傭募貪生。兼以裨將無權,援兵烏合。是以衆不敵寡,每至退衄。初劫上海,止二十七人。劫新場,劫下沙,劫周浦、烏泥涇,俱三十七寇,各殺傷止數人。至攻中後南匯二所,則有八十餘寇,殺傷男婦五六十餘人。攻太倉,初二百寇。適蔡操江出巡初到,親率州衛,擊殺八十餘人。寇因不得利,復至燒倉,殺傷城外三百餘人,遂散去。後攻上海二百餘寇,殺死武指揮、何縣丞,燒縣治倉廒及民房千餘間。向來被禍慘烈,上海爲甚。官軍前後擒殺并槊下水,及千餘寇。但内有脅從,亦所不免。近得蔡可泉操江公,各處請兵四集。昨又乞借坑兵,嚴令督勦。連報捷殺,賊人潰散,大勢即日可平。但此賊負海爲固,出没不時。今雖倖免,明年統衆復發,决無可支。今巡海無兼理軍務之責，操江無旗牌討虜之權，備倭無參將兵符之寄。而官軍無曾經戰鬭之卒，民兵無平日訓練之人。軍需芻粟，無別項可那之財。近日不過有司便宜，量取民間。義勇水兵之差，城夫船夫之擾，軍餉衣甲器械之費，無家不到，無室不空。東南遭此劫數，古今所無之變也。今又上海築城，松江修城，估用銀二十八萬兩，議欲半出民間。此後騷擾，未有期也。況今歲田稻，上海無望，華亭半爲役占不耕。秋來會計起運之數，又不知在何處取盈也。近訪崑山築城時，未齋公在相位，四府協派，吾松亦有運磚運土舊卷。公於當道及之，仁人之言，其利溥矣，松人方於此惓惓。其他設官命將，兼敕撫操，亦須早定廟謨，以立吾民之命也。向因孫東谷司馬被人訛傳寇至江口，蔡操江以職守京畿爲重，即欲回京。後查無實跡，爲我士夫勉留。今住劄吾松，會兵四出，搜絶散寇。草亭公亦臨，人心稍安。只是上海十分狼狽，華亭十分騷擾。譬之大病之後，費力調停，方可全愈。幸公留意。

又上方太守書嘉靖甲寅四月朔

恩啓：海邦不辰，遭此篾寇，兩年毒擾，四顧丘墟。今又逼侵郡城，四郊多壘。矧春熟未實，蹂踐無餘，種穀方苞，不容撮土。商販斷絶，鄉氓紡織俱廢，市民貿易不通，夏秋饑餓，無可別圖。況今官兵日餉不貲，猶稱師不宿飽。城大日給多米，尚聞婦子啼饑。内外間阻，人情洶洶。倘相持日久，鹽盡油乾，柴荒米貴，此事勢所必至者。爲今之計，必先運三倉存留，及召糴贖罪米入城。再不足，則亮情勸借以助之。上不以勢而强臨，下必傾心以樂助。則上下交孚，而食可足矣。食足尤賴乎兵强，必廣調募以足兵。嚴督各府衛掌印官，多方精選本地之驍勇者，以佐貳才幹官，親統以策應，勿令代替以僨事。如臨陣脱逃，罪各有歸。再不足，則募山陜之勇商，邊海之耆民，鄉村之壯農，選委有機謀之官，隨材試用之。上不屯膏而吝賞，下必感恩以奮敵。則主兵客兵，内外合而兵可足矣。食足兵强，所謂内治修而遠人服，管子亦云"内政寓軍令"是也。何外寇之不足平耶？頃覩[撫]按守巡諸當道，同心戮力，克壯其猷。賢大夫殫心築城，與民相守。故賊雖臨城，聞風速退，士民稍賴以定，事出萬幸。但今賊散遠近，四野殺掠，民皆竄避，春失其耕，秋何所望。竊恐民窮盜起，外應海寇，禍有不可測者。故長驅克敵，今日之急務也。某廢棄山人，愛莫能助。謹以農家所儲粟米一百擔，奉入官倉，少助城夫一日之費。本當多輸以作倡，實以秀才之田，坐落下鄉，兼之舊歲風秕，取租不盈，不能如意。亮敝鄉好義者多，必有倍輸以爲公者。幸公涵之。

又復華亭尹黄韋軒

禦寇守城之法，大要不出數條。一，運倉糧以實内餉，使公儲無占焚之患，城中無食盡之憂。一，廣募水兵，精選義勇，以併羣力。一，速查舊用西北二鄉響灘快船，以便水戰。此非區區老狂之迂策，今之議守城者，實末策耳。今城外之民十之八九，城内之民十之一二。若棄城外之民之居以資寇，則寇坐得民居民食，剽掠遠近，任其殺害。旦攻暮突，彼逸我勞，坐困城中，縱保全之，所傷必多。城外獨非赤子乎？故愚欲合内外以攻賊則勢張。其策在專督戰艦，布列黄浦進路，鹽鐵塘、花涇塘、龍華港二三處水口。及賊未登岸，率水兵善水戰者爲先鋒，義勇民快次其後，民兵小船又次其後。一遇賊至，併攻衝殺。此保萬全取勝,若與平敵,亦可先挫其鋒。若待登岸臨城,禦之守之。彼已視城外爲囊中物,視城中人爲退縮懦弱,若虎視牢中之犬羊,猫視匣中之骷鼠,勢在彼而不在我矣。况水寇登陸,已失其險。近聞鄉村之人,手執農器,亦能殺截賊船。男婦上屋,徒手擲瓦,亦能驅走强寇。此無他,齊心併力,勢在我而不在賊。若以一郡之人,上得其勢,下併其心,賊何有於難討,賊何有於困守乎?不肖世爲東南之民,不忍東南之丘墟,不忍同室之人血流東海耳。承下問,謹陳其槩。倘不鄙荒謬,其選材調度之方,攻守守城之策,隨機應變之法,當次第用盡蒭蕘一得也。家奴甚不競,田夫中畧堪驅策三四人,方在演習,臨事當備役也。

李工部昭祥上張半洲總制論海寇書

執事遭逢聖明,致位卿輔,立朝逾三十載,誠信不可謂不孚矣。總制二廣,蠻夷底寧,晉位本兵,畿甸鞏固,威望不可謂不著矣。乃者復承分閫授鉞之寄,至舉八省兵糧聽其調度,總兵巡撫受其制節。分天下大半,以與執事,使得生殺奔走之,不從中御,上可謂不疑矣。廊廟臺諫,僉言推轂,下可謂不忌矣。使舉措一不當於衆心,則呶呶之口,能保其不至乎?大勳未集,無以自暴於天下,又能保主上之終不疑乎?萬一有所疑,則執事之身不保矣。又何功名之足云?往時海上之失策,即執事今日之明鑑。請爲執事悉數而熟計之可乎?兵法曰:明君賢將所以動而勝人者,先知也。先知者,取人知敵之情者也。故斥堠不可不明,間諜不可不廣。乃今盡廢不講,賊至城下,守者未知,我師一動,即墮伏内。昔劉晏不過爲理財計,尚能募善走者,日遣一人,故四方貴賤,無不豫知。今以留都之重,本兵之權,乃閉户束手,坐待各府縣之飛報。使賊得僞爲捷報,以緩發兵。聞諸鄰國,可爲大笑。古者師行,左右前後各有游兵,蹋伏旗砲爲號。前有水澤,則載青鳶。前有山林,則載熊羆。敵至先陳,以逸待勞。而又重懸賞格,以購賊情。軍讖曰:賞罰明則將威行。又曰:將之所以爲威者,號令也。士之所以輕敵者,用命也。故卒畏將甚於畏敵者勝。海上用兵歲餘矣,文武大臣皆有旗牌之錫矣。敗將潰卒,笞撻不加,其故何哉?蓋自往年秋崖朱公,以擅殺被論,遂以爲戒。今賊勢猖獗,殺人成丘,城門晝閉。大臣承此重寄,當以建功安國爲先。尚得計一身之榮辱利害,因循觀望乎?宜速擇能者,分任其事,委以便宜。或封劍賜之,或分牌與之。有退縮者,即斬其首,輕則截耳。苟有奮勇先登者,軍門即給重賞,然後奏勘。則賞不踰時,人有競心矣。兵法曰:不和於陣,不可以戰。不和於戰,不可以勝。今調到客兵,或閩或越,目不相識,語不相通,見利易争,遇敵易潰,所謂烏合之衆也。乃今哄然聚之,卒然驅之,進無厚賞,退無嚴刑。欲其緩急相援,生死相濟,如手足頭目,世寧有是理哉?往者葉謝之戰,僧兵已斬九級矣。邳兵嫉之,使前而莫爲之應,遂身死而軍潰。馬家浜之戰,民兵方與賊鬬,而邳兵鳴金,賊遂乘之,死者大半。二心如此,乃欲取勝,未之有也。夫賊人趨利四出,未嘗合爲一隊。然每合戰,則賊或自後至,或自左右至。此非盡一時之伏也,蓋聞戰而集也。曷不以我軍亦爲數隊,如狼兵當其前,則邳兵出其後,僧兵擊其左,則民兵衝其右。使各備一隅而自爲戰,必不至嫉功而先退矣。其或有先退者,則主將之令,必行無赦。然後可使用命,而功可成也。又兵爲詭道,故擇將之方,非出一途。奇謀詭計,踈節穢行,皆所不廢。須多方求之,出格用之,隨材任之。苟徒倚目前之人,任一己之見,未必其有濟也。瀕海一帶,世業漁鹽,其民皆膽雄氣麄。雖無他技,人給一梃,足以拒賊。但賊至無期,聚而守則無食,散而求食,則賊將乘之,其勢不得不奔。今失其業者歲餘矣,食詘計窮,又不得不漸歸於賊。賊之所以日繁者,豈盡海島之人哉?太倉劉家河,復有耆沙之民,慣駕巨舟,出没海中。往時王祥之亂,嘗藉以取勝。乃今疑而勿用,藉寇資盗,失孰甚焉?悉募之以爲兵,稍給其食,就便團練,互相教習,修葺沿海舊堡,設爲瞭望。賊至則使勇者駕船,拒敵外洋,怯者收保入堡,憑城拒守。兵法曰:一人學戰,教成十人。千人學戰,教成萬人。一歲之後,沿海皆爲精兵,必不至狂走遠竄,膏塗草莽,如今日之慘也。失今不講,淪胥爲賊,遠召客兵,列戍屯守。海涯遼繞,息肩無期,非計之得也。況賊從海來,不絶其路,則去者滿載,來者聞風,日滋月益,賊可盡乎?賊船從海中來者,率皆尖底,難於展步。趺坐相對,旬日乃至。故人皆足軟,不利戰鬬。一使登陸,則其狡悍之性,堅忍之力,不可復敵。故須迎敵外洋,則主客形殊,强弱自見。寧紹参將俞大猷,素習海戰,可保成功。若調福清温台水兵,使專領之,往來巡哨於浙直地方,隨機應變,不使賊得登岸。則先至者援絶膽寒,雖有所掠,不得歸島。黨與日削,終必成擒。愚又聞之,官兵一出,賊掠於前,兵掠於後,故民間有賊來猶可之謡。今統兵者亦嘗有掠民之禁乎?禁之而不止,與不禁同。命之而不用,與無命同。無制若此,尚可以言勝耶?然兵之所以掠者,大抵出於飢餓。欲令行禁止,非足其食不可。今公私積儲,焚劫已盡。客兵四集,仰給縣官,寇至出師,計日給米。夫呼吸生死,勢不旋踵,薪水之事,豈能兼之?況草野之間,釜錡無備,不免取之於民。古人行師,有糗餱之備,今西北邊亦用乾炒。乃一不講求,使人負生米。緩急之際,何從得食?初賊至上海時,浙兵奮勇拒之,勝負未決,相持日晡,餽餉不至,衆遂餒困退散。爾時得一乾餅充腹,豈肯遂退,俾賊長驅若此哉?蘇松倉厫,俱在城外,守土者不復顧惜,俾賊據而食之,去則焚之。民力國儲,一至於此,可爲痛哭。竊謂各處客兵,宜分屯各倉場與城中,爲犄角之勢。既免餽餉,復資守禦。乃皆聚之城中,坐耗儲積,失策已甚。其衛所軍士,既不任戰,乃月食倉粟。寇一臨城,顧責戰於民兵。所養非所用,所用非所養,恐彼之心亦有所未服也。請嚴加揀閲,别爲三等。能戰者爲上,月廪如故。不能戰者爲中,月半其給。又不能守者爲下,曲加省諭,暫就閒散。即以所省之粟,廪諸民兵與客兵之能戰者。俟事平之後,仍復其廪。其民兵客兵,亦須别其勇怯,高下其食。不惟人思自奮,而積儲亦可漸裕。不然,寧免師不宿飽之憂乎?夫是數者,皆即其既往之失策言之也。賊衆雖多,脅從居半。乘新命方下,人心恐懼之時,振揚威武,示以長驅直搗之勢,使彼魂魄銷褫。然後多遣間諜,携其黨與,懸千金以購其渠魁。彼進則懼誅,退則貪利。萬一斬帥來降,社稷生靈之幸。縱不能然,亦必自生疑貳,腹心可離,羽翼可剪。於是整軍徐進,相機而行,事出萬全,終必破滅。未可以區區小醜而忽之也。某世家海上,海上之事,習見飫聞。今利害剥膚,遂不避越俎,爲執事陳之。

茅副使坤與李中丞汲泉論海寇

海上之寇,乘潮往來。自温、台、寧、紹,以及杭、嘉、蘇、松、淮、揚之間,幾三千里。東備則西擊,南備則北擊。决非國家戍守之兵所可平定者。近聞里中一男子,自崑山爲海寇所獲,没於賊五十日而出。歸語海寇大約艘凡二百人,其諸酋長及從,並閩及吾温台寧波人。間亦有徽人,而閩所當者什之六七。所謂倭而椎髻者,特千數人焉而已。此可見諸寇恃挾倭以爲號,而其實皆中州之人也。夫既皆吾中州之人,其始也本操貲冒重利而入,其既也則相與行劫,畏重罪而不能出。彼皆有父母妻子、丘墓室廬之思者。愚以爲當詳諜海上之寇,某爲首亂,某爲佐,某爲脅從。又於閩之漳、福、泉州,浙之寧波等處,當行有司,嚴爲保甲之法,各籍其里之名氏而鉤考之。而爲之鉤考者,亦非欲據籍而罪之也。特令見在土著者,不得望風而煽誘入海。既羣聚入海者,廣令招諭,曲緩其罪而出之。且爲之下令,大略賊從以下,有自縛來歸者,並得免死。有能手刃其黨來歸者,仍按級賞銀三十兩。三級以上,仍命爵一級。有能誘衆面縛來歸者,亦如之。有能手刃所稱佐亂劇賊如某某者,賞銀五百兩,仍世襲千户。其嘗佐亂劇賊,而能率所部來歸,少或數十人,多或百人以上者,賞亦如之。所部人獲免死,仍優恤有差。其手刃首亂某某來歸者,賞銀一千兩,仍世襲指揮使。其爲首亂能自歸者,亦除罪免死。而能率所部二三百人以上,自縛來歸者,賞亦如之。其所部人亦得免罪,仍優恤以差。凡賊中有能自縛告賊所在,導官兵擊殺得勝者,每二級准手刃一級,爵賞亦如之。有能焚溺其舟,并輜重兵仗來歸者,告官驗實,亦賞如手刃佐亂之賊。又下令,於閩之漳、福、泉州,及吾浙寧波等處,各賊犯之父母、妻子、兄弟、朋友、隣右,有能自行首鳴者勿連坐,不能首鳴,而他人告發驗實,則以其罪罪之,仍量以所犯之貲充賞。其爲若父母、妻子、兄弟、朋友、隣右,有能私縛所犯來歸者,並亦得免死,賞如之。有能以姓名聞官,因而詐入賊黨,本圖誘所犯來歸,所犯卒不聽,因而諜知賊情告官,而令官兵擊殺得勝。或左計陷賊,或自賊中焚溺其舟而出者,賞亦如之。其故行匿黨,而不以告者,並得論罪如律。又下令傳示海島諸夷,有能手刃首亂之賊,或擊滅其黨數千百人以上,効首虜以聞者,賞以萬金,加之封爵,願歲通貢入市者聽。如此則爲賊者,外利官府之除罪懸賞,内疑黨與之陰賊行叛。爲賊之父母、妻子、兄弟、朋友者,既奪於連坐例賞之法,而又不忍其黨之終没於賊。而海島諸夷,且謂從賊之利小而害相半,擊賊之利大而又賞之。如此則賊自相駭亂,當必應令而出,而其勢固不能久矣。

徐奉化獻忠與方郡侯論備倭

論備倭長計。夷人變詐百出,而加於素不知兵之地,是以戰無長筭,守無成計。今者闔將雖有重兵,而無將權,不足以馭烏合之衆。憑城雖有虚名,而窮民失業,實非良久之道。以戰言之,海上方多茅葦,而塘路甚狹。彼得以自蔽,而我難進步。彼聞大軍且至,頗自爲計。而我顧爲客,不知所從措。外兩日報至,彼已分遣精鋭,先在浦中。一欲牽制我全師,二將取便搗我空城,欲使自救不暇之策也。我之爲應,一須選練驍勇,從西而下。二須招解守備一軍,從海口東來,東西夾攻,誅其游徼,彼將自遁矣。然須潛使土著燒其茅葦,或招其脅從,斷其聲援,潛遣少林僧搗其巢穴,直甚易也。董知縣一軍,止可往來接應,兼備城府。若與韓闔同事,必有不睦之釁矣。然須請之當路,使才能官一員記其功次,斯得力也。至於守城一事,本屬之守禦官軍。若官軍不足,則以城民足之。然須分爲四等。其單丁夫婦,賃房一間者,爲下下户不役外。下下户之上,分爲三等。自士夫以及富民,自二丁以上，隨力出夫，爲上户。其次中家有丁者爲中户，出一丁，皆自食。其次稍有衣食，丁或二三者，取其一丁，官給食。每城夫十名，晝日止須一名巡視，至夜以九名分爲三番，以節其勞。如此民斯弗病。至有事之際，然後以官錢僱募所謂下下户者，供雜運之役，使其雖閉城而不饑也。

又與右轄胡柏泉

倭人陸戰，往往不敵者，以其善擊刺也。今衛所之兵，所習者不過疊陣法。疊陣法者，堂堂之陣，整整之旗，止於坐作進止。所謂不過五步、六步、七步而止齊焉，不過五伐、六伐、七伐而止齊焉，兵之正者也。今倭人跳梁輕捷，設伏用奇，而欲以正兵應之，未有不潰敗者。故當以正兵而結營，以奇兵而取勝。蓋澤國以舟航爲馬，以火藥爲弓弩。至於登陸，則以長鎗爲短兵，以小伍代陣法。長鎗可制其衝突，小伍甚便於策應。近年南匯嘴往往收功，蓋以是也。倭夷所以棄柘林而趨乍浦者，實畏南匯之制兵也。更得良將撫機合變，設三覆之法以臨之，何敌之不可破耶？

又與胡總督梅林

方今浙西要害之地，與浙東殊異。自九團、柘林以至乍浦，雖有衛所，而人情極怯，一無可恃。須於柘林、九團二處，加設兵鎮。就募土著居民，操習丈八竿鎗，五人爲伍，若南匯舊練之法。有事則官給糧饟，無事則優免差徭。輪番上直，勞者可息，魚鹽之利，任其養生。使沿海一帶衛所，革其舊習，悉更新教。更加射弩火器，長短相濟，則緩急可資其用，郡國咸堪自立。蓋倭夷之戰，惟仗兩刀滚舞而來，人懷怯懼。以團陣之法禦之，勢必潰散。故惟長鎗制之，别無進步。前有教師楊姓者，善用此藝，南匯之習，皆其法也。

莫方伯如忠與彭督府蔡操院論倭寇

今日之事，須明戰守。語守須計萬全，而務近者缺于遠猷。語戰須計必克，而輕事者踈于料敵。敢摭所聞，用備采擇。一曰一體統。東南沿海地方，自汀、漳、温、台、寧、紹，以至杭、嘉、蘇、松等處，境土相接，利害之形互爲唇齒。然以地方各有界限，故賊勢往來爲患，不能相恤。合無浙江督撫奏請勑書，得帶管蘇松沿海地方，與直隸撫按操巡衙門協同行事。或重直隸巡撫操江勑諭，得調發浙江應援之兵。或設江淮督府重鎮。一旦賊發，東西互相策應，指使如出於一，庶事有歸攝，緩急相須矣。又今各院所臨地方，得兼蘇松浙江者，惟巡鹽御史。而沿海居民，苦於寇患，不得其生，莫甚於竈户。若議召募鹽徒，惟此輩訪緝爲詳。誠使處置得宜，責成於鹽運司巡司官之賢者，於所在地方，虚心募選，亦不無可用團結，以自爲守。如不足，則巡鹽御史以地方被害之故，移文浙江巡視巡撫衙門，法得議調温處精兵遥援。存恤居民，以完國課，此則難以限於封域爲辭矣。一曰核軍伍。金山衛七所，各營堡墩塘，守禦軍伍之設，俱有定額。今逃亡過半，而墩臺倒塌，守哨徒寄空名。一旦寇至，本衛軍伍既乏，又慑於先聲，動無全利，亦其勢也。合無行令軍衛有司，稽查原設各所旗軍若干，見在食糧若干。缺者即不能一時清勾，要見餘下額内軍儲，作何支消，查出量給堪用軍餘。或令本衛權於附近民間，即張堰、曹涇、新塲、下沙，有鹽徒地方，召募精壯人丁，暫時頂補，另開名色，帶操備用。及不許影射役占，靡費錢糧，以俟清勾至日另處。

則不必借用民兵爲衛，而兵自足矣。其墩塘倒壞者，照例軍三民七，議修完備。復其原設戍守名數，仍暫分撥民間應犯發徒罪之人，與各軍人相兼守哨，以准驛遞擺站。照舊分設千百户等官，時常點閘，不務虚名。一有賊船在洋，即時舉火，相近衛所，勒兵策應。庶弭患於未然，而爲力易也。此外有舊設本衛戰艦四十隻，歲調太鎮嘉興三衛軍人戍守事例，亦須查於何年議革，或可修復之。則軍伍不至空虚，而守衛倍嚴矣。一曰募勇敢。承平日久，武備廢弛，東南尤甚。其間不無慕義勇敢之士，緣無用于時，而又不能俛首耕作，以食其力。故或散爲惡少之雄，或集爲販鹽之輩。沿海地方，所在有之。今海寇猖獗，正用武之時。此屬若不召募在官，不無意外乘機竊發之患。合無一面張掛告示，懸以重購。凡一應軍民人等，如素習武藝，及有謀略者，許自投到官。試驗果實，仍令親識人等保結，厚爲撫養備用外。其疑畏不應者，須設法示信，啓其樂趨之願，務得實用，不爲虚名，則不患無慕義而至者。而就中獎勞一二，以勸其餘。此在統轄之有方耳。況召募之舉，行於有事之始，人心尚壯。至寇發之久，則沿海居民首罹其害，離散難集，處之之道，又當倍加委曲。蓋愚民趨利之心，甚於畏法，而捐生之恐，甚於失利。此不可以不知也。一曰備障塞。劉家河口，海寇出入之門。雖空闊難守，然無棄而不備，以延寇者也。誠得相宜，多設鐵鏁浮橋，連絡其間，實以土石，用巨木樁栅築斷。多集水兵戰艦，及用地方豪族數家統領之，或總轄之以有職官吏，時嚴防禦，截其來路。上海除議築城外，須設屯戍哨船，遏其渡浦。如有從各灘塗泊舟，步行散漫村落入境者，自吴淞江迤邐而南而西，以至金山衛沿海一帶，處處可來，不特劉家河爲總路口也。合無相宜於各團處，若中前、中後所地方，添設鎮兵，使賊不得泊舟抵岸。此爲第一要策。至於由浦而上，欲逼郡城，亦有水陸二路。陸路必由龍華泗涇，當相時委官，督率本地方團伍，保守截住之。其水路必由黄浦，須於各浦口，如周浦、閘港、龍華港、鹽鐵塘、泖涇等處，亦要設置樁栅，務令牢固。用水兵每若干人，鄉村則翼以本處團伍，附城則翼以四門方厢團伍。各給軍械，多備火器如佛郎機等，排列外向，見賊輒發。仍令網户總小甲，開報各網户，可得五六百艘，分泊要害，亦給以糧餉，令腹内巡司等官督率之。此輩習於水陸，亦可暫資，以備緩急者也。一曰處快壯。軍伍虚耗，全不足恃，一有警急，盡賴快壯出力。本府正德初年，二縣共設快手八百餘名，民快五百餘名。後因革罷，所存者華亭二百六十名，上海二百二十名，纔十之二三，而工食止每名八兩。此在平時，已爲優厚，而不可與從事於有故之日也。況今見在人役，率多稚弱市傭，專利勾攝，而慮不及於拒寇。遇事調發，則派及餘丁，而所得工食不償，又何以出其死力？今當多事，宜暫爲區處。先將見在快壯，委的當官員，從公閲選。如果長於武藝，有膂力者，照舊留用。餘不堪者，退而易之。名缺别議增益，稍倣正德年間之例，比之今數，量加一倍，務在得人。各開注年貌脚色，收貯在官，時常點驗，以防代替。仍照例量添工食，以養其力，而時嚴演習，以作其氣。庶兵威振厲，而調遣不至乏人也。其各巡司弓手，年來亦多奸民包占。宜畧倣快壯事例，一加精選，或留或革，分設各司，以備暫時水兵借撥。亦可節省靡費，期於實用矣。一曰設團伍。沿海地方，悉皆阜蕃，村墟市集，彼此相望。昨賊寇劫掠，所至一空。良以素無禦備，卒然遇賊，各自奔逸，不相救援，以至賊勢猖獗。合無行令軍衛有司,各於所屬地方,除城中有官軍民兵防守外。其城外方厢居民,無城池可恃者,須設法團結義勇,以張聲勢,以禦不測。至如各鄉村去處,亦須各擇勇敢知義一人爲長,精選少壯數十或百人,與之統領,製造器械,時常演習。如有賊至,本村團長率所領併地方居民,與之抗敵。仍報前隣近團長,各率兵策應,斬獲一體論功。庶幾賊勢不至長驅矣。

張世美《倭變論》曰

國家沿海之地,必設武衛,衛必有所,有指揮、千百户守禦之官,下則有總小旗部伍之長。其藩省之内,則有都司、參將,以總控制之司。其要轄之區,則有總兵官,以專備禦之任。或地方空遠,則立城堡以聯其勢。或機隙潛伏,則設巡哨以稽其變。私自下海者有禁,私通外夷者必誅。若來而登岸者,論失機之律。因而失事者,重伏辜之條。然世久易堙,時平易玩。邇年以來,衛所之官,則習於晏安;部伍之衆,則入於衰耗。都司之任,則求望於文墨;總兵之職,亦求才於聲望。控遠之城堡雖存,而看守無人;巡哨之軍人雖具,而舟楫已廢。下海雖禁,勢家大族,捕魚取利,艨艟巨艦,千百相銜,而莫之制。私通雖緝,奸雄巨猾,通番交貨,投託勢要,回互隱蔽,而莫之問。懷姦挾勢者,公爲鬻販於海中之國;爲牙作儈者,公肆買賣於所至之地。脱罪亡命之徒,附托而爲姦;惡少無籍之流,結納以成黨。勾引各島之倭,向導中國之地。地之曲折,家之虚實,無弗周知。鬨然而來,肆然無忌,燔燒殺戮,淫媾劫掠,無地無民,不罹其毒。蓋禍之所由來者漸矣,豈一朝一夕之故哉?當是時,武備廢弛,既不足論。使得良有司,有愛民濟變之實心者,亦可少紓其急,不至所費幾百萬金,所殺戮幾百萬人,若是之酷也。寇未至之先,海濱有知事而有力者之民數十輩,赴有司告曰:海寇將至,具有聲息,來則難支。願得海濱漁翁五六百人,出没風濤,素習便利。用金五六百兩,人各一兩,半備器械,半爲資給。則可迎敵海中,不俾登岸。有司吝財疑誑,叱之而去。知事者歎曰:我輩知家固破,吾亦坐見寇至而莫之支矣。未幾,寇果至,而直抵於上海縣治之前。此則機會之一失也。寇至上海,蔓延以至松城關厢燒劫,而四野無所不至。遂盤據川沙窪柘林鎮,以爲巢穴,四出抄掠。西至嘉、湖、蘇、常,北至嘉定、太倉、崑山、常熟,南至金山、乍浦、平湖、海鹽,各路爲害。初寇之至自柘林也,未知所據,屯擾於上横涇馮氏家。湯總兵任兵備,董知縣三戰而三失利。湯公復鼓敗奮勇,再與之戰。寇則剉衂以退,奔柘林,將爲出海。湯公謂有司曰:乘寇此敗,再得糧餉,以供士卒,我可自柘林驅之出海。有司吝財省事,曰:無錢糧可供,總兵欲爲,當自爲之,不必問有司也。湯公笑曰:我爲主將用兵,兵無自餉之理。若然,我亦無能爲也。由是寇退柘林後,無有一人驅逐出海。遂窺見城中虚實,盤據柘林,徒類日繁,勢大猖獗。此則機會之再失也。其機會之初失也,由有司不知倭禍之烈,玩寇忽民,後成滔天之禍。其機會之再失也,蓋由有司自求保全,增高城垣,嚴民固守。視城外之民,殆猶胡越,任其殺戮,不一介懷。是以吾民枕籍就死,莫有一援救者。此有司濟變之失策也。自後寇勢未已,朝廷選擇總制大臣,授鉞開府,調兵提督。田州、麻陽之兵,四面而至。總制亦求自全,田州之兵曰瓦氏者,戰志甚鋭。乃使屯聚金山者三月,不肯出師。由是衆頭目閒出嬉戲,盡爲寇設伏陷没。一時師老志懈,迄無成功,總制亦坐逗留之辜。繼此爲提督者,皆前後雷同,坐糜廩給,聽其擾擾者六年。人銷物盡，地無餘資，寇無所掠，遂出海而去。嗚呼痛哉！中間亦不無可言者，若兵備任公之忠義，巡撫曹公之忠實，巡按周公之慈懇，僉事董公之勇敢，雖皆可言。然大權不居，不過就職事表見而已。大抵天下禍亂之興，本於舊法廢弛。舊法廢弛，禍亂未有不興者。禍亂之弭，在於當事有人。當事無人，禍亂未有能弭者。善乎岳武穆有言曰：文臣不愛錢，武臣不畏死，天下斯可太平。信斯言也。今日倭亂雖烈，亦無其人耳。苟有其人，吾民豈足患哉。

徐御史宗魯論倭變始末

寇起四年，初以十計，漸至數百數千之衆，今則聚而爲幾萬矣。始寇一方，次沿鄰邑傍郡之間，猶懷顧忌，今歲則滿于浙之東西、江之南北矣。名雖倭寇，實由漳、泉、寧、紹之民，勾引爲亂。今歲則多客兵之附黨、鄉民之投入矣。昔但剽掠，每竊窺于郊野海濱之區，飽欲即去。今歲則攻郡邑之城地，據腹裏之内地矣。年復一年，日甚一日，曾不少挫其鋒，安得使之懲創？他日之禍，殆有不可測者。此寇患之可慮者一也。造海船、鶯船、兵船之大户，動費億萬，而多棄于烈焰。起蓋營填港釘椿之工作，動經歲月，而多毁于賊手。徵海防丁田鄉兵之雜税，動及疲民，而多冒于巨姦。定糴米夫馬支應之諸差，動累賠償，而多困于妄報。遭賊殘破之餘，又苦繁役之擾。弱者思逃，强者思亂。此民病之可慮者二也。召募鄉兵，曾不操練，安能驅其赴鬬？調到客兵，曾不禁制，安能戢其强暴？水兵守浦，曾不預備，安能止其奔潰？陸兵臨陣，曾不示法，安能遏其逃歸？横劫于鄉，曾不處斬，安能使其斂戢？私竊于市，曾不刺發，安能令其悔改？管領之官，利其虚報之餉，而不敢訐其玩法之姦，故上下因循，戎政日壞。此兵弊之可慮者三也。各鄉團結，勢可互援，乃阻之于妄議。四郊立堡，急可奔守，乃失之于先圖。歲造軍器，動支萬金，乃棄之于無用。各省協濟，幾至百萬，乃廢之于冒賞。畏難避禍，專務逢迎，乃藉之以求去。布功罔利，争先干進，乃因之以僨事。況更代不常，人無固志。故地方多變，誰與責成？此政蠹之可慮者四也。防海則失堵截，豈顧藩籬之撤。守浦則先奔潰，安念門庭之敗。屯札則忘結壘，動遭衝突之變。退縮則專姑息，罔彰紀律之嚴。軍餉則多侵尅，明籍鑽求之費。客兵則昧調度，妄生激變之疑。蓋忠勇智謀，均無可録，故數年群盜未見勦平。此將懦之可慮者五也。或殺其老幼，或擄其妻女，而舉家滅亡。或火其廬舍，或焚其米粟，而罄産蕩廢。或竄于野宿，或棲于城隅，而哭聲載道。或驅之投水，或斬之郊市，而屍骨成丘。或盡毁農具，或搬擄房室，而稻因枯槁。或隻鍋皆失，或斗粟全無，而民多飢餒。況時更亢旱，萬姓嗷嗷，坐待死亡，禍不旋踵。此時變之可慮者六也。夫當此多難之秋，須賴忠貞之佐，開誠佈公，智愚方獲其用。明賞飭罰，戰守斯獻其功。總帥必經畧于中軍，督撫必協謀于制閫。屏去積習之弊，一新鼓舞之機。分佈諸將，各守要害。申戒有司，各保城池。相度事宜，方議進止。況聞聖上憫念江南，分命諸將提兵南下，勢若雷霆，人心震奮，兵威自張。由是合三軍之衆，圖萬全之功，庶中國可尊，寇患自平。此計之得者也。若聽其降附，須速驅出海，無使内地之久據。若許其通商，須發往定海，聽候廟堂之處分。如其不從，則征守如故，斯亦不得已之下策也。時論沸騰，莫知適從。幸梅林先有定見，假招撫之名，爲擒勦之計。然以葉麻

五、陳東二賊首未除，則徐明山不可獲也。乃爲以賊攻賊之計，厚結明山，使擒二賊，則自剪其羽翼矣。故於八月二十五日，梅林親率大兵，進薄賊寨。賴保靖先入，永順繼之，乘風縱火，斬賊千餘。明山始就戮，而浙直諸郡始晏然無事矣。厥後嘉靖三十六年迄今九載間，聞寇至旋即攻退。固將帥協謀之功，亦督撫調度之善。吾民瘡痍始蘇，生理始復。澤及山人，得安田里。雖幸稍寧，尚懷隱憂。故特記往事，永昭後鑒云。

松江府志卷之九十

災　　異

《春秋》書災不書祥，志戒也。古者遇災而卜，師有規，工有諫，瞽史、嗇夫、庶人以奏、以馳、以走。蓋夙夜廩廩焉。天之意若曰：令人喜，不若令人懼也。

秦始皇時，長水縣有童謡曰："城門當有血，城陷没爲湖。"一老嫗旦旦往窺城門，門侍欲縛之，嫗言故。嫗去後，門侍殺犬，以血塗門。嫗又往，見血亟走，不敢顧。忽大水至，淪陷爲谷，因目曰谷水。

吴大帝黄龍三年二月，由拳野稻自生。

晉元康中，婁人懷瑶家，忽聞地中有犬聲。視聲發處，有竅如蟥穴。掘入數尺，得犬子，雌雄各一，目猶未開。大于常犬，哺之能食。還置穴中覆之，越宿不見。《尸子》曰："地中有犬名地狼。"《夏鼎志》曰："掘地得狗名賈。"或云犀犬，得之者其家富昌。瑶家累歲亦無它禍福也。

晉成帝咸和六年正月景辰，月入南斗，占曰有兵。是月，石勒殺略婁、武進二縣。

晉末亭林地裂數尺，中有波濤聲，探之火起。

宋武帝永初二年六月，白烏見吴郡婁縣，太守孟顗以獻。

宋文帝元嘉十七年，劉斌爲吴郡，婁縣有一女，忽夜乘風雨，恍惚至郡城内。自覺去家炊頃，衣不沾濡。曉在門上求通，言："我天使也。"斌令前，因曰："府君宜起迎我，當大富貴，不爾必有凶禍。"問所以來，亦不自知也。謂是狂人，以付獄。後二十日，斌誅。

高宗紹興四年十月丁未夜，華亭縣大風電雨，雹大如荔枝實，壞舟覆屋。

宋建隆初，澱湖三姑廟後一山，湧出波浪中，隱隱與水平，久之寖大。

二十九年，華亭大饑，人民食糠粃。

淳熙甲辰歲，大風。有二龍戰于澱湖，殿宇浮屠爲之飛動。頃之，一龍蟠護其上，遠近皆見之。

度宗咸淳六年十一月，華亭縣大水。

大德辛丑秋七月朔，大風，屋瓦樓楯掣入空中。繼而海溢，殺人民，壞廬舍。

元統甲戌五月，雨雹，大者如鷄子，小者如蓮菂。雹有一眼，若雕琢者。

元順帝至正丙戌閏十月二十九日夜，松江普照寺西製帽民姚姓失火，延燎五千餘家。

重門邃館、梵宇靈宫俱盡，惟夏氏收藏書畫樓獨存。

辛卯夏，普照僧房一敝帚開花。

二十四年甲辰六月二十三日夜四更，松江近海處潮忽至。人皆驚訝，以非正候。至辰時，潮方來，乃知非潮也。湖泖向不通潮，此時亦湧起，高三四丈。

至正乙未七月六日夜，松江孫元璘自平江歸，泊舟城西方，掀蓬露坐。忽見一星大如杯碗，色白而微青，長四五丈，光燄燭天，戛然有聲，由東北方飛入月中而止。此時月如仰瓦，正乘之無偏倚。丙申二月，官軍亂。是歲正月，楓涇戴君實家柳樹，若牛鳴者三。

丁酉，上海民家鷄伏七雛，一雛作大鷄狀，鼓翼長鳴。

辛丑四月朔，日將没，忽無光，作蕉葉樣。天黑如夜，星斗燦然。食頃天再明，又少時乃没。

壬寅八月，上海民家閹牡狗生小狗八，其一爪吻紅如血。

甲辰四月，楊巷西清菴廊柱有聲，如以桶覆水面而擊底者。以手按之，則振掉而起。凡十九間皆然，經時乃止。

丙午八月，上海牧羊兒見流光中隕一魚。是日，縣市人指流星自南投北，即此時。志云：天隕魚，人民失所之象。

洪武庚戌七月十六日，大風從海上來，塵沙蔽空。中有物如烏鳶亂飛，又類屋瓦。至沙岡漸下，集于里人林彦英家。風息視之，垣屋四周皆楮幣也。人呼鈔飛林。

永樂初，連歲大水。乙酉六月朔，雨至于十日，高原水數尺，窪下丈餘。

正統九年冬十二月，大雪七晝夜，積高一丈二尺。民居不能出入，皆就雪中開道往來。鄉城一[望]皆白，名曰雪際門。明年有倭寇之亂。

成化乙未春四月，吴地大震。旦視之，遍地生白毛。

弘治壬子春，芥生華亭學聚奎亭下，蔭地可丈餘，葉大如芭蕉，花生墻上二尺許。

弘治甲子六月十四日，五色雲見西北。初若鳳一羽，俄敷如連山，光華爛然，移時乃散。

弘治乙丑九月十三日，有風如火，從東南來，再至益勵。已而地大震，聲如萬雷。後數日，有星東北流，墜于海，光如火，聲如雷，或云天狗也。明年，有崇明之變。

正德己巳七月，南禪寺樹鳴。冬極寒，竹松多槁死，橙橘絶種，數年市無鬻者。黄浦潮素洶湧，亦結冰，厚二三尺，經月不解。

正德庚辰二月丙戌，雷火燬直隸金山衛城樓，及華亭縣學魁星樓。

正德庚午二月，華亭十四保胡經家樹鳴。六月，大風，決田圍。九月，訛言有兵，居民皆走，城幾空。晦日，市人傾而東，言兵已至，婦女有入井死者。

嘉靖癸巳六月中旬，魑魍地方白日蛟起，禾苗傷盡。四十年五月十四日，佘山前蛟復起，水湧丈餘。萬曆二十五年五月廿八日，鍾賈山蛟起，崩西南一角。三十六年五月十七日，鳳凰山蛟起，張東海墓前倏忽成潭。

嘉靖丁未，泖塔上大風，中見古木爲蜃，出没巨浪中。丙辰，風雨狂驟，咫尺莫可辨。

嘉靖辛亥，地生白毛，長七八寸，民間床壁下亦有。癸丑，魑魍鎮有婦人忽生髭鬚。明年，遂有倭亂。

嘉靖癸丑正月朔，日食晝晦。至六日，黑日亂墜，移時乃止。青浦舊治將廢，邑屢生妖。邑令夫人方食次，碗中一蝦蟆跳出，盤旋几席，驅之不去。夫人驚悸成疾卒，俄而邑廢。

嘉靖乙卯，寶山人家畜一鷄，拊翼長鳴，作人言。不越歲，倭夷入燒香陽山，遂肆焚掠。

嘉靖戊午秋八月，民訛傳有狐精夜入人家爲祟，遭之者如夢魘。家用金鼓警守，聲振天地。或貯水待之，達曙乃息。

嘉靖庚申夏，郡西南五舍鎮天隕一石。越數月，其石自動，忽一夕風雨失去。

嘉靖辛酉夏五月，大雨徹晝夜不息，平地水深丈餘。至秋，水益潦，田禾渰没殆盡。塘橋居民富守禮家，忽雷震異常，門首一漁舟，爲雷神攝置屋上。至壬戌，復大饑。

隆慶戊辰正月，西郊外秀野橋油坊火，延燒數百餘家。風捲火如團，飛渡河，竹木悉爲焦土，六畜死者無算。是年，民間訛言選童女入宫，于是男女年十歲以上者悉成婚。

萬曆甲戌十二月丙辰申刻，大風自西北來，倒屋拔木飛瓦，一晝夜不息。

萬曆乙亥夏四月朔，日食。亭午食既，白晝如晦。五月晦，大風，海濤怒號西注，敗塘于漴缺六百五十丈，又敗塘于白沙二百丈。漂没廬舍百十區，民死者數百人。潮乘其缺再入，流溢四境，水味俱鹹。

萬曆丁丑十月，彗星見西方，大如車輪。

萬曆戊寅冬，澱湖忽湧冰成山，約高數丈，長二里許。先是，居民聞萬馬之聲，從牖中窺之，見燈火千餘。及明，乃見冰山。

壬午七月十三日，大風拔樹。屋瓦片吹空中，如燕雀飛。雨徹晝夜，花豆皆槁死。十月丁酉，上海颶風從西北來，舟皆覆没。是年冬，有陸姓者，于五更時仰見天裂，大于船，少頃合。俗云天開眼。

癸未正月朔，地震，棟宇揺動。民間所貯磁器，皆相軋有聲。

丙戌二月十二日，日暈珥。是月晦，天雨黄沙。

丁亥正月十四日，木冰，即木介也。五月四日，大雨徹晝夜不息，平地水深丈餘。是年，七寶鎮民家産一豕八足。小蒸鎮有顧姓者，畜一烏猪，夜忽變白。

戊子，大旱。郡西南李塔匯塔頂仰盤中，有一物盤旋其間，狀如猴，數日方去。或云此(早)[旱]魃也。夏四月，民屋壁見白垩，狀如粉針。五月，大水。七月廿一日，大風拔樹屋，田禾悉没，民大饑。九月中旬，天初明時，西南忽有紅白氣，如龍亦如犬，長竟天。

己丑正月，雨，木冰如筋，民大饑。五月，大旱，至七月不雨。六月十八夜，月中飛雪，紛若吹絮，攬之皆六出。七月庚申夜，月中有白小星迸出如珠。

庚寅七月十八日，上海海溢，自一團至九團幾百里，飄没廬舍數千家，男婦死者萬餘口，六畜無算。十九日，近海居民從海灘撈屍，遇潮至，群起登岸，陡傳倭至。時大雨，徹晝夜不息，民奔入上海城。至廿一日，城中水深二尺。城閉，聞外叫號聲。知縣楊遇亟登城問故，啓關納之，争入，闐死城下者數十人。時渡海没風濤者，不可勝計。十月，雷電時作，至晦夜大震。

辛卯閏三月，彗星在西北方室壁度，尾長二尺。

壬辰六月五日，府儀門三座忽摧前架，傷七人，四人隨死。時知府詹思虞捐金殮之。七月丁卯夜二鼓，有星貫月而出。又超果寺南民家産一鷄，冠紛披兩旁，中突一角。十月丙午，地震。

癸巳正月己未，府堂墀下有黑氣，冲西北去。七月，慧星見東北，在井宿度，尾指西南方，長三尺餘。

甲午，太守柳希點方登堂，馬直入堂上驚跳，左右潰散，良久就縶乃止。

乙未正月戊寅寅刻，天鼓鳴，地大震，起西方，由東南至西南，三刻止，屋宇動摇。十二月二十三日，泖塔潮音閣大士放白光如疋練，長亘千尺。是日，風從東北來，幢幡從逆風飄蕩。

丁酉二月，青浦天降雨，黑點時著白衣。三月丙辰申刻，青浦見日旁有黑日摩盪，其二掩日，自南而北。移時雲起，始没不見。

丁酉五月廿八日，大雷雨，盧山西南一角崩。

戊戌，秀野橋張氏竈下地湧血。三月，上海二十九保民婦有娠，忽嘔出一兒寸許，形體畧具。驚擲之，即失所在。

己亥，新場居民嚴四者以賣鍋爲業。其家一母猪産三猪，其一人首白體，鼻方而長，前二蹄乃人手，後二蹄猪形也。

己亥七月廿七酉刻，聞鬼車聲在空中，既而遍地鬼叫，有以紙炮震之。時謡云："天上鬼車叫，城中俱放炮。不知因甚來，朝廷要納鈔。"次年果有抽税之舉。孫税監率地棍建税司于跨塘橋，凡支流咸置鎖栅，更令械船各處巡擄，商賈俱受索詐，民甚苦之。不久旋革。

庚子，上海倉側民家産水犢，兩首六足，前四後二。

辛丑六月十七日，大雨如注，通晝夜不息，北鄉田禾盡没。天氣忽寒烈，後聞杭州富陽下雪尺餘。

甲辰，二龍戰於黄浦之孫家灣，傍浦合抱大木盡拔起，壞民居數十處。

丁未三月，鄉人李應科忽見三日並出，同舟數人共見之。先是，金山衛地方亦曾見三日，海防二守繪圖以傳。七月庚申夜五鼓，東北方彗星出于井宿，尾指西南，長一尺。十一月丙午，自辰至午，日忽失光，魄漸大，色漸朱。申酉之間，燭地如血。

戊申夏六月，有龍見於黄浦龍華港口，鱗白於銀，目光如炬。龍首有一神立其上。

庚戌三月庚子初更，大雨，鬼嘯鄉城，自昏及旦，民間放炮逐之。四月癸未，白虹貫日。

庚戌三月廿六日，太清庵外有二馬跑哮走，徑奔府堂。

壬子四月，徐氏家生一鷄，一頭四翼，四足兩尾。

癸丑二月初三夜，大雨，雷擊西林塔，焚三級，三日火不絶。五月廿一夜，雨，雷電竟夕，鴉數百死唐橋鎮後。

丁巳正月辛巳酉刻，月食，色赤黄。十二月己未夜丑寅二刻，西北方雷震燁電。

戊午五月朔，日中有黑氣。六月三日，月色如赤日，移動不一。九月辛亥五更，東南方白氣闊尺餘，長二丈，如疋練。東至軫，西入翼，尾西北向，光芒遠射，占爲長星。十月中没。十月己丑，彗星出東井。

己未元旦五更，鬼嘯，如數十鬼車鳥聲，由東南至西北。

泰昌元年庚申八月丁卯，日没後，有月白虹長數丈，自西北至東南，横亘天。十月二十日寅刻，震電。是夜，月圓如望。

天啓壬戌二月庚寅，黄沙四塞，日色黯白。壬辰，復雨沙，午後蔽日四塞。三月己未晡時，有黑氣如日數顆，掩日摩盪，如相鬥狀。六月壬申申刻，日兩旁抱珥暈，氣黄赤。

癸亥三月十三日巳刻，天鼓鳴，地大震。十六日午刻復震，海上地生白毛。六月望後，熒惑入南斗，魁逆行。辛巳以後，守斗口。七月乙卯夜，順行復入魁，逾五十日不退舍。八月壬戌昏刻，熒惑犯斗魁東第一星。是夕，月在角初度。初時月如旁弧，太白若彈丸，少頃太白爲月所食。十二月丁未申刻，地大震，聲如風雨。自西北往東南，屋宇動摇久之，鄉鎮皆然。

甲子正月癸未，日赤如赭，慘淡無光。申刻，有黑氣如日，與太陽相盪。翌日，色赤如血，復變青藍色，人久視不眩。二月乙酉朔，日出没。有黑氣如日，與太陽相盪，飛流不定。是日，日赤如赭。癸巳，日没後，有星大如碗，色赤。從西至東，化爲二星，一大一小，一赤一白，相去尺餘，尾光耀地。復從東流至翼軫而没。庚子午刻，兩日相盪。是夜子刻，月食。甲辰，日色變白無光，烈風雨沙凡三日。壬戌卯刻，日色變白，黑日數顆，掩日相盪。三月戊午卯刻，兩日相盪者久之。庚申夜一鼓，黑虹見于南方，其長亘天。五月中旬後，淫雨徹晝夜不止，遂成巨浸。秧苗菜麥幾盡，歲饑。

乙丑三月，大雨雹，傷麥。七月，日下有暈，如黑日欲蝕狀。又有大星現東方，紅芒四射。是歲，啓明不見者半載。

丙寅七月初一日，颶風霖雨兩日夜，拔木震屋。郡譙樓盡傾，水勢頓添數尺。二月八日，大北風，雨雹殺麥。七月二十一日，大風雨摧蕩廬舍。城内外有執蓋過橋，漂溺多死。

松江府志卷之九十一

志　　逸

顧《志》采書不百種。俞彦直購訪以資郡乘，不惜輕舟重幣求之，幾數千種有餘。而星零不及入傳者，余與章青蓮裒爲志逸。取信不取誕，取常不取怪。取其羽翼名教，而不取曖昧垢穢之詞。庶幾慎言其餘哉。昔徐鉉好異，凡賓客不能自通，與失意而見絶者，皆詭言以求合。洪邁急成《夷堅》，多取舊事，改竄首尾年月名氏，雜投記中，而不自知其龐雜至此也。語云：食稊者不肥。況非稊乎？志逸雖不廣，抑亦稗官家者流。志如左。

峯　　泖

梅居。在鳳山下。張東海自題詩云："鳳凰山下梅花屋，俯仰乾坤盡香玉。逋仙寂寞三百年，塵土孤山眯人目。清詩往往落人間，疎影暗香今始續。曲闌小几神與交，宛見杖藜巾一幅。謾呼焦尾洗塵襟，獨抱匏尊酌溪緑。興酣不計春淺深，陰風颼颼雪蔌蔌。萬頃玻瓈舞鶴顛，八窗雲母飛蛾撲。囂塵不到即仙家，何必洞天三十六。"

山蛟。萬曆戊申五月，霪雨，至十七日蛟起。張東海公墓後，平地水輒丈餘，遂成巨坎。先是癸巳，薛山有蛟出没。居民預祝他日成龍，毋傷我稼。至是大風雨，有龍拏空而上，苗不甚傷。

鳳凰山莊。徐文貞公别業，有梅花數百株。文貞《九日飲山莊小臺》詩："九日尊罍何處開，鳳巖南下古層臺。天甦病骨秋風至，客有好懷今雨來。把菊謾憑推節序，看花猶恨隔蓬萊。全生近解莊樗説，深爲衰齡幸不才。"

鳳山樓居。莫方伯如忠所築。陸文定公有詩："鳳凰山下鳳凰依，自託高蹤一覽輝。爲俯清溪聞石瀨，因穿叢竹叩巖扉。君開圖畫臨丹穴，我向烟霞憶翠微。何日一尊尋舊約，捲簾同看白雲飛。"

錦溪橋。在鳳山下。陶九成詩："錦溪橋下水平溪，楊柳條長拂岸齊。[参政]寶坊歸幻劫，[右丞]先壟可悲凄。漁船桂楫雙雙短，酒店茅簷處處低。市井荒凉風景異，老鴉啼過亂雲西。"公自註：寶坊，参政張瑄。先壟，右丞徐義。

鳳凰橋。陸文裕公有"鳳凰山下鳳凰橋，與客移舟自海潮"詩。

追憶賦詩。陸文裕公嘗登鳳山，語客云："登山涉水，專事賦詩，反碍真樂。不若極躋攀眺望之興,而追憶所遇,然後發之詩文爲快也。"

洞霄宫莊。簳山西有青山廟,爲杭州洞霄宫莊。

笴隱生。余瑾自號。幼夢掘地,得大小墨數百笏,遂善屬文。所著有《史補斷》、《丹崖夜嘯》、《金聲録》、《玉露吟》各若干卷。簳山一名笴山,吴爰有《游北笴山》詩。

九峯補亡。曹大参定庵云:陸寶爲雲間第二峯,今夷爲平陸,當以簳山補之。詩云:"山頭日月常吞吐,山下亂石難名數。小者卧伏如羣羊,大者蹲踞如虓虎。生材中矢因得名,十笏天留給孤土。兹山合補九峯亡,後世視今應作古。"

晚莊。在簳山之陰,幽勝,爲陳京兆别業。

大士乘鰲。聰道人修禪于華藏庵,定中聞潮聲雷湧,俄覩大士乘巨鰲,冉冉潮端,改名潮音洞。

黄巢洞。洞凡十八,今多崩壞,間存磚甃。相傳民避黄巢之亂,因而居之。

宣妙佛像。宣妙寺佛像極精妙,昔有工自江右來塑,經歲方就,諸剎罕儷。後工病,僧欲訪醫療之。工曰:"吾眈思玄想,盡吾神矣。安有藥物,能復召吾神者乎?"

三括松。陸文裕公《秋日佘山觀昭慶三括松》詩,有句云:"新秋晴日照古寺,鳴絲偃蓋風離離。閣前兩株低且瘦,左右拱揖如佳兒。獨憐衆草没曇院,不見十尺圍銅皮。稍偏一株在東麓,蓊翳拔起三虬枝。擎空似欲挐雲雨,匝地更與成漣漪。"

八筆峯。袁國相履善小隱處。董宗伯原漢有句云:"泉落一泓仙梵列,亭開八筆泖湖分。"

金沙地。中庵爲靈峯即昭慶,其地皆金沙。許尚詩:"路湧金沙地,高人此築庵。"

聽松。細林崇真院東一石,勒聽松二字,乃李陽冰之筆。

鼉卵。神山有神鼉仙館,相傳爲吕純陽書,以山形伏首引尾,故名。是山歲出一圓石,爲鼉卵。後人于其首鑿石,遂不復出。山又有金蛇,長寸許,四足煜煜有彩。不食,惟飲露。云是素雲仙跡啓竁時所化也。

松寮。張憲幕之象云:余别業在細林山,故有萬松,森蔚可愛。境幽林静,但引松聲,憑几聽之。有詩云:"喬松鬱鬱上參天,洗耳中林自灑然。風動九霄鳴鼓吹,雨飛三峽亂琴絃。奔濤忽撼蒼龍卧,振籟頻驚白鶴眠。竊喜陽冰題石在,隱居餘韻到今傳。"

瑞竹。玉屏山顧廷儀家所生。曹時中賦贈詩,有句云:"出土一根元瑩玉,凌風雙簳欲參天。"

梅屋。曹憲副定庵卜居山麓,繞屋種梅,多名人題咏。

平原村。何孔目元朗《望平原村》有句云:"平原勝業久蓁蕪,獨有青山枕碧湖。水滿野塘花自發,雲迷别浦鶴相呼。"張世美亦有《弔平原村賦》。

确石。横雲山所出,土人鑿之。向以貼岸,今用叠山。惟白龍洞相傳有龍蟄焉,旱則祭告,人不敢近。

猲獸。横山頂土人設鷹棚,以鳥爲媒誘捕之。有周三者至棚下,見一嫗手紡木棉,驚問不答,第向周曰:"子曾見猲乎?"忽變異獸,舌長至地,兩目如炬。周駭走,獸逐之,適逢行人得免。

横雲草堂。陶九成《題唐涿州横雲草堂》詩："三泖移居屋幾楹，青山一帶與雲横。翠芬落几琴聲潤，紫氣浮堦鶴夢清。剖竹專城施政教，懸車故里養尊榮。杖藜莫厭相過數，好付兒郎管送迎。"

仙雲招提。臨海鄭珪志云：横雲名小赤壁，世傳東坡嘗游賞于此。盤谷師與其徒祥漠、雲廣、大方、暹照、初淵、古源栖跡其中，顔曰凝翠，即仙雲招提也。

萬年松。沈大參愷《小赤壁記》：石上多萬年松，長不盈尺，英英翠色如染。

磚塔。圓智寺有一磚塔，林、俞二公同柳僧拆時，見有舍利子數顆，僅如米菽，瓦盒盛之。又一銅觀音像，古錢斗許，及金字經一卷，見風化去。

楊龜山祠。天馬山下舊有楊龜山先生祠，中列南朝十太尉。山間楊氏自稱龜山之後，遂據其祠。後名參亭，香火日衆，共利香金，懷私争訟。遂分屬僧道輪掌，修葺梵宇焉。

塔光現塔。萬曆庚戌，塔當晴晝，光透空中。光之内忽現一塔，塔之旁有樹，與山上浮圖景相無異，共詫奇觀。崇禎庚午、辛未重修。

雙松。雙松房在山麓，喬柯勁幹，數百年物。今存其一。

題鐵崖墓。倪雲林有《過楊鐵崖墓》詩："早歲登高第，餘年樂隱居。聲名真有在，文字足爲娱。烟樹華亭鶴，春波濠上魚。干山埋玉處，西望淚漣如。"

山舟。陸居仁記淞南九山，一曰干者，里中周氏其喬木焉，人以山周目之。趙文敏以周舟叶，嘗大篆山舟二字顔其齋。

天馬山歌。錢太史鶴灘手書，藏圓智山房。陸文定公云：太史性豪宕，落筆馳騁顛縱，筆陣若奔風走電，直可方唐李白。使更載筆明時，當如椽也。惜遭沉廢，此筆藏之山中，永媚陵谷。則太史之于此山，其遇不遇何如？詩云："漢庭此日長楊賦，蓬閣他年玉筍班。不有風流錢太史，肯將題墨落青山。"

干山虎。郡人曹安游干山，宿李昇郎中宅。山有虎啖人，時廿一日。曹云：讀《洗冤録》云：虎之于人，如猫于鼠。初一後啖上體，十六後啖下體。問之果然。疑松江山亦叢莽，初或有虎。袁太冲云：曾見佘山有鹿云。

文定詩讖。天馬山里人有九十六叟，陸文定公偶入山訪之，殊矯健。文定口占云："甲子已週添六六，大齊將届少雙雙。"蓋言其九十六也。時文定方七十，不意竟成詩讖。是年叟卒，後文定壽亦如之。

異竹靈芝。萬曆丙申，小崑山禪堂前偶插枯竹生枝。丁酉，山門出紫芝二本，三聖閣下出黄芝一本。未幾，董太史請《北藏》至山，孫漢陽繪圖，以紀其瑞。戊申，五色芝三四十本復生三聖閣下。青浦韓公鵬南、華亭聶公井愚共入山見之。己酉，遂迎大士于新帶鎮。蓋大士原從此山負出，後感異夢，欲歸本山。于是年六月十九日迎至，萬衆擁觀，無不贊歎。

孫梅花墓。楊子亨有《簡梅花上人》詩。墓有老梅一株，尚存。

籠雞。陶九成嘗至松江鍾山净行庵，見籠一雞，置殿之東簷。寺僧云：蓄此司晨，十有餘年矣。時刻不爽。

十井。壽安寺環有十井,水極甘洌。蓋十道庵遺跡也。

翠雲居。羅漢松二本,大可數十圍,蒼翠如雲,閱僧臘幾百歲矣。

采薪供爨。陶九成云:三月望後一日,率僮僕抵鍾賈山,采薪供爨。至四月朔歸,每日陰雨。詩云:"繫船溪水頭,山中成久留。半月總值雨,一身都是愁。哺雛敗簷雀,逐婦深樹鳩。薪采輟夫役,摘蔬薦晨羞。"

嘉樹堂。文待詔徵仲飲陳氏嘉樹堂,有"扁舟夜渡横塘月,尊酒春尋嘉樹盟"之句。

鍾氏譜。九峯之間,有儒者曰鍾子鳴。其先與賈姓同隱于壽安山中,時人遂以鍾賈名其山。鍾氏世居兹山之陽,自唐以來,六百有餘歲矣。子鳴業舉子,棄去,博極羣籍,制行孤介。諱聲遠。其遠祖升傳振,振後傳信,信之曾孫爲山,山生聲遠。又楊樞譜叙。

盧山草堂。舊有梅數十株,開時從巖頂望之如雪。萬曆戊申,盡厄于水,陸君策畸墅亦廢。

箕山。澱山西北一小山,山皆石骨。

冰山。萬曆丁丑冬,澱河傍忽湧冰山,約高數丈,長可里許,若有峯巒洞壑,月餘始融釋。先是,湖中冰堅,不通舟楫。一夕,傍湖居民聞萬馬之聲,見千餘燈火散亂。及明,始有冰山之異。

如意玉鼎。萬曆己丑,澱河淺處偶涸。土人争淘汰得金寶,有錢大如杯椀,亦有得釵鈿者。一玉鼎,色如脂,腹有篆文十三字,曰"大周天册金輪皇帝如意元年造"。又有巨骨,疑爲蛟龍所蜕。

秦山古洞。即仙人洞,吴南崖所闢。張世美詩:"秦山山人有偉圖,壯志骯髒雄萬夫。獻書北闕時不達,遁跡南崖興自孤。長組縛石時一呼,笑拍兩手衆來趨。雷轟電掣洞門闢,須臾自有神靈扶。"

查仙。即查玉成,山有丹井。錢薇云:北眺黄耳冢,東望秦山寺。題仁壽禪寺,趙松雪書。

古泖湖。唐詢自序《華亭十詠》,有云:景祐初元八月,予被詔爲縣。至部且一月,凡境内山川風物,未嘗一日而講求焉。今秋,人有訟古泖湖者,持舊圖經,詣庭以自直,因得而究之。凡經所紀土地、人物、神祠、墳壠,所言甚詳。行部之餘,輒至其地,因里人而咨焉,多得其真。

泖田。國初泖塔西南隅,有田數畝,三家成市,南北蘆洲各一,舊泖圖尚在。正德後漸徙爲湖,蘆洲亦無存矣。

泖塔免科。隆慶三年,丈田均糧。僉憲九石鄭公、郡守洪溪衷公,謂泖塔在湖心,渰没不常,遂得免科。萬曆元年,復建青浦,泖以西俱屬焉。獨塔基因不起科,仍隸華亭。

宵燈霧鐘。佛氏起浮圖,惟泖塔最爲利益。夜黑則塔上標燈,昏霧四塞,則鐘聲導之。

泖可爲田。宣和元年十月四日,御筆:訪問平江府常熟縣常湖、秀州華亭泖,並可爲田。仰趙霖相度措置召租,限一年了當。具便民利害圖籍,歲入以聞。

泖水。陸羽《茶經》水品，兼收松水，松水莫如泖。志稱其清泠，可釀可茗，以此。

泖龍。七寶徐天爵，篤實好善，奉三元神甚虔。正德改元，販麥，舟渡泖。忽遇龍下，水皆上奔，舟亦隨之，見泖塔在船下數丈。徐懼甚，惟誦經。須臾舟墜，麥亦無恙。既入小港，見男婦聚觀，云空中有一船，不知即徐舟也。

塔光。萬曆丙辰，風雨晦冥。忽有異香氤氳起塔中，塔頂金光獨現。甲子，又五色光圍繞塔院，周遭數百武。光中水平如鏡，光外波濤湧起數尺，移時乃止。寺僧無相記。

鳥銜珠。萬曆戊子，泖塔重飾如來三像，眉間寶珠偶失其一。有鳥忽銜巨珠置前，因取填眉，光瑩大小如舊。中間第一尊額珠，是鳥所銜也。

江　海

海龍王來。吴淞江久湮，時有童謡云："若要吴淞江開，除非海龍王來。"隆慶己巳，海忠介公建議開復吴淞江，董役則郡同知黄、蘇州推官龍也。其讖始驗。是時兩月不雨，厥功易集，殆天意云。出《見聞録》。或云：董其役者，龍同知、王通判也。

魚腹丹書。唐淞江漁人張胡子，嘗于太湖中釣得一巨魚，腹上有丹書字曰："九登龍門山，三飲太湖水。畢竟不成龍，命負張胡子。"出《靈怪録》。

龍子。沈巷鎮民陳姓，業捕魚泖中。捕得白魚，長七尺，魚頭隱隱生角，隨放之。後渡黄浦，遭颶風，舟多覆者，陳舟獨無恙。夜夢一白衣人云："我龍子也。感君十二年前活命之恩，故昨來捄君耳。"

異鏡。太湖入松江口，唐貞元中，有漁人載小網，數船共十餘人，下網取魚，一無所獲。網中得鏡，纔七八寸。漁人異之，遂取鏡照，悉見其臟腑。其人悶絶而倒，衆大驚，取鏡鑑形者皆然，即以鏡投水中。明日方理網，所得魚倍多。其人先有疾者，自此皆愈。故老云：此鏡在江湖，每數百年一出，人亦常見之。出《原化記》。

長鱗蟲。唐洛陽劉貫詞，大曆中求丐于吴淞江上，逢蔡霞秀才者，一見意頗綢款。忽遺劉錢十萬，書一緘，白曰："逆旅中遽蒙周念，既無形跡，輒露心誠。霞家長鱗蟲，宅在渭橋下。合眼叩橋柱，當有應者。"貫詞遂詣渭橋，一潭澄泓，叩果有應者。忽失橋及潭，所見朱門甲第，一紫衣使者出。貫詞曰："來自吴郡，郎君有書。"遂導入見太夫人，年四十餘，互拜成禮。有小妹子，即霞妹也，具饌對食。女曰："書中以兄處分，令以百緡奉贈。"貫詞謝之。因命取鎮國椀來，曰："此罽賓國奇珍，其國以鎮災癘。如得錢十萬，可售之。"貫詞辭行，回顧渭橋如初。視手中器，乃一銅色椀。歲餘，遇胡客，酬以百緡，曰："此罽賓鎮國椀也。自失椀，國大荒，知爲龍子所竊。其國守龍訴上帝，正當追尋，故霞出避。今藉君爲繇送之。此椀出，渠亦當來。五十日後，渭洛波騰，瀺灂晦日，是霞歸之候也。"見《續玄怪録》。

江行遇神。唐御史珣江行遇風，旁有巨舫，内一冠帶緋袍者邀公，纔過而公舟覆矣。比公登岸，遥見巨舫懸旗，書曰"利濟侯"，倏不見。公歸，立廟祀之。

龍王宅。松江出海東五六日程，小島之前，闊百餘里，四面海水粘濁，此水獨清。無風而浪高數丈,船不敢近。每一潮水漫没其上,不見此浪,船始得過。夜望見水上紅光如日,上與天連。相傳龍王宅其下。出《録異記》。

龍宫女。大曆初,處士李籝由吴淞江入震澤,捨舟野步。見煙火,意爲漁家。漸近則朱門粉堞,嘉木修林。李異其境。俄有青衣邀入見,女郎狹體瓌質,衣如雲霓,若慶邂逅,命青衣瀉酒珊瑚鍾以進。侍兒執樂,歌玉波泠雙蓮之曲。復以水晶簮叩盤,誦芷秀葯華詞。俄持素綃,送李出門,閉扉悄然。後廣陵胡人識其綃,曰:"此龍頷小髯所緝也。"出《樹萱録》。

潮汐。潮自吴淞江口入,朔望以子午爲信。自海潮决李家浜,去故道南二十里,潮信遂蚤數刻。第渾潮日至,泥濘日積矣。

毛人。晋光熙丙寅,有毛人三,集于瀓浦。酈道元曰:"汜于風也。"或以水族多怪,濱海之地,時有異物,不以爲灾。見《偶記》。

東夷船。宋嘉祐中,海上有一船桅折,風漂泊岸。船中三十餘人,衣冠如唐人。繫紅鞓角帶,短皂衫,行則相綴如雁行。自出一書示人,乃唐天祐中,告授新羅島,皆用漢字。蓋東夷之臣屬高麗者。時贊善大夫韓正彦爲縣令,治舟遣歸。其舟中有諸穀,惟麻子大如蓮菂。見《姑蘇志》。

海溢。萬曆乙亥五月三十日,漕涇海溢,俗謂海嘯,漂决千餘家。鹹潮入内地六里許,淹死苗稼。三年水尚鹹,田爲斥鹵。時計敗塘于漴闕者六百五十丈,又敗塘于白沙二百餘丈。楊邑侯臚山冒暑循海行,具得其狀,白兩臺監司,各捐贖千餘兩,修復敗塘。長八百五十丈,高厚各一丈五尺,趾加厚二丈。至今頌之。

海洋浮艦。《楓菴漫録》云:萬曆己丑望後三日,海洋浮出一艦,長三十六丈,艙如之,檣半之。每檣大三圍,闊八丈。鎖鑰以金銀,頭艙髑髏無限。

漂海復還。萬曆辛卯七月十八日,上海海溢,漂没廬舍數千家。是夕,有米賈十餘人宿九團民居,併其主家共二十人,悉决海中,無存者。隣居有陳小第者,夫婦並好善。是夕寢方熟,忽聞鐘鼓聲大震。須臾,潮勢撼屋壁如崩山。夫婦驚起,水已過腰矣。夫挾一木,妻抱子附磨床,旋漂入海三晝夜。每潮至,夫婦覿面者三。至四日,遇東南風小,第順流而還,逮岸時已亭午。至暮,妻亦飄至。子母俱無恙。

海鹿。萬曆甲午三月,上海有鹿至旬狼山,高丈餘,重五百餘觔。或云麋也。自狼山渡海至常熟界。狼山鎮把總以兵追之,遂循海南行。鹿有大力,狼山兵莫敢近。直抵上海,渡黄浦。居民持梃逐者千人,皆披靡。上海令許公以大舶十餘,載矢石圍之,中流斃。割肉餽遺士夫父老,莫不傳異。

浮虎。丁未九月,金山衛海中浮二虎至,傷三四人。昔年倭寇時,亦有二虎暴海上。或云是鯊魚所化。

木井。辛亥六月,大風潮。漕涇聖母廟前湧一高岡,如逵路墳起。内有銅器及大錢,又木井數口,宛似海船中貯水櫃也。

洋山。吴太僕炯嘗自言,其始祖原住海中洋山,後遷至吕巷。勝國時,洋山民居稠密,烟炊相望，不知何年遷徙殆盡。今其家遺跡尚在，堦井宛然。

浦龍。顧從禮舟過黄浦孫家灣，適遇二龍取水。其船攝起空中，惟見龍華塔反在下。頃之，舟墮三林塘岸側，已離浦三十里矣。是日，船壞者無數。見《草堂雜識》。

石門。張赤虬出海，爲風所飄。見一大石門，即避風其中。有山有田，鶴高丈許，閴無人烟。張登山，見草如蘭莖方花，摘之，旋縮入地。其葉斷處有赤汁如血，亦有腥氣。

黑龍潭。沈東老云：松西古有潭二，東瀦爲黑龍，西爲白龍。折而北，達于吴淞，潭若江之首。自郡治成，而東潭始淤。迄今蓋千百年也。

濬川通流。萬曆六年，江院林應訓奉簡命，督有司疏築。公乘單舸，東至于海，西至于江，中歷湖泖。經溪滙，冒寒暑，凌風濤，相視水勢。濬大川六處，枝流四十七，浜港之小者九十有一。求圩岸之故跡，盡修築之。踰年功成，不數載，不加葺治，圩岸毁且踰半矣。戊子、戊申，水大至，遂成巨浸。

支河。徐長谷云：吾郡自江海而入，爲支河小港，潮汐流通之處，每年宜一疏浚。其丁夫不用官錢僱募，止令占田之家出食，佃田之户出力，水利專官督之，塘長任之。汙泥可以成岸，田塍可種木棉，未嘗無利。

井　　邑

府改爲司。泰定改元，府治春帖云：官清瑩徹三江水，民樂和熏兩縣春。或云：如何不見府？明年，詔罷府，立庸田司。

張公井。亭場斥鹵之地，海潮漸漬，水泉鹹苦。至正中，兩浙鹽運知事張允分務青村，擇地穿井，水特甘，一時亭民博被其利，呼爲張公井云。允廉政具見袁浦塲石刻，進士昂吉所爲文。

上海隸越。永定二年，割海鹽鹽官隸海寧郡，上海又嘗屬錢塘矣。文裕公集。

胡人居。大德間，知府捏只，回回人也。秩垂滿，治第府之永安橋，將定居焉。鑿地得古石刻云："此地二百年後胡人居。"宋末，長興人夏杞養金氏子，名世昌，攜家華亭，爲典押。元初，一再遷爲華亭尹，税第與世昌居。寢梁纏錦破，上有金填三大字，曰"金世昌"。人生萬事，信前定也。見《舊志》。

名家繁富。吾松勝國時，最稱繁富。青龍有任水監家，小貞有曹雲西家，下沙有瞿廷發家，張堰有楊竹西家，陶宅有陶與權家，吕巷有吕璜溪家，祥澤有張家，干巷有侯家。吕璜溪即開應奎文會者也。瞿即誌中所稱浙西苑囿之盛，惟下沙瞿氏爲最者也。曹雲西即所謂東吴富家，惟松江曹雲西、無錫倪雲林、崑山顧玉山，聲華文物，可以並稱者也。侯家亦好古，所藏甚富。有盈尺玉觀音，白如凝脂。遭回禄，侯至樓上取觀音，爲烟所蔽，不得下，抱觀音焚死者是也。張氏即有三昧軒者是也。昔日名家之盛如此。

南梁里。宋康肅公堯佐十四世孫陳禎所居。國初，以大理卿唐盛薦，官河南参政，謫雲南丘温知縣。以子詢貴，贈國子祭酒。

停雲子。陶南村云：會波村在松江北三十里。其西九山離立，若幽人冠帶拱立狀。一水並九山南過村外，以入于海，而溝澮塍畝隱翳竹樹間。春時桃花盛開，雞犬之聲相聞，有武陵風槩。隱者停雲子居焉。

城内草房。倭未亂時，鄉士夫多住城外或村鎮，城中房屋不甚高。正德時，城内多田，草房盈目。父老云：舟人入東門，下塘引縴，直至府前，西門直至北倉，止有泥墻一垛，楊柳一株，爲繫纜之所。自倭變後，士夫多謀城居，甲第遂崇比矣。

迴瀾臺。倭夷焚燒西郊，寇平後，瓦礫棄跨塘橋外水中，漸成平阜。馮侍御南江因而圍築，宛成一洲。建寺觀樓臺于上，創忠貞祠，祀殷泰伯、文王、周公、孔子、夷齊、韓留侯、漢武侯、唐狄梁公、宋文文山，凡十人，題曰迴瀾臺。

接官亭。烏泥涇舊有接官亭，原非官署，乃朱旅溪尚書居此地。故建此亭，以爲迎接郡邑大夫之所。

真假狀元。衛文節公涇，本華亭人，生于蕭塘。及長，以崑山貫及第。宋時華亭學有狀元坊，爲涇立也。景泰間，葉侯冕爲重建于豐樂橋下，題其柱曰“九重華選魁多士，千古清風啓後人”，以風勵後進。弘治己酉，西門火，延燎及坊。市人譁曰：“燒却假狀元，出真狀元矣。”明年，錢福以會元魁天下。《舊志》。

衛仲瑛磚。正德末，普照寺西居民，于古井得巨磚無數，皆有“衛仲瑛”三字。仲瑛，敷敏之子，與文節公從兄弟也。涇爲松人明矣。

菊軒。劉克正以能書膺都憲葉公薦，仕至東昌州判。居六載，歸華亭，搆地一區，廣袤數里。乃築室數十楹，瞰龍潭之上，繞軒植菊數百本，日宴息其中，因號菊軒。

郤金堂。張貞孝遭父喪，廬墓三載。終喪遂搆堂，一名終墓。舊不鋪磚，後莊懿公貴時，有司欲罰鍰竣工。莊懿子疑舫公，力辭而止。堂在南郊城濠上。

鼓樓。陸文裕公云：吾鄉縣首舊有高樓四跨，以棲更漏，皆呼爲鼓樓。嘉靖初，爲颶風所摧。時莆田鄭洛書啓範作令，以綽楔易之，予爲題“百里絃歌”四字。後啓範召去，以“東南壯觀”易之。自後縣僚俱乏清譽，而常應文汝實，予同年守德子也，至以民去。因憶正德壬申秋，予以翰林編修使淮，經吾郡。時陳威民望爲守，更新譙樓，亦牓以“壯觀”二字。同知王卿清介有守，指題字忿然謂余曰：“何名壯觀？自吾西音，乃贓官也。”相與一笑。

厭龍氣。《琅琊代醉編》云：吾松故家得祭器于土中，皆蠣殼也。上晝饕餮人物之形猶存。古所謂蜃器，蓋蠣殼耳。何元朗云：嘗得古冢有車螯，内晝男女交媾之狀，相傳瀕海以厭龍氣。但金石有泐，而此獨存，尤異也。

井中石刻。小蒸鎮民顔甘泉浚井，中有石一方，旁有“甲六”二字。石刻署云：“先臣胡執中，伏遇徽宗皇帝陛下，以藩邸舊臣，特加寵渥。所賜御札甚多，龍翔鳳舞，鐵畫銀鉤。恐歲久湮没，勒之堅珉，以垂不朽。”今其石尚在。

義井。萬曆戊戌大旱，龍潭水盡涸。寺僧欲于潭中鑿井，視潭底乃有一井，磚狹而長。井闌上鐫“至正元年嘉興府華亭縣義井”。今在寺西房。《龍潭志》。

平山道院井。上海北橋平山道院有井，是唐宋時鑿，通院門東。甲午秋夜，雷雨大作，忽遷至河邊。石甃如故，已離舊址五尺餘矣。里人聞之邑侯許公，親往驗水味，倍加甘美，共嘆神異。董宗伯其昌名爲天移井。

裕伯題橋。橋在閘港，近秦裕伯故居，今土人訛稱爲俞伯奇橋云。其居初有一敕書樓，被燬。

惠安橋石。小貞西市惠安橋，傾圮已久。萬曆乙巳，里人俞姓爲首募造。先是，有支流名曹墳港，行船者聞水中沸鳴，詫以爲異，即往踪跡之。水清徹底，見一石街約里許。其石瑩潔，若欲浮出者。于是屠羊豕，酹酒告天，命工撈取。其水忽涸，石皆長六尺餘，闊半之，共得石二十四。一大者現一天字，遂用覆橋面，因名朝天橋。時里人金尚源，與俞同竣工役。自後街影迷失，水亦渾濁，不復沸鳴。説者謂爲由拳故物也。

宦家於松。宦於松即家於松者，葉冕，上虞人，景泰辛未守松，後以中丞致仕，樂吾松風土，遂買地秀野橋之西居之，殁葬北錢里。俞仲瓛，會稽人，華邑丞。去任即家于九峯，抑鬱無聊，託霜林以自況，作《霜林説》。趙鯤，雲南人，分教郡庠，病卒。因道遠，不能歸其喪，遂家于松。

東門三事。張東海集載吾郡東門有三事，作贊云：三事者何？詩窠、棋囮、字倉也。各爲之贊。此七八十年，少作詩、寫字、弈棋者，故云。

春入南門。天啓丙寅正月八日迎春，傾郡往觀。東門弔橋忽斷，溺水者甚衆。一時不及修葺，春遂從南門而入。

黌　序

紗籠題名。鄭聞遊學華亭，與錢良臣同舍，紹興間魁南省，後與錢並參大政。嘗題名于學之達材齋，後人以碧紗籠之，爲一時盛事。

正儒籍。元翰林學士高公智耀，河西人。嘗奏崇學校，正儒者户籍，免徭役，後學宫皆像而祀之。知府張之翰嘗爲之贊曰："公生西夏，遭際聖元。力扶吾道，名動中原。致位内相，垂裕後昆。德盛日彰，身日益尊。畫像雲間，在泮之坤。香火勿墜，埃塵莫昏。千百年兮，不忘者存。"《舊志》。

學宫講書。泰定甲子，治書劉公濼源，北方學者。謁廟日值閏歲，詹肖巖講《堯典》"朞三百有六旬有六日，以閏月定四時成歲"，大咈其意。以爲學校講説，當使執鞭墜鐙之人，皆能通曉。今仍稽算度數何爲？肖巖由是悒怏而卒。至元己卯，分憲老老簡踏災傷，以復熟糧爲急。陸宅之講"省刑罰，薄税斂"一章，至變色而作。至正辛巳，知府楊侯鋭意浚河。憲僉謁學，王玉巖講"禹別九州，隨山濬川"，皆歸美知府。憲僉不悦而罷。丁酉，張士誠遣蘇守周仁來，王可權講《易》"君子道長，小人道消"之義。周以爲譏訕，罪及諸職事，皆停月廪。惟錢伯全爲訓導日，行刑官至，講"欽哉欽哉，惟刑之卹哉"，大見稱賞。前數君子可以爲戒，要亦所遇之不同也。《舊志》。

復學宫制。大德間，辛思仁知上海縣，以學方草創，乃鋭意興葺。鑿泮池，復古諸侯學宫之制，行春秋釋奠禮。廪士養老，文化灑然。

二品貴人。魏文靖驥司教郡庠，適袁忠徹至松，郡守以下延問休咎，皆未答。直下堂握公手曰:"二品貴人也。壽至百歲。"公後至南冢宰,壽九十八。

錦様城。魏文靖云:松江予舊游之地。今小兒完奉使往經時,俾識之。儻遇郡庠故舊,在申我情。詩云:"可愛松江錦様城,黌宫我昔忝傳經。老成秪恨亡前輩,英俊還聞出後生。飭行人人崇禮讓,讀書室室志科名。舊交知得兒孫有,公暇須敦世好情。"文靖又有《懷松江焦可欲范性全》及《寄雲間周怡蓮》詩。

判杖。府學直學沈伯雲,因破冒錢糧,與教授陳仲微有隙。伯雲之父曰君實者,老吏也。率婢妾詈毆仲微于途。憲僉吕思誠分按至府,以詬辱師長,有傷風化,攝問具伏。君實年逾七十,乞以銅贖。吕判云:"既能爲不能爲之事,則當受不當受之刑。"卒杖斷之。《舊志》。

王子淵。貝瓊《送王子淵序》云:余至松之明年,識王子淵于泮宫。時家毁于兵,落魄無業。太守王侯彦强以故人子遇之。已遊吴門,今返淞上,無僦屋之資,寄食龍門寺,孱童敝衣,泊如也。子淵通醫藥,治疾靈愈,遠近稱之。

聚奎亭。弘治辛亥,縣侯汪公宣所建。明年,顧公清魁南畿,張公弘至第五人。嘉靖壬午,聶公豹葺而新之。顧公有詩云:"三十年前慶落成,白頭争見此峥嶸。江山不息英靈氣,星漢遥增日月明。謏學魯人歌在泮,敢先鄒彦試吹笙。天機未欲分明語,夢裡泥金有姓名。"顧公先有異夢,故及之。明年,徐文貞賜及第。

大成宫。張文冕時,有司爲立坊,曰"文武聯芳"。以冕父衎嘗第進士。既敗,乃徙坊于府學文廟之南,改曰大成宫。嘉靖甲申,諸生楊樞與徐獻忠、錢思周倡議,謂以叛臣之故物,而列聖人之門,非所以妥神靈、示瞻仰。請于巡撫東湖吴公廷舉,亟命撤之。

營寓。(王)[黄]憲副明爲諸生時,與顧文僖清、錢太史福、李憲使希顔、曹侍御閔、顧比部斌,同社莫逆,各居村墅。乃共營一寓,當縣治西。俱留儒衣冠于寓所,遇朔望,必約入郡,俱詣學宫,拜廟謁學師而退。至寓中,各以月課互相批閲,沽市釀,談對竟日夕,翌明始各歸家。

振鐸警惰。趙正三山人,景泰間爲上海教諭。終日坐堂上講授,夜振鐸以警惰者。及門之士既仕而休,猶念之不忘云。

子弟賓師。廬陵孫鼎,以鄉貢爲府學教授,欲與郡守趙公豫抗禮。曰:"公一郡之父兄,我子弟之賓師也。請以賓禮見。"郡公從之。後遇宴科貢士,孫竟上坐,平日止長揖。越十年,督學南畿,取府學科舉,僅二十四人,一郡駭驚。孫曰:"吾止取能中式耳。"是科揭榜,中二十二人,其二人後科亦獲雋,卒如其言。

七品王度。嘉靖間,黄巖石梁王公度除松教授。時汶上路公迎爲守,初謁長揖不跪,路不悦。王出,即上書求去,云:"昔趙公能容九品之孫鼎,明公今日獨不容七品之王度乎?"遂浩然去。路命邑侯暨師生固留邀還。後謁見,仍長揖不跪。

避轎。故事,廣文遇鹽運分司,必避轎。萬曆庚辰,黄州陳極齋爲郡博,閩中林芴巖爲分司。陳不肯避轎,與林抗禮。

木將軍。翁興賢,尚書正春父也。以貢歷金山衛學。時武弁惡文盛軋己,爲木將軍關弓射文廟，甚者毁棄聖像，爲厭術。翁素究青烏家言，捐俸濬泮池，得木將軍及聖像于污泥中。未幾，遂有相繼登科甲者。

議存公署。徐氏建文貞公祠，有議以府學公署基易之者，遷教授衙舍于魁星樓之廢址。事垂成，黄允登以朔日昌言白于郡，力陳不可者數條。郡守詹公思虞偉其議，得寢。允登後以歲薦爲司訓，人多稱之。

梵　廬

雷書。普照寺有北方天王祠，宋時雷震祠柱倒，書曰“高洞楊雅一十六人火令章”凡十一字。内令章兩字特奇勁，似唐人書。出《筆談》。

塔影。松江元時有四塔，西曰普照，又西曰延恩，西南曰超果，東南曰興聖。夏監運家在四塔之東，而小室内有一塔影，長五寸許，倒懸于西壁之上，不知從何而來。然不常有，或時見之，是不可曉也。今四塔惟興聖獨存，近或見于城西南黄泥漊中。其地去寺既遠，城郭蔽虧，了不相及，是又不可曉也。《舊志》。

銀釵金鐶。興聖寺銅鐘，元至正十年鑄。相傳鑄時，有老嫗以雙股銀釵投液中。今見于鐘腹，捫之隱手。或云：有金指鐶在蒲牢之側，至今宛然。《舊志》。

舊會靈寺。澱山初自三藏道法師，以佛牙舍利授開山燈禪師建寺，爲雲間禪林冠。後燬，有長者提舉忠翊唐公，傾貲重建。中奉靈山一會佛菩薩像，及護法力士二十位。殿陰涌塑瀛海幻寶，普陀大士宴坐花巖，十六應真往來波濤間。計費二十萬緡，不[聽]餘人增一莖草。僧正印記。

龍火。龍華寺萬曆戊申夏，有白龍自西來，見于寺側。旋吐火燄，焚禾十餘畝，取浦水而去。

藏經粘縫。青龍鎮隆平寺僧永光，字絶照，年已八十有四。言前代藏經，粘縫如一線不脱。古法以楮樹汁、飛麵、白芨末三兩，三物調和如糊，以之粘縫，永不脱。見《移愚齋筆記》。

彈琴圖。西林禪寺有弘公上人。任大參勉之寄贈《穎師彈琴圖》，題云：予先浙人也。少游庠序，讀經之暇，嘗憇息西林。時弘公能讀東魯書，作詩有法。且待予不倦，焚香瀹茗，率以爲常。後予以菲才，隨牒四方，參佐閩藩，别來十有餘年。企慕上人半窗山月，一池松影，洒脱塵俗，何可得也。偶因公暇，簡行囊中，有《穎師彈琴圖》，録韓昌黎詩于上，題而贈之。永樂五年丁亥八月，書于三山紫薇閣。

秋潭。雲間潔上人，字秋潭。老鐵爲作《秋潭説》。上人曰囦。

古磵寒泉。沙門澤公楚蘭，居九山之麓，築静室在釣灘之上。泉瀌瀌出叢篁亂石中，循除而流，尤甚清駛，可以析酲滌煩，因題曰古磵寒泉。鐵崖記。

石田畫桃。金澤頤浩寺下如海善詩，嘗游吴門，偶登城樓，有弔古之思。適沈石田、唐伯虎諸公唱韻，海先成一律，皆驚詫，以爲吴下安得此高僧。石田遂邀歸，諸公唱和數日始别。抵家，見寺中桃實甚美，公摘一盤致石田，石田即取素絹，畫一桃貽之。

聽雷扁。興福寺有聽雷扁,張都諫弘至云:聽雷扁乃東海先君所名。予家三世假龍潭爲藏修之所,故每憶之。正德壬申至日後,訪錫山秦先生,題云:"寒郊肅客過西禪,塵榻風簷憶往年。千頃潭光摇竹院,一番春信長芝田。聽雷幾度蛟騰壑,繁雨終朝客在船。慷慨爲誰留共語,晚雲凉雨墮杯前。"

寺壁遺墨。龍潭寺後堂,張都諫龍山公有詩題壁。句雋永入唐,字亦道勁,大得東海翁筆意。一時薦紳,若聶公豹、熊公宇、沈東老、朱水竹諸鄉先生,咸次其韻,真詞林型矩也。嘉靖間,撤堂建閣,遺墨尚存。余每過寺,囑僧護持,垂三十年矣。今公季子中翰君加之剞劂,樹之西堂,屬余題其首云。九十翁平泉陸樹聲。

八景。圍帶水,卓筆峯,羣玉案,一鏡淵,萬稼臺,九螺井,紫霞壁,緑野團。止軒夏公各賦詩。

柱木讖。萬曆壬寅,龍潭寺重修佛閣。後柱上貼木一片,啓之得字一行,云"重修佛閣須待萬三十年",時正萬曆三十年也。

(前闕)也。中有古器酒鎗之屬,壙内四懸而繫以棺。事露,張郡侯宗衡榜治其黨配之。

刻石讖。至元甲午,朱德潤母吉宜人將就館。祖母施夫人病亟,祖秘書君卜竁陽抱山,欲穿壙以爲藏。施夜夢衣冠偉丈夫來,告云:"勿奪吾宅,吾且爲夫人孫。"明日,役者鑿地五尺許,得石碑,題曰"鬱林太守陸績之墓",别刻字于旁"此石爛,人來换",石果斷矣。秘書君嘆駭其讖,命掩之而更卜兆焉。是夕,德潤生,仕儒學提舉。按《吴地記》云:績墓在閶門外。而不言葬陽抱山。《研北雜志》。

金蛇。陸平原墓相傳在舊青浦,存一土阜。萬曆初,土人時見墓上有一金蛇。後盜發其墓,得金簡一,狹而長。陸初以白金範首而葬,墓中古器甚多。後聞諸官,悉按治,命封其塋地。

雙梓雙鴻。吴黄龍年中,海鹽柘湖有陸東美,與妻朱氏相重,篤伉儷之恩,時人號爲比肩人夫婦云。後妻卒,東美不食死。家人哀之,乃合葬。未一歲,冢上生雙梓樹,同根二身,相抱而合成一樹,每有雙鴻常宿于上。孫權聞之嗟嘆,封其里曰比肩墓,又曰雙梓。後子弘與妻張亦相愛慕,吴人又呼爲小比肩。《述異記》。

錢王墓。坐化庵西初有一古冢,傍水長松五六株,相傳爲錢鏐王墓也。後錢子孫售其地于范氏,掘得一頭顱,大如斗許。遂夷爲逵道室廬矣。

兩玉屏。衛文節公涇專祀崑山,其《祠堂記》云:墓在湖州玉屏山之麓。吾松相傳,玉屏山衛狀元墓。想因兩山名之同,故附會以傳耳。

永善墓。義民哀庵王氏始祖子永善墓,在南郊龜蛇廟北。洪武初,哀庵坐事當辟,臨刑有旨,願永戍者免。哀庵曰:"吾忍以伍籍累子孫。"毅然就戮。後子孫哀之,遂稱哀庵。傳永善後世有隱德,至孫熙登乙未進士,官台州守。子元瑞,癸丑進士,以泰和令拜御史,孝友清恬。弟秉冲,舉鄉薦。

石函銘。成化間,長沙陳章教華亭,于學圃得一紫石函,銘曰"華亭縣普照寺南楊十七郎骨殖之柩”。發之，骨盡化，惟鱓魚一尾、蟹一枚，盤旋其中，放之皆活。前輩有親見者。《舊志》。

義僧。馮廷尉作《四義僧舍利塔碑》，載僧官月空，諭徹堂諸僧曰：“汝等日夜不飲食，毋自餒。賊虐殺衆生，勢不俱生。當發汝父母本來元氣，無忘偈戒，貪生以墮落。”僧皆曰：“諾。”怒目裂眥。月空身先躍馬，大呼殺賊，奮擊戈穿賊喉、刀劃賊骼者十餘人。賊有綠睛鉅面，名趙大王者，怒攘踉蹌而進，衆刃仆，死傷枕藉者百餘人。賊利陸戰，未有敗衂如此者。後中賊伏死之。徹堂、一峯，薊門人。真元，楚人。了心，杭人。月空其師也。郡公方雙江、邑侯黄韋軒優卹以禮，函厥舍利，作四石塔，窆于佘山之北。樹碑建祠，而爲之銘。

神告真穴。徐文貞祖樂善公，卜葬地于郡西谷陽橋内，未得真穴，形家議多紛紜。夜夢神告曰：“明日風筝落地處，即真穴也。”厥明，候其墜處，即識之。風筝上有字一行云“人間亦自有丹丘”。又相傳風筝紙乃仕籍第一版也。後生文貞。

柿兆。上海董氏始祖遺安公，墓在沙竹兩岡間，巽水亥龍，相傳厲布衣所點穴也。墓前一柿樹，科舉年若結一實，則宗胤必獲雋一人。

太原毛班。徐充未第時，讀書超果寺，晝寢，夢一人裸而跽告曰：“某山西太原人毛班，求公一葬枯骨。”後充見殿西廡敗垣有一塵櫬，題識果山西太原府人毛班之柩。因悟前夢，造壙葬之，今禪堂即毛墓地也。充旋登薦。

天漢鐫石。五代丞相潘葛妻李夫人墓，在郡南四十里十二保潘店北杏涇之左。有華表、石柱、石獸、石碑，碑旁鐫“天漢四年葬”五字。

惠浄古冢。蟠龍塘普門寺側一無主古冢，爲里人張雕[盜發。有]志石，乃宋時錢參政良仁妹，諱惠浄，封孺人，生一男五女。破棺無穢氣，顔色如生，口脂面澤若初傅者，冠服亦不朽腐。得金銀飾器皿，至有傳玩其繡履者。

二夫人。莘莊南土人稱有小娘墳者，被盜開壙，見大鐵索懸一柩。得銅鏡金玉，有石供臺，金鑪缾盒，皆金錯成文。墓碣題“朱氏二夫人之墓”。

龍衣金玉。莘莊北有古墓，墓旁十數小冢。萬曆二十八年，土人發之。棺中一女，身襲龍衣，良久俱化飄塵颺去。相傳錢鶴臯女也。又三十五保郡人何敬芳，平治土阜，見下有數尺，三色灰埆，一杪木棺。内有衣金腰玉者，其一已毁，埆中亦多古銅器物。相傳亦錢氏家墓云。

松江府志卷之九十二

志逸二

治行

流水籍。宋顔師魯，字幾聖。龍溪人，紹興中進士，歷國子丞、江東提舉，改使浙江。役法敝甚，師魯下教屬邑，預正流水籍。稽役以序，寬比限，免代輸，咸便安之。又嘗樽帑緡，盡償諸鹽課宿負。上謂執政曰："儒生能辦事如此。"

張鏡燈。張之翰典郡日，門揭春帖云："雲間太守過三載，天下元貞第二年。"又之翰有《鏡燈》詩云："一池鉛水藏真火，半夜金星犯太陰。"膾炙人口，時呼爲張鏡燈。《舊志》。

世稱忠義。劉宣字伯宣，太原人。至元中，以郎中從伯顔及平章阿术平江南，贊畫居多。除知松江府，後同知浙西宣慰司事。在官五年，威惠並著。嘗奉詔理算各鹽司及財賦府茶塲出納之數，爲阿合馬㗖黨誣搆以死。宣素有節操，以忠義爲世所稱，時共悼之。

遺愛碑。張德昭，字彦明。邢臺人，至正七年尹華亭。克廉清白，妻子皆化之。衣麄食淡，終三年無怨色。會稽楊維禎撰《遺愛碑》，錢衮爲刻八字頌於郭門，曰"公平廉明，勤儉慈讓"云。

吏畏民懷。杜鎰，洪武末知上海縣。崇節儉，禁侈靡。率之以身，民毋敢犯。平生廉介自信，遇事明果，不怵勢利，吏畏而民懷之。

鄉貢方伯。韓揚，字伯揚，山陰人。永樂十六年，以鄉貢士授松江府學訓導。操行清謹，三載以艱去。再補丹陽，歷薦御史，陞湖廣按察，督學政，轉江西副使、廣東左布政，致仕。

特賜璽書。翁紹宗，鳳陽人。正統十一年，巡撫周忱請修築沿海城以備寇。遂以紹宗爲都督僉事，特賜璽書，總理軍務。凡忱所建置，與有功焉。

掌衛三十年。劉惠，字孟懷。上蔡人，以薦掌金山衛事三十年。獨居南樓，清心勵行，一衛化之，知廉耻之足尚。

立身揚親。李錦，字在中，咸寧人。天順壬午鄉舉，入太學。爲邢祭酒讓所重，令諸子受學。所居僅蔽風雨，至於屢空，終無苟得。周先生嘗難之曰："有人親病劇，思食一梨，求諸市不得。鄰人有之，非竊不獲，將竊之乎？"錦曰："辱身以及其親，非孝也。"周歎曰："在中可謂立身揚親者矣。”及任松江二守，職親戎牒，嚴補戍伍，姦無所售。卒於官，貧不能舉喪，僚友賻之，乃得歸。

飛筆點竄。司馬垔，字通伯，山陰人。十五作《廬山賦》。成化壬辰進士，擢御史，提學南畿。校文隨閱隨定，飛筆點竄，頃刻而畢，瑕瑜不遺，士咸服之。

海上神君。劉宇，字志大，鈞州人。成化中，知上海縣。剛毅有勇，才斷過人，芟强鋤梗，邑境咸肅，稱爲神君。

治櫬督漕。王卿，字惟賢，咸寧人。成化丙午鄉薦，任松江清軍同知，攝漕事。時盜滿山東路梗，卿白總府，暫輸糧永福倉。明年攝以行，即以家事付弟相，曰："六軍缺餉，吾將漕不至，罪當死。行遇賊，理無屈，亦死。死自吾分，門以内則任汝矣。"遂行，治櫬以隨。至河北，進抵臨清，忽被疾，乃以漕事委其屬而還。是歲，漕舟獨吾松最先至。卿病中語喃喃，猶及兹事，乃報至目乃瞑。

去常見思。史瑭，偃師人。正德中，以府倅攝上海縣。澹泊簡静，不以脂潤自污。後以憂去，民常見思。

嫁娶邑中。黄希英，字如英，莆田人。正德七年，由上饒改任上海。爲治寬和不擾，後子女即嫁娶邑中名家，至今人猶慕之。

出屏騶從。嘉靖初，鄭公思齊每出，必屏騶從。聞市中蒙童讀書，必立而佇聽。有訛字，即令其師改正。試之對偶，有穎敏者，命取竹紙賞之。上海父老猶傳其事。

全城。劉本學，郴州人，以舉人任常州通判。丙辰，來署上海。值倭寇猝至，萬衆攻圍。本學與士大夫合謀守禦，出官帑二千金備犒賞。人争用命，城賴以全。

好百姓。劉公沂東任郡，以豈弟稱。偶至東郭，見居民建大房，正值升梁舉樂。公即入其門，呼謂之曰："爾能起大房，是我好百姓。"花幣犒之。郡中民無不愛頌之者。

走入戲房。海忠介開府江南，巡歷至松。有司預飭官署堂柱俱衣彩繒，襯地紅氊，以色紵作承塵。海入見，大笑曰："好好一個人，如何走入戲房裏來？"亟命撤去之。

塵視千金。隆慶壬申，壽光張公燭以辛未進士來令華亭。各櫃收餽羡金千餘，循舊例也。公驚異，悉籍其數，報於兩臺，請補别税額。臺長旌之曰"塵視千金"，今尚在公署之退食堂。《郡故略聞》。

不受火耗。萬曆辛巳，中州吴公三省任董漕二守。起鄉薦，篤實有守，取嚴一介。兩臺委攝邑篆，例有火耗銀，餽公四百餘金。公驚問："此從何來？若受此，何以下見祖宗？"即覈數報郡，一毫不染。

饌必遺母。李公多見以計典去郡，辭鹽臺，過常山。常山令唐曾城餞之，進饌，公不舉筯。唐訝其治齋也，徐叩之，應曰："老母在舟中，未治午膳。請以遺之，不妨與公蔬菜共話耳。"唐命更取，公力辭，即以饌遣餽，公始談飲而别。

七年縣令。許公仰亭令上海，丁艱復補，任共七年。縉紳士庶皆如家人父子，即鄉之賦長，無不識面。有子者，公必問曰："汝子今從何師，有進益否？"道其家，或臨溪水，或傍通衢，歷歷不爽。

甘勵苦節。郝字,字子育,宜賓人。由鄉薦,以州守任松江海防同知。兩署邑篆,一代覲,一以入賀行。甘勵苦節,而和惠近人。常偃竹刑,幾不復用。有新進諸生入謁,偶見裏服有衣羢者,曰:"吾爲大夫不敢用,乃貧儒服之耶?松俗日奢而耗,由此故耳。"後卒於官。

往　哲

麾扇渡。顧榮與陸機兄弟入洛,時號三俊。廣陵相陳敏反,假榮丹陽内史。榮以白羽扇麾之,其軍自潰,因名麾扇渡。

斗酒柈肉。陸納爲吴興太守,先至姑孰辭桓温。伺温間,因謂曰:"外有微禮,方守遠郡,欲與公一醉,以展下情。"温欣然納之。時王坦之、刁彝在坐,及受禮,惟酒一斗、鹿肉一柈。温及賓客並歎其率素。

占對之妙。陸機嘗詣王武子,武子置數斛羊酪,指示陸云:"卿江東何以敵此?"陸云:"千里蓴羹,末下鹽豉。"劉孝標云:"此陸占對之妙。"

陸九。德宗召陸贄,拜翰林學士,呼爲陸九而不名。居中參議可否,時號内相。德宗嘗諭曰:"卿清慎太過,諸餽遺一皆拒絶,恐事情不通。如鞭靴之類,受亦何妨?"贄疏云:"鞭靴不止,必及金玉。目見可欲,能自窒乎?"

狂生。顧況志尚疎逸,近於方外。有時宰招致,將以好官命之。況答以詩曰:"四海如今已太平,相公何事唤狂生。此身還似籠中鶴,東望滄溟叫數聲。"後吴中皆言況得道解化去。見《尚書故實》。

英雄俊傑。宋時北橋俞彌恭與子端,皆好市義。凡售物者,自百緡以下,一聽所邀償之。糴者每百斛,必再誤唱籌,以裨其不足。人謂之痴。繼有孫名彬,長身美眉目,三十未有子。嘗謂所親曰:"吾志欲得一官,而有四子,名以英、雄、俊、傑。天其可必乎?"已果生四子。至正間,三人並位星郎,而彬亦貴顯,卒如其言。《舊志》。

八世同居。湯文英,字孟寬。華亭人,世篤孝友,八世同居。至元間,詔表其閭。

清隱處士。徐守中,字子暘。冲静寡欲,邃《周易》,經緯諸書,爲分譔注疏。幼喪父,事母俞盡孝。嘗慕周道祖、褚元璩之爲人,終身不娶。既從黄冠游,受金丹内訣,精方藥。累徵不就,賜號清隱處士。

南人登第。元初,烏泥涇趙如珪推誠樂善,於先塋建歸厚僧祠,於里中創保和道院。自經道府城及浦東,皆鑿井架庵,以憇行旅。夏施湯茗,以濟暍人。其子弘毅,又闢齋舍,延名儒,以教鄉之子弟。未幾,子廷芝第進士,調丞歸安。來學越人郭性存、色目人札剌里丁,亦相繼登第。元世南人登進士,自廷芝始。

叱賊。蕭塈張漢傑、伯庸父子,與趙屯吴氏有姻契。張、吴皆元萬户府官。吴元年,錢鶴皐作亂,遣人詣張,請爲應。漢傑父子忿然曰:"此叛賊也。吾從汝反耶?"大書"叛賊"二字於背,反縛其人,叱去之。

布衣典試。富林焦氏有名伯誠者,博學隱居。高皇帝聞其名,特聘典試禮闈。其後人著有《讀書樂》四首以傳。

裕伯事略。陸文裕公云：宋濂小録所序載，止録裕伯家手敕。今海濱有二秦氏。一秦文解，先自邗溝來，而裕伯嘗寓揚州，故當近之。一秦鈿，家收有裕伯上中書書草，其始末多不詳。鈿云："裕伯竟不出。"而不知嘗爲翰林侍讀學士，又爲侍制，又爲治書御史。按，裕伯在元時，北方文章多出其手，今見於《元文類》中，俟訪其成集以傳。吾邑志宜題流寓。

五恕。老鐵隱吾松，有草玄閣、籍景軒、拄頰樓、小蓬臺。後止臺上不復下，署於門曰："客至不下樓，恕老懶。見客不答禮，恕老病。客問事不對，恕老默。發言無所避，恕老迂。飲酒不輟樂，恕老狂。"

解語杯。陶九成飲泗濱夏氏清樾堂，酒半，折蓮花，置小金卮，令歌姬行酒。客就姬取飲，因名解語杯。

藏六窩。雲間錢子雲氏，博學工文章。黄冠野服，脱落世累，飄飄有神仙風致。築一室鴛沼之上，命之曰藏六窩。楊鐵崖謂藏六本坡翁語，因爲之記。

諭俗圖。胡秉中，上海人。洪武初，舉人才，知行唐縣，務以禮化俗。製祀先、孝順節義、教民讀書三圖，名曰諭俗圖。入覲時，以此圖獻上，命頒行天下，仍温旨嘉之。

太學忠諫。陳禧，字景道，號起潛。華亭瑶溪里人，太學生。性素慨慷，洪武中，直陳時弊，論劾權姦。上怒，命力士打數瓜，不死，謫戍雲南，欣然就道。袁季中贈其弟禎詩曰："阿兄自是璉瑚器，廟堂之上宜先登。一朝抗疏犯天怒，承恩遣戍雲南征。"士論壯之。

殉難。劉仲禮，字用和。上海人，以《春秋》明經辟，召至應天。遇靖難師入，不食七日而死。二世孫鈍。

代兄繫獄。劉鈍兄銑，永樂間以會計事，坐法繫京師。鈍婚二日，即趣裝護行。後兄思歸，鈍陰乞守者代兄歸。兄紿父母，謂弟窘病道卒，父母悲哀不已。會刑部訪善字書者，獄吏以鈍聞，試之大稱意，爲釋其罪而禮遣焉。比歸，夜午，家人驚以爲鬼。鈍具告其故，與父母對泣。兄自媿逸去，鈍亦不明兄之紿己也。後鈍生二子，名璵者，中己卯鄉薦，仕至建寧知府。名玉者，子兗，汀州通判。兗子兆元，懷慶推官。

明《易》。王應隆，字嘉會。邃理明《易》，尤長於詩文。仕終國子司業。

縱虎息暴。陳文璧，字廷圭。從魏文靖受經，甫冠領永樂甲午魁選。乙未登第，入翰林，預修《五經》、《性理》。辛丑，授湖廣石首知縣，興廢舉墜，植仆鋤奸。遇虎暴，捕得，去牙爪縱之，患遂息。後入覲，被誣免歸。子浩，正統七年進士，終臨江守。

忠節補遺。沈富二，號雪泉，華亭人。與陳文東、二沈學士從楊鐵崖游。所著有《忠節備遺》，以録革除間諸公。爲鄉里仁厚長者，霽其曾孫也。

義士坊。王仁，永樂間出粟賑饑，多所全活，奉旨建義士坊以旌之。即明時高祖，張宗伯鼒有記。

文星。陳文莊詢不附王振，誣搆詔獄，旋謫安陸州。已巡撫燕冀，復入翰林，累官祭酒。宣德初，召入閣，修太宗、仁宗實録。正統初，又修宣宗實録。三奉命主考南北鄉試。景泰甲戌，典會試。其文章一本正學，凡天文地理、鳥跡蟲篆，無不淹綜。天順二年，詢早朝，拜下不起。司天臺官奏云："昨夜文星退度三舍。"故英宗面賜致仕，馳驛還鄉。居二年，庚辰三月，正冠危坐而逝。訃聞，上嗟悼不已，賜祭贈謚，敕治葬。庭中雙桂二年不花。

會客易日。蔣給事性中寓京師，與侍郎于謙聯舍。蔣生子，賓客致賀，訂日會飲。及期敕具，忽聞于公喪母。蔣曰："于公方哭殯，而吾召客，非人情也。"遂罷宴，易以他日。

不置田産。張莊懿公鎣初任刑書，加太子少保，改南兵，數年卒於官。故廬數椽，置田亦止傍基六十畝，南鄉田三十畝而已。不及百畝，子孫爲世守焉。

字扇手帨。張莊簡公悦爲吏部右侍郎，一日過費文憲公。公自述平生善病，語移時始别，以一緘相贈。文憲視其題封，則字扇一握，手帨一幅而已。發緘則便面備書養生語。文憲遂病中佩繹，感公之教，于飲食、嗜慾、喜怒必致謹焉。

養生要語。張莊簡語云：節飲食以養其體，節嗜欲以定心氣。午後飲食宜少，不以脾胃熟生煖冷物，不以元氣佐喜怒。欲心一萌，當思禮義以制之。夏至嗜欲皆損人，但二至陰陽分合之時，尤損人耳。費文憲又記公爲刑部主事時，常奉使暑行，渴甚，見井泉欲飲不敢，但含漱數過，旋即吐之。公移屬稿，亦瞑目端坐，但以意授之筆吏。其愛生如此。

居鄉廳事。張莊簡居鄉，榜廳事曰："老疾手戰，不遠送，不换茶。"待郡縣亦然，送至中門而别。古庵張公誥貴州巡撫歸，廳事南面止設一椅，爲松守劉公德資坐，餘郡丞司理，俱列座兩側而已。

草書四紙。張東海弼守南安日，方伯某將入覲，緘楮一篋，求公草書，以餽長安貴人。公笑曰："吾不能爲傭書也。"止書四紙，餘悉封還。

二恨語。張東海嘗曰：吾夢中得二恨語。恨司馬遷蚤死，《史記》之書不完。恨蘇東坡早生，伊洛之道不信。

惜才。曹定庵時中初分巡黔中，所過必題咏郵壁。比反，屬和殆盡。公賞其詞翰特佳者，訪爲一從行指揮所作。後罪當褫職，公釋之。及歸，指揮感公厚誼，詣餽五百金。公曰："吾惜汝才耳，豈有私耶？"却不受。

不接守令。曹定庵居廣富林，不輕入郡邑。郡邑長初至，僅一通謁，歸即杜門。守令至，亦不接見。年八十，不復冠帶見客，止氊帽、青布袍，賦詩飲酒。人樂其真率。

輸粟濟荒。顧澄成化中輸粟千石，以賑饑民，欽授承事郎。陸文裕有傳，即定芳父。

石田師。吾松陸潤玉，最有詩名。吴門沈貞吉恒吉，特慕陸名，延至家塾，教其子弟。石田，貞吉子也。爲潤玉門生，常往來淞泖。

懿戚。沈通政禄居京師，配張淑人，昭聖皇太后親姑也。昭聖父壽寧侯鑾，歲貢生，家貧。選后時，費多出于沈，后甚德之。沈後選通政經歷，一日内批，特陞通參。臺諫有言非例，孝宗即寢不行，九載始陞。又九年，陞通政。又三年，陞通政使。卒贈禮部侍郎，祭葬蔭子，皆舊典也。以帝后至尊，不肯一撓公法。乃沈公自致功名，不以懿戚求通顯云。

百解先生。周北野珮居北城濠畔，只矮屋數椽，草樹疎野。有直指書幣，遣一生謁之，應門寂然。遥見一老人，角巾短衣，摘豆籬落間，徐出迎，即北野也。人皆戲稱爲百解先生，謂一切嗜好，與公輒如纏索解散耳。

游無供具。周比部珮家居儉約，常不給饔飧。每與顧東江、曹定庵偕游峰泖間，隨僧蔬食,無他供具,詩篇酬唱,甚適也。郡守熊公宇每公餘,輒造請,以酒脯自隨。公亦不更設一味,談對彌日,别去,終不報謁。

一魚訪友。錢太史福携一魚訪顧文僖,文僖留酌。錢曰:“今日之會,何可少周北野?”遂以魚酒共詣周,歡飲抵暮。周更縷肉切麵益之,錢訝爲過腆,留連賦詩乃散。

錢狀元師。有老儒薛河東,訪梁溪鄒氏,詭稱爲錢狀元師也。鄒方置酒邀欵,適報錢狀元至河下。薛謂主人曰:“吾當往會舟中,與偕來。”薛果叩錢公,具告以實,欣然同往。主人肅入,公侍坐終晷,盡醉而罷。

茅屋三間。李觀察希顔居東郊洞涇上,止茅屋三間。其門人爲按臺,行部至松,謁[公],見(元)其室陋,曰:“師何不稍擴之?”公曰:“無力辦此。”按君曰:“門生當任之。”公曰:“這便是民脂民膏。”按君不敢復言。

前輩真率。顧文僖丁内艱時,錢鶴灘以修撰去官家居。一日來奠,約舊朋四五人,沈維馨、王大用輩。其一人張某,在龍潭後,以染作爲業。其家好賢,常館穀諸公者。人持百錢備奠,豚首不能掩豆,鵝一、魚一及瓣香紙錢而已。祭文則鶴灘來文僖家起草,以大紙書而焚之。奠畢,鶴灘命主人治祭餘共飯。文僖出語云:“不得陪諸公坐。”遂入。諸同奠者享畢而出。

京城風土。顧文僖初入京,謁衛宣城伯,坐定,謂文僖曰:“聞君與錢狀元游,今年必高中矣。然老夫有一言,京城人多,風土雜。西角頭富兒,勿與往來。門外花園中,勿往飲酒。”文僖敬聽之。後士夫敗官,往往坐此。

初夏詩。顧文僖初入史局,賦《初夏》詩,末云:“故園遥憶三江外,梅豆青青笋過扉。”館閣諸公嘆賞之,謂他日必非嗜進者。後公以宗伯歸里,家於超果寺東南,扁其廬曰緑野。

照書本行。顧文僖初登第,[未選]館職時,張莊簡爲吏部侍郎,意欲留之銓曹。文僖曰:“清是箇書生,但會讀幾句書耳,於政體恐有未諳。”莊簡曰:“君但照書本上行,幾曾見錯了。”

酒德。文僖與徐文貞一飲必百杯,杯中不剩餘瀝。此皆深於酒德者。文僖誡子孫曰:“通宵出飲清朝卧,此是人家百弊生。”真格言也。

瓢貯菜子。文僖公家居,日課僮僕治蔬。書房内藥瓢貯各色菜子,懸梁棟間,不下數十種。

遺愛亭。吴興徐中行爲副憲黄明撰記。黄初守汀時,值武平坑嶂盜起,會徵餉。公爲條議,免額外賦七萬餘,又戢悍將毋敢譁,民賴以安。二年,出憲滇南。汀人思之,爲立遺愛亭以祀。公卒于龍華原里,家無長物,門第蕭然。郡守孔公輔、聶公豹臨祭見之,歎息而去。子籍爲保山丞,陞雲南都事。楊給諫允繩其壻也。

夜啜敗酒。黄憲副初居七寶鎮,曹侍御家烏泥涇,距十五里,每徒步相往還。一日,同自城歸。值雨雪甚,中途止宿田家,燃竈火燎衣。深夜,黑煙中見有床頭釀,喜得之,期厥明償以酒貲。及開甕,乃敗酒而醯也。兩公興豪,輒啜之盡,大笑卧牛衣中,至明而反。

鶴坡養生。王良佐素負詩名,尤善養生。自廣濟致政,每日静坐。晚膳後必步行一二千步，雖居一室亦然。更餘方就寢，五更起，炊秫作糜，食竟再睡，至日出乃起。年九十四而終。

老人赴宴。錢袞爲諸生時，奉先最虔遨。嘗署祠門曰："事之如生，祭之如在。"晨謁朔参，出入必告。祭前一日，具新筆浄硯，雖盛暑必衣冠書祝文。一日時祭，屬子壻陳矩，俾沐浴帷諸門左。矩夢數老人曰："汝在門，吾儕來赴宴。汝未有胤，徐當與也。"明年，果生子。袞修志，自述其事甚詳。

東門茅舍。顧憲副訥風裁整峻，不肯假借人。居東門外，茅舍三楹，一居子舍，一作卧室，一以延賓客。郡邑賢有司至，則肅衣冠迎之，坐談不倦。其居官無稱者來謁，則據床擁被，坐聽其自至榻前，但曰："老夫抱病，不能送迎。"謁者慙而去。

田中叟。張太守紘，陸文裕公師也。厭城市，去邑北數里居焉。多種木棉，親自鋤收。任建昌守，建人來迎，公適在田間。問公守居何所，公指示之，潛歸從後門入，冠帶出見。建人觀新太守，即田中叟也。

光學。國朝最重翰林學士，止以卿貳帶銜，從無光學。惟陸文裕深以掌院學士扈從世廟幸承天，充行在翰林學士，俱光學。途次數承召對，詞林侈之。

讀書自適。陸文裕公云：嘉靖乙未二月，宿張公鋪。是夜，風雨大作，抵曉未息。起坐支折足鐺，煨生柴，當上牖，晨光昱然，甚有野意。因念得居田間，挾一二村童，當此境界，讀書自適，願亦足矣。奔波就老何爲？甚爲慨然。

窄袖袍。陸文裕記鄉前輩陳晚莊先生，名肅，字惟敬，清修之士。一日，衣緋窄袖袍會席，一士夫素豪侈，攬之曰："何不改作？"先生正色曰："我福薄，恐難勝。"其人曰："文潞公如何？"是豈知有所享者，必有所養也。

奏謫延平。正德壬申，陸文裕公以編修使淮府。畢事，還經蘭溪，與僉都御史唐虞佐龍，同謁章文懿於白露山下。公留飯，乃一一詢時事，並及當道諸公。因曰："萬一今上無嗣，則孝宗絶其繼承，云何？"文裕不敢對。又曰："當論昭穆，昭穆亦有數説不同。若據《左傳》云，文之昭也，武之穆也，則昭穆當論廟制。"文裕益不敢對，虞佐亦默然。公笑謂文裕曰："子淵意何如？"遂避席對："此非小臣所敢道。"公又笑曰："官也不小。李綱在宋朝，許大擔負，只是起居注耳，正是今編修之官。"文裕遜謝。後至杭，遂上疏移疾還家。至戊子，由司業遷祭酒。明年三月，以經筵面奏，再上疏，得旨降延平同知。按，忠定在講筵，以面奏謫沙縣，今隸延平，文裕亦以面奏謫此。事有偶然相類者，不知文懿當日何以特舉忠定爲言。文裕公集記之。

上元廢燭。孫文簡母夫人以上元日生，公歲張燈爲壽。既歿，遂不復燃一燭。

不信禁忌。孫文簡生平不信陰陽方隅禁忌，嘗有言云："天道常與善人，豈有廣布諸凶殺，不論善惡邪正，槩使觸之，遂降以禍乎？人不自力爲善，專信術家之言，惑矣。"

酒籖。徐文貞公階初入泮，謁顧文僖公，一見曰："此臺閣器也。"因留午飯。酒三行，文僖曰："近製得酒籖四十，每籖飲一杯，與公完此足矣。"至三十杯，文貞辭飲。文僖曰："請少坐，余自竟之。"籖完索飯，送之大門，曰："幸自珍重，事業不小。"文貞極感其知遇。

鄉薦肄業。徐文貞二十歲領鄉薦，時尚爲沈水南弟子。既報捷後，仍就書塾中肄業不輟。嘉靖庚子，龔諫議情、范太僕惟一同舉應天。是年，范設館街市間，教授生徒。得雋後，亦仍到館課業。偶見親友以鼓樂賀龔者，范適在簾内，窺而笑曰："何許大功名，播弄如是。"

先達後輩。徐文貞及第後，馮廷尉恩以大行奉使還里，偕謁蔣少參韋庵公，投刺並稱晚生，隅坐自居後輩。比送之出，馮輿在門，文貞即斂避。蔣公顧謂馮公曰："徐行數步亦佳。"馮公竦然謝不敢，候蔣公入門後，始登輿去。

鄉會試題。嘉靖乙丑，高中玄主會試，試題"人道敏政"節、"天生蒸民"節。世廟思云："蒲蘆何物，夷何義？"徐文貞奏云："夷是有恒之義，蒲蘆乃長生之物。"上悦。又乙卯順天鄉試題"仁以爲己任"，次"必得其名"二句。司禮巨璫持主考甚急，宣言於朝曰："仁以爲己任之下，不知是何語？"文貞曰："就是必得其名、必得其壽。"

赴考諸生。文貞公視學兩浙，冬日至三衢，風雪中見四五輩踉蹌崖岸間。公問左右，知爲赴考諸生。公命别舟載之，飲以酒，不問姓名。

争貢讓貢。徐文貞督學兩浙時，有二生争貢，譁于堂下，公閲卷自若。已而有二生遜貢，譁於堂下，公亦閲卷自若。居頃之，召謂曰："我不欲使人争，但亦不能使人讓。諸生未嘗讀教條乎？連我也在教條裏頭，作不得主。諸生但照教條行事而已。"於是争者讓者皆自息。

揚子《法言》。徐文貞試浙士時文，結有用"顔苦孔之卓"語，公批"杜撰"。後散卷，生禀曰："此語出揚子《法言》。"公曰："本道科第早，未曾讀書。"遂揖生云："承教。"衆皆歎服。

果菜。潘蘅齋、充庵二公，服闋過郡謁文貞。時皆藩臬大僚，又姻家也。文貞留宴，止五果五菜。

紙軸。顧大參中孚年八十，文貞公作詩壽之。止手書一紙軸耳，並不用色箋絹素。後弔文貞公，但長揖呼文貞曰："子升，吾與公相見不遠矣。"

祖孫高誼。葉蕙，號鱸江。文貞當國，有受横侮，欲白冤者，即代爲申雪。或餽以金，必叱拒之。文貞姊爲葉室，事葉如父。比没，文貞尚在朝，聞訃，持素服，哭以文。孫日新，孝友仗義。爲兄償逋，贍弟攻讀。及卒，爲殯葬，復授居遺孤。郡庠師欲褒以德行，胥役有所需，日新曰："豈有出錢買德行，而可爲德行乎？"竟嚴拒以辭。後與賓筵，祖孫皆有高誼。日新所著有《衡門寤言》、《畏天録》數種。

出使官。馮南江爲南侍御，巡視上江。會世廟遣璫設醮齊雲巖，馮亦往行香。拜畢，内相以長柄香爐付南江。南江曰："此守土官事也，我出使官不同。"遂不受。

詩讖。馮御史巡江，時值大風，舟已覆，及曉獲濟。乃作詩，有"險道原來自有天"之句。後抗疏被逮，三載瀕危，始得謫戍。公云："險道有天，若爲詩讖。"

忠訓。馮逵，字惟中，號時齋，侍御公父。侍御爲童子時，父數訓以持己守官、忠義廉節。時齋故農家，乃其語皆縉紳大夫所有事，鄉之人迂之，毫不爲變。未幾，病且瞑，顧侍御語曰："能憶吾言乎？"侍御謝不敢忘，遂頷之而逝。故制詞有"養親躬負米之勞，教子謹忠廉之訓”。徐文貞公記。

壽祉。壽祉堂成，馮侍御母吴太夫人跽君堂下，詔之曰：“吾始教汝直，汝好直而不得其方，徒以狂戇，觸忤雷霆，罪在不赦。賴聖上寬仁，畀汝以身，又終使汝得有此堂。殆將示天下好直者，始獲罪而終受賜，以勸在位，意在斯乎。上之錫汝厚矣。”侍御爲愯然拜謝而起。晋江黄慎中記。

索紙作書。東郭鄒公守益云：南江馮子將論刑，親友携酒肉與之訣。飲啖不異平時，索紙作書别母氏，謝不能養。又書一紙，囑内子及兒以後事。酒酣，復奮曰：“吾幼兒幼，恐不知父志。”大書訓語四幅，俟其長而付之。旁觀者嘖嘖稱壯。已上《叢記》。

布衣交。馮侍御有布衣交，曰郭默齋，名濟。公上疏，逮詔獄，惟郭與同起居。櫜饘之餽，五易寒暑。又率公母吴太孺人及子行可，擊登聞鼓訟冤。公得論戍，而濟以勞憊卒於旅次。公哭之慟，許爲存其子女。公一一撫字成立，授以室家，人給田四十畝、宅一區，遇之如家人子弟云。

遇饌思母。馮南江所善友張永思，名思，博學善楷書，與徐文貞亦文字交也。有節母，年九十矣。永思亦年七十。馮常召飲不赴，至亦僅嘗一味，曰：“母所未啖，余何忍食?”馮知其意，每召張，必更以饌遺其母。張僅受一二味進母，俟母虚口，始退而赴飲。孫汝霖亦孝謹，動繩禮法，里稱善士。

義急窮交。楊鶴，字鳴臯，華亭漕涇人。少補諸生，入南雍，與楊慎、毛亨相友善。後官紹興知事，自常俸外，鹽醯皆取之家。尋歸養母，坐客常滿，偶無客至，則使家僮候於水次。友人張一桂貧死，方沍寒，鶴悉載含襚諸物，下至米鹽，從百里外往哭，既葬始歸。凡振人貧乏，義急窮交，類如此。尤窮心東南財賦，著《捄時論》、《田賦議》等篇。子子亨。

高曾孝行。顧泰事母最孝，一日之京師，中途思母，作詩云：“老母年登八十强，可憐孤子在他鄉。途中忽憶慈幃裏，一筆書時一斷腸。”即命返棹。其曾孫師程奉孀母，色養備至。每食視母爲進止。母好施，一一給之。卒後有一猫卧其柩履下，四十九日始去。壬午，墓田稻俱生五穗，人謂孝感所致。

不顧鋤金。姜臣良，進士岐之孫。少與兄文學性良共鋤地，得金一餅。[臣]良(臣)揮鋤不顧，其兄令分受，笑而却之。事母至孝，雖甚貧，必備甘旨。業師文學董正誼，以嫁女被誣居喪違律，坐黜。乃力爲訟冤，昌言過激，並褫革，怡然自甘。後司教夏公大勳始白之。

分財讓産。錢琛，號友梅。蚤失怙恃，正德初，歲祲，鄉人賴以舉火者甚衆。次歲復祲，不能償，仍賑貸焉。後值大稔，鄉人德之，牛車擔負，用以饒裕。兄弟四人，分財讓産。吴國相石湖稷爲之志。

山邑肅然。張參，字應辰，華亭人。嘉靖四年，令桐廬。公明聽斷，姦僞屏息，山邑肅然。五年當朝覲，過家即致仕。《嚴州志》。

祭必手滌。朱承順，字履敬。世居泗水，安貧樂道，别號夷白。四十始學詩，與張西谷、徐伯臣結社。性高簡，居家動遵禮訓，四時蒸嘗，必先期手自滌器，臨祭如在。著有《夷白漫稿》。

金絲草。徐侍御宗魯父病瘍甚劇,公徒跣風露中,覓醫藥不可得,向天大哭。恍惚有神語曰:"八角井有金絲草,可爲膏治也。"得之果立驗。

拜客稟命。曹郎中嗣榮父筠坪公,家教甚嚴。榮以進士奉差還里,每出拜客,先冠帶稟命,請隨從之僕。公口命一二人侍行,時或再請,公便瞠目叱曰:"汝欲與人鬨耶?"《郡故畧聞》。

敝帽布衣。朱餘山司成大韶父,初欲延師訓子。其甥張磊塘以泗涇范惟一薦。時范未入庠,朱即具贄往謁之。見門聯有"檻外江河遠,山中歲月長",誦之色喜。明年,范赴館,敝帽布衣,謁餘山之伯尚書公,儼然上坐。尚書公以此雅敬之。

東吴高誼。潘綗,字美中。嘉靖十七年,學使馮公午山試諸貢生。時輪貢者吴臣,而陪貢者五人,乃不次擢綗。吴失意,涕泗而歸。綗慨然具呈,力讓於吴。馮公爲改(客)[容],遂允其請,因移檄風示合屬,嘉獎以東吴高誼。郡侯朱公潤、邑侯朱公執中皆有贈言。明年,即貢入太學。

封公冠服。陸文定會元登第,父志梅公送家眷入京,與郡守黄公華索船。問左右:"封公何等冠服?"答云:"青衣小帽。"黄曰:"既如此,不必相見,臨行可報我。"及行,封公仍舊衣帽,黄終不引接,但賸餽冬米二擔而已。

府堂列坐。陸文定公與包和石侍御,赴郡侯何繼之召。時尚未設賓館,同坐府堂上。適解倭奴至,郡侯即設兩公坐同審,文定南坐,包公右,郡侯左。審畢,宴後堂。文定與郡侯投壺,和石乃解衣捫膝。侯以壺矢指和石曰:"公瘦乃爾。"和石正色曰:"吾雖瘦,骨力尚在。"

纂修不遷官。編修非實俸九年,不得講讀。嘉靖辛丑,諸太史欲乘纂修實録,夤緣列名。但權在首揆,須懇求之。諸公以陸文定素恬静,遂不相約。偶文定至嚴養齋邸中,高中玄先生在,嚴具以實告。陸終不肯行,嚴、高諸公俱得列名。不意實録總開年月云"嘉靖元年某月起,至嘉靖某年某月止",世廟見止字不懌,纂輯諸公俱不得遷。

吉士四品。陸文定公云:吾初在翰林時,姑蘇裕春袁公在禮垣,特疏分别庶吉士有四品,乞當路加意甄陶。有閉户讀書,不管閒事者,爲上品。有讀書亦管閒事者,有不讀書亦不管閒事者,俱中品。有不讀書專管閒事者,爲下品。此何足當儲養之數?其閉户讀書者,蓋指文定也。

西賓良醫。陸文定爲祭酒請告時,時唐中丞順之方禦倭,嘆曰:"公得請,未知余何日歸耳。"陸曰:"某如西賓,病則主人只得放回。公乃良醫,病勢未愈,如何肯放回來。"

逆旅借房。文定公嘗謂陳眉公曰:"人言天地如逆旅,不知此身亦小逆旅也。看來造物是房子主人,我們是借房子居住的。若限定幾年便不許住了,此謂天限已盡。"眉公曰:"若借房人平日安分守法,不得罪於房主人,彼此相得,再容他多住幾年,亦有此理。此又修德凝命之説也。"文定笑而點首。

抽分餽金。隆慶六年,董公傳策爲南工侍,人不敢干以私。是冬,蕪湖榷使循例遣致大司空,獨於董署前伺候十日,毋敢通者。

歿不聞過。龔全山侍御性亢直,不能容人過。即郡邑大夫有失,必面折。臧太守堯山獨重之。龔捐館,嘆曰:“此老歿,吾輩不得聞過矣。”

命裏官。龔侍御以直言廷杖謫官。嘗謂錢野汀曰:“人只做得命裏官,卑污只此官,剛正只此官,豈能逃命外耶? 亦枉自卑污耳。”

書房圖式。楊扇楊儀山極尊師傅。嘗聘朱貞晦教子,朱預發書房圖式,令其建造。到館後,飲食必共。師未卧,主人不敢解衣。一日,貞晦醉卧棋局,主人静坐以待。更餘方寤,推局而起曰:“爾尚在耶?”儀山唯唯,送之登榻,然後敢入。後其子道亨登第。

兄弟友于。張廉訪仲謙懸車三十年,與兄荆泉、弟冲玄、少塘四人,吊慶必偕,爵斝必共,徒行並坐。友于之誼,近代所無。

寒却賜裘。秦侍御嘉楫初授行人,使周藩。周王偉其風度,厚贐之,悉謝却。乃衣以一狐裘,曰:“天氣方寒,幸使者爲遠道計。”公不得已,陽諾。至杞縣,托同年命以裘歸王,曰:“某賤臣也,何敢辱王服?”《移愚齋筆記》。

《十警》。張中山當長子烈登高第,捷書至,第焚香告謝家廟,蕭然闔户而居,田廬奴僕謝去若浼。書《十警》懸之壁。其一曰:無受人進獻,侈畝宫而詭縣官名田也。其二曰:無令吾門有怒馬鮮衣,憑厮養爲窟穴者。其三曰:無以衣冠通郡邑,自潤而人畏苦乎。其四曰:無令隸也横於市,而奸賈豎之什一也。其五曰:無徵厚利,無剥佃户。其六曰:無念舊仇以傷容德。其七曰:謹尺一,慎姓名,毋喪節而承羞也。其八曰:無逋税課以勞里甲。其九曰:無忤於善良而懦於惡德,無尊重富厚而侮辱困窮。其十曰:燕享有常,豆觴有數,無恣殺而損慈也。蓋晚年重録以示人,題曰《十决不》。

《三守銘》。張水部嘗爲《三守銘》曰:不能詐,寧守之以直。惟其然,故無悖於德。不能諂,寧守之以貞。惟其然,故無傷於誠。不能貪,寧守之以廉。惟其然,故無媿於天。因自名三守子。

不受羡例。葉桐山爲河間通判,治餉宣府,當受代日,積羡餘三千金,公悉置不問。主者遣一吏持至中途,以成例請受。公曰:“不受羡即吾例也。”命歸之。晚居春申故里,饘粥不繼。一日梅雨中,公課童子舉網,失一大魚,公忽失聲呀歎。夫人聞之曰:“不受三千金,一魚能值幾許?”公撫掌大笑。

命封荒冢。蔡侍郎汝賢爲孝廉時,營墓北濠,葬父一舟公。旁有人以積土來售,畚鍤將半,土中微露磚槨。公惻然,亟命移原土封之。或曰:“此荒冢也,非有胤息。”公益泫泣不置,命舟遠載别土,並置值不復取。

除夕分餉。蔡公汝賢初家城東香灣,歲除禮神已,薄暮徙倚門側,忽聞有婦哭甚悲。公詢其故,則一亡賴賃公屋,積逋不償。公家紀綱去其門扉。婦以晨炊未辦,且怨且詈。公亟入,分餉酒肉,益以薪米,召紀綱責之。

宦附商舟。蔡公汝賢由浙右轄遷蜀左方伯,時江陵當國,嚴禁驛遞。公率蒼頭持行李,附蜀商歸舟,第云探親,舟中與商人迭爲賓主。及抵省下,報知守道,官吏人來迎者千人。蜀商驚怖，叩頭請罪。公曰："今不用驛遞，欲獨買一舟則太費，説明又不便相與，所以不言，何必介意。"

恒睦堂。諸純臣，字民極。性孝友，父殁，兄弟四人同居，終身不析箸，顔其堂曰恒睦。領隆慶庚午鄉薦，官司理。母患瘰癧，公手調湯藥，兩載靡間。創潰，親爲吮拭。事兄介臣如父，撫二季成立如子。

一語免辟。吕别駕錦倅金華日，與司理浦城徐公萬仞同事。一日，過徐公署，值一太學生以人命被訐，當對簿時，腰一緑帬入。徐公怒，欲坐以殺人罪。公語徐曰："大辟非公佐喜怒具，奈何以倉卒小過，輕陷人死？幸公衷之以法。"徐公起謝，立命釋之。

歲受八詞。吕别駕偶兩署義烏篆，時值不歲，加意撫卹，經歲止受民詞八紙。吏白當報紙穀，公命以月俸輸官庫。比受代，歸槖蕭然。

扇障妓。吕公錦嘗游龍潭，忽隣舟有載妓者。公見之，亟以扇自障。客皆相顧失笑。

白布袍。徐主事三重好着白布袍，曰："不惟儉樸，且久服無點污，亦可占養。"

八語自識。徐鴻洲有八語，自識室中。一曰：室無美姬，堂無俊僕，案無戲具，門無雜賓。一曰：宅取安人，田取給食，書取明道，器取適用。

忠靖冠。吴太僕炯登第，未廷試歸。郡守閻公邦寧來訪，云："公既進一步，須不改舊時光景方好。"吴謹受命。次日答拜，舊規戴忠靖冠，服錦繡。閻一見曰："此何服飾，出何典？"吴遂易儒衣冠。閻公責善，吴能服善，俱存古風。

帝賚色絲。沈文系，字公緒，以恩選令新寧。弟可紹，以鄉薦令景寧。名皆從絲。先是，父傲漁公鸞夜歸，見女子避雨簷廡下。公即避去，之西湖道院假寐，夢上帝授色絲兩絇，後生系、紹。孫匡濟，登天啓壬戌進士。

鳴秋館。張朗，字希周。性孤介，不樂與俗士游。家貧，以醫寄跡。嘗棲息於僧寮，閉門讀書，傲然自得。手製薜帷，焚香品茶。日摩娑氏壚、石磬、雪螺、缾鉢、笻杖，每浩歌自適。日需窶甚，衣食不給，豁如也。能詩，善行楷書，自成一家。癖好蛩吟，當清秋闃寂，謂其聲雄振，有烈士壯夫之槩。至深寒，猶畜飼熟薯蘗而藏之，與同卧起。自名其館爲鳴秋，有蟋蟀詩百首。卒之時，握拳側卧如醉人。葬佘東山半。友人章吉甫於風雪中封其壙而樹之碣，復哭以詩。周希允題曰"明貞隱張希周先生墓"。

平田花圃。海隅曹宣慰，其先起農家。有孫文載，娶邵玄同女。初歸曹氏，一日謂孫婦曰："可從我出觀花圃。"遂出所居外，一望平田，菜麥青黄無際。乃謂曰："吾家花圃如是，非爾家異卉奇花之比也。"

趙思樓。唐行鎮趙姓，號思樓，好施予。一日雨雪，見門泊小舟，一少年。趙詢知浙士欲歸阻凍，趙即延入欵宴，三日後厚贈而别，不聞問者二十年。趙後以役累遣戍投批，軍門即問曰："既是上海人，相近唐行鎮否？"趙云："某正是鎮上人。"又曰："此鎮有趙思樓在否？"趙驚伏地曰："某是也。"撫公備道前故，厚加周卹遣還。隆慶初，趙爲人言之。

清福未易。侯甸記華亭張鎧，每緣公務入城，會計出納，不勝其煩。嘗書四字於屋壁曰"望城欲哭"。一日歸，焚香密告天曰："鎧心向隱逸，不慕富貴。願薄田二十畝，自爲耕穫，府吏不擾，老於山林足矣。”忽空中應聲曰：“欲富貴則可，清福未易許也。”《西樵野記》。

還金得金。上海李文忠，居貧力穡，一介不妄取。嘗與其子入城，得遺金三兩於厠，遂留以待。頃之，有人號而至，曰：“吾父逋租，繫於官，吾賣子以償，適登厠而失之。”文忠即以金授還，其人請謝以半，不受。忠拏舟獨歸，過唐行，舟膠入水，於礙足處得銀一錠，衡之，乃倍於所還者。《移愚齋筆記》。

送行詩序。皇上親擇廷臣二十四人爲採訪使，以觀風謡、燭幽隱，利民之事，得以便宜行之。及既事還朝，卓卓以政事聞者，蓋居其半。給事中華亭徐君思勉，有聞之最者也。天子以爲可用，會大同有警，復俾持詔往，撫慰兵民。思勉清敏勁正，所奏舉皆切時事，其能愈彰。適山東按察司以缺官告，即授按察僉事。將行，其僚友喜思勉之受知於上，爲詩以餞之，而以首簡爲屬。《遜志齋集》。

崇義尚義。景泰乙亥，歲饑。郡民董昂、趙璧，各出米四百石，例授冠帶，昂與璧皆力辭不受。郡侯葉冕書“崇義”二字名其堂，廉憲袁愷爲記。璧有堂，亦名尚義。子錡，登戊子鄉榜。按《通志》，兩人皆居城西，俱好義而不受旌賞。

貴粟賑貧。田幼溪，名焕，居璜溪。父任興寧縣歸，傾橐讓諸弟，無私分毫。萬曆丁亥，米石至三錢五分，仲弟糴貯三百餘石。明年價踴，即糴前粟，賑鄉里之貧者。饑寒死喪，施貸不勸。里人德之。

處士孝義。楊處士伸，文學茂梓父也。以父妾譖逐外，後遭母喪，日夕號泣，事父益孝謹，父亦感悟。倭入寇，庶弟被害，庶母無依，伸爲之周給。館王氏，有隣女夜奔就之，伸正色嚴拒而退。包鴻臚家竪竊貲以逃，餽伸百金祈免。伸卻之，竟白其事。姪石南卒，遺産數萬金，族人争取之，伸毫無染指。茂梓夫婦亦俱以孝聞。

尚義坊。洙涇朱瞻菉，名璧。周文襄公按部至松，躬造其廬，商確政務。如奏改南京禄米於各府支關，減存松江濟農倉米十五萬石。文襄欲請官之，固辭不受。後又輸粟佐邊，特旨建尚義坊，以示旌賞。孫觀光，舉嘉靖丙午鄉魁。曾孫同仁，亦好施爲，捐貲倡築萬安橋。邑令賀公延饗大賓，章公魯齋復勒石於鎮。子從善、徠善，世居兹里，今橋毁議建，皆能繼成先志云。

種花徙蟲。陳守真，年七十有五，猶童真也。事母孝，歲種木棉半畝，所獲恒倍，藉以養母。每當鋤種，高擊木魚，祝諸蟲遠徙。花熟時，人有盜之者，仿佛見守真立田中，遂逸去。其里同時又有張姓，萬曆甲寅年，百有三歲矣，彊駛如壯。人每見守真，以孩呼之。

思母却贈。孟養大，字直夫，禮部郎華里公仲子也。名流唱和，與宋賓之兄弟、趙文度齊名。事母孝，徐澤夫憐其貧甚，特置紵袍贈之，泣謝曰：“吾母緼衣入斂，吾忍以此服華其躬乎？”遂固辭不受。除夕宿景峰僧房，有詩云：“遠公嚴酒戒，不敢問屠酥。”

歸櫬。萬曆庚申夏，張宗伯鼒以太史奉泰昌哀詔至遼，遇吾松楊曾奎，時爲廣寧衛經歷。楊先任祁州判官，子熙時、熙朝隨任爲遼生。後虜騎充斥，楊喪妻單及兩婦，旅櫬無歸。張宗伯特請遼撫，乞勘合歸其三喪。並言之按院陳公王廷，移咨毛一鷺督學，熙時兄弟得補華庠。至今楊氏存殁，咸感頌其盛德云。

江陵不得致。陸伯生應陽有文行江陵，諸生謀致，公示意申文定，文定以語陸，即出長安去。見申中丞用懋志。

質行修潔。葉蕃春，給諫有聲之父。嘗宿海上，邸舍主人出追逸僕，獨少婦在，日且暮矣，蕃春渡浦避之。時甚風疾雨，足繭血濡無所顧。又有妾媵與嫡忤，胠篋迷失道，夜匿春田園中。春密召其夫與俱歸，曰："毋箠楚，毋更聞諸人以垢膩汝。"其質行修潔，真有古儒之風。

孝友表閭。李仲春，大參伯春之弟，憲副叔春之兄也。仲獨秉家政，不私産籍，闔門百口，同居共爨，卒無間言，孝稱鄉里。尤睦宗敦族，賑助孤嫠。里役繁苦，力請改重爲輕，踐更者至今德之。居恒課子，家守素風。郡侯喻公均特表其閭。

民禱磯山。曹鑄以明經授都昌令。都昌志之曰：清儉慈惠，而不妄笞一人。節財便民，而惟身任其咎。故邑民感頌，争禱大磯山，爲之祈嗣，果舉二子。生平孝友，里人稱之。

兄弟友愛。陳至孝、弟至友，臨江太守浩孫。浩多著述，書法歐虞。父燦。孝能世其家學，有《韻府摘鈔》、《餂箒雜纂》、《筆耒集》、《席門》諸稿。時同里姚來鶴，唐文恪受業師也。共弟來鵠，俱能端槼矱，教授生徒，或久别執手涕洟。白頭孝友，晚近世所難。

表宅。太學吴之賢，號匯江，孝廉潮之子。孝友著聞，事繼母如己母，撫親姪如己子。親知不能舉火者，委曲貸應。嘗首倡增城，獨建北關城樓，不費官帑。設義田，贍宗黨，有文正風。邑侯鄭公表其廬曰"千秋孝義"。少攻舉子業，垂老不倦。後人蔀發、嘉胤，舉天啓甲子順天鄉薦。

五友。馮大鎔，字元甫。卜築東郊外，有寄寄園，製緑雪舫，貯古蘭亭一、古琴一、米顛詩册一，及手抄蘇黄尺牘一，呼爲五友。尤精晋唐小楷，與兄大咸友愛，大咸亦工書法。

家徒壁立。周子文，號雲望，侍御公杲之孫也。幼孤，贅梁谿，繇進士令餘姚。賑戊子水灾，有惠政。擢廷評，以南武選，拂衣。平生孝友敦睦，慷慨好施。釋褐四十年，家徒壁立，陶然琴書自娱。

真孝廉。郁伯純，字履臣。陸文定嘗器重之，曰："是真孝廉也。"性至孝，好古嗜學。嘗云："書生爲人，亦爲文也。先定草藁，而後真焉工矣。"孝廉妻先殁十七年，終身不娶。坐一室，危衣冠，讀書其中，夜每徹旦。與人交，真慤有禮。足罕至郡邑，生平不輕以刺先人。蓋激清獨行，類天性矣。死之日，文定欷歔累日，傷後彦之陵夷也。張宗伯鼐復爲之傳，以風末俗，故往哲以真孝廉終焉。

松江府志卷之九十三

志　逸　三

方　術

魏山人前知。劉邈之，天寶中調授岐州陳倉尉。邈之從母弟吴郡陸康，自江南同官來。有主簿楊豫、尉張穎者，聞康至，皆來賀。時冬寒，因飲酒方酣。適有魏山人琮來，曰："某能知人。"謂邈之曰："君自此當再名聞，官止二邑宰，而不主務，二十五年而終。"謂豫曰："君後八月勿食驢肉，食之遇疾，當不可救。"次謂穎曰："君後改官，宜與同僚善，如或不叶，必爲所害。"豫、穎不悦。後指康曰："此君明年當成名，歷官十餘政，壽考禄位，諸君子不及也。"言訖遂去。明年，豫誤啗驢腸數臠，至暮死。穎後爲臨濮丞，與令薛景元不叶，遂陰污而卒。邈之後登科，拜汝州臨汝縣令，轉潤州上元令。在任無政，皆假掾以終考。明年，康明經及第，授秘書省正字，充隴右巡官。府罷，調授咸陽尉，遷監察御史、盩厔令、比部員外郎，連典大郡，歷官二十二考。《前定録》。

青龍僧。長慶中，有青龍僧，善知人之術。鄭朗特謁，了不與語。及放榜，朗首登第焉。累日重試，朗果落。後謁僧詰之，僧曰："前時以君無名，若中第却不嘉，自此位極人臣。"其後果歷台鉉。《感定録》。

畫獅愈瘧。顧光寶以能畫名。華亭陸溉患瘧，經年醫療無效。光寶常詣溉，溉曰："疾久不得療，如何？"光寶遂命筆，以墨圖一獅子於户外牓之，謂溉曰："此出手便靈異，可虔誠啓心至禱，明日當有驗。"溉遣家人焚香拜之。已而是夕中夜，外有窸窣之聲，良久乃不聞。明日，所畫獅子口中臆前有血淋漓，及於户外，溉病乃愈。時人異之。《八朝畫録》。

沉簡殺蛇。嘉興沈雷伯，以道術名。至正丙子，松江旱，府官遣香幣迎請以來。雷伯矜甚，謂雨可立致。結壇仙鶴觀，下鐵簡於泖湖潭井，日取蛇燕焚之。久而不雨，羞赧宵遁。僧柏子庭有詩云："誰呼蓬島青頭鴨，來殺松江赤練蛇。"聞者絶倒。《舊志》。

術士參軍。謝景暘居松江北郭，結壇行召鬼法。至正十一年，官軍捕方谷珍，或傳賊中有人能呼召風雨，必得破其法者。或以謝薦，總兵官給傳致請。其詞云："參裁軍事，必訪異人。既達天時，當爲世用。"知府王克敏親造其廬起之。後其術一無驗，竟全軍覆没。宰臣統大兵，誅草竊，勢若拉朽。而先迎一方士，其機畧固可知矣。《舊志》。

御前較弈。相子先，華亭人。善弈。太祖召至京師，與鄞人婁德達偕入見。上命二人較藝，子先自謂天下無敵手，視德達蔑如也。上顧中官，取一紙置局下。子先不測上意，竟不經心，德達聯勝，啓視乃給冠帶告身也。子先竟不得，怏怏歸，劉誠意作文送之。

青龍羽士。青龍真一道院，有孟、張二羽士，以符術齊名。孟一日曝麥，張語曰："子其食我，不爾，當令子麥逐浪去也。"孟不與食。張書符役將，大雨立至。孟亦書符頂於首，長跪麥中，場獨無雨，麥亦無恙。

張把失。張宗伯鼐云：余家三世祖一山公，官名仁義。爲黄冠，隱於神術。元之季世，有朱將軍者，擁甲鎮海上，陰蓄不軌。獨躊躇[天]命所嚮，未發也。私曰："盍聽諸神乎？"聞郡城有仁義張公者，善符籙，能致丁甲諸神，乃使兩郎中乘官舫，趣府致之。公遂往，抵暮入轅門。門之士皆甲，燈火熒熒類白晝。引入一堂，香花羅列，堂中所供，乃六將軍像也。蓋將軍素媚事其神，以暗覬非望云。乃命近侍飲公酒，而所設筆札酒果，召將之儀爺具。將軍出而胡語呼公曰："把失，我有事向神决之。"當是時，將軍既陰秘其指不洩，而間雜他事，以試其奇中。乃片紙出諸袖，引燭爇於爐中，遂命公召將。公呼曰："神至矣。速具紙筆，以人手腕代之。"將軍出其手覆爐上，魁雄黝黑，汗毛長寸許。須臾手動，筋節縮栗，將軍已神魂駭亂。倏執筆大書一行曰："朱海賊而欲反耶？赤而族，毋妄動。"其二行則曰："而妻疾，某達魯花赤祟之，亟齋薦，可甦也。"又一行曰："而妾娠，明日午後生子矣。"蓋三事皆將軍袖中紙所書，而最後一行云："明日晚刻，胡同知取汝首級，可賄免。"衆傍觀者皆愕視，吐舌擲筆，而將軍蘇。取視其紙，色大沮，置酒待公宿，欲以明日證驗之。乃留公設醮，度達魯花赤，夫人病尋愈，而午後報二夫人生子。下漏一刻，則鐃鉦鼓吹從東方來，劍戟排列前導，喧聲震四野。公從别室隙中窺之，見一人騎而前，又一人騎從而後，各手一盤，盤中詔一、劍一，而各以黄錦覆之。最後則胡同知，緋衣策馬入矣。少間止聞堂中樂飲歡呼。夜四鼓，將軍乃送胡同知出。前所捧盤，仍錦覆劍也。而後一盤，則白鏹二大錠，以代將軍首級耳。一軍嘖嘖奇曰："神前知，事皆有驗。"而將軍宴犒張把失，禮爲上客，强留十日飲。公懇求還，遂贈厚幣，仍遣兩郎中送之歸。

李岣嶁。我松朱旊溪尚書家居，有李岣嶁來訪，閽人拒之。李曰："爾主在某室閱某書，何得紿我？"閽者駭而入報，公見異之，亟延入。語不移時，曰："僕欲僑寓於此。"輒從袖中取出一囊，什物器皿悉具，又一呼而妻子及僮婢皆在。公大駭，處之别館中。居數日，輒張具邀公飲，珍錯畢陳，所進巵斝，皆公家物。飲竟投水中，公與夫人啓視其橐，巵斝宛然，第多水漬耳。岣嶁告歸，畫一舫於壁，將妻子、僮婢、什物仍入囊中，登舟張帆，御風而去。或云即李福達也。

術移坊樹。朱尚書居烏泥涇，每嫌門首牌坊並大榆，欲遷河之南，又恐樹不能活。李岣嶁曰："此亦何難？"尚書問合用人幾許，曰："不煩一人。"至夜分，尚書聞風雨聲者數刻。曉起，坊與樹俱在河南矣。尚書大喜。數日李歸，坊與樹仍在門首。

妾當門。徐伯臣精數術，多奇中。常與董子元過一友人家，退而私語曰："此君會當有鼓盆之變。"已而果然。子元問："何以知之？"伯臣曰："向見其新易扁額曰'賢科接武'，接者,妾也。以妾當門,非喪耦之徵而何?”

小兒醫。王一鵬精小兒醫。宋侍御定宇孫少慧,父母絶愛之。鵬一日謂宋所親曰:“此子來歲三月當發疹,若將發時有傾跌,必且無幸,其謹防之。”明春果疹,前三日失足仆,亟延至,不投劑而去。楊孝廉回山,一子甫期,暑月旦暮啼不輟聲,乳不下咽。鵬曰:“能授我百金則生。”楊唯唯。乃取石灰,於廳事中畫一圈,寘兒寢塊上,戒乳媪侍圈外,勿得近,一如鵬言。少間,兒就寢。候其覺,以香薷飲少許下之,一服而瘥。或問:“子何術而神若是?”曰:“此中暑氣。乳媪體肥,兒愈哭,抱愈不釋,輒哭輒不乳。卧之冷塊,哭盡暑氣自消。若付之庸手,立死矣。畫以灰者,愚彼不得迫視耳。”聞者鼓掌。青浦諸氏昆弟素封,止一子。鵬至,歎賞撫弄,輒云:“公家艱嗣,獲此佳兒。但願再誕一二,足延公嗣矣。”諸大驚,徐顧兩婢微笑。諸益疑焉,曰:“郎君尚無恙,二女使痘將發矣,皆不治。”後果如言,兒至來年亦夭。姚參知寵姬得子俊慧,疹發絶稀,開燕娱客,並謝諸醫。鵬適至,邀與席,視疹而出,辭去。私曰:“過二十一朝不治矣。”如期而驗。

藝　事

元人墨刻。松江墨刻六種。其一爲元宋仲温戲書趙子昂舟中蘭亭十三跋,真楷行草,蠅頭小書,大小不一。舊藏松江府華亭沈民望家。正統中,吉水楊政惟效以侍御改松江節推,令善書者摹刻於郡,後有訓導會稽陳賓跋。一爲章草書杜甫《前出塞詩》九首。吴僧善啓舊藏此本,摹刻於寺,其字絶佳。一《與俞仲幾書》,亦鍾字。今仲幾諸孫俞珙勒於石。一趙子昂行書《千文》絶佳,惜碑破碎。今翻刻本,有僧善啓跋。一子昂真書《鐵佛寺鍾銘》絶妙,在松江府鶴砂報恩懺院。一鮮于伯機真書《千文》絶佳。以上俱在松江府,今不可考。

乞志選詩。楊廉夫寓雲間,適(就)[檇]李貝廷臣,以書幣爲蕭山尹楊本中乞吴越兩山亭志,併選諸詞入題咏。於時楊尹已移官嘉禾矣。楊即爲命筆,稿將就,夜已過半。俄門外有剥啄[聲,啓]扉視之,則嘉禾能詩者,率人人執金繒,乞楊留選其詩。楊笑曰:“生平於三尺法,亦有時以情少借。若詩文,則心欲借眼,眼不從心,未嘗敢欺當世之士。”遂運筆批選,止取鮑恂、張翼、顧文煒、金炯四首。楊謂諸人曰:“四詩猶爲彼善於此,諸什尚須臾托胎耳。”然被選者無一人在,諸人相目驚駭,固乞寬假,得與姓名,至有涕泣長跪者。楊揮出門外,閉關滅燭,駡曰:“風雅掃地矣。”

泗濱游約。陶南村曰:予避兵雲間泗濱時,其地有林泉之勝,而無烽燧之虞。同時嘉遁者,皆文人高士。因倣司馬温公故事,俾予作約語云:百歲光陰,萬物乃天地逆旅;四時行樂,我輩亦風月主人。幸居同泗水之濱,況地接九山之勝。儘可傍花垂柳,庶幾游目騁懷。節序駸駸,莫負芒鞵竹杖;盃盤草草,何慚野蔌山肴。雖云一餉之清歡,亦是百年之佳話。敢煩同志,互作遨游。慨元祐之耆英,衣冠遠矣;集永和之少長,觴咏依然。訂約既勤,踐言弗替。

求遺書。倪瓚《送虞勝伯之雲間求先生遺書》云:虞勝伯徵君,隱居行義。家甫里垂二十年,不以姓名求知於時。道園先生,其從叔祖也。先世雍公遺文,道園欲求不得,勝伯必欲以意購取之。聞此書藏松江俞子中推官宅,俞没已久,而子俊州尹其弟。能假以歸勝伯,非仁人義士之存心乎?州尹,吾故人也,因書以爲之請。陶蓬大尹見之,當有以教我也。詩云:"州谷沄沄逝水波,雍公勛業未消磨。況當異代求文字,尚有聞孫校舛訛。京國不聞收汗馬,草萊終見没銅駝。誰陳聖主賢臣頌,奈爾陰山敕勒歌。"

鮮于樞字。楊漁隱,名仁壽。其先天台人,寓松售星禽之術以給養。授徒巨室陶氏,遂占籍松之陶溪。作字學鮮于樞,而得其風韻。子景和,洪武間應人材舉,爲東昌守。坐酗酒不敬,罹大辟。漁隱戍邊,總帥亦習鮮于字,方舉筆,漁隱從傍進曰:"作竪筆不得法。"帥怒擲筆曰:"汝書之。"漁隱即肆筆一揮而就。帥嘆服,更出名紙數十幅索書,且問所欲,對曰:"某年已七十,願得首丘。"即遣還。

《赤壁賦》。趙松雪倣坡公書,今刻石於郡齋之後堂。

先輩稱欵。沈大理公粲書高季廸《曉睡》詩,末欵云:"沈粲爲鄉進士相衡書。"直稱其名。今真蹟尚在大理。與孫延平公衍一柬書曰:"簡庵粲奉孫郡守賢弟。"張東海公亦與延平一札,此時孫尚爲州伯,張公稱曰"沔陽太守鄉契"。今俱勒在孫漢陽《勤有堂帖》。

黄仲琪。國初詩人黄仲琪贈謝員謫吏臨洮,有詩云:"九霄風翮正清秋,萬里飄然汗漫游。莫謂流離舍初志,即看登用納嘉猷。黄河太華供調筆,紫鳳天吴在客裘。及蚤歸來拜家慶,故鄉終不似并州。"

題竹。正統中,錢學士溥嘗題竹云:"種竹不須多,多則令人俗。蕭蕭三兩竿,清氣自然足。"弟憲副博和之曰:"誰云種竹兩三竿,冷落蕭疎不耐看。直須種竹三萬頃,摇動一天星斗寒。"

張莊簡詩。張莊簡公悦詩文多未見。《黄鶴樓集》公有詩云:"吴楚百川歸吐納,乾坤萬象屬登樓。相逢盡説波濤險,日日東流見客舟。"

和坡公詩。憲副曹公時中、宗伯顧公清家居,與周北野佩文酒往來無間。一日,曹公過顧公處,曰:"吾讀蘇學士《過清虚堂》,兩腋習然風舉,特邀公和之。"顧公亦躍然曰:"此際寧可無北野?"因相與泛小艇詣公齋,各和蘇詩數首。和畢至夜分始别。

詩留雲間。楊基《將歸吴中留書雲間齋舍》云:"讀書喜逢明主知,直節不受儒官欺。男兒自當萬夫敵,少壯耻爲童子師。江總還家何草草,仲尼去魯獨遲遲。蜀雲亭下春消息,白雪梅花開一枝。"《眉庵集》。

嘲陸子詩。李空同云:松江陸子以余久不造過,遂蒙嘲咏。然陸子往許以小楷《南征賦》貺我,久亦吝焉。故予得反嘲戲之,兼訊後約。詩云:"甚欲來飡張翰魚,只緣難换會稽書。西家愚夫莫浪謔,北海先生久索居。"

論郡志。黄憲副明與顧文僖公柬云:來諭云:府主留修郡志。夫志者,所以識一方之事。凡人物、風俗、政教、賦税之類,無不該載,即古之一國史也。前輩修者,間雜以私,致夫後之觀者,不甚信服。執事於是非筆削,可不加意於其間乎?且執事行將入閣,而操天下刑賞之大權者,於此亦小試耳。謹拭目以俟,幸毋使後人之視今,猶今之視昔也。

兩鶴。王鶴坡與錢鶴灘,文名相埒,過從無虚日。性皆好鶴,用爲别號,松人因呼爲兩鶴。好事者往往形之詩篇,鶴坡亦著《兩鶴文》。

用世通今古。陸文裕公出入館閣,前後幾四十年。每見國朝前輩抄録得一二事,便命子弟熟讀,曰:“蓋士君子有志用世,非兼通今古,何得言經濟?此先儒所以貴練達朝章,而魏相條晁董之對,特見重於朝廷,良亦爲此。朱文公有言:知古不知今者,葉正則也。知今不知古者,陳同父也。既知古又知今者,吕伯恭也。今世學者,儘有務爲博洽,不究心當代事故,一問及朝廷典故,及一代之經制沿革,恍如隔世。縱才華邁衆,終爲俗學。”《移愚齋筆記》。

著書。陸文裕公云:予嘗欲取今之州縣,推而上之,以會於《禹貢》之命名。因以著古今離合遷改之實,爲一書。宋浦江倪樸文卿嘗作《輿地會元志》四十卷,惜當時以布衣著書,力不能傳。其《自叙》有曰:“今學者大抵急於利禄,而專務於時文,故不識者不肯目,而識者未暇觀也。”其言亦可悲矣。

水上打一棒。黄憲長汝申幼時,干郡守不聽,拂衣出曰:“水上打一棒。”守怒,遂以此句爲題,令作詩。黄曰:“誰把長竿杖碧流,一聲分破楚天秋。幾層雪浪開還合,數顆銀珠散復收。鷗鷺驚飛紅蓼岸,鴛鴦催起白蘋洲。料應此處難垂釣,急急收綸别下鈎。”守改容敬禮之。

《白槿》詩。張拙,字汝吉。能詩,善篆隸,隱居不仕。陸文裕公引爲社友,嘗和陸《白槿》詩,公大擊節,推爲擅場。詩曰:“懶隨宫女候羊車,欲嫁潘郎鬢已華。誰向上林承雨露,自甘僻壤飽煙霞。幽情肯許題紅葉,澹影常教占白沙。却笑阿嬌金屋貯,最深恩寵不藏瑕。”

《木棉》詩。《雲間通志》載《木綿花》詩,爲熊澗谷作。然此詩又見於方正學《遜志集》中。

《春興》詩。上海楊東濱,少負文學,竟落魄不第。與陸文裕爲忘形友,嘗賦《春興》一絶云:“薔薇枸杞滿庭栽,書閣垂簾半捲開。蛺蝶不嫌春色淡,隔墻飛去又飛來。”大爲郡尊所賞。後楊以人命波連,太尊見其名,即曰:“此作《春興》詩者。如此襟懷,不干預俗事。”釋不問。

孫守齋詩。孫文簡毅齋之兄守齋,少穎悟。十一歲,竊從家人往觀競渡。比歸,其父雪岑公欲責之,諭曰:“汝能作一詩,當貰汝。”守齋應聲曰:“虎艾懸門日,龍門競渡時。屈原遺恨在,千載楚人思。”

郵壁詩句。楊臨江細林公樞,曾爲漢陽司理。偶過郵亭,題二句於壁云:“生菜山厨味,新梅驛路情。”何吉陽太僕過其地,續云:“風光最相惜,留賞漢陽城。”

數公詞翰。嘉靖以來,歷宦吾松,長於詞翰者,太守則熊公軫峯、劉公沂東、喻公楓谷、許公繩齋,郡丞則靳公兩城、馮公少洲,司理則黄公翠巖、吴公悟齋、陳公楚石、范公岫雲。邑令華亭則楊公臚山、熊公際華,上海則鄭公思齋,青浦則屠公赤水、王公思任。郡博則程公南樓、莊公赤雉,邑博則陳公貞亭、徐公儆弦。而擅臨池之技者,熊、劉、費、許、楊、王、程及廣平賈公春容。

藏書。王海槎田僅百畝，而其藏書乃至萬七千卷，多藏書家所未有者。大參白谷父也。

盥手讀書。戴損庵邦治家居時欲覽書，不論聖賢經傳及稗官野史，必先以水盥其手，然後揭開讀之。

讀書法。上海王古心先生，讀書好聞問，隨所得則記之，此讀書一法也。嘗見筆録内一則云。

一飛。王西園名一鵬，偶於土中得古印一枚，文曰"一飛"，即以爲字。今西園書翰引首，每用"一飛"二字印文。

購書。朱太史文石廣蓄宋板，抄本書亦不下百種。後散落人間，孫漢陽收得之，皆朱氏收藏印記。又一時與朱文石、何柘湖同嗜古書，不惜重價購藏者，有董柏山，校讎銓次，朱鉛不去手。董紫岡，張王屋，有疑必就相質。亦一時博物君子也。

古印。顧鴻臚從德别號方壺山人，博聞多識。家藏秦漢印章，多至二萬餘方，裒刻《集古印章》傳於世。潘允得東坡雪堂玉印章，後拜黄州太守，雪堂額儼在，蓋先定數也。

元夕詩。青浦元夕舊少張燈者。屠公赤水來令青邑，市燦華燈。乃乘月出游，以一豎自隨。時錢太守午江年八十四，赴縣鄉飲入城，屠信步訪之。錢留小酌，口占一詩云："一入花封地，珠燈燦玉樓。偶逢仙令座，疑宿古揚州。"酒罷，同行街衢，良久而别。

此君可喜。金同蓮生平好讀書，雖病亟不釋手。張給諫白灘顧訪，猶撫書嘆曰："惟此君可喜。"白灘曰："書負汝。"同蓮曰："寧書負我，無我負書。"

《雪堂日抄》。孫雪居輯一書，名《雪堂日抄》，俱手録，皆古今來清雅曠達之事。遇花卉彝鼎、異鳥怪石，即圖其形。共二十本，郡中争傳購之。

米畫。陸文定題米元暉水墨瀟湘圖云：余家九山中，見煙雲綿連，翕忽萬態，極目于霏嵐杳靄間。歷觀畫筆，未有能似之者。而米老此筆，天然合作，乃知此景已久落人間矣。

《笠澤叢書》。天隨子□文善標榜，肆意嘲謔，幾于空視一世矣。今觀集中《送豆盧處士謁丞相序》，乃云：平生無人道名字，欲乘間置語試丞相意，一念苦吟生者。豈其意欲一通光範門耶？直謔語耳。

竹譜。朱司業象玄所藏梅老竹譜，形模稍展，而筆意韻致無毫髮異。當是此老平生翰墨得意，寫本不一，非出他人臨摹。

草書帖。沈大參鳳峯善草書，當其興豪落筆，頃刻數十行。公自謂學書最晚，依驟古法。今觀其字體遒逸，不束于法，而自成一家。

萊峯尺牘。萊峯周君與李子中倏往反尺牘，不下數百幅。多玄言梵語，及品鑒書畫，類鑿鑿有若此者，從所好也。君博雅清修，刻意問學，以是善病，尤好之不置。年未五十，已修文地(卞)[下]。今牘中所謂"生死結縛催玉爐鉛汞飛走"者，君自悼也。

《傍秋亭記》。鄉先達顧文僖先生所著。時先生謝事歸田，其憂民隱而言之切，見之編中至悉也。今去先生若干年，民力益困，脂膏去而骨存矣。使先生在今日，其憂不知又當何如也。考之先生别集,貽書當道論民隱者嘗一再,當時或因其言少寬。幸是編存,而後先生生于其土與有官守於兹土者,因其言以求惠利于民也,是編不有賴哉?

雪居士畫。雪居士寫生入妙,溢有真趣。又嘗以硃筆追倣梅道人寫竹,蕭散有高韻,咄咄奪真。如淮陰侯拔趙幟,立漢赤幟,孫子借宫人行兵法,驃騎將軍用偏師,出奇取勝也。

游山詩卷。鶴灘錢太史與曹定庵諸老同游倡和,歲在弘治丁巳,距今丁巳周一甲子。卷中人久已仙去,獨姓名尚在人間。使觀者一展卷,則諸老風致,山川光景,時復一新。乃知賢豪往往興托山川,而山川不可無吾輩也。後丁巳歲之春三月,獲觀於友人董紫岡所,漫題。

《寒緑軒詩》。甫里先生堅於忍貧,作《杞菊賦》,謂平生甘此自足,不苟且粱肉,以羞齒牙。董君子元有《寒緑軒詩》。君博雅清修,年既艾,不苟就禄,已是甫里臭味中人矣。余家舊種杞,今移植適園者,根皮剥落,枝葉復榮,近百年物。老鈍不能倣仇仙續《後杞菊賦》,獨時時誦子元詩,想見風致,當不減楊秘監也。冬孟嘯軒劈霜橙酌茗,試吴興陸廷芳筆書此。

遠游卷。陸文定有跋云:匡廬武夷之勝,久落夢想間。老我病衰,已無四方之志,獨卧游耳。馮山人子潜,平生飽看山水,奇探不足,欲裹糧游二者。間出吟社諸君贈言,邀余同賦,予病未能也。俟君至日,余望風歌歐陽子《廬山高》、朱子《九曲櫂歌》,期與君交神蒼崖翠靄間。君歸,第携取片雲,懷袖間以復予。予爲賦短章,以請於君,未晚也。

廷韓小景。陸文定云:莫廷韓山水小景,得白石翁筆意。此卷爲宋光禄安之寫,即其洄流沓嶂,煙霏雲樹,開合隱映,山居風致,宛然又廷韓懷徐孟孺讀書處,寫入便面。前人詩有"蕭然野趣忽在手,彷彿城西煙雨村",今覺畫中有詩矣。

《買菊記》。醉石子著《顧汝和買菊記》,每讀輒一興感。往時郡中士大夫好事,每歲重九,以花事相角勝,治觴酒邀客。客至,而主人席間無名花者,稱不韻。故士大夫必破數十緡,購一名本,費且不靳。近當事者好屈折士大夫,意怦怚不自聊,何暇問花事?乃汝和亦爲訟牒紛染,是歲,汝和所藝菊竟死。然孰爲此壓没風景者?致醉石子言曰:假令東陵侯陶侍讀在今日,當田中無瓜,庭下無松。有感哉其言也。

秋泛圖。戊寅九月,偕一二友人出游城南。時秋高氣清,天宇澄碧。揚一楫於溪流清淺中,四望平疇,黄雲布野,而淡煙落照,雲林城堞,參差隱見,如在畫圖。時以筆意模寫者,江夏肖仙吴生也。

《笋譜》。僧贊寧作《笋譜》。余謂使世人不知食笋,此君類當日繁。其萬竿千畝,没于齒頰者何限?秃翁老饞,不惜口業,好事者據爲食史,不知此乃淇園渭川之刑書也。

味菜軒。旦起從老圃灌園,晨餐既具,循畦拾菜,甲童子執炊儲沸,以候飪淪。庭齋報午,北窗岸幘,據案下筯,飽脱粟,陶然意適。自省昔人萬錢,無異一飽。園居暇日,擬倣昔人農書,論著蔬譜,傳之山中,以貽同好。已上陸學士題跋。

茶記。終南僧明亮所烹,點絶味清,乳面不黟。與王臺僧演鎮同試茶記。煎茶七類:

一人品，二泉品，三烹點，四嘗茶，五茶候，六茶侣，七茶勳。《適園雜著》。

覽揆布席。袁國相福徵自序云：萬曆庚辰，得算六袠。先後注授七言近體百二十首，令兒藏諷。異時排纂志實，藉爲徵核，曰《覽揆庭授篇》。又十齡庚寅，續綴詩百二十首，曰《布席稿》。記稱賜問則席，謂布席與言，憐而遇之耳。通十年所，四洊沴暵。經紀子弟喪葴葬，力煩家耗。兒衆貸逋，供餼不給。不輿不蓋，嗜糲薄葷。僅築宫郊南藝圃，耕讀其中。每半歲冶游，游不千里。又社公博士耆英十衆，輪會列觴，奕飲自娱。積成前咏，以獻舊知，並令藏之祐祠。

臨歿詠詩。吴次仲，號吴江。少習舉子，數奇棄去。會松司理黄公翠巖督學南畿，知郡中有二儒，一爲朱大南，其一則仲也。命有司禮聘入庠，仲獨固辭，鋭志攻古文詞。爲人慷慨自喜，與人交洞無涯岸，交多四方賢豪，絶不事干請。易簀時，猶呼其子曰："公子王孫芳樹下，清歌妙舞落花前。唐人有如此意興語乎？"又大呼曰："清風明月，不由乎我，更由乎誰？"稍間，遂端坐以逝。

災　祥

海鰍。宋紹興乙卯十月丁未，大雨雹，激射如箭，覆舟壞屋。海水大溢，擁巨鰍卧沙上，揚鬐撥刺，高齊縣譙，其長百丈。民臠其肉，轉鬣壓死數十人。頷骨長二丈五尺，脊骨如臼。己未大饑，斗米千錢，道殣相望。

食子。洪武乙丑、丙寅、丁卯，江南水旱三無收，松尤甚。饑民無計，將子煮食。官府不知民瘼，徵糧不已。百姓作此傷時事云："慙爲乞丐耻踰墻，難過迢迢白日長。不免鬻妻傷大義，且先烹子療饑腸。滿爐火煮心肝熱，一釜湯煎骨肉香。寄語肥甘當道者，此時焉可復徵糧。"

《饑民行》。乙丙年，松江連遭饑饉，百姓流離。瀼東黄顥作《饑民行》云："去年五月民阻饑，充腸麥飯連麩皮。幸有瓜桃實堪摘，窮民庶得全流離。今春民饑苦尤劇，野無瓜果家無食。民間斗米七百錢，疋布寧論兩相值。家家饘粥青菜多，長歠瀲灎生微波。嗷嗷衆口待哺急，二麥在田將奈何。男求女乞向街市，黑瘦伶仃狀如鬼。相看但欲填溝壑，無力種田愁欲死。民饑民渴誰復悲，況膺差徭供驅馳。我行見此心哽咽，淚筆寫作饑民詩。我詩欲使民牧知，願憐瘠民無自肥。"

樹吼。正德己巳七月，南禪寺樹吼。庚午二月，華亭十四保胡經家樹亦鳴。

龍災。正德己亥六月一日未時，龍下東南隅，自雲中接地，玄雲一縷中蜿蜒。須臾，雲盡散，騰驤於虚中，望之可縛，冉冉而墜。已而一龍下少南若初，煙霧中雙垂，疑若兩龍然，雲亦盡散而墜。頃間，復自下從薄雲而升。余居海濱四歲，數見龍，未有若斯之奇者也。是日，北蔡民項鼎家爲龍火燒焚，壓死者凡七人，亦龍災也。陸文裕集。

雨雹詩。正德丁丑閏月廿七日，雨雹，圓如龍眼。陸文裕公有《書異》詩云："亂颭明珠玉不如，兒童驚喜走階除。拾來顆顆圓相並，望裏星星濕有餘。造物自應工變化，陰陽誰爲管盈虚。爲農復恐傷農事，細檢春秋起例書。"

蟹災。嘉靖己丑七月，吾郡蝗飛蔽天，颶風大作，驅蝗入海。遺種在地，得水即化爲蟹食稻。有司奏爲蟹災。

九蛟。嘉靖四十年五月十四日，佘山一起九蛟，水湧丈餘，平地成河。

舶艀孟婆。吴中五六月間，梅雨既過，必有大風連數日。土人謂之舶艀風，云：是舶商請於海神得之。凡舶遇此風，日行數百里，雖猛而不爲害。四明錢塘南商，至夏中畢集者，此風致之也。府境嘗七月大風，甚於舶艀。野人駭異，皆傳以爲孟婆怒，聞者笑之。按，北齊李騊駼聘陳，問陸士秀："江南有孟婆，是何神也？"士秀云："《山海經》，帝之二女游於江，此孟婆也。以帝女故云孟婆，猶《郊祀志》以地神爲泰媪。"則此語雖出鄙俚，其傳之有自矣。《舊志》。

木介。萬曆丁亥二月，雨雪寒凍，樹皆着冰，風至錚錚有聲，此爲木介。是年，米賤極，千錢可得三甑。明歲災。又云：木生介，達官怕。

賑荒虚套。戊子，朝廷遣給事中楊文舉賑濟吾松水災。時餓殍盈路，楊黄旗上書"欽承帝命，廣布皇仁"，而極貧無户之人，饑死自若。且携嘉興王養恬家優人一部，過松飲宴。聞者駭異之。

旱魃。萬曆旱歲，郡西南李塔匯塔頂仰盤，有一物盤旋其間，狀如猴，數日方去。此旱魃也。

兩甲午節氣。萬曆二十二年甲午歲節氣，正月一日庚辰雨水，二月二日辛亥春分，三月三日辛巳穀雨，四月四日壬子小滿，五月五日壬午夏至，六月六日癸丑大暑，七月七日癸未處暑，八月八日癸丑秋分，九月九日甲申霜降，十月十日甲寅小雪，十一月十一日乙酉冬至，十二月十二日乙卯大寒。一時傳以爲異。然考《輟耕録》所載至元三十一年甲午歲節炁，亦以正月一日壬子立春，二月二日癸未驚蟄，三月三日癸丑清明，四月四日甲申立夏，五月五日甲寅芒種，六月六日乙酉小暑，七月七日乙卯立秋，八月八日乙酉白露，九月九日丙辰寒露，十月十日丙戌立冬，十一月十一日丁巳大雪，十二月十二日丁亥大寒。與此相類，而皆以甲午歲，且又各值十二節炁，真一奇也。

銀杏樹火。萬曆乙未冬，郡舊城隍廟後銀杏樹内火自起，枝間放煙，樹盡焦，一日夜而息。

天開眼。萬曆壬午冬，有陸姓者，於五更時，仰見天裂大於船，其中蒼茫無限，少頃即合。崇禎庚午八月夜半，天裂，其光直射至地，亮徹異常。俗傳爲天開眼。

棉花。壬子年，木棉花每觔價六分，較己亥、戊子至荒之歲，棉花價亦止四分耳。此七十餘年所創見也。

試厄。天啓癸亥四月初八日，華亭郭侯如闇，於南察院試諸儒童。一時擁擠，踏斃童生錢映錫、許弘緒、王台叙、趙文孫、陳天錫、秦育孺、顧問、葉有爍、陳啓光、王廷柱、吴永昌、王琳、楊匡國，凡十三人。邑侯惋悼，爲文泣奠於院門。張郡侯復爲賻卹，發帑召僧資薦。合郡鄉紳士各爲文致祭，吊輓成帙，曰《惜士録》。

靈　蹟

地湧大士。至正元年閏五月一日，華亭修竹鄉四十三保朱謝里民家竹林中，忽見大士一身，從地湧出。質類芝菌，形如雕琢，光彩照人。數百里中，一時傾動，即其地立大悲閣。

佛光示現。泖塔潮音閣，于萬曆丙申十二月二十三日，大士忽示現白毫光如疋練，長亘千尺。是日，風從東北來，幢幡反飄東北。僧心鏡述異。

投石填河。超果寺青虎巖，東與韓家地相隔一水。每歲集里中兒各抛磚投石，歲以爲常。相傳寺基初一澤河也，中有小墩。適異僧來，日憩其上，謂群兒曰："若能以瓦礫投中我否?"兒競投不中。既而兒悉至，徧拾瓦礫投之，澤河幾滿。僧因覆土纍石，結庵居之，後創巨刹。亦靈異蹟也。

賣藥陰功。沈杏泉世業醫，尤精外科，奉純陽畫像。有鄉人患背疽瀕危，詣沈求治。途遇道人，授以丸藥，曰："汝亟歸，服之自愈。汝欲謝我，縣前沈氏藥室是也。"數日，如約走謝，見壁間懸像，曰："此正授我藥者。"沈益加敬奉。正德癸酉，杏泉子雲應試南畿，夢純陽語曰："十年賣藥陰功厚，一旦登天雲影高。"遂領鄉薦。後任南京國子監學正，夢神語，白迎春冤獄。

讞囚現形。泖塔僧劉朝用，故正德初華亭獄宰，保定人。日買魚蝦放生，有以生魚售者，解囊聽自取。盜窺其金，欲攫之，將沉劉于泖。會澱山邏卒操舟過之，見一黑鯉躍入盜舟。邏卒索魚，得救免。邏者隨欲執盜，劉又力解之。先是，郡死犯諸文源越獄，朝用與獄吏倪某法當代。庭鞠争死，竟坐倪。劉遣歸過泖，舟覆得生，遂祝髮於此。亡何，直指慮囚，劉度倪不免，祈請大士，以經加首，胡跪朗誦。忽現形直指前，直指驚叱左右，莫有見者，異而問故。倪微露狀，得議卹。至今黑鯉事猶傳。

觀音像。潘仲文家剖一蚌，有觀音像見於殼上，眉目畢具。又有一蚌，見殼上樹一株如畫，若出名筆。

銅像浮水。真聖堂銅範真武像，重可六百觔。萬曆丁未十月初，有盜三人共擧之置舟，思售其銅。計真聖堂至塘橋三里耳，通宵鼓枻，竟不能至。及曙，舟且欲沉。盜共駭，舉而棄諸水，像竟浮水面。三人共擠置淤泥，卒擠卒浮。遂委之去，茫然若失，竟爲邏者所獲。舁像解府，置舊城隍廟。里人神之，争爲莊嚴，置三盜於法。徐天瓊記。

武當神異。松富人丁姓，壯年無子。其妾懷姙，丁禱於真武，云："如生男長成，當携至武當焚香，以答神貺。"至六歲，丁欲踐言，卒携其子，命二僕相隨以行。甫至山，其子患痘死。丁悲慟，進香畢，載櫬抵家。妻罵其夫曰："止有一子，何故先期寄歸?"丁大驚喜，視之，果其子也。《耳談》。

佛睛轉動。青浦楊太學，曾塑彌勒佛於尼庵，已數載矣。萬曆甲寅三月，舉家過之。正值夜課時，忽見佛睛轉動，無不目覩者。

鏡像。徐賢於萬曆丁未六月十六日，對鏡趺坐，轉《金剛經》、《準提咒》。忽見鏡中一菩薩像，半晌不滅。復現一童子，面西側立。衆嘆靈異。見《寶蓮齋集》。

石中聖像。張將軍翼之山行晚歸,見水面有光如燐,恠而令人撈諸水底,乃一石也。旦視之,方廣二尺七寸,石中一大士像宛然,緇白聚觀。今迎供超果寺西方殿。

壁上現像。秀野橋一老媼王姓,念佛精虔,已四十年許。一日,壁上見大士像,如以香灰描畫精細。旁有龍王龍女,俱可寸許。香凝一室,三日始滅。

吕仙授墨。嘉靖間,華邑西門外嶽廟前製巾者唐姓,遇一道人,知爲純陽師也。精進茗求度,懇之甚力。道人與偕出東門,倏至黄浦,出墨徑寸,曰:"今年將旱,汝摩墨作字,投水田中,即不涸。"唐舒手授墨,已失道人所在。已而果旱,試墨良驗。

囊中草。李遇住白龍潭,供純陽像甚虔。萬曆乙酉、丙戌,妻患痁幾殆。忽一道者到門,出囊中草一莖,長六寸,下如荻,上逢鬆散亂,曰:"以艾湯煎服。"如其言服之,頓愈。

頭陀起躄。九保人王鳳竹,敬佛好善。天啓甲子,進香補陀,□患危疾,痿躄不起。忽一頭陀至,索線六根,命王手執,僧引其端,曰:"起起。"王疾若失,隨引而行,不覺出户。

萍能愈疾。醫者喬姓,奉吕仙甚謹。一夕,夢吕告之曰:"水萍能愈疾,幸多貯之。"喬乃收積至十車。是冬大疫,喬劑中每加少萍,無不立愈。

薛頭陀。薛頭陀,曾石塘裨將也。曾罹難,棄官學道。嘉靖三十三年,隱松城。顧左山館之,神氣充然。時抵掌休休自樂,亦能前知。人問避倭當何往,薛曰:"只此可居。"後寇充斥,城竟無恙。

幽　怪

王家冢。陸機初入洛,次河南,入偃師。時陰晦,望道左若有民居,因投宿。見一少年,神姿端遠,置《易》投壺。與機言論,妙得玄微。機心服其能,無以酬抗。既曉便去,税驂逆旅。逆旅嫗曰:"此東十數里無村落,有山陽王家冢。"機往視之,空野霾雲,拱木蔽日。方知昨所遇者,信王弼也。

蓮中玉環。中和中,有士人蘇昌遠居小莊,去官道十里。自吴達婁,率多荷芰,而莊居其勝。忽一日,有一女郎,容質艷麗,若神仙中人。自是與之相狎,以莊爲幽會之所。蘇生惑之既甚,嘗以玉環贈之,結系殷勤。偶一日見檻前白蓮花開敷殊異,俯而玩之,見花房中有物,細視之,乃所贈玉環也。因折之,其妖遂絶。

天使。劉斌在吴郡時,婁縣有一女,忽夜乘風雨,恍恍至郡城内。自覺去家正一炊頃,衣不霑濡。曉在門上求通,言:"我天使也。府君宜起延我,當大富貴。不爾,必有凶禍。"劉問所來,不自知。後二十許日,劉被誅。《幽冥録》。

貌似祖姑。文學楊良能邦禮,其妻華亭鄭氏歸寧。適其家改葬祖姑,啓棺儼然不朽。視其面貌長短,與鄭氏無小異。計其死之年,乃鄭生之年也。衆皆驚異。《暌車志》。

山魅巢臂。進士曹朗,唐文宗時任松江華亭令。秩將滿,于吴郡置一宅,又買小青衣,名曰花紅。除前一日,朗姊妹乃親,皆辦奠祝之用。家人並在左右,獨花紅不至。意其惰寢,遂召至,將笞之,便云頭痛。忽有大搏擊,幾中朗親,於是驚散。俄又空中有聲,火隨上下。忽見東窗下床上有一女子,可年十四五,作兩髻,衣短黄襦袴,跪于床,以效人碾茶。

朗走起擒之，遂失所在。朗召玉芝觀顧道士作法數日，有人長吁曰："吾是梁苑客枚皐，前因節日求食於此，不知云何見捕。足下之祟，非吾所爲，其人不遠，但問他人當自知。"朗乃復召女巫朱二娘令占。巫悉令家人出，惟花紅頭痛未起。巫强呼之出，遂拽其臂，近肘有青脉寸餘隆起。曰："賢聖宅於此。"後有包山道士申屠千齡過，花紅本是洞庭山人户，共買人家一女，令守洞庭山廟。後爲洞庭觀拓北境二百餘步，其廟遂除，人户賣與曹。時廟中山魅無所依，遂與其類巢於其臂。東吴人盡知其事。《乾腰子》。

城隍當代。華亭陳之方爲泉司屬官。一夕似夢非夢，見一婦人曰："我城隍夫人也。今城隍當代去，次及公，故來相報。"陳遂卒。出《睽車志》。

狐祟。正德間，喧言狐精至。合郡驚懼，人皆敲金擂鼓，夜以禦之。夏夕，隣家樓間墜下一物，毛首金睛，張牙奮爪，若有搏噬之狀。時有方士楊弘本，寄宿此樓，遂步斗罡語呪噀水。此物化作飛蟲而去，其聲薨薨，過數家，彼隣又肆叫號，處女爲利爪損其胸矣。秋末，向西南騷擾而去，自是滅跡。《移愚齋筆記》。

屋上竹鍼。松江上海縣十字廟前，有農家誦經颺旛。偶有行者暑倦，置牛皮於旛下。忽陰雲四合，霹靂擊碎旛竿，牛皮不知所向。但見農家屋上，竹鍼萬計，皆長三寸許。人皆異之。出《奇聞類記》。

書念七。閩中一士人居華亭，有趙通判者居烏程，約士人爲館客，久未得往。士人偶閒步至嶽祠，見一婦人緩行，一僕持香合從其後，徧詣殿廡焚香，畢事而出。士人隨行，婦人以所持扇示之，上有"書念七"三字。婦人遽取僕所持銅緑香合，以授士人。前行入一寺中，忽失婦人所在。後數日，趙倅遣僕馬持書來迎，正二十七日書也。士人每以所得香合愛玩，常寘几間。童稚輩每諦視香合，酷似趙亡妻棺中舊物，入言之。倅取驗視，信然。乃其亡妻叢厝寺中，悲惋久之，即議舉葬。啓殯視，棺側有小竅，僅容指云。《睽車志》。

茭草船。松江城西有董仲頫，素以敦厚稱。成化丙午八月二十一日，天宇澄霽，皎無纖雲。衆見空中有小船，從東而西，又轉而東，墮仲頫樓上。觀者塞道，細視之，乃茭草所縛者。時仲頫方患耳瘡，亦不大驚，但曰："此船來載我耳。"頃之即逝。張汝弼志其墓如此。《志異録》。

雷異。泗涇有兩人方對弈，適聞雷震，戲相謂曰："詎便擊我。"須臾不見。良久，聞地板下有號呼聲。啓視之，則兩人在焉。竟不知從何而入，其髮每莖相對綰結。又上海馬之梧者，行道中，忽遇雷震，一霹靂鍼落其腋下，而此人竟無恙，但惶怖累日而已。

折竿裂網。郡南門外捕魚者某，携網至黄浦邊，大雨急歸。至中途，避雨柳樹下。雷電交作，眼前通明如火，其人驚伏在地。頃之雨歇，見所持魚竿，皆成寸段，竪泥濘中。裂網作方塊覆竹上，大小無二。

趙不殺生。青浦趙某駕舟謁客，方行，一僕已故者亦登舟。趙駭曰："汝已死，何得來？"鬼曰："今爲冥司公差，止捕三人。一在河南，一即趙之親家金姓。"趙更問其三，鬼曰："即公也。"趙即過金，具述其事。金不信，且留趙飰。金方入厨命治具，一蹷而死。趙恐，奔至家。鬼曰："適解河南人至冥司，見衆人共保公，以公素不殺生耳。"趙即處分後事以待,竟以壽終。

靈哥。山東濟寧州有老猿,傳言汴宋時,純陽賜丹一粒吞之,得飛行變幻之術。金元時,往來兖濟間,談禍福甚驗。入國初尤神,名曰靈哥。正統中,吾郡張公璞爲濟寧學正,相與交密。時時留學舍,酣飲琴弈。靈哥深目多鬚,着襆頭襴鞹,曰:"此宋士人服也。"數携珍果相餉。一日,懷中出柑橘,曰:"吾從洞庭得之。"

朱八郎。俗傳朱八官人八歲夭折,死爲神,能禍福人。不問城市村莊,大家小户,裝塑金身,供奉不敢少懈。相傳云:"寧欠官錢糧,勿少朱八郎。"馮南江偶見,令蒼頭撤下跪之庭。時值旱,公乃與之約,自朝至午,能降甘雨則貸。至期勿能,遂劈而付之火。

續鬼吟。國初普照寺東方殿一禪房,傳鬼爲祟,不可宿。適一越士來松,天色已暮,投僧,即以此房内之。夜燃燈讀書,至三更,忽有吟云:"譙鼓鼕鼕已二更,寒窗猶有讀書燈。"生即續云:"游魂何不歸鄉去,孤負雒陽花滿城。"窗外忽聞笑語,鬼遂絶。

冥官休沐。唐大行志大病卒九年,忽憑其女言舊事。陸文定公往問,隔帷而語,曰:"我之帝所,帝以我讀書登第,不一日服官,于忠未盡。又惡我平生不戒食犬,令待罪散班,凡三年稍遷一職。又三年滿,擢風雨司官。任滿後,賜休沐數日。我以是乘隙得歸,恐兒輩不曉天道,冥行取禍,特來教之。"又謂女曰:"汝昨以病祭神,所宰豕即某婢也。婢以罵主得譴,罰爲豕,彼固自取,汝宰之反增一罪業矣。"又與董子元言吴興城貸金事。諸親黨問者,皆告以天道感應不爽,諄諄以殺生害人爲戒。曰:"我生前往謁裴仙,齋三月而往,此事亦爲帝所録。大凡齋食皆有益,取其不作業也。"居數日,忽告親黨曰:"我往矣,力行善。"遂寂然。馮元成《石湖稿》記。

清河世家。張青原烈登第未幾,卒於官。更三十年,忽有一人從廣東來,將公手書到家,處分家事甚悉。末云:"予在此爲某大王,蔡龍陽時時相面,足慰離索。"其私記則"清河世家",公平日所用章也。

因罪減算。上海一貴公陸姓,死一日復甦。自言初見吏稱奉大王命相迎,升車行甚疾。至一大城,吏請步行。忽至一殿前,吏跽禀:"陸某追到。"王降堦迎坐曰:"公不識我耶?即與公同學太倉蔣燾也。"因乞歸。王曰:"公壽八十,因犯三大罪、十二小罪,減算一紀,今六十八止矣。念故人情,放歸二十日處家事。"遂命吏引觀地獄諸楚毒,與人間所畫無異。二十日果逝。

牛鬼却賊。華亭西門有林屠者,繫一牛將屠之。其牛觸地繩解,走入市肆。逢休寧汪賈,跪而流淚。汪行不顧,又奔及之,復跪而鳴。汪悟曰:"此牛欲依予免屠耳。奈予亟欲歸何?"問市人:"此中有好善者否?"曰:"有諸生王文茂。"汪乃携牛至其家,召林屠與之數金,以牛托王生,囑勿殺。汪賈遂去,至夜宿舟中,盗數人劫之,忽有兵仗救護,盗駭散,竟無一兵。夜分,汪夢一牛頭來云:"余爲牛主,部牛鬼以驅逐惡人。感公善念,故來相護耳。"馮元成集。

泖橋土地。萬曆間,西郊秀才浜上,有捕魚者,夜聞鬼云:"我在此一年,尋得一替身。奈此婦懷姙,不忍害其二命。吾寧再受苦一年。"旦日一婦失足下水,即起無恙,果有姙七月矣。至次年,鬼又言:“今得一替身,此人有細布重役,死則一家星散,寧再受苦一年。”旦日,果有人從橋端跌下,亦不死。是夕,鬼向捕魚者索飦,云:“我有二念,諸神爲奏上帝。帝命將下,不復在此方索食。”捕魚者許之。明夕,鬼又來别,云:“我已作泖橋司土地矣。”

畫屏女。貢生金劍峯,偶買一畫屏女掛壁間。金子一日據梧静坐,有一女娟静韶秀,顧金而笑。留宿别去,贈金詩曰:“苧蘿江上踏春歸,柳絮飛來綻舞衣。君到妾家應不遠,荼蘼花下掩柴扉。”後與唱和,俱咏玫瑰詞。金故不能詩,忽相酬答。已而金羸病,父母(間)[問]故,以實告,遂牒城隍,怪遂絶。

松江府志卷之九十四

志逸四

物異

繫臂玉馬。宋順帝昇明中,荆州刺史沈攸之,得玉馬於華亭谷中。忽一夕,群馬躑躅驚嘶。令人伏櫪候,見一白駒,以緑繩繫腹,從外來復去,厩門猶閉也。攸之乃悟,愛妾馮月華臂上一玉馬,以緑絲繩穿之,至夜輒脱置枕邊。有時失去,曉時則還。試取看之,見蹄下有泥。後攸之敗,不知所在。《宣室志》及《珍異考》。

徑寸珠。蘇州華亭縣有陸四官廟,元和初,有鹽船數十隻泊廟前。守船者夜中雨過,忽見廟前光明如火。窺之,見一物,長數丈,大如屋梁。口弄一團火,或吞或吐。船者以竹篙遥擲之,驚入草,光遺在地。視之,乃一珠徑寸,光耀射目。即以衣裹之,光明透出。乃脱褻衣裹之,光遂不現。至揚州胡店賣之,獲數千緡。問胡曰:“此何珠也?”胡人不告而去。《原化録》。

墨瑞。章生,青龍人。著羽衣服,能作墨,有古法。其家製墨聚煙,列盌三十餘,中夕掃煤,無一存者,明日乃在主翁閨中。煤皆成花,其三爲壽星,長松覆之,玉女在傍,玄鶴靈芝,宛如善繪者所作。二爲牡丹,五爲禽魚,餘爲荔枝、胡桃、棗、杏、梨、栗咸具焉。其家以爲瑞,呼道士醮而陳之,以答靈貺云。出《鬼董》。

荷葉花蛇。普照寺前刀鑷工,見道上一荷葉,舒卷不已。一人拾置懷中去,乃至元鈔三十文。夏氏僕嘗見小花蛇,盤旋道左,行人取而藏諸袖,乃至元鈔二十文。右二事亦相類。夫三十文、二十文,直微末耳,尚必待主。世之積金蓄穀,倍息計贏而無厭者,能無鑒乎?《舊志》。

海井。華亭市中小常賣鋪,有一物如桶而無底,非木非竹,非鐵非石。既不知其名,亦不知何用。凡數年,無過而問之者。一日,有海船老商見之,駭愕有喜色,撫弄不已。叩其所直,其人亦(默)[黠]駔,意老商必有所用,漫索其直三百緡。商喜,償之三之二,遂取付之。駔因叩曰:“某實不識爲何物,今已成買,勢無悔理,幸以告我。”商曰:“此至寶也,其名曰海井。尋常航海,必須載淡水自隨。今但以大器滿貯海水,置此井於中,汲之皆甘泉也。平生聞名於番賈,而未嘗遇。今倖得之。”《志雅堂襍鈔》。按,范石湖集載海中大魚腦有竅，吸海水噴從竅出，則皆淡。疑海井即此魚腦骨也。《舊志》。

陰陽瓶。佘山騎龍堰後，有姚姓者鋤田，得一小瓶。僅如筆帽，兩頭通徹，非銅非石。擊之不碎，焚之不燃。胡僧捐廿金買之。姚大喜，試問其用。僧曰："此物有陰陽，陽鉼掩日，此乃陰鉼，可以掩月。"乃將微火置鉼中，時月正上弦，忽然無光。衆皆異之。

瓦壺寶。唐橋富氏，其先一老媪家藏一寶物，有四老人造訪求觀。媪留四人午飦，以瓦壺盛酒。四人飲至醉，復請曰："寶可得觀乎？"媪曰："寶在目前，即瓦壺也。不火而酒自温，愈飲而酒不竭。"一老人醉甚，把玩間失手墜地。媪笑曰："凡物成毁有數，何必介意。"

玉彝。陸文裕公得玉彝，惜其無蓋。後二十年，至京師，見一蓋，買之，與家藏者相合，不爽毫髮。

狐狸琴。顧挹江文僖公之孫善鼓琴，每夜有一狸竊聽。怪之，乃仗劍逐狸，入大穴中。掘得一琴，古色蒼潤，聲亦清越，遂名爲狐狸琴。見《琴雅》。

華表石。弘治己酉，顧草堂營壽域於肇嘉浜上。一夕雷雨大作，磚瓦盡移於河南數十丈外。其鋪砌巧異，非人工可及。倒書白字一行，於華表石上，云："雷部大將軍石守信。"字畫遒勁，有晋人筆意。

瑞桃。上海秦曉江，有桃一株，質幹並瘁，久棄籬落間。嘉靖己未春，桃忽再榮且花，其子鳳樓會試報捷。沈太僕作《瑞桃記》。

栗杖。馮萬峯老僕名陳榮祖，遺栗木㔉杖，歷四世矣。偶欲洗浄，方置河中，竟冉冉而去，狀如游龍。急撈之，無縱跡。陳曰："失杖前二夕，覺杖在壁間跳動，失後寂然。"

古錢止水。衛橘樂壽藏在莘莊，開土得一古錢，鏽蝕不辨年號，下有水湧出。急將土掩，愈掩愈湧。仍將錢寘故處，水立止，遂成壙。

井内古窑。縣南夏氏欲穿井，術者謂門内外數尺間皆吉，疑而卜之東門陳氏，視兆訖，曰："異哉！内外皆有井，内井有寶玉氣，浚時須慎之。"既穿三尺許，有石板，其下乃鴛鴦井，門内者有古窑器數百枚。

瓶中磁碟。衛玄洲家莘莊，偶栽花掘土，見一石皮，下有豆色瓶。瓶中無他物，有一磁碟在内。瓶口甚小，不知此碟何緣得入。

松城影。嘉靖乙未，西門外楊氏造小房，外築短垣，忽照見松江城影。宫室人畜，市井貿易，歷歷可見。

釜中樹影。華亭南鄉一家，以耕種爲業。有大樹一株，遠在數百武外。而樹影落其釜中，歷歷可見。一日，携酒勞農。飲畢，將壺掛樹枝，竟忘携歸。少頃，見釜中樹影宛然，酒壺在枝頭也。隨取歸。第行人過樹下者，望見枝頭但有草履而已。

赤龍甲。戴主事春，松江人。言其鄉有衛舅者，手指甲内見一紅筋，曲直蜿蜒。人謂之曰："此必承雨濯手，龍集指甲間。"衛因名其指曰赤龍甲。一日，與客泛湖，酒酣。雷電繞船，水波震蕩。衛戲客曰："今日吾家赤龍將無飛耶？"因露手船外，龍果裂指去。

試白龜詩。宋咸平初四月，蘇州趙屯漁婦李氏，張罾河上，得一白龜如錢。其色玉瑩，電眸朱尾，宫畫燦然。放於河中，夜岸有火熒熒，往視之，龜在焉。近村王道榮乃獻于縣令李維,維上之郡。時陳省華守松郡,異之,即具表以聞。張君房曰:“按《瑞應圖》,千歲龜巢蓮葉上。其出也,其將以應千歲之運乎?且白,西方色也。龜,歸也。豈西裔醜虜之懷歸乎?”明年,朔方叛帥李繼遷來貢馬。其秋試進士,以白龜詩爲題。

玄脊龜。張宗逵者居松郡西門,獲一龜,畜之于庭。其長可四寸,其色純玄,脊如馬鬣。四旁周列二十六點,點皆高起,大者如豆,小者如米粒。或踈或密,歷歷可數。張東海云:“使羲禹今日見此龜,安知不發理數以教人,如古所稱河圖洛書者耶?”遂作《異龜志》。

支尾龜。華亭夏椿義士家,嘗蓄一龜,尾有十三支,云:“是一千年生一支。”每歲冬作一木匣,以草屑藏之,凡若干年。一歲龜眼出淚,至寒遺火,焚燎屋宅,龜亦死。其女爲邵公孺先生之母,幼年觀見之。《農田餘話》。

石中白龜。孫克弘涖任漢陽,有石工鑿山者,夜夢一老人懇之曰:“旦日毋鑿我山,毋傷我基址。”其人不悟,鑿如初。有石大如盤,通一竅。鑿開視之,得一生白龜,長闊俱尺餘,因怪而獻于弘。弘命縣吏殺牲致祭,放之江中,手圖龜狀以傳于世。《偃曝餘談》。

異龜。萬曆庚辰秋,松江漁者得一物于黄浦中。似龜而大,徑三尺許。頭目胸背龜也,而四足如鵞鴨,趾有膜相連。馮孝廉贖而放之海。

《雙燕碑》。胥浦鄉周氏,有女名喜姑,嘗救活二雛燕于蛇螫。明年女卒,春燕來,周章哀鳴,如欲致報。家人告以墓所在,燕即飛往,死於墓前。時惟正禪師寓普照,爲作《雙燕碑》留寺中。《普照寺續古録》。

貞雁。嘉靖間,吾鄉有雙雁,宿蘆澤中。虞人獲其一,文學某愛而蓄之于庭。其一亦飛至,悲鳴徹晝夜,詰晨俱死。孫文簡作《貞雁篇》。

鸛訴。劉璧知華亭日,有鸛集堂前悲鳴,類有所訴者。劉顧而言曰:“豈非爲人毁汝巢,或取汝子乎?”鸛俯首而聽,立遣左右物色之。鸛隨以往,至普照寺鴟吻,聲愈切。乃惡少年挾彈斃其雛,而鸛悲譟不已。寺僮厭其喧聒,遂並巢毁之。左右還,鸛亦隨至。劉曰:“我知之矣,便當爲汝追治。”亦不動。少頃,捕少年及僮到庭下,各杖之,然後振翼飛鳴而去。出《夷堅志》。

不死草。群鸛旋飛,江淮謂爲鸛井。鸛飛成井,必有風雨。若探巢取其子,則一方致旱。嘉靖辛亥歲,雲間大風拔木。鸛巢墮地,有子不損。老人侯姓者取護之,鸛巢成,負去。其後侯老得疾,氣絶矣。鸛銜一草如箸,置其口,老人復活。或曰:“此東海祖州不死草也。”馮元成記。

托寬。薛泠雲居福泉時,畜犬名托寬,每出必隨行。後泠雲墮水死,犬歸,銜其徒衣裾,前導至其地,亦自沉死。里人至今稱之。《舊志》。

鮓答。萬曆已丑六月,華亭治北賣麪閔姓,驢生一卵,大如毬,堅如石。甲辰九月,金山衛馬生二卵,大於鵞子,牢不可破。馬卒力破其一,五色鮮文。泰昌改元九月,上海杜氏有馬,孕而病。及産一胞,馬自以足跑之,得石子十餘枚。大者稍類雞卵而匾,色蒼潤如玉,小者差大於菽耳。見比部杜雲樓所藏。按《輟耕録》,此名鮓答。蒙古人祈雨用之,浸以净水,默持密呪,淘漉玩弄良久,輒有雨。又謂走獸皆産,獨牛馬最妙,然中國未聞有此,亦一異也。

馬判。吾松顧大禄，一日過其親張氏，舉網爲具，得一螞蝗最鉅，秤之五十觔。以其非常物，置之缸中。飲畢歸，方與家人詫其異，家人適亦有舉網者，復得一巨螞蝗，秤之，重如前。駭而亟遣訊其親，缸中所覆已失之矣。遂亦投之水。《酉陽雜俎》紀嶺海有此，呼馬判，其大如巨舟。

渡浦鹿。萬曆甲午四月，有鹿渡浦，大如牛，無角。浦口之民繫而斃之，獻上海令許公，割其肉分餉諸士大夫。按，秘閣有李贊華畫千角鹿。崇寧四年，秘閣收畫以入。使者疑其狀，且求古有是類者，當得其名，以備顧問。董逌謂邪希有鹿，兩頭而角且千。雲南郡有神鹿，一身兩頭，而角衆列。今浦有鹿，額帶斜藤，一枝四條，直上各丈，人以爲角。條支挑杖，一角者爲天鹿，兩角者爲辟拔。道書有王頭鹿，其角且千。皆古之異鹿也，遇之殆爲瑞。又按，陸紹弟爲盧氏縣尉，嘗觀獵人獵，遇鹿五六頭臨澗，見人不驚，毛斑如畫。問之，言："此仙鹿也，且復不利。"陸不信，强之。獵者一發矢，鹿帶箭而去。及返，射者墜崖，折左足。則害之又殆爲禍。又按，鹿六十年必懷瓊於角下，故曰：鹿戴玉而角斑，魚懷珠而鱗紫。又按，《西域傳》云：馬弋有桃拔，一名符拔，似鹿長尾。又云：兩角者爲辟邪，一名扶拔。又來州有異獸，高丈餘，一角，鹿形，馬蹄，牛尾，五色，有翅。乃知獸有似鹿而非種者甚多。《偃曝談餘》。

魚吞虎。張廉察受所云：余外祖朱旀溪在南京時，江中得大魚解進。其大如舟，而魚腹中吞一虎，以撑腹致死。受所嘗言之。《見聞録》。

鯊魚虎。黄公希英令上海時，海濱有物，隨潮入港。潮退，爲蘆葦所梗，居民共搏殺以獻。其頭與牙類虎，尾如鹿，徧身如牛，其皮又甚厚。人俱不識，蓋虎頭鯊魚也。

異鳥。萬曆丁未六月，松郡濱海地名三陽蕩，忽有大鳥集於蕩中。其高如人，其羽五色爛熳若錦。頭無冠，而有長毛飄颺。人競逐擊之，垂斃，重可四十餘觔。土人食其肉甚美。意蕩地濱海，此海鳥乘風而下。識者以爲是爰居類也。

虎患。丁未秋，金山衛忽有虎。故老曰：昔嘉靖甲寅歲，周浦虎至，是年召倭患。後傳嘉興亦有虎患，云是嚴州等處起蛟，水汎飄没，自海塘而來者。

異魚。淮上張文光指揮，在金山衛守備時，海邊有一物上岸，蹦撲不停。全身尾鬣皆魚形，惟首類犬，遍體細毛黄色。

龍爪跡。萬曆丁未四月，龍盤李塔匯浮圖，雲霧迷湧，但見其尾，食頃乃去。塔頂木闌干俱有龍爪跡。

義蟹義蜂。松江簳山人沈宗正，每深秋設斷於塘取蟹。一日，見二三蟹相附而起。近視之，一蟹八足皆脱，不能行，二蟹舁以過斷。因歎水族之微，乃有義如此。遂命拆斷，終身不復食。太倉張用良，素惡胡蜂螫人，見即撲殺之。嘗見一飛蟲罥於蛛網，蛛束縛之甚急。一蜂來螫蛛，蛛避去。蜂數含水濕蟲，久之得脱去。因蜂義，自是不復殺蜂。《菽園雜記》。

白兔。洞庭山翁太學敏寰，攜白兔訪陳眉公於佘山。其兔長大而肥，毛色如雪，兩目午前如白瑪瑙,午後如紅琥珀,似得陰陽之精,不知幾百餘歲矣。

探雛。張東海文集云:予友施理之,嘗於園樹探取鵶雛。鵶亦來啄,施步入堂中,喧叫竟日,似有尋覓之狀。施後於市井出游,露坐野行,稠人之中,忽下而啄,或掠鬢而飛擊焉。如是者二月。《七修類藁》。

《義雞記》。徐文貞嘗蓄泰和二雞。其一雄而宫,距長二寸許,病不能行。每出其棲數武,輒伏不動。其一高冠長尾,恒守病者引之行,不得則遂伏其傍。或時去稍遠,聞呻吟聲,亟號而趨歸焉。得粟必以讓,己乃啄拾其餘粒。他雞至,必奮翼以衛。日暮呼與俱入,比瞑不至,輒四望而號,須至乃已。時時爲病者理其羽,爲之爬搜,若抑搔其痛癢者。病不能行,然能飛,或就水飲,必隨之往返,罔敢少先後。文貞爲作《義雞記》。

羹魚躍出。楊細林樞爲臨江貳守,攝郡篆。午飦偶以銀魚作羹,忽躍出十三尾于几上,楊悉取食之。須臾,報越獄大盜逸去者十三人。楊曰:"不須錯鍔,當悉成擒。銀魚示異,我已盡食之矣。"明日,俱捕至。

火雞。隆慶元年元旦,大風。日中秀野橋米行火起,延燒二百餘間。下午有火雞飛至下塘,竹木俱焚。惟范春沂一樓,獨存于衆燬之中。其人居此已四世矣。母素奉佛,年六十餘。方火熾時,不肯走避,惟念佛號俟死,火竟越樓而過。後壽至九旬。

碟行几上。陳成所嗣元,萬曆丁酉冬計偕旅次,除夕獨酌,几上菜碟忽冉冉而行。陳祝曰:"如得福,當再行。"碟復行至陳前。戊戌,舉進士。

夢　徵

夢中詩。宋楊修郎中,天聖中爲長溪令。忽夢作詩云:"月俸蚨錢數甚微,不知從宦幾時歸。東吴一片輕波在,欲問何人買釣磯。"意甚異之。明道初爲華亭令,丁内艱,遂家吴中,樂其土風安之,因悟夢中語。嘗效白樂天,作《我愛姑蘇好》十章,又作《姑蘇百題》詩行於世。

十八味方。黄土橋甲姓周保,號中正,宋敷文閣學士兼潼川等處安撫制置使尹之後也。年三十餘,未有子。保性虔恭樂施,夜夢神人授十八味藥方。既寤,知即五積散,曰:"是誘予施濟人也。"遂造酒三十石,漬藥以施人。雖異疾,無弗愈者。酒盡,因繼以藥,俾如方湛酒服。或施盡,無以繼,乃爲約,朔望日來,如約而至者,亡慮千萬人。十五年,保育五男七女。《移愚齋筆記》。

夢杖。泰定間,華亭士人李唐卿,嘗夜夢卒奉符示己,云:"送而謝質夫杖脊八十。"覺以語家人,家人以言解之,不屑意也。質夫里之善醫者,既而唐卿疽發背,求治於質夫。質夫用匕刺其疽,家人默策匕數,竟符夢杖焉。此與《括異志》之明参政、《江湖紀聞》之王夜叉,事正相類。載《舊志》。

夢托家屬。葉子澄與黟縣達魯花赤伯顔交。至正壬辰,寇起,浙省調兵守昱嶺。時伯顔没於王事,其家在嘉興崇德州。訃至,家人招黄冠師追薦攝召之。顔云:"旦夕杭城且危。松江葉子澄,乃我存日生死交也。可往依之。"即備船東行。比至前三日,葉夢伯顔相見，以家屬爲托。葉即爲留居，後杭城果陷。顔子謙齊，唐兀人也。《姑蘇志》。

主考夢。《震澤長語》載弘治庚戌會試，主考徐文定公夢人餽一大錢，又夢人餽黄牡丹三本。時錢鶴灘有聲場屋，王守溪曰："大錢之兆，其在福乎？獨牡丹之説未得。"楊介夫曰："此亦福之兆也。不聞洛陽相君忠孝家，可憐亦進姚黄花，爲錢惟演故事乎？其掇高科必矣。"是科會試廷試，錢皆第一，而不克終。

清江夢異。戴謙爲南京御史，夢騎馬至清江廠，有朱衣引一人索命，蓬首褐衫，姓李。朱衣者曰："盍往觀乎？"即前導。所過皆竹房，至一家，獨瓦屋。入門，有男子卧地上，一婦人緑衣紅裳簪花，處其傍，曰："欲救之，奈氣絶矣。"驚寤，出水西門，至清江廠，物色得之。道途屋宇及死者姓氏，皆如夢所見。呼其家問之，乃因市肉，與屠人鬥而死。告以所夢，舉家皆大哭。婦人乃其姊，歸寧而暴死者。即捕屠寘之法。教授王禮、五經博士陳贇皆有記。時正統八年四月也。《舊志》。

夢神授印。沈簡庵先生窶貧時，以警夜宿真武祠下。夢神以數印授公，公辭，復出牙牌一奩，公擇取其六。後公以中書舍人歷寺副、修撰、侍讀、庶子、大理少卿，凡六任，皆供奉内廷，不履曹局。人之出處，夫豈偶然。

張阿猫。正德間，郡西郊有徐守誠者，其家童張阿猫，不慧特甚。日好睡，睡必夢冠帶立朝。一日，至跨塘橋賣菜，高卧橋上。適一内相舟過，阿猫溷入縴夫中。是夕，内相夢一神語曰："明日武曲星有難，須救之。"内相晨起，聞一縴夫墜水，急令撈救，乃阿猫也。曰："我自卧橋上，不知何故至此。"内相異之，曰："汝能隨我入京乎？"阿猫唯唯。久之，内相托管金帛，無分毫私。後冒功任錦衣衛百户，偶使江南，特訪守誠，而以金餽之。

喜木魚聲。孫雪岑太守與青龍塔下長老相善。雪岑晝寢，夢長老直入卧内，醒報舉子矣。亟令人往候長老，知已示寂，所舉子即文簡公也。故文簡晚年，每喜聽木魚聲。

黄衣陛辭。嘉靖己丑四月，世宗夢黄衣者數人，陛辭南行。次日，以語大學士楊一清。一清對曰："黄衣者，蝗也。南方其有蝗乎？"是秋，蝗果被大江以南，數日，爲大風雨漂入海，盡死。

文忠貴神。徐文貞集記云：庚辰正月四日夜，予夢行曠野中，見百千旌麾，擁一絳輪而來。予跂望之，有麟袍玉帶，端坐車上者，故少師大學士文忠楊公也。予因呼公，公下車，與予揖，立語良久，乃振衣登車。行數十步，回首呼予，若有所寄語者。車從聲喧，闐不能真也。予昔入翰林，年少位卑，然獨爲公所愛禮。後公以議禮不合，削職歸，卒于家。隆慶元年，詔褒録諸名臣。予時濫秉政，請復公官，贈太傅，謚文忠，蔭其子爲中書舍人。今與公别五十餘年矣，而忽夢公。據所見氣勢，公殆爲貴神耶？

進講《大學》。徐文貞會試，夢着襴衫，講"大學之道"章。既醒，曰："此下第入太學光景也。"是年，捷南宫，入翰苑，後躋首揆。穆廟初御經筵，文貞進講，正"大學之道"一節。上聽罷，亟稱曰："還是這老秀才。"

文貞夢兆。徐文貞少時得一夢，自登探花翰林，謫官復召，漸次大拜，皆了了。又顧文僖自幼嘗夢一人謂曰："再登瀛州。"及中館選，其後請告歸，卒於瀛州驛。文貞所卜葬地年月,皆夢中所預兆焉。

騎吹送子。潘奎者,郡椽也。慈仁好拯物。太守御下嚴,胥吏無敢啓口。有豪甚殘暴,捶楚諸臧獲過苦,每至殞命。逃者必誣以盜,廣賄諸役,冤殺無算。豪前後所訟奴四十餘,俱論死。當審録時,守召諸奴訊之,無敢辯。既出,奎伏地爲奴白冤狀,並數豪不法事甚具。守復召諸奴一訊,乃悉解放,捕豪下獄。居一歲,奎於吏舍生子。是夜,守夢見諸神騎乘鼓吹,送一兒至吏舍。醒而念曰:"必潘奎家也。吾聞有德者必有後。"月給擔粟周之。所生兒即恭定公恩。

雙星。潘恭定公知蘄州日,年四十尚無子。一日,夢雙星從天墜下,其光煒然,隱隱有文。一曰哲,一曰端。未幾,生二子,即以其文名之。後皆舉進士。

龜夢。龜夢有極異者。馮廷尉於嘉靖乙酉,赴金陵應試,龜得兆文爲亂柴窩。術者曰:"不利。"廷尉亦甚不樂。偶有老儒至曰:"吾聞錢與謙龜卜,與若兆同,而賢書列第九。"及揭曉,果第九名。是年,徐獻忠與廷尉同舟,夢廷尉食一韭,而己飲茶。旦有友解之曰:馮子仁當中第九,蓋韭音九也。徐當中四十六名,蓋茶字上廿八、下十八,合之四十六也。果各如其言。

迎春夢。華亭有沈雲者,字子龍,以鄉進士就教,擢國子學正。夜忽夢一婦人囚服再拜,曰:"妾名迎春,以冤抑入死獄,公其爲我釋之。"沈不知所謂。及丁外艱歸,服闋補選,復夢如初。已而除授河南汝寧府通判。到任與諸僚就公宴,忽上司委一獄詞來勘。太守方宴畢,即謂沈曰:"有婦人迎春死犯事,君初政,當一鞫審。"沈愕然道前夢,諸僚皆以爲異,遂爲此婦白其冤。婦入獄未久,計得夢時,其婦尚未獲罪也。吉凶事前定類如此。《蒹葭堂雜著》。

四十二數。李憲副日章,嘉靖壬午應試,夢桂樹上開牡丹花四十二朵。是年舉于[鄉],明年成進士,四十二歲解官,自謂已應其兆矣。至癸亥歲,年六十七而終。自發科至捐館,共計四十二年,又值嘉靖四十二年數。

九鯉仙夢。宋堯明中嘉靖甲子鄉科,一同年令仙游,托之請夢九鯉仙。已而報夢曰:"入廟時,有人手授一紙,上書'風送桂花香十里'。"宋曰:"吾不得甲科矣。"後謁選爲縣令,謫戍開原。居公署旁一小亭有春聯,則夢中句也。

夢鷰爲我。隆慶三年,盛重之母有心疾,痛不可忍。重之徬徨無計,夢人云:"鷰血可療。"方夜半,無從得鷰。自念鷰者,我也。于是引刀割左臂血,瀝酒進母,俄而臠肉作羹復啜,病尋愈。

兩師。上海張孝廉汝聰,萬曆丙子夏望晝寢,夢至一殿,南面一人朱衣象簡,緑衣者掌一案籍。諦視,乃上海唐都憲孟玹也。階下立二人,即鄉趙納言通方、喬秘書水心。張後至,朱衣者撿籍,語張曰:"汝位至兩司,陽數未窮,可亟反。"張寤時趙已物故,喬方貴顯,不兩月而訃至。張私幸可至藩臬。後諭蕭山,遷大嵩衛教授,始信兩司乃兩師也。見《信史》。

占星堂。唐淡窩名敷錫,嘉靖間構一堂落成,從弟鵬谷偶寢其中,夢一星官,碧睛朱髮,盤跚而走。獨垂一印大如斗,文曰“敷子魁”。卜之占者,曰:“敷爲君名,敷子而魁,公之後應居鼎首。”未幾,舉文恪公。後名爲占星堂,徐益孫撰記刻堂中。

神鍼。奚夢芝,字一欽,華亭人。母病,蚤夜籲天,復損貲收瘞遺骴,爲母祈福。母夢神人鍼兩頤及膝,病尋瘥。叔貧乏嗣,養之迨卒,稱貸治喪。適倭寇臨城,間關扶柩厝之。姊密以筐篚寄芝,暴卒,籍而歸其子。萬曆初,以貢司訓金壇,遷諭曹縣。

繼松飼蟻。萬曆丁亥四月,南禪寺僧忽夢寺中伽藍神曰:“某月某日,雷擊死繼松,可命之出。”僧大異之,至日買糕餌,令繼松往鄉探親,不言其故。明日,繼松復來,毛歷扣其所見,云:“至途中,雷雨大作,避入小廟。適見蟻千萬,沿途將糕飼之,雷亦收聲,餘無所見。”毛驚喜,以所夢告之。繼松從此懺悔長齋,以壽終。

冥　報

紅黑善惡牌。衛仲達,字達可,華亭人。爲館職時,因病夢入冥府,立庭下伺命。有四人坐,其西向少年者呼曰:“與他簡一簡。”俄呼朱衣吏,捧牙盤而上,中置紅黑牌二,紅者以金書善字,黑者白書惡字。少焉,數人捧簿書出盈庭,即有一秤横前,兩首皆有柈。吏舉簿置東柈,重壓至地,地爲動,衛立不能安。須臾曰:“更與撿善看。”指金字牌。忽西北隅微明,如落照狀。一朱衣道士捧玉盤出,四人皆起立。道士至,居中而坐,望玉盤中文書,僅如箸大。吏持下寘西柈,柈亦壓地。而東柈高舉向空,大風欻起,捲其紙蔽天,如烏鳶亂飛,無一存焉。四人起相賀,命席延衛。拱手曰:“仲達年未四十,平生不敢爲過惡,何繇簿書充塞如此?”少年曰:“心善者惡輕,心惡者惡重。舉念不正,此即書之,何必真犯?然已灰滅無餘矣。”衛謝曰:“是則然矣。敢問善狀何事也?”少年曰:“朝廷興工修三山石橋,君曾上書諫,此乃奏藁也。”衛曰:“雖曾上疏,朝廷不從,何益於事?”曰:“事之在君者盡矣。君言得用,豈止活數萬人命?君當位極人臣,奈惡簿頗多,猶不失八座。勉之。”遂遣人導歸。衛後至吏部尚書。《舊志》。

醉蛇。松郡士人陳甲,本下邳人。晋元帝時,寓居[華]亭。獵於東野大藪,欻見大蛇,長六七丈,形如[百]斛船,玄黄五色,卧岡下。陳即射殺之。三年後,與鄉人共獵,至故見蛇處,語同行曰:“昔在此殺大蛇。”其夜,夢見一人,烏衣黑幘,來至其家,問曰:“我昔昏醉,汝無狀殺我。我昔醉,不識汝面,故三年不相知。今日來就死。”其人即驚覺,明日腹痛而卒。《搜神記》。

陳大録。宋華亭陳生者,爲録事,冒賄稔惡。常帶一便袋,每事即納其中。既死,夢其家人曰:“我在湖州歇山寺爲犬。”家人驚慘,詣寺問之。犬聞家人至,急避於僧寮榻下,意若羞赧。家人去,僧呼犬語曰:“陳大録,你家人去矣。”即摇尾而出。犬腹下垂一物,若便袋狀,有皮帶周匝。《嘉興志》。

匀碧牋書。盛肇居青龍勝果寺,好啖牛肉,與陳氏子友善。陳遣僕約旦日會食,視其簡,乃匀碧牋一幅,内大書曰:“萬物皆心化,惟牛最苦辛。君看横死者,盡是食牛人。”肇驚顧,呼其僕,已不見。旦而詢諸陳氏,亦未嘗遣也。肇自此不食牛。出《夷堅志》。

雷掣巨斛。白沙鄉有大姓,嘗私營巨斛受租,佃人皆飲恨輸之。重紀至元間,白日天地忽暗,俄而風雨霹靂,煙焰中掣巨斛淩空而去。其人懼而改行,然其家自此亦不振云。上海費寀斛銘云:"出以是,入以是,子子孫孫永如是。"寀之顯貴,具見《人物門》。天之報施,非偶然也。《舊志》。

風雷異。吴松江上有豪民馬姓者,習安賊戾。至元中,一日大雨震電,遥見火焚其居。里人奔救,則無有,惟穿廊四柱,刳刻玲瓏,無片木相連。僉曰龍過,夷然不以爲意。未幾,民游普照寺,憑水陸閣觀荷,風忽過窻闥,碎其拇指。不浹旬,坐事極杖,投畀遠方。《舊志》。

貪殘創報。至正初,華亭丞回回氏性貪殘,民蒙其害。有投牒憲司,疏其贜賄者。憲以其族類拒之。丞岸然引疾家居,云:"須憲去償怨。"憲未去,丞一旦發創百餘,少日體盡潰,又少日死焉。柩歸,邑民歡笑,或戟手指天,以幸其斃。當時呼其創爲百疔創。《舊志》。

二龍攝舟。下沙場有豪姓,恃富淩貧,平日挾官府以陷人。有佃户行商,爲人所負,欲報之。豪因呼場吏,使誣以隱藏逃竈。吏不允,乃遣爪牙往迫之。吏不得已,許以來日從事。是日,忽二龍降豪家,凡廳堂床椅窗户,皆自相奮擊,無一完者。攝一舟,決頤如口,銜於爪牙者。當門之檻,牢不可脱。訟者之舟攝覆平地,謀訟者壓折左股,幾死。龍所過之地,凡良家無絲毫犯,惟平日彊梁者,多破産焉。豪亦尋遭訟,家蕩費矣。時至正六年也。《山居新話》。

横徵賡汰。至正十年夏四月,詔免水深長蕩無徵租額。時知府者惑於曹屬之言,持以助役可償,不式君命。及嘗閲安濟院所養鰥寡惸獨老癃之民,黜汰孔多,殍死幾盡。一日,知府升堂,遽起如閤,面墻叉手跪,若有請云:"吾無爲惡事。"語闋,(旦)[且]不宅矣。亟輿歸私第卒。《舊志》。

朱張始末。宋季年,群無賴子相聚,乘舟掠海上。朱清、張瑄最爲雄長,陰部曲曹伍之。清嘗傭楊氏,夜殺楊,盜妻子貨財去。捕急,輒引舟東行,稍怠則復來。後廷議招懷二人,授金符千户,建言海漕事,試之良便。父子致位權要,弟侄甥壻,左右僕從,皆佩虎符,爲萬户千户。田園第宅遍吴下,巨艘大舶帆交番夷中,累爵積貲,意氣自得。大德七年,爲吴也先構言,遂父子同夷戮。李(坦)道[坦]《和答友人(觸)[言]時事有詩》,爲二人也。初,瑄行劫事敗被獲,時洪起畏爲浙西提刑,夜夢録囚十八人,中一人化爲虎。明見所解賊徒數與夢合,而瑄在其中,貌特異,洪貸其死。未幾宋亡,而瑄貴顯,事洪終身。瑄目不識丁,書押文卷,但攢三指,濡墨印紙上,狀如品字。雖巧於作僞者,效之不能。兩人皆豪横,而瑄尤甚。於清有拂其意,則縛而投諸海。積惡滅身,固其宜也。出《輟耕録》並志。附李(坦)道[坦]詩:儒生憤激棲窮林,丈室燕坐忘朝昏。山桃無花溪水急,古木不雨長陰陰。我家近在百里外,一書三月不回音。人來見書已慰(竟)[意],況復得子空中吟。讀罷仰天歌白日,世事於今始深識。且持鸚鵡縱笑談,何用麒麟著功績。群雄勢位争相傾,劍光夜落都門驚。黄金無情壯士死,赤血不掃游魂腥。誰云安車勝徒步,我視鮮袍等疏布,無功厚享天心怒。《舊志》。

王婆醋鉢。俞俊，嘉興人，占籍上海。張氏時，以賄通本府僞守，署華亭尹。酷刑朘剥，民怨入髓。袁海叟戲爲韻語曰："四海清寧未有期，諸公衮衮正當時。忽然一日天兵至，打破王婆醋鉢兒。"袁自注：昔有不軌伏誅，暴屍于竿。王婆買醋，經其下，適索朽屍墜，壓破其醋鉢。婆謂死者爲之也，顧而誶曰："汝只是未曾喫惡官司來。"聞者絶倒。

陳鴉鵲。洪武丙寅夏六月六日庚寅，天大雷電疾風，暴雨如注，潦水横流，道路莫辨。雷震死奸民陳鴉鵲，火其廬，暴其財於庭，居民爲之震恐。黄顒因作詩紀其事曰："六月六日風雨來，轟雷響震天門開。一聲霹靂半空墮，殲厥姦魁刳禍胎。鵲巢焚蕩鵲腦裂，鵲婦鵲雛魂欲滅。白龍尾捲江湖翻，青馬鬉滴天瓢竭。初疑銀漢傾，復訝黄河决。平地水高一尺餘，行路瀰漫人斷絶。高低莫辨岸與田，四顧一碧遥相連。大魚騰跳撇波去，小魚潑剌當門前。墻傾壁壞滂沱底，屋漏淙淙濕衣被。幾家沉竈欲斷煙，獨客乘舟將入市。須臾雨歇風露清，長空無雲河漢明。乃知天變有不測，頃刻忽然生晦冥。人生善惡在方寸，忽犯天律遭天刑。"

鬼殺獄吏。成化、弘治間，鄉人曹氏子文，爲司獄吏寫狀。一日，與衆坐獄舍，忽旋風從外來。文色變神亂，張目若對語曰："某人某所命，某人某所使，非我罪也。"隨語隨困殆，舁歸家，語不絶卒。時謂衆鬼殺之也。《舊志》。

王萬三。季君玉，松江人。後居杭州之五房，子孫五世克相見。君玉自言本王萬三家齋産。王氏在宋季以資雄，時朱清、張瑄方興，誘諸子使假貸，立券責厚息，貲産盡爲兩家奄有。獨其孫有王東廬者，僅存腴田三十頃。某氏忽呼一千户，邀東廬伴觀海船，忽怒縛之，非罪考掠其幹者。東廬不得已，遂手書券，以田歸之。時開海道運糧，恃勢罔利，其致富如君玉所言，宜朱張死有餘戮云。《遂昌雜録》。

假箋香。華亭人黄翁，世以賣香爲業。徙居東湖楊柳巷，每往臨安江下收買甜頭，歸家修事爲香貨賣。甜頭者，香行俚語也，乃海南販到柏木及藤頭是也。黄遂將此木截斷，如箋香片子，與蕃香相和，假造貨賣。淳熙年間，一日欲歸華亭，留東湖口，有金山大王廟。是夜三鼓時，忽一人擡起黄翁毆之，謂曰："汝何作業，貨賣假香。"更餘許方蘇，抵舍卒。《閑窗括異》。

雷斧。盧十五，華亭人。居修竹鄉，以掬鼈爲業。每掬鼈歸舍，與妻煮賣。嘉泰二年壬戌四月十七申時，忽大風驟雨，雷電霹靂大震，盧十五並妻女三人，皆死於雷斧之下。《閑窗括異》。

犬嗥釜中。王給事問卿嗜犬肉，恣爲屠以供膳。一日，釜中犬嗥，未幾嗥於床，又嗥於井，而人莫見也。及垂絶，則犬吠聲震耳。蓋牛犬二者，乃司耕司守之物，殘之傷德，宜其報應若是耳。

戒牛轉生。亭林村有人死七日而蘇，云：病漸時，見兩卒逮見一官。官曰："若命且盡，爲汝戒牛，且能勸人，今姑釋若。"使兩卒導之歸。

牛犢藏刀。嘉靖乙卯，胡鎮撫賢統兵禦倭，至金山，少憩樹下。見屠兒將椎一牛，一犢尚隨乳,將利刃銜至車溝内,以蹄踏没泥中,屠兒遍索不獲。胡語其故,竟殺牛。後胡没於陣。見《餘慶録》。

蔡蘭犬。上海八團民蔡蘭者,見隣人王才家頗裕。值萬曆戊子歲荒,民聚劫。蘭以飛語懾才,寇且至。王懼,私贈以金。翼日,蘭仍聚衆劫王。後蘭忽暴疾死,見夢於妻曰:"我負王,司命已罰爲犬,生其家。"妻偵之,果然。王陰知爲蘭也,以蔡蘭呼之,犬輒應。紀《閲耕録》。

群烏飛啄。邑之山林塘,有射烏者,生平所殺烏雀無數。一日,行經神廟前,忽有群烏飛繞啄之,驅之不能解。乃倉惶入廟,扃户不敢出。群烏仍聚而噪呼,竟日不肯去,逮暝始得脱,歸不數日死。蔡武仲述此事。

破羅漢背。有菓販者,居金澤寺側。偶見羅漢背有一孔,手探之,得金字《金剛經》一卷。識者曰:"此子昂真蹟也。"即以二十金買之。販者乃悉破羅漢背取之,忽暴卒。

雞報。里人王大訪故人,其家留餉,欲烹一雞,王力辭之。是夕,王就地卧,覺雞啄其髮,逐去復來。起唤主人取火,忽轟然聲震,乃草繩懸車軸在梁上,日久而下墮耳。一羽族亦知報云。

前生貳守。郡庠生丁文顯,以前生事遘病。一日,語父及弟曰:"我前生袁州貳守,因郡尊與郡倅有隙,飛揭直指中傷之。我本知其枉,不與辨釋,以此郡倅忿怒暴卒,訟之冥司。今郡守已逮,待我證明。緣城隍神有檄,候臘月廿四日結斷。"至廿三日,云:"郡倅已在門。"遂卒。

戕族祟報。董三岡無子,六旬外始舉茭門。後族有讎之者,始被笞辱,又指茭門非三岡子,形之訟牘,令出姓。茭門已霜頂,乃祝髮爲僧去。已事白還里,族佐鬥者六人,見三岡爲祟,不兩年死。

叢　　説

笑癖。陸雲有笑癖,嘗謁司空張華,華多鬚,以袋盛之。雲見華,不及拜而笑倒。又嘗自服縗絰上船,見水中影,笑而墮水。《獨異志》。

龍虎榜。唐貞元中,陸贄知貢舉,試《明水賦》、《御溝柳詩》,得韓愈、歐陽詹、賈稜、陳羽等同榜。皆天下孤儁偉傑之士,號龍虎榜。《氏族大全》。

寒穴泉。《墨莊漫録》云:華亭縣有寒穴泉,與無錫惠山泉味相同。並嘗之,不覺有異。邑人知者亦少。

多田翁。唐盧從愿爲刑部尚書,占良田數百頃,時號多田翁。下沙瞿霆發嘗爲兩浙運使,延祐中括田,其家有當役民田二千七百頃,併佃官田共及萬頃。浙西有田之家,無出其右。宋兵部侍郎休寧金安節,嘗提刑浙江。其後萬禄昆弟寓居漢成里,貲雄於鄉,人呼爲田里金,亦此類也。孝子子安及著《水政録》處和,皆田里派云。《舊志》。

月椿錢。謝諤,字昌國,新喻人。紹興二十七年進士,調峽州夷陵縣主簿,改吉州録事參軍,知袁州分宜縣。丁憂服闋,除幹辦行在諸司糧料院,遷國子監簿,尋擢監察御史。奏減袁州分宜及秀州華亭月椿錢。《臨江先哲録》。

兩不得官。青村陶應炎治生大穰，因欲求一官。適闕下計會，近臣引見，世祖命脱帽相之，但曰："江南富人也。"賜馬湩三金鍾而已。近臣爲之請，帝曰："議官之。"未幾帝崩。大德初，始授徽之休寧榷茶提舉，卜日上官。僚吏率音樂欵門迎導，至則死矣。同邑有曹元珍者，由鹽司佐史注縣吏，時吏禄以賄干縣尹郭也先不花。知元珍久不得賦禄，遂首拔之。元珍喜，告祠堂，然後出趨事。忽中風墜地，不能起。起而郭去官，終其身不得升斗禄。右二事絶相類，可爲不知命者之戒。

張燈待旦。元有談公綽者，以老人嘗受憲司命，簡災田於松江。夜宿華亭富人家，富人欲浼作虚數，厚欵之，宿之密室。夜分，一女子出其榻後，綽驚叩之。女曰："妾此鄉某氏女，父貸主人粟，經歲積利三十石，無償，因以妾貸。今夕奉主人命來。"綽聞之，遽起求出，而門扃不可啓，呼主人，又弗應。乃諭女曰："汝良家子也，吾安肯汙汝?"張燈坐以待旦。既而主人啓門入，其女以實告，主人大慙。綽因謂曰："所負某當代償，幸以女還其家。"主人謝曰："敢不聽命!"遂焚券而還之。《舊志》。

應制賦詩。太祖嘗登鍾山，詞臣扈從擁翠亭，給筆札賦詩。應制者八人，秦裕伯與焉。世宗幸興都，詔修承天大誌，命侍臣各擬《承天賦》以聞。時應制者十二人，顧從禮與焉。

作詩赴愬。太祖敕何巡按勵松江倪糧長，其父倪仁作詩赴愬云："繡衣行馬出金臺，一道風霜動地來。威懾吏胥肝膽破，德施黎庶笑顔開。兒孫得罪應難訴，老朽銜冤實可哀。萬一海涵垂憫惻，早登黄閣位三台。"上感其言，特釋之。

國初按差。國初法重，按差不限以御史，凡有風力京堂按察司官，俱在遣中。江南熊少卿，吾松黄翰，以按察使遣四川是也。

超擢。洪武十五年十一月，以上海訓導顧彧爲户部侍郎，又老人陳原九爲松江太守，長樂人。三十五年，以吾松歲貢胡原吉爲大理評事，馬禎都給事中，沈紹先監察御史，徐諒按察僉事，蔣彦英河南參議，夏禮御史。永樂三十三年，以蕭餘慶爲吏部主事。正統十四年，桑景春爲御史，王景安刑部主事、福建僉事，蔣忠禮部主事，劉琛禮部郎中，俞敏刑部主事。俱歲貢。

布衣藩憲。永樂十八年，特選人材十三人，並授方面，而華亭七人：馬麟、周恂、孫豫、奚景周、江潤，皆布政使。吴衡、陸勉，皆參政。以布衣而躋外臺極品，皆能其官，以功名終。相傳文皇夜夢十三人共扶一殿柱，又一馬遍身生麟。明日，引見數既合，而麟居首名，大悦，故有是命。初，鄉里舉衡之兄，兄憚行，賂吏以衡易己，衡遂行不辭。又嘗許貸人米三百石而中悔，其人失望回。衡聞而止之曰："許人而倍息以還，何悔之有?"今衡子孫宦學猶存。《舊志》。

白水徵糧。永樂中，吾郡大水，朝廷命通政趙居任治水。嘗登超果寺橋，令居民插茭蘆水田中，曰："望青亦可也。"民不悟，從之，後皆據以起税。故有"白水徵糧趙通政"之謡。

青油鐵甲。正統十四年己巳七月壬辰，備倭都指揮使翁紹宗言，直隸金山、太倉、鎮海、蘇州、揚州、高郵、淮安、大河八衛，並守禦青村等千户所，造青布䩞甲，地土卑濕易壞。

請如舊造青油鐵甲,可以久用。從之。

水蕩增額。國朝水蕩畝徵六十文,以實計之,爲錢三四文而已。成化三年,撫臣邢宥括得業蕩,畝税米三升,猶以爲重。弘治加至五升三合六勺,嘉靖間則六升有奇,至萬曆間,增至一斗矣。

軍門理刑。成化十六年庚子九月戊戌,户部會官議漕運,及巡撫等官所陳事宜。内云:一,應天並直隸府衛詞訟紛糾,原無布按二司官可委。欲選差南京刑部官一員,從巡撫官理刑。奏入,上命南京刑部差官一員,隨王恕問刑。餘如議。

支粟。成化戊戌,濟農倉積米諸厫皆滿,尚餘七萬石,寄積於水次西倉。時顧東江之父可閒公,以老人選差監守。自戊戌至丁未凡十年,始得放完。蓋其所積既多,挨陳放支,次第不及故也。

舊役繁苦。十年一審均徭,當時最爲煩苦。所以《傍秋亭雜記》載御史某停柩於家,子方年十二,而使爲解户。副史僉事某方見任,而使爲斗級、爲兵司。生員爲獄卒、爲門子、爲皂隸甚多,殊非事體。幸嘉靖末年一槩徵糧,官府僱募,極爲兩便。

盤糧詩。伍尚書文定,嘉靖甲申以操江蒞松,有"昔推常郡此盤糧,米粟陳陳盈四億"之句。顧文僖曰:詩雖不工,而當時儲蓄之富可徵也。按,伍公推郡時,當是弘治末年,猶有四十萬之積。況周文襄時耶?

故宦免徭。鄉先輩任公勉之没未葬,里長張琳編其子弘爲本縣養馬夫。弘欲訴於郡尊,教授張公見而問知之,曰:"某方呈祭令先公文,子毋入。"時太守上虞葉公冕也。張既見,具言所以。葉嘆曰:"有是乎?先生出,諭令歸治喪,不須入也。"既退,大書榜於門曰:"今後均徭,故官子孫一例優免。"任氏子孫至今能誦之。

巡捕御史。正德五年庚午八月甲辰,罷蘇松等府新僉民壯。始劉瑾添設江南巡捕御史,點僉民壯,所在騷擾。至是巡捕御史已革,故並罷之。

海酋潛乞。宋錦村居蕭塘,頗稱素封。嘉靖三十年春,見一道者乞食,狀貌可異。宋心知其非出家人也,與之酒,施銀五錢。道者曰:"君更能解衣施我否?"宋即脱所衣絹服贈之。道者亦卸布衣留宋處,曰:"以此施後來者。"未幾,一僧至,宋舉布衣畀之。後倭寇突至,遂爲所擒,盡出所藏獻之,得免,命送至舟中。舟泊葉謝港,至蕭塘二十里。舟中一酋長,錦衣大帽,遥見宋跽水濱,即問曰:"跽者得非宋某耶?"宋股栗應曰:"然。"酋長曰:"尚記三年前,有一道者化衣乎?"宋曰:"有之。"酋長曰:"即我也。所遇僧亦在後舟。"衣飾悉令擔回,寫字一條,繫宋髮間。行遇倭夷,俱蹲踞以俟。後訪之,方知道者爲徐明山,僧即汪五峯也。

鱟魚兆。嘉靖壬子春,徐長谷同一二友人步郡治前,見賣鱟魚者。徐問曰:"吾松向無此物,汝從何處得來?"對曰:"網之黄浦中。"徐嘆曰:"介胄之物忽至,兵兆可憂也。"同行者迂其言。來年癸丑,倭亂。

目不見城。嘉靖甲寅,倭夷攻青村城,驅所掠鄉民,臨濠而斬之,以懼城中。有一人將被刃,忽躍而度濠,又一躍遂及城上。衆皆驚問,曰:"吾目中不見有城也。"

定倭墩。寇亂時，擒殺倭奴數十，以其屍填於東門三里橋之側潭中，土築一墩，名曰定倭墩。

箭射紅衣。侯端，金山衛指揮也。永樂十三年，有倭船十三，猝泊城南，官民出走。端出東門，去城三里許，地名楊家團屯住，自以單騎奔海塘偵之。時潮退，倭船大不能上，各乘走舸，銜尾而進。端望見當先一船，有一衣紅人，知是夷酋，遂策馬入水。沙深浪湧，馬鞍護水不能前，端以佩刀斷而棄之。將近，一箭斃其紅衣者。端射中賊，賊麾旗，後隊復回大船，悉衆而來。端料其衆勢鋭，未可攖其鋒，且慮其識所坐白馬。返至海塘下，適有牧羊者，手刲羊血以塗其馬，馬盡赤，還駐楊家團。

躍馬授劍。端在團時，令人持草一束，伺賊盡入城，趨至賊船，悉焚其十三艘。賊據空城，端率衆而前，至東南門，不得入，轉至西門吊橋。橋斷，端祝其馬使努力。馬咆哮一躍，直過城濠。倉卒間，墜一劍於地，馬銜起授端。端既入西門，回顧後軍，無一人繼至。端與賊巷戰數十合，至衛前。賊以鉤着膊，墮甲四片。遂出東門，聚卒復入，殲之。

蛇犬供軍。倭亂時，徵瓦氏兵至，有司以蛇犬供軍中。朱察卿詩有云："帳前豎子金刀薄，閫外將軍寶髻斜。田父誅茅因縛犬，乞兒眠草爲尋蛇。"

殺虎墩。侯端有膂力。郡治前石獅長丈許，以腕挈之，行十餘步。又嘗馳過坊，交抱楣上，兩股挾馬懸之。南匯地方有虎傷人，端格殺於烽堠下，至今人呼其地爲侯公殺虎墩云。

師相子弟。徐文貞當國時，一子弟戴金線巾，穿緑紵褶，闖入郡治。臧公繼芳命唤入撻之，其人自言相門子，公曰："正所以教師相子弟也。"《郡故畧聞》。

暴殄。大參王公教，嘗語其表弟張曰："聞小兒輩俱將綿紬作褲，何暴殄若此？我令會稽時，有同僚餽斜紋布，我製爲褲，心覺不安。今老矣，猶用之。"後其家不守先訓，遂至貧落，可爲暴殄之戒。

上用松布。尚衣縫人云：御用近體衣，俱松江三梭布。本朝家法如此。

大紅布。錢文通公嘗以大紅色布作吉服入朝。内豎見而悦之，言於上前，故織染局遂有歲造大紅布之例。

士夫用轎。國初鄉官初見任到家，即是步行。成化士夫始騎馬，正德以後始用轎。至於今，濫觴極矣。

松酒。松江酒舊無名。李文正嘗過吾鄉朱大理家飲，喜甚。至正德癸酉，顧東江攜松酒餽文正，文正作詩二首，於時盛傳。

秀才氣。憲考兩朝以前，士大夫尚未積聚。如周北野父子，曹定庵時中、兄時和，蔣給事性中，夏憲副寅，許僉憲璘，致仕家居，猶不異秀才時。何元朗云："士君子讀書出身，雖位至卿相，常存得一分秀才氣，方是佳士。"

兄弟分金。瑁湖橋有賣餅師析箸，争父遺貲。其兄以五十金，乞顧文僖公居間。公佯應之，使人召其弟，叩所争多少。弟謂兄匿百金不予，故搆訟耳。公笑曰："是易決，何致遂傷天性？"即召兄至，出金授其弟曰："我與若兄弟中分百金矣。"兩人感愧，至泣下，拜謝而去。

錢譜。陸文裕公云：吾鄉姚氏所藏錢譜，盡裒歷代之錢，穴紙譜之。奇形異狀，無所不有，而各疏時代繇來。前輩楊鐵崖維(禎)[楨]、錢艾衲鼒，俱有論撰。予嘗閲之，亦博古之清玩也。予少時，見民間所用皆宋錢，雜以金元錢，謂之好錢。唐錢間有開元通寶，偶忽不用。新鑄者謂之低錢，每以二文當好錢一文，人亦兩用之。弘治末，京師好錢復不行，而惟行新錢，謂之倒好。正德中，則有倒三倒四，而盜鑄者蜂起矣。嘉靖以來，有五六至九十者，而裁鉛剪紙之濫極矣。夫錢之用，本以權輕重，而世終難廢。若開元實爲輕重之中，鼓鑄者宜以爲準。

合漏金篦。西吴李耀卿學士之子居松江。一日與家人飲酒，妻以所插金篦揭肉而食。偶客至，瑛出迎客，妻入厨具茶飲。客去，失金篦，疑爲一女奴所盜，杖之，偶致死。他日，有一老婦人首插金篦，熟視之，乃向所失物也。詢之，是買于一圬者。圬者於某家整屋瓦，合漏中得之。蓋是時有肉在篦上，爲貍奴銜去，墜於彼也。凡事當詳處，失一小物，而致殺人，不可不慎。《農田餘話》。

册后。本朝册后，必遣文武大臣之配各一人，至后家行禮。穆廟册立陳后，徐文貞當國，欽命徐室一品夫人張暨定國夫人往。先入禁中，賜金飾一副，玉帶蟒袍，袍有銀領花者。

紙髻。徐文貞公云：國初念小民不能備鳳冠，故婚時命以紙代。今如有金銀冠，安用此爲？至於新婦到門，俗忌有闌門斬蔗，用以解煞。此二事，文貞家獨不用。

太平醉民。雲間王厚，以生當太平之世，自號太平醉民。

華亭逸民。吴長史稷《贈華亭逸民陳允中耕織偕老》詩云："白首相看歲月長，石田茆屋共徜徉。一犁好雨種新秫，五畝煖風舒嫩桑。生事儘堪供伏臘，功名恰好付兒郎。太平有此真宜賀，欲擬《豳風》賦短章。"

民俗五變。萬曆庚辰元日，徐文貞語人曰："始予罷歸，民間競爲奢侈，然猶慈且厚也。既經某某之變，遂更爲詐欺，尋又變爲凌奪，後又變子殺父、奴殺主，肆然無所憚。今則士民之貧益甚，田廬無可售，稱貸無可得，朋友親戚漠然不能相顧。强者起爲盜賊，弱者束手就斃而已。"故其《述懷》詩，有"民俗數來俄五變"之句。

林居問安。《四友叢説》云：顧東江以禮侍家居，朔望則郡邑大夫、兩學師長率諸生問安。後徐文貞以元輔，孫文簡、陸文定以尚書，林下數十年。郡邑候問則有之，無師生問安者。

大僚謚。吾鄉大僚得謚者十一人：王鍾謚僖敏，錢溥謚文通，張悦謚莊簡，張鎣謚莊懿，顧清謚文僖，陸深謚文裕，孫承恩謚文簡，徐階謚文貞，潘恩謚恭定，陸樹聲謚文定，唐文獻謚文恪，楊允繩以忠諫謚忠恪。

八座。吾松任尚書者：李公至剛，錢公溥，終南太宰，進階一品。張公鎣，太子少保，南兵書，贈太子太保。張公悦，南兵書，加太子少保，贈太子太保。張公駿，繇誥敕房加禮書。朱公恩，南禮書。顧公清，南禮書。孫公承恩，禮書，學士，贈太子太保。張公電，繇誥敕房贈工書。潘公恩，左都御史，進階一品。陸公樹聲，禮書，學士，加太子少保。又唐公珣，右都御史，總督兩廣。金公獻明，兵書，居綿州。張公文憲，繇詔敕房工書，居京師。閔公煦，南刑書，居任丘。三公原籍皆上海人。

百歲。周泰，字景暘，華亭人。景泰間漢陽知縣，陞斷事，年九十九。青村高橋民張爲禮，年百有三歲，以三月十八日生，亦以三月十八日卒。又有王道人，常在華亭北門外五里塘廟往來。正德戊寅二月十八日亥時生，泰昌元年一百三歲。

四世耄耋。陳懽，字侍誠。華亭南橋人，文莊公孫。廕補光禄丞，辭官隱居，年九十歲。其從子球，字貢玉，以孝友稱，亦年九十。球子大經，字子常，博學橫經，出其門者皆高科名儒。所著有《通鑑便蒙》、《五經摘要》、《題聯故事》、《蘆溪草》。門人尊之曰陳夫子，年九十。大經子應祈，字遂卿。孝奉二親，不苟言笑，清貧廉介，年八十有三。

鄉耆。吾鄉近來縉紳，多躋上壽。陸文定公年九十有七，蔡溟陽九十，顧豫齋八十九，顧半松、王留庵八十八，潘恭定、吴貞石八十七，馮敕齋八十五，馮南江、袁太冲、張受所八十四，董漸川八十二，錢文通、孫文簡、徐文貞、沈鳳峯八十一，前張莊懿及王白谷、翁見愚，壽俱八十餘。其八十以内者，不可枚舉。人傳歲星臨吴分，故耆壽爲多。

六十年進士。嘉靖癸未科策士四百十人，徐文貞壽八十一。公以二十一歲探花及第，凡六十一年進士。辛丑科策士二百九十人，陸文定公樹聲壽九十七，建百歲坊。甲辰科策士三百人，袁長史福徵壽八十四。亦六十年進士云。

兩庚子。嘉靖庚子，宫保陸公樹聲、京兆馮公行可、郡伯蔡公懋昭，同舉應天萬曆庚子花甲一周。陸公壽九十二，兩賜存問。馮蔡俱八十餘。俱享壽考，子孫並繼科名。

三壽。潘恭定公八袠，同年嘉興吴公默泉、華亭徐公存齋，年俱望八，相約往賀。不欲入城，笠江乃即西門外建堂三楹欵之，顔曰三壽。

兄弟康壽。潘恭定笠江林下，年八十餘。其弟温州倅惠、比部郎忠、光禄恕，年各七旬餘，兄弟俱康壽。笠江遂建四老堂。

來鶴。嘉靖年間，楊鶴山之母九十誕辰，適雙鶴下庭中，顧侍御西巖題其居曰來鶴軒。萬曆戊子，馮京兆敕齋七十誕辰，亦有鶴自空而下，集於竹素園臺上，名其臺曰來鶴臺。

兩年曆。黄鑰，字慎之，華亭人。嘉靖己酉九月九日生。少有全真道人謂曰："汝壽九十八，末年一年作兩年曆日看。"至萬曆泰昌果應，明年卒。

兩京乘轎。嘉靖末年，一時兩京乘轎者，孫文簡禮書，徐文貞大學士，潘恭定尚書總憲，徐達齋刑侍，陸文定祭酒，楊朋石、唐孟玜巡撫、副都御史，趙通齋通政，范中方南太僕卿。

貧農吟偈。殷錦，華亭新塘人。貧農好施，六十抱疴，命次子性德披緇，代進諸名山香，數年始歸。錦喜曰："我願畢矣。"遂沐浴焚香端坐，口吟："世味已知雞肋淡，人生何用馬蹄忙。"又説偈曰："衆類各别，惟天自同。粉碎虚空，稱不二宗。大波海裏，千奇百怪。一念不生，逍遥自在。"言畢，含笑而逝，時年七十有五。

目中旗影。陸文裕母吴，年五十時，目中嘗見旗影自上下，醫者以爲病。既而文裕發解,有司置錦標於門,吴一見而病若失。又平生喜誦《金剛經》,無間朝夕。屬疾已甚,文裕適從慶賀還,母曰:"兒今日何衣緋也?"時文裕方歇馬於門,既入,與訣曰:"命也。"倏然而逝。

無夢堂。新塲倪莘溪母陶氏,自少至老,不知有夢。莘溪作無夢堂奉之,文衡山大書紀其異。

鄉飲。張廉憲仲謙《松談》記先達云:鄉飲有不可輕與者三:請不從公,則高士以爲恥。偶非其類,則賢者以爲辱。酒不成禮,則大賓以爲慢。真名言也。

古今豪傑。何公元朗良俊嘗謂,古今豪傑,獨范蠡、東方朔二人。方朔能嘲哂帝王,范蠡則玩弄造化。

隨人啼笑。何元朗家所教子弟黎園曲,皆元朗手自挍定。一日,集諸士夫演劇,曰:"今士大夫率俳場優伶,隨人啼笑者耳。且里中兒纔識字,傲然以進賢驕人。故令諸優傅粉,共耀蜉蝣之羽爾。"

終身不宦。董紫岡太學爲貴溪相公所知,許以中翰。會選考,置公名第一,世廟竟點第二三名。後置公名第二,又點首尾二名。遂棄歸,終身不得仕宦。

郡中科第。萬曆丙戌,唐公文獻狀元及第。至己丑,董公其昌以經元會魁傳臚進史局。壬辰則楊公繼禮,乙未則高公承祚,俱留中秘。辛丑,張公以誠復首鼎甲。十六年内有五太史,並經典試,且兩狀元。丁酉秋,上海徐光啓、青浦吕克孝,一時發解南北。

鄉會試。兄弟同鄉會榜者,董恬、董忱也。兄弟會榜,俱戌科,俱二甲二十一名,官俱至少參者,陳夢庚、嗣元也。兄弟鄉闈同一經房者,顧中立、中孚也。兄弟三人同鄉榜者,張拱端、履端、軌端也。若三代同入會場者,萬曆丙戌,杜時騰以石埭掌教入試,子宗彝、孫士全也。

世登甲榜。吾松父子登進士者陳文璧、浩,孫衍、承恩,朱瑄、恩,吴玘、鳳鳴,王祐、屏,張弼、弘至、弘宜,王霽、泰,周輿、珮,張䄫、鳴鳳,董綸、恬、忱,楊燦、秉義,陶永淳、驥,金純、濂,潘恩、允哲、允端,馮恩、時可,陸樹聲、彦章,唐自化、本堯,范惟丕、允臨,陸樹德、彦禎,徐三重、禎、稷,喬木、拱璧,王孫熙、元瑞,楊繼禮、汝成,凡四十九人。兄弟登進士□:錢溥、博,李清、澄,宋琛、瑛,曹泰、時中,金臯、皥,侯方、直,張弘至、弘宜,董恬、忱,徐階、陟,顧中立、中孚,包節、孝,陸樹聲、樹德,范惟一、惟丕,陸從大、從平,潘允哲、允端,張明正、明化,陳夢庚、嗣元,李伯春、叔春,喬時敏、時英,姚士慎、士恒,王庭梅、庭柏,凡四十二人。

門人樹墓。陳仲山歿,門人吴太僕炯與康時萬輩,私謚爲貞靖先生。爲捐資卜地城南七里許官紹塘上,壠木蒼鬱,皆門人手植也。墓旁祀像,置義田,子善終身廬焉。

復學基。華亭庠王時亮,伉直自好,抗疏復庠南基地。奉旨下兩臺行查,鬨者四起。郡守楓谷喻公申文云:"風水之説,固不可不信,亦不可太泥。該學基地,原因徐侍郎捐田六百五十畝,廛房九十餘間,與相貿易,非侵占也。越今數十年,起而爭之。徐氏之後人憚名義而讓還前基,且並田房而委之。不已,而又願拆東邊書房廊屋,以狥諸生,可以爲難矣。此地既得，則巽水之故流可復，五星潭之舊形不失，豈必盡復故物，而後爲快乎?”議遂止。

待漏石。曹涇楊氏得一峯石，高二丈，儼若人形，幞頭大袖，名爲待漏石。左肩有“九天閶闔開宫殿，萬國衣冠拜冕旒”二句，非刻非寫。每至天欲雨，氣蒸石潤，十四字隱隱可誦。

石秀齋。莫廷韓得奇石，色紫，下有“米芾”二字，峯巒隱起。莫喜曰:“更添齋中一倍巉嵓。”顔其齋曰石秀，刻名雲卿於上。廷韓寶之，命以自殉。

廢圃石。唐曾成偶從袁相國履善廢圃得一石。本湖石也。色道理紋絶似靈璧。令童子剔蘚洗索，上有錢太史鶴灘題句云:“清時誰肯棄君平，高卧偏深木石盟。對此蕭閒無俗事，一絲沉水一函經。”移置問龍堂，終日清對。

擲杯。朱司業大韶多藏玉，以一杯爲冠。卒無嗣，婦家陸氏搆訟，及其弟大英，禍且叵測。大英出寶玉爲請，訟稍解，竟擬戍。後大英之子本洽，成癸丑進士，官比部。上疏白冤，榮贈得如例。適陸氏子爲少年所誘，繫松郡獄。其叔詹簿過松，通姻好，因歸璧，並償千金。本洽持杯，酹其父像，立碎之，仍捐金置田，以餼學宫。比部復讎，詹簿幹蠱，皆迫於至情。人以此賢之。

還金。龔尚孝者，東郭小民。家貧，以賈販糊口。弱冠時，有群坐肆中談者，良久散去。尚孝於其坐處，得白金三十鐶，即默藏之。明日，復見數人踉蹌而來，一人泣謂失金正此地。尚孝詰其所失，色數皆合，悉歸之。其人感泣，願以半爲謝。尚孝笑曰:“我欲得金，豈不能盡匿乎?”謝遣去。

真率翁。許氏，字思敬，號敬齋。世居秦郵，來寓於松。居室不多，軒檻瀟灑，花卉前列。軒揭篆書“真率”二字於壁間，圖史堆積於床几。窗外小方池，底圓若井，清漪涵碧，魚泳其中。遇良朋置酒，情真意篤。客欲止飲，忻然而從之。鄉貢進士胡儼爲傳，書於華亭學宫。司徒原伯淵爲記，御史陳頛爲跋。子宗海，刑部郎。

義支嫡派。魏潔奴，係方正學族姪之妻，原發漿糨房爲奴。洪熙中赦還，立方氏祠堂，以奉先生祀。冰蘖自守，以終其身，故志稱爲節婦。其遺囑有云：並無應繼兒男。宣德八年，抱養族侄魏統女，從方姓爲(妹奴)[姑姪]。正統四年，建立祠堂。七年，招壻王鼎昂，撥田五十畝，地六十七畝，祠堂屋一座，永祀方氏神主。後魏氏僕謝來進冒方氏，傳生方池，池生繼忠，是爲義支。時不知方之爲余，在雲間也。後先生十世孫忠枝、忠奕，十一世孫樹節，始歸宗寧海，是爲嫡派，守本邑祠。而義支姑沿郡祀。

寫照。沈俊，號碧霞醉李人。客華亭之西郊，孝友醇實，善山水花草，而寫照尤工。士大夫争迎之，其聲價不在莆田曾鯨下。

賓館婦人。新科孝廉見郡公，穿花員領，徐禎稷獨衣舊袍。許侯維新特與揖曰:“君真世家子也。”又有謁縣公者，風揭紅衣鮮麗。熊侯劍化一見即出。或訝之，曰:“適賓館中有婦人，不便周旋耳。”

聽讖。戴損庵於嘉靖乙巳除夕，同兩兄聽讖。見一婦人開門，三人齊立問:“吾輩明年中式否?”婦答曰:“左右不中,問他何用?”三人懊喪而歸。明年,損庵竟得捷。因憶是晚三人齊立,損庵居中,則損庵之捷,隱然示矣。

積灰。萬曆乙巳,城中屢被盜劫。先數日前,有人載稻草灰,堆積東城下,高卑大小不一,衆以爲積灰之常也。是夕,群盜自城飛墮,因灰積,得安然而去。盜有道矣。

稗 諧

絶對。丘機山宋季元初,以滑稽聞於時,遨游湖海間。嘗至福州,譏其秀才不識字,衆怒,搆思一對難之,欲其屈服。對云:“五行金木水火土。”丘應聲云:“四位公侯伯子男。”其才敏捷類此。

袁凱佯狂。太祖命袁凱題畫虎詩曰:“畫得花斑斑,只是難相聚。維有父子情,相親復相顧。”太祖雖知其意在諷刺,然惜其才,不忍加罪。後因雷震田父,題於長安門曰:“雷哥哥,近前來,我和你説個緣由。耕牛田父與你有甚冤仇,怎麽不揀一個大得人憎的,與他一個辣手。”太祖見之,批其後曰:“袁凱這厮,放縱不才。打他四十,爲民當差。”既放歸田里,遣使潛察之。凱益爲狂廢,以糖和熟米,摶爲犬矢,夜密棄墻根草際,晝取而食。使者見之,歸陳狀,得免禍。後聞太祖崩,始歸理髮,有“從此一梳梳得去”之句。《移愚齋筆記》。

供狀。郁惟正,上海人。洪武初,被徵至金陵。上問曰:“子知書乎?”以吴音答,上不喻。時虞人有獻虎者,命作詩。惟正吟作諧語,上大笑,令其供狀。又吟曰:“上海八都郁惟正,見患四肢風濕病。皇帝若還可憐見,饒了這條窮性命。”上曰:“顛士也。”釋之。《天池聲雋》。

雲間酒。宋臨川陳隨隱《漫録》云:有嘲雲間酒淡,作《行香子》詞:“浙右華亭,物價廉平。一道會,買箇三升。打開瓶後,滑辣光馨。教君霎時飲,霎時醉,霎時醒。聽得淵明,説與劉伶。這一瓶,約迭三斤。君還不信,把秤來秤。有一斤水,一斤酒,一斤瓶。”嗚呼!豈知太羹玄酒之味哉?

鄭白鬚。松江鄭白鬚隱士,專一箴翰林詩病。一日,李西涯、錢鶴灘訪之,不遇。至晚又往敲門,鄭出接,即口吟云:“門敲四五下,犬吠兩三聲。遣僕堂前顧,何人月下行。玉堂錢學士,内翰李先生。老漢聞知得,連忙倒屣迎。”

緑衣清酒。張東海好穿緑衣,日作字,右肩嘗袒。時有沈大理名藻,嗜清酒,赴席必曰:“後日再來。”二公偶聚首,沈曰:“老張愛着瓜皮緑,偏袒右肩。”張應聲曰:“小沈能吞竹葉青,慣伸後脚。”

賞月詩。王鶴坡《中秋賞月》詩云:“孔孟文章原皎皎,禹湯事業本堂堂。”孫文簡笑曰:“中秋賞月,何故動勞四公。”

右取富。陸文裕公云:今市闤之處,人家門值路者,必樹一碑,題曰石敢當。蓋厭勝之辭,諺譏忽畧。人有曰:走馬看石碑,右取富。昨與方伯戴魯溪晝出,遇南浦驛丞於道,偶命曰:“有使客來自京師者,可訪《七政曆》得一本。”丞乃寫“漆正録”,遍求之。相與撫掌曰:“漆正録正堪配右取富。”偶書之,以資雅謔。

收受字。陸文裕公云：予還自饒至富陽，陸行過蕭山，入紹興，拜吏部尚書海日公王先生華，字德輝，辛丑狀元，新建伯守仁之父，予鄉試座主也。時廣東梁喬爲守，先生陪入郡齋訪之。梁適他出，先生握予手登越王臺，觀蘭亭石刻。還過廳事，指所扁"牧愛"二字，笑謂予曰："往年戚編修瀾文湍還，謂時守曰：此便可撤去。我自下望之，乃收受字也。"相與一笑。

人不嚙犬。徐文貞公林居遘難，鄉人多踵門呼名駡詈者。公曰："慎勿報復。譬如犬嚙人，人不嚙犬，必有人持杖擊之者。"因口占一絶云："昔年天子每稱卿，今日煩君駡姓名。呼馬呼牛俱是幻，黄花白酒且陶情。"

呼椅兒。徐文貞當國，諸僕叩見二守王公鶴年，王亦屈禮答之。偶縉紳進謁，客衆椅少，王連呼椅兒。顧豫齋笑曰："已而已而，今之從政者殆而。"

山人行卷。顧少參左山與一山人善，出行卷相視，首作《元旦有懷三閣老》詩。左山云："到除夕，亦當懷吾輩矣。"

翁壻同登。彭魯溪、袁與山，社友也。與山子福徵，年甫八歲，常侍側，自稱小相公。彭因試對曰："願爲小相。"袁答曰："竊比老彭。"彭又見其書腦裂碎，云："書腦經年葉落，爲恁風霜。"袁對云："燈心徹夜花開，因何雨露。"彭大稱賞，以女字之。後翁壻同登嘉靖甲辰進士。

琵琶詩。莫廷韓才敏，有一人寫"枇杷"二字，誤寫"琵琶"，即口占一詩曰："枇杷不是此琵琶，只爲當年識字差。若使琵琶能結果，滿堂琴瑟盡開花。"

康熙松江府補志

〔清〕魯　超　修　林子卿　等纂
陳　才　點校

整理説明

《松江府補志》不分卷，二册，書高 29.4 釐米，寬 18.4 釐米。無行格，無頁碼。半葉 10 行，行 22 至 23 字，小字雙行同。目録葉題名爲"補輯松江府志"。上册封面有沈祥龍題寫書名及識語，下册有沈祥龍識、章來跋及耕氓誌，正文偶見朱、墨筆校改和校補。

是書由康熙時期松江知府魯超延請華亭人林子卿等纂成，以爲郭廷弼所修《(康熙)松江府志》之補。此爲乾隆時期聞人倓鈔録本。魯超，字文遠，號謙庵，浙江會稽人，康熙年間任松江知府，有善政，撰有《群雅集》《謙庵詞》。林子卿，字安國，華亭人，府學貢生，撰有《素園稿》。聞人倓，字卓山，又字訥甫，華亭人，撰有《古詩箋》三十二卷，係箋注王士禛所選古詩之作。

是書上册有沈祥龍識語，曰："己卯仲夏，余方纂脩府志，適二泉錢君以此册見示，餉我者多矣。約齋沈祥龍識。"後鈐"沈祥龍印"白文方印。卷端頁鈐"臣倓私印"白文方印、"聞人卓山"朱文方印。下册有沈祥龍識、章來跋及耕氓誌。沈識曰："魯志稿成於康熙二十年。知府魯超延華亭林子卿等所纂，以補郭志遺缺，惜未刊板，録本絶少。宋《府志・藝文》載魯稿凡二十卷，魏序言序文、凡例皆不著録，疑書已佚。然此册本無叙例，亦未分卷。宋志云云皆誤也。今年，余纂續府志，錢君二泉以家藏聞人氏倓手録本見示，頗多采取，適何君秋士見之，慫恿二泉付梓，以備吾郡掌故。二泉其亦有意乎？光緒六年夏日約齋沈祥龍識於上海。"鈐"沈祥龍印"白文方印、"約齋翰墨"朱文方印。其中述及《松江府補志》成書情況及著録之誤。今人撰寫方志提要，未及見原書，故仍宋如林纂修《(嘉慶)松江府志》著録之誤，以爲此書二十卷者，實則沈氏已辨其誤。據此識又可知此書鈔手和藏處。章跋曰："魯郡侯超爲我郡賢太守，涖官後，延林子卿等於署，輯郡乘以補郭志。代者至書成，而未及刊。金山錢君二泉藏是書久，今將刻以傳世。夫文之顯晦有數，是書歷二百年而始得錢君以永其傳，使魯侯蒐討之功，得與郭侯並稱，不可謂非是書之幸也。二泉藏書甚富，多燬於兵燹。來見是書，復爲他書惜而太息久之。婁縣章來跋。"跋文中言及此書將刻板，然今未見，不知何因。後又有耕氓之誌，雖不知誰人，然有助於了解此書遞藏情況。文曰："丁巳夏，以二十金購之阮谿張氏，兼閲一過。耕氓誌。"鈐"愛裳"朱文方印。

是書有星野圖、蠲免、荒政、漕運、鹽法、蘆課、雜税、役法、水利、海塘、官署、學校、祠廟、寺觀、義冢、職官、科目、貢生、武科、名宦、名臣、獨行、文苑、隱逸、藝術、列女、災異、遺事二十八門，惟正文中星野圖、職官、貢生、武科四門標題漏寫，需要補出；學校一門所列子目又有名宦，與下名宦之門内容無關，而名稱相同，似宜修改。《(康熙)松江府志》計四十四門，是書沿之而有補，另又多出蠲免、荒政、漕運、蘆課、雜税、役法、海塘、祠廟、義冢、職官十門，則其補輯之價值，自不待言。

至爲遺憾的是，是書下册首末皆有缺頁。册首“職官”部分起自“上海縣知縣”，其上葉大春(《婁縣志》作“葉大椿”)、王睿哲二人於重新裝訂時誤植在上册“目録”前，今考此二人爲婁縣主簿。再對比《乾隆華亭縣志》《婁縣志》和《(康熙)松江府志》，可以推知，此二人之上當有以下諸人：華亭縣知縣陳昌明、鄭國翰、王協、董士哲、閻必崇、南夢班，縣丞劉球瑛、張錦、劉問明、甯垣，管糧縣丞劉世輔、李文華、胡應鳳、劉之良，主簿張漢、唐瓊、宋士標、張玉柱；婁縣知縣李復興、王奎齡、孟道脉、譚從簡、蘇堯松、史彬、廖慶良，縣丞魏天賢、施鴻、劉邦允、徐宏道、祁瑞麟、蔣嘉謨、王國禎、曾聖傳，主簿余志龍。余志龍於康熙五年六月任，葉大春於康熙十七年八月任，《婁縣志》謂後“歷任主簿亦多闕略無考”，則此十二年間任主簿者已不得而知。至於康熙元年婁縣所設董漕縣丞，不知誰人擔任；而松江府所設知府、海防同知、管糧同知、水利通判、推官、管糧通判六職，亦不知此補志中是否列入。册末“遺事”一目，至“包宜壑先生爾庚”條内容已不完整，其下更不得而知，好在所缺應當無多。

《松江府補志》爲海内孤本，現藏上海博物館敏求圖書館。本次點校，即以此本爲底本。囿於學識，疏誤難免，敬請方家批評指正。

陳　才

二〇二〇年八月八日

目　　録

〔星野圖〕

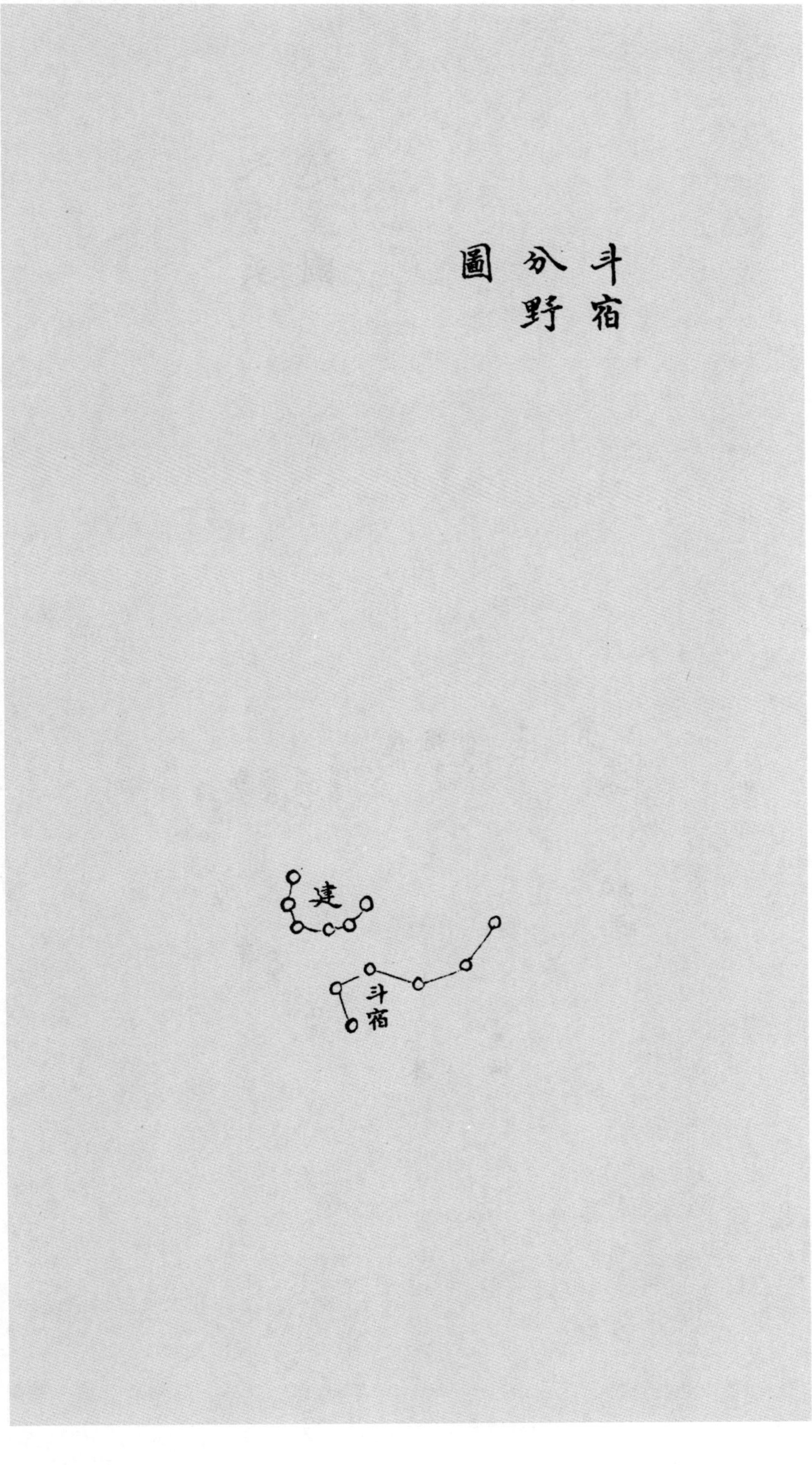

天市吳越星圖

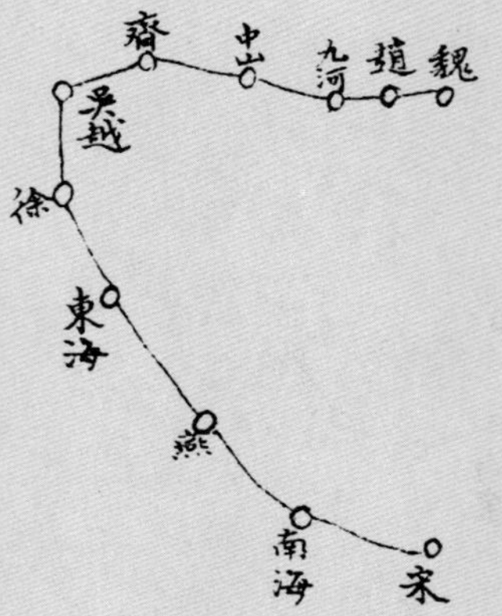

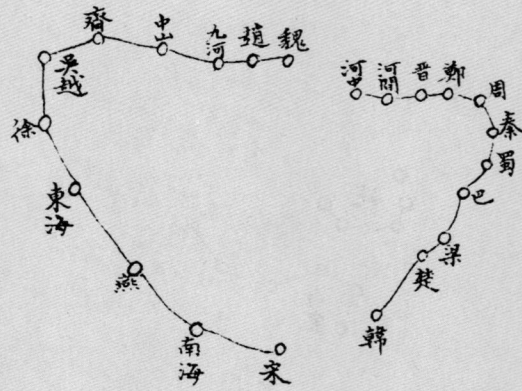

據上海縣申送分野圖說

分野星圖

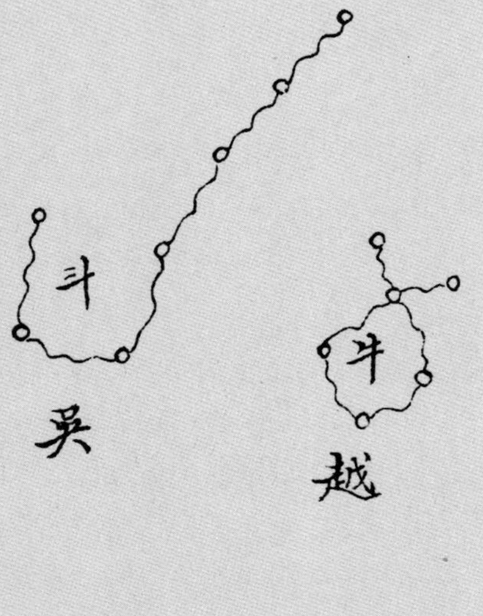

細查《分野星圖》,松江府上海縣古來俱屬揚州,係斗星分野二十五度。上海所管,六百里至海濱,盡在度内,有府縣志可考,然從未有圖。今依西洋曆法,詳推簡略分野星圖,略存上海大概,伏乞採擇刊入志内,永爲便易。

蠲　免

康熙三年,上海縣爲颶潮秋發等事。本年秋,水災,奉旨恩蠲銀二萬四千三百四十八兩八錢四分六厘七絲。

四年,華亭縣爲水澇爲灾等事。奉旨蠲免銀一萬一千四百一十四兩八分八厘九毫六絲。

婁縣爲水澇爲災等事。奉旨蠲免銀二萬七千四百一十一兩六錢六分一厘九毫二絲。

上海縣爲一歲兩災,奇荒罕見等事。本年秋,被旱災,奉旨恩蠲銀六千三百六十七兩一錢八分八厘三毫三絲。

青浦縣爲水澇爲灾等事。奉旨蠲免銀一萬六千三百八十六兩八錢九分八厘六毫七絲。

九年,華亭縣於彙報江南各屬勘災等事。奉旨蠲免銀四百二十四兩七錢四分三厘二毫二絲。

婁縣奉旨蠲免銀一萬八千五百九十九兩三錢五分八厘六毫,蠲免米六百三十三石二斗二升一合六勺,停徵米四萬八千二十九石九斗七合四勺。

青浦縣奉旨蠲免銀壹萬九千五百八十七兩九錢六毫二絲,停征米四萬六千七百五十七石九斗八升二合二勺。

十年,撫院馬於彙報各屬旱蝗等事。

華亭縣奉旨蠲免銀七千一百八十二兩四錢三分六厘三毫七絲。

上海縣奉旨蠲免銀二萬一千九十九兩五錢六分五厘六毫一絲。

青浦縣奉旨蠲免銀二千三百三十兩九錢一分四厘二毫一絲,蠲免米八十九石三斗四升六合五勺。

十一年,撫院馬爲彙報各屬秋災等事。

華亭縣奉旨蠲免銀一萬五千六百九十兩四錢三分四厘二毫,米四百十七石四斗八升四合五勺。

婁縣奉旨蠲免銀一萬二千三百三十一兩二錢九分九厘一毫,米四百二十九石七斗五升九合八勺。

上海縣奉旨蠲免銀一千二百八十二兩八錢六分八厘九毫,米四十三石六斗八升八合一勺。

青浦縣奉旨蠲免銀二萬三千五百四十三兩三錢六厘七毫五絲,米七百一石三斗三升四合一勺。

十三年，本府劉爲欽奉上諭事。奉總督阿憲牌，内開本年地丁錢糧蠲免一半，仍于田單註明，曉諭小民，務沾實惠。

華亭縣蠲免銀六萬八千三百五十三兩六錢七分六厘六毫。

婁縣蠲免銀五萬一千二百二十六兩六錢三分一厘五毫。

上海縣蠲免銀八萬五千二百二兩三錢六分三厘四毫。

青浦縣蠲免銀四萬九千三百七十二兩三錢一分九厘八毫。

竊惟蠲賦之典，每因水旱灾荒，有司籲請而得之，未有九重之上，時軫痌瘝，霈發德音，如十三年之詔旨者也。是歲，滇閩叛亂，江南戴德之民，莫不志切同仇，欲剸鯨鯢而食其肉。信乎上下之相應，有如桴鼓矣。蓋自漢文帝蠲租，史策以爲美談，惟我皇上盛德同符，爲萬世子孫、千古帝王法。小臣綴輯郡志，於蠲免之條，用以冠諸首簡，使覽者得開卷而頌揚聖政焉。松江府知府臣魯超恭識。

十八年，青浦縣爲題明遵旨踏勘等事。奉旨蠲銀九千二百三十三兩七錢七分三毫二絲，米二百三石三斗四升八勺。

十九年，青浦縣爲將被災州縣等事。奉旨蠲免銀三千三百一十八兩六錢七分四厘六毫八絲，米一百六石七斗六合三勺。

康熙八年，蠲免華亭縣坍海缺額。

先是七年，撫院韓於清各省之地等事。據華亭縣詳稱，坍海田畝，於康熙三年海患抄没，委官勘報，坍没田一十八頃五十六畝八分五厘三毫内不等，准熟田一十八頃五十五畝八分六厘八毫，復委海防同知彭可謙親驗得實，撫院已經題報。八年十一月總督麻題前事。户部覆令談督親身踏勘具奏，奉旨蠲免。

康熙二十年，巡撫慕於坍荒賠累無追等事。案内具題，部覆奉旨蠲免華亭縣坍缺版荒田地六千六伯六十三畝九分二厘一毫一絲六忽。

婁縣坍缺版荒田地一萬三千五伯五十一畝八分五厘四毫六絲六忽。

上海縣坍缺版荒田地五千二百畝五分一厘。

青浦縣坍缺版荒田地三萬二千八百六十七畝九分八厘。

松屬四邑皆有坍没版荒，而賦額載在版籍，無由除里民之困。自韓撫院奉有勅書，内開拋荒田地，不許人户包賠，於是蘇、松九州縣另爲造册報憲。十一年，督、撫兩憲委蘇糧廳師佐到松丈量勘確，並無虚冒。十三年，慕撫院入覲於輯瑞，陳言中有蠲免一疏，留中不發，至是特疏具奏大部，議覆奉旨蠲免，積困得甦。二十一年，撫院解任時，復有仰籌開荒一疏，内開蘆蕩田畝，准折陞科開墾田畝。六年陞科，但數十年拋棄田地，即欲開渠耕種，若不給以牛種民力，恐難猝辦，自當需之歲月，始有成效也。

荒　政附

康熙十八年，撫院慕爲再行勸賑以濟飢民事。

華亭縣知縣南夢班奉憲出示，鼓勸僚屬、紳衿、商賈外，先行捐俸，於四月初一日設粥廠三十六，保十字廟，委典史謝大業管賑，并令南橋司巡檢丘蜚就於本鎮明行寺施粥濟飢，俱于本月二十九日停止。

婁縣知縣史彬遵奉憲行，首先倡捐，設法勸賑。現在塘橋之資福寺，遴舉生員張時龍建廠，煮粥賑飢，又天馬山之圓智寺，遴舉生員顧王律建廠，煮粥賑飢，俱于四月初一日開賑，至五月初五日停止。

張時龍《己未初夏婁邑塘橋賑粥即事十六韻》:

堯衢忻擊壤，舜瑟協薰風。蹇遇災傷日，胥資博濟功。望施真徧野，履畝惕私衷。春麥狂霖布，秋禾旱魃攻。巢林疑舞燕，栖壄動哀鴻。掩袂嗟無食，携筐泣采蓬。孤村犬寂寂，三徑草芃芃。矯節誰爲發，褰帷孰與通。幸逢良宰牧，竊比富元公。民隱何曾壅，濃膏自不窮。周知四境苦，更悉北隅空。建廠臨蕭寺，分糜起積癃。晨飧皆果腹，歸路喜餘筒。扶杖情多切，含哺意自融。菲材承命渥，下里被恩洪。願更成圖繪，披誠答聖聰。

青浦縣知縣蘭友芳奉憲遍示勸輸，復即首先倡舉，於三月初八日設廠優曇菴、北關外、三天門等處。煮粥賑起，至四月初八日停止。

十九年，知府魯超爲飢民望賑等事。

本郡地藏菴設廠賑飢，督廠善士王允鍔、方文思、孫淇自康熙十九年正月初十日開賑起，至四月初十日止，通共賑過男婦飢民二十五萬一千四百二十七名口，共賑過米一千三百一十九石四斗五升八合，鄉紳、衿耆、商賈捐助姓名米數另有細册。

又，浦南地方如莊家行、南橋鎮等處，距賑廠四五十里，飢民不便就食，里中士商共捐米七十四石二斗六升，賑本處之飢民。奉本府諭令，監生莊肅確查飢民，共三百六十九家，男婦長幼九百一十四名口，分別等次，計口授米，得沾實惠。捐助姓名另有細册。

提督王捐銀一百兩，買米五十石。中營參府張捐米五石五斗。本府魯超捐米一百石，柴、銀二十兩。糧捕通判宋捐米五石。水利通判董捐銀一十兩，買米五石。華亭縣知縣南夢班捐米八十五石九斗，柴、銀一十二兩五錢。縣丞甯垣捐米五石，柴錢一千文。縣丞胡應鳳捐米六石，柴錢一千五百文。主簿唐瓊捐米四石。婁縣知縣史彬捐米一百二十七石七斗五升，柴、銀一十六兩八錢。縣丞蔣嘉謨捐米六石，柴、錢一千五百文。

青浦縣知縣蘭友芳設廠，本縣城外優曇菴、楊家莊、蟠龍鎮、徐涇鎮、崇澤鎮、羅木橋、重固鎮、七匯，共八處，賑民六萬五千九百三十一口，共賑米五百七十一石七斗八升，係官、紳、生、監、士、商、義民樂助。

二十年三月，婁縣知縣史彬奉本府魯委書，督同撫院慕，差官陳培、錢化鵬、顧餘，賫奉憲票，内開本部院踏勘松屬坍荒，行至天馬山，見村落窮簷，多有困苦，又聞塘橋地方嗷嗷枵腹，特令賫銀一百兩，往彼處確查真飢，驗給每名大口一錢、小口五分。如前銀散給不敷，即赴婁縣支取庫銀五十兩凑濟，共銀一百五十兩，照依制錢，共易足净大錢一百六十一千二百九十文，均分其半，八十千六百四十五文，差官顧餘同生員顧玉律前往天馬山地方，差官陳培、錢化鵬同生員張時龍前往塘橋地方，沿門挨户，查確真實。飢民照數賑完，頌聲載道。

二十年十一月，本府魯超爲義士殫力捐賑、樂善堪嘉等事，内稱：華、婁今春米騰貴，仳離之狀，不忍見聞。本府仰體憲仁，首先捐米三百石，倡率鼓勸。通判宋士標捐米二十石，華亭縣知縣南夢班捐米一百五十石，婁縣知縣史彬捐米一百五十石，并縉紳士商捐助不等，内有好義生員莊徵麒，獨捐米二百七石三斗八升，共得米一千八百九石一斗四升，設廠在郡城西門外白龍潭，散給飢黎。生員莊徵麒不辭勞瘁，力任賑事，區畫條理散給之法。更有生員高懿慤、耆民王允鍔，同心協助，趨事勤勞，先往被災各村查明真正飢民，逐户給票，赴廠照票給米。通共賑過男婦三萬四百四十三名，幼孩九千五百六十八名，散給得法，無一毫虛冒，全活數萬生靈。惟是莊徵麒、高懿慤、王允鍔捐貲勞力，衆中翹楚，尤爲可嘉，奉巡撫部院慕批：今春灾飢，該守率屬捐賑，深爲嘉尚，據詳生員莊徵麒、高懿慤、耆民王允鍔同心協助，好義可風，仰府給匾旌勵。

二十年十一月，本府魯爲恭報青邑賑飢、捐助、宣勞等事，内稱：青邑連歲凶荒，比户啼飢，職府首先捐米一百五十石，知縣藺友芳捐米一百五十石，勸募紳廉商庶協助，共得米一千一百八十四石二斗七升，設廠於南門外優曇菴，自二月二十日開賑起，至五月初四日止，通計賑過飢民男婦二萬五千七百九十七名。其總司出入，條理賑事，則鄉紳張有光、諸嗣郢也；往各鄉查驗飢民户口，則耆民王允鍔、張雨石、杜聯生、徐晉三、僧人弘濟、道士姚西津也；飢民到廠領米，對號驗票登數，則蔡鷺序、王鈞、陳塈也；掌管收放賑米，則生員潘恪如、董枅、黄谷也；收票銷號，則生員葉之奇、胡任泳、李見龍也；往來運米，則道士曹太慧也。外有貢生陳虞裔之父，耆民陳國效，獨助米麥一百三十石三斗八升，自賑男婦老幼二千六百十一名口，尤屬衆中翹楚，可嘉。奉巡撫部院慕批：青邑今春賑過飢民，該守率屬倡捐，洵爲仁民實政。賢紳耆士，以及僧道，或輸貲助賑，或効力襄事，均屬可嘉，仰府分别酌行，置匾奬勵。

漕 運

金山頭幫

部推更番領運千總二員。

一、額設淺船二十五隻，每船屯丁一十一名，共該屯丁二百七十五名。

每名應支出運行糧三石，共該米八百二十五石。本、折均交：一半該本色行糧米，四百一十二石五斗，例在華、上二縣，隨漕徵給；一半該折色米，四百一十二石五斗，每石額編銀一兩二錢，共該折色行糧銀四百九十五兩。例奉督糧道吊給開幇濟運，每石應支出運月糧八斗，共月糧米二千二百石，本、折均支：一半本色米，一千三百二十石。内一于婁、上二縣，隨漕編給十個月，本色月糧米一千一百石，一半金山衛屯糧内徵給回南。十一、十二月分，本色月糧米二百二十石，一半折色月糧，共該一千三百二十石。一于婁、上二縣，隨漕徵給十個月折色月糧，每石折銀一兩，共該銀一千一百兩。例奉督糧道吊給開幇濟運。一于金山衛屯折銀内回南支給十一、十二月分折色月糧銀二百二十兩。

前件頭幇淺船内，于順治十六年奉行，减灰石船五分，應扣减存行月銀米，聽貯婁、上二縣起解，各縣自行造報。其金山衛應扣灰石减船五分。十一、十二月分本色月糧米四石四斗，每石折銀一兩二錢，共銀五兩二錢八分。又應扣解折色月糧銀四兩四錢，共銀九兩六錢八分。常年起解。

總漕部院發淮庫交收掣批報銷訖

一、每船額編贍運銀二十三兩六錢二分五厘，共該銀五百九十兩六錢二分五厘，于屯折銀内徵給脩艌漕船支用内，灰石减船五分，共該扣解贍運銀一十一兩八錢一分二厘五毫。常年扣解。

江藩司庫轉解掣批報銷訖

一、每船歲遇閏月，應加編本折閏月糧二百二十石，本、折均支：一半本色米，一百一十石；一半折色糧，一百一十石，每石折銀一兩共，該銀一百一十兩，例應婁、上二縣徵給濟運①。

一、奉總漕部院頒給全單，兑運松江府華、婁二縣漕糧。奉憲題給每百石官贈米五石，官贈銀十兩，于康熙十七年間奉减官贈銀一半，實給五米、五銀。隨于康熙十九年間，欽奉

① 例應婁上二縣徵給濟運 “徵給”旁有朱筆批校曰“征解”。

上諭,特恩照舊全給,例于該縣隨漕支給。

一、本幇漕船凡十年限滿,每船應領原編造船料,價銀二百八十三兩二錢七分三厘八毫。内應支民七,銀一百九十八兩二錢九分一厘六毫六絲;軍三,銀八十四兩九錢八分二厘一毫四絲。

一、本幇漕船出運,應領年第不等三修銀兩。幇船到淮,遵照淮頒則例,每年照船出水,第造册具領,淮庫支給。

金山二幇

部推更番領運千總二員。

一、額設船二十二隻,每船屯丁一十一名,共該屯丁二百四十二名。每名應支出運行糧三石,共該米七百二十六石,本、折均支:一半該本色行糧米三百六十三石,例在華、婁、上三縣,隨漕徵給;一半該折色米三百六十三石,每石額編銀一兩二錢,共折色行糧銀四百三十五兩六錢。例奉督糧道吊給開幇濟運,每名應支出運月糧八斗,共月糧米一千九百三十六石二斗,内本、折均支:一半共該本色月糧米一千一百六十一石六斗,内一于華、婁、上三縣隨漕編給十個月本色月糧米九百六十八石,一于金山衛屯糧内徵給回南。十一、十二月分本色月糧米一百九十三石六斗。一半折色月糧共米一千一百六十一石六斗,一于華、婁、上三縣隨漕徵給十個月折色月糧,每石折銀一兩,共該銀九百六十八兩。例奉督糧道吊給開幇濟運,一于金山衛屯折銀内回南支給十一、十二月分折色月糧銀一百九十三兩六錢。

前件二幇淺船内,于順治十六年奉行,減灰石船四分,應扣減存行月銀米,聽貯華、婁、上三縣起解,各縣自行造報。其金山衛應扣灰石減船四分。十一、十二月分本色米三石五斗二升,每石折銀一兩二錢,共該銀四兩二錢二分四厘。又應扣解折色月糧銀三兩五錢二分,共該銀七兩七錢四分四厘。常年起解。

總漕部院發淮庫交收掣批報銷訖

一、每船額編贍運銀二十三兩六錢二分五厘,共該銀五百一十九兩七錢五分,于屯折銀内徵給修艌漕船支用内灰石減船四分,共該扣解贍運銀九兩四錢五分。常年扣解。

江藩司庫轉解掣批報銷訖

一、每船歲遇閏月,應加編本折閏月糧一百九十三石六斗,本折均支,一半本色米九,十六石八斗;一半折色糧,九十六石八斗,每石折銀一兩,共該銀九十六兩八錢。例應華、婁、上三縣徵給濟運。

一、奉總漕部院頒發全單,兑運松江府華、婁二縣漕糧,奉憲題給每百石官贈米五石、官贈銀十兩,于康熙十七年間奉減官贈銀一半,實給五米、五銀。隨于康熙十九年間,欽奉上諭,特恩照舊全給,例于該縣隨漕支給。

一、本幇漕船凡十年限滿,每船應領原編造船料,價銀二百八十三兩二錢七分三厘八毫,内應民七,銀一百九十八兩二錢九分一厘陸毫六絲;軍三,銀八十四兩九錢八分二厘一毫四絲。

一、本幇漕船出運,應領年第不等三脩銀兩。幇船到淮,遵照淮頒則例,每年照船出水,年第造册具領,淮庫支給。

領運弁員

本朝定鼎,改設。

一、奉部推金山衛掌印,兼理屯務守備一員。

一、同城左所千總一員,右所千總一員,前所千總一員,後所千總一員,經歷司經歷一員。

一、專城松江守禦所千總一員,青村守禦所千總一員,南匯守禦所千總一員。

前件常年僉選金、松二幇正運官二員,領運漕糧。

一、於康熙七年間,奉行屯糧關係軍需等事,案内奉部題,定徵屯不必領運,議得:

左右二所千總二員,改管更番金山衛幇領運。

前後二所千總二員,改管更番松江所幇領運。

一、於康熙十七年間,奉部議,裁松、青、南三所千總員缺。

一、於康熙十九年間,奉部議,改松江所幇,改金山衛二幇。

鹽 法

康熙七年鹽院傅　申飭捕役巡鹽離場三十餘里碑記

巡按兩浙鹽漕察院傅　爲懇恩遵鹺立法，永絶私販之源，裕課甦商，勒碑垂久事。據嘉、松二所商人戴茂、汪文焕、張大道、金復仁等呈稱，切惟舊制，捕役巡鹽離場三十餘里，蓋因産鹽之地，原屬場官統轄，設立保伍稽查，又有官商覺察，至于煎竈食鹽，不在禁例，尤恐巡捕托名藉以興販，所以防範綦嚴，載明鹺典。邇來奸棍結黨，舳艫魚貫，或冒巡員，或稱鹽快，撑駕械船，直抵煎鹽之所，窩頓勢豪之家，搆挽狼僕，興販公行，晝夜不息，以致鹽無顆粒上厫，衆商張惶無計。更可異者，撇鹽生蛋，魚肉鄉民，如去年陳二告發王十等一案可証；盗刦殺人，禍延四境，如近日蔡家橋鹽快活殺顧四一案可証。種種遺殃，更難僕數。先經倪卿、蔡恩等呈明前院，奉有明示，頒發縣場，不許巡船越境擅入，各場煌煌。憲令墨跡未乾，詎意梟黨藐抗不遵，興販愈熾。茂等叩求立法，嗣後場屬内地，遵照憲行，十家編甲，果有私販、私煎，責成甲首立刻報官，按律究懲。其捕巡各役，恪遵鹺制，離場三十里之外，方許巡緝。場屬界河置栅一面，稽察巡船不得混入，則私販自然屏絶，額引自然疏通，商竈兩利等情，到院據此爲照。鹽捕巡緝私鹽，務須遠離場界，載在鹺規，班班可考。一則便竈煎燒，配商捆運，一則杜其假巡生事，搆梟興販，立法甚善。邇來奸捕不遵鹺制，借名巡緝駕船入場，結連場覇奸竈，私煎私賣，恃巡牌爲護身之符，倚船械爲濟販之具，聯艅滿載，白晝公行，場官莫能窮詰，引商罔敢誰何。甚至撇鹽生蛋，紥詐鄉民，捕影追風，擾害商竈，流毒無窮。捕惡胡底，上年竈户倪卿等具呈前院，業經嚴示禁約，案墨未乾，何物捕蠹？愍不畏死，仍前藐抗，大膽横行，深可痛恨。除密訪外，合再嚴禁，爲此示，仰該場官攢商竈人等知悉，嗣後鹽捕巡船，務遵鹺制，離場巡緝，毋許入場。該場大使于附場要隘處，所釘置樁栅，分别疆界。栅内責成場官工脚團保，自行稽察，栅外責令巡鹽官捕往來巡緝。如有巡兵捕役故違憲案，入場生事，擾害商竈，及搆通奸棍，假巡興販，或本院訪聞，或被人舉首，定即置之重典，斷不少寬三尺。勿謂憲示空懸，可以嘗試也。須至示者。

予觀古之立法，其規爲無不至善，自行久遠，而漸失其意，弊寖生焉。惟賴仁人君子留心當世之務者，脩明其制，而繼續其模，斯復躋民于仁壽，而垂惠于無窮也。我松郡蒙洞悉民隱，燭照商情，髮衝鐵柱，墨染霜毫，給示禁絶，分别疆界，務遵舊制，巡緝離場，并着該場官攢商竈人等，不許捕役入場滋擾，詐害平民，潛行私販。如有溷入，許地方公首立置重典。此真仁人君子之用心矣！其德澤之流衍，爲何如哉？雖然上之行之者，固已深求瘼之心，而必須下之奉之者，能共視其切膚之痛，斯爲其弊可除，而其源可永耳。予謂高明鹺客，與里鄙之偉人杰士，協力以圖，方爲有濟。尚其勉旃！

弘文院庶吉士朱錦跋。

康熙十一年江南提督王　申明鹺規舊制離場三十里偵緝嚴禁巡船入場劄付

提督江南等處地方軍務總兵官右都督伯府王爲巡船不許入場，私鹽豈能飛渡，叩天恩檄汛防隘口，嚴加詰緝，清本澄源，裕國甦商事。據松所[1]商人洪日升、楊升玉、瑞徵、吴雲、葉繼發等連名呈前事，内稱，鹺規舊制，巡船必須離場三十里，偵緝止於河浦寬闊處所，常川巡緝，給示曉諭，通衢兵民，共相遵守等情，據此爲照。巡船借巡興販之弊，本提督訪聞最確，前經嚴檄廳營，嚴加禁緝，并查取巡船編號、鹽快花名數目，飭行各該營知照，稽查驗放在案。今據各商呈稱，巡船不許入場，私鹽不能飛渡，借巡興販之弊，可以永絶，誠端本澄源之法。除經通飭沿海各營，嚴督汛防，官弁在于各隘口，嚴加查察，一切巡鹽船隻，止許于河浦寬闊處所往來巡緝，一概不許入場。若守口官兵容情私縱，以致夾帶私鹽出場，或該場官攢捉獲，或在外巡船拿獲，定行根究，係某口私縱出入，立將守口弁兵嚴究徇情賣放之罪，外合就飭，行爲此劄，付水利廳照劄事理。即便大張曉諭，嚴飭各巡船人役，恪遵嚴禁，止許在于河浦大路往來巡緝，不許擅入場竈近地，致滋借名夾帶之弊，如有故違事發之日，即行嚴提，從重治罪。至于在塲捉獲私鹽，即令歸厫配掣，不許營弔出場，似亦可杜夾帶隱漏之弊。是在該廳嚴飭力行可也。須至劄付者。

康熙二十一年知府魯超請禁巡船不許入場在黄浦塘巡緝詳文

江南松江府爲巡鹽不明，規例地方，擾害無窮，申請憲恩，特賜嚴禁，以安民生，以杜私販事。切照鹺規，開載捕役，不許擅入場團，許離場三十里外，在黄浦塘巡緝，蓋爲地近場竈，民業煎燒鹽，乃本處土産，引票不行，聽從民便，無庸巡緝故也。又查律文開載，凡貧難軍民，將私鹽肩挑背負，易米度日者，不必禁捕。蓋場竈地方私鹽買賣，爲數無多，若行禁捕，無益于鹽政，徒致擾民故也。況巡鹽之人，即是販鹽之人，若使假借官牌出入場團，勢必恣行夾帶，此尤不可不爲禁絶也。今松郡濱海，黄浦以南、黄浦以東，如張堰、葉謝、亭林、南橋、蕭塘、周浦等鎮，與浦東袁浦、青村、下沙各場，相去甚近，即遠者亦不過三十里，乃巡船絡繹，捕殺縱横。凡遇小民手提食鹽，輒便搶奪捉拏，指之爲私，私刑炙詐，而巡鹽之人反將私鹽沿門挜賣，高抬倍價，刻期索取，少有遲違，立遭兇毆，秋成之際，挜賣愈多，小民終歲勤動租糧之外，所獲升斗，不能供若輩之誅求。或者稍稍温飽之家，抛鹽陷詐，謂之生蛋，不遂其欲，捏報文武衙門，頃刻破家。里甲隣佑，蔓延拖累，相率逃徙，村落爲墟巡鹽，適以賣鹽便民，反致害民。竊思剔弊除奸之法，莫若申明舊制，離場三十里之内，不許

[1] 松所　“所”，原作“府”，朱筆校改作“所”。

捕役巡鹽。倘有興販船鹽在場買運，則有場官覺察，經由口子，則有汛兵盤詰，各衙門所設巡船，應在黄浦中往來巡邏。如有私鹽出浦，擒獲解官，究問買鹽係何場竈，經由是何口子，場官汛官一並連坐，則私販有絶，而小民得以安業矣。但私所有等無賴，貧商勾連，捕役招集鹽徒，以巡鹽詐害爲生涯，從此失業無聊，必將肆其簧舌，糾其商衆，投遞公呈，反云弛禁悮課，希圖阻撓善政。卑府目擊百姓困苦，不避嫌怨，敷陳管見，仰祈憲臺移會兩浙鹽院，分界勒石，立法嚴禁，俾得永遠遵行，所裨于國課民生，非淺鮮也。

總督部院于批，據詳捕役奸商，藉緝私之名，違制害民，請勒石永禁，具見留心地方，黎庶攸賴，深爲可嘉。仰候移明鹽院，該府即移行所屬文武緝捕衙門，嚴行飭禁，兵役仍不時稽察。地方違犯，立即拿解究處仍候撫、鹽兩院批行繳。

巡撫都察院余批，據詳剔除巡鹽諸弊，有關民生，仰候總督部院兩浙鹽院批示行繳。

兩浙巡鹽察院詹批，據詳禁戢擾害，以杜私販，具見該府留心國課。此後如有前項無賴棍徒，勾連捕役拋鹽陷詐窮民者，該府訪實。嚴拿解究繳。

康熙二十二年鹽院詹　改立離場十五里界碑憲牌

巡鹽御史詹爲循照鹺規，定界巡緝，勒石永遵，以裕引課，以安地方事。康熙二十二年五月初五日，准總督江南江西部院于手本移覆，本院會議，松屬各場，定界緝私，緣由内開，准貴院手本，内開私鹽不絶，官引莫疏。

新例甚嚴，處分甚重，故偵緝不可稍弛，巡役要當密佈，又烏容置議爲哉。况私鹽之源，産自場竈，若以欲清其流，必潔其源，而論則鹽場之内，正宜巡緝，乃考之鹺規，有離場十五里偵巡之制，其義何居？揆厥所由，蓋緣場内係産鹽之處，猶恐捕役倚巡興販，任意夾帶，場官不能遏，保伍不敢問，故令其離場十五里巡緝，所以杜捕役之作弊也，非謂十五里之内可以聽民食私也。前人立法，自有深意，邇因松江魯知府以雲間地瀕場竈，民苦私鹽之累通詳，勒石豎碑，以定巡緝之界。此該府念切痌瘝固，地方官應修之政事，誰曰不宜？而獨是定界之遠近，尚須準古酌今，深加調劑，庶幾商民書安，斯稱善舉。本院由是于去冬臨私之際，躬率該府閲歷黄浦遴委巡捕主簿唐瓊前往各場，同場大使等官將各場出浦地形繪爲一圖，指顧之間，要津畢具。兹本院謹按圖定界，爲貴部院詳言之。查附近袁浦場者，則有下横涇地方，離場十五里，今應于涇口立碑；附近青村場者，則有青村港地方，離場十五里，港上存有舊碑，今應移出三里，于青村港西小荒墩立碑；附近下沙頭場者，則有新場鎮地方，離商人收鹽官廒實有二十四里，緣此鎮原有舊碑，今應仍立原處附近；下沙二三場者，正西至王永橋，北莊鎮地方，西至北沙陀廟地方，又北至趙家行地方，今于此三處，均應立碑；附近浦東場者，則有六里庵地方，此處界聯嘉興横浦等場，最爲私鹽出没要路，今應于六里庵立碑，又李家廊西南角港口立碑。再如下沙三場，雖不産鹽，而迤邐東北，即近嘉定縣界，恐將一二場之私鹽假道三場，透越界外，今應于川沙亦立一碑。此數處者，至官鹽倉廒，近者十五里，遠者二十餘里不等，若至竈户煎鹽處所，則有四五十里之遥，第鹺規所載，正曰離場十五里，迺今稍有參差，總之本院師其古制，酌以時宜，再四商確，方始定論。相應移明，希乞卓裁訂定，示覆過院，以便行令該府廳，遵界立碑。自今以後，凡一應捕兵人役，止許界外奉公巡緝，不許擅入界内滋擾作奸，庶引課兩全，商民交利，不獨有俾鹺政，抑亦地方久安矣等因。到部院，准此爲照，鹺規定制，離場十五里偵緝，以杜巡緝人役作奸之意。玆貴院親臨其地，察閱形勢，繪圖定界，較之鹺規，雖稍有參差，然因時制宜，仰見碩畫周詳，本部院捧閲圖説，深爲佩服。此後奸梟斂跡，捕巡兵役，亦無作奸矣。相應移覆，煩爲檄飭該府，遵照立碑施行等因。又准巡撫江寧等處都察院余手本移同前事，内開准貴院移會松屬各場定界，巡緝私鹽，并開示應立碑牌處所緣由到院，准此爲照。奸梟興販，察緝宜嚴，兵役巡邏，界址宜定。今本都院披閲繪圖，及貴院指示立碑地方，誠爲斟酌得宜，區處允當。除行松江府知照外，相應移覆等因。各到院，准此爲照。是役也，既經本院躬親閲定，又經督、撫二院卓識允符，已無遺義，合就舉行。除另檄松巡官遵奉立碑外，爲此牌，仰該府照牌事理，即便轉行各屬邑，一體遵守。自煎鹽竈舍以至碑所，謂之界内，自碑所以至黄浦一帶，謂之界外。嗣後一應文武衙門、捕兵人役，巡緝私鹽，俱于碑牌爲止，界外不得怠巡踈縱，界内不得擅入滋奸。永遠奉行，守而勿失。如有違犯，拏解重處，均不姑寬。仍敢各遵依，送查施行。

康熙二十一年浙江撫院王飭行鹽課錢糧聽民竈自行赴櫃投納永禁執戥秤收憲牌

浙江巡撫都察院王爲嚴禁解户累民除弊肅法事，照得民間正賦，皆係完納在官，經徵官按欵自解各省屬，事同一例。該運、分司所轄沿海各場地方，有民竈，應完攤蕩錢糧，向來俱僉民解。一遇解銀之日，解户從大使以至分司起，批驗批官吏經承門攢差役人等，婪索陋規，百般飽詐，然後給批解納，該運、分司跋涉六七百里，到杭投批交庫兑虧，追補守候需時，追掣批竣事，計其加耗，陋規所費，幾與正供相等。蓋由各場地屬江南，而分司等官又係浙屬，遂得兩地欺朦，倖逃王法，官蠹肆毒，民怨剥膚，錮弊相仍，深可痛恨。本應立刻參拏，姑寬已往不究外，合行嚴飭爲此牌。仰該運司官吏照牌事理，即便飭行，該分司設立銀櫃，遵炤州縣徵銀之法，將應徵錢糧依限稽比，聽民竈赴櫃投納，着令誠慎吏役，驗封入櫃，即給完票。寧家不許執戥秤，收所收銀兩，聽該分司自行起解。該運司收庫解户名色，永行禁革。如敢陽奉陰違，或經本都院察出，或被害投告官，聽題參役拏杖斃，决不姑縱。仍大書告示，通行曉諭各場地方，毋得違玩。文到，先具遵依報查，併查嘉興寧、紹、温、台各分司錢糧向，來作何徵解，有無此等累民之處，一併確覆。

自後，青村場士民催竈夏祥、王岐、徐謨、陳叔台、王貞、衛益等，袁浦場唐卿、黄恩、張瑚、曹泓、陶龍、錢玉等，將鹽課錢糧，奉文設櫃投納，循照州縣條議，擬合遵行呈覆事。條議撫院王又將湯火災黎等事呈控撫院王，總督部院施俱奉飭行。鹽法道楊、松江分司楊於康熙二十二年四月二十六日建便竈庫於堂右，設銀櫃於署前，六場各照將鹽課錢糧，照額裹封，親自赴櫃投完。陋例既除，公帑胥足，而官民兩利矣。

蘆 課

松江府不等蘆田、地、灘、蕩，共七百四十七頃三畝五分三厘七毫二絲三忽。
額徵課銀二千三百五十八兩一錢九分五厘一毫八絲七忽三微五纖。內：
華亭縣蘆田三十六頃一十畝七分六毫四絲三忽，每畝科銀一錢二分。
額徵課銀四百三十三兩二錢八分四厘七毫七絲一忽六微。
婁縣蘆田二十五頃一十二畝一分三厘一毫八絲五忽，每畝科銀一錢二分。
額徵課銀三百一兩四錢五分五厘八毫二絲二忽。
上海縣不等蘆畝六百七十五頃四十五畝二分七厘三毫六絲五忽。
額徵課銀一千五百三十一兩五錢九分四厘五毫九絲七忽七微五纖。內：
熟田八頃一十三畝四分五絲，每畝科銀一錢五分一厘。
該課銀一百二十二兩八錢二分三厘四毫七絲五忽五微。
次熟田一十五頃六十五畝二毫每畝科銀一錢。
該課銀一百五十六兩五錢二毫。
上密蘆田一十三頃三十二畝六厘七毫五絲，每畝科銀五分。
該課銀六十六兩六錢三厘三毫七絲五忽。
次密蘆地一百六十一頃六十六畝二分四厘六毫，每畝科銀三分。
該課銀四百八十四兩九錢八分七厘三毫八絲。
上稀蘆地二十一頃八十二畝四分五厘，每畝科銀一分六厘。
該課銀三十四兩九錢一分九厘二毫。
次稀蘆地九頃六十畝二分五厘，每畝科銀一分五厘六毫。
該課銀一十五兩二分七厘九毫一絲二忽五微。
下稀蘆地四百三頃一十一畝二分二厘六毫六絲五忽，每畝科銀一分五厘。
該課銀六百四兩六錢六分八厘三毫九絲九忽七微五纖。
荒白塗一十八頃六十一畝六分六厘五毫，每畝科銀一分三厘。
該課銀二十四兩二錢一厘六毫四絲五忽。
莎草灘二十頃一十九畝六分三厘六毫，每畝科銀一分。
該課銀二十兩一錢九分六厘三毫六絲。
荒水窪三頃三十三畝三分三厘，每畝科銀五厘。
該課銀一兩六錢六分六厘六毫五絲。

青浦縣不等蘆畝一十頃三十五畝四分二厘五毫三絲。

額徵課銀九十一兩八錢五分九厘九毫九絲六忽内。

柴蕩灘二頃二十五畝六分四厘九毫三絲,每畝科銀一錢二分。

該課銀二十七兩七分七厘九毫一絲六忽。

山灘草漲水漊八頃九畝七分七厘六毫,每畝科銀八分。

該課銀六十四兩七錢八分二厘八絲。

以上各屬蘆課,查係康熙十年歸併地方官徵收。

丈量内地蘆田沿革始末

明祖定鼎金陵,中山開平,功勞蓋世,封爵之外,恩賜蘆洲,竟長江所極,盡爲勳産。興朝御宇,没入縣官,編徵蘆課,特遣滿洲部員清查丈量,止在濱江處所,乃巡歷所至,遠及蘇松,一時州縣奉行,恐蹈隱漏蘆洲之咎,遂將小民完漕田畝,搜求捏報,此内地蘆課所由起也。自後定例,五年一丈,有增無減,費累無窮。幸康熙二十一年,皇上允臺臣張集之疏,傍止内地丈量,萬民手額。二十二年,安徽布政使司龔入覲陳言,再具敬請免丈腹地蘆畝等事一疏,奉有腹地蘆畝,概行丈量,恐致擾民之旨。户部議覆,請勅江南督撫將先報清丈蘆田册,内分晰濱江、腹地,明白開造,具題以憑查覈,咨行在案。乃或以上海等處,凡在濱海濱湖地,畝仍應丈量,冀圖厲民以自利者,蒙江蘇布政使司丁嚴行示禁,其議始寢。從此吴下之民,永得免于丈量之累矣。内外臺憲,爲地方興利除害,不憚敷陳入告,造福無窮。至伏讀兩疏俞音,吴民俱爲感泣。若非聖天子洞悉民瘼,豈能使數十年閭閻疾苦,一旦祛除?聖恩怙冒,真同天地。東南民力,庶其有瘳乎?

山西道監察御史張集。

題爲漕田與蘆洲有别,請勅部行免丈量以除民害事。臣惟蘆洲坍漲,五年一次丈量,部文開載,惟在沿江産蘆處所,未嘗議及内地無蘆之處,將完漕田畝一並丈量也。長江大澤之中,起漲蘆洲,大者數十里,小者數百頃,故蘆誌開載,有親詣各洲字様,非指傍田新漲,多者一畝半畝,少者一分二分,亦謂之洲埸也。止因昔年清丈,通行各府州縣,一時惕于功令,江南地方,經承胥役,喜于有事,將漕田微漲,搜求捏報,從此五年丈量,遂爲此輩無窮之利藪,地方不拔之病根。于國家無纖毫之益,在百姓受萬千之累,請得而陳之。江南蘇、松等處,田疇繡錯間,有傍河田地,東坍則西漲,東漲則西坍,爲數相等,以漲補坍,漕糈不至缺額。今若指新漲爲蘆洲,則漲者歸蘆,蘆課輕而陞者有限,坍者歸漕,漕賦重而蕪者已多,民反因以藉口課未必能及額。其弊一。江南素稱澤國,幹河之外,全賴支河以通灌溉。邇來開濬失時,或成淤漲。今漲田一報,蘆洲勢不能復爲開掘。一經亢旱,水道不通,阡陌膏腴皆成焦土。其弊二。且目下以漕田而陞蘆課,異日啚奸詐害,則又指爲冒認蘆洲,挾詐小民,動稱隱漏。其弊三。總之,五年丈量,但可行于有蘆洲之處,不可行于漕田漲坍之處。伏乞勅部行江南通省,如安徽撫屬安慶、池州、太平、廬州四府,和州一州,地濱大江,以及沿江地方,各有蘆洲處所,宜遵例清丈外,其餘府州縣,凡屬内地不産蘆處,應照徽、寧等府事例，一體停止，不必五年丈量，以滋煩擾，則國賦歲入無虧，而民生不致苦累矣。如臣言可採，伏乞睿鑒施行。奉旨，該部議奏户部。

題爲漕田與蘆洲有别等事，該臣等查得，臺臣張集條奏疏稱，蘆洲坍漲，五年一丈，惟在沿江産蘆處所，未嘗議及完漕田畝一並丈量，止因江南地方，將漕田微漲，搜求揑報，百姓受累。今若指新漲爲蘆洲，則漲者歸蘆，蘆課輕而陞者有限，坍者歸漕，漕賦重而蕪者已多。且目下以漕田而陞蘆課，異日則又指爲冒認蘆洲，挾詐小民。凡屬内地不産蘆處，不必五年丈量，以滋煩擾，生民不致苦累等因。前來查江南省不産蘆處，原未丈量，止有沿江産蘆田地，五年一丈。今臺臣張既稱江屬漕田微漲，搜求揑報，百姓受累。若將新科田入爲蘆洲，蘆課輕而陞者有限，坍者歸漕，漕賦重而蕪者已多，目下以漕田而陞蘆課，異日則又指爲冒認蘆洲，挾詐小民，而百姓受累等語，應行該督撫將果否丈及漕田①，有無累民之處，確查具題，到日再議可也。奉旨，這本内事情，不必行察，爾部即議結，具奏户部。

題爲漕田與蘆洲有别等事，該臣等再議得，臺臣張將江南省蘆洲田地，除安慶等五府州屬，宜照例清丈外，其餘各屬將完漕田畝揑報搜求，以致百姓受累，不必五年丈量等因，條奏臣部，以果否丈及漕田，有無累民之處行令，該督撫確查具題。奉旨：這本内事情，不必行察，爾部即議結，具奏。欽此。查蘆洲田地，例係五年一丈，相應行文，該督撫將安慶等府凡係産蘆處所，仍照例丈量外，如有完漕田畝丈量，搜求揑報，累及小民等弊，該督撫指名題參可也。奉旨依議。

户部爲敬請免丈腹地蘆畝永爲民便事，江南清吏司案呈奉本部，送户科抄出，該本部覆安徽布政司龔奏前事。康熙二十二年二月初五日奏，本月十七日奉旨：腹地蘆畝，概行丈量，恐致擾民，該部確議具奏。欽此。欽遵于本月十八日抄出到部，該臣等查得，江南安徽布政使龔條奏疏，稱安慶、池州、太平、廬州四府屬及和州分晰蘆田蘆地名色，雖同一辦課，而有濱江、腹地之别。其濱江被潮冲激坍者，課宜減，而漲者課宜增。至于腹内洲地，隔江近則數里，遠則數十里不等，永無冲激坍漲，課有定額，不分濱江、腹地，概行五年一丈，徒滋奸胥，地棍局串那移，或隱匿洲地，或冒認民畝，此沿江數省之百姓久望變通，不獨安、池等五府屬爲然。嗣逢舉丈之年，止及濱江處所。免勘腹内區地著爲定例等因，前來查，蘆田原係五年一丈，嗣後如逢舉丈之期，止丈濱江處所。其腹内蘆田既無坍漲，應免其丈量，但先報清丈蘆田册内，並無濱江、腹地之分相應，請勅江南、江西、湖廣督撫確查明白，分晰具題，以憑查覈可也。康熙二十二年三月初八日題，本月初十日奉旨依議，欽此。欽遵抄部送司，案呈到部，擬合就行，爲此合咨，前去查照本部。覆奉旨内事理，欽遵施行。

江南江蘇等處承宣布政使司布政使丁爲敬請免丈腹地等事，照得丈量蘆洲田地，百姓甚受擾累。奉旨腹内蘆田不必清丈。今奉部覆行，今將濱江、腹地分晰開造，省緣濱江時有坍漲，必須清丈增除。如腹地並無坍漲，是毋庸查造。至于濱海、濱湖、傍河之處，原未議及。今該屬止須查明所轄蘆田，如俱坐落腹裏，並無濱江，即于總丈内回覆，便可完結。

① 丈及漕田 “丈”，底本作“又”，朱筆校改作“丈”，據改。

其有濱江、腹地間錯，或概係濱江，亦止須按照清文原册，分晰開報。恐有不肖官役，藉端滋擾情弊，除出示曉諭外，合亟嚴飭，爲此仰府官吏查照來文，即將該屬蘆田速遵部行。如俱坐落腹地，止須總文内聲明，免其造報。其有概係濱江，或濱江、腹地間錯者，逐一查照，清丈原册，據實分晰開造。限文到即日，馳送以憑轉，詳具題。如有借稱濱湖、濱海、傍河名色一概混查，藉端擾累，本司一經訪聞，印官立行揭參，經承飛拿杖斃，决不姑貸，各宜慎之。

計發告示一道

康熙二十二年七月十五日行松江府

附：國子監祭酒吴偉業《蘆洲行》

江岸蘆州不知里，積浪吹沙長灘起。云是徐常舊賜莊，百戰傳名照江水。禄給朝家禮數優，子孫萬石未云酬。西山詔許開煤冶，南國恩從賜荻洲。江水東西自朝暮，蘆花瑟瑟西風渡。金戈鐵馬過江來，朱門大第誰能顧。惜薪司按先朝册，勳産蘆洲追籽粒。已共田園没縣官，仍收子弟徵租入。我家海畔老田荒，亦長蘆根豈賜莊。州縣逢迎多妄報，排年賠累是重糧。丈量親下稱蘆政，鞭笞需索輕人命。胥吏交關横派徵，差官恐喝難供應。江南尺土有人耕，踏勘終無豪占情。徒起再科民力盡，却虧全課國租輕。詔書昨下知民病，解頭使用今朝定。早破城中數百家，蘆田白售無人問。休嗟百姓困誅求，憔悴今看舊五侯。只好負薪煨馬矢，敢誰伐荻上漁舟。君不見舊洲已没新洲出，黄蘆收盡江潮白。萬束千車運入城，草塲馬厩如山積。樵蘇猶向鍾山去，軍中日日燒陵樹。

雜 税

松江府屬不在丁田派徵欵項銀數

漁課,銀五百五十七兩四錢六分三厘五毫七絲,内:

華亭縣銀一百四十五兩三錢七分五厘六毫,

婁縣銀一百七十八兩九錢五分八厘,

上海縣銀一百一兩六錢一分四厘六毫七絲,

青浦縣銀一百三十一兩五錢一分五厘三毫。

門攤課鈔,銀八百五十九兩六錢四分一厘,内:

華亭縣銀二百五十六兩八錢八分八厘,

婁縣銀四百一十九兩一錢九分九厘,

上海縣銀一百兩,

青浦縣銀八十三兩五錢五分四厘。

匠班一千四百九十六名,每名徵銀四錢五分,該銀六百七十三兩二錢,每兩損銀一分二厘,該銀八兩七分八厘四毫。

華亭縣四百六十四名,該銀二百八兩八錢,損銀二兩五錢五厘六毫;

婁縣二百八十七名,該銀一百二十九兩一錢五分,損銀一兩五錢四分九厘八毫;

上海縣五百二十名,該銀二百三十四兩,損銀二兩八錢八厘;

青浦縣二百二十五名,該銀一百一兩二錢五分,損銀一兩二錢一分五厘。

以上三項俱載在全書,常年並無增減。

牛驢猪羊税,銀五十一兩四錢六分,内:

華亭縣銀二十六兩五錢,

婁縣銀六兩五錢,

上海縣銀一十兩八錢,

青浦縣銀七兩六錢六分。

牙税,銀一千八兩八錢三厘六毫,内:

華亭縣銀二百一十八兩四錢三分一厘,

婁縣銀三百三十兩九分,

上海縣銀三百四十二兩五錢,

青浦縣銀一百一十七兩七錢八分二厘六毫。

田房税,銀二千二百兩,内:

華亭縣銀六百兩,

婁縣銀六百兩,

上海縣銀六百兩,

青浦縣銀四百兩。

酒税,銀五百三十兩,内:

華亭縣銀一百一十兩,

婁縣銀二百五十兩,

上海縣銀九十兩,

青浦縣銀八十兩。

烟税,康熙二十一年分徵銀八十一兩六錢六分九厘,

華亭縣銀一十六兩二錢,

婁縣銀二十三兩三錢三分六厘,

上海縣銀三十四兩七錢六厘,

青浦縣銀七兩四錢二分七厘。

典税,康熙二十一年分典户二百六十一名,徵銀三千九百一十五兩,内:

華亭縣典户七十四名,每名完税銀一十五兩,共銀一千一百一十兩;

婁縣典户七十四名,共完税銀一千一百一十兩;

上海縣典户八十九名,共完税銀一千三百三十五兩;

青浦縣典户二十四名,共完税銀三百六十兩。

松屬雜税賦役,全書開載,不在丁田,起徵者惟漁課、匠班及門攤課鈔三欵,著有定額。此外牙税起于順治十年。向據牙行告帖,分别上、中、下三等,則例徵收與牛驢猪羊税,皆無定額。至于田房税契,乃直省通行定例。惟松俗,田房授受,大率抵賣典贖者多,立契絶賣者少,所以常年收税有限。康熙十五年間,因地方變亂,軍需孔亟,于查議清理雜税案内,加增華、婁、上三縣牙税銀各八十兩,青浦縣銀三十兩,又額定田房税銀,大縣六百兩,中縣銀四百兩。松屬四縣,共增銀二千餘兩。縣司無可搜求,不得不取盈于里書,民間未免賠累。至于酒税、烟税等項,皆出于籌餉權宜,非從前之所有,典税則大小不等,開歇無常。伏讀康熙二十年十二月二十日恩詔,内開一欵,各省賦額亦應一體恩蠲,但凱旋大兵未經全到,軍需尚爾浩繁,俟國用充足時,次第酌行蠲免。仰見聖明軫念地方,將來四方寧謐,國帑易充,蘇、松重賦之地,加徵雜税,猶冀奏請蠲除。通誌内似不必與正賦錢糧一體開載,致成不刊之典。伏候上裁。

役法

康熙五年,婁縣知縣李復興詳行均田均役法:

婁縣詳文略。爲萬姓之倒懸已極,征輸之立法宜更等事,看得民之困於役者,催辦差徭,其大關也。今日之錢糧考成綦嚴,乃日事追呼而積欠如故者,皆因田役不均,逃亡所致耳。今據自行併田之議,如一人有田百畝,向皆花分爲數十,鬼户跨立,幾圖思避差徭,殊不知反中圖奸之計。此報彼除,東免西補,終歸髓涸而後已。因之民日窮而糧日逋,害官累民,固非一日。今議盡除年首甲長之名,將通縣之田仍照原詳均編三百區,每區十圖,每圖十甲户,每户均田二十八畝零,計一甲之餉銀約四兩有零。每月所完十分之一,一限完足,則給單免。比十月全完,殊易爲力。在田多者,自辦自田之餉,田少者,朋辦合東之銀。辦省而役輕,則鬼名詭寄,又何利而願分?如此則圖書不必革而自退,有力者不待僉而役定矣。其歸併朋辦之法,聽從民便,以就其近識者便于催征耳①。庶田田皆役,户户均差,此真衆擎易舉之良法,貧富咸安之善政也。再照差徭一項,奉旨奉憲,紳民一體,均差浙省、蘇屬盡皆遵行,惟獨松郡仍有官儒役民分别。查除塘工一差之外,其餘雜役悉皆民圖承值,以致田併勢豪役歸,細户紛紛逃竄,軍餉有虧。今議必均之法,奉有大工差徭,詳請憲裁。按田均派,既絶規避不均之端,併杜騷擾横索之弊矣。更有請者,查婁邑荒地,較之他邑尤多,非盡田之荒蕪也,逃亡者衆,則有田無户,或貧民無力開墾,自棄其土。今議必均之法,將合縣版籍荒田統計縣額,共相開墾,庶不致抛荒缺餉,不止民受其惠,即國亦由而足矣。又照塘嚝之役,民間重累,詳請永禁。逢有開濬小工,附近居民業户均派承值,大工遵照海塘事例,通縣合筭,計畝均派,使無偏枯之弊。至於坊厢之役,比之鄉圖之苦尤甚。排門小夫,比户日繁。一體子民,何忍勞逸迥别?必須酌益津勞,以資其費。以上數欵,俱均役之切要,仰祈逐一批示。

均編條議

一、均圖之法。一縣區圖,田額多寡不齊,兹蒙科憲柯題定均圖之法,先將概縣田地均分若干圖,每圖應均田若干畝,分作十甲。無論紳衿役民,一並照田編甲,則田必入圖,永杜偏枯之弊矣。

一、併田之法。凡有田者,不拘原舊區圖界限,彙歸本户,遵照均定新圖額,分爲各甲

① 便于催征耳 "催",底本作"惟",朱筆校改作"催",據改。

編列。一處完糧，其小户田不足甲，仍許親友共併，即於甲内分註出額，查其住址相近者編配。是爲以田就人，非以人就田。不用催辦之勞，徵輸俱便矣。

一、均役之法。紳衿役户，向有優免之例，故田多者類皆詭寄避役。其在啚承役者，悉屬貧民小户，獨膺繁苦。今仰遵朝廷一體當差之旨，照田編甲，錢糧各自輸納，差徭各自承應。既不偏枯，亦無牽累矣。

一、銷啚之法。通縣田地，每啚俱有圩號。先着各啚造明挨號一册，開註現業户名存案，以爲均田張本。然後令業户查照號册收併，逐號參對原啚，覈准註銷，并註明新編某啚。訖，仍再取户領號一册，以與號册爲經緯。其存啚零星田畝無人收併者，按田按户，編甲征輸，則無不税之田矣。

一、徵輸之法。業户額銀，照依會計，先將筭派分作十分，按月一分，編定串單，將銀自封入櫃，截去限單，不煩比較，不用差押。倘有存留不截差拘，着令完截，庶使完欠得分也。至於秋糧應作三限，亦須編定串單總之。串存則欠，串去則完。竟查串根，而比簿可不用也。

一、分户之法。編啚之後，田有售賣，務將業户姓名即於甲内另行分出，以便各自完納，不得移之他處，致啚額有虧。或田寄他人名下，怠玩抗糧，亦許甲户分額另比。蓋編定之啚，惟户可换，而田不可换也。

續詳免總甲

婁縣爲再申役困之餘殃，務期救民於水火事。卑職體訪得總甲一役，大害有四，小害無窮。大害者，曰私鹽，曰盗賊，曰人命，曰大災。假如一啚不下數里，一里五六村，住居窎遠，斷續相隔，總甲止一人也。又或總甲住於城市，田畝置在鄉啚，鄉城近以里許，遠者數里，不止一時，大盜竊發，大舿興販，拳械相毆，不測火災，縱然插翅飛不到犯法處。所至盗散火滅，輒加總甲不救，且人命無論真假，屍着總甲盛貯。總甲之貧者，必至鬻女賣男，若温飽者，兇手尚未獲到，總甲已費用無遺矣。合無詳請除免總甲名色，耑行保甲其法，無論鄉村、城市，編定十家爲甲，十甲爲一排，挨順編户，每日一輪，置立一牌。牌到之日，即爲地方十家之中，週而復始，以均勞逸，不得更立甲長之名，以杜推卸營脱之弊。人户既少，稽查必易，面生可疑，竊盗流棍不禁而自去矣。至私鹽出没，嚴飭該司巡檢，亦不許越境生端。縣司仍印發循環號簿，頒給各啚。凡遇挜賣私鹽，填註該犯姓名，朔望呈縣，以憑申憲密拿，以杜私販。人命或問地方，亦止十家之内屍骸，令原告買棺盛貯。火災則罪止於大主，而總甲可化爲無事矣。

邑侯瑩斗李公均田均役碑記

國家有田則有賦，有賦則有役，自古重之也。公旬之董，責在編氓；惟正之供，義應首急。詎徒令其踐王土而安襏襫哉？但江南之賦役，莫重於松江，而松江之賦役，又莫若於婁縣。婁縣屬華亭分建，地列泖濱，民貧田瘠，連年賦重役繁，物力凋耗，溝壑遺黎，懸命旦夕,民何藉以更生乎？雖聖天子軫恤民艱,屢下均田均役之詔,而松江之賦役向未有至當之法,經久無弊之道者,因未得一實心行實政之賢侯故也。今試以役法一事言之。從前僉役,皆憑報與議。報每不以其寔,議每不以其公。不實不公,上户、中户率以賄免,而所役皆貧窮也。否則其愚蒙也,閭閻脂膏,半輸于里胥啚棍之室,而民之破家者,十而五矣。貧者不能充,愚者不知充,其勢不得不議换議補。於是豪猾得更婪其腹,衙役得更規其利,甚至無年非僉役之年,無日非補役之日。小民金錢盡費營脱,而民之破家者十而九矣。此從前僉役之最爲民病也。再以徵比一事言之。婁爲湖、泖之匯,四府之壑,既無素封殷實,民且特貧,而況當年牟麰之種未播,耒耜之具方興,竭澤焚林,催督旁午,遂欲取盈,焉以責完於旦夕？剜肉刮膚,從何取辦？哀此窮黎,徒斃捶楚。其他差役之需求,里胥之掊克,又不知凡幾,遑顧田家之作苦哉？此從前徵比之最爲民病也。幸我邑侯李父母再莅巖邑,痛心民困者久,仰體兩臺道府愛民德意,奮然爲婁邑造福,遵詔旨量民力而爲之計。其於均役,革去年首該總種種諸弊,開局彙收捐俸,以助公用。立併田爲均役之本,總合邑之田而筭之,念八畝爲一甲,十甲爲一啚,十啚爲一區,聽其自爲配搭,不拘一户、十户、百户,各自類聚,而里胥之要挾,積棍之婪索,不禁而自無矣。盡去官儒、役户名號,一體按册均啚,趙歸於錢,孫併於李,皆無不可,而花分詭寄之説,亦不禁而自無矣。其於徵比,本户各管本户,毋論錢糧輕重,一月止限一分,一分復設三串,三限爲式。完者免其到官,欠者始用票拘,完足即銷。無正限回串五日兩比之煩,無一分以外更復多求之擾,而民力舒矣。聽民自封投櫃,鄉書不得經手,止令填簿給串。無收書中飽之弊,無里役包侵之弊,而民害息矣。由今以思向之身無立錐而征徭麕至者,有之乎？曰無有矣。向之賣男鬻女死亡相繼者,有之乎？曰無有矣。于是婁之父老子弟以手加額,咸欣欣相告曰:我儕小人,何歲無役？今有役若無役,均故也。往年田少而役困,今即田連阡陌,而役易于承充,均故也。往來叠征横斂,日受囹圄敲朴之苦,今一月一分,共享衽席噢咻之樂,均故也。往年饑莩流離,百姓不知死所,今也我疆我理,萬民俱免逃亡,均故也。將見田歌社舞,街頌巷惟,以爲建縣以來未有。今日之慈雲甘露,普徧焦原,令倒懸之民,咸獲昭蘇之願,是誠婁邑數百萬生靈曠刼之幸也。蓋不獨一時賴之,而百世賴之;不獨一邑賴之,而他邑皆倣而傚之。憲檄褒嘉,不獨曰著爲令,而且曰勒之石,其嘉與者深矣。《易》曰:“可大而後可久。”凡兹元元,上荷聖天子愛民如傷之至意,下樂我敝邑經久良法之告成,壽之豐碑,以示来兹,庶共知婁縣均田均役始末云。邑人吴欽章撰。

王廣心《均編序》曰:客問于王子廣心曰:“今均田均役之法,古與?”王子曰:“古法以人從地,今以地從人,非古。”“而曷以行也?”曰:“古法蠹弊已極,窮則必變,蓋審於勢之莫可,如何以云救也？請先言其弊。古法一啚之中,編審里甲十名,以應十年之役輪。年者爲經,催專督一啚。漕白其啚之田,或二三千,或四五千畝不等。豪右既偃蹇難完,零户復流離莫問。以一人之身,比合啚之税,杖楞交加,官長視同盜賊,妻孥盡鬻。區里等諸越人於是每遇編僉,啚書擅賄,或田連阡陌,而豆剖瓜分;或户止立錐,而張冠李戴;或一人四散,各啚而東西皆役;或數畝一家合爨,而父子兩充;或啚棍議收津貼,仍捏鬼名以株連各户;

或役覇而赤身包攬，役開啚欠而重累追賠。民之畏役也，如湯火，而署官遊客以脱换爲網羅。俗之割産也，若贅瘤而猾隸，豪紳以護持爲兼并，由是富者不得不貧，貧者不得不竄。及其竄而拘追佃户，則沃壤皆墟，縶縶親鄰，而村坊鳥散，以致極目荒榛，十年不墾，盈箱欠册，毫髮無償。斯真倒懸待命之時，亦膠瑟必更之會。幸均田均役之法嚴綸屢飭，各憲垂慈循良，諸郡邑俯允士民之請，倣嘉禾闔縣通收則例，并松郡官儒役户各自立户完糧之法，以二十八畝爲一甲，聽民通縣收除，不拘人户多寡，截配成啚，自爲投册，而啚書造册之弊清盡，去官儒役户名號，一體按數入甲，各完各糧，各比各欠。啚額既少，名姓亦分，而累百盈千，此僵彼代之弊清。一啚有一啚之户，一户有一户之田，而一田重役、有役無田、暗揑與包侵之弊清。按田當差，田既出而役安逃。按啚問役，户可易而田不换，而請乞脱漏，併寄那移之弊清。然猶慮向之區啚百，而今千也，向里催之户十，而今業户之名百也。串單不行編定，則奸胥之糧額易亂，頑欠之拘攝難齊。既活啚以便下之收除，必板串以便上之稽核。人各一串，月各一分，串去作完，串存作欠，一月必查，一欠必摘，而通邑之糧無不争先恐後、然後知向之從地者多隔膜之誅求，今之從人者爲切膚之必救。不泥于古而合于古，雖聖人不易可也。"客又曰："信斯言也！編僉廢而吏之權輕，押差裁而役之利失。串糧定，總甲諸役罷，而各胥之債積。況有板荒，有新荒，搭之則犯包攬之禁，寘之則深缺額之憂。保無有起而害其成者乎?"王子肅襟再拜曰："悉乎哉！客之爲松民計深遠也。雖然，無慮也。我皇上如傷如保，督撫諸大臣己溺己饑，百執事若臨若履，秦蜀楚豫之以積荒，請蠲者無不朝奏夕可。我松産之荒，不及各省什一，未聞堯舜在廷，臯夔在下，而獨以昏墊遺我民者。又松賦之繁十倍他郡，均編未行之先，即嚴法徵，比歲完，至五六分，或七八分耳。均編既立，完額反踰曩歲，何嘗以荒啚不入，催徵獨爲良有司考成累哉？且今郡邑諸大夫皆天子慎簡以臨者也，急民瘼而重征徭，閔閔焉若理亂絲而懼其棼，若朽索之馭六馬而憂其决，方將就此法之缺失，而修救之哀鴻，苟集荒且漸耕，又惟得而紛更之也？故曰無患也。"客曰："子言可爲晰于法之所由變與？變之所由盡善矣，盍志其始末于簡端，以備採風者之省覽焉?"王子謝不克，客於是乎書。

許纘曾《均編序》曰：我郡自均田均役告成，民氣乃定，流亡來歸，爰有稼穡五年于兹矣。諸父老子弟室家相慶，則皆曰："生我者濱州李公也。"既奔走謀所以俎豆，公因輯均編始末爲一書，以告後之有事斯土者，守公良法毋改易，屬不佞纘曾序之。纘曾曰：當開國之初，吴中方去湯火，世祖章皇帝問民疾苦，詔布解比運諸大困俱報罷，以至水次漕運，責職官收兑，毋擾民。蓋休息久矣，已又念民間荼酷，毋里役。若時俞言路，請下均田均役之議，令所在更始。夫天子無歲不民生是鳩，而州縣奉行如故事者，何也？良由主者計國課至重，遂計民命至輕，其不肖者授耳目于奸胥猾吏，且以編僉爲利藪矣。陽奉陰違，禍本在此。何況頻年以來，歲一易令，攢造届期，啚奸乘間，首尾螽書，砌揑成册，舊令未審而卸事，新官即據報以點充。每逢署代那補叠更，于是富室盡以寄换脱差，零户則居然簿名稱首。夫全啚税額責之一二，羅織之單丁賠累不已，破産從之，其勢不得不出于逃亡。該年既逃，其姻親懼坐並逃，因而同役者相繼亦逃。因而闔啚之鄰佃俱逃，尚忍言哉？此數年來下蕩民業,上虧正賦,而中累有司。皆以是故,婁大令李公心傷之,奮然曰:“是非力行詔旨,均田均役,不可其法。”先罷年首甲首,各併田立户,既無跨界多啚,已名輸納甚便,又盡去官儒役户,名色一體,按單銷限,蓋不勞催辦而役均其中矣。其他散總甲爲保甲,變塘長爲户濬,舉無廢事,有害必除,易簡通達,輿情大悦。郡守三韓張公始終荷擔,頒婁法于三邑均行之,由是闔郡百餘年積困一朝掃除。李公之功,尸而祝之,謂當與社稷等,豈有恧焉?憶故明萬曆中,苕上朱平涵先生首創均役條議,所謂嘉、湖則例是也。一時士大夫從者什一,違者什九。賴賢守令同心,然猶三年而後成。蓋始事若斯之難也。嗣後京山鄭公其山令華時,先曾祖銀臺公倡議,行嘉、湖法。鄭公不惜爲民請命,端緒定矣。會鄉大老某公論不協,輒報寢至於季年郡司李禾中。顔公雪臞奉大中丞山陰祁公令,復欲行之,又以沮謀報寢。蓋踵事若斯之難矣。乃李公旦而建議,夕而舉行,賢士大夫翕然同德,底厥成功,至今禾苕之野尚自咎。其積有遺弊,咸額手婁法之盡善,欲則傚而改之,豈非良法具在顧力行何如耳?今公之法行矣,臨歿時,以板荒事未竟爲恨,且曰:“後有君子必能成吾志。”或問曰:“故明時,歲輸僅六七分、七八分而止,不聞朝有逋責荒,所從來久,不聞大吏講求,李公何厪之深也?”則應之曰:“古今額例一也。有起運,有存留。明時輸六七分、七八分而已,足者起運。既及額,其餘皆存留潔已。良有司少可支吾,不盡誅督,故雖荒而里不攤派。今天下十分,攷成存留,則奉裁、新裁、續裁,餘無幾何。均法既行,而荒額無所抵,非主守之利也。奸徒聳聽,將在乎是,曷亦思絶户廢塚諸欵項,已非一日與,抛荒之有主名者。異,欲以誰歸?倘後之君子能繪圖,邀天子一日賜蠲,尚與李公先後同心,予曰望之。若夫隱缺額不報,謀敗均編而復責經,催以自犯包賠之禁者,智者不爲也。由此言之,諸父老子弟其有所恃矣。問:何恃?”曰:恃有均田均役之詔旨在。

沈荃《均編序》略曰:自故明迄今,造福我雲間者,有名宦三人:捐免雜賦,則巡撫周文襄;釐正阡陌,則有僉憲鄭善;夫均田均役,則有我李侯①,皆奕世不忘者也。勿謂均役之功小也。迴思未均之時,群奸攘臂喻舌,萬姓敲骨吸髓,爰有三害、五不便、四弊。迨均編行,而雪霰咸消,當事者亦曾聞其説乎?何謂三害?一曰審役之害。役惟審而貧富始定也,乃啚奸得肆慾壑矣。造册歸併,填單開報,户户可以勒索,況臨審而鄉民之往來守候,夤緣賄脱,訐告争訟之費百出乎。均編行而役不審,審役之害絶矣。一曰補役之害。往時編審,大役五年,小役十年,有刻册印册以爲據也。自役困逃亡,不得不開報另補,乃一啚補而十啚效之,朝張暮李,移甲换乙,啚蠹衙蠹又喜役之無定,而指爲利孔。凡有立錐者,人人自危。均編行而役不須補,補役之害絶矣。一曰花分避役之害。有田之民皆良民也。自役重禍深,爰思避役輸賄,啚奸花分鬼户苦役,則小户任之,民生之所以日促也。均編行而有田者樂,於彙啚無論多寡,和盤托出,而花分避役之害絶矣。此三者,皆未役而先罹其害者也。若乃承役之後,其大不便有五。一曰啚碎而分啚承役之不便也。假如一人有田百畝,

① 則有我李侯 “有”,底本作“存”,朱筆校改作“有”,據改。

掛五六啚，此鄉催辦，彼鄉該總，安得百其身而應之？啚奸乘機包攬，侵漁虧空，釀禍無窮。今者併其田而歸之一，啚不必分頭四應也。一曰田少而代人之承徵不便也。主户有役必催辦，外户之田皆素不相識之人，臨限而以他人之完欠爲完欠，血杖其能免乎？今者均啚而獨彙本名之田，責成既有專屬，即合彙親友之田，痛癢亦復相關也。一曰啚額之大小不一而承役不便也。本郡啚額，大者八九千畝，小者三五百畝。大則人力有餘，乃田多糧多，難于催辦；小則催辦頗易。乃各項雜差與大啚一體承值，民力何堪？今者均啚而田畝適均，永無勞逸偏枯之患也。一曰啚田之荒熟不一而承役不便也。各邑熟啚之外，原有舊荒啚、新荒啚，載在郡乘，從無徹底清完之額。奉法者甘心受杖，畏法者結隊躲閃。其中偶有殷實富民，則必年年砌役甲户拖累，不至于懸磬不止。今者均啚而荒啚、熟啚一併彙入，本名凡受荒啚之田者，但有水旱歉收之患，别無株連拖扯之苦也。一曰客户之承充總甲至不便也。遠鄉客户挂身數十里之外，而責以人命之呈報，强盜之救護，有不悞公犯法者乎？今均啚而正用排門甲長，比閭族黨之間，遇有獄案，則是非必公，遇有夜警，則救護必力也。處此三害，濟之以五不便，苟均役之法不行，是生四弊。何謂四弊？各啚之田多寡裒益，盡出於啚奸之手，年來逃亡多，册籍散，隱漏飛灑之難稽，是謂啚弊。均役行，則田皆彙收不復授權啚書，既無造弊之人，亦無留弊之地，而啚弊絶矣。東南賦額繁多，雖有劉度支，固難指鞭而筭也。若使啚額、糧額參伍不一，總房可以先期押捺，管比可以臨限賄脱，是謂胥弊。均役行，而每啚每甲止有此數，後先之完欠瞭然。即一行之筭法可省，而胥弊絶矣。錢糧收入衙胥之手，難保其無侵蝕也。或銀已納而未經出串，或串已出而未經登號，或號已登而未經投櫃，種種欺舞，不一而足，是謂櫃弊。均役行，而先期書串自封投櫃，完者以領去之串爲據，不完者以未領之串爲據。完欠既以分明，收書無從影射，而櫃弊絶矣。且各房經承，未有不望蠅頭以自潤者，如向來所派青樹水夫等項，用一派十，玩法良多，是爲衙門通弊。均役行，而偶有雜差，必齊集鄉三老，從公酌派申憲定奪。雖有意外之役，總無不均，而各項之通弊皆絶矣。

六年，知府張羽明詳憲飭行均田均役法於華、上、青三縣，悉照婁例編定，於是一郡盡被其澤。

十三年，江蘇布政使慕天顏入覲，特題永行均田均役法，請勅徧行各屬州縣，仍令勒石永遵。

江南江蘇等處承宣布政使司布政使，今在任守制臣慕天顏謹奏，爲敬陳均田均役之法，請勅永行，以杜弊端事。臣惟則壤定賦，各有應輸之科，徵而計畝當差，始無偏枯之病累。如江南州縣大者，編户六七百里，小者亦三四百里，每里爲一啚，每啚有十甲，此歷來額定之賦役也。乃民間貧富不等，所有田地多寡不齊，若田多至數十頃，而占籍止一啚，或窮民僅有田幾畝，而亦當差於一甲，是豪户避役卸累小民，而隱占之弊生矣。又或貧民苦累不堪，將本名田地寄籍於豪强户下，以免差徭，而詭寄之弊生矣。又或蠹書奸里，覷知小民不諳户役之事，包當里遞，替納錢糧，代應比較，而包攬之弊生矣。種種弊端，皆因賦役不能均平之故耳。夫均田均役之法，通計該州縣田地總額，與里甲之數，將田均分，每啚若干頃畝,編爲定制,辦糧當差。田地既均,則賦役自平。即有科則輕重之别,而按畝編甲,其輸糧之數不甚相遠,且不許豪户多田隱役,苦累小民。此法自科臣柯聳條議,部覆奏旨,欽遵在案。婁縣故令李復興行之,最爲得宜,松江至今稱便。蘇、松等屬倣照均編,臣任江藩再三飭行無異。但民間田地賣買不常,每遇編審之期,必應推收過割,恐有積蠹乘機炫惑有司,變亂成法,則貽害無窮。若非奉天語儆飭,何以永著爲例?臣請勅行,嗣後推收編審,悉照均田均役,聽民自相品搭,充足里甲之數,不許多田少役,則隱占、詭寄、包攬諸弊,可以永清,實有益於民人矣。抑臣更有請者,有司徵糧,若不分良頑,混漏完欠,併比差擾,則小民難堪。又查江南各屬田地、山蕩、灘塗等項,名色繁多,科糧有至六七十則不等,是以刊佈由單,欵目冗細,鄉愚全不知曉。臣經詳明督撫,設立徵收截票之法,計筭每户實徵糧銀,分作十限,清造截票,按月限完一分,於開徵日,預給便民限單,悉照由單編派數目,刊列填寫明白,俾民曉然自知本名、應輸錢糧若干,依限完納。截票寧家印官止將米截者摘比,事省而不致濫差,數清而不擾良户。第恐法久弊生,恭請勅行永遵者也。是不苐江南行之有益,即直省通行,可以興利除弊。臣爲賦役民生起見,敢瀆宸嚴伏,乞勅部議,覆通飭施行。爲此具本,謹具奏聞。

户部題,覆奉旨依議敕行。

十九年,婁縣知縣史彬行銷圩法,而均編法備補編條議。查婁縣自康熙五年始。行均編,以甦役困,厥功不小。但比時規模草創,急于告成,未暇清晰圩號,而兩次推收,亦苟且從事,究竟號段不清[①],以致田蕩徵折,輕重混淆,或一田兩賣,或悮收别啚。今本縣詳憲推收,若不銷號,徹底澄清,恐滋弊無底,故特設清田銷號單,令啚書攤明圩號,徵折畝數,業户照造,遞册參對,挨銷悮者,改正收明,釐剔清楚,以終均編未盡之功。初行均役法,舊啚三百有十圩號册,尚虧二十七啚,且無畫圖細册。至是嚴行清田銷號,單啚造明坵形號圩,業户造正田册,彙集編房,查明銷號,減浮補少田畝,分毫無悮。至於内折啚分,或分坐圩號,或照額均攤,註明册内而游移弊絶,具誌載荒啚。田畝另編十牌之末,秋成漕白併納,而荒熟無混矣。

二十一年,總督于 、巡撫余 同時蒞任,興利除害,百度維新。巡撫面諭知府魯超首釐漕政,以舒民力。本府條志具申,隨奉總督委府監兑,務除從前冗耗,立爲定規,以垂永久。

本府詳文節略。切照順治六年,奉有官收官兑之行,而有司畏難瞻顧,不能頓改前轍。順治十六年間,奉巡撫馬 按臨松郡,會集紳衿耆庶,將倉場必需之經費議明,悉輸於官,而收兑之事,終始不涉於民。會疏題明歷今二十餘年,輿情允愜,惟是年來,十銀奉裁一半,又因别府災漕搭秈運丁,每以米色藉口,逼令篩颺,恣意勒掯。夫任土作貢,松民豈能舍土産之米,别行購買?且冬兑冬開,爲時甚促,若重復搧颺,非數月不能竣事。更可恨者,需索不遂,聚衆鬨鬧,故官贈之外,必有私贈。徵糧之官欲全考成,未免隱忍多取以應

① 究竟號段不清 “清”,底本原作“精”,朱筆校改作“清”,據改。

其求良法，因而敗壞。玆者恭遇各憲福星照臨，若不更定規制，何能徹底澄清？且奉減一半，十銀已經復還，豈容押運弁丁多勒徵收？官吏多取，不可不亟爲禁革也。惟是漕糧出入，費用浩繁，固不能無耗贈。然當此物力艱難之際，省一分冗費，即可完一分正供，不特額外加耗，固當嚴禁。即額内亦當樽節卑府，將原議倉耗米八升、經費銀七分五厘之條欵，逐一斟酌，止存必不可已經費銀五分、耗米五升照舊存留，各歸各用。其餘可減省者，量行減省；應全裁者，即行全裁。計原議銀七分五厘數内，共減去銀二分五厘；原議米八升數内，減去米五升。嗣後徵收之官，不許額外暗加。其徵完漕米，令各印官務於十月中，先將樣米呈送漕、督、撫部院，并糧道各衙門存驗，不許仍借米色勒索加贈，積弊自革矣。更有請者，額外加耗，既已嚴革。歷來成規，又復減省，則所存已無浮溢。若一有旁費，自非虧漕以誤課，必致復派以病民。合無將徵兑之事，耑責印官悉心料理，其各衙門不得輕差一役，以塞弊源。至於十銀一項，并請仍照舊例，存縣給發，以速漕兑。官收官兑之法，可以永遵勿替矣。

續詳節略。奉各憲批，仰再一酌妥詳，覆該本府嚴行，各屬請集鄉紳衿耆確議。據合郡鄉紳舉貢唐昌世、王廣心等公揭，内稱倉場費用浩繁，惟恐原議不敷，良法難久。不慮原議有浮，尚須裁減，乞照原議覆詳。又士民莊徵麒、高懿懃等公呈，内稱麒等竊有緦緦過慮者，漕弊濫觴之後，一旦徹底掃除，在今日各憲執法澄清，天臺秉公率屬，自可優然有餘。倘時勢稍有更移，事局不無掣肘，既乏展布之地，必有悮課之慮。恐官收官兑從此扞格難行，不可不慎重酌量。寧使有餘，毋俾不足。各等情該職，府覆：看得前議經費條欵，乃倉場之必不可已，而民間之所樂從。今更爲之樽節減省，閭閻已出望外，更無可議。惟是加耗既已禁革成規，復行裁減，若踢斛淋尖加面之弊不除，則漕法仍未盡善相應，併請飭禁，毋論收進兑出，一概平斛平擵，不許浮加顆粒，則漕弊肅清，可垂永久矣。

官收官兑通行各屬，未免法久弊生。本府奉憲監兑，十月朔日爲文告廟，矢慎矢公，一切收入兑出，禁約詳切，又不時臨倉簡察，徧歷四邑。凡上米概斛進倉，俱納户自行承值，盡除雜費，夙弊頓清。且隨到隨收，並不遲留晷刻，士民交頌，以爲本朝數十年來漕政之善，未有如此者。

慨自兑漕一事，重困民力，爲害不可勝言。即本朝官收官兑，洵稱良法，而法久弊生，奸蠹叢之，未盡善也。自康熙二十一年，總督于、巡撫余兩憲下車，洞悉民隱，稔知漕害。言於魯郡侯，釐剔積弊，務甦民困。郡侯力爲奉行，矢誓天日，每日親至倉場，苦心籌畫，不獨汰額外之濫觴，而節原定之耗費，斟酌盡善，可垂永久。於是軍民胥安，治法與治人並美矣。夫松郡賦役繁困，輸將無藝。今一寬於均田之良法，再寬於漕政之肅清，民始有樂生之氣，而熙熙然如登春臺焉。若非兩憲臺爲國爲民，法期永遵，魯郡侯實心加惠，奉行德意，安能如是乎？因再拜識於末。舉人董俞。

張時龍司漕頌

東南民力總堪憐，粟米之征弊久沿。今日輸將祛積蠹，海邦從此樂堯天。

循卓遥傳日月邊，栢臺付托意殊專。天儲饒裕民甦困，鄰郡聞聲愧祖鞭。
鼠狐盤踞不知年，何意澄清即眼前。始信治人成治法，願垂金石永相傳。
廉威自分道無偏，弊革風清遠近宣。鐵骨冰心神可質，弁旗何慮不更絃。

水　利

康熙九年夏，江浙大水，湖流汎濫，人民流亡。江寧巡撫馬祐會同江南總督麻勒吉、浙江巡撫范承謨具疏，議開吴淞江。工部題爲《議疏吴淞江淤道亟濟灾患飢民以脩水利以重國賦事》，本部覆：江寧巡撫馬題前事等，因康熙十年二月二十九日題，三月十八日奉旨該部確議①，具奏議得，該巡撫疏稱：松屬吴淞江，乃江南蘇、松、常、浙江杭、嘉、湖六府洩水咽喉，通則六府同其利，塞則六府同其害。比來因吴淞入海之口淤塞，地荒民移，今應開吴淞江四千三百五十二丈，應浚新涇口等處七千五百餘丈，并舊址壩閘約共需費十萬兩，請將蘇、松、常三府康熙九年分漕折銀九萬兩、浙省杭、嘉、湖三府漕折銀五萬兩准留，充疏濬河工經費，俾各處逐荒飢民就近上工趁食。是脩浚水利之中，兼行拯濟之事，一舉兩利，恐不允，議留漕折，惟有再議，將估計工費一十四萬兩，均派蘇、松、常、杭、嘉、湖六府屬，去年被災、州縣分年按畝輸解，抵還漕折，今暫挪庫銀一萬兩，興工築壩，挑濬劉河矣。其吴淞江淤道當候部覆，次第舉行，用過工程與經費細數，統俟事竣造册達部等因。奉旨依議。四月十三日，奉户部咨，應請康熙九年漕折銀九萬兩，杭、嘉、湖三府九年漕折銀五萬兩，准其留用開浚。其動用過銀兩，造册報部查覈。至該撫既稱蘇州等六府被灾，州縣分年按畝均派徵還，但貧窮小民，按畝派徵，甚加苦累，相應停其派徵可也。奉旨依議。江南布政使司佟彭年查，議得劉河募工開浚，業已告成。見在督建石閘外，惟吴淞一江湮塞多年，半成平陸，施工之難，鉅數倍於劉河。動帑之報銷，實關於兩省丈勘估工，以及引導浙水通流泖澱注江之處，要非規畫精詳，確有成竹，未可遽興十萬之工，永垂千年之利也。今劉河畚鍤已竣，禾稼登場，不容少緩矣。亟議專官以董其役，覆勘以覈實數，分限以速竣工，建閘以期永利，均屬要務，速當次第舉行，所謂董役之任，自必專，責諸松江知府耿繼訓即日單騎親履沿河一帶，循其故道，覆加丈勘，估計工程，將來收支出納，責之經手，一意料理，清造報册。其董工事宜，委松江同知高仰崑臨河坐督水利倅周祚昌，專力催儹，本司自當不時躬赴督理，守道亦當往來巡閱，總俟估勘既定，九十月農隙，擇吉開濬，來春式觀厥成。第吴淞亘三百六十餘里，分頭催理甚難，議得吴淞應濬數目，分别難易，工繁者促其里程，工簡者袤其弓丈，配搭適匀，分爲八段，每段委典史巡檢官一員，日逐點視夫役，稽察勤惰，更須借才任事，始可觀其成效也。所謂勘覈之實，吴淞江東起歷新涇口，迤西。至黄渡止，共浚河一萬一千八百餘丈。本司當親往覆勘，劃分段界，然後定夫工銀兩實數，而一應必需之

① 奉旨該部確議 "旨該"二字，據朱筆批校補。

料,先時整頓,而後課工程限,分段計夫,塘長督催,早作暮輟,察記陰晴,較量勤怠,工食必須正官同鄉者,計口如期散給,以杜尅減,并禁衙役票拘里夫之擾。從九月中旬築壩戽水,十月初起工,至十二月中旬,共八十日,務期全完。三四月間,造閘脩岸,勘缺補工,則洋洋巨川,克復禹跡,具區之尾閭貫澈,諸浦之幹支合潮皆在,此冬春之工也。建造石閘,應查舊閘。故址果屬費省利溥,採石興築,不至如劉河之臨期估議也。若浙中之宜通者,惟秀州一塘,來自嘉興,溯源苕霅,東歸黄浦,北入淞江,泖橋、黄橋、斜塘、石湖在泖之東,朱涇、泖港、横潦、沈涇在松之西,皆引秀州塘之水,以貫穿於松江之界,而并入吴淞者,今當相度歸聚之處,如有淤淺茭叢,酌爲疏導,則浙西三郡同其利矣。太湖水入吴淞,如吴縣胥口、吴江長橋、寶帶橋、崑山夏駕浦等水口,協力浚揠,使之深廣,則上流暢而咽喉無搤窒之病矣。吴淞廢塞多年,新涇以東,盡成平地,民墾爲田,或藝爲圃。今應查已經陞科者,何年入册,税畝未經報明者,何人耕占舊彊,兹因重復河道,廢其産業,應與豁免徵額。如果係無糧官地,而成熟已久者,概示以寬大之政,不必深求,則川隰正而民無怨咨之聲矣。更議黄浦合江之口,恐濁潮横溢,宜分泄其水勢,尤當于出浦之際,加意用力,則避沙衝瀉,可無旋開旋塞之患矣。至于設處歲脩之法,酌量啓閉之方,嚴覈考成之規,勤築圩岸深通支條,皆善後良圖也。

粤稽大禹之治水,三江既入,震澤底定。三江,婁江、東江、松江也。今蘇之劉河爲婁江,松江之黄浦爲東江,而吴淞江則在松郡上海之東,是吴淞江尤洩太湖之水者。三江既入于海,則太湖自無泛溢之虞,而震澤不底定乎?震澤底定,即蘇、松、常、杭、嘉、湖六郡尚有水灾之患乎?古聖先賢,相形度勢,開鑿河渠,貫通脉絡,導引源流,由江而入海,使水則洩瀉,旱則停蓄,多蒙其利。歷朝特遣大臣專董其事,開載甚悉,則吴淞一水,關係非輕。少不講求,譬人之一身,氣血不通,九竅閉塞,斃可立待也。古之善治水者,縱横曲直,抑其水勢,毋使怒濤衝激,湧决爲患,不過順其下流之性而已,故蘇湖之水爲下流之上者,嘉興、松江之水爲下流之下者,宜所先常州、鎮江之水爲上流之上者,常熟、平湖次之,宜所後。其松江爲衆流之就下蹌口,又爲吴淞江入海之尾閭,故施工所宜最先也。錢王時,置撩淺軍四部,七八千人,專事導河築堤。宋初廢弛,故常有水患。至宋仁宗朝,范文正公親歷海濱,開浚五浦,費錢米一十八萬餘,自後置豐田水利使者,趙運使任内,用錢米四十餘萬。至理宗時,創立魏江、江灣、福山水軍數千人,專脩江河塘,僅免水患。至明永樂二年,命户部尚書夏原吉疏治於上海東北,浚范家浜,接黄浦,通流入海,而華亭人葉宗行上言治水方略。正統六年,命巡撫工部侍郎周忱脩吴淞江,立表江心,盡去壅塞。嗣後,屢次命官疏鑿,或通其上流,或濬其下流。迨隆慶四年,巡撫都御史海瑞開吴淞江白茅港,借支軍餉,不兩月告成,從此百餘年來,潮汐所衝,沙泥淤積,致吴淞入海要道依舊湮塞,復成平陸,不無滄海桑田之嘆。而太湖、泖澱諸水,汪洋澎湃,無所宣泄,加以霪雨不時,遂致渰没田禾,漂浮廬舍。數年來,江南水灾告急爲此也。蓋由松江一府而言,則黄浦爲南條要害之水,淞江爲北條要害之源。由江浙兩省而言,則黄浦在南,婁江在北,而淞江則居中。三江雖若鼎列,而兩路各屬分流,所以開浚吴淞江爲水利第一要着。兹蒙各憲爲國計民生,具疏上請，大意爲寓賑濟於疏浚。

旋奉俞旨，允請兩省改折漕糧二十萬石，以資工用。上而運籌之大臣，下而奔走之小吏，無不殫心効力，趨事赴工，督勸有方，講求盡善，故能使庶民子來，畚鍤雲集，自春至夏，煥復舊观，豈非一代之豐功、數世之溥利乎？又建石閘以爲啓閉，潮來則閉閘，以遏濁流，潮退則開閘，以瀉清水。可使泥不壅滯，而水常湍迅，真一勞永逸之盛舉也。是役也，悉照隆慶年間江路故道，開濬深廣，亦如之。不擾民財，刻期告竣，救流散之飢民數千家，灌六郡之田禾億萬頃，其功德誠爲不朽矣。具題則爲江南總督麻、江寧巡撫馬、浙江巡撫范，而董其事者則布政司佟、蘇松守道韓、松江知府耿繼訓、董漕、同知高仰崑、水利通判周昌祚、蘇州督糧同知師佐、上海知縣康文長是也。雲間東南濱海，凡天目具區之水，皆由歇浦、淞江以歸墟於海，若故吾郡爲澤國，沃壤以三江，爲灌輸也。自吴淞江湮没以來，每當春夏之交，霪雨浹旬，諸水暴漲，一望昏墊，版築難施。及至夏秋亢旱，田塍龜坼，港漵咸竭，桔槔無地，故開濬吴淞，勢屬難已。迨康熙十年底績以後，無論六郡人民懽呼，可免水澇之虞，即偶過瞻眺，見夫水勢泱漭，帆檣絡繹，石閘巋然，潮汐逶迤道旁，父老猶嘖嘖額手云。此舉係朝廷之恩，諸官長之力，吾儕小人莫酬高厚，猶記此時。守道韓佐周，實董其役。寢處堤旁，計工庀料，晝夜奔馳無間，寒暑吁功偉矣。舉人董俞識。

據上海續報印册

康熙十年，巡撫馬祐會同總督麻勒吉、浙撫范承謨疏開劉河吴淞江及浚新涇口等，并修復舊址壩閘，劉河約需工費四萬兩，吴淞江約需工費十萬兩，請將蘇、松、常三府、浙省杭、嘉、湖三府康熙九年漕折銀充用，耑飭布政司慕天顔檄取各屬前項。又飭蘇松常道韓佐周劃疆分段，議濬江面濶十五丈，底濶七丈五尺，深一丈五尺，共爲十二段，每段三里六分，於内又分四十號，委松江府通判周祚昌、蘇州府同知師佐耑董其事，又委各府縣幕佐等官十二員分督其工。本縣以通縣三百區募夫二萬名，每區選耆老一名，每十名立一甲，每十甲立一百長，每夫給工食銀五分。本年十二月興工，十一年三月竣工，計吴淞江及新涇口等處共一萬一千八百五十一丈。本縣自黄浦口起，至盤龍塘黄浜止，實開八千五十一丈七尺，其三千七百九十五丈三尺，係青浦縣與嘉定縣開浚。今江流浩淼、瀦洩咸宜，自海忠介重濬以來，湮塞百年，一旦請發公帑，興舉大工，不半載而績用告成，六郡均利，實當事諸公贊畫之力云。

巡撫馬祐等請浚劉河吴淞江等疏略。查得蘇屬劉河口、松屬吴淞江係江南蘇、松、常、浙江嘉、湖、杭六府洩水咽喉，疏則六府同其利，塞則六府同其害。上年湖水泛濫，人口流亡，總由劉河、吴淞入海之口淤寒之故。臣念國課民生，關係重大，委官丈勘，應開劉河淤道二十九里，總計人夫三十九萬八千四百一十二工、建閘三座，每座公費千金，約共需費四萬兩，應開吴淞江四千三百五十一丈，應濬新涇口等處七千五百餘丈，并修復舊址壩閘約共需費十萬兩，請將蘇、松、常三府康熙九年分漕折銀九萬兩、浙省嘉、湖、杭三府漕折銀五萬兩准留充疏濬河工經費，俾各處逐荒飢民就近上工趂食，是脩復水利之中，兼行賑濟之事,一舉兩利。

邑人曹垂璨吴淞江記略。《禹貢》:“三江既入,震澤底定。”考之蔡《傳》,有東江、淞江、婁江之説,即《國語》韋昭註亦然。然三吴水勢,浙西諸郡,松江最居下流。常、蘇、嘉、湖四府俱環太湖,則以吴淞江爲洩瀉明矣。在宋,范、歐、蘇、葉諸公皆建修浚之策,而毛漸、徐確、郟亶輩相繼開鑿,隨濬隨塞。明朝尚書夏原吉、侍郎周忱、巡撫崔恭、畢亨、李元嗣輩,皆常濬治。嘉靖末,又爲平陸。隆慶己巳,都御史海瑞建議復濬,約費工食五萬餘兩,權宜措處,不兩月而工告成,久之又塞。皇清御宇,吴中屢困水灾。朝廷捐資十餘萬,民間計畝出夫,半載奏功。康熙甲寅春,霪雨連旬,不致大害者,此江洩瀉之力也。是役也,大參韓公董其役,佐以蘇府同知師公,例得並書。

康熙十一年六月,吴淞江建三洞石閘一座,十二月告成。吴淞司巡檢率閘夫四十名,耑司啓閉,黄浦營撥兵數名守汛盤詰。旋因水勢衝激,四面石塘塌壞,奉各憲調黄河埽手數十名,辦綠蘇柳枝等物,築成二壩,每日集夫三百名,戽水脩造,工費繁瑣,慮難成功。適知縣任辰旦到任,詳憲撤回埽手,省築壩戽水諸費,另募浙匠數人,泅水修築,又將本縣各攤舡編立印簿,挨次輪撥,差閘夫幾名裝運廢磚瓦屑,擁護樁脚,費省功倍。閘夫原議五十名,奉憲裁減十八名,將工食貯庫以作脩閘之用,每名日給工食銀二分,油索銀一分,每年每名給銀一十兩八錢,通共給銀三百四十五兩六錢,於義租項下,按季支領。康熙二十一年正月,西北護塘迸裂,知縣史彬察係水滲沙虚,兼之西南護塘原長一十四丈,西北護塘僅長十丈,所以水勢迅激,易致損壞,遂命原脩浙匠增拓四丈,又移進實地二丈,共費工料銀一千零五十五兩六錢三分,捐俸三分之一,二分請憲于存留義租項下支取,復奉憲駁減銀七十九兩九錢云。

吴松江口建閘,遂爲上嘉孔道。自閘而南至北闕,計路三里有餘,每逢積雨,泥淖載途,行旅病之,里民張有榮捐資勸募,鋪砌石街六百餘丈,工費繁鉅。邑人張錫懌助鋪一百五十餘丈,得完厥功。

海　塘

海塘潰决不常，實爲松民大患，歲脩捍禦，不得不需民力。自明季以及國初，例擇有業行之人，委任督工，雖云勞費，然當事加意優邺，人不以爲病也。後法久弊生，雖隆以義户之名，而賠墊責成，漸滋苦累。因而營脱僉報，下及細民，所在騷然，幾與海患等。蒙司府洞悉其弊，詳院禁革一切民勞，皆官任之。即今康熙二十一年，詳脩王家村、施家路等處潰塘，勘估董工，皆賴賢公祖悉心籌畫，遂能費省而功倍。有治人斯有治法，地方豈有不可興之利、不可除之害哉？

民輸官董原詳

松江府爲海塘刻應脩築等事。案奉江南江蘇等處承宣布政使司正堂加八級丁　批，據士民吴士龍等呈詞前事，内稱切思松屬役賦未均，以前民疲財殫，自遵奉官收官兑之令，而旗弁無所，肆其誅求，又力行均田均役之政，而奸蠹無所容其侵蝕。兩法一定，民樂更生。然昔日之患在田役，而今日之患在海塘。海塘冲潰，固宜亟講脩築，然欲僉點義户脩築，則海塘之爲患日深，而生民之家計日蹙。何也？一議僉點，奸胥塘棍無不挨户婪詐，雖小康之家，每歲必有規例，臨僉必有重酧，少拂其願，名必暗呈，人人自危，雖典衣變産，皆所不惜。此未及僉點，而民膏之竭於需索者，已去其半。僉點既及，罔不紛紛營脱以義户者，大户之别名也。既列大户，每事無不派及，苟不至破家蕩産，逃亡飄散不止，因知後日之爲累不小，遂不惜百計營圖。即立刻破家，又遑顧焉。此僉點已及，而民膏之竭于鑽營者，又去其半。其如西新墩一役，自康熙十二年四月起，其間僉點義户已非一次，然終未有一人到工，擔土至塘，而小民受累，不知幾許。嗟嗟民困財竭，正供無支勢，必國課有虧。官府考成攸係，士龍等以謂海塘不可不築，而義户不可不除。與其僉義户而收效于塘工尚遲，不若去義户，而取濟于塘工更速，莫若以民輸官董之法爲最善。前此工料費用照甲均派，非不民輸矣。然以民輸，而欲民董，猶大役未定而民收，小役未定而有民僱也。以合郡之事而專責之義户，在上徵收未必力，在下輸納孰肯先？且頑欠者有之，差侵者有之，官挪者亦無不有之。種種弊端，皆因民董而起，若既官董其事，諸弊可以立息。倘有衝突坍毁，必須府縣到塘，親勘明白，務先估料若干，辦價若干，裝運工費若干，其派段若干，募夫若干，脩築坍毁若干，通計詳憲設櫃，出入小民，無履霜之嘆，而急公可以裕儲。脩築竣工，具册開銷，職官無點石之難，而監督可以立効。士龍等士民集議至公至均，既無逃普天率土之義，亦可免懷襄洪水之灾。婪胥不得操權，地豪不得漁利，即有三窟百足之奸，不得規避事局之外。同心共濟,方爲官民兩便。叩乞憲天,俯採芻言,賜飭該府縣斟酌速行,爲百萬生靈保全之計,庶衆擎易舉,竣工有日,積弊稍蘇,海隅永奠等情。奉批,仰松江府從公集議妥確具報等因,奉此遵即飭行華亭縣查議。去後,隨據申稱築塘一役,原以地方之物力,保衛地方之田廬,不費公帑,致藉紳衿耆老主其事,毋煩官役之追呼,永遵往例,得以經久似屬妥便。若論民輸官董,切恐日後奉行不善,勢必科派病民卑縣,似難輕議,仰候主持定奪等情到府。據此當查得築塘工料,出之民力官役,慢不催輸,接濟義户,賠累不堪。塘工究難告成,致吴士龍等有民輸官董之請,詎該縣並不將工料如何催給,塘工如何速成,義户如何不致苦累情由,會集紳衿妥議具詳。乃竟以義户管塘往例妥便等語,率覆礙難核轉,隨經駁行,去後續據該縣覆稱,卑縣覆看得築塘一役,原奉各憲檄令,諳練衿耆董理,不許官役經手,滋弊遵行已久,衹緣義户原屬苦役,老成者大半消亡,新報者終年訐訟,而均啚夫料,又有奸頑指納,致吴士龍等有民輸官董之詞。蒙府洞悉,各義户賠墊情由,詢及工料如何催給,塘工如何速成,義户如何不致苦累,卑縣敢不仰體議覆,第查塘工之速成、義户之賠累,總在工料之完欠,若使工料清給,塘工自可不日,而義户得免賠累矣。卷查康熙四年間,前巡撫部院韓憲行刊刷赴工單,分發啚里,知照完工單給與義户收執,其徵比之法,務要各啚里倒换,該義户完工,印單依限銷照。衙役無從染指,豪强難以倖漏,誠爲妥當。該卑縣受事以來,正值海塘大潰,兩經履勘,目擊全堤坍潰,纍纍比蒙,僉派衿耆莊武秋、鄒連城等一十五名,到塘分段抄修,隨將祭壇前坍决處所,勸諭各衿耆措墊工料脩葺完報外,今若舉此大工,必以錢糧爲首務,柰值軍興旁午餉急差繁,兼之水旱頻仍,民多疲癘,正供尚奉令緩徵修塘,似難叠責,然猶恐悮邊疆、妨農殺稼。卑縣復將續坍潘家路潰塘挪墊工料,勸諭莊武秋督率補苴,暫爲堵築,秋收得保告成。兹奉檄催查議,卑縣再四籌酌,惟遵往例刊刷印單,分發義户,設立號簿,稽比完欠,務使啚甲取具義户到工收據,方准歸農。在義户止需其力,不費其財。仰邀各憲慰勞旌奬,自必興起急公等情前來,據此隨該松江府知府魯超看得,松郡東南地界,逼近濱海,波濤冲激,滄桑堪虞,全賴捍海一塘護衛田廬,誠所以保民命、裕國課也。但石塘自前朝方郡守脩築以來,經今四十餘載,日侵月削,剥嚙殆盡,倘不亟行補救,必致田畝陸沉,廬舍漂流,糧餉化爲烏有。是以康熙七年,奉前巡撫部院韓特疏,請用民力。業蒙俞旨,允行脩築,誠不容已。惟是需用工料錢糧,昔年民力豐裕,人心急公,易于出辦。前賢立法,誠恐濫托匪人,徒費物力,無裨塘工,故特遴選有業行者董理其事,錫以美名號曰義户。始則延請以勸勉之,繼則給匾以奬勵之。其所以體恤而護持之者,倍極肫摯。凡任事者,有優異之榮,而無賠累之苦,故人亦樂爲之用。嗣後日久弊生,上下俱謂義户素封可擾,交相膜視。所有啚甲應出工料,官既不肯上緊催給,役復舞弊婪侵,即應輸百姓,亦視爲可緩頑抗,不完錢糧,漫無接濟,督責不假分寸,赤手從事,賠累不堪,以致塘工勢同築舍,坍潰時聞,而義户受累無窮,畏若湯火,故一議僉點,奸胥塘棍即便乘機作奸,恐嚇圖詐,如不遂其欲,輒興公舉之詞,開具姓氏,匿名暗投。凡殷實之家,人人自危,幾于不能貼席。竊思明季布解北運,收倉收櫃等役,富户一經點充,身家立破。我朝定鼎以來,以上民役盡行革除,一歸于官料理,民慶更生,何獨築塘之役尚爾,因循故習,永爲民累耶?爲今之計,若不改議,民輸官董,脩築堅固,則海塘之爲患日深,而松民之家計日促,其害有不可勝言者矣。職府稔悉,僉點義户爲松郡第一大弊,法窮須變,相應亟請憲臺,將坍潰海塘,耑委水利廳員,耑司董築,免其解餉,别差其啚甲工料,責成華亭縣印官比催接濟,勒限一年之内告成。如工料稽遲,廳官將縣官照奉修冲决,地方催夫不發,遲悮河工之例揭報。倘工料湊手,廳官不行,上緊修築,依限完工,以致復有冲决者,將廳官照黄運兩河堤岸冲决之例查參。其義户一役,得邀憲恩,永遠革除,則造福于松民,良非淺鮮也等因,于康熙十七年九月二十一日具由申詳各憲,去後隨奉本使司批發原詳,内開義户之害急,宜痛革,不待再計矣。今議民輸于官,而官董其事,第恐經胥作奸,或收多用少,不無染指,或民力不前,又生追比之擾,必竟如何,可以善全無弊。仰府再悉心區畫,速詳奪等因,奉此遵即轉行華亭縣確議詳覆。去後據該縣詳稱,卑縣覆,看得松屬海塘坍潰不常,實係東南第一大患。至向例僉點義户,積習相沿,馴成苦累,應請亟爲除革,無待更議。惟是所需工料,雖有舊例可循,然恐假手胥役,不無收多用少之弊。嗣後,凡遇海塘潰决,必專任廳官,親勘相度形勢,酌量繁簡,仍將潰决處所丈尺,確估定數,務使不縮不浮,責有耑司,毋假手于胥役。工完之日,造册報憲,聽候覈銷。至於啚甲應出夫料,一俟估計詳定之日,即將應用數目,出示曉諭,務于徵收地丁之時,飭令鄉書,傳催完納,是毋煩差役之擾,誠爲妥便等因。到府據此該職府覆看得,今次修築海塘。需用工料,業經華亭縣印官親加履勘,估計確實,造具細册,詳送憲臺核詳。督撫二憲出示在案,相應令民輸納于縣,該縣彙集成數,解交董工官,親自收貯,其採辦物料,給發工食,一如成造烏沙船之例,悉責管工官自遣的屬料理,竭力樽節,不假胥役之手,浮冒滋弊。竣工之日,將用過工料造具細册報銷。倘比前估有所節省,即行存留,以備平日塞傾補頹之用,則經胥無從作奸染指,自無收多用少之弊矣。至脩築海塘、原以保護民間田廬,若海塘坍潰不築,則居民時有滄桑之患,且不免僉點義户之累。今革義户之弊,而有樂土之慶,其些微工料,自所樂輸,似乎不煩追比合無。即于徵收地丁之時,飭令鄉書傳催完納,不許差役追呼。設有奸頑抗輸,是彼既無急公之念相應,查其户下田畝之多寡,責令自行築塘若干丈尺,仍嚴飭胥役,不許絲毫需索,則無追比之擾矣。惟是董工官員,前已詳明,應耑責水利通判董宏在案,但必須嚴定限期,勒令本官一手完工,庶不致藉端諉誤。其中倘另委别差,輾轉更易,則責成不專,而塘工仍有築舍道傍之虞等因,於十二月十三日具詳,本使司去後,隨奉本使司批發前詳,内開據詳民輸于縣彙交董工官定限責成是矣,但作何立法。勸輸可以充用,果否?實杜攤派之弊,使塘易成而民不擾。該府所議,猶屬浮泛。仰再妥議,詳奪繳等因,奉此案查,先該職府以前事通詳署守道,奉批仍候移咨藩憲彙詳。督撫部院示奪繳等因,遵候在卷,接奉憲批,前因遵即飛檄華亭縣妥議,速覆。去後,今據該縣詳覆,稱卑縣看得,勸輸築塘工料之法,應照前撫部院韓頒行赴工、完工二單,將赴工一單開載,該啚甲應助工數,分發啚甲,勸諭輸助完工單,給發鄉書收執,稽查完欠。凡各啚甲艱于做工,而情願輸料于縣者,令賫赴工單向鄉書倒給完工印單歸農,如有不願輸料而情願助力者,令自赴塘工助力,脩築工完之日,亦令將赴工單倒换,完工印單爲據。悉從民便,則既無攤派之弊,而工料亦自充用,塘工易成而民亦不擾矣等情到府。據此,該職府覆看得,塘工之遲速,總在工料之完欠。若使工料清給,塘工自可不日告成矣。兹奉憲臺諮詢,工料應作何,立法勸輸可否充用緣由,查康熙四年間,前撫部院韓憲行刊刷赴工、完工二單,赴工單分發啚里知照,完工單給與義户收執,其催輸之法,諭令各啚里倒换,該義户完二印單爲照,以稽完欠。今既革除義户,改爲民輸官董,相應將完工一單給與鄉書收執,即令鄉書于徵收地丁之時,勸諭輸料,倒給完工印單。設有不願輸料而願助力者,查其户下田畝多寡,責令自行築塘若干丈尺,不許差役追呼,則攤派之弊可杜,而工料亦能充用矣。總之,夫料責成縣官,塘工責成廳員。如工料稽遲,許廳官將縣官照奉修冲决地方催夫不發,遲悮河工之例揭報。倘工料凑手,廳官不行上緊脩築,以致復有冲决及坍潰愈甚者,徑將廳官照黄運兩河冲决之例查参,則塘工易于告成,而百姓亦無復累之慮矣等因,詳奉布政使司丁看得,脩築海塘,向來僉報義户,派擾滋弊,究竟未有成功,爲害已不可言,是以改議民輸官董,亟甦義户之累業。荷憲臺洞鑒,允示轉飭,遵照在案,第慮法久弊生,酌議永遠良規,此誠防微杜漸之至意。今據該府縣詳稱,嗣後坍潰海塘,需用工料若干,印官躬親勘估,詳憲覈實,即便張示曉諭,咸使聞知應需工料若干,每啚應輸若干,本名應辦若干,仍置簿二本,將工料總數登註册首,每啚派數臚造于後,一送本府,一存該縣,聽民投納,親自登填,仍立完工一單,給與鄉書,勸輸倒换。其有自願力役者,一并註明簿内,不許强派。助料完過,應輸工料,即令歸農矣。塘工告竣,檄弔查驗,如有浮派苛歛,許民自行陳告,得實即照私派之例,題参治罪。總不許經胥經手,再取勘官印結存案,自可永杜派擾之弊矣。仍專責廳員監工,實心任事,免其解餉,别差將坍潰應脩之處,酌立程限,不許逾違。如此立法加嚴,可爲永久良規。既據府縣詳覆,前來伏候本部院鑒裁奪示,以便轉行遵照等因。詳奉總督部院阿批,開,如詳行,但不得假手胥役,致滋弊端。取咨仍候撫部院批行繳。又奉巡撫部院慕批,開,既經督部院批允,如詳行,仍責成該府印廳官嚴加稽察,毋致苛累繳等因,遵行在案。

官　署

華亭縣治，在府西望雲橋北。縣堂久未修葺，梁柱盡壞。前令在任，僅結草軒以居，陋劣不堪。康熙十六年，蘄水南夢班莅任，即庀材重建，儀門兩廊，皆爲營造。堂宇壯麗，視昔有加，盡捐俸爲之。

重建縣堂碑記

華亭侯南公重建縣堂碑

郡治本春秋吴地。吴築華亭，由亭而縣，有縣斯有令，掌而治之，置婁縣，自秦始。漢晉以來，代不一制，割崑山、嘉興、海鹽三縣地，復立華亭，擇令之賢且能者，委而任之。自唐天寶始，宋、元至明，陞改互異，而隸郡治則同。本朝因秦縣分地爲婁，而華爲附庸，首邑如舊。攷志，三吴與三秦，又有兩華亭云。吴賦重役繁，華最劇。濱海瀉鹵之鄉，屯戍斥堠之屬，迤西而入，限以重關，宿以勁旅，東南一奥區也。縣治之有堂，歷代創建已然，會兵燹寇患，繼以水旱，公私交詘，積漸隳圮，以迄于今。幸邑侯南公涖吾華，毅然振敝起衰爲任，既念民力日殫，井賦歲增，計將議寢。公仰屋拊髀，憂形於色，曰：斯堂也，錢穀出入則會計繇焉，獄訟煩簡則生命繫焉，户口征徭之差等，則功令考成準焉。廢政弗修，墜典弗舉，烏乎可？爰爲之辨方正位，蠲緡庀材，相物宜而董工，作版築登登然，鼛鼓闐闐然，昔之風雨鳥鼠，蕩蕩然不知安往也。公又咨耆老子弟而謀之，堂之中央爲布令之地，懸韜程石以示彰癉；堂之後武爲退食之所，横經設席，以進衣簪；堂之左右隅爲刀筆筐篋之司，警夜巡晝，以備扃鐍，規模弘鉅，遠近壯觀。公以鞭風駕電之才，聚米量沙之智，浹月告成，三吴循吏未有若公之善治劇者。公少而通經，壯而筮仕，練達國體，軫恤民艱，凡急軍餉清逋額，飭保甲弭盜源，聽受批覽，庭無滯牘，頃舳艫雲集，供億星稠，出其緒餘，呼吸立辦。衛之營室，椅桐是植，魯之頖水，芹藻是歌，次第措施，皆由此始，以視廳事如傳舍者，勞逸不侔矣。前人創建之制，後人興復之功，其可泯乎哉？公事嚴君頤園先生孝謹，其官同，其時同，其長山官署爲劉相國故第，撤其舊而新之，向皆易置，先後式廓，亦略同，迺知根核儒宗，淵源治譜，造車合轍，其致一揆。不日報最，當徼天子上考，爲奉公循職者，勸郡紳士寓牘於余，請礱七尺之石，徵信來兹。余不敏，謹次縣始末爵里姓氏而爲之記。郡人沈荃撰。

重建華亭縣主簿官署碑記

舉天下之事，無論鉅細，當其劫殘傾覆之餘，思得其人以興，然或視之而莫爲，或爲之而不成者,有三患焉。一曰聽天,一曰待後人,一曰事不切已。夫天,不可易者也,然爲其事者,聽之則不力,後之人不可知者也,待之則罔功,事不切已,如古聖賢豪傑,垂世立教,濟人利物,皆是也。如必日切已則爲,不切已則不爲,則生民之道,不幾於息乎?故三患具而事鮮成,自然之理也。然此特庸衆人之見蹈常襲,故猶齗齗足以爲患,而不知又有賢智之患焉。夫賢智之患,或才高而位卑,或時移而物换,浮沉寄託,而無凝滯之心,彼其視上棟下宇,猶秦越人之肥瘠也,豈以動其心哉?故史載阮籍求爲步兵校尉,騎驢到官,壞其廨舍,使内外相望,兵厨酒盡,拂衣徑去,後之賢智,舉動不必盡如是,而其所見則大,抑不相遠矣。此不可與庸衆人同日語,而足以爲率作興事之患,曾未嘗少異,然則彼刼殘傾覆之在天地間,復何所望耶?惟吾友黄君萃子不然。黄君之來,主華亭簿也。向之簿舍,經兵燹之餘,掃地赤立,此非孱力之所能復,必也天幸,而黄君不聽天。自漢以後,無長子孫之吏,近更席不暇煖,後之人且迭至,而黄君不待後人簿裁,兩載設爲協運催解,大抵終歲孑孑,在廩在舟,在京官署,頗不切已,而黄君不謂不切已。一旦考圖榜籍,經始要終,舉昔之主簿於是邑,若宋鄭茂陸垕所嘗搆棲鸞堂風月榭,名目僅存者,焕然復還舊觀,人皆以爲難,余獨以爲此庸衆人之三患,黄君非庸衆人,破之宜爾。唯是黄君以八閩名士用明經高第,歷司理、學博,偃蹇以至是官,則所謂賢智浮沉之患,黄君正其人也,而亦力矯其習,見之而必爲,爲之而必成,豈不尤爲難哉?余約略論之,前之三患,求之古人,能反是者,若申包胥可謂不聽天矣,若虞允文可謂不待後人矣,若陳湯、甘延壽可謂不辭不切已矣。獨求能反賢智之患如黄君者,無有不得已而求其近似,其惟柳士師之不恭乎?是不可以無記。黄名元埈,字萃子,海澄人。楚黄杜濬于皇撰。

康熙十年,歲次辛亥,四月吉旦,主簿黄元埈重建,批驗所原址,蔣涇埠腹内,水淺壅滯,每致年額虚懸,題准改埠爲所移,建閘武浜,商人汪逢章、胡起虞等捐貲倡造,轄掣華、婁、上、青、崑、常、嘉、太八州縣。順治十三年,奉旨將下沙場副使改爲批驗所,大使掣驗,稱便額倍于昔歲,計十萬,得地勢之宜。

學　校

松 江 府 學

康熙二十二年,復建啓聖祠。

祠自兵燹後,不能興復神主,向置明倫堂東,後又傾圮,神無所依。二十一年,學博陸在新涖任,惻然傷之,亟請郡侯魯超重建。適婁邑有廢庵屋料,里民願助公用,邑侯史彬即令運至學宫。又諸生錢永靖、郁鏐協募鳩工,自次年二月創始,五月告成,六月初三日,神位入祠。郡邑大夫行釋菜禮,紳衿畢集,曠典得振,莫不欣欣稱盛舉焉。

華 婁 縣 學

康熙十九年,教諭路序、項亮臣重建學宫。

文廟自學博王道光重修後,二十餘年,久不加葺,圮廢殆盡。朔望行香,長吏立叢棘中,見者興歎。序同亮臣焚香誓廟,請於太守魯超,捐俸營建,郡紳施維翰助貲三百金,不一載告成,規模弘敞,有加於舊,又增脩明倫堂、崇德堂及官署,輪奂改觀焉。

扶風義塾在府治東一百二十步,康熙二十一年建,知府魯超延郡博陸在新開講席於此,以淑郡之賢俊。

上 海 縣 學

康熙十年,知縣朱光輝重脩宫墻璧水八十餘丈,較舊制,高廣有加。教諭陳迪葺治尊經閣、名宦鄉賢祠。

十三年,知縣陳之佐、教諭馬廷桂脩整文廟及明倫堂,按察使司按察使許價曾碑記。

十九年,知縣任辰旦重脩啓聖祠及大成殿儀門兩廡。

二十二年,知縣史彩以文廟前月臺丹墀,年久碎壞,因命石工重鋪,并儀門兩廡,焕復舊觀。

名　宦

松 江 府 學

分守蘇、松、常道參議方國楝

華亭縣學

訓導邵繼稷

鄉賢

松江府學

封工部主事唐允振

贈庶吉士陸從龍

華亭縣學

贈刑部郎中周時儀

浙江處州府知府周茂源

陝西西寧道副使張安茂

上海縣學

封文林郎、永寧縣知縣陸明允

中書舍人徐驥

石阡府知府陸郯

封文林郎、鄉飲賓孫仕範

太醫院吏目曹國裕

青浦縣學

鄉飲賓張延年

封工部營繕司員外、新寧縣知縣張驊

祠 廟

夏、周二公祠在府治西南，成化間，知府王衡建，以祀周文襄忱。後以先年夏忠靖原吉治水，有功於前，因並祀之。歲久圮毁，康熙十九年，知府魯超捐貲重修，棟宇堅整，丹雘一新，報功之典，共瞻其盛，併撰碑文爲之記。曰：國家大政，莫重乎財賦，而財賦出於農田，農田由於水利。賦額不定，則取民無制，而吏得因緣爲奸矣。水利不修，則旱潦無所資，蓄洩無所備，而田悉化爲汙萊矣。故古之名臣皆於此盡心焉，如明之夏、周二公是也。明永樂二年，蘇、松諸郡大水，夏公以户部尚書奉命發浙西兵民數十萬，疏决壅滯。公上言：嘉定之劉家港，徑通大海，常熟之白茅港，徑入大江，宜浚吴淞江南北兩岸、安亭等浦港，以引太湖諸水入劉家、白茅二港，使之直往江海。又松江大黄浦乃通吴淞要道，今下流壅塞，難即疏濬。傍有范家浜至南蹌浦口，可徑達海，宜濬，令深濶，上接大黄浦，以達泖河之水，俟既開通，相度地勢，各置石牐，以時啓閉。每歲水涸之時，修築圩岸，以禦暴流，如此則功可成。奏上，得旨允行，水患乃息。公布衣徒步，晝夜經畫，盛暑却蓋弗御。又念歲荒民饑，奏發廩三十餘萬石賑之，所全活無筭，民至今思之。周公在明宣德間，以工部侍郎巡撫江南，時蘇、松、常三郡積欠糧以千萬計。公廉，知豪强有力者，不出加耗，貽累小民。又糧長徵收，斗斛無制，取羡自由，遂奏設管糧官，定斗斛式，立水次倉，以秋糧正米爲則，定爲加耗，而以各户應納之數置註由帖，分授之，俾户自持帖輸納，官倉里胥不得上下其手。又令諸縣各立倉貯米，以便賑貸，名曰濟農。復立交兑法，使民免長運，軍獲羡餘，人皆稱便。又松江賦額素重，公奏請於朝，得减税糧三十餘萬，又請極重官田、極貧下户，並從輕折，銀一兩折米四石、布一疋折米一石計，松江一郡得輕折米四十八萬三千六百餘石，民獲蘇息。公蒞事勤敏，時乘小艇、駕輕輿出舍郊外，與農夫野老欵曲談語，因得以周知利病。在任凡十有八年，至今言巡撫之有惠政者，必首稱文襄公焉。夫二公之功業在天下，利澤在東南，豈獨松之民被其德哉？然松故有祠，則以二公之功德所在，尸祝而愛，尤在於松也。二公之去今二百餘年矣，東南之水利日以淤塞，田畝日以荒蕪，而税糧之額日以加重，誠得如二公者出，不辭勞，不畏罪，有饑溺由已之思，有憂樂同民之意，則陂塘港浦之淤者可通，田之蕪者可治，民之困於賦役者可以少紓，而東南饑饉流亡之患庶幾有瘳矣。此民所以思二公之德至於今日，愈久而愈不忘也。祠久蕪没，僅存遺址，予爲鳩工庀材，復其舊觀。既落成，爲文以紀之。夏公名原吉，字維喆，謚忠靖，湖廣湘陰人。周公名忱，字恂如，謚文襄，江西吉水人。其他行治事實，具載國史，不書，書其有德於吴人者。予既爲之作記，又緣邦人思二公之意，作詩二章以頌之，曰：

暨暨夏公,功在河渠。布衣徒步,周爰咨茹。暑不張蓋,勞不乘輿。三江震澤,實爲洪瀦。劉港白茅,泄彼尾閭。溉我田疇,長我新畬。公之不來,家無峙糈。公之既來,飯稻羹魚。川伯順流,老幼安居。千載思公,拜公堂除。福我吴民,黍稷與與。

於赫周公,來旬來宣。公未蒞止,民呻以瘨。賦斂無藝,雀鼠蠹穿。公授成晝,則壤永編。排閶上疏,請折請蠲。澤被八州,維松德偏。息黥補劓,拯溺解懸。十有八載,鴻恩覃延。畢公君陳,庶幾比肩。公歿歲久,厥德不鐫。雲車風馬,忠精在天。惠我人斯,於萬斯年。

方正學先生,祠在普照寺西,萬曆三十七年提學御史楊廷筠以先生遺嗣在松,捐貲檄建,知府張九德督成之。崇禎初,華亭知縣鄭友玄設義塾於此,鼎革後,戍兵雜居,以致坍毁,漸爲瓦礫之塲。康熙二十二年秋,丁祭教授陸在新至其地,始睹廢址,爲之興感,白之於知府魯超,遂啓昭武將軍楊捷下令將戍兵盡行驅逐,清理掃除,遂捐貲鳩工,重爲建造,而命婁縣學博項亮臣董其成。堂構既就,俎豆維新,又以先生文集舊板在松,蠹蝕殘闕,教諭路序爲補輯較梓,以久其傳。顧瞻祠宇,被誦遺文,忠義之心,油然以生,實有關於世道云。

康熙二十一年知府魯超重修并撰碑記。

方正學先生,生於台之臨海,殉節於金陵,而松故有祠,則以先生之子孫在松故也。先生當成祖靖難時,衰麻慟哭,誓死不屈,以是觸成祖怒,參夷之刑,慘及九族。先生幼子德宗在台,年甫九歲,刑部尚書魏澤時謫寧海尉,受詔搜捕,憐而匿之。有天台秀才余學夔者,佯乞食於市口,嗚嗚唱歌,以諷澤澤心動。越二日,塗遇復唱歌如前澤心,知爲義士,乃密以德宗託之。學夔扶德宗遁至松江,歷青村諸鎮,以織網貿粟得活。學夔又潛入郡屬,祠部郎俞允共爲營護,而先生門人任勉者爲參政,家居聞之,就見德宗,因妻以養女,德宗由此冒姓俞氏。後恐以同姓買禍,復改姓余,轉遷白沙鄉。德宗生三子:友直、友諒、友竹。子孫繁衍,世家於松。至萬曆間,督學侍御楊公廷筠詢訪得實,檄郡建祠,命其子孫復故姓。夫成祖之時,忠義之士殲滅無遺,瓜蔓之抄,禍延海内,而思所以不愧祖德,而勉爲君子,可以教孝焉。所謂舉一事而三善備焉者,其在此也。因書之以爲記,俾鑱諸麗牲之石。

知府魯超　遜志齋文集序

方正學先生殉節於靖難之時,至參夷九族而不悔,純忠大節,震爆天壤,童孺婦女皆知感慕而稱述之。其文章具在,炳炳烺烺,揭天地,昭萬古,而不可磨滅者也。今世之誦述先生者,以其忠義而已,而不知先生之學得統於有宋大儒,爲道學之宗子。世適理義明而識趨定,是故歷患難,臨死生,而不可變,蓋道學之與忠義非二事也。楊子雲著《法言》《太玄》,僭擬先聖而失身,新莽至,爲作《劇秦美新》之文;馬季長以經學教授弟子,爲世大師,而阿附梁冀,爲代作論李固奏章,以其未聞道也。道學之統不明,而天下始有依違湎涊,欺賣君父以求利者矣。先生之學得統於朱子,觀其《幼儀》《箴誡》諸篇,皆得古人謹小慎微之旨，而《君學》《君量》諸篇，則治國平天下之道具是焉。蓋朱子得統於孔孟，而先生得統於朱子，惟其見道已明，故能精於義利之辨，而達於死生之故。及建文之變，先生衰麻慟哭，蹈白刃、甘鼎鑊而不辭，則孔之所謂殺身成仁，孟之所謂舍生取義者，先生誠不愧矣。觀先生所著《云敞贊》云：人知利足可以養生，而不知其可以傷生，人知義之或至於殺身，而不知殺身之可以不朽。是則先生之贊云敞者，即其所以自贊也歟？先生爲宋文憲公入室弟子，公常稱先生之文，謂其文義森蔚，千變萬態，不主故常，而辭意躍然常新。又嘗贈之以詩曰："濡毫寫雄灝，勢欲移峨岷。漏洩混沌竅，出入造化神。"則太史公之於先生，其推重之也，亦至矣。今讀先生之文典重肅，穆如宗廟之中，而觀其俎豆法物，使人斂容而生敬也。讀先生之詩，冲和古淡，如清廟之瑟，朱絃疏越，一唱三歎，使人彷徨而感動也。所謂道學之淵源，忠義之質性，皆於斯可觀焉，而豈猶夫文章之士，纂組雕鏤，飾鞶帨，以爲工者哉？先生罹禍時，其家殲焉。門人俞允匿其幼子德宗，遁走松江，得免，故先生之遺嗣在松，而松故有先生祠。日久傾圮，余爲撤而新之。祠成，余爲設羊豕之奠，登堂而肅拜焉。先生之文集，板故在松，而多有刓敝脱落。教諭路君超爲之補綴闕遺，增加鋟梓，以久其傳，余故不揆檮昧，而爲序其梗略如此。《詩》有之曰："高山仰止，景行行止。"斯則余與路君之志也。

李公祠，在白龍潭，康熙十二年，爲婁縣知縣李復興建。公復任力，行均田、均役法，士民德之，爲建此祠。

寺　觀

南禪寺，在府學東，久失葺理，荆榛繁蕪。康熙二十年，昭武將軍楊公捷捐貲重修，焕然仰新刹云。

普照講寺，在華亭治西，向爲祝聖道場。本朝每歲正旦、冬至、聖節，郡縣習儀於此。康熙二十年，昭武將軍楊公捷捐貲重修。山門久爲市人侵佔，至是廓清改觀焉。

瑞應禪院，在城内本一禪院東，歲久蕩析，康熙五年，弘覺禪師木陳忞公至松，駐本一禪房，見其法子本龠大淵公住持此院，有志興復，甚爲嘉歎。今大殿落成，復買馮氏舊宅建造寮房，成偉刹云。

超果講寺，府西南瑁湖橋之右，本名長壽。年來兩廊俱圮，殿亦頹敝。康熙二十年，昭武將軍楊公捷捐貲重修大殿，復造兩廊。寺僧夔然獨董，工成之後，爲禪堂。知府魯超捐貲重脩，屹然宏麗，爲郡壯觀。

重興超果禪堂碑記

超果寺爲雲間首刹，其創建規模，與尊宿統系，載在府乘及本寺碑記，不具論。自康熙元年壬寅，住持者非其人，比匪恣肆，矩矱蕩然，合郡檀護，驅翦廓清。離言禪師主席師爲天童密老人嫡孫，福嚴費老和尚家嗣，始進院而威儀一新，紀綱丕振，道風所扇，遐邇嚮往，五葺古刹，勃然中興。無如病憊之餘，自知不久辭世，于次年春，手書招首座自牧來繼法席。首座至寺，囑付訖，説偈而犯闊，維獲五色舍利無筭。自牧和尚豐頤秀眉，軀幹魁碩，念法乳恩重，履薄臨深，笑言不苟，至於接物利生，則春風藹然。其扶持正法，摧伏魔外，機用迭發，參叩如雲。自癸卯繼席，丁未退院，駐錫五載，重建大山門與茶房，立祖堂及離老和尚舍利衣鉢塔於西軒，有銘，請大藏供一覽樓，有記。又買寺後菜圃，募齋僧田四十畝，亦有文，並已鐫石。次請緒芳承和尚，丁未夏入院，至壬子謝事。緒師梵行精嚴，軌範高峻，五載内，重脩一覽樓，鑄大鐘，亦募齋僧田五十畝。其整廢舉墜，式廓祖庭，規模益遠。最後請木居埜和尚住持。緒師與木師皆自牧和尚法弟，而離言和尚之弟子也。自師與緒師浙産，木師爲閩人，木師真實平等，澹然無塵，發明心地，會通源流，皆能與自師、緒師振興臨濟福嚴之道，重剔開山奂祖之燈，使九百餘禩藂林焕然改觀。《詩》美棣萼之交輝，塤篪之互奏，其在三師，可謂無忝。而郡人之脩德興善，被其教益，誠宏深矣。四年後，木師退隱舊山，其主超果時，建東方殿一座、廊房七間、藥師樓三間，於是以營建甫完，闔郡追慕，復請自牧和尚再總院務，於丙辰春，緇素愛戀，皈依如初，今經八載矣。人有“合浦珠還，光映千里，玄奘松轉，陰布九垓"之語，師每慮寮舍湫隘，容衆不廣。庚申歲，先買圓悟堂餘地，至壬戌春，建千手觀音閣五間，所以崇菩薩之慈悲也。閣下即爲應供堂，所以示法喜禪悦不偏也；更剏雲水堂六間，所以憩十方賢聖也；厨房六間，所以重僧食美香積也；延壽堂五間，所以安耆年養疾病也；而雨花殿内，造説法之座，所以壯獅子威尊第一義也。又增置齋僧田五十畝，以贍行脚衲子之需，俾無枵腹。於是堂搆崇閎，規制益大備矣。今自和上屢以老病辭歸。甬東，而諸檀護以其福緣廣被，道德懋隆，挽留數回，不得已而住錫。余承乏此地政事之暇，偶過瞻仰，見其規條井井，風範巍巍，禪誦之嚴勤，梵宇之清潔，以爲非離公爲之創首，自師、緒師、木師三善知識，以次恢拓鼎新不至此。及登方丈，訪自師，挹其丰采，聆其緒論，真擔大道之棟梁，迴頹瀾之砥柱，而監寺鏡堂上人，實能精心盡力佐之，亦法門刹竿也。宜乎使善信踴躍，而檀施雲集焉！吾觀天下招提蘭若在在有之，然以歲之不易，民力之艱難，或棟宇傾頹，丹堊漶漫，蕪壞不修者，固已多矣，而獨超果屢經繕治，靚深完整有加於舊，天下興廢之故，豈不以人哉？又聞釋氏之教，以興造爲功德邊事，然其覺世利物，勸牖風俗，足以輔刑政之所不逮，亦爲治者所甚善也。予故述其締造之辛勞，以告後之司是席者，俾知所守焉。因爲記，以勒諸石。

知府魯超撰

妙嚴教寺，在府城西殿前，基址侵蝕，僅通走路。康熙十九年，知府魯超及知縣史彬嚴行清理，始還舊觀。

西林禪寺，在府西慶雲橋北山門内，侵爲市廛。康熙二十年，昭武將軍楊公捷清復之，併捐貲修大殿及山門，爲之一新。

崑山塔院，即今小崑泗洲塔院。本朝順治五年，郡人范宏議，以山勢宜北，殿獨南向，於形家不利，僧遡本源，遂鳩工移易，法像不動，一時偕旋觀者驚爲神助。康熙四年，旅菴月禪師來住持，宗風丕振，有世祖章皇帝御書賜扎藏於閣上，今名寶綸閣。

延壽禪院，在府西南李塔匯。康熙二十年，婁縣知縣史彬建水心書院，以集鄉士之來學者。

昭慶禪寺，在青浦佘山。明天順中，建毘盧閣于後山。閣圮，爲勢家所佔。康熙十七年，知府魯超恢復還寺。

西湖道院，在府西門内，久已荒廢。康熙二十一年，昭武將軍楊公捷捐貲重建。

壽國禪林，在披雲門内。康熙十一年，昭武將軍楊公捷崇奉玉皇於其中。

義 塚

昭武將軍楊爲捐立義塚事，照得松郡附郭遠近並無義塚，以掩遺骸。其民間窮苦無依者，歿後力不能瘞，或循俗火化，抛骨水鄉，或委棄城隅，風沙暴露，甚至城内寺院，盡停朽骼枯胔。年來松屬災荒叠見，祲疫時行，本將軍目擊心傷，哀此窮黎生前未遂天年，死後竟無寸土，殊爲憫惻，故特捐俸，建立義塚。幸郡守廳縣各營將領具有同心，共襄其事，置買華亭縣三十九保二區五啚空地一畝五分，立爲義塚，一切遺棄屍棺，盡召傭埋。厝仿前代漏澤之園，比佛氏普同之塔，俾孤魂等衆各有憑依，庶沴氣既除，休和自集，民生風俗，行必改觀。嗣後如有牧馬樵斯，擅行踐踏，及豪强佔奪者，許軍民人等控告官司，依律治罪。勒石永禁。

康熙二十年十二月　日吉旦

上 海 縣

康熙十一年，知縣康文長捐俸置田一十五畝，建義塚。

十九年，知縣任辰旦捐俸，置田畝，助作義塚。

二十一年，知縣史彩捐俸置田三畝九分零，助作義塚。俱聽民埋瘞。

〔職官〕

(婁縣)主簿

葉大春浙江上虞人,吏員,康熙十七年八月任。

王睿哲直隸博野縣人,監生。康熙十九年四月任。

上海縣知縣

鄒弘未菴。江西廬陵縣人,由戊戌進士,康熙二年十月任。

朱光輝闇公。遼東義州人,由蔭生,康熙七年　月任。

康文長長孺。江西吉安人,舉人。康熙十年　月任。

陳之佐鶴亭。直隸故城人,辛丑進士。康熙十一年　月任。

任辰旦待菴。浙江蕭山人,丁未進士。康熙十六年　月任,十九年行取,進京考選内科。

史彩簡菴。浙江會稽人,由例監,康熙二十年四月任。

縣　丞

許處厚浙江海寧人,拔貢,康熙三年任。

徐煌浙江嘉興人,由貢監,康熙五年任。

闞緝江西清江人,由貢生,康熙二十年任。

陳宗泰江西進賢人,由監生州同改授,康熙二十二年任。

管糧縣丞

劉秉健湖廣應山人,歲貢,康熙二年任。

酈蜚煌直隸昌平州人,拔貢州同改授,康熙十二年任。

徐京瑋江西安義人,生員,康熙十八年任。

主　簿

沈邦振直隸大興人,吏員,康熙五年任。

汪周祚浙江富陽人,吏員,康熙十四年任。

李文奇陝西富平人,吏員,康熙十八年任。

李六德山東東阿人，吏員，康熙二十二年任。

青浦縣知縣

房拱極御羅。山東東阿人，拔貢，康熙三年任。

張文斗奎徵。直隸景州人，歲貢，康熙五年任。

魏球仁齋。福建建安人，副榜，康熙六年任。

王士麟幼扶。浙江嘉興人，辛丑進士，康熙八年任。

李曦麟部。四川黔江人，丁酉舉人，康熙十一年任。

連國棟筠菴。遼東廣寧人，正黄旗，康熙十二年任。

陳國祝鶴汀。湖廣江夏人，丁未進士，康熙十四年任。

劉廷諫秉直。遼東瀋陽人，正紅旗，康熙十五年任。

藺友芳佩春。直隸宛平人，監生，康熙十八年任。

霍輔漢玉巖。浙江錢塘人，監生，康熙二十一年任。

縣丞

張藴德直隸元城人，恩貢，康熙七年任。

焦桐陝西鄠縣人，己亥進士，康熙十三年任。

程雯浙江仁和人，例監，康熙十七年任。

張璘陝西延州人，恩貢，康熙十七年任。

李鴻河南鄧州人，例貢，康熙十八年任。

管糧縣丞

田普山西蒲州人，恩貢，康熙九年任。

查鳳鳴遼東瀋陽人，正白旗，康熙十年任。

王全夫直隸交河人，拔貢，康熙十二年任。

鄧一貴山西絳州人，副榜，康熙十七年任。

方國龍浙江慈溪人，吏員，康熙十八年任。

程月奇浙江臨安人，拔貢，康熙二十年任。

主簿

胡以忠浙江山陰人，吏員，康熙十年任。

王謙浙江蕭山人，吏員，康熙二十年任。

府學教授

韓日起碧滄。江都人，戊戌進士，康熙四年任。

楊才瑰黼臣。山陽人,甲辰進士,康熙十一年任。

陸在新蔚文。長洲人,丙午舉人,康熙二十一年任。

府學訓導

陳寅亮句容人,貢生,正紅旗教習,康熙十六年任,因四年奉裁,今復。

張材蕪湖人,歲貢,康熙十八年任。

華亭縣學教諭

李成瑛來安縣籍,豐城人,歲貢,康熙四年任。

劉鴻逵豐縣人,歲貢,康熙十年任。

杜瑜太平縣人,丁酉舉人,康熙十三年任。

路序雋公。宜興人,甲午舉人,康熙十七年任。

訓　導

畢城紫城。石埭人,歲貢,康熙十六年任。

婁縣儒學教諭

陸岱毓僊輿。太倉人,舉人,康熙四年任。

項亮臣艮菴。歙縣人,丙午舉人,康熙十六年任。

上海縣學教諭

陳迪當塗人,辛卯舉人,康熙四年任。

馬廷桂丹鄉。常熟人,丙戌舉人,康熙九年任。

吳文鎔無錫人,己酉舉人,康熙十七年任。

陳白漢山陽人,辛卯舉人,康熙二十一年任。

訓　導

楊翮泗州人,歲貢生,康熙十六年任。

青浦縣學教諭

任國寶蕭縣人,辛卯舉人,康熙四年任。

沈光啓臨淮人,乙酉舉人,康熙八年任。

周肇子俶。太倉州人,丁酉舉人,康熙十一年任。

顧和鼎江寧縣人,拔貢,康熙二十一年任。

訓　導

陳堂謀大匡。桐城人，歲貢，康熙十六年任。

科　目進士

康熙三年甲辰科

程文彝銘仲。庶吉士，授御史。

吴元龍卧山。庶吉士，授主事。

九年庚戌科

程化龍禹門。授行人司行人。王元臣聖臣。會稽知縣。

十二年癸丑科

王鴻緒季友。己丑進士，廣心子。榜眼，見任侍讀學士。

十五年丙辰科

楊瑄玉符。明崇禎甲戌進士，枝起子。庶吉士。

王頊齡顓士。己丑進士，廣心長子。中博學鴻詞科，見任翰林院檢討。

唐子鏘依陶。明乙丑進士，昌世子。內翰林中書。

高層雲嬰園。前萬曆乙未進士，承祚孫。見任大理寺評事。

范勰莞公。貢生，景范嫡姪。見任鎮江府教授。

彭開祐孝緒。明萬曆戊午，彦臣子。

顧啓胤令脩。奉旨改姓改名啓祚。幼繼庠生、鄉飲賓張亨。

張集殿英。行人司行人，考選監察御史。

朱衮聖集。

十八年己未科

錢金甫越江。丙午舉人，芳標姪。奉旨復姓。中博學鴻詞科，特授翰林院編脩。

朱廷獻巽谷。

陸祖脩孝武。翰林院庶吉士。

王師旦致平。明崇禎丁卯，鍾彦姪孫。

二十一年壬戌科

宋志梁聲國。明萬曆壬午,宋資曾孫。

周金然廣菴。奉旨復姓,翰林院庶吉士。

王喆生醇叔。翰林院庶吉士。

曹國維四張。見任内閣中書。

王九齡子武。丙辰進士,項齡弟。翰林院庶吉士。

科　目舉人

康熙五年丙午科

金維寧淇瞻，上海學。

錢芳標葆酚。明萬曆庚戌進士，士貴子。授翰林院中書，薦博學鴻詞科。

八年己酉科

沈蕖邵六。順天中式。

黄雲企華亭學。順天中式，庚戌進士。

顧昌祚受周。明崇禎庚辰，其言子。順天中式第六。

張集佳木。北闈中式，丙辰進士。

王元臣聖臣。青浦學，庚戌進士。

程化龍禹門。青浦學，庚戌進士。

十一年壬子科

唐子鏘依在。華亭學，順天中式，丙辰進士。

王鴻緒季友。婁縣學，順天中式，癸丑進士。

范䌹瑗公。婁縣學，丙辰進士。

張守子毅。上海學，第九名。

張啓胤本姓顧，上海學，丙辰進士。幼繼庠生、鄉飲賓張亨。

金然廣居。紹興府監，順天中式，本姓周，壬戌進士。

龔爾美譽凡。本姓周，順天中式。

錢芳模履吉。青浦學。

十四年乙卯科

楊瑄玉符。府學，丙辰進士。

沈藻火先。華亭學。

沈業聲垂。華亭學。

彭開祐孝序。婁縣學，順天中式，丙辰進士。

張翼豫章。順天中式,明癸未進士,若羲子。

高層雲二鮑。順天中式,丙辰進士。

閔瑋玠申。

十六年丁巳科

何康錫介申。婁縣學。

宋志梁婁縣學,壬戌進士。

沈宗叙彝州。

艾汝成玉立。上海學。

陳琰沈公。上海學。

陸祖修敬峯。青浦學,己未進士。

王喆生青浦學,順天解元,壬戌進士。

王九齡金山衛學,壬戌進士。

十七年戊午科

陸燧府學。

沈宗敬南季。華亭學,順天中式。

陳嘉璧石城。華亭學。

曹忝曾彙初。上海學。

金甫本姓錢。上海學,順天中式,己未進士。

楊繼祖繩其。金山衛學。

二十年辛酉科

馮瑞小晏。府學。

姚弘緒啓陶。婁縣學。

曹國維青浦學,壬戌進士。

戚懿廷和。金山衛學。

路垓蒼霖。順天中式。

徐賓虞門。順天中式。

〔貢生〕

松江府學貢生

林子卿
姚昌謨
倪用霖
陸天麟
桂純康熙十五年恩貢。
陸士徽
葉未央
陳軏
宋裳
沈瞻祖
馮瑞
王廷相壬子副榜准貢。
陳錦
金本修
張世定
顧建
潘鍾阜

華亭縣學貢生

唐正
李湜
郁鋭
胡士貴
王瀚
顧衡恩貢。
陸宗灝
孫衡

婁縣學貢生

陳于逵
雷始亨
金之鍈恩貢。
周纁
程國法
程坦
張世綏
張世圻

上海縣學貢生

伍玉
潘月征拔貢。
包爾昌
張永申

李彬
沈瑢
朱允懷
薛龍恩貢。
顧檠

青浦縣學貢生

楊烈
濮方誕
張瑚
褚磐

金山衛學貢生

姜鎣如
金葵
李扶雲
張雲翮
王春喬
沈迴恩貢。
汪廷詔
黄清祺

例　貢

王沂景曾。贈兵部職方司主事。
王垓孝先。
鄒允颺丁未貢，任寶應縣訓導。
王聲聞
姚永思孝則。丙辰歲貢，候補訓導。
袁燫昭遠。丙辰歲貢，任當塗教諭，陞監正。
王湑靖公。貢監，封承德郎，兵馬司正指揮。
查學謙次典。戊午監貢。
顧輔之後山。丁巳歲貢，候補内閣中書。
許重則威。丁巳歲貢，候補主事。
王楨薇士。府學，丁巳歲貢，候補中書。
王廷機巖士。婁縣學，丁巳歲貢，任内閣中書，陞兵部職方司督捕主事。
黄曾傳魯唯。戊午歲貢，候補翰林院孔目。
周綸鷹垂。青浦學，已未歲貢，候補國子監學正。
袁顯丕文。華亭學，辛酉貢監，候補知縣。
汪思通子默。華亭縣學，辛酉歲貢。
周緯十經。華亭學，辛酉貢監，候補通判。
孫王錫清問。癸亥貢監。
曹焕曾
葉楠界周，上海學，現任高淳縣學教諭。
閔璐
曹鼎曾
張永祚本姓胡，字令陽。上海學，庚戌貢，選授知縣。
曹炯曾府學。
葉永年金山衛學。
鄒維寧
吴京隆府學。
王鑌冶城。上海學，丁巳歲貢，授教諭。
許塈
王輅本姓羅，穆庵。上海學，庚申歲貢，授教諭。
施體震
包爾弘府學。
陳楨翼皇。上海學，增廣生，已未歲貢，考授教諭。
諸雲
葉長春
汪文雅

王維翰

徐昌昇華亭學。

姚之兆起凡。辛酉歲貢,考授國子監典簿。

王肅來雍。國學生,福建邵武府参寧縣知縣。

鄒廷璧連城。貢監生,候補光禄寺典簿。

〔武科〕

武進士

康熙十二年癸丑科

程揚眉山。

何鋌法公。

康熙十五年丙辰科

邢簡雍度。

郁鑣馭士。

武舉

康熙五年丙午科

程國策

潘廷虞

康熙八年己酉科

吴萬侯

王廷佑

沈斌

邢威貞師。

王廷昌

程暘

楊經

程澍

程英賓王。

方大臨範世。

康熙十一年壬子科

張琦

汝先標

程偉

徐忠燕公。

許迪奎

朱元勳章士。

康熙十四年乙卯科

徐古

徐夢陶

方大輿載弘。

康熙十七年戊午科

吴敬

姚鳴臯

李煜

張繼序玉森。鴻之玄孫，錫懌從子。庠生、鄉飲賓亨子。

康熙二十年辛酉科

程文韜
錢日新
金輅
陳虎文鑑九。
顧淇

名宦

李正華,字茂先,直隸獻縣人。由拔貢生,順治十年以山東兖州府運河同知陞任。時吏治波靡,正華至精明彊幹,風采一新,賄賂盡絶,胥役無所容其奸。郡東南蔣莊有沈氏兄弟,肆爲刼盗,其黨錢大等羽翼漸滋,自捕尉以至制撫左右,莫不與相首尾,呼應如神,無所忌憚,白晝縱横,自郡城以外,皆卧不安席。正華逮捕役妻子繫之獄,勒日追捕,同知崔宗泰躬往偵察,不半月間,劇盗數十人皆就縛,而上臺移文踵至,欲令械送,訊明正法。正華謂推官韓理曰:"是出盗謀,往將縱之,不可復制矣。"遂與宗泰理並出,坐郡治前,引諸盗面訊,皆首伏成案。乃立斃數十人於杖下,具案上報。時郡治前觀者萬人,無不額手稱神明,歡聲動地。其餘黨皆懾息歸農,或竄伏境外,一郡以安。其後會編審華亭令張天麟多所私狥,而以貧廢者充之,一邑惶駭,共爲逃竄計。正華聞之,身至郡大神廟中,召令一一詰之,莫知所對,乃悉去。諸貧廢,易以應充之户書榜使令印之。令辭以印在署中。正華曰:"汝以榜歸,必將爲弊。"遣歸署以印來。須臾榜出,亦歡聲動地。後又有奸民欲謀陷其怨家,造爲叛逆之籍,竄入怨家名,以首於府。正華立呼訊之,烱爍支吾,無一實者。至於一二怨家,獨反覆不置。正華揣其情以詰之,其人駭伏,遂杖之,而火其籍。提督馬進寶威悍,莫與抗,獨心憚正華。士卒擾民者,正華法懲之無所貸。後解任歸松,民哀號載道,知其不可以金幣爲獻,于是農輸粟,女輸布,至一果一蔬,競欲自致其誠,争投其舟中,皆滿尸而祝之。

李復興,字瑩斗,山東濱州人。順治丙戌舉人,丁亥副榜。歲甲辰,選授婁縣。明年,以賦絀被參。時松郡方苦里役,民不欲生,逃亡相繼,婁縣尤甚。其相率竄於浙壤者,酌酒相慶,名曰離婁。會復興出署,所見所聞,惨動心目,因博詢於父老。父老曰:"松自邇年以來,無歲而不編審者,何故?昔之編審爲定役也,今之編審爲賣役也。當編審之日,縣總册書以及啚書,里蠹如鬼如帝,得見爲幸。惟其所欲,莫敢誰何,棄妻鬻子,免禍是期,蓋得免於役者已,不勝其苦矣,而况承役之家,追呼接踵一限之浮費,尋常猶二三金,稍或催辦不應,費輒數倍,至于無子可鬻,無妻可棄,計惟有逃亡而已,而民困日甚,正賦日絀。縣官坐未席暖,已挂參罰,僅可姑狥。目前無暇爲五年之計,于是縣歲易一令,役亦歲更一榜。若編審催辦,一日尚存,小民生路終無可望也。"復興聞之惕然,思所以救其極者。會踰年,復任,乃與孝廉吴欽章、生員莊徵麒等精思審計,而縣胥馬天騏盡心以佐之,定爲均田均役之法,悉罷年首、甲首,詳具《徭役志》中。小民一時如出湯火,不假追呼,輸納恐後。知府張羽明推行其法於所屬一郡,盡解倒懸,賦亦以最,官民交利焉。惟向之如鬼如帝者,痛心切齒,求所以摇惑變更之者,不遺餘力,而自上臺以至守令,咸知民心所向,民命所關,屹不爲動。復興以康熙八年三月二十二日卒於松,松人建祠於龍潭之陰,春秋祀之,亦附天騏於側,行將爲營,馬鬣以報,德志感慕焉。自開國以來,未有被參歲餘得還舊任者,實惟上天矜此勞民,錫之良吏,非偶然也。

竊惟物極則反,理有固然。昔明之季,父老以役爲苦者,嘗總計每歲一郡諸役之費,共至二十萬金。然其時有顧氏義米二萬五千餘石,又每年正賦末年猶止,徵至八分極矣,是無異歲蠲數萬金於民間,與顧氏義米共十萬金,以紓民力。民間所實出者,十萬金耳。鼎革以後,兑役、里役,每名皆至六七百金,其費殆數十萬金,民困極矣,而均田均役之善政行焉。天也即理也,愚所深切杞憂者,地方不能無事無費,官長不能點鐵爲金。今中年以上,身經役累者,但祈良法永存,遇事不難。曲體更十餘年後,人謂固然,恐矯枉過正之餘,將有泰極否來之慮矣。所願實心爲地方計者,求所以善永斯法焉,則松民之大幸也。林子卿謹識。

方國棟,字干霄,先世德清人,入籍大興,爲相國文端公從哲姪孫,與兄于光同薦乙酉順天箠仕蠡縣教諭,陞國子監助教,累遷郎官守道。歲甲寅,補江南蘇松常道。下車之日,滇、閩相繼告警,吴中一日數驚,國棟備芻糧,具夫船,築塘岸,皆經畫有方,不擾民而事集。初耿逆奉旨撤回,三郡聚舟三千餘艘。於吴門,以供迎載。日久飢困,國棟偵察閩中情形,非即就道者,竟縱遣之,歡聲如雷。已而,耿逆遂叛,人服其膽識。吴江縣、太倉州士民以縣胥上下田房門税相聚洶洶,州縣遂以紳袍倡亂事上申,株連數百家。國棟知其誣,悉爲讞理之,民心以寧,州縣官亦賴以保全。至吴中連年水灾,國棟請於督撫,具疏上聞,得發帑賑濟,所全活者甚衆。其素性和平,清慎自矢,尤培養士風,士民戴之。以疾卒於官。没之日,囊橐蕭然。癸亥六月,知府魯請祀之於名宦。

名　臣

許譽卿，字公實，號霞城，華亭人，萬曆癸丑進士。以祖母疾，不俟榜發，馳歸。丙辰殿試，授浙江金華府推官。清介明決，執法平允，獄無冤滯。浙某郡守墨甚公以白臺使者，臺使者以鄉里庇之，欲附上考，告公以其情。公曰："若果欲厚之，宜附輕劾，劾輕可復起也。若大違公議，懼罣京察，以滋罪累，勿聽。"已而，果入吏議，連坐舉主，臺使悔之。五載治最，擢吏科給事中。時逆奄魏忠賢用事，公首劾之，且劾奄黨。魏廣微，竟坐東林黨奪職。崇禎初，召起原官，以法祖一疏忤時相，又奪職。家居十餘年，復以兵科召用，進工科都給事中。時流氣南向，公上言，宜增兵設督，以衛祖陵。首輔勿是也，票旨止之。寇尋犯中都，燬皇陵，公三劾首輔悮國悮陵，又奪職。蓋自入諫垣來。二十餘年，而立朝不滿三載，疏數十上，切直傳天下。甲申之變，南都留司尊立福王，起公爲光禄卿。公以母老不赴。南都陷後，公僧服侍母，鄉居。吏部侍郎熊文舉薦公，詔起之，公力辭，以壽終于家，年七十有七。晚托方外，自號雪龕和尚云。

董羽宸，字原孚，號邃初。萬曆丙午舉人，癸丑進士，初授浙江餘姚令。縣素稱難治，公釐弊燭隱，興利除害，四境頌神，君報最，擢雲南道御史。巡視山東時，妖賊徐鴻儒亂青、齊間，摽掠郡縣，所至殘破。值父病，歸省，翁促之行，涕泣拜辭。與趙司馬彦謀，力主以撫行勦。諸道將持論不一，羽宸單騎入戎行，以利害相折，衆遂慴服，無異言，不旬日而盡殲巨寇。丁外艱，服除，命巡順永保河。從戎騎充斥中，入守通州，規畫調度，靡不中窾。尋以前勞加級，授順天府丞。崇禎登極，陞光禄卿，又晉左副都御史，掌吏部篆。明年，晉吏部右侍郎，兼掌院篆。風節凜凜，盡心報稱，不附黨户，剛方獨立，朝廷倚毗之。屢有爰立之意，乃竟以忤首揆薛國觀意，又特糾臺員不職者，遂致媒孽抨彈，左遷陪京尚寶司卿，尋削籍歸。卒年七十有八。公秀眉高顴，長髯修翰，器局凝峻，於國家事知無不言，不避攖鱗，故當寧恒賞其忠直。文章蒼古秀勁，稱其爲人，所著有《擇焉小草》諸稿。

張昂之，字匪激，號泠石，華亭人。性豪邁不羣，於書無所不讀，舉天啓壬戌進士，仕至保寧知府，祀名宦。《四川總志》稱其讀書好古，以官爲寄，而才情肆應，郡無廢事。至於奬勵人材，興起後學，孜孜不倦，蓋公文翁之化兼而有之。里居後，寓情詩酒，善戲謔，與郡中諸名流過從留連，殆無虚日。晚年以逃禪自娱，不御腥肉。康熙癸卯卒。二十年後，郡之人士每相叙，未嘗不追思其風雅焉。

李淩雲，字峻甫，别號素我，華亭人，萬曆甲辰進士。初任山東諸城縣令，氷蘗自持，士民懷德。邑先有三賢侯祠，得淩雲而四焉。徵拜山東道御史，出按八閩，鋤奸剔弊，不爲矯激，而不可干以私，所屬憚之。有解綬去者，期滿當還，而所上御史神宗，率不報，遂任三載，前後御史所無也。典文武闈，例有杯幣諸項，計六千餘金，却弗受。任内贖鍰公費，不下萬金，悉留地方備賑，不以一錢還。其按閩之先，赴京師，道經滄州，州守裁其夫馬，凌雲不爲忤。及按閩，州守任汀郡丞，自以前嫌，必當被譴，同僚皆勸爲囑託，不聽。凌雲行部，至汀旅，見畢，復召之入。同僚以爲不用吾言，今何及矣。凌雲乃謂曰："屬吏皆先容競進，君獨無之薦，剡首列矣。幸自勉勵。"其大公無我如此。後改京畿道，時魏璫擅政，凌雲抗疏言事，七上皆不報，遂掛冠歸，舉朝重其品望。崇禎間，累遷大理寺丞、左右通政、太僕寺卿。凌雲素無宦情，里居以終平生，食不兼味，門無褋賓。郡縣守令下車之後，歲時一投刺而已，而清議所關，未嘗不義形於色。嘗有縣佐庭辱士子，闔郡譁然，令力庇之。凌雲出，持論侃侃。令聞凌雲出，固已驚。及見，踧踖拊凌雲胸曰："老大人毋怒。"遂繫佐於獄，衆怒乃解。及甲申歲，臺使者按部至松，凌雲年家子也，請地方利弊所宜。時郡倅署邑篆者不厭輿情，凌雲以爲言，臺使立劾罷之，一時稱快。同年丁化宇奉差至松，暴卒。凌雲捐數百金，市美材，親視含殮，毫無德色。郡中橋梁、寺觀，及煢獨無告之人，不惜傾囊。通國口碑，至今數千年不斁。著有《小善録》《佩言》《晚香堂採藥編》。

何萬化，字宗元，號半莪。母亡後，更號永思。上海人。幼孤，性至孝，有文名。天啓壬戌進士，初釋褐，以母老不與館試。疏陳母唐氏貞節，奉旨旌表，因乞南部，以便迎養。累遷禮部郎。崇禎已巳，官福建提學副使。閩故才藪，萬化負重名，矢公矢慎，所至得人，士皆悦服。福寧州在海，中州人士航海就試，每苦風波之險。萬化捐資建館於州，歲科兩試，學使者就州考校，後以爲例，州人德之。辛未，以本省參政備兵建寧，尋告終養。甲戌，丁内艱。丁丑，起江西湖東參政。湖東者，彭蠡之東也，山多險阻，其在廣信者曰馬廖洋。軍峯山西連閩境，在撫州府宜黄縣者，曰封山洞，在閩界者曰棋山，皆深林密篁，鳥道紆折。有張普薇者，世居焉。廖洋積蓄頗饒，以妖教聚徒千百，日以益衆。丁丑歲，普薇僞稱天運元年，以閩人查華十爲棋山王，宜黄人江義爲封山王，南豐人周八爲第二王，置丞相、軍師以下官。戊寅歲，連破郡邑，江閩震動。萬化甫涖事，即募兵措餉，廣布方略，慰勞諸將，皆感激用命，大敗賊於楊坊神岡，破其十二寨。既而都閫倪越，素攻軍峯山不利，賊勢復張，相拒神岡，欲從山後襲官軍之背。萬化諜知之，飛檄告諸將爲備，而命張獻表引兵禦。普薇追入雲際嶺，獲具僞先鋒李普元、僞丞相李台等，别將入閩界者，亦斬查華十於棋山。江義、周八迎普薇入封山，合兵拒敵。萬化乞師虔閩，皆遣將引兵來會。萬化與諸將約，開五不殺之條，然後帥師進勦，連搗十一巢，殺獲無筭，乃給免死牌，招其脅從賊衆，皆投戈星散，遂擒周八，追獲普薇於宜黄，江義於軍峯，斬之。湖東蕩平，江右虔閩三撫臣，彙叙首功；特謂是役也，功可制撫，而萬化勞苦行間，衣不解帶者已數月，遂以疾苦歸。已卯，遷廣東按察使，亦不赴。卧痾九載，至順治丁亥歲卒，年七十有五。萬化宦橐蕭然，而於窮親故友不吝周給，歿之日，篋中止遺稿數卷，人歎其賢。

董象恒，字有仲，號臣棐，嘉靖庚戌進士，傳策弟，丁卯舉人，晉之孫也。象恒萬曆戊午舉人，已未進士，年僅二十四，一榜推年少。初仕直隸開州守，徵糧有法，不箠楚而賦額登。

畿南户役,莫大於馬頭,吏掾爲奸,民實病焉。象恒親按貧富,上中户酌量議助,貧者悉免,役於是平。壬戌冬,白蓮倡亂,突犯州境。象恒親率丁壯捍禦,擒斬驅逐,州城以安。陞武庫司郎中。時閹黨擅權,象恒獨介然不少屈,盡心職務。丁卯春,出爲右參政,分守漳南道。值鄭芝龍爲横於閩,撫按檄其督勦,遂歃血誓師,分道勦擊,粤地遂底蕩平。兩臺相繼疏薦,而象恒告歸省親,遂乞終養,十三年如一日。服闋,補福建屯鹽道右參政。屯鹽夙爲弊藪,象恒釐剔備至,商與民皆便之,刻《屯政全書》於閩署中。特擢右僉都御史,巡撫浙江。召對稱旨,特賜酒膳、銀幣等,以昭異數。象恒至浙,盡却一應餽獻,正色率下,人不敢干以私。是時國家多事,需漕孔亟,而浙艘回空獨遲,水兑期迫,封客船以濟。象恒稔知商民之困,率先捐資,爲十一郡倡。司道以下争先樂輸,不費公帑,不擾閭閻,造漕船五百有奇。督漕史可法題叙,奉有優旨。會流寇亂,徵兵勤王,象恒急發援師四千入衛,爲天下先。兩浙積年灾荒,萑苻嘯聚,象恒賑飢題蠲,設計擒滅,奏百年未有之膚功。忽以蜚語去官,民爲罷市,詣闕訟冤者萬餘人。上意感悟,奉有撫浙有功,民情愛戴,免議俟用之旨。温綸再下,而遽謝病歸,坐卧斗室,參閲内典,年七十而卒。

彭彦昭,原名彦臣,字君隣,號韋齊,明嘉靖甲辰進士,應麟曾孫。萬曆戊午舉人,崇禎癸未會副,授浙江常山知縣。潔已惠民,以廉明聞。時浙豫方用兵,兵所過,必殘掠,獨相戒勿擾常境。隣邑民争入城以避,全活甚衆。子女被俘,掠者捐俸贖之,民讙呼焚香,羅拜堂下,山寇充斥,獨守孤城,有功以循,卓聞於朝。不果用,比去任,橐中惟圖書數卷。常民謡曰:“官清民安,家室團圞。”比户尸祝,至今不衰。子開祐,博學,善屬文,康熙乙卯順天舉人,丙辰會魁。

林有麟,字仁甫,號衷齋,父太僕卿景暘,晚年得子,夢麟而生,因以爲名。以任子授通政司經歷,轉都察院都事。天啓壬戌,冢宰趙公南星總憲,鄒公元標主計典故事,他官不得入計所,惟院經歷與吏部司務得入白事,往往乘間爲私請,弗之怪也。有麟以都事署經司篆,每以公事入白者再三。兩公詢之曰:“尚有所欲言乎?”曰:“無有也。”兩公以是重之,累遷刑部山西司郎中。值魏璫用事,常以持正,與薛大司寇忤,然薛不能屈,至力所不能得,輒稱假。註籍京師,嘗獲一僧語,言甚異,皆疑其爲外國間諜,徧歷諸司,莫有辨者。有麟嘗見内府華彝譯語,因令僧書其本國文字,取而驗之,則天竺國人也,遂奏釋之,同官莫不歎服。歲丁卯,出爲四川龍安知府。蜀當奢酋擾亂,後瘡痍未復,寇盗時作。有麟清勤,有幹略,郡中一時改觀。時苦兵驕將悍,及有麟給散兵糧以實以時,而懲其不率者,皆肅然奉約束惟謹。郡土司伏謁,皆叩頭若奴隸,有麟更其儀如屬官禮。諸土司皆感悦,願盡力焉。尋以龍地近松潘,請益兵三百人,兩臺從之。乃募民能挽弓三百斤以上者,充其選,訓練朞年,龍遂隱然重鎮。於是修葺學宫,從故鄉購諸舉子書,分授士子,令轉相傳習,又命士子習弓矢於學之射圃。其後十餘年,功令取士,必兼騎射,人以有麟爲得風氣之先。兩臺重其才,俾署監軍道操練小河、松潘等處。有麟建議,以龍安當省會北門階文間道,宜添設參遊以下官,益兵以壯鎖鑰。時不能用。後流寇擾秦中,川北震動,龍人憶其先見云。在蜀三年,遂解組歸。龍人奔號載道,曰青天去矣,匍匐百里外,目送行舟而後返。後崇祀名宦。順治丁亥卒。有麟性至孝,老而孺慕不衰,待親友以誠以信。平居手不釋卷,工寫生及山水,間爲吟咏,皆有逸致。嗜奇石,善鼓琴,嘗操絃,有羣蝶飛遶之異。所著有《仙里麈談》《素園漫筆》《法教佩珠》《石譜》《琴雅》諸書。子希顥,字敬生,博學敦行,邃於濂、洛之學。夏允彝、陳子龍、周立勳、徐孚遠、包爾庚、李雯、顧開雍等皆以爲畏友。崇禎庚午,姚文莊公希孟典北闈試,與希顥素相善,欲得以爲桃李。希顥知其將有是命,足不至門。文莊自此益歎重之。時錢相國龍錫以毛帥事被逮,謗者謂其與陳徵君皆與毛有私憾,計爲中傷。袁督師承相國風旨殺之。會政府有甘心相國者,亦與希顥善,踵門者再,綢繆密語,欲得其狀。希顥曰:"此莫須有事,某未嘗耳聞目擊,安可以浮言誣殺大臣乎?"政府怏怏而去,希顥遂疾驅出都,終身未嘗語人。文相國震孟、華吏部允誠後微聞之,曰:"可謂君子矣!"尋見天下多事,究心經濟之學,至陰陽風角,無不研精考索。嘗有僕方婚,聞其鼓樂聲曰:"是聲不祥。"未幾,其婦果卒。數奇不偶,終太學生,鬱鬱不自得,順治辛卯卒。同郡許譽卿、張昂之、張若羲、王光承、王澐等三百餘人私謚曰貞文先生。光承譔議希顥一生無誑語令色,至誠感人。卒後十餘年,長子子卿以歲貢至京師,王宗伯崇簡、米沭陽令壽都爲道往時交誼,輒咨嗟歎息不置。嘗寓西山碧雲寺,老僧與子卿相問訊,有泣下者。其誠意所孚如此。子五人,皆賢而好學,子卿、子襄、子威尤知名。子襄,癸卯歲預脩郡志,工篆隸,年四十九卒。

朱紹鳳,字儀聖,號蒿菴,上海人。順治己丑進士,除山西臨縣令,擢授吏科給事中,再遷禮科都給事。立朝敢言,不爲阿狥。時江南漕事大壞,初按臣秦世禎題請官收官兑,每糧百石加米五石,銀五兩,以爲兑軍之費。其後遂成虚設,民間所費百石至數十金。紹鳳上疏極言其弊,請申明舊制,而於五兩之外,復加五兩,著爲定例。此外軍有勒索,官有增科,皆以三尺從事勿貸。會御史馬騰陞亦力爲振刷,民困始蘇,三吴皆被其賜。康熙三年卒。

周茂源,字宿來,號釜山,華亭人。父時儀,篤學敦行,有聲黌序。茂源少穎慧,善屬文,讀書過目成誦,經史子乘,靡不博綜。爲諸生時,與同郡陳黄門子龍、夏考功允彝,暨從姪立勳輩頡頏壇坫,爲藝林所宗。順治乙酉,舉於鄉。己丑成進士,授刑部貴州司主事。賫詔下,七閩所至,屏絶供億,行李蕭然。尋轉廣西司員外郎,加郎中。丁母艱,服闋,補浙江司員外郎,轉廣東司郎中。奉勑欽恤河南,讞牘多所平反,廷論推稱職,出授浙江處州府知府。時版籍初定,山寇攻剽四出,茂源悉心勦禦,備著勞勩。郡故當萬山之中,徑道險仄,騎兵援勦,以崎嶇爲憂。茂源募民壯燃火沃醋,巨石立碎,開鑿三百五十餘里,自括入甌,大兵所過,若康莊焉。又爲招集流亡,人給牛種。在任五載,共報墾田一千八百頃有奇,後以冒户逋糧,左遷歸,遂絶意膴仕,搆别業干山之麓,蒔花蓺竹,日吟咏其中。年六十卒。茂源性曠達,善談論,好獎掖後輩。居恒書卷之外,無他嗜好。古文辭沉博絶麗,詩歌流逸,有大曆之風。著述甚富,並爲海内膾炙云。康熙十八年,守臣以茂源父子並堪俎豆,崇祀鄉賢。子綸,歲貢生,授國子監學正,以詩文鳴於時;緯,歲貢生,授府判。孫穉廉,有雋才，能世其學。

顧大申，初名鏞，字震雉，别號見山，華亭人。生甫四歲，穎異過人。及長，有聲黌序，試輒高等。順治丙戌，舉於鄉。壬辰成進士，初授工部主事，提督江寧蘆政。其職故易優，而江寧處都會之地，四方賢豪，絡繹參伍，舟車相錯，大申咸得其歡心。人亦雅愛慕之，或枉道過從，或盤桓惜别，不忍去，由是聲聞日著。丁酉歲，分司夏鎮河道。鎮當吴、魯之交，漕河諸牐，以是爲中。大申役必躬親，事皆覈實，又相度河勢之緩急，以趨事赴功。雖嚴寒盛暑，罔或自逸。念夏鎮居民甚繁，而無城郭以守，盜賊竊發官民，莫知所恃，遂經營建置，諸所籌畫，如理家事。綜計周密，而河工故事當役簡，資羸則爲曠工。主者用以爲公費，大申悉以爲甃築之需，供役者皆服其廉，幹莫敢惰，竊於是不費公帑，不事科歛。城成，爲夏鎮永利，鎮人尸而祝之。又建兩湖書院，捐俸延名師以教，遠近之來學者，負笈相繼，絃誦日廣。鎮故沛地，沛自故明崇禎庚午鄉試後，至是順治庚子始復雋一人，時皆以爲大申之功云。大申以沛於古爲楚屬，且與山東接壤，人性强悍，不可以吴法理也，故其政微傷嚴峻，無少寬假，豪猾苦之。幸大申瓜期垂及，不久肆志如故耳。會聞大申且晉秩留任，傍徨莫知所出，而前官有憾，大申法懲其所用事者，因使奸民涂弘德，赴闕羅告，爲造欵目以授之。遣刑曹李天浴會總。河楊茂勳即訊，事皆子虚，告者伏辜。初已亥夏，海寇之警，大兵南下，自德州、東昌以南，縴夫俱挽，至董家口始釋。此時值水荒，變亂之際，人烟斷絶，此輩告貸無門，餓殍無筭。大申即捐俸，每三十人給一舟，併給路費，所活不下數千人。故庚子奸人之役，刑曹李天浴南下時，百姓遮道爲之稱冤。天浴悟，事始解。大申事既白，以郎中里居候補。會以奏銷詿誤，左遷順天府通判。甲辰歲，丁内艱，聞訃慟絶。高陽李相國邸舍相隣，聞而加敬焉。服闋，上書自理，詔復其官。康熙庚戌，吴越水災，大申爲浙撫范言宜濬三江故道，因條爲十二則。范移咨江南，後濬婁河、吴松江，皆用其議。癸丑歲，出爲陜西洮岷道分巡僉事。大申以名位不能展抒所志，鬱鬱不自得，竟卒於官。平生手不釋卷，所著《鶴巢詩》麗而有法。又好著述，留心經濟，其成編者，《河渠書》一十八卷，集河渠之大成，文簡以該。工畫山水，然未嘗輕於命筆，必覃思遐想，而後從事。歲以益進，每見舊作，輒欲焚棄之，曰："是不足觀也。"士大夫自董文敏而後，則稱大申。間爲花卉人物，亦臻其妙，惟同郡陸灝少佐其筆墨。及灝自運，往往不逮，人以是知大申之所造爲不易及也。著有《畫麈》八卷。初大申舉進士，有鼎甲之望。後在部曹，雅非其志，人亦每以公輔期之。其在夏鎮，少保總河朱之錫尤奇其才。先是癸巳歲，大申與同年李愫皆以文望註擬，學使者時將選臺省，大申遂辭不就。愫督學中州，及引見諸郎官以下，中有貌寢者，世祖不懌，皆罷之。大申尋司夏鎮，又幾二十年。後愫之墓木已拱，而大申僅以僉事終，知者惜之。子輔之，授中書舍人。

李愫，字素心，總憲岦軒公沾子。幼聰穎，異常兒。弱冠，舉癸酉鄉薦。嘗從父官閩之惠安，一日，有投牒，欲爲備荒計糴米於隣邑者，沾許之，給照矣。愫持不可曰："此奸民欲通番者，得我照，則公行矣。"沾不聽，索印印照。愫匿其印，沾大怒，然事卒不行。

未幾，而他邑有通番事敗者，令以給牒被議，人皆服其先識。晉江蔣相國德璟，愫座師也，最器重之。爲首揆時，朝政巨細，無不諮之。愫感知己，謀無不忠，而形迹縝密，人無知者。每論天下事，瞭如指掌。同郡陳、夏諸公稱經濟才，必屈指素心。及父驟膺顯擢，愫仍澹如平時，諸公益相嘆服。順治壬辰成進士，授禮部主事。癸巳，以僉事督學河南試，汝寧府一縣令欲有所關説，懷金以進。愫正色却之。試河南府，大收諸童，聞有以重卷進者，乃取諸卷對之，得筆蹟相似者四，一皆第一，一皆第二，一皆第四，一皆第十二也。新生入謁，召諭之曰："某人卷，非即汝乎？"乃驚懼。請罪。愫曰："汝欲居何學？"因存之而去其重者，士皆感泣，且服其衡鑒之不爽云。嘗於方歐餘案上見一文卷，驚曰："有此文才，何試時未見耶？"方曰："此生丁艱，今歲場期不能及矣。"愫詢其服闋之期，曰："八月初七日。"愫曰："公可語之，令其初五六至省，我必送之入闈。"已而入試，遂連捷，乙未科之都甫是也。其急於憐才如此。丁内艱，歸里，服闋，補官得湖廣上江防道，駐岳州。始至城中，僅茅屋數椽，居月餘，登樓見有造瓦房於城外者，愫爲喜色。一日，有於文廟後挖土者，諸生訟之，則即瓦房中人也。愫曰："今此呈一下府，府行縣，則委衙勘覆，事止於不應結案。吾不過得贖鍰三四鐶，而瓦房遂將不保矣。第諸生爲文廟來，不可以却之。"乃出一示，自後不許於文廟取土，而其事遂竟。己亥夏，患背瘡，猶視文案床褥間。曾讞一獄，或疑一婦人失出，欲駁之。愫蹙然曰："此案論死者十三人矣，尚可益乎？"强起書讞詞曰："此大獄也，敢不慎諸？"是夕，遂殁。喪歸，岳民哭送者不絶。愫生平急人之急，傾囊無吝色。與人交，必盡始終。當鼎革時，有負其所寄，反肆惡言者。及愫登第，而其人方被家難，愫以故交，力爲周旋，不以前事介意。惟喜交游，坐客嘗滿，有孔文舉、劉道和之風。及卒，士有輓之者曰："笙歌謝安石，賓客鄭當時。"蓋實録也。子顯，早卒。諸孫皆能世其德。

張安豫，字子建，號森岳，明南安太守，弼六世孫。早聰慧，負經濟才。少司寇陸公彦章一見器重，以恩撫孫女字焉。入南雍，謁選，得齊東二尹，剔歷精勤，攝青城、濟河、禹城諸邑事，皆有聲。是時，東省飢荒，緑林四起，安豫拊循扞禦，靡不周至。無何，龍山賊負固累年直指李公，趣公面議。方略公曰："今賊衆數倍於我，且潢池皆我赤子，寧煩亡矢遺鏃也？"直指假之便宜，安豫乃單騎深入賊營，諭以禍福，皆解甲降。俄有撓其功者，以輕兵壓賊壘，賊恚甚，謂公以計紿之，盡縶隨行輿吏六人，置安豫深澗中。會賊中有王姓者，心折公威德，私以善馬載之，夜馳還，於是盡得賊中虚實，與撫軍謀，統六郡官軍合圍搜勦，賊棄山遠竄。追及之，戰於商河之牙橋，殲其渠，餘悉降散，龍山平。兩臺上其功，擢齊河令。壬午冬，關門失險，所在殘毁，安豫率罷民誓死固守。時隣邑百姓蟻聚城下，公皆開門納之。城隨破，隨補故攻守。浹旬，而備禦有餘事聞，朝廷嘉之，下部優擢。時大中丞王公永古巡撫山東，每得齊河露布，輒嘆曰："書生中乃有此人！"未幾，王公以中丞節經略薊遼，舉公自隨。晉郡丞秩監其軍，尋題兵部職方司，兼户部員外郎，督理兵餉。闖逆猖獗，薊鎮兵譁，制府轅門，安豫挺身前，諭以大義，咸摶顙歸伍。未幾，王師入關，詔少司馬王公鰲永持節，招撫山東群盗。王公以東省爲安豫故拊循地，請與偕。安豫爲設榜諭慰,仍單騎之賊壘。賊羅拜争持牛酒,受約束,題授清軍右布政使兼理監軍事。命未下,有受撫賊渠,依勢恣横。安豫以計擒殲。中飛語,左遷金華守。時越東初定,婺屬兵燹尤甚。安豫爲招徠綏輯。郡庠燬于兵,倡僚屬鼎新之,調度有方,尋守浙西道。婺民思公德不置,爲立碑祠,尸祝之。涖浙西,正身率下,奬循良,懲貪墨,以失事上官,詿吏議。事下制府,越西士民倍道走三衢,訟冤事得白。補長蘆鹽運分司務,持大體,以恤商寬竈爲事。值海水大漲,鹵地淹没,三輔大飢。安豫召諸商倡義賑恤,建廠設糜,活飢民數十萬。事聞,特旨紀録。會鹺使者按部有意刻覈,安豫面折不悟,指據風影入奏。當事代白其冤,遂拂衣歸。歸之日,囊無餘金,所存僅圖書數卷而已。年五十六卒。

獨行

沈泓,字隣秋。父文炤,早卒,母宋氏,娠泓方五月。及生,幼而馴穎。母通文翰,親自督課之。既長,入嘉善庠,有聲黌序間。丁母憂,哀毁骨立,隣人聞其哭聲者,往往爲之墮淚。浙江學使者江士英因其居憂,聘之閲卷。至省,日已暮,宿于昭慶僧舍。學道諸胥餽酒,榼致殷勤,請相爲表裏,曰:“吾輩有身家,不相負也。”泓雖貧,不爲利動,毅然却之。及强之再三,遂欲鳴其事於學使者,諸胥皇恐乃已。後以選貢入北雍,舉崇禎癸酉鄉試第二。故事,解首必以畿輔諸生,故雍中抑居第二,實首選也。癸未,成進士。鼎革後,長齋奉佛,不數年,卒。泓自幼至性過人,母殁,每當歲除,必至殯所,號慟而寢處焉。元正三日後乃歸,以爲恒。居常念母,每中夜哽咽,不能自禁。其疾革也,遺命用釋氏茶毘法,其子不忍。泓兄夢泓謂曰:“吾以不及葬親,負終天之恨,欲火其骸以贖罪。兒曹不我遵,使我負罪九泉矣。”泓生平不二色,不苟得,與人交,和易近人。及大義所在,斷然不回,士林以爲師表。孫業,字聲垂,康熙乙卯舉人。

陸從龍,字五雲,一字吟尺,别號可菴,華亭人。生而穎異,讀書目數行下。弱冠,爲諸生試,輒高等。性至孝,父秉道以隱德聞於鄉,家故貧,從龍力耕硯田,以供甘旨。父疾,躬侍湯藥,衣不解帶者三載。殁後,擗踴號慟,絶而復蘇。事祖母居氏竭誠,奉養垂十五年,毫不以委諸叔。撫幼弟尤極友愛。弟亡,三子並在髫齔,恩育教誨,俾至成立。妹少而寡,撫養終其身。叔怡溪夫婦與其子相繼疫死,親黨戒勿近,從龍徒跣雨雪中,力營後事,凡百日,舉四喪。有季叔某聽讒搆難,後某爲怨家所陷,拘於官,從龍爲匍匐以請宰曰:“此非昔之搆子于難者乎? 子何請焉?”從龍曰:“藏怒宿怨於弟且不可,况叔父乎?”宰義之,事遂得釋。生平好施予,急人之難,常有故人死貧,不能具棺櫝。從龍倡義殯之,且收恤其子。其交友敦古道,類如此。從龍學術醇正,言動不苟,一以聖賢爲法。居鄉教授,及門數百人,爲名諸生,及成進士者,不一而足。爲文力追先正,詩詞雋逸出塵,兼工行草書。年六十五,卒,門人私謚曰怡靖先生。大中丞徐元文題其墓,掌院學士葉方藹爲銘以誌。子祖修,克遵家學,成康熙己未進士,選庶常。康熙二十年,覃恩贈從龍如其子官,督臣阿撫臣慕下所司,崇祀鄉賢。

錢昶,字永日,性孝友,失歡於父,出贅外家。稍自成立,兄旭與父同居,旭遭誣陷,涉大獄,昶傾家貲營救,事得白。旋卒,昶迎養膝下,曲盡承歡,家貧,竭力甘旨。父常患背瘍,昶垂涕侍醫藥,每食必親操匕箸以進,不假手臧獲,凡五十日,不少息,疾始瘳。寡嫂暨一子一女煢煢無依,昶撫養之家,無間言。父益感動,慈愛有加焉。生平慷慨,有才略,急人之難，如恐不及，賙恤甚衆，排難解紛，片言立釋，閭里遠近無争訟者。殁之日，無少長皆爲悲悼，至有爲位而哭者。至今里人追思之，稱爲鄉祭酒云。子金甫，康熙戊午薦舉博學鴻詞，旋中順天鄉榜。己未成進士，選庶常，御試特授翰林院編修。

葉向春，字完初，華亭人。與弟日春字完聲、同春字完彝俱爲良醫。著有《紅爐點雪》《晴窻摘錦》，流傳濟世。萬曆壬子，父芳枝病危篤，滴藥不受，向春剜右肱進，午夜呼天，願以身代。兩弟刺血書，疏乞减己筭以延親壽。平旦，父病遂起，後享六年。癸丑夏，母陳氏心疾頻危，向春復割左肱，調羹進食。二弟呼天哀告，泣血眥裂。母沉困中，若有神告曰："惟孝格天，爾且得生。"疾亦竟愈。里閭驚異，以孝行呈報。按院祁彪佳有"一門孝友，厥後克昌"之語，給賜冠帶，題請建坊。會國危未報，祗錫匾曰"格帝寧親"。日春生平好義樂善，比隣有馬氏，貲頗饒，盡没於疫，里中欲焚喪而分其財。日春以麥舟爲喻，力主營葬。鼎革時，黄蜚軍艘至泖濱，主將欲屠其村，有王子順者，與主將善，欲持護日春家。日春謝曰："君必盡生之，否則願以家殉。"子順因力言，主將感其義，遂得合村俱免，里人至今稱之。

陸階，華亭人，年十五歲，母吴氏病危，階割左肱煎湯以進，病立愈。里黨呈之郡邑及府庠，教授陸在新給匾曰"忘身救母"，本府魯超給匾曰"性生至孝"。

陳夢梅，字商羹，又字元錫。少好學，工經生業，爲都講，有名。庚午、乙酉兩中副榜，甲午恩選入試，授知縣，以父老恐遠任，願改教職，後爲高郵州學。正執經問難者，滿帳下不憚啓迪，考功孫宗彝命其子受業焉。學使簡上按部，索諸生行劣狀，堅執不應，曰："秦郵水災，生等鳩形四散，豈能飛而食人，又使之誤罹法網乎？"學使高其義，允之蒞任。三載，乞老致仕，奉俞旨，肅衣冠，辭廟。知州莊振徽嘆其高節，爲近時罕見云。性至孝，孺慕之，愛至老不衰。待弟姪有恩，四世同居，壽八十三，卒。子飄孫、翼鄰，皆清脩能文。

李霞，字滄山，其先本姓沈，吴興竹墩人，遷華亭，贅於李，遂蒙其姓。縣庠生。性至孝，父没不復試，曰："禄以逮存耳，吾何求？"杜門自勵，一介不苟，積館穀以營塟，方袍皂帽。雖貧晏如，妻女飢寒，弗恤也，時稱爲閒静先生。王光承、吴騏甚重之。其卒也，門人爲之塟，樹碑於華陽橋先墓之側云。

李思貞，字怡慎，性醇樸。里有欲逞志於其宗者，詞連其父。其父急往郡城，母命鬻田往供費用，戴星而行，拾一遺緘，解之，則銀五封及網巾十餘頂。念曰："此必貿易苦積之者，豈可倖得而濱人於危哉？"坐守良久，見一人往返尋覓，頓足而號。問之，曰："余浙人，以網巾爲業，去家十年，積銀五十兩，欲爲終老計。頃如厠，失去，因欲死。"驗其實，舉還之。欲分金以謝，笑曰："十年積之，一旦分之，不仁孰甚焉？且余何坐待之有？"遂行。暨見父，則事已解，遂歸。自是家漸起，二子相繼入庠。嘗謂其子曰："天之報施，固不爽也。憶還金時，汝甫三歲，弟猶未生。今並成立，豈非天賜？此時祖方有事，脱以此金充用，直轉手空耳。今天之賜余，不啻五十倍，汝兄弟其善成余志，毋以利移義也。"以壽終。孫扶雲，康熙丙辰歲貢。

王湑，字靖公，太僕卿陞孫。五歲而孤，母兄相依，形影悽惻，兄弟間友愛甚至，爲時嘉嘆。後凡日藻雖貴，未嘗有介弟氣。康熙乙卯，由監貢授知縣。丙辰入都，會邀新例，加授兵馬司正指揮。諸卿大夫延接，商榷經濟，侃侃籌畫，靡不欽服。勸留補職，不應。及歸，好行其德，凡救荒賑恤諸務，多相襄助。有祖同年之子，貧而瞽，給以衣粟，月必遣付其家。聞戍兵北還温台間，婦女流離甚衆，出數百金，命僕至金陵，贖還其夫。有士子五人，同其妻至松，踵門謝者，更資遣之。至於贖鬻妻還身券，代輸逋賦，不可勝計。卒之日，赴哭不知姓名者，接踵而至焉。子二：楨，以歲貢授内閣中書；廷機，由内閣中書陞職方司主事。

王允鍔，字劒如，爲道舍人。中年無子，忽自悔失身業海，中棄而歸，力爲善事。凡鰥寡孤獨，疾痛死喪，所全濟者，不可勝計。康熙乙卯、丙辰間，温台山寇竊發，官兵捕勦被掠，難婦以千計。武林義士郭某尚某等傾家貲贖，以畀其家。允鍔在武林，亟歸棄産，及稱貸數百金，又與孝廉張喆、貢士吴三省、高懿慇等募諸同志，凡得千餘金，賫之。武林所贖甚衆，浙中諸憲臺進而禮之。至丁巳歲，聞難婦之在松郡諸營中者七十餘人，皆訪求得實，獨出己貲，籲於上臺，諸營亦爲感動，一一皆完聚如故。撫軍慕公，亦進而禮之，於是允鍔善士之聲日以著，人皆信之。有懷金以授使爲作福者，允鍔皆有以慰服其心。庚申歲，魯郡侯設粥以賑，咸允鍔爲之倡，率奉行，所全活者萬餘人。其居在郡城之東，顛連無告者，踵門無虚日。允鍔名田不過五頃，而才足以副其心。既舉子欣欣自喜，不以爲煩，又屬有天幸，當水旱，其田獨收。辛酉歲，以耕耘在鄉，鄉間多疫，獨其所居村無恙。鄰村之病者，有鬼凴焉，曰："我輩謹避王善人。"允鍔益自信，爲善愈力。其子嘗病，家人將禱之，允鍔向神語曰："某之家貲與窮人共之，今一禱而失所需者，不啻數窮人，神其忍諸？"焚其禱，其子亦遂痊。壬戌九月卒，鄉人之善者悲之。

陸景俊，字爾明，世居青浦朱溪。父彦璵，嗣父彦英，俱蚤卒。陸氏方鼎盛，多城居，有勸之遷者，曰："先人敝廬，不可忘也。"里人稱之。苦志力學，爲諸生，有名。與兄景暉同役，爲縣令點僉北運，景俊力争得減半。後其凡所費過當，景俊欲均賠，兄曰："弟役既免於官，奈何復累？"固執不允，竟分任焉。有姪女歸於莊，貧而寡，又無子，值歲大饑，莊族勸其從權，矢死不從。景俊曰："志節如此，實我門之光。"載歸，視若己出者三十餘年。卒，載縣志列女中。其爲學以力行爲驗，家居訓子，必先氣識而後文藝。晚號碩存居士，年六十六卒。子錫泌，並以文行聞。

張國祚，華亭人。家貧，刻志拮据，孝養父母。其父每以未克塟親爲念，即竭力營辦，以安其心。母病劇，掬穢私嘗，卜其休咎。及兩親亡後，哀痛不渝，復塑像侍奉，無異生前。里黨陸紹閎等共舉其孝行。康熙十四年六月，署府事通判孟憲孔給額旌之，曰"篤孝可風"。

馮鼎位，字素人，晚號休菴、元成先生。時可孫家承閥閱之後，不以靡麗居身。少耽誦讀，以諸生預纂脩，貢入太學。方相國岳貢爲郡守，深器重之，稱其處心行己，不愧世德。而馮氏自南江先生而後，子姓蕃衍，貧富不一，凡有孤寡不給及婚嫁凶喪之事，鼎位皆緩急周全，惟力是視。姪某少孤，撫之如子，爲經理其父所遺業。及既婚，籍而歸之。其待朋友，然諾必信，患難之際，彌極懇摯。至詩酒留連，尤無倦色。每至陳徵君山居，徵君輒欵留，不令去。鼎位亦雅志山林，必盤桓浹旬，而後返。崇禎末年，授翰林院待詔。會逢鼎革，遂屏居鄉曲，水竹自娱，與諸名流往還過從。及僧寮鶴觀，怡情寄志焉。年七十二卒，所著詳《藝文》中。

高亮功，字浣思，初名汝誠，字自成，華亭人。萬曆戊午舉於鄉，時年二十一，稱最少。父秉仁，性耿介。族有富奴謀婚主女，宗人不肖者，力贊之。秉仁毅然曰："是先吏部南州公應門僕也。宋子、齊姜忍令爲輿臺匹耶？"宗人某受賄，怒袖鐵錘擊之，顱破血流，素衣盡赤，歸戒諸子曰："爾父以持正受侮，貧賤故也。"勉讀書，父仇不可不報。亮功唯唯跪受教。時年十五，以血衣血髮置座隅對之，勵志而讀，無間寒暑，夏蚊噆膚，則以足置甕中。明年，補博士弟子。及登賢書，宗人與富奴皆恐，謀先發。公憤甚，擒奴，杖之。聞者謂撻姊壻，無不咋舌。董尚書文敏獨韙之曰："正名分，復父仇，男子當如此，且少年，是可敬也。"後直指使者直其事，褫宗人衣冠，而奴婚離異。士論快之。崇禎辛巳，蝗，旱穀踴貴，民大飢。請察貧民，出官米，減價糶之。親入窮簷，給以官票，遠近悦服。甲申冬，南都馬阮擅權，脩報復之隙，冢宰徐石麒爲所傾，不一月，抨擊以去，必欲中以危法。亮功以計保全之，遂止。屢困公車，不樂仕進，以書史自娱，時與老友數人爲率真之會。卒年六十五。

徐冕，字表聖，華亭南梁人。幼孤，率母顧氏教惟謹。稍長，奮志力學，誠恪端嚴，守顔子四勿之戒。鼎革寇亂，奉母鄉居，遂絶意進取。嘗館唐氏家，寇至，避。稍後，見執問主人所在，舉刃加頸，卒不言。寇感曰："義士也！"舍之，出謂衆曰："我觀寇雖衆而囂，外訌而内怯，噪而逼之，走矣。"果如所料，唐氏家獲全。家貧，與弟晟篤友愛，所積館穀爲之聘娶。平生周急濟人，不遺餘力。能古文詞，善隸書，喜古名畫法書，真贋立辨，什襲甚多。母七十一，壽終，不勝哀毁。弟晟又没，痛悼增切，竟不起。臨卒，囑三子曰："我一生謹厚，無一事不可對天日者。每見世間刻薄殘忍之徒，必遭陰譴，子孫零替，戒之哉！"年五十二。所著見《藝文》中。長子賓，康熙辛酉舉人。次宇、次宣，皆邑庠生。

沈原宗，字慰宇，其先江寧人，遷華亭。父業儒，有祖遺逋數百金，積憂目眚。原宗童年能體父憂，即棄書貿易，生計日廣，遺逋畢償。父歿，營瘞，然後自娶。父生四女及二弟，原宗殫力婚嫁，無後訾。遭母喪，哀毁茹齋者三年。多營善事，姊妹四人，皆早寡，原宗迎恤有加，視甥猶子，兩娶不育，以弟長子兆龍爲嗣。生平好善樂施，知縣王協題額曰"忠厚存心"。其卒也，遺命火瘞，兆龍不忍，仍祔之祖墓，而兆龍事母尤孝。郡博楊才瑰稱爲"孝德紹衣"云。

王昌紀，上海邑庠生，字永侯，號梅夫，學憲洪洲公圻之孫。孝友純誠，纘言勵行。學憲博綜羣籍，而昌紀復手輯藏書萬餘卷，蠅頭細書，至老不衰。撫梅蒔竹，以訓其子。申酉以後，足跡未嘗一入城市也。年八十六而卒。所著《讀史掄珠》十卷、《閲古掄珠》十二卷、《類海》一百卷、《增補甲子會紀》一卷、《易經大全註疏合參》二十卷、《詩經大全註疏合參》三十卷，俱藏於家。

曹六龍，上海人，字南叟。十歲能文，刻童子試草，侍御喬時敏爲序。十七補博士弟子員，八踏省門，不售。開門授徒，成就者甚衆，如進士張錫懌其尤也。爲人孝友敦睦，善氣迎人。郡邑數舉鄉飲賓。子垂璨,丁亥進士,覃封文林郎。孫泰曾,戊午舉人。

唐侯興,字公武,仲言先生孫。崇禎間,其婦翁黄茂弘以儒士選福州府檢校,侯興往省之,距福州百餘里,於旅舍中燈下,在床頂得一篋,啓視之,皆金珠也。侯興知必往來者所遺,託病留二日以待之,竟不至,因問寓主人前夕宿此者。爲何如人。曰:"有男婦數人,不詳其何事道此。"侯興謂曰:"三四日間,或來覓所遺,汝第令其至福州檢校署中,我候之於彼。"遂去,至茂弘所。越三日,其人果來叩其金珠之數與形狀,皆合,遂舉以畀之。泣謝而去。

秦日旦,字起東,華亭庠生。事親至孝。順治癸巳,父貢生秦鏡患血症。將危,日旦刲股以進。父覺有異香,疾遂以瘥。督學石侍講申行縣旌奬。後父卒,母年至九十餘,相依如赤子,飲食起居,無不躬親。母死未幾,日旦竟以哀毁相繼而卒。

馮鼎學,字習甫,華亭人。食貧力學,克紹苦孝先生之行。嘗從山陰劉念臺先生講學,館金山衛,歷行海上。每就父老訪問,昔時倭難,慨然動桑梓之憂,著《防海事宜》六卷。性至孝,以父大惠年高,不復遠出,家居受徒硯田,所資惟營甘旨。當隆冬夜,必再三起,詣父卧榻候視。聞謦欬聲,必匍匐趨問。年踰六十,孺慕如一日。父歿,廬墓二年,墓産靈芝二本,同社陳民表作《瑞芝》詩以誌孝感。按臣任濬、學使宗敦一交旌孝行,嘗自題于室云:"富從吾所好,爵以天自居。"遇人必勗以孝弟;鄉黨爲之感化。壽九十餘。子鼒,字德輿,少以舉子業不足救時,遂棄去。精星緯象數之學,推步甚精。所占風角,靡不奇驗。著述尤多,詳《藝文》中。晚更潛心理窟,得周、邵之旨。生平敬慎謙和,雖燕居如對神明云。

何遠,字履方,華亭人。誠慤有士行,工畫山水,爲世所珍。母曹氏疾革,遠割右股,爲羹以進,復延數月。鄉之諸老欲請於郡邑,上聞旌表。遠力辭之,縉紳先生尤加重焉,皆贈以詩文。中書舍人李雯詩曰:"園南何子行太苦,弱齡療親自割股。縷絲細作魚膾紅,長跪調羹淚如雨。此事行來三十年,何子不語無人傳。偶聞西郊隣父説,一時賛誦如昔賢。我生何哀入無母,刺血書章天不厚。憐君此事悲人心,太息咨嗟不容口。況君肘下更有神,揮毫染素如烟雲。自致甘肥膳朝夕,還開泉壤奉尊親。一生至行真無匹,心抱圭璋家四壁。董永應爲圖畫人,王維豈是丹青客。"

文　苑

周立勳，字勒卣，華亭人。以高才負盛名，時婁江張米、張溥、吴門顧夢麟、虞山楊彝、金壇張明弼、周鍾、江右陳際泰、艾南英諸先生聲望相絜，立勳與同郡夏允彝、徐孚遠、彭賓、陳子龍、杜麟徵六子聯社以應之。商邱侯方域輩千里聘致，北游梁園，人争矜式焉。其後惟立勳、孚遠困頓，諸生然四方視之者，初無高下，此數人亦不置貴賤於胸中。孚遠以直諒稱，立勳不爲危言激論，有郭林宗之風。孚遠或慷慨，牢騷已即，胸次灑然。立勳則酒酣起舞，終無愠色。及壯心不已，每以酒色陶寫之。四十三而卒。子龍哭之，有"酒狂如僕射，情死是瑯琊"之句，人以爲可當小傳。時同郡諸賢相叙，會朱灝字宗遠最長，次即立勳，而同學之盛，六子最先，故諸君子皆兄事之。立勳卒後數年，而孚遠以壬午舉於鄉。

喬世埴，上海人，字子方，號遺民。年十三，補博士弟子員，文名籍甚，兼工古文、詩、詞，尤精八法。篤友朋氣誼，座客常滿，有北海風。所居秋爽園，在邑南郊。焚香讀書，凝塵滿席湛如也。歲戊戌，對策大廷，試明經高等。然負才不遇，常忽忽不樂，卒年僅五十一。所著有《燕喜堂稿》等集。

徐方廣，字思曠，華亭人。少補博士弟子，負文行，峻潔，與人和易。偕同郡張以謚力振古學，氣誼相洽。太守許維新甚重之，去任後，猶書問不絶。所著《制舉藝》冲融醇雅，後學奉爲典型。崇禎甲戌間，督學使者倪元珙拆卷時，下座揖方廣曰："少時即服膺制義，不謂今日猶以諸生相見。"時列名第七，未應食餼，踰格補之。方相國岳貢爲郡守，諸生燕見，皆執弟子禮，獨以方廣爲上客。凌義渠爲憲副，延置幕中，訓其子弟，絶口不及塵務，敬奉有加。生平杜門晏坐，即郡邑招致，不輕往。郡博常熟楊彝嘗至其家，惟清談，竟日不設具也。年未六十，賫志以殁，人共惜之。

周裕度，字公遠，號晚山、萊峯先生。思兼孫，爲諸生，以道誼風雅見重於時。書學米襄陽、顔平原，亦能篆、隸，工題署，畫山水、寫生，學陳白陽，得其三昧，爲世所珍。事親以孝聞，與人交無城府，不以炎凉易志。每述古今事實，娓娓不倦，而序次詳明，聽者忘疲。董文敏既殁，郡中署書，獨推裕度。鼎革後，有副將軍慕其名，凂所知爲請題額，以白金侑，爲其人乾没。有知其事以告者，裕度曰："筆墨之事，本不爲勞。白金所值，與友誼孰重，不足問也。君慎勿言，以敗此友名節。"蓋其生平盛德類如此。保寧守張昂之貞文先生、林希顥皆受業焉。裕度嘗曰："張之跌宕，林之準繩，皆吾所不及也。"兩先生亦深愛重之。年八十二卒。子詠、昭、玟，皆工隸、楷及畫，以文行稱。

包爾庚，字長明，號宜壑，華亭人。性孝友，幼而穎異，好學。年未舞象，爲童子試冠軍。時督學御史爲吴興駱駸魯，所拔幼童四人，曰皆將來令器也。其後三人相繼登第，爾庚年三十，猶滯諸生，歎曰："駱公之言，惟我不驗矣。"未幾，以乙亥拔貢舉，丙子鄉薦。明年，成進士，除廣東羅定州，有惠政，興文教。常言："大江以南，人皆柔弱，而閩、廣爲甚，故河北之刑不可施於吴、越，吴越之刑不可施於閩、廣，此爲吏者所當知也。"故其政尚寬簡，而性寡欲，所出死囚數十人。常至肇慶，謁廣督，見軍門繫囚纍纍數百，皆以不軌當伏法，入言於廣督。曰："此屬保無枉濫，盍下有司詳訊而後誅之？"曰："死且無憾。"廣督善其言，亦不能從。爾庚每以爲恨。既而，以循卓授給事中。會天下多事，巡遊詩酒。康熙癸卯年六月十二卒。生平事親孝，兄弟敦睦，窨囊甚湓，常推及於朞功。其爲諸生陳、李諸君子方以古學，樹旗鼓相標榜。雅善。爾庚且慕其才，挽之入社。爾庚曰："我不爲異也，亦不爲同。"謝弗往。其成進士也，出江右楊機部廷麟之門。廷麟常謂諸門人曰："長明舉子業，至四十年後，其家絃而户誦乎？"衆皆莫知所謂。後順治間，其言果驗。

單恂，字質生，松江人。崇禎癸酉舉於鄉，庚辰會試第四，出太史魯青海先生門，授麻城縣知縣。甫兩月，告養親歸，終不仕。明末，文習久刓，士多剽竊子史之學，恂獨振揚古業，尤精詩歌，新奇詭麗，自成一家。言性好潔，整拂巾履，經營几硯，皆躬自爲之。閨門之内，相敬如賓焉。鼎革後，巡方李公森先以地方人才薦，謝勿就。居白燕菴，裹足不入城市，亡何而妖僧六如之禍作。六如者，住上海龍珠菴，留寓安昌王幼子。郡守某捕治之，詞牽及恂，然實不聞也。事下，所司嚴訊拷掠備至，卒無左驗，事得白。迨歸，蕭然無抑鬱之色。未幾，卒，年六十有六。恂長身玉立，微詞間發，四座傾倒生平敦氣誼，少從陳徵君游，終身敬事不衰。

宋徵輿，字轅文，晚號林屋，懋澄子，華亭人。幼孤，性穎敏，弱冠能詩。陳大樽、李舒章見而賞之，引爲小友，詩以益進。順治丁亥成進士，授刑部主事，再轉郎中，出爲福建提學。參議以公介稱考學使第一，内陞尚寶司卿，累遷都察院副都御史。居官有守，平居好學，歲讀《周易》一過，必有所採輯，手書簡端，以爲恒。於《四書》《毛詩》亦然，雖仕宦不廢。晚年究心内典，亦微有所窺，集《金剛經註》與所著《採屋集》行于世。康熙戊申卒於官。長子泰淵、次子孝廉祖年，皆才而夭。少子太燚襲廕。

陶愭，字米修，華亭人。順治辛卯，以嘉善籍中浙江鄉試，其爲諸生試，必高等。初性傲岸不覊，其後學問益進，日益惇篤，與朋友文，遇憂患疾苦之事，必身與共之，勞怨無所辭。自舉子業以及詩、古文、書法，皆饒有別詣。其自負雅不薄而以禄養，故就教天台，鬱鬱不得志，以酒解愁。病疽，卒於官。兄監之，字聖從，與愭齊名，兄弟孝友，先愭卒。於時，王宗蔚，字崍文，以文章氣誼與同社莫筵皆爲愭所愛厚。愭又於檇李善嚴觀及弟勳、臨，於同郡善林子卿及弟子襄、子威，嘗曰："我于浙友三嚴，於松友三林，無負交道矣。"惟勳與愭同年，後成進士。

李雯，字舒章，華亭人。身修岸，髮長委地，性伉爽，不爲阿曲而善下，人心所服膺，雖其後進，不嫌屈己也。雲間自陳眉公先生而後，山林風韻之弊，變爲里俗，甚或不堪嘔噦。雯與陳子龍輩力敦大雅一，時古學遹興，文風丕變，海内稱爲陳、李，而雯數奇不偶，偃蹇諸生,緣父工部主事逢申以詿誤。謫戍。雯屢叩閽,陳辨後得白,還部,晉郎中。崇禎甲申之變,雯方侍其父於京師,逢申爲賊執,自經死。雯哀號行乞,得其骸骨,朝夕哭不絶聲,又餓且病,氣息僅存。王師破賊後,諸大學士故耳其名,及見其至性過人,尤憐而重之,薦授弘文院中書舍人。丙戌鄉闈分校,遂乞假以父喪歸葬。事竣還朝,卒。

顧開雍,字偉南,參政中孚之後。性冲澹樂善,翛然塵外。爲諸生試,輒冠軍。與夏允彝、周立勳、徐孚遠、彭賓、陳子龍等結幾社,肆志古學,所爲會業,海内奉爲模楷。嘉定侯峒曾爲江西提學,廣東王應華、本郡張安茂前後爲浙江提學,嘉興王緦爲河南提學,咸聘禮較文,所至識拔,皆成名雋,後盡爲名魁鉅卿,人皆服其品藻之精。迨諸先輩以次凋謝,開雍巋然獨存,僅以明經耆宿爲江左師表。年近七十,猶强飯矍鑠。同許觀察纘曾爲滇南萬里之遊,歸來優游里門,又兩歲而卒。生平覃心著述,所撰古文辭與詩詞甚富,以家貧不能授梓,與《滇南遊草》同藏於家。

田茂遇,字楫公,又字髴淵。幼聰穎不凡,過目成誦。受業於夏允彝之門,所撰詩歌輒爲陳李擊節。年二十三,舉於鄉。壬辰,會試不第,遂留京邸,與宛平王公崇簡、合肥龔公鼎孳、柏鄉魏公裔介、恒山梁公清標、清寬訂交甚洽,有燕臺文選,名噪一時。無何,以奏銷事名誤籍中。癸卯,授山東新城知縣,投牒不赴,賦詩以見志。築室貞溪之濱,曰水西草堂,讀書觴詠其中,自號樂飢處云,意豁如也。與同郡張淵懿、董俞選當代名賢詩,曰《十五國風及高言》,集諸家詩餘曰《清平初選》行世。己未,應召南歸,病卒,所著藏於家。

張一鵠,字友鴻,號忍齋。萬曆己酉,爾侯子年十三,爲郡諸生,學博熊師旦器異之,文名籍甚。所交海内名雋,困於諸生者三十餘載,晚遊北雍。順治丁酉,薦賢書。戊戌,成進士,授雲南司理。時滇南初平,案牘山積,一鵠剖决若流,多平反。總制趙公服其才,讞不再駁。庚子,爲同考領房。滇之取士多草略,一鵠嚴爲條例,棘闈爲之改觀。在任不半載,以本郡錢糧詿誤降級,歸所居,爲顧文僖清舊第,有園林之勝,題石曰"清陰不改,花晨月夕"。時招致二三知己,嘯咏於其中,輒倡和成集。郡紳自鼎革後,多謝客。有投刺一鵠者,必謙欵無倦,不失前輩風流。幼善張草,尤工山水,得黄子久筆意,人争購之。年六十四,卒。有子負雋才,早夭,以姪起麟爲嗣,亦年十三,補弟子員,試輒高等,能世其學云。

張安茂,字子美,號蓼匪,明成化南安太守弼六世孫,宫諭以誠季子也。倜儻有才略,詞藻絶工,下筆數千言,又能於馬上擊劒操弧,稱文武才。順治乙酉舉鄉薦,丁亥成進士,授工部都水司主事。戊子,分較順天鄉試。時隣房有奇卷,幾被擯,力薦得雋。及拆卷,爲鍾陵熊伯龍,果登鼎甲。榷關淮上,董造漕艘數千餘,安茂條悉利弊,上之漕撫,皆題請允行。會署漕篆知江南民困已極,請行官收官兑法,釐剔奸害,漕政肅清。擢浙江提學,藻鑑精覈,收録寒畯,所拔前茅魁天下者三人,爲史大成、嚴我斯、蔡啓僔。嘗慨學宫禮制未備,親爲考訂,凡犧尊、籥舞、釋菜、登降之儀,悉繪圖剞劂,名曰《頖宫禮樂全書》。康熙元年,授西寧道副使。西寧,古燉湟地,番漢雜處,素號難治。安茂威德並施,遠人胥服,尋引疾致仕,歸。家居,好客不倦,娱觴詠蒔松菊,年六十二卒。子世源,癸丑歲貢,授國子監學正;世定,戊午歲貢,有才名。

王鐘毅，字遠生，後陽先生明時孫，家世以清白醇謹稱。兄弟自幼淑於義方，鍾毅誠信孝友，言無妄發。及長，失怙，婦翁爲徐鴻州先生。長子禎稷又以理學道義相敦勵，故其學日以充，德日以進，賢士大夫交相延致，以訓迪其子弟，得之則喜，及門知名者二十餘人。性耽簡籍，無他嗜好。每從館舍還家，數日輒無聊賴，曰："我其歸歟？"蓋反以家爲客云。及屢試不售，以明經終，人咸惜之。康熙己未，孫師旦聯第皆以爲鍾毅盛德積學之報，時其年已七十有八。居恒無事，猶拈小題以課孫自娱，鮮華警策，不殊少年。年八十一，卒。所著有《禮記周禮類編》《毛詩比興全義》《學庸講義》，後學寶之。

錢芳標，字葆馚，父刑部侍郎士貴，見前《名臣傳》。六歲父亡，與母劉太孺人孤苦相依。穎異有至性，下帷力學，十五補諸生，即有才名。壬寅，入太學。甲辰，授中書舍人。應制之作，高華贍麗，爲寶坻高陽所推，而栢鄉、合肥尤忘年下交，名流勝會，必招致與俱，聲振都下。丙午秋，薦北闈。丁未引避，遂阻南宫，仍在院中。世祖章皇帝配命禮成，徽號神位，特推操筆，時以爲榮。乙卯，請告回籍終養。丁巳，丁母艱，哀毁内傷，次年遂卒。所著見《藝文》中。

朱錦，上海人，字天襄，號岵思。生而穎異，八歲能屬文。十三補博士弟子，屢試冠軍，然爲人孝友，性成恂恂然，未嘗以才知先人。辛卯，登賢書。己亥，舉南宫第一人，官翰林院庶吉士。御試"其爲人也孝弟"，論復擢第一。辛丑，今上御極，充禮闈同考官，宿會經堂，詩"只今潦倒慚淵鑒，不敢輕將心事違"句，故所拔皆知名士。以母老乞歸養，板輿娱親，色養備至。居鄉不餙竿牘，唯與二三故友言文賦詩，意豁如也。松郡自陸平泉後百餘年，而岵思繼之，惜齒爵皆不逮。年五十四卒。所著有《藜照堂稿》。弟錚，字拂鍾，同爲邑諸生。才藻奇異，早卒。錦常痛厥心，曰："安得司馬遷、闗漢卿筆寫吾思弟痛弟之情乎？"爲刻其《二仲居遺稿》傳之。

隱　逸

王光承，字玠右，青村人，上海貢生。内行脩潔，博學工文詞，爲吴中領袖。鼎革後，謝去制舉家言。偕弟金山衛學生烈字名世，力耕養父，裹足不入城市者三十餘年。啓手足於友人丙舍，雖夏馥之穴土室、幼安之默遼海無以過。疾風勁草，真士林碩果也。

唐鳴球，上海邑庠生。本姓沈，别號貞居。有雋才，少餼於庠，試輒高等。申酉之交，例當歲薦，棄去隱於梅花源，以詩文自娱。年五十七卒。有《杜詩肆考》十卷、《箴言集》十六卷、《梅花集唐》一卷。子白，號賁園，能詩文，一如其父云。

沈浩然，華亭人，字東生，號雪峰。萬曆丙辰進士，猶龍長子。爲郡諸生，有雋才。不欲與寒士競進，以父廕得官，雅非其好，絶無鮮衣怒馬習。鼎革後，遠遊數年而歸，田産罄盡，絶口不問。庵居蔬食，雖饔飧不繼，晏如也。時與張若羲、張溍、朱軒輩往還，詩酒以爲樂。喜讀書，尤工八法，自宗伯董其昌及李待問後獨推之。年五十，卒於北郊善應庵。子三，長一旃能文，不就有司試，有父風云。

藝 術

馮鐩,字天垂,侍御恩曾孫。性瀟灑,美丰姿。弱冠爲諸生,有聲藝林。爲人謙和樂易,少長皆悦之。工書法,行楷學褚河南,草書宗懷素,並遒媚有致,一時乞書者滿户外。宫詹沈公荃雅重其爲人,與之交最洽。年四十餘,卒。今學士家多藏其書。

張溍,字子晉,華亭人,邑庠生。工翰墨,能詩。家貧,狷介自守,不慕聲利。嘗歲除絶糧,有貴人以脱粟一石貽之,卒不受。京口鎮將某四五百金聘致戎幕,溍怒麾其金,絶不與通。其高峻如此。與同郡林貞文先生交善,歲時間有餽遺。溍曰:"此知我者,勿拒也。"所畫山水,氣韻生動,得北苑之神骨,甚爲鑒古家所珍云。

王承緒,號月懷,爲王一鵬徒,得其所傳。郡中稱幼科者,屈指月懷與奉昌運相亞,歲無虚日,日無虚晷,而承緒小心好學,肩輿中常手一書,曰:"人各有所業,醫讀醫書,猶儒讀儒書,豈有異乎?"有陳氏子患痘,且洞泄法謂泄瀉如箭者不治。承緒以爲如箭者不治,謂久病虚極也。今痘方作無傷,第時未可用,参以穀養其胃氣,遂進以粥,泄尋止,兒竟愈。林貞文先生二子皆出痘,其一痘少,承緒曰:"是須過旬乃定。"長子子卿痘頗繁,曰:"是可保也。"其夕,貞文夢二鶴在庭,一道人謂曰:"此汝二子也。"語次皆奮翼而起。道人攬之,得其一鶴之足,其一遂去。未幾,痘少者竟殤,而子卿痘亦變色如灰。父母惶駭,集諸醫而謀之,皆兩端以退。承緒泰然曰:"無恐,請進藥,我坐以待時。"惟聶思雲留贊之,因以参桂等進之,至二更而熟寢。承緒曰:"今無事矣。"燭之,色皆驟起,咸以爲夢中道人乃承緒也。其所見確然類此。稍暇,則養蘭、蕙、莳、牡丹以自娱。時奉昌運以聲色,承緒以花竹風雅,亦並稱云。子心月,醫亦有名,里黨以爲濟美。

李中梓,字士材,萬曆己丑進士,李尚衮次子。由府學生准貢,精方術,遂以醫名江浙間,起沉疴甚衆。白下姚越甫以子瘵悼之,過甚,忽得疾,兩目失明。中梓胗之曰:"此傳屍也。"與藥下蟲如小鼠者三枚,兩頭尖者數枚,始平,復鞠上舍抑鬱,蒸熱如焚,日囈語,言户外事,如見胗得肝脉沉,曰:"此名離魂。"蓋魄弱而魂不能藏,遂飛揚而上越,當急救肺金之燥,則魂歸不難耳。投劑即瘥。中年徧參尊宿,傳衣于費隱老人。年六十八歲,卒。所著述甚富,見《藝文》中。同時有金時揄,字仲材,精方術與中梓齊名。子葵,康熙十五年恩貢。

顧開熙,字蒙生,華亭人,祖居簳山。少敏慧好學,爲邑庠生,郡守方公岳貢深器之。中年遘疾,閲醫書有得,遂從李中梓受業,盡得其秘,療疾若神。別駕張憲仲夫人新産,暴絶,將治含斂。開熙令侍婢捫其胸,尚温,亟以藥抉口灌之,遂甦。學使胡公在恪有宿疾,發則腹痛嘔血，群醫束手。開熙投一劑便愈。他所治病多類是。開熙志在濟物，未嘗計利，故遠近稱之。年六十三卒。所著書詳《藝文》中。子衡，康熙丙辰恩貢，廷試第一，有文名。

范宏，字貫玉，華亭人。其先有名曰河者，善堪輿，得異人授，徵驗不爽。弘、正間，有廖賴之目。宏少讀書，數奇不售，因習家學，遂馳名江左。崇禎十一年，浙江提學王應華素精青烏之術，特薦共視諸陵，堅臥不赴，爲人阡葬，救貧决科，刻期立應。人有貧不能葬者，多曲勸之，靡不樂從。葬後，亦不受謝，人咸稱之。所著見《藝文》中。

陳舜道，字重華，華亭人。父聖誠，庠生，徜徉詩酒，與申文定時行、陸高士應陽交莫逆，在虎邱遇異人，授以療目方，以之治人，立愈。舜道遂習其業。爲人誠篤，有還遺金事，爲里黨所稱。事母孝，母九十五，以壽終，猶孺子啼也。知府方岳貢請爲鄉賓，以德壽題其堂。丁清惠賓。曰："六朝壽母，五代文孫，可云慶矣。"子治典，字伯雍，世其業，名尤噪。太倉王太常時敏病目，坐深閣重幃中，延群醫療之，經年無功。治典至胗，得積寒未解，處方投劑，命以火徐熏之，次日目遂張，三日即徹幃而出，咸驚其神。調理月餘，而光復舊，所至立效，皆類此。性磊落慷慨，子孫繁盛，儒與醫並有名。

李贊化，字與參，本浙之四明人，世擅岐俞術。於明崇禎間，以叔大司馬李金峨之薦召見武英殿，賜中書舍人御。晚年爲海邑寓公行其術，刀圭所及，沉疴立起。性樂善好施，不可殫述。年八十餘，卒。子用粹，能世家學，稱濟美云。

唐熙，字孟高，號橘屏，華亭人。先世業醫，好學，有隱德。遇異人，授秘術，活人甚衆，名震京師。正統二年，奉禮部咨，進京大内治病，多奇中，欽授太醫院使。性恬静，不樂奔競，尋告歸。天順二年，加太常寺卿，復召辭，不赴。生平惟勸人爲善，未嘗計利。郡紳葉冕以同善堂題額贈之。卒年七十一，至今子孫聚族於大吴橋，咸能世其術，松人多賴之。

列女

魏氏，華亭人，生員，王錫綸妻。于歸初，即遇姑疾，侍奉湯藥，衣不解帶者三月，宗黨稱其孝。年二十六，錫綸病故，二子皆未及齠齔，撫育艱苦。及長，教其力學，後在黌序，並有聲。妯娌雍睦，有無相通。每值儉歲，宗黨之病者，賴以舉火焉。守節四十三年。康熙十八年，巡撫慕天顔具題，詔旌其門。

王氏，華亭人，適生員唐江。舅姑早世，事太翁竭志無倦。見夫羸弱，子嗣未續，力勸納妾袁氏，生子安祖。未幾，夫歿，年僅三十。痛不欲生，與妾同志守貞，勤勞茹苦。子長，不墜書香。康熙十八年，巡撫慕天顔具題，詔旌其門。

貞女莊氏，華亭人。十七歲，許配王履鼎，未成婚。是年，履鼎疾故。聞訃，哀慟幾絶，即衰絰奔喪，恪遵婦道數載。舅姑諷其改適，氏欲自戕，懼而從之，遂得終老。舅姑歿後，執喪哀毁，痛夫亡不獲盡禮，倍極慘傷，即經營以塟，併葬履鼎，自爲生壙以見志。守節二十三年，卒。康熙二十年，撫院慕天顔具題請旌。

顔氏，華亭人，生員張世鞏妻。二十五而嫠，子澤奂方週歲，舅姑俱亡，奉祖姑尤氏以孝聞。奂稍長，延其兄雪方女以爲配，遺産十七畝，勤苦力作，遂至起家，建新塋於浦南澤。奂婚後，得一子忠埏。奂卒，媳顔氏守節亦如之。年將八十，孫埏娶妻金氏。未幾，夫卒，金氏矢志效其姑。奂婿太學生高懿烱，于康熙十八年四月以兩顔氏之節聞於學憲邵嘉，得旌之。

陸氏，上海三林里人，儒士儲重美妻。生一子，方六歲，夫亡，時年二十有五。孝養撫孤，備極勞瘁，力舉八喪，悉克盡禮。守節四十九年卒。子國禎，少遵母訓，以孝稱。博學，耽著述，晚得攣疾。居母喪，過哀，嘔血死。

薛氏，華亭人，生員莊振妻。振以羸疾卒，時年二十五。子貽遠生甫五月，忍死撫孤。稍長，教子讀書，督責甚嚴。苦節二十四年，鄉黨欲請旌於當事。氏曰："守制，禮所固然，何畸行可表耶？"卒年四十九。

徐氏，婁縣人，幼穎慧，嫻書史。年十六，適壬辰進士李愫子庠生顯。姑楊氏早亡，事舅盡孝。愫遠宦岳陽，病甚，氏中夜忽心動，驚躍悶地，質明乃蘇。月餘後，訃至，詢其時，正氏驚仆之日也，以爲孝感所致。年二十六，夫亡，悲慟嘔血，絶飲食者七日。子六人，二爲妾出，並在孩穉。氏泣血撫孤，嫡庶無異視。家貧，不能延師，經書悉皆口授，遇史傳忠孝事，心相勗勉。及長，並有聲黌序。苦節二十五年。康熙二十年，巡撫慕天顔廉其事以聞。

翁氏，婁縣人，明嘉靖乙未進士，副使璨曾孫女。性端静，知大節，適郡庠生范啓宗次子景韓，與兄景范同在華庠，有文名。順治乙酉，王師下江南，人民争走，村曲寇盗充斥，韓憂悴疾劇，烽烟搶攘中，氏飲泣侍湯藥，脱簪珥，百計療禱，莫效。韓呼其兄曰："病亟矣，我婦幸有四月遺腹，男女未可知，願先以兄子煌爲嗣。"遂卒。時氏年二十七，號慟不欲生。已而，遺腹生子勰，鞠育辛勤。比長，親自督課，不少假。家故貧，晝夜躬紡績以資膏火。勰時或嬉遊，輒召至，跪而責之，篝燈徹曙，讀書聲不休。撫嗣子煌尤有恩。兄弟並有聲黌序。康熙壬子，勰舉孝廉。丙辰，成進士。氏苦節三十餘年，孝養其舅，葬夫祖父母，前後五喪。教子成名，遠近莫不稱之。康熙十八年，知府魯超上其事，巡撫慕天顔具疏，奉旨建坊，表其閭。高陽李相國作詩贈焉。

王氏，婁縣人，生員張陳倎妻。明季，郡大疫，陳倎父文昱精岐黄，馳驅胗視，無不立起，積勞以卒。陳倎執喪，過哀，病卒，時氏年僅二十五。姑董氏在堂，長子元炳方四歲，次子元照尚未育。兩寡一孤，舉目無倚，哀慟時絶。及照生，辛勤撫養，藉女紅以給，奉姑盡孝。炳、照稍長，教以讀書，皆勵志成立。炳列國雍，兼以醫濟世，照亦孝友克家，並遵母誨也。苦節三十二年。康熙十八年，巡撫慕天顔具題，詔建坊旌其門。

顧氏，華亭南橋人，年二十，歸徐章。章以攻苦嘔血卒，時年二十五。長孤冕，甫四齡，次孤晟，甫二齡。力作奉舅姑。明季役煩，里胥困以踐，更奮然繕呈，遣子訴當事。時冕六齡，應對剖析，無遺缺。當事以爲奇懲，里胥豁免。又族人有因里役多需索者，云："此我家一本之親，不與外姓埒，豈以微貲傷伯叔兄弟誼乎？"卒曲酧之。持家有禮，法訓二子，慈嚴互劑，皆底成立。年七十一，以壽終，苦節四十七年。冕子賓，舉康熙辛酉順天鄉薦。

張氏，婁縣人，適儒士周士琦，克盡婦道。士琦以羸疾卒，時年二十八。生一子，尚在㩗抱。上事舅姑，下撫幼孤，力作以給，終夜織紝不休，宗黨稱其賢。性剛介，言笑不苟。夫亡後，未嘗啟齒。六十二歲卒，守節三十五年，終身縞素。二子貽謨、貽謀成立，卜地與父合窆于盤龍塘之東。康熙二十年，巡撫慕天顔上其事，詔旌其門。

張氏，上海人，年十九，適毛公純。二十二，公純亡，食貧，卒瘏以事翁姑，止生一女，煢煢懷抱。暨翁姑卒，遘亂，泣曰："兩世俱未入土，死不瞑目也。"針縫紡織，窀穸克營，人稱其孝。康熙十九年，巡撫慕天顔核實具題，詔旌其門。

吴氏，華亭人，邑庠生顧鑑妻。鑑苦志力學，少著才名，與兄大申有西堂之譽。賫志早殁，遺孤式之，尚在襁褓。氏年二十一，矢志栢舟，艱辛撫育，教誨有成。持家動遵禮法，内外肅然，鄉黨宗族，無不稱之。現候題旌式之，早列黌宫，亦以文采見。

沈氏，華亭人，沈之禮女。十七而嫁徐士芳，事姑至孝。年十九，而士芳卒，生一子一女。家貧，惟勤紡績以養姑。撫孤成立，婚娶既畢，克營窀穸，里黨咸稱之，白於有司，轉詳各憲候題，郡邑皆有優獎。年七十四而没。

郁氏，上海人，秦玠妻。玠北遊至衛河，遇盗溺死。氏聞訃，時年二十二，哭死而復甦者再四，乃曰："我死而撫孤誰？"遂日夜圖爲存嗣計，勤慎持家，撫教一子四孫，俱列黌序。守制七十一年，卒年九十二。

黄氏,婁庠廩生,徐一鳴妻。年十九于歸,越數年,一鳴赴試,澄江卒。氏矢志茹荼,撫遺孤永吉,勉勵其學,補郡庠生。知府魯超旌其門,曰“貞明執操”。

烈女何氏,名珮,年十九,父死母寡,許聘未嫁。順治二年,從母避兵洋涇,一騎突至,欲汙之,誓死不屈。兵怒,刲腹而絶。越三日,其所聘夫至,收其屍,顔色如生,因同其母葬洋涇之原。士民賦詩挽之,立碑以旌其烈。

王氏,上海鶴沙里人,處士王啓淳女。幼而敏慧,喜讀《論語》《小學》諸書,適儒士瞿藴瑞,即瞿霆發十三世孫也。生一子,名銑,方八歲,藴瑞以疾卒。氏年二十七,誓不再嫁。鼎革時,遷於郡之東郊,訓子及孫,俱業儒。鄉黨稱其苦節,知府郭起鳳表其廬曰“筠操貞芳”,舉人吴欽章作詩以頌之。卒年六十九。

林氏,太僕景暘曾孫女。順治丙戌,年二十三,適長樂令張董臣孫秉豫,朞年而寡,生子永貞。氏食苦茹淡,足不出户,事姑以孝稱。年五十有四,卒。永貞能詩文,貧,未克旌表。

湯氏,諸生張節母,年十九而夫亡,遺腹生節,家貧親老。氏上事翁姑,下撫襁褓,紡績以供菽水,辛勤誠敬以將之。翁姑恃之,以忘其煢獨。姑茹素三十餘年,每食,必氏手治者乃下箸,出他人手,輒疑其未必潔也。至年七十有八,起居皆賴其扶掖。姑以是無纖芥攖,無疾而逝。翁姑歿,歲時致薦,必思其所嗜。嘗一日隣居失火,家人踉蹌奔竄,且勸其出避。氏走伏夫柩前,願與俱燼。須臾,火回北向,延燒數家,而氏所居無恙,人以爲至誠所感。其教節以孝友誠慤爲先,力具脩脯,趣使就學。及節長,爲諸生,食餼學宫,里中皆以爲青雲之器。氏輒誡以毋自滿,滿且招損。後節七試於有司不售,每以上負母氏恩,痛自惶疚,則慰解之,曰:“遇合有時,勿介介也。”守節五十餘年而終。節既困於諸生,無以致旌表,鄉黨皆以爲名教之闕典焉。

潘氏,華亭人,唐崑玉妻,事翁孝。年十九,崑玉於鼎革時被難,氏即絶粒。翁已耄手薄糜力勸,不得已,强起治女紅以養翁。喪能盡禮,撫孤襁褓,至成立,皆十指力也。通判署郡篆孟憲孔旌曰“全節可風”,入册候題。

莫氏,華亭人,明刑部郎中莫道醇第三女,適太僕寺吴烱子天賜爲妻。未及成婚,天賜即罹癲疾。父母猶冀其痊癒,娶氏過門以冲喜。伉儷未諧,天賜遂夭。比氏年甫十五,願矢栢舟,勤勞茹苦。至五十一歲,捐簪珥,葬翁姑,親句讀,教其嗣大兵,卒至扶夫柩于嚴城,家難間作,氏安心于繡佛。康熙七年間,生員姜鋆如、張時龍等公舉其節孝,知府張羽明詳請鹽院傅批:吴莫氏以弱齡喪夫,能志切氷霜,歷五十年之久,深爲可嘉。既與俞旨有符,該府即通詳旌表可也。繳知縣王協給匾旌之,曰“心侔氷雪”。

吴氏,太學生吴汝翼女,青浦庠生吕延禧妻,丁酉解元工部郎吕克孝次媳也。氏賦性温克,不苟言笑,能讀書,動止必循禮法。叔父户部吴嘉胤生平嚴氣正性,特愛敬之,知其爲奇女子也。締婚吕氏,遣嫁二載,而吕遘奇疾。氏衣不解帶,醫藥萬方,越四載而歿。氏絶粒求死,迫于姑命,强起撫孤。孤方三齡,氏撫育教誨,辛劬備至。及成婚,舉子氏喜曰:“吾幸得孫,吕氏一脉已延,可報亡人于地下矣。”適會甲申之變,諸悍帥之兵渡江爲擾,人心惶懼。氏曰:“我守節三十年,不意今日見此紛拏。古稱見幾而作,況我夙昔素志乎?”遂于三日前稱病,却飲食,與家人欵語如平時,中夜自起,一繯就絶。時都城傾覆,朝臣以死報國者寥寥,而氏以一婦人從容就義,聞者無不感歎。太守陳亨爲文以祭之。越明年,王師下郡城,其子吕稷守母柩,不忍去,卒遇害。時稱節孝兩全云。

災異

本朝順治八年辛卯,米騰貴,民饑。米一石值銀三兩八錢。

十年癸巳冬十二月,大寒,泖湖皆凍斷,人行其上,數日始解。

十三年丙申秋七月,訛言選繡女,使者將至,民間男女嫁娶紛然。事後,多以非耦致訟者。

十六年己亥夏四月二十五日,將晚,有星如匹練,墜東南,下有聲如雷。五月,海寇入,破鎮江,犯江寧。

康熙七年戊申夏六月十七夜,地震,徧生白毛。

九年庚戌夏六月,霪雨大水,高田盡没。

十一年壬子秋,禾生蟲。

十三年甲寅夏,雨不息,大水。

十七年戊午夏,大旱,米穀涌貴。秋九月初十晚,天鼓鳴。

二十年辛酉秋九月,有虎自西南渡浦,至東華陽橋,傷人。兵燹。

本朝順治四年丁亥四月十六夜,李魁作亂,殺同知楊之易、推官方重朗。天將明,把總高永義斬平之。

十年癸巳九月初八日,海賊舟至閔行,大掠而去。

遺　事

徐文貞當海蔡爲難時,有伺其出門,登輿前搏之者,左右争解之。還入内,以片紙手書云:“有一狂生,扯破蟒衣,紐斷玉帶。”徐階告命以致府,郡縣驚愕,下各學推究,卒無生名。學博士聚諸生而謀之,有欲致忿於徐者,有謂宜窮究其事者。唐文恪文獻時亦預焉,曰:“二者皆不可,惟各學師率諸生登門請罪,乃爲得之。”遂用其言。文貞稱謝,其事氷釋。聞知其出於文恪也,謂文恪曰:“君臺閣中人也,不久高第矣。”

唐文恪一日於賓館中遇董文敏其昌,天方大寒,董曰:“何處得火?”一從者以銅手罏進。文恪目之不怡,謂董曰:“此輩皆非善類也。公愛之,必敗乃事矣。”未幾,董氏之僕果以生事致毀。

王後暘先生明時廉慎和厚,時稱長者。一日,銓部盛淳菴當時造之,公方與一鄉人對坐。盛至,鄉人别去,公送之出門,乃還。盛問:“此何人也?”曰:“鄉間里長。”盛曰:“然則何必致敬乃爾?”公曰:“我輩科名,安得常在? 此子孫世世相與人也。”人服其至言。

魏璫盛時,松郡三周生爲建祠於龍潭,請碑記於陳徵君繼儒。繼儒曰:“公等爲魏上公建祠,蓋欲得其歡心也。上公雖功德蓋世,要其心性,不離内相所喜,達官貴人,勢可炙。手者若以布衣從事焉,彼且以爲輕之,咈然怒矣。無論老夫不可,即如董玄宰,一代文人,官亦不小,然屏居林下,在魏上公視之,不過一冠帶山人耳。君亟於在朝卿相中,擇上公所厚者而請之,庶博解頤,不負盛舉矣。”三生大喜,曰:“非先生指南,幾誤乃事。”人謂徵君有詞,玄宰賴之。

林貞文先生希顥嘗以理數推擇時日,鑄鏡或期。當中夜,必危坐調息,以候之。晷刻,弗愆時。雖家人,亦疑其過信所學。及卒後數年,有圓鏡未成者,流落一漁人手。質緡錢於張澤市中,市人置諸室。一日,見暮夜有光,意中有寶搥,而碎之,則皆水也。希顥甥蔣雯嵩居張澤東,聞而往購,則已碎矣。其後張憲副安茂至一寺中,見懸一鏡,光明奪目。詢之,曰:“此希顥所鑄也。每日中,鏡必有聲。”人始知其學通乎天人,雖其子孫,有不能知,非尋常竪儒之所能測也。

林衷齋先生有麟性喜賓客,每遇令節,則凡四方名士,客居於松者,皆招之飲,曰:“令無起故鄉之悲也。”及貞文先生希顥於燕饗叙會,欵曲無倦,而不喜雜賓,曰:“酒殽以待良朋至戚,若與此輩飲噉,是爲暴殄天物矣。”時謂其父子名行所是,而不相害。

包宜壑先生爾庚嘗出其先世兩侍御與親友往還書帖。……

康熙松江府志略

謝　輝　點校

整理説明

《松江府志略》清抄本，二册，不分卷。半頁十行，行二十七字不等。《遺事》章尾有題記一條："嘉慶四年，下帷梁國氏課餘摘抄，自夏季起，冬仲竣，時年四十有七。"並鈐"穆庵"朱文方印，可知抄者蓋即此人，然其姓名事迹均無考。卷端鈐"星垣"、"臣泰階印"、"自怡"諸印，亦不知出於何人。但題記謂其抄於嘉慶四年(1799)，應屬可信，故卷中"玄"、"胤"、"弘"諸字，多闕末筆。今藏上海市歷史博物館。

從内容上來看，本書應是摘抄自清郭廷弼修、周建鼎等纂，成書於康熙二年(1663)的《康熙松江府志》。全書末章《志考》，列出宋《雲間志》以下八種志書，最後一種即爲《康熙松江府志》。後出的宋如林修、孫星衍等纂《嘉慶松江府志》，則遲至嘉慶二十三年(1818)方成書刊行，《府志略》抄者於嘉慶四年不可能看到。其章節編排，亦與《康熙志》一一吻合。具體而言之，全書開篇"松江古揚州之域"云云，無章節名，然其内容實摘自《康熙志》卷一《建置沿革》。以下即有小題，《山》、《水》、《土産》、《風俗》依次出自《康熙志》卷二至卷五，《城池》、《鎮市》出卷十七，《官署》、《學校》出卷十八、十九，《驛傳》、《祠廟》、《第宅》出卷二十二至二十四，《寺觀》、《古蹟》出卷二十六、二十七，《名宦》出卷三十一至三十四，《名臣》出卷三十九至四十二，《獨行》、《文苑》、《隱逸》、《藝術》、《游寓》、《列女》、《仙釋》出卷四十三至四十九，《遺事》出卷五十二至五十四，《志考》則出《康熙志》卷前《舊志考》。此前的《正德松江府志》與《崇禎松江府志》，無論是在卷目設置還是編排次序方面，均與之不甚相同。文字方面，《府志略》亦與《康熙志》更加接近。例如，其於《名宦》中記袁崧事迹云：

> 袁崧，陳郡陽夏人。瑯琊太守方平子，嗣長合侯。少負才名，博學有文章，著《後漢書》百篇。襟期秀遠，善音樂，歷顯位，出爲吴郡太守。孫恩作亂，吴會承平日久，人不習戰，所在多破亡，吴國内史桓謙出奔。崧築滬瀆壘，緣海備恩。明年，恩復入浹口，轉寇滬瀆，崧遇害。其部人海鹽李祥冒白刃收崧歸葬。

《正德志》卷二十三亦有袁崧傳，然比較之下，"襟期秀遠，善音樂，歷顯位，出爲吴郡太守"一句，《正德志》作"歷秘書監，吴國内史"。"崧遇害"以下，《正德志》作"害崧，浮海而北，劉裕等并軍躡之，大破於滬瀆，恩赴海死"，其後方敘述李祥收葬事。《崇禎志》卷二十八，則以袁氏姓名作"袁山松"，差異更爲明顯。而《康熙志》則與《府志略》基本相同，僅個别文字有異。由此一例，可知《府志略》主要抄自《康熙志》，應無疑義。

《府志略》之抄録，有其明顯的側重之處。《康熙志》四十四門中，《府志略》僅選抄了二十五門，《户口》、《田賦》、《徭役》、《鹽法》、《水利》、《科目》、《封爵》等政治經濟制度方面的内容，并不在其抄録的範圍之中。《驛傳》一門，《府志略》雖有，但僅寥寥數語。相比之下，上册《第宅》則洋洋數十頁，下册自《名宦》始，基本全爲人物傳記。可見，抄録者的重點，在於《康熙志》中的人物、古迹、詩文等，而對於制度沿革則不甚關注。《鎮市》之末，《府志略》有附注一條，曰："闔郡有六十六鎮市，無故蹟者概删去。"亦可反映出抄者的態度。

此外，《府志略》在抄録過程中，對《康熙志》亦有一定程度的改易。具體可分爲三方面：

第一，修改文字。如《名宦》載虞潭傳記云：

> 虞潭，字思奥，會稽餘姚人。吴騎都尉翻之孫，宜都守忠之子也。清貞有檢操。以軍功賜爵都亭東鄉侯，進零陵縣侯，轉鎮東將軍、吴國内史。時吴饑饉，潭表出倉米賑救，又修滬瀆壘，以防海寇，百姓賴之。

《康熙志》記虞氏之仕履曰："以軍功賜爵都亭東鄉侯，歷宗正卿、會稽内史，徵拜尚書，進零陵縣侯。蘇峻反，潭守吴興，加督三吴、晉陵、宣城、義興五郡軍事，與郗鑒、王舒協同義舉。陶侃假潭節，監揚州浙江西軍事。峻平，轉鎮東將軍、吴國内史。以前後功進爵武昌縣侯，徙會稽内史，未發，還復吴郡。"而《府志略》在抄録時，僅將其縮減爲寥寥數語。

第二，調整次序。如《古蹟》門"沈光碑"條下，《府志略》節録吕益柔《妙悟大師最公碑銘》。而《康熙志》此處只有宋吕尚詩一首，無碑銘。經查，此文乃采自《寺觀》門"勝果寺"條下，《府志略》從彼抄録，改置於此。

第三，增加内容。《府志略》中的一小部分内容，不見於《康熙志》，疑爲抄者所加。例如，《府志略》於《名臣》之末，有姚永濟傳，且注明"附"，《康熙志》即無。檢國家圖書館藏《康熙上海縣志》卷十，有姚氏傳，文字略同，疑《府志略》自彼補入。

總的來看，《府志略》雖爲一部抄撮之作，但所抄較有條理，且有抄者的側重與損益貫穿於其間，已有自成一家言之意。明清以來，方志卷帙日繁，摘抄之作如《松江府志抄》等時有出現，本書作爲其中一種，在研究方志摘抄問題上也具有價值。

本次整理，即以上海歷史博物館藏清嘉慶四年抄本爲底本，以《上海府縣舊志叢書・松江府卷》收録之點校本《康熙松江府志》（上海古籍出版社二〇一一年版）參校，並參考了同書所收《正德松江府志》、《崇禎松江府志》、《嘉慶松江府志》等。個别篇目還取校了其他資料，如《名臣》中陸遜傳，出《三國志》，即取以校之。卷端題名原作"府志略"，今據其内容，改題"康熙松江府志略"。首章原無小題，據《康熙志》補題"建置沿革"，以清眉目。限於學力，不足之處敬請讀者批評指正。

北京外國語大學國際中國文化研究院　謝　輝

目　録

〔建置沿革〕

松江，古揚州之域。帝顓頊區天下爲九州，自江以南至海曰揚州，唐虞三代因之，《禹貢》在要荒之服，三江既入，其一爲淞江，此郡名所本也。周泰伯仲雍托採藥而逃荆蠻，號勾吴。勾猶於也。至五世孫周章，武王即其地封之。松江爲吴地，吴自壽夢益昌大，始築華亭，爲停留宿會之所，華亭之名著于斯矣。周元王時，越滅吴，地屬越。顯王時，楚滅越，封春申君于故吴城，地屬楚。秦始皇罷侯國，置郡縣，會稽郡治吴，領縣二十四，松江爲婁縣地。秦以前縣大于郡。周敬王時置長水縣，始皇東巡，望長水有天子氣，令囚徒十萬人掘汙其地，更名由拳，見干寶《搜神記》。然《越絶書》載由拳塞爲吴備候之塞，其名已在始皇前。又始皇時，長水縣陷爲谷，自爲谷水。《方輿勝覽》曰：谷水出吴小湖，經由拳故城下。則知婁跨由拳、長水地矣。漢高帝封從兄賈爲荆王，更會稽郡爲荆國，後以封兄子濞爲吴國。國除，復爲郡。王莽改婁縣爲婁治，光武中興，仍爲婁縣，隸會稽。順帝分浙以東爲會稽郡，還治山陰，浙以西爲吴郡，領縣十三，婁隸焉。獻帝建安二十四年，孫權封陸遜爲華亭侯。明年，進封婁侯。蓋自亭侯進縣侯也。時華猶以亭隸于婁矣。孫皓時，分吴郡爲吴興郡，晉武帝又分置毘陵郡。元帝改吴郡爲吴國，置内史。宋初仍爲吴郡。雖封境名號屢更，而婁隸吴如故。梁武帝天監中，置信義郡，治常熟，省婁縣入焉。太清中，改吴郡爲吴州，尋復爲郡。大同初，析故婁地，立崑山縣。治在今華亭地。析海鹽東北境，置前京、胥浦二縣，尋省胥浦入前京。前京在今華亭東八十里，以地近京浦，故名。胥浦在今婁縣西南胥浦鄉，其地有壇步、平江、花緒等名。又侯景常以前京並海鹽立武原郡，事見《梁書》。陳初，以崑山、前京屬吴郡，尋立海寧郡，以前京隸之。後主分吴郡置吴州，以海寧隸之。隋文帝罷吴州及信義郡，改吴郡爲蘇州，而以前京入常熟。後復置崑山縣，隸蘇州。大業中，復爲吴郡。唐武德四年，杜伏威以其地降，復改爲蘇州。九年，析前京地入海鹽。天寶元年，改蘇州爲吴郡。十載，吴郡太守趙居貞奏割崑山南境、嘉興東境、海鹽北境，立華亭縣，移崑山縣治于馬鞍山，華亭始自爲縣。按：今平湖尚存華亭鄉，係海鹽分隸。則居貞所割北境，至①還華亭故地，而猶未盡也。《姑蘇志》又云：長洲亦割地入華亭。至德二載，復改吴郡爲蘇州。大曆中，改爲雄州。建中元年，復名蘇州，隸縣如故。會昌四年，陞華亭爲上縣。僖宗幸蜀，爲海寇王騰所據，錢鏐遣顧全武攻拔之，屬吴越。以蘇州爲中吴府，置開元府于嘉興，以華亭隸之。後罷開元府，華亭隸中吴。後晉天福四年，錢元瓘奏以嘉興爲秀州，華亭屬焉，自是不復隸蘇矣。宋神宗改秀州爲平江軍，徽宗改爲嘉禾郡，尋改爲秀州。寧宗以州爲孝宗毓聖之地，陞爲嘉興府。元世祖至元十四年，陞嘉興府爲路，陞華亭爲府屬焉。時以縣有萬户者爲州，華亭户登二②十三萬，故立爲府，領華亭焉。十五年，改爲松江府。至元二十九年，從知府僕散翰文議，割華亭東北五鄉，立上海縣。上海故稱華亭海，宋末海舶輻輳，即其地立市舶提舉司及榷貨塲，爲上海鎮。以地居海之上洋，亦稱上洋。泰定三年，罷府，以兩縣屬嘉興路，立都水庸田司于府治。天曆元年，罷司，復爲府。元末爲張士誠所據，明太祖吴元年，遣左丞相徐達討平之。洪武中，以松江府直隸南京，領縣二，曰華亭、上海。尋于南境置金山

---

① 至：《康熙松江府志》作“止”。
② 二：《康熙松江府志》作“三”。

衛,領千户所六。嘉靖二十一年,巡撫都御史夏邦(模)〔謨〕、巡按御史舒汀,奏割華亭、上海地,建青浦縣于青龍鎮。三十二年廢。以給事中朱某言罷之。萬曆元年,兵科都給事中蔡汝賢疏請復縣,巡撫都御史張佳胤覆議從之,移治唐行鎮。青龍自唐以來爲巨鎮,宋設水監于此,治水利,兼領市舶,并設酒務。今沙長水湮,遂爲斥滷,改治唐行,就水利也。

本朝順治二年,平江南,改南直隸爲江南省,府仍隸焉。十二年,知府李正華建議,以華亭田賦百萬,非一令所能經理,請分爲兩縣,巡撫都御史張中元具題。十三年,奉旨,建婁縣,分華亭縣風涇、胥浦二鄉,及集賢、華亭、修竹、新江四鄉之半,初設治于水次倉。十七年,知縣王有極遷于府治之北。今府所領華亭、婁、上海、青浦,凡四縣。

山

元陶宗儀曰:長谷以東,通波以西,九山(兀)〔離〕立,如幽人冠帶拱揖狀。此九峯所以稱也。

明董紀曰:松之山三十有二,而九峯特著。

明董其昌曰:我松之山,機、雲以古賢名爲名,鍾賈、盧、佘以居人姓爲名,干山以干將名,北簳以竹箭名,鳳凰、天馬以鳥獸爲名。神山原名辰山,在諸山之東南,次于辰位。今作神者,訛也。

元晏鐸《九峯行》:三徑重開書屋,九峯舊隱人家。欲辨武陵春色,溪流泛出桃花。
曲徑沿流上下,蒼苔白石磷磷。落日惟聞啼鳥,空山更少人行。

崑山府西北二十三里,長谷之東,陸氏之先葬此。後機、雲兄弟有辭學,人以爲玉出崑岡,因名。山形圓秀而潤,傍無附麗,望之如覆盎然。蘇縣崑山義取乎此。因其地有馬鞍山,俗誤爲崑,松人遂以小崑自名,其實非也。顧《志》。

晉陸士衡詩云:"髣髴谷水陽,婉孌崑山陰。"又潘尼贈陸機詩云:"崑山何有,有瑶有珉。穆穆伊人,南國之紀。"則名已在機、雲前矣。登者從西北攀躋而上,有閣宏敞,可眺泖湖。其半有讀書臺、婉孌草堂、白駒泉,僧供二陸先生主于佛殿之西軒。其巔爲泗州塔院三聖閣,下瞰大泖,在几席間,梵燈漁火,隱現于蒼煙杳渺中。兹山兼以水勝也。陳《志》。

晉陸機詩:孤獸思故藪,離鳥悲舊林。翩翩遊宦子,辛苦(難)〔誰〕爲心。彷彿谷水陽,婉孌崑山陰。營(魂)〔魄〕懷兹土,精爽若飛沉。寤寐靡安豫,願言思所欽。感彼歸塗艱,使吾怨慕深。安得忘歸草,言樹背與襟。斯言豈虚作,思鳥有悲音。按:此詩贈從兄車騎作。從兄,陸士光也。

宋唐詢詩:昔有人如(此)〔玉〕,兹山得美名。巖扃鎖積翠,谷水斷餘聲。喬木今無在,高臺久已傾。如何嵩嶽什,獨詠甫侯生。

王安石和:玉人生此山,山亦傳此名。崖風(興)〔與〕穴(木)〔水〕,清越有餘聲。悲哉世所珍,一出受欹傾。不如鶴與猿,棲息尚全生。

梅聖俞和:陸氏幾世祖,葬此生令名。猶如産美璞,遂爾傳嘉聲。寒岩蓄奇秀,源水日東傾。何言千載間,二子不復生。

元淩嵓詩：九峯西峙此崙崑，晉代將軍墓尚存。今日捫蘿登絶頂，桑丘麥隴自村村。

征北遺碑。宋許尚詩：崎嶇尋古隧，衰草隱寒原。欲讀將軍事，豐碑衹半存。

二陸故居。在崑山之陰。元至正間，邑人曹慶孫訪其故址，請于行省建二俊祠。四川劉子青譔記，并爲辭歌以祀焉。

宋林景熙《訪二陸故居》詩：風流懷二陸，才名動三吴。斯人不可作，千載埋烟蕪。當時騁俊筆，萬象争先驅。有如明月璧，美價傾洪都。世運無反覆，韞匵真良圖。惜哉去就乖，毁此千金軀。人生皆有死，百年同須臾。獨遺文字芳，乃與天壤俱。凄凄崑山寒，冉冉谷水枯。白鶴久已寂，黄犬誰能呼。荒祠掛夕陽，扁舟入菰蒲。采蓴薦秋水，庶以明區區。

明陳繼儒《宿崑山二陸祠》詩：積翠遥含最上乘，草堂殘壁半垂藤。一時兄弟真豪士，千古蘋蘩但老僧。松偃空壇巢野鶴，客留深竹話孤燈。明朝更有黄花約，山下扁舟到未曾。

二陸祠乞花塲。明王世貞記：崑山爲吴屬，邑中有山巋然，以是得號。故老云，此馬鞍山也。去華亭之西南十八里，乃真爲崑山。今以崑山之爲邑，故辱之曰小崑山。是故婁侯陸遜之孫機、雲所讀書處也。然其大實不能當馬鞍之半，而又以地偏而水迂，不爲使輈游檕之所便習。今年丙戌春，友生徐孟孺、陳仲醇游焉。其址蝕民居，逶迤而上，至半嶺，而有佳木美箭之屬，其勝始露。更上數十武爲石塔，而郡之所誇九峯三泖者悉歸焉。二子樂之，挾塔而下，與偕東過一莊墅楚楚。僧曰："是鄉考陳姓之室也。業且售之，無爲主者。"問其值，止可一二十金。二子曰："士衡不云乎：彷彿谷水陽，婉孌崑山陰。即此地也。夫誦其詩，不知其人，可乎？請售其地而祠之，置丙舍，以歲時賡和，讀書其中。"太原王辰玉聞而欣然，爲助其不給，乃稍稍更飭之。其居前俯清流，左右壘黄石爲短垣，其陽獨闕，樹槿籓之，曰槿垣。中有堂三楹，頗整靚，斑竹千竿擁之，蒼翠襲几席，曰湘玉堂。側室蕉數本輔之，曰蕉室。中奉二陸主，曰二陸香火處。祠之後左偏，石巖高可數十丈，空闊瑰奇。石楠十餘樹覆之，石皆作紫紺色，曰赭石。壑竹後小池蜿蜒，至屋角而盡，蘋藻空明，鯈魚出没，曰蝌斗灣。出槿籓門，則所謂清流者，其淺可以菱，菱熟則紅如夕霞，曰紅菱渡。渡之東，板橋横焉，左右多垂楊，曰楊柳橋。稍折而東，堰水一區，方廣三畝，馴鶴浴之，没不能踁，曰洗鶴溪。斑竹之餘勢，上延山椒，芟其繁者，得地而亭，曰花麓亭。湘玉堂堂陽與祠之左，爲廣塲且六畝。二子念欲雜蒔諸花卉實之，無如橐裝澀矣。乃自草疏，請諸戚執曰：爲我塗澤此石者花，爲我暎帶此水者花，爲我挽客趾者花，爲我娱二陸先生之靈者花。即捐花而惠之，百不爲多，一不爲少，稱意而已。俟花成，當目之曰乞花塲。塲之右方有井，洌而甘，亦當目之曰澆花井。而屬余爲記。夫以二子之所偶游，而得真崑山，以崑山而得二陸之遺迹于千載之後，起哀魄腐骨而聲施之，久絶之血胤，一嘘而熒然復覩香火，兹非文士厚幸哉？雖然，藝文一技耳，能使千載之後若新，而況不但爲藝文者，又當何如也？於是呼筆紀之，而致花十種于塲。

横雲山在崑山東北，本名横山，天寶六年易今名。或云：以陸士龍名也。山多古墓，勝國時嘗遭發掘，獲器物甚多。《輟耕録》所記古銅水滴，號神人獅子者，亦出于此，蓋陸氏物也。其巔有白龍洞,潛通澱湖,深不可測。下有祭龍壇,歲旱禱焉。宋皇祐中,浙西旱蝗,華亭令吴及禱于此,立致甘澍,蝗不入境。今山陽采石,闕然成窪,如失面目。近歲府同知張什下令禁之,然山民力田不給,以石爲生,未能止也。顧《志》。

山中古冢纍纍,世傳以爲多晉陸氏所葬。元至正二十四年,有封姓者發一冢,磚上有"太元二年造"五字。按:太元乃東晉武帝時,計九百十餘年矣。冢中得古銅器二百餘,内一水滴,長五寸,高四寸,作獅子昂首軒尾走躍狀。一人面部方大,髭髯飄瀟,騎獅子背,左手握無底圓桶,右手臂鷹,腦心爲竅,以安吸子。吸子(微頂)〔頂微〕大,正蓋腦心,儼一席帽。古人衣褶及獅鷹毛羽,種種備具。通身青緑,吸子渾若碧玉。其製作非晉人所及,爲漢器無疑,或即陸氏所殉葬也。陳《志》。

宋黄庭堅《過横雲山渡長谷》詩:雲横疑有路,天遠欲無門。信矣江山美,懷哉讜逐魂。長波空泳泛,佳句洗眵昏。誰奈離愁得,村醪或可尊。

元錢惟善詩:兄弟詞華不世逢,青山相對若爲容。洞門深鎖烟嵐濕,猶指空壇祭白龍。

白龍洞。宋許尚詩:呼吸湖中水,山椒寄此〔身〕。洞門風雨夜,電火逐雙鱗。

元凌嵓詩:七峯嵱嵸擁層巒,偃蓋孤松石上蟠。行雨白龍何處去,莫雲深鎖洞門寒。

横雲草堂。元唐涿州居。陶宗儀詩:三泖移居屋幾楹,青山一帶與雲横。翠芬落几琴聲潤,紫氣浮堦鶴夢清。剖竹專城施政教,懸車故里養尊榮。杖藜莫厭相過數,好付兒郎管送迎。

小横山,在横雲東,中限一水,巉然而興。上多壘石,多萬年松,俗呼仙人澆酒石。由絶頂至東北,皆峯巒隱起,壁立數仞,色盡赭,遊人呼爲小赤壁。盡壁斬然一罅,如虎丘試劍石狀。前有石,可踞而坐,下瞰小澗,亦九峯奇絶處也。顧《志》。

山之麓有小山招隱,元孫稷所居。又傳有僊雲館、凝翠軒,爲蘇東坡游賞處,今渺無迹矣。陳《志》。

明錢溥《遊小赤壁和蘇東坡赤壁懷古念奴嬌》詞:三江既入,到今來,誰是風塵表物。秀列九峯,非夏口,亦有丹崖翠壁。烟鎖平原,雲横積石,欲弔情何雪。時歸典午,可憐失此雙傑。　　何異孟德當年,艨艟蔽岸,一炬東風發。萬古功名同一夢,祇有文章難滅。夜静江空,猶聞鶴唳,聳起人毛髮。坡仙如在,要分兩處風月。

明錢福《小赤壁歌》:五茸西來横九峯,一山崒嵂山之中。上有石鼓大如斗,扣之應響聲鼕鼕。下有赤壁山,削立如崆峒。徘徊登覽意未已,千態萬狀模其容。初疑伏羲定八卦,河洛之象留其踪。又疑神農嘗百艸,吐出一點青芙蓉。更疑大禹疏鑿施神功,波濤洶湧鯨鯢雄。怒驅六丁拔出天地骨,一柱鎮壓吴江東。蒼苔何茸茸,石澗何溶溶。黄猿夜嘯嶺頭月,白鶴晝唳岩前風。自想老夫狂游四海五湖二十載,誰知此山之趣真無窮。此山之趣真無窮,何日結廬依古松。

曹時信《赤壁行》:黄州赤壁天下奇,蘇翁挾客清秋時。洞簫吹月泣蛟蜃,星躔乃在斗牛墟。吾松却居斗之隅,峭石立水枯而癯。莓苔古秀稜角欹,聳削臃腫摩紫泥。盤盤飛鶻上無涯,青莎碧草深葳蕤。清風入松如龍噓,簌簌楚楚恒吁嘻。暮春之月日日奇,蘭橈順流聊自嬉。尋勝陟幽僧願隨，挈壺持罍相差池。晚日東景紅陸離，扁舟浩笑吾歸矣。衆賓聚首河之湄，送吾携酒還進巵。吾量如筲君莫嗤，鶴亭鶴去餘荒基。東月照醉影離披，扶醉放船喧鼓鼙。中流獨發不可支，中流獨發不可支。浩笑決往吾歸矣，黄州雲間名兩馳，蘇翁往矣真我師。嗚呼！蘇翁往矣真我師。

錢福《補十峯詩》序云：九峯名松各有勝槩，而瘦石繡苔如小山石壁者蓋少。定翁、鶴坡、綬齋偕予登而偉之，遂進其秩，躋爲十峯。壁靈其服諸？無忘效奇霈澤，助我聖天子，以享我羣英鑒賞於萬萬年也。彼或争名嫉秀，讓我以擅爵，吾得請命于藏垢納汙者焉。若曰地靈人傑，而一言爲終古軒輊，則吾豈敢？　何年秀氣天所鍾，壁立瘦骨支蒼穹。一起一伏騰虬龍，放鶴亭前十八松。况有石鼓聲鏗鍧，豈應溟落横雲東。天地之數始必終，何獨慳此于吾松。便須插脚入九峯，九老唯唯咸心從。

機山在横雲後，南北相望，以陸士衡得名。山下有平原村，亦以機爲平原内史也。前有陂澤，人家散布汀岸，隱然若圖畫云。顧《志》。

元凌嵓詩：六峯喬木鎖雲根，青接平原數里村。此處無人來聽鶴，海靈山鬼哭黄昏。

元錢惟善詩：烟逕雲林樹色昏，千尋喬木見名門。横峯亦有尚書墓，只酹平原内史魂。

元陶宗儀詩：昭侯功業在人間，二俊文章若可攀。西洛竟從王穎辟，秋風不逐季鷹還。平原村迥家山静，華表雲深鶴夢閒。有客艤舟來弔古，空林落葉雨潸潸。

平原村。平原村廣百畝，澗居其半，多葦蓼蒹葭之屬。海鷗出没，漁子往來，曲徑小橋，縈迴窈窕，若不可測。何孔目元朗《望平原村》有句云：平原勝業久蓁蕪，獨有青山枕碧湖。水滿野塘花自發，雲迷別浦鶴相呼。張世美亦有《弔平原村賦》。陳《志》。

干山在機山東，有水紆迴從横雲來，經山下北去。郡諸山之最高大者，以形如天馬，稱爲天馬山。其曰干者，或傳干將曾此鑄劍。舊圖云：有干姓者居此。《圓智寺記》亦謂山後皆干氏所有，故名。山上多琳宫梵宇，春時遊人甚盛，畫船鼓吹，遥從緑野細水中來，纚纚不絶。嶽祠之側，有來鶴軒，其西穿堂當小山石壁，若屏障然。右瞰泖湖，一白萬頃，憑高凝竚，恍然如隔世外云。山頂有雙石魚，相傳風雨化去。其脅有泉，遊人掬以頮面，云能明目。顧《志》。

相傳二陸草堂在圓智寺，爲士衡讀書處。山有雙松臺、餐霞館，有浮屠七級，登覽者極江海之觀，故稱干將爲九峯之甲云。陳《志》。

元楊維禎有《干山志》。不録。

元凌嵓詩：八峯蔥蒨石林幽，給事題詩紀勝遊。昨夜僧歸鐘鼓静，一聲鶴唳海天秋。

元錢惟善詩：干氏千年居此山，題詩給事最幽閒。春濃海嶽開晴色，遊子燒香畫舫還。

明莫如忠《天馬歌》：天馬由來出西域，騕褭何因至南國。聞道渥洼産此奇，牧向天閑自重譯。七寶裝成立仗儀，千金比價連城璧。爾時意氣抑何雄，棄置一朝曾莫惜。脱銜卸轡溷泥迹，不走不鳴亦不食。我行見之一憮然，獨立山頭心悚惕。古今神物本難馴，不見秦王昔鞭石。須臾莫遣五丁嗔，拔却雲根去超軼。還言稅駕閬風巔，天長海闊知何極。

石魚。宋許尚詩：雙鯉何年刻，悠然鬐鬣全。登臨忽懷遠，尺素若爲傳。

二陸草堂。相傳二陸讀書處。機、雲少齊名,兄弟相師友。機年二十而吴滅,退居舊里,静習十年。太康末,乃與弟入洛。故鄭曼季《贈陸雲鴛鴦篇》曰:鴛鴦,美賢也。詩云:鴛鴦于飛,在江之涘。和音交暢,拊翼雙起。朝遊蘭池,夕宿蘭沚。清風翕習,有波蘭蒞。凌雲立厲,載翔載止。陳《志》。

宋沈遼詩:海天寥寥禾黍秋,人籟已息烟霞收。數聲鶴唳草堂静,何苦更向咸陽遊。

明陸樹聲《修二陸讀書草堂》詩:重開遺宇傍層邱,婉孌西來谷水流。白日未歸華表室,晴山從護碧蘿秋。風流不作浮湘賦,〔詞賦〕空嗟入洛游。彷彿舊時埋玉處,懷賢一繫古今愁。

龜山祠。天馬山下參亭,舊有楊龜山先生祠,宋時建。郡人林至從游晦翁先生之門,刻有《龜山答問録》,疑祠即林建。山下楊氏,向係龜山後,世守其祀,改名十忠祠。陳《志》。

五先生祠。明董宜陽記:干山故有二陸草堂,陸學士平泉先生倡復之矣,乃復謀于同志曰:玆山自二俊後,寥寥千載,無復嗣響。逮勝國時,始有楊公廉夫、錢公思復、陸公宅之鳴于時,葬於山之東麓,曰三高士墓。盍配享以存山中之故實?五先生出處制行不同,而一時風流文采,自足輝映來世,增重山川,因立主合祀。擬以每歲或上巳,或重九,鳩同志數人,採毛薦芷,釋菜祠下,以繫鄉人之思。蓋附在鄉先生之没祭于社之義云。

澱山,機山西北。舊志云:在薛澱湖中。山形四出如鼇,上建浮圖,下有龍洞,云通太湖。山屹立湖中,亦落星浮玉之類。傍有小山,初年僅兩席許,久之寖長,寺僧築亭其上,榜曰明極。當時好事者,遂即山中所有,曰鼇峰塔,今寺法堂地。曰龍淵橋,曰潛龍洞,曰通靈泉,橋在山陽,洞在山陰,泉在山巔。宋慧燈禪師鑿石十六丈得此,初名寒穴,錢野人衮以名襲金山,且下有龍洞,因易今名。曰回經石,相傳有僧西域取經回,過湖漂水,墮此石上。石在山麓洞西。曰白蓮池,在小山下,與洞吞吐。曰三姑祠,在寺傍。曰一色軒,寺舊東廡十八間皆粉素,故名。曰徹見閣,在法堂後。并明極爲十景云。今山在平田,去湖益遠,亭宇塔院,蕩爲飛灰,僅存數棟耳。顧《志》。

澱山有禪寺曰普光王。山昔在薛澱湖中,有道人登禪師者,始結屋於岊。山之西面多漁家,自師結菴以來,居人採捕竟日不得魚,因就師問其故。師曰:"但以爾舟載土,詣吾山者,當遂所願也。"既而果然。自爾遠近歸之,積累既久,因以建寺,名普光王寺。嘗因浮圖放光,故爲塔神名號,在宋朝有勑封伽藍神,相傳秦時邢氏三女,謂之曰三姑。陳《志》。

又西北一小山,山皆石骨,名箕山。陳《志》。

明王逢《游澱山》詩:鼇戴小蓬萊,方諸宫影開。厓根龍洞闢,山脉虎丘來。疏磬重烟水,殘碑半兩苔。因之懷故國,游鴈落清哀。

三姑祠。在寺傍。相傳爲秦人邢氏之女,孟曰降聖,仲曰月華,季曰雲鶴。能役鬼工以治湖泖,故祠之。《閒窗括異》云:華亭縣北七十里,有澱湖山,上有三姑廟。每歲湖中群蛟競鬥,水爲沸騰,獨不入廟中,神靈極異。向年有漁舟艤湖口,忽見一婦人附舟云:欲到澱山寺。及抵岸,婦人直入寺去,舟中止遺一履。漁人執此履,往索渡錢,寺僧曰:此必三姑也。因相隨至殿中,果見左足無履,坐傍百錢在焉,遂授漁人而去。陳《志》。

鍾賈山,在干山之東,一水左限沈涇塘,與盧山對峙。相傳以鍾、賈二姓得名,或以介九峯間,故名中介山。僅高二十丈,周三里,一培塿也。山之陽有玉清觀、壽安寺,内有棲雲樓、半雲亭、心遠堂,皆名蹟。寺西陳氏墓,垂綵檜二株,徑幾五尺,蓋數百年物也。郡守熊軫峯題曰嘉樹林。楊樞《鍾氏譜叙》云:九峰之間有儒者,曰鍾子鳴,其先與賈姓同隱于壽安山中,時人遂以鍾賈名其山。鍾氏世居兹山之陽,自唐以來,六百有餘歲矣。陳《志》。

心遠堂。元高晞遠詩:種竹期十年,栽橘盈千頭。雖云多遠慮,無乃爲身謀。高人絶塵累,(修)〔俟〕德居此丘。泰宇無畦畛,虚室有天遊。仁義尚蘧廬,道德成安流。結茅依翠微,極目際平疇。白雲渡寥廓,黄鵠下滄洲。百世此周覽,我志尚可求。衹應柴桑翁,真趣共悠悠。

嘉樹林。明王世貞詩:仲冬好風日,故出嘉樹林。信履觸幽賞,改席就清陰。青蕙冒霜草,啁哳先候禽。人生貴所適,無爲懸别心。

申時行詩:雙檜亭亭歲月深,只今嘉樹表衹林。槎枒並挺三霄幹,磊落長含萬古心。對面峰巒開晚色,隔溪風雨送濤音。勿云大厦需材急,且傍雲間老碧岑。

十井。壽安寺環有十井,水極甘洌,蓋十道菴遺迹也。

盧山,在沈涇塘,疑亦以盧姓得名。頽然一邱,參峙于干將、鍾賈間,環絡蒼翠,不覺其孤。山下有水一泓,清澈如泉,當華青孔道。明萬曆時,僧慧解蓮儒建甘露亭,隨時施茗,飲薑湯,風雨之夕,或施燈火,行人便之。元至正間,有龍見于盧山,雲霧蓊鬱,鱗爪分明,從西北入于泖澱。明萬曆二十五年五月間,蛟起盧山,崩西南一角。陳《志》。

明王衡《題陸孝廉萬言盧山(野)〔畸〕墅》詩:輕舟曉出神仙趾,山下人家半流水。風光的的武陵源,到門依舊平原里。路轉溪迴有不同,秋葉彷彿當階紅。洞房窈窕路欲絶,飛梁忽跨高樓風。樓前參差戛寒竹,藤〔子〕垂垂挂樛木。人面斜陽暎晚矄,鳥背濃烟帶微緑。堂前橙柚香輪囷,主人未敢言山貧。曲欄深閉五千卷,等閒肯示尋常人。山寺無鐘送客别,與君坐到鳥聲歇。相携忽過板橋東,一笑溪潭半弦月。

細林山,在盧山南,舊名神山。唐天寶間,易稱細林山。元時仙人彭素雲遍遊名山,至武當,遇張真人于紫霄宫。素雲執厨汲水,苦行三年,得授接神鍊氣之旨。洪武十四年,至此居焉。二十七年八月,旦起,沐浴更衣,趺坐而逝,七日顔色如生。又舊有"神鼂僊館"四字,是吕純陽書,筆法奇異。明嘉靖間,爲太守吴黄州取去,今榜蓋臨本。山有元旌義士夏椿墓,上有石碑。有素翁仙冢,有石洞,雲出其中。有崇真道院及晚香亭,今廢。明萬曆時,郡人張之象於道院側創四賢祠,祀張季鷹、陸士衡、士龍、顧野王。陳《志》。

按:梁簡文帝有《神山銘》,其序曰:神山本名秀林山。則秀林乃此山舊名也。

簡文帝銘。不録。

元凌嵓詩:四峯孤聳鬱蒼蒼,新構僧廬傍野塘。林下雨晴春晝暖,松花薰得白雲香。

元錢惟善詩:神山自昔聳孤岑,天寶六年更細林。烟水微茫松寺小,緑窗月色照禪心。

明錢溥《細林八咏》序畧:山有元旌義士夏椿墓,上有記石,爲義士古碑。有仙翁彭素雲墓,爲素翁仙冢。有石洞,窈而深,雲出其中,爲洞口春雲。有溪潭,澄澈如鑑,人于此泛月,爲西潭夜月。有石井,源深色瑩,大旱不竭,爲丹井靈源。有石灘漾沙,日光射之,星點點如金,爲金沙夕照。有道院曰崇真,居民聽其鐘聲以爲作息,爲崇真曉鐘。有亭曰晚香,夏友文蒔菊之所,亭廢而基存,爲晚香遺址。陳君廷璧列爲八景,縉紳王逵、姚綬、卞榮、張弼、曹時和、時中、張寧、周鼎次第詠之。義士古碑:寂歷空山馬鬣荒,殘碑三尺帶恩光。輕財重義清名在,落日秋風古桂香。一代衣冠塵土盡,百年文字雨苔蒼。不須拂拭頻興感,峴首燕然亦渺茫。　素翁僊冢:坐破蒲龕出死關,神辭金闕載雲間。綸音直欲求真迹,使節曾煩住此山。收拾丹砂歸鼎内,衹留虚冢在人間。共傳月裡雙華表,夜静常時見鶴還。　洞口春雲:洞中元氣靄春晴,洞口閒雲日日生。雨意常時催舞石,碧桃何處隔吹笙。或成五色天章爛,忽變回嵓柳絮輕。黄鶴不歸山寂寞,悠悠千載有餘情。　西潭秋月:寒月澄潭萬頃波,凉風一曲羽衣歌。畫船美酒呼龍(角)〔伯〕,玉杵長生搗素娥。鷗鷺灘晴漁火澹,芙蓉洲冷露華多。秋來直欲通宵醉,白晝歡娱有幾何。　丹井靈源:石上仙翁鍊丹井,嘗聞初鑿費神功。轟雷一夜山根破,修綆千尋海脉通。玉甃春和浮沆瀣,銀牀秋冷落梧桐。誰能汲取餘波飲,飛舉還生兩腋風。　金沙夕照:蒼蒼落日照蒹葭,紫氣分明護淺沙。滿地黄金買餘景,一川流水送殘霞。洪爐未就長生藥,羲馭難留不返車。惆悵簫聲何處起,西山回首滿歸鴉。　崇真曉鐘:山色蒼茫啼曙鴉,疏鐘風引出仙家。丹爐夜候香燒盡,客路晨征馬去賒。秋應一聲霜落早,村開萬户月西斜。何人熟睡松窗下,枕簟無驚夢九華。　晚香遺址:衰草西風没舊亭,了無寒蝶繞殘馨。山中客話當年事,地下人懷九日醒。滿地落英誰采掇,一川斜日自林坰。風流已逐浮雲去,老我登臨兩鬢星。

丹井。宋許尚詩:人與室俱化,陰森松竹寒。時時見孤鶴,於此守神丹。

甘白泉。在東麓。明陸應陽詩:泉脉空山側,分流入翠筠。霏微疑漱玉,清澈自蠲塵。月照銅缾小,蘿垂碧甃新。茶鐺幽賞處,龍井定堪憐。

四賢祠。明張之象詩。叙云:松郡四賢者,張公季鷹、陸公士衡與弟士龍,及顧公野王也。余得崇真院側隙地數弓,創造祠宇,歲兩祀之,以上巳重陽,亦存三九之義云。羣英接踵應文昌,世代悠悠歷晉梁。三泖波濤清德里,九峯烟雨集賢鄉。簪纓不墜儀型遠,竹素猶存姓氏香。吾黨敬修蘋藻薦,須期上巳與重陽。

佘山,在盧山東北,由神山塘折而東。舊傳有佘姓者養道于此,故名。按《吴興志》亦有佘山,上有東漢佘將軍廟,好事者遂指此爲東佘云。其高與干山等,東西二峰延亘數里,招提蘭若隱見其中,望之濃郁深秀,遠近皆宜。惟自富林八曲以入,盡得其勝。土宜茶,有泉名洗心,甚清洌。顧《志》。

《雲間通志》云:佘山高八十丈,周一十八里。上有三菴:中爲靈峯菴,今昭慶、慧日兩寺。西菴今宣妙寺,東菴今普照寺。有秀道者塔,有山月軒,有金沙地、芥子菴、虎樹亭。陳《志》。

東山多奇石,明徵士陳眉公先生隱于此,自名其居爲神清之室,爲頑仙廬。其上爲高齊,折而北爲清微亭,亭之下爲水邊林下,水石俱勝,今漸蕪没矣。

元淩嵓詩:三峯高遠翠光濃,右列仙宫左梵宫。月落軒空人不見,野花山鳥自春風。

元陶宗儀詩《同邵青溪俞山月張賓暘于佘山北踰嶺(面)〔而〕南訪陳孟剛》:桃源只在

人間(阻)〔世〕,三老相逢莫問年。一櫂歸來潮正落,溪頭好似米家船。

西菴。陳律師所居。

靈峯菴。宋許尚詩:路湧金沙地,高人此築菴。爲詢林下客,妙語與誰參。

洗心泉。明孫作銘:華亭佘山慧日院之東,鳳凰山之西南,友人夏士良築别業其地,墾闢除治,得泉穴舍後,汪洋甘潔,不竭不盈。因即其坎爲池,名洗心泉,曰:吾將以是著《易》。徵予銘。銘曰:鳳之脅,蛇之蚹。浚靈源,發玄腴。相有德,噫何居。沐陶泓,濡褐徒。招羲昌,啟榮圖。淬鐵擿,續韋觚。滌遐覽,泣墨朱。滋吾德,神吾書。匪斯泉乎。

苕帚菴。在頑仙廬西。明董其昌〔詩〕:仲舉無心除一室,盧鴻有句寫千峯。欲參苕帚閒中意,九點秋山雨後容。

薛山,在佘山東,中限一水。《吴地記》:昔薛道約居此,因名。山下嘗掘地得石,誌曰玉屏,山形亦肖,故又稱玉屏山。下有羅池,産藕甚佳。顧《志》。

元凌嵓詩:五峯遥隔水村西,薛老曾來隱翠微。牧子唱歌樵子篴,貪看明月夜忘歸。

元錢惟善詩:樵牧數家烟火新,月明偏照水西鄰。客來欲問山何姓,漫憶青田寫鶴人。

鳳凰山,在郡城之北。《圖經》云:山之鎮曰鳳凰,以其據九峰之首,延頸舒翼,宛若鳳翥,故名。東枕通波,西連玉屏,山形脩峻,孤起無附。陟半嶺,則外山拱揖,如奥區焉。左有青壁,高數十仞,如削成。其上有虬松古藤,蒼森可愛。有二泉,曰鳳凰,曰陸寶。故陶九成有"丹泉陸寶秘精靈"之句。衛宗武《秋聲集》云:吾郡諸山以杭天目爲祖,鳳凰東飛,來自虎林。虎林有鳳凰山,故以雲間爲小鳳。先文節詩曰"小鳳梳翎倚碧天"者,此也。陳《志》。

元凌嵓詩:一峯雲氣接蓬萊,白石磷磷護碧苔。幾向鳳凰池上望,不知何日鳳凰來。

錦溪橋。在鳳凰山下。元陶宗儀詩:錦溪橋下水平溪,楊柳條長拂岸齊。參政寶坊歸幻劫,右丞先壟可悲凄。漁船桂楫雙雙短,酒店茅簷處處低。市井荒凉風景異,老鴉啼過亂雲西。公自注:寶坊參政張瑄,先壟右丞徐義。

竹堂。在鳳凰山下。宋張耒詩《寄題華亭竹居堂》:誰道清貧守冷閒,(達)〔遶〕山十萬翠琅玕。直應流水深相與,不待清風已自寒。長伴鳳鳴真自許,忽成龍去不終蟠。知君何世無知己,豈是王郎獨與歡。

慶陽院。在鳳凰山下

山月軒。元華亭俞嘉言允讀書處,陶九成書額。　貝翔記:華亭之山有九,其秀者曰鳳凰。嘉言之居,在鳳凰之麓。其屋若干楹,蓄書數千卷,日諷誦其間,夜至四鼓弗休,其勤篤若此。或天高氣清,海月東出,迴視九峯,若青芙蕖然,歷歷可數,欣然有得,因名其軒曰山月。久之,遊京師,中進士第,擢爲行人,將命四方。西經太華,周流終南太白,東抵岱。衆謂馳傳千里,踰越險阻,蒙犯霜露,非其所堪,而嘉言略無羈旅無聊之色。後爲吉安幕長,改辰州,泝大江,觀匡廬,轉浮洞庭,窺蒼梧。衆謂幕職位下,簿書事煩,非其所任。而嘉言裁决無滯,嘯傲自若,如在山月軒時也。或以爲嘉言遠祖清老,嘗有"猛虎一聲山月高”之句,見賞于蘇文忠公。軒之得名,其以是歟。嘉言屬余以言,故書以爲記。　王燧詩:九山有月明如鏡,月色山光互輝映。君家故業隱山中,幾度獨吟秋夜静。夜静山空月倍明,看山對月有餘情。一輪艷彩河邊轉,數點螺鬟天際青。自從來作京華客,何處却看山月色。鳳凰臺下晚春時,石頭城畔凉秋夕。新月還同舊月華,故鄉回首是天涯。但喜人生逢賞事,那知明月落誰家。知君名紀神仙闕,桂子含香待攀折。行看直舍有花陰,未許還山重對月。

鳳凰山莊。明徐文貞階别業。文貞《九日自題》詩:九日尊罍何處開,鳳岩南下古層臺。全生近解莊樗説,深爲衰齡幸不才。

庫公山,在鳳凰山南,與陸寶山隔溪相對。昔有庫公隱此,因名。顧《志》。

庫公山周一里,高七丈,實鳳山之附庸也。土宜盆盎,可栽蘭竹。陳《志》。

明文裕公詩。　序云:晨登庫公山,山形如軸,正當鳳喙,地理家云丹鳳銜書。丹鳳銜書下九霄,分明形勝見山椒。先秋古樹蒼黄出,映日高峰紫翠摇。税地澆花人未老,買船載酒路非遥。經行更愛清溪曲,若箇淮南苦見招。

陸寶山,本陸氏家山,界鳳凰、玉屏之間。山多土少石,而土又美,人争取之,今夷爲平陸。顧《志》。

元凌嵓詩:二峯藏寶樹精神,金碧樓臺處處春。溪上落花流水遠,老翁疑是避秦人。

簳山,在鳳皇山北。《嘉禾志》作竹簳,俗呼北簳,因干山在南,又訛爲北干。舊云:土宜美箭,故名。或傳産鐵,今皆無有。東鄙壁内一石中斷,相傳爲干將試劍石,殆出附會。有玉寶泉,甚寒冽。有雨華洞,宋張頭陀隱居于此。元時遊人猶訪之,今塞。顧《志》。

元有余瑾,亦居此山,自號笴隱生。幼夢掘地,得大小墨數百笏,遂善屬文,故又名笴山。陳《志》。

元王逢《遊簳山》詩。　序云:簳山距華亭三十六里,土宜美箭,故名。横泖襟帶,流石參錯。東向壁内一石,斬斬中斷。俗傳南有干山,此則干將試劍石云。宋張頭陀雨華洞久塞,玉寶泉殊冽寒可味。逢交謝逸人守真,始獲盡觀山之秀藴。其不群不附,殆類古特立獨行之士,卓卓以表者。逸人自九世祖二十進士仲華韜德於是,至今詩書仁義之澤未艾,又居民率多壽耈,非風氣淳厚所致耶?逢既遺逸人《北丘畊隱歌》,復表是山,書置山僧德成菴壁。後有青烏者流過焉,庶逢之言有質也。時至正甲辰仲春望,同遊詠者,謝守真、陸絅、余寅、釋德慧、鄭里、謝椿。　地主多儒雅,居僧亦不群。泖横孤嶂立,野闊九山分。石裂蒼龍氣,泉停玉寶雲。燕巢猶舊月,馬鬣幾斜曛。童孺摳趨慣,朋儕倡詠勤。比隣行可接,芰製莫輕焚。

玉寶泉。宋張耒詩。　叙云:友人寄雲間玉寶泉,聞泉上多紫竹。　地吉泉甘慶所鍾,直疑遥與惠山逢。曲肱煩暑都消盡,如卧蕭蕭紫竹風。

明曹時中《九峯補亡》詩。叙云:陸寶山爲第二峯,其土人争取之,今夷爲平陸矣。當以簳山補之。　山頭日月常吞吐,山下亂石難名數。小者卧伏如群羊,大者蹲踞如虓虎。生材中(天)〔矢〕因得名,十笏天留給孤土。兹山合補九峯亡,後世視今應作古。

福泉山，在簳山北，下皆黄土。初因其形似，號覆船。後以井泉甘美，易今名。隆然而起，僅十餘畝，殆古所謂息壤也。又北爲駱駝墩，亦以形似而名，又稱爲落彈墩。古有道者薛泠雲嘗居此，又名薛道山。陳《志》。

柘山，府南六十五里，在柘湖中。山生柘樹，因名。傍有石，其狀如牛。三姑祠實始于此，鄉人歲首祀焉。而瀫山亦有祠，其神甚靈，俗因訛此爲小瀫山云。顧《志》。

《吴地記》云：柘湖周圍五千一百十九頃，中有小山。陳《志》。

宋王安石《柘湖》詩。　序云：湖中有山生柘，故名柘湖。舊記云：秦有女入湖爲神，今有廟。　柘林著湖山，菱葉漫湖濱。秦女亦何事，能爲此湖神。年年賽鷄豚，漁子自知津。幽妖窟險阻，禍福易欺人。

秦山，在張堰鎮西。俗呼爲秦望，謂始皇曾登此望海，故名。按《嘉禾志》、《寰宇記》，海鹽、崑山俱有秦望山，亦謂之秦住。又載秦皇馳道在華亭、崑山南。按：三邑封境鄰接，諸山相望不百里，以馳道參之，豈祖龍俱嘗駐蹕，而有斯傳乎？山之陽有僊人洞，外僅容趾，内轉深黑。嘗有秉燧入者，行漸寬廣，未及半燧而返。其巔生異草，取藏笥中，久而沐以湯，鮮翠如生，因名長生草。有坑産白堊，以音與惡同，因呼白善云。陳《志》。

唐薛據詩：南登秦望山，目極大海空。朝陽半盪浴，晃朗天水紅。溪壑争噴薄，江湖遞交通。而多漁商客，不悟歲月窮。振緡迎蚤潮，弭棹候遠風。予本萍泛者，乘流任西東。茫茫天際帆，棲泊何時同。將尋會稽迹，後此訪任公。

明張世美《觀吴南崖開秦山仙人洞歌》：秦山有石洞，云是仙人居。外隘僅容入，中窺信有餘。洞庭聯絡潜自接，華陽窈窕深相紆。仙人一去秘靈迹，洞門嵳峩障巨石。或傳居民昔避亂，移家正脱黄巢日。千年靈異豈終塞，發石開通果誰力。秦山山人有偉圖，壯志骯髒雄萬夫。獻書北闕時不達，遁迹南崖興日孤。長絙縛石時一呼，笑拍兩手衆來趨。雷轟電掣洞門闢，須臾自有神靈扶。吾觀洞門奇自見，青霞紫氣紛相絢。福地還將林屋窺，洞天豈必張公羡。棋枰酒榼日追逐，芒屩藜笻互游衍。溪迴誤認武陵源，舟來多泝桃花片。此洞標名本屬仙，祖龍望海亦當年。查公丹井前峯近，松子遺踪後寺連。山人前身疑亦仙，千年復來異事傳。嗚呼！不有鬼斧五丁力，掘石排松豈偶然。

查山，在張堰南稍東，去秦山十餘里。舊名遮，錢野人衮定爲查。據《集仙外傳》云：查玉成鍊丹海上小山中。今山臨海，上有浴丹井，而鄉名又曰仙山，其當爲查無疑也。顧《志》。

元王逢《游查山登虚翠閣》詩：仙迹遺丹穴，僧坊倚石林。中宵龍甲雨，三日虎蹄涔。青薜崖溶立，黄茅海色侵。爲尋霞上句，鍥杖落清音。

元陶宗儀《遊查山分韵得日字》：雪後天象清，維時(日)〔月〕初吉。三老山中居，杖藜乘興出。總訝神仙流，衣冠兼散逸。叩我東家門，造我讀書室。主人重流連，開尊叙真率。傾寫間别懷，分義等膠漆。送别湖梁上，悵然若有失。快行莫遲遲，猛虎嘷落日。

仁壽禪寺。古刹。元趙松雪題額。

煉丹室。宋范成大詩：聞是查仙舊隱居，巉峯絶似小蓬壺。雲深未到採芝洞，雨小先尋煉藥爐。礀下草香疑可餌，林間虎伏試教呼。閒身儘辦供薪水，定肯分山一半無。

浴丹井。明張世美詩：憶昔看山逸興生，興來今復看山行。石泉尚識丹砂舊，寺榜猶題松雪名。

金山，在府東南海水中。舊志云：去府九十里，周康王嘗於此築城。其北即古之海鹽縣，後淪于水。山有平坡，可二十人坐。其北有寒穴。顧《志》。

周康王東游築城，南接金山，曰金山城。去城十里許，當潮勢奔猛處，有周公墩，蓋古人所築以防海者。或因康王金山城，而附會以周公墩耳。明初設金山衛，以此爲名。每歲武臣率兵入山，巡邏海寇，謂之搜山。寧紹諸州漁人，多棲泊其間云。陳《志》。

寒穴泉。宋毛滂銘并序。不録。宋唐詢詩：絶頂干雲峻，寒泉與穴平。還同帝臺味，不學隴頭聲。夜雨遥源漲，秋風灝氣清。誰云遮漿美，纔可析朝酲。相國舒王《和華亭縣令唐詢彦猷寒穴泉》詩：(雷)〔神〕震冽冰霜，高穴與雲平。空山渟千秋，不出嗚咽聲。山風吹更寒，山月相與清。北客不到此，如何洗煩酲。梅堯臣和：山頭寒泉穴，净若鏡面平。熨齒敲冰冷，貯瓶微玉聲。傍有野鹿迹，上蹄林鳥清。何由一往挹，况復病方酲。

小金山，疑在海中。楊維楨云：予嘗北渡楊子，訪金山之勝，而不知淞之南，又有所謂大金小金，出没于雲海之中，如壺嶠之在弱水外也。陳《志》。

酒瓶山，在青龍鎮。相傳宋韓世忠以酒勞軍，瓶積成山，遺址尚存。陳《志》。

城山。舊志云：山狀周環如城，因名。或説干山後一支北引，曰繩山，俗傳天馬韁也。吴音繩與城同，疑城山或因此而誤。陳《志》。

嚴山。《青浦志》云：在縣東南二十里，周四里二十二步，高四十丈，今不可攷。《野記》云：漢嚴助嘗隱此山。陳《志》。

土山。按《越絶書》云：春申君治，以爲貴人冢。今嘉禾、姑蘇俱有之。陳《志》。

城山、嚴山、土山，未詳所在。舊志云：城山高八十丈，與佘山等。是干山猶出其下。今諸峯歷歷可數，安得有此？惟佘山前一支迴繞如牆，疑此爲城，而嚴則未見。土山去府西南二十五里，則當在朱涇、斜塘之間，而亦未之聞也。或者其陸氏家山之類乎？然不可考矣。顧《志》。

許山，一名焦山，在金山東，距衛五十八里。

浮山。

勝山，在金山西。松郡前志有浮山，而勝山不載。或云一山而易名爾。

竹嶼山，距衛東南七十八里，在許山左。

遠岸山，距衛東南八十里。

蘇山，距衛八十八里。

洋山，一作羊山。

右七山皆在海中，見于府圖，而羊山尤大，海舶時或至焉。

水

大海環府之東南二境，淞江與黄浦會而入焉。其會處曰蹌口，其南與紹興寧波相望。

耆老云：深夜籟寂時，越中鷄犬之聲相聞。今天日晴明，南岸諸山皆歷歷可數。顧《志》。

文裕公曰：聞諸鄉父老言，潮起于南匯嘴，始若湧突，旋分兩派，南派南漲入錢塘江，北派北漲入揚子江。南匯嘴者，海之一曲也，在邑東南百里。而《海鹽志》云：海潮東北自金山而來，西南至浙江，名上潭。自浙江回，歷海寧、茶灣，至澉浦，爲下潭。金山在海中，屬華亭，在南匯之東北。又曰：葫蘆山在澉浦鎮東南六里海上，出没潮中，如葫蘆云。澉浦在金山西南，疑潮源也。

海人驗候云：山擡風潮來，海唑風雨多。皆不誣。擡謂海水擡起，常所迷望之山，皆在目也。唑音鹺，萬喙聲也。顧《志》。

松江，《禹貢》三江之一，即笠澤，去郡城七十四里。陳〔《志》〕。

松江，在府北上海縣界，府因以名。舊名吴淞江，後以水災，去水從松。亦曰松陵江。其源出太湖，東注于海。酈善長《水經》云：松江自湖東北逕七十里分流，謂之三江口。庾仲初《揚都賦》注云：松江下七十里水口分流，東北入海爲婁江，東南入海爲東江，并松江爲三江。今松江自吴江長橋，東流至尹山，北流至甫里，東北流至澱山，北合趙屯浦，又東合大盈浦，又東合顧會浦，又東合崧子浦、盤龍浦，凡五大浦。至宋家橋轉東南流，與黄浦會而入海。自湖至海，凡五匯四十二灣。五匯者，安亭、白鶴、盤龍、河沙、顧浦，乃江潮與湖水相會合之地也。古云九里爲一灣，一灣低一尺。二百四十里到三江口，三百六十里到大海。其將入海處别名滬瀆。其别派自吴江分流，由急水港鍾爲大湖，曰薛澱。顧《志》。

按：《禹貢》之所謂三江者，《尚書注》以爲吴淞江、婁江、東江。而或曰三江口者，乃白鶴江、青龍江并吴淞江口是也。夫青龍之名，本于孫權，白鶴開於宋嘉祐時，豈可附會震澤底定之三江乎？今婁江塞，而東江亦合松江出海，則所存惟一江耳。二《志》所載三江所經之地，亦已詳矣。覽者或因而有微禹之嘆乎？是在治水者。

唐宋之問詩：宿帆震澤口，晚渡淞江濆。棹撥魚龍窟，舟衝鴻雁群。寒潮頓覺滿，暗浦稍將分。氣赤海生日，光摇湖起雲。水鄉盡天衛，嘆息爲吴君。謀士仗劍死，至今悲所聞。

許渾《泊松江渡》詩：故國今何在，扁舟竟不歸。雲移山漠漠，江闊樹依依。晚色千帆落，秋聲一雁飛。此時兼送客，憑檻欲沾衣。

皮日休《松江早春》詩：松陵清净雪消初，見底新安恐未如。穩憑船舷無一事，分明數得膾殘魚。

宋陳堯佐詩：平波渺渺烟蒼蒼，菰蒲纔熟楊柳黄。扁舟繫岸不忍去，秋風斜日鱸魚鄉。

劉宰《松江道中》詩：久作松江夢，重來泛短篷。淡雲飛急雪，枯葉戰狂風。烟没三家市，波心一釣翁。鴟夷身計耳，吴越等成空。

黄浦，在郡南境，即古之東江，乃《禹貢》三江之一也。戰國時，楚黄歇鑿其傍支流，後與江合。土人相傳，稱爲黄浦，又以歇故，或稱春申浦云。按：黄浦上源自黄橋斜塘來，黄橋斜塘自三泖來。其上爲澱湖，爲急水港，爲白蜆江，又自松江分派而來。至入海處，約二百五十餘里，比吴淞、婁江皆闊大，故論者指此爲東江。詳見金處和《三吴水政録》、金藻《三江水學》、張衍《水利綱領》。顧《志》。

明洪武間,吴淞江淤塞。永樂元年,浚江通海,引流直接黄浦,闊三十丈,遂以浦名。今横闊二里許,又折而東北,合于吴淞江以入海,論者指此爲東江。陳《志》。今吴淞中流已湮,既與浦合,其出海之口,雖名吴淞口,實黄浦口也。合流之處,經上海而北,其闊至六七里,與陳《志》所謂横闊二里許者,又迥不侔矣。

唐陸龜蒙《迎潮送潮辭》。序云:余耕稼所在松江,南旁田廬,門外有溝通浦漵,而朝夕之潮至焉。天弗雨,則軋而留之,用以滌濯灌溉,及物之功甚鉅。其羸壯遲速,繫望晦盈虚也。用之則順而進,捨之則默而退,有類乎君子之道。翫而感之,作迎潮送潮辭二首,聊寄聲于騷人之末。

江霜嚴兮楓葉丹,潮聲高兮墟落寒。鷗巢卑兮漁箔短,遠岸没兮光爛爛。潮之德兮無際,既充其大兮又充其細。(伊)〔密〕幽人兮欵柴門,寂寞流連兮依稀舊痕。濡餘澤槁兮潮之恩,不尸其功兮歸于混元。　潮西來兮又東下,日染中流兮紅灑灑。汀葭蒼兮水蓼枯,風騷牢兮愁烟孤。大幾望兮微將翳晦,搜瀛溶兮歙然而退。愛長波兮數數,一幅巾兮無纓可濯。帆生塵兮棹有衣,悵潮之歸兮吾猶未歸。

滬瀆江,在上海縣北一十里。《吴郡記》曰:松江東瀉海曰滬海,亦謂之滬瀆,滬水名也。凡水發源而注海曰瀆。陸龜蒙曰:列竹于海澨曰滬。吴之滬瀆是也。晉史:虞潭爲吴國内史,脩滬瀆壘以防海寇。《通鑑》:晉隆安二年,吴國内史袁崧築滬瀆壘,以防孫恩。《寰宇記》云:袁崧城在滬瀆江上,舊有東西二城。其傍爲蘆子渡,俗呼蘆子城。東城廣萬餘步,有四門。元時〔徙〕於江中,餘西南一角。西城極小,在東城西北,兩傍有東西蘆浦。《永樂大典》云:江側有滬瀆壘。今考其地,吴淞江直趨而東,又七十餘里入海,無復有瀆。兩岸皆平疇茂林,故壘寂然。其東西蘆浦,亦止通潮汐而已。陳《志》。

滬瀆壘。元唐奎詩:吴淞江上袁公壘,千年何處尋遺址。石犀半落江水中,秋老蘆花三十里。五百馬塵今尚飛,啾啾赤子將安歸。月明古堞急鼓鼙,孤臣有淚空沾衣。

明袁凱詩:滬瀆城南秋氣高,鵞鶒鴻雁各求曹。不眠更識匡牀穩,欲去還思小几牢。幾處尺書俱寂寞,百年雙鬢獨蕭騷。秋江欲渡愁難渡,風雨龍吟長怒濤。

蘆子渡。明孫作詩:吴江東來三百里,派别松陵號松水。何年此(城)〔地〕列兩城,千雉依稀照江汜。東西相望似連珠,大小欲學孤山孤。大城已逐江沙圮,小城獨在渡名蘆。君不見當時好城市,滿目黄茚兼白葦。又不見船底邑千家,官渡于今屬蘆子。百年富貴一朝悲,高門大宅號狐狸。不信但看蘆子渡,日日船開秋雁飛。

薛澱湖,一名澱山湖,以中有澱山也。在府西北七十二里。其源自長洲白蜆江,經急水港而來。周圍幾二百里,實古來鍾水之地。北由趙屯浦,東由大盈浦,瀉于松江。東南由爛路港,以入三泖。舊志云:西有小湖。又云:縣西北有白蜆、馬騰、谷、璹瑁四湖。且謂白蜆越在長洲,馬騰、谷、璹瑁三湖相去僅五六里。而澱湖茫然一壑,不可復辨。其後又載錡湖,云:有陸錡宅。曰瑁湖,曰邢湖,曰新湖,云:皆在西北。以今考之,澱湖之南有瓢湖,其傍有金銀、東清、東白、西陳、大葑諸蕩漾,北即蔓萊洲,在長洲縣界。皆涵浸相屬數十里。其西過金澤,又有西黿蕩、雪落漾諸水,而不得其名者尚多。古今世殊,焉知舊志所書，非今之諸蕩邪？顧《志》。

宋張擴《過澱湖》詩：昨日過湖風打頭，葦蒲深處泊官舟。近人烏鳥語聲碎，瀕海風烟日夜浮。午飯腥鹹半鮭菜，客床顛倒一皮裘。平生浪説在家好，老向風波未肯休。

衛涇《遊澱湖》詩：疏星殘月尚朦朧，閒入烟波一棹風。始覺舟移楊柳岸，直疑身到水晶宫。烏鴉天際墨千點，白鷺灘頭玉一叢。欸乃一聲回首處，西山横在有無中。

元楊維禎詩：〔禹〕畫（馬）三江東入海，神姑繼禹澱湖開。獨鼇贔屭戴山出，三龍聯翩乘女來。（滔）〔稽〕天怪浪俄桑土，閲世神牙亦劫灰。我憶舊時松頂月，夜深夢接鶴飛回。

三泖，在府西。《廣韵》注：泖，華亭水也。太史公云：泖之爲言茂也。《吴郡圖經》云：泖在華亭境，有上中下三名，狹者且八十丈。《祥符圖經》：谷泖縣西三十五里，周一頃三十九畝。古泖在縣西四十里，周四頃三十九畝。今泖之界，西北抵山涇，南自泖橋出，東南至廣陳，又東至當湖，又東至捍海塘而止。俗傳近山涇者爲上泖，近泖橋者爲下泖。縣圖以近山涇泖益圓，曰圓泖；近泖橋泖益闊，曰大泖；自泖橋而上，縈繞百餘里，曰長泖。此三泖之異也。或併胥顧、謝家二泖爲三泖。按：二泖在縣東南，一陂澤耳。與三泖相望七十里，其説非也。陸機對晉武云：三泖冬温夏凉，谷水在其北，金澤、章練、小蒸、大蒸、白牛諸塘在其西，葑澳、走馬諸塘在其東。泖橋之外，横絶而東者，秀州塘也。顧《志》。

明沈愷曰：嘗泛泖而西出八九里外，遥望烟樹模糊，水光梵宇相掩映，而一塔玲瓏，秀出雲表，若小蓬壺。莫如忠曰：入長水院，歷庭廡，沿新堤，觀放生臺，還叩精廬，四壁深静，闃若無人。少間風濤怒發，震薄之狀，身如御虚，樓閣飛動，别一境界。少焉月上，推户視之，則四望寥寥，天無纖翳，冰輪漾水，金碧映發，光芒射人，幾盡遊之變矣。陳《志》。

宋宋庠詩：緑鴨東陂已可憐，更因雲竇注西田。鑿開魚鳥忘情地，展盡江湖極目天。向夕舊灘多浸月，過寒新樹便藏烟。使君直欲稱漁叟，願賜樵青不計年。

林景熙詩：泖口乘寒浪，湖（口）〔心〕散積愁。菰蒲疑海接，鳧雁與天浮。澤國無三伏，風颿又一州。平生漫爲客，奇絶在兹遊。

元楊維禎詩：天環泖東水如雪，十里竹西歌吹回。蓮葉筒深香霧捲，桃花扇小彩雲開。九朵芙蓉當面起，一雙鸂鶒近人來。老夫於此興不淺，玉笛横吹（錦）〔鶤〕浪堆。

錢惟善詩：西望滄茫浴遠天，芙蓉九點秀娟娟。勢翻震澤蛟龍窟，氣浸高寒牛斗躔。支遁每招過野寺，龜蒙曾約種湖田。倚欄不盡登臨興，更駕長風萬里船。

白鶴江，古稱白鶴匯。自此至盤龍，環曲爲匯，不知其幾。水行迂滯，溢而爲災。宋嘉祐間，自其北開爲直江，徑瀉震澤之水，東注于海，自此吴中得免水災。今江蓋故匯遺迹，雖以江名，僅同溝澮而已。其南爲西霞浦，俱東入大盈，與青龍江斜對。杜祈公後家于西霞浦上。顧《志》。

青龍江，《圖經》云：昔孫權造青龍戰艦於此，故名。在唐宋時，其上爲巨鎮。今鎮爲邱墟，江亦沮隘。其上流西接大盈，東接顧會，下流合浦家江，浦家之西爲趙浦。趙浦在青龍江北，越吴松江，入嘉定界。此開江取直，分屬于南之驗也。蔣浦亦然。顧《志》。

青龍江，通滬瀆入海。自宋以前，浩瀚無涯。韓世忠拒兀术于秀州，以前軍駐青龍，中軍駐江灣，後軍駐海口，即此地也。其上置市舶司，設鎮學。海舶百貨交集，梵宇亭臺，極其壯麗，龍舟水嬉，冠于江南，論者比于杭州。元以後，江口漸塞，鎮亦遂廢。明嘉靖時，曾建青浦縣于故址之西，今猶稱舊青浦云。

宋梅堯臣《青龍江上觀潮》詩：百川倒蹙水欲立，不久却回如鼻吸。老魚無力隨上下，閣向滄洲空怨泣。摧鱗伐肉走千艘，骨節專車無大及。幾年養此膏血軀，一旦翻爲漁者給。無情之水誰可憑，將作尋常自輕入。何時更看弄潮兒，頭帶火盆來就濕。

文裕公《泛青龍江》詩：落日遥牽錦纜齊，青龍江水故通西。采藍劚藥多成市，颺網投竿盡繞堤。一曲吴歌猶欸乃，千年禹蹟半凄迷。勝遊回首驚秋鬢，怕向紗籠覓舊題。

趙屯浦，在澱山湖北。舊直受湖水，瀉于松江。其闊至五十丈，通江五大浦之一也。今自北曹港分支北流，愈北愈隘，浦口束以石梁，僅通舟楫而已。

大盈浦，在澱山湖東。舊亦直受湖水，自白鶴匯以達于江，闊三十丈。今起自南曹港口，北折利濟橋，至唐行鎮，絶横泖，與北曹港合。

顧會浦，在大盈之東。其上源曰通波塘，出府城北流爲五里塘，又北爲祥澤塘，遂别爲崧子浦。

崧子浦，舊名崧塘。自顧會分流，下注舊江口。舊圖，崧子浦在縣東北五十里，崧子塘在縣北十五里。蓋北十五里者，崧子浦南口，自顧會分流處。東北五十里者，入江處也。今入江處爲嘉定高家浜。與顧會浦同流異派，皆瀉水于松江。

盤龍浦，在崧子浦東，其上流曰盤龍塘。自府城東三里華陽橋北流，絶俞塘，過六磊塘，過泗涇，絶横塘，又過蒲匯塘，遵朱坊橋，以入松江。長八十里。其入江處曰盤龍匯，介華亭崑山之間。步其徑，纔十許里，而洄洑迂緩逾四十里，如龍之蟠，故名。宋寶元中葉，太史清臣疏爲新渠，道直流速，水用無滯。嘉祐之(間)〔開〕白鶴匯，祖其法也。

横泖，自北曹港分支，經唐行鎮，〔絶〕大盈浦東流。俗呼十字港。或謂横泖起自大盈，楊維禎《横泖義塾記》云：即〔社學〕爲之。今浦西鎮(十)〔中〕〔萬〕氏宅，猶稱學基，則泖非浦明矣。過崧宅塘，絶顧會、崧子二浦。東接胡涇，爲東横泖。南至樓下張管山，前有樓無山，有張管山菴。爲横塘。顧《志》。

横泖，明萬曆八年疏浚，爲潘蕩、崧宅低鄉洩水之徑道。陳《志》。

谷水，一名谷泖，一名華亭谷，水極清冷。《吴地記》：海鹽縣東北二百里有長谷，陸遜、陸凱居此。水東二里有崑山，其父祖葬焉。陸機詩“髣髴谷〔水〕陽，婉孌崑山陰”，則此水在崑山之北。《寰宇記》：華亭谷水下通松江。酈善長《水經》：松江東南行七十里，入小湖。自湖東南出，謂之谷水。南接三泖。士衡所云，即此水也。《方輿勝覽》：谷水出吴小湖，經由拳故城下。《神異傳》：由拳，秦長水縣，後陷爲谷水云。按：舊志或以縣南舊西湖爲谷水，或以海鹽之蘆瀝浦，南入于浙江者，爲谷水之故道。新志則以華亭谷爲長泖之異名。即其所稱引，如《水經》《勝覽》，則谷水與三泖接。如《吴地記》，則泖即谷水。如《寰宇記》，則谷水即華亭谷，而《圖經》亦有谷泖之名。以數説參之，則谷水原自有二。縣南之谷水，乃西湖之異名。崑山西之谷，則新志所謂長泖之異名。而華亭谷蓋因陸氏封邑而言，又谷水之異名也。宋許尚《百詠·題華亭谷》：府南三里入松陵。舊以兩谷水混而爲一，又析華亭谷與谷水爲二，故多異同。《通志》又以經由拳故城者爲谷泖，道崑山西者爲華亭谷，麗西湖上有谷水道院者爲谷水，其説復殊。今並存之以俟考。又俗傳，泖中每風息雲開，衢甃井闌畢見，蓋由拳故城也。《神異傳》：由拳陷爲谷水，而城之故迹乃在泖中。《嘉禾志》：當湖北有華亭河，東北行三百里，入松江。與《吴地記》合，但以谷爲河，小異耳。驗之地里，皆三泖之疆界也。顧《志》。

秦始皇時，長水縣有童謡曰：城門血，當陷没。有老嫗信之，旦旦往窺城門。門者問知，乃密殺犬，以血塗門。嫗又往，見血走去。忽大水至，淪没爲谷，因目曰谷水。長水即由拳縣也。陳《志》。

谷水即三泖。舊志曰：一水二名。又谷水一名谷泖，則合二名而稱之也。其西南受浙西諸水，西北受澱湖諸水，由華亭界入于黄浦，皆東江故道。然則泖浦皆係江身，郡以江名，其兼指東江乎。

華亭谷。宋唐詢詩：深谷瀰千里，松陵比合流。岸平迷晝野，人至競方舟。月照方諸泣，風迎弱荇浮。平波無限遠，極目漲清秋。王安石、梅堯臣和作，不録。

小蒸塘、美稱貞溪。大蒸塘，並在濮陽塘南。其西通白牛塘，東入于泖，北爲毛練白蕩，爲王家涇。其地有古濮陽王墓，元嚴陵邵桂子别業在焉。顧《志》。濮陽王墓蒸土爲之，其地因有大蒸小蒸之名。詳見《貞溪編》。

小清河，在秀野橋之東，循西林寺東垣，北入白龍潭。

白龍潭，在府城谷陽門外，坊後柵橋西。其南通小清河，北通二里涇，東出與城河合，北爲採花涇潭。廣可十餘頃，相傳有龍蟄其下。水深而清，可淪可釀。歲旱禱之有應。詳見《西禪寺記》。

白龍潭今爲商民所侵，已去潭之半矣。然花晨月夕，尚有遊人，簫鼓畫船，歲時不絶。端午龍舟水嬉，士女猶集于此。

採花涇，南接城濠，北通二里涇，其東北花園也。園之東北有夜遊涇，相傳陸氏自園泛舟，夜遊于此。

舊西湖，在府城西南隅。一水縈紆，自太平橋西行，環中所演武場，而匯於其北。渟浸可百餘畝，其上有黄冠居，曰西湖道院。按舊志：西湖在府西南二里，周圍三里，爲晋陸氏養魚池。《方輿勝覽》云：陸瑁池，故一名瑁湖。東有灘曰唳鶴，鶴飲此水，其聲則清，宋爲放生池。其北渚有風月堂、湖光亭，中洲有環碧亭、思吴堂、泳波亭。元知府張之翰即泳波故址，立西湖書院，縣丞魏雲翼復爲亭於唳鶴灘，仍榜曰環碧。方是〔時〕，爲郡城第一勝處。其後開江造閘，東流勢緩，潮沙日湮，不半載間，遂爲平陸，通舟楫者僅一小溝。及張士誠築郡城，遺迹遂廢，在外者疏爲城濠。惟超果寺後，有陂澤縈繞南出，石梁跨之，曰湖橋，其北有谷水道院者，猶彷彿焉。在内者所存惟此，昔之勝槩無復可尋矣。顧《志》。

前志云：西湖即谷水。《祥符圖經》：谷水在縣南，長一百五十步。中有五色泉，相傳葛穉川煉丹湖上，丹成投水中，後常湧泉作五色。續志云：湖有旋渦甚急，小舟經者或沈焉。沈而出者，舐所濡甘如飴，謂其下甚深，寒若冰雪。陳《志》。

宋唐詢《養魚池》詩：代異人亡久，淲池即舊居。未移當日地，無復故時魚。蒲藻依稀在，風波浩蕩餘。水濱如可問，一爲訪庭除。

元陸鵬《南晚凉湖上》詩：唳鶴灘頭水拍天，養魚池上月籠烟。眼前好景無人管，時有漁舟泊柳邊。

日月河，相傳在普照寺南。雲間占讖云：日月河通出狀元。而城中諸水湮塞者大半。明成化乙巳、丙午間，知府常山樊侯瑩議疏通之，而莫識所指。侯奮曰：吾遍城中水鑿之，將必有合。遂鑿之。未幾，錢福果狀元及第。今鶴城書院西有月河橋，東有水從市河南行，遂西轉而北出橋下，彎環如半月。普照寺東有水從市河南行，折而東，過周文襄祠，至清河橋北行，復合于市河。一水自文襄祠後，歷開禧橋横亘之，其形于文如日字。《通志》亦云：普照寺前臨日月河。或者其信然歟？顧《志》。

錢福狀元及第後，河復淤。萬曆庚子，郡守棠邑許侯維新濬之。辛丑，張以誠狀元及第。陳《志》。

玉帶河，横貫府學中。當尊經閣後，魁星樓之南，如腰帶然，故名。其源自仙鶴觀，西北行轉而東，與集仙門水合。

龍淵，在府南龍門寺東。舊志云：龍淵積水，大旱不竭。今爲平陸矣。

鶯竇湖，續志云已廢。按顧彧志，在上海西南五十五里，週五里。舊有邢、竇二姓居此，故名。今湖淤塞，訛爲櫻桃匯。又按蔣參議性中墓誌，所居側近鶯脰湖，往來病涉，公以縣官立坊物作橋濟之。是湖雖淤塞，而故道猶存也。顧《志》。按：鶯竇湖在新涇南。

柘湖，在府南六十五里。《吴地記》云：周圍五千一百十九頃。中有小山，生柘樹，故湖山皆以柘名。《吴越春秋》：秦海鹽縣淪没爲柘湖，移于武原，復陷爲當湖。一説王莽時改名展武，復陷爲湖。晋隆安五年，孫恩北出海鹽，宋武帝築城于故海鹽。恩知不可下，進攻滬瀆。則晋嘗築城于此矣。錢氏有國，浚柘湖及新涇塘，由小官浦入海。則五代時，湖當通海，後漸淤塞，僅餘積水，若陂澤然。以今視之，凡查山之西北，張堰之東南，黄茅白葦之塲，皆其地也。

宋唐詢詩：世歷亡秦遠，湖連大海濱。柘山標觀望，玉女見威神。渺渺旁無地，滔滔孰問津。何年化魚鱉，髣髴歷陽人。

土　　産

蠶豆。一名寒豆。九月種，明年蠶時熟，故名。

宋楊萬里詩：翠莢中排淺碧珠，甘欺崖蜜軟欺酥。沙餅新熟西湖水，漆楄分嘗曉露腴。味與櫻桃三益友，名因蠶繭一絲絢。老夫稼圃方兼學，譜入詩中當稼書。

豌豆。一名小寒豆。九月種，明年三月熟。蜀中以此豆之不實者爲巢菜，雜彘肉作籠餅。

陸放翁《舟過(海)〔梅〕堰得小巢作羹》詩：春行霧雨(宿)〔暗〕衡茅，兒女隨宜治酒肴。便覺此身如在蜀，一盤籠餅是豌巢。

蓴菜。出華亭谷及松江，甘滑宜芼羹。葉似露葵，四月生名雉尾蓴，最肥美。自此葉舒長足，莖細如釵股，短長隨水淺深，名絲蓴，五六月用之。入秋冬，有蝸蟲着其上，不可辨，食之損人。至水凍蟲死，仍可食。陸機初入洛，見王濟，濟指羊酪曰："吴中何以敵此?"機云："千里蓴羹，末下鹽豉。"時人以爲名對。齊高帝置酒設蓴膾，崔思神曰："此味故爲江南所推。"沈文季曰："千里蓴羹，豈關魯衛。"然則千里、末下，皆吴下地名也。

楊萬里詩：鮫人直下白龍潭，割得龍公滑碧髯。曉起相傳蕋珠殿，夜來失却水晶簾。一杯淡煑宜醒酒，千里何須更下鹽。可是士衡殺風景，却將膻膩比清纖。

明王鏊詩。序云：金澤僧辨如海，年八十九矣。手製蓴菜併詩見貽，因和之。 玉盤急足送蓴絲，風味鮮新慰所思。金澤老禪三昧手，當時張翰未曾知。

茭白，即菰也。一名茭手。如小兒臂，甘美可啖。二月、七月間生。一種中心抽苗生米，可作飯，即彫胡米。

許景迂詩：翠葉森森劍有稜，柔條鬆甚比冰輕。江湖若借秋風便，好與蓴鱸伴季鷹。

白菜。其形類菘，莖闊而短。正月中下子，謂之看燈菜。七八月下子分種，至冬而盛，謂之冬旺菜。別種莖似箭簳，曰箭簳菜。並鹽藏備歲。冬初分種，至春生薹擷食，旁復生苗作花，夏初取其子壓油，謂之油菜。冬月畦圃間塌地而生，曰盤科菜，烹芼尤佳。

金花菜。春時叢生田畔，開小黄花。一名盤岐頭，俗呼草頭。春初民間遍食之。相傳周文襄公往鄉訪蔣給事檢菴，留飯出菜一碟，文襄食而甘之，問何物，以金花菜對。比回郡復索，無以應，問蔣之侍者，知即爲草頭。乃知其名寔始于此。先輩清儉，亦可師矣。

桃。有扁桃、墨桃、金桃、五月桃、鷹嘴桃、半觔桃、李光桃、雷震紅諸種，惟以上海顧氏露香園水蜜桃爲第一。

木棉。舊志：宋時鄉人始傳其種于烏泥涇鎮，今沿海高鄉皆種之。實方結尚青者，俗呼花鈴子。其方蘂未開花者，曰花盤。穰之晚結無棉者，曰僵囊。新花秤朵，一朵重八厘以上者花貴，不及八厘者花賤，鄉人隨其大小驗之。

元熊澗谷《木棉歌》：秋陽收盡枝頭露，烘綻青囊翻白絮。田婦携筐採得歸，渾家指作機中布。大兒來覓襦，小兒來覓袴。半擬償私債，半擬輸官賦。竹籠旋著活火薫，蠹蟲母子走紛紛。尺鐵碾出瑶空雪，一弓彈破秋江雲。中虚外泛搓成索，晝夜踏車聲落落。車聲才已催上機，知作誰人身上衣。小女背面臨風泣，憶曾隨向園中拾。

鶴。《忘懷録》：鶴惟華亭鶴窠村所出爲得地，他雖有，凡格也。《瘞鶴銘》亦謂壬辰歲得之華亭。鶴窠即下沙，至今多鶴。嘗詢之土人，實自海東來，馴養久乃生雛，以足有龜紋者爲貴。韓偓詩：正憐標格出華亭，況是昂藏入相經。又皮日休云：華亭鶴聞之舊矣。及來吴中，以錢半千得隻，養已經歲，後失而悼以詩，倩毘陵魏不琢、東吴陸魯望和之。

鱸魚。生松江出長橋南者宜鱠，潔白鬆軟不腥，在諸魚之上。江中者四腮，他處止三腮，味亦不及。《金谷園記》：鱸魚嘗以秋仲從海入江。白居易詩"水鱠松江鱗"，韋應物詩"松江獻白鱗"，羅隱詩"鱠憶松江滿箸紅"，皆是物也。《吴興記》：鄉俗以鱸鱠爲盛饌，每遇上客，新婚燕集，必設此盤飣。庖丁凌晨羣立魚肆，視所買多寡而往，裁紅縷白，鋪成花草鸞鳳,或詩句詞章,極其精巧,造虀亦甚得法。昔吴都獻松江鱸魚,隋帝曰:金虀玉膾,東南佳味。正謂此也。又有骨淡羹,每斫鱠悉以骨熬羹,淡而有真味。昔人珍鱠至此。

白魚。葉氏《避暑録》云:太湖白魚寔冠天下。今澱湖三泖皆有之,本名白鰷。

鱠殘魚。《博物志》:吴王江行,食鱠有餘,棄之中流,化而爲魚。亦曰吴餘。長數寸,大如箸,尚如鱠形。皮日休詩,見前。

比目魚。出黄浦,形如箬,一名箬魚,亦名板鞁。郭氏曰:兩片相合乃可行。今見其浮如箬,而行殊不相比也。

箭頭魚。形甚似,長二寸許,春初有之。俗呼玉筋。

螃蟹。出三泖者大,謂之泖蟹。出上横涇者小。謂之金錢蟹。今惟出青浦者大而美。

張憲《謝碧雲師送蟹》詩:天風吹綻黄金粟,簷前老兔飛寒玉。客窗不記是中秋,但覺鄰家酒漿熟。泖田秋霽稻未鎌,葦箔竹斷收團尖。紅膏溢齒嫩乳滑,脆美簇簇橙絲纖。無腸公子誇矍鑠,兩戟前驅終受縛。魘心晝暖白玉臍,兜牟夜泣紅銅殼。麯生風度亦可憐,且對霜娥供大嚼。酒後高歌繞碧雲,九峯一夜霜花落。

沙鉤。生海堧沙中,鈎取乃得,故名沙鈎。漬以甘釀,殼軟而味腴,爲珍品。《爾雅翼》云:沙狗蘆虎,皆蟹之屬。故又名沙狗。

彭蚏。小蟹。世傳漢醢彭越賜諸侯,英布不忍視之,覆江中化此,緣以爲名。或曰辣螺所化。膏可塗癬足,無毛者可食。海上人以鹽藏之,鬻于市。樂天詩"鄉味珍彭越"即此。

木棉布。古名吉貝。續志云:出沙岡車墩間,幅闊三尺餘,緊細如紬。其後織者競利,狹幅促度,夐殊于前。今所在有之。東門雙廟橋有丁氏者,彈木棉極純熟,花皆飛起。收以織布,尤爲精軟。號丁娘子布,一名飛花布。又一種用紫木棉織成,色赭而淡,名紫花布。

番布。出烏泥涇。元元貞間,有黄道婆者,本鎮人,淪落崖州。自厓州來,始教製捍彈紡織之具。至錯紗配色、綜線絜花,各有其法。織成被褥帶帨,其上折枝團鳳碁局字樣,粲然若寫。販鬻旁郡,鎮人賴之。其後三紗布,滋爲象眼、綾紋、雲朵、膝襴、胸背等樣,皆出于此。成化間,鄉人有以餉貴近者,流聞禁庭,下府司織造赭黄、大紅、真紫等色,龍鳳、斗牛、麒麟等紋。工作胥隸並緣爲姦,一疋有費白金百兩者。弘治在東宫深知其弊,即位首罷之。嘗閱内帑見之,曰:"此布一疋,文綺十疋價也。"終身不一御,自是遂絶。又成化間,湘陰宋端知華亭,以雲布一端獻其師華容黎侍郎淳。淳題其外封曰:"昔之縣令種桑拔茶,今之縣令錦上添花。"却還不受。顧文僖曰:雲布非始于宋,然充其言,豈有病吾民者。聖主之盛德,前輩之風烈,百世不可忘也。用謹志之。

兼絲布。以白苧或黄草兼絲爲之。苧宜彩色,爲暑服之冠。今不復見。又有以絲作經而緯以棉紗,曰絲布,即俗所謂雲布也。近有兼絲木棉製爲絨布,其顔色花紋各異。

藥斑布。俗呼澆花布,今所在皆(布)〔有〕之。

織衲。續志云:出下沙,其紋如衲。近郡中復有之,名衲布。

談箋。有數種,惟玉版、玉蘭、鏡面、宫箋爲最。眉公題云：吾鄉談仲和箋,搗染有秘法。蓋其祖侍郎彝菴公倫得之内府,其孫梧亭授之仲和者也。妍妙精潔,在古密香冰翼之上。董其昌謂其潤而綿,又下筆瑩而不滑,能如人意之所致。今多贋造者。

顧繡。上海顧氏露香園製。

酒。顧《志》云：雪香酒,味香冽而色白,松酒之最佳者。俗以九月初造新酒,名開清,其品短水爲上。九峯酒次之,清酒又次之。夏月則用白酒,其佳者曰靠壁清。上海有清酒,曰燒清。冬月造,至夏始開。泖濱近有劉氏者,汲泖水,倣三白法釀酒,味亦甘冽,俗號劉酒。

風　俗

宋魏了翁曰：吴中族姓人物之盛,自東漢以來有聞于世,逮魏晉而後彬彬輩出。左太冲所謂高門鼎貴,魁岸豪傑,虞魏之昆,顧陸之裔,雖通言吴郡,而居華亭者爲尤著。蓋其地負海枕江,平疇沃野,生民之資用饒衍,得以畢力於當事。故士奮於學,民興於仁。

明邵亨貞曰：華亭爲濱海壯邑,因九峯三泖之勝,而置官司焉。晉陸士衡、陳顧野王而下,人才輩出,民俗殷富。逮唐宋間,幾與列郡抗。以五代南渡之亂,民有不知兵者。生聚五百年,至宋末而盛劇矣。

明何良俊曰：我松文物之盛,莫盛于元。浙西諸郡皆爲戰場,而我松僻峯泖之間,以及海上皆可避兵,故四方名流彙萃于此,薰陶漸染之功爲多。

明張弼《三事贊》并序。　三事者何？詩也,字也,棋也。吾郡素有詩窠、棋囤、字倉塲之諺。余欲成其美也,爰爲之贊。　郡城東闉,俗阜且文。篇章湧霧,翰墨屯雲。閑雅之戲,棋亦超羣。風雅遺音,張王格力。奕秋之能,亦來賞激。故諺有言,遠邇曷敵。駉頌無邪,筆諫正直。爰兹勉旃,聿躋于極。彼奕之攻,聊資戲劇。

紡織不止鄉落,雖城中亦然。里媪晨抱紗入市,易木綿以歸,明旦復抱紗以出,無頃刻間。織者率日成一匹,有通宵不寐者。田家收獲,輸官償息外,未卒歲室廬已空,其衣食全賴此。

明顧彧《竹枝詞》：平川多種木棉花,織布人家罷緝麻。昨日官租科正急,街頭多賣木綿紗。

明吕克孝《田家月令》十二首：正月松江春水鮮,麥苗薺葉緑如烟。孛婁笑把流花卜,喜得今年勝舊年。二月松江燕子飛,蠶豆開花竹笋肥。人人拍手攔街笑,正是前村散社歸。三月松江鳩雨晴,家家插柳是清明。草深黄犢春來長,曉起扶犂試學耕。四月松江梅雨多,新秧纔蒔便成科。只愁舶棹東風急,盡向簷前結草簑。五月松江稻正長,日中耘稗汗如漿。今朝一陣分龍雨,不用推車坐夜凉。六月松江水没堤,黄豆青苗一截齊。若到甲申晴到夜,今年米價賤如泥。七月松江風漸凉,棉花雪白稻花香。街頭點火收官布,只説機梢要放長。八月松江浪拍天,荳棚瓜蔓竹籬邊。兒童結網扳罾去,魚蟹都來不用錢。九月松江霜樹殘,草乾潮落剩沙灘。布衫燈下重重補,月照蘆花夜更寒。十月松江盡築塲,繞塲稻積密于牆。如何黄犬連村吠,里長催糧上縣倉。冬月松江長至前,家家打鼓謝茶筵。了酬心願無他事,不擾官司好宴眠。臘月松江冰作堆,雪花一尺伴寒梅。田鷺照罷圍爐坐,兒女同酬守歲杯。

習俗奢靡,見于舊誌。當明盛時,士人悉戴方巾,民間羅帽,夏騌冬氊,間用紗紵,平頂或如桃尖樣。服則窄袖短衫,裾幅甚狹。婦女高髻寬衫,制皆古朴。燕會果肴以四色至五色而止。至明季,士人忽尚披巾,有純陽凌雲諸式。横摺兩幅,前後覆之以藍線,綴爲雲朵,繫以玉珀等結。民間騌帽號瓦稜者,價甚昂,頂亦甚大,不復用紗羅。婦女亦爲宫髻等名色,雲片垂後,絡以金珠,晃耀人目。其服男子廣袖大帶,長與身等。婦女敞袖繡緣,亦以金珠綴飾,識者以爲近于服妖。至于燕享,則器用名窰,物競珍異,所費尤爲不貲。無怪乎俗日貧而貴賤無等也。

信鬼好祀,至今爲然,而鄉落爲甚。疾病專事禱祈,有破産傷生而不悔者。明高啟《里巫行》:里人有病不飲藥,神君一來疫鬼却。(老)〔走〕迎老巫夜降神,白羊赤鯉縱横陳。兒女殷勤案前拜,家貧無肴神勿怪。老巫擊鼓舞且歌,紙錢索索陰風多。巫言汝壽當止此,神念汝虔賒汝死。送神上馬巫出門,家人登屋啼招魂。

方言。寧馨。寧,農黨切。馨,亨港切。《容齋隨筆》云:晉宋人間語助,猶言若何也。娘子。通爲婦女之稱謂。穩婆爲老娘,女巫曰師娘,又曰某娘、曰幾娘,鄙之曰婆娘。見《輟耕録》。温暾。暾,忒敦切,見王建《宫詞》。今湯茗諸類不冷不熱,以温暾呼之。謂寒曰冰冷。郎當。詩有"鮑老郎當舞袖長"之句。今呼人之衰憊者。數説。出《左傳》,今謂責人者。罷休。見《史(説)〔記〕》。今謂罷,必綴以休字。多許。許,黑可切。出《隋書》,謂問多少也。甋磚。出《魏·扈纍傳》,磚之通稱。急須。《菽園雜記》云:急須,飲器。以其應急而用也。今以呼酒壺,而急音轉爲的,須更爲蘇云。唱賜。唐時娼妓當筵舞,有纏頭唱賜,今之言犒賞也。飛風。唐制,凡細馬次馬送尚乘局者,于尾側依左右閑印以三花。其餘雜馬送尚乘者,以風字印印右髆,以飛字印印左髆。今呼疾速爲飛風,蓋取義于馬耳。斤九鳌。弋陽、德興間産梨頗大,有至一斤九兩者。土人謂之斤九(黎)〔梨〕,猶芋言魁也。今用以目時人之精慧者。潑賴。潑,鋪拜切。謂醜惡也。箇裹。箇音格,謂此也。忒煞。忒,去聲,謂甚也。奔。逋悶切,呼疾走也。又曰跑,邦冒切,意亦同。儂。我也,見古樂府。音屬徵,陽聲。由鼻音出,則爾儂二字合謂汝也。由喉音出,則我儂二字合謂我也。些。什麼二字合。又有呼字之切母者,如孔爲窟籠,圜爲突欒之類。

城　池

府城廣袤凡九里一百七十三步,高丈有八尺。濠廣十丈,深七尺。門凡四,東曰披雲,西曰谷陽,南曰集仙,北曰通波。水門各附其傍。門有樓,樓外爲月城,元末張士誠據吴時築。洪武三十年,因而葺之,立松江守禦千户所,專管守護城池。嘉靖間,島賊入寇,知府方廉捐俸增葺。萬曆二十六年,巡撫趙可懷檄令重繕,高闊並加五尺,外濠深廣皆濬治如初。崇禎三年,郡守方岳貢修葺,增高城堞,修建窩鋪敵臺,各置兵軍防宿,編號分明,遞籌擊柝。城樓四座,東曰迎生,西曰寶成,南曰阜民,北曰拱宸。本朝康熙二年,秋霖兼旬,城西南隅當大張涇衝齧之處,咸遭傾圮。提督梁化鳳會咨巡撫韓世琦,韓首先捐俸,檄下郡修葺。于是知府郭廷弼、同知彭可謙率同屬員,各捐貲興工修治。因估計若干,通加浚築。

上海縣城周圍凡九里，高二丈四尺。門大小凡六，東曰朝宗，南曰跨龍，西曰儀鳳，北曰晏海，小東門曰寶帶，小南門曰朝陽。水門三，其東西者跨肇嘉浜，其在小東門者跨方浜。城有敵樓一、平臺二，堞三千六百有奇，穿廊七十有八。濠廣六丈，深一丈七尺，周圍縈繞，外通潮汐。嘉靖三十二年，知府方廉因倭亂，從邑人顧從禮建議，始得築濬。三十六年，同知羅拱辰於城四門益以敵樓三楹，沿城益以箭臺二十，環濠益以土牆，又於要害處益以高臺層樓。其名凡三，曰萬軍，曰制勝，曰鎮武。萬曆二十六年，知縣許汝魁奉趙巡撫檄，城加五尺，開小南門水關，引薛家浜以通市河，南城居民至今賴焉。後知縣徐可求、劉一爌相繼甃内城加闊，自大南門迄北門，俱甃以巨石，凡十餘年而告成。三十六年，久雨，内城傾數十處，知縣李繼周次第修築。四十六年，增置穿廊八十餘間。

青浦縣城周圍一千三十丈，以里計者六，高二丈三尺。箭垛一千七百一十五，敵臺七，窩鋪四十八，門樓六。旱門五，東曰望海，南曰觀寧，小西門曰來蘇，大西曰永保，北曰拱辰。水關三，南曰躍龍，北曰充賦，大西曰通漕。月城三，在南、北、大西，餘未建。濠廣三丈，深一丈，周圍共八里。萬曆二年，知縣石繼芳創建。嘉靖庚子，以糧稅無徵，議建于郡之西北，離城七十餘里，地名青龍。歷知縣楊坴、吕調音，幾十年。值徐文貞公入相，有稱不便，壬子議廢。又二十年，而少馬司蔡公汝賢，時爲給諫，疏議復之。蔡即其邑庠生也。萬曆元年，移建于唐行鎮。凡城池縣宇，及學宫察院倉儲之屬，皆邑令石公建。

金山衛城在府南七十二里，西連乍浦，東接青村。周圍一十二里三百步有奇，高二丈八尺。濠周于城，深丈有八尺，面廣十二丈。陸門四，水門一。門樓四，南曰鎮海，北曰拱北。角樓四，腰樓八，敵樓八，間以箭樓凡四十八，雉堞三千六百七十八。其外營堡烽堠，氣勢聯絡，隱若金湯。洪武十九年，欽差安遠侯等官，起嘉、湖、蘇、松等府衛軍民所築。永樂十五年九月，欽差都指揮使谷祥增高五尺，潮沙淤塞，復命指揮侯端等督修，挑深一丈四尺，闊一十丈。旱門四座，水門一座，城樓五座，角樓四處，窩鋪七十二座，弔橋四座，烽堠墩臺四十四處，營堡七處。萬曆二十六年，趙巡撫可懷委本府督令衛官，幫砌城牆，務令高厚。濠闊一十丈，深一丈五尺。崇禎三年，郡侯方岳貢以城久傾隳，特捐俸鍰，移會指揮范必忠，刻期舉工。修築柵城二百二十六丈，葺建窩鋪五十四座，并四門、營房，務俾堅久，以嚴防禦。

柘林城本堡，原係古鎮，以其臨海，嘉靖甲寅倭至，取便結老巢于此。巡按御史尚維持因建議築城。

周思兼《贈侍御尚公》詩：扶桑新築受降城，海上烽烟萬里清。天作重關魚鑰静，戍臨三島雉樓明。旌旗曉映霜臺月，鼓角宵傳漢將營。聞道廟廊今有議，籌邊還欲仗威名。

青村城在府城東一百十里。洪武十九年，安遠侯議築。

南匯嘴城在府城東北一百五十里。洪武十九年，安遠侯築。

袁凱《海上》詩：旗影翩翩整復斜，中天星月動光華。千群貔虎方屯戍，萬里魚龍聽鼓笳。聖主自多開國老，遠人莫恃上天槎。却煩上將頻思念，時問東門二畝瓜。

川沙城在八團鎮。嘉靖三十六年，巡撫趙忻、巡按尚維持、兵備熊桴，從喬鏜、王潭建議興築。

寶山城在上海東北,與嘉定接壤。永樂初,沿海設備,築高丘二十丈,延亘十里。事聞,御製文樹碑焉。今没于海。舊有旱寨,後廢,嗣築新城,但城隘而兵力單弱。萬曆七年,撫按議題改築,城周三里,高丈有八。守以吴淞所官兵,聽本府委官統練,以備守禦,毋使敵得乘爲巢窟。則寶鎮堡亦海壖一險阨也。

西倉城在府城西門外,周圍二里。嘉靖間興築,以衛漕糧。萬曆己未修。崇禎八年,知府方岳貢重修。

鎮　市

亭林。府東南三十六里。原名顧亭林,梁顧野王故居在焉,鎮之寶雲寺是也。有讀書堆、東菴、烽堆、樓基諸蹟。舊置金山巡司於此。貝瓊《亭林》詩:野王讀書處,一曲鎖風烟。客記蕭梁日,僧談石晉年。黄金曾布池,滄海復成田。遺構丹青落,回頭一惘然。　又出亭林道,樓臺尚自疑。無邊春艸色,不定野雲姿。未就龐公隱,空懷惠遠期。飄飄何所適,重擬結茅茨。

張涇堰。一名張溪,華亭南五十里,宋人堰海十八所之一。鎮故有嶽祠,重嚴華好,居人楊竹西有不礙雲山樓,今皆廢。有吴王著姓居此,俗止稱張堰。

葉謝。在八保,以二姓居此得名。鎮有水月菴、真武閣。舊志載咸通、月河、咸源、濟衆、興隆等五橋,皆在鎮云。顧禄《葉謝道中》詩:月落鷄鳴酒半消,舟人催起趁春潮。梅花紙帳山房静,輸與閒僧睡日高。

沙岡。在三十六保,即古三岡之一。去竹岡、紫岡相去五里,府道上海經焉。《通志》云:入土數尺皆螺蚌殼,世傳海中湧三浪而成。今市北數里,下皆黄沙,鄉人甃砌咸須之。

南橋。一名南梁,在十三保。直北有橋傍横涇,與此相峙,故名北橋,亦古鎮也。有大岡路直達二橋,長四十餘里。中阻黄浦,亦嘗構梁,即鄉人謌爲黄土橋者。宋詩人陳藏一常隱于斯境之幽勝,有明竹院冠其前,蕭塘寺屏其後。

蕭塘。一名蕭溪鎮,有崇福寺。陶九成《蕭塘寺》詩:不到蕭塘寺,流光十五朞,岸傾街甃裂,寺廢梵幢欹。第宅留荒址,垣墉易敗籬。相知無一在,遺蹟動傷悲。

莊家行。在十三保。

莘莊。一名莘溪,在三十六保。鎮有春申、施水二菴,皆古蹟。元葉李夢得之孫贇居莘溪,子孫家焉。永樂初,縣令葉宗行治水有功,所謂錢塘一葉清,即其後也。

柘林。在十二保。鎮有方廣院,蔡侍郎祠在焉。何元朗、叔皮兄弟讀書于此,有傲園,今廢。

青村。一名青林,在十五保。

陶宅鎮。有著姓陶氏家焉,故名。袁海叟有《兵後大醉陶與權宅》詩,即此也。鎮有純陽菴,陶與權建。正統間,俞夢梅重新,後又改爲土穀祠。元末有楊漁溪、李稼翁、華雲林、姚愚默寓隱于此,賦陶宅八景:西河晚色,南園霽景,道院幽棲,玄橋縱步,東菴華表,北宅故墟，鎮樓更鼓，市巷漁燈。

風涇。在一保，一名白牛塘。古於此置風涇驛，市南半屬嘉興。貝瓊《清江集》云：風涇多荷花，周迴三里，橋梁凡九，彷彿有錢塘西湖之勝。自此至北錢，皆屬婁縣。

朱涇。一稱珠溪，在四保。有東西法忍寺，昔詩人稱爲落照灣，謂自府望落日于此也。

吕巷。一名璜溪，在四保。謝氏安節亭在焉。元時吕良佐創應奎文會，招來儒彦，子恂從學楊維禎，有《鐵研齋記》。地以吕名，有太平寺、松風閣、玉秀橋、心菴，云皆宋時建。近姚氏建法明菴于此，頗華整。袁海叟《寓居璜溪》詩：高林深樹氣冥冥，野色波光更滿汀。草閣雨晴鳴翡翠，花畦風暖入蜻蜓。書成已與山公絶，賦就惟教阿買聽。猶未忘情是杯酒，尚煩隣里致盆瓶。

楊巷。本市也，在五保。

興塔。在二保，去泖橋十里。舊有興塔院，故名。諺云"興塔無塔"，即其地也。

泗涇。一名泗濱，在三十七保。因泗涇塘，故名。陶宗儀南村草堂在焉，隱居于此，故稱泗濱老人。袁海叟《望南村》，即此地也。今民居聚，商賈集，有小武當，香火頗盛。袁海叟《望南村》詩：野水縱横不計深，雜花前後自成園。魚蝦欲上人人取，鳥鵲歸來處處喧。但得茅茨容老大，即將耕鑿付兒孫。淮南未定江南亂，潦倒無歸却斷魂。

北錢。在四十一保石湖塘上，與南錢相望，若一姓分處爲市也。宋末元兵入華亭，南北錢猶保聚不下，將軍楊掃地怒，欲屠之，賴義士殷澄得免。澄後自號浪翁，楊鐵崖撰其碑。

祥澤。俗名塘橋。張氏世居於此，蓋自宋元迄今，爲獨久云。

吴會鎮。在十六保，去上海東南五十四里。本吴匯，以"指吴會于雲間"語，易今名。有塔廟，即净土寺也。地接鉼山，山皆鉼礫，如丹楹樓，宋酒庫所遺也。今亡。

烏泥涇。在二十六保，界華、上兩縣間。嘗有田父得古碑，地名賓賢里。《通志》云：宋季張百五居之，富埒侯伯。至元間，張瑄以海漕隆顯，治第其中。王逢避地隱居於此，得張氏故址，闢爲最閒園，名其山曰先民一邱，溝曰先民一壑。今潮水淤涸，寥落非故矣。

下砂。在十九保，去上海東南六十里。一名鶴沙。俗傳縣居上洋，鎮峙南而近海，故名。宋丞相吴潜侍父讀書處。鎮多巧工，精刺繡，稱下砂繡云。時有鶴自海外飛至，方頂緑足龜紋，相傳此胎禽也，華亭鶴即此。今皆絶響，惟王氏爲著姓。

新場。距下砂九里，一名石笥里，一名南下砂。元時遷鹽場于此，故又有今名。場賦爲兩浙最，歌樓酒肆，賈衒繁華，縣未過也。宋元祐初，里士瞿時彦嘗訪吴潜讀書處，營置義學，今廢。其地科名不絶，甲於一郡。

周浦。在十七保，去縣東南三十六里。一名杜浦。《通志》云：宋詩人儲泳故里也。永定教院在焉。

龍華。在二十六保，去縣西南十八里。以龍華古剎著名，五代錢鏐王時建。漕河涇環其南，蒲匯塘抱其北，居黄浦大灣中。西行里許，張氏居之，世有聞人，族稱龍華張。

三林塘。在二十四保，去縣東南十八里。昔東西塘有大姓林聚族于此，故名。其南隅有�溪義塾,所産布獨勝于他鄉。

八團。在十七保,去縣五十四里。今爲川沙堡,里人喬鏜、王潭建議築城,以備海寇,兩家皆受活人之報。

閔行。在十六保,横瀝東,濱于大浦。在上海西南,乃南匯陶宅諸處由浦入府之通衢。正德己卯、庚辰大水,横瀝、沙竹二岡田獨稔,灾鄉多從貿易,市始知名。

北蔡。在二十保。舊有大姓蔡者,分南北市,猶華亭之南北錢云。

諸翟巷。在三十保,俗呼諸地上。

唐行鎮。古稱横溪,以其岸横泖也。在五十保。控澱湖,爲吴門要衝。昔有大姓唐氏居此,商販竹木,遂成大市。萬曆元年,置青浦治于此。夏原吉《夜泊》詩:雲間西北唐行鎮,夜半經過月滿船。三百青蚨欲沽酒,恐驚鷄犬惱人眠。徐文貞公《横溪》詩:横溪東去水迢迢,虚閣重簷共寂寥。山外夕陽低渡鳥,雨餘春渚暗通潮。寒空落葉書聲静,秋浦孤帆客夢遥。欲徙西湖湖上石,爲君乘月更吹簫。

小蒸。在四十一保。其西十里有漢濮陽王墓,甚高大,不生螻蟻。相傳築墓時蒸土爲之,故名大蒸。有小墓亦然,名小蒸。地挹九峯三泖之勝,居此者多文人韵士,因美其名爲貞溪。邵桂子娶于曹,世居于此。元時曹雲西園亭最盛,今花石猶有存者。有顔氏井,井旁以《淳化閣帖》石甃之,今尚存。邵亨貞《貞溪初夏》詩:雨後林深竹筍肥,渡頭風急柳花飛。柴門不掩緑陰静,人在閒窗試苧衣。

青龍。一稱龍江,孫權造青龍戰艦于此,故名。唐因控江連海,置鎮防禦。宋政和間,改曰通惠,後復舊名,設監鎮理財。鎮有學有倉,水陸巡司,茶塲酒務,爲海舶輻輳之地。人號小杭州,蓋稱雄鎮云。自韓世忠屯兵于先,陳友諒率苗軍平吴于後,勝槩什不存一。已而市舶之區徙于太倉,此地遂鞠爲茂草矣。潮淤水涸,民業漸衰。嘉靖初,嘗建青浦縣,治于此,不久尋廢。今則隆福寺宗風甲于天下。

鳳山鎮。在三十八保鳳凰山,濱溪而聚。昔張瑄通顯經始,慶壽僧廬最得形勝,今廢。東通錦溪橋,西連費榮敏公墓,元時篁木茂美,爲郡人春遊之地。

北七寶。在三十五保。左爲横瀝,前臨蒲匯塘,商賈必由之地。舊有南北二寺,皆稱七寶,此居其北,故名。

金澤。在四十二保。地接泖河,穡人獲澤如金,故名。有寺曰頤浩。溪上輿梁飛亭列肆,他鎮所無。王桓《宿金澤亭橋》詩:湖西風景好,亭榭負垂虹。瀟灑秋烟外,玲瓏夕照中。淵靈營别室,水族構離宫。夜泊聞歌詠,憑欄有醉翁。唐順之《留宿金澤》詩:澄湖昨夜雨初霽,驟覺風衫寒意多。遠浦草青歸送鴈,夕陽潮上坐微波。戲窺佛偈翻金字,静卧巖扉掩緑蘿。伊人只在蒹葭外,獨對清尊奈爾何。

廣富林。在三十八保。後帶九峯,前迤平疇,仕族曹氏家焉。陸潤玉有十景詩:富林春曉,村莊雨霽,九峯環翠,八曲潮生,三泖回瀾,緑沙農本,松林龍蜕,横浦歸帆,客舟夜泊,溪橋曉市。

泰來橋。在唐行南鹹魚港上。自宋元來,人烟闤闠,甲族曹氏居焉。水北尚有土壟,爲其家山。三阜離立，一水瀠洄，高見泖塔。市中飛梁對峙，有東西菴院界于其間。

盤龍。在三十四保，詳見水部。

趙屯。在四十九保趙屯浦上，仙人王可交升仙臺在其處。又名漢成里，相傳宋高南渡，曾屯兵于此。

崧宅市。在四十六保唐行東南。按：崧宅當從淞澤。文裕公有《崧宅辨略》。

闔郡有六十六鎮市，無故蹟者槩删去。

官　署

府治在城之中，前臨官街，後枕流水，唐宋及元初華亭縣治也。迨立府，即縣爲治。越十七年甲午，知府張之翰始撤而新之。大德癸丑，嗣政周維惠遷譙樓于外，而作儀門及後寢。重紀至元庚辰，知府楊伯野台展堂廡而大之。至正初，達魯花赤哈只作中寢。己丑，譙樓燬，知府王至和新之。明洪武初，知府陳寧建守貳以下宅。永樂中，知府黄子威重構穿堂，展兩廡，及新經歷照磨廨宇。正統庚辰，後堂及兩廡壞，知府趙豫重修。天順間，知府李惠重建廳事。成化中，知府王衡始置刻漏及畫角于譙樓，凡門以内之制悉備。惟譙樓前壓民居，迫隘弗稱。弘治己未，知府劉琬出官鏹，易而遷之，以其地增構榜廊。於是規模宏敞，浙西諸郡莫之與京矣。

本朝初，郡譙樓燬于兵。順治十六年，知府祖永勳率屬捐造，樓成，雄麗視昔有加焉。

按：《雲間志》有敕書樓，宣詔、頒春二亭，東西架閣樓，南書院，花園，讀書林，延桂、觀政、壺天、净凉、藏春、竹節六亭。《嘉禾志》有燕超堂，仙鶴亭。皆不見于前志，則元貞時已頹毁矣。元季屢更兵燹，旋復繕治，向之堂宇，多經改易，惟廳事承宣堂爲元貞重建時所榜。大德間，知府周維惠移榜于中堂，揭張即之所書"公生明"三字于廳事。至正中，達魯花赤哈散沙以即之所書"食淡精神爽"、"官清夢寐安"二牌，揭之前楹。即之書皆九華程熹紹定間宰縣時所刻也，至今猶存。

芳蘭堂。宋政和中，華亭令姚舜明記，元爲府治中堂。

弦歌堂，三山亭，艮閣。並在舊縣治東。宋元祐中，令劉鵬建。

宋朱之純詩序：彭城劉侯，元祐庚午來宰雲間。下車一日，先修庠序，次立教戒，下至簿書期會，各有條理。今來十旬，一境告治，訟庭清明，幾致刑措。於是即縣齋之東，新其一堂一亭一閣。堂曰弦歌，亭曰三山，閣曰艮閣，與士之賢者講論歌詠于其中，蓋將有志于美風俗也。然予嘗思之，自浙右爲邑，未有繁劇過此者。其境東南濱海，西北負江帶湖，方二百里。其户口除浮寄浪居，而占籍者亦不下數十萬。比嘉祐初，太常丞吴公所治，往往三倍其數。故生齒日繁，情僞滋多，而獄訟少有衰息。厥後欲鎮以寬者失之慢，矯以猛者傷于刻，雖日昃不食，力愈勞，神愈耗，而姦宄鬥狠，終不能勝。四十年間，民用不静。劉侯之來未幾，而風移俗易，宜其游心三山，鳴琴一堂，登高而賦之，使人知仁義禮樂之意也。予圃隱湖西，比有客見過，因問邑之治否，誦公愷悌出于自然，且曰："方周盛時，齊人五月報政，文公猶驚其速。處今之世，而劉君治江海僻陋之地，曾未十旬，了無可治。則是古道復行,豈不賢哉?”噫!以客之所言,證予之所聞,則君坐斯堂,宴斯亭,登斯閣也,宜無媿于古人矣。客退,因序其所聞而爲之詩。

東堂。即三山亭。紹興間,陳祖安爲令,温大著改曰貽牟。元爲府治東堂。

思齊堂。即舊絃歌堂。

招鶴亭。即舊艮閣,改易年月俱無攷。

製錦堂。在府治東,舊爲縣令正寢。宋紹定三年,令黄崕建。元爲鎮守萬户府。節《製錦堂自記》:工既竣,榜其堂曰製錦。客有問予所以名堂者,則應之曰:美錦,微物也,古之君子猶不使人學製。千室之邑,其爲錦也不亦多乎?予凉于材,拙于用,弗盡其心,則害于而邑,豈直一錦之傷而已?覩其名,惟其義,使人肅然敬畏之心生,於以滌昏而警惰。然則予之所以名者,豈苟云乎哉?

近民亭。在府治東偏。宋端平間,令楊瑾立。元爲館驛。令最近民,亭之取義以此。

華亭縣治在府西望雲橋北,元主簿廳也。縣初陞府,寓治于舊東尉司,至元壬午遷于此。日河抱于南,月河環于北。相傳建治時,形家言日月夾照,官多廉明,遂定址焉。或曰:即宋翰林院修撰李夔爲尉時,生忠定公綱故處。

舊縣治唐建,歷宋無改。沈遼攝令時,常勒箴于門。至元改爲府治。宋《縣門箴》:政之善出于是,不善亦出于是。斯民何知,惟令所置。勿謂可欺,固亦易制。師言不私,是乃可畏。朝而闢焉,小大必治。逮昏而闔,以休吾吏。治得其平,謂我豈弟。有或不然,乃門之媿。熙寧十年,錢唐沈遼記。

舊丞廳,今府西垣外真聖祠。

舊簿廳,今縣治。

舊尉廳,今東察院。

按縣治有:

善治堂。在佛字橋東,普照寺西南,俗呼善政堂。初,縣治爲上官所寓,則僑此視事。

棲鸞堂。在舊簿廳東。宋乾道元年,主簿鄭茂建。今典史廳,其故址也。

公餘風月。在簿廳後。宋嘉定九年,主簿四明陸垕建。今縣治後堂地。

折桂閣。在尉廳。宋天聖四年,縣尉江炳建。以李忠定生于此,因呼爲相公閣。淳熙十一年,尉巫清允改曰折桂。

梅館。在尉廳。宋淳熙四年,尉李昌建,後廢。

夢燕堂。宋嘉定十二年,尉番陽洪僩,即相公閣故基,建堂其上,取唐張燕公事爲名。後廢。

西亭。在尉廳。宋皇祐四年,鄭方平建。紹興間,太師嗣秀王伯圭爲尉時重建。後尉巫清允改曰陽春。嘉定間,洪僩重建。後廢。

逃禪。尉巫清允建,後廢。嘉定十三年,尉洪僩闢東廡一室,以舊名榜之。逮元不存。

敬齋。尉巫清允建,後廢。洪僩闢夢燕堂之西,揭以舊名。逮元不存。

思堂。在丞廳,本宋鹽監廳址。章質夫爲監官時作。

蘇軾記：建安章質夫築室于公堂之西，名之曰思。曰：吾將朝夕于是，凡吾之所爲，必思而後行，子爲我記之。嗟夫！予天下之無思慮者也。遇事則發，不暇思也。未發而思之則未至，已發而思之則無及。以至終身不知所思，言發于心而衝于口，吐之則逆人，茹之則逆余。以爲寧逆人也，故卒吐之。君子之於善也如好好色，其於不善也如惡惡臭，豈復臨事而後思，計議其善惡而避就之哉？是故臨義而思利，則義必不果，臨戰而思生，則戰必不力。若夫窮達得喪，死生禍福，則吾有命矣。少時遇隱者曰："孺子近道，少思寡慾。"曰："思與慾若是均乎？"曰："甚於慾。"庭有二盎以畜水，隱者指之曰："是有蟻漏，是日取一升而棄之，孰先竭？"曰："必蟻漏者。"思慮之賊人也，微而無間。隱者之言，有會于余心，余行之。且夫不思之樂不可名也。虚而明，一而通，安而不懈，不處而静，不飲酒而醉，不閉目而睡。將以是記思堂，不亦繆乎？雖然，言各有當也。萬物並育而不相害，道並行而不相悖。以質夫之賢，其所謂思者，豈世俗營營于思慮者乎？《易》曰："無思也，無爲也。"我願學焉。《詩》曰："思無邪。"質夫以之。元豐二年正月二十四日。

風月堂。舊市舶司。前瞰瑁湖，水光風月在几案間。宋胡承美取白樂天"水檻虚凉風月好"之句爲名。

中和樓。在普照寺前。下臨闤闠，民富物華，爲一市最勝處。宋紹定間，邑宰程熹建。元以其地爲官醫所。

湖光亭。在風月堂西，宋范成大有詩。

環碧亭。在瑁湖中洲。宋嘉祐中，縣令吴及建。及有惠政，去任後，民懷之。元祐中，劉鵬闢爲堂，因民所譽，榜曰思吴。紹興間，楊壽亨即堂址建亭，曰泳波。元元貞中，縣丞魏雲翼重建于唳鶴灘，榜曰環碧。

節録朱之純《思吴堂序》：思吴堂者，初名環碧亭。嘉祐中，太常丞吴公幾道所作也。公有惠政，四十餘年民頌不絶。今彭城劉侯來宰雲間，採民所譽，因至其地，見其頽毁蕪没，喟然嘆曰："昔人思召公，愛及甘棠，戒之曰勿翦勿伐。況此亭中冠一湖，吴公歲時與民所共樂者乎？"於是闢其亭爲堂，易其名曰思吴，從民望也。

元《復建環碧亭記》：邑西南有湖曰瑁湖，相傳爲陸氏魚舍。湖雖小，介于闤闠，民居鱗鱗，亭閣相望。予猶記從父老杖屨于春風中，笙歌載水，冠蓋翳陸，下至途翁野老，携杖頭百錢，所至皆醉鄉。陵遷谷變，奄如夢游，獨先賢印迹之地，輒不與壯士俱泯，唳鶴灘其一也。灘于湖東南洲，與中洲相爲雄長，歸於勢家，莽爲荆榛。今贊府捐俸入得之，曰："我將園池其上。"予甚笑其迂，公曰："不然。予家濟南山水窟，所至皆泉石如故人。故吾寧一日舍官府之榮，而不可廢登臨之適。且少從止軒社翁游，境與心會，輒不可一日無吾詩，復不可一日無吾友。則此園非菟裘私也。"他日過之，有亭翼然，已大書環碧其上，而求記于予，予謝不敢以當。復逾年，公請益力。一日復觴客其間，臨流有閣，椿桂有堂，奇峰異卉，羣立錦絢，此亭不得專此洲矣。公曰："予戍瓜且熟，此與邦人共之，子不可以無述也。"予嘗攷郡圖經，邑令吴常丞嘗於中洲築亭，亦曰環碧。後四十年，邦人不勝去思，易之曰思吴。今公此名，吾恐其不得久斯名也。記思吴者，不及親見其人，猶大書特書，以侈其事。如僕斯今,當何如其喜耶? 於是乎書而繫之以辭曰:水環碧兮緑漪,山獻翠兮九眉。仙人兮瑀琚,載雲旂兮忘歸。海之水兮群飛,騎鯨來兮昌吾詩。曠萬里兮有期,芳滿塘兮菲菲。鏗鏗兮叩朱絲,絢吾桂兮斑衣。褰風月兮追隨,將冠佩兮陸離。鷗來兮忘機,鶴歸兮人未盡非。昔環碧兮復見,却千歲兮維公之思。嗟! 後之來者,視予此辭。衛謙記。

婁縣治在府治北,壽安橋西,故爲司業朱大韶宅。

上海縣治,元市舶司也。至正二十九年,始立上海縣,以舊榷場爲治。大德戊戌,併舶司于四明,遂移縣署於司。

清節亭。在縣治。宋咸淳中,董楷提舉市舶時捐俸作。人服其廉,以是名之。

絃歌深處。在縣廳後。天順中,知縣李紋建。訓導江震有記。

時雨軒。在縣治後。成化壬辰旱,知縣王崇之與邑縉紳會于軒,而雨適至,因名。編修喬維翰爲之序。

留鶴臺。在縣寢堂後。嘉靖初,知縣鄭洛書臨行,留鶴于此,故名。

府城察院三。一在石獅子巷東,元江南浙西道肅政廉訪分司,舊縣尉廳也。明改爲察院,凡御史行部則涖焉。永樂十四年,通判柳榮重建廳事,榜曰肅清。弘治七年,知府劉瑺作清風亭于後堂之北。今東察院。一在里仁橋北,即行用庫。凡御史並涖,則後至者居之。俗呼小察院,今廢。一在長生橋東。萬曆間,以延慶講寺基建爲運司分署,後設水利糧儲道駐劄。道革,仍屬分司,臺使或居之。今新察院。

錢福《清風亭記》。不録。

提督府在府治西南,僊鶴觀西。

本朝順治五年,提督張天禄以前太師徐文貞公階居第爲府。今梁公化鳳奉命提督全省,崇飾壯麗,蔚然帥府矣。文貞子姓彫落第廢,而輸賦如故,梁公數軫念焉。

學　　校

府學始于宋,即舊華亭縣學也。諸邑之學歷乎元明,建置始備。

國朝順治九年壬辰二月,頒卧碑于天下學宫。

禮部題奉欽依,刊立卧碑,曉示生員。朝廷建立學校,選取生員,免其丁糧,厚以廩膳,設學院、學道、學官以教之,各衙門官以禮相待。全要養成賢才,以供朝廷之用。諸生皆當上報國恩,下立人品。所有教條,開列于後。

一,生員之家,父母賢智者,子當受教。父母愚魯,或有非爲者,子既讀書明理,當再三懇告,使父母不陷于危亡。

一,生員立志,當學爲忠臣清官。書史所載忠清事蹟,務須互相講究,凡利國愛民之事,尤宜留心。

一,生員居心忠厚正直,讀書方有實用,出仕必作良吏。若心術邪刻,讀書必無成就,爲官必取禍患。行害人之事者,往往自殺其身,常宜思省。

一,生員不可干求官長,交結勢要,希圖進身。若果心善德全,上天知之,必加以福。

一,生員當愛身忍性,凡有司官衙門,不可輕入。即有切己之事,止許家人代告,不許干與他人詞訟,他人亦不許牽連生員作證。

一,爲學當尊敬先生。若講説皆須誠心聽受,如有未明,從容再問,毋妄行辨難。爲師者亦當盡心教訓,勿致怠惰。

一,軍民一切利病,不許生員上書陳言。如有一言建白,以違制論,黜革治罪。

一,生員不許糾黨多人,立盟結社,把持官府,武斷鄉曲。所作文字,不許妄行刊刻。違者聽提調官治罪。

書院。元元貞元年乙未,知府張之翰建西湖書院。書院在湖中洲,本宋泳波亭,後爲放生亭。中有燕居樓,奉宣聖遺像。縣初陞爲府,改燕居堂爲縣學。之翰記中所謂混一以來,夫子燕居無所,故作樓奉之者,即此也。大德間,華亭人邵天驥重建。元統甲戌,知府申秉禮重修,遷姚氏義塾其中,以便來學。一時生徒甚盛,幾數百人。至正中,於此築城,遂廢。顧《誌》曰:續志,瑁湖東洲有環碧亭,與中洲相望。今中所演武場後有黄冠庋,臨水近城,曰西湖道院。疑此即環碧故基,而其西城壕乃書院地也。

《書院記》:余知松江之三年,登郡西南放生亭基。基在水中央,問其水,乃西湖也。考諸志,西湖乃瑁湖,晉爲陸氏養魚池,宋爲放生池。或傳此即谷水。水有丹,嘗湧五色泉,郡人士見者必擢第。余徘徊久之,方府治撤真聖樓,遂命工樓其北而廡其西。樓之上以像燕居,庭之中以壇社稷,廡之左以位名賢,廡之右以舍師儒與諸生。乃榜曰西湖書院,因筆之爲記。買地之貲萬三千,木瓦之費共二十萬有奇。松江知府張之翰記。

九峯書院在府治西北。邑士衛謙創,後趙驥以宋李綱生于華亭,請立書院以祀,遂祀(剛)〔綱〕于此。

趙驥《請祀李忠定議》:按《松江郡志》,折桂閣在尉廳右,觀文殿修撰李公夔,元豐初爲尉時,生大丞相忠定公綱于此,因呼爲相公閣。世代綿遠,廳與閣俱廢,而生賢之地,愈久而愈光矣。自古聖賢生育、宦游、進修之處,皆立書院,以敬其德業而嘉惠後人也。及按《宋史》,綱登政和二年第,七年爲太常少卿。時金人渝盟,邊報狎至,朝廷議避敵之計,詔起師勤王。命皇太子爲開封牧,令侍從各具所見以聞。綱上禦戎五策,又以巨敵猖獗,非傳以位號,不足以招徠天下豪傑。東宫恭儉之德,聞于天下,以守宗社可也。俾給事中吴敏極言之。及召入議,刺臂血上疏,徽宗内禪之事乃決。此忠定勸進揖讓之功業也。徽宗東幸,宰執議請上暫避敵鋒。綱謂:“道君皇帝挈宗社以授陛下,委而去之可乎?今日之計,當整飭軍馬,固結民心,相與堅守,以待勤王之師。”此忠定守社稷之功業也。至以綱爲留守,爲親征行營使,以便宜從事。綱身督戰,募壯士縋城而下,斬酋長十餘人,殺其衆數千人,于是金人退。此忠定攘外之功業也。及綱罷而京師陷矣。高宗開大元帥府,承制復綱故官,至以爲相,正張邦昌之罪。惜乎相僅七十五日,而高宗不能用,終于荆湖安撫,後謚忠定。文章德業相表裏,是宜建立書院,以奉宣聖,併以祠之,實愜公論。趙驥議。

先賢祠。宋慶元四年戊午,知華亭縣徐民瞻作祠,祀宋參政錢良臣。《祠記》:慶元三年夏四月庚午,知華亭縣徐民瞻始至,詣學謁廟,再拜庭下。既乃巡廡,展誠于從祀者。西廡有祠焉,榜曰"参政錢公之祠",載瞻載仰,致敬而退。越三日更朔,修故事,帥諸生行奠謁之禮。已而升堂,諸生以序次第見,進之坐語。環視内外,覃覃整整,楝宇翼翼,階廊舒袤,窗几明净,講肄有位,職掌有室,庖廩有次,不侈不陋。顧坐者曰:"美哉,斯學之久而新也。"問其年,則曰:卜築于斯土者,元祐末歲也。後八十有八年,繕葺而復,以至于斯者,淳熙己亥冬也。成己亥之事者,乃今祠于西廡参政錢公也。公諱良臣,字友魏。生有嘉聞,刻志于學。十七試藝,補入學,十九陞太學,又十年登進士第而歸,謁謝先聖先師。凡昔從游同舍士,攝衣迎拜,歡喜道舊,顧盼殿堂齋舍,非復前日。公蹙然不寧曰:"去此甫十有二年,時異事廢,何其遽耶?他日幸宦遊,凡可致力者宜勉。"歷二十五年,公参大政,猶念念不置。轉運司有材木之在華亭者,去學不里所。公聞之,喜曰:"吾事集矣。"一日,轉運使以職事造府,公以語之,即日悉以木株四千有奇畀學。時縣令徐君安國藉以經營,逾年而克成。殿堂廊廡,齋室廩庫,瓦椽就傾,檐楹將敗者,一切起而新之。塗塈丹雘,輝焕明蕩,不替於昔。由是鄉老學士大夫喜學之復興,而感公之不忘本也,翕然相勸,或遣其子弟肄業,磨礱浸灌,争騰踔于學,皆公之賜也。鄉人請于令,祠于學宫,屬受代未暇。楊君槜年寔繼領縣事,遂堂而祠焉。今十有九年矣,未有記其事以詔後者。謹叙其所聞,庶知公之不忘于學,而士大夫之所以不忘于公云。奉議郎知嘉興府華亭縣主管勸農公事兼兵馬都監徐民瞻記。

五年己未,知華亭縣事徐民瞻作二俊堂,祀晉陸機、陸雲。

林至記。不録。詩:采采兮紫蓴合,蘋蘩兮薦誠遲。君不來兮我心靡寧,雲幽幽兮晦冥。野有兕虎兮水有鱣鯨,羌何爲兮舍故而就新。被服兮孔翠,鏘鳴兮璆琳。朝航兮水波,夕駕兮山嶔。恩多兮報重,寵極兮害深。一陰兮一陽,孰参兮化施。孰質之賦兮,孰命之爲。世清兮才良,蹇余步兮蹉躟。誦懷土與九愍兮,而獨悲此故鄉。五茸兮雲寒,三泖兮水寬。鶴唳兮莫聞,漚鷺兮飛飛。來愁兮無盡,往悔兮不可追。登君之堂兮,惟君之思。

元至元十六年丙申,教授馬允中重建二俊堂于藏書閣大成殿後。之西廡,以唐陸贄配享,稱爲三賢祠。

元貞二年《重建二俊堂記》畧:松江府學舊有二俊堂,隸學之東廡,秘書林公爲之記。宋端平丙申,學遷而南堂湮弗治。至元癸巳,郡博士河陽馬允中職教此邦,興滯補弊,百廢具舉。每以陸祠未復爲闕典,謀之鄉先輩,百爾經營,越二載餘始得之。爰庀役程材,搆祠于藏書閣之西廡。衡位其中,龍序其右,且以宣公敬輿配其左。逾四百七十餘年,文章事業,前輝後映,神爽如生。是祠也,昔端平之丙申既遷而廢,今元貞之丙申復創而興。名賢五百年間出,殆有數焉。郡博士之有功于斯堂也。顧不偉歟?前進士徐有極記。

至正二十三年癸卯,同知顧逖重建三賢祠于藏書閣北。

上海縣學在縣治東,本上海鎮學也。宋時在長生橋東北,元至大三年,廉訪僉事吴彦升遷于縣治之西。延祐元年,縣丞王珪改建學於縣治東,即今學也。學之勝槩有天光雲影池,中有芹洲,其上有止菴,北有杏壇,東有盟鷗渚、舞雩橋、洗心亭、酸窩、古井、蕉石堂,前有古松梧竹無數。今池尚存,餘皆廢。

青浦孔宅書院，在海隅鄉慧日寺側。故爲孔子廟，宋因其地，撥寺之半租，立書院以養士。元初爲寺所據，至正初，寓公蔡庭秀言于府，請上行省，置山長員。府上其言，不報。里人章弼嘗修飾迎師，以淑鄉之良俊。《孔廟紀序》畧：青浦縣治北故有夫子廟。宋淳熙間，里人濬渠，得玉璧三、環二、簪一。蓋隋末孔氏三十四代孫禎，宦游至吴，遂僑寓爲吴人，立家廟，葬先聖衣冠于此，璧環乃墓中物也。今廟貌剥落，墓址蒿萊。郡里毛公、司馬尤公、邑侯韓公並次第捐助，竭蹷鳩工。若墓，若殿，若軒，若門徑，若耳房，若橋道，若楔棹，凡三越月而告竣焉。夫國家二百餘年來，松號劇郡，而先聖衣冠俎豆之墟，竟化爲荆榛狐兔。豈宦斯者，奪于簿書期會，不暇式閭問俗歟？豈生長斯者，忽于見聞耳目，不及訪故老，修營闕少歟？豈地靈隱顯，徵千百年而有待歟？兹者郡邑諸公，一時攬轡而謁，遣餉若干贍將作。而應陽陸君，拮据風雪中三越朔。坐使千百年狐兔荆榛，一旦登之衣冠俎豆，謂不有異數哉？申時行記。

驛　傳

雲間遞運所設大使一員，衹謁往來。而河下水嘗淺涸，不便駐舟，故於慶雲橋之西，復設館驛，以待巡使者駐節。俗因謂之外館驛，而謂遞運所曰内館驛云。陳《志》。

風涇驛在風涇鎮，爲江浙往來之衝。宋時設，今廢。

西湖官驛臨西湖上，故陸氏放鶴灘也。有水閣，頗稱幽致。今廢。元無名氏《題西湖官驛水閣》詞：倩綵鸞傳語，問陸家、兄弟翩翩，今歸何處。留下文章藏萬壑，時作雲烟吞吐。謾徙倚、朱闌凝竚。闌外瑁湖誰管領，嘆先生舊宅僧分住。天下事，盡如許。　英雄總被虛名誤。覽遺編、浩嘆寂寞，一丘寒土。惟有春風長來往，催却幾多人去。但歲歲、垂楊自舞。今日我來懷古後，筭後人又以今爲古。留此曲，伴鷗鷺。　右調《賀新郎》。至元十三年作。

聽鶴亭在今西林寺西。舊名谷陽，俗呼接官亭，古送迎憩息之所。元元貞三年修，易今名。其地面瞰大河，背負九峯，光明敞豁，爲郡之絶致。而又當闤闠輻輳中，以是頗爲傍近所侵。數十年前，嘗有以勢規爲己有者。存古愛禮之君子，尚於此而致意焉。顧《志》。

祠　廟

吴輔國將軍廟在府治西南。初名鎮西將軍陸侯廟，在府治東石獅子巷側，祀吴陸遜、陸凱，久而廢墜。元至正九年，邑人錢衮、耆老浦元玠言于有司，復其廟。邑人劉廷玉言遜子抗亦忠臣也，因併祀焉。明洪武初，以廟爲惠民藥局。十六年重建，易今額。宣德二年，巡撫大理寺卿胡槩即故三皇廟址，作新廟遷焉，而屋其前以爲巡撫行臺，而治事其中，議者以爲弗虔。天順中，知府李惠、知縣石玟買地西鄰，作今廟。成化(中)十四年，知府王衡重修，且正神位，列抗、凱于昭穆，命道士守之。

元秦裕伯有記。明夏寅有記。

築耶將軍祠。續志云：祀晉左將軍袁崧。崧死滬瀆之難，境内祀之。今華亭沙岡有築耶城遺址尚存,相傳爲崧所築,有築耶廟。

唐宋忠良祠在府南,即靈順行宫。成化間燬,知府王衡重建。正德十五年,推官周佐請于朝,以祀唐平章侍郎陸宣公贄。嘉靖間,知府黄潤以宋李忠定公綱父夔爲華亭尉,生綱于官舍,議以配宣公。疏請從之,榜曰"唐宋忠良"。

方正學先生祠在普照寺西,鶴城書院故址,祀明文學博士方孝孺。萬曆三十七年建,額曰"求忠書院"。

節録陳繼儒記:松府治之西有求忠書院者何?爲特祀遜志方先生而創也。先生生于天台,死節于金陵,于松何居?曰:松有先生後在焉。後何居?曰:葉公琰、謝公鐸、張公弼、王公世貞詳哉言之矣。且方氏手迹支譜,甚覈而詳。先生血胤在松,則血食亦宜在松,此特祠之所由建云。當先生抗命時,魏澤以刑部尚書謫寧海尉,受詔捕方氏,幼子德宗垂九歲,澤匿之。有台人秀才余學夔者,乞食翔于市口,喃喃唱歌以諷澤。澤心動,叱曰:"扶顛子去!"越兩日,途遇歌如前。澤知其爲義士也,乃密托德宗于余。入松江島嶼中,歷青村諸鎮,以織網貿米得活。余又潛入郡,屬祠部郎俞允護翼焉。任勉爲參政,家居聞之,就見德宗。德宗初引却,怖而欲逃。勉出《癸酉録》示之,知允與勉皆門生,乃始安。自此各爲異人,隱相往來。允妻以養女,冒俞氏,恐同姓賈禍,旋改余,轉遷白沙鄉。而學夔亦遠遁,不得迹矣。德宗有三子,娶俞生友直、友諒,繼許生者友竹。子孫繁衍,具居華亭。本末詳載譜。

上海李公祠,明嘉靖間,知縣馮彬建,祀知縣李棨。棨字從質,河間任丘人,成化戊戌進士。己亥來知縣事,有惠政。具載唐錦記。

羣忠祠,嘉靖四十三年,知縣黄文煒建。祀本縣縣丞劉東陽,建平縣丞宋鰲,鎮海衛指揮使武尚文,浙江鎮撫吴賢,鳳陽散官丁爵,土民楊佃。詳黄文煒記。

忠勇祠在南匯所。明嘉靖三十年建,祠官軍李府及二子香、黍。詳李日華記。二祠皆祀死于倭難者。

第　宅

孔宅在海隅鄉府北六十里慧日院側。詳《書院》。

陸遜宅,《吴地記》云:漢廬江太守陸康,與袁術有隙,使從孫遜與其少子績還吴,居于長谷。

陸機宅在崑山下平原村,别宅在谷陽門内。今普照寺相傳爲陸氏園亭。

陸瑁宅在養魚池上。

陸錡宅在錡湖上。

袁崧宅,府西北。舊經:昔袁崧居此,因名。按晉史:崧,陳郡陽夏人。隆安四年,爲吴郡太守。嘗築滬瀆壘,以禦孫恩。明年遇害。或者崧歿後,其子孫遂居此乎?今其地里曰崧子,水曰崧,皆其遺迹也。

顧府君宅在亭林鎮。地有高邱,梁黄門侍郎顧野王於此修《輿地志》,時稱野王讀書堆。今爲寶雲寺。有沼深黑,冬夏不竭,云野王墨池。有古松,云野王手植。蓋附會云。

明成廷珪《吊顧野王故居》詩：寶雲寺裡舊祠堂，自汲清泉酹野王。白馬有神嘶古道，青衣無夢到禪床。塵消壞壁書千卷，土蝕殘碑字幾行。欲借玉篇遺稿看，山僧無語立斜陽。

徐階詩：野色春香次第收，海雲江月共遲留。荒碑雨過苔侵字，古寺烟深樹隱樓。龍去尚看池水黑，鶴歸應弔草堂幽。苧翁亦是清朝彦，倍覺臨風動遠愁。公自注：沈苧翁書樓在野宅東。

衛文節公宅名涇。在府東南蕭塘，今爲崇福寺。相傳鶴城書院西亦衛氏故宅。《普照續古録》云：宋建炎中，寺災，至衛宅甎牆始滅。近歲居民於古井得巨甎無數，皆有衛仲英三字。仲英膚敏之子，與文節從兄弟也。

樂静山房，衛仁復之居，膚敏七世孫也。仁復字叔静。

元王逢詩：新營别業遠風埃，山緑湖光故入來。四壁有時聞葉墜，一門無事看花開。圖傳龍馬尊家學，冠護貂蟬憶相才。巢燕不隨浮世變，將雛依舊拂蒼苔。

陶宗儀詩：屋繞芙蓉九疊屏，日長客去掩閒庭。巖花暖傍疏簾落，階草晴分汗簡青。温火試香删舊譜，汲泉煮茗續遺經。江南定有徵賢詔，太史方占處士星。

歸來堂在青龍鎮。章元澤辭禄奉母之所，楊維禎有記。元澤字吉父，宋莊敏公楶九世孫夢賢字思齊。之子。初爲丞相舍人，累遷江浙財賦副總管。以母老，棄官歸養。鐵崖亟稱之。

元張昱詩：使君致仕歸來日，九十慈親猶在堂。秋水鱸魚朝入饌，薰風紈扇晚生凉。孝廉早已稱高士，名德今宜重一鄉。花底板輿喧笑語，白鬚風動彩衣裳。

水心亭，青龍章顔燕處之所。二子弼、輔揭所志之句曰："表裡澄清如此水，行藏端正在吾心。"

百客堂，下沙，宋瞿氏宴饗媚黨之室。

元方回詩：壁間墨客掃龍蛇，所寫詩佳字亦佳。忽見一詩增感慨，吾家宗伯老秋厓。

醉眠亭在青龍江上，李行中所築，蘇軾爲之銘。

宋李行中自題：簷低檻曲莫嫌隘，地僻草深宜晝眠。代枕暮憑溪上石，捲簾時看屋頭烟。倦游拂壁畫山逕，貪醉解衣還酒錢。一水近通西浦路，客來猶可棹漁船。

宋蘇軾詩：已向閒中作地仙，更於酒裡得天全。從教世路風波惡，賀監偏工水底眠。　君且歸休我欲眠，人言此語出天然。醉中對客眠何害，須信陶潛未若賢。孝先風味也湛憐，肯爲周公晝日眠。枕麴先生猶咲汝，枉將空腹貯遺編。

蘇轍詩：是非一醉了無餘，惟有胸中萬卷書。已把人生比蘧傳，更將江浦作堦除。欲眠賓客從教去，倒卧氍毹豈暇舒。京洛舊游真夢裏，秋風無復憶鱸魚。

秋厓隱所，宋秀州守方岳之居。

方岳自題：高下雲藏野老家，縱横水漱竹籬斜。勒將春去許多雨，流出山來都是花。白日風烟三徑草，清時鼓吹一池蛙。身閒不耐閒雙手，洗甑吹香夜作茶。

谷陽園在西湖上，中有湖齋。宋朱之純退休之地。

朱之純《自題湖齋》詩：平湖半頃水汪洋，得意茆齋且屈藏。園種小桃今結子，池(裁)〔栽〕翠芰更聞香。六龜已兆千年瑞，雙鶴看呈八月祥。居此脩然忘世味，此心猶嬾去龍瑒。公自注：予湖上治圃，於桃根獲古龜六枚，其小如錢。又昔有仙鶴觀，每歲中秋夜，有仙鶴下，觀因得名。今予治圃谷水，鄰其地。

天和堂，朱樸隱居。樸自號天和子。

宋豐稷詩：路左漿先饋，門前屨幾重。勇歸塵事擲，恬處道心濃。弄水知幽谷，觀雲想妙峯。夜深孤鶴唳，清露滴高松。

宋趙挺之詩：華亭山谷佳，秀色宛如畫。前賢有遺迹，卜築候來者。高人養天和，放浪寄林野。安知歲月徂，但喜名利捨。傳家得之子，流輩推博雅。春風振客衣，逸棹東南下。賦詩臺閣彦，落筆珠璣瀉。持觴拜親膝，喜色動鄉社。都城十二衢，塵土翳車馬。一夢逐君行，玆懷已瀟灑。

樂静堂在貞溪，曹澤之之居。有園亭曰息影。

元邵亨貞《息影亭》詩：少陵甘屏迹，元亮久忘言。丘壑幽深地，青山日在門。

居竹堂，曹和甫即其祖樂静堂之地，植竹千箇，重飾園廬，以"居竹"匾其書堂。方回爲記，趙孟頫書刻石，今在華亭縣學。

安雅齋，元曹慶孫于居西偏築此藏修，柯九思有記。其子宗儒講學之室，曰愛日齋。

厚堂，曹知白居。有池臺苑囿之勝，虞集爲之記。元邵亨貞《午日曹雲西厚堂分韵》：仲夏暑氣微，嘉樹靄深緑。詠歸衡門下，逍遥清溪曲。屬玆午日至，悠然對醽醁。親戚恒舊歡，荆楚尚遺俗。飲罷仍太息，歲月傷局促。世情苟驅人，毋使隨轉燭。願言各自愛，重之若金玉。

古齋，亦知白居。元黄溍記：古齋者，雲間曹君貞素之所遊息也。曹君之先爲永嘉大族，其別于雲間。有爲宋季名進士者，君之伯父也。家益充，所居益以侈大，尺椽寸瓦皆非先盧之舊，獨此齋之屋猶爲六世故物。自君之曾大父宫使府君徙置今所，號爲西齋，於是又八十有六年矣。君復繕治藻飾，環以佳花美木，池臺水月之勝，蕭然如在穹林邃谷間。更號之曰古齋，而以書來徵文爲記。蓋將示後之人，使無忘也。夫所貴乎古者，豈不以先世氣澤之所存乎？彼沾沾焉慕爲榮古而陋今者，曾不足以知此。方且巧取豪奪乎人之缺壺破斧、枯竹敗素，棄遺無所可用之物，摩挲把玩，而以博古自命。至於其先人之廬，一椽之折，一瓦之墮，易而去之，惟恐不亟。視君之爲，亦可少愧矣。商人之詩曰："自古在昔，先民有作。"夫謂之先民，而又謂之昔，謂之古，其辭之繁而不殺者，非以致意于居處服物之細而已。引而勿替，必有事焉。庸書而歸之，俾刻石陷諸壁間，庶幾後之覽者，復以今爲古，而彌謹其存也。

雲間洞天，錢參政良臣園。在府治里仁坊内，宅居其旁，廣輪數里。至今指其坊，猶稱錢家府云。有東巖堂、巫山十二峯、桃花洞、來禽渚、流杯亭、侈賜亭、杏村、橘塢、雪窗、明月灣諸佳致，具見方秋厓先生《錢府百詠》中。後峯巖盡廢，而居人往往於其地得山石。成化間，得山石尤奇。知府稷山王衡輦置郡圃，至今存焉。顧《志》。

東皋園在今披雲門外張塔橋西北。宋錢知監别業，元時已廢。

宋儲泳《游東皋園登漣漪閣》詩：傑閣枕平川，秋光淡遠〔煙〕。窗開林外景，影占水中天。野色歸吟笛，征帆過客船。危闌人徙倚，縹緲十洲仙。

光風霽月亭，吕九山家。

宋儲泳詩：一段風流出自然，中和氣候嫩涼天。百年心事無人會，何與茅亭伴吕仙。

雲錦樓在上海縣治北，下瞰蓮池。費窠夏月飲賓于此，孫雄重修。

元楊維禎詩：高門經過費家府，門前溝水東西流。插花老嫗賣坊酒，騎竹小兒迎縣侯。白雪漫村蠶了簇，黄雲捲隴麥成秋。海中望見旌旗赤，知是將軍烽燧樓。

樂善堂，趙宗文居。子庭芝進士，袁桷有記。

元林定老銘：人性之初，厥善則均。孰好之篤，由知之真。庶民去之，汩焉忘返。君子人與，樂以不倦。世味酣人，如甘帶且。樂且不足，憂亦有餘。我師孔顔，其樂也内。靡媿靡怍，天君常泰。恂恂趙君，其心則然。見明守固，罔或誘遷。彼以雄貲，我以儉素。彼以氣俠，我以平恕。豢芻理義，食奚萬錢。門宅仁禮，厦奚萬間。其樂伊何，于以安處。流祥衍慶，乃若券取。日培月溉，拱把干霄。梓漆致用，利非敢徼。令子成名，厥報克顯。凡今之人，其則不遠。曰祖父孫，三世一心。益懋爾後，視此銘箴。

知樂亭，邵桂子養魚池上。

元吕克勤記：壽樂翁有田數十百畝，在行窩西偏，介乎大小二蒸間。沮洳汙下，茅葦相望。常潴水二尺許，苟遇雨，則瀰漫泛濫，雨稍久，則决堤潰岸，蕩爲大澤。魚鱉所家，鷗鷺以翔，浪波噴薄，浸與湖泖連。以故不受種藝，歲取他田之入以供賦，翁以爲憂。有持陶朱公養魚法以售者，翁遂悟爲下必因川澤之説，亟會衆工，疏而濬之，爲一大池。中設四洲，畜魚尾之盈寸者萬計，一以陶朱公爲法。意欲俟其大而鬻之，以當其租入，非直爲貨殖也。於是環以土堤，隱若長垣，上種桑槿，編竹籬以爲障蔽，開西南一門，備鎖鑰而出入道，四顧周密，又結茅爲守者宿息之所。翁每棹舟，携賓客子侄至池上，飲酒賦詩，圍棋歌嘯，日暮忘歸，欣然忘其憂而得其樂也。然止在乎舟中，僅得時一策杖，循堤而行，曾未有坐憩之地。或風雨驟至，則萍巾水袖，舡頭束書，與樽罍殽核之屬，皆不免沾濡。乃于水中央築一小亭，四面渟洄，八窗玲瓏，不藻繪，不甃治。自南堤北行，至于亭二百步，爲二板橋以達焉。人見斯池斯亭成之若易，然亦經年始完，爲費甚鉅。克勤屢獲從咏觴其上，臨窗撫檻，盡見池魚噞喁出没之態。自後翁日來憩息，夏不爲風日之所暴炙，冬不爲霜雪之所侵凌，意甚樂也。雖榜人舟子，亦知翁之樂乎此也。遂揭“知樂”二字于亭。諗翁之意，豈不曰樂水乃知者之事，我以行所無事之知，而爲此亭，每見風行水上，自然成文，清漣淪漪，汪洋演漾，波平而浪静，寓之目，會之心，謂之知樂可也。又豈不曰莊惠二子，相與問答，雖有智與不智之異，今我之爲斯亭，實犁然有當于心者。斯魚之在斯池，揚鬐掉尾，洋洋乎不啻江海之大且遠也。乘興而來，興盡而返，俗務世紛，一洗而空，魚固樂也，我亦樂也。斯二者，翁以爲何如？翁笑曰：“如子之説，其知我與魚者乎，其未始知我與魚者乎，其在知與未知之間者乎。雖然，欲知真知，君其問諸水濱。”遂書以爲記。

來青、覽暉二樓，青龍任氏延賓之所。

元楊維楨詩：大江如龍入海口，青山似鳳來雲間。任家高閣東西起，左江右海南青山。錦魚燒尾春前化，黄鶴傳書天上還。老子胡床一横笛，雙成仙珮響珊珊。

積善堂，祥澤張氏所居。

曹睿記：吴淞之南，祥澤之匯，有隱君子居焉。其人爲誰？清河張氏瑞卿也。其八世祖自杭始遷于華亭之櫻珠灣，六世祖八七翁再遷而至于斯，今又數世矣。棲遲畎畝，代有隱德，行義修于家，惠利及于鄉。祖父子孫皆年登耄耋，以壽考終。曾元繩繩，世濟厥美，詩書之澤，視昔爲浮，故鄉人以積善家稱之。昭文館學士雪菴李公，因大書以名其堂，久而未有記者。於是瑞卿之子麒，懼先世潛德湮没無聞，介吾友陶君九成來徵予文。予惟君子與人爲善，況積善如張氏者，尚何言之辭？嗚呼！善必積而後成，物必積而始大。故土之積不厚，則其負大嶽也無力；水之積不厚，則其負大舟也無力；風之積不厚，則其負大翼也無力。奈何君子之爲善，而不加以積之之功乎？一行之善，善矣，非積也。一人之善，善矣，非積也。孔子之贊《易》，亦曰："積善之家，必有餘慶。"有以也。今張氏之善，萃于一門，傳乎數世，信乎其爲積善者也。堂以是名，不亦宜乎？然人以德顯，德以言揚。苟無其名，又豈知斯堂之名之稱情也哉？余既喜張氏之世德，而又重九成請，乃爲之記，俾來者知所自云。瑞卿名珫，號后山居士。

三味軒，張麒娱侍之所。别有水亭曰静鑑。

元楊維禎記：松江之集賢鄉有隱者張氏，曰麒，字國祥。自幼清修，謙謹長厚，鞠躬君子。時丁兵變，晦迹祥澤，日與古漁老樵爲山水伴。人勸之仕，則曰："余世力農，素非食肉人也。且藩服尚武，又非吾仕之時。子獨不聞我步兵之仕乎？出赴齊王冏辟，秋風改衣，徑决去，捷如脱兔，不頃刻留。卒不與沓禄者死鈇質，而甘豢者，乃故鄉菰飯蓴菜鱸膾而已耳。余幸不違親于異鄉千里外，田有菰米，無歉年，水有蓴菜鱸魚，無饉歲。日以三味爲吾菽水之奉，而餘以覃吾賓友。其樂充然也，奚以仕爲？"故顔于軒曰三味，雖大貴人方丈食前，五鼎九牢，不以易也。東維叟舟過通波塘，麒不遠水陸程，延致于三味所，治酒食，張桐弄竹，爲叟歡。叟興酣，爲絙秋聲琴，彈鶴南操以高之。辭曰：驥北逝兮鶴南旋，松之廬兮八世其延。鱸有叚兮菰有田，羹我蓴鼓兮釀我澤泉。誦有書兮歌有絃。歸與歸與，烏知金罍之瘁口兮，玉羜梗咽。

芸閣在崧宅。處士顧友實隱居，藏書數千卷，倪瓚爲之圖。

元陶宗儀詩：地偏春自勝，市遠客尤稀。芸閣開清畫，谿航載落暉。雜花晴簌簌，輕燕晚飛飛。問訊東鄰老，還容覓釣磯。

皆夢軒，陳亨道居。

元貢師泰記畧：三江之口，九峯之下，有奇士曰陳汝嘉。履儒者行，衣道士服，華門蓬户，與世泊然。更軒其東偏，雜置黄帝、老子、莊周、列禦寇與醫卜種樹之書。日歸自外，朗誦長哦，倦則隱几而卧，形與夢接。嗒焉蘧焉，不知人世之有物我、榮辱、是非、得失、憂喜也。取鄭人斃鹿覆蕉，互皆有夢之説，名之以皆夢。

不礙雲山樓，張溪楊謙之居。

元楊維禎記：余嘗北渡楊〔子〕，訪金山之勝，而不知松之南，又有所謂大金小金，出没雲海之中，如壺嶠之在弱流外也。至正九年春，余抵松之張溪，溪之東有大族，爲楊竹西氏。居之南偏，其樓曰不礙雲山。竹西宴于樓之上，窗户四闢，萬頃之雲，兩鰲之島，皆自獻於眉睫之下。竹西風日佳時，岸巾樓上，手揮五絃之餘，與一二解人談至理。既以八窗無礙者闢于目，復以八荒不礙者洞于心，雲山之觀，盡矣備矣。竹西撫然若有得，起舉酒而自歌曰：海之雲兮油油，雨我田兮有秋。海之山兮離離，障我流兮東之。又歌曰：雲之動兮躧躧，吾與雲動兮動而不遷。山之静兮層層，我與山静兮静而不停。併録其歌以爲記。

元張天雨詩：吴淞别有隱人丘，大小金山翠欲流。屋宇雲山俱不礙，老夫伸脚卧西樓。

薌林，華亭小萊徐九齡居。

元楊維禎記畧：邑北五十里，其所爲蒲匯，匯北爲小萊。小萊有古屋百十楹者，九齡徐氏之居也。居左百步鑿池數十畝，池上植松〔柏〕、栝、檜、桂椒、梅橘、桃杏，艸則芝蘭、菊芷、荃蓀、薰茝，鈎（蓮）〔連〕彙列，四時之産香未嘗一日斷也。因額其堂曰薌林。予過海上，九齡榻余堂者數夕，予曰：栗里五柳以處士香，晉竹林以七賢〔香〕，濂溪蓮以周叔香，羅浮村梅以蘇長公香。草木不以物香，而以人馨也信矣。吾愛九齡之人品魁壘，操行高茂，此其德馨也哉。樂爲之記，并系以詩。　徑凹近迴坳，孤村郡邑遥。林深纏薜荔，藤蔓集鵂鶹。屋築穿花磴，溪噴帶葉潮。漁舟疑入樹，耕犢欲窺巢。蔽芾園驅日，芳非草秀葽。叢篁邀過客，透木蘸層霄。不霧影常暗，非山色更嶢。蒼茫招隱遁，迢僻滌塵囂。雲礙瀟湘竹，人行翠浪橋。落霞篩錦綉，吟蛄噎箾韶。彷彿桃源洞，依稀太古樵。携鋤晝中出，然火樹間摇。樛倚飛簾白，葩妍戲蝶嬌。日間應吠犬，枝杪可懸瓢。機響聯歌牧，疑聞别境謡。

瓢湖小隱在澱湖東坳塘之上，謝士安隱處。

元戴表元詩：鳳皇山頭春蕨肥，鵜鶘蕩口晚雲飛。扁舟白日自來往，杯酒青天無是非。鷗鳥近人渾不惡，風濤如此欲安歸。明朝我亦東南去，還理松陰舊釣磯。

樂全堂，黄宗武居。

元虞集記：華亭黄君宗武隱居長泖之灣，植耕桑乎衍沃，藝卉木乎幽勝，上以奉乎百歲之父母，下以長其奕葉之子孫。優游焉誦詩讀書於太平之日，蓋厚德之致也，而時未有聞焉。其季子璋舉進士，貢于京師，而大夫士始知其家有所謂樂全之堂者，皆欣然稱道之。璋來求文以爲記。夫黄氏之樂，如前所云者，信乎其可謂全也已。親之壽也，身之康也，子之文也，甘旨之充也，藏修游息之有其所也，遭夫時之無虞而不見外事也，將天錫之以全也與。噫！求全焉則志荒，有其全則意肆。善保其全者，知止而不自足者也。長泖之樂，蓋如是乎？若夫聖賢之所至，與天地同流，而無所虧欠間斷，而後樂生焉，是又全而樂者也。璋歸，試誦予言家庭之間乎。　元歐陽玄詩：野外岡（抵）〔坻〕合，海邊洲嶼清。名園依古郡，嘉木列前榮。治世稀勞役，閒居得繕生。尊親逾耄耋，視聽倍聰明。橋梓千年遇，蘭芝奕葉英。郎君貢鄉曲，刺史及門閎。緑醖良朋共，青編稚子擎。文鱗翻洗墨，好鳥和鳴箏。

俯仰何修飾，驩娱此盍并。幽棲便勝地，真趣仰天成。德耀夫妻志，龐公父子情。人間儻來物，所少勿經營。　明陳旅詩：華亭南去五十里，秩秩高堂枕泖濱。黄金買書教諸子，彩服捧酒娱雙親。石梁絶澗荷花雨，雲屋依林竹色春。能守不成三瓦戒，樂全長得葆天真。自注：三瓦見《史記·龜筴傳》注。

草堂，葉以清隱居。

元貢師泰詩：昨夜東風吹白茅，數間老屋倚江郊。月明棋局留花下，水漲漁舟並柳梢。海蛤味甘宜薦酒，河豚香美可充庖。琅玕箇箇高千尺，時有飛來瑞鳳巢。

此山中，馬秀卿郊墅。

元仇遠詩：仙人朝去暮知還，野色嵐光一草菴。少室何妨高索價，莫教輕指作終南。

求志齋，陸仲覽居。

仇遠銘：大隱山林，小隱朝市。不事外求，各志其志。志義行義，志仁行仁。云何古昔，未見其人。攻苦食澹，我志顔閔。耕閑釣寂，我志望尹。志一先定，詎爲氣移。朝斯夕斯，心誠求之。存則求志，克則達道。先求放心，庶可深造。延祐七年中和節書。

秋圃，華亭陳仁别業。

元黄溍詩：握手高譚四座空，可將心事付西風。清泉白日人聲外，翠竹蒼藤海氣中。尚喜餘香三徑在，須知佳興四時同。良辰勝餞嗟何及，明日扁舟我欲東。

方壺，郡人衛德辰便坐。

元傅汝礪詩：蓬萊圓嶠對嵯峨，如有神仙日日過。琪樹晚通雲氣近，羽輪秋會月明多。秦人採藥空依海，漢使乘槎但入河。誰識高齋有仙島，不勞萬里涉風波。

嬾雲窩，長西瑛居。

元張天雨詩：西域高人政不多，房山公後奈君何。不從世去求賢路，只許雲來共嬾窩。山鬼拾薪修茗事，水仙乘月送漁歌。他年尚憶藍袍舊，爲唱紅顔一擲梭。

漪南草堂在魚鱗涇上，葉杞寓居，貢師泰有序。

元王逢題辭：苔碕兮蓬屋，魚鱗之漪兮一曲。過盤兮洑洄，風舒徐兮水波縠。中青天兮琴滄浪，招白鷗兮送黄鵠。匪濯我纓兮匪濯我足，懷賢其渴兮誓將心沃。紃屨兮布服，蓮葉其舟兮魚鱗其屋。雲凈兮天開，蘋白花兮草豐緑。河曲曲兮釣鉤，將恢恢兮綱目。仁義是漁兮澹口腹，腹不人累兮人誰吾辱。

懷静軒在竹岡，居延馬季子所創。其先世居静州天山，以懷静名，示不忘本也。

元王逢詩：爾家世德肇居延，忠義勳名兩代傳。碧血濺波歸九地，白衣扶日上中天。鳳毛麟角聯青紫，春雨秋霜隔隴阡。惟有終身誠孝切，祈連如見氣蒼然。

尚彝齋，鶴砂朱聽作詩好奇，楊維禎名其齋以規之，并系以銘。銘曰：木以繩而正，弓以檠而柔。車以規而轉，舟以窾而浮。惟不彝也，繩檠之在，規窾之繇。惟淑德優，而況乎翰墨之游。

竹所，余有慶隱居。

元楊載詩：奇君負郭定幽居，多植修篁數畝餘。結實已期棲鳳鳥，垂綸仍欲釣鯨魚。

揭竿對户思排戟，截簡盈筐備寫書。清響繁陰皆可愛，炎天飛雪滿庭除。　池亭翼翼午風涼，隔岸田疇薺麥香。碧水千尋鷗蕩漾，青天萬里鶴飛翔。藏書不爲傳孫子，學道還宜應帝王。獨行似君何可得，結交歲晚獲裘羊。

來德堂，吕良佐居。

元楊維禎記：松之南，其鍾水曰大泖。有川谷導其和，陂塘污庳以産其美，其氣不沈越，故宅是者多殷饒。然其末也易流淫靡，虞于湛樂而替于隸圉者，亦不少焉。惟植之以德，聳之于身，而儀之于子孫，如吕氏輔之者，不能百一也。輔之名其新堂曰來德，其貽後也遠矣。嘗謂予曰：某視吾鄉富而慆者某某，今其宅已姓於它；貴而豪者某某，今其氏已踣而不振。遠不二葉三葉，近不二十三十年。吾懼焉，故堂以是名。某將日修吾德爲久久計，非一朝一夕計也。予謂細人之爲歲計者來之以穀，五歲十歲計者來之以木，然不種則不能必其報于如期之後也。惟大人君子爲百歲計者來之以德，種益大而來益遠，來益遠而享益豐。大人之必報于弗近者，又豈細民之所能識哉？然遠近不侔也，種而來其報一也。輔之，仁長者也，有仕才，不屑仕也，將遺之子若孫也。來德之日至，子孫其有名世者作乎？抑余聞黍不爲黍，不能蕃蕪，木不爲木，不能蕃毓，德不爲德，則不能蕃殖也。德之基爲來之期者，可不慎矣乎？吾觀輔之氏輕財好義，行若古人，棄貴而施舍，補乏而振滯，燕以事耇老，餞以勞賓旅，聚莊以仁乎舊族，設塾以淑乎賢才。吾知輔之氏之爲德也至矣，期于來也遠矣。傳不云乎：興者有吕申之功，以其功之來者遠也。輔之氏思承其後，以繼其興者，尚以余言勉之哉。

鐵硯齋，吕恂讀書處。

五雲窩，吕希遠之居，又有萬竹樓、玄霜臺。楊維禎詩：君家樓閣有玄霜，無奈今宵月色涼。露下金莖仙掌白，兔生玉臼雪眉蒼。道人醉寫榴皮字，嘉客饑分寶屑糧。老我西園吹鐵笛，碧雲千里雁飛長。

書聲齋，夏士文搆以訓子處。楊維禎記。

元王逢詩：璜溪溪上魯東家，四壁無塵護絳紗。春水硯池窺乳燕，午香簾幙度飛花。賓筵優禮同三釜，秘閣遺書共五車。總羡韋賢家教美，滿籯金璧護泥沙。

漪瀾堂，亦夏士文之園亭也。明貝瓊《偕魯道源馬文璧集漪瀾堂》詩：漪瀾堂上又東風，報答春光酒未空。海鳥一雙鵰尾白，山花千朵鶴頭紅。水邊列坐皆詞客，天上清歌少玉童。不省日斜誰倒載，從教拍手笑三公。　窗户青紅竹裏開，竹深無地着塵埃。山移閬苑千峯出，水接銀河一道迴。釀酒每留賓客醉，賦詩重許老夫來。暖風遲日春如海，隨意何妨坐緑苔。

暎雪齋，孫道明之居。明叔始居城東，置群書一室，考古爲學，命之曰暎雪。頃以兵火室燬，乃徙泗水之陽，搆草堂以居。及今十有餘年，生事日廢，而書則不減其舊。老人年踰七十，耳聰目明，手書細字不倦。從政者訪問流風遺俗，貿貿然求諸草澤。老人曰："以予在野，而勤吾大夫君子之轍，其可乎？"遂復來城東，僦草堂，挾其書硯以從。乃以暎雪行齋名之。見貝瓊《清江集》。

梧溪精舍在青龍江上，江陰王逢避地之所。逢大母徐夫人，嘗手植雙梧于故里横河之上，故以是名其居，示不忘也。中有蘿月山房、冥鴻亭、小草軒，皆自爲記。

王逢《龍江齋居懷友》詩：投閒田野罷從軍，孟夏齋居樂可云。銅滴水寒蘭葉露，湘簾風颺柳花雲。門生載酒還多酌，道士籠鵝或一群。近種黄精三百本，秋高分寄許徵君。

最閒園在烏涇鎮。王逢在青龍，移隱於此。内有藻德池、懷湘坡、樂意生香臺、幽貞谷、濯風所、卧雲窩、流春石、海曙巖。

王逢《移居烏涇最閒園》六首：卜宅賓賢里，生涯始有涯。憂緣常念亂，貧爲數移家。徑合交枝果，簾當獨樹花。池臺幾峰石，相友卧烟霞。　平生一丘壑，今住小林泉。樹古走藤蔓，沙虚行竹鞭。紅蛛網石罅，白燕下琴邊。不有故山憶，溪南買祭田。　隣曲敦新好，園林恍昔游。衣冠時徑入，棋局夜忘收。已遂蓴羹興，何煩杞國憂。人生貴行樂，兩鬢颯先秋。　地深雛鳳穴，池浸小龍泓。白石垂綸影，蒼苔拄杖聲。人心嘗淡泊，風物自(清)虚〔清〕。多却詩千首，無繇避隱名。　丘園宜養病，薄暮一徘徊。倦蝶投烟草，潛魚樂水苔。尊中天影落，巾上月明來。家政傳兒子，惟須藥籠材。　無才甘在野，多嬾愜行園。石露溥雲氣，池風損水痕。草深眠雉子，林静習鴉孫。擬著幽居録，漁樵共討論。

小蓬臺，楊維禎寓所樓名，在百花潭上。别有拄頰樓、草玄閣，皆爲東吴勝槩。閣在迎仙橋西北，崇禎癸未，郡人李凌霍重修。

明貝瓊《小蓬臺誌》：按東方朔《三島記》，蓬萊在東海北，周五千里。禹乘蹻車曾抵其所，秦皇遣徐福往求不死藥，至輒有風，引帆而返。俗疑其妄。會稽爲東南大郡，舊稱小蓬萊，則以其地儗之也。鐵崖楊先生族出會稽，而老于松上，即七者寮之東偏，葺樓一所，顔曰“小蓬臺”，示不忘越也。臺俯大川，别二支，其一南流，其一北折而東，中匯爲百花潭。有三石梁跨川上，南曰金鰲，北曰鐵龍，東曰玉虹。是松之勝畢效于兹，而爲小蓬臺所有。江雲海雨，山紅野緑，舉在几席之下。則視會稽之蓬萊，大小不同，其超乎埃壒，不啻真在三山雲氣中矣。先生晨興，披鶴氅，冠鐵冠，燕坐其上，客至不下臺。好事者就見之，相與高談大噱，或出桃核杯酌酒，酒半，取鐵笛，作長短弄，旁若無人，觀者以爲謫仙人也。夫蓬山四時皆春，而小蓬臺之春亦無盡。小蓬臺之春無盡，則先生之樂又豈有盡邪？於是命瓊誌之。瓊惟先生早擢高第，宰天台，後去而客錢塘姑蘇者久之。州郡兵起，往依元帥劉九九於建德。九敗，挈家東下，松之通守顧逖具舟檝迎之。蓋去會稽三十年而息于是，非蓬萊而蓬萊也。會稽受兵尤酷，暴骨如莽，千里蕭條，雖蓬萊而非蓬萊矣。昔杜少陵放浪梁宋吴越，後仕元宗肅宗，官至拾遺。然流離顛踣之際，由鄜入蜀，東屯瀼西，凡二築草堂，少陵殁而天下稱之。先生之〔與〕少陵，其迹同，其趣同，其文章之信於時同。異時小蓬臺將見摭於圖志，杜少陵之草堂何足侈哉？於是乎書。

明詹同《飲柱頰樓》詩：飛樓高出市塵表，萬丈文光照紫微。洞仙曾與鐵爲笛，天女或裁霞作衣。酒酣尚欲招鶴舞，詩狂未可騎鯨歸。休唤小瓊歌白雪，自有紫簫吹落暉。

筆議軒，上海彭汝器手評《宋史》之所。貝瓊記。不録。

汝器字宗璉，上海人。博學有史才，謂《宋史》杜后遺命立太宗，與宋宣公舍其子而立穆公,同爲貽亂于後。太宗問傳代之事,趙普知爲太宗謀,而不爲太祖謀,欺天之罪不可道。神宗將崩,宣仁預製小黄袍,以備倉卒云,立哲宗,稱宋賢后,當以宣仁爲冠。貝瓊深許其識古今得失大義云。

芝蘭室在盤龍岡,錢全衮尚友之室。黄溍記。

京口俞希魯銘并序:雲間錢慶餘父,樂與賢士大夫遊。得其詩若文,彙而庋之齋居之所,扁其楣曰“芝蘭室”,蓋取昔人所謂與善人居,久而俱化之意也。　昔人慕善,儗物稱情。曰芝曰蘭,靡浮其名。蘭有國香,芝爲世瑞。蓁蓁實繁,匪我同類。顯允錢子,克慎交道。得其文章,如獲至寶。爰闢一室,裒輯其中。錦囊緗帙,棟宇是充。其扁維何,維芝維蘭。入其室者,可以肆觀。濯濯其英,曄曄其茂。如蘭之馨,如芝之秀。孰滋楚畹,孰生謝庭。維厥攸好,匪華匪英。行有餘力,于焉以處。咀芳茹芬,左右是與。既見其文,如見其人。相觀而善,迹遠心親。耽耽廣厦,藏歌蓄舞。樂極悲來,竟亦何補。我作銘詩,是用加勉。百爾所思,樂哉維善。

竹庭,華亭沈德輝别墅。德輝嘗爲上海掌籍吏,邃刑名,多平反。至正間,詔免水深長蕩租額,鄰縣抑者,德輝伸之。既而辨論于行省,曰:“恩在普沾。”省堂是之。由是鄰儕坐抑累者得蘇,鄉人以是多德輝。

明袁凱詩:沈公爲吏無私曲,往往能反有冤獄。歸來囊底無一錢,種德庭前數竿竹。竹林陰陰多子孫,誦詩讀書連朝昏。短牆破壁蒼蘚合,人言可比于公門。于公種德不種惡,沈公行厚心不薄。我歌此詩有深意,告爾後來司犴吏。

樂琴書處,明學士沈度之室。

楊榮詩:君子有至樂,乃寓琴與書。外務絶紛擾,有才恒清虚。簡編日披閲,宴坐窺唐虞。潛玩弗自釋,意釋忘其劬。悠然千載心,希彼賢聖徒。有時鳴朱弦,興至聊以娱。泠泠太古音,迥與淫哇殊。清風拂瑶軫,明月照綺疏。一彈曲未終,懷抱湛冰壺。顧兹愜幽趣,四體長安舒。翛然一室間,此樂真有餘。况兹荷寵恩,出入承明廬。風采動當世,卓犖誰能如。退食得清暇,徜徉遂幽居。冲襟益瀟灑,陶情自怡愉。永言崇令德,庶以揚芳譽。

東郊草堂,蔡君立隱居之所。

明孫作記:松之海隅有培曰漢城,城之隅有隱君子曰東郊先生。與予既親且厚,其出處亦往往相類,獨才與識不相及。初江陰之警也,公微服杖策,變姓名來吴。余不更事,意謂士君子遇則志四方、善天下,不遇則守墳墓、死鄉里而已。去將何之?未幾,郊壘日斥,鼙鼓日急,戈矛劍戟之聲相聞,晝不得居,夜不得息。然後悔吾知之不豫,引之不决,而公之去,其見遠矣。暨余得脱于難,辛勤來歸,公聞而輟耒東原,且弔且慶,館余客舍。方是時,余視東原耕田之樂,豈可及哉?會四方争延士,復與公合,曳履接席,邂逅相歡。雖時睽離必合,合必相教語曰:“若得謝,必同里而居,同畝而耕,以佚吾二人之老。”余應曰:“諾。”則又笑曰:“方今中原多故,天下未定,此俊傑馳騖之秋,非公輩高枕之日。若我等乃如公言耳。”後余忝教嘉禾,將規田舍,去(去)〔老〕松上,以復公言。而先生書來,則已退休于居,買田築室漢城之東,扁曰“東郊草堂”,徵記其事。余惟士之出處進退,不可以不謹如此。勤是物則爲君子,玩是物則爲小人。始吾之去也嘗後于公,今公之歸也又先于余,余其去君子而歸小人也審矣。一俯仰間,向之大車長蓋,望塵雅拜者,固已澌滅而無餘迹,其僅存不過當時齷齪不伸,爲世鄙笑之輩。豈用舍進退,時有利鈍,而貧富貴賤,天之予奪,復有幸不幸邪?抑余奔走饑寒,自其常耳。獨念出入憂患,進退從容,卒能以危爲安,如先生者,庸非真知去就,蚤見明識之士哉?吾田距公三里,幅巾杖屨,登君子之堂,樂而賦詩以歌其志,固將有日。於是書以誌予媿公者多矣。先生名訓,字君立,蔡其氏。蓋松之士族也。

古窩,陳珍居。

元楊維禎記畧:至正丙申,松郡燬于兵。吾西鄰叟陳國寶氏之居,巍然獨存。其題梁歲月蓋創于宋咸淳初,迨今百有餘年。其材皆交櫂赤杪,然無金碧綺綉之華,材雖良,而制則示後人以儉者也。一日延余于其居,請曰:"某居幸鄰先生東壁,一絃一誦聲相聞。先生客闐至,無坐位所,則析而入吾居,實先生之行窩耳。其可無名?"予以其構爲邑屋之古,遂以古窩名。叟清曠質直,平生無二言三行,蓋古之愚直人也。有一子文東,延碩師與之處。旹時謁吾門,閱古籍,談古道,爲古文章。則叟之尚古,而拔流于市井之人者,非徒一棟宇之古者也。且此居繇宋迨今,歷世者五,而不罹于劫火,不敚于勢家,夫豈偶然者?文正范公曰:祖宗積德百餘年,而始發于吾。天其或者陳氏後亦有興者乎?吾不辭書之,以示其子文東。

澱山草堂,李紫篔隱居。逸其名。

吴郡尤存詩:積玉溪頭水拍天,草堂只在澱山前。鳴鳩啼鳥青春裏,古木疎篁落照邊。仙客近傳飡玉法,故人時送買山錢。相逢未盡一杯酒,陸相祠前又撥船。

錢元方詩:謫仙今往五茸西,醉後嬾披宫錦衣。天上玉堂無夢到,山中書艇載鵝歸。白雲滿屋詩連軸,大泖當門鱸正肥。安得造君清隱處,紫簫吹月轉山扉。

南村草堂在泗涇,陶宗儀耕讀之所。杜待詔書額。

邵亨貞記畧:自昔有道之士,能終身不汨名利,天下後世清議無異辭者,惟晉靖節先生與吾宗康節先生二人而已。二公之子孫,散處四海,代不乏人,然能繼其高風偉行者,則未見其人也。予與陶君九成游幾四十年矣。九成生長浙東,承平時侍父宦游西洲,既壯屢經世變,弓旌纁帛之招,接踵境上,悉毅然不荅。築草堂泗溪之南村,左右列琴瑟書册,前後多桑麻竹樹,四顧皆平疇遠水,出户則可覽觀江山之勝。四時有耕釣蠶收之營,晨夕有讀書談道之樂。遶屋種菊數十百本,幅巾短褐,逍遥其間。地偏而心遠,胸中所存,不言而可槩見,人亦以爲今代之靖節。余老矣,九成亦逾半百,行將優游卒歲于草堂之上。後之傳逸民者,其肯舍諸?既書以復之,且以嘆吾宗之不競也。

陶公《南村對雨》詩:雨氣連村白,溪流觸岸渾。餘寒欺鳥鵲,清潤濕琴尊。修竹明如洗,長楊翠作屯。草堂初睡起,曳履掩柴門。

雪巢在九峰西,陸汝抗居。

明陶振歌:雪巢子,癯而清,本是玉皇闕下掌書之仙卿。何年降謫在人世,笠屩七尺蘧蘧形。入海學孔巢父，辭聘若魯兩生。不肯掉舌西破秦關百二險，不肯伏軾東下齊王七十城。日但讀書兼讀經，閉門慣作聲嚶嚶。結屋九山頭，雪巢以爲名。四壁銀絢爛，八柱冰峥嶸。神游黄竹鄉，眼眩白玉京。初疑老蛟湧出海底明月屋，又疑水晶宫闕現出青天十二蓮花層。雪巢子，罷俗累，絶塵纓，詩骨琢削梅花冰。雪巢一榻卧白晝，天風吹夢梨雲醒。醒來步上九山頂，拂拭秋水睒睒雙瞳青。掛巾三花西華樹，濯足萬里東滄溟。斲玄竅，鬥玄精，冥茫八極游心兵。雄驅萬象入詩筆，佳景直與江山争。我歌雪巢歌，金石相轟訇。爾當起把君山老仙所弄三管〔笛〕，和我此歌吹月明。曲中翻然吹大鵬，上朝三十六天之帝庭。毋徒在世苦吟學李杜，黟然黑髪成星星。

雍睦堂，明吴文瑞、文儀兄弟，世居石湖，讀書燕樂，觴咏於斯。顔其堂曰雍睦。顧清詩：雍睦堂開三泖東，兩翁相向日融融。曾因合族歌棠棣，不爲胥讒咏角弓。绿酒儘堪娱晚歲，綵衣終不媿春風。讀書有子還相似，好在延陵澤未窮。

改過齋，袁凱之居。

元楊維禎記：至正九年春，予游松之明日，邢臺張叔温携數客來見。中一人昂然長、癯然清，言議風發可畏。問爲誰，則曰：袁景文氏也。明日，景文來請曰："凱先世繇錦城僑兹土，先子可潛翁以詩鳴于松。先子早世，而凱尚幼，力自樹立，頗知讀書屬文。既長，益有志于學。然偏質剛愎，不能齪齪與閭里浮沉，且又不能隱人善惡，時時立物論爲臧否。于是與俗寡諧，人亦以此相詆，若有所不容者。今年歲已强矣，欲改是過，故自顔其燕居之所曰改過，而日自省焉。敢求先生一言以戒吾過，引我不及，以底于聖人之道。"予駭然異之曰："人以過自諱者，滔滔是也。未有有過自揭而求改者。聖如仲尼而幸聞過，子路人告之以有過則喜。古之聖賢未嘗以過自諱，此其所以爲聖爲賢也。謝上蔡别程子十年而不能矜，劉忠定别温公七年而能不妄語。子信能知過而改，異時復見子松陵之上，昔之剛愎者柔矣，臧否者嘿矣。是子之信能改過也。"景文起謝曰："藥石我者，惟先生一人，敢不再拜如先生教。"

古村居，上海曹迪隱所。村以古松得名，中有清槩軒、瓢樂山房、寶古齋。迪字簡伯。

僧宗泐《古村居》詩：古村民，古村居，古村有田復有廬。屋後桑麻四五區，屋前榆柳八九株。老婦辟纑兒讀書，青燈夜照三更初。牛角帶經耕且鋤，年年歲歲輸官租。聖人治世如唐虞，飽來擊壤歌康衢。烏紗作巾白布襦，東鄰西舍相招呼，醉歸兀兀杖且扶。古村民，古村居。

錦溪茅屋，明曹賢搆。迪之孫。

顧清記：出郡城而東，舟行十餘里，有水蜿蟺屈折北流者，其名曰盤龍塘。塘折而東流，遂爲迴翔容與之勢，以趨上洋，將東北歸于海。别泒入古村，南出龍華，以入于黄浦者，其名曰錦溪。溪之上屋數十楹，葺之以茅，古松曹先生家焉，曰錦溪茅屋。錦溪自宋樞密魏公利用十二世孫石巖始居于此，五傳至簡伯，以古村自號。其弟寶古生，名昭，字明仲，皆讀書尚文。當元之季，名勝之士避地東吴，若鐵崖、艾衲，皆折行輩與交。文物詩書之澤，至今可攷。先生去古村既不遠，博雅好古，稱其後人。其爲此屋也，節棁不施，楹棟不飾,修篁嘉木,映帶左右。先生居其中,自督僮奴、課耕植外,未嘗一日去焉。客有問錦溪之義,先生曰:吾溪所謂錦者與他異。西蜀之錦城,因其物而名之者也。錢塘之錦樹,因其人而名之者也。若吾之錦,則吾溪之自有也。日月星辰,麗于上天之錦也。山川草木,粲于下地之錦也。烟雲輝映,風水相遭,渚之花,汀之艸,鳧鷖雁鷺之翔集,烟罾霧罟之低昂,夾岸之丹楓,流波之素月,夫孰非錦乎?良天佳時,與二三友生坐其中,抵掌談話,考古今,論人物,壺矢博奕,觴豆間設。或醉而縱步溪滸,留連徘徊,返照入溪中,金碧相組繡。回視吾屋,如在輞川圖畫中,則欣然而返。如是者逾五十年。蓋人知吾屋之勝,而不知以錦溪勝;知錦溪之勝吾屋,而不知其出于自然,與所繇來者遠也。

蘭雪坡,劉性初隱所。

節録貝瓊記:蘭雪坡者,劉性初氏名其所居之地也。性初幼有奇氣,嘗從宣城汪先生授《春秋》學,讀書山中者五年。後值兵變,避地錢塘,左轄張公才其人,辟爲賓客。久之,以疾辭,無留禄意。放浪九峰三泖間,而屬余記所謂蘭雪者,至于三四無倦色。予惟物之至馨香莫如蘭,而至潔者莫如雪。李太白高魯仲連之節,其詩曰:"獨立天地間,清風灑蘭雪。"可謂知連之深矣。當其翱翔兵交之際,排難解紛,却千金之報,折帝秦之請,卒蹈東海而去,名立而禍不逮,身顯而利不污,此戰國一人而已。以蘭雪况之,又何過哉?性初懷仲連之志,弗爲人羈,人亦不得而羈之,亦何辱於蘭雪耶?吁!蘭雪之至馨至潔,非仲連不足以儗之。固有非蘭而馨、非雪而潔者,性初亦將襲其馨而尚其潔也乎?雖然,以馨而焚,以潔而峨者,古今所病,性初其慎之。

閱畊軒在南橋,明陳士傑田居。

胡儼記:余昔忝華〔亭〕學官,嘗從郡邑長吏祀神海上,竣事旋艫,汎滄波道瑶溪而返。時維仲春,風日暄淑,景物妍麗,迺捨舟,携二三冠者,散步于垂楊芳艸之間。有頎一翁,貌古而顛白,衣冠甚都,命童孥載稼器,指畫程督,心舒目行,閱耕于東臯南畝之上。余異之,揖而問曰:"翁沮溺之儔歟?遭逢聖治,不可以忘世也。其鹿門之龐歟?"翁曰:"咈哉。古者無不授田之家,衣食足則教化行。後世末作興,故民無恒業。苟無恒業,則國異政、家殊俗,其於先王之教,貿貿焉莫知所從矣。幸遇不干戈、不饑饉、不疾疫,得以優游享夫雍熙之樂,故亦不沮溺、不龐公,惟以求吾自適而已。"余聞翁之言,顧謂冠者曰:"真長者,子其識之。"他日陳景祺氏適余,手一卷而請曰:"家嚴閲耕軒,願子記之。"余惕然而悟閲耕家瑶溪,因以疇昔所遇衣冠狀貌詢之,曰:"得非尊公乎?"景祺笑曰:"然。"於是述余昔之所遇,并翁之所言,録爲一通,以寄景祺。洪武丙子夏日。節録。

管訥詩:瑶溪耕隱水雲間,門對吴淞九點山。百畝平畦秧馬疾,一犁春雨水龍閒。勸農田畯時相過,結社鄰翁暮不還。我若東歸投老日,幅巾便擬叩柴關。

段助詩:陳翁家住白沙溪,投老功名已息機。策杖來時催種秫,傍花行處便扶犁。蒼頭候饁晨炊早,黄犢眠沙夕照低。播穀聲中春務急,此身日日瀼東西。

思親堂,陳祭酒詢築。

陳詢《自詠》:庭前喬木凌雲高,層層緑葉攢枯條。忽然一夜西風發,長號聲振揚波濤。

葉凋枝折久欲静，撼摇無奈風蕭蕭。風蕭蕭，幾時息，孝子聞之淚盈臆。劬勞欲報親不存，但見孤墳長荆棘。人生養親須及時，莫待追思恨無極。

光節堂在吉麗橋南，任勉之宅。楊文貞士奇贈以“登科致仕，恩榮始終”八大字，周文襄忱刻石，樹之堂下，至今存焉。其别室曰袖簡軒，以藏其父養素先生遺札。

胡儼詩：老年致政喜還鄉，華扁高堂迥有光。不比昔人誇仗節，直令故里表遺芳。封題遠道傳書札，履歷平生見紀綱。幾度相望隔烟樹，携琴載鶴思偏長。

附養素先生遺札：别去忽將五月，杳無一字歸來，想無便也。家小在路必平安。到任以來，欽蒙聖恩，大赦天下，治尚維新，近必事簡民安。汝得温理舊學一二否？皇上嗣登寶位，簡拔賢才，昔之抱負，正兹報効之秋。今宜愈加謹慎畏懼，夙夜公勤，不可一毫徇私。天道福善禍淫可畏，勿謂已安已治而懈怠，勿謂已能已足而驕矜。《書》曰：“有其善，喪厥善，矜其能，喪厥功。”子曰：“居之無倦，行之以忠。”若夫少仁心，無誠意，愛民則必倦而不盡心矣。《詩》云：“庶幾夙夜，以永終譽。”慎之慎之。

四美堂，亦任勉之所構，以忍讓守勤四字名之。

高棅詩：五美可從政，聖世垂空文。悠哉希聖者，四美亦足云。仁忍而禮讓，固守仍復勤。以兹牧雄藩，政閒無糾紛。退食對紫微，遥遥九峯雲。銘心坐安宅，佔嗶稽前聞。怡怡張義門，去去孤竹君。瓢飲不改樂，耽經寧舍芸。南山余仰止，千載挹餘芬。

勤織堂，鸎湖蔣性中建。

泰和王直記畧：上海蔣用和作堂奉母，母喜而謂之曰：“吾聞古之人以養志爲大孝。吾壯時勤于紡織，助汝父以興其家。汝父殁而汝孑立，無厚産，吾紡織愈勤，朝而絲縷，暮而布帛，凡家之用皆賴焉。今幸汝讀書成立，而吾老矣，不復能有爲。汝宜記吾勤苦，以勸汝子孫，吾志足矣。”性中再拜受教，遂以名堂。

終慕堂在龜蛇廟左。張璚自名其居，寓思親也。

錢溥記：華亭張君端玉，當父清逸散人、母岳氏存日，嘗力學取科第，任教官，遷紀善。又嘗教子鎣甫冠舉鄉闈，蓋汲汲欲爲其親顯也。而二親相繼以殁，端玉服喪過哀，朝哭于墓所，夕哭于靈闈，足迹未嘗入城府、預人事，繇是人稱其孝友。及服闋赴京，而鎣已舉進士，拜(鑒)〔監〕察御史，綽有聲望。三載績最，例有褒卹之典。端玉遂謝紀善，受封文林郎，雲南道監察御史。命下之日，賀者迹至，而端玉益悲咽不自勝。乃輯其二親事狀、誌銘、哀輓爲一録，題曰終慕，且以名其堂。蓋欲終身慕之而不忘者云。節録。

卻金堂，張莊懿鎣爲按察使時，有持金餽其父端玉翁，求出冤獄者，峻拒不納。有司遂以扁其堂云。

同善堂在三里汀西，學士錢溥宅。

自記：《易》同人傳曰：“二人同心，其利斷金。”善之謂也。《春秋》書同盟十有六，傳曰：“志同欲也。”所欲之事有不同，故又曰：“同心爲善善必成，同心爲惡惡必成也。”然則同心而爲善，雖有不善不能浼，同心爲不善，雖有善者莫能爲。予故取《易》與《春秋傳》之言，合而名吾堂曰同善。蓋欲自吾而子，子而孫，孫而復子，皆同此心而爲善也。善非自吾始也，吾父祖繼百餘年間，皆清苦刻厲，以力于善，而始發于吾。今吾子孫有屋可居，有書可讀，有田可耕，有池可漁，有山可樵，有餘可以及人。負此六可，而不相與爲善，可乎？吾故書此，爲同善堂記。節録。

雙壽堂在蒨涇，周庠奉親之所。嘗迎養京邸，亦揭是名。

長洲吴寬詩：九峯下瞰蒨溪水，高堂乃在蒨溪涘。溪流到海幾百里，堂上兩仙足年紀。問渠年紀誰得似，木公之兄金母姊。紅霞暈頰雪擁耳，饑飡鍾乳渴石髓。板輿笻杖雕玉几，笑語時共春風起。鳳雛飛入金門裡，紫誥遠銜勞鳳嘴。烏紗珠翟介繁祉，大勝弄雛欲親喜。少遲蟠桃重結子，更三千年一彈指。

附古燕岳正《雙壽堂集序》：魯僖之頌，風雅變也。其情主于美，美生於愛，愛之至則頌禱興焉。《閟宫》諸什，其義備矣。光禄少卿周君尚文，松人也。尊翁樂閒先生夆居京師，育德果行，能修文學，夫人胡氏亦以知書外聞。尚文以兩親爲師，託籍京學，期致于用。翰林學士沈公民則，其弟大理左少卿民望，俱以能書通顯。尚文娶於沈，傳外家筆法，竟被召入侍文華殿，拜官中書舍人，遷太僕丞，進光禄少卿。比推恩舉樂閒受封中書舍人，階徵仕郎，夫人曰孺人。尚文既遂榮養，於是作爲雙壽之堂。堂成而公卿大夫士愛尚文者，多美之以詩。其亦魯僖之頌乎？蓋嘗考諸經傳矣。莊公成風不必賢聖，頌聲及之，孔子取焉。正嘗比鄰周氏，親見樂閒夫婦，居如賓友，手卷翫讀，温顔怡色，盎如春煦，固樂閒之常習也。乃若夫人者，濃墨大書，閒雅安和，又閨秀之所難者。食報碩果，得理之宜，政恐詩家深旨，此外未究，不能如《閟宫》諸什之實之備也。故于序乎發之。成化庚寅八月朔。

世慶堂在廣富林，曹廷獻建。

節録顧清記：曹氏之上世，相傳出宋寶章待制文恭公豳。文恭之先自閩徙温，其後又自温徙湖，有曰富二翁者，始家松江，則湖之泒也。其源流遠矣。富二有孫曰楚暘，别號雲樵，嘗從蕭山魏先生學，先生器之。傳其子屏山老人廷獻，而家始益大。諸子皆賢，而九峰時和、定菴時中皆以文學登進士第，清德雅望，爲鄉人楷則。其弟孚若及羣子姓繼登鄉榜者又數人，咸有名行，稱于士林。松江雖信多名族，若曹氏者，指可以多屈哉？屏山嘗作堂于所居，名之曰世慶，昭先德也。中厄于火，定菴重作，而仍其舊名，屬余爲之記。予及定菴游幾三十年，又辱與孚若同鄉舉，聞其世澤行誼爲詳。而舉酒稱詩，登斯堂者亦屢矣。乃不讓而記之。

西園，曹時中别業，内有宜晚堂。沈周詩：爲園多半事游嬉，傍宅西偏事事宜。鯈尾趂花溪宛轉，鶯聲隔葉樹參差。地循五畝横分畛，路繞三叉曲作籬。滿面夕陽人已醉，還歌飛蓋舊游詩。

鳳山書屋在府東，朱應祥讀書處。傍有點易臺、洗心亭，夏方伯寅作。自題詩：老夫點易臺前坐，笑看人間歲月忙。落盡薔薇紅玉片，笋梢容易過人長。

曲水草堂在黄浦南百曲港上，姚蒙與其弟臨隱居之所。有别室曰海曙丹房。

俞寰《海曙丹房賦序》：姚君直夫家世，自宋來以儒醫名吴越間。由貞靖先生五傳，至梅趣翁蒙與其子府庠生麐，業尤精著。未幾夭而蒙逝，人咸惜其墜緒之莫克舉也。而直夫以明敏之資，窺岐黄之學，復起而振之。張東海先生樂其爲人，爲隸古扁其所居之小齋，曰海曙丹房，俾寰爲賦之。賦不録。

瑞芝堂在金山衛指揮西寧宅。堂作于成化壬寅夏，又明年甲辰夏，芝生楣間，時咸以爲瑞，因名其堂。

附張弼《瑞芝堂詩序》：金山衛西侯孟清之作新堂也，芝適生于東楹。其同寮劉廷瑞侯以賓輩，暨衛學師生，凡耆俊之士，咸走觀而異之。遂名其堂曰瑞芝以表之，賦詩以咏之，以賓之弟以正又爲圖之，學士錢先生記之。東海翁張弼聞而喜之，喜其（弟）〔瑞〕匪妄，庶幾當其人也。夫芝之生，不根不植，倏焉成質，輪囷氤氲，雲凝〔霞〕結，一和氣所鍾也，應各有自。若《（瑶）〔瑞〕應圖》云：王者敬事耆老，不失舊德，則芝生亦一瑞耳。假託周公，未必盡然。然人之處瑞者，有自瑞焉，故曰當其人也。匪其人，則嚻然自得，傲然自大，肆然自騁，則鮮不爲孽焉。聞孟清一覩斯瑞，肅然自斂，栗然自持，凝然自思，曰：吾祖吾父，世致微勞，圖報聖天子深仁厚澤，猶持一勺以增滄海耳。今撫海陬，軍民凛凛，若有傷也。上天何由而賜兹大瑞耶？必吾同寅協恭乎，卒徒効勤乎，吾祖吾父在天之靈有以默佑我乎。聖天子覆冒之深恩，固不待言矣。在我惟黽勉萬一，其庶幾不負耳。侯之心如此，予以爲當其人。若宋王欽若狗鼠輩，山菌野蕈悉以上獻，以啟侈心，以毒海宇，去今千載，猶有餘殃。君子不忍言之，瑞之累也如此。孟清自少講學，與章縫之士游者素，而此堂真不負乎芝也。故序於首簡，頌且規焉。

葵軒在上海華漕，朱佑宅。

錢溥記：上海朱君民吉致政歸，除地吴淞之陰，闢軒數楹，周匝植葵萬餘本，遂以顔之。感時悲歌，觸事生慨，眷眷焉若不忘于時者。予特道淞水，偕邑宰王侯守節造焉。相與品題竟日，因謂侯曰：夫葵有可稱之美者，宋歐陽文忠公謂其傾陽以庇其本，異洛陽所尚。今朱君家居，非無足娱，獨引葵自况，非以有傾陽之忠乎？蓋君抱俊才，藴經濟，忠君愛國，根于天性。年少即大有聲，京師子弟多宗之，一時臺省大臣莫不推重，同知豫章府事，聲在人口。乃以直忤奸權，甫四十即解組以歸。慷慨棲遲，弗究厥忠，翛然託意于花草間。觸其生也感吾始，艷其盛也追吾成。撫其飄摇風霖也，傷吾齟齬於是；見其實也，慰吾渥衍于後。其忠誠懇欵，固未嘗一日忘者。且日奉太宜人于堂上，對花延賞，春酒萊斑，則又有似其庇本之孝焉。一樹植之小，而可會吾道之大，其深得乎歐陽子之所尚哉。

緑匯堂在谷陽橋西，南安知府張弼所築。

自題詩：别館新開緑匯濱，蕭然無處着嚻塵。清風時作酒邊伴，酷暑不欺林下人。猶未忘機鷗鳥舞，時常得食鴎雛親。天涯故舊休憐我，老齒猶能嚼紫蓴。

南溪草堂在上海肇溪南，顧英搆。

張悦詩：一室幽然蔭碧蘿，半層東枕白鷗波。窗涵水影摇書幌，門過潮聲雜棹歌。淇篔凉分秋氣早，湘簾晴捲夕陽多。不知何處知音客，長爲携琴載酒過。

遺善堂，顧文僖清居。

自記：予家在松城之西南，古西湖之南涯。先世自宋元來，安土力穡，未嘗他徙，守分循理,稱于鄉隣。而先祖之名行尤著,西涯少師爲之表墓,所謂遺善處士者也。先考可閒學士無恙時,嘗一新所居,追惟先志,擬作堂以寶善名之。及堂成,少師爲之題扁,易以先祖之號,是爲遺善之堂。堂凡三間,先祠在其東,西偏小室曰芳蘭,以延賓客。堂之後有樓五間,西南皆稻田,當夏秋時,黄雲緑浪,極目數十里,因題曰觀稼。其東下瞰流渠,小樓傍之。樓之初立,有人遺以雙鶴,其後復有雙鶴飛來,馴擾不去,歲歲孳乳,因名之來鶴。循陼而下,花竹隱翳,俛而東出,石山峙焉,曰小東山。山皆古石,多得之水際及土中。面山有堂,曰東奥,取柳龍城奥如也之義。山之西南有小茅茨,碧梧覆之,曰南亭。予未得此地時,嘗夢游其處,賦詩一聯,名蓋詩中字也。東奥之左介植丹桂,曰天香室,右介芭蕉數本,曰緑净。天香之後,東闢軒,曰静觀。外臨小池,池北有亭,傍列石峯,映以文杏,間以雜花,曰錦石池。南面竹有亭,曰碧寒亭。後架池爲梁,俯觀遊儵,曰魚樂。其間蔬茹之畦,瓜果之區,間錯隱蔽,頗爲深静。賓客之辱斯堂者,皆得以憩息焉。既列其名物爲十二題,求善吟者爲之賦咏,復私記其説如此。使我之後人,獲芘蔭于斯者,皆不可忘所自云。

柱石塢,陸文裕别業。

自記畧:儼山西偏澄懷閣之下,小滄浪之上,復以暇日,周施欄檻,用備臨觀徙倚之適。有川石者三,高可丈許,並類削成,有奇觀焉,因錯樹之爲三峯。中峯蒼潤如玉,彈窩圓瑩,豐上而鋭下。藉以盆石,有端人正士之象。却而望之,擎空干雲,邈焉寡群,豈八柱之遺非耶?題曰錦柱。傍甃兩臺,其左曰龍鱗,石蒼碧相暈,比次成文,儼然鱗甲之狀,森聳而欲化也。其右石首微墮,而婀娜拱揖,有掀舞之意,名曰舞化虬。合而命之曰柱石塢。曲徑其下,以通往來。每當朝日始升,夕陽初下,曳杖徘徊,聊以寄我孤岸之氣。時時賦王右丞五言短篇,或歌陶彭澤《歸來辭》一兩解,俯檻觀游魚,爲之一笑,意甚樂也。

後樂園在黄浦東,亦文裕居。

朱察卿詩:亂後重來百感生,青山誰主鶴相迎。已無金谷園中會,空有山陽笛裏情。曲徑秋風衰草合,敗垣斜日亂蟲鳴。門前江水依然在,却送歸舟似掌平。

東莊在俞塘車墩東,孫文簡承恩别業。有讀書堂、叢桂亭、吸月亭、悠然亭、聯璧池、玉虹軒、翠雲屏、雪香林諸勝。

王廷相《孫氏園宴集詩》并序:孫太史貞父居松城東,有園亭花竹甚雅麗,客可遊賞。暇日招諸郡僚會集,出前太守喻公、别駕侯公昔會遊卷,命客繼作。嗟乎!侯公西歸,喻公長已,園池宛然,而主人高興,不減疇昔。覽者寧無今昔之感?況余飄淪轉徙之人,而於邑悲愴又其甚者乎?不可不作也,乃題長句歸之。　河上仙客王子衡,獨携鸞鶴江南行。翰林先生孫貞父,天上歸來閒玉户。客途相遇雲間城,一語風期動千古。千古東山遊,今見東城墅。菡萏漾金池,倉庚拂綺樹。金池綺樹對蓬洲,洲上開尊紫桂秋。主人自是文章伯,對客高吟承宴遊。昇天一曲暮雲散,白拂屢舞文鳩愁。偶逢勝地可虚擲,笑倚江天醉不休。昔時賓客最相親,登高作賦來何頻。遺篇白日光可拾,喻公侯公雙美人。美人清標不相待,明月臨池滿光彩。我來復盡新知樂,美酒十千注滄海。滄海日東徙,潮落黄沙田。雨絲墮泥潦,白雲常在天。昔人已去何時還,我醉起舞清池邊。人生有命不足辨,直道何辭行路難。謝安高卧蒼生悲，尚父非熊成幾時。儒術絶代當自保，高陽酒徒那得知。

東臯雪堂，洞涇孫克弘别業。

王俞詩：漢陽孫太守，東郭舊尚書。蓊鬱烟霞徑，凄清巖壑居。竹風迎管籥，琴鶴伴庭除。共賞賢公子，樽中酒不虚。

東老堂在普照寺側，沈霽之居。

顧清記略：憲副沈君子公有宅一區，介府城闤闠間。自其高祖雲泉翁、厥考竹深封君，及君兄弟世居之。君宦游幾二十年，無所改益，賓客之往來，病其偪隘。會西鄰有更業者，以厚幣酬之，啟便門而會焉，地始舒衍。有山石花竹之勝，亭臺間之，幽致層出。面山有堂，高不倍尋丈，廣不踰數筵，而樂之，乃撤其舊顔，名之曰東老，屬余記。客有疑而問者曰：東老之云，非吕仙翁所爲題壁，謂貧而有餘樂者乎？彼方適于枯槁寂寞之濱，而君方爲天子耳目，出佐外臺，顧以彼自居，其無乃弗類乎？余曰：古人若謝文靖之東山，裴晉公之緑野，白少傅之龍門香山，洛社之耆英，安陽之晝錦。此其人何嘗不都顯爵，擔榮禄。而考其中，如祥鵬之御風，應龍之憑雲。人仰而望之，異而神之，而我無加焉。雲斂風平，而鬐鬣羽翰猶故也。執是而論，則夫意滿而思謙，處高而能下，浮雲世味，而超然乎澹静之天者，正君子之所以遠過于人，而其應會乘時，淩亨衢而陟華要者也。而子奚疑哉？

忠訓堂，董漕廳東，馮廷尉恩居。

徐階記：忠訓堂者，吾友南江公之所作也。始君爲童子，厥考時齋公數訓以持己守官、忠義廉節之道。于時公既幼，而時齋公爲儒家，乃其語皆縉紳大夫所有事。而鄉之人迂之，公不爲變。未幾病且瞑，顧公語曰："能憶我言乎？"公謝不敢忘，遂頷之而逝。公既卒，母吴氏申詔君如公之爲。後二十年，君舉進士，爲浙江道御史，贈公如其官，母封太孺人。上疏詆用事者，逮繫詔獄，罪至死。再下廷讞，無所屈，論如初。牽詣西市，吏卒萬人持白刃夾道立，旁觀者皆泣，君不色恐。會太孺人率君嗣子行可擊登聞鼓上書，行可又刺臂血書疏以請，天子憐之，得減死戍雷州。由是君直聲震海内，士大夫相與言曰：南江公可謂忠臣，時齋公以忠訓其子，真可謂不負焉矣。又五年，公被詔放歸其鄉，日娱侍太孺人。感上之恩，而痛父之不可作，則取制詞所謂教子謹忠廉之訓者，顔其堂曰忠訓，屬階爲記。階聞之，忠也者，盡己之心之謂也。人之有心，萬理畢具，而以時出之。以昭世趨、定國是則爲義，以决取舍則爲廉，以殉國則爲節，而總名之曰忠。故君子于是三者，或有之而不能兼，或兼之而不能無渝于終始，皆于盡心之學未有聞者也。君危言極論，披奸諛之隱，覆忠邪之辯，薄利禄，捐生死，毅然無所顧，其于三者既有初矣。今雖在野章縫之士，日夜幸公之復出，則夫圖其終以求盡其心，非公所以善承遺訓者歟？階不敏，幼與公同研席，辱交于公，深敢因以爲勗。時齋公與太孺人諸懿行尚多，兹特記其訓子者，故不及。行可舉庚子鄉薦，嘗挽汪鋐輿訟父冤，鋐斥之曰："爾父爲忠臣，爾復欲爲孝子耶？"他日立于朝，固能移孝爲忠，以承其祖訓者也。

竹素園在龍門寺傍，馮大受所搆。

《園居自詠》：鶴城連鹿苑，人境即吾廬。居喜無塵雜，家曾有賜書。本非甘遯世，聊以學逃虚。出處原無着,終期賦遂初。

太玄亭在瑁湖上,徐獻忠之居。

自記:甲申之秋,徐子作亭瑁湖之皐。仰圓俯方,效法大象,縱横九尺,得數八十一,曰:是惟《太玄》,楊子取焉。吾嘗謂楊子有玄理,無玄行,不令其身而令其言。其言曰:"明哲煌煌,旁燭無疆。"夫明哲之燭,宜無疆也。而于楊子何居?君子于天下,雖取舍萬殊,其要以保身爲法。非其時而行,則過而失中;當其時而隱忍不决,則昧而無終。是皆不足以居成功也。楊子游泳于漢新之間,其終且投閣不悔,是無成功也。隱忍不决,謂楊子宜云,吾固嘗悲之。乃其爲言,可以敷天下、昭後世,(固)〔因〕考而法焉,以名吾亭。

又《自題泖涇别業》二首:隴雁來何晚,空庭落葉聞。霜天成稻穎,寒日散溪雲。水落沙痕減,風高鳥陣分。明霞堪夕望,農舍慰晴曛。　野色晴偏合,寒潮日兩通。秋深過宿客,風急下雲鴻。牛舍晞朝日,漁梁集晚艅。隣家春競發,相率慶年豐。

真率園,城東起雲橋側,沈太僕愷所築。有環溪草堂、清節軒、鏡光池、采詩樓、萃景樓,先春、可山、浣花諸亭之勝。

自記:余少不自涯,酷愛山泉。及長,不治産業,益躭僻野。起雲敝廬之東,謂古溇之埜,若天然林壑。嘗與客坐,雲氣冉冉墮几席,忽不自知其塵外也。余迺易地爲園,溪水邃然深入,沿流衍泒,無假穿鑿。溪上多百年古樹,榆柳梓柏、梅杏橘柚,夾持並列,蔽鬱成林。其下菰蒲蘋藻、鳧魚水蟲,色色不種蓄而有,若天與之設也。因名之曰真率。余性本坦中無瞖,見人輒吐其肺腑,竟不知人間有蹊徑事,頗與此園相肖。遂緣景成象,一任其自然,雅宜養拙,囂不及耳,坐卧自如,嬾極至忘盥櫛。有客問于余曰:"子之園樂且適乎?"余曰:"吾何弗適?倦吾休焉爾,飽吾嬉焉爾,醉吾陶陶焉爾。吾將藉此以葆吾真,吾何弗適?"客聞而嘆曰:"在園順物之性,在子適性之真,僞散而天全,交相益也。"

自題詩:强辭榮禄慕青山,爲羡高飛鳥倦還。已闢巖扉藏寶籙,更容逋客(門)〔問〕松關。清時瑶草方稱瑞,早歲潛龍恐未閒。擁膝好思梁甫意,莫爲谿谷向人間。

張世美和:早向清時自乞身,亦知林壑正須人。天邊鴻去誰爲慕,海上鷗來自可親。楊子解嘲還説客,班生答戲托爲賓。不緣勢分輕軒冕,豈得緇衣謝洛塵。

崇蘭館在蓬萊巷東,莫如忠居。子是龍又有石秀齋。

莫如忠《答張玄超過訪崇蘭館作》:喜聞高論浣塵襟,念載交期感素心。未覺賦歸時不早,相看道趣晚應深。含風蘭芷先春色,過雨簾櫳滿院陰。過我即成招隱地,豈須尋社向東林。

適園在北門内,陸文定樹聲燕息之所。

節録自記:循城之址,東南百步,得棄地焉。疏抉叢穢,就其下者爲池,亭于池之上,纍石以當其前。亭之左折爲樓,樓四達以望遠,樹竹木其間。飾堂之舊者以待賓客,屋于其傍者爲茶寮,總之曰適園。園之始自余南雍謝病歸,會以其地售者,余適有之。以其地之湫隘棄于時,故易售,而余方倦遊,思去煩以息静也,故得之若以爲適者。然以余之苦于驅疾病以事奔走也,既休吏鞅,返初服,以便居息,則求以愉懌心志,寄耳目之適者,寔藉是焉。

梅南草廬在阮家巷，陸彦楨别業。

周立勳詩：日暮南園色，孤亭萬木中。落花時渡水，怪鳥急呼風。人静蜂聲出，巖深草氣通。惟餘高閣恨，猶是掩殘紅。

萬春亭在登山主橋西，王俞所搆。中有五老峯。

王俞《園居秋興》：黯淡山光冷，蕭騷夜氣凉。愁心逐哀雁，詩思苦清霜。苔砌封殘葉，蓬門帶夕陽。天空萬里霽，野曠數峯長。東浦潮聲闊，西林月色蒼。梧桐已歷亂，蟋蟀轉悲傷。對客蓴羹美，當風桂子香。不嫌三徑晚，嘗嘯五湖傍。　《宿五老峰草堂》：五老峯前敞竹扉，蕭然一榻往來稀。無風入夢黄鸝語，有月流光碧水飛。

嘯園在繡衣坊北，范惟一居。内有振文堂、天遊閣。

沈愷《嘯園宴集記》：嘯園者，太僕于中范公所自治也。越在城邑，既清且嘉，隱然有城市山林之雅，亦吾郡一小蓬臺也。公才雖負奇偉，然情耽僻野。仲冬之暇，釃酒群會，主賓計有七人。當其時，青松在榻，白雲爲侣，長嘯則猿鶴夢驚，呼樽則薜蘿烟裊。又面挹澄潭，山光水色，掩映如畫。而諸公一時興至，才豪駿發，逸思時抽，飄飄乎有風人之想矣。公喜而作曰：是舉也，非徒接燕好、通殷勤，將聯異以爲同，諧情以協義。顧獨無所表見，不幾于泉石姗笑乎？乃探韵各賦一律，辭旨清逸，並造玄乘。於是沈子嘆曰：今夫吴俗，燕會不爲少也。率以侈靡相高，水陸雜陳，絲弦鼎沸，留連竟日，謔浪無度，聚若傳舍，散若風雨。昨日之事，今日有弗知者矣；合席之人，離席有或忌者矣。今日之會，一切可悦富貴人者輒不好，動以詩歌相倡和，蓋自蘭亭以來，此再見也。使敦本刊華，人人盡如吾公，踵芳襲美，繼有作者，亦盡如今日。大雅有不興，古風有不復乎？抑可以風世矣。

文園在嘯園西，朱大韶居。

陸樹聲曰：客有善品題者，謂朱司成園木石亭樹位置初設，而規模氣象大是閎傑，其七言賈至早朝乎？范太僕園花木深秀，池館竹石蒨蔚幽麗，使人坐嘯忘歸，王摩詰驪山應制一作也。而余園可當唐絶，然寂寞短章，直五言耳。他日客有過沈太僕園，稱其幽篁怪石蓊鬱蒼翠，澄湖傑閣其中掩映，多質任自然，而雅有韶致，其陶謝韋柳乎？

竹溪别業在黄泥漕西，許福居。

徐階《竹溪記》：松水秀而地多竹，許君惟德居黄泥漕之陽。其水特澄洌可鑑，而君之性尤素好竹，沿漕而植焉以萬計，因自號竹溪。予嘗過而憩焉，烟霏之狀交乎前，風雨之聲交乎耳，水若益秀而地若益勝。喟然嘆曰：樂哉是居乎！吾所願徙而家也。退而攷君之履，其鄰之叟曰：君故鉅族，席富厚，然於物澹然無所欲，獨時時至竹下，笑言詠歌，以是爲適，有古高人逸士之風。則又嘆曰：賢哉君子！吾所願從而遊也。比官于北，北土寒，雅不宜竹，間或一見，蓋蕭然數竿耳。而水固不可得兼，或兼矣，其主人非戚里之豪，即黄冠緇衣，率無足與語。竹溪之勝，未嘗不往來于懷，而末由一舍此以去。戊子秋，君之子本中來與余會，居一歲而别，將歸所謂竹溪者，蓋悵然懷之。史事將殷，欲去不可。嗟乎！今世所稱至樂者，非以能適志耶？予之志在溪山竹石之間，而此身顧不能一日自出於塵埃紛擾之外。然則予之適與不適可知矣,豈非重外物者之爲累歟? 予于君又不能無媿也。姑記諸竹上,俟獲去,爲君賦焉。

南州草堂在郊西瑶潭,高士歸田時築。

周思兼詩:羨爾高踪客,平洲狎遯棲。幽蘭依石逕,疏柳冒迴堤。早露丹崖潤,晴烟翠澗迷。居然招隱地,遐想武陵溪。

萊峰書屋在本一院,河南周學憲思兼諷咏之所。

思兼《山居雜咏》:逍遥嘉樹林,情意彌繾綣。手持笻竹杖,獨行不顧返。囊中惟道書,所携不盈卷。至理怡人心,詎覺巖色晚。囂塵日以斷,道心日以遠。澹泊無所爲,無乃成偃蹇。　歲晚多寒風,飛花傍簾隙。手把黄庭經,玩之時有獲。静理易相契,不復知朝夕。起來視前庭,雪深已三尺。

傲園在城南,何良俊别業。有四友齋。

節録自記:四友齋者,何子宴息處也。四友者,維摩詰、莊子、白樂天,與何子而四也。何子少疵賤,志業無可取,貴勢人不肯與爲友,其齷齪猥瑣者,何子又不肯與爲友。則吾四人者,適可以爲友。古稱同志者友,忘形者友,莫逆者友。以吾之知此三人,則知此三人之必知我,安得不與吾友? 故定爲四友,書之齋壁,以俟知吾四人者告之。

望洋樓在城隍廟西,何良俊居。因舊業在海上,故以望洋爲名。徐獻忠詩:故里風烟重所思,登樓惟有仲宣知。越裳終向周南化,范蠡難爲泛宅期。沙岸晚潮懸客夢,蜃潭晴色阻書帷。高城鼓角相憐意,已共遼天鶴去遲。

紫岡草堂在北橋,董宜陽居。吴中錢穀爲之圖。

節録徐獻忠記:紫岡草堂者,董大理恬之别墅,在沙竹二岡之中。吴地圖經謂瀕海之地,岡阜相屬,世傳海中湧三浪而成,若麻姑與王方平語,殆是也。大理公自少釣游其間,晚歲解官歸,不殖便利産,仍舊所規畫,稍樹竹石果蔬,與二三高尚士歌嘯爲歡。因自號中岡居士,名所著曰中岡集。其子子元以紫岡名其堂,表中岡之名所繇自,且以寄閑寂。使清川茂林之在海上,永有所托也。

孫承恩詩:沙痕海迹見崇岡,岡上幽人結草堂。浦響候潮喧枕席,門高喬木帶風霜。庭階舊識乘驄至,宅里今看表鳳翔。莫怪詩書流澤〔遠〕,直從汴宋泝源長。

豫園,潘方伯允端奉父恭定公之所。有石曰玉玲瓏,因顔其堂曰玉華。王世貞謂其秀潤透漏,天巧宛然,爲隋唐時物。西闢樂壽堂、涵碧閣、留春窩、玉茵閣、頤晚樓、會景堂,俱擅丹雘之美。

玉蘭宇在學士里,林太僕景暘别業。

喻大守均《同莫子良姚汝中集飲林紹熙南園賞玉蘭》詩:平田盡處見幽居,樓外奇花玉不如。三幹披雲紛並起,千枝帶雨欲全舒。折去似懷游女珮,看來疑攬化人袪。諸君大有尋春興,莫遣尊前賞暫虚。

濯錦園在北俞塘,顧正誼别業。

馮時可《宿顧仲方園》:绿水當軒見,青林對閣披。地閒雲欲宿,窗冷月來窺。留客聽新雁，開樽饌伏雌。殷勤接軟語，莫問夜何其。　張重華詩：半空樓閣礙飛霞，山外笙歌別有家。知是豪華公子地，萬竿摇動玉横斜。

樸菴在府東倉橋巷，顧正誼静室。

張重華詩：燕息思依然，烟霞徑更偏。雲亭葱翠地，月塢蔚藍天。幽討鴻濛上，神情蓬島邊。瓊漿斟枸杞，聞記可長年。

熙園在城東積善橋左，顧正心築。

節録張寶臣記：顧氏熙園膾炙海内，凡結綬宦游，携笻雲集者，靡不載酒相過，恣情搜討，以爲江左之麗矚，遐壤之夸談。今秋觀潮浦口，適集兹園，得詳覽焉，遂爲之記。園距東郭三里許，面水而門，門以内爲四美亭。啟左扉而北，落落長杉，瀟瀟疏竹，夾植徑中。行數十武，而危樓翼然，榜曰熙園。是園也，石第一，水第二，亭臺花木橋梁之屬第三。梓澤平泉，遐哉邈矣。以余耳目所睹記，如婁水之王，錫山之鄒，江都之俞，燕臺之米，皆近代名區。顧有其鉅麗者不必有其閒曠，有其清秘者不必有其廣平。蓋青宇先生擲數十萬金錢，救兩邑瘡痍，其胸次真可吞雲夢八九，故規模位置，軼前哲無兩。而嗣君原之、文孫元慶，大雅亢宗，又皆以繪事擅長，臆間具有邱壑。其增修點綴，俱從虎頭筆端、摩詰句中出之。宜其勝絶一代也。

占星堂在艾家橋東，唐宗伯文獻之居。

徐益孫記畧：昔滄窩先生之堂落成，其季弟鶡谷公安寢，而夢有星岸然，盤珊而走。獨垂一武印如大斗，厥文則奇，曰：敷子魁。碧睛瞳朧，朱髮葳蕤。鶡谷公心動，起先生。先生召占者卜之，得鼎之六五"鼎黄耳金鉉"。占者曰："金鉉，印纍纍也。敷，大也，爲先生名。敷子而魁，先生其有後，後其居鼎之首。《天官記》曰：魁在海岱以東北也。魁旦建則指離，其在丙乎？"未幾，舉元徵。元徵弱冠，雖時名噪起，而家中落，此堂寄他人手者幾二十年，而今始克還舊物，一如占者言。於是繪以金書，雕以藻文，題曰"占星堂"。

遺經室在平政橋南，陳仲山授經之所。

陸彦章記畧：此地相傳陸瑁湖遺址，蓋貞静先生曩所授經處也。先生哲嗣愚谷君購得之，因葺爲精廬。中嚴先生像，而諸孫肄業其傍。初擬之曰"環瑁居"，客或謂曰："聞地以人重也，寧人以地重乎？"余爲易今署，且憶先文定有句曰："陸瑁湖邊水漫流，谷陽門外問漁舟。鱸魚正美蓴絲熟，不到秋風已倦游。"并書系其後，以作吾兩家世講故事可也。

芝園在馬嵴寺西，何三畏築。有觀濠堂、歌風館。

陳繼儒《觀濠堂記》：昔摩詰圖畫輞川，香山命篇池上，皆以討天機于逝者，非止托心賞于冷然。有美吾師實宏斯理，偶剪蓬蒿之徑，漸成桃李之蹊。止水一泓，爲山半簣。鷗磯清淺，花枝笑于鏡中；雉堞參差，人影行于樹杪。璧月映柳，鳧鷺在汀。停雲淡而無言，芳艸萋兮不斷。四圍秀色，翠籠薜荔之牆；一道晴霞，霜暈芙蓉之浦。枯蘭吐蕙，槁木蒸芝。神仙于此棲居，大夫從之作賦。醉來刻竹，清歌散渭畝之陰；倦以據梧，幽夢仗鬱林之石。夕陽殿角，蕉葉墮而鹿眠；點雪爐頭，茶烟横而鶴避。紅亭客散，碧芷風生。門設欲關，簾鈎半上。憑軒踞狻猊之鼎，隱几披龍馬之文。身侍羲皇，地〔隣〕濠濮。登斯堂也，盍往觀乎？魚鳥親人，鬚眉可鑑。謙而善下，含哲士之虚心；净以納瑕，得碩人之雅量。淡成君子，信薦王公。進退近于中庸，安流類乎無競。澄懷觀道，何如世上之風波；抱膝鼓琴，聊爾胸中之邱壑。

陳徵君宅在惠燈菴橋西北，陳繼儒居。

國朝華亭令張超詩：尋幽不惜路偏紆，鬱鬱杉松處士廬。勝地祇今留竹石，名山何意老樵漁。百年著述荒烟裡，一代人文落照餘。只有芊綿書帶草，清芬仍自襲人裾。

寺　觀

華亭縣叢林

南禪寺在府學東。宋崇寧中，張頭陀卜築于此，鑿地得住世羅漢像十有六，邑人異之，遂爲施水菴。頭陀後爲僧，名普願，請額于朝。紹興二十九年，賜名演教禪院，後改今額。元大德元年，中書馬左丞榜其門曰“南山勝地”。中有緑筠樓、雷音堂。明爲在城諸禪之冠，僧綱司治焉。本朝仍之。

積慶禪寺，本名坐化菴，在府東南，龍門寺相望。元至正辛巳，邑人陳源爲慶禪師捨宅建。慶坐化肉身在焉，菴因以名。明正統丁卯，僧慧明請今額。

北禪寺在府東北城内。宋紹興間，僧法寧建。寧先住沂州馬嵠山净居寺，航海至青龍，有章氏者迎止于此。發地得古碑，云“大唐禪寺”，又得金銅天王像，因建寺焉。縣令柳約請名净居，又名馬嵠寺。元燬。明洪武中，僧慧海重建。萬曆四十五年，郡人錢龍錫修。

陸樹聲《題北禪雙樹》詩。序云：馬嵠古刹歲久漸圮，地爲居民侵蝕者半，獨殿前雙樹屹立，度僧臘無算。兵後官司取材，議及焉，余護存之。他日過寺，寺僧是榮引余讀舊碑，出雙樹下，顧余曰：“是木向微公，幾已化去。今清陰宛在，實仗公再來緣。願一言貽山門。”因題識廡壁，以戒芻牧。　歲遠香臺半劫灰，斷碑遺迹掩蒿萊。回看雙樹聞僧語，此日清陰是再來。

本一禪院在妙明橋西北，舊北道堂也。元至元末，趙道淵爲僧，易今名。陳繼儒《院志序》畧：院内有雙松堂，堂之壁，趙希遠所畫松也。有梅影軒，軒之壁，吴仲圭所畫梅也。有幻住山房，中峰寓室也。有得坐軒，月公燕居也。有古亳泉，中峯棲弁山之黄沙坑，漁者得霅溪片石來獻，刻古亳字，而入院鑿井，井水沸發，即題曰古亳泉也。有伽藍祠，祀周宣靈王，其神曾捍禦紅巾者也。有瓜裡佛，纖細如髮，唐李昭道製也。有西洋簇錦被，駙馬太尉瀋王贈也。有吕樟，植自回先生掛瓢辟蚊處也。有古錚、古鐘、古鼎，宋板大藏經，英宗皇帝賜本也。其他不能臚記。或燬于兵燹，或攘於遊衲，或散佚于本院住持者，可勝嘆哉！

普照講寺在華亭縣治西。唐乾元中，僧慧旻建。宋大中祥符元年，改今額。寺有陸將軍祠，世傳地本陸氏園亭，因以祠之。《嘉禾志》又謂陸機捨宅爲寺，舊志力辨其妄。然謂宅不在邑中，而斷以寺非其地，則恐未然。寺之側近多陸氏遺蹟，如八角井、黄耳冢，舊志皆云在機宅傍，而復云云，何也？寺舊規宏偉，元季燬于兵，僧道敏重建佛殿。明宣德、正統間，住僧名儞、大城、居敬等相繼興復。弘治六年，都綱净心宗壐暨能豫協力鼎新，榜其門爲"祝聖道場"。本朝每歲正旦、冬至、聖節,郡縣仍習儀于此。内有海月堂,萬曆三十九年,錢道者募改爲閣,蜀僧太虚成之。上奉大士,旁祀海月東坡,因名景蘇閣。東有繡朵軒、涵暉室,西有香水海,又有静觀堂。

善住教院在普照寺内東北隅。宋皇祐間,僧常矩建。晉水淵法師開山,内有懷晉軒、蓮池瑞像、機雲故宅、高閣層巒、鶴灘秋曉、雲西雙松六景。

興聖教寺,府東南穀市橋西。五代漢乾祐二年,邑人張司空子仁捨宅建。明頌藴法師開山,初名興國長壽,宋祥符中改今額。地縱廣踰三十畝,東有水陸池,南有浮圖,四面九級。有鐘樓,高及浮圖之半,廉級整峻,他郡所無,鐘聲洪亮,聞數十里。元季寺燬,而浮圖與樓獨存。明洪武三年,知府林慶以其地三之二作城隍廟,寺僧道安原珍即廟南建懺堂,附塔而居,榜曰興聖塔院。正統十二年,周文襄公忱巡撫至松,憩此,僧善昌募助重修。萬曆間,僧大振斷臂修塔。二十七年,顧署丞正心復修鐘樓,置田以(瞻)〔贍〕司鐘者。本朝順治十七年,同知劉作霖捐俸興葺鐘樓,提督梁公化鳳施資修塔,僧德聞明繇協力完工,始得重新云。

延慶講寺,守禦千户所東。其地本施家濊,宋隆興中每遇陰晦,有金氣如柱亘天,間有聞鐘聲者。吴僧守祥結茅蘆葦中,以衆力成十六觀堂。乾道六年賜額。明洪武初,嘗籍于官。十六年,僧永懽奏復。其後僧普智、善啟等相繼營建,内有玉龍洞天、碧雲澄懷二堂。嘉靖間廢,改爲鹽運司公署,即今新察院。佛像遷南關外,曰延慶移山。董楷有《重興寺記》。

龍門寺在集仙門内橋東。宋僧如喜開山于黄土橋,淳祐元年賜額,元至正二十年遷于此。中有聽雪軒,左有龍淵,遇旱不竭。凡鄉貢舉子,必于此設祖而賓興之。元季蕩燬,明永樂六年,僧能勝重建。

楊維楨《聽雪軒》詩:老夫聽雪龍門寺,淅瀝霰鳴飄雪多。龍噴雨花天作瑞,象占雲葉氣生和。月明蠏過銀沙岸,風細魚沉玉海波。萬籟一空天地老,誰憐聲色老婆娑。

東禪禪寺,初桃花菴也。宋時蜀僧性空憩其中。紹興初,僧道因即其地開山。六年,賜額寶勝禪院,後爲寺。以居府東,遂名東禪焉。明洪武中,陞爲叢林。隆慶元年,僧天霞建天王殿、青蓮閣。萬曆間,僧碧空重建西方殿。每歲有司迎春,于此駐節云。

化成永壽寺,府南二十七里,其址古胥顧泖也。泖有六和神靈甚。宋端平間,僧妙智苦節清修,並泖架一室奉神。神顯靈于人,凡祈禱者,以所驗輕重,發土實泖。未幾泖隆然,遂構精舍,曰化成菴。元泰定中賜額。

寶雲寺在亭林鎮,初名法雲,在市西北。唐大中十三年建。晉天福五年,湖水壞寺,始遷于今所,其地即梁顧野王故宅。寺之初成,有野王顯夢事,因祠爲伽藍神。宋慶曆六年重修。治平中,賜今額。明洪武中,僧戒智重建。天順六年,僧德津同里人吴宗巘、沈文藻重修。

松隱寺,府南二十七里。元至正間,僧德然因參珙石屋,屬然緣在吴松,爲書松隱二字。遂來此結茅而居,足不越閫者三歲,里人山子才等割地建菴。有雨花軒,有寶塔,與興聖西林禮塔相望。

元王逢《題松隱菴》：一片流泉瀉玉虹，九山分繞梵王宫。雨餘清氣來天上，風定鳥聲落座中。松葉晝昏雲欲合，藤花雪白徑微通。老僧異我君親念，一卷琅函答太空。

方廣教寺在柘林鎮，唐咸通中建，蔡侍郎功德院也。宋建隆中，賜額延壽，改方廣，皆爲院，後爲寺。有蔡侍郎祠，蔡墓亦在寺側，石幢猶其故物。紹興二年，僧祖岑《界相記》云：相傳蔡侍郎捨宅爲伽藍，然竟無稽考，惟石幢題云"唐咸通六年蔡贇助緣"耳。初寺並海，元皇慶元年，僧正滿等别營一區，俗呼新寺。有觀音像，里人鄔氏得之海中。嘗見夢于僧法元，迎歸事之，禱無不應，至今祠焉。

明行教寺在南橋鎮。晉天福五年，里人蔣漢珹捨宅建。吴越錢忠懿王名曰安和院。宋太平興國八年，賜額爲明行寺。明仍舊名，萬曆初，竹院住持養空興建一新。本朝順治六年，僧了赤重修。

宋釋慧日《題院中白蓮花》詩：神佛何由測，芬陀陸地興。素芳呈玉雪，梵刹肇丘陵。换額徒偏霸，懸碑自老僧。殷勤勸來者，期使續千燈。　宋趙崇森和：舊址來從晉，中間幾廢興。一蓮開陸地，三女卧岡陵。題詠誇前輩，流傳得主僧。林深鐘梵寂，長夜月明燈。　宋高子鳳和：地産枝蓮異，禪宫自此興。殊祥天不靳，奇艷雪堪陵。魄化疑吴女，碑傳有蜀僧。何當尋勝槩，吟斷佛前燈。

婁縣

超果講寺，府西南瑁湖橋之右。本名長壽，唐咸通十五年，心鑑禪師建。按《洛陽伽藍記》：武后以髮齒既老，建長壽寺于東都，改元長壽。《高僧傳》：心鑑禪師藏奂，蘇州華亭人。大中初，修洛下長壽寺，勑奂居焉。奂後歸鄉建寺，復名長壽。宋治平元年，改今額。寺東爲天台教院。宋熙寧間，法師惟湛建，陳舜俞有記。元末寺燬于兵。明洪武中，主僧景祥重建，歷祥耐、大與、德奎、宗尚，各有興葺，至正受而備。凡樓殿橋門，以次皆新，香火特盛。尚之退居曰圓悟堂，受之退居曰西隱堂。弘治以後，寺僧文錫、道俊、智洪亦遞有修葺。天啟末，一覽樓將傾，王侍御元瑞捐貲興建，高廣倍前。里人顧圓、僧成雨董其役，崇禎九年落成，屹然爲郡中壯觀。

按：寺有鴛鴦殿、一覽樓、雨花堂、瑞光井、石假山、見遠亭諸勝。雨華殿在大殿後，天啟元年重建，其後即一覽樓，東爲香積厨，西禪堂也。費隱容禪師曾卓錫于此，其徒離言法公從南禪寺移席于此，住持未幾示寂，闍維得舍利甚夥。大殿東廊有鏡碑，南爲轉藏殿、真如堂，又南爲徐文貞公階祠，北爲圓悟堂。殿西廊爲西方殿，僧如霖募善信楊泗建閣，供定光佛。北爲西隱堂，堂東偏有古杏，傍爲雨華堂。萬曆中，僧性弘重建，王侍御元瑞、李冏卿凌雲、徐太守琳、章太學台鼎結放生社于此。南爲瑞光井，又南爲四賢祠，祀張翰、陸機、陸雲、顧野王。石門宋旭禪棲其中，陸文定公樹聲顔其堂曰仰止。萬曆三十七年，覺虚一講師建西來堂，吴太僕炯遷祠于其東。周紹節擬以顧清、張弼、陸樹聲、樹德爲之配，曰後四賢云。天王堂東西有二静室，西爲僧懷誠所建，顧文僖公清祀其師任公怡菴順，香火尚存。東爲緑漪堂，王侍御憩静之所，延方外居之。此寺中宇舍之大槩也。

元楊維禎《重興寺記》署：雲間超果寺有大士像，郡志以爲錢王時宫中所奉像也。夢感于王，欲適雲間，王命慶依尊者奉像往。時主寺者釋聰，于像未至前曰："三日內當有主公至。"至期果然。像初至禮塔匯，去寺十里近，髻上有光，貫于寺西井，井有金鰻，放光相接，若虹霓然，今名瑞光井者是也。宋理皇書賜額曰"超果靈感觀音教寺"。景定甲子，寺災，僧净深者抱像投瑞光井，得完。今至正丙申，寺載燬。先一月，像夢于老衲曰："寺不焚者厨堂之閣，可徙吾座。"僧行緣者抱之出郊，後厨閣果存。閲三年，己亥夏，寺主僧澈自佘山輟席至，募檀施建殿，位置聖像。已而創山門，造橋亭，築垣鑿池，樹藝花果。又復發田五十餘頃，招徠僧衆，修起翼廬。於是靈像具而法社成，邑人士女暨境外緇素，奔走歸敬，徼惠于水火雨暘男女無虚日。吾聞石晉時，上竺僧道翊得奇木，刻大士菩薩像，白毫光煜乎晝夜。瑞相之託靈于錢王宫者，無足怪也。然辭去宫邸，必之雲間，白衣大士亦擇地而處乎？得其所託，閲三災而像弗隳，則于地里亦有關乎？今超果得人，而靈蹟益著，不在于澈矣乎？雖然，不逃生滅者，世相然也。瞿曇於世間相中，有不生不滅，元黄不先，塵墨不後，雖有聖智，莫盡其際。若是，則求迹于有像示現之際者，兒婦人之近也。像以幻出，幻以妄用，以幻用幻，以夢夢夢，吾將于瞿曇乎叩其覺也。澈曰：惟其幻也，淪我生滅。皇覺我幻，不生不滅。吁！此未可與兒婦人道也。余以其言得像外指，於是乎書。澈字靈源，冰雪其寓號。耆宿僧有功于土木者，誠也，瑛也。至正甲辰夏日。

元陶宗儀《登一覽樓次林泉民韵》：層樓明敞奠松關，萬里蒼茫指顧間。地絡泖茸羅梵塔，天低溟渤獻神山。寶陀像設金千鎰，瑞井光涵玉一環。遍倚闌干吟未了，伽陵風細韵綿蠻。

明夏原吉《一覽樓》詩并序：永樂甲申，予奉命發廪賑華亭民，假館超果西軒。乘暇携虚中法師，爇百和香，登一覽樓，闢窗遐眺，三泖九峯舉在目睫，真雲間第一境也。惟金鰻不躍，青虎無聲，可爲悵恨。遂命筆爲七言律詩一首，屬掌書者，他日再過，當執此以爲歲月計。　我愛雲間第一山，登臨直倚最高闌。金鰻不起泉光暗，青虎長眠墓草寒。雨歇九峰争獻翠，風回三泖遠呈瀾。翛翛白髮堅公子，還肯分煨似懶殘。

知府黄子威和：樓外湖光燭九山，偶因公暇得憑闌。仰思任重恩難報，俯爲民憂膽易寒。烟散林梢懸霽日，風和江澳偃狂瀾。尚書詞翰存芳潤，屬我登臨興未殘。

袁凱和：湖上雲帆泖上山，無邊風景屬憑闌。波涵秋影鶴灘遠，天接瑞光鰻井寒。花雨滿臺霏白晝，石梁當寺障清瀾。老僧留我登臨久，不覺楓林日又殘。

玅嚴教寺在府城西，東嶽行祠之東。宋咸淳間僧智建。本三乘菴，改玅嚴院。元至正間重建，勑賜爲寺。明景泰三年，僧昕東谷重建佛殿塑像，併中山門十八應真像出邱彌陀手，眉目如畫，爲寺名蹟。萬曆三十四年，僧性静智禪修。四十七年，復修毘盧閣。

慧日院。明董其昌院記：青浦之西南有佘山，山之中麓，郡志舊云沐堂山也。有慧日禪寺，創自宋太平興國三年。治平二年賜額，住持僧法慶專領其寺。元末兵燬。萬曆改元，僧圓實同郡人長寧令徐道允步蓁莽間，得古井，即洗心泉在焉。遂從林氏贖得其址，約十畝有奇。而少師徐文貞階、宫保平泉陸公，相與倡緣鼎建，并置田以資香火。而大参敬齋陸公、長史太冲袁公、冏卿弘齋林公及余輩漸已捐貲，而大雄殿成。文貞之從子中翰師菴兄弟，又撤屋材助之，而大觀法界樓成。又明年，鐘樓成。又明年，護諸童子殿成。而此寺遂爲九峯莊嚴名刹矣。余嘗同陳仲醇、袁微之歲遊于此，愛其寺徑逶迤，清陰蒼翠，上不見日，而鐘聲殿角，往往出修竹白雲之間，爲遲回不忍去。殿北隅石壁數仞，藤蘿覆之，陸宫保書"雲崖風壑"四大字勒諸石，又以朝衣一襲留鎮山門。而文貞公先是奉世廟賜衮，付僧爲供。兩先生風流餘韵，與東坡解帶故事，若合一轍，抑又兹山泉石之光也。

徐階詩并序：慧日院落成，余奉世廟欽賜蟒衣，付僧留供，題詩一首。　單衣露冷宿曇華，誤綰官袍傍帝車。拈向山門君莫笑，細看還是舊袈裟。

陸樹聲詩并序：丁酉余年八十有九，朝衣一襲付慧日禪院，留鎮山門，手書一絶。　解組歸來萬慮捐，盡將身世付安禪。朝章老耄慚虚度，留與山中作净緣。

西禪寺，府西白龍潭上。宋嘉定間，僧法因建，洛陽范開有記。端平間，賜額西禪興福寺，又名龍潭寺。萬曆(開)〔間〕，僧聯輝重建藏經閣，僧月印重建關帝殿、生生閣。本朝順治十六年，僧心一募修萬佛閣，内有聽雷堂。

明張弘至《聽雷堂》詩并序：聽雷堂乃東海先君所名。余家三世假龍潭爲藏修之所，故每憶之。正德壬申至日後，訪友不值，留題。　寒郊肅客過西禪，塵榻風烟憶往年。千頃潭光摇竹幌，一番春信長芝田。聽雷幾度龍潜壑，繁雨終朝客在船。慷慨爲誰留共語，晚雲凉雨墮杯前。

明陸彦章《登龍潭佛閣》詩：同人永日出郊圻，野寺危樓坐不歸。望遠只看高鳥没，憑虚欲共片雲飛。千林籟應鐘聲動，萬井烟生水氣微。自媿塵機朝市裡，得將心地暫皈依。

西林禪寺在府西慶雲橋北。宋咸淳間，僧睿建，前有崇恩寶塔。明洪武二十年，僧淳厚重建。正統間，僧法琄徙建于大雄殿後，復建毘盧閣于塔後，因請額云。本朝順治十七年，僧成行重修。

法忍教寺在泖涇鎮。唐咸通十年建，宋法忍院也。其地本船子和尚覆舟處，寺有船子及夾山會禪師遺像，至今祠焉。有魯班殿、推篷室、萬峯秋軒。元季兵燬。明洪武十二年，僧本一重建。崇禎中，程肇光倡修。

宋釋智圓《法忍寺結界記》：船子和尚名德誠，不知何許人。嘗泛小舟放浪江湖間，垂綸舞棹，歌詠自適。泊道傳夾山，遂覆舟而逝。而泖涇多所遊止，故立像于此院。元豐三年暮秋月望，予以衆命結界，負錫至此。考其創置之始，而古無記傳，惟石幢所載，乃唐咸通十年立也。又尋井闌題記，仍有會昌之號。疑其古刹今廢，至咸通復興耳。舊名建興，今朝治平中，易爲法忍。前世住持累不得人，零落尤甚。今惟秀者力勤營治，漸復完密。又謂僧居不結界，則法律不可行，法律不行，則與靈祠郵舍何以别乎？乃和悦院衆，面闡斯法利，至于立標分相，集僧唱結，皆遵律範。來者幸無疑焉。按林希逸記：船子和尚，蜀人也。事藥山三十年，盡得藥山之道。晚節游吴，寄以葉舟，往來華亭泖涇，自爲詩歌，時以唱詠。漁者傳而和之。

延壽院在府西南李塔匯。宋嘉定六年，僧元信自定海來，卓錫於此，里大姓錢氏捨地建。初名澄菴，又名圓通。寶祐、咸淳間，僧如霑始易今額。元至大中，同知新昌州事錢大信有記。後燬于兵，僧照重建。院臨驛道，府人祖餞，以此爲節云。明萬曆間，里人錢大復特爲鼎新，其後即祠于禪堂之右。本朝順治十六年，知府祖永勳捐捧重修。本名禮塔，今云李塔，疑亦以曹王明故也。曹王明，唐太宗第十四子，貶蘇州刺史。梁開平四年，封昭靈侯，廟食于吴。今修竹鄉有李塔廟。

明徐獻忠詩：秀水東復折，長皐匯爲林。風湍日千轉，寶塔淩千尋。念彼飛錫者，静寄留遺音。人天路非遥，鶺鴒摩青冥。偕我同懷子，悠然生遠心。烟蘿夕堪捫，芳徑相行吟。閒房春寂寂，僧梵都沉沉。丹梯豈須躡，披我寥廓襟。

寶藏禪寺在海慧寺西。宋熙寧初，邑人吴延亮建。

定光菴，宋景定間僧通建。明張世美詩并序：定光、寶藏二寺，與海慧寺轉屈相並，門徑幽寂，因過有述。　一逕幽深薜荔叢，佛樓突兀倚晴空。小橋烟水楓溪接，上刹雲霞慧海通。慈竹迎風喧聚雀，蒼藤掛樹曲蟠龍。僧貧避事門常掩，誰道尋幽客興濃。

海慧教寺在風涇白牛市。宋建隆初，里人姚廷睿捨宅建。初名興國福壽院，治平元年，改爲海慧院。今祀姚爲伽藍神。寺有水波壁、留春亭、精進閣，並廢。

僧德葵《畫水壁歌》：君不見昔人十日畫一水，摩挲窪窿隨手起。若非胸次吞江湖，安得波瀾來筆底。我來蕭寺觀奇蹤，壁間隱隱騰蛟龍。初疑乘風馭弱水，恍然坐我蓬萊宫。又疑去年八月秋水溢，陰風襲人廊廡濕。誰知畫者巧通神，董羽至今羞死筆。此水不是畫，一水一水勢相及。對此融神坐終日，後人雖畫畫不出。何如倒却毘陵華嚴筆，海慧北廊推第一。

又《留春亭》詩：聞説芳亭着意濃，留連美景一壺中。歌聲不放鶯聲老，酒面常陪花面紅。笋迸玉簪穿落日，柳拖金線繫東風。時人盡道春歸去，疑是桃源路忽通。

又《精進閣》詩：五月六日火雲蒸，家家納凉前後庭。樓頭四鼓五鼓急，閣上猶聞人誦經。

圓智教寺在干山，舊名禪居。唐大中十三年，建于邑西南二里。晉天福中壞于水，始遷于干山，其地晉陸士衡草堂遺址也。宋太平興國中，都水使錢綽始建堂宇。住僧憙蟾嘗入天台韶國師室，人多歸之。精舍始備，賜師號崇慧明教。治平中，賜今額，有寶塔在山之半。明萬曆中，冏卿林景暘重修法堂，左爲二俊祠。

崑山塔院，即今小崑山泗洲塔院。宋乾道元年，僧心古建。明弘治四年，天童僧忠韶住持建觀音殿。嘉靖二十年，建真武殿。二十六年，重建西方藏殿并啟僧寮。隆慶元年，僧真覺建三聖閣于左。萬曆中，僧照澈建藏經閣。本朝順治五年，僧溯本源以山勢宜北，殿獨南向，經閣反踞其前，形家疑之。遂鳩工移易，法像不動，一時偕旋，觀者謂有神助云。

上海

觀音禪寺在縣西十八里。時有觀音聖像浮海而來，咸異之。錢參政良臣捨貲，禮雲門禪師七世孫覺印，創于宋崇寧年，爲縣禪宗首刹。元燬。明洪武十六年，僧會本源性公與其徒紹一募建法堂，前觀音像流寓九峯間，見夢于性，舟載以復。宋賜額慈報禪院，明改今額。前有嘉林,後有萬工山,萬工所成。占地數畝,已平爲田。其陂陀古柏,即遺址也。

寧國寺在二十六保。宋隆興元年,僧昌月堂建。時有張百五公最富,寺蓋其經始。乾道二年請額,與龍華寺南北相望。殿前羅漢松四株,枝幹森矗,古色蒼然,蓋三四百年物也。明天啟六年,張方伯所望重修,并移張家浜内黄道婆祠於寺之西偏。

明胡芳詩:黄婆古廟秋復春,不見年來祭賽人。當時抛却金梭去,誰教吴姬織白雲。

法華禪寺在觀音寺東。宋開寶三年,僧慧建。元至大初,僧慶重建。明洪武間,僧善達復新之。崇禎末,里人夏若時、僧羅筏又修佛閣。

明釋心泰記畧:法華寺在邑治之西一十八里。宋開寶間,僧慧爲開山第一代。元至大初,雲翁慶禪師大振之。趙文敏公壻海道千户費雄佐之甚力,首建大雄殿,趙公書額。普應國師中峯和尚三過其寺。後廢于寺田之多,重徭艱役,僧皆散去。沙門善達乃以寺田數十頃,悉與佃户,故寺無一墢之土,庭無一吏之迹,屋廢者漸興,僧散者復集。洪武二十四年,立爲西方禪林。三十二年,天台沙門智勇捧檄出住兹山。善達又造方丈,建僧堂若干楹,乃屬其孫如鏤代焉。達以儉約自持,專修浄業,臨終念佛,泊然而逝。今住山智勇,復能建諸堂宇,焕然一新,遂爲之記。　邑人曹垂燦記畧:按雜志,洪武六年,僧善達誓願重建大殿,苦行三年。一傭工者助施百金,未幾無疾而逝。善達書其兩手云:"見我開口,見我開手。"又三年,募至海濱,有千户費雄生一兒,已三歲,喑而不語,兩手拳而不伸。見善達,啞然笑曰:"師父來矣。"開其手拽僧之衣,衆皆驚異。千户延僧問之,備述傭工捨金之事,乃慨然獨成之。

積善講寺在縣治西北。宋紹興間,里人李阡夢金人乞坐地,遂捨地爲精舍,度其孫師立主之。元至大間,有番賈航海南來,拜師立道上,自云:"慕師高德,以貨寶一巨艘施之。"不通姓名而去。立遂大拓舊規,請額爲積善院。明成化間,僧道琯重修,後建海雲堂。今寺爲本縣祝聖習儀之地,僧會司治焉。

南積善教寺在十七保。宋紹興戊寅,僧師浄建。明景泰間,僧善暐欲拓其舊址。邑紳談景瞻等捐給財力,首建大殿,裝塑佛像,次及兩廊山門,雨花、心印二堂,暨諸鐘樓、僧房、香積舍。穹壯宏麗,鄉邑稱爲雄刹。宋蒙城高子鳳有記。

廣福講寺,石晉天福間建。内有潘恭定公祠。邑人徐汝翼記畧:廣福一禪寺也。祀恭定公者何?以報功也。何言乎報功也?嘉靖間倭亂,軍需告匱,議將東南寺觀鬻之以助。時公鎮撫河南,命其仲子携俸償直。未幾復尋前議,公又命仲子償之如初。寺始得永存,以綿此方福利于久遠。今擬募建祠堂,繪公遺像奉祀其中,而公之伯子率子弟輩捐貲相助。經始乙酉正月,落成于十有一月。堂凡三楹,夾室二,儀門一。夫汾陽鑄像,廣化增崇,白傅懸真,香山益勝。記曰:"有功德于民則祀之。"寺固民所藉以邀福也。幾廢而獲存者再,則建祠以祀公也固宜。

龍華教寺在黄浦西龍華村。相傳寺塔爲吴赤烏年建,殿宇創於唐垂拱三年,廢于黄巢時鎮將張郁之。後吴越忠懿王常夜泊浦上,風雨驟至,草莽間祥光燭天,鐘梵隱然。詢其地,古龍華寺基也。遂命大盈莊務將張仁泰重建。宋治平初,賜額曰空相。西北隅舊有白蓮教院，山門外有二井，俗呼龍井。明嘉靖間，山門燬于倭，僧慧林重建。萬曆間，詔頒佛藏于諸名山，僧達果疏請，特遣中涓齎勑詣寺，并賜達果金環紫衣護藏。慈聖皇太后復賜其徒理圓銀環紫衣護藏，如其師。又賜範金千葉寶蓮毘盧佛一，金彩結旛十丈，并日月錦旛二，鏤銅器五，勑賜大興國慈華禪寺。後正殿傾圮，四十六年，方伯張所望倡助成之。本朝順治四年，韜明宗禪師住持，梵宇鼎新，宿禪雲集，復成偉剎矣。

唐皮日休《龍華夜泊》詩：今市猶存古剎名，草橋霜滑有人行。尚嫌殘月清光少，不見波心塔影横。

明錢溥《重游龍華寺》詩：古剎茫茫烟雨中，浮屠高插翠微重。營巢鳥擇雲端樹，翻譯僧敲飯午鐘。香木傍橋春水净，殘碑没艸緑臺濃。年來媿我塵緣老，憶昔登依興已慵。

文裕公詩：六月龍華兩渡游，陸行騎馬水行舟。風雲塔院松將暝，烟火村家麥已收。病到静餘初減藥，望窮天際更登樓。桑榆苦愛清江曲，常媿山僧半日留。　又《龍華寺懷張玄超》：浦上白雲深，幽居清道心。竹徑鳴風佩，蘭堦生晝陰。山僧忘入臘，寶塔舊成林。落日青霞外，高人何處尋。

馮邃《登龍華浮圖》詩：千年飛塔標滄海，躡盡高層霽色開。翠蓋重重吴樹起，青螺點點越山來。貪看佛日浮中界，醉倚人天逼上台。此地别離同浩劫，晚猿昏磬一時哀。

明心教寺，縣西南六十里。後梁開平初，都水使者錢綽建。僧通開山，初名華嚴院。宋治平二年，賜今額。寺有石函觀音像，禱求響答，及華嚴寶塔、義虎講臺。治平間，有希最法師居此講經，緇流愛而畏之，號曰義虎。古檜二本，元豐所植，至今存焉。

節録宋高子鳳《石函觀音殿記》：淳熙間，青龍鎮有畦地爲圃者，中廣丈許，藝之不生，溉之散流，夜有祥光上燭。遂發之，得大石函，貯觀音像，夾紵爲質，冠衣儼如，楊枝浄瓶在左右手，雲披月滿，姿相殊特。寺鄰沈氏傾橐贖之，奉安明心寺之西壇。寶慶丁亥，震風發屋，像失其蔽。既而陰有所啟，更有金彩彰施。迎真法堂僧了勝瞻仰欣慶，有創殿意，蕴而未言。一夕厨鑰自開，像立于地，莫審其故，勝獨感之。勝偶疾作，忽夢麗服而瓔珠者，慈視以拊之。既覺，失疾所在，於是傾貲締倡。肇自丙午三月，洎九月畢工。三門兩廡，以次具舉，題璇砌珤，塗飾精好，一境正信，咸獲依歸。噫嘻異哉！

静安教寺在蘆浦。初在滬瀆，吴赤烏中，建號重圓寺。唐更永泰禪院。宋祥符初，改今額。嘉定遷此。寺故有雲漢昭回之閣，閣廢，六字刻諸石。有江中浮來石像石缽。有吴越王瑜珈道場中毘盧遮那像，五臟皆書錢氏妃嬪氏名。有赤烏碑、陳朝檜、講經臺、鰕子禪、湧泉、緑雲洞，與滬瀆壘、蘆子渡爲八詠。

周弼《寺記》：華亭東北百里，松江繞焉。有寺在滬瀆，曰重圓。大中祥符元年，因避諱改今額爲静安。嘉定九年，僧仲依以舊(基)基迫近江岸，濤水衝匯，遷基于蘆浦之湧泉，即沸井浜也。中流數尺，特深如井，晝夜騰沸，或指爲海眼，因寺遷而異其名焉。寺之靈驗最顯著者，西晉建興元年，有兩石像浮于江浦，吴縣人朱膺迎置于寺。視其背，則有銘，蓋七佛中之二，曰維衛，曰迦葉。後六年，漁者又獲兩石缽于沙際，大如臼，羶辛觸之，則變怪輒見，因以爲石像供具。佛閣則因僧智儼而立。儼有異行駭俗，號鰕子僧。常斂蒲草爲萬餘繩，掛諸廊廡，且曰："吾將作大緣事。"繼即示寂。人競樂施以財，繩皆滿足，閣果成就。是皆傳于閭里，著于雜書，彰彰者也。自佛法渡江而南，浙西信嚮特甚，精藍净舍所在布滿，究其從始最遠者，極天監、大同而止。孫吴赤烏十年，康僧會始至建業，建寺以居，謂之建初，此寺實相踵而成焉。迨石像遷于吴門開元寺，而錢氏瑜珈道場盧舍那寶像，與雍熙、宣和兩碣，屹然尚存。雙檜偃蹇，如虬如鳳，則魯望襲美之所題詠也。風恬月淡，鐘聲梵響，悠揚于滄波浩渺之外。安知無石像再浮而至，發光彩于蘆葦間哉？華亭吾外氏所宅，蓋少所聞而異焉，遂述爲記。

明朱豹詩：古刹乘閒到，紅塵路已賒。洞門虚歲月，檀樹鎖烟霞。谷静泉逾響，山空日易斜。坐聽清梵入，落盡木蘭花。

胡芳詩：翠微隱隱出層霄，杖履來遊不憚遥。冰柱四簷晴作雨，雪山一帶晝隨潮。金鎔柳色藏高閣，紅愛梅花立短橋。賸有流霞駐顔色，養生無意問王喬。

陳一鳴詩：孫吴踪迹草芊芊，惟剩江聲繞寺邊。龍缽迷雲晴欲雨，山槐浮蔭日如年。斷碑零落蒼苔護，小澗清幽白鶴眠。半日流連消俗慮，媿無玉帶惠高禪。

犀照和尚詩：摩空蕭寺見荒陬，殿古僧殘夕照流。明月久虚雙檜影，閲人海眼碧千秋。

青浦縣

昭慶禪寺，本佘山靈峯菴，宋慈雲昭慶禪院。紹興二年，馬嵱禪師法寧建。有塔，有金沙地、芥子菴。元季兵燹。明洪武二十四年，僧德智重建。永樂十二年，僧智與古菴鼒建觀音殿、藏殿并兩廊，又募銅鑄鐘，垂成而智示寂。正統七年，僧法雲成之，又與徒道圓建鐘樓。天順中，建毘盧閣。錢溥有《鐘樓記》。

宋許尚《芥子菴》詩：院外三椽建，常思憩息時。莫教嫌逼窄，中有五須彌。

宣妙講寺，本佘山西菴。宋爲宣妙院，治平二年賜額。寺在上方。明正統六年，越僧虚白堅及其徒宗昇、洪憲等，相繼興建。錢溥記之。

明陸郊《宣妙寺聽琴》：衹樹談經罷，瑶琴手自揮。響疑和梵語，清轉助禪機。絶壑疏泉度，空山急雨飛。塵心坐自遣，從此得皈依。

普照寺，本佘山東菴。宋太平興國三年，聰道人開山。治平二年，賜額普照教院，寺亦以名。山有道人塔，下有月軒，旁有虎樹亭。道人在山時，有二虎隨侍。道人死，虎亦死，瘞之塔傍。踰年生銀杏二株，僧隱闢亭其間，以虎樹名。

宋聰道人《自題月軒》：軒前轆轤轉冰盤，軒裡詩成徹骨寒。多少人來看明月，誰知倒被月明看。

宋朱伯虎詩：愛月開軒絶頂間，屼然巍創壓層巒。翦除群卉當檐盡，添得清光滿檻看。亂石雲堆秋色冷，老松風入夜聲寒。十年夢寐江鄉景，杖履終期日倚闌。

元王逢《虎樹亭》詩：舟泊東西客，詩招大小青。山高白日墮，草偃黑風腥。植物鍾靈爽，精藍被寵靈。凉陰慎剪伐，留護石函經。

澱山禪寺，薛澱湖中山頂。宋建炎初建，紹興八年，賜額普光王寺。内有會靈祠，祀降聖夫人，今爲伽藍神。何松年記云：秦始皇時，邢氏有三姑。長曰雲鶴夫人，主沈湖；次曰月華夫人，主柘湖；季曰降聖夫人，主澱湖，即此。相傳神靈甚赫，嘗大旱，請勺水祈雨，隨車而至。每歲湖中群蛟競鬥，水爲沸騰，獨不入祠。元(大)〔天〕曆元年，寺燬，郡人唐昱重建。明改今額，萬曆中復燬，僧性沂重建。

釋覺恩《寺前即事》：三姑廟前春水生，百婆橋畔曉烟横。誰家草屋映疏柳，門外荻芽初可烹。荒坡斷岸無人迹，雨後閒行興何極。什什伍伍何家郎，行船打鼓春賽忙。

頤浩講寺在金澤鎮。宋景定中，里人費輔之始創經堂，僧道崇主之。其徒如信開拓，遂成大刹。雖杭之靈隱、蘇之承天，莫匹其偉。元元貞中，賜今額。明洪武中，僧大圓重修。内有五老峯、方丈、趙文敏書。枯樹峯、桃源洞、金鯽池、不斷雲、梅雪軒、尚書古榻、夏忠定治水時嘗宿此，遺迹尚在。天香亭諸勝蹟。萬曆五年，徐文貞階以賜衮留鎮山門，乃于殿西北作樓三楹貯之。莫方伯如忠題曰"有衮樓"。

節録陸樹聲《有衮樓記》：萬曆癸酉，郡建新邑，吏議撤材于寺，寺所稱大士殿議及焉。時少師存齋徐公謝政居里第，僧偕徒衆往告公，公曰："成毁一相，獨奈何毁已成，不可。"吏議乃止。僧以公慈憫護持，請于公，圖所以示信方來者。公解所御袍蟒，徹家藏吴道子大士像畀僧，僧受而庋之寮中，顧庳隘無以稱崇奉也。迺合檀信，相地于大士殿之後，左折而北，作樓三楹，中設大士像，襲袍蟒函置之。公門下士嘉禾吕君爲題之曰"有衮"。

明唐順之《金澤》詩四首：東南巨浸五湖深，古寺維舟正夕陰。客到山僧罷清磬，雀喧晴日下高林。夾洲烟火三家市，滿目蒹葭萬里心。徙倚不知餘興盡，月明還擬聽龍吟。三江抱處勢如環，野客探奇住不還。一望樓臺疑海上，稍聞鷄犬覺人間。幸無漁父知名姓，且與山僧共閉關。自笑歸來張季子，春時蓴葉未堪攀。　何年此地開金刹，宋代流傳直到今。聽法石將山作幻，護經龍與水增深。爐烟裊裊知塵性，栢樹青青見佛心。可是攀緣渾未盡，天花猶自惹衣襟。　水國餘寒芳草稀，偶隨烟艇問山扉。窗中怪石如人立，天際孤帆伴鳥飛。高齋盡日逢僧話，短褐經春换客衣。吴江亦是垂綸地，笑指星文媿少微。

明沈愷《過頤浩寺》詩：不到雲林久，殊深野外情。白蘋愁對客，玄鶴舞留人。酒引山公興，詩慚謝朓清。祇憐圓境寂，誰此學無生。

明包節《夜宿金澤寺》詩：乘月維舟水國陰，諸天鐘鼓正沉沉。白雲幽石心初定，黄葉空山夜已深。夾徑長松通古殿，到門修竹覆禪林。細探清浄消塵劫，况有江蓴荅素心。

七寶教寺在七寶鎮。初名福壽，在陸寶山。本陸氏香火祠，俗呼陸寶菴。既徙吴松之曲，請于吴越王，賜以金字藏經曰："此亦一寶也。"遂改今名。後因松江潮壞，三徙于兹。宋初張澤捨宅爲寺，今爲伽藍僧信協力重建。大中祥符元年請額。寺有五代時檜及羅漢松，今檜亡而松猶存。明成化十九年，建大士殿。萬曆十三年，里人徐三重重修，僧承業亦修大殿成，引横瀝水四圍。前石橋爲中香花橋，左右爲東西香花橋，南出市街。里人王會有記。

宋趙孟頫《七寶寺》詩：探奇來寶地，名刹冠叢林。院設機雲代，經描吴越金。霜鐘清繞鶴，池竹緑浮琴。投紱堪圓論，桃源莫浪尋。

明姚道元詩：翠微深處啟禪扉，僧坐雲中補衲衣。洗鉢澄潭龍卧起，散花珠席鳥驚飛。

空連高閣鐘聲寂,日落長廊樹影稀。幾席攢眉投白社,心期不與遠公違。

本朝華亭知縣張超《宿七寶寺僧樓》詩:危樓百尺倚遥天,堤柳依依似昨年。忙裡久忘心已瘁,閒中始覺嬾須眠。海雲静看離還合,山鳥徐聽往復還。解脱莫論參大覺,暫時物外儘悠然。

布金禪寺在四十七保大盈村,俗呼大盈寺,本法雲院。唐太和二年,孫均建。宋易今額,復爲院。佛殿、鐘樓、山門、法堂,歷宣和、建炎、淳祐諸年,郡武弁顔覇、孫曹諸人始備。元至元間,僧性并重修。有巨釜浮江而至,爲寺勝迹。

文裕公《宿布金寺》詩:五年荏苒重過寺,一夜空明獨倚樓。水亦何緣俱到海,心如無礙總忘鷗。細尋往事和頭白,多感新凉與病瘳。要用遠公邀靖節,暫隨蝴蝶化莊周。

隆福教寺在青龍鎮。初名報德,唐天寶間建。至長慶中,始建寶塔、昇仙臺在其前。宋大中祥符間,有暢法華駐錫寺中,日講法華,年八十化去。僧澤隨瘞其靈骨于寺門之左,建石塔以識之,天台了空大師浩弘撰《行業記》。元大德三年,主僧普善募宣慰使司任仁發亶修。明季傾頹殆盡。本朝順治五年,百愚斯禪師住持,法緣駢輳,輿構一新云。

明沈紹文《登青龍塔》詩:峻嶒龍藏俯平臯,獨倚空寒攬布袍。亂後幾家仍避地,秋來無日不登高。晴霞欲散諸峰色,極浦新添八月濤。縹緲仙踪何處是,好憑天際聽雲璈。

慧日教寺,初名普寧慧日院,在孔宅里,俗呼孔宅寺。寺有宣聖祠,相傳祠中有古栢二,曾有鳳棲其上,今存其一,皆孔廟中故物也。宋元豐間賜額。景定中,邑人俞庭芝重建。僧智源開山,易今名。元王逢《遊孔宅寺題僧文宗魯房》詩:九曲溪行地百尋,墩名宰我巋如岑。居僧幸淑詩書教,過客疑聞金石音。芝艸鳳麟空日落,桃花鷄犬自春深。一杯罷奠衣冠墓,試問衣冠淚灑襟。

澄照禪院在泖中。吴天澤記云:唐乾符間,老僧如海築基泖中,作井亭,施湯茗,建塔五層,標燈爲往來之望。明嘉靖間,僧智明建大雄殿。其徒自正于隆慶六年,築石堤以爲外護,建寶藏閣以奉大藏經。陸宗伯樹聲與弟中丞樹德置常住田,太倉王世貞爲之記。至萬曆十八年,又構潮音閣。

宋沈遼《登泖塔題》:乘月上浮圖,還見群山影。金焦是耶非,一點漁燈冷。

元王逢詩:何年窣堵釋典"窣堵坡"注:塔也。聳奇觀,勢若蛟龍上糾蟠。秦縣赭衣淪鬼國,梵家寶藏壓鷩湍。野瞻雨黑重燈夜,天卧空青一鏡寒。欲買扁舟占漁火,老緣無力候衡官。

明吴爰詩:日日春陰今日晴,小舟載酒作閒行。茫茫白水四鄰絶,落落青冥一柱擎。鴻鴈影沉燈自照,鯉魚風起鐸先鳴。雪眉禪子忘僧臘,坐閲波濤幾度平。

勝果寺在隆福之西,寺有沈光碑。

普寧寺在府南七里。傍有陸氏黄耳冢,俗訛爲黄泥蕩,故寺亦呼黄泥。宋慶元六年,尼如湛建。

道　觀

僊鶴觀，府南朝真橋東。始創在橋之西，年月無攷。宋紹興三十一年，處州天真觀道士葉太真復建，請于朝，即東晉廢觀舊額賜今名。元至正中，道士吴大亨重修，邵亨貞記。明初，以其地設太平南倉，道士陸允中始遷于此，其地故張氏祠堂也。觀雖小，爲府境琳宫第一，道紀司治焉。

明吴翀《遊仙鶴觀》詩：烟霞宫殿隱層層，十二欄杆處處憑。翠觀月明仙境寂，碧潭風静鏡波澄。中山酒斝和雲吸，剡曲船窗載雪乘。處世不須閒跼蹐，孤雲野鶴任騫騰。

蓬萊道院在東門内。元至正中，道士李德安建。明洪武十三年，道士金志信等重修。東廡有梓潼神，舊祠于縣學。祠後有竹林，大比歲以筍迸室中，卜薦士之多寡，近神座則占前名，其驗如響。成化六年，提學陳選以神道家者流，非學所當祀。道士李朝陽因請祠于此，仍塑吕真人配之。建利濟侯祠，錢溥有記。正德十四年秋，震雷碎殿柱。嘉靖初，道士衛大溥率其徒鐘秉彜復修，孫承恩記。萬曆間，俞汝爲倡建八仙祠于東偏。

元張昱詩：雲近蓬萊蜃氣消，數峯晴照遠相招。梁間燕子都歸去，觀裡桃花自寂寥。盂飯化人忘戀戀，院墻篁竹漫蕭蕭。雲中何處劉安宅，猶有鷄聲報午朝。

盟素道院，府治東舊城隍廟側。元至正十二年，道士吴蟾友、王元静建。明成化五年，大旱，知府田臻禱而得雨，命住持王惟端重修。正德四年，道士王大經建三清閣。

附羅神廟在會仙橋南。明嘉靖間，馮侍御恩戍雷陽時，其地有羅氏兄弟五人，横肆鄉曲。一日將有所逞，欲烹羊而行，羊忽作人言示警，因各悔恨自經。後屢顯靈，及恩歸，偶患目眚，感神入夢而痊。遂于宅前建廟，奉城隍神於中，而列祀之。郡中凡目疾者，來禱隨應，今香火特盛云。

白沃廟在北俞塘，俗呼白骨廟。白沃使君海鹽令。相傳當湖初陷，使君躍馬疾走不及，以鞭指東南一角，水至不没，其地獨高。後人于此立廟。見魯應龍《括異志》。

以上華亭。

長春道院，府城集僊門内橋北。元大德十年，道士鄭道真建，爲境内全真教祖。按，元浮梁楊載記：道真，錢塘人。少慕長春丘真人錬氣養神之道，長即遁去，至永嘉，師受道要，居密室中累年。一旦心躍然思歸，歸則父母皆已卒葬。于是益務遠游，至松江，買地二畝，築室四間，度弟子朱道本等，使嗣守之，以待來者。邑中大家計肅、夏世昌二人，志尚清虚，雅好道術，增地七畝，剏制道院。

楊載《春雨即事呈鄭尊師》：南榮相距數尋間，滿地春泥隔往還。夜雨暗添籬脚水，曉雲濃掩樹頭山。修篁夾徑宜增植，細艸侵堦莫漫刪。世慮紛紛無止極，敢求大藥駐衰顔。

王逢《題長春道院桂風子與朱貞一真人》詩：仙人桂風子，勇别上清君。晞髮三神日，巢松五老雲。桃椎今問訊，奎閣舊論文。游幔峰青叠，蓬頭并鶴群。

谷水道院，府城西谷水坊内。前志云：在瑁湖北。許尚《百詠》題有《道院》，注：在西湖之西，後爲延氏蔬圃。疑即此地。曰谷水者，湖之故名也。宋寶慶二年，道士陸景微建。

明洪武二十年,道士葉雲谷增修。後燬于火,道士黄碧窗、里人馬驥重建。今湖已湮,院南悉爲民居,其外一水縈紆,不知爲湖矣。中有來鶴亭、東雲所。

錢福《來鶴亭》詩:放鶴亭前來鶴亭,自來自放幾時停。道人莫跨入雲去,且坐亭中默誦經。

崇真道院在細林山,元至正間建。明洪武十四年,道士彭素雲重修,院鐘爲細林八景之一。成化七年,道士陳愈清修殿,建東堂五間。有蒲龕,是素雲故物,弘治間猶存。萬曆中,增建關帝祠、朝真閣。

東嶽行祠在府城西。建置無考,宋右丞朱諤始大而新之。元至正五年災,惟真武殿及廊廡僅存。十二年,邑人夏濬即其址立門復舊。明成化元年,副道紀曹希聲建玉皇閣。弘治五年,知府劉璟重修,郡人侯方有記。嘉靖間燬于倭,後復建。時倭掠金錢,藏掩草蕩,有二卒知其事,夜往盜之,寄一老者家,再往則陷于倭矣。後老者以其無主,捐建殿寢將成,二卒晝見,謂老者曰:“子如是用財可矣。”夜夢嶽帝示夢曰:“此二卒實首功,可肖其形以享香供。”今殿中東西侍立于地者是也。萬曆中,郡人徐琳重修。殿西北隅建楊侯神祠,爲東嶽掌刑之神,靈爽最赫,禱祀輒應。里人徐嘉相以地址湫隘,倡緣擴建,丹雘鹵簿,靡不整肅云。

太素道院,府南廓外。元至正九年,邑人劉惟一入道時所建。南瞰瓜涇,林木幽蔚,宛在人外。有端坐全真之所,曰雲巢,故號雲巢子。楊維禎、錢惟善、周之翰日往游焉。

以上婁縣。

正陽道院在縣治東南。元至正十三年,里人潘守真建。縣之陰陽學設于此,俗呼水仙宫。

平山道院在十八保。明洪武七年,里人沈子文建。永樂元年,道士項子通修。按,晉袁崧犒軍長人鄉,酒罄聚瓶如山,後人尚有于此得瓶者。字宜從瓶。外有天移井,明翰林侍讀唐文獻爲記。

附順濟廟,即天妃宫。在縣東北黄浦上,宋咸淳中建。按《一統志》:神,莆田林氏女。生于宋,有神異,没而顯靈,始立廟于莆之湄洲嶼。元至元十八年,敕命爲護國明著天妃。明洪武、永樂,兩加封號。廟後有丹鳳樓,觀潮者登焉。潮洶涌北來,至廟門而伏,過則復起,人以爲神。

以上上海。青浦道觀不録。

古　蹟

周公墩,詳《山部》,大抵烽堠也。

梁紇廟,在海隅鄉梁紇浦東。

三女岡,舊《圖經》:縣東門八十里,吴王葬三女于此。《樞要》云:吴王葬妃於此。未知孰是。《明行寺記》云:寺近三女岡。今南橋北三里有高岡,是其處。宋唐詢詩:淑女云亡久,衰丘尚著名。九原誰可作,千載或如生。青骨何時化,荒榛此地平。空餘圖牒在,不復敵佳城。

許尚詩：玉殮知無有，香魂計已消。頻來歌楚些，歲久若爲招。

明屠隆詩：三女臨妝鏡，千花嬌映人。金釵没黄土，玉骨若爲燐。昔有宫娥侍，今爲野鳥隣。繁華總如此，所以貴清真。

吴王獵場，舊《圖經》云：吴王獵所。有五茸，茸各有名，在華亭谷東。又云：吴陸遜生此，子孫常所游獵，後人呼陸機茸。今其地爲桑陸。按唐詢詩題注，華亭谷在縣南。然則今府城東南，皆獵場遺址也。

陸龜蒙《吴中即事》：風清地古帶前朝，遺事紛紛未寂寥。三泖凉波魚䕻動，五茸春艸雉媒嬌。雲藏野寺分金刹，月在江樓倚玉簫。不用懷歸忘此景，吴王看即奉弓招。

元段天佑詩：鼎足成功日，蒐畋此注戈。繡旗春浪捲，鐵騎夜星羅。割據英雄盡，登臨感慨多。年年二三月，芳艸暗陽坡。

明徐獻忠詩：昔日吴王獵騎歸，五茸久已燒痕微。沙頭鴈鶩猶成埒，天外桑麻似合圍。十里孤城連落日，幾家愁思動征衣。江南不媿稱名郡，祇覺風烟净可依。

秦皇馳道，郡西北崑山南四里，相傳有大堈路，西通吴城，即馳道也。《輿地志》：始皇東遊，至會稽句章經此。漢賈山至言秦皇馳道遍天下，此蓋其一也。按，崑山南四里即古浦塘，然則馳道即塘之岸也。山之北又有秦皇走馬塘。

宋唐詢詩：秦德衰千祀，江濱道不修。相傳大堤在，曾是翠華遊。玉趾如將見，金椎豈復留。悵然尋舊迹，蔓艸蔽郊丘。

古岡身有三：沙岡，竹岡，紫岡。詳《鎮市部》。《吴郡圖經》謂瀕海之地，岡阜相屬，謂之岡身。此天所以限滄溟而全吴人也。

明貝闕《過竹岡》詩：迢遞竹岡路，村墟烟火遲。地從滄海盡，天入大荒垂。網集知潮落，舟行覺岸移。平生貪勝槩，隨處一題詩。

白苧城，縣南四十里，高一丈，周一萬步。舊經云：地生野苧，因名。今俗呼白苧滙。

烽樓在亭林南。《寰宇記》：南帶海上有烽火樓基，吴時望海處。今遺蹟猶存。

赤烏碑在舊静安寺。吴赤烏中，天竺僧康會始入建業，創寺曰建初。華亭繼有重圓，勒碑紀事。宋祥符間，敕名静安。至嘉定中，依師以址薄江，遷今處。碑未及徙，而水囓没之。

元王逢詩：碑存赤烏年，僧指青燈夜。風雨寒蕭蕭，黄旗儼來下。

明成廷珪詩：蘆涇水入大江馳，巋立重圓舊有碑。一去黄旗連紫蓋，幾迴白馬過青絲。沉淵恨少中郎識，打字翻無薦福悲。水客不知前代迹，月明凉夜漫歌詩。

養魚池，唳鶴灘。并詳西湖。

黄耳冢在城南二里餘，旁有普寧尼寺守之，俗訛黄泥寺。《述異記》：陸機少時好獵，有家客獻快犬曰黄耳。後機仕洛，將以自隨，犬黠慧解人意。機嘗戲語曰："家久無書，汝能馳往否？"犬摇尾作聲以應之。機爲書，盛以竹筒，繫犬頸，走向吴。經水輒依渡者，掉尾向之，得渡則騰上速去。到家得書，還向馳洛。後死，還葬其家村南二百步，聚土爲墳，呼爲黄耳冢。《劉貢父詩話》又以黄耳爲僕,未知何據。

明袁凱詩:黄耳墓前春日遲,柳條花萼共参差。高才已逐浮雲去,異物猶令後代思。顧養有恩終不背,交遊何事獨相欺。春風緑酒人皆醉,落日孤舟自詠詩。

明顧清《鶴涇田舍在黄耳祠傍偶過懷古》:山靈應道我歸來,一逕新添雨後苔。高柳直從江路見,細花還傍竹叢開。百年天際雲千變,萬事林間酒一杯。記得吾家老開府,當年曾勸陸郎回。

八角井在張涇橋西,俗傳陸氏外厨井也。其水通海,歲旱投鐵簡其中,云能致雨。

五色泉。詳西湖。

顧亭林,讀書堆。詳《鎮市》。

宋唐詢詩:平林標大道,曾是野王居。舊里風烟變,荒原艸樹疏。湖波空上下,里閈已丘墟。往事將誰語,淒凉六代餘。

元段天祐追和:希馮年少日,著述此閒居。久不登朝去,初非與世疏。舊遊何歲月,遺迹盡丘墟。只有湖千頃,春潮漲雨餘。

陳朝檜在舊静安寺殿墀左右,陳禎明中所植。陸龜蒙、皮日休有《重圓寺雙檜》詩,即此。宋政和間,朱勔畫圖以進,有旨遣中使取之,欲毁山門而出。一夕風雨,震雷碎其一,其右者尚存。今寺已遷,檜亡久矣。

皮日休詩:撲地徘徊是翠鈿,碧絲籠細不成烟。耳根莫厭聽佳木,一對狻猊相枕眠。

陸龜蒙詩:可憐野刺是青螺,如到雙林誤禮多。更憶早秋登(古)〔北〕固,海門蒼翠出晴波。

明成廷珪詩:千年老檜上青霄,三閣飛花不動揺。香骨自來盤左紐,苦心未忍棄前朝。蛟龍并立江雲黑,鸞鳳雙啼海霧消。想得龜蒙題詠處,殿頭風雨正蕭條。

講經臺在静安寺。宋嘉定間,寺僧仲依築土臺,聚其徒講習於此。遺址猶存。

元楊瑀詩:高僧昔日講經處,人去臺荒草木間。華表不歸千載鶴,至今遺迹鎖空山。

湧泉,舊志云:在静安寺前。晝夜騰沸,甃井作亭,佳其名曰"應天湧泉"。亭廢,井湮于港中,故水類有沸井浜。在滬瀆東西蘆浦中間,一水相通,有數尺特深如井,其下二三尺氣稍温。今泉在寺内,浜爲平陸矣。

元貢師泰詩:江頭石佛寺,中有湧泉亭。亭荒鳥雀聚,水古虹霓腥。元氣澒地脉,汩汩不暫停。初疑蟹眼沸,復似冰花零。嘗聞有神龍,深卧潛炳靈。何由作霖雨,一洗烽烟清。

唐奎詩:寶積湧泉泉已竭,重圓湧泉泉汩汩。圓花突泡點波濤,亂撒摩尼走明月。大旱臨泉呼老龍,禱天愁殺桑麻翁。爲翁汲泉(老)〔作〕霖〔雨〕,小泉一點飛龍駿。

緑雲洞,静安僧壽寧栖息之所。檜竹桐栢環植廬外,層陰叠翠襲人裾。遊者擬爲華陽小有之境,趙孟頫扁以是名,楊維禎爲志。

元王逢詩:龍歸驟覺寒,鷄遠不知午。長日四簷陰,颼颼竹疑雨。

貢師泰詩:聞道赤髭僧,深居緑雲洞。被服青霞裾,朗吟金光頌。緑雲三萬匝,白日光如汞。地闢給孤園,俗鄙醯鷄瓮。羣仙集百草,乃是天龍種。還知人間世,黄塵十年澒。

明孫作詩：緑雲千頃堆琉璃，雨洗烟霧生奇姿。忽然變滅不可記，月色照耀如天衣。天衣拂石鏘璚珮，萬籟微音出幽邃。藻荇浮空積水明，洞中緑雲光破碎。緑雲反復爲師妍，師方宴坐交人天。是身如雲我何有，雲豈俄爾相周旋。人間萬事如轉燭，洞亦非空亦非緑。此題此歌今已多，桑下浮屠不三宿。

龍井在横雲山。有祭龍壇，昔時禱雨處。歲久井湮祠廢。本朝順治十七年，夏大旱，知府劉洪宗率僚屬步禱於此，甘霖隨應。乃捐俸浚治，築白龍洞亭于其上，以致祀焉。

釣灘在泖涇鎮，唐船子和尚垂綸之地。今爲法忍寺。

唐釋德誠詩：千尺絲綸直下垂，一波纔動萬波隨。夜静水寒魚不食，滿船空載月明歸。　三十餘年江上游，水清魚見不吞鈎。釣竿斲盡重栽竹，不計工程得便休。　三十餘年坐釣臺，釣頭往往得黄能。錦鱗不遇虚勞力，收取綸竿歸去來。

松澤西亭，船子和尚維舟詠歌處。後爲西亭蘭〔若〕。

釋德誠詩：一葉虚舟一副竿，了然無事坐烟灘。忘得喪，任悲懽，却教人唤有多端。一任孤舟正又斜，乾坤何路指生涯。抛歲月，卧烟霞，在處江山便是家。　愚人未識主人公，終日孜孜恨不同。到彼岸，出樊籠，元來只是舊時翁。

升仙臺在隆福寺前。按《續仙傳》，王可交初居松江南，後入四明山不出，初無上升事。或傳爲王淡交，淡交不事繩檢，能爲詩，語多滑稽，大似傲世者。然江上有感行石刻云“王可交仙壇”，則或説又未然也。今遺迹具存。

駱駝墩，詳《山部》。

瑞光井，詳超果寺下。

石幢在華亭縣前。相傳地有湧泉，云是海眼。大中十三年，立此鎮之。上海浦東陸氏祖居前，亦有海眼，晝夜泡起不息。儼山少時甃石爲池，至今猶存。

宋許尚詩：屹立應千載，傳因海眼成。蓬萊水三淺，曾不見欹傾。

水陸池在興聖寺。昔有龜數枚，聞講經聲，則緣砌而上，罷則復去。後以其〔地爲〕棠溪書院，今池在院中。

沈光碑在勝果寺。宋元祐初，有鬼顯異于寺僧，自稱有漢烈士沈光，書迹數十字刻石。許尚謂之鬼書。

節録宋吕益柔《妙悟大師最公碑銘》：師族姓施，湖州人。四歲祝髪，十五歲學天台教于錢塘名師慧才，悉通奥義。慧才善之，曰：“天台教門又得人，宗風不墜矣。”治平中，挈經笥來講秀州青龍鎮隆平塔院。一日，不得意于鎮宰，去之霅川。迨鎮宰替，師復來，居勝果寺，講説如初。寺僧子雲之室夙有祟，師乃呪塊土，擲于室中，須臾得片紙，書曰：“今被法來遣，難捨，法力没，余當復來。”于是寧息者累日。其後擊物颺火，變怪大作。子雲惶怖，請師禳之。師至怪所，訶之曰：“汝果何物耶？得非未離幽壤之苦，將丐慧力以求生耶，何爲擾人不已耶？汝不聞惱法師者，頭破七分乎？”爲之講説輪迴因緣，仍令衆僧聲呪以破其罪障。俄而空中轟然有聲，得朱書數十字，自稱有漢烈士沈光，大畧止悔過謝罪，自蒙懺解，夜已生他化矣。師謂他化天也。嗚呼怪哉！余嘗讀《高僧傳》，至法蘭精勤經典，山中神祇皆來受法,人謂德被精靈,竊疑其誕。及覩此,則知佛慧神通,足以斥陰妖之靈蠁,拔重泉之沉魂,明暗兩塗,各獲安利。夫怪者,聖人所不語,將爲後世好誕者戒也。然孔子嘗謂"敬鬼神而遠之",又曰"幽則有鬼神",是豈以鬼神爲無哉?今沈光變現,顯赫若此,則凡包禍心以欺諸幽者,得不聞是而懼乎?此余所以雖怪而必書也。

宋許尚詩:壯士爲儒耻,捐軀志所甘。無名預青史,幽憤亦何堪。

安公像。公爲僧,泛海而死。元時肉身猶存,今不知所在。

許尚詩:浮鉢來滄海,皤然厭世塵。補陀巖畔月,長照定中身。

羅漢井在南禪寺。宋崇寧中,僧普願于此得住世羅漢像,寺因以興,故名。水甘洌宜荼,汲者月朔率投以紙錢一陌。明嘉靖十三年,僧竹菴浚而甃之。

明釋德濱(詩)〔銘〕:井之陘惟水泠泠,止不波兮使我心平。養之不窮兮勿羸其瓶,終古不改兮同其清。

吕公樟在本一菴中。宋有回先生者過之,手植樟一本于雲堂後。數年復來,問章公安否,無有知者。時樟已枯瘁,回見之而笑,取瓢中藥一丸,瘞諸根下。人初不經意,後樟復榮,每葉皆有瓢痕,人始悟吕仙也。自是雲水僧來,必掇其葉,以稱奇四方。昔有人患瘡穢甚,瘦行至橋上,見道人枕二瓶睡。告之以故,曰:"無妨,第隨我行。"至院中,道人揖樹曰:"樟先生無恙耶?"謂患者曰:"汝但採葉浴瘡,當平復耳。"是歲疫癘大作,土人採葉煎服者立愈。亂後亡。

陳必達詩:雲鎖虚堂四壁空,吕公曾此問樟公。如今不見神仙過,古樹蒼蒼夕照中。

石獸在府東。嘗爲變怪,夜則環市而走,遂斷其一足。

宋許尚詩:刻鑿知何謂,彌年亦有神。宵行無足怪,一吼亦驚人。

雲漢昭回之閣在蘆子浦。宋淳熙十年,端明殿學士錢良臣建,以藏宸翰。其額係光宗在東宫時書。今碑存静安寺,閣廢。

元王逢詩:雲漢昭回夜,新登最上頭。叢林幾度臘,片石百年秋。爽氣隨天盡,疏雲帶月流。身今在析木,無暇顧牽牛。

丹鳳樓在上海縣東北天妃宫。宋咸淳八年建,青龍市舶三山陳珩書額,元楊維禎有詩,後燬。相傳樓未燬前一日,額忽墜地,羽士置水中洗滌,因而得存,若有神護之者。明萬曆間,里人秦侍御嘉楫擴城樓,仍置額其上,復爲之記。

秦侍御《改建記》畧:丹鳳樓,故順濟祠樓也。創于宋咸淳間。其地襟帶江湖,控扼雄勝,而顔之曰丹鳳者,謂棟宇軒翔,丹雘照江水,若長離欲翥然也。或曰:樓以祠女鬟云爾。兵燹以來,唯白沙白鳥,迷離于崩濤缺岸間,其碑板亦消蝕,無復存者。僅樓顔三字,爲陸文裕公藏無恙。蓋自邑以倭難始有城,城東北陬爲樓以偵敵者三楹,凌睥睨而出,下直丹鳳遺址。慨古蹟之漸湮,乃捐橐裝,畀道士顧拱元,鳩工庀材,重爲飭治。加綴層軒于楹,洞三面以供瞻眺。從文裕公孫都事請故顔〔顔〕之,書楊詩于楣,且復文敏碑,以悉還其舊。于是川原之繞繚,烟雲之吞吐,日月之出没,舉在眉睫。而冬之雪、秋之濤,尤爲偉觀。遠而世所稱方壺、員嶠、岱輿三神山者,亦若可盱衡見也。而樓之勝,遂冠冕一郡矣。既訖工，爲之書其歲月，且以諗于後。

元楊維禎詩：十二湘簾百尺梯，飛飛丹鳳與雲齊。天垂紫蓋東皇近，地接銀河北斗低。笑靨秋空戎馬陣，神燈夜燭海鷄啼。嫦娥昨報瑶池宴，笑指蓬萊水又西。

明黄體仁次韵：錦雲長鎖絳樓梯，檻外蒼茫草色齊。舉目潮升知海近，當杯日落見天低。三山有路堪長往，萬突無烟祇自啼。莫向東南問機杼，斜懸北斗柄方西。

董紀詩：何年勑賜天妃號，宫觀岧嶤入紫冥。龍女來朝多顯異，鮫人作市暗聞腥。黄姑渚闊天通海，丹鳳樓高晝隕星。近得瑶池王母約，蓬萊有路到珠庭。

俞顯卿詩：獨躡名樓思渺然，芙蓉雙袖濕蒼烟。黄龍飛躍平津劍，丹鳳迴翔弄玉仙。吴地東南當海盡，羲輪咫尺傍城懸。憑闌欲問彭咸宅，歌發滄浪漁父船。

張弼詩：扁舟北來海水淼，丹鳳樓高海天小。樓上三姑共儼然，雲鬢花容長不老。大姑團扇裁龍綃，指揮海若驅風濤。聖人御宇波恬静，斂扇笑看棋相鏖。二姑潛機先一着，小姑拈子未肯落。龍争虎鬥血元黄，鯨呃蛇蟠勢回薄。金鷄睡孰天下冥，樓下道人聞剥啄。我欲就枰問一言，滄海桑田今幾番。孫恩剽賊何緩死，崖山忠義何遽翻。弱水仙都果何處，欲借青鸞竟騎去。五色文輝閬苑花，七星劍掛扶桑樹。左携赤松右洪崖，免束冠裳事章句。三姑默默問不應，樓外長川自東注。

杏花村在青龍鎮。

萬柳堤，柳允中大父植萬柳于龍江堤上，因名。今廢。

拂雲亭在青龍鎮治前，監鎮魏大年造。四面植竹萬竿，蒼翠扶疏，游者疑爲淇園、渭川之境云。見張之象《百咏題序》。

鸚鵡洲在海中金山下。山北古海鹽州，後淪于海。元末潮齧山北岸，下瞰橋井猶鑿鑿。有得一碑，曰"鸚鵡洲界"。

文鞏洲在黄浦中。元末始生尋丈許，後延廣至數十畝。洪武初，王逢携里叟門生共登，適鳴雉羣集，因以爲名。

王逢詩：我來初避地，黄浦漸生洲。里諺歸材傑，天工障獨流。望疑堅壁守，醉覺小山浮。仙攝金鰲背，神迴白馬頭。根盤連厚軸，形勢壯遐陬。漁倚盲風釣，商藏疾雨舟。篠鞭伸玉節，荻筍屈紅鈎。烟火鮫爲市，雲霞蜃作樓。沙津魚皷急，水柵蟹燈幽。艮震方先曙，吴淞木始秋。老懷龐德隴，隱覓謝鯤丘。僮御争先導，吾儕試一遊。賡歌清氣合，樂志古人侔。可信文鞏雉，能盟嬾性鷗。

鶴坡在下沙鎮。此地出鶴，俗又謂鶴窠。

明孫怡詩：歸舟傍南坡，坡樹雜嵐氣。上有胎禽巢，不知育稚未。

綾錦墩在盤龍塘上，錢全衮種桑之所。

石筍灘在下沙捍海塘外。抵海三十餘里，每二三丈，沙汭中有石如筍者彌望。潮汐至此，勢本悍激，自建石筍，其流遂分。本名分水港，不知何代易以今名。

明朱仲雲詩：不見沙頭洗玉瓶，閒移小艇弔江靈。豪華銷歇今非古，依舊春風岸草青。

白燕菴在賢游涇袁御史凱墓側。里人以凱有《白燕》詩，築菴祀之，遂以爲名。

迴瀾臺,明嘉靖末,馮御史恩築。在雲間第一橋西。

王衡《迴瀾臺》詩:荒荒落日照孤墩,就可中央立水門。草木半江屯雨氣,波瀾平地出山根。春秋弔古餘尸祝,我輩臨流次酒尊。躑躅暮雲感慨在,更將遺恨問平原。　放舟郭外市烟飄,更上高臺意欲消。五月竹林風抱葉,一泓泖水夜分潮。空灘月白生魚蟹,大野場登薦黍苗。勝地與人俱不朽,風流廷尉繼孤標。

馮大受詩:平蕪漠漠水泫泫,目送烟霞萬里晴。小雨挾雲歸斷岸,亂帆拂柳渡孤城。江銜睥睨寒星没,海近樓臺霽色平。獨立中流雄砥柱,令人俯仰寄(情)深〔情〕。

名　宦

吴

伍員,字子胥。楚平王以讒殺其父伍奢,員逃於吴,卒報其仇,以忠諫死。華亭胥浦塘,子胥所鑿,故名。自長泖接界涇而東,盡納惠高、彭港、處士、瀝瀆諸水,一郡北流入浦之要津也。漢唐有子胥廟。

楚

黄歇,楚人也。烈王即位,以爲相,封春申君,賜淮北地十二縣。後十五歲,請獻淮北地,而封于江東。王許之,歇因城故吴墟,以自爲都邑。治水松江,導流入海,今黄浦是也。因其姓以名之,亦曰春申浦。

晉

虞潭,字思奥,會稽餘姚人。吴騎都尉翻之孫,宜都守忠之子也。清貞有檢操,以軍功賜爵都亭東鄉侯,進零陵縣侯,轉鎮東將軍、吴國内史。時吴饑饉,潭表出倉米賑救,又修滬瀆壘以防海寇,百姓賴之。

袁崧,陳郡陽夏人。瑯琊太守方平子,嗣長合侯。少負才名,博學有文章,著《後漢書》百篇。襟期秀遠,善音樂。歷顯位,出爲吴郡太守。孫恩作亂,吴會承平日久,人不習戰,所在多破亡。吴國内史桓謙出奔,崧築滬瀆壘,緣海備恩。明年,恩復入浹口,轉寇滬瀆,崧遇害。其部人海鹽李祥,冒白刃收崧歸葬。

唐

趙居貞,彭城人。天寶十年,自揚州長史遷吴郡太守。以嘉興海鹽地廣,奏并割崑山,置華亭縣。

張聿,瑯琊人。宰華亭,治政凛然。嘗有猾儒以干乞爲業,入其界,聞耕者歌曰:"華亭君子,來及幾時。老稚免疾苦,遠近無渴飢。安得九重天子知。"儒曰:"此政不可撓也。"遂抵他境。

宋

劉惟一,天僖初任華亭縣。時學舍未立,介于梵刹,惟一始遷于縣治之東。陳執古有《遷學記》。

葉清臣,字道卿,長洲人。宋進士,以策擢高等,自清臣始。授太常寺奉禮郎,旋知秀州。寶元初，爲兩浙轉運副使。時盤龍滙爲患，釃爲新渠，道直流速，其患遂弭。又建議疏滬瀆入于海，民賴其利。清臣天姿爽邁，遇事敢行，數上書論事，陳九議、十要、五利，皆當世可行者。有文集一百六十卷。

錢貽範，彭城人。慶曆間知華亭縣，講求民間利病，皇皇如不及。調度有章，能行所聞而竟其功。時康定以來，歲旱頻仍，貽範議開顧會浦，以時蓄泄，萬民賴之。詳章峴記。

吴及，字幾道，静海人。年十七，以進士起家爲候官尉，累遷太常博士。皇祐間，知華亭。時浙西旱蝗，蘇秀尤甚。及禱于横山之神，天既大雨，蝗亦避境。至秋大稔，乃教民預修水利，以待淫潦。明年大水，而阡陌堅完，溝洫通利，復稔如初。比三年，家給人足，風俗歸厚，歌誦滿路。及去，父老悲啼攀留不得進，至空一邑隨之。其後四十餘年，猶思之不置。初，及在官，嘗作亭于西湖，名曰環碧。後令劉鵬因民之思，改曰思吴。

李餘慶，字昌宗，連江人。判秀州，境多鹽盜，餘慶作華亭、海鹽二監，俾業鹽者歲入常緡，以杜私販。又爲石隄，自平望至吴江，捍除水患，至今賴之。

李夔，字斯和。其先江南人，唐末避亂，徙邵武家焉。元豐三年進士，調秀州華亭尉，後官至京西南路安撫使。子綱、維、綸。綱生于華亭之官舍，高宗時爲名相，贈太師、衛國公。

劉鵬，彭城人。元祐四年爲華亭令，甫下車，即修庠序、立教誡，以至簿書期會，各有條理。在官不旬日，一境告治。作弦歌堂、三山亭、艮閣于縣齋之東。以吴及所建環碧亭爲思吴堂，從民望也。

毛漸，字正仲，江山人。舉進士，紹聖中爲兩浙轉運副使。浙部水溢，詔賜緡錢二百萬以賑之。漸言數州被害，即捐二百萬，儻仍歲如之，將何以繼？乃按錢氏有國時故事，起長安堰至鹽官，徹清水浦入于海，開無錫蓮蓉河、武進廟堂港，疏常熟涇、梅里入大江。又開崑山七耳、茜涇、下張諸浦，東北道吴江，開大盈、顧會、柘湖，下金山小官浦以入海。自是水不爲患。

姚舜明，字廷輝，越州嵊縣人。政和間，知華亭縣。以元豐、元符斷獄制書揭之獄。府治西偏葺琴堂，爲聽政之所。宣和初，改知崑山。欽宗朝爲御史。僞楚時，挺節不污。南渡後，至户部侍郎，卒贈太師。

王珏，字德全，臨川人。荆公安石孫也。紹興二年，起家鹽官丞。方年壯，累行令事，邑人安之。秀州歲以錢給亭民煮鹽，至十五年，積十九萬七千餘緡不給。民訴于朝，除珏提舉浙西茶鹽。逾年，盡償亭民，且贏鉅萬。開華亭瀕海河二百餘里，鹽滋得流通，且資以溉田。經界法行甚害者三百六十餘事，其七千二百餘户爲尤病，珏奏除之。兼提點刑獄，未閲月，正大辟重而輕者三人，死而生者五人。移河南提舉。官至直敷文閣、太府少卿，卒于横山之私第。

劉穎，字公實，衢州西安人。紹興二十七年進士，提舉浙西常平。疏澱山湖，以洩吴淞江二水。禁民侵築，毋使逼塞大流，民田賴之。終寶謨閣直學士。

黄瑀，字德操，閩縣人。紹興八年進士，初任爲饒州司户參軍，歷官兩浙轉運使幹辦公事,權秀州華亭縣。歲凶,瑀白常平使者,請發廩以賑。使者以當俟奏報難之,瑀曰:“民命在旦夕,苟可以生之,雖得重罪不悔。”退即發(票)〔粟〕賑給,全活者萬計。吏部侍郎汪應辰等交薦,除御史臺撿法官,旋擢(鑒)〔監〕察御史。子杲,登進士。

劉俁,字碩翁。總角日誦千言,爲文操筆立成。登紹興三十年進士,改秩知華亭。邑版賦窘,率貸諸豪民,豪民撓政。俁謁臺府,願寬假三月。乃治酒政,損關征,不三月,課入自倍,逋賦以償。剖决若神,豪猾皆歛手。并海有秦山、鹽鐵、蚌港三堰不治,被旨督作,早夜露處,灌田六萬畝。守以圖奏,孝宗大悦,亟加褒賞。繕華亭海堰,禁邏兵胥吏擾沿海民船,事皆施行。改知岳州,有異政,民生祀之。

楊樗年,字茂良,丹徒人。初監行在草料場,以京秩薦。秩滿班見,改秀州華亭縣。華亭賦重歲饑,民不堪命,乃盡蠲賦入之無藝者,以私帑代輸。提點刑獄司檄繫平民十餘爲强盜,廉得其情,即釋之。吏請須報,公曰:“民以盗繫,少稽則生理蕩矣。吾寧以故縱獲戾,毋使吾民之及此也。”境多黄雀,醢之以媚貴要,歲且百萬,乃下令嚴採捕之禁。他如修學以養士,開河以利農,爲梁以濟涉,往往縣計不足,則以俸入繼之。代期未盡一月,使者摭細故論罷,邑人冤之。御史陳賈、諫議大夫謝諤交章訟其事,有旨擢通判揚州。終朝議大夫。

羅點,字春伯,撫州崇仁人。六歲能文。淳熙三年,擢進士第二,由校書郎除浙西提舉。規畫荒政,凡數十奏,躬行畝畝,實惠甚博。先是,崑山、華亭之間有澱山湖,洩諸水道,戚里豪强之家占以爲田,水田是壅。點廉得其實,奏請濬,且爲圖以獻,上從其言。百姓勇于赴功,不日而畢,所濟田百萬畝。點孝友端介,不爲矯激,或謂天下事非才不辦,點曰:“當論其心,心苟不正,才雖過人,何足取也。”官至簽書樞密院事,卒贈太保,謚文恭。

姜詵,爲兩浙轉運副使。隆興中,浙西水溢,民大飢。詵相地便宜,即張涇堰傍增卑爲高,築月河,置閘其上。復浚河,自簳山達青龍江口二十有七里。邑民德之,相與立石以頌。許克昌有記。

丘崈,字宗卿,江陰軍人。隆興元年進士第三人,除國子博士。乾道中,丞相虞允文薦其才,遷太常博士,知秀州。時華亭捍海堰廢,鹹潮歲入,壞並海田,蘇湖皆被其害。崈奏創築,三月堰成,蘇、湖、秀三州斥鹵復爲良田。除直秘閣,知平江,改兩浙轉運副使。累官同知樞密事,卒謚忠定。

徐民瞻,西安人。慶元間,知華亭縣。訪問疾苦,表章先賢。嘗買國子監書,以惠鄉學。爲堂于學之東廡,繪陸氏機、雲像,俎豆其中,顔其堂曰二俊,并序其集壽之梓。又以參政錢良臣耑力建學,新其祠宇,爲文記之。

姚憲,字令則。以父舜明任補海鹽丞,惠利及人。後知秀州,土豪錢安國舍匿亡命,爲奸盗,州縣莫敢詰。憲擒之,并其黨悉置于法,焚其巢穴,州里遂安。大水民飢,華亭諸邑尤甚,憲請輸粟萬斛以賑,朝廷賜書獎諭。除提舉浙西常平,累官參知政事。

施退翁,山陰人。淳祐間,任華亭縣。以風化爲己任,作興學校,重建講堂,改創齋廬,中置詠仁亭,後爲觀頤堂。七月告成,不擾民賦。華文閣直學士王遂記其事,畧云:施君治化修明,民安其政,既庶而教。人謂之實録云。

元

吕謙,字和之,亳人。元初,從丞相伯顔南征,所至不殺,謙實贊之。宋平,求糧二千石,以惠黎民,詣省白狀,發粟賑之,民活數萬。久之,即拜謙懷遠大將軍,鎮守上海。當春勸農,召父老謂曰:“善牧羊者,先去敗羣,善治民者,先除民病。”由是里胥畏懼,境内大治。

僕散翰文,字行之。至元末,來知府事。奏析華亭東北爲上海縣,請以府直隸行中書。愛民如子,秩滿歸,民匝道嗟涕,翰文亦泣下,爲弭轡安行,以謝送者。

張之翰,字周卿,邯鄲人,别號西巖。至元末,自翰林侍讀學士來知松江府事,有古循吏風。歸附後,民苦荒,租額以十萬計之。翰偕達魯花赤麻合馬,赴省力陳其弊,咸除之。嘗新府治,建西湖書院。在官著述甚富,有《西巖集》三十卷。後以疾卒于官,民追思之。

俞師魯,字唯道,婺源人。大德十年,辟署史館編修。以親老求外,遂授隆興路學教授,家居十年。至治中,除廣德路學教授,授松江府知事。多有政績,民爲之歌曰:“俞公未來,案牘紛披,吏饞而欺。俞公既來,官僚怡怡,吏飽而嬉。惟其黑幘,使我心惻。”

密蘭,色目人。廉敏讜正。泰定二年,自山南江北道肅政廉訪使,爲都水庸田使,置司華亭。每赴司,騶從甚簡。一日導市中,有荷擔突簾而出者,馬驚,蘭墜地,騶皁掖憩民家。保伍方諜縻其人待罪,蘭起坐,召長民者謂曰:“吾馬生,非其故也,慎勿責之。”時服其量。後召爲刑部尚書。

劉輝,字文大,汴人。早歷臺省,雋聲流聞。至正五年,以餘姚丞擢知上海縣。縣瀕海岸河,旱潦皆病,重以宋季公田虚徵,及罪人資産税額加數倍,役人往往破産。輝諭富民,令自實隱田,勸豪右出粟,爲議役常平本,達官里居者,亦各來助。於是賦役遂均,恒先期告集。瀕海民有三甲、五甲者挺暴,有司莫敢詰。輝取痛懲之,撫其孱弱,而諭以禮義,衆遂貼服。邑無社學,創置百六十餘所。舉鄉約,召耆民及小吏觀之,使知敬老尊賢之義。威行惠浹,期會惟揭縣門,無敢後者。有兄弟争財,連歲不決,輝召諭之,皆感泣罷去。擢中書户部主事。會母卒,民不忍捨,爲買地以葬之,兩甲民亦相率哭奠。隣邑士民亦爲刻石頌德。

何緝,字子敬,泰州人。至正末,尹上海縣。廉公有爲,興學校,勸農桑。遇淫祠巫覡,必毁斥之曰:“毋使鬼神禍福之説惑吾民也。”時稱爲儒吏云。

明

湯和,字鼎臣,鳳陽人。幼有奇志,元至正壬辰,率壯士從郭子興。時明太祖在甥館,和委心推翌,遂爲佐命元功。洪武初,封信國公。十七年,乞歸,太祖謂之曰:“日本屢擾東海上,卿雖老,强爲朕行,視要地,築城增戍,固守備。”和乃起登萊,抵江浙,築五十九城。始建金山衛于松江府南,控浙直界。又迤東建青村所,又東北建南滙所,增置守禦千户所於府城。調戍伍,立烽堠,經晝周密,世守其制,莫能易焉。二十八年卒,年七十。贈東甌王,謚襄武。

王文貞,洪武六年,以府同知署華亭縣事。時兵後教弛,文貞復學故址,築射圃,建觀德堂,舉行鄉射禮,又時臨講堂以勉諸生。議者方之文翁。

夏原吉,字維喆,湖廣湘陰人。洪武二十三年鄉舉,授户部主事,歷本部右侍郎,充福建採訪使。永樂二年,蘇松大水,以户部尚書奉命來治。既而上命僉都御史俞士吉齎《水利集》賜之,原吉乃集官屬吏民,及凡諳曉水利之人,博求參考。以浙西諸郡,蘇松最居下流,三江故道久湮,難可驟復。而嘉定劉家港即古婁江,徑通大海,常熟白茅港徑入大江。宜浚吴淞江安亭諸浦,引太湖水入劉家、白茆二港,使直注江海。而松江大黄浦,乃通吴淞要道,下流壅塞。傍有范家浜,至南蹌浦口,可徑入海。宜浚令深廣,上承大黄浦,以達泖湖之水。此即三江入海之故迹。條奏以聞,上從之,役夫十餘萬。原吉布衣徒步,遍歷遐僻,日夜經畫。盛暑揮蓋去,曰:"衆皆赤體曝日中,我何忍?"于是人争盡力,水患乃息。歲飢,乃奏發粟三十餘萬石以賑之。二年還朝,復出治水,水洩,農田大利。時有奏以水退淤肥,召民耕種,以足國用者,原吉曰:"民疲極矣,可加之重役乎?"即馳奏得寢。姚廣孝還自浙西,上詢之,對曰:"夏原吉古之遺愛也。"三年秋八月,召還,掌部事。洪熙初,進少保,兼太子太傅。卒贈特進、光禄大夫、太師,謚忠靖。

周忱,字恂如,江西吉水人。永樂二年進士,自庶吉士授刑部主事,轉員外郎,遷越府長史。宣德五年廷薦,擢工部右侍郎,巡撫南直隸。時蘇、松、常三府,逋賦皆數百萬。忱訪問父老,具知加耗獨在貧下户,又糧長家自徵收,概量取羨無度。乃奏設管糧官,定斛斗式,立水次倉。每府通計一歲田糧及支撥數,以秋糧正米爲則,令官民田均出加耗。户給由帖,定注所應輸,令自赴倉。囤户糧長同收互察,而總糧官監督之。徵收畢,别其存留起運之數。起運舟車費,視道路爲差,甚遠者以三致一,遞近減殺之。支撥羨餘俱存積官倉,名曰餘米,米有餘則減耗。初歲加耗什之七,次年什六,又次年什五。凡夏税馬草農桑、絲絹織造、軍需供億之屬,及絶户積荒、陷没江湖包納之賦,皆於是取之。更有餘,别爲預備濟農倉儲之積,水旱不時賑貸。及農乏食,綱運風漂盗奪者,轉假至秋還官。其濬河築堤,爲農事者,人支口糧,不責償。又官田税重,而北京官俸支南京米,數石帖賣僅一金。奏折收金花銀一兩,准秋糧四石,以充官俸。折糧官布例重三斤,多以麤駁退。忱請勿限輕重,止取廣長中式,民皆便之。尋復議于淮安瓜洲,對船交兑,民免長運之累。立召佃法,使民得墾遺棄官田,而薄收其税以來之。其絶户官田,悉依民田起税。除坍江陷海田税,而以隣近絶户田召人耕種,足其額。于是田野日闢,流亡來歸。松江鹽場丁户,近者煮海,遠者助薪蒸費。顧煮海苦乏食,助薪又往返病農。忱計其所耕,出糧六萬石,盡留本地,節其運耗,以足鹽丁之食,并柴薪價,並貯于官,公爲支遣。彼此交便,課遂以充。其他若奏折馬草銀,徵馬價米,歲省費無筭。又北京公侯禄米,輸受皆在南京,請改赴蘇、松、常三府就支,省耗米六十萬,併入濟農倉。所修葺學校、廨舍、賢祠、古墓、橋梁、道路、溝渠,歲不下萬計,民不知役。在任二十二年,張弛變通,下無逋負,官有餘積。諸所建明,繼之者莫能變也。忱宇量恢弘,思慮深遠,善采衆論,雖卑官賤吏,開心訪納。性尤機警,錢穀鉅萬,屈指無遺。累遷至工部尚書。景泰二年,召還京,致仕。明年卒,年七十三。謚文襄。

彭勗,江西永豐人。以建寧府學教授拜(鑒)〔監〕察御史。正統二年,始奉敕提調南直隸學校。其取人先行而後藝,校文先理而後詞,風裁凛然,士習丕變。七年,松江小試,府學取十五人,華亭取七人。或以爲少,請益之,不許,曰:"吾所取者皆决科,若是足矣。"及榜出,兩學薦名二十人,錢溥第一,徐觀第三,張恭第五,所遺者縣學二人耳。其精鑒如此。後陞考功郎中,山東按察副使致仕。

孫鼎,字宜鉉,江西廬陵人。永樂三年舉于鄉,授江浦縣教諭。宣德九年,陞松江府教授。以德義陶煦士類,終日坐堂上,不苟言笑。解經至要義,辨之必明。嘗誨學者曰:"學莫先孝弟,能孝弟,未有不信于友、不忠于君者。"重建尊經閣,益祀漢陸康、陸績、元胡存道於先賢祠。葺廟廡,繪先賢像,增廣學舍及祭器經史,下及倉庾,靡不完美。在郡九年,考順天鄉試者二,考廣東者一,所至服其公明。楊士奇尤重之,稱爲教官第一。滿考,諸生具疏乞留。以楊溥薦,爲監察御史,總南畿學政。以身爲教,如在松江。每單車涖所部,諸生既集,即閉門面試一文,或破題數首,隨閱隨定畢,便開門呼名而出,先後允愜,私囑自不及入。嘗見庭橘方熟,命左右摘分諸生,一生取其二,問之,以奉親對,鼎大稱賞,倍遺之。庚午秋,英宗在北,鼎小試畢,謂諸生曰:"諸君從有司,當簪花宴餞,今日乃臣子枕戈之秋,老夫不敢陷諸君于不義。"乃與啜茶,從中道步送出諸門。既而詣闕上疏,請隨所用以效死,不報。道還,遇尚書金濂,慷慨對泣,有"萬里丹心扶日月,兩人清淚對山河"之句。踰年還朝,以親老致仕。天順元年卒于家,年六十有六。祀先賢祠。

崔恭,字克讓,直隸廣宗人。正統元年進士。天順二年,以左副都御史巡撫江南。時米價騰踴,恭出倉米給民,而取其直以充義役費,米價遂平。吴淞江湮塞八十年,恭督工開浚萬餘丈,下流遂通。又浚曹家溝、蒲滙塘、新涇、大盈浦諸水,至今爲利,民因目曹家溝爲都臺浦。召爲吏部左侍郎,陞尚書。卒贈太子少保,謚莊敏。

李棨,字從質,直隸任丘人。成化十四年進士,由教諭知上海縣。賦訟叢沓,持以鎮静,去後嘗見思云。

鄭洛書,字啟範,福建莆田人。正德十二年進士,除上海知縣。縣素稱難治,洛書慈惠明敏,凡訟聽自息。有不息者,召而析之以理,平情而退。日昃常垂簾屏坐,進諸生論經史,較其文藝。俗多火葬,爲立義冢。以習尚浮靡,且婚無載書,易速于訟,乃品節爲式,(今)〔令〕社學師掌之。遂建社學九十六所,各建倉積穀,準常平法以備賑。論次鄉賢名宦,營置社稷壇墠,更定邑志。以賦法久弊,議均田爲三則,奏上未果行。後巡撫林潤定爲三鄉,本洛書議也。洛書常謁府還,見水次有沉屍,壓以石磨,密遣人偵之,村中民家有石磨失其牡,合之無異,攝訊具伏。又舟行,有焚屍道左者色甚恐,詰之,曰:"吾嫂也。"數日,有以母亡不歸來告,因逮前焚屍者,鞫其人故無嫂,乃告者之母,飾金夜行被殺,即家發所劫金具在。其摘發類如此。嘉靖四年,徵爲監察御史。遭父憂,服闋還職,給事中饒秀許奏罷歸。踰年卒,年三十九。後倭亂陷興化,雒書子開來奔,縣人朱察卿、顧定芳醵金買田贍之,表曰"鄭賢侯田"。

熊宇,字元性,湖廣長沙人。正德十二年進士。嘉靖八年,自御史出爲松江知府。去苛剔蠹,與民休息。建天藻亭於郡庠,藏《敬一箴》,集士講學。尤工詩,善吟詠,有《郡齋賞牡丹》詩曰:"正憶桑麻沾細雨,更添珠玉對名花。"人争誦之。

吕光洵，字信卿，浙江新昌人。弱冠登嘉靖十一年進士，知崇安(漂)〔溧〕陽二縣，拜監察御史，巡按蘇松等府。蘇松澤國，苦水劇，後先塞治無息時。光洵躬自相度，釃渠有法，水患以弭。乃譜叙三江源委，繪圖藏蘇州府庫。奏上，賜金綺。至隆慶中，巡撫海瑞浚吴淞江，猶祖其法。光洵又奏免旱租六十餘萬石，用艅艎破海寇大洋，罷覆按陳牘，省費無筭。再賜金綺，增俸二級。累遷工部尚書。

任環，字應乾，山西潞安人。嘉靖二十三年進士，任蘇州府同知。會島寇亂，環訓民兵，躬介胄，策馬先之，(偏)〔遍〕書姓名于身，曰："死雖吾責也，先人遺體不可棄，識之庶得收葬焉。"與士卒同寢食，露宿草莽泥淖中，未嘗自異。俸入悉以犒士，士樂爲之死。三十二年，擊賊于上海八團，身被三創，庖人徐珮身蔽環以免。已守太倉，疽發背，會賊至，即裹瘡登舟。怒濤如山，舟師皆震眩失色。環意氣彌厲，仗劍督戰，俘斬百餘，又連勝于陰沙、寶山、南沙。捷聞，擢山東按察司僉事，備兵蘇松。明年，賊犯蘇州，民争走保城，不得入。環啟門納之，活數十萬人。翌日，敗賊于葑門。又帥師援上海，敗賊于習家墳。三十四年，擊賊于陸涇壩，大敗之，斬六百級，婁水爲赤。復與游擊曹克新敗賊于川沙。論前後功，進布政司参政，兼按察副使，治兵如故。賜金綺，録一子爲千户世襲。丁母憂，奪情，晝出治戎，夜歸則衰絰。三十五年春，大敗賊于蔡廟堡。夏，擊賊于澱山，復敗之。蘇松寇盡平，乞終制，許之。再丁嫡母憂，以哀毁卒，僅年四十。給事中徐師曾奏環忠誠勇果，宜有優典以昭風勵，追贈光禄寺卿。

董邦政，字克平，山東陽信人。以貢授六合知縣。善騎射，常擒江中劇盗，有廉武聲。嘉靖三十二年，督府使帥兵討倭寇，擢按察司僉事，專領海防，駐上海。時新城始建，賊蕭顯奄至，穴民樓，俯瞰城内。邦政登陴督戰，用神鎗手，以一當百，賊解去。三十四年，擣川沙賊巢，斬五百級。其秋，賊自金陵轉掠至滸墅關，邦政會兵合擊于吴林廟，轉戰横涇，盡俘斬之。爲趙文華所抑，巡撫御史且言周籓之死，坐邦政督戰不力，左遷蘇州府同知。三十五年，與任環合擊倭于界觜，盡殲其衆。尋敗賊于西菴，火攻之法昌寺，又追擊新莊賊及于沈莊，皆勦滅之。四月，復敗賊于新水窪。論功，加四品服俸。邦政竟引疾去，時論惜之。當蕭顯寇上海，常州通判劉本學攝縣事，與邦政協力，亦有捍禦功。

方廉，字以清，浙江新城人。嘉靖二十年進士。三十二年，自精膳郎中出知松江。時倭寇入犯，廉增陴浚濠，郭外皆置敵臺，宿甲士，峙芻糧，爲守禦計。又用顧從禮議，築上海城。明年春，寇攻上海，以新城固，弗能克。賊乃由黄浦攻府城，廉晝夜捍禦，又條上便宜，使民間得自募鄉勇，保聚殺賊，立賞格爲勸。一日，訛傳倭入西關，人争出走。廉神色不動，出坐西城樓，使隸卒呼市民還，俄頃遂定。雖在倉卒，舉措整暇，衆恃以安。既又請于臺使，奏蠲税，練土著，實行伍，減客兵十七。故被寇五年，民猶得休息云。寇平，賜金綺，累遷右僉都御史，巡撫應天諸郡。時大軍之後，凶年繼之，廉懇疏請減賦百餘萬，蘇松得十之八。爲言者論罷，中外冤之。隆慶初，以薦起南京大理寺卿，歷遷南京工部右侍郎，引疾歸，卒。

曹邦輔，字子忠，山東定陶人。嘉靖十一年進士。歷知元城、南和二縣，擢監察御史，再遷至浙江按察使。三十三年，以倭亂特拜右僉都御史，巡撫應天，治兵蘇松，夜宿城上，與士卒同卧起。東溝之戰，親帥師殊死鬥，殺賊幾盡。明年，倭自浙江趨留京，還至滸墅關，歷八郡，轉戰三千餘里，無能當者，勢且趨海上，與陶宅寇合。邦輔督諸部兵，蹙之横涇，盡殲焉。當時論討賊功爲第一，奏捷不及總督楊宜，而趙文華又恚己不與，遂嗾宜論邦輔，併及參將婁宇、僉事董邦政，廷議弗是也。及文華勦陶宅兵潰，誣邦輔不協力，逮訊，戍朔州。隆慶改元，起左副都御史，協理院事。累官至南京户部尚書致仕。邦輔爲人忠孝耿直，仕宦四十年，田産蕭然，不異寒士。卒贈太子太保，賜祭葬。今祀九峰書院。

韓崇福，字君祉，直隸密雲人。以選貢除知縣，改松江教授。以師道自居，與郡邑間禮貌微不合，浩然竟去，諸生馳過江追還之。倭寇薄城，崇福登陴(守)分〔守〕，有一酋跳躍侮詬，崇福射殺之，又發二矢，皆殪其魁，賊乃引却。尋奉臺檄出浦守禦，崇福所統不數百人，寇蜂至，矢集舟如雨。崇福弗動，徐還射之，無不命中，斬馘而旋。督府上其功，擢本府通判，轉蘇州府同知。

陳璋，字公獻，河南光州人。七歲舉神童，郡守鄧公令賦卿雲，立就數千言，亦工書。嘉靖間，弱冠登科，知景州，陞太平府同知，移松江。值倭亂，與蘇州同知任環訓練籌畫。上禦倭十二事，切中機務。自統兵敗倭，斬首數十級。叙功以不阿時相，轉刑部郎。日纂述署中，有文集、雜著九十六卷。

張經，字子緯，福建侯官人。正德三年進士。嘉靖中，累官至南京兵部尚書。三十三年，以倭亂，改右都御史，總督南直隸、山東、閩浙、兩廣軍務，得便宜行事。經常爲兩廣督府，知土司兵可用，奏調田州永順諸部，合力進討。移鎮松江，會田州瓦氏先至，趙文華來視師，欲速戰。經曰："賊狡且衆，今以瓦氏孤注，萬一失利，且沮衆心。"持不可。及瓦氏嘗賊，果不利，而文華劾經縱寇糜財，屢失機會，欲俟其飽載去，掠餘賊塞責。世宗震怒，逮經下獄。時經已督諸路帥，分統土司，擊賊于王江涇，擒斬首千八百有奇。自用兵以來，爲戰功第一。捷聞不省，論救者皆杖謫。經竟死西市，公論冤之。萬曆中，臺省追論破賊功，自王江涇始，得復故官。

劉東陽，四川人。任上海縣丞，主督賊曹，治稱無害。嘉靖三十三年，蕭顯入寇，月餘忽解去。董邦政使東陽追擊之，遇于太平寺，衆皆潰散，東陽遇害。先是，上海未城，鎮海衛指揮武尚文同建平縣丞宋鰲，統所部駐焉。賊至，尚文擊敗其游兵。過蔓笠橋，伏猝起，斷馬足，尚文死之。鰲亦戰死于縣南，與東陽并祀群忠祠。

周如斗，字允文，浙江餘姚人。嘉靖二十六年進士，除江西貴溪知縣，徵拜監察御史。三十三年，巡按蘇松諸郡。會倭寇訌海上，歲且大祲，如斗請蠲常税什伍，已輸官者悉發倉廪還民。乃督率將士，協力進討，屢有克捷。又以兵多而不整，易敗且病民，稍減客兵，選鄉勇訓習之備緩急。踰歲當代去，士民乞留，章七上，得允。如斗復奏設海防專官，蠲濱海綱運，改運艘折兑。其夏，寇復至松江，鄉民走避者萬計。巡撫欲弗納，如斗曰："是驅民于死也。脱有不虞，吾任之。"洞開諸門使入，予糜粥醫藥，然後城守。及賊去，度必西竄，馳至蘇州，督兵逆擊，勝之于婁門。又設伏吴江，要柘林賊寇蘇者，合圍墓亭，俘馘甚衆。尋與督府合策,大捷于沈莊,浙西群賊悉翦平焉。先後擐甲督戰,亡慮數十,而視師趙文華銜之,匿不聞,僅賜白金文綺,加俸一級而已。是歲大旱,復奏減田租之半,并留折徵折布課鈔諸銀以餉軍。代還,旋督學南畿,士服其公。遷大理寺右寺丞。四十一年,晉右僉都御史,巡撫應天。奏減兵餉三分之一,停免織造及帶徵逋賦。轉副都御史,巡撫江西,以疾卒于官。

熊桴,字元乘,湖廣武昌人。嘉靖二十九年進士,除太倉知州。三十二年,島寇薄城,攻五日夜不破。御史劾桴不能斬擊,當罷,民爲訟冤,乃削秩領職。明年,寇復至,桴以舟師逆擊,斬數百級。遷蘇州府同知,晉按察司僉事,備兵蘇松。寇横江淮間,會河朔荆襄兵大敗之,賜白金文綺。金山衛軍亂,松江閉門拒之,桴下令開城門,檄軍還衛,圍乃解。遣通判往餉,爲所執。桴單車走金山,召諸將吏笞之,誅首惡,事遂平。在吴十二年,從將吏誅賊,大小三十餘戰,斬首一千四百有奇。建崇明、福山、川沙、柘林、吴淞五城,開楊林、瓦浦、虹江、白茆四渠,增補田賦二千二百有奇。遷雲南參政,累官巡撫廣東都御史。卒贈兵部右侍郎。

吴時來,字惟修,浙江仙居人。嘉靖三十二年進士,明年,除松江府推官。時海寇踞柘林,知府方廉卧病,時來攝城守,監護諸軍,蚤夜不懈。又募巧匠作火器,教士習弩射,屯之四郊爲聲援。寇至,士女奔城下,或議鍵關。時來曰:"棄民而抱空城,焉用守?"悉縱入,乃乘城固守,城賴以全。土司兵奉調至,時來就福田寺立營,使各署部伍,以次受犒,惠均而不費。又以客兵驕悍,乃結其酋長數輩,巡視約束。或弗戢,使縛治之,迄終事無敢犯者。督府張經移鎮入境,帳前卒取人一縑,時來鞭之。經怒讓,時來不爲動,徐對曰:"用兵以安民也,忍庇兵殃民乎?"經媿而止。三十四年,寇猝至攻城,雨甚,崩西南隅。時來撤戍士,以箭弩手數千人扼其衝,夜選壯士,取屋材立栅城外,以衛修城者,單騎出南門督之,黎明而畢。三日城完,賊亦尋引去。又請決震澤水,斷松陵道,出平望,趨澱山湖,以水師扼其北走,督府從之。賊果由平望,阻水不得進,官軍前後夾擊,勝于王江涇。賊平後,徵拜刑科給事中。言故相嚴嵩不法事,謫戍嶺南。隆慶改元,召復本官。累遷南京都察院副都御史。

胡宗憲,字汝欽,徽州績溪人。嘉靖十七年進士,自餘姚縣擢監察御史。嘉靖三十四年,巡按浙江。會趙文華出視師,黷貨無厭,宗憲有智,數以術馭之。文華亟上其功,超擢右僉都御史,代李天寵巡撫。明年,遷兵部左侍郎,總督南直隸、浙、福三省軍務。時海寇犯閩浙者,王直陰爲主。而徐海與其黨陳東、葉麻等,分據柘林、川沙、陶宅,别部自海門入,掠維揚,鬮京口。夏四月,海與東合而攻乍浦,戰于皂林,陷河朔軍,遂乘勝圍阮鶚于桐鄉。宗憲既遣客説下王直,欵定海關,因厚遺諜者使諷海。海陰許降,先引去。東勢孤,亦解圍,始相疑貳。宗憲乃益市德于海,令殺賊立効。及上海賊西趨嘉善,海果率所部逆擊于泖涇。餘賊夜走吴淞江,宗憲、俞大猷泉州衛人,總兵。遮擊之,殺溺且盡。海又縛葉麻、陳東以獻,遂入平湖受欵。宗憲使自擇便地,居沈家莊,與陳東餘黨隔水而處。復搆令自相鬥,官軍遂四面薄之,風烈縱火,斬獲千四百餘人,焚溺亡筭。江南浙西之寇盡平,浙東閩部以次翦除。累進少保、兵部尚書，兼右都御史。四十一年，被論逮訊，以功免歸。尋坐羅龍文事，復下獄死。萬曆間，御史朱鳳翔暴其冤，得復官，賜祭葬。崇禎中，追謚襄敏。

郜光先，字子孝，山西長治人。嘉靖三十八年進士，除上海知縣。深沉有才幹，聽訟明簡，催科有法。時運漕官多横索，一日率數十人，持梃露刃入縣門。光先手執衛弁，叱輿隸盡縛其從卒，趣吏具狀申督府。弁請罪數四，乃釋之。下令驅漕艘出浦外，魚貫而兊。官軍唯唯，無敢譁，不三日事竣。四十年，大水，發粟計里設廠，作粥賑濟，多所全活。居官飯蔬食，去之日，行李蕭然。自監察御史累官至總督三邊、兵部尚書，卒贈太子太保。

耿定向，字在(淪)〔倫〕，湖廣黄安人。嘉靖三十五年進士。少以興起絶學爲己任，及登第，擢監察御史，按關西。或餽以石經，留之境上，作《留經記》。四十一年，督南畿學政，敦勗諸生，誘進古學。有馴行異等者拔之，檄有司禮聘。入試里巷小民，訓以聖諭六條，而謂童子當養以正。至社學，師不難，拜而遣之。故自膠庠以達里塾，家誦户絃，比于鄒魯。既三載，貽書政府，請一郡自効，政府固留之復任。後累遷至户部尚書，卒謚恭簡。

朱茹，字以櫱，四川瀘州人。嘉靖三十二年進士。四十五年，由部郎出知松江府。明敏沉毅，磊落有大節。時董傳策謫戍家居，茹不時過從。而徐文貞階方當國，蒼頭有犯，必以法繩之。傳策常言："朱守錚錚鐵骨也。"

林潤，字若雨，福建莆田人。嘉靖三十五年進士，自知縣擢御史。彈鄢懋卿，劾誅嚴世蕃，天下快之。隆慶元年，自太常少卿擢右僉都御史，巡撫應天諸府，屬吏望風戰慄。潤問民疾苦，上封事十餘條。以松江田賦不均，吏緣作姦，請設專官履畝度地，以三等差次。由是徵税畫一，民始享田疇之利。三年，卒于官。

海瑞，字汝賢，廣東瓊山人。由鄉舉爲南平教諭，以師儒不可屈膝，獨長揖上官。後入爲户部主事，切諫世宗，下詔獄，徐文貞階救之，得不死。是時瑞直聲動天下。穆宗即位，奉遺詔復其官，累遷左通政。三年，晉僉都御史，巡撫應天諸郡，行部蘇松。以東南民事，莫先水利，而吴淞江淤遏，入海道壅，斥羨募工濬之，旁墾熟田十萬餘畝。其爲政大抵植貧弱、抑豪右，嘗言井田不可復，惟有亟奪富民田，不得已而限田均税，策斯下矣。故一意以兼并摧抑天下士。監司蔡國熙承望風旨，頗用修隙，而松江尤甚，告訐蠭起。瑞亦殊自悔，一夕盡燔所受詞。終以抑斷府怨，爲南垣論罷。萬曆十三年，召爲南京都察院僉都御史。未上，改南京吏部侍郎，晉右都御史，掌留臺事。浹歲三遷，皆特簡也。十五年，方釐定夫甲事，以疾卒于官。貧不能治喪，南中士大夫醵金以殮，民罷市哭之，贈太子少保，予祭葬，謚忠介。

屠隆，字長卿，浙江鄞縣人。好學能詩文，汪洋宏放，法不足而才有餘。萬曆五年，成進士，授穎上知縣，調青浦。邑故卑下，值大水，諸堤且潰。隆徒行泥淖中，督吏民修治，而躬禱于神。是夕，大雷震，雨霽，水不爲災。時江陵柄國，有履畝之令，長吏率增餘畝以阿之。隆以丈出餘田，仍附繫原號。知府閻邦寧怒罵之，隆正色曰："原田譬之衣領，挈之始明。餘田譬之衣帶，非衣不附。豈可使衣自爲衣，帶自爲帶乎?"邦寧語塞，賦迄不能增。賊曹卒有得盗者，中兩人及婦稱冤，隆陳所獲衣，令婦服之，靳靳如一。隆曰："夫人出十指,修短不能齊。令盗他人衣,寧能悉中體耶?”脱桎梏,使人陰護之,則賊曹卒利婦美,將夜殺兩人者,而竊妻逃矣,遂抵于法。隆折獄抉隱類如此,而仁恕不苛。時上海知縣敖選,好文致人于死。諸生陸明揚者,爲讐家所陷,具五毒引服。選拜御史去,明揚弟明允籲辯于臺司,讐者懼,傳致明揚青浦獄,將殺之。適隆夜視囚,明揚方讀書,異之,察其冤。因申狀巡按御史,請以選五年所決獄得覆讞。御史從之,平反七十餘事,明揚亦得白。隆後遷禮部主事,中蜚語罷歸,以著述自娱者二十餘年。敖選在臺中,數歲引疾歸,過棧道,馬驚,墜崖死,敖氏絶。

許維新,字周翰,山東棠邑人。萬曆十七年進士,自户部郎中出知松江府。明敏廉幹,攻持大體。下車首嚴游惰之罰,使民各有職業。禁毋得淫祀鬼神,習白徒棓擊。别衣服器用,示貴賤有等。由是貴游子弟,陸博狎邪,并皆斂迹,奴隸無履絲曳縞者,風俗爲之一變。維新于兵獄錢穀無不通曉,吏抱牘次第待署而已。然深察民隱,虚懷聽受,未嘗簡忽。與士大夫往還,必訪政事得失、閭閻疾苦,或論説人才文藝,終不及私。以城市河道久湮,傭工計直,使典史龐尚鴻董之,覈斥侵占,盡還故迹。作船運土,棄于隙地,爲高原,葬旅殯之無主者。海上游徼賈壯俘島裔六十餘人,欲以爲功。維新譯訊之,則琉球支部往貢中山,爲飄風驅至也。謹其營護,請臺使上聞,踰年遣歸。其一人死,爲之封瘞焉。秩滿,遷河南按察副使,致仕。尋起補山西,累遷光禄寺卿,謝病歸。天啟初,即家拜户部侍郎,予告。年八十餘卒。維新容止修整,工詩文,行書有古法。布袍蔬食,家人短衣璽帽。去之日,惟携郡人文集數十卷。父老設生位道旁,供明鏡止水以送之。

楊廷筠,字仲堅,浙江仁和人。萬曆二十年進士,授江西安福知縣,徵爲監察御史。三十一年,巡視漕運。又二年,巡按蘇松。疏論改織綾紵,蘇松不下三十萬,向無額編,何以供命,請悉罷止。又論河工加賦,蘇、松、常、鎮四府,當天下什三,焚林竭澤,民豈堪此。言甚剴切,不報。尋督學政,訪求方正學嫡裔在松江者,復其姓。捐三百金,建求忠書院,祀正學衣冠,其子孫奉蒸嘗不絶。後累官順天府丞。

方岳貢,字四長,湖廣穀城人。天啟二年進士,授户部主事。監督禄米倉,出入惟允,東南輸將者稱便。遷郎中,理餉永平。其鄉試主考繆昌期死詔獄,岳貢爲之賻殮,幾罹璫禍。會崇禎改元,出爲松江知府。岳貢明敏彊記,案牘過目成誦不遺,援筆下判,簡刻入情,大獄轇葛,片言立折。又謝絶餽問,罷諸徵索,廉能之譽,騰于遐邇。治尚嚴肅,令行禁止,擿抉如神,吏不敢欺。黎明視事,日昃乃休,無晷刻爽。先是,諸豪家蒼頭奴横里中,率無賴毆縛人,悉痛繩束之。又上海俗訟殺人挾財者無少貰,其風皆衰息云。郡之東南濱于大海,颶潮衝擊,漂没田舍。岳貢相度經營,築石塘二十里許,捍禦海患。又築倉城于郡西,與大城犄角,庀材鳩工,區畫盡善,不日成之,民不知勞。顧氏義役米向多乾没,岳貢徵收有法,役沾實惠,以其餘繕城郭學宫,又周給孝廉諸生。好獎拔單寒,汲引無倦。積久不調,士民安之。會(太)〔大〕學(生)〔士〕薛國觀敗,郡人中書舍人某以黨被誅,詞連岳貢,逮訊。百姓叩閽申救,事得白。幾即大用,權要者尼之,僅擢漕儲副使。權要得罪,遂超拜左副都御史,俄晉兼東閣大學士。立朝半載,未及展布,甲申三月十九日,李自成犯闕,岳貢被賊將劉宗敏所執，不屈死。喪歸，郡人士醵金葬之。

彭長宜，字申伯，浙江海鹽人。崇禎十六年進士，除上海知縣。科條寬簡，宿猾吏易之。長宜摘發中隱微，舞文者屏駭。先是，浙東民變，又寇警日急，縣巨室蒼頭奴羣聚黨，劫主人索質券，因焚廬取金帛。撫軍以兵擒斬數十人，遂定。乃修怨者告捕日益衆。長宜至，以爲首惡既誅，宜停追攝，全活者數百家。巡按御史遣兵戍川沙防亂，長宜曰："民變非盗賊比也，有司治之足矣。"御史爲撤兵去。尋有愚民相聚爲立教，至數千人。督撫將加之兵，長宜固争得免。所治二鄉善逋賦，長宜徵收，悉省其羡入。又以里甲鞭朴多伍伯受錢，亦賦所由耗，弗予杖，第勸令再輸。知府讓之，謝曰："與其督責而飽隸橐，不如寬之使悉入公家。且民貧，或鬻子女以償，一官何有，而忍獻朴以博最也？"民聞，益感悦，賦登逾他縣。夏亢旱，遍行村落視災傷，力請臺使上聞，減歲額什一。家去治所二百里，月載酒米自給。日惟市鮭菜，率浮價償之。惟汲水于河，猶予荷擔人傭值。遭亂去官，携襆被登舟，號泣攀者出境不絶，刻木爲像，祠于城隍廟側。

名　臣

漢

陸康，字季寧，吴郡吴人也。時華亭屬吴郡。祖父續，在《獨行傳》。父褒，有志操，連徵不至。康少仕郡，以義烈稱。刺史臧旻舉爲茂才，除高成令。高成縣屬渤海郡。縣在邊垂，舊制，令户一人具弓弩以備不虞，不得行來。猶往來也。長吏新到，輒發民繕修城郭。康至皆罷遣，百姓大悦。以恩信爲治，寇盗亦息。州郡表上其狀。光和元年，遷武陵太守，轉守桂陽、樂安二郡，所在稱之。時靈帝欲鑄銅人，而國用不足，乃調民田，畝歛十錢。而比水旱傷稼，百姓貧苦。康上疏諫。疏見《後漢書》。書奏，内倖因此譖康援引亡國，以譬聖明，大不敬，檻車徵詣廷尉。侍御史劉岱典考其事，岱爲表陳解釋，免歸田，復徵拜議郎。會廬江賊黄穰等，與江夏蠻連結十餘萬人，攻没四縣，拜康廬江太守。康申(時)〔明〕賞罰，擊破穰等，餘黨悉降。帝嘉其功，拜爲郎中。獻帝即位，天下大亂。康蒙險遣孝廉計吏奉貢朝廷，詔書策勞，加忠義將軍，秩中二千石。時袁術屯兵壽春，部曲飢餓，遣使求委輸兵甲。康以其叛逆，閉門不通，内修戰備，將以禦之。術大怒，遣其將孫策攻康，圍城數重。康固守，吏士有先授休假者，皆遁伏還赴，暮夜緣城而入。受敵二年，城陷。月餘，發病卒，年七十。宗族百餘人，遭離飢戹，死者將半。朝廷愍其守節，拜子儁爲郎。少子績，仕吴爲鬱林守，博學善政，見稱當時。幼年曾謁袁術，懷橘墮地者也。有名稱。《後漢書》本傳。

《雲間前志》云：雲間人物，自東漢有聞焉。陸康之祖續以獨行著。續祖閎，建武中爲尚書令，范史稱"會稽吴人，世爲族姓"。遡而上之，其先十一世祖烈爲吴令，卒豫章都尉，葬于胥亭，子孫遂爲吴人。此則機、雲先世也。推而下之，玩元孫慧曉仕齊，終輔國將軍。自玩至其孫萬載，世爲郎中，皆有名行，時人方之金、張。慧曉之子僚、任、倕，並有美名，時謂三陸。慧曉兄子閑，爲揚州别駕，四子厥、絳、完、襄。完生雲公，中書黄門郎。後有瓊、瑗、瑜、玠、琛，皆閎之裔，史各有傳，皆稱吴人。雖爲陸氏子孫，然安知其悉居華亭耶？按：

劉璡至吴,聞張融與慧曉並宅,其間有池,命駕往酌,則慧曉已居吴郡矣。舊《圖經》、《嘉禾志》所載人物,止載冢墓之在兹邑者,而顧野王、陸禕乃闕不著。今倣其舊而補所遺焉。唐錢起考功《送陸贄擢第還蘇州》詩曰:"鄉路歸何早,雲間喜擅名。"又云:"華亭養仙羽,計日再飛鳴。"據華亭、雲間等語,則宣公之先,疑亦有居華亭者。然宣公生於天寶以後,史傳稱嘉興人,故不復載。

按:前志謂陸氏子孫非盡居華亭,又不載宣公于策,故其説如此。然所引錢詩,及後載魏了翁《學記》,皆公爲縣人之明證。記稱虞、魏、顧、陸通居吴郡,而居華亭者尤著,亦不謂其子孫盡爲邑人也。況元感葬在崑山,顧謙卒于崧宅,銘誌具存,而皆棄不録。故《續志》補書,而《通志》因之。史謂陸烈葬胥亭,子孫遂爲吴人,又謂陸康使從孫遜與子績將家還吴,居于長谷。《學記》所謂居華亭者,蓋指康以下而言。自此而上,則有不可知矣。前志叙自康始,爲得其實,故今從之。而餘仍《通志》。顧《志》。

按:唐以前華亭未爲縣,故陸康等,史傳皆稱吴人,實則吴之華亭人也。華亭是鄉,吴郡是都邑鄉邑,皆可居,不得以陸慧曉宅在吴郡,遂疑其非華亭人也。且舊志既載陸玩,不應復疑其後人。故從陳《志》,並列卷中。

三國吴

陸績,字公紀,吴郡吴人也。父康,漢末爲廬江太守。績年六歲,於九江見袁術。術出橘,績懷三枚,去,拜辭墮地。術曰:"陸郎作賓客,而懷橘乎?"績跪答曰:"欲歸遺母。"術大奇之。孫策在吴,張昭、張紘、秦松爲上賓,共論四海未泰,須當用武治而平之。績年少末坐,遥大聲言曰:"昔管夷吾相齊桓公,九合諸侯,一匡天下,不用兵車。孔子曰:'遠人不服,則修文德以來之。'今論者不務道德懷取之術,而惟尚武,績雖童蒙,竊所未安也。"昭等異焉。績容貌雄壯,博學多識,星歷筭數,無不該覽。孫權統事,辟爲奏曹掾,以直道見憚。出爲鬱林太守,加偏將軍,給兵二千人。績既有躄疾,又意在儒雅,非其志也。雖有軍事,著述不廢,作《渾天圖》,注《易》,釋《玄》,皆傳于世。豫自知亡日,乃爲辭曰:"有漢志士,吴郡陸績。幼敦《詩》《書》,長玩《禮》《易》。受命南征,遘疾遇厄。遭命不幸,嗚呼悲隔。"又曰:"從今已去六十年之外,車同軌,書同文,恨不及見也。"年三十二卒。長子宏,會稽南部都尉。次子叡,長水校尉。

陸遜,字伯言,吴郡吴人也。本名議,世江東大族。遜少孤,隨從祖廬江太守康在官。袁術與康有隙,將攻康,康遣遜及親戚還吴。遜年長于康子績數歲,爲之綱紀門户。孫權爲將軍,遜年二十一,始仕幕府。歷東西曹令史,出爲海昌屯田都尉,並領縣事。縣連年亢旱,遜開倉穀以賑貧民,勸督農桑,百姓蒙賴。時吴會稽丹陽多有伏匿,遜陳便宜,乞與募焉。會稽山賊大帥潘臨,舊爲所在毒害,歷年不禽。遜以手下召兵,討治深險,所向皆服,部曲已有二千餘人。鄱陽賊帥尤突作亂,復往討之,拜定威校尉,軍屯利浦。權以兄策女配遜,數(防)〔訪〕世務。遜建議曰:"方今英雄棊跱,豺狼窺望,克敵寧亂,非衆不濟。而山寇舊惡,依阻深地。夫腹心未平,難以圖遠。可大部伍,取其精鋭。"權納其策,以爲帳下右部督。會丹陽賊帥費棧受曹公印綬,扇動山越,爲作内應。權遣遜討棧,棧支黨多而往兵少，遜乃益施牙幢，分布鼓角，夜潛山谷間，鼓譟而前，應時破散。遂部伍東三郡，强者爲兵，羸者補户，得精卒數萬人。宿惡盪除，所過肅清。還屯蕪湖。會稽太守淳于式表遜枉取民人，愁擾所在。遜後詣都，言次稱式佳吏。權曰："式白君而君薦之，何也？"遜對曰："式意欲養民，是以白遜。若遜復毁式，以亂聖聽，不可長也。"權曰："此誠長者之事，顧人不能爲耳。"吕蒙稱疾，詣建業，遜往見之，謂曰："關某接境，如何遠下，後不當可憂也？"蒙曰："誠如來言，然我病篤。"遜曰："某矜其驍氣，陵轢于人，始有大功，意驕志逸，得務北進，未嫌于我。有相聞病，必益無備。今出其不意，自可禽制。下見至尊，宜好爲計。"蒙曰："某素勇猛，既難爲敵，且已據荆州，恩信大行，兼始有功，膽勢益盛，未易圖也。"蒙至都，權問："誰可代卿？"蒙對曰："陸遜意思深長，才堪負重，其規慮終可大任，而未有遠名，非某所忌，無復是過。若用之，當令外自韜隱，内察形便，然後可克。"權乃召遜，拜偏將軍、右都督，代蒙。遜至陸口，書與某。書見《三國志》中。某覽書，有謙下自託之意，意大安，無復所嫌。遜具啟形狀，陳其可禽之要。權乃潛軍而上，使遜與吕蒙爲前部，至即克公安、南郡。遜徑進，領宜都太守，拜撫邊將軍，封華亭侯。備宜都太守樊友委郡走，諸城長吏及蠻彝君長皆降。遜請金銀銅印，以假授初附。是歲建安二十四年十一月也。遜遣將軍李異、謝旌等將三千人，攻蜀將詹晏、陳鳳。異將水軍，旌將步兵，斷絶險要，即破晏等，生擒得鳳。又攻房陵太守鄧輔、南鄉太守郭睦，大破之。秭歸大姓方布、鄧凱等，合夷兵數千人，首尾西方。遜復部旌討破布、凱，布、凱脱走，蜀以爲將。遜令人誘之，布帥衆還降。前後所獲招納，凡數萬計。權以遜爲右護軍、鎮西將軍，進封婁侯。時荆州士人新還，仕進或未得所。遜上疏曰："昔漢高受命，招延英異，光武中興，群俊畢至。苟可以熙隆道教者，未必遠近。今荆州始定，人物未達，臣愚慺慺，乞普加覆載抽拔之恩，令並獲自進，然後四海延頸，思歸大化。"權敬納其言。黄武元年，劉備率大衆來向西界，權命遜爲大都督、假節，督朱然、潘璋、宋謙、韓當、徐盛、鮮于丹、孫桓等五萬人拒之。備從巫峽、建平連圍至彝陵界，立數十屯，以金錦爵賞誘動諸彝。使將軍馮習爲大都督，張南爲前部，輔匡、趙融、廖淳、傅彤等，各爲别督。先遣吴班將數千人，于平地立營，欲以挑戰。諸將皆欲擊之，遜曰："此必有譎，且觀之。"備知其計不可，乃引伏兵八千，從谷中出。遜曰："所以不聽諸君擊班者，揣之必有巧故也。"遜上疏曰："彝陵要害，國之關限，雖爲易得，亦復易失。失之非徒損一郡之地，荆州可憂。今日争之，當令必諧。備干天常，不守窟穴，而敢自送。臣雖不材，憑奉威靈，以順討逆，破壞在近。尋備前後行軍，多敗少成，推此論之，不足爲戚。臣初嫌之，水陸俱進，今反舍船就步，處處結營，察其布置，必無他變。伏願至尊高枕，不以爲念也。"諸將並曰："攻備當在初，今乃令入五六百里，相銜持經七八月，其諸要害皆以固守，擊之必無利矣。"遜曰："備是猾(魯)〔虜〕，更嘗事多。其軍始集，思慮精專，未可干也。今住已久，不得我便，兵疲意沮，計不復生，掎角此寇，正在今日。"乃先攻一營，不利。諸將皆曰："空殺兵耳。"遜曰："我已曉破之之術。"乃勑各持一把茅，以火攻拔之。一爾勢成，通率諸軍，同時共攻。斬張南、馮習及胡王沙摩柯等首，破其四十餘營。備將杜路、劉寧等，窮逼請降。備升馬鞍山，陳兵自繞。遜督促諸軍四面蹙之，土崩瓦解，死者萬數。備因夜遁，驛人自擔，燒鐃鎧斷後,僅得入白帝城。其舟船器械,水步軍資,一時略盡。尸骸漂流,塞江而下。備大慚恚,曰:“吾乃爲遜所折辱,豈非天耶?”初,孫桓别討備前鋒于夷道,爲備所圍,求救于遜。遜曰:“未可。”諸將曰:“孫安東公族,見圍已困,奈何不救?”遜曰:“安東得士衆心,城牢糧足,無可憂也。待吾計展,欲不救安東,安東自解。”及才略大施,備果奔潰。桓後見遜曰:“前實怨不救,定至今日,乃知調度自有方耳。”當禦備時,諸將軍或是孫策舊將,或公室貴戚,各自矜持,不相聽從。遜按劍曰:“劉備天下知名,曹操所憚,今在境界,此强對也。諸軍共荷國恩,當相輯睦,共翦此虜,上報所受。而不相順,非所謂也。僕雖書生,受命主上。國家所以屈諸君使相承望者,以僕有尺寸可稱,能忍辱負重故也。各任其事,豈復得辭?軍令有常,不可犯矣。”及至破備,計多出遜,諸將乃服。權聞之曰:“君何以初不啟諸將違節度者邪?”遜對曰:“受恩深重,任過其才。又此諸將,或任腹心,或堪爪牙,或是功臣,皆國家所當與共克定大事者。臣雖駑懦,竊慕相如、寇恂相下之義,以濟國事。”權大笑稱善,加拜遜輔國將軍,領荆州牧,即改封江陵侯。又備既住白帝,徐盛、潘璋、宋謙等各競表,言備必可禽,乞復攻之。權以問遜,遜與朱然、駱統以爲曹丕大合士衆,外託助國討備,内實有姦心,謹决計輒還。無幾,魏軍果出,三方受敵也。備尋病亡,子禪襲位,諸葛亮秉政,與權連和。時事所宜,權輒令遜語亮,刻權印以置遜所。權每與禪、亮書,常過示遜,輕重可否,有所不安,便令改定,以印封行之。七年,權使鄱陽太守孫鲂譎魏大司馬曹休,休果舉衆入皖。乃召遜,假黄鉞,爲大都督,逆休。休既覺知,耻見欺誘,自恃兵馬精多,遂交戰。遜自爲中部,令朱桓、全琮爲左右翼,三道俱進,果衝休伏兵,因驅走之。追亡逐北,徑至夾石,斬獲萬餘,牛馬驢騾車乘萬兩,軍資器械略盡。休還,疽發背死。諸軍振旅過武昌,權令左右以御蓋覆遜,出入殿門。凡所賜遜,皆御物上珍,於時莫與爲比。遣還西陵。黄龍元年,拜上大將軍、右都護。是歲,權東巡建業,留太子、皇子及尚書九官。徵遜輔太子,並掌荆州及豫章三郡事,董督軍國。時建昌侯慮于堂前作鬥鴨欄,頗施小巧。遜正色曰:“君侯宜勤覽經典,以自新益,用此何爲?”慮即時毁徹之。射聲校尉松,于公子中最親,戲兵不整,遜對之髡其職吏。南陽謝景善劉廙之先刑後禮之論,遜訶景曰:“禮之長于刑久矣。廙以細辯而詭先聖之教,皆非也。君今侍東宫,宜遵仁義以彰德音。若彼之談,不須講也。”遜雖身在外,乃心于國,上疏陳時事。疏見《三國志》中。權欲遣偏師取彝州及朱崖,皆以諮遜。遜上疏曰:“臣聞治亂討逆,須兵爲威。農桑衣食,民之本業,而干戈未戢,民有飢寒。臣愚以爲宜育養士民,寬其租賦,衆克在和,義以勸勇,則河渭可平,九有一統矣。”權遂征彝州,得不補失。及公孫淵背盟,權欲往征,遜上疏,乞息六師以威大(魯)〔虜〕,早定中夏,垂耀將來。權用納焉。嘉禾五年,權北征,使遜與諸葛瑾攻襄陽。遜遣親人韓扁賫表奉報,還,遇敵于沔中,鈔邏得扁。瑾聞之甚懼,書與遜云:“大駕已旋,賊得韓扁,具知吾闊狹。且水乾,宜當急去。”遜未答,方催人種葑豆,與諸將奕棊射戲如常。瑾曰:“伯言多智略,其當有以。”自來見遜。遜曰:“賊知大駕已旋,無所復慼,得專力於吾。又已守要害之處,兵將意動,且當自定以安之,施設變術,然後出耳。今便示退,賊當謂吾怖,仍來相蹙,必敗之勢也。”乃密與瑾立計,令瑾督舟船,遜悉上兵馬,以向襄陽城。敵素憚遜,遽還赴城,瑾便引舟出。遜徐整部伍，張拓聲勢，步趨船，敵不能干。軍到白圍，託言住獵，潛遣將軍周峻、張梁等，擊江夏新市、安陸、石陽。石陽市盛，峻等奄至，人皆捐物入城，城門噎不得關，敵乃自斫殺己民，然後得闔。斬首獲生凡千餘人，其所生得，皆加營護，不令兵士干擾侵侮。將家屬來者，使就料視。若亡其妻子者，即給衣糧，厚加慰勞，發遣令還。或有感慕相携而歸者，鄰境懷之。江夏功曹趙濯、弋陽備將裴生及彝王梅頤等，并帥支黨來附遜。遜傾財帛，周贍經卹。又魏江夏太守逯式兼領兵馬，頗作邊害，而與北舊將文聘子休宿不協。遜聞其然，即假作答式書云："得報懇惻，知與休久結嫌隙，勢不兩存，欲來歸附。輒以密呈來書表聞，撰衆相迎。宜潛速嚴，更示定期。"以書置界上，式兵得書以見式，式惶懼，遂自送妻子還洛。由是吏士不復親附，遂以免罷。六年，中郎將周祗乞于鄱陽召募，事下問遜。遜以爲此郡民易動難安，不可與召，恐致賊寇。而祗固陳取之，郡民吴遽等果作賊殺祗，攻没諸縣。豫章、廬陵宿惡民，並應遽爲寇。遜自聞，輒討即破。遽等相率降，遜料得精兵八千餘人，三郡平。時中書典校吕壹，竊弄權柄，擅作威福。遜與太常潘濬同心憂之，言至流涕。後權誅壹，深以自責。時謝淵、謝厷等各陳便宜，欲興利改作，以事下遜。遜議曰："國以民爲本，彊由民力，財由民出。夫民殷國弱，民瘠國强者，未之有也。故爲國者，得民則治，失之則亂。若不受利，而令盡用立效，亦爲難也。是以《詩》歎'宜民宜人，受禄于天'。乞垂聖恩，寧濟百姓，數年之間，國用少豐，然後更圖。"赤烏七年，代顧雍爲丞相，其州牧都護領武昌事如故。先是，二宫並闕，中外職司多遣子弟給侍。全琮報遜，遜以爲子弟苟有才，不憂不用，不宜私出，以要榮利。若其不佳，終爲取禍。且聞二宫勢敵，必有彼此，此古人之厚忌也。琮子寄果阿附魯王，輕爲交構。遜書與琮曰："卿不師日磾，而宿留阿寄，終爲足下門户致禍矣。"琮既不納，更以致隙。及太子有不安之議，遜上疏陳："太子正統，宜有盤石之固。魯王藩臣，當使寵秩有差，彼此得所，上下獲安。謹叩頭流血以聞。"書三四上，及求詣都，欲口論適庶之分，以匡得失。既不聽許，而遜外生顧譚、顧承、姚信，並以親附太子，枉見流徙。太子太傅吾粲坐數與遜交書，下獄死。權累遣中使責讓遜，遜憤恚致卒，時年六十三，家無餘財。初，暨豔造營府之論，遜諫戒之，以爲必禍。又謂諸葛恪曰："在吾前者，吾必奉之同升，在吾下者，則扶持之。今觀君氣陵其上，意蔑乎下，非安德之基也。"又廣陵楊竺少獲聲名，而遜謂之終敗，勸竺兄穆令與别族。其先覩如此。長子延，早(妖)〔夭〕。次子抗，襲爵。孫休時追謚曰昭侯。

陸抗，字幼節，孫策外孫也。遜卒時，年二十，拜建武校尉。領遜衆五千人，送葬東還，詣都謝恩。孫權以楊竺所白遜二十事問抗，禁絶賓客，中使臨詰，抗無所顧問，事事條答，權意漸解。赤烏九年，遷立節中郎將，與諸葛恪换屯柴桑。抗臨去，皆更繕完城圍，葺其墻屋，居廬桑果，不得妄(取)〔敗〕。恪入屯，儼然若新，而恪柴桑故屯，頗有毁壞，深以爲慚。太元元年，就都治病。病差當還，權涕泣與别，謂曰："吾前聽用讒言，與汝父大義不篤，以此負汝。前後所問，一焚滅之，莫令人見也。"建興元年，拜奮威將軍。太平二年，魏將諸葛誕舉壽春降，拜抗爲柴桑督，赴壽春，破魏牙門將偏將軍，遷征北將軍。永安二年，拜鎮軍將軍，都督西陵，自關某至白帝。三年，假節。孫皓即位，加鎮軍大將軍，領益州牧。建衡二年,大司馬施績卒,拜抗都督信陵、西陵、彝道、樂鄉、公安諸軍事,治樂鄉。抗聞都下政令多闕,憂深慮遠,乃上疏陳時宜十七條。鳳皇元年,西陵督步闡據城以叛,遣使降晉。抗聞之,日部分諸軍,令將軍左奕、吾彦、蔡貢等徑赴西陵,勅軍營更築嚴圍,自赤谿至故市,内以圍闡,外以禦寇,晝夜催切,如敵以至,衆甚苦之。諸將咸諫曰:"今及三軍之鋭,亟以攻闡,比晉救至,闡必可拔。何事于圍,而以弊士民之力乎?"抗曰:"此城處勢既固,糧穀又足,且所繕修備禦之具,皆抗所宿規。今反身攻之,既非可卒克,且北救必至,至而無備,表裏受難,何以禦之?"諸將咸欲攻闡,抗每不許。宜都太守雷譚言至懇切,抗欲服衆,聽令一攻,攻果無利,圍備始合。晉車騎將軍羊祜率師向江陵,諸將咸以抗不宜上。抗曰:"江陵城固兵足,無所憂患。假令敵没江陵,必不能守,所損者小。如使西陵槃結,則南山諸彝皆當擾動。則所憂慮,難可而言也。吾〔寧〕棄江陵而赴西陵,况江陵牢固乎?"初,江陵平衍,道路通利。抗勑江陵督張咸作大堰遏水,漸漬平中,以絶寇叛。祜欲因所遏水,浮船運糧,揚聲將破堰以通步軍。抗聞,使咸亟破之。諸將皆惑,屢諫不聽。祜至當陽,聞堰敗,乃改船以車運,大費損功力。晉巴東監軍徐胤率水軍詣建平,荆州刺史楊肇至西陵。抗令張咸固守其城,公安督孫遵巡南岸禦祜,水軍督留慮、鎮西將軍朱琬拒胤。身率三軍,憑圍對肇。將軍朱喬、營都督俞贊亡詣肇,抗曰:"贊軍中舊吏,知吾虚實者。吾常慮彝兵素不簡練,若敵攻圍,必先此處。"即夜易彝民,皆以舊將充之。明日,肇果攻故彝兵處。抗命旋軍擊之,矢石雨下,肇衆傷死者相屬。肇至經月,計屈夜遁。抗欲追之,而慮闡畜力項領,伺視間隙,兵不足分,於是但鳴鼓戒衆,若將追者。肇衆兇懼,悉解甲挺走。抗使輕兵躡之,肇大破敗,祜等皆引軍還。抗遂陷西陵城,誅滅闡族及其大將吏。自此以下,所請赦者數萬口。修治城圍,東還樂鄉,貌無矜色,謙冲如常,故得將士歡心。加拜都護。聞武昌左部督薛瑩徵下獄,抗上疏,乞原赦瑩罪。時師旅仍動,百姓疲弊。抗上疏曰:"阻兵無衆,古之明監。誠宜暫息進取小規,以畜士民之力,觀釁伺隙,庶無悔吝。"二年春,就拜大司馬、荆州牧。三年夏,疾病,上疏曰:"西陵國之西門,雖云易守,亦復易失。若有不守,非但失一郡,荆州非吴有也。如其有虞,當傾國争之。臣死之後,乞以西方爲屬。願陛下思覽臣言,則臣死且不朽矣。"秋,遂卒,子晏嗣。晏及弟景、玄、機、雲分領抗兵。晏爲裨將軍、彝道監。天紀四年,晉軍伐吴,龍驤將軍王濬順流東下,所至輒克,終如抗慮。《三國志》本傳。

陸景,字士仁,抗之子。澡身好學,著書數十篇。以尚公主,拜騎都尉,封毘陵侯。既領抗兵,拜偏將軍、中夏督。二月壬戌,兄晏爲王濬别軍所殺。癸亥,景亦遇害,時年三十一。景妻孫皓適妹,與景皆張承外孫也。初,景母坐外祖諸葛恪誅見黜,景少爲祖母所育養。及祖母亡,景爲之心喪三年。顧《志》。

按:陸抗五子,惟玄善終而夭,謚曰貞獻處士。

陸凱,字敬風,丞相遜族子也。黄武初,爲永興諸暨長,所在有治迹。拜建武都尉,領兵。雖統軍衆,手不釋書。好《太玄》,論演其意,以筮輒驗。赤烏中,除儋耳太守,討朱崖,斬獲有功,遷爲建武校尉。五鳳二年,討山賊陳毖于零陵,斬毖克捷,拜巴丘督、偏將軍,封都鄉侯,轉爲武昌右部督。與諸將共赴壽春,還,累遷盪魏、綏遠將軍。孫休即位,拜征北將軍，假節領豫州牧。孫晧立，遷鎮西大將軍，都督巴丘，領荆州牧進，封嘉興侯。孫晧與晉平，使者丁忠自北還，説晧弋陽可襲，凱諫止。寶鼎元年，遷左丞相。晧性不好人視己，羣臣侍見皆莫敢迕。凱説晧曰："夫君臣無不相識之道，若卒有不虞，不知所赴。"晧聽凱自視。時徙都武昌，揚土百姓泝流供給，以爲患苦。又政事多謬，黎元窮匱。凱上疏曰："臣伏見當今内寵之臣，位非其人，任非其量，不能輔國匡時，群黨相扶，害忠隱賢。願陛下簡文武之臣，各勤其官，州牧督將，藩鎮方外，公卿尚書，務修仁化。上助陛下，下拯黎民，各盡其忠，拾遺萬一。則康哉之歌作，刑錯之理清。願陛下留神思臣愚言。"時殿上列將何定佞巧便僻，貴幸任事。凱面責定曰："卿見前後事主不忠，傾亂國政，寧有得以壽終者邪？何以專爲奸邪，穢塵天聽？宜自改厲。不然，方見卿有不測之禍矣。"定大恨凱，思中傷之，凱終不以爲意。乃心公家，義形于色，表疏皆指事不飾，忠懇内發。建衡元年，疾病。晧遣中書令董朝問所欲言，凱陳："何定不可任用，宜授外任，不宜委以國事。奚熙小吏，建起浦里田，(復)欲〔復〕嚴密故迹，亦不可聽。姚信、樓玄、賀邵、張悌、郭逴、薛瑩、滕修及族弟喜、抗，或清白忠勤，或姿才卓茂，皆社稷之楨幹，國家之良輔。願陛下重留神思，訪以時務，各盡其忠，拾遺萬一。"遂卒，時年七十二。子禕，初爲黄門侍郎，出領部曲，拜偏將軍。凱亡後，入爲太子中庶子。右國史華覈表薦禕曰："禕體質方剛，器幹强固，董率之才，魯肅不過。及被召當下，徑還赴都，道由武昌，曾不迴顧，器械軍資，一無所取。在戎果毅，臨財有節。夫夏口賊之衝要，宜選名將以鎮戍之。臣竊思惟，莫善于禕。"初，晧常銜凱數犯顔忤旨，加何定譖構非一。既以重臣，難繩以法，又陸抗時爲大將，在疆埸，故以計容忍。抗卒後，竟徙凱家于建安。《三國志》本傳。

陸瑁，字子璋，丞相遜弟也。少好學篤義。陳國陳融、陳留濮陽逸、沛郡蔣纂、廣陵袁迪等，皆單貧有志，就瑁遊處。瑁割少分甘，與同豐約。及同郡徐原，爰居會稽，素不相識，臨死遺書，託以孤弱。瑁爲起立墳墓，收導其子。又瑁從父績早亡，一男一女皆數歲以還，瑁迎攝養，至長乃别。州郡辟舉，皆不就。時尚書暨豔盛明臧否，差斷三署，頗揚人闇昧之事，以顯其謫。瑁與書曰："汝穎月旦之評，未易行也。宜遠模仲尼之汎愛，中則郭泰之弘濟。"豔不能行，卒以致敗。嘉禾元年，公車徵瑁，拜議郎、選曹尚書。孫權忿公孫淵之巧詐反覆，欲親征之。瑁上疏諫，權再覽瑁書，嘉其詞理端切，遂不行。初，瑁同郡聞人敏見待國邑，(憂)〔優〕于宗修，惟瑁以爲不然，後果如其言。赤烏二年，瑁卒。子喜，亦涉文籍，好人倫。孫晧時，爲選曹尚書。《三國志》本傳。

陸胤，字敬宗，凱弟也。始爲御史、尚書選曹郎，太子和聞其名，待以殊禮。會全寄、楊竺等阿附魯王霸，與和分争，隱相譖構。胤坐收下獄，楚毒備至，終無他辭。後爲衡陽督軍都尉。赤烏十一年，交阯九真彝賊攻没城邑，交部騷動。以胤爲交州刺史、安南校尉。胤入南界，喻以恩信，務崇招納，高凉渠帥黄吴等支黨三千餘家皆出降。引軍而南，重宣至誠，遺以財幣。賊帥百餘人，民五萬餘家，深幽不羈，莫不稽顙。交域清泰，就加安南將軍，復討蒼梧、建陵賊，破之。前後八千餘人，以充軍用。永安元年，徵爲西陵督，封都亭侯，後轉左虎林。中書丞華覈表薦胤宜在輦轂，股肱王室。胤卒，子式嗣，爲柴桑督、揚武將軍。

天策元年，與從兄禕俱徙建安。天紀二年，召還建業，復將軍、侯。《三國志》本傳。

晉

陸機，見《文苑》。

陸雲，字士龍。六歲能屬文，性清正，有才理。少與兄機齊名，雖文章不及機，而持論過之，號曰二陸。幼時吴尚書廣陵閔鴻見而奇之，曰："此兒若非龍駒，當是鳳雛。"後舉雲賢良，時年十六。吴平，入洛。機初詣張華，華問雲何在，機曰："雲有笑疾，未敢自見。"俄而雲至。華爲人多姿制，又好帛繩纏鬚，雲見而大笑，不能自已。先是，嘗著縗絰上船，於水中顧見其影，因大笑落水，人救獲免。雲與荀隱素未相識，嘗會華坐，華曰："今日相遇，可勿爲常談。"雲因抗手曰："雲間陸士龍。"隱曰："日下荀鳴鶴。"鳴鶴，隱字也。雲又曰："既開青雲覩白雉，何不張爾弓，挾爾矢。"隱曰："本謂是雲龍騤騤，乃是山鹿野麋，獸微弩强，是以發遲。"華撫手大笑。刺史周浚召爲從事，謂人曰："陸士龍，當今之顔子也。"俄而公府掾爲太子舍人，出補浚儀令。縣居都會之要，名爲難理。雲到官肅然，下不能欺，市無二價。人有見殺者，主名不立。雲録其妻而無所問，十許日遣出，密令人隨後，謂曰："其去不出十里，當有男子候之與語，便縛來。"既而果然，問之具服，云："與此妻通，共殺其夫，聞妻得出，欲與語，憚近縣，故遠相要候。"於是一縣稱其神明。郡守害其能，屢譴責之，雲乃去官。百姓追思之，圖畫形像，配食縣社。尋拜吴王晏郎中令。晏于西園大營第室，雲上書。時晏信任部將，使覆察諸官錢帛，雲又陳書。雲愛才好士，多所貢達。移書太常府，薦同郡張瞻。入爲尚書郎、侍御史、太子中舍人、中書侍郎。成都王穎表爲清河内史。穎將討齊王冏，以雲爲前鋒都督。會冏誅，轉大將軍右司馬。穎晚節政衰，雲屢以正言忤旨。孟玖欲用其父爲邯鄲令，左長史盧志等並阿意從之。而雲固執不許，曰："此縣皆公府掾資，豈有黄門父居之邪？"玖深忿怨。張昌爲亂，穎表雲爲使持節、大都督、前鋒將軍以討昌。會伐長沙王，乃止。機之敗也，并收雲。穎官屬江統、蔡克、棗嵩等上疏，穎不納。統等重請，穎遲迴者三日。盧志又曰："昔趙王殺中護軍趙浚，赦其子驤，驤詣明公而擊趙，即前事也。"蔡克入至穎前，叩頭流血，曰："雲爲孟玖所怨，遠近莫不聞。今果見殺，罪無彰驗，將令羣心疑惑，竊爲明公惜之。"僚屬隨克入者數十人，流涕固請，穎惻然有宥雲色。孟玖扶穎入，催令殺雲，時年四十二。有二女，無男。門生故吏迎喪葬清河，修墓立碑，四時祠祭。所著文章三百四十九篇，又撰《新書》十篇，並行于世。雲弟耽爲東平祭酒，亦有清譽，與雲同遇害。大將軍参軍孫惠與淮南内史朱誕書曰："不意三陸相携闇朝，一旦湮滅，道業淪喪，痛酷之深，荼毒難言。國喪儁望，悲豈一人。"其爲州里所痛悼如此。後東海王越討穎，移檄天下，亦以機、雲兄弟枉害罪狀穎云。《晉書》本傳畧。

陸喜，字恭仲。父瑁，吴吏部尚書。喜仕吴，累遷吏部尚書。少有聲名，好學有才思。嘗爲自叙，其畧曰："劉向省《新語》而作《新序》，桓譚詠《新序》而作《新論》。余不自量，感子雲之《法言》而作《言道》，覩賈子之美才而作《訪論》，觀子政《洪範》而作《古今歷》，覽蔣子通《萬機》而作《審機》，讀《幽通》、《思玄》、《四愁》而作《娱賓》、《九思》，真所謂忍愧者也。"其書近百篇。吴平，又作《西州清論》傳於世，借稱諸葛孔明以行其書也。有《較論品格篇》曰："或問余，薛瑩最是國士之第一者乎？"答曰："以理推之，在乎四五之間。"問者愕然請問，答曰："夫孫皓無道，肆其暴虐。若龍蛇其身，沉默其體，潛而勿用，趣不可測，此第一人也。避尊居卑，禄代耕養，玄静守約，冲退澹然，此第二人也。侃然體國思治，心不辭貴，以方見憚，執政不懼，此第三人也。斟酌時宜，在亂猶顯，意不忘忠，時獻微益，此第四人也。温恭修慎，不爲謟首，無所云補，從容保寵，此第五人也。過此以往，不足復數。故第二已上，多淪没而遠悔吝，第三已下，有聲位而近咎累。是以深識君子，晦其明而履順也。"問者曰："始聞高論，終年啟寤矣。"太康中，下詔曰："僞尚書陸喜等十五人，南士歸稱，並以貞潔，不容皓朝。或忠而獲罪，或退身修志，放在草野。主者可皆隨本位就下拜除，勑所在以禮發遣，須到隨才授用。"乃以喜爲散騎常侍，尋卒。子育，爲尚書郎、弋陽太守。《晉書》本傳。

吾彦，字士則，吴郡吴人也。出自寒微，有文武才幹。身長八尺，手格猛獸，膂力絶羣。仕吴爲通江吏。時將軍薛珝杖節南征，軍容甚盛，彦觀之，慨然而歎。有善相者劉札謂之曰："以君之相，後當至此，不足慕也。"初爲小將，給大司馬陸抗。抗奇其勇略，將拔用之，患衆情不允，乃會諸將，密使人陽狂拔刀，跳躍而來。坐上諸將皆懼而走，惟彦不動，舉几禦之。衆服其勇，乃擢用焉。稍遷建平太守。時王濬將伐吴，造船于蜀，彦覺之，請增兵爲備。皓不從，彦乃輒爲鐵鎖，横斷江路。及師臨境，緣江諸城皆望風降附，或見攻而拔，唯彦堅守，大衆攻之不能克，乃退舍禮之。吴亡，彦始歸降，武帝以爲金城太守。帝嘗從容問薛瑩曰："孫皓所以亡國者何也？"瑩對曰："歸命侯臣皓之君吴，昵近小人，刑罰妄加，大臣大將無所親信，人人憂恐，各不自安。敗亡之釁，由此而作矣。"其後帝又問彦，對曰："吴主英俊，宰輔賢明。"帝笑曰："君明臣賢，何以亡國？"彦曰："天禄永終，歷數有屬，所以爲陛下擒。此蓋天時，豈人事也。"張華時在坐。謂彦曰："君爲吴將，積有歲年，蔑爾無聞，竊所惑矣。"彦厲聲曰："陛下知我，而卿不聞乎？"帝甚嘉之。轉在敦煌，威恩甚著，遷雁門太守。時順陽王暢驕縱，前後内史皆誣之以罪。及彦爲順陽内史，彦清身率下，威刑嚴肅，衆皆畏懼。暢不能誣，乃更薦之，冀其去職。遷員外散騎常侍。帝常問彦："陸喜、陸抗二人誰多也？"彦對曰："道德名望，抗不及喜。立功立事，喜不及抗。"會交州刺史陶璜卒，以彦爲南中都督、交州刺史。重餉陸機兄弟，機將受之，雲曰："彦本微賤，爲先公所拔，而答詔不善，何以受之？"機乃止，因此每毁之。長沙孝廉尹虞謂機等曰："自古由賤而興者，乃有帝王，何但公卿？若何元幹、侯孝明、唐儒宗、張義允等，並起自寒微，皆内侍外鎮，人無譏者。卿以士則答詔小有不善，毁之無已，吾恐南人皆將去卿，卿便獨坐也。"於是機等意始解，毁言漸息矣。初，陶璜之死也，九真戍兵作亂，逐其太守，九真賊帥趙祉圍郡城，彦悉討平之。在鎮二十餘年，威恩宣著，南州寧靖。自表求代，徵爲大長秋，卒于官。《晉書》本傳。

張翰，見《隱逸》。

陸曄，字士光，吴郡吴人也。伯父喜，吴吏部尚書。父英，高平相，員外散騎常侍。曄少有雅望，從兄機每稱之曰："我家世不乏公矣。"居喪以孝聞。同郡顧榮與鄉人書曰："士光氣息裁屬，慮其性命，言之傷心矣。"後察孝廉，除永世、烏江二縣令，皆不就。元帝初鎮江左,辟爲祭酒,尋補振威將軍、義興太守,以疾不拜。預討華軼功,封平望亭侯。累遷散騎常侍,本郡大中正。太興元年,遷太子詹事。時帝以侍中皆北士,宜兼用南人,曄以清貞著稱,遂拜侍中,徙尚書,領州大中正。明帝即位,轉光禄勳,遷太常。代紀瞻爲尚書左僕射,領太子少傅。尋加金紫光禄大夫,代卞壼爲領軍將軍。以平錢鳳功,進爵江陵伯。帝不豫,曄與王導、卞壼、庾亮、温嶠、郄鑒並受顧命,輔皇太子,更入殿將兵直宿,録尚書事,加散騎常侍。成帝踐阼,拜左光禄大夫,開府儀同三司,給親兵百人,常侍如故。蘇峻之難,曄隨帝在石頭,舉動方正,不以凶威變節。峻以曄吴士之望,不敢加害,使守留臺。匡術以苑城歸順,時共推曄督宫城軍事。峻平,加衛將軍,給千兵百騎。以勳進爵爲公,封次子嘏新康子。咸和中,求歸鄉里拜墳墓。有司奏,舊制假六十日。侍中顔含、黄門侍郎馮懷駁曰:"曄内蘊至德,清一其心,受託付之重,居台司之位。既蒙詔許歸省墳塋,大臣之義本在忘己,豈容有期而反,無期必違。愚謂宜還自還,不須制日。"帝從之。曄因歸,以疾卒,時年七十四。追贈侍中、車騎大將軍,謚曰穆。子諶,散騎常侍。《晉書》本傳。

陸玩,字士瑶,曄弟。器量淹雅,弱冠有美名,賀循稱其清允平當。郡檄綱紀,東海王越辟爲掾,皆不就。元帝引爲丞相參軍。時王導初至江左,思結人情,請婚于玩。玩對曰:"培塿無松柏,薰蕕不同器。玩雖不才,義不爲亂倫之始。"導乃止。玩嘗詣導飲酪,因而得疾。與導牋曰:"僕雖吴人,幾爲傖鬼。"其輕易權貴如此。累加奮武將軍,徵拜侍中,以疾辭。王敦請爲長史,逼以軍期,不得已,乃從命。敦平,尚書令郄鑒議,敦佐吏不能匡正姦惡,宜皆免官禁錮。會温嶠上表申理,得不坐。復拜侍中,遷吏部尚書,領會稽王師,讓不拜。轉尚書左僕射,領本州大中正。及蘇峻反,遣玩與兄曄俱守宫城。玩潜説匡術歸順,以功封興平伯,轉尚書令,授左光禄大夫、開府儀同三司,加散騎常侍,餘如故。玩頻自表,優詔褒揚。重復自陳,詔不許。尋王導、郄鑒、庾亮相繼薨,朝野咸以爲三良既殁,國家殄瘁,以玩有德望,乃遷侍中、司空,給羽林四十人。玩既拜,有人詣之,索盃酒,瀉置柱梁之間,呪曰:"當(令)〔今〕乏材,以爾爲柱石,莫傾人梁棟邪。"玩笑曰:"戢卿良箴。"既而歎息,謂賓客曰:"以我爲三公,是天下爲無人。"談者以爲知言。玩雖登公輔,謙讓不辟掾屬。成帝聞而勸之,玩不得已而從命,所辟皆寒素有行之士。玩翼亮累世,常以宏重爲人主所貴,加性通雅,不以名位格物,誘納後進,謙若布衣。由是縉紳之徒,莫不廕其德宇。後疾甚,薨,年六十四。謚曰康,給兵千人,守冢七十家。太元中,功臣普被減削,司空何充等止得六家。以玩有佐命之勳,先陪陵而葬,由是特置興平伯官屬以衛墓。子始嗣,歷侍中、尚書。《晉書》本傳。

陸納,字祖言。少有清操,貞厲絶俗。初辟鎮軍大將軍武陵王掾,州舉秀才。太原王述雅敬重之,引爲建威長史。累遷黄門侍郎、本州别駕、尚書吏部郎,出爲吴興太守。將之郡,先至姑熟辭桓温,因問温曰:"公致醉可飲幾酒,食肉多少?"温曰:"年大來飲三升便醉,白肉不過十臠,卿復云何?"納曰:"素不能飲,止可二升,肉亦不足言。"後伺温閒,謂之曰:"外有微禮,方守遠郡,欲與公一醉,以展下情。"温欣然納之。時王坦之、刁彝在坐,及受禮,唯酒一斗、鹿肉一柈,坐客愕然。納徐曰:"明公近云飲酒三升,納止可二升。今有一斗，以備杯杓餘瀝。"温及賓客並嘆其率素，更飭中厨設精饌，酣飲極懽而罷。至郡，不受俸禄。頃之，徵拜左民尚書，領州大中正。將應召，外白宜裝幾船，納曰："私奴裝糧食來，無所復須也。"臨發，止有被襆而已，其餘盡封以還官。遷太常，徙吏部尚書，加奉車都尉、衛將軍。謝安嘗欲詣納，而納殊無供辦，其兄子俶不敢問之，乃密爲之具。安既至，納所設惟茶果而已。俶遂陳盛饌，珍羞畢具。客罷，納大怒曰："汝不能光益父叔，乃復穢我素業邪?"於是杖之四十，其舉措多此類。後以愛子長生有疾，求解官營視，兄子禽又犯法應刑，乞免官謝罪。詔特許輕降。頃長生小佳，諭還攝職。尋遷尚書僕射，轉左僕射，加散騎常侍。俄拜尚書令，常侍如故。恪勤貞固，始終不渝。時會稽王道子以少年專政，委任羣小。納望闕而嘆曰："好家居，纖兒欲撞壞之邪?"朝士咸服其忠亮。尋除左光禄大夫、開府儀同三司，未拜而卒，即以爲贈。長生先卒，無子，以弟子道隆嗣。元熙中爲廷尉。《晉書》本傳。

陸退，字黎民，凱從孫也。祖仰，吏部郎。父州主簿。退爲謝安主簿，嘗問張憑作母誄而不作父誄，退答曰："丈夫之德表于事行，婦人之美非誄不顯。"退，憑之婿也。仕至光禄大夫。顧《志》。

陸監，字始明，璩之子。少而隱静，方直抗烈。除後將軍、司馬，以功封西陽亭侯。顧《志》。

南北朝宋

顧覬之，字偉仁，吴郡吴人也。高祖謙，字公讓，晉平原内史陸機姊夫。祖崇，大司農。父黄老，司徒左西掾。覬之初爲郡主簿，謝晦爲荆州，以爲南蠻功曹，仍爲晦衛軍參軍。晦愛其雅素，深相知待。王弘辟爲揚州主簿，仍爲弘衛軍參軍，鹽官令，衡陽王義季右軍主簿，尚書都官郎，護軍司馬。時大將軍彭城王義康秉權，殷、劉之隙已著。覬之不欲與殷景仁久接事，乃辭脚疾自免歸。在家每夜常于牀上行脚，家人竊異之，而莫曉其意。後義康徙廢，朝廷多以異同受禍。復爲東(選)〔遷〕、山陰令。山陰民户三萬，海内劇邑，前後官長晝夜不得休，事猶不舉。覬之理繁以約，縣用無事，晝日垂簾，門階閑寂。自宋世爲山陰，務簡而績修，莫能尚也。還爲揚州治中從事史，竟陵王誕、盧陵王紹北中郎左司馬，揚州别駕從事史，尚書吏部郎。常于太祖坐論江左人物，言及顧榮。袁淑謂覬之曰："卿南人怯懦，豈作賊?"覬之正色曰："卿乃復以忠義笑人。"淑有愧色。元凶弑立，朝士無不移任，惟覬之不徙官。世祖即位，遷御史中丞。孝建元年，出爲義陽王昶東中郎長史、寧朔將軍，行會稽郡事。尋徵爲右衛將軍，領本州中正。出爲湘州刺史，善于莅民，治甚有績。大明元年，徵守度支尚(事)〔書〕，領本州中正。二年，轉吏部尚書。四年，致仕，不許。時沛郡相縣唐賜，往比邨朱起母彭家飲酒還，因得病，吐蠱蟲十餘枚。臨死，語妻張，死後刳腹出病。後張手自破視，五藏悉糜碎。郡縣以張忍行刳剖，賜子副又不禁駐，事起赦前，法不能決。律傷死人，四歲刑；妻傷夫，五歲刑；子不孝父母，棄市。並非科例。三公郎劉思議："賜妻痛〔遵〕往(遵)言，兒識謝及理，考事原心，非存忍害，謂宜哀矜。"覬之議曰："法移路尸，猶爲不道，况在妻子，而忍行凡人所不行。不宜曲通小情，當以大理爲斷，謂副爲不孝，張同不道。"詔如覬之議。加左軍將軍，出爲吴郡太守。八年，復爲吏部尚書，加給事中。未拜，欲以爲會稽,不果,還爲吴郡太守。幸臣戴法興權傾人主,而覬之未嘗降意。左光禄大夫蔡興宗與覬之善,嫌其風節過峻。覬之曰:"辛毗有云,孫劉不過使吾不爲三公耳。"及世祖晏駕,法興遂以覬之爲光禄大夫,加金章紫綬。太宗泰始初,四方同反。覬之家尋陽,尋陽王子房加以位號,覬之不受,曰:"禮年六十不服戎,以其筋力衰謝,非復軍旅之日。况年將八十,殘生無幾。守盡家門,不敢聞命。"孔顗等不能奪。時普天叛逆,莫或自免,惟覬之心迹清全,獨無所與,太宗甚嘉之。東土既平,以爲左將軍、吴郡太守,加散騎常侍。泰始二年,復爲湘州刺史,常侍、將軍如故。三年,卒,時年七十六。追贈鎮軍將軍,常侍、刺史如故,謚曰簡子。覬之家門雍睦,爲州鄉所重。五子:約,緝,綽,縝,緄。綽私財甚豐,鄉里士庶多負其責,覬之每禁之,不能止。及後爲吴郡,誘綽曰:"我常不許汝出責,定思貧薄不可居。民間與汝交關,有幾許不盡,及我在郡,爲汝督之,將來豈可得。凡諸券書皆何在?"綽大喜,悉出諸文券一大厨與覬之。覬之悉焚燒,宣語遠近:"負三郎責,皆不須還,凡券書悉燒之矣。"綽懊歎彌日。覬之常謂秉命有定分,非智力所移,惟應恭己守道,信天任運。而闇者不達,妄求僥倖,徒虧雅道,無關得喪。乃以其意,命弟子愿著《定命論》。論見《宋書》中。

愿字子恭,父淵之,散騎侍郎。愿好學,有文辭于世。大明中,舉秀才,對策稱旨,擢爲著作佐郎、太子舍人。早卒。《宋書》本傳。

南北朝齊

陸慧曉,字叔明,吴郡吴人也。祖萬載,侍中。父子真,元嘉中爲海陵太守。時中書舍人秋當親幸,家在海陵,假還葬父,子真不與相聞。當請發民治橋,又以妨農不許。彭城王義康聞而賞焉。自臨海太守眼疾歸,爲中散大夫,卒。慧曉清介正立,不雜交游。會稽内史同郡張暢見慧曉童幼,便嘉異之。張緒稱之曰:"江東裴樂也。"初應州郡辟,舉秀才、衛尉史,歷諸府行參軍。以母老,還家侍養,十餘年不仕。太祖輔政,除爲尚書殿中郎。隣族來相賀,慧曉舉酒曰:"陸慧曉年踰三十,婦父領(遷)〔選〕,始作尚書郎,卿輩乃復以爲慶耶?"太祖表禁奢侈,慧曉撰答詔草,爲太祖所賞,引爲太傅東閣祭酒。建元初,仍遷太子洗馬。武陵王曅守會稽,上爲精選僚吏,以慧曉爲征虜功曹,與府參軍沛國劉璡同從述職。行至吴,璡謂人曰:"吾聞張融與陸慧曉並宅,其間有水,此水必有異味。"遂往酌而飲之。廬江何點薦慧曉于豫章王嶷,補司空掾,加以恩禮。轉長沙王鎮軍諮議參軍。安陸侯緬爲吴郡,復禮異慧曉。慧曉求補緬府諮議參軍,遷始興王前將軍安西諮議,領冠軍録事參軍,轉司徒從事中郎,遷右長史。時陳郡謝朏爲左長史,府公竟陵王子良謂王融曰:"我府二上佐,求之前世,誰可爲比?"融曰:"兩賢同時,便是未有前例。"子良于西邸抄書,令慧曉參知其事。尋遷西陽王征(魯)〔虜〕、巴陵王後軍、臨汝公輔國三府長史,行府州事。復爲西陽王左軍長史,領會稽郡丞,行郡事。隆昌元年,徙爲晉熙王冠軍長史、江(長)〔夏〕内史,行郢州事。慧曉歷輔五政,治身清肅,僚佐以下造請,輒起送之。或謂慧曉曰:"長史貴重,不宜妄自謙屈。"答曰:"我性惡人無禮,不容不以禮處人。"建武初,除西中郎長史,行事、内史如故。俄徵黄門郎,未拜,遷吏部郎。尚書令王晏選門生補内外要局,慧曉爲用數人而止。晏恨之,送女妓一人,欲與申好,慧曉不納。吏曹都令史歷政以來,諮執選事,慧曉任己獨行，未嘗與語。帝遣左右單景儁以事詣問，慧曉謂景儁曰："六十之年，不復能諮都令史爲吏部郎也。上若謂身不堪，便當拂衣而退。"帝甚憚之。後欲用爲侍中，以形短小乃止。出爲輔國將軍、晉安王鎮北司馬、征北長史、東海太守，行府州事。入爲五兵尚書，行揚州事。崔慧景事平，領右軍將軍，出監南徐州。少時，仍遷持節、督南兖兖徐青冀五州軍事、輔國將軍、南兖州刺史。至鎮俄爾，以疾歸，卒，年六十二。贈太常。同郡顧憲之，字士思，宋鎮南將軍覬之孫也。性尤清直。歷黄門郎、吏部郎。永元中，爲豫章内史。《齊書》本傳。

南北朝梁

陸倕，字佐公，吴郡吴人也。晉太尉玩六世孫。祖子真，宋臨海太守。父慧曉，齊太常卿。倕少勤學，善屬文。於宅内起兩間茅屋，杜絶往來，晝夜讀書，如此者數載。所讀一遍，必誦于口。嘗借人《漢書》，失《五行志》四卷，乃暗寫還之，畧無遺脱。幼爲外祖張岳所異，岳嘗謂諸子曰："此兒汝家之陽元也。"十七舉本州秀才。刺史竟陵王子良開西邸，延英俊，倕亦預焉。辟議曹從事參軍、廬陵王法曹行參軍。天監初，爲右軍安成王外兵參軍，轉主簿。倕與樂安任昉友善，爲《感知己》賦以贈昉，昉因此名以報之，其爲士友所重如此。遷驃騎臨川王東曹掾。是時禮樂制度，多所創革。高祖雅愛倕才，乃敕撰《新漏刻銘》，其文甚美。遷太子中舍人，管東宫書記。又詔爲《石闕銘記》，奏之，敕賜絹三十疋。遷太子庶子、國子博士。母憂去職。服闋，爲中書侍郎，給事黄門侍郎，揚州别駕從事史。以疾陳解，遷鴻臚卿，入爲吏部郎，參選事。出爲雲麾晉安王長史、尋陽太守、行江州府州事。以公事免，左遷中書侍郎，司徒司馬，太子中庶子，廷尉卿。又爲中庶子，加給事中，揚州大中正。復除國子博士，中庶子、中正並如故。守太常卿，中正如故。普通七年，卒，年五十七。文集二十卷，行于世。第四子纘，早慧，十歲通經，爲童子奉車郎，卒。《梁書》本傳。

南北朝陳

顧野王，字希馮，吴郡吴人也。祖子喬，梁東中郎武陵王府參軍事。父烜，信威臨賀王記室，兼本郡五官掾，以儒術知名。野王幼好學，七歲讀五經，畧知大旨。九歲能屬文，嘗製《日賦》，領軍朱异見而奇之。年十二，隨父之建安，撰《建安地記》二篇。長而遍觀經史，精記嘿識，天文地理，蓍龜占候，蟲篆奇字，無所不通。梁大同四年，除太學博士，遷中領軍臨賀王府記室參軍。宣城王爲揚州刺史，野王及琅邪王褒並爲賓客，王甚愛其才。野王又好丹青，王于東府起齋，乃令野王畫古賢，王褒書贊，時人稱爲二絶。及侯景之亂，野王丁父憂，歸本郡，乃召募鄉黨數百人，隨義軍援京邑。野王體素清羸，裁長六尺，又居喪過毁，殆不勝衣。及杖戈被甲，陳君臣之義，逆順之理，抗辭作色，見者莫不壯之。京城陷，野王逃會稽，尋往東陽，與劉歸義合軍據城拒賊。侯景平，太尉王僧辯深嘉之，使監海鹽縣。高祖作宰，爲金威將軍、安東臨川王府記室參軍，尋轉府諮議參軍。天嘉元年，勑補撰史學士，尋加招遠將軍。光大元年，除鎮東鄱陽王諮議參軍。太建二年，遷國子博士。後主在東宫，野王兼東宫管記，本官如故。六年，除太子率更令，尋領大著作，掌國史，知梁史事，兼東宫通事舍人。時宫僚有濟陽江總、吴國陸瓊、北地傅縡、吴興姚察，並以才學顯著，論者推重焉。遷黄門侍郎，光禄卿，知五禮事，餘官並如故。十三年，卒，時年六十三。詔贈秘書監。至德二年,又贈右衛將軍。野王幼以篤學至性知名,在朝無過辭失色。觀其容貌,似不能言,及其勵精力行,皆人所莫及。第三弟充國早卒,野王撫養孤幼,恩義甚厚。其所撰著《玉篇》三十卷,《輿地志》三十卷,《符瑞圖》十卷,《顧氏譜傳》十卷,《分野樞要》一卷,《續洞冥記》一卷,《玄象表》一卷,並行于世。又撰《通史要略》一百卷,《國史紀傳》二百卷,未就而卒。有文集二十卷。

隋

陸士季,從同郡顧野王學《左氏春秋》、司馬《史》、班氏《漢書》。仕陳桂陽王府左常侍。入隋爲越王侗記室,兼侍讀,侗稱制,擢著作郎。時王世充將篡逆,謂士季曰:"隋有天下三十年,朝果無忠臣乎?"士季對曰:"見危授命,臣宿志也。請因啟事爲陛下殺之。"謀洩不克。貞觀初,終太學博士,兼弘文館學士、孫元感、曾孫南金,别有傳。陳《志》。

唐

陸元感,字達禮。梁婁縣令慶之曾孫,周王府文學詳正殿學士謀道之子。生而敏慧,謀道善班固《漢書》,元感傳其學。解褐参韓王府軍事,除婺州龍丘丞,遷建德、歷陽二縣令,咸有善政。加朝散大夫、護軍,行黄州司馬。神龍二年卒。子南金、趙璧,别有傳。顧《志》。

顧道衍,字正平,野王之孫。開元中,舉進士,又登文學優贍科。仕爲湖州司功參軍,廉平惠愛,獄簡訟息,民稱焉。後棄(母)〔官〕歸吴,築室奉母。陳《志》。

陸南金,官太子洗馬。傳見《獨行》中。

陸贄,字敬輿,蘇州嘉興人。時華亭屬嘉興。十八第進士,中博學宏詞,調鄭縣尉,罷歸。壽州刺史張鎰有重名,贄往見,語三日,奇之,請爲忘年交。既行,餉錢百萬,曰:"請爲母夫人一日費。"贄不納,止受茶一串。以書判拔萃補渭南尉。德宗立,遣黜陟使庾何等十一人行天下,贄説使者,請以五術省風俗,八計聽吏治,三科登雋乂,四賦經財實,六德保罷瘵,五要簡官事,時皆韙其言。遷監察御史。帝在東宫,已聞其名矣,召爲翰林學士。從狩奉天,機務填總,遠近調發,奏請報下,書詔日數百。贄初若不經思,逮成皆周盡事情,人人可曉。旁吏承寫不給,他學士筆不得下,而贄沛然有餘。始帝倉卒變故,每自剋責。贄曰:"陛下引咎,堯舜意也。然致寇者乃羣臣罪。"贄意指盧杞等。帝護杞,因曰:"卿不忍歸過朕,有是言哉。然自古興衰,亦有天命,今之厄運,恐不在人也。"贄退而上書曰:"陛下有股肱之臣,不能竭誠効死,罪也。以興衰諉之天命,過矣。天命在人,致寇之由,豈運當然?今生亂之事,不可追矣。其資治之策,在遠憸佞,親忠直,推至誠,去逆詐。斯道易行,第約之于心耳。"帝又問贄事切于今者,贄勸帝:"羣臣參日,使極言得失。若以軍務對者,見不以時,聽納無倦。兼天下智以爲聰明。"帝曰:"(臣)〔朕〕豈不推誠?然顧上封者,惟譏斥人短長,類非忠直。往謂君臣一體,故推信不疑,至憸人賣爲威福。今兹之禍,推誠之敝也。又諫者不密,要須歸曲于朕,以自取名。朕嗣位,見言事多矣。大抵雷同道聽,加質則窮。故頃不詔次對,豈曰倦哉?"贄因是極諫。是時賊未平,帝欲明年遂改元。而術家争言數鍾百六,宜有所變,示天下復始,帝乃議更益大號。贄曰:"今乘輿播越,大憝未去,陛下宜痛自貶勵，不宜益美名以累謙德。”帝從之。會興元赦令方具，帝以稾付贄，使商討其詳。贄知帝執德不固，困則思治，泰則易驕，欲激之使强其意。即建言：“欲紓多難，收羣心，惟在赦令而已。動人以言，所感已淺，言又不切，人誰肯懷？夫感者，誠發于心而形于事，事或未諭，故宣之于言，言必顧心，心必副事，三者相合，乃可求感。惟陛下先斷厥志，以施其辭，度可行者而宣之，不可者措之。無苟于言，以重取悔。”帝納之。始帝播遷，府藏委棄，衛兵無褚衣。至是天下貢奉稍至，帝乃於行在夾廡署瓊林、大盈二庫，別藏貢物。贄諫，帝悟，即撤其署。李懷光有異志，欲怒其軍使叛，即上言：“兵廪薄，與神策不(對)〔等〕，難以戰。”李晟密言其變，因請移屯。帝遣贄見懷光議事，贄還，勸帝許晟移軍。請下詔書，遣李建徽、陽惠元與晟并屯東渭橋。帝猶豫曰：“晟移屯，懷光固怏怏。若又遣建徽等俱東，彼且爲辭，少須之。”晟已徙營，不閱旬，懷光果奪兩節度兵。建徽挺身免，惠元死之。行在震驚，遂徙幸梁。道有獻瓜果者，帝嘉其意，欲授以試官。贄曰：“爵位天下公器，不可輕也。”帝曰：“試官虚名，且已與宰相議矣。卿其無嫌。”時鳳翔節度使李楚琳殺張鎰得位，雖數貢奉，議者頗言其挾兩端，有所狙伺然。帝亦不能容，其使至，皆不得召，欲以渾瑊代之。贄諫帝釋然，盡召見其使，優詔勞安之。帝欲以内外從官，普號定難元從功臣。贄諫，帝乃止。京師已平，帝欲召渾瑊，訪奔散内人，給裝使赴行在。贄諫，帝不復下詔，猶遣使諭瑊資遣。初，劉從一、姜公輔等材不逮贄遠甚，徒以單言暫謀偶有合，由下位逮台宰。而贄孤立一意，爲左右權倖沮短，又言事無所回諱，陰失帝意，久之不得宰相。還京，但爲中書舍人。母韋猶在江東，帝遣中人迎還京師。俄以喪解官，客東都。諸方賵遺一不取，惟韋臯以布衣交，先以聞，故所致輒稱詔受之。又詔中人護父柩至自吴會，葬洛陽。服除，以權知兵部侍郎復召爲學士。入謝，伏地鯁泣。帝爲興，改容慰撫，眷遇彌渥。天下屬以爲相，而竇参素不平，忌之，贄亦數言参失。貞元七年，罷學士，以兵部侍郎知貢舉。明年，参黜，乃以中書侍郎同中書門下平章事。帝始任楊炎、盧杞，引樹私黨，排忠良，天下怨疾。貞元後，懲艾其失，雖置宰相，至除用庶官，反覆参詰乃得下。及贄秉政，始請臺閣長官得自薦其屬，有不職，坐舉者。帝初許之，或言諸司所引皆親黨，招賂遺，無實才，帝復詔宰相自擇。贄奏，帝雖嘉之，然卒停薦士詔。舊制，吏部選以歲集。乾元後，天下兵興，率三年一調，吏員稽壅，則案牒叢淆，僞冒蒙真，(史)〔吏〕緣以爲姦，廢置無綱，至十年不被調者，缺員或累歲不補。贄乃請以内外員三分之，每歲計闕集人，檢柅吏姦，天下便之。當是時，賈耽、盧邁、趙憬同輔政，凡有司關白，三人者更相顧不肯判。贄又請如故事，當旬一人秉筆，所咨輒判。又以西北邊歲調河南、江淮兵，謂之防秋。士不素練，統制不一，亡以應敵，乃上陳其弊。帝愛重其言，不能從也。班宏判度支，卒官。贄薦李巽，帝漫許之，而自用裴延齡。贄言：“延齡僻戾躁妄，不可用。”不聽。延齡姦佞得君，天下仇惡，無敢言。贄上書苦諫，帝不懌，竟以太子賓客罷。贄本畏慎，未嘗通賓客。延齡揣帝意薄，讒短百緒，帝遂發怒，欲誅贄。賴陽城等交章論辯，乃貶忠州别駕。後稍思之，會薛延爲刺史，諭旨慰勞。韋臯數上表，請贄代領劍南，帝猶銜之，不肯與。順宗立，召還。詔未至，卒，年五十二。贈兵部尚書，謚曰宣。始，贄入翰林，年尚少，以材幸，天子嘗以輩行呼而不名。在奉天，朝夕進見。然小心精潔,未嘗有過。由是帝親倚,至解衣衣之,同類莫敢望。雖外有宰相主大議,而贄常居中,參裁可否,時號内相,嘗爲帝言:"今盗遍天下,宜痛自咎悔,以感人心。昔成湯罪己以興,楚昭王出奔,以一言復國。陛下誠不吝改過,以言謝天下,使臣持筆亡所忌,庶叛者革心。"帝從之。故奉天所下制書,雖武人悍卒,無不感動流涕。後李抱真入朝,爲帝言:"陛下在奉天山南時,赦令至山東,士卒聞者皆感泣思奮,臣是時知賊不足平。"議者謂興元戡難功,雖牙爪宣力,蓋贄有助焉。狩山南,道險,與從官相失。夜召贄不得,帝驚且泣,詔軍中得贄者賞千金。久之上謁,帝喜見顔間,自太子以下皆賀。及輔政,不敢自顧,事有可否必言之。所言皆剴拂帝短,懇到深切。或規其太過者,對曰:"上不負天子,下不負所學,遑他卹乎?"既放荒遠,常闔户,人不識其面。又避謗,不著書。地苦瘴癘,祇爲《今古集驗方》五十篇,示鄉人云。《新唐書》傳畧。

陸明允,字信夫,宣公贄之從子。元和三年,以集賢校理出爲奉化令。悃愊無華,視民如子。屬歲大旱,隣境人相食,明允輯和其民,振廪食以給餓者,全活數萬人,治行爲天下第一。復于龍潭溪壘石障水,鑿引流,下通廣平湖,達于江,溉田數千頃。後名其堰曰資國,渠曰新河,至今賴之。在邑五年,卒。陳《志》。

陸扆,字祥文,宰相贄族孫。光啟二年,從僖宗幸山南,擢進士第,累進翰林學士、中書舍人。扆屬辭敏速,一時書命,同僚自以爲不及,昭宗優遇之。帝嘗作賦,詔學士皆和,獨扆最先就。帝嘆曰:"貞元時,陸贄、吴通玄兄弟善内廷文書,後無繼者,今朕得之。"累爲尚書左丞,封嘉興縣男,徙户部尚書侍郎、同中書門下平章事。故事,自三省得宰相,有光署錢,留爲宴資,學士院未始有。至扆,送光院錢五十〔萬〕,以榮近司。進中書侍郎,判户部。嗣覃王以兵伐鳳翔,扆諫曰:"國步方安,不宜加兵近輔,必爲他盗所乘,無益也。且親王而屬軍事,必有後害。"帝顧軍興,責扆沮撓,貶峽州刺史。師果敗。久之,授工部尚書。從天子自華州還,以兵部尚書復當國,封吴郡公。天復初,累兼户部尚書。帝自至鳳翔,大赦天下,諸道皆賜詔,獨不及李茂貞。扆曰:"國西鳳翔爲最近,迹其罪固不可赦,然尚修職貢,朝廷未之絶,無宜于詔書有以異也。"始,崔胤罷相,扆代之,胤内怨望。及是,議以爲陰有黨附,貶沂王傅,分司東都。胤死,復授吏部尚書,從遷洛。柳璨始附朱全忠,謀去朝廷有望者,貶扆濮州司户參軍,殺之白馬驛,年五十九。扆初名允迪,後改云。《新唐書》傳。

宋

陳舜俞,字令舉,湖州烏程人。博學强記,舉進士,又舉制科第一。熙寧三年,以屯田員外郎知山陰縣,詔俟代還,試館職。舜俞辭曰:"爵禄名器,砥礪多士,宜示以至公,烏可要期如付劑契?"繳中書帖上之。青苗法行,舜俞不奉令,上疏自劾。奏上,責監南康軍鹽酒税,五年而卒。舜俞始嘗棄官,歸居秀之白牛村,自號白牛居士。已而復出,遂貶死。蘇軾稱其學術才能兼百人之器,慨然將以身任天下之事。而一斥不復,士大夫識與不識,皆深悲之云。《宋史》本傳。

按,陳舜俞,顧、陳兩《志》皆載。而史傳稱烏程人,棄官歸,居秀之白牛村。考白牛村乃華亭地,舜俞自號白牛居士,至今塘市皆沿白牛之名。則舜俞自烏程來遷,遂定居華亭,子孫家焉,與流寓者不同也。覽者辨之。

朱諤,字聖與,秀州華亭人。初名紱。進士第二,調忠正軍推官。崇寧初,由太常丞擢殿中侍御史,遷侍御史、給事中,改今名。進御史中丞,俄兼侍讀,徙兵、禮、吏三部尚書。大觀元年,拜右丞相,居三月,卒,年四十。贈光禄大夫,謚忠靖。《宋史》傳畧。

章楶,字質夫,建州浦城人。祖頻,爲侍御史,忤章獻后旨,黜官。仁宗欲用之而卒。按,陳《志》本傳云:楶父訪居蘇州,號曰北章。楶監華亭鹽,樂其風土,因家于青龍之崧宅。顧《誌》亦有宅居青龍之文。則訪居蘇,楶居青龍,皆有據也。二《志》文詳傳後。楶以叔得象蔭,爲孟州司户參軍。應舉入京,聞父對獄于魏,棄不就試,馳往直其冤。還試禮部第一,擢知陳留縣,歷提舉陜西常平、京東轉運判官、提點湖北刑獄、成都路轉運使。入爲考功、吏部、右司員外郎。元祐初,以直龍圖閣知慶州。時朝廷戢兵,戒邊吏勿妄動,且捐葭蘆、安疆等四砦予夏,使歸其永樂之人。夏得砦益驕。楶言:“夏嗜利畏威,不有懲艾,邊不得休息。宜稍取其疆土,如古削地之制,以固吾圉。然後諸路出兵,擇據要害,不一再舉,勢將自蹙矣。”遂乘便出討,以致其師。夏果入圍環州。楶先用間知之,遣驍將折可適伏兵洪德城。夏師過之,伏兵識(其)其母梁氏旗幟,鼓譟而出,斬獲甚衆。又預毒于牛圈潴水,夏人馬飲者多死。召權户部侍郎。明年,除知同州。紹聖初,知應天府,加集賢殿修撰,知廣州,徙江淮發運使。哲宗訪以邊事,對合旨,命知渭州。至即上言城胡蘆河川,據形勝以偪夏。乃以三月及熙河、秦鳳、環慶四路之師,陽繕他堡壁數十所,自示其怯。或以楶怯請曰:“此夏必争之地,夏方營石門峽,去我三十里,能奪而有之乎?”楶又陽謝之,陰具板築守戰之備,帥四路師出胡蘆河川,築二城于石門峽江口好水河之陰。二旬有二日成,賜名平夏城、靈平砦。方興役時,夏以其衆來乘,楶迎擊敗之。既而環慶、鄜延、河東、熙河皆相繼築城,進拓其境,夏人愕視不敢動。夏主遂奉其母,合將數十萬兵,圍平夏城,疾攻十餘日,建高車臨城,填塹而進,不能克,一夕遁去。夏統軍嵬名阿埋、西壽監軍妹勒都逋,皆勇悍善戰。楶諜其弛備,遣折可適、郭成輕騎夜襲,直入其帳,執俘其家。鹵馘三千餘,牛羊十萬。夏主震駭,哲宗爲御紫宸殿受賀。累擢楶樞密直學士,龍圖閣端明殿學士,進階大中大夫。楶在涇原四年,凡創州一、城砦九。薦拔偏裨,不間斯役。至于夏降人折可適、李忠傑、朱智用,咸受其馭。夏自平夏之敗,不復能軍,屢請命乞和,哲宗亦爲之寢兵。楶立邊功爲西方最。徽宗立,請老,徙知河南。入見,留拜同知樞密院事,俾其子綍爲開封推官,以便養。踰年,力謝事罷,授資政殿學士、中太一宫使,未幾卒。徽宗悼之,贈右銀青光禄大夫,謚曰莊敏,賻恤甚厚。楶七子,綍、綜、綡、綰、綖、縯、縝,綍、綡最知名。《宋史》傳略。

青龍之有章氏,按舊志及《書院記》皆云,而《蘇志》又有南北章之説。豈青龍初猶别業,後乃定居耶?今其子孫在郡中猶衆。顧《志》。

松江青龍鎮有章氏,自莊敏公始。至元中,夢賢以孝友薦舉,正其裔孫。宋時科第甚多,今子孫猶彬彬。攷《書院記》及《青龍雜志》甚詳,未可以寓公列也。陳《志》。

柳約,字元禮,秀州華亭人。大觀三年上舍進士,試中學官,爲霸州教授。徙睦州,入爲辟雍正。遷博士,改宣議郎,充廣親宅宗子博士。約深於經學,屬辭粹微,大爲學者師慕。提舉福建鹽事,召對,論内外學正,次乞罷内外官到堂日投牒求官,以厚風俗。授秘書省校書郎,進著作佐郎、徽州司録,改通判宿州,召拜監察御史。靖康初,兼權殿中侍御史,論三鎮不可棄。改尚書工部員外郎,進左司員外郎。父憂去官,服除,以直顯謨閣充御營司參謀官,遷太常少卿。高宗將幸平江,約疏言兵可進毋退,以示怯于敵。乃以直龍圖閣知台州,未赴,徙嚴州,兼浙西兵馬都監,節制管内軍馬。當是時,金人大入,杜充擁衆北去,列郡震恐,莫有奔問官守者。約于横潰中屹保孤城,悉力捍禦,境内安堵。則慨然上書,請糾合諸郡,克復吴會。上嘉其忠,進右文殿修撰,守郡如故。詔以軍興,費出無藝,吏慢弗虔。柳約獨謹賦輸,率先程督,進秩一等。又詔:"約郡當兵衝,而能不辭難,不避事,益嚴列栅,保綏一方,朕甚嘉之。其以約充集英殿修撰。"召入對,奬勞再三,擢權户部侍郎。約於是感激盡言,凡例外宣索,皆執奏不進。論吴开等罪未正,非所以勵臣節。諸大將提兵入覲,各名其家,將有尾大不掉之患。皆人不敢言者。又言軍興科需百出,望官户名田過制者,與編户均一科敷。請增諸路酒錢,其半令提刑司椿管,以備軍費。皆從之。會高麗請修貢,議遣使報聘。上顧廷臣無出約右,加試户部侍郎,充其选,且將大用。當路忌之,諷言者誣以事,罷爲提舉太平觀。居七年,復秘閣修撰。金人歸侵疆,起知蔡州,被命而往,一無顧避。既而金人渝平,傳檄河南,守臣皆舉城降。約獨遣使數輩於武昌,得報而後返。未幾,以敷文閣待制食祠禄。十有五年,卒,贈四官。約天性至孝,母病甚,禱于天,願捐壽以益親壽。母尋愈,約竟先母兩月卒。《宋史》本傳。

衛膚敏,字商彦,華亭人。以上舍生登宣和元年進士第,授文林郎、南京宗子博士,尋改教授。六年,召對,改宣教郎、秘書省校書郎,命假給事中,賀金主生辰。膚敏奏曰:"彼生辰後天寧節五日,金人未聞入賀,而反先之,似失國體。萬一金使不來,爲朝廷羞。請至燕山候之,彼若不來,則以幣置境上而已。"帝可其奏。既至燕,金賀使果不至,遂置幣而返。七年,復假給事中以行。及慶源府,逢許(元)〔亢〕宗還,語金國事,曰:"彼且大人,其勢不可往。"膚敏至燕,報愈急,衆懼,不敢進。膚敏叱曰:"吾將君命以行,其可止乎?"既至金國,知其兵已舉,殊不爲屈。及將還,金人所答國書,欲以押字代璽。膚敏力争曰:"押字豈所以交鄰國?"論難往復,卒易以璽。及受書,欲令雙跪。膚敏曰:"雙跪乃北朝禮,安可令南朝人行之哉?"争辯踰時,卒單跪以受。金人積不悦,中道羈留且半年。至涿州新城,與斡離不遇,遣人約相見,拒之不可,遂語之曰:"必欲相見,其禮當如何?"曰:"有例。"膚敏笑曰:"例謂趨伏羅拜,此禮焉可用?北朝止一君耳,皇子郎君雖貴,人臣也。一介之使雖賤,亦人臣也。兩國之臣相見,而用君臣之禮,是北朝一國有二君也。"金人氣折,始曰:"惟所欲。"膚敏長揖而入,既坐,金人出誓書示之。膚敏却不視,曰:"遠使久不聞朝廷事,此書真僞不可知。"因論用兵事,又以語折之,幾復爲所留。靖康初,始還,進三官,遷吏部員外郎。會高麗遣使來賀,命假太常少卿往接之。朝論欲改(宣)稱〔宣〕問使,膚敏曰:"國家厚遇高麗久矣。今邊事方作,不可遽削其禮,失遠人心,願姑仍舊。"乃復稱接伴使。既至明州,會京師多難,乃便宜稱詔厚賜使者,遣還。建炎元年,復命,自劾矯制之罪。高宗嘉賞,遷衛尉少卿。建議兩河諸郡,宜降蠟書,許以世襲,使各堅守。陝西、山東、淮南諸路,並令增陴浚隍，徙民入城，爲清野計。命大臣留守汴京，車駕早幸江寧。帝頗納之。遷起居舍人，拜右諫議大(人)〔夫〕兼侍讀。言行在頗興土木之役，非所以示四方，乞罷築承慶院、昇陽宫。又奏凡黜陟自中出者，皆由三省，乃得奉行。或戾祖宗成憲者，皆許執奏。時内侍李志道以赦恩，復保慶軍承宣使，添差入内都知，膚敏極論罷之。初，欽宗内侍昭慶軍承宣使容機，圍城時乞致仕。高宗即位，命起之。膚敏言："自古帝王，未有求閹寺于閑退而用者。"遂寢。后父邢焕除徽猷閣待制，太后兄子孟忠厚顯謨閣直學士。膚敏言非祖宗法，焕尋换武職，忠厚自若。俄遷膚敏中書舍人，膚敏懇奏曰："昔司馬光論張方平不當參知政事，自御史中丞遷翰林學士。光言：'以臣爲是，則方平當罷。以臣爲非，則臣當貶。今兩無所問而遷臣，臣所未喻。'臣雖不肖，願附于司馬光。"又言："事母莫若孝，待戚屬莫若恩，勸臣下莫若賞。今陛下順太母以非法，非所謂孝；處忠厚以非分，非所謂恩。不用臣言而遷其官，非所謂賞。一舉而三失矣。"帝命宰相諭膚敏曰："朝廷以次遷官，非因論事也。"膚敏猶不拜，居家逾月。及忠厚改承宣使，詔后族勿除從官，膚敏始拜命。又言中書根本之地，舍人所掌，不特演綸而已。凡命令不合公議者，率封還之。會膚敏知貢舉，有進士何烈對省試策，謬稱臣。諫官李處遯乞正考官鹵莽之罪，以集英殿修撰提舉洞霄宫。或謂膚敏在後省論事，爲黄潛善、汪伯彦所惡，故因事斥之。三年春，召赴行在。時帝次平江，膚敏入見，言及時事，泣下。帝亦泣曰："卿今宜知無不言，有請不以時對。"膚敏曰："臣頃嘗三爲陛下言揚州非駐蹕之地，乞早幸江寧。今錢塘亦非帝王之都，宜須事定亟還金陵。"因陳所以守長江之策，帝善其言。翌日再對，歸得疾，然猶力疾扈蹕至臨安。俄除刑部侍郎，未拜，謁告歸華亭就醫。許之，遷禮部侍郎。初，膚敏久疾，卧舟中，不能朝。時苗劉之變，帝未反正，宰相朱勝非言于隆祐太后，以膚敏稱疾，坐觀成敗，無人臣節。及卒，始明其非僞云。年四十九。特贈大中大夫。子仲英、仲傑、仲循。《宋史》本傳。

衛仲達，初名上達，字達可。大觀三年登進士第。徽宗改今名。爲館職日，嘗上書諫修三山石橋，不報。後官至吏部尚書，卒。顧《志》。

任盡言，字元受。右正言伯禹之孫，與兄質言同登紹興二年進士第。居下僚，好慷慨論事。秦檜死，朝廷懲言路壅塞之弊，召湯鵬舉于外爲臺官。盡言投啟賀之，有"每媿朱雲之請劍，未聞林甫之斲棺"之語。鵬舉袖以白上，上意頗回，始黜檜姻黨，釋趙鼎子汾及李孟堅、王之奇等自便。公道大明，盡言之助也。嘗通判平江，除京西運判，改淮東提舉。欽廟上升，盡言率縉紳爲位佛宫致哀，疏文二通，讀者感泣。啟與疏，岳珂皆載之《桯史》，謂其義不忘君，直不蔽姦，忠信之至，惜不究其用云。所著有《小醜集》行于世。顧《志》。

錢良臣，字友魏，華亭人。紹興中，登進士第。孝宗淳熙五年，自給事中除端明殿學士，簽書樞密院。十一月，除參知政事，德望端偉，爲時所重。九年，罷政事，除資政殿學士，在外宫觀。十年，知鎮江府事，職事修舉。又除端明殿學士，依舊知鎮江。十二年，知建康府，兼行宫留守，除資政殿學士。十四年，除資政殿大學士，依舊知建康。十五年八月，提舉洞霄宫，從其請也。光宗即位，詔良臣曰："卿二府舊臣，宣力滋多，壽皇之所擢任，而冲人之所注想者也。嘉謨嘉猷，奚必咨問而後樂告哉？"十六年十一月卒，謚文惠。孝宗嘗詢時事,所陳合上意。孝宗褒之曰:“如卿真所謂通世務之儒。”遂書“通儒”二字賜之。陳《志》。

景時,字秀發,華亭人。慶元三年,知龍泉縣。水沴之餘,催科不迫,修學校,建譙樓縣倉。嘗曰:“吾于龍泉政事無以踰人,惟不擾二字,始終守之。”見《吉安名宦傳》。陳《志》。

許克昌,字上達。紹興末,舉進士,名在第一,以有官改第二。累官右正言。時松江新涇塘爲海潮衝突,鹹水延及嘉、湖二境。克昌請于朝,移堰入運港,以避潮勢。由是三州之田,獲免鹹潮之患。鄉邦德之。顧《志》。

朱端常,華亭人。父繹之,乾道二年進士,知常州。端常博雅能文,登淳熙進士第。嘉定間,知延平州。政尚寬和,祀延平名宦。又與同郡胡林卿、林至同修《雲間志》。歷官尚書。陳《志》。

衛涇,字清叔。其先齊人,唐末避亂南遷,居秀州之華亭。祖闐,始占籍崑山之石浦。父季敏,通判鎮江府。涇少有志操,入行在,從永嘉李去智學。李卒,爲制服執喪,人咸義之。淳熙十一年,孝宗擢涇進士第一。比唱名,御筆殿試上三名,欲觀其政事,特與添差差遣,仍釐務,授承事郎,添差鎮東軍簽判。涇以對策嘗陳添差之弊,三上表乞待次。上以涇力踐所言,知重始進,特從其請。故事,狀元初任垂滿,必通謝于宰執,始頒召命。時王淮秉政,涇不通謝,雖被召三月,不得引見。十四年,除秘書省正字,輪對,言:“陛下即位之初,鋭意事功,不次而用將相,痛憤而圖恢復。二十六年之久,無一事少稱陛下意者,而陛下大有爲之意,亦少弛矣。一祖八宗之業,太上皇付託之重,子孫億萬年之基緒,陛下一身任之,豈可僅取苟安無事,而遂已耶?庸常之材,持禄保身,而風俗日壞,士氣日卑,民生日困。臣恐天下之患,將有出于意慮之外者。事幾易失,時不再來。願陛下堅自强之志,振綱維以張國勢,作氣節以勵偷惰,則静可以强根本,動可以復土疆,而事功立矣。”光宗初立,政尚循謹。涇以著作佐郎賜對,言:“今日風俗頹靡,百度縱弛,人才削弱,國勢未張,汲汲有爲,尚恐不濟。若猶因循,其弊將至于不可爲者矣。”又言:“中國名爲息兵,實則觀釁,復讐之本,直須時耳。今自紹興來,五十年無大戰,自隆興來,三十年無小鬥。間隙之生,遠不過五六年。願陛下奮發英斷,規恢遠圖,卧薪嘗膽,不忘北鄉。”又言:“自陛下踐阼,臺諫給舍多不得其職。今日士氣向衰,風采銷落,陛下所當長養振作,而反陰消沮之。將使羣臣上懼陛下之威命,下虞羣小之中傷,苟且成風,謟諛充位。脱有大奸巨害,誰爲陛下言者?”紹熙元年,遷著作郎,兼司封郎官。二年正月,震電雨霜,大雪繼作。涇應詔上封事,言:“雷陽也,雪陰也。陽氣方升而陰制之,此雪所以降也。以象類而求,則君欺于臣,夫陵于妻,小人害於君子,皆陰勝陽之證也。有一于此,皆能致亂,陛下不可不預防也。”時佞倖漸肆,李后悍妬,故涇以爲言。出爲淮東、浙東兩路提舉。慶元初,召爲尚書右司郎官。論壽皇孝養禮曠,以爲:“太上之於陛下,親父子也,天性之愛,血氣之屬,慈孝之親,宜無毫髮疑間。雖太上疾勢未平,語言舉動若未容于進見者。然陛下孝心純篤,豈以吾親之不可見而遂已乎?願陛下兢業于中,以親之未順爲憂,以期於見親爲念。積此誠意,庶幾太上之懽心可得矣。”三年,以起居舍人假工部尚書使金。初,涇之往,寧宗諭使覘國,有乘釁之意。涇深懼其輕動，還奏："一弱敵滅，一强敵生，無以金之危(忘)〔亡〕爲喜。"除直焕章閣，知慶元府，沿海制置使，以言者論罷。是時權姦用事，涇斥去，十年不調，于里中闢西園，名其堂曰後樂。開禧元年，得旨入朝。明年，除中書舍人，兼直學士院。應論北伐非計，不聽。三年，自吏部尚書拜御史中丞，請誅姦臣韓侂胄，論罷右丞相陳自强。拜参知政事，封崑山縣開國伯。嘉定初，兼太子賓客。始侂胄之誅，涇功居多，繼又患史彌遠有專恣之漸，欲去之。彌遠爲景獻舊學，知涇謀，風御史劾罷之。五年，知潭州。八年，知隆興府。上以涇三世同居，有堂曰友順，御書二大字，太子亦爲書"後樂堂"牓賜之。九年，知揚州。十七年，除資政殿學士，金紫光禄大夫，致仕，進封吴郡開國伯。寶慶二年卒。理宗輟視朝一日，特贈太師，追封秦國公，賜謚文節。涇歷仕三朝，出入内外四十餘年，憂國忘家，始終一節。而謀深慮遠，不徼近功。其進退之際，不與時升降。在朝孤立自守，不畏强禦，薦進搜舉，汲汲如不及。在潭時，與朱熹交好。侂胄指熹爲僞學，斥之。侂胄既死，涇奏召熹還朝，而熹已卒。復移文新安，取熹諸經、四書傳注，刊刻以傳。又請爲右文殿修撰張栻賜謚。所著文五十卷，曰《後樂集》。弟湜，字正叔。好古博學。除太府寺丞、將作少監，皆不赴。嘗集《禮記》諸家傳注爲一百六十卷，名曰《禮記集説》，寶慶三年上之。終朝散大夫、直寶謨閣、知袁州。學者稱爲櫟齋先生。顧《志》。

雲間舊志云：衛文節公生于蕭塘，今爲崇福寺。又《崇福寺記》云：涇以故第益之。然則徙于崑山，僅同寄籍，而涇之生長，固在華亭矣。陳《志》。

元

王泰來，字復元。其先大名人，宋文正公旦之後。五世祖太常少卿逖，避難渡江居金陵，再徙華亭，故爲華亭人。泰來性剛狷，少習舉子業，由鄉貢入太學，棄去，放浪江湖間，所至人遮致之。江西帥盧鉞事泰來以師禮，未幾復棄去。至元中，再徵不起。二十三年，侍御史程鉅夫奉旨召二人，其一泰來也。見上，懽甚，館于集賢，召前論事，每深語薄夜半，命中使及衛士炳炬導歸，以爲常。同召者葉李，拜尚書左丞。將授泰來官，與葉語一不愜，即拂袖起曰："無辱我。"乞歸，得請。泰來早以詩鳴寶祐、開慶間，有集行于時。至是裒益，總若干卷。卒年七十三。子謙，字一初，能世其學。至正間，出爲鎮江路總管，尋授嘉議大夫、寶應路總管，致仕。顧《志》。

費寀，字子壽。湖州長興人，徙嘉興，再徙上海。宋末，以策干兩淮制置使，補進勇副尉，轉武節郎，泰州指使，慶元路巡檢，浙西路分省本路鈐轄，權提舉上海市舶。元初，授武德將軍，金牌千户，措置上海市舶。居二十年，遷宣武將軍，管軍總管，兼鎮守上海總管府事。沿海民船無所統，或流入盜賊。寀請録爲户，蠲其徭役，而官領之，可得海船數千、稍水數萬，備國用。乃賜虎符，授明威將軍、管領海船萬户，任其事。踰年，丐閒，遷懷遠大將軍，遥授浙東宣慰使。卒贈護軍鎮國上將軍、江夏郡公、福建宣慰使、都元帥，謚榮敏。寀器局寬整，倜儻而忠厚，賓禮名士，輕財樂施。税司重估苛取，市匾晝閉，寀請依額抱辨，且用三十税一之法，不足則補以私錢。戊子水後，官計口賦鹽。寀曰："饘粥不給，何有于鹽？"先以鈔輸官，徐取鹽付列肆，願買者聽勿强。酒課不均，民破産，寀請以田業爲斷，貧下户悉除之。隣境牒惡民相讐殺,將獮薙之。椠請招收,從征日本使自贖,數千人得不死。卒之日,鄉人皆罷市往哭。子拱辰,武德將軍,平江等處運糧萬户。上海初建學,拱辰實爲之經理云。顧《志》。

衛謙,字有山。尚書仲達六世孫,宗武子。登進士第,調丞永嘉,未行。元師入境,樞密董公與語,奇之,版授漳州龍溪尹,辭不就。鹽丁楊甲以妖煽衆,掠海上,分守千户沙全疑邑民反側,將并殲之。謙亟詣全開譬,事遂寢。陞温州路治中,復辭。同邑錢參政孫女,賣謙家爲婢,已而知之,命家嫗致養三年,以奩具嫁之。與翰林鄧文原、趙孟頫,郡守張之翰爲文字交。有《讀易管見》三十卷。陳《志》。

瞿霆發,字聲父。其先汴人,扈宋南渡,居上海。父君用,承信郎。霆發幼潁悟,一覽成誦,才氣不群。元兵次臨安,游騎入境。霆發年二十六,挺身兵間,率衆歸附,一境賴以全。命爲下沙鹽場副使,擢進義校尉,同提舉上海市舶。秩滿召見,授承務郎,兩浙運司副使。海潮壞鹽場,死者萬計,霆發傾力救之,流亡復還,鹽事以集。仁宗時居潛,召對稱旨,請以爲集賢學士,避不敢當,授兩浙都轉運鹽使。以捕蝗功,改少中大夫,真拜運使。浙東饑荒,霆發稽户數,第物力,而均之課,更以最聞。召見,使未至而卒。霆發事母孝,喜賓客,樂賑施。西湖書院、上海縣學,割田以資之。鄉鄰貸貫不償,不責也。顧《志》。

任仁發,字子明,號月山道人。世居青龍。年十八,中鄉試。元兵南下,平章游公見而器之,委招安海島,引爲青龍水陸巡警官,累遷貳都水監。府境開江置閘,凡水議皆仁發主之。大都通惠河楊隱閘奔覆,會通河淺澁,汴梁黄河浸歸德府,杭之鹽官海塘崩陷,仁發皆嘗治之,具有蹟效。任守宰,民多立祠祀之。尤善繪事,嘗奉旨入内,畫渥洼天馬圖,寵賚甚厚。後以中憲大夫、浙東道宣慰副使致仕。所著《水利書》十卷行于世。子三:賢材,考城令。賢能,涇令。賢佐,南陵令。今人稱畫馬曰任水監,蓋以藝掩其能云。顧《志》。

錢璧,郡人。端重清慎,中至治壬申科進士。嘗納一女奴,其妻勸璧納爲妾,正色答曰:"我置此欲以侍巾櫛耳。"即具資嫁之,果處子也。陶宗儀蚤歲嘗從受業,終身尊事之。陳《志》。

潘世英,字積中,華亭人。用御史薦,隨牒至閩南。會汀寇林頑斷官道,蹂鹽場,煽毒齊民,世英悉釋其詿誤,復業者一千三十户。興化賊起,帥府分遣本道督捕,選世英從。官軍有戮平居冒功者,世英曰:"民苦脅從,非本心也。"請帥抵賊壘,反覆慰諭,皆感泣,縛其渠魁以降,復業者一千五百户。初,江淮賊起,分兵守關,世英實董之。左丞老老鎮江東,遣使起關上兵,使者露刃以脅之。世英曰:"我受命守關,兵一轉足,則閩危矣。"使者厲聲曰:"汝不畏死耶?"世英張鬚引頸曰:"頭可與,兵不可與。"使者還白,左丞嘆異久之。已而餘寇復至同安,募義兵航海。忽安溪賊掠縣境,突入縣廨,世英坐不起,罵賊不絕口,遇害。歸祔于干山。陳《志》。

明

袁凱,字景文。其先蜀人,占籍華亭。父介,字可潛,元末爲府掾,以詩名吴中。凱長身古貌,言議英發,尤長于詩。洪武中,爲御史。故老相傳,上一日録囚畢,令凱送東宫覆審遞減之。凱還復命,問:"朕與東宫孰是?"凱頓首曰:"陛下法之正,東宫心之慈。"後以疾罷歸,卒。所著有《在野集》,朱應祥爲之序。

洪武三年,監察御史袁凱言:"國家盪平四方,固資將帥之力。今天下已定,將帥多在京師,其精悍雄傑之士,智雖有餘,而於君臣之禮,恐未悉究。臣願于都督府迎致通經學古之士,或五人,或三人,於諸將朔望早朝後,俱赴都堂,聽講經史。庶幾忠君愛國之心,全身保家之道,油然自生。天生人材,無非爲天下國家計。羣小有犯,固在不赦,至于老成長者,或有過悮,宜加矜恕,養其廉恥,以收他日之功,則人材輩出矣。"上嘉納之。遂敕省臺延聘儒士,于午門番直,與諸將説書。《實録》。

任勉之,字近思。其先四明人,元松鄉先生士林子粗爲兩浙鹽運照磨,始占籍華亭。勉之登洪武甲戌進士,出知饒州府鄱陽縣。令有不便者,或爲匿名書詆之,下令俾勿壞,曰:"告我以過,是忠于我也。"寡婦愬夫兄弗育己,判其衫背曰:"餓死事極小,失節事極大。"婦感其言,卒不嫁。由是邑中風動,稱爲賢。鄱故大邑,前令叢脞事劇甚,勉之立簿書,俾民自爲約,次第舉行。秩滿,陞知瀘州,鄱民詣闕請留,陞其府同知。遷爲福建右參政,左遷右軍都督府經歷,出知徽州府。以事謫滄州,泰然自處,不廢著述。尋起知蔚州,改睢州,致仕。卒〔年〕八十九。勉之豪邁英偉,長身玉立,聲如洪鐘,雖造次語言皆可録。或問郡守某何如人,曰:"有治民之才,無養民之心。"時以爲確論。爲文辭似楊鐵崖,書學米南宫。永樂、宣、正間,論文章政事,以勉之爲稱首云。所著有《薇菴集》若干卷。一子肅,早夭,以弟子弘爲後。孫順,世其學,以國子助教陞涇府右長史。顧《志》。

陳禎,字景祺,華亭人。宋康肅公十四世孫也。洪武中,以税户子弟舉爲禮部主事,有能聲。上器之,俾攝部事,諭之曰:"卿見事敏,四司之事,宜悉知之。"禎益謹飭不敢怠。坐齊麟事,謫戍金齒。未幾召還,授五軍斷事。丁家艱,起復,上疏乞終制。服闋,陞主客員外郎,出知湖廣襄陽府。時荆土蝗,獨不入禎境。永樂初,爲鴻臚少卿,治東吴水,陞河南右參政。黄河决,勞來有方,民不失業。盜發汝寧,將窺汴,以計離其黨與,降其首張子誠等於均山,賜敕獎勞。秩滿,乞祭掃,陛辭,謫知交趾丘温縣。時方暑,南中瘴癘,或勸使緩行,曰:"死生命也,何瘴癘爲?"至縣一月卒,年五十。上聞而惜之。後八年,其友胡士文請於掌交趾藩臬事尚書黄公福,始獲以其喪歸。禎平居嘗曰:"人惟仰不媿、俯不怍而已,身之利否何計焉?"其行事類此。四子:謨、詢、誥、諫。顧《志》。

杜隰,字宗原,祁國十一世孫。祖元芳,元德清簿。父希仲,水軍萬户。俱有文名。隰好學持正,洪武初,中詞科,爲太常贊禮郎。時麓川平,緬未下,議遣使宣諭,而難其人。有以隰名聞者,召對授旨,賜襲衣、囊藥、力士,重譯爲价以行。至,詰其不庭,卒以其人入貢。上嘉奬,授禮科給事中,以疾辭歸,凡兩賜手書存問。卒年三十三。所著有《雙清集》十卷,《紀行詩》一卷。弟桓,善論時事,亦能詩,有《九峯一叟稿》。顧《志》。

李至剛,華亭人。初名銅,以字行。洪武戊辰舉明經,奉命侍懿文太子,授詞部試郎中。坐累戍邊,尋召還,爲虞部郎中,陞河南右參議。會河决汴隄,建議假王府積木作筏濟之,人賴全活甚衆。調湖廣參議。太宗入正大統,大臣薦其才,以爲右通政。是冬,陞禮部尚書。永樂二年春，立皇太子，命兼左春坊大學士。爲侍郎宋禮所間，降儀制郎中。與解縉素厚，縉既遭讒，人有言其怨望者，詔下獄，并逮至剛。仁廟嗣位，念其老，擇近郡優之，改知興化，有惠政。再歲歿于官，年七十。次子源，永樂甲辰進士。楊士奇表其墓。陳《志》。

永樂元年正月，禮部尚書李至剛等言："北平布政司實興王之地，宜遵太祖中都之制，立爲京都。"制曰："可。其以北平爲北京。" 二月，禮部尚書李至剛上言："興利除害，必開言路。昔高皇帝聽納無遺，三十年間，化行俗美。皇上即位以來，悉遵成憲，博采群謀。然無知小人，往往假此爲名。或搜求細事，箝制諸司；或懷挾私仇，陷害良善；或馳騁小才，希求進用。雖稱興利除害，其實假公營私。宜榜示天下，果有益國便民之事，雖百工技藝之人，皆許具寔陳奏。若官吏貪污，顛倒曲直，酷虐良善，及婚姻、田土、軍役等事，必令自下而上陳告。若有假以實封建言，越赴朝廷者，治以重罪。"上可之。 二十八年八月，以李至剛爲通政司左通政。至剛繫錦衣衛獄十餘年，及是遇赦，上閔其舊人，復用之。《實録》。

按：李宗伯不爲公論所推。然建都之疏，彷彿婁敬，請禁越奏，亦張釋之之遺意也。又，永樂末，曾赦罪復用。洪熙初，坐事奪官。後乃起知興化。而陳《志》皆遺之，今并載焉。

陳詢，字汝同，華亭人。父禎，仕至河南參政。詢由進士爲翰林院庶吉士，以才氣自負，久不得遷。時同鄉沈度爲學士，諷詢少貶損，詢面斥度。太宗聞之，嘉其剛直，尋擢編修，侍皇太孫。宣德間，陞修撰。上初啟經筵，上，正統也。詢爲講官。纂修《宣宗實録》成，陞侍讀。秩滿，陞侍講學士。坐累，黜知安陸州。正統己巳，召爲大理寺少卿，巡撫大名諸府。景泰初，改太常寺少卿，兼翰林院侍講學士、經筵講讀，尋改國子監祭酒。天順二年，致仕，卒于家。上命有司致祭。詢性剛直，言論慷慨，三爲鄉試考官，人無異議。平生所作詩文不留稿。善草書，興至輒染翰揮灑云。《實録》。

詢性峭直，寡言笑，飲酒能多而不亂。在官處僚友，和而不同。正統中，中官王振怙寵，劉忠愍、李文毅忤之，皆得禍。詢絶不與通，振銜之，故有安(六)〔陸〕之謫。方是時，詢直聲動天下，人皆爲危之，而詢怡然不以爲意也。編修梁諲病，語家人曰："朋游中惟陳汝同可託子女。"詢聞而諾焉。及諲卒，爲經紀其家，嫁其女，得松人黄瑜。後參福建政，竟以梁之喪歸其鄉。其篤于友誼如此。爲文章清勁有氣骨，類其爲人。主考兩畿，判國子，獎拔士類甚衆。若嚴銓、丘濬、楊繼宗、彭韶、施槃輩，後皆爲名臣。顧《志》。

沈度，字民則，華亭人。初以善書被薦入翰林，授典籍。太宗覽度書，獨稱善，凡一時大制作，必命度書之。隸書有古意，日侍清密，賞賚甚厚。後以其弟與子皆善書，皆官之近侍。度承顧問，必以正對。累陞至侍講學士。宣德初，進翰林學士。年踰七十，再上章乞致仕，不聽。九年十月卒，遣官祭，命有司營葬。度事親孝，與弟友愛甚篤，爲人貞静不苟。初入翰林，鄉人李至剛爲禮部尚書，得君，朝士希進者奔走其門。度雖故舊，未嘗輕造，士論高之。度閒暇閉户焚香，鳴琴賦詩，以自樂云。《實録》。

沈粲，字民望，度之弟。官翰林侍讀、右春坊右庶子、大理寺少卿。傳見《文苑》中。永樂以來，度、粲並在禁，最承恩遇。而伯仲同居，友弟無間，縉紳以爲莫及。粲尤端厚謙抑，好獎予後進,至今館閣猶稱爲二沈云。度子藻,亦善書。以蔭爲中書舍人,至禮部員外郎致仕。顧《志》。

衛青,華亭人。父炳,當元季應募,隸水軍萬户府。太祖受命,杖劍來歸。從征討,未嘗妄殺一人,有功輒以讓同列,竟終行伍。青狀貌雄偉,倜儻有氣槩,勇而善謀。洪武末,以總旗授薊州衛百户,累陞山東都指揮僉事,備倭海上。永樂中,蒲臺妖婦唐賽兒自稱佛母,(誘)〔誘〕愚民爲亂,攻安丘甚急。青聞,率千騎晝夜兼行至城下,擊破之,殺二千餘人,生擒四千人。時城中已不支,衆謂青至稍緩,城必陷。已而安遠侯柳升至,怒其不待己,捽辱之,青不爲屈。事聞,上切責升,降敕褒美曰:"衛青進不求名,退不避罪,惟民是保。雖古名將,何以加焉?"陞都指揮使。正統初,進右軍都督僉事,仍備倭。六月,以旱蝗出禱得疾。上聞,遣醫療之。未至二日卒,葬濟南歷城之鵲華鄉。青幼時嘗牧羊馬嵴寺前,有道士見而奇之,撫其頂曰:"兒他日腰金衣紫。"聞者皆笑,至是果然。及卒,登萊人爲立廟海上,祀之甚嚴。或見其絳袍白馬,出入廟中云。有子十一人。長頤,襲濟南衛指揮使,早卒,無子。次穎嗣,以功封宣城伯。餘分處濟南登萊,留華亭者行第九,曰顯云。陳《志》。

葉宗行,字宗行,華亭人。宋太學生李之後。讀書尚氣節。永樂中,東吴大水,松江尤甚,蓋黄浦壅塞,水無所歸。宗行上書,請棄其故道,濬范家浜,引浦水以歸于海,禁近海民無私作壩,以遏其流。上善其言,命從夏尚書原吉來治之,水患果息。原吉還朝,薦其才,擢知錢塘縣。錢塘劇邑,民困于徭賦。宗行爲定役法,俾民自占甲乙,書于册,循次而呼之。役遂以均,詞訟亦簡。不逾年,翕然稱治。一日,廳事前有蛇蜿蜒,若有所訴。宗行諭之曰:"若豈有冤乎? 吾爲汝驗之。"蛇返入餅肆中爐下,發之得死屍,乃肆主人利其財,殺之埋此,遂伏誅。又嘗江行,忽舟重不能進,視之,一死人掛于柁,腰下有石,乃里中人殺而沉之者,亦伏誅。縣故多虎暴,宗行爲文祭之,虎遂斂迹。仁宗在東宫,聞其治行,戒有司不得凌辱。按察使周新丰采嚴峻,尤重之。嘗候宗行出,潛至其舍,視室中惟笠澤銀魚乾一裹。新嘆息,携少許而去。明日召以食,曰:"此君家物也。"飲之至醉,出三品儀仗導之歸。宗行辭,不許,曰:"此位可至,奚辭爲?"時呼爲錢塘一葉清。會朝廷大營建,宗行率兩浙工匠赴北京,道病卒。新泣思累日,自爲文以祭。錢塘人至今稱之,謂不媿古循吏云。顧《志》。

張昕,字賓暘,以字行。宋宰相商英之後。先世自杭徙華亭。賓暘少穎悟,孫大雅、王叔明一見異之。永樂初,尚書夏原吉治水松江,舉賓暘自輔。建議疏范家浜,與葉宗行合。原吉從之,一境蒙利。以薦授户部主事,陞員外郎。通政趙居任治水浙西,民苦其煩苛。仁宗監國,命賓暘副之。時已七月,居任猶役民晝夜車水,賓暘言:"農事已不及,徒勞無益。"即日散遣之,民皆感悦。家素豐,在官不受俸。既致仕家居,以救卹爲事,鄉人至今稱之。顧《志》。

黄翰,字汝申,華亭人。永樂壬辰進士。翰爲人豪傑,多權畧。始冠擢第,觀政都察院,有疑獄,一問即决,爰辭如老吏,臺中皆驚。居官所至能舉職。江西人以妖術惑衆,廣東蓄蠱毒,採生殺人,皆捕誅之,仍刻石著蠱毒方及所以解之者。自是術不得行,俗爲一變。然負其才氣,不能就矩矱。既失官家居,頗自恣,常乘白驢入城市,見者皆斂避焉。詩文豪健敏捷,操筆立就,未嘗起草。字畫亦遒勁,行草題署得名。顧《志》。

李源,字士徵。至剛仲子,永樂甲辰進士。時仁廟念至剛宫僚舊臣,命守興化,以優餘年。源請隨侍,人咸榮之。同年林暉在興化病卒,源親視殯殮,擇地以葬,撫其遺孤澄以至成立。父歿,授驗封主事,歷員外郎,陞浙江參議,分守金華。閩賊起處婺間,勢張甚。源率二子楷、概及家人悉出行陣,擒斬甚衆。爲御史李俊中傷被黜。朝廷思源功,賜文綺寶楮,命禮部司務何懷齎至家,起陝西參議,陞參政,專理軍務。勞瘁遘疾卒。陳《志》。

蔣性中,字用和。其先華亭人,後徙上海。宣德丁未進士,以疾告歸。有司舉故事,爲立表于門。時瞿竇湖病涉久,性中曰:"榮吾家,曷若以利吾鄉乎?"即移所費爲石梁于湖上,往來便之。除兵科給事中,議節冗食以養驍勇,陞江西右參議,論蠲賦當均及一方,不當私一邑,時皆從之。以疾乞致仕,章四上乃許。性中幼端恪,既擢第,家居常躬耕以養母,杜門却掃,不以私于人,尤爲巡撫周文襄公所重。晚益恭慎,時稱篤行君子云。顧《志》。

李伯璵,字君美,上海人。宣德丙午鄉薦,歷桐廬、山陰訓導,秀水、安福教諭。桐廬累舉缺人,伯璵至,識姚文敏公夔于少年,曰:"一夔足矣。"授以《春秋》。未幾,夔擢第。山陰學或傳不利科目,請徙之。伯璵曰:"顧師弟子教學何如耳。"卒不徙,後科第相繼。陞淮安長史,從王入覲。左右請他求,伯璵曰:"不可。君臣之間有賜無求,求則瀆,瀆則不敬。"(夜)〔府〕使人入貢,道與一縣令搆争,詔下令于獄,而釋使者不問。伯璵請治之,以戒生事。官校有犯,王械置于市,伯璵請論如律。王有疾,左右請施僧祈福,伯璵謂不若貸丁役錢,以甦衛士,從之。卒年六十八。子澄、清,並登進士。澄字希范,終福建左參議。恬静有守,不競榮利,有古人風。清别有傳。第八子深,字希達。少有儁才,讀書通音律。淮王愛之,具疏納爲儀賓。太后特召入京,厚賚賜婚,異典也。陳《志》。

張璚,字端玉。其先揚州人,隨宋南渡,徙華亭。璚自幼刻志問學,宣德癸丑,以進士乙榜授山東黄縣學訓導。躬踐履以率之,黄士成名者甚衆。陞淮府紀善,以子鎣貴,封(鑒)〔監〕察御史,進都察院右副都御史。卒贈太子少保、刑部尚書。璚事親孝,居喪盡禮,蔬食者六年,所居近墓,旦夕常至墓所,拜跪涕泣,聞者感動。家居二十年,非公事不入城府。鎣按察江西,拔安福令于冤獄,令以銀三百金託鄉人爲璚壽,璚卻之,士論高之。顧《志》。

錢溥,字原溥,華亭人。正統四年進士,試《薔薇露》詩,大見稱賞,特授翰林院檢討。景泰三年,陞左贊善,兼檢討。七年,修《寰宇通志》,陞左諭德,兼編修。天順元年,改尚寶司少卿,兼官如故。俄陞侍讀學士,修《大明一統志》,充副總裁。六年,頒詔安南,充正使。貽書與其王,論郊迎禮甚悉。八年,坐累降廣東順德知縣。成化二年,詔復舊官閑住,俄起掌南京翰林院。十二年,陞南京吏部左侍郎,後進尚書致仕。弘治元年卒,年八十一。賜祭葬如例,謚文通。《實録》。

錢博,字原博,溥弟。正統辛酉應天解元,乙丑進士,授南京刑部主事。獄疫,博素知醫,手調藥治之,囚賴以全。進員外郎中,擢四川按察,克振風紀。搆蜚語被逮,事白復官,南還，次魯橋，卒。在刑曹前後十餘年，多所全活。攻古文詞，善楷書行草，旁通醫卜陰陽諸書。好急人患難，人樂與交焉。陳《志》。

衛潁，字源正，都督青仲子。豐頤廣顙，語音如鐘。代兄頤爲指揮使，選督山東漕運，領京營操，以勇悍聞。正統己巳之變，從山東入勤王，建議募勇士，收散亡，調各都司兵實京城，修沿邊關隘，爲戰守計。意氣慷慨，人倚以安。由署都指揮僉事進都督僉事。十月，也先入寇，潁率兵邀擊于黄花鎮，連戰西直門，又尾擊之于紫荆關。以功多，陞都督同知，充總兵官，出守宣府，還督京營兵。英宗復辟，陞左都督。十一月，録功，封奉天翊衛宣力武臣、柱國、宣城伯，食禄一千一百户，賜鐵券，子孫世襲。尋充總兵官，掛平羌將軍印，守甘肅。時羌謀入寇，衆議持重待之，潁奮然勒兵而出，連十二戰，大破之。辛巳八月，敗西番于凉州。都督毛忠被圍，賊勢盛，監軍以下皆震恐。潁曰："安有賊困吾師而不救者？"冒矢石而前，賊披靡不敢近，卒全師歸。甲申，番族把沙作亂，潁率兵深入，斬獲無筭。憲宗即位，召還。丙戌，録功，加禄米一百石。丁亥，掛征□前將軍印，鎮遼東。女直毛憐犯邊，潁據險設伏，連敗之，獲馬牛畜産并掠去子女甚衆。以疾乞歸，命守備鳳陽，改南京。連上疏請老，詔還京，俾食其全禄，以伯歸第。潁天性明達，篤于倫理。甫冠，都督公卒，哭泣幾喪明。撫其孤弟姪及羣從子弟，皆有恩意。家在松江，都督公葬歷城，每遇二邦人，存問故舊，叙述平生，極其欵曲。曰："吾老矣。水源木本之思，吾後人安知？"既謝事，故時部曲率爲顯官，歲時候問，皆拜于牀下，潁以子弟撫之。忠勇之性，老而彌篤。一日，邊報急，廷議出師，而將臣有稱疾者。潁喟然謂坐客曰："上寬恩至矣。"客問："即真病奈何？"曰："死于塗可也。"聞者壯之。弘治十一年卒，年八十八。追封宣城侯，謚曰壯勇。顧《志》。

張鎣，字廷器，華亭人。正統十三年進士。景泰初，授監察御史。密雲有譌言不軌者，受密命往察，因撫定之，風裁頗著。歷陞江西按察使、陝西布政使、都察院御史，巡撫寧夏，召爲刑部右侍郎，遷南京兵部尚書，參贊機務。弘治六年卒，年七十二。訃聞，贈榮禄大夫、太子太保，謚莊簡，賜祭葬。《實録》。

鎣長髯偉幹，襟量坦夷，與人無矯飾。更三朝四十有六年，凡所設施，以厚重持之，老而不變，時以爲難。性尤篤孝，爲都御史，居父喪時年已高，旦夕饋奠必親執奠，已跪而哭，至徹乃已，如是者終三年無少變。爲尚書喪母亦然。與弟鑾友愛深至，或有間，輒持之以泣，故終身無異辭。顧《志》。

袁愷，字舜舉。其先安丘人，占籍華亭。愷少貧獨學，時出爲賈販，不爲人知。年二十七，始棄去，勵志讀書。景泰辛未，登進士，授刑部主事，陞江西僉事，改廣東，所至有聲。江西賊圍西貴縣長州村，愷率兵往捕。時賊勢方熾，或請宜少退。愷下馬叱使進攻，克之。巡撫葉文莊知其才，委調狼山兵，懾不敢肆。又率偏師駐全州督餉，贊畫梧州。都御史韓雍征大籐峽，愷躬擐甲冑，冒矢石以從。賊平録功，有寶鈔文綺之賜。擢廣東按察使，進右布政，遷雲南左布政使。未至，卒。愷居官廉慎，出仕三十年，家無餘積。卒之日，橐中蕭然。居鄉出入乘小舟，從一二蒼頭，見者不知其貴人也。子珮、孫讃，皆以能書授中書舍人。陳《志》。

夏寅，字時正，後改字正夫。華亭人。幼而岐嶷，日記數百言。稍長，益肆力于學。正統戊辰進士。景泰初，除南京吏部主事。日取羣經及百家言讀之，久之，發爲文章，淵閎奥密，脱去流俗，自成一機杼，聲稱蔚然。由稽勳郎中拜江西按察副使，專董學政。其教以崇實學、黜浮華爲本，知人善鑒，士經其賞拔者，後多知名。復文山祠，葺白鹿書院，修陶侃讀書臺，以風厲後學，江西人至今稱之。陞浙江右參政。處州民有苦虐政，走聚山谷者，招之不聽，曰："須夏參政來乃可。"寅檄至即散。丙午，進山東右布政。有屬以興作者，不聽，曰："勞而不怨斯可。"弘治戊申卒，〔年〕六十六。寅平居以諸葛孔明、范文正自期待。嘗謂人有三可惜：此生不學可惜，此日閒過可惜，此身一敗可惜。世以爲名言。所著有《紀行集》、《備遺録》、《政監》、《東游録》、《史詠》等，並行于世。顧《志》。

宋瑮，字克純，華亭人。少游京師，從婦翁吏部郎俞宗太學楷書，已從翰林曾鶴齡學舉子業。正統乙丑，舉進士，拜御史。數言事，都御史王文每讓其多言。故事，御史有疏，皆請印于其長。瑮嘗以疏請印，文迎笑曰："君復有言耶？"視之，乃劾己疏，大怒，抗章自辯，且深詆瑮。謫安福典史。天順初，文誅，起知大庾，調新淦。未幾，謝病歸，日治丘園，多蒔佳菊，更號菊存。優游數年卒。瑮爲御史時，居家有牛，嘗蹊柳氏田。柳格殺牛，遣狂子醉駡良久，墮水中。瑮使人援出之，易己衣，迎置上坐，呼牧牛兒鞭之，使人以肩輿送柳氏子歸。其父老大慚，時稱長者。陳《志》。

朱瑄，字廷珍，華亭人。正統戊午鄉薦，當赴禮闈，適其父從盧龍戍所歸。瑄曰："吾以不得事親爲恨，奈何復遠游乎？"竟不赴。戊辰，登進士，授御史，巡按應天。太平令某連姻中貴，怙勢爲虐，瑄按以法。陞山西僉憲，有中貴親幸者入其境，會大雪，欲射獵爲樂。瑄曰："軍士凍餒，必有死者。况道滑不便馳逐，獨不自愛乎？"遂止。擢副使，致仕。年八十三卒。子恩，爲南大宗伯。陳《志》。恩字汝承，成化甲辰進士，由行人歷陞南京禮部尚書。

唐瑜，字廷美，上海人。景泰二年進士，授南京禮科給事中，陞衢州府知府。有惠政，民甚德之。郡孔氏祭田爲他姓所奪，瑜以私財贖其租，俾供祀事。轉湖廣參政，分按荆襄。置廪積穀，值歉發若干斛，民賴以濟。襄河爲患，爲作堤障之。遷山西右布政使。丁母憂，服闋，改雲南，尋遷左布政使。立待制王禕祠，正土官宗派，以定傳襲。擢都察院右副都御史，巡撫甘肅。詔使至，諷令織細毳充貢獻，瑜執不從。復有武臣被黜者，競陰中之，遂被劾褫去。弘治五年，以建儲詔復官致仕。七年卒，賜祭葬如例。瑜爲人豪爽，有才氣，居官有聲。其在衢州尤著，衢人慕之。既卒，父老來赴弔者累累不絶云。《實録》。

吴玘，字仲玉，華亭人。景泰甲戌進士，拜御史，陞陝西副使，累陞雲南布政使，終順天府尹。性嚴毅，不婞婀以取媚。尹順天府日，權貴人有所請託，悉拒之，坐是罷歸，卒。二子：鳳儀、鳳鳴。鳳鳴字應文，古貌長軀，磊落多大志。成化辛丑進士，知棗疆縣，盗賊聞風斂迹。調武疆，卒，年二十九。縉紳皆悼惜之。顧《志》。

唐珣，字廷貴，華亭人。天順元年進士，授四川合州知州，有能聲。陞南京員外郎郎中，出爲福州知府。時有男子詐爲中貴人，入閩，威勢張甚，僉事以下多被笞辱，莫敢誰何。珣獨疑之，乃壁人于浴室窺之，得實，即座上執之，置于法，諸司駭服。陞湖廣右參政布政使,終都御史、總督兩廣軍務,兼理巡撫嶺海。以破賊寨功,賜金幣,降勑獎諭。弘治八年卒,賜祭葬。《實録》。

宋瑛,字克輝,華亭人。弱不好弄,稍長知嗜學。時兄璪已貴,父欲令賈,涕泣辭。讀書窮晝夜,日食惟饘粥水豆,人不能堪,而瑛處之裕如。既領鄉薦,益肆志于學。天順丁丑,廷試第四人,授工部營繕司主事,典徒役。與中貴人雜處,瑛絶干請,屏豪猾,求弊端所在抉剔之。人憚其嚴,而樂其簡易。然中貴人滋不悦,思中傷之,隱使人詐爲傭以偵其過,歲餘無所得,更得其廉謹數事,加敬禮焉。甲申,引疾歸,時年始四十五。乃作延齡會,合族子弟願學者,爲館穀教養之。遠方來受業者甚衆。事母至孝,居喪哀毁,有燕乳白雛于堂,時人以爲孝感。顧《志》。

葉萱,字廷茂,華亭人。景泰甲戌進士,除兵部主事。詳練軍政,精究選法,吏不能欺。晉郎中,爲會試同考官,稱得士。尋奉敕調達軍安插邊境 。達軍久處中國,樂宴安,憚徭役。萱(奉)〔奏〕免老弱者,人服其處置得宜。陞河南右參議。時土軍爲民害,萱嚴捕之,置于法。丁艱,服除,改福建右參議,提督銀場。時礦脉寖微,而貢額日加,民久被繫累,上疏釋之。歷陞右布政,轉江西左,宿弊頓革。尋引年歸,讓産于兄蘭,餘俸遺其弟蕙,搆室城西居之。著有《春秋義》、《可菴稿》若干卷。陳《志》。

李清,字希憲,長史伯璵子也。少博學,十七舉于鄉,登景泰甲戌進士,授工部主事,改南京刑部郎,獄多平反。以服闋補官,冢宰姚夔爲長史門人,欲留清,謝曰:“荷公盛意,恐不知者謂清有所干。”夔嘆曰:“希憲真君子也。”改南兵部郎,陞河南右參議、四川右參議。松藩用兵,民賴以甦。遷左參議,尋遷右轄。在蜀十年,清謹一迹。轉湖廣左轄,終于官,年五十二。所著有《雲軒集》、《自警篇》、《武經集注》行于世。陳《志》。

曹泰,字時和,華亭人。景泰甲戌進士。性淳實,以訟事有連,罷不敘。英廟復位,有白其寃者,名偶同景帝年號,又景帝時所舉士也,遂不果用。居數月,朝會有匿名書,下部考驗,憾泰者誣焉。上聞曰:上,天順也。“必若人也。恨我廢斥耳。”詔逮問,檻車詣司隸,拷訊備至,不勝慘毒,遂自引獄。至朝讞,有擊登聞而號者曰:“投書人在也,請就法。”訊之,則故中書某耳。泰乃得釋,而肢體已廢,歸富林里,以詞翰自老。時人語曰:“富林二曹,謂泰與其弟時中也。一時人豪。”所著有《九峯集》。陳《志》。

張悦,字時敏,華亭人。天順四年進士,授刑部主事。歷陞至南京吏部尚書,改南京兵部參贊機務。累乞休致,加太子少保致仕。弘治十五年卒,年七十七。訃聞,贈太子太保,賜祭葬,謚莊簡。悦學問該博,操行清謹。其提學浙江,杜絶請謁,甄别才器,尤爲士類所信服。在湖廣執法不阿,在部風裁益峻。至參贊機務時,雖久疾,然猶持大體,卒能奉身而退。始終之際,蓋無貶議云。《實録》。

談倫,字本彝,上海人。天順丁丑進士,觀政吏部。時鹽山王忠肅爲冢宰,意輕南士。見倫瞿然曰:“南人中有此人耶?”授驗封主事,轉員外郎郎中。英廟每召見忠肅,輒以倫隨。上問之,忠肅以名對,曰:“臣老矣,于聖諭恐有遺忘,此郎代臣志之,且其人可信也。”上因欲大用之,忠肅謂年少資淺,他日用之未晚。丁母憂,服闋至京,則濟南尹公爲冢宰。

補虞衡司，擢應天府丞。鳳陽大水，不敢以聞，倫自署奏。是歲詔免秋糧數萬，進爲府尹，改順天，遷工部右侍郎。會南昌人〔李〕孜省媒孽尹公，逐之，尹行，倫往餞之。成化初，孜省伏誅，謫逐者多召還，倫竟以病不起。初，倫家歲遣人起居尹公于山東，祀王忠肅于别室，尹公歿，亦如之，人稱其厚。子田，好吟咏，喜賓客，有古俠士風。陳《志》。

曹時中，初名節，與漢閹同名，故以字行。泰之弟，舉順天己卯。母亡，廬于墓，蔬食三年，有二白鳩巢于廬，紫芝數本產于庭。鄉人欲聞之有司，辭曰："苟如此，僕當終身守此廬，是絶余仕進路也。"乃寢。登成化己丑進士，官刑部郎，出僉浙江按察使。丁父艱，廬墓如前。補雲南僉事。安普洱海大旱，蟲食苗，齋素步禱，蟲死，歲大熟。陞浙江海道副使。勢家以巨艦捕魚海中，聯千百爲群，爲禁緝曉諭，犯者坐法無貸。條議振刷六事，與兩臺左，遂乞養歸，時年四十餘。歸後杜門，不通謁守令。晚集耆老爲安耆會，必北向拜君而後坐。性善飲，終無失儀。(素)〔喜〕爲懷素草書，竟日不倦。出入常操一小舟，身自持櫓。時當祭祀，則親採蘋藻。大守吳公鉞遺之以舟，署曰"采蘋"。正德己巳，歲祲，貸米百石賑飢，又力勸行賑，全活萬人。時中日止蔬食，招飲皆不赴，曰："民苦絶粒，而吾輩乃安享哉？"年九十，將終時，郡守孔公輔贈米二石，手書答曰："老夫不食已三日矣，恐虛大夫之賜，謹辭。"後二日，爲詩以別親知，端坐而卒。陳《志》。

張弼，字汝弼，華亭人。少穎悟過人，成化丙戌羅倫榜進士。倫以言事忤大臣去國，弼慷慨作詩送之。拜兵部主事，轉員外郎，出知南安府。府當兩廣要衝，亡命子聚山谷爲民害，弼至，悉平之，有誣人劫財，陷一家數人于死者，立辨出之，大庾嶺商貨往來，民素仰其雇直之利，後奪于南雄，遂以貧瘠。弼請中分之。又以其路險隘，取商稅僦工闢使寬平，架橋甃石二十里，以便行者。毀淫祠爲社學，立張九齡、劉安世、濂溪、二程及李綱諸公祠，築鐵漢樓、風月臺，示學者標準，俗爲一變。成化甲辰，謝病歸。民相與立生祠嶺下，又數請縣移文候安否。丁未卒，年六十三。弼人品高，襟度恬曠，而敦尚行履，以風節自持。雖談論雜諧謔，而必以理勝。爲詩清健有風致，尤以草書得名，四方求者無虛日。有《鶴城》、《天趣》、《面牆》、《清和》、《慶雲》諸稿。晚號東海翁，又有《東海手稿》行于世。若《假髻曲》等篇，皆傳誦云。顧《志》。

孫衍，字世延，一字延之，華亭人。父黻，廣信訓導。母任氏，參政勉之女，賢而知書。衍承家學，弱冠領鄉薦。成化戊戌第進士，知深、沔二州，並著聲績。弘治初，入爲南京職方員外郎，進車駕郎中。車駕典舟車，中官索取無藝，衍每裁抑之，因搆成大獄，然卒不能浼。陞知延平府。有盜殺人劫財，縣誤以良民余姓者抵罪，衍察其寃，潛訪得真盜，而出余于獄。羅監生者富而强，毆人至死，將行賄以圖免。衍正其罪，時人快之。閩俗婚嫁論財，死輒付之火，衍嚴禁止，俗爲之變。辛酉夏旱，徒步行禱烈日中，已而得雨，卻蓋冒雨歸，遂得疾不起，閩人感而哀之。衍少貧，有志操，居官廉謹，卒之日室無餘財。詩(人)〔文〕清麗俊逸，有《雪岑稿》若干卷。二子：承德、承恩。顧《志》。承恩即文簡公，自有傳。

張宏宜，字時措，弼仲子。成化辛丑進士，令寧海、餘姚。入爲南御史，以直諫謫判蘄州，除夙盜王楚鳳，餘黨斂迹。擢守沔陽，分憲滇南，轉粵西兵備。時猺獞剽劫，宏宜親帥師征勦，以勞卒于官。家居孝友，工詞翰，尤長于署書。所著有《寧海》、《舜江》等稿，及《昭臺雜著》。祀黄州名宦。陳《志》。

張黼，字仕欽，上海人。成化丁未進士，授南京刑部主事，進員外郎中。有里嫗訟其子不孝者，反覆開喻，且呼其母爲囚理髮，皆感泣去。每有疑獄，必焚香祝天，忘寢食以求其情久之。子鳴鳳、鳴鸞，同領弘治乙卯鄉薦。鳴鳳登丙辰進士，爲南臺御史。一日出郊，鳴鳳自郊歸，值之，下馬立道周，他御史疾馳去。乃嘆曰："吾老矣，安得復與兒子輩争衡哉？"即日疏乞致仕。上嘉其恬退，進應天府丞。卒年七十有八。黼年五十未第，或勸廢學，黼曰："人雖休，我弗休，古人有之，請事斯語。"卒成其志。又以登第晚，父母不及禄養，每塑像自隨，垂老言之猶涕泣。陳《志》。

顧清，字士廉，華亭人。弱冠與錢福、沈悦齊名。弘治壬子，五年。王文恪主南畿試，閲清文曰："昔歐陽子謂當讓蘇子瞻一頭地，斯人是也。"置第一。癸丑，試禮部第二。吴文肅爲廷試掌卷官，或勸之往見，清辭曰："昔人所謂呈身者，吾媿之。"竟不往，置二甲第一。劉瑾竊柄，鄉人張文冕用事，絶不與通，瑾銜之。己巳例當進秩，矯詔降侍讀，爲編修，尋調南東駕員外郎。庚午，瑾誅，還侍讀，進少詹，兼翰林學士，充經筵日講官。時儲位尚虚，疏請預定，不報。武宗數巡幸，會郊祀且迫，駕猶未還，清復草疏數百言上之，上亦感動。辛巳，武宗崩，世廟繼統。會議迎駕、册立、頒詔、易服、臨喪諸吉凶大禮，清援古證今，所議得體。忌者嗾臺諫摭他人事誣清，因自引退。復起清南京禮部侍郎，三疏乞歸，以本部尚書致仕。先是，以進徽號賀表上京，至東昌聞命，抵德州，輿疾而進，卒于河間府瀛海驛，年六十九。謚文僖。清家居，郡守陳公威修郡志未竟，喻公時繼至成之。乃屬岳鏜、高企、蔣惠、吴稷纂校，清爲總裁。志成，凡三十二卷。所著有《東江集》行世。陳《志》。

楊璋，字伯玉，華亭人。璋仲弟璨，季璉。父欲令璉就他業，璋曰："我家世經術，季獨賈，不可。"乃日夜訓其弟。弘治丙辰，舉進士，授營繕主事。貴戚張氏挾上寵，乾没商價，璋無所假。復數撓法，遂奏聞，罪其家奴十餘人。奉使過里時，喻時爲守，張筵欵之。喻偶賜優人一巵，璋厲聲曰："此豈侯度耶？"喻失色。還朝，拜光禄寺寺丞。時朝廷每日索子鵝腦數十頭，作畫眉鳥食。璋對中貴言："今天下民窮財盡，焉能狼籍用物若此？"武宗怒，遣使詰責。璋囚服跪午門外，劉瑾又使使詈曰："窮措大何不知事？"璋面斥之。瑾怒甚，詔謫隰州同知。瑾敗，陞知瀘州。時鄢茂七反，大司空林俊提兵征勦，命璋招撫餘黨。乃單騎入賊巢，喻以禍福，皆解甲降。叙平賊功，陞廣西参議、四川副使，乞致仕。璨進士，璉鄉薦，時人稱璋、璨、璉爲三玉。隆慶初，璋贈光禄少卿。璨字仲玉，令桐鄉，調開化。民好訟，或仰藥取快小忿，生女不舉。璨痛懲創，人尤懷服。陞刑部主事，隨乞養母，改南驗封主事，調武選，改考功，陞尚寶少卿，轉應天府丞，以災異乞休。子秉義，自有傳。陳《志》。

沈恩，字仁甫，上海人。弘治丙辰進士，授刑部主事，忤劉瑾落職。瑾敗，復起，歷陞雲南按察使。前使者見黔國隅坐，恩不爲屈，旋按其不法事，問遣桀黠奴二十餘人。黔國怒，陰令市肆告變以危恩。監司上其事，廷議竟右恩，擢四川布政。時新都以首相當途，蒼頭稍驕横，恩悉置之法。新都遺恩大紅絨二，且謝不謹。恩召僚屬聚堂上，立焚于庭。新都子中鼎元,賀者争致重幣,捐俸三兩,佐以兩蜀杷。新都不爲禮,恩亟走人索歸,卒以此坐免。居鄉未嘗干請,常徒步數十里,送其師朱曜之喪。其殁也,貧不能殮。祀鄉賢,巡撫都御史夏邦謨又特爲之祠。陳《志》。

張宏至,字時行,弼季子。詩文雅健清麗,草書有父風。弘治丙辰進士,授庶吉士,改兵科給事中。孝宗朝,以災異上封事,謂:“上初政精明,比年漸有更改,天降災沴,殆所以垂戒。惟慎終如始,則天變可消。”武宗踐祚,賜一品服,使安南,堅辭餽贐。時内府守衛官軍爲閹宦需索,逋逃日甚,上疏請加禁治。使浙江勘獄,還陳四事,又陳弭盜安邊六策,多見採行。逆瑾擅權,遂自劾歸,家居十九年卒。所著有《玉署拾遺》、《使交録》、《萬里志》、《東塾(見)〔諫〕草》、《見意》諸稿。陳《志》。

陸〔深〕,字子淵,上海人。弘治辛酉解元,乙丑進士。入翰林,自編修陞國子司業。丁母憂,釋服,廷臣薦之。不數月,起補原職,陞祭酒,充講官。一日進講,内閣易其講章,〔深〕講畢,面奏云:“今日講章非臣原撰,乞自今容講臣得盡其愚。”上雖可之,而經筵面奏非故事,爲當路所忌,左遷延平府同知,陞山西提學副使。晉府一優人子入學,〔深〕斥之。又陽曲生父爲縣令所笞,下獄死,訴御史趙,反抵生罪。〔深〕與力辯不合,即上疏劾趙,趙亦劾〔深〕。有旨差勘,趙謫外任,〔深〕得復職,補浙江副使,仍理學政。歷陞四川左布政,召爲光禄卿,預修玉牒。改太常卿,兼侍讀學士。扈駕承天,命掌行在翰林院印侍行,御筆乙去“侍讀”二字。後致仕。一日,上問侍臣:“陸〔深〕、張邦奇才學孰優?”侍臣以陸優于張對。上曰:“陸〔深〕曾爲祭酒,桂萼欲害之,今尚在否?”方有意召用,會卒,賜祭葬,贈禮部右侍郎,謚文裕。子〔楫〕,字思豫。書過目輒成誦,屬文援筆立就。年未四十卒,人共惜之。陳《志》。

孫承恩,華亭人。正德辛未進士,改翰林院庶吉士,授編修。嘗奏進歷代帝王詩贊,賜名《鑒古韵語》。奉使安南,與修《明倫大典》成,擢左春坊左中允,充經筵講官,主考兩京鄉試。陞侍讀學士,掌南院。召爲少詹事,兼侍讀學士。已晉禮部右侍郎,經筵日講官。轉吏部左侍郎,掌詹事府,丁未會試主考。擢禮部尚書,仍掌詹事府。已回部管事,以病疏乞致仕。明年,上思之,召還故任,加太子少保。請皇子講讀,不報。癸丑二月,復乞致仕,賜馳驛歸。壬戌卒,賜祭葬如例,贈太子太保,謚文簡。《實録》。子克弘,官至漢陽太守。以文藝知名,見《藝術》中。

承恩字貞甫,延平守衍子。辛未進士,改庶吉士,授編修。時權貴(貴)亂政,輒引疾歸卧。世宗登極,進中允,充經筵講官,多所發明,上悦。及官南院,上顧近侍曰:“何久不見稀鬢中允?”以承恩少髮故云。召掌詹事府,應制賦《瑞雪》詩,上特賜和,書以賜。時上奉玄,齋宫設醮,承恩獨不肯黄冠,遂乞致仕。所著有《瀼西草堂全集》。陳《志》。

楊秉義,字士宜,璨子。正德甲戌進士,授行人,遷兵科給事中。時權倖相比爲姦,引疾歸。庚辰,起吏科。世宗即位,疏請崇正學,親儒臣,謹號令,絶進獻,使詔旨不爲空言,章奏不至停閣。上嘉納焉。中貴江彬以迎立功入掌司禮,封弟英爲伯。疏:“彬以鷹犬事先帝,陛下入嗣大統,本出祖訓,彬何功而受重賞?”詔奪兩人官。劾侍郎楊儀姦回固寵,罷之。丁母憂,(除)服〔除〕,補吏科,巡視京營。上言:"祖宗重根本,計久遠,設五府以統四十餘衛,立三大營以畜精鋭十二團營,以備調遣。今承平既久,軍日減,馬日耗,一旦有警,何以爲策?宜詔兵部選將官,實軍伍,惜戰馬,如祖宗制。"從之。遷右給事中,會考察,劾奏大學士張孚敬而下二十四人。或詣自辯,曰:"予言謬,然不願君有此行。"辯者媿服。其秋,秦司徒、趙司空相繼去,而陳道瀛以黄冠爲太常少卿。疏論,不報,遷禮部左吏科都給事。尋以病解官,卒。子允儁,甲子舉人。陳《志》。

徐階,字子升,華亭人。父黼,授宣平縣丞,徙寧都。階生五歲,從父移任,道墮括蒼嶺百餘丈,衣絓于樹,得不死。二十舉應天試,明年對策第三人及第。嘉靖癸未科。階爲人短小白皙,秀眉目,善容止。輔臣楊廷和見而異之,語其寮曰:"此少年名位不下我。"尋授翰林院編修,予歸娶。充經筵展書,預修《會典》。時上好更定禮制,上,嘉靖也。欲絀孔子王號,去像爲木主,籩豆禮樂皆有所抑損。而首揆張孚敬緣上指發之,下儒臣議,相顧懾讋,亡異同者。階獨條其三不必、五不可,狀甚辨。疏上,報聞。孚敬坐朝堂召階,盛氣詰之。階徐理前説,孚敬怒曰:"若叛我。"階曰:"叛者,主于附者也。階未嘗附公,何言叛?"長揖出。于是上亦緣孚敬意,斥爲延平府推官。階單車之郡,清繫囚三百,獲尤溪劇盜百二十人。三載,遷黄州府同知,擢浙江按察僉事,提調學校。進江西按察副使,仍視學政。以新建伯有功江西,爲祠祀之,而推明其學。吏部擬薦尚寶卿、國子司業、太常寺少卿,皆不果。最後以皇太子出閣,召拜司經局洗馬。擢國子祭酒、禮部右侍郎,尋改吏部。明年,掌院事,兼《會典》副總裁。進禮部尚書,仍兼學士,入直無逸殿。吏部闕尚書,廷推階,上曰:"階方侍朕左右,何外擬也?"明年,加太子太保。嚴嵩中傷階者百方。時咸寧侯仇鸞方言邊事,有殊寵,與階共直舍東西屋,嵩益惡忌階。鸞時利屬國朶顔弱,欲掩以爲功,請大發兵征之,下禮、兵二部議。階曰:"征之易耳,一征而永(撒)〔撤〕我百八十年之藩籬。"鸞自是不悦階。尋進兼文淵閣大學士,參預機〔務〕。會鸞疽發背,不能將,警至,不肯吐大將軍印。階密言其不可恃,乞蚤更置將。上答曰:"吾非不知之,欲甚彼所爲耳。"迺因兵部疏,馳使奪其印。鸞一夕自恨死,死五日而事敗,妻子僇于市,家盡籍。嵩之始見仇鸞敗,謂階同直舍,將以是媒之。而會詗知自階發而奪印,中夜扶床行,咄咄曰:"吾長于階二紀,而智何少也?"自是謀稍息矣。一品滿三載,進勳爲柱國,再進兼太子太傅、武英殿大學士。滿六載,兼食大學士俸,再録子爲中書舍人,加少傅。九載,賜兼金、文幣、寶鈔、肥羜、上尊,改兼吏部尚書,宴禮部,璽書褒諭有加。兵部員外郎楊繼盛論嚴嵩罪狀,而中有"二王皆知其奸"語。上怒,下繼盛錦衣獄。嵩謂:"二王深宫,何所知我奸?楊庶僚,何由知二王之知我奸?必有交關其間。"屬陸炳加根究。階戒炳:"即不慎一及皇子,如宗社何?"又爲危語動嵩曰:"上僅二子,萬一根究得之,必不忍以二子謝公,所罪左右耳。公獨奈何顯結宫邸怨也?"嵩懼,乃寢。尋加太子太師,進少師,兼支尚書俸,予一子中書舍人,子璠亦超爲太常寺少卿。而嵩日屈。亡何,鄒御史應龍論嵩父子罪,上勒嵩致仕,下其子世蕃獄戍之,命吏部擢御史五品京職。上雖以御史言去嵩,然念其供奉久,憐之。而左右入其間者,從容言:"非嚴嵩,誰爲上奉玄?"上忽忽不樂,手諭階及次輔袁煒,欲退奉事玄,傳嗣治天下,令擬詔行。階等謝不敢,而吏、禮二部奏遷鄒應龍通政參議,得旨矣。忽復奉諭,責階等不擬詔,而謂二部臣皆奉贊者,何一旦官此邪物?階復言:“退而傳嗣,非獨臣等不敢聞命,天下皆不敢以爲然。邪物之轉,二部奉旨而行,臣不敢傳,亦不敢泄。”不報。上不欲階久直,曰:“無以杜兒輩姦。”階謂:“陸博走馬、飲酒狹邪,爲姦長安中者,不在外弗杜也。甘言比周相合而爲姦于朝堂,則在内猶在外也。”上悟,進建極殿大學士,(進)録一子尚寶司丞,賜璽書褒諭,宴禮部,給三代誥命。上報曰:“加上柱國,示特眷。”階力辭,益自斂畏,上日益愛階。階之始爲禮部,以至首輔十五年,而請立太子者數四。上春秋高,意不欲言繼嗣,輒報寢。時裕、景二王方并重,一旦景王之國,上忽下諭,自謂:“郊廟弗躬,早朝久廢,且病弱弗任,卦數向周,宜卷身奉道,傳繼不可緩,不然恐或後醜耳。”且令與在直諸臣密計以對。階皇恐對謂:“此豈可與諸臣計?夫所謂後醜者,必有非常悖逆之人,而又有大姦惡左右之,以有此叵測。今何足疑也?”上又謂:“得毋以久待爲恨乎?”階又力辨。而上猶以成祖之注意在孫,而弗及子爲問,且云:“賢孝難必,吾言不甚妄。”階又言:“成祖之在位久,仁宗之在位促,皆天命也。繼承之際,史册甚明。上道德隆備,天命所歸,而今之賢孝,又中外所共聞,萬萬無可疑者。”居月餘,景王薨,裕王乃安。上以服餌病躁崩,階具遺詔,所草創皆中節,而登極詔赦尤詳切,人舉以配先帝登極詔。登極詔故相楊廷和草也,廷和言至是始驗。尋考十八年滿,自劾求去,温旨慰留不聽,而命吏部議,擬加支伯爵俸,録一子錦衣千户,仍進少師,璠爲太常卿,賜敕褒諭,宴禮部。階辭,仍聽免伯爵俸。會諫上幸南海子,不聽,上疏乞休。三上,許之,賜馳驛,恩給夫廪。年八十,天子遣行人即家賜璽書褒諭,賜金幣及繡蟒服。階遣其孫疏謝,詔予官中書舍人。明年卒,賜祭者九,復加四祭以示重,官爲治葬。賜太師,謚文貞。王世貞《傳》略。

文貞子璠以蔭官太常卿,琨、瑛俱尚寶卿。璠通敏有材幹。長子元春,萬曆甲戌進士,亦官太常卿。元春孫本高,官錦衣千户。天啟中,拒魏忠賢建祠奪職。崇禎改元,以薦起,累官左都督,得贈曾祖璠以下俱爲太子太傅。

潘恩,字子仁,上海人。嘉靖癸未進士,知祁州,調劇禹州。州人相語曰:“毋相仇,避潘侯。毋甚口,愧太守。”積儲爲列城最。歲祲,發庾貸之。擢南京刑部員外郎,遷廣西僉事,督學政。時靖江王驕,勒其衛卒子毋得充諸生,即充諸生必以賄,不則鋃鐺其父兄。恩移長史司,謂:“王復勒諸生試者,吾立論糾汝。”諸生乃得與試。嘗署按察篆,勾捕王所匿大猾,王滋銜之,上疏誣恩。上遣法曹置獄會勘,事得直。進四川左參議,歷遷浙江參政,按部海鹽,島寇猝至,圍之數十匝。時城無見兵,但鼓舞吏人,晝夜登陴不少懈,城卒以全。進雲南按察使,擢江西布政使,出撫河南。徽恭王子載埨嘗輕去其國,多掠良家子充後宫,占民田,賊殺無辜十百事。恩與御史悉發其罪狀,論廢徙。徽既失國,伊庶人忮惡尤甚,首鎩其鋒,剪厥羽翼。遷刑部侍郎,再擢南京工部尚書。已請致仕,得允。享年八十有七,卒賜祭葬,贈太子少保,謚恭定。陳《志》。

馮恩,字子仁,華亭人。嘉靖丙戌進士,以行人勞王文成軍,因薦束脩爲弟子,文成甚器之。已擢御史,分司留臺。論留守魏公不得越江役衛卒。時總憲汪鋐愎而險,恩疏論之。上方喜新貴人，議分建南北郊，又欲令皇后出蠶北郊。恩抗疏，援古親蠶郊祭之禮，極陳時政乖違，請停二議。會彗星見東井，又劾張孚敬、汪鋐、方獻夫爲根本、腹心、門庭三彗。復倣范希文百官圖例，悉品諸大臣得失，詞甚厲。上怒，逮下詔獄。適鋐遷太宰，以例會審南闕門。鋐令卒持轉膝面之，恩即起立不跪，辨甚强。鋐遂論比附大臣德政，律當斬，恩挺身出，觀者皆嘆曰："是御史鐵膝、鐵口、鐵膽、鐵骨。"相傳爲四鐵御史。及冬，當就法。恩長子行可刺血上疏訟父冤，請代死，得減，戍雷州。赦歸，雷人祀之十賢堂，配宋寇準等。穆宗登極，旌諸言事。恩年七十餘矣，進大理寺丞。著有《蒭蕘集》。子行可，見《獨行傳》。第八子時可，見《文苑傳》。陳《志》。

莫如忠，字子良，華亭人。嘉靖戊戌進士，授南虞衡主事，改儀制。會部議孝烈皇后祔廟，祧仁宗，力持不可，坐奪俸。故相楊一清易名未定，疏請得謚文襄，士論以爲當。擢貴州學憲，道遠不能將母，投檄歸，前後家食者十五年。會終母喪，補湖廣副使，陞河南参政，領京糧道，洗刷一清。進陝西按察使，持法詳慎。陞浙江布政使，乞歸。工古文詩辭，書法二王，一時詞翰，遠近購之。子是龍，選貢；是元，丁酉舉人。陳《志》。

陸樹聲，初姓林氏，字與吉，華亭人。嘉靖辛丑進士第一，改庶吉士。壬寅，歸省。乙巳，授編修。壬子，請急還，尋丁外艱。丁巳，即家起南京司業。居二年，復引疾去。辛酉，起左諭德，掌南院事。旋召回坊，不赴。乙丑，起太常卿，掌南祭酒事。是秋，陞吏部右侍郎，以疾辭。隆慶改元，特起原官，仍不就。明年，奏復陸姓。己巳，再起掌詹事府事，教習庶吉士，行至淮而返。萬曆初，陞禮部尚書。未逾年，復請告乘傳歸。瀕行，疏陳十事，皆關大計，而辨宫府、抑戚倖、斥貂璫，尤觸時忌。戊子，年八十。戊戌，年九十。壬寅，皇太子立。凡三賜存問，加太子少保，給月米歲夫，予其子行人彦章終養，仍支月俸，皆異數云。卒年九十有七，贈太子太保，謚文定，予祭葬如例。樹聲性恬默而嚴重，有骨氣。登第六十四年，其官兩都不及一紀。先後二三權相，力皆奔走海内，而寵辱之柄卒不得加。鄉衮當國，所網羅推挽，遍天下知名士，而獨不得引以自近。居恒言士大夫于世法中，惟廉取薄享，可迓續壽命。其所自得者深矣。《實録》。

蔡懋昭，字允德，上海人。舉嘉靖庚子鄉試，署教嘉善，擢知新河縣，遷守趙州。冢宰胡松稱其賢，擬内召，而太守陳曄齮齕之，拂衣歸。適有西粤顔御史思賢過，趙父老攀轅泣訴前州守治狀，及去官之故。顔抗章首舉之主爵，即家起桂陽州，旋同知懷慶。丁外艱，補肇慶。海酋許恩者，築城陽江沙島，東連惠州林道乾，遥相犄角。懋昭用間，示以恩信，恩降。一日，忽入坐恩幄，呼令解散諸黨，凡六千餘人。遂命將校率恩入謁制府，爲請命，赦不誅。林道乾失援，亦詣軍門降。拜思州知州，城苦無井，民間從三十里外取水。懋昭肅衣冠禱天，四門各穿一井，水旋涌，民稱爲蔡公井。致仕歸，思民肖像祀之。歷官三十年，至不能舉火。年届九十而歿。陳《志》。

范惟一，字於中，文正公十六世孫。世家吴閶，父北溪始遷松之泗涇。食貧授經，成嘉靖辛丑進士，知鈞州。擢丞濟南，轉虞部，僉憲湖廣，分部荆西。捕治土豪，一方懾息。潛沔堤潰，漂溺廬舍，下令弛徵，發粟賑貧者再。擢山東参議，督兩浙學政，陞按察使，晉江西布政,遷南太僕卿,乞歸。弟惟丕,嘉靖己未進士,終光禄少卿。惟丕長子允謙,舉隆慶庚午。次允臨,乙未進士,官雲南學憲。惟一子必試,萬曆戊午舉人。陳《志》。

楊允繩,字翼少,華亭人。嘉靖甲辰進士,以行人擢兵部給事中。疏論閣部大臣受餽不貲,蓋指嚴嵩言也。已巡視光禄,有寺丞胡膏爲嚴客,允繩劾其虚冒物料,貪鄙不法。膏誣允繩譏訕,嵩陰中之。上怒,廷杖,下錦衣獄,比罵父律擬絞。在繫五年,會星隕如雨,占者以爲咎在臣下不忠,遂列名上請行刑,以應天變。庚申十月朔,死西市。後三年而嚴氏誅。穆廟登極,贈光禄寺少卿,諭祭,蔭一子。陳《志》。

徐陟,字子明,階之弟。嘉靖丁未進士,授兵部武庫主事,轉車駕郎,改尚寶丞,陞少卿,歷光禄太僕、太常,轉南太僕卿,旋改大理卿,陞南工、刑二部侍郎。臨事剛决,立朝二十年,五轉皆南,不假門第以進。引疾乞歸,卒。萬曆中,賜祭葬。居恒儉約,倭亂時,諸立功死事及婦女殉節者,出私帑白有司爲建祠。長子球,中書舍人。仲子琳嗣仲父陳,以文貞公蔭,官至楚雄守,撫孤姪有恩。叔子琰,以父蔭,仕至太僕寺丞。上疏劾中官,請上方劍誅貴重臣,一時稱之。陳《志》。

張仲謙,字士益,莊懿公五世孫。嘉靖己未進士。時徐文貞居政府,仲謙姑爲文貞夫人,朝見出,與諸進士旅進旅退,不私謁文貞,授職方,居武庫七年。大司馬楊襄毅爲文貞言:“武庫郎賢,且積資久,宜置要地。”文貞以語仲謙,漫不應,謂兩尊人春秋高,願得外補,以便省覲。遂參議楚藩。文貞既罷,屬新鄭修故郄,根株其親黨。仲謙入覲,偕一鄉人同見。新鄭問曰:“與徐公戚乎?”仲謙曰:“徐公夫人,家姑也。”新鄭改容曰:“真古君子。徐公在事,何久不聞公名?”仲謙爲治喜平反。楚囚某,年十二,以奴傷人抵死。謙謂宜坐奴,且年十二,不當死。出茶陵,州守黄成樂能于官,以誣被繫,言于當事,得無恙。後黄治吴淞有功。遷江西副使,進雲南參政。黔國兄弟搆隙,幾弄兵,仲謙移檄留都,分别其事解之。聞父喪,歸,堅卧不出。兄弟友愛,出入與俱。隱居三十餘年,年八十六卒。陳《志》。

潘允哲,字伯明,恭定公子。嘉靖乙丑進士,授新蔡令。時淮汝水溢,漂没民居,請穀賑之,流移盡復。調義烏,徵拜南臺,按上江,出守黄州,擢山東副憲。内艱服闋,督學陜西,嚴示程軌,士翕然從之。會得恭定手書,語失詮次,心動曰:“翁其殆乎?”即解綬歸。中途訃聞,號跣五千里,三年笑不見齒。允哲不事家人産,羸衣菲食。戊子歲祲,至于絶粒。恭定所遺外,不益一畒一椽,未嘗與齊民争尺寸。卒之日,知與不知皆流涕云。陳《志》。

潘允端,字仲履,恭定仲子。嘉靖壬戌進士,授刑部主事。以父在法曹,改調南工部。榷龍江關税,以寬卹諸商税入倍。尚書以問,允端正色曰:“某豈聚斂臣耶?”轉兵部,以憲副分巡青登。巨盗憑險阻出没,廉知左右有爲賊耳目者,貸其罪而遣之,令誘致賊,縛其魁,餘黨悉解。島人以歲時入市,武弁等以襲殺爲功,諸島稱亂。乃暴武弁罪,而檄諭諸島,咸叩戟門,感泣去。晋參政,理漕儲。先是,有司交兑後時,領運者多怠事。比入河,河水暴漲,數敗舟。北上早寒冰合,舟不能達。于是以期會督有司,部勒諸官軍,以二月至淮,五月入閘,八月至天津。于瓜州建閘,以避江濤,令白糧民船尾漕艘而行。漕政爲之一新。又以運軍過江領兑,多不以時,乃定議給直,永免民運瓜儀之累。遷蜀右轄。時九絲用兵，不數月費金三百萬。愕然曰："曩東南中倭禍數年，費不及二百萬。今都蠻小醜，費至此乎？"督府方以平亂超擢用事，聞其語，心銜之，阨之使歸。歸搆樂壽堂，奉恭定居其中，以篤孝稱。孫桓，天啟丁卯舉人，有文名。焕寅，順治中仕至監司。曾孫堯彩，順治乙未進士。郡舉世家，稱潘氏。

艾可久，字德徵，上海人。嘉靖壬戌進士，授太常博士，擢南御史，巡視上江，劾勳貴驕縱及附新鄭大臣者四人。陞知衡州府，擢山東憲副。累遷江西陝西參政，遷按察，轉山西布政，擢南京太常卿，轉通政使，請告。尋卒，予祭葬。陳《志》。

陸樹德，字與成，文定公弟。嘉靖乙丑進士，司理嚴州，盡法無貸。陞刑部主事，改禮科給事中。穆宗每朝及經筵，默不發一語。疏言："上下交爲泰，非與弼輔公卿相論難，何以斸君德、酬萬幾？"又條議諸邊計甚析。上不豫，中璫有請開戒壇，爲上福利者，抗疏諫止。進尚寶卿、應天府丞、太常少卿、太僕卿，擢右僉都御史，出撫山東。請裁募兵費，蘇里甲，戒苛罰，俱報可。移病歸，先文定數年卒。子彦楨，萬曆乙未進士，官南吏部考功主事，有才識。孫景朋，萬曆癸卯舉人。曾孫慶紹，崇禎壬午舉人。陳《志》。

宋堯武，字季鷹，御史璟、工部瑛之從孫也。隆慶戊辰進士，除知信陽州，改貳惠州。林道乾者擁衆數萬，相小琉球三年，將謀奪其國。國人不從，乃復航海。戊寅春，率舟師突至，將士皆譁。堯武登舟，以義諭之。道乾乃仰天而言曰："明公以德言綏我，逆之不祥。"顧語健兒，簡部中惠州女子十八人，委之而去。母服闋，補福州守，尋掌嶺北道，晉參滇南，分守金滄。姚關戍兵陰懷異志，語之憲臬，弗信。未幾，執別駕以行。堯武勒土著合蠻兵截其歸路，乃乞降，其渠有就法者。巡按御史悽然曰："早從參知，寧至是耶？"入朝賀萬壽節，事竣告歸，卒年六十五。有八子，文學茂韶最賢。孫徵璧，崇禎癸未進士，官潮州知府。陳《志》。

林景暘，字紹熙，華亭人。隆慶戊辰進士，選庶吉士，授禮科給事中。神宗幼冲，小璫客用等在左右。景暘進十二箴以諫，又疏請正《大明會典》宗藩事例，皆允行。轉兵科左，巡視京營，請廣召募、立選鋒、均糧賞、勤教演，凡十餘事。時張文忠當國，綜核名實，景暘所奏，皆得實行，軍政爲之一新。尋進太常少卿，以念父，乞改南就養，得南通政，進太僕卿。丁父憂，毀瘠幾不支。服闋，撫按數薦，景暘竟不出。家居時，會當事欲改金山衛爲州，景暘遺書撫按，謂設州必多置官吏，所治少而所擾多，事得寢。應撫胡執禮，令所屬縣田出助役錢，率七十畝徵一金。景暘固争，謂："蘇、松歲輸正賦以數十萬計，民力餘幾？且一絜爲令，有日益耳。民隱謂何？"遂得減十之七，南人賴焉。景暘少通經，以經學教郡中。其高足弟子如馮大參時可，以文名天下。丁丑會試，分校得士，如馮宗伯琦、敖宗伯文禎，皆爲名臣。將卒，出田百畝以助學，又以三百畝贍族，語不及家人産，人以此多之。年七十五。子有麟，官至龍安太守，以清謹稱。陳《志》。

吴炯，字晉明，華亭人。萬曆庚辰進士，至己丑，乃廷對，授杭州推官。民盛瀚得罪御史，誣之大辟，炯辨釋之。甲午，擢南兵部，歷陞南太僕少卿。時顧憲成講學東南，多借資者，疏別白之，事核而氣平，識者稱其有關世道。居鄉置義田，三族仰食。郡邑諸生赴省試,咸爲給資。助邊至萬金。人高其義,而炯未嘗自負也。卒年七十有七,賜祭葬。陳《志》。

唐文獻,字元徵,珣四世從孫也。萬曆丙戌,擢進士第一人,授翰林院修撰。乙丑,分校南宫。太子出閣,即光宗。文獻爲講官,每講畢,大璫出揖,不通一言。丙申,遷中允。丁酉,轉諭德,尋以病請。己亥,起原官。庚子,晉庶子,兼侍讀。先是,楚宗告其王陰事,下禮部。時江夏郭正域爲少宗伯,與輔臣沈一貫議不合,正域遂白免去。值匿名妖書起,詞牽宫掖。上震怒,上,萬曆也。大索。一貫疑正域知其事,授意金吾捕其臧役,備極拷訊,無所承。又使人迹之,引繩批根。文獻素知正域,慨然曰:"天日昭昭,可昧耶?"率同列詣閣危言,白其事。會御史大夫温純,御史牛應元、湯兆京執不肯署奏,正域獲免,文獻寔有力焉。給事中李沂劾大璫不法,逮杖闕下。文獻徒步掖之,手調湯藥,沂得生還。壬寅,晉少詹。癸卯,晉禮部右侍郎,掌翰林院。甲辰,副考會試。秋,教習庶吉士。乙巳,病卒,年五十七,人共惜之。贈宫保、尚書,賜祭葬,謚文恪。幼子允諧,登甲子賢書。陳《志》。

陳所藴,字子有,上海人。萬曆己丑進士,授南刑曹,轉吏部,參藩江岳,憲副大名,皆有聲。督中州學政,莫敢以薦牘通。尋以參政分守大梁。有奸弁上疏,請覈河南羨帑者,乘驛南來,當事震動,連語拄之,弁竟坐妄言逮。未幾乞休。後起南冏少甫,半載趣歸。所藴性方嚴,已請老,地方有大利弊,往往以片言抵定。年八十有四卒。陳《志》。

董其昌,字玄宰,上海人。父漢儒,耿介力學。其昌初就塾,比夜,漢儒從枕上授經,悉能誦記。成萬曆十六年進士,己丑科。選庶吉士。禮部侍郎田一儁以教習卒官,其昌請假,走數千里護其喪歸葬。還,授編修,知起居注。光宗出閣,充日講官,因事啟沃,光宗每目屬之。主考江西,尋有忌之者,出爲湖廣按察副使,陳疾歸。三十二年,起爲湖廣督學副使,踰年致仕。起山東副使、登萊兵備、河南參政,並不赴。光宗踐阼,問閣臣曰:"舊講官董先生安在?"乃起爲太常寺少卿,掌國子監司業。天啟二年,改兼翰林院侍讀學士,纂修《實録》。奉詔至江南,采録諸司掌故。凡萬曆朝章奏案牘,輯爲三百本。其留中之疏,有切于國本藩封、人才風俗、河渠食貨、吏治邊防,議論可施行者,别爲四十卷。倣史贊之例,每篇系以筆斷。書成表進,有詔褒美,宣付史館。三年,遷少詹事,掌南京翰林院,轉禮部右侍郎。四年,充纂修《實録》副總裁,同知經筵,尋轉左侍郎,還部。五年,遷南京禮部尚書。時政在奄豎,黨禍深酷,其昌深自引遠,遂謝政。崇禎六年,召拜禮部尚書,掌詹事府事。七年,進太子太保。乞骸骨,温旨慰留,章七上,乃允,賜乘傳還。九年,卒,年八十有二。訃聞,輟朝,賜祭葬,贈太子太傅,謚文敏。其昌天才俊逸,善談名理。在講席見知于光宗,爲僉人所忌。然不激不隨,故免于黨人之禍。少好書畫,臨摹真蹟,至忘寢食。中年悟入微際,遂自名家,行楷之妙,跨絶一代。其畫集宋元諸家之長,行以己意,論者稱其氣韵秀潤,瀟灑生動,非人力所及也。四方金石之刻,得其製作手書,以爲二絶,造請無虚日。尺素短札,流布人間,争購寶之。尤精于品題,好事家至今引重焉。所著有《容臺集》行于世。陳《志》。

陸彦章,字伯達,文定公子也。成萬曆己丑進士。文定以盛滿爲懼,使勿預館試,乃從選人得行人司行人。文定踰艾生子,時春秋八十。彦章事親謹,自以奉養日短,不欲遠違,在職二年，乞終養。朝廷嘉許，特予半俸，前此未有也。後十餘年，遭父喪。既葬，廬于墓側，告于墓曰："生爲祝聖之民，死作依親之鬼。山川草木，實聞此言。"服闋，堅卧不出。葉文忠向高執政，尤推重之。萬曆三十九年，即家拜光禄寺丞。臺使檄府趣發，彦章不得已，乃之官。四十二年，轉本寺少卿。均節出納，拒中璫額外之請，甚允時論。四十五年，遷太僕少卿，遂引疾歸。天啟四年，以光禄寺卿召，彦章堅辭。崇禎二年，召爲刑部左侍郎，以病未上。明年，卒于家。彦章蚤有聲譽，以名卿子通籍四十年，門庭無增飾，輿蓋僕從務爲簡素。難進易退，綽有父風。工詩文，書法妍雅，小楷尤工。彦章有五子，諸孫十餘人，並有文藻。慶曾舉本朝丁酉鄉薦，慶衍慶臻崇禎壬午鄉薦，慶衍成進士，慶裕以明經貢禮部，皆知名。

張以誠，字君一，南安知府弼玄孫也。始生，室有異光。四歲能讀書，稍長，肆力于文章，經史百家，朝章典故，莫不該洽，名日益高。萬曆二十年，選貢太學。遭生母喪，或以壓嫡爲辭，且便省試。以誠泣謝不可，持服如制。萬曆間制舉業，海内推嘉興馮夢禎，既而會稽陶望齡、上海董其昌相繼稱宗匠。以誠後起，清純高古，與三人並稱。時夢禎爲祭酒，得所試義，恨相遇晚，首列之，示六館爲楷式。辛丑，成進士，廷對擢第一人，授翰林院修撰。以誠舉止安雅，敦尚名節，以古人自期。丁母憂，孺慕無間所生，人以爲難。服闋，起知起居注。三十八年分考會試，四十年主考福建，多得名雋。遷左春坊左中允，以東宫久虚講席，上言宫闈非講學之地，内侍非勸學之官，宜命皇太子出御講筵，以重國本、慰人心。援引得失，詞旨剴切，時論韙之。四十一年，轉右諭德。乞省親，未報。會使命還，父疾作，以誠晨夕籲天，願以身代。父卒，哀毁如不欲生，營葬勞瘁，歸而咯血，遂不起，年四十八。以誠門無雜賓，勤于筆墨，短箋小疏，咸出手裁。其文章宗蘇，詩擬孟襄陽，小楷規摹大令，清勁有法。所著《酌春堂集》若干卷。第四子安茂，成順治丁亥進士，授工部主事，筦清江榷，攝漕政，擢浙江提學僉事，轉陝西布政司參議，分治西寧。

徐光啟，字子先，上海人。萬曆二十五年鄉試解元，甲辰成進士，選庶吉士。光啟嘗學聲律，工隸楷。及是，悉棄去，習天文、兵法、屯鹽、水利諸策，旁及工藝、數學，務可施用于世者。滿三載，授翰林院檢討。四十一年，分考禮闈，遷贊善。四十七年，擢詹事府少詹事，兼河南道監察御史。出練兵，賜敕如巡撫，監司副帥悉受節制，得自委任辟召。會天啟改元，光啟乃辭疾歸，尋召還。與兵部尚書崔景榮議不合，御史丘兆麟露章劾之，誣及其練兵事，復謝病歸。魏忠賢素嫉光啟，御史智鋌追論之，勒罷官。崇禎改元，起爲禮部右侍郎，協理詹事府事，同知經筵。懷宗憂國用匱，御經筵嘆曰："焉得天雨金乎？大禹時天雨金，秦雨金于櫟陽，此外寧復有？"光啟進曰："周成王亦有之，書在臣邸舍中。"取視之信。異日，讀《離騷》，問曰："圜則九重，天有九，何也？"光啟對曰："宗動一天也，恒星一天也，七政各一天，合而爲九。"因及日月薄蝕、五星順逆之故，日昃始罷對。又上言京東西屯田及曝沙種鹽策數萬言，懷宗讀之終日，意嚮用之。二年，轉左侍郎，旋加太子賓客。是夏，日食失驗，欲罪臺官。光啟言："臺官測候，本郭守敬故法，元時常當食不食，守敬且爾，無怪臺官之失占也。臣聞曆久必差，宜及時修正。"懷宗從之，乃詔修曆，敕光啟領之。初，劉基造大統曆，雖用授時法，而郭守敬之術不傳。守敬之言曰："古之日長，今之日短，法當以七十五年爲消息，上推益一，下推損一。"天官家莫曉也。光啟獨得其意，以泰西勾股測弧之法，三線交而布算，用測圜弧，以黄道緯度爲主，視授時用黄道距度，其法加密。其後日食，臺官法大謬，而光啟所推亦差杪忽，乃更求所未合定之。曆書告成，三年，進禮部尚書，掌詹事府。四年夏五月，懷宗手敕光啟以本官兼東閣大學士，參機務。五年，進兼文淵閣大學士，加太子太保。光啟在閣，值周延儒、温體仁後先爲首輔，光啟不得展，時年已老。六年秋九月，以勞瘁卒于位。訃聞，輟朝三日，賻賜有加，贈少保，謚文定。十四年，懷宗思之，求其遺書。子中書舍人驥入謝，進《農書》六十卷，詔進贈太保，録其孫爲中書舍人，命有司刊布其書。又有《毛詩六帖》、《漕河議》、《兵事庖言》、《幾何原本》、《歷指》等書，總百餘卷。

黄體仁，字長卿，上海人。萬曆甲辰進士。時館李文節廷機家，廷機使試館職，體仁謝曰："某老矣，不足以辱此選。有門人徐光啟者，博學而賢，用世才也。請以自代。"故光啟入翰林，而體仁爲刑部主事。遷員外郎，轉郎中，出知登州府。罷坊市雜税，豪右斂手。衛有明建文忠臣陳迪子孫，尚在戍籍，爲之陳乞脱伍，又爲迪與戚繼光請謚。秩滿，擢東兖道副使。值歲祲，而福王之國，舟車填凑。體仁裁置以法，因條上臺使，盡革迎謁供億諸費。民甚愛之，而當路不悦，罷歸。所著奏議、詩文、雜著二十六卷。撰《續上海志》田賦諸篇，稱詳覈云。

張元玘，字采初，上海人。天啟壬戌進士，除刑部主事。奉使齎餉寧夏，所過餽遺及王國賜予，皆辭不受。遷員外郎，轉郎中，出知嚴州府，調建寧府。府衝劇，郵傳疲困。元玘事爲裁制，立條約，請臺使勒之石，由是供億不擾。又更鹺政及錢法，民皆便之。告歸。所著有《廣史》及雜著、詩文數十卷。孫錫懌，成順治乙未進士，官泰安州知州。

顧國縉，字寅美，上海人。萬曆丙午舉鄉薦，授崑山教諭，遷南國子監丞。天啟季年，操江都御史劉志選稱魏忠賢德齊至聖，當建祠文廟。左祭酒羅喻義不勝憤，疽發背，餘莫能抗。國縉奮争曰："誰敢爲先聖萬世罪人？國縉誓以死守，祠不可建。"志選恚，馳使愬奄，謂國縉本顧憲成族子，中以黨禍。會熹宗晏駕，乃止。遷南刑部郎，出知常德府，擢按察副使，分巡桂林。猺賊寇平樂諸郡縣，國縉即用猺人攻之，擒其渠，餘黨解散。未幾，楚寇來犯，復以猺兵擊破之，賊遁。方論功，以疾請老。甲申，聞賊陷京師，北向慟哭，不食卒。

附

姚永濟，字通所，上海人。祖一祥，肄業太學。嘗拯湖州一生于厄，而不問其姓名。後就選，除臨江知事。時直指劉某按部，見一祥名，召謂曰："先生尚識余耶？余故湖州遇難生也。無以報公，察有冤繫五人，罪可釋，公第與言，可致千金爲壽。"一祥唯唯，即上繫者名于直指釋之，詭云得金，而陰却不受，一時傳爲盛事。永濟萬曆戊戌進士，初令東陽，值歲荒，出粟賑濟，活民數萬。俗豪家婢女，白首不得婚配。永濟下教，凡婢女年二十以上無夫者罪其主，匿不告者罪其鄰，惡俗頓改。調煩永嘉，尚教緩刑，民不忍欺。遷刑部主事，以政最，擢禮科給事中。時楚王被誣，禁錮子女一百二十餘人，廷臣莫敢言。永濟獨抗疏曰:“細民有過,尚且恤刑,豈皇祖雲礽之裔,而不蒙覆盆之照乎?今天潢一派,九載沉埋,平反何日?乞賜生還,以篤宗盟。”上感悟,即詔歸國,時論偉之。會考選宗藩,特命永濟董其事,當時有“姚公桃李皆皇族”之語,亦異數也。在諫垣,章數十上,聲望籍甚。後持節封周藩,嫉之者擠之,外遷湖廣副使,不就,請終養。崇禎二年,備兵太原,尋轉浙江左布政。時有給事督餉浙中,永濟不爲禮,銜之,遂劾免。

獨　行

漢

卞崇,婁縣人。漢桓帝時,太守薛固爲法吏所枉,下廷尉。崇與烏程錢讓詣闕稱寃,廷尉囚崇等,以兵圍守,楚毒備至。崇讓確然無撓,聲枉彌厲。天子聞而奇之,乃赦固罪。

梁

陸襄,字師卿,華亭人。天監二年,范岫表薦,起家著作佐郎。昭明太子聞襄業行,啟武帝引與遊處。除太子洗馬,遷中舍人,並掌管記。出爲揚州中從事,以父終此官,固辭不許,聽與府司馬换廨居之。母年將八十,太子月遣存問,加賜衣膳。毋嘗猝患心痛,醫方須二升粟漿。是時冬月,日又逼暮,求索無所。忽有老人詣門貨漿,量如方劑。始欲酬直,無何失之,時以襄孝感所致。後爲太子家令,復掌管記。母憂去職,毁頓過禮。服闋,除太子中庶子。七年,出爲鄱陽内史。先是,郡人鮮于琮殺廣晉令王筠,號上願元年,署置官屬,將出攻郡。襄先率人吏修城隍爲備,及賊至,破之,生獲琮。時鄰郡案賊黨皆不得實,或善人盡室罹禍,惟襄郡枉直無濫。人作歌曰:“鮮于抄後善惡分,人無横死賴陸君。”又有彭、李二家,因忿争相誣告。襄引入室,不加責誚,和言解喻之。二人悔咎,乃爲設酒食,令其盡歡,酒罷同載而還。人又歌曰:“陸君政,無怨家。鬥既罷,讐共車。”在政六年,郡中大治。太清元年,爲度支尚書。侯景圍臺城,以襄直侍中省。城陷,逃還吴。景將宋子仙攻錢塘,會海鹽人陸黯舉義,夜襲郡,殺僞太守蘇單于,推襄行郡事。淮南太守蕭寧逃賊入吴,襄遣迎寧爲盟主,遣黯及兄子映公躡子仙與戰。黯敗走,吴下軍聞之亦敗。襄匿于墓下,一夜憂憤卒,年七十。侯景平,贈侍中、雲麾將軍,以建義功,追封餘干縣侯。

唐

陸南金,字季孫。父元感,見《名臣傳》。南金貞觀中爲太常奉禮郎,歷鄞令,築隄爲湖千頃。開元初,少卿盧崇道罪徙嶺南,逃還,僞稱弔客,突入南金舍而道其情,南金匿之。事覺,詔御史捕按,南金當重法。弟趙璧自言:“匿崇道者,我也。請死。”南金固言弟自誣不情,御史怪之,趙璧曰:“母未葬,妹未歸,兄能辦之。我生無益,不如死。”御史驚,上狀,帝遂皆宥之。南金知書史,操履謹飭,張説、陸象先稱其賢。由庫部員外郎,以疾改太子洗馬,卒。

宋

衛公佐,字輔之。其先汲縣人,徙居華亭。祖至,有文行,舉進士。公佐被恩命,授將仕郎,守揚州助教。母郁蚤卒,事繼母陳盡孝。族有貧不能嫁女者,雖疏遠必爲擇婿歸之。

聚書數千卷,禮四方賢士,教訓子弟。時縣未有學,捐地爲址,又獨任禮殿之役。熙寧末,饑疫,乃施粥給藥,請邑僧靈敏輩分拯之,瘞殍給棺,無慮數萬。邑大夫嘉其義,將奏言之。公佐辭曰:"某占籍上等,恐爲盛德累。療病送死,僧行頗有力,請以薦僧。"大夫義而從之。元豐中,復饑,租税無所出。舊令秩滿,代者已至,轉運使苛留之,使督逋負,纍繫盈庭。又爲出粟代輸釋繫者,而舊令始得解去。民相與踵門謝曰:"微君,吾屬將死于縲絏矣。"年五十八,無疾而卒。前一日,展先塋,且遍謁親舊,若與之訣者。歸語家人曰:"我生樂善好施,不爲不義。今也云亡,可無憾矣。"弟公亮、公望,並敦行義。其後子孫蕃盛終宋世,庸敏、仲達、文節皆其後。

元

夏侯尚玄,字文卿,號石巖,華亭人。幼有大志,好古深思,下筆成章,時人稱爲小太白。常作《中庸管見》、《聚疑》、《原孟》諸書。釋老、醫卜、方伎之學,靡不精究。大德間,游京師,趙孟頫薦于朝,爲東宫伴讀。既而主禮典樂,皆有能聲。未幾棄官,汗漫湖海者數載。北入海都,爲武平王所禮。武平王薨,郯王聞其賢,招致之,待以上賓。王好《尚書》,性嚴毅,寡言笑,人莫敢犯。尚玄知無不言,抵掌言笑,或誤以爾汝呼王,王知其忠直,特優容之。會王有召命赴京,尚玄曰:"王守國北門,不可輕動。或陷虎口,悔將何及?"王不聽。尚玄乃先馳驛還南,及至都,王已被誣没矣,親信莫不逃匿。尚玄慨然曰:"王嘗以國士遇我,我當以國士報之。"乃詣朝堂,陳王忠孝,每語聲淚俱墮,衆爲感愴。書三上,詔雪王寃,以子襲爵。或謂曰:"公節義昭著,朝野皆知,王子孫必以重爵報公。"尚玄笑曰:"因功得爵,是要譽也。"乃着處士衣,冠淵明巾,歌《歸去來辭》,翩然南歸。揭傒斯贈詩曰:"青史千年標節士,黄花三徑屬高人。"

邵天驥,字千里。其先洛人,康節先生十世孫也。高祖宗穆,始家華亭胥浦鄉。天驥在宋,嘗以《易經》中選。入元不仕,而志在澤物,闢義塾以教鄉之子弟,割田資之。大德間,西湖書院毁,天驥與子彌遠鼎新之。彌遠嘗慕漢東平王、唐張公藝之爲人,取經傳言,爲《百善》、《百忍》二圖。

章夢賢,字思齊,郡之青龍人。宋莊敏公楶九世孫。性孝友,喜賓客,好施與。至順初,浙西大水,朝廷募能賑五百石以上者爵有差。夢賢出粟二千餘石,而不受爵,詔旌爲義士之門。至元中,薦授襄陽營田提舉,建康財賦。夢賢以父母俱喪,伯兄又多疾,即棄官歸,置義莊,建義塾,以教養鄉人。事兄如父,兄歿,撫其姪如子。闔門二百口,未嘗有間言。子元澤,字吉父,性孝而好義。初,夢賢營義塾,未竟而卒。元澤感慨流涕,乃建清忠書院,出贍田一千一百畝,資師弟子及祠祭之費。初爲丞相舍人,累遷江浙財賦副總管,以母老,棄官歸養,鐵崖楊維楨亟稱之。後以朝列大夫、彰德路總管府同知致仕。

徐初,字本道,華亭人。父信後母讒,初事之益恭。父暑月病疸,穢流袵席,初身自浣滌,不解帶者經月。父乃悟曰:"汝,吾孝子也。"後母子亨,少鍾愛,長不事事,初愛之不衰。至正丙申,浙右警,初糾率鄉子弟數千備寇。或誣其有異志,縛送泖上軍。初當鑕厲聲曰:"吾欲反,率斥鹵氓蹈海去,尚能戴吾頭見將軍乎?將軍欲有土有民,必歸諸正,天下寧有自首賊也?"帥壯其言,釋之,且薦以官,卒不起。

唐時,湖廣荆南人,徙居華亭,遂占籍焉。與楊維楨、陸居仁善。以先世受宋恩,誓不仕元。幼遭二親喪,哀毁成禮。貧不能家,三十乃娶。家居花涇塘,力稼穡,甘淡泊。夏椿延爲館賓,供御甚厚。時曰:"吾素清儉,不欲以肥甘損福。"夏心重之。隣有孀婦,私餽餅餌,毅然拒之。婦曰:"以公館居,故試公耳。"時曰:"汝爲婦,可試耶?"夏知之,益加敬焉。時錢鼒從楊維楨讀書郡中,啜菽飲水時,每資以力學。其後鼒家稍腴,以囊槖留時館中。鼒死,完封歸其家。張氏據吴,杜門不出。壽八十有七。陶宗儀有《義士傳》。

明

劉仲禮,字用和,上海人。以《春秋》明經辟,召至應天,遇靖難師入,不食七日而卒。二世孫鈍,兄銑,永樂間以會計事,坐法繫京師。鈍婚二日,即趣裝護行。後兄思歸,鈍陰乞守者代之。兄歸,紿父母謂弟病道卒,父母悲哀不已。會刑部訪善書者,獄吏以鈍聞,試之稱善,爲釋其罪而禮遣焉。比歸,家人驚以爲鬼,鈍具告其故,與父母對泣。兄自媿逸去,鈍亦不明兄之紿己也。鈍子璵,官至建寧知府。

馮行可,字道卿,御史恩長子。壬辰星變,父恩應詔上言閣部大臣朋奸誤國,逮下詔獄。行可晝夜扶掖,馳至京師,括髪短後衣,徒跣號泣冰雪中,遇貴人輿訴之。值方公獻夫過,亦牽衣泣訴。方曰:"汝父今何在?"曰:"朝廷欲殺一諫臣,而宰相不知,尚謂國有人乎?"方默然。計無所出,乃刺臂血書疏乞代。通政使陳經見而憐之,爲之引奏。適刑部尚書聶賢、都御史王廷相交章謂"罪在狂妄無死律,子代父死情可矜",遂得末減,戍雷陽。行可還籍,已游成均,領庚子鄉薦,謁選,授光禄署正,遷應天通判。平市役,核屯田,理寃獄,抑勳貴,止高淳之决堰,革鑄局之樣錢,却溧水之羡耗,所至俱清惠有聲。致政歸里,幅巾布袍,蕭然風日。卒年八十九。

周淵,字文德,世居青村。倭困海上,所過殘破。淵甫齔,奉母收保故廬。堡城内潰,母先踰垣走,猝遇寇,寇露刃向母,淵延頸請代。寇亦義之,釋母(移)〔攜〕周去。寇數刃之,卒憐其義,得不死。身被鋒鏑者三年,後值胡公宗憲提兵會勦,淵得脱歸。胡公幕下有方福者知其孝,欲以女妻之,淵以父有成命,委禽于陶,背之不仁,固辭。及歸,母尚無恙,而陶氏母子以先遇寇不屈,自盡江中矣。里中至今〔稱爲〕孝子周家。

楊應祈,字懋延,允繩子。父以忠諫坐死,應祈甫弱冠,痛父寃,匍匐槖饘,日省父獄中。退而蓬跣蓐食,悲號籲天,願以身代。遂刺臂血書疏,將擊登聞鼓鳴寃。母黄孺人泣止之,曰:"楊氏自祖父四傳,止爾一脉。藉令復蹈危機,徒死無益。"焚其草,格不得上。久之,傳聞採取靈芝,應祈賫糧入山,至平坡寺,得芝二本,具疏上之,請代父死。黄孺人復止之。于是服蒼頭,短後衣,蹦蹡長安街,徬徨無以爲計。遂入獄與父决,竟不食死,時年二十七。允繩竟不免,黄孺人偕子婦袁奉兩喪歸。吴國倫誄之曰:"一時雙櫬返,烟雨暗江東。"天下聞而悲之。子忠裕,舉鄉薦,上疏請旌。奉旨,建孝子節婦坊,表其廬。

杜時騰,字冲之,上海人。嘉靖三十七年舉人,就教石埭。時文廟忽發異香,瑞芝産于泮池,諸士爲賀。未幾,仲子宗彝、從子獻璠、長孫士全,南北得雋者三人。遷黄縣令,出寃獄二人。尋罷歸,黄人攀號送之。時騰出一詩留别父老曰:"三年休養力,一旦别離情。税事須先足,苗田宜早耕。身家忍處保,衣食儉中盈。回首雲山隔,飄然兩袖輕。"年八十餘,猶作蠅頭楷書。無疾而終。子宗翹,字振卿,恂恂玉立。父在任時,獨以身任家政。常帶經課(讀)〔耕〕,曰:"穮蓘世業,不敢忘也。"子士全,舉進士,起家知縣。惓惓以寬勤二字爲勗,故大冶、海鹽二縣,民皆懷之。及爲給事中,宗翹見其進《天變陳言》、《三吴水災》諸疏,輒欣然曰:"吾子居諫官,我嘗戒其務勤事、無喜事,務正言、無詭言,今庶其不負世訓乎?"受封後,猶居子舍,問寢上食,必夫婦與偕。迨侍耄疾,衣不解帶,親滌厠牏。與諸弟怡怡白首,跬步不離。周恤三族,不使失所。居恒褐衣徒步,温然長者。卒時年七十四。士全後陞太僕寺少卿,轉南太常寺卿、刑部右侍郎,晉工部尚書。歷官勤飭,廉静寡欲,與人無競云。時騰、宗翹俱累贈工部尚書。宗翹次子士基,甲午鄉薦,南兵部郎中。有儁才,能書。

奚欽,字聖功。有鄉人負其金者,往責之。其家固留欽宿,而飾其女出見,曰:"所負實不能償,願以此女侍衾枕。"欽拂衣起,(拂)〔排〕闥出走,宿友人家。至夜分,大吐。曉起視之,蟲如髮數百。欽素病瘵,至是遂愈。又嘗還道拾遺金。多隱德。

曹誠,上海人,居東關。世岐黄業,臨症有神解,投以丹膏,無不立起。爲人敦樸自守,倭亂時避兵五里村,有川沙人失所携金,惶急欲死。誠獲之,立還無矜色。一夕命其子同宿藥肆中,指一布囊曰:"此頃所拾路傍物也。若入内卧,倘失者來,何從知之乎?"侵晨,果有諸暨紙賈泣覓者,還之如前。誠少時,即有廣福寺前還遺金事,交稱長者。陳所藴爲作《守愚先生還金傳》。壽九十一卒。孫垂燦,順治丁亥進士。

文苑

晉

陸機,字士衡,抗之子。身長七尺,其聲如鐘。少有異才,文章冠世。抗卒,領其兵爲牙門將。年二十而吴滅,退居舊里,積學十年。太康末,與弟雲俱入洛,造張華。華素重其名,如舊相識,曰:"伐吴之役,利獲二俊。"薦之諸公,楊駿辟爲祭酒。駿誅,累遷太子洗馬、著作郎。范陽盧志于衆中問機曰:"陸遜、陸抗於君遠近?"機曰:"如君于盧毓、盧珽。"志默然。既起,雲謂機曰:"殊邦遐遠,容不相悉,何至于此?"機曰:"我父祖名播四海,寧不知耶?"議者以此定二陸之優劣。吴王晏出鎮淮南,以機爲郎中令,遷尚書中兵郎,轉殿中郎。趙王倫輔政,引爲相國參軍。豫誅賈謐功,賜爵關中侯。倫將篡位,以爲中書郎。倫誅,齊王冏以機職在中書,疑其與爲九錫文及禪詔,收付廷尉。成都王穎、吴王晏並救理之,減死徙邊,遇赦而止。時中國多難,顧榮、戴若思等咸勸機還吴。機負其才望,而志匡世難,故不從。時成都王穎勞謙下士,機既感恩,又謂其必能康隆晉室,遂委身焉。以機參大將軍軍事,表爲平原内史。太安初,穎與河間王顒討長沙王乂,假機後將軍、河北大都督,督諸軍二十萬餘。機以三世爲將,道家所忌,又羈旅入宦,頓居郡士之右,固辭不許。機鄉人孫惠亦勸機讓都督,機曰:"將(吾)以〔吾〕爲首鼠避賊,適所以速禍也。"遂行。穎謂機曰:"功成事定，當爵爲羣公，位以台司。”機曰：“昔齊桓任夷吾，以建九合之功，燕惠疑樂毅，以失垂成之業。今日之事，在公不在機也。”穎左長史盧志心害機寵，言于穎曰：“陸機自比管、樂，擬君闇主。”穎默然。機始臨戎而牙旂折，意甚惡之。列軍自朝歌至于河橋，鼓聲聞數百里，漢魏以來，出師之盛，未嘗有也。長沙王奉天子，與機戰于鹿苑，機軍大敗。初，宦人孟玖、弟超並爲穎所寵。超領萬人爲小都督，未戰，縱兵大掠。機録其主者，超將鐵騎，直入機麾下奪之，顧謂機曰：“貉奴能作督否?”孫拯勸機殺之，機不能用。超宣言于衆曰：“陸機將反。”又還書與玖言機持兩端。及戰，超不受機節度，獨進而没。玖疑機殺之，遂譖機於穎，言其有異志。穎大怒，使秀密害機。其夕，機夢黑幰繞車，手決不開，天明而秀兵至。機釋戎服，著白帢，與秀相見，神色自若，謂秀曰：“自吴朝傾覆，吾兄弟宗族蒙國重恩，成都命吾以重任，辭不獲已。今日受誅，豈非命也!”因與穎箋詞甚悽惻。既(曰)〔而〕歎曰：“華亭鶴唳，可復聞乎!”遂遇害，時年四十三。二子蔚、夏，亦同被害。士卒莫不流涕。機天才秀逸，辭藻宏麗。張華嘗謂之曰：“人之爲文，常恨才少，而子更患其多。”弟雲嘗與書曰：“君苗見兄文，輒欲燒其筆硯。”後葛洪稱其文猶縣圃積玉，無非夜光，五河吐流，泉源如一。其宏麗妍贍，英鋭標逸，亦一代之絶乎。所著文章三百餘篇，並行于世。

宋

朱之純，登元祐進士第，以文名于時。歸老西湖，作湖齋谷陽園，自號谷陽先生。舊志云：有文集，版留儒學。今不可攷。惟《自題湖齋》及《縣齋》、《思吴堂》諸什僅存。

潘緯，字仲寶，一字景緯。紹興乙丑進士。恬于進取。乾道中，教安慶軍，登科二十餘年矣。嘗規模祝充，撰《柳文音義》。吴郡陸之淵爲序，稱其平生用心于内，不求諸外，故能會粹所長，成一家言，與柳文並行不朽云。

陳伯達，與潘緯同榜。其學深于經術，著《洪範九圖九説》。

許尚，不知其字，號和光老人。能詩文，有《廣化教院記》及《華亭百詠詩》。

胡林卿，華亭人。淳熙甲科，與史彌遠同榜。其後史既柄國，勢焰薰灼，終身不登其門。及卒，有輓詩云：“有名登相榜，無迹到權門。”初，縣未有志，林卿始與知縣楊潛，同邑林至、朱端常同修爲三卷，號《雲間志》。紹熙癸丑，新除迪功郎、饒州州學教授。子琚，嘉定進士。學識該博，能詩，有《静菴集》行世。

田疇，號與齋。史彌遠翹館客，設講席于國學，六館之士北面焉。不仕，有《學易蹊徑》、《四書説約》行于世。

林至，字德久。淳熙釋褐，歷官秘書省。登晦菴先生之門。有《釋騷》及文集行世。子革，世其學，登嘉定進士。

高子鳳，字儀甫，以詩名。别號澹菴。嘗注杜詩，林竹溪爲作序。有文集若干卷。

朱允恭，字爾靖，號樗齋。與族人藤州守日新號足菴者，並以詩名。四靈趙天樂選允恭詩二百餘首，爲集行世。

儲泳，字文卿，號華谷。居周浦，以詩見稱。雜著甚多，有《祛疑説》行于世。弟游，亦名湲，字智卿，號晴谷，並有詩名。

衛宗武,字洪文,以父蔭官省門,至州守。别號水北。文及翁序其詩文,名《秋聲集》。

葉汝舟,字濟川,登開慶進士。有《刊行通鑑筆義》。所著詩文藏于家。

元

凌嵒,字山英,號石泉。少習舉子業,會宋亡,一放于詩。鎔意鑄詞,鏘鳴秀拔,時流盛推重之。有《古木風瓢集》行世。郡中九峰次第題咏,昔人稱爲山史。

陸鵬南,號象翁。明《毛詩》,不仕。文章勁健,邑中稱爲鄉先生。與陸伯靈齊名,鄉里稱爲二陸。所著詩名《九峰清氣集》。

唐時措,上海人。好學能古文,即文昌祠作古修堂,以便邑士講習。元初爲儒學教諭。

祝峋,字秀巖,一云碧山,以字行,郡人。大德間,爲海道都漕運萬户府經歷,就陞平江路總管。峋爲人英拔豪闊,篇翰清美。同俞琰學《易》,講治甚精。所交皆一時名俊,與趙孟頫、朱德潤氣誼相許。卒于官,子孫遂家吴門。

莊肅,字幼恭,一字恭叔,號蓼塘,上海青龍人。嘗仕爲六品官,久之棄去,放身海上。性嗜書,聚書至八萬卷。至正間,修宋、遼、金三史,朝廷使檢討危素購書于其家,得五百卷。所著有《藝經》、《畫繼餘譜》傳于世。

曹慶孫,字繼善,應符之孫。號安雅,人稱爲安雅先生。以薦爲吴縣學教諭,徙淳安。年甫四十,竟息意進取,杜門讀書,摛文以自樂。因浙西水,著《水利論説》數卷,有司著爲法。所述有《副墨集》、《東山高蹈集》、《瀼東漫稿》凡若干卷。子宗儒,别有傳。

周之翰,字申伯,號易癡道人。自幼穎悟,博究羣書,尤通象數之學。其著述有乾坤闔闢、天地生成、陰陽變化、山川流峙四圖并贊,以發明其藴奥。講授于鄉,以壽終。

沈騰,字茂實。世業儒,能詩文。所著有《雙清詠史稿》。

錢璧,字伯全,郡人。端重清慎,語不傷氣。其學邃于《書》,中至治壬申鄉榜。陶宗儀蚤歲嘗從受業云。

陸居仁,字宅之。父霆龍,咸淳鄉貢進士。宋亡,棲隱教授終其身。居仁以《詩經》中泰定丙寅鄉試,工古詩文,與楊維楨、錢惟善游,殁同葬干山,號三高士墓。王逢輓宅之詩,有"游戲清真帖,優長雅頌文。世方趨趙孟,天竟滯劉蕡"之句,蓋狀其實云。

王文澤,字伯雨,號梅泉。家華亭風涇,遷上海。祖大言,父京,並有文章。文澤學尤富,凡有作,不肯蹈襲前人一語。所交皆當世名人。累舉不第,爲府學訓導,卒。所著有《尚書制度圖纂》三卷,《自立齋詩文》十卷。

吕良佐,字輔之,璜溪人。好學有才氣,與楊維禎、陸居仁諸公游。嘗爲應奎文會,遠近聞其名,投卷最盛。至正兵起,總帥與語大説,版授華亭尹,辭,請以白衣議事。帥賢之,俾自集白甲,保障鄉里,全活者數千家。

衛仁近,字叔綱,德嘉之子也。嘗以詩質楊維禎,維禎稱其奇節興豪,可追盛唐。有《敬聚齋詩稿》,世極稱其《秋夜曲》、《白苧詞》、《九山讌集》等篇云。

任暉,字東白,吴之著姓也。祖仁發,歷官都水監。父子文,又由秘書監,遷考城令。暉喜文史,善賦詩,脱去凡近,雄健有法度。與楊維禎游,嘗邀至其家,校讐詩章累日,維禎極愛重之。有《東白集》。

彭汝器,字宗璉,上海人。傳見《第宅》中。

明

顧彧,字孔文,上海人。舉明經,爲鄉邑訓導,累官至户部侍郎。詩文豪整奇麗,有古作者風。著有《上海縣志》。所傳《柳枝詞》,惜無全稿。

吴哲,字子愚,華亭人。博學善屬文,尤以詩名,大爲楊維禎、錢惟善諸名家所賞。嘗出佐戎幕,歸教授于鄉,至老不倦,自號滄雲野人。

陶振,字子昌,號釣鼇子。父依金澤林氏,遂家焉。受學于楊維禎,通《詩》、《書》、《春秋》三經。洪武初,爲吴江訓導,以佃(宫)〔官〕房謫戍。撰《飛龍在天》、《紫金山》、《金水賦》三篇,表上。太祖嘉之,去其戎籍,得歸隱九峰之間,授徒自給。一夕爲虎所噬。所著有《釣鼇集》。

管訥,字時敏,華亭人。九歲能文,比壯,儀觀偉然。洪武中,以秀才徵拜楚王府紀善,恭謹强力,事不避難。楚王深加器重,奏晉長史。在職十年,事無苟從。年七十,乞歸。王不忍其去,親製詩慰之,命世子書"忠勤良佐"四字以褒,仍奏留本國。先是,訥五十艱子,及從討蠻寇于銅鼓,用訥之畫,悉破斬之。諸將以隣于寇壤,欲殄其衆。訥進言曰:"是雖荒裔,亦人類也。奈何草薙而禽獮之?"王從其言,揮使蔡春退而嘆曰:"管公一言,活數萬之命,必有後矣。"越數年生子,錫名延枝,教育于宫中。既長,奏爲伴讀,今遂爲楚人。所著有《蚓竅集》。訥之子延枝,天順乙卯,年踰七十,省墓還松,親故有贈行詩文卷。

殷奎,字孝章,一字孝伯,華亭人。少從楊維禎授《春秋》,嘗應鄉試不利,遂謝去。洪武四年,以薦赴京試高等,例授州縣職。因母老,請近地便養,忤意,調陝西咸陽教諭。在任四年卒,年四十六,門人私謚文懿先生。所著有《道學統緒圖》、《家祭儀》。宦咸陽,有《咸陽志》、《關中名勝集》、《陝西圖經》、《婁曲叢稿》、《渭城寐語》。後徙家崑山,有《崑山志》。

顧禄,字謹中,華亭人。洪武中,爲太常典簿。自少才藻艷發,能詩善書,尤工分隸。國初詩人袁凱而下,即稱謹中。有《過鄱陽湖》詩云:"放歌今日容豪客,破敵當年想至尊。"聞入禁中,太祖命盡進其作。一日,解縚便殿見上所嘗御之處,有禄詩數帙。今集名《經進》以此。

朱芾,字孟辨,華亭人。自號滄洲生。少從楊鐵崖游,才思飄逸。工詞章,兼善翰墨,真草隸篆清潤遒勁,風度不凡。明太祖《御製集》有《和朱孟辨落花》詩。

曹宗儒,字元博,慶孫之子。洪武初,任華亭教諭。嘗爲府委至京師,上諭禮部曰:"教官所以作養生徒,爲國儲才。有司委以公務,使不得盡心教訓,甚非崇儒重道之意。其禁止之。"所著有《春秋左傳叙事本末》三十卷。子衡,字士望。精敏好學,尤善真行草書。仕至工部給事中。

王彦文,號益齋,華亭人。嘗爲府學訓導,陞嘉興縣。舉修《永樂大典》,領《詩經》副總裁。所著有《詩傳旁通》行世。

金鉉,字文鼎,華亭七寶人。有孝行,茹清蹈潔。當路欲薦之,以親老固辭。喜吟咏,有古詩人風,書畫皆擅長,時稱三絶。以子鈍貴,封中書舍人。所著有《鳳城稿》、《尚素齋集》。

錢岡,字景高,溥長子。博學好古,閉門著書。嘗念郡志紀載繁簡不一,艱于披檢,乃彙大統、嘉禾、前續新志、本朝實録等書,著爲《雲間通志》。始正統辛卯春,訖成化丙申,凡若干卷。郡人李年首稱之曰:"一披展間,了然于目,身心俱快,逸思遄生。其惠後深矣。"

陸潤玉,號夢菴。隱居北郭,博學好古,不妄言動。工于吟咏,與夏濬、張遜、王桓、陳鏞、彭思禮、郭用常輩,爲詩社相倡和。有《夢菴集》行世。

曹安,字以寧,華亭人。正統甲子舉人,任鄢陵訓導,陞武邑教諭。素負才名,博學能文,揮毫立就。居恒不廢撰著,所作文曰《取嗤稿》,詩曰《蟋蟀吟》,皆失傳。獨《讕語長語》行世。

朱應祥,字岐鳳。其先鳳凰山人,後居府城。生有異質,秀眉廣口,雙瞳炯然。徐主事觀家多藏書,盡出借之。於是學益閎富,大篇長什,肆筆立成。書兼數家,遒勁有法度,尤長于題壁。同時常熟桑民懌、杭州張天錫,並以文名。一日,遊西湖,即席賦二律,天錫爲之閣筆。爲人豪邁闊畧,不爲細謹。累舉不第,成化丁酉,始以歲貢薦南畿。上春官,復不利,遂放意文酒,著高士巾,衣鶴氅衣,與張友山諸人相應和。未幾卒。諸子皆不學,所著述多散佚,惟《鳳山稿》數十篇僅存。

錢福,字與謙,華亭人。隆準秀目,氣度不凡。成化丙午,中式第九。謁祭酒謝文正公遷,命之遊李文正公門,館穀其家。時有以司馬温公像求文正作讚,轉屬福代讚曰:"公之在朝,拔茅連茹。公之在野,青苗變法。公之再起,是爲元祐。公之云亡,是爲靖康。"文正大加快賞云。弘治庚戌,試禮部、廷對皆第一。福廷試不屬草,凡三千餘言,授翰林修撰。郡自衛文節公後,未有魁天下者,自福始,而才又稱之。既第後,名聲赫奕,賓客輻輳其門。有外相推重,而中實忌嫉者,遂掛察典,以疾致仕。福詩文藻麗敏妙,援筆立成,遠近購請,莛扣響答。每廣坐間,群客競以牋版乞題,福酢酬起居,不廢諧謔。比酒罷,人人得所請而去。性坦率,無町畦,有犯者,笑而受之。故雖以才見忌,而怨怒不及云。卒年四十有四,李文正東陽志其墓。所著名《鶴灘稿》。

王良佐,字汝弼。自幼穎敏,十三能文章。逾五十薦于鄉,謁選静海學諭。流賊劫掠郡邑,守令往往鼠竄。將入境,有勸宜少避者,良佐曰:"吾何走? 賊即至,吾固將抱祭器罵賊以死,何避也?"尋擢廣濟縣令。逆寧搆禍,軍興,征需百出,邑弗能供,上官督譴嚴迫。良佐嘆曰:"財非天降地出,使吾日鞭笞吾民,盡麋爛之,亦何益?"即稱疾謝事歸。自是養高丘園,不入城市,肆力古文詞,以撰述自娱,與后山、簡齋相上下。有《鶴坡稿》,孫文簡公刻行之,并表其墓。

唐錦,字士綱,上海人。弘治丙戌進士,預修《大明會典》,旋歸侍養,鋭情著述。出就東明令,修《大名府志》十卷。以廉能擢入爲兵科給事中,清理廣東鹽法,查覈積逋百萬餘引。時劉瑾殘横,錦不謁餽,謫判深州。瑾誅,晉南繕部,轉比部郎。慮囚湖湘,多平反,有

《恤刑録》。再督江西學政,遇宸濠變,以地方失守落職歸。事後白准致仕,杜門養重,一時金石之文多所著。有《龍江夢餘録》及文集若干卷,復修《上海志》行世。

曹豹,字文蔚,上海人。弱冠充邑踐更,發憤力學。成化丙午舉于鄉,弘治己丑進士,授郏縣令。立社學,選教讀,勵師儒,毁淫寺。秩滿奏最,召入將拜臺諫,卒。郏人德之,崇祀名宦。雅好吟咏,有《山居》、《雲程》二集。

王一鵬,字九萬,號西園,華亭人。弘治中,以明經授泰順訓導,二年即告歸。性寥廓瀟灑,綽似晉人。工詩,善書畫,恬淡閒雅,成一家言。搆小齋,几上陳古鼎彝、茶鐺、酒鎗畢具。其供筆硯,即小鬟也。客至,竟日夜爲笑談。或乞詩畫者,履常滿户。又精曉音律,時持檀板度新聲。優游泉壑幾三十年,未嘗措足聲利云。

顧曦,字東曙,華亭人。博學能詩。其《弔横雲山》詩曰:"圜堂千載寄崇阿,石馬無聲墓草多。故里尚傳前代事,浮萍應落逝川波。野人夜黑偷金盌,山鬼天寒泣翠蘿。莫問人間興與廢,夕陽回首自悲歌。"顧文僖以呈李文正公,公曰:"不意山林乃有此作。"同時戚韶、王良佐、張冕、吴爰、高企等十餘人相倡和,並爲時所重。

張武,字德勇。飭躬力學,授徒自給。潘恭定恩,其門人也。以貢謁選,霍少宰韜奇其文,署名第三,當得府推官。武雅不樂刑名,請以師儒自效,遂授弋陽王府教授。上《保祚箴》、《鑒古録》,深見嘉納。尋懇疏引歸,監司交檄挽留不得,諸宗室相率贈遺,一無所受。歸而翛然一室,唯以著述爲事。所著有《城南稿》、《讀史漫筆》。

黄標,字良玉,上海人。藏書甚富,繙閲無間寒暑,叩之如指諸掌。爲陸文裕公甥,文裕臨文有疑義,必屬標攷覈。與人談經濟,鑿鑿可行。輯《古今説海》一百四十二卷,選《陸文裕集》一百〔卷〕。所著有《書經異同》二十二卷,《縣志稿》十卷,俱燬于倭,惟戊己、庚子二稿尚存。

徐獻忠,字伯臣,華亭人。學博才高,日讀書盈寸。嘉靖乙酉舉于鄉,再試不第,選授奉化令。約己惠民,邑以大治。會同社沈愷爲寧波守,不願折腰事之,趨入署,南面踞坐。沈意不懌,獻忠曰:"而豈以我不能爲陶彭澤耶?"遂謝政歸。因父葬吴興之福山,又樂其湖山之勝,乃徙居焉,爲終老計。暇或命扁舟,扣舷吟嘯,翛然物外。生平著述外,無他嗜好。工詩文,尤長于賦。其論詩,選體法晉魏,近體取高岑,而一師大曆。自吴興後,詩格更進。時大司寇顧應祥、大司空劉麟、蔣瑶諸前輩,于峴山爲耆英之會,交致獻忠以爲重。其所著皆關係經濟理學,有功風雅。卒時年七十七。婁東王世貞適行部至,爲經紀其喪,而葬于九霞山之陽,私謚爲貞憲先生。

沈愷,字舜臣,華亭人。嘉靖己丑舉進士,授刑部主事。編修徐階疏辨張璁黜孔子王號之非,上怒,欲逮置重典。當時親故無敢過門者,愷問訊無異平日。階拜首揆,愷不加一秩,世愈高其品。擢守寧波,遷參政,念母老乞歸。穆宗即位,即家起太僕寺卿,不赴。放情山水,作環溪亭,又招致賓〔客〕,以賦咏述作自娱。善懷素草書。所著《環溪集》、《守株子論》。從子紹文,字(儒)〔孺〕休,善屬文。其詩蒼深渾雅,晚詣自然。王世貞詩評中所云"孺休如蜃樓虹御,不在人間者也。"書法遒整,兼歐虞之長。所著有《寶言堂集》。

何良俊，字元朗，華亭人。少與弟良傅皆負俊才，時以二陸方之。良俊由貢謁選，當事重其名，授南京翰林院孔目。良俊故負勝情，喜南都山水奇麗，品題殆遍。會趙文肅貞吉視院篆，引與深語，定文字交。後王諭德維禎至，待良俊尤加禮焉。每出遊，必挾與俱，相倡和。後乞歸故里，益厭俗，傲然不屑一世。于學無所不窺，千言立就。著述甚侈，並行于時。子元之，字又元，亦以淹雅見稱。

何良傅，字叔皮，良俊之弟。十歲通經史，十二所綴義絶出其曹。十四補諸生，拔貢，舉庚子鄉薦。辛丑第進士，授行人。三年，遷刑部主事，復力請改南，得禮部儀制司，晉主客郎中，致仕。著有《叔皮集》。

朱察卿，字邦憲，知府豹子。少治經生義，流譽郡國，入爲太學生。白皙飄鬚，善談笑而特好飲，嘯歌慷慨，意若無足當者。又喜任俠，急人之難甚于己。其文法東西京，詩法開元以前諸大家。即撰著脱稿，猶令人彈射，務當乃已。自稱醉石居士，卒年四十有九。著《邦憲集》，李本寧維禎稱其精整無瑕云。子家法，孫長世，皆進士。

張之象，字元超。正德丙子舉人，鳴謙子。少穎異，曠覽不群，專力治古，博綜群籍。詩爾雅冲淡，興寄寥遠，文出入東西京。繇國學謁選，時宰欲其撰青詞以進，拒不應，就浙江按察司知事。適僉事爲同郡某，屢檄其作文，不能脂韋，遂投劾歸。卜築秀林山，往來優游，遂忘歲月。侍御邢侗觀風入吴，趣駕就訪。時之象方卧疾，侗直入造榻下，握手慰勞，恨相見之晚。問所欲，對曰："老人無他嗜，惟嗜丘壑。"因出所著《賣書買山詩》，爲之賞嘆不已，即檄知縣屠隆贈買山錢。上海知縣顔洪範聘修邑志，品叙詳雅，爲世所推。卒年八十一。所著甚富，載《藝文》中。子雲門，操尚貞素。孫齊顔，博學嗜古，著有《屯雲居稿》。曾孫藎臣，能世其學，三世並舉孝廉。藎臣兄寶臣，亦有文名。

張世美，字濟之，華亭人。以恩選入太學，名譽翔起。歸而涉歷山川，流覽古先聖賢遺迹，作《述征賦》。躬耕泖上，淫雨滐田禾，農人無以卒歲，作《憫農賦》。以詩古文名家。謁選得幕職，僅十月，不耐折腰，自免歸。惟與詩人王良佐輩結社倡和，爲沈愷、周思兼所稱。居恒苦節，不屑以一介干人，閉門著書，吟嘯自適。所著《家藏集》，手輯成編，詩凡八百首，文凡一百五十首，刻成而自爲之序。

袁福徵，字履善，華亭人。嘉靖甲辰進士，授刑部主事，與李攀龍、王世貞、宗臣同官，有小詞林之號。晉郎中，後爲唐府左長史，以發僞疏，忤中貴意褫職，復羅織冒禁乘傳下獄。事白，歸，以詩文棊酒自寄，市廛野服，班荆道故，取意所快。性奇爽佹厲，出言若流，然其天真爛熳，度量弘博，人亦敬而推之。釋褐六十年，家徒四壁，殘書萬卷而已。家藏詩文甚夥，未獲梓行。子之熊、之羆，皆負才名。孫思明，登丁未進士，官南祠部郎，有清節。

張承憲，字監先，華亭人。嘉靖甲辰進士，爲行人，賜一品服，使朝鮮。王敬禮之，出高麗楮數幅乞言。承憲援筆立成，詞翰雙絶。又兩使親藩，却其贈遺。遷南京吏科給事中，時邊吏請以牛羊易米豆，承憲條五不可狀，得不果易。又疏言外計宜止科斂，禁賄賂，嚴舉主之罰，重部院之臣，及久任以責成功，撫臣不宜數易。詔皆納焉。其陳請倭寇事宜，俱見諸施行。丁艱，除服改北，乞歸遷葬。卒年六十七。所著有《端諒堂集》。

朱大韶,字象元,華亭人。嘉靖癸卯鄉薦第二,丁未進士。選庶常,授簡討,册封襄藩,分校禮闈。時倭寇起東南,大韶以親老乞改南,遂得司業,迎養官邸。無何,解任歸,築精舍,搆文園,一以吟咏燕樂爲事。性豪俠軒舉,晨起登快閣,用丹黄點定古書數版,始就櫛盥,出應賓客。左右陳彝鼎罍洗之具,暇則展法書名畫,或臨帖賦詩。客至留連,不勝杯酌,而喜人飲,徹夜無惰容,騷人墨卿無不履次于户者。卒年六十有一。

宋堯俞,字叔然,華亭人。舉嘉靖壬子鄉薦,辟居别墅,不入城府,以節俠著。嘗游南雍,值張居正爲祭酒,課置高第,及相欲延以館席,屬徐文貞具裝遣之,謝不往。丁丑偕計,因失引不就試,婆娑燕市,終不干謁。居正聞之,命諸子就拜,堯俞乃報謁。居正出,就諸子席見之,因留之曰:"君無歸,老夫曩以文知君,君今獨不當以文課吾諸兒乎?"請就邸舍。明日,致廩餼。堯俞不得已,因留焉。會居正遭父喪,堯俞從諸子徼奔喪期,則以重違兩宫對。堯俞乃上書諫曰:"國家當土木之後,安危繫于肅愍,然懇志終喪,景皇莫奪。今覆盂安瀾之日,正相公行禮知足之時。且令天下後世以爲口實,曰:昔有江陵相公者,兩宫留之不獲,主上挽之不獲,禮不可違。如是一舉而名教重、風俗敦矣。"初,居正欲以紫薇舍人官之,及得書,大拂其意。堯俞默默不得志,竟病卒于京師。堯俞所上書,灑灑數千言,一時傳誦,稱爲先秦古文。馮時可爲堯俞作傳,具載其書,見時可集中。所著有《薊門集》若干卷。

秦嘉楫,字少説,嘉靖已未進士。初授行人,使周藩。周王偉其風度,厚贐之,悉謝却。乃衣以一狐裘,曰:"天氣方寒,幸使者爲遠道計。"嘉楫不得已,陽諾。至杞縣,託同年命以裘歸王,曰:"某,賤臣也。何敢辱王服?"其介節如此。爲侍御,遷浙江僉事,降光州判官,進汝寧推官,陞南京工部主事。致仕家居,較輯群書,手自抄録。所著有《鳳樓集》。

馮時可,字元成,大理恩之第八子。隆慶辛未進士,累官按察使。一生歘歷仕途,所至皆有治績,尤以千秋之業,爲海内所重。弱冠登朝,筮仕刑、兵兩曹,所事五尚書,有建白,輒屬公視草。肆力爲文,遂登壇坫。已由薊門歷河洛荆蜀,入夜郎,去國天末,作《西征集》。自粤入楚、入浙,往來萬里,歷臬藩三遷,作《超然樓集》。里居吴閶,文譽四馳,又作《天池》、《石湖》、《皆可》、《繡霞》、《北征》諸集。晚年出山西,陟羅浮,南踰金齒,中航彭蠡、洞庭,作《後北征》、《燕喜》、《南溟》、《武陵》諸集。他如《寶善編》、《藝海洞酌》、五經諸解。文有關係,窺古作者。性不喜問生産,室無長物。四方謁文者無虚日,間有餽遺,隨手散去,貧宗寒士無不溉其潤。道貌落穆,下筆輒有風霜,不肯阿借,爲前後詞人之冠。

莫是龍,字雲卿,以字行,更字廷韓。方伯如忠子也。有異資,十歲即善屬文,十四補郡博士弟子。工古文詞,書翰畫法,凌撼今古。氣復豪上,一時諸名流無敢衡視。學使者高其名行,不次貢于庭。時宰有欲以翰苑處之者,雲卿意不屑也。王世貞、汪道昆咸推重之,張佳胤來撫江南,彌加敬禮。居恒喜延奬後進,常若不及。有文集行世。

錢大復,字肇陽,華亭人。少有文譽,萬曆七年鄉試得雋,數上公車報罷,就選爲蓬萊令。下車即召父老,詢民間疾苦,撫恤流亡。每月旦詣黌宫,集講義以訓迪之。三十五年,子龍錫登進士,選庶吉士,遂致仕歸。撰《寶六堂銘》以自箴,搆書院爲講學地,集其門生徐百朋輩，相與辨析疑義。巡撫周孔教題曰“日新書院”。自戊申後歷九載，寒暑未嘗輟。所置祭田、贍族田千餘畝，宗黨咸賴之。四十四年，訪故人于金陵，焦竑與語，輒嘆以爲弗如。一日謂曰：“我體中今日稍不快，天期近矣。”言訖遂瞑，卒年七十一。祀鄉賢，後以子龍錫，贈建極殿大學士。所著有《味道編》、《良知的證》諸書。

馮大受，字咸甫。父行可，見《獨行傳》。少負才名，工書法。襟懷遠暢，終日閉關，不欲與俗爲伍，深爲王世貞、莫如忠所器重。萬曆七年，中鄉薦，困公車者三十年，謁選得陽山縣知縣，改教餘姚，遷慶元縣知縣，致仕歸。葺竹素園，日吟咏于其中，子弟罕見其面。從弟大咸，亦有文譽。嘗曰：“吾兄滅迹斷掃，幾如瘦鶴寒蟬矣。”有《竹素園集》。

何三畏，字士抑。少穎拔。爲名諸生。徐文貞階勸其北游，遂魁壬午榜。屢躓公車，就選得紹興府推官。會有邢節婦事，拒貴人所請，置訟者于律。中蜚語，擬改調，竟飄然歸。遭太夫人喪，誓墓不復出。乃搆芝園，日與賓客爲文酒之會。賦性亢爽，有古豪士風。凡臺察長吏式廬請益者，必開陳利病，無所隱諱。晚歲尤專精搆撰，卒年七十有五。

范允臨，字至之，惟丕子。早孤，贅吴門徐氏，因家焉。善屬文，萬曆乙未進士，授工部主事，歷雲南提學、福建參議。高懷逸藻，爲海内所重。尤善書法。徐夫人名淑，亦工詩翰，倡和成集。嘗築園天平山，凡范氏義莊先祠，靡不興葺。一日，析理後事訖，端坐而逝。子雲威，順治丁酉舉人。

宋懋澄，字幼清，孝廉堯俞子也。年弱冠，能文章，喜交游。慕古烈士風，私習兵法，散財結客，欲建不世功。年三十餘，始折節爲儒。北游京師爲太學生。時光宗與福王同出閣講學，禮數無所差等。懋澄上書大宗伯羅萬化，謂皇長子、皇次子出閣，若等威不定，必啟天下之疑。書凡數百言，宗伯大驚。然時多忌之者，遂歸。屏居歲餘，居母喪，一如古禮。萬曆壬子舉于鄉，三試南宫不第，卒。懋澄當萬曆間，遇人必抵掌論世事。嘗喟然嘆曰：“二十年後，天下將有兵，而我不及見也。”後卒如其言。詩文奇矯俊拔，尤工尺牘及稗官家言，有《九籥集》、《别集》行世。子徵輿，成順治丁亥進士。

唐汝詢，字仲言，華亭白沙里人。五歲而盲，以耳受書，博通羣籍，弱冠著《唐詩解》，交游日廣。萬曆間，御史楊鶴、駱駸曾聞汝詢名，皆肅禮幣見之，甚加歎異。汝詢以竟陵《詩歸》有乖雅調，復作《彙編》十集，學者宗之。兄汝諤，字士雅。博學好古，爲青浦知縣屠隆所重。以貢歷常熟、宿遷教諭，後晉安慶府學教授，年老不赴。亦能詩。

范文若，字更生，初名景文，上海人。萬曆丙午舉于鄉，與常熟許士柔、孫朝肅、華亭馮明玠、崑山黄焕如五人爲拂水山房社，以奇文鳴一時。己未成進士，爲汶上知縣，以嚴察爲治。改知秀水縣，案牘之間，不廢文翰。再調光化縣，意不自得，或兼旬不治事，扁舟往來江漢間，以釣筒詩卷自娱。遷南京兵部主事，爲考功陳某中傷，内計左謫。稍遷南京評事，以憂去官，卒于家，時年四十有八。文若美姿容，工談笑，雅慕晉人風度，好爲樂府詞章，識者擬之湯臨川云。

黄廷鵠，字孟舉。曾祖明，雲南按察司副使。少穎慧，稍長即肆力古文詞，綜覽百家，討晰源流。爲舅氏唐文恪文獻所器重，尤覃精風雅。時海内皆尚公安，其後又宗竟陵，廷鵠獨力追正始。嘗論名賢篇什，有詩人文人之别，詩人之作情深而興遠，文人之製體工而法密，識者以爲名言。年三十餘，舉鄉薦，後爲寶應教諭，作《尤言》八篇訓士，翕然丕變。遷浙江嵊縣知縣，以裁抑水陸郵遞，失監司意，左遷順天經歷。崇禎初，轉通判。嘗進《爲臣不易編》，特嘉納焉。會有忌時相者，因論廷鵠不當得京秩，議外調，遂歸。不數年，卒。

隱　逸

晉

張翰，字季鷹，吴郡吴人也。父儼，吴大鴻臚。翰有清才，善屬文，而縱任不拘，時人號爲江東步兵。會稽賀循赴命入洛，經吴閶門，于船中彈琴，翰初不相識，乃就循言譚，便大相欽悦。問循，知其入洛，翰曰："吾亦有事北京。"便同載即去，而不告家人。齊王冏辟爲大司馬東曹掾。冏時執權，翰謂同郡顧榮曰："天下紛紛，禍難未已，有四海之名者，求退良難。吾本山林間人，無望于時，子善以明防前，以智慮後。"榮執手愴然曰："吾亦與子採南山蕨、飲三江水耳。"翰因見秋風起，乃思吴中菰菜、蓴羹鱸魚膾，曰："人生貴得適志，何能羈宦數千里，以要名爵乎?"遂命駕而歸，著《首丘賦》，文多不載。俄而冏敗，人皆謂之見機。翰任心自適，不求當世。或謂之曰："卿乃可縱適一時，獨不爲身後名耶?"答曰："使吾有身後名，不如即時一杯酒。"時人貴其曠達。性至孝，遭母憂，哀毁過禮。年五十七卒。其文章數十篇行于世。

唐

顧謙，字自修，其先吴郡人。風神朗秀，質性端敏。舉明經三禮二科，洞達貫穿。魏帥何公表謙高才，拜貝州宗城令。棄歸，隱于北平鄉崧子里。名流高其風操，咸就見焉。咸通十三年卒。

宋

李行中，字無悔。高尚不仕，隱居青龍江上，治園圃，築亭寄傲。東坡顔之曰"醉眠"，歌以贈之，屬而和者蘇子由、秦少游、張子野輩十五人，侈爲勝事。

李智遠，華亭人，自號谷隱野人。居頤浩寺，竟日掩關，澄心默坐，若槁木然。元兵至不去，兵擒之不驚，及縱之亦不喜。事定月餘，忽沐浴冠裳，斂身危坐，手詩云："四十三年處世中，夢中成夢又成空。今朝撒手還歸去，木馬頻嘶物外風。"書畢而逝。

王奎，其先大名人，文正公旦之後。祖太常少卿逖，避靖康難，自金陵再涉華亭。奎風容韻亮，好爲神仙方術，自號蟾谷真士，嘗著《蟾谷袪疑靈貫篇》行於世。嘉定、寶慶間，一再徵，不起。卒之先一月，遍告所知曰："吾將頤化矣。"至期沐浴冠裳而卒，人咸異焉。見《趙松雪集》。

元

衛富益，華亭人，文節公涇裔。宋亡，設壇爲文，祭死事諸公，詞極悲慘。嘗負笈從金履祥、許謙受學，悉究性命之學。許卒，爲制服。歸，隱居教授，創白社書院于石人涇陽。

至大間，有司欲薦聞，不就，携仲子隱于湖之金蓋山。卒年九十六，門人私謚曰正節先生。

曹知白，號雲西。其先永嘉人，宋宣和中，景修始遷華亭長谷之西。知白身長七尺，美鬚髯，性機敏。至元三十一年，詔遣中書左丞鑿吴淞江，以策從行，厥功居多。大德四年，庸田使柳公行水，復獻置閼成隄之法，民甚德之。丁母艱，哀毁盡禮。服除，大府薦教諭崑山，不樂，辭去。嘗游京師，王侯鉅公多折節與交，章辟屢上。知白悉辭謝曰："吾聞冀北多奇士，庶幾見之，豈齪齪求官者耶？"即日南歸，隱居讀《易》，終日不出户庭。或放筆圖畫，掀髯長嘯，人莫窺其際。周恤姻黨惟恐後。篤于交誼，若文士許應元、李冲、劉世賢，詩僧崇古，生則延館，死則爲治喪葬。人稱貞素先生。

余瑾，居簳山，因自號笴隱生。幼時嘗夢掘地，得大小墨數百笏，遂善屬文。長好游名山。至正間，自具區道毗陵江抵淮泗，以直言干在位者，弗用。還讀書簳下，著《史補斷》、《丹崖夜嘯》、《金聲録》、《玉露吟》各若干卷。或勸之仕，則曰："大丈夫仕，當爲天下除殘剗暴，否則不如抱膝坐耳。"乃終其身。顧《志》云：不知其姓。陳《志》云：姓余。蓋據《楊維禎集》考定耳。

陸厚，城東人。宅東有圃，自號東園散人。貌古岸，長身虬髯。博洽經史，尤精孫吴氏書。方兵變時，將某聞其名，覓不可得，或往來天目、靈巖、苕霅間。兵息，返故廬，放浪三泖中，或竟夕忘返。幼時嘗遇異人，得子午按摩法。療人疾，不施鍼焫，對坐笑談，頃刻即脱去。或勸之仕，不應。有詩集若干卷，號《古漁唱》。

楊謙，松江人，别號竹西。世居赤松溪上，張堰溪名。讀書不仕，多海内高人勝士之交。嘗築小樓，登眺海中大小金山，題曰"不礙雲山樓"。楊維禎、貝瓊俱爲之歌詠。

孫道明，字明叔，華亭泗濱里人。好古，藏書萬卷，遇秘本，輒手自抄録。嘗築映雲齋，延接四方名士，較閲藏書爲樂。又造一舟，曰"水光山色"，徜徉南浦，自號停雲子。嘗與陶宗儀共泛，宗儀製詞，道明即譜入調中，命洞簫吹之，與櫂歌相答，極鷗波縹渺之思。宗儀有記。

陸泳，字伯翔。隱居大蒸，盡心農事，采方言習俗，作《田家五行》，以占豐歉。楊維禎、陸居仁叙而傳之。

蔡訓，字君立，號東郊。上海仕族子，與江陰孫作善。元末兵亂，變姓名隱吴中。事定還鄉，築室漢成里，扁曰"東郊草堂"。孫作爲記。

王泳，字季瀰，上海人。衡山主簿鏞之子也。鏞卒，遺命以庶弟奉其生母，泳悉畀舊田宅，而所居貧薄，晏如也。自號静習，或問："静何習？"輒對曰："習不繇静，未嘗學也。"門生輩爲買龍華之原，營壽藏。泳角巾藜杖，逍遥作歌，歌闋，長嘯而返。梧溪王逢爲銘其藏。

孫稷，字長慶，郡人。言行謹飭，嘗舉爲文學官，兵興，遂不仕。築室于横雲山之支隴，名其居曰"小山招隱"，讀書賣藥以終老焉。時人尚之。

楊德懋，華亭人。善書法，明《左氏春秋》，尤究心《太極圖》、《通書》。買田澱山之西，躬耕不仕。明初，徵天下真才，郡縣薦之。命下，曰："唐堯聽巢父之洗，光武遂子陵之高，富貴非吾願也。"即自眇其左目，以示廢疾不可用，優游湖上，卒年九十二。里人稱之爲自廢公云。

明

錢全袞,字慶餘。祖福,宋承務郎,自錢塘徙家華亭,遂爲郡人。全袞通涉書史,好禮尚文。元末張氏據吴,隱居盤龍岡,不爲其用。所著書有《韵府羣玉掇遺》、《續松江府志》。子徵,洪武初舉秀才。袞以"清心潔己,忠國愛民"八字,書于簡以授。徵後任綏德州判官,克遵厥訓,爲政有聲。

任繼祖,字季倫,松鄉先生之曾孫。喜讀書,篤于踐履,且勇於爲義,遇患難,輒傾囊濟之。洪武末,以子勉之貴,封鄱陽知縣,進封韶州府同知。而布素自如,暇日躬灌園植蔬以自適。郡大夫數造其廬,亦不往見。識蕭山魏文靖驥于少年,期以公輔。及卒,公爲之銘。

黄鑑,字明夫,華亭人。博學而貧,三十不娶。李進士萱慕其賢,以女妻之。所賫奩具甚侈,悉遣還,但織紝佐薪水。晚年結茅干山,曰"八峰小隱",游息其中,賦詩酌酒爲樂,海内求一見不可得。年九十六卒,門人錢福爲之傳。所著有《山樵傳説》。

李年,字成之。性沉静簡默,終日端坐,與諸生講解,懇懇詳辯,冀其有得而後已。當英廟北狩,年適鋤于圃,聞之涕泣彌日,識者謂其隱不忘君。年六十八卒,學士錢溥與門人曹雲龍私謚爲貞静先生。所著有《一樗子集》。

顧聽,青浦人。其先顧仲瑛,有别業在青龍之新江鄉,至聽遂家焉。中弘治甲子科,授建昌郡丞,以慈廉著。尋棄官,自名孤松小隱。足不入城市凡三十年,集生徒數人教授,躬親畚鍤。死之日,陳書數卷,布袍竹杖而已。

姚章,字尚絅。少厭薄舉業,學詩有陶謝風,書法宗黄魯直。游學荆溪、陽羡間,愛其山水清僻,遂移家焉。後又至采石之紅木山,市地數畝,結屋棲遲。壽八十四終,葬于山麓。

張允孝,更名初,字太初,人稱貞白先生。少游文徵仲之門,工六書。長於詩,善繪畫,璩之璞其弟子也。晚居沙岡墓廬,曰楓菴。家日貧,無一字外干,四十年不踏城市。陸文定樹聲指爲雲間伯夷。

陸郊,字子野,吴縣人,寓居華亭。好古力學,爲陳氏館甥。陳易簀時,命其子中分田産,郊携室人避居村落。翛然高尚,有梁伯鸞之致。日惟讀書攻詩,間臨摹古帖以自娱。直指尚維持行部訪人物,莫方伯如忠曰:"有陸子野者,詩類孟襄陽,字類顔平原,人品類王孺仲,真高士也。"尚公遂持節邀之。郊以葛布野服踞上坐,人益高之。所著有《子野集》。子應陽,字伯生。少負才穎,詩翰爲時所重。黄學士洪憲、申文定時行、許文穆國俱折節交之。建議復修孔宅,復議擴郡城,饒有籌幹。卒年八十六。著述甚侈,見《藝文志》中。

田有相,字道子。年十七,補博士弟子員。性恬逸,學使者按部較士,以醉失期,遂棄去。居泖上,治圃藝橘爲林。每秋深時,緑陰朱實,侍父杖履行游其際,具酒醑爲樂。父因號橘莊翁,里中稱有相以孝隱云。

張昉,字元昃,華亭人。力貧嗜學,董侍郎傳策慕其人,幣致之不納,即時訪亦不答也。居南郭之敝廬,曰蚊蜨巢。一僮力作,日得粟直以供晨夕。僮死困甚,假道院居之,尋卒。

人傳其題畫一絶云："挈罌坐釣秋江湍，沽酒容易得魚難。世間好物不在速，三尺鱸魚晚上竿。"其風操可知矣。

孫得原，字本卿。有儁才，居東郊，隙地半畝，皆蒔草藥，吟咏其間。病足，嘗出乘一驢，市少年每戲侮之，得原佯不聞也。抵家，其子士高掖之而下。晚不能跨驢，又負之而歸。宋旭畫《荷父圖》贈之。工篆隸書，灑灑有山水致。孫孟芳，能世其學。

李世邁，字懷古。世居郡城南。少慕高隱，喜讀奇書。知天下將亂，與其友沈蓮臺相約不婚。爲父兄敦迫，娶未踰年，妻卒。自是棄經生，絶嗜慾。所居一室，高槐古梅，竹爐泉茗。興至，鼓琴一再行以自適。每聞雨滴芭蕉聲，輒欣然喜，夜則忘寐，人號曰喜雨翁。閉門授徒以自給。研田有贏，則于助葬贍嫠之事，尤汲汲焉。世邁中歲預作生壙及遺令，壙中有題字云："多壽多辱，無榮無憂。不滿甲子，我將歸休。"崇禎十一年，年五十九，果卒。沈蓮臺竟不娶。時時讀書，不爲人知。以醫目治生，一錢不妄取也。見貧者又好施與，終身一室一榻，不改故處。

陳繼儒，字仲醇，華亭人。幼穎異，能文章，徐文貞公階器之。長爲高才生，與同郡董玄宰其昌齊名。婁東王文肅錫爵招與子衡讀書支硎山，王司寇世貞亦雅重繼儒，三吴名下士争欲得繼儒爲師友。繼儒爲人通明高邁，敦孝弟，厭聲華。年二十九，取儒衣冠焚棄之，結茅崑山之陽。山爲二陸讀書地，植名花廟祀焉，號乞花場。草堂數椽，焚香晏坐，意豁如也。或勉之曰："食貧如堂上甘脆何?"因復就館餼。楊宫諭繼禮、包學憲檉芳、項中秘鼎鉉競延訓其子弟。錫山顧憲成講學東林，招之不往也。親亡，卜葬神山之麓，遂築室東佘山，杜門著述，有終焉之志。繼儒工詩文，雖短翰小詞，皆極風致。兼善繪事，又博聞强識，凡經史諸子，以及術伎稗官與二氏家言，靡不精討。間爲攷覈異同，或刺取其瑣言僻事，詮次成書，遠近競相購寫。海内金石碑版與大册高文，徵請者無虚日。東佘故郡僻壤，繼儒爲洗岩疏壑，植榆柳，搆亭榭，茶鐺藥臼，左圖右史，躡者比華陽洞府。又喜獎掖士類，四方墨客騷人，屨滿户外。繼儒片言酬應，莫不當意去。暇則與黄冠老衲，杖策窮九峰之勝，酹三高士墓，泛泖尋楊鐵崖、趙松雪、曹雲西往來遺迹，吟嘯忘返。足迹罕入城市，董文敏爲築來仲樓招之。臺使者按部，以暨郡邑長下車，造訪其地方利弊及有裨風教事，條對無所隱。言於督學楊廷筠，建求忠書院，祀方正學孝(儒)〔孺〕，并録其遺裔。止擴郡城大工，議免縣櫃收解王府禄米諸役，民尤賴之。修郡志，三年成。御史吴甡、給事中吴永順、侍郎沈演等先後論薦，謂繼儒道高齒茂，宜如聘吴與弼故事。屢奉〔詔徵用〕，皆以疾辭。天下想望風軌，庶幾陳摶、邵雍之流。年八十二，卒于東佘精舍。

藝　術

晉

陸機，書入能品。陸雲亦能書，宋米芾稱其法若篆籀，體若飛動。

陸玩，善詞翰，尤長行書。宋《宣和譜》稱其筆力瘦硬，有鍾繇法。

張翰，能草書。唐竇泉《述書賦》稱季鷹古貌磅礴，如凝陰斷雲，垂翅一鶚。

陳

顧野王，善圖寫，亦工書。

宋

李甲，字景元，華亭人。善墨戲，作逸筆翎毛，有意外之趣。米芾《畫史》嘗稱之。蘇軾題其畫，謂郭忠恕後一人。又有《題畫雁》五言詩，濟南晁補之亦和二章。

元

曾遇，字心傳，華亭人。官安吉主簿。前至元末，被選入京，書泥金字藏經。

王默，字子章，一字伯静，文澤子也。文澤見《文苑》中。身長八尺，美鬚髯，善談論。少任俠多藝，弱冠更折節讀書。書法趙孟頫，行筆甚捷。徵至京，書金字釋典。擬官翰林，力辭歸，求書者填户。父歿，盡鬻書買山以葬。雅好泉石，遇勝處輒忘返。尤喜爲人排難解紛。張天雨稱其豪宕不羈，有姜白石之風。子基，明洪武初，舉孝廉，爲潞州判官。嘗著《雪齋明鑑録》。

曹永，字世長，知白子也。知白見《隱逸》中。穎悟好學，尤工八法。正書學鍾繇，行草學二王。善鑒古，弱冠以蒙古字學進，除安州學正。秩滿，遷柳州馬樂縣都博鎮巡檢，江浙行省辟爲宣使。

衛德辰，字立中，華亭人。以才幹稱，書學《舍利塔銘》。

章弼，字拱辰，華亭人。篤志經史，識度清遠。未十歲，能作榜署大字，長益有名。真行草篆皆師趙孟頫。

張觀，字可觀，華亭風涇人。少游江河，志尚古雅。工畫山水，師夏圭、馬遠，及見盛懋、丁野夫，而與吴珪游，故其筆力古勁，無俗弱之氣。尤善鑒别古器物書畫。元末徙嘉興，明洪武中，寓長洲之周莊，卒。《蘇志》云：嘉定人。

張遠，號梅巖，華亭人。善畫山川人物，學夏圭、馬遠。潛補古畫，無出其右，臨摹亦能亂真。

沈瑞，華亭人，得畫法于黄公望。嘗爲楊維禎作《君山吹笛圖》，水石幽潤，山水清遠，人物器具點綴絶工。

曹焕章，華亭人。善寫生，往往逼真，見者相視而笑。嘗寫席帽山人像、陶九成騎牛及濯足圖。

明

相禮，字子先，華亭人。滑稽多智略，能詩善畫，譚論縱横不窮。尤精于奕，當世無敵。明洪武中，召至京師，厚賜遣還。誠意伯劉文成基爲文贈之。

夏宗文，華亭人。善真艸隸書，名重于時。預修《永樂大典》，授廣平縣主簿。子正，有才氣，以鄉貢任岢嵐州學正。衡自有傳。

孫蒙，字以正。沈静博學，善醫，尤精太素脉，定人休咎若符契。巡撫鄒來學常使視脉，蒙既叙病源，因曰："公根器别有一竅出污水。"來學大驚，曰："此隱疾，何由知？"蒙曰："以脉得之。左關滑而緩，肝第四葉有漏洞，下相通既久。"來學改容謝，請藥弗予，屈指計曰:“但還留臺,五日可到。”來學解其意,即治行,果抵會同館而卒。蒙屢徵不起,臨終作謝世辭,警悟超脱,蓋有所見云。同時有沈元吉者,切脉不逮蒙,而明斷善用藥,屢起危疾,與蒙並稱。

朱孔陽,名寅,以字行,華亭人。筆力遒勁,得書法之妙,亦善畫。永樂初,求四方能書士寫制詞,孔陽被選于翰林司内制。成祖常御左順門,召孔陽書大善殿榜,稱旨,授中書舍人。善書授官,自朱孔陽始。後北京宫殿成,皆命孔陽題榜。二十一年,授翰林院編修。宣德中,轉春坊中允。累官至順天府丞。子奎,字文徵。亦工署書,兼能詩歌。年十二,詔授學内書館,後補國子生。景泰中,授中書舍人,直文華殿,累遷尚寶卿。成化中,坐事調廣東鹽課提舉,量移保寧府同知。尋召還職,遷太僕卿,改大理,予從二品俸,致仕。卒賜祭葬。

夏衡,字以平,宗文第二子也。幼補郡庠生。永樂中,學士沈度以善楷書薦授中書舍人,供事内閣,累官至太常寺卿。成祖北征,宣宗討漢庶人,皆預扈從。嘗病,醫云:“得瓊玉膏可愈。”英宗聞而賜之。至天順初,英宗復位,閲朝臣籍,及衡名,曰:“是嘗受朕賜藥者耶?”衡在禁近最久,謙厚縝密,未嘗泄禁中語。時同事者多假内閣勢,有所干求于外。衡廉静寡欲,公退,閉門獨坐,泊如也。天順八年卒,年七十有三。訃聞,遣官諭祭,命有司營葬事。所著有《樗菴集》。

章瑾,字公瑾,號采芝。華亭人,宋莊敏公之後。能詩,善草書,師法二王,而峭健自成一家。尤長于畫,蓋張觀以後一人而已。爲人雅淡有高致,日登山臨水,所至成趣。遇知己,觴咏竟日。畫或傾刻可就,或數日不欲著一筆。《寒山拾得像》、《春江送别圖》皆不媿古人。同里吴子陵,善畫山水,亦有名于時。

陳常,字用恒,上海人。世業儒,嘗傳外氏邵艾菴醫,即有名。永樂十五年,遣使下西洋,常以醫士從。歷洪熙、宣德間,凡三往返,恭勤愿慤,上官皆器重之。常言海中行以六十里爲一更,往返一千六百更,爲九萬餘里。行皆候風占星,以針取路,以干支取某山某嶼,進某澳,轉某門,以至開洋、避嶕、避淺,皆以針定。計所涉歷自占城至忽魯謨斯,凡三十國。平生足履人所不到,目見人所不知,未嘗自多。臨終但曰:“今不葬魚腹矣。”子經,字宗理。世其醫,教授里中,循循有矩度。

朱信,華亭人。父元祐,元武舉千户。信精于筭術,永樂中,累官至户部郎中。相傳時甃某城,使信計之,當用磚若干。既而有餘,詰之,謝曰:“此失料灰縫耳。”如其言度之,不失尺寸。子倫,舉進士,爲監察御史。

張駿,字天駿,華亭人。景泰四年舉于鄉,以字學名,授中書舍人,供奉文華殿。累加吏部驗封員外郎,山東布政司參議,太常寺少卿,光禄卿,致仕歸。正德二年,起復故職。以重書《通鑑纂要》勞,進爲禮部尚書,復乞致仕。四年卒,得賜祭。駿草書奇縱,自成一家。所著有《一蠖子集》、《北游稿》、《南山集》。

陸〔深〕,字子淵。善書,正學顔平原,行學李北海。王世貞稱其風骨遒麗,小楷尤不易得。

徐霖，字子仁。高祖伯時，爲蔚州知州，自長洲徙華亭。霖六歲而孤，從兄居江寧。七歲能詩，時稱奇童。長爲諸生，見賞于戴恭簡珊、司馬堊。然任放不諧俗，竟遭誣黜落。益肆力于詞翰，縱游觀聲伎之藥。善製小令，能自度曲。篆法久微，自周伯琦，惟李文正東陽遠續其緒。霖躬詣堂室，早尚雄麗，晚益古樸，殆登神品。真行書皆入妙，碑版法顔柳，題榜擅絶一時。求書者恒滿户，朝鮮、日本使臣皆珍購之。武宗南巡，聞其名，召見行在，賜一品服，再幸其第，命從至京。會晏駕，不及授官而還。霖奉母至孝，以生于松江，自號九峯道人，或呼爲髯仙。年七十七卒。

張電，字文光，上海人。學書于陸文裕公，從入京師，爲夏文愍言所稱。嘗使書《御製集禮序》，世宗見而嘉之，遂薦入史館供事。皇史宬建，特命電題額，詔賜金幣，授鴻臚寺序班，遷中書舍人。漸被恩遇，朝廟典册必使書之。世宗常表上上帝王册，電適在告，留以俟者月餘。遭母喪，詔予假三月，及期再促赴職。行幸游宴，未嘗不從，賜予優渥，至遣攝大祀，諸學士有不得比者。歷遷尚寶丞、太僕少卿、太常卿兼司經局正字，轉通政使、工部右侍郎，進禮部左，兼官如故。兩録子入胄學。電起布衣至卿貳，恭謹儉素，始終不渝，故受知眷最深。初，世宗嘗賜夏言手札，言漫書數字于尾。一日忽被宣索，言窘迫，使電徒跣詣御前，稱醉後偶污御札，請死。世宗熟視曰："非卿筆也。"由是怒言，而眷電益厚。電年五十一，嘉靖三十五年卒。贈工部尚書，賜祭葬。

浦澤，字時濟，上海人。少與張電俱受陸文裕公書法，能窮古人波磔之妙。喜任俠，嘗遨游吴越燕趙間，晚歸僦廛僻地，惟法帖百卷，偃仰其中。慕漢逸民矯慎之風，終身不娶。平生嗜酒，醉則安枕，或一二日不起。里中呼爲小癡。

張鶴溪，亡其名。嘉靖中以醫名，善療奇疾。御史包節母年六十七，暴中氣絶，積日不蘇。群醫畢集，皆曰："風中臟腑，不治。"鶴溪獨曰："此氣虚挾痰，可下人參劑，七日當甦，甦能言鬼神事。"人皆笑之。既而和劑以進，如期乃寤，道鬼神事甚詳，衆醫始口噤走。

何鑾，字廷音，華亭人。宋何滄十二世孫也。四世祖將仕郎侃善醫，鑾習其業，精太素脉。龍華張憲副以雛僧腕帶金釧試之診，鑾曰："此脉清如入水珠，乃方外孤子，不應在公府中。"憲副嘆爲神人。又嘗視督學馮侍御，知其父以暮年舉子，及病所由起，皆隱中云。其四世從孫如曾，字希魯，亦善察脈。與孝廉張省廉交厚，計偕走别，如曾知其病已深，謂曰："禮闈尚遠，緩行若何？"省廉不悟，行次毗陵，疾作還，不旬日而殂。嘗游蘇州，某太夫人有危疾，六脉俱沉，羣醫束手。如曾往視，曰："此經所〔謂〕雙伏，乃陽回吉兆也。"以一劑投之，得汗而愈。

喬追，上海人。家世業醫，追益精其術。歲疫，夢神人指示水中草云："以是資爾活此方人。"旦物色得之，以治疫，無不立起。由是顯名，技亦愈進。第二子士琰，字仲餘。少好讀書，有介操，名似其父。嘗出游，遇富家子，死一日矣。士琰以一匕投之，遂甦。其家奉百金爲壽，不受。晚年預營葬，作方冢，自爲銘曰："黔婁之死，正而不足。千載以下，踵其芳躅。不能爲圓，不能爲曲。覩兹方冢，不知其人，而知其行獨。"士琰〔有〕五子，第四子在修，字三餘，篤行長者。其治病善用古方，察脉精審，所活人甚衆。年八十餘，無疾而卒。

張德讓,字士美,華亭人。受書法于陸文裕公,規摹北海,絶有風格,莫方伯如忠亦推許之。以跛足,遂棄舉子業,作《病鶴賦》以自況。常乘籃轝過親友家,竟日留連,乞書者恒滿。德讓飲微酡,乃濡毫,使兩童子對執絹楮,不著几案,揮灑立盡。亦善繪事。所製詩篇多凄其蕭瑟,易令人悲。以無子,多散佚不傳。

孫克弘,字允執,文簡公承恩子也。以父任爲應天府治中,常攝上元縣,釐正糧差法,著爲令,縣人賴之。擢漢陽知府,會新鄭高拱修郄于徐文貞公階,連及克弘,罷歸。拱故爲承恩所取士,後屬所知致書招之。克弘答書,不復營進,築室東郊以老。克弘少敏慧,博涉群籍,氣度蕭遠,有晉人之風。書倣宋克,尤工八分。畫水學馬遠,花鳥似徐熙、趙昌。又善以水墨寫生,及竹石蘭草,無不臻妙。遠近造請,常滿户外。其倣米氏雲山作仙釋像,世尤珍之。所居鑿池種樹,嘉林奇石,自然絶塵。有佳客至,輒命觴嘯咏終日。晚歲無留儲,或解衣貰酒,晏如也。年七十九,無疾而逝。

陸萬里,字君羽,華亭人。善書。時莫雲卿早逝,而董文敏其昌後起,故萬里稱獨步。其昌少貧,作萬里書市之,人以爲贋,弗售也。萬里弟萬言,字君策,萬曆五年經魁,亦能書畫。

璩之璞,字君瑕,上海人。楷法研雅,善畫山水,亦畫翎毛及水墨花竹,筆致矜貴,蕭然清遠。精于摹印,在吴門文氏伯仲間。人品高潔,不趨榮利,士論多之。

顧正誼,字仲方,參政中立子也。以國子生仕爲中書舍人。爲人高曠,喜賓客。其畫宗黄公望。家多名人蹟,又與嘉興宋旭、同郡孫克弘友善,窮探旨趣,遂自名家。晚居濯錦江上,搆小園,林木清幽,終老其間,自號曰亭林。

宋懋晉,字明之,參政堯武從子。穎敏絶倫,幼見牧童騎牛,從壁上圖之,輒神似。稍長,讀書頗愛博涉,不樂爲經生言。去而學畫,窮日臨摹古蹟。已從嘉興宋旭受業,參以宋元遺法,自成一家。深于畫學,富有邱壑。若仙山樓閣之屬,經營(仙)〔位〕置,莫能過也。懋晉風度瀟灑,與人交無城府,雅善談論,好吟咏,題跋殊工,博物格古,賞鑒家推之。

趙左,字文度,華亭人。與宋懋晉俱學于宋旭。懋晉揮灑自得,而左惜墨搆思,不輕涉筆。其畫宗董源,兼有黄公望、倪瓚之意,神韵逸發,故爲士林所珍。嘉興陳廉,其高足也。

吴振,字振之,華亭人。工山水,筆墨秀潤。一時以氣韵爲董文敏所稱賞者,振與趙左稱雙璧焉。

曹文炳,字德章,華亭人。學于孫漢陽克弘,善畫花鳥。又從宋旭遊,受畫水法,及寫竹石,皆入能品。年至八十餘卒。

陳穀,字粟餘,華亭人。與曹文炳同師,爲着色花木鳥獸甚工麗。子儀,字象之,能繼其業。兼畫人物,所畫屏障甚多。

沈士充,字子居,華亭人。出于宋懋晉之門,亦學趙左,兼得兩家法。時名最盛,郡人能畫者多師之。

徐延賞,字元識,上海人。好養生家言,因精岐黄術,屢起沉疴。常熟令楊鼎熙病月餘,遍求醫弗效。延賞决爲痰疾,以三劑起之。吴淞吴總戎文達素無恙,一日忽覺神思有異,晚而歌笑不節,飛騎邀視。延賞曰:"此陰火乘肝晚動也。"予平劑,遂復。懸壺滬瀆間,争禮致之。延賞以供具過設,多奉清齋,又作《戒殺文》以勸。常授太醫院御醫。董文敏其昌雅重之,贈以詩曰:"藥倩韓康賣,門容尚子過。五茸安豹隱,萬里弄鷗波。"有子霑恩,能世其業。

游　寓

宋

邵桂子,字德芳,淳安人。咸淳間,以博學宏詞登進士第,教授處州。國亡不仕,娶華亭曹澤之女,因家小蒸。爲斯文領袖者四十年,八十二卒。所著有《脞談稿》,又作忍、默、恕、退四卦以自警。子祖義,池州學録。能詩,工篆隸。孫亨貞,字復孺。博通經史,贍于文辭,書擅四體,凡陰陽醫卜佛老之學,莫不究其奥。洪武初,爲府學訓導。以子累,謫戍潁上者久之。後終于横泖,年九十三。所著有《蛾術集》若干卷,稿皆手筆,點畫不苟云。

俞韋齊,汴梁人。侍孝宗讀。有詩名,而好方外之學,遍游名山,至雲間,擇紫岡家焉。其七世孫曰仲明,號湛然子,游心好道。父殁,奉喪葬東海上,結廬其傍。事母尤謹。

高晞遠,通州人。咸淳、德祐間,通判平江府。自城潰家散,煢然一身,浮游江湖,嘗館于衛參政涇家。晞遠學問該博,尤精邵堯夫之學。

陳宏,莆田人,宋末徙居華亭。以儒業起家,邃于《易》,嘗著《易象發揮》、《易孟通言》、《童子問》。

林景曦,字德陽,號霽山,温之平陽人。咸淳辛未,自太學釋褐,授泉州教官,歷禮部架閣,轉從政郎。元兵南下,遂不復仕。至正戊寅,總江南浮屠楊璉真伽盡發宋諸陵。時景曦故爲杭丐,背竹籮,手持竹夾,遇物即以夾投籮中。鑄銀作兩許小牌,繫腰間,取賄西番僧。番僧左右之,果得高、孝兩朝骨,爲兩函貯之,歸葬於東嘉。聞者敬仰,咸稱霽山先生。往來吴越殆廿餘年,居雲間甚久,有《雲間懷古》、《神山訪僧》、《二陸故居》、《澱湖》、《黄耳冢》諸作。所著詩文集十卷,士林傳誦。

殷群,號古溪。娶曹學諭女,因居小蒸,至今呼其地爲殷莊。仕宋至轉運司幹辦公事。

吴惟信,字仲孚。湖州人,寓居白鶴邨。以詩鳴,吴郡人糜弇見惟信文,亟稱之。一日相遇,叩所作,惟信誦一絶云:"白髮傷春又一年,閒將心事卜金錢。梨花瘦盡東風軟,商畧平生到杜鵑。"糜不覺下拜曰:"天才也。"

趙孟僩,號月麓,宋之宗室。其先家黄巖。景定辛酉,年十七,文天祥見之,曰:"是子瑚璉器也。"咸淳乙亥,開江南浙西閫,天祥以玉垣從事辟之偕行。抵吴僅五十〔日〕,而大事已去。天祥赴召,環衛王邦傑開門降元,授邦傑安撫使,孟僩吴江尹,固以疾辭。遂去吴,依親友以居。越十年,爲道士,名道淵,居松江北道堂。又五年,爲僧,名順昌。因自號三教遺逸,改道堂爲本一菴。所著詩文名《湖山汗漫集》,内有《遥祭文天祥丞相文》。臨終端坐,手辭以訣。有云"文山之客,千古忠貞。"

元

葉李,字亦愚,贅居華亭。宋少保夢得之後也。李在宋,以太學生上書,詆賈似道。似道嗾林德夫誣以金飾齋扁不法,黥流嶺南。及放還,與似道遇諸途,贈以詞云:"君來路,吾歸路,來來去去何時住。公田關子竟何如,國是當年惟汝誤。雷州户,厓州户,人生合有相逢處。客中頗恨乏蒸羊,聊贈一篇長短句。"元世祖平江南,與王泰來同召,授以官,凡軍國大事必與商畧。一日不在列,問其故,則病足,遂以所御五龍車召之至,命坐而諮决焉。累官至中書左丞。

趙孟頫,字子昂,吴興人。宋太祖秦王德芳之後。仕元累官翰林學士承旨。嘗往來松江南禪普照亭林,及泖上崇福寺,梁棟皆其手題,而寶雲碑尤爲世所傳。娶泖西管氏,名道昇。能寫竹,畫大士像,工書,小蒸尚稱管道云。

任士林,字叔實。家奉化松林鄉,人稱松鄉先生。其先蜀綿竹人,宋少師希夷之後。八世祖始來居奉化,再徙崎山。士林六歲能屬文,趙孟頫、袁桷輩咸推其文,謂今之柳河東云。大德間,移家華亭。與衛山齋謙善,有《訪山齋》詩,及興聖塔、華藏院諸記。至大初,舉爲安定書院山長。明年卒,葬松林鄉。子耜,由松江府史至兩浙鹽運照磨,致仕。會天下亂,子孫遂家華亭。

吕克勤,字勉夫,東萊人。申國正獻公十二世孫。性豪邁不羈,學問該博,能文章,以醫名世。游松江,與邵桂子爲文字交。子紹聞,孫文虎。

柯九思,字敬山,仙居人。以蔭補華亭尉。遇文宗于潛邸,及即位,擢爲典瑞院都事,置奎章閣,特授學士院鑒書博士,寵顧甚隆。以言罷出。文宗崩,因流寓松江,時往來玉峯吴閶。九思善畫竹石,得文同筆法。嘗自謂寫幹用篆法,枝用草法,葉用八分,或用魯公撇筆法,木石用金釵股、屋漏痕之遺意。卒于吴中。

楊瑀,字元誠,錢塘〔人〕。警敏博學,長身紫髯如畫。天曆間,召見奎章閣,命篆洪禧、明仁二璽文。稱旨,署廣成局副使,擢典簿中瑞司。與密謀草詔,黜奸臣伯顔,超擢奉議大夫、太史院判,尋同簽院事。江南盗起,改建德路總管。得謝來松,居鶴沙鎮。追論平賊功,陞浙江宣慰,不赴,遂老于鶴沙。初,瑀在太史時,上從容詢其鄉土,對以西湖葛嶺之勝,御書"山居"二字賜之,因自號山居。所著有《山居新話》。卒,返葬葛嶺云。

黄公望,字子久。相傳莆田巨族,一云常熟陸神童之弟,出繼永嘉黄氏。黄氏父年已九十始得之,曰:"黄公望子久矣。"因而名字焉。性聰敏,博極羣書,百氏九流之術,無不習而通之。補浙江掾,忤權豪,棄去,黄冠野〔服〕,往來三吴間。開三教堂於蘇之文德橋,至松居柳家巷後,隱杭之筲箕泉。已歸富春,年八十六而終。公望善畫山水,初師董源、巨然,稍變其法,自成一家。所著寫山水訣,至今宗之。與曹知白善,多留小蒸。今此地有精《九章算術》者,蓋得其傳也。

葉杞,字南有,號漪南。先世居京口,有别業在松之吴滙。杞讀書,負才謂。前太史楊瑀守建德,辟掾,辭。兵興,進士李國鳳經畧南土,杞密陳時事十條,李嘉納之。授進義副尉,丹徒縣主簿。將别任之,而柄移藩鎮,乃築草堂于魚鱗涇上,顔曰漪南。秘書卿貢師泰爲序，楊維禎、魯淵爲歌詩，王逢爲楚音二章以樂之。遂老于松。

孫華孫，字元實。永嘉人，寓居華亭。孝友文雅，善方脉，爲醫學教授。自幼得詩名，年十七，嘗賦《樹諼堂》詩，鄉先生衛謙亟稱賞曰："詩意涵蓄，有諷有刺，率爲大篇，不可及也。"今子孫遂爲邑人。

劉世賢，字希孟，〔東〕光人。宋丞相忠肅公摯九世孫也。忠肅善琴，子孫世其學。其後徙湖州，至世賢，遂以琴名浙右。爲人端重，持論正大。虞文靖公集嘗贈以文。游松江，與曹知白善。至正癸巳，卒小蒸，歸葬湖州。子孫遂家于松，世稱善琴，有名鴻者尤著。

王逢，字原吉，江陰人。才氣俊爽，弱冠有令名。臺臣薦之，以疾固辭。大府交辟，皆不就。會世亂，客游吴中，築室青龍江畔，以吟咏自娱。初，祖母徐夫人嘗手植雙梧于故里之横河，逢追思之，因名所寓曰梧溪精舍。所著有《梧溪集》。

貢師泰，字泰甫，宣城人。泰定四年釋褐出身。至正中，自禮部尚書爲平江路總管。甫視事而淮兵至，守將莫能支，師泰率義兵出戰，不敵，懷印走松江。嘗寓静安寺，賦《招提八詠》，其《滬瀆壘》一章，忠憤之氣猶可想見云。

楊維禎，字廉夫，會稽人。泰定丁卯進士，由天台尹改錢清場鹽司令。時鹽賦病民，維禎屢白江浙行中書，弗聽，乃頓首涕泣，至欲投印去，始獲減額。俄丁内外艱，結廬于墓，不調銓曹者十年。會有詔修遼、金、宋史，維禎作《正統辨》千言，大司徒歐陽玄讀而嘆曰："百年後公論定于此矣。"將薦之，又有尼之者。久之，除杭州四務提舉，尋陞江西儒學，未上。汝穎兵起，辟地富春山，依元帥劉九九。張士誠知其名，召之不往。復上書斥元丞相帖木兒貪賄養亂，丞相惡之，遂移家寓華亭，築室百花潭上，號小蓬臺。洪武二年，聘至京師修纂。維禎不樂仕，詠《買妾》詩云："買妾千黄金，許身不許心。使君自有婦，夜夜白頭吟。"僅百日，稱肺疾歸。未幾卒，年七十有六。

張昱，字光弼，廬陵人。仕爲江浙行省員外郎、行樞密院判。已而棄官，張士誠招之，辭以詩。與楊維禎相得，遂寓松江，號一笑居士。洪武初，召至京師，深見温接。以老乞歸，上憫之，曰："可閒矣。"厚賜遣歸，更號曰可閒老人。年八十三卒。

楊乘，字文載，濱州人。少負氣，博涉經史，由參謀府掾累官監察御史，遷江浙行省員外郎。至正壬辰，杭州陷，非罪坐黜，依青龍章元澤以居。丙申，松江陷，或傳張氏將起，乘笑曰："吾豈事二姓？"使果至，乘知不免，命子具禮享先祠畢，設飲起行後圃中，顧西日晴好，慨然曰："晚節如是足矣。"誨其子治畦，處置家事如平日，夜分就寢自縊。遺書言死生如晝夜，不足介意，正以得全臣節爲快云。乘死二年，臺臣白其前後事，贈官賜謚，録其子卣山東宣慰司都事，卓清忠書院山長。

張憲，字思廉，會稽山陰人。家玉笥山，自號玉笥生。少力學有志，既壯負才不羈，薄游四方。慕魯連子爲人，不治産業，年四十猶不娶。方承平時，走京師謁貴人，談天下事，衆謂之狂。及淮西兵起，首抗大議，復不報，去入富春山，爲方外游。一旦升高望遠，若有所覩，退謂所親曰："吾亟去，汝輩亦慎毋居此。"衆不信，俄寇至，兵死者五百家。嘗學于楊維禎，往來松郡中，湖山名蹟多見之詩云。

錢惟善，字思復，號曲江，錢塘人。博學能文章，長于《毛氏詩》。領至正辛巳鄉薦，仕至副提舉。寓居華亭，與楊維禎、陸居仁結詩文社，有《羅刹江賦》著名于時。所刻《思復稿》，華亭夏溥序行之。

陶宗儀，字九成。其先由閩之長溪徙永嘉陶山，再徙台之黄巖。少舉進士，一不中即棄去。務古學，無所不窺。出游浙東西，文師潞國張翥、永嘉李孝光、京兆杜本，字學舅氏趙集賢雍。家甚貧，抵松教授弟子。遇人以誠，平居寡言笑，至論古今人物，上下數千年，竟日不倦。至正間，辟舉行人校官，皆不就。張士誠據蘇，議署軍諮，不往。洪武辛亥，詔取天下士。癸丑，命守令舉人才，又以病免。藝圃一區，果蔬薯蕷，度給賓祭已，餘悉種菊，栽接溉壅，身自爲之。間遇勝日，引觴獨酌，歌所自爲詩，撫掌大噱，人莫測也。宗儀崎嶇亂離幾二十年，喪葬祭禮備盡其力，人以孝稱。家城北泗水之南，買地結廬以老。晚益閉户著書，詳《藝文志》中。其未脱藁者不與焉。

明

孫固，字以貞。生元泰定間。恬曠博綜，長于詞賦，不樂仕進，杜門修業。洪武初，辟署華亭縣學事。與楊維禎、陶九成善，名其齋曰聽雪，因自號焉。胡祭酒儼爲之記。

賴良，字善卿，天台人。宋名臣好古之裔。以詩鳴，客雲間，楊維禎、王逢、錢鼒皆與倡和。嘗采東南詩人詩會曰《大雅集》，一時稱爲盛事。

倪瓚，字元鎮，號雲林，無錫人。清姿玉立，性好潔，多讀書，詩名與虞、范諸公埒。間作山水小景，高韵絶世，然不輕作。家故饒，一〔日〕棄田宅去，曰："天下多事矣，吾將遨遊以翫世。"自是往來五湖，寓〔居〕松之泖上。尋殁，江陰張端表其墓。

貝瓊，字廷琚，崇德人。天資夐出，厭棄舉子業，力追古作。與楊維禎諸公游好，時教授雲間。所著《清江稿》，《雲間集》居其半。洪武初，徵修《元史》。歷官國子博士。

李暲，字叔如，冀北人。父可壬，元季爲華亭尹，遂入籍華亭。善醫學，能詩文。有《稼翁集》及《湯液本草》。

秦裕伯，字景容，大名人。從父仕元都，就學胄監，登第，累官至福建行省郎中。會世亂，棄官寓揚州，復避地松江之上海以養母。時張士誠據姑蘇，遣人招之，拒不納。吴元年，上命中書檄下起之。裕伯對使者曰："裕伯受元爵禄二十餘年，背之是不忠也。母喪未終，忘哀而出，是不孝也。不孝不忠之人，何益于人國?"乃上書于中書固辭。洪武元年，省臣復檄起之。裕伯稱疾不起，上乃手書諭之曰："海濱之民好鬬，裕伯智謀之士，而居此地，苟堅守不起，恐有後悔。"裕伯拜書，遂入朝。裕伯博辨，善爲辭。上欲命以官，屢以故辭，後以爲待制。

孫作，字大雅，一字次知，江陰人。自曾祖徵川傳至作，而學益大，門弟子以尚清先生稱之而不名。著書十二篇，號《東家子》，詞旨閎博。至正兵起，挈家入吴，盡棄他物，惟載先代藏書兩敝簏。張士誠聞而廪給之，卒以母病謝去。用是益貧，熙恬自若。久之，衆爲買田築室于松焉。洪武癸丑，召纂修日曆，授翰林編修官。乞外，授太平府教授。三年，選學官，内任，除國子助教。明年，分教中都。又明年，還成均。又明年，陞國子司業。後終于漢成里。所著有《滄螺集》。宋太史濂有《東家子傳》。

錢鼒，字得鉉，號艾衲生，吴興人。從楊維禎讀書郡中，一室如破舟，啜菽飲水，力學不怠，以古文辭名。洪武癸丑冬，舉天下巖穴之士，曰秀才，曰人才。而松江以秀才、人才舉者三人：一馮恕，授湖州府學官。一良用，授高州府茂明邑長。一即鼒，授國子學録。曾孫浩，字宗海。永樂癸卯鄉試第一，爲山陰令，有賢聲。

余學夔，台州人。方正學孝孺被收時，寧海尉魏澤匿其幼子德宗。學夔微聞之，變形佯狂，乞食于市。一日迎澤于城隅，作狂歌曰："當年豫讓豈純臣，猶肯吞炭并漆身。堪笑今衆執政者，叩頭新主乞恩綸。不怖周粟可偷生，首陽節義如飄萍。向日都俞今反目，區區尚願效程嬰。"澤默會之，叱曰："扶顛子出城去！"兩日後，復遇在市，仍作狂歌。澤乃密致書，將孝孺文稿并德宗盡托之。學夔逃赴海島彌月，及松江青村，學治繒網，易米日給。潛入城，訪進士俞允。允以孝孺門人，家居不仕。三叩乃得見，呈澤手啟，大驚，遂匿德宗于家。長史任勉以金遺學夔，不受，意欲他徙。出試録示之，知亦孝孺門人也，始安。然迹絶城市，終不詣任氏。德宗(徐)〔後〕冒姓余，而學夔亦有子孫，世居白沙里。

馮淮，字會東，一字雪竹。初居崑山安亭。好吟咏，往來松江。陸文裕公讀淮詩，請爲社會。子遷與邃，俱能詩。文裕子以江上別業贈淮爲居，父子力耕其間。後日本入寇，乃走上海城中。潘録事爲分宅居之，士大夫争相迎欵焉。邃以賤更匍匐公庭，邑令屠隆問得其名，遽令釋囚服延坐，邃亦傲然上座，時人兩賢之。淮有《江皐集》，遷有《長鋏齋集》，邃有《馮子潜詩草》、《南游稿》。

吴孺子，字少君，蘭谿人。性好游，嘗游雁宕，樂其奇峻，絶糧啖蘆菔四十日，猶不反。與王世貞兄弟、何良俊、戚元佐、趙用賢、余寅、沈明臣輩相友善。過松江南禪寺，後移居東佘白石山房，依章憲文以居。少君喜詩歌，學杜少陵。又善畫鷄鶩水鳥，間畫山水，閒適幽峭。嘗過穀亭道中，見有匏奇甚，以數縑易爲瓢。至荆溪，遇盗擊破，抱而泣者數日。王世貞爲作《破瓢歌》唁之，故又號破瓢道人。年八十二卒。王太學穉登爲立傳，鄒學憲迪光表其墓。

宋旭，字初暘。居崇德縣之禦兒鄉，以畫名海内。萬曆初，游雲間，從陸文定樹聲、莫方伯如忠、周學憲思兼諸公結社賦詩。嘗往來西郊超果四賢祠，禪燈孤榻，世以髪僧高之。年八十，無疾而逝。

列　　女

三國吴

張白妻陸氏，績之女也。績爲鬱林守時所生，因名鬱生。年十三，歸同郡張白。三月，白兄温廢徙，白死，誓不再嫁。姚信表之。

晉

陸氏，機、雲族女，適會稽張茂。茂爲吴興太守，值王敦問鼎，執正不移，敦遣沈充攻城殺之。陸乃傾家貲，率茂部曲，爲先登以討充。充敗，乃詣闕上書，謝茂不克之責。詔褒茂夫妻忠烈，並加封爵。

唐

韋夫人者,南康王之女叔也。適溧陽令陸偘,即宣公贄之母。溧陽卒于官,夫人訓公成大儒,作唐賢相。德宗敕迎至京師,道每置驛,時人榮之。及卒,皇后賻遺,因葬洛陽。見權德輿所爲文。

宋

湖陰女子,姓詹氏。秀州華亭人,僑寓湖陰。其父詹先生老且貧,以教授爲業,獨與一子一女俱。贍以女紅,給先生朝夕。嘗手抄古列女傳,至暮夜,必熟誦數四而寢,雖寒暑不廢也。鄉人咸異之。淮寇張遇寇湖陰,邑皆遁走。先生泣謂女曰:“吾死無恨,奈若何?”女曰:“父獨何憂?吾計久決,豈得父子俱生邪!”頃之賊至,欲殺其父兄。女謂賊曰:“吾父貧且老,君意不在金帛,願執巾帚,請釋父縛。”賊命遣之。女行數里,過東市橋,躍入水而死。

郭氏,光禄大夫郭三益之女孫。適雲間葉氏,蚤寡,因誓節爲尼,名正覺,居法雲寺。能詩,有一絶云:“春朝湖上風兼雨,世事如花落又開。退省閉門真樂處,閒雲終日去還來。”後人景其志節,刻詩于石,以銀填之,竪于覺骨塔前。

元

管夫人,名道昇,字仲姬,泖西小蒸人。歸趙孟頫,封吴興郡夫人。天姿開朗,德容俱備,翰墨詞章,不學而能。嘗手書《金剛經》至數十卷,以施名山。天子命夫人書《千文》,敕玉工磨玉軸,送秘書監裝池收藏。又嘗畫墨竹及設色竹圖以進,蒙賜内府上尊酒。謁興聖宫,皇太后命坐賜食,恩意優渥,受知兩宫。卒年五十八。

陳氏,錢塘儒家女。其夫縣曹吏,因兵亂隸軍籍,戍于華亭。夫久出不還,聞雁有感,因題于華亭戍壁曰:“浪喜燈花落又生,夜寒頻放剪刀聲。遊鴻不寄征夫信,顧影娉婷無恨情。”或勸之曰:“若美且慧,往富家爲紅女,不猶愈于守空戍乎?”答曰:“饑寒小事耳,失節莫大焉。”久之夫還,人咸頌之。

翠娥秀,趙之娼女也。既笄,以處子適鎮守松江管軍副萬户石薛徹都爲小婦。居數年,無子。徹都卒,秀時年二十五,服喪過哀,固護指甲,示無他志。父母怵之改適,對曰:“爪折可也。”然護之愈嚴。薛徹都子世爵事之如母,秀復脱簪珥道裝,益明其志。年踰八十,爪長尺餘以終。

明

謝氏,泖上右族。國初籍没,坐誅,以婦給象奴。婦紿象奴曰:“待祭亡夫,乃從爾。”奴信之。婦携酒飯至武定橋哭奠,賦詩曰:“不忍將身配象奴,自携麥飯祭亡夫。今朝武定橋頭死,一劍清風滿帝都。”遂自刎。

俞氏,名妙觀。張文通妻,高昌鄉俞奂昭女。適張五載,張病瘵,俞屏容飾,勤侍湯藥,色甚憂慼。張病且革,囑曰:“吾死矣,汝年少無子,可寡居乎?”俞泣曰:“設有不幸,從夫地下耳。”及卒,慟絶復甦。至夕,自經死。舅姑族人具大棺同殮,以終其志。時年二十有六。正統三年,旌爲貞烈之門。

鄧節婦,莫知其名,見吴文定公集。文定贈詩有“一水纔知節婦奇,眼中覺得九峯低”

之句。

奚氏，刑部郎中昊女。嫁曹筠坪，生子嗣榮。筠坪課之嚴，間被撻流血。氏不諫止，曰："小兒輩隤家聲，往往在于母之姑息。"嗣榮嘗夜歸，筠坪怒，跪之牀下。夜半燭滅，氏寢而覺，呼之猶在地也。嗣榮由是大慟，力問學，舉進士，官虞衡郎，封安人。年七十五卒。

宋氏子羽，禮部郎中何良傅婦也。良傅素羸疾，氏日持誦《楞伽》祈佑之。嘉靖戊子秋試，良傅暈且死。氏泣不食，私欲自經。保母曰："夫未屬纊，何至是？"會疾漸瘳。至癸巳，病復作，親侍湯藥。忽一日暴絶，氏謂不復起，即縊于誦經室中。已而良傅復甦，竟不死，哭之曰："哀哉子羽，而欲就吾泉下，乃我又將何就焉？"終身不復娶。

康氏，李九星妻，從翁宦遠方。翁卒于官，南還，道出彭蠡湖。夜半，狂風撼舟幾裂，氏驚起，失足墮水，姑急呼漁人援出之。氏泣告姑曰："兒夙承母訓，言不出閫，今乃假手漁人乎？兒不願偷生，以辱夫子。"絶粒者三日。及抵故里，甫入閣未半晷，以經報矣。時萬曆甲辰九月三日，年二十有一。秀水馮夢禎爲之傳。

楊氏，庠生李光初妻。年二十五生子，僅襁褓，光初病卒。當蓋棺時，斷一指投其中，曰："先割吾指，以誓從夫子于地下。姑留我身，以撫孤子將來。"及葬夫後，哀毁骨立，不能飲食而亡。青浦令王思任表其廬曰"斷指奇節"。

陳氏，庠生張士震繼妻。歸張僅歲餘，張病不起，氏誓殉。嚴防之，促爲夫入土，砌磚龕于柩側，朝夕依焉。後絶粒二十餘日而卒，時丁未四月廿一日。葬干山。知府張九德題其墓曰"女中夷齊"，建祠學宫東偏，春秋祀焉。

盛氏，堯嵛女，爲陸懋廉妻。陸素有瘵症，娶甫八十日而卒。後姑輒謀嫁之，不得已歸避父家。居無何，或告盛曰："若姑受某聘，將去汝矣。"盛泣雨下，入簡曆，自誦云："今日是重喪，死則不利生者。"紉履至鷄鳴，雉經于室。有司旌其廬曰"儒門貞烈"。

蘇氏，華亭人。歸徐奉常，甫舉一子，奉常卒。撫孤成立婚娶，有二孫。無何，子婦相繼夭，遺孤在襁褓，躬親撫養。稍有不率，輒痛哭訓戒。孀居四十年，足未嘗履户外。郡邑議旌，氏堅卻曰："老嫗自守其素節，何足上煩官府邪？"

仙　釋

唐

王可交，蘇州華亭人也。以耕釣自業，居松江趙屯村。三月三日棹舟入江，方擊檝高歌，忽見綵舫漾于中流，侍從甚都。中有道士七人，呼可交姓名，令上舫，視之曰："骨相合仙，生于凡賤，眉間已炙破矣。"令侍者傾酒飲之，當换其骨，再三瀉而酒不出。道士曰："命也。"與之二栗，青赤光如棗，長二寸許。食已，命一黄衣送上岸。覓所乘舟不見，但聞風雨林木之聲。須臾見峰巒重叠，松柏參天，乃在天台瀑布寺前。問寺僧今何時，答言："九月九日矣。"僧爲設食，可交惡聞食氣，自是絶穀。越州廉使王渢聞而召見之，嘆曰："真仙人也。"後可交却歸鄉里，往四明二十餘年，復出明州賣藥，使人沽酒，得錢輒施之。時言藥則壺公所授，酒則餘杭阿母相傳，藥極去病，酒甚醉人。後三十餘年，却入四明山，不復出。

船子和尚，名德誠，蜀人。初參澧州藥山惟儼，與宗智曇晟爲道契。一日謂曰："公等應各據一方，建立宗旨。予性疏野，惟好山水，樂情自遣，無所能也。他年若遇知識，指一人來，將授生平所得，以報師恩。"遂離藥山，乘一小舟，往來松江朱涇，以綸釣舞棹自隨，因號船子和尚。夾山善會初參石樓，説法京口鶴林，宗智過之，知其所得尚淺，令至華亭參船子。既見，大契宗旨。辭行，回顧再四。誠竪橈曰："汝將謂别有處耶?"乃覆船入水而逝。咸通十年，僧藏暉即其地立寺。誠有《撥棹歌》三十首，吕益柔叙而刻之。

宋

德聰，姓仰氏，姑蘇張潭人。七歲出家杭州慈光院，十三歲具戒於梵天寺，參請諸方，密契心印。太平興國三年，結廬佘山之東峯，二虎爲衛，名大青小青。有禪者造之，見掛佛經于梁間，問："常讀否?"曰："如人看家書，既知之矣，何再讀爲?"人有問者，多默不對。常曰："古人貴行，吾何言哉?"天禧元年七月六日，趺坐而逝。至十三日，貌如生。世壽七十四，僧臘六十二。塔于西峰。慶曆七年，建塔廟于其後，遂遷于南嶺之下。沙門靈鑑爲之銘。

希最，字妙悟，湖州施氏子。母感異夢而生，出家松郡之廣化寺。受天台教於錢塘慧才，才善之曰："宗風不墜矣。"緇流號曰義虎。治平中，講經于青龍鎮隆平塔院，後居勝果寺。寺夙有祟，師爲講説輪迴，鬼投朱書悔謝，自稱有漢烈士沈光。元祐庚午，説法作偈，優游坐逝，闍維得舍利數十。詳見吕益柔碑。

慧辯，字訥翁，賜號海月，華亭傅氏子。生時有異，父母令入普照出家，得法于天竺明智，智命代講。夢章安以金篦擊其口曰："汝勤于誨人，當得辯智。"久之，遂領寺事。嘉祐中，翰林沈時卿帥杭，以嚴爲理，察辯道行，獨異之，俾職都僧正。時蘇軾作倅，嘗與辯爲方外之游。辯容止端静，不蓄長物。有盗夜入其棲，脱衣與之，使從支徑遁去。無何，歸隱草堂。熙寧六年，將示寂，遺戒待軾至闔龕。四日軾始至，見其趺坐如生，頂尚温，作三絶哭之。蘇轍爲之塔銘。軾後爲作真讚，序云："海月大師慧辯者，神宇澄穆，不見愠喜，而緇素悦服。予固喜從之游，每往見師，清坐相對，時聞一言，則百憂冰解，形神俱泰。因悟莊周所言東郭慎子之爲人，人貌而天虚，緣而葆真，清而容物，使人之意也消，蓋師之謂也。一日，師卧疾，使人請予入山，至則師化四日矣。予在黄州，夢至西湖上，有大殿，榜曰彌勒下生，而故人辯才、海月之流，皆行道其間。師没後二十一年，予謫居惠州，天竺净惠師屬参寥子以書遺予曰：檀越許與海月作真讚，久不償此願，何也? 予矍然而起，爲作讚曰：人皆趨世，出世者誰。人皆遺世，世誰爲之。爰有大士，處此兩間。非濁非清，非律非禪。惟是海月，都司之式。庶復見之，衆縛自脱。我夢西湖，天宫化城。見兩天竺，宛如平生。雲披月滿，遺像在此。誰爲贊之，惟東坡子。"

净梵，華亭人，(性)〔姓〕笪氏。母夢光明滿室，見神人似佛，因生梵。十歲依勝果寺祝髮。初住無量壽院，講《法華經》。大觀中，結二十七僧修法華懺，感普賢授羯摩法，呼净梵比丘名，聲如撞鐘。時長洲令王公度目擊其事，題石爲記。姑蘇守應公有婢被祟，請梵授戒，妖即滅。葛氏請施戒薦夫，見夫遶梵三匝而去。化後荼毘，有舍利五色。

文照，名銓。善鼓琴，有琴曰響泉。居普照寺，所居閣曰妙音。閉户絶交，第挹好風良月，焚香撫弄，云以供佛。隣貴慕之，隔牆作亭，宵須以聽。銓知之，徙于北牖。元祐間，獨與主簿劉發善。發贈詩曰："寶琴何所得，所得甚幽微。聊借絲桐響，還超智慧機。霜風悲玉軫，江月入朱徽。向此諸緣盡，人間孰是非。"發嘗邀一客同見銓，銓方操縵爲泛聲，客遽稱善，銓即止。客不懌，去。銓顧發曰："何得引俗人入吾座也。"

鰕子和尚，名智儼，居静安寺。七月十五日，村郭設會，寺僧赴請殆盡，惟儼在寺。有胥村人來寺齋僧，因請同往齋所。船行見捕鰕者，儼從買一斗，索水噉之，謂漁者曰："齋回還汝錢。"至齋家，舟人言其故，齋家不請上座，令席地一飯，而無襯錢。及還，漁者索錢，儼徐云："還汝鰕。"復索水飲，隨吐活鰕盈斗，人殆異之。將示寂，歛蒲草爲萬餘繩，懸諸廊，曰："吾將作大緣事。"繼即坐蜕。人競施以錢，懸繩皆滿，遂以建萬佛閣。今静安寺猶稱鰕子道場。

明顛，郡南薛塔人，族姓薛氏。猖狂若顛，衣不蔽體，人或遺之衣，或轉以施人。大雪中露脛跣足，手持鐵釘，遇瓦礫拾置袖中。人與之誠語，則答以機鋒，或侮之，則答以狂語。兒輩争挽袖覓錢，或與之一錢兩錢，無緣或不與。市肆與之錢，則其門駢集。飯于市，去則探錢置几上，酬直數多寡不差。有倭奴見之，羅拜云："曾向海中失風，得此僧，幸免于死。"顛慧性通，不學而能詩。嘗作《菖蒲》詩云："根下塵泥一點無，性便泉石愛清孤。當時不惹湘江恨，葉葉如何有淚珠。"

妙普，號性空，自號桃花菴主。漢陽人，久依黄龍死心。抵華亭，追船子遺風，結茅青龍之野，吹鐵笛自娱。建炎初，徐明叛，道經烏泥鎮，民皆逃亡，普獨荷策而往。賊怒，欲斬之，普詞色不撓。賊駭異，稽首謝過，烏鎮廬舍得免于焚。紹興庚申，修書寄雪竇持禪師曰："吾將水葬矣。"壬戌歲，持至，見其尚存，作偈嘲之。普笑曰："待兄來作證明耳。"遂集衆説偈，乘木盆，張布帆，于青龍江順流入海，唱曰："船子當年返故鄉，没踪迹處妙難量。真風偏寄知音者，鐵笛横吹作散場。"其笛聲嗚咽，頃于蒼茫中見以笛擲空而没。後三日，于沙上趺坐如生。道俗迎歸闍維，舍利大如菽者莫計。二鶴徘徊空中，火盡始去。衆建塔于青龍。

可觀，字宜翁，别號竹菴。華亭戚氏子，祝髪邑之寶雲寺。年十一，進具戒。得法于車溪卿法師，曰："語言文字皆糠粃耳。"紹興間，主當湖德藏，一室蕭然。嘗曰："松風山月，此我無盡衣鉢。"徑山大慧來訪，對語終日，嘆曰："教海老龍也。"乾道七年，丞相魏杞出鎮姑蘇，請主北禪。入院之辰，適值重九，指座云："胸中一寸灰已冷，頭上千莖雪未消。老步只宜平地去，不知何事又登高。"杞擊節不已。淳熙七年，皇子魏王牧四明，聘主延慶寺幾二載，復歸當湖竹菴。淳熙九年，無疾而逝，壽九十一。荼毘火盡，舌根不壞，煙所到處，舍利無筭。塔于德藏西北隅。所著《楞嚴補注》等書若干卷，行于世。又嘗自讚畫像，今存寶雲寺。後塔爲築城所毁，知縣謝良弼夢一紫衣老僧謂曰："我竹菴和尚也，以塔累公。"旦日尋訪，果得塔，因爲繕治，復立石表之。

妙覺，族姓朱，華亭人。在家祝髪，苦行持修，背後湼《心經》，深入膚理。年六十餘無恙，忽一日沐浴更衣,别隣里,謂子曰:"我將去矣,在常州白家某房,某月日托生,汝可來問。"遂坐而瞑,有白氣一道冲天,隱隱見人狀。未幾,子往覓,果是日生一男,背見《心經》字。

净真,華亭人。出家師興聖寺僧若平。嘉定六年,參堂宗賢首教。嘉熙三年,浙江錢塘江坍,净真以偈呈安撫趙端明曰:"海沸江河水接連,民居衝蕩益憂煎。投身直入龍宫去,要止驚濤浪拍天。"遂投于海,三日而返,謂衆曰:"我在龍宫説法,龍神聽受,此塘不復崩矣。"語訖,復入于海。安撫上其事,敕贈護國法師,立祠于杭之會靈祠。

元

明本,號中峯,錢塘人。居天目山,大暢宗風,四方從遊者日盛,仁宗朝賜號廣慧禪師。杖錫華亭,棲泊泖上,梵刹荒落,戴星沐雨,結跏趺坐,灑然自得也。宋宗室趙孟僩出家道堂,禮本座下,延請説法,因改道堂爲本一院。本所在結茅皆名幻住,故其憩止處曰幻住山房,手書遺迹留院中甚多。若《皮袋子歌》、《九字梅花詩》、《水居十咏》,至今寶藏之。後歸天目示寂,賜謚普應國師。

得喜,姓錢氏。出家興聖寺,登天目山,叩中峯禪師,獲宗旨歸。有施北花園地,遂結菴,延四方雲水。鑿基得古石刻"錢喜"二字,中峯大書"喜見"名其菴。於是編茅未齊,禪錫紛委。喜持鉢餉衆,饑寒賠病及無告者,傾衣盂濟之,知舊死無所歸者殯之,人悉稱爲喜菩薩。吴江程林仲喪母,致喜演法,有金甲白帽神人合掌見其後。諸大家祈禳,獲喜一至爲幸。至順中,卜遷盤龍塘,不三年,遂成勝刹。及卒,緇白送葬者數千人。火後争分舍利,驩泣交喧。或拾片骨、取撮灰,裹藏供禱,則舍利纍纍而生。

明

彭宏大,法名通微,號素雲,河南汝陽人。母夢一黄冠授大桃,食之而有娠。大德十一年二月十五日生。年十二,事劉月淵爲師。至正四年,游武當山。時太和張真人主紫霄宫,素雲服勞執役三年,得真人授鍊氣棲神之旨。訪終南,走蜀土青城,入閩登武夷,凡古仙過化處,歷覽殆遍。東浮浙水,陟天目,至松江,擇勝棲止。明洪武十四年,始至細林山,結茅居之。初,太和真人授記曰:"逢辰即棲。"且曰:"雲間有福地。"即此山也。山舊有泉,久涸。一日,純陽真人降之,謂素雲曰:"晚來當具一井,助汝修持。"臨行題詩曰:"野鶴舞天端,縹緲淡無影。長嘯一聲日月高,海外烽烟静。飄泊百年身,歸去還須省。莫惹皇家丹鳳來,熱我青鞋冷。"書畢,復贈以麈曰:"此可揮世慮。"其暮,雷擊石罅,遂成一井云。明太祖遍求天下高人,有司以聞。二十七年秋八月二十一日,清旦啟關,沐浴更衣,趺坐語徒輩曰:"我將返我真。"又曰:"九天之上,無不忠不孝神仙。今人人倫未盡,欲修仙佛,蒸砂作飯,豈不遠哉。"乃舉筆書偈曰:"九十韶光一度春,繇來幻法已非真。玉音謾説追空相,金紫羞將潤色身。已見聖朝新態度,休疑海外舊風塵。于今解脱縈纏去,萬仞峰頭月一輪。"書畢,問左右曰:"何時?"曰:"正中。"遂翛然而去。是歲十月,太祖命中使鄭承恩入山宣召,以羽化聞。越月,復遣中使入山,啟龕視之,正身不倚,長爪遶身。命有司甃以磚石,繚以垣牆,賜號明真子。相傳其爪乘風化爲金蛇,似蜥蜴而無足,長三四寸。今辰山猶有之,取置器中,俄失所在。

德然，號唯菴，華亭張氏子。生具異相，七歲誦《法華經》。於杭之天龍寺初参洪石屋，後参長干巖。洪屬以緣在吴淞，爲書"松隱"二字，遂來郡南，結菴以居，題曰松隱，足不越閫者三年。嘗劙指血，命高僧道謙書《華嚴經》八十一卷，天雨寶花。洪武初，以高行僧薦。尋還松隱，建塔七級，奉藏所書《華嚴》。二十一年四月，沐浴辭衆而逝，全身塔于松隱。有《船居詩》十首，學士宋濂爲序。

朱蒲包者，上海界浜沈氏僕也。十八爲寶山募兵，行遊遇異人，授藥一丸，曄曄有光，服之覺腹中熱氣分湧，遂不覺寒暑飢渴，身衣破衲，冒以蒲包。與之酒飲輒醉，醉輒笑呼，當街卧，人呼蒲包仙云。行必挾四竿竹自隨，夜宿則植竹于途，不施苫蓋，露卧其中，大雨無沾濕，霜雪裂膚，鼻息齁如也。市人釀酒敗，朱挾竹攪甕，輒變爲甘。夏日裸坐赤日中，不浴而净。冬月河冰合，以竹敲冰，冰輒解，裸坐水底，振衣而起。生平不爲談禍福，或無意吐一語，必奇中。後無疾而逝。

張癡者，華亭人，行六。以不修繩檢，人呼爲癡六云。其兄業織筐，六亦習之，弗耑也。既長弗娶，行遊市中，夜則宿于蔣涇橋神廟。廟或時扃，即僵卧橋上，雖大雨不濡，霜晨雪夕，氣蒸蒸起也。其人黄面碧眼，齒平如礪，常蓬首不盥櫛。人飲之酒，過多不辭，終日不粒食，弗問也。或與之錢及衣，出門輒以施貧者。與人言皆任意，多不可解，然卒有奇驗。崇禎癸酉，或問："吾鄉幾人得雋？"曰："今年桂榜不能多，六七人耳。"已而領解爲桂伸，郡邑中式者十三人。莫比部天淳爲孝廉時，叩以將來事，曰："爾姑往洛陽橋一遊。"後就選，得僊遊令，以公事至泉州，度蔡忠惠萬安橋，俗所稱洛陽也。一日偕衆行野，至菁茅處，路窮欲返，忽曰："此小墓乃出太守。"傍有八十餘老人曰："余祖父相傳某太守葬此。"計其時，幾二百年矣。人皆驚異。年至六十，容顔常如四十許人。後醉卧橋上而終。

麻衣僧，不知其所自，或云浙江人。萬曆中，行遊至松江。棲止無定，冬夏常着單麻衣。方面虎項，體甚魁碩。善飲噉，人召之酒食必往，雖在市肆，或妓女雜坐，談笑自若。言多詼諧，機鋒雜出，皆有微旨，頗及未來事。若固問休咎，輒對以佳，時亦嬉戲不答。與張癡六爲友。癡六常自剖其勢，僧曰："色根不净，形軀何與哉？"有伺其醉而誘之者，酣卧三夕不醒，乃舍去。一日，與衰絰者同舟，見其人免冠有褻容，忽莊語曰："和尚求此冠不可得，君何爲乃爾？"其言動不測，皆此類也。崇禎八年五月十三日，至善應菴，云："當辭世。"至午，端坐而逝。越三日，顔色如生。荼毗後，獲舍利無算。

遺　事

吴陸績爲鬱林太守，罷政歸。從者白裝輕不能道海，命取道傍石載之，至吴棄于婁門。後人號曰廉石。

黄武七年，曹休舉衆入皖。權假遜黄鉞，爲大都督，親執鞭以見之。陸機爲遜銘曰："假公黄鉞，統御六師。及中軍禁衛，而攝行王事。主上執鞭，百司屈膝。"

陸抗與羊祜對境，使命常通。抗疾而求藥于祜，祜與以成藥，抗即服之。人多諫抗，抗曰："豈有酖人羊叔子哉？"

劉(世)〔孝〕標《世説》注云:"華亭,由拳縣郊外墅也。有清泉茂林。吴平後,陸機兄弟共遊于此。"按:陸遜先封華亭侯,亭名當在漢以前。或云以陸氏亭臺華麗得名,非也。

吴中五六月間,海雨既過,必有大風連數日,土人謂舶䑲風,云是舶商請于海神得之。凡舶遇此風,日行數百里,雖猛而不爲害。四明錢塘南商至夏中畢集,此風致之也。府境嘗七月大風,甚于舶䑲,野人駭異,皆傳以爲孟婆怒,聞者笑之。按:北齊李騊駼聘陳,問陸士秀:"江南有孟婆,是何神也?"士秀云:"《山海經》帝之二女游于江,此孟婆也。以帝女,故云孟婆,猶《郊祀志》以地神爲泰媪。"則此語雖出鄙俚,其傳之有自矣。

松江出海東五六日程,小島之前,闊百餘里,四面海水枯濁,此水獨清,無風而浪高數丈,船不敢近。潮水漫没其上,不見此浪,船始得過。夜望見水上紅光如日,上與天連,相傳龍王宅其下。

吴黄龍中,海鹽柘湖有陸東美,與妻朱氏相重,篤伉儷之恩,時人號爲比肩人夫婦云。後妻卒,東美不食死。家人哀之,乃合葬。未一歲,冢上生雙梓樹,同根二身,相抱而合成一樹,每有雙鴻常宿于上。孫權聞之嗟嘆,封其里曰比肩,墓又曰雙梓。後其子弘,與妻張亦相愛慕,吴人又呼爲小比肩。

《宣和書譜》云:陸士衡以文章得名,故雖能章草,以才長見掩。御府所藏有章草《平復帖》、行書《望相帖》。

吴時有瑞星見,陸抗手書表賀,略曰:德合神明,嘉瑞屢臻。普天率土,莫不同慶。《書譜》謂其雅重之氣,發于筆端,而有典則,足以昭示于世也。

陸雲常行,逗宿故人家,夜暗迷路,莫知所從。忽望草中有火光,于是趣之,至一家,便寄宿。見一年少美姿,共談《老子》,詞致深遠。向曉辭去,行十許里,至故人家,云:"此數十里中無人居。"雲意始悟,卻尋昨宿處,乃王弼冢。雲自此談殊進。

唐貞元中,陸贄知貢舉,試《明水賦》、《御溝柳詩》,得韓愈、歐陽詹、賈稜、陳羽等。同榜皆天下偉傑之士,號龍虎榜。

陸宣公不以字學名。按王秋澗集云:唐人草北山移文,垂拱二年寫,貞元甲戌陸贄觀。數字筆法似孫過庭。

宋時華亭陳生者爲録事,冒賄稔惡。常帶一便袋,每事即納其中。既死,夢其家人曰:"我在湖州歇山寺爲犬。"家人驚慘,詣寺問之。犬聞家人至,急避于僧寮榻下,意若羞赧。家人去,僧呼犬語曰:"陳大録,爾家人去矣。"即摇尾而出。犬腹下懸一物,若便袋狀,有皮帶周匝。

丘機山,宋季元初以滑稽聞于時。遨遊湖海間,常至福州,譏其秀才不識字。衆怒,搆思一對難之,欲其屈服。對云:"五行金木水火土。"丘應聲云:"四位公侯伯子男。"其才敏捷類此。

元張之翰典郡日,門揭春帖云:"雲間太守過三載,天下元貞第二年。"是歲之翰卒。泰定改元,府治春帖云:"官清瑩徹三江水,民樂和薰兩縣春。"或云:"如何不見府?"明年,詔罷府,立庸田司。之翰又有《鏡燈》詩云:"一池鉛水藏真火,半夜金星犯太陰。"膾炙人口,時呼爲張鏡燈。

華亭市鋪有一物,如桶而無底,非木非竹,非鐵非石。既不知其名,亦不知何用。凡數年,無過而問之者。一日,有海舶老商見之,驚喜撫弄不已。叩其所直,其人亦黠駔,漫索三百緡。商酬以三之二,遂取付之。因叩曰:"某實不知爲何物,今已成買,勢無悔理,幸以告我。"商曰:"此至寶也,其名曰海井。尋常航海,必須載淡水自隨,今但以大器滿貯海水,置此井于中,汲之皆甘泉也。平生聞名于番賈,而未嘗遇,今幸得之。"按:范石湖集載海中大魚腦有竅,吸海水噴從竅出,則皆淡。疑海井即此魚腦骨也。

楊廉夫自稱鐵笛道人。其自傳云:洞庭湖中冶人緱氏子,嘗掘地得古莫邪,鎔爲鐵葉,筒之,長二尺有九寸,竅其九,進于道人。道人吹之,竅皆應律,奇聲絶人世。常歌曰:"小江秋,大江秋,美人不來生遠愁。吹笛海西流。"聞道人名者,多載酒道人所,幸聞笛。道人爲一弄畢,便卧遣客。客不去,卧吹笛自如也。與永嘉李孝先、茅山張伯雨、錫山倪瓚、崑陽顧瑛爲詩文友。其文有《三史統論》、《太平綱目》、《歷代史鉞》,詩有《瓊臺曲》、《洞庭雜咏》,藏于鐵崖山。

洪武乙丑、丙寅、丁卯,江南水旱三年無收,松江尤甚。飢民至食其子,而官府徵糧不已。百姓作詩傷時事,云:"慙爲乞丐耻踰牆,難過迢迢白日長。不免鬻妻傷大義,且先烹子療飢腸。滿爐火煮心肝熱,一釜湯煎骨肉香。寄語肥甘當道者,此時焉可復徵糧。"

侯將軍端有膂力,南滙有虎傷人,端格殺于烽堠下。至今人呼其地爲侯公殺虎墩。

陳禎知襄陽,冬月出行,泊舟傍岸,遥望田中有稻一枝,長而甚青。禎異之,登岸諦視,乃從骷髏眼中出。禎疑事必有冤,忽悟韓道青姓名,令人偵緝。至村肆中沽酒,見一人市肉求益,店主曰:"我有名韓道清,賣肉不須秤。"遂擒之解府。禎鞫之,骷髏即道清謀殺者,遂寘諸法。

正統戊午春,富林焦震家生瑞竹,凡二本,皆異梢同幹,森然齊長。壬戌生一本,亦如之。震隱居教授,與弟雨友愛深至,人以爲和氣所鍾云。巡撫侍郎周文襄忱有詩咏之。其詩曰:"植物有修竹,獨爲貞静姿。况此作嘉瑞,一本挺兩岐。間生已爲異,重見真絶奇。考祥揆所自,天和本人爲。君家世積善,習隱勤書詩。孝友既不爽,德慶日以滋。冲融感和氣,徵應良在兹。緑陰娟駢幹,密葉交連枝。春妍色不競,冰霜操豈移。虚心待結實,擢秀期諸兒。朝陽有彩鳳,翩翩將來儀。"

蔣公用和奉使過家,偶駕小艇出,使兩僕上岸牽挽,自坐舟尾持櫓,誤觸行舟。其人以篙擊公笠,更呵罵之。僕厲聲曰:"此是蔣給事。"公笑曰:"奴輩欺人,此處那得蔣給事?"促牽舟竟去。

蔣用和在京師,與于忠肅聯舍。蔣生子,賓客致賀,卜日會飲。及期,忽聞于公喪母。蔣曰:"于公方哭殯,而吾召客,非人情也。"遂易以他日。

張莊懿公鎣巡按山東,至臨清行香,過酒肆,帘拂其冠墜地。公色弗動,徐命拾冠,着之而去。諸長惶恐,繫賣酒傭待戟門。公見之,第諭曰:"自後而帘可高懸。"竟遣之去。爲刑部尚書時,有獄事須急報,夜坐趣吏治文書,遲明早奏。夜半,書既就,吏拂燭,污文書,叩頭請死。公曰:"悮耳。"趣再書之,坐待怡然,達曙不寐。

成、弘以前,士大夫尚未積聚。如周北野父子、曹定菴兄弟、蔣給事性中、夏方伯寅、許僉憲璘,致仕家居,無異諸生。時張莊懿公官至大司馬,故廬數椽,田不百畝也。

張東海弼爲兵部郎,數以直言忤當路,遂出守南安。入覲至京,謁李文正東陽,閽人辭焉。東海題其几云:"始知東閣先生貴,不放南安太守參。"拂袖竟出。

成化間,長沙陳章同教華亭,于學圃鑿池,得紫石函,銘曰:"華亭縣普照寺南楊十七郎骨殖之柩。"發之,骨盡化,惟鯉魚一尾、蟹一枚,盤旋其中,放之皆活。前輩有親見者。

衛文節公涇,本華亭人,生于蕭塘,後以崑山貫及第。宋時華亭學有狀元坊,爲涇立也。景泰間,知府葉冕爲重建于豐樂橋下,題其柱曰:"九重華選魁多士,千古清風啟後人。"以風勵後進。弘治己酉,西門火,延燎及坊。市人讙曰:"燒卻假狀元,出真狀元矣。"明年,錢福果以會元魁天下。讖緯君子所不言,然有不可誣者。

弘治己酉,顧草堂英營壽域于肇家浜上。一夕雷雨大作,磚埴皆移于河南數十丈外,其鋪砌巧異,非人工可及。倒書白字一行于華表石上,云:"雷部大將軍石守信。"字畫遒勁,有晉人筆意。

潘奎者,郡掾也。慈仁好拯物。太守御下嚴,胥史無敢啟口。有豪甚殘暴,捶楚諸臧獲過苦,每至殞命。逃者必誣以盜,廣賄諸役,寃殺無筭。豪前後所訟奴四十餘,俱論死。當審録時,守召諸奴訊之,無敢辯。既出,奎伏地爲奴白寃狀,并數豪不法事甚具。守召諸奴覆訊,乃悉解放,捕豪下獄。居一歲,奎于吏舍生子。是夜,守夢諸神騎乘鼓吹,送一兒至吏舍。醒而念曰:"必潘奎家也。吾聞有德者必有後。"月給擔粟賙之。所生子即恭定公恩。

錢修撰福里居日,有門生知揚州府,遣使迎公,不往。後暫一至,諸大賈争先迎謁,將有請屬。公曰:"予特來觀廣陵濤耳,毋作跨鶴人猜也。"又有老儒薛河東,訪梁溪鄒氏,詭稱爲錢狀元師。鄒方置酒邀欵,適報錢至河下。薛謂主人曰:"吾當往舟中與偕來。"遂詣公,懇告以實。公欣然同往,盡醉而罷。

顧文僖初入史局,賦《初夏》詩,末云:"故園遥憶三江水,梅豆青青笋過扉。"館閣諸〔公〕嘆賞之,謂他日必非嗜進者。後公以宗伯歸里,家于超果寺東南,顏其廬曰緑野。

陸文裕公出入館閣,前後幾四十年。每鈔録國朝前輩事,命子弟熟讀,曰:"士君子有志用世,非兼通今古,何得言經濟?今世學者亦有務爲博洽,問及朝廷典故,一代之經制沿革,恍如隔世。縱才華邁衆,終爲俗學。"

張拙,字汝吉。能詩,善篆隸。隱居不仕,陸文裕公引爲社友。嘗和陸白樺詩曰:"嬾隨宫女候羊車,欲嫁潘郎鬢已華。誰向上林承雨露,自甘僻壤飽烟霞。幽情肯許題紅葉,澹影常教占白沙。却笑阿嬌金屋貯,最深恩寵不藏瑕。"文裕大爲擊節。

上海楊東濱,少負文學,竟落魄不第,亦與陸文裕善。嘗賦《春興》一絶云:"薔薇枸杞滿庭栽,書閣垂簾半捲開。蛺蝶不嫌春色淡,隔墻飛去又飛來。"大爲郡守所賞。後有殺人事波連,郡守見其名,即曰:"此作《春興》詩者,如此襟懷,豈預俗事?"釋不問。

孫文簡兄守齋,少穎悟。十一歲竊從家人往觀競渡,比歸,父雪岑公欲責之,諭曰:"汝能作一詩,當貰汝。"守齋應聲曰:"虎艾懸門日,龍舟競渡時。屈原遺恨在,千古楚人思。"

徐文貞督學兩浙時,有士子結題,用"顔苦孔之卓"語,公批杜撰。後散卷,士子曰:"此語出楊子《法言》。"公揖之曰:"本道科名早,未曾讀書,今承教矣。"衆皆嘆服。

陸文定爲編修,一日偕衆以事至嚴分宜宅,盆菊繽紛,衆争先致殷勤。公逡巡獨後,謂諸人曰:"毋壓倒陶彭澤。"聞者解頤。

彭魯溪應麟,袁與山社友也。與山子福徵年甫八歲,常侍側,自稱小相公。彭因試對曰:"願爲小相。"袁答曰:"竊比老彭。"彭又見其書腦裂碎,云:"書腦經年葉落,爲恁風霜。"袁對云:"燈心徹夜花開,因何雨露。"彭大稱賞,以女字之。後翁婿同登嘉靖甲辰進士。

秦鳳樓先生嘉楫,手抄書甚多。常見《吴冢志》三卷,楷法學趙吴興,卷尾八分小字二行尤工。宋幼清先生懋澄題其後曰:"此秦侍御手書,蓋先輩之惓惓于文獻者。按所書年月隆慶壬申,是入御史臺後筆也。"

吴石湖先生居北俞塘,倭寇入犯時,獨與七歲小蒼頭坐浩然樓上,讀書自若。已而數倭闖入,見壁間有所畜蜜蜂一房,以刀擊之,蜂擁其面,倭驚仆草中。已而群倭皆共擊蜂,蜂盡出,螫倭面目臃腫,俱相戒不敢犯。以此浩然樓獨存,而東西五里餘俱免焚劫。先生有《園蜂逐寇歌》。

俞明時弱冠就學郡中,舍于諸父家。隣有美女目挑之,明時佯勿喻。無何,夜有叩户聲,覘之,即是女也。明時曰:"男愛行,女愛節,其他又何愛焉?"女大愧悟,潛去,明日即遷舍。女踰年于歸,卒爲賢婦。明時有聲黌宫,及歲薦,竟謝去。督學李公特書高士旌之。

相傳長泖爲由拳舊地,漢末淪陷,每天色晴明,水面無風,則水底磚石,歷歷可見。萬曆元年,建青浦城,父老言于知縣石公繼芳,令人入水,得石甚多,遂以甃城。

徐鴻洲三重,有八語自識室中。一曰:"室無美姬,堂無俊僕,案無戲具,門無雜賓。"一曰:"宅取安人,田取給食,書取明道,器取適用。"

許公維新治郡日,張堰吴氏以繼嗣争訟,兩造時出一遠譜,言吴自太伯始封,至今其正嫡應繼云云。公判其牘曰:"太伯潛逃啟大吴,余從譜牒羡雄圖。子孫在遠猶争繼,讓國當年事有無。"遂各媿服求罷。

日月河在縣治普照寺南。先是有謡曰:"日月河通出狀元。"及許公濬河,盡復舊迹。辛丑,張宫諭以誠登大魁。相傳錢鶴灘亦以此河通時及第。

小蒸西市惠安橋圮。萬曆乙巳,里人俞姓爲首募造,金尚源同竣其事。先是,有支流名曹墳港。行船者聞水中沸鳴,迹之,見水清徹,底下有石街約里許,其石瑩潔,若欲浮出者。乃具羊豕酹告,命工取之。其水忽涸,石皆長六尺餘,廣半之,共得二十四,其大者見一天字。遂用覆橋面,因名朝天。自後街影迷失,水亦濁,不復沸鳴矣。説者謂由拳縣故物也。

嘉慶四年,下帷梁國氏課餘摘鈔,自夏季起,冬仲竣。時年四十有七。

志　攷

《雲間志》三卷。

宋紹熙間，知秀州華亭縣事(倡)〔借〕緋楊潛、饒州府學教授胡林卿、信州學教授林至、監太平惠民南局朱端常修。

《嘉禾志》三十二卷。徽宗政和七年，改秀州爲嘉禾郡。按唐序：嘉禾春秋時爲檇李。至吴黄龍三禩，以禾生由拳野，故名。

宋嘉定間，嘉興府知府岳珂修。元至元戊子，秀州路經歷單慶、同郡博士徐碩重修。前進士唐天麟、里人郭晦序。

《松江郡志》八卷。

元大德己亥，松江府知府張之翰同府學教授劉蒙修。謂之前志。

《續松江志》十六卷。

元至正十七年，華亭儒士錢全衮修，吴興錢震較正。

《雲間通志》十八卷。

成化九年，郡人錢岡修，松江府知府白行中序。

《松江府志》三十二卷。

正德壬申，郡人翰林院侍讀學士顧清修并序。

《松江府志》九十四卷。

崇禎辛未，郡人陳繼儒修，應天巡撫曹邦衡及松江府知府方岳貢、郡人董其昌序。

《松江府志》五十四卷。

康熙二年癸卯，知府郭廷弼及教授周建鼎修，巡撫韓世琦、布政盧絃、按察孫丕承、郡人宋徵輿序。

上海府縣舊志叢書

補遺卷

上海通志館 編

第二册

上海古籍出版社

本 册 書 目

康熙上海縣志

〔清〕史　彩　修
〔清〕葉映榴　等纂
趙文友　點校

整理説明

〔康熙二十二年〕《上海縣志》十二卷，清史彩修，葉映榴等纂。史彩字簡庵，浙江會稽人，諸生。葉映榴字炳霞，號蒼岩，上海人，順治十八年（1661）進士，改庶吉士，降國子博士，歷官湖廣參議道署布政使，殉裁兵夏逢龍之亂，贈工部右侍郎，謚忠節，《清史稿》有傳。康熙志之修，起因於江南總督于成龍奉部檄纂修通志，以備一統志之采輯，故行文下各郡縣重修縣志。時上海縣令史彩因延邑人葉榴映、曹垂燦等重修《上海縣志》。康熙修志距明萬曆之修已九十餘年，中經明、清更代，文獻蕩佚，故主要取材於康熙二十年（1681）新纂府志及檔案，僅三月集稿，於康熙二十二年冬十一月成書，凡十二卷，分四十門。萬曆志以綱統目，此志更定體例，以細目標題，資料較舊志增倍，頗有取舍。書前有史彩序、松江知府魯超序，凡例十四則，詳述此志修纂體例與舊志之異同。

後人對此志評價不一，清周中孚謂其“能詳而不蕪，簡而不漏，網羅顔（志）後百載間事，而田賦、水利、荒政、兵志，尤較舊志爲備焉”（《鄭堂讀書記·補逸》卷十三）。陸慶循則認爲此志“沿革無表，繪圖不知開方計里之法，且無市舶司等圖。水道不辨吴淞江、黄浦原委，不載潮候；賦役繁而不核，官司不表巡檢，武科不表舉人，……而傳之失考，尤難殫述，承訛襲謬，悉數不能終”（《嘉慶上海縣志修例》）。此志版片存留逾百年之久，乾隆十五年、乾隆四十八年重修《上海縣志》時，又被二志所承襲。

據《中國地方志聯合目録》、《中國古籍總目》著録，此志國家圖書館（不全）、北京大學圖書館、上海圖書館、上海博物館、南京圖書館、南京地理所、浙江圖書館、中山大學圖書館等收藏。此次整理，以上海圖書館藏本爲底本，此本每半葉九行，行二十字，小字雙行同，白口，四周單邊。倒葉、缺葉及漫漶之处據國家圖書館、北京大學圖書館藏本補正。整理時將少見之異體、俗體字統一爲規範字，避諱字徑改爲本字，疑誤字、衍字加圓括號，正字、補字加方括號表示。

限於水準，疏誤難免，祈盼方家指正。

國家圖書館　趙文友

二〇二一年八月

康熙上海縣志目録

上海縣志序

松郡屬邑凡四，獨上海去郡爲遠。其地僻，非舟車水陸之衝，冠蓋之交罕至焉。又瀕海近寶，桑麻秔稻而外，有魚鹽之饒，故往時號爲壯縣。其民皆足自給，其士子皆好詩書、能文章，其擢巍科、躋顯仕，上之爲名宰相，次之爲臺閣侍從，以文章勳業名海内者比肩相望，可謂盛矣。然數十年以來習俗稍異，民多好拳勇，樂争鬥，又喜爲鈳篅告訐，睚眦之忿，錐刀之争，輒舞文巧詆，以虚詞瀆聽。乍閲其詞，雖臯陶聽之，以爲死有餘辜，及訊其情，則多譎譋誣妄，百無一實。今給諫任公前令兹土，予與之同心朂勵，磨革矯柔，力爲禁戢，雖稍稍衰止，然未能丕變也。又以近海多盜，繕城隍，修斥堠，民力凋敝，而歲比不登，近海之田幾同斥鹵。又海禁嚴切，四民失利，故往時所號爲大家富室者，今多蕭然懸磬矣。且民間男子多好游閒，不事生業，其女子獨勤苦織紝，篝燈燎火至達旦不休，終歲生資率仰給於織作，此其大都也。昔史稱“大江之南，五湖之間，其人輕心”，又云：“江淮以南，民多呰窳媮生，無積聚，故無凍餓之人，亦無千金之家。”以今之所見，合之古人所言，其風俗固不甚相遠。蓋不特上海一邑爲然，而即以上海一邑觀之，其尤大彰明較著者也。近者海氛蕩定，方陲晏然，皇上方與二三大臣厲精求治，江介海表之區延頸企踵，冀徼寬政，以觀德化之成，而復往時承平之盛。生聚教訓，與民休息，此其時也。縣令史君爲政静而惠，以治辦有聲，所修輯邑志既成，予讀之，見其事覈而辭簡，可謂有作者之風矣。夫民風與吏治相爲轉移，故同一馮翊，而朱博治之以權譎，薛宣治之以寬平；同一潁川，而趙廣漢行之以擊斷，韓延壽行之以禮讓。蓋與時消息，不膠一法。然而與其爲博，不如其爲宣；與其爲廣漢，不如其爲延壽。如良醫之視疾，因其虚實以爲調劑之方而已。爲司牧者，其可不加之意哉！

康熙二十二年十月朔吉，中憲大夫、江南松江府知府、加六級、會稽魯超撰。

續修上海縣志序

古者賢士大夫,閎覽博物,亦嘗研精殫思於《九丘》之書。《九丘》,志地也,説該天人,得其理,將以從政也。昔人謂志與史相表裏,然司馬遷、班固叙紀傳年表矣,別立八書、十志,而於數百年制度沿革之故略焉弗詳,後世猶有議之者。於是志有專書,通史之窮也。上海,故市舶地,遠文教,人民龐雜。自至元二十九年創建縣治,歷明孝宗朝,風俗始一變,隱與華亭埒。顧閱百五十年,猶乏邑乘。時盧龍郭載道以爲長吏之過也,與唐士絅、朱叔暘兩先生鋭意編輯,凡三年志成。又二十年,莆田鄭啟範修之。又四十年,上虞顔中起續修之,迄今九十有六年矣。彩奉命吏兹土,求前志烏有也。問顔公遺版,得之塵壒中,亦朽蝕不可識。彩因之有感焉。百年掌故,編削壽之,金石固之,而猶若此,況浮湛在九十餘年中者,可勝道哉?夫事苟繫國家、利百姓,與夫名臣碩儒赫赫在耳目者,學士大夫能言之。若孤蹤絶塵,放聲滅跡,其風可思,名不可得而識矣。名閨峻烈,或操行潔白,或殺身成仁,不嘗求譽於鄉曲也,乃若滅若没於白楊黄蒿之間,能不悲哉?於是搜訪舊聞,攟摭逸事,大者得之史册,細者亦不遺負薪,闡幽發潛,不敢不慎也。今年秋,國家修《一統志》,遴選重臣,軺車四出,省會郡邑無弗奉明詔、獻方書。彩乃與薦紳先生蠲日肅衣冠,再拜授簡,重國典也。凡地理、河渠、賦役、建設、秩祀,則曹緑巖、朱拜石、張弘軒、董君節四先生,暨唐嵩少、雍庠諸茂才,共襄厥事,讐校釐訂矣。如官師、選舉、人物、藝文、雜志,葉憲副蒼巖先生則撰次之。既而網羅畢該,見聞淆雜,諸君子隱審悉心,討論義例,予奪筆削之嚴,彩竊與聞焉。三閱月而屬藁,四月而成書。諸君子具良史之識,手定百年鉅制鴻裁,焕然有第,可藉手以報行人矣。伏而讀之,彩益瞿然思、憮然起也。憶曩者初到官,風俗凋敝,百姓僄悍謷詐,趍利若鶩鶩,嗜訟若菽粟,漸靡難返。於是解絃更張,不爲束濕,去其所苦,聚其所欲,歷今三載,瀕海百萬户隱若齗齗洋洋有所移易者,知"不易民而治"非虚語也。今海上地不加辟,收事重苦,困且數百年,安得爲民請命,減常額,公私充然,上無負逋,野有藏蓋也。士子稽古取榮矣,然必培養器識,修尚勵節,恂恂具禮樂之容,蔚然文物改觀焉。乃若農田水利之屬,以時舉行,民得優游田間,奸僞不作,而獄訟衰息。父老非讀法期會不見官長,胥吏不敢窺里門,桑麻蓊薆之中,黍華陵巔,良禾被野,六百里煙火相望,雞犬聲相聞,可謂和樂矣。彩懼弗勝任,然意願堅勇,皇然若或遇之,蓋上不敢負聖天子加惠至意,次亦不敢渝諸君子大書特書之義也夫。

時康熙二十二年癸亥冬十一月吉日,文林郎、上海縣知縣、加二級、會稽史彩撰。

舊　序

盧龍郭侯載道爲上海之三年,威德敷施,廢墜修秩。顧誌書猶缺久之,曰:"唐進士士絅,邑人也,而文盍屬諸?"士絅乃爲稽故籍,詢遺老,摭遐搜隱,彰善黜衺,彙次得八卷。予嘉侯之知所先也,唐君之善志也,推其意序之。序曰:今天下名郡稱蘇松,松之屬邑纔二,曰華亭,曰上海。上海,故華亭之東維耳,至元割爲縣,土壤始分,非獨人之爲也。天之分野,地之形勢,民之習俗,亦若有殊焉。况其沿革有可言者,不可不誌也,故首之以疆域。疆域之中,其大者有二:峙爲山,流爲川。松之勝有九峯三泖,而在上海,山則有若簳、福,川則有若青龍、黄浦,而大海在其東,斯觀之大者也,故次之以山川。有土斯有貢,松一郡耳,歲賦京師至八十萬,其在上海者十六萬有奇,重以土産之饒,海錯之異,木棉文綾,衣被天下,可謂富矣,故次之以田賦。事有緩而急者,祭祀是也,祠廟壇壝,載在祀典,而不及載者,有其舉之,亦所不廢也,故次之以祠祀。若夫學校以造士也,公署以聽斷也,津梁堰埭以通利也,樓臺亭榭以觀遊也,亦不可廢,故次之以建設。古今之在天地,一而已矣,事往跡遺,則感慨係之,池丘故墟,過者躊躇,爲其古也,故次之以古蹟。設官分職,本以爲民,官上海者,自元迄今,其政往往可書,然不能無遺也。書其可書,其不書者,非遺之也,蓋亦有勸戒存焉,故次之以官守。國無小,有人焉則重。上海僻在海隅,而名獨聞者,非財賦之謂也,賢才輩興,實華兹邑,然則使兹邑之有聞,獨不在於人乎?故以人品終焉。

弘治十七年甲子閏月之吉,吴郡王鏊序。

舊　序

上海，華亭一舊鎮也。至元間始割爲縣，屬松江府，百五十年于兹，益繁益茂。天下之以縣稱者，自華亭而下，莫能先焉。而志未有，缺典也。其膏腴富庶與華亭同，而加之以魚鹽萑葦之利，乘潮汐上下浦，射貴賤貿易，駛疾數十里如反覆掌，又多能客販湖襄、燕趙、齊魯之區，不數年可致鉅產，服食侈靡，華亭殆不及焉。然名賢高士雖不乏人，而甲科顯宦則視華亭爲劣。邇來屢得文章道德之士作尹以鼓舞之，彬彬彙征，錯布臺省，而巨筆雅音漸出華亭上矣。志之作於此時，非有待也哉？盧龍郭君載道，以名進士尹上海，律己廉，撫衆寬，繩惡嚴，貧而無告者加之以惠。如是者三年，上下交孚，行且升矣，而阨於浮議，衆爲不平，公論遂白，神人胥慶。君曰："吾不喜居此，喜得成吾志也。吾尹大縣，而志不作，非吾過與？"乃屬其邑人唐進士士絅撰次之。郭君即所謂道德文章之士，而士絅所謂巨筆雅音、科甲臺省之一也。又贊之以宿學朱叔暘，則其志烏得而不成哉？抑亦非真有待也哉？其風俗節奢從儉，而邑中之建設大半出今郡守宜春劉公作尹時，則今日人才之盛、官守之賢，亦不可謂無所自也，志之作真有待也哉。其爲卷凡八，類各有論列，簡而不遺，備而不泛，兼收並蓄，而無所混淆，是則可喜也已。志成，屬予書其後。予聞史家莫難於志，《書大傳》曰："天子有問無以對，責之疑；有志而不志，責之丞。"司馬遷不作志，遂使三代秦漢之制度沿革不傳，而班固强作之，又不能明其顛末，後求第相踵襲而已，有識者不能不爲之浩歎焉。今郡縣各有志，則所謂宋鄭之史皆稱志，非特史家一事而已，不尤難哉？然而地不乏書，代不乏人，作不苟同，則固各有見矣。與其漠然不顧，孰若奮然有作也哉！予於是乎有取焉。推是以往，成一代之制度，以備聖天子之疑丞，不在斯人也夫！不在斯人也夫！予於是乎良有待也。

弘治甲子閏月十日，郡人錢福序。

舊　　序

上海據吴會之東，負海帶江，天下稱壯縣。予以正德十五年冬爲之宰，及是邑沿革、分野、疆域之故，山水之勝，風俗之變，物産之宜，户役之煩簡，貢賦之盈縮，建置之古今，祠祀之邪正，官師之姓名、邑里，名宦之聞望德業，登用之途，人物之彦，與凡古蹟之可知，雜事之可紀，文之可讀者，蓋已四載見聞。乃縣志之修自弘治癸亥，越今嘉靖甲申廿有餘年矣。嗟乎！跡往述遺，今日之事有明日弗知者矣，同室之情有閉户弗知者矣。況於地里非徧，年數寖遠，微書契紀傳，是安足知乎？故往者來之則也，億者一之積也，今人耳目，後之聰明寄焉。輒不自揣，授意於邑儒高企，撰志十五篇，分爲八卷。事以時損益，文以意筆削，篇各爲之論敘，義竊取之矣。不敢虚美，不敢迪慝，不敢舍其所宜存，不敢增其所當棄。凡六百里數百年之概，庶乎明備，濫稱一方之志。夫志，史之流也。昔者聖人作《春秋》，以道權天下之是非，斯固蔑敢望矣。然糟粕之談，博雅者所取。苟稽於其故乎律襲之道具，苟觀於其勝乎仁智之心興，苟盡於其變乎禮樂之化廣，苟察於其宜乎康阜之功作；又辨於煩簡乎思所均之，又通於盈縮乎思所利之，又明於古今乎思所嗣之，又審於邪正乎思所一之，又覈於宦某也賢、仕某也正、人某也彦乎思所上之，又綜於蹟、練於事、游於文乎思所精之。如是，邑有珪璋之吏，鄉有麟鳳之夫，則志雖無是非，勸懲寓焉。初，愚欲摭酷吏、奸佞各爲傳，乃復思美患不見，名疾不稱，善揚有歸，迹泯可知，前垂形，後爲鑑，故有書，有不必書。質之高生，果然斯言。生經明行修，思齊古人，編校之事咸屬焉。後有作者，更加釐正，勒成一家，傳之四方，是固所願也。

嘉靖三年甲申八月朔日，前進士莆陽鄭洛書序。

舊　　序

莆陽鄭君啓範以名進士令上海之四年，嘉靖三年，云絃歌之化洋洋乎，慮紀述之隕，後莫所攷矣。乃取舊圖經讀之，以知故實，復參互近事，攄意流藻，月課成篇，裁成義類，凡十五卷，曰《上海志》云。且夫審曲面勢，良匠之工也；分畦疏蒔，老圃之能也；備意略文，志家之藝也。是故摘分野，上以明天；列土田、山水，下以則地；陳學校、財賦、户口，中以盡民。論時務則先善惡而後災祥，論人物則黜藝術而進列女，論祠祀則崇正教而抑佛老，論風俗則明感應而上勤儉。或總叙以發凡，或志雜以旁通，或紀文以稽故，考諸傳而賢否之實備矣，覩諸制而因革之宜辨矣。其述詳，詳而勸戒昭矣；其詞約，約而義例見矣。予以文學叨從君後，於志之成，翻閲竟日，竊歎夫往而不復者跡乎？來而不已者事乎？涣而成章者文乎？存而不忘者志乎？志以圖跡，跡不陳也；志以永事，事不遺也；文以成志，志必傳也。君覈於稱述，時爲論叙，有激而慨，有婉而引，跡斯乎證，事斯乎啓，而所謂文者實兼焉。嗚呼！若是者，周子之言"美則愛，愛則傳"，其可必哉！質之博雅君子，以爲何如也？

嘉靖三年甲申八月朔日，郡人徐階撰。

舊　序

縣大夫莆陽鄭公治上海之四年，出我師少宗伯東江顧先生《府志》、唐提學士絅《縣志》，謂企曰："我將有事于此，爾從之。"遂授以凡例。退而徧閲諸志，命侍史録爲括例以進。蓋聞志猶史也。史自《春秋》以來，馬遷變例，君臣爲紀傳，千古宗之。然《西漢》之《外戚》，《東漢》之《黨錮》，《唐》之《藩鎮》，《五代·義兒》《伶官》《雜傳》，皆因事立言，不相沿襲。吾上海舊隸華亭，唐以前事散見《吴郡》，石晉以來見于《嘉禾》。唐縣華亭，别稱雲間，故在宋有《雲間志》。元爲府，有《松江志》，元末府有《續志》，上海新立縣，乃無專志。國朝，府有新志，有通志。顧孔文有《上海志》，未經脱稾，而士絅與今封御史朱叔暘共成之，弘治十三年也。兹析我師郡志爲縣志，述乎云爾。縣公上讀《春秋》，下宗《史》《漢》，筆削間自有餘師。編校既成，聊叙一時相與之言，以識其後。

嘉靖三年甲申八月朔日，邑人高企謹序。

舊　　序

上海在宋末猶鎮也，而縣於至元間。縣未志也，而創於弘治癸亥，脩於嘉靖甲申，續於今萬曆戊子。志成，學士大夫屬余序首簡。余惟志者，史也。《周官》外史掌邦國之志，上自星野，下逮山川、疆域、户版、田賦及官師、選舉、人物、風俗、藝文、建置、秩祀之典，屬之掌故，以體裁紀傳，其事之貴乎核，而文之貴乎直也。故發凡起例則準之史，摛菁掞藻則繫之文，刪述取舍則裁之義。義立而以辨名物，以備傳信，以垂勸戒。斯數者，志之大較也。上海邑於郡之東南，岸海帶江，僻在一隅，以比於吳之錯壤，雖若孤臣客卿，而禮制冠裳以及土毛耕織之利與華亭埒，稱巖邑焉。志之脩，始盧龍郭尹，越世廟甲申，蓋六十餘禩，一修於莆陽鄭君，以迄于今，若有待焉者。中間吏治之得失，建置之沿革，民生之利病，財賦之贏縮，俗尚之淳漓，與夫築城濬隍、海防河渠、經賦均則之類，諸凡嗣起所宜續入者，參互采摭，條分臚列，較若指掌。總之則義達而事例明，文核而體要備，蓋斌斌乎質有其文，於邑志稱良焉。使夫宦于斯、生于斯者，因之以考政問俗，由百世而上下之，其故可知也。昔朱晦翁令南康，首閲志書，君子謂之知務。讀是編者，可以占海上治績所繇矣。志凡若干卷，始事於萬曆丙戌，越歲戊子告成。主其事者，上虞顔侯洪範；司纂輯以事讐校者，藩幕張君之象暨黄君炎輩六文學也。

萬曆十六年戊子冬十一月，郡人陸樹聲撰。

纂修姓氏

文林郎、知上海縣事、加二級、會稽史彩。

賜進士出身、提督陝西學政、按察司僉事、前翰林院庶吉士、邑人葉映榴。

原任江西廣信府推官、邑人朱在鎬。

賜進士出身、原任山東濟南府泰安州知州、邑人張錫懌。

賜進士出身、原任浙江嚴州府遂安縣知縣、邑人曹垂璨。

監生、青浦唐士恂。

生員董弘度。

叅訂姓氏

上海縣儒學署教諭事、舉人、山陽陳白漢。

訓導、泗州楊翻。

縣丞陳宗泰、徐京埠。

主簿李六德。

原任江南淮安府邳州學正、候補國子監博士、邑人孫大經。

貢生葉永年。

監生朱淇。

邑生員王灝、張以恒、陳完、喬舒、唐士龍。

督梓

典史宋振禄。

上海縣志凡例

一、縣志從詳，府志從簡，此定例也。乃邑乘闕如幾及百載，老成既已凋逝，故家又無藏書，反籍府志修明，以爲縣志藁本，事則相反，勢所必然。故凡載在郡乘者，不敢遺一人一事也。

一、建縣本末，自晝疆分職而沿革紀年已列其中，故遵縣志分野，而下以疆域次之，不必復增沿革紀年之名。

一、事莫大於田賦，陳徵君云朝論以松爲外府，又云松民爲孝順百姓，蓋以賦煩役重，雖極困憊，而莫敢訟言也。本朝受命履畝起科，大槩因舊有不得已而截存留以抵充兵餉，則注明於各項之下；有遇水旱災蠲，俾小民邀曠蕩之恩，則亟書之。

一、田功必先水利，潮汐之地，唯在開濬，吴淞江已爲通渠，而蒲匯塘諸支河漸成淤塞，通郡道、資灌溉俱在所亟，故謹志之。治法、治績詳水利中。

一、舊志役法最爲脱畧，明季踐更，困敝已極。本朝革除大小役，民始更生。然不痛陳明季之害，則無以知本朝立法之善，明戒也，示知所守也。

一、鹽法蘆課，理財之大務，凡奏疏條議俱節而不遺。

一、舊志不立荒政，則紳衿里民助粟設糜之義舉没而不傳，既違經義，又無以勸將來，故遵府志一一條書之。

一、府志云今日兵制與正德年不同，本朝定鼎，又與明季不同，但邑之有兵，兵之有防，唯在於海，故凡籌海方略一字不遺。

一、職官科目以現在紀年，若立傳則遵新舊府志，則俟之異日論定而後撰録焉。

一、舊志有賢達、孝友、方介諸科，此本分躬行内事，故遵府志，以獨行該之。若文苑、隱逸、藝術、流寓，則仍其舊。

一、烈女節婦旌表入志，誠重之也。然百年以來，三户窮村無以自見，將與草木同盡，故凡經親黨隣甲公舉核實者，即得入志。其有年限既合，苦節卓然者，不拘生不立傳之例，但加嚴覈，亦得入志。此爲民父母者崇節維風之盛舉，亦吾輩善善長之素志也。

一、藝文倣史家通例，唯列前賢著述之目。其文之有裨於本邑利害者，已注見各條之下。歲久散軼，所著書已十不存一矣。

一、人以一節自見，不能盡入獨行者，則附之遺事。先賢高風軼行，傳所不及詳者，間采一二。此寓激勸，非云博聞。

序　圖

君子左圖右史,史以陳詞,圖以盡意,凡可以盡形而指事者,莫不有圖。爲學且然,況子萬姓而撫四封者哉?滬城舊有圖,攢蹙累積,尺寸千里,如列眉,如指掌,可一瞚而得江海控置之跡、柔遠寧邇之方,有志牧民者所以不下堂而就理也。圖爲四重繪,以弁諸端,雖或勿詳,然其要可觀矣。

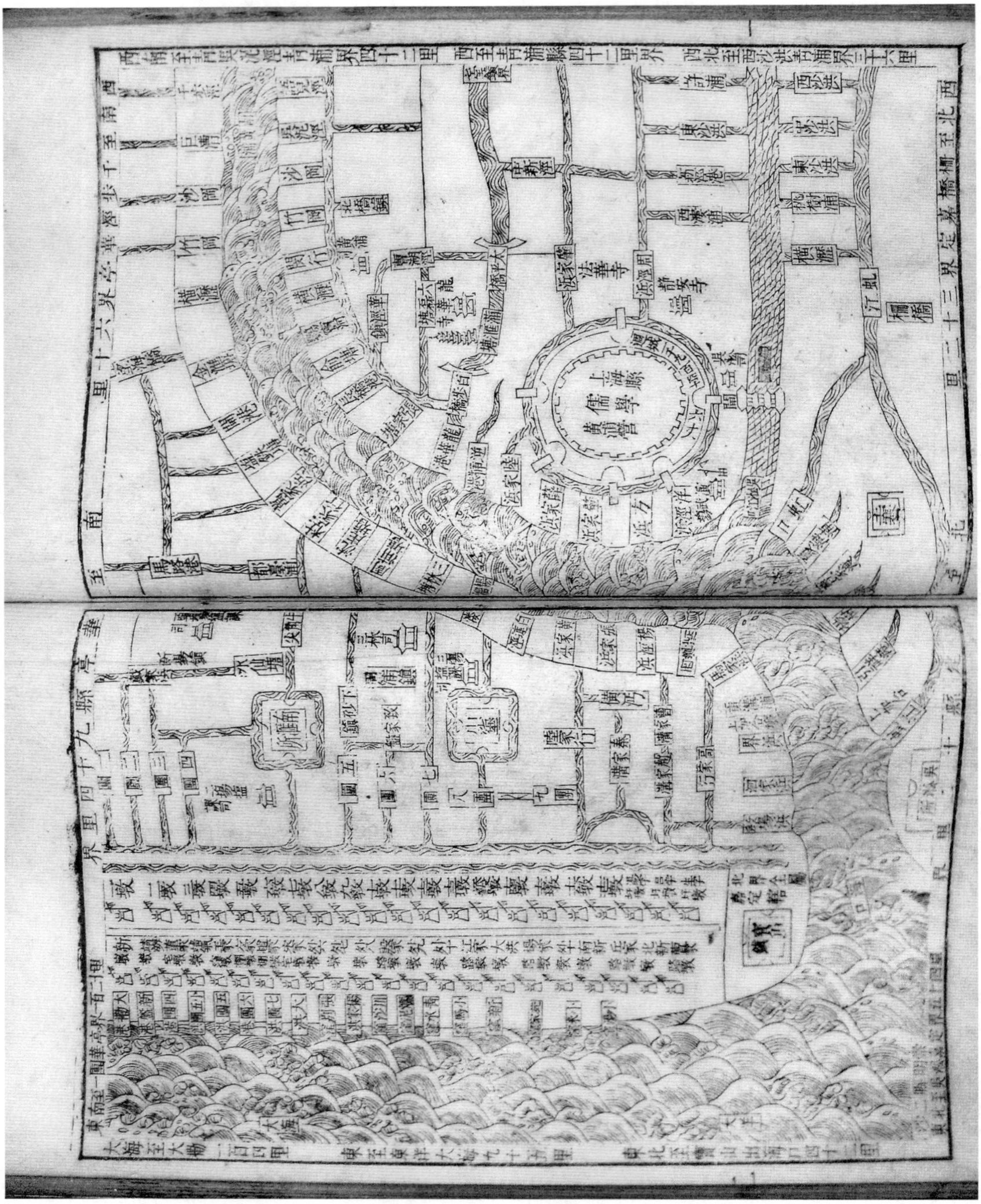
上海縣
儒學

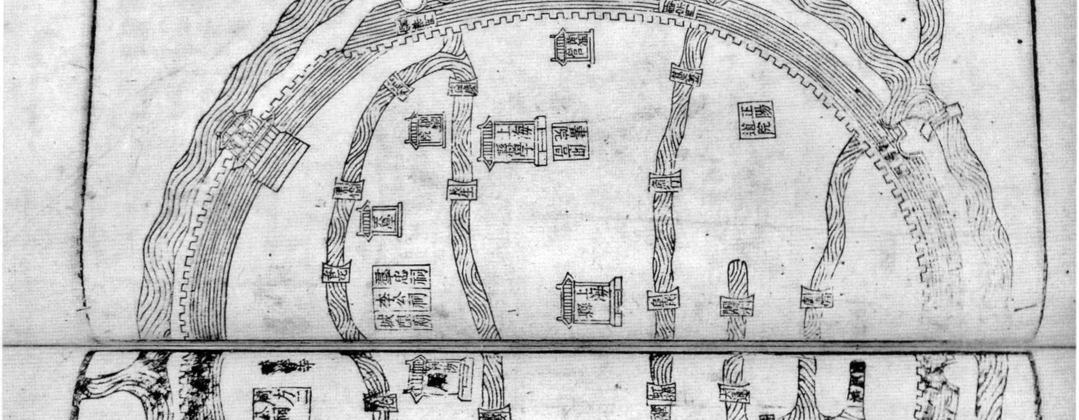
上海縣治圖

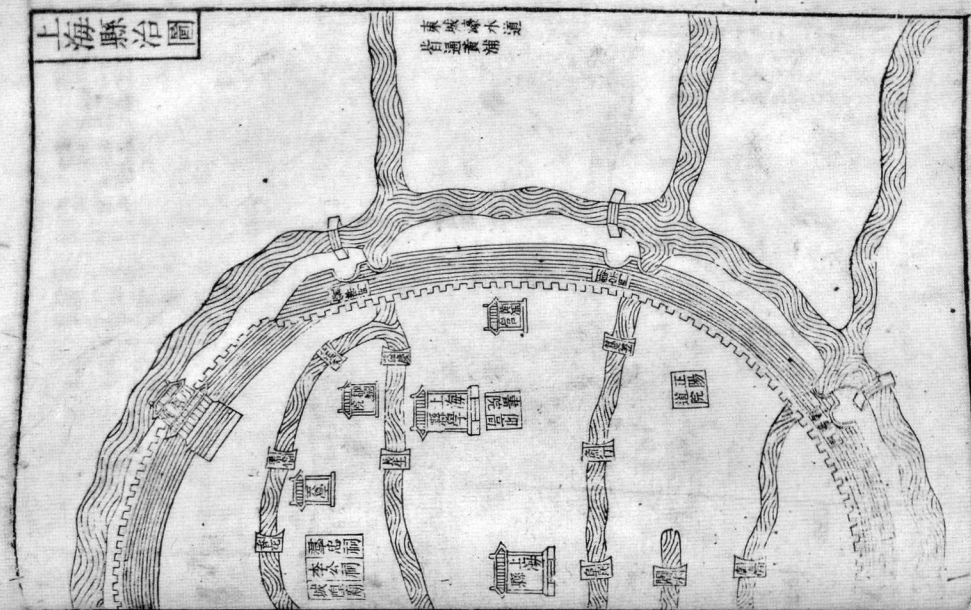

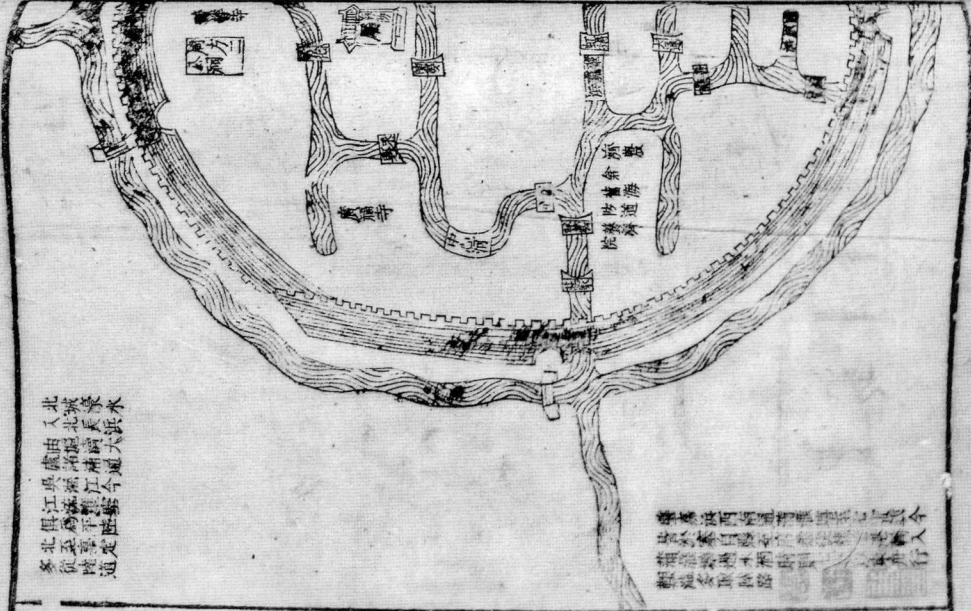

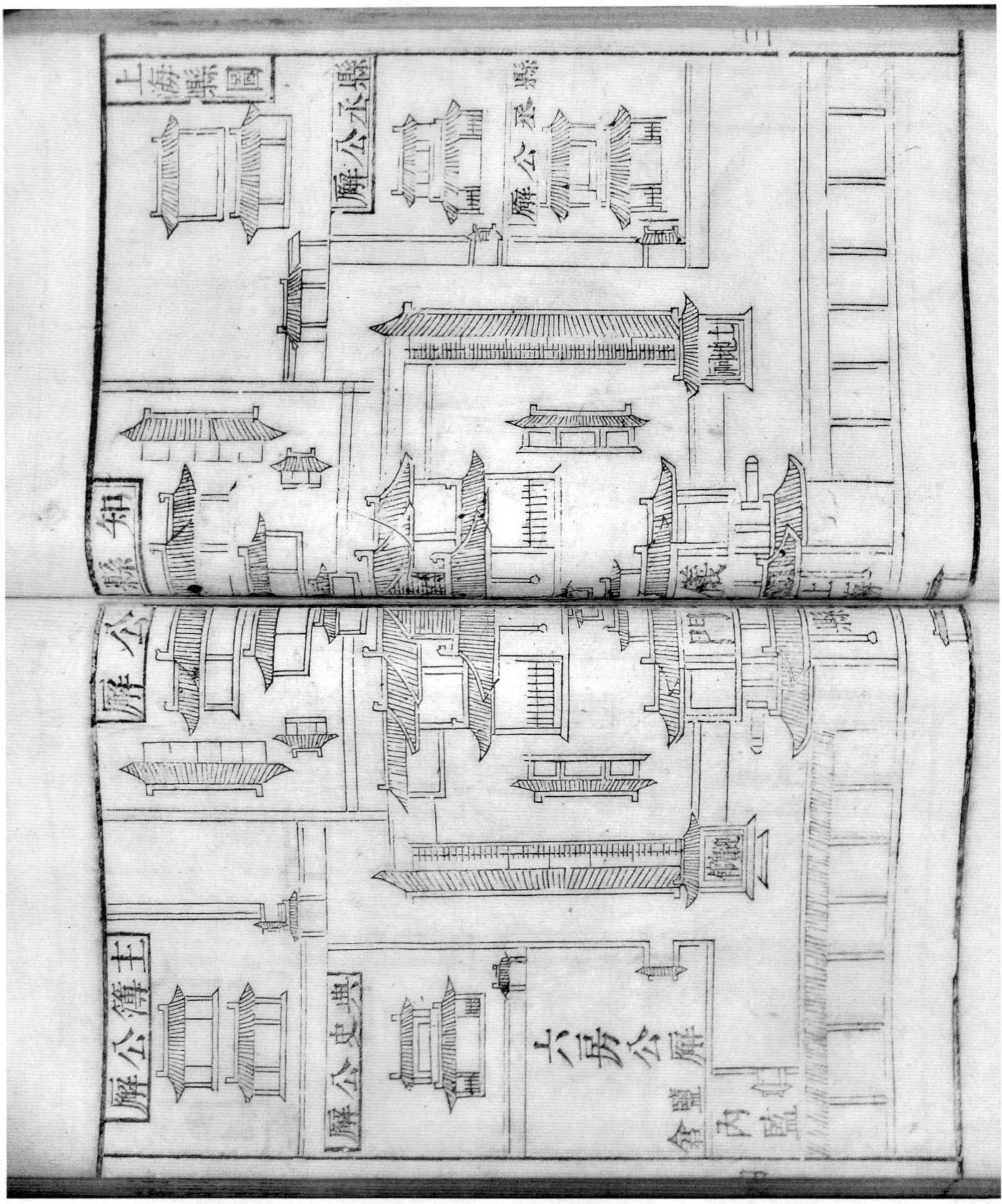
上海縣圖
縣丞公廨
知縣公廨
主簿公廨
典史公廨
六房公廨
土地祠
儀門

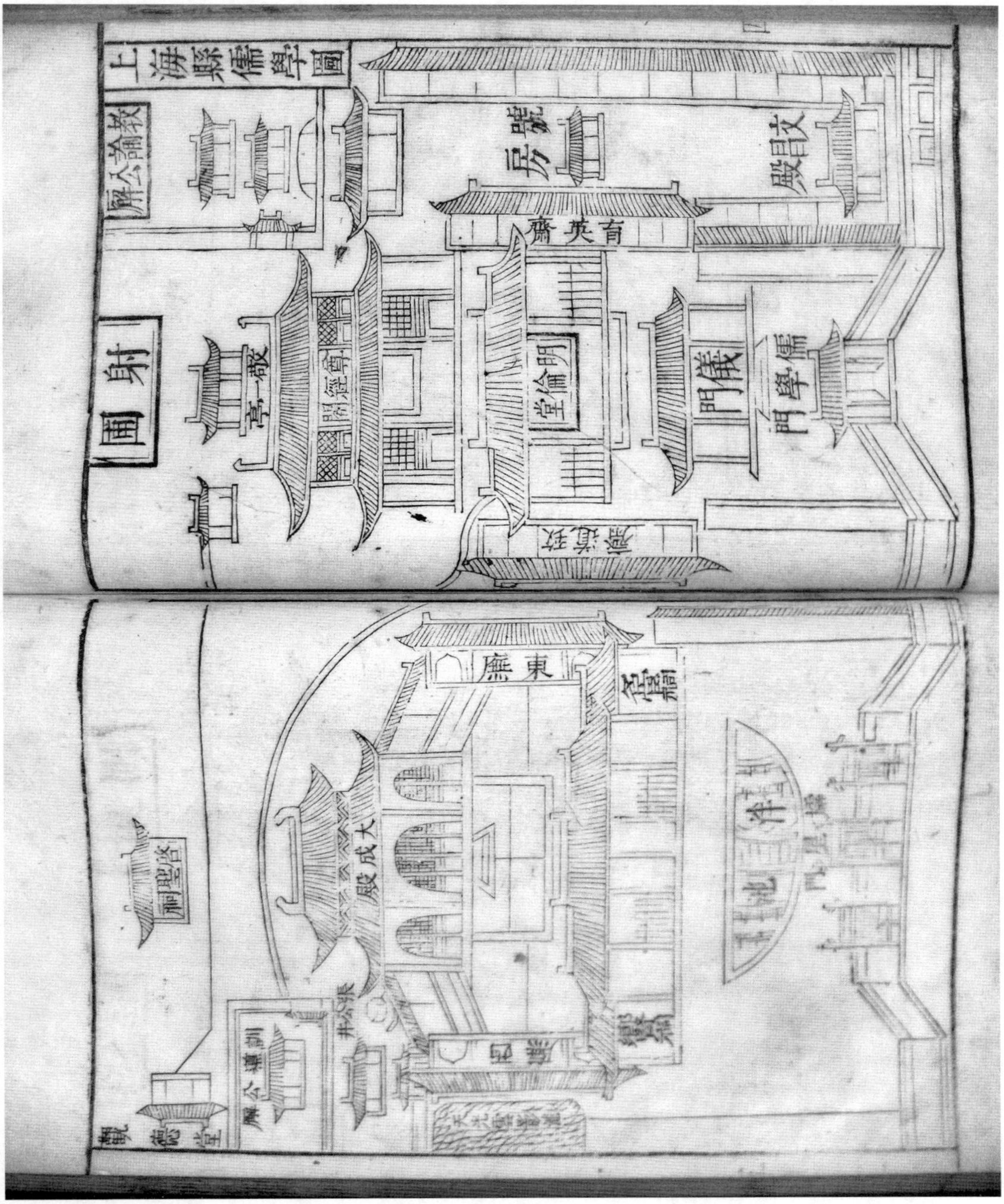
上海縣儒學圖
教諭公廨
號房
射圃
敬一亭
尊經閣
明倫堂
育英齋
儀門
儒學門
東廡
大成殿
啓聖祠
訓導公廨

康熙上海縣志卷之一

分　野

在天成象，在地成形，故謂之星土。星所主者，土也。然有國邑在南而星則居北，彼此濶遠而象則相繫，王褘《分野論》詳哉。其言之松郡屬南斗，於辰爲丑，而西學家又以海邑直丑二十五度，則前志所未詳，謹書以俟知星者考焉。

《周官》保章氏"以星土辨九州之地，所封封域皆有分星，以觀妖祥"，故志郡邑者考焉。《西漢・地里志》曰："吴地，斗分野也。"又曰："越地，牽牛、婺女之分野也。"《晉・天文志》曰："自南斗十二度至須女七度爲星紀，於辰爲丑，吴、越之分野，屬揚州。"費直起斗十度，蔡邕起斗六度，是則古者雖以斗牛之分均屬揚州，而其間又有斗吴牛越之別。松江在秦漢皆屬會稽，居吴之正東，其爲斗之分野無疑矣。但雜出於傳記者互有異同，故博採以分列於下云。

《爾雅》：斗、牽牛，吴分野。斗者，日月五星之經始，故謂星紀。《石氏星經》：斗星七，其杓上衡，下爲權，主吴分野。《史記正義》：南斗、牽牛，吴、越之分野，揚州。《淮南・天文訓》：須女爲吴。

占驗：漢孝景二年七月丙子，火與水晨出東方，因守斗。占曰："其國絶祀。"斗，吴也。三年，吴連七國反，吴王亡走，國除。東漢熹平元年十月，熒惑入南斗中。占曰："熒惑所守爲兵亂。"斗爲吴。其十一月，會稽賊許昭聚衆，自稱大將軍。苻堅議寇晉，太子左衛率石越對曰："今歲守斗、牛，福德在吴，未可伐也。"苻融曰："歲鎮牛、斗，吴、越之福。"不聽，大敗而還。隋大業九年五月，熒惑逆行入南斗，色赤如血，如三斗器，光芒震耀，長七八尺，於斗中勾已而行。占曰："有反臣，兵大起。"斗，吴、越分。唐建中十九年三月，熒惑入南斗，色如血。斗，吴、越分。色如血者，旱祥也。大曆十年正月，歲星、熒惑合於南斗。占曰："饑、旱。"吴、越分野，當之。光化三年十月，太白鎮星合於南斗。占曰："吴、越有兵。"宋建炎初，國步艱虞，占者望斗、牛間有紫氣，既而高宗移蹕維揚，是歲冬十月，孝宗生於嘉興，其驗如此。

按：諸書並以斗、牛屬吴、越，唯《石氏星經》以斗主吴，而明桑悦亦云吴、越、揚州分野，南斗在雲漢下流，當淮海間，爲吴方；牽牛去南河浸遠，自豫章迄會稽，南粤嶺徼，爲越方。蘇、松，吴地，屬於南斗無疑。明祝允明曰：《天文圖》紫微垣帝王所居，太微垣朝會明堂，天市垣行幸所在。斗、牛在丑，吴、越方。揚州，玄枵之次。今人以爲吴、越在南，星紀在北，所以相配之理未明，不知斗爲南斗六星，非紫微垣前北斗。蓋星一度計三十餘里，斗在吴何疑？

疆　　域鄉保、鎮市附

滬城廣袤六百里，大海環之，爲南吴盡境。間有舉烽揚波之警，則獨當其衝以捍蔽之。地雖邊隅，實江南一大保障也。昔爲榷場，今成壯縣，豈非自宋迄今數百年以來休養生息以致然歟？本朝肇興，無改前明之舊。然建置以正疆索，沿革以紀歲年，尊王制而大一統也。

上海爲松江屬縣，其地古揚州之域。春秋爲吴，爲越，爲楚，秦漢爲會稽、吴郡。孫吴時，以陸遜封華亭侯，有華亭之名。唐天寶十年，始縣華亭，此地曰華亭海。迨宋末，海船輻輳，乃即其地立市舶提舉司及榷貨場，爲上海鎮。元至元二十九年，從知府僕散翰文議，割華亭、長人、高昌、北亭、新江、海隅五鄉爲縣，隸松江府。唐時措《記》又謂請自參政冀公。泰定三年，罷府，隸嘉興路。天曆元年，復府，仍以隸之。元末，張士誠據有其地。至正二十七年，知府王立中歸附於明，編户凡六百二十里。嘉靖二十二年，巡按御史舒汀建議立青浦縣，割上海三鄉隸之。三十二年，給事中朱議廢青浦，所割復故。萬曆元年，用郡人給事中蔡汝賢議，復青浦縣，仍割三鄉隸焉。其名上海者，按《永樂大典》載郟亶《水利》，謂松江南有大浦十八，中有上海、下海二浦。今縣治之左有大川曰黄浦，亦曰上海浦，縣之得名以此。若夫上洋之名，則舊志所謂海之上洋，今或稱爲海上云。或云宋初諸番市舶直達青龍江鎮，後江流漸隘，市舶在今縣治處登岸，故稱"上海"。

元

東西廣四十八里，南北袤一百里。

明

東西舊廣一百六十里，時尚未分青浦。今八十六里，南北袤九十里。

國朝

東西八十六里，南北袤九十里。

東至大海五十里。

西至青浦縣界三十六里。

南至華亭縣界七十二里。

北至蘇州府嘉定縣界十八里。

東南到南匯嘴千户所八十里、青浦村千户所九十里。

西南到府城九十里。

西北到江橋舖三十六里，嘉定縣共七十二里。

東北到嘉定縣寶山千户所五十四里、江灣鎮一十八里。

東到川沙堡五十四里，大海共七十里。

西到青浦縣一百四里。

南到柘林堡九十里、金山一百六十里。

北到吴淞江巡檢司一十二里。

至江寧八百里。

京師三千七百里。

鄉保村、里附

鄉二,保十五,區五十六,啚三百九十八。

長人鄉。一作長仁,縣南九十里十六保以至二十一保俱附焉。舊里三。長人、將軍、高陽。村十二。水濱、鳳來、思政、太平、太安、長樂、長茶、金忠、衆善、利興、袁徐。

高昌鄉。縣南七十二里二十二保至二十九保以及三十保之半附焉。舊里四。高昌、盤龍、横塘、三林。村十五。承福、歡樂、順義、連榮、麗清、利仁、永泉、成德、楳香、上德、通濟、望仙、人寵、淡井、龍華。

新江鄉。北亭鄉。海隅鄉。已上三鄉割隸青浦縣,内新江鄉三十保二區十二啚今仍隸本縣。

鎮市

吴會鎮。在十六保,縣東南五十四里。本吴匯,後人取"吴會於雲間"語,易今名。市置巡司,曰鄒城。有塔廟,即凈土寺也。地接瓶山,皆瓶礫,宋酒庫所遺也,今亡。

烏泥涇。在二十六保,縣西南二十六里,接華亭界。嘗有田父得古碑,地名集賢里。《通志》云宋季張百五居之,富埒侯伯。至元間,張瑄以海漕隆顯,治第其中,後又有張有錢居之。邑之倉廩且貯於兹,以故人民盛於他鎮。有巡税二司、南北二閘。税名蘆子者,地近滬瀆,俗所謂蘆子城也。王逢避地隱居於此,得張氏故址,闢爲最閒園,名其山曰"先民一丘",溝曰"先民一壑"。今潮水淤涸,寥落非故矣。

下砂鎮。在十九保,縣東南六十里。一名鶴沙,俗傳縣居七洋鎮,峙南而近海,故名。舊有鹽課司,後遷新場,而鹽倉則自周浦徙居之,今亦廢。宋丞相吴潛侍父讀書處,相傳鎮精刺繡,地産鶴,今皆絶響,惟王氏爲著姓。

新場鎮。距下砂九里。一名石筍里,一名南下砂。元時遷鹽場於此,故又有今名。場賦爲兩浙最,是時北橋税司、杜浦巡司皆徙于此,歌樓酒肆,賈衒繁華,縣未過也。宋元祐初,里士瞿時彦嘗營置義學,今廢,其地科名不絶,甲於一邑。

周浦鎮。在十九保,去縣三十六里。一名杜浦,元置下砂場,杜浦巡司於此,後逐利而遷。是時阻海之三甲五甲,相挺爲暴,招撫乃定,今遺風漸減。《通志》云宋詩人儲泳故里也,永定教院在焉,鶴坡古蹟隣於其右。有明從無甲第,自國朝順治己亥科會元朱錦出其里,人多向學,士日盛。

龍華鎮。在二十六保,縣治西南十八里,以龍華古剎著名。漕河涇環其南,蒲匯塘抱其北,居黄浦大灣中。西行里許,張氏居之,世有聞人,族稱龍華張。

三林塘。在二十四保,去縣東南十八里。昔東西塘有大姓林聚族於此,故名。今不可考,惟張、王爲著姓。所産棉布獨勝他處。其南隅有�溪義塾,今廢。

一團。距新場二十里,鹽商多聚于此。

八團。在十七保,去縣五十四里。市有三場鹽司,今爲川沙堡。里人喬鏜與王潭建議築城以備海寇,兩家皆受活人之報。

北橋。在十八保,與莘莊相接,地多産木棉。

閔行。在十六保横瀝東,濱于大浦,在縣西南,乃諸鎮由浦入府之通衢。正德己卯庚辰大水,横瀝、沙竹二港田獨稔,災鄉多從貿易,市始知名。

北蔡。在二十保。舊有大姓蔡者,分南北市,如華亭之南北錢云。

諸翟巷。在三十保,俗誤呼諸地上。

鶴坡市。在二十一保。

東溝市。在二十二保,今存數廛。

高家行市。在二十二保。

王家行市。在十七保。

陳家行市。在十九保。

舊有盤龍鎮、青龍鎮、趙屯鎮、崧宅市、唐行鎮、杜村市、楊林市、泰來橋市、新市、白鶴江市,已上四鎮六市割隸青浦,唐行鎮爲青浦縣治。

新增市鎮

馬橋市。在十八保,去縣西南六十里。

顓橋市。在十八保,去縣西十五十里。

杜家行。在十九保,去縣南四十五里。以杜氏著名,邇因周浦塘閘港淤淺,遂爲浦東水路孔道,日漸繁庶。

行頭市。在十九保,去縣東南六十里。

六竈鎮。在十九保,去縣東南七十里。地瘠,田租止斗數。

張江栅市。在二十保,去縣東三十里。此地多早禾,七月便收,名六十日稻。

引翔港。在二十三保,去縣東北十八里。地近海口,居民時有寇至之虞。

陸家行市。在二十二保,去縣東二十四里。

梅源市。在三十保,俗名王菴,去縣西北三十六里。明提學副使里人王圻藝梅數千畝,得名。今其地方幅十餘里,土人俱植梅樹,花開時香聞數里外,畫船簫管雜還而至,人比之小鄧尉。

婁東吴偉業詩。序云:練川城南三十里爲王菴,學憲王先生著書地也,有梅萬株,不減鄧尉。余以春日過其廢圃,學憲公所著數種,版籍尚存。

地僻幽人賞,名高拙宦居。客來惟老樹,花發爲殘書。斜日空林鳥,微風曲沼魚。平生貪著述,零落意何如?

洋涇市。在二十四保,去縣東十里。

漕河涇鎮。在二十六保,去縣南二十四里。

朱家行市。在二十六保,去縣南三十六里。

曹家行市。在二十六保,去縣南四十里。舊爲明憲副曹閔宅,今改爲市。

華涇市。在二十六保,去縣南三十六里。

法華市。在二十八保,去縣西一十八里。

虹橋市。在二十九保,去縣西二十四里。

沈庄市。在十九保,距周浦鎮南六里。

形 勝

吾邑雄峙一方,爲郡屏蔽。南瞰黄浦,北枕吴淞,大海東環,九峰西拱,廣原沃壤,盡境皆然。故《元史》謂"瀕海重地"，前《志》謂"雖無深山茂林之阻，素號澤國，而平疇沃野居多，數三吴名勝者稽焉"。第城塹未復，捍守爲難。自被兵築城，而崇墉浚濠，隱然金湯，益稱完邑矣。

佩帶江湖，南瀕入海。宋唐詢《詩序》。

水出震澤，道經淞江，東北入海，地富秔秫，饒魚鹽之利。前《志》。

大海環其東南，三江遶乎西北。《松江志》。

上海爲海道要津，東西通閩越，西北距江淮。張夢應《記》。

其地瀕海，潮汐蕩激。楊彌昌《記》。

上海之地，阻江而瀕海。王良《記》。

粤稽海邑，其發源真龍，始於浙之天目，過峽穿田，直奔太湖，以渡平江，遞至玉峰，迤邐趨南，復小頓於九峰間，紆折至滬瀆，真有萬馬奔騰之勢。前有蒲匯塘，後有吴淞江，兩水夾流，龍氣清湛，以卜縣治。乃癸丁坎局，庚龍入首，體勢雄奇，正納丁庚之氣，洵東南勝域也。晜人徐素書《述》。

滬城八景邑諸生張吴曼集唐。

海天旭日。碧落摇光霽後來，獨尋春色上高臺。濤翻極浦煙霞外，日照澄江紅霧開。杜牧、薛能、權德輿、劉禹錫。

黄浦秋濤。江色分明練遶臺，水天東望一徘徊。風翻白浪花千片，濤似連山噴雪來。陸龜蒙、羅隱、白居易、温庭筠。

龍華晚鐘。此地曾經幾劫灰，神鰲矻立戴崔嵬。雲移塔影横江口，船載鐘聲出浪堆。柳貫、丁鶴年、陳孚、僧曇噩。

吴淞煙雨。江雨霏霏江草齊，江籬濕葉碧萋萋。勝遊恣意煙霞外，青靄横空望欲迷。韋莊、白居易、蕭祜、柴夔。

石梁夜月。萬里風煙接素秋，月華星彩坐來收。水晶簾外金波下，幾度高吟寄水流。杜甫、杜荀鶴、沈佺期、譚用之。

野渡蒹葭。喬木荒城古渡頭，暮天初雁起汀洲。野煙秋水荒茫遠，楓葉蘆花共客舟。皇甫冉、杜荀鶴、楊巨源、許渾。

鳳樓遠眺。月色江聲共一樓，閒雲潭影日悠悠。雕欄玉砌應猶在，鳳去臺空江自流。雍陶、王勃、李煜、李白。

江皐霽雪。六龍寒急光徘徊，風捲沙汀玉作堆。閒上高樓時一望，了然更見畫圖開。杜甫、白居易、劉滄、朱慶餘。

古蹟

滬瀆壘。在縣北一十里。舊有東西二城，盡齧於江，旁有蘆子渡。按《吴郡志》，松江東瀉海而靈怪者曰滬瀆。瀆旁有禦寇壘，晉虞潭所築，以防海寇。隆安四年，左將軍復修之，以備孫恩。今考其地，松江一水直趨而東，又七十餘里入海，無復有滬，兩岸皆平疇茂林，無復有壘，其東西蘆浦亦止通潮灌田而已。唐奎詩："吴淞江上袁公壘，千年何處尋遺址。石犀半落江水中，秋老蘆花三十里。五百馬塵今尚飛，啾啾赤子將安歸。月明古堞急鼓鼙，孤臣有淚空沾衣。"鄭元祐詩："東吴内史晉長城，滬瀆千年壁壘平。莫向月明悲往事，即今滄海已塵生。"王逢詩："秋風兩岸著，野水千家遶。隻履自東歸，零亂霜天曉。"孫作詩："吴江東來三百里，派别松陵號松水。何年此地列兩城，千雉依稀照江汜。東西相望似連珠，大小欲學孤山孤。大城已逐江沙圮，小城獨在猶名蘆。君不見當時好城市，滿目黄茆兼白葦。又不見船底邑千家，官渡于今屬蘆子。百年富貴一朝悲，高門大宅號狐狸。不信但看蘆子渡，日日船開秋雁飛。"張昱詩："落日待船蘆子渡，知是古時蘆子城。一片連雲葭菼色，風迴猶作甲兵聲。"

築耶城。十六保，袁崧築。

闔閭城。二十七保，夾江二城相對，闔閭所築，以備越者。

鶴坡。在下沙鎮，世傳陸機養鶴處。又云其地出鶴，俗呼鶴窠。宋沈括云："鶴唯鶴窠村所出爲得地，他雖有，亦凡格也。"

赤烏碑。吴赤烏中，天竺康僧會始入建業，創寺曰建初，華亭繼之，乃有重玄勒碑紀事。宋祥符間，勑名静安。至嘉定中，依師以址薄江，遷今處，碑未及徙而水齧没之。王逢詩："碑存赤烏年，僧指青燈夜。風雨寒蕭蕭，黄旗儼來下。"余寅詩："仙苑居群鹿，豐碑紀赤烏。三分遺故國，千載説浮屠。"

陳朝檜。在静安寺殿墀左右，陳禎明中所植。宋政和間，朱勔畫圖以進，有旨遣中使取之，欲毁山門而出。一夕風雨，震雷碎其一，其右者尚存。今寺已遷，檜亡久矣。皮日休詩："撲地徘徊是翠鈿，碧絲籠細不成煙。耳根莫厭聽佳木，一對狻猊相枕眠。"陸龜蒙詩："可憐煙刺是青螺，如到雙林誤禮多。更憶早秋登北固，海門蒼翠出晴波。"成廷珪詩："千年老檜上青霄，三閣花飛不動摇。香骨自來盤左紐，苦心未忍棄前朝。蛟龍並立江雲黑，鸞鳳雙啼海霧消。想得龜蒙題咏處，殿頭風雨正蕭條。"

講經臺。宋嘉定間，僧仲依築土臺，聚徒講習於此，遺址猶存。楊瑀詩："高僧昔日講經處，人去臺荒草木間。華表不歸千載鶴，至今遺跡鎖空山。"

湧泉。在寺前。晝夜騰沸，呼爲沸井，又曰海眼。後人甃井作亭，亭廢，井湮於港中。故水類有沸井浜，中間一水相通，有數井特深，其下二三尺氣稍温。後浜爲平陸。今浜復疏濬如故，泉亦甃石遮護同舊矣。貢師泰詩："江頭石佛寺，中有湧泉亭。亭荒鳥雀聚，水古虹霓腥。元氣傾地脉，汩汩不暫停。初疑蟹眼沸，復似冰花零。嘗聞有神龍，深臥潛炳靈。何由作霖雨，一洗烽煙青。"唐奎詩："寶積湧泉泉已竭，重玄湧泉泉汩汩。圓花突泡點波濤，亂撒摩尼走明月。大旱臨泉呼老龍，禱天愁殺桑麻翁。爲翁汲泉老霖雨，小泉一點飛龍騣。"

緑雲洞。僧壽寧棲息之所。檜竹桐栢，環植廬外，層陰叠翠，襲人衣袂，遊者疑爲華陽小有之境。楊維楨爲《志》云。王逢詩："龍歸驟覺寒，雞遠不知午。長日四簷陰，颼颼竹疑雨。"貢師泰詩："聞道赤髭僧，深居緑雲洞。被服青霞裾，朗吟金光頌。緑雲三萬匝，白日光如汞。地闢給孤園，俗鄙醯雞瓮。羣仙集百草，乃是天龍種。還知人間世，黄塵十年澒。"余寅詩："華蓋結空緑，洞門生晝寒。絪緼浮玉氣，石上有琅玕。"

石筍灘。在下沙捍海塘外。每二三丈輒有石如筍，植立沙中，潮汐至此，其流遂分。本名分水港，好事者易以今名。

萬柳堤。柳氏允中之大父植萬柳於龍江堤上，因名。今廢。

古岡身。有三：曰沙岡，曰竹岡，曰紫岡。南屬於海，北抵松江，長百里，入土數尺皆螺蚌殼，世傳海湧三浪而成。其地高阜，宜菽麥。《吴郡圖經》謂瀕海之地，岡阜相屬，謂之岡身，此天所以限滄溟而全吴人也。沙岡、竹岡在十六保，紫岡在十八保。

文翬洲。在黄浦中。元末始生，尋丈許，後延廣至數十畝。洪武初，王逢携里叟門生共登，適鳴雉羣集，因以爲名。王逢詩："吾來初避地，黄浦漸生洲。里諺歸材傑，天工障獨流。望疑堅壁守，醉覺小山浮。仙攝金鰲背，神迴白馬頭。根盤連厚軸，形勢壯遐陬。漁倚盲風釣，商藏疾雨舟。篠鞭伸玉節，荻筍屈紅鈎。煙火蛟爲市，雲霞蜃作樓。沙津魚鼓急，水栅蟹燈幽。艮震方先曙，吴淞木始秋。老懷龎德隴，隱覔謝鯤丘。僮御争先導，吾儕試一游。賡歌清氣合，樂志古人侔。可信文翬雉，能盟懶性鷗。"

丹鳳樓。舊在縣東北天妃宫。宋咸淳八年，青龍市舶三山陳珩書扁。元楊維楨有詩。後燬，其扁尚存。明秦嘉楫修拓城樓，因置扁其上。相傳樓未毁前二日，扁忽墮地，羽士置水中洗滌，詰旦而樓毁，扁若有神助云。順治初，邑人曹垂璨倡修。後住水師營兵，日就傾圮。康熙二十二年，今知縣史彩捐俸重葺，始焕復舊觀云。

秦嘉楫《改建丹鳳樓記》畧：丹鳳樓，故順濟祠樓也，創於宋咸淳間。其地襟帶江湖，控扼雄勝，而顔之曰“丹鳳”者，謂棟宇軒翔，丹艧照江，水若長離，欲翥然也。或曰樓以祠女鬟云爾。兵燹以來，唯見白沙、白鳥迷離於崩濤缺岸間，其碑板亦消蝕無復存者，僅樓顔三字爲陸文裕公藏無恙。蓋自邑以倭難始有城，城東北陬爲樓以偵敵者，三楹凌睥睨而出，下直丹鳳遺址。慨古蹟之漸湮，乃捐槖裝，畀道士顧拱元鳩工庀材，重爲飭治，加綴層軒于楹，洞三面以供瞻眺。從文裕公孫都事請，故顔之書楊詩于楣，且復文敏碑，以悉還其舊。于是川原之繚繞，煙雲之吞吐，日月之出没，舉在眉睫，而冬之雪、秋之濤尤爲偉觀。遠而世所稱方壺、員嶠、岱輿三神山者，亦若可盱衡見也，而樓之勝遂冠冕一邦矣。既訖工，爲之書其歲月，且以諗于後。

知縣史彩《重修丹鳳樓記》：上海爲吴會，歸縮百川，東走漭瀁，奔注入海，地勢盡東南，潛伏艮截，恨無崇山喬嶽以束之。乃平衍涣散，土頑而水渟，天地靈秀之氣弗固也。周郭數十里又乏丘陵林麓，學士大夫往往歌吟躑躅，耳目無所寄。因爲樓於城東北陬，升高望遠，所謂遊息之物、高明之具在是矣。樓創於宋，在未建縣前，三山陳珩顔之曰“丹鳳樓”。元末，額俄墜地，道士濯其坊，寄陸文裕公所，詰旦而樓燬。嗟乎！造物之玩人久矣。明秦嘉楫乃始剗朽壤，刜榛薉，披剔遺址，式廓舊觀，架飛閣出睥睨上。閱今數十年，棟宇摧蝕，岌然動摇。余簿書之暇，偶一登眺，恒惴惴焉。於是鋭意修繕，凡木石、甃甓、墁堊、傭直諸費，皆親經紀之，落成而民不知也。樓梯而上者三，上奉奎宿，下祠天妃，中虚之以遊觀。其西南碧天澄潔，隱隱見九峰，如蝸螺數點，湛浮蒼波煙靄中。東南距大海七十里，凡日月星漢，洪波湧涵，非吾目所及也。若方壺、員嶠，樓臺造雲，仙靈所棲，光景離合，雖憑高凌虚不可即矣。惟俯瞰大浦，時或驚濤瀰騰，蛇龍颭逐，或潮平月白，一望無垠，估客漁人，棹歌煙水，不減往者從岳陽樓望洞庭時也。噫嘻！昔人飼鶴、種花、彈琴而治，意者有所寄屬，可舒鞅掌。然以玩瞽政，以荒去理，余則滋懼，敢不戒哉！用志諸石，得自儆也。

楊維楨詩：“十二湘簾百尺梯，飛飛丹鳳與雲齊。天垂紫蓋東皇近，地接銀河北斗低。笑靨秋空戎馬陣，神燈夜燭海雞啼。嫦娥昨報瑶池宴，笑指蓬萊水又西。”

董紀詩：“何年勅賜天妃號，宫觀岧嶤入紫冥。龍女來朝多顯異，鮫人作市暗聞腥。黄姑渚濶天通海，丹鳳樓高晝隕星。近得瑶池王母約，蓬萊有路到珠庭。”

俞顯卿詩：“獨躡名樓思渺然，芙蓉雙袖濕蒼煙。黄龍飛躍平津劍，丹鳳迴翔弄玉仙。吴地東南當海盡，羲輪咫尺傍城懸。憑闌欲問彭咸宅，歌發滄浪漁父船。”

黄體仁詩：“錦雲長鎖絳樓梯，檻外蒼茫草色齊。舉目潮升知海近，當杯日落見天低。三山有路堪長往，萬突無煙祇自啼。莫向東南問機杼，斜懸北斗柄方西。”

知縣史彩詩：“江城高處俯層樓，興廢曾經幾度秋。樹色蒼茫煙霧隱，潮聲浩渺海天浮。懸魚不欲知鱸市，馴雉閒看落雁洲。漫憶臺空稀鳳羽，澄瀾安堵即丹丘。”

張弼詩：“扁舟北來海波淼，丹鳳樓高海天小。樓上三姑共儼然，雲鬢花容長不老。大姑團扇裁龍綃,指揮海若驅風濤。聖人御宇波活静,斂扇睽看棋相鏖。二姑潛機先一着,小姑拈子未肯落。龍争虎鬭血玄黄,鯨呿蛇蟠勢回薄。金鷄睡熟天下冥,樓下道人聞剥啄。我欲就枰問一言,滄海桑田今幾番。孫恩剽賊何緩死,崖山忠義何遽翻。弱水仙都果何處,欲借青鸞竟騎去。五色文輝閬苑花,七星劍掛扶桑樹。左携赤松右洪崖,免束冠裳事章句。三姑默默問不應,樓外長川自東注。"

張肇林詩:"層樓咫尺有雲梯,繡栱雙飛綵翼齊。蜃氣微茫煙樹外,鯨波浩蕩海天低。三山極目神仙接,萬户傷心老稺啼。敢謂登高能作賦,闌干倚遍夕陽西。"

曹垂璨《人日登丹鳳樓詩》:"人日岧嶤步上臺,憑欄一望海天開。樓高遠樹重重見,窻迥條風面面來。浦水還從沙渚落,錦帆猶帶夕陽回。相携勝友登臨坐,次第鶯花到酒杯。"

董弘度:"丹樓興廢幾朝非,碧瓦參差帶夕暉。奎宿臨城翻玉斗,天妃盡日掩珠幃。殘碑日月苔痕斷,極浦風雲鳥道微。與客憑欄傷往事,釣磯空對白鷗飛。"

曹垂星:"秋來登眺興多偏,極目蒼茫雲霧連。峻嶺丹楓開錦幛,短籬黄菊綴金錢。萬家煙火西風裏,幾處樓船夕照邊。最是遠林同畫景,蓼花深處着漁船。"

陸起鳳:"愛看秋水對斜暉,勝侣相將逸興飛。風送潮頭懸瀑布,雨催詩思落珠璣。崔巍鳳閣臨丹壑,縹緲鸞笙下翠微。圍坐一樽聊共醉,沙門鷗鳥淡忘機。"

陸鳴珂:"秋江八月望仙槎,勝友如雲逸興賒。雉堞高臨平楚壯,綺疏遥映夕陽斜。當年金碧虚丹閣,隔岸鷗鷺立淺沙。不盡憑闌愁極目,滄波如練捲晴霞。"

董德其:"高城飛閣競傳觴,坐看秋濤入森茫。隔浦芙蓉迷遠岸,當窻簫管散斜陽。丹梯迢遞雲中出,碧瓦飄零雨後凉。賓主天涯同俯仰,吴山不斷楚雲長。"

陸鳴球:"一曲清歌送客杯,欣逢勝友共登臺。雲迷萬樹窻中遠,潮擁三山海外來。高閣清秋懷屈宋,孤城良會並鄒枚。自憐詩思逢愁減,十乘珠光到眼開。"

風俗

風行乎上,而俗成乎下。海邑始未嘗不淳古,而其後乃凌彝也。其俗剛果少文,與華、婁小異,所謂"樂操土風,不忘本也"。然仁暴之感,哀樂應之,風移俗易,非下之所自爲也,其責尤在上哉。

上海僻處海陬,風氣顓朴,人仰耕織而食,邊海多藉漁鹽,工不出鄉,商不越燕、齊、荆、楚,自昔爲然。迨至化隆洽,人文日朗,家慕章縫,境滿絃誦,名卿碩彦往往抗衡宇内,蓋成、弘以來盛矣。古稱其士奮于學,民興于仁,又云名士輩出,博古慕禮,又云土膏沃饒,風俗淳秀,誠東南一名區。嘉靖癸丑,島彝内訌,閭閻凋瘵,習俗爲之一變。市井輕佻,十五爲羣,家無擔石,華衣鮮履。其桀黠者舞智告訐,間有訟牒既構,始掩取遺骼,或故殺所親,以人命相傾陷。聽者少不加察,則素封立破。右族以侈靡争雄長,燕窮水陸,宇盡雕鏤,臧獲多至千指,甚者斯養輿服,或至凌轢士類,弊也極矣。舊《志》。

上海之俗喜事功,尚意氣,而其流也失之夸。顧《志》。

上邑風俗前《志》雖詳，然時異勢殊，亦有遷變。大抵士食舊德，農服先疇，縉紳先生或著勳績，或樂恬退，代不乏人。而健訟流風至今不改，小民口角微嫌，易成構鬥。聽信訟師，輒以重款裝頭，希圖倖准。年來督撫司道屢懲誣告刁風，申嚴反坐之條，郡縣凛遵究飭，悍民頗知警畏。又前《志》稱桀黠者動以人命相傾，每由佐屬謀委驗視，仵作、吏胥上下其手，遂破温飽之產。自知縣史彩蒞任，深悉前弊。凡控命詞，方投案牒，即不辭寒暑，單騎親驗，面決真假，風波之伎倆立窮，隣甲之株連俱絶，保全甚衆，陷命之風頓爲屏息。

邑之肩挑脚夫推强有力者爲脚頭，餘夫受其統轄，俱聽指使。凡商賈搬運貨物，每擔不數里，苛索錢六七十文，大半飽脚頭之槖，任力小夫所得不過數文。若民間偶自肩舁，即羣聚肆閧。邇奉司府檄行嚴禁。康熙二十一年，縣復通詳各憲勒石，禁革脚頭，計里定價，每里十文，聽商賈和傭給錢，悍風亦稍戢矣。

邑尚拳勇，號稱打降。游手好閑之徒，各分黨翼。凡民間争訟，各出錢募此輩爲護衛，持械横施。甚而迎神斂戲，縱飲撒潑，成羣恣索，大爲民害。知縣史彩痛加懲創，並與前項同詳總督部院于、按察使金、知府魯，憲行勒禁，又時加訪察，惡習爲之頓改。

邑尚賭博，匪人糾合豪棍，串通營兵，開場夥賭，營兵更以重利，銀錢恣情盤放，入其陷阱，鮮不破家。又邑有鼠竊自外來者，每窩頓本境奸民室中，夜出穿窬，俱爲近時弊患。康熙二十一年，縣奉總督司府嚴行保甲，逐户稽察，比來地方賭竊輩遂已斂跡革心。蓋保甲誠爲良法，在善奉行之耳。

民間吉凶之事，貧富不免。邑之脚夫土工，專備綵輿喪轎等具，高下其值，動索至數十金者。更有丐頭率諸行乞閧索酒食，少拂其求，即圍門肆横，此亦邇來壞習也。今縣併前詳憲，勒石禁戢，聽從民便，不容勒詐，二害除而吉凶易舉矣。

邑爲瘠鹵之區，無良輩出，有以掠販爲生，良家子女因貧鬻賣，入其機穽，不知底止者。又有貧民壁立，所生嬰兒不願收育，輒行淹溺，上干天和者。此皆窮民無告之苦。邇來郡邑勤加體察，多方軫恤，民慶更生，顧念風俗至此亦可爲之於邑。

海邑營葬，凡有陰陽宅相望似近實遠者，輒稱風水有礙，聚衆攔喪，竟有墓未成而家已破，因而觀望因循，或停至數十年不能葬者。知縣史彩具文申請，知府魯允令亟行，凡卜地無礙，聽自葬埋。比年以來，民間殘胔朽骼咸得泰然封窆者，實廉府澤枯之仁、賢侯力行之惠也。

本朝服制，貂帽緞服非士紳不穿戴。民間帽止用黄鼠騾皮，煮黑爲之，服用紬絹。邇來民間商賈以及厮養輿臺緞衣貂帽，鑲襪皂靴，儼同貴介。康熙十二年，奉旨分别定例飭禁，而卒難節儉如制，無怪乎風日奢而俗實貧也。

信鬼好祀，至今爲然。疾病專事禱祈，里巫有口作神言，斷人生死，不獨愚者爲其所愚，有識者一時生死念迫，亦受其愚而不悔。

明高啓《里巫行》："里人有病不飲藥，神君一來疫鬼却。走迎老巫夜降神，白羊赤鯉縱横陳。兒女殷勤案前拜，家貧無殺神弗怪。老巫擊鼓舞且歌，紙錢索索陰風多。巫言汝壽當止此，神念汝虔賒汝死。送神上馬巫出門，家人登屋啼招魂。"

紡織不止鄉落,雖城市亦然。里媪晨抱紗入市,易木綿以歸,明旦復抱紗以出,無頃刻閒。織者大率日成一端,甚有一日兩端,通宵不寐者。田家收穫輸官償息外,未卒歲室廬已空,衣食尚有不給者。舊《志》。

紡織之法,他邑止用兩指撚一紗,名手車。吾邑一手三紗,以足運輪,名脚車。人勞而工敏。農暇之時,所出布疋日以萬計,游手之徒有資婦女養生者。

明顧彧《竹枝詞》:"平川多種木綿花,織布人家罷績蔴。昨日官租科正急,街頭多賣木綿紗。"

明熊澗谷《木綿歌》:"秋陽收盡枝頭露,烘綻青囊翻白絮。田婦携筐採得歸,渾家指作機中布。大兒來覔襦,小兒來覔袴。半擬償私債,半擬輸官賦。竹籠旋着活火薰,蠧蟲母子走紛紛。尺鐵碾出瑶空雪,一弓彈破秋江雲。中虛外泛搓成索,晝夜踏車聲落落。車聲纔冷催上機,知作誰人身上衣。小女背面臨風泣,憶曾隨母園中拾。"

董宏度《織婦歎》:"餞亦織,凍亦織,一梭一梭復一梭,日短天寒難成匹。豪户徵租吏徵糧,兩兩叩門如火急。丈夫欲催未忍催,向屋無言向機立。織婦宛轉訴可憐,自來君家已十年。嫁衣雖有豈堪着,布袴百結祖服穿。無朝無夜儉且辛,寸絲半縷不上身。丈夫有志苟富貴,忽忘機上糟糠人。努力織成力沉瘁,回頭忍淚聊相慰。猶勝隣家賤且窮,布機賣却賣兒童。"

顧氏露香園組繡之巧,寫生如畫,他處所無。小民亦習以餬口,畧與紡織等。其法劈絲爲之,鍼細如毫末,半多男工。近繡素綾作屏障,值甚貴,各方争購之。

海邑浦東向出川珠早米,故有"清明浸種,穀雨落秧"之語,然晚稻亦與隣境同。自順治五、六年間,晚種之稻竟秀不實,西風一起,連阡累陌,一望如白荻花,顆粒無收,後并早稻之下種畧遲者亦然,遂有百日稻、六十日稻,今更有名五十日者矣,不知種從何來。地氣變遷,種植之事今昔大異。

農家最勤苦,婦女饁餉外,耘穫車灌,率與男子共事,故視他郡雖勞苦倍之,而男女皆能自立。耕作之具,視古《耒耜經》尤悉。

唐陸龜蒙《耒耜經》:農之言也。民之習,通謂之犁。冶金而爲之者曰犁鑱,曰犂壁。斲木而爲之者曰犂底,曰壓鑱,曰策額,曰犂箭,曰犂轅,曰犂梢,曰犂評,曰犂建,曰犂槃。木金凡十有一事。耕之土曰墢,墢猶塊也。起其墢者,鑱也。覆其墢者,壁也。草之生必布于墢,不覆之無以絶其本根,故鑱引而居下,壁偃而居上。鑱表上利,壁形其圓。負鑱者曰底,底初入於鑱中,工謂之鼈肉。底之次曰壓鑱,背有二(乳)〔孔〕,係於壓鑱之兩旁。鑱之次曰策額,言可以扞其壁也,皆貤然相戴。自策額達於犂底,縱而貫之曰箭,前如桯而膠者曰轅,後如柄而喬者曰梢。轅有越,如箭可弛張焉。轅之上又有如槽形,亦如箭焉,刻爲級,前高而後庳,所故曰箭。以其淺深類可否,故曰評。評之上曲而衡之者曰建。建,揵也,所以柅其轅與評。無是,則二物躍而出,箭不能止。横於轅之前末曰槃,言可轉也,左右繫以樫乎軛也。轅之後末曰梢,中在手，所以執耕者也。轅車之胸，梢取舟之尾，止於此(乎)〔平〕。鑱長一尺四寸，廣六寸。壁廣長皆尺，微橢。底長四尺，廣四寸。評底過壓鑱二尺，策減壓鑱四寸，廣狹與底同。箭高三尺，評尺有三寸，槃增評尺七焉。建惟稱〔絶〕。轅修九尺，梢得其半。轅至梢中間掩四尺。犂之終始丈有二。耕而後有爬，渠疏之義也，散墢去芟者焉。爬而有磟碡焉，有礰礋焉。自爬至礰礋皆有齒，磟碡觚棱而已，咸以木爲之，堅而重者良。江東之田器盡於是。

上農多以牛耕，無牛犁者以刀耕。其制如鋤而四齒，謂之鐵搭。人日耕一畝，率十人當一牛。灌田以水車。即古桔槔之制，而巧過之。其制以板爲槽，長二尋有奇，廣尺三寸至五寸，深五寸許。傍夾以欄楯，中斲木爲鶴膝，施楗以聯之，屈伸迴旋，用持輻以運水。輻之度取槽足以容諸楯之半，各施木以隔之，有横輻、竪輻二種。其下取輻可以運，曰戢輻，以竹破而兩之，施其上以行輻，無此則輻陷而不行。槽前後各施軸，前長而後短，各施操以關。輻前軸之兩端爲撥，人以足運之，軸運則輻轉而水登。前之安軸者曰眠牛，其後附于楯曰鹿耳。椓杙於眠牛之兩旁，施横木以爲憑而運車，曰車桁。高鄉之車深八寸，廣七寸，曰水龍。凡一車用三人至五六人，日可灌田二十畝。

有不用人而以牛運者。其形如輪，横輾以轉水車之軸，爲牛車。有并牛不用而以風運者。其制如牛車，施帆於輪，乘風旋轉，今罕用。冬寒爲屋以藏牛，謂之牛囤，即唐人所謂牛宫。窮農無田，爲人傭耕曰長工，農月暫傭者曰忙工，田多而人少，倩人助工而報之曰伴工。顧《志》。

明顧彧《田家女行》："妾生田舍家，自小能踏車。從知力稼穡，不但執桑麻。東吴土卑下，水畔殊火畬。瘠磽每失養，旱潦猶所嗟。時俗頗驕脆，内匱外示奢。豐年飯不足，凶歲生何涯。關河兵車久，税賦時和加。需徭令急迫，愁苦聲愈譁。空村落木静，鳥雀紛呀呀。西風入茅屋，萬室驚飛沙。廟堂豈無意，被德宣幽遐。邦君武陵守，心願蝗爲蝦。潛生憸刻人，鼓毒如怒蛙。自謂長國利，臣職無乃差。鼷鼠或制龍，嗺犬多噬猳。常聞小人進，往往成傾邪。秦法秏衛鞅，齊政墮易牙。慎初理失機，滋久禍必芽。乾坤厭周匝，日月常光華。願圖豳風詩，女織男耕枷。賤妾雖薄命，庶保崇陽茶。"

楊維楨《吴農謡》："吴農竭力耕王田，王賦已供常餓眠。董賢鄧通何爲者？一生長用水衡錢。"

洪恕《田家詩》："門前客至鷄鬥争，屋後打麥聲彭彭。呼兒驅鷄聽打麥，醉看溪頭新月生。"

王冕《江南婦行》："江南婦，何辛苦。敝衣零落裙斷腰，赤脚蓬頭面如土。日間力田隨夫郎，夜間績麻不上床。績麻成布抵官税，力田得米歸官倉。官輸未了憂鬱腹，門外又聞私債促。大家揭帖出陳帳，生穀十年還未足。大兒五歲方離手，小女三週未能走。社長呼名散户由，下季官糧添兩口。舅姑老病毛骨枯，忍凍忍饑蹲破廬。殘年無物做慈孝，對面冷淚如流珠。燕趙女兒顔似玉，能撥琵琶調新曲。珠翠滿頭金滿臂，日日春風厭酒肉。五侯七貴争取憐，一笑可博十萬錢。歸來重籍錦繡眠，不信江南婦人單被穿。"

范至能《田家雜興》："高田二麥接山青，傍水低田緑未耕。桃李滿村春似錦，踏車椎鼓過清明。下田戽水出江流，高壠翻江逆上溝。地勢不齊人力盡，子男長在水車頭。”

唐陸龜蒙《祝牛宫祠（并序）》：“冬十月，耕牛違寒，築宫納而造之。建之前日，老農請乞靈于土官，以從鄉教。余勉之而爲辭：四特三牯，中一去乳。天霜降寒，納此室處。老農拘拘，度地不畝。東西幾何，七舉其武。南北幾何，丈二加五。偶楹當間，載尺入土。太歲在亥，餘不足數。上締蓬茅，下遠官府。耕耨何時，飲食得所。或寢或臥，免風免雨。宜爾子孫，實我倉庾。”

按：水車無處不勞挽踏，然隣邑地低，與水止高一二尺，間有通潮往來不費人力者。獨上邑田高，而浦東尤甚，與水相遠丈外，水車陡峻，戽水極勞，壯男亦多疲敝，女子既日勤紡織，主饁餉之任，復佐男以踏車，尤可憫也。

邑外瀕大海，海風剛猛而倏起倏滅，中貫巨浦，浦水洶湧而旋進旋退。故其人弱者過於弱，而强者過於强，儉者過嗇，奢者過侈，大概然也。

八九月刈獲後旋種菜麥，至來歲四月收割，謂之麥秋，亦謂之春熟，農家非此無以助春耕。

曹垂燦《刈麥詞》：“雉雛學飛僅百尺，老農持鐮刈二麥。踈莖割倒遍南陌，初夏嗷嗷安百室。輕寒輕煖初長日，布穀聲聲催不息。呼兒曬乾趁晴隙，場頭飏打弗偷力。潮時怕有飛蛾出，并驅烏雀休狼籍。收拾完官免杖責，門前老吏追呼急。”

海邑農家不比他邑多種小麥爲麵，玆獨多種員麥，磨粉參米以當粥飯。有無米可參，純用麥以度日者，致各邑有東鄉麥子之譏。屢經儉歲以後，亦效食之，且效種之矣。

前《志》謂濱海之地業漁者多於耕，然取魚之術亦多，有皮、陸敘述所不能盡者。其結繩持網者總謂之網，而漁於海者有簾網，有蒲網，列竹於海澨曰滬，漁於江浦者有罣網、絲網、塘網、編網、扛網。網之流曰罛，曰罶，曰罺，圓而縱捨曰罩，挾而升降曰罾。緡而竿者總謂之筌，筌之流曰筒，曰車，横川曰梁，編竹斷港，俗謂之斷。承虚曰笱，編而沉之曰箄。即今横簾，止可捕蟹。矛而卓之曰矠，棘而中之曰叉，鏃而綸之曰射，扣而駭之曰根，俗謂之打艋艘。錯薪於水中曰槮。俗謂之叢。以數百鈎繫餌，一繩牽之，曰張釣，所載之舟曰舴艋，計取無遺，智亦巧矣。

明貝闕《觀捕魚記》：松江産魚非一，取魚者或以罩，或以叉，或以笱，或以罾。巨家則斫大樹置水中，爲魚叢，魚大小畢赴之，縱横盤互，人亦無敢輒捕者，故萃而不去。天始寒，大合，漁者編竹斷東西津口，以防其佚。乃撤樹，兩涯鼓而毆之，魚失其所依，或駭而躍，或怒而突，戢戢然已在釜中矣。于是駕百斛之舟，沉九囊之網，掩其左右，遮其前後，而盈車之族，如針之屬，脱此掛彼，損鱗折尾，無一從者。予觀而嘆曰：魚之托于水也，非無九州四海之可歸也，而歸于數畝之陂、朽株之下，以爲至安無患，若登龍門焉。烏知誘之者將以制之，養之者將以殺之，人之機亦巧且深矣。予亦傷其盡而無遺，何其不仁之甚耶！嗚呼！天下之死于盡取者，豈獨魚已乎？豈獨魚已乎？故書爲記。

明顧彧《竹枝詞》:"沙田瘦瘠怯秋登,家計渾如水上冰。今日新僉河舶户,阿儂准備學攀罾。"

曹垂璨《秋江漁樂》:"殘霞雨歇抹遥天,晴波一棹凌秋煙。鯉魚風起蓼花紫,綸竿三尺躍輕鯿。淺水蘆葦隨意住,笑指長空排雁字。生涯一葉自年年,吏不呼兮民不使。横吹短笛四山青,骨肉團頭柳下停。淡淡歃雲新月掛,呼兒抱女自攀罾。得魚沽酒且高歌,雜採溪毛菱芡多。擘螯研膾傾磁甕,隣翁有約隔蓬過。丹楓斜襯新編笠,浪花觸船霜蛩泣。烏啼月落潮正平,酣眠不覺東方白。"

正月:一日,鷄初鳴,男婦悉起,開門則舉爆竹三聲,肅衣冠,燃燭炷香,陳菓,拜天地、家廟、尊長,飲屠蘇酒。隣里交賀,鮮帽綺服,雜遝街市,曰賀歲,三四日乃已。一日至三日禁掃除,室中兒童競擊鼓敲鉦爲樂。立春前一日,以綵仗迎春於東郊,傾城看春,觀土牛,茹春餅,以生菜作春盤。上旬之暮,女子邀厠姑問吉凶。十三日,家人即竈卜流年事,握秫穀投焦釜爆之,花而妍者吉,名卜流花。俗名爆孛婁。元夕,採竹栢,結棚通衢,作燈市,遊人往來達曙,以珍珠圓爲節食,家户迎接竈神。

二月:十二日爲花朝,凡卉木俱繫綵以旌之。十九日,相傳爲觀音大士生日,皆詣各寺大士前進香。是月,童子放風鳶,夜或以燈爇火,作二紙翼貫絙中,凌風而上,亦有出飛炮流星、百壽燈于中,聲光震耀雲霄,以娱觀聽。

三月:清明掃墓,以竹懸紙錢,謂之標墓。節前日,縣牒城隍神。至期,詣厲壇,仗衛整肅,邑民執香花擁導者甚衆,至晚復以華燈迎歸。七月十五日、十月一日皆如之。是日,折柳插簷。

四月:八日,各寺浮屠作浴佛會,即釋典所載釋迦降生日也。

五月:五日,貼門符,午時縛艾人,食角黍,浮雄黄菖蒲酒,採藥物。小兒以雄黄抹額,繫百索于臂,皆云辟邪。是日,丹鳳樓觀浦中龍舟競渡。夏至日,祀先。十三日,相傳爲關帝生日,長幼皆醵錢致祭。黄梅後三日爲頭黗,音時。又五日爲中黗,又七日爲末黗,三黗中,忌土木、浣濯、問疾之事。

六月:六日,啖餛飩,云解注夏疾。十九日,相傳爲觀音大士成道日,邑民亦往各寺進香。伏日,曬書帙、衣裘。

七月:七夕,陳瓜菓作乞巧會。中元,祀先以素羞,僧舍爲盂蘭盆會。若月晦值大盡日,俗謂地藏開眼。俱于街衢點放地燈,一行多至數十百盞。

八月:朔日,收露水磨墨,點小兒額,謂之天灸。中秋賞月,交饋月餅。十八日,俗謂潮頭生日,較平時必高一二尺,城外街衢皆水,有至浦口縱觀者,望如銀峰雪嶺,洶湧而來。二十四日,以新秫作粉圓祀竈。是月也,田家醵錢爲會,曰青苗社。

明顧彧《竹枝詞》:"南蹌東邊水接天,黿鼉出没蜃樓連。柴客魚商休早發,大汛潮頭要覆船。"

九月：九日，蒸重陽糕，標以五色紙旗，供神佛、祀先。對菊嘗新酒，或遨遊寺閣，曰登高。

十月：朔日，祀先，祭掃新塋。

十一月：冬至，祀先，冠蓋交賀，比正旦稍殺。

十二月：八日，各寺僧設豆糜，雜置棗、栗之屬，謂之臘八粥。二十四日，以夜祀竈，謂之送竈神朝天。二十五日，掃屋塵，曰除殘，又曰諸佛下降，舉家食赤豆粥，云辟瘟，丐者儺于街市。除日，祀先，易門神、桃符，貼春聯，簷間遍插栢葉、冬青，至暮燒粈盆。《韻會》註："粈，粉滓也，一曰粥凝。"又《歲時雜記》："除夕作蕡燭，以麻粈濃油如庭燎。律有'元日油粈'之文，今粈盆是也。又呼'生盆'，生陽氣也。"先期取松柴曬乾，至是叠架于庭，以豆萁實而燎之，擊鑼鼓，放爆竹，鄰家互擎炒豆相逆，且餐且祈，曰凑投。去聲。田間秉高炬，名照田蠶。封井，畫灰於地，象弓矢之屬，以辟邪。老幼聚飲，圍爐守歲。此一歲風俗之大畧也。

農人占測氣候，雨暘、豐歉多有徵驗，其書謂之《田家五行》，亦參以衆說。元旦侵晨，占風雲。雲青爲蟲，白爲兵，赤爲旱，黑爲水，黄爲豐年。東北風，大熟。又視天氣明暗，有雲而暗主豐年。諺云："年朝黑鹿禿，高低鄉盡熟。"元旦立春，人民安。連三日天陰，人民安，蠶麥十倍。連五日雨，亦主大熟。自元旦至于十二日，以瓶汲水，日准其重輕以定其月之水旱，重爲水，輕爲旱。人日晴，人民寧。八日觀參星，過月西則旱，否則多水，又以卜元夕晴陰。諺云："上八不見參星，月半不見紅燈。"十五夜，樹一尺五寸之表於地，至子正一刻時候月影以卜歲中水旱。據表之長而中分之，影及七寸半者爲中正，是歲雨暘以時，五穀豐稔。過則水，不及則旱，其分數亦如之。月内虹，十月穀貴。出《負暄野録》。立春日，樹八尺之表以候日影，短則旱，長則水。出韓諤《四時纂要》。二月八日，得西南風爲稔歲。十二日，晴則百菓成實。諺云："有利無利，且看二月十二。"三月三日聽蛙聲，午前鳴者高田熟，午後鳴者低田熟。唐詩："田家無五行，水旱卜蛙鳴。"十一日麥生日，喜晴。此月無雨，麥乃有秋。諺云："三月溝底白，莎草變成麥。"四月四日稻熟日，喜晴。八日夜雨，則傷小麥。諺云："小麥不怕神和鬼，只怕四月初八夜裏雨。"十六日，夜忌陰黑。諺云："此夜烏鹿禿，西鄉村子繞田哭。"言有水也。二十日爲小分龍，喜晴。二十一日，喜雨忌虹。諺云："二十分龍廿一雨，破車閣在衖堂裏。二十分龍廿一鱟，拔起黄秧便種豆。"五月日爲旱禾本命，雨則歉收。芒種後遇壬則入梅，梅後十五日爲入時，迎梅送梅多雨。三月迎，五月送，言梅子正黄，蒸鬱而成雨也。周處《風土記》：夏至前雨名黄梅雨。又雨氣霑衣物，多腐壞，故字亦從黴。迎時送時亦然。夏至後遇庚出梅雷電，謂之斷梅。梅雨既過，必有大風，謂之舶棹風。梅裏西南風，則三時多雨。二十日爲大分龍，前此大雨時行，所及必徧。自分龍後，或及或不及，若有命而分者。每雷起雲簇，雨不移時，謂之過雲雨，雖二三里間亦異。或濃雲有物蜿蜒屈伸，謂之龍掛雨，亦止其一方。三時，聞雷主(早)〔旱〕。諺云："打鼓送三時，百日弄車槌。"是月甲申、乙酉日忌雨，主大水。諺云："甲申猶自可，乙酉怕殺我。"六月初一日忌雨。占云："初一落雨井泉枯，初二落雨井泉浮，初三落雨連大湖。"小暑日雷，主雨水多。諺云："小暑一聲雷，倒轉作黄梅。"三伏中宜大熱，熱則苗長。諺云："六月不熱，五穀不結。"又云："六月蓋被，田中無米。"七月立秋日忌雷。諺云："秋孛鹿，損萬斛。"又傳立秋日喜雷。諺云："打碎秋膽，不做風潮。"立秋後虹見，爲天收，雖大稔亦減分數。土音呼"虹"曰"鱟"，蓋近于

"秏"云。八月白露日雨，主損菜。諺云："白露日雨，到一處壞一處。"十二日爲鹽生日，十三日爲滷生日，雨則鹽貴。夏甲申雨，主米貴。秋甲申雨，則稻禾吐芽，主穀貴。二十四日爲稻藁生日，雨則藁腐。俗言是日上午雨竈上荒，下午雨竈下荒。秋分在社日前，則田有收而穀賤。社日在秋分前，則田無收而穀貴。諺云："分了社，白米徧天下。社了分，白米如錦墩。"是月露下而雨，爲淋露雨。九月霜降而雲，爲護霜雲。九日晴，則冬無雨雪。十月晴和，則一冬少寒。十一月冬至後逢第三戍爲臘，臘前三次雪爲三白，諺云："若要麥，見三白。"亦主來歲豐年。十二月立春，主冬煖。諺云："兩春夾一冬，無被煖烘烘。"凡霜止一朝爲獨脚霜，主雨。霜有花者爲毛頭霜，主晴。除夕喜静。諺云："除夜犬不吠，新年無疫癘。"一歲所占大畧如此。

明吕克孝《田家月令》十二首："正月松江春水鮮，麥苗薺葉緑如煙。孛婁笑把流花卜，喜得今年勝舊年。""二月松江燕子飛，蠶豆花開竹笋肥。人人拍手攔街笑，正是前村散社歸。""三月松江鳩雨晴，家家插柳是清明。草深黄犢春來長，曉起扶犂試學耕。""四月松江梅雨多，新秧纔蒔便成科。只愁舶棹東風急，盡向簷前結草簑。""五月松江稻正長，日中耘稗汗如漿。今朝一陣分龍雨，不用推車坐夜凉。""六月松江水没堤，黄豆青苗一截齊。若到甲申晴到夜，今年米價賤如泥。""七月松江風漸凉，棉花雪白稻花香。街頭點火收官布，只説機稍要放長。""八月松江浪拍天，荳棚瓜蔓竹籬邊。兒童結網扳罾去，魚蟹都來不用錢。""九月松江霜樹殘，草乾潮落剩沙灘。布衫燈下重重補，月照蘆花夜更寒。""十月松江盡築場，繞場稻積密於墻。如何黄犬連村吠，里長催糧上縣倉。""陽月松江長至前，家家打鼓謝茶筵。了酬心願無他事，不擾官司好晏眠。""臘月松江冰作堆，雪花一尺伴寒梅。田蠶照罷圍爐坐，兒女同酬守歲杯。"

吉凶多沿俗禮，冠不備三加，喪事尚佛老，祭多以俗節，而婚喪之費尤侈。士大夫間行古禮，閭里亦多慕之。然積習既久，未能悉變也。顧《志》。

方言語音較郡城爲重，亦同爲吴音而微别耳。今就其有本者並記之。

寧馨。寧，農党切。馨，亨巷切。《容齋隨筆》云："晉宋間人語助，猶言'若何'也。"娘子。通爲婦女之稱謂。穩婆爲老娘，女巫曰師娘，又曰某娘，曰幾娘，鄙之曰婆娘，見《輟耕録》。温暾。暾，忒敦切。見王建《宫詞》。今湯茗諸類不冷不熱，以温暾呼之。謂寒則曰冰冷。數説。出《左傳》，今俗謂責人者。多許。許，黑可切。出《隋書》，謂問多少也。甎磚。出《魏・扈累傳》，磚之通稱。急須。《菽園雜記》云："急須，飲器，以其應急而用也。"今以呼酒壺，而"急"音轉爲"的"，"須"更爲"蘇"云。飛風。唐制：凡細馬、次馬送尚乘局者，于尾側依左右閑印以三花，其餘雜馬送尚乘局者，以"風"字印之右髆，以"飛"字印之左髆。今呼疾速爲飛風，蓋取義于馬耳。斤九鼇。弋陽、德興間産梨頗大，有至一斤九兩者，土人謂之斤九梨，猶芋言魁也。今用以目時人之精慧者。潑賴。潑，鋪拜切，謂醜惡也。箇裏。箇音格，謂此也。忒煞。忒，入聲，謂甚也。跑。跑，邦冒切，呼疾走也。儂。儂，我也。古樂府音屬徵，陽聲。由鼻音出，則"爾儂"二字合稱"汝"也。由喉音入，則"我儂"二字合謂"我"也。些。"什麼"二字合。

凡屬在八庚者，或開口呼，從七陽韻。如羹爲古郎切，争爲側羊切之類。或以灰入麻，以泰入商。如槐音如華、大音如惰之類。又有呼字之切母者。如孔爲窟籠、圓爲窔欒之類。

康熙上海縣志卷之二

水利

疏河導江，神禹之勤至矣。玄圭告成，乃復盡力溝洫者，以治田也。故農田、水利合爲一書，郡縣亦設有專職，以水之爲利害也。松固澤國，然海邑與他縣異，青溪淡涵皆止水，華、婁有間矣。然上流澄渟，爲力差易。海邑瀕江環海，朝潮夕汐，其流渾渾與濁河同，惟時務開濬，則可以溉禾黍而寧幹止也。今吴淞江濬爲通渠，得其本矣。支川細流尚多龜坼，悉條列其名。其治法與治績俱次第書之，俾長兹土者有以考焉。

海

海在縣東七十里，北起嘉、寶，南抵華、奉，爲縣所轄，松江與黄浦合流入焉。混茫無際，東接諸番，惟日本最近。宋、元間入貢，皆由青龍市舶司，後漸徙于四明，貢者不復取道。沿海皆淺灘，物産不逮閩浙百一，俗號窮海，獨鹽利爲饒。自清水灣以南、川沙以北，水鹹宜鹽，故舊置鹽場。近有沙堤壅隔其外，水味寖淡，滷薄難就，而煮海之利亦微矣。先時，潮汐由吴淞江口入，朔望率以子午爲信。萬曆八年，潮決李家洪，去故道南二十里許，潮汐遂早數晷。按：黄家灣界碑去海二十里，今界碑數武之外即成巨浸，是海已内徙矣。以是松江故道悉被渾泥湧入，易于淤塞，且颿船出没尤便，一有不虞，禍且叵測，司筦鑰者慎諸。海人驗候云"山擡風潮來，海唑風雨多"，皆不誣。擡，謂海水擡起，常所迷望之山，皆在目也，或云蜃氣爲然。唑，俗云萬喙聲也，音齷。

周繇詩："蒼茫空泛月，四顧絶人煙。半渡中華岸，傍通異域船。島間疑有國，波外恐無天。欲作乘槎客，翻然去隔年。"

殷弼《海上詠懷》詩："吴淞江口海門東，萬里京師咫尺通。白柁紅旗三月浪，紫簫花鼓午潮風。十年荏苒軍儲絶，四境蕭條水陸空。况忍疲民窮到骨，夜深嫠婦哭蒼穹。"

胡儼詩："積水渺無極，歸墟那可窮。百川宗浩漾，一氣接鴻濛。若木崑崙外，扶桑日本東。蜃樓銜霧白，鯨鬣鼓波紅。驅石何年到，乘槎有路通。光分欹落月，聲急度長風。潮汐盈虚候，魚龍變化工。修鱗初擊水，巨翮已搏空。河伯心神駭，天吴氣勢雄。重淵陰火冷，孤嶼曉光融。方丈瑶臺隱，珊瑚鐵網籠。犀燈愁恠室，鮫涕泣珠宫。鹵莽迷寒鶴，蒼烟鎖斷虹。盧敖遊汗漫，徐市紿兒童。蜑客舟如葉，鹺翁髮似蓬。波斯徒窅窅，精衛苦匆匆。玉帛沉流潔，犧牲報祀豐。"

御史馮允中詩:"九州一撮倚浮空,江漢無分日夜東。混沌直包天一外,乾坤原屬有形中。望窮島嶼神仙杳,幻結樓臺蜃氣融。靈秀獨當何處是,五雲深處萸鴻濛。"

推官王綸詩:"危臺徒步晚涼生,望極東南地勢傾。開刼一元真有數,沃焦千里信難名。風推雲去金山近,月湧潮來白瀼生。通道蠻〔夷〕頻入貢,樓船誰復事長征。"

張之象詩:"茫茫滄海浩無涯,五色樓臺簇蜃霞。瑶島但看明滅外,不知何處是仙家。"

江

松江。在縣北,舊名吴淞江,後以水災去"水"從"松",亦曰松陵。其源出太湖,東注于海,即《禹貢》三江之一。自吴江長橋東流至長洲尹山,北流至甫里,東北流又過華亭澱山,乃入縣境。在宋盛時,范、歐、蘇、葉諸公皆建修濬之策,而毛漸、徐確、郟亶輩相繼開鑿之。然潮汐壅聚,隨濬隨塞,屢爲浙西之患。元泰定、大德間,任仁發請于朝,疏導者再。迄明初,僅通舟楫而已。永樂間户部尚書夏原吉,正統間巡撫侍郎周忱,天順間巡撫都御史崔恭,成化間巡撫都御史畢亨,嘉靖間巡撫尚書李充嗣,皆嘗濬治,互有利病。迨嘉靖末,江爲平陸矣。隆慶己巳,巡撫都御史海瑞復濬。自縣境屬,于崑山碧灣取直,江流湍駛,雖未盡復故道,而廿年灌莽之區漸成沃壤,百姓咸尸祝之。萬曆丁亥,特設水利道,以副使許應逵領之,其工亦首濬吴淞,未幾淤澱,復爲平陸。

本朝康熙十一年,巡撫都御史馬祜請發公帑重濬,百年湮塞一旦疏通,厥利甚溥。但江口一段以直取勢,稍棄紆曲故道,地師家謂水不環抱,將來城中富貴不能如未塞以前之盛。俟有識者辨之。

葉清臣《松江秋泛賦》:"澤國秋晴,天高水平。遥山晚碧,極浦寒清。循遊具區之野,縱泛吴淞之濡。東瞰滄海,西瞻洞庭。槁葉微下,斜陽半明。樵風歸兮自朝暮,夕溜滿兮誰送迎。浩霜空兮一色,横霽景兮千名。於時積潦未收,長江無際。澄瀾方興,扁舟獨詣。社橘初黄,汀葭餘翠。驚鷺朋飛,别鵠孤唳。聽漁榔之遞響,聞牧笛之長吹。既覽物以放懷,亦思人而結欷。若夫敵寇既平,霸圖初盛。均憂待濟,同安則病。魚貪餌而登鈎,鹿走險而忘命。一旦辭禄,揚舲高泳。功崇不居,名存斯令。達識先明,孤風孰競。又若金耀不融,洛塵其蒙。宗城寡捍,王國争雄。拂衣洛土,震耀江東。拖翠綸兮波上,膾蟬翼兮柈中。倘即時之有適,遑我後之爲恫。至如著書笠澤,端居甫里。兩槳汀洲,片帆烟水。夕醉酒壚,朝盤魚市。浮游塵外之物,嘯傲人間之世。富詞客之多才,劇騷人之清思。緬三子之清徽,諒隨時之有宜。非才高見棄于榮路,乃道大不容于禍機。申屠臨河而蹈壅,伯夷登山而食薇。皆有爲而然爾,豈得已而用之。别有執簡仙瀛,持荷帝柱。晨韜史氏之筆,暮拂使臣之斧。登攬有澄清之志,臨遣動光華之賦。何從欲之流滋,慰遠遊之以懼。肇提封之所履,屬方割之此憂。將濬疏于匯川,其極濟乎畛疇。轉白崔之新渚,據青龍之上游。濯埃垢于緇袂,刮病膜乎昏眸。左引任公之釣,右援仲由之桴。思勤官而裕民,乃善利之遠猷。彼全身以遠害，蓋孔臧于自謀。鮮鱗在俎，真茶滿甌。少回俗士之駕，亦未可爲兹江之羞。”

宋之問詩：“宿帆震澤口，晚渡松江濆。棹撥魚龍窟，舟衝鴻雁羣。寒潮頓覺滿，暗浦稍將分。氣赤海生日，光摇湖起雲。水鄉盡天衛，歎息爲吴君。謀士仗劍死，至今悲所聞。”

劉長卿詩：“洞庭初下葉，孤客不勝愁。明月天涯夜，青山江上秋。一官成白首，萬里寄滄洲。久被浮名繫，能無愧海鷗。”

推官王綸和：“孤孽無安枕，長懷千里愁。露寒江館暮，雲淡海城秋。飛葉聞空砌，鳴鴻過遠洲。忘機愧漁父，隨水泛鳧鷗。”

白居易《松江觀魚》：“震澤平蕪岸，松江落葉波。在官常夢想，爲客始經過。水面排罾網，船頭簇綺羅。朝盤膾紅鯉，夜燭舞青蛾。雁斷知風急，潮平見月多。繁絃與促管，不解和漁歌。”

許渾《泊松江渡》：“故國今何在，扁舟竟不歸。雲移山漠漠，江闊樹依依。晚色千帆落，秋聲一雁飛。此時兼送客，憑檻獨沾衣。”

鄭谷詩：“十年五年岐路中，千里萬里西復東。四馬愁衝晚村雪，孤舟悶阻春江風。達士由來知道在，昔賢何必歎途窮。閒烹蘆笋炊菰米，會向漁鄉作釣翁。”

范仲淹《江上漁者》：“江上往來人，但愛鱸魚美。君看一葉舟，出没風波裏。”

司馬光詩：“吴山黯黯江水清，欲雨未雨傷交情。扁舟蕩漾泊何處，紅蓼白蘋相映生。”“秋風索索連江起，暮過烟波十餘里。長蘆瘦竹映漁家，燈火渺茫寒照水。”

陶宗儀《曉發松江》：“客裏東風促去程，沙棠舟小布帆輕。衝人鷗鳥雙雙起，近水桃花樹樹明。故喜吴淞堪寄食，不愁江漢尚屯兵。經綸事業成虚擲，一寸葵心向日傾。”

趙孟頫詩：“壯氣浮孤劍，餘生寄短篷。戰塵昏野色，積雪晥春風。北望旌旗濶，南歸郡邑空。江花與江水，客思兩無窮。”

袁凱《沙途行》：“西起吴江東海浦，茫茫沙途皆沃土。當時此物不歸官，盡養此地饑民户。紅尖小麥畝二石，荻蘆輪囷竟三尺。紛紛赤綫何足論，瓜芋青秧密如櫛。饑民得此不復饑，昔無一物今五衣。子孫相仍二十載，飽煖得與平民齊。君恩如天不可負，君恩能前不能後。力微勢怯官不理，一旦奄與强家有。强家犬馬厭菽粟，强家下陳盡珠玉。君不聞江頭浦邊三萬家，秋雨秋風夜無燭。”

顧利賓《再過松江》：“吴江三萬六千頃，震澤與之俱渺茫。鴻雁一聲天接水，蒹葭八月露爲霜。西風吹裂漁人笛，落日偏驚估客航。三十年前此來往，塵纓猶未濯滄浪。”

張之象詩：“江入松陵水接天，秋風早發季鷹船。千杯緑酒應須醉，買得鱸魚不論錢。”

張錫懌《泛吴淞江》：“天空日落晴霞起，疏柳垂堤暮烟紫。風動牙檣縱所如，一橈劃破吴淞水。朝廷軫念十年畊，畚鍤如雲水復平。蒼茫西擁昌亭樹，浩森東連滬瀆城。憶昔三江神禹開，玄圭告錫淡沉災。曾看萬壑魚龍舞，幾見千軍輓餉來。倏忽洪濤變塵土，蕭蕭蘆荻成今古。增租久矣上司農，督課猶然入水府。父老吞聲已數年，誰將巨斧闢桑田。今看疏鑿功成後，費得君王十萬錢。”

曹垂璨詩：“如雲畚鍤草初青，衣帶江城列繡屏。波底魚龍懷故道，天邊雁鶩下新汀。工成恰漲桃花水，帆掛重披楊柳星。從此東南無旱澇，勞臣勛績自堪銘。”

徐允哲《吴淞江行》：“吴淞之水震澤來，波濤浩瀚走鳴雷。百折東連赴滄海，乾坤莽莽風沙開。《禹貢》三江兹其一，神功底定嗟難及。錫圭告命已消沉，萬古滄桑變陵邑。自經疏鑿幾千年，東南每每多原田。中間興廢不可數，則壤何由辨陌阡。憶昔泥沙淤江滸，平堤日夜飛塵土。海公忠介費經營，功在三吴利益溥。星移物换不堪論，百年事跡委荒塵。曲徑叢篁陰翳日，石田茅屋暗藏津。江南重臣籌國計，欲富民生先水利。巡行露冕借詢謀，計日鳩工重周視。畚鍤如雲委任專，眼看百里盡平川。莫言經歲公旬力，動費司農億萬錢。春風浩蕩春潮起，滚滚長流没沙尾。一片垂楊望若烟，千帆柔櫓看如駛。閒從江上問漁簑，水底魚龍出没多。但願桑麻沾雨露，長教澤國净兵戈。桃花掩映千林色，五畝山園三畝宅。斗酒酣歌書畫船，數聲款乃烟波碧。”

滬瀆江。在縣北一十里。《吴郡記》曰：松江東瀉海曰滬海，亦謂之滬瀆。凡水發源而注海曰瀆。陸龜蒙云：列(行)〔竹〕於海箍，曰滬瀆是也。《晉史》：虞潭爲吴國内史，修滬瀆壘以防海寇。《通鑑》：晉隆安二年，吴國内史袁崧築滬瀆以防孫恩，後竟死于是。《寰宇記》云：袁崧城在滬瀆江上，舊有東西二城，其傍爲蘆子渡，俗呼蘆子城，東西廣萬餘步，有四門。元時徙于江中，餘西南一角，西城極小，在東城西北，兩傍有東西蘆浦。《永樂大典》云：江側有滬瀆壘。今攷其地，松江直趨而東，又七十里入海，無復有瀆，兩岸皆平疇茂林，故壘寂然，其東西蘆浦亦止通潮汐而已。

皮日休詩：“全吴臨巨溟，百里到滬瀆。海物競駢羅，水怪争滲漉。”

貢師泰詩：“避難吴淞江，出遊滬瀆壘。世道苦變更，形勢總驟圯。我懷晉外臣，孰似袁内史。深慙盛時守，無策正邦紀。日暮仰北辰，天寒一星紫。尚想白登圍，無言淚如水。”

唐奎詩：“吴淞江上袁公壘，千年何處尋遺址。石犀半落江水中，秋老蘆花三十里。五百馬塵今尚飛，秋秋赤子將安歸。月明古堞急鼓鼙，孤臣有淚空沾衣。”

鄭元祐詩：“東吴内史晉長城，滬瀆千年壁壘平。莫向月明悲往事，即今滄海已塵生。”

袁凱《江上書懷》：“滬瀆城南秋氣高，鶖鵝鴻雁各求曹。不眠更識匡床穩，欲去還思小几牢。幾處尺書俱寂寞，百年雙鬢獨蕭騷。秋江欲渡愁難渡，風雨龍吟長怒濤。”

屠隆詩：“取酒臨青澗，寒花故壘紅。血沉金鏃冷，鬼嘯白楊空。烏度悲風外，月明清露中。採蘋何處薦，流淚問袁公。”

孫作《詠蘆子渡》詩：“吴江東來三百里，派别松陵號松水。何年此地列兩城，千雉依稀照江汜。東西相望似連珠,大小欲學孤山孤。大城已逐江沙圮,小城獨在渡名蘆。君不見當時好城市,滿目黄茅兼白葦。又不見船底邑千家,官渡於今屬蘆子。百年富貴一朝悲,高門大宅號狐狸。不信但看蘆子渡,日日船開秋雁飛。"

浦

黄浦。在縣東,大海喉吭也。以黄歇故,又名春申浦。其源受杭州、嘉興之水,起自秀州塘,經華亭縣界,又迤而東,以入南北兩涯之水,迨至南廣福寺,則折而北趨于縣,以受東西兩涯之水。至元、大德間,浦面濶盡一矢力。泰定中,建閘于旁。近上流勢緩,沙積兩湄,遂成沙塗。居民因蒔葭葦,淺狹過半。稍北舊名范家浜。明朝洪武間,吴淞江淤塞,潮汐不通。永樂元年,邑人葉宗行上書言濬江,通海引流,直接黄浦,闊三十丈,遂以浦名。今横濶二里許,又折而東北,合于江以達海,其兩涯孔道則置舟以渡,往來利涉,民甚便之。然舟人嗜利,雖風濤洶湧,非滿載不發,多有覆溺之患。漁人椓杙張巨網絶流,宵濟者誤觸網口,溺入爲魚鼈。長兹土者,其留意焉。

陸龜蒙《迎潮送潮辭》,序云:"余耕稼所在松江南旁,田廬門外有溝,通浦漵,而朝夕之潮至焉。天弗雨,則軋而留之,用以滌濯灌溉,及物之功甚鉅。其羸壯遲速,繫望晦盈虚也。用之則順而進,捨之則默以退,有類乎君子之道。翫而感之,作《迎潮》、《送潮》辭二首,聊寄聲於騷人之末。""江霜嚴兮楓葉丹,潮聲高兮墟落寒。鷗巢卑兮漁箔短,遠岸没兮光爛爛。潮之德兮無際,既充其大兮又充其細。密幽人兮款柴門,寂莫流連兮依稀舊痕。濡餘澤稿兮潮之恩,不尸其功兮歸于混元。""潮西來兮又東下,日染中流兮紅灑灑。汀葭蒼兮水蓼枯,風牢騷兮愁烟孤。大幾望兮微將翳晦,搜瀛溶兮歛然而退。愛長波兮數數,一幅巾兮無纓。可濯帆生塵兮棹有衣,悵潮之歸兮我猶未歸。"

張之翰詩:"黄浦春風正怒號,扁舟一葉渡驚濤。諸君來問民間苦,何用潮頭幾尺高。"

袁凱詩:"我有茅堂南浦潯,迴岡千尺畫陰陰。繁花映帶墟烟密,弱竹留連海氣深。寂寂軒窻惟鳥下,蕭蕭風雨亦龍吟。東家野老猶淳朴,酒熟花香數見尋。"

王逢《浦東女兒行》:"浦東巨室多豪奢,浦東織女長咨嗟。丁男殉俗各出贅,紅女不暇親桑麻。鵓鳩呼雨楝花紫,大麥飯香勝小米。一方青布齊裹頭,赤脚踏車爭捲水。水底岸高力易歇,汲水上田愁滿缺。穀種看如瓜子金,野鵶不啣田鼠竊。黄草衣薄風披披,日色照面蒼烟姿。南鄰北伴更貧苦,糟糠麋粉隨朝齏。阿婆送茶相向語,鉅室新爲州縣主。妻拜夫人婢亦榮,繡幰朱輪照鄉土。牛羊下來雞欲棲,汪汪淚眼數行啼。女自身長苦非一,歸路白楊斑竹西。"

曹泰詩:"月照黄龍浦水黄,南飛烏鵲夜茫茫。晚潮天接海門遠,秋草城埋滬瀆荒。洲上人家金井塌,縣中官酒玉缸香。百年來往今頭白,消得先生醉幾場。"

王縝詩:"三載南巡休未休,一帆上海信潮流。簡書剛爲軍儲急,絲繭誰寬村巷憂。事到安排終費力，人無貪戀更何求。滔滔莫道行來遠，我道滄洲合遠遊。”

張穀《黄浦夜泊和樊太守》詩：“碧山如畫暮雲收，龍浦經行只暫留。正憶楚臣吟澤畔，却憐杜老哭江頭。慣延國士勤三握，肯向明時詠四愁。我欲摳趨妨病暑，思乘雪夜剡溪舟。”

朱察卿《浦上觀兵》詩：“河上翱翔一羽輕，離離衰草陣雲生。樓船十里秋江蔽，甲帳千重午夜明。水部却爲防禦使，孤軍偏築受降城。漢家麟閣深如許，好待將軍早策名。”

張之象詩：“黄浦遺名在昔朝，百川東去海門遥。兼天白浪高于屋，何似錢塘八月潮。”

諸水

通江諸水。舊《圖經》以趙屯、大盈、顧會、崧子、盤龍爲五大浦。五浦之中，趙屯、大盈二浦尤爲至要。趙屯、大盈皆直受澱山湖水，趙屯迤西爲白鶴江，大盈迤東爲青龍江。先正論湖水下流，必由白鶴匯以達於江，又謂由青龍江入海。今白鶴、青龍雖以江名，僅同溝澮而已。顧會、盤龍從府郭來，絶横塘、横泖。而顧會又名通波塘，崧子又名崧塘，二水同流異派。顧會、崧子西東爲淮浦，爲艾祁浦、朱墅浦、華潮浦、赤眼浦，爲華漕，爲西舊江，爲周涇。崧子南爲北平浦，北爲烏塘，烏塘東爲石淄漊。盤龍迤東爲沙岡塘，爲小萊浦，爲許浦、魚浦、郭巷浦，爲横瀝，爲新涇，爲東、西上澳，爲大、小蘆浦，爲上海浦、張家浜、馬家浜，爲東溝、西溝，爲南蹌浦。由許浦而出爲五漕，由郭巷而出爲莊家涇，由新涇而出爲蒲匯塘，其東即龍華港。凡江之南通江塘浦具於是。在元時，則新涇爲要。觀吴執中論順導水勢，注江達海，僅有上海之新涇、太倉之劉家港也。今盤龍以東、江以南，水唯在蒲匯、龍華二港達於黄浦，入海爲利耳。江以北水亦有蘆浦，有横瀝，有徐公港，有黄家港、封家浜，有楊林浦，南北分流，並入于江，會于黄浦，東入于海。海口爲嘉定界，有界浜。

浦旁諸水。若語兒涇，若韓倉港，若姚港，此爲浦北之水也。若千步涇，若巨漕，若沙竹岡塘，若夾溝，若横瀝，此一水而貫乎浦之南北也。若清水港、何涇，若蘆溝、淡水瀝，若聖堂港、鸎竇湖，皆二水夾浦。若金匯塘，其北南廣福寺在焉。此則浦南之水也。沙竹、横瀝俱南入華亭堰海，北入夫江。竹岡之尾即小萊浦。横瀝又名横涇，金匯又名江涇塘，鸎竇又爲鸎脰，今又訛爲櫻桃匯。過鸎竇而東有牐港，自新場而西，其水口正當浦之折處。由牐港而下，若鹽鐵塘、沈莊塘，若周浦塘、三林塘，若楊淄港、黄淄漊，此爲浦東之水也。若陸道浜，若唐子涇，若南俞塘、北俞塘，若車溝，若吴店塘，若華涇，若烏泥涇，若龍華港，若日赤港、薛家浜、肇嘉浜，若方浜，若南、北侯家浜，若洋涇浜，此爲浦西之水也。牐港自西而東有叉港，又東爲大步涇，又東爲水仙塘，通白達口、鹽鐵塘，世傳吴越王爲此以運鹽鐵，宋通判曹泳重濬，更爲下沙浦，時人惟呼舊名。鹽鐵南爲都臺浦，自牐港北流，絶周浦、沈莊、三林諸塘，通横沔諸港。都臺浦北爲運鹽河，爲鹹塘，極東抵捍海塘。故有石筍灘，有如筍植立沙中，潮至分流，名分水港。今塘外内徧爲團場，煎辦鹽賦所在，自一竈以至於九，次第港皆名竈港。楊淄港南一曲爲小黄浦，有稱黄浦爲大黄浦者，殆以此别之也。楊淄港與中新河通，黄淄漊與白蓮涇合。黄淄南爲中汾涇，白蓮東北即馬家浜。乃若陸道浜，又名枯樹港，與唐子涇皆西貫鶯竇湖，其潮汐與湖吞吐。南、北俞塘皆自府郭東下，溝亦從盤龍分支東流，其起處爲六磊塘。烏泥涇之西爲新村塘，皆西通上澳，肢聯股引，北流散入龍華以下。日赤、薛家二浜，俱通肇嘉。浜之口有新洲，舊《志》文翟洲，人云即高昌洲，未詳。浜水西通周涇、陳涇，西南出新港、方浜，西通柴浜、蘆浦，出夫江。自薛家浜至洋涇皆爲縣市。惟黄浦自南而下，過三林塘，則匯而東爲孫家灣，又匯而西爲龍華灣，又匯而爲高昌，又匯而爲江口，浩浩湯湯，直與江水合流於海。

右諸水多有隸青浦者，因原委相屬，故牽連書之。

肇嘉浜。在縣治南，引浦水由東水關貫城而西，分流支港，蓄洩賴之。因水關啟閉不時，且夾闤闠，易淤，雖時加濬治，旋復如故。宜用舟載淤泥外徙，庶免常濬。按：此浜爲邑幹河，東貫城市，西接蒲匯塘，西郊二十里沃壤藉以灌溉。自邑泛舟抵郡最便，今竟湮爲平陸，旱潦無資，且行役者必從黄浦揚帆，波濤殊殊險，前令議欲開浚，因塘長既禁，工費無出。康熙二十年間，邑諸生陳完條議，具呈巡撫部院，慕天顔行府查議，復因循中止。然此浜開浚實不可緩，將來民力稍紓，終有待於興舉云。

薛家浜。在肇嘉浜南。引浦水，自東南經縣治而西。因築城斷塞，水無蓄洩，積聚穢濁。且堪輿家謂水當巽位，其通塞係人文盛衰，議鑿城復故道。萬曆丁丑，知縣敖選上之監司，業已允行，爲有阻之者，不果。至萬曆己亥，知縣徐可求申覆開濬，嗣後屢浚屢塞。康熙年間，知縣陳之佐同在城諸紳捐貲重濬，壩斷内郎家橋，俾水勢迸流，庶免積淤。里中奸民憚運載紆曲，陳甫去任，即偷決壩口，以致復塞。今知縣史彩毅然重濬，捐貲募工，於康熙二十三年仍壩斷郎家橋，主簿李六德督工，實心任事，匝月告成，士民感悦。

方浜。在肇嘉浜北。由小東門水關，經邑廟廣福寺而西。因築城斷塞，兩岸居民室廬侵占，存一衣帶矣。

侯家浜。在方浜北。舊從大浦入，因築城斷塞。今知縣史彩重浚，復爲通渠。

半段涇。在縣治南，接薛家浜，由養濟院而西。今知縣史彩重浚。

穿心河。在縣治北。受肇嘉浜，南合于半段涇。

郁婆浜。在薛家浜南。其東達永興橋，遺跡尚存，其西達繡鞋橋。

已上城市諸水。

横瀝塘。在竹岡東南，直通黄浦，北絶淞江，入嘉定界。

華漕。在三十保，北入淞江。宋、元間，道接青龍江，故多商賈貿易，漕邊富家以奇貨相雄。今塞。

曹泰《拜朱祐母》詩："夜艤華漕月，曉登賢母堂。辛勤出雞黍，珍重市春漿。熊膽文章窟，機聲薜荔墻。出門風景淡，喬木兩三章。"

許浦。在三十保。南與横瀝通，北入淞江。

郭浦。在□□□保。

新涇。在二十九保。北通淞江，向南爲中新涇，通蒲匯塘、六磊塘入浦。按顧彧舊《志》云：古名新涇浦，浦之支渠東有石橋浜、周家浜、菖蒲涇、野奴涇、彭家浜、横清涇、交紋涇、漁窪、劉家浜、蕭師浜，西有陶涇、師家浜、陸道浜、五漕、金家浜、上江涇、唐子涇、横涇，皆支流，通浦水，以灌田疇。其東爲上澳浦。《水利集》云：吴淞湮塞時，太湖之水迂迴宛轉，多由上海新涇返注于海。

東上澳浦。

西上澳浦。俱在二十六保。並南通烏泥涇，東通黄浦，北達淞江。

西蘆浦。

大蘆浦。俱在二十七保，今名蘆子，並北入淞江。中有沸井，古于此置渡，後飛梁南北，人呼爲江橋。

寺浜。在二十五、二十七保。久塞，今知縣史彩于康熙二十三年重濬。

上海浦。即大黄浦下流合江處。

馬家浜。在二十二保西溝東。又東爲東溝浦、張家浦、入海浦，並南通、都臺等浦，西入淞江，東北至界浜，與嘉定分界。

東溝浦。

西溝浦。俱在二十二保，馬家浜在右，西入淞江。

南蹌浦。在二十二保。按顧彧《志》，在上海東北三十六里，其支流爲東溝浦、西溝浦、馬家浜。今縣東北有水曰蹌浦，曰大蹌浜，其南近都臺浦，疑即南蹌浜之故跡也。

椿樹浦。在二十二保。

江苧浦。在二十二保。

横浦。在二十二保。

張家浜。在二十保。

界浜。在二十二保。

已上吴淞江南岸諸水。

虬江。在二十三保，南入淞江。

下海浦。在二十三保。

桃樹浦。在二十三保。

東奚浦。在二十三保。

楊水浦。在二十三保。

東沙洪。

中沙洪。

西沙洪。俱在三十保，並南入淞江。近苦淤淺，所當亟濬。

張涇。在二十九保。

已上吴淞江北岸諸水。

洋涇浜。在二十五保。

陸家浜。在二十五保。

陳家浜。在二十五保。

榆木涇。在二十五保。

日赤港。在二十五保，通肇嘉浜。

龍華港。在二十四保。接蒲匯塘，東流過漁水窪、東西上澳，東南至百步橋，入于黄浦，故亦名百步塘。

蒲匯塘。在二十九保。受盤龍、泗涇二水，東流合沙竹岡塘、新涇諸水，東出龍華，在上海之西、華亭之東北、黄浦之正西，三縣于此分界。

六磊塘。在十八保。舊自盤龍分支，東流爲車溝，東北爲新村塘，爲吴店塘，其北爲夏家浜，東流爲新港，爲烏泥涇，東南爲華漕港，北爲八尺港，並入于黄浦。今淤。

曹湖涇。在二十六保。

新村塘。在二十六保。

吴店塘。在二十六保。

烏泥涇。在二十六保。其上有鎮，北爲鄭家漕，爲曹湖涇，北即龍華港，自西東流入于黄浦。

車溝。在二十六保。

張家塘。在二十六保。

華涇。在二十六保。

北俞塘。在十八保。自府東門楊賣柴橋東流，絶洞涇，過張涇、盤龍、駟馬、紫岡塘，貫沙竹岡塘、横瀝新涇，東入于黄浦。諺云："雖得珠千(解)〔斛〕，不賣俞塘北。"

南俞塘。在十八保。自府東門張塔橋南東流，過三里汀，至吕塘廟南，入鹽鐵塘。自吕塘廟分流，東爲語兒涇，入于黄浦，華亭、上海于此分界。北通胡婆涇，其南爲荷涇，又東爲吴會鎮。自荷涇東流，爲茭門塘，至竹岡東南，爲陸道浜，入於黄浦。

吴衙涇。在〔二十一〕保。

陸道浜。在〔二十一〕保。

唐子涇。在〔廿八〕保，皆西貫鷖竇湖。

鷖竇湖。在二十一保。按顧彧《志》，在上海西南五十五里，週五里，舊有邢、竇二姓居此，故名。久而淤塞，訛爲櫻桃。蔣參議性中所居近鷖脰湖，往來病涉，公以縣官立坊物作橋濟之。今已重浚。

淡水瀝。在二十一保。

紫岡塘。在十八保盤龍東。其北通六磊塘，〔至横塘〕止。紫岡之西爲沙岡，東爲竹岡，爲横瀝，爲新涇，新涇之南，古鷖竇湖也。

竹岡塘。在十六保沙岡東。首尾延亘如一，至蒲匯塘而北，别名小莱浦。

沙岡塘。在十六保盤龍東。其南絶黄浦，至捍海塘而止，北入松江。

夾溝。在十六保。

東河涇。在十六保。

姚港。在〔二十二〕保。

韓倉港。在〔十六〕保。

語兒涇。在十六保，南通黄浦。

已上黄浦西岸分流之水。

入海浦。在范家浦北。其東爲大蹌浜，並西入黄浦。其東北至界浜，嘉定、上海分界。

范家浦。在縣東北，舊名范家浜。

黄淄漊。在二十四保楊淄漊北。與白蓮涇合，南爲中汾涇。

楊淄漊。在二十四保三林塘北。與中新河通，自北鹹塘西流，入于黄浦。

白蓮涇。在二十四保。西通黄淄漊，今通蔡洋涇，出浦中。

東新塘。在二十四保。

西新塘。在二十四保。

洋涇。在二十四保。

三林塘。在二十四保周浦北。自鹹塘西，其流南爲横梟，其北爲杜婆涇，西入黄浦。

周浦塘。在十七保。《府志》云一名杜浦，東通水仙塘，西流入浦。明季淤成平陸，順治五年，里民顧君陶捐資開濬，商民至今利涉。

中新河。在二十四保。

沈莊塘。在十九保下沙浦北。其東通連家漕，南折爲隺坡塘，並西入黄浦。

翁家港。在十九保。

邵瀝港。在十九保。

隺坡塘。在十九保。

下沙浦。在十九保。舊名鹽鐵塘，宋通判曹泳重浚，鹽商舟楫往來交通，改名曰浦。自浦北流曰鹽塘，鹽塘之東爲都臺浦，又其東即運鹽河。

閘港。在十九保新塲。西流入黄浦，其入處乃浦之折而北行，在新塲之東，去海不遠，故論者指爲東江入海之故道，未審其確。下沙浦在其北，今已淤塞，所當亟濬。

金匯塘。在十六保。南接和尚塘，北流過金匯橋，西折爲倪家灣，北爲岡涇塘，入浦。

魯家匯。在□□保。

馬路港。在十九保。一支自東南起中前所，至倪家行而入，一支自東北連一竈港，亦自倪家行入，西流絶隺沙塘，而南過石角倉橋，踰新閘沿三十里，又絶青村運河，出閘港。舊止築堤壅水，以資灌溉，稍旱則涸，正德中，居民倪升遠父子、盛鶴隺兄弟相繼開浚，自是潮汐大通，水旱不竭，卒爲通渠。

龍游港。在十七保。

横沔塘。在十七保。

都臺浦。在二十保鹹塘東。北流爲連家漕，又北爲木仙塘，又北爲都家港，爲官路港，又北爲邵瀝溝，並西通鹹塘。邵瀝之東爲翁家港，爲陶河港，並東通運鹽河，故曹家溝也。天順中，巡撫都御史崔恭疏浚深廣，旱潦有備，因名之，以志不亡。

鹹塘。在十九保。自下沙塲北流絶沈庄、周浦、三林諸塘，通中新河、横沔港，西入黄淄漊。三林之北爲北鹹塘，又北爲曲鹹塘。

運鹽河。在十九保。自下沙塲東循海塘北行，以通諸團鹽運，各有分支。見顧彧《志》，按運鹽河在護塘内，即俗稱裏横港也。北通界浜，受潮汐而南，直抵一團，瀦洩攸賴，且通隣近各邑，泛舟最爲利便。今已僅存一線，逢旱則各團居民鳩衆疏鑿，或遠引界浜，或東通海水，蓋愈北則去海愈近，可以接潮南注。然止一時權宜之計，必得設法疏濬，仍接界浜潮汐，乃爲實興水利云。

竈港。自一竈起，至八竈止，次第港俱從護塘内横港分支，皆名竈港。嘉靖四十二年大旱，里民顧綵捐貲開浚七竈港，引潮汐以救枯苗，有司給匾旌其門。

已上黄浦東岸分流之水。

堰閘附

將軍堰。晉左將軍袁崧所築，因名。

竹岡堰。

沙岡堰。

吳淞江閘。

新涇木閘。

潘家浜石閘。

烏泥涇石閘。

已上諸閘俱廢。

薛家浜石閘。在小南門外。萬曆二年,知縣敖選築。

郎家橋堰。在肇嘉浜。因浦近城,故築。

日赤港石閘。在西城外六里許。萬曆十二年,本府通判鄒志學、知縣顔洪範築。

吴淞江新石閘。在北門外吴淞江二壩。康熙十一年,蘇松常道韓佐周築。

護塘。沿海舊有遺址。成化七年,海潮泛溢。九年,巡撫畢亨、巡按鄭銘、督水僉事吴瑞交檄諸府縣修築。時上海知縣王崇之給餉授工,從境内西接華亭,東北抵嘉定,凡長一萬七千七百四十八丈。歲久頹圮,不時修葺。嘉靖二十二年,倭寇爲患,巡撫蔡克廉檄邑太學生喬鏜董其役。鏜捐貲首倡,兩月訖工,凡九十里,開水竇八。

備塘。在護塘外。自南一團起,迤北至七團止,長九千二百五十丈五尺。萬曆十二年,知縣鄧炳起工,至十三年,本府通判鄒志學、知縣顔洪範訖工,用過免役銀六千八百九十七兩有零。本朝以來,屢次修築,近更檄令農隙之時加高完補,故海潮頻溢,得以保聚生靈者,此也。

水利治策

《禹貢》云:三江既入,震澤底定。

《史記》云:禹之治水于吴,則通三江五湖。

宋景祐初,范仲淹守鄉郡,上書宰相,具言水利。

畧曰:姑蘇四郊畧平窊,而爲湖者十之二三。西南之澤尤大,謂之太湖,納數郡之水。湖東一派,浚入于河,謂之松江。積雨之時,湖溢而江壅,横没諸淹。雖北壓揚子江而東抵巨浸,河渠至多,湮塞已久,莫能分其勢矣。惟松江退落,漫流始下。或一歲大水,久而未耗,來年暑雨,復爲沴焉,人必薦饑。今疏導者不惟使東南入于松江,又使東北入于揚子,入于海也。新導之河必設諸閘,常時扃之以禦來潮,沙不能塞也。旱歲則扃之,駐水溉田,可救暵涸之(蓄)〔災〕。潦歲則啓之,疏積水之患。

熙寧三年,崑山人郟亶上言水利六失六得,具書與圖及治田利害七事。

亶言:環湖之地稍低,常多水;沿海之地稍高,常多旱。故古人治水之跡,縱則有浦,積則有塘,又有門堰涇瀝而碁布之。今欲畧循古人之法,七里爲一縱浦,十里爲一横塘,又因出土以爲隄岸。度用二萬夫,水治高田,旱治下澤,要以三年,而田畢治。

元祐中,宜興人單鍔論吴中水利。

畧云:自慶曆二年,以松江風濤,漕運多敗官舟,遂築松江長隄,介于江湖之間,横絶江流五六十里。震澤受數郡之水,乃遏以長隄,雖時有橋梁,而流勢不速。自江至海,諸港復多沙泥漲塞,茭蘆叢生。是以三春霖雨,則蘇、湖、常、秀皆憂瀰漫。宜先開江尾茭蘆之地,遷沙村之民,運其漲泥,鑿松江隄,爲木橋千所,隨橋謙開茭蘆,爲港走水。

范成大《水利圖序》。

畧云：救災捍患之術，其大概有二：曰作隄。今之塍岸，率去水二三尺，人單行猶側足，其上坎坷斷裂，纍纍如蹲羊伏兔。佃户貧下，至東作（詩）〔時〕，舉質以備糧種，其勢無餘力以及畚鍤之工。婦子持木杴，探污泥，補綴缺空，一蹴便隕。秋水時至，相以飄風，莫之障防，與江湖同波。宜考紹興二十八年以來被水之（由）〔田〕，其邊鄰湖瀼，土人所謂搭白之處，增築長隄，使高五六尺，基廣七八尺以上。秋冬之交，潢潦乾源，手足所及，土皆可取。閱春夏半年，至秋雨風潮，土已堅定，草茅生之，可恃爲安。較之臨時補綴，相去遠矣。曰疏水。自趙霖鑿吴淞江積潦，三十年歲無薦饑。今吴淞之利自若，而邑中諸港頗有湮鬱之處，一二里間斷絶有之。今宜行視，凡出水之港，皆決而疏之，使水得肆行無留。用工甚少，效驗立見，而隄岸始爲田用。

蘇軾治水奏狀。

畧曰：議者多謂吴中水患，蓋理之當然；不可復以人力疏治，是大不然。父老皆言此患所從來未遠，不過四十五年耳，而近歲特甚，蓋人事不修之積，非特天時之罪也。三吴之水，瀦爲太湖；太湖之水，溢爲松江以入海。海水一日兩潮，潮濁而江清，潮水常欲淤塞江路，而江水清駛，隨輒滌去，海口常通，故吴中少水患。昔蘇州以東，官私船舫皆以篙竹，無陸挽者。古人非不知爲挽路，以松江入海，太湖之咽喉，不敢梗塞故也。自慶曆以來，松江始大築挽路，建長橋，植千柱水中，宜不甚礙，而夏秋漲水之時，橋上水常高尺餘，況數十里積石壅土築爲挽路乎？自長橋挽路之成，公私漕運（使）〔便〕之，日葺不已，而松江始艱噎不快。江水不快，軟緩而無力，則海之泥沙隨潮而上，日積不已，故海口湮滅，而吴中多水患。

元至元間，任仁發言開江。

《書》云："三江既入，震澤底定。"乃（三）〔二〕江已塞，僅有吴淞一江，沙高水淺，不甚湍急。今之言水利者，謂水性就下，導而使之通流而已。河港陂塘狹者廣之，高者下之，塞者浚之，瀰漫者隄防之。人皆能言，殊不知治水之法〔須〕預識潮水之背順、地形之高低、沙泥之聚散、隘口之緩急，尋源泝流，各得其當，合開者開，合閉者閉，合隄防者隄防，庶不徒勞民力，而民享無窮之利。

大德間，都水庸田使麻合馬嘉集議吴淞江湮塞拯治方畧。

水性潤下，是故潮水就其地所順下而行，此天地自然之理。今太湖之水不流于江，而北流入于至和等塘，經由太倉出劉家等港，注于大海。吴淞江漸成痼疾，頗難救療。合相其地宜，順其水性，分流派泄，出江達海，庶消湖水泛濫之患。又將江湖河港樁壩，并圍裹成田魚簖茭蘆葑稗阻水去處盡行起除，仍令松江通徹海潮河港，勸諭近民于港口築疊土壩，安置透水木槽，名曰水竇。潮來閉竇，阻遏泥沙，潮退啓竇，泄放河水。

都水書吏吴執中言順導水勢。

畧曰：吴淞江舊云可敵千浦，今兩岸漲沙，將與岸平，其中僅存江洪不過二三十步，深亦不過二三尺，湖水所至，比之舊時，萬不及一。雖汪洋之勢見于上海新涇、太倉劉家河，通達入海，豈能盡洩浙西諸郡之水？合無因其就下之性，順其必趨之勢，于上海、太倉等處，相視可開河港，挑浚通流，仍踏視吴淞古江應有舊來出水支港，可以容易出海去處，盡行疏浚，務使支脉貫通，出洩順便。開挑之際，就命所司于已開河港之上訪求古跡，安置閘座，依時啓閉，以抑潮沙。

明郡人南安守張弼《治水議》畧。

松江澤國，水利爲重。而其水道之要者，則吴淞江也，黄浦也。吴淞江當時惟患墊溺，而詳于疏導之方，不慮旱暵，未及節蓄之策，非慮不及此，乃是時黄浦未開，有墊溺而無旱暵耳。黄浦之開，則自永樂四年，葉錢塘發之，夏忠靖成之，其利甚大。去年水潦，聞父老言："較之永樂三年之水，今年尚少三四尺。"然永樂三年以連雨十日而大潦，今年連雨月餘而潦，何昔之水反多，今之水反少耶？蓋昔以黄浦未開，洩水之道隘，今以黄浦既通，洩水之道徑耳。使無黄浦，月餘之内，當何如耶？此大浦之大利，不在吴淞江下矣。然水勢急于此則緩于彼，黄浦潮勢奔激，衝囓兩岸，洩水益徑，則淞江潮勢平緩，停注淤泥，洩水益隘，故黄浦之濶漸倍于舊，吴淞江狹處，僅若溝渠矣。況淞江限于低鄉之東北，洩水隘則益低鄉之潦；黄浦界于高鄉之西北，洩水徑則益高鄉之旱。兩鄉異宜，罕遇全熟。或一歲之間，一郡之内，旱潦俱見。有司欲以工請，實難爲辭，未免舉一廢一，民之怨望亦不卹也。此皆天時地勢之使然，久晴必有久雨，久雨必有久晴，陰陽運化，天地之自然也。惟在于因其地勢之高下，疏導節蓄以應之耳。節蓄之方，當于出浦湖口之内、潮衝之所，運石置閘，遇農月水少，委人司之，以時啓閉。閉則高鄉潮可以到，積水不洩，而少旱矣；開則收藏閘板，無阻行舟，則此節蓄以利高鄉也。疏導之方，當于其中甚隘之處則疏之，蒲葦梗咽則芟之。蓋其水勢既緩，由蒲葦梗咽，漸至淤塞，尋尺不除，遂成隄岸。時加巡視，使之流駛，則故道不廢，洩水斯便而少潦矣。此疏導以利低鄉也。然低鄉之田圩不修，水亦不能自避；高鄉之河渠不浚，水亦不能逆上。故有司每歲修浚，但一法百弊，徒勞少功，而浚河之弊爲尤甚焉。其初報數，則曰某河若干、某河若干。及其興工，止浚一河，或十數里、〔五〕七里而已；泥深四五鍤，或止挑一鍤二鍤而已；或推其高積，填于深窪而已。其功將畢，即時星散，堰水之壩，仍留在河。有司臨視，或指一河爲二河，或指某河爲某河。新水既漫，孰測其淺？孰見其壩址？名曰濬河，河不加深，徒增諸壩以阻水，即鄉人所謂竹節壩者是也。況點夫雖多，得賂即放，實下手者能幾人哉？此特有司之未知，知而防之亦易易耳。雖然，地方廣遠，必得專官提督。若委官暫至，不能時巡，不熟地所，多爲所昧，且疏導江流苟非專官，豈能時巡？故宋置農田水利使，元置都水庸田使、都水監等官，亦不得已也。舉事易，得人難，慎擇其人，則利無不興，弊無不革矣。

編修王同祖《工役計費議》。

工役、計費二事常相須，計費足則工役舉，故今之言治農田水利者，莫急于量財。蓋工役之舉，歲歲興修則繁而難行，數歲不治則廢而難葺，故必相其工之大小而爲之制，開江浚浦，以十年爲率，疏決涇港，築圩治堰，歲歲修補，或間歲一葺。計費之出，必量其費之多寡而爲之制，若開江濬浦、疏通涇瀆之大者，則官爲之區畫，其築圩修堰及疏決涇港之小者，則取諸食利佃作之家，如此則不煩于公、不傷于民矣。

又《治田奏畧》：吴中之田高者常畏旱，低者常畏澇。治高田之法，開河蓄水而已，治低田之法，則非築圩不可。是宜依倣古法，相地形，度水勢，畫而爲圩，高築其岸，令內足以圍水。圩岸既固，則不惟在圩之田可無霖澇之害，且湖小不得漫衍，而咸歸于塘浦，則塘浦之水自然滿盈，迅疾可以敵海潮而去浮淤。其岡阜之地，亦因水勢稍高，可引以資灌漑。蓋一事興而數利集矣。

工科吴巖《工計疏》畧。

一曰經度財力。財力必取之民間，凡遇工程，一概科斂，則未免府縣派之里甲，騷動鄉村。臣以爲水利爲田而興，則力亦必計田而出。凡有田之家，不拘官民，每田一畝科錢一文，每田一頃科錢百文，不但積少成多，抑且衆(輕)〔擎〕易舉，實爲經久之計。于每歲秋成之時，折白銀徵解各府官庫，數目造報水利官處動支，不(計)〔許〕别官借貸。

巡按御史吕光洵《水利工計議》。

一曰估計土方之則。查得先年開濬吴淞江事例，每土四面、深闊各一丈曰一方，約計二十工，每方須工食銀四錢，積而至于百千萬方，亦皆如此。估計姑以一里較之，若面濶十丈，底濶六丈，上濶下狹，折而筭之，實該八丈。設使其濶倍之，則其人夫工食亦當倍之。然土之爲方，凡當河底者必深，近河岸者必淺。淺深難于牽折，驗派難于均平，則須每方一帶之中，通力合作，務令深淺均攤。又民之負土，河有闊狹，而路之遠近隨之，往返之間，近者便而遠者艱，難以概論，則須差爲等級。如河濶十丈者每方派夫一十六工，若濶十五丈者則加以一工，二十丈者則加以二工。以次第加，大約以三十丈爲率，則所加至四工而止。設更有濶于此者，亦當如數加之，寧使民有餘力，毋使土有餘工可也。其或民有勤惰，勤者未及限而完工，其應有工食必盡給之而勿減，踰限而不完者，非惟不得加，必治而去之，則惰者不得以亂羣矣。至于開挑之法，務在遠堆新土。但役夫自河底負擔而上，遠堆尤難。愚意每帶兩旁各造木車三乘，如方盤之式，駕以四輪，大約每乘可載土十擔，使二人挽之，則一車可當十夫，土去遠而民力省矣。若其工食則比諸役又當少加，蓋彼寡而此多，其用力不少，無勞逸之殊也。二曰召募夫役之方。若欲論田起夫，則田多者難于應酬，田少者苦于擾害。若欲挨户編役，則丁富者或能取足，家貧者何以勾補？莫若倣雇募賑饑之法而行之。各府州縣凡有關係于水利者,先令擘畫措置,錢糧已完,計費已足,然後量河渠之大小,定土方之深濶,料灘岸之遠近,爲夫役之多寡,先期明示,曉諭每都每啚,限名開報,官爲雇募。其有因貧赴召者,則不拘多寡,亦于各該都啚編管。或衛所應役軍丁,就令千百户鈐束,與民丁一體差用。並須擇精壯,汰老弱,取具各該都啚糧塘里老不扶甘結一紙。又須每名官給竹木小牌一面,其一面填寫某府州縣委官某夫長某部下人夫某,一面填寫本管州縣字樣,下用掌印官火烙花押,以便稽考。各該掌印官并治農官點齊,押赴工所。於是于耆塘人等中擇信實强幹者,立爲百長、千長,委才能丞、簿、典史、巡檢、大使等官以分督之,庶幾有所統攝,而逋逃竄匿之弊可免也。然召募之法各須附近,宜令各府州縣,將應募夫役銀兩,各該掌印官自行附近雇募,所不足者加工抵補,則彼出銀而民免跋涉之勞,此得民而事有底績之望,誠兩便之策也。然大衆烏合,所賴處置得宜,必頓次舍,置井竈,時作止,禁暴虐,薪芻並給,醫藥有備,則百姓樂于趨赴。非惟可以成大功,而東南亦可以無饑民矣。若經久之計,則必倣前代撈清開江之制,及復主政姚公、舉人秦慶請置導河之夫,每年于均徭定撥,用其土著之民,專習淘捜之事,免其别差,著爲定令。又須于沿江沿海要害之處置爲舖舍,若運河之淺舖,或募貧民之壯健者,每舖或五人,或十人,給以導河夫銀,令其以時葺理。且視有附近荒田,與之開墾,官給耕具種穀,使有恒業,可居而守,則江浦永無淤塞之患。雖或間有興作,必不縻費如今日之艱難矣。三曰給散糧餉之規。將應用錢糧攢聚一處,擇委廉能府佐一員掌之,計河派夫,計夫給餉,遵照先年開浚白茆事例,每工給銀二分五釐。若凶年穀貴,則每工給米一斗,給銀二分,使可足用。其銀米府佐給之丞簿,丞簿給之千長,千長分給百長,百長零散各夫,或十日,或五日一次關支。每遇將散之日,預令丞、簿等官各赴各掌收錢糧官處,計夫數之多寡,每夫長給關防號票一張,上開夫長某部下原管人夫若干,逃亡疾病若干,今查見在若干,應該支工食銀米若干,領散各夫長執照,臨(則)〔期〕憑票關支。關支既訖,又須丞、簿等官監臨,各長隨數分封以憑,府佐不測稱驗,先期給與,令可預備薪米。設有尅減插和者,嚴加究治。其銀每兩須加耗三分,米每石須加耗三升,抵補虧折。舉行如是,則人人沾惠,無不均之歎矣。四曰督責考驗之法。切照先年開浚吴淞江事例,每夫一萬名,選委精强府佐一員爲巡視官。凡夫長所管夫役,各令該管丞、簿等官用《千字文》照數編號簿記,每日辰時,各夫長照依原分字號,每十名用字一個,挨號排立,以便查點。仍用水牌一面,大書夫長姓名,該管人夫若干,共幾字號。竪立旗竿一根,懸牌在上,其旗色百長用藍,千長用黄,上寫各長姓名,以便趨赴。即工之日,與民約信,假如每方派夫二名,則以八日爲限,每方派夫四名,則以四日爲限,積而上之皆如此限,非大寒暑不休息,非大風雨不更期。又須置循環簿二扇紀其陰晴,以稽作輟。經始之時,隨所開河身淺深,樹木爲的。工畢之日,量河底濶狹,用滚木一根以索挽之,循河而往,稍有窒礙,即加究治,罰其再行開挑。決壩之後拔去的木,復以鐵足木鵝浮于水面驗其淺深,隨流而下,稍遇淺淤必即傾仆。於是計其淺淤丈尺之數于百長千長名下,追其工食,而丞、簿等官亦計贓以枉法論，其有勵精圖効者則加以旌獎，則偷惰者無所容，而勵精者益勸矣。五曰催徵會計之條。嘗考往歲興修，其出銀之法皆臨時取辦，艱難百端。今須先事儲財，量財制役。凡一應無礙錢糧貯積待用，有司不得别項支銷。設有不足，則當因事制宜，明白開奏。或取諸存留餘米如周文襄公國初舊額，或折銀解運如嘉靖十年恩詔事例，則耗贈所減亦當數十萬矣。此所費經費也。

巡撫周孔教禁泥頭包攬公移。

水利廢興，以備暵溢，蓄洩所關，農務綦重。要在高鄉各浚溝渠使之深以禦旱，低鄉各修圩岸使之堅以救水。惟是役不離鄉民，各自便爲善。不意一種市棍號曰泥頭，慣與奸胥朋謀蠶食。先將各區各啚雜派編役，以開包攬之門。如高鄉塘長派低，低鄉塘長派高，一時東西奔走不支，無可如何，勢不得不致泥頭包攬。在泥頭一攬，得銀輒與胥役分受，嘻嘻不顧公事。間一剷去岸草，增高様墩，自以爲開河，而河塞如故。間一撈起淤泥，畧塗岸面，自以爲築圩，而圩壞如故。甚至一墩而今年築，明年又築，終於不築。一溝而今年開，明年又開，終於不開。總之利歸於奸胥，害積於地方。今行該府縣將各區啚細造書册，不拘高鄉低鄉，逐項開載本啚附近某大河某官塘，本啚某港某圩岸，不問靠塘腹裏，一體分段。應各業户自照田畝開若干，底面深廣若干，一一具册。一留本府，一解院道，永不許奸胥撥派動摇并豪家借用塘長以致紊亂，庶包役夫銀永永不乾没于塘長，不垂涎于積棍。如有積棍假泥頭爲名包攬悞工者，照例問遣。大指各就本鄉物力興本鄉水利，必無使神奸侵牟，以致乍行乍止，有名無實。至于城郭市河與城濠運泥，亦應核實導河官銀，或派居民沿門各自疏淪，決不可以小小荒啚，聽奸胥派亂妄編滋弊而已。

周孔教詳行華亭知縣聶紹昌濬築成規并工册工單式。

一、定每年一役之法。如每縣有區，區管數啚，區有塘長，職在督率細户，任一啚之水利。其法每年輪一人主之，往年之弊坐在法無畫一，任意行止撥派，于是奸胥窟穴其中，百姓脂膏盡之使費，此一大弊也。今將各區水利，酌其緩急劑量輕重分爲五工，每年定興一工，週而復始，巧無倖免，拙無獨勞，而年年有實濬之河渠、實修之圩岸矣。一、定工不出區之法。今之神奸利於亂撥塘長者，不獨淆亂派法，役使不均，而名曰概縣通融，實則丁不着役。蓋塘長該年所統率之細户，一啚不下百人，一區不下千人，小民朝夕營生，豈能供役于數十里之外？勢不得不就泥頭之包攬，於是百孔千竇從此而出。今定爲工不出區之法，家家户户使可含哺餟而事畚鍤，率妻孥以相舂杵。冬春之交，農事未興，且各自浚其灌溉之河渠，而自築其防禦之隄岸，民雖至愚，亦當倍奮矣。一、定冬月興工之法。法既畫一，但有拮据之勞，絶無乾没之竇。惟有多方規避，捱過冬春，便可漏脱一年。今將一區之内高鄉則計應浚河渠若干，低鄉則計應修塘岸若干，每區繪一總圖，并該區啚田畝實數，令各區啚塘長該年會同本區啚糧長、排年從公酌量，先分水利緩急，次計工力多少，均匀配搭，分爲五工，五年爲率，週而復始。畐册既定，每年舉行限定十月中農工既畢，塘長、該年赴縣，遵照原編工次投領督工白牌、分工告示并工册工單，督率興工，定限三月中農興之日爲止，務完一年分定工次而後已。一、定分段算土之法。冬月塘長赴縣，照分定每年工册具認狀領工，後隨該本縣酌係大工，即日親詣勘段派工，塘長、該年會同該區糧長、排年眼同分段。蓋地勢河身隨步换形，其間深淺濶狹難易不同，須駕小舟行河中心，用畫準丈竿沿河點水，所測淺深即便册記，兩邊河涯水際各用一人徒跣而行，持竿點水，册記如之。又用兩人于兩涯水際拽繩而行，以量河面丈尺。其測水之淺深，量河之濶狹，看有不同處，即便釘樁分段，逐段編號，他日算土計工全在於此。淺深濶狹多係相同，當論丈數分段。如原議欲令水深八尺，據現在通流水有三尺，此處該去土五尺矣，應作一段。有水二尺之處，該去土六尺矣，應另作一段。其濶狹亦如之。分段既明，兩岸各釘一長木橛，令深入土中，名曰信樁。樁上出土二尺，上書原編號數及長短濶狹深淺丈尺，仍於四旁用土封識，不得移動。此樁不獨界限分明，亦可認記老岸，使興工之後不得增高兩岸，以虚報河身丈尺，而他日逐號派工，逐段算土，皆有的據也。其丈竿三根，尺寸須要刻定，丈繩二條，丈尺須用線繫定，斯偏輕偏重之議絶矣。一、定計方派土之法。土方之法，每去土四旁上下各一丈爲一方，每方計土一千尺，該一千六百挑。每方用起土一人，名曰一置，擔土二人，名曰二挑。大凡人夫荷重妙在换肩交擔，其力少息，乃可長用。如從河底升岸，從岸遠堆，大約相去十二三丈，該用二人接挑，計每日置挑三人，約可去土四百挑，計四日積一十二工，方可去土千尺，名曰一方。而置土之人其力稍省，法當更番，以均勞逸。每日一人給米五升，最爲中正。蓋業户出食，佃户出力，若給銀錢易于生弊。每一方一丈用人十二，該工食米六斗。如河深廣濶，登岸太高，堆土太遠，亦據丈尺加增接挑人夫。若行河底泥淖中，或從河登岸，或岸上堆土，從卑至高，用力甚難，應增接挑一人，每方該增四工，計加工食二斗。遠近加減，悉准此例。分段之後，此法既明，勤惰不難立判矣。一、定照田均派之法。土方折算既明，不論優免，亦不論灌溉及與不及，查係該區本年工次，即將該區田地一半計畝派方，照例算米。如本區有田三萬畝，以一萬五千畝應甲年開河之役，以一萬五千畝應乙年開河之役，兩年輪轉，互爲歇息。如官甲囤户有田二百畝，則甲歲役田百畝，乙歲役田百畝，亦當自爲循環，不致併累。所以不論優免者，浚河本以資灌溉、備旱潦，爲己田耕耨之計，非公家力役之比也。至于該區田畝，則五年輪濬，次第無不周徧，更不當論灌溉及與不及。况一區數里之内幹河支河大小資灌，苦樂原是相通，即有河道深濶處五年輪濬册所不及，亦不得希圖規避，蓋通流常稔之田尤當效分力協工之義。但塘長該年十年輪當一次，歇息之日常多，惟該區田地人夫兩年一役，歇息時少，不得過用其力，使爲可繼，大約以每畝出米二升爲止。又若區内有抛荒田地及逃亡、孤苦、鰥寡、老病，於勘工之日特與免派，以恤真正艱窘之輩。一、定督率工力之法。當分段造册之後，造段丈尺瞭然目中，然後將該區應濬河身共該若干，逐段折算應挑土方若干，次將該區本年應役田地，算該每田幾十畝派開土一方，逐一折算明白，大書告示，張掛工所。

塘長、該年據法細算逐段土方計該若干，應派某啚某甲業户某某田地若干，應浚若干，遵照告示法則，逐一開註工册，送縣覆驗無弊，給與印信遵守，然後同該年至河公同輪役五甲業户，分釘夫樁，樁上明書土方丈尺及業户姓名，各人認樁赴工。其各啚該年又將本啚應濬夫樁，每夫樁河工一段填寫工單一紙，給與應役人夫，以爲記工支米之據。每日塘長執官給白牌督率一區工役，該年鳴鑼催趲一啚人夫，俱要時刻在河，不得少懈。至晚該年各就夫樁，將一日浚河人夫填註工單，該年又將一日内該啚濬河人夫總數報之塘長，填註工册，以俟比較。每半月爲一限，至期，塘長、該年將册送縣查比，區工不及分數責塘長，啚工不及分數責該年。若有頑户抗拒不行赴工，又不給與佃户人夫工食，又或人夫支領工食用力不齊，許令塘長、該年稟究一二，以儆其餘。若遇風霾雨雪，塘長開報，定以晴天十五日爲一限，三限完工。一、定稽查工程之法。凡濬築之役，督率全在塘長、該年，故半月送册查比，而一區之勤惰立見矣。若頑户最多之處，必官府親詣工所查勘比較，人心方有奮勵。至如勘河分段之始，至事畢查工之日，一一將工册工單臨河丈量，方絶虚報塞責之弊。而稽工之法全以三樁爲主，初分段編號時，兩岸相對各釘一橛，用土封識者名曰信樁；一將木橛三根刻記丈尺，二釘兩邊岸底，一釘河心，與水面平，河本無水者與土平，名曰樣樁。若有水者，除去河水尺寸若干，將應開尺寸釘入土中，即時逐段册記明白。工完時，樣樁原刻尺寸盡露，則去土盡如數矣。須河心與兩岸樣樁相同者，方爲合式。又用丈繩于兩岸信樁相向拽平，立丈竿於樣樁之上，以量虚河淺深。如繩在竿十尺上，則虚河深十尺矣。取初勘時造定丈尺查之，尺寸不能欺也。其逐段中或一户自濬，或數户朋濬，或一甲朋濬，各各分認工次，公同塘長、該年丈量分任，釘橛爲記，名曰夫樁。總之，三樁者稽工之準也，册單竿繩稽工之具也，驗老岸、量河身、查三樁、測竿拽繩，稽工之法也，所憑全以原造河册爲主。一、定官助興工之法。凡溝渠浜漊田土附之蓄洩者，多如木之有枝也，名曰枝河。枝河工費輕省，悉資民力，無煩官帑。而枝河之通流，全藉大河爲之源委，如枝葉之有本幹也，名曰幹河。若濬幹河，先將工程計算土方，明白造册，次將幹河經過區啚合算輪年應役田畝民力能任幾何，其餘工力須憑官爲設處協助方能興工，只就原分河段信樁及細分夫樁明算土方丈尺，其民力應開者責令自開，其官力協助者，即將官帑銀米照土方丈尺責令自開，乃填註于各夫工單之上。若有給散，務要眼同對註，明白給與各夫。若各手不係田户佃户，必要親識保認，方准給發，恐錢糧入手即便逃躲廢工也。若給散時塘長、該年無故阻撓需索，及各夫親領之役爲之設法侵漁者，定以贓究。一、定照單給米之法。官府始終查工，全憑原勘河册。而塘夫所司在工册，各夫所執在工單，但夫給一紙大覺瑣屑，衹于逐段中每一夫樁給單一紙，或一户，或朋户，總以一單論。如係田户本身赴工，只照告示派工法，據田認方，不必復論工食矣。如係佃户開河，或係閒民做工，當依單上原填丈尺照例支米，其每日在河開浚工次，該年逐日填註，其支領工食數日，業户註明單上，方行給發，他日據此稽查，各無欺隱。若佃户人等遵依赴工，土方無悮，而業主抗法不給工食，許執單呈官追給。一、定要害壩閘之法。水利之酌盈濟虚全在乎建閘置壩，浙東地形高卑不一，今時水利最善無如寧紹，以其講于壩閘之制，今沿海地方不能深浚河渠，蓄用山源湖蕩之水，往往專用江海濁潮，淤塞故道，爲害不小。蓋潮水挾有浮沙，一日兩潮，每潮澱沙一箬，所以旋開旋塞。且湖水澄清，底泥淤爛，農夫篙取壅田，田愈美而河愈深。濁潮灌田，沙積田中，田力日薄，一遇大雨，浮沙滲入禾心，苗生漸稿而所收亦薄，利害懸絶。今議于豐穰之年，值河身開深處，相度形勢，宜建閘以時啓閉，或有當築壩堰攔截，此亦美利之當興者。一、定勘河省役之法。凡勘河之法，先令該區畫一河圩總圖，次開幹河、枝河幾條，然後按圖披册，逐一丈量，通計某河若干丈，自某至某，面廣若干，底廣若干，河深若干。分註既明白，不惟開浚時可計工力，儻有侵占河道致妨水利者，亦可以時清理。其該區内有河身深廣通流者載明册中，無煩工力。即一河之身有南段塞而北段通流者，亦有南北塞而中段通流者，一一註明緩濬以省民力。但地形水勢變遷不常，法當十年一勘，酌量緩急派分工次。

邑人陝西參議王圻《東吴水利序》。

常讀《夏書》任土作貢而必先之以隨山濬川，《周禮》大司徒專理貢賦，而稻人所掌必先以瀦口蓄水，以防止水，以遂均水，以列舍水，以澮瀉水，至于匠人一職，乃專主溝洫澮川之廣狹，以通田間水道。是貢賦誠不可一日廢，而水利獨可一日不講哉？然古今談水利者莫詳于《禹貢》，而九川之導與三江之入並載，蓋重其貢賦之自出也。自漢迄元，英君察相何嘗頃刻忘東南水利哉！我朝定鼎燕雲，一切供億仰給東南，歲漕天下四百萬石以充禄餉，而蘇、松、常、鎮、嘉、湖六郡彈丸之地，所出殆居其半。然一顆一粒何者不産于地，何者不資于水，而廟堂籌畫往往于修治漕河動費數百萬金，而東吴水利棄焉若置。即如吴淞一江之通塞，係東南水利最鉅者，啇及修浚，輒以帑藏空虚爲辭，若論田間水道則益以爲不入耳之談。是經國者但知貢賦之所由入，而不知貢賦之所由出。坐令浦港日漸湮淺，旱潦無由瀦洩，遂致霖雨數日，膏腴悉成巨浸，萬一經旬不雨，田疇立見龜坼。自萬曆戊子以來，災祲疊奏，逋課歲積，杼軸既空，催科愈急，無惑乎人愁鬼泣，禍亂之萌，將有不可勝言者。予生長海右，頗熟地勢，浚治之法亦非難事。大都四郡水利在上流者不可勝計，而大者止長橋、百瀆五六所在，下流者亦不可勝計，而其大者止吴淞、婁江、白茆等十餘所。欲修水利者先要害，惟先治長橋等處茭蘆壅滯之地，導太湖之水散入陽城、昆城、三泖等湖，而又濬吴淞、婁江并大石、趙屯等數十大浦，洩澱山之水以入海，又開白茆、許浦、七鴉、福山等塘港以洩陽城、昆城諸水，注于江，達于海，又令各縣分督各圖，導田間之水悉入于小浦，導小浦之水悉入于大浦，則瀦者洩者兩無阻塞，而農田國課永有利賴矣。

水利治蹟

唐開元元年，築捍海塘，起杭州鹽官，抵吴淞江，長一百五十里。

宋寶元元年，兩浙轉運副使葉清臣開松江盤龍匯。匯介華亭、崑山之間，迴洑迂緩，江流阻遏，大雨汎濫，淪稼穡，壞室廬，殆無寧歲。清臣以太史轉漕本路，建議釃爲新渠，從滬瀆入海直流，其患遂弭。

慶曆元年，知華亭縣錢貽範開顧會浦。

章峴《記》畧云：慶曆辛巳歲夏六月，彭城錢君以九棘丞來更縣章。縣西北走六十里，趨青龍鎮，浦曰顧會，南通漕渠，下達松江，舟艎去來，實爲衝要。康定建元之後，愆澤仍歲，錢君惻然有濬浦便民之志。乃籍新江、海隅、北亭、集賢四鄉之民，得役夫三千五百五十人。庀徒之始，患穀高民饑，又重費官廩，募邑之大姓，洎瀕浦豪居力能捐金錢助庸者，意其豐約，疏之於牘，誘言孔甘，喜輸重來。凡得錢一百三十六萬，計粟之直，頭會而晨斂之。由是揆日告戒，摽明部分，定幟臚呼，荷鍤雲集。興三月辛酉，訖四月己丑。始於邑郛，終於江澨，增深四尺，概廣八尺，無慮役工十萬二千九百五十，畚土平道者不預焉。距縣半里，舊設堰埭，壅其上流，今則仍貫。

嘉祐五年，轉運使王純臣請令蘇、湖、常、秀修作田塍，位位相接，以禦風濤。令縣官教誘殖利之户，自作塍岸，定其勸課，爲殿最。

嘉祐六年，轉運使李復圭開白鶴匯，如盤龍之法。

元祐三年，常平使者調蘇、湖、常、秀之人濬青龍江，分地程役。

紹聖中，轉運副使毛漸開大盈諸浦，入吴淞江。

崇寧二年，宗正徐確提舉常平，考三江之説，以爲太湖東注於海，松江正在下流，向來潮泥壅塞，水溢爲患，請自對家渡古江開淘，至大通浦，直徹海口七十四里。上海合嘉定二縣借役，以常平錢米十八萬三千餘充調夫之費，因令饑民就食。確躬操畚鍤以先之，水道遂通。或言饑民就役多死，降三秩，確曰："使此役不興，饑民當駢首就死。以此獲愆，吾所願也。"

大觀元年，中書舍人許光凝奏：太湖入海，然後水有所歸。今吴中積水，視去歲損二尺，前歲損四尺，良由開松江、濬八浦之力。吴人謂"開一江有一江之利，濬一浦有一浦之利"，願委官詳究利害。十一月，詔委本路監司，簡按松江古跡疏導。

三年，兩浙監司奏請開淘吴淞江，復置十二牐。

宣和元年，兩浙提舉常平趙霖又開白鶴匯。

紹興四年，鹽官丞王珏開華亭海河二百餘里，通漕溉田，民享其利。

十五年，通判曹詠重開顧會浦，又濬鹽鐵塘，更名下沙浦，以入江。

楊炬《記》畧云：三江東注，震澤介其間。潦集川溢，畎澮皆盈，而浙右數被水患。蘇、秀、湖三州地形益下，故爲害滋甚。紹興甲子夏大水，吴門以東，沃壤之區，悉爲巨浸。部使者飭郡邑詢求故道，導源決壅，以洩水勢。於是監州曹公以身任責，乃歷覽川源，攷視高下，得顧會港，南接漕渠，而下屬於松江。按上流得故閘基，僅存敗木，是爲旱潦潮水蓄洩之限。復得慶曆二年《修河記》於縣圃，而知兹廢興之歲月，與夫淺深廣狹之制，役徒錢穀之數，蓋歷百有六年，河久不濬，而淪塞淤澱，行爲平陸。遂籍新江、海隅、北亭、集賢四鄉食利之民以疏治之。興工自十月二十有六日，役三月而河成。役工二十萬，用糧以石計七千二百，爲錢以緡計二萬五千。

乾道二年，轉運副使姜詵開通波大港即顧會浦。以入江，又置張涇堰閘。

按：許克昌《濬河置閘碑》畧曰：隆興甲申秋八月，霪雨害稼。明年大饑，上命姜詵周覽川野，窮源委，度高下，審逆順，取衡要，盡得其便利以聞。詵奏曰："東南瀕海之地，視諸港反高，雖有神禹，不能導水使上也。盡開諸堰，適以挽潮爲害，閘湖以瀦水可矣。將以決洩，而下流淤壅則無益也。今宜濬通波大港，以爲建瓴之勢。又即張涇堰旁，增庳爲高，築月河，置閘其上，謹視水旱，以時啓閉，則西北積水順流以達於江，東南鹹潮自無從入也。"上稱善。

前進士胡恪隨司門員外郎李公傳相度開修三江積水，凡用二百三十二萬七千八百一十五工，錢糧一十八萬三千九十八貫石。

元至元三十年，值霖潦，知水人潘應武與吴伋、張桂榮等，承浙東僉院宣慰之命，相視合修河渠，即湖田開新港三，濶三十餘丈，及濬趙屯、大盈二浦。

大德二年，中書省奏立浙江都水庸田使司三品衙門，於平江路設置，專一修築圍岸，疏濬河道。尋罷。

八年，任仁發奏立行都水監，開吴淞江，置木閘。

《名臣事畧・吴淞江記》云：歲甲辰，前海道千夫長任仁發，言吴淞江故道湮塞，使震澤之水失其就下之性，爲浙西居民害垂二十年，上疏條其利病疏導之法。中書省以聞，特命平章徹里公董其役。公乃相其山川形勢之宜，高深廣狹之度，工役之數，錢糧之費，畚锸之用，飲食之需，命民索綯乘屋，厚藁秸以防其卑濕，爲醫藥以防其疾疫，時作輟以防其倦怠。上以誠感下，下以誠應上，民乃懽呼四集，樂於趨事赴工。始於大德八年冬十一月，西自上海縣界吴淞舊江，東抵嘉定石橋洪，迤邐入海，長三十八里一百八十一步三尺，深一丈五尺，濶二十五丈，役夫爲數一萬五千，爲工一百六十五萬一千六百七十有奇，至九年二月畢工。復置閘竇，啓閉以時，物無疵癘，民無夭閼，而事竟集。

十年，行監復開挑吴淞江東西兩處河道，自本縣界趙屯、大盈二浦，白鶴江、盤龍舊江，計長三十七里三百二十二步。其中樊浦爲首，下接新涇舊江。面濶二十丈，其餘不等，俱深一丈五尺。又於廟涇以西、盤龍以東開挑木口五處，新涇南北置二木閘，北閘湍急不立。

至大初，江浙行省督治田園之岸五等，高止七尺五寸，低止三尺，以水與田相等、地分高下爲差。

泰定元年，前都水監任仁發董工，開吴淞舊江二道，烏泥、大盈二河。其法以户有納苗田一頃五十畝差夫一名，計四萬有奇，每名日支糧三升、中統鈔一兩。

三年，任仁發等於上海縣之潘家浜、烏泥涇二處，各置二石閘以遏渾潮，使牐内清水衝渲，江道深濶。

至順、至元間，水因閘患，復開元堰直河，置斗門於張涇、盤車二堰。

至正元年，復立都水庸田使司，撈漉吴淞江南北岸下泥沙，疏浚各河十數，用夫一十九萬八百四十，給糧四千七百四十七石，鈔三千一百六十四錠，各有奇。

明永樂二年，户部尚書夏原吉治水蘇、松，掣崑山、嘉定諸塘浦，引吴淞江入劉家河，濬范家浜，接黄浦達海。

初，朝廷以蘇、松水患爲憂，命户部尚書夏原吉疏治，太常少卿袁復輔之。尋遣僉都御史俞士吉齎《水利集》賜原吉，使講求拯治之法。原吉具奏，畧曰：浙西諸郡，蘇、松最居下流，太湖綿亘數百里，受納杭、湖、宣、歙諸州溪澗之水，散注澱山等湖，以入三江。頃爲浦港湮塞，匯流漲溢，傷害苗稼。拯治之要法，在濬滌吴淞江諸浦，導其壅滯，以入於海。按吴淞江舊袤二百五十餘里，廣一百二十餘丈，西接太湖，東通大海，前代屢濬屢塞，不能經久。自吴江長橋至夏駕浦約一百二十餘里，雖云通流，多有淺狹之處。自夏駕浦抵上海縣南蹌浦口可百三十餘里，潮沙漲塞，已成平陸，欲即開濬，工費浩大。且灩沙淤泥，浮汎動盪，難以施工。臣等相視得嘉定至劉家港即古婁江，徑通大海，常熟之白茅港徑入大江，皆係大川，水流迅急。宜濬吴淞江南北兩岸安亭浦港，以引太湖諸水入劉家、白茅二港，使直注江海。又松江大黄浦，乃吴淞江要道，今下流壅遏難疏，傍有范家浜，至南蹌浦口，可徑達海，宜浚令深濶，上接黄浦，以達泖湖之水，此即《禹貢》"三江入海"之跡。每歲水涸之時，修築圍岸，以禦暴流。如此，則事功可成，於民爲便。

正統六年，巡撫工部侍郎周忱修吴淞江，立表江心，盡去壅塞。其兩岸塗漲，居民開墾成田者，計畝收税，以補崩塌之數。宣德末，邑人杜宗桓上書侍郎，至是蓋畧行之。

天順四年，巡撫都御史崔恭濬大盈浦至吴淞江，鑿江自崑山夏駕口至嘉定莊家涇，出舊江一萬三千七百步，永樂初，引松江北入劉家河，江之東段未曾施工。濬蒲匯塘及新涇四千丈，深皆二丈，濬六磊塘、鷺竇河、烏泥涇、沙竹岡諸水，通流入浦。民感其惠，因呼曹家溝爲都臺浦云。董役者，府通判洪景德、華亭知縣石玫、上海知縣李紋。

學士錢溥《記》畧曰：吴淞江自勝國末湮塞，迨今逾百年，稍遇霖雨，即成一壑，國賦虧而民艱食矣。天順二年，都憲崔公奉勅巡撫東南，首詢水患，以松爲尤甚。乃舉府判洪景德及二縣尹石玫、李紋治之。相視以爲江之故道，雖濬必合，莫若從新地鑿之，力易爲而功不壞。起自大盈浦東，至吴淞江，計二萬二千丈。又自新涇西南，至蒲匯入江，計四千丈，濶皆一十四丈，深皆二丈，而低鄉之潦可洩。東北則自曹家河平地，鑿至新場，計三萬餘丈，深濶皆與江同。又濬華涇塘、六磊塘、鷺竇湖、烏泥涇入浦，而高鄉之旱亦免。大小聯絡，無不通貫。用工總三萬五千餘。

成化八年，置僉事於浙江，專治蘇、松等府水利。知府白行中築捍海塘。初，沿海並有塘隄，歲久頹圮。七年秋，大風海溢，漂人畜，没禾稼，巡撫都御史畢亨、巡按御史鄭銘、水利僉事吴瑞僉議復隄。行中承檄,委同知傅愷、楊憲、華亭知縣戴冕、上海知縣王宻之督工興築。每浹辰,行中輒一臨視。越兩月而塘成。華亭南至海鹽築三萬四千七百六十有九丈,又爲外隄至平湖五十有三里,用耆民居文、吴克平議。上海北至嘉定築一萬七千七百四十有八丈,面廣二丈,趾倍之,高一丈有七尺。

弘治初,僉事伍性濬吴淞江中段四十餘里,及顧會、趙屯、都臺諸浦,蒲匯、楊林、新涇諸塘。

正德十三年,部使成□□舉里人倪鏞董濬龍游、馬路二港。

郡人莫如忠《記》畧:新場,海上巨鎮。其東有五龍墩,又東折而南北爲諸竈港及龍游港,衡鎮其間。而鎮之西曰馬路港者,實受海潮之入,自黄龍浦達諸港,溉農畝以鉅萬計,而商人藉通艖艋,取贏不訾,斯東南之大利也。正德之季,諸港就湮,僅以形辨,潮壅淤若蹄涔,而商甿之胥病非一日矣。歲戊寅,部使者成公至,理鹽政,議興水利則莫諸港先,而難其任使。時里人倪鏞倜儻有義概,爲運丞徐君紹先所知,上其名,成公因署鏞董其役。鏞即毅然任之,不閲月工訖。引水内向,數十里間彌望皆沃衍,而商艦殷凑,農甿樂業,咸賴其利。鏞之子淑,亦樂善好施,邑以倭亂築城,淑獨築城南三臺,復出米千斛以佐軍興,凡畢力奉公類如此。

七年,工部侍郎徐貫奉璽書治水東南,府通判郝希顔承檄濬吴淞江自帆歸口至分莊七十餘里,知縣董錀築西鄉田圍。

十二年,府通判原應宿濬崧子浦、肇嘉浜。

嘉靖元年,巡撫都御史李充嗣奉命用崑山、嘉定、華亭、上海四縣民力,相繼開吴淞江。上海分地,初自崑山縣界東至白鶴江,後自嘉定縣界東至吴塘,總四千餘丈,役夫二萬三千有餘,給散銀米八千餘兩石,犒勞旬至焉。知縣鄭洛書調度,主簿黄明董工。

隆慶四年,大饑,民多思盗。巡撫都御史海瑞請開吴淞江,借支軍餉及各處發追稻穀、贓罰、導河夫、無礙等銀,委本府同知黄成樂、本縣知縣張嵿剋期開濬,查勘舊蹟。共計長一萬一千五百七十一丈,濶三十餘丈。議半開河面一十五丈。除嘉定應濬外,上海實開長六千五百三十一丈八尺餘,面濶一十五丈,底濶七丈五尺,深一丈五尺六寸餘,共計用工食銀五萬餘兩。畚鍤雲集,盗因以息,不兩月而工告成。

《奏疏》畧曰:吴淞江盡洩大湖之水,由黄浦入海。近年以來,水利以曠職不修,撫按亦不留心,潮泥日積,通道填淤,太湖因之奔湧四溢,勢所必至。爲害之大,渰浥禾畝,如嘉靖四十年、今隆慶三年是也。而小爲渰没漂浥之患,亦時有之。是吴淞江一水,國計所需,民生攸賴,修之舉之,不可一日緩也。臣於舊歲十二月巡歷上海縣,親行相視,旋委上海知縣張嵿率領沿江住居父老,按行故道,量得淤塞當浚地長該一萬四千三百三十七丈二尺。原江面濶三十丈,今議開十五丈許,該用工食銀七萬六千一百二兩二錢九分。今二麥未播,方春正月,米每石價銀已八錢五分矣。饑民動以千百,告求賑濟,臣已計將節年導河夫銀、臣本衙門贓罰銀兩、各倉儲米穀二萬石,率此告濟饑民，按工給與銀穀。於今正月初三，按江故道興工開濬，委松江府同知黄成樂督率，上海縣知縣張嶺、嘉定縣知縣邵一本分理。興工之中，兼行賑濟，千萬饑民稍安戢矣。但工程浩大，銀兩不敷，饑饉頻仍，變故叵測。官儲民積，計至二月間盡矣。江南四面皆荒，湖廣、江西有收，府縣又執行閉糴，無從取米。伏望皇上軫念民饑當恤，吴淞江水道國計所關，勅下該部酌議商量。留蘇、松、常三府漕糧二十萬石，准照前者銀數改折。凡應天等十一府州縣庫貯，不拘各院道諸臣項下無礙、贓罰銀兩，聽臣調用。浙江杭、嘉、湖三府與蘇、松、常三府共此太湖之水，吴淞江開則六府俱蒙其利，塞則六府同受其害，其庫藏銀亦如應天等府一例所用，彼處饑民亦聽上工就食。吴淞借饑民之力而故道可通，民借銀米之需而荒歉有濟，一舉兩利，地方不勝幸甚。

萬曆十五年，吴中水災異常，特設水利道，專管江南水利，駐劄松江，以副使許應達領之。首濬松江，次及諸水，費帑無功，應達隨以劾去。

二十六年，知縣許汝魁築捍浦塘，邑人副使王體仁有《記》。

二十七年，知縣徐可求開小南門水關，即薛家浜故道。此水通塞，係一邑人文盛衰，因築城斷塞。嘉、隆以來，屢議鑿城，知縣敖選、許汝魁俱詳允開復，爲勢家所阻。今士紳力請，轉詳開鑿。

四十五年，知縣吕濬開由郡城抵縣内外水道。

陸彦章《碑》畧：上海，澤國也。城中士民龐雜，苴礫雜投，而豪家大族漁閭市小利，岸日益拓，河日益狹，久則屋其上，無故迹可尋。故市民旱則涓滴無所容，潦則溝澮無所洩，穢則蒸厲，火則延爇。城西河港漸成平陸，郡邑往來者非步即騎，不然取道龍華，轉黄浦，始得達。潮退則一芥可膠，風横則萬斛可覆。吕公至，爲父老疏城中河。河旁有屋其上者，不問單赤豪貴，立撤如河故跡而止，凡百日而工竣。乃疏城外河，城西自肇嘉浜至新港濬十八里，城北虬江達嘉定濬十五里，丁夫雲集，又值歲晚冬暵，凡百日而工又竣。自是郡城之舟直泊縣門，汲者舍浦而城，行者舍騎而舟，公私兼利。

天啓元年，吕濬濬蒲匯塘、肇嘉浜及城内市河，又修築浦塘。邑人太僕少卿陳所藴有《記》。

二年，知縣鮑奇謨濬張家塘。東自黄浦口，起至華亭界，長三千二百丈。五年，復濬，長一千一百六十丈。自萬曆間，頻遭水患，專設導河夫役，有司加意修濬，每歲舉行，江湖通利。

崇禎元年，蘇、松水利道張孝濬陸道浜、莘村塘、小閘港四千九百餘丈。

二年，巡撫都御史曹文衡檄同知錢永澄濬俞塘等河萬餘丈，修築黄浦塘岸二千餘丈，又濬肇嘉浜二千五百餘丈。

四年，知府方岳貢濬新涇一千八百餘丈。

五年，巡撫莊祖誨督通判朱啓元濬新場河、沈莊河。

七年,巡撫都御史祁彪佳督濬蒲匯、莘村等塘,知縣劉潛濬虬江。

本朝順治三年,巡撫都御史土國寶修築捍海石塘。

九年,巡按御史秦世禎檄華亭知縣劉成龍濬六磊、紫岡、沙岡、竹岡、蒲匯諸塘,仍令塘長每歲修治,不得派濬遠方。

康熙七年,巡察使者肯赤黑等駐邑,建防海之策疏,將界浜、虹口、西虬江三河用木樁釘斷,嗣有廳營各役私將東溝、東虬江、馬家浜、洋涇、西新塘、夏海浦、楊樹浦等處漸次釘斷,民甚病之。紳衿張錫懌、陳完等於十八年十一月呈縣及督撫,請開私釘各河,力陳大弊。於二十年四月,奉總督阿席熙、巡撫慕天顔允行,飭蘇松常道祖澤深、松江知府魯超行縣,將私釘各河俱開通。訖今營中又創改樁爲栅之議,所賴當事諸賢力持斯議,永杜民害焉。

張錫懌《請開釘樁呈》畧:釘塞原非上行,籲憲電明始末,亟賜開樁,以蘇民困事。康熙七年,巡察使者肯赤黑等,於《防海疏》内將界浜、虹口、西虬江三處木樁釘塞,至於傍浦内地之支河小港,如東溝、東虬江、馬家浜、洋涇、西新塘、夏海浦、楊樹浦七處,歷查部文憲行,從無釘塞情由,不料數年以來,突將各處漸次釘塞,内河填咽,洩瀉無從,腴地膏腴盡成灌莽。揆厥所由,皆因廳營各役,影借部行,朦朧報釘,以致近樁居民每月有查樁給狀之費,每夜有輪值守樁之苦,時有衝壞,又多補换賠累,小民愁苦吞聲,更有不敢盡言者。懌等生斯長斯,確見此數處木樁並無出没疏虞,已經連名具結百口力保。伏乞憲臺俯電廳營申文,便知原無憲行釘塞,並無日後干礙。立飭該縣開通取結,遵依在案,移咨提憲,并飭海防廳及川沙、黄浦兩營遵依具結,不得再以違礙爲辭,則民困得甦,戴德永世矣。

十年,巡撫都御史馬祐會同總督侍郎麻勒吉、浙撫范承謨疏開劉河、吴淞江及濬新涇口等,并修復舊址壩閘。耑飭布政司慕天顔動支漕折銀充用,又飭蘇松常道韓佐周劃疆分段議濬,江面濶十五丈,底濶七丈五尺,深一丈五尺。共爲十二段,每段三里六分,於内又分四十號。委松江府通判周祚昌、蘇州府同知師佐耑董其事,又委本縣知縣康文長及幕佐等官十二員分督其工。本縣以通縣三百區募夫二萬名,每區選耆老一名,每十名立一甲長,每十甲立一百長,每夫日給工食銀五分。本年十二月興工,十一年三月竣工。計吴淞江及新涇口等處共一萬一千八百五十一丈。本縣自黄浦口起,至盤龍黄浜止,實開八千五十一丈七尺,共計工費銀七萬五千七百五十二兩零,餘係青浦、嘉定二縣開濬。昔夏忠靖權於夏駕浦開通,以達吴塘,而棄其東段;海忠介自宋家港西至黄渡,而不及西段。今得成前賢所不克全之績,實當事諸公贊畫之力云。

《奏疏》畧:查得蘇屬劉河口,松屬吴淞江,係江南蘇、松、常,浙江杭、嘉、湖六府洩水咽喉,疏則六府同其利,塞則六府同其害。上年湖水汎濫,人口流亡,總由劉河、吴淞江入海之口淤塞之故。臣念國課民生,關係重大,委官丈勘,應開劉河淤道二十九里,總計人夫三十九萬八千四百一十二工,建閘三座,每座工費千金,約共需銀四萬兩，應開吴淞江四千三百五十一丈，應濬新涇口等處七千五百餘丈，并修復舊址壩閘，約共需費十萬兩。請將蘇、松、常三府康熙九年分漕折銀九萬兩，浙省杭、嘉、湖三府漕折銀五萬兩，准留充疏濬河工經費，俾各處逐荒饑民就近上工趁食，是修復水利之中兼行賑濟之事，一舉兩利。

康熙九年間，有邑庠生史啓嬪、王偉、里民徐宰等，具陳開濬吴淞江條議于邑侯康文長，通詳各憲，至具題後多採行之。里民高向榮請從養馬院、宋家橋徑直出浦，減濬三百餘丈，省帑多金。

十一年六月，吴淞江建三洞石閘一座，十二月告成。

閘工既竣，吴淞司巡檢率閘夫三十二名耑司啓閉，黄浦營撥兵數名守汛盤詰，旋因水勢衝激，四面石塘塌壞，各憲調黄河埽手數名，辦櫱蘇柳枝等物，築成三壩。每日用夫三百名戽水修築，工費繁瑣，慮難成功。適知縣任辰旦到任，詳憲撤回埽手，省築壩戽水諸費，另募浙匠數人泅水修築。又將本縣各灘舡輪撥，裝運廢磚瓦屑擁護樁脚，費省工倍。閘夫原議五十名，奉憲裁減十八名，將工食貯庫以作修閘之用。每名日給工食二分，油索銀一分，每年每名給銀一十兩八錢，通共給銀三百四十五兩六錢，於義租項下按季支領。二十一年正月，西北護塘迸裂。知縣史彩察係水滲沙虚，兼丈西南護塘原長一十四丈，西北護塘僅長十丈，所以水勢迅激，易致損壞。遂命原修浙匠增拓四丈，又移進實地二丈，工料工食共銀一千五十兩零。史邑侯捐俸四百餘金，餘請憲於存留義租項下動支，得完厥工。與任侯修築之工，實堪媲美云。

江口建閘，遂爲上、嘉孔道。自閘而南至北門，計路三里餘，每霖雨泥淖，行旅病之。里民張有榮捐貲勸募，鋪石街六百餘丈。工費繁鉅，邑紳張錫懌助鋪一百五十丈，里民孟希賢等亦助鋪二十丈或十丈不等，遂得完工。

十六年十二月，濬馬家浜一帶，以塘長禁革，於傍河田畝隨地起夫，從公均任，田主每畝出米三升，佃户隨田出力，擇本啚耆民董其役，凡兩閲月而工竣。

十七年，濬蒲匯塘、新涇。邑人張錫懌有《條例》，詳列利弊，實可遵行。迨開濬之時，奸蠹包攬侵漁，偷決大壩，致督工官縣丞酈蜚煌倉皇自經，迄無成功。

附《條例》：一、重守壩。開河之弊，每有奸徒包攬啚銀，未及半工，輒將壩口偷決，以遂中飽。今應嚴加看守，必俟河工告成，擇日開壩。如工未畢而壩先決者，將守壩人立置重典。一、嚴工派。兩河大役與别工不同，必須通縣均任。應將各保、區、甲盡數均派，以杜偏漏之弊。如有影射漏免者，每甲罰開城河一丈。一、督實濬。啚蠹包攬侵漁，必多留生段，若一段留生，則通河梗阻。今議分委佐貳同鄉紳分作三段，如法開濬，刻期告竣。各股開完，公同查閲，不使弊留生段，得以久遠通流。一、定丈尺。蒲匯塘面濶七丈五尺，底濶三丈七尺，每一百甲派浚三十丈。其底深一丈五尺，每區立一樣樁，照式開濬。逐段查驗，如不及數者，懲處補足，督工官方給完工號票，許免本年雜差。

十八年二月，浚鷰竇湖，亦照田派夫，民樂趨事，不兩月而告成。

九月，邑人陸鳴球倡議重濬趙家溝，請於署縣事同知唐朝宣，給示就近蠲濬。西自東溝浦，東至運鹽河，南達都臺諸浦，北通界浜。東西長二千餘丈，濶六丈，深二丈。工費五百餘兩，閲五十日而告竣。

此河灌田千頃，湮塞已久。明朝崇禎時，鳴球祖明允獨力重濬。本朝順治十三年，鳴球父貢士起鳳請於巡撫都御史張中元，撥塘長再濬。鳴球倡議蠲貲，克承先志，土人賴之。

十九年二月，濬俞塘、六磊塘，亦倣濬鷰竇湖例，以一啚之田開一啚之河，不煩公帑，亦不隔遠調派。縣丞徐煌督工，於四月終告竣。

二十三年，今知縣史彩以漕運由浦入江，多風濤之險，又見城濠淤塞，幾成平陸，與紳衿耆老會議捐倡開濬，士民翕然樂輸。并濬寺浜故道，俾漕運由城濠入寺浜達吴淞江，得免大浦之患。又濬城内各市河以通舟楫。於本年五月興工，漸次告竣。現給工食，不假手吏胥，絶包攬侵漁及梗段欺飾諸弊。自前令吕濬開濬以來，百年有餘，屢議屢止，一旦通流，軍民共利，合邑賴之。

康熙上海縣志卷之三

田　賦　一

邑濱海斥鹵，至瘠也。宋初以來賦額闕如，紹熙、開禧之間乃可譜，然征於民者視今不過什之一。元至正十五年，號爲繁密，猶未爲極重也。明洪武時，以官田之租均爲歲額，後又因事數加，積重難返，八故二害，痛乎其言之。本朝刊行《賦役全書》，前制應削勿載，然始簡者末必鉅，變所從來，亦多故矣。不溯厥源流，則無以知民力之日困與今日休養之方，故自宋迄明並列無遺，俾後之司牧者有以考焉。

宋

光宗紹熙四年，歲徵華亭秋苗米止三萬八千石。此時猶未立縣，境地俱屬華亭，分計所輸，不滿二萬。

元

世祖至元二十九年，分華亭東北五鄉爲上海縣。

泰定帝泰定二年，以豆麥準秋糧著爲令。

興國路通山縣主簿楊彌昌《上海縣苗糧改科荳麥記》畧：國朝昔於松江置府，乃割華亭縣之五鄉立上海縣。其地瀕海，潮汐蕩激，挾沙土於畎澮，於是滷瘠之壤日積以亢，川流不通，五鄉莫不病之，而高昌、長人兩鄉尤甚。穀不宜稻，稔歲農惟仰食豆麥，遇旱乾則莽爲不毛〔之〕墟。夫何田下而賦上，以石計四十萬有奇，概科秔糧與沃壤等。有司峻期取盈，富有力者轉糴以輸，貧無所措則里正代償，因而破蕩轉徙，邑民重困。真定鄧公伯川爲斯邑丞，至治二年秋行田檢災，詢知其弊，慨然建議，請易米以荳麥，從土宜，紓民力，遂上其議於行省。未幾，鄧公以廉能選爲行省掾史，爲之力陳民瘼，上官惻然，遄俾銜命上中書，亦及斯事。公又昌言于政事堂，拳拳爲疲氓請命。乃下其議地官，迄獲從請命。始自泰定二年，聽以荳麥準秋糧，仍俾憲司覆實惟允，著爲令，刻石以貽不朽。余惟《禹貢》則壤成賦，銍秸粟米，各隨其地。周典辨土教稼，而令貢斂賦，厥政均齊，凡皆以便爾民而不强以所無云爾。玆上海創縣今幾年，長民凡幾人，習弊恬害，莫之省憂。仁哉鄧公！於易賦一事，始至而力圖之，已去而卒成之，以貽邑民無窮之利。古循吏去而見思，信不誣矣。伯川名巨川，以字行。

天曆二年，收下沙竈户瞿時學等沙塗田糧。撒佃造册三千六十一頃七十六畝二分，收科糧二萬二千一百一十六石六斗二合，外有八百五十餘頃，該糧八千五百餘石，收科運司，恢辦鹽課。

至正十五年，本縣田土二萬一千三百九十頃七十三畝六釐五毫。

夏税

絲。五百六十九斤一十五兩一錢八分八釐，除鹽場外，實徵絲四百三十斤一十五兩二錢九分七釐。

綿。一百九斤六兩一錢四分九釐，除鹽場外，實徵九十三斤一十五兩二錢四分四釐。

麥。五萬七千六百一十九石三斗六升六合，除鹽場外，實徵四萬五千四百四十五石五斗八升九合。

秋糧

秔米穤米。共三十二萬六千一石七斗八升一合四勺，除鹽場外，實徵二十五萬六千八百一十三石六斗七升八合四勺。

鈔。一千二百七十五貫二兩七錢三分。

考是時苗税公田外，財賦支給不一，其例以撥賜莊領宋親王及新籍明慶、妙行二寺等田以賜影堂寺院、諸王近臣，其間田有陷江陷海、抛荒積荒、水深長蕩、有額無徵、虚包公占、營廨强官抑伏等色事，皆不係府縣元額，其數莫考。〇按：撥賜莊在本縣十九保。

十六年，張士誠據境，乃併諸撥屬財賦府與夫營圍、沙職、僧道、站役等田糧。見杜宗桓《上巡撫侍郎周文襄公書》。

明

洪武二十四年，本縣定墾官民田地、山池、塗蕩二萬二千六十二頃四畝七分八釐八毫。

夏税

大麥。三千九百七石四斗二升九合五勺。

小麥。六萬七千五百六十石三斗一升九勺。

絲。三千七百八兩八錢四分八釐九絲五忽。

綿。一千二十七兩四錢三分二釐九毛五絲八忽。

鈔。五千八百九貫四百六十文八分。

秋糧

秔米。二十三萬三千七百一十七石九升九合五勺。

穤米。二百三石三斗。

赤米。二十六萬二千六百一石四斗九升四合五勺。

黄豆。七萬二千一百四十三石三斗三升四合五勺。

斑豆。四千一百一石一斗四合三勺。

赤穀。六百五十五石七升二合一勺。

永樂十年，定墾官民田地、山池、塗蕩二萬一千一百八頃九畝二分八毫。

夏税

大麥。三千七百四十八石九斗八升三合四勺。

小麥。六萬三千四百七十七石五斗一升一合一勺。

絲。三千七百七十七兩九錢一分一釐六絲三忽。

綿。一千一百九十五兩四錢七分四釐八絲七忽。

鈔。六千二百五十八貫三百五十一文六分。

秋糧

秔米。二十一萬六千二百九十五石四斗九升三合六勺。

糯米。二百一石一斗九升三合。

赤米。二十二萬九百五十六石六斗四升一合三勺。

黄豆。六萬六千三百二石六斗三升七合三勺。

斑豆。四千一百三十八石三斗一升六合。

赤穀。六百一十八石九斗一合四勺。

宣德五年勅諭:"各處舊額,官田起科不一,租糧既重,農民弗勝。自今年爲始,每田一畝,舊額納糧自一斗至四斗者各減十分之二,自四斗一升至一石以上者各減十分之三,永爲定制。欽此。"本縣共應減夏税秋糧一十二萬八千三百二十三石四升八合。按:四斗至一石,明初官田召民耕種,輸租于官,此租額也。

夏税減額

大麥。六百二十二石八斗四升三勺。

小麥。九千一十四石七斗七升四合一勺。

秋糧

秔米。五萬三千三百一十四石二斗九升二合八勺。

糯米。五十九石三斗四升八合三勺。

赤米。五萬三千六百三十一石六升八勺。

黄豆。一萬八百一十九石三升七勺。

斑豆。七百四十八石一斗三升五合九勺。

赤穀。一百一十三石五斗六升五合六勺。

七年,定墾官民田地、山池、塗蕩二萬一千三百七十八頃二十九畝一分八釐二毫。

夏税

大麥。三千一百二十六石一斗六升八合。

小麥。五萬四千六百五石六斗五升二勺。

絲。一千七百九十五兩二錢四分二釐三毫二絲三忽。

綿。一千一百九十六兩一錢八分三釐八毫三絲七忽。

鈔。六千二百八十貫九百六十九文六分。

秋糧

秔米。一十六萬三千八十六石三斗一升四合一勺。

糯米。一百四十一石八斗四升四合七勺。

赤米。一十七萬二千一百四十三石八斗七升九合七勺。

黄豆。五萬五千四百八十七石四斗四升七合七勺。

斑豆。三千三百九十石二斗八合。

赤穀。五百五石三斗三升八合八勺。

八年,巡撫侍郎周忱奏定加耗折徵例。洪武、永樂中,税糧額重,積欠數多,每正糧一石徵平米至二石而猶不足。忱至,盡袪宿弊,設法通融。二年後,逋欠悉完,至是定例。

一、加耗。本縣有徵正糧每石徵平米一石九斗,凡夏税麥豆、絲綿、户口食鹽、馬草、義役、軍需顔料、逃絶積荒田糧、起運脚耗,悉于此支撥。其後視歲豐凶及會計多寡,或減或加,率不出此數。一、折徵。金花銀一兩一錢准平米四石六斗或四石四斗,每兩加車脚鞘匭銀八釐。濶白三梭布一疋准平米二石五斗或二石四斗至二石,每疋加車脚舡錢米二斗或二斗六升。濶白棉布一疋准平米一石或九斗八升,每疋加車脚船錢米一斗或一斗二升,俱照糧派于重則官田,俗名輕齎。白熟粳糯米每石准平米一石二斗,照糧派于輕則民田。

正統四年,奏准蘇、松等府官民田地因水坍漲去處有司丈量漲出者,給附近小民承種,照民田例起科,坍没者悉與開豁税糧。

五年,以直隸松江府災困,命華亭、上海二縣今年折糧,大三梭布免徵,第徵中等三梭布,每疋折糧二石,其餘折徵濶白棉布。

七年,定墾官民田地、山池、塗蕩二萬一千四百七十四頃五十六畝六分九釐五毫。

夏税

大麥。三千一百二十六石一斗六升八合。

小麥。五萬四千七百二十石六斗五升一合三勺。

絲。三千八百三十一兩五錢九分一釐二毫三忽。

綿。一千二百一十四兩三錢五釐六毫一絲九忽。

鈔。六千三百三十五貫三百三文。

秋糧

秔米。一十六萬三千五百三十九石二斗六合。

糯米。一百四十一石八斗四升四合七勺。

赤米。一十七萬二千二百八十六石六斗四升二合九勺。

黄豆。五萬五千六百七十五石六斗四升六合。

斑豆。三千三百九十石二斗八合。

赤穀。五百五石三斗三升八合八勺。

景泰三年,定墾官民田地、山池、塗蕩二萬一千五百八頃八十一畝七分二釐五毫。

夏税

大麥。三千一百二十六石一斗六升八合。

小麥。五萬四千七百三十一石三斗八升三勺。

絲。三千八百三十八兩五分八釐一毫四絲三忽。

綿。一千二百一十八兩八釐二毫五絲七忽。

鈔。六千三百八十四貫四百四文。

秋糧

秔米。一十六萬三千六百二十八石。

穤米。一百四十一石八斗四升四合七勺。

赤米。一十七萬二百九十一石一斗七升五合。

黄豆。五萬五千六百八十五石四斗六升八合八勺。

斑豆。三千三百九十石二斗八合。

赤穀。五百五石三斗三升八合八勺。

天順二年,巡撫右副都御史崔恭復舊例,正糧一石徵平米一石九斗。

六年,定墾官民田地、山池、塗蕩二萬一千五百四十三頃八十四畝八分六釐一毫。

夏税

大麥。三千一百二十六石一斗六升八合。

小麥。五萬四千七百八十一石四斗二升五合二勺。

絲。三千八百四十九兩七錢七分六釐三毫三絲三忽。

綿。一千二百一十九兩三錢二分四釐二毫八絲七忽。

鈔。六千二十九貫七百八十二文。

秋糧

秔米。一十六萬三千七百八石五斗五升。

穤米。一百四十一石八斗四升四合四勺。

赤米。一十七萬二千三百五十二石四斗六升五合一勺。

黄豆。五萬五千七百七十九石九斗三升一合八勺。

斑豆。三千三百九十石二斗八合。

赤穀。五百五石三斗三升八合八勺。

是歲,巡撫右副都御史劉孜奏定召佃例。荒田召民開佃,不論原額,肥田畝税米三斗,瘠田二斗,謂之官租。自是荒蕪開闢,秋糧加耗每石始八斗五升至六斗,歲積餘米數萬。

成化四年,巡撫都御史邢宥括得業蕩舊例,每畝徵鈔六十文者,改徵平米三升。

八年,定墾官民田地、山池、塗蕩二萬一千五百四十七頃七十八畝六分三釐一毫。

夏税

大麥。三千一百二十六石一斗六升八合。

小麥。五萬四千七百八十四石六斗五升三合一勺。

絲。三千八百五十兩一錢九分五釐三毫三絲三忽。

綿。一千二百一十九兩五錢五分二毫八絲七忽。

鈔。六千三貫八百二十八文九分。

秋糧

秔米。一十六萬三千七百三十七石八斗六升五合。

糯米。一百四十一石八斗四升四合七勺。

赤米。一十七萬二千三百六十一石六斗四升七合七勺。

黄豆。五萬五千七百八十八石三斗八升七合三勺。

斑豆。三千三百九十石二斗八合。

赤穀。五百五石三斗三升八合八勺。

弘治八年,巡撫右副都御史朱瑄始定分鄉論田加耗例。本縣東鄉畝加斗一升,中鄉斗三升,西鄉斗五升。後又分東鄉沿海畝加一斗,不沿海加斗一升,中鄉畝加十三升,西鄉斗六升。

十一年,巡撫右副都御史彭禮復論糧加耗。是歲加得業蕩平米爲五升二合六勺。

十五年,定墾官民田地、山池、塗蕩二萬一千五百六十二頃五十七畝八分五釐一毫。

夏税

大麥。三千一百二十六石一斗六升八合。

小麥。五萬四千七百九十六石二斗一升五合。

絲。三千八百五十兩一錢九分五釐三毫三絲三忽。

綿。一千二百一十九兩五錢五分二釐八絲七忽。

鈔。五千九百三十八貫七百二十八文二分。

秋糧

秔米。一十六萬三千七百六十七石九升九合六勺。

糯米。一百四十一石八斗四升四合七勺。

赤米。一十七萬二千四百三十七石五斗四升三合五勺。

黄豆。五萬五千七百九十石六斗八升七合八勺。

斑豆。三千三百九十石二斗八合。

赤穀。五百五石三斗三升八合八勺。

正德二年,巡撫左副都御史艾璞重定論田加耗例。本縣本鄉每畝加七升,中鄉一斗一升,西鄉加一斗四升。〇按:此時未分青浦,尚有中鄉。

六年,巡撫右僉都御史張鳳復論糧加耗并銀布折徵舊例。派徵錢糧,俱照先年周尚書所行則例,不分東、中、西三鄉,一概糧上加耗。金花銀兩布疋先儘重則官田,每銀一兩折米四石,粗布一疋折米一石,細布一疋折米二石、白銀一兩,隨時定價,其上、中、高户俱派與本色秔糯等米,附記各項田土并税糧、税則、□塗俱屬華亭。

田。一萬六千二百六十四頃九十三畝六分七釐六毫。

地。四千一百九十五頃三十四畝一分三釐八毫。

山。一頃三十六畝七分,是時未分青浦。

池。八十一頃九十五畝一分七釐。

蕩。一千五十三頃一十八畝九釐九毫。若科則官田自一斗至四石,民田自六合三勺至四斗。《府志》言正德五、六兩年糧額無改,而户總及歲報田數相去至三千一百二十七頃有奇,殆不可曉。至于官田四升以下、民田二升以下科則獨見府總，而民間亦未聞也。以今考之，正德五年本府論田加耗，故輒減田土總額，令每畝派耗數多及官民依法徵納，則所隱額田例輸耗米咸歸書算，賣與姦豪。悉依是年東鄉每畝加耗七升例計之，亦該米二萬一千八百八十九石。至正德六年，本府復論糧加耗，故以田畝實數報官，而别設法侵没，蓋事之易曉者也。

嘉靖九年，令直隸蘇、松等府田地科則只照舊行，不必紛擾，有將原定則例更改生奸作弊者，通行禁革。

十五年會計。本縣正糧每石加耗米五斗二升五合六勺八撮零。

金花銀。每兩連加火耗、解損銀一分三釐，准米四石。

白銀。每兩准米二石一斗。

三梭布。每疋價扛共銀六錢八分，准米一石四斗二升八合。

潤白棉布。每疋價扛共銀二錢八分，准米五斗八升八合，併于白銀内徵收。

其派徵法則，五斗以上官田儘派金花，存下金白銀兩，并本色糧米准派。四斗以上至一斗以下田(上)〔土〕徵納似此加派，准米數目多寡不同，難以清算，致被里書揑報，重則多派輕齎。人犯雖經問罪而不能盡，小民欲爲處補而已無及。

十六年，禮部尚書顧鼎臣疏奏爲懇瀆宸嚴，明飭典憲，以振舉軍國大計。事該户部，題：財賦出于東南，而蘇、松、常、鎮等府視他郡爲尤重。田糧定于版籍，而欺隱灑派等弊在今日爲尤多，蓋官吏更代不常，而里書飛詭益甚，致小民税存而産去，大户有田而無糧，害及生民，大虧國計。奉旨行與撫按官，著各該知府親詣州縣，用心清覈，有虚應故事及延緩遲悞者，指實參奏。是年，巡撫右副都御史歐陽必進、知府黄潤議以八事定税糧。一曰以原額稽其始，二曰以事故除其虚，三曰以分項别其異，四曰以歸總正其實，五曰以坐派起其運，六曰以運餘撥其存，七曰以存餘考其積，八曰以徵一定其額。凡金花、白銀、粗細布價一例均攤，各衙門正耗白糧石加舂辦米二斗，省去頭緒，只作本、折兩項派徵。

正米。三十九萬六千六百三十七石九斗九升二合九勺。

正收多餘田地。二十九頃二十畝七分八釐五毫，正糧二百五石四斗二升一合。

額外坍荒鈔蕩。三頃六十四畝一分八釐，折銀米一十四石四斗六升二合二勺。

夏税科麥不科糧田地蕩。四百六十六頃七十二畝一分八釐不等，實徵米三千六十八石七斗一升五合五勺。

除事故官田民地。五十三頃三十四畝三分七釐五毫，該正米一千八百四十六石七升三合二勺。

其有徵官民田地、山池、塗蕩。二萬一千一百一十二頃一十七畝二分一釐九毫，該正米、蕩米、租米三十九萬五千一百七十三石五斗七升二合七勺。除科糧五斗以上及告墾、召佃等項田地塗蕩不加耗外，其一斗以下至四斗以上官民田地一萬七千七百六十七頃三十畝三分七毫，每畝加耗米一斗二合。

科麥不科糧田地。四頃五十三畝四分五釐，每畝加耗米五升，該耗米一十八萬一千二百四十九石一斗六升三合八勺一抄四撮，實徵耗米五十七萬六千四百二十二石七斗三升六合七勺一抄四撮。内除坍江等項正米、蕩米一萬七百四十五石一斗九升二合八勺，每石折銀二錢，累賠寄莊正米五十二石四斗六升六合，每石折銀四錢，共米一萬七百九十七石六斗五升八合八勺，折徵銀二千一百七十兩二分四釐九毫六絲外，實該徵本、折平米五十六萬五千六百二十五石七升七合九勺一抄四撮。每石派本色米四斗二升五合，折色銀二錢二分，計徵本色米二十四萬三百九十石六斗五升八合一勺一抄三撮四圭五粟,折色銀十三萬九十三兩七錢六分七釐九毫二絲二微二纖,并坍荒累賠折徵,共爲銀一十三萬二千二百六十三兩七錢九分二釐八毫八絲二微二纖,以撥起運存留,仍刊補《賦役册》。自是小民易于清查,里書難以混派,迥異疇昔矣。是年,府總適點,華亭人,以華縣錢糧潛移上海,今考極易見者兩事于左。

一、賦役册雜辦項下,明開本縣該補府境七場水鄉鹽價及〔不〕敷白塗蕩價銀,計三千七百五十四兩六錢一分二毫零,秋糧項下派本縣補銀共三千九百六十九兩四錢五分九釐七毫零。除該補外,實移華亭銀二百一十四兩八錢四分九釐四毫零加于本縣。

一、本府額設山東鳳陽等處馬夫一千三百六十四人,後于秋糧派馬役銀八千四百八十五兩一錢七分,計夫一名該銀六兩二錢二分八毫,本縣馬夫四百三十五人,該銀二千七百六兩四分八釐,乃派銀三千三百八十三兩三錢四分。除該派外,潛移華亭銀六百七十七兩一錢九分二釐加于本縣。

正德初年事載《府志》,嘉靖十六年會計見本府知府黄潤刊行《賦役册》,其餘數目因寇燬無存。

嘉靖二十一年,從巡按御史奏割上海西鄉之北亭、海隅二鄉及新江鄉之半分立青浦。

隆慶二年會計。除公占、積荒等項官田地一十一頃八十六畝二分五釐六毫六絲外,有徵各項官民田地、山池、塗蕩二萬一千六百二十七頃五十四畝九分一釐九毫六絲,内除坍荒折銀、折布并告勘納銀外,實徵本、折正耗平米五十四萬三千六百一十七石八斗七升二合五勺二抄,視嘉靖十六年少米二萬二千七石二斗零。

是年,巡撫右僉都御史林潤奏言江南諸郡久已均糧,民頗稱便,惟松郡未均,貧民受累,勢不能堪。請乞暫設專官丈田均糧,以重國賦,以蘇民困。吏部題以原任本府同知、新轉員外郎鄭元韶陞湖廣按察司僉事,領勑專管華、上二縣,沿坵履畝,逐一丈量,均牽斗則。

三年,僉事鄭元韶履畝清丈,悉去官民召佃之名,分作上、中、下三鄉。本縣田每畝均科正糧二斗五合。各輕重其加耗以爲三鄉等則,近海田地悉免加耗,塗蕩、池漊亦分三等起科。田有字圩號數,册有魚鱗歸户,至今田額以是爲定。

十六等保二百七十六里舊爲中鄉,今改上鄉。

三十一等保一百一里舊爲西鄉,今改中鄉,後分入青浦。

十七等保一百九十里舊爲東鄉,今改下鄉。

上鄉田每畝均科正耗平米二斗九升五合。正糧二斗五合,加耗九升。

中鄉田每畝均科正耗平米二斗六升五合。正糧二斗五合,加耗六升。

下鄉田每畝均科正耗平米二斗三升五合。正糧二斗五合,加耗三升。

近海區畠每畝均科正糧平米二斗五合。不加耗米。

三鄉得業蕩每畝均科平米一斗五升。無耗。

茅柴蕩每畝均科平米一斗。無耗。

茭草塗蕩、積水河漊俱每畝均科平米五升。無耗。

三鄉低田每一畝五分准熟田一畝。

傍浦聽坍留步低田每二畝一分准熟田一畝。
新荒田每二畝准熟田一畝。
傍浦聽坍留步新荒田每二畝八分准熟田一畝。
舊荒田每三畝准熟田一畝。
傍浦留步聽坍舊荒田每四畝二分准熟田一畝。
山每二畝准熟田一畝。是時未分青浦，西三鄉九峰半在縣界。
傍浦留步聽坍得業蕩、茅柴蕩、茭草蕩、積水漊每二畝四分准蕩一畝。
定墾田地、山池、蕩漊四萬四千二十八頃四十七畝五分七釐四毫三絲。
公占基地。一十六頃九十四畝八分二釐五毫内。
無業灘塗墳塚等項。九頃三十畝八分四釐七毫。
實徵税糧平米。一百二十二萬八千七十七石八斗五升三合五抄一撮四圭。
實徵田地山池漊。二萬六百六十四頃五十七畝五釐四毫五絲。
上鄉田。八千一百五十五頃二十五畝二分四釐七毫七絲。
正耗平米。二十三萬九千六百六十石六斗一升九合三勺五抄八撮一圭。
全熟田。八千九十九頃九十九畝六分七釐五毫七絲。
低田。一十二頃三十畝九分四釐四毫，准熟田八頃二十畝六分二釐六毫三絲四忽。
傍浦留步低田。四分三釐八毫，准熟田二分八毫五絲七忽。
新荒田。一十頃五分一釐七毫，准熟田五頃二分五釐八毫五絲。
傍浦留步新荒田。二十二畝七分八釐九毫，准熟田八畝一分三釐八毫九絲三忽。
舊荒田。三十一頃六十二畝四分八釐七毫，准熟田一十頃五十四畝一分六釐二毫三絲三忽。
傍浦留步舊荒田。一頃八畝三分九釐七毫，准熟田二十五畝八分八毫八絲一忽。
中鄉田。三千六百九十三頃二十六畝四分一釐二毫五絲。
正耗平米。八萬九千九百九十三石三斗五升七合九勺一抄二撮九圭五粟。
全熟田。三千二百三十九頃五十畝八分五釐五毫一絲。
山。一頃六畝四分一釐，准熟田五十三畝二分五毫。
新荒田。三十頃二十一畝六分九釐一毫，准熟田一十五頃一十畝八分四釐五毫五絲。
舊荒田。四百二十二頃田十七畝九分九釐五毫四絲，准熟田一百四十頃八十二畝六分六釐五毫一絲三忽。

是時未分青浦，故中鄉及山俱在實徵之數。

下鄉田。七千八百五十七頃六十二畝四分六釐一毫。
正耗平米。一十八萬四千四百六石二斗四升二合三勺八撮七圭。
全熟田。七千四百九十四頃五十三畝二分三釐二毫。
低田。一十二頃一十六畝九分四釐九毫，准熟田八頃一十一畝二分九釐九毫三絲。
新荒田。五十三畝七分六釐一毫，准熟田二十六畝八分八釐。
舊荒田。一頃三十三畝四毫，准熟田四十四畝三分三釐四毫六絲六忽。

海塘外不加耗熟田。三百四十九頃二分六釐一毫。

舊荒田。五畝二分五釐四毫,准熟田一畝七分五釐一毫三絲三忽。

三鄉塗蕩水漊。九百五十八頃四十二畝九分三釐四毫三絲。

不耗平米。九千二百五十八石七斗二合二勺九抄七撮。

得業蕩。一百六頃八十五畝七釐。

傍浦留步得業蕩。一頃六十九畝二分五釐一毫,准蕩一頃二十畝八分三釐六毫四絲三忽。

茅柴蕩。六百七十七頃三十三畝七分九毫三絲。

傍浦留步柴蕩。八十八畝四分三釐二毫,准蕩六十三畝一分六釐五毫六絲七忽。

茭草蕩。一百一十七頃一十三畝五分六釐三毫。

傍浦留步草蕩。一十七畝一分七釐二毫,准蕩一十二畝二分六釐五毫七絲一忽。

積水河漊。五十四頃三十五畝七分三釐七毫。

已上共徵正耗平米五十二萬二千三百九十六石五斗三升二合三勺九抄六撮二圭五粟。内:

水鄉黿田蕩。九百四十二頃一十一畝五分二釐二毫三絲。至隆慶五年會計,又有催黿、奚洪等不應撥補灰場草場一頃七十二畝六分,共田蕩九百四十三頃八十四畝一分二釐二毫三絲,徵正耗米一萬二千八百二十四石一升三合四勺一抄五撮。

塘内熟田。九十七頃二十七畝八分一釐,每畝科正耗米二斗三升五合。

塘外熟田。二百三十九頃九十一畝四釐七毫,每畝科米二斗五合。

茅柴蕩。五百一十七頃三十一畝四毫三絲,每畝科米一斗。

草蕩。八十九頃三十四畝二分六釐一毫,每畝科米五升。

先年,田糧每畝重至四石,輕至六合,殆千餘。則富家通同書手,造作姦弊,或有田無糧,或不耕而食。歲徵難完,公私困竭。至是田地悉入册籍,科則纔十餘等,徵收易完,官民兩便。知縣張嵿建議以官户立官甲,米自兑軍,銀自赴比,不累催役,尤爲良法。可議者纔二事:

一、各鄉田土租利畧同,偶報低薄,即減糧三分之一。

一、各鄉池河與積水河一般養魚,上鄉池河每畝科米二斗九升五合,積水河僅科米五升。

議者咸謂宜陞低薄糧同全熟,而以池河、積水河糧均爲一則。

六年,定墾官民田地、山池、塗蕩二萬一千四百三十頃八分三釐五毫。

夏税

大麥。三千一百一十六石三斗一升七合七勺。

小麥。五萬四千五百六十八石三斗九升三合五勺。

絲。三千八百七兩九錢六分一釐八毫。

綿。一千一百九十八兩二錢六分二釐六毫。

鈔。五千六百八十一貫四百五十四文二分。

秋糧

秔米。一十六萬三千二百三石九斗一升三合九勺。

赤米。一十七萬二千二百一石二升七合一勺。

穤米。一百四十一石三斗九升二合五勺。

黄豆。五萬五千六百三十八石一斗五升六勺。

斑豆。三千三百八十八石五斗九合四勺。

赤穀。五百四石七斗六升八勺。

是時，姦民誣告絶田，牽連騷擾，入于考成事例。本縣該三十七萬餘畝，華亭、青浦尤多。虚首嚴追，民甚苦之，幾至煽亂。有舉人俞顯卿作《十議》，其畧曰：絶户田畝，係宣德、景泰年間人絶田荒，賦役貽累里甲。天順六年，奏准召民開佃，以補糧差。方其初佃，大費工本，及轉佃别姓，即以工本爲名，立契得銀。小民既已出銀，又焉得爲白占？今欲追價，則價已付原主，世無一田二值之理。若與原主追價，則原主已前又有原主，轉轉追尋，何日清楚？始姦豪創議，僅欲奪其連界田土數頃，不意禍延萬姓，日甚一日，府縣拘于成案，不敢變更。即今查勘，尤多弊端。書手老人家至户到，報私仇者捏本名爲絶户，得重賄者隱絶户爲本名，收頭利其侵尅，皂快利其勾攝，雖僻遠之氓，無一不見官府，凡有田之户，無一不遭刑責。人情洶洶，禍變可虞，議甚詳切。耆民羅奉等抄呈巡撫都御史張佳胤，具奏停止，民始獲安。

萬曆元年，定墾田地、山、蕩溇四千八百五十七頃四十四畝一分三釐四毫五絲。

海上鄉熟田。九百一十九頃五十二畝三分七毫。

低田。五頃五十畝四分九釐二毫。

新荒田。六頃五十畝四分四釐九毫。

舊荒田。一十四頃二十四畝八分七毫。

海中鄉熟田。三千二百四十一頃二十八畝六分三釐五毫一絲。

低田。一頃三十七畝二分一釐八毫。

山。一頃六畝四分一釐。

新荒田。三十頃七十六畝九分六釐一毫。

舊荒田。四百二十一頃七畝九分九毫。

得業蕩。五十二頃五十二畝一分五釐一毫。

茅柴蕩。一百二十六頃八十六畝五分四釐九毫。

草蕩。二十五頃四十四畝五分六釐。

積水河溇。四頃四畝四分八釐。

無業墩塚等項。四頃九畝二分九釐五毫。

公占基地。二頃七畝二分九毫。

除還下砂、三場、九團竈户顧滔等水鄉竈柴蕩二百一十四頃四十八畝。

本縣實存定額田地、蕩漊一萬五千六百六十六頃一十五畝八釐四毫五絲,全熟田一萬五千三十三頃一十四畝三分九釐四毫七絲。

低薄田。一十九頃一十三畝二分九釐四毫。

新荒田。三頃八十二畝四分八毫。

舊荒田。一十九頃三十六畝九分四毫。

得業蕩。五十二頃四十一畝一分四釐一毫。

柴蕩。三百四十九頃二十七畝八分七釐四毫八絲。

草蕩。九十三頃三十一畝一分二釐八毫。

積水河漊。五十頃三十四畝四分八釐一毫。

公占基地、無業墩塜等項。四十五頃三十三畝四分五釐八毫。

共徵正耗平米四十萬八百二十八石一升八合四勺七抄一撮。

萬曆二年,除還下砂等三場水鄉竈田蕩五百八十頃九十五畝五釐九毫。

定墾田蕩漊一萬五千八十四頃八十七畝八分八毫五絲,除竈蕩俱歸鹽司,實在徵田地、蕩漊一萬五千一十三頃四十七畝九分一釐六絲。

夏税

麥。八千五百五十三兩七錢二分八釐,解扛銀六十三兩九錢六分。

農桑絲折銀。四十二兩。

秋糧

正米。九萬六千九十一石四斗二升五勺四抄六撮六圭五粟。

耗辦過江夫船米。四萬八千八百四十一石二升五合三抄三撮五圭九粟。

蘆蓆、楞木、松板、夫船、車脚銀。一萬四百六十五兩四錢九分八釐四毫八絲六微二纖五沙。

二六輕齎銀。八千七百六十八兩九錢二分九釐。

起運折色正米銀。六萬三千四百六十兩八錢三分六釐三毫二忽七纖一沙五塵,解損銀二百九十二兩八錢一分八釐五毫六忽五微。

存留本色軍儲正米。七千六百二十六石五斗二升二合六勺六抄七撮一圭二粟。

存留折色平米五錢折徵。七百八十五兩八分二釐八毫九絲九忽八微九纖一沙。

馬草及起運京庫折色,又南户部倉折色銀。二千五百三十六兩八錢一分二釐。

起運京庫户口食鹽鈔銀。二百五十八兩五分二釐四毫七絲二忽三微五纖五沙二塵。

水鄉蕩價銀。二千五百八十三兩一錢五釐七毫一忽六微八纖三沙三塵。

包補兩浙運司水鄉蕩銀。九百六十四兩三錢二分五釐八毫八絲一忽五微。

馬役銀。二千七百七十九兩二錢六分。

料價銀。一萬一千四百六十六兩八錢三分八釐六毫二絲六忽九埃。

修河米銀。三百三兩五錢三分。

已上俱于税糧正耗平米内編徵。

練兵銀。七千七百五十八兩八錢九分八釐八毫六纖一沙六塵五埃。

貼役銀。二千四百三兩一錢七分九釐九毫七絲六微五纖七沙四塵三埃。

已上俱于税糧外加編。

三年,除還鹽司水鄉竈田蕩一百三十九頃四十六畝一釐九毫三絲。

五年,除還鹽司沈珏、夏禹積水鄉竈田蕩二頃三畝四分六釐。夏禹積,人姓名。

六年,又割本縣新江鄉之未盡者以益青浦,從知縣屠隆之請也。

除還鹽司儲里、唐文懋、喬春水鄉竈田蕩八十六畝三分三釐二毫。

除歷年退還各場外,實存在縣水鄉竈田六頃五畝二分五釐二毫,歲派秋糧内又包補銀六十八兩四錢二分九釐七毫六絲。内除下砂三場及總科開到數俱稱本縣,又包補九團蕩價銀六十二兩八錢五分,其五兩五錢七分九釐七毫六絲,查係包補下砂場、下砂二場倉基銀。

九年,覆丈本縣田地、塗蕩、漊一萬四千九百四十七頃七十五畝五分五釐七毫六絲。内:

全熟田。一萬四千七百四十二頃九十七畝一分九釐五毫九絲。

低薄田。一十七頃五十畝九分三釐六毫。

新荒田。一頃七十畝九釐二毫。

舊荒田。九頃二十二畝一分七釐九毫。

陞科舊荒田。七頃四十四畝〔一〕分九釐四毫,每一畝五分准全熟田一畝。

得業蕩。五十一頃八十六畝一分五釐二毫。

茅柴蕩。一十九頃二十八畝九分九釐一毫五絲。

草蕩。六頃六畝五釐九毫。

積水河漊。五十七頃七畝三分三釐八毫。

無業灘塗併公占。共二十二頃一十四畝六分八釐三毫七絲。

無業蕩。一十二頃四十七畝七分三釐五毫五絲。

共徵正耗平米三十九萬一千三十七石七斗三升九合三撮。

十年,黄册奉例以清丈均攤科則,實徵田糧入册,舊額田糧并麥鈔等項開豁。

定墾田地、塗蕩、河一萬四千九百四十七頃七十五畝五分五釐七毫六絲。

平米三十九萬七百四十二石七升四合七勺。報部外,餘米二百九十五石六斗六升四合三勺三撮,申明抵補新坍虚額。

十四年會計,實該田地、池、塗蕩、河漊一萬四千九百五十頃七十六畝二分九釐一毫四絲。

全熟田:上鄉。七千一百九十頃六十五畝九分七釐九毫五絲。下鄉。七千四百八頃六十三畝八分六釐三毫八絲。

塘外田。一百三十二頃五十五畝八分七釐二毫。

低薄田:上鄉。一十二頃七十六畝六分八釐九毫。下鄉。一十三頃七十五畝九分三釐九毫。

新荒田:上鄉。九十九畝七釐二毫七絲。下鄉。五十五畝七分六釐一毫。

舊荒田:上鄉。六頃九十五畝四分二釐六毫。下鄉。一頃四十九畝二分三釐六毫。

塘外田。五畝二分五釐四毫。

傍浦留步上鄉。

全熟田。七頃四十畝四釐四毫二絲。

低薄田。二分九釐二毫。

新荒田。一十五畝二分五釐九毫三絲。

舊荒田。七十二畝二分六釐二毫七絲。

得業蕩。五十四頃三十八畝一分三釐九絲。

留步得業蕩。一頃六十一畝五分四釐六毫三絲。

茅柴蕩。一十九頃五畝五分六釐六毫九絲。

留步柴蕩。五十八畝九分五釐四毫六絲。

茭草蕩。六頃一十二畝二分六釐九毫。

留步草蕩。一十一畝四分四釐八毫。

積水漊。五十七頃五十六畝一分三釐三毫。

已上田蕩河科米悉同隆慶三年。

公占基地、無業灘塗墩路、義塚、絶坟等項三十四頃六十一畝二分九釐一毫四絲免科。

已上共該徵平米三十九萬一千二十二石四斗五升六合二勺七抄六撮四圭。内二十八、二十九、三十等保荒區平米四萬六千九石一十三石四斗零。邑人王圻以三保上鄉瘠土，于萬曆七年具文，知縣敖選申請照嘉定例改折。至二十年，蒙撫院具題，始准永折。每石折銀四錢，實徵本、折平米三十四萬四千一百九石三升，每石派本色米四斗五升三合，折色銀二錢六分九釐三毫，共徵本色米一十五萬五千五百三十七石二斗八升四合，折色銀一十一萬一千四百三十三兩九錢三分一釐。

萬曆十六年，知府喻均以旱荒，上議巡撫，減棉布墊貼銀及修河折米銀。會有阻者，故議不盡行。詳"荒政"中。

十七年，兵備副使李淶釐定經賦册，復五錢，折銀平米四萬六千九百一十三石四斗。隆慶三年丈量後，續告改折，每石有五錢、四錢五分、四錢不等。十六年，議各加五分。今一例折銀五錢，免派本色。

按：萬曆間改派折銀，區啚皆荒瘠，宜有寬政，但是時上無蠲復之仁，而以折色轉移，致本色區啚皆有偏重不平之嗚。李公調劑得宜，故久而相安。又停募短班兵餉銀，均于四錢改復數内免徵，亦以驟復五錢而法外矜恤也。

十九年，加編兵餉銀，每畝三釐。以征關白加派。

二十年會計，額徵平米三十九萬一千二百三十二石四斗五升，除改折平米四萬六千九百一十三石四斗，止納折銀二萬二千五百二十一兩八錢六分，抵作起運，實該驗派本、折二色平米三十四萬四千一百九石三升。按：平米四萬一項，即二十八、二十九、三十保請折之額。邑人王圻憫三保土瘠民貧，力請改折，更散本名官甲以代本啚當差，其澤溥矣。

四十三年，定額加編兵餉，每畝實編二釐，共該銀三千五十三兩三錢一釐六毫。

四十六年，加徵邊餉，每畝三釐五毫，實編銀五千二百二十四兩六錢四分四釐九毫四絲三忽六微九纖二沙七塵五埃。

泰昌元年，即萬曆四十八年，定墾田、地、池、塗、蕩一萬四千八百七十七頃三十六畝四分九釐四毫三絲。

免科公占、無業坍荒、義塚二十三頃一十二畝七分六釐八毫二絲。

實在有徵田、地、池、塗、蕩一萬四千八百五十四頃二十三畝七分二釐六毫一絲。

天啓元年，加邊餉銀，南糧改折省存耗用等項共銀四百一十九兩一錢九分八釐八毫三絲四忽二微。

實徵米七千五百八十二石五斗二升二合五勺，銀八千四百六十六兩八分八釐九毫四絲一忽五微九纖一沙。

崇禎元年，定墾官民田地除公占等項，該一萬四千八百五十四頃二十三畝七分二釐。

該本、折平米共三十八萬九千三百四十六石八斗四升三合。

額徵平米

本色米一十四萬三千三百七十石六斗三升八合一勺。

本色起運米九萬二千四百三石二斗三升三合三勺。

歲用耗辦米三萬七千八十八石四斗一升七合四勺。

存留米一萬三千八百七十八石九斗八升七合一勺。

折色銀一十二萬六千八百二十七兩四分五釐一毫。

另編練兵銀七千八百六十一兩四錢二分六釐，貼役解損銀五千七百七十七兩六錢一分八釐。

夏税

京庫金花折麥。四千八百二十七兩二錢五分五釐，解損銀九十六兩五錢四分五釐，加滴珠銀四十八兩二錢七分二釐。

北京公侯駙馬伯公主歲支小麥折。每石折銀四錢，該銀七十七兩六錢九分二釐，解損銀一兩八分七釐。

南京倉小麥折。一千九百三十兩九錢二釐，解損銀三十兩八錢九分四釐。

鳳陽府麥折。一千六百三十四兩八錢三分，解損銀四兩九錢四釐。

南京農桑絲絹。本色三分、絹七疋，價銀四兩九錢，解損銀九分八釐。折色七分、絹五十一疋，價銀三十五兩七錢，解損銀五錢一分一釐。

秋糧軍運

兑軍儹運正米。六萬五千三百二十八石八斗六升一合，耗米二萬六千一百三十一石五斗四升四合。

輕齎。八千四百九十二兩七錢五分一釐，解損銀七十八兩三錢九分四釐。

每正米二石給蘆蓆一領。本色三分，該蓆九千七百九十九領，價銀一百一十七兩五錢九分一釐。折色七分，該蓆二萬二千八百六十五領，該銀二百二十八兩六錢五分一釐。折色一項，徵給各衛領運官旗，備辦本色之用。

每正米二千石給楞木一根。舊册木價每根五錢，明萬曆間，奉部文每根加銀五分，該木三十二根，銀一十七兩九錢六分五釐。

每正米二千石給板九片。舊册板價每片四錢，明萬曆間，奉部文每片加銀五分，該板二百九十三板，銀一百三十〔三〕兩二錢九分。

每正米一石。原設過江脚米六升，折銀三分，該銀一千九百五十九兩八錢六分五釐。

改兑淮安常盈倉正米。九千六百三十八石四斗二升一合，耗米二千八百九十一石五斗二升六合。

改兑淮安常盈倉零耗米折。九十六兩三錢八分四釐。

每正米二石給蘆蓆一領。本色三分，該蓆一千四百四十五領銀一十七兩三錢四分九釐。折色七分，該蓆三千三百七十三領，該銀三十三兩七錢三分四釐。

過江水脚。二百八十九兩一錢五分二釐。

秋糧民北運

北京供應庫白熟粳正米。八千七百一十一石三斗二升，每石夫船銀四錢，車脚銀三錢八分四釐，徵發、糧解、舂辦、解京夫船銀二千二百三十三兩六錢七分三釐，車脚銀二千一百四十八兩二錢三分五釐，内扣脚價七兩九錢八分五釐，大通橋脚價每石五釐，該銀二十七兩九錢二分，貼役銀一千九百五十四兩四錢六分四釐。

酒醋麵局白熟糯正米。一千一百四石四斗七升六合。每石加白耗米三斗，舂辦米二斗，夫脚銀二百八十三兩一錢九分九釐，車脚銀二百七十二兩三錢六分六釐，大通橋脚價銀三兩五錢三分九釐，貼役銀二百四十七兩七錢九分九釐。

光禄寺白熟粳、白熟糯正米。七千九百三十一石六升五合。每石白耗米三斗，舂辦米二斗，夫船銀三十三兩六錢六釐，車脚銀一千四百四十兩一錢四分九釐，貼役銀一千一百一十八兩四錢八分三釐，大通橋脚價一十五兩二錢五分二釐。

加徵惠、桂二王禄米。一千四石六升九合。每石白耗米三斗，舂辦米二斗，夫船銀二百五十七兩四錢五分三釐，車脚銀二百四十六兩六錢八分五釐，貼役銀二百二十五兩二錢七分一釐，又折色銀七百三十兩三錢三分一釐。

五府、六部、都察院等衙門八分糙粳正米。每石加耗米二斗，共該米五千六十九石六斗九升七合。夫船銀一千六百八十九兩八錢九分九釐，車脚銀一千一百九十六兩七錢四分四釐，大通橋脚價銀一十二兩六錢七分四釐，貼役銀八百四十四兩九錢四分九釐。

府部院等衙門二分米折。每石折銀二兩，該銀一千五十六兩一錢八分七釐。解損銀一十四兩七錢八分六釐。

税糧民南運

南京光禄次等白粳原額正米改折。每石折銀七錢，該銀六百七十五兩八錢一分五釐，解損銀九兩四錢六分一釐。

會同館、神樂觀共米。一千六百八十石六斗六升一合。

存留本色

本府軍儲米。一萬三千八百七十八石九斗八升七合，遇閏加編米一千一百五十四石六合。内派軍儲北倉扣補青浦縣青村倉米一百五十八石五斗八升七合，廣儲倉一萬二千一百九十二石。内運納南匯所米一萬一千二百六十石八斗，遇閏加編米七百七十五石九斗八升一合。川沙米九百三十一石二斗，遇閏加編米六十七石一斗六升七合。

本縣倉吏承恤孤米。四百二十八石四斗。内縣司吏八石〔名〕，該糧二十八石八斗，遇閏加編二石四斗。恤孤一百一十一名，口該糧三百九十九石六斗，遇閏加編米三十三石三斗。遇閏加編局匠口糧六十七石二斗五升二合。

松江所運軍遇閏加編米。二百七石九斗六合。

起運折色北解

金花折銀米。該二萬二千九十九兩七錢六分一釐。解損銀四百四十一兩九錢九分五釐，滴珠銀二百二十兩九錢九分七釐。

京庫潤白三梭布。該一萬六百二十疋，該銀六千四百七十八兩二錢，墊貼銀一千七百五十三兩九錢。

潤白棉布。該三萬二千一百九疋，銀九千六百三十二兩七錢，墊貼銀二千三百七十六兩六分六釐。

折色布。每疋折銀三錢，該正銀四千七十六兩六錢七分，解損銀五十七兩七分三釐。

京庫折草。每包折銀三分，該正銀二千一百二十三兩九錢九分二釐，解損銀二十九兩七錢三分六釐。

宗人府派存公主米折。每石折銀七錢，該正銀一百九十六兩三錢八釐，解損銀二兩七錢四分八釐。

宗人府派存各衙門米折。該正銀六千三百二十九兩三錢七分六釐，解損銀八十八兩六錢一分一釐。

公侯歲支禄米折。每石折銀七錢，該正銀二千三百三十六兩一錢五釐，解損銀三十二兩七錢五釐。

户口鹽鈔。二百四十九兩一錢三釐，解損銀三兩四錢八分七釐。

甲、丁二庫銀硃等料。正銀七百七十六兩一釐，舖墊銀二百兩九錢六釐，解損銀一十三兩二錢六分九釐。

光禄寺菜笋厨料。一百九十一兩八錢三分五釐，解損銀二兩六錢八分五釐。

供用庫本折色。二百四十九兩三錢一分。

折色黄蠟。九十一兩五錢七分一釐，解損銀一兩二錢八分二釐。

禮部牲口。四百八十五兩九錢四分四釐，解損銀六兩八錢三釐。

藥材。五兩五錢六分六釐，解損銀九錢五分一釐。

工部四司工料。六千六百七十八兩四錢三分四釐。

外號織造。正損銀一千九百九兩五錢七分，遇閏加段，該正損銀一百三十二兩三分四釐。

本色民七箭支料。二百七十七兩七錢六釐。

斧刃磚料。二百八十九兩六錢三分五釐，損銀三兩四錢七分五釐。

民七軍器料。二百三十七兩五錢四分五釐。

胖襖九十付。每付銀一兩二錢，該銀一百八兩，解損銀九兩。

起運折色南解

南京各衛倉米折。正銀一千六百一十五兩一錢八分三釐，脚耗銀二百一十四兩一錢二分五釐。

公侯駙馬伯、五府、六部、都察院等衙門俸禄。二千五百三十三兩七錢二分六釐，解損銀四十兩五錢三分九釐。

定場倉草折。三百六十四兩九錢四分一釐，損銀五兩一錢九釐。

光禄寺蜜糖。二十七兩七錢一釐，損銀三錢三分四釐。

光禄寺惜薪司運柴脚用。二百五十二兩六錢一分二釐，損銀三兩三分一釐。

藥材料。三錢八分六釐。

鹽課

兩浙運司水鄉蕩價白塗包補。三千九百六十八兩七錢七分六釐，損銀三十五兩六錢二分五釐。

協濟

揚州府倉米折。二千八百九十六兩三錢五分三釐，損銀四兩三錢四分四釐。

徐州永福倉米折。二千八百九十六兩三錢五分三釐,損銀八兩六錢八分九釐。

驛傳馬役。二千五百五十六兩六錢六分八釐,損銀二十九兩七錢七分八釐。内滁州滁陽驛三十五兩三錢三分,損銀五錢六分五釐;大柳驛四十二兩,損銀六錢七分二釐;鳳陽睢陽池河王莊驛二百二十九兩五錢九分,損銀二兩六分六釐;山東昌平等驛二千二百四十九兩七錢四分八釐,解損銀二十六兩四錢七分五釐。

昌平州。九兩六錢五分四釐。

量復修河二升米折。五百八十兩八錢四分三釐。

松江所淺船。二百八十五兩七錢八分一釐。

存留項下

府縣各官俸。五百一十六兩九錢五分五釐,遇閏加十九兩五錢一分五釐。

織染局口匠。同前。

松江府運軍月糧米折。四百二十八兩九錢。

松江所運軍行糧米折。一千三百兩一錢七分一釐。

匠班損銀。二兩八錢八釐。

田上加編。三千五十三兩三錢一釐。

均徭項下

南京國子監膳夫八名。每名銀十兩,該銀八十兩,損銀九錢六分。

南京各部柴薪皂隸三十名工食。三百六十兩,耗銀九兩,損銀四兩三錢三分,遇閏加編三十兩。

南京各衙門值堂值廳皂隸一十四名工食。一百四十兩,耗銀四兩二錢,損銀一兩六錢八分。

南京五城兵馬司弓兵一十九名工食。一百六十一兩五錢,損銀一兩九錢三分八釐。

解京富户五名工食。連損銀一千五兩三錢四分。

撫院書吏寫本官吏供應年例。八十八兩三錢二分三釐,遇閏加七兩三錢六分。

提學察院供應廪餼。六十五兩五錢九分一釐,遇閏加五兩四錢六分五釐。

巡漕察院供應。一十五兩,遇閏加一兩二錢五分。

兵備道供應各項。八十九兩二錢五分,遇閏加七兩八分。

總兵供應等項。一百三十五兩二錢,遇閏加一十一兩二錢一分六釐。

包補下砂二、三場鹽課。二千四兩七錢八分八釐。

抵補句容縣協濟海防。一十八兩,遇閏加一兩二錢。

扣解操院座船水手工食。二十四兩。

兑留操江兵餉、抵充吴淞兵餉。九十三兩,遇閏加七兩七錢五分。

抵補常州府扣留兵餉。一百一十五兩,遇閏加九兩五錢八分三釐。

撫院牙兵加給工食。一兩五錢九分,遇閏加一錢三分二釐。

存留給發工食

本府各官皂隸一十四名。該銀一百六十八兩,遇閏加派一十四兩。

本縣各官皂隸一十一名。該銀一百三十二兩,遇閏加一十一兩。

本府各官馬夫。該銀一百六十兩。

本縣各官馬夫。該銀二百兩。

本府各官皂隸。該銀二百八十八兩。

本府各官門子。該銀二十八兩八錢。

本縣各官門子。該銀二十一兩六錢。

本縣皂快。該銀二百二十三兩。

本縣儒學齋夫。該銀七十二兩，各扣小盡二兩，遇閏加六兩。

〔膳夫。該銀一百二十兩，遇閏加一十兩。

門子。該銀四十三兩二錢，扣小盡六錢，遇閏加三兩六錢。

庫子。該銀二十八兩八錢，各扣小盡，遇閏加二兩四錢。

看守祠廟門子。該銀一十兩八錢。

参將供應犒賞。該銀二百六兩，遇閏加一十兩五錢一分六釐。

雲間遞運所抵應庫役。該銀五十七兩六錢，扣小盡一錢一分二釐。

修船料。該銀七十兩。

座紅站船水夫。該銀二百三十兩四錢，扣小盡三兩二錢，遇閏加一十九兩二錢。

本縣座仙船水手。該銀三十六兩，扣小盡五錢，遇閏加三兩。

本府公堂日用心紅紙劄筆墨油燭柴炭。該銀四十三兩，遇閏加三兩五錢八分三釐。

本縣公堂日用心紅紙劄筆墨油硃柴炭。該銀七十二兩，遇閏加六兩。

本縣修置轎傘舖陳。該銀四十七兩五錢。

松江分司門皂九名。該銀二十一兩六錢，扣小盡三錢，遇閏加一兩八錢。

本府司獄司禁子一十六名。該銀三十六兩五錢，刑具三兩，遇閏加銀三兩。

本縣監禁子二十二名不等。該銀七十二兩，扣小盡一兩，刑具銀八兩，遇閏加六兩。〕

導河夫。該銀一百七十兩。

本府秋糧總書紙張。該銀二十六兩八錢。

本府攢造徭里會計文册紙張。該銀四兩。

本縣秋糧總書紙張。該銀六十兩。

織染局庫子工食并文移紙劄等銀。該銀八十兩，本縣徵給。

本縣東北二察院海防公館各一名。每名二兩。

本縣舖司兵。該銀二百五十二兩，扣小盡三兩五錢，遇閏加二十一兩。

本縣三林、黄浦、吴淞三巡司各兵四十名。該銀九百八十四兩，扣小盡十三兩六錢六釐，遇閏加銀八十一兩九錢九分九釐。

聽用廠夫五十名。該銀二百五十兩。

教官馬夫三名。該銀二十七兩。

下砂一、二、三場鹽課司工脚。該銀四十五兩。

走差馬十六匹鞍轡草料。一百七十二兩八錢，扣小盡銀二兩四錢。

河下皂隸十二名。該銀六十兩。

上司按臨并查盤委官内班門厨皂隸柴米及抄案書手。該銀二十兩。

上司按臨供送心紅油燭柴炭。該銀一十五兩。

本府各官燈夫。該銀五十兩四錢，遇閏加銀。

本縣各官燈夫十四名。該銀五十兩四錢，遇閏加銀。

河下燈夫四名。該銀一十四兩四錢。

本府預備倉倉夫。該銀七兩二錢，修理銀七兩，扣小盡銀一錢。

本縣濟農倉倉夫。該銀二十八兩八錢，修理銀一十五兩。

編廣儲倉、寶山、川沙倉倉夫八名。該銀五十七兩六錢，修廣儲倉一十兩，修寶山、川沙各七兩，該銀二十四兩，扣小盡銀八錢。

本縣水陸練兵官一員。該銀一十八兩，遇閏加一兩五錢。

兵備道清字號仙船水手二名。該銀一十四兩，扣小盡銀二錢，遇閏加銀一兩二錢。

扣減民壯工食抵充川沙寶鎮兵餉。該銀一千八百九十兩。

防守城池庫獄團練水陸兵壯四百八十名。該銀三千四百五十六兩，遇閏加銀二百八十八兩。

寶山所壯兵一百名。每名該銀一十兩八錢，該銀一千八十兩，遇閏加銀九十兩。

起運

撫院公費。該銀五十九兩一錢二分二釐，遇閏加銀四兩九錢二分六釐。

按院公費。該銀一百三十兩一錢二分，遇閏加銀一十兩八錢四分三釐。

漕院公費。該銀九兩，遇閏加銀七錢五分。

〔兵備道公費。該銀一百一十兩，遇閏加銀九兩一錢六分六釐。

存留

本府進萬壽千秋長至正旦表箋一十道合用撰寫工食。該銀六十二兩九錢。

習儀拜牌接勅出表并祈禱救護合用香燭庭燎。該銀一兩四錢。

祭祀。該銀一百二十二兩九錢。

府縣舉行鄉飲二次。該銀二十兩。

歲貢生府學縣衛學正陪盤費、府縣迎送合用花紅牌扁餞送折席，又上司批給路費。該銀一百二十一兩八錢五分五釐。

本府新官到任家伙公宴祭祀。該銀二十四兩五錢二分二釐。

本縣新官到任家伙公宴祭祀。該銀三十兩六錢六分六釐。

北運總部府佐官長夫。該銀四十二兩八錢七分。

南運協部長夫。該銀一十五兩。

學院歲考并按院按臨觀風及府縣季考各學生員合用試卷、供給、行賞、花紅、筆墨，府縣迎送新進生員入學花紅、綵旗、酒席等項。該銀二百七十兩。〕

鹽院按臨考試生員供給行賞。該銀四十兩。

上司按臨并朔望行香講書行賞紙筆。銀一十三兩。

本府公費。該銀三百四十六兩，遇閏加銀二十八兩八錢三分。

本縣公費。該銀六百兩，遇閏加銀五十兩。
置辦上司卷箱扛架牌面。該銀四兩。
本府修理衙門。該銀一百二十七兩。
本府各廳及漕院冬夏卓幃、本縣編海防董漕二廳。銀九兩。
府縣各衙門桃符、門神、迎春、土牛、彩鞭。該銀三兩。
本縣修理衙門。該銀七十五兩。
修理察院公館。該銀二十五兩。
本縣冬夏卓幃。該銀四兩。
本縣備用。該銀四百兩。
本縣印刷青由紙張。該銀二十一兩二錢。
養濟院孤貧每口歲給柴布衣絮。該銀一百二十三兩二錢。
歲終新書。該銀六十五兩。
修理察院公館家伙。該銀一十兩。
修理座仙船。該銀一十兩。
修理府監。該銀五兩四錢。
修理縣監。該銀八兩。
京庫米麥折金花銀每兩滴珠。該銀二百六十九兩二錢七分。
本府歲造歲繳一應本册勘合紙劄箱袱。該銀一兩二錢四分。
各項備用抵充兵餉。該銀八百兩。

約編

應天府科場席舍供應等。該銀二百五十四兩二錢四分。
本府應朝造册紙劄工食。該銀七十五兩。
本縣應朝造册紙劄工食。該銀一百四十九兩。
本縣考試生童供給。該銀一十兩。
本府考試生童供給。該銀五兩。
學院考試生童供給。該銀五兩。
府衛學考卷。該銀六兩。
儒學考卷。該銀一十二兩。
應試生儒每名花紅、綵旗、卷資、船銀編府衛學。該銀一百二十七兩一錢七分五釐。
本學。該銀二百一十四兩一錢。
酒席。該銀一兩八錢六分五釐。
會試舊舉人每名盤纏等銀三兩。該銀四十八兩。
按院宴待新科舉人每名花紅、旗扁、盤費、卷資、牌坊、酒席、杯盤銀一百一十八兩二錢。該銀五百九十一兩。
院道府官酒席。該銀三兩七錢五分。

府縣接待新舉人每名旗扁、禮物、花紅、錦標、酒席銀。該銀五十兩。

撫院、河道、操江、提學、巡鹽、巡江、巡倉、屯田、兩道會行共十一處，行賀新舉人每名折儀、旗扁銀四十兩四錢七分九釐。該銀二百二十二兩三錢九分五釐。

會試新舉人盤費每名二十四兩。該銀一百二十兩。

本府餞行會試舉人每名盤費等。該銀一十五兩。

本縣餞行會試舉人每名盤費等。該銀一十五兩。

中式進士每名捷報行賀旗扁、花段羹菓銀一百二十四兩。該銀三百七十二兩。

撫按、河道、操江、提學、巡鹽、巡江、巡倉并兩道會行共十一處，行賀新進士每名旗扁折儀銀六十五兩一錢一分九釐。共該銀一百九十五兩三錢五分七釐。

〔會試武舉盤費三科每名。該銀一十八兩。

新科每名。該銀二十四兩。

武進士牌坊每名。該銀五十兩。

十四年，歲祲大饑，本年漕糧多完折色，納錢一十四千給漕米串一石。每錢一千，時價二錢。

按：松郡加賦始于嘉靖甲寅倭亂，萬曆中東征關白，又每畝加編三釐，民困已極。至崇禎十二年五月，大學士楊嗣昌督師勦寇，計畝驟增一分，逞臆掊斂，不顧其後。後嗣昌治兵無效而死，懷宗旋行蠲免，而民心已離。按已上各款，府志俱載萬曆四十八年間故額，以爲頒行賦法之所自始。細核之，與崇禎間所載無異。故去彼留此，以志損益自近之意，且其名與額亦不可不存也。〕

田賦二

本朝定鼎之初，詔蠲今年田賦之半，大賚，與民更始，如漢文帝時，得其本矣。三年，撫臣土國寶以明季役法困敝已極，增條鞭以脱踐更，素封之家獲蘇息，而細民不以爲恩也。康熙三年，允科臣吴國龍疏，部寺各款項錢糧悉歸大司農以總其成，有司遵奉條教，考成歸一，肆然有餘而民力已殫矣。嗣後屢奉災蠲，至十三年復蠲田賦之半，何其仁也。兵興，利臣以加徵進，旋奉蠲除。今海内乂安，兵革不用，内外匪躬之臣，必有以賦額偏重請減如明之周文襄者，其在斯時歟？其在斯時歟？

國朝

順治二年，平定江南，其田糧科則悉用明萬曆中定額起徵，仍詔蠲本年税糧十分之七、兵餉十分之四。明季無藝之徵悉罷之，一應工食支給與明萬曆間同。

定墾田、地、池、蕩、漊一萬四千八百五十頃八十二畝六分七釐三毫一絲。查舊《全書》，内載原額田、地、蕩、漊一萬四千八百七十七頃三十六畝四分九釐四毫三絲。明萬曆間刊造《全書》以來，本縣逼近海浦，歷年坍没田蕩二十六頃五十三畝八分二釐一毫二絲，實存前數。

免科公占義塚等二十三頃二十四畝一分七釐六毫二絲。

實在有徵田、地、蕩、漊一萬四千八百二十七頃五十八畝四分九釐六毫九絲，不等准熟田一萬四千七百一十三頃四十二畝九分三釐三毫五絲六忽七微，不等科平米三十八萬八千三百九十九石四斗八升九合九勺，内徵糧平米三十四萬一千三百六十五石三斗二升七合三勺，折糧平米四萬七千三十四石一斗六升二合六勺。

田糧科則

上鄉田每畝均科正耗平米二斗九升五合，正米二斗五合，耗九升。

下鄉田每畝均科正耗平米二斗三升五合，正米二斗五合，耗米三升。

近海護塘東田每畝均科正糧平米二斗五合，又加耗米。

得業蕩每畝均科平米一斗五升。

茅柴蕩每畝均科平米一斗。

茭草塗蕩、積水河漊俱每畝均科平米五升。

二鄉低薄田每一畝五分准熟田一畝。

傍浦留步熟田每一畝四分准熟田一畝。

傍浦留步低薄田每一畝四分准腹内低薄田一畝，每低薄一畝五分准熟田一畝。

傍浦留步得業蕩每一畝四分准腹内低薄一畝，每得蕩二畝准熟田一畝。

傍浦留步柴蕩每一畝四分准腹内柴蕩一畝，每柴蕩三畝准熟田一畝。

傍浦留步草蕩水漊每一畝四分准腹内草蕩一畝，每草蕩六畝准熟田一畝。

税糧本色除永蠲遼米及公主禄米外。共額一十三萬三千九百七十七石五斗七升，本年止徵四萬□百九十三石二斗七升。

兑軍漕糧正兑。每正米一石加耗米四斗，又加輕賚米二斗六升，每升折銀五釐，共折銀一錢三分。内除扣給河工備剥添篙銀一分。每正米二石該蘆蓆一領，内本色三分，每領銀一分二釐；折色七分，每領銀一分。每正米二千石該楞木一根，每根價銀五錢五分；松板九片，每片價銀四錢五分。每正米一石例給過江水脚米六升，每升折銀五釐，共折銀三分。以上歲用隨漕各款銀兩悉依舊制。

改兑淮安府常盈倉漕糧。每正米一石加耗米三斗二升，内除扣解二升，耗米折銀一分。每正米二石該蘆蓆一領。内本色三分，每領銀一分二釐；折色七分，每領銀一分。每正米一石例給過江水脚米六升，每升折銀五釐，共折銀三分。以上歲用銀兩同前。

供用庫白熟粳，酒醋麪局白熟糯，光禄寺白熟粳、白熟糯，王禄白熟粳五款。每正米加白耗米三斗，每正耗米一石加舂辦米二斗。以上耗辦米石悉依舊制。

府部院等衙門糙粳八分米。每正米一石加糙耗米二斗，仝前。

税糧折色除永蠲遼、練二餉并奉裁宗人、公主、公侯俸禄及挨編料價、金山存剩外，共額一十一萬九千九百三十兩八錢九分，本年止徵三萬五千九百七十九兩四錢一分。

税糧折色兵餉。共額三萬三千六百九十一兩三錢五分，本年止徵二萬二百一十四兩八錢一分。

均徭里甲銀額。九千六百二十五兩一錢四分，本年止徵二千六百六十六兩八錢二分，每畝一釐六毫八絲四忽，每丁三釐三毫六絲八忽。

續編徭里協濟科場銀。二十五兩四錢三分四釐，每畝一絲五忽五微，每丁三絲一忽。

巡撫都御史土國寶題請軍儲米及風汛米改抵兵餉米一萬二千三百六十二石九斗八升七合。每石折銀八錢，該銀九千八百九十兩三錢八分九釐六毫。

總漕部院沈文奎題改白糧官運編給經費銀。二萬一千一百一十七兩九錢五分四釐六毫七絲六忽。

○查《全書》,每石編水脚銀八錢,添簹提淺過溜銀二錢,車脚鋪墊備袋銀三錢,共該前數。

又編總協官公費役食經費銀。三千三百五十九兩六錢。

三年,土國寶復題免南運、北運、布解等役,編徵官解折色解費。每正銀一兩別徵銀二分,爲領解員役沿途盤用。一切金花、京邊、地畝、牲口、藥材、菉笋、歲造、盔甲、刀箭、胖襖、四司、折色、布絹、顔料、裁省、充餉、協濟等銀,俱本府起批解布政司轉解。原編損銀隨批解省外,另編此項給與領解員役。

是年,奉部題准改折軍器等項。

盔九十頂。每頂折價三兩五錢。

甲九十副。每副折價七兩五錢。

刀九十口。每口折價二兩。

箭一萬二千八百八十九枝。每枝折價一錢。

弦九十條。每條折價一錢。

袋九十副。每副折價二兩。

胖襖九十副。每襖一件用四托布五疋半,褲一件用布二疋,鞋襪一雙用布半疋,共八疋,每疋三錢。襖、褲共用淨棉三觔,每觔一錢,共三錢。每副折二兩七錢。

四年,復九釐地畝銀。明萬曆四十六年後遞增,兵餉照舊徵解。

是年,土國寶題改織造局匠口糧俱徵本色。

五年,奉部題徐州倉米折銀内扣解充餉銀。一千九百三十兩九錢二釐四毫,其損銀費銀兩照例編給。

七年,總督馬□□題明改折南光禄寺會同舘原編本色白粳正米二千七十八石五斗六升,改折正耗辦米一千六百七十一石一斗六升二合。除撥兵餉外,每石折銀一兩五錢,徵解北部,實存前項正耗辦米四百七石三斗九升七合,仍徵本色。

九年,沈文奎又題定加編官解白糧耗辦米二千四百三石九斗六升六合、舂辦米四百八十石七斗九升三合。查此項額運白正米一萬二千一十九石八斗三升二合,每石給官運盤用白耗米二斗,每耗米一石加舂辦米二斗,編徵前數。

糙耗米八百四十四石九斗四升九合。查此項額運糙正米四千二百二十四石七斗四升八合,每石給官運盤用耗糙米二斗,編徵前數。

運船水手飯米一千一百五十二石。查運船三十二隻,每船一隻用舵工水手一十二名,原議給飯米一石八斗,今准總漕部院咨,據漕道袁副使議報,白糧起運,往返必七八月、十餘月,餬口不敷,多盜正糧,每年掛欠。今照漕糧事例,每正米一石給飯米七升二合,每船算該三十六石,每名該米三石,以免侵蝕正糧。共編前數。

是年,承運甲丁供用四庫本色絹布、顔料等項料價不一,奉旨各項本色責成布政司行所屬州縣,照估定時價徵銀解交,藩司選委職官領銀,採辦解部。

本色農桑絲絹七疋。每疋原編價七錢。

本色潤白黄絲三梭三線布一千六百九疋。每疋原編價六錢一分,舖墊一錢二分五釐。

本色潤白黄絲三梭二線布一千六百九疋。每疋原編價六錢一分,舖墊七分五釐。

本色潤白棉布三千六百七十三疋。每疋原編價三錢,鋪墊二分四釐。

已上四款承運庫。

本色銀硃二百二十五斤八兩。每斤原編價五錢,鋪墊一錢一分。

本色光粉一百二斤十五兩。每斤原編價四分七釐,墊價一分一釐。

本色籐黄三十四斤八兩。每斤原編價一錢,鋪墊一錢一分。

本色烏梅八十斤十四兩。每斤原編價二分,鋪墊一分一釐。

本色靛花青一百六十一斤六兩。每斤原編價七分五釐,鋪墊一錢一分。

已上五款甲字庫。

本色桐油一千三百五十二斤八兩。每斤原編價四分,鋪墊八釐。

本色黄熟銅一百二十四斤一兩。每斤原編價一錢一分三釐,鋪墊一分六釐。

本色紅熟銅五十五斤十一兩。每斤原編價一錢,鋪墊一分六釐。

本色錫一百一十斤七兩。每斤原編價九分五釐,鋪墊一分六釐。

本色黄蠟一百七十三斤三兩。每斤原編價一錢六分,鋪墊一分六釐。

本色生漆八十四斤一兩。每斤原編價一錢,鋪墊一分六釐。

已上六款丁字庫。

本色黄蠟二百四十六斤六兩。每斤原編價二錢。

本色芽茶二百四十三斤一兩。每斤原編價二錢。

已上二款供用庫。應辦起運者隨時估值申報,督撫核實編徵。

是年,奉裁府、廳、縣各衙門役食量裁諸項銀兩。

知府員下書手、皂隸、馬快、斗級工食。銀九十兩。

推官員下書門、皂快、燈轎夫工食。銀七十五兩六錢。

批驗所大使員下書皂工食。銀三兩六錢。

知縣員下修宅、家伙、書手、門皂、馬快、民壯、燈轎夫、倉庫、二書、庫斗、禁卒工食。銀二百一十三兩二錢。

縣丞員下書門皂馬夫工食。銀八兩四錢。

主簿員下書門皂馬夫工食。銀八兩四錢。

典史員下書門皂馬夫工食。銀八兩四錢。

三林、黄浦、吴淞三巡司員下書皂工食。銀一十兩八錢。

下砂一、二、三場大使員下書皂工食。銀一十兩八錢。

十年,改折三梭三線布。除本色外,該折布七千四百二疋。每疋折價一兩,損價七分五釐。

折色棉布除本色外,該折布二萬八千四百三十六疋。每疋折價六錢,損價五分。

折色銀硃三百三十六斤六兩。每斤折銀三兩。

折色光粉一百五十三斤一兩。每斤折銀九分四釐。

折色籐黄二十斤一十二兩。每斤折銀二錢。

折色烏梅三百六十四斤一兩。每斤折銀四分。

折色靛花青三百七十九斤四兩。每斤折銀六分。

折色桐油五百八十斤四兩。每斤折銀八分。

折色黄熟銅三十二斤一兩。每斤折銀一錢一分三釐。

折色紅熟銅二百二斤八兩。每斤折銀一錢三分。

折色錫一百八十斤十兩。每斤折銀一錢二分五釐。

折色丁字庫黄蠟五百四十五斤十三兩。每斤折銀四錢。

折色生漆一千四百八十三斤六兩。每斤折銀二錢。

折色供用庫黄蠟七百七十六斤十一兩。每斤折銀四錢。

折色芽茶一百四十三斤二兩。每斤折銀一錢六分。

已上十五款俱除解本色外。

折色生銅一百五十七斤一兩。每斤折銀八分。

折色葉茶三百八十六斤二兩。每斤折銀六分。

已上二款全折。

十一年，工部題請加編。

折色黄麻二百八十九斤十兩一錢六分四釐。每斤折銀二分三釐。

折色翎毛二千七百七十根。每根折銀四毫八絲。

已上二款全折。

折色白蔴一百五十二斤十三兩八錢九釐二毫。除解本色外，折十分之七，該折麻一百七斤六分六釐四毫四絲，每斤折銀三分。

折色魚線膠八斤十一兩二分四釐九毫四絲四忽。除解本色外，折十分之七，該折魚線膠六斤一兩三錢一分七釐四毫六絲八微，每斤折銀八分。

已上二款折十分之七。

折色桐油六十斤八兩七錢六分二絲。除解本色外，折一半，該折桐油三十斤十二兩三錢八分一絲，每斤折銀四分。

已上一款折一半。

本色白蔴四十五斤十三兩七錢四分二釐七毫六絲。每斤價銀三分。

本色魚線膠二斤九兩七錢七釐四毫八絲三忽二微。每斤價銀八分。

本色桐油三十斤十二兩三錢八分一絲。每斤價銀四分。

已上舊《全書》不載，是年正月，工部題請加派。

十二年，奉裁本府修宅、推官家伙、本縣迎送上司傘扇等銀。共六十五兩七錢二分二釐。

又裁修理府縣院察分司各衙門銀。一百兩。二項解户部。

十三年，總督漕運都御史蔡士英題定運軍行、月糧俱本折均半兼支。

金山衛運軍一半折色行糧米。每石折銀一兩二錢。

松江所運軍一半折色月糧米。每石折銀一兩，俱照浙江議定事例。已上二款，明天啓間詳定。衛所運軍行、月二糧計名支給，每名支行糧三石，月糧八石。本縣計派編行糧一百四十一石，月糧三千三百二十四石二斗五升，遇閏月加糧三百三十二石四十〔二〕升五合。是時，題准本折均平。

是年，奉部議裁各衙門諸項充餉銀兩。

織造府項下案衣家伙。銀六十兩。

撫院項下柴薪。銀七十四兩七錢。

知府員下卓圍、傘扇。銀四兩。

管糧同知員下俸工。銀一百二十八兩九錢五分六釐。

推官員下柴薪、卓圍等項。銀二十兩四錢九分。

知縣員下柴薪、心紅、紙張、傘扇等項。銀三十兩四錢九分。

縣丞員下柴薪。銀八兩二錢二釐。

置辦上司卷箱扛架牌面等項。銀四兩。

本縣備用。銀四百兩。

養濟院孤貧柴衣。銀八十兩。

已上十款係全裁。

織造府書吏廩餼。銀九十六兩。

廩膳生員廩糧。銀一百六十四。

廩膳生員膳夫。銀八十兩。

已上三款係裁三分之二。

蘇松道吏書廩餼。銀四十八兩。

協濟武場供應。銀一十一兩六錢六分六釐五毫。

本縣正十月舉行鄉飲二次酒席。銀一十兩。

府縣各衙門神、迎春、土牛、綵鞭。銀一兩五錢。

府縣考試生童供給。銀七兩五錢。

府衛縣各儒學考卷。銀九兩。

府縣迎送新進生員入學花紅、綵旗、酒席。銀一十兩。

學院考試生童供給。銀二兩五錢。

學院考試武生供給。銀五兩。

學院歲科考行賞各學生員花紅、筆墨。銀七十兩。

按院考試觀風各學生員合用試卷、行賞、花紅、筆墨。銀五十五兩。

鹽院考試觀風各學生員合用試卷、行賞、花紅、筆墨。銀二十兩。

已上十二款係裁半。

三林、黄浦、吴淞三司弓兵工食。銀三百四十四兩四錢。

本縣聽用廠夫工食。銀八十三兩三錢三分三釐三毫。

本縣供應過往上司按臨下程中火。銀三十五兩。

本縣聽用走差馬匠草料工食。銀七十六兩八錢。

已上四款係量裁。

本府朝覲造册紙張、工食路費。銀二十五兩。

本縣朝(勤)〔覲〕造册紙張、工食路費。銀四十九兩六錢六分七釐。

已上二款係三年分編之銀,俱奉全裁。

十四年,免各衛倉加編蓆竹等米。係明崇禎年間加編。

定墾田地、蕩漊一萬四千八百五十頃八十二畝六分七釐三毫一絲。

免科公占、義塚等項二十二頃二十六畝四分九釐七毫二絲。查田額免科等項二十三頃二十四畝一分七釐六毫二絲。是年,知縣商顯仁丈勘新墾城濠官地九十七畝六分七釐九毫,每六畝准熟田一畝,該熟田一十六畝二分七釐九毫八絲,照原墾荒地量,以每畝五升起科,共科平米四石八斗八升三合九勺外,實該免科前數。

實在有徵并新墾田地、蕩漊一萬四千八百二十八頃五十六畝一分七釐五毫九絲内不等,准熟田一萬四千七百一十三頃五十九畝二分一釐三毫一絲不等,科平米三十八萬八千四百四石三斗七升三合六勺,内徵糧平米三十四萬一千三百七十石二斗一升□合,折糧平米四萬七千三十四石一斗六升二合六勺。

是年,又奉議裁充餉各款。

學院供應廪餼。銀二十五兩。

兵備道公費。銀二百一十兩。

撫院書吏及寫本官吏鋪陳、年例、供應等項。銀六十六兩。

巡漕察院供應。銀一十五兩。

巡漕察院公費。銀九兩。

已上五款全裁解部。

是年,奉文于揚州倉運丁行月糧米折内,扣解班軍充餉米折銀一千一百六十八兩四分八釐一毫七絲三忽六微。其損銀費銀兩照例編給。

十五年,工部題加四司銀一千二百六十八兩九錢一釐六毫五絲七忽二微六纖三沙六塵九渺六漠。

十六年,巡按御史馬騰陞再疏請行漕米官收官兑法。奏疏及條例俱詳載徭役。

十七年,巡撫朱國治改編省城運軍行月糧米本色。

十八年,總漕蔡士英題加揚州倉本色米該一千四百四十石二斗五升四合五勺二抄二撮。每石折銀六錢,該折銀八百六十四兩一錢五分二釐七毫一絲三忽二微,損銀費銀兩照例編給。

是年,巡撫朱國治始造奏銷册。

按:朱撫以江南蘇、松、常三府、溧陽一縣十七年分稅糧紳衿各户隔年逋欠,乃造奏銷册。例以正月内全完者方不註册,若有釐毫存額,概與什伯同科,逹部議處。是時,本縣奏銷紳衿共若干名,鐫削幾盡。

康熙元年,工部題用灰石于漕糧内改折正耗米二千一百九十九石三斗八升五合。每石折銀一兩二錢,閏月加米二百七十三石八斗四升一合三勺。

總督河道尚書朱之錫題復修河一升米折銀兩,其順治十八年仍行補徵。

定墾田地蕩漊、免科實徵額米、起科平米與順治十四年同。

城濠陞科二兩四錢六分三毫五絲三忽。

會計

科糧本色米。一十三萬九千六百八十六石九斗三升九合五抄八撮七圭,遇閏加編米二百一十五石九斗一升二合五勺,減編改折米二百七十三石八斗四升一合三勺。

夏税秋糧地畝條編折色銀。一十九萬七千四百八十九兩九錢二分八絲一忽八微五纖七沙八塵八渺一漠七埃,遇閏加編三百兩七錢八釐一毫三絲八微,改折銀三百四十八兩六錢九釐五毫六絲。

人丁田地共編均徭里甲銀。一萬四千二百七十一兩三錢七分三釐三毫七絲六忽,遇閏銀三百七十兩四錢二分四釐三毫二微。

夏税起運折色

金花折色麥一萬九千三百九石二升三合。每石折銀二錢五分,該正銀四千八百二十七兩二錢五分五釐七毫五絲,每正銀壹兩滴珠銀一分、擴銀二分、解費二分。

右解内承運庫。

公侯駙馬伯公主麥一百九十四石二斗三升二合三抄八撮。每石折銀四錢,該正銀七十七兩六錢九分二釐八毫一絲五忽二微,每正銀一兩擴銀一分四釐、解費二分。

右解太倉庫。

已上二款户部項下。

秋糧起運折色

金花折色米八萬八千三百九十九石四升四合。每石折銀二錢五分,該正銀二萬二千九十九兩七錢六分一釐,每正銀一兩滴珠銀一分、擴銀一分、解費三分。

右一款解承運庫。

公侯駙馬伯公主米三千三百三十七石二斗九升三合一抄一撮八圭五粟七顆一粒。每石折銀七錢,該正銀二千三百三十六兩一錢五釐,每正銀一兩扛銀一分四釐、解費二分。

五府六部、都察院等衙門二分米一千五十六石一斗八升七合。每石折銀一兩,該正銀一千五十六兩一錢八分七釐。

宗人府等衙門實派剩米九千四十一石九斗六升五合七勺七抄一撮六圭九粟七黍一稷。每石折銀七錢,該正銀六千三百二十九兩三錢七分六釐四絲一微八纖三沙五渺,每正銀一兩擴銀一分四釐、解費二分。

京庫布一萬三千五百八十八疋九分。每疋折銀三錢,該正銀四千七十六兩六錢七分,每正銀一兩擴銀一分四釐、解費二分。

京庫馬草七萬七百九十九包七分三釐。每包折銀三分,該正銀二千一百二十三兩九錢九分二釐五毫,每正銀一兩擴銀一分四釐、解費二分。

折色黄蠟四百五十七觔一十三兩七錢二分。每觔折銀二錢,該正銀九十一兩五錢七分一釐五毫,每正銀一兩擴銀一分四釐、解費銀二分。

富户五名。每名銀三兩,該正銀一十五兩,每正銀一兩擴銀一分四釐、解費二分。

昌平州。銀九兩六錢五分四釐五毫,每正銀一兩擴銀一分四釐、解費二分。

京庫户口鹽鈔。該正銀二百四十九兩一錢三釐二毫,每正銀一兩擴銀一分四釐、解費二分。

右九款係京邊錢糧,俱解太倉庫。

改折銀北南光禄寺、會同舘次白糧正米并白耗舂辦共米折,該正銀二千五百六兩七錢四分四釐三毫二絲,每正銀一兩擴銀一分四釐、解費二分。

改折濶白黄絲三梭二線布七千四百二疋。每疋折銀一兩,該正銀七千四百二兩,每正銀一兩解費二分。

改折潤白棉布二萬八千四百三十六疋。每疋折銀六錢,該正銀一萬七千六十一兩六錢,每疋掮銀五分,每銀一兩解費二分。

折色銀硃三百三十六斤六兩。每觔折銀三兩,該正銀一千九兩一錢二分五釐,每觔鋪墊銀一錢一分,每正銀一兩掮銀一分四釐、解費二分。

折色光粉一百五十三觔一兩。每觔折銀九分四釐,該正銀一十四兩三錢八分七釐八毫七絲,每觔鋪墊銀一分一釐,每正銀一兩掮銀一分四釐、解費二分。

折色籐黄二千觔一十二兩。每觔折銀二錢,該正銀四兩一錢五分,每觔鋪墊銀一錢一分,每正銀一兩掮銀一分四釐、解費二分。

折色烏梅三百六十四觔一兩。每觔折銀四分,該正銀一十四兩五錢九分二釐五毫,每觔鋪墊銀一分一釐,每正銀一兩掮銀一分四釐、解費二分。

折色靛花青三百七十九觔四兩。每觔折銀六分,該正銀二十二兩七錢五分五釐,每觔鋪墊銀一錢一分,每正銀一兩掮銀一分四釐、解費二分。

右除改折白粳米以下七款俱解甲字庫。

折色桐油五百八十觔四兩。每斤折銀八分,該正銀四十六兩四錢二分,每觔鋪墊銀八釐,每正銀一兩掮銀一分四釐、解費二分。

折色黄熟銅三十二觔一兩。每觔折銀一錢二分三釐,該正銀三兩六錢二分三釐六絲二忽五微,每斤鋪墊銀一分六釐,每正銀一兩掮銀一分四釐、解費二分。

折色紅熟銅二百二觔八兩。每觔折銀一錢二分,該正銀二十六兩三錢二分五釐,每觔鋪墊銀一分六釐,每正銀一兩掮銀一分四釐、解費二分。

折色生銅一百五十七斤一兩。每觔折銀八分,該正銀一十二兩五錢六分五釐,每觔鋪墊銀一分六釐,每正銀一兩掮銀一分四釐、解費二分。

折色錫一百八十斤一十兩。每斤折銀一錢二分五釐,該正銀二十二兩五錢七分八釐一毫二絲五忽,每斤鋪墊銀一分六釐,每正銀一兩掮銀一分四釐、解費二分。

折色黄蠟五百四十五觔一十三兩。每斤折銀四錢,該正銀二百一十八兩三錢二分五釐,每觔鋪墊銀一分六釐,每正銀一兩掮銀一分四釐、解費二分。

折色生漆一千四百八十三觔六兩。每觔折銀三錢,該正銀二百九十六兩六錢七分五釐,每觔鋪墊一分六釐,每正銀一兩掮銀一分四釐、解費二分。

右七款俱解丁字庫。

折色黄蠟七百七十六觔一十一兩。每斤折銀四錢,該正銀三百一十兩六錢七分五釐,每正銀一兩掮銀二分五釐、解費二分。

折色芽茶一百四十三觔二兩。每觔折銀一錢六分,該正銀二十二兩九錢,每正銀一兩掮銀二分五釐、解費銀二分。

折色葉茶三百八十六觔二兩。每觔折銀四分,該正銀一十五兩四錢四分五釐,每正銀一兩掮銀二分五釐、解費二分。

右三款俱解供用庫。

九釐地畝銀。該正銀一萬三千四百三十四兩八錢一釐二毫八絲三忽七微九纖一沙,每正銀一兩掮銀一分四釐、解費二分。

已上二十九款户部項下。

光禄寺牲口。該正銀四百八十五兩九錢四分四釐,每正銀一兩損銀一分四釐、解費二分。

光禄寺藥材料。該正銀三兩四錢八分,包裹紙張銀二兩八分六釐三毫,每正銀一兩損銀一錢七分一釐、解費二分。

光禄寺菉笋厨料。該正銀一百九十一兩八錢三分五釐,每正銀一兩損銀一分四釐、解費二分。

已上三款禮部項下。

承運庫緞疋。該正銀一千四百七十二兩五錢四分二釐四毫九絲一忽。〇皮金正銀三百二兩七錢三釐六毫九絲。〇箱櫃銀一十六兩五錢二分七毫六絲八忽。〇遇閏加正銀一百二十三兩五分七釐四絲。每正銀一兩解銀二分,每緞疋正銀一兩又加損銀八分。

斧刃磚料。該正銀二百八十九兩六錢三分五釐,每正銀一兩損銀一分四釐、解費二分。

盔甲刀弦袋。盔每頂折銀三兩五錢,甲每副折銀七兩五錢,刀每口折銀二兩,弦每條折銀一錢,撒袋每副折銀二兩,箭每枝折銀一錢,共該正銀二千六百四十七兩九錢一分六毫九絲,每正銀一兩損銀一分四釐、解費銀二分。

胖襖。每襖一件用四托布五疋,半褲一件用布二疋,鞋韈一雙用布半疋,共布八疋,每疋折銀三錢。襖褲净用棉絮三斤,每斤折銀一錢,該正銀二百四十三兩,每正銀一兩損銀一分四釐、解費二分。

折色黄蔴二百八十九斤十兩。每斤折銀二分三釐,該正銀六兩六錢六分一釐六毫一絲一忽九微,每正銀一兩損銀一分四釐、解費二分。

折色翎毛二千七百六十根。每根折銀四毫八絲,該正銀一兩三錢二分九釐六毫,每正銀一兩損銀一分四釐、解費二分。

折色白蔴一百七觔九兩。每觔折銀三分,該正銀三兩二錢一分一毫二絲四忽五微七纖五沙,每正銀一兩損銀一分四釐、解費二分。

折色魚線膠六斤一兩。每斤折銀八分,該正銀四錢八分六釐五毫八絲七忽三微四沙,每正銀一兩損銀一分四釐、解費二分。

折色桐油三十觔一十兩。每觔折銀四分,該正銀一兩二錢三分九毫五絲二纖五沙,每正銀一兩損銀一分四釐、解費二分。

已上九款工部項下。

誉繕司料價。該正銀二千六百七十一兩三錢七分三釐一毫五絲八忽三微四纖五沙二塵八渺,每正銀一兩該解費銀二分。

虞衡司料價。該正銀一千三百三十五兩六錢八分六釐六毫二絲九忽一微七纖二沙六塵四渺,每正銀一兩解費銀二分。

都水司料價。該正銀二千三百三十七兩四錢五分一釐八毫七忽一纖五沙,每正銀一兩解費銀二分。

屯田司料價。該正銀一千六百二兩八錢二分三釐九毫六絲二忽七微三纖七塵七渺六漠,每正銀一兩解費銀二分。

已上四款織造府項下。

夏税起運本色

農桑絲絹本縣該派七疋。每疋價銀七錢,該正銀四兩九錢,每正銀一兩損銀二分。

右一款户部項下。

秋糧起運本色

潤白黄絲三梭三線布一千六百九疋。每疋原編價銀六錢一分,鋪墊銀一錢二分五釐,損費銀一錢二分五釐。

潤白黄絲三梭二線布一千六百九疋。每疋原編價銀六錢一分,鋪墊銀七分五釐,損費銀七分五釐。

棉布三千六百七十三疋。每疋原編價銀三錢,鋪墊銀二分四釐,損費銀五分。

已上甲字庫。

銀硃二百二十五斤八兩。每斤價銀五錢,鋪墊價銀一錢一分。

光粉一百二觔一十五兩。每斤價銀四分七釐,鋪墊銀一分一釐。

膸黄三十四觔八兩。每斤價銀一錢,鋪墊銀一錢一分。

烏梅八十觔一十四兩。每斤價銀二分,鋪墊銀一分一釐。

靛花青一百六十一觔六兩。每觔價銀七分五釐,鋪墊銀一錢一分。

右五款俱解甲字庫。

桐油一千三百五十二觔八兩。每觔價銀四分,鋪墊銀八釐。

黄熟銅一百一十四觔一兩。每觔價銀一錢一分三釐,鋪墊一分六釐。

紅熟銅五十五觔一十兩。每觔價銀一錢,鋪墊銀一分六釐。

錫一百一十觔七兩。每觔價銀九分五釐,鋪墊銀一分六釐。

黄蠟一百七十三觔三兩。每觔價銀一錢六分,鋪墊銀一分六釐。

生漆八十四觔一兩。每觔價銀一錢,鋪墊銀一分六釐。

右六款俱解丁字庫。

黄蠟二百四十六觔六兩。每觔價銀二錢。

芽茶二百四十二觔一兩。每觔價銀八分。

右二款解供用庫。已上一十六款俱户部項下。

白蔴四十五觔一十三兩七錢四分二釐七毫八絲。每觔價銀三分,每正銀一兩損銀一分四釐。

魚線膠二觔九兩七錢七釐四毫八絲三忽二微。每觔價銀八分,每正銀一兩損銀一分四釐。

桐油三十觔一十一兩三錢八分一絲。每觔價銀四分,每正銀一兩損銀一分四釐。

已上三項工部查出,題准加派續解。

漕運正兑正米。六萬五千三百二十八石八斗六升一合,内改折正米一千三百八千一石七斗,遇閏改折正米一千五百七十三石六斗二升一合。

改兑正米。九千六百三十八石四斗二升一合,内改折正米二百三石八斗五升,遇閏改折正米二百七石八斗一升三合。

已上漕兑米二款。

正兑漕船本色三分蘆蓆。九千七百九十九領三分二釐九毫一絲五忽,每領折銀一分二釐,該銀一百一十七兩五錢九分一釐九毫四絲九忽八微。

楞木。三十二根六分六釐四毫四絲三忽五纖,每根折銀五錢五分,該銀一十七兩九錢六分。

松板。二百九十三片九分七釐九毫八絲七忽四微五纖,每片折銀四錢五分,該銀一百三十二兩二錢九分九釐四絲三忽五微二纖五沙。

過江水脚六升米折。該銀一千九百五十九兩八錢六分五釐八毫三絲。

改兑漕船本色三分蘆蓆。一千四百四十五領七分六釐三毫一絲五忽,每領折銀一分二釐,該銀一十七兩九錢四分九釐一毫五絲七忽八微。

改兑漕船過江水脚六升米折。二百八十九兩一錢五分二釐六毫。

已上六款隨漕給軍。

正兑項下河工備剥解淮銀。六百五十三兩三錢八分八釐六毫一絲,每正銀一兩解費二分。

輕齎銀。七千八百三十九兩四錢六分三釐三毫二絲,每正銀一兩損銀一分、解費銀二分。

折色七分蘆蓆。二萬二千八百六十五領一分一毫三絲五忽,每領折銀一分,該銀二百二十八兩六錢五分一釐一絲三忽五微,每正銀一兩解費二分。

改兑項下二升耗米折銀。九十六兩三錢八分四釐二毫一絲。

折色七分蘆蓆。三千三百七十三領四分四釐七毫三絲五忽,每領折銀一分,該銀三十七兩七錢三分四釐四毫七絲三忽五微,每正銀一兩解費二分。

官運供用庫白熟粳正米。該五千五百八十四石一斗八升四合。

酒醋麵局白熟糯正米。該七百七石九斗九升八合。

光禄寺白熟粳正米。該四千三百七十六石一升八合一勺。

光禄寺白熟糯正米。與酒醋麵局同額。

王禄白粳正米。該六百四十三石六斗三升四合一勺。

已上五款,每正米一石加白耗米三斗,又正耗米一石加舂辦米二斗。

府部等衙門糙粳八分米。四千二百二十四石七斗四升八合,每正米一石加糙耗米二斗。

運船水手米。本縣派船三十三隻,該米一千一百五十二石。

募船、水脚、添簟、提淺、過溜、由閘、過壩、盤剥、車脚、備袋、鋪墊等銀。二萬一千一百一十七兩九錢五分四釐六毫七絲五忽。

協濟起運

鳳陽府倉麥四千八十七石七升七合。每石折銀四錢,該正銀一千六百三十四兩八錢三分,每正銀一兩損銀三釐、解費二分。

徐州永福倉米四千八百二十七石二斗五升六合。每石折銀六錢,該正銀二千八百九十六兩三錢五分三釐六毫。

徐州永福倉米折。該正銀九百六十五兩四錢五分一釐二毫,每正銀一兩損銀三釐、解費銀二分。

徐州改解户部充餉。該正銀一千九百三十兩九錢二釐四毫,每正銀一兩損銀三釐、解費銀二分。

揚州倉扣解班軍充餉米一千九百四十六石七斗四升六合。每石折銀六錢,該正銀一千一百六十八兩四分八釐一毫七絲三忽六微,每正銀一兩損銀一釐五毫、解費銀二分。

揚州倉扣給運軍行月糧一半折色米銀。該原編折銀八百六十四兩一錢五分二釐七毫一絲三忽二微,增編折銀一百一十二兩九錢四分四釐五毫八絲三忽一微,每折銀一兩損銀一釐五毫、解費銀二分。

揚州倉改派給軍行月糧一半本色。該米二千五百四石二升七合九抄九撮七圭。

總河修河三升米折銀。該九百九兩四錢五分一釐二毫。此項舊正二升,本年題復一升。

兩浙運司水鄉蕩價并白塗包補。該正銀二千九百六十八兩七錢七分六釐一毫八絲八忽,每正銀一兩損費一分二釐、解費銀二分。

山東昌平等驛銀。該二千二百四十九兩七錢四分八釐，每正銀一兩解費二分。

鳳陽府睢陽池河王莊驛銀。該二百二十九兩五錢九分，損銀二兩六分六釐三毫一絲，每兩解費二分。

滁州滁陽驛銀。該三十五兩三錢三分，損銀五錢六分，每兩解費二分。

滁州大柳驛銀。該四十二兩，損銀六錢七分二釐，解費銀八錢四分。

已上協濟驛站四款俱裁扣充餉。

秋糧存留支給

金山衛漕運淺船六隻。實編價銀六十二兩六錢八分四釐一毫九絲六忽。

松江所漕運淺船九隻。實編民七料價銀九十四兩二分六釐二毫九絲六忽三纖。

金山衛運軍一半折色行糧、該銀八十兩。月糧。六百九十兩四錢六分七釐，遇閏月加月糧六十九兩四分六釐。

松江所運軍一半折色月糧。該銀九百七十一兩六錢五分八釐，閏月加銀九十七兩一錢六分五釐。

金山衛運軍一半本色行糧、該米七十石五斗。月糧。該米六百九十石四斗六升七合，遇閏加米六十九石四升六合。

松江所運軍一半本色月糧。該米九百七十一石六斗五升八合，遇閏加米九十七石一斗六升五合。

織染局匠口糧。該米四百二十八石四斗，遇閏加米三十五石七斗。

養濟院孤貧口糧。該米二百八十八石，遇閏加米二十四石。〇按：此項于本年抵撥兵餉，其應給口糧于府縣罰穀贖内動支給發。

江南省城兵餉。該銀五百六十六兩八錢一分二釐八毫八絲六忽，每兩解費二分。

查將舊額抵編各款分列于後

農桑絲絹折色。正損銀三十六兩二錢七分一釐二毫。

光禄寺蜜糖。正損銀二十八兩二錢三分六釐三毫一絲八忽。

惜薪司運柴脚價。正損銀二百五十五兩六錢四分二釐八毫三絲八忽。

禮部藥材。正損銀二兩二錢六分四釐五毫三絲。

國子監膳夫。正損銀八十兩九錢六分。

五城弓兵。正損銀一百六十三兩四錢三分八釐。

操院防江兵餉。該銀一十兩每正銀一分，解費二分。〇按：前項于明崇禎年間加編，順治初年免編，以甦民困。十五年間，因防江兵餉缺額，准部咨，於徭里裁省解部錢糧内，將修理察院公舘家伙銀兩撥補，改入秋糧派徵。

操院座船水手工食抵充兵餉。該銀二十四兩，每正銀一兩解費二分。此係徭里，今改入秋糧派徵。

本處督鎮并蘇、松道標及上、青守城兵餉。該三萬五千五百一兩二錢八毫六絲六微。

查將舊額抵編各款分列于後

南京倉麥。四千八百二十七石二斗五升六合，每石折銀四錢，每兩損銀一分六釐，該正損銀一千九百六十一兩七錢九分六釐八毫三絲八忽四微。

南公侯駙馬伯府部等衙門禄米。三千六百一十九石六斗九合七勺二抄四撮二圭八粟五顆七粒，每石折銀七錢，每兩損銀一分六釐，該正損銀二千五百七十四兩二錢六分六釐四毫二絲八忽八微。

南光禄寺次白粳米。五百六十七石九斗一升二合，每石折銀七錢，每兩損銀一分四釐，該正損銀四百三兩一錢三釐二毫二絲七忽八微。

南定場倉草。二萬二百七十四包五分，每包折銀一分八釐，每兩損銀一分四釐，該正損銀三百七十兩五分一毫七絲四忽。

神樂觀盤運貼役銀。四十三兩六錢三分九釐六毫八絲。

餘存官俸銀。四百八十七兩五錢九分六釐八毫。

軍儲風汛米。一萬二千三百六十二石九斗八升七合，每石折銀八錢，該銀九千八百九十兩三錢八分九釐六毫。

練兵銀。七千八百六十一兩四錢二分六釐五毫一絲一忽一微。

田上兵銀。三千五十三兩三錢一釐六毫。

本縣并儒學吏糧銀。一十七兩六錢四分。

南部柴薪皂隸三十名。每名銀一十二兩，每名耗銀三兩，每兩損銀一分二釐，該正耗損銀三百七十三兩三錢二分。

南各衙門直堂直廳皂隸一十四名。每名銀一十兩，每名耗銀二兩，每兩損銀一分二釐，該正耗損銀一百四十五兩八錢八分。

吴淞總兵供應犒賞銀。一百三十五兩二錢。

兑留操江兵餉抵充吴淞兵餉銀。九十三兩。

扣減民壯工食抵充川沙寶鎮兵餉銀。共一千八百九十兩。

抵補常州府扣留兵餉銀。一百一十五兩。

抵補句容縣協濟海防兵餉銀。一十八兩。

撫院牙兵加編工食抵充兵餉銀。一兩五錢九分。

練兵官廩糧銀。一十八兩。

防守城池庫獄水陸兵壯工食銀。三千四百五十六兩。

參將供應犒賞銀。二百六兩二錢。

備用抵充兵餉銀。八百兩。

寶山所壯兵工食銀。一千八十兩。

河下皂隸工食銀。六十兩。

本府各官員下皂隸裁扣工食銀。一百五十六兩。

本縣各官員下皂隸裁扣工食銀。二百二十三兩二錢。

各場鹽課司裁扣工脚銀。四十五兩。

松江分司門皂工食銀。二十一兩六錢。

已上俱係徭里，今改入秋糧派徵。

江南省城兵糧白粳正米。該二百八十二石九斗一升五合，每正米一石加白耗米二斗，每正耗米一石加舂辦米二斗，又每正米一石給盤用銀二錢、貼役一錢。

本處督鎮兵糧糙粳米。該一百七十四石五斗五升八合七勺二抄。

南各衛倉糙粳米撥抵兵糧米。該二千六百九十七石八斗一升五合五勺七抄。

南各衛倉糙粳米撥給省城運軍本色行糧米。該九百六十石八斗一合四勺三抄。

已上兵糧四款。右税糧本折二色,俱載《賦役全書》,歷年加減,悉爲詳考載入。

每七年一編綾紗料價銀。該二千三百四十五兩七錢一分八釐四毫九絲。〇按:此項不在會計之内,徵給織染局堂長領辦,不編解費。

均徭里甲等項名色。詳載後十四、五等年。

補徵順治十八年增丁銀。一十一兩三分一釐四毫四絲五忽。

城濠官地陞科銀。二兩四錢六分三毫五絲三忽,米二石一斗四合。

二年,會計,實徵原編起存地丁銀二十萬九千七十六兩二錢六釐三毫九絲三忽六微二纖一沙二塵三渺三漠九埃。

減編白糧經費、協部公費、裁扣充餉等項。共銀三千四百七十三兩二分一釐五毫六絲九忽五微。

增編本色辦料時值并解費等項。七百八十兩三錢九分二釐二毫七絲八忽五微九纖一沙七塵八渺九漠。

增編淺船銀。二百二十二兩九錢九分六釐九毫一忽。

增編揚州府運軍月糧銀。一百一十五兩三錢七分二釐八毫九絲一忽四微三纖一沙二塵。

增編存留項下二升耗米輕齎徐州米折一升修河等解費銀。二百九十一兩五錢一釐七毫七絲一忽九微四纖七沙九塵二漠。

另編白糧改折正損費并灰石折贈銀。一萬五千七百八十三兩九錢七分一釐四毫四絲八忽九微五纖二塵。

補編順治十七八年揚州府運軍月糧。該銀二百二十五兩八錢八分九釐一毫一絲六忽二微,次年免編訖。

補編練餉銀。三千八百八十九兩一錢七分六釐五絲五忽五微二纖三沙二塵九渺六漠一埃,次年免編訖。

補編徭里壬寅年歲貢坊匾銀。一百二十兩,次年免編訖。

本色漕白各糧額與元年同。

三年,原額田地派徵折色銀二十一萬二千九百七兩七分二釐二毫九絲二忽一微四纖五沙四塵三渺三漠九埃。

增編本色辦料項下時值價損銀。一千三百六十五兩九錢八釐九毫八忽五微九纖七沙六塵九渺七埃。

白糧改折銀。六萬一百一十六兩二錢四分三毫七絲六忽三微二纖八沙。

閏月銀。六百一十七兩四錢八分六釐九絲七忽七微。

通共正、閏銀二十七萬五千六兩七錢七釐六毫七絲四忽七微七纖一沙一塵二渺四漠六埃。内奉旨颶潮秋發等疏蠲銀二萬四千三百四十八兩八錢四分六釐七絲五微六纖八沙七塵四渺一漠五埃。

漕糧正改兑正耗。米一十萬一千五百一十七石一斗二升六合四勺。

解南白粳正耗辦米。四百七石三斗九升七合八勺七抄六撮。

解南糙粳撥抵兵糧米。三千八百三十三石一斗七升五合七勺二抄。

金松衛所運丁行月米。一千七百三十二石六斗二升五合,閏月加米一百六十六石二斗一升二合五勺。

揚州府倉運丁行月米。二千五百四石二升七合一勺。

局匠口糧米。四百二十八石四斗,閏月加米三十五石。

卹孤口糧米。二百八十八石,閏月加米二十四石。

另徵白糧改折銀。三萬七千五百七兩三錢七分五毫三絲九忽三微六纖四沙。

另徵南白折銀。四百八十八兩八錢七分五毫一絲七忽二微。

通共各項銀二十五萬四千四百九十四兩六錢二分四釐五毫七絲一忽六微九纖三沙六塵三渺二漠七埃,内減三年分二分水災蠲銀二萬一千九百五十八兩六錢一分二釐一毫五絲二忽一微三纖四沙二塵五渺七漠二埃。

又隨正減蠲扛費銀一千八十四兩四錢七分九毫三絲五忽八微八纖八沙八塵二渺五漠八埃。

又改折布疋、顏料、鋪墊、損費通融抵蠲。銀一百一十九兩九錢七分八釐八毫八絲七忽五微。

減蠲本年三分秋災銀。三萬二千九百三十七兩九錢一分八釐二毫二絲八忽二微一沙三塵八渺五漠八埃。

隨正減蠲損費銀。一千六百二十六兩七錢六釐四毫三忽八微三纖三沙二塵四渺八漠七埃。

減編白糧募船水手并倉脚夫工食銀。一萬二百六兩八錢九分九釐九毫三絲八忽。

除三年分存留流蠲銀。二千七百六十二兩一錢八分八釐九毫四忽九微三纖五沙三塵三渺一漠五埃。

又本年存留奉蠲銀。三千一百兩三錢九分三釐外。

實徵一十八萬六百九十七兩四錢五分三釐一毫二絲一忽一微八纖五塵八渺三漠七埃。又奉布政司撥補三年分銀二千五百八兩八錢四分五釐五毫二絲九忽三微二纖五沙一塵一渺八漠六埃,又撥補四年分銀三千七十九兩五錢六分六釐七毫。

通共一十八萬六千二百八十五兩八錢六分五釐三毫五絲五微五沙七塵二漠三埃。

起運存留本色及陞科充餉共實徵米一十二萬六千三百五十九石二升五合五勺六抄,内南糙項下流蠲應蠲及補編十六、七兩年囤扒米石,奉文免編于民,訖其揚倉米石,本年水災疊荒,咨部每石折價六錢,彙解總漕。

五年,減編淺船銀。一百五十六兩七錢一分四毫九絲。

減編四年分流蠲本色補墊損費。一百七十九兩九錢六分八釐三毫三絲一忽二微五纖。

增編本色辦料時價。銀一千四百一十七兩二錢七分三釐五毫三絲八忽七微七沙七塵二渺六漠。

增編南白折銀。四百五十二兩五錢九分九釐一毫二絲一忽四微九纖一沙二塵。

存留四年分水災奉蠲流抵本年銀。六千一百八十七兩二錢二分。

實徵二十萬八千八十兩四錢六分八釐一毫八絲六忽九微九纖四沙三塵五渺九漠九埃。

布政司撥補銀。五千二百一十八兩二錢一分二釐。

漕糧正改兑正耗米。一十萬一千五百一十七石一斗二升六合四勺。

白糧正耗辦米。二萬八千七百二石三斗四升五合六勺八撮。

解南白粳正耗辦米。一百五石六斗六升五合一勺七抄七撮七圭七粟七顆二粒。

解南糙粳撥抵兵糧米。三千八百三十三石一斗七升五合七勺二抄。

金松衛所行月糧米。一千七百三十二石六斗二升五合。

協濟揚州倉運丁行月糧米。二千五百四石二升七合一勺。

局匠口糧米。四百二十八石四斗。

恤孤口糧米。二百八十八石。

五年額同，本、折、閏月與三年同。

是年，巡撫韓世琦從婁縣知縣李復興申請，照浙江嘉、湖事例行均田均役法具題，奉旨依議，因檄知府張羽明，轉檄署縣事水利通判安承啓奉行。按均田均役法，闔縣自十六保起，至三十保止，爲保一十五，爲啚三百九十四，不等科則田地蕩漊准熟田共計一萬四千七百一十三頃五十九畝二分一釐三毫一絲，闔縣均攤配搭，分爲十保，每保三十區，每區一百甲。其完欠徵比法詳載《徭役志》。

七年，額徵起存地丁錢糧共徵銀二十一萬四千八百二十九兩八錢五分六釐九毫五絲二忽三微二纖四沙四塵九渺三漠六埃。

漕糧正改兑米、白糧正耗辦米等糧俱與五年同額。

八年，原額田地派徵折色銀二十一萬三千一百二十八兩九錢八分五釐九毫八絲七忽八微七纖六沙六塵三渺三漠九埃。

增編辦料項下詳增時值價損銀。一千一百九十兩九錢九分四毫四絲五忽七微一纖二沙八塵二渺八漠五埃。

本色起存漕白各糧米一十三萬九千三百八十七石二斗三升六合二勺八抄五撮七圭七粟九顆二粒。

九年，原額田地派徵折色銀二十一萬四千一百二十九兩九錢二分六釐九毫七絲八忽八微七纖六沙一塵三渺三漠九埃。

本年奉詳增本色辦料項下編徵時值價損銀。一千一百七十二兩六錢八分一釐六毫四絲八忽九微三纖四沙七渺六漠。

補編金松衛所民七料價銀。五百六十一兩九錢六分六釐九毫八絲。

補編俸銀及已酉科科舉盤費等銀。一百二十八兩七錢四分二釐六毫。

閏月銀。六百七十二兩三錢三分二釐四毫三絲一忽。

額徵本色漕白各糧并閏月米一十三萬九千三百三十九石三斗七合四勺八抄五撮七圭七粟九顆二粒。

十年，額徵起存地丁并編徵共銀二十一萬三千八百五十七兩一錢三分三釐五毫一絲一忽八微一纖七塵九漠九埃。

本縣舊編十六保、十八保、二十一保、二十二保、二十三保、二十四保、二十五保、二十六保、二十七保，俱傍大浦，遇旱則藉潮汐以滋灌溉，遇水則賴泄瀉以通湮没，頗無焦潦之災。其遠浦之地如十七保、十九保、二十保，俱浦以東，逼近海塘，二十八保、二十九保、三十保俱浦以西，青浦錯壤，皆屬内地，潮信不通。是年旱災特甚，奉部例，報災田五六分者免糧十分之一，七八分者免糧十分之二，九十分者免糧十分之三，俱照報災數蠲免。共蠲銀二萬一千九十九兩五錢六分五釐六毫一絲二忽二纖六塵六漠三埃。

實徵銀一十九萬二千七百五十七兩五錢六分七釐八毫八絲九忽七微九纖一塵三漠六埃。

蠲次白粳正米。十二石九斗六升五合九勺九抄五撮八圭九粟三粒。

蠲提標項下兵米。四百七十石三斗六升二合五勺三抄二撮七圭。

蠲局匠口糧米。五十二石五斗六升八合二勺四抄二撮三粟八顆。

蠲卹孤口糧米。三十五石三斗九合九勺四撮。

十一年,詳增本色辦料項下編徵時值價損銀。六百七十四兩二錢一分二釐八毫九絲八忽三微三纖四沙七渺六漠。

詳增灰石項下編增五贈米折十贈銀。三百九十五兩七錢一分六釐二毫八忽。

編徵十贈銀。一萬一百五十一兩八錢六分一釐四毫一絲九忽九微四沙。

補編己酉科舉人坊表等銀。一百五十五兩二錢。

新增編審丁銀。三十八兩九錢四分一釐五絲五忽六微一纖六塵八渺二漠四埃。

通共正閏銀二十二萬五千五百六兩九錢一分七釐五毫五忽七微一纖四沙九塵九漠九埃。内除本年冰雹被災奉旨蠲免正閏銀一千二百八十二兩八錢六分八釐九毫四絲三忽八微一纖七沙四塵九渺九埃。

漕糧正兑改兑正耗米一十萬一千五百一十八石六斗一升四合二勺五抄。

白糧正耗辦并陞科米二萬八千七百二石七斗五升六合七勺五抄四撮九圭一粟二顆。

解南次白粳正耗辦并陞科米。共一百五石六斗七升一合六撮四圭六粟七顆二粒,内除十年分流蠲正耗辦米一十二石九斗六升五合九勺九抄五撮八圭九粟三顆,實徵正耗辦米九十二石七斗五合一抄五圭七粟四顆二粒。

南糙撥提標兵米。二千七百九十二石八斗三升五勺六抄一撮,内除本年冰雹災蠲米三十五石五斗一升七合八勺九撮四圭九粟七顆八粒,實徵米二千七百五十七石三斗一升二合七勺五抄二撮一圭二粟二粒。

南糙撥黄浦營兵米。一千四十石四斗。

局匠口糧連陞科閏月糧除十年分流蠲米實徵。四百一十一石五斗三升七合八勺八抄七撮一圭二粟一顆一粒。

恤孤口糧連陞科閏月糧除十年分流蠲米,又除本年冰雹災蠲實徵。二百七十三石七斗七升三合一勺六抄六撮八粟三顆一粒。

漕贈五米。五千七十五石九斗三升七勺一抄二撮五圭。

按:本縣歲編正兑、改兑、白糧、解給各項共額米一十四萬八百二十餘石有奇,自改官收官兑,有一三五耗例,即於完糧現額儘數扣除,故輸漕一石僅掣串七斗有零,積習相沿,民甚病之。是年,知縣陳之佐革除舊例,每收米一石如數給串,絶無扣除等弊,各項陋規湔滌俱盡,共節省民間餘米三萬餘石。勒石漕倉,永爲則例。今歷任通行,實陳侯惠澤之始,雖百世可也。

十二年,會計,編徵折色税徭銀二十二萬三千三百八十二兩六錢四分五釐七毫九絲九忽七微八纖三渺三漠九埃。

本色辦料項下計一十九款,詳奉題定時價增編價損銀。六百三十五兩三錢八分七釐二毫七絲三忽九微三纖四沙七渺六漠。

編徵本色漕白二糧并軍南金揚局恤等米。一十四萬四千四百七十七石三斗五升九合六抄七圭四粟一顆三粒。

是年,奉旨特賜蠲免明年地丁一半。

十三年,均編科舉坊儀盤纏銀。一百九十二兩二錢八分八釐八毫。

補編舉人生員科舉會試坊儀等銀。六百二十九兩一錢四分二釐。

奉蠲本年地丁銀。八萬五千二百二兩三錢六分三釐四毫一絲三忽一微七纖八沙八塵五渺九漠五埃五逡。

補徵不蠲一半鹽課正槓費銀。二千五百三十四兩二錢八分二釐五毫一絲三忽八沙。

通共實徵銀一十四萬二千二百九十二兩六錢一分九釐二毫五絲七忽一微五纖四沙七塵三渺二漠七埃五逡。

漕白二糧正耗辦米與十二年分同。

解南白粳正耗辦米除蠲免一半外,實徵五十二石八斗三升五合五勺三撮二圭三粟三顆六粒。

解南糙撥抵兵米除蠲一半外,實徵米一千九百一十六石五斗八升七合八勺六抄。

局匠口糧除蠲一半外,實徵米二百一十四石二斗。

恤孤口糧除蠲一半外,實徵米一百四十四石。

漕贈五米五千八十九石五斗四升八合三勺八抄五撮。

十四年,補編金山衛學壬子科遺才生員盤纏銀八兩一錢。

是年,部議爲酌議捐省等事案内奉裁充餉各款開列于後。

起運項下撍銀。三千三百七十五兩三錢一分一釐五毫。

徐揚馬役撍銀。三十七兩三錢二分三釐六毫。

修理院道船料銀。七十兩。

本縣供應過往上司嗄程及小飯中火銀。三百六十兩。

修理本府正佐首領并教官各衙門銀。一十二兩。

修理本縣各衙門銀。八兩。

修理察院分司公舘各衙門銀。五兩。

上司按臨下學行香賞紙等銀。一十二兩。

已上八項俱全裁。

撫院項下心紅紙劄銀。七兩九錢五分六釐三毫五絲。

鹽院項下心紅紙劄銀。二十七兩。

知府員下心紅紙劄銀。一十兩。

馬快工食銀。四十二兩。

知縣員下心紅紙劄銀。一十兩。

馬快工食銀。六十七兩二錢。

民壯工食銀。一百五十兩。

修埋倉監銀。一十兩。

本縣儒學教諭員下餵馬草料銀。六兩。

江寧府科場席舍銀。三十二兩六錢六分三釐二毫。

協濟武場供應銀。五兩八錢三分三釐二毫五絲。
三林、黄浦、吴淞三司弓兵工食銀。三百一十九兩八錢。
府縣考試生童供給銀。三兩七錢五分。
府衛縣各儒學考卷銀。四兩五錢。
學道考試生童供給銀。一兩二錢五分。
學院考試武生供給銀。二兩五錢。
學道歲科考行賞各學生員花紅等銀。三十五兩。
鹽院考試觀風行賞各學生員花紅等銀。一十兩。
府縣迎送入學新生員花紅等銀。五兩。
歲貢盤纏銀。五十兩。
應試生儒花紅等銀。一十七兩九錢八分四釐四毫。
會試舊舉人盤纏等銀。一十兩五錢。
新中試舉人坊儀等銀。四十六兩五錢六分。
新科進士行賀等銀。一十八兩六錢。
新科武進士牌坊銀。二兩五錢。
已上二十五項俱半裁。
又爲請裁可緩之經費等事案内奉裁充餉各款。
撫院項下心紅紙劄銀。七兩九錢五分六釐三毫五絲。
鹽院項下心紅紙劄銀。二十七兩。
知府員下心紅紙劄銀。一十兩。
知縣員下心紅紙劄銀。一十兩。
府縣考試生童供給銀。三兩七錢五分。
府衛縣各儒學考卷銀。四兩五錢。
學道考試生童供給銀。一兩二錢五分。
學道考試武生供給銀。□兩□錢□分。
學道歲科考各學生員花紅等銀。三十五兩。
鹽院考試觀風各學生員花紅等銀。一十兩。
府縣迎送入學新生員花紅等銀。五兩。
應試生儒花紅等銀。一十七兩九錢八分四釐四毫。
已上十二項俱全裁。
知府員下步快工食銀。二十四兩。
皂隸工食銀。二十四兩。
管糧同知員下皂隸工食銀。三十六兩。
知縣員下門子工食銀。六兩。
皂隸工食銀。四十八兩。

燈夫工食銀。一十二兩。

已上六項俱半裁。

按：右裁諸款蓋因十四年始，黔、蜀、滇、閩、粤、楚等處叛逆，王師陸續進勦，兵餉告乏，部議將存留支款盡裁，起運充餉，則存留支給無幾矣。

漕白正耗辦及解南次白南糙兵糧米與十三年分同。

金松協濟局匠恤孤米與十三年分同，閏月米與十一年分同。

十五年，新增編審人丁，該徵銀一十四兩一錢三分一釐一毫二絲二忽六微五纖五沙三塵五漠七埃。

漕糧正耗辦及南兵金楊局恤孤等米俱與十二年分同。

改折白糧銀四萬三千五十三兩五錢一分八釐四毫一絲二忽。

改折漕米每石九錢，該折米七千八百四十二石四斗二升七合九勺，折銀七千五十八兩一錢八分五釐一毫一絲。

改折五贈米三百九十二石一斗二升一合三勺九抄五撮，每石折銀九錢，該銀三百五十二兩九錢九釐二毫五絲五忽五微，解充餉。

奉文爲酌議損俸等事案内捐裁充餉各款。

撫院項下俸銀。四十五兩三錢。

知府員下俸銀。五十二兩三錢二分二釐二毫。

管糧同知員下俸銀。四十二兩五錢五分六釐。

知縣員下俸銀。四十五兩。

已上四項俱全捐。

又爲合計天下等事案内奉裁充餉各款。

本府斗級工食銀。三十六兩。

本縣斗級工食銀。二十四兩。

本縣庫子工食銀。二十四兩。

本縣仙船水手工食銀。三十六兩。

兵備道清字號仙船水手工食銀。一十四兩四錢。

布政司朝覲紙劄路費銀。八兩。

按察司朝覲紙劄路費銀。二兩九錢。

雲間所祇應庫役銀。五十兩。

本府秋糧總書紙張并印由單銀。二十六兩。

本縣秋糧總書紙張工食銀。三十兩。

看守儒學祠廟門子工食銀。三兩六錢。

習儀拜牌香燭庭燎銀。一兩四錢。

歲終新書銀。四十兩。

已上十三項俱全裁。

本縣儒學齋夫工食銀。一十四兩四錢。
本府賫進表箋等銀。三十九兩八錢九分六釐一絲。
歲貢盤纏銀。一十六兩六錢六分六釐七毫。
會試舊舉人盤纏銀。三兩五錢。
新中試舉人坊儀銀。一十五兩五錢二分。
新科進士行賀等銀。六兩二錢。
新科武進士牌坊等銀。八錢三分三釐三毫三絲。
已上七項俱量裁。
又爲暫移存留等事案内奉裁充餉各款。
知府員下馬快工食銀。四十二兩。
步快工食銀。二十四兩。
皂隸工食銀。二十四兩。
管糧同知員下皂隸工食銀。三十六兩。
批驗所大使員下皂隸工食銀。一十二兩。
知縣員下門子工食銀。六兩。
皂隸工食銀。四十八兩。
馬快工食銀。六十七兩二錢。
民壯工食銀。一百五十兩。
燈夫工食銀。一十二兩。
轎傘扇夫工食銀。四十二兩。
縣丞員下俸銀。四十兩。
門子工食銀。六兩。
皂隸工食銀。二十四兩。
馬夫工食銀。六兩。
董漕縣丞員下俸銀。四十兩。
門子工食銀。六兩。
皂隸工食銀。二十四兩。
馬夫工食銀。六兩。
主簿員下俸銀。三十三兩一錢一分四釐。
門子工食銀。六兩。
皂隸工食銀。二十四兩。
馬夫工食銀。六兩。
典史員下門子工食銀。六兩。
皂隸工食銀。二十四兩。
馬夫工食銀。六兩。

三林、黄浦、吴淞三巡司員下皂隸工食銀。三十六兩。

下砂一、二、三場大使員下皂隸工食銀。三十六兩。

本縣儒學教諭員下齋夫工食銀。二十一兩六錢。

門子工食銀。二十一兩六錢。

廪膳生員膳夫銀。四十兩。

餵馬草料銀。六兩。

三林、黄浦、吴淞三巡司弓兵工食銀。三百一十九兩八錢。

本縣正、十月舉行鄉飲酒席銀。一十兩。

府縣各衙門桃符、門神、迎春、土牛、綵鞭等銀。一兩五錢。

本縣舖司兵工食銀。三十五兩。

歲貢盤纏銀。三十三兩三錢三分三釐三毫。

會試舊舉人盤纏銀。七兩。

新中試舉人坊儀銀。三十一兩四錢。

新科進士行賀等銀。一十二兩四錢。

新科武進士牌坊銀。一兩六錢六分六釐六毫六絲。

已上四十一項俱全裁。

按：已上各事案議裁充餉之外，無款可裁，無項可動。科臣張惟赤議以軍需方虞匱乏，請以官宦田地應輸錢糧每兩加徵銀三錢，每石加徵米三斗，奉部議允行。徵至二十年，諸逆蕩平，奉詔免徵。

十六年，分定墾田地蕩漊一萬四千八百二十八頃五十六畝一分七釐五毫九絲。

除公占免科外，又籌餉案内清出上鄉腹内低薄田六十四畝七分七釐，每一畝四分准熟田壹畝，該准熟田四十六畝二分六釐四毫三絲，每畝科平米一斗九升五合，該平米一十三石六斗四升七合九勺六抄八撮五圭。

實在不等准熟田一萬四千七百一十四頃五畝四分七釐七毫四絲，不等科平米三十八萬八千四百一十八石二升一合五勺六抄八撮五圭。

會計編徵税徭本折起存并全折白糧銀米與十五年分額同。

另徵籌餉案内清出陞科銀八兩八錢八分八釐八毫四絲二忽三微八沙二塵三渺六漠四埃三巡，米四石八斗一升一合四勺一抄七圭一粟一顆二粒二黍二稷。

奉文爲請旨事案内奉裁充餉。

修理龍衣座船料價銀。三十五兩七錢一分三釐三毫三絲。

已上一項量裁。

又爲請旨酌量等事案内奏裁充餉各款。

儒學員下香燭銀。二兩五錢二分。

座紅站船水手工食銀。二百三十兩四錢。

已上二項俱全裁。

本縣看監禁卒工食銀。二十四兩。

修理倉監銀。五兩。

江寧府科場席舍供應銀。一十六兩三錢三分一釐六毫。

協濟武場供應銀。二兩九錢一分六釐六毫二絲五忽。

已上四項俱半裁。

本縣舖司兵工食銀。九十一兩。

已上一項補裁。

十七年，額徵税徭折色起存白折并清出陞科正閏共銀二十六萬八千三百八十二兩五錢四分四釐五毫一絲七忽三微九纖七沙六渺七漠七埃六巡。

本色各糧連閏并清出陞科共米一十一萬五千七百一十六石四斗七升七合三勺三抄四撮一圭五粟一顆六粒一黍七稷六糠，内奉文改折漕糧正贈米八千二百三十四石五斗四升九合二勺九抄五撮，每石部折銀九錢，該折銀七千四百一十一兩九分四釐三毫六絲五忽五微。其餘仍徵本色。

十八年，額徵折色起存白折共銀二十六萬七千四百九兩七錢三分九釐八毫〔六〕絲二微六纖七沙四塵八渺九漠一埃六巡，内除請旨事案内奉文復辦白糧應減白折銀一萬一千二十一兩三錢二分六釐一毫七〔絲〕，仍徵本色白糧米七千三百四十七石五斗五升七勺八抄。

額徵本色漕糧正贈并南兵金揚局恤等米一十一萬五千七百七十九石七斗三升一合四勺四抄八撮七圭三顆八粒九黍九稷八糠，内奉文改折漕糧正贈米五千九百九十四石二斗三升四勺四抄五撮，每石折銀九錢，該折銀五千三百九十四兩八錢七釐四毫五微。

十九年，額徵折色起存正閏共銀二十二萬五千三百二十七兩四錢四分二釐六絲六忽一微八沙一塵三渺二埃五逡六巡。

又編白糧改折銀三萬六千一百九十八兩三錢五分三釐一毫二絲四忽六微七纖二沙四塵五渺八漠八埃五逡。

額編本色漕白二糧并南兵金揚局恤漕贈正閏共米一十二萬二百八十八〔石〕七斗七升八合九勺五抄八撮三圭八顆五粒四稷八糠。

二十年，額徵折色起存并白折共銀二十六萬五百五十二兩二錢三分七釐三〔毫〕二絲九忽八微六纖五塵八渺九漠一埃六巡。

另徵編審增丁銀一十五兩七錢六分八釐九毫四絲七忽八微三沙六塵六漠八埃。

本色漕白二糧南兵金揚局恤等米一十二萬三百五十石三斗九升九合八勺二抄二撮三圭八顆四粒九黍九稷八糠。

是年八月，内部覆江撫慕天顏題請坍荒賠累無追一案，奉旨准豁坍版荒田地應蠲銀米錢糧，從十七年分蠲免起，仍應挨年扣免于民訖。

按：巡撫慕天顏檄行，今知縣史彩不憚馳驅，躬親勘驗，共丈確坍浦田自十六保語兒涇三十一啚起，至二十二保三十一啚東海護塘止，共八十三啚，坍没版荒原丈田池蕩漊五十頃九十九畝三分,准熟田四十八頃七十七畝五分三釐三毫;又吴淞江自康熙十一年復濬,沿江各啚從二十五保一啚起,至三十保十啚止,共一十九啚,坍没原丈田蕩三頃九十六畝一分三釐六毫,准熟田三頃二十二畝九分七釐七毫。通共坍荒原丈田五十四頃九十五畝四分三釐六毫,准熟田五十二頃畝五分一釐。

蠲免條折銀。九百九十六兩四錢五分五釐九毫一絲二忽五微三纖五沙六塵九渺七漠七埃。

蠲免本色米。四百八十六石九升五抄三撮三圭六粟六顆一粒三黍七稷一糠。

實徵折色銀二十五萬九千九百九十四兩二錢四釐八絲七忽三微三纖四沙八塵九渺一漠四埃六巡。

本色米一十一萬九千八百六十四石三斗一升八勺一抄五撮五圭三粟一顆七粒四黍一稷八糠。

通縣續建砲臺、演武場、營房、邑廟、塞城等基,共計二百一十九畝有奇。

按:此項公占向年均攤闔縣民甲輸糧,前任曾造册申部,未蒙允豁。今知縣史彩涖任,籌酌再三,復派則生飛洒之弊,申請恐誤考成之期,因于本年新編之始,詳造數册,申明府藩撫督,願捐俸代輸,急公卹下,疲氓感悦,豈第沛澤于一時,實開百世惠愛之源也。

二十一年,定墾田地、蕩漊除坍荒豁額外,實在田地、蕩漊一萬四千七百七十三頃六十畝七分三釐九毫九絲,又除公占免科外,不等准熟田除坍荒豁額外,實在准熟田一萬四千六百六十二頃四畝九分六釐七毫四絲,不等科平米三十八萬六千九百四十二石二斗九升九合五勺六抄八撮五圭。

實徵本折色銀米與二十年實徵額同。

是年,奉詔開復官俸銀兩,照舊支給,宦户加徵銀兩停止免徵,其衙役工食二十二年照舊支給。又本色白糧二十二年全徵起運,又驛站錢糧准復二分,現在遵行。

不在丁田雜辦

匠班正銀。二百三十四兩,損銀二兩八錢八釐,概縣各色人匠計五百二十名,每名銀四錢五分。

漁課銀。一百一兩六錢一分四釐六毫七絲,概縣漁船網户所納。

門攤課鈔銀。一百兩,店舖小甲催辦。

康熙上海縣志卷之四

田　賦　三二鄉起科等則及准折熟田舊編鄉保區啚田糧數目

本朝夏、秋二税之額已載上卷，其低薄舊荒傍浦留步及柴草蕩水漊有兩而折一、六而折一者，有公占免科者，區分派别，條晰靡遺，固見法制之密，而益章軫恤之恩，燭照而數計也。百爾君子，其亦善推此意以鳩吾民矣乎？

本縣上、下二鄉計一十五保五十六區三百九十八里，共田地蕩漊一萬四千八百五十頃八十二畝六分七釐三毫一絲。

免科公占義塚等共二十二頃二十六畝四分九釐七毫二絲。

實在有徵田地蕩漊一萬四千八百二十八頃五十六畝一分七釐五毫九絲，不等准熟田一萬四千七百一十三頃五十九畝二分一釐三毫一絲。

不等科平米三十八萬八千四〔百〕四石三斗七升三合六勺，内徵糧平米三十四萬一千三百七十石二斗一升一合，五錢折徵平米四萬七千三十四石一斗六升二合六勺。

人丁八萬一千九百六十丁。

上鄉

十六保、十八保、二十一保、二十二保、二十三保、二十四保、二十五保、二十六保、二十七保、二十八保、二十九保、三十保，計三十區，共二百一十七里，該田地蕩漊七千二百三十四頃四十八畝三分五釐三毫五絲，内除公占義塚等免科外，實在有徵田地蕩漊七千二百二十一頃三十四畝一分六釐八毫五絲，不等准熟田七千一百五十三頃三十五畝一分八釐一毫二絲。

不等科平米二十一萬一千六十六石三斗一升二合七勺。徵糧平米一十六萬五千八百四石二斗二升六合九勺，五錢折糧平米四萬五千二百六十二石八升五合八勺。

人丁三萬九千八百三十七丁。

免科田一十三頃一十四畝一分八釐五毫。

十六保一區：天一啚四分三釐一毫，十并十五啚一畝七分五釐二毫，廿啚七畝八分五釐九毫。二區：八啚六分八釐三毫，十一啚一畝三分九釐四毫，十四啚十二畝七分二釐二毫。三區：廿五、廿七、三十三、三十八、四十四、四十五、四十七、四十九啚六畝九分四毫。四區：廿六、廿八啚一畝六分九釐，三十二、四十二、五十二啚一十四畝三分三釐，三十九、四十六、五十一啚一畝七分七釐一毫。五區：廿九、三十一啚一十九畝三分八釐三毫。

十八保一區：十七、十八、十九啚五分九釐五毫，廿二、五十啚四畝五分七釐八毫，廿六、三十三啚一畝四分三毫，廿九、三十一啚一畝六分六釐二毫，三十五啚一畝五釐七毫。二區：六并三十七、十五、三十三、三十八啚四畝五分四釐三毫，十六、二十、廿一、廿四啚二畝八分五毫，廿三、廿五啚一畝九分六釐，廿七、廿八啚一畝三分九毫。三區：七、八、九啚三畝七釐五毫，十四、三十九、四十八啚三畝六分一釐八毫。四區：一、二啚一畝九分八釐，三、三十一、四十一啚十六畝二分七毫，四并三十六啚四畝七分五釐，十二、十三啚一畝八分。

二十一保一區：一啚四畝六分六釐二毫，五啚四畝六分一毫。二區：六、九啚、九十一啚七畝八釐，四十二啚一畝，五十四、五十五啚五分八釐九毫，八十啚三畝二分一釐。三區：十四、十八啚三畝一分一釐八毫，廿六、廿七啚八畝七分五釐五毫。四區：十六、廿八啚四畝七分七釐一毫，廿九啚二畝六分。

二十二保一區：三十八啚四畝七分二釐五毫，三十九、五十二啚一畝八分六釐二毫，四十三啚七畝九分四釐四毫，四十四啚一畝五分。六區：五十啚八畝九分八釐二毫，五十一、五十三啚二十八畝一分五釐七毫。

二十三保一區：一、二、八啚一十四畝六分五釐六毫，四、七啚二畝六釐一毫，十二啚一十四畝三分二釐，十九啚七畝五釐三毫。三區：三、五啚三畝二分，六并九十啚五畝七分五釐一毫，十一、十三啚一畝二釐五毫，十五、十六啚六分二釐八毫。

二十四保一區：天一、四啚一畝四分五釐三毫，方一、二、五、九啚四畝二分六釐。二區：三并副八啚三畝一分五釐三毫，六、七、九啚四畝八分七釐六毫，正八、十、十一啚一十八畝一分七釐七毫，十二、十三、副十五、十六、十七啚十五畝二分五釐八毫，十四、十五啚一畝八分一釐八毫。三區：三、五啚五畝三分六釐九毫，六、七、三十一啚二畝五分六釐一毫。四區：十六、廿二、廿三啚七畝四分八釐六毫，十七啚三畝六毫，十八、廿四啚三畝三分八釐，十九啚三畝九分七釐七毫，二十、廿一啚一畝三分二釐一毫，二十六啚二分七釐。

二十五保一區：一、二、三、四啚一頃八十三畝六釐五毫，五、六、七、八啚一頃四十四畝五分三釐二毫，九、十、十一、十二啚二頃二十五畝五分三釐八毫，十三啚二十五畝八分二釐一毫，十四啚六分七釐，十五啚一分八毫，十六啚八十六畝二分七釐五毫。

二十六保一區：廿一、廿八、廿九、三十一啚一頃一十六畝八分五釐，廿五啚一畝九分一釐六毫，廿三、廿四啚三畝五分六釐。二區：十并十三、十四啚三畝八分三釐一毫，十一、廿七啚八畝三分九釐，十五、廿二啚五畝八毫。

二十七保一區：一啚一畝五分二釐三毫，二、三、四啚四分八釐三毫，七、八、九啚一分四釐，十并十一啚一十五畝七分四釐八毫，十二啚二畝二分三釐三毫，十三啚二畝四分二釐七毫。

二十八保一區：一、二啚七畝五分二釐，五、六啚二畝四分九釐五毫，十六、十七啚一畝二分八釐七毫，十九啚一十八畝三分一釐一毫。二區：四、八、九啚五畝七分五釐四毫，七啚三畝五分五釐八毫，十并十二啚一十四畝一分二釐四毫，北十二啚一畝，十八啚二畝二分四釐七毫。

二十九保一區：一、二啚八畝一釐七毫，三、四啚五畝六分三釐五毫，五、六啚二畝六分八釐九毫。

三十保一區：一、五啚一畝九釐，二啚三畝六分九釐五毫，八、九啚三畝四分三釐九毫。二區：三、七啚四畝八分四釐九毫，四啚三畝三分二釐五毫，六并十二啚八畝一分五釐六毫。

徵糧項下

熟田五千五百七十二頃九十八畝九分二釐六毫八絲。每畝均科正耗平米二斗九升五合。

十六保一區：天一、廿三、廿四啚四十九頃九十三畝八分八釐二毫，十并十五啚七十三頃五十二畝八分二釐五毫，十六啚二十七頃六十一畝六分六釐三毫，二十、廿一啚五十六頃六十四畝一分九釐五毫。二區：八啚四十二頃三十五畝五釐，十一啚五十六頃五十一畝四分七毫，十四啚五十一頃六十一畝九分九釐四毫。三區：廿五、廿七、三十三、三十八、四十四、四十五、四十七、四十九、十并十八啚一百三十二頃六十九畝六分一釐八毫。四區：廿六、廿八啚六十二頃四十八畝三分五毫，三十二、四十二、五十二啚六十八頃三十四畝七分三毫，三十九、四十六、五十一啚一百一十頃五十七畝六分一釐四毫。五區：廿九、三十一啚九十二頃七十九畝六分七釐六毫。

十八保一區：十七、十八、十九啚五十七頃五十一畝五分四釐三毫，廿六、三十二、三十三啚五十六頃三十三畝五分八釐五毫，廿九、三十一啚四十頃九十畝四分一釐一毫，三十四、三十五啚四十二頃七畝七分二釐，廿二、五十啚九十七頃一十九畝三分四毫。二區：六并三十七、十五、三十三、三十八啚八十四頃一十二畝六釐三毫，十六、二十、廿一、廿四啚八十四頃九十八畝九分三釐二毫，廿三、廿五啚三十六頃九十六畝六分七釐六毫，廿七、廿八啚三十二頃六十六畝六分六釐六毫。三區：五、七啚五十頃七十四畝一分九釐三毫，七、八、九啚七十六頃八十七畝二分四釐二毫，十四、三十九、四十八啚七十二頃五畝六分三釐三毫。四區：一、二啚四十五頃九十畝四分二釐二毫，三并四十一啚七十八頃九十八畝九分二釐，十并四、三十六啚六十四頃五十五畝三分六釐九毫，十二、十三啚四十六頃九十六畝一分一釐六毫。

二十一保一區：一啚二十八頃八十一畝二分六釐八毫，五啚四十一頃五畝七分三釐九毫，七啚四十九頃七十七畝一分二毫，十三啚四十六頃六十畝八分七釐四毫。二區：六、九、九十一啚九十六頃五十二畝一分七釐九毫，四十二啚五十三頃三十七畝五分四釐九毫，五十四、五十五啚五十頃七十畝八分五釐一毫，八、十啚三十四頃九十七畝八分一釐。三區：十四、十八啚六十三頃七十二畝四分三釐八毫，廿一、廿二、廿三、廿四、廿六、廿七啚一百四十一頃三十四畝八分九毫。四區：十六、二十八啚七十六頃七十二畝八分三釐四毫，十七、二十、廿五啚一百一十頃四十一畝二分四釐五毫，廿九、三十啚七十二頃六十六畝一分一釐一毫。

二十二保一區：三十八啚四十五頃四畝三分一毫，三十九、五十二啚五十八頃七十七畝五分八釐七毫，四十三啚五十一頃九十八畝一分九釐八毫，四十四啚六十八頃二十六畝五分九釐五毫。六區：五十啚五十七頃三畝五分七釐八毫，五十一、五十三啚五十五頃一十四畝七分八釐。

二十三保一區：二、八啚七十一頃八十四畝三分四釐九毫，十二、十四啚四十三頃一十五畝四分二釐六毫，十九啚一十八頃四十九畝三分八釐四毫。二區：三、五啚四十八頃一十三畝九分六釐八毫，六、九、十啚九十九頃五十四畝五分一毫，十一、十三啚七十六頃八十八畝五分三釐一毫，十五、十六啚五十六頃四十畝九分二釐一毫。

二十四保一區：天一、二、列四啚五十四頃二十二畝一分六釐四毫，方一、二、五、九啚一百四十二頃三十四畝四分四釐一毫。二區：三并副八啚一百五頃畝八分八釐一毫，六、七、九啚七十八頃二畝二分七釐二毫，八并十、十一啚五十頃九十畝七分八釐五毫，十四、十五啚四十三頃五十五畝八分一釐六毫，十二、十三、副十五、十六、十七啚一百三十五頃七十九畝七分三釐五毫。三區：三、四、五啚七十二頃六畝四分五釐八毫，六、七、三十一啚一百五頃六十一畝一分一釐。四區：十八、廿四啚六十頃三十九畝八分二釐六毫，十六、廿二、廿三啚七十頃一十四畝三分七釐八毫，十七、四十八啚五十七頃七十八畝六分四釐二毫，十九、廿五啚五十頃六十畝一分五釐五毫，二十、廿一啚六十二頃三十畝五毫，廿六、四十七啚六十三頃三十畝六分一釐九毫。

二十五保一區：一、二、三、四啚六十九頃三十二畝二分八釐，五、六、七、八啚一十五頃二十三畝九分六釐四毫，九、十、十一、十二等啚一百七頃九十七畝五分八釐。

二十六保一區：廿一、廿八、廿九、三十一啚一百八頃一十九畝八分四釐六毫，廿三、廿四啚九十五頃四十畝二分八釐三毫，廿五、廿六啚六十四頃七十八畝九分三釐九毫。二區：十并十三、十四啚七十六頃六十五畝七分三釐二毫，十一、廿七啚七十八頃四十畝二分三釐七毫，十五、廿二啚八十七頃八十五畝四分一釐七毫。

二十七保一區：一、二啚一百五頃三十三畝三釐，五、六啚三十四頃九十七畝九分七釐一毫，七、八、九啚六十九頃八十五畝五分九釐五毫，十并十一啚三十四頃九十七畝一分三釐，北十二啚三十五頃五十八畝六分六釐九毫，十三啚二十四頃九十六畝二分一釐。

傍浦留步熟田六頃五十三畝五分六釐六毫，每一畝四分准腹内熟田一畝，共准熟田四頃六十六畝八分三釐二毫九絲。以下准熟田一畝俱均科正耗平米二斗九升五合。

十六保一區：天一啚二十畝五毫，十五啚四畝七分七釐七毫，十六啚二十一畝五分九釐四毫，二十、二十二啚六畝九釐一毫。二區：十一啚二十三畝四分八釐二毫，十四啚九畝三分一釐。四區：廿六、廿八啚一十六畝九分二釐二毫，五十二啚三分七釐八毫，四十六、五十一啚五畝二分九釐二毫。

十八保一區：廿九、三十一啚一畝一分五釐四毫。

二十一保一區：一啚一十一畝二分二釐五毫，五啚三十七畝四分，七啚一十二畝四分五毫，十三啚一十八畝九分六釐六毫。二區：五十四、五十五啚三畝二釐六毫，九、十一啚一十七畝四分五釐三毫。三區：十八啚二畝九分六釐九毫，廿一啚六畝四分二釐五毫，廿六啚四畝三分七釐。四區：廿九啚八畝八分二釐。

二十二保一區：四十三啚三十七畝八分二釐七毫。六區：五十啚六畝六分八釐四毫，五十一、五十三啚四十三畝八分一釐七毫。

二十三保一區：一、二啚一十四畝六分二釐四毫，十二、十四啚五十二畝六分四釐八毫，十九啚二十六畝二分八釐三毫。二區：五啚四畝六分八釐，十三啚四畝三分九釐三毫。

二十四保一區：方一、二、五、九啚五十三畝三分四釐八毫。二區：六啚三十四畝九分七釐，八并十、十一啚一十六畝九分二釐七毫，十二、十三、副十五、十六、十七啚一十一畝八分八釐二毫。三區：三、四、五啚三十三畝五釐一毫。四區：十六、廿二、廿三啚二十一畝四分七釐，廿一啚一十畝九分八釐七毫，廿四啚三畝二分四釐三毫。

二十五保一區：六啚六畝二分五釐六毫，十四啚六畝七分一釐，十五啚七畝一分九釐九毫，十六啚五畝一分二釐一毫。

二十六保一區：廿一、廿八、廿九、三十一啚一十一畝六分二釐六毫。二區：十并十三啚三畝一分四釐七毫，十一、廿七啚二分五釐。

二十七保一區：一啚四畝二分五釐九毫。

低薄舊荒田二十九頃九十九畝三分一釐五毫，每一畝五分准熟田一畝，共准熟田一十九頃九十九畝五分四釐三毫三絲。

十六保一區：天一啚二頃五十五畝二分八釐，十并十五啚七十畝七分六釐五毫，十六啚五十八畝四分五釐五毫，二十、二十二啚一十一畝二分七釐九毫。二區：八啚三十五畝八分二釐一毫，十一啚四畝五分一釐五毫，十四啚七畝六分四釐。三區：廿五、廿七、三十三、三十八、四十四、四十五、四十七、四十九、十八啚一頃八十二畝五分八釐九毫。四區：廿六啚二十六畝四分一釐四毫，五十二啚一十八畝三分八釐六毫，三十九、四十六、五十一啚三十三畝六分八釐。五區：廿九、三十一啚一十三畝六分三釐二毫。

十八保一區：十七、十八、十九啚一畝八釐八毫。二區：廿七、廿八啚四十八畝四分一釐二毫。三區：五、七啚一頃九十九畝五分九釐一毫，七、八、九啚一頃二十畝七分二釐三毫。四區：一、二啚二十六畝二分一釐七毫，十一、四十一啚八畝五分五釐。

二十一保一區：一啚九畝九分九釐五毫，五啚八十四畝八分七釐七毫，七啚一頃二十二畝一分九釐八毫,十三啚三十四畝六分九毫。二區:六、九、九十一啚一頃二十二畝五分四釐二毫,五十四、五十五啚二十八畝九分九釐五毫,八十啚四十一畝七分二毫。三區:十八啚一畝八分四釐四毫,廿一啚五畝三毫。

二十二保一區:四十三啚六分五釐八毫,五十二啚一十九畝六分。六區:五十啚一十五畝六分三釐一毫,五十一、五十三啚三頃九十畝四分四釐五毫。

二十三保一區:一、二啚一畝三分九釐六毫,十二啚四十四畝三分一釐二毫。二區:十三啚五畝九分。

二十四保一區:天一啚二畝二分五釐,方一、二、五、九啚九十一畝五分六釐。二區:三啚九畝二分四釐三毫,十并十一啚一十一畝二毫,十二啚二畝六分一釐二毫,十四啚四畝五分三釐八毫,九啚一畝一分九釐二毫。三區:四啚三畝八釐九毫。四區:十九啚二十一畝九分二釐三毫,廿一啚六畝九分七釐,廿二、廿三啚四分五釐三毫,廿四啚一十九畝二釐二毫,四十七啚一十畝三分。

二十五保一區:一、二、三、四啚六頃九十六畝六分四釐,八啚二分。

二十六保一區:廿一、廿八、廿九、三十一啚一十五畝六分七釐六毫。二區:十并十四啚三十七畝二分九釐三毫,十一、廿七啚四畝八釐七毫,十五啚一畝三釐四毫。

二十七保一區:一啚五分五釐二毫,十二啚六畝九分三釐四毫。

傍浦留步低薄田二十六畝四分一釐六毫六絲,每二畝一分准熟田一畝,共准熟田一十二畝五分七釐九毫三絲。

十六保一區:十五啚一畝一分六釐四毫。四區:四十六、五十一啚五分一釐。

二十一保二區:五十四、五啚四分。九十一啚一畝一分七釐四毫。

二十三保一區:十二啚二畝九分三釐。

二十四保四區:廿一啚一十五畝九分一釐八毫,廿四啚七分三釐七毫。

二十六保二區:十一、廿七啚三畝五分八釐三毫。

得業蕩二十五頃三分八釐七毫三絲,每二畝准熟田一畝,共准熟田一十二頃五十畝一分九釐三毫七絲。以下各則蕩漊准熟田一畝均科平米三斗。

十六保一區:十啚一十一畝六分四釐八毫,十六啚二畝七分,二十啚六分一釐四毫。二區:八啚二十一畝五分九釐八毫,十一啚八十六畝五分四釐三毫,十四啚一十四畝五分九釐。三區:二十五、七、三十三、八、四十四、五、七、九十八啚一十七畝四分五釐七毫。四區:廿六啚一十四畝四分二釐二毫,四十二啚四畝五分七釐一毫,四十六、五十一啚一畝一分六釐六毫。

十八保一區:十七、十八、十九啚六畝六分六釐五毫,三十二啚五分,五十啚八分五釐九毫。二區:廿三、廿五啚八畝七分三釐三毫,廿七、廿八啚七畝九分九釐七毫。三區:九啚六分九釐一毫,四十八啚三分二釐四毫。四區:四十一啚二畝八毫。

二十一保一區:五啚二十九畝四分八釐二毫,七啚八分二釐二毫,十三啚三十二畝八釐六毫。三區：十八啚一十八畝四分四釐，廿六、廿七啚二十八畝六分四釐一毫。四區：十七啚三畝四分七釐四毫，廿八啚二畝一分三釐，廿九啚四畝一分六毫。

二十二保一區：三十八啚五畝六分九釐七毫，五十二啚三畝八分四釐六毫。六區：五十啚一十六畝七分六釐二毫，五十一啚三頃五十七畝七分一釐。

二十三保一區：一、二啚七畝六釐六毫，十二啚一十畝一分一釐八毫。二區：三啚六分四毫，六啚一十四畝九分。

二十四保一區：方一、五、九啚四十九畝七分九釐四毫。二區：六啚二十六畝八分一釐六毫，八并十、十一啚一頃二十七畝六分九毫，副八啚三分六釐六毫，十二、三、十六啚八十六畝七分一釐八毫，十四、十五啚一頃四十二畝八釐二毫。三區，四、五啚一十畝六分一釐六毫，六、七啚一十二畝四分一釐八毫。四區：十六啚五畝五分七釐，十九啚一十一畝六分八釐一毫，廿四啚一頃一畝三分九毫，廿六啚一十八畝五分八釐，四十八啚五畝一分七釐五毫。

二十五保一區：一、三啚五頃六十四畝四分七釐七毫，六啚八畝一分三釐一毫，十二啚七十八畝五分一釐四毫，十四啚一十三畝六分八釐八毫，十五啚一十七畝二分八釐七毫。

二十六保一區：廿一、廿八、廿九、三十一啚一頃八畝四分二釐，廿三、廿四啚三畝四分八釐九毫，廿五、廿六啚四畝五分。二區：十并十三啚四畝五分九釐二毫，十一、廿七啚五畝五分三釐七毫。

二十七保一區：一啚三畝三分二毫，十并十一啚二頃三十六畝六分二釐一毫，十二啚七十八畝九分五釐，十三啚三十五畝一分七釐六毫。

傍浦留步得業蕩七十七畝二分二釐三毫，每二畝八分准熟田一畝，共准熟田二十七畝五分七釐九毫六絲。

二十一保一區：十三啚六畝一分八釐五毫。

二十二保六區：五十一啚二十畝七釐二毫。

二十四保一區：方二啚六畝二分五釐二毫。二區：八并十、十一啚二十四畝二分四釐九毫，十二啚七畝七分八釐五毫。三區：五啚一十一畝四釐二毫。四區：十六啚一畝二分三釐六毫，廿四啚四分二毫。

柴蕩六頃七十八畝七分九釐九絲，每三畝准熟田一畝，共准熟田二頃二十六畝二分六釐三毫六絲。

十六保二區：十一啚一十九畝五分七釐四毫，十四啚九畝四分二釐一毫。三區：十八啚六分。四區：四十六、五十一啚一畝九釐九毫。五區：二十九啚二畝五分一釐。

十八保一區：二十九、三十一啚二畝七毫。二區：二十、二十一啚一畝八分七毫。

二十一保一區：七啚一十四畝七分九釐八毫，十三啚二十畝四分八釐六毫。四區：二十九啚二畝六分一釐八毫。

二十二保一區：五十一啚一十三畝三分三釐九毫。六區：五十啚一十畝一分，五十一、五十三啚四十畝二釐一毫。

二十三保一區：一、二啚四畝九分一釐五毫。二區：三、五啚一十六畝四分三毫。

二十四保一區：九啚四十一畝六分四釐。二區：正八啚六畝三分四釐八毫，十二啚二畝。三區：五啚三十八畝五分六釐。四區：二十四啚一十三畝五分五釐九毫，四十七啚四十二畝六釐七毫。

二十六保一區：廿一、廿八、廿九、三十一啚四十六畝九分一釐四毫。二區：十并十三啚七十五畝四分九釐四毫，十一、廿七啚三畝四分七釐五毫。

二十七保一區：一、二、三、四啚一畝五分七釐，十并十一啚九十九畝六分七釐，十二啚七十三畝七分五釐五毫，十三啚七十四畝四釐一毫。

傍浦留步柴蕩五畝四分八釐四毫，每四畝二分准熟田一畝，共准熟田一畝三分五毫七絲。

二十二保六區：五十一啚五畝四分八釐四毫。

草蕩水漊三十六頃六十八畝四分五釐三毫一絲，每六畝准熟田一畝，共准熟田六頃一十一畝四分八釐九毫。

十六保一區：十并十五啚三十二畝九分三釐三毫，十六啚六十三畝六分七釐九毫，二十二啚三畝四釐一毫。二區：十一啚九十四畝九分三釐七毫。三區：廿五、廿七、三十三、三十八、四十四、四十五、四十七、四十九、十八啚六十一畝四釐八毫。四區：二十六啚一畝五毫，四十二啚三畝四分一釐九毫，四十六、五十一啚一十四畝一分五釐三毫。五區：二十九啚三分四毫。

十八保一區：十七、十八、十九啚六十四畝四分七釐二毫，二十二、五十啚二頃四十四畝三分九釐四毫，二十六、三十二、三十三啚七十一畝三分九釐五毫，廿九、三十一啚四十七畝七分一毫，三十四、三十五啚一頃四十九畝五釐六毫。二區：六并三十七、十五、三十三、三十八啚六十九畝九分五釐四毫，十六、二十、廿一、廿四啚五十一畝四分一釐八毫，廿三、廿五啚一十畝五分三釐五毫，廿七、廿八啚四十三畝四分四釐九毫。三區：五、七啚六畝六分二釐六毫，七、八啚六畝三分六釐八毫，十四、三十九、四十八啚四十四畝八分七釐。四區：一、二啚一畝六分五釐一毫，三、四十一啚一十八畝三分六釐九毫，十并四、三十六啚六畝四分二釐八毫，十三啚五畝四分一釐六毫。

二十一保一區：一啚一頃一十七畝五分四釐九毫，五啚九十二畝四分六釐五毫，七啚一頃一十八畝三分三釐四毫，十三啚一頃九十四畝四分三釐八毫。二區：六、九、九十一啚三頃三十畝七分八毫，四十二啚一頃一十畝六分四釐十毫，五十四、五啚一頃七十七畝一分二釐三毫，八十啚一頃八十九畝一分六釐五毫。三區：十四啚九畝九分一釐七毫，廿一、廿二、廿三啚二十九畝二分六釐八毫，廿六、廿七啚九十一畝三分八釐三毫。四區：十六啚一十九畝二分八釐，二十啚七畝四分六釐一毫，二十九、三十啚九十三畝一分五釐七毫。

二十二保一區：三十八啚三畝六分六釐七毫，四十四啚二畝九分五釐八毫，五十二啚一十六畝六分一釐九毫。六區：五十啚二畝六分八釐七毫，五十一、五十三啚四十四畝七分一釐五毫。

二十三保一區：一、二啚五畝，十二啚三十二畝八分五釐一毫。二區：三、五啚一十六畝二分三釐，十一啚七釐。

二十四保一區：一、四、六啚四十畝一分三釐九毫，方一、二、五、九啚二十五畝四分五毫。二區：三并副八啚一十四畝三分六釐二毫，七、八、九啚二十三畝九分九釐五毫，十并十一啚四畝七分五釐，十二、十三、副十五、十六、十七啚一十一畝七分七釐五毫，十四啚五十畝九分六釐五毫。三區：三、四、五啚五畝九分九釐三毫，六、七、三十一啚一十四畝一分一釐六毫。四區：十六、廿二、廿三啚三畝一分八釐五毫，十七啚六畝六釐六毫，十八、二十四啚三十六畝二分九釐九毫，二十五啚一畝七分三毫，四十七啚二十四畝七分一毫。

二十五保一區：一、二、三啚九十一畝一分五釐五毫，六啚四畝八分六釐二毫，十二啚一十五畝二分三釐四毫，十四啚七畝九分六釐二毫，十五啚五畝九分八釐八毫，十六啚一十三畝一分三釐。

二十六保一區：廿一、廿八、廿九、三十一啚一頃四十三畝七分六釐九毫，二十四啚八畝八分四釐一毫，二十六啚二畝六分二釐五毫。二區：十并十三、十四啚九畝二分七釐五毫。

二十七保一區：一、二啚一十九畝一分三釐三毫，十并十一啚五十五畝一分三釐，十二啚八十畝九分八釐八毫，十三啚一頃二十四畝四分九釐五毫。

傍浦留步草蕩九畝五分八釐一毫，每八畝四分准熟田一畝，共准熟田一畝一分四釐六絲。

二十二保一區：四十三啚九畝五分八釐一毫。

新墾城壕官地九十七畝六分七釐九毫，每六畝准熟田一畝，共准熟田一十六畝二分七釐九毫八絲。

二十五保一區：一、二、三、四啚二十二畝一分五釐六毫，五、六、七、八啚三十一畝七分八釐二毫，十六啚六畝五分五毫，九并十、十一啚三十七畝二分三釐六毫。

五錢折糧項下

熟田一千五百二十七頃三十四畝一釐六毫。每畝均科正耗平米二斗九升五合，每平米一石折徵銀五錢。

二十三保一區：四、七啚四十四頃一十一畝一釐二毫，十九啚二十七頃四十四畝七分二釐二毫。二區：十六啚四十畝。

二十四保二區：十二、十三啚二頃四十畝一分四釐六毫，十四、十五啚二頃五畝八釐四毫。四區：十六、廿二啚二頃九十一畝六分八釐七毫，十七啚一頃八十四畝三分三釐四毫。

二十五保一區：一、二、三、四啚三頃三十八畝三分五釐五毫。

二十七保一區：十并十一啚六頃三十九畝七分三釐四毫，十二啚二十三頃二十畝二分一毫，十三啚五頃八畝六分八釐八毫。

二十八保一區：一、二啚九十五頃二十七畝一釐五毫，五、六啚五十三頃二十二畝八分五釐，十六、十七啚八十五頃二十九畝八分五釐〔一〕毫，十九啚四十五頃一十五畝七分七釐八毫。二區：三啚四十八頃六十四畝九分七釐九毫，四、八、九啚五十一頃九十八畝二分八釐七毫，七啚五十六頃一畝三分八釐五毫，十并十一、十二啚九十頃五畝二分八釐，北十二啚三十八頃三畝六分一釐三毫，十八啚四十八頃三十六畝一分九釐三毫。

二十九保一區：一、二啚一百一十五頃六十一畝七分三釐一毫，三、四啚一百二十二頃六十九畝七分八釐九毫，五、六啚一百二十四頃十八畝九分一釐四毫。

三十保一區：一、五啚七十三頃三十九畝五分九釐六毫，二啚五十頃九十一畝一分二釐六毫，八、九啚七十五頃六十四畝四分三釐九毫，十啚五十六頃八十畝一分一毫。二區：三、七啚五十六頃九十八畝五分四釐三毫，四啚四十五頃七十八畝七分八釐八毫，六并十二啚七十四頃二畝五分七釐二毫。

低田三頃五十四畝六分五釐九毫，每一畝五分准熟田一畝，共准熟田二頃三十六畝四分三釐九毫三絲。以下准熟田一畝均科正耗平米二斗九升五合，照例每石折徵銀五錢。

二十八保一區：十六、七啚一十五畝一分六釐六毫，十九啚三畝一分七釐。二區：七啚二畝一分五毫，十并十一、二啚一頃二十二畝五分八釐二毫，十八啚七畝八釐三毫。

二十九保一區：一啚八畝五分三毫，三啚四畝八分四釐六毫，五、六啚一頃八十五畝九釐二毫。

三十保一區：二啚二畝三分二釐五毫。二區：十二啚三畝七分八釐七毫。

得業蕩七頃六十四畝五分二釐五毫，每二畝准熟田一畝，共准熟田三頃八十二畝二分六釐三毫。以下各則蕩准熟田一畝均科平米三斗，照例每石折徵銀五錢。

二十八保二區：三啚三十七畝九分四釐九毫，四、八、九啚一頃八十一畝四分一釐八毫，十并十一、十二啚一頃十七畝三分八釐六毫。

二十九保一區：三啚一十六畝六分一毫，六啚七畝九分三釐六毫。

三十保一區：八、九啚二頃七十五畝七分三釐，十啚二十一畝三分六釐六毫。二區：四啚七十八畝六分六釐七毫，六啚二十七畝四分七釐三毫。

柴蕩一頃五十七畝三分四毫，每三畝准熟田一畝，該熟田五十二畝四分三釐四毫。

二十八保二區：三啚八畝三分一釐九毫，四、八、九啚二十七畝八分九釐九毫，十并十一、十二啚六畝三分四釐七毫，十八啚二畝三分二釐七毫。

二十九保一區：一啚二畝三分四釐二毫，六啚七畝三分七釐五毫。

三十保一區：八、九啚四十八畝六分八毫，十啚二十七畝六分一毫。二區：六啚二十六畝四分八釐六毫。

草蕩水溇一頃七畝八分四釐，每六畝准熟田一畝，共准熟田一十七畝九分七釐三毫二絲。

二十八保一區：五、六啚二畝二分七釐，十六、十七啚四畝五分七釐一毫，十九啚二畝六分九釐二毫。二區：三啚二分三釐八毫，四、八、九啚二十六畝六分三釐七毫，七啚一畝五分三釐，十并十一、十二啚二十七畝二分三釐九毫。

二十九保一區：一、二啚五畝九分三釐九毫，三啚四畝一分八釐三毫，六啚八畝六分五釐二毫。

三十保一區：一啚二分四釐，八啚七畝九分一釐四毫。二區：四啚一十畝二分五釐八毫，六并十二啚三畝九釐四毫，七啚□二畝三分八釐三毫。

人丁三萬九千八百三十七丁。

十六保一區：十并十五啚四百十二丁，十六啚一百五十八丁，二十、廿一啚三百十六丁，天一、廿三、廿四啚二百八十八丁。二區：八啚二百三十八丁，十一啚三百二十丁，十四啚二百八十九丁。三區：廿五、廿七、三十三、三十八、四十四、四十五、四十七、四十九、十八啚七百四十九丁。四區：廿六、廿八啚三百四十七丁，三十二、四十二、五十二啚三百八十一丁，三十九、四十六、五十一啚六百十九丁。五區：廿九、三十一啚五百十六丁。

十八保一區：十七、八、九啚三百廿一丁，廿二、五十啚五百四十四丁，廿六、三十二、三十三啚三百二十五丁，廿九、三十一啚二百十九丁，三十四、五啚二百三十六丁。二區：六并三十七、十五、三十三、三十八啚四百七十一丁，十六并二十四、二十、廿一啚四百七十五丁，廿三、廿五啚二百六丁，廿七、廿八啚一百八十四丁。三區：五、七啚二百九十丁，七、八、九啚四百三十三丁，十四、三十九、四十八啚四百二丁。四區：一、二啚二百五十六丁，二、三并四十一啚四百四十丁，十并四、三十六啚三百六十丁，十二、十三啚二百六十一丁。

二十一保一區：一啚一百六十二丁，五啚二百三十六丁，七啚二百八十五丁，十三啚二百六十三丁。二區：六、九、九十一啚五百四十八丁，四十二啚二百九十九丁，五十四、五十五啚二百八十七丁，八十啚一百九十七丁。三區：十四、十八啚三百五十六丁，廿一、廿二、廿三啚四百四十三丁，廿四、廿六、廿七啚三百四十八丁。四區：十六、廿八啚四百廿八丁，十七、二十、廿一啚六百十六丁，廿九、三十啚四百六丁。

二十二保一區：三十八啚二百五十二丁，三十九、五十二啚三百二十九丁，四十三啚二百九十一丁，四十四啚三百八十一丁。六區：五十啚三百十九丁，五十一、五十三啚三百四十一丁。

二十三保一區：二、八啚四百一丁，四、七啚二百四十五丁，十二、十四啚二百四十四丁，十九啚二百五十六丁。二區：三、五啚二百六十九丁，六并九十啚五百五十四丁，十一、十三啚四百廿九丁，十五、十六啚三百十六丁。

二十四保一區：一、四、六啚二百九十九丁，方一、二、五、九啚八百一丁。二區：三并副八啚五百八十五丁，六、七、九啚四百三十六丁，八并十、十一啚二百八十八丁，十四、十五啚二百六十一丁，十二、十三、副十五、十六、七啚七百六十九丁。三區：三、四、五啚四百三丁，六、七、三十一啚五百八十九丁。四區：十六、廿二、廿三啚四百十二丁，十七、四十八啚三百三十二丁，十八、廿四啚三百四十七丁，十九、廿五啚二百八十二丁，二十、廿一啚三百四十八丁，廿六、四十七啚三百五十四丁。

二十五保一區：一、二、三、四啚六百四十三丁，五、六、七、八啚一百廿丁，九、十、十一、十二啚三百七十四丁。

二十六保一區：廿三、廿四啚五百三十一丁，廿五、廿六啚三百六十丁，廿一、廿八、廿九、三十一啚六百八丁。二區：十并十四啚四百廿九丁，十一、廿七啚四百三十六丁，十五、廿二啚四百八十九丁。

二十七保一區：一、二啚五百八十八丁，五、六啚一百九十四丁，七、八、九啚三百八十九丁，十并十一啚二百三十八丁，十二啚三百三十丁，十三啚一百六十八丁。

二十八保一區：一、二啚五百三十一丁，五、六啚二百九十五丁，十六、十七啚四百七十六丁，十九啚二百五十二丁。二區：三啚二百七十一丁，四、八、九啚二百九十四丁，七啚三百十一丁，十并十一、十二啚五百十九丁，北十二啚二百十丁，十八啚二百六十九丁。

二十九保一區：一、二啚六百四十二丁，三、四啚六百八十四丁，五、六啚七百丁。

三十保一區：一、五啚四百九丁，二啚二百八十三丁，八、九啚四百三十丁，十啚三百十四丁。二區：三、七啚三百十七丁，四啚二百五十六丁，六并十二啚四百十四丁。

下鄉

十七保、十九保、二十保、二十二保，共二十六區，計一百八十一里，該田地蕩漊七千六百一十六頃三十四畝三分一釐九毫五絲。

免科公占義塚等項九頃一十二畝三分一釐二毫。

實在有徵田地蕩漊七千六百七頃二十二畝七毫五絲，不等准熟田七千五百六十頃二十四畝三釐一毫九絲。

不等科平米一十七萬七千三百三十八石六升九勺。徵糧平米一十七萬五千五百六十五石九斗八升四合一勺，五錢折糧平米一千七百七十二石七升六合八勺。

人丁四萬二千一百二十三丁。

免科田九頃一十二畝三分一釐二毫。

十七保一區：一、二啚一畝八分五釐六毫，五啚一畝九分二釐二毫，八啚一十畝二分四釐三毫。二區：九啚一分九釐三毫，十啚五分二釐四毫。三區：十二啚一頃五十九畝八分四釐，十三啚四畝五分六釐三毫，十五啚五十畝七分五釐四毫，二十啚二畝九分七釐，三十八啚六畝一分八釐一毫。四區：二十八、三十啚五畝一分二釐，二十九、三十三啚三畝一分二釐九毫，三十二啚一畝二分，三十六啚一畝四分九釐三毫，三十七、四十啚三十五畝一分三釐二毫。六區：十九啚一畝，二十五啚三分九釐三毫。

十九保一區：三啚一分二釐，九十二、八十七啚二十三畝三分二釐，二十啚七畝一分五釐三毫，二十六、八十二、八十九啚一頃七十六畝七分三釐四毫，三十一、八十一、五(士)〔十〕三啚六十一畝八分九釐五毫，九十七、一百啚一十二畝五分九釐五毫。二區：十七、八十八啚六畝一分八釐六毫，十八并八十六啚三畝五分七釐六毫，九十五、一百二啚六畝四分九釐。三區：二十八啚四畝六分八釐一毫，七十六、八十啚四畝九分二釐七毫，九十八、九啚二畝一分六釐四毫。四區：七十二啚一畝六分七毫，八十五啚七分，八十三啚一畝九分五釐。五區：四十九、五十四啚一畝七分二釐八毫，五十六、六十啚一畝二分四釐，五十八啚四分二釐五毫，六十二啚一畝一分八釐。六區：十六、七十三啚一畝七分二釐，六十三、八啚四十八畝六分三釐。七區：三十九、五十一啚一十八畝九分一釐四毫，四十啚二畝四分二釐。八區：一啚一畝，四并四十四啚二畝八分三釐，三十七啚一畝五分一釐七毫。九區：二十五啚八分九釐九毫。十區：十二啚八分六釐一毫。十一區：十四啚九釐四毫，十五、二十一、四啚二畝二分二釐一毫。十二區：三十三、五啚二畝五分六釐六毫，四十二、三、六啚四畝五分一釐八毫，四十七、五十啚二畝五分二釐一毫。

二十保一區：十六、八啚一十一畝四分四毫，二十三啚八釐三毫，二十九、三十啚二畝一釐三毫。二區：十三啚一分三釐一毫，二十六啚七畝七分八釐八毫。三區：三啚二畝六分七釐三毫，七并二十五啚四畝七分五釐二毫。四區：一啚六十六畝七分七釐八毫，二十四啚七畝一分八釐九毫。

二十二保二區：二十一啚六畝四分三釐六毫，二十五啚二畝九釐一毫，三十、三十二啚三畝八分九釐八毫，三十五、六啚八畝三分六釐四毫。三區：四、五啚一十三畝九釐，一、十八、九啚一畝一分六釐七毫。四區：二十四啚一畝二分六釐五毫，二十八、三十一啚九分五釐八毫，二十六、三十四啚一畝五釐六毫，二十九、三十三啚四分八釐一毫。五區：二、九十三啚一十三畝四分六釐四毫，三啚五十七畝六分六釐八毫，十六啚三畝七分六釐八毫。

徵糧項下

熟田七千三百二十五頃八十二畝一分三釐七毫。每畝均科正耗平米二斗三升五合。

十七保一區：一、二啚八十五頃五十九畝一分九釐一毫，四、五啚九十三頃九十二畝八分一釐七毫，八啚八十頃九十七畝七分一釐六毫。二區：三、九啚九十頃八十五畝五分六釐七毫，十啚六十一頃六十二畝九分五釐二毫。三區：十一、六啚一百一十四頃四十六畝四分五釐七毫，十二啚八十九頃七十六畝四分二釐九毫，十三啚六十九頃四十九畝七分九毫，十五啚四十五頃八十四畝七分八毫，二十啚五十四頃四畝八釐二毫，二十四啚三十九頃七十九畝一分三毫，三十八啚六十一頃三十畝五分五釐四毫。四區：二十六、三十二啚九十三頃一十七畝五分四毫，二十八、三十啚一百三十頃二十一畝五分八釐五毫，二十九、三十三啚九十二頃四十七畝七分四毫，三十四、六啚八十一頃五畝二分四釐三毫，十七、四十啚一百五頃二十七畝七分四釐二毫。五區：十七、新二十一啚九十頃一十三畝九分四釐三毫，新、舊二十二啚八十九頃八十九畝三分一釐一毫，舊二十一啚四十七頃一十八畝八分九釐六毫。六區：十九、二十三啚七十六頃四十二畝六分三釐四毫，二十五啚八十二頃九十四畝八分七釐七毫。

十九保一區：三并九十八啚六十一頃八十七畝九分六釐，九十二、八十七啚六十六頃二十畝四分六釐，二十啚五十二頃六十五畝六釐二毫，二十六、八十二、九啚一百二十頃七畝四分四釐，三十一、五十三、八十一啚一百三頃三十二畝九分五毫，九十七、一百啚一百二十頃五十九畝三分四釐五毫。二區：十七、八十八啚八十九頃四十二畝二分七毫，十八、八十六啚九十二頃六十畝九分四釐五毫，三十六啚三十頃畝九分二釐，九十啚四十頃七十九畝二分八釐三毫，九十一、四啚一百九頃五十七畝一分三釐二毫，九十三啚六十七頃三十五畝八分七釐四毫，九十五、一百二啚五十六頃五十三畝五分七釐六毫，一百一啚五十頃六十九畝九分二釐七毫。三區：二十八啚六十九頃一十二畝八分六釐三毫，六十六啚七十一頃一十七畝九分三釐七毫，七十一啚五十二頃二畝七分四釐九毫，七十六、八十啚四十六頃一十八畝三分四釐，七十九、九十八、九啚一百一十二頃七十三畝八分九釐，九十六啚七十三頃二十二畝八分八釐三毫。四區：四十八、八十四啚七十一頃三十畝二分九釐九毫，七十二、五、八十三、五十五啚一百三十二頃三十二畝一分九釐九毫，七十七、八、八十五啚一百二十一頃三十三畝四分一釐。五區：四十九、五十四啚八十八頃四十四畝一分三釐九毫，五十六、六十啚八十二頃八十二畝六分八釐四毫，五十七啚四十五頃二十一畝八分八釐八毫，五十八、九啚五十頃七十一畝一分四釐，六十一啚四十六頃六畝一分一釐八毫，六十二啚七十七頃二十二畝五分三釐二毫。六區：十六、七十三啚六十七頃二十一畝七分八釐一毫，六十三、八、七十啚九十二頃一十五畝八分六釐九毫。七區：三十四、九、五十一啚七十七頃八十六畝一分四釐四毫，四十、四十一啚五十五頃二十六畝六分六釐二毫。八區：一啚五十一頃九十五畝五分五釐三毫，四并四十四啚六十一頃四十畝六分七釐六毫，三十七啚五十八頃九十二畝七分二釐三毫。九區：二、六啚七十五頃三十四畝八分七釐二毫，十九、二十五啚五十九頃六十五畝五分。十區：九并十二、十七啚五十四頃七畝七分七釐二毫，八、二十、三十二啚一百一十八頃八十二畝九分一釐七毫。十一區：十一、四啚八十頃五十九畝五分八釐二毫，十五、二十一、四啚一百七頃一十三畝三分二釐四毫。十二區：二十九、三十啚七十二頃三十一畝五分一釐，三十三、五啚七十頃三十九畝四分五釐五毫，四十二、三、五、六啚一百頃七十畝九分八釐。四十七、五十啚七十一頃七十畝八分九釐八毫。

二十保一區：十六、八、二十啚七十四頃九十九畝七分九釐，二十一、二啚五十九頃二十九畝五分三釐二毫，二十三、七啚六十五頃五十四畝一分三釐八毫，二十八、九、三十啚一百一十六頃五十七畝四分九釐。二區：八、九啚七十頃八十畝六分二釐二毫，十并十一啚六十頃七十四畝二分五釐七毫，十二、三啚六十六頃六十八畝七分一毫，十四、二十六啚七十四頃三十一畝五分八釐八毫。三區：三啚六十三頃四畝七分六釐，四、六啚八十頃四十七畝三分六釐九毫，七并二十五啚七十八頃六十八畝一分一釐七毫。四區：一啚八十一頃一畝一分一釐二毫，二啚七十頃七十三畝六分二釐三毫，五并二十四啚九十五頃七十一畝一分二釐六毫。

二十二保二區：二十一、三啚四十一頃八十二畝八分六釐七毫，二十五、七啚六十三頃六十四畝八分二釐三毫，三十、三十二啚四十二頃七十七畝八分三釐一毫，三十五、六、八啚五十頃九十七畝二分四釐五毫。三區：三、六并十五啚七十八頃六十七畝六分五毫，四、五啚四十六頃八十七畝三分五釐六毫，一、十八、九啚五十二頃六十六畝二分一毫，七十一啚五十三頃九畝五分八釐八毫。四區：二十二、八、三十一啚五十八頃九十四畝九分一釐八毫，二十四、三十七啚六十二頃八十五畝二分三釐九毫，二十六、三十四啚六十九頃八十四畝二分六釐八毫，二十九、三十三啚六十八頃二十畝四分一釐四毫。五區：二、九、十三啚八十八頃六十九畝六分九釐八毫，八并十四啚八十五頃六十六畝二分八釐二毫，十并十七啚五十四頃四十九畝七分八釐五毫，十二啚五十九頃八十四畝四分三釐一毫，十六啚三十三頃四十一畝二分。六區：五十一啚一頃畝。

傍浦留步熟田七十一畝九分九釐七毫，每一畝四分准腹内熟田一畝，共准熟田五十一畝四分二釐六毫四絲。以下准熟田一畝，均科正耗平米二斗三升五合。

十九保九區：二啚九畝三分二釐。十區：八啚四畝六分六釐四毫。

二十二保四區：二十九啚五十八畝一釐三毫。

低薄舊荒田一十四頃九十七畝五分五釐六毫，每一畝五分准熟田一畝，共准熟田九頃九十八畝三分七釐七毫。

十七保一區：一啚一畝八分九釐五毫，八啚二十三畝八分七釐四毫。三區：二十啚一畝六分八釐四毫，二十四啚四頃八十七畝四釐三毫。四區：二十六啚二畝一分。

十九保二區：八十八啚二畝九分一釐二毫，九十三啚一畝九分七釐，一百一啚一畝一分三釐二毫。八區：一啚二十五畝一分九釐五毫，四啚五畝四分四毫。九區：二啚二十五畝三分六釐六毫。十區：十啚九分一釐。十一區：十四啚五分五釐二毫，十

五、二十一啚二畝八分三釐一毫。十二區：四十五、六啚七畝三分五釐，四十七啚三分四釐二毫。

二十保一區：十八、二十啚六畝五分五釐。二區：十二、三啚三頃一十二畝三分二毫。三區：三啚五頃一十三畝九分四釐七毫，七啚五畝一分一毫。

二十二保二區：二十三啚一畝八分五釐四毫，二十五啚三畝五分九釐四毫，三十五、六啚四畝一分一釐五毫。五區：十二啚三十六畝五分五釐，十三啚九分五釐，十六啚三畝一分，十七啚一十八畝九分三釐三毫。

得業蕩八頃四十七畝七分八釐四毫一絲，每二畝准熟田一畝，共准熟田四頃二十三畝八分九釐二毫。以下各則蕩漊准熟田一畝均科平米三斗。

十七保一區：四、五啚八畝九分五釐五毫。二區：三啚六畝一分。三區：二十四啚一畝五分四釐二毫。四區：三十二啚二畝五分四釐。

十九保三區：二十八啚二畝九分八釐三毫，九十六啚八畝三分七釐四毫。五區：四十九啚六畝五分三釐五毫，六十啚四分七釐五毫，六十一啚一畝四分九釐三毫。六區：六十三啚四分六釐七毫。七區：五十一啚二分。八區：三十七啚五分六釐，一啚四十六畝五分七釐三毫，四并四十四啚七十三畝三分八釐四毫。九區：二啚一十一畝八分七釐。十區：九并十二、十七啚四畝八分一釐五毫，八、二十、三十二啚一十二畝四釐六毫。十二區：三十啚一十七畝一分四釐，五十啚七分七釐九毫，四十二、三、五、六啚一頃一十四畝八分六釐五毫。

二十保一區：二十三啚一畝八分三釐七毫，二十八啚一畝五分六釐二毫。二區：十二、三啚三十五畝七分六釐二毫。三區：三啚二頃九十三畝三分四釐八毫。四區：一啚三畝七分四釐四毫，二啚四十二畝七分八釐四毫，五并二十四啚一頃一十六畝一分三釐一毫。

二十二保二區：三十啚一畝。五區：十二啚六畝六分八釐，十三啚三分，十四啚一畝六分四釐二毫，十七啚二十一畝二分九釐八毫。

柴蕩九頃六十四畝六釐六毫六絲，每三畝准熟田一畝，共准熟田三頃二十一畝三分五釐五絲。

十七保一區：五啚二畝三釐。三區：二十啚四頃二十四畝四分六毫。四區：三十二啚七十三畝九分一釐九毫，四十啚五十九畝四釐。六區：二十五啚五十畝八分一釐五毫。

十九保二區：八十六啚三畝一分二釐七毫，一百二啚二十三畝三分九釐五毫。三區：九十六啚一頃九十三畝七分八釐。五區：六十二啚二畝二釐六毫。八區：一啚六分五釐，四十四啚二畝五分。十二區：四十五啚五畝三分九釐四毫，五十啚二畝九分三釐。

二十保一區：十八啚三十七畝一分。二區：十二啚一畝一毫。

二十二保五區：二啚四十二畝九分四釐三毫，十七啚三十九畝一分一釐一毫。

草蕩二十七頃九十九畝八分四釐七毫五絲，每六畝准熟田一畝，共准熟田四頃六十六畝六分四釐一毫二絲。

十七保一區：二啚二十八畝四分二釐八毫，四、五啚二十畝四釐九〔毫〕。二區：二、九啚九畝三分六釐一毫，十啚一十畝九分三釐。三區：十六啚二畝二分五釐八毫，三十四啚四十一畝七分一釐九毫。四區：四十啚二畝七分八釐。五區：十七、新二十一啚一十畝二分六釐二毫。六區：十九啚一十畝三分四釐一毫，二十五啚六畝六分四毫。

十九保一區：三啚四畝五分一釐六毫，九十二啚八十七啚七畝二分九釐一毫，三十六、八十二、九啚一十四畝五分二釐九毫，五十三啚六畝一分九釐四毫，一百一啚二畝，二十啚一十四畝七釐八毫。二區：十七、八十八啚六十一畝二分四釐八毫，十八并八十六啚二十五畝五分七釐七毫，三十六啚一十一畝九分一釐一毫，九十啚一十二畝一分四釐，九十一、四啚二十九畝二分三毫，九十三啚二十畝五釐八毫，五十五、九十五、一百二啚四十四畝六釐八毫，一百一啚六畝三分四毫。三區：二十八啚一十八畝三分四毫，七十一啚一頃一十三畝一分九毫，七十六啚三十畝八分三釐六毫，八十啚二十七畝二分二釐，七十九、九十八、九十九啚七十四畝九分二釐二毫。四區：四十八啚二十一畝四釐，七十二啚三畝七釐一毫，七十五、八十三啚七十八畝二分一釐二毫，七十七、八啚一頃九十畝一分六釐七毫。五區：四十九、五十四啚一十二畝九分二釐八毫，五十六、六十啚八畝三釐，五十七啚五十七畝二分二釐二毫，五十八、九啚三十八畝三分一釐七毫，六十一啚三十七畝七分六釐四毫，六十二啚四畝四分三釐。六區：十六、七十三啚六畝三分一釐，六十三、七十啚四十九畝九分二釐七毫。七區：三十四、九、五十一啚一十七畝三釐二毫，四十、四十一啚二十畝八分三釐六毫。八區：三十七啚二十一畝九分九釐三毫，一啚一十七畝八分六釐二毫，四并四十四啚五十三畝三分五釐一毫。九區：二、六啚六十四畝九分八釐三毫，十九、二十五啚四十一畝七分四釐一毫。十區：九并十二、十七啚三十九畝七分六釐八毫，八、二十、三十二啚三十三畝七分七釐三毫。十一區：十一、四啚一頃九十二畝四釐一毫，十五、二十一、四啚二頃五十畝四釐五毫。十二區：二十九、三十啚七十九畝六分四釐八毫，二十三、五啚四十四畝五分三毫，四十二、三、五、六啚一頃一十四畝九分一釐三毫，四十七、五十啚四十八畝九釐二毫。

二十保一區：十六、二十啚八畝一分六釐一毫，二十一、二啚一十畝四分三釐三毫，二十三、七啚二十八畝四分九釐四毫，二十八、九啚六畝九釐八毫。二區：八、九啚六畝九分八釐五毫，十一啚四畝一分三釐，十二、三啚一十三畝四分三釐七毫。三區：三啚四十七畝三分四釐五毫，六啚六分三釐六毫。四區：一啚二十五畝二分三釐八毫，二十四啚四畝九分七釐。

二十一保二區：六、九、九十一啚二頃畝，四十二啚四十五畝八分三釐五毫。

二十二保二區：二十三啚二畝六分四釐六毫，二十五、七啚五十一畝九分三釐一毫，三十、三十二啚四十九畝六分一釐，三十五、六啚六畝二釐三毫。三區：三、六并十五啚二十八畝，一、十八、九啚一畝九分五釐八毫。四區：二十四啚九畝一分五釐二毫，二十八、三十一啚二十七畝八分七毫，二十九啚一畝六分八釐。五區：十七啚五畝三釐八毫。

不耗折糧項下

熟田七十二頃五十三畝三分五釐三毫。每畝均科平米二斗五合，每石折徵銀五錢。

十七保三區：二十啚二十九頃八十九畝三釐九毫，二十四啚二頃七十五畝四分九釐四毫。四區：二十九啚一頃八十八畝九分二釐八毫，二十八啚一頃一十七畝六分二釐八毫，三十啚六十六畝三分八釐五毫，三十二啚五畝五釐八毫，三十六啚一頃三十五畝三分四釐，三十四啚九十四畝四分七釐二毫，三十七啚一頃七畝七釐五毫。

十九保三區：九十六啚四十一畝四分五釐三毫。四區：八十三啚一頃八十一畝六分七釐五毫。

二十保一區：二十三啚六頃四十八畝一分八釐八毫，二十七啚一十三頃二十三畝五分五釐，二十九啚六頃三十三畝三分六釐三毫。三區：二十六啚二十四畝九分五釐三毫。四區：一啚八十八畝三分一釐一毫，二啚一頃四十九畝八分一釐六毫，二十四啚一頃八十二畝六分二釐五毫。

得業蕩一頃七十八畝八分六釐六毫，每二畝准熟田一畝，共准熟田八十九畝四分三釐三毫。以下各則蕩漊准熟田一畝均科平米三斗，照例五錢折徵。

二十八保二區：南十二啚一頃七十八畝八分六釐六毫。

柴蕩一頃六十八畝四分八釐四毫，每三畝准熟田一畝，共准熟田五十六畝一分六釐□毫三絲。

二十八保二區：十并十一啚一頃六十八畝四分八釐四毫。

草蕩一頃七畝九分八釐七毫五絲，每六畝准熟田一畝，共准熟田一十七畝九分九釐七毫九絲。

二十八保二區：十并十一、二啚一頃七畝九分八釐七毫五絲。

護塘外不耗徵糧項下

熟田一百三十四頃九十畝四分七釐一毫。每畝均科平米二斗五合。

十七保三區：十一啚八十六畝二分四釐二毫，二十啚五十七畝八分二釐八毫，二十四啚一十一畝九分五釐一毫，三十八啚一頃七十八畝五分三釐三毫。四區：三十啚七十六畝一分，二十八啚三十一畝八釐六毫，三十三啚五畝二分九毫，三十四啚一頃三十四畝五分四釐六毫，三十六啚七畝一分八釐九毫，三十七啚四十畝七分四釐三毫。

十九保一區：二十啚四十二畝一釐，十六啚十九畝四分九釐九毫，三十一啚四十畝七分三釐三毫，八十一啚一頃七十九畝一分二釐四毫，五十三啚一頃三畝七分，八十二啚二頃二十五畝八分六釐三毫，八十九啚一頃五十一畝五分三釐，一百啚四十九畝八分九釐八毫。二區：十七啚四十九畝一分二釐二毫，十八啚二頃七十四畝二分八釐五毫，八十六啚九十三畝七分八釐九毫，九十啚二頃六十八畝八分八釐，九十三啚二十二畝六分二釐二毫，九十四啚三畝六分八釐九毫，一百二啚七十九畝五釐。三區：七十六啚三畝三分七釐五毫，八十啚四十二畝七分三釐，九十六啚一十一畝四分二釐八毫，九十八啚八畝，九十九啚四十五畝二分七釐六毫，八十三啚六十八畝八分七釐三毫。

二十保一區：十六啚四頃九十二畝六釐七毫，十八啚三頃六十九畝九分三毫，二十啚二頃三畝八分四釐七毫，二十三啚一頃四十八畝七分三釐九毫，二十三啚一頃三十五畝三分三釐，二十七啚一頃五十二畝六分四釐九毫，二十八啚一頃七十八畝五分六釐，三十啚一頃八十九畝六分。二區：八啚四頃九十五畝九分二釐五毫，九啚四頃三十六畝三分八釐二毫，十啚四頃二十四畝八分六釐一毫，十一啚三頃六十五畝三毫。三區：三啚九畝一分，四啚十三畝五分一釐八毫，六啚二頃八十九畝一分三釐三毫，七啚十七畝一分五釐，廿五啚二頃七十三畝八分三釐六毫。四區：一啚四畝八分。

二十二保二區：廿一啚四頃八十九畝六分六釐九毫，廿三啚四頃五十一畝一分八釐四毫，廿七啚六頃畝八分七毫，三十啚五頃□十七畝六分七釐七毫，三十二啚七頃十八畝八分二釐三毫，三十五、六啚九頃二十三畝八分七釐八毫，三十八啚四頃十三畝八毫。三區：三、六啚四頃八畝一分六釐八毫，四、五啚九十八畝七分七釐九毫，十五啚一頃六十九畝六分二釐九毫，一、十八、九啚二頃三十畝二分九釐八毫。四區：三十一啚三頃八十畝五分七釐九毫。五區：一啚二頃十三畝五釐，八啚一頃四十七畝九分七釐五毫，十啚二頃八十一畝五分四釐，十二啚二頃六十四畝三分八釐，十三啚一頃三十八畝四分八釐，十四啚一頃八十四畝九分四釐九毫，十六啚七十六畝五釐七毫，十七啚一頃三十八畝三分四釐五毫。

柴蕩四頃八十七畝五分一釐九毫，每三畝准熟田一畝，共准熟田一頃六十二畝五分六毫三絲。以下各則蕩漊准熟田一畝均科平米三斗。

十七保三區：二十啚一頃六十五畝七分三釐一毫。

二十保三區：三啚二頃七十五畝八分五釐四毫。

二十二保六區：五十一啚四十五畝九分三釐。

草蕩一頃五十七畝五分八釐九毫，每六畝准熟田一畝，共准熟田二十六畝二分六釐四毫八絲。

二十二保六區：五十一啚一頃五十七畝五分八釐九毫。

不耗折糧項下

熟田六十七畝八分一釐七毫。每畝均科平米二斗五合,每石折徵銀五錢。

十七保四區：二十九啚三十九畝二分三毫,三十七啚二十八畝六分一釐四毫。

柴蕩四十五畝四分九釐二毫,每三畝准熟田一畝,共准熟田一十五畝一分六釐四毫。准熟田一畝科平米三斗,照例折徵。

十七保四區：二十九啚四十五畝四分九釐二毫。

人丁四萬二千一百二十三丁。

十七保一區：一、二啚四百七十七丁,四、五啚五百二十四丁,十啚三百五十二丁。二區：三、九啚五百十丁,十啚三百四十三丁。三區：十一、六啚六百四十三丁,十二啚五百一丁,十三啚三百八十八丁,十五啚二百五十五丁,二十啚四百八十五丁,廿四啚二百五十八丁,三十八啚三百五十一丁。四區：二十六、三十二啚五百二十四丁,三十七、四十啚五百九十六丁,廿八、三十啚七百四十二丁,三十四、六啚四百六十丁,二十九、三十三啚五百三十二丁。五區：十七、新廿一啚五百丁,舊廿一啚二百六十三丁,新、舊二十二啚五百二丁。六區：十九、廿三啚四百廿六丁,二十五啚四百六十四丁。

十九保一區：三并九十八啚三百四十五丁,九十二、八十七啚三百七十丁,二十啚二百九十六丁,二十六、八十二、九啚六百九十二丁,三十一、五十三、八十一啚五百九十五丁,九十七、一百啚六百七十三丁。二區：十七、八十八啚五百一丁,十八、八十六啚五百三十七丁,三十六啚一百六十六丁,九十啚二百四十二丁,九十一、四啚六百十丁,九十三啚三百七十六丁,五十五、九十五、一百二啚三百十九丁,一百一啚二百八十二丁。三區：二十八啚三百八十五丁,六十六啚三百九十六丁,七十一啚二百九十一丁,七十六、八十啚二百六十丁,七十九、九十八、九啚六百三十二丁,九十六啚四百十六丁。四區：四十八、八十四啚三百九十七丁,七十二啚四百三十九丁,七十五、八十三啚三百十四丁,七十七、八、八十五啚六百七十九丁。五區：四十九、五十四啚四百九十四丁,五十六、六十啚四百六十二丁,五十七啚二百五十二丁,五十八、九啚二百八十三丁,六十一啚二百五十七丁,六十二啚四百三十一丁。六區：十六、七十三啚三百七十五丁,六十三、八、七十啚五百十四丁。七區：三十四、九、五十一啚四百三十五丁,四十、四十一啚三百八丁。八區：一啚二百九十二丁,三十七啚三百二十九丁,四并四十四啚三百四十三丁。九區：二、六啚四百二十三丁,十九、二十五啚三百三十三丁。十區：九并二十七啚五百二十五丁,八、廿三、十二啚四百四十三丁。十一區：十一、四啚四百五十二丁,十五、二十一、四啚六百丁。十二區：二十九、三十啚四百四丁,三十三、五啚三百九十三丁,四十二、三、五、六啚五百六十六丁,四十七、五十啚四百一丁。

二十保一區：十六、八、二十啚四百八十六丁，二十一、二啚三百三十一丁，二十三、七啚五百四十二丁，二十八、九、三十啚七百十六丁。二區：八、九啚四百四十七丁，十并十一啚三百八十三丁，十二、三啚三百二十五丁，十四、二十六啚四百十五丁。三區：三啚三百八十五丁，四、六啚四百六十六丁，七并二十五啚四百五十五丁。四區：一啚四百五十七丁，二啚四百三丁，五并廿四啚五百四十九丁。

二十二保二區：二十一、三啚二百八十五丁，二十五、七啚三百八十九丁，三十、三十二啚三百十丁，三十五、六、八啚三百五十九丁。三區：三、六并十五啚四百七十二丁，四、五啚二百六十六丁，一、十八、九啚三百六丁，七十一啚二百九十六丁。四區：二十二、八、三十一啚三百四十九丁，二十四、三十七啚三百五十丁，二十六、三十四啚三百九十一丁，二十九、三十三啚三百八十三丁。五區：二、九十三啚五百十五丁，八并十四啚四百九十八丁，十并十七啚三百三十丁，十二啚三百五十丁，十六啚一百九十丁。

鹽　　法

官山府海，仲父以之霸齊。至漢以鹽鐵著論，唐劉晏經理財賦，則一歲得數百萬緡，抵民租之半。甚矣！鹽之爲利溥也。自宋元以來至明之季，其法遞變而日壞。本朝更始，又大異曩時。要之，事有本末，所施有先後，開其源，節其流，毋竭澤而漁，則幾矣。善乎顧文僖公之言，賦重已極，又益以海，孰能堪之？可爲深長思也。

宋

乾、淳間，今縣境下沙場及華亭境内四場額鹽一十二萬八千餘袋。宋鹽五十斤爲一石，六石爲一袋，輸鈔錢十八千。

元

元初鹽課無額，至元十五年以後，歲有增益。逮至正間，下沙場鹽三萬三千四百一十五引七十九斤。引爲鹽四百斤，斤爲中統鈔二百五十文。

明

明設兩浙都轉運鹽使司於杭州，設松江分司於府境下沙鎮，以同知或副使一員以涖之，而下砂場實領九團。正統五年，都御史朱與言奏添下砂二場、三場，今爲下砂場、下砂二場、下砂三場三鹽課司，司設大使、副使各一員，攢典二名，額管竈户一萬五千七百六十二丁，每丁辦鹽二引二百七十二斤三兩二錢，歲辦鹽四萬二千二百四十九引六十一斤十三兩五錢，每引四百斤，今折銀六錢，爲銀二萬五千三百四十九兩六錢三分四釐四毫。

竈户分給柴蕩工本鈔，督辦鹽課。其竈户附近能煎鹽者曰濱海，居遠不能煎鹽者曰水鄉。水鄉例出柴滷價錢，貼傭濱海竈丁煎辦。其後鈔法變更，柴價又爲總催尅取，濱海竈丁日就貧困。正統六年，巡撫侍郎周忱乃以水鄉竈户應納糧盡留本府支用，節其運耗，置贍鹽倉，分貯各場，用以賑贍鹽丁及補逃亡闕課。所貼柴價亦貯之各倉，官爲支給。又選殷實竈丁爲十排年、總催,其次爲頭目,輪年應當。有消乏者,依前選替。當時便之。按:崔富《鹽政一覽》贍鹽倉已不見登載,而水鄉柴價改徵爲米,紛紛多所更張矣。

鹽分二等,鹽司按歲徵辦。商人執引照支,依次遞給者謂之常服;增入中納,不依資次,引到即支者謂之存積。正統以來,常服四分,存積六分。成化間,御史李瑢奏改常服六分,存積四分。

水鄉竈户凡六千六百七十六丁,每丁折納米四石,該米二萬六千七百零四石,貼濱海丁,代爲辦課。

下沙場五團。竈户五千二百五十四丁,共受草蕩九百七十一頃九十九畝,每丁一十八畝五分,歲支工本鈔二千八百一十六錠三貫九百四十五文,每丁二貫六百八十文五分,共辦鹽一萬四千八十三引一百三十八斤十二兩八錢,每丁二引二百七十二斤三兩二錢。内濱海三千五百二丁,該辦鹽九千三百八十七引四十四斤六兩四錢。水鄉一千七百五十二丁,該辦鹽四千六百九十六引九十四斤六兩四錢。每丁折納米四石,共米七千八石。

下沙二場三團。竈丁蕩鈔等支並同一場。内濱海二千七百七十四丁,該辦鹽七千四百三十五引二百八十二斤十二兩八錢。水鄉二千四百八十丁,該辦鹽六千六百四十七引二百五十六斤。每丁折納米四石,共米九千九百二十石。

下沙三場五團。竈户五千二百五十三丁,共受草蕩一千一百五頃九十九畝七分,每丁一十八畝五分,歲支工本鈔二千八百十錠一貫三百六十文,每丁二貫六百八十文五分,共辦鹽一萬四千八十引二百六十六斤九兩六錢。内濱海二千八百丁,該辦鹽七千五百二十九引二百九斤十二兩八錢。水鄉二千四百四十四丁,該辦鹽六千五百五十一引五十六斤十二兩八錢。每丁折納米四石,共米九千七百七十六石。

成化間,御史林誠奏定折徵鹽課例,每三分爲率,以二分存場給客,餘一分照商人折支例。時以無鹽給商,每引折與銀三錢,徵銀入官,送運司轉解。

二十二年,知府樊瑩議以水鄉折鹽米均入該縣糧耗項下帶徵,白銀三千二百五十九兩五錢有奇,徑送運司交納。原撥草蕩價仍與各場徵解,其納米竈户還入民户當差。

正德三年,沿海富家言水鄉蕩價内白塗無徵銀一千五百六十兩四錢一釐四絲一忽五微,負累陪納,竟割民間已入黄册科鈔蕩價一百三十二頃七十七畝一分四釐,每畝折徵銀八分,該銀一千六十二兩二錢五分一釐二毫四絲一忽五微,此外不敷銀四百九十八兩一錢四分九釐八毫,再加縣糧耗米包補,謂之白塗蕩價。自是水鄉丁蕩止徵銀三千七十二兩三毫五絲,縣境士民歲代三場補納鹽課銀四千六百四十七兩八錢三分九釐六毫五絲。

隆慶三年,丈田均糧,海上富家將水鄉蕩或報爲科糧以絶竈户之告分,或指爲濱海丁蕩以拒縣令丈量,俱該場姦人受賄而除富家之額也。按林御史商人折支例,顧文僖言每引折與銀三錢,似未詳也。弘治元年,令浙西鹽課折銀七錢者減爲六錢。又二年,令兩浙水鄉竈户每引納銀六錢。嘉靖中,中丞周用亦言松江分司每引折銀六錢,一半解部,一半給商。然則一引也,既取於商中,復取於丁課,言利亦已悉矣。沈淮所以深病之也。附沈淮《鹽政五款》:一、查給工本。舊制:每竈一丁給與工本鈔二貫六十文,易米可四石之數,故沿海沙地長蕩每畝税鈔六十文。今諸蕩不復徵鈔,已改收平米三升或五升。乞查改徵蕩米,照依原定鈔貫算給竈户,以充工本之用。一、勘給草蕩灰場。舊法:竈户皆有附近草蕩以煎鹽柴薪,約計所收價直可抵今一丁鹽課之半。其後場司以竈丁屢易,不復撥與,俱爲總催豪右侵占樵割,于各竈名下徵取全丁額鹽。乞委所司追取草蕩舊數,踏勘明白,照丁撥派,明立界限,以防侵奪。一、停止折徵。成化間,因各場無鹽給客,每引折與銀三錢,比之中納,其利十倍。巡鹽御史林誠奏將竈丁鹽課一半徵銀解京,一半存場給客,鹽政大壞。況初給價銀非皆本色,故衣弊器盡以折充,每引三錢,特其名耳。今乃實徵本色,貧者或先事而逃催,見在者率併爲賠納,欲利反害,無甚於此。今乞特敕運司,自正德元年爲始,停止銀兩,照舊徵鹽。一、禁革賣引。凡支鹽引目不許中途增價轉賣,此舊例也。近歲商人駕之曰合本,諉之曰分撥。夫引既非其本名,鹽又不由支領,不謂之私販而何? 又有豪猾之人支領之際,併包夾帶私鹽,或落價折准庫物,官吏疊其聲威,催目受其凌虐。乞自今凡遇開中,委官監察,不許勢要之人冒禁上納。一、存恤竈丁。夫刮沙汲海,炙日熬波,未有如竈户之勞者。蓬首墨肌,灰臥糠食,未有如竈户之窮者。加之有司與鹽司分爲兩家,其督鹽課者,雖百方箠楚,縶女囚男,有司不問也。其徵賦斂者,雖百端取索,賣婦鬻子,鹽司不知也。況濱海土地類多沙瘠,府之税糧,論糧加耗而不以田,蓋爲此也。近歲有司不原初意,概與水鄉同加耗米,至點均徭亦不分肥瘠,一例出銀。查得竈户施安、徐淮等各告巡撫彭韶、李嗣,蒙將竈丁全户正糧並折金花銀兩。錢塘、海寧與華亭、上海同一浙西地也,乞敕所司將濱海竈丁量爲存恤,訪求先年侍郎周忱事例,設法賑濟,其餘一應雜泛差徭悉與除免。庶幾瀕海窮民得畢力事功,雖勞不怨矣。

按:竈丁消耗各有其由,蕃息招來亦必有道,如前代黄、葉諸公及此疏所陳是已。今不務存撫,但知選僉,選僉未幾,又復消耗,此固鹽司之失。然有司不求本末,遇有僉補,即議均賠。夫海之鹽猶田之粟也,鹽課之不充,補之以粟,農田之無歲,海豈能知之? 必若亭户消亡,則鹽當絶矣,而海氓之食利自如,官課雖虧,而私家之興販猶昔也。以此質之鹽司,其有説乎? 且事當探本,謀當慮後。松田税重極矣,又加以海,孰能當之? 此長民者所當留意。

按:顧《志》所言遇有僉補,即議均賠。此言均攤之失,其論甚悉。但先是嘉靖十二年,周中丞題准將照依見在丁數均匀辦納,五年一次,委官清理,永爲定規,則僉補均賠其從來遠矣。

萬曆二十六年,鹽法道覆准:濱海竈户分給蕩地爲勢豪兼占,以致貧户虚賠鹽課,通行各分司嚴督各場,查究追給。

下沙場。原五千二百五十二丁,今一萬四千四百丁。草蕩六萬五千三十一畝二分,每丁得分四畝五分一釐六毫。灘墩五千五百三十四所,每丁得分三分八釐四毫三絲。言所不言畝,未詳,但以分得之數按之,則所亦爲畝也。

下沙二場。原五千二百五十二丁,今一萬四千四百丁。草蕩六萬三千九百五十畝,每丁得分四畝三分八釐一絲一忽。灘墩一萬八千六百九十二畝,每丁得分一畝二分八釐二絲七忽。

下沙三場。原五千二百五十三丁,今五千二百八十二丁。草蕩四萬九千九百五十畝,每丁得分五畝四分四釐九毫五絲。灘墩八千一百八十七畝六分三釐,每丁得分八分六釐一毫八絲。

按:司鹺之言,恐亦未能盡行。萬曆四十二年,巡鹽御史楊鶴《均課議》曰:各丁場蕩有歸併總催者,有私相典賣者,應於得業之家追抵課額,除去原丁名下蕩價。則知二十六年按丁給地之法不盡行矣。自是相沿爲常,或有丁而無地,或擅地而非丁,於是有民占竈産之訐,數煩案牘,而積重難返,無益貧竈,徒損富民而已。

萬曆四十二年,裁定派徵水鄉銀數。該銀二千四百二兩一錢九分六釐六毫二絲七忽八微四沙六塵一埃,草蕩銀三千九百四十六兩一錢六分四釐六毫二絲三忽五微,白塗銀四百九十八兩一錢四分九釐八毫,倉基税銀五兩五錢七分九釐六毫六絲。此項解京。

按:萬曆季年猶有給商之課,則成、弘改給折色,以足商人引額,法尚在也。天啓而後,無所謂給商者。商人納引,官取其税,如榷關然。迨執引買鹽,與竈丁相市,聊别於私販而已。

下沙場夏禹績等呈兑上海縣包補下沙三場鹽課本色銀九十五兩八錢五分。

萬曆四十三年，巡鹽御史楊鶴定照蕩僉催之法，曰："上海鹽場總催一名，向值銀一百兩，今不下二百兩，每名分受海灘若干弓，約上鄉田百畝，中鄉田百畝，草蕩百畝，其值倍於膏腴，而歲額亦不過若干，兼以例援優恤，役豁而累消，糧輕而利厚。今須大豁侵占之端，實勘場蕩之數。"又云："竈户窮年汗血，苦倍於民。舊例編僉徭役分别優恤，邇來有司一概編僉里長。今後有司，除奸竈希圖兩躲差役，逃出本場境外，置買民産，或詭寄他人田土，聽有司一體編差外，其餘竈丁田比該里獨多一倍以上方報充當。若田土無多，及丁力不堪者，不得一概編僉雜泛差徭。"

按：楊侍御一言竈役之利如彼，又言其苦如此，似相左也。明制竈丁優免民户雜泛差徭，又竈丁犯罪流徒，罪止杖一百，仍煎鹽。果如初制，竈丁未嘗不利也。于是有謀充總催，以免民户役者。今總催既照課僉充，無所容其趨避，而竈户置買民田並無優免，即就其受役，鹾司科派酷罰亦月甚歲增矣。弘治初，彭惠安禁止分司官吏到場濫派、總催出辦答應及各衙門相見銷牌解册等項。今總催之苦，豈但倍于彭惠安時，且十倍于楊侍御時矣。

崇禎時，都運使張繼孟蠲無業丁銀，又令水鄉與濱海一體僉充催役，於是竈丁之苦殺焉。

鹵丁竈丁之濱海煎鹽者，弘治初，彭惠安爲《六苦詩圖》以獻章文懿，言竈丁逃亡闕額，許大户折户充補。隆慶元年，從御史蘇朝宗奏，竈丁糧差照嘉靖事例，將其應納税糧存留本處上納，一切徭役悉蠲之。

楊鶴言竈蕩原有二則，窳下者每主曬淋，寬平者可備樵採，二者相須煎辦鹽課。邇因有力者開墾成熟，近奉旨丈量，乃有附蕩縣分里遞人等，遂將前項開墾竈地報入有司。夫蕩有坍漲，每歲不常，今因其開熟改爲民田，倘蕩地坍塌，從何抵補？合編行丈勘，不許越占。

按：鹵丁消亡，由場蕩得以私賣。米鈔久不官給，於是失業者衆，終年汗血不能謀生。而大户擁有竈産者，類不煎鹽，坐尸其利。引商到場，既迫索取，盈私販者，又以子母之術困之。鹽法之壞，此爲之本矣。

鹽引。洪武初每引四百斤，弘治間改辦小引，每引二百斤，於是一引分爲二引。迨餘鹽亦入引額，而正引稍益斤數以優商，故有連包索二百五十斤之例。

萬曆末，御史楊鶴言兩浙商引積至一百五十萬，説者謂設小票之故，行一票則貼一引，因引價重而票價輕，人皆利票不利引。按嘉靖中，霍韜言商人納課賠鹽，每引費銀二兩。

掣鹽。萬曆七年，議委該府總巡官（抨）〔秤〕掣，收縣則委正官，皆隨到隨掣，以四季終爲正掣，孟月終爲續掣。萬曆十五年，李鹽院議每月一掣。

鹽禁。凡鹽快及巡司弓兵按季比較，每年限獲鹽若干斤，船若干隻，犯若干名，有捉獲鹽船收候商人支掣，無獲即以歲編工食扣抵。

章懋言游手無賴之徒什伍爲羣，小舟迅楫，沿江上下，挺取民財。霍韜言良兵勁弩，高檣大舶，行則鴟飛，止則狼踞。又言窮民勢不能待食，官鹽不得不支本境，乃巡徼者每獲一二肩負易米度日、法所不禁之夫以爲功，而市豪大猾則與之比而公販之。

按：近年私販者强半摽巡緝之號以愚恐道路，欺塞所司，爲地方大害。見場團食鹽則攫而有之，輒至其家，盎桁立盡。水居村聚，則强售私鹽，責其倍直。不爾，即以己之所挾誣之。小吏零役巡徼所至，數見拒傷，有縛沉于水者。司鹺者不得已委提督營偏禆之，亦倣萬曆中武弁巡鹽之意也。若得止問豪猾，不問肩負，方有别於若輩耳。

國朝順治二年，仍設松江分司，下砂三場設鹽課司三。

三年，奉定經制課餉，悉照會計録起科，引每包二百斤，加包索二十七斤，溢額五片免究，餘者没入。其掣鹽，於每季孟月中旬報掣，仲月開掣，季月竣掣，不得零星掣放，以致秤驗成虚。

鹽院楊議畧四則：一、綱紀宜擇；一、商人當優免；一、捉船宜禁；一、無名之税宜禁。

包補下砂二、三場鹽課二千四兩七錢八分八釐。因竈丁逃竄，徵比不登，于順治年間知縣閻紹慶詳奉各憲題，入民田内按畝均賠，縣徵場解。

順治三年，分起至今止，每年額該銷引鹽四千五百道。

康熙元年，分起至今止，每年代銷台、紹改引鹽一千二十八道。此引係歷年陸續攤派到縣。

康熙十八年，分起至今止，每年奉文計丁加增引鹽一千三百八十三道。

已上每年總共額該銷引鹽陸千九百一十一道，分四季行銷。

本縣巡鹽主簿一員，民快二十名，歲共獲鹽六萬四千八百斤，船八十四隻，犯八十四名，遇閏加鹽五千四百斤，船七隻，犯七名。于康熙十二年間，知縣陳之佐將困(籲苦)〔苦籲〕情等事，詳奉浙撫都院帶管鹽漕察院事田批減，歲共捕鹽三萬五千一百斤，船四十二隻，犯四十二名，遇閏加鹽二千九百二十五斤，船三隻五分，犯三名五分。

吴淞、黄浦、三林塘巡檢三員，弓兵一百三十五名，歲共獲鹽一十九萬四千四百斤，船二百五十二隻，犯二百五十二名，遇閏加鹽一萬六千二百斤，船二十一隻，犯二十一名。因地窄鹽微，限獲不全，同詳批減，歲共捕鹽一十萬五千三百斤，船一百二十六隻，犯一百二十六名。又於康熙二十一年，今知縣事史彩見限獲惟艱，詳鹽法道楊，轉詳察院詹，批定三巡司歲共捕鹽四萬八千斤，船三十六隻，犯三十六名。

南匯所巡鹽官一員，軍一十名，歲獲鹽七千二百觔，船一十二隻，犯一十二名，遇閏加鹽六百觔，船一隻，犯一名。已上縣司功鹽照鹺折便，每觔銀二釐五毫，每兩收加車硃銀一分七釐，解鹽法道，每隻船照鹺折銀五錢，每名犯銀一錢二分五釐。

按：本邑各竈支流盡通黄浦，南連泖澱，北接吴淞，巨梟出没，卒難偵緝，素稱引地藩籬，此鹺賦之所以編入下下則也。

又按：各商買補自下砂一、二、三場以及鄰邑之青村、袁浦、金山衛各場，皆可隨便收買、貯厫、配掣，但本邑慣食黄鹽，灰斷味鹹，産自下砂頭場，南滙左近各商俱往收買，間或不能足數，往别場買配，則以鹽色不同，難售易壅，有悮轉輸，不得不從民便也。

謹查捕役巡鹽向係離場三十里，蓋因産鹽之地原屬場官統轄，又有保户稽查、官商覺察，似無煩捕役矣。乃捕役藉口巡緝，反行興販，以官牌爲護身，撑駕械船，直抵煎熬之所，公行私販。場官不敢詰，保户不敢問，途遇窮民手提食鹽，輒肆搶奪。及將自已私鹽掗賣良民，沿門紥詐，大爲民害。知府魯洞悉時弊，嚴行申禁，復于康熙二十一年力請總督部院于巡撫都御史余、巡鹽御史詹，仍照向來舊例，離場三十里外方行巡緝。俱奉批允，通行在案。嗣奉鹽院，親歷松屬各場，相其衝要，改立離場，一十五里立碑分界，永爲巡緝信地，白捕擾害之風始息。

昔時，鹽值每觔不過厘計，今已二分餘，總因鹽引太少，竈丁日耗，出鹽既艱，而食鹽户口日益繁，識者有江河日下之憂，正鹽筴者尚其念之。

蘆　課

蘆有專職，歲遣部使者駐節省城，徵收額課。今併入縣徵，耗輕地近，輸納差易，民甚便之。

康熙二年分。實在密、稀、上蘆，下草地，通共五萬三千一百八十七畝八分八釐八絲二忽。内：

上蘆地三千三百二十六畝九分四釐七毫二絲二忽，每畝一錢五分一釐起科，該課銀五百二兩三錢六分九釐三絲二微二纖。

上次蘆地一百六十一畝六分二釐，每畝一錢起科，該課銀一十六兩一錢六分八釐。

密蘆地一千八十三畝四分二毫，每畝五分起科該課銀五十四兩一錢七分一毫。

下草地五百一十八畝五分五毫六絲，每畝三分起科，該課銀一十五兩五錢五分五釐一毫六絲八忽。

上稀蘆地二千一百八十二畝六分二毫，每畝一分六釐起科，該課銀三十四兩九錢二分一釐六毫三絲二忽。

上次稀蘆地九百六十一畝，每畝一分五釐六毫五絲起科，該課銀一十五兩三分九釐六毫五絲。

稀蘆地四萬二千四百八十四畝二分四釐四毫，每畝一分五釐起科，該課銀六百三十七兩二錢六分三釐六毫六絲。

次稀蘆地七百三十九畝五分，每畝一分四釐八毫七絲起科，該課銀一十兩九錢九分六釐三毫六絲五忽。

下稀蘆地一千七百三十畝，每畝一分起科，該課銀一十七兩三錢。

以上共該銀一千三百三兩七錢八分三釐六毫五忽二微二纖。

康熙三年分至十四年分，俱同二年分。

康熙十五年分。新收熟田、密稀蘆地七萬六千六百一畝九分三絲二忽。内：

密蘆地一千七百二畝九釐八毫，每畝五分起科，該課銀八十五兩一錢四釐九毫。

草地變則蘆地四百九十一畝二分四釐二毫，每畝五分起科，該課銀二十四兩五錢六分二釐五絲。

稀蘆地變則密蘆地四萬五千二百七畝四分四釐六毫，每畝三分起科，該課銀一千三百五十六兩二錢二分三釐三毫八絲。

稀蘆地二萬五千一百一十五畝九分八釐九毫，每畝一分五釐起科，該課銀三百七十六兩七錢三分九釐八毫三絲五忽。

次稀蘆地變則稀蘆地二千八百八十九畝九分，每畝一分五釐起科，該課銀四十三兩三錢四分八釐五毫。

熟田濬江堆荒一千一百九十五畝二分二釐六毫三絲二忽，每畝一錢五分一釐起科，該課銀一百八十兩四錢七分九釐一毫七絲四忽三微二纖。

以上共增課銀二千六十六兩四錢五分六釐八毫三絲九忽三微二纖。

開除熟田稀蘆草地共五萬一千九百四十二畝七分九釐八毫八絲二忽。内：

濬廢吴淞江身併捍築聽坍馬道熟田二千一百三十一畝七分二釐九絲，每畝一錢五分一釐起科，該課銀三百二十兩八錢八分九釐八毫五絲五忽九微。

濬江堆土占廢熟田一千一百九十五畝二分二釐六毫三絲二忽，每畝一錢五分一釐起科，該課銀一百八十兩四錢七分九釐一毫七絲四忽三微二纖。

草地變則蘆地四百九十一畝二分四釐一毫，每畝三分起科，該課銀一十四兩七錢三分七釐二毫二絲。

坍入大黄浦内草地二十七畝二分六釐四毫六絲，每畝三分起科，該課銀八錢一分七釐九毫三絲八忽。

上稀蘆地變則蘆地二千一百八十二畝六分二毫，每畝一分六釐起科，該課銀三十四兩九錢二分一釐六毫三絲二忽。

上次稀蘆變則蘆地九百六十一畝，每畝一分五釐六毫五絲起科，該課銀一十五兩三分九釐六毫五絲。

稀蘆地變則蘆地四萬二千四百八十四畝二分四釐四毫，每畝一分五釐起科，該課銀六百三十七兩三錢六分三釐六毫六絲。

次稀蘆地變則蘆地七百三十九畝五分，每畝一分四釐八毫七絲起科，該課銀一十兩九錢九分六釐三毫六絲五忽。

下稀蘆地變則蘆地一千七百三十畝，每畝一分起科，該課銀一十七兩三錢。

以上共減課銀一千二百三十三兩四錢四分五釐五毫五忽二微二纖。

實在熟田密稀蘆地共七萬七千八百四十六畝九分八釐二毫三絲二忽。内：

濬江堆土占廢熟田一千一百九十五畝二分二釐六毫三絲二忽，每畝一錢五分一釐起科,該課銀一百八十兩四錢七分九釐一毫七絲四忽三微二纖。

次熟田一百六十一畝六分八釐,每畝一錢起科,該課銀一十六兩一錢六分八釐。

上密蘆地三千二百七十六畝七分四釐一毫,每畝五分起科,該課銀一百六十三兩八錢三分七釐五絲。

次密蘆地四萬五千二百七畝四分四釐六毫,每畝三分起科,該課銀一千三百五十六兩二錢二分三釐三毫八絲。

下稀蘆地二萬八千五畝八分八釐九毫,每畝一分五釐起科,該課銀四百二十兩八分八釐三毫三絲五忽。

以上通共實該課銀二千一百三十六兩七錢九分五釐九毫三絲九忽三微二纖。

康熙十六年分至十八年分,俱同十五年。内除下砂二場四、五團竈户周壽等控減重科銀二百一十三兩八錢九分四釐六絲五忽五微案,于上年請丈蘆洲案内,詳奉布政司,轉詳巡撫慕天顔,彙疏具題,依議實徵課銀一千九百二十二兩九錢一釐八毫七絲三忽八微二纖。

康熙十九年分。新收不等則熟田、密稀蘆地三萬四千四百九畝三分四釐六毫一絲五忽。内:

次熟田變則熟田四十六畝六分五釐,每畝一錢五分一釐起科,該課銀七兩四分四釐一毫五絲。

上密蘆變則熟田二十九畝五分六釐五毫,每畝一錢五分一釐起科,該課銀四兩四錢六分四釐三毫一絲五忽。

熟田四畝八分七釐,每畝一錢五分一釐起科,該課銀七錢三分五釐三毫七絲。

上密蘆變則次熟田一千四百畝五分四釐,每畝一錢起科,該課銀一百四十兩五分四釐。

次熟田四十九畝六分六釐四毫,每畝一錢起科,該課銀四兩九錢六分六釐四毫。

上密蘆地八十二畝一分一釐二毫五絲,每畝五分起科,該課銀四兩一錢五釐六毫二絲五忽。

次密蘆變則上稀蘆地二千一百八十二畝四分五釐,每畝一分六釐起科,該課銀三十四兩九錢一分九釐二毫。

次密蘆變則上次稀蘆地九百六十畝二分五釐,每畝一分五釐六毫五絲起科,該課銀一十五兩二分七釐九毫一絲二忽五微。

次密蘆變則下稀蘆地二萬二千九百五十畝九分六毫,每畝一分五釐起科,該課銀三百四十四兩二錢六分三釐五毫九絲。

次密蘆變則荒白塗一千七百九十七畝七分六釐九毫,每畝一分三釐起科,該課銀二十三兩三錢七分九毫九絲七忽。

荒白塗六十三畝八分九釐六毫,每畝一分三釐起科,該課銀八錢三分六毫四絲八忽。

次密蘆變則莎草灘五百八十五畝二分,每畝一分起科,該課銀五兩八錢五分二釐。

沙草灘一千四百三十四畝四分三釐六毫，每畝一分起科，該課銀一十四兩三錢四分四釐三毫六絲。

次稀蘆變則荒水窪三百三十三畝三分三釐，每畝五釐起科，該課銀一兩六錢六分六釐六毫五絲。

以上共該課銀六百三十八兩九錢六分八毫三絲二忽二微五纖。

開除不等則熟田密稀蘆地四萬四千七百一十一畝五釐四毫八絲二忽。內：

坍没熟田四百六十二畝九分一釐八絲二忽，每畝一錢五分一釐起科，該課銀六十九兩八錢九分九釐五毫三絲三忽八微二纖。

次熟田變則熟田四十六畝六分五釐，每畝一錢起科，該課銀四兩六錢六分五釐。

坍没次熟田二分三釐二毫，每畝一錢起科，該課銀二分三釐二毫。

上密蘆變則熟田二十九畝五分六釐五毫，每畝五分起科，該課銀一兩四錢七分八釐二毫五絲。

上密蘆變則次熟田一千四百畝五分四釐，每畝五分起科，該課銀七十兩二分七釐。

坍没上密蘆地五百九十一畝三分九釐一毫，每畝五分起科，該課銀二十九兩五錢六分九釐五毫五絲。

上密蘆地成義塚五畝二分九釐，每畝五分起科，該課銀二錢六分四釐五毫。

次密蘆變則上稀蘆地二千一百八十二畝四分五釐，每畝三分起科，該課銀六十五兩四錢七分三釐五毫。

次密蘆變則上次稀蘆地九百六十畝二分五釐，每畝三分起科，該課銀二十八兩八錢七釐五毫。

次密蘆變則下稀蘆地二萬三千三百二十六畝五分五釐，該課銀六百九十九兩七錢九分五釐一絲五忽。

次密蘆變則荒白塗一千七百九十七畝七分六釐九毫，每畝三分起科，該課銀五十三兩九錢三分三釐七絲。

次密蘆變則莎草灘五百八十五畝二分，每畝三分起科，該課銀一十七兩五錢五分六釐。

次密蘆變則荒水窪三百三十三畝三分三釐，每畝一分五釐起科，該課銀四兩九錢九分九釐九毫五絲。

坍没次稀蘆地五十五畝九毫，每畝三分起科，該課銀一兩六錢五分二毫七絲。

坍没下稀蘆地一萬三千一百一十畝二分五釐三毫五絲，每畝一分五釐起科，該課銀一百九十六兩六錢五分三釐八毫二忽五微。

以上共該課銀一千二百四十四兩一錢二分六釐一毫七絲三忽八微二纖，内除上届下砂二場四、五團竈户周壽等控減重科銀二百一十三兩八錢九分四釐六絲四忽五微。

實減課銀一千三十兩二錢六分八釐一毫八忽三微三纖。

實在不等科則熟田、密稀蘆地六萬七千五百四十五畝三分三釐六絲五忽。內：

熟田八百一十三畝四分五絲,每畝一錢五分一釐起科,該課銀一百二十二兩八錢二分三釐四毫七絲五忽五微。

次熟田一千五百六十五畝二毫,每畝一錢起科,該課銀一百五十六兩五錢二毫。

上密蘆地一千三百三十二畝六釐七毫五絲,每畝五分起科,該課銀六十六兩六錢三釐三毫七絲五忽。

上稀蘆地二千一百八十二畝四分五釐,每畝一分二釐起科,該課銀三十四兩九錢一分九釐二毫。

次密蘆地一萬六千一百六十六畝二分四釐六毫,每畝三分起科,該課銀四百八十四兩九錢八分七釐三毫八絲。

上次稀蘆地九百六十畝二分五釐,每畝一分五釐六毫五絲起科,該課銀一十五兩二分七釐九毫一絲二忽五微。

下稀蘆地四萬三百一十一畝二分二釐六毫六絲五忽,每畝一分五釐起科,該課銀六百四兩六錢六分八釐三毫九絲九忽七微五纖。

荒白塗一千八百六十一畝六分六釐六毫,每畝一分三釐起科,該課銀二十四兩二錢一釐六毫四絲五忽。

莎草灘二千一十九畝六分三釐六毫,每畝一分起科,該課銀二十兩一錢九分六釐三毫六絲。

荒水窪三百三十三畝三分三釐,每畝五釐起科,該課銀一兩六錢六分六釐六毫五絲。

以上康熙十九年分,通共實該課銀一千五百三十一兩五錢九分四釐五毫九絲七忽七微五纖。

康熙二十年、二十一年,俱同十九年分。

按:蘆課向來五年一丈,無益國課,徒資中飽,以爲民害。今奉山西道御史張集具題免丈,奉旨依議,其疏詳載于後。

題爲漕田與蘆洲有别,請勅部行免丈量,以除民累事。臣惟蘆洲坍漲,五年一次丈量,部文開載惟在沿江産蘆處所,未嘗議及内地無蘆之處將完漕田畝一並丈量也。長江大湖之中,起漲蘆洲,大者數十里,小者數百頃,故《蘆誌》開載有"親詣各洲"字樣,非指傍田新漲,多者一畝半畝,少者一分二分,亦謂之洲場也。止因昔年清丈通行,各府州縣一時惕于功令,江南地方經承胥役喜于有事,將漕田微漲搜求捏報,從此五年丈量,遂爲此輩無窮之利藪、地方不拔之病根,于國家無纖毫之益,在百姓受萬千之累,請得而陳之。江南蘇松等處,田疇繡錯,間有傍河田地,東坍則西漲,東漲則西坍,爲數相等,以漲補坍,漕糈不至缺額,今若指新漲爲蘆洲,則漲者歸蘆,蘆課輕而陞者有限,坍者歸漕,漕賦重而蕪者已多,民反因以藉口,課未必能足額,其弊一。江南素稱澤國,幹河之外,全賴支河以通灌溉,邇來開濬失時,或成淤漲,今漲田一報蘆,勢不能復爲開掘,一經亢旱,水道不通,阡陌膏腴皆成焦土,其弊二。且目下以漕田而陞蘆課,異日啚奸詐害,則又指爲冒認蘆洲,挾詐小民,動稱隱漏,其弊三。總之,五年丈量但可行于有蘆洲之處，不可行于漕田漲坍之處，伏乞勅部行江南通省，如安徽撫屬安慶、池州、太平、廬州四府，和州一州，地濱大江，以及沿江地方各有蘆洲處所宜遵例清丈外，其餘府州縣凡屬内地不産蘆處，應照徽、寧等府事例一體停止，不必五年丈量，以滋煩擾。則國賦歲入無虧，而民生不致苦累矣。如臣言可採，伏乞宸鑒施行。奉旨："該部議奏。"部覆行該督撫確查。奉旨："這本内事情不必行察，爾部即議結。"具奉，隨又奉部覆，奉旨："依議。"

税　課

元

至正十五年，額辦鈔二千六百三十七定二十三兩七錢六分八釐。酒醋課一千九百七十三定一十三兩五錢，税課六百六十四定一十兩二錢六分八釐。

明

永樂十五年，額辦鈔一萬七千四百九十三定三貫九百一十文。商税鈔一萬三千六百六十五定三貫六百七十文，契本工墨鈔一定二貫文，門攤鈔九百四十七定四貫五百文，酒醋鈔二千三百六十一定二貫六百四十文，果木租鈔一百五十四定四貫二百文，房屋賃鈔三百六十二定一貫九十文。

天順至成化八年，額辦諸色課鈔一萬四千三百八十七定三百三十八文。烏泥涇税課局鈔八千二百五十三定一貫四百七十二文，新涇税課局鈔一萬一千二百八十四定一貫五百二十八文。

嘉靖十六年，本縣及新涇、烏泥涇三税課局歲辦課程鈔一十六萬九千六百三十貫七百文，每貫折銀三釐，該銀五百八兩八錢九分二釐一毫。歲于均徭内編巡欄銀二百八十八兩，餘二百二十兩八錢九分二釐一毫出于店户。

嘉靖三十三年，革新涇、烏泥涇二税課局。

嘉靖四十三年，革本縣税課局。

萬曆年間，歲辦門攤課鈔銀一百兩，悉于本縣總甲名下追徵，放給合屬官吏及青村、南匯二所官軍支用折鈔。

魚　課

元朝設黄渡河泊所於嘉定縣界黄渡地方，總管華亭、上海、崑山、嘉定四縣魚船網户。

明朝因之，歲辦課鈔以備官吏俸給，并魚油翎鰾折納黄白麻等料，起解工部。

弘治六年，知府劉璟奏將衙門裁革官吏起送别用，該辦魚課填入户由徵米入倉，續折徵錢斗三十文。

嘉靖八年，華亭知縣方鈍建議行勘本縣該徵魚課錢八萬六千九百九十八文，内該起解工部魚油翎鰾料價錢五萬三千一百三十文，該銀七十五兩九錢；存留本府備用魚課錢三千二百二十五定二貫八百七十五文，該錢三萬二千二百五十六文，并多餘錢一千六百一十二文。

萬曆十四年，於概縣塘長名下追徵解府，轉解工部，餘留本府。

國朝課額：

漁課銀一百一兩六錢一分四釐，工部項下錢糧係漁船網户完納解布政司交收。

匠班正損銀二百三十六兩八錢。

門攤課鈔銀一百兩。定例：城七鄉三，徵於市廛，店户輸納。

已上三款歷年課額俱同。

牙税銀原額二百四十兩，至康熙十七年奉文，大縣加徵銀八十兩；又于康熙十九年起，新增銀二十兩五錢；又于康熙十九年，再增銀二兩。通計舊額新增銀三百四十二兩五錢，徵解布政司交收。

酒税銀九十兩。康熙十九年，奉部行徵於糟坊。本縣議報九名，每名徵銀十兩，照數解司。

煙税奉文每斤徵銀二釐。緣無定額，按月徵解。

牛驢税額徵銀一十兩八錢，向屬牛户完納，以致恣意屠宰，殘賊可憫。今邑侯史湓任之始，既嚴禁宰牛，歲終捐俸銀一十兩八錢解交藩庫，自是宰牛者鄉城絶跡，具見仁民愛物之心，能令頑兇革面也。

康熙上海縣志卷之五

徭　役

力役義也，力役以浚其生，其義何居？甚矣，夫明季之役之困敝也，蓋人人嘆碩鼠矣。本朝受命，以五大役改從官解，與民更始，豈非通其變使民不倦者耶！至均田議起，小役亦悉蠲除，編氓自納兩賦外，晏然無户外之警。素封之家，田連阡陌，與公卿大夫無異。食税衣租，煙火極望，可謂和樂者乎？遵而行之，雖百世可也。

唐制百户爲里，五里爲鄉。里設正一人，掌案比户口，課植農桑，檢察非爲，驅催賦役。在邑居者名坊正，在田野居者名村正。縣境五鄉，則里正二十五人也。

宋制熙寧以前，以衙前主官物，以里正、户長、鄉書、手課督賦税，以耆長、弓手、壯丁逐捕盜賊，以承符、人力、手力、散從官給使令。又有曹司、押録、虞候、揀掐，並以鄉户等第定差。熙寧以後，曰保正，曰保長。據《嘉熙便民省劄》，華亭十三鄉苗税舊例，差保長三百餘名内，縣境五鄉，則差保長一百一十五人也。

元制保里與宋同，里有正有主，首在邑居者爲坊正。

明制以里長、老人主一里之事，以糧長督一區賦税，以塘長修理田圍、疏決河道，其餘雜役並於均徭點差。

按：成、弘以前，計里編役，其布解、北運、南運及解淮等差，俱於解户内點充。後諸解不勝其困，因於每區五年一編大役，充布解、北運、南運、收兑收銀等差。每啚十年一編小役，充總催、經催、總甲、塘長、該年等差。其餘學夫、門皂、雜役將均徭編銀顧充，而役法與顧《志》中大不侔矣。今爲每役詳其損益沿革，而編審徵比之議附焉。

隆慶初，改糧長爲總催，每年五十六名。

按：舊制每縣轄保若干，每保領區若干，每區領啚若干。一區設糧長一名，專管催徵本區銀米，每年秋赴南京關領勘合，然後承役，誠重之也。嘉靖間，謂之公務糧長。自隆慶三年，改里長爲經催，竟赴縣比較勤惰，糧長之名遂革。止於經催中點丁力尤勝者一人，謂領限總催，而督察非其事矣。至崇禎年亦革。

隆慶三年，改里長爲經催，專辦民甲，每年三百九十八名。

按：舊志每啚分十年爲十甲，每甲編審里長一名，或獨充，或二三户朋充，因其挨年遞充,故謂之排年。至輪甲年分,專責催辦本啚民户本、折銀米,後遂改名經催。自本年十月開徵,至明年十月完限,匝歲奔馳,無有寧晷。而啚頑拖欠,甚有四五年尚未清楚者。沿鄉催辦,有跋涉之苦;入城比限,有盤纏之苦;完不如數,有血杖之苦;田地拋荒,有拖欠之苦;水旱逃亡,有代賠之苦。故百畝以下人户充此一役,猶慮不堪苦,以零星數畝之户朋充,未有不立斃者也。

總甲每啚歲輪一名,專職譏防之事。附郭者稱坊廂。

按:排年於本年分充經催,則先一年爲該年,又先一年爲總甲。設役初意,啚内有鹽盗竊發争鬭非常之事,令之呈報府縣也。乃後之承此役者,寇盗不時,鹽艘出没,責比追求,至於人命株連,動經歲月,致鹽盗未獲,人命未給,而總甲之家已破矣。或地當孔道,承值官長水陸往來,一應鋪設人夫、燈籠火把,責令供億,稍不如意,榜掠隨之。經歲之間,時時莫必其命。查各府總甲,俱募夫承值,而松郡獨從里役起差,此總甲之役苦也。

董其昌《總甲議》:總甲一役,三縣皆然,惟上海最稱煩苦。向當編審時,徧將城居大户或故宦子孫僉點總甲。一遇上司巡歷,如按院駐劄兵道查盤隨巡公署,以至撫臺巡海,寶山、川沙、南匯諸衙門俱責總甲承值,備辦鋪設等項,及上房書吏門厨,纖悉取給,無所不備。每于一處,約費百餘金。破産蕩家,莫可告訴。若得查華、青事例,概無苛擾,此尤休息疲役之第一事也。

塘長五十六名。

按:每啚歲輪該年一名,該年之内,經充領區總催者,即爲塘長,專主督率各啚該年人夫輪修本區水利,意法良美。自官吏貪簽,或受勢豪掩庇,或經賄賂免差,應役者分段時,用錢則派少而近,無錢則派遠而多,繼而泥頭包攬,委官陋規,押差婪索,記工半工,補渡覆浚,勒索終無已時,此應役之苦也。至天啓年間,將應役啚分派納銀兩,名曰納曠。至頭甲已納,提充二甲,二甲已納,提充三甲,勒索又無已時,此納曠之苦也。嗟嗟!塘長一役,竟爲官胥填谿飽壑之具矣。明季閭閻之力俱疲,而水旱之實莫救,蓋由此也。

孫應崑《條議》畧:松本水鄉,低田宜築圩以備潦,高田宜開濬以備旱,其勢不得不用塘長。而況潮汐往來之地,濁入清出,日積月累,淤泥壅塞,若不時加疏導,則城市鄉村多難通往。故昔人以塘長與總催更换遞用,良有見耳。然以官府用塘長,必酌其遠近緩急之宜,猶不至于遺累。而豪有力者討塘長自爲,用一准呈,後撥派各啚起夫,各啚憚于遠差,只得顧募泥頭挑濬,甚有折銀賄免以報工竣,而塘長與該啚所費多矣。此撥夫之不可輕聽輕用者也。其區啚之内無河可濬者,亦要開具册報存案,專築本啚圩岸,預防水災,此亦該啚之踴躍而樂從者也。

布解五年編定十五名,每年布解三名,領解細布一萬六百二十疋,

麤布三萬二千一百

九疋。洪武三年,户部奏請令浙西四府于秋糧内收布三十萬疋爲賞軍用,上以松江乃産布之地,止令一府輸納,以便其民。

正統八年,巡撫周忱奏准松江一府秋糧,凡濶白三梭布一疋准平米二石,每疋加車脚船錢米二斗六升,濶白棉布一疋准平米一石,每疋加車脚船錢米一斗二升。布每疋長四丈二尺五寸。舊例每疋重三斤,納者率以紗麤驗退,後又奏准不拘斤重,止取長濶,兩端織紅紗以防盗剪,至今行之。按洪武徵布,係間行德意,其以秋糧準米定爲布解,自周文襄始也。

弘治十六年,户部覆准蘇、松等府歲解折糧布疋。舊例送部看中,送貯甲字庫備用。弘治六年,該庫以布疋不登,原樣揀出,姦人恐嚇解户,揭借賄囑,至費銀八九千兩。近奏准今後該部看中送庫不必再揀,而該庫執奏布不及三斤,欲得自揀,不知蘇、松布精細而斤數不足,北方布麤厚而斤數有餘。自今蘇、松等處解布至部揀中,送庫不得再揀,以免解户借銀賄囑之弊。

嘉靖四十一年,知府臧繼芳議以細布附北運官船帶解,貼以損墊,行之一年,仍編民運。

陳繼儒《布解事宜》畧:布解一役,向曾搭派北運一役,兩役人甚苦之。以後遂點客商買布,即有光棍串同保結,充作大商,銀一入手,視爲己物,浪費不經,化爲烏有。有此改僉大户,大户本欲領銀買布,或曰待驗布後給銀,及布已驗矣,或曰待解布後領銀,及布已解矣,批迴已銷矣。領者愈迫,給者愈遲,或以現總而推委舊總之錢糧,或以前甲而强求新甲之償補,或有十不得六七者,或有干請求給僅許對支者,一年如此,累年可知,向來布解之所由困也。至解運之苦,若賃房聽驗,印解布袱,油紙包索,舟車關閘,掛號銷批,到京門單,税鈔内相,庫官吏書,司房保識,庫夫長隨,厨役見面,後手擺飯,茶果土儀,磕頭復求,僱夫交納等項,每疋除鋪墊外,賠銀四錢二分,稍不遂願,任意揀退,兩次三番,千辛萬苦,即使盡發現銀,尚多賠補,而况布解而銀給不如數乎?別有刁棍條陳用標布客解布者,商非土著,既難托銀,又無田土,勢難僉役。役一及之,則客商之布標散,而鄉鎮之布莊亦散矣。其關係闔縣之命脉,非細故也。

三線細布勢不容折,濶白粗布濫惡稀疏,北人最所厭棄。若照原價三錢七分改折給散,彼既利於得銀,又可以轉買商布,比之二線既堅且有餘利可落,省出墊貼銀四千二百兩,減去會計徵額,此一舉兩得者也。惟細布即發現銀,粗布將銀改折,其不易之定論乎。

知府方岳《貢議》:布解之受累無窮,而約畧言之,其病有四,曰發價之太遲也,扣銀之太重也,衙蠹之縱横而催批之太急也。蓋此役須該縣大富者充之,官視以爲大富也,吏胥門皂無不耽耽視爲大富也。曰夫夫畏官法而輕錢帛者,欲以充公費而飽谿壑,非若輩奚取焉?於是有先買布後給銀之説,而布解困於是。有每十扣一、扣五之例,而布解困於是。有頂區府快拴通縣快見面錢,有例催領銀,有例催買布,有例催驗布、催印布,有例催曬布,催布出境有例,追押布出境而安家路費又有例,節節需索,而布解之膏血盡矣。其印布也，鋪堂有例，茶房、庫房有例，書門、皂快各有例，不則蹊踏及之。布方出境，而催批之檄相續不絶，每一票至，非數金相酬難禁其凌逼，層層剥削，而布解之皮骨盡矣。今議將解户名下應納之糧餉盡數扣作布價，餘則官給串單，令解户設櫃自收，則遲發重扣之弊可除也。官府多一票，則小民多一累，况大富如布解，尤輩小所視爲魚肉者乎？今議府縣催押之票一切已之，但令解户自具限狀某日有布可印，違限責之，夫亦何辭？至夫驗布曬布之票與押令出境之役，則又萬萬可省者。每春季起程者，限以八箇月。四月起程者，限以十箇月。五月起程者，限以對年。寬以時日而責其違限，夫又何辭？票既省，限既寬，皂快歛手矣。而門内需科尚有意料之外者，曰印發之不速也，侍從之太多也。惟是隨到隨印，隨印隨發，絶不留宿，而一吏一門之外，非挑布守布者不許與布近，違則重創之，明示以官府護惜解役之意。而赴院掛號，上臺親爲查問，前弊未懲，即行嚴提重究，或亦蘇息積苦之一端也。

通判孫應崑《布解申文》：布解一役，議編必真正大户，銀必先時足給，解必依期起行，批必刻限掣銷，由此做去，自可永永遵守。而松郡之人猶不免於稱煩者，何也？夫三線細布一疋價銀六錢一分外，又鋪墊、扛解、盤用銀二錢五分，是八錢六分矣。二線細布一疋價銀六錢一分，又鋪墊、扛解、盤用銀一錢五分，是七錢六分矣。濶白棉布一疋價銀三錢外，又鋪墊、扛解、盤用銀七分四釐，是三錢七分四釐矣。果若領解之役正身前去，分毫無耗，留作盤纏到京，使費實用，則亦何嘗見其有虧。而不能無失者，有故紈袴之子多憚遠行，則往往傭倩親識之人包攬代解，而包攬之人實者刻之以肥家，虚者耗之以淫蕩，糜費無餘。各項使用不得周全，則有臥批退回之苦，累及正身，破家蕩産。職此之由，頃遵院道憲行查議，一時府縣備極參酌，而議官收官解，則往事之不克終可鑒，議帶解改折，則今日之事體難行，其道無出於公審、足給、早解、早銷四者，上行下安。當日文襄德意，至今猶存也。

知縣聶紹昌《議》畧：布解一役最爲煩苦，每一縣額供三線細布二千四百五十餘疋，每疋布價銀七錢，鋪墊、扛解、盤用銀一錢一分。二線細布一萬三千四百五十餘疋，每疋布價銀六錢，鋪墊、扛解、盤用銀一錢一分。濶白線布四萬八千九百餘疋，每疋布價銀三錢四分，鋪墊、扛解、盤用銀九分。自領銀投牙，賃房聽驗，印解布袱，油帋包索，舟車關閘，掛號銷批，到京門單，税鈔内相，庫官吏書，司房保識，庫夫長隨，厨役見面，後手擺飯，茶果土儀，磕頭復求，顧夫交納等項，每疋賠銀不止二三錢。一經退回，則重復解進，每疋有賠至五六錢者。在本鄉先經揀選驗印，至京又且任意揀退，百千浩費，此真莫大之役。如萬觔之擔，必當委之萬觔氣力之人，而近年乃僉點中人之家，又不給銀，單寒下户豈能賠買？勢不得不賣田鬻産，揭債買布。挨到京邸，及其交卸獲批，則已吸骨及髓，更無身家餘剩矣。所以吴中一聞此役，如赴死地。蒙徐撫臺奏請二線與粗布照價改折，三線布以本色附袍船解進，而寢閣不行，朝野同惜。今議於五遞年中編定此役，以第一般實巨富、田餘二千畝、家累巨萬金者承之，必不容勢家營脱，必不使中户濫充。編審既定，每年驗係大户正身，決無包攬，先給銀若干，驗收布若干，印貯庫中，隨即發銀再買。驗收既足，給文發行，即時并鋪墊銀給之，定勒限期解京批迴，一面報本院知會户部，以防其中途濡滯之弊。庶幾肩此役者可獲更生，而布縷之征可以永永終事矣。

北運解户五年編定九十名，每年十八名。
本縣額解庫局及光禄寺、惠桂二王、都察院、府部等衙門白熟粳糯等米細數詳田賦中。

按：蘇、常等府别有内官監細白粳米。吾松以近海，米色浥爛得免。而正米之外，又加歲用、白耗、舂辦等米，均派各保秋糧平米之内本役自收。又加夫船、車脚、貼解等銀，均派秋糧歲用折色及貼役銀内徵收。在官以時給發，立法周詳，似可以不爲民厲矣。乃承此役者，輒産亡丁盡，蓋以鄉民而供玉粒，途既遥遠，而百費叢生矣。詳其諸條議中。

成化以前，解户上白糧及各物料，户、工二部委官同科道驗收，解户不與内臣等見面，故軍校不得脅勒，内臣不得多取，小民亦不至虧害。成化以後，部官避嫌，糧料不肯驗收，俱令小民運送内府，而害不可勝言矣。

尚書李康惠公承勛《疏》畧："家有千金之産，當一年即有乞丐者矣。家有壯丁十餘，當一年即有絶户者矣。民避糧役過于謫戍，官府無如之何。有每歲一换之例，有數十家朋當之條，始也破一家，數歲則沿鄉無不破家者矣。"讀其言，真堪流涕。

陸樹德《民運疏》畧：東南財賦之來，有軍運，有民運。軍運以充六軍之儲，民運以供百官之禄。人皆知軍運之重，而不知民運之苦。夫軍運以十軍而運米四百石或五百石，民運以一民而亦運米四百石或五百石。軍運之船皆官所造，而軍不知，民運之船則民自僱，而官不知。軍運以軍法結爲漕法，一呼百應，人莫敢犯；民運以田里小民供役遠道，人人得而侮之。軍運經各該分司衙門，無抑勒需索之苦；民運經各該衙門，動以遲違情由問擬工價併諸雜色使用。軍運過洪閘，一錢不煩，而洪夫、閘夫共與挽拽；民運每過一洪，用銀十餘兩，過一閘用銀五六錢，所過共三洪五十餘閘，而費可知矣。其最苦者，船户皆江淮奸民，慣造此船裝載白糧，每僱船價及撑駕夫價計不下二百餘兩。糧一入船，其驅使糧長不啻奴婢，每日供奉船長及撑駕夫不啻奉其父母。蓋糧在船中，即糧長身家所係，吞聲忍氣，曲爲順從，勢不得不然也。其最所畏者，軍運每凌虐民運，有等豪惡之軍，故將己船撞擦民運之船，民船板厚而軍船板薄，微有損傷，即便蜂攢鴉擁，盡入民船，百般挾詐，不厭其欲不已。其他入京攬頭之需索，入倉交納之艱難，又不可勝言。凡充是役，未有不破家者。臣産東南，親見此苦。詢諸父老，咸謂宜將白糧并入運軍順帶，使民出所有以益軍，軍出餘力以代民，似無不可者。但今年限期已迫，尚未敢輕議上請。今所當議者，合無將民運并入議單，兼責之漕臣，令各該參政一體督催進閘總運，參政督催至京，則軍運不敢肆其凌虐，船户不得恣其奸貪，而洪閘亦可無需索之患矣。

歸子顧《民運疏》畧：國家之賦役莫重于東南，而賦役之艱難莫重于民運。職生三吴,自爲諸生時,即知北運之苦。試舉其受累之大,有三:一曰水脚之侵没,二曰沿途之需詐,三曰交納之留難。夫運糧之有水脚,每船不下百金,似亦可濟長途之勞費、交納之賠償,獨奈何侵漁者衆也?米未下船而先盤詰,牌票百出,索取千方,船尚未募而妄爲好歹,胥吏哆口而談,縣令拱手而聽。各官原有費額,另納公堂。使費銀兩各項原有編銀,復索轎夫修船工食。既有總部協部之官,已而添官押役。原有儹運催運之役,已而添役押幫。且扛頭把持,而水手任其雇募,兜攬紛紜,而撑駕聽其遲速。蓋糧未行而水脚已耗其過半矣。是水脚之侵費,不可不重加裁革也。至如糧船之行,往返六千餘里,涉險數十餘處,民已不勝匍匐。而皇店皇木之暴戾抑勒,關津閘壩之阻滯留難,快船、官座船之欺凌需索,重至疊出,不惟詐財,且阻去路。而早則起車,遲則守凍,耗費不貲。且州縣查驗矣,又有淮安理刑之驗,通州糧衙之驗,何爲者也?況淮安之驗驗其少,少則罪之。通州之驗驗其多,多又罪之。少不可,多不可,爲之民者安所逃罪乎?是沿途之需詐,不可不重爲議處也。若夫交納之累尤有不可勝言者,五經科道,七經内官,挂號三十二衙門,亦云瑣矣煩矣。而糧未入城,先講使用,初入倉庾,各役先索常例。管門者有錢,把解者有錢,有數銖粒于掌上,選銖粒于盤中者,選畢則每石而收之,收重有罰,收輕有罰,有每石費五錢者,甚至有二三兩者。況近時之新斛,比國初之斛多有異同,賠補甚難。且遲留有罪,違限有罪,京中之罪未償,而府州縣銷批之罪又至。則交納之弊,又不可不重爲裁革也。先年有題准民運規則,稽弊票册,責令府州縣,凡解户人給一本收照,如官吏故違明旨,抑勒索騙,許即據實填註前件之下,候完日繳查參究,以故尚有顧忌。而今寢閣,不復給矣,小民安能訴耶?若遲延守凍之苦更有不堪者,則漕船虐阻之故也。漕運之與民運,均爲國儲。漕卒之艘萬,其實糲,六師食之。民之艘千,其實精,六宫百執事(實)〔食〕之。乃漕卒怙其衆而驕其民,凡道路險阻之處,抑之不得過,曰:"吾爲官運也宜先,而爲私運也宜後。"故將漕船擦民船,民船損則忍氣吞聲,莫敢誰何。軍船傷則鴉擁蜂攢,百般挾詐,惟意所欲。故民之畏軍如猛虎,而莫敢以身當也。夫軍與民皆王臣也,一銖一粒皆王土所出也,何不嚴爲申令,俾五府之中得隨到隨行,令一州一縣自爲群,而不必候各府,可乎?或一州一縣之中得先則先行,令十家五家自爲幫,而不必候各邑,可乎?漕卒先行,何妨解户之先行也?漕船未過閘,何妨民船之先過也?先後聽民自便,要以不違限爲主。如此,既無風波之險,又免守凍之苦矣。凡如此弊,皆目擊而親嘗者,故備陳之。

陳繼儒《北運白糧事宜》畧:天下大矣,白糧獨責之蘇州、松江、常州、嘉興、湖州五府,何也?竊常思之,而得其故矣。國初,自南京取給五府,其勢近便。自成祖定鼎北京,而白糧相沿不改者,二百五十八年矣。在直省不知五府之偏累,在一府不知董漕者之獨勞,今已無可奈何矣。白糧之苦不獨在軍强民弱,不獨在軍先民後,不獨在過洪過閘,不獨在過關過鈔,不獨在僱船僱車,不獨在帶餅帶磚,不獨在稽查盤驗,不獨在各倉局衙門之刁頓留難,而尤苦愆期守凍出于意料之外耳。白糧守凍一年而兼兩年之船錢水手工食,千瘡萬孔,借貸無門。蓋守凍以春辦之不先,春辦不先以收米之不足，收米不足以荒區與頑户納米之不肯完也。若使納米既足，又即付之車水脚價，船户水手應時輳集，正月開幫，豈有愆期濡滯之患哉？今邑令設法，使北運者先儘本名，隨儘本區，以收白糧，置櫃給串，以收脚價，竟將此法一例行之，北運之困，其解倒懸乎？

收兑糧長額編二百二十名，每年四十四名。額數與《府志》異。按：明永樂十三年，會通河成，海運廢。而江浙原坐太倉海運之數改撥民運，至淮安倉交收。末年，平江伯陳瑄議民運俱于淮安瓜洲，補給脚價，兑與軍船領運。宣德二年，淮安徐州倉米撥民自運，赴通州倉。五年，令江南民糧兑撥附近衛所，官軍載運至京，量其遠近給與路費耗米。七年，立兑運法，定加耗脚米則例，又給輕齎銀兩，以爲洪閘盤剥之費。成化七年，都御史滕昭奏罷瓜淮兑運，令官軍僱船于江南水次交兑，民加過江之費。十年，立改兑法，蘇、松等處糧米改令官軍各赴彼水次交兑。時設收兑糧長，除官甲囤户田糧自兑外，其保區民户田畝秋糧每名約收米不等，兑給官軍。此兑役所由始也。每石正糧加耗米四斗，臨兑時，又于正耗外每石量加若干，以補沿途蒸折之數，則耗外增耗矣。正耗綱費詳見田賦，其弊具各議中。

聶紹昌《收兑議》畧：收兑之役，不苦于收之難，苦于兑之難。而其實兑之多費，由于收之不精。蓋漕軍見米之不精也，多勒贈耗以爲利，糧役因兑之多費也。益插穢雜以售欺，所以一當交兑，煩費蝟起，有綱司話會，有踢斛淋尖，有綱圈後手，使用不可勝計。風力官員欲爲民少減贈耗，即環擁囂呼，張拳犯上，而莫誰何。其在旗軍，則利歸旗甲，不過恣一時之浪費。及至兑米入船，中途浥爛，反累運官揭債賠補。回衛之日，累小軍扣除月糧以抵京債，此不平之在軍者也。其在糧長，諸用不貲，常至賣産鬻業，盡蕩其家。其在國用，則軍糧之所交于京、通諸倉者，皆濫惡不堪，積久盡腐，而其病又在于國矣。然軍之所以得爲民害者，又皆由傍倉奸棍糾引漕軍，大開詐局。漕軍利奸棍以爲腹心，奸棍利漕軍以爲囊橐，互相勾引。花街鬧市，浪擲金錢，未及交兑，漕軍地頭之費已百孔千瘡，專待多勒贈耗以償所用。于是，倉棍輸情指點曰，某某是糧役渠魁，一賂此人，即爲多耗多用之倡。而兑軍之費始騷然煩重，而不可以禁止。今幸撫按漕臺刻列告示，嚴行禁戢。若納户米既乾潔，不得耗贈之外多勒升合，違者一體責治。悉遵漕運議單，每百〔石〕止加濕潤米三石五斗，或外再加三石五斗而止。又嚴申漕規，止許一旗一軍到倉交兑，其綱司話會、踢斛淋尖、綱圈後手之類一切禁約。通完之日，即催趲開幫前去。如此，則漕粟乾潔，軍無腐壞累賠之苦，漕令嚴肅，倉無講兑喧擾之虞矣。

陳繼儒《收兑事宜》畧：往年收兑稱中役，僅費百金。四五年來，費及五六百金，以至破家者一年六十名，收兑豈堪破六十家之産乎？此無他，舊派太多，每倉收米一千七百石故耳。糧長承役，修倉磚瓦、蘆席、楞木有費，僱募斛手有費，僱募倉書有費，工食有費，使用有費。自十月至五六月，費已無經而納户尚多挂欠，收米如此其難也。已而漕船既到，縣總倉棍暗通漕卒，正耗之外嚇詐多端，明加踢斛淋尖，陰講綱司話會,每百石米增十擔外,每一石銀增一錢外,稍不遂意,凌虐糧長,侵侮縣官,不滿其欲不已。兑米又如此難也。至於大保大區,借改折之名,倩人代杖延挨,不肯納糧,直待旗軍催兑、比較通關之時。于是,有折銀減價,使之不得不收者,名曰搶收。有先賒糧若干,方納糧若干,使之不得不賒者,名曰賒串。若不搶不賒,且并其搶收賒串之銀米而俱無之矣。派額米缺一石,糧長自賠一石,缺百石,糧長自賠百石,米價日踴,賠價日多,米不能賠,而借債鬻產,賣男鬻女隨之矣,雖欲不破家亡身得乎?若使本區收本區,行區運法,派額既不至隔區寫保,頑户不至藉口荒區,奸民又不至觀望搶收賒串,此亦清弊竇之一策也。又聞之運軍與淮上漕書搆同,揀擇用賄,派船派江北淮泗之船,至江南四郡之内,撫道不得彈壓,則氣勢必定咆哮,往返二千餘程,則官并反多違限。何如常、鎮、蘇、松自相更調,以近附近,視以遠調近者,果孰便孰不便耶?此特在撫按倉漕一斟酌間,而收兑受福不淺矣。

收銀總催五年定編二百三十名,每年五十六名。自海中丞瑞用一條編法,歲收兵白徭銀,其役名曰長收。承役時,縣令貪廉迥别。有需索常例、火耗,而交際餽遺與各衙吏書、皂快大肆魚肉。十二人輪月承值,謂之當月。後以地方呈革,改設收銀總催。總催收銀及倉收收米,俱給號串連綴,一里排比照,一本縣存照,一人户執照,名曰三連串,彼此對較,杜其侵匿。其法剏于管糧同知鄭復亨,可百世不變也。

按:每歲收銀總催,名曰櫃收。金花有銷滴之苦,收納有晝夜看守櫃銀之苦,收時有傭募書算食用盤纏之苦。又有造册查盤十年之苦,解放有折耗等候之苦。每收銀千兩,約費五十餘兩,詳具各條議中。

聶紹昌《收銀議》畧:今之收銀即昔之長收,昔年長收之濫觴,在管月買辦,舉公家承應上司,餽送交際,一切浩費盡責其人,所以蕩析無存者。于是乃以大收改爲小收,大收二三萬,小收自一千至四千而止。然查往時相沿積弊,如傾銷滴補、解放虧折、書算衙役種種需索,又有傭募櫃書、僦寓盤用,所以一千必費銀四五十兩。更有衙役攬納,逼減天平,而積猾櫃書尤慣包攬,磨洗官串,詭發附收,那東掩西,莫可究詰。既攬此而包彼,必移後以銻前,接踵朋奸,動侵千百。本職洞悉此弊,已痛革附收。且議嚴禁積年櫃書挺身包攬,務使櫃收皆正身的名,亦不許占定櫃口,聽糧長自令所親秤收登記,竟用櫃書寫串算數,仍須役人自擇具結,報名于官,以便查弊究治。然收銀所最苦者,尤在于收放不速。今議請頒定收放之法,必置京邊及各項上供緊要者于前,而其餘次急者稍緩。解放者以次開列,不得任意先後。且十櫃多少均放,苦樂適調,一班所收即儘數放去,收盡放絶,總撤相同,然後及次班,則無存櫃積侵之弊,亦無久候盤用之苦。又以櫃派啚一定不移,如概縣六百三十里,舊設甲乙等十櫃,每櫃派定六十三啚,使納不得混淆收之,既齊放之亦速,庶幾中户之家不代巨富之累,所裨于國計出入者亦不小小也。

鄭友玄《議》畧：收銀一役，較運解之費頗省。如募書、工食及發串、紙張等項，直以顧氏貼銀一項辦之足矣。第收銀兑解則輕重有等，最重者無過金花。今每千額派三百兩，前後適均。至於銀匠解官，必當堂兑發，期無苛勒。其他散兑，稍稱便宜。亦以傾錠多少參派，不縱總書上下其手，自無偏畧之嘆。且挨定班次，隨收隨放，使之早竣歸寧，尤稱省便。且每年額銀二十五萬，除逋欠及對支外，止編收催二十萬，合五年計之，則以百萬爲率，盡大户而役之，常難取盈。今除北運布解，約四五萬兩派櫃自收，計五年可省二十餘萬。即以之加輕於七十餘萬之役，則人人輕省，是亦暗消役累之法也。又如火耗一項，上下聞之知之，誰能掩耳偷鈴？第此中例除六釐三毫，較他處以分錢計數者遠甚。然他處暗加於民，江南賦重，故小民以輕等色銀，重困收役，則此項亦獨取之收銀役人，最爲不便。今示革陋規，即首此項。蓋在官之規陋一禁，則衙門無名之費一一肅除，其加惠收役并一邑小民，有不止於毫釐而已也。

南運解户五年編定十名，每年二名。

每歲運南京光禄寺及會同館白米、神樂觀糙米，此項縣派區啚自行收貯，不涉收兑。又領盤用銀兩，此項徵收在櫃，奉票支領。是役也，脚力足用，解米從容，人不甚苦之。後議于布解一名相兼一名，以輕補重，每名編田三百畝，南運之役均矣。

按：南運内有各處解户等名色，本朝概行革除，故不載。至皂隸執事各衙門等役，舊俱力差，萬曆間巡撫胡執禮始定徵銀入官，永免僉點，民甚便之。南運一役照《青浦縣志》，故《府志》所列俱不載。

上海役法向與華亭同。崇禎六年，知縣劉濳編審之際，邑人沈麟瑞見大小役困已極，倡立囤田之議。凡紳衿田畝坐落民啚，小民向紳衿辦糧未便，刻期限日，將各紳各衿例應免役之田名照數收立完糧，紳爲官囤，衿爲儒囤。其布解、北運、收催、收兑、南運五大役，限定某役一名應田若干畝，聽其各照役數通縣收併足額，取貼贍役，謂之大囤。其官儒與五大役收存之田，每啚分爲五小囤，完糧比則均比，應役差則均差，亦五年一編，以免從前十年編審、十甲輪充、排年分催、勞逸苦樂不均、同歸于盡之積累。至今日均編一法，猶有囤田之遺意焉。

明季五大役俱爲民病，而北運一役尤甚。崇禎十五年改爲官運，點殷實大户領運，名曰官者。名雖易，而實則仍北運也。

國朝初制，以里長承一里之事，主催辦白銀漕糧，及總甲、開河、塘長皆僉一啚中人户充之。以收兑主收貯漕糧兑軍，則于一區中選田多殷實者充之。其餘麤細布南、北二運，白糧各色解户收銀諸役，悉改爲吏收官解，永免民户承充，仍照田均編經費銀，以爲解官經承吏役傾銷諸費。後又改收兑爲官收，官兑亦照田均編兑費銀米，免僉民户，唯每啚里役仍舊。在上海則仍沿囤田之名，已非囤田之實。初猶五年一編，到後而年更歲换，移甲易乙，名爲補役，甚至變爲捆束。至均田均役之法行，而得四邑均受福焉。

布解舊額每年三名。順治二年，撫臣土國寶題改官解，共編本色鋪墊解費損銀若干，折色解費損銀若干。

每年官解本色黄絲三梭三線細布若干疋，黄絲三梭二線若干疋，麤線布若干疋，折色二線細布若干疋，麤綿布若干疋。原編價銀及改定本折詳見田賦。

北運糧長每年十八名，順治二年題官解，計畝均編經費銀若干。詳田賦。

每歲官運供用庫白熟粳正米、酒醋麵局白熟糯正米、光禄寺白熟粳正米共若干石，每石加歲用白耗米三斗，每正耗米一石加舂辦米二斗。五府六部、都察院等衙門糙粳八分正米若干，每石加糙耗米二斗。米額詳田賦。

順治八年，總漕部院沈文奎以舊編官運經費不敷，致歷年逋欠，會議具題，加給協部官白糧耗米若干，每石加舂辦米二斗，糙粳耗米若干，運船水手飯米若干，每石原給米一石八斗，今照漕船事例，每正米一石給飯米七升二合，每船該三十六石，每名給米三石，以免侵耗正糧。

南運糧長舊額每年二名，順治二年題改官解，共給盤用銀若干。

每年官運江南省城兵餉白糧正米若干，每石加白耗米二斗，每正耗米一石加舂辦米二斗。即舊額南光禄寺、會同館、神樂觀、省城兵餉，除撥本色外，尚有折色，又撥本府督鎮兵餉本折色及解部折色。俱詳見田賦。

收銀總催舊額每年五十六石，順治二年題改吏收，免僉民户。

收兑每年四十四名，五年編審一次。順治八年，巡按御史秦世禎題定官收官兑，每年委部選職官，照派收區啚貯米在厫驗，依准單交兑。每糧米百石，除正耗收加米五石、銀五兩，蘇、松、常、鎮會議再加五兩，部覆奉旨准爲定例。

十六年，實行官收官兑法。

先是，巡按御史秦世禎奏准部覆通行，而雜費無從取辦，故陽奉陰違，猶僉民户承值。水次積蠹，勾合旗丁，横行需索。十四、五年間，兑糧一石加耗雜費至八錢餘，而連歲米值每石不及六錢，承此役者無不立盡。及是巡按御史馬騰陞再疏請行申飭，仍議添設官役，一應俸銀、工食、條倉、鋪墊、串紙、油硃等，皆于漕糧耗費支給。知府祖永勳會同三縣，酌定條例，恪遵詔旨，收貯出兑悉責成佐貳，民間始得休息云。

馬騰陞《疏》畧：題爲弊莫大於漕兑一節，而漕兑之弊又莫甚於蘇、松、常三郡。揆厥大端，總由前按臣秦世禎題定五石五兩之旨不遵，而孔胤樾所題官收官兑之奉行不力也。悍軍刁弁，積習相沿，蠹役奸徒，表裏滋弊，以致縱軍巧立名色，每百石除加四耗米并贈潤五石五兩外，又有會銀開厫、搻倉看米、折飯插籌、會籌貼担、貼船、花票通關、摺扁三擁、踢斛淋尖、割單等項，種種惡習，計米一石，除贈耗外，雜費濫觴幾不可問。名爲五兩五石，而實至二三十兩而不止也。且各縣糧總不分正耗，一例科徵，小民莫辨其爲正爲耗，剜肉補瘡，無所底極，又安得民髓之不盡竭邪？今議正額之内已有耗贈，而外加之五石五兩，必須糧户照數納倉交庫，縣官起解刑官，刑官轉給運官，運官分給伍長，而本船應領隨漕行月本折等糧，糧道不許花分，亦即各照水次派支縣官，隨兑隨給，不許挂欠。其一切衙門常例盡行禁革，在弁軍亦得實實沾惠，不致有絲毫之他溺矣。

馬騰陞《再疏》畧：題爲臣於去年曾具良法虚懸一疏，業蒙俞旨，臣因得嚴飭各屬，始克畫一遵守，今已聿觀厥成矣。然恐將來陽奉陰違，各屬仍舊審僉糧役。若蘇之公正糧長、松之啚記典耆、常之里甲啚收，各役一經僉定，收漕漸復責成在民。請自今秋爲始，禁審糧役，早定收糧各官開倉之日，糧户輸納即挨次交收，無致臨兑雜沓。縣官照條銀事例，先期印發糧串，斛過糧米，糧官即照數填給，勿使糧户伺候。至如兑竣之通關，每多勒掯五兩五石之外，曰順風，曰花紅，曰犒賞，巧立名色，恣意索取。今議各州縣漕糧，聽候總漕臣頒發全單，給與糧道，開明某衛共船若干隻，兑某縣米若干石，該道頒發號單，每單兑米一百石，刊定奉旨之贈耗，分發各州縣，每完一百石，連加贈銀米交清，即將一單著令衛官，填註收數，一船兑足，即出給水程，勒令開幫，是爲節節割絶，使無勒掯通關之弊。再令糧道查照各屬額設幾倉，每倉頒發號簿幾本，將前各丁船開列在簿，兑足即註明全完。如過期不兑，監兑推官周歷所至，按簿責比旗軍，以杜愆期之弊。更有驍軍沿途停泊，竊取墳樹種種等情，許徑報地方官嚴拏，解赴糧道。或兵巡守道重懲其運官，約束不嚴，申報漕撫，俟過淮之日創治，以禁在途生事。倘水程限日遲延，一併查處。糧艘可以速進，而延悮之弊亦可除矣。

禮科給事中朱紹鳳《疏》畧：一曰官收官兑之壞宜議也。向來民收民兑，弱肉强食，谿壑難盈，故改而在官，煢煢孑遺，不啻生死而肉骨矣。無奈印官畏難瞻顧，陽奉陰違，如臣鄉松江一府，收糧名色華亭改曰典耆，婁縣改曰啚記，上海改曰看漕，青浦改曰倉夫，名爲官收，而其實皆民收也。及出兑之日，印官既不敢臨倉，軍民又不許相見，一任積年倉蠹與積年運軍串通作奸，前弊百出，或一户而分派數船，或一船而逗留數月，有司不能察旗軍之勒掯，而但比糧户之通關，比愈急愈甚，而費愈無窮，是反不如糧户自兑，猶得以身家剥膚與旗軍争一日之命也。今議監兑推官仍復舊時事例，運官揭參旗軍綑打，則威令已有所歸。其收米兑米之法，印官總責其成，而再於佐二等官擇勤敏强幹者二三人分猷佐理，總計合縣倉厫若干，糧户若干，某户米係某厫收貯，某官經管某役看守，詳列姓名，實粘厫所。額米既足，會銀復完，管糧官與運官眼同交兑，不過二十餘日便可盡數開幫。頭厫未完，不許復兑二厫，一船既滿，不許仍留水次。其各兑通關，隨兑隨給，逐厫交卸，不許復踵兑九留一之故習。藉口刁難違者，報知監兑，但比旗軍，勿比糧户。如是，而民運于倉、官兑于軍之前旨可以通行而永利也。

按：順治初年，江南細布北運、南運俱官徵役解，收銀則官點櫃書秤收，獨收兑一役尚存。後又屢奉旨官收官兑，刊定成書，民免諸大困，得更生矣。唯是斟酌時宜，官代民勞，不使官代民費，寧使寬餘，毋使不足。庶幾良法永垂，不致官苦不給，而民得以長安。今知縣史彩奉督糧副使劉頒發斛概、釘定斛口之法，着口轉概平量平，戛無顆粒盈浮在倉。任事諸役，不許私取錙銖。自官收官兑之法，庶爲盡善，可垂永久矣。

右採邑諸生陳完《議》畧。

順治十二年,禁雜差造船諸役。本年四月,户部行三百號勘合,准御史馮題爲派徵苛横非常事,奉旨依議通行。一切造船油蔴、大樹、煤炭、釘鐵、箭枝、馬料、鑽夫、水手、造册雜項酌議補編,會計估價給料。如有擅出牌票者,官參吏究,按察司刊刻頒發遵行。

十六年,敕撫按官禁革提充徭役及塘長納曠銀。舊例十年一編里役,近以户消役重,改爲五年,後或三年、二年輒復僉審,又或臨期暫僉一年。止將舊役提點承值,名爲提充。于是啚書奸役恣行需索,至里役辦糧,次歲仍輪值塘長,幫助遠差,或曠役納銀貼差,財力交竭,近俱奉革止。

施維翰《請復十年編審疏》:題爲編役歲擾無法,民膏暗竭難支,仰祈天語嚴察,以清蠹弊,以救殘黎事。切照東南財賦殷煩,徭役疲困,其間如官吏之侵欺,火耗之踰額,兑軍横索,一賦而百蠹隨之。具經各衙門條奏地方撫按諸臣,現奉嚴綸釐剔,庶民有更生之望矣。然臣以爲供役之苦,民害在顯而易見,僉役之蠹,國弊在隱而難除。敢以臣鄉見聞所及,爲皇上陳之。凡一縣之中,有充南、北解役者爲大役,五年一僉,已經議革。一里之中,催辦各户漕白完之縣庫縣倉者爲小役,十年一僉,按産分編,挨輪承役,官無歲舉之繁,民有息肩之隙,此役法定例也。近因官吏奸貪,每役止編一年,每年提審一次,考其故何哉?編役以五年、十年合算則數多,一縣里户之稍稍殷實者,彼此不容隱漏,而官吏亦無容上下其手。若止編一年,則役少而可役之人多,甲之賄入可移之乙矣,乙之賄入又可移之丙矣。每移愈下,承役者必單丁産薄之人,而貪者之身家盡矣。且一年一審,則往歲之爲甲爲乙者,今歲又得以役,恐之不得不如前,納賄或更加甚焉。每每一歲一提審,一審一納賄,而富者之身家亦盡矣。况啚書造册有費,公正開報有費,吏胥承行有費,差役拘提有費,田畝之歲入有限,公私之歲出無窮,于是百姓以産爲戒,上户棄業竄身,下户投繯沉水。嗟嗟!東南斃于供役之日者什之五六,斃于編役之日者什之七八矣。伏乞敕下撫按,嚴察提充納賄之弊,仍照十年一審之例,使小民筋力稍舒,歲月少暇,得耕鑿以供正賦,所裨國計民生非淺鮮也。伏候察禁施行。

又附施維翰《請禁塘長納曠疏》畧:松江府小役之中,催糧之次年,兼修本啚水利,名爲塘長。漲則防隄,涸則濬淺,時無水旱,相與休息,役法昭然,未嘗另有輸納也。後則立曠工名色,免其開河,而令民納應役之銀,每啚索費三四十兩不等,官吏分肥,沿爲定例。不然則派開隔保河渠,工難路遠,費重勞深,勢必加倍上納,以求解免。不知所稱應開之河何官相度,所應役之夫奉何文估計,所應納之銀作何項支銷。伏乞敕下撫按,禁革納曠銀兩,其本啚塘長止開本啚河港,如本年無應開之河,即當相安無事,不許借名納曠。則役外無役,而小民之悉力供正役者,子來恐後矣。本年户部題覆,奉旨依議。

按：塘長一役，每啚輪年承值，自有深意。誰爲厲階，改爲納曠。以納曠之故併廢塘長，是因噎而廢食也。今唯有就啚按畝，不時開濬，以備旱潦之至，則善矣。

康熙元年，巡撫都御史韓公世琦奉旨行均田均役法。

巡撫都御史韓爲請乘編審之期等事。照得三吴田賦十倍于他省，而徭役困苦莫甚于今日。豪强兼并之家，膏腴滿野，力能花詭避役，以致富者愈富，貧弱無告之民役累隨身，每至流離逋負，將見窮者益窮。是皆有司不念民瘼，編審無法，任憑胥蠹作奸，流弊莫可究詰。近幸廟堂軫念，奉旨均編，當亟遵條例，通計合邑田畝，和盤打算，按啚裒益，品搭停匀，務將啚外官庠自兑、附和花詭等項盡行删汰，一惟論田起役，纖毫不許躲閃。俾户無無田之役，田無不役之人，庶幾積弊頓除，窮簷稍可蘇息。無如所屬有司仍多瞻狥豪右，迄今未見力行，合速嚴飭，爲此牌仰本府官吏，查照來文，并繹原行部咨事理，即將所屬各縣統計合邑田畝若干分配區啚，逐里均平，將一應啚外户名盡歸入甲。如官户務要直開鄉紳姓名，不得造入子户朋名及知數名字，其鄉紳子弟假借冒立者痛行禁絶。至于庠户，必直書生員姓名，與學册比對，不得以别縣户籍影立混淆，一應徭役按田起差，毋蹈夙弊，仍前偏累。通限半月内均完速報，倘再有違玩不即力行，或勢要豪猾造言阻撓，定以悖旨糾參嚴處，毋得遲悮。

三年，上海獨行捆束之法。每啚分十束爲一捆，此即十甲而異名也。僉點捆頭束頭，又當雜差四出，民間膏腴之産以券贈人，苦無受主。

五年，知府張羽明請憲通行均田均役法，捐俸贍四邑册書并紙張筆墨等費，分經别緯，至六年告竣。以一縣均爲十保，一保均爲三十區，一區均爲十啚，一啚均爲十甲，無論紳衿黎庶，人各自收已田，自完已糧，一應分催、排年、總甲、塘長盡行汰除，四邑之民倒懸頓解。

按：是年均田均役後，民情稍紓。至九、十兩年，水旱疊見，十一年雹災，十八年旱災，雖屢奉恩蠲，而民力未復，又苦舊賦並征。當蒙布政使丁具詳，前撫部院慕力請，將十六、七、八等年民間掛欠舊糧分作三載帶徵，民易輸而賦易足，誠救時之善政也。

二十年，知縣史彩涖任，洞悉田役均中不均、搜剔冒濫、懸宕啚底等弊，重編立甲，頒法徵糧，更申憲府革押差名色，止用紙皂傳催，通縣各項錢糧册籍俱存内衙查算，片紙隻字不假手吏胥。完欠絲毫不紊，完者安居，給單優獎，欠者掛比，按額設施，不到差提督，完不緩行。至二十一年，額漕一十二萬石，不差一票，不抶一人，兩月之内照額全清，民不止信而化矣。奉總督部院于有“海邦良吏”之旌，巡撫都御史余有催科不擾之薦，所以勉勵將來，憲臺之意深切矣。

二十一年，漕米奉知府魯檄行，將順治十六年分議定條款酌減，詳請總漕部院邵、總督部院于、巡撫都御史余俱批，督糧道劉、江蘇按察使金會同確議，嚴飭各縣，勒石倉場，永爲遵守。知縣史彩實心奉行，始終不怠，倉場積弊洗滌一清，窮鄉細民完正額之外，無雜費之苦。

按：徵收漕糧，自明季以至順治初年民收民兑之時，軍强民弱，苛索無窮。後奉改爲官收官兑，而民困稍甦。然海邑漕米不下十餘萬石，徵收出兑，一切奔走効力之人，及修倉鋪墊、搬運脚價、器用紙張等費，濕潤蒸折、搧颺鼠食等耗，積算分毫，動盈千百。順治十六年間，前任巡按馬據士民條陳，批行府縣，會集紳衿耆庶，議得每石倉耗八升，貼耗二升，銀七分五釐，移咨前任巡撫蔣，會疏具題，今二十餘年，著爲定例。邇年官旗受兑，官贈之外必有私贈，方肯交收。徵糧之官欲全考成，因循勉應，遂歷年相沿，有增無減。康熙二十一年，知府魯深念民力艱難，不許額外多加，更將十六年條款逐一酌減，將原議七分五釐數内又減二分五釐，原議米八升數内又減去米三升，并將府縣請加不敷貼耗米二升全行裁去，止存必不可已之經費五分，倉米五升，節省以裕民，其澤溥矣。昔時區差保歇之設，因錢糧頭緒繁多，户名紛雜，有司徵比責成一人以總之。迨均田均役之後法已畫一，頭緒不繁，户名不雜，則區差保歇便當革除。乃此輩陋習相沿，因以爲利，區差婪詐名色則有相見錢、望限錢、酒席酬勞等項，保家婪詐名色則有大小二熟抽豐、歲終送禮、柴薪飯米等項，稍拂其慾，百端下石，需索苛求，深爲民病。今康熙二十一年，奉知府魯詳晰此弊，請憲批飭，永行禁止。但當時徵比專任保家，有振裘挈領之勢，若概革除，恐甲户涣散，追呼不前。知縣史彩業經革除積弊，止將逐限徵收比簿核欠掛比，分別良頑，既無保家中飽之虞，而小民俱輸將恐後，始知民無擾害，則急公仍易易耳。

自均田法行，民户輸糧人人稱便。更蒙江蘇布政使丁嚴飭各屬，按月征糧，民間完賦，樂輸有制。間奉赦免錢糧，必嚴核完欠，務使小民得沾實惠，而杜侵欺之害，民困得甦。

按：漕政奉副使劉洞曉積弊，申請撫院佘專責印官親收，不行旁委，以杜沾染之患，更頒條約，禁革倉場一切陋規。民無滋擾，漕糧得以早竣。又蒙江蘇按察使金頒示，嚴革倉歇斗役，知府魯飭禁倉夫、脚夫、厫口等項勒索情弊。各憲公忠詳慎若此，而廉府又不時按臨倉次，驗察漕政。即臨倉之頃，自備蔬糗，不飲下縣勺水。其體國愛民、急公卹下之心，千古一時也。

均田均役一法，田役果均矣。地方有不可已之役，如總甲，如塘長，則汰而未均。今奉總督部院于行保甲法，更頒弭盜條約三十八款，十家編牌内立甲長，委偵察于十家之中，絶無滋蔓，凡面生可疑者立時查逐，隱然有總甲意，而總甲之役亦均，甚盛舉也。但塘長關水利之通塞、歲時之旱潦，以海邑潮汐之區，海水濁入清出，河道壅閉不時，是亦所宜亟講。若以通縣之舊額區啚派之，各就近之幹河，度河工之大小，配啚分之，多寡注定，某某等啚備濬某河，開列印册，永遠莫移。使各就本啚，各開本河，即如均田之自收己田，自完己糧，而塘長之役亦均矣。至于里書一役，久則成蠹，甚爲民害。亦查啚中田多甲户輪年輪值，并以均之。是則田役兩均，垂久無弊矣。

户　口

生聚而教訓之，察登耗以考政治善敗，非求多於民也。故周宣料民，《春秋》譏焉。

後世計口出銀，按户徵調，其法甚密，而去先王重民之意日已遠矣。然其籍故在，孔式負版，其敢不書。

元

至正中，户七萬二千五百二。

明

洪武二十四年，户一十一萬四千三百二十六，口五十三萬二千二百三。男子二十七萬八千八百七十四，婦女二十五萬三千九百二十九。

永樂十年，户一十萬九百二十四，口三十七萬八千四百二十八。男子一十九萬九千七百八十一，婦女一十七萬八千六百四十七。

宣德七年，户一十萬三百五十八，口三十三萬四百九十八。男子一十八萬二千九百七十八，婦女一十四萬七千五百二十。

正統七年，户一十萬九百八十四，口三十一萬九千九百七十。男子一十九萬三千二百二十一，婦女一十二萬六千七百四十九。

景泰三年，户一十萬八百三十二，口三十萬五千四百五十七。男子一十九萬四千一百一十七，婦女一十一萬一千三百四十。

天順六年，户八萬九千四百，口二十七萬九百二十七。男子一十八萬一千三百九十七，婦女八萬九千五百三十。

成化八年，户九萬一千二百九十一，口二十五萬七千六百五十二。男子一十七萬七千一百三十九，婦女八萬五百一十三。

成化二十三年，户八萬二千七百八十九，口二十六萬一千一百四十五。

弘治十五年，户九萬三千八百八十四，實在九萬三千二十二；口二十六萬九千九十四，實在二十六萬八百二十一。男子一十七萬九千五百二十四，婦女八萬一千二百九十七。

正德七年，户與弘治十五年同。

嘉靖、隆慶中。舊志闕。

萬曆二年，户口人丁一十一萬七千七百九十五。

天啟至崇禎間，户口人丁八萬一千九百六十一。

國朝

順治中，户口人丁八萬一千九百六十一。

康熙二十二年，户口人丁八萬一千九百六十。

荒　政

《周禮》荒政定自豐年，至其時而克行者，必未至其時而預籌之者也。聖人在上，不能使天無荒歲而能使地無餓夫，三年九年之蓄，唯其豫而已矣。海邑自宋元以來，凡遇災荒，得請蠲賑，皆從其後，而爲之圖。然猶愈於委諸天行而莫之省憂者，故條書之以補舊志之闕云。

元

至元二年十一月，上海縣饑，詔發義倉糧及募富人出粟賑之。

明

永樂二年八月，户部言松屬華、上二縣水災，令低田税糧以帛代輸，從之。江南兩浙概行檢放，已具《府志》者不再録。

宣德七年九月，命行在户部遣人覆視華亭、上海等縣水災，田畝蠲其租税。從巡按御史王來奏報。

正統五年五月，以水災命松屬上海二縣今年折糧内免徵大三梭布，第徵中等三梭布，每疋折糧二石，其餘折徵濶白綿布。

景泰五年九月，從户部尚書張鳳奏請，蘇、松等府被災，停免民運若干石，并各項起運存留馬草折銀等，俱俟遣官勘實災傷，奏請處置。是歲，上海人張英、張璘、姚喆等各輸米八百斛助賑。明年，蔡璠、徐昂、孔達、吴春、談愷、陶林、陳復、張經、李紳、吴昂等亦各輸賑八百斛。凡先後十三人，詔並賜冠帶以旌之。

成化二年，歲饑，上海人陸經、曹珙、徐亮、楊蕃、余平等各輸賑米五百斛，詔授承事郎。

三年，邑人王謙、蔡玉、張得潤、周瓛、喬益、何欽亦各輸米五百斛，俱授承事郎。又印行、張子安各四百斛，並授迪功郎。

嘉靖四十年，以水災，邑人光禄少卿顧從禮倡義出粟，以食饑民。

隆慶二年十一月，以水災，詔改折額解禄米一年。

徐文貞公階《與知府衷貞吉書》：適見按院所行告示，其爲民之心本極懇切，但今奸民所以未敢肆者，懼搶奪之罪耳。使搶奪無罪而激變有刑，則奸民乘之妄作，以富家存留自食之米概指爲餘剩，强迫稱貸，盡其有而去，富者將何以自存？夫富者獨非民乎？且奸民今日貸於甲，明日貸於乙，既罄富者之有，貧弱之民乃更無所於貸，則無乃利奸惡而斃善良乎？敝鄉貧民皆佃種富民之田，如令富民毋計利吝施，各自貸其租户，苟非租户，不得妄指稱貸，違者各坐以罪。其中人自有田房者理當自食，不得亦稱貧民往貸於富家。至於貧難生員及一種不耕游手之民，則着落地方報名於官，另爲處給。如此則恤貧安富，一舉兩得，而亂乃可弭也。

萬曆七年，以松屬水災，從巡江御史林應訓奏，免各項税銀若干兩。

徐文貞公階《上内閣張文忠公居正書》：敝郡去歲水災，賴公顧念舊織，破格賑恤，不意今歲復遭淫雨，田疇渰没，民之困苦，在撫按之奏陳、郡縣之勘報，計已能詳之。某跧伏山林，不宜屢出位以及政事，但念萬民之命懸於君相，譬如赤子恃父母以生，赤子不幸有疾，非父母則無所訴，而爲父母者亦不以嘗一療赤子之疾，遂自謂已足，不顧惜其再病之能亡身。况公拯溺哺饑，視民之輾轉望救，情尤懇迫，故輒敢復以控籲。伏乞台慈不以民之積咎致災爲可惡，而唯見夫重疊被災患爲可憐，不以下之挾恩再請爲可尤，而獨軫夫顛蹶號呼爲出於不得已，不以國之經費勢不容捐以爲德，而深慮夫民窮之甚或足以生事而耗財，仍垂望外之施，曲慰溝中之望，則豈惟松人幸於再活、某幸於言之再行而已哉。

又《與胡雅齋撫臺書》：連日晴霽，雖低田渰没如故，而中田之退出者則可以復種矣。但苦無秧，民間遂相與集人舟、礪鎗刃，偷高田之稻種之，其高田之守望者亦集衆禦之，彼此務以力勝，因而殺傷者相繼。竊以爲此風不戢，日後人命之訟必多，况偷去之稻種已後時，根莖損傷，亦不能活。而素習偷盗之人詭云無妨，得銀五錢包偷一畝，愚民妄圖收穫之利，冒罪任從，請明諭而嚴禁之。

又《與呂沃洲待御書》：國家歲運四百萬石，例不捐以與民，而况今日國用方詘，即使以破例爲言，亦徒增司計者之一哂，而於事不可望濟。唯請折色，則於四百萬石者無損也。然而凶年米價翔踴，率一石值銀八九錢，而起運米一石例折銀七錢，以過江席耗通計，實爲米一石七斗有奇。是民以米八九斗免歲運一石七斗有奇，而其受惠常與免歲運之半等也。故在有司可以請，而民受惠多者，折色是也。不然，民之命縱不蒙恤，而有司税額亦何有登乎！

十六年，以蘇、松等府災荒，發太僕寺馬價及南京户部銀共三十萬兩，命户科右給事中楊文舉賑濟。此條本不必更入縣志，以楊文舉穢跡新、舊《府志》俱不載，故特入之。

萬曆丁酉舉人曹蕃郡乘補。楊文舉本係宵壬，且有所憑藉，以科臣啣命，勢焰張甚。甫渡江，即張宴江天閣，令樂工吹笙彈阮，復登金山，痛飲徹曉，西視月没，東觀日出，大叫以爲神奇。至毘陵，監兑某宴之，時承值糧長一美少年，文舉拉聚圑飲，三人俱醉，溺園池中，部下援之出水，猶撫美少年背而戲之曰“湘君”云。至吴門，撫按宴之於虎丘，侑席以千金，即大喜。至秀州，王養恬家優兒名瀟湘、可宗者，兩人有名下童之目，遂與留連鴛湖者數日。夕至武林，監司觴之，侑席二百金，大失望。日暮始至，酒一再行，即拂衣起曰：“我吃不慣這寡酒。”至松江，乘大座船三，雕鏤粉飾等於龍舟，所嬖兒亦與俱衣飛魚龍蟒、刻絲洒線等服，煒如神人，然入署即大言曰：“松江如此富饒，有何災異？有司乃恐嚇朝廷以侵帑藏耶！法當劾。”郡縣聞言大懼，悉索以應之。留五日，即徧游九峰。巡歷上海，肆筵待座師太僕卿林景暘，水陸畢陳。巡視既竣，各府州縣裒集所賫來銀贈之，名曰“羡餘”。嗚呼！陳《志》所載勑諭何等嚴重，何等諄切，而文舉唯事荒淫，毫無減膳撤樂之意，無一語與地方有司商賑荒方畧，將三十萬金錢半入私槖，半歸烏有，而飢民之所沾被者能有幾何？豈不重可恨哉！後南臺長章某、南禮部主事湯顯祖連章論劾，僅貶遠方雜職，猶未足蔽厥辜也。○按：先一年，上海夏大旱，至八月不雨，萍藻盡枯，冬十月米石千錢，羊豕鷄鵝、蔬菜油鹾之屬價越三倍。至十六年春，米石千六百錢，荳麥石亦錢千。民大飢，有易子而食者，有以妻易數餅者，有飢不可忍、牽手就溺者，有潛身義塚食新死胔者，有烹子罐中、爲邏卒擒報者，飢狀不可枚舉，有司乃設法賑濟焉。

十七年，以災荒從撫臣余立奏，免縣税糧米若干石，銀若干兩，歷年逋税銀若干兩，停徵銀若干兩。知府喻均分行勸賑，出粟爲糜，以食飢者。

上海舉人倪甫英助米五百石，國子生王學詩、舉人王尚行共五百石，國子生施一化三百石，邑人王漢、王國棟、王偕共一千石，王柱、王檄、黄葑各三百石，俱彙題建坊。其助二百石以下者甚衆，府官行獎，免其傜役，其名不具載。○按：檄之孫明允，積學尚志。明允子憺，順治庚子舉人。

三十六年，大水，詔以淮揚税銀五萬兩分賑。

巡撫都御史周孔教《疏》畧：今歲突遭水患，自三月二十九日以至五月二十四日，霪雨晝夜不歇，墻垣傾圮，萬井無煙，較之嘉靖四十年間被災更慘矣。按歷年蠲賑之事例具在，但蠲止存留，上有虚名，民無實惠，賑取倉粟，則倉粟所積有限，無能濟其萬一，此特可施之尋常之災而已。今遇非常之災傷，全望非常之蠲賑，即今災傷甫告，已見搶米於路者，雖職以嚴法禁止，而民之思亂可知。計此時，職猶能奉法紀，竭心力，以調停維繫於馬奔獸駭之間。過此，日饑一日，益復無聊，加之督逋日急，鞭朴益煩，竊恐流亡之民力不能辦，將使蠲停之權不在上而在下，職有不忍言者。伏乞勅下户部亟行，按臣查勘，將重災地方本年錢糧毋論起存，破格蠲免，萬曆三十五年以前舊欠錢糧盡數停徵，又將滸墅鈔關與税監所抽歲銀量留一年，及各府事例税契、撫按贓罰，凡可動可留等銀盡留備賑，此不過捐朝廷一年之租，易此三百年孝順之百姓不爲餓殍盜賊，此其所得孰多？否則不唯損今日歲入之額，恐且益以他年軍興之費，爲憂愈深耳。職言已盡，職心欲嘔，倘不蒙俞允，唯有席稾待罪而已。

《救荒條諭》：民間之積貯有限，商賈之通濟無窮，商賈來則穀米多，穀米多則米價自平，故疏通商賈尤爲救荒急務。本院心切濟民，先切通商，各屬有司，其價隨時高下，聽商民從便交易，務使商民兩得其平。議荒政而及於鳩工，其無煩官帑，有益大户，而兼可以濟貧民者，無如修圩一事。蓋圩埂日塌，僅存一綫，所以一遇大水，捍禦無策。今誠及八九月水退之時，縣官輕舟寡從，遍至窮鄉，每圩之中有田而稍饒者計畝出米若干，有田而家貧者計畝出力若干，即以饒者之米充貧者之腹，使之畢力修築，狹者培之，低者增之。有數千畝共一圩者，仍界畫爲數圩，而多作埂以分之。夫埂厚而高則禦水有具，圩分而小則車戽可施。在出米者非置之無用之地，在出力者即自爲己田之謀。且可以目前救荒之謀，爲後來備荒之用。其地非水鄉無圩可修，或繕治城池，或平治橋道，或營建官廨，大都動千人之工則活千人，動萬人之工則活萬人，但須於富民不擾，於饑民得濟，此又救荒一端也。好勇疾貧，乘機搶奪，如奸徒羅文獻、盧二、高二等，已經拿解前來，綁押遊示六門畢，即斃之通衢訖。夫各犯搶人糧米，本以倖生，反以速死，此等奸徒在在有之。本院治亂民正以安良民，爲此諭軍民人等：務農者趂此水退，隨便耕種雜糧蔬菜，亦可餬口。經營者肩挑步擔，傭工趂食，亦可活命。各安生理，省儉度日，未必即死。若始終不悛，如羅文獻等，立斃暴骸，誰爲憐惜，爾等思之。

三十七年，歲饑，都御史周孔教檄知府張九德行縣，分往鄉村作粥以濟饑民，使鄉士大夫好義者監領之。

上邑人王圻《平糶給粟議》：古稱商賈之事可通於官府，蓋握權奇，時通塞，銖較而寸權之，亦救荒權宜之一策也。大都年凶穀貴，小民病之，若發官廪減價出糶，而四方巨儈販運穀米，一時輳集，其價自平矣。周文襄公巡撫直隸，初至蘇松，屬大饑穀貴，公廉得江浙湖廣大稔，令人橐金至其地，故抑其直勿糴，且紿言吴中米價高甚，用是三省大賈販米驟集，公乃下令盡發官廪貸民，半收其直，城中米價驟減，賈人亦賤糶，公復椎牛釃酒謝之，悉大歡而去。米價既平，乃復官糴以實廪，蓋得耿壽昌法而善用之者。然所以佐平糶者，又在無遏糴、無抑價，俾商販聞風輻凑，慎斯術也，何患米價不平而嗷嗷者不蘇哉！荒年行賑，給錢類費而鮮實，施粥或聚而難散，唯計口給粟，人不過升，合家不過斗釜，庶幾乎拯溺救焚之一策也。昔趙清憲公知越州，命吏録老穉不能自食者二萬一千九百餘人，故事歲廪窮人止三千石，公勸富人及僧道食羡者，得粟四萬八千餘石，自十月朔起，人日受一升，幼小者半之，市郊各置給粟所，共五十七處，受粟者男女異地，各以便受之。且勸富人勿閉糶，又出官粟五萬餘平其價糶之，爲糶粟所十有八處，以便糴者。又傭民修城，爲工者三萬八千，計工倍與粟。棄男女者得收養之，全活甚衆。蘇次恭爲澧州開賑，患劄記不公，給印曆一本，用紙半幅，上自書家大人若干，小兒若干，合請米若干，榜於門，如虚，首出甘罪。又請米分幾人爲隊，用旗引卯時一刻給第一隊，二、三刻及辰、巳如之，即老幼婦女病弱悉得均糴。萬曆十五年，中州飢，時衷巡撫貞吉至其地，見河北諸郡及他省流寓者甚衆，因命所司查勘，每大口給粟二斗，小口五升，活二萬餘人。願回籍者，計程人給粟二升。又移檄本郡邑計口賑之。有地者量給種，一時復業者三千餘口。以上三公皆得給粟良法，舉而行之，存乎其人而已。

邑人徐三重《救荒議》：爲守令者，積穀備荒是第一務。不入私室，不爲饋遺，買穀入倉，擇部民有行父老主之。倉須完繕高燥，用柴蓋護，待主倉者如家之主計，優以禮遇，免其雜役，不使左右輩小有所需求。每厫有定數，折耗有餘糧，時加簡問，察其盈縮。一遇凶歉，發而平糶。預訪耆德，散布各鄉。夫預備則有待無弊，久而益饒，散糶則民便利均，不至羣聚而又身勞，誠感不廢稽防，庶幾民有實惠。

又云世廟時，廣東僉事林希元上《荒政叢書》，内列綱六、目二十有三。曰：有二難，得人難，審户難。有三便，極貧之民便賑米，次貧之民便賑錢，稍貧之民便賑貸。有六急，垂死貧民急饘粥，疾病貧民急醫藥，病起貧民急湯米，既死貧民急埋瘞，遺棄小兒急收養，輕重囚繫急寬恤。有三權，借官錢以糶糴，興工作以助賑，貸牛種以通變。有五禁，禁侵漁，禁攘盜，禁遏糴，禁宰牛，禁度僧。有三戒，戒遲緩，戒拘文，戒遣使。其審勢立款，推情設策，可謂幾盡。若斟酌事宜，務令實惠及民，則在仁人君子自盡厥心焉耳。竊思遣使之戒，厥有前徵。往年江南被災，發帑命官賑濟，無益而更滋擾。昔司馬文正公謂不如專任監司守宰，但監司守宰身任其事，又以得人爲急，苟一人失用，即一處一事爲其所誤，而僵死不知幾何人矣。大要就一方人情，酌其才品委任，如丘文莊議於所部縉紳監生與夫耆老人等，凡平日爲鄉人所信服者，俾各就所在，因人給散爲得。

萬曆三十七年，華亭陳繼儒《煮粥事宜》：

城郭不如鄉村。設粥於城郭則游手之人多，設粥於鄉村則力耕之農衆，聚則疫痢易染，分則道里適中，設粥城郭十之一、鄉村十之九，則較得其平矣。

委官不如委好義。大户一心以奉委官，又一心以救飢民，精神既分，事事苟且。唯敦請賢士大夫爲地方素所信服者監督煮粥，朝夕無供應之煩，左右無需索之苦，柴米不能湊手，可以猝請猝應，於當事者又無扞格不通之虞，昔井虞聶公嘗行之矣。

搭廠不如寺院。搭廠費竹木，費柴薪，費工食，既防火燭，又防風雨，又少遮攔。唯在地方大寺院，一便水漿，一便造竈，一便寓房，一便貯柴積米，一便容民蓄衆。

早煮不如遲煮。煮粥最宜慎始慮終，須計量倉穀多寡，可食若干人，可支若干日，然後起手。若驟然輕舉，一時穀盡，又驟而已之，令老弱者轉死，强梁者且生他心，不可不慎。

土竈不如磚竈。土竈齷齪易敗，磚竈潔浄可久。其大鍋、水缸等項即從地方鎮上店家借之，編號登記。若火鈐、擔桶、淘籮、籔扁諸小物類，大户領價置之。

執事不如選用饑民。選用饑民須衣服洗浄、精力健旺者，每人給米二升，許令給事煮粥。如有不好潔、不聽命，因而偷盗米糧物件者，逐出更换。

粞粥不如米粥。往時粞粥多有半生半熟者，有拌和石膏者，往往食後致病，故以白米爲主。或以石灰入鍋，易於脹熟，害甚石膏，尤宜檢察，故必須先嘗也。

草柴不如木柴。火力既盛，搬載堆積亦易，餘炭又可煮茶。饑民待粥者即以劈柴委之，劈完加粥一碗。

喫粥不如帶粥。凡煮粥，上午一次，下午一次，奔走道途，倘遇風雨，尤覺艱難。若願帶粥者，許令自家帶鉢，并給二次，以便携歸。

給粥老人先於童壯。前鍋煮熟即貯缸中，遇老即發，蓋老者尫羸，不能久待，童而壯者尚可待也。

給粥婦人先於男子。婦人領粥出自萬不得已，來即發之，蓋婦人廉耻最重，不能久待，男子猶可待也。

童子壯男各分一處。凡童子最難馴伏，須擇人管押，使之自屯一隊。或喫或帶，擊鑼引旗，五童一隊，挨次散之。凡壯男末後給散，擊鑼引旗亦如之。大約以巳、午爲期，馴良生理者不必先來久候，强暴頑梗者不致屯聚，亦分別調馭之一法也。

另籌領粥。凡遠近有體面之人，如學究，如里排，如醫生等類，以領粥爲慙，而實以絶粒爲苦。另置竹籌烙鐵，記色分籌，即托他人領粥，不必親身到廠。

丐流毋得混擾饑民。丐流混入饑民，非特不潔，亦且不甘。另遣乞丐頭領置之粥場遠處，别設粥賑之。

煮粥須要嘗粥。粥之生熟厚薄有插和、無插和，須要監督與大户親看親嘗，則執事者自然用心，而饑民得以飽腹。

天啓四年，大水歲饑，太僕寺少卿吴炯出粟三千石分濟華亭、上海饑民。

按：公六歲而孤，三十登第。母朱太夫人，手口卒瘏，半生苦節，以年未六十題門，格於典例，欲旌表而後服官。至歲己丑，母年與例合，乃具文直指上其事，得旨旌閭。後始赴殿試，授杭州府推官，辨釋三十年冤獄之盛瀚，歷官太僕寺少卿，多置義田以贍窮役，助邊餉萬金，人莫不高其義云。

崇禎二年，歲饑，知府方岳貢以貯倉顧氏濟荒米七千餘石平糶分賑上海縣饑民，卿大夫各出粟爲助。太常卿朱國盛捐米三百石分賑新場等處，布政司張所望捐米二百石賑龍華。

五年，旱災。

十四年，大旱，穀貴，饑殍載道，上海縣學舉人何剛等倡義出粟分賑。是歲四五月不雨，米石至三兩。

按：是年，知縣章光岳於廣福、積善二寺設粥賑饑，令男子居二寺之山門及天王、大覺兩殿，婦人居觀音、十王兩殿。僧廬不足，芟舍繼之。縣南隙地一方，繚以編籬，令童子悉聚於内，以便給粥。號呼四境，終於有聲，聞者莫不流涕。臭氣薰蒸，行者掩鼻，饑人求乞，隨地顛仆，死屍充積。給六門土工工食，令持絙索收瘞之。城外自冬至明年之夏，道上屍相籍也。

是年冬，詔蠲松屬縣漕米，改兑麥折三分。

本朝順治九年七月，巡撫周國佐題爲天災薦至，預請折漕，江南省共折漕三十八萬石。是年，米價大貴，每石折銀至一兩五錢，隨船輕賫蘆板等項仍照數起解。〇按：是年四月不雨，直至七月，河底俱龜坼，民人争涓滴之水，至鬪毆傷生，亦異變也。諸生董宏度有《請蠲呈》云："呈爲旱虐，異常慘變，懇恩申請蠲恤事。切自上海地形獨高於别縣，浦東河道尤塞於鄰封。江南同被旱災，猶遇涓滴之微霂，郡内共罹雲漢，尚邀湖泖之洪波，未有春夏不雨、陂塘盡坼如吾邑者也。邑雖以海得名，海水尚遮於塘外，保雖得浦爲界，浦潮不上於堰中，水利久已不開，塘長盡爲乾没。故他縣禾苗半焦未拔，兹則全槁而不蘇，蘇亦無穀可成。每年花豆一種即生，今則屢種而不出，出亦爲蟲所食。陽烏愈酷，陰乍滋而萎黄；風伯爲尤，氣將交而吹散。河底坼如龜兆，井中涸似眢形。家若巫尪，盡羸饑而暴日；人非夸父，將渴死以成林。争水殺鄰，恐釀地方之變；因風致火，漸開焚掠之萌。造物既已絶人，父母猶堪救子，上怨天而不敢，仰呼父以求申。伏唯父臺步禱，精虔茹蔬，感格祈神，則數點隨車，片雲罩野，知誠已爲帝通。輟事則四境無雲，累旬不(兩)〔雨〕，悟孽由於民作，且江湖爲帝所封，禱禳豈能盡應，天災何國蔑有挽回。伏望權宜，懇臺通勑窮鄉，繪流民而上達；急求良策，講荒政以旁施。以海上未有之窮、今日異常之旱，申府道憲司會同疏奏，乞賑濟於目前，請蠲租於秋後。濟速尚有孑遺，請遲必然立斃。豈唯合邑之生靈是係，抑亦父臺之奏最攸關。賑其饑，蠲其賦，猶不免死，死亦甘心。下不請，上不聞，徒曰是歲，歲寧可罪。况當皇上愛民，曾發帑金以濟别省，憲臺體國，現捐贓贖以贍斯民。父臺苟切於誠求，當事何由不立應。某等陳詞甚於痛哭，將死何暇擇音，激切上呈。"是時，知縣姚修蔚據呈請蠲秋糧，已足徒飽奸胥之腹，因請蠲稍遲，故小民不得沾惠，良可痛惜也！

康熙三年秋，大風雨，海潮湮没田畝無算，知縣鄒弘申請蠲錢糧二萬四千零。

四年秋七月，大旱災，知縣鄒弘申請蠲錢糧六千三百零。

康熙十年，歲饑，知縣朱光輝賑粥，義民張有榮、孟希賢倡義出粟有差。是年冬，知縣康文長接任,以内地潮汐不至,亢旱異常,時奉部例,報災田五六分者免錢糧十分之一,報災田七八分者免錢糧二分,報災田九十分者免錢糧三分,共蠲免錢糧二萬一千零。

十一年七月,冰雹災傷,知縣陳之佐申請蠲免錢糧一千二百八十兩,米四十三石零。

十八年,旱荒,歲祲,知縣任辰旦以内召還任,省訟緩征,故公賦不蠲,民情自安。

十九年春二月,荆楚遏糴,米價騰貴,饑殍載道,貯給無貲。任侯捐俸二百石,邑紳曹垂璨、張錫懌、孫大經等各捐米若干石,蓋廠於南門外蒓溪堂。任侯又捐不敷銀一百三十四兩。三月初一日始,至四月二十日止,日千八百口,計賑米三百八十石,柴火工食一百七十兩。邑諸生顧樹禧綜覈銀米,纖悉無漏。賑終,邑紳張錫懌復給饑民歸資錢八千文。

二十二年,奉知府魯檄縣修建常平倉以貯賑穀,今知縣史彩于縣堂東西偏增置充擴,現貯穀備賑。續奉巡撫都院余頒發告示,嚴禁混派牙行諸弊,而廉府賢侯凜遵靡懈。更捐俸率先,法《周禮》遺人之意,雖不能使天無荒歲,然九年之蓄事豫則立也。

土 產

《詩》識草木鳥獸,《禹貢》列篠簜箘簵、淮蠙江龜,凡資民生而爲土之所出,故雖瑣細必詳也。邑濱海磽瘠,植木棉以貿食,其最大者,餘則以類而附著之。

五穀之屬。俗以春分後播種、大暑後刈割者爲早稻,芒種後播種、白露後刈割者爲中稻,夏至後播種、寒露後刈割者爲晚稻。夏至後十日,雖種不生矣。海邑最早有六十日稻、百日稻等種,今更有五十日稻。大率東鄉遲種早收,西鄉早種遲收,風土不同如此。物産莫重于五穀,故以爲首,餘俱以類次焉。

秔稻。宜水,一名稌,或作粳。香秔。米粒小,性柔類糯,有紅、白芒二種。又有一種曰香子,色斑,粒更小,以三五十粒入他米炊之,芬香可愛,謂之香秈,七月熟。早白稻。皮白米赤,一名小白。五月種,八月熟。早中秋。一名閃西風,八月熟。中秋稻。四月種,八月熟。晚白稻。四月種,八月熟。箭子稻。粒長而細,色白味甘,香稻中上品,九月熟。紅蓮稻。皮白粒大。陸龜蒙詩"遥爲晚香吟白菊,近炊香稻識紅蓮"即此。五月種,九月熟。穲稏稻。皮莖白,米色斑,粒長性硬,或以爲勝紅蓮。五月種,九月熟。早烏稻。皮赤米白,五月種,九月熟。紫芒稻。穀紫米白,五月種,九月熟。深水紅。六月種,九月熟。烏口稻。色黑晚熟,耐水與寒,今呼冷水稻,下品也。白花珠。性軟而香,五月種,九月熟。

秈稻。粒稍細,耐水旱。六十日稻。米小色白,一名帶犁回。三月種,五月熟。百日赤。芒赤米白,一名挈犁望。三月種,六月熟。小秈。一名早秈,三月種,七月熟。大秈。即晚秈,四月種,八月熟。金城稻。高田所種,米紅而尖,性硬,今呼赤米,穀之下品。《國語註》謂米之麤者。

糯稻。《字林》云粘稻,一名秫,黍屬,可造酒。氾勝之云:三月種秔,四月種秫。秋風糯。稃黄米白,粒圓,色最難變。每歲代晚稻輸租,故一名謾官糯,又名冷粒糯。不宜釀酒。種宜良田,大暑節刈。金釵糯。粒長,最宜釀酒,得汁倍多。劉夢得詩"酒法得傳吴米好"。三月種,七月熟。趕陳糯。米粒最長,四月種,七月熟。小娘糯。不耐風水,故名。四月種,八月熟。矮兒糯。粒白而大,苗最短。四月種,九月熟。蘆黄糯。即晚糯,粒大色白,芒長,熟最晚,色易變,釀酒最佳,今名泥裏變。羊鬚糯。穀多芒長,四月種,九月熟。羊脂糯。色白性軟,五月種,十月熟。鵝脂糯。亦以色故名,四月種,九月熟。虎皮糯。色黄,五月種,十月熟。

穄。《爾雅》云:稷也。《釋名》:穄,咨。其色如蠟,謂之黄穄。苗類黍,穗如稻,宜高鄉種之。赤曰穈,白曰芑,黑曰秬。五穀以稷爲長。

粟。《釋名》：秈粟。許慎云：粟之爲言續也，續于穀也。北人謂之小米，江東呼爲粢，亦高鄉所種。蘆粟。似薏苡而高，今北人所謂薥秫。有二種，秔者穗挺而疎，糯者穗垂而密。鷄頭粟。節間有赤鬚，結實纍纍如珠，一名珍珠粟，又名天方粟，又名玉麥。又一種初秋即熟，其莖較短。四月種，八月熟。

麥。蘇頌曰：大小麥秋種冬長，春秀夏實，具四時中和之氣，故爲五穀中貴。地暖處亦可春種，至夏可收，然較秋種者，四時不足，微有毒。《素問》云：麥屬火，心之穀也。陸文裕公深見麥有兩岐至五六岐者，因作《瑞麥賦》，義主勸戒，載《祥異志》。大麥。古謂之牟，《周禮》九穀之一。李時珍曰：牟者，大也。小麥。古謂之來。許氏《説文》曰：天降瑞麥，一來二麰，象芒刺之形，天所來也。赤麥。有早、晚二種。白麥。亦有二種。白�麥。俗名圓麥，有赤、白二種。蕎麥。性畏霜，苗高一二尺，赤莖緑，葉開小白花，繁密粲然，結實纍纍，食之能消滓穢。立秋前後下種，八九月收刈。舜歌麥。俗名火燒頭。火燒麥。無芒。雀麥。一名燕麥。苗葉似小麥而弱，其實似大麥而細。磨麵蒸食，可以救荒。劉夢得詩："兔葵燕麥摇春風。"

豆。菽也。角曰莢，葉曰藿，莖曰萁。種類甚多，皆以夏至前後下種。苗高三四尺，葉團有尖。秋開小白花，結莢長寸許，經霜乃枯。氾勝之曰：夏至種豆，不用深耕，豆花畏日，見則黄爛根焦。南京黄。以種自秣陵，故名。隨稻黄。九月中方香綻，可食。六月荳。種最早，六月即可採食。砂仁豆。色紫味香，荳中上品。黑荳。陳藏器曰：炒食極熱，煮食甚寒，作豉極冷，造醬則平。一味之中，用之數變，常食補腎，從其類也。赤荳。有大、小二種。米赤荳。較赤荳畧小，可和米炊飯。菉荳。粒圓而色緑。夏月煮湯，食之涼沁肺腑。粉可滌垢膩。水白荳。宜磨作腐。青荳。色青，七月即熟。白香圓。白荳之最大者，以色味形得名。茅柴赤。凡荳不宜肥，土肥則莢稀。此種不用耘，茅草之地叢生尤盛，故名。紫羅荳。色紫粒小，俗謂紫香圓。又一種青黑花紋，名僧衣荳。龍瓜荳。花葉如裙帶，荳蔓生莢，如蠶荳而大，然不甚佳，人家亦間有之。江荳。色黑赤，其種有三：一種莢短叢生；一種莢長，沿籬生，如扁荳；一種莢長幾二尺許，俗呼裙帶荳。四月種，六月中生莢，可食。刀荳。以形似故名。莢嫩時入醬，可爲蔬醬，甂有髮入之化爲水。豌荳。一名小寒，亦名戎菽。蜀中以此荳之不實者爲巢菜，雜彘肉作籠餅。陸游詩"春行霧雨暗衡茅，兒女隨宜治酒殽。便覺此身如在蜀，一盤籠餅是豌巢"是也。蠶荳。一名寒荳。九月種，明年蠶時熟，故名。楊萬里詩："翠莢中排淺碧珠，甘欺崖蜜輭欺酥。沙瓶新熟西湖水，漆櫑分嘗曉露腴。味與櫻梅三益友，名因蠶繭一絲絢。老夫農圃方兼學，譜入詩中當稼書。"白藊荳。吴人稱爲沿籬荳。諺云："籬荳花開蓋被單。"言寒氣將作，可挾纊也。亦有五月生者。

蔬茹之屬

菘菜。即白菜，唐人所謂澗葉吴菘、巨根蜀蒻。陸佃《埤雅》云："凌冬不彫，四時常見，有松之操。"昔人有言秋末晚菘菜中最爲常食，冬月中有塌地生者，名盤科菜，烹芼尤佳。烏菘。春末最盛，盤根尺餘，宜煮食，暴爲乾蔬，不堪芼羹也，色淡者曰青菜。芥菜。白芥，似菘而有毛。研其子爲膏，螫舌芳辛，古稱芥醬，祛皮裏膜外之痰。陸佃云"望梅生津，食芥墮淚"是也。一種矮小者曰黄農芥，味亦香美。獨海邑更有細莖扁心，名銀絲芥，亦名佛手芥，顧氏製爲菹，經年味不變，移植他地則不榮。薺菜。處處有之，古謂之甘菜。師曠曰"歲當甘，甘草先生"謂此。一名護生草，釋家取莖作挑燈杖，以辟蚊蛾。波菜。亦曰波稜菜。葉如箭簇，根色赤，味甘美。種須月末，經朔乃生。相傳種出波稜國，因名。俗加草，失其義矣。莧菜。《埤雅》以字從見，言莖葉高大而見也。有紅、白、紫三種。《爾雅》曰：蕢即赤莧。别種細葉，布地生，曰馬齒莧。生菜。叢生如樹，細切加熟油生食，因名。甜菜。北人謂之莙薘。葉厚而膩，莖甚短。冬種，至春三月收，煮暴乾，相傳有毒。又云過清明葉膜間有蟲如虱，驗之良然。金花菜。春時叢生田岸間，開小黄花，俗名盤岐頭，亦名草子頭。春初，民間徧食之。藻菜。出浦東横沔一帶，即《毛詩》采藻也。土人當霜後無蔬，輒搴波擷采,下鹽豉以供食飲,香脆可啖。韭。《禮記》稱韭爲豐,本言其美在根也。秋晚分栽,至春初擷以薦新。丁祭未薦,市不敢賣。歲三四刈。䪥。同薤,似韭而大。葱。䪥屬。《傳》曰:五葷鍊形,葱其一也。《齊民要術》:種葱良地三翦,薄地再翦。八月止,不止則葱無袍而損白。自太湖種曰湖葱,入藥用山葱、湖葱,食用冬葱、漢葱。蒜。有二種,别以大小。俱八月種,冬春食苗,夏初食薹,五月食根,秋月收種。久食損目,嵇康《養生論》云"葷辛害目",正指此也。蘆菔。蕪菁之屬。《爾雅》曰:葖蘆肥。孫炎註曰:紫花菘也。一名來服,言來年之所服也。又一種暮春生,形細長而味脆美,名曰楊花蘆菔,過時則生筋不可食。胡蘆菔。根如蘆菔,長而尖,色赤味甘,盛于冬月,出吴淞江南北,切作齏最佳。蔞蒿。葉如艾而莖圓,叢生水濱,性涼。《大招》云"吴酸蒿蔞不沾薄",只言其調也。茼蒿。八九月下種,冬春採食肥莖。花深黄似菊,葉似白蒿,其味辛甘。萵苣。正二月下種,最宜肥地。葉似白苣而尖,色稍青,折之有白汁粘手。四月抽薹,高三四尺,剥皮食之最佳,糟食亦良。或用鹽拌壓乾,加以玫瑰花瓣,芬芳可愛,名曰萵笋。李時珍曰:有毒,百蟲不敢近,蛇虺觸之則瞑目不見物,人中其毒以薑汁解之。杜甫詩:"苣兮蔬之常,隨事藝其子。"薑。非邑素産,而好事之家或一種植,終遜宣州諸地。芫荽。一名胡荽,香菜也。葉如碧芸而香,宜烹芼,尤宜點茶。蘘荷。俗名甘露子。莖葉如薄荷,能治蠱毒。冬月取根,雜鹽菜藏之,味極甘脆。《急就章》曰"老菁蘘荷冬日藏",謂此。茄。有紫、白二種。王子年《拾遺》曰:一名落蘇。二月下種,苗抽移栽,高二三尺,葉大如掌,自夏至秋開紫花,五瓣相連,五稜如縷,黄蘂緑蒂,蒂包綴茄。茄葉摘布路上,以灰圍之,則子必繁,謂之嫁茄。雷蕈。出沿海草蕩間,雷初鳴,有暈幅三五丈,名蕈緯。蕈生緯中,故名。味類蘑菇,有小毒,以生薑同煮色變者不可食。天鮮菜。亦出草蕩間,夏雨驟過即生。芹。生于水濱,紫莖緑葉,有節,其氣芬芳。杜甫詩:"香芹碧澗羹。"蒲白。初生嫩芽,醋漬作葅甘美,亦曰蒲笋。茭白。即菰也。生水中,八九月中心生薹,如小兒臂,甘美可啖,一名茭手。又一種抽苗生米,可作飯,即菰米飯也。山藥。即薯蕷。二月深種,壅肥土乃榮盛。始生赤莖細蔓,五月開白花,八月劚食,味甘腴,有秔、穤二種。芋。卓文君云"野有蹲鴟"即此。當心出苗者爲芋頭,四邊附之而生者爲芋子。二月種,八九月劚食之,味膩重,稍遜山藥。冬月煨芋魁,食之更香美。有水、旱二種。香芋。皮黄肉白,莖葉如藊豈,而細味芳香。别一種引蔓生花,花開即落,落即生味,頗類香芋。黄獨。一名土芋。蔓生,葉如豈,其根圓如卵,肉白皮黄,可蒸食,霜雪後味方佳。杜甫詩:"黄獨無苗山雪盛。"慈姑。植稻田旁,其根散生,其葉上鋭下岐,其實生土中,芳香可下酒。一根歲生十二子,如慈姑之乳諸子,作"茨菰"非。百合。有二種,味俱佳。名麝香者,花清芬可愛。笋。一名竹胎,又名薏萌。種類不一,惟護居竹者鮮香第一,燕笋次之,餘笋雖佳,或兼味苦。處處俱有,吴淞江南北諸處尤佳。毛團頭。此種近年方有,葉及藤俱與山藥相似,根圓大如斗,味甘,畧帶苦,絶似香芋,子亦可食。相傳毛團頭祖師煨石子啖後,流傳此種。芝蔴。有黑、白二種,搗之常服能長生。

瓜瓠之屬

西瓜。出柵橋、梅源市、閔行、周浦諸處者佳,大如枕、形如橄欖者,名枕瓜、橄欖瓜。二月下種,蔓生,七八月實熟,有圍及經尺者。當將熟時,種植之人樹茇舍,晝夜坐守,以防人獸竊食。甜瓜。有青、白、花斑三種,擇皮老質稍堅脆者入醬爲葅。熟者名酥瓜,色淡黄者名蜜筒瓜,皮黄如金、大如鵞子者名金瓜,青黄雜斑者名畫眉瓜,俱甜瓜類,庾信所謂"甘瓜"也。冬瓜。大如枕,色青碧,最晚熟。每風寒霜重,葉凋蔓枯,皮生白粉,望之如伏豜,味勝蒸。壺穰宜澡絮,亦可作蜜煎。筲瓜。一名楚瓜,即生瓜。有青、白二種,可醃漬,藏作鹽豉。黄瓜。在二月下種,三月生苗引蔓,四月開黄花,結實圍一二寸長至尺許,青色皮上有瘖癗,至老則黄赤色。生熟可食,兼蔬蓏之用。李時珍曰作王瓜,非是。南瓜。形扁有稜,色紅,經霜後收置暖處,可留至春時。不宜生食,味如山藥,同猪肉煮亦佳。絲瓜。二月下種,蔓延竹樹間,或作棚架。葉如蜀葵,開花五出,其瓜徑寸許、長一尺,内外深緑色,芼羹充蔬俱可。老則大如杵,筋絡纏綿如織,經霜乃枯。壺蘆。一名葫蘆,匏也。正二月下種,五六月開花。有甘、苦二種,甘者可食,苦者至秋堅老,可作器。《記》曰:"器用陶匏。"《埤雅》曰:"壺性浮,腰之可以涉水。"其形不同,有圓扁如盒者,有長柄如杓者,有細腰如浮屠頂者,有宛頸如鶴者,種類甚繁,長柄者尤多。所以二陸入洛詣劉道真,有東吴壺盧之問。瓠子。瓠中之最長者,形如冬瓜。《國語》云:"苦瓠也。"苦瓜。俗名錦荔子。長者四五寸,短者二三寸,青色,皮上疿瘰殼,狀如荔支,經霜則黄紅色,有子如瓜子,可食,微苦。

果實之屬

桃。最易生,諺有"白頭種桃"之語,然亦易蠹蝕。種法:三四年後長而皮急,以刀劙去其脂,可復活數歲。有扁桃、墨桃、五月桃、鷹嘴桃、半斤桃、李光桃、雷震紅諸種,而惟顧氏露香園水蜜桃爲第一,皮薄漿甘,入口即化。其樹以秋分後剶枝接種,非老本也。今種甚繁。柿。邑産爲第一,最佳者名朱紅扁花,色紅皮薄,三次接植,内核全化,真果中上品。櫻桃。《爾雅》曰"楔荊桃"也。初熟時,鳥雀飛啄,有白頭翁者尤好之,即《禮記》所謂"含桃"也。一名朱櫻,王維詩:"紫禁朱櫻出上欄。"白居易詩:"含桃最説是東吴。"今稱櫻珠。杏。李時珍曰:諸杏葉皆圓而有尖,二月開紅花,結實類梅者味酸,類桃者味甘。《埤雅》云:北人不辨梅、杏。梅。李時珍曰:梅花開于冬,實結于夏,得木之全氣,故其味酸,所謂"曲直作酸"。花態幽香絶人。種類不一。梅源市周圍數里,郡邑咸取實于是。李。品與桃埒,有粉紫、黄姑二種,味有甘、酸、苦、澀四種。橘。遠産衢州福建,近産洞庭山邑。或偶植數十本,經霜懸顆,朱實纍纍,偶值沍寒,僵槁立盡。有金橘、密橘諸種,皮薄味甘爲上。橙。與橘同象,皮色深黄,芳香,宜點茶。瓤味酸,不堪食。閨中用以拭面,可免龜手裂膚。香櫞。橘類,大如杯盂,香氣郁烈,裝置密室,清香發起,與佛手柑比。或取其瓤點湯,尤甘香。柑。種者甚少,瓤微酸。又乾柑無水,以刀剖食。石榴。《古今注》名丹若。有紅、白二種,經霜後坼裂,其子如瑪瑙,又有如水晶者,俱帶甘澀。潘岳曰:"天下之奇樹,九州之名果。"銀杏。樹高二三丈,葉薄縱理,儼如鴨掌。二月開花成簇,青、白二色,二更開花,隨即隕落,人罕見之。一枝結子百十,狀如楝子,經霜乃熟。爛去中肉,取核爲果,其核兩頭尖,三稜爲雄,二稜爲雌,其仁緑色,火爆可食。歐陽修詩"絳囊初入貢,銀杏貴中州"是矣。林檎。一名花紅。二月開粉紅色花,六七月熟,又名來禽。梨。樹高二丈許,尖葉光膩,有細齒。二月開花,白如雪,六出,上巳無風則結實必佳。畏寒,每于樹上包裹,過冬摘之乃妙。蒲萄。有紫、白二種,白者名水晶毬,味鮮甘。枇杷。多産洞庭山人家,種植僅見。木高二丈餘,肥枝長葉,陰森幽静,經冬不凋。冬開白花,尤濃香可愛。藕。陂塘偶植,非地産也,止花堪悦目耳。蓮實。花紅者實小而甘,白者大而味淡。菱。西南之郊窪田及人家池沼多種之,有青、紅二種。紅者最早七月初即生,名水紅菱;稍遲而大者曰雁來青,曰鸜哥青;青而大者曰餛飩菱。《左傳》"屈到嗜芰"即此。棗。《埤雅》云:大曰棗,小曰棘。以山左中州者爲佳,非地所産,間有種植,止供生啖,不堪曬暴久藏也。芡實。郡郊有之,海邑甚少。地栗。一名荸薺,即鳧茨也。邑産甚佳,出水田中。核桃。即胡桃,種植亦僅見。外裹青苞,爛去外苞,擊核而食,味帶澁。無花果。葉似梧桐,不花而實,形如烏頭,中有米粒狀,味柔甘不鮮。

藥之屬

枸杞。一名苦杞。其莖幹三五尺作叢,六七月生小紅紫花,隨結紅實,微長如棗核。其根名地骨皮,《詩》云"集于苞杞"是也。菖蒲。春生青葉,長一二尺許,其葉中心有脊,狀如劍,一寸九節者良,亦有一寸十二節者。二三月開細黄花,成穗,多服令人延年益智。麥門冬。陶弘景曰:根似穬麥,故名。葉青似莎草,長及尺餘,四季不凋。根黄白色,有鬚在根,如連珠形,四月開淡紅花,吴地者尤佳。香附。即莎草根,韭畦藍地最多。瓜蔞。本名栝樓。三四月生苗,七月開花,淺黄色,結實在花下,九月熟。其根直下,潔白如雪,名天花粉。牽牛。陶弘景曰:此藥始出田野人牽牛謝藥,因名。作藤生花如扁豆,微紅帶碧,有黑、白二種,九月收製。薄荷。楊雄《甘泉賦》作茇括,俗稱薄荷,今仍之。二月宿根生苗,清明分種,方莖赤色。蘇州所蒔莖小而氣芳,豫、蜀俱不及。紫蘇。《爾雅》名桂荏。二月下種,八月開細紫花，成穗作房，九月半枯時取子，以表裏俱紫者良。車前子。《詩》名芣苢，陸(機)〔璣〕《詩疏》云此草好生道旁，故有車前之名。夏采苗，秋采實，除入藥外，亦有采食者。天南星。一名虎掌，以其葉似。又李時珍曰：其根圓白，形如老人星，故名。三四月生，苗高尺餘，七月結子作穗，九月采根，四畔有圓牙。金沸草。本旋覆花，葉似水蘇，花黄如菊。二月以後生苗水次，長一二尺，其根細白，采花去藥，用以佐藥。艾。王安石《字説》：艾可乂疾，字從乂，又草部也，故從草。用灸百病，以苗短爲良。五月五日采取，陳久者益妙。夏枯草。一名夕句，又名乃東。冬至後生葉，三四月開花作穗，苗高一二尺，有養厥陰血脉之功。澤蘭。根紫黑色，如粟根。二月生根，高二三尺，莖幹青紫色，葉生四稜，多生卑濕地。槐實。槐有數種，功用有别。四月開黄花，六月結實，七月七日采嫩實，十月采老實。李時珍曰：槐，虚星之精，服之長生。《梁書》庾肩吾常服槐實，年七十餘，其驗也。甘菊。有三種：花大而香者爲甘菊，花小而黄者爲黄菊，花小而氣惡者爲野菊。初春布地生細苗，夏茂秋華，味甘，故名。瞿麥。子頗類麥，故名。苗高一尺，葉尖小青包。根紫黑色，形如細蔓菁。花紅紫，似映山紅。二月開，至五月七月結穗。《廣雅》稱茈萎。半夏。《禮記・月令》：五月半夏生，蓋當夏之半也，故〔名〕。亦名守田。二月生苗，一莖，莖端三葉，淺緑色，頗似竹，祛痰聖藥。高良薑。陶弘景曰：始出高良郡，故名。春生莖，莖如薑苗而大，高一二尺許，花紅紫色，如山薑。芎藭。《左傳》所謂山鞠窮，亦名蘼蕪。冬、夏叢生，五月花赤，七月實黑，九十月采之乃佳。舒攣壯骨，以蜀産爲勝，本地所産力薄不能效。大薊。薊，猶髻也，其花形似。莖高三四尺，心中出花頭，如紅藍花而青紫色。薊門以多薊得名，大抵以北方者良。紫花地丁。其葉似柳而細，夏開紫花結角，平地生者起莖，溝壑邊生者起蔓，開小白花，多瘍家功效。山慈姑。即金燈花根。《酉陽雜俎》云金燈花與葉不相見，又謂無義草。冬月生，葉如水仙而狹，二月中莖枯而花發，有黄、白、紅三色，四月苗枯，取根用。萞麻子。夏生苗，葉似葎草而大，莖赤有節，高丈餘。秋生細花即結實，殼上有刺。夏采莖葉，秋采實，冬采根。豨薟草。楚人呼猪爲豨，呼草氣辛毒爲薟，如猪而味薟，故名。葉似酸漿而狹長，花黄白色。三四月采苗葉，據《本草》云有輕身耐老之功。馬蘭。葉似蘭而大，花似菊而紫，叢生道旁。二月生苗，赤莖白根，長葉而有刻齒狀，花苦不香，人咸采汋爲俎。香薷。有野生，有家蒔。三月種之，可充蔬品。葉如茵陳，花茸紫，連邊成穗，凡四五十房爲一穗，頗有香氣。淡竹葉。春生苗，高數寸，細莖緑葉，儼如竹。八九月抽莖，結小長穗，花開冷翠可愛。生地。二月生，葉有皺文而不光，高者尺餘，低亦三四寸。其花紅紫色，亦有黄花。究以懷慶、同州者佳。牛膝。春生苗，莖高二三尺，青紫有節，如鶴膝，節上生花作穗。秋結實，甚細，以根長大至二三尺而柔潤者爲佳。大黄。正月生青葉，四月開黄花，有推陳致新之功，亦稱將軍。商陸。有赤、白二種。白者入藥，赤者可造厭勝以視鬼神。《廣雅》謂之馬尾，《爾雅》謂之蓫薚，《易》謂之莧陸，即此。何首烏。一名交藤，又名夜合。葉有光澤，形如桃柳。法製常服，延年烏髮，輕身駐顔，其功效不可具述。

竹之屬

篾竹。本末停匀，節朗梢長，解爲篾作繫束之物，甚堅密。笋色青碧，宜作脯，煮食不甚佳。黄菰竹。節目疏聳，皮黄力韌，爲篾器良材。筀竹。古稱出吴越，即今晚筀。李時珍曰：筀竹，茹可治勞熱。梅堯臣詩："侵天筀竹溪西東。"山大頭竹。即筀類，質稍瘦，皮畧黄，笋味帶苦，食時不宜生水洗。方竹。據顧文僖清舊《府志》云：澧州多以此爲臺桌。昔時園圃多植之，方而有節，鬚芽四出。至于吾邑，尤爲僅見之品，色、味故不詳。斑竹。青質黑文，點點如畫。相傳湘君泣于蒼梧之野，淚痕灑竹而成，未可盡信。但植之庭隅，秀挺可愛。紫竹。初解籜猶青，久之始變，亦不甚紫，微帶黑色。黄金間碧玉竹。逐節色青黄相間，可玩。燕竹。較他竹笋最早，燕至即生，故名。笋味甘腴。護居竹。俗誤名哺雞竹。人家多植屋後，故名。皮日休《公齋新竹》詩有云"笠澤多異竹，移之植後楹"，陸龜蒙《和詩》亦云"昔者尚借宅，况來處賓庭"，俱寓護居之意。笋白如截肪，甘香潔白，在諸笋之上。象牙竹。以笋白得名。鳳尾竹。以形似得名。宜庭除植之，或瓦甑中，殊有蕭疎之致。慈竹。即桃枝竹，俗呼慈孝竹。陸璣《草木疏》南方子母竹是也。《竹譜》云慈竹笋四時俱生，寒則顯生温竹，夏則隱生清竹，有子母相生、温清之義，杜甫詩"慈竹春陰覆"是也。

木之屬

桑。有數種，地産止白桑，葉大如掌，可飼蠶。海邑殫力木棉，不興蠶事。歷朝夏税絲綿之賦，並未出于桑也。榆。亦數種，惟細葉者堅韌，宜爲農器，謂之綿榆。白者名枌榆。榆莢仁作糜羹，令人多睡，嵇康所謂"榆令人瞑"也。黄楊。人家偶栽種，枝葉攢簇上聳，葉似初生槐芽，不花不實，四時不凋。性難長，俗説"歲長一寸，遇閏則退"，今試之，但閏年不長耳。其木堅膩，可作梳雕印。凡伐取，須以陰晦夜，一星不見，則不裂。槐。蘇頌曰：有數種，葉大而黑者名懷槐，晝合夜開者名守宫。槐生于季春，五日而兔目，十日而鼠耳，更旬始規，二旬葉成。楊柳。在處有之，以垂條拂地者爲佳。楊枝葉短，柳枝葉長，陶朱公曰：種柳千樹，可供柴炭。其嫩芽可作飲湯。檀。最堅重，有黄、白二種。農時以放葉開花爲雨候，雨不至則葉不放，俗謂等水檀。花色正紫，其根如葛。松。李時珍曰：松樹礧砢修聳多節，其皮粗厚，有龍鱗形，其葉後凋。二三月抽甤生花，垂四五寸。采花蕋搓作粉，可糝入晶飯，清芬絶人。栢。側葉赤皮，魏子才《六書精藴》云：萬木皆向陽，而栢獨西指，蓋陰木而有貞德者。其枝指西，猶鍼之指南也。杉。似松而葉短，身形上聳而直幹。檜。栢葉松身。又一種枝細而長，玲瓏下垂，謂之瓔珞檜。質堅紋細，可作楫櫂。棘。李時珍曰：獨生而高者曰棗，列生而低者曰棘，叢高二三尺，莖葉與棗似。楮。俗稱穀樹，楚人呼乳曰穀，木中白汁，其黏如乳，故名。《埤雅》作穀米之穀，訓爲善，悮矣。績皮可爲布，又可擣爲紙。或曰"皮斑是楮，皮白是穀"，良然。烏臼。樹高數仞，葉似梨、杏。五月開細花，結子色黑。人家雜種陂澤旁，采子蒸煮取脂，澆燭貨之。子上皮脂勝于仁，霜葉朱赤。椒。人家沿蔓籬落間，結子甚細，都無芳香，終遜川蜀之産。石楠。一名枏木。性堅而善居水，江南造船皆用之。直上童童，若幢蓋之狀。其花赤黄色。冬青。身葉俱似桂淩，寒不彫，一名女貞，亦謂之萬年枝。梧桐。蘇頌曰：白桐一名椅桐，遁甲書梧桐可知日月正閏。四月開嫩黄小花，其莢長三寸許，五片合成，老則裂開如箕，謂之橐鄂。其子綴于橐鄂，炒剥如菱芡。樸。似榆而葉大，俗呼樸榆，散材也。棕櫚。木高丈許，無枝條，葉大而圓，有如車輪，萃于樹杪，其下有皮，重疊裹之，每皮一匝爲一節。二旬一採皮，轉剥轉生。六七月生黄白花，八九月結實作房，如魚子。九十月采皮，用其皮作繩，入水千年不爛。"棕"本作"椶"。柘。《埤雅》：柘宜山石，故從石。叢生幹疎，弓人取材，以柘爲上。椿。樹高聳而枝葉疎，與樗不異，葉香者椿，葉臭者樗也。梓。《埤雅》：梓爲木中之王。《詩》云"北山有楰"，又楸也，又名香梓。其角細長如箸，亦檟類。楝。有二種，黄楝抽嫩芽時，鹽水漉漬，點茶最香旨。三四月開花，紅紫甚芬郁。棠。俗名烏欂，又名夜合，其華每夜必合，色如紅絨，又名合歡。嵇康《養生論》"合歡蠲忿，萱草忘憂"，蓋指此也。

花卉之屬近來草花名色尚多，非古來名卉，故不載。

牡丹。自宋以來，盛于吴下，邑中亦無奇種，壽安紅而下，惟桃紅、深紫，即白者亦僅見。一名木芍藥。芍藥。有三種，桃紅重臺者爲上品，純白者爲中品，名玉帶圍，胡嵩詩"缾裏數枝婪尾春"即此。桂花。有黄、白、紅三種。紅者謂之丹桂，取其花焙茶，作餅藏之，經歲香不歇。山茶。有大紅、桃紅二種。春初，百卉未榮，點綴庭增，殊有致。海棠。以棠梨過枝接本者爲佳，最爲妍麗，名西府海棠。若垂絲、貼梗，其媵婢也。一種秋海棠，更鮮妍可愛。桃花。花色豐艷，千葉而大紅者名絳桃，深紅者曰緋桃，白者曰碧桃，又有人面桃諸種，大抵色麗而姿粗。金絲桃。花比桃花畧大而黄色垂絲，故名。臘梅花。花開冬杪，且近梅時，故名。以磬口檀香爲上，荷花口爲次，九英最下，香氣酷烈。梅花。有紅梅、白梅、緑蕚、玉蝶等種。邑西北梅源市種植最多，每春時花開，晴雪千村，暗香十里，不減吴中鄧尉。石榴。有大紅、桃紅、淡白三種。別一種千葉瓣者，曰餅子，榴色如火，不實。紫薇。俗名百日紅，有淡紅、藍、白諸色。夏開，至秋暮不斷。紫荆。色紫，天趣絶少，亦無香味，花中最下品。玉蘭。大率辛夷過枝接成，色白璘珣，清香披拂臨風，亭亭可喜。玫瑰。色正紫，穠香郁烈，搗之可作糖醬，土人種成畦畝。繡毬。團簇周圓，色碧白。另有小者，色麻毬。紫藤。柔枝延蔓，不能自聳挺幹，大率施于灌木，開花作房，垂如瓔珞，又如紫步幛。木香。枝葉如薔薇，有黄、白二種。其花芳馥異常，宜于閨閣中簪戴。薔薇。有紅、白、雜色。皮日休《泛舟》詩："淺深還看白薔薇。"有一種黄薔薇，種甚貴，格韵尤高。月季。色淡紅，月開一度，即隆冬霜雪中亦不輟。佛見笑。桃紅色，開時如笑。棣棠。開小黄花，無香，盈盈如黄蝶。辛夷。俗名木筆，無色無香，亦屬下品。菊。種類甚多，花名亦不一。邑昔時最佳，今稍息矣。有一本價值數金者。荼蘼。花色白，微香。暮春方開，唐人詩有"開到荼蘼花事了"句。百合。有虎皮、麝香二種，麝香花色佳，虎皮根實可啖。萱花。有錦、蜜二種。用鹽湯漬之，可充蔬菜中物。葵。有千葉、單薹及蜀葵、白葵、黄葵數種。有錦葵，品最下。槿。有紫、白二種，一物曰及，朝榮暮落，又名朱槿。芙容。一名拒霜。有大紅、桃紅、白三種，更有四面俱花者。又有一本而自朝至暮三變其色者，名三醉芙容。鳳仙。有白、紅、紫三種。色不甚艷，亦無香，子名急性。罌粟。有紅、白二種。四月花開，嬌艷非常，但不耐久。水仙。有單葉、重薹。單葉者，金盞銀臺，香與態俱可愛。荷花。人家植陂塘中，夏月抽莖開花，亭亭出水，饒有風致，亦宜植瓦沼中。梔子花。梵書名薝蔔，花香甚郁烈。虞美人。草本中最柔弱者，相傳虞姬滴淚所化，其穠艷相似。

雜植

木棉。舊志云本出閩廣，宋時覓種得之。今高鄉廣植，凡收取作布，利倍于粟。有白有紫，有早有晚，惟棉多核細者爲第一。花實方結尚青曰花鈴子，方莛未花曰花盤，晚結無綿者曰僵囊。藍。《爾雅》曰：葴出吴淞江南北，刈其葉漚爲靛，可以染青，土人謂之青秧。清明種，五月黄梅時刈，凡五六刈。○按：靛字應作澱，俗作靛，今從俗。苧蔴、黄蔴。種之擷其皮，可爲繩索。天竺。又名天燭，冬月結子，垂垂如赤珠，名鬼面者尤佳。歭青。藍類，種自崇明，至如蒿而紅，多靛。淮青。歭青類，種自淮，靛早而紅。

畜之屬

牛。有數種，在畜屬土，在卦屬坤，坤爲陰，故牛蹄坼病則立，陽勝也。起先後足，卧先前足，從陰也。《周禮》謂之大牢，《内則》謂之一元大武，梵書謂之瞿摩帝。馬。許慎云：馬，武也。其字象頭髦尾足之形。牡馬曰隲，牝馬曰騍，去勢曰騸，名色甚多。梵書謂之阿濕婆。騾。李時珍曰：古文作驘，從馬從贏，諧聲。牡驢交馬而生者曰驢，牡馬交驢而生者曰駃騠，音决題。驢。長頰廣額，磔耳修尾，夜鳴應更漏，善馱負。羊。土生者名杜羊，最肥美。董子曰：羊，祥也，故吉禮用之。《内則》謂之柔毛，邑俗最尚此。豕。坎爲豕，水畜，而性趨下，喜穢。狗。其用有三：田犬長喙善獵，吠犬短喙善守，食犬體肥供饌。豺見之則跪，虎食之則醉。猫。李時珍曰：字有苗、茅二音，自呼其名。《埤雅》云鼠害苗而猫捕之，故字從苗。雞。有二種：家雞屬陽，先鼓翼而後鳴；野雞屬陰，先鳴而後鼓翼。無外腎而虧小腸，有五德之譽。鴨。本名鶩，性質朴而無他心，故爲庶人之贄。《曲禮》云：庶人執匹。匹，雙鶩也。亦自呼名。鵞。有蒼、白二色，及大而垂胡者，並緑眼黄喙，紅掌善鬭，其鳴夜應更漏。

禽之屬

鶴。沈括曰鶴惟華亭鶴窠村所出爲得地，而《瘞鶴銘》亦云壬辰歲得之華亭鶴窠。按：鶴窠，即今下沙也。江淹詩"華亭失侣鶴"，韓偓詩"正憐標格出華亭"，歷來傳記班班可考。今詢土人，原自海東偶集，暫一棲憩，久乃生雛，實非土産。比年以來，亦竟不至。雉。即野雞，一名華蟲，因羽毛陸離，故名。又曰疏趾。有痼疾者忌食。烹爲脯腊，以奉蒸嘗燕享。雁。湖泖陂澤甚而邑之江浦甚少，與野雞、鵓鵏同作土貢。鵓鵏。形如鶴而小，蒼色，俗謂之灰鶴。鶺鶉。掌禹錫曰蝦蟇所化，恐未然，爆炙甚美。鷹。《左傳》所謂爽鳩。秋冬間，土人設網張媒捕得，翹俊，直擬兼金，其

□爽猛而鷙。鶻。鷹之小者曰鶻。鷺鷥。一名春鋤。絜白而善爲容，集必飛舞，而下翅背有長翰，江東人取爲接羅，名曰鷺纕是也。鴿。性淫而易合，故名。鵓者，其聲也。張九齡以鴿傳書，目爲飛奴。翠鳥。俗名魚虎子。喜食魚，盤旋波面，一掠即得，穴土爲巢，咮深紅，項白。雀。尾短身小，棲宿簷瓦之間，性最淫，小者名黄雀，八九月甚肥，可作鮓。班鳩。俗名鵓哥。雄鳩呼晴，雌鳩鳴雨，性慤孝而不能爲巢。鸜鵒。俗名八哥。五月五日取雛□，其舌圓形，能作人言，亦可取火。桑鳸。俗名蠟嘴，《爾雅》名竊脂。人畜其雛，教作戲舞。鳲鳩。名布穀。三月穀雨後始鳴，夏至後乃止，因其名呼之。取脚脛骨懷之，令人夫妻相愛。五月五日，男左女右收帶之。野凫。黄浦、吴淞江俱有。竹雞。懷古云泥滑滑，多居竹林，褐色，多班赤文，味美如菌。鵲。能報喜，故云喜鵲。上下飛鳴，以音感而孕。季冬始巢，名乾鵲。烏鴉。大嘴，性貪鷙，鳴聲甚厲，南人最惡之，北人則喜。青鶂。頗肥，俗云"水裏鯧，岸上鶂"。鶖。形如鶴，毛羽相似，頂不丹色，然有雅俗之别。鸛。亦如鶴，無丹頂，不善唳。

獸之屬

兔。《禮記》曰"明眎"，言其目不瞬而瞭然也。爲食品上味，趫捷善走。貛。狗之屬，穴土而居，皮可爲裘，味甚甘美，多油。貒。猪之屬，貛類，短尾尖嘴，而黑色味肥。香貍。俗名野猫，亦有麝香者，筆毫用其脊。獺。多居水次，以皮作冠，或飾衣服，垢膩不染，拭之即去也。

水族之屬

鱸魚。李時珍曰：鱸出吴中，淞江尤盛。四五月方出，長僅數寸，狀微似鱖而潔白過之，身有黑點，巨口細鱗。另有一種名四腮鱸，體黑腮紅，不甚雅馴，味亦不及。白居易詩"水鱠松江鱗"，韋應物詩"松江獻白鱗"，言白鱸魚。羅隱詩"鱠憶松江滿箸紅"，言四腮鱸。但未知張翰所憶者是誰種。鱖魚。巨口細鱗，質碧色，肉味鮮美。誤鯁骨，食橄欖即愈。蘇軾所謂"淞江之鱸"，正指此。又桃花水至，則鱖魚肥。鯔魚。色黑，故名。生淺水中，似鯉，身圓頭扁，骨軟，性喜食泥。其子滿腹，有黄脂，味甘美。鯉魚。諸魚之長，乃至陰之物。其脇鱗一道，從頭至尾，無大小皆三十六鱗，風家忌食。青魚。亦作鯖，以色名。本地産甚少。湖霅間，人鑿池種之。取以作鮓，即五侯鯖也。白魚。形窄腹扁，鱗細，長者六七尺，頭腹最肥。鯽魚。《埤雅》云鯽魚旅行以相即，故名鯽魚。喜偎泥，不食雜物，能補胃，冬月肉厚味佳。鯊魚。吹沙而游，咂沙而食，體圓似鱓，厚肉重唇，其尾不岐。鱧魚。俗名黑魚。首有七星，夜朝北斗，有自然之禮，色黑，北方之魚也。陶弘景曰：公蠣蛇所化，然亦有子生者，性至難死，猶有蛇性也。比目魚。俗名箬板，亦名板皷。郭氏曰：兩片相合，乃可游行。今見其如浮箬而行，殊不相並。味最佳。鮠魚。俗名鮰魚。無鱗，亦鱘屬，頭尾身鬐俱相似，惟鼻短，口亦在頷下。鯿魚。《釋名》云魴魚，江浦間生，鮮肥異常魚。黄顙魚。俗名鉠䰳，亦作剛頰，其頰骨硬，故也。首尾俱小，亦無鱗。鮎魚。《釋名》鯷魚，口腹俱大，有齒，有胃，有鬚，鉅細之魚供其口腹。鰻鱺魚。或曰有雄無雌，以影漫于鱧魚，則其子皆附于鱧鬐而生，故謂之鰻鱺。腹白大者，長二尺，味佳。鱓魚。黄質黑章，體多涎沫，夏出冬蟄，水族中最益人。白鰷魚。長數寸，形狹而扁，如柳葉。鱗細而匀，潔白可愛。性好羣游。取炙脯，最堪下酒。螃蟹。楊雄《方言》稱爲郭索。其螯最鋭，雄多白膏，雌多黄膏。性多躁，引聲噀沫，至死乃已。當霜落秋深，佐酒上品。沙狗。出海濱一帶，生沙穴中，聞人聲即走，俗稱沙裏鉤，用醇酒泡食。虱蟹。其名不典，大率是蟛蜞望潮之屬。作羹最鮮美，但擣萬足以供一箸，殊傷物命耳。右二十種，俱吴淞江、黄浦之産。鰣魚。形秀而扁，微似魴而長，白色如銀，肉中多細刺如毛，味甘，魚中神品。石首魚。俗名黄魚。每歲四月自海洋至，其聲如雷。海濱人入竹筒探水底，聞其聲乃下網截流取之，潑以淡水，皆圉圉無力。扁身，弱骨細鱗，黄色如金，首有白石二枚，堅如玉。米魚。大者三四尺，少鱗，有細黑文，煮法與黄魚等。鱘魚。一名王鮪。長者有丈餘，至春始出而浮陽，見日而目眩，其狀如鱣而無甲，其色青碧，其冠鬆脆可愛。勒魚。魚腹有硬刺勒人，故名。可作鯗。鱭魚。形狹而長，薄如削木,質細鱗白,吻上有二硬鬚,腮下有長鬣,如麥芒,味甘美。鯧魚。游于水,群魚隨之,食其涎沫,有類于娼,故名。無硬骨,作炙食至美。河豚。有大毒。豚,言其味美也。一名吹肚魚,言其氣嗔脹也。甘腴不可言。無鱗無腮,無膽,腹下白而不光,率以三頭相從爲一部,其腹腴名爲西施乳,春月甚珍貴之。蘆芽長尺許,便不可食。中其毒,以橄欖湯治之。右八種俱海産,江浦偶有之。朱魚。邑尚短嘴岐尾,又有十二紅、十四紅、落花、一捧雪、朱眼等種色。好事者蓄之瓦沼,雜以藻荇,亦可觀玩。得附魚末云。

蟲之屬

蠶。俗不事繭絲女紅,好事者飼一二筐以供絨花之用。蜜蜂。鄉居恒畜之,冬割取蜜房。稺蜂。即胡蜂,螫最利。胡蝶。有黄、白、花三種。花者斑斕可愛,相傳山伯、英臺所化。蟬。有二種。吟風咽露,品固高矣,如聲聒聒何? 螢。腐草所化,一名丹良。蜻蜓。《淮南子》稱水蠆。螳螂。子着桑上,名桑螵蛸。絡緯。一名莎雞,俗呼紡織娘。蟋蟀。好鬬,多畜之以角戲者。螻蛄。《月令》螻蟈鳴即此。蝠。鼠所化,能食蚊,糞名夜明沙。蚊。名白鳥。蠅。夏出冬蟄,喜炎惡涼,古人憎之,多有辟法。蝦蟆。喜居濕處,背有黑點,身小能跳,接百蟲解,作呷呷聲。蚓。土之精,無心之蟲。蟻。一名玄駒,穴居卵生。

服用之屬

顧繡衣裙。露香園遺製,俱劈絲爲山水花鳥,儼然生動。顧繡畫幅。亦有人物、山水、花鳥各項色樣。談箋。有數種,惟玉版、玉蘭、鏡面、宫箋爲最,談仲和製之,有秘法擣染。木屐。較他處堅緻華美。

食物之屬

鹽。出下沙等三場諸處,色白如雪,所謂吴鹽也。取精于日,成形于火。霪雨沙淡,久陰沙濕,不能成鹽,價亦時貴。其産鹽之地,自寶山至九團,謂之窮海,水不成鹽,鱗介亦鮮;自川沙至一團,水鹹可煮,亦有海錯。惟南匯沙嘴及四團尤饒。按:濱海鹽場,每場畝許用削刀,平沙如灰,鋪勻,擔水澆曬,晡後用板推夾成一長埂,以防夜雨。明晨翻開,仍曬如前,漸成鹽花。盛夏二日,秋、冬四日,曬力方足,嚴冬西北方殊勝日曬也。倘將成而值久雨,則復無用矣。有白如水晶者,名曰曬鹽,價倍于常,盛夏有之。雪糕。因其輕白,故名。琥珀光。以燒酒爲之,用薄荷、蘇木、白糖加入,色味俱佳。糟蔬。亦顧氏露香園遺法,名蔬俱備。

布之屬

布。古名吉貝。吾邑出烏泥涇、三林塘一帶,緊細若紬。近來織者競利,狹幅促度,敻殊于前,今所在有之。附徐獻忠《布賦》。序云:邑人以布縷爲業,農氓之困藉以稍濟。然其爲生甚疲苦,非若他郡邑蠶繅枲苧之業力少利倍者可同日語也。然天下所共衣被,而詳其衷者甚寡。于是核其事,告諸觀風者,作《布賦》。客有至吴下邑,覽織婦之布素,歆卉物之流澤,將島彝之末計,啓閨房之長息,乃喟然而歎曰:"美哉布也。"是固一疋可以媿盗心不得千金之償約者歟?何齎者之逐逐而拾者之堇堇也? 下邑之士曰:"羅紈繡文,素綈錦綾,長裙交褘,流景飛晶,此居者之所揚輝而觀者之所疑睇也。子不是慕,而慕諸貧民之業,亦有説乎?"客曰:"布通貴賤之服,不擇温涼而適。其爲製也,疎陋縑繒,密殊絹縠,有氀毼之毛毳,齊縞素之潔白,賤靡綺之浮華,傷貝錦之徒飾。孺夫匹婦可濟其乏缺,通都大邑與千乘之富相埒,豈虚言哉?"曰:"子何不傷其勞而徒羡其美,不稽其私而徒夸其會? 子亦欲聞其勞且病乎? 若乃鐵木相軋,手挽足壓,且餧且扐,出絮吐核。張弓柱弦,弦急聲噎,牽條絡車,呷啞錯雜。借光于膏,繼夜于日,心急忘寐,力疲歌發。衾簟空寒,漏水寂謐,婦子喧闐,老稺畢力。"客曰:"若是勞乎?"曰:"未也! 嫠婦卷袖,妖姬解珮,含愁入機,凝寒弄杼。流蘇綰綜,一伏一起,踏躡相次,上下不已。縷斷苦接,梭澁恐膩,手習檻匡,聲揚宫徵。長夜凄然,得尺望咫,寒雞喔喔,解軸趨市。方是時也,母聞謗而不暇投杼,妻迎夫而帖然坐起。"客曰:"若是勞乎?"曰:"未也! 織婦抱凍,龜手不顧,夫匹懷飢,奔走長路。持莽莽者以入市,恐精粗之不中數。飾粉傅脂,護持風露。摩肩臂以授人,騰口説而售我。思得金之如攫,媚賈師以如父。幸而入選,如脱重負,坐守風簷,平明返顧。"客曰:"若是勞乎?"曰:"未也! 婦辭機而望遠,子牽裳而愬飢。先潔釜而待米,旋汲水而候炊。語少待以相慰,既久竚而始歸。夫嬰嬰以捐涕,云攘攘者在途。索子錢而不釋,併布母以如飛。夫狼攫虎噉，肉寒骨解，無一語之抗聲，猶三嚱而稱怪。握兩手以授之，拂空拳而吞欬。雖卒歲之靡從，完小信而不怠。是豈但一織婦而衣十人，殆所謂一室肥而衆俱瘵者也。"客曰："若是病乎？"曰："未也！海上之民，土薄水淺，其惡易遘。枵腹者未知其稅駕，鶉衣徒羡夫長袖。夫廣儲豐積出自農夫之耕，一絲寸縷皆從匹婦之手。然而繭絲告成，置蠶不問，耕犂召豐，於牛何有？是固天下之同風，惟江南爲叢藪。畮鍾之他稅從升，塗泥之末路計斗，是以手不停機而終歲無衣，窮年仡仡而不贍其口。"客曰："何言之過也？滄海變遷，化爲陵陸，禹土塗泥，膮注滐渌，禾黍芃芃，滿家彌谷，貧攜白墮，富樹華屋，婚媾靡靡，徒侶簇簇。顧今日之江南，殆海内之樂國，雖有布縷之征，亦豈加于穀粟，何徒抱杞人之憂，損名都之望乎？"曰："否否。不然。恒歲之運，水毁木饑，消長相代，前建後除，陽九陰七，聽命皇祇。今昔庚甲，火仇馮夷。炕令爍金，天漢飛灰；槁土沃焦，赤地坼龜。既葵藜之莫采，亦木綿之變衰。枝無垂菝，絮罕葳甤。傾筐脱負，采掇支離。寡夫擁腫，哲婦鴟彝。里胥蹀躞，督郵喧豗。無尺寸之可縫，況綱運之崔巍。匪凶歲之取盈，抑國計之在兹。當是時也，雖使星婺獻技，火鼠脱鬣，罄大夏之全産，省公儀之百室，傴陽不懸於城雉，匡廬借練於飛瀑，亦何以應之？"客曰："嗟哉！下邑之民若是病乎？"曰："未也。工以習勝，巧自技生，傷末路之靡淫，變素樸爲華英，力作以助農，終縰麗以耀名。競良工之巧思，幻化國之神能。於是飄絮若蓬，刻縷若兓，積歲成匹，累織敵絨。廣倍乎東海之二尺，袤齊乎別渚之五虹。鑿以團鳳，繞以飛龍，綴金章以錯緣，變猩草之鮮紅，爛太霞之朝采，奪景烏之晶熒。袨已浮乎龍水，綃何羡乎鮫宫？蓋其技巧始于渡海之黄嫗，彰聞出自戀闕之鉅公，忘萬家之膏腴，邀一日之歡悰，傳觀内近，遂入公宫。一匹遂抵於千緡，聯筐始達於重瞳。民已窮而益傴，霜既給而冰從。嗚呼嗟乎！蒟醬竹杖，天馬蒲萄，通西國而開越嶲，窮異詭而馳臆胸，啓皇武之遠畧，罪臣謇之作俑。朝槿不思其暮落，寒灰尚戀夫冬烘。竟殘桃之取戾，何獻曝之耿衷。今聖主龍飛，問民疾苦，諸非著令，改不暖坐，首蠲兹役，卹我隕仆。尚衣之絺繡有章，進御之浮靡不取。免徭征之巨累，始息肩而就臥。雖紅紗之綱運尚存，而貂璫之督課稍妥。"客乃瞿然作而言曰："甚哉！鄙人不知民之病苦若是也。九月授衣，猶以爲晚，終歲作勞，祈寒不免，吾又何敢袖手以向人，徒負暄而思暖。"

康熙上海縣志卷之六

城　池

古壯哉縣，唯城一而已。乃藐兹元邑，峙而城於北者爲吴淞，東之爲寶山，迤邐而南爲川沙，爲南匯，是海上列城四。外控島服，内拱上洋，包塘以爲城，環海以爲池。昔之爲滬城計者，何其勢審而慮周也。《易》云"王公設險，以守其國"，誠然哉。若倉廩、津梁、坊巷是皆麗於城者，故附著之。

縣城週圍凡九里，高二丈四尺。門大小凡六，東曰朝宗，南曰跨龍，西曰儀鳳，北曰晏海，小東門曰寶帶，小南門曰朝陽。水門三，其東西者跨肇家浜，其在小東門者跨方浜。城有敵樓一，平臺二，堞三千六百有奇，穿廊七十有八。濠廣六丈，深一丈七尺，週圍縈繞，以通潮汐。

嘉靖三十二年，知府方廉因倭亂，從邑人顧從禮建議，始得築濬。三十六年，同知羅拱宸於城四門益以敵樓三楹，沿城益以箭臺二十，環濠益以土墻，要害處益以高臺層樓，其名凡三，曰萬軍，曰制勝，曰鎮武。

萬曆二十六年，知縣許汝魁奉趙巡撫檄，城加五尺，開小南門水關，引薛家浜水，以通市河，南城居民至今賴之。後知縣徐可求、劉一爌相繼甃内城加闊，自大南門迄北門俱甃以巨石，凡十餘年而告成。三十六年，久雨，内城傾數十處，知縣李繼周次第修築。四十六年，增置川廊八十餘間。

邑人顧光禄從禮《奏請築城疏》畧曰：上海，宋時市舶所駐之地，至元二十九年開設縣治。原無城垣可守，蓋因立縣之際，一則事出草創，庫藏錢糧未多，一則彼時地方之人，半是海洋貿易之輩，武藝素所通習，海寇不敢輕犯，所以雖未設城池，自然亦無他患。見今一縣編户六百餘里，殷實之家率多在市，錢糧四十餘萬，四方輻湊，居積貨物尤多。而縣門之外不過一里即是黄浦，潮勢迅急，最難防禦。所以嘉靖戊子等年，屢屢被賊刦燒，殺傷地方鄉官、商人、居民不下百有餘家。蓋因賊自海入江，乘潮来去，劫掠城市如取囊中，皆由無城可依之故也。伏望軫念府庫錢糧之難聚，地方百姓之哀苦，乞勅工部會議，開築内外城垣，以爲經久可守之計，實一縣公私無疆之休也。

潘恭定公恩《築城記》畧：吾上海據吴會之勝，抱江負瀛，舊隸松之華亭，至勝國始進爲縣。明興，瀕海諸境防禦倭夷，至詳且密，爲所爲衛，各設城池，郡縣藉以爲安。

上海故未有城，豈以去海稍遠，無煩此耶？抑阻于時勢之難，未暇爲也？嘉靖癸丑，海寇驛騷，其肆虐於浙之東西者數矣。浸及于吴，吾邑以無城，群兇覬覦，攘臂首至，民無固心，故受禍尤酷。夏六月，會郡侯方公雙江下車，心獨憂之，奮言曰："斯城不築，是以民委之盜也。"迺建議城之。公以忠誠之心，集衆思之益，酌之以義，布之以公，發之以果，於用取諸田賦之埤益者，於工取諸傭民之受直者，於費不足附以庫錢之餘羨者，計日商功勸分，庀役不愆于素，故大功遄舉，民罔告勞云。

國朝康熙十九年八月初二夜，風雨傾大南門城墻十八丈，壓死男、婦七人。二十年九月，今知縣史彩集士民公議，凡週圍城垣雉堞損壞者同時興工，捐俸繕葺，稽察巨細不假手，工房積弊頓清，禦防永賴。

南匯城即金山衛中後千户所分署，明洪武十九年安遠侯築。週圍九里百三十步，高二丈二尺。濠周於城，深七尺，廣二十有四丈。陸門四，水門四，門樓、角樓各四，敵臺四，箭樓四十。

永樂十五年，都指揮使谷祥增修。

弘治初，指揮使翁熊重修。内有鎮撫司、軍器局、廣儲倉，外有演武場，城隍、旗纛二廟。其備瞭守，瀕海有墩塘三十五。墩自一墩至十八墩在捍海塘外，每墩設瞭守軍士五人。塘一十七，即海塘置鋪舍，以便瞭守，每塘設瞭守軍士二人。

萬曆二十六年，趙巡撫可懷檄重修城垣，高厚如制，濠面闊十丈，底闊六尺，深一丈四尺。

本朝以來，間歲修葺，屢修屢毁。雖工房作奸，民苦輸役，而守城者因以爲利，當事宜思變計焉。

明袁凱《海上》詩："旗影翩翩整復斜，中天星月動光華。千羣羆虎方屯戍，萬里魚龍聽鼓笳。聖主自多開國老，遠人莫恃上天槎。却煩上將頻思念，時問東門二畝瓜。"

川沙城在八團鎮。明嘉靖三十六年，巡撫趙忻、巡按尚維持、兵備熊桴從監生喬鏜建議興築。内設守堡千户公署、百户所、軍器庫、把總司、鐘鼓樓、城隍廟、社學、下砂三場二場鹽課司、南蹌巡檢司、三林莊巡檢司、演武場，又置附堡營田若干畝，除輸糧外，餘贍守堡公用。邇來生聚日繁，人文漸盛，巍然爲瀕海巨鎮。

本朝特設參將一員，以資守禦，詳《兵防志》。餘俱廢，惟二場鹽課司在城。

張鵬翼《川沙城記》畧：嘉靖丁巳，汝寧尚公維持按部至松，時倭寇甫離，人情惴惴，每影響風聲，輒崩恐竄匿。公廉知其然，單車以至，飭諸將領，乘時設備。復詢賊所以，民曰："禍在川沙，惟川沙不守，賊得而乘。又窪水積深，易于泊舟，日出其支，賊鹵略既飽，輒載以去。後至動六軍殺賊，不下數十舉，賊無以大創而徒肝腦吾民，慘益倍之。故爲今日計，莫若城川沙。"公檄所司，議如民言。于是上其事于朝，大率謂松江薄海，東徼壖地，爲郡右臂，據其體勢，則川沙去海口近，爲賊必犯之路，故其城於今爲亟。天子是其議。自經始之日至于訖工，僅計以三月。既成之，復稔于衆曰："吾所以經營若城者，以計民也。今民且窮矣，弗收將轉而爲盜散矣，弗集則愈生背心矣，又何有于城？”乃上奏，請寬租賦。分隙地以招移亡，願受廛者仍給之直，以風其來。已乃大閱于鄉，得選兵若干。而粵兵多劍客，率善鬭士，復令夾輔土兵，時時徼循其間。又議歲輸米若干，以便給食。蓋公城守經略，大較如此。不可以無記，系頌曰：聖王臨極，臣撫萬邦。維兹夷醜，自取滅亡。乃聯百艘，于兹假息。始焉萌芽，漸乃充斥。於維尚公，慮切民痌。大裒羣議，用折于衷。乃勤經營，千夫林列。約束鮫鯢，大海若截。高焉爲城，深焉爲池。深不可越，高不可窺。公猶慨然，曰何以守？爰招流亡，歸之疆畝。既閱于鄉，再樹之兵。歲輸百庾，俾無震驚。深深滄波，厥利惟溢。公曰爾熬，民無淡食。曠彼原野，積蒿成丘。公曰爾闢，歲用以收。凡此峻功，非公弗克。後者繼之，慎哉無斁。

按：南、川二城，本朝歲有修築之苦，蓋縣蠹營梟視派修爲利藪，朋比作奸，吸脂敲髓。康熙七年，邑諸生陳完列狀知府張羽明，其詞有云：“名雖有壞有修，實則愈修愈壞。”于是，力請巡撫都御史韓世琦嚴加懲禁，免修築者十年。至十八年，此輩復萌覬覦，漸試請修，依然苛派横征，恣無忌憚。邑紳張錫懌、朱在鎬等，請于知縣任辰旦，公同估視，委縣丞徐煌董其役，咸謂數十年可以弛勞息費矣。乃二十二年，復行請修，奉憲發帑金若干，給修南、川堡二城。今知縣史彩單騎相度，不假手左右，垣墻雉堞計算靡遺，估用物料工食若干兩，開載數目，懸示工所，俾人知按籍而稽，庶免歷來侵剋之弊。侯因歎曰：“城垣大役，近府州縣，本朝四十年來未嘗間歲一修，然金湯屹然，何獨海陬彈丸易圮若是？若輩以勞民爲肥己，故爲毁折，屢興斯役。今實心行事，若輩無可染指，吾民其有瘳乎？”

寶山城在縣東北，與嘉定接壤。明永樂初，沿海設備，築高丘二十丈，延亘十里。事聞，御製文樹碑焉。今没于海。舊有旱寨，後廢，嗣第新城，但城隘而兵力單弱。萬曆七年，撫按議題改築，城週三里，高丈有八尺，以吴淞所官兵聽本府委官統練，以備守禦，毋使賊得乘爲巢窟。

本朝屬川沙營統轄，分官防守，則寶鎮亦海壖一險厄也。

附《寶山城協修議》

按：寶山城本嘉定所轄，去界外十餘里，其城垣修葺自應嘉定料理，不知何時起上海分任之例。康熙二十二年，寶山城奉檄修築，前知縣史彩曰：“畫疆分界，各有定屬。若嘉定之寶山欲徵協理于上海，則上海之南匯亦可徵協理于華亭乎？况上海邊防現有南、川兩城，而嘉定惟吴淞一所，則寶山邊防自宜屬于嘉定，始無偏枯之弊。”于是申請憲臺，尚未得請，而侯所建議則確然矣。

倉廩

水次倉。舊有二所，一曰唐行倉，在唐行鎮，今隸青浦；一曰南倉，在縣治南關外。明宣德八年，巡撫侍郎周忱建，後圮壞。嘉靖二十九年，知縣喻顯科將兑軍減省贈米重造十二聯,内府、縣公署各一所,土地祠一所。三十九年,知縣郜光先重修。合縣之税皆輸于是,漕艘駢集,泊大浦就倉給發,頗以爲便。

國朝順治九年,海寇顧三突犯,知縣閻紹慶以積貯重寄,與邑紳曹垂璨計,請改建城内,擇小南門内杜氏廢宅,庀材鳩工,中設官署,費苦難支,厫房未搆,垂璨請倡建二十間於署之左右,糧里不戒而趨,鱗次櫛比,三月告成。歷年搬運之費仍出糧户,每擔五十文,公私便之。

知縣陳之佐《平漕碑略》,鄮人許自俊撰。海邑襟江帶海,地瘠民疲。吏兹土者,非敏才潔己之人,不能上濟國儲,下全民命。額漕十萬餘石,輸納惟艱。明皆置倉浦濱,實便軍民輸輓。順治十年,寇警,移倉小南門内,其紆道負載之艱,勞困甚矣。今上御宇之十有一年,登崇俊良,分宰寓内。瀛洲陳使君之佐,以名進士涖兹巖邑。甫下車,慨念漕例有每石加一、三、五之耗,使君曰:"源之不清,其能禁人哉?"因令盡捐加耗,豆區平準,民間歡聲若雷,不五旬而全漕竣事。其撫字催科,民懷軍畏若此。蓋使君以實心行實政,興利除害,聲色不動而民從若轉圜,謂非其源之克清哉?俊界邑百里間,稔被風教。因士民之請,爲紀其事,以壽貞珉,而諸生瞿炯以能書名,實書丹于石。

附邑人朱在廷《平漕述略》:海邑潮汐之區,土宜木棉,不利禾稻。十萬漕糈,借資隣糴,更有加耗折正之弊,民甚病之。自康熙十一年,知縣陳之佐涖任,察民疾苦,即示諭糧户,查往年納例,每石例有加一、三、五耗弊,蠶食小民,殊爲困累。今力行釐剔,一石即出串一石,一斗即出串一斗,每石惟收出兑脚價一項,漕例陋規盡數革除。歲省民費約米三萬餘石,約銀五千餘兩,悉歸正供。兆民感激,不兩月而糴輸全竣。遂于十二年三月,邑諸生王偉等具吏治之成效新彰等,呈于撫院馬。又于八月,原任兵部職方司主事張宸,率諸生王偉、顧樹禧、王德孚等,具竣漕成績堪垂等事詞,彙請懇照陳令平米出串漕規,勒石垂久。呈准總漕部院帥,奉准各呈,通行有漕地方,一體俱照上海陳令成績,勒石水次倉所,永遠遵行。闔邑士民捧檄踴躍,集匠鐫碑。時余同年許君自俊偶游吾邑,因士民之請,作記以書其事。碑成立于漕倉大堂之左,以慶永甦民困云。

新倉在縣南十六保,明宣德中廢。

預備濟農倉。舊在水次倉北,明宣德七年,巡撫侍郎周忱奏設。正統六年,府通判潘俊、知縣張禎、縣丞蔣文凱重造,并建長人、海隅、高昌鄉預備倉四。嘉靖三十二年,毁于倭。四十二年,知縣黄文煒改建於城内海防廳東,今俱廢。其基地開懇升科,今屬鐸庵常住,詳寺觀志鐸庵下。

黄文煒《記》略:江南之賦甲天下,惟蘇松爲最繁。蘇松之田稱獨腴,惟上海爲最瘠。率藉農力以耕之,農病則賦因之矣。故儲(待)〔偫〕以濟農者,所以植國之賦也。上海故有濟農倉,去縣治二里許,宣德六年爲巡撫周文襄公奏建。正統間,前令張君禎奉部符更今名。自倭寇難作，上海首蒙其禍，倉被火，遂鞠爲瓦礫場。煒來吏上海，謀于衆曰："倉勿復建不可，因故地爲之又不可。"乃請于巡撫都御史周公、御史陳公，建於城之西南隅隙地。凡故所陳穀、民罰贖金所易穀、舉邑之義助穀，悉貯之于倉，以求不失文襄遺意也。遂爲記。

常平倉。康熙二十一年，知縣史彩創建於縣堂東西兩側，積穀備賑。

坊巷

肇嘉坊。

拱辰坊。

文昌坊。

福會坊。

致民坊。

永安坊。

聯桂坊。

福謙坊。

詠飛坊。

美政坊。

寶華坊。

登津坊。

平政坊。

已上宋、元間建，並廢。

崇禮坊。

宣化坊。

澤民坊。

集慶坊。

已上四坊在縣東，即四牌樓。明洪武三十年，知縣張守約立。

明通坊。

阜民坊。

公溥坊。

迎恩坊。

已上明成化以前建，今俱廢。

興賢、育才二坊。儒學左右。

激揚、振肅二坊。撫按行左右。

肅清江海坊。

保障東南坊。二坊在按察司行臺左右。

都憲坊。爲王霽立。

三大夫坊。爲李伯璵、李澄、李清父子立，今廢。

登雲坊。

方伯坊。已上二坊爲唐瑜立。

廷尉坊。爲王霽立。

兩世都憲坊。爲唐瑜、唐繼禄立。

世科坊。爲王霽、王泰父子立。

叢桂坊。爲戴春立。

京兆坊。爲瞿霆立。

登瀛坊。爲喬維翰立。

繡衣坊二。爲郁文博、董綸立。

少司空坊。爲談倫立。

尚寶、太卿二坊。爲沈瑜立，尚寶坊廢。

中大夫坊。爲顧英立，舊名琴鶴。

應奎坊。爲劉璵立，今廢。

繩武坊。爲張紋立，今廢。

風憲坊。爲談治立，今廢。

春卿坊。爲趙松立。

銀臺獻納坊。爲沈禄立，今廢。

登庸坊。爲陳賓、周翰立。

解元坊。爲陸深立。

晝繡坊。爲黄恭立，今廢。

會魁坊。爲郁侃立。

掄秀坊。爲徐溥立。

清顯坊。爲劉深立。

雙桂坊。爲侯俊兄弟立。

進士坊十一。其九在縣市，爲張穀、周洪、談詔、姜浩、王大用、戴春、沈恩、唐錦、徐南立；其二在鄉，爲莫誙、張龍立。

育秀坊。爲周昂立，今廢。

晝錦坊二。爲吴敬、劉嶼立。

繡衣坊。爲陳質立。

尊善坊。爲陳朴立。

會魁坊。爲沈璐立。

大方伯坊。爲沈恩立。

宫端坊。爲陸深立。

諫議坊。爲奚良輔父欽立。

學宗坊。爲唐錦立。

三世學士坊。爲陸平、陸璿、陸深立。

侍臣坊。爲潘綸立。

天官大夫坊。爲張鶚翼立。

都臺總憲坊。

兩省尚書坊。已上二坊爲潘恩立。

尚義坊。爲戚辛立。

崇賢坊。爲顧英、顧定芳、顧從禮立。

御史大夫坊。爲潘祖慶父奎立，坊陰題“青宫少保”。

欽獎武功坊。爲禦倭有功、兩賜金綺冠帶、誥贈奉政大夫喬鏜建，在川沙城。

父子進士坊。爲喬木、喬拱璧父子立，坊陰題“文武爲憲”，在川沙城。

文宗柱史坊。爲王圻立。

賢科濟美坊。爲潘恩、潘忠、允哲、允端立。

旌節坊。爲沈露妻蔡氏立。

旌表坊。爲山宗海妻胡氏立。

旌節坊。爲秦珊妻沈氏立，十九保。

冏寺清卿坊。爲陳所藴立。

三世二品坊。爲艾芹、艾元美、艾可久立。

三世参知坊。爲陳文祥、陳理、陳所藴立。

北畿解元坊。

南省文魁坊。二坊爲高弘謨、高廷棟立。

絲綸典制坊。爲王國棟立。

閣老坊。爲徐文定公光啓立。

旌賢坊。在沙岡，爲計瓊立。

光禄坊。爲張寵父慶立。

文葩坊。南龍華南，爲張杰立。

漸逵坊。爲杰從子埍立。

登俊坊。爲張鳴岐立。

啓秀坊。爲顧鼒、戴昕立，在吴會。

世顯坊。爲戴春立，在吴會。

紫微坊。爲戴曦立，在吴會。

孝裔忠貞坊。在斜橋東，爲孝子盛坤孫盛萬年未婚妻蘇氏立。

貞節坊。爲顧可大妻劉氏立，在石灰橋東。

大京兆、少司空二坊。今屬南匯，爲談倫立。

六經啓秀、進士、世科三坊。並在閔行鎮，爲董綸父子立。

鴻臚坊。爲何廣立，俗呼何家牌樓。

雲間三鳳坊。爲董綸子恬、忱、怿立，在黄浦上。

鳴陽坊。爲諸弘濟立，在横沔浦。

貤封坊。爲勅封光禄署正倪淑立。

旌節坊。爲張問仁妻金氏立，在十九保新塲鎮。

旌節坊。在周浦鎮，明崇禎年，爲王景昌未婚妻鄭氏立，今廢。

熙春坊。

興文坊。

餘慶坊。

蒞政坊。

中和坊。

興仁坊。

安里坊。

清寧坊。

儒林坊。已上在新場鎮。

旌節坊。順治□年爲朱孔暘未婚妻周氏立。

旌節坊。爲毛公純妻張氏立,康熙□年。

新街巷。在縣南。

康衢巷。在縣南。

梅家巷。在縣南,以梅宣使名。

宋家巷。在四牌樓,今呼曲尺灣。

薛巷。在縣西,今呼薛衖。

新路巷。縣西南。

青菓巷。俗呼菓子行。

趙家巷。俗呼趙家嘴角。

觀瀾亭巷。通北馬頭。

姚家巷。有東、西二衖,皆中書姚秩之族,故名。

唐家衖。在吴行橋南,以父子中丞得名。

馬園衖。在長生橋西北,相傳費氏蓄馬于此。

卜家衖。通中倉橋。

瞿家灣。以瞿太守得名。

同仁里。在大南門内東。

高家衖。

新衖。

張家衖。

中心衖。

馬家衖。

葛家衖。

豸史衖。

中倉橋衖。

南倉橋衖。

西倉橋衖。三衖在南關内水次倉。

津梁

楊涇渡。在縣東北三里。

范家渡。在陽涇北。

肇家浜渡。在縣東。

蟹淒渡。在縣東南。

烏泥涇渡。在鶴涇南。

王家渡。王之傅捐田置船,建廟於其上。

鄒家渡。在王家渡南。

彭家渡。在鄒家渡南。

已上六渡俱舊渡名,在黄浦上。

高昌渡。在陸家浜上。

南倉渡。

北倉渡。在薛家浜上。

洋涇渡。

宋家港渡。

車溝渡。

已上六渡,明嘉靖二年知縣鄭洛書所設官渡。

南蹌渡。在南蹌浦口。

桃樹渡。在減水河西。

下海渡。在減水河東北。

減水河渡。在吴松江巡檢司前。

蘆子渡。在減水河西。

草菴渡。

白渡。在肇家浜西,明顧、陸諸家各設官渡以濟人。

闗橋渡。

石家渡。

曹家渡。在縣北闗外西北,里民曹暘等呈憲建設。

法華渡。

陳家渡。

新涇渡。

張家行渡。

姚家渡。俗名野雞墩。

王家渡。以王學憲圻世居,故名。

陸家渡。今名華漕渡。

莊家涇渡。

網上渡。

已上各渡俱在吴淞江上。

橫涇渡。在閔行鎮。

閘港渡。

周浦塘渡。

杜家行渡。

簑笠渡。

張家塘渡。

陸家渡。在小東門外，陸氏創立，利涉便民。

現行義渡：

南馬頭渡。在縣南。順治十四年，里民趙元、包華、徐學等助田創建。康熙十六年，趙元將助田收去，存田無多，邑人吴定助船二隻，僧定畢助船一隻，仍行義渡。

永濟渡。在縣治東關外，即董家渡。本朝順治二年，里民張倫暨子賢聘，見沿浦諸渡舟人搆兵勒渡，需索錢物，往來者苦之，且船多朽敗，每遇大風，間至傾覆，乃捐田百畝，倡立義渡。縣、府各憲，咸給匾以獎之。倫年八十一，無疾，日午端坐而卒，識者謂好義之報云。

康熙二十二年春，知縣史彩《記》畧：海邑方六百里，歲徵額賦大半在浦之東，往來者以浦爲限，於是有義渡之設。順治乙酉，耆民張賢聘捐田創舉。次年丙戌，朱茂捐田繼之。迨康熙甲寅，邑紳孫大經、曹垂璨又各助田不等，翼翼四艇，刻無停晷，於東岸建等慈菴，西岸創伏魔殿，爲晨昏寒暑旅人投息之所。兩岸渡口甃以巨石，長砌如虹，以便登艤，闔邑稱利濟者四十年如一日也。余承乏是邦，時過此渡，輒扣舷而樂之。允邑人之請，申詳各憲，建亭樹碑，捐築石路，爲善後之計。蒙制撫兩臺命垂貞珉，屹表江干，事爲善舉，好有同心，遂以“永濟”名其渡，而奉總督大司馬于公“德水慈航”一言，顏諸亭表，永作海天山斗之瞻云。

曹家渡。在縣治東六里。被埠頭小甲、馬船水手擾害。康熙二十一年，里民徐行素助田三十畝，倡舉義渡，邑侯史彩詳請道府，永禁擾害。

吴淞江頭壩義渡。康熙十八年，二十三保里民錢瑞、金章倡助造設。

華漕渡。在三十保九啚吴淞江上。里民朱日燁創建義渡，造舟利渡，又助田以食榜人，淳風義舉，真足嘉尚。

共樂亭。在南門外，邑人曹垂璨建，爲行人憩息所。

知止亭。西關外萬勝菴前，邑人張錫懌重修。

代笠亭。吴淞江頭渡口無屋，邑人張錫懌建，爲行人避雨所。

陳涇廟亭。西關外十二里，唐文進倡建。

盧家灣井亭。南門外六里，唐文進、李宗甫同建。

在城諸橋

阜民橋。俗呼縣橋。

撫安橋。即東簑笠橋，俗誤爲鰻鯉。嘉靖初，顧重禮重建。

望雲橋。俗呼虹橋。

靈濟橋。即西簑笠橋，俗呼魚行橋，嘉靖唐錦重建。

益慶橋。

長生橋。二橋俱正德年陸文裕公重修。

陳士安橋。

永濟橋。順治年間，里民唐堯佐建。

葛家橋。

東馬橋。

館驛橋。
西馬橋。已上並在方浜。
穿心河橋。
莊家橋。
曹家橋。已上三橋俱在肇家浜。
登雲橋。在登雲坊口。
福佑橋。今呼黑橋。
南香花橋。
侯家浜橋。已上並在侯家浜。
永興橋。
化龍橋。在永興橋西。
廣濟橋。俗呼陳箍桶橋。
繡鞋橋。
薛家橋。在繡鞋橋南。
大通橋。半段涇上，並薛家浜。
闆水橋。在縣橋南，下西通薛家浜。
中心河橋。在登雲橋西南。

城外鄉市諸橋

弔橋。六門各一。
榆木涇橋。
沙家橋。
周涇橋。
陳家橋。
南倉橋。在水次倉南。
中倉橋。
東倉橋。
西倉橋。
薛家浜橋。
外郎家橋。
内郎家橋。
學士橋。在浦口。陸文裕公捐餘禄肆百金，復益米千石建，工極壯麗，爲浦上大觀。
第一橋。
韓家橋。
承恩橋。在晏公廟。
羊皮橋。
井亭橋。
斜橋。舊木，萬曆年易石。
三里橋。
草堂橋。
五里橋。已上三橋俱嘉靖年間顧從禮建。
永濟橋。康熙二十二年，邑人曹垂璨建。義者張雲鶩助成，在永濟渡南。
鄭家橋。
玄雁橋。
龍華閘橋。
新江橋。
聽鶯橋。
清河橋。在烏泥涇，又名長橋。
上澳橋。
翼龍橋。跨張家浜口。
華涇橋。已上在二十六保。
百步橋。在龍華寺東，跨百步塘上。明萬曆乙卯，里人張雲程創，衆易石，爲海邑諸橋之冠。

里人張所望《建橋記》：邑之西南十七里有龍華寺，一水遶其左，曰龍華港，黄浦分流入焉。兩涯相望而遥，有橋跨其上，曰百步橋，構木爲之，所從來舊矣。爾其旁帶龍江，俯臨鷲刹，睇帆檣于煙樹，聆鐘梵于晨昏，輪蹄絡繹，宛在畫圖，固都邑之孔道，亦津梁之麗矚也。第風雨之所漂摇，波濤之所衝撼，危險特甚。而土人又利其速敗，以覓利于津航，故橋益善崩。間一葺治，必大費，不數載復圮，行者望洋趦趄，幾同鳥道。余少時往來經此，每私念易木而石，庶幾可久，且不一勞者，不永逸也。歲月荏苒，計未有所出。及萬曆壬子，余自嶺表入賀，便道過里中，橋適垂壞，徘徊瞻顧，初念勃興。而詢謀於衆，並有難色，謂："潮勢若此，工力安施？如其可石，寧竢今日？"率皆匿笑而去。惟宗弟雲程夙懷義風，雅會余指，慨然請任其役。會比丘性清亦發是願，謁余乞疏，將挾以勸施焉。余題疏已，即出俸餘百金爲倡，諸素封家顧猶豫未肯應。雲程獨不靳捐貲，決策經始，聞者又相與揶揄曰："夫夫也，將效精衛之填海耶？"此語不脛而馳，人益解體。而雲程持之益堅，余亦間相勞曰："吾聞精感可以變天地、開金石。是役也，安知川后不效靈乎？"雲程之氣乃益鋭。庀材鳩工，寒暑不輟，胼胝拮据，劬勞萬狀。歲餘，規畫有緒，而異議亦漸息。惟是湍流駛激砥柱爲難，時有工師逞奇，募得善泅者數輩，能没水終日，運椎施椓，疑出神工。于是盤基孔固，畚插雲集，遠近檀施，聞風而至。雲程綜理多能，群力畢舉。爰是癸丑之冬，迄于丙辰之秋告竣事。費金六千有奇，而出自雲程者大半，斯亦人情所難矣。越歲丁巳，余返初服，此焉問津，則見虹梁屹然雄峙浦口，昔之畏途，今爲周行，莫不稱便嘆服，且詫爲希有盛舉也。不有載筆，後將何聞？余故樂爲之記，以勒之石。而一時助施善信，皆得列名于碑陰云。

太平橋。
石灰橋。
虹橋。
大馬橋。
鳴鶴橋。俗呼北橋。
沙岡橋。
黄土新橋。橋跨浦口。
唐子涇橋。
鷺竇湖橋。跨新涇浦上，蔣性中建。
月河橋。
夾溝橋。
小母子橋。
斜涇橋。
俞塘橋。
新河橋。
孝思橋。
廟涇橋。
百曲塘橋。
杜浦橋。
沙塗橋。
楊港橋。
護塘橋。
莘橋。
小馬橋。
金巷橋。已上在二十七保。
明心橋。
六磊塘橋。已上在十八保。
華伯橋。
陸道浜橋。
車溝橋。已上在二十一保。
竹岡橋。
横涇橋。在新涇浦口。
蘆溝橋。
何涇橋。
淏漕橋。一作巨。
語兒涇。
日新橋。
海神廟橋。
大浦亭橋。在大浦涇。
都臺浦橋。
張勝橋。
廣福橋。
時安橋。在周浦鎮中市，闤闠之地。

瀉蝦瀝橋。

李將軍橋。在周浦鎮，相傳袁崧部將李祥居此，因名。

周浦塘橋。

仰太師橋。

永安橋。張國風建。

永興橋。在周浦鎮南市，里中逐末者聚會於此，明正德三年姚塤獨建。

積慶橋。在周浦南三里許，俗呼姚家老石橋，成化三年姚塤獨建。

啓秀橋。在周浦鎮東南，爲各灶諸水會流之地，康熙八年會元朱錦倡建。

已上在十七保。

朱千四橋。

周八舖橋。

鄭公橋。

緑野橋，

衆野橋。下沙塲鹽司前。

通利橋。

受恩橋。

思恩橋。

仗義橋。

義濟橋。

義和橋。

義順橋。

廣濟橋。

向觀橋。

承寧橋。

史安橋。

月西橋。

六里橋。

飛雲橋。

會龍橋。

打鐵橋。已上四橋俱倪淑建。

東墅橋。下即運鹽河。

茭涇橋。

閘港橋。

鹹塘橋。

沈莊塘橋。

運鹽河橋。

運司橋。

鹽鐵塘橋。

楊輝橋。

楊麻灘橋。

井亭橋。

天平橋。在沈莊鎮北，俗呼五龍石橋。

玉皇閣橋。

連賓橋。

朱家橋。北蔡南。

永濟橋。在沈莊鎮。

育麟橋。在航頭鎮，里人蘇有成建。

驗禎橋。元泰定年建，嘉靖時杜時騰、時化同修。後橋石墜河，行人欹滑爲患，邑諸生杜世祖伐石鳩工，焕復舊觀。

已上在十九保新塲下沙南鎮之境。

三陽橋。

四眼橋。

蔣浜橋。

張浜橋。

天保橋。沈從教、唐天然建。

水洞橋。張國風建。

已上在二十保。

裕伯題橋。今訛俞伯奇橋。

梧桐橋。

廟涇橋。里人郭少谿建，郭洽世、淑世重修。

周浦塘橋。

已上在二十一保。

楊涇橋。潘德芳、陸雲章、張秀卿、羅勝由等修。

薛龍橋。

三林塘橋。

歸淒涇橋。

中汾涇橋。

高橋。

楊思橋。

六里橋。

已上在二十四保,俱浦東諸橋。

宋家橋。當黄浦、吴淞會合處,潮勢湍悍,橋木易敗,土人欲擅渡利,潛加摧毁,往來憾之。

吴淞江橋。俗呼闢橋。成化、弘治、隆慶間,知縣劉琬、郭經、張嵿俱嘗修建。波面廣闊,潮勢奔湧,每建輒數百金,不數年湧壞,濟者艱之。明御史馮允中詩:"浪花飛送晚鐘聲,舟泊闢橋已半更。風雨故來催客棹,饑寒翻懼拂人情。城遮漠漠村連樹,燈掩星星暗復明。民瘼近來增引領,馮夷休惜護兼程。"

盧子浦橋。

曹家橋。在吴淞橋西,土人亦欲擅渡利,幸橋速毁,與前二橋等。

春星橋。

南新橋。

已上二十三保并二十七保。

三涇橋。

劉涇橋。

林馬橋。

横清橋。

太平橋。

長行橋。

虹橋。

新橋。

王家橋。

已上二十八保。

净浦橋。

魏莊橋。

許浦橋。

雙涇橋。

新涇橋。南、北、中三橋。

已上在二十九保。

華漕橋。

王湖橋。

陳思橋。

衆涇橋。

三淒橋。

栅橋。

已上三十保。

永寧橋。在黄家灣西,跨運鹽河。弘治間,里人黄越建。

兵　防

滬城爲南省門户,而扼險則在吴淞。前明時,常宿重兵,具戰艦,而内地則無兵,人物浩穰,一人若荷戈而馳,即驚而却走矣,誠少所見也。皇朝定鼎以來,郡駐大帥,而吴淞則與川匯同列分汛,良以居重馭輕,呼吸四應,臂指之道固然耶。形勢既殊,兵制亦異,然其要可覩矣。

縣之形勢迥異他邑，海寇竊發，實當其衝。以海口直入不五十里爲吴淞江，爲黄浦。黄浦逼近城，賊至即抵城下，然後旁掠。或由江而西，或循浦而南，皆可達郡城。故一郡之要害在縣，而縣之要害在黄浦，黄浦之要害在吴淞所，吴淞之要害在李家口。守李家口以拒賊之上游，守黄浦口以遏賊之横渡，則扼其要矣。若僅以縣城爲務，猶末也。

晉袁崧築滬瀆壘，以防海寇。

元置萬户府，在縣治東南八十步，歲於松江萬户府分官鎮之。

明嘉靖甲寅，設海防道，以僉事董邦政領之，募戰兵三千備倭。丁巳，改海防道爲海防同知，存兵一千二百名。己未，因海上無警，汰存兵六百名，海防廳仍駐本府，增派兵銀支應。隆慶己巳至壬申，漸次減革，止存兵二百七十名，改于本縣均徭内支應。分爲水、陸二哨，水兵七十名，隨海防駐。本府陸兵額少，不足防守。邑治襟江帶海，鹽盜出没無常，城中時有寇警，練兵者皆以失事被譴。萬曆癸酉，兵道檄百户瞿彦威防守請，歸松江水兵，復原額兵六百名，六門設正兵六，屯周城要害處，設伏兵七隊。水兵分兩翼，上巡龍華港，下巡東溝口，以防外警。兵糧向係練兵官散給，兵苦侵漁，後縣官唱名面給。萬曆乙亥，因海上兵銀不足，議以徭銀凑補，遂復本縣兵額，以一百六十名補川沙堡，五十名補寶鎮堡，存兵三百九十名。議者尚嫌寡弱，思復舊額焉。

本朝順治十三年，巡撫張中元題請額設黄浦營参將一員、中軍守備一員、千總二員、把總四員、有馬戰兵一百二十名、無馬戰兵一百八十名、步守兵五百名、水守兵二百名、各官坐馬二十四疋、各兵戰馬一百二十疋。歲支俸餉乾銀四千六百一十一兩三錢九分四釐米一千三十六石八斗。

十八年，調水師副總兵王光前帶兵二千三百名駐防在縣。

又兵部尚書蘇公巡歷沿海，題築黄浦東溝北岸土寨一圍，内設官署營房，沿浦設砲臺六座，屬黄浦營撥把總率兵守禦。

康熙五年九月，奉旨差巡察南界部臣肯□□、愛□□、馬□□，筆帖式奥□□、挖□□，駐札在縣，至七年十月撤回。

七年，撤回前駐防水師，從邑人兵部主事張宸遵諭陳言疏也。

張宸《疏》畧：爲敬陳客兵久駐累民，請賜勅部行查，酌歸原伍，兵民兩便事。竊見我朝設立經制，緑旗官兵各有原守汛地，欲使之扼險以衛民，非欲其冗食以厲民也。自山寇、海寇不時竊發，因而抽調各處之兵，移緩就急。事平之後，竟有遷延不歸者。夫客兵與久駐之兵，勢應不同。久駐之兵當設立之始，必且爲之預借營房，與民異處。若調征之兵，一時驟至，勢不得不出民房以居之，奉壺餐以食之，代其樵牧，供其役使，謂不過事平即去，暫勞永逸爾。迨至日久，遂爲永例。暫出之民房，久踞不還矣；暫進之壺飧，視爲常供矣；暫時之樵牧役使，且奴僕視之、夫馬驅之矣。嗟此窮黎，其得有安枕乎？天下之大臣不得而知，即就臣假歸時目擊，江寧省會現兵止二千五百餘名，及至上海，斗大一城，反有兵三千二百餘名。查此兵，自順治十八年以前海賊正熾之時，從未設立，以外有吴淞鎮重兵，内有提督鎮重兵，皆在百里内外，足資彈壓。自江寧賊敗之後，督臣慮其餘氛復騁，因而調集諸兵，謂之水師，督駐上海，其實原係各營陸兵。數年以來，優游城市，未常登舟一試，且亦未經題明防汛何處，毫無責成，此則閒冗客兵久駐之一徵也。伏乞敕部行督提諸臣，查明經制額兵，盡數撤回原伍，仍不許臨行折毁民房，沿途多索夫船。庶一兵有一兵之用，而兵無久客之苦，民無冗兵之累，此亦惠安小民、兵民兩便之事也。

康熙九年二月，鎮江副都統查□題，將黄浦營官兵五百名調防靖江，存縣營守備一員、千總一員、把總二員，存實兵二百八十八名。因抽調單弱，本府提督酌撥提標官兵五百名，貼防上海，半年一輪。

康熙十四年，復調崇明水師副總兵王永禎移駐在縣，帶兵二千三百名，至十五年六月撤回。

按：向年提標貼防，半年輪換，每覺客兵雜處爲未便。今康熙二十年，昭武將軍楊移麾復鎮以來，刁斗不鳴，烽烟無警，兼禁營兵重利吞剥小民，更禁放青養馬諸弊害，是以民不知有客兵往來之擾。

縣境巡徼司兵之署。

凡鄉鎮要地，各設巡檢司一員、弓兵三十名，各分汛地，以數鎮屬其官領之。主譏往來奸慝及私販禁鹽、逃亡軍民、罪囚并無引私越之人，仍責以捕逮警邏之事，護衛村民。俱設于明洪武初，後歷有更置。邇因秩微禄薄，人無所畏，或因公廨敝毁，僦住民房，計口而食，日憂不給，司兵散處村落，所領工食不足充解鹽斤，故諸事廢弛。今雖鎮戍宿有官兵，而設官遺意非他冗職比也。

黄浦司。在閔行鎮。

三林莊司。在周浦鎮。

吴淞江司，在縣西北，吴淞江北岸。

南匯堡。

《松江圖説》曰：本堡地形如犁狀，突出洋中，勢向東南，其三面皆海，故謂之南匯嘴。倭寇每察風色，分綜于洋山、馬蹟，如東南風，則此嘴大瀨口當洋山衝，如東北風，則此嘴四、五、六團洪當馬蹟之衝。蓋各堡止防一面，而是堡三面受敵矣。洪武時，備倭築堡，以金山衛中後千户所官軍駐守。嘉靖中，倭入寇被陷，乃設把總一員，統民兵守禦。事平，裁革把總，汰存民兵止百名，於該所内挑選軍兵，即委所官操練，聽川沙把總節制。萬曆初，亦盡革民兵，增軍兵，另委官統操。汛時督發，出洋哨探，南至青村界頭墩，北至川沙界八墩，各二十五里。面至海塘，背至新場，皆其汛地。每年汛時，金山營撥陸兵協守，汛畢回營。所官劉嘉錫議，謂此堡沿海外塘信地，南自大瀨口起，北抵六團洪止，一帶洪窪，倭船東風瞬息可到，最爲險要。宜于中、南、北各設廠房一間，汛時每廠撥發，選鋒哨守，汛畢常川更番守禦。

建置。守禦南匯觜中、後千户所，在縣十九保。洪武二十年，建鎮撫司、軍器局，在城。演武廳，在南門外。千户三人，所鎮撫一人，百户八人。

官軍。官即金山中、後所分署也，現在千户四員，考選掌印一員，城操一員，鎮撫一員，百户六員，分委掌印一員，陸路一員，其餘聽差本所旗軍一千四百名。

本所墩臺自頭墩起，北至川沙，共一十九座，每墩撥軍五名瞭望，近議每墩增軍一名。又設塘在墩臺内，自一塘至十七塘，每塘置鋪舍，撥軍二名瞭望，獨本所有之。

一墩至五墩。五墩名瞭望臺，明正統七年翁總督改今名。六墩至九墩。擒虎墩。明正統丁卯，墩爲三虎所據，指揮同知侯端率衆先登，手擒三虎并二虎子，人服其勇，遂以名墩。今廢。十墩至十三墩。郭公墩。在清水窪南。水窪舊無，成化十六年，郭總督以海盜劉通爲患及鹺艘私販出入二窪，委官軍築之。初名新墩，後郭去，人思其惠，易今名。十四墩。在張家灣。十五墩。在秦家壩。王公墩。下有大水，曰楊家洪口，私販鹽船出入之所。明正德元年，王總督憲以崇明沙民施天泰作亂，委官軍築之。舊名新築墩，王去，易今名。十六墩。在曹家溝。十七墩。在王家溝。

俱隸本匯中、後千户所。

屯田糧餉。本所原派上海軍儲本色米一萬一千二百六十石八斗。

本所屯田三十一頃九十六畝，屯田旗軍餘一百六十五名，田坐落縣二十保，原該子粒九百三十六石，除運糧旗軍餘五十名，免一百五十石，實納子粒七百八十六石。

本朝順治四年，經制設守備一員、千總一員、把總二員、步戰守兵三百名。

順治七年，裁革千總一員、把總一員、守兵一百名，改設官兵二百二員名。

康熙元年，添設營馬四十疋。康熙五年，馬疋全裁。

十一年，撥川沙營馬十疋在匯。

十三年，裁閑甲守兵八名，撥補徽六二營。

改定經制，守備一員、把總一員、馬戰兵十名、步戰兵四十五名、守兵一百三十七名。

共馬步戰守官兵一百九十二員名，官坐馬六疋，兵戰馬十疋，歲額支俸餉乾銀叁千六十四兩五錢九分四釐。

川沙堡。

《松江圖説》曰：本堡洪武時以非險阻，原無設。嘉靖中，倭入寇，乃築堡，撥南匯千户一員，督南匯軍五十名，於汛時前來，守川沙窪口，而隸于南匯把總。後以賊來登陸從寶山而南掠者，川沙正當其衝，故於此設把總一員，革南匯總而反屬之，設民兵千名，後事平裁減。萬曆十九年，以海警震鄰，又調撥蘇州鎮海衛旗軍來守，起造營房與居，增募浙兵，督同哨官管領訓練，時常與吴淞營兵合營團操。又以設堡孤懸，而川沙窪水深岸近，議令總旗分兵巡劄，則往來必經南匯，其策應川沙尤便耳。本堡南至南匯六團五十里，北至寶山六十里，東至海十二里，西至縣城五十里，皆其汛地。本所千户統領軍餘守堡，又與寶山各撥兵往來，會哨有警，飛報總參，蓋川沙總屬，以南、寶二堡首尾互應，氣勢聯而兵力壯矣。附近巡司弓兵悉聽該總隨宜調度，松江守禦千户所亦遥屬之。其所屬海港如翁家港、川沙窪諸處，今爲要害云。

官軍。設守堡千户公署一所、守禦官一員、陸路官二員、領兵官二員、守窪官一員。

本堡與蘇州鎮海衛調撥旗軍一百名，在堡守禦，起造營房給住，又守川沙窪兵一百名。此窪向撥南匯所軍五十名劄守，萬曆三十年撤軍募兵時，始到哨，造給營房二十五間、戰馬二十四匹，日支草糧銀一分，後裁一十八匹。

屯田糧餉。本堡原設營田二百八十六畝，給軍布種，每畝納租七斗，共租二百石二斗，本堡官收貯餘糧之外，聽本堡支銷。

本朝順治五年，經制設守備一員、千總一員、把總二員、步戰守兵三百名。

七年，裁千總一員、把總一員、守兵一百兵，改設官兵二百二員名。

十八年，提督梁化鳳會奉巡海兵部尚書蘇、宜二公題，設參將一員、守備一員、千總二員、把總四員，歸併寶山營兵三百名、撫標右營兵五百名，本營兵二百名，共兵一千名，分布川沙、寶山防禦。内有馬戰兵二百名、無馬戰兵三百名、步守兵五百名、各官坐馬二十四匹、各兵戰馬二百匹。

寶山堡。《松江圖説》曰：改築後，今定爲駐守官軍於吴淞所調撥，月糧于嘉定縣解給，此官軍聽蘇州府統轄。民兵兵餉於松江解給，此民兵聽松江府統轄。南至川沙六十里，北至馬沙墩四里，東至海一里，西至吴淞江三十六里，皆其汛地也。此地海沙堅硬，號鐵板沙，與浪相撼舟立碎，倭不得泊近者。吴淞之沙日漲，而寶山日頽，寇至，泊舟爲便。且改築山墩，又陡立遠眺，如堅標然。故吴淞之險移之寶山矣，防禦不視昔更急耶？近堡有張家浜、界浜二路通堡城，久淤應濬，以便運糧。又議開横港以資田灌溉，併得取土增修護塘，尚未允行。

官兵。官無定員，係吴淞所官軍駐守，造給營房，聽蘇州府委官統攝。又設民兵及兵船捕舵，共入聽松江府委官統練。皆屬川沙把總。

本堡設民兵五百名，委總練官一員，領兵官一員，唬船四隻，每隻捕舵夫兵十四名。

本朝順治四年，經制設守備一員、千總一員、把總二員、步戰水手兵三百名、沙船十隻。

七年，裁革千總一員、把總一員、水手兵一百名。

十五年，歸併江寧巡道，裁兵一百名。

十八年，盡裁，併川沙營參將統轄。

康熙八年，議復寶山城，將川沙營中軍守備一員、把總一員分領馬步戰守兵三百名，在城防汛。

重設沙船六隻。因前設沙船朽爛，今新備。唬船二隻。皆停泊界浜口。

參將一員，月支俸薪銀二十兩二錢七分八釐三毫三絲三忽。

中軍守備一員，月支俸薪銀十兩二錢八分二釐八毫三絲三忽。

千總一員，每員月支俸薪銀四兩。

把總四員，每員月支俸薪銀三兩。

實在馬戰兵七十名,每名月支銀二兩、米三斗。

實在步戰兵一百九十名,月支銀一兩五錢、米三斗。

實在步守兵六百二名,每名月支銀一兩、米三斗。官坐馬二十四匹、兵戰馬七十匹,每匹月支乾銀一兩一錢。

共月支俸餉乾銀一千一百八十兩九錢六分一釐一毫六絲六忽、米二百五十八石六斗。

歲支俸餉乾銀一萬四千一百七十兩五錢三分四釐、米三千一百三石二斗。

南匯經略之要。

明隆慶中,鄭若曾議曰:南匯在上海境内,下砂、新場、周浦、八團諸鎮,舊號富庶,皆本所汛地。嘉靖倭亂,乙卯爲賊所戕破,遂設總練官一員,常川駐守於此。然賊之犯上海也,每自李家浜入黄浦,逼臨城下,南匯反在其外。若能統練精兵,自外衝擊攻圍,亦一勝算。

川沙經略之要。

隆慶中,鄭若曾議曰:舊制南匯與吴淞所互爲應援,然相去一百五十餘里,又隔李家港,兵難急渡。賊至,飛報且不能達,况提兵策應乎?嘉靖甲寅,賊據爲巢,與老鸛嘴、柘林、新場之賊合,本鎮頓成丘墟。丙辰亂平,遂築堡以一千户守之,而隸于南匯把總,然未盡算也。歷年賊艅每自寶山旱寨登岸,擄掠而南,則此堡正當其衝,視南、青二堡更爲剥牀,所設軍餘百名,弓兵八十名,果足備禦乎?倘遇賊警,把總之兵豈肯棄南匯而赴川沙乎?合無移把總駐此,而予卒五百戍守,有事與寶山首尾捍禦,庶總司不以遥制推諉,而事權得行,氣勢得壯,誠備禦之長策。後已移把總于川沙,增兵劄守,當事者用其議。

萬曆中,督撫宋議曰:川沙把總,自六團起至寶鎮堡,皆其汛地。境屬有南匯所,南蹌、三林二巡司,沿海地方百里,俱係衝要。舊設民兵四百名、戰馬二十四匹,後以該總兵力單弱,加募民兵一百六十名,共足五百六十名爲營,督同哨官二員,管領訓練,時嘗與總鎮營兵合營團操。該堡孤懸海邊,而川沙窪水深岸近,今議總兵官分兵巡劄,則往來必經南匯,其策應川沙尤便。又添設哨探唬船四隻,船兵即于陸兵内扣充,仍查照金山例行貼。駕軍餘於南匯所選補,本所千户帶領軍餘一百名守堡,與寶山堡每處各撥兵一百名往來,會哨有警,飛報總兵參將,南匯、寶山堡并上海縣相爲犄角,互相應援,其巡司弓兵并南匯官軍悉聽該總隨宜調度。

寶山經略之要。

隆慶中,鄭若曾議曰:江東旱寨有二,一在寶山,一在高橋鎮,皆國初設以備倭者,今廢久矣,無議及修復者,豈以青、南當其前,吴淞擁其後,形勢已壯,而寨兵不足爲有無耶?竊見此地物饒民殷,賊所窺伺,而守江守浦兵俱在内地,青、柘、川、南諸堡僅可遏賊于南,吴淞兵船僅可遏賊于北,不能顧焉。况賊見南北阻截,不能登犯,其勢必趨之盤據爲巢。故嘉靖甲寅，徐海屯柘林而令葉明屯此，與新場、陳東合爲二窟，藉糧于內地，紛擾誰爲厲階？則我自失地利也。今二地之中，有界浜焉，乃嘉、上之鴻溝也。宜令蘇、松併築一城，設兵屯戍，一如常、鎮孟河事例。有警則二地之民攜家以入，僇力死守，寇自無糧可資，蓋堅壁清野之長策也。

萬曆中，督撫宋議曰：寶山堡南自徐家溝，北至老鸛嘴止一帶，俱爲險要。且寶山突然，爲海標識，倭船乘風而來，勢必趨此。雖去吴淞大營不遠，然阻隔黄浦，聞警調兵，卒難濟度。舊時春汛，於總兵標下分撥陸兵二百名，加募民兵一百名，委指揮一員統領防守，然城堡窄狹，又失地勢，兵力單弱，甚爲可虞。今議該築堡城三里，并遷吴淞協守所官軍移守新城，山上加築墩臺，以便瞭望，以壯聲勢，仍建造官廳營房。每汛時，總兵官帶陸兵駐扎城内，屹然爲一方巨鎮。不惟要隘有備，且南匯青村一帶接應更便。汛畢，各兵仍回總鎮各營團操。

邊海内外設備一方。

前知府方廉《議》略：南匯以北各浜港，舊制係南匯官軍把守，今查修復海塘，須照舊分派，相應於南匯、吴淞適中地方如七、八團，添設陸路把總二員，各領精兵一千，暫借民居劄營，隨路有警，相機策應。此海塘設備之大略也。若沿海港口，南匯以北有四、五、六、七、八、九團，洪口、川沙窪、清水窪等處，宜設船防守，按舊制每百户所造出海哨船四隻，俱就各所派撥巡軍，在海巡邏。正統間，海患寧謐，或以船爲虚費，題准沿海用馬，而哨船之制遂廢。今議設船隻，一馬之費不足以備一船之用，官軍窮苦，又難賠賍。合令每馬二匹造船一隻，再於衛所查有地租公費等銀兩，與松江府庫軍前銀内輳造，就點各所知水軍人操習水戰，布列港口，各分汛地，如倭賊突至而敢容其停泊者，服以上刑，則自無規避之患矣。此海港設備之大略也。夫沿海設備果爲上策，萬一外守不固，則黄浦一帶爲蘇松險要，守浦乃所以守門户，猶愈于守地也。今吴淞江口即爲黄浦口子，既經設備，而吴淞江所亦設兵一枝，以防深入矣。然沿浦一帶地方，賊一登岸，搶船渡浦甚易。除先後打造雙塔船等，召募水兵分布沿浦各港巡邏把截，又各募鄉兵護守城池，有警調至浦邊協守。此内地設備之大略也。然倭船之來，乘風渡海，勢難聯絡。每至海外大山，必停舶候齊，然後深入。照得羊山爲本府所屬，爲定海、吴淞江二總兵兵船會哨之處，以地里適均故也。本府所造之船數本不多，僅可以支把港之用，此但可以言守而不可以言戰。須得福船、蒼山各數十隻，沙耆民船二三百隻，每至風汛時月，分泊港口，各住汛地，更番出至羊山，往來遊擊，晝夜不絶。外則爲定海、吴淞江會哨兵船之羽翼，内則爲海港把守兵船之捍衛。遇有海賊，齊力奮擊，賊䑸散而少，我船合而衆，氣勢既分，勝負自判。此海洋設備之大略也。

《海防志》曰：青柘、南川達於寶山，延袤二百五十餘里，一望平陸，隨處可登。其川沙窪水深丈餘，翁家港雖淺，然潮漲即可泊岸，二港最爲危急，各該信地，雖設兵往來巡哨，第恐風雨晦冥之時，巡兵各歸汛地，而二處港口萬一有警，悮事匪輕。舊規南匯撥兵五十名,委官一員帶領,專守川沙窪,青村撥兵五十名,委官一員帶領,專守翁家港,俱聽委官約束,委官聽該總約束。遇警馳報各路官兵合勦,每年春汛依期選撥,汛畢歇班。

李家洪孤懸海口,東至寶山六里,東北至吴淞所一十二里,此口間隔在寶山、吴淞所之中,兩難照顧。賊若乘潮突入,不移時直抵上海城下,豈可不預爲之地?近議大汛時,吴淞所撥兵一枝哨守,如遇有警,聽總鎮提兵勦截,而寶山兵亦星馳夾擊,庶幾得策矣。

川窪當羊山一帶,水勢瀠洄,亦昔年倭所從登,因據川沙爲巢。萬曆十九年,又倭䑸特犯,故議復窪兵一百,委官一員統練守之。

清窪深闊,内可泊船,連年海盜於此登劫。應如昔年特造南、北廠,川沙、寶山撥兵,上海、嘉定出餉以守之。

李洪萬曆中海潮衝成大口,吴淞之險移于是矣。題設沙船五十隻,未幾改調别用。

海塘相傳其初相度形勢,取礱糠浮水,趁其漂射之跡築之。古張儀取蜀,以龜之形跡築城,名龜城,即此意也。初制原自一團起,至九團止,護塘内外有濠,闊四丈,深一丈五尺,每一團設吊橋一座,聽民出塘生理,官軍瞭望,如有賊,即以吊橋掣去,距塘而守,遠可攻以箭炮,近可刺以戈矛。護塘之上,每一橋造窩鋪三間,以爲鄉兵止宿守瞭之所。

《江南經畧》曰:海塘西起金山,東並南匯,北抵吴淞,其間窪口多,故賊易登岸,沙塗遠,故我兵難泊舟。明初原設塘濠,因而增築,庶易防禦。

海防備禦訓練之宜。

海防之策有二,曰禦海洋,曰固海岸。何謂禦海洋?會哨陳、錢,分哨馬磧、大衢、羊山,遏賊要衝是也。何謂固海岸?修復備倭舊制,循塘拒守,不容登泊是也。總督胡宗憲云防海之制,謂之防海,必宜防之於海,斷乎以禦寇羊山爲上策。其言是也。蓋賊犯蘇松,必藉東北風向殿前羊山,過淡水門以入寇。羊山在金山之東,大七、小七之外,吴淞江順帆不過一潮而已。其爲賊之要衝,雖與馬磧、大衢相若,而淡水門捕黄魚一節,乃天設此以爲蘇松屏捍,豈可謂遠洋備禦之難,而以羊山與馬磧、大衢例論哉?蓋淡水門者,黄魚之淵藪。每歲孟夏,漁船出洋撈取,獲利不知幾萬金。常防劫奪,故出海漁船必自募久慣出海之人,以格鬭則勇敢,以器械則鋒利,以風濤則便習其時。適當春天之時,其處則又倭犯必經之處,賊至羊山,見遍海皆船,而其來舟星散而行,以漸而至,勢孤氣奪,必遠而他之,敢復近乎?或問:"約束之法奈何?"曰:邇來漁船出洋,輔以兵器,相須而行,協力而戰,取甘結,給旗票,謹盤詰,驗出入。船回之日,當道委官抽税以助兵餉,此法必不可行也。何也?漁船專欲覓利,兵船專司擊賊,其志不侔,其力不協。况所税能幾何,而欲分其所有哉?莫若兵船專于把港,勿用出洋,但令願捕魚者籍名于官，立首領，編旗甲，保以耆民，示以盟約，于殺賊有功照例陞賞，永許採捕。若縱賊近岸，則一體坐罪，永不許其出洋。凡漁利與所獲賊資，悉以畀之。如此，則漁人皆以禦倭爲己責，感恩畏罪，捨死直前，豈不愈于專督兵船耶？

禦海洋之説，有言當泊舟於外洋山島，分乍浦之船以守海上，羊山、蘇州之船以守馬蹟，定海之船以守大衢，則三山品峙，哨守連聯，可扼來寇者，總督胡宗憲也。有言文臣不下海，則將領畏避潮險，不肯出洋。合無春汛時，令蘇松兵備暫住崇明，寧紹兵備暫住舟山，而總兵官嘗居海中，嚴督會哨者，中丞唐順之也。有云聚船于馬蹟山，以爲諸路水軍老營，仍于羊山設水營以扼賊入乍浦、川沙、窪，由吴淞江口入蘇松之路，于大衢山設水營以遏賊入寧波、温、台之路，專設海上總兵，特造出海大艦，如古拏飛艦、飛虎艦、戈船、樓船之制，仍大申出洋之令，修復大青風尖、八槳等船，以便行使者，尚書馬坤也。有言守海者必先設險于險之外守之，所謂海戰之重兵，必治戰船、備火攻而謹斥堠，迎擊于沿海之上，賊未泊岸，則爲夾水而陣以遮擊之，賊既登岸，則當隨其賊艘所泊之處而直搗之，是謂海上格鬭之兵，副使茅坤也。但海中無風之時絶少，一有風色，即白日陰霾，且颶風時作，全軍往往覆没。雖以元世祖之威、伯顔之勇，艨衝千里，皆爲魚鱉，則海戰亦未易言也。故鄭若曾云哨賊于遠洋而不常厥居，擊賊于近洋而勿使登岸。兩言頗爲知要。

奚秋蟾云：海中有風時多，無風時少，舟易散而難聚。且逐潮勢而行，若風猛潮平則以風爲主，潮勇風微則以潮爲主，風潮皆逆則迴船向後而行，風潮順則一瀉千里。每日所行程途之數與東西朔南方向，皆不可料，敵船亦然。故我行若千里，敵亦行若千里，愈追愈遠，愈求戰而愈不得。況兵船分行，大海渺茫，有與我相望而見者，有不可望見者，昏黑之夜，起火爲號，則隱隱見之，然亦不能辨其爲賊船與我兵船也。有時遇賊欲戰，而我同哨離遠則勢孤。有時隣哨相近，敵舟又遠，難于攻擊。有時我兵遇合，敵舟亦近，可以戰矣，而風或大作，舟在浪漕中低昂起伏，方欲仰而攻敵，瞬眼之間，吾舟忽擡高一二丈，敵舟反在下矣。船出浪漕之時，船首向天，落漕時，船尾向天，兵士竚立且難，況戰乎？亦有風不甚猛而怒濤爲虐，兩舟相擊即碎，亦不敢戰。惟是舵工巧妙，能占上風，撞碎賊舟。或乘風火攻，或揚灰沙以迷賊目，方得勝勢。然竟謂海戰利用火箭與銃炮弓弩，亦非也。火箭惟微風可用，若無風則帆不可焚，風急則火亦反熄，皆無益也。銃炮弓矢因舟蕩漾，發去無准，皆虚擲于浪中。鎗鈀之類亦無用，惟標鎗、鈎鎗、撓鈎三件。舟在上風者，以撓鈎鈎住下風之舟，以鈎鎗鈎扯賊人之足，以鏢鎗鏢射賊人之身，胥爲有用之器。

海邑海防設備之要。

海之有防，歷代不見於典册，有之自晉代袁崧禦孫恩始，而海之嚴於防自明嘉靖始。嘉靖間，倭寇連舩突犯，横肆蹂躪，濱海之官民將卒聞警則變色於談虎，解嚴則疎戒於衣袽，夫駭以爲巨敵。而按吾邑僻在瀕海，自吴淞、寶山、南匯、川沙各汛處處可犯，則處處宜防。防之之法，前人議亦詳矣。然爲今日吾邑海防之策，則必以堵截李家洪口使不得入，緊守海岸使不得上爲至切要。蓋邑之要衝莫李洪口爲甚，而李洪口東北至吴淞十二里，東至寶山六里，雖兩處各有專員，而洪口亦撥兵分汛，然昏黑之夜，一旦闌入，所撥之兵未足以捍禦，二處即星馳救應，亦有不及之虞。計莫若移吴淞之官駐劄洪口，多設沙船聯綜備禦，則自無突入之患。至川沙、南匯，今已屯兵駐守，雖賊欲停泊登岸，而終不敢遠離賊艘。惟修築護塘，疏濬塹濠，嚴行守塘巡哨之法，逼之使不得登岸，截之使不得歸舟，而吾兵進可以戰，退可以守，勝勢自在我矣。且以護塘爲蔽，而賊無駐劄之地，故于防禦爲次衝。他若勾引之，當察接濟之，當嚴寸板之不得下海，則内援絶而窺伺之謀消。招之以散其黨，撫之以誘其來，則外勢摧而枝蔓之圖泯，海疆有不敉寧者乎？是在當事者熟籌焉。

附海船。《武經總要》曰：凡水戰以船艦大小爲等，勝人多少皆以米爲准，一人不過重米二石。帆櫓輕便爲上，以金鼓旗幡爲進退之節。其戰則有樓船、鬬艦、走舸、海鶻，其潛襲則有艨艟、遊舸，其器則有拍竿爲其用。順流以擊之，諸軍視大將之旗，旗前亞聞鼓進則旗立，聞金則止，旗偃則還。若先鋒遊奕等船爲賊所圍以須外援，則視大將赤旗，向賊點則進，每點一船進，旗亞不舉則戰船徐退，旗向内點，每點一船退。若張疑兵，則于浦海廣設旌旗檣帆以惑之。此其大略也。

遊艇無女墻、舷上槳，船左右隨艇子大小長短四尺一牀，計會進止，回軍轉陳，其疾如風，虞候用之。夫拍竿者，施于大船之上，每艦作五層，樓高百尺，置六拍竿，並高五十尺，戰士八百人，旗幟加于上。每迎戰，敵船若逼則發拍竿，當者船舫俱碎。

艨艟以生牛革當戰船背，左右開掣棹空，矢石不能敗。前後左右有弩窻矛穴，敵近則施放，不用大船，務在捷速，乘人之不備。

樓船船上連樓三重，列女墻，戰鬬樹幡幟，開弩窻矛穴，外以氊革禦火、製炮、擂石、鐵汁，狀如小疊。其長百步，可以奔車馳馬。若遇暴風，則人力不能制，不甚便于用。然施之水軍，不可不備，以張形勢。

走舸船舷上立女墻，棹夫多戰卒，皆選用勇力精鋭者充之。往返如飛鷗，乘人所不及。金鼓旌旗在上。

鬬艦船舷上設女墻，可蔽半身，墻下開棹孔。船内五尺，又建柵與女墻齊，柵上又建女墻，重列戰士。上無覆背，前後左右竪牙旗金鼓。

海鶻船形頭低尾高，前大後小，如鶻之形。舷上左右置浮板，形如鶻翼翅肋。其船雖風濤怒漲而無側傾，覆背左右以生牛皮爲城，牙旗金鼓如常法。

已上俱古制。

福船高大如樓，可容百人。其底尖，其上闊，皆護板，護以茅竹，竪立女垣，其帆桅二。其中爲四層，最下層不可居，惟實土石以防輕飄之患。第二層爲兵士寢息之所，地樞隱之，須從上躡梯而下。第三層左右各設水門，置水樞，乃揚帆炊爨之處也。其前後各設木錠，繫以棕纜，下椗、起椗皆于此層用力。最上一層如露臺，須從第三層穴梯而上，兩傍板翼如欄，人倚之以攻敵，矢石火砲皆俯瞰而發，賊又難于仰攻，誠海戰之利也。戚繼光曰：福船乘風下壓，如車碾螳螂，鬬船力不鬬人力，每每取勝。若使賊船相等，未必濟也。且喫水一丈二尺，惟利大洋，不然多膠于淺，無風不可使。是以賊舟一入裏海，沿淺而行，則福舟無用矣。故又有海滄之設，廣船視福船尤大，其堅緻亦遠過之。蓋廣船以鐵力所造，福船不過松杉之類而已。二船在海若相衝擊，福船即碎，不能當鐵力之堅也，故倭船亦畏之。但廣船難調，不如調福船爲便易。廣船若壞，須用鐵力木修理，難乎其繼。且其制下窄上寬，狀若兩翼，在裏海則穩，在外洋則動搖，此廣船之利弊也。

黄魚船非以禦寇也。每年四月出洋時，各郡漁船大小以萬許，人力則整肅，器械則犀利。唐公順之捧敕視師，約軍民每府漁船若干，輔以兵卒若干，相須而行，協力而戰。取其結，給旗票，謹盤詰，驗出入。船回之日，該府差官收税，于軍餉大有助焉。黄魚出處惟淡水門，在羊山之西，兩山相峙如門，故曰門。羊山在金山東南，大七、小七之外。今漁船出海皆在漴缺口，孟夏取魚時，繁盛如巨鎮然。然亦須候潮，潮大勢急則推魚至塗，否則無有。蓋月出潮長，月没潮落，月直潮平，月斜潮退，此利素爲沙船所占。夫羊山、淡水洋乃倭奴入寇必經之道，黄魚出時乃春汛，倭至不先不後之期，此殆天意有在，假手于山沙精捍之人，出捍吾邊鄙柔脆之民焉。天時、地利、人力三者兼得，亦東吴禦寇之一策也。

沙船沙民生長海濱，習知水性，出入風浪，履險若平。但此船惟便于北洋，而不便于南洋，亦僅可以協守各港，出哨小洋，而不可以出大洋。雖能接戰，而上無壅蔽，火器矢石何以禦之？不如鷹船兩路俱尖，不辨首尾，進退如飛。其傍皆茅竹板，密釘如福船傍板之狀，竹間設窗，可以出銃箭。窗之内，艙之外，可以隱人盪槳。必先用此衝敵，入賊隊中，賊技不能施，而後沙船隨後而進，短兵相接，戰無不勝。此二船乃相須之器也。

王在晉《類述》云：福船之小者爲草撇船，今名哨船。又爲海滄船，今名冬船。其再小者爲蒼山船，卑隘于廣福船而闊于沙船，用之衝敵頗便，温人呼爲蒼山鐵船。賊船入裏海，我大福、海滄不能入，必用蒼船追之，又可撈取首級。近又改蒼山船制爲艟艣船，比蒼船稍大，比海滄較小而無立壁，得其中制。艟艣之稍次者，爲鐵頭船，首尾皆闊，帆櫓並用，深淺俱便，人呼爲鐵頭，以其堅而有用也。閩人將草撇蒼船改造鳥船，式如草撇，兩傍有櫓六枝，尾後惟稍櫓二枝，不畏風濤，行使便捷，往來南北海洋，福、草、蒼、艚等船無出其右。温州有艚艚船，亦不如鳥船之疾速，可與沙唬船並駕焉。唬船頭尖稍鋭，艙闊槳多，風順揚帆，風息盪槳，喫水惟止三尺，慣走遠洋，體式低小，雖無衝犂之勢，進退殊捷，可備追逐之需。閩浙有喇叭唬船，兵夫坐向後而棹槳，其疾如飛，有風竪桅用布帆，槳斜向後，准作偏柁，亦能破浪，甚便追逐哨探，倭號曰軏帆，蓋懼之也。輪船式如唬船，而與唬船並速。開浪船式如鳥船，而比鳥船差小。

兵船之能任重者，爲蜈蚣船。東南彝用以駕佛狼銃，銃重千斤，小者亦百五十斤。葛稚川曰：蜈蚣之氣能逼蛇，彝之制義爲是故歟？

叚哨船爲温州捕魚船，網梭船乃漁船之最小者。魚船于諸船中制至小，材至簡，工至約，而其用爲至重。以之出海，每載三人，一人執布帆，一人執槳，一人執鳥嘴銃。布帆輕捷，無墊没之虞，易進易退，隨波上下，敵船瞭望所不及，是以近年賴之，取勝擒賊者多其力焉。

附砲臺烟墩。

按：明時沿海浦濱一帶向無砲臺之設。

本朝於沿浦若虹口、龍華、閘上閘，港口之周家寺及竹岡、語兒涇，沿海則殷家路口、楊家路口、黄家灣、寶山城諸處，各築砲臺一座，遇有寇警，則舉砲相聞，謂之號砲。其烟墩即古之烽燧也。沿海自一團起，北至黄家灣止，共四十六墩。又北至嘉定八都界，内有湯字圩、李字圩、生字圩三墩，因寶山城從前半屬上海修築，故三墩亦屬上海。每墩山頂立臺，墩軍站守其上，瞭望海艅，以時修葺之。

附護塘。

按：沿海護塘于嘉靖三十二年島倭入寇，巡撫蔡克濂檄縣所築。凡九十里，開水竇八。不但隄遏海水，兼之據高臨下，如乘障登陴，且以室限寇踪奔突，此邊海長城也。但查黄家灣界碑云距海二十里，自海内徙以來，去界碑數武外即成巨浸。若寶山城東面，直爲海潮激薄，城没數版，南抵蔡家路口，俱已日就崩坍。將來土漸疏浮，恐重爲隄防之慮云。

郵遞

縣非孔道，故無驛而有遞，上下文檄所由傳也。然沿海各汛軍機攸係，時多往來，置郵實有賴焉。附兵防後。

總鋪。在縣治東，設司兵六名。

龍華鋪。

烏溪鋪。

華涇鋪。已上三鋪自總鋪南遞以次各九里。

周八鋪。

楊灰鋪。

中後所鋪。已上三鋪在浦東，以次相遞，各二十四里。

八尺鋪。自華涇鋪遞至此九里，自此遞至華亭紫江鋪又九里。

徐公鋪。自總鋪北遞至此九里，自此至寶山縣真如鋪又九里。

江橋鋪。自真如鋪遞至此九里。已上各設司兵三名。

川沙鋪。自總鋪東遞至此五十里，設司兵二名。

舊設廠繂夫五十名，歲編工食銀三百六十兩，康熙八年裁革。

舊設官馬十六匹，歲編工食銀二百三十兩四錢。康熙十年減改官馬三匹，設給工食銀一百八兩，馬夫二名，工食二十八兩八錢。康熙十四年裁革。

康熙二十年復設官馬二匹，歲編草料銀五十七兩六錢，馬夫一名，歲編工食銀一十兩八錢。三年均編，每匹馬價銀五兩，共銀十兩，又編給每歲鞍轡等銀三兩。

又復設水旱夫四名，即廠縴夫，每名歲編工食銀一十四兩，共五十七兩六錢，以供本縣公務役使。

康熙上海縣志卷之七

官　署

居官有表署之位，以臨民也；有退食之堂，以集思廣益也；又有燕息之榭、遊觀之亭，以昭衍而鳴豫也。以至税課有局、巡徼有司，雖爲傳舍，而各有專設，亦誠重之也。古之人聽政於棠樹之下，而猶勿拜興歌，况乎其向明而出治者耶？

縣署。元市舶司也。至正二十九年閏六月始立上海縣，以舊榷場爲之。大德戊戌，併舶司於四明，遂移縣署於司。《永樂大典》：縣署舊在今儒學之東，係松江總場。明年，爲海潮所壞，達魯花赤雅哈雅率僚佐新之。

唐時措《建縣記》：上海縣襟海帶江，舟車輳集，故昔有市舶，有榷場，有酒庫，有軍隘、官署、儒塾，實華亭東北一巨鎮也。至元壬辰，分高昌、長人、北亭、海隅、新江五鄉凡二十六保立縣，隸松，從參政冀公之請也。舊榷場廳宇向爲鎮守總管府運糧千户所，庭宇湫隘。大德戊戌秋，方議遷，適有併海舶歸四明之命，請於省府，己亥劄下，俾移置廳堂，衙宇較舊倍寬，而在在缺漏，大費補苴。且時值風雨交作，海潮湧怒，沉廬飄瓦，渺瀰一壑，縣庭僅撑立而日靡寧居。今達魯花赤雅哈雅裒然捐己貲爲舉首，尹夏承務，丞范從仕、簿侯將仕交贊以和，邑里富室募金樂助，委司吏姜濟董之以責成，閏六月訖事。大德六年三月記。

明洪武二十五年，知縣林廷瑾建鼓樓。二十九年，知縣張守約建穿堂。

正統四年，知縣張禎以巡撫侍郎周忱命，重建儀門、中堂、後寢，爲絃歌深處。

天順中，知縣李紋重建訓導，江震有記。

成化間，知縣劉宇復改建鼓樓。

正德七年，知縣黄希英新廳事。面廳爲戒石亭，鑾駕庫在廳東，典史廳、架閣庫在廳西，兩廡爲六房，土地神祠在中門外，監房在中門右，鼓樓在門外。

嘉靖元年七月，樓壞於風，知縣鄭洛書即其地爲絃歌坊，後傅重屋，上傅更漏，下通出入。十六年，知縣梅凌雲復建鼓樓，顔曰“麗譙”，制甚弘廠，後燬。寢堂後有方池，跨以飛梁。其内爲正衙，左右而南爲僚佐衙，西南爲吏舍。十九年，知縣張秉壺造牧愛坊於儀門内。三十二年，倭夷突至，廳宇悉燼。三十三年，知縣劉克學重建，邑人趙世芳捐貲，桂文督工。門廡堂寢、庫獄、公私廬舍爲之一新。東三衙：一巡捕丞，一管糧丞，一治農丞。今治農丞革，衙廢。西三衙：一水利丞，一管監簿，一典史。今水利丞統於簿，衙廢。四十三年，知縣黄文煒於儀門西偏增置迎賓館，其東偏新土地祠。

萬曆五年，本府同知鄭復亨於大門外建三坊，南曰海甸雄邑，東曰撫綏，西曰明弼。十年，知縣鄧炳開西馬道，與東稱，而規制始備，唯麗譙獨缺。二十六年，知縣許汝魁立戒石亭、親民坊於門内。三十六年，知縣李繼周重建内衙廳事及丞尉以下衙舍，改造獄舍。四十年，知縣徐日久建可堂於中堂之右。四十六年，知縣吕濬重修縣治，改建縣門，設榜廊於左右，易民居餘地，恢廓弘敞，建東、西二坊，曰潔愛、廉平。

明知縣彭長宜《署中元日》詩："玉宸遥祝拜衣冠，雨浥庭堦帶曉寒。七日尚遲梅送臘，半年唯伴柳居官。驚心世事顔初減，萬目征輸淚暗彈。猶喜條風吹海内，青郊不礙帶星看。"

國朝順治十七年，知縣涂贄各加修葺。

康熙九年，知縣朱光煇建堂三間於内衙之西，後任知縣任辰旦題額曰"介和堂"。十二年，知縣陳之佐葺縣門外海甸雄邑坊，改面南額曰"萬福來歸"，而北額曰"浦江聚秀"，坊之東西各建一亭，爲民之有事於縣者憩息地。

二十年，知縣史彩建堂於内衙之東南，題額曰"問心堂"。

二十一年，知縣史彩以縣堂東西兩側改建常平倉，並修獄舍，囚貧無食者，日給米七合、錢三文。

鑾架庫。在縣堂後西偏。　　軍器庫。在縣堂後東偏。

留鶴堂。在縣後堂。明嘉靖初，知縣鄭洛書以奏最行，留鶴於此，故名。

君子軒。　　圖政軒。

邑人潘恩《記》：縣有二軒，名其一曰君子，又名其一曰圖政。潘子未達，曹子曰："君子者以立體也，圖政者以致用也。"潘子曰："然。然而立體者存乎德矣，致用者存乎心矣。夫政慮之於心，宣之於庭，達之於里閈。其政良，民乃休焉，安之悦之，詠歌之。其政弗良，民咸戚焉，畏之惡之，相與謗厲之。是政事之臧否，斯民休戚從違係焉耳。要其機，本諸心，是故古之君子以己觀民，民憂亦憂，民樂亦樂，故能通其政於一身，達其愛於天下，澤被當時，聲施後世。今天下之民力莫竭於松矣，困苦莫甚於賦矣，子之視之也，其有所隱於心乎？其思所以利之也乎？"曹子曰："然。固名軒之義也。"

問心堂。

邑人葉映榴《記》：縣署東偏舊有堂三楹，户可南也。而北之堂亦垂圮三十餘年，無有葺之者，蓋長吏心以爲傳舍也。蔄菴史侯涖任之明年，庀材鳩工，移其户以向明，廣其庭以植花木，自署其顔曰"問心堂"，而屬邑人葉映榴爲之記。噫嘻，善哉此問乎！夫天遠而不可問也，人私而不可問也，唯最初之一心近乎天而同乎人。爲行爲生者天，欲立欲達者人，天無日不以愛物爲心，人無日不以自愛其身家爲心。雨露霜霆，疾痛疴癢，舉關寸心，不自問而或任才氣，或苟瞻狗，或惑於左右之口，皆非吾心也。非吾心而一時行之，後且悔之，毋寧寂然退食其中，問吾心之慊與否，以慊天人之心，是即誠求之道也。侯之命斯堂也，意或出此乎？今吾邑疆六百里，户億萬，侯端居一室，撫琴書，顧花鶴，不馳尺檄而呼吸與通，臂指是效，問心之道得也。聞之古有熙春堂矣，有思政堂矣，有蓋公堂矣，其意未嘗不留心民隱，而舉一節之與全體，蓋有間矣。所問者近，所通者遠，所問者公，而所及者無不饜人之私，以視夫巡行阡陌，問民疾苦，其名實本末必有能辨之者，又何耳目手足、簿書期會之足云？他日入政事堂參機務，願無忘問心也。

贊政廳。在縣堂西偏。嘉靖三十二年，毀於倭，今廢。

清節堂。宋咸淳中，董楷提舉市船時捐俸建，人服其廉，扁以是名。

時雨軒。成化八年旱，知縣王崇之與邑縉紳會禱於軒，雨適至，因名。以上三所今俱廢。

善治亭。

施水亭。二亭亦俱廢。

受福亭。舊市舶司西北，今廢。宋市舶提舉董楷有記。

申明亭。在縣前，明洪武二年建。又每保一所，共二十六。

旌善亭。在縣前，明洪武十五年建。又每保一所，共二十六。二亭舊在縣橋南，明嘉靖二十四年，知縣孫渭遷于總鋪基上。萬曆時亭燬于火，榜廢。所旌錢誥、朱錦二人奬給冠帶。

都憲行臺。即北察院。在縣治東，明弘治十三年知縣郭經改建。明南京吏部侍郎四明楊守阯有記。

察院。在縣學東。洪武四年，知縣張麐建，弘治十五年，知縣郭經重新之。萬曆三十六年，廳事爲火災所壞，知縣李繼周重修，今爲黄浦營公署。

府館。在縣治西北城隍廟之右，其地即舊上海驛，故人猶稱館驛，今坍毀未修。

海防廳。在縣治西。嘉靖三十五年，因倭寇，特設海防同知於縣。三十六年，同知羅拱宸建。其東有鎮遠樓，北有截蜃樓。後事平，司海防者仍駐府治，今廳廢，其基地里民開懇升科佃爲菜圃。僉事董邦政有記。嘉靖御宇之二十二年，聖文神武，道洽政治，蠻貊咸賓，罔干天紀。惟兹島夷潛蠕東海，逞糾天狼，震驚南服，允符苗民。吾邑負海而處，實東南之門户，島夷薄舸而登，又其淵藪萑蒲也。乃癸丑之歲，整居郊野，侵軼於邑，劫火四燃，士女宵月。當途者以匪城曷衛，十月而鳩工，十二月而竣事。然土物甫程，樓櫓方作，邦族未復，比閭惴惴。爰迄甲寅之孟夏，巨艦接艫，恣睢城下，戈矛林植，彤珠星流，家乏樵蘇，卒無半菽。時維北山董君來莅兹土，忠謀朗然，奮奇效節，率寡弱之衆據十雉之城，搴旗而麾則萬夫齊力，振臂一呼則創病皆起。彼窮九攻之技，我竭六旬之守。由是解圍遠遁，城門晝開，渴飲飢食，巷歌里咏。夫君之守城也，以市井羸弱，匪有披堅執鋭之夫也；瘠鹵新造，匪有金城湯池之險也；室如懸罄，匪有貫朽紅腐之富也；鈍戈敝甲，匪有長鎩利刃之銛也；地孤援闊，匪有長山首尾之應也。乃以始作之城抗方張之寇，當其衝而挫其鋭，俾頑夷知善守之不可攻，我民知地險之不可踰，長人者知墉壑之所宜修治。而桑土之謀，屹爲南服之障者，匪君之功而誰歟？君名邦政，字克平，山東陽信人，以選貢令六合，有捍賊功，超擢今官，而於海邑功尤著。於是，邑人士以詞屬余，故記其事。邑人張鶚翼撰。

元邑侯劉輝碑。國史編修張翥撰。

輝字文大，汴人，至正五年以餘姚丞尹上海。瀕海岸湖，旱潦皆病，重以宋季公田虚徵，及罪人資産税額加數倍，役人往往破産。輝諭富民自實隱田，勸豪右出粟爲義役常平本，而邑之達官里居者亦來助，於是賦役遂均，恒先期告集。瀕海民有三甲五甲者，相挺爲暴，有司莫敢詰，輝取而痛懲之，撫其孱弱，而諭以禮義，衆遂帖服。邑無社學，創置百六十餘所，間舉鄉約，召耆民及小吏觀之，使知敬老尊賢之義。暇日課民種桑棗、築隄防、濬溝澮，減豆麥折糧之直，申太府改科之議，凡昔之病民者十去八九。威行惠浹，期會唯揭縣門，無敢後者。兄弟争財，連歲不決，輝召而諭之，皆感泣罷去。選爲中書户部主事，會母卒，民不忍捨，爲買地葬之，兩甲之民相率哭奠，鄰邑士民亦爲刻石頌德。

邑侯蘇宗瑞碑。至正二十四年，儒生錢鼒撰。

上海國課之重，無出於煮海之役夫。至正癸卯，有海賈自漳南來，薄暮碇海渚，舟膠焉。漁者垂涎，紿曰："鹽軍且至，若等無遺噍矣。"賈恐，逃蘆葦中，潛窺之，見倮男女如鬼，羣聚剽掠。既一夕，賈至舟次，舟已拆殆盡，貨猶有列岸上者，即舁貨詣竈户。事覺，得貨與不得貨者皆株連。市舶咨分垣，分垣移海邑，邑宰蘇侯決以片言而兩造伏。既而竈户之耆宿來言曰：侯不特以邑民爲己子也。竈户之糧曰贍鹽者，佃民之所種而輸租也，貪而無厭，有自專其産而誣以多徵者，有自火其廬而誣以肆劫者，既譁諸鹺司暨分司，俱勿直。於是又譁諸邑，邑宰蘇侯又決以片言而兩詞清。所以肉吾之骨而生我之死，侯之謂乎！是宜碑。

明祝大夫碑。洪武元年，元江西儒學提舉會稽楊維楨撰。

上海，淞附庸邑也，其地薄海斥鹵。丁未三月晦日，邑忽有變，大姓錢鶴烏合起，翦竿而槊，揭帨而斾，斬關入松城，首殺良吏。慮上海之擬其後也，預遣其黨姚稱總兵率火伍犯邑，邑長祝侯懷印綬走松府，姚遣人追執之。侯義不見賊，遂止邑南之僧庵。或請殺侯，錢怒曰："今日之事，不獲已耳。使君仁人也，敢傷之者斬。"黨有爲誘脅語，强侯見總兵者，侯咈然大罵曰："爾獨不聞廷折夏國君臣、屈兜鍪營渠帥祝奉使乎！"卒不屈。侯揣知烏合必潰，乃自爲教，密遣人布諸長里者曰："逆順禍福非天也，人自取也。有能從吾擒賊復縣者，吾上汝功。"教至而巨室之有識者，咸匿備械，艤大艘渡侯黄龍東，植義旗，率民聽約束，民皆嚙指血誓效順。侯遂率之以復邑治，黨亦投戈於地，羝跪義旗下請死，侯釋不誅，散遣之。姚惧，將其衆東奔海，侯遣唐翼等追斬之。適牒報總兵驃騎既克松江，將東兵屠海邑，邑民震慴。侯即函姚首及所獲旗仗獻俘驃騎所，曰："賊擒而邑治復，民已悉定矣，毋勞大兵。"凡三往返，驃騎雖愠而無以加侯也。會錢忿邑不附者，并指爲逆黨，凡數十人，驃騎逮捕甚急，且因以窘侯。侯潛遣吏報克復功於左相國，驚曰："吾以老祝死矣，精神尚爾耶？吾驃騎直兒戲耳。"卒以侯上功狀，按問具實，取旨諭還，海父老相與燃(臂)〔肴〕薌告天謝侯。又羣走余邸，曰："吾邑匪祝侯，血沼久矣。古人有纖功芥最猶碑於石，以垂不朽，吾祝父撥亂反正之功，視古無前，上不信吏文，而信子片石，子盍書之？”侯名挺，字正夫，番陽人。

邑侯郭經碑。正德戊辰，順天府治中邑人陳肅撰。

侯字載道，盧龍人，弘治丙辰進士，來尹上海。坦夷儉素，簡接遇，絶請謁，省供辦送迎之勞費。刑不濫，罰不苛，而民自不犯。聽訟明決，無大故，隨以白之，不俟終日。徭役公平，富者不幸於輕，貧者不苦於重，民皆稱當。吏胥在側，無隙可投以窺利，或竊有日不聊生之嘆。時邑有黨惡爲民患，侯執獄而殺之，因而被誣，而士民爲之訴於當道，卒以暴白，侯之名益彰。乙丑乃有河南開封貳守之擢，而思之者不已云。

邑侯王卿碑。嘉靖乙酉，邑人陸深撰。

侯字良佐，太原人，有戎籍於弘農之衛，遂以河南貫舉正德甲戌進士。令上海三年，召爲户部主事去，行李才數簏，舉之若囊槁葉也。侯敦厚質實，所居不爲赫赫名。有以非意干侯者，侯瞠目視，面頹然變，竟不一語。武廟南巡，道路洶洶，有緣以爲奸利者，侯抗諸邀索一不應，第曰：“車駕至日，供不供有令也，何先事自擾爲？”縣糧長有曰闖頭者，兜攬聚斂之首人也。其人才伎尖儇，候伺人意隙中之。大率官取之兜頭，兜頭取之糧長，糧長取之民，民輸十，糧長輸六，闖頭四三之，歲罔虛日，侯悉除之。每歲里甲賦錢於田斂之官，以充經費，曰櫃錢。櫃錢者，官操其奇羸而出納之。諸行市買有折閱者，有入空券而待命者。侯每公用，先簿直之，給而後入，歲杪羨餘具數請於上官，出櫃餘以賑諸被災者。時疫流行，侯操善藥，作糜粥，躬行鄉落遍給之。小舟獨行，民初不知爲官也。江藩犯順，人心騷動，侯諭衆曰：“江海潮汐，非賊利也，固無慮，柰武庫何？吾且有備。”乃以告奸人獲罪者，許以鐵贖，由是兵刃森然，而民免科賦矣。尤慎改作公宇廨舍，嘗曰：“取足居止已矣。”至於出令，則曰：“令何可遽出？出必祈於行，行必祈於久，朝爲夕更，何以範民？”故終侯之任，若畫一焉。嘗語諸學官曰：“松郡文名尚矣。講習討論，諸生所自致也。規程以煩三博士，恤其家，禮其身，令實主之，何敢誣也？”會計偕士窘於行者，曰：“舉賢，邑令責也。舉而不能行，焉用令？”遂捐俸贐之。若希簡權倖，抑遏刁頑，理剔冤滯，躬親澹泊，一用清净之治，其俗爲之一變，其德遠矣。

邑侯鄭洛書碑。邑人憲副唐錦撰。

嘉靖乙酉春，鄭侯啓範膺召命還朝，耆老數百人合辭謁錦知侯深，因屬筆焉。侯初涖止，時武宗幸金陵，供億仰給畿甸，臺符徵發，迅若風雨。侯從容酧應，揮手而辦，民寂然不聞也。侯天姿淵粹，雅不欲以刑法穽民。損益《吕氏鄉約》，設長正，頒示科條，使知趨避。徭役度力所堪，吏莫容啄，民獲其平。甫數月，鼎新學宫，昧爽臨講，諸生鳧雁行以進，經指授者輒有聲。淫祠佛廬，夷爲社學，凡九十六所。復建社倉，聚穀賑飢，以約長正司焉。俗頗耽訟，多誕詞，侯不爲忤，徐諭以情與理而調釋之，期心服乃已。唯黠胥惡少，舞法蠹政，則廉其尤者峻繩之，落其牙角。惡未蔓者，榜姓名縣門，薄示之儆，鄉飲則使俯伏庭下觀禮，往往有媿耻革心者。嘗旱禱，齋祓以走，羣望曝烈日中，俄而雲興雨降，遂以有秋。久之，邑中廓廓無事，垂簾鳴琴，游泳典籍，六曹蕭然，坐嘯而已。歲壬午，秋穀不登，嗣春雨復戕麥，民告飢，當路下勸分之令，侯曰："是舉未必益民，而先擾之，非政也。"檢公帑，得楮直暨罰鍰若干，盡以賑民，民拜舞如更生。癸未甲申，歲連稔，侯曰："乃今可以畢吾志矣。名宦以功，鄉賢以德。"即學旁建仰高祠，並祀焉。繼乃新壇壝，新津梁，新郵傳，新邑志，無或弗舉。上游諸公偉之，交剡騰薦。至是，召命下，送者傾城，餽贐銖髮無受，時擬之"玉壺寒冰"。君子謂侯用儒飭吏，推忠及物，父詔母哺，衆瘼自蠲，故在政民愛，既去見思如此。侯莆田人，丁丑進士，宏博視古人無讓，不獨政也。今爲監察御史云。

邑侯曹煜碑。嘉靖癸巳，邑人唐錦撰。

侯字孟輝，饒之浮梁人，嘉靖丙戌進士。緩徵前令積逋，破械出大姓於冤獄，毁淫祠，手校户版黄册，爲政和平愷悌，故有飛蝗溺海、麥穗兩岐之祥。

邑侯馮彬碑。邑人唐錦撰。

侯字用先，廣之雷陽人，嘉靖己丑進士。侯開誠布公，條約明信。黜額外之卒，蠲無名之徵。不苛猛以立威，不紛更以賈譽。虚心應物，節解刃迎。絶里甲之費，定長税之額。正操刃之罪，表貞婦之墓。詳具《辨貞録》中。侯涖邑二載，阜民善俗之政振舉無遺焉。

邑侯張秉壺碑。邑人唐錦撰。

侯登嘉靖戊戌進士，庚子來令海邑。值大歉，請粟數萬賑給，檢籍設糜餉之。邑中大家畏憚長賦之役，侯預爲咨訪，輒籍記之。届期，則摘以供役，巧黠之徒莫能爲計。每歲兑漕，往往蜂聚，梟張唯力是稱。侯每以官職去就與之抵拒，例贈之外，不加粒粟。海俗以訟訐相高，搆駕人命，詭首盗贓。侯詢察得情，悉爲反坐。尤慎於改作，唯學校則加意繕葺。他如增置津艘，廣闢義塚，於民有利益者，亦未嘗憚所費也。侯，閩之莆田人。

邑侯孫渭碑。邑人唐錦撰。

侯登嘉靖辛丑進士。戊申冬視篆之始，適罹水潦，穀價翔甚。上官議荒政，檄使勸分，侯曰："不可。貧未霑惠而中户先已失業。"乃請發廩，躬自賑之。邑之東隅勢高畏旱，以賑濟餘粟募夫濬鑿如都臺、七寶、周浦諸河，灌溉數萬頃。俗素健訟，侯覽訟詞，即知發縱之人，窮究根株乃已。邑中重役莫甚長税，民間事力優劣，素已瞭然，臨役榜名，低昂克協。瀕海竈籍，所占皆民産，而倚竈生奸，規避百端，鹾臺或從而右之，侯反覆辨論，卒獲釐正。累讞疑獄，或沉屍以滅跡，或結搆以變亂，侯虚心體察，具得左驗，盡伏其辜，御胥隸唯嚴，無敢進一言者。修飭學宫，作興士類，則奮志勇爲，不少疑阻。其濟利于民者甚衆，然事細，不足爲侯書也。侯仁恕所及，民感之而不敢玩；明智所施，人仰之而不敢欺。所謂協於時中，登於至理，非侯其疇當之？侯字應清，福之閩縣人。

邑侯郜光先碑。邑人潘恩撰。

潞安文川郜侯，於嘉靖三十八年以進士來令上海，越三年，詔徵赴闕，擢福建道監察御史。侯深仁厚澤，洽民肌膚，耆民儲夔輩詣予徵文，以紀其事。余觀侯稟淵懿之資，抱誠慤之行，政寬而有體，廉慎而無私。方其始至，吾邑當海寇入犯之後，閭里蕭條，民生匱絀。侯稟拯溺捄焚之心，殫生養休息之慮。謂民財之不可竭也，思以裕之，民力之不可盡也，思以節之。是故嚴羡餘之禁，正里甲之規，建竪坊之議，革修船之擾，陳白利弊，舉當情實。辛酉之歲，澤水爲災，民病昏墊。侯商度公私，奏減常賦。其所不盡蠲者，則又曲爲區畫，緩與之期，未(常)〔嘗〕求辦於敲朴之下。雖倪寬之課最、陽城之政拙，不是過也。其貞度素心，美如金玉，徽節高義，皭若冰霜。貨利不以入心，苞苴耻於及己，自始迄終，絶無分銖之蓄，雖劉寵之一錢、伯起之四知，莫能踰也。若其敏於讞斷，獄無繫囚，速於拘稽，案無留牘，吏不下鄉，邑無吠犬，長厚簡約，公庭晏然。至於開濬陂塘，疏通水利，巡行畎畝，税止農郊，則又不以勞勩自逸。宓子鳴琴之治，子期戴星之勤，蓋兼而有之矣。余恒病俗吏之彌文，憫斯民之無告也。郜侯誠信得民，民之懷思久而勿替，詎可多得乎哉！抑予又有感焉。先是丙辰歲，予有河南之役，聞寇至，環攻縣城。時楚人劉君本學，以常州府判來署縣事，任邑中士民繕守，卒以全城。又甘苦節，不忍一介自污，竟被(效)〔劾〕失官，人至今惜之。予懼其湮没無聞也，乃遂牽連書之篇末，俾後之覽者知其概焉。

邑侯敖選碑。邑人潘允端撰。

侯，吾父母也。父母出，赤子必呱然以泣，眷然以冀其復。而侯且受天子耳目心膂寄，無復涖吾邑期，吾是以覩侯之跡而唯侯之思。侯之來也，留心民瘼，勵精庶務，每旦戴星出，日昃傳餐，復戴星入，靡間寒暑，吾思其勤。小心自律，家禁斬然，僕御不與外事，即奸胥老吏無能窺侯意旨，吾思其慎。性簡素淡泊，常自蔬茹，太君曳大布衣，如儒家裝，吾思其約。邑縉紳歲時餽遺，筐篚羅庭，謝去無所受，秏贖一不染指，臨行敝簏枵然，吾思其廉。先是，輸納者有贈，至輸一金而嬴五銖者，侯曰："是蠹民。"著令輸一金則止一金，其催科與民爲約，至日而程之，未嘗令吏至鄉爲民擾也，吾思其仁。侯守三尺無低昂，麗於法者，無論豪强，有以尺牘請托者，屏去不下借，吾思其公。邑户口大小貧富，悉燭照之，每邑有大傜，擇足任事者任之，人人厭服，其豪民作奸狀，輒先覺之，闔境稱神君，吾思其明。其他繫吾思者，難盡舉也，幸爲我文之石，以示我子孫。余唯在昔召公布甘棠之化，至不忍剪其樹，況吾民被服侯澤章章如是，而積以六年之深者乎？乃摭衆言而直書之，以貽邦人，竢傳循良者有考焉。

邑侯鄧炳碑。邑人艾可久撰。

萬曆庚辰冬，楚中鄧侯以進士來令上海。越癸未春，丁内艱去，邑人咸亹亹焉，憂其去而悲其不可留也。蓋縉紳之言曰："吴中風氣漸漓，奸民易陵右族，有司以此厲威稜，示武健，大夫士鄉居者，幾重足立矣。侯接遇吾黨，藹若春陽，禮數縛絀，於耆年宿望者尤致欽崇，里巷有所觀望。"其敦大體有如此者。諸生之言曰："侯敷教在寬，收録不遺寒素，執藝就正者，雖公務旁午，未嘗不加繩削。往歲捷兩畿者八人，皆侯所物色。"其興文教有如此者。父老之言曰："東南民力日痛，侯痌瘝在念。去秋水潦無禾，侯躬履阡陌，省視災傷，玆者奏記監司，徵免役錢如干緡。浚河培堤，菜色之民獲餬口於畚鍤。"其勤民隱有如此者。商賈之言曰："吾儕操奇贏，牟什一，以櫛風沐雨得之。鼠牙雀角之徒，輒垂涎搆訟，欲無穴得蟹。侯明照覆盆，執其尤者大創之，告訐之風頓息。"其通商阜財有如此者。胥吏之言曰："侯正身率物，不憚劇煩，獎勞勤事而抶其媮惰者。案牘一經目，即歷歷如指掌，雖善上下手者，毋敢夤緣爲奸，然亦多所保全，鮮抵於法。"其御下嚴肅有如此者。可久連歲亦以内艱家居，侯之治行已耳熟矣。且從大夫之後，亦憂侯之去而悲侯之不可留者，故紀述如左，以風將來。

邑侯顔洪範碑。邑人王圻撰。

侯字嶧阜，浙之上虞人。以高文上第，不鄙夷我斥鹵邑，自癸未歷戊子，凡五歲，始召入爲侍御史。計所設張措注，大抵以方嚴持執爲本，不樂熟軟媚人耳目，而更出之以明恕，故刑德並流，蔚爲世程焉。方侯之入境也，先校講四履利弊，施罷所宜，盡得要領。然後徐爲科條，與民更始，則曰："令受命而來，期爲國家守成法耳。司農日夜告匱，而一邑逋負乃至百千億計，非法；豪人大猾把視一方，而單弱窶民嚬呻，莫敢出氣，亦非法。"遂以意創立限數催科之籍，限至而輸如其數者慰遣之，否則有罰。禁令不煩，期約必信，故郊坰外絶無吏皂追呼跡，而夏秋賦調爭勸趨唯恐後。其聽斷唯問法若何，不狥人爲低昂。間有憑怙于紀者，輒先事迎情，杜其機牙。其尤無良梗政教者，苗薅而髮櫛之幾盡。事無衆寡鉅細，咸決於一日中。雖甚紛劇，不以委借於其佐。佐以下頫首待指使，毫髮無所預事，人以寧便。邑故苦胥吏爲姦利，侯將視事，先汰罷衣食於官之冗雜者。吏祗許抱成案升降，救過不暇，安所事横索也？公費裁於近例，庫鮮宿儲。侯至，則洗手奉職，賓客之交、夸嬉之燕悉從省削，公私充然。用是政通人和，兆靈芝、瑞麥之祥焉。接引後進，皆有恩意，暇則招進博洽儒生，攷修志乘，貽吾邑不朽計。士經評隲，寘高等者，先後彬彬登賢書。古稱經術餙吏治，非耶？此皆我侯政理之大者。其他規績，各有條次，縉紳吏僕談未能悉數也。民之去而思，思而篆勒之，以識不忘，宜哉。一時賢者，莫敢望之。天子嘉其能，簡寘辟臺，欲舉其治吾邑者以治天下,天下又將想望其風采,固不止如河陽、中牟遺思一邑也已。

邑侯劉一爌碑。邑人陳所藴撰。

國家制吏,其最親民莫如守令,而令較守則尤親。顧非忠實心誠信於民,民亦一切以逼心應之。當其在事,非不奉令恐後,及得代去,即竊竊然議其後,詎能塗飾匹夫匹婦之耳目,使去而見思也乎?侯蒞任已四年所,諸所張設無不諗知之者。蓋邑有糧繇,侯下車,適當更始,期爲劑輕重、酌貧富惟平。邑囂囂善訟,訟牒旁午,什九無情辭,侯第出片言,人人齘舌退。邑賦什倍他邑,民多逋不進,侯立法催科,課奏最,而民不被箠楚。邑多豪猾,乾没帑金,若取諸寄,侯摘發,論如律。邑通海潮,諸河受濁流易淤,歲歲煩畚鍤,迄無成功。侯創議建能華閘,以時啓閉,濁流不入,河渠永賴。大都侯以誠心質行,不爲一切焜耀以博名高,其入於民者漸漬周浹,有不徒在於聲音笑貌者矣。今侯被新命,陟清華,誠不能挽已脂之車,迴既抗之旌,顧不佞逖稽往牒,則竊聞韋肥鄉事矣。神龍中,韋景駿爲肥鄉令,有惠政,民思之不忘。已而持節常山,復過肥鄉,人吏競來迎拜。幼童數人,年甫十歲,亦在其中。韋曰:"計吾北去時,汝輩未生,何亦乃爾?"對曰:"比聞長宿傳説明公異政,謂是古人,不意躬得瞻睹,是以來耳。"韋爲慰遣之。異日,君侯擁旄臨海上,邑之人懽欣踴躍,迎拜馬首者,寧直今日父老子弟哉?即後來兒童,亦必前歌後舞,效并州竹馬,逆君侯前茅矣。侯豫章人,乙未進士。

按:張《志》諸去思碑文俱載之公署者,以碑在署也。今俱節之,以識梗概。其有碑而復見之宦績者,則劉公輝、蘇公宗瑞、祝公挺、郭公經、鄭公洛書、郜公光先、顔公洪範,傳畧碑詳,固不得而同也。其列碑與傳,而碑則漫漶不可讀者,則許公汝魁、徐公可求。其志先碑後,當時未入志,今始録之者,則劉公一爌。自元迄明三百餘年,而見諸碑記者止十人,亦至慎而覈矣,而可使其無傳也歟?

總練廳。在城隍廟東。

喜雨亭。在城隍廟内,邑人唐錦有記。

觀瀾亭。一在南馬頭,一在北馬頭,總名接官亭云。

遺愛堂。爲知縣鄧炳立,在山川壇東偏,有碑。

演武場。舊在縣西北積善寺前。明正德九年,知縣黄希英建。嘉靖四十二年,遷於北門外桂香橋後。本朝順治十五年,總兵馬逢知遷東門外徐氏園基,潮勢衝激,日就坍削。

鹽課司。明正統五年,都御史朱與言奏分爲三,下沙場附近分司,二場在場東北,三場在二場北,每場分三團,各以大使領之,今仍舊。

巡檢司。曰黄浦司、三林莊司、吴淞司,俱明洪武年建。詳見"兵防"。

南匯中後千户所。明洪武二十年,千户陳盟建,内有千百户所、演武場、倉局。三十年,副千户陳斌、張敏重修。萬暦間,復設把總一員,有把總司。

川沙守堡千户所及把總司。嘉靖三十六年，巡撫趙忻、巡按尚維持、兵備熊桴題設，從監生喬鏜請也。内有百户所、軍器庫、撫按行臺、鐘鼓樓、社學、城隍、旗纛廟。已上詳《兵防志》。

養濟院。朝廷以餼養孤獨，亦署之餘也。明洪武七年，府同知程奉議建。永樂十四年，縣主簿顧斌重建。成化間知縣李棨、弘治間知縣董鑰前後增建，共爲屋三十間。嘉靖元年，知縣鄭洛書重修。萬曆年間移於海防道西，今廢。

《養濟院記》：嘉靖元年七月二十有四日，疾風甚雨，越明日，一晝夜乃止。災連南畿西浙，數千里間，上洋海嘯，邑無完屋。養濟院毁，鰥寡孤獨煢煢在疚，令莆陽鄭洛書憂之。即其月之晦，募義鳩材，扶傾起廢。乃今孟冬初吉，門堂廊舍，翼然一新矣。既以爲喜，然安得大厦萬間盡庇天下窮民？而又不能無慨嘆于斯也。三年正月，薄紀其事，命鐫之石。知縣鄭洛書撰。

縣尉廳。在縣治東三十步，今廢。

安撫司酒庫。在縣治方浜北福會坊内。宋建，元改爲税司，今廢。

酒坊。宋建，在青龍酒坊橋側。賦云"以三鄉之折糯，爲一邑之釀本"，"三鄉"即新江、海隅、北亭。今廢。

上海務。即酒庫地。青龍務。北橋務。蟠龍務。蘆子務。俱廢。

縣市税課局。明吴元年建，在益慶橋北，後遷於儒學後，嘉靖三十三年革。

新涇税課局。明吴元年建，後遷唐行鎮，仍名新涇。後分隸青浦，隆慶元年革。

烏泥涇課局。明洪武六年建，嘉靖三十三年革。已上俱廢。

學　　校

吾郡自宋始立學，滬城自元至正之季鎮升爲縣，而學制始備。乃自有明三百年以來，迄於昭代，名臣碩儒，後先輩望，其於學則彬彬矣。若社學以養蒙，書院山長亦古鄉學之遺意，助流政化，非細故也。雖昔存今廢，按故址書之，亦冀後之大復古者，據依以爲興復之端云。

縣學。在縣治東，本上海鎮學也。宋咸淳中，鎮人唐時措市韓氏屋立文昌宫，請於監鎮董楷，作古修堂，爲諸生肄習所。元至元二十八年，鎮升爲縣。三十一年，知縣周汝楫乃更爲縣學，繕葺未竟。明年，廉訪僉事朱思誠以按部至，委邑人費拱辰成之。

元貞元年《建學記》：邑有學，始於漢。至魏，令縣五百户置校官，置鄉學。宋置縣學，蓋取古者"鄭人游鄉校，百里皆有師"之遺意也。上海舊爲鎮，嘗像先聖先師於梓潼祠，又有古修堂，爲諸生肄習之地。至元辛卯，割華亭東北五鄉立縣。甲午，榜縣學，縣尹周汝楫洎教諭諸執事方營建未遑。聖上龍飛，首下崇儒之詔。明年改元，浙西廉訪僉司朱君思誠按行是邑，適與余偕至。越二月朔，率屬拜宣聖殿。時縣僚迫以田糧四出，皆不得與邑事，因委鄉貴萬夫長費拱辰修葺之。乃餙正殿，完講堂，買鄰地而起齋舍。不三月，沈沈翼翼，如至鄒魯之間，游洙泗之上矣。上洋襟江帶海，號東南壯縣。今廟學一新,將見聞絃歌之音,覩鄉飲酒之儀,化番商爲縫掖。其或禮義不行,人材不出,獄訟不稀,盗賊不息,余弗信已。既畢工,書興學之由,俾刻諸石。若夫棟宇之未備,器皿之未全,圖像之未足,尚有望于邑之諸君。松江府知府兼勸農事張之翰記。

大德中,松江判官張紀、縣丞范天楨增拓學宫,於是學制始備。

大德元年《修學記》畧:上海縣介在海濱,商賈百貨所輸會,昔治以鎮,至元二十八年始陞爲縣。惟時官署吏舍往往更置,未暇興學。海道運糧萬户費侯拱辰念里居於是,而學弗立,顧舊有梓潼祠,非有功兹土,乃改爲學。材章、夫役、器用之資,咸出費氏。侯没而學浸壞。大德六年夏,松江判官張君紀始議修整,縣丞范君天楨欣然以爲己任,首捐俸錢爲衆倡。作軒於殿外,又新夫子像,繪先賢兩廡。爲外門三、學門一,朱扉儀戟,舉以法。階阤渠道,治使端直。尹辛君思仁助爲垣一百三十尺,前通泮水,施橋其中,復古諸侯學宫之制。其春秋薦奠、廪士養老,則府以其學田若塘畀之,合爲畝五百有奇,租以石計者一百五十有嬴,可以經久。按上海,春秋句吴之地。吴小且遠,季札知樂,始通上國。今天下一家,地大物衆,海隅商賈百貨之區,禮殿儒宫,嚴嚴翼翼,粲然不異鄒魯。昔子産不毁鄉校,君子韙之,今賢令丞奉上德意來治兹邑,非直勿毁,又能增新完固,以期久遠,是所幸也。士居是學,朝思夕厲,講求德業,則兹學之立,豈特游息之所,新美之觀而已!集賢直學士趙孟頫記。

至大三年庚戌,廉訪僉事吴彦升遷學於縣治之西,邑人都轉鹽運使瞿霆發助田以建學。

至大三年《舍田遷學記》畧:古者比閭之法,庠塾之教,必合二十五家之子弟以教之,於是司徒選士之秀者升之學,曰俊士。升於司徒者不征於鄉,升於學者不征於司徒,曰造士。欽唯國朝,璽書下學,見於至元之甲申、至大之己酉,勉厲學校,宣明教化,必惓惓於風憲之專職。於是,廉訪副使商公繼顯分臬松江,改撥府學田七頃,而荒蕪者二頃,祭器、書籍、殿堂、齋序咸闕焉。至大庚戌,僉憲訪事吴公彦升巡按是邑,嘅學宫之隘陋,思所以新之。邑先達瞿公霆發,買民田五百畝有奇,入之學宫。又捐貲,以助建學之費。乃相基址,得官地十五畝于縣之西,俾同知府事帖木兒海牙董其役。竊觀《易》之《頤彖》曰:頤"貞吉",養正則吉也。"觀頤",觀其所養也。"自求口實",觀其自養也。《禮運》曰:治國不以禮,猶無耜而耕也。而今而後,必修禮以耕,必陳義以種,必講學以耨,必本仁以聚,必播樂以安,毋荒厥志,毋餒其氣。此自養之説也。内外交相養,其學不懋矣哉。前浙東海右道肅政廉訪使臧夢解記。

延祐元年甲寅,縣丞王珪改建於縣治東。即今學也。凡更一丞三尹,而學乃大成。學之勝概有天光雲影池,中有片洲,其上有止菴,北有杏壇,東有盟鷗渚、舞雩橋、洗心亭、酸窩、古井、蕉石,堂前有古松梧竹無數。今唯池尚存,餘皆廢。

至正十一年辛卯,縣丞張議重作廟門、齋舍,知縣何英作明倫堂於廟左。

至正十一年《修學記》畧：縣之有學，其來尚矣。歲久弗葺，齋舍隳圮，師生靡寧。監縣忠武兀奴罕公、縣侯承務張議始至兹邑，瞻顧咨嗟，大懼學政之不修、教基之廢墜也，曰："唯政本莫先於教，辟雍、泮宫載在《雅》、《頌》，古人爲治，蓋自有本哉。"於是捐俸以倡，幕佐姚良能、阿德彌實謀晝贊襄，邑士費雄等咸輸金助役。爰命教諭于逵慎歲租之入，節廪稍之費，鳩工貿材，凡椽棟杗柱蠧腐橈折者易之，齋廬門廡之未建者完之。瓦比甎甃，上安下寧，户牖洞達，丹堊炳焕，重簷翼翔，廣庭砥平。瞻宫墻足起其敬肅之心，居齋舍足安其講習之志。壯麗宏偉，中式度程。凡創造櫺星門、大成殿門、齋舍二十餘楹，垣墻則益其卑而高焉，廊廡則撤其故而新焉，講堂則因其舊而甃緻焉。上人覺玄者，感誠嚮化，舍田蕩六百畝有奇，輸券於學，歲租之入，永嗣修葺之費，俾已成之功保全於弗朽。上人異教殊科，嚮慕若此，宜乎化行俗美，閭里巷社絃歌聲聞矣。翰林侍講學士、中奉大夫、同修國史、知經筵事黄溍記。

明洪武中，同知王文貞修復學宫。

洪武十一年《圖籍記》畧：學校，天下之本也。舍嬴秦而下，雖六朝五代喪亂之極，猶不之弛，知爲之本也。故天下之治，則守綱常，循禮樂，遵制度而耻爲違道。設有不幸，亦全節守義，代不乏人，所謂教道之結於人心也。上海爲縣自至元二十八年始，其有學則自三十一年。首創之者，縣人宣慰費公拱辰。因而隆之者，判官張侯紀、縣丞范侯天楨也。垣而周之，通導泮水，復古學宫之制而廪土養老者，縣尹辛侯思仁也。更大殿址，崇廣殿宇，加敞廡序，裒贍其田糧，增置生員者，僉憲吴侯彦升、縣丞王侯珪、運使縣人瞿霆發及縣尹張侯如砥也。其重修者，縣丞張侯議也。創教諭之廳，開講習之堂，糾其德望之士而以規以矩者，縣尹劉侯文大也。老者有所遵也，少者有所造也，學者盛而庠舍勿容也，别建明倫堂及東西齋者，縣尹何侯緝也。非禮無以將其敬也，非樂無以達其用也，置禮器、雅樂、籩豆、罍爵者，縣尹蘇侯宗瑞也。嗚呼！學其至於大成矣。夫物有盛則有衰，有隆則有替，基侵於强民，頖私於鄰叟，舉之聚之，復而完之者，其今郡同知王侯文貞也。不有作者，誰其繼之？繼將不及，作亦何爲？若王侯者，可謂善繼其作矣。又慮夫其所舉者或覆，聚者或散，復者或失，畫之圖，紀之籍，俾爲方來者守。於是，勒之貞石，以永無窮。顧彧撰。

正統四年己未，提學御史彭勗、巡按御史蕭啟，命知縣張禎大作學宫。

正統五年《修學記》畧：今天子蒞祚之初，特命公卿大臣慎選學行堪爲後學儀表者一十三人，授以風紀之職，分處天下，各賜璽書，俾各遵守奉行之，期得賢才以致治。乃少傅楊公首舉吉之永豐彭公祖期爲監察御史，專督畿内諸學。正統元年九月，駐車松之上海邑庠。謁聖之餘，覩諸廢墜，曰："是誠典兹土者之過也。"維時郡倅清河潘侯俊、建陽滕侯康、邑令東皋張侯禎、丞浦城蔣侯文凱，祇承恐後，同鳩材僝工而經營焉。若殿廡齋宇、明倫堂門則撤而新之，文昌祠門、明倫後堂、射亭、生舍則特建之，戟門、饌堂則改朽易堅，以及祭祀器物亦皆一新。越四年冬，公復按臨，瞻兹棟宇翚飛，百爾具備，喜溢於色。顧研記之，垂勸後來，砥礪後進。由是賢才彬彬而出，無負少傅公所薦，足荷聖君付託之重，而爲後學儀表矣。仲秋既望，訓導徐研記。

正統八年癸亥，颶風壞學舍，巡按御史鄭顒復修，好義者出私錢助之，學舍復新。時陸友常建文廟，陸大本新欞星門、學門，金彦英立饌堂，完教諭宅，曹永常完戟門。

天順中，知縣李棨改建講堂，增兩齋。左曰育英，右曰致道。

成化二十年甲辰，知縣劉琬作尊經閣於明倫堂北。

《尊經閣記》：成化二十年，上海縣儒學尊經閣成。是閣也，邑宰宜春劉侯治縣，又明年，百度咸舉，庠舍一新。又議地於明倫堂北，建閣數楹，以貯六經、聖朝御製諸書，及百家子史，無不具在。而獨以尊經名，經以載道也。劉侯知經學所當重，乃倡斯閣以尊崇之，俾諸士子誦習之餘，游焉息焉。作新之功，豈出文翁下哉？侯名琬，字德資。侍郎錢溥記。

弘治七年甲寅，知縣董鑰市地東南隅，以廣學舍。

十二年己未，知縣郭經築大成殿、講堂、前月臺。

正德十四年己卯，知縣鄭洛書重建大成殿、養賢堂。訓導劉昱樹栢於廟門，劉充增造祭器。

十六年辛巳，知縣梅淩雲以義租重修學宫。

嘉靖九年庚寅，詔天下釐正文廟祀典，改大成殿爲先師廟，作啓聖祠。

先師廟，國初仍元舊，稱大成至聖文宣王，像用冕服。其配哲從祀稱公、侯、伯有差，皆有像。殿曰大成至聖。嘉靖時，大學士張孚敬議易像以主，改稱至聖先師孔子，四配稱先賢某子，十哲、七十二賢稱先賢稱名，春秋以後諸儒稱先儒稱名，歲以春秋仲月上丁日致祭，改殿曰先師廟、啓聖祠，追祀孔子父叔梁紇爲啓聖公，以先賢顔路氏、曾晳氏、伯魚氏、孟孫氏配享，從祀程珦、蔡元定、朱松。至萬曆間，用科臣議，增祀周輔成焉。丁日先祭啓聖，而後祭孔子。

萬曆三年乙亥，知縣敖選重修學宫，增置學廛於東南隅。

九年辛巳，教諭徐常吉作三友軒。

萬曆九年《三友軒記》：余至海上之明年春，諸生以學舍湫下，將爲余搆堂於其側，既卜址，弗果。及是夏潦，廨水盈尺，僕褰衣涉，與蛙上下，婢子着屐汲炊，時時仆水中，室人誶誶讁我。于是諸生復申前議，各捐私鏹，余亦佐以升斗之費，爲屋三楹于廨之西偏。落成，因楣曰“三友”，蓋取益者之意。客有問於予曰：“子之於此傳舍，矨燥濕之不時，而奚以更諸爽塏爲？”余曰：“予之故里去此不五百里而近，猶桑梓也。吾唯於此日進三益，相與揚搉古人，披瀝衷素，時或户外屨去，扃關几坐，龍見天游，虚室生白，吾尚不知天地之有高下，而奚知蘧廬之有彼此？又奚數數焉較貧與冷爲？”既以語其人，退而爲之記。教諭徐常吉撰。

《徐學博常吉去思碑》：國朝職於學者，多出鄉舉歲薦。要非疲於角逐，則迫於崦嵫，往往卑不及格，卒無能越常格尺寸以自舒轉於世，懼途短而志不遠也。儆弦徐先生以寓内山斗典上海教事，攜圖書山桐蒯緱，從二三蒼頭，敝衣羸馬，襆蔑而來。首召諸生，諭曰："余奉若職以戾兹土也，諸君子皮相而腹語，得無曰此晚無復之得一博士而甘心者乎？脱余願汙黄龍水以自脂潤，則早從銅墨以去，而何冷局？爲人各有志，余將與諸君子寓目溟渤，弔海若君，諸君子幸無以博士員遇我。"自是簡科條之繁瑣，無益弟子者去之，而申嚴修行譚經課文之約，時時進諸生，盡發其武庫之藏，自制舉藝以及六經諸史、百家稗官，玉屑縱横，令人羣飲，各充其量，切劘攷訂，不覺晷移。雪深則出玄酒，苜蓿燃紅，過丙夜猶側弁而哦。諸生亦斐然向風，鵲起鵠侍，如枵腹而望果然。户外屨常満，法堂前草靡孑遺，蓋三年一日也。甲申冬，以上春官去。癸未春，舉進士，留視草中舍。諸生引領北望，交口咨嗟，曰："安得今人古行如吾徐先生者，繼今以後不可知，即耳目覩記有能不傳舍（示横）〔視黌〕校，捐俸搆軒，覆我宇下者乎？有能不嚴視守令，昂藏引重，聽其喜怒若飄風者乎？有能不讐視僚佐，疾則代其監司試草，歿（其）〔則〕讓脡脯以歸其旅櫬者乎？有能不貴視赤刀，食禄二鍾什九在外，童子報瓶罍俱罄，處之晏如者乎？有能不市道視青衿，幽滯者先游而不德，冤抑者曲洗而不居，貧不能贄者却其贄而代爲之贄，令遊名節者乎？"諸生縷縷誦述，低回不能去，則謀託之金石，以垂永久。而先生高足弟子黄君體仁、朱君家法來問記，謂余附先生榜，且交先生深也。余承二君請，而有慨於中焉。夫世稱博士先生，爲卑官歷階而上，多通顯矣。然有位通顯而所至污蠛，去若敝帚，位無益於身後也。今先生方處高華，不必且爲尊官，即一博士高節獨行，揚芬流芳，亦足不朽。而人之隨地可爲千古者，又奚直博士哉！先生名常吉，别號儆弦，常之武進人。上海學用博士登進士者，自先生始。博士之能廓落垣夷，不局蹐常格作纖嗇態者，亦自先生始。是皆宜記，遂書之。邑人俞顯卿撰。

十二年甲申，知縣顔洪範重修學宫。廣明倫堂、月臺，填教諭宅污池。

十九年辛卯，知縣楊遇命義民朱錦重修學宫。

三十年壬戌，知縣劉一爌闢文廟地。時新作黌門，勒文於壁，曰"璧水宫墻"。

四十七年己未，知縣吕濬重修學宫，復學前侵地。

崇禎七年甲戌，知縣劉潛修葺啓聖祠、明倫堂。

國朝順治三年丙戌，知縣孫鵬修整文廟、儀門。

八年辛卯三月，禮部申學政六條於天下學校。本年，知縣姚修蔚、教諭高遇修造東廡、西齋，重造三友軒。

九年壬辰二月，頒卧碑於天下學宫。

十五年戊戌，知縣陸宗贄、教諭許三奇修文廟。

十八年辛丑，教諭曹忱增葺文廟及文昌閣，知縣涂贄助成之。訓導王汝礪共襄厥成，邑人朱錦有記。

康熙十年辛亥，知縣朱光輝重修宫墻八十餘丈，教諭陳迪葺治尊經閣、名宦鄉賢祠。

十三年甲寅，疾風，文廟壞，知縣陳之佐重修，教諭馬廷桂助成之。郡人許纘曾有碑記。

十六年丁巳，邑人孫仕範捐資重新兩廡先賢、先儒木主一百餘座，子大經修儒學儀門。教諭馬廷桂有碑記，立於儀門，以紀其事。

十九年庚申，知縣任辰旦重修啟聖祠、大成殿暨儀門、兩廡。

二十二年癸亥，今知縣史彩重甃文廟前月臺丹墀。兩廡舊係甎甃，歷久破缺，今易以石，一望砥平。

射圃。

明洪武中，知縣王有貞築射圃，建觀德堂。

正統四年，知縣張正創射亭及學之後堂。見訓導徐研記。

成化十一年乙未，知縣劉宇買學北隣地以闢射圃，重建觀德堂及左右廂。觀德堂三間，東號房九間，西號房十三間。

《觀德堂記》略：上海，東吴鉅縣。學政舉弛，係令賢否，尚矣。成化甲午夏，鈞州劉侯來令是邑。首謁學宫，進諸生講解畢，次觀射于圃。病其地隘而禮無所施，遂毅然以開拓爲己任。明年春，捐俸鬻學比隣地，廣袤若干，于中搆觀德堂及左右箱。凡弓矢樂器之類，靡不完美。每朔望涖學，必舉行之。未三載，成德達材者彬彬而起，謂射不足養人於德乎？又以文昌祠舊逼生舍，乃遷於學東南，以稱神棲。改創東西號房，徙學門、櫺星門、文昌門並峙而南，置學官公廨，修養賢堂，添繕庫房，嚴嚴翼翼，以次興舉。學諭郭儀、司訓陳元録、盧繼明謂不可無紀，乃具書。所謂觀德堂者，《詩》有之曰："肆成人有德，小子有造。"請爲侯頌之。又曰："文武吉甫，萬邦爲憲。"諸士勉焉。學士錢溥記。

正德十四年己卯，知縣鄭洛書重修觀德堂及廂。今久廢。

學田

元大德六年壬寅，松江府給上海縣學田五百畝。見前趙孟頫記。

至大三年庚戌，邑人運使瞿霆發助學田五百畝。見前臧夢解記。

延祐元年甲寅，僧善能獻私田四百九十五畝於學。

《釋氏舍田記》畧：上海由鎮爲縣之三年，縣始有學；又十年，學始有田；又九年，邑丞王君珪乃改作學於縣東。延祐元年冬，歷山張侯如砥來尹是邦，延見諸生，視其居，則齋廬未治也，庖廩未充也；按其籍，則田之析於郡庠者，出於邑之賢士寓公者，歲爲米不盈四百石，惕然深懼士失其養，而學政之弗舉。爰洎學官毛君夢雷謀大其規制，而未知所出也。上人善能者，介邑人浦元姜濟，請入私田四百九十五畝有奇爲學宫永業，以佐經費，侯既納其請，則白狀於縣，而輸券於學。嗣主教事者方君遇聖，以爲向之克有學有田不易如此，而上人遽能不愛其所有以弛吾乏絶之慮，是不宜使後之君子無述也，乃伐石徵文爲記。嗟乎！大道隳裂，儒墨之異趨久矣。是果不可罔歟？《易》稱“同人於野亨”，而謂“同人於宗吝”。夫爲善而不擇其類，致亨孰大焉。施惠而不施其黨，去吝孰先焉。上人亦嘗學於是耶？土地之利，其未爾。竊嘉夫是舉也，近乎吾聖人之旨而有非墨氏之所謂同者，故爲之記。其目之細，則碑陰存焉。將仕郎、台州路海寧縣丞黄溍記。

至正十一年，僧覺玄入田蕩六百畝于學。見前侍郎黄溍記。

明嘉靖中，邑人國子生顧定芳助田百畝贍學，後知縣黄文煒復置田百畝。萬曆中，知縣顔洪範繼之。

本朝康熙年間，撥府學明貞女鄭氏助田百畝。今縣實徵田共四百七十六畝有奇。

顧定芳捐田，今實額九十八畝零，坐落二十五保九啚、十五啚，每歲納銀二十兩。

府斷吴明入官公田二十二畝三分四釐四毫，坐落二十四保三啚，每歲納銀二兩一錢。

知縣黄文煒買張達田，今實額九十畝零，坐落二十六保十五啚、二十二啚，每歲納銀十四兩。本縣斷入送學田四十八畝五分一釐，坐落十九保八十四圖，每歲納銀四兩八錢四分五釐。

知縣顔洪範買張威田二十畝一分四毫，坐落二十二保四啚、四十三啚，每歲納銀五兩二錢一分六厘。

康熙年府學撥明周浦鎮貞女鄭氏助田九十□畝五分八釐六毫，每歲納銀十六兩七錢七分四釐，坐落三圖、四圖。

又二十保十六圖、二十二圖、七圖，共田九十二畝八分七釐二毫，每歲納銀二十一兩五錢二分六釐。

已上共縣徵額租銀八十四兩四錢五分七厘四毫，例解學道。康熙十九年，酌減一半，解司充餉，一半仍解學道，修學贍貧。

姚涵田二百二十畝，在三十保正、副段區。潘憲告明送學作爲義田，每歲納銀二十兩，儒學收作公費之用。

名宦、鄉賢祠

明正德己卯，知縣鄭洛書作仰高書院，依於學宫以祀名宦、鄉賢。後遷於戟門外，左曰名宦，右曰鄉賢。

名宦祠：

晉長合侯袁崧。

宋松江提舉董楷。

元知松江府事僕散翰文。

明治水户部尚書夏原吉。

巡撫南直隸工部尚書周忱。

巡撫南直隸兵部尚書兼右都御史王恕。

巡撫南直隸都察右副都史彭韶。

提學御史陳選。

松江府知府樊瑩。

知縣祝挺。

知縣李棨。

知縣鄭洛書。

知縣黄文煒。

知縣徐可求。

儒學教諭趙正

巡撫南直隸副都御史周起元。

知縣徐日久。

知縣彭長宜。

鄉賢祠：

唐中書門下平章事陸贄。

後唐貝州宗城令顧謙。

元平江萬户侯費拱辰。

浙東宣慰副使任仁發。

浙江行省員外郎楊乘。

明文華殿大學士全思誠。

江西布政司參議蔣性中。

淮安府長史李伯瑛。

江西建昌府知府張紘。

福建福州府知府朱豹。

四川左布政司沈恩。

湖廣布政司參議張萱。

詹事府詹事贈禮部右侍郎謚文裕陸深。

太醫院御醫贈光禄寺少卿顧定芳。

都察院左都御史贈太子少保謚恭定潘恩。

南京工部郎中李昭祥。

貢士張泮。

通政使司右通政趙灼。

魯山王府教授蔡紳。

巡撫山西都察院右副都御史唐繼禄。

陝西按察司副使潘允哲。

南京通政使艾可久。

陝西按察司副使潘允哲

四川右布政使潘允端。

雲南按察司副使喬木。

陝西布政司參議王圻。

山東按察司副使黄體仁。

贈浙江布政司參政姚繼禄。

四川布政司參議喬拱璧。

山東右布政司參議張景平。

贈工部都水司郎中朱察卿。

太子太保、禮部尚書兼文淵閣大學士、贈太保、謚文定徐光啟。

福建建寧府知府張元玘。

敕封文林郎、江西永寧縣知縣陸明允。

中書科中書舍人徐驥。

貴州石阡府知府陸郯。

太醫院吏目曹國裕。

國朝

孫仕範。

社學

明正統天順間,設於縣東北一百二十步、各鄉,凡四十九所,教讀五十名,生徒一千二百二十四名。成化八年,知縣王崇之重修。正德末,知縣鄭洛書以無勅額菴院爲之,凡九十六所,講行鄉約。又隨社學爲社倉,積穀賑饑,有約長正司其出入。

成化八年《社學記》:皇上嗣登大寶,注意學校,作興培養,爲將來之用。又慮蒙養匆端,復有社學。時御史陳公選提學南畿上海,視學之餘,詢及社學,未有其所,乃委縣令李文買縣東北市民地四畝、屋若干,集材鳩工,悉撤而新之。闢門通道,構講堂三間,後堂如之,中爲屋以屬,前挾兩齋,次列庖湢,周築墻垣,外樹坊表。選童蒙穎秀充牣其中,擇可爲師以司訓迪。予感斯舉見朝廷作興之盛,爲文記之。江震記。

書院

仰高書院。在上海儒學南。初,知縣鄭洛書建仰高祠以祀名宦鄉賢,後别作祠於戟門左右,遂改祠爲書院。崇禎中,設知府方岳貢像。

《書院記》:正德十六年春,上海縣作仰高祠,夏四月落之,諸生高企等議鄉與宦之賢者,共十有七人。世不同爵位不同,賢同賢宜祀於左,鄉賢祀於右,以賓主定位,神而人之之義,皆北向孔子廟,春秋丁祭畢,各以羊一、豕一,校官祀而獻焉。縣以白諸巡按李公、巡按馬公、提學蕭公、郡守孔公,從之。近之賢未有入祀者,議論未定,以俟後之君子。噫,賢者勸不賢者,沮祠亦足以教矣。知縣鄭洛書記。

義塾

鶴沙義塾。在下沙鎮。元瞿時學訪吴潛讀書處。

《義學記》:上海鶴沙義塾者,隆慶三年縣人雅州守瞿君時學之所建。前爲廟,後爲塾,而廟有殿,殿有廡,廡有門,塾有講堂,東西有齋舍,有庖有庫,而先聖先師之廟祀、師弟子

□廪膳，則有田一十四頃以給之。視州縣學，蓋無差等矣。其後，瞿氏子孫日已陵替，田既易主，而塾亦旋廢。至正十八年，縣大夫何侯始即故基而重搆之，宏壯麗密，比舊有加。仍勸知經之士割田七頃有奇，以供祭祀廪膳之費。及蘇君宗瑞之來爲縣也，以學政弗舉，生徒散去，遂延禮儒士易蒙，俾主其塾事。蒙於教養之暇，益以興修廢墜爲己責。凡祠宇之未具者增之，禮器之勿完者足之，租税之不實者正之，其屋廬之多寡，田畝之廣袤，亦既立簿正以稽其數，定契券以表其畔。猶懼後之人或失之也，謹伐石以載始末。戴良記。

�溪義塾。在三林塘鎮。鎮人儲璇建，錢福、湛若水爲之記。

方氏義塾。在下沙場鹽課司南。明嘉靖二十二年，里人方鏞建，又捐田以贍師生。知府順德何繼之、鹽運使晉江洪富各有碑記。鏞曾孫日旭、日輝重修。

附文昌祠

元至正七年，知縣劉輝遷文昌祠于學宫北。

《文昌祠記》畧：上海始爲鎮時，東有文昌祠，鎮既升縣，遂改爲學宫，而祀其神于東廡。至正五年冬十月，縣尹劉侯下車，展謁學廟，見廡下祠，顧謂教諭章服曰："此非祀神之所也。神教人忠孝，其功爲大。聖朝既錫號，故祠祀之於學，終不若專祠爲安。"服感侯言，邑士章伯顔慨然以爲己任。乃除地學宫之北，爲屋四楹，像設正中。工未畢而侯以憂去，服亦秩滿遷。後教諭朱以寧力就其緒，復以侯意，勸章即祠前爲軒三間，周甃其地以石。于是籩豆有秩，序列有容，堂宇靚深，塗塈鮮餙，稱夫神明之居。經始於丙戌之冬十月，落成于丁未之春三月。徽州路歙縣儒學教諭屠性記。

明正統四年己未，知縣張禎建文昌祠門。見前徐研記。

成化十一年乙未，知縣劉宇遷文昌祠於學之東南隅，以其地改立生舍。見前錢溥《觀德堂記》。

萬曆三年乙亥，知縣敖選改修文昌祠。

國朝順治年，教諭曹忱以祠傾圮，移供尊經閣。

天學附

天主堂。在縣治北，西士潘國光建。

明松江府推官李瑞和《記》：天啓間，長安中鋤地得唐建中二年景教碑，士大夫習西學者相矜，謂吾學已顯于唐之世。然撫碑版字文，不覩異人之跡，則信從之者猶少。唯利西學士抱絶世之姿，一旦而入中國，其跡奇，其法大，中國賢智之士多宗之。是時，徐文定公光啓假歸里居，講求經國實用之學，而西士郭仰鳳、黎寧石二先生者，不遠而來，文定與語契合，乃爲建堂于居之西。崇禎二年，文定以禮部侍郎入朝，遂以龍華民、鄧玉函、羅雅谷、湯若望四先生薦修曆法，朝廷諭欽天監正，與西士以日食遲速多少驗之，唯西學不爽毫黍，於是遂督同修曆，有"欽褒天學"之額懸之各堂，而上海居最先。余奉簡命來李是邦，于是有潘先生國光者，道風高峙，披面無繇。適余至滬城，先生不鄙余而過存之。虬髯深目，炯炯有光，余叩以天主立教之意云何，則抗聲而談曰:"儒家不曰畏天命乎?無主何由命。不曰敬天勤民乎?公有勤民之職者自源及流,非敬天何以勤民。"余悚然異其言,始知西學與吾儒本天之義,爲一揆也。會先生以舊建堂卑隘,瞻禮者衆,不足以容,乃市安仁里潘氏之故宅爲堂,而以向所建者奉供聖母。郡公爲之給帖改建,而余爲之序,時崇禎十四年辛巳春日也。

本朝知縣涂贄《記》:今皇帝膺圖御宇,敬授人時,首重憲天之學,特詔欽天監依西洋新法造時憲曆,頒行海内。又以西士湯道未先生辭旨淵深,不時召對,所言皆驗,寵賚有加,賜以"通微"之號,于宣武門内建天主新堂,宣揚正教,猗歟盛哉。聖主昭事上帝之忱,與賓賢柔遠之典,亘古今而首出矣。緬惟明萬曆九年,泰西利瑪竇以神穎之資,挾七克之業,偕同輩航海而至,晉見庭陛之間,備極宴勞之禮,餼廩居舍,眷賜至殷。其所論列天文地理以及製器利用之學,靡不精詣。于時,朝端□尹咸切景從,而海上徐文定公信服特甚。蓋文定學術弘密,其生平講求皆裨實務,故崇奉最先,于是天下始知天主之教,格物窮原,守誠潔己,不與圖虛詭異者等矣。故都省鄉井皆搆堂虔禮,而文定于居第之右新輪奐以對越者幾三十年。若黎、畢諸君則皆敷教兹地者也,其後覩譯往還,潘先生國光與今通微教師及賈先生宜睦繼至,潘先生獨留于此,教鐸所開,人心嚮悦。復建堂于安仁里,丹艧聿新,威儀自肅,其以答於穆而嚴奏格者,功豈渺小哉。文定外曾孫許孝修太史讀中秘書,精西學,暫出藩敝鄉,以余令兹邑,欲介余一言以垂示來學。余惟唐肅、代之間有西士佶和,入朝,詔靈武五郡立天主景教寺,彼其時,如房僕射、郭令公等實羽翼之,相侈爲盛事。豈若熙朝至尊,特隆欽若之恩,而敷天之下咸知戴天德以戴聖化者之爲教,尤宏遠也。于是乎書,順治庚子二月。

康熙四年,衆西士奉旨恩養廣東。至十年,栢應理、劉迪我奉旨歸堂重修。

知縣康文長《記》:康熙十年辛亥,余以就選赴京師,過宣武門,登天主堂,威儀齊整,丹艧輝煌,爲周游肅拜而出。友人謂予曰:"子亦知西學之所由始與近幾廢而復興之故乎?昔通微教師湯先生若望,依西法修時憲曆,至精密也。歙人楊光先心害其能,狂言詆讕,衆西士乃旅次東粤,以俟新命。會天子神聖,屢試光先,無左驗,褫逐之,仍諭西士南懷仁掌其事。子今登先生之堂,故爲子誦之。"未幾,予謁選人得松之上海,馬首欲南,而南先生惠然見存曰:"貴治有堂,爲吾友潘國光所建。潘老矣,將從東粤歸骨于是,先生其圖之。"予諾而之任。乃呼役夫飭庭宇,視垣墻,洒掃俟其來。越月,則潘先生已歸道山,而畢、栢兩先生扶櫬而至,因會葬先生於城之陽。又繕治故宇,得畢、栢兩先生以安其居。兩先生過余謝,予乃述都城所見聞與蒙恩詔歸堂之始末,以爲之記。

壇　廟

吾甚重祀而敬祭,古帝王猶嚴之。况風雲雷雨、社稷山川、城隍之神,皆載在令甲,敢或忽歟?然捍患禦災,有功德於民者則祀之,若海忠介之治河,羣忠之死賊,周、方二公之築城蠲賦，鴻勳亮節，淩古爍今。其他未易枚舉，俱附於秩祠之後。非曰尊鬼，亦以勸忠。

社稷壇。在縣西北。初在縣西南徐家浜，明洪武二年移建今壇，嘉靖二年重修。

明鄭洛書《記》：正德十六年上戊，上海令莆人鄭洛書肇祀社稷，空壇越在草莽，敗垣廢屋，牛羊來斯，弗稱崇奉之意，亟以祭之日修之。迨秋祭，垣屋新壇亦新。是年也，歲稔，人謂鬼神顧歆云。嘉靖二年七月立石。

風雲雷雨境内山川神壇。在縣治南。初在縣東北聖妃宫，洪武二年移建今壇，嘉靖二年重修。

鄭洛書《記》：上海山川壇昔者圮，官無齋所，神若野宿。正德十五年冬，洛書爲宰。明年春，顧瞻蕪陋，心大勿寧。遂以畢祭之日，築壇以棲神，作室以齋官，是秋告訖工。擇謹良二人守之，俾勿懈，壞則聞於官，亟修之，俾勿壞。嘉靖二年，時乃考績，爰勒所由。

東海神壇。在縣東南長人鄉，明洪武十六年建。每歲春秋仲月上丁日，詣申浦界口望洋祭祀。

邑厲壇。在縣治北，明洪武三年建，嘉靖二年重修。

鄭洛書《記》：明有鰥寡孤獨，幽有厲鬼。朝廷矜恤之心，何間死生。故厲鬼者壇而祀之。正德十五年，洛書出宰上海。越明年，清明舉祭，則見垣頹址荒，雲風蕭颯，草木淒其，若滯鬼號訴無依者。亟令工匠治其垣屋，更封其壇。是秋中元，祭告成，鬼罔怨恫，洋洋如在。嘉靖二年八月朔日，買石記之。

土穀神壇。每里一所，凡七百三十所。

鄉厲壇。每里一所。二壇俱明洪武十五年建。

城隍廟。在縣西北。明永樂間，知縣張守約建。天順間，知縣李紋重修，刻誥文於石。萬曆三十四年燬，知縣李繼周重建。康熙二十二年，知縣史彩捐俸倡修，而真君祠道士楊兆麟募化興工，兼建鼓亭。

明知縣馮彬《城隍坊記》：西北隅有廟翼然，即城隍廟。歲乙未秋八月，馮子至海上，例得謁諸神，新教令，喜上海之無淫祀而獨致隆於是廟。廟舊有門甚隘，司廟者羣市井村落之財建牌坊一座，黝堊焕若，以答神休。功將就，而馮子適至，因請題，馮子命之曰"保障海隅"，昭神功也。時有永嘉幼童善大書者至，即命書之。丙申三月八日。

土地祠。在縣儀門左。

羣忠祠。明嘉靖四十三年，知縣黄文煒建。祀本縣縣丞劉東陽、建平縣縣丞宋鰲、鎮海衛指揮使武尚文、浙江鎮撫吴賢、鳳陽散官丁爵、土民楊鈿。

黄文煒《記》：嘉靖癸丑，島夷犯順，竊發海堧，殺戮鹵掠，椎埋直窮荒落，頭足異處者相枕藉。幕府募死士戰，得失大不相當。上海時未城城，被殺獨先諸郡縣。是歲入寇者一再，甲寅歲復寇之，丙辰歲復大寇之。羅落千艘，攻圍甚急，城不潰者一髮矣。幕府先後檄公等兵之，夷賊故狡獪多算，卒以伏計待勝。公等所至，皆殊死戰，不勝竟死。丁力能舉千鈞，死於清水窪；武、宋與賊巷戰，死於市；吴統杭卒，死於黄泥浜；歲在癸丑。劉佐前令治理，政稱無害，死於太平寺里，歲在甲寅。俱累日不能收。武獨爲賊刳腹出腸，賊退，而過者爲之下涕。鈿以一身而當登城之賊，與賊俱死城下，圍遂解；邑之萬命，鈿實生之，功不在諸死者下；歲在丙辰。先是，邑之學士大夫與邑之人以公等死狀言於監司，請祀於邑神廟之左矣。黄子捧檄來上海，見神位棲於一室，照漏天日，不蔽風雨，念非所以妥神靈，又豈士人與有司所忍見也？乃聚材鳩工，因葺故所爲祠宇三楹，西之隙地復爲屋二楹，以爲藏牲酒所，增厨墻垣，具如儀門，扁曰"羣忠祠"，告成於甲子四月。黄子曰："損性伐生，賢者弗與，死誠賢者所重也。然與草木同腐，名稱不立，生猶死矣。史稱傅燮戰没而狥漢陽之急，紀信舍生而解滎陽之圍，豈有見於泰山之當輕於鴻毛哉？公等抗義奮身，不避鋒刃，俱以節死，庶幾無媿古人矣。俎豆維馨，光於千禩，謂非死猶生哉。故爲之記而復爲之詞，以侑公等。"劉，四川人，死後于宋而首祀之者，以丞上海故，且以勵後之吏兹土者。其辭曰：海波揚兮鬬鯨鯢，天狼爍兮光陸離。忠魂升兮恍無期，御蒼龍兮駕白螭。舞長劍兮揚旌旗，髮上指兮干雲霓。爲厲鬼兮佐王師，滅卉服兮蕩諸彝。牲腯肥兮潔乃粢，永千秋兮繫人思。

胡芳《武、宋死事歌》：爲國攘彝心不貳，天地鬼神知有誓。白刃雕戈非不利，前無開先後無繼。一身敢當三百騎，臨陣屢蹶黄金轡。鼙鼓無聲日西逝，一朝同死豈天意。悲風長號撼大樹，死爲百萬生靈計。救死扶傷在平地，吾將書功報太史。巡遠復出大明世，千秋萬年有生氣。

曹垂璨《記》畧：羣忠一祠，前邑侯黄公文煒所以叙其先後死事之跡甚悉。計嘉靖之季以迄於今，百有餘年矣。歲月既遥，風烈寖遠。然按前志所書，篝燈疾讀，即無不骨騰肉飛，髮立毛豎，欲以身厠其間而爲之奮臂争死者，所以見人心之同，而忠臣義士之所以不死也。皇朝削平畔逆，于以四方，克定厥家，其用武亦既效矣。先朝死事之臣，即今日糾桓之彦，而乃使之等於若敖，非所以厲武功，壯忠節也。會我同志鼎搆祠宇，肇修祀事，所以綏神靈而鼓後人敵愾之氣者，端於是乎在，故爲之書。

李公祠。明嘉靖間，知縣馮彬建，祀知縣李棨。

唐錦《記》：公諱棨，字從質，河間任丘人。成化戊戌進士，己亥來知縣事。縣役繁鉅，人皆難之，公和平靖深，寬簡粹密，開誠布公，酬應如響。争訟至者，每開諭使之自釋，吏胥旁睨，不得容其奸。徭役聽其自議，然後稽詢衆論而差次之，無弗均者。歲之常賦五十餘萬，前令督責百方，卒莫時集。公緩期寬約，而民虔相戒飭，趨輸恐後。歲嘗再旱，公茹蔬籲禱，彌月不懈，雨乃時降，遂以有秋。邑故有養濟院，舊唯敗茅數椽，公改建夏屋二十餘楹。先是，貧家死者多從火葬，公亟下令申禁，展拓義塚，瘞者有歸。邑瀕大浦，操舟業渡者頭會，責貨利於衆濟，舟小不勝，時有覆溺。公市堅木爲巨艦，分置諸津，設官夫駕之。奸民奚勤、高祥者詐稱孟御史微行，公廉知奸狀，捕械付獄。至學較葺理，尤爲周悉。無何，以艱去，士民攀遮以留，涕泣相屬。邑人有事京師者，必迂道瞻謁以爲快。今令尹馮侯彬歆公風烈，時進父老講求公舊政而遵循之。父老嘆曰："吾儕老矣。乃獲復覩我公之政，何其幸耶！"薦紳耆宿謂公有大造于我民，非專祠弗稱，乃羣詣侯庭，具申誠悃，願致材力以畢素懷。侯爲相度厥址，得地於城隍祠之左隅。衆樂趨事，不日告成，輿情慰悦。因摭公之所以感人天者，書於麗牲之石，使後之吏玆土者知所勸云。

孟侍御祠。在三十五保，明景泰中建，祀御史孟暘。

三公祠。在三十保吴淞北，祀明都御史海忠介公瑞、按察司僉事鄭公元韶、上海知縣敖公選。初，本保土性磽瘠，糧額不均。自吴淞淤塞，民益凋敝。瑞始奏濬吴淞，元韶丈地均糧，選申請改折，民甚德之。里人王熠捨地捐貲，立祠江上，以識不忘。尚書潘恩爲之記。熠，即學憲王圻之父。

忠勇祠。在南匯所，明嘉靖三十年建，祀李府及子香、黍。

李日華《記》：嘉靖癸丑，倭寇内犯，四散流劫，南匯被圍，官兵望風披靡，奔竄幾盡。有官軍李府者，率其仲子香暨及族丁三十人力戰，斬首四十餘級。賊退十里，吾軍稍安，乘勝追逐。有賊首長丈許，聲若雷，府邀之戰，不三合斬之，於是賊相戒避焉。詰朝復戰，又斬其先鋒二人。賊走府追，戰再勝之，伏賊蝟起，萬矢齊發，父子身無完膚，均没於陣。無何，城遂破。越七月，更繕城守。明年四月，賊再犯，香弟黍年方舞象，仰天祝曰："爲君父報不戴之仇在此舉。"尋出戰，獲三級獻。是夜，賊以布梯於雉，魚貫而上。一賊將登城，黍覺，拔劍斬之。下視，賊且蜂起，黍急推城垜，垜傾，賊墮而死者數人，城賴以全。明日大戰，殺賊無算。賊聞其名，呼曰："誰是李三郎者？"黍挺身響應，卒爲賊砲所斃。府孫尚衮，年甫十三，哀號抱牘而白之當事。巡撫陳公憫之，捐俸立祠，榜曰"忠勇"。

沈公祠。明嘉靖中，巡撫都御史夏邦謨建，祀左布政使沈恩。

張秉壺《記》：公諱恩，字仁甫，登弘治丙辰進士。初任刑部主政，歷官至四川左轄。此區區名爵，未暇論也。據誌所見，如蒙逆瑾之誣，成古燈之獄，可以觀節；平白水之寇，榮采木之旌，可以觀才；削牢漁之例，省浮費七十餘萬，可以觀仁；易簀之際，貧無以爲殮，可以觀廉。非古所謂全德之君子歟？此真足以垂諸不朽者，宜其身後有令名焉以傳也。而可以無祠乎哉？祠地極褊小，建樓以主神居，東西亦各有側樓，外爲碑亭，前有石獅，南即通道，樓閣軒楹，僅成法度而已。蓋其貴極外臺，貧無立土，故遺田止三十六畝，當墓之陽，其宗人相與盟世守之，且擇良者掌歲入，以奉公祀于弗替，蓋足以見公德之在人心，竊喜公之祠終有賴焉已。

周、方二公祠。在積善寺西，祀明巡按御史周如斗、知府方廉初。嘉靖三十二年，如斗廉用邑人顧從禮議，築城禦倭，再造海邑，士民立廟祀之。萬曆初，知縣顔洪範以從禮從祀。

潘恩《記》：吾上海瀕海之陽，爲松屬邑，舊無城郭。嘉靖癸丑，會倭酋入寇，邑中鈔略殆盡，民恐恐然懼寇之復入也。時郡守雙江方公履任至，即行縣相度所宜，曰："斯城不築，是以民棄之盜也。"于是計廩輸羡，鳩工庀材，凡民廬延袤之數，環涂廣狹之差，磚石湊聚之宜，墉池高深之度，終始咸既厥心。畚鍤雲集，不數月而工就。是後寇之竄伏海隅者，紛擾村落間，而罔敢復窺邑聚，斯城之力也。又明年乙卯，侍御觀所周公以巡按至，下車江南，不遑寧處。布惠除苛，以恤瘡痍之衆；散財發粟，以業流徙之民；視地益兵，以防侵軼之寇。疏免是年田租二十餘萬石，民喜更生。明年丙辰，當代去，議留公復巡玆土，以順民心，於是公益殫力於民，煦嫗休息焉。是歲五月，倭復大舉來寇，奄至城下，圍而攻之者二旬，城中堅守，援兵亦集，賊無所鹵獲，遂解圍去。民益嘆曰："吾邑吾民，非方公築城於前，周公保息於後，其無噍類矣乎？"明年丁巳，周公改督學代去，方公擢江西憲副亦去，郡民懷思二公之德，相與立祠郡中，邑之人亦立祠邑城之北。周公名如斗，浙之餘姚人，丁未進士。方公名廉，浙之新城人，辛丑進士。

潘方伯祠。在舊演武場上，祀明布政使潘允端。以参政董澧儲，加惠桑梓，士民請於官祠之。

仰德祠。在川沙堡，明萬曆中建，祀贈潞安府同知喬鏜，子雲南副使木從祀。

陳繼儒《記》：仰德祠者，父老合祠喬公父子而設也。往嘉靖倭彝躪海上，春山喬公首倡團練之策，幕府即以屬公。公部署良家子，敢勇出死力，斬獲若干級。上功司馬，賜章服，給五等告身。所省餉以萬計，罷遣諸道兵以百千計。又濬川沙海塘外濠，刻日竣工，遥亘可百里。又築川沙城，公嚴督鄉賦長不少貸。怨家搆飛語穽公，公憤死而城工亦報成。倭揚帆東來，睨塘則濠深不得登，睨城則堅壁不得掠，於是里人轉思公德，且痛其冤，思所以俎豆公而未有日也。公有子曰伯梁，以進士起家安吉州，官至雲南憲副。所至以清白循良著稱，挂冠家居，則爲德於鄉益力。里距浦遠，〔少〕潮多旱，公發粟募衆，濬渠二十里。戊子大饑，饑民白日劫市上，公請於總帥衛宗人，以兵遷入堡中。里人以公能修春山公之令緒，於是謀祀春山公。祠成内主，推伯梁公爲祭酒，哭之慟，歸而寢疾，閲五月遂殁。父老嘆息，泣曰："父死冤，子死孝，謀同堂侑享可乎？"越丙辰，奠主昭位，舉升祔之禮，遠近環拜者至傾村洞巷，曰："喬大夫父子固宜有今日，但尸祝晚矣。"

喬將軍祠。在西關外，祀明都督同知喬一琦，天啓初建。將軍能詩，又喜書，以武功仕游擊，死滴水崖之難，贈都督同知。

陸鏞詩："繹騷羽檄奏明光，帶甲桓桓盡裹創。忽見重垓圍虎帳，坐令諸將失鷹揚。枕骸恨作殊方鬼，組練空悲故壘荒。莫訝鼓聲全不起，頻呼庚癸尚踉蹌。"

黄婆祠。在烏泥涇鎮，鄉人趙如珪建，元季兵燬。明成化間，知縣劉琬重建，後廢。萬曆間，邑人張之象改祠於張家浜上。天啓六年，方伯張所望移祠於二十六保寧國寺西偏。

張之象《黄道婆祠記》：上海西南廿餘里爲烏泥涇，故有道婆祠。云道婆者，姓黄氏，本鎮人也。初淪落崖州，元元貞間附海舶歸。閩廣多種木棉，織紡爲布，名曰"吉貝"，而道婆最善是業，州里宗之。先此，烏泥涇土壤磽瘠，民多貧困，因謀樹藝以給，遂覓種於閩廣間。然尚無踏車椎弓之制，率用手擘去子，線絃竹弧置案間，振掉成劑，厥功甚艱。道婆乃教以制造捍彈紡織之具，既以便民矣。至於錯紗配色、綜綫挈花，又告有法。故被褥帨帶之類，織以折枝、團鳳、碁局、文字，粲然若寫。士人競相做習，稍稍轉售他方以牟利，業頗饒裕。未幾，道婆卒，莫不感恩灑泣而共葬之。已立祠，歲時享之。越三十年，祠燬，里人趙某再爲立祠。今再燬，又數十年於兹矣。頃歲，行游其所，求問前所謂道婆祠者，業已頽廢，鞠爲灌莽，撫蹟增感，低回戲欷者久之。予遂於居舍之東北隅聽鶯橋畔捨地二畝，其右爲南北周行。乃集里中嘗所稱尚義者，凡若干人，共圖興復。經始方旬，而焕然改飭，像設具備，神有棲憑，于是里中庶士咸曰宜之。落成之日，爰來請記，蓋是舉予實倡之也，義何可辭？先王之制禮也，法施於民則祀之。吾松之民仰機利以食，實道婆發之，苟被其澤者，無忘追本之思，則祠祀可不廢矣。

張所望《移製碑記》：吾鄉之祀黄道婆也，始自勝國之季，而燬於兵，其後重建輒復廢。而吾家王屋公改祠於張家浜者，不三十年亦已化爲榛莽，余每過而傷之。念昔物壤磽瘠，民困無聊，生養至今，伊誰之賜？且輸貢尚方，衣被寰宇，明德遠矣，食報謂何？間與里中好事，謀所以似續不朽者。竊謂榱棟維新，黍離興感，昔人所慨，諒非無因。矧兹數椽，越在荒阻，地僻則寡助，事遠則易忘，旋興旋廢，勢所必至。夫惟金仙氏之教，終古尚存，而道婆故皈依法門，亦諸佛所攝，受俎豆於斯，庶幾永劫不壞乎？衆皆是余言。於是議即寧國寺之西偏附建一祠，余遂捐貲首事，屬寺僧董其役，就能仁之精藍，作報功之福地。祠宇既飭，聿觀厥成，像設莊嚴，輪奂輝映，爰易舊額，錫以佳名，勒之貞珉，是稱黄母。蓋衣食之源，嫗實開之，恩斯勤斯，等於育我，是所謂衆人之母也，而以母道事之，誰曰不然？余乃躬率旅人，設蘋藻之奠，拜於祠下。羣情胥懌，神用居歆，衆乃合詞進曰：歲比不登，吉貝靡所獲，母其陰相我下土，令杼軸不空，民以康乂，繼自今祗奉禋祀其無斁。皆再拜稽首而退。屬余記之如此。至其航海來歸，教民織作之始末，《輟耕録》載之甚詳，兹不重述。

明胡芳詩："黄婆古廟秋復春，不見年來祭賽人。當時抛却金梭去，誰教吴姬織白雲。"

許、徐二侯祠。在東闢外黄浦之滸。邑民追思明知縣許公汝魁、徐公可求德政建，合祠祀之，因燬於兵。今廢。

陳完詩："名宦祠堂何處尋，兩侯遺愛繫人心。漢家久列循良傳，南國誰芟蔽芾陰。學士橋頭空夜月，春申浦畔又秋砧。樓臺一望增餘恨，墮淚碑憐水底沉。"

仁壽祠。在城隍廟東廡之後。明知縣彭公長宜清廉慈惠，邑民塑像祀之。

祠故在廟東偏。康熙十年，今庶吉士周金然偕同學朱與洵、陳完、喬舒、朱與濬，以侯像東向爲不虔，爰胥宇於東北隅，得樓三楹，各捐貲鳩工整繕，迎侯像南向以崇禮之，顏其額曰"仁壽"，以誌其德云。

高昌廟。新、舊二所，新在城南陳家橋，舊在新廟南二里，皆濱大浦。

夏保廟。在界浜。

三王廟。

東嶽廟。新場鎮，有二，其東呼郭家廟。

浮霄廟。在洋涇北。

矴溝廟。在矴溝浦。

杜浦廟。在十七保。

劉清君廟。

江東大王廟。在下砂鎮。

懊悔龍王廟。

真聖堂。在十九保。

一王廟。在鹹塘。

十澤廟。白蓮涇南。

南北蕭王廟。在沈二庄塘。

晏公廟。一在西城外，一在新場鎮。

淡井廟。在城西五六里，元時爲城隍廟。

魚鱗廟。

施相公廟。在茅祈匯。

列士大王廟。

封林廟。以村名。

築耶將軍祠。在長人鄉，祀袁崧，今廢。

二王廟。在周浦鎮。住持僧有瘋疾，人稱瘋和尚，極誠實，多敬信之，創建後殿，實其功也。

吾東廟。在三十保。相傳宋太師劉錡奉祠山神，在所居之左，故曰吾東。

通濟龍王祠。在滬瀆，吴越時建。宋景佑五年，太史葉清臣重修。

王彝《神絃曲》："鼕鼕天鼓秋潮裏，雪山耀日青山紫。金鎻蛇鱗百尺身，領得江中萬魚起。女巫亂乳飲龍孫，雨蔫芙蓉瀉秋水。神絃棖棖風雨黄，明珠一夜照龍堂。滄江水渾龍濯足，明朝化作林中緑。"

東嶽行宫。在周浦鎮永定寺西偏。康熙十二年，里民蘇士榮建。

沙塗廟。在十七保，建于至正年間。明崇禎二年，里人張希齡重修。

高昌廟已下向列寺觀之後，今附於壇廟下。

寺　觀

儒門淡泊，禮陳樂設，不能收豪傑之心。二氏流傳，教立象尊，有以導迪吉之路。用雖不同，體唯一致，故崇廟貌，肅觀瞻，即先王以神道設教之意也。凡載在舊志與今所建置者俱録之，亦曰尊王，匪云狗俗矣。

積善講寺。宋紹興間，里人李阡夢金人乞坐地，遂捨地爲精舍，度其孫師立主之。元至大間,有番賈航海南來,拜師立道上,自云慕師高德,以貨寶一巨艘施之,不通姓名而去。立遂大拓舊規,請額爲積善院。明成化間,僧道言重修,復建海會堂。本朝康熙己未,大殿傾圮,西房住持僧海印力募重修。至癸亥復圮,有維揚僧海潮飄然到寺,善信雲集,大殿重新,山門鐘樓以次修復。寺爲祝聖習儀之所,僧會司在焉。邑人曹垂雲、張谷、里民倪鼐等實董其事,故附書之。

廣福講寺。石晉天福間建,明洪武及成化間重修

內有潘恭定祠。邑人徐汝翼記畧:廣福,一禪寺也。祀恭定者何?以報功也。何言乎報功也?嘉靖間倭亂,軍需告匱,議將東南寺觀鬻之以助。時公鎮撫河南,命其仲子攜俸償直。未幾,復尋前議,公又命仲子償之如初,寺始得永存,以綿此方福利於久遠。今擬募建祠堂,繪公遺像奉祀其中,而公之伯子率子弟輩捐貲相助。經始乙酉正月,落成於十有一月。堂凡三楹,夾室二,儀門一,貯經月樓,供祭有庖,燕享有序,繚以周垣,費錢若干緡。請鐫其事於石。余唯恭定公天挺名世,歷宦四十餘年,宦跡滿天下。余嘗分臬大梁,行部禹州,故公移守郡,余謁其名宦祠,則公之爵里名氏,與鄭子產、黄次公,與公並祀兩楹,竊嘆彼都士論何其嚴而核也。夫汾陽鑄像,廣化增崇,白傅懸真,香山益勝。《記》曰:"有功德於民則祀之。"寺固民所藉以邀福也。幾廢而獲存者再,則建祠以祀公也固宜。

圓明菴。在顧孝子墓側,本爲顧氏墓菴,以雪嶠大師遊方駐錫,移郡中圓明菴額懸之庵中,遂爲圓明菴。邑人錢金甫爲之記。

青蓮菴。隆慶六年建。前後四房,東房有放生池。前楹今建昭武將軍書院。

沉香閣。萬曆庚子年建。邑人潘允端督漕駐淮上時,有沉香大士寶像從海浮至淮口,乃奉請以歸。邑有災旱,祈禱必應。年久傾圮。康熙甲子,大士降乩諭,邑人曹垂璨修理一新。

鐸庵。邑人張在簡讀書處,有董文敏"蔽行山房"額。康熙元年,邑人曹垂璨與俞源倡改爲菴,延犀照禪師駐錫。後鈍夫、慧遠相繼接席,至説菴而益光大之。康熙十九年,陞任知縣任辰旦建大悲閣。二十二年,説菴募長生田若干畝膳衆。按:菴西隙地七畝有零,本濟農倉故址,久廢。康熙九年,邑人朱景旦呈請開懇,給帖存照,後辟除蕪穢,漸作菑畬。于十五年,菴僧超忠具請陞科,隨于十六年奉部覆,照草蕩事例,每畝五升科則准熟田五畝五分,即按年輸納訖。因勒石以記,俾後起者知𡑞地之山及陞科歲月云。

曹垂璨《鐸菴記》畧:鐸菴,本城西廢園,存屋數椽,餘爲畦丁蓺植之所。江右犀照和尚來游,遂卓錫焉。余與張子越九、俞子秋來襄其事,因而編籬插槿,種竹栽蔬,向者牧豕彈雀,今則晨鐘暮鼓,禮足者繞座矣。犀照曰:"昔普化和尚得法後,不欲匡徒領衆,手持一鐸,逢人輒向耳邊振之。"故以鐸名菴。夫尼山以木鐸,而犀公以菴鐸。於是松龕石磴、白拂朱藤、芒鞋鳩杖、竹榻茶鐺,鐸之具也;雲霞盤矗、星斗闌干、松風謖謖、篆煙霏霏,鐸之景也;珍珠瓔絡、貝葉優曇、法筵龍象、七寶莊嚴,鐸之供奉也;饑來吃飯,困來打睡,二六時中,醒然不寐,鐸之静參也。如是,則何往而非鐸耶?嗟嗟!蘇臺終冷,金谷成丘。何如兹菴,千年善地。護法檀那,同參聖諦。一棒一喝,發明祖

意。選佛場中，心空及第。請謝世緣，來持半偈。

陞任知縣任辰(且)〔旦〕《大悲閣碑文》畧：皇帝建元以來，道貫三教，德育萬類，奮武揆文，敉寧底定，參天貳地，未易究陳。越十有四年，辰旦受命知上海縣事。景仰先賢之行，祈進儒者之治，將末俗之更新，信斯民之近古。唯念同域娑婆，罕能説法，三塗盤錯，六入恍惚，望白業之尚遥，嘆黑灰之闇結。遂出六年之俸，期種三藐之果，此大悲閣之所由作也。爾時，薦紳以暨博士弟子員皆江左之碩彦，協薙草開林之力，文苑之淑望任鳩工稱事之勞。於是五材畢備，百工具舉，横亘給園，半齊竿柱，瓔珞寶幢，毫光如灌，彌天祥耀，永籍憑依。蓋經始於十九年之季夏，落成於二十年之仲春也。是歲之夏，史君諱彩來宰兹邑，靈樞圜轉，智刃游裕，護持之功，實攸賴之。鐸庵釋元澤，西林長子弘覺嫡孫，素著古德之風，兼攝住持之職。夫蹟久則湮，銘傳而顯。裴休之捨宅難追，李邕之勒石可鑒。用繕銀書，乃施珉篆，庶靈巖之常見，識光景之永新云爾。

張錫懌《長生田記》：鐸菴之有長生田也，即今癸亥始也。自犀照和尚開山，後禪師代乘謀所以贍學人者，不過曰月米、托鉢米，又易之爲瓶米，計亦止此數端，是僅救目前之暫，而圖所以無窮者則未也。今幸得説公繼席，萬行峻特，一性泊如。數年來，大悲閣佛殿、方丈、山門次第整飭。説公以大衆缺食爲憂，輒咨之于余，余曰："師不見天童長生田例可做乎？"師爲首肯。余遂同緑巖曹子首倡其事，有田者助田，無田者貼價，以百畝所入，除官糧外，一歲可以贍百餘指矣。或者以數少爲嫌，余曰："是無虞。夫余一倡而應者接踪焉，知他日此百畝之外不化爲盈千盈萬，而百指之餘不廣集如給園大比丘衆乎？則是食有無窮，而施者亦無窮也。"因以是語舉似説公，説公矍然曰："護法願大，衲子腸廣，請以是相無窮。"遂記之，併勒諸同志姓名于石。

又《同善會序》略：鐸庵向有放生會，年來親朋凋謝，闕焉不講。余舉而復之，名其會曰"同善"，蓋以放生者，特善中之一事，余則本乎其意，舉凡物之同有其生，與凡事之有類乎放生者，皆得推而廣之，其勉强而行之也。人非上聖，驕與吝或不免，而性之善自存。《大易》之言曰："同聲相應，同氣相求。"天下之形色不同，而聲氣之善者則無不同。顧火之性本上也，無以發之則不炎；水之性本下也，無以決之則不達。人之性本善也，上之人不能鼓舞而作興之，下之人不能樂羣而勸勉之，則爲善之意亦不能油然以生，非出於驕即出於吝，而薄德寡恩之事靡所不作。間或有驕語好施，希心福報，而一本之親、同類之子，聽其困苦危亡，而莫之省憂，爲善者固如是乎？余願與諸君子約，發一言而有解於患難也，則生在一言，行一事而留餘於子孫也，則生在一事。見一人疾苦也，不憚殫心，極慮臨危履險以濟之，則生在一人者，即生在萬族。諸如耳目之所偶及，無一不存乎好生之意，而由本及末，由大及小，不狥其名，不責其報，使人人皆有油然爲善之心，以庶幾合於與人爲善之旨，此則余復舉斯會之意也，當與諸君子共勉焉。

同善會倡和詩。張錫懌原倡："垂老方知積善難，邀來蓮社共盤桓。春風已放梅花早，火樹應消雪色寒。不盡雄心悲逝電，無邊願力障狂瀾。幽居也抱蒼生念，莫作尋常佞佛看。”任辰旦詩：“謝客東林結社難，勞人倚意更盤桓。香飛曲徑花臺迥，氣静深山竹閣寒。高調自難追白雪，塵襟乍喜挹清瀾。庭前樹有優曇在，取次春風好共看。”朱在鎬詩：“休訝吾儕善果難，此中最樂可盤桓。常扶陽德如觀火，莫誦陰符中薄寒。百歲飛光知夢幻，寸田似水不波瀾。唯將宗乘西來意，好共同人諦眼看。”曹垂璨詩：“濁世應知向道難，欣逢初地可盤桓。攜笻欲識拈花意，竪拂猶驚立雪寒。琴撫無絃忘色相，心同止水息波瀾。何妨竹影西窗下，半偈吟成倩衲看。”毛甡詩：“沿城何處問阿難，行盡橋西舊井桓。午日到門聽磬遠，春風吹水隔林寒。開亭喜見飛花雨，高座剛逢渡海瀾。不信衡陽龐處士，今來仍作旅人看。”繆彤詩：“海濱蓮社往還難，却有高人鍾與桓。堦下泉聲通大壑，林間花意耐初寒。巍峩傑閣招黄鶴，浩渺申江拂紫瀾。聞道遠公愛肥遯，籃輿肯許載花看。”胡士著詩：“飛錫初經行路難，西江帶甲正桓桓。鉢龍到海潮音壯，簷鴿迷煙瀑布寒。明月半肩分浩劫，鄉關一杖砥狂瀾。座前深竹秋陰滿，仍作匡廬結壁看。”錢芳標詩：“閱過羊腸九折難，軟紅堆裏厭盤桓。得辭世網青鞋辦，肯放心盟白社寒。噩夢半醒猶作囈，迷津一顧即生瀾。槵珠聲静蕉團穩，腐鼠文犧不耐看。”

一粟菴。本徐氏荒圃。康熙七年，四明僧超濬置買建菴，邑人曹垂璨取“金鷄解銜一粒粟”之義題額，有茂林修竹之勝。菴後陳氏河，陞任知縣任辰旦捐俸，買爲放生池。

長壽菴。隆慶元年，僧德湛建。萬曆十二年，創大殿。後傾圮，僧鎣公重修。

邑人張錫懌《記》畧：菴建於隆慶元年，僧東川實創始人，而佐成厥功者，則存甯太行兩潘公也。至萬曆十二年，續建大殿，位置翼然。先王父建寧公賦遂初與象一輩結方外社，厥後喪亂洊臻。淡雲鎣公慨然以再造爲己任，不事勸募而扶衰飭敝，焕復舊觀。蓋公戒行精嚴，福緣夙秉，樹績易而成功速，宜也。

地藏菴。順治七年，僧中恒建。

羼提菴。康熙元年，僧湛源建，陞任知縣任辰旦題額。

齊昌寺。在縣治南，久廢。

崇寧菴。在縣東南。

已上係在城寺菴。

潮音菴。學士橋北。明嘉靖間，陸文裕公淑人梅氏建，今爲陸氏香火。

衆善菴。明萬曆二十五年，僧幻初建。順治九年，僧自心重修。

青龍菴。小南門外。

小武當。大東門外，創于萬曆十二年。至康熙二年，住持一鑑募前協鎮王光前重建三義祠。

萬勝菴。僧海宗開山，今法嗣登慈輩繼之，郡人王又汧有記。

西林懺院。在西門外。萬曆壬寅，僧真香募建。有邑人楊萬里《碑記》，張元玘《然燈碑記》，住僧智函有《戒行能詩》。

邑人張元玘《然燈碑記》畧：西林懺院者，僻在西郊，睥睨遥聯，晴川規合，加以石梁，左控土岡，右帶松灣白水，漸遠紅塵，修竹短垣，時聞清磬，蓋幽偏之地，闍練惟宜。況一二比丘，怡然古素，入徑清風，窺人明月，六時禪誦，澹寂成緣。然布金獨儉，香火非侈，佛右燈光，常虞不續。故諸信心輒有善願，置田五畝，歲足供油，將明光所，暨萬劫非昏，覺朗共臻，三生不昧。

普濟菴。明天啓三年，給諫趙東曦、顧孺人命僧創建。

萬壽菴。在南馬頭渡口，原名大王廟。明萬曆壬寅僧智融建，知縣史彩詳撫院，立放生池繞菴側。

九華禪院。在邑之巽方，萬曆甲辰年建，僧東川開山，有董文敏公書額。

華嚴菴。宋寶慶元年，僧道安建。明邑人張肇林重修，爲歸田後讀書結社之所。金陵禪師徧音習静地，後因佛像剥落，住持僧一實募化重裝。

送子菴。崇禎七年，僧恒一建。

已上四郊菴院。

度門寺。在閔行鎮。元至正二年，水月禪師建，倭亂後廢，僧照菴及其徒元白重修。

已上十六保。

永定講寺。宋淳熙間，趙宫使建，僧恩法華開山。十四年，請額"永定禪院"。元至正間，僧竗智作藏殿。明洪武中，改今額。成化間，僧月菴募建金剛殿。嘉靖中，半毁於倭。本朝順治十三年，里民張彦聖倡助千金，重建萬佛閣於舊址。康熙二十年，曇英禪師住院，募修山門墻垣，里士朱源、夏潤等塑文昌、關帝像於佛閣，爲文社地云。寺東南隅有銀杏樹，宋時所植，大可蔭二畒。

釋行中《藏經記》畧：有爲天台之教者妙智師，主松江永定之八年，爲至正甲午，新作藏殿成。而庋經之藏未具，聞嘉禾之廢寺曰竗智其輪藏獨存，購致之。視其識，乃宋端平甲午建也。先是，里人濮仁甫閔其寺廢，購其藏之經奉於家，且與妻沈誓曰："苟得其藏者，以是經歸之。"既聞師得藏，而或沮之，師乃禱觀音大士以求之。沈忽夢一僧，指其胸曰："何忘施經之誓耶？"乃悔悟，以經歸永定。嗚呼異哉！向之寺名與師名適同，向之藏建之歲與師得之歲又同，何其冥符之若是耶？濮與沈能護是經，卒復於原藏，其亦宿爲法中之人乎？宋少保張安道嘗游琅琊山藏院，發木匣得經，乃悟其前身爲知藏僧，書《楞伽》未終而化，因續書之，筆蹟與前無少異。今夫是藏也，是經也，一旦完復，若合符契，夫豈無其故哉！乃書以識。至正乙未夏六月。

高啓《過永定廢寺》詩："亂後僧何處？門閒落葉時。畫昏秋蠹老，齋斷午禽飢。罷説傳心法，猶存賜額碑。不知興壞理，來此豈無悲。"

邑人朱錦《重建佛閣記》：寺創宋淳熙間，其時題額皆出御賜，刹竿相望，金碧輝煌，前代所未有也。明嘉靖中，島夷闌入内地，而寺之佛閣遂燬於兵。順治十三年，有善信張彦聖，慨然以興復爲己任，捐貲千兩，選日鳩工，於是信施填委，板築雲集，此閣儼然遂騫雲霄之表，其他廊廡庖湢次第修舉，蔚爲招提勝境矣。余嘗同家弟錚侍先太史讀書其中，時則象教中衰，法筵未改，竺墳梵夾與商歌雒誦之聲互相響答，忽忽廿餘年所，《蓼莪》、《脊》令之痛交作於心。今陸沉金馬，每一溯洄，未嘗不置身於鐘魚寥廓之際也。竊嘗謂近世士大夫好談宗旨，强作解事，或執教以議禪，或竊禪以掃教，門庭互擊，聚訟滋多。至於講席榛蕪，劫灰永錮，則莫有過而問焉。乃張君獨於佛法衰微之日，成此勝果，雖曰時節因緣，而其勇於爲善之心，固已度越千古矣。然則貞砥之有勒也，庸可已乎？故爲之記。

朱錦《中秋汎月登佛閣》詩："萬里銀河匹練浮，興來同月泛扁舟。煙光遠抹楓江冷，水色平分桂影秋。夾岸垂條暝際合，逼天精舍鏡中游。凭高空有禪心在，愧倚山頭問白牛。"朱源《永定寺社集》詩："爲惜春光暮，同過説法臺。論心茶早熟，聽偈鳥初迴。閣迥留雲住，廊空愛月來。今朝蓮社彥，彷彿永和才。"孔蘅詩："鹿苑經行日，清幽愜素心。風前仙梵舉，花外寺鐘深。得句參蓮座，論交傲竹林。陶潛偏嗜酒，乘月坐宵沉。"

方廣菴。在周浦晉將軍袁崧墓隣，其右梵舍清幽。菴南羅漢松蒼幹虬枝，爲二三百年來喬木。

碧霞菴。在周浦，俗呼娘娘廟，善信孔穆獨建。崇禎間，知府方岳貢至菴，舉里人朱永泰講鄉約所。

善慶菴。在周鎮，明萬曆間建，名觀音堂。

巽龍菴。在周浦。東南巽方，故名巽龍菴。

南積善教寺。宋紹興戊寅，僧師浄建。

宋蒙城高子鳳《記》畧：西林去邑不十里，寺之在周浦者曰永定，在黄浦者曰寧國，而西林居其中，蓋所謂江浦之聚也。里故無寺，紹興戊寅有比丘浄，行化爰止，亟思啓導里人，培植勝業，請於迪功劉均及長者孫氏，得地百畝，創菴以憩。逮淳熙間，而法堂方丈、齋廬庫藏輪奂一新。嘉定初，又得永定七古佛，即之以求福者尤衆。先是，浄夢白蓮七枝擢秀於堂之所，諗爲瑞相，擬作大殿，其徒道暉嗣之，因徐昌純、葉純裕爲大檀越，鳩材庀工，以奉所得七佛者，前夢至是符焉。暉之法兄道全，以淳祐壬寅始白之禮部，甲辰乃符錢唐積善寺廢額，甲乙焚修，式延雲水，而浄之派孫文睞復募作重門練垣，以謹中外之限，遂與永定、寧國鼎峙。噫！亦盛矣。三世協勤，四檀委輸，再祀九十，厥有成績，有可尚者，故受簡而記之。時淳祐庚戌十月既望。

大聖教寺。縣東南四十里。宋紹興間，有異鳥止於郊，鄉人疑爲鳳皇，曰"鳳皇非寶地不止"，遂發地，得泗洲僧伽像，僧思修因建寺焉。隆興二年請額，後廢。明初，即普浄院榜今額。

沈和菴。元大德間，僧妙智建。

崇福菴。俗呼三官堂，元刹。明嘉靖間倭燬，里人喬晟重建。

貞慕菴。明天啓中，少參喬拱璧室張恭人建，在川沙城外。

太師菴。宋刹，明嘉靖間倭燬，萬曆間邑人喬煒重建。

已上俱十七保。

通濟菴。元泰定間，僧深建。

南净土講寺。在吴會，俗呼南王寺，又呼王家寺。宋淳祐中，王晉公遠孫雲卿，俗稱王萬三者創建，僧吉開山，初名九品觀堂，元大德中改今額。明宣德間燬，正統初僧古田重建，錢溥有記。

華嚴院。在縣西南六十里。後梁開平初，都水使者錢綽建，僧通開山。宋治平二年，賜額爲"明心教寺"。寺有石函觀音像，禱求響答，及華嚴寶塔、義虎講臺。治平間，有希最法師居此講經，緇流愛而畏之，號曰"義虎"。古檜二本，元豐所植，至今存焉。

宋高子鳳《石函觀音殿記》：劍埋豐邑，氣騰斗牛，寶發陳倉，光集祠宇，是皆寓於有形而幾於無形者。其靈變翕忽猶若此，況佛菩薩應身闡化、神超象外而不同於一物者乎？淳熙間，青龍鎮有畦地爲圃者，中廣丈許，藝之不生，溉之散流，夜有祥光上燭，遂發之，得六石函，貯觀音像，夾紵爲質，冠衣儼如，楊枝浄缾在左右手，雲披月滿，姿相殊特。寺鄰沈氏傾橐贖之，奉安明心寺之西壇。寶慶丁亥，震風發屋，像失其蔽。既而陰有所啓，更有金彩彰施，迎真法堂，僧了勝瞻仰欣慶，有創殿意，藴而未言。一夕，厨鑰自開，像立於地，莫審其故，勝獨感之。勝偶疾作，忽夢麗服而瓔珠者，慈視以拊之，既覺，失疾所在。於是罄貲締倡，肇自丙午三月，洎九月畢工。三門兩廡以次具舉，題璇砌珸，塗飾精好，一境正信咸獲依歸。噫嘻異哉！蓋大士與此土衆生有大因緣，乘機赴感，無乎不在，其晦其顯，又孰得而測之？若夫十方刹土之廣，千萬億生之衆，不之他所而之明心，不屬餘人而屬了勝，其與秦文之獲、張華之逢，亦一理也。發於不測之謂機，契於無私之謂感，其若是哉。時淳祐庚戌三月。

資壽寺。舊爲院，元至元末普照寺僧嚴肇建，以地多王氏所居，俗呼北王寺。

已上俱十八保。

潮音菴。元至元間，邑人瞿仲賢建，僧性開山。

常寂菴。元大德十年建。本朝順治間，僧九如增葺，易名□山禪院。地極幽蔚，里中士多下帷于此。

東林菴。元大德六年，邑人毛義甫建，僧智開山。

資福菴。宋建炎三年，邑人瞿三建，屢經頽毁。康熙九年，僧明理重修。

東禪菴。元至正初，邑人潘荆州建，僧智福開山。

福泉菴。元至正二年，僧成公建。

崇福菴。魯家匯西。宋天聖元年建，俗呼草菴，里人張之象題額，僧静淵重修。

仁壽菴。宋淳祐間，邑人瞿均用捨宅建，僧普安開山，俗呼尖頂廟。

圓修菴。元至順間，僧别山建。

寶鏡菴。在航頭鎮東，明崇禎年僧幻棲建。茂林修竹，清流周匝，州刺史王承庚讀書處。

大悲菴。航頭鎮，僧文慈建。

雷音寺。舊係道院，名神霄雷壇。元至順四年，道士邵希陽建，後僧人居之，改稱今名。

永寧教寺。在新場鎮。元至元辛卯，邑人瞿霆發建，僧允恭開山，名報恩懺院。有鐵佛，高尺餘，相好殊特，建院時得之土中，中峰和尚爲之銘。明洪武中，改今額。

元方回《院記》：佛廬徧天下，莫盛於蘇杭秀水之間。鶴沙距松江僅三舍，地接海濱，古昔居民亦鮮，伽藍則未之有也。瞿氏自宋建炎間徙居於此，有積善慕義之風，逮今財賦提舉公震發，與兄少中大夫兩浙運使公霆發，才德超家，仁讓及物，慨然以爲非伽藍無以營善而聞道，乃卜地得吉於其考妣佳城之側，傾貲割畝，命僧允恭攝董之。發地得鐵佛一軀，見者驚異，疑瑞應也。尋而材與匠稱，心與力侔，不幾年而紺殿、重門、廣廡、觀室、講堂，凡伽藍所宜有者悉備焉。迎請淨行沙門，晝夜六時，頂禮散花，深味禪觀，幡幢象設，華鯨清梵，光明照暎，金碧交錯，宣流法音，互爲佛事。運使公喜其有成，遂亦撥腴田若干助伏臘，以"報恩懺院"爲額。復聞於朝，成宗皇帝賜旨護持，實大德戊戌也。凡住持虚席，聽其家選素有道行僧居之。閲十有四年，至大辛亥，住持沙門崇義慨棟宇之未備，欲建大閣，檀户悦從，選雄材，命工師，如所期而倚天矗漢，以設西方三聖紺容，至法華二十八品，境像環擁壁間，唯普賢願王儼居於右，上安奉毗盧藏五千餘軸。提舉公屬余爲記，余謂："以報恩爲名，其義何也？"曰："恩莫大於君親，報莫越於聖道，即斯玅觀，於一切時，散作無邊莊嚴佛事。以之報國恩，則聖祚保無疆之永；以之報親恩，則劬勞超有漏之纏。至若天龍鬼神，過現未來，冤親賢聖，艸木昆虫，凡有纖恩，無往不報。然此玅觀入未來際，相續不斷，則報恩功德亦相須而無盡者焉。"遂援筆直書以爲記。泰定乙丑二月初四日，趙孟頫書并篆額。

已上俱十九保。

崇慶教寺。在北蔡。宋嘉定間，邑人蔡功建，僧顯開山。

善慶菴。元至正間僧性建。

一六菴。一圖。南匯暨濱海諸處入邑孔道，凡霜晨雨夕，路滑橋攲，行人病之。義民趙國縉捐資獨建，更助田常住，以備冬夏茶湯、昏夜燈燭之用。

天竺菴。在張江栅鎮，里人沈虹雯、沈麟瑞同倡建。

已上俱二十保。

長壽寺。裕伯題橋鎮。南宋乾道間建，僧如行開山。元至正間，趙文敏孟頫篆額。後燬。明成化間，僧惠瑛重建。萬曆初，僧秉科增葺。崇禎年，郡人李待問題額。

南廣福寺。宋嘉泰間，里人鄒運幹捨宅建，俗呼鄒家寺，中大夫孫德之有記。寺臨黄浦，浦自西流，至此則折而北流矣。

印月菴。里人郭胤周建，延行僧居之。有秋潭、梅龕諸勝云。

永慈菴。吴衝涇渡口。順治二年，里民錢弘仁倡建，以接往來問渡者。

已上俱二十一保。

慶寧教寺。宋建炎間，僧圜募建，後燬於兵，元大德間重建，北磵有《僧堂記》。

法華院。元至正間，里人陶侃捨地，僧福開山。

珍敬菴。宋端平甲午年，邑人吴居四捨宅建，僧遠開山。

五福菴。宋咸淳元年，邑人陳百八建，僧暹開山。

西圓通菴。宋景定間，顧千一建，僧裕開山。

已上俱二十二保。

太平教寺。華亭太平禪寺在其西，俗呼東太平。以宋太平興國間，僧及操舟雲游，夜泊范家浜，聞蘆葦中有鐘鼓音，疑出梵宇，訪之無有。後夜復然，見白光燭天，發地得鐵佛一。因以建寺，以國號名之。後廢於兵，僧旻秋堂重建。

致思菴。宋淳熙六年，僧修建。

竹隱菴。宋建炎間，僧道諲建。

圓通菴。元僧閒重建。

孝思菴。宋建炎間，里人陳七郎建，僧權都正開山。

時思菴。宋乾道三年，邑人陳九建，僧習開山。

蓮隱菴。宋寶祐五年，邑人顧嗣名建，僧昭開山。

法華菴。宋僧智了建。

已上俱二十三保。

海會院。元大德間，僧果建。

白衣庵。

西林懺院。宋淳熙間，僧文逸建，後有慈悲閣。康熙十一年，僧元徹募，里民張文魁重修。

定水菴。洋涇鎮，僧覺非募建。

甘露菴。康熙元年，僧戒初募建。菴當南北孔道，行人憩息焉。

等慈菴。浦東義渡，爲行人風雨寒暑棲息之所。順治二年，耆民張倫創建，人咸感之，呈縣，即祀倫于東側云。

石僊廟。在黄淄漊南。舊誤十仙廟，相傳後晉天福年間，有石道人結茅成仙，故名。康熙六年，里民沈濂、僧照徵、普序重修。

陳汶菴。元大德間，僧圓建，後廢。隆慶三年，里人趙希唐捨基重建，復捐饍僧田十三畝，有碑記，其子若、孫文輅、汝珪所施也。

已上俱二十四保。

積善院。宋慶元間，千户徐名建，僧顯開山。

普陀禪院。宋時，有僧自海外奉大士像至創建。明僧法空重修，復建浄業堂，莫如忠書額。本朝康熙年間，僧普信重修。

法華經堂。宋紹興間，邑人吴常山建，僧有堂開山。

衆善菴。宋太平興國間，僧禮建。

翠微菴。順治十四年，僧寂澄建。

已上俱二十五保。

龍華教寺。在黄浦西龍華村。相傳寺塔爲吴赤烏年建，殿宇創於唐垂拱三年，廢於黄巢時鎮將張郁之。後吴越忠懿王常夜泊浦上,風雨驟至,草莽間祥光燭天,鐘梵隱然,詢其地,古龍華寺基也,遂命大盈莊務將張仁泰重建。宋治平初,賜額曰“空相”。西北隅舊有白蓮教院,山門外有二井,俗呼龍井。明嘉靖間,山門燬於倭,僧慧林重建。萬曆間,詔頒佛藏於諸名山,僧達果疏請,特遣中涓齎勅詣寺,并賜達果金環紫衣護藏,慈聖皇太后復賜其徒理圓銀環紫衣護藏,如其師,又賜範金千葉,寶蓮毘盧佛一,金彩給旛十丈,并日月錦旛二鏤,銅器五,勅賜大興國慈華禪寺。後正殿頹圮。四十六年,方伯張所望倡助成之。明末,善士陸鎰復捐金修葺,又遇韜明宗禪師住持,梵宇鼎新,復成偉刹。後法嗣大壑、澄清、古溪、霜林相繼接席,宗風得以不墜云。

皮日休《龍華夜泊》詩:“今市猶存古刹名,草橋霜滑有人行。尚嫌殘月清光少,不見波心塔影横。”

錢溥《重游龍華寺》詩:“古刹茫茫煙雨中,浮屠高插翠微重。營巢鳥擇雲端樹,翻譯僧敲飯午鐘。香木傍橋春水浄,殘碑没草緑蔓濃。年來愧我塵緣老,憶昔登依興已慵。”

陸深詩:“六月龍華兩度游,陸行騎馬水行舟。風雲塔院松將暝,煙火村家麥已收。病到静餘初減藥,望窮天際更登樓。桑榆苦愛清江曲,常愧山僧半日留。”又《龍華寺懷張玄超》:“浦上白雲深,幽居清道心。竹徑鳴風珮,蘭堦生晝陰。山僧忘入臘,寶塔舊成林。落日青霞外,高人何處尋。”

馮遷《登龍華浮圖》詩:“千年飛塔標滄海,躡盡高層霽色開。翠蓋重重吴樹起,青螺點點越山來。貪看佛日浮中界,醉倚人天逼上台。此地别離同浩劫,晚猿昏磬一時哀。”

寧國寺。宋隆興元年,僧昌月堂建,與龍華寺南北相望。殿前羅漢松四株,古色蒼然,蓋三四百年物也。明天啓六年,張方伯所望重修,并移黄道婆祠於寺之西偏,祀記詳廟志。

延恩寺。元延祐間,僧得建。

梵壽菴。漕河涇鎮。明崇禎七年,行僧佛乳建。

崇福菴。

已上俱二十六保。

静安教寺。在蘆浦,初在滬瀆,吴赤烏中建,號重圓寺,唐更永泰禪院,宋祥符初改今額,嘉定間遷此。寺中有雲漢昭回之閣,閣廢,大字刻諸石,有江中浮來石像、石鉢,有吴越王瑜珈道場中毘盧遮那像五臟,皆書錢氏妃嬪氏名。

周弼《寺記》:華亭東北百里,松江繞焉,有寺在滬瀆,曰重圓。大中祥符元年,因避聖祖諱,改今額爲静安。嘉定九年,僧仲依以舊基迫近江岸,濤水衝匯,遷基於蘆浦之湧泉,即沸井浜也。中流數尺,特深如井,晝夜騰沸,或指爲海眼,因寺遷而異其名焉。寺之靈驗最顯著者。西晉建興元年,有兩石像浮於江浦,吴縣人朱膺迎置於寺,視其背則有銘,蓋七佛中之二,曰維衛,曰迦葉。後六年,漁者又獲兩石鉢于沙際,大如臼，羶辛稍觸之，則變怪輒見，因以爲石像供具。佛閣則因異僧智儼而立。儼有異行駭俗，則鰕子爲僧號。常斂蒲草爲萬餘繩，掛諸廊廡，且曰："吾將作大緣事。"繼即示寂。人競樂施以財，繩皆滿足，閣果成就。是皆傳于閭里，著於雜書，彰彰者也。自佛法渡江而南，浙西信嚮特甚，精藍淨舍，所在布滿。究其從始，其最遠者，極天監、大同而止。孫吴赤烏十年，康僧會始至建業，建寺以居，謂之建初，此寺實相踵而成焉。自石像既遷於吴門開元寺，而錢氏瑜珈道場、盧舍那寶像與雍熙、宣和兩碣屹然尚存。雙檜偃蹇，如虬如鳳，則魯望、襲美之所題詠也。風恬月澹，鐘聲梵響，悠揚於滄波浩渺之外，與天無際，安知無石像再浮而致，發光彩于蘆葦之間哉！華亭，吾外氏所宅，吾少所長，聞而異焉，故述而爲記。今延知識、超演住静。

朱豹詩："古刹乘閒到，紅塵路已賒。洞門虚歲月，檀樹鎖煙霞。谷静泉逾響，山空日易斜。坐聽清梵入，落盡木蘭花。"

胡芳詩："翠微隱隱出層霄，杖履來游不憚遥。冰柱四簷晴作雨，雪山一帶晝隨潮。金鎔柳色藏高閣，紅愛梅花立短橋。賸有流霞駐顏色，養生無意問王喬。"

陳一鳴詩："孫吴踪跡草芊芊，唯剩江聲繞寺邊。能鉢迷雲晴欲雨，山槐浮蔭日如年。斷碑零落蒼苔護，小澗清幽白鶴眠。半日流連消俗慮，愧無王帶惠高禪。"

犀照大師詩："摩空蕭寺見荒陬，殿古僧殘夕照流。明月久虚雙檜影，閲人海眼碧千秋。"

觀音禪寺。宋崇寧初建，淳熙三年賜額"慈報禪院"，從錢參政良臣請也。僧覺印開山，元燬。明洪武十六年，僧性重建，改今額。爲縣之首刹，前有嘉林，後有萬工山，萬工所成。占地數畝，已平爲田，其陂陀古栢即遺址也。萬曆四十二年，僧萬緣募建，無梁殿，工未竟。

明教諭尹務厚《寺記》：觀音寺在上海縣西十八里，時有觀音聖像浮海而來，咸異之，錢參政良臣捨貲，禮雲門禪師七世孫覺印，創於宋崇寧年，爲縣禪宗首刹。元季廢爲瓦礫。洪武壬戌，僧會本源性公與其徒紹一募建法堂。前觀音像流寓九峯間，見夢於性，舟載以復。庚午，性公没，一公募建殿東西廡。三年，住持本山。甲戌，縣尹張守約捐貲建大佛殿。丁丑，買民房建天王殿及山門。庚辰，尹杜謚復營香積厨一所。自後，法堂鐘樓以次而舉，凡立屋若干楹，拓地若干畝。是宜記之，以示諸後，庶嗣而葺之，俾垂不朽云。時永樂甲申十月。

法華禪寺。在觀音禪寺東，宋開寶三年建，博士王昭素請額。元至大中，僧慶重建。明洪武六年、宣德十年，兩度新之。順治五年重修，邑人曹垂璨有記。

釋心泰《記》畧：法華寺在邑治之西一十八里，宋開寶間，僧慧爲開山第一代。元至大初，雲翁慶禪師大振之，趙文敏公壻海道千户費雄佐之甚力，首建大雄殿，趙公書額，普應國師中峯和尚三過其寺。後廢於寺田之多，重徭艱役，僧皆散去。沙門善達乃以寺田數十頃悉與佃户，故寺無一墢之土，庭無一吏之跡，屋廢者漸興，僧散者復集。洪武二十四年，立爲四方禪林。三十二年，天臺沙門智勇捧檄，出住兹山，善達又造方丈，建僧堂若干楹，迺屬其孫如鏁代焉。達以儉約自持，專修淨業，臨終念佛，泊然而逝。今住山者智勇，復能建諸堂宇，焕然一新，遂爲之記。

邑人曹垂璨《記》畧：按雜志，洪武六年，僧善達誓願重建大殿，苦行三年，一傭工者助施百金，未幾，無疾而死，善達書其兩手云："見我開口，見我開手。"又三年，募至海濵，有千户費雄生一兒，已三歲，喑而不語，兩手拳而不伸，見善達，啞然笑曰："師父來矣。"開其手，拽僧之衣，衆皆驚異。千户延僧問之，備述傭工捨金之事，乃慨然獨成之。

按：順治七年四月朔夏，若時輩啓建萬佛懺壇于寺，至二十五日夜三鼓，若時忽見佛放毫光，自殿後直徹天半，光滿四野，在壇僧衆俱見，殿後如月光一照，若時因捐家産，及寺僧文鏞同建佛閣云。

翠竹菴。在法華寺東。明萬曆二十一年，夏可立捐地倡建。康熙十一年，可立孫若時復捐地五畝，僧文愍募化改建。菴外一古井，甘泉清冽，養而不窮。

邑人王圻詩："偶來松下汲，石井雲深處。湛然無盈虧，甘芳自相註。"

本源禪師《偕門人超法訪夏若時》詩：策杖過兹地，知爲宿契投。諸天開勝境，而我暫淹留。竹樹時婉孌，山水有餘秋。潺潺從溪水，側折以西流。迢迢行役人，還憩石井頭。石井有深味，豁人塵外眸。龍華聳天半，一峰雲際浮。東望春申城，蒼然一氣收。當年夏居士，結席供比丘。瑞像漢陽塑，法書得李尤。燈祇朗遠照，香雨灑四周。爲識安禪者，名山兹可求。

安國講寺。宋咸平三年勑建賜額。明洪武中，紹宗法師奉使廬山稱旨，歿賜御祭碑文。講堂燬廢，僧普懋重建，更復寺基三十五畝零，邑諸生王繼鏊助寺田八畝，大殿復葺，佛像一新。

小祇林。里民沈仲交同壻生員張繼會建，邑人張錫懌有記。

已上二十八保。

隆福菴。住持湛圓，四川人。康熙十年正月禮《華嚴經》始，十二年圓滿，即端坐而化。今龕身尚在。

西來禪院。大壑禪師自龍華退院後募建，卓錫於此。

已上二十九保。

福田菴。元至正間，僧壽建，後燬於兵。嘉靖中，里人王熠重修，子圻題額。

明郡人徐璠《記》畧：上海三十保原有舊創福田菴，歲月既久，漸就傾頽。嘉靖中，醫學正王君熠因侍二親疾，日夜不交睫，而憂思攻其中，兩目至昏眩弗能辨，嘆曰："我爲親而瞽，無憾也。"乃齋香武當，倦而少憩木石間，若有神告諸夢寐者曰："汝近境原有福田菴，乃吾行宫也。汝能葺之，綏福不止明目矣。"王君歸而考菴之遺址，投牒有司，廣其基地，捐己貲及募集工材，一鼎新之。起事於甲子之三月，工將竣而王君之病目明。子圻于是歲領南畿鄉薦，王君德明神之感應，而又謂是菴之不可以無記也，故屬書之。

香雪林。行僧自覺募文學林棟別業改爲禪室。梅竹靚深，窅然法界。

慈濟庵。在三十保九啚，里民朱日曄等建。

福基寺。

已上俱三十保。

正陽道院。元至正十一年，里人潘守真建，縣陰陽學設於此，俗呼水仙宫。明嘉靖丁未，前後屋宇毁於火，至丙申重建。潘恭定公恩《碑記》又載院建於宋景福四年。後三清殿傾圮，康熙二十一年，道士張爾宿重修。

邑人朱在鎬《重修三清殿碑記》：道家有南北二宗，南宗自東華少陽君，授漢正陽子鍾離權，權授唐進士吕岩，六傳而至白玉蟾，北宗自吕岩授金王嚞，嚞授弟子丘處機等，展轉相授，不絶如綫，而要皆本於正陽。滬城水仙宫，相傳爲純陽煉丹之所，而門額則榜曰"正陽道院"，蓋溯吕岩所自來也。道院創自宋景福四年，至明嘉靖丁未前後俱燬於火，而三清殿獨存，至丙申而燬者復葺，潘笠江先生記其事。而要皆爲前明時所蓋，椽唯三清殿則宋時遺址，巍然靈光者六百餘年，歲久物蠹，亦其勢然也。乃羽士張爾宿則引爲己耻，弘發誓願，不呼將伯，不一至富人之門，而鳩工庀材，至辛酉冬焕焉鼎立，遠邇瞻仰，無不肅然。非爾宿之誠與一，亦何能光復故物乎？此余推本正陽之義，而又詳列廢(與)〔興〕之歲時，以附於笠江先生之後云。時壬戌仲秋之五日。

松江道院。縣治東南，祠真武。宋鹽監官祝聖之地，董楷有記。後燬。元至正二十年，道士曾景元重修。明洪武三十年，道士趙彝善重修，今久廢。

關帝廟。東城上，明萬曆十三年建。

喻顯卿《記》：關侯忠貫九天，靈游八極，尸祝徧海内，往往於助國祐民之事神尤顯赫。余因謀之秦侍御嘉楫曰："丹鳳樓但資登眺，未關風紀，盍於樓之西偏設祠祀之，爲吾邑鎮且增勝乎？"侍御從予言。於是各捐貲構材，邑侯顔公洪範共襄其役，命羽士顧拱元董之。爲建層臺連閣，周圍欄楯，淩空壁立。塑侯像東北向，黄龍環繞，粉堞参差，煙雲乍發，日月初升，排闥掩映，神采奕燁，洪濤濁浪，震撼澎湃，萬騆千介，從天而下，若侯之駕風鞭霆來臨於斯，誰謂侯之不血食兹土也？夫吴人闇於大道，披靡蠹事，見爲容德，喔咿嚅唲，庶幾韋全，甘心隨波，罔知砥柱。邑今有侯祠，凡士民過其下者，寧不仰而竦、俯而思，鼓其激烈之氣一稟於正哉？

北城關帝廟。嘉靖甲寅年築城，建房三間於城垣。萬曆壬寅，總練費千户因見城外空野，請帝君供奉，靈爽顯赫，士民望走如歸。康熙庚戌，邑士曹垂朗募化重修。

真武廟。在北城鎮海樓上，明嘉靖戊午年建。萬曆壬辰，同知羅拱辰重建。己未，道會陸宗改造。康熙辛酉，通判宋士標、今知縣史彩、邑人曹垂璨、張錫懌、曹垂屺募建，里民張有榮、道士吴履嘉督工。

斗母閣。城隍廟西偏。康熙十年，邑人張錫懌、曹垂璨、曹垂屺倡始捐貲，道士蔡元益同募建。上供斗母，下供文昌，并塑魁星像于閣左。

玉皇殿。城隍廟東偏。康熙十五年,邑人張錫懌仝里民張有榮、道士楊兆麟募修,并建前殿,分祀痘神、利濟侯於殿東西。法嗣張金源祈禱有驗,陞任知縣,任辰旦曾以“道隆鶴駕”旌之。

順濟廟。即聖妃宫,舊在東北黄浦上,宋咸淳中建,後燬,改建於北城樓,後又特建天妃宫於東城外。按《一統志》,莆田林氏女生於宋,有神異,没而顯靈,始立廟於莆之海中湄洲嶼。元至元十八年,勑爲護國,明著天妃。明洪武、永樂兩加封號。廟有丹鳳樓,觀潮者登焉。潮洶湧北來,至廟門而伏,過則復起,人以爲神云。

關帝祠。在城隍廟大殿東偏。順治七年,住持吴體一募建,楊兆麟募塑馬王、大王,今改爲三聖閣。

三元廟。俗稱三官堂,里民凌廣先建於二十三保。萬曆二十四年,有金道人移建縣大南門外三里橋南。今逢三元節,四方瞻禮者肩相摩也。康熙二十二年,邑人曹垂璨同弟垂朗見大殿簷淺,倡募增造鶴軒於前。

仁濟道院。在吴會。元至元間,里人王氏建。至正初,韓日新重修。

平山道院。明洪武七年,里人沈子文建。永樂元年,道士項子通修。按《府志》載,晉袁崧犒軍長人鄉,酒罄聚瓶爲山,後人尚有於此地得瓶者。院外有天移井,明翰林院侍讀唐文獻爲記。又載五代吴越王嘗飲軍於此,飲訖而棄瓶成山云。

洞圓道院。元延祐七年,道士潘復原建。

祥寧道院。元至正二十四年,里人施道良建。

真聖堂。元至正二十年,道士彭盟朴建。

太清菴。元至正間,道士張静雲建。

葆真道院。烏泥涇南,今廢。

保和道院。烏泥涇,元至元間建,今廢。

鶴坡道院。宋潘德建。

崇福道院。在楊賜橋南。宋宣和元年賜額,明嘉靖中倭燬重建,有給事中奚良輔碑記。

永真觀。在舊二十四保副八啚白蓮涇北。康熙二十年,里人孫大經倡建。

邑人曹垂璨《記》畧:余有閣曰霞綺,每設齋供諸仙佛誕降歆饗,則憑乩疾書,皆格言彝訓,盈笥累牘。余擇其要語録以勸世,而世之信心者少。其不以余言爲愚妄,而信道彌篤,其恒山孫君乎?君名大經,宦游旋里,于辛酉夏宅東南隅,建寺曰永真觀,中塑斗真,分祀三元、真武、吕祖於左右,前供關夫子,門外設義井亭,簷阿棘宇,巍然嶙峋。恒山倡始之,遺書於余云:“昨關夫子降乩,命君作本觀碑記。”余愧不文,然帝命不敢違。余觀我鄉先達,登巍科,歷膴仕,唯以園亭臺榭是娱。未幾,子孫或有半菽不飽者。若孫君之樂善好施,使人皈依慕道,鼓舞而不能過其功德,烏可量哉!神所憑依,將在是矣。謹述始末爲記,後之人無以余言爲愚妄,而咸生信心,則可籍以不朽云。

洞真道院。在閔行鎮中。

已上道院先城後鄉,與菴寺同。

第宅園亭

有晉公之勳業,斯可以治集賢之亭臺;有白傅之文章,斯可以居履道之池館。人境適符，固其所也。吾邑褊小，自宋訖元勿可考。然自前明三百年以來，故家喬木流風未墜，難以委諸灌莽者而盡置之也。古之人愛其屋上烏，况乎王謝名存、蘭錡如故者乎？

雲漢昭回之閣。在蘆子浦。南宋淳熙十年，端明殿學士錢良臣建，以藏宸翰，其額係光宗在東宫時書，今碑存閣廢。

王逢詩："雲漢昭回夜，新登最上頭。叢林幾度臘，片石百年秋。爽氣隨天盡，疎雲帶月流。身今在析木，無暇顧牽牛。"

尚彜齋。鶴砂朱聽作詩好奇，楊維楨名其齋曰"尚彜"以規之，并系以銘。

銘曰：木以繩而正，弓以檠而柔，車以規而轉，舟以竅而浮。帷不彜也，繩檠之在，規竅之繇，惟淑德優，而況乎翰墨之游？

永思堂。詩人朱楚材居，陶宗儀記。

筆議軒。彭汝器手評《宋史》之所。

安分齋。朱熹書，筆勢飛動，楊培揭于鶴沙之居。培，瑀之子。

雲錦樓。在縣治北，下瞰蓮池。費寀夏月飲賓於此，孫雄重修，今廢。

元楊維楨詩："高門經過費家府，門前溝水東西流。插花老嫗賣坊酒，騎竹小兒迎縣侯。白雪漫村蠶了簇，黄雲捲隴麥成秋。海中望見旌旗赤，知是將軍烽燧樓。"

瞿氏園。在下砂，浙西苑囿此爲最。古宋秀州守方岳嘗留題壁間，後紫陽、方回繼題十絶，今廢。

白客堂。下沙瞿氏宴饗嬪黨賓客之室，今廢。

元方回詩："壁間墨客掃龍蛇，所寫詩佳字亦佳。忽見一詩增感慨，吾家宗伯老秋厓。"

琴軒。元瞿霆發善鼓琴，聚古琴百張，搆軒居之。今廢。

西郊野趣軒。在黄家闕，黄銘建，人呼爲西郊先生。

古村居。曹迪隱所。村以古松得名，中有清概軒、瓢樂山房、寶古齋。迪，字簡伯。

僧宗泐《古村居》詩："古村民，古村居，古村有田復有廬。屋後桑麻四五區，屋前榆柳八九株。老婦辟纑兒讀書，青燈夜照三更初。牛角帶經耕且鋤，年年歲歲輸官租。聖人治世如唐虞，飽來擊壤歌康衢。烏紗作巾白布襦，東隣西舍相招呼。醉歸兀兀杖且扶，古村民，古村居。

錦溪茅屋。明曹賢搆。賢，迪之孫。

顧清《記》：出郡城而東有水北流，曰蟠龍塘，塘折而東趨上洋，將東北歸於海，别派入古村，南出龍華以入於黄浦者，其名曰錦溪。溪之上屋數十楹，葺之以茅，古松曹先生家焉，曰錦溪茅屋。當元之季，名勝之士避地東吴，若鐵崖、艾衲皆折行輩與交。先生博雅好古，其爲此屋也，節棁不施，楹棟不飾，修篁嘉木，映帶左右。先生日居其中，客有問錦溪之義，先生曰："吾溪所謂錦者，與他異。西蜀之錦城，因物而名之者也。錢塘之錦樹，因人而名之者也。若吾之錦，則吾溪之自有也。日月星辰麗于上，天之錦也；山川草木粲于下，地之錦也。烟雲輝映，風水相遭，渚之花，汀之草，鳧鷖雁鷺之翔集，烟罾霧罟之低昂，夾岸之丹楓，流波之素月，夫孰非錦乎？良天佳時，與二三友生考古今，論人物，壺矢博弈，觴豆間設，或醉而縱步溪滸，留連徘徊，照入溪中，金碧相組繡。回視吾屋，如在輞川圖畫中，則欣然而返，如是者逾五十年。蓋人知吾屋之勝，而不知以錦溪勝，知錦溪之勝吾屋，而不知其出於自然，與所繇來者遠也。"

榆溪草堂。在浦東，隱士陶中之居。

懷静軒。在竹岡。居延馬季子所創，其先世居静州天山，以懷静名，示不忘本也。

王逢詩："爾家世德肇居延，忠義勳名兩代傳。碧血濺波歸九地，白衣扶日上中天。鳳毛麟角聯青紫，春雨秋霜隔隴阡。惟有終身誠孝切，祈連如見氣蒼然。"

歸雁亭。費用和嘗畜雙白雁及二雛于園池，元統間去而復還，毛羽光潔，足鐶儼然，而園亭適成，因以名之。

唐行詩："馴雁宴飛去復還，分明足上誌金鐶。玉京紅縷曾纏燕，信義由來重若山。"

世綵堂。吴會韓震父日升年近八十，孫曾滿前，楊維楨名其堂，翰林周伯琦題額。

初，日升舟次杭之長安，屬其壩一不容巨舟，一不專上下，爲往來梗，遂請于有司，願于其東買民地，鑿渠添置其一。至正中，杭州路總管寶哥從其請。今呼爲新壩。

最閒園。在烏涇鎮。王逢居青龍，移隱于此。内有藻德池、懷湘坡、樂意生香臺、幽貞谷、濯風所、卧雪窩、流春石、海曙巖。

王逢詩："地深雛鳳穴，池浸小龍泓。白石垂綸影，蒼苔拄杖聲。人心嘗淡泊，風物自虚清。多却詩千首，無繇避隱名。""無才甘在野，多懶愜行園。石露溥雲氣，池風損水痕。草深眠雉子，林静集鴉孫。擬著幽居録，漁樵共討論。"

進德齋。烏溪趙如珪建。聘名儒掖諸子庭芝、庭鸞，生徒遠來，皆館穀之。後庭芝第進士。來學人郭性存，色目人，札剌里丁，亦繼登科，鄉人稱爲盛事。今廢。

勤織堂。鶯湖蔣性中建。

泰和王直《記》略：上海蔣用和作堂奉母，母喜而謂之曰："吾壯時勤于紡織，助汝父以興，朝而絲縷，暮而布帛，凡家之用皆賴焉。今幸汝讀書成立，而吾老矣。汝宜記吾勤苦，以勸汝子孫。"性中再拜受教，遂以名堂。

曲水草堂。在黄浦南百曲港，姚蒙與其弟臨隱居之所，有别室曰"海曙丹房"。

葵軒。在華漕朱祐宅。

錢溥《記》：上海朱君民吉致政歸，除地吴淞之陰，闢軒數楹，周匝植葵萬餘本，遂以顔之。感時悲歌，觸事生慨，眷眷焉若不忘於時者。予特道淞水，偕邑宰王侯守節造焉。相與品題竟日，因謂侯曰：夫葵有可稱之美者，宋歐陽文忠公謂其傾陽以庇其本，異洛陽所尚。今朱君家居，非無足娱，獨引葵自況，非以有傾陽之忠乎？蓋君抱俊才，藴經濟，忠君愛國，根于天性。年少即大有聲，京師子弟多宗之，一時臺省大臣莫不推重。同知豫章府事，聲在人口，乃以直忤奸權，甫四十即解組以歸。慷慨棲遲，弗究厥忠，翛然託意于花草間。觸其生也，感吾始；艷其盛也，追吾成；撫其飄揺風霖也，傷吾齟齬於（是）〔時〕；見其實也，慰吾渥衍于後。其忠誠懇款固未嘗一日忘者。且日奉太宜人于堂上，對花延賞，春酒萊班，則又有似其庇本之孝焉。一樹植之小，而可會吾道之大，其深得乎歐陽子之所尚哉。

南溪草堂。在肇溪南，顧英搆，玄孫九錫重葺。

張悦詩："一室幽然蔭碧蘿，半層東枕白鷗波。窗涵水影揺書幌，門過潮聲雜棹歌。淇簟凉分秋氣早，湘簾晴卷夕陽多。不知何處知音客，長爲携琴載酒過。"

玉泓館。顧從義别業，得宣和紫玉泓硯，因以爲名。有舒嘯臺、秋波亭、曇花菴、浴鶴溪諸勝。

梅花堂。宋黄魯直書，張萱用扁其堂。

秀野堂。宋文信公書扁，張萱揭于龍華里居。

柱石塢。陸文裕公深别業。

陸深自記畧：儼山西偏，澄懷閣之下，小滄浪之上，復以暇日周施欄檻，周備臨觀徙倚之適。有川石者三，高可丈許，並類削成，有奇觀焉。因錯樹之爲三峰，中峰蒼潤如玉，彈窩圓瑩，豐上而鋭下，藉以盆石，有端人正士之象。却而望之，擎空于雲，邈焉寡群，豈八柱之遺非耶？題曰"錦柱"，傍甃雨臺。其左曰龍鱗石，蒼碧相暈，比次成文，儼然鱗甲之狀，森聳而欲化也。其右石首微墮，而婀娜拱揖，有掀舞之意，名曰"舞化虬"。合而命之曰"柱石坡"。曲徑其下，以通往來。每當朝日始升，夕陽初下，曳杖徘徊，聊以寄吾孤岸之氣。時時賦王右丞五言短篇，或歌陶彭澤《歸來詞》一兩解，俯檻觀游魚，爲之一笑，意甚樂也。

後樂園。在黄浦東，亦陸深之居。

朱察卿詩："亂後重來百感生，青山誰主鶴相迎。已無金谷園中會，空有山陽笛裏情。曲徑秋風衰草合，敗垣斜日亂蟲鳴。門前江水依然在，却送歸舟似掌平。"

馬跡堂。在十六保顧望塘。志大試時，其祖懽降靈於堂，有馬跡之異，因名，子孫世居於此。

棲雲館。在闤水橋左,李水部昭祥居,今廢。

豫園。在城内,潘方伯允端奉父恭定公燕居之所。有奇石曰"玉玲瓏",因顔其堂曰"玉華",王世貞謂其秀潤透漏,天巧宛然,爲隋唐時物。西闢樂壽堂、涵碧閣、留春窩、玉茵閣、頤晚樓、會景堂,俱擅丹雘之美,今盡廢。

曹玠詩:"瞬眼繁華幾變遷,湖光山色尚依然。香銷羅綺花邊妓,夢冷笙歌月下船。畫閣遺鈿侵暮雨,斷橋衰柳拂秋煙。遊人莫漫嗟興廢,金谷當年更可憐。"

萬竹園。在吴匯,成廷珪僑居。

西溪草堂。在吴匯,戴彦文之居,内有樗散軒。

黄石園。在龍華里,張所望别業,有寶穡堂、交遠閣、野藻亭諸勝,今廢。

春華堂。在上澳浦,黄瑾别墅。

招鶴軒。在鶴坡,薛倫僑寓時所築,楊維楨題額,錢鼒爲記。

王氏讀書樓。在三十保梅源市,王士衡居,五世孫圻重修。

貽清堂。王謨建,以祠其祖圻,侯峒曾題額,黄淳耀書聯。

東園。在梅源市,孝廉王昌會讀書處,内有藤龍閣、墨君堂諸勝。昌會,圻之孫。

葆真園。太學生王昌紀别業,内芸章閣爲進士董中行橋寓地,今昌紀子穎居之。

三壽堂。在城南。時潘恭定恩年八十,華亭徐太師階、嘉興吴冢宰鵬以同榜來壽,燕於此堂,故名。

讀書樓。在二十五保,銀臺張肇林建以讀書。南即張氏宗祠,西即贈公淞玉所建居易草堂。

二仲居。一名竹中書屋,會元朱錦與弟文學錚讀書處。清流暎帶,周植梅竹,今子源、淇、泓、溶藏先世遺書於内。在周浦鎮。

朱錚詩:"竹枝梳散髮,每日北窗前。清卧誰如柳,高吟敢附蟬。無家思作佛,飲酒願遊仙。六月忘衫履,披裘笑昔賢。"

露香園。道州守顧名儒築萬竹山居於城北隅,弟尚寶丞顧名世復闢東曠地,穿池得石,有"露香池"字,爲趙文敏跡,遂名。盤紆壇曼,擅一邑之勝。今廢,惟文敏石跡,尚寶五世孫太學顧昌平移置小滄洲,尚在焉。

朱察卿《記》:上海爲新置邑,無鄭圃輞川之古,惟黄歇浦據上游,環城如帶。浦之南,大姓右族林立,尚書朱公園最勝。浦之東西居者相埒,而學士陸公園最勝。層臺累榭,陸離矣。道守顧公築萬竹山居於城北隅,弟尚寶先生因長君之築,闢其東之曠地而大之,穿池得舊石,石有"露香池"字,篆法蜾匾,爲趙文敏跡,遂名曰"露香園"。園盤紆壇曼,而亭館嵱嵷,勝擅一邑。入門巷,深百武,夾樹柳榆苜蓿,緑陰葼楙,行雨日可無蓋。折而東曰皁春山館,缭以皓壁,爲别院。又稍東,石累累出矣,碧漪堂中起,極爽塏敞潔,中貯鼎鬲琴尊、古今圖書若干卷。堂下大石棊置,或蹲踞,或淩聳,或立或卧，雜秫芳樹，奇卉美箭，香氣馝茀，日留樞户間。堂後土阜隆崇，松檜杉栢、女真豫章相扶疎蓊薆，曰積翠岡。陟其脊，遠近紺殿黔突俱出，飛帆隱隱移雉堞上，目谿如也。一楹枕岡，左曰獨笑軒，登頓足疲，藉稍休憩，游者稱大快。堂之前大水可十畝，即露香池，澄泓渟激，魚百石不可數，間芟草飼之，振鱗捷鰭，食石欄下。池上跨以曲梁，朱欄長亘，池水欲赤。下梁則萬石交枕，谽呀膠膠，路盤旋，咫尺若里許。走曲澗入洞，中可容二十輩，秀石旁拄，下垂如笏如乳。由洞中紆迴而上，懸磴複道，嵾嵯棧齴。碧漪堂在俯視中最高處，與積翠岡等，群峰峭竪，影倒露香池，半風生微波，芙蓉蕩青天上也。山之陽，樓二楹，曰露香閣。八窓洞開，下瞰流水，水與露香池合，憑檻見人影，隔山歷亂真，若翠微杳冥間有武陵漁郎隔溪語耳。樓左有精舍，曰潮音菴，供觀音大士像，優曇花身，貝葉雜陳棐几，不五武有青蓮座，斜榱曲構，依岸成宇，正在阿堵中，造二室者，咸盥手露香井，修容和南而出。左股有分鷗亭，突注岸外，坐亭中盡見西山形勝。亭下白石齒齒，水流晝夜，滂濞若嚙，群鴉上下，去來若馴，先生忘機處也。先生奉長君日涉于園，隨處弄筆硯，校讐墳典以寄娱。暇則與隣叟窮弈旨之趣，共啜露芽，嚼米汁，不知世有陸沉之苦矣。昔顧辟疆有名園，王獻之以生客徑造，旁若無人，辟疆叱其貴傲而駈之出。先生懿行偉詞，標特宇内，士方倚以揚聲，以先生親己爲重。賢豪酒人欲窺足先生園，慮無紹介。即獻之在，當盡斂貴傲，掃門求通，非辟疆所得有也。彼鄭圃輞川豈以莊嚴雕鏤聞于世，以列(子)〔于〕王右丞重耳，露香園不爲先生重哉？先生已倩元美諸先生爲詩，復命予爲記，故記之。

王世貞詩："吴下風流地，重聞顧辟疆。一丘官自拙，三徑意難荒。杖底千秋出，壺中萬象藏。搆分蒼鹿柴，穿得白鷗鄉。竹露寫清韻，荷颸來暗香。破雲施短屐，過雨進輕航。鷄舌忘爲吏，金莖不願嘗。可容王子敬，門外踞胡床。"

小西園。在城西南隅，喬中翰承華别業，後屬喬氏甥唐孝廉汝玫居之。

日涉園。在城内，太僕卿陳所藴建。中有竹素堂、濯煙閣、來鶴樓、菉漪亭、浴鳧池館諸勝，太僕自記。後歸陸明允，傳子起鳳及孫鳴玉、鳴珂、鳴球，世居其中，四方名士多觴詠於此。

孫致彌詩："望衡對宇過從便，況遇良朋共酒船。南極星辰尊一老，西園圖畫集羣賢。梧桐記閟垂陰密，菡萏迎秋出水鮮。最是幼輿巖壑美，莫耽雲卧負華年。"

董德其詩："五老峰高夙所瞻，連宵話舊雨垂簾。一池春水桃花綻，半榻清風繡被添。興到便攜笻竹杖，醉餘頻索水晶鹽。平生知己無多得，漫説新詞好易缣。"

渡鶴樓。一名南園，在縣治西南，明禮部郎中喬煒建。有明志堂、錦石亭、息機山房、珠來閣諸勝，池通浦潮，引水遶匝，古木層巒，蓊藹葱蒨。今邑人曹垂璨居之。每當花晨月夕，名人觴咏其際，探奇領勝，非他園比。

董俞詩："長日無餘事，林泉素願諧。折花爲佛供，斸筍作僧齋。夢醒涼生簟，詩成月滿堦。往來談笑者，風雅盡吾儕。"

朱錦詩:“仙吏投閒日,林泉已宛然。小山皆種桂,淺渚亦栽蓮。客有煙霞契,名同園綺傳。幽芳取次賞,應使俗情捐。”

孟亮揆詞:“海濱卜築,爲園十畝,臨流斜敞雙扉。匝地梧陰,侵衣竹粉,壁間泉響留題。堦下藥苗肥。見蟬鳴高樹,鷺浴前溪。虛閣涼生,碧欄十二浸琉璃。　隔林煙靄霏微。趁曲廊千折,步過橋西。墻覆薜蘿,池通潮汐,緑陰坐繞襟披。清晝白雲齊。怪落花飛鳥,何故依依。茗椀餘懽蚤攜,尊酒踏花谿。”右調《望海潮》。

孫致彌和詞:“鄭公鄉畔,香山池上,幽探別啓巖霏。扶杖問花,移牀就竹,薜蘿共挂絺衣。雁齒小橋低,映曲廊倒影,千萼紅薇。暗水通潮,碧痕新漲上苔磯。　相攜不醉無歸,笑黄塵褦襶,幾許炎威。金谷酒籌,香檀曲譜,疎簾清簟看棊。荷浄納涼時,把旅懷愁夢,都付深巵。一任斜陽背人,轉過數峰西。”

張錫懌詞:“思寄蓴鱸,夢醒蕉鹿,生涯久付滄浪。春申江上,老我芰荷裳。忽漫樽開河朔,逢良會、刻燭傳觴。如公等,珠璣錯落,端合侍明光。　難忘,丘壑美,枕流漱石,烏几匡床。對此君高致,王者幽香。幾疊奇峰插漢?暮天碧、露浄琴張。還愁却,吴山練水,斜月隱横塘。”右調《滿庭芳》。

徐允哲和詞:“東觀詞臣,西園名彦,一時人地俱良。新詞低按,刻羽更流商。況是花邊竹底,移尊坐、彷彿柴桑。誰拘管,披襟散髮,松翠落衣裳。　疎狂,如我者,獨醒奚事,同醉何妨。聽緑陰深處,鶯弄笙簧。良會難逢易別?蒹葭老、露白爲霜。休忘却,風林水榭,煙月淡微茫。”

曹垂璨和詞:“茗話懽餘,開樽列坐,蓴絲鱸膾堪嘗。廊迴轉角,荷浄竹生涼。蔣徑方來二仲,接䍦倒,共泛霞觴。小橋側,輕鯈躍藻,淺渚浴鴛鴦。　徜徉,浮白墮,塵容月洗,逸思雲將。況軒開臨水,鳥囀如簧。坐有蘇辛秦柳?詞瀾湧、倒峽翻江。斜陽下,揮毫落紙,句裏暗生香。”

曹垂璨《園居詩》:“開簾香入座,谷口畫堪圖。岸柳青垂澗,溪篁拂翠隅。鳥聲逢客媚,花態遇晴殊。三徑名賢至,黄公憶酒壚。”“辟疆聊散步,花影入簾時。愛竹嘗留笋,吟松不去枝。溪深鳧睡穩,樹密鳥歸遲。況有攜琴客,高談酒滿巵。”

墟　　墓

壇壝載在秩祀,尚矣。而復志墟墓者,何居?慨兹一坏,或績著中朝,或義高一邑,故家遺俗流風迢然,苟不登諸邑乘,非古聖王式閭表墓之遺意也。故自晉左將軍以來,以孝節著,以詩文傳,以勳名爵位顯於世者,悉紀年按地列於篇。若夫牛羊登壠、芻牧不禁,亦在其後人加之意而已。

晉

左將軍袁崧墓。在長人鄉周浦鎮。傍有小墓,相傳即部將李祥墓。明時有樹出墓中,至今開一石竇,里人望之,見内尚有練索虛懸,料非疑塚。墓前石碣刊“晉左將軍袁崧墓”七大字。又《吴郡縣志》載崧築滬壘禦孫恩,爲賊所害,麾下士李祥收骸歸葬在蘇之横山。又□□保亦有袁崧墓,未知孰是。

里人朱錦詩："獨樹老風煙，將軍姓氏傳。何來三古恨，不及六朝編。海氣憑孤挽，霜威借日懸。忠魂如可作，碑碣有啼鵑。"

董德其詩："衰崧古墓響秋虫，銅馬金戈化冷風。吴國山川花自落，晉朝人物草連空。暫來滬壘尋遺跡，久别鄉關泣斷篷。露白燈青魂夢遠，不堪塵世論英雄。"

孔蘅詩："將軍墓碣枕荒村，虎氣雄堪壓海門。最是瀟瀟風雨夜，如聞傳箭擣孫恩。"

宋

詩人儲泳墓。在長人鄉周浦鎮。

朱淇詩："淒淒宿草長孤墳，何處招魂倚夕曛。此地滄桑經幾劫，當年風月却平分。情因懷古愁啼鳥，人到悲秋悵落雲。佳句夜臺還賦否？蕭蕭木葉亦難聞。"

唐時措、時拱墓。

浙西漕司丞李遂墓。在十六保竹崗内。

元

兩浙都轉運鹽使瞿霆發墓。在下砂鎮。

《墓誌銘》略：皇慶元年二月二十六日，兩浙都轉運鹽使瞿公卒於松江上海下砂之里第，得年六十二歲。明年四月二日，葬於祖塋之東。至正七年，去公之卒年三十五年矣，而墓碑無文，子時舉大懼先德之遂泯，始以故浙東廉訪副使臧夢解所爲狀，屬同僉太史院事楊瑀來請銘。乃爲銘曰：海隅選兵，孰扞以寧。鹽民破業，孰奠以生。公既靖之，復還定之。我食我衣，歲或薦饑。出粟賑乏，哺餓以糜。遂肉我瘠，孰不惠懷。廷臣林公，導之以見。再叩天階，握恩錫羡。皇帝有旨，俾護而家。汝知鹽筴，往乘副車。海多大風，潮水暴溢。鴻離魚潰，莫保家室。公力拯之，皇褒以秩。正持使節，有赫其光。浙河以東，天菑札荒。公時推澤，出資散給。拊阸萃逋，歲賦兼集。民有頌言，微公曷粒。德孔厚矣，神之勞之。宜爾耋期，以衎以頤。公不少留，廷命來下。夙悟禪理，無怛于化。若堂之墟，龜峙螭蟠。追刻穹石，百世永傳。應奉翰林文字、登仕郎、同知制誥兼國史院編修官張翥譔。

秦裕伯墓。在淡井廟北。

孝子徐誠墓。在長人鄉，貝瓊誌。

明

户部侍郎顧彧墓。在二十二保慶寧寺傍。

孝子顧文敏墓。在西門圓明庵旁。

知縣杜鎰墓。鎰在任十八年，卒，遂葬於縣西，今名杜家灣。

錢塘知縣葉宗行墓。在莘庄春申橋之南。

都察院右副都御史唐瑜墓。在周涇北。弘治九年勅賜祭葬，長沙李東陽銘。

三節婦墓。邑主簿李從吉妻劉氏二女、唐文祥妻妙貞、沈源仲妻妙堅。在肇家浜北。

工部侍郎談倫墓。在鶴坡里。

贈中憲大夫贊治尹王良臣暨勅封太恭人楊氏墓。在周涇浜。弘治九年,以子霽貴勅建。

大理寺卿王霽墓。在陸家浜南。弘治十年賜葬,洛陽劉健銘。按:公與母楊太恭人兩建墓,明季時久已傾圮。康熙年間,邑庠生王維新、王偉復修葺之。

江西參議蔣性中墓。在鸎竇湖。

湖廣參議張萱墓。在高昌鄉曹湖涇,孫承恩銘,長洲王寵書。

湖廣參議張穀墓。子王府長史抑、孫東昌教授懋寅祔。在北關外。穀之祖衡,以御史建言,謫戍遼東,見《名臣志》。今其八世孫袞住周浦,藏衡手蹟如新。

臨安知府瞿霆墓。在洋涇,陸深銘。

廣南知府顧英墓。在郁家宅東,陸深銘,祝允明書。

磁州學正張瑞墓。在沙岡口。子紀善兆達祔。

南京工部郎中龔情墓。在語兒涇。

禮部主客司郎中何良傅墓。在南沙崗。

南京工部郎中晉階朝列大夫李昭祥墓。在浦南竹崗口。

詹事府詹事、翰林院學士、贈禮部侍郎、文裕公陸深墓。子贈中憲大夫、石阡府知府楫,孫中憲大夫石阡府知府郯祔。在黄浦東二十四保二十四啚。嘉靖二十四年勅賜祭葬。

禮部左侍郎贈工部尚書張電墓。在淡井里,嘉靖三十五年賜葬。

南京禮部尚書文僖公顧清墓。在塘橋,嘉靖九年賜葬。

江西參政儲昱墓。在三林塘,唐錦誌銘。

南昌府同知朱佑墓。在斜橋北。

福州知府朱豹墓。在斜橋西南。子太學生察卿祔。

江西副使唐錦墓。在周涇,崑山朱希周銘。

湖廣副使張鳴鳳墓。在龍華。

四川參政戴邦正墓。在望海塘。

光禄少卿顧從禮墓。在日赤港北,太倉王世貞銘。

都察院左都御史恭定公潘恩墓。在陳涇廟,萬曆十一年賜葬。長子湖廣提學副使充哲祔。

贈南京工部右侍郎董體仁墓。在望海塘,萬曆三年賜葬。

四川布政司右布政潘允端墓。申時行誌銘。

贈福建左參議喬鏜墓。在十七保三十三啚,張位誌銘。

雲南按察司副使喬木墓。在十七保二十九啚,沈一貫誌銘。

詹事府主簿顧九錫墓。在龍華姚涇。子晉祔。

通政使司右通政趙灼墓。在五里橋,徐階誌銘。

南京通政使司通政使艾可久墓。在十七保十二啚,萬曆中賜葬。

恩州府知府蔡懋昭墓。在周浦塘。

山東僉事俞汝爲墓。在上海龍華寺之西,長洲文震孟銘。

贈湖廣督學副使王熠墓。子陝西参政圻,孫思忠、思義、思孝祔。在三十保十啚東沙洪九曲口。

山西参議朱正色墓。在十九保。

中書舍人贈禮部員外郎喬拱宸墓。在十七保新二十二啚。

四川布政司参議喬拱璧墓。在十七保二十八啚,大學士張瑞圖銘。

南京太僕寺少卿陳所藴墓。在高昌里,董其昌銘。

山東右布政張所望墓。在龍華開化,門人汪慶伯志銘。

贈太子太保、大學士徐緒墓。在縣肇嘉浜南。

贈太子太保大學士徐思誠墓。在陸家浜北。

太保禮部尚書、文淵閣大學士、文定公徐光啓墓。在二十八保徐家灣,崇禎七年賜葬。

刑部左侍郎錢士貴墓。在浦東坍石橋海螺港内。

貢士張泮墓。在二十五保。

刑科給事中趙東曦墓。在二十四保九啚簑笠渡北。

禮部儀制司郎中喬煒墓。在十七保三十啚,檇李譚貞默誌銘。

都察院副都御使葉有聲墓。在十九保石港内,蒲萄涇北。

浙江左布政使姚永濟墓。在日赤港。

工部虞衡司郎中朱長世墓。在龍華北廿八保。

武英殿中書舍人艾大有墓。在二十八保十六啚。

武英殿中書舍人艾廷機墓。在二十四保副八啚。

贈承德郎湖廣都司都事艾芹墓。在二十四保五啚。

贈山西布政使司左布政使艾洪墓。在十七保十三啚。

贈山西布政使司左布政使艾元美墓。在十七保十啚。

浦城二尹陸析墓。子靖江教諭陸明揚祔。在六十啚二十八保。

周府教授張敏中墓。在肇嘉浜西斜橋北,二十五保十三啚。

贈通政使司左通政張翼翔墓。在譚家行廟涇,二十七保六啚。

贈通政使司左通政張景平墓。在肇嘉浜南譚家宅西,二十五保十三啚。

封江西永寧縣知縣陸明允墓。子永寧知縣起龍、貢士起鳳祔。在二十二保十四啚。

贈兵部武選司員外郎尚寶司司丞顧嶽墓。在二十五保洋涇南。

尚寶司司丞顧名世墓。在二十五保長涇南。

道州知州顧名臣墓。在潘生橋北。

刑部郎中李繼元墓。在十六保巨漕口。

山東副使黄體仁墓。在二十四保白蓮涇。

應天府經歷黄兆蘭墓。在二十七保一啚。

中書科中書舍人李待問墓。在十六保横涇内。

兵部主事陸燧墓。在二十九保一啚中新涇地方。

贈工部主事陸萬春墓。在二十四保十啚黄淄漊南。

贈刑部郎中張令德墓。子建寧府知府元玘祔。在二十四保孫家灣新涇港。

福建参政侯堯封墓。子贈吏科給事中孔詔,孫吏科給事中卹贈太常寺少卿震暘,曾孫左通政峒曾、國子監生岐曾祔。在二十三保圓沙。孔詔卜地,禱于九鯉湖神,神授詩云:"兩儀開造化,千古費平章。比足虬龍窟,何人發蓋藏?"遂葬焉。華亭董其昌、長洲文震孟、嘗熟錢謙益撰誌銘。

海澄縣知縣瞿寅墓。在社壇西,二十五保四啚。

江陰教諭張元瓏墓。在二十七保。

國朝

封遂安知縣曹六龍墓。在縣北關外。

封泰安州知州復封國史院掌典籍事中書舍人張在簡墓。在二十九保新涇西。

贈翰林院庶吉士朱維垣墓。在十九保十九啚,與子錦墓相望。

己亥會元翰林院庶吉士朱錦墓。在十九保十五啚。

侯氏節孝阡。孝子侯洵、侯演、侯潔、侯瀞,節婦夏氏、姚氏、龔氏,貞女盛氏之墓。在二十三保圓沙,建昌徐芳有葬議。

雲南南寧府推官李延棨墓。在十六保竹岡内。

興國州知州周汝誼墓。在二十四保黄淄漊西。

天學修士之墓。在城南陸家浜上。西士潘國光買楊氏别業。康熙十年國光卒於廣,歸葬。十四年,祔西士劉迪我。二十年,祔西士金瑪諾。

義　塚

南壇義塚。在二十七保第六啚。本絶户闕玉地,并費萬户投没無糧田,通計二畝八分。嘉靖元年,知縣鄭洛書置。

西林懺院基義塚。在二十五保第四啚,地二十九畝三分六釐。

錢家庵義塚。在二十五保十三啚,本絶户曹辛田蕩,計三十二畝二分六釐。

法華菴義塚。在二十五保六啚,本絶户胡保安田,遠海遺田二十三畝四分七釐。

已上俱載舊志。

二十五保三啚義塚。三百五十號、五十一號、三百八十三號,共一十九畝五分。萬曆年間,徽商任磐石置助。

白家墓義塚。在二十五保四啚改字圩田二百三十四號,計田四畝八分五釐三毫,萬曆年建。

張家墓義塚。在二十五保四啚一百十一、十二、十三號,共田三十五畝六分一釐,萬曆年建。

海防同知黄捐建義塚。萬曆年建(在)。

監察御史甘捐建義塚。萬曆二十年(在)。

國朝

順治三年,糧道王□捐建義塚。共田十畝三分,在念五保九啚。

十四年,本府知府李□捐建義塚。共田四畝。

康熙十年,知縣康文長捐建義塚。共田一十五畝,内十畝聽民埋葬,五畝召種完糧。在□□□。

十九年,知縣任辰旦捐建義塚。計田二畝,在二十五保十三畐。

二十一年,知縣史彩捐建義塚。計田三畝九分三釐四毫,在二十五保十三畐。

十九保十五畐義塚。康熙三年,里人朱錦置建。計田二畝,完糧聽葬。

天學義塚。天學嚴戒火塟,爲買地收塟在教之無地埋藏者。一在演武場土山之後,一在吳淞江閘北,一在修士墓左,一在横沔秦家石橋。

康熙上海縣志卷之八

官師歷官表　名宦

國家得才吏易，得循吏難。才者爲政，雖能移易耳目，騰譽近遠，然擾之非安之也。在昔東里、西門、潁川、蜀郡，其所以庇民調俗十倍後賢，而不以才顯以循著，居可知矣。皇上渙發德音，御書“清慎勤”三字，宣布中外，臣工盖謂百爾，有修此三者故全也。大哉王言，孔子所稱道德齊禮將無同乎？上海自有縣治迄今，長吏項背相望，其政績可紀者六十餘人已爾，甚哉循吏之難也。而且教養既分，師儒充位，語云“經師易得，人師難求”，蓋自古憾之，矧今日乎？故官斯土者，名氏爵里無弗列，其治狀洵美有實效者目曰名宦，使後之君子觀感而興起焉。作《官師志》。

歷官表

元至正二十九年，始置上海縣，設監縣曰達魯花赤，縣令曰縣尹。

明設知縣一員。

縣丞一員。

主簿一員。掌水利。

典史一員。掌督捕。

儒學教諭一員。

訓導一員。

巡檢司三員。黄浦司、三林司、吴淞司。

鹽課大使三員。

陰陽學訓術一員。

醫學訓術一員。

僧會司僧會一人。

道會司道會一人。

國朝順治三年，裁訓導一員。

康熙元年，添設董漕縣丞一員。

	知　縣	縣　丞	主　簿	典　史
元	周汝楫。至元三十一年任。		郗。缺。至元二十九年任。	
	夏。缺。大德二年始遷縣治。		侯。缺。大德二年任。	
	石。缺。大德間任。			
	辛思仁。大德末任，有傳。	范天禎。大德中任。		
	張如砥。字周道，延祐元年任，有傳。	張議。 王珪。至大四年任，有傳。		
	單伯顏。延祐五年任。	鄧巨川。至治初任，陞禮部尚書，有傳。		
	何蒙。字叔正，泰定間任，有傳。	余貞。字復卿，泰定間任，《府志》有傳。		
	程伯顏帖木兒。元統二年任。	蒙速海牙。元統二年任。	王伯顏察兒。元統二年任。	
	李璋。有傳。			
	劉輝。字文大，至正五年任，有傳。	張秉中。至正七年任。	吴福孫。至正八年任，有傳。	
	何緝。字子敬，至正中任，有傳。	忽都帖木兒。至正十一年任。	速嘉世理。至正十一年任。	
	蘇宗瑞。至正二十三年任，有傳。		陳聚。臨海人。	
明	祝挺。字正大，番陽人，吴元年任，祀名宦，有傳。		王椅。	
	張平。洪武二年任。		鄭著。	
	張麟。洪武三年任。		李從吉。已上俱吴元年與祝挺同復縣治，有傳。	
	王隆祖。洪武四年任。			
	康伯愚。洪武八年任。			
	林廷瑾。洪武二十五年任。			
	張守約。洪武三十年任。			
	杜鎰。洪武三十二年至永樂二十二年，有傳。			

續表

	知縣	縣丞	主簿	典史
	方佐。四明人,宣德間任,有傳。	蔣文凱。浦城人,宣德間任。		
	張禎。東阜人,正統間任,《府志》有傳。			
	侯源。正統間任。	楊俊。天順七年任。		
	楊昕。瑞安人,景泰三年任,有傳。			
	李紋。字仲繡,九江人,舉賢良方正,景泰中任,有傳。	杜棠。陝西伏羌人,國子生,成化六年間任。		
	李文。成化初任。			
	王崇之。字守節,直隸滑縣人,天順甲申進士,前嘉興知縣,成化七年改任,有傳。	吴玘。雲南金齒人,國子生,成化七年任。	傅泰。山東臨淄人,國子生,成化七年任。	
	劉宇。字志大,河南鈞州人,進士,成化十一年任,歷仕至正德以尚書入内閣,有傳。			
	李棨。字從質,直隸任丘人,進士,成化十五年任,歷仕光禄少卿,祀名宦,有傳。			
	劉琬。字德資,江西宜春人,進士,成化十九年任,以鹽察御史陞松江府知府,歷仕副都御史,有傳。			
	李鑾。河南汝寧人,進士,成化二十三年以給事中謫任,弘治三年陞廬州府通判。	衛柔。山西霍州人,監生,成化二十三年任。 劉忠。直隸景州人,監生,弘治元年任。 吴忠。山西渾源人,監生,弘治元年任。 李榮。湖廣枝江人,監生,弘治元年任。	張鼎。湖廣黄岡人,監生,成化二十三年任。	
	汪直卿。浙江鄞縣人,舉人,弘治三年任,六年調定陶。	張現。河南陳州人,監生,弘治三年任。 梁賓。山東聊城人,監生,弘治四年任。 高鐸。直隸河間人,監生,弘治四年任。 王寬。直隸祁州人,監生,弘治四年任。		

續表

	知縣	縣丞	主簿	典史
	董鑰。字啓之,鄞縣人,進士,弘治六年任,陞監察御史,有傳。		韓泰。山東樂陵人,監生,弘治六年任。	
		馮經。直隸蠡縣人,監生,弘治七年任。 鄧寅。江西靖安人,監生,弘治七年任。 辛實。山東濮州人,監生,弘治七年任。 李逵。河南衛州人,進士,弘治八年以御史謫任,陞黄岩知縣。 孫壽。山東新城人,監生,弘治九年任。 陳俊。四川内江人,監生,弘治十年任。 莫逊。廣西宜山人,監生,弘治十年任。 張世用。湖廣桃源人,監生,弘治十年任。	王善。山東新泰人,監生,弘治十年任。	
	郭經。字載道,直隸盧龍人,進士,弘治十一年任,陞開封府同知,有傳。	李鏞。河南洛陽人,監生,弘治十二年任。 曹讓。山東曲阜人,監生,弘治十三年任。 温和。山西解州人,監生,弘治十六年任。 李輅。山西澤州人,監生,弘治十七年任。 楊繼榮。江西永豐人,監生,弘治十九年任,正德三年陞湖廣海豐知縣。 李宣。河南新蔡人,監生,弘治十七年任。		
	石腆。字仲殷,福建漳浦人,進士,弘治十八年任。	吕彦士。山西汾州人,監生,正德元年任。 蕭滋。四川内江人,監生,正德三年任。	陳資。四川眉州人,監生,正德二年任。	
	徐潭。字惟静,浙江定海人,進士,正德五年任,七年調湘潭,有傳。	王佐。河南祥符人,監生,正德四年任。 吴文。浙江慶元人,監生,正德六年任。 柳瑄。直隸深州人,監生,正德六年任。 張佐。山東濱州人,監生,正德六年任。	王廷貴。河南羅山人,吏員,正德五年任。	

續表

	知縣	縣丞	主簿	典史
	黄希英。字如英,福建浦田人,進士,上饒知縣,正德七年任,有傳。	張林。壺關人,正德八年任。 劉鐄。韋昌人,正德八年任。 苗和。清澗人,正德間任。	謝淪。禹縣人,正德間任。	
	王軾。字子敬,浙江山陰人,正德九年任。	常相。浙江麗水人,監生,正德間任。	李仲才。蔚州人,正德九年任。	
	王卿。字良佐,河南弘農人,進士,正德十二年任,歷參政,有傳。	于溱。直隸任丘人,進士,正德十年給事中謫任,歷仕知府。 朱伯舉。龍川人,監生,正德間任。		
	鄭洛書。字啓範,福建莆田人,進士,正德十三年任,陞提學御史,祀名宦,有傳。	歐遵教。寧鄉人,監生,正德間任。 王傑。元氏人,監生,正德十年任。 蔣楷。江華人,監生,正德間任。	黄明。西江豐城人,知印,正德十三年任。	
		楊紀。	李朝陽。雲南阿彌州人,嘉靖五年任。	
	徐昭。字德新,浙江永康人,進士,嘉靖四年任,陞通判。	王球。江西金谿人,監生,嘉靖初任。 劉江。山東文登人,監生,嘉靖初任。 黄貫。山東人,監生,嘉靖初任。 李申。江西新喻人,監生,嘉靖初任。 任連。嘉靖初任。		
	曹煜。字孟輝,江西浮梁人,進士,嘉靖七年任,陞南京監察御史。	王徽。嘉靖八年任。 惠應。河南人,監生,嘉靖八年任,陞鹽山知縣。	張相。福建人,監生,嘉靖八年任。	
	常應文。字汝實,山西榆社人,進士,嘉靖十一年任。	劉經。嘉靖十一年任。 王廷俊。嘉靖十一年任。 屈郲。任丘人,儒士,嘉靖十一年由序班陞任,歷仕堂邑知縣。	胡東周。河南鄢陵人,嘉靖十一年任。	
	杜鏜。字邦平,浙江鄞縣人,進士,嘉靖十三年任,陞主事。	顧傳。嘉靖十三年任。 吕懋。嘉靖十三年任。	苑蕃。清遠人,嘉靖十二年任。	

續　表

	知　縣	縣　丞	主　簿	典　史
	馮彬。字用先,海康人,進士,嘉靖十四年任,以行取歷仕松江府知府。	邊宓。直隸任丘人,嘉靖十五年任。 李章。臨晉人,嘉靖十五年任。 丁洺。江西豐城人,嘉靖十五年任。	高士鸞。湖廣荆州人,嘉靖十五年任。	
	海淩雲。字尚志,江西九江人,進士,嘉靖十六年任。	崔禎。遼海衛人,嘉靖十六年任。 莫自賢。荔浦人,嘉靖十六年任。		
	張秉壺。字國鎮,福建莆田人,進士,嘉靖十七年任,以行取授給事中。	文觀光。 郭白環。 周賓。	曾璟。 王繼榮。 姜漢。	
	孫渭。字應清,福建莆田人,進士,嘉靖二十四年任,歷仕憲副。	徐瓛。 卞懃。 田登。	史佩。山東〔人〕,〔嘉〕靖二十八年任。	鄧伯祖。湖廣石首人,嘉靖二十八年任。
	喻顯科。字時晉,江西南昌人,進士,嘉靖二十九年任。	鄭烱。 張黼。浙江人,嘉靖三十年任。 姜鑄。		
	劉克學。字子行,四川什邡人,進士,嘉靖三十四年任。	劉東陽。四川人,嘉靖三十二年任,祀羣忠祠,有傳。 李時。 吴祚。江西人,嘉靖三十二年任。	尹崇相。山東人,嘉靖三十三年〔任〕。 楊璣。河南人,嘉靖三十四年任。	張貢。山東人,嘉靖三十二年任。
	葛大紀。字伯理,直隸人,進士,嘉靖三十五年任,陞主事。	張琪。山東人,嘉靖三十三年任。 楊世寶。浙江人,嘉靖三十四年任。 孔義。 李棟。湖廣人,嘉靖三十五年任。 聞人恭。 李意光。山東人,嘉靖三十五年任。	郭宗益。山東人,嘉靖三十六年任。	周□。浙江人,嘉靖三十六年任。
	牛鏡。直隸獻縣人,進士,嘉靖三十七年任,歷仕青州知府。	李潮。山東人,嘉靖三十六年任。 賈世臣。湖廣人,嘉靖三十七年任。 姜臣。直隸滄州人,嘉靖三十七年任。 黄列清。	金畿。浙江金華人,嘉靖三十七年任。	

續 表

	知　縣	縣　丞	主　簿	典　史
	郜光先。字子孝,山西長治人,進士,嘉靖三十九年任,以行取歷仕總督三邊兵部尚書,有傳。	宋邦治。陝西人,嘉靖四十年任。 劉士逄。浙江人,嘉靖四十二年任。		冀崇貴。陝西人。 徐正。浙江人,嘉靖四十二年任。
	黄文煒。字德華,江西南城人,進士,嘉靖四十一年任,祀名宦,有傳。	周攀桂。陝西人,嘉靖四十三年任。 岑懋義。浙江餘姚人,嘉靖四十四年任。	龔惠。山東人,嘉靖四十一年任。	童蜃。浙江人,嘉靖四十五年任。
	鄭惟僑。湖廣荆州人,進士,嘉靖四十四年任,陞南京大理寺評事。	廖顯。江西新淦人,嘉靖四十四年任。	吴斌。河南人,嘉靖四十三年任。	蕭沂。江西人,嘉靖三十九年任。
	姜忻。字克榮,江西南昌人,進士,嘉靖四十五年任,歷仕參政。	張九德。浙江人,隆慶元年任。 李侃。湖廣人,隆慶二年任。	薛孝。浙江人,隆慶元年任。	林士貢。福建人,隆慶二年任。
	張嵿。字子謙,江西南城人,進士,隆慶二年任,陞工部主事。	田德顯。遼東人,隆慶三年任。 郭萬白。湖廣郴州人,隆慶三年任。	王尚時。河南人,隆慶四年任。	周士懃。餘姚人,隆慶二年任。
	鄺彭齡。字幼玄,廣東南海人,進士,隆慶五年任。	范宗聖。山西人,隆慶五年任。 張鍾。陝西神木人,隆慶五年任。	李惠。北直隸人,隆慶六年任。 賀儀。湖廣寶慶人,萬曆元年任。	熊鏊。江西人,萬曆二年任。
	敖選。字用卿,四川金堂人,進士,萬曆二年任,以行取授監察御史。	李對時。□南人,萬曆元年任。 劉昱。廣西人,萬曆二年任。 邊濬。河間人,萬曆三年任。 梁允玳。廣西人,萬曆四年任。 華啓。四川人,萬曆七年任。	張斗東。山東人,萬曆三年任。 李士龍。雲南人,萬曆六年任。	陳天挺。福建人,萬曆六年任。
	鄧炳。字其文,湖廣監利人,進士,萬曆八年任。	魏良翰。廣東人,萬曆八年任。 曹詩。湖廣人,萬曆九年任,有傳。	王琚。直隸保定人,萬曆九年任。 李慧。江西人,萬曆十年任。	張貢。山東人,萬曆九年任。
	顔洪範。字中起,浙江上虞人,進士,萬曆十一年任,以行取授監察御史,有傳。	昌應聯。龍溪人,萬曆十一年任。 方德崇。淳安人,萬曆十一年任。	陳嘉策。北直隸人,萬曆十四年任。	李科。山東人,萬曆十三〔年〕任。

續　表

	知　縣	縣　丞	主　簿	典　史
	高進孝。字遂忠，河南獲嘉人，進士，萬曆十六年任。	王德化。四川人，萬曆十三年任。 方以材。弋陽人，萬曆十四年任。	費洋。定陶人，萬曆十五年任。	
	許汝魁。字真甫，江西湖口人，進士，萬曆十七年常山知縣調任，丁憂，二十三年復補任，陞南吏部主事，有傳。	馬李。沔池人，萬曆十五年任。 謝寶。		胡顯烈。南昌人，萬曆十五年任。
	楊遇。字惟良，浙江仁和人，進士，萬曆十八年任。	譚運。	栗崇本。	余和。
	徐可求。字觀吾，浙江西安人，壬辰進士，萬曆二十一年任，陞吏部，累官僉都御史，巡撫四川，贈右都御史，有傳。	張尚耻。 劉圻。 林奕勛。	徐夢鯉。 許萬里。	吴一勳。 胡禮。
	劉一爌。江西南昌人，進士，萬曆三十年任。	徐志雄。	左之柱。	陳嘉言。
	李繼周。字斗中，南昌人，進士，萬曆三十一年任，有傳。	楊麟。		
	徐日久。字魯人，浙江西安人，進士，萬曆三十九年任。	謝恴迪。 林應春。	陳期椿。	詹熊祥。
	鄒人昌。字宸柱，湖廣麻城人，進士，萬曆四十年任。	葛楚士。		趙國獻。
	吕濬。字槐長，浙江平湖人，進士，萬曆四十四年任。	謝邦化。	何明揚。	姜世勳。
	鮑奇謨。字赤城，浙江餘杭人，進士，天啓二年青浦知縣調任，陞監察御史。	范時。	戴大禮。	
	陳四賓。字遠門，四川銅梁人，進士，天啓五年任。	梁日章。		陳經濟。
	陳昌胤。福建寧德人，進士，天啓七年任。			

續 表

	知 縣	縣 丞	主 簿	典 史
	熊經。字南石,江西豐城人,進士,崇禎三年任。	唐以典。 冉維垣。	季應旂。	
	麥而炫。字章闇,四川順德人,辛未進士,崇禎四年任,有傳。	淩濛初。		郭應禎。
	劉濳。字念先,四川富順人,辛未進士,崇禎六年以婺源知縣調任。	徐觀成。	胡光斗。	王大邦。
	王大憲。字依可,江西萬安人,甲戌進士,崇禎八年任。	戴國英。		
	章光岳。字茂闇,浙江臨安人,庚辰進士,崇禎十三年任。	鮮起雲。	盧志璉。	何大榮。
	彭長宜。字德符,浙江海鹽人,癸未進士,崇禎十六年任,有傳。	邵士美。		

明陸深《上海題名記》:上海縣令題名者,題令上海縣者之名也。石之者,示不朽也。創之者,嗣令上海浮梁曹侯孟輝也。由曹侯而上,令凡四十有一人,其在元者十有二。縣,元始也,元令始于周侯汝楫也。由周侯而下,列其姓氏,以官曆次第之,使可考見。復虚其左,以俟後之令玆縣者題焉。是役也,循名以求其實,弗替乎舊而引之今,侯可謂知體矣。縣人陸深記之曰:令于縣無所不統。令,猶令也,所以使令一縣之人,以知公上尊親之義,而和以富壽安逸之福,懸以刑賞禮律之文,發而出之,故曰令,蓋言令之而必行也。令于民親誨諭訓誡,不越乎堂皇之間,里閈向方,可以徧于時日之内,故令之民也便。親則有感,便則有功,此治之基也。基于縣而天下運矣,基于令而六官舉矣。是故令于民也,身教之,手澤之。民之視令也,公則官之,私則父母之,遇則戴之,去則思之,歿則神明之、尸祝之。此縣令題名之所以不容已也。或曰:"凡是四十一令者有善乎?"曰:"有之。""亦有不善者乎?"曰:"亦有之。"曰:"善不善亦奚取于玆石哉?"曰:"民思其善以忘其不善,令監其不善以底于善,此《關雎》、《麟趾》之意而《周官》之法度也。"又曰:"我皇明之治體也。"侯名煜,丙戌進士,有惠政,爲縣之三年當嘉靖之十年,是月某日立石記。

	知　縣	縣　丞	主　簿	典　史
國朝	孫鵬。陝西鳳翔人，進士，前東明知縣，順治二年補任。 高維乾。遼東海州衛人，貢士，順治五年任。 姚修蔚。江西南昌人，舉人，順治八年任。 閻紹慶。河南魯山人，拔貢，順治十年任，有傳。 商顯仁。字晦侯，浙江淳安人，乙未進士，順治十四年任，有傳。 陸宗贄。山東臨清人，拔貢，順治十五年任。 涂贄。江西豐城人，舉人，前安陸知縣，順治十七年補任。 王孫蘭。陝西洮州衛籍拔貢，順治十八年任。 陳以恪。山東昌邑人，壬午舉人，康熙元年任。 鄒弘。字未菴，戊戌進士，江西廬陵人，康熙二年任。 朱光輝。字闇公，遼東義州人，蔭生，康熙七年任。 康文長。字長孺，江西吉安府人，舉人，康熙十年任。 陳之佐。字鶴亭，直隸河間府故城縣人，辛丑進士，康熙十一年任。 任辰旦。字待菴，浙江蕭山縣人，丁未進士，康熙十四年任，十九年行取考選工科給事中，有傳。 史彩。字簡菴，浙江會稽縣人，例監，康熙二十年四月初八日任，現任。	胡起龍。浙江餘姚人，吏員，順治四年任。 陳洪範。浙江海鹽人，吏員，順治六年任。 祝煇。江西上饒人，恩貢，順治十一年任，陞江寧府理事、同知。 鄧化國。湖廣巴東人，歲貢，順治十五年任。 劉景宸。直隸大興人，監貢，順治十八年任。 王敏政。遼陽人，正白旗下外郎，康熙元年任。 劉秉徤。湖廣應山人，歲貢，康熙二年任。 許處厚。浙江海寧人，拔貢，考定通判，改授，康熙三年任。 酈蜚煌。直隸昌平人，拔貢，考選州判，改授，康熙十二年任。 徐煌。浙江嘉興人，貢監，康熙十五年任。 徐京瑋。江西安義人，文學生員功貢，康熙十八年任。 闞緝。江西清江人，貢生，康熙二十年任。 陳宗泰。江西進賢人，監生，考授州同，改降，康熙二十二年任。	徐鵬翰。浙江海鹽人，歲貢，順治五年任。 李宙臯。湖廣嘉魚人，恩貢，順治十一年任。 章泓。浙江富陽人，吏員，順治十五年任。 沈邦振。直隸大興人，吏員，康熙五年任。 汪周祚。浙江富陽人，吏員，康熙十四年任。 李文奇。陝西富平人，吏員，康熙十八年任。 李六德。山東東阿人，吏員，康熙二十二年任。	夏廷璋。吏員，蘇州府常熟縣人，順治二年任。 黄章。吏員，浙江紹興府新昌縣人，順治二年冬任。 舒志英。吏員，江西南昌府靖安縣人，順治九年任。 韓與范。吏員，盛京順天府文安縣人，順治十二年任。 卜汝亨。吏員，浙江湖州府歸安縣人，順治十八年任。 唐肇虞。吏員，陝西西安府同官縣人，康熙二年任。 張雲冲。吏員，陝西西安府華州人，康熙六年任。 宋振祿。吏員，河南開封府原武縣人，康熙十一年任。

	教　諭	訓　導
元	唐時措。邑人。 湯植翁。 方遇聖。 毛夢雷。 章服。 朱以寧。 于逵。	吴子文。

續表

	教諭	訓導
明	張守忠。	顧彧。邑人，歷陞户部侍郎。
	尹厚。	顧逵。
	王文昭。	黃黻。字成章。
	王驥。並洪武中任。	
	尹如恢。字務厚，泰和人。	劉鐔。
		趙永吉。
		王鳳。
		李敬。
		黃巖。
		徐研。已上正統間任。
	趙正。三山人，祀名宦，有傳。	
	李義。	
	夏曜。字太舉，天台人，舉人，陞九江府教諭。	
	郭儀。已上景泰間任。	
		詹崇。
		姚堉。
		尹古。
		吕珍。
		劉世傑。
	孫昇。字孔易，解元，餘姚人。	江震。錢塘人，有傳。
	李繼。陝西人。並成化間任。	程良杰。
		陳元禄。
		盧繼明。
		陳德隆。
	孫潤。慈谿人。	管藍。已上天順間任。
	彭申。字宗嶽，莆田人。	劉愷。安仁人。
	淶英。新昌人。	司馬學。普安人。
	李瀚。字文卿，新會人。	任朝璉。字宗器。
	李朝贊。字子卿，順德人。	劉昱。字景陽。
	龔棠。全州人。	潘得春。洛陽人。已上弘治間任。
	聞元奎。字應明，鄞縣人。已上正德間任。	
	鄒明魁。字應乾，宜賓人，陞知縣。	
	聶曼。金谿人，陞國子監學録。	
	葉朴。字淳夫，貴溪人，舉人，歷陞主事，有傳。	
	楊元永。字介夫，永康人。	
	文大才。舉人，湖廣人，陞知縣。	
	胡方禮。山陰人，陞壽州學正。	趙繼宗。曲阜人。
	方興邦。莆田人，舉人，歷陞參議。	吴潤。字時雨。
	黃洙。莆田人，舉人，陞通判。	林澤。鄞縣人。
	王弘兆。固安人，舉人，陞知縣。	李聰。盱江人。
	姚本崇。閩縣人，舉人，陞知縣。	劉光。字景美。
	袁希燦。峽江人，陞浙江紹興府教授。	盧德淵。道州人。
	梁拱辰。曲靖衛人，舉人，陞江夏知縣。	蘇子受。字廷謙，陞知縣。
	楊濂。巫山人，解元。	
	楊邦憲。巴陵人，舉人，歷陞副使。	吴山。字仁重，陞知縣。

續　表

	教　諭	訓　導
	徐廷龍。莆田人，舉人，歷陞徽州府同知。 陶性。夷陵人，舉人，歷仕歸德府推官。 盧希曾。山西人。 張應鳳。江西人，舉人，陞上津知縣。 張良卿。貴州籍，華亭人。 葉茂中。慈谿人。 徐常吉。字士彰，武進人，登癸未進士，歷仕南京户科給事中，有傳。 朱禹臣。字啓夏，吳縣人，陞國子助教。 鄒明良。字爾賡，無錫人，舉人。 吳道昭。字懋中，廣東南海人，舉人，萬曆十九年任，陞沙縣知縣。 盛心學。直隸無錫人，舉人，陞浦江知縣。 淩子伍。陞龍泉知縣。 吳良輔。四川人，登萬曆三十二年進士，官監察御史。 黄居中。字明立，福建晉江人，舉人，陞南京國子監監丞。 王建和。字乾純，貴池人，萬曆四十一年進士。 趙廷策。字用我，太倉人，萬曆年任。 王制。湖廣京山人，陞知縣。 沈德先。浙江秀水人，陞國子監學録。 嚴覺。浙江湖州人，舉人，陞巢縣知縣。 趙大成。順天人，舉人。已上俱天啓間任。 鄭應柱。徽州人，舉人。 鍾鴻穎。字海槎，浙江海鹽人，舉人，陞知縣。 唐起鳳。浙江湖州人，舉人。 陶鑄。浙江烏程人，舉人。已上俱崇禎年任。	趙价。南江人，陞知縣。 翁泮。莆田人。 丁子英。臨安人，陞教諭。 伍超。字汝冠，晉江人。 談文惠。字元翊，順德人。 吳璟。瓊山人。 潘廷璽。餘杭人。 劉止。保定人。 周易。貴溪人。 趙邦瑞。建陽人，陞仁和教諭。 易信。分宜人，陞崇安教諭。 陳植。慈谿人。 劉亨。桂林人。 梁梅。臨清人，陞鎮源教諭。 繆希彤。陞扶溝教諭。 向斆。慈谿人。 黄照。秀水人，陞王府教授。已上嘉靖間任。 陳亮宷。海鹽人，陞王府。 潘一鶚。海寧人，陞沐陽教諭。 易道南。興國州人，陞王府。 程汝賓。已上隆慶間任。 朱寅。仁和人，陞開化教諭。 楊尚亨。南昌人。 洪儀。字中立，歙縣人，陞福建寧德教諭。 鄭儒。字子珍，廣東瓊山籍，浙江德清人，陞連州學正。 楊潤。字子玉，四川巫山人，濂之弟。 劉中孚。字汝化，直隸鹽山人。 徐文。字伯傳，長洲縣人。 張問政。字德甫，直隸崇明人，萬曆十八年任。 張漸。字允升，無錫人，萬曆二十一年任。 朱履恭。字安之，滁州人，萬曆二十四年任。 許一純。字貞白，歙縣人，萬曆二十五年任。 李時教。字述之，鳳陽人。 范遇。字振雅，靖江人。 沙中孚。字紹園，長洲人。 楊倧。四川南充人，歷陞杭州通判。 周正孚。常熟人。 吳道盛。宜興人。 汪宗伊。繁昌人，陞天柱教諭。俱天啓年任。 彭紹先。亳州人，陞知縣。

續表

	教 諭	訓 導
		郭騰蛟。徽州人。 章繼昌。和州人。 白燦然。陝西延安府人,歲貢。 王家慶。崑山人,陞教諭。 王夢豸。陝西人,歲貢,陞教諭。 張魯傳。崑山人,歲貢,陞知縣。 劉惟澤。安慶人,歲貢,陞教諭。 張師載。嘉定人,歲貢。 毛穎。太倉人,歲貢。俱崇禎年任。

《儒學題名記》:古者帝王建國,君民教學爲先,而必崇師儒之選。大都師道立則賢材衆多,而治理登閎,師道不立則教化陵夷,而王路陀薛,載諸典籍,班班可擘而睹已。我國家稽古圖治,首先庠序之事,申布功令,詳延鴻碩以爲學師,儼然諸生之上,與古帝王崇儒重道其揆一也。上海吴會陬區,舊爲鎮,自元至元間始置縣。縣始置學,以入我明,涵濡菁莪,棫樸之化,文物聲名,斌斌盛矣。而學師姓名不録,無所攷見,非缺典歟?萬曆庚辰秋,余同年友徐君常吉來署教事,講藝修業,端本植範,籍甚有聞。而分教洪君儀、鄭君儒協恭師席,以風勵諸生,斐然向風。癸未之春,徐君擢第南宫,入對大廷,留陟華省,人有去後之思。洪君、鄭君乃因羣心,礱石竪碑,并攷在昔學師凡如干人,合而鐫之,補曠代之缺典,昭同文之大義,蓋盛舉也。而請余文紀其事,將以鑒往而詔來。余不佞,聞之傳曰:"天生時而地生財,人其父生師教,而君正用之。"故師之名與天地君親埒,一何尊也。晚近世爲師者,往往自居僕卑,而人亦不以嚴事之,與他吏冗散等爾,此何以故?無乃襲師之名而未盡師之道乎?藉第令人師毅然以師道自任,取古帝王典籍所載與今功令所布,日與諸生講肄而砥礪浸灌之,非六藝之譚不出諸口,非五常之懿不措諸躬,則經術可明,人心可正,而士習一變至道矣。如是而崇鄉里之化,人皆有所觀摩,務學修行孝弟忠信之風,歘然民俗可歸於淳矣。諸生烝烝嚮用,信守師説,出入不倍所聞。大者弼亮天子,翊贊化機,爲師傅卿相。小者展采錯事,奔奏自效,稱良吏勞臣,勳猷著於巖廊,惠澤被於域寓。後之人將按其名而歆言之曰:夫夫之爲先生造士之盛也如此;夫夫有功於世教民生也。如此,則斯碑可垂不朽,而無忝於在三之重,不亦韙歟?余學之諸生也,竊附忠告之義,俾來者得覽觀焉。邑人潘允哲撰。

	教 諭	訓 導
國朝	張可瞻。湖廣黄岡人,副榜貢,順治二年任。 高遇。金壇人,丙子舉人,順治五年任,陞韶州府推官。 楊名陛。巢縣人,歲貢,順治十一年任。	屈鳳翔。碭山人,歲貢,順治二年任。 毛詩雅。和州人,歲貢。 吴士彦。鳳陽人,歲貢,順治年任,陞教諭。

續　表

	教　諭	訓　導
	許三奇。江浦人，歲貢，順治十四年任。 曹忱。宜興人，拔貢，考授知縣，告改教諭，順治十八年任。 陳迪。當塗人，辛卯舉人，康熙四年任。 馬廷桂。常熟人，丙戌舉人，康熙九年任，陞翰林院待詔。 吴文鎔。無錫人，己酉舉人，康熙十七年任。 陳白漢。山陽人，辛卯舉人，康熙二十一年任。	王汝礪。宿松人，歲貢，順治十七年任，康熙三年□月奉裁，至十六年八月咨補。 楊翽。泗州人，歲貢，康熙十六年任。

宦　績

晉　虞潭　袁山松

虞潭，字思奥，會稽餘姚人。吴騎都尉翻之孫，父忠仕至宜都太守。潭清貞有檢操，初以軍功賜爵都亭東鄉侯，歷宗正卿，徵拜尚書。蘇峻反，潭守吴興，加督三吴、晉陵、宣城、義興五郡軍事，與郄鑒、王舒同舉兵討峻。峻平，進爵武昌縣侯，徙會稽内史。未發，時吴郡以軍荒饑饉死亡塗地，潭表出倉粟賑救，又修滬瀆壘以防海鈔。咸康中，進衛將軍。卒，贈左光禄大夫，謚孝烈。子仡嗣，孫嘯父，兄子谷，後並爲吴國内史。

袁山松，陳郡陽夏人，嗣父方平爵長合侯。博學能文章，著《後漢書》百篇。善音樂，酒酣輒歌《行路難》，聽者爲流涕。歷祕書監，出爲吴郡太守。孫恩寇吴會，時承平久，人不習戰，所在多破亡。山松築滬瀆壘，緣海備恩。明年，恩復寇滬瀆，死之。部人海鹽李祥突白刃收山松尸，葬横山。

舊志誤作“崧”，明陸文裕深有辯。

宋　葉清臣　毛漸　徐確　姜詵　趙彦敔　董楷

葉清臣，字道卿，長洲人。以策擢進士高等自清臣始。仁宗寶元初，爲兩浙轉運副使。時太湖豪右據民田上游，又盤龍匯水曲滯迂不得洩，民患苦之。清臣請疏匯釃爲新渠，直流從滬瀆入海，人賴其利。清臣天資爽邁，遇事敢行，數上書論事，陳九議、十要、五利，皆當世可行者。有《文集》一百六十卷。

毛漸，字正仲，江山人。舉進士。哲宗紹聖中，爲兩浙轉運副使。時浙部水溢，詔賜緡錢二百萬賑卹。漸言被害者且數州，歲蠲恐不可繼。乃按錢氏有國時故道，起長安堰，至鹽官徹清水浦入海，開無錫、武進、常熟諸水入大江，浚崑山諸浦、吴江、大盈、顧匯、柘湖，下金山小官浦並入海，自是水不爲患。

徐確，莆田人。陳洪進辟掌書記。宋初，首勸洪進納土，洪進怒，欲害之，遂走京師。試禮部第四，歷官宗正丞，出使兩浙提舉常平。時大水歲饑，確攷《禹貢》三江故道，得吴淞古江以太湖東注入海。吴淞在下流，潮泥湮塞爲患，請自封家渡古江開淘至大通港，直徹海口,計七十四里,役徒二百二十餘萬,以常平錢米十八餘萬充和僱諸費,水道遂通。

姜詵,孝宗隆興中爲兩浙轉運副使。時淫雨水溢,民大饑。詵相地高下,即張涇堰傍增卑爲高,築月河,置牐其上,以時啓閉。復浚河,自簳山達青龍江口二十七里,故水所敗田數萬畝復爲膏腴。乾道二年冬,許克昌立石記其事。

趙彦敔,字仲和。寧宗嘉定中,監青龍鎮税,重建鎮學,絃歌聞百里。兵部侍郎杜孝嚴爲文記之。

董楷,字克正,天台人,以通經入仕。度宗咸淳中,提舉松江府市舶分司上海鎮,愛民養士,津梁廨宇多所建置。去官之日,民遮卧不忍其去。

元 吕謙 羅璧 僕散翰文 辛思仁 王珪 張如砥 鄧巨川 何蒙 李璋 劉輝 吴福孫 蘇宗瑞 何緝

吕謙,字和之,亳人。元初,從伯顔南征,所至不殺。宋平,東南大饑,謙詣省白狀,發粟賑民,全活數萬。即拜懷遠大將軍,鎮上海。當春勸農,謂父老曰:"善牧羊者先去敗羣,善治民者先除民病。"由是里胥嚴憚,境内大治。

羅璧,字伯玉,鎮江人。世祖至元初爲總管,鎮守上海。建議海運部漕舟由海道抵楊村入,不數十日至京師,較漕河部運甚捷。卒謚桓敏。子坤載,用廕歷知餘姚、蘭溪、吉水、新喻四州,有惠政。嘗著《厚俗篇》。

僕散翰文,字行之。至元末知府事,析華亭東北鄉爲上海縣。愛民如子。秩滿歸,百姓遮道嗟泣,翰文亦泣下。時代者張之翰謂曰:"相公得民情,民不忍舍,願爲請再任三年。"翰文曰:"不然,願公他日一如翰文之去耳。"

辛思仁,成宗大德間尹縣時,學校草創,思仁鋭意修舉,鑿泮池,復古制,春秋行釋奠禮,廩士養老,文教勃然,士林思慕之。

王珪,武宗至大間縣丞,性剛果,爲治能抑强扶弱。又改建儒學,於縣治東增闢基址,崇餙殿廡,文廟焕然改觀,至今人頌其德。

張如砥,字周道,濟南歷山人。始尹舞陽、洛陽,仁宗延祐初治上海,廉明若神。有民負寺僧租,弗能償,會其家嬰兒病亡,移以陷僧,如砥曰:"彼不毆爾,而毆嬰詐也?"叱使去,民復訴之府,果反坐。丙辰秋,浙西大水,壞禾稼,行省詰縣徵賦如常,如砥力争之得减。明年春大饑,復白省賑濟,民賴全活。所至以清惠聞,擢陜西行臺御史。

鄧巨川,字百川,真定人,英宗至治初縣丞。嘗奏請以苗糧改科豆麥,民蒙其利。仕終禮部尚書。

何蒙,字叔正,泰定間尹縣。性峻潔,貧而能廉,攜家累十餘口,日屑麥爲粥以食,無慍歎聲。值歲歉阻饑,請發粟賑貸,民賴以全。

李璋,濟寧鉅野人,自江浙閫掾擢爲尹。愛重文教,嘗重刻九經、四書,版藏文廟,以廣傳習,學者便之。

劉輝,字文大,汴人。順帝至正五年尹上海,有威惠。時以宋季公田虚徵税額加數倍,輝勸富民出粟爲常平本,賦役遂均。創置社學百六十所,行鄉約禮,召耆民及小吏觀之,使知大義。期會唯揭縣門,無敢後者。有兄弟争財,連歲不決,輝召諭之,皆感泣罷去。擢中書户部主事,會母卒,民不忍舍,爲買地以葬。鄰邑士民亦刻石頌德。

吴福孫,字子善,杭州人。能詩,尤工篆籀,得趙文敏楷法。至順初,召見奎章閣,上嘉賞,命侍臣引金鍾酌酒以賜。性恬退,不嬰榮利,嘗徜徉湖山間。至正六年,隨牒爲縣主簿。歲大旱,有禱立應。俄奉檄詣温台,給鹽場工本。復馳傳督閩税,以疾發還廨,卒於官。

蘇宗瑞,至正二十三年尹縣。敏練明決,獄無冤滯。考古制,備置文廟禮器,識者稱其知務。錢鼒爲撰《德政碑》。

何緝,字子敬,泰州人,至正末尹縣。廉公識大體,尤嗜愛文學。建明倫堂及東、西二齋,凡淫祠巫覡必毁斥之曰:"毋使鬼神禍福之説惑吾民也。"時稱爲儒吏云。

明 祝挺　李從吉　杜鎰　方佐　楊昕　張禎　甯祥　李紋　趙正　江震　王崇之　劉宇　李棨　劉琬　董鑰　郭經　原應宿　徐潭　史塘　黄希英　王卿　鄭洛書　葉朴　任環　方廉　董邦政　劉東陽　吴賢　黄文煒　郜光先　曹詩　徐常吉　顔洪範　許汝魁　成心學　徐可求　龐尚鴻　李繼周　麥而炫　彭長宜

祝挺,字正夫,番陽人,明洪武初知縣事。時巨盗錢鶴皐煽亂,兵逼縣治,挺懷印走府,爲誅討計。及聞府城陷,乃仰天嘆曰:"此我死所也。"效死弗去。後被執至盗所,挺毅然曰:"汝吾編氓,敢迫我耶!吾頭可斷,身不可屈。"盗釋之。乃密與主簿鄭著、王椅、李從吉等謀起義兵,追斬僞帥姚總兵、金萬户于西溝,復縣治。時主帥議罪脅從者,挺曰:"彼皆良民被脅,奈何并誅之?請以身代。"復上狀中書省,民賴以全。

李從吉,山西靈石人。少負奇概,通用兵方畧。明太祖初年,授縣主簿。時道梗,晝伏夜行,間關到官。會巨盗錢鶴皐倡亂,劫知縣祝挺,事具挺傳。從吉奉挺密謀舉兵,一鼓平之。後從吉早世,遺二女,妻劉擇名族嫁之。婿亦尋卒,母女艱苦營葬于郭外西原,其壻唐福祔焉。

杜鎰,洪武末知上海縣。其政以崇節儉、黜華靡爲本,遇事明果,不怵勢利,吏畏而民懷之。

方佐,四明人,宣德初知縣事。通達世務,廉公愛人,甚有恩紀。然性頗剛褊,含垢藏疾非其所長。

楊昕,浙江瑞安人,明景泰三年知縣事。興學勸農,平徭役,簡獄訟,有古循吏風。丁母憂去官,士民垂涕,賻贈一無所受。起復知華亭,清操益厲。提學使選秀民充弟子員,昕具書稱名敦請,士皆感奮。改知壽光,卒于官。喪還經吴門,兩邑民争往哭之。

張禎,東皐人。明正統二年,以縣丞擢本縣知縣。先是,巡撫侍郎周忱行部上海,耆民相率詣忱,言禎公清勤敏,撫字有方,且縣劇非禎不能理,今令缺,請以禎補之。忱具以聞,吏部以禎未九載,例不當遷,英宗曰:"民情不可拂也。"特從之。

甯祥,山東章丘人。明景泰中鄉貢進士,授同知府事。蒞職清謹,愛民惜物,嘗重浚蒲匯塘,重建盤龍塘諸橋。歲旱,奏免徵兩邑税糧十九萬,民深德之。

李紋,字仲繡,九江人。舉賢良方正,明景泰中知縣事。剛毅練達,剖決若流,奸黠不敢肆。嘗以暇日訪民疾苦,而陰察其貧富,故徭役令下,雖荒村僻巷若家至而户歷者,輿論翕然稱平。

趙正,三山人,明景泰間爲學教諭。終日坐堂上講授,夜振鐸以警惰者。及門之士既仕,猶念之不忘,每曰:"安得如斯人者以勵後進。"

江震,浙江錢塘人。明天順四年,以鄉貢授上海訓導。課誦有法,兩爲主司,號稱得人。擢知廣濟縣。

王崇之,字守節,直隸滑縣人。明成化七年,由鄉貢知縣事。時濬吴淞江,崇之分董其事,役力用財皆有條貫,民謂鑿江之功,王公居多。《滑縣名臣傳》云崇之天性友愛,剛正弗撓,與王威寧越齊名,稱大、小虎云。

劉宇,字志大,鈞州人,明成化十一年知縣事。沉毅有才斷,奸豪屏跡,邑境肅然,民蒙實惠。

李棨,字從質,任丘人。明成化戊戌進士,由教諭知縣事。政尚寬恕,不動聲色,民自懾服,故去後嘗見思。子時翰林編修,每見儒官,輒加禮遇,曰:"吾父嘗居是官也。"

劉琬,字德資,江西宜春人。明成化十四年進士,由松陽縣補上海。奏以餘糧編銀雇夫,積官稅羨餘葺學舍,綜理周密。發奸摘伏,終其任,無敢干以私者。入爲南御史,出知松江府。凡所興革,務爲久長。用文學,飭吏治,考大成之樂,間詣學宫,飲射讀法,率學官弟子親爲講説。飭陸宣公、周文襄祠,表貞節忠孝,百廢具興。俗尚侈靡,躬行儉約先之。客至,豆觴魚鱐、果脯一飯而已。琬本姓高,嘉靖壬子,子祉領鄉薦,疏請復其姓。

董鑰,字啓之,鄞人,明弘治六年知縣事。明辨有幹局,築西鄉田圍以捍水患,修撰錢福爲文記之。

郭經,字載道,盧龍人,明弘治十一年知縣事。治尚簡易,民安其政。去之日,邑人樹碑頌德。

原應宿,陽城人。明弘治間,以府倅署縣。剛達明果,敏于立事。其董水利尤力,濬堙鑿隘,大利農畝,而興工給費,亦有調度,公不匱財,民不見病,邑人稱之。

徐潭,字惟静,浙江定海人。明弘治六年進士,正德二年除上海知縣。故事區長有歲例輸官,潭斥不取。值大祲,設法賑濟,全活甚衆。先是,訟者苦遣卒逮捕,潭造木人,令訟者持至所訴之家,其人抱木人自詣,無敢後。邑多豪族逋官租,區長破家以償,潭嚴懲之,以此植怨。會督儲者有所求,不與,乃以事中傷。改知湘潭,後官至按察副使。

史瑭,偃師人。明正德中,以府倅攝縣事。性澹泊,不染脂潤。後以憂去,民常見思。

黄希英,字如英,福建莆田人。明正德初進士,七年由上饒縣調上海。爲治寬仁不擾,有長者風。後子女即嫁娶邑中名族,至今人猶思慕之。

王卿,字良佐,弘農衛人。明正德甲戌進士,初授德清令,後改上海。簡重端慤,不欲以才見,上官未之知也。性坦易,不設城府,人樂就之。或干以私,輒瞠目直視,不發一語,言者慙退。明武宗南巡,道路洶洶,有緣以爲姦利者,卿抗諸邀索,一不應,第曰:"車駕至日,供不供有令也,何先事自擾爲?"竟以安堵。寧藩反,人心騷動,卿堅卧安衆心,而陰修武備,許告訐獲罪者以鍰贖,由是兵械森然,民免科賦焉。尤慎改作,三年無土木之役。見廨舍頹圮，每曰："取蔽風雨足矣。"有勸之更定政令者，則曰："令何可數出？出必期於行，行必期於久。朝爲之，暮更之，何以範民爲？"故終卿之任，若畫一焉。邑有闤頭，聚糧長之資，歲輸之官以爲例，卿曰："此假人手以漁民也。"悉罷之。又有所爲摳錢者，每歲里甲賦錢于田，以充長吏經費，名曰櫃錢，官操其奇贏而出納之，諸行市賣有折閲者，有入空券而待命者，卿請於上官，歲災出櫃量賑，民以不傷。時疫癘流行，卿製善藥作糜，躬行鄉落徧給之，屏諸騶從，小舟獨行，清浄不擾，擬之曹參治齊云。

鄭洛書，字啓範，福建莆田人。明正德丁丑進士，十五年除上海縣。明達治體，上官下文牒或未當，輒停罷。民間訟獄聽其自息，有不息者召而折之以理，平情而退。日晡判決，無留牘。嘗垂簾屏坐，進諸生，講論經史，評隲文藝高下，士林欽企之。以其暇品節婚喪之禮，著爲令式，舊俗一變。又建社學九十六區，建常平倉，積穀備賑，論次鄉賢名宦，營葺社稷壇墠，更修邑志，百廢具舉。嘗念賦法久弊，議均田爲三則，奏上，未果行。後巡撫林潤定爲三鄉，本洛書議也。洛書嘗謁府還，見水次有石磨磨欹，發墓得屍，異之，遣人偵近村民家磨失其牡，合取無異，攝訊具服。又舟行有焚屍道左者，察其色若恐，詰之，曰："吾嫂也。"不數日，有以母亡不歸告者，洛書意必夜行劫殺，即逮前焚屍者鞫之，其人故無嫂，發其家，所劫金具在。其摘伏神異類如此。嘉靖四年，徵拜監察御史。遭父憂。服闋，還職爲給事中，饒秀許奏罷歸。踰年卒，年三十九。後倭亂，陷興化，洛書子開來奔，邑人朱察卿、顧定芳醵金買田贍之，表曰"鄭賢侯田"。

葉朴，字淳夫，江西貴溪人。嘉靖八年，以舉人署邑教諭，規條嚴肅，士風丕變。諸生孫某有雋才，爲蜚語所中，學使者將黜之，朴力白其誣，指天日自誓，學使爲之動容，事得寢。又常損俸以周貧士。後遷邵武令，歷官太守。

任環，字應乾，山西潞安人。明嘉靖甲辰進士，由廣平令遷蘇州府同知。時倭寇内地，環訓練民兵搏戰，誓以身殉。每出師，徧體自書姓名，示求屍者有所驗識。在軍與士卒同寢食，俸入悉以犒士，士樂爲之死。三十二年，擊賊于上海之八團，身被三創，膳夫徐珮身蔽環以免。及守太倉，疽發背，會賊至，即裹瘡登舟出海，仗劍督戰，意氣彌厲，擒斬百餘級。已又敗之于陰沙，又敗之于寶山，又敗之于南沙，賊望見旌幟輒駭曰："此任家旗也。"咸遁去。捷聞，擢山東按察司僉事，備兵蘇松。明年，賊犯蘇州，民争走保城，不得入，環啓門納之，全活數十萬。明日，以計敗賊于葑門。又帥師援上海，轉戰習家墳、陸涇壩，俱大敗之，斬首六百級。録前後功，進布政司參政兼按察副使，治兵如故，賜金綺，録一子爲千户世襲。丁母憂，奪情。晝甲胄治戎，夜歸則衰絰。嘗野宿周浦，值母忌辰，豆登不具，惟奠腐一盂，哀動左右。寇平，乞終制，許之。再丁嫡母喪，以哀毁卒，年四十。給事中徐師曾奏環忠勇平寇，宜有優典，詔贈光禄寺卿。

方廉，號雙江，浙江新城人。明嘉靖辛丑進士，以膳部郎出守松江。倭寇上海，老弱争走郡城，廉用邑人顧從禮議城上海，復于郡城增陴深塹，列亭障，宿甲士，不踰月咸就緒。甲寅正月，寇從南沙突攻上海，以新城固不能克，寇乃由黄浦攻郡城。廉堅壁伺間，屢挫其鋒，寇不得志。廉又條上海逃竄丘墟狀白之御史周如斗，奏蠲賦一年。時承平既久，武備廢弛,召募四方客兵,供應薪粟重困。廉更練土著,行伍漸實,客兵減者十七。上嘉其功,賜金綺,尋遷江西副使,進廣東参政,擢都察院右僉都御史,巡撫江南。廉又疏陳民間疾苦,減賦百餘萬。尋進右副都御史,楚人丘橓劾罷之。穆宗踐祚,起南京大理卿,尋遷總漕,轉南京工部侍郎,引疾辭位。方守松時,一日訛傳倭已入西關,居民棄家東去。廉聞之,神色不動,呼四隸舁輿,一童子持印,出不見寇,乃駐西門城樓,令四隸東出,呼市民使還,俄頃遂定。角巾白袷,徒步睥睨間,親執夏楚,儆其干掫之不力者。寇壘在坰,四門不闔,日進流民於廢宅空館,飲而飼之,調發諸伍,犒賚必倍,以故民不苦兵,兵不苦敵。當寇圍城之夕,有太學生杜門援琴,廉聞琴聲,叩其室曰:"休哉!汝欲享其樂,不得不任其憂,願假四千鐶以資韎韐。"太學如數獻之,秋毫不自潤也。廉氣體素豐,自禦倭寇,至廢寢食,體漸羸弱,其忠勤捍患不媿古社稷臣云。後建生祠于郡,至今祀之。

董邦政,字克平,山東陽信人,以貢授六合知縣。善騎射,常擒江中劇盜,知名於時。嘉靖三十二年,督府使帥兵討倭寇。擢按察司僉事,專領海防,駐上海。時新城始建,賊蕭顯奄至,穴民樓俯瞰城内。邦政登陴督戰,用神鎗手以一當百,賊解去。三十四年,擣川沙賊巢,斬首五百級。其秋,賊自金陵轉掠至滸墅關,邦政會兵合擊于吴林廟,轉戰横涇,悉俘斬之。爲趙文華所抑,左遷蘇州府同知。三十五年,與任環合擊倭于界觜,悉殲其衆。又追擊新莊賊,及于沈莊,皆勦滅之。論功加四品服俸,邦政竟引疾去,時論惜之。當蕭顯寇上海,常州通判劉本學攝縣事,與邦政協力,亦有捍禦功。

劉東陽,四川人。任上海丞,治稱無害。嘉靖三十三年,蕭顯入寇,月餘忽解去,董邦政使東陽躡其後,東陽故書生,倉卒統兵追及之于太平寺,衆皆潰走,東陽遇害。先是,上海未城,鎮海衛指揮武尚文同建平縣丞宋鰲統所部駐焉。賊至,尚文擊敗其游兵,過蔓笠橋,伏猝起,斷馬足,尚文死之,鰲亦戰死,與東陽並祀羣忠祠。

吴賢,杭州衛鎮撫,統杭兵來禦賊,屯黄泥浜。與賊接戰,杭兵敢鬬者俱死,賢亦死之。時有丁爵者,鳳陽義官,力舉千斤,二子俱武健。應募至,率二百人出哨,遇賊于趙家溝,爵欲示武,戒二子勿前,舉鐵鞭連擿三賊,一賊佯死卧地,爵下馬取首級,佯死賊奮刀斫之,斷其臂。二子赴救,以所乘馬負之而還,踰夕死。

郜光先,號文川,山西長治人。明嘉靖已未進士,除上海知縣,折獄明允,催科有法。兑運武弁憑勢勒索,莫敢誰何。一日,運弁率軍卒數十人,露刃入縣門,光先待其至,手執一弁,叱之曰:"汝等將劫庫耶?"亟命鍵户勑輿隸盡縛之,顧曹掾牒申總漕,武弁伏地請罪,釋之。乃下令逐運船出,鱗次泊浦濱,候一船兑完,一船銜尾進兑,弁軍唯唯,無敢譁者,不三日事竣。辛酉大水,歲饑,光先勸縉紳顧從禮輩各出米千斛,計里設廠,作粥賑濟,民賴全活。在官,薪蔬小物未嘗取之民間,去之日,行李蕭然,有趙清獻之風焉。歷官總督三邊、兵部尚書,卒贈太子太保。

黄文煒,字德華,江西南城人。弱冠領鄉薦第一,成進士,除邑令。謙恭好問,摘發如神,吏胥不敢上下其手。性尤嫉惡。有里豪施鑄潛殺其弟,沈友諒納兄女爲妾,睚眦殺人,里中畏之,莫敢發。文煒廉得實,捕而立置之辟,闔境稱神君。每月進諸生課試之,品題甲乙，時或相與揚攉古今，共疏食而罷。嘗置學田百餘畝以贍貧士，建羣忠祠，修濟農倉，興廢舉墜，境内肅然。文煒素孱弱，竟以勞瘁成疾，年未三十卒於官。貧不能殮，諸丞簿貸帑以治棺槥。時李官、陳懋觀攝縣事，爲足其帑，曰："毋污廉吏名。"今祀名宦。

曹詩湖，廣京山人。以貢授邑丞，清介不苟。會公事入郡，渡浦，風浪陡作，覆舟死。知縣鄧炳臨其屍，見袴襪敝垢不可殮，槖中僅存俸一金，炳解衣殮之。邑人顧名世爲文祭之曰："入其室獨蒼頭二人，無執爨之婢；檢其槖唯敝衣敗絮，無數金之儲。"蓋實録云。

徐常吉，字士彰，常州武進人。博學通古文辭，明嘉靖四十三年領鄉薦。萬曆初，署上海教諭，以師道自任，凡所鑒拔多致通顯。性清貞狷介，常白郡守，脱人於死，其人齎千金報德，常吉怒曰："多財多患，以田宅婢僕致獄訟殺身者衆矣，胡載禍相贈耶？"謝不受。十一年成進士，除中書舍人，擢南户科給事中，終按察使僉事。上海署教登第自常吉始。

顔洪範，字仲起，浙江上虞人。明萬曆癸未進士，除知上海縣。簿書填委，獄訟紛沓，洪範耳受目攝，口訊手判，裕如也。士民至者，一識面久而不忘。傜役均平，奸豪斂迹，有神明之稱。雅好文藝，士所奬拔率皆知名。常聘邑人張之象纂成縣志。滿五載，徵拜監察御史。

許汝魁，字元甫，江西湖口人，明萬曆丙戌進士。自浙江常山知縣調上海，居三載，以母喪去。服除，還補故治，從民請也。汝魁不好更張，以簡静鎮俗，事無巨細，單辭片言，褋以詼諧，人人皆意解心折而去。嘗微行郊野，與細民相勞苦，歷問土田高下、人户登耗，默識之，故所定賤更最善。又減省斗級、櫃首諸役，遠近尤德之。他如甃内城，增敵臺，築捍浦塘，民不知勞，而爲利甚久。秩滿，遷南京吏部主事，累官至南通政使。

成心學，常州無錫人，以鄉舉署儒學教諭。謹愿端慤，言呐呐若不出口，而規條可法，知縣許汝魁深敬禮之。遷浦江令，有惠愛。比大計，隣郡推官中以墨，心學昌言於吏部曰："令以不職去，有田可耕，書可讀，子孫可教，甘之矣。假污以墨，奈何復上先人丘隴乎？"尚書嘆曰："幾爲司理所悮。"得改教，遂歸隱不出。

徐可求，字觀我，浙江西安人，明萬曆壬辰進士。初知南昌、江浦二縣。服除，補上海。踵前令許汝魁之政，載其清静，治稱廉辦，簡獄訟弛，刑罰無輕罪入繫者。其事大吏未嘗阿狥，馭下不假顔色，而謙和下人，不自崖異也。秩滿，擢兵部主事，累遷四川巡撫，以兵變遇害，朝野惜之。

龐尚鴻，廣東南海人。由歲貢生爲宛平知縣，坐言事謫上海縣典史。知府許維新檄濬郡治河道，尚鴻躬履巡視，丈量故址，爲豪右占據者立毁之，三月而河工告成，時論並美焉。

李繼周，字汝輔，江西南昌人，明萬曆甲辰進士。除上海知縣，三載當入覲，御史以瀕海歲荒請留，報可。三十七年，御史引前例欲留之，辭曰："海隅外吏，豈有五載不見天子聽主計黜陟者？"遂行詣京，願得冷曹，遷刑部主事。繼周治尚柔仁，而不爲詭隨。遺愛在民，去久見思。後自郎中出知黄州府，遷四川按察副使，死藺酋之難，贈光禄寺卿。

麥而炫，字章闇，四川順德人。明崇禎辛未進士，釋褐除上海令。廉仁汎愛，在官不求赫赫名，而以誠感下，遠近化之。四年夏大旱，而炫建壇郊外，率吏民步禱，俄雲霧四合，有龍見於龍華，夭矯天際，雨隨大至，四境霑足。明年春，麥秀兩岐，村民折穗以獻，命工圖之。瀕海林莽中有虎暴，捕之久不得，而炫到官，虎即遁去。坐公事免，百姓嗟泣罷市，詣臺乞留者千百輩，不許，乃壘城門柅其行。而炫恐，召父老哀請數日，始得去。去之夕，童叟焚香哭送，至婦人女子皆號泣不絶聲，聲聞數十里。因繪《麥侯德政圖》四番：一《神龍晝見》，一《四郊甘雨》，一《麥秀兩岐》，一《猛虎渡河》，邑人張在簡誌其事。

彭長宜，字申伯，浙江海鹽人。明崇禎癸未進士，除上海知縣。科條寬簡，宿猾吏頗易之，長宜摘發中隱，舞文者駭愕斂手。先是，浙東民變，邑多寇警，巨室僮奴聚黨脅主人，託名索質券，因以焚掠，撫軍擒斬數輩乃定，而修怨者告捕日衆。長宜至，以爲首惡既誅，宜並停罷，全活者數百家。巡按御史遣兵戍川沙，長宜曰："民變非盜賊比也，有司治之足矣。"遂撤兵去。尋有愚民相聚爲立教，至數千人，督撫將加之兵，長宜固争得免。其徵賦悉省羡入，不施鞭朴，第勸令速輸。知府讓之，謝曰："與其督責而飽隸橐，不如寬之使悉入公家。且民貧，或鬻子女以償，一官何有，而忍敲朴以博最也。"民聞，益感悦，賦登逾他縣。夏亢旱，徧行村落視災傷，力請臺使上聞，減税額什一。家去治所二百里，月載酒米自給，惟市鮭菜，率倍價償之，至汲水者亦給傭直，其廉惠大概類此。遭亂去官，攜襆被登舟，百姓號泣攀卧，至出境不絶。刻木爲像，祠于城隍廟西。

國朝 閻紹慶 商顯仁 司起龍

閻紹慶，字康侯，河南魯山人，由拔貢除本縣令。機警沉毅，尤勤吏職，案牘滿前，目不留瞬，手不停批，而綽有餘晷。縣胥徒糧里數千人，一過目即能識面呼名，至久不忘。時有大蠹孫年、里魁顧酉暴横積年，莫可誰何，紹慶廉得其實，立置之死，奸猾重足屏息，目之曰"活閻王"。徵糧有善法，遇大寒暑，不笞一人而賦辦，編户德之。順治十二年，海寇突犯沿浦，鎮弁王璟緣以爲亂，謀劫倉庫，紹慶以死拒之獲免。事定，璟誣縣民通寇，紹慶詣臺使，力保全活甚衆。後以法論土豪於死，爲羣小所構，坐免，今邑人猶思頌弗衰也。有《海邦讞畧》一百六十條，闔境稱爲神明，郡人宋徵輿爲之序。

商顯仁，字晦侯，浙江淳安人，明三元文毅公輅□世孫。順治乙未進士，釋褐令上海。廉静儒雅，以經術爲政，仁愛形於詞色，蓋天性然也。縣故巖邑，積宿逋至二三十萬，踵徵新賦，民困不支。顯仁意創規條，明爲賞罰，置酒陳鼓樂於庭，輸及額者勞之酒，出則鼓樂導之，民觀感流涕，以逋賦爲戒。暇則進諸生，課文藝，品題高下，十不爽一，士子烝烝嚮風，人文頓盛。尋以科場事株逮，按訊無狀，繫獄歲餘終不免，士論惜之。

司起龍，山西人，授黄浦營守備。康熙二十一年春，海寇乘夜潮，駕四舟突入黄浦，起龍率千總陳聖策等各躍入漁舟，挺身陷陣，賊衆應弦而斃，俘其四賊。復奮身追擊，中礮歿於陣。昭武將軍楊捷臨縣，戮賊首，祭其靈，疏聞於朝，叙死事功。

康熙上海縣志卷之九

選舉科目表　辟召　薦舉　封贈　録廕　明經　儒士　武科

選舉之塗，其類有八，大要立德、立功、立言，三者得其一，皆足以名世。夫賢良方正、孝弟力田，漢法盡善。科目一塗，明洪武初旋廢旋復，而名公卿大夫多出其中。積而畸重，殆銓注者失其平也。我世祖章皇帝十有五年，詔新進士毋授部曹，先試民社，虞廷之敷奏明試，何以加玆？今裒集諸塗，分類詳列，封廕附焉。姓氏獲與於編，士大夫之榮也。顧循名以責實，不宜憬然擇所立以名於世乎？作《選舉志》。

	進　士		舉　人	歲　貢
唐	顧謙。舉明經三禮二科，有傳。			
宋 〔紹興〕十八年	張偉。字書言，四舉三甲二十一人。 林公望。字叔山，舉二甲一十四人，任左承議郎，提舉福建茶事。		任仁發。年十八中式，有傳。	
元 英宗至治元年宋本榜	趙庭芝。字德瑞，治《易經》，第十五人，南人登進士自庭芝始，授歸安丞。			
明 洪武		二十九年丙子科	王徵。 徐子信。河間府教授。	陳文榮。 丁子剛。 陳奉。 富有。
		建文元年己卯科	楊銓。官員外郎。 劉信。 劉琳。 周霖。見進士。 馮吉。見進士。 劉庸。見進士。	夏禮。御史，陞副使，有傳。 李衡。 張士寔。中書舍人。 湯忠亮。 費肅。海寧主簿。 周尚文。 虞節。 孫雅。

續表

	進士		舉人	歲貢
成祖永樂二年甲申科曾棨榜	周霖。字子望,永寧知州。 馮吉。字汝迪,餘姚知縣。 劉庸。監察御史。			周紹。教諭。 吴逸。
		三年乙酉科	趙端。行唐訓導,陞兵科給事中。 張翔。唐縣訓導。 沈驥。見進士。 康勉。延安教諭,陞知縣。	王約。 戴脩。南安知縣。
四年丙戌科林環榜	沈驥。訾山知縣。			李坦。長沙府經歷。
		九年辛卯科	潘瑛。湖州訓導。	楊新。
		十二年甲午科	張鑑。淳安知縣。 張衡。見進士。 張�。常德府訓導。 姚璧。武康訓導,監察御史。 李昇。由府學入試,見進士。 陸徵。由府學入試,見進士。	許進。常德府同知,有傳。 李燁。浦江縣丞。 曹敬。德清知縣。 楊森。見科。 劉琛。禮部郎中。
十三年乙未科陳循榜	李昇。吏部考功郎中。 張衡。字允平,監察御史,有傳。 曹衡。字士望,從戍寧夏,陝西中式,歷官知府,清敏好古,善真草書。			金璧。建安知縣。 沈載。桐廬知縣。
		十五年丁酉科	楊珙。府學中式第一人,見進士。 韓著。府學中式第三人,見進士。 朱忠。府學中式第五人,見進士。	潘珉。浙江布政司都事。 顧完。 徐蓮。開化知縣。
十六年戊戌科李騏榜	楊珙。字廷瑞,丁酉解元,任翰林院編修,有傳。 韓著。字文用,乞就養,終衢州府教授。			褚澄。蘭溪知縣。 俞敏。刑部主事。
		十八年庚子科	黄恭。字孟莊,刑部主事,陞贛州知府,有傳。 楊森。奉化知縣。 蔣性中。府學,見進士。	樊循。
十九年辛丑科曾鶴齡榜	陸徵。字尚實,禮部主事,終汀州知府。 朱忠。字藎臣,禮部員外郎。			
		二十一年癸卯科	趙禮。知縣。 陳質。見進士。	

續　表

	進　士		舉　人	歲　貢
二十二年甲辰科刑寬榜	陳質。字文彬，御史，歷任山東左參政，有傳。			
		宣宗宣德元年丙午科	辛珪。政和教諭。 陳光。江都教諭。 李伯璵。字君美，府學，歷仕淮府長史，祀鄉賢，有傳。	潘良。主簿。 陸宗。選貢，雅州知州。 錢鐸。東光知縣。
宣宗宣德二年丁未科馬愉榜	蔣性中。字用和，兵科給事中，歷仕江西參議，祀鄉賢，有傳。			趙昂。廣昌知縣。 吴濬。新昌知縣。
		七年壬子科	張顴。字孟威，武定學正。 孫震。安仁訓導。	衛庸。歸德知州。 王宬。陽谷教諭。
		十年乙卯科	徐溥。新野王府教授。	李森。平度知州。
		英宗正統三年戊午科	侯俊。富陽教諭。 周昂。桃源教諭。	楊紀。選貢，安溪知縣。 孫昂。選貢，永平府推官。
		六年辛酉科	錢俊。驍騎衛經歷。 全智。見進士。 浦清。府學，見進士。	陸鏞。嶧縣教諭。 俞仁。
		九年甲子科	姚林。字文林，第五人，洛陽教諭。 蔡敏。訓導。	李鏞。
英宗正統十年乙丑科商輅榜	全智。字克明，監察御史，四川參議。 浦清。字宗源，刑部郎中，福建副使。			張裕。知縣。 陳綱。知縣。
		十二年丁卯科	唐瑜。見進士。 戴昕。字景昇，陳州知州，所至克舉廢墜。	侯驥。字敬德，知縣。 吴愷。藁城知縣。
		景帝景泰元年庚午科	戴春。昕從弟，見進士。 沈湛。 朱允。字克信，連州知州，以平蠻功陞知府，有《牧民集》。 朱佑。字民吉，南昌府同知，天性孝友，工詞翰。 戴曦。字景暉，昕弟，中書舍人，陞員外郎，簡静好學。 李清。伯璵子，見進士。 張傑。字民畏，府學，餘姚知縣。 金綬。字文璧，順天中式，鞏昌府通判。	陶塤。 周泰。字景陽，漢陽知縣，年九十九卒，以耆德稱。
景帝景泰二年辛未科柯潛榜	唐瑜。字廷美，禮科給事中，巡撫甘肅，副都御史，有傳。			

續 表

	進　士		舉　人	歲　貢
		四年癸酉科	郁文博。第三人,見進士。 高祐。字天錫,泉州府同知、東昌知府,本姓王,有傳。 談倫。見進士。 沈瑜。字廷美,太常寺少卿,善吟咏,有〔傳〕。 金純。綬之弟,順天中式,見進士。 金紳。純之弟,順天中式,潮州府通判。	王琳。江夏知縣。
五年甲戌科孫賢榜	李清。字希憲,湖廣布政,見父伯瑛傳。 郁文博。以字行,任南京御史,湖廣副使,有傳。 高舉。原姓沈,成化戊子禄弟,順天中式,歷仕浙江按察司僉事。 金純。字文明,河南布政司使。			張紹。字宗道,見封贈。
		七年丙子科	顧珉。 李澄。伯瑛子,清兄,見進士。 戚繹。新城訓導。 蘇源。字汝清,郯城知縣。 蔡鼒。字廷覲,建昌教諭,純篤嫺雅,爲時所重。	陳亮。道州吏目。
英宗天順元年丁丑科黎淳榜	談倫。字本彝,工部侍郎,有傳。 李澄。字希範,歷仕福建參議,見父伯瑛傳。			孫怡。字孟愉,濱州學正,工于詩。 余濂。新昌縣丞。
		三年己卯科	董綸。見進士。 喬樊。改名維翰,見進士。 陳肅。字惟敬,歷仕順天府治中,恬静高尚,工古文詞。 顧英。字孟育,廣南知府,有傳。 劉瑛。字鍾美,鳳翔同知,改真定,陞建寧知府,所至有惠政,祀名宦。 王霽。見進士。 沈潞。見進士。 莫諲。府學,見進士。 金爵。四川籍,見進士。	姚民。字舜夫,冠帶散官,能詩翰。 嚴豫。訓導。 全用。梁山知縣。 沈宗黼。廣德州訓導。 張乾。沂昌知縣。 孫瞻。海寧訓導。
四年庚辰科王一夔榜	王霽。字景明,大理寺卿,有傳。 王綸。字緝之,湖廣鄉試,歷任山東僉事。			陳瀚。字源伯,石門知縣,賓之父。

續表

	進　士		舉　人	歲　貢
		六年壬午科	姚春。永寧同知。 顧欽。洪武甲戌恒之孫，芒部軍民府通判。 周洪。見進士。 計瓊。字廷玉，順天中式，封丘知縣。 張慶。字積之，順天中式，光禄寺寺丞。	
八年癸未科彭教榜○是年會場火災，改期八月，以甲申三月廷試。	戴春。字景元，南京吏部郎中，陞順慶府知府。 董綸。字縉之，上饒知縣，多異政，終監察御史，有《破解記》。 姜浩。字希孟，順天中式，行人。			韓浙。字本清，富陽教諭，受徒有教法。
		憲宗成化元年乙酉科	王俊。肇慶府同知。 陳琛。字廷獻，九江推官。 劉福。字天祐，工部員外郎。 王佩。字朝儀，太平知府。 戴儼。字人望，儒士，景泰庚午，曦子，禮部司務。 沈浩。字宗遠，平原知縣。	陳瑶。字公器。 張穀。見科第。 陸宗黼。字文猶，保定訓導。
憲宗成化二年丙戌科羅倫榜	莫謹。字汝敬，大理寺評事，以雲南僉事致仕。			
		四年戊子科	張穀。衡之孫，順天中式，見進士。 沈禄。字汝學，順天中式，以仁壽太后戚授通政司經歷，超遷參議，累官禮部侍郎，贈禮部尚書。 顧博。府學。	陳經。
五年己丑科張昇榜	喬維翰。原名樊，字師召，翰林院編修。 沈璐。字廷瑞，第四人，山東僉事。 金爵。四川鄉試中式，歷任副使。			殷質。思恩府通判。
		七年辛卯科	張汶。字季深，湖州教授，有材名。 顧肅。府學。	杜雯。字天章，臨川縣丞。
		十年甲午科	陳賓。字尚賢，第二人，儒士中式，寧海知州。	戴昌。字景亨，天台訓導，春之弟。

續 表

	進　士		舉　人	歲　貢
			張地。字德乾，景泰庚午傑之子，府學，萊州同知。 張黼。府學，見進士。 陳粟。府學，見進士。 林濟。字敷澤，沔陽知州。	
十一年乙未科謝遷榜	張穀。字濟民，永樂乙未衡孫，湖廣參議，有傳。			
		十三年丁酉科	李萱。字宗爰，府學。	張咸。 何瓛。字廷玉，饒州通判。
〔十四年戊戌科曾彦榜〕	陳粟。字惠民，工部主事，志行奇古。 周洪。字廷誥，南京御史，有傳。			
		十六年庚子科	談詔。第五人，見進士。 曹濂。字清之，道州知州。 瞿震。字啓東，順天通判，臨安知府，居官勤慎，却黜夷那氏千金，爲鄉所重。	陸殷。字尚質，香河訓導。
十七年辛丑科王華〔榜〕	談詔。字朝宣，山東副使，能詩，剛明有識，所在有風績。			王鑒。字本明，海寧縣丞，有廉名。
		十九年癸卯科	王泰。霽子，見進士。 許黼。字朝夙，府學教諭。 金獻民。爵之子，見進士。	
二十年甲辰科李旻榜	姜清。字希夷，天順甲辰，浩之弟，順天鄉試，歷陞通政使。 黄金。字良貴，用鳳陽員，歷仕廣西參議。 金獻民。字順舉，已丑爵子，順天鄉試，歷任兵部尚書。			倪黼。字德章，處州衛經歷。
		二十二年丙午科	周翰。字文屏，歷任夔州府同知。 董恬。見進士，綸之子，忱之兄。 諸弘濟。字大經，尤溪知縣。 王大用。見進士。 董忱。府學，見進士，綸之子，恬之弟。	吴謨。字子和，浦城訓導，有師表。 姚宇。以府學貢，任學正。
二十三年丁未科費宏榜	張黼。字士欽，歷任應天府丞，有傳。			
		孝宗弘治二年己酉科	陳雲。字士龍。 徐南。見進士。	山彪。字文柄。

續　表

	進　士		舉　人	歲　貢
		五年壬子科	張霆。字時霆，任廣州府通判，有傳。 趙松。見進士。 曹閔。府學，見進士。	沈同。字文會，應天府經歷。
孝宗弘治六年癸丑科毛澄榜	趙松。字天挺，任太常寺少卿。 王大用。字世顯，任工部主事。			朱喻。字宗潤，會稽縣丞。
		八年乙卯科	唐錦。見進士，瑜從子。 沈恩。見進士。 張鳴鸞。字世和，黼從子，府學，金華府推官。 張鳴鳳。府學，黼之子，見進士。	楊節。字廷孚。
九年丙辰科朱希周榜	董忱。字世行，甲申綸子，恬弟，肇慶府知府。 董恬。字世良，由主事歷官大理寺少卿，有傳。 沈恩。字仁甫，四川布政，祀名宦，有傳。 曹閔。字宗孝，南京御史，建言廷杖削籍，起廣西僉事，有傳。 唐錦。字士絅，景泰辛未瑜從子，江西提學副使，以子贇貴，加贈中憲大夫，有傳。 張鳴鳳。字世翔，成化丁未黼子，南京御史，建言下詔獄，廷杖落職，起湖廣副使，有傳。			朱霙。字漢章。 王璵。字宗魯，餘姚訓導。 張溥。字文瀚。
		十一年戊午科	孫鶚。字朝立，刑部司務。 張萱。府學，傑從子，見進士。 淩雲。字天章，國學，終通判。	陳衡。字正夫。
十二年己未科倫文叙榜	王泰。字時陽，庚辰霽子，任江西參議，有傳。 徐南。字明仲，任奉新知縣。			黄喆。字重吉。
		十四年辛酉科	陸深。第一人，見進士。 郁侃。見進士。 張鷗。見進士。 張紘。見進士。 葉鈇。字廷用，官臨安知府，有傳。 金阜。獻民子，見進士。 金澄。純之子。	宋禮。字節之，袁州訓導。

續表

	進士		舉人	歲貢
			金濂。純之子,見進士。 唐懽。府學,見進士。 戴慈。字子孝,府學,天順甲申,春之孫。 董懌。字世康,綸之子,恬、忱弟,儒士中式,綿州知州。	
十五年壬戌科康海榜	唐懽。字季和,任刑部員外郎,有傳。 郁侃。字希止,第三人,監察御史,左遷州判官,終黎平知府。 張龍。字汝言,壬午慶之子,順天鄉試,歷任通政司參議。 張萱。字德輝,景泰庚午傑從子,任湖廣參議,有傳。			陸蓁。字時茂,濟寧訓導。
		十七年甲子科	諸傑。儒士中式,見進士。 顧聽。字思聰,府學,天順己卯,英孫,歷官烏撒軍民府。	
十八年乙丑科顧鼎臣榜	陸深。字子淵,辛酉解元,任詹事府詹事,贈禮部侍郎,謚文裕,祀鄉賢,有傳。 張鷗。字九苞,任刑部主事。			張時泰。字吉甫,秀州訓導,有《續通鑑廣義》行于世。
		武宗正德二年丁卯科	張鵠。見進士,鷗之從弟。 金皞。皐之弟,見進士。 張南升。字進之,府學。	宋禴。字誠之,蕭山訓導。
武宗正德三年戊辰科吕柟榜	張紘。字文儀,歷任建昌知府,祀鄉賢,有傳。			
		五年庚午科	李翔。見進士。 沈存肅。恩從子,麗水知縣。 唐周。周翰孫,蒙外姓,博學能文,有《白昇日記》。 戴恩。春孫,慈兄,府學,見進士。	郁徽。字誠美,文博子。 褚弘廙。字元慎。
六年辛未科楊慎榜	金濂。字濬之,任鞏昌知府。 戴恩。字子充,歷任陝西參議,有傳。 金皐。字鶴卿,成化甲辰獻民子,任翰林院檢討。			闞鼒。字廷實。
		八年癸酉科	沈雲。字子龍,任通判。 王應恩。泰之子。 朱豹。見進士,佑孫,曜子。 儲昱。順天中式,見進士。 王紱。順天中式,終平涼知府。	艾洪。字文宏,湖廣斷事。 曹弘濟。字茂勳,福寧訓導,有學。

續表

	進　士		舉　人	歲　貢
九年甲戌科	金皞。字治卿，辛未皐弟，工部主事。			張藻。
		十一年丙子科	張鳴謙。字汝益，府學，順天通判，有傳。	
十二年丁丑科舒芬榜	儲昱。字麗中，庶吉士，任兵科給事中，終參政。 朱豹。字子文，景泰庚午佑孫，任監察御史，福州知府，祀鄉賢，有傳。			朱曜。字叔陽，佑之子，清江提舉，見子豹傳。 張洋。
		十四年己卯科。	趙綸。見進士。 王佐。南安知縣。 張鴻。字于漸，鄢陵知縣。 張鳴岐。萱從子，府學，博野知縣，南京刑部主事。	王龍。字雲從，訓導。 陸銓。字文衡，清江訓導。
十五年庚辰科楊維聰榜	李翔。字集卿，任苑馬寺少卿。 趙綸。字廷言，任南京刑部主事，有傳。			薛鴻。字九逵。
		世宗嘉靖元年壬午科	潘恩。見進士。 石英中。見進士。 王可立。字子卓，大名府通判。 唐稷。字世相，錦從子。 董子儀。恬從子，見進士。 張鞲。鵠從弟。 孫繼禄。字汝濂，鶚從子，連州知州，慈祥醇謹，治有惠政。 談承儒。字元珍，詔從子，任衢州推官，卒于任，有傳。	黄剛。訓導。 胡芳。字汝載，昌化知縣，有傳。
世宗嘉靖二年癸未科姚淶榜	潘恩。字子仁，歷官刑部尚書、左都御史，贈太子少師，謚恭定，有傳。 石英中。字子珍，刑部主事，有傳。 張國維。鳳陽籍郎中。			張武。字德勇，王府教授，有傳。 王霑。字時濟，訓導。
		四年乙酉科	葛桂。見進士。 戴邦正。見進士。 劉兆元。字德資，懷慶府推官。	沈鑾。字和鳴，訓導。
五年丙戌科龔用卿榜	張鵠。字翀霄，弘治乙丑鶚從弟，終廣西僉事。			

續表

	進士		舉人	歲貢
	葛桂。字子芳，南雄知府。 戴邦正。字貞卿，永樂甲午謙裔，終四川參政。 諸傑。字子興，永樂壬午英曾孫，終尚寶司少卿，有傳。			
		七年戊子科	趙憲。見進士。 翁燦。見進士。 王教。見進士。 顧名儒。字道夫，鄧州知州。 薛良輔。字仁卿。 張鶚翼。見進士。 周冕。字服之。 蔣雲。字從龍，宣德丁未性中曾孫，廣昌知縣。	顧鰲。字克載，黄陂縣教諭，有傳。 張抑。字汝揚，學正，見父穀傳。 鄧翰。
		十年辛卯科	奚良輔。見進士。 顧向。字子中，弘治甲子聽從子。 張大魯。字子守，永城知縣，見父武傳。 唐國相。見進士，順天籍。	王瑩。
十一年壬辰科林春榜	王教。字道修，大理寺評事，終陝西參政。 唐國相。字舜舉，歷任工部侍郎。			徐鳴鳳。鸞弟，浦城縣丞。
		十三年甲午科	潘忠。字子蓋，恩弟，南京工部郎中，簡訥朴素。 龔愷。見進士。 吴天壽。順天中式。	
十四年乙未科韓應龍榜	奚良輔。字遂卿，庶吉士，禮科給事中，終廣東參政。醇謹勤學，歷官不異寒素。 趙憲。字子成，一字叔度，儀部郎中。 翁燦。字德輝，終副使。			周冠。字正之，冕弟。
		十六年丁酉科	李昭祥。見進士。 孫濰。字宗昌。 徐鳴鸞。字子和，順天中式，德慶知州。	
十七年戊戌科茅瓚榜	董子儀。字羽吉，天順甲申綸從子，終河東鹽運副使。			周文。見科。

續　表

	進　士		舉　人	歲　貢
		十九年庚子科	董充大。字汝化，天順甲申綸玄孫，第六人。 蔡懋昭。字允德，歷任思州知府，致仕，有傳。 嚴梁。字子材。 唐志大。見進士。 龔情。見進士，府學入試。 董志學。榜姓錢，官大理寺評事。	張鵬。字九萬。 蔡紳。字朝卿，新建訓導，祀鄉賢，有傳。
二十年辛丑科沈坤榜	張鶚翼。字習之，歷任貴州巡撫都御史，有傳。 唐志大。字子迪，弘治壬戌檟孫，行人，歷大理寺副，告終養歸，淡于世味。			
		二十二年癸卯科	沈希皐。字叔明，學務博綜，時稱通儒，所著有《海天風軌》、《玉蘭堂詩》。 吴嘉賓。字光國，茶陵知州，王府長史，謹厚有守。 孫應魁。見進士。 唐自化。見進士。 唐繼禄。見進士。 周文。字郁卿。 喬誥。字師周，歷衛輝同知，兄弟友愛。	諸應朝。餘姚訓導。 孫繼謙。字汝益。
		二十五年丙午科	戴邦治。字家卿，乙酉，邦正弟。 沈陽。嘉定人，見進士。 張仲謙。見進士。	戴邦直。字敬卿，由府學貢任縉雲教諭。
		《府志》在己酉科	華秉中。見進士。	
二十六年丁未科李春坊榜	龔愷。字子和，御史，終湖廣副使，有傳。 李昭祥。字元韬，南京工部郎中，致仕，祀鄉賢，有傳。			張泮。字文化，祀鄉賢，有傳。
		二十八年己酉科	董傳策。見進士。 屠寛。見進士。 石應朝。字啓忠，歷任南京工部主事。事母孝，居官廉，泉之孫。 瞿寅。字人正，授閩之海澄令。精勤吏職，所識拔士咸致通顯。遭母喪去官，民去後見思。服除，高尚不仕，年九十七，自作墓銘，無病卒。 曹世龍。字子見，青浦籍。	張敏中。字時用，仁和教諭，□周府教授，有傳。 蔡繡。字文卿，教諭。

續 表

	進士		舉人	歲貢
二十九年庚戌科唐汝楫榜	董傳策。字原漢,弘治辛酉憚曾孫,刑部主事,建言謫戍,召用,累官南京禮部右侍郎,有傳。 孫應魁。字元之,弘治戊午鶚孫,新淦令,陞刑部主事。杜門養静,不與請謁。 沈陽。字復卿,御史,終廣信知府。			趙恕。學正。
		三十一年壬子科	顧名世。第四人,見進士。 秦嘉楫。見進士。 唐本堯。見進士。 趙灼。見進士。 杜時登。字庸之,瑞安浪穹知縣,以子獻璠貴,贈漳州同知。 董傳教。字原學,充大子。 余文榮。見進士。	胡來宗。字子因,金華府通判。 唐敏。字勉之,德化縣教諭。 陳表。字獻之,海鹽縣丞。
三十二年癸丑科陳謹榜	俞文榮。字國華,歷長蘆運使。質素自守,門巷蕭然。 唐繼禄。字子廉,歷副都御史,祀鄉賢,有傳。 龔情。字善甫,丁未愷從兄,刑科給事中,南京太僕寺寺丞,有傳。 屠寬。字德宏,歷雲南僉事,有傳。 華秉中。字正夫,無錫籍,刑科給事中,有傳。 唐自化。字伯咸,成化丁未禎族孫,監察御史,終南京兵部郎中。			陳一鳴。字起静,有傳。 石懿中。王府教授,致仕,泉之子。
		三十四年乙卯科	趙煥。字堯章,錦衣經歷,終平樂知府。 王遷喬。 潘允端。順天第五人,見進士。 侯堯封。嘉定籍,見進士。	茅忠。
三十五年丙辰科諸大綬榜	趙灼。字時章,行人,刑科給事,右通政,祀鄉賢,有傳。			
		三十七年戊午科	艾可久。見進士。 李從約。字玉宇,翔之孫。 杜時騰。字冲之,壬子時登弟,任石埭縣教諭、黄縣知縣,以孫士全貴,贈南京工部尚書,有傳。	楊翰。知縣。 陳震。

續表

	進士		舉人	歲貢
			諸鐈。府學，安遠知縣。 石應魁。字啓文，順天中式，臨江府同知致仕。己酉應朝弟，泉之孫。	
三十八年己未科丁士美榜	顧名世。字應夫，戊子名儒弟，終尚寶司丞。 秦嘉楫。字少説，御史，終僉事，有傳。 金定。四川籍，終福建僉事，正德辛未臯子。 張仲謙。字士益，正統戊辰鎏玄孫，山東按察使，致仕，有傳。			張慈。河南府教授。
		四十年辛酉科	韓謙貞。字長吉，好學能文。 徐鏞。字伯聲。 喬木。見進士。 俞顯卿。府學，見進士。 林景暘。華亭籍，見進士。	董體仁。字公近，綸之孫，懌之子，見子傳策傳。
四十一年壬戌科申時行榜	潘允端。字仲方，癸未恩之子，乙丑允哲弟，終四川右布政，有傳。 艾可久。字德徵，陝西右布政，終南京通政使，有傳。			張攝。字道行，壽光教諭，陞吉安府學教授。
		〔四十三年甲子科〕	徐汝翼。見進士，鏞之子。 喬懋敬。見進士。 王圻。見進士。 戴大登。字仲明，丙午邦治從子。 唐繼賢。字子象，癸丑繼禄從弟，象山知縣。 潘允哲。順天第五人，見進士。 陳紀。貴州籍，廣西南寧知府。	張秉學。字子静，會稽教諭。 余采。〔字〕元亮，桂林府教授，有傳。
四十四年乙丑科應期榜	潘允哲。字伯明，癸未恩之子，陝西提學副使，有傳。 徐汝翼。字君羽，辛酉鏞之子，終廣西右布政，有傳。 喬懋敬。字允德，歷湖廣右布政。 王圻。字元翰，監察御史、湖廣提學僉事，終陝西參議，致仕，有傳。			唐志孝。字子順，永福縣訓導。 沈廷臣。字貞甫，廣東清遠縣教諭，致仕。 董容大。字象宇，瑞州府學訓導。

續表

	進士		舉人	歲貢
		穆宗隆慶元年丁卯科	徐士亢。字叔謙,嘉靖丁酉鳴鑾從子。 張令德。字憲卿,以子元玘貴贈刑部郎中。 高文炳。順天第三人,見進士,復姓王。 倪甫英。字華月,順天中式,邦彦子,分水象山知縣。 董晉。字昭甫,體仁子,初名傳史,華亭籍,以孫象恒貴,贈右參政。	高舉。字伯鵬,天津衛教授,致仕。
穆宗隆慶二年戊辰科羅萬化榜	喬木。字伯梁,雲南副使,終福建參政,祀鄉賢,有傳。 林景暘。字紹熙,成化甲午濟玄孫,庶吉士,歷仕南京太僕卿。			顧汝紳。字允行,安吉州學正,致仕。
		四年庚午科	潘伯翀。府學,見進士。 李伯春。國學,見進士。 張雲門。字九夏,府學,正德丙子鳴謙孫。 金從洋。華亭籍,見進士。	董傳性。字原定,充大子,光州判官。
五年辛未科張元忭榜	唐本堯。字世承,嘉靖癸丑自化子,歷江西副使、貴州參政。 李伯春。字友卿,嘉靖丁未昭祥族子,刑部主事,歷官湖廣參政,有傳。 王文炳。字象南,歷貴州副使、苑馬寺卿,有傳。 金從洋。字汝孝,歷雲南副使、陝西苑馬寺卿。 侯堯封。字欽之,嘉定人,監察御史,歷福建參政。 潘伯翀。字元翰,未殿試卒。			葛士麟。字于郊,恩貢,蕭縣訓導,篤學有守。 李伯春。恩貢,見進士。 唐志范。字子期,府學,恩貢,通許知縣。
		神宗萬曆元年癸酉科	黄履建。字允中。 張汝聰。字允謀,大嵩衛教授。 朱應麒。字叔郊,府學,綜覽能文。	黄一岳。字子鍾,上杭教諭,致仕。
		四年丙子科	陳所蘊。字子有,第三人。 秦國士。字友善,瀏陽知縣。 唐元偉。字觀卿,終楚雄同知。 蕭士純。字粹卿,嘉定人,建昌通判。 李尚衮。字元輔,國學。	王衣。字章甫,鎮江府訓導。

續表

	進　士		舉　人	歲　貢
		七年己卯科	張恒。嘉定人，見進士。 戴士琳。字伯玉，見進士。 張國棟。字曙源，上猶知縣。 張齊顔。字伯復，府學，隆慶庚午雲門子。 李安祥。字元定，國學，嘉靖丁未昭祥從弟，滄州知州，有傳。	喬如陵。字允峻。 張正蒙。府學貢。
神宗萬曆八年庚辰科	張恒。字伯常，嘉定人，興國知州，終江西副使。			
		十年壬午科	朱崇時。字用中。 顧允貞。字秋宇，南陽通判。 唐仲賢。字晉卿，終嚴州同知，有惠政，見《嚴州志》。 胡汝諒。字叔貞，遂溪知縣。 王尚行。字爾中，改名偕春，府學。 高洪謨。字皐甫，順天解元，太平教諭、穀城知縣，有傳。 何三畏。字士抑，順天中式，紹興府推官。	楊繼隆。 高洪謨。見科。 周茂仁。金山衛貢，太倉訓導。
十一年癸未科朱國祚榜	俞顯卿。字子如，刑部主事，言事奪職。			王猷。字□□，□衛學貢，蘇州府訓導。
		十三年乙酉科	杜士全。字□□，時騰孫。 徐汝冀。字南圖，府學，鏞之子，歷知縣、知州、韓府長史。 奚時甲。字幼登，府學，嘉靖乙未良輔孫，終寧波通判。 李叔春。字□□，府學。 杜宗彝。字孝若，國學，時騰子，夷陵知州。 杜獻璠。字公魯，國學，時登子，刑部員外。 喬元胤。字伯麟，國學。	杜宗彝。見科。 鄭銶。字鳴盛。 山有年。字永伯，安吉州訓導。 劉邦重。字季球。
		十六年戊子科	陳紹虞。字賓初，桐廬知縣。 朱正色。字□□。 李中立。字□□。 朱一德。字士隆，府學。 施大諫。字叔顯，府學。 董其昌。字玄宰，順天第三人，見進士。	朱允若。金山衛學貢，太平教諭。

續 表

	進　士		舉　人	歲　貢
十七年己丑科焦竑榜	董其昌。字玄宰,天順甲申綸裔,庶吉士,累官禮部尚書、太子太傅,謚文敏,有傳。 陳所蘊。字子有,歷官南京太僕寺少卿,有傳。 朱正色。字稚曾,淄川知縣,歷官浙江副使,調參議。			
		十九年辛卯科	瞿守。字北野,嘉靖己酉,寅弟。 劉嘉猷。字□□,見進士。 喬拱璧。見進士。 潘大儒。見進士。 夏景華。見進士。 朱家法。北監,見進士。 李南春。字賓卿,己卯,安祥子。	張懋寅。字人則,東昌教授。 施干蕃。字价夫,樂陽訓導。
二十年壬辰科翁正春榜	朱家法。字季則,察卿子,豹孫。出守信陽州,值大旱,賑活飢民鉅萬。又擒大盜陳三川等,州以寧謐。時閹宦啣命采礦,所至暴横,唯信陽以家法故得罷採,州人德之,祀名宦。歷官工部郎中。			
		二十二年甲午科	朱應熊。字爾師。 杜士基。字彦恭,士全弟,南京兵部員外郎。 高廷楝。字仲隆,壬午洪謨子。 金雲鵬。字九萬。 黄體仁。見進士。 倪嘉胤。字元錫,隆慶丁卯甫英子。	湯懋德。
二十三年乙未科朱之蕃榜	夏景華。字素夫,壬辰中式,乙未廷試,荆州推官,卒于任。 杜士全。字完三,嘉靖戊午時騰孫,海鹽知縣,選授刑科給事中,累官南京工部尚書。 李中立。字士强,己丑尚衮從子,公安知縣,補臨淄,陞大理寺評事、四川主考,道卒。 戴士琳。字伯玉,嘉靖甲子大登從子,曲江知縣,卒于官。			秦日益。教授。 聶聞詩。岳州府通判。
		二十五年丁酉科	姚永濟。見進士。 沈紹僖。字廷和,嘉靖庚戌陽從子,吏部司務。 朱本洽。見進士。	朱家教。字叔行。

續　表

	進　士		舉　人	歲　貢
			姜雲龍。字神超,正統戊午清裔孫,撰文中書。 徐光啓。順天解元,見進士。	
二十六年戊戌科趙秉忠榜	劉嘉猷。字崑溟,侯官知縣,調餘杭知縣,陞南京刑部主事。 姚永濟。字汝楫,東陽永嘉知縣、刑部主事,改授禮科給事中,歷任浙江布政司使,有傳。			
		二十八年庚子科	楊萬里。見進士。 瞿秉中。字宗堯,教諭。 吴克昌。字俾爾。	顧成憲。字幼章,應天訓導,聘修邑志,所著有《藝林剩語》。
二十九年辛丑科張以誠榜	張所望。字叔翹,刑部主事,累官山東布政司使,致仕,有傳。			
		三十一年癸卯科	董尊聞。字原高,弘治丙辰忱曾孫。 李時榮。見進士。 過庭訓。平湖學。 喬時敏。見進士。 陳俊林。字茂叔。 王明夔。字汝一。 陸明揚。字伯師,靖江教諭。 陸燧。見進士。 吴國模。雲南籍,工部屯田司主事。	潘伯堌。見科。
三十二年甲辰科楊守勤榜	黄體仁。字長卿,刑部主事,歷任山東副使,祀鄉賢,有傳。 徐光啓。字子先,庶吉士,累官禮部尚書兼文淵閣大學士,贈太保,謚文定,有傳。			唐國士。見科。
		三十四年丙午科	王陞。見進士。 范景文。改名文若,見進士。 顧國縉。字寅美,歷官桂林副使,有傳。 張肇林。見進士。 董羽宸。見進士。 張元珙。字君琳,復姓陳,名肇元。 唐國士。字玉屏,福州通判。 潘伯堌。字雲翥,伯翀弟,成都知縣。 龔爲光。字伯龍。	湯紹科。長洲訓導。

續表

	進士		舉人	歲貢
三十五年丁未科黄士俊榜	楊萬里。字孟圖,餘姚錢塘知縣,行取考選御史卒,有傳。 李時榮。字元甫,寧德莆田知縣,歷官太僕寺少卿。 張肇林。字茂卿,萬曆丁未進士,除江西萬安令,歷陞南通政司參議,有傳。 喬拱璧。字穀侯,隆慶戊辰木子,海鹽知縣,歷任湖廣參議,祀鄉賢,有傳。			杜如錫。
		三十七年己酉科	周明琳。字鳴之,長洲教諭。 倪家泰。字開美,刑部主事。	
三十八年庚戌科韓敬榜	陸燧。字以時,諸暨知縣,補順德東安,調遵化,陞工部主事,改兵部,調河間推官,遷涿州知州,癸未起補滄州道僉事,未任。 喬時敏。字君求,仁和知縣,選授御史。 潘大儒。字需之,中書舍人。			
		四十年壬子科	喬時英。見進士。 陸起龍。字雲從,永寧知縣。 孫元化。字初陽,歷官巡撫登萊僉都御史。	董崇禮。徽州訓導。
四十一年癸丑科周延儒榜	朱本洽。字叔熙,嘉靖丁未大韶從子,刑部主事,歷任山東副使。 喬時英。字君平,庚戌時敏弟,臨海知縣,有政績,祀名宦。 董羽宸。字原孚,癸卯尊聞族弟,餘姚知縣,選授御史,巡按山東,平妖寇有功,歷任吏部左侍郎。			
		四十三年乙卯科	葉有聲。解元,見進士。 王昌會。字嘉侯,嘉靖乙丑圻孫,有傳。 高秉經。字君緒。 朱紹元。字文季,改名紹堯,正德丁丑肅玄孫,武强知縣。 謝應聘。字徵甫,和州學正。 王臺。字春卿,丙辰陞弟。 徐百朋。見進士。 顧真羽。字翔南,天順己卯英五世孫,歷官泰安知州。 沈應丙。字默夫。 李繼元。字鏡始,嘉靖丁未昭祥孫,歷官南京刑部郎中。	王金章。字玉相,松谿知縣。

續表

	進士		舉人	歲貢
四十四年丙辰科錢士升榜	徐百朋。字元重，隆慶丁卯士元孫，任行人。 王陞。字超之，己卯焯從子，常山知縣、工部主事，調兵部，累官太僕寺少卿。			徐采齊。教諭。
		四十六年戊午科	侯峒曾。嘉定籍，見進士。 李繼厚。字士載，隆慶辛未伯春子。 趙東曦。見進士。 潘雲會。見進士。 王熲。字玄弢，歷中書、工部主事。 陳正中。見進士。 張泰階。見進士。 翁元益。見進士。 董象恒。見進士。	
四十七年己未科莊際昌榜	潘雲會。字士逢，恩從孫，工部主事，督修明神宗陵寢，管節慎庫，俱有能名。子焕□，以篤行聞。 張泰階。字宛平，嘉靖辛丑鷴翼曾孫，刑部郎中、湖州潞安知府、河南副使，調浙江參議。 葉有聲。字君實，號震隱，丙辰中式，己未廷試，侯官知縣、禮科左右給事中，掌都給事，浙江、江西、湖廣副使，福建參政、河南按察使、江西布政、南京太僕寺卿，陞大理寺卿、副都御史，有傳。 趙東曦。字升之，嘉靖乙卯廷炯孫，知縣，授刑科給事中，建言謫官，陞行人，終禮部郎中，有傳。 范文若。以字行，原名景文，歷官秀水、汶上、光化知縣，南京大理評事，有傳。 董象恒。字有仲，開州知州，歷官浙江巡撫僉都御史，有傳。			戴士鰲。字穉龍，改名畹芬，嘉靖丙戌邦正孫，衡府教授。 戴元良。字仁甫。
		熹宗天啓元年辛酉科	孫士美。字公粲，深州知州，死事，贈太僕寺少卿。 李之楠。字仙植，隆慶辛未伯春從孫。 王域。字元壽，萬曆丙辰陞從弟，歷官工部員外郎。 王稑。字幼新，萬曆丙辰陞弟。 王國材。字達甫，初授黄岩知縣，調繁臨海，以廉平著聲。海門衛兵變，以單騎撫降亂卒。會夏旱，步禱雨降，國材即以是日卒，士民建祠祀之。 張元玘。見進士。 朱長世。見進士。	劉永禕。字□文。 唐光燕。字爾賓，安遠訓導。

續 表

	進　士		舉　人	歲　貢
熹宗天啓二年壬戌科文震孟榜	張元玘。字采初，隆慶丁卯令德子，刑部主事，歷官嚴州、建寧知府，祀鄉賢，有傳。 朱長世。字子久，正德丁丑豹曾孫，工部主事，有傳。			
		四年甲子科	郭繼周。字可卿。 蔡文陛。字舟仲，萬曆庚子紹襄子，巴陵知縣。 喬之文。字典籍。 張元始。見進士。 徐天麟。見進士。 朱永佑。見進士。 計安邦。字伯懷，通許知縣。	徐采玄。字端濛。 唐仲泰。號雲門，崇禎元年歲貢，歷任天台、平江、廣信教諭，屢署縣事，俱有惠政，改王府教授。
五年乙丑科余煌榜	侯峒曾。字豫瞻，萬曆庚戌震暘子，南京兵部主事，累官通政使。			
		七年丁卯科	王廷貞。字元從，辛酉國材弟。 張元瓏。字伯潤，壬戌元玘弟，江陰教諭。 潘桓。字殿虎，有奇才，原名焕寓。于書無所不窺，屬文典奥好古，識奇字，屢試不遇。夢神人，命改麟經，桓曰："《春秋》中惟齊桓盟長。"遂更名桓，丁卯果獲雋。 陶良楫。字君濟，常熟教諭。 金于山。字象堅，龍安府推官。	
懷宗崇禎元年戊辰科劉若宰榜	陳正中。字宗尼，上杭知縣，卒于官，以討寇功累贈太僕寺少卿，有傳。 張元始。字貞起，行人選授工科給事中，轉右給事、户科左給事中、太常寺少卿，有傳。			王陛。字元納，萬曆丙辰陞兄，吳江訓導。
		懷宗崇禎三年庚午科	何厚。字慤人，改名剛，有傳。 喬履將。字旋甫，萬曆癸丑時英子，孝友端慤。 李待問。見進士。 黃徵蘭。字滋甫，萬曆甲辰體仁子。 張錫眉。字介之，嘉定籍，乙酉，闔室殉難。	金人英。字伯含。

續　表

	進　士		舉　人	歲　貢
四年辛未科陳于泰榜	徐天麟。字陵如，南京兵部主事，終郎中，有傳。			
		六年癸酉科	周汝誼。字賈生，庚辰特賜進士，興國知州。 朱紹鳳。見進士。 朱在廷。字思皇，本朝河間府推官，在官四年，以廉直著聲，尋歸。有《歸舟》、《載石》諸咏。子與琮，以明經世其業。 王陛彦。字征吉，中書舍人。	袁昌祚。
七年甲戌科劉理順榜	朱永佑。字爰啓，刑部主事，調吏部文選司，殉難。 翁元益。字穉謙，萬曆己酉廷儒孫，松谿知縣、刑科給事中。			唐時徵。字玄成，隆慶辛未本堯孫，青陽教諭。
		九年丙子〔科〕	包爾庚。見進士。 嚴在明。字堯夫，本姓徐，嘉定籍。 陳于王。字前之，改名朗，本朝大名府推官。 袁國休。改名定，見進士。 韓文昭。字名卿。 朱襄孫。字寧馨。	徐廷選。 瞿騫。字孝叔，孝友積學，己卯歲貢，庚辰廷試，賜同進士出身，授滕縣令，多勞績。流寇陷城，死之。
十年丁丑科劉同升榜	包爾庚。字長明，嘉靖壬辰節曾孫，羅定知州，有傳。 袁定。字與立，原名國休，餘姚知縣。			
		十二年己卯科	唐汝玫。字次仲，繼禄從孫，有傳。 陳正容。字威玉，有傳。 張所珍。字待之，本朝户部郎中。	朱載楊。寧國教諭。 趙存恪。考授教職。 陸昌瑕。字君寧，温州通判。
十三年庚辰科魏藻德榜	顧其言。字公綸，香山知縣，本朝以薦起，補陝西布政司都事。			梁珉。字子貞。
		十五年壬午科	朱在鎬。字周望，天啟壬戌長世子，本朝廣信推官，有傳。	徐百瑜。字元握，博學能詩，藏書甚富，有《藏書説》傳世。
十六年癸未科楊廷鑑榜	李待問。字存我，嘉靖丁未昭祥四世從孫，中書舍人。			陸起鳳。字儀若，積學好善，屢舉郡邑鄉飲大賓。

《科貢題名記》：自我國朝有科貢以來，聖治作人，俊髦鵲起，上海之由是興焉者先後輩出，彬彬盛也。乃正統迄今，名湮没不傳，何以勵世風而揚邦彦？予爲令之三年，

始買石，考其姓氏官歷而勒之，垂于永久。嗚呼！天之將佑斯世也，光斯邦也，則賢者進；天之將病斯文也，則不賢者進。而賢不賢皆得鴈行並列于此，令後之論其世者，按碑而指其名曰：“某也賢，行誼文章足爲世範。某也不賢，上負國家，下辱梓里。”無乃重有警乎？然則是刻也，關於風教非小矣。嘉靖三年歲次甲申二月，莆陽鄭洛書撰。

	進士		舉人	歲貢
國朝		世祖順治二年乙酉科	李延棨。府學，見進士。 曹垂璨。見進士。	董雲申。字士開，明萬曆癸丑羽宸子，太平訓導。
世祖順治四年丁亥科吕宫榜	曹垂璨。字天琪，藁城、遂安知縣。			葉翔龍。字翊飛，明萬曆己未有聲子。 徐啟泰。
		五年戊子科	許纘曾。見進士。 施維翰。見進士。 袁瑨。見進士。	董培甲。 倪鳳翔。字羽千。
六年己丑科劉子壯榜	許纘曾。字孝修，明隆慶辛未樂善曾孫，授庶吉士，秘書院檢討、編修、中允，江西副使、四川參政，河南、雲南按察使。 朱紹鳳。字儀聖，臨縣知縣，選授吏科給事中，歷任户科都給事中，有傳。			龔繼拯。字救之。
		八年辛卯科	張錫懌。見進士。 朱錦。見進士。 陸鳴珂。見進士。 張郴。字濂池，明萬曆丁未肇林弟。 徐士吉。見進士。 陸夢蛟。字爲霖，本姓喬，華亭學，見進士。	李之杜。字世齊，明隆慶辛未伯春從孫。
九年壬辰科鄒忠倚榜	施維翰。字及甫，臨江府推官，選授御史、光禄少卿、太僕卿、大理寺丞、宗人府丞、左副都御史、巡撫山東，現任浙江總督。 李延棨。字方思，明嘉靖丁未昭祥曾孫，南寧府推官。			潘堯中。字雒符，寶應訓導。 朱景旦。字姬公。
		十一年甲午科	董含。見進士。 潘堯彩。見進士。 顧昌時。字聖偕，明崇禎庚辰其言子，中書舍人。	喬世埴。字子方，有傳。 陸鋆。字魯南，安東訓導。
十二年乙未科史大成榜	張錫懌。字越九，明天啟壬戌元玘孫，泰安知州。			趙蘭如。字香王，東曦從子。

續　表

	進　士		舉　人	歲　貢
	王曰藻。字印周，原名濂，明萬曆丙辰陞孫，工部主事、員外、郎中，江西提學僉事、河南河道、浙江按察使、江西布政使，現任河南巡撫。 陸嗚珂。字天藻，貢士起鳳子，揚州教授，陞國子監監丞。			
		十四年丁酉科	王又汧。見進士。 葉映榴。見進士。 唐子瞻。見進士，復姓趙。	
十五年戊戌科孫承恩榜	徐士吉。字謙六，壬辰中式，授推官，未任卒。			
十六年己亥科徐元文榜	朱錦。字天襄，會試第一名，翰林院庶吉士，祀鄉賢，有傳。			
		十七年庚子科	董俞。字蒼水，明萬曆癸丑羽宸孫。 朱廷獻。見進士。 朱愴。字士悦，本姓王。	
十八年辛丑科馬世俊榜	董含。字閬石，明萬曆癸丑羽宸孫。 趙子瞻。字半眉，明萬曆己未東曦子。 葉映榴。字丙霞，明萬曆己未有聲子，翰林院庶吉士，户部主事、員外，禮部郎中，提督陝西學政。 王又汧。字孝西，明萬曆丙辰陞孫，授平和縣知縣。 袁璿。字澄六，授寶坻縣知縣。 喬夢蛟。字爲霖，戊戌中式。榜姓陸，辛丑殿試，題復本姓。			
		康熙五年丙午科	金維寧。字瞻淇。	朱與琮。字令方，在廷子。
		八年巳酉科	顧昌祚。字受周，順天榜，其言子。 張集。見進士。	伍玉。
		十一年壬子科	張守。字子毅。 張敔胤。見進士。 金然。本姓周，見進士。 龔爾美。本姓周，字譽凡。	姚昌謨。字拜揚。 包爾昌。字介蕃。

續 表

	進士		舉人	歲貢
康熙十五年丙辰科彭定求榜	張啟胤。字令修,本姓顧,幼繼庠生張亨爲子,後復姓,改名啟祚。 彭開祐。字孝緒,婁縣學。 張集。字殿英,行人司行人,現任山西道監察御史。	十四年乙卯科	彭開祐。見進士。 閔瑋。	倪用霖。字曰肅,淮安訓導。 張永申。字月豐。 李彬。字璇斗。
		十六年丁巳科	艾汝成。字玉立。 陳琰。字亮公。	
		十七年戊午科	曹泰曾。字彙初,順治丁亥垂璨從子。 金甫。本姓錢,見進士。 董德其。字瞻屺,嘉定學。 孫致彌。字愷似,嘉定學,元化孫。	沈瑢。字八磚,本姓喬。
十八年己未科歸允肅榜	錢金甫。字越江,庶吉士,舉博學宏詞,授翰林院編修。 朱廷獻。字幼修。			顧棨。
二十一年壬戌科蔡升元榜	周金然。字廣居,翰林院庶吉士。			朱允懷。 潘鍾阜。丁卯桓孫。

辟召

全思誠。洪武初,以老儒召爲文華殿大學士,兼左中允,賜勑致仕,有傳。

秦裕伯。洪武元年,上命中書檄起之,裕伯稱疾不起,上乃手書諭之曰:"海濱之民好鬬,裕伯智謀之士而居此地,苟堅守不起,恐有後悔。"裕伯遂入朝,拜待制。有傳。

薦舉

王基。字宗大,仕潞州判官,以孝廉薦。顧彧。有傳。何廣。有傳。張樞。本府訓導。張守中。本學訓導。楊雄孫。邳州學正。陸宗海。武陵知縣。鍾律。國子助教。范公亮。華亭訓導。張敘。東流教諭。王掖。司令,有傳。張明復。海寧教諭。黄黼。已上明經薦。

馬黼。紀善。錢恕。臨江知府。舒原輔。平樂府同知。浦原善。經歷。王墉。永平照磨。已上秀才薦。

張詢。黄溪知縣。張諤。詢弟,陝西僉事。吴千文。漢中府通判,好學尚禮。諸震。綏德州訓導。錢驥。晉府紀善,有傳。潘謙。中書舍人。鄭公佐。中書舍人。張節。禮科給事中。張益。中書舍人。王瓊。按察副使。陳景芳。中書舍人。徐耀。縣丞。姚秩。禮部主事。張錞。字伯聲,禮部員外郎。潘綸。主簿。陳璞。禮部郎中。吴敬。以薦入史館,預修《永樂大典》。歷吏部文選司主事、員外、郎中,陞太僕少卿,轉正卿,再轉太常卿。致仕,廕子及孫。卒賜諭祭。俞宗大。竹岡里人,族盛,人呼俞莊。宗大善楷書,薦授中書舍人。勤慎稱職,歷吏部郎中。致仕,進階四品。子珙亦善書,正統中隨駕,没于王事,録其子順爲太學生,仕終南京鴻臚寺寺丞。已上楷書薦。

張仲實。江西宗仁知縣。夏長文。有傳。許昇。福建副使。楊敬。福建右參政。趙公器。應天府丞。方本立。淶水主簿。沈文新。奉節知縣。任仲真。南唐縣丞。浦撝謙。知縣。已上人材薦。

張電。字文光,學書於陸文裕深。游京師,受知故相夏文愍言,屬電書《大明集禮》序,世廟一見嘉之,遂入史舘。皇史宬建,命電書扁額,稱旨,詔賜金幣。歷中書舍人、尚寶司丞、太僕少卿,兼司經局正字,改通政使,遷工部右侍郎。凡有殿額及册表聖製,皆出電手書。寵眷優渥,賜賚無虚日,蔭子及孫。病卒,上甚悼之,贈工部尚書,賜葬祭。

喬承華。字文甫,由邑諸生入太學。隆慶初年,少師徐文貞階疏薦承華文學優長,預修《世宗實録》暨玉牒,授誥勅房中書舍人,預修《穆宗實録》,轉制勅房。萬曆四年,充經筵官,謄御前講章。陞大理評事,卒于官。所著有《之燕稿》、《省中集》。

喬煒。字赤餘,副使木孫。由恩貢薦,授制勅房撰文中書舍人,歷官禮部儀制司郎中,有傳。

陸璧。字鵬海,由太學生授光禄典簿。品誼端方,屢舉飲賓。年八十四。

王徹。字叔朗,以工書薦,倣蘇、黄、米、蔡四家,進授武英殿中書。

陳于階。字仲臺,以曆法與修曆書,授欽天監博士,乙酉殉難。

陸晉錫。字康叔,順天癸酉副榜,薦授中書舍人。避政府嫌,改麻城知縣,有惠政。本朝授辰州府推官。假歸,以詩文自娱,卒年七十有八。

國朝

潘焕寅。字公畏,明嘉靖壬戌允哲孫。順治二年從征,授嚴州同知,陞廣東海北道僉事。

潘復。字蓉江,世鳳子,明西華令。本朝順治二年,内院洪題授江寧通判,陞吉安同知。

封　贈

張世良。以子衡貴,封監察御史。

姚德明。以子秩貴,贈中書舍人。

俞季明。以子□□□□□□□□□□□。

趙琦。以子端貴,封兵科給事中。

黄銘。以子恭貴,封刑部主事。

張天錫。以子錞貴,封禮部員外郎。

張逢吉。御醫,以子昱貴,贈中書舍人。

浦璇。以子清貴,累封員外郎。

劉伯初。以子琛貴,贈禮部主事。

郁昂。以子文博貴,封御史。

戴瑄。以子斯貴,贈吏部郎中。

王顯忠。以子霽貴,贈黄州府知府。

李珙。以子伯璵貴,贈淮府左長史。

喬宗嶽。以子維翰貴,封編修。

李則亮。以子升貴,封吏部郎中。

吴天祐。以子敬貴,贈吏部主事,加贈郎中。

潘德賢。以子謙貴,封中書舍人。

陸驥。以子徵貴,贈禮部主事。

陳觀。以子質貴,封湖廣按察副使。

蔣文榮。以子性中貴,封兵科給事中。

金英。以子智貴,封御史。

高鉉。以子祐貴,贈同知。

唐昭。以子瑜貴,封副都御史。

談恭。以子倫貴,累封吏部郎中。

戴瓛。以子春貴,贈知縣。

沈禧。以子瑜貴,贈太常寺少卿。

莫忠。以子謹貴,贈大理寺評事。

沈祐。以子璐貴,贈刑部主事。

陳謙。以子肅貴,贈順天府通判。

張芹。以子穀貴,贈中書舍人。

張紹。以子黼貴,贈刑部郎中。

談甫。以子詔貴,累贈郎中。

劉鈍。以子璵貴,贈肇慶府同知。

艾芹。以子洪貴,贈斷事。

王天祥。以子佩貴,贈員外郎。

劉琛。以子福貴,贈工部員外郎。

瞿晟。以子霆貴,贈左府經歷。

瞿應昌。以子汝圭貴,贈儒林郎。

董繼芳。孫傳策貴,贈南京工部侍郎。

董體仁。子傳策貴,累封南京工部侍郎。

趙博。以子松貴,封工部主事,贈光禄少卿。

董綸。御史,以子恬貴,贈員外郎。

沈鎡。以子恩貴,贈員外郎。

曹奎。以子閔貴,封御史。

陸璿。以孫深貴,贈詹事、翰林學士。

陸平。以子深貴,封編修,贈詹事兼學士。

張黼。應天府丞,以子鳴鳳貴,封中憲大夫。

唐琛。以子錦貴,贈刑部郎中,有傳。

王霽。大理寺卿,以子泰貴,贈通議大夫。

唐德華。以子懽貴,贈刑部主事。

戴偉。以子恩貴,贈工部郎中。

郁瓊。以子侃貴,贈南京員外。

張忱。以子纮貴,贈工部員外郎。

張鼇。以子鵬貴,贈刑部主事。

葉茂。以子鈇貴,贈福州同知。

儲璇。以子昱貴,贈兵科左給事中。

朱曜。提舉,以子豹貴,封御史。

張鯨。以子鵠貴,贈兵部主事。

潘慶。以孫恩貴,贈都察院左都御史。

潘奎。以子恩貴,封僉事,贈左都御史。

石泉。以子英中貴,封刑部主事。

李恭。以子翔貴,贈延平知府。

趙山。以子憲貴,封主事。

張森。以孫電貴,贈禮部侍郎。

張㫳。以子電貴,贈禮部侍郎。

王山。以子教貴,贈大理評事。

奚欽。以子良輔貴,封給事中,有傳。

顧嶽。以子名世貴,贈尚寶司丞。

顧澄。以子世芳貴,贈光禄寺署正。

顧定芳。以子從禮貴,贈光禄寺少卿。

秦勑。以子嘉楫貴,貤封行人。

趙國。浦城縣丞,封給事中,加封通政。

艾洪。湖廣都司斷事,孫可久貴,累贈左布政司使。

艾元美。太醫院吏目,以子可久貴,封御史,贈左布政使。

龔襄。以子愷貴,贈御史。

唐激。以子繼禄貴,贈御史,加贈大理少卿。

張朝封。以子仲謙貴,封湖廣少參議。

戴思。以子邦正貴,封雲南按察僉事。

林祥。以孫景暘貴,贈太僕卿。

林正隆。以子景暘貴,封太僕卿。

王熠。以子圻貴,封知縣。

張錫。以子鶚翼貴,贈僉都御史。

董龍。以子子儀貴,封主事。

陶海。以子鎔貴,贈南城兵馬。

喬鏜。以子木貴,□贈同知參議。

喬穡。以孫懋敬貴,贈布政司右參議。

徐鏞。貢士,以子汝翼貴,贈員外郎。

喬訓。縣丞,以子懋敬貴,贈參政。

徐欽。汝翼本生父,贈員外郎。

俞喬。以子文榮貴,贈主事。

陸標。以子炫貴,贈宛平縣丞。

石韞中。以子應朝貴,贈南京工部主事。

倪淑。以子邦彦貴,封光禄署正。

陸楫。恩生,以子郯貴,贈石阡府知府。

喬禾。以子承華貴,贈中書舍人。

瞿成唐。以子寅貴,贈海澄知縣。

李得祥。以子伯春貴，贈主事。

趙文錦。以子一舉貴，封光禄監事。

張杭。子恒貴，累贈建昌知府。

戴大柱。子士琳貴，贈曲江知縣。

陳理。子所藴貴，贈河南參政。

朱察卿。子家法貴，贈工部郎中。

潘允諒。子雲龍貴，贈中書舍人。

高嶔。以子文炳貴，贈刑部郎中，加贈慶遠知府。

倪邦彦。子甫英貴，贈承德郎。

朱朝賓。子正色貴，累封杭州知府。

陳文祥。孫所藴貴，贈河南參政。

顧從學。子九就貴，贈光禄寺署正。

楊交臨。子萬里貴，封錢唐知縣。

杜時登。嘉靖壬子舉人，知縣。子獻璠貴，贈漳州同知。

黄一岳。子體仁貴，贈登州知府。

張大忠。孫所望貴，贈廣西按察使。

華鯨。子秉中貴，封東昌府推官。

李先春。子時棨貴，累贈太僕寺少卿。

張景平。子肇林貴，封文林郎，贈左通政。

沈俊。子紹僖貴，贈知縣。

喬國楨。子時敏貴，贈御史。

陸萬春。子燧貴，封兵部主事。

姜思學。子雲龍貴，贈中書舍人。

朱家風。子長世貴，贈工部主事。

張令德。隆慶丁卯舉人。子元玘貴，贈刑部郎中。

董華。曾孫其昌貴，贈太子太保、禮部尚書。

董漢儒。子其昌貴，累贈太子太保、禮部尚書。

杜宗翹。子士全貴，累贈工部尚書。

王炳然。嗣子陞貴，累贈工部主事。

李可教。子逢申貴，贈工部主事。

姚一祥。臨江知事。孫永濟貴，贈浙江左布政。

孫繼統。子元化貴，封兵部員外郎。

張勳。子元始貴，封行人，贈太常寺卿。

徐緒。孫光啓貴，累贈太子太保、大學士。

王乾昌。中書舍人。子逢年貴，贈福州通判。

徐以僎。子百朋貴，封行人司行人。

葉銘。孫有聲貴，贈太僕寺卿。

朱應旂。子永佑貴，贈吏部主事。

包文煌。子爾庚貴，贈羅定州知州。

張□□。子國棟貴，贈上猶知縣。

張翼翔。孫肇林貴，貤贈左通政。

張汝問。子所望貴，贈廣西按察使。

潘允文。子大儒貴，贈中書舍人。

王學詩。子乾昌貴，贈中書舍人。

朱大英。子本洽貴，贈真定知府。

范敏行。子文若貴，贈秀水知縣。

趙隆培。光禄寺署丞。子東曦貴，封閩縣知縣。

唐思德。子仲賢貴，贈國子監助教。

倪志先。子家泰貴，贈内江知縣。

顧可大。子國縉貴，贈刑部主事。

董悌。孫其昌貴，贈太子太保、禮部尚書。

杜時騰。嘉靖戊午舉人。孫士全貴，累贈工部尚書。

張嗣封。子泰階貴，贈潞安知府。

王煒。子陞貴，封山陰知縣，贈兵部主事。

顧九敘。子真羽貴，贈温州推官。

姚繼禄。子永濟貴，封刑部主事，贈浙江左布政。

顧九疇。子時升貴，贈儒林郎。

徐珣。曾孫光啓貴，贈太子太保、大學士。

徐思誠。子光啓貴，累贈太子太保、大學士。

董鶴年。孫羽宸貴，贈吏部左侍郎。

董嘉相。子羽宸貴，封御史，累贈吏部左侍郎。

葉蕃春。子有聲貴，累封太僕寺卿。

翁性之。子元益貴，贈刑科給事中。

顧國憲。子其言貴，封香山知縣。

喬拱宸。中書舍人。子煒貴，歷贈禮部主事、員外郎。

陸煉。字蓉塘。子璧貴，贈光禄寺典簿。

張柯。孫元始貴，贈太常寺卿。

王洪。子國材貴,贈臨海知縣。

陸明允。子起龍貴,封文林郎。

國朝

曹六龍。子垂璨貴,封遂安知縣。

朱雲昇。子紹鳳貴,贈吏科給事中。

許遠度。子纘曾貴,封翰林院檢討,累贈四川參政。

王錕。子日藻貴,贈奉直大夫。

張在簡。子錫懌貴,封泰安知州。子鏷貴,封内國史院中書舍人。

施廉。子埏寶貴,封徵仕郎。

葉有聲。大中丞子映榴貴,贈朝議大夫,有傳。

施紹夔。嗣子維翰貴,贈御史。

施紹著。子維翰貴,贈御史。

朱維垣。子錦貴,贈庶吉士。維垣字伯師,天懷坦率,不設城府,里中推爲鄉祭酒,有"一門種德,三世傳經"之語。

朱長祚。子在廷貴,贈河間府推官。

王六經。子承庚貴,贈朝邑知縣。

閔栻。邑庠生。以子峻貴,誥贈奉直大夫、兵部主事。

潘雲鳳。羅定同知。本朝以子焕寅貴,贈奉直大夫。

張淇。子集貴,封行人司行人。

吴中傑。子定貴,贈行人,再贈刑部主事。

孫仕範。子大經貴,詳憲待贈。

張令名。嗣子宸貴,贈督捕主事。

張令譽。子宸貴,贈兵部主事。

俞守誠。子士睿貴,封知縣,本姓瞿。

陳應禎。子朗貴,封推官。

張積仁。子天培貴,贈黔陽知縣。

張淵。子元士貴,贈成安知縣。

録　　廕

吴震。太常卿敬之子,鴻臚丞。

吴貫。字一之,敬之孫,任州判。

王臨。大理寺卿霽之子,任瑞安縣丞。

張翌。任尚寶司卿。

張守經。禮部侍郎電之子,任左府經歷。

陸楫。詹事深之子,廩膳生,附傳。

陸郯。詹事深之孫,補父楫蔭,歷知府。

張元立。電之孫,任南京光禄署正。

潘允哲。左都御史恩之子,見科第。

潘雲樞。恩之孫,字汝一。

林有麟。南太僕卿景暘子,知府。

唐自平。字堯卿,副都御史,繼禄子。

董祖和。字孟履,太子太傅文敏公其昌子,官都察院照磨。

董祖常。字仲權,太子太傅文敏公其昌子,官刑部主事。

杜元方。字思難,工部尚書士全子,未仕。

徐驥。字安友,太保、大學士、文定公光啓子,未仕。

徐爾覺。字順之,太保、大學士、文定公光啓孫,中書舍人,未仕。

徐爾爵。字縻之,太保、大學士、文定公光啓孫,中書舍人,未仕。

徐爾斗。字旋之,太保、大學士、文定公光啓孫,中書舍人,未仕。

徐爾默。字含之,太保、大學士、文定公光啓孫,未仕。

杜來遠。字爾長,工部尚書士全孫,未仕。

恩　　貢

姚永濟。見進士。

趙光祖。字繩之,恩貢。

張元瓏。見舉人。
朱永佑。見進士。
李待問。見進士。
包爾庚。見進士。
黄兆錫。體仁子，丁卯副榜。
黄應申。體仁子，選貢，任德化縣訓導。
黄兆蘭。體仁子，恩貢，應天府經歷。
喬之仲。字次山，辛酉副榜，考授通判。
陸晉錫。癸酉副榜，見薦舉。
姚賡明。副榜，永濟子。
喬煒。辛酉順天副榜，見薦舉。
袁定。見進士。
王爾賓。字穆止，嘉靖乙丑圻孫，副榜。
顧其言。見進士。
黄禎桂。體仁子，丁卯副榜。
張肇相。崇禎元年幸學恩貢，任光禄寺署正，肇林弟。

例　貢

沈鑑。州判。
喬巖。判官。
奚浩。臨清州判官。
孫寵。廣濟知縣。
潘綸。長樂知縣。
董源。都督府都事。
張瑞。判官。
唐錞。浙江都事。
喬稽。州判，見封贈。繩檢自律，時稱長者。
談田。倫之子，能詩，有俠節。
談壽。
金璧。
顧做。
朱繼宗。
唐牧。瑜孫，知縣。
談綱。
顧定芳。御醫，見祖英傳。
戚和。縣丞。
秦文解。
喬禾。
顧棣。主簿。
王寅。廣東理問。
陳相。兵馬。
唐鉞。瑜子，詹事主簿。
姚愷。知事。
余麟。新淦縣丞。
李寧。
姚淮。
顧雲龍。英之子。
蔣堅。
王淮。州判。
黄章。主簿。
瞿鵬。州判。
趙佑。
唐文。
唐斆。主簿。
陶鎔。光禄署正。
陳文禎。府照磨。
趙瑞。古田令，有政績。
王元岳。
朱萊。南豐縣丞。
沈保宗。府經歷。
沈隨。
唐鋈。錦之子，中書。
陸鵬。徵孫。
喬昱。
韓綸。景寧主簿。
劉兖。汀州通判。
唐鐻。
姚吉。
儲昱。見科甲。
康溥。
唐敔。錦從子。
胡雷。所吏目。
沈龍。大和縣丞。
沈稷。福建理問。
朱鵬。瑞昌縣丞。
潘鑰。
瞿鶴。主簿。
談紀。棗彊主簿。
劉槀。璵之孫，府照磨。
陳德。琛之子。
馮人傑。吏目。
諸華。弘濟子，序班。
李槃。
談承伯。承儒兄。
高郿。

倪濟。
張南陽。知縣。
潘晉。字汝昭,雲南建水州知州。
張南人。
陸憲。
董恂。
沈文祐。
朱辰。
沈民視。
朱直。
朱平。
陸霆。經歷。
王應期。襄府奉祀。
陸應昌。
劉袠。
陸應堂。
劉紹元。主簿。
劉啓元。經歷。
李塾。
孫繼臣。鶚之子。
任注。
陸應瑞。
何應福。斷事。
談寶之。經歷。
秦鈿。
王相堯。州判,儉樸近古。
何應祥。序班。
蔣永澄。縣丞。
董應登。主簿。
楊鍊。
董繼恩。
吴鳳祥。縣丞。
張寶訓。
丘勣。經歷。
喬謨。稹之子。
楊金。
韓藎臣。判官。
瞿應祥。霆之孫,縣丞。
林禎。
喬訓。見封贈,丞東莞,祀名宦。
顧世芳。光禄署正。
郁夢麒。侃之子。
顧東。
董繼貫。審理。
王恩。福州府推官。
談承儒。見科。
黄鳳。
陶成。
朱蟾。曜之子,能詩。
杜詩。
唐繼恩。商城主簿。
董繼芳
趙希摯。松之子,縣丞。
朱山。
王應辰。泰之子。
王應文。
唐斕。錦之子。
王元寵。
唐贇。錦之子,光禄監事。
唐衮。
金繼瑞。縣丞。
金汝楫。
潘恕。恩弟,光禄監事。
陳鳳。
顧從禮。定芳子,見祖英傳。
張之象。萱之孫,鳴謙子,浙江按察司知事,有傳。
郁恪。
黄標。有傳。
陳道。
喬鏜。見封贈,有傳。
郁性。
潘惠。恩之弟,通判。
趙國。縣丞,見封贈。
孫繼科。
朱宗卿。曜之孫。
談宬之。
趙揚。松之子,通判。
馮文。
唐繼科。
沈希周。
趙世方。
王愚。霽之孫,應恩子。
陸棠。
薛良翰。主簿。
張伯源。州判。
瞿學召。恩州推官,終養。
倪邦彦。廣西桂林府通判。
王心。相堯子,朴實有善行。
顧從德。定芳之子,序班。
顧從義。定芳子,大理評事,簡重敦雅,善書能詩。
吴成忠。任太原府左衛經歷。
劉永豐。山西蒲州同知。
朱察卿。豹之子,有傳。
張秉一。鶚翼之子,光禄監事。
顧從敬。定芳之子,光禄監事。
朱宸卿。曜之孫,上林署正。
潘允亮。恩之子,後府都事。
喬維翰。鄖陽通判。
翁禴。
潘允修。惠之子。
何應禄。

諸效先。
趙希程。衛經歷。
杜時登。見科。
喬承華。見薦舉。
陶寅。主簿。
陳夢元。
陸炫。都司都事。
趙燦。國之子。
秦夢熊。衛經歷。
楊輒。主簿。
陳教。
張之化。
陸熿。
聶叔頤。
沈霈。希皐之子。
張時雍。
屠懋禮。寬之子。
戴邦式。
倪甫義。邦彦子,上林署正。
潘允臧。恕之子,光禄監事。
張秉模。鵬翼之子。
唐兆賢。
沈秉直。
王光祖。佐之孫,序班。
朱家賓。豹之孫,察卿子,上林署丞。
徐東偉。汝翼之子。
潘允光。惠之子。
潘允京。忠之子。
潘雲渠。惠之子。
王淑誼。文炳子,録事。
喬拱宸。木之子,中書舍人,見封贈。
喬卓。
唐繼能。錦之孫。
顧昌祚。
顧箕英。名世之子。

陸標。贈宛平縣丞。
石應魁。見科。
周寶。縣丞。
秦鉅。序班。
丁楫。主簿。
喬如京。誥之子,衛經歷。
顧從周。監事。
何夢鰲。
施一化。
楊思。主簿。
施一元。
張雲韶。序班。
屠懋義。寬之子。
王柱。佐之子。
陸析。
何一鳳。
劉可大。
戴大成。光禄監事。
朱希孔。
潘威甫。恕之子,光禄署丞。
葉守中。臨安知府,鈇之孫。
徐士充。鳴鳳之子。
王玉鳴。可立之子。
陳志學。
顧九疇。從禮之子,薊州判官。
顧九錫。從禮之子,詹事府主簿。
潘允達。惠之子,汀州府通判。
潘雲驥。允端之子,中書舍人。
潘雲龍。允亮之子,中書。
潘嘉翰。允端之子。
陸維封。
喬拱宿。木之子,兩浙運副。
喬楠。木之弟,後府經歷。

董宜陽。恬子,有傳。
董繼寶。縣丞。
趙逢吉。憲之子。
朱胤昌。
趙鰲。松之曾孫,聰慧有文。
王學詩。
張汝明。大魯之子。序班。
秦夢魚。
瞿應昌。理問,陞同知。
石應蘭。
張之道。
楊瑛。
張同文。鴻之孫。
翁槼。燦之子。
張伯溢。義□主簿。
王情。
唐繼書。
倪甫英。見科。
潘允穆。恕之子,上林署丞。
沈陵。
王文謨。
潘允徵。惠之子,光禄署丞。
趙世傳。
趙一中。布政司經歷。
秦昌祚。
潘允肅。恕之子。
潘弘業。
高伯慎。
趙隆遇。焕之子。
陳夢鯉。
潘雲夔。允端之子。光禄署丞。
王士選。兵馬。
潘茂學。允端之子,京府經歷。
王乾昌。
艾大有。可久子。

潘允奇。忠之子。
杜獻璠。時登子,見科
艾萬有。可久子。
□四教。
顧時化。
潘士彥。改名元升,光禄寺典簿。
趙一舉。
喬本。木之弟,河南理問。
秦鏓。
張所毅。大魯之孫。
沈昌德。
陸在。郯之子。
陸佳。郯之子。
潘雲柯。允之子。
王學易。
瞿大順。兵馬。
陸璧。
潘雲楫。允之子。
潘允合。忠之子。
潘允台。忠之子,兵馬。
俞鳳梧。文築之子。
喬如阜。誥子。
喬元胤。承華之子,見科。
俞光國。
王國棟。中書。
瞿大功。鵬孫。
顧九遷。
孫伯胤。
顧九思。
顧九就。光禄署丞。
顧九叙。
顧九能。
王紹元。
瞿宿。
李從誠。
顧九華。
朱大觀。瀘州判官。
顧起。
王淑倫。文炳子。
艾廷機。中書。
瞿大濂。寅之子。
何誥。
楊曾奎。
吴爲寶。
王玉潤。可立子。
顧昌祖。
郭開泰。
潘雲獻。允端子,京府經歷。
杜士頤。
潘雲杰。都司都事,著《印範》、《詩韵輯畧》。
唐仲憲。仲賢弟。
潘雲章。都司斷事,陞興都留守司經歷。
潘世鳳。序班。
王思忠。圻子。
龔大備。情子。
潘雲柱。
馬翰如。
潘焕窿。光禄寺署正。
潘焕明。中書舍人。
潘敞。通判。
潘焕文。都司經歷。
孫仲。
顧會英。
趙一辛。文錦子。
華廷端。
華□□。
王逢年。字台承,同知。
姚永豫。字定菴,永濟弟,授外衛經歷。
朱長芳。字有馨,成都通判。
姚登明。副榜。
朱長治。
朱長統。杭州通判。
趙爾磐。字愚公,東曦子。
喬之吉。光禄署正。
潘焕宿。歷官王府長史,著《尚寶司志》。
張肇森。
張瑞錫。肇林子。
喬之武。煒之弟。
潘堯年。
王觀光。字公觀,寧波通判。
喬培。煒之弟。
張申錫。

國朝

副榜貢

王承庚。字丕佑,原姓羅,由府學廩生,順治戊子副榜貢,授陝西朝邑令,陞滄州知州,有傳。

孫大經。字典常,順治甲午順天副榜貢,考授知縣,改睢寧教諭,補邳州學正,入名宦,陞國子監博士。

朱與謙。字子牧,丁酉副榜貢。

拔貢

張颺高。字武謀，本姓章。

閔峻。字山紆，由明經選授盧龍知縣，終兵部主事，有傳。

潘月征。字襄臣，考授知縣。

監貢

張之麟。字仁英，曲(周)[州]縣丞。

喬鼎臣。字殿史，御史時敏孫，順治十三年部題廷試，選授河南内鄉縣知縣，卒于官。

吴定。字澹菴，授澄城縣知縣，陞行人，歷刑部主事，有傳。

張宸。字青琱，中書舍人，終兵部主事，有傳。

張鋐。字如九，壬戌進士元玘孫，乙未進士錫懌弟，授内國史院掌典籍事中書舍人，轉雲南開化府同知。

吴開封。字受之，定子，授内秘書院掌典籍事中書舍人，轉雲南大理府同知。

施埏寶。字緩宜，任縣知縣。

恩貢

顧鳴鸞。

張鍔。字蓉城。

張天培。字因生，歷黔陽、平遠知縣。

俞士睿。字子先，本姓瞿，岑谿知縣。

徐爾路。字行之，明萬曆甲辰光啟孫。

王象炳。字孝昭，萬曆丁丑明時從孫，臨安縣丞。

薛龍。字英南。

例貢

董姚申。字士餘，明萬曆癸丑羽宸子

黄景升。字雲階，考授縣丞。

曹焕曾。字雯初，垂璨子，授州同。

閔璐。考授州同。

葉永年。字硯孫，恩例歲貢。

葉楠。字芥舟，高淳教諭。

朱廷源。字于宿，縣教諭。

趙子由。字平子，考授國子監典簿。

潘堯璿。現黔陽令。

王肅。字來雍，泰寧縣知縣，崇祀名宦。

張鋡。字棐九，錫懌弟，考授州同。

吴景隆。字星瑞，府學恩例。

張永岳。字漢封，乙未錫懌子，國子監典簿。

王鑕。字冶城，恩例歲貢，考授教諭。

徐文國。字開初，考授州同。

王輅。本姓羅，考授教諭。

許暨。字成垣，考授教職。

施是彝。字繼序，考授知縣。

陳楨。字翼皇，考授教職。

何藩。字介人，陳州州判。

朱士焕。字遡亭，霍山教諭，候補國學。

曹鼎曾。字九和，垂璨從子，授教職。

張元士。字龍章，成安知縣。

吴予瓛。字天錫，考授知縣。

姚廷讓。字子遜，考授州同。

艾志遠。字師李，候補欽天監博士。

徐承志。字堯字，候補欽天監博士。

曹炯曾。廩例，字世宏，垂璨從子，授教職。

朱溶。字誦芬，己亥會元，錦子，考授州同。

張文錦。字夫功，授教職。

鄒維寧。字枚夏，考授教職。

施允中。字伊傅，衡陽縣丞。

施體震。考授教職。

胡士麟。字魯菴，考授州同。

胡士錦。字襄文，考授州同。

袁綸。字渭垂，考授教職。

諸雲。字漢昭，考授教職。

趙名世。字映文，考授州同。

胡永裕。字餘錫，授經歷。

周金聲。字集菴，考授教職。

沈穎隆。字若愚，宜黄縣丞。

趙琳。恩例。

朱士炘。字書如，考授教職。

郭世傑。

沈純。字豹文，考授州同。

周廷潤。字潄六，壬戌庶吉士金然子，考授州同。

陳廷楝。字子尚，考授經歷。

朱與濬。字簪原，考授縣丞。

張永祚。本姓胡，字令錫，選授知縣。

朱國垣。字掖左，考授州同。

程兆麟。字天石，考授光禄寺丞。

包爾弘。府學，考授教職。

張怡。字子和，天培子，考授縣丞。

朱方瀛。字□□，考授□□。

陳常彝。

吴汝翼。字素臣，考授州同。

王佐臣。字公悦，任廣西鬱林州判。

儒　士

吴陞。濬之孫，司務。

王應芳。泰之子，中書科郎中。

何初。中書舍人，兼司經局正字。

唐鋭。錦兄，司務。

趙希爽。松之子，中書科序班。

沈洧。中書舍人，管典籍事。

吴震。光禄署正。

張雹。見薦舉。

倪鏞。王府典膳。

武　科

瞿彦威。霆之孫，字宗望。連中隆慶丁卯、庚午、癸酉三科，任練本邑兵務。

盧斌全。字楨伯，連中庚午、癸酉、丙子三科。

朱家禮。察卿子，字稚合，中己卯科。

舊志元時有陳明爵，潁川郡侯；明朝有周示從，靖難渡江，授巡檢；張世良，官序班，歷吏部侍郎；姚克勤，任刑科給事中。並未詳其登用之途，附載於此。

唐鎮遠。萬曆壬辰科，把總。

施德澤。萬曆丁未科，遊擊。

喬一琦。字伯圭，武舉，遊擊將軍，贈都督同知。

喬桓。字定侯，武舉，左都督。

陸重光。字鳴野，萬曆癸丑科，歷官南京神機營都督同知。

張虎臣。字子纁，萬曆丙辰科，福建守備。

陳泰階。萬曆丙辰科，把總。

許大猷。萬曆丙辰科，把總。

張鳳翥。萬曆丙辰科，把總。

朱長襄。字先之，萬曆中三科武舉。

陸之鐨。郯之孫，字仲玉，萬曆戊午科會舉，歷任京衛參將。

賈威。字君復，天啟辛酉科。

王圖鞏。字與仲，天啟辛酉。

姚錫禧。字仲泰，天啟癸亥科，歷官江西操捕都使，有《陣機新書》、《巴雪草》行世。

沈文德。字來遠，崇禎丙子科武舉。

唐景隆。崇禎己卯科，庚辰特用龍江關守備。

施普。字兩公，南京水營守備，崇禎庚辰科。

國朝

武科

唐明揚。字官一。

潘廷虞。丙午科。

徐忠。字燕公，壬子科。

張繼序。字玉森，錫憚從子，飲賓亨子，戊午科。

金輅。辛酉科。

顧淇。辛酉科。

王紹彪。青浦學，庚子科。

程揚。字眉山，婁縣學，己酉科舉人，癸丑進士，太原府守備。

許迪奎。府學，壬子科。

陳虎文。辛酉科。

錢日新。辛酉科。

康熙上海縣志卷之十

人物　名臣　獨行　文苑　隱逸　流寓　藝術　列女　仙釋

王者君萬國，子萬民，一日二日萬幾，繫良股肱是賴。然廉平守職，無所短長者衆矣。若夫清風亮節，彰著朝野，上倚以重，下托以安，雖崇卑中外有殊焉，其功在社稷一也。故首名臣。於是宣風導流，停澆激薄，自士君子以至委巷細民，奮其孝義廉節之性，爲史策光，君子於以觀風俗焉。次獨行。爾乃文章之士，山林之叟，含咀六經，畋漁百氏。或歌咏太平，或抗情肥遯，不容以語嘿軒輊之。次文苑、隱逸。而且類聚羣分，聞聲而來樂土，一術以衍箕裘，賓至如歸，小道可觀也。次流寓。又次藝術。他如婦人女子，蒙化被澤，知天不可移，節不可奪，茹蘗捐軀，始終一致，與殺身成仁者何多讓，蓋德化之成也。故次列女。至于仙、釋二家，漢唐流毒，非宜訓世，然舊志所存，亦不敢逸，姑存一二，以俟能言距楊墨者。作《人物志》。

名　臣

宋一人

錢良臣，字友魏。幼力學，舉紹興中進士，淳熙五年拜參知政事。立朝德望偉然。縣學皆良臣所葺也。

元二人

費寀，字子壽，長興人。徙嘉興，再遷上海。宋末，以策干兩淮制置使，補進勇副尉，權提舉上海市舶。元初，授武德將軍、金牌千户，遷宣武將軍，兼鎮守上海，總管府事。沿海民船無所統，或流入盜賊，寀請録爲户，蠲其徭役而官領之，可得海船數千、稍水數萬備國用。乃賜虎符，授明威將軍，管領海船萬户。踰年，遷懷遠大將軍，遥授浙東宣慰使。卒贈江夏郡公，謚榮敏。寀器局寬整倜儻而篤厚，賓禮名士，尤輕財樂施，人呼爲“費佛子”。税司重估苛取，寀請用三十税一之法，不足則補以私錢。戊子大水，計口賦鹽，寀曰：“飦粥不給，何有于鹽？”先以鈔輸官，徐取鹽付列肆。又酒課不均，寀請以田業爲斷，貧下户悉除之。鄰境牒惡民相讎殺，將獮薙之，寀建議招收從征日本，使自贖，數千人得不死。卒之日，人爲罷市往哭，至相與爲佛事以報之。子拱辰，武德將軍、平江等處運糧萬户。縣初建學，拱辰捐貲經理之。孫雄，亦知名，有祖父風。

任仁發，字子明，號月山，世居青龍之東。幼穎異好學，年十八應宋鄉試，入選。元初，游平章見而器之，辟宣慰掾，授青龍水陸巡警官。會征交趾，改海船上千户。是年，浙西淫潦，建言河沙滙乃吴淞咽喉，不先此而他濬罔效，大臣不納，後果湮塞。大德七年重澇，平章闍黑起仁發董其事，疏濬凡七十餘里，畚鍤之役井然有條。進都水監丞。至大間，大都通惠河及會通河梗澁，檄仁發治之，不兼旬報竣。河決汴梁，溢入歸德府，仁發結籧篨鳳掃，實河口，築隄五百餘里以扞横流，水不爲害。至治二年，鹽官海激岸崩，鎮江練湖淤積，並命治之。泰定改元，詔賜銀幣，與行省朶班左丞部六郡夫，疏導吴淞二道，大盈、烏泥二河。事竣，加江陰尹，特任都水庸田使司副使。計創石閘六，築塍圍八千，浚溝千有奇，太湖衆水東入於海，所至具有績效。以中憲大夫浙東道宣慰使司副使致仕，年七十三卒。所著《水利書》具存。尤工詩善畫，有《熙春》、《天馬》二圖，詔藏祕監。

明七十九人

全思誠，字希賢。博學能詩文，仕本郡學正。洪武十六年，以耆儒徵授文華殿大學士兼左中允，勅曰："卿懷才抱德，志肩古人，惜乎年迫衰暮，志雖存而力不能任。朕不忍復勞，特授此職以輔導太子，免卿早朝，日晏而入，不久當從其志。"思誠固辭，許致仕。

按：思誠詩學盛唐，王梧溪輩俱尊之爲耆宿。時傳其《問疾》詩有"千年松下得琥珀，萬壑雨餘生薜蘿。有客饋魚供野饌，何人擊竹和樵歌"，能脱窠臼。又云"長吟不盡相思意，矯首霜前一雁過"，殊有遠致。又有《送黄璋就試禮部》詩，云："唳雀灘前東雨收，賓筵載咏鹿呦呦。右文天子春秋富，勸駕諸侯禮數優。日下五雲生北闕，天邊一鶚起南州。遥知入射丹墀策，象管翩翩思不休。"

王思，由人材洪武三十三年令永春縣。性聰敏，勤于吏事，蠲税糧，均徭役，嘗奏革額辦段疋，民至今德之。

夏長文，洪武時以人材舉拜監察御史，劾堂官右都御史袁泰違法，擢左僉都御史。

杜隰，字宗原，祁國十一世孫。祖元芳，元德清簿，父希仲，水軍萬户，俱有文名。隰好學持正，非聖賢之書不讀，非其人不交。洪武初中詞科，爲太常贊禮郎。時麓川平緬未下，議遣使宣諭而難其人。有以隰名聞者，召對授旨，賜襲衣、囊藥、力士、重譯爲介以行，至詰其不庭，卒以其人入貢。上嘉奬，授禮科給事中，以疾辭歸，凡兩賜手書存問。卒年三十三，所著有《雙清集》十卷、《紀行詩》一卷。弟桓，善論時事，亦能詩，有《九峰一叟稿》。

何廣，字公遠。博學多識，以明經爲江西令，尋擢御史，遷陝西按察副使。精于律學，時變亂成法者當大辟，法家因仍，一切有所改易輒以傳議。廣曰："嘻！若是則大辟者踵接矣。此但爲改定律令者言之，蓋禁於所不犯也。"大學士解縉覽而是之。及卒，禮部主事俞允狀其行，曰："居鄉里則稱學者，任郡邑則爲循吏，在風憲有澄清志，位藩垣得大臣體。"時以爲實録。所著有《律解辨疑》行於世。

夏禮，字公立。洪武中，貢入太學，拜監察御史。有直聲，明太祖爲開其軍伍。嘗上疏劾勳貴,忤旨,出爲知縣。奏減各處均輸商税,從之。永樂初,以薦爲御史,陞河南副使,謫戍武清。文皇北巡,再召爲御史,使至南京。值閘壩水溢,漂毁民廬,亟令有司疏洩,上聞而是之。復以薦爲陝西副使,積歲疑獄一言而决。以内艱去,陝西數千人詣闕借留,奪情還任。卒於官。

黄恭,字孟莊。永樂庚子舉人,釋褐除刑部主事,廉公不苛。出知贛州府,有惠政,以父喪去,贛民如失怙恃。服除,改守黎平。適苗獠叛,朝廷命將征討,恭以漢龔遂對宣帝語啟總戎,請往招撫。乃單騎入賊營,賊感泣羅拜,全活數十萬。以功食三品俸,歷九載,卒于官。其子彦宏,博學倜儻,有父風。

葉宗行,讀書尚氣節。永樂中,東吴大水,松江尤甚,宗行上書請濬范家浜,引浦水以歸于海,上善其言,命從夏尚書原吉治之,水患果息。原吉還薦其才,擢知錢唐縣。宗行爲定役法,俾民自占甲乙書於册,循次而呼之,役遂以均,詞訟亦簡。不逾年,翕然稱治。一日,廳事前有蛇蜿蜒,若有所訴,宗行諭之曰:“若有冤乎?吾爲汝驗之。”蛇返,入餅肆中爐下,發之得屍,乃肆主利其財殺之埋此,遂伏法。縣故多虎暴,宗行爲文祭之,虎遂斂跡。仁宗在東宫,聞其治行,戒所司善視之。按察使周新風采嚴峻,嘗伺宗行出,潛至其署發笥,惟笠澤銀魚乾一封,新嘆息,携少許而去。明日,召之食,曰:“此君家物也。”飲之至醉,出三品儀從導之歸。宗行辭,不許。曰:“此位可立至,奚辭爲?”時呼爲“錢唐一葉清”。奉公事入京,道病卒,新痛悼累日,自爲文以祭之,云惟錢唐之山水與公萬古而俱清,至今稱爲循吏云。

陳質,字文彬。永樂甲辰進士,拜御史。風操凛然,論事斷獄,雖權貴不能屈。嘗參靖遠伯王驥軍事,多謀畧。以山東參政致仕。居官四十年,清謹如一日,家居杜絶請託,親舊不敢干以私。卒年七十五。

許進,永樂中,同知韶州府。甫到官,輒出俸倡修學校,除害興利,子畜其民。終明世倅郡者,以進爲最。

李伯璵,字君美。宣德丙午舉人,歷桐廬、山陰、秀水、安福四縣學官。先是,桐廬累舉缺人,伯璵至,識姚文敏公夔于少年,曰:“一夔足矣。”授《春秋》,未幾,夔擢第山陰學。或傳山陰不利科目,請徙之,伯璵曰:“顧師弟子教學何如耳。”卒不徙,後仕者相繼稍遷。淮府長史從王入覲,左右請他求,伯璵不可,曰:“君臣之間有賜無求,求則瀆,瀆則不敬。”府使人入貢,與一縣令争道,詔下令于獄,而釋使者不問,伯璵請治之,以戒生事官校。有犯王械寘於市,伯璵請論如律。王有疾,左右請施僧祈福,伯璵謂不若貸丁役錢以甦衛士,從之。卒年六十八。著《文翰類選》一百六十三卷行于世。子澄、清,並進士。澄字希范,終福建左參議,恬静有守,不競榮利,有古人風。清字希憲,終湖廣右布政,狷介有志操,始終清謹。官南京刑部。時除母喪,謁尚書姚夔,以其父舊,思欲留之,謝曰:“知者謂公自薦,不知者謂清有所干也。”姚嘆曰:“希憲真君子。”第八子深,字希達,少有雋才,讀書通音律,淮王愛之,疏請納爲儀賓,太后特召入京賜婚,中外榮之。

蔣性中,字用和,宣德丁未進士。有司舉故事,爲立表於門,時鬻寶湖病涉久,性中曰:

“榮吾家，曷若利吾鄉。”即移所費爲石梁於湖上。除兵科給事中，清介自持，上疏劾巨璫王振，請節閹寺、錦衣諸冗食以養驍勇。常奉使過家，駕小艇，令村僕二人挽之，性中坐舟尾，持櫓觸行舟，舟人以篙擊中笠，更呵罵之，僕厲聲曰：“此蔣給事也。”性中叱曰：“奴輩欺人，此處那得蔣給事？”促牽船徑去。出爲江西參議，有惠政。以疾乞致仕，章四上乃許。歸家躬耕養母，杜門不出。巡撫周文襄忱每往謁，性中設蔬食，款論竟日，終不報謁。一日，邑令往候，及門，見有蓑笠從田間歸者，不顧竟入，頃之，束帶出迎，即所見蓑笠人也。其古樸類如此。

張衡，字允平。宣德間，授御史，上《澄清風紀疏》，忤旨，謫戍遼東，竟卒戍所。嘗詒書于孫穀曰：“本以名義經心，不顧利害，日望汝成立，慰我冥冥。”吴文定公寬、陸文裕公深有贊，表其風節。

唐瑜，字廷美。景泰辛未進士，拜南京禮科給事中，出守衢州。先教後刑，衢人大悦。會歲旱且疫，瑜自爲文禱于神，雨大作，沴疫亦消。後凡禱輒應，吏民相與勒石於周宣靈王廟。衢有孔子祭田爲豪家所奪，瑜以俸贖還，俾世其祀，孔氏孫圖瑜像于家廟生祠之。民有李延者，爲媒而匿婚家聘金，鬻二子及妻以償，瑜曰：“民窮而犯法，畏法而棄妻子，守之過也。”贖而歸之。龍游張福戕吴氏四人，而諉其事于金氏，既誣服矣。瑜别置於獄，廉得其實，釋金而罪福，民以爲神。及去，民立祠祀焉。及參政湖廣，襄河爲害，作隄障之。置廣儲倉，歲饑發賑，民賴以濟。尋遷山西布政，改雲南，定土官世襲法及給散滇糧事宜，俱有條貫。大臣屢薦，未果用，或勸之宜少降志，瑜正色曰：“我一介寒士，至此復何求？”久之，擢都御史，巡撫甘肅。會詔使諷織細罽充貢，瑜執不從，又黜弁田廣等陰搆之，坐劾去。弘治五年，詔復其官，致仕卒。衢民聞喪奔哭者，累月不絶云。

郁文博，以字行。景泰甲戌進士，擢御史，有直聲。歷湖廣副使，撫蠻寇，活三十萬衆。居官清介，一錢尺帛不妄取，妻子衣敝緼，飯脱粟，晏如也。嘗有老蒼頭夜侍忽泣，語曰：“主翁寧能常在官中耶？家計日落，奈何不爲子孫地？”文博艴然曰：“余如貞婦，苦守垂白矣。爾欲污我，令我後不得爲清白吏子孫耶？”提矛擲之，清操益勵。

談倫，字本彝。天順丁丑進士。長身豐頤，瑩然玉立。時鹽山王忠肅爲冢宰，風岸孤峭，意輕南士，見倫瞿然曰：“南方有此人耶！”授驗封主事，轉員外郎、郎中。忠肅每入見，輒以倫隨，上問之，公以名對曰：“臣老矣，于聖諭恐有遺忘，此郎代臣志之，且其人可信也。”上因欲大用之，忠肅謂年少資淺，他日用之未晚。丁母憂，服除，補虞衡司，擢應天府丞。是年，鳳陽大水，守者匿不以聞，倫自署其奏，詔免秋糧數萬。進尹應天，改順天，尋拜工部右侍郎。會南昌人李孜省以左道得幸，而萬文康在内閣，有憾于冢宰尹某，因孜省媒孽，以成其獄。士出尹門下及山東鄉故盡逐之，尹出都無敢送者，倫獨往餞。成化初，孜省伏誅，謫逐者多召還，而倫以病不起。初，倫家居，歲遣人起居尹于山東，祀王忠肅于别室，及尹没，亦如之，時稱其淳厚。今吾鄉所行談箋，倫家遺製也。子田少，治舉子業不遇，乃棄去。好吟咏，不甚求工。起大第，搆園亭，花木泉石之勝甲一郡，四方紳士過之必留連觴咏，瀕行餽遺，有古俠士風概云。

王霽,字景明。天順庚辰進士,初授南京刑部主事,歷郎中,出守黄州。州多虎,時有火災,又江水嘗暴至,壞民廬舍,霽祈祝輒應,民愛信之。遷廣西參政。未幾,遷江西按察使,進太僕寺卿。條奏馬政十事,報可用。薦巡撫山東,值歲饑,霽區畫銀五十餘萬兩、米二百餘萬石賑之,存活甚衆。召拜大理卿,用法平易。弘治元年卒,賜祭葬。子泰,自有傳。

顧英,字孟育,號草堂。天順己卯舉人,授廣西同知。有民楊姓兄弟争産,各以百金賂英,英佯許之。比庭,詢問若所争幾何,弟白兄匿五十金,英曰:"若争五十金,乃以百金求勝乎?"顧吏出其賂分償之,兩造媿服。尋改延安。會兵荒,民多逋負,英移文所司,乞以舊糧量改輕賫,候完俸支折色,民賴其惠。歲饑,先發倉賑濟,後詣監司謝罪,上官嘉獎之。後守廣南,屬車里讎殺,宣慰板雅氏者死,嫡庶争立,英乃冒險行千里,卒定其事。致仕歸,搆南溪草堂,賦詩自娱。又出田十餘頃爲義莊,以贍宗族。卒祀鄉賢。孫定芳,最知名,有傳。

戴春,字景元,弟曦,字景暉,同受業周廷參門下。景泰庚午應鄉試,令侯某戲曰:"兄弟俱讀書科舉,誰充役者?果捷,當爲建聯桂坊。"及同領鄉薦,令爲建坊。天順甲申成進士,歷官順慶知府,卒。曦學優才敏,外坦内嚴,授中書舍人,遷刑部員外郎,卒於官。

高祐,字天錫。本王氏,父鉉贅于高,因從其姓。成化丙午,以鄉貢授泉州同知。泉多山,谿民倚險爲梗,祐訓以德義,皆相率從化,積逋不督而集。凶年出粟貸民。念山鄉險遠,總授而分給之,遠邇稱便。嘗道漳州,宿山間,有負豪家債而憤其逼者聚衆,期旦日殺豪,豪亦陰爲備。祐知之,遣人諭以禍福,片言而散。一日,令所部市茶,其人密置銀二錠以進,祐笑却之,屏其人,弗復接。丁父憂歸,部民千餘人携金錢跪矑,皆不受。歷廣平、東昌二府,操履如一。晚居邑西,四壁蕭然,不以介意。時鄉人作《三婦説》喻士大夫,獨目祐爲節婦云。

周洪,字廷誥。成化戊戌進士,除蒲圻令。勸農力田,植桑麻,令婦女業紡績,治絲枲,驗其勤惰而賞罰之。高田置筒車,下隰創陂堰,民賴饒給。鄉置社學,市田三十畝,令生徒父母合力耕稼,復其徭爲教讀資。邑有奸法者,大署木牌于門,雖權勢不避。置立義倉六所,儲穀三萬石,正德初大旱,民猶賴之。拜御史,卒。蒲人誦德不衰云。

張黼,字仕欽。成化丁未進士,官刑部郎中。有里嫗訟其子不孝者,反覆開譬,且呼其母爲子理髮,皆感泣悔服去。每有疑獄,必焚香祝天,至忘寢食,以求其情。久之,子鳴鳳以御史官南臺。一日,值御史騶哄於道,鳴鳳下馬立,他御史疾馳去,乃嘆曰:"吾老矣。安得復與兒子輩争衡哉?"即日疏乞致仕,上嘉其恬退,進應天府丞。歸卒,年七十八。初,黼年五十未第,或勸廢學,黼曰:"人雖休,吾弗休。古人有之,請事斯語。"卒成其志。又以晚成,父母不及禄養,刻親像自隨,垂老言及必流涕,士林稱爲篤行。

瞿霆,字啓東,號南山。成化庚子舉人,授順天府判。奉詔同給事中李漢等,清理武清七廠葦地,繪圖進呈,勒石著令。尋遷左府經歷,調後府,出知廣南府,俄轉沅江。那氏與族人相讎殺,往撫諭之,那氏陰行千金爲賂,霆發其奸,獻議誅之。隨乞休東還,作七老會圖畫,賦詩以爲盛事。年八十九卒。有《南山集》。

董恬,字世良,綸子也。弘治丙辰進士,授工部主事,分司徐州,改刑部員外郎,轉郎中。有族子三人毆殺其叔母,恬謂法當敘服制輕重,司寇擬以同罪,果爲大(埋)〔理〕所反。奉勅録囚浙江,平反明慎。時逆瑾干政,凡復命者必往謁,恬不往復,無所遺,乃摭以逾限,罰米二百石餉邊。正德戊辰,晉大理少卿,癸酉賜章服閒居。卒年七十四。

唐錦,字士綱,弘治丙辰進士。時修會典,擇進士有才望者入史館,錦與焉。會典成,乞歸侍養,已而出就東明令。比河患不息,建言者奏開賈魯河,下北直、河南、山東、漕運四撫臣議。錦謂賈魯河久爲平陸,且延袤數百里,非費鉅萬無成功,元以開河致亂,此非細故,不若隨地隄備,即間有害,無他虞。撫臣籍其議以聞,役遂寢。入爲兵科給事中,清理廣東鹽法,查覈積逋百餘萬引,所司侵盜者寘之法,餘悉蠲除之。時劉瑾殘横,錦不謁饋,謫判深州。瑾誅,晉南繕部,轉比部郎。凡淹繫可矜者力奏出之,竟任無一滯獄。再督江西學政,遇宸濠之變,集城中士民激以大義,捕得守城内官杜茂、僞千户朱真輩四十二人,奪其鎖鑰,馳請虔撫王守仁入城,建首功。坐所部民兵夜亂落職,後事白,許致仕。杜門養重,鋭情著述,一時金石之文皆出其手。卒年八十。所著有《龍江集》、《夢餘録》、《大名》《上海》二志行于世。

曹閔,字崇孝,弘治丙辰進士。授沙縣知縣,入爲南御史。正德初,上疏極論劉瑾,下錦衣獄,被杖幾死。瑾敗,起廣西僉事。閔曰:"一瑾去而衆瑾尚在。"遂引退,年未五十也。爲人篤實恬静,足跡不入城市,養母十年。母終廬墓,得寒疾卒。

沈恩,字仁甫,弘治丙辰進士。初授刑部主事,忤劉瑾落職。瑾敗復起,歷官雲南按察使。前使者謁黔國公,拜伏隅坐甚恭,恩不爲屈。旋按其不法事,問遣奴輩二十餘人,黔國怒,陰令市肆告變以危恩。監司上其事,廷議竟右恩,擢四川布政。廉知蜀民苦邊糧料價,前後奏減二百餘萬兩。時新都相柄國,蒼頭稍驕横,恩輒寘之法。新都遺恩大紅羢二,且謝不謹,恩召集僚屬焚于廷。新都子廷對擢第一人,賀者争致重幣,恩出俸三兩佐兩蜀帊爲餽,新都不爲禮,恩亟走入索歸,卒以此坐免。居鄉屏謝竿牘,對郡縣語尤規切。嘗徒行數十里,送其師朱曜之喪。其歿也,貧不能殮,今祀鄉賢,巡撫都御史夏邦謨又特爲之祠。

張鳴鳳,字世祥,黼子。與弟鳴鸞同年舉於鄉,丙辰成進士。令永康,以廉能召爲南御史。上疏論劉瑾,被逮廷杖。瑾誅,詔復原官,仕終湖廣副使。

張萱,字德暉,弘治壬戌進士。除鄱陽令,改嵊縣,復改政和,擢守茶陵州。民悍黠多盜,不可詰捕,乃類編族氏,嚴立株坐之法,四境清肅。又隣邑永新民越境占田,歲負税三百餘石,萱白其狀,上官責永新吏督徵,以紓民累。内艱,服除,改潞州。會武宗西巡,權幸譸張訛言欲刷婦女,一州洶沸,將竄匿山谷,萱請以身當之,民倚以安。歷官湖廣參議,致仕歸。萱外寛内嚴,所至有風績,茶陵人爲著《循良傳》,楚臬某畫其像以志思慕,人以方何武焉。子鳴謙,孫之象,别有傳。

唐懽,字季和,號只山,弘治壬戌進士,官刑部。孝宗崩,歡哭之慟,不御酒肉者累日。正德初,逆瑾竊國,懽獨以直節守官,瑾心銜之,乃誣以他事下詔獄。其黨張文冕,懽同郡人，使人邀重賂營捄，懽曰："我實無罪，冤當雪。若有罪，則法在朝廷，安敢倖脱？"遂謫穀城令，士大夫咸餞别之，賦詩弈棋，談笑自若。單車至縣，見餓莩於路，輒悲嘆不食，以爲長民之責。未幾，卒於官，年三十七。是年八月，瑾誅，人以懽不及見爲恨，然無有上其事於朝復其官者。

陸深，字子淵，號儼山。幼有大志，人以公輔期之。弘治辛酉，舉應天鄉試第一，乙丑成進士，官翰林。時承平無事，朝士留心翰墨，名雋繼起。深詩文與李空同、徐迪功争衡，書法李北海、趙松雪，其品隲古今、賞鑒書畫談鋒洒然，一座盡傾。由編修擢國子司業，丁母憂去官。既釋服，不樂赴補，廷臣交章薦之，起祭酒，充講筵。故事，講章先從内閣删竄，深講畢，面奏："今日講章非臣原撰，乞自今容講臣得盡其愚。"上可之。退復上疏，極言講官宜令自盡獻納，以杜壅蔽。當路忌之，謫延平府同知，遷山西提學副使。時晉府有優人子入學，深聞之曰："可使學宫缺一人，不可以一人污學校。"竟斥之。又陽曲生父爲縣令所笞，下獄死，訴御史趙，趙反抵生罪，深争之不能得，即疏劾趙，趙亦劾深，有旨差勘，深得直。旋補浙江副使，仍理學政，歷四川左布政，徵拜光禄卿，預修玉牒，改太常卿兼侍讀學士。扈駕，承天命，深掌行在翰林院印，御筆删"侍讀"二字，嚴嵩贈深詩有："行朝特視詞林篆，御筆親題學士名。"後致仕。一日，上問侍臣陸深、張邦奇才學孰優，侍臣以陸優於張對，上曰："陸深曾爲祭酒，桂蕚欲害之，今尚在否？"方有意召用，會卒，賜祭葬，贈禮部右侍郎，謚文裕。遺文凡一百卷。子楫，字思豫，少穎敏，讀書過目不忘，屬文援筆立就，年未四十卒，人共惜之，所著有《蒹葭堂稿》。文裕以孫郯賢嗣楫後，官石阡守。

王泰，字時陽，大理卿霽子，弘治己未進士。以刑部主事理漕淮陽，弛軍士淹禁者百人。去淮之日，籍公帑若千緡，築石隄數百丈，以防湖漲。遷主客員外郎。時逆瑾專政，賞賜屬國多紊舊例，泰上疏復之。擢太常丞，出爲江西參議。值饒信姚源盗起，都御史俞諫檄泰軍前，督餉倚其力。用俘獲男女，具訪鄉里親戚還之。事竣，賜白金文綺。先是，柄兵者議撫東鄉賊渠，授以冠帶，泰不可，主議者疾之，遂謝事歸。泰嫡長應得父大理卿廕，不以屬子而讓庶弟，尤人所難。

張霆，字時震，弘治壬子舉人。官南安司理，又倅廣州，俱有廉惠稱。

葉鈇，字廷用，弘治辛酉舉人。授福州府同知。甫下車，有二十四人上謁，自稱汛商，各饋海錯一罌，發視皆白金也。鈇大駭，封識而密察之，皆海洋劇盗，即詣臺使白其狀，請得便宜除賊。乃伏甲内廨，延汛商入飲，席終伏發，群賊就縛，得通番劫殺諸不法事，上之臺使，悉殲之，出罌金貯公帑，賊黨駭散，閩海始安。尋擢刑部員外郎，晉郎中。以論事忤權貴，出知雲南臨安府，多惠政，移疾告歸卒。

趙綸，字廷言，正德庚辰進士。爲内江令，有善政。有民利其從子財，手刃七人，而誣爲盗所殺，綸片言折服，衆驚嘆以爲神。蜀素無雪，是歲雪盈寸，又蝗不入境，粟一莖五穗，士民刻石稱三異。終南京刑部主事。

戴恩，字子充，正德辛未進士。授工部主事，累官陝西參議。恩外恬和内機警，初視榷武林，歲歉多負課，恩曰："吾寧以是獲戾，不能效掊克吏也。"御史王堯封特爲奏免。武宗南巡，郡縣吏往往棄印逃譴，恩獨與總理河道御史龔弘經理供億，市肆不擾。以勞瘁遘疾，乞歸，時年五十有三。

朱豹，字子文。父曜，以貢授清江提舉，愿慤端毅，時人比之陳太丘。豹舉正德丁丑進士，當除官，曜戒之曰："我生平慕包孝肅之爲人，若爲官不持一研歸，乃吾子也。"豹受命惟謹，所至有冰蘗聲。令奉化，豪右凛凛奉法，振飭庠序，捐俸建社學。調知餘姚，革里甲短解之弊，至今遵其法。兩邑皆祠名宦。擢御史，益以直道自任。薦楊一清、伍文定。及召對，豹又密陳災異裨聖政十事，言極剴切。奉勑清理江西軍務。江西自宸濠變後，災盜數起，豹至，發粟活數萬人，釋大辟囚三十餘人。又嘗請兩京五品以上官各舉郡守，舉不稱者坐之，語多忤時。遷守福州。聞父訃，即日徒跣行三十里，僚屬士民送者遮道。豹性孝友，父存日未嘗乘車，與昆季處，履相易而敝，宗黨多待以舉火。所著有《福州集》，父曜有《玉洲集》，俱行世。

潘恩，字子仁，號笠江，嘉靖癸未進士。知祁州，調劇禹州。州人相語曰："毋相仇，避潘侯。毋甚口，媿太守。"積儲爲列城最，會歲祲，發倉貸之。擢南京刑部員外郎，遷廣西僉事，督學政。時靖江王驕，勒其衛卒子毋充諸生，即充者必以賄，恩移文長史，欲糾之，諸生乃得就試。嘗署按察篆，勾捕王所匿大猾，王銜之，上疏誣恩，上遣法曹會勘，事得直。進四川左參議，歷浙江參政，按部海鹽。島寇猝至，圍之數十匝，時城無見兵，但鼓舞吏人，晝夜登陴不少懈，城卒以全。進雲南按察使，擢江西布政使，巡撫河南。徽恭王子載埨嘗輕去其國，多掠良家子充後宫，占民田，賊殺無辜十百事，恩與御史悉發其罪狀，論廢徙。遷刑部侍郎，再擢南京工部尚書。時督餉都御史章涣嘗有疏《經畧中原》，名觸上諱，將坐以誹謗。又雲南巡撫游居敬與黔國相觝，沐陰中之，坐以激變。恩上疏救解，皆得比寬典。改左都御史，疏請飭臺綱、剔吏弊，詔嘉納之。乞致仕，聽許。年八十七卒，賜祭葬，贈太子少保，謚恭定。子允哲、允端，俱成進士，自有傳。

劉兆元，字德資，嘉靖乙酉舉人。閉户讀書，兼通兵法、風角、占候，謁選授懷慶司理。嘗慮囚一女子繫獄已二十年，兆元察其冤出之。武陟富人以女字巨室，壻家後貧，規欲離絶，兆元責令歸之。而疑富家多婢，或有詐，乃訪一隣嫗曾識女面者驗之，果僞，兆元怒，欲按籍其家，竟得成婚。尋病歸，至淮陰卒。

杜時騰，字冲之，嘉靖戊午舉人。就教石埭，時文廟忽發異香，瑞芝産于泮池。未幾，子宗彝、從子獻璠、孫士全俱登賢書。後遷黄縣令，出冤繫二人于獄。尋罷歸，黄人攀號送之，時騰出一詩，留别父老曰："三年休養力，一旦别離情。税事須先足，苗田宜早耕。身家忍處保，衣食儉中盈。回首雲山隔，飄然兩袖輕。"年八十餘猶作蠅頭楷書，無疾而終。

蔡懋昭，字允德，嘉靖庚子舉人。由嘉善教諭擢知新河縣，遷守趙州。州有大橋税，歲入千金，例供官署，懋昭分償積逋，載會計册。冢宰胡松稱其賢，擬内召，而太守陳煒齮齕之，拂衣歸。適有御史顔思賢過趙，父老泣訴治狀及去官之故，顔薦之朝，即家起桂陽州，旋同知懷慶。遭父喪去官，補肇慶。時海酋餘黨許恩者，築城陽江沙島，東連惠州林道乾，爲犄角勢。懋昭用間離其黨，示以恩信，恩降，即入坐恩幄，呼恩解散部曲凡六千餘人，急隳其城,率恩入謁制府,婉請赦之。道乾既失援,亦詣軍門降。遷思州知府。城故無井,民間汲水二三十里外,懋昭令四門各穿一井,肅衣冠拜禱,水旋涌出,民稱爲蔡公井。及致仕歸,思民肖像祀之。歷官幾三十年,環堵蕭然,至不能舉火。卒年九十。

張鶚翼,字習之,嘉靖辛丑進士。以兵部主事出守山海關,創新令數條,改吏部酌選法,疏淹滯,鄉里無所借。後巡撫貴州,復區畫撫彝四事上之,皆見嘉納。以星變免歸。會倭寇上海,民無固志,首建築城、飭備、團兵三議,又出粟廩登陴者,城賴以全。病亟,猶口占答郡守論民瘼書,引己疾爲喻。所著有《須野集》、《易説辨訛》。孫泰階,萬曆己未進士,歷官温處道。

龔情,字善甫,嘉靖癸丑進士。由行人擢禮科給事中。時南北警報旁午,情條疏邊防四事,復封駁移取太倉銀兩詔書,詞旨愷切。以會勘伊庶人不法事,忤旨外謫,稍遷南工部,隨罷免。情少聘韓氏女,病廢,或勸改圖,不聽,女亡,始議婚。性伉直,言論丰采有古人風。著《撮殘稿》藏于家。從弟愷。

龔愷,字次元,號全山,嘉靖丁未進士。授慈谿令,入爲御史。會咸寧侯仇鸞倡馬市,首疏論之,杖闕下,得不死。出視兩淮鹽政,又按西粤,屬吏不職者輒望風解綬去。尋列靖江王驕恣狀,復疏止大征粤寇,上是其議,當事者以此忌之。出爲山東參議。屬大蝗,愷下令捕得蝗者易粟倍,於是蝗不爲害。遷湖廣副使,引疾歸卒。

董傳策,字原漢,綸曾孫也。九歲能屬文,嘉靖庚戌進士。是時,嚴嵩父子怙寵不法,諸臣以直言觸忤抵死者數輩,傳策爲刑部主事,偕給事中吴時來同官張公翀疏劾嵩六事,請斥之以謝天下。上怒,下詔獄推鞠,主使榜掠慘酷,絶而復甦者再。會地震得宥,謫戍南寧。時按粤者爲嵩私人,傳策短衣大帽,跪舟次呼曰:"軍人董某見。"御史趣迎之,幾墮水。有宣慰某賫寶劍玉幣求謁,止户外移日,叱却之。隆慶初,復原官,尋擢南京禮、工二部侍郎。爲人清介,而待族黨有恩,然性剛,繩下嚴急,臧獲懼不免,遂及于難。所著有《採薇》、《幽貞》等集,《景獻奏疏》若干卷。弟晉,隆慶丁卯舉人。晉孫象恒,萬曆己未進士,官浙江巡撫都御史,自有傳。

唐繼禄,字子廉,嘉靖癸丑進士,除遂安令。下車,募壯勇數百人,儲粟數千石爲備。未幾,倭寇内地,所至殘破,遂安獨全。有殺人,獄既具,稱冤不已,往驗無傷,惟胸前遒歛如石,繼禄曰:"若飲之滷乎?"囚叩頭服。召拜御史。值歲大旱,疏修省十事。又奏行里甲法,著爲令。出按湖廣,會興山盜鑿礦行劫,聚衆三千餘人,縣官利賊礦,匿不以聞,郡守徐學謨上狀,繼禄即下檄,先縛縣令囚之,而陰遣沙市趙巡檢詣賊寨,諭以朝廷威德,令早自解散,人給一符,待以不死,還籍者隘兵驗符,毋擅誅。月餘,賊黨盡散。擢大理丞,晉少卿,遷操江僉都御史,尋轉副,治屯鹽。俄移疾歸卒,年五十一。繼禄居家儼如在官,無惰容妄語,口不作鄉土音,嚴整介潔,其天性然與?

秦嘉楫,字少説,嘉靖己未進士。初授行人,使周藩,周王偉其風度,厚贐之,悉謝却。乃衣以一狐裘曰:"天氣方寒,幸使者爲遠道計。"嘉楫不得已陽諾,至杞縣,以裘托同年歸之。王曰:"某賤臣也,何敢辱王服?"其介節如此。拜侍御,出爲浙江僉事,左遷光州判官,復隨牒量移,至南京工部主事致仕。家居校輯羣書,手自鈔録,所著有《鳳樓集》。

屠寬,字德宏,嘉靖癸丑進士。由部郎歷官浙江僉事,調雲南。時撫臣鄒欲誣黔國沐公大逆,委寬推鞫,無狀,止罪其奴。鄒復誣奏銕索箐居民嘯聚,得旨勦捕,寬全活良民數萬。鄒益恚,坐是罷歸。後有頌其事者,召用不起。家貧甚,妻子不免飢寒,年八十一卒。

華秉中,字正夫,嘉靖癸丑進士。司理東昌,平反有異政,召入刑垣。言事侃侃,分宜當國,抗疏劾之,不報,歸里,閉門養重。卒年僅四十五,所遺圖書數卷而已。孫曾彬蔚,能以清白世其家。

王圻,字元翰,嘉靖乙丑進士。授清江令,調劇萬安,入拜御史。峭直敢言,卒忤時相,出爲福建僉事。時巨盜張文欽等,聚衆剽掠積年,圻設方畧殲之,餘黨解散。而忌者復搆他事,謫補曹縣,量移開州,尋備兵武昌。改督學,典福建、山東鄉試,所獎拔多爲名臣。遷陜西參議,致政歸。初,圻以奏議爲内江相趙貞吉所推,江陵張居正與内江交惡,諷使攻之不應。新鄭高拱,圻座師也,時方修隙,徐文貞公階又疑爲私其鄉人不助己,恚甚,遂摧抑之。里居著書,至老不勸,卒年八十五。所撰有《續文獻通考》、《稗史會編》諸書,見《藝文志》,皆經世大著作云。

趙灼,字時章,嘉靖丙辰進士。授行人,考選刑科給事中。疏陳三吴水災,乞蠲賦,言甚詳懇。轉户科。時江南民歲轉廪於諸曹,人衆地分,奸蠹百出,灼疏請立禄米倉,以司徒屬一人主之,歲省民財以萬計。遷吏科都給事中,晉右通政。卒年四十五。兄廷炯,嘉靖乙卯舉人,官至潯州守,以才行稱。孫東曦,自有傳。

張仲謙,號受所,莊懿公五世孫,嘉靖己丑進士。時徐文貞階居政府,其夫人仲謙姑也,仲謙與諸進士旅進旅退,未嘗私謁。授兵部主事,居武庫七年,大司馬楊襄毅爲文貞言武庫郎賢,且積資久,宜置要地,以語仲謙,漫不應,謂兩尊人春秋高,願得外補以便省覲,遂出爲湖廣參議。文貞既罷相,新鄭高拱修故郄,根株其親黨。仲謙入覲,見拱,拱迎問曰:"君與徐公戚乎?"仲謙曰:"徐公夫人家姑也。"拱改容謝曰:"真古君子。徐公在事,何久不聞公名?"仲謙爲治清静寬易,多所平反。囚某年十二,以奴傷人抵死,仲謙以罪坐奴,竟出之。遷雲南參政。當黔國兄弟搆隙,幾弄兵爲難,仲謙移檄留都,分别其事解之。俄聞父喪歸,堅卧不出,隱居三十餘年,年八十六卒。從弟烈,同年進士。

潘允哲,號衡齋,恭定公恩子,嘉靖乙丑進士。授新蔡令。時淮汝水溢,漂没民居,請穀賑卹,流移盡復。調義烏,徵拜御史,按上江,出守黄州。治務簡静,民親而畏之。擢山東副使,遭母喪去官。服闋,督學陜西,規條嚴密,士翕然從之。得父手書心動,即解綬歸。承藉世資,不事家人産,羸衣菲食,應門僅一老蒼頭。卒之日,知與不知皆流涕。

潘允端,字仲履,嘉靖壬戌進士。歷官參政,總理漕儲。交兑後期,運不時至,允端督有司,勒諸官軍,以二月至淮,五月入閘,八月並達天津。又于瓜洲建閘,以避江濤。令白糧民船尾漕艘而進,永免民運瓜儀之苦。淮撫王宗沐特薦允端擘畫海運,允端躬歷沿海要害,申明賞罰,凡爲艘三百有奇,運糧十有二萬石,不一月至天津,自會通置河以來所未曾有。説者謂海運通則河不能爲梗,可以佐漕,而或以爲乘危倖功,遂格不行。後晉四川布政,移疾歸。搆樂壽堂,奉養恭定公,以篤孝稱。中子雲龍,弱冠入成均,值選中書,故事皆以貲進,惟雲龍以文得選。會雩祭,明神宗將步禱南郊,見閣選潘名,曰:“朕方祈甘澍,雲龍二字佳讖也。”遂授武英殿中書舍人。有《萬花樓集》及《六體〈千字文〉法帖》行于世。第四子雲鳳,以允端致仕早,母顧氏封不及格,及雲鳳官羅定州同知,應得贈,因疏請進母爲夫人,如父階,詔許之,蓋異數云。孫桓明,天啓丁卯舉人,有文名。曾孫堯彩,順治乙未進士。郡稱世家者,首推潘氏云。

艾可久,字德徵,嘉靖壬戌進士,授太常博士。擢南京御史,巡視上江,劾勳貴驕縱及附新鄭大臣者四人。遷知衡州府,屬縣有議增商税者,執不可,其政以緩催科、興學校爲務。擢山東副(吏)〔使〕,累遷江西、陝西參政,革田税飛洒,出羡金賑饑。再遷按察,轉山西布政,入爲南京太常卿,晉通政使,請告尋卒。孫廷機,字平菴,幼失怙恃,依祖成立。及可久卒,廷機請于朝予祭葬,營墓域如禮。由太學生授中書舍人,旋告歸。輕財任俠,鄉黨賢之。孫汝成,康熙丁巳舉人。

徐汝翼,字君羽,嘉靖乙丑進士。初授刑部主事,入遷至廣西布政使。會猺獞倡亂,汝翼奉勅會諸監帥,籌餉調兵,相機勦撫,粵西底定,遂疏乞致仕歸。初,汝翼在郎署,其座主高拱以輔臣攝吏部事,汝翼終歲無私謁,清風高節,鄉黨咸推重之。

陸郯,號三山,文裕公孫。以廕起家都察院都事。時臺長以郯世族少年,心易之,及議事,郯援據典故,風發泉涌,始肅然改禮焉。後授石阡守。石阡古夜郎地,苗獠錯居,徭役龐雜,郯倣吴下條編之法,著爲令,吏民德之。郡僻陋無書籍,郯家輦經史教之,士始向學。又播酋思亂,郯經畫密剪其角距,事具《德政録》中。請告歸家,居二十餘載,内行醇備,無愚智皆尊禮之。殁,祀郡邑鄉賢祠。長子堣,有令德,世其家。

喬木,字伯梁。爲諸生時,遇倭寇守陴,殺寇過當,知名于時。隆慶戊辰成進士,守安吉州。州當貢栗,木上言:“明主奈何以口腹累民?”請罷貢,報可。擢河南僉事、井陘兵備道。值茨溝營卒多烏合,盗礦不可踪跡,乃選土著八百人充伍,漸汰諸募者,盗以是息。歲祲,以便宜發粟,全活甚衆。遷福建參政,解組歸。子拱璧,自有傳。

李伯春,字友鄉,昭祥從子也。隆慶辛未進士,授刑部主事。以明允爲尚書嚴清所器,使脩定條例。轉郎中,出知濟南府。屬歲,飢民王登以妖言煽衆,擒置之法,出倉穀鉅萬斛賑貸,人心遂安。遷浙江副使,轉湖廣參政。守陵宦者孫某欲奪民沙洲田,又横索里夫折值,皆挫抑之。尋以母老棄官歸。弟仲春、叔春皆親自教授,叔春登萬曆己丑進士,歷官歸德知府。值河決,後城郭傾圮,飢民數萬聚葦澤剽掠,監司欲興兵勦滅,叔春固請解散之,皆感泣來歸。又蠲逋責牛種,户口漸復。後論調歸,起按察副使,乞休。伯春兄弟同堂共爨,友愛甚篤。仲春當伯、季仕宦,常主奉養,孝謹尤著。及殁,室無私財,伯春以産均授其子焉。伯春第二子繼厚,萬曆戊午舉人。仲春孫之楠,天啓辛酉舉人。

王文炳,字象南,隆慶辛未進士,授四川叙州推官。叙有山峒名九絲蠻者,即孟獲後,時出掠女口貨財,官兵逼之則入闕,闕名凌霄,地險絶。蜀撫曾省吾議進討,檄文炳贊晝。文炳乃自裹氈帥師從山後入破凌霄,馘蠻王阿大、阿耇等,設武寧衛城。上其功,晉秩一階，入爲刑部郎，尋出知慶遠府，遷貴州副使。致仕歸，卒年七十六。

陳所藴，字子有，萬曆己丑進士。授南刑部，調吏部，出爲江岳参議，俄遷大名副使，皆有風績。督河南學政，人莫敢以私干之。尋分守大梁，有奸弁上疏請覈河南羨帑者，乘驛按問，同事震慴，所藴辨折屈服之，弁坐誣妄被逮。未幾乞休，後起南京太僕少卿，甫半載趣歸。所藴性方嚴，已請老，地方有大利弊片言而決。年八十四卒。

董其昌，字元宰。父漢儒，耿介力學。其昌自外塾歸，漢儒夜從枕上口授經義。萬曆己丑成進士，選庶吉士。禮部侍郎田一儁以教習卒官，其昌請假，走數千里護其喪歸葬。還授編修，知起居注。明光宗出閣，充日講官，因事啓沃，光宗每目屬之。主考江西，尋有忌者，出爲湖廣按察副使。陳疾歸，三十二年起爲湖廣提學副使，踰年致仕，叠詔起用，並不就。光宗踐祚，問閣臣曰："舊講官董先生安在？"乃起爲太常寺少卿，掌國子監司業。天啓二年，改兼翰林院侍讀學士，纂修實録。奉詔至江南採録諸司掌故，凡萬曆朝章奏案牘輯爲三百本，其留中之疏有切于國本、藩封、人才、風俗、河渠、食貨、吏治、邊防議論可施行者，别爲四十卷，倣史贊之例，每篇繫以筆斷。書成表進，有詔褒美，宣付史館。三年，遷少詹事，掌南京翰林院，轉禮部右侍郎。四年，充纂修實録副總裁，同知經筵，尋轉左侍郎，還部。五年，遷南京禮部尚書。時政在奄竪，黨禍深酷，其昌深自遠引，遂謝政歸。崇禎六年，召拜禮部尚書，掌詹事府事。七年，進太子太保。乞骸骨，温旨慰留，章七上乃允，賜乘傳還。九年卒，年八十二。訃聞，輟朝，賜祭葬，贈太子太傅，謚文敏。其昌天才俊逸，善談名理，在講席見知于光宗，爲僉人所忌，然不激不隨，故免于黨人之祸。少好書畫，臨摹真蹟，至忘寢食。中年悟入微際，遂自名家，行楷之妙，跨絶一代。其畫集宋元諸家之長，行以己意，論者稱其氣韻秀潤，瀟灑生動，非人所及也。四方金石之刻得其制作手書，以爲二絶。造請無虚日，尺素短札流佈人間，争購寶之。尤精于品題，好事家至今引重焉。所著有《容臺集》行于世。

姚永濟，字通所。祖一祥，肄業太學，嘗拯湖州一生於厄，而不問其姓名。後就選，除臨江知事，時直指劉某按部，見一祥名，召謂曰："先生尚識余耶？余故湖州遇難生也。無以報公，察有冤繫五人罪可釋，公第與言，可致千金爲壽。"一祥唯唯，即上繫者名于直指釋之，詭云得金而陰却不受，一時傳爲盛事。永濟，萬曆戊戌進士，初令東陽。值歲荒，出粟賑濟，活民數萬。俗豪家婢女白首不得婚配，永濟下教，凡婢女年二十以上無夫者罪其主，匿不告者罪其隣，惡俗頓改。調煩永嘉，尚教緩刑，民不忍欺。遷刑部主事，以政最擢禮科給事中。時楚王被誣，禁錮子女一百二十餘人，廷臣莫敢言。永濟獨抗疏曰："細民有過尚且恤刑，豈皇祖雲礽之裔而不蒙覆盆之照乎？今天潢一派，九載沉埋，平反何日？乞賜生還，以篤宗盟。"上感悟，即詔歸國，時論偉之。會考選宗藩，特命永濟董其事，當時有"姚公桃李皆皇族"之語，亦異數也。在諫垣，章數十上，聲望藉甚。後持節封周藩，嫉之者擠之，外遷湖廣副使，不就，請終養。崇禎二年，備兵太原，尋轉浙江之左布政。時有給事督餉浙中，永濟不爲禮，銜之，遂劾免。國初，有妄男子糾衆劫其家罄盡，永濟處之泊如也。好參同内景家言，採録類書二百餘卷，爲《學撮》六卷。年九十七卒。弟永豫，外衛經歷，好施樂善,有祖一祥風。子賡明、襄明,俱恩貢生。永豫孫廷讓,太學生,以詩文名于時。

張所望,字叔翹,萬曆辛丑進士。除刑部主事,奉使榮、襄、靖江三國,餽遺一無所受,諸王欽企焉。出守衢州。衢俗囂訟,而奸民左右兩造間,詭譎競利,所望廉得其名,閲詞輒知主文者某某,即逮訊窮治,剖決若神,衢以大治。遷副使,備兵蒼梧。時嶺表法令久弛,所望至,繕城隍,寔倉廩,簡屯戍,若藤峽、崑崙、鬼門、勾漏諸要害,無不身歷慰撫,窮山炎谷喜見大吏,皆搏顙受約束。有羅運猺者,阻溪洞,戕殺熟猺,所望馳檄諭之,遂輸貢爲編户,蓋漢以來所未賓也。轉左江參政。隆峒長官黄兆基少子與其兄遺孤争襲,讎殺累年,所望討平之,將吏請郡縣其地,所望曰:"師以定亂,奈何斬人祀以自利耶?"置其長而還。擢廣東按察使,不就,起爲湖廣按察使,理漕政。時兵興,轉輸煩亟,以積勞疾作解職歸,再起山東右布政使,固辭不拜。所望清羸如不勝衣,而當大事力持正議,侃侃不阿,急人之難無遺力。常買一婢,詢知爲名家子也,撫爲己女,擇壻具奩餙嫁之。年八十卒。所著有《梧潯雜佩》、《嶺表游記》、《幅員名義攷》、《文選集注辨疑》、《龍華里志》。

黄體仁,字長卿,萬曆甲辰進士。時館李文節廷機家,廷機使試館職,體仁謝曰:"某老矣,不足以辱此選。有門人徐光啓者,博學而賢,用世才也,請以自代。"故光啓入翰林,而體仁爲刑部主事。遷員外郎,轉郎中,出知登州。罷坊市雜税,豪右斂手。衛有明建文忠臣陳迪孫在戍籍,爲之陳乞脱伍,并爲迪請謚。秩滿,擢東兖道副使。值歲祲,而福王之國舟車填湊,體仁裁制以法,因條上臺,盡革迎謁供億諸費,民甚愛之。而當路不悦,罷歸。所著奏議、詩文、雜著二十六卷,撰《續上海志》田賦諸篇,稱詳覈云。

徐光啓,字子先。萬曆丁酉舉順天鄉試第一,甲辰成進士,選庶吉士。光啓善聲律,及是悉棄去,籌經濟大畧可施用于世者。授翰林院簡討,充會試同考官,擢少詹事兼河南道監察御史。勅使練兵,監司、副將並受節度,得自辟召委任。天啓初,與兵部尚書崔景榮議不合,御史丘兆麟誣劾之,謝病歸。大閹魏忠賢素嫉光啓,諷御史智鋌追論練兵事,勒罷官。崇禎初,起禮部右侍郎,協理詹事府事,同知經筵。時懷宗方用兵,憂國用匱乏,御經筵嘆曰:"大禹時天雨金,秦雨金于櫟陽,此外寧復有是乎?"光啓曰:"周成王時亦有之。"他日讀《離騷》,問曰:"圜則九重,天有九何也?"光啓對曰:"宗動一天也,恒星一天也,七政各一天,合而爲九。"因及日月薄蝕、五星順逆之故,日昃始罷退。復上言京東西屯田及曝沙種鹽策數萬言,懷宗動容嗟賞,意嚮用之。轉左侍郎,旋加太子賓客。是夏日食失驗,欲罪臺官,光啓言臺官測候本郭守敬故法,歷久必差,宜及時修正。從之,乃詔修曆,勑光啓領之。初,劉基造《大統曆》,雖用授時法,而郭守敬之術不傳,守敬之言曰古之日長,今之日短,當以七十五年爲消息,上推益一,下推損一,天官家莫曉也。光啓獨得其意,以泰西勾股測弧之法,三線交而布筭用,測圜弧以黄道緯度爲主,視授時用黄道距度,其法加密。曆成,進禮部尚書,掌詹事府。四年夏,懷宗手勑光啓,以本官兼東閣大學士,參機務,再進兼文淵閣大學士,加太子太保。時周延儒、温體仁先後爲首輔,光啓年已老,不得展其力用,居嘗鬱鬱。六年秋,卒于位。訃聞,輟朝三日,賻賜有加,贈少保,謚文定。詔求遺書,子中書舍人驥入謝,進《農書》六十卷,進贈太保,録其孫爲中書舍人，命有司刊佈其書。又有《毛詩六帖》、《漕河議》、《兵事》、《庖言》、《幾何原本》、《曆指》等書，總百餘卷。

葉有聲，字君實，號震隱。天資絶人，嗜學不倦，萬曆乙卯舉應天鄉試第一，丙辰成進士，越二年殿試，釋褐除侯官令。邑當省會衝，煩倍他屬，有聲先機密晝，均役省傜，不事箠楚而賦辦事集。天啓五年，擢禮科給事中。時上佚豫内廷，委政宦寺，有聲首言四事：一勤政，二治體，三言路，四仕途。又云："天下猶器也，久而不操將有授之柄者。願皇上熟思治亂之關，以公論還政府，以直道還臺省，天下幸甚。"方大閹魏忠賢柄國，屢攘邊功，以竊封爵。有聲新參入直疏，有"疆埸赤白其羽，幕府衞霍其勳"二語，忠賢深銜之。閹黨又宣言于朝，欲進忠賢王爵，有聲衆中叱之，坐是削籍。懷宗嗣位，凡璫斥逐諸臣俱環召陛見，引問去國始末，奉有勁直可嘉之旨。其他抄參封駮，挺然不阿，爲忌者所抑，外轉浙江副使。六年，補分守武昌道。時湘陰寇東下，直逼省城，有聲登陴捍禦，寇知不可乘，引去。七年，遷福建參政，尋轉河南按察使。平反讞決，朝上夕報，無留獄焉。流寇老狪狪率賊數萬，直抵大梁，有聲與撫按協謀，使驍將陳永福以奇兵繞出賊後，而城中大出兵應之，賊奔潰，追斬數百級。越三月，賊憤前敗，悉衆來攻，乃堅壁清野，相持月餘，賊乘夜隧道以入，發火器殲之，解圍遁去。以功遷江西右布政使，擢南太僕卿，俄召拜大理卿，力持法守，聲望蔚然。特簡左副都御史，召對條奏兵食利弊甚晰，懷宗動容嗟嘆久之。由是獨持風紀，孤立于門户之外，忌者益衆。時臺端虚位，有聲攝院篆，而首相薛國觀清鯁剛決，見愠羣小，憸人某營求科道不得，怨薛與有聲次骨，遂陰構大獄，薛賜死，而免有聲官。迨某坐法伏誅，始獲昭雪。召拜少司馬，不就。屏居村墅，與兄有容、有成白首周旋，以爲善相勗，里人多其厚道，私以"佛子"稱之。卒年七十九，所著有《緑天館文集》、《疏議》四卷。子翔龍，歲貢生；景龍，恩貢生；映榴，辛丑進士，翰林院庶吉士，陝西提學僉事。

喬拱璧，字穀侯，副使木子也。萬曆丁未進士，除海鹽令。縣土田詭匿肴雜不可稽，拱璧按故籍，履畝勾考，悉得其實，覈虚丁，絜而均之，一邑稱平。所隸廣儲、常積二倉衛士，雜支本折，侵耗百出，拱璧請以冬月支屯糧，夏月赴府支銀錢，春秋月支倉米，人予左券，合驗而給之，詭冒並絶。遷工部主事，改兵部武選司，左遷順天府教授，尋陞南兵部郎，出爲湖廣僉事，轉參議，未任卒。

楊萬里，字孟圖，萬曆丁未進士。授浙江餘姚令，調繁錢塘。寬仁廉潔，有循良稱。西湖葑草壅淤，因疏湖築隄，與蘇隄相望，號楊公隄，載《西湖志》中。縣有豪民傅時、傅曉，恣惡不法，萬里捕得立斃之，籍其家，出私穽械禁者數十人。初捕二傅時，同官行萬金請緩，萬里正色拒之。冬夜，子女號寒，孺人意色愁慘，萬里笑曰："此非惡聲也。"政最，擢湖廣道御史，尋卒。錢塘士民建祠湧金門外，至今祈禱如響云。

張肇林，字茂卿，號咸池，萬曆丁未進士。除江西萬安令，愛民如子。調房山，政如萬安云。時中人劉進朝封占周口廢廠，村民失業，肇林上其狀于臺使，云："職何愛一官，何愛一身，使周口有廠，而房山無民乎？"得盡逐之，民賴其惠。遷刑部主事，具《熱審停刑疏》，恤刑四川，多所平反。擢南通政司参議，尋罷歸，卒于家。

趙東曦，字馭初，右通政炌孫也。萬曆己未進士，除閩縣令。閩賦籍掌於收吏，而納者無左券，金粟入官吏，或以意多寡之，莫能辨也。東曦始給印紙，官民各執其半，如吴下法，奸詭遂絶。丁父憂，服闋，補金華。尋復丁母憂，起補嵩縣。居三月，以前後政最，徵拜刑科給事中。時奄人王坤監鎮宣大，巡撫沈棨以失策逮，東曦劾奏王坤職在監視，厥罪惟均，乞正坤罪，悉罷中使監鎮之任。奏入，降旨切責，謫福建布政司都事。稍遷行人司司正，禮部郎中，奉使還里，卒于家。未幾，王坤治邊無狀，朝廷追思東曦之直，而不及用，識者惜之。子子瞻，順治辛丑進士。

董象恒，字有仲，萬曆己未進士。時年甫二十四，一榜推年少。除守開州。州户役莫困於馬頭，吏緣爲奸，象恒區别貧富爲量助，貧者悉免，役于是平。時白蓮倡亂，突犯州境，象恒率壯丁捍禦擒斬，州城以安。遷兵部郎中，出爲右參政，分守漳南。值海寇鄭芝龍猖獗，撫按檄象恒分道勦擊，克之。復與遊擊歐陽瑞撲滅山寇於冷羊頭巖，閩海底定。旋告歸省親，遂乞終養，侍親十三年如一日。服除，補福建屯鹽右參政。屯鹽夙爲弊藪，象恒悉心釐剔，商民便之，刻《屯鹽全書》於閩署中。特擢右僉都御史，巡撫浙江。召對稱旨，賜酒膳銀幣。到官，屏却魄遺，正己率下，莫敢干以私。是時，需漕孔亟，而浙艘回空獨遲，期迫則封民船以濟。象恒稔知其困，捐俸爲十一郡倡，屬吏争先樂輸，造漕船五百有奇，不費公帑，不擾民間，督漕史可法題叙，下詔褒美。會流寇竊發，徵兵勤王，象恒發援師四千入衛，爲天下先。時頻年災荒，萑苻嘯聚，象恒奏請蠲賑，賊漸解散，故各省多殘破，而兩浙獨完。忽以蜚語去官，民爲罷市，詣闕訟冤者萬餘人，上感悟，得免。旋移疾歸，坐卧斗室，參閲内典。年七十而卒。

張元玘，字采初，號三陟。少孤力學，登天啓壬戌進士，除刑部主事。奉使賫餉寧夏，所過魄遺及王國賜予皆辭不受。遷員外郎，轉郎中。時大獄屢興，力求外補，遂出知嚴州，旋調繁建寧府。府衝劇，郵傳疲困，元玘事爲裁制，立條約，請臺使勒之石，由是供億不擾。又更鹺政及錢法，民皆便之。覲行，屬邑例有長夫假寓諸公費，一切却之。策蹇北行，口占有"人言五馬貴，我獨兩驢輕"之句。未幾告歸，有以失位唁者，笑曰："拙宦非性所宜，今得課子若孫，足矣。"居鄉，産不踰中人，好行其德。徐方伯汝翼歿後，貧不能葬，元玘經紀其事，連舉十喪，一時義之。所著有《廣史》及雜著詩文數十卷，尤精六法，遠近得片紙，珍若拱璧焉。子在簡，爲諸生有名，慷慨好義，工詩文，廬墓課讀。孫錫懌，成乙未進士，鋡、鏌皆登仕籍，人稱爲世德云。

李逢申，字延之，長史伯璵五世孫也。萬曆己未進士，除慈谿令。失閹黨意，左遷縣佐。丁母憂，服闋，起上林苑監丞，遷工部主事。甫三月，封事九上，劾兵部尚書梁廷棟誤國，疏寢不報。會軍興，驗試火器，廷棟中以危法，論戍澉浦。逢申長子雯，痛父以詆忤權貴獲罪，走京師訟冤，章上，報罷。後雯弟又伏闕上書，政府哀之，事得白。召逢申爲刑部主事，轉工部郎。逢申又五上疏論時政，有所彈擊。時寇已奄有秦、晉，逢申疏請出空名告身與廷臣，分募三輔、山東、兩河豪傑衞京師，廷議中沮。甲申三月，賊陷京師，逢申被執不屈，身受五毒，自經死。雯時從父在邸舍，已不食四五日，聞難，絮血行乞得棺，朝夕捧壺漿跪奠，哭不絶聲，又餓且病，氣息纔續，守父骨不復動。及皇朝破賊，收京師，内院諸大學士憐雯孝，奇其才，薦授弘文院撰文中書舍人。丙戌，得請于朝，以父喪歸，葬事竣卒。雯以文章名世，即海内所稱“雲間李舒章”也。

顧國縉，字寅美，萬曆丙午舉人。授崑山教諭，遷南國子監丞。天啓末，操江都御史劉志選諂事魏忠賢，稱爲德齊至聖，當建祠文廟左，祭酒羅喻義不勝憤，疽發背，餘莫能抗。國縉奮争曰：“誰敢爲先聖萬世罪人？”國縉誓以死守，祠不可建。志選恚，馳使愬閹，謂國縉本顧憲成族子，中以黨禍。會熹宗崩，乃止。遷南刑部郎中，出知常德府。擢按察副使，分巡桂林。猺賊寇平樂諸郡縣，國縉即用猺人攻之，擒其渠，餘黨解散。未幾，楚寇來犯，復以猺兵擊破之，賊遁。方論功，以疾請老。甲申三月，京師陷，慟哭不食死。

朱長世，字子久，天啓壬戌進士，除工部虞衡司主事。時方用兵，軍械皆取給于部。長世移卧公廨視事，尚書張鳳翔知其忠勤，題薦，七日内兩轉爲正郎。會六軍守城，需懸簾十萬，一巨璫夜詣部曰：“予我十萬金，可立辦，毋問所從來。”蓋内庫所蓄也。鳳翔謀于長世，拒弗與，竭三晝夜之力而懸簾具，璫恨之。懷宗出按軍壘，璫摘其一二疏薄者中以危語，上震怒，鳳翔下獄，長世廷杖死。長世素孝友敦睦，其卒也，士大夫痛惜之。子在鎬，壬午舉人。

張元始，字貞起，號訒叟，崇禎戊辰進士。性方嚴，不妄交游。爲諸生時，即留心經濟，故尤嗜史學。時瀕海竈户舊有總催一役，或地棄而役存，居人重困，元始力陳于鹺使，釐剔一清。由行人擢給事中，抗疏直言封疆失事，保舉非人，侃侃不怵權勢，有詔嘉納。又江南大役莫苦于北運布解，富室往往破家，元始條奏其弊，請北運改爲官耆，布解附于漕艘，報可，民力以甦。崇禎十四年大旱，斗米千錢，上海漕數萬吏民皇皇無所措手足，元始建議以麥代米，得旨准十之三以麥價徵折色，先行于豫，遂及江南，公私俱利。先是，江南漕運後期，又積年逋餉百萬，懷宗特簡科臣催督，元始星馳受事，朞月之内，輸輓無阻，徵解逋賦至九十萬，國用賴以不匱焉。元始才識開敏，於前代成敗得失及本朝掌故毫髪不爽，在諫垣八年，清忠諳練，朝廷將大用之，會遭母喪，去職。服除，起太常卿，未拜，歸隱卒，年六十九，士論惜之。

陳正中，字宗尼，崇禎戊辰進士，除上杭知縣。縣介虔粤，流寇侵擾，所在煽結。正中至，撫定凋瘵，鳩集遺散，調兵食，練鄉勇，屢挫賊鋒，獲渠帥張日昇，降其支黨五百餘，捕誅劇盜何柏等三十餘人，所部肅清。革橋税以惠商旅，積粟備荒歲，饑不爲害。流賊復犯武平，正中率衆持五日糧，趨三百里擊之，頗有斬獲，賊望風引去，隣邑以完。正中素有羸疾，積勞轉篤，卒于官。在縣五載，屬軍興旁午，大帥駐節會師，供億煩重，能盡心惠養，民不知有兵。所積官穀七千餘石，羨餘贖鍰悉歸庫藏，公私充實，而妻子衣食不給。卒之日，民罷市哭，巡撫鄒維璉上言：“正中撫順討逆，鞠躬盡瘁，清白勵操，遺愛在人，請賜官崇祀，以昭激勸。”勅贈兵部主事，追論平寇功，再贈太僕寺少卿。

何剛，原名厚，字慤人，崇禎庚午舉人。性孝友諒直，以節義自許，才學通練，知名於時。太守方岳貢修築海塘,自青村至柘林幾數千丈,聘剛經紀其役,三年告成,費省工倍,永無水患,鄉人立祠祀焉。官兵部員外郎,監軍維揚,遇難。

國朝一人

朱紹鳳,字蒿菴,順治乙丑進士。除臨縣令,有惠政,奏最,擢居諫垣,以敢言自任。時江南漕兑困敝,直指馬騰陞奏請官收官兑,而諸縣猶有陽奉陰違者,紹鳳詳陳利弊,得旨允行,其法始定,民咸賴焉。順治十六年,會推總漕某,衆皆唯唯,唯紹鳳獨昌言其不可。後疏救周亮工,降謫閩中,然亮工之獄亦藉以解。康熙三年,有摘發紹鳳請復漕儲一疏,被逮至都卒。

獨　行

宋一人

俞彌恭,北橋人,與子端皆好與樂施。凡售物者,自百緡而下,一聽所邀,償之糴者,每百斛必誤唱籌以裨其不足,人謂之癡。孫彬,生四子,名英、雄、俊、傑。英四世孫宗源,祖、父繼喪,撫幼叔鏡成立,事祖母以孝聞,邑中推爲世德。

元九人

瞿霆發,字聲父,其先汴人,宋南渡,居上海。霆發幼穎悟,書一覽成誦。元兵次臨安,遊騎及境,霆發年二十六,挺身兵間,率衆歸附,境賴以全。爲下砂鹽場副使,提舉上海市舶,俄遷兩浙運司副使。海潮壞鹽場,死者萬計,霆發傾力捄之,流亡復還,鹽事以集。仁宗時,以捕蝗功奏拜運使。浙東饑疫,霆發稽户數、第物力而振救之。更以最聞,召見,使未至而卒。霆發事母孝,得時物不敢先嘗。喜賓客,樂賑施,西湖書院、上海縣學咸割田資助,鄉隣貸貫不償不責也。嘗有貧士僞作運使張文質書來謁,霆發命門幹贈以楮三定,幹鄙其人,未與,霆發知之,更取五定,温言勞遣之。或問其故,曰:“汝何知彼何不作書與汝?”時人服其量。

何敬德,號孤巖善人,浦東民家子。謹愿不妄言笑,善會計。事吴郡張瑄行舶筦庫,不數年贏羡無算,敬德不以毫髮自私。瑄父子方倚任之,亟辭去。瑄既貴盛,敬德布衣蔬食,以施貧賑乏爲事,勸瑄父子毋嗜進厚藏以速禍。及瑄敗,逮誅黨與,而敬德獨全。大德十一年,杭州大饑,官設粥賑之,敬德擇好善有材智者數人,即菩提寺作粥,納大瓮中,明旦飢民先後至者,令相向坐廡下,虚其前以行粥,食已以次去,凡七十日,飢民無一死者。明年春,敬德集諸好善者,收聚遺骼枯胔數十萬具瘞之,語在《破衣傳》。卒年五十七,時皆稱爲“何長者”而不名。

任仲孚,好義樂善。大德間饑,發米二千斛,穀八百斛以濟貧乏。部使者上其事,詔旌其門,擢其子良佐溧陽縣儒學教諭、良輔信州叠山書院山長。

章夢賢,字思齊,宋莊敏公粢九世孫。孝友通練,儀觀偉然。至順初,浙西大水,朝廷募民能賑五百石以上者爵有差,夢賢出粟二千餘石而不受爵,詔旌爲“義士之門”。至元中,以孝友薦授襄陽、建康等處營田財賦提舉,以父母俱喪,不就官。置義莊,建義塾,以教養鄉人。兄殁，撫其孤如子。闔門二百口，未嘗有間言。葬崧宅里，揭傒斯志其墓，并書。子元澤，字吉甫，性孝而好義。父夢賢營義塾未竟而卒，元澤感慨流涕，乃崇齋宇，餙廟貌，爲清忠書院，以仁宗所賜郇國公得象"清忠"二字名也。出贍田一千一百畝，資師弟子及祠祭之費。初爲丞相府舍人，累遷奉政大夫、海漕鎮撫。以母老棄官歸養，年八十五卒。

唐煜，字仲明，世居華亭，後徙海隅鄉，遂爲上海人。業不踰中人，能自致饒富。元至順庚午，郡大水，出粟五千斛於官以賑境内，事聞，授浙西袁部場司丞。秩滿，轉江西蘆潭批驗所提領，俱以廉幹謹慎稱。年七十乞休致，賜七品秩，授徽杭等處榷茶副提舉。又出粟賑饑，至老彌篤。卒年九十。生四子九孫，五世同居，内外雍穆，遠近賢之。

杜英發，字俊卿，祁國公衍九世孫。仕建寧學正，遷教授。歸隱西霞浦上，號西霞道人。初，季父某無後，養莫氏子爲子，後復以英發爲後。及季父殁，悉以産歸莫氏子，復爲之冠娶，待之不異同氣。族困於徭役，首倡置義田，儲粟若干石以資之隣里，婚喪皆有給，其勇於義如此，而貲産不逾中人云。

徐誠，字信之。畜田至二萬畝，遂雄一鄉。嚴於治家，有儀法。既富，能賑施三族及鄉里之不能婚嫁者，病予之藥，死給之櫝，汲汲如不及。庚午、辛未歲大祲，煮粥捄饑，活萬餘人。年四十六，即屏妻妾，斷葷肉，以内外事屬二子，日轉《法華經》，積至萬卷，復鋟梓印施四方。所居多重洲複浦，爲梁木以通往來，人不爲病。

金子安，字幼仁，居漢成里。事後母孝，母嘗遘疾，子安稽顙北辰，求以身代。母危困中忽甦曰："適神語我'加爾壽三十四'。"及母殁，距神語時三十四月也。居喪毁瘁，鄉隣往往感激改行。嘗市地於隣，除之得白金一罌，亟召其人歸之，時又多其義。

趙恭，字思恭，家貧好學。母方卧疾，久不愈，恭憂悴不知所爲，乃劙臂肉作羹啖之，疾尋愈。父通患蠱疾，其弟敬刲股肉爲糜以進，亦愈。時並稱之。

明四十二人

顧鼇，字克載。端方鎮静，有古人風。應貢入京師，廷試第一，授黄陂教諭。訓諸生必先德行，以身範物，化行一邑，黄陂入祀之名宦。歸家時，策紫竹杖訪故友清談，未嘗乘車。嘗舟行墮水，猶讓同溺者先登。其不苟類如此。學者稱爲遜齋先生。

陸文旺，號德林。三歲能識心、斗二宿，見者驚嘆。長好讀書，蘄于經濟實用，士望歸之。里有就之質成者，誨以大義，感悟去。處家篤於孝友。比楊苗之亂，流寓苕溪，里人指而言曰："此陸德林先生居也。"洪武三年，詔舉郡國賢良，拜武昌府倅。當僞漢兵燹之餘，茹淡服勞，悉心撫字。尋擢守饒州，乞骸骨歸。出俸金分賚其宗親，曰："毫末皆國恩也。"年八十九卒。

沈得四。洪武十一年，祖母張遘疾，得四割股食之即愈。久之祖病，得四又取肝作湯以進，隨飲而瘳。有司上其事，下詔旌之，仍徵授太常寺贊禮郎。其後有鋆者，少喪耦不娶，人稱義夫，有司旌之。

劉仲禮，字用和，以《春秋》明經辟召至應天。遇靖難師入，不食七日而死。二世孫鈍兄銑，永樂間以會計事坐法繫京師，鈍婚二日即趨裝護行，後兄思歸，鈍陰乞守者代之。兄歸，紿父母謂弟病道卒，父母悲哀不已。會刑部訪善書者，獄吏以鈍聞，試之稱善，爲釋其罪而禮遣焉。比歸家，人驚以爲鬼，鈍具告其故，與父母對泣，兄自媿逸去，鈍亦不明兄之紿己也。鈍子瑛，官至建寧知府。

張年，字公壽。元季，從鴛湖避兵海上，因家焉。父綸爲太醫，嘗以事被逮，年徒跣詣闕，冒死陳狀，卒白父冤。後以名醫徵，不就。永樂中，廷臣薦其才，下詔徵聘，年復固辭，時人高其雅高。爲詩文工而有法，所居白沙鄉，舍傍隙地種杏成林，人稱杏園先生，有《杏園藁》。及卒，四方名流各賦誄章輓之，有"蘿室半閒俱是藥，雲山千頃總成詩"，又"舊業尚餘芸閣在，春花空發杏園幽"之句，其見重于時如此。

楊珙，字廷瑞。幼穎敏，讀書過目成誦，永樂丁酉舉鄉試第一，明年登進士，改庶吉士，授編修。以疾告歸卒。珙性至孝，以祖德亨從宦葬河南之靈寶，百方規畫，卒返其柩于鄉。祖母蔡臨終，遺言用浮屠法火葬，珙曰："非治命也。"卒棺殮如禮。

張穀，字濟民，成化乙未進士。祖衡爲御史建言，卒貶所。穀初授中書舍人，直内閣，尋引疾歸。弘治初，起脩《憲宗實録》，録成，同事者皆進官，穀止加俸，恬無一言。又三年，遷湖廣參議，提督太和山。一夕，沐浴晨起更新衣，出廳事，方執筆判署，目微瞑，扶歸卒。穀風度清遠，眉目秀朗如畫，與人言從容簡當，無厲色遽詞。事母至孝，養二姊，終始以禮。子抑明經，三爲學官，却餽周貧，著有《却帶説》、《却銅雀硯文》。

楊松，字國用。家貧，竭力奉親。爲父吮痔，及母病，不能食，刲臂肉脩藥以療。後父遘危疾，復刲股作羹以進。家益落，爲人傭以贍養。有司上其事，復其家。

張鳴謙，字汝益，萱長子，正德丙子舉人。爲温州司理，有善政，擢順天府通判。謁御史，用京兆故禮長揖，啣之，誣劾廷杖，已而得白，復其官。歲餘，請骸骨歸。宰相張治高之，牓其廬曰"完名勇退"。鳴謙居鄉十餘年，好義樂施，鄉黨賢之。卒年七十四。

唐琛，字廷璧。少以孝友聞，不樂仕進。父疾，奔走湯藥，三年如一日。明成化丁未，以恩例授金山指揮使，琛力謝致仕，澹然榮利，士論多之。

張紘，字文儀。少有至性，一月七喪，哀毁營葬如禮。正德間，由進士知桐鄉，擢守高唐州。時流賊寇高唐，紘增墉浚濠，料丁壯，親肄武事，賊遂竄伏。部民白某地有窖錢，發之可得數十萬，紘不應。治嚴，處二郡簡静不擾，投劾自免。歸耕蘆子渡西，與傭保相雜作，未嘗乘車行里中。一夕，攜童子從田間還，邏卒呵止之，紘遜避。詰旦，知爲官人，蒲伏陳謝，徐慰遣之。嘉靖初，用廷臣薦，起知建昌府。卒，環堵蕭然，有清白聲。

張倫，字文簡，號林趣，居七寶鎮。以氣槩自雄，好讀《左氏春秋》及歷代史，尚志節，有古俠烈風。宣德中，郡丞馬運税糧十萬斛赴徐州，時監收内官拒弗納，丞惶遽無策，倫儒服入見，曰："人謂平江伯無善謀，果然。今統十萬人治河打淺，淺終不通，若以十萬人築城浚池，擴倉廒以接南運，待水發運京，未爲不可。今以十萬糧委之草野，設遇兵變，非以資敵耶?"監收者驚悟，遂納之倉。其慷慨抵掌，談言微中，能使人傾聽，類如此。先是，周文襄忱巡撫江南，病征輸無法，倫獻策立水次倉，民以爲便。倫在文襄幕府垂二十載，文襄欲以薦宗行例薦，辭不應。暮年家居，猶憫吴淞浦滙淤塞，歲比不登，上書請疏濬，知府葉聘倫經紀其事，以通潮汐，此亦布衣之豪也。家美園池竹木，人稱爲"園上張"云。子齡，舉鄉薦。

顧定芳，字世安，英之孫。邑茂才，博學多藝，尤精于醫，夏文愍言禮重之。世宗召爲御醫，問用藥之道，對曰："用藥如用人。"又問攝生，以清心寡欲對。上嘉之曰："定芳非醫也，儒之有用者。"進脩職郎。致仕。父母疾，以口續食，以體藉卧，爲聞孝。故邑令鄭洛書歿，三喪未舉，定芳躬至其鄉，市地葬之，復歲賙其子。其好義樂善率皆類此。子從禮，字汝由，少隨父客金陵。時夏文愍言遊學困頓，從禮齎贈三百金。後言大拜，薦從禮題十三廟謚號。穆宗登極，又題世宗神主。先後被殊賞，自中書兼翰林院典籍，歷官光禄寺少卿致仕。夏公論死西市，親舊莫敢視，從禮收歛歸葬，徐文貞稱之曰："不悖德，不邀利，真義士也。"性至孝友，兄弟六人同居共爨，喪祭一遵古禮。上海困倭寇，始議築城，從禮發粟四千餘石作小南門以爲倡，又置義田以助里役。卒年八十四。弟從義，字汝和，善書能詩，選授中書舍人。隆慶初，以預修國史成，擢大理評事。家搆玉泓館，手摹宋本淳化帖，多藏法書名畫、金石鼎彝。又善繪事，工署書，爲文徵明、王世貞父子所重。有《硯山山人詩稿》行世。

陳一鳴，本朱姓，字起静。爲人剛介，有以張某口語嫁一鳴於令所，或勸其援張自解，一鳴卒不自白。少從父宦遊，以詩受知於分宜嚴嵩。後應貢入京，顧定芳言之嵩，嵩曰："非曩時相唱和人耶？其驚人語我猶識之，可令若來見。"定芳以告，一鳴曰："余顛毛種種矣，詎能脅肩摇尾博好官耶？"竟不往。會有鄉人居銓曹，故欲借所親示公者，一鳴遂不謁選，而歸養母，終其身無悔志。

蔡紳，字朝卿，由明經教授南昌，貧士以束脩上者必却之。有名家子，以家難陷大辟，紳冤之，力陳當道得白，卒成名士。弟繡，亦以貢爲臨淄訓導，以子懋昭貴，封奉訓大夫。學問該博，時號"書厨"，以比南齊陸澄云。

姚昭，字如晦。世業儒而貧，讀父遺書輒嗚咽流涕，事母孝。開門受徒，師道嚴重。有撫臺某行縣，詢諸生："以民窮財盡，宜何如處？"昭進曰："民窮財盡，誠如明公言。聞明公進羡餘二千金以助大工，安所得羡餘也？"撫臺愕然，徐曰："戇哉此生！"因偃蹇場屋。賦《老將》詩以見志，聞者壯而悲之。躬課五子，同爲諸生，人稱姚氏家學。及卒，門人私謚爲孝廉先生，所著有《留耕堂稿》。

張泮，號致齋，嘉靖甲辰貢生，廷對第一。性至孝，事二母以色養，咸得其歡心。沉毅慷慨，急人之阨，撫弟子如己子，凡族屬之不能舉火及外父山氏之貧者，皆賴周給，有喪則力殯之如禮。徐文貞嘉其品行，招入中翰之選，固辭不就。嘉靖癸丑，倭寇猖獗，當事議築城捍衛，泮散財畀役，身親畚鍤，手口盡瘁，遂病不起，所謂以死勤事者。崇禎丙子，里人摭其行事上學使者，檄縣崇祀鄉賢。子令德，孫元玘、元瓏，先後皆以科名顯。

喬鏜，字子聲。性質直，好義樂施。嘉靖癸丑，倭寇内地，巡撫蔡克廉檄鏜築海上護塘九十里，捐貲倡始，兩月而塘成。又散家財輸官，城川沙堡，塞窪口以防賊船收泊。巡撫御史周如斗委募土兵二千人，訓練勦寇，多所斬獲，鄉人賴焉。同時有盛濟，時亦募兵保護新場鎮，赴敵善戰，號盛家兵。後録功爲百户，辭以資，選北城兵馬指揮，轉山東青州府通判，致仕。又潘元亦募兵設伏，伺倭到，輒擊殺之。未幾卒，功無表見。三人者並太學生，張宗伯肅作《三太學傳》誌其事。

李昭祥，字元韜，嘉靖丁未進士，授蘭谿令。俗生女率不舉，昭祥令民間育三女者復其身，遂無棄女者。擢至工部郎中，會丁父艱歸，隨乞休致。昭祥性至孝，八歲喪母，哀毁如成人。嗣父塾爲沙縣簿，坐事，走數千里訟其誣得白。友人唐志大殁而家貧，迎養其母，撫其諸子。宋堯咨客留都死，殮而歸其喪。置義田五百畝，以助里徭饑疫，又埋掩胔骼。其施惠類如此。所著有《瀫陽雜稿》、《慎餘録》、《龍江船廠志》、《讀史一得》、《棲雲舘集》總若干卷。弟得祥，子容春、含春，皆以孝友稱。從子伯春，自有傳。

李安祥，字元定。當倭奴入寇，據柘林出掠沿浦，父堂倉卒走避，竟爲所獲，驅負擔。歸，安祥聞之，徒跣奔救，日夜涕泣，抵賊巢求見，跪訴願以身代。父忽從衆中望見，父子悲啼不止，賊哀而舍之。已而，一賊躍上船，出令箭插安祥頭釋之。時安祥已爲諸生，學使者耿定向旌其門曰"至孝"。後登萬曆乙卯賢書，出知滄州。子南春，孫繼佑，俱領鄉薦。

喬洪，字伯舒。力學攻文，孫令渭下車校士，讀洪卷嗟賞不容口，時召洪促席談文。或請洪關説，洪面發赤，謝去。渭聞而嘆曰："喬生豈徒文章士哉?"益禮重之。養二親力具甘旨。妹早寡，收卹于家，竟成其節。授徒至二百餘人，貧者却其脩脯。

朱一德，字士隆。六世祖木，有詩名。一德篤學醇謹，適舘拾遺金，俟于路側，頃之，一人號泣至，曰："吾父逋官錢繫獄，故賣妻贖之，不幸失去。"遂還其金。萬曆戊子舉於鄉，僦寓應天，夜有艾婦即之，燃燭待旦，昧爽輒徙。寓居郡城南二啚，見有無主屍骨，捐田瘞之。里中謝某陷大辟，一德白其冤出之，其人感恩厚報，不受一錢。其廉潔自好類此。殁後，貧不能殮，縉紳争賻焉。

黄椿，字廷茂，銘之五世孫也。性孝友，每出雖近在數里外，必預飭甘旨始行。父母病，越兩月衣不解帶，疾革，詒之金鍗曰："佐汝喪葬費。"椿營葬畢，悉出所詒分諸昆季。兄早殁，育其遺孤而爲之娶，共爨五十餘年。弟老無子，攜數百金寄椿所，逾年來索，忻然歸之，人稱長者。

余采，字元亮，號竹臞，方正學八世孫，革除間隱方爲余，避居上海。剛毅有志操，不能容人之過，亦不妄取人一錢，後生望之如嚴師。一大吏至，邑令學博執禮甚恭，采視同平交，不爲屈。嘗與一生同舟，卒於道，采出資含殮還其喪，終不責報。晚年以明經教授江右閩粤，師範嚴肅，造就多名士。

楊鈿，閭左健兒也。嘉靖丙辰五月朔，倭寇圍城，鈿守陴，至十七日四鼓，賊窺守者倦，舉梯登城，邏者覺之大呼，鈿驚起，急以矛刺之，鈿墜，賊亦墜，城上矢石如雨下，賊退，渡濠溺死者六十七人，遂解圍去。

閔電，字起光，素有膽畧。時倭寇猖獗，客兵來援者輒挫衄。電乃與潘元孝倡義團，土兵千人自將之，屢與賊遇，多所斬獲。後戰于新場鎮，衆寡不敵，殁于陣。

盛坤，九團里人。嘉靖癸丑，日本犯境，坤負母出走，爲寇所獲。坤泣告曰："殺我縱母,死無憾。"寇義之,舍去。母顧得危疾,夢神告之曰:"鵝血可治。"坤驚起,私念曰:"鵝、我聲近。"遂刲左臂血投之沸酒,進母食之立愈。復病,刲右臂如前。一日,母思食蛤,時沍寒,坤求之不得,逢老嫗指使東,乃東走浦濱,得數升以進。其孝感如此。母卒,廬墓三年云。

張同文,字從道。母孫病瘵,百方不愈。嘉靖丙戌三月朔,同文禱天,刲左股肉一臠,和羹以進,母食之,病旋愈。其刲處無血,亦不作楚,人以爲孝感。

陳時熙,性孝友。父遇倭寇,將刃之,時熙哀請身代,得兩釋。後父病,刲右股調羹以進,父遂愈。

王節,素業農。嘉靖辛酉,父病危甚,節以刀割左股肉作羹進之,病旋愈。楊豫扁其廬曰"白華遺響"。

陳理,字良玉。少受詩於潘恭定恩,有令譽。性坦夷,不設城府。家素饒,藏金悉歸兩異母弟,兩弟時挾母齮齕,理没齒無怨怒。邑令敖選少許可,獨造請理爲鄉飲賓,邑人余采曰:"邇鄉飲如酒肆,安得盡若人爲伍也?"理終不赴。郡丞鄭復亨旌爲耆德。

胡芳,字汝載。事後母至孝,母疾,芳不解帶者逾月,中帬厠牏,皆親爲洗滌。家無擔石,而好給宗人之不能舉火者。一日,肅衣冠行市中,其族弟耻衣敝緼,亟走避,芳呼而語之曰:"人患行不完,豈耻衣破耶!"解衣衣之。以貢爲武昌丞,監司重其清操,擢昌化令。過金牛驛,題曰:"金牛豈是無金地,只有夷齊不動心。"尋自引歸,與樵人牧竪放浪隴畝間。長於詩歌,聲調逼古。

喬一琦,字伯圭,方伯懋敬子。少任俠,膂力絶倫,好走馬擊劍,又工書善詩,稱爲文武才。萬曆間,任遊擊將軍,殉滴水崖之難,邑人立祠祀之。

張秉介,字〔子〕石,中丞鶚翼之季子也。少警敏,性至孝,侍兩親雖酷暑不解帶。父病劇,中夜祈禱,願以身代。及殁,投地擗踴,既哀毁遘疾,猶設奠室中,據牀微作拜跪狀,嬰嬰若兒啼,氣不可續,遂卒,年二十九。天啓初,孫泰階疏聞于朝,建坊旌表。

顧元啓,字子賢。少補弟子員,壻貴家,以清謹自持。嘗讀書外舍,有隣女目挑之,元啓倉皇閉户。薄暮,女復私就其寢處,元啓怒起,亟呼侍者燃燭。有魯男子風。里中告急者,倒囊貸之,貸而不能償,輒焚其券,即前負者復以急告,貸之如初,人稱善信云。

奚欽,字聖功。有鄉人負其金,往責之,固留欽宿,而飾其女出見曰:"吾力實不能償,願以此女侍。"欽拂衣起,排闥出走,宿友人家。至夜分大吐,旦視之,有蟲如髮數百,欽素病瘵,是後遂愈。又嘗還道拾遺金,多隱德。

周應文,白沙里人,家傭也。三歲失母,其父鳳育之廿載。萬曆丁酉秋,父患心疾,危篤,合門長齋,欲往謁普陀大士丐方救父,遂出剜開心胸,深濶各三寸餘,即投海漂二十里,水至頸而不没,至柘林,有盤石,遂坐其上,所開竅若拆榴連,晝夜不饑,亦不覺痛。會百夫長吴某亦以母病從普陀乞方還,舉以授文。文欣然還家,以剜肉血和藥進父服之,其病立止。唐進士之屏爲作《孝子傳》。

曹誠,世業醫,診視有神解,投以丹膏,病者立起。爲人敦樸廉介。倭亂時,避兵五里村,有川沙人失所攜金,惶急欲死,誠獲之立還,無矜色。一夕,命其子同宿藥肆,指一囊曰:"此頃所拾路傍物也,若就内卧,倘失者來,何從知之?"晨起,果有諸暨紙賈行泣而覓於道,詢其故,即還之。誠少時曾還遺金於廣福寺前,交稱長者。陳所藴爲作《守愚先生還金傳》。年九十一卒。

喬在修,字三餘。世業儒,祖未湖、父仲餘及在修皆棄儒爲醫,名重三吴,時人以"喬半仙"稱之。在修自以編氓終其身,皂帽深衣,不儒服。居父母喪,病家迎之診視,先曰:"吾不以醫故易服。"過祖父墓道,雖昏夜大風雨必肅拜而去。醫不責酬,有所入,以分宗族孤寡無依者。嘉定令萬某病且殆,諸醫束手,在修治之立愈。令德之,屬富人踐更求脱者以五百金爲壽,在修咈然謝却之,其人卒就役,萬令益大義之。猶子之文舉於鄉,在修謙退自如,窮簷僻巷,延請無不往。病有疑險者,積日夜以思,精求其故,輒欣然曰:"得之矣。"侵晨,叩病者門與之藥,無不應手愈,其醫之神妙如此。肅賓介者四,旌善人者三,卒年七十五。子□、□,俱能世其業云。

周明璵,字叔魯,太學生,端重不苟。初無子,諸弟争嗣者破其家,明璵置不校。後舉子三人,亦厚德之報云。

郭良俊,字少谿。其先廬州人,以軍功世襲錦衣衛千户,後徙居上海之瞿河。少喪父,以孝聞,慷慨明大義。嘗適野拾遺金,堅坐以俟,凡三日不獲,遂以所拾金并益己資建石梁於廟涇,民不病涉,即名廟涇橋。中子繼周,甲子應天舉人。

國朝

曹六龍,號南叟。年甫十二,善屬文,侍御喬古崗作序弁其首,士林膾炙。自爲諸生,八入棘闈,數奇不遇,因開門授徒,學成取科第者甚衆。事親能色養,家業悉推讓諸弟,無所私,郡縣累舉鄉飲。子垂璨,丁亥進士。孫泰曾,戊午舉人。

張尚文,字從周,上海人。英敏好學。父遊京洛,即能拮据養母,咸稱其孝。姊寡弟亡,撫諸孤不異己子。門庭整肅,慷慨好施,遊太學有名。少時東鄰有窺宋者,拒不納,人或稱之,蹙然曰:"我未嘗有此也。"一日,載布入郡,見其叔官逋窘辱,即舉舟與之,無矜色。平生陰德多類此。舉鄉飲賓,祀婁邑賢祠。子淇,能世其德。孫集成,康熙丙辰進士。

吴定,字澹菴,由太學生順治辛卯貢入廷試,除澄城令。時邑寇盜充斥,積逋重累,九年凡十易官,定務以德化民,計擒賊首,勸農墾荒,建水東書院,延師課士,攝韓城郃陽篆,俱有惠政。治澄十一載,遷行人。四爲詔使,擢比部校正律令。出督夏鎮河道,增築湖堤三百餘丈,司馬王公稱其精明廉幹,勒碑奬勵。假歸,杜門著書,周貧乏,設義渡,禮嫁張氏孤女,人高其義。輯有《河渠志》。子開,封大理同知。子瓛,縣令。

朱紹謨,字銘範。幼失恃,事後母以孝聞。及父母相繼下世,家益貧,負土營葬得疾,遂棄書學圃,築梅花别塢,自榜一聯云:"志清不必嗤人濁,酒熟從教共客歡。"其寧澹如此。同祖弟紹鳳,時在諫垣,長子廷獻領庚子鄉薦,紹謨謹飭奴隸弗闌與外事,課耕織如常。廷獻以罣誤里居,勸勉益力,以故益肆志力學,至己未登第,適紹謨八十壽辰,錦衣奉觴,鄉里榮羡。後兩舉賓筵,遜謝不赴,終身不履公庭,口無莠言,身無畸行。又性耿介,善規人過,如東坡先生云“喉間有物，必吐出乃已”，里中皆嚴敬之。

孫士範，字洪修。性寬和，慷慨好義。事寡母五十餘載，孝養喪葬盡禮，撫猶子如己子，歲饑出粟賑濟，穿義渠，修學宫，三黨待以舉火者甚衆。崇禎十七年，巡按御史周元泰題給冠帶，舉飲賓，卒祀鄉賢。子大經，國子博士。

陸恒穎，家貧至孝。母梅氏病，絶粒數日，恒穎哭禱竈神，割股和藥以進，母即思飲食，病尋愈。

王檄，性寬仁，急公好義。邑有重役，人争瞥脱，檄挺然曰：“往役，義也。可累貧弱乎？”遂身任之。又助貲濬吴淞江，歲饑出米助賑，邑令旌之。孫明允，有學行。子儋，順治庚子舉人。

沈朋，慷慨好施。歲饑，出粟賑貸，後悉焚券，終無德色。子製，僉運京漕米，蕩散無補，與家人哭别登舟，夜泊黄河，颶發中流，一舟呼救，乃舉米盡實製舟，及旦，物色前舟不得，即以其米上之，人謂好義之報。孫從教，以孝聞，又能賙卹親黨，里中稱之。

孔貞民，至聖六十三代孫，事父母及後母俱孝。親喪，廬墓三年，人咸稱爲孔孝子。子尚贇，孫胤貞，世守家法，孝行不衰。

高維岳，周浦鎮民。父高恩，好義樂善。明萬曆十六年，歲大祲，作糜賑饑，所活甚衆。十九年，海溢，恩收葬溺屍無算。又重修鄉約，助造濟農倉，不惜破産，人多其義。維岳幼有至性，父病危，籲天求代，割股手調以進，奉母如父，親歿後，各廬墓三載。明巡按御史陳某、王某皆具疏題旌，本朝巡按御史李某亦賜粟帛以旌之。子象辰，孫廷亮，俱庠生。同時又有杜啓賢、朱養豫，臺使並旌爲孝子云。

丁守安，周浦鎮農家子也。順治十年，母諸氏病篤，守安割左股調羹以進，母病尋愈。逾年，父務輿暴疾瀕死，守安復割右股療父。後父母各享年八十餘。兄弟四人，友於無間。壯年喪妻，終身不娶，鄉黨以篤行稱之。

夏汝法，本上虞人，遷居上海，事父母盡孝。順治六年大疫，一門染病，母思生魚，汝法扶病冒雪求得之以供，妻何氏憫姑齒落，以乳哺之。及兩親歿，汝法間關扶櫬歸葬。子廷彦，亦割股以瘳父疾，邑人目爲世孝云。

張政義，甫生喪母，祖母郭氏撫育之。後郭老病危篤，政義割左股肉作湯飲之，立愈，享年八十三而卒。

談柱，杜行鎮人。母趙痼疾，醫禱無效，柱割股食之復甦。

王承庚，字丕佑，原姓羅。由順治戊子副榜貢授朝邑令，有惠政，尋遷滄州知州。性孝友，事親色養，兄弟白首相携，尤耿介不欺暗室。初舘於鶴坡孔氏，夜有一女子冉冉而至，叱之，忽不見。晚年棲心禪悦，爲邑耆宿云。子輅，歲貢生，望江教諭。

按：志例生不立傳。有俞九思者，父允和病七十餘日，九思籲天乞代亦七十餘日，而父病頓痊，又色養十五年。其孝行可嘉，附識以俟後之采志者。

文　苑

宋一人

儲泳,字文卿,號華谷,居周浦。有詩名,精于陰陽五行,通儒玄理。所著有《袪疑説》,人争傳録。弟湙,字智卿,號晴谷,亦以詩名。

元七人

莊肅,字恭叔,號蓼塘,居上海之青龍鎮。仕宋爲祕書小史,宋亡棄官,放身海上。性嗜書,聚書至八萬卷,手鈔經史子集、山經地志、醫卜方技、稗官小説,靡所不具,書目以甲乙分十門。至正間修宋、遼、金三史,詔求遺書,命檢討危素購其家,得五百卷。所著有《藝經》、《畫斷餘譜》傳於時。

王太初,字古心。通《易》,有《貴士集》、《漁樵稿》、《筆録》行世。

陸侗,字養正。詩典贍豪邁,尤善題咏景物,往往出人意表。同時若王泳、趙鎮、殷汝舟、姚玭俱能詩文,汝舟尤長于經學。

王文澤,字伯雨,别號梅泉,譜稱王茂弘,後家華亭風涇,後遷上海。祖大言,父京,並有文章。文澤學尤富,下筆不襲前人一語,所交多當世名士,累舉不第,爲府學訓導。所著有《尚書制度圖纂》三卷、《自立齋詩文》十卷。

唐時措,好學能爲古文詞,嘗即文昌祠作古修堂,以便學者講習,元初爲儒學教諭。

任暉,字東白,吴之著姓也。祖仁發,歷官都水監。父子文,又由祕書監遷考城令。暉喜文史,善賦詩,脱去凡近,雄健有法度。與楊廉夫游,嘗邀至其家,校讐詩章累日,廉夫極愛重之。有《東白集》。

彭汝器,字宗璉,號素菴。博學有史才,嘗評《宋史》,謂杜后遺命立太宗,與宋宣公舍其子而立穆公同貽亂于後。貝瓊爲撰《筆議軒記》,深許其識古今得失大義云。

明三十四人

王掖,由明經任邑令,有著作行於時。

朱木,字楚材。治《易》,工辭章,士多執經及門者。所著有《静翁集》、《静軒行稿》。子元振,有《壽梅集》、《文集》,詔徵明爲之序。

諸傑,字子興,由儒士中進士,官至尚寶少卿。日閉户蒐獵墳典,尤嗜《左》、《國》,撰造必求其肖。尤耽苦吟,一時寡和,凡鉅公誌狀得出其手爲重,遇名勝處題咏極多。

董紀,字良史。父成,有詩名。紀詞翰俱美,凡賦咏一出,輒膾炙人口,與袁景文、陸宅之、吴子愚輩齊名。洪武初,舉任江西僉事,尋引疾歸。所著有《西郊笑端集》。

王弇州曰:良史爲國初詩人,我絶愛其《海屋》詩,如:"過橋雲磬天台寺,泊岸風帆日本船。"

《大雅集》載《題友人山居》詩云:"煙蘿寂寂蔭柴扉,路入蒼苔一逕微。江燕定巢來自熟,巖花結子落還稀。修琴有制先抄譜,沽酒無錢更典衣。采藥山童終日去,夜深常與鶴同歸。"

顧彧，字孔文，舉明經，爲鄉邑訓導。詩文豪整奇麗，有古作者風，與錢鼐、賴良結詩盟，雄于元季。嘗顔其齋曰"審安"，梧溪王逢爲賦，揭坐左右。累官至户部侍郎。

彧學于王逢，以詩名，元季時稱其雄傑，有《客夜》詩云："露下碧梧白，風生玉籟幽。關河今夜客，天地十年秋。鼓角悲新鬼，衣冠憶舊遊。都將周顗淚，灑徧黑貂裘。"

陶振，字子昌，明洪武初爲吴江訓導，上《紫金山》、《金水河》賦二篇，太祖嘉之。所著有《釣鰲集》。

錢驥，字子良，以儒士舉，任晉府紀善。工詩文，所著名《砥齋集》。

沈瑜，字廷美。明成化初，以舉人預修英廟實録，授中書舍人，遷尚寶司丞。弘治中，遷少卿，陞南京太常寺少卿。卒，賜祭如例。瑜美姿容，善談論文藝，政事有可稱者，以重聽故，不獲擢用云。

曹豹，字文蔚。弱冠，充邑踐更，遂發憤力學，舉弘治己丑進士，授郟縣令。立社學，毁淫祠。秩滿，奏最内召，將以臺諫處之，會卒，郟祀名宦。雅好吟咏，有《山居》、《雲程》二稿。

章瑾，字公瑾，莊敏公築之後，徙李墟。能詩，草書法二王，尤長于畫。爲人有高致，其畫或頃刻可就，或數日不著一筆，蓋張可觀以後一人而已。

談承儒，字元珍，嘉靖壬午舉人。力學不與世事，晚爲衢州司理，卒于官，宦囊如洗，人共惜之。所著有《且適園稿》。

石英中，字子珍。邑令鄭洛書有《人倫鑒》，一見稱爲異才，曰："此盧、駱再生也。"弱冠成進士，授刑部主事。意氣豪舉，千萬言援筆而就，以嫉惡憤發及于難。其古樂府《紀夢》、《七宣》等作含譏隱刺，類鄒陽、枚乘，而綺麗風雅逼司馬長卿。嘗自評其文如坡公所謂赤手捕龍蛇者，其胸次可槩見矣。所著有《石比部集》行于世。

張武，字德勇。飭躬力學，授徒自給，潘恭定恩其門下士也。以貢謁選，少宰霍韜奇其文，署名第三，例授司李，武雅不樂刑名，請以師儒自效，遂授弋陽王府教授。上《保祚箴》、《鑒古録》，深見嘉納。尋引歸，監司交檄挽留不得。諸宗室相率贈遺，一無所受。家居惟以著述爲事，有《城南稿》、《讀史漫筆》行於世。子大魯，令永城，禦流賊有功，語在《王元美志》中。

高企，字進之，别號西棲，居唐行鎮。年十七喪母，往姑蘇求吴文定公墓文以葬，文定奇而與之。企，顧文僖清高弟也。論辯英偉，邑令鄭洛書嘗稱之曰："高生經明行修，思齊古人。"聘修邑志。年八十餘能躋山絶頂，又三載卒。

顧斗英，字仲韓，尚寶名世子也。少負雋才，磊落不羈，窮服饌聲色之美，選勝宴遊，座客常滿，名園畫舫、花木圖書、古尊罍畢具，與華亭莫廷韓風流文采相頡頏，人稱"雲間二韓"。錢謙益嘗摘仲韓麗句，以爲若入廷韓集中便堪壓卷。子昉之，亦工書翰，能詩。

李繼佑，字仍啓。才情奔放，卓然自成一家言，與父南春先後舉于鄉。所著有《初學集》。

楊學禮，字伯立。少與陸文裕深齊名，中歲以病廢，與曹弘濟、滕奎結詩社，日相唱咏，有《寄陸文裕秋興》一律云："風物蕭疏兩鬢絲，感懷常在夜深時。心灰未冷金猊熱，首級無功鐵馬悲。杜宇敢言遊子怨，芙蓉空帶美人姿。山家亦有陽春調，不與多才宋玉知。"詞林莫不稱賞。自作生誌，書銘旌。

黄標，字良玉。藏書甚富，繙閲無間寒暑，叩之如指諸掌，陸文裕公臨文有疑義，必屬標考核。與人談經濟，鑿鑿可行。輯《古今説海》一百四十二卷，選《陸文裕集》一百卷，所著有《書學異同》二十二卷、《縣志稿》十卷，俱燬於倭，惟《戊己》、《庚子》二稿尚存。

張梗，更名敏中，號璞齋。其先汴人，八世祖鐵一公卜居龍華里，子孫因家焉。嘉靖甲寅，由明經教授仁和，會倭寇薄城，當路檄屬員之才諝者分守，梗得艮山諸坊，率生徒督士卒捍禦，城賴以完。遷王府教授。年八十卒于家。

李焕然，字子文，長史伯璵曾孫。家富于書，研討淹貫，時號爲書簏。絶意進取，教授里中。祠部張烈、司馬蔡汝賢，其高足也。弟復科，仲子名可教，以廉讓稱。孫逢申，工部郎中。

朱察卿，字邦憲，福州守豹子。幼敏慧，稍長，厭薄經生言，思砥行立言爲不朽業。邑令黄文煒、郡司李陳懋觀咸禮重之，察卿謝避，無所關通。及黄、陳相繼物故，察卿爲治棺殮，經紀其妻子歸葬。生平任俠慷慨，倒篋無吝容。其文法東、西京，詩法開元以前諸大家，即撰著脱稿，猶令人詆訶，務當乃已。卒年四十有九，著《邦憲集》。子家法，壬辰進士，歷仕有惠政。孫長世，自有傳。中子家聲，少負儁才，工爲詩，有《春草》、《芳草》二編，至今膾炙人口云。

董宜陽，字子元，大理卿恬子。工詩賦古文詞，詩法高、岑，晚嗜元、白，文效先秦、兩漢，兼善楷書、行草，日坐一室，手不釋卷。所著有《琬琰録》、《雲間詩文選》、《先哲金石編》、《近代人物志》、《中閩記》、《雲間百咏》、《松志補遺》、《上海紀變》諸書。又按，宜陽與弟宜旭析産時，爲文泣告先祠，義讓田産，更稱有薛包之誼云。

張之象，字元超，號王屋，萱之孫，鳴謙子。少穎異，曠達不羣，於一切世榮意殊易之。屢試不第，乃專力治古，博綜群籍，成一家言。詩爾雅冲澹，興寄寥遠，文出入東、西京，不屑爲晚近語，海内學士大夫無能傲屈之者。晚從禄仕，参藩幕，性偃蹇，不能脂韋，遂投劾歸。閉門却掃，斗室中圖史羅列，至不能布席。邑令顔洪範聘修邑志。所著有《剪綵》、《翔鴻》、《聽鶯》、《避暑》、《題橋》、《倚闌》、《擊轅》、《佩劍》、《林棲》等集，所輯有《太史史例》、《史記發微》、《唐詩類苑》、《新舊注鹽鐵論》、《唐雅》、《回文類聚》等篇。又作《叩頭蟲賦》，寓譏邪諂，尤關世教云。子雲門，孫齊顔，曾孫藎臣，先後俱登鄉薦，以文學知名于時。

張所敬，字長輿，世以孝友詩禮禪其家學。少有文譽，與陳太常所藴輩齊名，司寇王世貞見其所爲古文詞絶，推重之。邑令顔洪範聘修縣志，纂輯之功居多焉。

高洪謨，字九畹，舉萬曆壬午順天鄉試第一。由太平教諭遷穀城令，有善政，旋謝事歸。當在穀城，所獎拔多名俊。識方岳貢于髫年，及岳貢來守松江，洪謨已殁，展墓修敬焉。

戴士鰲，字稺龍，後更名畹芬。耽嗜典籍，少從父遊京師，年十五遂以博洽名。尤精三《禮》，郡人治《禮》者必從講授，至今曲臺業宗戴氏云。數奇不遇，年四十餘貢入太學，爲廬州府訓導，甚有聲望。屢薦當遷，會崔呈秀巡按江北，士鰲無所餽，遂扼之。轉湖廣漢陽府教授，棄官歸。明崇禎二年，起爲衡王府教授，以老辭，長史三移牒徵之，乃赴，深見禮重。踰歲謝病歸。年七十三卒。所著見《藝文》中。

范文若，字更生，初名景文，明萬曆丙午舉於鄉。與常熟許士柔、孫朝肅、華亭馮明玠、崑山王焕如五人爲拂水山房社，以奇文鳴一時。己未成進士，除汶上知縣，以嚴察爲治。改知秀水，案牘之間不廢文翰。再調光化，意不自得，或兼旬不治事，扁舟往來江漢間，以釣筒詩卷自娱。遷南京兵部主事，爲考功中傷，左遷，稍移南大理評事，以憂去官。卒年甫四十八。文若美姿容，工談笑，雅慕晉人風度，好爲樂府詞章，識者擬之湯臨川云。

喬時萬，字處後。治《毛詩》有盛名，進士時敏、時英同産兄弟也。時萬獨數奇不遇，乃閉户著書，初選《詩藝》、《詩苑》，既選《鼓吹》，皆紙貴四方。尤長於古文詞，選八大家、七才子等集數。教授生徒，如張元玘、元瓏、朱在廷，皆致通顯，邑中推爲耆宿云。

王昌會，字嘉侯，□□□乙卯舉人。屢試不第，遂絶意進取，杜門讀書。太守方岳貢欽其風，聘修郡志，昌會固辭，陳徵君繼儒作書勸駕，乃就。志中賦役、鹽榷諸大條俱出其手。晚年築室淞原，門無雜賓，廣堂弘敞，前列圖書，後陳女樂，每花晨月夕，即開樽宴賞，翛然物外，時論賢之。年五十八卒。所著有《全史詳要》諸書，見《藝文志》。弟昌紀，字永侯，幼穎敏，讀書數行俱下，手輯十七史四十餘年，足跡不履闤闠，時稱“王氏二龍”云。年八十六卒。昌會子灝，亦以文名，今預修邑乘。

喬煒，字赤餘，副使木冢孫。父拱宸，起家中翰，贈祠部員外郎。煒恂恂雅飭，不以門第自高。少好學，有名士林，以副榜貢入北雍。會開史局，高選名彦，煒首與焉。歷掌制誥、直起居，纂修玉牒，授内閣撰文中書舍人，晉禮部儀制司主事，尋轉員外郎、郎中。煒恪恭閎慎，爲少師葉文清向高所深器，居鄉以孝友著聞。子舒，爲諸生，以文翰能世其家。

徐天麟，字退谷，明崇禎辛未進士。幼孤好學，年三十餘始爲諸生。及官南京兵部郎中，蕭然如寒士。以終養告歸，唯與二三故人引滿長嘯。詩文伉爽有奇氣，所著有《西郊草堂集》、《廣蔭軒雜咏》行於世。

包爾庚，字長明。生而穎慧，幼時見兩兄習舉子業，携筆墨坐花下搆文，塾師見之驚異。及長，天才艷發，試輒冠軍，遂得選貢，崇禎丁丑成進士。守羅定州有善政，行取入都，遭祖母喪不赴。國初，隱居青谿之曲，自號“宜壑居士”，閉户著書。詔舉山林隱逸，當事强起之，以母老力辭。康熙元年，太守郭廷弼禮聘纂修郡志。臨終，端坐高吟曰：“千秋大業今家計，萬里清風昔宦遊。”遂合掌瞑目而逝。

陸鏓，字元美，文裕公深四世孫。砥礪名行，於書無所不窺，輯《宗譜》二卷、《文裕公逸稿》十卷，補刻《儼山文集》百餘篇。隱居著書，有《百一詩集》行世。弟鎧，亦敦孝友，工詩古文。

陳正容,字威玉,崇禎己卯舉人。行己端慤,問學該博,授徒著書,文名籍甚。所著有《欲報堂全集》、《孟子合評》、《陳子説詩》行世。

國朝

朱錦,字天襄。幼穎異,爲諸生時以文章雄視儕輩。順治辛卯舉於鄉,己亥會試第一人,選翰林院庶吉士。益肆力於經史,服食不異寒素,晏如也。十八年,同考禮闈,得人爲多。旋以母老乞歸養,杜門却掃,與人無競,無聲色游冶之好,時人服其雅量。初,錦將應會試,適里中貧民鬻其未婚婦於伎家,錦聞,急持金贖之,或謂:"如資斧何?"曰:"我行可緩?此女一去即墮落矣。"卒完其配。先是,夏雷震城東門,知縣陸宗贄卜之,云當有大魁天下者,命鑿"龍門"二字於城垣以識之,已而果然。錦天資醇謹,砥礪名節,雖仕不大顯,後學宗之。年五十四卒,有《藜照堂詩》行于世。弟錚,字拂鐘,資敏而尤邃古學,喜賓客,好吟咏,酒酣作歌,旁若無人,詩載《二仲居集》。先錦卒。

喬世埴,字子方。年十三補博士弟子員,聲望蔚起,當湖吕濬、襄陽方岳貢咸器重之。居恒好賓客,喜結納,爲幾、復二社耆宿。九試不第,卜築西郊,名其園曰"秋爽",日與知交嘯傲其中。順治十五年,由明經廷對未官,鬱鬱不得志,年五十餘卒。所著有《玉版陽秋》十卷、《燕喜堂稿》、《紉蘭草》。

張宸,字青琱。博學工詩文,由諸生入太學,選中書舍人。時端敬皇后賓天,上命詞臣擬撰祭文,三奏草而上不懌,最後屬宸,有云:"渺兹五夜之箴,永巷之聞,何日去吾十臣之佐,邑姜之後誰人?"上讀之泫然稱善。尋遷兵部督捕主事。康熙六年,上求直言,宸疏請撤本邑客兵二千四百人并巡海章京,以甦民困,報可,邑用安堵。旋罷歸,病卒。有《蘆浦莊詩》、《北征使粤草》行于世。

趙子瞻,字半眉。幼孤,有成人之量。及長,力學通經史,旁及天文地理諸書。順治丁酉領鄉薦,因主司被論。戊戌、己亥春,兩蒙世祖章皇帝臨軒覆試,凡自制舉義外,雜試詩賦、論序、表策、頌記、辨説數篇,拔置上卷,辛丑成進士,殿試二甲四名,例授推官。坐公事免。閉門課子,以詩畫自娱。所著有《詩集》四卷、《詞》一卷行世。子維宗、維圭、維炎,好學能文,稱濟美云。

閔峻,字山紆,號筠庵,浙烏程籍上海人。幼孤,事母至孝。博通經史,與處士王光承兄弟稱性命交。順治甲午舉明經,選授盧龍令。廉明仁愛,在官五年,有十異政,邑民樹碑頌德,祀名宦。康熙九年,擢職方主事,在部以廉慎稱。十年,督税嶺南,使還,乞假歸里,視宗親俱有恩紀,而恬静方嚴,不以片楮于當事。性無他好,惟研精經籍,著有《筠庵詩文集》及《兵法觀略》諸書,王光承極推重之。年六十七終于家。子璐,明經;瑋,康熙乙卯舉人。

唐汝玫,字次仲,繼禄從孫。幼英挺岐嶷,好學有文譽,天才高邁,不讀秦漢以後書。爲諸生,以經濟自任。崇禎己卯舉于鄉,屢試南宫不得第。乃徜徉山水間,嗜酒好客,二頃所入悉付酒家,客有語及聲利者,輒飲之醇酒,不使竟。康熙癸卯授常寧令,未赴卒。子士龍,孝友能詩文,知名于時。

劉浚之，字孟郊，郡諸生。有世德，好學博古，著述甚富，舉飲賓。卒年九十餘歲。

隱　逸

唐一人

顧謙，字自修，其先吴郡人。風神朗秀，質性端敏，舉明經、三《禮》二科。洞達貫穿，魏帥何公表謙高才，拜貝州宗城令。尋棄歸隱，居北平鄉，名流高其風操，咸就見焉。咸通十二年卒。

宋二人

黄庚，太學生。能文章，尤工丹青。宋亡不仕，有《樵吟集》行世。

任良能，字子益，號清逸處士。讀書樂道，力行孝弟，能詩文，省府交辟不起。

元三人

余瑾，居上海干山，因自號笴隱生。幼時夢掘地得大小墨數百笏，遂善屬文。又好游名山，元至正間，自具區，道毘陵，渡江抵淮泗。以直言干當事者勿用，還讀書干山下，朝夕不輟。或勸之仕，則曰："大丈夫當爲天下除殘剗暴，否則何如抱膝坐耶？"世稱高隱。

王泳，字季瀰，宋進士日輝曾孫，元衡山主簿鏞子也。性樂易，自號静習。或問静何習，輒對曰："習不由静，未曾學也。"先是，奉父遺命，以庶弟奉其生母，泳悉舉田宅畀之，而自處卑隘，緼袍蔬食晏如也。其門生輩爲買龍華之原營壽藏，扶杖臨觀，乃作歌曰："蠶何物兮，蜃是室兮，吾其願畢兮，抑亦二三子之力兮。"聞者多之。梧溪王逢爲銘其藏曰："生斯游，死斯藏，古賢達是方，雖晦也孔光。"

蔡訓，字君立。元末兵亂，變姓名隱吴中。事定還鄉，築室漢成里，扁曰"東郊草堂"，其友人江陰孫作爲記。

明三人

吴爰，字翼夫。以詩名於時，顧文僖清稱其"山林日長無外物"以撓其志，故其言蕭散閑静，無世俗綺靡、揚袖倚市之態。著有《雪窻詩》行於世。

姚章，字尚絅。少厭薄舉業，學詩有陶、謝風，書法宗黄魯直。游學荆溪、陽羡間，愛其山水清僻，遂移家焉。後又至采石之紅木山，市地數畝，結屋棲遲。年八十四卒，葬於山麓。嘉靖間，觀風使者陳九德以逸民旌之。所著有《玉崖集》十卷。

張拙，字汝吉。能詩，善篆隸，隱居不仕。陸文裕深引爲社友，嘗和深《白槿》詩，深擊節推爲擅場，詩云："懶隨宫女候羊車，欲嫁潘郎鬢已華。誰向上林承雨露，自甘僻壤飽煙霞。幽情肯許題紅葉，澹影常教占白沙。却笑阿嬌金屋貯，最深恩寵不藏瑕。"其風操可想矣。

國朝二人

王光承，字玠右，貢生。品行修潔，力學好古，綜經史以及百氏書成一家言，三吴推爲冠領。性澹榮利，絶意仕進，與弟烈偕隱窮鄉，躬耕養父，裹足不入城市者三十餘年，惟與故交閔峻校讐文籍以爲樂。後學奉如嚴師，然質以疑義輒謝不知也。康熙十六年，啓手足於友人丙舍。雖夏甫之穴土室,幼安之默遼海,殆無以過。卒無子,衆悼惜之。

沈求,字與可。秉性耿介,慎取與,不妄交游,嘗題一絶句云:"一天雷雨真堪畏,千載風雲漫起思。留得閒身卧田舍,静看蝴蝶掛蛛絲。"

流　寓

宋三人

章楶,字質夫。其先浦城人,祖頻,侍御史,父訪,移居蘇州,號曰北章。楶以叔郇國公得象蔭起家孟州司户參軍、將作監簿,應禮部試第一,試大理評事,監華亭鹽。搆思堂于公宇,東坡爲之記,有《楊花水龍吟詞》,坡亦和之。樂其風土,因家于青龍之崧宅。歷直龍圖閣,知慶州。時朝廷捐葭、蘆、安、疆等四砦,夏得砦益驕,入圍環州,楶先用間知之,遣驍將伏兵以待,斬獲甚衆。哲宗訪邊事稱旨,命知渭州。至即上言,城葫蘆河川,據形勝以偪夏,乃帥四路師築二城,不浹月而成,賜名平夏城、靈平砦。夏主將數十萬兵圍平夏,疾攻十餘日不能克,一夕遁去。夏諸將皆勇悍善戰,楶諜其弛備,遣輕騎夜襲,直入其帳執之,盡俘其家,虜馘三千餘,牛羊十萬,帝爲御紫宸殿受賀。累擢至端明殿學士。時章惇用事,楶與同宗,頗爲世所疑。及進築鄯湟,楶諫曰:"自兵興以來,儲蓄一空,今者正休兵息民、清心省事之時,惟深察臣言,裁決斯事。若更詢主議大臣,恐誤聖聽。"大臣蓋指惇也。徽宗立,請老謝事。加資政殿學士、中太乙宫使。卒封秦國公,謚莊敏。七子,綍、綜最知名。

布衣吴惟信,字仲孚,湖州人,寓居白鶴村。記問該博,以詩鳴,有《菊潭稿》,詩詞清遠,庶幾唐風。吴郡人麋登,吟壇名宿也,一日叩所作,誦一絶云:"白髮傷春又一年,閒將心事卜金錢。梨花瘦盡東風軟,商畧平生到杜鵑。"麋不覺下拜曰:"天才也。"

吴潛,字毅夫,宣城人,侍其父寓居下砂鹽場。讀書後魁多士,爲宋開慶名相。

元五人

貢師泰,字泰甫,宣城人。至正中自禮部尚書爲平江路總管,甫視事而淮兵至,守將莫能支,師泰率義兵出戰不敵,懷印走松江。嘗寓静安寺,賦《招提八詠》,其《滬瀆壘》一章,忠憤之氣猶可想見。

又《詩藪》云:貢泰甫:"紅蓮日湧神仙幕,翠柏霜飛御史臺。千金海上求騏驥,五色雲間下鳳皇。貔貅萬竈新趨幕,虎豹千門舊直廬。小雨挾雲行斷岸,亂山排浪入孤城。"句格莊嚴,詞藻瑰麗,上接大曆、元和之軌,下開正德、嘉靖之途。今以元人一概不復過目,余兹更爲拈出,以俟知者。

楊瑀,字元誠,錢塘人。性警敏,博學長身,紫髯如畫。元天曆間,召見奎章閣,命篆"洪禧"、"明仁"二璽文,稱旨,署廣成局副使,擢典簿中瑞司。與密謀草詔黜奸臣伯顔,超授奉議大夫。江南盜起,改建德路總管,得謝。來松居鶴沙鎮,遂老于鶴沙。初瑀在官,上從容詢其鄉土,對以西湖葛嶺之勝,御書"山居"二字賜之,因自號"山居"。所著有《山居新話》。卒,返葬葛嶺。

王逢，字原吉，江陰人。才氣俊爽，弱冠有令名。臺臣薦之，以疾固辭，大府交辟皆不就。會世亂，客遊吴中，築室青龍江上，以吟咏自娱。初，祖母徐夫人嘗手植雙梧于故里之横河，逢追思之，因名所寓曰“梧溪精舍”。所著有《梧溪集》。

按，汪澤民曰：王原吉學詩于延陵陳漢卿，陳與柯敬仲俱事邵菴虞公，得其傳。邵菴爲時名臣，柯參書奎章閣，陳今爲東流尹，亦躋顯仕。原吉窮而在下，獨以詩鳴志，樂漁隱高風，殆不可改。

楊乘，字文載，濱州人。少負氣，博涉經史，由參謀府掾累官監察御史，遷江浙行省員外郎。至正壬辰，杭州陷，無罪坐黜，依青龍章元澤以居。丙申，松江陷，或傳張氏將起，乘笑曰：“吾豈事二姓？”使果至，乘知不免，命子具禮享先祠畢，設飲，起行後圃中，顧西日晴好，慨然曰：“晚節如是，足矣。”誨其子治畦，處置家事如平日，夜分就寢，遂自縊。遺書言“死生如晝夜，不足介意，正以得全臣節爲快”云。乘死二年，臺臣白其前後事，贈官賜謚，録其子。

葉杞，字南有。先世居京口，有别業在松之吴滙。杞讀書負才。兵興，進士李國鳳經略南土，杞密陳時事十條，李嘉納之。授進義副尉、丹徒縣主簿，將别任之而柄移藩鎮。乃築草堂于魚鱗涇上，顔曰“漪南”，秘書監貢師泰爲序，楊維楨、魯淵爲歌詩，王逢爲楚音二章以樂之。遂老於松。

明九人

秦裕伯，字景容，大名人。從父仕元，就學胄監。登第，累官至福建行省郎中。會世亂，棄官寓揚州，復避地松江之上海以養母。時張士誠據姑蘇，遣人招之，拒不納。吴元年，明太祖命中書檄下松江起之，裕伯對使者曰：“裕伯受元爵禄二十餘年，背之是不忠也。母喪未終，忘哀而出是不孝也。不孝不忠之人，何益於人國？”乃上書固辭。洪武元年，省臣復檄起之，裕伯稱病不起，上乃手書諭之曰：“海濱之民好鬭，裕伯智謀之士而居此地，苟堅卧不起，恐有後悔。”裕伯拜書，遂入朝。裕伯博辯，善談論，上屢欲官之，以他故辭，後卒爲待制。

孫作，字大雅，江陰人。自曾祖徵川，傳至作而學益大，門弟子以“尚清先生”稱之而不名。著書十二篇，號《東家子》，詞旨宏博。至正中，兵起，挈家入吴，惟載先代藏書兩敝簏。張士誠聞而廪給之，卒謝去。久之，衆爲買田築室於松焉。洪武癸丑，召纂修日曆，授翰林編修官，乞外授太平府教授。三年選學官，内任除國子助教。明年分教中都，又明年還成均，又明年陞國子司業，後終於漢成里。所著有《滄螺集》，宋太史濂有《東家子傳》。

車程，天台人，經行修明，工古詩文。

邵貞亨，字復孺。其先淳安人，元末僑居邑西。洪武初爲府訓導。博通經史，贍於文辭，工真草篆隸，凡陰陽、醫卜、佛老之學莫不究其奥。所著有《蛾術集》。

宋克，字仲温，長洲南宫里人。少跌蕩不羈，以氣節自勵。性伉直，人有過輒面折之。與人言據事析理，期於必勝。一旦謝客染翰，日費千紙，遂以書名。章草久不傳，至克始得其法。游松江，寓城東俞氏，郡人多學其書，陳文東壁嘗從授筆法，吴僧善啓謂“宋筆正鋒，陳多偏鋒”，以是不及云。洪武中，同知鳳翔府卒。

成廷珪，揚州人，避地上海。淹貫百氏，嘗闢萬竹樓于吴滙，卒遂葬焉。珪好歌詩，尤長于律，世稱“成八句”，有《居竹集》行世。

馮淮，字會東，一字雪竹。初居崑山安亭，往來吴淞江上禪寺，獨坐古桂下吟不輟。陸文裕公深見其詩，請爲社會。子遷、邃，俱能詩文。裕公子楫以江上别業贈淮爲居，父子力耕其間。後日本入寇，乃走避入城，潘録事爲分宅居之，士大夫争相迎欵焉。邃嘗以踐更匍匐公庭，邑令屠隆問得其名，遽令易服延坐，邃亦傲然無所讓，時人兩賢之。淮有《江皐集》，遷有《長鋏齋集》，邃有《馮子潛詩草》、《南游稿》。

董中行，號念龍，天啓壬戌進士。初，祖墓有沙走於外，相者曰：“離鄉者貴。”乃移家至華亭縣。有上海文學陸完龍曰：“是子可妻也。”以女妻之，遂家焉。初授工部主事，掌節愼庫。舊例宦官司鑰，部臣檢查，每入庫，宦官必賂部臣左右，得不窮詰，中行正色拒之，侵蝕頓清。後遷營繕，抑絶虚估，衆嗛之，遂拂衣歸。亡何，吏部周順昌被逮，以五人擊死緹騎，故人人自危，無敢送者，中行獨慷慨登舟，捐貲助别。已而補都水，再遷郎中，督通惠河道，疏濬三百餘里，漕艘啣尾而上，京師賴焉。又宦官張彝憲總督户、工兩部，尚書虚正堂待之，中行挺身出曰：“此堂祖宗所立，尚書所坐，若安得踞此！”遂撤其坐，彝憲慚沮。踰年，出爲浙江臬副，會通州閘壞，彝憲以前怨移罪中行，逮繫，久乃得釋。尋卒，仍返葬吴縣。季子宏度，博學有文名，亦居上海。孫德其，康熙戊午舉人。

李贊化，字與參，浙之四明人。敏慧，工岐俞術。明崇禎時，以叔大宗伯李金峩薦，召見武英殿，賜中書舍人，屢奉差江右浙直。晚年僑寓上海，刀圭所及，沉痾立起。性樂善好施，有還遺金、完破鏡諸事。年七十八，異香繞室，趺坐而逝。著有《萬春堂醫案》行世。子用粹，能世其家學。孫謨，諸生，有文名，人以爲德報云。

附

潘國光，字用觀，大西依大利亞國人。童貞修道，屢試高等，授職傳教，明崇禎十年至中國。先是，徐文定公得天學于利瑪竇，謂與吾儒教合，深信力行之，延郭仰鳳、黎寧石二西士歸建堂于居第之右，繼至者艾思及畢今梁，蒙詔特召者也。及國光至，重購安仁里爲敬一堂。順治間，以通微教師湯若望薦，部給劄付，測候東南躔度，入都陛見，世祖章皇帝欲給以俸，辭疾而歸，後卒于粤。奉旨老歸本墓，同會西士畢嘉、栢應理扶櫬，歸塟城南陸家浜上，續後劉廸我及金百鍊皆卒于上海，同祔塟焉。未幾，畢往秦中而栢往粤，今居堂者爲張安當，其學問品行大抵相伯仲，所著述皆敬天修己，與夫製器利用之書，甚多行世。

藝　術

元二人

王默，字子章，文澤子也。身長八尺，美鬚髯，善談論，少任俠多藝，弱冠更折節讀書。書法趙孟頫，行筆甚捷。被徵書金字浮屠經，擬官翰林，力辭歸。求書者填户。父殁，盡鬻書，買山以葬。

俞宗大，其先河南人，曾祖彬，仕元爲浙江行省檢校，始居上海竹岡西。叔仲幾工書，與宋克相友善。宗大善楷法，以薦授中書舍人，歷吏部郎中。致仕，進階四品。年九十餘卒。子珙，孫順，皆能書。珙爲中書舍人，正統中歿于王事。順以卹敘爲國子生，仕終南京鴻臚寺寺丞。

明十八人

吴敬，字孟寅。以楷書生寫《永樂大典》，書成入太學，擢行在吏部文選司主事，歷遷員外郎、郎中。九年秩滿，予四品禄，守本官久之，擢太僕寺卿。以疾乞致仕。正統四年卒，遣官諭祭予蔭。

徐樞，字叔珙。初家華亭，後移居龍華里。其先遇異人，授以《扁鵲神鏡經》，遂有所悟。父號神翁，樞少傳其術。明洪武末，召爲太醫院御醫，累有奇驗，宣宗親賦詩送之。子彪，字文蔚，亦以醫名。景帝嘗問藥性遲速，借人性善惡對。又問攝生，對以《素問》固元氣之説。蓋以醫諫云。所著有《脉訣辨明》、《本草辨明》行于世。

御製詩云："太醫老卿八十餘，胸蟠千古岐黄書。鬢含白髮面紅玉，長紆錦綬鳴璚琚。光華近侍今三朝，致恭保和功業高。五花鸞誥寵先世，南望飛雲心孔勞。歸榮遂爾追遠情，吴淞江水清泠泠。春風花開景明麗，待爾重來朝闕廷。"

張電，字文光。以布衣從陸文裕深入京師，夏文愍言見而奇之，使書御製《集禮序》，世宗嘉賞，遂入史館供事。皇史宬建，命電題額，詔賜金幣。授鴻臚寺序班，遷中書舍人，漸被恩遇，朝廟典册必使電書。世所傳《消痞帖》，特其小者。凡行幸游宴未嘗不從，賜予優渥，至遣攝大祀，諸學士有不得比者。歷遷至工部右侍郎，進禮部左，兼官如故。電起布衣，至卿貳，恭謹儉素，始終不渝，故受知眷最深。年五十一卒於官，贈工部尚書，賜祭葬。同時有浦澤者，字時濟，亦上海人，與電俱受深書法，能窮古人波磔之妙。嗜酒好眠，終身不娶，或醉卧一二日不起，時人呼爲"小癡"。

璩之璞，字君瑕。楷法妍雅，善畫山水，兼工翎毛及水墨花竹，筆致矜貴，精于摹印，在吴門文氏伯仲間。人品高潔，不趨榮利，士論多之。

姚蒙，字以正，家百曲港。善醫，尤精《太素脉》。都御史鄒來學巡撫江南，召蒙視疾，姚素有風疾，鄒心輕之，問曰："汝亦有疾乎？"對曰："有風疾。"曰："何不自療之？"曰："是胎風。"鄒即引手令診，姚却不前，鄒悟，呼座坐之。診視畢，姚曰："大人根器上别有一竅出污水。"鄒大驚曰："此予隱疾，甚祕，汝何由知？"姚跪曰："以脉得之。左手關脉滑而緩，肝第四葉有漏，通下故也。"始改容謝之，乃求藥，姚曰："不須藥，到南京便愈。"以手策之曰："今是初七，得十二日可到。"鄒即行，果十二日晨抵南京而卒。蒙臨終作《謝世詞》，警悟超脱，蓋有所見云。

俞寰，字允寧。樸愿沈静，喜讀書，工詞賦，醫藥卜筮、斲琴刻篆無所不通。然不求人知，終歲不一入城府，故人亦少知之者。

陳常,字用恒。世業儒,常傳外氏邵艾菴醫,即有名。明永樂十五年,遣使下西洋,以醫士從。歷洪熙、宣德間,凡三往返,恭勤愿慤,上官皆器重之。常言海中行以六十里爲二更,往返一千六百更,爲九萬餘里,所涉歷自占城至忽魯謨斯凡三十國。臨終但曰:"今不葬魚腹矣。"子經,字宗理,世其醫。

喬追,家世業醫,追益精其術。歲疫,夢神人指示水中草云:"以此活此方人。"旦物色得之以治疫,無不立起,由是顯名,技亦愈進。子士琰,字仲餘,少好讀書,有介操。常出遊,遇富家子死一日矣,士琰以一匕投之,遂甦。其家奉百金爲壽,不受。晚年預營葬地,作方塚,自爲銘曰:"黔婁之死,正而不足。千載以下,踵其芳躅。不能爲圓,不能爲曲。覩兹方塚,不知其人而知其行獨。"士琰有五子,第四子在修字三餘,篤行長者,其治病善用古方,察脉精審,所活人甚衆,年八十餘無疾而卒。

陸坶,字舜陟,文裕公深曾孫。深書法北海,而坶尤妍秀,出入蘇、米之間,董文敏公其昌深器之,有二陸詞翰之目。從孫濟,字公謙,庠生鎧子,畫宗小李,點染人物,獨步一時,所著有《畫史》、《竹譜》。

秦昌遇,字景明。少善病因,遂學醫,治兒疾有神效,已而遍通方脉,不由師授,妙悟入微。常行村落,見婦人淅米,使從者挑怒之,婦人忿詬,昌遇語其家人曰:"若婦痘且發當不治,吾激其盛氣,使毒發肝部耳。日下春時,應見于某處,吾且止爲汝活之。"及暮如其言,乞藥而愈。青浦林氏子年方壯,昌遇視之曰:"明年必病,三歲死。"既而果然。其或病至沈篤,時醫張口眙目,昌遇投劑能立起,名動四方,往來無寧晷,然未嘗自多,嘗謂"法當死者,雖盧、扁不能爲。苟有生理,勿自我死之可矣"。爲人瀟灑自適,預知死期,年六十餘卒。所著《大方幼科痘疹折衷》行于世。

胡維璧,字國雍。工真草書法。明神宗時,太后給高麗磁青箋,勑寫《金剛經》,書成,賜賚有加。當國者欲引故尚書張電故事薦用維璧,固辭。子訓之,字無競,能世其學,凡廨廟顔額多出其手。孫懷國,稱名醫。

徐延賞,字元識。好養生家言,因精岐黄術。常熟令楊鼎熙病月餘,徧求醫弗效,延賞以三劑起之。吴淞朱文達素無恙,一日忽神思有異,晚而歌笑不節,飛騎邀視,延賞曰:"此陰火乘肝晚動也。"予平劑遂復。懸壺滬瀆間,争禮致之。延賞以供具過多,常奉清齋,又作《戒殺文》以勸。授太醫院御醫,董文敏其昌雅重之,贈以詩曰:"藥倩韓康賣,門容尚子過。五茸安豹隱,萬里弄鷗波。"子霑恩,能世其業。

奚鳳鳴,少業瘍醫,尤善治癰疽。能察人氣色,預知病日。川沙副將蔣其仁先常患背疽,至是復發,使鳳鳴視之,曰:"此昔年蘊毒,故肌理墨腊也。"治之月餘而瘳,膚加澤焉。一日,其仁弟在坐,鳳鳴謂曰:"君不出三月疽發背矣。"及期果然。鳳鳴常言"癰疽中潰,積腐四周,非吮之不得盡",故治病必募人以苦酒虚口而吮之,其貧者鳳鳴即親吮之。有張姓者左足拇指瘇,三年不能行,鳳鳴以刀破其患處,抉出一蜂,遽起徐步,其神異類此。

吴易,字素友,董文敏公其昌門下士。書畫得其神骨,文敏見之亦莫辨其出自吴手也。崇禎時授文淵閣中書舍人,後遊四方,卒于粤。

顧壽潛，字旅仙，尚寶丞名世孫。性高介，不求聞達。董文敏公其昌嘗稱其畫法，其遺蹟雖尺幅片縑人争寶之。所著有《煙波叟詩草》。

吴泰，字延之。書法詩文爲董文敏、陳徵君繼儒所推重。著《研盧稿》。摹董跡，勒石爲帖，亦以研廬名。明末徵入太醫院，後歸隱於郡之南城。

方叔毅，字百里。工貌人物，神氣生動。常遊錢塘，擔荷者竊其行李逸去，乃寫其形揭之城闉，見者皆曰："某坊陳二也。"因捕得。或謂之曰："君能捐棄筆墨，游心太虚，僧繇龍眠可並駕矣。"叔毅憬然歎曰："惜我少年不聞此，自今請以子言爲師。"未幾病卒，年僅四十餘。

陳鯤，字悟泉。性强記，會倭亂，遂習數學，尤精六壬，决策奇中。徐文貞公階既謝政，值張博搆獄，鯤占之得六儀，曰："其兆太陽當位，羣陰乃伏，有兩貴人佐之，某日夜半必獲美信。"及期，報新鄭被逐，夜漏二十刻也。張宫諭以誠未遇時，鯤成數謂當大魁天下。徐文定光啓、姚布政永濟皆于窮困中識之，後悉符合。其子三省，孫杰，能世其學。

國朝九人

李中梓，字士材。父尚衮，明萬曆壬辰進士。中梓本諸生，有文名。因善病，自究醫理，輯張、劉、李、朱四大家所著書，補偏救弊，集其大成。金壇王宇泰亦精于醫，年八十患脾泄，中梓診視訖，語王曰："公體肥多痰，愈補愈滯，法宜用迅利藥盪滌之。"乃用巴豆霜，下痰涎數升頓愈。又魯藩病，時方盛暑，寢門重閉，床施氈帷，懸貂帳，身覆貂被三重，王猶呼冷，中梓曰："此伏熱也。古人有冷水灌頂法，今姑爲變通，用石膏三斤煎飲，作三次服。"一服去貂被，再服去貂帳，服三次已盡去外圍，體蒸蒸流汗，遂愈。其神効不可枚舉。然素自矜貴，非富貴家不能致也。年七十餘，作偈端坐而逝。有《道火録》、《居士傳燈録》、《醫宗必讀》、《頤生微論》、《内經知要》、《本草通玄》、《傷寒括要》等書十六種，爲後學津梁。其診脉要訣口授門人董宏度，其餘及門甚衆，多知名于時。

張兆龍，字震翀，事父母至孝。及長業醫，洞曉《素問》，能決死生。工導引，邑中稱神術焉。年八十無疾而終，子天衢、天樞世其業。

曹六韜，字君略，太醫院吏目。貫徹醫理，屢起廢疾，遠近延治無虚日，年七十餘卒。子孫繁衍，積德之徵。

葉有年，字君山。嗜繪山水，探奇造勝，足跡半天下，得名山大川之助，筆墨愈工，董文敏、陳徵君俱推重之。明肅藩聞其名，禮聘至秦有年，爲繪圖築苑，名勝甲于八郡。後歸隱石筍里，四方争購其畫無虚日。卒年八十，葬于佘山之麓。

曹揚廷，字楚石。幼習經史，改業岐黄，其診脉用藥獨有神解，故所投立起，爲先達董文敏公所器重，明時禮部劄給冠帶榮之。子文倩及孫曾俱有文名。

周官，字伯元，明侍御周洪六世孫也。幼習舉子業，尋喪父食貧，乃去儒業醫。諸方書無不洞曉，而保嬰一術尤稱神妙。孝友方嚴，皆以長者目之。明崇禎時，禮部上其名，給劄并冠帶榮之。年八十卒。所著有《痘疹彙纂》諸書行世。子景榮爲諸生，景新、景閎仍世其業。

童蒙亨,字以行。善醫,凡遇疑難症候,能出獨見全活之,歷有奇驗。爲人亦篤實,稱長者。孫玫,諸生,有文名。

趙儒縉,字鳳亭,本長洲人,流寓上海。祖傳醫道二十七世,治目疾尤其所長云。

顧承仁,字壽卿。著有《幼科精義》四卷,知名于時。

列　女

晉一人

孫氏,虞潭母。晉成帝二年,蘇峻反,詔潭督三吴等郡諸軍事,與顧衆同討峻,母戒之曰:"吾聞忠臣出孝子之門,爾當舍生取義,勿以吾老爲累。"乃盡發家僮助戰,貿所服環帶以給軍資。峻平,拜武昌侯,太夫人加金章紫綬,没復賜謚婦人。生而封爵,死而易名,自潭母始。

元六人

顧氏二貞,長曰中,次曰和,顧亨女也。既字而寡,中慕古貞烈操,非節孝事弗語。和剪髪自堅,父母議婚皆不聽。及卒,臨川奉智題其墓曰"處女墳",吉安楊清爲《二貞傳》。

楊節婦,龍華人,適張都水子裕,生一女。年十七裕蚤世,楊守節五十餘年,食淡茹素,寢處一室,里人呼其室爲"楊節婦居"。

吴妙寧,年二十一適同里張氏子。越四載,其父坐事,罪且不測,妙寧泣曰:"吾父苟無地爲解,族其赤矣。吾不遄死,禍延良人。"遂自經死。未克葬,吏果至,聞寧死,啃異而去。

費元琇,歸江陰知事朱道存。至正間,江陰亂,因歸寧以避之。未幾,苗寇上海,城陷,元琇爲苗軍所逼,攀堂楹,厲聲曰:"吾義不受辱。"以死拒之,爪入於木,罵不絶口,苗怒刳之。妹元徽,歸華亭陶氏,年未三十喪夫,將營夫墓,命兩其窆,曰:"一瘞吾夫,一俟未亡人。吾不即死者,以仰有舅姑,俯不忍弱女耳。"時家世艱虞,勤紡織以具甘旨,始終一節,卒年八十,竟遂同穴之志,鄉人稱爲"雙節"。

胡氏,姚某妻,陳村人。十八而嫁,生兒未週歲夫死。族賂隣婦爲富家求婚,胡抱兒泣曰:"不獲從夫地下,有此兒耳。尚乞生圖富貴耶?"族驅迫之,度不能容,乃乞歸。父母亦憐其少,如夫黨言。婦以死自誓,竟完其節。

沈景新母及妻,平江人。至正中,景新調上海。吏江浙時,苗軍逼境,母謂婦曰:"吾家素清白,義不受辱。"及爲苗所掠,曰:"從吾不殺汝。"大駡拒之。苗先殺其姑,縛婦髪馬尾曳殺之。

明

李夫人,揚州通判劉遠明女,歸上海主簿李從吉。年二十八夫死,志不少二,誨二女有法。長妙貞,贅唐文祥。次妙堅,贅沈源仲。二婿亦蚤世,女年皆二十餘,母女相依爲命,撫遺孤,各成立,壽皆八十餘。西昌尹厚、瀼東黄鶲、武陵顧逵,皆一時文士,爲作《三節傳》及詩詞傳于世。

倪妙貞,漢成里人,孫思聰妻。生子益五歲,次生儆甫朞而夫死,時年二十五,哀毁骨立。未幾,父與弟及子益相繼死,獨與母及幼子倣、弟子絧居。母諷以少寡,泣誓不從,甘艱苦以存二姓之祀。侍母壽終,撫子侄成立,人稱其節孝云。

湯節婦慧信,龍華人,歸華亭人鄧林,生一女。林卒,湯年二十五,鄧族利其居,迫使歸。湯曰:“我生死鄧家,去何歸?”鄧知不可奪,乃貿其居於巨室張,湯泣曰:“我守夫骨,於兹土與同存亡,奈何棄之。”欲自盡,張義而還之。既而曰:“彼惟利吾財耳!”乃盡以家貲還鄧,躬織紝自給。時連歲大水,湯居荒野沮洳中,其女已適富林曹氏,操舟迎之,不許,曰:“吾守此六十年,縱没溺,以從汝父於地下,所甘心焉。”卒不往。

沈妙蘭,未嫁時,母患心疾,貧不能致醫,剖脅刲肝,進母食之,遂愈。明永樂間旌表之。

胡淑貞,山宗海妻。永樂十年,宗海死,氏年二十七,事姑教子,守節以壽終。天順初,知縣李紋聞於朝,旌爲貞節,學士錢溥誌其墓。

俞妙觀,張文通妻,高昌鄉俞奂昭女。適張五載,張病瘵,俞屏容餙,侍湯藥。及夫卒,俞慟絶復甦,至夕,自經死。舅姑族人具大棺同殮,以終其志,時年二十有六。明正統三年,旌爲貞烈之門。

唐淑清,蔡倫妻。夫亡,時年二十四,勵志守節,奉舅姑以孝聞。育子式堅,娶侯昱女淑潤。式卒,撫遺腹子經爲儒學生,亦卒。姑婦同心堅守,鄉里稱爲雙節。明成化間,詔旌表其門。

郁淑貞,副使文博女,嫁同里孔瑜。瑜死于寇,郁時年二十五,不再嫁。知縣劉琬上其狀,弘治初詔旌其門。

李氏,景泰間嫁同縣沈璠,年二十六而寡,撫孤子女成立,終始一節,明弘治中旌其門。

陸氏,名蓮,周浦人,嫁青龍鎮茅瓊。瓊卒,陸年十九,二子震、霆幼,家業凋落。乃專紡織,奉舅姑,隣婦罕見其面。弘治中詔旌其門。

康氏,張掖妻。掖督運遘疾,卒于毘陵,康年二十一,懷遺腹越月。子生,荼苦萬狀,撫育成立,以衍宗祀。嘉靖壬午,郡人刑部郎中周珮表其墓。

俞氏淑安,新江鄉人,任仕中妻。年二十而寡,女二歲,男甫五月,姑先夫卒,舅宦遠方,家貧無依。氏斷髮自誓,織紝撫孤。既而女適俞邦用,邦用亦早喪,或説之再適,女曰:“再嫁誰奉俞宗祀?且辱吾母。”乃歸,與母同居守節。詔旌所居曰“雙節之門”。

張氏善才,漢成里金復妻。復年二十三卒,善才年與之同,誓死不再嫁。孝養舅姑,撫六歲孤成人,舉動以禮,五十餘年如一日,鄉族稱之。

陸氏,沈振宗妻。事姑至孝,嘗刲股愈姑疾,里稱爲孝婦。

談氏,嚴泰妻。泰客死,婦年十九,無子而貧,飲苦茹澹以養舅姑,五十餘年未嘗見齒。宗黨欲請旌之,婦堅辭曰:“吾始願不及此,盡吾心耳。”

節婦某氏,既嫁,夫患風癩不起,舅姑謀奪以妻少子,婦覺,密告其夫,夫泣而遣之母家。遂攜筐篋去,潛製喪襝衣衾。夫既死,家人露置棺于水濱而不闔,蓋俗忌惡疾然也。婦聞之,即盂飯瀹鷄,偕幼妹至棺所,抱屍浴之,斂衣衾,闔棺設祭。祭畢,遂與妹訣,即以中幕面投水死。惜無能傳其姓氏者,張汝弼傳之。

戚氏,王瑾妻,高昌鄉人。

胡氏,陳伯昂妻。

何氏,陳彬妻,唐行人。

雷氏,陸宗黼妻,唐行人。

王氏,張欽妻,三林里人。

陳氏,董瑜妻,長人鄉人。

許氏,蔡金妻,華亭人。

施氏,徐煦妻。年十八,姑有所私,施每諷以義,姑銜之,謀欲敗其守,施以死自固。姑與所私怒,且慮事洩,撾殺之,潛瘞郊西。連旬雷雨震溢,縣令馮彬疑有冤,廉得之,逮訊首伏,置之獄。時溽暑,啓婦棺,面如生,人皆駭異,爲作《辨貞録》。

顧氏,李賓陽妻,顧定芳女。歸李三載夫亡,越四月,舉遺腹子泣曰:"先夫有後,可死矣。"遂以遺孤托兄從禮,絶粒死,年僅二十一。學使者趙鏜、邑令喻顯科旌其門。

蔡氏,生員沈露妻。露死,蔡方二十六歲,求死者數四,念姑老、二子在抱,强起奉姑撫幼,辛勤四十年如一日。巡按尚維持上其事,詔旌其門曰"貞節"。

王氏妙真,莊銓妻也。婚五年銓死,遺孤世忠才三歲,舅姑欲奪其志,王氏抱世忠哭曰:"陰瑜妻以屍還陰,尚病其不早決,吾當死莊氏户内。"卒不爲奪。嘉靖戊申,巡按饒天民廉得其實,與顧嶽妻秦氏、曹雷妻陳氏、山禧妻某氏、姚佐妻胡氏並聞于朝,值倭變,議未下,詳潘恭定恩所著傳中。

金氏,新場鎮人,張問仁妻。夫卒,金年少,毁容自矢,煢煢撫孤,白首一節,詔旌其門。

瞿氏,胡汝任妻,太守霆孫女。時有倭難,里媪言及村落女婦受辱事,瞿自矢曰:"吾脱不幸,惟有死耳!"既而奔竄與賊遇,瞿慮不免,從衆中奮擲越水,婢挽之不起,竟溺死。

趙氏,秦環妻。環少嬰孱疾,趙時年二十二,環疾革,囑其兄璽曰:"婦少年無子,吾死只作一壙。"趙聞之,欲先夫死,闔户自縊,家人驚救,遂髡髮見志。環死,環兄璽尋卒,妻張氏亦年少,與趙同誓死守。兩婦煢然,始終一節,學使者耿定向、巡按邵陛旌其門曰"貞節"。後二十餘年,族人秦鏓女嫁進士潘伯琳,亦早寡,以苦節死,監司交旌其廬。

談氏,推官承儒女,承儒無子,贅張伯深爲壻。年二十二伯深死,舅姑授以産,遜與伯叔。及父卒于官,遺田數畝,族人奪之,或謂當訟之官,談泣曰:"未亡人少不踰閫閾,乃以争産故忍耻向公庭乎?"歷年六十四,提學耿定向、巡按劉曰睿下檄旌之。

孫氏,鶚之女,歸嘉定沈思道。思道屬纊時,誓相從地下,及就木,孫引刀自刎,不殊死,家人日夕守之,潛吞鹹服,每百計自殘。踰年,守者懈,竟自經死。明嘉靖間詔旌其門。

沈氏,太守瞿霆孫,繼武妻。二十一而寡,寡貧無子,孝事後姑,苦節五十五年,提學耿定向旌之。

張所敬《三烈女傳》:貞節義烈之事,無世無處無之。第窮陬絶壤,或單門小户,履危蹈險,感忿激烈,以自引決,人故無得而稱焉,遂使身速朽于黄泉,而名未列于青史,余甚悲乎其人，作《三烈女傳》。三烈女者，俱上海人。其一姓包氏，其二不知其姓，蓋包之婢子云。包已字于錢，年二十許，容甚韶麗。值島夷之難，家人各自奔竄，遺三女在後，寇追及之，相去百武許，包氏先赴水，二女從之。浮沉間，寇倒長戈授包，温言諭之起，包不爲顧，自擲深處，寇怒，以戈刺之，二女子争以身捍，遂俱被重創以死。死之地爲東鄉之横眠，距邑四十餘里。方亂時，其事不傳于縉紳，故操野史之筆者不得而紀之。要之，三人皆烈女也。三烈女死後十餘年，而余始得其事，由此觀之，世之矢幽貞、堅苦節、湮没草莽而不爲人知者，何可勝道也。

金氏，葛鈿妻。年二十二鈿死，旦暮泣血，結成心疾，家事日落，營葬舅如禮，人無間言。事聞，詔旌之。

唐氏，杜時官妻。時官少服賈，抱病將卒，唐年二十三，無子，有老姑。時官命之曰："伯氏有子宗亮，立爲後以養其姑。"後賈事廢，家日就貧，遇歲大祲者三，唐操愈勵。年五十餘，宋子南華傳其事，士大夫歌詠之，題曰"楓閨白璧"。後以子貴，勅贈孺人。

陸氏，廩生陳無逸妻。陳卒，陸年二十三，子世蕃尚襁褓，訓子補諸生，復夭，守節七十六年。邑令屠隆旌之。

倪氏，高橋倪捕爵女。倭寇上海，倪同嫂奔竄，猝與寇值，女見嫂被執，投水自盡，寇以長戈起之，諭以好言，女以死拒寇，寇怒，裂其屍。

陸氏，適華亭徐從教。避倭吴興，鬱鬱不得志。時有子益孫少敏，撫而歎久之，詠一絶句，悲愴婉切。趣客與談若訣者，客去，面壁西向而逝。陸上奉孀姑，攜十歲孤以禮葬訖，歸女與彭汝讓，日夕嚴課，子壻皆成名。守節七十六年卒。

蘇香，幼字盛萬年。萬年有膂力，工騎射，將軍喬一琦署爲前鋒，從征遼左，轉戰至滴水崖，殁于陣。凶問至，蘇泫然曰："若能死忠，我雖未婚，豈復爲他人婦乎?"遂自經死。死三日，面如生。事聞，下詔建坊斜橋。邑人張長輿、董文敏公其昌等有詩輓之，至成帙云。

沈氏，布政使恩女，歸庠生顧從仁。年二十五，夫亡守節。時倭寇，亂離播遷，備嘗艱苦，撫孤子九叙成立，年五十卒。學使耿定向旌其門。

尹氏，贈大學士徐緒妻。年三十一緒亡，子思誠方六歲，會遭倭亂，流離避難者四年。寇平，收合餘燼，延師訓子。萬曆間，巡按御史徐元特旌其閭。享年八十。孫光啓嘗曰："藉六七十年中無王母，徐其泯矣。"後追贈一品夫人。

杜氏，張寵繼室。寡居三十餘年，撫前妻二子若己出，拮据婚嫁，並竭心力。季子夢鼎娶劉，事姑盡孝，又常刲股肉療夫疾。兩世貞孝。崇禎間，有司旌其門。

楊氏，張亮臣妻，生二子。亮臣病殁，楊誓以身殉。及遺腹生男，乳之，勉終喪制，即托孤親族，徧身紉以縞素，自縊亡夫故榻前，士大夫哀而誄之。

陶氏，楊日就妻。年二十二夫亡，子履泰方在襁褓，毁容茹苦，教子爲時名醫。崇禎末有司旌其閭，本朝順治十七年奉詔建坊。

陳氏，包文焕妻。年二十九夫亡，連遭荒歉，力勤紡績，孝事病姑，苦節四十餘年卒。本朝順治四年，巡按旌其門。

馬氏，文學喬軫妻。年二十二夫亡，守節七十四歲卒。至本朝順治十年，巡按秦世禎疏奏旌其門。

朱氏，吕朝紳之妻。年十八于歸，二十一而寡，力勤訓子，巡按張鳳起旌其門。

顧氏，馬鳴仲妻。順治二年九月，時方喪亂，爲游兵所掠，顧義不受辱，赴水死。三日後就殮，顏色如生。臺使郡邑並旌其烈。

鄭氏，幼字王景昌。未婚而夫病亡，鄭矢志不渝，年十九歸夫家，守貞三十餘年。明崇禎二年，太守方岳貢聞於朝，詔建坊瑞安橋。鄭感激國恩，剖夫遺田房半給嗣子，半助學宫，孤貞高義，巾幗中不二見者也。

周氏，字朱孔暘。未婚夫死，周長齋繡佛，積貲營墓葬夫，并葬舅姑如禮。順治十年，巡按御史秦某題旌，建坊浦濱，今號爲"旌節里"云。

劉恭人，顧可大妻。年二十六而寡，時有倭警，村民逃竄，劉守夫柩不去，守節二十七年。子國縉上疏陳請，明天啓二年，建坊日輝橋旌異之。

顧氏，孫可久妻。年二十一夫亡，苦守六十年，至九十一歲。明天啓四年，巡按御史張文熙題請建坊旌表。

張氏，儒士周士琦妻，生二子。士琦病故，張年二十有八，飲血食貧，足不踰閾。姑徐氏性方嚴難近，張先意承志，得其歡心。教子貽謀、貽謨，俱成令器。守節三十五年如一日。江寧巡撫慕天顔題請，詔建坊旌表之。

張氏，毛公純妻。年二十二夫死，翁姑相繼歿，張撫稺女，號曰："翁姑故夫俱未入土，目能瞑乎？"乃晝夜紡織，積貲營葬如禮。年六十餘，里黨無間言。撫臣慕天顔具題，奉詔建坊旌表。

顧氏，明泰昌時適夫黄龍，生一子三女。子殤，未幾龍亦死，顧泣請舅姑，願立後守節，姑佯許之，而陰許他族。顧聞之，乃詭語姑曰："新婦不得已將再嫁，幸延吾母及鄒氏姑爲别。"許之。及母姑至，具酒食泣拜曰："大人幸自愛，長與膝下辭矣。"因僞起更衣入室，門闔自刎死。故進士黄淳耀爲撰《烈婦傳》，孝廉張錫眉哀而誄之。

張氏，沈自成妻。年二十七而夫歿，即爲夫擇嗣，嗣定六日，遂自經柩傍。臺使屢旌其門。

顧氏，陸昌明已聘未婚之妻也。昌明年十六夭亡，顧年甫十三，誓不改適，隨詣夫家，苦守十七載。年二十九，正襟端坐而逝。

盛氏，文學董勔妻。勔館于浙西，姑徐氏病篤，盛驚憂無策，刲股作羹以進，旬日病愈。

鮑氏，張信甫妻。母病，割股作湯飲之，立愈。

何氏，名珮，年十九父死母寡，已字而未婚也。順治二年，避兵洋涇，一騎突至，敗其衣，逼污之，何泣且駡，以死拒之，遂遇害，母亦死。越三日，其所聘夫至收其屍，顏色如生，因同母合葬洋涇北原。士民賦詩輓之，且樹碑以旌其烈。

蔣氏，故給事性中曾女孫也。及笄，歸李應曙。年二十七夫亡，守節幾五十年。先未歸李時，母沈病痞瀕危，蔣割股療母，世稱其節孝云。子瓚，孫良翰，皆爲諸生。

張氏，閔元樞妻。年二十九守節撫孤，至八十歲病卒。

徐氏，太學艾廷槐妻。年二十五而寡，雖家門貴盛，茹苦撫孤，置祀田，育遺嬰，周卹親黨，力行善事，年七十有七而卒。

陶氏，夏復初妻。復初亡，氏年二十七，子益尚在襁褓，僅遺瘠田十畝，躬耕以養舅姑。崇禎十四年旱蝗，蝗獨不食陶氏禾也。是年冬，舅病，思得羊羹，解衣市肉以進。致無袷服禦寒，故終身抱寒疾。子益以貧，故棄儒業醫。乃嚴課其孫潤力學，知名黌序。陶年八十九卒。曾孫期成，亦邑庠生。

郁氏，年十八歸秦玠，生子日昌。未朞，玠入京遇盜死于途，後母弟争産搆難，又罹倭寇，郁獨身周旋其間，堅忍撫孤，歷七十一年，教子孫成立，享年九十二而卒。

張氏，湯侍泉妻。年十九而寡，伯氏逐之改嫁，以死拒之。養姑撫子，年六十三卒。

杭氏，顔尚忠妻。夫亡無子，苦節終身。邑令任辰旦立石表其墓道。

儲氏，施龍妻。夫亡，遺孤敬萱，妻顧氏，俱年未三十守節終其身，鄉黨賢之。十七保人。

王氏，奚養元妻。年二十七夫亡，苦節撫孤，年八十七而卒。

曹氏，居順宇妻。自二十九歲喪夫守節，至九十二歲，預知亡期，沐浴更衣危坐，集三黨永訣而逝。

吴氏，太學生葉紹龍妻。年二十二夫亡無子，撫猶子爲子，教養倍至，苦守四十年卒。

施氏，庠生華一鳴妻。婚一月而夫亡，氏毁容堅守，營葬舅姑及夫，三喪成禮，苦節四十六年如一日云。

陸氏，三林塘人，儒士儲重美妻。生一子，甫六歲，重美殁，陸年二十有五。孝舅姑，撫孤子，力舉八喪，致哀盡禮，守節四十九年而卒。子國禎，孫才，俱力學有名，不負母訓云。

蔡氏，儒士徐儼妻。年二十六夫亡，苦守三十五年，稱完節云。

余氏，朱敬竹妻。年二十七夫死，遺二子一女，遭外侮，挈孤愬冤得雪，享年七十有六。長子光祖，以哀毁卒，妻亦余氏生。子之鼒早世，媳程氏生子士焕，方二齡，痛夫喪子幼，誓以身殉，姑泣諭乃止，教士焕成名。又光祖女弟適余朝聖，光祖女適余泰宥，皆年未三十夫死，歸母家守節。計朱氏一門有五節婦，三代同居，未曾析産，人稱爲節義云。

高氏，朱世榮妻；吴氏，朱世卿妻。俱年未三十而夫殁，妯娌同心守節，撫孤成立，臺使邑令並旌其門。

潘氏，故宦陸明揚之妾也。明揚艱嗣，娶之連舉三子。而夫卒，潘矢志撫孤，享年九十一而殁。前令朱光輝旌曰“德門貞壽”，人以爲實録。孫鳴夏等皆知名。

姚氏，孫可進妻。自二十九歲守節，享年八十七而終。明崇禎時，按察使凌義渠旌其門。

張氏，文學朱在瀛妻。婚三年，在瀛病故，張年甫二十也。撫孤與梓，布衣蔬食，坐卧慈雲樓，足跡未嘗履地。享年六十一而終，宗黨稱爲全節。

杜氏，文學唐子諒妻。夫亡無子，誓以身殉，其祖母伺防之，得不死。後防者稍懈，杜遂自經。及家人驚捄,已殞絶矣,遠近哀之。

方氏,正學十世女孫也,歸文學袁蕃。生三子而蕃殁,方泣血撫孤,竭力教育,凡二十餘年。子熹、荃,俱知名黌序。璿,成辛丑進士。

王氏,朱可忠妻,唐氏,其妾也。唐生一子,家宰甫朞,可忠卒,時王年二十九,唐年僅十九耳。同心守節,撫孤成立,延朱宗祀不絶。邑廩生鑑,即兩節婦曾孫也。

陳氏,何尚仁妻,生一子一女。夫亡,家益貧落。陳晝耕夜績,連舉舅姑及夫三喪,娶婦嫁女,課孫士璿力學爲諸生,苦節四十七載,享年七十三卒。

汪氏,孝廉陳肇元妻。肇元蒙外祖張姓,領鄉薦入都,疏復原姓,張氏聞之怒甚,立逐汪出,僦别館以居,而待張益厚,張亦感悟。未幾,肇元卒。汪氏奉姑撫孤,晝夜辟績爲生計,苦節四十餘年。子裕爲諸生,有孝行,多著述,遠近稱賢。殁後,里人私以"孝介"謚之。

何氏,喬以韶妻。順治二年八月,避亂至母家,遇游兵,掠之縛馬後,至肇嘉浜,奮身赴水死,時年十九。

徐氏,邑庠生閔栻妻。年二十四夫亡,碎首搥心,誓從泉壤,家人勸謂:"存孤義重,未可捐軀也。"乃撫孤子峻成名,苦節三十八年如一日。康熙六年,贈孺人。十九年,又贈宜人。

閔氏,文學葉光龍妻。年二十八而寡,上侍翁姑,下教諸子,言動以禮,享年八十五卒,郡邑並旌其門。

潘氏,年十六歸諸振兮,逾年夫殁,舅姑憐其年少無子,諷令改適,潘矢志堅守三十七年,卒全其節。

施氏,年十八歸徐維生,甫二載夫亡,翁姑貧老,族有謀奪志者,氏截髪剔面斷一指,以死自誓,竭力紡繡,葬三世喪,有數白鶴遶墓悲鳴三晝夜。明季,亂民焚劫,指氏廬曰:"此節婦居也。"引去。教子成立,年六十三臨殁,命止以麻衣殮貯。邑令屢旌之。

張氏,金巨卿妻。

梁氏,龔孟夔妻。

朱氏,喬炳文妻。

方氏,楊會心妻。

沈氏,喬承宗妻。萬曆二十九年,巡按御史馬給扁旌表。

陸氏,姚錫祉妻。

陳氏,俞海峯妻。

胡氏,生員姚煒妻。天啓元年,巡按御史趙紱旌其門曰"節重千秋"。

戴氏,喬揚孫妻。

王氏,高維岳妻。

丁氏,生員徐奎生妻。年二十四,夫殁無子,誓以身殉,父母泣阻之,苦節四十餘年卒,各憲交旌其門。

徐氏,朱有智妻。

潘氏,唐之益妻。

張氏,陸伯達妻。
張氏,陶愷妻。
嚴氏,陸含淳妻。
俞氏,閔君卿妻。
姚氏,周元浩妻。
金氏,王達妻。
張氏,生員喬從毅妻。
嚴氏,夏旭初妻。
喬氏,生員龔至欽妻。
張氏,唐植慧妻。
張氏,周䔻懷妻。
黄氏,周仁甫妻。
沈氏,張雲蛟妻。
倪氏,黄有章妻。
陶氏,俞維賢妻。
喬氏,趙錫祚妻。
丁氏,何永言妻。
沈氏,生員顧翔妻。
王氏,廕中書舍人徐爾斗妻。順治十一年,巡按都御史周旌其門曰“冰清玉映”。
沈氏,瞿之璧妻。
姚氏,趙國紳妻。
潘氏,生員張嗣錫妻。
趙氏,太學生吴道弘妻。
朱氏,彭爾升妻。
張氏,徐文熾妻。
鄔氏,龔穎達妻。
高氏,生員杜爾柔妻。
程氏,洪功臣妻。
吴氏,俞綱妻。
趙氏,秦少山妻。
沈氏,侯逢嘉妻。
姚氏,朱與枚妻。
仝氏,凌彦林妻。
王氏,馬淘妻。
龔氏,丁國祚妻。

仙　釋

宋

鰕子和尚，名智儼，居静安寺。七月十五日，村郭設會，寺僧赴請殆盡，惟儼在寺。有胥村人來寺齋僧，因請同往齋所，舟行見捕鰕者，儼從買一斗，索水啖之，謂漁者曰："齋回還汝錢。"至齋家，令席地一飯而無襯錢。及還，漁者索錢，儼徐云還汝鰕，復索水飲，隨吐活鰕盈斗，人始異之。將示寂，斂蒲草爲萬餘繩，懸諸廊廡曰："吾將作大緣事。"即坐蜕。人競施錢懸之繩，繩皆滿，遂建佛閣。今静安寺猶稱鰕子道場。

元

德林，東甌人。至正十三年，禪坐上海之柘澤廢寺，飢寒弗嬰其心。越歲夏五月，忽語人曰："疇能施我一龕，九月一日將此色身焚却。"人未之信。至期，市薪繞龕，趺坐其内，合掌説偈，竟火自身起，觀者始矍然膜拜云。

明

原真，字用藏，姓朱氏，上海人。得度于華亭興聖寺，戒行高潔。明洪武十八年，微疾，浴已，書偈曰："四十二年，無作無修。有生有滅，大海一漚。真歸無歸，心空浄遊。"趺坐而寂。

紹宗，字一原，號遂初，上海陳氏子。年十三出家里之安國寺，戒行精嚴。洪武中，應召有事廬山，奏對稱旨，賜金縷僧伽黎等服，擢右講經，陞右善世。一日端坐而化，敕遣中使致祭，會者數千人，其徒奉舍利遺骨塔于安國寺。

善信，號無疑，蘇州嘉定人，俗姓吴。年二十九出家，禮上海施水菴僧智德爲師，不識字，一日索浴入龕，欻然火起，自焚其身，寺僧爲起塔繪像。

朱蒲包者，上海界浜沈氏僕也。十八爲寶山募兵，行遊遇異人，授藥一丸，曄曄有光，服之，覺腹中熱氣騰湧，遂不覺寒暑飢渴，身衣破衲，冒以蒲包，飲之酒輒醉，醉輒笑卧當街，人呼"蒲包仙"云。朱行必挾竹四竿，夜宿植竹於途，不施苫蓋，露卧其中，大雨無沾濕，霜雪裂膚，鼻息齁如也。市人釀酒敗，朱挾竹攪瓮，輒變爲甘。夏月裸坐赤日中，不浴而浄。冬月河冰合，以竹敲冰，水輒解，裸坐水底，振衣而起。生平不爲人談禍福，或無意吐一語，必奇中。後無疾而化。

康熙上海縣志卷之十一

藝文經部　史部　子部　集部

自漢嘘秦灰，魯壞孔壁，而載籍漸顯。孝成帝使謁者陳農求遺書於天下，命光禄大夫劉向、步兵校尉任宏主之，後向子歆嗣其父業，著《七略》，凡三萬三千九十卷。魏氏代漢，祕書監荀勗分爲四部，合二萬九千九百四十五卷。至宋元嘉，廣爲六萬四千五百八十二卷。齊梁以降，隨聚隨散，故隋開皇三年，奇章公牛弘表請購書，陳論五厄，每書一卷賞縑一匹，至唐而大備，計四部，合條爲一萬四千四百六十六部，有八萬九千六百六十六卷。宋逮元、明，祕閣無專官，零落猥雜，莫可稽矣。嗟乎！自有書契至今，世數如此其久，天下如此其大，而藝文止此，況區區一邑乎？昔《周易》失《説卦》三篇，得之河内女子，《古文尚書》二十五篇，濟南伏生所誦，止五篇相合。又梁鄱陽嗣王範得班固《漢書》真本，獻之東宫，命劉之遴、張纘、到溉等參校，具異狀十事，以知承訛襲舛者比比矣。今按舊志所載，續諸新著，分爲四部，附以金石諸刻，以俟論定云。作《藝文志》。

經部

《易經輯説》三卷。

《詩經輯説》七卷。以上恭定公潘恩著。

《易説辨訛》。都御史張鶚翼著。

《尚書制度圖纂》三卷。訓導王文澤著。

《禮記哀言》。

《周禮全書註》。以上參議王圻著。

《毛詩六帖》。文定公徐光啓著。

《毛詩翼傳》。文學顧秉禮著。

《詩經彙解》。

《春秋便讀》。知府張元玘著。

《孟子合評》。

《陳子説詩》。孝廉陳正容著。

右經傳凡十有二。

《詩韵輯略》五卷。恭定公潘恩著。

《字學指掌》。朱光家著。

《韵學統宗》。知事張之象著。

《書學異同》二十二卷。黄標著。

《古篆分韵》五卷。

《古隸分韵》五卷。潘允台著。

《印藪》六卷。顧從德輯。

右小學凡七。

史部

《史補斷》。元笥隱生著。

《讀史漫筆》。王府教授張武著。

《讀史一得》。郎中李昭祥著。

《史記發微》。

《太史史例》一百三十卷。知事張之象著。

《左傳分國彙編》。陳裕著。

《全史詳要》。孝廉王昌會著。

右正史凡七。

《上海縣志》。侍郎顧彧著。

《大名縣志》。

《上海縣志》。提學副使唐錦著。

《祁州志》。恭定公潘恩著。

《上海縣志》。知事張之象著。

《龍江船廠志》。郎中李昭祥著。

《青浦縣志》。參議王圻著。

《沁州志》。

《趙州志》。知府蔡懋昭著。

右志書凡九。

《水利集》十卷。元宣慰使任仁發著。

《東吴水利考》。參議王圻著。

右地理凡二。

《董氏族譜》。太學董宜陽著,從孫羽宸重修。

《世澤會編》五卷。張氏五世著。

右譜牒凡二。

《名臣琬琰録》。

《先哲金石録》。

《近代人物志》。

《松志備遺》。

《上海紀變》。以上太學董宜陽著。

《幽貞録》一卷。侍郎董傳策著。

《陸文裕公年譜》。太學生陸楫著。

《泖峰先賢志》。文學張所敬著。

《萬曆事實纂要》三百卷。

《留中奏議筆斷》四十卷。文敏公董其昌著。

《斑管録》。王府教授戴士鰲著。

《廣史》。知府張元玘著。

右傳記故實凡十有二。

《律解辨疑》。按察副使何廣著。

《洗冤習覽》。參議王圻著。

右刑法凡二。

子部

《畫繼餘譜》。

《藝經》。以上宋祕書莊肅著。

《厚俗篇》。知州羅璧著。

《儼山外集》。《傳疑録》、《金臺紀聞》、《中和堂隨筆》、《同異録》、《河汾燕閒録》各二卷,《玉堂漫筆》、《書輯》、《史通會要》各三卷,《玉章漫鈔》四卷,《南巡日録》、《大駕北還録》、《淮封日記》、《南還日記》、《知命録》、《願豐堂漫書》、《科場條貫》、《春風堂隨筆》、《溪山餘話》、《停驂録》、《春雨堂雜抄》、《古奇器録》各一卷,《續停驂録》三卷,《翰林記》若干卷,俱文裕公陸深著。

《撫貴録》。都御史張鶚翼著。

《中述》。

《霸繩》。

《談道隨筆》。

《讀書雜著》。以上侍郎董傳策著。

《藝林剩語》十二卷。訓導顧成憲著。

《廉鑑》四卷。布政使喬懋敬著。

《徐氏庖言》。文定公徐光啟著。

《量書》。文定公徐光啓著。

《科名果報録》。曹垂璨著。

右雜著凡十有三。

《夢餘録》。提學副使唐錦著。

《説海》一百四十二卷。文學黄標著。

《應客緒言》。侍郎董傳策著。

《中園雜記》。太學董宜陽著。

《雅言漫録》。

《撮殘集》。給事中龔情著。

《稗史彙編》。參議王圻著。

《秉燭叢談》。文學張所敬著。

《歸田録》。

《寶穡堂雜記》。

《梧潯雜佩》。

《閲耕録》。

《閲耕續録》。以上布政使張所望著。

《聞見醍醐》。王府教授戴士鰲著。

《花甲磯》。知府張元玘著。

右説家凡十有五

《曆法全書》、

《幾何原本》。文定公徐光啓著。

右天官家凡二。

《泰西水法》。

《宜懇令》。

《農遺雜疏》。

《農政全書》。文定公徐光啓著。

《藝菊志》。知府張元玘著。

右農家凡五。

《脉訣辨明》。太醫院使徐樞著。

《本草證治明辨》十卷、

《傷寒纂例》二卷。

《論咳嗽分條》二卷。以上太醫院判徐彪著。

《大方折衷》。

《幼科折衷》。

《痘疹折衷》。以上秦昌遇著。

《醫宗必讀》。

《頤生微論》。

《内經知要》。

《本草通原》。

《傷寒括要》。以上李中梓著。

《萬全備急方》兩集。

《應驗方》一集。以上曹垂璨輯。

右醫家凡十有二。

《居士傳燈録》。李中梓著。

右釋家凡一。

《袪疑説》。宋儲泳著。

《道火録》。李中梓著。

右道家凡二。

《韵府群玉掇遺》。錢全衮著。

《續書史會要》。黄標著。

《三才圖會》。

《續文獻通考》。

《古今考》。參議王圻著。

《閲古類奇》。知府張元玘著。

《學撮》六卷。布政使姚永濟著。

右類書凡七。

集部

《華亭百咏》。張之象著，宜陽劉邦輔著。

《菊潭稿》。吴惟信著。

《自立齋集》十卷。訓導王文澤著。
《金聲録》。
《玉露吟》。以上笴隠生著。
《貴土集》。
《筆録》。以上王太初著。
《袁海叟集》。御史袁凱著,張所望重刊。
《蛾術稿》。訓導邵亨貞著。
《足菴詩集》。徐樞著。
《釣鰲集》。陶振著。
《砥齋集》。王府紀善錢驥著。
《紀行詩》。給事中杜隰著。
《葵軒稿》。同知朱佑著。
《草堂遺稿》一卷。知府顧英著。
《南山詩集》二十卷。知府瞿霆著。
《龍江集》十四卷。提學副使唐錦著。
《雪窻稿》。吴爰著。
《玉洲集》。清江提舉朱曜著。
《笠江集》二十四卷。恭定公潘恩著。
《石比部集》四卷。主事石英中著。
《須野集》。
《留畊堂稿》。姚昭著。
《城南稿》。王府教授張武著。
《江皐集》二卷。馮淮著。
《棲霞館集》、
《玉崖詩集》十卷。姚章著。
《張王屋集》。知事張之象著,共十集。
《采薇集》一卷。以上侍郎董傳策著。
《寶綸閣稿》。提學副使潘允哲著。
《之燕稿》一卷、
《陽春遺帙》。穀城知縣高洪謨著。
《容臺集》十七卷。文敏公董其昌著。
《容膝齋集》。按察副使朱正色著。
《四然齋正續稿》。按察副使黄體仁著。
《濳玉齋稿》八卷。張所敬著。
《初學集》。
《東白集》。任暉著。
《丹崖夜嘯》。
《居竹集》。成廷珪著。
《漁樵稿》。
《静爲集》。朱木著。
《滄螺集》六卷。國子博士孫作著。
《西郊笑端集》。按察僉事董紀著。
《九峯一叟稿》。給事中杜隰著。
《杏園稿》。張年著。
《雙清集》十卷。
《壽梅集》。朱元振著。
《山澤吟嘯》。學正孫怡著。
《張謙齋詩集》。參議張穀著。
《丙戌集遺》。葛桂著。
《儼山正續集》一百十卷。文裕公陸深著。
《董大理集》。大理少卿董恬著。
《朱福州集》六卷。知府朱豹著。
《美芹録》。恭定公潘恩著。
《胡昌化集》。昌化知縣胡芳著。
《全唐詩話》。以上都御史張鶚翼著。
《且適園稿》。推官談承儒著。
《蒹葭堂稿》二卷。國子生陸楫著。
《長鋏齋稿》七卷。馮遷著。
《慎餘集》。郎中李昭祥著。
《董紫岡集》。董宜陽著。
《廓然子稿》二卷。
《朱邦憲集》十五卷。太學朱察卿著。
《洪州類稿》。參議王圻著。
《省中集》八卷。大理評事喬承華著。
《鳳樓集》。侍御秦嘉楫著。
《竹素堂集》。太僕卿陳所蘊著。
《璩君瑕稿》。璩之璞著。
《百一感詩》一卷。倪邦彦著。
《緑天館集》。都御史葉有聲著。
《歸愚集》。孝廉李繼佑著。

《花影集》。太學施紹莘著。
《博山堂樂府》。大理評事范文若著。
《春草芳草》二編。進士朱家法著。
《西郊草堂集》。
《廣蔭軒雜咏》。以上進士徐天麟著。
《欲報堂全集》。孝廉陳正容著。
《藜照堂詩集》。庶吉士朱錦著。
《二仲居集》。文學朱錚著。
《蘆浦莊詩集》。主事張宸著。
《玉版陽秋》十卷。
《燕喜堂集》以上貢生喬世埴著。
《南歸草》。
《涉江草》。
《漫游隨筆》。
《張子近言》。以上進士張錫懌著。
《紉蘭草》。並係貢生喬世埴著。
《覺言録》六卷。曹垂璨著。
《集唐梅花詩》三百首。
《切法指南》。以上文學吴曼著。

右文集、詩集,凡八十有三。

《鹽鐵論集解》八卷。知事張之象著。
《武學經傳句解》十卷。參議王圻著。
《文選集註》。布政使張所望著。

右訓釋,凡三。

《文苑類選》大成。王府長史李伯璵撰。
《樂府原》四卷。奉化知縣徐獻忠撰。
《古詩類苑》。
《唐詩類苑》。
《詩紀類林》。
《回文類聚》四卷。
《唐雅》。以上知事張之象撰。
《明詩藻》。文學張所敬撰。

右總集,凡八。

金石刻

《赤烏碑》。在上海静安寺,孫吴赤烏中刻。
《歸去來辭》。在上海。
《大士像并贊》。在上海。
《順濟廟碑》。倣歐陽率更書,已淪入黄浦。
《鐵佛寺鐘銘》。在上海鶴沙報恩懺院。
《永寧寺碑》。在上海新場鎮。
《都轉運使瞿霆發墓碑》。在上海下沙鎮,張翥撰,文楊瑀書,杜本篆額。
《急就章》。
《前出塞詩》。僧善啓刻石。以上宋克書。
《建川沙城記》。張鶚翼撰,文徵明書。
《廣南知府顧英墓碑》。在上海郁家宅東,祝允明書。
《湖廣參議張萱墓誌銘》。在上海,孫承恩撰,王寵書。
《瑞麥圖賦》。以下並陸文裕深書。
《文賦》。臨趙吴興書。
《來鶴詩話帖》。
《南征賦帖》。
《絶交書》。臨趙吴興。
《王元章梅花詩》。
《草書帖》。
《求忠書院碑》。在華亭縣西。以下並文敏公董其昌書。
《寶鼎齋帖》。
《硯廬帖》。吴泰摹刻。
《汲古堂帖》。
《臨淳化閣帖》。以上二帖俱其孫用威藏石。

《董氏家藏帖》。有正續二刻,其子祖常勒石,孫剛廣分藏之。

《銅龍館帖》。從曾孫象恒藏石。

《大來堂帖》。其子祖源摹刻,孫黄中藏石。

《戲魚堂帖》。

《三朝綸誥》。

《來仲樓帖》。從孫鎬刻石。

《鷦鷯館帖》。

《玉恩堂藏帖》。華亭林希顯集家藏真蹟勒石。

《消痞帖》。張電書。

《顧氏淳化閣帖》十卷。上海潘允亮家藏宋榻,顧從義摹刻。

《潘氏淳化閣帖》十卷。潘允亮自摹刻石。

《柳誠懸蘭亭》。

《玉泓館蘭亭》。

《十七帖》。

《蘭馨帖》。以上並顧從義摹刻。

《蘭亭帖》。潘允端摹宋榻本,後有趙孟頫十八跋。

《煙條帖》。顧從德摹,張旭書。

《六體千字文》。潘雲龍摹刻。

《醉翁亭記碑》。在學署尊經閣,宋蘇軾書。

右集歷代法書及重摹舊刻。

兵　　燹

滬城僻處邊鄙,其俗剛果少文,然無喜亂之心。設有不虞,上游底定,片檄可下,何所事兵?而夙昔載記以來烽火洊至者,以海道所出入,易弄兵于潢池也。劉宋之禦寇,嘉靖之平倭,事皆係于海,故兵燹之來,郡緩而縣速,郡少而縣多,蓋海不揚波,自古歎之矣。

晉

隆安三年,海寇孫恩襲據會稽,都督劉牢之引劉裕爲參軍討之。恩驅男女二十餘萬俱入海,吴國内史袁崧築滬瀆壘,緣海備恩。明年,恩寇滬瀆,害崧。仍浮海向京口,劉裕累戰敗之,循海要截,復大破于滬瀆江。

按:古滬瀆江大而黄浦小,海寇來犯皆由滬瀆而進,故築兩城以防之。及後黄浦大而滬瀆湮,賊不得達,兩城遂爲廢地,蘆花滿目,反可以避兵矣。

梁

承聖元年,王僧辨敗侯景于石頭城。景東趨吴郡,僧辨使侯瑱追戰,景大敗。乃自滬瀆入海,至壺豆洲,太子舍人羊鵾斬之,送首僧辨。

唐

廣明元年,黄巢入潼關,僖宗幸蜀,海寇王騰竊據華亭。先是,華亭之北境、上海青龍皆有鎮將,勢孤不敵,鎮海軍節度使周寶分兵戍之。

明

吴元年,大將軍徐達攻松江,知府王立中以城降。會達檄各府,驗民田,徵磚甃城,上海民錢鶴皋不奉令,結張士誠故將韓復春、施仁濟,聚衆三萬餘人,自稱行省右丞,僞署官,屬以姚大章爲統兵大元帥,據上海。達遣驍騎指揮葛俊進討攻下之,檻送鶴皋伏誅。知縣祝挺出走，起義兵復邑治，斬大章首送俊，故官兵不及境，誣連者皆得免。

嘉靖十九年，秦璠、王(玉)艮、王祥糾衆攫魚鹽爲姦，遂據南滙川沙以叛，焚掠沿海富民家。總兵湯慶、巡撫夏邦謨等相機進勦，賊入吴淞江等處，王師悉出大艦追之，斬首數百，獲舟二十有一，璠(玉)死，艮等以五舟遁去。

二十一年，倭掠寶山，人不滿百，皆飢困。吴淞所百户馮舉、隊長屈倫率所部擒之，殺賊一人，墮水賊衆，持刀奮鬭，二人俱被害。巡江百户宗元爵繼至，與賊戰，亦被害。據里人楊氏故宅居數日，沿入縣境，擄漁船遁去。賊偵知沿海武備甚弛，遂數數入寇。

三十二年閏三月十三日，有倭船三舸泊寶山，登岸殺掠，兵備吴副使調發鎮江民兵陳寶等及本縣快役共五百名，委松江劉通判領之，四月十九日戰于十九保連賓華橋，我兵不利，陳寶力斬數賊，歿于陣。四月十五日，倭船三座自海口入泊北馬頭，入市劫掠。五月四日，從閘港出，至高昌與水兵接戰浦中，我兵不利，鎮江衛知事吴宗德調領江陰兵船截守黄淄漊，賊以長竿懸燈，夜深從海邊遁去。初七日，倭寇千餘從太平寺竹家橋至，市民驚潰，恣其劫掠，糧艘悉被燒燬，滿載出海。十二日，賊又入寇，北自海口，南自周浦，共船三百餘舸，操江都御史蔡克廉調至，鎮海衛指揮武尚文、建平縣丞宋鰲各統所部兵巷戰，倭善設伏，我兵陷伏中，武尚文戰死于西簍笠橋，宋鰲戰死于縣橋南，殺傷民兵甚衆，縱火焚廬舍及縣署城郭爲墟。二十七日，賊復至縣市，督府遣鎮撫吴賢接戰于黄泥浜，我兵不利，賢歿于陣。二十九日，復滿載而去。知府方廉議築城，數月幸賊不至，城成，撫按奏設海防道，以六合知縣董邦政有戰功，超陞按察司僉事，專理海防。

三十三年正月十八日，賊將蕭顯駕巨舟七、率衆二百餘突入吴淞所，夜泊宋家港口。時有崇明兵船四十號泊黄浦東岸，黎明戰于浦中，我兵不利，一舟反被獲，兵悉投水中。蕭顯登東門外石匠家樓，穴壁瞷城中，董邦政以兵力微弱，攖城固守，城新築，椓土未堅，多有崩壞。邦政命神鎗手于壞處擊賊輒斃，賊不敢近，僅四郊野掠，至二月六日忽解圍去。邦政遣本縣丞劉東陽統兵躡之，衆見賊而潰，東陽死之。參將盧鏜率兵二千追至嘉定界，焚其舟，斬首百餘級，悉復所擄。後賊首陳義詐降，盧兵得入城，期爲内應，會邑人徐某曾被擄逃歸，見陳義大驚，亟報捕兵擒鞫之，果得詐降内應實狀，即戮之，餘黨皆遁。三月二十日，遠近倭兵會集，悉從黄浦出海。二十五日，海中雷大震，風雨暴作，倭船多覆，遂復登岸，結營壘，掠婦女，濱海百里内寂無人煙。又有賊將葉麻三據周浦寺爲巢穴，出没無時。由是調募客兵，遠近踵集，如山東長鎗手，山西鈎刀手，川兵、麻陽兵、坑兵、瓦氏兵、僧兵俱以不識地勢，往往陷伏，且供億浩繁，民不堪命。惟三團把總婁宇、監生喬鏜及僉事董邦政所練土兵相爲犄角，識地勢，知賊情，故三人屢立戰功也。

三十四年三月七日，倭寇五千餘從海至，董邦政發兵迎之，戰于浦東陸氏園，我兵不利，奔至水涯，多溺死。倭將有衣紅乘白馬者，持雙刀衝擊，勢張甚，海防兵陳瑞挺身出戰，竟斬之，賊懼，退瑞口，銜所斬賊首，截浦泅以渡，觀者無不駭歎。邦政立署爲千夫長，後多斬獲功。時兵備副使任環及董邦政親冒矢石，屢有戰功，賊聞懼之。

三十五年二月，趙文華移檄祭海，知府方廉請設壇壝于得勝港行禮，會集水陸官兵二十餘萬,軍聲大振,川沙、周浦諸賊遁入浙境。五月初一日,倭船五十餘艘從吴淞所卒至,先是董邦政奉撫按檄,往蘇州勦賊,城守單弱,是時常州府通判劉本學署縣事,邑之士大夫詣劉,請貸庫銀二千兩爲守城犒勞資,事平後如撫按不允其用,咸願捐貲以償,劉慨從之。乃懸賞格,募勇敢,分守汛地,晝夜巡警,賊百計攻城不得間,圍十七日,内外援絶。賊窺西南城地曠人稀,作木梯,以布爲級,高與城墉比,乘夜半時守者倦寢,舁梯倚城,賊次第躡登。適守城鄉宦徐鳴鑾不寐心動,促諸生唐緝巡城,忽見舁梯狀驚呼。城夫楊鈿躍起,登女墻吶喊,賊驚墮,以鎗刺之不中,鈿身重,憑虚無倚,墮壓梯上,與賊俱墮,鈿殲焉。城上砲石如雨,賊退涉城濠,值潮溢浦口,堰水高數尺,賊相牽挽溺濠中,城中人未之知也。平旦,賊棄營壘,從南浦遁去。城中人出視,見衣裾浮水面,拽之得屍,怪之,争入水,得六十七人,皆被重創,持利器,頭顱大如斗,口圓而小,色黝黑,知爲真倭,其精鋭約盡于此。六月初七日,復回舟從黄浦出海,自後雖有他警,不入縣境矣。

按:三十二年倭兵入寇,多募鬼國人,有黑、白番鬼諸名目。白番鬼如倭形,黑番鬼即古崑崙奴之屬,其面深黑,善鬭而忘死。倭以五十金買一奴,阱之船尾,遇戰縱之出,僅給食粗糲,以獸畜之。一船不過五六人,所用鳥銃以銅爲之,繫于臂,聲未發,藥即至。手舞雙刀,刀長五尺餘,手腕運動,開鋒丈有八尺。其刀飛舞,通身如雪,無間可擊。弓用八尺,以足踢弰,立而發矢。海蘆爲簳,鐵鏃闊二寸,如燕尾,重三兩有奇。近人乃發鏃,與簳不甚粘,中人後可拔簳而出,無活理。倭兵身無甲,冬夏止花布衣,下體短袴,輕捷如飛,多膂力,生拔牛角,通曉陣法,數繞我軍後,兩面夾攻,能以少擊衆。是年至上海,水道則從吴淞江抵周浦,陸路則從川沙、南滙直入縣治。三十三年七月以後,定扎川沙灣,搭廠盤踞,遂成巢穴。後或屯周浦,或屯新場,南至浙界,北抵蘇州,所過荼毒,大抵以浦東爲營窟。時徵廣西瓦氏兵至,日需蛇犬爲食,有司困于供應。

朱察卿《江南感事》詩:"江南千里暗妖氛,野哭家家不可聞。落日群狐窺白骨,荒村萬馬卧黄雲。將軍不下征夷令,使客空傳祭海文。試問九重宵旰處,殿頭香氣正氤氲。""萬里迢遥徵戍士,虎符星發路何賒。帳前竪子金刀薄,閫外將軍寶髻斜。田父誅茅因縛犬,乞兒眠草爲尋蛇。軍儲不惜人間供,願斬鯨鯢淨海沙。"

張之象《亂後經故居》詩:"烏鵲飄零月滿溪,遶林何處得安棲。萬方多難疲征斂,百戰無功厭鼓鼙。荒徑客歸惟見草,故隣人去不聞鷄。攜家欲問桃源洞,只恐雲深路已迷。"

本朝

順治二年九月,浦東拜空邪教孔貞伯爲首,聚不薙髮者數千人揭竿稱兵,反攻川沙堡城,委署守城把總沈某多力,手排城墉數仞,壓死攻者衆,稍退。總督李成棟提兵勦之,共殺萬餘人。是時倡亂者多逃匿,平民反遭殺擄,所掠婦女潛置舟中,總督下令搜禁,皆驅溺浦中,屍浮水面。有諸生沈騏妻,不受兵污,雙手攀桃樹,赴水自盡,後有犯桃樹者輒死。

三年四月，五竈儲章甫聚黨爲盗，掠沿海一帶富室，川沙周浦居民咸携家遠避，知縣□□□移遊擊率兵捕獲，解總督部院正法。

四年正月十三日，海寇百艘泊海口，内地震驚，提督吴聖兆移兵至吴淞禦之，出大洋去。

十年，海寇張名振屢犯吴淞。時提督張天禄征閩未回，蘇州總兵王爆署掌軍務，統兵駐邑小東門外。九月初六日，寇進海口，王爆禦于東溝，不利，退保城中，海艘魚貫而入，旌旗蔽天，爆驚遽無措，將士逃亡者大半，闔城奔竄。初七日，賊艘至閔行，劫掠一空，滿載出海。十五日，巡撫周□□統兵按臨，爆恐邑人揚其退保畏懾狀，因譖言城中百姓俱與賊通，激怒輒欲屠城者再，卜于邑廟，不吉。會知縣閻紹慶亦長跪陳請，願以百口爲保，遂得免。十二月十五日，提督張天禄整飭水師出戰，長子某素有武畧，率鐵甲四十人，殺傷海寇甚衆，追出大洋，竟遇害。

十一年正月，戰于海上，我兵又不利，賊艘去來無定，知府李正華議立梅花木樁于浦口，巡撫又令以鐵鍊横亘浦中。七月初三日，賊艘進至東溝，將木樁鐵鍊挽載而往，隨至高橋洋涇搶掠，吴淞兵接戰，各殺四五百人。二十六日，復進浦，高橋高家行沿至洋涇東溝俱席捲無遺。提督張天禄兵駐小東門外，賊亦營壘相望，全無畏忌。八月十四日，海艘又進浦，揚帆而南，天禄亟遣兵赴閔行堵救，比海寇方登陸，遂巷戰，獲賊四五人，閔行得免再掠者，提督遣救之力也。十五日，寇艅出海，約計四百三十餘艘，撫院張□□發兵二百四十人來鎮援，城中肆奪，爲之罷市。二十七日，總督馬□□按臨上海，諱言海寇，民以被掠訴者俱置不問，人心大失望。二十九日，撫院張□□復按臨，欲立木樁如初，因斂官儒户銀兩并支庫帑伐木釘樁，自八月至十月始竣工，未幾風浪漂拔，無有存者。

十三年秋，海寇顧三麻來降，自後海烽稍息。

十六年五月十三日，忽報海艘在楊家嘴，將進内地，提督馬逢知統兵至吴淞，知縣陸宗贄齊集民夫登陴固守。二十日後寇信漸緩，民心稍安。六月初，聞鎮江之警，城中婦女踉蹌争避，旬日而復。

康熙二十一年三月初五日五更，海寇乘濛霧中駕四大艘隨潮突進，直犯浦濱，知縣史彩亟馳騎登城，率衆守禦，遊擊張一奉、守備司起龍、千總陳聖策、把總張通等急駕小艇督兵出戰，砲矢齊發，殺賊甚衆，活擒數名，賊即敗遁。我兵乘勢追逐，司起龍中礮死之。昭武將軍楊□□聞警，親自率兵飛騎臨縣，賊艘逃出洋去。

康熙上海縣志卷之十二

祥　異

災祥並稱，乃自《春秋》以來天文、五行志諸史所書，皆志其異以示儆戒，求所謂祥者，不一見也。吾邑磽瘠田，仰高則災旱，污萊則災水，水旱之來，邑兩受之，故志所列者詳焉。若星日之變，義不繫之乎一邑者，則削而不書。

元

大德五年。辛丑。秋七月朔大風，屋瓦樓楯掣入空中，繼而海溢，壞民廬舍。

九年。丙午。旱蝗，明年饑。

延祐七年。庚申。大旱。

元統二年。甲戌。夏五月雨雹，大者如鷄子，小者如蓮菂，其雹有一眼，若琱琢然。

至元二年。丁丑。歲饑。夏六月，民訛言朝廷欲括童男女，一時嫁娶殆徧。平江蘇達卿時爲上海縣吏，有女年十二，贅里人浦仲明子爲婿，明年生一子，亦罕事也。

至正十七年。丁酉。民家鷄伏七雛，一作大雞狀，鼓翼長鳴。

二十二年。壬寅。秋八月，民家閹牡狗生小狗八，其一爪吻紅如血。牡物生兒，陽化陰也。犬屬金，吻紅火也，主兵主火。

二十四年。甲辰。夏六月乙卯，漏下四鼓，江海泖湖涌起三尺餘，平江、嘉興路亦然。《五行志》水自盈，主兵興。

二十六年。丙午。秋八月，有牧羊兒見流光中隕一魚，是日縣市人指流星自南投北，即此時也。《志》云天隕魚，人民失所之象。

明

洪武三年。庚戌。秋七月十六日，大風從海上來，塵沙蔽空，中有物如烏鳶亂飛，又類屋瓦，至沙岡漸下，集于里人林彦英家。風息視之，垣屋四周皆楮幣也。今其家猶温裕，人呼鈔飛林。出林氏家傳。

按《山居新話》曰：後至元丁丑，青村鹽場有蘆一枝飛空中，後有鈔隨之，而飛集于里人林清之佛堂閣上。與此小異。

永樂初，連歲大水。三年夏六月朔，雨至于十日，高原水數尺，窪下丈餘。

正統九年。甲子。秋七月十七日，大風拔木發屋，雨晝夜不息，湖海漲湧，瀕海居民有全村決没者。見周文襄奏。

冬十二月，大雪七晝夜，積高一丈二尺。明年有倭寇之亂。見《府志》。

景泰五年。甲戌。春正月大雨雪，四旬不止，夏大水大疫。

成化八年。壬辰。秋七月十七日大風雨，海溢，漂没死者萬餘人，鹹潮害稼。

十七年。辛丑。春夏旱，秋七月大風雨，九月朔雨，至于冬十月，禾不登。十一月冬，至大雷雹雨雪，明年饑。

弘治十一年。戊戌。江海泖湖水溢。

十四年。辛酉。冬十月十四日，地震。

十六年。癸亥。夏四月，大雨雹損麥，沙岡尤甚，牛馬有擊死者。

十八年。乙丑。秋九月，有風如火從東南來，再至益厲，已而地大震，聲如萬雷。後數日，有星東北流墜於海，光如火，聲如雷。或云天狗也。明年，崇明有變，邑人恐。

正德四年。己巳。秋七月六日雨，至十一日晝夜不止，瀕海高原人民廬舍多漂没。父老言景泰甲戌與永樂乙酉同。先是，邑南諸山有虎食人，北延横泖之上，水至而去。

是冬極寒，竹柏多槁死，橙橘絶種，數年間市無鬻者。黄浦潮素洶湧，亦冰厚二三尺，經月不解。有娶婦者過冰上，剨然有聲，一崩數畝，婿婦與媒妁、親戚、輿從百餘人俱陷。

五年。庚午。麥生數岐者甚多。五月雨，如己巳六月。大風決田圍，低鄉復饑，流離疾疫死者幾半。

六年。辛未。夏六月龍見黄浦東南，所過焦禾壞屋。有項氏者，壓死男女七人，一人被攝起入空而墮。

七年。壬申。夏，巨寇劉七入大江，泊狼山，邑民聞風震懾，男女長幼皆稱大王，無敢斥言寇賊者。有司集民戒嚴，夜有無賴子桂某者，乘醉呼"大王至矣"，甲士執兵伏者皆散走，官吏閉門不敢出，呼號之聲徹於街市，夜闌而定。秋七月二十五日大風，海水暴漲，是日賊船碎於江中，潰入海，官軍數百艘追及於邑東九團大洋圍之，皆莫敢前，獨一舟與戰，弗勝殲焉，賊亦逸去。十一月冬至，人望見竟夕海上有火連延，如列萬炬，西抵北蔡，且聞金聲，望者以爲寇至，空巷出走。

十三年。戊寅。秋八月大水，有九龍戰於海。

十四年。己卯。秋八月白露大風雨，早晚二禾俱損，低鄉冬盡猶收穫未竟，民大飢，居民王僖捐千金賑之，民多全活。

嘉靖元年。壬午。六月，東鄉黄氏家僕萬全妻生一子，頭頂左右各有肉角，目在額上而圓甚，雙睛突露如夜叉，聲亦不類兒啼，遂棄諸河，或謂旱魃。七月二十五日大風雨，壞官民居，崇壽寺銀杏數圍拔而仆地，至冬，一夕自立。

二年。癸未。六月朔日大雨雷震，縣南之松江道院火燎其楣，煙焰蓬勃，經日始熄。

三年。甲申。二月十五夜地震。秋七月飛蝗蔽天，颶風大作，驅蝗入海，遺種化爲蟹食稻。

十八年。己亥。秋閏七月初三日海嘯，風從東北起，漂没人民數萬。

二十三年。甲辰。二十四年。乙巳。連歲大旱赤地，米價騰貴。每石一兩六錢。

三十年。壬子。地動，白毛生。長七八寸，民間床壁下亦有，先是民謡曰："地上白毛生，妻兒老少一同行。"高橋鎮民家鷄作人言。云："燒香望和尚，一事兩勾當。"

明年倭奴燒香羊山，遂登岸焚掠，人民逃散。

三十三年。甲寅。三十四年。乙卯。大疫，民死殆半。六門山楷車日以百數，棺肆不能給，多以葦席裹屍，至有一家相枕籍無收歛者。

三十五年。丙辰。夏，黑眚見，民間譁言有物若狐狸，夜入人家，家擊銅器驅之，不寧者兩月餘。有被害者，噀以水，見紙人墮地，相傳妖人所爲。

四十年。辛酉。秋大水，歲饑。知縣郜光先命民王洲糴米煮粥哺之，民賴以生。

四十五年。丙寅。秋風雨大作，城市閭舍多傾壞，牌坊石柱俱摇動。

隆慶元年。丁卯。城中民家猪生一子，其左蹢爲人手。先一月，河岸有枯樹竅中出煙如縷。冬，民訛言遣中使詔選宫女，民間男女無論長幼，婚娶無虚日，至有配非其偶者。

二年。戊辰。冬十月夜雷電，桃李花開，麥秀，梅杏實。

三年。己巳。六月朔癸酉日海溢，大風從東南起，人畜漂没無數。

萬曆二年。丁丑。夏六月，陰雨連旬，寒氣凛冽如冬，田成巨浸，花禾漬腐。

十年。壬午。七月十三日海溢，潮過捍海塘丈餘，漂没人畜無數。後大風雨徹晝夜，壞禾稻木棉，是歲饑。

十月十三日，颶風從西北來，江濤陡作，舟皆簸溺，邑丞曹詩適詣府，舟覆死。

十五年。丁亥。春正月雨，木冰。謂之木介，晴霽之朝，枝葉四面皆冰，如玉樹。

夏秋異雷颶風，麥禾花豆俱淹折，晚稻僅可得糜數升。

十六年。戊子。春大旱。五月大水。秋七月壬申，大風拔木仆屋，田禾皆盡，民大饑。時斗米銀二錢，斗麥銀一錢。人咍糟糠屑豈餅作粥，繼以草根木葉，飢民死相枕籍。桀黠者煽衆環富室告貸，尋攔入室中，盡擄其所有，報復殺傷甚衆。監司憂禍且不測，急上其事，詔用重典，殲其渠魁，乃定人心。風俗此爲一大變云。

十七年。己丑。正月雨，木冰如箸，大饑。夏五月大旱，至於七月不雨。六月癸巳，月中飛雪，紛若吹絮，擘之皆六出。

十九年。辛卯。秋七月辛巳，海溢，自一團至九團，幾及百里。飄没廬舍數千家，男女萬餘，六畜無算。大雨徹晝夜，平地水二尺餘，城門晝閉。壬午，訛言倭寇至，民争入縣，凌藉死者數十人。是日居民求屍海濱，潮至群走，遂傳爲寇警。冬十月，雷電時作，晦夕大震。

二十二年。乙未。春三月，有鹿高丈餘自狼山渡海，循海南行至上海。在黄浦中絶流而過，縣官以十餘舟載矢石擊殺之，重五百餘斤。

二十六年。戊戌。春三月，二十九保民家婦有娠，忽嘔出一兒，寸許，形體畧具，驚擲之，即失所在。

二十七年。己亥。甲戌薄暮，聞空中有鬼聲。時以紙炮震之，民間謡曰："天上鬼車叫，城中放紙炮。不知因甚來，朝廷要納鈔。"次年果有抽税之舉。太監孫隆率奸徒建税司于雲間第一橋，凡支河悉置鎖柵，令械船四出巡邏，商賈被害，民不堪命。有民葛賢奮臂擒隆于橋下，擊之幾斃，曰："我以一身爲萬民除害也。"是歲，新場民嚴四家生一豕，人身白體，鼻方而長，前足皆人手。

二十八年。庚子。倉側民家産水犢，兩手六足，前四後二。

三十二年。甲辰。有二龍鬭于黄浦。在孫家灣，其傍大木盡拔，毁民廬數十間。

三十六年。戊申。六月，白龍見于黄浦龍華港，目光如電，一神人立其首。

天啓三年。癸亥。春三月，地大震，丙午復震海上，地生白毛。冬十二月，地大震，聲如風雨，自西北至東南，屋宇動摇久之。

四年。甲子。春二月甲辰，烈風雨沙，日白無光，凡三日。

夏五月，霪雨徹晝夜，壞禾苗，歲饑。秋七月辛未，地震，若雷聲，民居有傾者。

崇禎四年。辛未。上海沙岡有虎出蘆中。自黄浦西入浙界，至乍浦獲之。

五年。壬申。大荒，米穀騰貴，民饑。

九年。丙子。十二月極寒，黄浦冰。

十三年。庚辰。大饑。是年春夏不雨，村農栽成禾苗，翻種花荳，至六月二十四日大雨，溝澮皆盈，復將花荳，又翻禾苗，此後至冬無雨，歲遂大饑。

十四年。辛巳。夏大旱蝗，米粟湧貴，饑莩載道。八月戊午，海潮日三至。是年春大饑，斗米至三四錢，民食草木，根皮俱盡，抛妻子，死者相枕。有薛得倡首燒劫，白晝搶奪于市，知縣章光岳捕至，立杖殺之示衆。賣婆□氏抱人子女，至家殺之，以供飽啖，隣人聞所烹肉甚香，啓鍋視之，手足宛然，鳴官獲之，立斃。

十五年。壬午。春蝗蝻，遇雨化爲鰍蟹。冬十月丙午、冬至夜半，疾雷，迅風澍雨，折木飛瓦。

十六年。癸未。冬至五更，迅雷震電，大雨。初十日黄昏時，有銀一片自西飛來，銀邊相觸，有玎璫聲，漸漸往南，不知所止。以下採《紀異》。

國朝順治元年。甲申。三月，東南蚩尤旗見。六月初十日，廿三保祝聖堯家群奴持刀弑主，父子立時焚燼，遂延至各鄉，大户無不燒搶。十五日，廿一保顧六倡首，率各家奴輩入城，先至紳家索鬻身文契，六手持雨蓋一舉，其家立成虀粉。主被毆辱，急書退券，沿鄉焚劫，大家爲之一空。邑紳張肇林飛書達兵道程珣，遣貝遊擊領兵擒勦，始息。

按：明季縉紳多收投靠而世隸之，邑幾無王民矣。然主勢一衰，拔扈而去，甚有反占主田産，坑主貲財，轉獻新貴有勢，因而投牒興訟者。有司亦惟力是視而已。物極必反，以是顧六一呼從者蝟起，回憶情狀，毛髮悚然。近奉功令，鄉紳自好，積弊已清，然而子孫世隸未之改也。昔之君子有贖民鬻身者，可不體此意而與之更始乎？

三年。丙戌。二月十九日，白晝鬼號，徧城市皆然。十二月初，小南門外姜姓養鷄翼下有爪，各長寸許，有高飛而去者。

五年。戊子。四月初三日，大風，雨冰雹，地上徧生白毛。雹中有一黑圈，如人眼珠大者，擊傷牛馬麰麥。

七月二十一日，黄浦一日三潮。

六年。己丑。秋七月二十日將晚，日中黑氣一道直貫天頂，須臾海中一道黑氣上升，與日中黑氣相接如橋，至暮而没。

九年。壬辰。四月五月亢旱，人行魚道溝底，鑿井得水，鹹渾而臭。是歲大饑，合邑士民告荒請賑,知縣姚修蔚據董宏度呈上申,得蒙題請蠲糧。呈詞載荒政條。十一月十四日大雷,凡震三次。

十二年。乙未。四月,大東門外民婦懷妊十二日生一物,眼在耳邊,徧身生毛,宛是豬形。

十四年。丁酉。七月初三日,雷震東門城堞。知縣陸宗贄卜之曰:"龍騰也,邑之東當出元魁。"因命石工置"龍門"二字志之,後己亥科朱錦果中會試第一名。

十五年。戊戌。八月二十三日,地震。

十八年。辛丑。七月二十六日,一日三潮。

康熙三年。甲辰。七月内疾風,浦水大溢,六門竟同水關,田禾漂没。

七年。戊申。夏六月十七日,地震。

九年。庚戌。夏六月十一日,驟雨狂風,拔木倒屋,三晝夜方止,是歲凶荒。

十年。辛亥。四月至七月亢旱,港底生塵。

十一年。壬子。閏七月,地屢震。七月二十日,龍陣,燒毁田禾,掀起房屋于空中,行人隨風掀去,冰雹有重二三斤者,壓死牛馬。

按:《府志》祥異自順治元年後不載,兹據耆儒劉浚之日記而録,其中或有互異,俟諸君子詳加考焉。

十六年。丁巳。夏,疫癘大作,鄉邑靡寧。知縣任辰旦詣廟齋禱,啟建九州大醮四十九日,闔邑士民日率齋戒,境内賴以得安。

十七年。戊午。四月初五日午時,地震。

十八年。己未。夏旱。秋八月初十日,螟蝗入境食蘆,勢如火燃,禾稻無患,二日而去,米價湧貴。每石二兩四錢。

十九年。庚申。八月初三日,驟雨連宵,浦潮相接,城内水高五尺,鄉民船行田中。

遺　事

志遺事者,志其善事之遺也。其人爲獨行之所不及收,而其事又不可使之泯没而無傳者,乃筆之。若事近於怪,而人之入於窮奇者,雖前志所存,槩從姑舍,鬼瑣重複如《容齋隨筆》、《鶴林玉露》諸書者,亦無取焉。

趙如珪,世籍烏泥涇。推誠樂善,創建保和道院,又於涇浦入邑孔道咸鑿井架菴,以憩行旅。其子弘毅,又闢齋舍,延名儒以教諸子,生徒負笈至者皆館穀之。未幾,庭芝第進士,其來學者越人郭進存、色目人札剌里了亦相繼登第。元代南人登進士自庭芝始。

費寀,器局寬整,樂善好施。稅司重估苛取,寀請依額取辦,用三十税一之法,不足則補以私錢。其斛銘云:"出以是,入以是,子子孫孫永如是。"後贈江夏郡公,謚榮敏。

明太祖嘗登鍾山,詞臣扈從擁翠亭,給筆札賦詩,應制者八人,秦裕伯與焉。世宗幸興都，詔修《承天府志》，命侍臣各擬承天賦，應制者十三人，顧從禮與焉。

張賜，字安仁。嘗渡海舟覆，憑一篙浮沉者五晝夜，遇故人某以網畀，得歸不死。後有孫曰衡，中永樂乙未進士，曰顴，中宣德壬子舉人，劉定之紀其事。

胡秉忠，洪武初舉人材，知行唐縣。務以禮化俗，製《孝順》、《節義》、《讀書》三圖，入覲時以獻，温旨嘉之，頒行天下。

李敬，字成學，郡人，永樂丁酉舉人。宣德間，上疏乞就禄養，授上海訓導，迎親居入署，菽水承歡者十餘載。遷德化，改崇德教諭，皆以師範稱。

侯端，有膂力。南滙有虎傷人，端格殺于烽堠下，至今人呼其地爲侯公殺虎墩。

李文忠，居貧力穡，一介不妄取。嘗與其子入城，得遺金三兩于道，遂艤舟以須，一人泣至曰："吾父逋賦繫於官，吾鬻子以輸，今亡之，無生路矣。"文忠舉遺之。舟還，過唐行鎮，舟膠入水，挽之水中，獲銀一錠，衡之倍於前。

秦敕有桃一株，質幹並瘁，棄籬落間。嘉靖三十八年春，桃忽再榮而花，其子嘉揖會闈捷書至，沈太僕作《瑞桃記》。

張紘厭城市，去邑北數里居焉。多種木棉，親自鋤收。補任建昌守，吏人來迎，遇紘田間，問守居何所，因指示之，潛從舍後冠帶出見，吏人覩之，即田中叟也，相顧驚異。

浦澤與尚書張電同學于陸文裕公深，各擅其妙。或官司强之書，則堅辭不應。平生嗜酒好睡，終身不娶，貴人争招致之，而未嘗干謁，得金錢即散去，人呼爲浦小癡。

曹用中業醫，有娼黨以千金寄之，俄被盜，娼倉皇奔詢，用中曰："君物幸無恙。"悉歸之。

張二善泅水，能伏水中竟日夜不起。倭舟泊海洋，令張入海鑿沉其舟，立奇功，督撫欲疏授之官不願，與之金亦不願，曰："官縶我，金禍我，不如一醉也。"强賜之，果以金遇害。

董氏始祖遺安公墓在沙竹岡間，相傳厲布衣所定，墓前柿樹一株，每結一實則獲雋一人，自天順己卯御史董綸始。

劉鈍兄銑，永樂間以會計事坐法，繫京師獄。鈍婚二日，即趣裝北行護兄，後兄思歸，鈍陰乞守者伏兄繫。比兄歸，紿父母謂弟旅病卒，父母悲哀不置。鈍久繫，而里人官長安者爲司寇，白其狀釋之。比歸，家人驚以爲鬼，鈍具告其故，與父母相對泣，兄愧逸去。後鈍生二子，名璵者中天順己卯舉人，仕至建寧太守。名玉者生子兖，汀州通判。兖子兆元，舉進士，懷慶推官，歸有光爲之銘。

顧草堂英，于弘治己酉治生壙于肇嘉浜上，雷雨大作，磚埴之屬忽移于南數丈外，其鋪甃巧異，非人工可及，白筆倒書大字于華表石上，"雷部大將軍石守信"，字畫遒勁，有晉人筆意。

楊東濱，少負俊才，拓落不遇。與陸文裕公交善，嘗賦《春興》一絶云："薔薇枸杞滿庭栽，書閣垂簾半捲開。蛺蝶不嫌春色淡，隔簾飛去又飛來。"太守雅聞之。後以殺人事牽連，太守見其名，笑曰："此作《春興》詩者，襟懷如此，肯干俗事耶？"釋不問。

莆田鄭公洛書爲令，特廣設社學，每出屏騶從，聞市中蒙童讀書聲必竚以聽，有訛字即令改正,或試之對,有穎敏稱意者即命取紙筆賞之。

秦嘉楫初授行人,使周藩。周王偉其風度,厚贐之,悉謝却,乃衣以一狐裘,曰:"天氣方寒,幸使者爲遠道計。"公不得已陽諾。至杞縣,託同年以裘歸王,曰:"某小臣,何敢辱王服。"

姚昭,字如晦,世業儒而貧。每讀父書輒嗚咽流涕,事母至孝,所得廩餼悉供甘旨。及卒,門人私謚爲希廉先生。孫成瓚,邑庠,以孝義聞。

陸明揚,字伯師,爲諸生。久困踐更,以語譙邑令敖選,選銜之。會明揚父析與族人楠有隙,楠因姻家曹忿奪奴妻事,誣明揚同謀殺其夫,明揚被拷,竟誣服。揚弟明允籲辨臺司,楠懼,謀遷明揚于青浦獄,欲庾死之。明允棄儒藝圃,以事父母。居三日,則負糗脯走百里視其兄獄中者三年。屠公隆夜行獄,聞明揚讀書聲,察其冤,申狀直指覆讞之,得釋。後舉鄉薦,爲靖江教。明允子起龍,壬子舉人,宰永寧,有惠政,祀名宦。孫鳴珂,順治乙未進士。

王潭,世居川沙。萬曆十一年海溢,漂没人民無算,潭瘞浮屍數百。後川沙城垣坍,城門欹,其孫中翰乾昌葺之,增建石梁以護水關,浚濠以防寇盜,人謂能繼祖德云。

秦國士,端恪自持。從父御史鳳樓公無子,謀之國士,不應,食貧如故。後鳳樓卒,族人争訟,嗣子以田宅券授國士,復笑而却之,蒼頭挈貲來歸者皆勿納。後爲武進教諭,遷知瀏陽,民風爲之肅清。

葉蕃春,副憲有聲之父。嘗宿邑邸,主人出追逸僕,獨少婦在室,日且暮矣,公渡浦避之,時甚風疾浪,勿顧也。又有妾與嫡忤,胠篋走母家,失道,夜匿公園中,覘得之,密召其夫,與偕歸,曰:"毋揚之,恐人以垢汝。"其質行不愧有古儒之風。

張建寧元玘,解組後宦槖蕭然。好行善事,凡故舊宗鄰子弟貧不能學者,多館穀於家,訓迪甚至。自言幼孤,舞象後尚未能學,伯兄食餼有名,奴輩俱懾伏之,視予蔑如也。一夕夢遊庠,諸黠奴拜賀惟謹,始醒悟,折節讀書,受業於徐文定光啓、家方伯所望,遂得成名。凡兩公著述,多屬參訂行世。

潘恭定恩知蘄州,年四十尚無子,夢雙星從天墜下,其光煒然,隱隱有文,一曰哲,一曰端,未幾生雙子,即以其文名之。

顧公從禮舟過黄浦孫家灣,遇二龍取水,其船攝起空中,見龍華塔反在下。頃之舟墮,乃三林塘西岸,已去孫家灣二十餘里矣。是日壞船者無數。

黄公希英爲令時,海濱有物隨潮而入,潮汛退,不得出,民搏以獻,其頭類虎,尾如鹿,皮甚堅厚,或云虎頭鯊也。

朱御史豹,起家奉化令。正德己卯入覲,與尉某同舟,夜泊黄河口,隣於賈船,盜百人圍賈船急,尉之子能挽十石弓,試其技,立死二盜。羣盜怒,舍賈船而奔朱公,度不免,躍入水,順流浮二十餘里,若有物掖之者。遇莞蒻舟縴垂下,遂挽縴得稍止,舟人覺救之,公寒噤不能語,舟人異公貌,即焚莞蒻爲公驅寒,久之乃甦。是時死于火者三十餘人,尉僅存燼餘一股而已。

朱贈公察卿，能文而豪於酒。嘗於十月望夜餞客學士橋，酒酣，裸身賦詩，中寒疾不起。病中作《破帳記》，記甚奇麗，載集中。易簀之日，云："白鶴下來，乃吾去時也。"果於空庭中鶴唳三聲而逝。王弇州先生來唁，有蝶大如碗集懸像上，唁畢乃去。

朱進士家法爲諸生時，與黄公體仁同讀書龍華寺之北房。午夜夢身死銘旌，上大書"工部都水司郎中朱某之柩"，役夫舁至潘方伯壽域上休焉。覺而語黄，黄曰："焉知君異日不方伯耶？"後家法由信陽州守歷官工部郎，以疾乞歸。而方伯之子以所營壽域不稱意，欲棄之，而别卜地，已松柏成行矣。家法聞之，笑曰："是天留以遺我也。"乃售而葬焉。定數之奇如此。

侯通政峒曾，卜祔其父給諫公震暘于祖參政之墓，延地師李明田相視，明田登壠環視，曰："昭穴辰水衝城，若窆是必代有忠孝，然賈禍烈矣。"峒曾長揖曰："如公言幸甚，天下豈有忠孝之門而畏禍者耶？"竟祔葬焉。

張錫眉，字介兹，庚午孝廉，嘉定學新場鎮人。闈前請于乩仙，仙示云："是科必中，後殉國難。"果於是科捷南闈。甲申闖賊之變，令室人黄氏及妾與女俱赴水死，然後徧身自書姓名，登嘉定南門城樓自縊。

周規，字象圓，少好學，有奇氣。崇禎時，疋馬走京師，上書言邊塞事，不報，拂衣歸里。賦詩自娱，家無儋石，喜酒好客。風日晴美，袖餖飣并攜榼器，至水木清華所，呼知交泥飲，飲罷，時仰天悲吟，以此終其身。所著有《醉餘草》，藺質如其人，高人莫秉清爲之序。規，吴淞人。

王昌明，字良仲，學憲圻之孫。補博士弟子，屢試不遇。嘉定有舊家子爲仇，修宿怨，欲寘之死，其人手離婚券，率艾妻夜造昌明所，曰："某爲仇人所陷，無援必死，或三十金可倖生。公五十無子，我妻少，且宜男，請侍箕帚。"昌明惻然，如數畀之，而置其妻於别室，令老嫗寢食與俱。不一月，其人事解，召而還之，夫婦泣拜而去。子世奇，順治庚子副榜。

沈沐周，鎮庠生，屢試不遇。有同姓墓域一區，以子姓寥絶，丘壠爲墟，沐捐己資爲之修葺，且代輸官租。又收養孫氏子三月之孤，爲之撫育婚娶，其好義有足稱者。

杜啓勳，内行甚飭。因家中落，假錢貿布，之大賈席冏卿所市之，席司庫者於本值外誤發羨銀數十金，勳不知也。歸舟合要，乃復返棹，以餘金歸司庫者。又拾遺金於木市，艤舟待亡金者歸之，不告姓名而去。後勳家道日昌，子孫皆有聲。卒年八十一。

《洪範》篇壽居五福之先，蓋上壽若斯之難也。太學生杜士敏妻周氏，五十四而寡，事姑以孝，撫子女以仁，今年癸亥登百歲矣，而視微齒堅，神明不衰。崑山徐翰林秉義贈詩云："城東佳氣鬱芊眠，中有期頤寶帨懸。年遜廣成還七百，桃遺方朔定三千。閒梳黄髮論耆舊，笑攬斑衣問耳玄。從此北堂春更永，漸看甲子兩回圓。"

奚汝斗，川沙堡人。性至孝，父患癰，汝斗吮之，號天求代。病愈，復色養者十二年。崇禎己巳歲大祲，率先請賑，出己粟若干石以助糜。年近百歲，人咸謂孝義之報云。

張有榮與孟希賢兩人俱老，以孝義相感。康熙十年春，共出己粟若干石助作粥糜，全活無算。北郊至淞閘，商民往來，泥淖爲患，二子倡首，募石砌路，亦義士也。

倪學武事親能以志養，尤樂善好義。黄浦高昌渡爲東西孔道，武助田若干畝以贍榜人，涉者賴之。

張至大，字伯弘，同爨及百丁，人以公藝稱之。康熙八年，歲饑，捐租五百石以賑里人。李二鬻女以償貸金，至大立返其券。山右賈人王晉旅死，至大爲具棺殮，使召其子弘謙至，又計其費而津遣之。康熙十二年病，命置酒召親黨，呼其子永吉取逋券，悉焚之，薰沐而逝。弟至剛，字君毅，年十八代兄任北運役，同役胡中以舟沉被繫，傾囊貸之得釋。崇禎十四年大荒，賑穀六百餘石，募夫濬洋涇、海塘、新港諸河，計口給食，所活萬計，人尤誦其義云。

趙瑞以監貢授福州古田縣尹，有惠政。孫文元，有逸才。一日從村舍還城，門鑰矣，坐井亭待旦。袖有稅銀及詩稿一册，蹒跚衣袖間，宵人搶取之，文元覺，而其人駭仆，文元笑曰："無畏，若貧耳，取吾金去，詩稿畀我。"其曠達若此。卒年九十四。

沈大至，字伯雍，號于三，邑庠生。闡濂洛之旨，而尤精于《易》，講學五十餘年。所著有《四書貫》、《易經原》、《繫辭津》、《綱鑑要》及《文集》數十卷。又博通天文、地理、醫藥諸書。爲人端方正直，人稱大儒，晚年自號一三居士。康熙四年，舉鄉飲賓。歿日，門人私謚爲敬修先生。

蔡國珍，字叔祥。崇禎十五年，歲大祲，屍骸枕席，珍獨力葬理。康熙三年，海潮大作，田舍俱淹，珍罄囊築圩，至今賴焉。婦翁王藹人無子，爲娶妾續嗣，繼爲撫孤成立，田園什物悉歸其子，閭里稱爲長者。

張國臣，字夔山。邑侯劉潛濬虬江，時值歲歉，民不能供役，國臣代爲出資募工，以疏湮淤。復捐貲五十金助建奚家江橋。其孫永銓，游雍，爲六館知名士。

夏氏，陸家行陶氏僕婦也。夫姓曹，以父有少子，異室而居。夏孝甚，每以酒肉竊食其翁，翁饑，夏以雞卵四沸酒食之。夫歸，疑夏食所私，詈之，夏含冤憤，伺夫出，闔扉自縊。隣媪排闥視之，氣已絶，馳告夫歸，將入殮矣，忽黑雲疾飛，雷電繞户百餘匝，而夏復活。此崇禎十三年六月十三日事，今癸亥年，七十而强飯如故。

滕善國，字元長，嘉定庠生。博聞强記，邑侯吴道重之。有江東富人沈晦輸金乞免徭役者再，善國拂衣去，終不以私干，其介如此。嘉定門人稱爲露研先生。

庠生蔣光濟之妾曹氏，夫歿時，曹年二十一，與妻張氏誓死守。無子，立姪蔣思。思方遊庠，又卒。未幾，張氏又卒。曹獨紡績，撫孤孫蔣孜成立，今已六十五矣。撫孤難，妾撫孤尤難，撫兩世之孤尤難，故志之。

張勃，字伯涵。孝友方介，博洽經史。乙酉秋，土寇作亂，勃父年九十餘，卧不能起，寇至，欲殺之，勃以身捍父，宛轉白刃間，賊感其孝，獲免。董象恒開府兩浙，延禮之，所著績勃謀居多。子天臣，亦知名於時。孫以恒。

平遠令張天培，本邑貢士，前爲韓城丞。康熙乙卯二月，韓城守將李師膺殺縣令翟世琪，據城以叛。天培時解蜀餉歸，聞變，星馳抵韓，韓人擁之不使入，天培曰："令死城失，歸殉封疆我分也。"遂入，賊環白刃脅之，不爲屈，賊以其得民也，姑置之。天培於是以計紿賊出城,閉關死守,乘間請救兵至乃解,韓人至今德之。

浦東六佛菴有銀杏一株,大可數抱,鸛棲其上,徧攫鵲之成巢以爲巢,方十里無完卵。忽一日,鸛方踞巢哺雛,兩鵲凌空奮噪,頃之萬鵲雲集,争喙鸛巢,鸛與雛同墮而斃,羣鵲猶搏其兩翼而吮其血。惡不可縱,怨不可歛,如此夫。

趙夢嘉,字連城。幼時績學,由儒士候選。崇禎十二年,憫傷役困,捐助贍役義田百畝,又助鄉學田二十畝,巡按御史王志舉給帖額旌之。年六十猶未得子,後連舉二男,庠生趙燮國、學生趙炎。

乾隆上海縣志

〔清〕范廷杰　修
〔清〕皇甫樞　等纂
趙文友　點校

整理説明

《〔乾隆〕上海縣志》十二卷，清范廷傑修，皇甫樞等纂。范廷傑字斗南，號寶岩，雲南通海（一作建水）人，乾隆十五年（1705）進士，四十七年任上海知縣。皇甫樞號竹泉，浙江桐鄉人，乾隆十年進士，曾任湖北竹山縣知縣。乾隆四十八年冬，各縣奉檄重修縣志，上海知縣范廷傑設志局于上海喬氏園，重修邑志。時皇甫樞任本邑敬業書院山長，故借名虚列總纂，卷首所列參閲如許寶善、陸秉笏、陸錫熊父子等九人，亦系空列其名，實際纂輯工作由沈崇勳、華錫瑞、劉爾榮、瞿華、徐日華、曹錫辰等分任，各自採訪增補，不逾百日即修成，次年春付梓。

上海自康熙修志之後，乾隆朝又兩次纂修，此二志體例分類悉仍康熙志之舊，名爲重修，實就舊版在每類後增刻數葉以成書，將類目稍作更移，並未改作。正如范廷傑序所言："悉踵舊志門類而增訂之，其有舊志所遺者則補之，舊志應削者則汰之。"該書凡例亦云："今四十八年續修，體例仍本舊志。凡前志所未載者，檢查一統志、通志，悉爲采入，較前志略備。"此志十二卷，分四十一門，較之乾隆十五年李志，子目改動七處，依次是：疆域附建置、鄉保，水利附堰閘、護塘，官署附育嬰、同善堂，薦舉附館職，明經改貢監附儒士，儒士改例仕附例貢、雜職，武科增武途。除内容增補外，文字避諱亦趨嚴，如乾隆十五年志一般將"弘"字缺末筆，"曆"字改爲"歴""厯"，而乾隆四十九年志又將"弘""曆""厯"等字一律挖改爲"宏""歴"。另外，乾隆十五年志將今屬青浦、南匯者皆標註"某屬青浦""某屬南匯"以别之，乾隆四十九年志又將鎮市、古蹟、坊巷、津梁、寺觀等已分隸青浦、南匯者删去，亦間有留存者。

此志刊行後議論不一，清陸慶循在其《嘉慶上海縣志修例》中批評曰："顔志以後，愈修愈不得當，徒益篇章，漫無考證，至范志而遂繁蕪不可響邇。"周中孚《鄭堂讀書記·補遺》卷十三亦認爲此志"成於倉卒，草率蕪蔓，亦所不免"。但值得注意的是，本志水利門載録宋、明以來治水方策，田賦門備録明代賦額名目，特别是康熙二十四年設海關後之資料頗爲珍貴，記事延至乾隆四十八年，文獻内容較前志完備，在保存史料方面亦有貢獻。

據《中國地方誌聯合目録》《中國古籍總目》等著録，此志清乾隆四十九年刻本有國家圖書館（不全）、北京大學圖書館、上海圖書館、上海博物館、天津圖書館等十餘家單位收藏，另有清抄本收藏於上海博物館。此次整理以上海圖書館藏本爲底本，此本十六册，每半葉九行,行二十字,小字雙行同,白口,四周單邊。倒葉、缺葉及文字漫漶處以國家圖書館藏本糾正、補全。整理時將少見之異體、俗體字統一爲規範字,避諱字徑改爲本字。疑誤字、衍字加圓括號,正字、補字加方括號,原文空字及漫漶無法辨識之處以"□"代替。

限於水準,疏誤難免,祈盼方家批評指正。

國家圖書館　趙文友

二〇二一年十二月

乾隆上海縣志目録

上海縣志序

我國家政教所及，天下郡縣，諸務整飭，百職修舉，自制撫各憲以及守令，罔不兢業恐懼，争自奮勉，以仰副聖天子振作有爲之意。懋哉美哉！上海爲松屬壯縣，地連江海，民物浩穰。雍正八年，議移巡道駐此，彈壓攸資，開権所寄，居是職者，責綦重矣！歲仲春，恭逢翠華南幸，攀桂以奔走微勞，荷蒙恩眷，特簡斯任，閲兩月而始視事。循覽疆域，採訪土風，有僚屬之表率焉，何以董戒而無叢脞？有文教之權衡焉，何以鼓舞而使振興？羣黎林總，何以拊循？兵防什伍，何以整肅？商賈輻輳，何以柔安？舉凡因事制宜，隨時利導，苟非深知習尚，熟察情形，則法立而不便，令出而難行，更化善俗，其操何術以爲功與？嘗讀《周禮》“外史掌四方之志”志者，誌其事也。賈生有言：“不習爲吏，視已成事。”志之所載，其事皆屬已成，由斯以觀，則余所領一府一州十有一縣，按圖披籍，朗若列眉，舊章率由，可以不愆乎？上海邑志，自前明迄今屢經脩輯，玆又續纂三十餘年事蹟，可信可徵。乃於下車伊始，值是書蕆事，昉乎一邑，暨乎闔屬，俾得藉手以上報聖德，下愜民情，此誠余之厚幸也夫！若其體例精詳，援据確鑿，指遠辭文，良有司之揚扢表章；士君子之殫洽淹貫，足以俟輶軒之採，垂風俗之書者，盛觀察、梁太守、范明府各覼序已，不復贅云。

乾隆四十九年甲辰四月，欽命分巡江蘇松太兵備道監督海關加三級桐城章攀桂譔。

上海縣志序

從古記事載言，信今傳後，國則有史，由省而郡而縣各有志。志者，倣乎史之例也。漢時天下計書，皆上太史，凡遺文古事，靡不畢備，司馬遷即本之以作《史記》。是志與史，其事殊，其理一也。伏思國朝久道化成，我皇上允釐咸熙之盛治，凡山陬海隅，莫不一道德而同風俗。保恭膺簡命，觀察松太，駐節上海，已閲六年，報稱未能，罔敢懈逸。凡事切民瘼，有關風俗，如修學宫，濬城池，啓迪書院士子，莫不以先務爲急。其他若文星閣、湧泉亭、皇華館、臨江樓，無不捐廉舉之，以期無負聖天子委任之至意；抑皆使者分内事，而有志未逮者，恐正不少也。上邑東距大海僅五六十里，喜無獷悍之習，士尚詩書，俗敦禮讓，畊鑿紡織，悉樂其利而安其居，蓋即一邑而知聖化之翔洽靡涯矣。歲癸卯，邑令范以修志請，歷年久遠，慮有遺忘，亦長民者似緩實急之務也。竊思記載之事，自古難之，司馬温公《通鑑表》曰“日力不足，繼之以夜”，又云“其間牴牾，不能自保”，即此類推，邑志之成，亦非易事。而賢有司謹敏將事，延諸名宿，殫功日夜，閲三月而告成。觀覽之下，經緯燦然，舉要括凡，敷陳明晰，上以揚聖朝德化之隆，下以表民物恬熙之盛，是亦難能而可貴也夫！因爲之序。

誥授武功大夫欽命監督海關分巡江南松太兵備道長白盛保撰。

上海縣志序

邑志之昉，其義何取乎？蓋所謂前事不忘，後事師也。誠以設官分職，縣令與民最親，興利除弊，訓俗型方，胥於是寄，長吏之責，顧不重歟？夫蹈襲成迹，與好事更張，均非政體。乃始涖其地者，斷難素習其俗，考鏡得失，必於志焉是稽矣。余於壬寅歲來守松郡，領縣凡七，而上海爲華亭首分之邑，民稠商集，濱海襟江，向稱繁劇。邑宰范君亦適調斯任，越癸卯甫一載，政成績報。簿書之暇，按圖披籍，縣舊有志而未修者，閱今已三十餘季，其間風俗與化移易，事物隨時變遷者，不知凡幾，使不早搜葺，恐無以信今而傳後。因與邑之士夫悉心商確，缺者補之，略者詳之，疆圉賦役，徵昭代之宏規；科貢職官，覘人文之蔚起。至如名臣宦績，藝苑專家，與夫士懷獨行，女抱貞心，旁及技術之流，災祥之異，俱堪爲觀法而資獎勸，核之前志，美哉備矣！我朝重熙累洽，久道化成，土俗民風蒸蒸然日臻丕變。聖天子德教覃敷，湛恩汪濊，屢開鄉會之科，叠沛免蠲之澤，士習詩書，農安畎畆，則今日之不勞而理者，雖撫字之良與，實上之休養生息涵煦者深也。余嘉范君留心掌故，爲慮至深且遠，而鄉士大夫之徵文考獻，典核詳明，是真足以紀國家之盛，寧僅垂一邑之休哉？若夫責寔循名，援今証昔，後之來尹此邦者，可不下堂階而周知境内也已。是爲序。

乾隆四十九年歲次甲辰春日，朝議大夫知江蘇松江府事加二級鹿邑梁羣英撰。

上海縣志序

松江爲江左劇郡，而上海則松屬之壯縣也。舊志詳於明季，國朝康熙二十二年史公彩續修，乾隆十五年李公文耀再輯，荏苒星紀，迄今又三十餘年矣。其間風俗之變遷，户口之蕃衍，供職之盈縮，城池學校、橋梁水利之修濬，以及科名人物、歷官政績，與夫忠臣烈婦之大節，莫不彰彰可溯。至於災傷賑給、寬免蠲復，尤屬聖天子加惠元元之至意，所宜詳誌備覽者。苟不重加釐輯，何以具一邑之典章，垂爲觀法？因奉檄重修，備采信史。乃敦請浙西皇甫先生同邑士大夫共爲纂輯，徵文考獻，博採旁搜，凡三十餘年之事乃獲畢具，悉踵舊志門類而增訂之。其有舊志所遺者則補之，舊志應削者則汰之。刻期三月，次第蕆功，披閱之下，經緯燦著，可稱詳核矣。余自句曲，量移海上，下車之日，周覽疆圉，見夫浦流江匯，東注大海，人烟稠密，商賈輻臻，蓋地大物博，隱然有難理之憂。既迺考其風俗，則編氓多勞苦勤儉之思，士大夫皆有禮樂詩書之氣，且崇尚節義，樂趨事功，故涖職二年，訟獄不煩，催科易集，迥非鄙僿椎魯之俗所能同日語也。今聖澤覃敷，重熙累洽，百四十年間，涵濡沐浴，享無窮之樂利，用歌咏夫太平，豈非士民之幸歟？志既成，裝潢成帙，呈覽上憲，以爲翠華南幸，備采風問俗之資，是亦余承乏分内事，而得藉諸君子秉筆贊襄之力，竊自幸爾。

乾隆四十九年歲次甲辰孟春吉日，文林郎知上海縣事滇南范廷杰撰。

舊　序

邑之有志，所以考疆域之廣狹，覘山川之形勝，辨風俗之貞淫，別人物之淑慝，與夫户口賦税之增減，食貨災祥之異宜，胥於志是載。凡身任牧民，欲施政教，先求成獻，此朱子知南康軍下車即詢郡志，論者以爲知務。今上邑廣袤六百里，爲南吴盡境，負海帶江，一巨邑也。耀不敏，奉天子命來涖斯土。檢閲舊志，創自前明弘治，續修於國朝康熙癸亥，卷分十二，類凡四十，洵縷晰條分。第迄今六十餘禩，年數寖遠，中間聖聖相承，恩綸叠下，休養生息，既美不勝書。矧自雍正四年，割邑之浦東地分爲南匯，土壤既分，則輿圖應別，而户版田賦、官司選舉均須更易，未可因循舊制。再此六七十年中，事宜之因革損益迥異曩時，若不亟爲蒐羅，在官之卷帙日殘，在野之老成日替，益慮文獻之無徵。他如顯爵碩彦彪炳在人耳目者，或未至湮没不彰，其孤踪懿行、勁節清操淪落於茆簷蔀屋，竟聽與白楊黄蒿同腐，良可浩歎。用是正思所以修輯之，會捧制憲黄檄，飭令設法纂刻，更毅然志決。遂敦聘西吴談秋帆、鶴坡葉子敬兩先生，并選取邑諸生，開局於曹氏園内。由舊增新，廣搜博採，叙一事必遍考簡編，録一名必折衷輿論，扃户彙鐫，甫三月告竣。非敢曰著一代之完書，堪以信今而傳後。惟地屬海隅，撫此林林總總，當思禁暴詰奸，興利除弊，觸於目而會於心，庶幾佐政之未逮，以仰副聖天子簡任之深恩，暨大憲飭修之至意云爾。至耀視事未半載，見聞未周，倘多缺略，其復爲增補而成信史者，願以俟夫後之君子。

乾隆十五年庚午三月，知上海縣事清流李文耀撰。

舊　　序

盧龍郭侯載道爲上海之三年,威德敷施,廢墜修秩。顧誌書猶缺久之,曰:“唐進士士絅,邑人也,而文盍屬諸?”士絅乃爲稽故籍,詢遺老,摭遐搜隱,彰善黜衺,彙次得八卷。予嘉侯之知所先也,唐君之善志也,推其意序之。序曰:今天下名郡稱蘇松,松之屬邑纔二,曰華亭,曰上海。上海,故華亭之東維耳,至元割爲縣,土壤始分,非獨人之爲也。天之分野,地之形勢,民之習俗,亦若有殊焉。況其沿革有可言者,不可不誌也,故首之以疆域。疆域之中,其大者有二:峙爲山,流爲川。松之勝有九峯三泖,而在上海,山則有若簳、福,川則有若青龍、黄浦,而大海在其東,斯觀之大者也,故次之以山川。有土斯有貢,松一郡耳,歲賦京師至八十萬,其在上海者十六萬有奇,重以土産之饒,海錯之異,木棉文綾,衣被天下,可謂富矣,故次之以田賦。事有緩而急者,祭祀是也,祠廟壇壝,載在祀典,而不及載者,有其舉之,亦所不廢也,故次之以祠祀。若夫學校以造士也,公署以聽斷也,津梁堰埭以通利也,樓臺亭榭以觀遊也,亦不可廢,故次之以建設。古今之在天地,一而已矣,事往跡遺,則感慨係之,池丘故墟,過者躊躇,爲其古也,故次之以古蹟。設官分職,本以爲民,官上海者,自元迄今,其政往往可書,然不能無遺也。書其可書,其不書者,非遺之也,蓋亦有勸戒存焉,故次之以官守。國無小,有人焉則重。上海僻在海隅,而名獨聞者,非財賦之謂也,賢才輩興,實華兹邑,然則使兹邑之有聞,獨不在於人乎?故以人品終焉。

弘治十七年甲子閏月之吉,吴郡王鏊序。

舊　　序

上海，華亭一舊鎮也。至元間始割爲縣，屬松江府，百五十年于兹，益繁益茂。天下之以縣稱者，自華亭而下，莫能先焉。而志未有，缺典也。其膏腴富庶與華亭同，而加之以魚鹽萑葦之利，乘潮汐上下浦，射貴賤貿易，駛疾數十里如反覆掌，又多能客販湖襄、燕趙、齊魯之區，不數年可致鉅産，服食侈靡，華亭殆不及焉。然名賢高士雖不乏人，而甲科顯宦則視華亭爲劣。邇來屢得文章道德之士作尹以鼓舞之，彬彬彙征，錯布臺省，而巨筆雅音漸出華亭上矣。志之作於此時，非有待也哉？盧龍郭君載道，以名進士尹上海，律己廉，撫衆寬，繩惡嚴，貧而無告者加之以惠。如是者三年，上下交孚，行且升矣，而阨於浮議，衆爲不平，公論遂白，神人胥慶。君曰："吾不喜居此，喜得成吾志也。吾尹大縣，而志不作，非吾過與？"乃屬其邑人唐進士士絅撰次之。郭君即所謂道德文章之士，而士絅所謂巨筆雅音、科甲臺省之一也。又贊之以宿學朱叔暘，則其志烏得而不成哉？抑亦非真有待也哉？其風俗節奢從儉，而邑中之建設大半出今郡守宜春劉公作尹時，則今日人才之盛、官守之賢，亦不可謂無所自也，志之作真有待也哉。其爲卷凡八，類各有論列，簡而不遺，備而不泛，兼收並蓄，而無所混淆，是則可喜也已。志成，屬予書其後。予聞史家莫難於志，《書大傳》曰："天子有問無以對，責之疑；有志而不志，責之丞。"司馬遷不作志，遂使三代秦漢之制度沿革不傳，而班固强作之，又不能明其顛末，後求第相踵襲而已，有識者不能不爲之浩歎焉。今郡縣各有志，則所謂宋鄭之史皆稱志，非特史家一事而已，不尤難哉？然而地不乏書，代不乏人，作不苟同，則固各有見矣。與其漠然不顧，孰若奮然有作也哉！予於是乎有取焉。推是以往，成一代之制度，以備聖天子之疑丞，不在斯人也夫！不在斯人也夫！予於是乎良有待也。

弘治甲子閏月十日，郡人錢福序。

舊　序

上海據吴會之東，負海帶江，天下稱壯縣。予以正德十五年冬爲之宰，及是邑沿革、分野、疆域之故，山水之勝，風俗之變，物産之宜，户役之煩簡，貢賦之盈縮，建置之古今，祠祀之邪正，官師之姓名、邑里，名宦之聞望德業，登用之途，人物之彦，與凡古蹟之可知，雜事之可紀，文之可讀者，蓋已四載見聞。乃縣志之修自弘治癸亥，越今嘉靖甲申廿有餘年矣。嗟乎！跡往述遺，今日之事有明日弗知者矣，同室之情有閉户弗知者矣。況於地里非徧，年數寖遠，微書契紀傳，是安足知乎？故往者來之則也，億者一之積也，今人耳目，後之聰明寄焉。輒不自揣，授意於邑儒高企，撰志十五篇，分爲八卷。事以時損益，文以意筆削，篇各爲之論叙，義竊取之矣。不敢虚美，不敢迪慝，不敢舍其所宜存，不敢增其所當棄。凡六百里數百年之概，庶乎明備，濫稱一方之志。夫志，史之流也。昔者聖人作《春秋》，以道權天下之是非，斯固蔑敢望矣。然糟粕之談，博雅者所取。苟稽於其故乎律襲之道具，苟觀於其勝乎仁智之心興，苟盡於其變乎禮樂之化廣，苟察於其宜乎康阜之功作；又辨於煩簡乎思所均之，又通於盈縮乎思所利之，又明於古今乎思所嗣之，又審於邪正乎思所一之，又覈於宦某也賢、仕某也正、人某也彦乎思所上之，又綜於蹟、練於事、游於文乎思所精之。如是，邑有珪璋之吏，鄉有麟鳳之夫，則志雖無是非，勸懲寓焉。初，愚欲摭酷吏、奸佞各爲傳，乃復思美患不見，名疾不稱，善揚有歸，迹泯可知，前垂形，後爲鑑，故有書，有不必書。質之高生，果然斯言。生經明行修，思齊古人，編校之事咸屬焉。後有作者，更加釐正，勒成一家，傳之四方，是固所願也。

嘉靖三年甲申八月朔日，前進士莆陽鄭洛書序。

舊　序

莆陽鄭君啓範以名進士令上海之四年，嘉靖三年，云絃歌之化洋洋乎，慮紀述之隕，後莫所攷矣。乃取舊圖經讀之，以知故實，復參互近事，攄意流藻，月課成篇，裁成義類，凡十五卷，曰《上海志》云。且夫審曲面勢，良匠之工也；分畦疏蒔，老圃之能也；備意略文，志家之藝也。是故摘分野，上以明天；列土田、山水，下以則地；陳學校、財賦、户口，中以盡民。論時務則先善惡而後災祥，論人物則黜藝術而進列女，論祠祀則崇正教而抑佛老，論風俗則明感應而上勤儉。或總叙以發凡，或志雜以旁通，或紀文以稽故，考諸傳而賢否之實備矣，觀諸制而因革之宜辨矣。其述詳，詳而勸戒昭矣；其詞約，約而義例見矣。予以文學叨從君後，於志之成，翻閲竟日，竊歎夫往而不復者跡乎？來而不已者事乎？涣而成章者文乎？存而不忘者志乎？志以圖跡，跡不陳也；志以永事，事不遺也；文以成志，志必傳也。君覈於稱述，時爲論叙，有激而慨，有婉而引，跡斯乎證，事斯乎啓，而所謂文者實兼焉。嗚呼！若是者，周子之言"美則愛，愛則傳"，其可必哉！質之博雅君子，以爲何如也？

嘉靖三年甲申八月朔日，郡人徐階撰。

舊　序

縣大夫莆陽鄭公治上海之四年，出我師少宗伯東江顧先生《府志》、唐提學士絅《縣志》，謂企曰："我將有事于此，爾從之。"遂授以凡例。退而徧閱諸志，命侍史録爲括例以進。蓋聞志猶史也。史自《春秋》以來，馬遷變例，君臣爲紀傳，千古宗之。然《西漢》之《外戚》，《東漢》之《黨錮》，《唐》之《藩鎮》，《五代·義兒》《伶官》《雜傳》皆因事立言，不相沿襲。吾上海舊隸華亭，唐以前事散見《吴郡》，石晉以來見于《嘉禾》。唐縣華亭，别稱雲間，故在宋有《雲間志》。元爲府，有《松江志》，元末府有《續志》，上海新立縣，乃無專志。國朝，府有新志，有通志。顧孔文有《上海志》，未經脱稾，而士絅與今封御史朱叔暘共成之，弘治十三年也。兹析我師郡志爲縣志，述乎云爾。縣公上讀《春秋》，下宗《史》《漢》，筆削間自有餘師。編校既成，聊叙一時相與之言，以識其後。

嘉靖三年甲申八月朔日，邑人高企謹序。

舊　序

上海在宋末猶鎮也，而縣於至元間。縣未志也，而創於弘治癸亥，脩於嘉靖甲申，續於今萬曆戊子。志成，學士大夫屬余序首簡。余惟志者，史也。《周官》外史掌邦國之志，上自星野，下逮山川、疆域、户版、田賦及官師、選舉、人物、風俗、藝文、建置、秩祀之典，屬之掌故，以體裁紀傳，其事之貴乎核，而文之貴乎直也。故發凡起例則準之史，摛菁掞藻則繫之文，删述取舍則裁之義。義立而以辨名物，以備傳信，以垂勸戒。斯數者，志之大較也。上海邑於郡之東南，岸海帶江，僻在一隅，以比於吴之錯壤，雖若孤臣客卿，而禮制冠裳以及土毛耕織之利與華亭埒，稱巖邑焉。志之脩，始盧龍郭尹，越世廟甲申，蓋六十餘禩，一修於莆陽鄭君，以迄于今，若有待焉者。中間吏治之得失，建置之沿革，民生之利病，財賦之嬴縮，俗尚之淳漓，與夫築城濬隍、海防河渠、經賦均則之類，諸凡嗣起所宜續入者，參互采摭，條分臚列，較若指掌。總之則義達而事例明，文核而體要備，蓋斌斌乎質有其文，於邑志稱良焉。使夫宦于斯、生于斯者，因之以考政問俗，由百世而上下之，其故可知也。昔朱晦翁令南康，首閲志書，君子謂之知務。讀是編者，可以占海上治績所繇矣。志凡若干卷，始事於萬曆丙戌，越歲戊子告成。主其事者，上虞顔侯洪範；司纂輯以事讐校者，藩幕張君之象暨黄君炎輩六文學也。

萬曆十六年戊子冬十一月，郡人陸樹聲撰。

舊　序

松郡屬邑凡四，獨上海去郡爲遠。其地僻，非舟車水陸之衝，冠蓋之交罕至焉。又瀕海近寶，桑麻秔稻而外，有魚鹽之饒，故往時號爲壯縣。其民皆足自給，其士子皆好詩書、能文章，其擢巍科、躋顯仕，上之爲名宰相，次之爲臺閣侍從，以文章勳業名海内者比肩相望，可謂盛矣。然數十年以來習俗稍異，民多好拳勇，樂争鬥，又喜爲鉅箒告訐，睚眦之忿，錐刀之争，輒舞文巧詆，以虚詞瀆聽。乍閲其詞，雖皋陶聽之，以爲死有餘辜，及訊其情，則多譎謲誣妄，百無一實。今給諫任公前令兹土，予與之同心勗勵，磨革矯柔，力爲禁戢，雖稍稍衰止，然未能丕變也。又以近海多盜，繕城隍，修斥堠，民力凋敝，而歲比不登，近海之田幾同斥鹵。又海禁嚴切，四民失利，故往時所號爲大家富室者，今多蕭然懸磬矣。且民間男子多好游閒，不事生業，其女子獨勤苦織紝，篝燈燎火至達旦不休，終歲生資率仰給於織作，此其大都也。昔史稱“大江之南，五湖之間，其人輕心”，又云：“江淮以南，民多呰窳媮生，無積聚，故無凍餓之人，亦無千金之家。”以今之所見，合之古人所言，其風俗固不甚相遠。蓋不特上海一邑爲然，而即以上海一邑觀之，其尤大彰明較著者也。近者海氛蕩定，方陲晏然，皇上方與二三大臣厲精求治，江介海表之區延頸企踵，冀徼寬政，以觀德化之成，而復往時承平之盛。生聚教訓，與民休息，此其時也。縣令史君爲政静而惠，以治辦有聲，所修輯邑志既成，予讀之，見其事覈而辭簡，可謂有作者之風矣。夫民風與吏治相爲轉移，故同一馮翊，而朱博治之以權譎，薛宣治之以寬平；同一潁川，而趙廣漢行之以擊斷，韓延壽行之以禮讓。蓋與時消息，不膠一法。然而與其爲博，不如其爲宣；與其爲廣漢，不如其爲延壽。如良醫之視疾，因其虚實以爲調劑之方而已。爲司牧者，其可不加之意哉！

康熙二十二年十月朔，松江府知府會稽魯超撰。

續修上邑志序

古來載籍多矣。備章程而資政治，莫要於志，豈僅一統志與省志、郡志之足重哉？邑乘亦未可忽也。蓋運會有遷流，俗尚有變易，惟因時修輯，繁則删之，缺則補之，庶長民者有所依據，以臻上理，採風者亦得攷其政俗善敗之故。脱疆域已分，紀載猶舊，其何以成一邑之文獻以垂永久？松郡自我朝定鼎以來，所屬有四，俱係劇邑，上洋濱海，尤爲要地。世宗憲皇帝以江省政繁賦重，於雍正四年將蘇、松、常、太四府州之大縣各分爲二，松屬四縣悉在所分之中，惟青之分縣福泉，旋復歸併，其割上邑之浦東地爲南匯，猶華之於奉，婁之於金。畫界分疆，今昔異制。余於乙丑歲自廬州移守松郡，檢查各志，多未釐定。雖南邑新分，已另載筆。而上邑志書係康熙癸亥年之所纂輯，其地分，其時易，而其事其文尚仍舊焉。展閱之下，非舛則遺，欲求其前後疆索之異，與夫數十年來風教之殊，茫乎莫考。久思與同事者參稽而互訂之，以政務倥偬，未之有逮。己巳之春，制憲黄節鉞甫臨，體聖天子整俗維風之意，檄行郡縣纂修各志。上令李君治事未幾，延請名宿編輯成書。已分之版圖釐然有辨，續增之典制，蔚乎可觀，海濱風氣一開卷而可得之矣。夫修舉廢墜，俾一邑掌故流傳勿替，固有司之事也。獨難其數月之間，撫字催科之未遑，復留意於讐校，則其志圖上進，克勤厥職，亦可概見矣。後之司牧者覽是志也，其有得於致治之要也歟？是爲序。

乾隆十五年庚午宿月，中憲大夫知江南松江府事加五級松山朱霖撰。

舊　序

周官外史掌四方之志，後世因之有郡邑志，蓋人物、風土、疆圉，恒各自爲風氣，以成其俗，脩政教者，必周知之，而輕重布之，乃適其宜。志乘所繫，豈小補哉。庚午春，余奉命分巡吴會，採風問俗之餘，檄取邑志，以備參考。上海令李君擕所纂志請爲之序。志凡十二卷，爲目四十，條分縷析，昭聖代之典章；博討旁搜，垂一邑之文獻。彬彬然稱大觀焉。余披覽紬繹，不禁重有感也，邑舊志修於康熙癸亥，事歷三朝，縣境且一再晰，其間疆域形勢之分歧，户籍賦役之增減，風俗之升降，科名之隆替，以及孝義節烈、治績文章之流芳著美，迢迢六十餘年，曾無任釐定之役者，李君以清流名士，來宰斯邑，下車後，即能承上德意，夙夜校讐，甫三月而書已成帙，何其精進而神速也。於此見天下事，成於振作，敗於逡巡。惜其涖任未久，即以憂去，後之覽斯編者，廣其意以分猷宣化，則是志所載名臣政績，安見古今人不相及耶？

乾隆十有五年四月，蘇松太兵備道、晉陽申夢璽書。

舊　　序

古者賢士大夫，閎覽博物，亦嘗研精殫思於《九丘》之書。《九丘》，志地也，説該天人，得其理，將以從政也。昔人謂志與史相表裏，然司馬遷、班固叙紀傳年表矣，别立八書、十志，而於數百年制度沿革之故略焉弗詳，後世猶有議之者。於是志有專書，通史之窮也。上海，故市舶地，遠文教，人民龐雜。自至元二十九年創建縣治，歷明孝宗朝，風俗始一變，隱與華亭埒。顧閱百五十年，猶乏邑乘。時盧龍郭載道以爲長吏之過也，與唐士絅、朱叔暘兩先生鋭意編輯，凡三年志成。又二十年，莆田鄭啟範修之。又四十年，上虞顔中起續修之，迄今九十有六年矣。彩奉命吏兹土，求前志烏有也。問顔公遺版，得之塵壒中，亦朽蝕不可識。彩因之有感焉。百年掌故，編削壽之，金石固之，而猶若此，況浮湛在九十餘年中者，可勝道哉？夫事苟繫國家、利百姓，與夫名臣碩儒赫赫在耳目者，學士大夫能言之。若孤蹤絶塵，放聲滅跡，其風可思，名不可得而識矣。名閨峻烈，或操行潔白，或殺身成仁，不嘗求譽於鄉曲也，乃若滅若没於白楊黄蒿之間，能不悲哉？於是捜訪舊聞，黁摭逸事，大者得之史册，細者亦不遺負薪，闡幽發潛，不敢不慎也。今年秋，國家修《一統志》，遴選重臣，軺車四出，省會郡邑無弗奉明詔、獻方書。彩乃與薦紳先生蠲日肅衣冠，再拜授簡，重國典也。凡地理、河渠、賦役、建設、秩祀，則曹緑巖、朱拜石、張弘軒、董君節四先生，暨唐嵩少、雍庠諸茂才，共襄厥事，讐校釐訂矣。如官師、選舉、人物、藝文、雜志，葉憲副蒼巖先生則撰次之。既而網羅畢該，見聞淆雜，諸君子隱審悉心，討論義例，予奪筆削之嚴，彩竊與聞焉。三閱月而屬藁，四月而成書。諸君子具良史之識，手定百年鉅制鴻裁，焕然有第，可藉手以報行人矣。伏而讀之，彩益瞿然思、愯然起也。憶曩者初到官，風俗凋敝，百姓慓悍警詐，趍利若鶩鶩，嗜訟若菽粟，漸靡難返。於是解絃更張，不爲束濕，去其所苦，聚其所欲，歷今三載，瀕海百萬户隱若齗齗洋洋有所移易者，知"不易民而治"非虚語也。今海上地不加辟，收事重苦，困且數百年，安得爲民請命，減常額，公私充然，上無負逋，野有藏蓋也。士子稽古取榮矣，然必培養器識，修尚勵節，恂恂具禮樂之容，蔚然文物改觀焉。乃若農田水利之屬，以時舉行，民得優游田間，奸僞不作，而獄訟衰息。父老非讀法期會不見官長，胥吏不敢窺里門，桑麻蓊薆之中，黍華陵巔，良禾被野，六百里煙火相望，雞犬聲相聞，可謂和樂矣。彩懼弗勝任，然意願堅勇，皇然若或遇之，蓋上不敢負聖天子加惠至意，次亦不敢渝諸君子大書特書之義也夫。

時康熙二十二年癸亥冬十一月，上海縣知縣會稽史彩撰。

上海縣志歷修姓氏

明洪武朝

顧彧字孔文,邑人,由本縣儒學訓導歷仕至户部侍郎,草創志稿。

弘治癸亥年修

郭經字載道,盧龍人,弘治丙辰進士,知上海縣事。

唐錦字士絅,邑人,由進士仕至副使。朱曜字叔暘,邑人,由明經仕至清江提舉。

嘉靖甲申年修

鄭洛書字啟範,莆田人,嘉靖丁丑進士,知上海縣事。

高企字進之,邑庠生。

萬曆戊子年修

顏洪範字中起,上虞人,萬曆癸未進士,知上海縣事。

張之象字元超,邑人,歷仕浙江按察司知事。

黄炎邑庠生。

姚遇邑庠生。

張所敬字長輿,邑庠生。

顧成憲字幼章,邑庠生,歷仕應天府訓導。

黄體仁字長卿,邑庠生,成進士,歷仕山東副使。

朱家法字季則,邑庠生,成進士,歷官工部郎中。

國朝康熙癸亥年修

史彩上海縣知縣。

葉映榴提督陝西學政按察司僉事。

朱在鎬原任江西廣信府推官。

張錫懌原任山東泰安州知州。

曹垂璨原任浙江嚴州府遂安縣知縣。

唐士恂監生。

董宏度生員。

原訂姓氏

陳白漢上海縣儒學教諭。

楊翻上海縣儒學訓導。

陳宗泰上海縣丞。

徐京埠上海縣丞。

李六德上海主簿。

孫大經原任邳州學正。

葉永年貢生。

朱淇監生。

王灝生員。

張以恒生員。

陳完生員。　　喬舒生員。

唐士龍生員。

督梓

宋振禄上海縣典史。

續修姓氏

賜進士出身原任湖北竹山縣知縣桐鄉皇甫樞。
誥封光禄寺卿辛酉科舉人陸秉笏。
庚子科舉人沈崇勳。
分發江蘇候補教職乙酉科舉人南匯華錫瑞。
武英殿修書處校録候選州同拔貢生劉爾榮。
四庫全書館議叙縣丞瞿華。
附監生徐日華。
監生曹錫辰。

参閲

文林郎知上海縣事庚午科舉人建水范廷杰。
上海縣儒學教諭壬午科舉人懷寧李時。
上海縣縣丞永清王光陛。
上海縣主簿陞任元和縣縣丞鄞縣盧雲路。
賜進士出身文淵閣直閣事大理寺卿陸錫熊。
賜進士出身原任浙江道監察御史青浦許寶善。
候選光禄寺典簿喬鍾沂。
賜進士出身甘肅岷州知州喬鍾吴。
丁酉科舉人張位中。

分校

監生金榕城。
邑廪膳生顧秉源。
邑庠生桂心堂。
邑庠生王敬祖。
邑庠生錢元箸。
監生陳昌國。
南邑庠生鮑應蘭。
郡庠生王宗柳。
邑庠生張球。
邑庠生喬冠宗。

督梓

上海縣典史襄陽朱有剛。
庠生王勳。
從九品職銜胡鳳翔。

乾隆庚午年修志姓氏

李文耀。上海縣知縣，拔貢，福建清流人。

談起行。癸卯舉人，德清人，山西趙城縣知縣。

葉承。丁未進士，南匯人，常山縣知縣。

分修

方文燿。郡庠生。

張熙紳。邑庠生。

王榮鑑。郡庠生。

金炯文。婁邑庠生。

張熙典。郡庠生。

張熙純。邑庠生。

曹錫端。邑庠生。

張煥宗。邑庠生。

李枝桂。貢生。

李培基。候選吏目。

陳維城。

參閲

葉品。上海縣知縣，舉人，清苑縣人。

成祖猷。上海縣教諭，舉人，通州人。

霍位喬。上海縣縣丞，馬邑縣人。

安允恭。上海主簿，河南汝州人。

李澂。副貢，廣西興安縣知縣。

曹錫黼。行人司司副，改補七品京官。

分校

陸秉紹。監生。

張鎬。監生。

督梓

何塤。上海縣典史，上虞人。

上海縣志凡例計二十條

一、縣志自康熙二十二年修，迄乾隆十五年重修，凡一切規條悉遵前志。今四十八年續修，體例仍本舊志。凡前志所未載者，檢查統志、通志，悉爲採入，較前志畧備云。

一、疆域一分青浦，再分南匯，其間界址、道里、鄉保逐一清釐。其舊隸本邑而今屬别邑者，悉爲删去，不致混雜。

一、風俗與化移易，前明至今，教化或異，民俗日淳，况我朝摩義漸仁，休養生息，涵煦百年有餘，略增數條，以見今昔之不同云。

一、養民之道，賦役爲先。有明以來，賦煩役重，恭逢本朝蠲租減賦，叠沛恩膏，除勝國之秕政，彰昭代之新恩，而備列前額者，正令萬世而下永戴聖澤于無窮云。

一、田功必資水利，本邑潮汐之地，易涸易盈，尤宜疏通以防旱潦。今肇家浜諸河已經設法疏通，其他支河猶未能一體開浚，故治法、治績不嫌詳載。

一、城池、坊巷，所以固金湯，誌道里，爲守土者重任，不嫌詳細，可一覽周知。

一、松太巡道移駐上邑，詞訟、關榷實分藩臬之職焉，官署海關及歷任姓氏俱應備載，今爲增入。

一、兵防分汛爲吾邑最要之務，且與南、奉、華、青四邑互相唇齒，所以備非常，禁奸慝，巡境安民，皆宜詳載。

一、營伍官署職官，舊志所未輯者，謹爲備列姓氏，以見防守任重。且我朝文武並重，不應從畧也。

一、歷官宦績，凡實有政績不可泯没者，作傳以表之，彰功德于民，作後來之準，非敢諛詞以誣前哲。

一、書院義塾附于學校之後。我朝振興文教，養育人才，上邑建立書院，爲松郡之倡，其歷任官長培植士子，歷年山長姓氏及課校膏火、房宇田額悉爲載入，以彰作人之化。

一、科貢表，凡科分在分縣以前者皆得並載；其寄籍别學，或别縣寄于上邑者，一併列入，以備參攷。

一、例宦載已仕及加捐即用並議敘邀銜者，凡由生員加貢，亦得一例並載，其姓氏之下註明廩、增、附等，各清眉目。

一、名臣一條，實有功于社稷者，立傳以紀其實。至著有循聲并已載省志者，另立循吏一條，附于名臣之末。

一、人物在未分縣前者，今即籍隸南匯，亦應並載。自分縣後，如籍貫仍隸上邑者，悉爲登入，俾有所考焉。

一、列女有賢、才、孝、壽等項，例應載入者，緣舊志僅載貞、烈、節三項，今徧考載入。其守貞節烈已旌者，據案採録；待旌者，必考確年歲，以備採風；現在與例未符者，更俟續修，不敢預載。

一、掩骼埋胔，施仁好義，修建義塾，養老育嬰，皆仁人君子之用心，承聖世仁壽之德化，自應詳列，廣勸後人。

一、分野、傜役、土産、辟召、儒士、兵燹諸條，俱無增改，悉仍舊志。餘如鎮市、古蹟、坊巷、津梁、寺觀各條，今已分隸南匯者，概不登入。

一、舊志遺事條内，間有義行特著者，謹採一二，歸入獨行；其舊志所遺及今採訪後至者，仍載入遺事，俟他日重修詳覆。

一、此志修于乾隆四十八年之冬，閲明年春竣事。其中徵文考獻，未免遺漏，以俟後之君子焉。

上海縣志繪圖目録

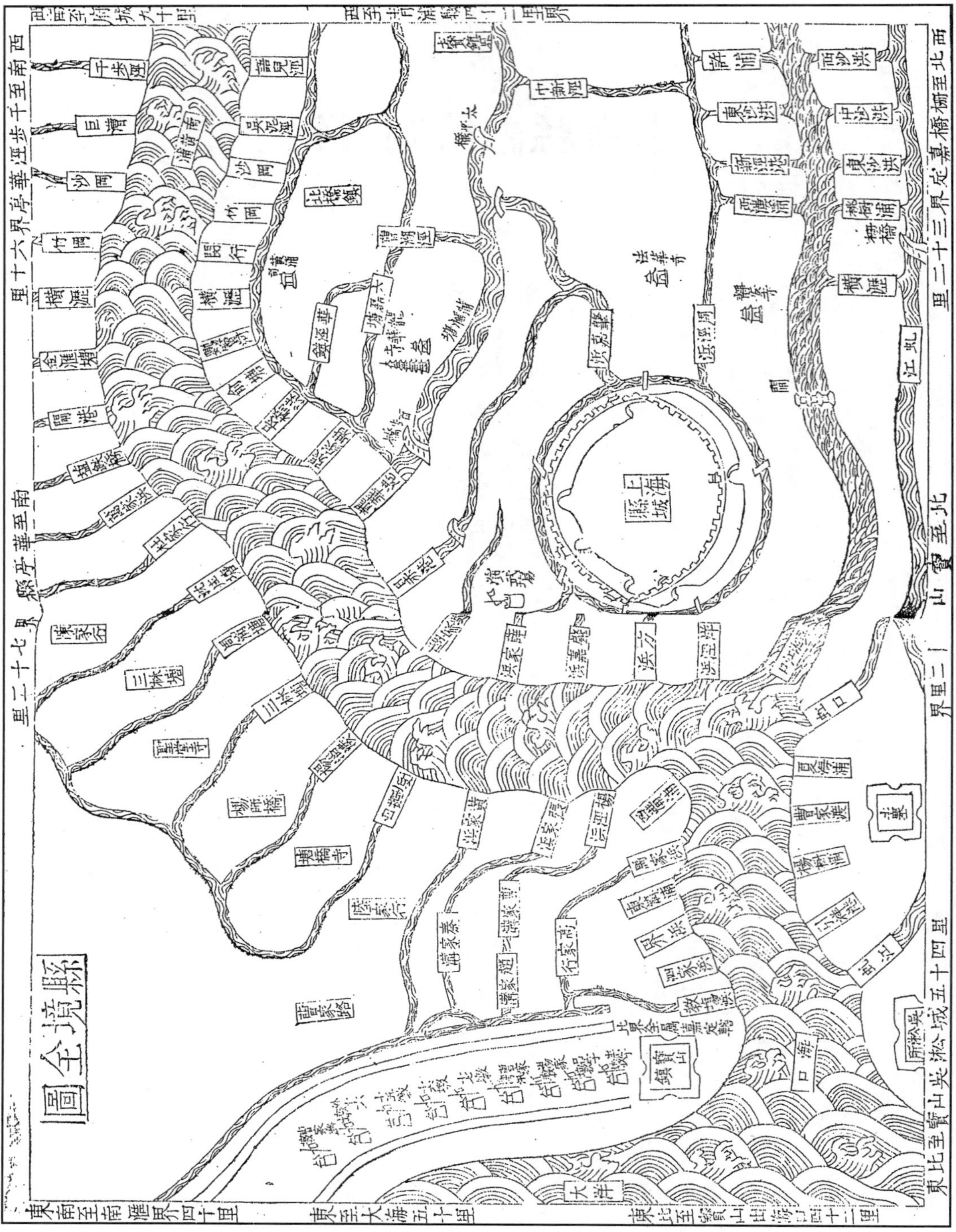
縣境全圖
上海縣城

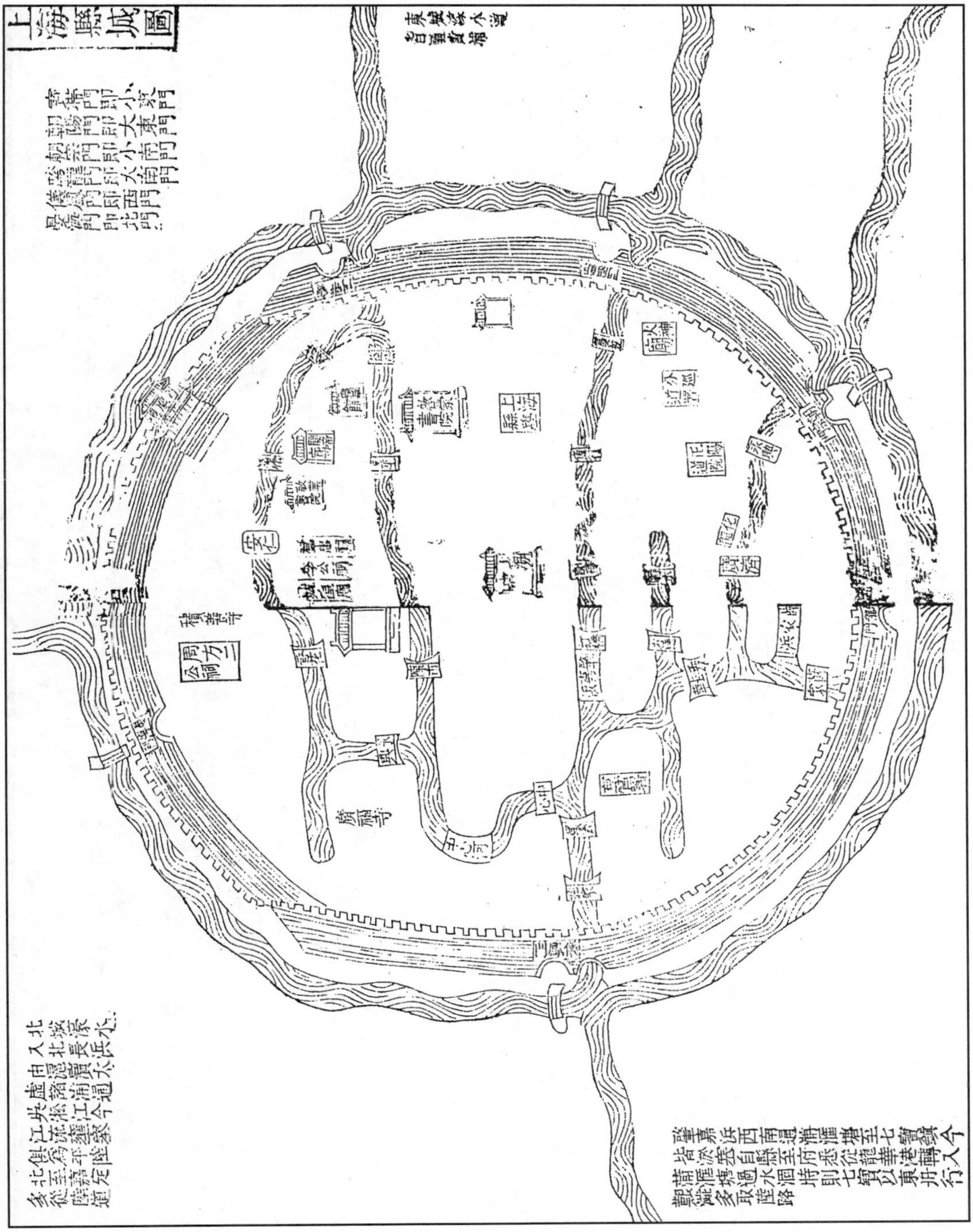
上海縣城圖

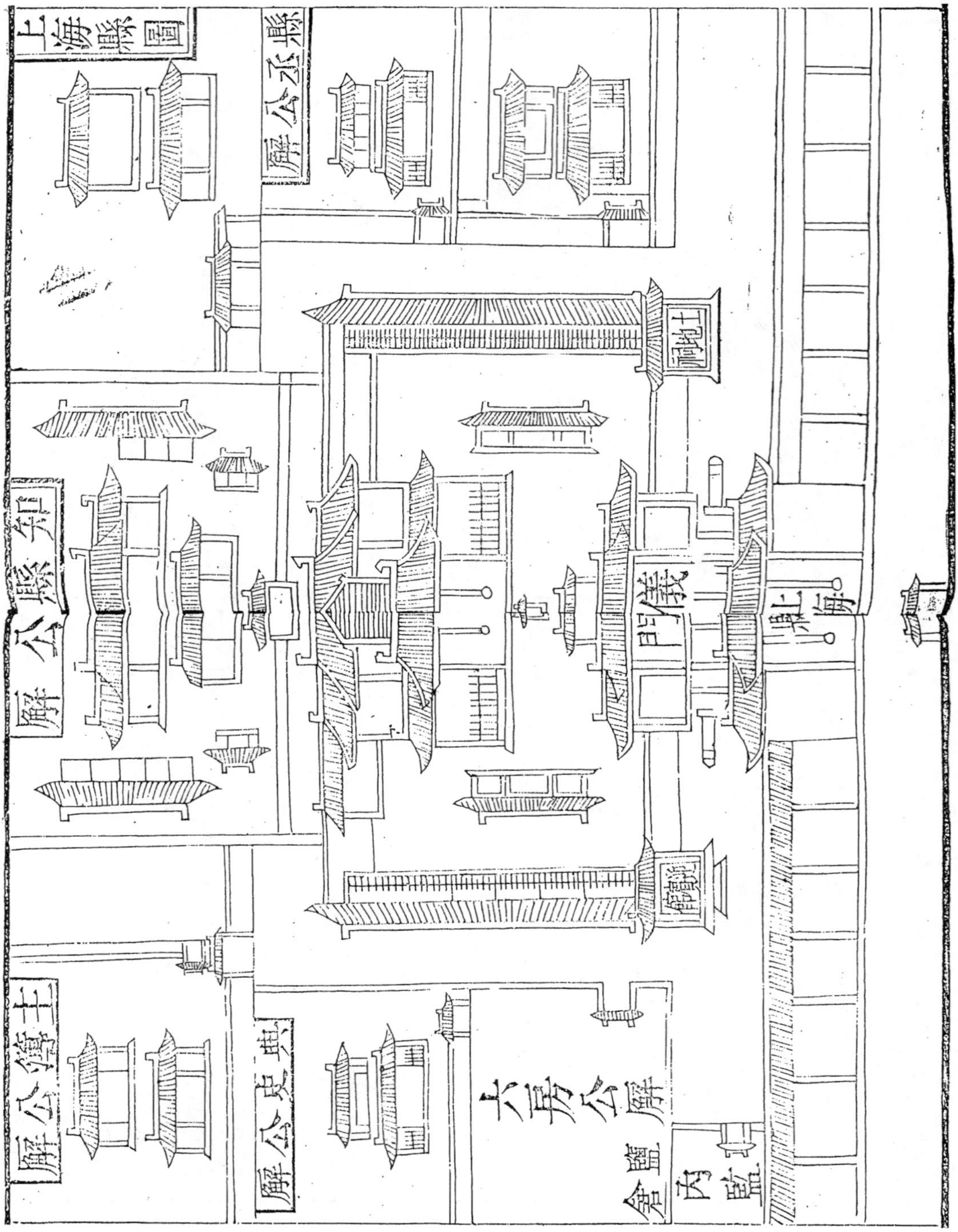
上海縣圖
縣丞公廨
知縣公廨
主簿公廨
典史公廨
六房公廨
儀門
土地祠

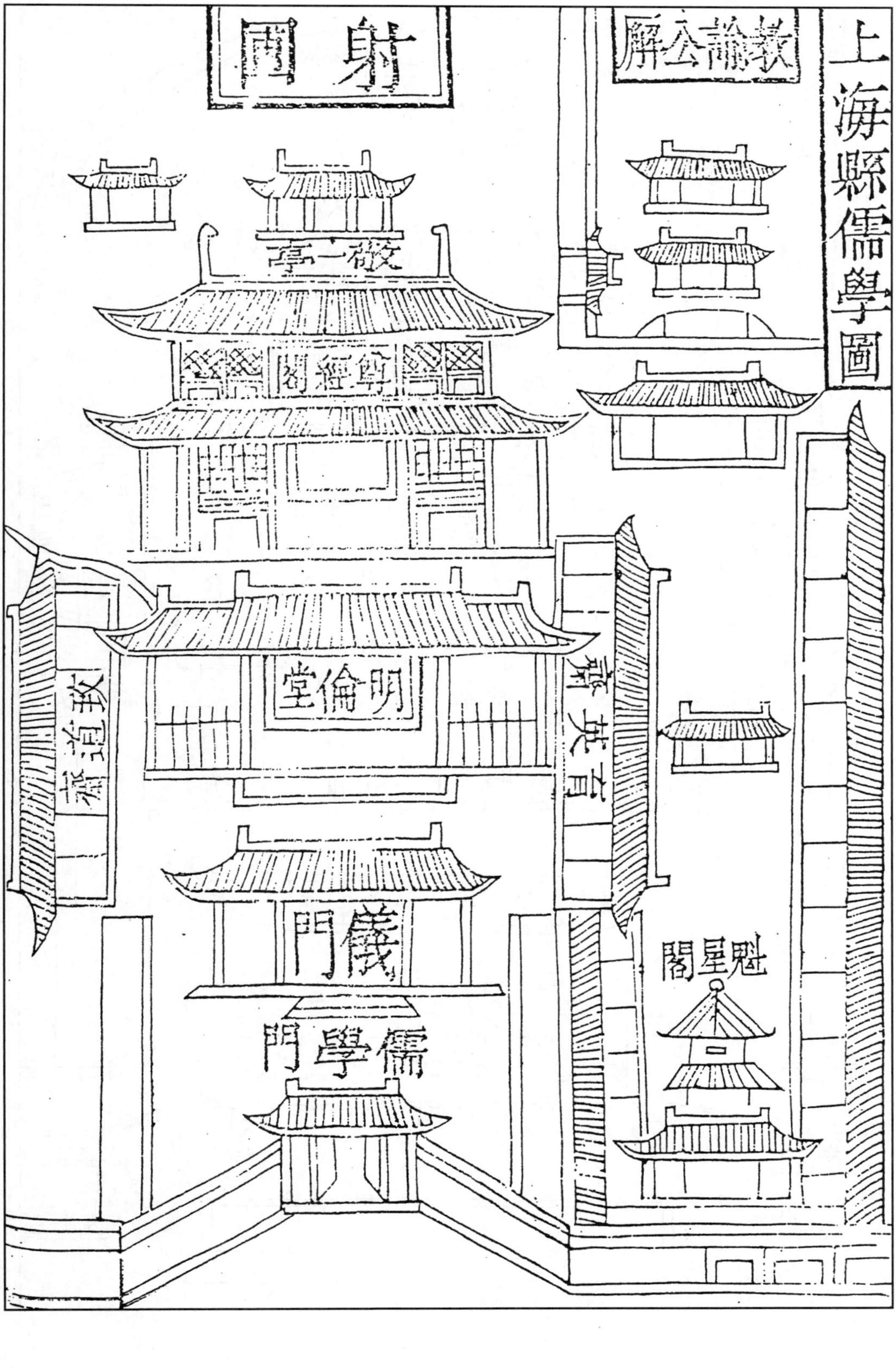
上海縣儒學圖
射圃
教諭公解
敬一亭
尊經閣
明倫堂
致道齋
儀門
儒學門
魁星閣

觀德堂
天光雲影池
啓聖祠
大成殿
鄉賢祠
名宦祠
泮池
欞星門

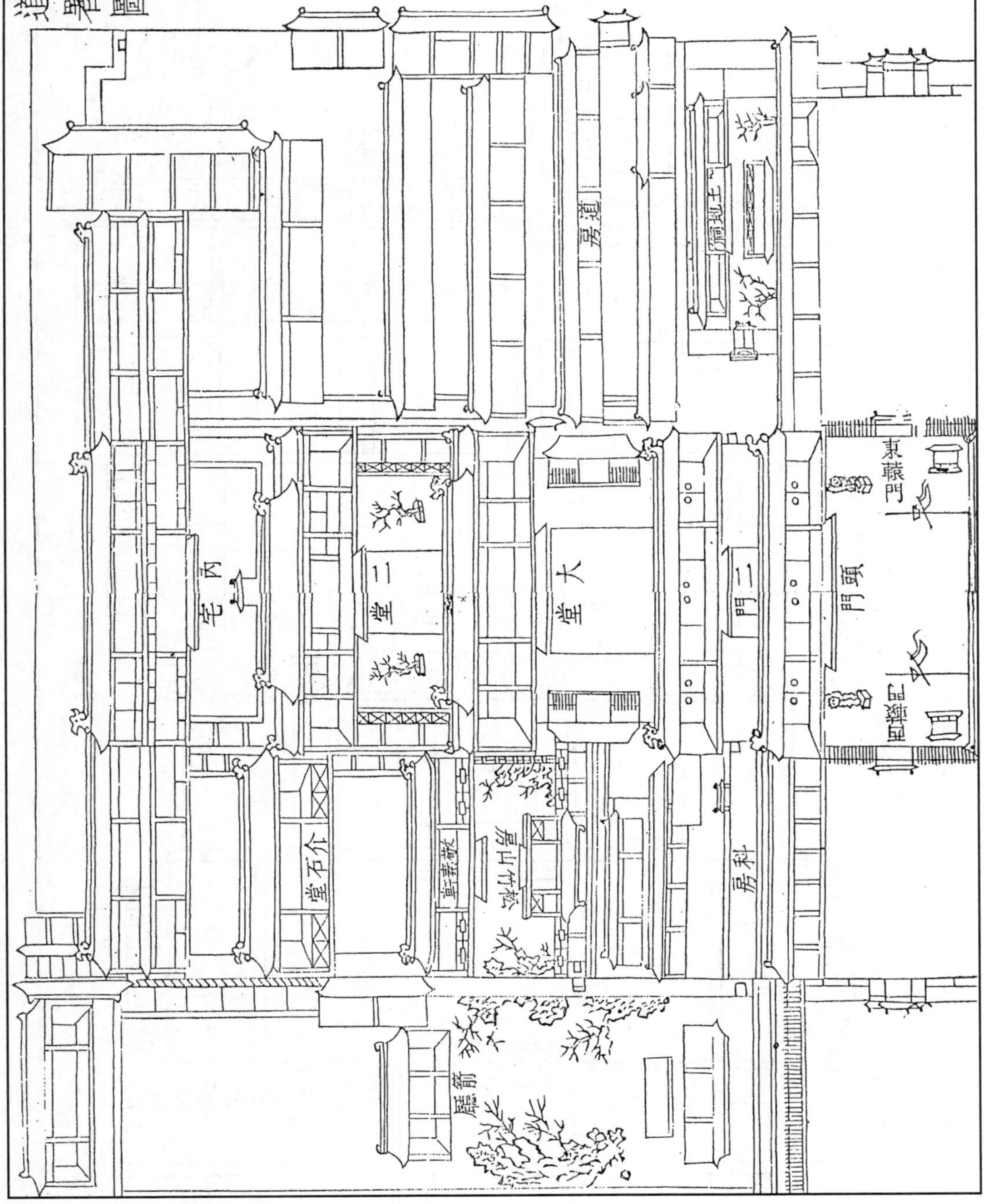
道署圖
東轅門
西轅門
頭門
二門
大堂
二堂
內宅
土地祠
道房
科房
松竹山房
介石堂
箭廳

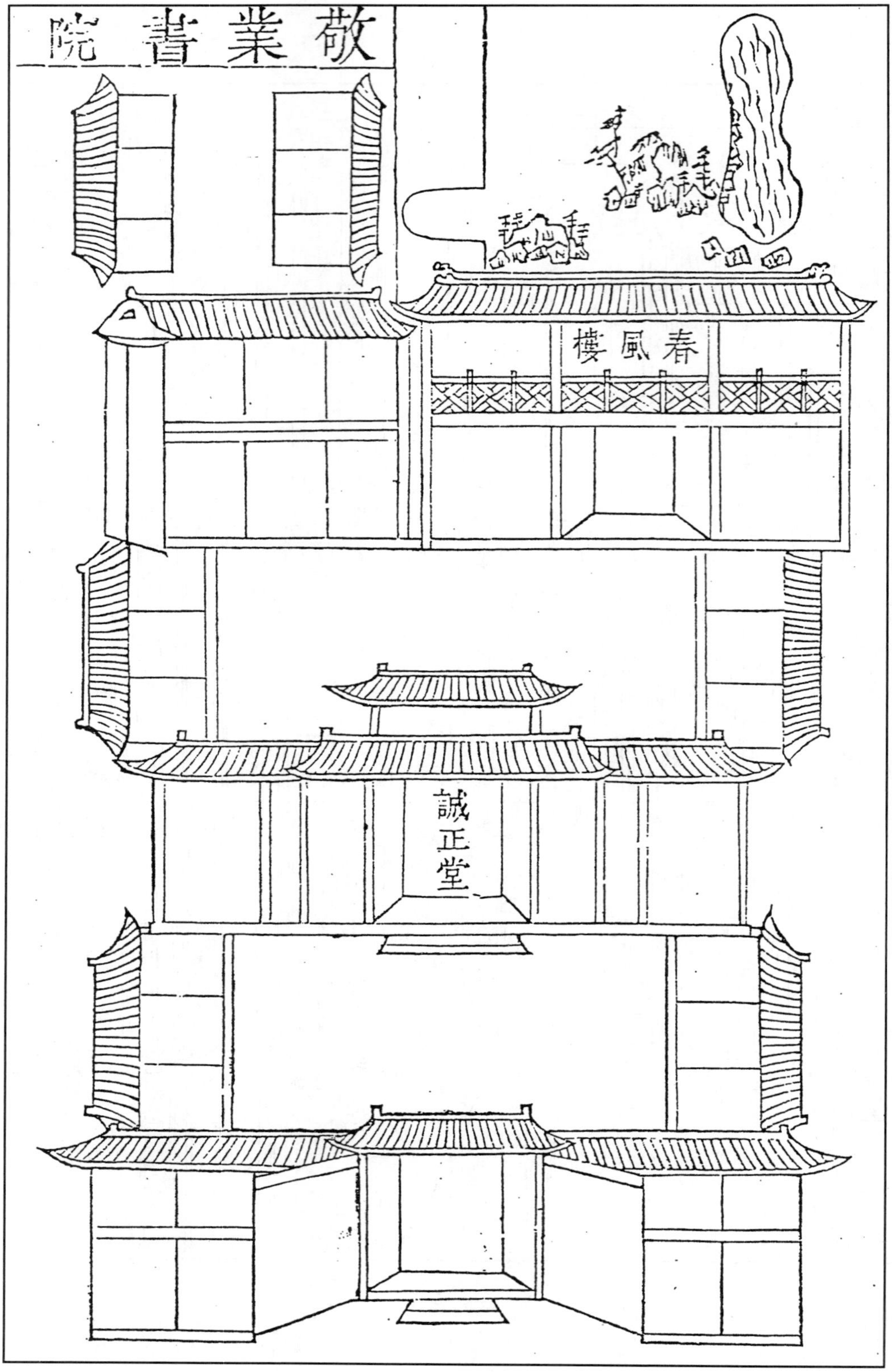
敬業書院
春風樓
誠正堂

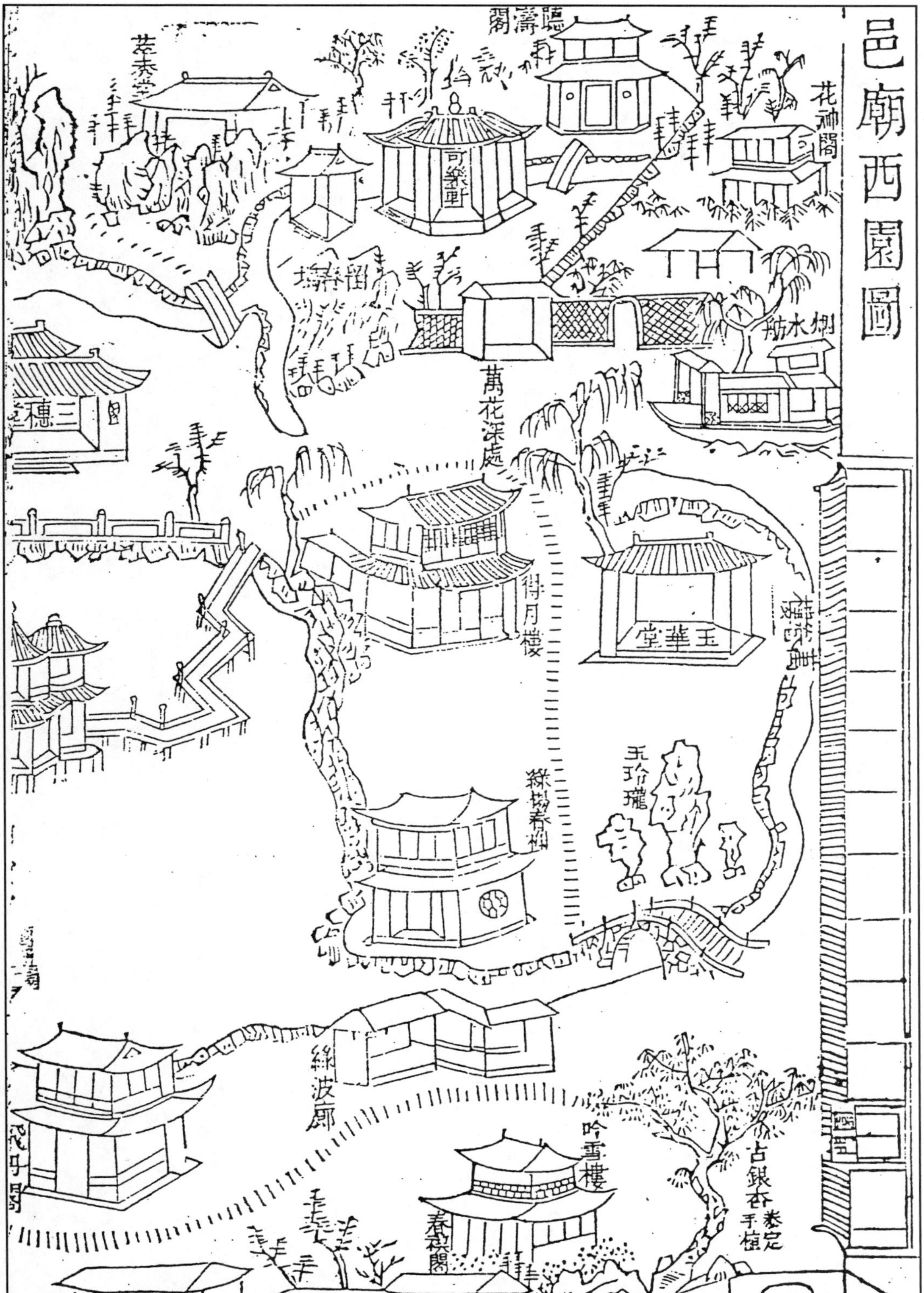
聽濤閣
萃秀堂
可樂軒
花神閣
留春塢
柳木舫
三穗堂
萬花深處
得月樓
玉華堂
玉玲瓏
綠楊春榭
綠波廊
吟雪樓
春和閣
古銀杏

邑廟西園圖

乾隆上海縣志卷之一

分　野

在天成象，在地成形，故謂之星土。星所主者，土也。然有國邑在南而星則居北，彼此濶遠而象則相繫，王禕《分野論》詳哉。其言之松郡屬南斗，於辰爲丑，而西學家又以海邑直丑二十五度，則前志所未詳，謹書以俟知星者考焉。

《周官》保章氏“以星土辨九州之地，所封封域皆有分星，以觀妖祥”，故志郡邑者考焉。《西漢·地里志》曰：“吴地，斗分野也。”又曰：“越地，牽牛、婺女之分野也。”《晉·天文志》曰：“自南斗十二度至須女七度爲星紀，於辰爲丑，吴、越之分野，屬揚州。”費直起斗十度，蔡邕起斗六度，是則古者雖以斗牛之分均屬揚州，而其間又有斗吴牛越之别。松江在秦漢皆屬會稽，居吴之正東，其爲斗之分野無疑矣。但雜出於傳記者互有異同，故博採以分列於下云。

《爾雅》：斗、牽牛，吴分野。斗者，日月五星之經始，故謂星紀。《石氏星經》：斗星七，其杓上衡，下爲權，主吴分野。《史記正義》：南斗、牽牛，吴、越之分野，揚州。《淮南·天文訓》：須女爲吴。

占驗：漢孝景二年七月丙子，火與水晨出東方，因守斗。占曰：“其國絶祀。”斗，吴也。三年，吴連七國反，吴王亡走，國除。東漢熹平元年十月，熒惑入南斗中。占曰：“熒惑所守爲兵亂。”斗爲吴。其十一月，會稽賊許昭聚衆，自稱大將軍。苻堅議寇晉，太子左衛率石越對曰：“今歲守斗、牛，福德在吴，未可伐也。”苻融曰：“歲鎮牛、斗，吴、越之福。”不聽，大敗而還。隋大業九年五月，熒惑逆行入南斗，色赤如血，如三斗器，光芒震耀，長七八尺，於斗中勾巳而行。占曰：“有反臣，兵大起。”斗，吴、越分。唐建中十九年三月，熒惑入南斗，色如血。斗，吴、越分。色如血者，旱祥也。大曆十年正月，歲星、熒惑合於南斗。占曰：“饑、旱。”吴、越分野，當之。光化三年十月，太白鎮星合於南斗。占曰：“吴、越有兵。”宋建炎初，國步艱虞，占者望斗、牛間有紫氣，既而高宗移蹕維揚，是歲冬十月，孝宗生於嘉興，其驗如此。

按：諸書並以斗、牛屬吴、越，唯《石氏星經》以斗主吴，而明桑悦亦云吴、越、揚州分野，南斗在雲漢下流，當淮海間，爲吴方；牽牛去南河浸遠，自豫章迄會稽，南粵嶺徼，爲越方。蘇、松，吴地，屬於南斗無疑。明祝允明曰：《天文圖》紫微垣帝王所居，太微垣朝會明堂,天市垣行幸所在。斗、牛在丑,吴、越方。揚州,玄枵之次。今人以爲吴、越在南,星紀在北,所以相配之理未明,不知斗爲南斗六星,非紫微垣前北斗。蓋星一度計三十餘里,斗在吴何疑?

疆　域

上海襟帶江海,海環其東,吴淞遶於北,黄浦由西南至北,匯吴淞入海,爲東吴盡境,設斥堠,泊海艘,亦東南一大都會也。自元至明,時有海寇之警。本朝肇興,疆宇寧謐,商賈輻輳,士民樂業。雍正三年,以繁疲難三項相兼,不能獨理,分設南匯縣,浦以東長人鄉分屬南匯,全境共三百餘里。詳建置以正疆索,沿革以紀歲年,尊王制而大一統也。

松江南有大浦十八,中有上海、下海二浦。今縣治之左有大川曰黄浦,亦曰上海浦,縣之得名以此。若夫上洋之名,則舊志所謂海之上洋,今或稱爲海上云。或云宋初諸番市舶直達青龍江鎮,後江流漸隘,市舶在今縣治處登岸,故稱“上海”云。見郟亶《水利志》。

元

東西廣四十八里,南北袤一百里。

明

東西舊廣一百六十里,南北袤九十里。時未分青浦、南匯。

國朝

東西八十六里,南北袤九十里。

東至川沙五十里。

西至青浦七寶鎮三十六里。

南至華亭界七十二里。

北至寶山江栅橋十八里。

東南至奉賢南匯界八十里。

西南至華亭莘莊三十六里。

東北至吴淞寶山十八里。

西北至江橋鋪三十六里。

西南至府城九十里。

西北至嘉定七十二里。

東北至吴淞城五十四里。

江灣鎮十八里。

東至川沙城五十四里。

西至青浦縣城一百四里。

南至柘林堡九十里。

金山城一百六十里。

至蘇州府城二百四十里。

至江寧省城八百里。

至京師三千七百里。

建置沿革

上海縣爲《禹貢》揚州之域，春秋時爲吴，爲越，爲東楚，春申君封于東楚，開浦爲黄浦，又名申浦、歇浦，孫吴時封陸遜爲華亭侯，唐天寶十載始有華亭縣。上海爲華亭海，迨宋末海艘輻輳，乃立市舶提舉司及榷貨場，始通海，爲上海鎮。元至元二十九年，從知府僕散翰文議，割華亭長人、高昌、北亭、新江、海隅五鄉爲縣，隸松江府。泰定三年罷府，隸嘉興路。天曆元年復府，仍隸之。元末，張士誠據有其地。至正二十七年，知府王立中附明，編户共六百二十里。嘉靖二十二年，巡按舒汀建議立青浦縣，割上海三鄉隸之。三十二年，給事中朱□議廢青浦，所割復故。萬曆元年，郡人給事中蔡汝賢議復青浦縣，仍割三鄉隸焉。本朝悉仍其舊，至雍正三年，制府查弼納題請以浦東長人鄉分爲南匯縣，邑之疆域又晝其半矣。

鄉保

鄉二，保十二，區三十一，啚二百二十六。

長人鄉。内十七、十九、二十保全隸南匯，十六保二區十二啚、二十一保一區八啚分隸南匯。舊里三。長人、將軍、高陽。村十二。水濱、鳳來、思政、太平、太安、長樂、長茶、金忠、衆善、利興、袁村、徐村。

高昌鄉。縣南七十二里二十二保至二十九保以及三十保之半附焉。舊里四。高昌、盤龍、横塘、三林。村十五。承福、歡樂、順義、連榮、麗清、利仁、永泉、成德、楳香、上德、通濟、望仙、人龍、淡井、龍華。

新江鄉。北亭鄉。海隅鄉。已上三鄉割隸青浦縣，内新江鄉三十保二區十二啚今仍隸本縣。

鎮市

法華鎮。在二十八保，去縣西十八里。

龍華鎮。在二十六保，縣治西南十八里。以龍華古刹著名，漕河涇環其南，蒲匯塘抱其北，居黄浦大灣中。西行里許，張氏居之，世有聞人，族稱龍華張。

漕河涇鎮。在二十六保，去縣南二十四里。

虹橋市。在二十九保，去縣西二十四里。

烏泥涇。在二十六保，縣西南二十六里，接華亭界。嘗有田父得古碑，地名集賢里。《通志》云宋季張百五居之，富埒侯伯。至元間，張瑄以海漕隆顯，治第其中，後又有張有錢居之。邑之倉廪且貯於兹，以故人民盛於他鎮。向有巡税二司、南北二閘。税名蘆子者，地近滬瀆，俗所謂蘆子城也。王逢避地隱居於此，得張氏故址，闢爲最閒園，名其山曰"先民一丘"，溝曰"先民一壑"。今潮水淤涸，寥落非故矣。

朱家行市。在二十六保，去縣南三十六里。

華涇市。在二十六保，去縣南三十六里。

梅源市。在三十保，俗名王菴，去縣西北三十六里。明提學副使里人王圻藝梅數千畝，得名。今其地方幅十餘里，土人俱植梅樹，花開時香聞數里外，畫船簫管雜遝而至，人比之小鄧尉。

諸翟鎮。在三十保，去縣西三十六里。

曹家行市。在二十六保，去縣南四十里。舊爲明憲副曹閔宅，今改爲市。

吴會鎮。在十六保，縣東南五十四里。本吴匯後人取“吴會於雲間”語，易今名。市置巡司，曰鄒城。有塔廟，即净土寺也。地接瓶山，皆瓶礫，宋酒庫所遺也，今亡。

顓橋市。在十八保，去縣西南五十里。

閔行鎮。以姓得名，在十六保，去縣西南七十里，横瀝東，濱於大浦，乃諸鎮由浦入府之通衢。正德己卯、庚辰大水，横瀝、沙竹二港田獨稔，災鄉多從貿易，市始知名。

馬橋鎮。在十八保，去縣西南七十六里。

北橋鎮。在十八保，去縣西南八十里，與莘莊相接，地多産木棉。

洋涇市。在二十四保，去縣東十里。

引翔港。在二十三保，去縣東北十八里，地近海口，時切防警。

三林塘。在二十四保，去縣東南十八里。昔東西塘有大姓林聚族於此，故名，今不可考，惟張、王爲著姓，所産棉布獨勝他處。其南隅有筠溪義塾，今廢，錢福所撰碑記猶存。

東溝市。在二十二保，去縣東北十八里。

高家行市。在二十二保，去縣東北二十四里。

陸家行市。在二十二保，去縣東二十四里。

塘橋鎮。在二十四保，去縣東南三里，爲南匯川沙往來要道。出花紋、斜紋布，較他處獨勝。

形勝

吾邑雄峙一方，爲郡屏蔽。南瞰黄浦，北枕吴淞，大海東環，九峰西拱，廣原沃壤，盡境皆然。故《元史》謂“瀕海重地”，前《志》謂“雖無深山茂林之阻，素號澤國，而平疇沃野居多，數三吴名勝者稽焉”。第城塹未復，捍守爲難。自被兵築城，而崇墉浚濠，隱然金湯，益稱完邑矣。

佩帶江湖，南瀕入海。宋唐詢《詩序》。

水出震澤，道經淞江，東北入海，地富秔秫，饒魚鹽之利。前《志》。

大海環其東南，三江遶乎西北。《松江志》。

上海爲海道要津，東西通閩越，西北距江淮。張夢應《記》。

其地瀕海，潮汐蕩激。楊彌昌《記》。

上海之地，阻江而瀕海。王良《記》。

粤稽海邑，其發源真龍，始於浙之天目，過峽穿田，直奔太湖，以渡平江，遞至玉峰，迤邐趨南，復小頓於九峰間，紆折至滬瀆，真有萬馬奔騰之勢。前有蒲匯塘，後有吴淞江，兩水夾流，龍氣清湛，以卜縣治。乃癸丁坎局，庚龍入首，體勢雄奇，正納丁庚之氣，洵東南勝域也。矇人徐素書《述》。

滬城八景邑諸生張吴曼集唐。

海天旭日。碧落摇光霽後來，獨尋春色上高臺。濤翻極浦煙霞外，日照澄江紅霧開。杜牧、薛能、權德輿、劉禹錫。

黄浦秋濤。江色分明練遶臺，水天東望一徘徊。風翻白浪花千片，濤似連山噴雪來。陸龜蒙、羅隱、白居易、温庭筠。

龍華晚鐘。寂寥唯聽舊時鐘，誰傍昏衢駕燭龍。到此詩情應更遠，春橋南望水溶溶。劉長卿、譚用之、張籍、韋莊。

吴淞煙雨。江雨霏霏江草齊，江籬濕葉碧萋萋。勝遊恣意煙霞外，青靄横空望欲迷。韋莊、白居易、蕭祐、柴夔。

石梁夜月。萬里風煙接素秋，月華星彩坐來收。水晶簾外金波下，幾度高吟寄水流。杜甫、杜荀鶴、沈佺期、譚用之。

野渡蒹葭。喬木荒城古渡頭，暮天初雁起汀洲。野煙秋水荒茫遠，楓葉蘆花共客舟。皇甫冉、杜荀鶴、楊巨源、許渾。

鳳樓遠眺。月色江聲共一樓，閒雲潭影日悠悠。雕欄玉砌應猶在，鳳去臺空江自流。雍陶、王勃、李煜、李白。

江皋霽雪。六龍寒急光徘徊，風捲沙汀玉作堆。閒上高樓時一望，了然更見畫圖開。杜甫、白居易、劉滄、朱慶餘。

古蹟

闔閭城。二十七保，夾江二城相對，闔閭所築，以備越者。今遺址無存。

築耶城。十六保，晉袁崧築。今堙没。

滬瀆壘。在縣北一十里。舊有東西二城，盡齧於江，旁有蘆子渡。按《吴郡志》，松江東瀉海而靈怪者曰滬瀆。瀆旁有禦寇壘，晉虞潭所築，以防海寇。隆安四年，左將軍袁崧復修之，以備孫恩。今考其地，松江一水直趨而東，又七十餘里入海，無復有滬，兩岸皆平疇茂林，無復有壘，其東西蘆浦亦止通潮灌田而已。唐奎詩："吴淞江上袁公壘，千年何處尋遺址。石犀半落江水中，秋老蘆花三十里。五百馬塵今尚飛，啾啾赤子將安歸。月明古堞急鼓鼙，孤臣有淚空沾衣。"鄭元祐詩："東吴内史晉長城，滬瀆千年壁壘平。莫向月明悲往事，即今滄海已塵生。"王逢詩："秋風兩岸著，野水千家遶。隻履自東歸，零亂霜天曉。"孫作詩："吴江東來三百里，派别松陵號松水。何年此地列兩城，千雉依稀照江汜。東西相望似連珠，大小欲學孤山孤。大城已逐江沙圮，小城獨在猶名蘆。君不見當時好城市，滿目黄茆兼白葦。又不見船底邑千家，官渡于今屬蘆子。百年富貴一朝悲，高門大宅號狐狸。不信但看蘆子渡，日日船開秋雁飛。"張昱詩："落日待船蘆子渡，知是古時蘆子城。一片連雲葭菼色，風迴猶作甲兵聲。"

瓶山。在十六保。袁崧犒軍于此，酒罄，聚瓶爲山，後人尚有于此得瓶者。傍有道院，院外有天移井，明唐文獻記。有遇仙亭，國初宋啓雲之祖遇一道者，與之食，即嘔出，自是不饑，壽百歲餘，無疾而逝。

赤烏碑。吴赤烏中，天竺康僧會始入建業，創寺曰建初，華亭繼之，乃有重玄勒碑紀事。宋祥符間，勑名静安。至嘉定中，依師以址薄江，遷今處，碑未及徙而水齧没之。王逢詩："碑存赤烏年，僧指青燈夜。風雨寒蕭蕭，黄旗儼來下。"余寅詩："仙苑居群鹿，豐碑紀赤烏。三分遺故國，千載説浮屠。"

陳朝檜。在静安寺殿墀左右，陳禎明中所植。宋政和間，朱勔畫圖以進，有旨遣中使取之，欲毁山門而出。一夕風雨，震雷碎其一，其右者尚存。今寺已遷，檜亡久矣。皮日休詩："撲地徘徊是翠鈿，碧絲籠細不成煙。耳根莫厭聽佳木，一對狻猊相枕眠。"陸龜蒙詩："可憐煙刺是青螺，如到雙林誤禮多。更憶早秋登北固，海門蒼翠出晴波。"成廷珪詩："千年老檜上青霄，三閣花飛不動摇。香骨自來盤左紐，苦心未忍棄前朝。蛟龍並立江雲黑，鸞鳳雙啼海霧消。想得龜蒙題咏處，殿頭風雨正蕭條。"

講經臺。宋嘉定間，僧仲依築土臺，聚徒講習於此，遺址猶存。楊瑀詩："高僧昔日講經處，人去臺荒草木間。華表不歸千載鶴，至今遺跡鎖空山。"

湧泉。在静安寺前。晝夜沸騰，呼爲沸井，又曰海眼。後人甃井作亭，亭廢，井湮於港中。故水頰有沸井浜，中間一水相通，有數井特深，其下二三尺氣稍温。後浜爲平陸，旋復疏濬，泉亦甃石遮護，歷久廢圮。乾隆四十三年，巡道盛保重加建築，視舊增勝焉。

分巡松太兵備道長白盛保《重建湧泉亭碑記》：上海縣地左瀕海，其城東臨黄浦，北帶吴淞，朝潮夕汐，輸灌恬然，水由地中，土壤膏潤。其西郊有古刹，曰静安寺，寺前有水曰湧泉，隨地湧出，晝夜沸騰，弗溢弗枯，邑人向稱爲海眼，蓋其源潛出於海而支貫於吴淞、黄浦二水之間。余奉簡命來蒞兹邦，案牘之餘，親履泉上，漣漪活潑，飲而甘之，以爲與中泠惠泉差相彷彿。至其歕湧洊躍，則似濟南七十二泉中之趵突也。時有耆老咸進言於余，謂此泉有關地脉，凡一邑之農畝豐荒、文運通塞、竊匪起伏，皆視泉之盈縮以爲兆，泉盛則年豐而科名蔚起、盜賊潛消。余乃念區區一泉，風俗攸關，豈尋常攬勝之區，可聽其湮没不修乎？考諸往昔築亭爲方井，井上有亭，歷年久而井廢亭圮，使湧泉有沸浜之號，是宜亟圖興建以復舊觀。乃捐俸廉銀八百兩，鳩工庀材，弓其故址，拓以新基，甃白石，築爲方池，下深一丈，上高四尺，縱横各六尺五寸，上則圍以石欄，復葺亭屋三楹以覆之。并思泉既通海，海神爲龍，龍之爲靈，昭昭能出雲降雨，潤澤萬物，因敬塑龍神法像，供奉亭中。經始於乾隆戊戌七月望日，至十月而工竣，一切木石材料、工匠夫役皆余捐輸，發價給食，不勞民力，不斂民財。於是楹宇翼然，丹雘焕然，龍神之威彩濯然，而其泉滔滔汩汩，渟溶澎湧於石池，亦若鑑余心而盎然一新矣。余偕邑之士大夫及僚友民庶登亭觀泉，有以同樂，庶幾士沐休澤，年歌豐稔，民享安恬，共慶聖世昇平，以仰答天子惠澤黎元之至意。後君子官斯土者尚其有舉無廢，俾此亭此泉長映帶輝美于淞浦之間，其附豐樂喜雨之流風餘韻以偕永焉，則邑之幸，亦余之幸也，因爲文以鐫諸石。

貢師泰詩："江頭石佛寺，中有湧泉亭。亭荒鳥雀聚，水古虹霓腥。元氣傾地脈，汩汩不暫停。初疑蟹眼沸，復似冰花零。嘗聞有神龍，深卧潛炳靈。何由作霖雨，一洗烽烟青。"

唐奎詩："寶積湧泉泉已竭，重元湧泉泉汩汩。圓花突泡點波濤，亂撒摩尼走明月。大旱臨泉呼老龍，禱天愁殺桑麻翁。爲翁汲泉老霖雨，小泉一點飛龍骰。"

緑雲洞。在静安寺，僧壽寧棲息之所。檜竹桐栢，環植廬外，層陰叠翠，襲人衣袂，遊者疑爲華陽小有之境。楊維楨爲《志》。王逢詩："龍歸驟覺寒，雞遠不知午。長日四簷陰，颼颼竹疑雨。"貢師泰詩："聞道赤髭僧，深居緑雲洞。被服青霞裾，朗吟金光頌。緑雲三萬匝，白日光如汞。地闢給孤園，俗鄙醯雞瓮。羣仙集百草，乃是天龍種。還知人間世，黄塵十年澒。"余寅詩："華蓋結空緑，洞門生晝寒。絪緼浮玉氣，石上有琅玕。"

古張公井。在學宫大成殿。泉味甘冽，大旱不枯。

羅漢松。在縣東南金氏宅後，本吴氏墓物也。大數十圍，腹空，生竹數竿，與松一體，上出其頂，風至吼然，相傳爲宋時所植，題咏甚多。

萬柳堤。柳氏允中之大父植萬柳於龍江堤上，因名。今廢。

古岡身。有三：曰沙岡，曰竹岡，曰紫岡。南屬於海，北抵松江，長百里，入土數尺皆螺蚌殼，世傳海湧三浪而成。其地高阜，宜菽麥。《吴郡圖經》謂瀕海之地，岡阜相屬，謂之岡身，此天所以限滄溟而全吴人也。沙岡、竹岡在十六保，紫岡在十八保。

文翬洲。在黄浦中。元末始生，尋丈許，後延廣至數十畝。洪武初，王逢携里叟門生共登，適鳴雉羣集，因以爲名。王逢詩："吾來初避地，黄浦漸生洲。里諺歸材傑，天工障獨流。望疑堅壁守，醉覺小山浮。仙攝金鰲背，神迴白馬頭。根盤連厚軸，形勢壯遐陬。漁倚盲風釣，商藏疾雨舟。篠鞭伸玉節，荻筍屈紅鈎。煙火蛟爲市，雲霞蜃作樓。沙津魚鼓急，水栅蟹燈幽。艮震方先曙，吴淞木始秋。老懷麗德隴，隱覔謝鯤丘。僮御争先導，吾儕試一游。賡歌清氣合，樂志古人侔。可信文鞏雉，能盟懶性鷗。"

丹鳳樓。舊在縣東北天妃宫。宋咸淳八年，青龍市舶三山陳珩書扁。元楊維楨有詩。後燬，其扁尚存。明秦嘉楫修拓城樓，因置扁其上。相傳樓未毁前二日，扁忽墮地，羽士置水中洗滌，詰旦而樓毁，扁若有神助云。順治初，邑人曹垂璨倡修。後住水師營兵，日就傾圮。康熙二十二年，知縣史彩重葺。乾隆十二年，道士陸丹書復修。

秦嘉楫《改建丹鳳樓記》畧：丹鳳樓，故順濟祠樓也，剏於宋咸淳間。其地襟帶江湖，控扼雄勝，而顔之曰"丹鳳"者，謂棟宇軒翔，丹艧照江，水若長離，欲翥然也。或曰樓以祠女鬟云爾。兵燹以來，唯見白沙、白鳥迷離於崩濤缺岸間，其碑板亦消蝕無復存者，僅樓顔三字爲陸文裕公藏無恙。蓋自邑以倭難始有城，城東北陬爲樓以偵敵者，三極凌睥睨而出，下直丹鳳遺址。慨古蹟之漸湮，乃捐槖裝，畀道士顧拱元鳩工庀材，重爲餝治，加綴層軒于極，洞三面以供瞻眺。從文裕公孫都事請，故顔之書楊詩于楣，且復文敏碑，以悉還其舊。于是川原之缭繞，煙雲之吞吐，日月之出没，舉在眉睫，而冬之雪、秋之濤尤爲偉觀。遠而世所稱方壺、員嶠、岱輿三神山者，亦若可盱衡見也，而樓之勝遂冠冕一邦矣。既訖工，爲之書其歲月，且以諗于後。

知縣史彩《重修丹鳳樓記》：上海爲吴會，歸縮百川，東走漭瀁，奔注入海，地勢盡東南，潛伏艮截，恨無崇山喬嶽以束之。乃平衍涣散，土頑而水淖，天地靈秀之氣弗固也。周郭數十里又乏丘陵林麓，學士大夫往往歌吟躑躅，耳目無所寄。因爲樓於城東北陬，升高望遠，所謂遊息之物、高明之具在是矣。樓創於宋，在未建縣前，三山陳珩顔之曰"丹鳳樓"。元末，額俄墜地，道士濯其(圬)〔污〕，寄陸文裕公所，詰旦而樓燬。嗟乎！造物之玩人久矣。明秦嘉楫乃始刳朽壞，�榛薉，披剔遺址，式廓舊觀，架飛閣出睥睨上。閱今數十年，棟宇摧蝕，岌然動摇。余簿書之暇，偶一登眺，恒惴惴焉。於是鋭意修繕，凡木石、甃甓、墁堊、傭直諸費，皆親經紀之，落成而民不知也。樓梯而上者三，上奉奎宿，下祠天妃，中虚之以遊觀。其西南碧天澄潔，隱隱見九峰，如蝸螺數點，湛浮蒼波煙靄中。東南距大海七十里，凡日月星漢，洪波湧涵，非吾目所及也。若方壺、員嶠，樓臺造雲，仙靈所棲，光景離合，雖憑高凌虚不可即矣。惟俯瞰大浦，時或驚濤澥騰，蛇龍馺逐，或潮平月白，一望無垠，估客漁人，棹歌煙水，不減往者從岳陽樓望洞庭時也。噫嘻！昔人飼鶴、種花、彈琴而治，意者有所寄屬，可舒鞅掌。然以玩瞖政，以荒去理，余則滋懼，敢不戒哉！用志諸石，得自儆也。

《陸丹書重修丹鳳樓碑記》：吾邑寶帶門之北有樓翼然高枕雉堞者，曰丹鳳樓，其陰則萬軍臺，雄敞軒翥，屹若鳳闕，爲滬城八景之一。歷年既久，風雨日壞，丹書陸煉師葺而新之，始于乾隆丁卯，迄今戊寅，凡一紀而工成，因請記於余。余乃喟然應曰：萬物之成敗興廢，當有數存乎其間。夫斯樓之高峙江滸，閱歷朝市陵谷變遷，屢修屢毁，幾五百有餘歲矣。昔余嘗登斯樓以覽江天之勝，憑欄俯仰，則苔痕滿壁，鼪鼬嘯梁，烏鳶巢其巔，薜荔蔭其下，敗瓦頹垣，幾何不夷爲灌莽也。今也朱欄曲檻，燦然一新，朝飛南浦之雲，暮湧海門之月，自非丹書克倡厥始，諸君子克成厥後，烏能有是哉？夫滬城，巖邑也，地處海濱，魚鹽之利甲鄰郡，固萑苻所覬覦也。當勝國時，海倭竊發，桴鼓時聞，斯樓亦爲覘烽望燧之所，而岌岌于兵燹者屢矣。今幸際天子仁聖，六宇清宴，海不揚波，而邑之人相與登樓以嬉，流連景物，江波浩淼，帆檣比櫛，不特兹樓之幸，以壯一邑之觀瞻，亦願共樂昇平永保于勿替也矣。是爲記，曹錫寶撰。

楊維楨詩："十二湘簾百尺梯，飛飛丹鳳與雲齊。天垂紫蓋東皇近，地接銀河北斗低。笑壓秋空戎馬陣，神燈夜燭海雞啼。嫦娥昨報瑶池宴，笑指蓬萊水又西。"

董紀詩："何年勑賜天妃號，宫觀岧嶤入紫冥。龍女來朝多顯異，鮫人作市暗聞腥。黄姑渚闊天通海，丹鳳樓高晝隕星。近得瑶池王母約，蓬萊有路到珠庭。"

俞顯卿詩："獨躡名樓思渺然，芙蓉雙袖濕蒼煙。黄龍飛躍平津劍，丹鳳迴翔弄玉仙。吴地東南當海盡，羲輪咫尺傍城懸。憑闌欲問彭咸宅，歌發滄浪漁父船。"

黄體仁詩，次楊維禎韻："錦雲長鎖絳樓梯，檻外蒼茫草色齊。舉目潮升知海近，當杯日落見天低。三山有路堪長往，萬突無煙衹自啼。莫向東南問機杼，斜懸北斗柄方西。"

張弼詩："扁舟北來海波淼，丹鳳樓高海天小。樓上三姑共儼然，雲鬟花容長不老。大姑團扇裁龍綃，指揮海若驅風濤。聖人御宇波活静，斂扇睽看棋相鏖。二姑潛機先一着，小姑拈子未肯落。龍争虎鬪血玄黄，鯨呃蛇蟠勢回薄。金鷄睡熟天下冥，樓下道人聞剥啄。我欲就枰問一言，滄海桑田今幾番。孫恩剽賊何緩死，崖山忠義何遽翻。弱水仙都果何處，欲借青鸞竟騎去。五色文輝閬苑花，七星劍掛扶桑樹。左携赤松右洪崖，免束冠裳事章句。三姑默默問不應，樓外長川自東注。"

張肇林詩，次楊維禎韻："層樓咫尺有雲梯，繡栱雙飛綵翼齊。蜃氣微茫煙樹外，鯨波浩蕩海天低。三山極目神仙接，萬户傷心老稚啼。敢謂登高能作賦，闌干倚遍夕陽西。"

曹垂璨詩："人日岧嶤步上臺，憑欄一望海天開。樓高遠樹重重見，窻迥條風面面來。浦水還從沙渚落，錦帆猶帶夕陽回。相携勝友登臨坐，次第鶯花到酒杯。"

董宏度詩："丹樓興廢幾朝非，碧瓦參差帶夕暉。奎宿臨城翻玉斗，天妃盡日掩珠幃。殘碑日月苔痕斷，極浦風雲鳥道微。與客憑欄傷往事，釣磯空對白鷗飛。"

曹垂星詩："秋來登眺興多偏，極目蒼茫雲霧連。峻嶺丹楓開錦幛，短籬黄菊綴金錢。萬家煙火西風裏，幾處樓船夕照邊。最是遠林同畫景，蓼花深處着漁船。"

陸起鳳詩："愛看秋水對斜暉，勝侶相將逸興飛。風送潮頭懸瀑布，雨催詩思落珠璣。崔巍鳳閣臨丹壑，縹緲鸞笙下翠微。圍坐一樽聊共醉，沙門鷗鳥淡忘機。"

陸鳴珂詩："秋江八月望仙槎，勝友如雲逸興賒。雉堞高臨平楚壯，綺疏遥映夕陽斜。當年金碧虚丹閣，隔岸鷗鷺立淺沙。不盡憑闌愁極目，滄波如練捲晴霞。"

董德其詩："高城飛閣競傳觴，坐看秋濤入淼茫。隔浦芙蓉迷遠岸，當窻簫管散斜陽。丹梯迢遞雲中出，碧瓦飄零雨後凉。賓主天涯同俯仰，吴山不斷楚雲長。"

陸鳴球詩:"一曲清歌送客杯,欣逢勝友共登臺。雲迷萬樹寫中遠,潮擁三山海外來。高閣清秋懷屈宋,孤城良會並鄒枚。自憐詩思逢愁減,十乘珠光到眼開。"

知縣史彩詩:"江城高處俯層樓,興廢曾經幾度秋。樹色蒼茫煙霧隱,潮聲浩渺海天浮。懸魚不欲知鱸市,馴雉閒看落雁洲。漫憶臺空稀鳳羽,澄瀾安堵即丹丘。"

知縣李文耀《春暮登丹鳳樓》:"何年丹鳳翥城東,獨上層樓望不窮。歷歷帆檣連滬瀆,泠泠鐘磬出花宫。蓬山縹緲煙波外,海市迷離雲樹中。憑眺那堪春又去,鯨潮高捲夕陽紅。"

趙文哲《丹鳳樓春望懷亡友張韞輝》:"倚杖琳宫最上頭,烟花露柳迴生愁。海門曉日晴懸樹,江郭春潮曲抱樓。白社人稀悲獨往,黄壚酒醒憶同遊。登臨何限山丘感,目向東風哭應劉。"

張熙純《丹鳳樓秋望》:"倦客天涯一棹回,危樓獨上重徘徊。海門潮湧高帆下,滬壘雲連畫堞開。殘照半江魚唱遠,西風萬里雁行來。渚花岸柳逢揺落,搔鬢愁看暮節催。"

風　俗

風行乎上而俗成于下,海邑始未嘗不淳古,而其後稍凌彝矣。我朝教養百四十年,士習詩書,民安農畝,風俗之盛未有如今日者也。然太平久則風會漸移,奸僞生則人心滋變,因其盛而保護之,憂其弊而防維之,政刑德禮之用所操不同,而所感亦異,長民者其念之哉。

上海僻處海陬,風氣顓朴,人仰耕織而食,邊海多藉漁鹽,工不出鄉,商不越燕齊荆楚。自成、弘以來人文日朗,家慕章縫,境滿絃誦,名卿碩彦往往抗衡宇内。古稱其士奮于學,民興于仁,又云名士輩出,博古慕禮,又云土膏沃饒,風俗淳秀,誠東南一名區。嘉靖癸丑,島彝内訌,閭閻凋瘵,習俗爲之一變。舊志。

上海之俗喜事功,尚意氣,而其流也失之夸。顧《志》。

上海風俗向稱淳厚,而地處海濱,潮汐長落,易富易貧,惟積善之家多綿遠至數世者。每有善舉,視力豐薄,無不樂從,是以事功易集。而睦婣任卹、親友婚喪,争相饋贈,以不能從腆爲恥,故貧弱之家有所資,而外來游屐亦以此常滿。近因酬應不繼,其風稍衰,然較他邑猶爲近古。又特尚意氣,重然諾,片言寸楮不吝千百以托之。近無良輩輙思逋負,反累其家,由是忠厚之人動色相戒,其風俗之所以日漓乎。生當盛世而居仁里,所賴搢紳先生相與維持而調護之,勿俾古風日壞,以全吾邑令名,豈不幸哉!

士人尤勵名教,崇實學,故史册所載,或著勳績,或顯忠節,或以恬退相高,或以文章見重,凡卓然冠冕于當世者,亦較他邑爲獨多。然右族每以豪華争尚,燕窮水陸,宇盡雕鏤,婚喪所費不支,甚而民間商賈以及厮養,輿臺緞,衣貂帽,鑲襪皂靴,儼同貴介,無怪乎風日奢而俗實貧也。

女子守内,莊潔自好,井臼之餘兼工刺繡,雖春秋佳節,無畫船簫鼓、登山游寺之風,故閨門之治常肅。

俗多健訟，小民口角微嫌易成構鬬，聽信訟師，輒以重欵裝頭，希圖倖准。其桀黠者動以人命相傾陷，聽者少不加察，則素封立破。

按：原志稱桀黠者，舞智告訐，間有訟牒既搆，始掩取遺骼，或故殺所親，以相傾陷。此等人命，每由佐屬謀委驗視，仵作胥吏上下其手，遂破温飽之産。知縣史彩深悉前弊，凡控命詞方投案牒，即不辭寒暑，單騎親驗，面決真假，風波之伎倆立窮，鄰甲之株連俱絶，保全甚衆，陷命之風亦爲屏息。今詳附于此，以爲治民之君子取鑒焉。

邑尚拳勇，號稱打降，游手好閑之徒各分黨翼，凡民間争訟，各出錢募此輩爲護衛，持械横施，甚而迎神斂戲，縱飲撒潑，成羣恣索，大爲民害。前知縣史彩痛加懲創，詳憲禁革，又時加察訪，惡習頓改。

邑尚賭博，匪人糾合豪棍，開場夥賭，凡外來鼠竊，每窩頓其家，夜出穿窬，以爲民患。康熙年間，奉憲嚴行保甲，逐户稽查，其法固良，但在善奉行之耳。

自海關設立，凡遠物貿遷，皆由吴淞口進泊黄浦城東門外，舳艫相銜，帆檣比櫛，不減儀徵、漢口，而閩廣各商待販本地木棉，盤泊需時隨人，舟子良頑囂雜，居民或不戒于火，往往以扞救爲名，乘機搶攘，或賽神演劇，稠衆中每以細故與土民互相欺鬬，成羣報復，最爲可虞。官斯土者知其弊而先事防之，則善矣。

海邑營葬，凡有陰陽宅相望似近實遠者，輒稱風水有礙，聚衆攔喪，竟有墓未成而家已破，因而觀望因循，停至數十年不能葬者。前知縣史彩令民間卜地無礙，聽自葬埋，於是殘胔朽骼得泰然封窆。

邑之肩挑脚夫推强有力者爲脚頭，餘夫受其統轄，俱聽指使，凡商賈搬運貨物，苛索錢文大半飽其橐中，任力小夫所得反少。若民間偶自肩舁，即羣聚肆閧。今久經奉憲禁革，計里定價，每里十文，聽商賈和僱。更有丐頭遇民間吉凶之事，率諸行乞閧索酒食，少拂其求，即圍門肆横，亦經禁戢。

信鬼好祀，至今爲然。疾病專事禱祈，里巫有口作神言，斷人生死，不獨愚者爲其所愚，有識者一時生死念迫，亦受其愚而不悔。

明高啓《里巫行》："里人有病不飲藥，神君一來疫鬼却。走迎老巫夜降神，白羊赤鯉縱横陳。兒女殷勤案前拜，家貧無殺神弗怪。老巫擊鼓舞且歌，紙錢索索陰風多。巫言汝壽當止此，神念汝虔賒汝死。送神上馬巫出門，家人登屋啼招魂。"

紡織不止鄉落，雖城市亦然。里媪晨抱紗入市，易木綿以歸，明旦復抱紗以出，無頃刻閒。織者大率日成一端，甚有一日兩端，通宵不寐者。田家收穫輸官償息外，未卒歲室廬已空，衣食尚有不給者。舊《志》。

紡織之法，他邑止用兩指撚一紗，名手車。吾邑一手三紗，以足運輪，名脚車。人勞而工敏。農暇之時，所出布疋日以萬計，游手之徒有資婦女養生者。

明顧彧《竹枝詞》:“平川多種木綿花,織布人家罷績麻。昨日官租科正急,街頭多賣木綿紗。”

明熊涧谷《木綿歌》:“秋陽收盡枝頭露,烘綻青囊翻白絮。田婦携筐採得歸,渾家指作機中布。大兒來覓襦,小兒來覓袴。半擬償私債,半擬輸官賦。竹籠旋着活火薰,蠹蟲母子走紛紛。尺鐵碾出瑶空雪,一弓彈破秋江雲。中虚外泛搓成索,晝夜踏車聲落落。車聲纔冷催上機,知作誰人身上衣。小女背面臨風泣,憶曾隨母園中拾。”

董宏度《織婦歎》:“饑亦織,凍亦織,一梭一梭復一梭,日短天寒難成匹。豪户徵租吏徵糧,兩兩叩門如火急。丈夫欲催未忍催,向屋無言向機立。織婦宛轉訴可憐,自來君家已十年。嫁衣雖有豈堪着,布袴百結袙服穿。無朝無夜儉且辛,寸絲半縷不上身。丈夫有志苟富貴,忽忘機上糟糠人。努力織成力況瘁,回頭忍淚聊相慰。猶勝隣家賤且窮,布機賣却賣兒童。”

顧氏露香園組繡之巧,寫生如畫,他處所無。小民亦習以餬口,署與紡織等。其法劈絲爲之,鍼細如毫末,半多男工。近繡素綾作屏障,值甚貴,各方争購之。

海邑浦東向出川珠早米,故有“清明浸種,穀雨落秧”之語,然晚稻亦與隣境同。自順治五、六年間,晚種之稻竟秀不實,西風一起,連阡累陌,一望如白荻花,顆粒無收,後并早稻之下種署遲者亦然,遂有百日稻、六十日稻,今更有名五十日者矣,不知種從何來。地氣變遷,種植之事今昔大異。

農家最勤苦,婦女饁餉外,耘穫車灌,率與男子共事,故視他郡雖勞苦倍之,而男女皆能自立。耕作之具,視古《耒耜經》尤悉。

唐陸龜蒙《耒耜經》:農之言也。民之習,通謂之犁。冶金而爲之者曰犁鑱,曰犂壁。斵木而爲之者曰犂底,曰壓鑱,曰策額,曰犂箭,曰犂轅,曰犂梢,曰犂評,曰犂建,曰犂槃。木金凡十有一事。耕之土曰墢,墢猶塊也。起其墢者,鑱也。覆其墢者,壁也。草之生必布于墢,不覆之無以絶其本根,故鑱引而居下,壁偃而居上。鑱表上利,壁形其圓。負鑱者曰底,底初入於鑱中,工謂之鼈肉。底之次曰壓鑱,背有二(乳)〔孔〕,係於壓鑱之兩旁。鑱之次曰策額,言可以扞其壁也,皆貤然相戴。自策額達於犂底,縱而貫之曰箭,前如桯而膠者曰轅,後如柄而喬者曰梢。轅有越,如箭可弛張焉。轅之上又有如槽形,亦如箭焉,刻爲級,前高而後庳,所故曰箭。以其淺深類可否,故曰評。評之上曲而衡之者曰建。建,揵也,所以柅其轅與評。無是,則二物躍而出,箭不能止。横於轅之前末曰槃,言可轉也,左右繫以樫乎軛也。轅之後末曰梢,中在手,所以執耕者也。轅車之胸,梢取舟之尾,止於此(乎)〔平〕。鑱長一尺四寸,廣六寸。壁廣長皆尺,微橢。底長四尺,廣四寸。評底過壓鑱二尺,策減壓鑱四寸,廣狹與底同。箭高三尺,評尺有三寸,槃增評尺七焉。建惟稱〔絶〕。轅修九尺,梢得其半。轅至梢中間掩四尺。犂之終始丈有二。耕而後有爬,渠疏之義也,散墢去芟者焉。爬而有礰礋焉,有磟碡焉。自爬至礰礋皆有齒,磟碡觚稜而已,咸以木爲之,堅而重者良。江東之田器盡於是。

上農多以牛耕,無牛犁者以刀耕。其制如鋤而四齒,謂之鐵搭。人日耕一畝,率十人當一牛。灌田以水車。即古桔槔之制,而巧過之。其制以板爲槽,長二尋有奇,廣尺三寸至五寸,深五寸許。傍夾以欄楯,中斲木爲鶴膝,施楗以聯之,屈伸迴旋,用持輻以運水。輻之度取槽足以容諸楯之半,各施木以隔之,有横輻、竪輻二種。其下取輻可以運,曰戢輻,以竹破而兩之,施其上以行輻,無此則輻陷而不行。槽前後各施軸,前長而後短,各施操以闗。輻前軸之兩端爲撥,人以足運之,軸運則輻轉而水登。前之安軸者曰眠牛,其後附于楯曰鹿耳。椓杙於眠牛之兩旁,施横木以爲憑而運車,曰車桁。高鄉之車深八寸,廣七寸,曰水龍。凡一車用三人至五六人,日可灌田二十畝。

有不用人而以牛運者。其形如輪,横輾以轉水車之軸,爲牛車。有并牛不用而以風運者。其制如牛車,施帆於輪,乘風旋轉,今罕用。冬寒爲屋以藏牛,謂之牛囤,即唐人所謂牛宫。窮農無田,爲人傭耕曰長工,農月暫傭者曰忙工,田多而人少,倩人助工而報之曰伴工。顧《志》。

明顧彧《田家女行》:"妾生田舍家,自小能踏車。從知力稼穡,不但執桑麻。東吴土卑下,水畔殊火畬。瘠磽每失養,旱潦猶所嗟。時俗頗驕脆,内匱外示奢。豐年飯不足,凶歲生何涯。關河兵車久,税賦時和加。需徭令急迫,愁苦聲愈譁。空村落木静,鳥雀紛呀呀。西風入茅屋,萬室驚飛沙。廟堂豈無意,被德宣幽遐。邦君武陵守,心願蝗爲蝦。潜生憸刻人,鼓毒如怒蛙。自謂長國利,臣職無乃差。鼷鼠或制龍,嗺犬多噬猳。常聞小人進,往往成傾邪。秦法耗衛鞅,齊政墮易牙。慎初理失機,滋久禍必芽。乾坤厭周勼,日月常光華。願圖豳風詩,女織男耕枷。賤妾雖薄命,庶保崇陽茶。"

楊維楨《吴農謡》:"吴農竭力耕王田,王賦已供常餓眠。董賢鄧通何爲者?一生長用水衡錢。"

洪恕《田家詩》:"門前客至鷄鬥争,屋後打麥聲彭彭。呼兒驅鷄聽打麥,醉看溪頭新月生。"

王冕《江南婦行》:"江南婦,何辛苦。敝衣零落裙斷腰,赤脚蓬頭面如土。日間力田隨夫郎,夜間績麻不上床。績麻成布抵官税,力田得米歸官倉。官輸未了憂鬱腹,門外又聞私債促。大家揭帖出陳帳,生穀十年還未足。大兒五歲方離手,小女三週未能走。社長呼名散户由,下季官糧添兩口。舅姑老病毛骨枯,忍凍忍饑蹲破廬。殘年無物做慈孝,對面冷淚如流珠。燕趙女兒顔似玉,能撥琵琶調新曲。珠翠滿頭金滿臂,日日春風厭酒肉。五侯七貴争取憐,一笑可博十萬錢。歸來重籍錦繡眠,不信江南婦人單被穿。"

范至能《田家雜興》:"高田二麥接山青,傍水低田緑未耕。桃李滿村春似錦,踏車椎鼓過清明。下田戽水出江流,高壠翻江逆上溝。地勢不齊人力盡,子男長在水車頭。"

唐陸龜蒙《祝牛宫祠(并序)》:"冬十月,耕牛違寒,築宫納而造之。建之前日,老農請乞靈于土官,以從鄉教。余勉之而爲辭:四犉三牯,中一去乳。天霜降寒,納此室處。老農拘拘,度地不畝。東西幾何,七舉其武。南北幾何,丈二加五。偶楹當間,載尺入土。太歲在亥，餘不足數。上締蓬茅，下遠官府。耕耨何時，飲食得所。或寢或卧，免風免雨。宜爾子孫，實我倉庾。”

按：水車無處不勞挽踏，然隣邑地低，與水止高一二尺，間有通潮往來不費人力者。獨上邑田高，而浦東尤甚，與水相遠丈外，水車陡峻，戽水極勞，壯男亦多疲敝，女子既日勤紡織，主饁餉之任，復佐男以踏車，尤可憫也。

邑外瀕大海，海風剛猛而倏起倏滅，中貫巨浦，浦水洶湧而旋進旋退。故其人弱者過於弱，而强者過於强，儉者過嗇，奢者過侈，大概然也。

八九月刈獲後旋種菜麥，至來歲四月收割，謂之麥秋，亦謂之春熟，農家非此無以助春耕。

曹垂燦《刈麥詞》："雉雛學飛僅百尺，老農持鐮刈二麥。疎莖割倒遍南陌，初夏嗷嗷安百室。輕寒輕煖初長日，布穀聲聲催不息。呼兒曬乾趂晴隙，場頭飈打弗偷力。潮時怕有飛蛾出，并驅鳥雀休狼籍。收拾完官免杖責，門前老吏追呼急。"

海邑農家不比他邑多種小麥爲麵，兹獨多種員麥，磨粉參米以當粥飯。有無米可參，純用麥以度日者，致各邑有東鄉麥子之譏。屢經儉歲以後，亦效食之，且效種之矣。

前《志》謂濱海之地業漁者多於耕，然取魚之術亦多，有皮、陸叙述所不能盡者。其結繩持網者總謂之網，而漁於海者有簰網，有蒲網，列竹於海澨曰滬，漁於江浦者有罜網、絲網、塘網、編網、扛網。網之流曰罛，曰罾，曰罺，圓而縱捨曰罩，挾而升降曰罟。緡而竿者總謂之筌，筌之流曰筒，曰車，横川曰梁，編竹斷港，俗謂之斷。承虚曰笱，編而沉之曰箄。即今横簾，止可捕蟹。矛而卓之曰矠，棘而中之曰叉，鏃而綸之曰射，扣而駭之曰根，俗謂之打艋艖。錯薪於水中曰槮。俗謂之叢。以數百鈎繫餌，一繩牽之，曰張釣，所載之舟曰舴艋，計取無遺，智亦巧矣。

明貝闕《觀捕魚記》：松江産魚非一，取魚者或以罩，或以叉，或以笱，或以罾。巨家則斫大樹置水中，爲魚叢，魚大小畢赴之，縱横盤互，人亦無敢輒捕者，故萃而不去。天始寒，大合，漁者編竹斷東西津口，以防其佚。乃撤樹，兩涯鼓而毆之，魚失其所依，或駭而躍，或怒而突，戢戢然已在釜中矣。于是駕百斛之舟，沉九囊之網，掩其左右，遮其前後，而盈車之族，如針之屬，脱此掛彼，損鱗折尾，無一從者。予觀而嘆曰：魚之托于水也，非無九州四海之可歸也，而歸于數畝之陂、朽株之下，以爲至安無患，若登龍門焉。烏知誘之者將以制之，養之者將以殺之，人之機亦巧且深矣。予亦傷其盡而無遺，何其不仁之甚耶！嗚呼！天下之死于盡取者，豈獨魚已乎？豈獨魚已乎？故書爲記。

明顧彧《竹枝詞》："沙田瘦瘠怯秋登，家計渾如水上冰。今日新僉河舶户，阿儂准備學攀罾。"

曹垂璨《秋江漁樂》："殘霞雨歇抹遥天，晴波一棹凌秋煙。鯉魚風起蓼花紫，綸竿三尺躍輕鯿。淺水蘆葦隨意住，笑指長空排雁字。生涯一葉自年年，吏不呼兮民不使。横吹短笛四山青，骨肉團頭柳下停。淡淡歛雲新月掛，呼兒抱女自攀罾。得魚沽酒且高歌，雜採溪毛蓤芡多。擎螯研膾傾磁甕，隣翁有約隔蓬過。丹楓斜襯新編笠，浪花觸船霜蛩泣。烏啼月落潮正平，酣眠不覺東方白。”

正月：一日，鷄初鳴，男婦悉起，開門則舉爆竹三聲，肅衣冠，燃燭炷香，陳菓，拜天地、家廟、尊長，飲屠蘇酒。隣里交賀，鮮帽綺服，雜遝街市，曰賀歲，三四日乃已。一日至三日禁掃除，室中兒童競擊鼓敲鉦爲樂。立春前一日，以綵仗迎春於東郊，傾城看春，觀土牛，茹春餅，以生菜作春盤。上旬之暮，女子邀厠姑問吉凶。十三日，家人即竈卜流年事，握秫榖投焦釜爆之，花而妍者吉，名卜流花。俗名爆孛婁。元夕，採竹栢，結棚通衢，作燈市，遊人往來達曙，以珍珠圓爲節食，家户迎接竈神。

二月：十二日爲花朝，凡卉木俱繫綵以旌之。十九日，相傳爲觀音大士生日，皆詣各寺大士前進香。是月，童子放風鳶，夜或以燈爇火，作二紙翼貫絙中，凌風而上，亦有出飛炮流星、百壽燈于中，聲光震耀雲霄，以娱觀聽。

三月：清明掃墓，以竹懸紙錢，謂之標墓。節前日，縣牒城隍神。至期，詣厲壇，仗衛整肅，邑民執香花擁導者甚衆，至晚復以華燈迎歸。七月十五日、十月一日皆如之。是日，折柳插簷。

四月：八日，各寺浮屠作浴佛會，即釋典所載釋迦降生日也。

五月：五日，貼門符，午時縛艾人，食角黍，浮雄黄菖蒲酒，採藥物。小兒以雄黄抹額，繫百索于臂，皆云辟邪。是日，丹鳳樓觀浦中龍舟競渡。夏至日，祀先。十三日，相傳爲關帝生日，長幼皆醵錢致祭。黄梅後三日爲頭黖，音時。又五日爲中黖，又七日爲末黖，三黖中，忌土木、浣濯、問疾之事。

六月：六日，啖餛飩，云解注夏疾。十九日，相傳爲觀音大士成道日，邑民亦往各寺進香。伏日，曬書帙、衣裘。

七月：七夕，陳瓜菓作乞巧會。中元，祀先以素羞，僧舍爲盂蘭盆會。若月晦值大盡日，俗謂地藏開眼。俱于街衢點放地燈，一行多至數十百盞。

八月：朔日，收露水磨墨，點小兒額，謂之天灸。中秋賞月，交饋月餅。十八日，俗謂潮頭生日，較平時必高一二尺，城外街衢皆水，有至浦口縱觀者，望如銀峰雪嶺，洶湧而來。二十四日，以新秫作粉圓祀竈。是月也，田家醵錢爲會，曰青苗社。

明顧彧《竹枝詞》：“南蹌東邊水接天，黿鼉出没蜃樓連。柴客魚商休早發，大汛潮頭要覆船。”

九月：九日，蒸重陽糕，標以五色紙旗，供神佛、祀先。對菊嘗新酒，或遨遊寺閣，曰登高。

十月：朔日，祀先，祭掃新塋。

十一月：冬至，祀先，冠蓋交賀，比正旦稍殺。

十二月：八日，各寺僧設豆糜，雜置棗、栗之屬，謂之臘八粥。二十四日，以夜祀竈，謂之送竈神朝天。二十五日，掃屋塵，曰除殘，又曰諸佛下降，舉家食赤豆粥，云辟瘟，丐者儺于街市。除日，祀先，易門神、桃符，貼春聯，簷間遍插栢葉、冬青，至暮燒粈盆。《韻會》註：“粈，粉滓也，一曰粥凝。”又《歲時雜記》：“除夕作蕡燭，以麻粈濃油如庭燎。律有‘元日油粈’之文，今粈盆是也。又呼‘生盆’，生陽氣也。”先期取松柴曬乾，至是叠架于庭，以豆萁實而燎之，擊鑼鼓，放爆竹，鄰家互擎炒豆相逆，且餐且祈，曰凑投。去聲。田間秉高炬，名照田蠶。封井，畫灰於地，象弓矢之屬，以辟邪。老幼聚飲，圍爐守歲。此一歲風俗之大畧也。

農人占測氣候，雨暘、豐歉多有徵驗，其書謂之《田家五行》，亦參以衆説。元旦侵晨，占風雲。雲青爲蟲，白爲兵，赤爲旱，黑爲水，黄爲豐年。東北風，大熟。又視天氣明暗，有雲而暗主豐年。諺云：“年朝黑鹿禿，高低鄉盡熟。”元旦立春，人民安。連三日天陰，人民安，蠶麥十倍。連五日雨，亦主大熟。自元旦至于十二日，以瓶汲水，日准其重輕以定其月之水旱，重爲水，輕爲旱。人日晴，人民寧。八日觀參星，過月西則旱，否則多水，又以卜元夕晴陰。諺云：“上八不見參星，月半不見紅燈。”十五夜，樹一尺五寸之表於地，至子正一刻時候月影以卜歲中水旱。據表之長而中分之，影及七寸半者爲中正，是歲雨暘以時，五穀豐稔。過則水，不及則旱，其分數亦如之。月内虹，十月穀貴。出《負暄野録》。立春日，樹八尺之表以候日影，短則旱，長則水。出韓諤《四時纂要》。二月八日，得西南風爲稔歲。十二日，晴則百菓成實。諺云：“有利無利，且看二月十二。”三月三日聽蛙聲，午前鳴者高田熟，午後鳴者低田熟。唐詩：“田家無五行，水旱卜蛙鳴。”十一日麥生日，喜晴。此月無雨，麥乃有秋。諺云：“三月溝底白，莎草變成麥。”四月四日稻熟日，喜晴。八日夜雨，則傷小麥。諺云：“小麥不怕神和鬼，只怕四月初八夜裏雨。”十六日，夜忌陰黑。諺云：“此夜烏鹿禿，西鄉村子繞田哭。”言有水也。二十日爲小分龍，喜晴。二十一日，喜雨忌虹。諺云：“二十分龍廿一雨，破車閣在衖堂裏。二十分龍廿一鱟，拔起黄秧便種豆。”五月日爲旱禾本命，雨則歉收。芒種後遇壬則入梅，梅後十五日爲入時，迎梅送梅多雨。三月迎，五月送，言梅子正黄，蒸鬱而成雨也。周處《風土記》：夏至前雨名黄梅雨。又雨氣霑衣物，多腐壞，故字亦從黴。迎時送時亦然。夏至後遇庚出梅雷電，謂之斷梅。梅雨既過，必有大風，謂之舶棹風。梅裏西南風，則三時多雨。二十日爲大分龍，前此大雨時行，所及必徧。自分龍後，或及或不及，若有命而分者。每雷起雲簇，雨不移時，謂之過雲雨，雖二三里間亦異。或濃雲有物蜿蜒屈伸，謂之龍掛雨，亦止其一方。三時，聞雷主旱。諺云：“打鼓送三時，百日弄車槌。”是月甲申、乙酉日忌雨，主大水。諺云：“甲申猶自可，乙酉怕殺我。”六月初一日忌雨。占云：“初一落雨井泉枯，初二落雨井泉浮，初三落雨連大湖。”小暑日雷，主雨水多。諺云：“小暑一聲雷，倒轉作黄梅。”三伏中宜大熱，熱則苗長。諺云：“六月不熱，五穀不結。”又云：“六月蓋被，田中無米。”七月立秋日忌雷。諺云：“秋孛鹿，損萬斛。”又傳立秋日喜雷。諺云：“打碎秋膾，不做風潮。”立秋後虹見，爲天收，雖大稔亦減分數。土音呼“虹”曰“鱟”，蓋近于“秏”云。八月白露日雨，主損菜。諺云：“白露日雨，到一處壞一處。”十二日爲鹽生日，十三日爲滷生日，雨則鹽貴。夏甲申雨，主米貴。秋甲申雨，則稻禾吐芽，主穀貴。二十四日爲稻藁生日，雨則藁腐。俗言是日上午雨竈上荒，下午雨竈下荒。秋分在社日前，則田有收而穀賤。社日在秋分前，則田無收而穀貴。諺云：“分了社，白米徧天下。社了分，白米如錦墩。”是月露下而雨，爲淋露雨。九月霜降而雲，爲護霜雲。九日晴，則冬無雨雪。十月晴和，則一冬少寒。十一月冬至後逢第三戌爲臘，臘前三次雪爲三白，諺云："若要麥，見三白。"亦主來歲豐年。十二月立春，主冬煖。諺云："兩春夾一冬，無被煖烘烘。"凡霜止一朝爲獨脚霜，主雨。霜有花者爲毛頭霜，主晴。除夕喜静。諺云："除夜犬不吠，新年無疫癘。"一歲所占大畧如此。

明吕克孝《田家月令》十二首："正月松江春水鮮，麥苗薺葉緑如煙。孛婁笑把流花卜，喜得今年勝舊年。""二月松江燕子飛，蠶豆花開竹笋肥。人人拍手攔街笑，正是前村散社歸。""三月松江鳩雨晴，家家插柳是清明。草深黄犢春來長，曉起扶犁試學耕。""四月松江梅雨多，新秧纔蒔便成科。只愁舶棹東風急，盡向簷前結草簑。""五月松江稻正長，日中耘稗汗如漿。今朝一陣分龍雨，不用推車坐夜凉。""六月松江水没堤，黄豆青苗一截齊。若到甲申晴到夜，今年米價賤如泥。""七月松江風漸凉，棉花雪白稻花香。街頭點火收官布，只説機稍要放長。""八月松江浪拍天，荳棚瓜蔓竹籬邊。兒童結網扳罾去，魚蟹都來不用錢。""九月松江霜樹殘，草乾潮落剩沙灘。布衫燈下重重補，月照蘆花夜更寒。""十月松江盡築場，繞場稻積密於墻。如何黄犬連村吠，里長催糧上縣倉。""陽月松江長至前，家家打鼓謝茶筵。了酬心願無他事，不擾官司好晏眠。""臘月松江冰作堆，雪花一尺伴寒梅。田蠶照罷圍爐坐，兒女同酬守歲杯。"

吉凶多沿俗禮，冠不備三加，喪事尚佛老，祭多以俗節，而婚喪之費尤侈。士大夫間行古禮，閭里亦多慕之。然積習既久，未能悉變也。顧《志》。

方言語音較郡城爲重，亦同爲吴音而微别耳。今就其有本者並記之。

寧馨。寧，農党切。馨，亨巷切。《容齋隨筆》云："晋宋間人語助，猶言'若何'也。"娘子。通爲婦女之稱謂。穩婆爲老娘，女巫曰師娘，又曰某娘，曰幾娘，鄙之曰婆娘，見《輟耕録》。温暾。暾，忒敦切。見王建《宫詞》。今湯茗諸類不冷不熱，以温暾呼之。謂寒則曰冰冷。數説。出《左傳》，今俗謂責人者。多許。許，黑可切。出《隨書》，謂問多少也。甋磚。出《魏·扈累傳》，磚之通稱。急須。《菽園雜記》云："急須，飲器，以其應急而用也。"今以呼酒壺，而"急"音轉爲"的"，"須"更爲"蘇"云。飛風。唐制：凡細馬、次馬送尚乘局者，于尾側依左右閑印以三花，其餘雜馬送尚乘局者，以"風"字印之右髆，以"飛"字印之左髆。今呼疾速爲飛風，蓋取義于馬耳。斤九鼇。弋陽、德興間産梨頗大，有至一斤九兩者，土人謂之斤九梨，猶芋言魁也。今用以目時人之精慧者。潑賴。潑，鋪拜切，謂醜惡也。箇裏。箇音格，謂此也。忒煞。忒，入聲，謂甚也。跑。跑，邦冒切，呼疾走也。儂。儂，我也。古樂府音屬徵，陽聲。由鼻音出，則"爾儂"二字合稱"汝"也。由喉音入，則"我儂"二字合謂"我"也。些。"什麽"二字合。

凡屬在八庚者，或開口呼，從七陽韻。如羹爲古郎切，争爲側羊切之類。或以灰入麻，以泰入商。如槐音如華、大音如惰之類。又有呼字之切母者。如孔爲窟籠、圓爲窔欒之類。

乾隆上海縣志卷之二

水　　利

疏河導江，神禹之勤至矣。玄圭告成，乃復盡力溝洫者，以治田也。故農田、水利合爲一書，郡縣亦設有專職，以水之爲利害也。松固澤國，然海邑與他縣異，青溪淡涵皆止水，華、婁有間矣。然上流澄渟，爲力差易。海邑瀕江環海，朝潮夕汐，其流渾渾與濁河同，惟時務開濬，則可以溉禾黍而寧幹止也。今吴淞江濬爲通渠，得其本矣。支川細流尚多龜坼，悉條列其名。其治法與治績俱次第書之，俾長兹土者有以考焉。

海

海在縣東七十里，北起嘉、寶，南抵華、奉，爲縣所轄松江與黄浦合流入焉。混茫無際，東接諸番，惟日本最近。宋、元間入貢，皆由青龍市舶司，後漸徙于四明，貢者不復取道。沿海皆淺灘，物産不逮閩浙百一，俗號窮海，獨鹽利爲饒。自清水灣以南、川沙以北，水鹹宜鹽，故舊置鹽場。近有沙堤壅隔其外，水味寖淡，滷薄難就，而煮海之利亦微矣。先時，潮汐由吴淞江口入，朔望率以子午爲信。萬曆八年，潮決李家洪，去故道南二十里許，潮汐遂早數晷。按：黄家灣界碑去海二十里，今界碑數武之外即成巨浸，是海已内徙矣。以是松江故道悉被渾泥湧入，易于淤塞，且颿船出没尤便，一有不虞，禍且叵測，司筦鑰者慎諸。海人驗候云“山擡風潮來，海唑風雨多”，皆不誣。擡，謂海水擡起，常所迷望之山，皆在目也，或云蜃氣爲然。唑，俗云萬喙聲也，音鹺。

周縣詩：“蒼茫空泛月，四顧絶人煙。半渡中華岸，傍通異域船。島間疑有國，波外恐無天。欲作乘槎客，翻然去隔年。”

殷弼《海上詠懷》詩：“吴淞江口海門東，萬里京師咫尺通。白柁紅旗三月浪，紫簫花鼓午潮風。十年荏苒軍儲絶，四境蕭條水陸空。況忍疲民窮到骨，夜深嫠婦哭蒼穹。”

胡儼詩：“積水渺無極，歸墟那可窮。百川宗浩漾，一氣接鴻濛。若木崑崙外，扶桑日本東。蜃樓銜霧白，鯨鬣鼓波紅。驅石何年到，乘槎有路通。光分歆落月，聲急度長風。潮汐盈虚候，魚龍變化工。修鱗初擊水，巨翮已搏空。河伯心神駭，天吴氣勢雄。重淵陰火冷，孤嶼曉光融。方丈瑶臺隱，珊瑚鐵網籠。犀燈愁怪室，鮫涕泣珠宫。鹵莽迷寒鷁，蒼烟鎖斷虹。盧敖遊汗漫，徐市紿兒童。蜑客舟如葉，鹺翁髮似蓬。波斯徒窅窅，精衛苦匆匆。玉帛沉流潔，犧牲報祀豐。”

御史馮允中詩:"九州一撮倚浮空,江漢無分日夜東。混沌直包天一外,乾坤原屬有形中。望窮島嶼神仙杳,幻結樓臺蜃氣融。靈秀獨當何處是,五雲深處奠鴻濛。"

推官王綸詩:"危臺徒步晚涼生,望極東南地勢傾。開刼一元真有數,沃焦千里信難名。風推雲去金山近,月湧潮來白瀼生。通道蠻〔夷〕頻入貢,樓船誰復事長征。"

張之象詩:"茫茫滄海浩無涯,五色樓臺簇蜃霞。瑶島但看明滅外,不知何處是仙家。"

江

松江。在縣北,舊名吴淞江,後以水災去"水"從"松",亦曰松陵。其源出太湖,東注于海,即《禹貢》三江之一。自吴江長橋東流至長洲尹山,北流至甫里,東北流又過華亭澱山,乃入縣境。在宋盛時,范、歐、蘇、葉諸公皆建修濬之策,而毛漸、徐確、郟亶輩相繼開鑿之。然潮汐壅聚,隨濬隨塞,屢爲浙西之患。元泰定、大德間,任仁發請于朝,疏導者再。迄明初,僅通舟楫而已。永樂間户部尚書夏原吉,正統間巡撫侍郎周忱,天順間巡撫都御史崔恭,成化間巡撫都御史畢亨,嘉靖間巡撫尚書李充嗣,皆嘗濬治,互有利病。迨嘉靖末,江爲平陸矣。隆慶己巳,巡撫都御史海瑞復濬。自縣境屬,于崑山砮灣取直,江流湍駛,雖未盡復故道,而廿年灌莽之區漸成沃壤,百姓咸尸祝之。萬曆丁亥,特設水利道,以副使許應逵領之,其工亦首濬吴淞,未幾淤澱,復爲平陸。

本朝康熙十一年,巡撫都御史馬祜請發公帑重濬,百年湮塞一旦疏通,厥利甚溥。但江口一段以直取勢,稍棄紆曲故道,地師家謂水不環抱,將來城中富貴不能如未塞以前之盛。俟有識者辨之。

葉清臣《松江秋泛賦》:"澤國秋晴,天高水平。遥山晚碧,極浦寒清。循遊具區之野,縱泛吴淞之溮。東瞰滄海,西瞻洞庭。槁葉微下,斜陽半明。樵風歸兮自朝暮,夕溜满兮誰送迎。浩霜空兮一色,横霽景兮千名。於時積潦未收,長江無際。澄瀾方興,扁舟獨詣。社橘初黄,汀葭餘翠。鶩鷺朋飛,别鵠孤唳。聽漁榔之遞響,聞牧笛之長吹。既覽物以放懷,亦思人而結欷。若夫敵寇既平,霸圖初盛。均憂待濟,同安則病。魚貪餌而登鈎,鹿走險而忘命。一旦辭禄,揚舲高泳。功崇不居,名存斯令。達識先明,孤風孰競。又若金耀不融,洛塵其蒙。宗城寡捍,王國爭雄。拂衣洛土,震耀江東。拖翠綸兮波上,膾蟬翼兮柈中。倘即時之有適,遑我後之爲恫。至如著書笠澤,端居甫里。兩槳汀洲,片帆烟水。夕醉酒壚,朝盤魚市。浮游塵外之物,嘯傲人間之世。富詞客之多才,劇騷人之清思。緬三子之清徽,諒隨時之有宜。非才高見棄于榮路,乃道大不容于禍機。申屠臨河而蹈壅,伯夷登山而食薇。皆有爲而然爾,豈得已而用之。别有執簡仙瀛,持荷帝柱。晨韜史氏之筆,暮拂使臣之斧。登攬有澄清之志,臨遣動光華之賦。何從欲之流滋,慰遠遊之以懼。肇提封之所履,屬方割之此憂。將濬疏于匯川,其極濟乎畛疇。轉白雀之新渚,據青龍之上游。濯埃垢于緇袂,刮病膜乎昏眸。左引任公之釣,右援仲由之桴。思勤官而裕民,乃善利之遠猷。彼全身以遠害，蓋孔臧于自謀。鮮鱗在俎，真茶滿甌。少回俗士之駕，亦未可爲兹江之羞。"

宋之問詩："宿帆震澤口，晚渡松江濆。棹撥魚龍窟，舟衝鴻雁羣。寒潮頓覺滿，暗浦稍將分。氣赤海生日，光摇湖起雲。水鄉盡天衛，歎息爲吴君。謀士仗劍死，至今悲所聞。"

劉長卿詩："洞庭初下葉，孤客不勝愁。明月天涯夜，青山江上秋。一官成白首，萬里寄滄洲。久被浮名繫，能無愧海鷗。"

推官王綸和："孤孽無安枕，長懷千里愁。露寒江館暮，雲淡海城秋。飛葉聞空砌，鳴鴻過遠洲。忘機愧漁父，隨水泛鳧鷗。"

白居易《松江觀魚》："震澤平蕪岸，松江落葉波。在官常夢想，爲客始經過。水面排罾網，船頭簇綺羅。朝盤膾紅鯉，夜燭舞青蛾。雁斷知風急，潮平見月多。繁絃與促管，不解和漁歌。"

許渾《泊松江渡》："故國今何在，扁舟竟不歸。雲移山漠漠，江闊樹依依。晚色千帆落，秋聲一雁飛。此時兼送客，憑檻獨沾衣。"

鄭谷詩："十年五年岐路中，千里萬里西復東。四馬愁衝晚村雪，孤舟悶阻春江風。達士由來知道在，昔賢何必歎途窮。閒烹蘆筍炊菰米，會向漁鄉作釣翁。"

范仲淹《江上漁者》："江上往來人，但愛鱸魚美。君看一葉舟，出没風波裏。"

司馬光詩："吴山黯黯江水清，欲雨未雨傷交情。扁舟蕩漾泊何處，紅蓼白蘋相映生。""秋風索索連江起，暮過烟波十餘里。長蘆瘦竹映漁家，燈火渺茫寒照水。"

陶宗儀《曉發松江》："客裏東風促去程，沙棠舟小布帆輕。衝人鷗鳥雙雙起，近水桃花樹樹明。故喜吴淞堪寄食，不愁江漢尚屯兵。經綸事業成虚擲，一寸葵心向日傾。"

趙孟頫詩："壯氣浮孤劍，餘生寄短篷。戰塵昏野色，積雪晥春風。北望旌旗濶，南歸郡邑空。江花與江水，客思兩無窮。"

袁凱《沙途行》："西起吴江東海浦，茫茫沙途皆沃土。當時此物不歸官，盡養此地饑民户。紅尖小麥畝二石，荻蘆輪囷竟三尺。紛紛赤線何足論，瓜芋青秧密如櫛。饑民得此不復饑，昔無一物今五衣。子孫相仍二十載，飽煖得與平民齊。君恩如天不可負，君恩能前不能後。力微勢怯官不理，一旦奄與强家有。强家犬馬厭菽粟，强家下陳盡珠玉。君不聞江頭浦邊三萬家，秋雨秋風夜無燭。"

顧利賓《再過松江》："吴江三萬六千頃，震澤與之俱渺茫。鴻雁一聲天接水，蒹葭八月露爲霜。西風吹裂漁人笛，落日偏驚估客航。三十年前此來往，塵纓猶未濯滄浪。"

張之象詩："江入松陵水接天，秋風早發季鷹船。千杯緑酒應須醉，買得鱸魚不論錢。"

張錫懌《泛吴淞江》："天空日落晴霞起，疏柳垂堤暮烟紫。風動牙檣縱所如，一橈劃破吴淞水。朝廷軫念十年畊，畚锸如雲水復平。蒼茫西擁昌亭樹，浩淼東連滬瀆城。憶昔三江神禹開，玄圭告錫淡沉災。曾看萬壑魚龍舞，幾見千軍輓餉來。倏忽洪濤變塵土，蕭蕭蘆荻成今古。增租久矣上司農，督課猶然入水府。父老吞聲已數年，誰將巨斧闢桑田。今看疏鑿功成後，費得君王十萬錢。”

曹垂璨詩：“如雲畚鍤草初青，衣帶江城列繡屏。波底魚龍懷故道，天邊雁鶩下新汀。工成恰漲桃花水，帆掛重披楊柳星。從此東南無旱潦，勞臣勛績自堪銘。”

徐允哲《吴淞江行》：“吴淞之水震澤來，波濤浩瀚走鳴雷。百折東連赴滄海，乾坤莽莽風沙開。《禹貢》三江玆其一，神功底定嗟難及。錫圭告命已消沉，萬古滄桑變陵邑。自經疏鑿幾千年，東南每每多原田。中間興廢不可數，則壤何由辨陌阡。憶昔泥沙淤江滸，平堤日夜飛塵土。海公忠介費經營，功在三吴利益溥。星移物换不堪論，百年事跡委荒塵。曲徑叢篁陰翳日，石田茅屋暗藏津。江南重臣籌國計，欲富民生先水利。巡行露冕借諏謀，計日鳩工重周視。畚鍤如雲委任專，眼看百里盡平川。莫言經歲公旬力，動費司農億萬錢。春風浩蕩春潮起，滚滚長流没沙尾。一片垂楊望若烟，千帆柔櫓看如駛。閒從江上問漁蓑，水底魚龍出没多。但願桑麻沾雨露，長教澤國浄兵戈。桃花掩映千林色，五畝山園三畝宅。斗酒酣歌書畫船，數聲款乃烟波碧。”

滬瀆江。在縣北一十里。《吴郡記》曰：松江東瀉海曰滬海，亦謂之滬瀆。凡水發源而注海曰瀆。陸龜蒙云：列(行)〔竹〕於海澨，曰滬瀆是也。《晉史》：虞潭爲吴國内史，修滬瀆壘以防海寇。《通鑑》：晉隆安二年，吴國内史袁崧築滬瀆以防孫恩，後竟死于是。《寰宇記》云：袁崧城在滬瀆江上，舊有東西二城，其傍爲蘆子渡，俗呼蘆子城，東西廣萬餘步，有四門。元時徙于江中，餘西南一角，西城極小，在東城西北，兩傍有東西蘆浦。《永樂大典》云：江側有滬瀆壘。今攷其地，松江直趨而東，又七十里入海，無復有瀆，兩岸皆平疇茂林，故壘寂然，其東西蘆浦亦止通潮汐而已。

皮日休詩：“全吴臨巨溟，百里到滬瀆。海物競駢羅，水怪争滲漉。”

貢師泰詩：“避難吴淞江，出遊滬瀆壘。世道苦變更，形勢總隳圮。我懷晉外臣，孰似袁内史。深塹盛時守，無策正邦紀。日暮仰北辰，天寒一星紫。尚想白登圍，無言淚如水。”

唐奎詩：“吴淞江上袁公壘，千年何處尋遺址。石犀半落江水中，秋老蘆花三十里。五百馬塵今尚飛，秋秋赤子將安歸。月明古堞急鼓鼙，孤臣有淚空沾衣。”

鄭元祐詩：“東吴内史晉長城，滬瀆千年壁壘平。莫向月明悲往事，即今滄海已塵生。”

袁凱《江上書懷》：“滬瀆城南秋氣高，鶩鵝鴻雁各求曹。不眠更識匡床穩，欲去還思小几牢。幾處尺書俱寂寞，百年雙鬢獨蕭騷。秋江欲渡愁難渡，風雨龍吟長怒濤。”

屠隆詩：“取酒臨青澗，寒花故壘紅。血沉金鏃冷，鬼嘯白楊空。鳥度悲風外，月明清露中。採蘋何處薦，流淚問袁公。”

孫作《詠蘆子渡》詩：“吴江東來三百里，派别松陵號松水。何年此地列兩城，千雉依稀照江汜。東西相望似連珠，大小欲學孤山孤。大城已逐江沙圮，小城獨在渡名蘆。君不見當時好城市，滿目黄茅兼白葦。又不見船底邑千家，官渡於今屬蘆子。百年富貴一朝悲，高門大宅號狐狸。不信但看蘆子渡，日日船開秋雁飛。”

浦

黄浦。在縣東，大海喉吭也。以黄歇故，又名春申浦。其源受杭州、嘉興之水，起自秀州塘，經華亭縣界，又迤而東，以入南北兩涯之水，迨至南廣福寺，則折而北趨于縣，以受東西兩涯之水。至元、大德間，浦面濶盡一矢力。泰定中，建閘于旁。近上流勢緩，沙積兩湄，遂成沙塗。居民因蒔葭葦，淺狹過半。稍北舊名范家浜。明朝洪武間，吴淞江淤塞，潮汐不通。永樂元年，邑人葉宗行上書言濬江，通海引流，直接黄浦，闊三十丈，遂以浦名。今横濶二里許，又折而東北，合于江以達海，其兩涯孔道則置舟以渡，往來利涉，民甚便之。然舟人嗜利，雖風濤洶湧，非滿載不發，多有覆溺之患。漁人椓杙張巨網絶流，宵濟者誤觸網口，溺入爲魚鼈。長兹土者，其留意焉。

陸龜蒙《迎潮送潮辭》，序云：“余耕稼所在松江南旁，田廬門外有溝，通浦漵，而朝夕之潮至焉。天弗雨，則軋而留之，用以滌濯灌溉，及物之功甚鉅。其羸壯遲速，繫望晦盈虚也。用之則順而進，捨之則默以退，有類乎君子之道。翫而感之，作《迎潮》、《送潮》辭二首，聊寄聲於騷人之末。”“江霜嚴兮楓葉丹，潮聲高兮墟落寒。鷗巢卑兮漁箔短，遠岸没兮光爛爛。潮之德兮無際，既充其大兮又充其細。密幽人兮款柴門，寂莫流連兮依稀舊痕。濡餘澤槁兮潮之恩，不尸其功兮歸于混元。”“潮西來兮又東下，日染中流兮紅灑灑。汀葭蒼兮水蓼枯，風牢騷兮愁烟孤。大幾望兮微將翳晦，搜瀛溶兮歛然而退。愛長波兮數數，一幅巾兮無纓。可濯帆生塵兮棹有衣，悵潮之歸兮我猶未歸。”

張之翰詩：“黄浦春風正怒號，扁舟一葉渡驚濤。諸君來問民間苦，何用潮頭幾尺高。”

袁凱詩：“我有茅堂南浦潯，迴岡千尺晝陰陰。繁花映帶墟烟密，弱竹留連海氣深。寂寂軒窻惟鳥下，蕭蕭風雨亦龍吟。東家野老猶淳朴，酒熟花香數見尋。”

王逢《浦東女兒行》：“浦東巨室多豪奢，浦東織女長咨嗟。丁男殉俗各出贅，紅女不暇親桑麻。鵓鳩呼雨楝花紫，大麥飯香勝小米。一方青布齊裹頭，赤脚踏車争捲水。水底岸高力易歇，汲水上田愁满缺。穀種看如瓜子金，野鴉不啣田鼠竊。黄草衣薄風披披，日色照面蒼烟姿。南鄰北伴更貧苦，糟糠糜粉隨朝虀。阿婆送茶相向語，鉅室新爲州縣主。妻拜夫人婢亦榮，繡幰朱輪照鄉土。牛羊下來雞欲棲，汪汪淚眼數行啼。女自身長苦非一，歸路白楊斑竹西。”

曹泰詩：“月照黄龍浦水黄，南飛烏鵲夜茫茫。晚潮天接海門遠，秋草城埋滬瀆荒。洲上人家金井塌，縣中官酒玉缸香。百年來往今頭白，消得先生醉幾場。”

王縝詩：“三載南巡休未休，一帆上海信潮流。簡書剛爲軍儲急，絲繭誰寬村巷憂。事到安排終費力，人無貪戀更何求。滔滔莫道行來遠，我道滄洲合遠遊。”

張穀《黄浦夜泊和樊太守》詩：“碧山如畫暮雲收，龍浦經行只暫留。正憶楚臣吟澤畔，却憐杜老哭江頭。慣延國士勤三握，肯向明時詠四愁。我欲摳趨妨病暑，思乘雪夜剡溪舟。”

朱察卿《浦上觀兵》詩：“河上翱翔一羽輕，離離衰草陣雲生。樓船十里秋江蔽，甲帳千重午夜明。水部却爲防禦使，孤軍偏築受降城。漢家麟閣深如許，好待將軍早策名。”

張之象詩：“黄浦遺名在昔朝，百川東去海門遥。兼天白浪高于屋，何似錢塘八月潮。”

陳維城賦句：“二千四百年豐樂之鄉，一百二十里寶藏之府。青龍爲北注支脉，薛澱乃西流門户。連檣萬艘，直趨吴越之疆；徑渡一葦，遍及遐荒之所。”水利形勢頗詳，因節録之。

吴淞江。於乾隆二十八年蘇撫部院莊有恭請疏三江水利，奏準借帑銀二十二萬一千六百餘兩，與蘇屬之婁江、東江同時派夫給銀開浚。知縣于方柱領帑銀一萬七千八百八十一兩零，從王浜起疏，至野雞墩大壩止，共長二千四百八十五丈，河面寬十六丈，底寬十丈，浚深一丈。十二月興工，二十九年三月告竣。所借帑銀按田徵還，自三十年起分作三年派徵，共銀一萬六千六百八十六兩零，俱經解足歸欵。

諸水

通江諸水。舊《圖經》以趙屯、大盈、顧會、崧子、盤龍爲五大浦。五浦之中，趙屯、大盈二浦尤爲至要。趙屯、大盈皆直受澱山湖水，趙屯迤西爲白鶴江，大盈迤東爲青龍江。先正論湖水下流，必由白鶴匯以達於江，又謂由青龍江入海。今白鶴、青龍雖以江名，僅同溝澮而已。顧會、盤龍從府郭來，絶横塘、横泖。而顧會又名通波塘，崧子又名崧塘，二水同流異派。顧會、崧子西東爲淮浦，爲艾祁浦、朱墅浦、華潮浦、赤眼浦，爲華漕，爲西舊江，爲周涇。崧子南爲北平浦，北爲鳥塘，鳥塘東爲石淄漊。盤龍迤東爲沙岡塘，爲小萊浦，爲許浦、魚浦、郭巷浦，爲横瀝，爲新涇，爲東、西上澳，爲大、小蘆浦，爲上海浦、張家浜、馬家浜，爲東溝、西溝，爲南蹌浦。由許浦而出爲五漕，由郭巷而出爲莊家涇，由新涇而出爲蒲匯塘，其東即龍華港。凡江之南通江塘浦具於是。在元時，則新涇爲要。觀吴執中論順導水勢，注江達海，僅有上海之新涇、太倉之劉家港也。今盤龍以東、江以南，水唯在蒲匯、龍華二港達於黄浦，入海爲利耳。江以北水亦有蘆浦，有横瀝，有徐公港，有黄家港、封家浜，有楊林浦，南北分流，並入于江，會于黄浦，東入于海。海口爲嘉定界，有界浜。

浦旁諸水。若語兒涇，若韓倉港，若姚港，此爲浦北之水也。若千步涇，若巨漕，若沙竹岡塘，若夾溝，若横瀝，此一水而貫乎浦之南北也。若清水港、何涇，若蘆溝、淡水瀝，若聖堂港、鷺竇湖，皆二水夾浦。若金匯塘，其北南廣福寺在焉。此則浦南之水也。沙竹、横瀝俱南入華亭堰海，北入夫江。竹岡之尾即小萊浦。横瀝又名横涇，金匯又名江涇塘，鷺竇又爲鷺脰，今又訛爲櫻桃匯。過鷺竇而東有艢港，自新場而西，其水口正當浦之折處。

由牐港而下，若鹽鐵塘、沈莊塘，若周浦塘、三林塘，若楊淄港、黄淄漊，此爲浦東之水也。若陸道浜，若唐子涇，若南俞塘、北俞塘，若車溝，若吴店塘，若華涇，若烏泥涇，若龍華港，若日赤港、薛家浜、肇嘉浜，若方浜，若南、北侯家浜，若洋涇浜，此爲浦西之水也。牐港自西而東有叉港，又東爲大步涇，又東爲水仙塘，通白達口、鹽鐵塘，世傳吴越王爲此以運鹽鐵，宋通判曹泳重濬，更爲下沙浦，時人惟呼舊名。鹽鐵南爲都臺浦，自牐港北流，絶周浦、沈莊、三林諸塘，通横沔諸港。都臺浦北爲運鹽河，爲鹹塘，極東抵捍海塘。故有石筍灘，有如筍植立沙中，潮至分流，名分水港。今塘外内徧爲團場，煎辦鹽賦所在，自一竈以至於九，次第港皆名竈港。楊淄港南一曲爲小黄浦，有稱黄浦爲大黄浦者，殆以此别之也。楊淄港與中新河通，黄淄漊與白蓮涇合。黄淄南爲中汾涇，白蓮東北即馬家浜。乃若陸道浜，又名枯樹港，與唐子涇皆西貫鷰竇湖，其潮汐與湖吞吐。南、北俞塘皆自府郭東下，溝亦從盤龍分支東流，其起處爲六磊塘。烏泥涇之西爲新村塘，皆西通上澳，肢聯股引，北流散入龍華以下。日赤、薛家二浜，俱通肇嘉。浜之口有新洲，舊《志》文罩洲，人云即高昌洲，未詳。浜水西通周涇、陳涇，西南出新港、方浜，西通柴浜、蘆浦，出夫江。自薛家浜至洋涇皆爲縣市。惟黄浦自南而下，過三林塘，則匯而東爲孫家灣，又匯而西爲龍華灣，又匯而爲高昌，又匯而爲江口，浩浩湯湯，直與江水合流於海。

右諸水多有隸青浦、南匯者，因原委相屬，故牽連書之。

肇嘉浜。在縣治南，引浦水由東水關貫城而西，分流支港，蓄洩賴之。因水關啟閉不時，且夾闤闠，易淤，雖時加濬治，旋復如故。宜用舟載淤泥外徙，庶免常濬。按：此浜爲邑幹河，東貫城市，西接蒲匯塘，西郊二十里沃壤藉以灌溉。自邑泛舟抵郡，皆由肇嘉浜直達蒲匯塘，風濤不驚，道里便捷，計遠意周，法莫良焉。嗣因年久，龍華閘、日赤港壩俱坍，肇嘉浜首、尾、中三段俱受濁流衝激，一日兩潮，泥沙淀積，幾爲平陸。蓄洩無資，高腴已成瘠土。且舟楫往來，必從大浦揚帆，乘風候潮，波浪難測。康熙三十二年，曾經開濬，不越一載，浜即淤淺。康熙五十九年，常制府飭准開濬，而龍華不閘，日赤港不壩，以至塞不旋踵，邑人久受其累。於乾隆十七年，巡道申夢壐、知縣李希舜同邑紳士等議開薛家浜，仍將肇嘉浜、方浜浦口築壩，以蓄水勢。二十年，知縣李希舜又同紳士等由東關外水口穿城至西關外，直達蒲匯塘，一律深通，引清水以達浦口。因農芒將蒲匯塘壩，暫請開放，以便戽水。後李令陞任，厥工未竣。四十年，巡道李奉翰、同知縣史尚確重濬城河，又復淤塞。四十八年，巡道盛保檄知縣范廷杰同紳士陸秉笏、喬鍾沂、朱朝源、沈崇勳、李炯、李學元、曹錫棠、楊克昌、胡鳳翔、陳昌國，將在城肇家浜、薛家浜、方浜及大小支河一律通濬，令主簿盧雲路董其役。

薛家浜。在肇嘉浜南。引浦水，自東南經縣治而西，計長四百七十四丈。因築城斷塞，水無蓄洩，積聚穢濁。且堪輿家謂水當巽位，此浜之通塞實係合邑人文之盛衰，議鑿城復故道，并建一閘，以爲永久之圖。萬曆丁丑，知縣敖選上之監司，業已允行，爲有阻之者，不果。萬曆二十六年，知縣許汝魁奉檄開小南門水關，引薛家浜水入市河，由永興橋而西，居民稱便。萬曆己亥，知縣徐可求申覆開濬，屢浚屢塞。康熙年間，知縣陳之佐同在城諸紳士捐貲重濬，壩斷郎家橋，俾水勢併流，庶免積淤。里中奸民憚運載紆曲，陳甫去任，即於黑夜偷決壩口，以致復塞。康熙二十三年，知縣史彩毅然重濬，捐貲募工，仍壩斷郎家橋，令主簿李六德督工。實心任事，匝月告成，日久漸塞。後經城内開河運泥，堆積河濱，每逢霖雨，衝塌入河，歷年既久，閘廢，漸成平陸。於乾隆十八年二月，邑紳凌應蘭等呈請捐開，巡道申夢壐首先捐俸，檄知縣李希舜率典史何填丈量河段，同紳士分段捐濬，閱五月告成。又恐水緩易塞，復於木閘舊址改建石閘，董事紳士金應元、陸瀛亮、張汝進、曹大玨、顧樹荆、沈崇勳、周念祖、金榕城、陳鍾灃、張汝斌、張炳先、周德基等督工，期月告竣，至今稱便。

方浜。在肇嘉浜北。由小東門水關，經邑廟廣福寺而西。因築城斷塞，兩岸居民室廬侵占，屢浚旋滿。按：此浜左右民居稠密，倍於各門，日用之水皆取汲於此。而且舟楫來往，極當衝要，潮汐日至，沙澱易淤。乾隆十一年，知縣王侹詳請開濬,於閏三月起工,四月告竣。四十年,知縣史尚確詳開合城水道,十一月起工,十二月竣事。乾隆四十一年,巡道袁鑒以商士徐廷儀、陳士錦等呈請,開通方浜壩基,詳委署縣韓運鴻勘辦。韓以俯順民情,定議准開,而浦口與城較近,議建石閘,以時啓閉,既便禦火行舟,兼防風潮水患,勘議詳允。四十二年二月,奉檄委韓復來督濬,與紳士李宗袁、喬鍾沂等經畫籌辦,六月告竣。時有監生吴培本好善急公,因公捐不敷,墊捐銀千兩,韓贈以額曰"質直好義"。乾隆四十八年重濬。

侯家浜。在方浜北。康熙年,知縣史彩重濬,復爲通渠。乾隆四十八年,巡道盛保檄知縣范廷杰開濬。

半段涇。在縣治南,接薛家浜,由養濟院而西。屢濬屢塞,未能大通。

穿心河。在縣治北。受肇嘉浜,南合于半段涇。

郁婆浜。在薛家浜南。其東達永興橋,遺跡尚存,其西達繡鞋橋。

已上城市諸水。

横瀝塘。在竹岡東南,直通黄浦,北繞吴淞江,入嘉定。

華漕。在三十保,北入吴淞江。宋、元間,道接青龍江,故多商賈貿易,漕邊富家以奇貨相雄。今塞。

許浦。在三十保。南與横瀝通,北入吴淞江。

郭浦。

新涇。在二十九保。北通吴淞江,向南爲中新涇,通蒲匯塘、六磊塘入浦。按顧彧舊《志》云:古名新涇浦,浦之支渠東有石橋浜、周家浜、菖蒲涇、野奴涇、彭家浜、横清涇、交紋涇、漁窪、劉家浜、蕭師浜,西有陶涇、師家浜、陸道浜、五漕、金家浜、上江涇、唐子涇、横涇,皆支流,通浦水,以灌田疇。其東爲上澳浦。

東上澳浦。

西上澳浦。俱在二十六保。並南通烏泥涇,東通黄浦,北達淞江。

西蘆浦。

大蘆浦。俱在二十七保,今名蘆子。中有沸井,古于此置渡,後跨梁江橋。

寺浜。在二十五、二十七保。久塞,知縣史彩于康熙二十三年重濬。

都臺浦。明天順間巡撫崔恭濬,在二十二保,爲東南要河。乾隆四十年,紳士沈朝鼎、趙秉淵、徐鍾杰、沈宗勳等呈請開濬,署道韓錫胙檄縣勘詳,批准通保開濬,時力不能輸者,朝鼎捐資助工告竣。有盛家浜,爲都臺浦支河,綿亘六里,朝鼎並濬之。

上海浦。即大黄浦下流合江處。

馬家浜。在二十二保西溝東。又東爲東溝浦、張家浦、入海浦,並南通、都臺等浦,西入淞江,東北至界浜,與嘉定分界。

東溝浦。

西溝浦。俱在二十二保,馬家浜在右,西入淞江。

南蹌浦。在二十二保。按顧彧《志》,在上海東北三十六里,其支流爲東溝浦、西溝浦、馬家浜。今縣東北有水曰蹌浦,曰大蹌浜,其南近都臺浦,疑即南蹌浜之故跡也。

椿樹浦。在二十二保。

江苧浦。在二十二保。

横浦。在二十二保。

張家浜。在二十保。

界浜。在二十二保。

已上吴淞江南岸諸水。

虬江。在二十三保,南入淞江。

下海浦。在二十三保。

桃樹浦。在二十三保。

東奚浦。在二十三保。

楊水浦。在二十三保。

東沙洪。

中沙洪。

西沙洪。俱在三十保,並南入淞江。近苦淤淺,所當亟濬。

張涇。在二十九保。

已上吴淞江北岸諸水。

洋涇浜。在二十五保。

陸家浜。在二十五保。

陳家浜。在二十五保。

榆木涇。在二十五保。

日赤港。在二十五保,通肇嘉浜。

龍華港。在二十四保。接蒲匯塘,東流過漁水窪、東西上澳,東南至百步橋,入于黄浦,故亦名百步塘。

蒲匯塘。在二十九保。受盤龍、泗涇二水,東流合沙竹岡塘、新涇諸水,東出龍華,在上海之西、華亭之東北、黄浦之正西,三縣于此分界。

六磊塘。在十八保。舊自盤龍分支,東流爲車溝,東北爲新村塘,爲吴店塘,其北爲夏家浜,東流爲新港,爲烏泥涇,東南爲華漕港,北爲八尺港,並入于黄浦。

曹湖涇。在二十六保。

新村塘。在二十六保。

吴店塘。在二十六保。

烏泥涇。在二十六保。其上有鎮,北爲鄭家漕,爲曹湖涇,北即龍華港,自西東流入于黄浦。

車溝。在二十六保。

張家塘。在二十六保。

華涇。在二十六保。

北俞塘。在十八保。自府東門楊賣柴橋東流,絶洞涇,過張涇、盤龍、駟馬、紫岡塘,貫沙竹岡塘、横瀝新涇,東入于黄浦。諺云:"雖得珠千(解)〔斛〕,不賣俞塘北。"

南俞塘。在十八保。自府東門張塔橋南東流,過三里汀,至吕塘廟南,入鹽鐵塘。自吕塘廟分流,東爲語兒涇,入于黄浦,華亭、上海于此分界。北通胡婆涇,其南爲荷涇,又東爲吴會鎮。自荷涇東流,爲茭門塘,至竹岡東南,爲陸道浜,入於黄浦。

吴衝涇。在二十一保。

陸道浜。在二十一保。

唐子涇。在廿八保，皆西貫鷰竇湖。

鷰竇湖。在二十一保。按顧彧《志》，在上海西南五十五里，週五里，舊有邢、竇二姓居此，故名。久而淤塞，訛爲櫻桃。蔣参議性中所居近鷰胆湖，往來病涉，公以縣官立坊物作橋濟之。今已重浚。

淡水瀝。在二十一保。

紫岡塘。在十八保盤龍東。其北通六磊塘，〔至横塘〕止。紫岡之西爲沙岡，東爲竹岡，爲横瀝，爲新涇，新涇之南，古鷰竇湖也。

竹岡塘。在十六保沙岡東。首尾延亘如一，至蒲匯塘而北，别名小莱浦。

沙岡塘。在十六保盤龍東。其南絶黄浦，至捍海塘而止，北入松江。

夾溝。在十六保。

母子涇。在閔行鎮。

東河涇。在十六保。

姚港。在二十二保。

韓倉港。在十六保。

語兒涇。在十六保，南通黄浦。

已上黄浦西岸分流之水。

入海浦。在范家浦北。其東爲大蹌浜，並西入黄浦。其東北至界浜，嘉定、上海分界。

范家浦。在縣東北，舊名范家浜。

黄淄漊。在二十四保楊淄漊北。與白蓮涇合，南爲中汾涇。

楊淄漊。在二十四保三林塘北。與中新河通，自北鹹塘西流，入于黄浦。

白蓮涇。在二十四保。西通黄淄漊，今通蔡洋涇，出浦中。

東新塘。在二十四保。

西新塘。在二十四保。

洋涇。在二十四保。

三林塘。在二十四保周浦北。自鹹塘西，其流南爲横臬，其北爲杜婆涇，西入黄浦。

周浦塘。在十七保。《府志》云一名杜浦，東通水仙塘，西流入浦。明季淤成平陸，順治五年，里民顧君陶捐資開濬，商民德之。雍正三年，分析南匯，塘北隸於上海，塘南隸於南匯焉。

中新河。在二十四保。

已上黄浦東岸分流之水。

堰閘附

將軍堰。晉左將軍袁崧所築，因名。

竹岡堰。

沙岡堰。

吴淞江閘。

潘家浜石閘。

烏泥涇石閘。

已上諸閘俱廢。

新涇石閘。此即龍華港閘也。萬曆年間,知縣劉一爌建。今廢。但此閘必須復建,不惟蒲匯塘無旱澇之患,使泗涇、七保諸水皆由蒲匯塘入肇嘉浜,出浦歸併一路,落水迅速,足以刷沙,肇嘉浜可永不淤矣。

薛家浜石閘。在小南門外。萬曆年間,知縣敖選築。此亦肇嘉浜善後之策也。

郎家橋堰。在肇嘉浜。因浦近城,故築。

日赤港石閘。在西城外六里許。萬曆十二年,通判鄒志學、知縣顔洪範建。已廢,今擬築大壩。

吴淞江舊石閘。在北門外吴淞江二壩。康熙十一年,蘇松常道韓佐周築。今已廢。

吴淞江新石閘。在北門外金家灣。舊閘近浦,易於裂陷,今移遠三里,水勢紆緩,可以永久。雍正十三年建,水利通判徐良模董其役,乾隆二年十月訖工。

華漕㴵。在黄浦東岸北二十四保。是河舊係張家浜支流,東出馬家浜,西達張家浜,出浦綿長二千八百餘丈,歷久失疏,已成平陸。該處士民黄俊英、顧在中等具呈,以田疇籍河灌溉,請就該保各啚田畝起夫開濬。河面計寬四丈四五尺,深一丈五尺。知縣林培選勘議詳准,於乾隆四十七年竣工,舟楫田疇均資利賴。

沿海護塘。在縣東三十六里,俗名大護塘,舊有遺址。成化七年,海潮泛溢。九年,巡撫畢亨、巡按鄭銘、督水僉事吴瑞交檄諸府縣修築。時上海知縣王崇之給餉授工,從境内西接華亭,東北抵嘉定,凡長一萬七千七百四十八丈。歲久頽圮,不時修葺。嘉靖二十二年,倭寇爲患,巡撫蔡克濂檄邑太學生喬鏜董其役。鏜捐貲首倡,兩月訖工,凡九十里,開水竇八。本朝順治七年,塘圮,知府廖文元繕完之。康熙七年,塘又圮缺,提督梁化鳳修築。康熙四十七年,又築。雍正二年,海潮衝坍,明年修築。雍正十年,又遇海潮衝坍,復修。乾隆十二年七月,風潮又作,衝坍土塘。十三年,檄令知縣王侹修理塘邊,加高土塘,一月修成。按:護塘向開水竇,近因海潮屢溢,民命攸關,詳請永閉。

備塘。在護塘外,俗名小護塘。萬曆十二年,知縣鄧炳起工,越明年,本府通判鄒志學、知縣顔洪範成之。長九千二百五十丈五尺,用過免役銀六千八百九十七兩有零。本朝雍正四年,分置南匯縣,今塘身屬上邑者,南自南匯縣十五墩起,北至寶山縣黄家灣止,長六里,計一千一百三十八丈五尺,最關緊要。松太巡道專司督撫,以時閲視,屢加修築,近更檄令農隙之時加高完補,故海潮頻溢,得以保聚生靈者此也。

土塘。沿黄浦東岸。一在廿二保,據士民淩英泰、盧啟豐等具呈,以地近吴淞海口,常年秋潮爲患,請就該保各啚田畝起夫,北從上寶界浜口起,南至西新塘二十四保界止,沿浦挑築土塘一道,長二千九百零二丈,知縣于方柱勘議詳准,於乾隆二十九年竣工。一在二十三保,該處士民蔡于忠、王希年等具呈,以地近海口,常被潮患,請就該保各啚田畝起夫,北從上寶交界之虬江起,南至虹口止,沿浦挑築土塘一道,長三千三百三十丈,所産茅草聽塘長收穫,以抵工食,知縣李希舜勘議詳准,於乾隆十八年竣工。一在二十四保,該處士民顧其仁等具呈,以地近浦濱,常受水患,請就該保各啚田畝起夫,北從二十二保土塘工尾起,南至張家浜口止,沿浦挑築土塘一道,長二千四百丈,知縣史尚確勘議詳准,於乾隆四十三年竣工。

按:浦東一帶地逼江海,近年秋潮較昔增長,田廬淹浸,歲屢不登。自三保士民各築土塘自衛,計長八千六百三十二丈,設立塘長,以時修葺,現在歲獲豐稔,永資利賴,實爲良策。惟是自築土塘之後,捍遏潮勢,逼而西溢,吾邑城治及迤南各啚沿浦九十餘里,每遇潮汛,泛溢堪虞,城中亦受其患。浦西一帶田畝,雖遇豐年,偏災不免。圖全之策,惟浦西各路士民亦倣浦東之法,共爲興築土塘,協力公舉,可以轉歉歲爲稔年。吏斯土者留心民瘼,籌及于此,而爲之創舉,誠吾邑之幸也。

水利治策

《禹貢》云:三江既入,震澤底定。

《史記》云:禹之治水于吴,則通三江五湖。

宋景祐初,范仲淹守鄉郡,上書宰相,具言水利。

畧曰:姑蘇四郊畧平窊,而爲湖者十之二三。西南之澤尤大,謂之太湖,納數郡之水。湖東一派,浚入于河,謂之松江。積雨之時,湖溢而江壅,横没諸淹。雖北壓揚子江而東抵巨浸,河渠至多,湮塞已久,莫能分其勢矣。惟松江退落,漫流始下。或一歲大水,久而未耗,來年暑雨,復爲沴焉,人必薦饑。今疏導者不惟使東南入于松江,又使東北入于揚子,入于海也。新導之河必設諸閘,常時扃之以禦來潮,沙不能塞也。旱歲則扃之,駐水溉田,可救暵涸之(蓄)〔災〕。潦歲則啓之,疏積水之患。

熙寧三年,崑山人郟亶上言水利六失、六得,具書與圖,及治田利害七事。

亶言:環湖之地稍低,常多水;沿海之地稍高,常多旱。故古人治水之跡,縱則有浦,積則有塘,又有門堰涇瀝而碁布之。今欲畧循古人之法,七里爲一縱浦,十里爲一横塘,又因出土以爲隄岸。度用二萬夫,水治高田,旱治下澤,要以三年,而田畢治。

元祐中,宜興人單鍔論吴中水利。

畧云:自慶曆二年,以松江風濤,漕運多敗官舟,遂築松江長隄,介于江湖之間,横絶江流五六十里。震澤受數郡之水,乃遏以長隄,雖時有橋梁,而流勢不速。自江至海,諸港復多沙泥漲塞,茭蘆叢生。是以三春霖雨,則蘇、湖、常、秀皆憂瀰漫。宜先開江尾茭蘆之地,遷沙村之民,運其漲泥,鑿松江隄,爲木橋千所,隨橋洪開茭蘆,爲港走水。

范成大《水利圖序》。

畧云:救災捍患之術,其大概有二:曰作隄。今之塍岸,率去水二三尺,人單行猶側足,其上坎坷斷裂,纍纍如蹲羊伏兔。佃户貧下,至東作(詩)〔時〕,舉質以備糧種,其勢無餘力以及畚鍤之工。婦子持木杴,探污泥,補綴缺空,一蹴便隕。秋水時至,相以飄風,莫之障防,與江湖同波。宜考紹興二十八年以來被水之(由)〔田〕,其邊鄰湖瀼,土人所謂搭白之處,增築長隄,使高五六尺,基廣七八尺以上。秋冬之交,潢潦乾源,手足所及,土皆可取。閱春夏半年,至秋雨風潮,土已堅定,草茅生之,可恃爲安。較之臨時補綴,相去遠矣。曰疏水。自趙霖鑿吴淞江積潦,三十年歲無薦饑。今吴淞之利自若,而邑中諸港頗有湮鬱之處,一二里間斷絶有之。今宜行視,凡出水之港,皆決而疏之,使水得肆行無留。用工甚少,效驗立見,而隄岸始爲田用。

蘇軾治水奏狀。

畧曰:議者多謂吴中水患,蓋理之當然;不可復以人力疏治,是大不然。父老皆言此患所從來未遠,不過四十五年耳,而近歲特甚,蓋人事不修之積,非特天時之罪也。三吴之水,瀦爲太湖;太湖之水,溢爲松江以入海。海水一日兩潮,潮濁而江清,潮水

常欲淤塞江路，而江水清駛，隨輒滌去，海口常通，故吴中少水患。昔蘇州以東，官私船舫皆以篙竹，無陸挽者。古人非不知爲挽路，以松江入海，太湖之咽喉，不敢梗塞故也。自慶曆以來，松江始大築挽路，建長橋，植千柱水中，宜不甚礙，而夏秋漲水之時，橋上水常高尺餘，況數十里積石壅土築爲挽路乎？自長橋挽路之成，公私漕運（使）〔便〕之，日葺不已，而松江始艱噎不快。江水不快，軟緩而無力，則海之泥沙隨潮而上，日積不已，故海口湮滅，而〔吴中多水患〕。

元至元間，任仁發言開江。

《書》云："三江既入，震澤底定。"乃（三）〔二〕江已塞，僅有吴淞一江，沙高水淺，不甚湍急。今之言水利者，謂水性就下，導而使之通流而已。河港陂塘狹者廣之，高者下之，塞者浚之，瀰漫者隄防之。人皆能言，殊不知治水之法〔須〕預識潮水之背順、地形之高低、沙泥之聚散、隘口之緩急，尋源泝流，各得其當，合開者開，合閉者閉，合隄防者隄防，庶不徒勞民力，而民享無窮之利。

大德間，都水庸田使麻合馬嘉集議吴淞江湮塞拯治方畧。

水性潤下，是故潮水就其地所順下而行，此天地自然之理。今太湖之水不流于江，而北流入于至和等塘，經由太倉出劉家等港，注于大海。吴淞江漸成痼疾，頗難救療。合相其地宜，順其水性，分流派泄，出江達海，庶消湖水泛濫之患。又將江湖河港椿壩，并圍裹成田魚斷茭蘆葑稗阻水去處盡行起除，仍令松江通徹海潮河港，勸諭近民于港口築叠土壩，安置透水木槽，名曰水竇。潮來閉竇，阻遏泥沙，潮退啓竇，泄放河水。

都水書吏吴執中言順導水勢。

畧曰：吴淞江舊云可敵千浦，今兩岸漲沙，將與岸平，其中僅存江洪不過二三十步，深亦不過二三尺，湖水所至，比之舊時，萬不及一。雖汪洋之勢見于上海新涇、太倉劉家河，通達入海，豈能盡洩浙西諸郡之水？合無因其就下之性，順其必趨之勢，于上海、太倉等處，相視可開河港，挑浚通流，仍踏視吴淞古江應有舊來出水支港，可以容易出海去處，盡行疏浚，務使支脉貫通，出洩順便。開挑之際，就命所司于已開河港之上訪求古跡，安置閘座，依時啓閉，以抑潮沙。

明郡人南安守張弼《治水議》畧。

松江澤國，水利爲重。而其水道之要者，則吴淞江也，黄浦也。吴淞江當時惟患墊溺，而詳于疏導之方，不慮旱暵，未及節蓄之策，非慮不及此，乃是時黄浦未開，有墊溺而無旱暵耳。黄浦之開，則自永樂四年，葉錢塘發之，夏忠靖成之，其利甚大。去年水潦，聞父老言："較之永樂三年之水，今年尚少三四尺。"然永樂三年以連雨十日而大潦，今年連雨月餘而潦，何昔之水反多，今之水反少耶？蓋昔以黄浦未開，洩水之道

隘，今以黄浦既通，洩水之道徑耳。使無黄浦，月餘之内，當何如耶？此大浦之大利，不在吴淞江下矣。然水勢急于此則緩于彼，黄浦潮勢奔激，衝囓兩岸，洩水益徑，則淞江潮勢平緩，停注淤泥，洩水益隘，故黄浦之濶漸倍于舊，吴淞江狹處，僅若溝渠矣。况淞江限于低鄉之東北，洩水隘則益低鄉之潦；黄浦界于高鄉之西北，洩水徑則益高鄉之旱。兩鄉異宜，罕遇全熟。或一歲之間，一郡之内，旱潦俱見。有司欲以工請，實難爲辭，未免舉一廢一，民之怨望亦不卹也。此皆天時地勢之使然，久晴必有久雨，久雨必有久晴，陰陽運化，天地之自然也。惟在于因其地勢之高下，疏導節蓄以應之耳。節蓄之方，當于出浦湖口之内、潮衝之所，運石置閘，遇農月水少，委人司之，以時啓閉。閉則高鄉潮可以到，積水不洩，而少旱矣；開則收藏閘板，無阻行舟，則此節蓄以利高鄉也。疏導之方，當于其中甚隘之處則疏之，蒲葦梗咽則芟之。蓋其水勢既緩，由蒲葦梗咽，漸至淤塞，尋尺不除，遂成隄岸。時加巡視，使之流駛，則故道不廢，洩水斯便而少潦矣。此疏導以利低鄉也。然低鄉之田圩不修，水亦不能自避；高鄉之河渠不浚，水亦不能逆上。故有司每歲修浚，但一法百弊，徒勞少功，而浚河之弊爲尤甚焉。其初報數，則曰某河若干、某河若干。及其興工，止浚一河，或十數里、〔五〕七里而已；泥深四五鍤，或止挑一鍤二鍤而已；或推其高積，填于深窪而已。其功將畢，即時星散，堰水之壩，仍留在河。有司臨視，或指一河爲二河，或指某河爲某河。新水既漫，孰測其淺？孰見其壩址？名曰濬河，河不加深，徒增諸壩以阻水，即鄉人所謂竹節壩者是也。况點夫雖多，得賂即放，實下手者能幾人哉？此特有司之未知，知而防之亦易易耳。雖然，地方廣遠，必得專官提督。若委官暫至，不能時巡，不熟地所，多爲所昧，且疏導江流苟非專官，豈能時巡？故宋置農田水利使，元置都水庸田使、都水監等官，亦不得已也。舉事易，得人難，慎擇其人，則利無不興，弊無不革矣。

編修王同祖《工役計費議》。

工役、計費二事常相須，計費足則工役舉，故今之言治農田水利者，莫急于量財。蓋工役之舉，歲歲興修則繁而難行，數歲不治則廢而難葺，故必相其工之大小而爲之制，開江浚浦，以十年爲率，疏決涇港，築圩治堰，歲歲修補，或間歲一葺。計費之出，必量其費之多寡而爲之制，若開江濬浦、疏通涇瀆之大者，則官爲之區畫，其築圩修堰及疏決涇港之小者，則取諸食利佃作之家，如此則不煩于公、不傷于民矣。

又《治田奏畧》：吴中之田高者常畏旱，低者常畏澇。治高田之法，開河蓄水而已，治低田之法，則非築圩不可。是宜依倣古法，相地形，度水勢，畫而爲圩，高築其岸，令内足以圍水。圩岸既固，則不惟在圩之田可無霖澇之害，且湖小不得漫衍，而咸歸于塘浦，則塘浦之水自然滿盈，迅疾可以敵海潮而去浮淤。其岡阜之地，亦因水勢稍高，可引以資灌溉。蓋一事興而數利集矣。

工科吴巖《工計疏》畧。

一曰經度財力。財力必取之民間，凡遇工程，一概科歛，則未免府縣派之里甲，騷

動鄉村。臣以爲水利爲田而興，則力亦必計田而出。凡有田之家，不拘官民，每田一畝科錢一文，每田一頃科錢百文，不但積少成多，抑且衆(輕)〔擎〕易舉，實爲經久之計。于每歲秋成之時，折白銀徵解各府官庫，數目造報水利官處動支，不(計)〔許〕别官借貸。

巡按御史吕光洵《水利工計議》。

一曰估計土方之則。查得先年開濬吴淞江事例，每土四面、深闊各一丈曰一方，約計二十工，每方須工食銀四錢，積而至于百千萬方，亦皆如此。估計姑以一里較之，若面濶十丈，底濶六丈，上濶下狹，折而筭之，實該八丈。設使其濶倍之，則其人夫工食亦當倍之。然土之爲方，凡當河底者必深，近河岸者必淺。淺深難于牽折，驗派難于均平，則須每方一帶之中，通力合作，務令深淺均攤。又民之負土，河有闊狹，而路之遠近隨之，往返之間，近者便而遠者艱，難以概論，則須差爲等級。如河濶十丈者每方派夫一十六工，若濶十五丈者則加以一工，二十丈者則加以二工。以次第加，大約以三十丈爲率，則所加至四工而止。設更有濶于此者，亦當如數加之，寧使民有餘力，毋使土有餘工可也。其或民有勤惰，勤者未及限而完工，其應有工食必盡給之而勿減，踰限而不完者，非惟不得加，必治而去之，則惰者不得以亂羣矣。至于開挑之法，務在遠堆新土。但役夫自河底負擔而上，遠堆尤難。愚意每帶兩旁各造木車三乘，如方盤之式，駕以四輪，大約每乘可載土十擔，使二人挽之，則一車可當十夫，土去遠而民力省矣。若其工食則比諸役又當少加，蓋彼寡而此多，其用力不少，無勞逸之殊也。二曰召募夫役之方。若欲論田起夫，則田多者難于應酬，田少者苦于擾害。若欲挨户編役，則丁富者或能取足，家貧者何以勾補？莫若倣雇募賑饑之法而行之。各府州縣凡有關係于水利者，先令擘畫措置，錢糧已完，計費已足，然後量河渠之大小，定土方之深濶，料灘岸之遠近，爲夫役之多寡，先期明示，曉諭每都每啚，限名開報，官爲雇募。其有因貧赴召者，則不拘多寡，亦于各該都啚編管。或衛所應役軍丁，就令千百户鈐束，與民丁一體差用。並須擇精壯，汰老弱，取具各該都啚糧塘里老不扶甘結一紙。又須每名官給竹木小牌一面，其一面填寫某府州縣委官某夫長某部下人夫某，一面填寫本管州縣字樣，下用掌印官火烙花押，以便稽考。各該掌印官并治農官點齊，押赴工所。於是于耆塘人等中擇信實强幹者，立爲百長、千長，委才能丞、簿、典史、巡檢、大使等官以分督之，庶幾有所統攝，而逋逃竄匿之弊可免也。然召募之法各須附近，宜令各府州縣，將應募夫役銀兩，各該掌印官自行附近雇募，所不足者加工抵補，則彼出銀而民免跋涉之勞，此得民而事有底績之望，誠兩便之策也。然大衆烏合，所賴處置得宜，必頓次舍，置井竈，時作止，禁暴虐，薪芻並給，醫藥有備，則百姓樂于趨赴。非惟可以成大功，而東南亦可以無饑民矣。若經久之計，則必倣前代撈清開江之制，及復主政姚公、舉人秦慶請置導河之夫，每年于均徭定撥，用其土著之民，專習淘撈之事，免其别差，著爲定令。又須于沿江沿海要害之處置爲舖舍，若運河之淺舖，或募貧民之壯健者,每舖或五人,或十人,給以導河夫銀,令其以時葺理。且視有附近荒田,與之開墾,官給耕具種穀,使有恒業,可居而守,則江浦永無淤塞之患。雖或間有興作,必不繁費如今日之艱難矣。三曰給散糧餉之規。將應用錢糧攢聚一處,擇委廉能府佐一員掌之,計河派夫,計夫給餉,遵照先年開浚白茆事例,每工給銀二分五釐。若凶年穀貴,則每工給米一斗,給銀二分,使可足用。其銀米府佐給之丞簿,丞簿給之千長,千長分給百長,百長零散各夫,或十日,或五日一次關支。每遇將散之日,預令丞、簿等官各赴各掌收錢糧官處,計夫數之多寡,每夫長給關防號票一張,上開夫長某部下原管人夫若干,逃亡疾病若干,今查見在若干,應該支工食銀米若干,領散各夫長執照,臨(則)〔期〕憑票關支。關支既訖,又須丞、簿等官監臨,各長隨數分封以憑,府佐不測稱驗,先期給與,令可預備薪米。設有剋減插和者,嚴加究治。其銀每兩須加耗三分,米每石須加耗三升,抵補虧折。舉行如是,則人人沾惠,無不均之歎矣。四曰督責考驗之法。切照先年開浚吴淞江事例,每夫一萬名,選委精强府佐一員爲巡視官。凡夫長所管夫役,各令該管丞、簿等官用《千字文》照數編號簿記,每日辰時,各夫長照依原分字號,每十名用字一個,挨號排立,以便查點。仍用水牌一面,大書夫長姓名,該管人夫若干,共幾字號。豎立旗竿一根,懸牌在上,其旗色百長用藍,千長用黄,上寫各長姓名,以便趨赴。即工之日,與民約信,假如每方派夫二名,則以八日爲限,每方派夫四名,則以四日爲限,積而上之皆如此限,非大寒暑不休息,非大風雨不更期。又須置循環簿二扇紀其陰晴,以稽作輟。經始之時,隨所開河身淺深,樹木爲的。工畢之日,量河底濶狹,用滚木一根以索挽之,循河而往,稍有窒礙,即加究治,罰其再行開挑。決壩之後拔去的木,復以鐵足木鵝浮于水面驗其淺深,隨流而下,稍遇淺淤必即傾仆。於是計其淺淤丈尺之數于百長千長名下,追其工食,而丞、簿等官亦計贓以枉法論,其有勵精圖効者則加以旌奬,則偷惰者無所容,而勵精者益勸矣。五曰催徵會計之條。嘗考往歲興修,其出銀之法皆臨時取辦,艱難百端。今須先事儲財,量財制役。凡一應無礙錢糧貯積待用,有司不得别項支銷。設有不足,則當因事制宜,明白開奏。或取諸存留餘米如周文襄公國初舊額,或折銀解運如嘉靖十年恩詔事例,則耗贈所減亦當數十萬矣。此所費經費也。

巡撫周孔教禁泥頭包攬公移。

水利廢興,以備暵溢,蓄洩所關,農務綦重。要在高鄉各浚溝渠使之深以禦旱,低鄉各修圩岸使之堅以救水。惟是役不離鄉民,各自便爲善。不意一種市棍號曰泥頭,慣與奸胥朋謀蠶食。先將各區各啚雜派編役,以開包攬之門。如高鄉塘長派低,低鄉塘長派高,一時東西奔走不支,無可如何,勢不得不致泥頭包攬。在泥頭一攬,得銀輒與胥役分受,嘻嘻不顧公事。間一剷去岸草,增高樣墩,自以爲開河,而河塞如故。間一撈起淤泥,畧塗岸面,自以爲築圩,而圩壞如故。甚至一墩而今年築,明年又築,終於不築。一溝而今年開,明年又開,終於不開。總之利歸於奸胥,害積於地方。今行該府縣將各區啚細造書册，不拘高鄉低鄉，逐項開載本啚附近某大河某官塘，本啚某港某圩岸，不問靠塘腹裏，一體分段。應各業户自照田畝開若干，底面深廣若干，一一具册。一留本府，一解院道，永不許奸胥撥派動揺并豪家借用塘長以致紊亂，庶包役夫銀永永不乾没于塘長，不垂涎于積棍。如有積棍假泥頭爲名包攬悮工者，照例問遣。大指各就本鄉物力興本鄉水利，必無使神奸侵牟，以致乍行乍止，有名無實。至于城郭市河與城濠運泥，亦應核實導河官銀，或派居民沿門各自疏瀹，決不可以小小荒啚，聽奸胥派亂妄編滋弊而已。

周孔教詳行華亭知縣聶紹昌濬築成規并工册工單式。

一、定每年一役之法。如每縣有區，區管數啚，區有塘長，職在督率細户，任一啚之水利。其法每年輪一人主之，往年之弊坐在法無畫一，任意行止撥派，于是奸胥窟穴其中，百姓脂膏盡之使費，此一大弊也。今將各區水利，酌其緩急劑量輕重分爲五工，每年定興一工，週而復始，巧無倖免，拙無獨勞，而年年有實濬之河渠、實修之圩岸矣。一、定工不出區之法。今之神奸利於亂撥塘長者，不獨淆亂派法，役使不均，而名曰概縣通融，實則丁不着役。蓋塘長該年所統率之細户，一啚不下百人，一區不下千人，小民朝夕營生，豈能供役于數十里之外？勢不得不就泥頭之包攬，於是百孔千竇從此而出。今定爲工不出區之法，家家户户使可含哺餟而事畚鍤，率妻孥以相舂杵。冬春之交，農事未興，且各自浚其灌溉之河渠，而自築其防禦之隄岸，民雖至愚，亦當倍奮矣。一、定冬月興工之法。法既畫一，但有拮据之勞，絶無乾没之竇。惟有多方規避，捱過冬春，便可漏脱一年。今將一區之内高鄉則計應浚河渠若干，低鄉則計應修塘岸若干，每區繪一總圖，并該區啚田畝實數，令各區啚塘長該年會同本區啚糧長、排年從公酌量，先分水利緩急，次計工力多少，均勾配搭，分爲五工，五年爲率，週而復始。啚册既定，每年舉行限定十月中農工既畢，塘長、該年赴縣，遵照原編工次投領督工白牌、分工告示并工册工單，督率興工，定限三月中農興之日爲止，務完一年分定工次而後已。一、定分段算土之法。冬月塘長赴縣，照分定每年工册具認狀領工，後隨該本縣酌係大工，即日親詣勘段派工，塘長、該年會同該區糧長、排年眼同分段。蓋地勢河身隨步换形，其間深淺濶狹難易不同，須駕小舟行河中心，用畫準丈竿沿河點水，所測淺深即便册記，兩邊河涯水際各用一人徒跣而行，持竿點水，册記如之。又用兩人于兩涯水際拽繩而行，以量河面丈尺。其測水之淺深，量河之濶狹，看有不同處，即便釘樁分段，逐段編號，他日算土計工全在於此。淺深濶狹多係相同，當論丈數分段。如原議欲令水深八尺，據現在通流水有三尺，此處該去土五尺矣，應作一段。有水二尺之處，該去土六尺矣，應另作一段。其濶狹亦如之。分段既明，兩岸各釘一長木橛，令深入土中，名曰信樁。樁上出土二尺，上書原編號數及長短濶狹深淺丈尺，仍於四旁用土封識，不得移動。此樁不獨界限分明，亦可認記老岸，使興工之後不得增高兩岸，以虛報河身丈尺，而他日逐號派工，逐段算土，皆有的據也。其丈竿三根，尺寸須要刻定,丈繩二條,丈尺須用線繫定,斯偏輕偏重之議絶矣。一、定計方派土之法。土方之法,每去土四旁上下各一丈爲一方,每方計土一千尺,該一千六百挑。每方用起土一人,名曰一置,擔土二人,名曰二挑。大凡人夫荷重妙在换肩交擔,其力少息,乃可長用。如從河底升岸,從岸遠堆,大約相去十二三丈,該用二人接挑,計每日置挑三人,約可去土四百挑,計四日積一十二工,方可去土千尺,名曰一方。而置土之人其力稍省,法當更番,以均勞逸。每日一人給米五升,最爲中正。蓋業户出食,佃户出力,若給銀錢易于生弊。每一方一丈用人十二,該工食米六斗。如河深廣濶,登岸太高,堆土太遠,亦據丈尺加增接挑人夫。若行河底泥淖中,或從河登岸,或岸上堆土,從卑至高,用力甚難,應增接挑一人,每方該增四工,計加工食二斗。遠近加減,悉准此例。分段之後,此法既明,勤惰不難立判矣。一、定照田均派之法。土方折算既明,不論優免,亦不論灌溉及與不及,查係該區本年工次,即將該區田地一半計畝派方,照例算米。如本區有田三萬畝,以一萬五千畝應甲年開河之役,以一萬五千畝應乙年開河之役,兩年輪轉,互爲歇息。如官甲圖户有田二百畝,則甲歲役田百畝,乙歲役田百畝,亦當自爲循環,不致併累。所以不論優免者,浚河本以資灌溉、備旱潦,爲己田耕耨之計,非公家力役之比也。至于該區田畝,則五年輪濬,次第無不周徧,更不當論灌溉及與不及。况一區數里之内幹河支河大小資灌,苦樂原是相通,即有河道深濶處五年輪濬册所不及,亦不得希圖規避,蓋通流常稔之田尤當效分力協工之義。但塘長該年十年輪當一次,歇息之日常多,惟該區田地人夫兩年一役,歇息時少,不得過用其力,使爲可繼,大約以每畝出米二升爲止。又若區内有抛荒田地及逃亡、孤苦、鰥寡、老病,於勘工之日特與免派,以恤真正艱窘之輩。一、定督率工力之法。當分段造册之後,造段丈尺瞭然目中,然後將該區應濬河身共該若干,逐段折算應挑土方若干,次將該區本年應役田地,算該每田幾十畝派開土一方,逐一折算明白,大書告示,張掛工所。塘長、該年據法細算逐段土方計該若干,應派某啚某甲業户某某田地若干,應浚若干,遵照告示法則,逐一開註工册,送縣覆驗無弊,給與印信遵守,然後同該年至河公同輪役五甲業户,分釘夫樁,樁上明書土方丈尺及業户姓名,各人認樁赴工。其各啚該年又將本啚應濬夫樁,每夫樁河工一段填寫工單一紙,給與應役人夫,以爲記工支米之據。每日塘長執官給白牌督率一區工役,該年鳴鑼催趲一啚人夫,俱要時刻在河,不得少懈。至晚該年各就夫樁,將一日浚河人夫填註工單,該年又將一日内該啚濬河人夫總數報之塘長,填註工册,以俟比較。每半月爲一限,至期,塘長、該年將册送縣查比,區工不及分數責塘長,啚工不及分數責該年。若有頑户抗拒不行赴工,又不給與佃户人夫工食,又或人夫支領工食用力不齊,許令塘長、該年禀究一二,以儆其餘。若遇風霾雨雪,塘長開報,定以晴天十五日爲一限,三限完工。一、定稽查工程之法。凡濬築之役,督率全在塘長、該年,故半月送册查比,而一區之勤惰立見矣。若頑户最多之處,必官府親詣工所查勘比較,人心方有奮勵。至如勘河分段之始,至事畢查工之日,一一將工册工單臨河丈量,方絶虚報塞責之弊。而稽工之法全以三樁爲主,初分段編號時，兩岸相對各釘一橛，用土封識者名曰信樁；一將木橛三根刻記丈尺，二釘兩邊岸底，一釘河心，與水面平，河本無水者與土平，名曰樣樁。若有水者，除去河水尺寸若干，將應開尺寸釘入土中，即時逐段册記明白。工完時，樣樁原刻尺寸盡露，則去土盡如數矣。須河心與兩岸樣樁相同者，方爲合式。又用丈繩于兩岸信樁相向拽平，立丈竿於樣樁之上，以量虛河淺深。如繩在竿十尺上，則虛河深十尺矣。取初勘時造定丈尺查之，尺寸不能欺也。其逐段中或一户自濬，或數户朋濬，或一甲朋濬，各各分認工次，公同塘長、該年丈量分任，釘橛爲記，名曰夫樁。總之，三樁者稽工之準也，册單竿繩稽工之具也，驗老岸、量河身、查三樁、測竿拽繩，稽工之法也，所憑全以原造河册爲主。一、定官助興工之法。凡溝渠浜漊田土附之蓄洩者，多如木之有枝也，名曰枝河。枝河工費輕省，悉資民力，無煩官帑。而枝河之通流，全藉大河爲之源委，如枝葉之有本幹也，名曰幹河。若濬幹河，先將工程計算土方，明白造册，次將幹河經過區啚合算輪年應役田畝民力能任幾何，其餘工力須憑官爲設處協助方能興工，只就原分河段信樁及細分夫樁明算土方丈尺，其民力應開者責令自開，其官力協助者，即將官帑銀米照土方丈尺責令自開，乃填註于各夫工單之上。若有給散，務要眼同對註，明白給與各夫。若各手不係田户佃户，必要親識保認，方准給發，恐錢糧入手即便逃躲廢工也。若給散時塘長、該年無故阻撓需索，及各夫親領之役爲之設法侵漁者，定以贓究。一、定照單給米之法。官府始終查工，全憑原勘河册。而塘夫所司在工册，各夫所執在工單，但夫給一紙大覺瑣屑，衹于逐段中每一夫樁給單一紙，或一户，或朋户，總以一單論。如係田户本身赴工，只照告示派工法，據田認方，不必復論工食矣。如係佃户開河，或係閒民做工，當依單上原填丈尺照例支米，其每日在河開浚工次，該年逐日填註，其支領工食數日，業户註明單上，方行給發，他日據此稽查，各無欺隱。若佃户人等遵依赴工，土方無悮，而業主抗法不給工食，許執單呈官追給。一、定要害壩閘之法。水利之酌盈濟虛全在乎建閘置壩，浙東地形高卑不一，今時水利最善無如寧紹，以其講于壩閘之制，今沿海地方不能深浚河渠，蓄用山源湖蕩之水，往往專用江海濁潮，淤塞故道，爲害不小。蓋潮水挾有浮沙，一日兩潮，每潮澱沙一箬，所以旋開旋塞。且湖水澄清，底泥淤爛，農夫篙取壅田，田愈美而河愈深。濁潮灌田，沙積田中，田力日薄，一遇大雨，浮沙滲入禾心，苗生漸稿而所收亦薄，利害懸絶。今議于豐穰之年，值河身開深處，相度形勢，宜建閘以時啓閉，或有當築壩堰攔截，此亦美利之當興者。一、定勘河省役之法。凡勘河之法，先令該區畫一河圩總圖，次開幹河、枝河幾條，然後按圖披册，逐一丈量，通計某河若干丈，自某至某，面廣若干，底廣若干，河深若干。分註既明白，不惟開浚時可計工力，儻有侵占河道致妨水利者，亦可以時清理。其該區内有河身深廣通流者載明册中，無煩工力。即一河之身有南段塞而北段通流者，亦有南北塞而中段通流者，一一註明緩濬以省民力。但地形水勢變遷不常，法當十年一勘，酌量緩急派分工次。

邑人陝西參議王圻《東吴水利序》。

常讀《夏書》任土作貢而必先之以隨山濬川,《周禮》大司徒專理貢賦,而稻人所掌必先以瀦口蓄水,以防止水,以遂均水,以列舍水,以澮瀉水,至于匠人一職,乃專主溝洫澮川之廣狹,以通田間水道。是貢賦誠不可一日廢,而水利獨可一日不講哉?然古今談水利者莫詳于《禹貢》,而九川之導與三江之入並載,蓋重其貢賦之自出也。自漢迄元,英君察相何嘗頃刻忘東南水利哉!我朝定鼎燕雲,一切供億仰給東南,歲漕天下四百萬石以充禄餉,而蘇、松、常、鎮、嘉、湖六郡彈丸之地,所出殆居其半。然一顆一粒何者不産于地,何者不資于水,而廟堂籌畫往往于修治漕河動費數百萬金,而東吴水利棄焉若置。即如吴淞一江之通塞,係東南水利最鉅者,啇及修浚,輒以帑藏空虚爲辭,若論田間水道則益以爲不入耳之談。是經國者但知貢賦之所由入,而不知貢賦之所由出。坐令浦港日漸湮淺,旱澇無由瀦洩,遂致霖雨數日,膏腴悉成巨浸,萬一經旬不雨,田疇立見龜坼。自萬曆戊子以來,災祲疊奏,逋課歲積,杼軸既空,催科愈急,無惑乎人愁鬼泣,禍亂之萌,將有不可勝言者。予生長海右,頗熟地勢,浚治之法亦非難事。大都四郡水利在上流者不可勝計,而大者止長橋、百瀆五六所在,下流者亦不可勝計,而其大者止吴淞、婁江、白茆等十餘所。欲修水利者先要害,惟先治長橋等處茭蘆壅滯之地,導太湖之水散入陽城、昆(城)〔承〕、三泖等湖,而又濬吴淞、婁江并大石、趙屯等數十大浦,洩澱山之水以入海,又開白茆、許浦、七鴉、福山等塘港以洩陽城、昆(城)〔承〕諸水,注于江,達于海,又令各縣分督各圖,導田間之水悉入于小浦,導小浦之水悉入于大浦,則瀦者洩者兩無阻塞,而農田國課永有利賴矣。

邑人工科給事曹一士開肇嘉浜議。

竊惟上邑去松百里,東瀕黄浦,浦水貫城而西,名肇嘉浜,蜿蜒二十里,出蒲匯塘以達郡治,風雨無阻,波濤不驚,爲上海第一要河。河旁支港甚多,灌溉田畝,公私均利。自明季漲淤,本朝雖經開濬,而奉行不力,旋開旋塞,田禾旱澇無備。邑人至郡必由大浦,洪波撼地,巨浪浮天,中流多溺水之人,暮夜有刼舟之盗,兼以潮汛匪時不發,文武衙門或有緊急公務多取陸路,一遇霖雨,人馬泥濘,進退維艱,公私交病。邑人望此河之通,不啻大旱之望雲霓也。屢欲具呈上籲,實恐准行之後,督責叢于一身,供應萃于首事,呼召不靈,支撑無力,付之竊歎,莫敢發言。幸值制府常公使節曾臨下邑,福星洞照海隅,惠吾干城,既使犬無夜吠,權其舟楫,深憐波有涸鱗,面諭明府,詳加咨訪。闔邑聞之,懽呼載道。某生長此土,用敢掇拾芻蕘,畧陳切要,以塞明問之萬一。謹條其事如左。其一曰河身方數宜明。肇浜《志》載長十八里,今以二十里爲准,每里約該一百八十丈,共長三千六百丈,此定數也。據河面舊濶八丈,河底應濶五丈,今傍河漲灘甚多,狹處不過四五丈,水之深淺亦各段不等,應委精細員役同該啚甲首隨地曲折丈量,自某段至某濶狹若干,深淺若干,逐一編號,登簿明白,然後酌定今所應開濶狹淺深之數,折算土方。土方既明,工費自有成規,不至欺罔破冒矣。其二曰河岸挑泥宜遠。伏見康熙三十二年,署篆本府同知李公經政詳憲開濬,緣工役偷惰,置泥近岸，一經梅雨，立時衝塌，不越一載，浜即淤淺。今後宜令開河人夫糾衆鑿通兩岸高土，成一小路，以免自下升高之患。挑土務從此路運入老岸之内，雖有霖雨，不至衝塌河内。或有磚塊瓦屑，擇隙地堆貯，俟完工日雇船載棄大浦。其三曰浜之上流宜疏。肇浜取道蒲匯塘入郡，今蒲塘雖可通舟，自新橋以南七寶以北數段皆已淤淺。肇浜雖疏，仍難達郡。請踏視淺處通濬，以清肇浜上流之壅。其四曰浜之來源宜導。肇浜自浦入口，貫城東西，水關城河乃浜之來路，先宜利導。況城内外河道尤居民血脉所繫，可資灌汲，可免火災，所關甚鉅。今城河久淤，潮水一落，涓滴無存，愚民貪于小利，築架露臺，展拓屋址，日侵月削，水勢不得不微。是肇浜雖導而來源既阻，安能通流。請一體濬復舊址，不惟行者獲利，并使居者蒙恩。其五曰督工宜擇能員。河工蠹姦剔弊，皆在督工官一人之手。苟得精明廉幹之員，不畏彊禦，不避勞勩，不狥情面，萬年之利不日可成。在明府公務鞅掌，豈能時刻躬涖，誠宜請于上憲，特委專員以司董率，庶幾權重法行，事專工核，并舉里中紳士公平才幹者數人以佐下風。工房書役尤宜慎選老成謹慎之員，不必拘于本房。總俟明府遴委，作姦竊食之徒自無所施其技矣。其六曰立法宜規長久。黄浦濁沙，每日計添一箬，必得水流猛迅，泥沙不留，始無淤塞。其道全在來口去口，併歸一路，不使分洩水勢，自然迅利。今浦旁日赤港從肇嘉浜半腰相接，濁沙衝入，易致淤塞。前朝用堰填斷，爲慮至周，今宜仍于舊址築堰以遏其衝。又大東門外内郎家橋，前邑令陳公之佐用堰壩斷，使肇浜之水皆從小南門外薛家浜出浦，歸併一路，水勢迅利，城河日深，合邑漕舟直達倉所，官民兩便。後爲姦民私行掘去，今仍請照舊築堰，以蓄城濠内外水源。以上六條，皆目下開濬肇浜所宜切究者也。更有似緩實急，必當次第修舉者。按前朝萬曆年間，因肇浜、蒲塘屢濬屢淤，邑令劉公爌博採輿論，以爲分流則勢緩，勢緩則沙積，乃于龍華地方特建一閘，司以游卒，月惟朔望兩啟，視時水旱蓄洩。其泗涇、七寶諸水單從蒲塘徑走肇浜入浦，去來歸于一路，水勢極其迅疾，濁泥不積，河底日深，肇浜、蒲塘兩無淤塞之患，此真拔本塞源之上計也。邑太僕卿陳公所蕴《碑記》載費銀二千六百有奇，半出官帑，半出樂輸。此閘既壞，兩水交病，倘得酌量重建，則一勞永逸，爲上海億萬年之樂利矣。今兹幸值留心民瘼之上憲，實心任事之神君，敢達下情，以備採擇。至于詳細利病，筆未能盡，俟舉行之日爲明府一一陳之。謹議。

邑人工科給事曹一士上陳中丞吴淞閘善後議。

竊惟三吴之水利莫大于淞江，以其盡洩太湖之水，所謂塞則六府均其害，通則六府同其利者，前人言之詳矣。今幸聖明在上，軫念東南，特發帑金，大加開濬。而賢公卿奉命旬宣，與方面諸大寮體國奉公，互相經理，郡邑諸有司亦無不奔走，承順勤于其職，故能役不煩而功倍，民不擾而事集。美哉！洋洋乎誠千載一時也。目下東段施工，繼以閘座，不日可以告成，吴人唯式歌且舞，以頌萬年之樂利，而某復何容置喙。雖然，弊有至小而害多，事有甚微而功鉅，是故漏孔或至于穿石，爲山不忘夫一簣。以某生長玆土，沐浴聖澤，敢不以見聞所及爲執事訏謨之一助乎？吴淞江之有閘也，自宋始也。原建閘初意以海潮之來，渾入而清出，計一潮之淀厚及一箬，一日兩潮，厚幾一錢，一歲三百六十日，厚三百六十錢二尺餘矣。江之深止一丈五尺，歲淀二尺，其能常有此江乎？故閘之設，所以遏潮而使沙不得以入江，法在少啟而多閉。唯霖雨連綿，江水泛溢，則于潮退時暫啟，以洩太湖之漲，可無淫潦之憂，其餘非奉官命不得輕啟。昔范文正公守蘇郡，議開吴淞江，即有沙因潮至，數年復塞，必設諸閘扃之以禦來潮之議。此立法之初意也。元僧維則《松江觀閘》詩云："吴淞江水急如箭，昔有畫圖今見面。百川應令争見趨，東注海門如赴戰。海波怒發驅潮頭，戰退吴淞水倒流。江潮一日兩相鬥，萬古不決如仇讐。江水清兮潮水濁，江水不似潮水惡。惡潮推出海中洲，堆積江面如山丘。官憂水害難疏鑿，横江四閘同時作。潮來下閘潮平開，閘内不通潮往來。"觀此，可見元時置閘不使潮通，故江患獨少。迨張氏竊踞，閘座圮壞，故夏忠靖棄而不濬。其後海忠介始濬吴淞，又未遑置閘，于是海沙得入，漸淀漸淤。假使如宋元之置閘，何至三十餘年而即塞乎？本朝康熙十一年，重加疏濬，建立閘座，迄今五十餘年，視勝國時之通塞，功幾倍之。然尚未全收閘座之利，何也？昔本邑張主事宸條上慕方伯書云："海潮之得入江者，以江與黄浦通也。道宜使江之水入于浦，不可使浦之水入于江。江入于浦則江利而湖水平，浦入于江則江塞而湖水壅，法在建閘而已。"此數言者，于閘座之利害最爲明切。惜當事者不能深計遠慮，坐使有閘之與無閘等也。蓋淞江之閘與西北之閘大異，西北之閘主蓄水以利舟楫，淞江之閘主遏潮以拒泥沙，所用固已遠矣。今自建閘以來，以遏沙之具而爲利楫之資，致使海中之潮日來，江中之沙日淤，閘之于江曾無損益于其間者，則以有閘而不能不啟，且不能不于潮至之候啟之，是與建閘之初意適相反矣。雖有百閘，復何利于此江乎？然所謂不得不啟之故有二焉：上海六百里内舳艫相接，俱須取道吴淞以達江蘇等處，若舍此而由浦泖，往返迂迴，官民交病，是閘雖設而不得不啟之勢，一也；海潮退時，閘中落水迅疾，牽挽無從，必俟潮至，然後可徐徐拄篙以上，計一潮之來，大小舟以百數，皆乘潮便進閘，是閘雖設而不得不啟于潮至之候者，二也。如是而沙安得不隨潮以入江，江安得不積沙以日隘。雖有守閘之夫，撩淺之船，于舟過即行閉閘，亦不過沙之入者稍薄于一箬耳，豈能使怒濤濁浪不與吾江争此寸寸之積也哉。此其病于江者一也。且也官置夫以守閘，夫踞閘以索錢，一舟之過少者十錢，多者數十錢，至夜尤倍之，而行旅之出入幾如過關納税之例矣。此其病于民者一也。然則欲常閉而不啟，勢既不能欲頻啟而不閉，理又不可。求其江與民兩利而無兩病者，莫若擇近江支流别爲疏通，以便舟楫，而閘可以收障沙之全功，民亦得利涉自如而無守候勒索之患。今之建閘，議移于舊閘少西金家灣地方平地另築，則土不鬆而木石之力固，誠良策也。由金家灣而西約一里許，江之南岸水口舊名寺浜，而東二里許南達周涇，由周涇以達邑西門之城濠約四里，其自周涇過洋涇以達邑北門之城濠僅二里，昔邑令史公彩于建閘後曾加濬治，可以方舟揚帆，商賈之往來，士民之出入，不由浦，不過閘，而發足城濠，晝夜無阻，至便也。今歲久淤塞，而三十石之小舟尚可因潮往返，則疏理亦易。況現奉明詔，凡屬支河小港灌溉田疇者俱著開通，此浜即無關建閘，例亦應疏。況通縣之要津，閘座之右臂，所關甚鉅者乎？今幸使節接臨伊邇，請賜俯採末議，躬行踏勘，飭下所屬酌議，或就近數啚出夫，或就通縣均派，衆擎易舉，務使盡去漲灘，加倍深廣，使得永遠通舟，凡上、南兩邑行旅俱可取道，于是無波濤之阻，無守候之艱，無寇盜之警。而所建閘座置夫看守，惟冬春漕艘往來、上司座船臨蒞特命啟之，其餘則否。如是而沙泥之得入于江者，蓋亦僅矣。且此浜里數不多，工役易舉，第在執事者一指揮間。而閘座奠不拔之基，邑民受無窮之患，所謂事有甚微而功鉅者，此也。由是請之朝宁，著爲令甲，越歲即行撩淺，使此浜常通而不塞，則閘座常閉而不啟，吴淞江可常深而不淤矣。豈惟一時之功，實乃萬世之利，惟大君子之留意焉，國計幸甚，民生幸甚。周涇既開，則潮來閉閘，潮退啟閘，于閘制誠善矣。獨是周涇之利舟楫以達江者，以其與邑治城濠通也。今城濠之壅塞抑亦甚矣。由濠密邇黄浦，渾潮出入，且自北迄南水口有四，曰洋涇，曰陸家石橋，曰郎家橋，曰薛家浜，浦潮至此四分，夫水性合併則迅，分流則緩，迅則刷沙，緩則停滯，必然之勢也。又況兩涯市屋日侵月占，城濠之丈尺視邑志所載僅得其半，往年雖奉疏濬，而督工無專員，吏胥上下其手，苟且塞責，堆土近岸，曾不一二年而濠之淤塞如故矣。今爲吴淞江計，不可不建閘遏沙，欲建閘遏沙，不可不開周涇以通舟楫，欲通周涇，不可不濬城濠以達浦。而濠之深闊務依舊載丈尺，悉撤侵占處，所委任幹員專責其成，毋使旋開旋壅，徒費物力。然又必合其口之分，蓄其流之散，而城内外之河道庶可百年無淤矣。何謂合其口之分？如洋涇、陸家石橋、郎家橋等處水口盡行堵築塞斷，蓋屋其上以防偷掘，惟留東南薛家浜水口，使之蜿蜒三四里以達城濠，既免直瀉之患，而諸港歸併一路，落水迅疾，泥沙不停，塞三而濬一，則事半而功倍。所謂合其口之分者，此也。何謂蓄其流之散？查前朝盛時，向有薛家浜木閘故址尚存，誠得依前建立，時啟以通舟，時閉以蓄水，則城濠有所防瀦而不至遽涸，可以禦盜，可以救災。所謂蓄其流之散者，此也。凡此非愚一人之臆見也。嘗考張主事宸上慕公書，欲疏三渠以分江水之勢。其一渠請由蘆浦入肇嘉浜，以達上海城濠，塞濠之通浦水口，如郎家橋、陸家石橋、桂香橋等處，而置閘于東南濠，薛家浜以達浦，雖江口從入之處不同，然實即今所議由寺浜入周涇以達上海城濠之意也。是故濬城濠非以爲江也，正深所以爲江也。何則？城濠通而後周涇可用，止留薛家浜一口，而後濠可常通也，又何用從閘往來致有泥沙入江之患乎？伏惟賢執事高見卓識，防及未然，祈詳加省覽，次第施行，以爲吴淞閘善後計。或曰："江旁之田不下數萬頃，閉閘以遏潮，灌溉之利得毋有時而涸乎？"曰："不涸也。太湖匯萬山之水，滔滔東注，止藉婁、淞兩江以洩之。當淞江塞時，每遇霉雨，吴中即有白水之患。所以濬江者慮其水之過多，非慮其水之或少也。倘有旱暵，必須啟閘受潮，則一手足之力耳，又何灌溉之足云？"或曰："遏潮以拒沙，則周涇之入江者亦潮也。有潮即有沙，奚舍此而取彼？"曰："不然。擇害莫若輕，擇利莫若重。浦潮之與江接者，其勢直，其力强，其岸濶，浦之氣概若足以吞江而有之，而挾沙以入故難當也。若寺浜、周涇者，以浦較之，與溝澮等耳，即有微沙，所及有限，况迂迴曲折六七里而後達江，其潮又已微矣。若盡塞諸口，使浦獨由薛家浜入，則越十餘里而始達于江，潮勢益微，江水盛時自足刷沙拒潮，而浦水且抑不得進，又何患焉？"曰："是固然矣。區區民力既用之以濬江，又用之以濬支河，又用之以濬城濠，不亦憊乎？"曰："事有緩急，工有後先，非一概而施也。目下所急者，惟有周涇入江一道最宜通利，且由洋涇以達城濠不過四五里，爲事易集而大便于民，民無不額手望之。至城濠、薛家浜之開濬，各口之堵築，則姑休民力，以俟次年。惟定其規模，摺奏請旨，庶後無因循廢閣之患。此則當路諸君子所宜盡心者耳。"曰："閘座宜少啟而多閉，則行旅往來何不舍舟于閘之外，易舟于閘之内，如他省過壩之法，而奚事别濬支流爲？"曰："是則利于江而不利于民者也。計自閘抵城可四五里，行李之任負，風雨之泥濘，商民蓋不勝其苦矣。展轉就舟，又不勝其費矣。則曷不濬此四五里之支流，爲一勞永逸之計，使江與民兩利，而又不煩國帑，不改舊蹟。賢憲司第下一符檄，督之郡縣，委之里書，而民情踴躍，事可計日而辦。仁人君子爲國計籌萬全，爲民生謀永賴，豈有靳此一簣者乎？"惟是兩涯或有圍占，丈尺必宜深廣，則非憲司援以成法，或至苟且卒事。今郡邑之長皆賢且才，度必又有以處此矣。某伏菰蘆，欣逢聖人在上，使數千載之禹迹復見于今，輒敢以千慮之一，冒昧瀆聽，以副當代大賢周爰咨詢之至意。干冒威嚴，曷勝延企，戰慄之至，謹議。

水利治蹟

唐開元元年，築捍海塘，起杭州鹽官，抵吴淞江，長一百五十里。

宋寶元元年，兩浙轉運副使葉清臣開松江盤龍匯。匯介華亭、崑山之間，迴泬迂緩，江流阻遏，大雨汎濫，淪稼穡，壞室廬，殆無寧歲。清臣以太史轉漕本路，建議釃爲新渠，從滬瀆入海直流，其患遂弭。

慶曆元年，知華亭縣錢貽範開顧會浦。

章峴《記》畧云：慶曆辛巳歲夏六月，彭城錢君以九棘丞來更縣章。縣西北走六十里，趨青龍鎮，浦曰顧會，南通漕渠，下達松江，舟艎去來，實爲衝要。康定建元之後，愆澤仍歲，錢君惻然有濬浦便民之志。乃籍新江、海隅、北亭、集賢四鄉之民，得役夫三千五百五十人。庀徒之始，患穀高民饑，又重費官廩，募邑之大姓，洎瀕浦豪居力能捐金錢助庸者，意其豐約，疏之於牘，誘言孔甘，喜輸重來。凡得錢一百三十六萬，計粟之直，頭會而晨數之。由是揆日告戒，摽明部分，定幟臚呼，荷鍤雲集。興三月辛酉，訖四月己丑。始於邑郛，終於江澨，增深四尺，概廣八尺，無慮役工十萬二千九百五十，畚土平道者不預焉。距縣半里，舊設堰埭，壅其上流，今則仍貫。

嘉祐五年，轉運使王純臣請令蘇、湖、常、秀修作田塍，位位相接，以禦風濤。令縣官教誘殖利之户，自作塍岸，定其勸課，爲殿最。

嘉祐六年，轉運使李復圭開白鶴匯，如盤龍之法。

元祐三年，常平使者調蘇、湖、常、秀之人濬青龍江，分地程役。

紹聖中，轉運副使毛漸開大盈諸浦，入吴淞江。

崇寧二年，宗正徐確提舉常平，考三江之説，以爲太湖東注於海，松江正在下流，向來潮泥壅塞，水溢爲患，請自對家渡古江開淘，至大通浦，直徹海口七十四里。上海合嘉定二縣借役，以常平錢米十八萬三千餘充調夫之費，因令饑民就食。確躬操畚鍤以先之，水道遂通。或言饑民就役多死，降三秩，確曰："使此役不興，饑民當駢首就死。以此獲愆，吾所願也。"

大觀元年，中書舍人許光凝奏：太湖入海，然後水有所歸。今吴中積水，視去歲損二尺，前歲損四尺，良由開松江、濬八浦之力。吴人謂"開一江有一江之利，濬一浦有一浦之利"，願委官詳究利害。十一月，詔委本路監司，簡按松江古跡疏導。

三年，兩浙監司奏請開淘吴淞江，復置十二牐。

宣和元年，兩浙提舉常平趙霖又開白鶴匯。

紹興四年，鹽官丞王珏開華亭海河二百餘里，通漕溉田，民享其利。

十五年，通判曹詠重開顧會浦，又濬鹽鐵塘，更名下沙浦，以入江。

楊炬《記》畧云：三江東注，震澤介其間。潦集川溢，畎澮皆盈，而浙右數被水患。蘇、秀、湖三州地形益下，故爲害滋甚。紹興甲子夏大水，吴門以東，沃壤之區，悉爲巨浸。部使者餙郡邑詢求故道，導源決壅，以洩水勢。於是監州曹公以身任責，乃歷覽川源，攷視高下，得顧會港，南接漕渠，而下屬於松江。按上流得故閘基，僅存敗木，是爲旱潦潮水蓄洩之限。復得慶曆二年《修河記》於縣圃，而知兹廢興之歲月，與夫淺深廣狹之制，役徒錢穀之數，蓋歷百有六年，河久不濬，而淪塞淤澱，行爲平陸。遂籍新江、海隅、北亭、集賢四鄉食利之民以疏治之。興工自十月二十有六日，役三月而河成。役工二十萬，用糧以石計七千二百，爲錢以緡計二萬五千。

乾道二年，轉運副使姜詵開通波大港即顧會浦。以入江，又置張涇堰閘。

按：許克昌《濬河置閘碑》畧曰：隆興甲申秋八月，霪雨害稼。明年大饑，上命姜詵周覽川野，窮源委，度高下，審逆順，取衝要，盡得其便利以聞。詵奏曰："東南瀕海之地，視諸港反高，雖有神禹，不能導水使上也。盡開諸堰，適以挽潮爲害，閘湖以豬水可矣。將以決洩，而下流淤壅則無益也。今宜濬通波大港，以爲建瓴之勢。又即張涇堰旁，增庳爲高，築月河，置閘其上，謹視水旱，以時啓閉，則西北積水順流以達於江，東南鹹潮自無從入也。"上稱善。

前進士胡恪隨司門員外郎李公傳相度開修三江積水，凡用二百三十二萬七千八百一十五工，錢糧一十八萬三千九十八貫石。

元至元三十年，值霖潦，知水人潘應武與吴伋、張桂榮等，承浙東僉院宣慰之命，相視合修河渠，即湖田開新港三，濶三十餘丈，及濬趙屯、大盈二浦。

大德二年，中書省奏立浙江都水庸田使司三品衙門，於平江路設置，專一修築圍岸，疏濬河道。尋罷。

八年,任仁發奏立行都水監,開吴淞江,置木閘。

《名臣事畧·吴淞江記》云:歲甲辰,前海道千夫長任仁發,言吴淞江故道湮塞,使震澤之水失其就下之性,爲浙西居民害垂二十年,上疏條其利病疏導之法。中書省以聞,特命平章徹里公董其役。公乃相其山川形勢之宜,高深廣狹之度,工役之數,錢糧之費,畚鍤之用,飲食之需,命民索綯乘屋,厚藁秸以防其卑濕,爲醫藥以防其疾疫,時作輟以防其倦怠。上以誠感下,下以誠應上,民乃懽呼四集,樂於趨事赴工。始於大德八年冬十一月,西自上海縣界吴淞舊江,東抵嘉定石橋洪,迤邐入海,長三十八里一百八十一步三尺,深一丈五尺,濶二十五丈,役夫爲數一萬五千,爲工一百六十五萬一千六百七十有奇,至九年二月畢工。復置閘竇,啓閉以時,物無疵癘,民無夭閼,而事竟集。

十年,行監復開挑吴淞江東西兩處河道,自本縣界趙屯、大盈二浦,白鶴江、盤龍舊江,計長三十七里三百二十二步。其中樊浦爲首,下接新涇舊江。面濶二十丈,其餘不等,俱深一丈五尺。又於廟涇以西、盤龍以東開挑木口五處,新涇南北置二木閘,北閘湍急不立。

至大初,江浙行省督治田園之岸五等,高止七尺五寸,低止三尺,以水與田相等、地分高下爲差。

泰定元年,前都水監任仁發董工,開吴淞舊江二道,烏泥、大盈二河。其法以户有納苗田一頃五十畝差夫一名,計四萬有奇,每名日支糧三升、中統鈔一兩。

三年,任仁發等於上海縣之潘家浜、烏泥涇二處,各置二石閘以遏渾潮,使牐内清水衝渲,江道深濶。

至順、至元間,水因閘患,復開元堰直河,置斗門於張涇、盤車二堰。

至正元年,復立都水庸田使司,撈漉吴淞江南北岸下泥沙,疏浚各河十數,用夫一十九萬八百四十,給糧四千七百四十七石,鈔三千一百六十四錠,各有奇。

明永樂二年,户部尚書夏原吉治水蘇、松,掣崑山、嘉定諸塘浦,引吴淞江入劉家河,濬范家浜,接黄浦達海。

初,朝廷以蘇、松水患爲憂,命户部尚書夏原吉疏治,太常少卿袁復輔之。尋遣僉都御史俞士吉齎《水利集》賜原吉,使講求拯治之法。原吉具奏,畧曰:浙西諸郡,蘇、松最居下流,太湖綿亘數百里,受納杭、湖、宣、歙諸州溪澗之水,散注澱山等湖,以入三江。頃爲浦港湮塞,匯流漲溢,傷害苗稼。拯治之要法,在濬滌吴淞江諸浦,導其壅滯,以入於海。按吴淞江舊袤二百五十餘里,廣一百二十餘丈,西接太湖,東通大海,前代屢濬屢塞,不能經久。自吴江長橋至夏駕浦約一百二十餘里,雖云通流,多有淺狹之處。自夏駕浦抵上海縣南蹌浦口可百三十餘里,潮沙漲塞,已成平陸,欲即開濬,工費浩大。且灩沙淤泥,浮汎動盪,難以施工。臣等相視得嘉定至劉家港即古婁江,徑通大海,常熟之白茅港徑入大江,皆係大川,水流迅急。宜濬吴淞江南北兩岸安亭浦港，以引太湖諸水入劉家、白茅二港，使直注江海。又松江大黄浦，乃吴淞江要道，今下流壅遏難疏，傍有范家浜，至南蹌浦口，可徑達海，宜浚令深濶，上接黄浦，以達泖湖之水，此即《禹貢》"三江入海"之跡。每歲水涸之時，修築圍岸，以禦暴流。如此，則事功可成，於民爲便。

正統六年，巡撫工部侍郎周忱修吴淞江，立表江心，盡去壅塞。其兩岸塗漲，居民開墾成田者，計畝收税，以補崩塌之數。宣德末，邑人杜宗桓上書侍郎，至是蓋畧行之。

天順四年，巡撫都御史崔恭濬大盈浦至吴淞江，鑿江自崑山夏駕口至嘉定莊家涇，出舊江一萬三千七百步，永樂初，引松江北入劉家河，江之東段未曾施工。濬蒲匯塘及新涇四千丈，深皆二丈，濬六磊塘、鬻竇河、烏泥涇、沙竹岡諸水，通流入浦。民感其惠，因呼曹家溝爲都臺浦云。董役者，府通判洪景德、華亭知縣石玫、上海知縣李紋。

學士錢溥《記》畧曰：吴淞江自勝國末湮塞，迄今逾百年，稍遇霖雨，即成一壑，國賦虧而民艱食矣。天順二年，都憲崔公奉敕巡撫東南，首詢水患，以松爲尤甚。乃舉府判洪景德及二縣尹石玫、李紋治之。相視以爲江之故道，雖濬必合，莫若從新地鑿之，力易爲而功不壞。起自大盈浦東，至吴淞江，計二萬二千丈。又自新涇西南，至蒲匯入江，計四千丈，濶皆一十四丈，深皆二丈，而低鄉之潦可洩。東北則自曹家河平地，鑿至新場，計三萬餘丈，深濶皆與江同。又濬華涇塘、六磊塘、鬻竇湖、烏泥涇入浦，而高鄉之旱亦免。大小聯絡，無不通貫。用工總三萬五千餘。

成化八年，置僉事於浙江，專治蘇、松等府水利。知府白行中築捍海塘。初，沿海並有塘隄，歲久頽圮。七年秋，大風海溢，漂人畜，没禾稼，巡撫都御史畢亨、巡按御史鄭銘、水利僉事吴瑞僉議復隄。行中承檄，委同知傅愷、楊憲、華亭知縣戴冕、上海知縣王崈之督工興築。每浹辰，行中輒一臨視。越兩月而塘成。華亭南至海鹽築三萬四千七百六十有九丈，又爲外隄至平湖五十有三里，用耆民居文、吴克平議。上海北至嘉定築一萬七千七百四十有八丈，面廣二丈，趾倍之，高一丈有七尺。

弘治初，僉事伍性濬吴淞江中段四十餘里，及顧會、趙屯、都臺諸浦，蒲匯、楊林、新涇諸塘。

正德十三年，部使成□□舉里人倪鏞董濬龍游、馬路二港。

郡人莫如忠《記》畧：新場，海上巨鎮。其東有五龍墩，又東折而南北爲諸竈港及龍游港，衡鎮其間。而鎮之西曰馬路港者，實受海潮之入，自黄龍浦達諸港，溉農畝以鉅萬計，而商人藉通艖艋，取贏不訾，斯東南之大利也。正德之季，諸港就湮，僅以形辨，潮壅淤若蹄涔，而商旿之胥病非一日矣。歲戊寅，部使者成公至，理鹽政，議興水利則莫諸港先，而難其任使。時里人倪鏞俶儻有義概，爲運丞徐君紹先所知，上其名，成公因署鏞董其役。鏞即毅然任之，不閲月工訖。引水内向，數十里間彌望皆沃衍，而商艖殷凑，農旿樂業，咸賴其利。鏞之子淑，亦樂善好施，邑以倭亂築城，淑獨築城南三臺，復出米千斛以佐軍興，凡畢力奉公類如此。

七年，工部侍郎徐貫奉璽書治水東南，府通判郝希顔承檄濬吴淞江自帆歸口至分莊七十餘里，知縣董鑰築西鄉田圍。

十二年，府通判原應宿濬崧子浦、肇嘉浜。

嘉靖元年，巡撫都御史李充嗣奉命用崑山、嘉定、華亭、上海四縣民力，相繼開吴淞江。上海分地，初自崑山縣界東至白鶴江，後自嘉定縣界東至吴塘，總四千餘丈，役夫二萬三千有餘，給散銀米八千餘兩石，犒勞旬至焉。知縣鄭洛書調度，主簿黄明董工。

隆慶四年，大饑，民多思盗。巡撫都御史海瑞請開吴淞江，借支軍餉及各處發追稻穀、贓罰、導河夫、無礙等銀，委本府同知黄成樂、本縣知縣張嵿剋期開濬，查勘舊蹟。共計長一萬一千五百七十一丈，濶三十餘丈。議半開河面一十五丈。除嘉定應濬外，上海實開長六千五百三十一丈八尺餘，面濶一十五丈，底濶七丈五尺，深一丈五尺六寸餘，共計用工食銀五萬餘兩。畚鍤雲集，盗因以息，不兩月而工告成。

《奏疏》畧曰：吴淞江盡洩大湖之水，由黄浦入海。近年以來，水利以曠職不修，撫按亦不留心，潮泥日積，通道填淤，太湖因之奔湧四溢，勢所必至。爲害之大，渰浥禾畝，如嘉靖四十年、今隆慶三年是也。而小爲渰没漂浥之患，亦時有之。是吴淞江一水，國計所需，民生攸賴，修之舉之，不可一日緩也。臣於舊歲十二月巡歷上海縣，親行相視，旋委上海知縣張嵿率領沿江住居父老，按行故道，量得淤塞當浚地長該一萬四千三百三十七丈二尺。原江面濶三十丈，今議開十五丈許，該用工食銀七萬六千一百二兩二錢九分。今二麥未播，方春正月，米每石價銀已八錢五分矣。饑民動以千百，告求賑濟，臣已計將節年導河夫銀、臣本衙門贓罰銀兩、各倉儲米穀二萬石，率此告濟饑民，按工給與銀穀。於今正月初三，按江故道興工開濬，委松江府同知黄成樂督率，上海縣知縣張嵿、嘉定縣知縣邵一本分理。興工之中，兼行賑濟，千萬饑民稍安戢矣。但工程浩大，銀兩不敷，饑饉頻仍，變故叵測。官儲民積，計至二月間盡矣。江南四面皆荒，湖廣、江西有收，府縣又執行閉糴，無從取米。伏望皇上軫念民饑當恤，吴淞江水道國計所關，勅下該部酌議商量。留蘇、松、常三府漕糧二十萬石，准照前者銀數改折。凡應天等十一府州縣庫貯，不拘各院道諸臣項下無礙、贓罰銀兩，聽臣調用。浙江杭、嘉、湖三府與蘇、松、常三府共此太湖之水，吴淞江開則六府俱蒙其利，塞則六府同受其害，其庫藏銀亦如應天等府一例所用，彼處饑民亦聽上工就食。吴淞借饑民之力而故道可通，民借銀米之需而荒歉有濟，一舉兩利，地方不勝幸甚。

萬曆十五年，吴中水災異常，特設水利道，專管江南水利，駐劄松江，以副使許應達領之。首濬松江，次及諸水，費帑無功，應達隨以劾去。

二十六年，知縣許汝魁築捍浦塘，邑人副使王體仁有記。

二十七年，知縣徐可求開小南門水關，即薛家浜故道。此水通塞，係一邑人文盛衰，因築城斷塞。嘉、隆以來，屢議鑿城，知縣敖選、許汝魁俱詳允開復，爲勢家所阻。今士紳力請，轉詳開鑿。

四十五年，知縣吕濬開由郡城抵縣内外水道。

陸彦章《碑》畧：上海，澤國也。城中士民龐雜，苴礫雜投，而豪家大族漁閭市小利，岸日益拓，河日益狹，久則屋其上，無故迹可尋。故市民旱則涓滴無所容，潦則溝澮無所洩，穢則蒸厲，火則延燼。城西河港漸成平陸，郡邑往來者非步即騎，不然取道龍華，轉黄浦，始得達。潮退則一芥可膠，風横則萬斛可覆。吕公至，爲父老疏城中河。河旁有屋其上者，不問單赤豪貴，立撤如河故跡而止，凡百日而工竣。乃疏城外河，城西自肇嘉浜至新港濬十八里，城北虬江達嘉定濬十五里，丁夫雲集，又值歲晚冬暵，凡百日而工又竣。自是郡城之舟直泊縣門，汲者舍浦而城，行者舍騎而舟，公私兼利。

天啓元年，吕濬濬蒲匯塘、肇嘉浜及城内市河，又修築浦塘。邑人太僕少卿陳所蘊有記。

二年，知縣鮑奇謨濬張家塘。東自黄浦口，起至華亭界，長三千二百丈。五年，復濬，長一千一百六十丈。自萬曆間，頻遭水患，專設導河夫役，有司加意修濬，每歲舉行，江湖通利。

崇禎元年，蘇、松水利道張孝濬陸道浜、莘村塘、小閘港四千九百餘丈。

二年，巡撫都御史曹文衡檄同知錢永澄濬俞塘等河萬餘丈，修築黄浦塘岸二千餘丈，又濬肇嘉浜二千五百餘丈。

四年，知府方岳貢濬新涇一千八百餘丈。

五年，巡撫莊祖誨督通判朱啓元濬新場河、沈莊河。

七年，巡撫都御史祁彪佳督濬蒲匯、莘村等塘，知縣劉潛濬虬江。

本朝順治三年，巡撫都御史土國寶修築捍海石塘。

九年，巡按御史秦世禎檄華亭知縣劉成龍濬六磊、紫岡、沙岡、竹岡、蒲匯諸塘，仍令塘長每歲修治，不得派濬遠方。

康熙七年，巡察使者肯赤黑等駐邑，建防海之策疏，將界浜、虹口、西虬江三河用木樁釘斷，嗣有廳營各役私將東溝、東虬江、馬家浜、洋涇、西新塘、夏海浦、楊樹浦等處漸次釘斷，民甚病之。紳衿張錫懌、陳完等於十八年十一月呈縣及督撫，請開私釘各河，力陳大弊。於二十年四月，奉總督阿席熙、巡撫慕天顔允行，飭蘇松常道祖澤深、松江知府魯超行縣，將私釘各河俱開通。訖今營中又創改樁爲栅之議，所賴當事諸賢力持斯議，永杜民害焉。

張錫懌《請開釘樁呈》畧：釘塞原非上行，籲憲電明始末，亟賜開樁，以蘇民困事。康熙七年，巡察使者肯赤黑等，於《防海疏》内將界浜、虹口、西虬江三處木樁釘塞，至於傍浦内地之支河小港，如東溝、東虬江、馬家浜、洋涇、西新塘、夏海浦、楊樹浦七處，歷查部文憲行，從無釘塞情由，不料數年以來，突將各處漸次釘塞，内河填咽，洩瀉無從，腹地膏腴盡成灌莽。揆厥所由，皆因廳營各役，影借部行，朦朧報釘，以致近樁居民每月有查樁給狀之費，每夜有輪值守樁之苦，時有衝壞，又多補換賠累，小民愁苦吞聲，更有不敢盡言者。悍等生斯長斯，確見此數處木樁並無出没疏虞，已經連名具結百口力保。伏乞憲臺俯電廳營申文，便知原無憲行釘塞，並無日後干礙。立飭該縣開通取結，遵依在案，移咨提憲，并飭海防廳及川沙、黄浦兩營遵依具結，不得再以違礙爲辭，則民困得甦，戴德永世矣。

十年，巡撫都御史馬祐會同總督侍郎麻勒吉、浙撫范承謨疏開劉河、吴淞江及濬新涇口等，并修復舊址壩閘。耑飭布政司慕天顔動支漕折銀充用，又飭蘇松常道韓佐周劃疆分段議濬，江面濶十五丈，底濶七丈五尺，深一丈五尺。共爲十二段，每段三里六分，於内又分四十號。委松江府通判周祚昌、蘇州府同知師佐耑董其事，又委本縣知縣康文長及幕佐等官十二員分督其工。本縣以通縣三百區募夫二萬名，每區選耆老一名，每十名立一甲長，每十甲立一百長，每夫日給工食銀五分。本年十二月興工，十一年三月竣工。計吴淞江及新涇口等處共一萬一千八百五十一丈。本縣自黄浦口起，至盤龍黄浜止，實開八千五十一丈七尺，共計工費銀七萬五千七百五十二兩零，餘係青浦、嘉定二縣開濬。昔夏忠靖權於夏駕浦開通，以達吴塘，而棄其東段；海忠介自宋家港西至黄渡，而不及西段。今得成前賢所不克全之績，實當事諸公贊畫之力云。

《奏疏》畧：查得蘇屬劉河口，松屬吴淞江，係江南蘇、松、常，浙江杭、嘉、湖六府洩水咽喉，疏則六府同其利，塞則六府同其害。上年湖水汎濫，人口流亡，總由劉河、吴淞江入海之口淤塞之故。臣念國課民生，關係重大，委官丈勘，應開劉河淤道二十九里，總計人夫三十九萬八千四百一十二工，建閘三座，每座工費千金，約共需銀四萬兩，應開吴淞江四千三百五十一丈，應濬新涇口等處七千五百餘丈，并修復舊址壩閘，約共需費十萬兩。請將蘇、松、常三府康熙九年分漕折銀九萬兩，浙省杭、嘉、湖三府漕折銀五萬兩，准留充疏濬河工經費，俾各處逐荒饑民就近上工趂食，是修復水利之中兼行賑濟之事，一舉兩利。

康熙九年間，有邑庠生史啓爌、王偉、里民徐宰等，具陳開濬吴淞江條議于邑侯康文長，通詳各憲，至具題後多採行之。里民高向榮請從養馬院、宋家橋徑直出浦，減濬三百餘丈，省帑多金。

十一年六月，吴淞江建三洞石閘一座，十二月告成。

閘工既竣，吴淞司巡檢率閘夫三十二名耑司啓閉，黄浦營撥兵數名守汛盤詰，旋因水勢衝激，四面石塘塌壞，各憲調黄河埽手數名，辦(禾+柴)蔴柳枝等物，築成三壩。每日用夫三百名戽水修築，工費繁瑣，慮難成功。適知縣任辰旦到任，詳憲撤回埽手，省築壩戽水諸費，另募浙匠數人泅水修築。又將本縣各灘舡輪撥，裝運廢磚瓦屑擁護樁脚，費省工倍。閘夫原議五十名，奉憲裁減十八名，將工食貯庫以作修閘之用。每名日給工食二分，油索銀一分，每年每名給銀一十兩八錢，通共給銀三百四十五兩六錢，於義租項下按季支領。二十一年正月，西北護塘迸裂。知縣史彩察係水滲沙虚，兼丈

西南護塘原長一十四丈，西北護塘僅長十丈，所以水勢迅激，易致損壞。遂命原修浙匠增拓四丈，又移進實地二丈，工料工食共銀一千五十兩零。史邑侯捐俸四百餘金，餘請憲於存留義租項下動支，得完厥工。與任侯修築之工，實堪媲美云。

江口建閘，遂爲上、嘉孔道。自閘而南至北門，計路三里餘，每霖雨泥淖，行旅病之。里民張有榮捐貲勸募，鋪石街六百餘丈。工費繁鉅，邑紳張錫懌助鋪一百五十丈，里民孟希賢等亦助鋪二十丈或十丈不等，遂得完工。

十六年十二月，濬馬家浜一帶，以塘長禁革，於傍河田畝隨地起夫，從公均任，田主每畝出米三升，佃户隨田出力，擇本啚耆民董其役，凡兩閱月而工竣。

十七年，濬蒲匯塘、新涇。邑人張錫懌有《條例》，詳列利弊，實可遵行。迨開濬之時，奸蠹包攬侵漁，偷決大壩，致督工官縣丞酈蜚煌倉皇自經，迄無成功。

附《條例》：一、重守壩。開河之弊，每有奸徒包攬啚銀，未及半工，輒將壩口偷決，以遂中飽。今應嚴加看守，必俟河工告成，擇日開壩。如工未畢而壩先決者，將守壩人立置重典。一、嚴工派。兩河大役與別工不同，必須通縣均任。應將各保、區、甲盡數均派，以杜偏漏之弊。如有影射漏免者，每甲罰開城河一丈。一、督實濬。啚蠹包攬侵漁，必多留生段，若一段留生，則通河梗阻。今議分委佐貳同鄉紳分作三段，如法開濬，刻期告竣。各股開完，公同查閱，不使弊留生段，得以久遠通流。一、定丈尺。蒲匯塘面濶七丈五尺，底濶三丈七尺，每一百甲派浚三十丈。其底深一丈五尺，每區立一樣樁，照式開濬。逐段查驗，如不及數者，懲處補足，督工官方給完工號票，許免本年雜差。

十八年二月，浚鷺竇湖，亦照田派夫，民樂趨事，不兩月而告成。

九月，邑人陸鳴球倡議重濬趙家溝，請於署縣事同知唐朝宣，給示就近蠲濬。西自東溝浦，東至運鹽河，南達都臺諸浦，北通界浜。東西長二千餘丈，濶六丈，深二丈。工費五百餘兩，閱五十日而告竣。

此河灌田千頃，湮塞已久。明朝崇禎時，鳴球祖明允獨力重濬。本朝順治十三年，鳴球父貢士起鳳請於巡撫都御史張中元，撥塘長再濬。鳴球倡議蠲貲，克承先志，土人賴之。

十九年二月，濬俞塘、六磊塘，亦倣濬鷺竇湖例，以一啚之田開一啚之河，不煩公帑，亦不隔遠調派。縣丞徐煌督工，於四月終告竣。

二十三年，知縣史彩以漕運由浦入江，多風濤之險，又見城濠淤塞，幾成平陸，與紳衿耆老會議捐倡開浚，士民翕然樂輸。并濬寺浜故道，俾漕運由城濠入寺浜達吴淞江，得免大浦之患。又濬城内市河以通舟楫。於是年五月興工，漸次告竣。現給工食，不假手吏胥，絶包攬侵漁及梗段欺飭諸弊。自前令吕濬開浚以來，百年有餘，屢議屢止，一旦疏通，合邑賴之。

二十九年,蒲匯塘淤塞,知縣董鼎祚督勸疏導。

三十二年,署篆本府同知李經正因肇嘉浜淀沙淤淺,兩岸塗漲,詳請開浚。

四十七年,海潮泛溢,知縣許士貞修築沿海土塘。

四十八年,知縣許士貞詳請動帑開濬蒲匯塘,民樂趨事,刻期告竣。

五十九年,總督常鼐飭濬肇嘉浜,合邑計畝公捐,不准分啚頂淩,以除規避,以集大工。是年,知縣何時懋濬蒲匯塘,會同婁縣、青浦兩邑,照界均啚,委員協浚。

六十一年,知縣傅之詮濬趙家溝,兩月訖工。

雍正元年,知府周鍏元檄飭知縣傅之詮濬蒲匯塘,照例均啚協浚。此河灌溉三邑田疇,流通往來舟楫,洵爲關係要河,乃屢濬屢塞。其時,太學生楊衍條陳利弊,一切築壩事宜、開河勤惰皆爲經理稽察,河道疏通,當事重之。

二年三月,本府知府楊紹飭修内外捍海塘。

初,士民以護塘東開懇陞科,近患鹹潮淤没,列上府縣,願自挑築護塘。知府楊紹申布政司鄂爾泰,定議於鹽蘆界挑築。至是年三月,府檄吴淞司巡檢督視起工,修築將半,七月十八日海水挾颶風駕外塘溢内塘,新築客土未堅,仍被攻衝。

三年,動帑修築上年冲損海塘,捍禦潮汐,得以保全生聚,并濬三林塘、楊淄港。

五年,因吴淞江淤塞,欽命原任山東巡撫陳世倌、郎中鄂禮,會同江蘇巡撫陳時夏,估計土方,動帑督辦,不許有累士民,均派上、南、嘉、寶、青、福六縣協力募夫。於本年十一月起工,明年告竣。共用銀七萬五千六百四十兩有奇。其時梅雨衝决大壩,知府周中鋐、把總陸章躬親督率,經理查勘,墮於水中。蒙恩卹廕。

十年,海潮泛溢,巡撫喬世臣請修築沿海土塘。其在上海者,自南匯西界起,至寶山界黄家灣止,長一千一百三十八丈五尺。於十一年二月興工,四月告竣。共用銀四千兩八錢有零。

十三年,建吴淞江閘於金家灣。本年四月興工,乾隆二年十月告成,三年七月二十七日開通。本府通判徐良模董其役,費銀若干兩。

康熙十一年,造閘,後設立閘夫五十名以司啟閉。康熙二十九年,閘座裂陷,奉裁工食,止存三十二名,照常承值。雍正八年,飭該閘用夫二十名。至是建成,仍召募充補,每日給工食三分,遇閏加增,小建扣除。

乾隆元年,請帑濬蒲匯塘,并據士民呈請,知縣褚菊書委黄浦司、吴淞司督浚沙岡、急水港、淡水河、北蟠龍塘。

二年,署縣徐良模濬圓沙浜,并照界協浚千步涇。

五年,濬城濠隨城週圍河身,長一千五百丈六尺。三月興挑,五月告竣。主簿林其蕡、典史馮宗豫督攢。并因馬屯涇淤塞,知縣王世睿飭巡檢葉國英就近勸浚。

七年,浚華涇港。

十年,知縣王侹濬城濠,典史葉如松督工。又蒲匯塘淤淺,會同婁、青兩邑,均啚協浚,委吴淞司王士晉董其役。又委主簿王臣督攢漕河涇。

十一年，知府朱霖檄飭知縣王侹浚六磊塘、馬屯涇、三林塘港、開濬有法，闔邑頌之。

十二年，知縣王侹濬李從涇，委吴淞司王士晉督工。

十三年，因上年風潮衝損土塘，巡道檄委知縣王侹領帑修理塘邊，加高土塘，共長一千十三丈二尺有零，如式幹辦，刻期告竣。

十五年，知縣李文耀開濬沙岡，委黄浦司李麟督工。復詳請開濬城濠，委典史何埧督工。

十八年，巡道申夢璽檄知縣李希舜，率同紳士開濬薛家浜，又于木閘舊址改建石閘，委典史何埧督工。詳薛家浜下。

二十年，知上海縣李希舜詳請開濬肇家浜并外城河，按啚協浚，肇家浜自東關穿西關，至蒲匯塘口，一律深通，引清水以達浦口。

二十六年，知上海縣盧師武詳請開濬肇嘉浜、周涇及内外城河，按啚協浚，時以解組去，周涇未及竣工。

二十八年，濬吴淞江，巡撫莊請疏三江水利，奏准借帑二十二萬一千六百餘兩，與蘇、太二屬之婁、東二江同時派夫給銀開浚。知縣于方柱領帑銀一萬七千八百八十一兩，從王浜起，至野雞墩大壩止，共二千四百八十五丈，河面濶十六丈，底寬十丈，深一丈。十二月興工，二十九年三月告竣。所借帑金按田徵還，自三十年起分作三年還欵，共銀一萬六千六百八十六兩有零。

四十年，知上海縣史尚確詳請開濬在城大小河道，兩月竣事，委典史王大澤督工。

按：外城河係按啚協浚，内城河係傍河居民照址各開，其橋梁公佔岸水築壩及無力之家向係派保捐助，是年係紳士李宗袁、朱之灝、凌存淳、喬鍾沂、李焕、顧偉烈、曹錫棠、瞿秉忠等捐濬。

四十二年，署上海縣事韓運鴻詳開方浜壩基，并建石閘。詳方浜下。

四十八年，兵備道盛保檄令知縣范廷杰，同紳士開浚肇嘉浜、薛家浜、方浜及大小支河，委主簿盧雲路督工。

乾隆上海縣志卷之三

田賦一

邑濱海斥鹵，至瘠也。宋初以來賦額闕如，紹熙、開禧之間乃可譜，然征於民者視今不過什之一。元至正十五年，號爲繁密，猶未爲極重也。明洪武時，以官田之租均爲歲額，後又因事數加，積重難返，八故二害，痛乎其言之。本朝刊行《賦役全書》，前制應削勿載，然始簡者末，必鉅變所從來，亦多故矣。不溯厥源流，則無以知民力之日困與今日休養之方，故自宋迄明並列無遺，俾後之司牧者有以考焉。

宋

光宗紹熙四年，歲徵華亭秋苗米止三萬八千石。此時猶未立縣，境地俱屬華亭，分計所輸，不滿二萬。

元

世祖至元二十九年，分華亭東北五鄉爲上海縣。

泰定帝泰定二年，以豆麥準秋糧著爲令。

興國路通山縣主簿楊彌昌《上海縣苗糧改科荳麥記》畧：國朝昔於松江置府，乃割華亭縣之五鄉立上海縣。其地瀕海，潮汐蕩激，挾沙土於畎澮，於是滷瘠之壤日積以亢，川流不通，五鄉莫不病之，而高昌、長人兩鄉尤甚。穀不宜稻，稔歲農惟仰食豆麥，遇旱乾則莽爲不毛〔之〕墟。夫何田下而賦上，以石計四十萬有奇，概科秔糧與沃壤等。有司峻期取盈，富有力者轉糴以輸，貧無所措則里正代償，因而破蕩轉徙，邑民重困。真定鄧公伯川爲斯邑丞，至治二年秋行田檢災，詢知其弊，慨然建議，請易米以荳麥，從土宜，紓民力，遂上其議於行省。未幾，鄧公以廉能選爲行省掾史，爲之力陳民瘼，上官惻然，遄俾銜命上中書，亦及斯事。公又昌言于政事堂，拳拳爲疲氓請命。乃下其議地官，迄獲從請命。始自泰定二年，聽以荳麥準秋糧，仍俾憲司覆實惟允，著爲令，刻石以貽不朽。余惟《禹貢》則壤成賦，銍秸粟米，各隨其地。周典辨土教稼，而令貢斂賦，厥政均齊，凡皆以便爾民而不强以所無云爾。兹上海創縣今幾年，長民凡幾人，習弊恬害，莫之省憂。仁哉鄧公！於易賦一事，始至而力圖之，已去而卒成之，以貽邑民無窮之利。古循吏去而見思，信不誣矣。伯川名巨川，以字行。

天曆二年，收下沙竈户瞿時學等沙塗田糧。撒佃造册三千六十一頃七十六畝二分，收科糧二萬二千一百一十六石六斗二合，外有八百五十餘頃，該糧八千五百餘石，收科運司，恢辦鹽課。

至正十五年，本縣田土二萬一千三百九十頃七十三畝六釐五毫。

夏稅

絲。五百六十九斤一十五兩一錢八分八釐，除鹽場外，實徵絲四百三十斤一十五兩二錢九分七釐。

綿。一百九斤六兩一錢四分九釐，除鹽場外，實徵九十三斤一十五兩二錢四分四釐。

麥。五萬七千六百一十九石三斗六升六合，除鹽場外，實徵四萬五千四百四十五石五斗八升九合。

秋糧

秔米穤米。共三十二萬六千一石七斗八升一合四勺，除鹽場外，實徵二十五萬六千八百一十三石六斗七升八合四勺。

鈔。一千二百七十五貫二兩七錢三分。

考是時苗稅公田外，財賦支給不一，其例以撥賜莊領宋親王及新籍明慶、妙行二寺等田以賜影堂寺院、諸王近臣，其間田有陷江陷海、抛荒積荒、水深長蕩、有額無徵、虛包公占、營廨强官抑伏等色事，皆不係府縣元額，其數莫考。〇按：撥賜莊在本縣十九保。

十六年，張士誠據境，乃併諸撥屬財賦府與夫營圍、沙職、僧道、站役等田糧。見杜宗桓《上巡撫侍郎周文襄公書》。

明

洪武二十四年，本縣定墾官民田地、山池、塗蕩二萬二千六十二頃四畝七分八釐八毫。

夏稅

大麥。三千九百七石四斗二升九合五勺。

小麥。六萬七千五百六十石三斗一升九勺。

絲。三千七百八兩八錢四分八釐九絲五忽。

綿。一千二十七兩四錢三分二釐九毛五絲八忽。

鈔。五千八百九貫四百六十文八分。

秋糧

秔米。二十三萬三千七百一十七石九升九合五勺。

穤米。二百三石三斗。

赤米。二十六萬二千六百一石四斗九升四合五勺。

黄豆。七萬二千一百四十三石三斗三升四合五勺。

斑豆。四千一百一石一斗四合三勺。

赤糓。六百五十五石七升二合一勺。

永樂十年，定墾官民田地、山池、塗蕩二萬一千一百八頃九畝二分八毫。

夏稅

大麥。三千七百四十八石九斗八升三合四勺。

小麥。六萬三千四百七十七石五斗一升一合一勺。

絲。三千七百七十七兩九錢一分一釐六絲三忽。

綿。一千一百九十五兩四錢七分四釐八絲七忽。

鈔。六千二百五十八貫三百五十一文六分。

秋糧

秔米。二十一萬六千二百九十五石四斗九升三合六勺。

糯米。二百一石一斗九升三合。

赤米。二十二萬九百五十六石六斗四升一合三勺。

黄豆。六萬六千三百二石六斗三升七合三勺。

斑豆。四千一百三十八石三斗一升六合。

赤穀。六百一十八石九斗一合四勺。

宣德五年勑諭:"各處舊額,官田起科不一,租糧既重,農民弗勝。自今年爲始,每田一畝,舊額納糧自一斗至四斗者各減十分之二,自四斗一升至一石以上者各減十分之三,永爲定制。欽此。"本縣共應減夏税秋糧一十二萬八千三百二十三石四升八合。按:四斗至一石,明初官田召民耕種,輸租于官,此租額也。

夏税減額

大麥。六百二十二石八斗四升三勺。

小麥。九千一十四石七斗七升四合一勺。

秋糧

秔米。五萬三千三百一十四石二斗九升二合八勺。

糯米。五十九石三斗四升八合三勺。

赤米。五萬三千六百三十一石六升八勺。

黄豆。一萬八百一十九石三升七勺。

斑豆。七百四十八石一斗三升五合九勺。

赤穀。一百一十三石五斗六升五合六勺。

七年,定墾官民田地、山池、塗蕩二萬一千三百七十八頃二十九畝一分八釐二毫。

夏税

大麥。三千一百二十六石一斗六升八合。

小麥。五萬四千六百五石六斗五升二勺。

絲。一千七百九十五兩二錢四分二釐三毫二絲三忽。

綿。一千一百九十六兩一錢八分三釐八毫三絲七忽。

鈔。六千二百八十貫九百六十九文六分。

秋糧

秔米。一十六萬三千八十六石三斗一升四合一勺。

糯米。一百四十一石八斗四升四合七勺。

赤米。一十七萬二千一百四十三石八斗七升九合七勺。

黄豆。五萬五千四百八十七石四斗四升七合七勺。

斑豆。三千三百九十石二斗八合。

赤穀。五百五石三斗三升八合八勺。

八年,巡撫侍郎周忱奏定加耗折徵例。洪武、永樂中,税糧額重,積欠數多,每正糧一石徵平米至二石而猶不足。忱至,盡祛宿弊,設法通融。二年後,逋欠悉完,至是定例。

一、加耗。本縣有徵正糧每石徵平米一石九斗,凡夏税麥豆、絲綿、户口食鹽、馬草、義役、軍需顔料、逃絶積荒田糧、起運脚耗,悉于此支撥。其後視歲豐凶及會計多寡,或減或加,率不出此數。一、折徵。金花銀一兩一錢准平米四石六斗或四石四斗,每兩加車脚鞘匭銀八釐。濶白三梭布一疋准平米二石五斗或二石四斗至二石,每疋加車脚舡錢米二斗或二斗六升。濶白棉布一疋准平米一石或九斗八升,每疋加車脚船錢米一斗或一斗二升,俱照糧派于重則官田,俗名輕齎。白熟粳糯米每石准平米一石二斗,照糧派于輕則民田。

正統四年,奏准蘇、松等府官民田地因水坍漲去處有司丈量漲出者,給附近小民承種,照民田例起科,坍没者悉與開豁税糧。

五年,以直隸松江府災困,命華亭、上海二縣今年折糧,大三梭布免徵,第徵中等三梭布,每疋折糧二石,其餘折徵濶白棉布。

七年,定墾官民田地、山池、塗蕩二萬一千四百七十四頃五十六畝六分九釐五毫。

夏税

大麥。三千一百二十六石一斗六升八合。

小麥。五萬四千七百二十石六斗五升一合三勺。

絲。三千八百三十一兩五錢九分一釐二毫三忽。

綿。一千二百一十四兩三錢五釐六毫一絲九忽。

鈔。六千三百三十五貫三百三文。

秋糧

秔米。一十六萬三千五百三十九石二斗六合。

糯米。一百四十一石八斗四升四合七勺。

赤米。一十七萬二千二百八十六石六斗四升二合九勺。

黄豆。五萬五千六百七十五石六斗四升六合。

斑豆。三千三百九十石二斗八合。

赤穀。五百五石三斗三升八合八勺。

景泰三年,定墾官民田地、山池、塗蕩二萬一千五百八頃八十一畝七分二釐五毫。

夏税

大麥。三千一百二十六石一斗六升八合。

小麥。五萬四千七百三十一石三斗八升三勺。

絲。三千八百三十八兩五分八釐一毫四絲三忽。

綿。一千二百一十八兩八釐二毫五絲七忽。

鈔。六千三百八十四貫四百四文。

秋糧

秔米。一十六萬三千六百二十八石。

穤米。一百四十一石八斗四升四合七勺。

赤米。一十七萬二百九十一石一斗七升五合。

黄豆。五萬五千六百八十五石四斗六升八合八勺。

斑豆。三千三百九十石二斗八合。

赤穀。五百五石三斗三升八合八勺。

天順二年,巡撫右副都御史崔恭復舊例,正糧一石徵平米一石九斗。

六年,定墾官民田地、山池、塗蕩二萬一千五百四十三頃八十四畝八分六釐一毫。

夏税

大麥。三千一百二十六石一斗六升八合。

小麥。五萬四千七百八十一石四斗二升五合二勺。

絲。三千八百四十九兩七錢七分六釐三毫三絲三忽。

綿。一千二百一十九兩三錢二分四釐二毫八絲七忽。

鈔。六千二十九貫七百八十二文。

秋糧

秔米。一十六萬三千七百八石五斗五升。

穤米。一百四十一石八斗四升四合四勺。

赤米。一十七萬二千三百五十二石四斗六升五合一勺。

黄豆。五萬五千七百七十九石九斗三升一合八勺。

斑豆。三千三百九十石二斗八合。

赤穀。五百五石三斗三升八合八勺。

是歲,巡撫右副都御史劉孜奏定召佃例。荒田召民開佃,不論原額,肥田畝税米三斗,瘠田二斗,謂之官租。自是荒蕪開闢,秋糧加耗每石始八斗五升至六斗,歲積餘米數萬。

成化四年,巡撫都御史邢宥括得業蕩舊例,每畝徵鈔六十文者,改徵平米三升。

八年,定墾官民田地、山池、塗蕩二萬一千五百四十〔七〕頃七十八畝六分三釐一毫。

夏税

大麥。三千一百二十六石一斗六升八合。

小麥。五萬四千七百八十四石六斗五升三合一勺。

絲。三千八百五十兩一錢九分五釐三毫三絲三忽。

綿。一千二百一十九兩五錢五分二毫八絲七忽。

鈔。六千三貫八百二十八文九分。

秋糧

秔米。一十六萬三千七百三十七石八斗六升五合。

糯米。一百四十一石八斗四升四合七勺。

赤米。一十七萬二千三百六十一石六斗四升七合七勺。

黄豆。五萬五千七百八十八石三斗八升七合三勺。

斑豆。三千三百九十石二斗八合。

赤穀。五百五石三斗三升八合八勺。

弘治八年,巡撫右副都御史朱瑄始定分鄉論田加耗例。本縣東鄉畝加斗一升,中鄉斗三升,西鄉斗五升。後又分東鄉沿海畝加一斗,不沿海加斗一升,中鄉畝加十三升,西鄉斗六升。

十一年,巡撫右副都御史彭禮復論糧加耗。是歲加得業蕩平米爲五升二合六勺。

十五年,定墾官民田地、山池、塗蕩二萬一千五百六十二頃五十七畝八分五釐一毫。

夏税

大麥。三千一百二十六石一斗六升八合。

小麥。五萬四千七百九十六石二斗一升五合。

絲。三千八百五十兩一錢九分五釐三毫三絲三忽。

綿。一千二百一十九兩五錢五分二釐八絲七忽。

鈔。五千九百三十八貫七百二十八文二分。

秋糧

秔米。一十六萬三千七百六十七石九升九合六勺。

糯米。一百四十一石八斗四升四合七勺。

赤米。一十七萬二千四百三十七石五斗四升三合五勺。

黄豆。五萬五千七百九十石六斗八升七合八勺。

斑豆。三千三百九十石二斗八合。

赤穀。五百五石三斗三升八合八勺。

正德二年,巡撫左副都御史艾璞重定論田加耗例。本縣本鄉每畝加七升,中鄉一斗一升,西鄉加一斗四升。○按:此時未分青浦,尚有中鄉。

六年,巡撫右僉都御史張鳳復論糧加耗并銀布折徵舊例。派徵錢糧,俱照先年周尚書所行則例,不分東、中、西三鄉,一概糧上加耗。金花銀兩布疋先儘重則官田,每銀一兩折米四石,粗布一疋折米一石,細布一疋折米二石、白銀一兩,隨時定價,其上、中、高户俱派與本色秔糯等米,附記各項田土并税糧、税則、□塗俱屬華亭。

田。一萬六千二百六十四頃九十三畝六分七釐六毫。

地。四千一百九十五頃三十四畝一分三釐八毫。

山。一頃三十六畝七分,是時未分青浦。

池。八十一頃九十五畝一分七釐。

蕩。一千五十三頃一十八畝九釐九毫。若科則官田自一斗至四石,民田自六合三勺至四斗。《府志》言正德五、六兩年糧額無改,而户總及歲報田數相去至三千一百二十七頃有奇,殆不可曉。至于官田四升以下、民田二升以下科則獨見府總，而民間亦未聞也。以今考之，正德五年本府論田加耗，故輒減田土總額，令每畝派耗數多及官民依法徵納，則所隱額田例輸耗米咸歸書算，賣與姦豪。悉依是年東鄉每畝加耗七升例計之，亦該米二萬一千八百八十九石。至正德六年，本府復論糧加耗，故以田畝實數報官，而别設法侵没，蓋事之易曉者也。

嘉靖九年，令直隸蘇、松等府田地科則只照舊行，不必紛擾，有將原定則例更改生奸作弊者，通行禁革。

十五年，會計。本縣正糧每石加耗米五斗二升五合六勺八撮零。

金花銀。每兩連加火耗、解揁銀一分三釐，准米四石。

白銀。每兩准米二石一斗。

三梭布。每疋價扛共銀六錢八分，准米一石四斗二升八合。

濶白棉布。每疋價扛共銀二錢八分，准米五斗八升八合，併于白銀内徵收。

其派徵法則，五斗以上官田儘派金花，存下金白銀兩，并本色糧米准派。四斗以上至一斗以下田(上)〔土〕徵納似此加派，准米數目多寡不同，難以清算，致被里書揑報，重則多派輕齎。人犯雖經問罪而不能盡，小民欲爲處補而已無及。

十六年，禮部尚書顧鼎臣疏奏爲懇瀆宸嚴，明飭典憲，以振舉軍國大計。事該户部，題：財賦出于東南，而蘇、松、常、鎮等府視他郡爲尤重。田糧定于版籍，而欺隱灑派等弊在今日爲尤多，蓋官吏更代不常，而里書飛詭益甚，致小民税存而産去，大户有田而無糧，害及生民，大虧國計。奉旨行與撫按官，著各該知府親詣州縣，用心清覈，有虚應故事及延緩遲悞者，指實參奏。是年，巡撫右副都御史歐陽必進、知府黄潤議以八事定税糧。一曰以原額稽其始，二曰以事故除其虚，三曰以分項别其異，四曰以歸總正其實，五曰以坐派起其運，六曰以運餘撥其存，七曰以存餘考其積，八曰以徵一定其額。凡金花、白銀、粗細布價一例均攤，各衙門正耗白糧石加舂辦米二斗，省去頭緒，只作本、折兩項派徵。

正米三十九萬六千六百三十七石九斗九升二合九勺。

正收多餘田地二十九頃二十畝七分八釐五毫，正糧二百五石四斗二升一合。

額外坍荒鈔蕩三頃六十四畝一分八釐，折銀米一十四石四斗六升二合二勺。

夏税科麥不科糧田地蕩四百六十六頃七十二畝一分八釐不等，實徵米三千六十八石七斗一升五合五勺。

除事故官田民地五十三頃三十四畝三分七釐五毫，該正米一千八百四十六石七升三合二勺。

其有徵官民田地、山池、塗蕩二萬一千一百一十二頃一十七畝二分一釐九毫，該正米、蕩米、租米三十九萬五千一百七十三石五斗七升二合七勺。除科糧五斗以上及告墾、召佃等項田地塗蕩不加耗外，其一斗以下至四斗以上官民田地一萬七千七百六十七頃三十畝三分七毫，每畝加耗米一斗二合。

科麥不科糧田地四頃五十三畝四分五釐，每畝加耗米五升，該耗米一十八萬一千二百四十九石一斗六升三合八勺一抄四撮，實徵耗米五十七萬六千四百二十〔二〕石七斗三升六合七勺一抄四撮。内除坍江等項正米、蕩米一萬七百四十五石一斗九升二合八勺，每石折銀二錢，累賠寄莊正米五十二石四斗六升六合，每石折銀四錢，共米一萬七百九十七石六斗五升八合八勺，折徵銀二千一百七十兩二分四釐九毫六絲外，實該徵本、折平米五十六萬五千六百二十五石七升七合九勺一抄四撮。每石派本色米四斗二升五合，折色銀二錢二分，計徵本色米二十四萬三百九十石六斗五升八合一勺一抄三撮四圭五粟，折色銀十三萬九十三兩七錢六分七釐九毫二絲二微二纖，并坍荒累賠折徵，共爲銀一十三萬二千二百六十三兩七錢九分二釐八毫八絲二微二纖，以撥起運存留，仍刊補《賦役册》。自是小民易于清查，里書難以混派，迥異疇昔矣。是年，府總適點，華亭人，以華縣錢糧潛移上海，今考極易見者兩事于左。

一、賦役册雜辦項下，明開本縣該補府境七場水鄉鹽價及〔不〕敷白塗蕩價銀，計三千七百五十四兩六錢一分二毫零，秋糧項下派本縣補銀共三千九百六十九兩四錢五分九釐七毫零。除該補外，實移華亭銀二百一十四兩八錢四分九釐四毫零加于本縣。

一、本府額設山東鳳陽等處馬夫一千三百六十四人，後于秋糧派馬役銀八千四百八十五兩一錢七分，計夫一名該銀六兩二錢二分八毫，本縣馬夫四百三十五人，該銀二千七百六兩四分八釐，乃派銀三千三百八十三兩三錢四分。除該派外，潛移華亭銀六百七十七兩一錢九分二釐加于本縣。

正德初年事載《府志》，嘉靖十六年會計見本府知府黄潤刊行《賦役册》，其餘數目因寇燬無存。

嘉靖二十一年，從巡按御史奏割上海西鄉之北亭、海隅二鄉及新江鄉之半分立青浦。

隆慶二年會計。除公占、積荒等項官田地一十〔一〕頃八十六畝二分五釐六毫六絲外，有徵各項官民田地、山池、塗蕩二萬一千六百二十七頃五十四畝九分一釐九毫六絲，内除坍荒折銀、折布并告勘納銀外，實徵本、折正耗平米五十四萬三千六百一十七石八斗七升二合五勺二抄，視嘉靖十六年少米二萬二千七石二斗零。

是年，巡撫右僉都御史林潤奏言江南諸郡久已均糧，民頗稱便，惟松郡未均，貧民受累，勢不能堪。請乞暫設專官丈田均糧，以重國賦，以蘇民困。吏部題以原任本府同知、新轉員外郎鄭元韶陞湖廣按察司僉事，領勑專管華、上二縣，沿坵履畝，逐一丈量，均牽斗則。

三年，僉事鄭元韶履畝清丈，悉去官民召佃之名，分作上、中、下三鄉。本縣田每畝均科正糧二斗五合。各輕重其加耗以爲三鄉等則，近海田地悉免加耗，塗蕩、池漊亦分三等起科。田有字圩號數，册有魚鱗歸户，至今田額以是爲定。

十六等保二百七十六里舊爲中鄉，今改上鄉。

三十一等保一百一里舊爲西鄉，今改中鄉，後分入青浦。

十七等保一百九十里舊爲東鄉，今改下鄉。

上鄉田每畝均科正耗平米二斗九升五合。正糧二斗五合，加耗九升。

中鄉田每畝均科正耗平米二斗六升五合。正糧二斗五合，加耗六升。

下鄉田每畝均科正耗平米二斗三升五合。正糧二斗五合，加耗三升。
近海區畐每畝均科正糧平米二斗五合。不加耗米。
三鄉得業蕩每畝均科平米一斗五升。無耗。
茅柴蕩每畝均科平米一斗。無耗。
茭草塗蕩、積水河漊俱每畝均科平米五升。無耗。
三鄉低田每一畝五分准熟田一畝。
傍浦聽坍留步低田每二畝一分准熟田一畝。
新荒田每二畝准熟田一畝。
傍浦聽坍留步新荒田每二畝八分准熟田一畝。
舊荒田每三畝准熟田一畝。
傍浦留步聽坍舊荒田每四畝二分准熟田一畝。
山每二畝准熟田一畝。是時未分青浦，西三鄉九峰半在縣界。
傍浦留步聽坍得業蕩、茅柴蕩、茭草蕩、積水漊每二畝四分准蕩一畝。
定墾田地、山池、蕩漊四萬四千二十八頃四十七畝五分七釐四毫三絲。
公占基地。一十六頃九十四畝八分二釐五毫内。
無業灘塗墳塚等項。九頃三十畝八分四釐七毫。
實徵税糧平米。一百二十二萬八千七十七石八斗五升三合五抄一撮四圭。
實徵田地山池漊。二萬六百六十四頃五十七畝五釐四毫五絲。
上鄉田。八千一百五十五頃二十五畝二分四釐七毫七絲。
正耗平米。二十三萬九千六百六十石六斗一升九合三勺五抄八撮一圭。
全熟田。八千九十九頃九十九畝六分七釐五毫七絲。
低田。一十二頃三十畝九分四釐四毫，准熟田八頃二十畝六分二釐六毫三絲四忽。
傍浦留步低田。四分三釐八毫，准熟田二分八毫五絲七忽。
新荒田。一十頃五分一釐七毫，准熟田五頃二分五釐八毫五絲。
傍浦留步新荒田。二十二畝七分八釐九毫，准熟田八畝一分三釐八毫九絲三忽。
舊荒田。三十一頃六十二畝四分八釐七毫，准熟田一十頃五十四畝一分六釐二毫三絲三忽。
傍浦留步舊荒田。一頃八畝三分九釐七毫，准熟田二十五畝八分八毫八絲一忽。
中鄉田。三千六百九十三頃二十六畝四分一釐二毫五絲。
正耗平米。八萬九千九百九十三石三斗五升七合九勺一抄二撮九圭五粟。
全熟田。三千二百三十九頃五十畝八分五釐五毫一絲。
山。一頃六畝四分一釐，准熟田五十三畝二分五毫。
新荒田。三十頃二十一畝六分九釐一毫，准熟田一十五頃一十畝八分四釐五毫五絲。
舊荒田。四百二十二頃田十七畝九分九釐五毫四絲，准熟田一百四十頃八十二畝六分六釐五毫一絲三忽。

是時未分青浦，故中鄉及山俱在實徵之數。

下鄉田。七千八百五十七頃六十二畝四分六釐一毫。

正耗平米。一十八萬四千四百六石二斗四升二合三勺八撮七圭。

全熟田。七千四百九十四頃五十三畝二分三釐二毫。

低田。一十二頃一十六畝九分四釐九毫，准熟田八頃一十一畝二分九釐九毫三絲。

新荒田。五十三畝七分六釐一毫，准熟田二十六畝八分八釐。

舊荒田。一頃三十三畝四毫，准熟田四十四畝三分三釐四毫六絲六忽。

海塘外不加耗熟田。三百四十九頃二分六釐一毫。

舊荒田。五畝二分五釐四毫，准熟田一畝七分五釐一毫三絲三忽。

三鄉塗蕩水漊。九百五十八頃四十二畝九分三釐四毫三絲。

不耗平米。九千二百五十八石七斗二合二勺九抄七撮。

得業蕩。一百六頃八十五畝七釐。

傍浦留步得業蕩。一頃六十九畝二分五釐一毫，准蕩一頃二十畝八分三釐六毫四絲三忽。

茅柴蕩。六百七十七頃三十三畝七分九毫三絲。

傍浦留步柴蕩。八十八畝四分三釐二毫，准蕩六十三畝一分六釐五毫六絲七忽。

茭草蕩。一百一十七頃一十三畝五分六釐三毫。

傍浦留步草蕩。一十七畝一分七釐二毫，准蕩一十二畝二分六釐五毫七絲一忽。

積水河漊。五十四頃三十五畝七分三釐七毫。

已上共徵正耗平米五十二萬二千三百九十六石五斗三升二合三勺九抄六撮二圭五粟。內：

水鄉竈田蕩。九百四十二頃一十一畝五分二釐二毫三絲。至隆慶五年會計，又有催竈、奚洪等不應撥補灰場草場一頃七十二畝六分，共田蕩九百四十三頃八十四畝一分二釐二毫三絲，徵正耗米一萬二千八百二十四石一升三合四勺一抄五撮。

塘內熟田。九十七頃二十七畝八分一釐，每畝科正耗米二斗三升五合。

塘外熟田。二百三十九頃九十一畝四釐七毫，每畝科米二斗五合。

茅柴蕩。五百一十七頃三十一畝四毫三絲，每畝科米一斗。

草蕩。八十九頃三十四畝二分六釐一毫，每畝科米五升。

先年，田糧每畝重至四石，輕至六合，殆千餘。則富家通同書手，造作姦弊，或有田無糧，或不耕而食。歲徵難完，公私困竭。至是田地悉入册籍，科則纔十餘等，徵收易完，官民兩便。知縣張嵿建議以官户立官甲，米自兑軍，銀自赴比，不累催役，尤爲良法。可議者纔二事：

一、各鄉田土租利畧同，偶報低薄，即減糧三分之一。

一、各鄉池河與積水河一般養魚，上鄉池河每畝科米二斗九升五合，積水河僅科米五升。

議者咸謂宜陞低薄糧同全熟，而以池河、積水河糧均爲一則。

六年，定墾官民田地、山池、塗蕩二萬一千四百三十頃八分三釐五毫。

夏税

大麥。三千一百一十六石三斗一升七合七勺。

小麥。五萬四千五百六十八石三斗九升三合五勺。

絲。三千八百七兩九錢六分一釐八毫。

綿。一千一百九十八兩二錢六分二釐六毫。

鈔。五千六百八十一貫四百五十四文二分。

秋糧

秔米。一十六萬三千二百三石九斗一升三合九勺。

赤米。一十七萬二千二百一石二升七合一勺。

糯米。一百四十一石三斗九升二合五勺。

黄豆。五萬五千六百三十八石一斗五升六勺。

斑豆。三千三百八十八石五斗九合四勺。

赤穀。五百四石七斗六升八勺。

是時，姦民誣告絶田，牽連騷擾，入于考成事例。本縣該三十七萬餘畝，華亭、青浦尤多。虚首嚴追，民甚苦之，幾至煽亂。有舉人俞顯卿作《十議》，其畧曰：絶户田畝，係宣德、景泰年間人絶田荒，賦役貽累里甲。天順六年，奏准召民開佃，以補糧差。方其初佃，大費工本，及轉佃别姓，即以工本爲名，立契得銀。小民既已出銀，又焉得爲(白)〔自〕占？今欲追價，則價已付原主，世無一田二值之理。若與原主追價，則原主已前又有原主，轉轉追尋，何日清楚？始姦豪創議，僅欲奪其連界田土數頃，不意禍延萬姓，日甚一日，府縣拘于成案，不敢變更。即今查勘，尤多弊端。書手老人家至户到，報私仇者捏本名爲絶户，得重賄者隱絶户爲本名，收頭利其侵尅，皂快利其勾攝，雖僻遠之氓，無一不見官府，凡有田之户，無一不遭刑責。人情洶洶，禍變可虞，議甚詳切。耆民羅奉等抄呈巡撫都御史張佳胤，具奏停止，民始獲安。

萬曆元年，定墾田地、山、蕩漊四千八百五十七頃四十四畝一分三釐四毫五絲。

海上鄉熟田。九百一十九頃五十二畝三分七毫。

低田。五頃五十畝四分九釐二毫。

新荒田。六頃五十畝四分四釐九毫。

舊荒田。一十四頃二十四畝八分七毫。

海中鄉熟田。三千二百四十一頃二十八畝六分三釐五毫一絲。

低田。一頃三十七畝二分一釐八毫。

山。一頃六畝四分一釐。

新荒田。三十頃七十六畝九分六釐一毫。

舊荒田。四百二十一頃七畝九分九毫。

得業蕩。五十二頃五十二畝一分五釐一毫。

全熟田：上鄉。七千一百九十頃六十五畝九分七釐九毫五絲。下鄉。七千四百八頃〔六十三〕畝八分六釐〔三毫八絲〕。

塘外田。一百三十〔二頃五十〕五畝八分七〔釐二毫〕。

低薄田：上鄉。一十二頃七十六畝六分八釐九毫。下鄉。一十三頃七十五畝九分三釐九毫。

新荒田：上鄉。九十九畝七釐二毫七絲。下鄉。五十五畝七分六釐一毫。

舊荒田：上鄉。六頃九十五畝四分二釐六毫。下鄉。一頃四十九畝二分三釐六毫。

塘外田。五畝二分五釐四毫。

傍浦留步上鄉。

全熟田。七頃四十畝四釐四毫二絲。

低薄田。二分九釐二毫。

新荒田。一十五畝二分五釐九毫三絲。

舊荒田。七十二畝二分六釐二毫七絲。

得業蕩。五十四頃三十八畝一分三釐九絲。

留步得業蕩。一頃六〔十一〕畝五分四〔釐六毫三〕絲。

茅柴蕩。一十九頃〔五畝五〕分六釐六毫〔九絲〕。

留步柴蕩。五十八畝九分五釐四毫六絲。

茭草蕩。六頃一十二畝二分六釐九毫。

留步草蕩。一十一畝四分四釐八毫。

積水漊。五十七頃五十六畝一分三釐三毫。

已上田蕩河科米悉同隆慶三年。

公占基地、無業灘塗墩路、義塚、絶坟等項三十四頃六十一畝二分九釐一毫四絲免科。

已上共該徵平米三十九萬一千二十二石四斗五升六合二勺七抄六撮四圭。内二十八、二十九、三十等保荒區平米四萬六千九石一十三石四斗零。邑人王圻以三保上鄉瘠土，于萬曆七年具文，知縣敖選申請照嘉定例改折。至二十年，蒙撫院具題，始准永折。每石折銀四錢，實徵本、折平米三十四萬四千一百九石三升，每石派本色米四斗五升三合，折色銀二錢六分九釐三毫，共徵本色米一十五萬五千五百三十七石二斗八升四合，折色銀一十一萬一千四百三十三兩九錢三分一釐。

萬曆十六年，知府喻均以旱荒，上議巡撫，減棉布墊貼銀及修河折米銀。會有阻者，故議不盡行。詳"荒政"中。

十七年，兵備副使李淶釐定經賦册，復五錢，折銀平米四萬六千九百一十三石四斗。隆慶三年丈量後，續告改折，每石有五錢、四錢五分、四錢不等。十六年，議各加五分。今一例折銀五錢，免派本色。

按：萬曆間改派折銀，區啚皆荒瘠，宜有寬政，□是時上無蠲復之仁，而以折色轉移，致本色區啚皆有偏重不平之鳴。李公調劑得宜，故久而相安。又停募短班兵餉銀，均于四錢改復數内免徵，亦以驟復五錢而法外矜恤也。

十九年，加編兵餉銀，每畝三釐。以征關白加派。

二十年，會計，額徵平米三十九萬一千二百三十二石四斗五升，除改折平米四萬六千九百一十三石四斗，止納折銀二萬二千五百二十一兩八錢六分，抵作起運，實該驗派本、折二色平米三十四萬四千一百九石三升。按：平米四萬一項，即二十八、二十九、三十保請折之額。邑人王圻憫三保土瘠民貧，力請改折，更散本名官甲以代本啚當差，其澤溥矣。

四十三年，定額加編兵餉，每畝實編二釐，共該銀三千五十三兩三錢一釐六毫。

四十六年，加徵邊餉，每畝三釐五毫，實編銀五千二百二十四兩六錢四分四釐九毫四絲三忽六微九纖二沙七塵五埃。

泰昌元年，即萬曆四十八年，定墾田、地、池、塗、蕩一萬四千八百七十七頃三十六畝四分九釐四毫三絲。

免科公占、無業坍荒、義塚二十三頃一十二畝七分六釐八毫二絲。

實在有徵田、地、池、塗、蕩一萬四千八百五十四頃二十三畝七分二釐六毫一絲。

天啓元年，加邊餉銀，南糧改折省存耗用等項共銀四百一十九兩一錢九分八釐八毫三絲四忽二微。

實徵米七千五百八十二石五斗二升二合五勺，銀八千四百六十六兩八分八釐九毫四絲一忽五微九纖一沙。

崇禎元年，定墾官民田地除公占等項，該一萬四千八百五十四頃二十三畝七分二釐。

該本、折平米共三十八萬九千三百四十六石八斗四升三合。

額徵平米

本色米一十四萬三千三百七十石六斗三升八合一勺。

本色起運米九萬二千四百三石二斗三升三合三勺。

歲用耗辦米三萬七千八十八石四斗一升七合四勺。

存留米一萬三千八百七十八石九斗八升七合一勺。

折色銀一十二萬六千八百二十七兩四分五釐一毫。

另編練兵銀七千八百六十一兩四錢二分六釐，貼役解損銀〔五〕千〔七〕百七十七兩六錢一分八釐。

夏稅

京庫金花折麥。四千八百〔五〕十七兩二錢五分五釐，解損銀九十六兩五錢四分五釐，加滴珠銀四十八兩二錢七分二釐。

北京公侯駙馬伯公主歲支小麥折。每石折銀四錢，該銀七十七兩六錢九分二釐，解損銀一兩八分七釐。

南京倉小麥折。一千九百三十兩九錢二釐，解損銀三十兩八錢九分四釐。

鳳陽府麥折。一千六百三十四兩八錢三分，解損銀四兩九錢四釐。

南京農桑絲絹。本色三分、絹七疋，價銀四兩九錢，解損銀九分八釐。折色七分、絹五十一疋，價銀三十五兩七錢，解損銀五錢一分二釐。

光禄寺惜薪司運柴脚用。二百五十二兩六錢一分二釐，損銀三兩三分一釐。

藥材料。三錢八分六釐。

鹽課

兩浙運司水鄉蕩價白塗包補。三千九百六十八兩七錢七分六釐，損銀三十五兩六錢二分五釐。

協濟

揚州府倉米折。二千八百九十六兩三錢五分三釐，損銀四兩三錢四分四釐。

徐州永福倉米折。二千八百九十六兩三錢五分三釐，損銀八兩六錢八分九釐。

驛傳馬役。二千五百五十六兩六錢六分八釐，損銀二十九兩七錢七分八釐。内滁州滁陽驛三十五兩三錢三分，損銀五錢六分五釐；大柳驛四十二兩，損銀六錢七分二釐；鳳陽睢陽池河王莊驛二百二十九兩五錢九分，損銀二兩六分六釐；山東昌平等驛二千二百四十九兩七錢四分八釐，解損銀二十六兩四錢七分五釐。

昌平州。九兩六錢五分四釐。

量復修河二升米折。五百八十兩八錢四分三釐。

松江所淺船。二百八十五兩七錢八分一釐。

存留項下

府縣各官俸。五百一十六兩九錢五分五釐，遇閏加十九兩五錢一分五釐。

織染局口匠。同前。

松江府運軍月糧米折。四百二十八兩九錢。

松江所運軍行糧米折。一千三百兩一錢七分一釐。

匠班損銀。二兩八錢八釐。

田上加編。三千五十三兩三錢一釐。

均徭項下

南京國子監膳夫八名。每名銀十兩，該銀八十兩，損銀九錢六分。

南京各部柴薪皂隸三十名工食。三百六十兩，耗銀九兩，損銀四兩三錢三分，遇閏加編三十兩。

南京各衙門值堂值廳皂隸一十四名工食。一百四十兩，耗銀四兩二錢，損銀一兩六錢八分。

南京五城兵馬司弓兵一十九名工食。一百六十一兩五錢，損銀一兩九錢三分八釐。

解京富户五名工食。連損銀一千五兩三錢四分。

撫院書吏寫本官吏供應年例。八十八兩三錢二分三釐，遇閏加七兩三錢六分。

提學察院供應廩餼。六十五兩五錢九分一釐，遇閏加五兩四錢六分五釐。

巡漕察院供應。一十五兩，遇閏加一兩二錢五分。

兵備道供應各項。八十九兩二錢五分，遇閏加七兩八分。

總兵供應等項。一百三十五兩二錢，遇閏加一十一兩二錢一分六釐。

包補下砂二、三場鹽課。二千四兩七錢八分八釐。

抵補句容縣協濟海防。一十八兩，遇閏加一兩二錢。

扣解操院座船水手工食。二十四兩。

兑留操江兵餉、抵充吴淞兵餉。九十三兩，遇閏加七兩七錢五分。

抵補常州府扣留兵餉。一百一十五兩,遇閏加九兩五錢八分三釐。

撫院牙兵加給工食。一兩五錢九分,遇閏加一錢三分二釐。

存留給發工食

本府各官皂隸一十四名。該銀一百六十八兩,遇閏加派一十四兩。

本縣各官皂隸一十一名。該銀一百三十二兩,遇閏加一十一兩。

本府各官馬夫。該銀一百六十兩。

本縣各官馬夫。該銀二百兩。

本府各官皂隸。該銀二百八十八兩。

本府各官門子。該銀二十八兩八錢。

本縣各官門子。該銀二十一兩六錢。

本縣皂快。該銀二百二十三兩。

本縣儒學齋夫。該銀七十二兩,各扣小盡二兩,遇閏加六兩。

膳夫。該銀一百二十兩,遇閏加一十兩。

門子。該銀四十三兩二錢,扣小盡六錢,遇閏加三兩六錢。

庫子。該銀二十八兩八錢,各扣小盡,遇閏加二兩四錢。

看守祠廟門子。該銀一十兩八錢。

參將供應犒賞。該銀二百六兩,遇閏加一十兩五錢一分六釐。

雲間遞運所抵應庫役。該銀五十七兩六錢,扣小盡一錢一分二釐。

修船料。該銀七十兩。

座紅站船水夫。該銀二百三十兩四錢,扣小盡三兩二錢,遇閏加一十九兩二錢。

本縣座仙船水手。該銀三十六兩,扣小盡五錢,遇閏加三兩。

本府公堂日用心紅紙劄筆墨油燭柴炭。該銀四十三兩,遇閏加三兩五錢八分三釐。

本縣公堂日用心紅紙劄筆墨油(硃)〔燭〕柴炭。該銀七十二兩,遇閏加六兩。

本縣修置轎傘舖陳。該銀四十七兩五錢。

松江分司門皂九名。該銀二十一兩六錢,扣小盡三錢,遇閏加一兩八錢。

本府司獄司禁子一十六名。該銀三十六兩五錢,刑具三兩,遇閏加銀三兩。

本縣監禁子二十二名不等。該銀七十二兩,扣小盡一兩,刑具銀八兩,遇閏加六兩。

導河夫。該銀一百七十兩。

本府秋糧總書紙張。該銀二十六兩八錢。

本府攢造傜里會計文册紙張。該銀四兩。

本縣秋糧總書紙張。該銀六十兩。

織染局庫子工食并文移紙劄等銀。該銀八十兩,本縣徵給。

本縣東北二察院海防公館各一名。每名二兩。

本縣舖司兵。該銀二百五十二兩,扣小盡三兩五錢,遇閏加二十一兩。

本縣三林、黄浦、吴淞三巡司各兵四十名。該銀九百八十四兩,扣小盡十三兩六錢六釐,遇閏加銀八十一兩九錢九分九釐。

聽用廠夫五十名。該銀二百五十兩。

教官馬夫三名。該銀二十七兩。

下砂一、二、三場鹽課司工脚。該銀四十五兩。

走差馬十六匹鞍轡草料。一百七十二兩八錢，扣小盡銀二兩四錢。

河下皂隸十二名。該銀六十兩。

上司按臨并查盤委官内班門厨皂隸柴米及抄案書手。該銀二十兩。

上司按臨供送心紅油燭柴炭。該銀一十五兩。

本府各官燈夫。該銀五十兩四錢，遇閏加銀。

本縣各官燈夫十四名。該銀五十兩四錢，遇閏加銀。

河下燈夫四名。該銀一十四兩四錢。

本府預備倉倉夫。該銀七兩二錢，修理銀七兩，扣小盡銀一錢。

本縣濟農倉倉夫。該銀二十八兩八錢，修理銀一十五兩。

編廣儲倉、寶山、川沙倉倉夫八名。該銀五十七兩六錢，修廣儲倉一十兩，修寶山、川沙各七兩，該銀二十四兩，扣小盡銀八錢。

本縣水陸練兵官一員。該銀一十八兩，遇閏加一兩五錢。

兵備道清字號仙船水手二名。該銀一十四兩，扣小盡銀二錢，遇閏加銀一兩二錢。

扣減民壯工食抵充川沙寶鎮兵餉。該銀一千八百九十兩。

防守城池庫獄團練水陸兵壯四百八十名。該銀三千四百五十六兩，遇閏加銀二百八十八兩。

寶山所壯兵一百名。每名該銀一十兩八錢，該銀一千八十兩，遇閏加銀九十兩。

起運

撫院公費。該銀五十九兩一錢二分二釐，遇閏加銀四兩九錢二分六釐。

按院公費。該銀一百三十兩一錢二分，遇閏加銀一十兩八錢四分三釐。

漕院公費。該銀九兩，遇閏加銀七錢五分。

兵備道公費。該銀一百一十兩，遇閏加銀九兩一錢六分六釐。

存留

本府進萬壽千秋長至正旦表箋一十道合用撰寫工食。該銀六十二兩九錢。

習儀拜牌接勅出表并祈禱救護合用香燭庭燎。該銀一兩四錢。

祭祀。該銀一百二十二兩九錢。

府縣舉行鄉飲二次。該銀二十兩。

歲貢生府學縣衛學正陪盤費、府縣迎送合用花紅牌扁餞送折席，又上司批給路費。該銀一百二十一兩八錢五分五釐。

本府新官到任家伙公宴祭祀。該銀二十四兩五錢二分二釐。

本縣新官到任家伙公宴祭祀。該銀三十兩六錢六分六釐。

北運總部府佐官長夫。該銀四十二兩八錢七分。

南運協部長夫。該銀一十五兩。

學院歲考并按院按臨觀風及府縣季考各學生員合用試卷、供給、行賞、花紅、筆墨,府縣迎送新進生員入學花紅、綵旗、酒席等項。該銀二百七十兩。

鹽院按臨考試生員供給行賞。該銀四十兩。

上司按臨并朔望行香講書行賞紙筆。銀一十三兩。

本府公費。該銀三百四十六兩,遇閏加銀二十八兩八錢三分。

本縣公費。該銀六百兩,遇閏加銀五十兩。

置辦上司卷箱扛架牌面。該銀四兩。

本府修理衙門。該銀一百二十七兩。

本府各廳及漕院冬夏卓幃、本縣編海防董漕二廳。銀九兩。

府縣各衙門桃符、門神、迎春、土牛、彩鞭。該銀三兩。

本縣修理衙門。該銀七十五兩。

修理察院公舘。該銀二十五兩。

本縣冬夏卓幃。該銀四兩。

本縣備用。該銀四百兩。

本縣印刷青由紙張。該銀二十一兩二錢。

養濟院孤貧每口歲給柴布衣絮。該銀一百二十三兩二錢。

歲終新書。該銀六十五兩。

修理察院公舘家伙。該銀一十兩。

修理座仙船。該銀一十兩。

修理府監。該銀五兩四錢。

修理縣監。該銀八兩。

京庫米麥折金花銀每兩滴珠。該銀二百六十九兩二錢七分。

本府歲造歲繳一應本册勘合紙劄箱袱。該銀一兩二錢四分。

各項備用抵充兵餉。該銀八百兩。

約編

應天府科場席舍供應等。該銀二百五十四兩二錢四分。

本府應朝造册紙劄工食。該銀七十五兩。

本縣應朝造册紙劄工食。該銀一百四十九兩。

本縣考試生童供給。該銀一十兩。

本府考試生童供給。該銀五兩。

學院考試生童供給。該銀五兩。

府衛學考卷。該銀六兩。

儒學考卷。該銀一十二兩。

應試生儒每名花紅、綵旗、卷資、船銀編府衛學。該銀一百二十七兩一錢七分五釐。

本學。該銀二百一十四兩一錢。

酒席。該銀一兩八錢六分五釐。

會試舊舉人每名盤纏等銀三兩。該銀四十八兩。

按院宴待新科舉人每名花紅、旗扁、盤費、卷資、牌坊、酒席、杯盤銀一百一十八兩二錢。該銀五百九十一兩。

院道府官酒席。該銀三兩七錢五分。

府縣接待新舉人每名旗扁、禮物、花紅、錦標、酒席銀。該銀五十兩。

撫院、河道、操江、提學、巡鹽、巡江、巡倉、屯田、兩道會行共十一處，行賀新舉人每名折儀、旗扁銀四十兩四錢七分九釐。該銀二百二十二兩三錢九分五釐。

會試新舉人盤費每名二十四兩。該銀一百二十兩。

本府餞行會試舉人每名盤費等。該銀一十五兩。

本縣餞行會試舉人每名盤費等。該銀一十五兩。

中式進士每名捷報行賀旗扁、花段羹菓銀一百二十四兩。該銀三百七十二兩。

撫按、河道、操江、提學、巡鹽、巡江、巡倉并兩道會行共十一處，行賀新進士每名旗扁折儀銀六十五兩一錢一分九釐。共該銀一百九十五兩三錢五分七釐。

會試武舉盤費三科每名。該銀一十八兩。

新科每名。該銀二十四兩。

武進士牌坊每名。該銀五十兩。

十四年，歲祲大饑，本年漕糧多完，折色納錢一十四千給漕米串一石。每錢一千，時價二錢。

按：松郡加賦始于嘉靖甲寅倭亂，萬曆中東征關白，又每畝加編三釐，民困已極。至崇禎十二年五月，大學士楊嗣昌督師勦寇，計畝驟增一分，逞臆掊斂，不顧其後。後嗣昌治兵無效而死，懷宗旋行蠲免，而民心已離。按已上各款，府志俱載萬曆四十八年間故額，以爲頒行賦法之所自始。細核之，與崇禎間所載無異。故去彼留此，以志損益自近之意，且其名與額亦不可不存也。

田　賦　二

本朝定鼎之初，詔蠲今年田賦之半，大賚，與民更始，如漢文帝時，得其本矣。三年，撫臣土國寶以明季役法困敝已極，增條鞭以脱踐更，素封之家獲蘇息，而細民不以爲恩也。康熙三年，允科臣吴國龍疏，部寺各款項錢糧悉歸大司農以總其成，有司遵奉條教，考成歸一，肆然有餘而民力已殫矣。嗣後屢奉災蠲，至十三年復蠲田賦之半，何其仁也。兵興，利臣以加徵進，旋奉蠲除。今海内乂安，兵革不用，内外匪躬之臣，必有以賦額偏重請減如明之周文襄者，其在斯時歟？其在斯時歟？

國朝

順治二年，平定江南，其田糧科則悉用明萬曆中定額起徵，仍詔蠲本年税糧十分之七、兵餉十分之四。明季無藝之徵悉罷之，一應工食支給與明萬曆間同。

定墾田、地、池、蕩、漊一萬四千八百五十頃八十二畝六分七釐三毫一絲。查舊《全書》,內載原額田、地、蕩、漊一萬四千八百七十七頃三十六畝四分九釐四毫三絲。明萬曆間刊造《全書》以來,本縣逼近海浦,歷年坍没田蕩二十六頃五十三畝八分二釐一毫二絲,實存前數。

免科公占義塚等二十三頃二十四畝一分七釐六毫二絲。

實在有徵田、地、蕩、漊一萬四千八百二十七頃五十八畝四分九釐六毫九絲,不等准熟田一萬四千七百一十三頃四十二畝九分三釐三毫五絲六忽七微,不等科平米三十八萬八千三百九十九石四斗八升九合九勺,內徵糧平米三十四萬一千三百六十五石三斗二升七合三勺,折糧平米四萬七千三十四石一斗六升二合六勺。

田糧科則

上鄉田每畝均科正耗平米二斗九升五合,正米二斗五合,耗九升。

下鄉田每畝均科正耗平米二斗三升五合,正米二斗五合,耗米三升。

近海護塘東田每畝均科正糧平米二斗五合,又加耗米。

得業蕩每畝均科平米一斗五升。

茅柴蕩每畝均科平米一斗。

茭草塗蕩、積水河漊俱每畝均科平米五升。

二鄉低薄田每一畝五分准熟田一畝。

傍浦留步熟田每一畝四分准熟田一畝。

傍浦留步低薄田每一畝四分准腹內低薄田一畝,每低薄一畝五分准熟田一畝。

傍浦留步得業蕩每一畝四分准腹內低薄一畝,每得蕩二畝准熟田一畝。

傍浦留步柴蕩每一畝四分准腹內柴蕩一畝,每柴蕩三畝准熟田一畝。

傍浦留步草蕩水漊每一畝四分准腹內草蕩一畝,每草蕩六畝准熟田一畝。

税糧本色除永蠲遼米及公主禄米外。共額一十三萬三千九百七十七石五斗七升,本年止徵四萬□百九十三石二斗七升。

兑軍漕糧正兑。每正米一石加耗米四斗,又加輕賫米二斗六升,每升折銀五釐,共折銀一錢三分。內除扣給河工備剥添篷銀一分。每正米二石該蘆蓆一領,內本色三分,每領銀一分二釐;折色七分,每領銀一分。每正米二千石該楞木一根,每根價銀五錢五分;松板九片,每片價銀四錢五分。每正米一石例給過江水脚米六升,每升折銀五釐,共折銀三分。以上歲用隨漕各款銀兩悉依舊制。

改兑淮安府常盈倉漕糧。每正米一石加耗米三斗二升,內除扣解二升,耗米折銀一分。每正米二石該蘆蓆一領。內本色三分,每領銀一分二釐;折色七分,每領銀一分。每正米一石例給過江水脚米六升,每升折銀五釐,共折銀三分。以上歲用銀兩同前。

供用庫白熟粳,酒醋麪局白熟糯,光禄寺白熟粳、白熟糯,王禄白熟粳五款。每正米加白耗米三斗,每正耗米一石加舂辦米二斗。以上耗辦米石悉依舊制。

府部院等衙門糙粳八分米。每正米一石加糙耗米二斗,同前。

税糧折色除永蠲遼、練二餉并奉裁宗人、公主、公侯俸禄及挨編料價、金山存剩外,共額一十一萬九千九百三十兩八錢九分,本年止徵三萬五千九百七十九兩四錢一分。

税糧折色兵餉。共額三萬三千六百九十一兩三錢五分,本年止徵二萬二百一十四兩八錢一分。

均徭里甲銀額。九千六百二十五兩一錢四分,本年止徵二千六百六十六兩八錢二分,每畝一釐六毫八絲四忽,每丁三釐三毫六絲八忽。

續編徭里協濟科場銀。二十五兩四錢三分四釐,每畝一絲五忽五微,每丁三絲一忽。

巡撫都御史土國寶題請軍儲米及風汛米改抵兵餉米一萬二千三百六十二石九斗八升七合。每石折銀八錢,該銀九千八百九十兩三錢八分九釐六毫。

總漕部院沈文奎題改白糧官運編給經費銀。二萬一千一百一十七兩九錢五分四釐六毫七絲六忽。查《全書》,每石編水脚銀八錢,添簹提淺過溜銀二錢,車脚鋪墊備袋銀三錢,共該前數。

又編總協官公費役食經費銀。三千三百五十九兩六錢。

三年,土國寶復題免南運、北運、布解等役,編徵官解折色解費。每正銀一兩別徵銀二分,爲領解員役沿途盤用。一切金花、京邊、地畝、牲口、藥材、菉笋、歲造、盔甲、刀箭、胖襖、四司、折色、布絹、顔料、裁省、充餉、協濟等銀,俱本府起批解布政司轉解。原編損銀隨批解省外,另編此項給與領解員役。

是年,奉部題准改折軍器等項。

盔九十頂。每頂折價三兩五錢。

甲九十副。每副折價七兩五錢。

刀九十口。每口折價二兩。

箭一萬二千八百八十九枝。每枝折價一錢。

弦九十條。每條折價一錢。

袋九十副。每副折價二兩。

胖襖九十副。每襖一件用四托布五疋半,褲一件用布二疋,鞋襪一雙用布半疋,共八疋,每疋三錢。襖、褲共用净棉三觔,每觔一錢,共三錢。每副折二兩七錢。

四年,復九釐地畝銀。明萬曆四十六年後遞增,兵餉照舊徵解。

是年,土國寶題改織造局匠口糧俱徵本色。

五年,奉部題徐州倉米折銀内扣解充餉銀。一千九百三十兩九錢二釐四毫,其損銀費銀兩照例編給。

七年,總督馬題明改折南光禄寺會同舘原編本色白粳正米二千七十八石五斗六升,改折正耗辦米一千六百七十一石一斗六升二合。除撥兵餉外,每石折銀一兩五錢,徵解北部,實存前項正耗辦米四百七石三斗九升七合,仍徵本色。

九年,沈文奎又題定加編官解白糧耗辦米二千四百三石九斗六升六合、舂辦米四百八十石七斗九升三合。查此項額運白正米一萬二千一十九石八斗三升二合,每石給官運盤用白耗米二斗,每耗米一石加舂辦米二斗,編徵前數。

糙耗米八百四十四石九斗四升九合。查此項額運糙正米四千二百二十四石七斗四升八合,每石給官運盤用耗糙米二斗,編徵前數。

運船水手飯米一千一百五十二石。查運船三十二隻,每船一隻用舵工水手一十二名,原議給飯米一石八斗,今准總漕部院咨,據漕道袁副使議報,白糧起運,往返必七八月、十餘月,餬口不敷,多盜正糧,每年掛欠。今照漕糧事例,每正米一石給飯米七升二合,每船算該三十六石,每名該米三石,以免侵蝕正糧。共編前數。

是年,承運甲丁供用四庫本色絹布、顔料等項料價不一,奉旨各項本色責成布政司行所屬州縣,照估定時價徵銀解交,藩司選委職官領銀,採辦解部。

本色農桑絲絹七疋。每疋原編價七錢。

本色潤白黄絲三梭三線布一千六百九疋。每疋原編價六錢一分,舖墊一錢二分五釐。

本色潤白黄絲三梭二線布一千六百九疋。每疋原編價六錢一分,舖墊七分五釐。

本色潤白棉布三千六百七十三疋。每疋原編價三錢,鋪墊二分四釐。

已上四款承運庫。

本色銀硃二百二十五斤八兩。每斤原編價五錢,鋪墊一錢一分。

本色光粉一百二斤十五兩。每斤原編價四分七釐,墊價一分一釐。

本色膽黄三十四斤八兩。每斤原編價一錢,鋪墊一錢一分。

本色烏梅八十斤十四兩。每斤原編價二分,鋪墊一分一釐。

本色靛花青一百六十一斤六兩。每斤原編價七分五釐,鋪墊一錢一分。

已上五款甲字庫。

本色桐油一千三百五十二斤八兩。每斤原編價四分,鋪墊八釐。

本色黄熟銅一百二十四斤一兩。每斤原編價一錢一分三釐,鋪墊一分六釐。

本色紅熟銅五十五斤十一兩。每斤原編價一錢,鋪墊一分六釐。

本色錫一百一十斤七兩。每斤原編價九分五釐,鋪墊一分六釐。

本色黄蠟一百七十三斤三兩。每斤原編價一錢六分,鋪墊一分六釐。

本色生漆八十四斤一兩。每斤原編價一錢,鋪墊一分六釐。

已上六款丁字庫。

本色黄蠟二百四十六斤六兩。每斤原編價二錢。

本色芽茶二百四十三斤一兩。每斤原編價二錢。

已上二款供用庫。應辦起運者隨時估值申報,督撫核實編徵。

是年,奉裁府、廳、縣各衙門役食量裁諸項銀兩。

知府員下書手、皂隸、馬快、斗級工食。銀九十兩。

推官員下書門、皂快、燈轎夫工食。銀七十五兩六錢。

批驗所大使員下書皂工食。銀三兩六錢。

知縣員下修宅、家伙、書手、門皂、馬快、民壯、燈轎夫、倉庫、二書、庫斗、禁卒工食。銀二百一十三兩二錢。

縣丞員下書門皂馬夫工食。銀八兩四錢。

主簿員下書門皂馬夫工食。銀八兩四錢。

典史員下書門皂馬夫工食。銀八兩四錢。

三林、黄浦、吴淞三巡司員下書皂工食。銀一十兩八錢。

下砂一、二、三場大使員下書皂工食。銀一十兩八錢。

十年,改折三梭三線布。除本色外,該折布七千四百二疋。每疋折價一兩,損價七分五釐。

折色棉布除本色外,該折布二萬八千四百三十六疋。每疋折價六錢,損價五分。

折色銀硃三百三十六斤六兩。每斤折銀三兩。

折色光粉一百五十三斤一兩。每斤折銀九分四釐。

折色螣黄二十斤一十二兩。每斤折銀二錢。

折色烏梅三百六十四斤一兩。每斤折銀四分。

折色靛花青三百七十九斤四兩。每斤折銀六分。

折色桐油五百八十斤四兩。每斤折銀八分。

折色黄熟銅三十二斤一兩。每斤折銀一錢一分三釐。

折色紅熟銅二百二斤八兩。每斤折銀一錢三分。

折色錫一百八十斤十兩。每斤折銀一錢二分五釐。

折色丁字庫黄蠟五百四十五斤十三兩。每斤折銀四錢。

折色生漆一千四百八十三斤六兩。每斤折銀二錢。

折色供用庫黄蠟七百七十六斤十一兩。每斤折銀四錢。

折色芽茶一百四十三斤二兩。每斤折銀一錢六分。

已上十五款俱除解本色外。

折色生銅一百五十七斤一兩。每斤折銀八分。

折色葉茶三百八十六斤二兩。每斤折銀六分。

已上二款全折。

十一年,工部題請加編。

折色黄麻二百八十九斤十兩一錢六分四釐。每斤折銀二分三釐。

折色翎毛二千七百七十根。每根折銀四毫八絲。

已上二款全折。

折色白蔴一百五十二斤十三兩八錢九釐二毫。除解本色外,折十分之七,該折麻一百七斤六分六釐四毫四絲,每斤折銀三分。

折色魚線膠八斤十一兩二分四釐九毫四絲四忽。除解本色外,折十分之七,該折魚線膠六斤一兩三錢一分七釐四毫六絲八微,每斤折銀八分。

已上二款折十分之七。

折色桐油六十斤八兩七錢六分二絲。除解本色外,折一半,該折桐油三十斤十二兩三錢八分一絲,每斤折銀四分。

已上一款折一半。

本色白蔴四十五斤十三兩七錢四分二釐七毫六絲。每斤價銀三分。

本色魚線膠二斤九兩七錢七釐四毫八絲三忽二微。每斤價銀八分。

本色桐油三十斤十二兩三錢八分一絲。每斤價銀四分。

已上舊《全書》不載,是年正月,工部題請加派。

十二年,奉裁本府修宅、推官家伙、本縣迎送上司傘扇等銀。共六十五兩七錢二分二釐。

又裁修理府縣院察分司各衙門銀。一百兩。二項解户部。

十三年,總督漕運都御史蔡士英題定運軍行、月糧俱本折均半兼支。

金山衛運軍一半折色行糧米。每石折銀一兩二錢。

松江所運軍一半折色月糧米。每石折銀一兩,俱照浙江議定事例。已上二款,明天啓間詳定。衛所運軍行、月二糧計名支給,每名支行糧三石,月糧八石。本縣計派編行糧一百四十一石,月糧三千三百二十四石二斗五升,遇閏月加糧三百三十二石四十〔二〕升五合。是時,題准本折均平。

是年,奉部議裁各衙門諸項充餉銀兩。

織造府項下案衣家伙。銀六十兩。

撫院項下柴薪。銀七十四兩七錢。

知府員下卓圍、傘扇。銀四兩。

管糧同知員下俸工。銀一百二十八兩九錢五分六釐。

推官員下柴薪、卓圍等項。銀二十兩四錢九分。

知縣員下柴薪、心紅、紙張、傘扇等項。銀三十兩四錢九分。

縣丞員下柴薪。銀八兩二錢二釐。

置辦上司卷箱扛架牌面等項。銀四兩。

本縣備用。銀四百兩。

養濟院孤貧柴衣。銀八十兩。

已上十款係全裁。

織造府書吏廩餼。銀九十六兩。

廩膳生員廩糧。銀一百六十四。

廩膳生員膳夫。銀八十兩。

已上三款係裁三分之二。

蘇松道吏書廩餼。銀四十八兩。

協濟武場供應。銀一十一兩六錢六分六釐五毫。

本縣正十月舉行鄉飲二次酒席。銀一十兩。

府縣各衙門神、迎春、土牛、綵鞭。銀一兩五錢。

府縣考試生童供給。銀七兩五錢。

府衛縣各儒學考卷。銀九兩。

府縣迎送新進生員入學花紅、綵旗、酒席。銀一十兩。

學院考試生童供給。銀二兩五錢。

學院考試武生供給。銀五兩。

學院歲科考行賞各學生員花紅、筆墨。銀七十兩。

按院考試觀風各學生員合用試卷、行賞、花紅、筆墨。銀五十五兩。

鹽院考試觀風各學生員合用試卷、行賞、花紅、筆墨。銀二十兩。

已上十二款係裁半。

三林、黄浦、吴淞三司弓兵工食。銀三百四十四兩四錢。

本縣聽用廠夫工食。銀八十三兩三錢三分三釐三毫。

本縣供應過往上司按臨下程中火。銀三十五兩。

本縣聽用走差馬匠草料工食。銀七十六兩八錢。

已上四款係量裁。

本府朝覲造册紙張、工食路費。銀二十五兩。

本縣朝(勤)〔覲〕造册紙張、工食路費。銀四十九兩六錢六分七釐。

已上二款係三年分編之銀,俱奉全裁。

十四年,免各衛倉加編蓆竹等米。係明崇禎年間加編。

定墾田地、蕩漊一萬四千八百五十頃八十二畝六分七釐三毫一絲。

免科公占、義塚等項二十二頃二十六畝四分九釐七毫二絲。查田額免科等項二十三頃二十四畝一分七釐六毫二絲。是年,知縣商顯仁丈勘新墾城濠官地九十七畝六分七釐九毫,每六畝准熟田一畝,該熟田一十六畝二分七釐九毫八絲,照原墾荒地量,以每畝五升起科,共科平米四石八斗八升三合九勺外,實該免科前數。

實在有徵并新墾田地、蕩漊一萬四千八百二十八頃五十六畝一分七釐五毫九絲内不等,准熟田一萬四千七百一十三頃五十九畝二分一釐三毫一絲不等,科平米三十八萬八千四百四石三斗七升三合六勺,内徵糧平米三十四萬一千三百七十石二斗一升□合,折糧平米四萬七千三十四石一斗六升二合六勺。

是年,又奉議裁充餉各款。

學院供應廩餼。銀二十五兩。

兵備道公費。銀二百一十兩。

撫院書吏及寫本官吏舖陳、年例、供應等項。銀六十六兩。

巡漕察院供應。銀一十五兩。

巡漕察院公費。銀九兩。

已上五款全裁解部。

是年,奉文于揚州倉運丁行月糧米折内,扣解班軍充餉米折銀一千一百六十八兩四分八釐一毫七絲三忽六微。其損銀費銀兩照例編給。

十五年,工部題加四司銀一千二百六十八兩九錢一釐六毫五絲七忽二微六纖三沙六塵九渺六漠。

十六年,巡按御史馬騰陞再疏請行漕米官收官兑法。奏疏及條例俱詳載徭役。

十七年,巡撫朱國治改編省城運軍行月糧米本色。

十八年,總漕蔡士英題加揚州倉本色米該一千四百四十石二斗五升四合五勺二抄二撮。每石折銀六錢,該折銀八百六十四兩一錢五分二釐七毫一絲三忽二微,損銀費銀兩照例編給。

是年,巡撫朱國治始造奏銷册。

按:朱撫以江南蘇、松、常三府、溧陽一縣十七年分税糧紳衿各户隔年逋欠,乃造奏銷册。例以正月内全完者方不註册,若有釐毫存額,概與什伯同科,達部議處。是時,本縣奏銷紳衿共若干名,鐫削幾盡。

康熙元年，工部題用灰石于漕糧内改折正耗米二千一百九十九石三斗八升五合。每石折銀一兩二錢，閏月加米二百七十三石八斗四升一合三勺。

總督河道尚書朱之錫題復修河一升米折銀兩，其順治十八年仍行補徵。

定墾田地蕩漊、免科實徵額米、起科平米與順治十四年同。

城濠陞科二兩四錢六分三毫五絲三忽。

會計

科糧本色米。一十三萬九千六百八十六石九斗三升九合五抄八撮七圭，遇閏加編米二百一十五石九斗一升二合五勺，減編改折米二百七十三石八斗四升一合三勺。

夏税秋糧地畝條編折色銀。一十九萬七千四百八十九兩九錢二分八絲一忽八微五纖七沙八塵八渺一漠七埃，遇閏加編三百兩七錢八釐一毫三絲八微，改折銀三百四十八兩六錢九釐五毫六絲。

人丁田地共編均徭里甲銀。一萬四千二百七十一兩三錢七分三釐三毫七絲六忽，遇閏銀三百七十兩四錢二分四釐三毫二微。

夏税起運折色

金花折色麥一萬九千三百九石二升三合。每石折銀二錢五分，該正銀四千八百二十七兩二錢五分五釐七毫五絲，每正銀壹兩滴珠銀一分、擯銀二分、解費二分。

右解内承運庫。

公侯駙馬伯公主麥一百九十四石二斗三升二合三抄八撮。每石折銀四錢，該正銀七十七兩六錢九分二釐八毫一絲五忽二微，每正銀一兩擯銀一分四釐、解費二分。

右解太倉庫。

已上二款户部項下。

秋糧起運折色

金花折色米八萬八千三百九十九石四升四合。每石折銀二錢五分，該正銀二萬二千九十九兩七錢六分一釐，每正銀一兩滴珠銀一分、擯銀一分、解費三分。

右一款解承運庫。

公侯駙馬伯公主米三千三百三十七石二斗九升三合一抄一撮八圭五粟七顆一粒。每石折銀七錢，該正銀二千三百三十六兩一錢五釐，每正銀一兩扛銀一分四釐、解費二分。

五府六部、都察院等衙門二分米一千五十六石一斗八升七合。每石折銀一兩，該正銀一千五十六兩一錢八分七釐。

宗人府等衙門實派剩米九千四十一石九斗六升五合七勺七抄一撮六圭九粟七黍一稷。每石折銀七錢，該正銀六千三百二十九兩三錢七分六釐四絲一微八纖三沙五渺，每正銀一兩擯銀一分四釐、解費二分。

京庫布一萬三千五百八十八疋九分。每疋折銀三錢，該正銀四千七十六兩六錢七分，每正銀一兩擯銀一分四釐、解費二分。

京庫馬草七萬七百九十九包七分三釐。每包折銀三分，該正銀二千一百二十三兩九錢九分二釐五毫，每正銀一兩擯銀一分四釐、解費二分。

折色黄蠟四百五十七觔一十三兩七錢二分。每觔折銀二錢，該正銀九十一兩五錢七分一釐五毫，每正銀一兩擯銀一分四釐、解費銀二分。

富户五名。每名銀三兩,該正銀一十五兩,每正銀一兩損銀一分四釐、解費二分。

昌平州。銀九兩六錢五分四釐五毫,每正銀一兩損銀一分四釐、解費二分。

京庫户口鹽鈔。該正銀二百四十九兩一錢三釐二毫,每正銀一兩損銀一分四釐、解費二分。

右九款係京邊錢糧,俱解太倉庫。

改折銀北南光禄寺、會同舘次白糧正米并白耗舂辦共米折,該正銀二千五百六兩七錢四分四釐三毫二絲,每正銀一兩損銀一分四釐、解費二分。

改折濶曰黄絲三梭二線布七千四百二疋。每疋折銀一兩,該正銀七千四百二兩,每正銀一兩解費二分。

改折濶白棉布二萬八千四百三十六疋。每疋折銀六錢,該正銀一萬七千六十一兩六錢,每疋損銀五分,每銀一兩解費二分。

折色銀硃三百三十六斤六兩。每觔折銀三兩,該正銀一千九兩一錢二分五釐,每觔鋪墊銀一錢一分,每正銀一兩損銀一分四釐、解費二分。

折色光粉一百五十三觔一兩。每觔折銀九分四釐,該正銀一十四兩三錢八分七釐八毫七絲,每觔鋪墊銀一分一釐,每正銀一兩損銀一分四釐、解費二分。

折色螣黄二千觔一十二兩。每觔折銀二錢,該正銀四兩一錢五分,每觔鋪墊銀一錢一分,每正銀一兩損銀一分四釐、解費二分。

折色烏梅三百六十四觔一兩。每觔折銀四分,該正銀一十四兩五錢九分二釐五毫,每觔舖墊銀一分一釐,每正銀一兩損銀一分四釐、解費二分。

折色靛花青三百七十九觔四兩。每觔折銀六分,該正銀二十二兩七錢五分五釐,每觔舖墊銀一錢一分,每正銀一兩損銀一分四釐、解費二分。

右除改折白粳米以下七款俱解甲字庫。

折色桐油五百八十觔四兩。每斤折銀八分,該正銀四十六兩四錢二分,每觔舖墊銀八釐,每正銀一兩損銀一分四釐、解費二分。

折色黄熟銅三十二觔一兩。每觔折銀一錢二分三釐,該正銀三兩六錢二分三釐六絲二忽五微,每斤鋪墊銀一分六釐,每正銀一兩損銀一分四釐、解費二分。

折色紅熟銅二百二觔八兩。每觔折銀一錢二分,該正銀二十六兩三錢二分五釐,每觔鋪墊銀一分六釐,每正銀一兩損銀一分四釐、解費二分。

折色生銅一百五十七斤一兩。每觔折銀八分,該正銀一十二兩五錢六分五釐,每觔鋪墊銀一分六釐,每正銀一兩損銀一分四釐、解費二分。

折色錫一百八十斤一十兩。每斤折銀一錢二分五釐,該正銀二十二兩五錢七分八釐一毫二絲五忽,每斤鋪墊銀一分六釐,每正銀一兩損銀一分四釐、解費二分。

折色黄蠟五百四十五觔一十三兩。每斤折銀四錢,該正銀二百一十八兩三錢二分五釐,每觔鋪墊銀一分六釐,每正銀一兩損銀一分四釐、解費二分。

折色生漆一千四百八十三觔六兩。每觔折銀三錢,該正銀二百九十六兩六錢七分五釐,每觔鋪墊一分六釐,每正銀一兩損銀一分四釐、解費二分。

右七款俱解丁字庫。

折色黄蠟七百七十六觔一十一兩。每斤折銀四錢,該正銀三百一十兩六錢七分五釐,每正銀一兩損銀二分五釐、解費二分。

折色芽茶一百四十三觔二兩。每觔折銀一錢六分,該正銀二十二兩九錢,每正銀一兩損銀二分五釐、解費銀二分。

折色葉茶三百八十六觔二兩。每觔折銀四分,該正銀一十五兩四錢四分五釐,每正銀一兩損銀二分五釐、解費二分。

右三款俱解供用庫。

九釐地畝銀。該正銀一萬三千四百三十四兩八錢一釐二毫八絲三忽七微九纖一沙,每正銀一兩損銀一分四釐、解費二分。

已上二十九款户部項下。

光禄寺牲口。該正銀四百八十五兩九錢四分四釐,每正銀一兩損銀一分四釐、解費二分。

光禄寺藥材料。該正銀三兩四錢八分,包裹紙張銀二兩八分六釐三毫,每正銀一兩損銀一錢七分一釐、解費二分。

光禄寺菉笋厨料。該正銀一百九十一兩八錢三分五釐,每正銀一兩損銀一分四釐、解費二分。

已上三款禮部項下。

承運庫緞疋。該正銀一千四百七十二兩五錢四分二釐四毫九絲一忽。○皮金正銀三百二兩七錢三釐六毫九絲。○箱櫃銀一十六兩五錢二分七毫六絲八忽。○遇閏加正銀一百二十三兩五分七釐四絲。每正銀一兩解銀二分,每緞疋正銀一兩又加損銀八分。

斧刃磚料。該正銀二百八十九兩六錢三分五釐,每正銀一兩損銀一分四釐、解費二分。

盔甲刀弦袋。盔每頂折銀三兩五錢,甲每副折銀七兩五錢,刀每口折銀二兩,弦每條折銀一錢,撒袋每副折銀二兩,箭每枝折銀一錢,共該正銀二千六百四十七兩九錢一分六毫九絲,每正銀一兩損銀一分四釐、解費銀二分。

胖襖。每襖一件用四托布五疋,半褲一件用布二疋,鞋韈一雙用布半疋,共布八疋,每疋折銀三錢。襖褲浄用棉絮三斤,每斤折銀一錢,該正銀二百四十三兩,每正銀一兩損銀一分四釐、解費二分。

折色黄蔴二百八十九斤十兩。每斤折銀二分三釐,該正銀六兩六錢六分一釐六毫一絲一忽九微,每正銀一兩損銀一分四釐、解費二分。

折色翎毛二千七百六十根。每根折銀四毫八絲,該正銀一兩三錢二分九釐六毫,每正銀一兩損銀一分四釐、解費二分。

折色白蔴一百七觔九兩。每觔折銀三分,該正銀三兩二錢一分一毫二絲四忽五微七纖五沙,每正銀一兩損銀一分四釐、解費二分。

折色魚線膠六斤一兩。每斤折銀八分,該正銀四錢八分六釐五毫八絲七忽三微四沙,每正銀一兩損銀一分四釐、解費二分。

折色桐油三十觔一十兩。每觔折銀四分,該正銀一兩二錢三分九毫五絲二纖五沙,每正銀一兩損銀一分四釐、解費二分。

已上九款工部項下。

營繕司料價。該正銀二千六百七十一兩三錢七分三釐一毫五絲八忽三微四纖五沙二塵八渺,每正銀一兩該解費銀二分。

虞衡司料價。該正銀一千三百三十五兩六錢八分六釐六毫二絲九忽一微七纖二沙六塵四渺,每正銀一兩解費銀二分。

徐州改解户部充餉。該正銀一千九百三十兩九錢二釐四毫,每正銀一兩損銀三釐、解費銀二分。

揚州倉扣解班軍充餉米一千九百四十六石七斗四升六合。每石折銀六錢,該正銀一千一百六十八兩四分八釐一毫七絲三忽六微,每正銀一兩損銀一釐五毫、解費銀二分。

揚州倉扣給運軍行月糧一半折色米銀。該原編折銀八百六十四兩一錢五分二釐七毫一絲三忽二微,增編折銀一百一十二兩九錢四分四釐五毫八絲三忽一微,每折銀一兩損銀一釐五毫、解費銀二分。

揚州倉改派給軍行月糧一半本色。該米二千五百四石二升七合九抄九撮七圭。

總河修河三升米折銀。該九百九兩四錢五分一釐二毫。此項舊正二升,本年題復一升。

兩浙運司水鄉蕩價并白塗包補。該正銀二千九百六十八兩七錢七分六釐一毫八絲八忽,每正銀一兩損費一分二釐、解費銀二分。

山東昌平等驛銀。該二千二百四十九兩七錢四分八釐,每正銀一兩解費二分。

鳳陽府睢陽池河王莊驛銀。該二百二十九兩五錢九分,損銀二兩六分六釐三毫一絲,每兩解費二分。

滁州滁陽驛銀。該三十五兩三錢三分,損銀五錢六分,每兩解費二分。

滁州大柳驛銀。該四十二兩,損銀六錢七分二釐,解費銀八錢四分。

已上協濟驛站四款俱裁扣充餉。

秋糧存留支給

金山衛漕運淺船六隻。實編價銀六十二兩六錢八分四釐一毫九絲六忽。

松江所漕運淺船九隻。實編民七料價銀九十四兩二分六釐二毫九絲六忽三纖。

金山衛運軍一半折色行糧、該銀八十兩。月糧。六百九十兩四錢六分七釐,遇閏月加月糧六十九兩四分六釐。

松江所運軍一半折色月糧。該銀九百七十一兩六錢五分八釐,閏月加銀九十七兩一錢六分五釐。

金山衛運軍一半本色行糧、該米七十石五斗。月糧。該米六百九十石四斗六升七合,遇閏加米六十九石四升六合。

松江所運軍一半本色月糧。該米九百七十一石六斗五升八合,遇閏加米九十七石一斗六升五合。

織染局匠口糧。該米四百二十八石四斗,遇閏加米三十五石七斗。

養濟院孤貧口糧。該米二百八十八石,遇閏加米二十四石。〇按:此項于本年抵撥兵餉,其應給口糧于府縣罰穀贖内動支給發。

江南省城兵餉。該銀五百六十六兩八錢一分二釐八毫八絲六忽,每兩解費二分。

查將舊額抵編各款分列于後

農桑絲絹折色。正損銀三十六兩二錢七分一釐二毫。

光禄寺蜜糖。正損銀二十八兩二錢三分六釐三毫一絲八忽。

惜薪司運柴脚價。正損銀二百五十五兩六錢四分二釐八毫三絲八忽。

禮部藥材。正損銀二兩二錢六分四釐五毫三絲。

國子監膳夫。正損銀八十兩九錢六分。

五城弓兵。正損銀一百六十三兩四錢三分八釐。

操院防江兵餉。該銀一十兩每正銀一分,解費二分。〇按:前項于明崇禎年間加編,順治初年免編,以甦民困。十五年間,因防江兵餉缺額,准部咨,於徭里裁省解部錢糧内,將修理察院公館家伙銀兩撥補,改入秋糧派徵。

操院座船水手工食抵充兵餉。該銀二十四兩,每正銀一兩解費二分。此係徭里,今改入秋糧派徵。

本處督鎮并蘇、松道標及上、青守城兵餉。該三萬五千五百一兩二錢八毫六絲六微。

查將舊額抵編各款分列于後

南京倉麥。四千八百二十七石二斗五升六合,每石折銀四錢,每兩損銀一分六釐,該正損銀一千九百六十一兩七錢九分六釐八毫三絲八忽四微。

南公侯駙馬伯府部等衙門禄米。三千六百一十九石六斗九合七勺二抄四撮二圭八粟五顆七粒,每石折銀七錢,每兩損銀一分六釐,該正損銀二千五百七十四兩二錢六分六釐四毫二絲八忽八微。

南光禄寺次白粳米。五百六十七石九斗一升二合,每石折銀七錢,每兩損銀一分四釐,該正損銀四百三兩一錢三釐二毫二絲七忽八微。

南定場倉草。二萬二百七十四包五分,每包折銀一分八釐,每兩損銀一分四釐,該正損銀三百七十兩五分一毫七絲四忽。

神樂觀盤運貼役銀。四十三兩六錢三分九釐六毫八絲。

餘存官俸銀。四百八十七兩五錢九分六釐八毫。

軍儲風汛米。一萬二千三百六十二石九斗八升七合,每石折銀八錢,該銀九千八百九十兩三錢八分九釐六毫。

練兵銀。七千八百六十一兩四錢二分六釐五毫一絲一忽一微。

田上兵銀。三千五十三兩三錢一釐六毫。

本縣并儒學吏糧銀。一十七兩六錢四分。

南部柴薪皂隸三十名。每名銀一十二兩,每名耗銀三兩,每兩損銀一分二釐,該正耗損銀三百七十三兩三錢二分。

南各衙門直堂直廳皂隸一十四名。每名銀一十兩,每名耗銀二兩,每兩損銀一分二釐,該正耗損銀一百四十五兩八錢八分。

吴淞總兵供應犒賞銀。一百三十五兩二錢。

兑留操江兵餉抵充吴淞兵餉銀。九十三兩。

扣減民壯工食抵充川沙寶鎮兵餉銀。共一千八百九十兩。

抵補常州府扣留兵餉銀。一百一十五兩。

抵補句容縣協濟海防兵餉銀。一十八兩。

撫院牙兵加編工食抵充兵餉銀。一兩五錢九分。

練兵官廪糧銀。一十八兩。

防守城池庫獄水陸兵壯工食銀。三千四百五十六兩。

參將供應犒賞銀。二百六兩二錢。

備用抵充兵餉銀。八百兩。

寶山所壯兵工食銀。一千八十兩。

河下皂隸工食銀。六十兩。

本府各官員下皂隸裁扣工食銀。一百五十六兩。

本縣各官員下皂隸裁扣工食銀。二百二十三兩二錢。

各場鹽課司裁扣工脚銀。四十五兩。

松江分司門皂工食銀。二十一兩六錢。

已上俱係徭里,今改入秋糧派徵。

江南省城兵糧白粳正米。該二百八十二石九斗一升五合,每正米一石加白耗米二斗,每正耗米一石加春辦米二斗,又每正米一石給盤用銀二錢、貼役一錢。

本處督鎮兵糧糙粳米。該一百七十四石五斗五升八合七勺二抄。

南各衛倉糙粳米撥抵兵糧米。該二千六百九十七石八斗一升五合五勺七抄。

南各衛倉糙粳米撥給省城運軍本色行糧米。該九百六十石八斗一合四勺三抄。

已上兵糧四款。右税糧本折二色,俱載《賦役全書》,歷年加減,悉爲詳考載入。

每七年一編綾紗料價銀。該二千三百四十五兩七錢一分八釐四毫九絲。〇按:此項不在會計之内,徵給織染局堂長領辦,不編解費。

均徭里甲等項名色。詳載後十四、五等年。

補徵順治十八年增丁銀。一十一兩三分一釐四毫四絲五忽。

城濠官地陞科銀。二兩四錢六分三毫五絲三忽,米二石一斗四合。

二年,會計,實徵原編起存地丁銀二十萬九千七十六兩二錢六釐三毫九絲三忽六微二纖一沙二塵三渺三漠九埃。

減編白糧經費、協部公費、裁扣充餉等項。共銀三千四百七十三兩二分一釐五毫六絲九忽五微。

增編本色辦料時值并解費等項。七百八十兩三錢九分二釐二毫七絲八忽五微九纖一沙七塵八渺九漠。

增編淺船銀。二百二十二兩九錢九分六釐九毫一忽。

增編揚州府運軍月糧銀。一百一十五兩三錢七分二釐八毫九絲一忽四微三纖一沙二塵。

增編存留項下二升耗米輕齎徐州米折一升修河等解費銀。二百九十一兩五錢一釐七毫七絲一忽九微四纖七沙九塵二漠。

另編白糧改折正損費并灰石折贈銀。一萬五千七百八十三兩九錢七分一釐四毫四絲八忽九微五纖二塵。

補編順治十七八年揚州府運軍月糧。該銀二百二十五兩八錢八分九釐一毫一絲六忽二微,次年免編訖。

補編練餉銀。三千八百八十九兩一錢七分六釐五絲五忽五微二纖三沙二塵九渺六漠一埃,次年免編訖。

補編徭里壬寅年歲貢坊匾銀。一百二十兩,次年免編訖。

本色漕白各糧額與元年同。

三年,原額田地派徵折色銀二十一萬二千九百七兩七分二釐二毫九絲二忽一微四纖五沙四塵三渺三漠九埃。

增編本色辦料項下時值價損銀。一千三百六十五兩九錢八釐九毫八忽五微九纖七沙六塵九渺七埃。

白糧改折銀。六萬一百一十六兩二錢四分三毫七絲六忽三微二纖八沙。

閏月銀。六百一十七兩四錢八分六釐九絲七忽七微。

通共正、閏銀二十七萬五千六兩七錢七釐六毫七絲四忽七微七纖一沙一塵二渺四漠六埃。内奉旨颶潮秋發等疏蠲銀二萬四千三百四十八兩八錢四分六釐七絲五微六纖八沙七塵四渺一漠五埃。

漕糧正改兑正耗。米一十萬一千五百一十七石一斗二升六合四勺。

解南白粳正耗辦米。四百七石三斗九升七合八勺七抄六撮。

解南糙粳撥抵兵糧米。三千八百三十三石一斗七升五合七勺二抄。

金松衛所運丁行月米。一千七百三十二石六斗二升五合,閏月加米一百六十六石二斗一升二合五勺。

揚州府倉運丁行月米。二千五百四石二升七合一勺。

局匠口糧米。四百二十八石四斗,閏月加米三十五石。

卹孤口糧米。二百八十八石,閏月加米二十四石。

另徵白糧改折銀。三萬七千五百七兩三錢七分五毫三絲九忽三微六纖四沙。

另徵南白折銀。四百八十八兩八錢七分五毫一絲七忽二微。

通共各項銀二十五萬四千四百九十四兩六錢二分四釐五毫七絲一忽六微九纖三沙六塵三渺二漠七埃,内減三年分二分水災蠲銀二萬一千九百五十八兩六錢一分二釐一毫五絲二忽一微三纖四沙二塵五渺七漠二埃。

又隨正減蠲扛費銀一千八十四兩四錢七分九毫三絲五忽八微八纖八沙八塵二渺五漠八埃。

又改折布疋、顔料、鋪墊、損費通融抵蠲。銀一百一十九兩九錢七分八釐八毫八絲七忽五微。

減蠲本年三分秋災銀。三萬二千九百三十七兩九錢一分八釐二毫二絲八忽二微一沙三塵八渺五漠八埃。

隨正減蠲損費銀。一千六百二十六兩七錢六釐四毫三忽八微三纖三沙二塵四渺八漠七埃。

減編白糧募船水手并倉脚夫工食銀。一萬二百六兩八錢九分九釐九毫三絲八忽。

除三年分存留流蠲銀。二千七百六十二兩一錢八分八釐九毫四忽九微三纖五沙三塵三渺一漠五埃。

又本年存留奉蠲銀。三千一百兩三錢九分三釐外。

實徵一十八萬六百九十七兩四錢五分三釐一毫二絲一忽一微八纖五塵八渺三漠七埃。又奉布政司撥補三年分銀二千五百八兩八錢四分五釐五毫二絲九忽三微二纖五沙一塵一渺八漠六埃,又撥補四年分銀三千七十九兩五錢六分六釐七毫。

通共一十八萬六千二百八十五兩八錢六分五釐三毫五絲五微五沙七塵二漠三埃。

起運存留本色及陸科充餉共實徵米一十二萬六千三百五十九石二升五合五勺六抄,内南糙項下流蠲應蠲及補編十六、七兩年囤扒米石,奉文免編于民,訖其揚倉米石,本年水災疊荒,咨部每石折價六錢,彙解總漕。

五年,減編淺船銀。一百五十六兩七錢一分四毫九絲。

減編四年分流蠲本色補墊損費。一百七十九兩九錢六分八釐三毫三絲一忽二微五纖。

增編本色辦料時價。銀一千四百一十七兩二錢七分三釐五毫三絲八忽七微七沙七塵二渺六漠。

增編南白折銀。四百五十二兩五錢九分九釐一毫二絲一忽四微九纖一沙二塵。

存留四年分水災奉蠲流抵本年銀。六千一百八十七兩二錢二分。

實徵二十萬八千八十兩四錢六分八釐一毫八絲六忽九微九纖四沙三塵五渺九漠九埃。

布政司撥補銀。五千二百一十八兩二錢一分二釐。

漕糧正改兑正耗米。一十萬一千五百一十七石一斗二升六合四勺。

白糧正耗辦米。二萬八千七百二石三斗四升五合六勺八撮。

解南白稉正耗辦米。一百五石六斗六升五合一勺七抄七撮七圭七粟七顆二粒。

解南糙稉撥抵兵糧米。三千八百三十三石一斗七升五合七勺二抄。

金松衛所行月糧米。一千七百三十二石六斗二升五合。

協濟揚州倉運丁行月糧米。二千五百四石二升七合一勺。

局匠口糧米。四百二十八石四斗。

恤孤口糧米。二百八十八石。

五年額同，本、折、閏月與三年同。

是年，巡撫韓世琦從婁縣知縣李復興申請，照浙江嘉、湖事例行均田均役法具題，奉旨依，因檄知府張羽明，轉檄署縣事水利通判安承啓奉行。按均田均役法，闔縣自十六保起，至三十保止，爲保一十五，爲啚三百九十四，不等科則田地蕩漊准熟田共計一萬四千七百一十三頃五十九畝二分一釐三毫一絲，闔縣均攤配搭，分爲十保，每保三十區，每區一百甲。其完欠徵比法詳載《徭役志》。

七年，額徵起存地丁錢糧共徵銀二十一萬四千八百二十九兩八錢五分六釐九毫五絲二忽三微二纖四沙四塵九渺三漠六埃。

漕糧正改兑米、白糧正耗辦米等糧俱與五年同額。

八年，原額田地派徵折色銀二十一萬三千一百二十八兩九錢八分五釐九毫八絲七忽八微七纖六沙六塵三渺三漠九埃。

增編辦料項下詳增時值價損銀。一千一百九十兩九錢九分四毫四絲五忽七微一纖二沙八塵二渺八漠五埃。

本色起存漕白各糧米一十三萬九千三百八十七石二斗三升六合二勺八抄五撮七圭七粟九顆二粒。

九年，原額田地派徵折色銀二十一萬四千一百二十九兩九錢二分六釐九毫七絲八忽八微七纖六沙一塵三渺三漠九埃。

本年奉詳增本色辦料項下編徵時值價損銀。一千一百七十二兩六錢八分一釐六毫四絲八忽九微三纖四沙七渺六漠。

補編金松衛所民七料價銀。五百六十一兩九錢六分六釐九毫八絲。

補編俸銀及己酉科科舉盤費等銀。一百二十八兩七錢四分二釐六毫。

閏月銀。六百七十二兩三錢三分二釐四毫三絲一忽。

額徵本色漕白各糧并閏月米一十三萬九千三百三十九石三斗七合四勺八抄五撮七圭七粟九顆二粒。

十年，額徵起存地丁并編徵共銀二十一萬三千八百五十七兩一錢三分三釐五毫一絲一忽八微一纖七塵九漠九埃。

本縣舊編十六保、十八保、二十一保、二十二保、二十三保、二十四保、二十五保、二十六保、二十七保，俱傍大浦，遇旱則藉潮汐以滋灌溉，遇水則賴泄瀉以通湮没，頗無焦潦之災。其遠浦之地如十七保、十九保、二十保，俱浦以東，逼近海塘，二十八保、二十九保、三十保俱浦以西，青浦錯壤，皆屬内地，潮信不通。是年旱災特甚，奉部例，報災田五六分者免糧十分之一，七八分者免糧十分之二，九十分者免糧十分之三，俱照報災數蠲免。共蠲銀二萬一千九十九兩五錢六分五釐六毫一絲二忽二纖六塵六漠三埃。

實徵銀一十九萬二千七百五十七兩五錢六分七釐八毫八絲九忽七微九纖一塵三漠六埃。

蠲次白稉正米。十二石九斗六升五合九勺九抄五撮八圭九粟三粒。

蠲提標項下兵米。四百七十石三斗六升二合五勺三抄二撮七圭。

蠲局匠口糧米。五十二石五斗六升八合二勺四抄二撮三粟八顆。

蠲卹孤口糧米。三十五石三斗九合九勺四撮。

十一年，詳增本色辦料項下編徵時值價損銀。六百七十四兩二錢一分二釐八毫九絲八忽三微三纖四沙七渺六漠。

詳增灰石項下編增五贈米折十贈銀。三百九十五兩七錢一分六釐二毫八忽。

編徵十贈銀。一萬一百五十一兩八錢六分一釐四毫一絲九忽九微四沙。

補編己酉科舉人坊表等銀。一百五十五兩二錢。

新增編審丁銀。三十八兩九錢四分一釐五絲五忽六微一纖六塵八渺二漠四埃。

通共正閏銀二十二萬五千五百六兩九錢一分七釐五毫五忽七微一纖四沙九塵九漠九埃。内除本年冰雹被災奉旨蠲免正閏銀一千二百八十二兩八錢六分八釐九毫四絲三忽八微一纖七沙四塵九渺九埃。

漕糧正兑改兑正耗米一十萬一千五百一十八石六斗一升四合二勺五抄。

白糧正耗辦并陞科米二萬八千七百二石七斗五升六合七勺五抄四撮九圭一粟二顆。

解南次白稉正耗辦并陞科米。共一百五石六斗七升一合六撮四圭六粟七顆二粒，内除十年分流蠲正耗辦米一十二石九斗六升五合九勺九抄五撮八圭九粟三顆，實徵正耗辦米九十二石七斗五合一抄五圭七粟四顆二粒。

南糙撥提標兵米。二千七百九十二石八斗三升五勺六抄一撮，内除本年冰雹災蠲米三十五石五斗一升七合八勺九撮四圭九粟七顆八粒，實徵米二千七百五十七石三斗一升二合七勺五抄二撮一圭二粟二粒。

南糙撥黄浦營兵米。一千四十石四斗。

局匠口糧連陞科閏月糧除十年分流蠲米實徵。四百一十一石五斗三升七合八勺八抄七撮一圭二粟一顆一粒。

恤孤口糧連陞科閏月糧除十年分流蠲米，又除本年冰雹災蠲實徵。二百七十三石七斗七升三合一勺六抄六撮八粟三顆一粒。

漕贈五米。五千七十五石九斗三升七勺一抄二撮五圭。

按：本縣歲編正兑、改兑、白糧、解給各項共額米一十四萬八百二十餘石有奇，自改官收官兑，有一三五耗例，即於完糧現額儘數扣除，故輸漕一石僅掣串七斗有零，積習相沿，民甚病之。是年，知縣陳之佐革除舊例，每收米一石如數給串，絶無扣除等弊，各項陋規湔滌俱盡，共節省民間餘米三萬餘石。勒石漕倉，永爲則例。今歷任通行，實陳侯惠澤之始，雖百世可也。

十二年，會計編徵折色稅徭銀二十二萬三千三百八十二兩六錢四分五釐七毫九絲九忽七微八纖三渺三漠九埃。

本色辦料項下計一十九款，詳奉題定時價增編價損銀。六百三十五兩三錢八分七釐二毫七絲三忽九微三纖四沙七渺六漠。

編徵本色漕白二糧并軍南金揚局恤等米。一十四萬四千四百七十七石三斗五升九合六抄七圭四粟一顆三粒。

是年，奉旨特賜蠲免明年地丁一半。

十三年，均編科舉坊儀盤纏銀。一百九十二兩二錢八分八釐八毫。

補編舉人生員科舉會試坊儀等銀。六百二十九兩一錢四分二釐。

奉蠲本年地丁銀。八萬五千二百二兩三錢六分三釐四毫一絲三忽一微七纖八沙八塵五渺九漠五埃五逡。

補徵不蠲一半鹽課正槓費銀。二千五百三十四兩二錢八分二釐五毫一絲三忽八沙。

通共實徵銀一十四萬二千二百九十二兩六錢一分九釐二毫五絲七忽一微五纖四沙七塵三渺二漠七埃五逡。

漕白二糧正耗辦米與十二年分同。

解南白粳正耗辦米除蠲免一半外，實徵五十二石八斗三升五合五勺三撮二圭三粟三顆六粒。

解南糙撥抵兵米除蠲一半外，實徵米一千九百一十六石五斗八升七合八勺六抄。

局匠口糧除蠲一半外，實徵米二百一十四石二斗。

恤孤口糧除蠲一半外，實徵米一百四十四石。

漕贈五米五千八十九石五斗四升八合三勺八抄五撮。

十四年，補編金山衛學壬子科遺才生員盤纏銀八兩一錢。

是年，部議爲酌議捐省等事案內奉裁充餉各款開列于後。

起運項下損銀。三千三百七十五兩三錢一分一釐五毫。

徐揚馬役損銀。三十七兩三錢二分三釐六毫。

修理院道船料銀。七十兩。

本縣供應過往上司嗄程及小飯中火銀。三百六十兩。

修理本府正佐首領并教官各衙門銀。一十二兩。

修理本縣各衙門銀。八兩。

修理察院分司公舘各衙門銀。五兩。

上司按臨下學行香賞紙等銀。一十二兩。

已上八項俱全裁。

撫院項下心紅紙劄銀。七兩九錢五分六釐三毫五絲。

鹽院項下心紅紙劄銀。二十七兩。

知府員下心紅紙劄銀。一十兩。
馬快工食銀。四十二兩。
知縣員下心紅紙劄銀。一十兩。
馬快工食銀。六十七兩二錢。
民壯工食銀。一百五十兩。
修理倉監銀。一十兩。
本縣儒學教諭員下餵馬草料銀。六兩。
江寧府科場席舍銀。三十二兩六錢六分三釐二毫。
協濟武場供應銀。五兩八錢三分三釐二毫五絲。
三林、黄浦、吴淞三司弓兵工食銀。三百一十九兩八錢。
府縣考試生童供給銀。三兩七錢五分。
府衛縣各儒學考卷銀。四兩五錢。
學道考試生童供給銀。一兩二錢五分。
學院考試武生供給銀。二兩五錢。
學道歲科考行賞各學生員花紅等銀。三十五兩。
鹽院考試觀風行賞各學生員花紅等銀。一十兩。
府縣迎送入學新生員花紅等銀。五兩。
歲貢盤纏銀。五十兩。
應試生儒花紅等銀。一十七兩九錢八分四釐四毫。
會試舊舉人盤纏等銀。一十兩五錢。
新中試舉人坊儀等銀。四十六兩五錢六分。
新科進士行賀等銀。一十八兩六錢。
新科武進士牌坊銀。二兩五錢。
已上二十五項俱半裁。
又爲請裁可緩之經費等事案内奉裁充餉各款。
撫院項下心紅紙劄銀。七兩九錢五分六釐三毫五絲。
鹽院項下心紅紙劄銀。二十七兩。
知府員下心紅紙劄銀。一十兩。
知縣員下心紅紙劄銀。一十兩。
府縣考試生童供給銀。三兩七錢五分。
府衛縣各儒學考卷銀。四兩五錢。
學道考試生童供給銀。一兩二錢五分。
學道考試武生供給銀。□兩□錢□分。
學道歲科考各學生員花紅等銀。三十五兩。
鹽院考試觀風各學生員花紅等銀。一十兩。

府縣迎送入學新生員花紅等銀。五兩。

應試生儒花紅等銀。一十七兩九錢八分四釐四毫。

已上十二項俱全裁。

知府員下步快工食銀。二十四兩。

皂隸工食銀。二十四兩。

管糧同知員下皂隸工食銀。三十六兩。

知縣員下門子工食銀。六兩。

皂隸工食銀。四十八兩。

燈夫工食銀。一十二兩。

已上六項俱半裁。

按：右裁諸款蓋因十四年始，黔、蜀、滇、閩、粤、楚等處叛逆，王師陸續進勦，兵餉告乏，部議將存留支款盡裁，起運充餉，則存留支給無幾矣。

漕白正耗辦及解南次白南糙兵糧米與十三年分同。

金松協濟局匠恤孤米與十三年分同，閏月米與十一年分同。

十五年新增編審人丁，該徵銀一十四兩一錢三分一釐一毫二絲二忽六微五纖五沙三塵五漠七埃。

漕糧正耗辦及南兵金楊局恤孤等米俱與十二年分同。

改折白糧銀四萬三千五十三兩五錢一分八釐四毫一絲二忽。

改折漕米每石九錢，該折米七千八百四十二石四斗二升七合九勺，折銀七千五十八兩一錢八分五釐一毫一絲。

改折五贈米三百九十二石一斗二升一合三勺九抄五撮，每石折銀九錢，該銀三百五十二兩九錢九釐二毫五絲五忽五微，解充餉。

奉文爲酌議損俸等事案内捐裁充餉各款。

撫院項下俸銀。四十五兩三錢。

知府員下俸銀。五十二兩三錢二分二釐二毫。

管糧同知員下俸銀。四十二兩五錢五分六釐。

知縣員下俸銀。四十五兩。

已上四項俱全捐。

又爲合計天下等事案内奉裁充餉各款。

本府斗級工食銀。三十六兩。

本縣斗級工食銀。二十四兩。

本縣庫子工食銀。二十四兩。

本縣仙船水手工食銀。三十六兩。

兵備道清字號仙船水手工食銀。一十四兩四錢。

布政司朝覲紙劄路費銀。八兩。

按察司朝覲紙劄路費銀。二兩九錢。
雲間所祗應庫役銀。五十兩。
本府秋糧總書紙張并印由單銀。二十六兩。
本縣秋糧總書紙張工食銀。三十兩。
看守儒學祠廟門子工食銀。三兩六錢。
習儀拜牌香燭庭燎銀。一兩四錢。
歲終新書銀。四十兩。
已上十三項俱全裁。
本縣儒學齋夫工食銀。一十四兩四錢。
本府賫進表箋等銀。三十九兩八錢九分六釐一絲。
歲貢盤纏銀。一十六兩六錢六分六釐七毫。
會試舊舉人盤纏銀。三兩五錢。
新中試舉人坊儀銀。一十五兩五錢二分。
新科進士行賀等銀。六兩二錢。
新科武進士牌坊等銀。八錢三分三釐三毫三絲。
已上七項俱量裁。
又爲暫〔移〕存留等事案内奉裁充餉各款。
知府員〔下〕馬快工食銀。四十二兩。
步快工食銀。二十四兩。
皂隸工食銀。二十四兩。
管糧同知員下皂隸工食銀。三十六兩。
批驗所大使員下皂隸工食銀。一十二兩。
知縣員下門子工食銀。六兩。
皂隸工食銀。四十八兩。
馬快工食銀。六十七兩二錢。
民壯工食銀。一百五十兩。
燈夫工食銀。一十二兩。
轎傘扇夫工食銀。四十二兩。
縣丞員下俸銀。四十兩。
門子工食銀。六兩。
皂隸工食銀。二十四兩。
馬夫工食銀。六兩。
董漕縣丞員下俸銀。四十兩。
門子工食銀。六兩。
皂隸工食銀。二十四兩。

馬夫工食銀。六兩。

主簿員下俸銀。三十三兩一錢一分四釐。

門子工食銀。六兩。

皂隸工食銀。二十四兩。

馬夫工食銀。六兩。

典史員下門子工食銀。六兩。

皂隸工食銀。二十四兩。

馬夫工食銀。六兩。

三林、黄浦、吴淞三巡司員下皂隸工食銀。三十六兩。

下砂一、二、三場大使員下皂隸工食銀。三十六兩。

本縣儒學教諭員下齋夫工食銀。二十一兩六錢。

門子工食銀。二十一兩六錢。

廩膳生員膳夫銀。四十兩。

餵馬草料銀。六兩。

三林、黄浦、吴淞三巡司弓兵工食銀。三百一十九兩八錢。

本縣正、十月舉行鄉飲酒席銀。一十兩。

府縣各衙門桃符、門神、迎春、土牛、綵鞭等銀。一兩五錢。

本縣舖司兵工食銀。三十五兩。

歲貢盤纏銀。三十三兩三錢三分三釐三毫。

會試舊舉人盤纏銀。七兩。

新中試舉人坊儀銀。三十一兩四錢。

新科進士行賀等銀。一十二兩四錢。

新科武進士牌坊銀。一兩六錢六分六釐六毫六絲。

已上四十一項俱全裁。

按：已上各事案議裁充餉之外，無款可裁，無項可動。科臣張惟赤議以軍需方虞匱乏，請以官宦田地應輸錢糧每兩加徵銀三錢，每石加徵米三斗，奉部議允行。徵至二十年，諸逆蕩平，奉詔免徵。

十六年，分定墾田地蕩漊一萬四千八百二十八頃五十六畝一分七釐五毫九絲。

除公占免科外，又籌餉案内清出上鄉腹内低薄田六十四畝七分七釐，每一畝四分准熟田壹畝，該准熟田四十六畝二分六釐四毫三絲，每畝科平米一斗九升五合，該平米一十三石六斗四升七合九勺六抄八撮五圭。

實在不等准熟田一萬四千七百一十四頃五畝四分七釐七毫四絲，不等科平米三十八萬八千四百一十八石二升一合五勺六抄八撮五圭。

會計編徵税徭本折起存并全折白糧銀米與十五年分額同。

另徵籌餉案内清出陞科銀八兩八錢八分八釐八毫四絲〔二〕忽三微八沙二塵三渺六漠

四埃三巡，米四石八斗一升一合四勺一抄七圭一粟一顆二粒二黍二稷。

奉文爲請旨事案内奉裁充餉。

修理龍衣座船料價銀。三十五兩七錢一分三釐三毫三絲。

已上一項量裁。

又爲請旨酌量等事案内奏裁充餉各款。

儒學員下香燭銀。二兩五錢二分。

座紅站船水手工食銀。二百三十兩四錢。

已上二項俱全裁。

本縣看監禁卒工食銀。二十四兩。

修理倉監銀。五兩。

江寧府科場席舍供應銀。一十六兩三錢三分一釐六毫。

協濟武場供應銀。二兩九錢一分六釐六毫二絲五忽。

已上四項俱半裁。

本縣舖司兵工食銀。九十一兩。

已上一項補裁。

十七年，額徵税徭折色起存白折并清出陞科正閏共銀二十六萬八千三百八十二兩五錢四分四釐五毫一絲七忽三微九纖七沙六渺七漠七埃六巡。

本色各糧連閏并清出陞科共米一十一萬五千七百一十六石四斗七升七合三勺三抄四撮一圭五粟一顆六粒一黍七稷六糠，内奉文改折漕糧正贈米八千二百三十四石五斗四升九合二勺九抄五撮，每石部折銀九錢，該折銀七千四百一十一兩九分四釐三毫六絲五忽五微。其餘仍徵本色。

十八年，額徵折色起存白折共銀二十六萬七千四百九兩七錢三分九釐八毫〔六〕絲二微六纖七沙四塵八渺九漠一埃六巡，内除請旨事案内奉文復辦白糧應減白折銀一萬一千二十一兩三錢二分六釐一毫七〔絲〕，仍徵本色白糧米七千三百四十七石五斗五升七勺八抄。

額徵本色漕糧正贈并南兵金揚局恤等米一十一萬五千七百七十九石七斗三升一合四勺四抄八撮七圭三顆八粒九黍九稷八糠，内奉文改折漕糧正贈米五千九百九十四石二斗三升四勺四抄五撮，每石折銀九錢，該折銀五千三百九十四兩八錢七釐四毫五微。

十九年，額徵折色起存正閏共銀二十二萬五千三百二十七兩四錢四分二釐六絲六忽一微八沙一塵三渺二埃五逡六巡。

又編白糧改折銀三萬六千一百九十八兩三錢五分三釐一毫二絲四忽六微七纖二沙四塵五渺八漠八埃五逡。

額編本色漕白二糧并南兵金揚局恤漕贈正閏共米一十二萬二百八十八〔石〕七斗七升八合九勺五抄八撮三圭八顆五粒四稷八糠。

二十年，額徵折色起存并白折共銀二十六萬五百五十二兩二錢三分七釐三〔毫〕二絲九忽八微六纖五塵八渺九漠一埃六巡。

另徵編審增丁銀一十五兩七錢六分八釐九毫四絲七忽八微三沙六塵六漠八埃。

本色漕白二糧南兵金揚局恤等米一十二萬三百五十石三斗九升九合八勺二抄二撮三圭八顆四粒九黍九稷八糠。

是年八月,内部覆江撫慕天顔題請坍荒賠累無追一案,奉旨准豁坍版荒田地應蠲銀米錢糧,從十七年分蠲免起,仍應挨年扣免于民訖。

按:巡撫慕天顔檄行,今知縣史彩不憚馳驅,躬親勘驗,共丈確坍浦田自十六保語兒涇三十一啚起,至二十二保三十一啚東海護塘止,共八十三啚,坍没版荒原丈田池蕩漊五十頃九十九畝三分,准熟田四十八〔頃〕七十七畝五分三釐三毫;又吴淞江自康熙十一年復濬,沿江各啚從二十五保一啚起,至三十保十啚止,共一十九啚,坍没原丈田蕩三〔頃〕九十六畝一分三釐六毫,准熟田三頃二十二畝九分七釐七毫。通共坍荒原丈田五十四頃九十五畝四分三釐六毫,准熟田五十二頃畝五分一釐。

蠲免條折銀。九百九十六兩四錢五分五釐九毫一絲二忽五微三纖五沙六塵九渺七漠七埃。

蠲免本色米。四百八十六石九升五抄三撮三圭六粟六顆一粒三黍七稷一糠。

實徵折色銀二十五萬九千九百九十四兩二錢四釐八絲七忽三微三纖四沙八塵九渺一漠四埃六巡。

本色米一十一萬九千八百六十四石三斗一升八勺一抄五撮五圭三粟一顆七粒四黍一稷八糠。

通縣續建砲臺、演武場、營房、邑廟、塞城等基,共計二百一十九畝有奇。

按:此項公占向年均攤闔縣〔民〕甲輸糧,前任曾造册申部,未蒙允豁。今知縣史彩涖任,籌酌再三,復派則生飛洒之弊,申請恐誤考成之期,因于本年新編之始,詳造數〔册〕,〔申〕明府藩,□撫□督願捐俸代輸,急公卹下,疲氓感悦,豈第沛澤于一時,實開百世惠愛之源也。

二十一年,定墾田地、蕩漊除坍荒豁額外,實在田地、蕩漊一萬四千七百七十三頃六十畝七分三釐九毫九絲,又除公占免科外,不等准熟田除坍荒豁額外,實在准熟田一萬四千六百六十二頃四畝九分六釐七毫四絲,不等科平米三十八萬六千九百四十二石二斗九升九合五勺六抄八撮五圭。

實徵本折色銀米與二十年實徵額同。

是年,奉詔開復官俸銀兩,照舊支給,宦户加徵銀兩停止免徵,其衙役工食〔二〕十二年照舊支給。又本色白糧二十二年全徵起運,〔又〕驛站錢糧准復二分,現在遵行,不在丁田雜辦。

匠班正銀。二百三十四兩,損銀〔二〕兩八錢八釐,概縣各色人匠計五百〔二〕十名,每名銀四錢五分。

漁課銀。一百一兩六錢一分〔四〕釐六毫七絲,概縣漁船網〔户所〕納。

門攤課鈔銀。一百兩,店舖小甲催辦。

乾隆上海縣志卷之四

田　賦　三二鄉起科等則及准折熟田舊編鄉保區啚田糧數目

本朝夏、秋二税之額已載上卷，其低薄舊荒傍浦留步及柴草蕩水漊有兩而折一、六而折一者，有公占免科者，區分派别，條晰靡遺，固見法制之密，而益章軫恤之恩，燭照而數計也。百爾君子，其亦善推此意以鳩吾民矣乎？

本縣上、下二鄉計一十五保五十六區三百九十八里，共田地蕩漊一萬四千八百五十頃八十二畝六分七釐三毫一絲。

免科公占義塚等共二十二頃二十六畝四分九釐七毫二絲。

實在有徵田地蕩漊一萬四千八百二十八頃五十六畝一分七釐五毫九絲，不等准熟田一萬四千七百一十三頃五十九畝二分一釐三毫一絲。

不等科平米三十八萬八千四〔百〕四石三斗七升三合六勺，内徵糧平米三十四萬一千三百七十石二斗一升一合，五錢折徵平米四萬七千三十四石一斗六升二合六勺。

人丁八萬一千九百六十丁。

上鄉

十六保、十八保、二十一保、二十二保、二十三保、二十四保、二十五保、二十六保、二十七保、二十八保、二十九保、三十保，計三十區，共二百一十七里，該田地蕩漊七千二百三十四頃四十八畝三分五釐三毫五絲，内除公占義塚等免科外，實在有徵田地蕩漊七千二百二十一頃三十四畝一分六釐八毫五絲，不等准熟田七千一百五十三頃三十五畝一分八釐一毫二絲。

不等科平米二十一萬一千六十六石三斗一升二合七勺。徵糧平米一十六萬五千八百四石二斗二升六合九勺，五錢折糧平米四萬五千二百六十二石八升五合八勺。

人丁三萬九千八百三十七丁。

免科田一十三頃一十四畝一分八釐五毫。

十六保一區：天一啚四分三釐一毫，十并十五啚一畝七分五釐二毫，廿啚七畝八分五釐九毫。二區：八啚六分八釐三毫，十一啚一畝三分九釐四毫，十四啚十二畝七分二釐二毫。三區：廿五、廿七、三十三、三十八、四十四、四十五、四十七、四十九啚六畝九分四毫。四區：廿六、廿八啚〔一〕畝六分九釐，三十二、四十二、五十二啚一十四畝三分三釐，三十九、四十六、五十一啚一畝七分七釐一毫。五區：廿九、三十一啚一十九畝三分八釐三毫。

十八保一區：十七、十八、十九啚五分九釐五毫，廿二、五十啚四畝五分七釐八毫，廿六、三十三啚一畝四分三毫，廿九、三十一啚一畝六分六釐二毫，三十五啚一畝五釐七毫。二區：六并三十七、十五、三十三、三十八啚四畝五分四釐三毫，十六、二十、廿一、廿四啚二畝八分五毫，廿三、廿五啚一畝九分六釐，廿七、廿八啚一畝三分九毫。三區：七、八、九啚三畝七釐五毫，十四、三十九、四十八啚三畝六分一釐八毫。四區：一、二啚一畝九分八釐，三、三十一、四十一啚十六畝二分七毫，四并三十六啚四畝七分五釐，十二、十三啚一畝八分。

二十一保一區：一啚四畝六分六釐二毫，五啚四畝六分一毫。二區：六、九啚、九十一啚七畝八釐，四十二啚一畝，五十四、五十五啚五分八釐九毫，八十啚三畝二分一釐。三區：十四、十八啚三畝一分一釐八毫，廿六、廿七啚八畝七分五釐五毫。四區：十六、廿八啚四畝七分七釐一毫，廿九啚二畝六分。

二十二保一區：三十八啚四畝七分二釐五毫，三十九、五十二啚一畝八分六釐二毫，四十三啚七畝九分四釐四毫，四十四啚一畝五分。六區：五十啚八畝九分八釐二毫，五十一、五十三啚二十八畝一分五釐七毫。

二十三保一區：一、二、八啚一十四畝六分五釐六毫，四、七啚二畝六釐一毫，十二啚一十四畝三分二釐，十九啚七畝五釐三毫。三區：三、五啚三畝二分，六并九十啚五畝七分五釐一毫，十一、十三啚一畝二釐五毫，十五、十六啚六分二釐八毫。

二十四保一區：天一、四啚一畝四分五釐三毫，方一、二、五、九啚四畝二分六釐。二區：三并副八啚三畝一分五釐三毫，六、七、九啚四畝八分七釐六毫，正八、十、十一啚一十八畝一分七釐七毫，十二、十三、副十五、十六、十七啚十五畝二分五釐八毫，十四、十五啚一畝八分一釐八毫。三區：三、五啚五畝三分六釐九毫，六、七、三十一啚二畝五分六釐一毫。四區：十六、廿二、廿三啚七畝四分八釐六毫，十七啚三畝六毫，十八、廿四啚三畝三分八釐，十九啚三畝九分七釐七毫，二十、廿一啚一畝三分二釐一毫，二十六啚二分七釐。

二十五保一區：一、二、三、四啚一頃八十三畝六釐五毫，五、六、七、八啚一頃四十四畝五分三釐二毫，九、十、十一、十二啚二頃二十五畝五分三釐八毫，十三啚二十五畝八分二釐一毫，十四啚六分七釐，十五啚一分八毫，十六啚八十六畝二分七釐五毫。

二十六保一區：廿一、廿八、廿九、三十一啚一頃一十六畝八分五釐，廿五啚一畝九分一釐六毫，廿三、廿四啚三畝五分六釐。二區：十并十三、十四啚三畝八分三釐一毫，十一、廿七啚八畝三分九釐，十五、廿二啚五畝八毫。

二十七保一區：一啚一畝五分二釐三毫，二、三、四啚四分八釐三毫，七、八、九啚一分四釐，十并十一啚一十五畝七分四釐八毫，十二啚二畝二分三釐三毫，十三啚二畝四分二釐七毫。

二十八保一區：一、二啚七畝五分二釐，五、六啚二畝四分九釐五毫，十六、十七啚一畝二分八釐七毫，十九啚一十八畝三分一釐一毫。二區：四、八、九啚五畝七分五釐四毫，七啚三畝五分五釐八毫，十并十二啚一十四畝一分二釐四毫，北十二啚一畝，十八啚二畝二分四釐七毫。

二十九保一區：一、二啚八畝一釐七毫，三、四啚五畝六分三釐五毫，五、六啚二畝六分八釐九毫。

三十保一區：一、五啚一畝九釐，二啚三畝六分九釐五毫，八、九啚三畝四分三釐九毫。二區：三、七啚四畝八分四釐九毫，四啚三畝三分二釐五毫，六并十二啚八畝一分五釐六毫。

徵糧項下

熟田五千五百七十二頃九十八畝九分二釐六毫八絲。每畝均科正耗平米二斗九升五合。

十六保一區：天一、廿三、廿四啚四十九頃九十三畝八分八釐二毫，十并十五啚七十三頃五十二畝八分二釐五毫，十六啚二十七頃六十一畝六分六釐三毫，二十、廿一啚五十六頃六十四畝一分九釐五毫。二區：八啚四十二頃三十五畝五釐，十一啚五十六頃五十一畝四分七毫，十四啚五十一頃六十一畝九分九釐四毫。三區：廿五、廿七、三十三、三十八、四十四、四十五、四十七、四十九、十并十八啚一百三十二頃六十九畝六分一釐八毫。四區：廿六、廿八啚六十二頃四十八畝三分五毫，三十二、四十二、五十二啚六十八頃三十四畝七分三毫，三十九、四十六、五十一啚一百一十頃五十七畝六分一釐四毫。五區：廿九、三十一啚九十二頃七十九畝六分七釐六毫。

十八保一區：十七、十八、十九啚五十七頃五十一畝五分四釐三毫，廿六、三十二、三十三啚五十六頃三十三畝五分八釐五毫，廿九、三十一啚四十頃九十畝四分一釐一毫，三十四、三十五啚四十二頃七畝七分二釐，廿二、五十啚九十七頃一十九畝三分四毫。二區：六并三十七、十五、三十三、三十八啚八十四頃一十二畝六釐三毫，十六、二十、廿一、廿四啚八十四頃九十八畝九分三釐二毫，廿三、廿五啚三十六頃九十六畝六分七釐六毫，廿七、廿八啚三十二頃六十六畝六分六釐六毫。三區：五、七啚五十頃七十四畝一分九釐三毫，七、八、九啚七十六頃八十七畝二分四釐二毫，十四、三十九、四十八啚七十二頃五畝六分三釐三毫。四區：一、二啚四十五頃九十畝四分二釐二毫，三并四十一啚七十八頃九十八畝九分二釐，十并四、三十六啚六十四頃五十五畝三分六釐九毫，十二、十三啚四十六頃九十六畝一分一釐六毫。

二十一保一區：一啚二十八頃八十一畝二分六釐八毫，五啚四十一頃五畝七分三釐九毫，七啚四十九頃七十七畝一分二毫，十三啚四十六頃六十畝八分七釐四毫。二區：六、九、九十一啚九十六頃五十二畝一分七釐九毫，四十二啚五十三頃三十七畝五分四釐九毫，五十四、五十五啚五十頃七十畝八分五釐一毫，八、十啚三十四頃九十七畝八分一釐。三區：十四、十八啚六十三頃七十二畝四分三釐八毫，廿一、廿二、廿三、廿四、廿六、廿七啚一百四十一頃三十四畝八分九毫。四區：十六、二十八啚七十六頃七十二畝八分三釐四毫，十七、二十、廿五啚一百一十頃四十一畝二分四釐五毫，廿九、三十啚七十二頃六十六畝一分一釐一毫。

二十二保一區：三十八啚四十五頃四畝三分一毫，三十九、五十二啚五十八頃七十七畝五分八釐七毫，四十三啚五十一頃九十八畝一分九釐八毫，四十四啚六十八頃二十六畝五分九釐五毫。六區：五十啚五十七頃三畝五分七釐八毫，五十一、五十三啚五十五頃一十四畝七分八釐。

二十三保一區：二、八啚七十一頃八十四畝三分四釐九毫，十二、十四啚四十三頃一十五畝四分二釐六毫，十九啚一十八頃四十九畝三分八釐四毫。二區：三、五啚四十八頃一十三畝九分六釐八毫，六、九、十啚九十九頃五十四畝五分一毫，十一、十三啚七十六頃八十八畝五分三釐一毫，十五、十六啚五十六頃四十畝九分二釐一毫。

二十四保一區：天一、二、列四啚五十四頃二十二畝一分六釐四毫，方一、二、五、九啚一百四十二頃三十四畝四分四釐一毫。二區：三并副八啚一百五頃畝八分八釐一毫，六、七、九啚七十八頃二畝二分七釐二毫，八并十、十一啚五十頃九十畝七分八釐五毫，十四、十五啚四十三頃五十五畝八分一釐六毫，十二、十三、副十五、十六、十七啚一百三十五頃七十九畝七分三釐五毫。三區：三、四、五啚七十二頃六畝四分五釐八毫，六、七、三十一啚一百五頃六十一畝一分一釐。四區：十八、廿四啚六十頃三十九畝八分二釐六毫，十六、廿二、廿三啚七十頃一十四畝三分七釐八毫，十七、四十八啚五十七頃七十八畝六分四釐二毫，十九、廿五啚五十頃六十畝一分五釐五毫，二十、廿一啚六十二頃三十畝五毫，廿六、四十七啚六十三頃三十畝六分一釐九毫。

二十五保一區：一、二、三、四啚六十九頃三十二畝二分八釐，五、六、七、八啚一十五頃二十三畝九分六釐四毫，九、十、十一、十二等啚一百七頃九十七畝五分八釐。

二十六保一區：廿一、廿八、廿九、三十一啚一百八頃一十九畝八分四釐六毫，廿三、廿四啚九十五頃四十畝二分八釐三毫，廿五、廿六啚六十四頃七十八畝九分三釐九毫。二區：十并十三、十四啚七十六頃六十五畝七分三釐二毫，十一、廿七啚七十八頃四十畝二分三釐七毫，十五、廿二啚八十七頃八十五畝四分一釐七毫。

二十七保一區：一、二啚一百五頃三十三畝三釐，五、六啚三十四頃九十七畝九分七釐一毫，七、八、九啚六十九頃八十五畝五分九釐五毫，十并十一啚三十四頃九十七畝一分三釐，北十二啚三十五頃五十八畝六分六釐九毫，十三啚二十四頃九十六畝二分一釐。

傍浦留步熟田六頃五十三畝五分六釐六毫，每一畝四分准腹内熟田一畝，共准熟田四頃六十六畝八分三釐二毫九絲。以下准熟田一畝俱均科正耗平米二斗九升五合。

十六保一區：天一啚二十畝五毫，十五啚四畝七分七釐七毫，十六啚二十一畝五分九釐四毫，二十、二十二啚六畝九釐一毫。二區：十一啚二十三畝四分八釐二毫，十四啚九畝三分一釐。四區：廿六、廿八啚一十六畝九分二釐二毫，五十二啚三分七釐八毫，四十六、五十一啚五畝二分九釐二毫。

十八保一區：廿九、三十一啚一畝一分五釐四毫。

二十一保一區：一啚一十一畝二分二釐五毫，五啚三十七畝四分，七啚一十二畝四分五毫，十三啚一十八畝九分六釐六毫。二區：五十四、五十五啚三畝二釐六毫，九、十一啚一十七畝四分五釐三毫。三區：十八啚二畝九分六釐九毫，廿一啚六畝四分二釐五毫，廿六啚四畝三分七釐。四區：廿九啚八畝八分二釐。

二十二保一區：四十三啚三十七畝八分二釐七毫。六區：五十啚六畝六分八釐四毫，五十一、五十三啚四十三畝八分一釐七毫。

二十三保一區：一、二啚一十四畝六分二釐四毫，十二、十四啚五十二畝六分四釐八毫，十九啚二十六畝二分八釐三毫。二區：五啚四畝六分八釐，十三啚四畝三分九釐三毫。

二十四保一區：方一、二、五、九啚五十三畝三分四釐八毫。二區：六啚三十四畝九分七釐，八并十、十一啚一十六畝九分二釐七毫，十二、十三、副十五、十六、十七啚一十一畝八分八釐二毫。三區：三、四、五啚三十三畝五釐一毫。四區：十六、廿二、廿三啚二十一畝四分七釐，廿一啚一十畝九分八釐七毫，廿四啚三畝二分四釐三毫。

二十五保一區：六啚六畝二分五釐六毫，十四啚六畝七分一釐，十五啚七畝一分九釐九毫，十六啚五畝一分二釐一毫。

二十六保一區：廿一、廿八、廿九、三十一啚一十一畝六分二釐六毫。二區：十并十三啚三畝一分四釐七毫，十一、廿七啚二分五釐。

二十七保一區：一啚四畝二分五釐九毫。

低薄舊荒田二十九頃九十九畝三分一釐五毫，每一畝五分准熟田一畝，共准熟田一十九頃九十九畝五分四釐三毫三絲。

十六保一區：天一啚二頃五十五畝二分八釐，十并十五啚七十畝七分六釐五毫，十六啚五十八畝四分五釐五毫，二十、二十二啚一十一畝二分七釐九毫。二區：八啚三十五畝八分二釐一毫，十一啚四畝五分一釐五毫，十四啚七畝六分四釐。三區：廿五、廿七、三十三、三十八、四十四、四十五、四十七、四十九、十八啚一頃八十二畝五分八釐九毫。四區：廿六啚二十六畝四分一釐四毫，五十二啚一十八畝三分八釐六毫，三十九、四十六、五十一啚三十三畝六分八釐。五區：廿九、三十一啚一十三畝六分三釐二毫。

十八保一區：十七、十八、十九啚一畝八釐八毫。二區：廿七、廿八啚四十八畝四分一釐二毫。三區：五、七啚一頃九十九畝五分九釐一毫，七、八、九啚一頃二十畝七分二釐三毫。四區：一、二啚二十六畝二分一釐七毫，十一、四十一啚八畝五分五釐。

二十一保一區：一啚九畝九分九釐五毫，五啚八十四畝八分七釐七毫，七啚一頃二十二畝一分九釐八毫，十三啚三十四畝六分九毫。二區：六、九、九十一啚一頃二十二畝五分四釐二毫，五十四、五十五啚二十八畝九分九釐五毫，八十啚四十一畝七分二毫。三區：十八啚一畝八分四釐四毫，廿一啚五畝三毫。

二十二保一區：四十三啚六分五釐八毫，五十二啚一十九畝六分。六區：五十啚一十五畝六分三釐一毫，五十一、五十三啚三頃九十畝四分四釐五毫。

二十三保一區：一、二啚一畝三分九釐六毫，十二啚四十四畝三分一釐二毫。二區：十三啚五畝九分。

二十四保一區：天一啚二畝二分五釐，方一、二、五、九啚九十一畝五分六釐。二區：三啚九畝二分四釐三毫，十并十一啚一十一畝二毫，十二啚二畝六分一釐二毫，十四啚四畝五分三釐八毫，九啚一畝一分九釐二毫。三區：四啚三畝八釐九毫。四區：十九啚二十一畝九分二釐三毫，廿一啚六畝九分七釐，廿二、廿三啚四分五釐三毫，廿四啚一十九畝二釐二毫，四十七啚一十畝三分。

二十五保一區：一、二、三、四啚六頃九十六畝六分四釐，八啚二分。

二十六保一區：廿一、廿八、廿九、三十一啚一十五畝六分七釐六毫。二區：十并十四啚三十七畝二分九釐三毫，十一、廿七啚四畝八釐七毫，十五啚一畝三釐四毫。

二十七保一區：一啚五分五釐二毫，十二啚六畝九分三釐四毫。

傍浦留步低薄田二十六畝四分一釐六毫六絲，每二畝一分准熟田一畝，共准熟田一十二畝五分七釐九毫三絲。

十六保一區：十五啚一畝一分六釐四毫。四區：四十六、五十一啚五分一釐。

二十一保二區：五十四、五啚四分。九十一啚一畝一分七釐四毫。

二十三保一區：十二啚二畝九分三釐。

二十四保四區：廿一啚一十五畝九分一釐八毫，廿四啚七分三釐七毫。

二十六保二區：十一、廿七啚三畝五分八釐三毫。

得業蕩二十五頃三分八釐七毫三絲，每二畝准熟田一畝，共准熟田一十二頃五十畝一分九釐三毫七絲。以下各則蕩漊准熟田一畝均科平米三斗。

十六保一區：十啚一十一畝六分四釐八毫，十六啚二畝七分，二十啚六分一釐四毫。二區：八啚二十一畝五分九釐八毫，十一啚八十六畝五分四釐三毫，十四啚一十四畝五分九釐。三區：二十五、七、三十三、八、四十四、五、七、九十八啚一十七畝四分五釐七毫。四區：廿六啚一十四畝四分二釐二毫，四十二啚四畝五分七釐一毫，四十六、五十一啚一畝一分六釐六毫。

十八保一區：十七、十八、十九啚六畝六分六釐五毫，三十二啚五分，五十啚八分五釐九毫。二區：廿三、廿五啚八畝七分三釐三毫，廿七、廿八啚七畝九分九釐七毫。三區：九啚六分九釐一毫，四十八啚三分二釐四毫。四區：四十一啚二畝八毫。

二十一保一區：五啚二十九畝四分八釐二毫，七啚八分二釐二毫，十三啚三十二畝八釐六毫。三區：十八啚一十八畝四分四釐，廿六、廿七啚二十八畝六分四釐一毫。四區：十七啚三畝四分七釐四毫，廿八啚二畝一分三釐，廿九啚四畝一分六毫。

二十二保一區：三十八啚五畝六分九釐七毫，五十二啚三畝八分四釐六毫。六區：五十啚一十六畝七分六釐二毫，五十一啚三頃五十七畝七分一釐。

二十三保一區：一、二啚七畝六釐六毫，十二啚一十畝一分一釐八毫。二區：三啚六分四毫，六啚一十四畝九分。

二十四保一區：方一、五、九啚四十九畝七分九釐四毫。二區：六啚二十六畝八分一釐六毫，八并十、十一啚一頃二十七畝六分九毫，副八啚三分六釐六毫，十二、三、十六啚八十六畝七分一釐八毫，十四、十五啚一頃四十二畝八釐二毫。三區，四、五啚一十畝六分一釐六毫，六、七啚一十二畝四分一釐八毫。四區：十六啚五畝五分七釐，十九啚一十一畝六分八釐一毫，廿四啚一頃一畝三分九毫，廿六啚一十八畝五分八釐，四十八啚五畝一分七釐五毫。

二十五保一區：一、三啚五頃六十四畝四分七釐七毫，六啚八畝一分三釐一毫，十二啚七十八畝五分一釐四毫，十四啚一十三畝六分八釐八毫，十五啚一十七畝二分八釐七毫。

二十六保一區：廿一、廿八、廿九、三十一啚一頃八畝四分二釐，廿三、廿四啚三畝四分八釐九毫，廿五、廿六啚四畝五分。二區：十并十三啚四畝五分九釐二毫，十一、廿七啚五畝五分三釐七毫。

二十七保一區：一啚三畝三分二毫，十并十一啚二頃三十六畝六分二釐一毫，十二啚七十八畝九分五釐，十三啚三十五畝一分七釐六毫。

傍浦留步得業蕩七十七畝二分二釐三毫，每二畝八分准熟田一畝，共准熟田二十七畝五分七釐九毫六絲。

二十一保一區：十三啚六畝一分八釐五毫。

二十二保六區：五十一啚二十畝七釐二毫。

二十四保一區：方二啚六畝二分五釐二毫。二區：八并十、十一啚二十四畝二分四釐九毫，十二啚七畝七分八釐五毫。三區：五啚一十一畝四釐二毫。四區：十六啚一畝二分三釐六毫，廿四啚四分二毫。

柴蕩六頃七十八畝七分九釐九絲，每三畝准熟田一畝，共准熟田二頃二十六畝二分六釐三毫六絲。

十六保二區：十一啚一十九畝五分七釐四毫，十四啚九畝四分二釐一毫。三區：十八啚六分。四區：四十六、五十一啚一畝九釐九毫。五區：二十九啚二畝五分一釐。

十八保一區：二十九、三十一啚二畝七毫。二區：二十、二十一啚一畝八分七毫。

二十一保一區：七啚一十四畝七分九釐八毫，十三啚二十畝四分八釐六毫。四區：二十九啚二畝六分一釐八毫。

二十二保一區：五十一啚一十三畝三分三釐九毫。六區：五十啚一十畝一分，五十一、五十三啚四十畝二釐一毫。

二十三保一區：一、二啚四畝九分一釐五毫。二區：三、五啚一十六畝四分三毫。

二十四保一區：九啚四十一畝六分四釐。二區：正八啚六畝三分四釐八毫，十二啚二畝。三區：五啚三十八畝五分六釐。四區：二十四啚一十三畝五分五釐九毫，四十七啚四十二畝六釐七毫。

二十六保一區：廿一、廿八、廿九、三十一啚四十六畝九分一釐四毫。二區：十并十三啚七十五畝四分九釐四毫，十一、廿七啚三畝四分七釐五毫。

二十七保一區：一、二、三、四啚一畝五分七釐，十并十一啚九十九畝六分七釐，十二啚七十三畝七分五釐五毫，十三啚七十四畝四釐一毫。

傍浦留步柴蕩五畝四分八釐四毫，每四畝二分准熟田一畝，共准熟田一畝三分五毫七絲。

二十二保六區：五十一啚五畝四分八釐四毫。

草蕩水溇三十六頃六十八畝四分五釐三毫一絲，每六畝准熟田一畝，共准熟田六頃一十一畝四分八釐九毫。

十六保一區：十并十五啚三十二畝九分三釐三毫，十六啚六十三畝六分七釐九毫，二十二啚三畝四釐一毫。二區：十一啚九十四畝九分三釐七毫。三區：廿五、廿七、三十三、三十八、四十四、四十五、四十七、四十九、十八啚六十一畝四釐八毫。四區：二十六啚一畝五毫，四十二啚三畝四分一釐九毫，四十六、五十一啚一十四畝一分五釐三毫。五區：二十九啚三分四毫。

十八保一區：十七、十八、十九啚六十四畝四分七釐二毫，二十二、五十啚二頃四十四畝三分九釐四毫，二十六、三十二、三十三啚七十一畝三分九釐五毫，廿九、三十一啚四十七畝七分一毫，三十四、三十五啚一頃四十九畝五釐六毫。二區：六并三十七、十五、三十三、三十八啚六十九畝九分五釐四毫，十六、二十、廿一、廿四啚五十一畝四分一釐八毫，廿三、廿五啚一十畝五分三釐五毫，廿七、廿八啚四十三畝四分四釐九毫。三區：五、七啚六畝六分二釐六毫，七、八啚六畝三分六釐八毫，十四、三十九、四十八啚四十四畝八分七釐。四區：一、二啚一畝六分五釐一毫，三、四十一啚一十八畝三分六釐九毫，十并四、三十六啚六畝四分二釐八毫，十三啚五畝四分一釐六毫。

二十一保一區：一啚一頃一十七畝五分四釐九毫，五啚九十二畝四分六釐五毫，七啚一頃一十八畝三分三釐四毫，十三啚一頃九十四畝四分三釐八毫。二區：六、九、九十一啚三頃三十畝七分八毫，四十二啚一頃一十畝六分四釐十毫，五十四、五啚一頃七十七畝一分二釐三毫，八十啚一頃八十九畝一分六釐五毫。三區：十四啚九畝九分一釐七毫，廿一、廿二、廿三啚二十九畝二分六釐八毫，廿六、廿七啚九十一畝三分八釐三毫。四區：十六啚一十九畝二分八釐，二十啚七畝四分六釐一毫，二十九、三十啚九十三畝一分五釐七毫。

二十二保一區：三十八啚三畝六分六釐七毫，四十四啚二畝九分五釐八毫，五十二啚一十六畝六分一釐九毫。六區：五十啚二畝六分八釐七毫，五十一、五十三啚四十四畝七分一釐五毫。

二十三保一區：一、二啚五畝，十二啚三十二畝八分五釐一毫。二區：三、五啚一十六畝二分三釐，十一啚七釐。

二十四保一區：一、四、六啚四十畝一分三釐九毫，方一、二、五、九啚二十五畝四分五毫。二區：三并副八啚一十四畝三分六釐二毫，七、八、九啚二十三畝九分九釐五毫，十并十一啚四畝七分五釐，十二、十三、副十五、十六、十七啚一十一畝七分七釐五毫，十四啚五十畝九分六釐五毫。三區：三、四、五啚五畝九分九釐三毫，六、七、三十一啚一十四畝一分一釐六毫。四區：十六、廿二、廿三啚三畝一分八釐五毫，十七啚六畝六釐六毫，十八、二十四啚三十六畝二分九釐九毫，二十五啚一畝七分三毫，四十七啚二十四畝七分一毫。

二十五保一區：一、二、三啚九十一畝一分五釐五毫，六啚四畝八分六釐二毫，十二啚一十五畝二分三釐四毫，十四啚七畝九分六釐二毫，十五啚五畝九分八釐八毫，十六啚一十三畝一分三釐。

二十六保一區：廿一、廿八、廿九、三十一啚一頃四十三畝七分六釐九毫，二十四啚八畝八分四釐一毫，二十六啚二畝六分二釐五毫。二區：十并十三、十四啚九畝二分七釐五毫。

二十七保一區：一、二啚一十九畝一分三釐三毫，十并十一啚五十五畝一分三釐，十二啚八十畝九分八釐八毫，十三啚一頃二十四畝四分九釐五毫。

傍浦留步草蕩九畝五分八釐一毫，每八畝四分准熟田一畝，共准熟田一畝一分四釐六絲。

二十二保一區：四十三啚九畝五分八釐一毫。

新墾城壕官地九十七畝六分七釐九毫，每六畝准熟田一畝，共准熟田一十六畝二分七釐九毫八絲。

二十五保一區：一、二、三、四啚二十二畝一分五釐六毫，五、六、七、八啚三十一畝七分八釐二毫，十六啚六畝五分五毫，九并十、十一啚三十七畝二分三釐六毫。

五錢折糧項下

熟田一千五百二十七頃三十四畝一釐六毫。每畝均科正耗平米二斗九升五合，每平米一石折徵銀五錢。

二十三保一區：四、七啚四十四頃一十一畝一釐二毫，十九啚二十七頃四十四畝七分二釐二毫。二區：十六啚四十畝。

二十四保二區：十二、十三啚二頃四十畝一分四釐六毫，十四、十五啚二頃五畝八釐四毫。四區：十六、廿二啚二頃九十一畝六分八釐七毫，十七啚一頃八十四畝三分三釐四毫。

二十五保一區：一、二、三、四啚三頃三十八畝三分五釐五毫。

二十七保一區：十并十一啚六頃三十九畝七分三釐四毫，十二啚二十三頃二十畝二分一毫，十三啚五頃八畝六分八釐八毫。

二十八保一區：一、二啚九十五頃二十七畝一釐五毫，五、六啚五十三頃二十二畝八分五釐，十六、十七啚八十五頃二十九畝八分五釐〔一〕毫，十九啚四十五頃一十五畝七分七釐八毫。二區：三啚四十八頃六十四畝九分七釐九毫，四、八、九啚五十一頃九十八畝二分八釐七毫，七啚五十六頃一畝三分八釐五毫，十并十一、十二啚九十頃五畝二分八釐，北十二啚三十八頃三畝六分一釐三毫，十八啚四十八頃三十六畝一分九釐三毫。

二十九保一區：一、二啚一百一十五頃六十一畝七分三釐一毫，三、四啚一百二十二頃六十九畝七分八釐九毫，五、六啚一百二十四頃十八畝九分一釐四毫。

三十保一區：一、五啚七十三頃三十九畝五分九釐六毫，二啚五十頃九十一畝一分二釐六毫，八、九啚七十五頃六十四畝四分三釐九毫，十啚五十六頃八十畝一分一毫。二區：三、七啚五十六頃九十八畝五分四釐三毫，四啚四十五頃七十八畝七分八釐八毫，六并十二啚七十四頃二畝五分七釐二毫。

低田三頃五十四畝六分五釐九毫，每一畝五分准熟田一畝，共准熟田二頃三十六畝四分三釐九毫三絲。以下准熟田一畝均科正耗平米二斗九升五合，照例每石折徵銀五錢。

二十八保一區：十六、七啚一十五畝一分六釐六毫，十九啚三畝一分七釐。二區：七啚二畝一分五毫，十并十一、二啚一頃二十二畝五分八釐二毫，十八啚七畝八釐三毫。

二十九保一區：一啚八畝五分三毫，三啚四畝八分四釐六毫，五、六啚一頃八十五畝九釐二毫。

三十保一區：二啚二畝三分二釐五毫。二區：十二啚三畝七分八釐七毫。

得業蕩七頃六十四畝五分二釐五毫，每二畝准熟田一畝，共准熟田三頃八十二畝二分六釐三毫。以下各則蕩准熟田一畝均科平米三斗，照例每石折徵銀五錢。

二十八保二區：三啚三十七畝九分四釐九毫，四、八、九啚一頃八十一畝四分一釐八毫，十并十一、十二啚一頃十七畝三分八釐六毫。

二十九保一區：三啚一十六畝六分一毫，六啚七畝九分三釐六毫。

三十保一區：八、九啚二頃七十五畝七分三釐，十啚二十一畝三分六釐六毫。二區：四啚七十八畝六分六釐七毫，六啚二十七畝四分七釐三毫。

柴蕩一頃五十七畝三分四毫,每三畝准熟田一畝,該熟田五十二畝四分三釐四毫。

二十八保二區：三啚八畝三分一釐九毫,四、八、九啚二十七畝八分九釐九毫,十并十一、十二啚六畝三分四釐七毫,十八啚二畝三分二釐七毫。

二十九保一區：一啚二畝三分四釐二毫,六啚七畝三分七釐五毫。

三十保一區：八、九啚四十八畝六分八毫,十啚二十七畝六分一毫。二區：六啚二十六畝四分八釐六毫。

草蕩水漊一頃七畝八分四釐,每六畝准熟田一畝,共准熟田一十七畝九分七釐三毫二絲。

二十八保一區：五、六啚二畝二分七釐,十六、十七啚四畝五分七釐一毫,十九啚二畝六分九釐二毫。二區：三啚二分三釐八毫,四、八、九啚二十六畝六分三釐七毫,七啚一畝五分三釐,十并十一、十二啚二十七畝二分三釐九毫。

二十九保一區：一、二啚五畝九分三釐九毫,三啚四畝一分八釐三毫,六啚八畝六分五釐二毫。

三十保一區：一啚二分四釐,八啚七畝九分一釐四毫。二區：四啚一十畝二分五釐八毫,六并十二啚三畝九釐四毫,七啚□二畝三分八釐三毫。

人丁三萬九千八百三十七丁。

十六保一區：十并十五啚四百十二丁,十六啚一百五十八丁,二十、廿一啚三百十六丁,天一、廿三、廿四啚二百八十八丁。二區：八啚二百三十八丁,十一啚三百二十丁,十四啚二百八十九丁。三區：廿五、廿七、三十三、三十八、四十四、四十五、四十七、四十九、十八啚七百四十九丁。四區：廿六、廿八啚三百四十七丁,三十二、四十二、五十二啚三百八十一丁,三十九、四十六、五十一啚六百十九丁。五區：廿九、三十一啚五百十六丁。

十八保一區：十七、八、九啚三百廿一丁,廿二、五十啚五百四十四丁,廿六、三十二、三十三啚三百二十五丁,廿九、三十一啚二百十九丁,三十四、五啚二百三十六丁。二區：六并三十七、十五、三十三、三十八啚四百七十一丁,十六并二十四、二十、廿一啚四百七十五丁,廿三、廿五啚二百六丁,廿七、廿八啚一百八十四丁。三區：五、七啚二百九十丁,七、八、九啚四百三十三丁,十四、三十九、四十八啚四百二丁。四區：一、二啚二百五十六丁,二、三并四十一啚四百四十丁,十并四、三十六啚三百六十丁,十二、十三啚二百六十一丁。

二十一保一區：一啚一百六十二丁,五啚二百三十六丁,七啚二百八十五丁,十三啚二百六十三丁。二區：六、九、九十一啚五百四十八丁,四十二啚二百九十九丁,五十四、五十五啚二百八十七丁,八十啚一百九十七丁。三區：十四、十八啚三百五十六丁,廿一、廿二、廿三啚四百四十三丁,廿四、廿六、廿七啚三百四十八丁。四區：十六、廿八啚四百廿八丁，十七、二十、廿一啚六百十六丁，廿九、三十啚四百六丁。

二十二保一區：三十八啚二百五十二丁，三十九、五十二啚三百二十九丁，四十三啚二百九十一丁，四十四啚三百八十一丁。六區：五十啚三百十九丁，五十一、五十三啚三百四十一丁。

二十三保一區：二、八啚四百一丁，四、七啚二百四十五丁，十二、十四啚二百四十四丁，十九啚二百五十六丁。二區：三、五啚二百六十九丁，六并九十啚五百五十四丁，十一、十三啚四百廿九丁，十五、十六啚三百十六丁。

二十四保一區：一、四、六啚二百九十九丁，方一、二、五、九啚八百一丁。二區：三并副八啚五百八十五丁，六、七、九啚四百三十六丁，八并十、十一啚二百八十八丁，十四、十五啚二百六十一丁，十二、十三、副十五、十六、七啚七百六十九丁。三區：三、四、五啚四百三丁，六、七、三十一啚五百八十九丁。四區：十六、廿二、廿三啚四百十二丁，十七、四十八啚三百三十二丁，十八、廿四啚三百四十七丁，十九、廿五啚二百八十二丁，二十、廿一啚三百四十八丁，廿六、四十七啚三百五十四丁。

二十五保一區：一、二、三、四啚六百四十三丁，五、六、七、八啚一百廿丁，九、十、十一、十二啚三百七十四丁。

二十六保一區：廿三、廿四啚五百三十一丁，廿五、廿六啚三百六十丁，廿一、廿八、廿九、三十一啚六百八丁。二區：十并十四啚四百廿九丁，十一、廿七啚四百三十六丁，十五、廿二啚四百八十九丁。

二十七保一區：一、二啚五百八十八丁，五、六啚一百九十四丁，七、八、九啚三百八十九丁，十并十一啚二百三十八丁，十二啚三百三十丁，十三啚一百六十八丁。

二十八保一區：一、二啚五百三十一丁，五、六啚二百九十五丁，十六、十七啚四百七十六丁，十九啚二百五十二丁。二區：三啚二百七十一丁，四、八、九啚二百九十四丁，七啚三百十一丁，十并十一、十二啚五百十九丁，北十二啚二百十丁，十八啚二百六十九丁。

二十九保一區：一、二啚六百四十二丁，三、四啚六百八十四丁，五、六啚七百丁。

三十保一區：一、五啚四百九丁，二啚二百八十三丁，八、九啚四百三十丁，十啚三百十四丁。二區：三、七啚三百十七丁，四啚二百五十六丁，六并十二啚四百十四丁。

下鄉

十七保、十九保、二十保、二十二保，共二十六區，計一百八十一里，該田地蕩漊七千六百一十六頃三十四畝三分一釐九毫五絲。

免科公占義塚等項九頃一十二畝三分一釐二毫。

實在有徵田地蕩漊七千六百七頃二十二畝七毫五絲，不等准熟田七千五百六十頃二十四畝三釐一毫九絲。

不等科平米一十七萬七千三百三十八石六升九勺。徵糧平米一十七萬五千五百六十五石九斗八升四合一勺，五錢折糧平米一千七百七十二石七升六合八勺。

人丁四萬二千一百二十三丁。

免科田九頃一十二畝三分一釐二毫。

十七保一區：一、二啚一畝八分五釐六毫，五啚一畝九分二釐二毫，八啚一十畝二分四釐三毫。二區：九啚一分九釐三毫，十啚五分二釐四毫。三區：十二啚一頃五十九畝八分四釐，十三啚四畝五分六釐三毫，十五啚五十畝七分五釐四毫，二十啚二畝九分七釐，三十八啚六畝一分八釐一毫。四區：二十八、三十啚五畝一分二釐，二十九、三十三啚三畝一分二釐九毫，三十二啚一畝二分，三十六啚一畝四分九釐三毫，三十七、四十啚三十五畝一分三釐二毫。六區：十九啚一畝，二十五啚三分九釐三毫。

十九保一區：三啚一分二釐，九十二、八十七啚二十三畝三分二釐，二十啚七畝一分五釐三毫，二十六、八十二、八十九啚一頃七十六畝七分三釐四毫，三十一、八十一、五(士)〔十〕三啚六十一畝八分九釐五毫，九十七、一百啚一十二畝五分九釐五毫。二區：十七、八十八啚六畝一分八釐六毫，十八并八十六啚三畝五分七釐六毫，九十五、一百二啚六畝四分九釐。三區：二十八啚四畝六分八釐一毫，七十六、八十啚四畝九分二釐七毫，九十八、九啚二畝一分六釐四毫。四區：七十二啚一畝六分七毫，八十五啚七分，八十三啚一畝九分五釐。五區：四十九、五十四啚一畝七分二釐八毫，五十六、六十啚一畝二分四釐，五十八啚四分二釐五毫，六十二啚一畝一分八釐。六區：十六、七十三啚一畝七分二釐，六十三、八啚四十八畝六分三釐。七區：三十九、五十一啚一十八畝九分一釐四毫，四十啚二畝四分二釐。八區：一啚一畝，四并四十四啚二畝八分三釐，三十七啚一畝五分一釐七毫。九區：二十五啚八分九釐九毫。十區：十二啚八分六釐一毫。十一區：十四啚九釐四毫，十五、二十一、四啚二畝二分二釐一毫。十二區：三十三、五啚二畝五分六釐六毫，四十二、三、六啚四畝五分一釐八毫，四十七、五十啚二畝五分二釐一毫。

二十保一區：十六、八啚一十一畝四分四毫，二十三啚八釐三毫，二十九、三十啚二畝一釐三毫。二區：十三啚一分三釐一毫，二十六啚七畝七分八釐八毫。三區：三啚二畝六分七釐三毫，七并二十五啚四畝七分五釐二毫。四區：一啚六十六畝七分七釐八毫，二十四啚七畝一分八釐九毫。

二十二保二區：二十一啚六畝四分三釐六毫，二十五啚二畝九釐一毫，三十、三十二啚三畝八分九釐八毫，三十五、六啚八畝三分六釐四毫。三區：四、五啚一十三畝九釐，一、十八、九啚一畝一分六釐七毫。四區：二十四啚一畝二分六釐五毫，二十八、三十一啚九分五釐八毫，二十六、三十四啚一畝五釐六毫，二十九、三十三啚四分八釐一毫。五區：二、九十三啚一十三畝四分六釐四毫，三啚五十七畝六分六釐八毫，十六啚三畝七分六釐八毫。

徵糧項下

熟田七千三百二十五頃八十二畝一分三釐七毫。每畝均科正耗平米二斗三升五合。

十七保一區：一、二啚八十五頃五十九畝一分九釐一毫，四、五啚九十三頃九十二畝八分一釐七毫，八啚八十頃九十七畝七分一釐六毫。二區：三、九啚九十頃八十五畝五分六釐七毫，十啚六十一頃六十二畝九分五釐二毫。三區：十一、六啚一百一十四頃四十六畝四分五釐七毫，十二啚八十九頃七十六畝四分二釐九毫，十三啚六十九頃四十九畝七分九毫，十五啚四十五頃八十四畝七分八毫，二十啚五十四頃四畝八釐二毫，二十四啚三十九頃七十九畝一分三毫，三十八啚六十一頃三十畝五分五釐四毫。四區：二十六、三十二啚九十三頃一十七畝五分四毫，二十八、三十啚一百三十頃二十一畝五分八釐五毫，二十九、三十三啚九十二頃四十七畝七分四毫，三十四、六啚八十一頃五畝二分四釐三毫，十七、四十啚一百五頃二十七畝七分四釐二毫。五區：十七、新二十一啚九十頃一十三畝九分四釐三毫，新、舊二十二啚八十九頃八十九畝三分一釐一毫，舊二十一啚四十七頃一十八畝八分九釐六毫。六區：十九、二十三啚七十六頃四十二畝六分三釐四毫，二十五啚八十二頃九十四畝八分七釐七毫。

十九保一區：三并九十八啚六十一頃八十七畝九分六釐，九十二、八十七啚六十六頃二十畝四分六釐，二十啚五十二頃六十五畝六釐二毫，二十六、八十二、九啚一百二十頃七畝四分四釐，三十一、五十三、八十一啚一百三頃三十二畝九分五毫，九十七、一百啚一百二十頃五十九畝三分四釐五毫。二區：十七、八十八啚八十九頃四十二畝二分七毫，十八、八十六啚九十二頃六十畝九分四釐五毫，三十六啚三十頃畝九分二釐，九十啚四十頃七十九畝二分八釐三毫，九十一、四啚一百九頃五十七畝一分三釐二毫，九十三啚六十七頃三十五畝八分七釐四毫，九十五、一百二啚五十六頃五十三畝五分七釐六毫，一百一啚五十頃六十九畝九分二釐七毫。三區：二十八啚六十九頃一十二畝八分六釐三毫，六十六啚七十一頃一十七畝九分三釐七毫，七十一啚五十二頃二畝七分四釐九毫，七十六、八十啚四十六頃一十八畝三分四釐，七十九、九十八、九啚一百一十二頃七十三畝八分九釐，九十六啚七十三頃二十二畝八分八釐三毫。四區：四十八、八十四啚七十一頃三十畝二分九釐九毫，七十二、五、八十三、五十五啚一百三十二頃三十二畝一分九釐九毫，七十七、八、八十五啚一百二十一頃三十三畝四分一釐。五區：四十九、五十四啚八十八頃四十四畝一分三釐九毫，五十六、六十啚八十二頃八十二畝六分八釐四毫，五十七啚四十五頃二十一畝八分八釐八毫，五十八、九啚五十頃七十一畝一分四釐，六十一啚四十六頃六畝一分一釐八毫，六十二啚七十七頃二十二畝五分三釐二毫。六區：十六、七十三啚六十七頃二十一畝七分八釐一毫，六十三、八、七十啚九十二頃一十五畝八分六釐九毫。七區：三十四、九、五十一啚七十七頃八十六畝一分四釐四毫，四十、四十一啚五十五頃二十六畝六分六釐二毫。八區：一啚五十一頃九十五畝五分五釐三毫，四并四十四啚六十一頃四十畝六分七釐六毫，三十七啚五十八頃九十二畝七分二釐三毫。九區：二、六啚七十五頃三十四畝八分七釐二毫，十九、二十五啚五十九頃六十五畝五分。十區：九并十二、十七啚五十四頃七畝七分七釐二毫，八、二十、三十二啚一百一十八頃八十二畝九分一釐七毫。十一區：十一、四啚八十頃五十九畝五分八釐二毫，十五、二十一、四啚一百七頃一十三畝三分二釐四毫。十二區：二十九、三十啚七十二頃三十一畝五分一釐，三十三、五啚七十頃三十九畝四分五釐五毫，四十二、三、五、六啚一百頃七十畝九分八釐。四十七、五十啚七十一頃七十畝八分九釐八毫。

二十保一區：十六、八、二十啚七十四頃九十九畝七分九釐，二十一、二啚五十九頃二十九畝五分三釐二毫，二十三、七啚六十五頃五十四畝一分三釐八毫，二十八、九、三十啚一百一十六頃五十七畝四分九釐。二區：八、九啚七十頃八十畝六分二釐二毫，十并十一啚六十頃七十四畝二分五釐七毫，十二、三啚六十六頃六十八畝七分一毫，十四、二十六啚七十四頃三十一畝五分八釐八毫。三區：三啚六十三頃四畝七分六釐，四、六啚八十頃四十七畝三分六釐九毫，七并二十五啚七十八頃六十八畝一分一釐七毫。四區：一啚八十一頃一畝一分一釐二毫，二啚七十頃七十三畝六分二釐三毫，五并二十四啚九十五頃七十一畝一分二釐六毫。

二十二保二區：二十一、三啚四十一頃八十二畝八分六釐七毫，二十五、七啚六十三頃六十四畝八分二釐三毫，三十、三十二啚四十二頃七十七畝八分三釐一毫，三十五、六、八啚五十頃九十七畝二分四釐五毫。三區：三、六并十五啚七十八頃六十七畝六分五毫，四、五啚四十六頃八十七畝三分五釐六毫，一、十八、九啚五十二頃六十六畝二分一毫，七十一啚五十三頃九畝五分八釐八毫。四區：二十二、八、三十一啚五十八頃九十四畝九分一釐八毫，二十四、三十七啚六十二頃八十五畝二分三釐九毫，二十六、三十四啚六十九頃八十四畝二分六釐八毫，二十九、三十三啚六十八頃二十畝四分一釐四毫。五區：二、九、十三啚八十八頃六十九畝六分九釐八毫，八并十四啚八十五頃六十六畝二分八釐二毫，十并十七啚五十四頃四十九畝七分八釐五毫，十二啚五十九頃八十四畝四分三釐一毫，十六啚三十三頃四十一畝二分。六區：五十一啚一頃畝。

傍浦留步熟田七十一畝九分九釐七毫，每一畝四分准腹内熟田一畝，共准熟田五十一畝四分二釐六毫四絲。以下准熟田一畝，均科正耗平米二斗三升五合。

十九保九區：二啚九畝三分二釐。十區：八啚四畝六分六釐四毫。

二十二保四區：二十九啚五十八畝一釐三毫。

低薄舊荒田一十四頃九十七畝五分五釐六毫，每一畝五分准熟田一畝，共准熟田九頃九十八畝三分七釐七毫。

十七保一區：一啚一畝八分九釐五毫，八啚二十三畝八分七釐四毫。三區：二十啚一畝六分八釐四毫，二十四啚四頃八十七畝四釐三毫。四區：二十六啚二畝一分。

十九保二區：八十八啚二畝九分一釐二毫，九十三啚一畝九分七釐，一百一啚一畝一分三釐二毫。八區：一啚二十五畝一分九釐五毫，四啚五畝四分四毫。九區：二啚二十五畝三分六釐六毫。十區：十啚九分一釐。十一區：十四啚五分五釐二毫，十

五、二十一啚二畝八分三釐一毫。十二區：四十五、六啚七畝三分五釐，四十七啚三分四釐二毫。

十保一區：十八、二十啚六畝五分五釐。二區：十二、三啚三頃一十二畝三分二毫。三區：三啚五頃一十三畝九分四釐七毫，七啚五畝一分一毫。

二十〔二〕保二區：二十三啚一畝八分五釐四毫，二十五啚三畝五分九釐四毫，三十五、六啚四畝一分一釐五毫。五區：十二啚三十六畝五分五釐，十三啚九分五釐，十六啚三畝一分，十七啚一十八畝九分三釐三毫。

得業蕩八頃四十七畝七分八釐四毫一絲，每二畝准熟田一畝，共准熟田四頃二十三畝八分九釐二毫。以下各則蕩漊准熟田一畝均科平米三斗。

十七保一區：四、五啚八畝九分五釐五毫。二區：三啚六畝一分。三區：二十四啚一畝五分四釐二毫。四區：三十二啚二畝五分四釐。

十九保三區：二十八啚二畝九分八釐三毫，九十六啚八畝三分七釐四毫。五區：四十九啚六畝五分三釐五毫，六十啚四分七釐五毫，六十一啚一畝四分九釐三毫。六區：六十三啚四分六釐七毫。七區：五十一啚二分。八區：三十七啚五分六釐，一啚四十六畝五分七釐三毫，四并四十四啚七十三畝三分八釐四毫。九區：二啚一十一畝八分七釐。十區：九并十二、十七啚四畝八分一釐五毫，八、二十、三十二啚一十二畝四釐六毫。十二區：三十啚一十七畝一分四釐，五十啚七分七釐九毫，四十二、三、五、六啚一頃一十四畝八分六釐五毫。

二十保一區：二十三啚一畝八分三釐七毫，二十八啚一畝五分六釐二毫。二區：十二、三啚三十五畝七分六釐二毫。三區：三啚二頃九十三畝三分四釐八毫。四區：一啚三畝七分四釐四毫，二啚四十二畝七分八釐四毫，五并二十四啚一頃一十六畝一分三釐一毫。

二十二保二區：三十啚一畝。五區：十二啚六畝六分八釐，十三啚三分，十四啚一畝六分四釐二毫，十七啚二十一畝二分九釐八毫。

柴蕩九頃六十四畝六釐六毫六絲，每三畝准熟田一畝，共准熟田三頃二十一畝三分五釐五絲。

十七保一區：五啚二畝三釐。三區：二十啚四頃二十四畝四分六毫。四區：三十二啚七十三畝九分一釐九毫，四十啚五十九畝四釐。六區：二十五啚五十畝八分一釐五毫。

十九保二區：八十六啚三畝一分二釐七毫，一百二啚二十三畝三分九釐五毫。三區：九十六啚一頃九十三畝七分八釐。五區：六十二啚二畝二釐六毫。八區：一啚六分五釐，四十四啚二畝五分。十二區：四十五啚五畝三分九釐四毫，五十啚二畝九分三釐。

二十保一區：十八啚三十七畝一分。二區：十二啚一畝一毫。

二十二保五區：二啚四十二畝九分四釐三毫，十七啚三十九畝一分一釐一毫。

草蕩二十七頃九十九畝八分四釐七毫五絲，每六畝准熟田一畝，共准熟田四頃六十六畝六分四釐一毫二絲。

十七保一區：二啚二十八畝四分二釐八毫，四、五啚二十畝四釐九〔毫〕。二區：二、九啚九畝三分六釐一毫，十啚一十畝九分三釐。三區：十六啚二畝二分五釐八毫，三十四啚四十一畝七分一釐九毫。四區：四十啚二畝七分八釐。五區：十七、新二十一啚一十畝二分六釐二毫。六區：十九啚一十畝三分四釐一毫，二十五啚六畝六分四毫。

十九保一區：三啚四畝五分一釐六毫，九十二啚八十七啚七畝二分九釐一毫，三十六、八十二、九啚一十四畝五分二釐九毫，五十三啚六畝一分九釐四毫，一百一啚二畝，二十啚一十四畝七釐八毫。二區：十七、八十八啚六十一畝二分四釐八毫，十八并八十六啚二十五畝五分七釐七毫，三十六啚一十一畝九分一釐一毫，九十啚一十二畝一分四釐，九十一、四啚二十九畝二分三毫，九十三啚二十畝五釐八毫，五十五、九十五、一百二啚四十四畝六釐八毫，一百一啚六畝三分四毫。三區：二十八啚一十八畝三分四毫，七十一啚一頃一十三畝一分九毫，七十六啚三十畝八分三釐六毫，八十啚二十七畝二分二釐，七十九、九十八、九十九啚七十四畝九分二釐二毫。四區：四十八啚二十一畝四釐，七十二啚三畝七釐一毫，七十五、八十三啚七十八畝二分一釐二毫，七十七、八啚一頃九十畝一分六釐七毫。五區：四十九、五十四啚一十二畝九分二釐八毫，五十六、六十啚八畝三釐，五十七啚五十七畝二分二釐二毫，五十八、九啚三十八畝三分一釐七毫，六十一啚三十七畝七分六釐四毫，六十二啚四畝四分三釐。六區：十六、七十三啚六畝三分一釐，六十三、七十啚四十九畝九分二釐七毫。七區：三十四、九、五十一啚一十七畝三釐二毫，四十、四十一啚二十畝八分三釐六毫。八區：三十七啚二十一畝九分九釐三毫，一啚一十七畝八分六釐二毫，四并四十四啚五十三畝三分五釐一毫。九區：二、六啚六十四畝九分八釐三毫，十九、二十五啚四十一畝七分四釐一毫。十區：九并十二、十七啚三十九畝七分六釐八毫，八、二十、三十二啚三十三畝七分七釐三毫。十一區：十一、四啚一頃九十二畝四釐一毫，十五、二十一、四啚二頃五十畝四釐五毫。十二區：二十九、三十啚七十九畝六分四釐八毫，二十三、五啚四十四畝五分三毫，四十二、三、五、六啚一頃一十四畝九分一釐三毫，四十七、五十啚四十八畝九釐二毫。

二十保一區：十六、二十啚八畝一分六釐一毫，二十一、二啚一十畝四分三釐三毫，二十三、七啚二十八畝四分九釐四毫，二十八、九啚六畝九釐八毫。二區：八、九啚六畝九分八釐五毫，十一啚四畝一分三釐，十二、三啚一十三畝四分三釐七毫。三區：三啚四十七畝三分四釐五毫，六啚六分三釐六毫。四區：一啚二十五畝二分三釐八毫，二十四啚四畝九分七釐。

二十一保二區：六、九、九十一啚二頃畝，四十二啚四十五畝八分三釐五毫。

二十二保二區：二十三啚二畝六分四釐六毫，二十五、七啚五十一畝九分三釐一毫，三十、三十二啚四十九畝六分一釐，三十五、六啚六畝二釐三毫。三區：三、六并十五啚二十八畝，一、十八、九啚一畝九分五釐八毫。四區：二十四啚九畝一分五釐二毫，二十八、三十一啚二十七畝八分七毫，二十九啚一畝六分八釐。五區：十七啚五畝三釐八毫。

不耗折糧項下

熟田七十二頃五十三畝三分五釐三毫。每畝均科平米二斗五合，每石折徵銀五錢。

十七保三區：二十啚二十九頃八十九畝三釐九毫，二十四啚二頃七十五畝四分九釐四毫。四區：二十九啚一頃八十八畝九分二釐八毫，二十八啚一頃一十七畝六分二釐八毫，三十啚六十六畝三分八釐五毫，三十二啚五畝五釐八毫，三十六啚一頃三十五畝三分四釐，三十四啚九十四畝四分七釐二毫，三十七啚一頃七畝七釐五毫。

十九保三區：九十六啚四十一畝四分五釐三毫。四區：八十三啚一頃八十一畝六分七釐五毫。

二十保一區：二十三啚六頃四十八畝一分八釐八毫，二十七啚一十三頃二十三畝五分五釐，二十九啚六頃三十三畝三分六釐三毫。三區：二十六啚二十四畝九分五釐三毫。四區：一啚八十八畝三分一釐一毫，二啚一頃四十九畝八分一釐六毫，二十四啚一頃八十二畝六分二釐五毫。

得業蕩一頃七十八畝八分六釐六毫，每二畝准熟田一畝，共准熟田八十九畝四分三釐三毫。以下各則蕩漊准熟田一畝均科平米三斗，照例五錢折徵。

二十八保二區：南十二啚一頃七十八畝八分六釐六毫。

柴蕩一頃六十八畝四分八釐四毫，每三畝准熟田一畝，共准熟田五十六畝一分六釐□毫三絲。

二十八保二區：十并十一啚一頃六十八畝四分八釐四毫。

草蕩一頃七畝九分八釐七毫五絲，每六畝准熟田一畝，共准熟田一十七畝九分九釐七毫九絲。

二十八保二區：十并十一、二啚一頃七畝九分八釐七毫五絲。

護塘外不耗徵糧項下

熟田一百三十四頃九十畝四分七釐一毫。每畝均科平米二斗五合。

十七保三區：十一啚八十六畝二分四釐二毫，二十啚五十七畝八分二釐八毫，二十四啚一十一畝九分五釐一毫，三十八啚一頃七十八畝五分三釐三毫。四區：三十啚七十六畝一分，二十八啚三十一畝八釐六毫，三十三啚五畝二分九毫，三十四啚一頃三十四畝五分四釐六毫，三十六啚七畝一分八釐九毫，三十七啚四十畝七分四釐三毫。

十九保一區：二十啚四十二畝一釐，十六啚十九畝四分九釐九毫，三十一啚四十畝七分三釐三毫，八十一啚一頃七十九畝一分二釐四毫，五十三啚一頃三畝七分，八十二啚二頃二十五畝八分六釐三毫，八十九啚一頃五十一畝五分三釐，一百啚四十九畝八分九釐八毫。二區：十七啚四十九畝一分二釐二毫，十八啚二頃七十四畝二分八釐五毫，八十六啚九十三畝七分八釐九毫，九十啚二頃六十八畝八分八釐，九十三啚二十二畝六分二釐二毫，九十四啚三畝六分八釐九毫，一百二啚七十九畝五釐。三區：七十六啚三畝三分七釐五毫，八十啚四十二畝七分三釐，九十六啚一十一畝四分二釐八毫，九十八啚八畝，九十九啚四十五畝二分七釐六毫，八十三啚六十八畝八分七釐三毫。

二十保一區：十六啚四頃九十二畝六釐七毫，十八啚三頃六十九畝九分三毫，二十啚二頃三畝八分四釐七毫，二十三啚一頃四十八畝七分三釐九毫，二十三啚一頃三十五畝三分三釐，二十七啚一頃五十二畝六分四釐九毫，二十八啚一頃七十八畝五分六釐，三十啚一頃八十九畝六分。二區：八啚四頃九十五畝九分二釐五毫，九啚四頃三十六畝三分八釐二毫，十啚四頃二十四畝八分六釐一毫，十一啚三頃六十五畝三毫。三區：三啚九畝一分，四啚十三畝五分一釐八毫，六啚二頃八十九畝一分三釐三毫，七啚十七畝一分五釐，廿五啚二頃七十三畝八分三釐六毫。四區：一啚四畝八分。

二十二保二區：廿一啚四頃八十九畝六分六釐九毫，廿三啚四頃五十一畝一分八釐四毫，廿七啚六頃畝八分七毫，三十啚五頃□十七畝六分七釐七毫，三十二啚七頃十八畝八分二釐三毫，三十五、六啚九頃二十三畝八分七釐八毫，三十八啚四頃十三畝八毫。三區：三、六啚四頃八畝一分六釐八毫，四、五啚九十八畝七分七釐九毫，十五啚一頃六十九畝六分二釐九毫，一、十八、九啚二頃三十畝二分九釐八毫。四區：三十一啚三頃八十畝五分七釐九毫。五區：一啚二頃十三畝五釐，八啚一頃四十七畝九分七釐五毫，十啚二頃八十一畝五分四釐，十二啚二頃六十四畝三分八釐，十三啚一頃三十八畝四分八釐，十四啚一頃八十四畝九分四釐九毫，十六啚七十六畝五釐七毫，十七啚一頃三十八畝三分四釐五毫。

柴蕩四頃八十七畝五分一釐九毫，每三畝准熟田一畝，共准熟田一頃六十二畝五分六毫三絲。以下各則蕩瀼准熟田一畝均科平米三斗。

十七保三區：二十啚一頃六十五畝七分三釐一毫。

二十保三區：三啚二頃七十五畝八分五釐四毫。

二十二保六區：五十一啚四十五畝九分三釐。

草蕩一頃五十七畝五分八釐九毫，每六畝准熟田一畝，共准熟田二十六畝二分六釐四毫八絲。

二十二保六區：五十一啚一頃五十七畝五分八釐九毫。

不耗折糧項下

熟田六十七畝八分一釐七毫。每畝均科平米二斗五合，每石折徵銀五錢。

十七保四區：二十九啚三十九畝二分三毫，三十七啚二十八畝六分一釐四毫。

柴蕩四十五畝四分九釐二毫，每三畝准熟田一畝，共准熟田一十五畝一分六釐四毫。准熟田一畝科平米三斗，照例折徵。

十七保四區：二十九啚四十五畝四分九釐二毫。

人丁四萬二千一百二十三丁。

十七保一區：一、二啚四百七十七丁，四、五啚五百二十四丁，十啚三百五十二丁。二區：三、九啚五百十丁，十啚三百四十三丁。三區：十一、六啚六百四十三丁，十二啚五百一丁，十三啚三百八十八丁，十五啚二百五十五丁，二十啚四百八十五丁，廿四啚二百五十八丁，三十八啚三百五十一丁。四區：二十六、三十二啚五百二十四丁，三十七、四十啚五百九十六丁，廿八、三十啚七百四十二丁，三十四、六啚四百六十丁，二十九、三十三啚五百三十二丁。五區：十七、新廿一啚五百丁，舊廿一啚二百六十三丁，新、舊二十二啚五百二丁。六區：十九、廿三啚四百廿六丁，二十五啚四百六十四丁。

十九保一區：三并九十八啚三百四十五丁，九十二、八十七啚三百七十丁，二十啚二百九十六丁，二十六、八十二、九啚六百九十二丁，三十一、五十三、八十一啚五百九十五丁，九十七、一百啚六百七十三丁。二區：十七、八十八啚五百一丁，十八、八十六啚五百三十七丁，三十六啚一百六十六丁，九十啚二百四十二丁，九十一、四啚六百十丁，九十三啚三百七十六丁，五十五、九十五、一百二啚三百十九丁，一百一啚二百八十二丁。三區：二十八啚三百八十五丁，六十六啚三百九十六丁，七十一啚二百九十一丁，七十六、八十啚二百六十丁，七十九、九十八、九啚六百三十二丁，九十六啚四百十六丁。四區：四十八、八十四啚三百九十七丁，七十二啚四百三十九丁，七十五、八十三啚三百十四丁，七十七、八、八十五啚六百七十九丁。五區：四十九、五十四啚四百九十四丁，五十六、六十啚四百六十二丁，五十七啚二百五十二丁，五十八、九啚二百八十三丁，六十一啚二百五十七丁，六十二啚四百三十一丁。六區：十六、七十三啚三百七十五丁，六十三、八、七十啚五百十四丁。七區：三十四、九、五十一啚四百三十五丁，四十、四十一啚三百八丁。八區：一啚二百九十二丁，三十七啚三百二十九丁，四并四十四啚三百四十三丁。九區：二、六啚四百二十三丁，十九、二十五啚三百三十三丁。十區：九并二十七啚五百二十五丁，八、廿三、十二啚四百四十三丁。十一區：十一、四啚四百五十二丁，十五、二十一、四啚六百丁。十二區：二十九、三十啚四百四丁，三十三、五啚三百九十三丁，四十二、三、五、六啚五百六十六丁，四十七、五十啚四百一丁。

二十保一區：十六、八、二十啚四百八十六丁，二十一、二啚三百三十一丁，二十三、七啚五百四十二丁，二十八、九、三十啚七百十六丁。二區：八、九啚四百四十七丁，十并十一啚三百八十三丁，十二、三啚三百二十五丁，十四、二十六啚四百十五丁。三區：三啚三百八十五丁，四、六啚四百六十六丁，七并二十五啚四百五十五丁。四區：一啚四百五十七丁，二啚四百三丁，五并廿四啚五百四十九丁。

二十二保二區：二十一、三啚二百八十五丁，二十五、七啚三百八十九丁，三十、三十二啚三百十丁，三十五、六、八啚三百五十九丁。三區：三、六并十五啚四百七十二丁，四、五啚二百六十六丁，一、十八、九啚三百六丁，七十一啚二百九十六丁。四區：二十二、八、三十一啚三百四十九丁，二十四、三十七啚三百五十丁，二十六、三十四啚三百九十一丁，二十九、三十三啚三百八十三丁。五區：二、九十三啚五百十五丁，八并十四啚四百九十八丁，十并十七啚三百三十丁，十二啚三百五十丁，十六啚一百九十丁。

田賦四

邑之田賦，自漢、唐以迄宋、元，沿革損益，代有變更，要皆因時定制，不失則壤成賦之經。獨明初因惡三吴附寇，盡籍豪族富民之産爲官田，按私租簿以定税額，繼則均攤民田，此蘇、松賦重所自來也。迨後事無鉅細，動輒議加，斂取無度，民困滋甚。我朝定鼎，弊政悉除，膏澤頻下，雖旱潦之偶聞，必賜復於格外，或折漕，或緩徵，有加無已，猶以東南厚斂未蘇，時廑列聖宸衷，燭隱蔀屋，俾三百年横加之浮額，大沛恩綸，一減再減，海隅蒼生胥説無疆，昔之賦爲大縣者，今已轉爲中縣矣。牧民斯土，敢不敬志，故因前志之罣漏，復釐訂確鑿，條源晰流，以見聖代取民之制曠越前古，是以存舊志而不削，合今訂而加詳，非繁也，所以重民事也。

本朝原訂《賦役全書》開載原額田地蕩漊一萬四千八百五十頃八十二畝六分七釐三毫一絲，内除免科公占、義塚等項田二十二頃二十六畝四分九釐七毫二絲。舊《全書》原開公占義塚等項田二十三頃二十四畝一分七釐六毫二絲，於順治十四年知縣商顯仁准黄浦營移請城濠官地九十七畝六分七釐九毫撥兵承種，每畝五升科則陞糧，詳奉撫院張□批允，編入會計，實存前項公占之數。

實在有徵田地蕩漊一萬四千八百二十八頃五十六畝一分七釐五毫九絲，不等准熟田一萬四千七百一十三頃五十九畝二分一釐三毫一絲。鄉則細數詳載田賦之三。

不等科平米三十八萬八千四百四石三斗七升三合六勺。内徵糧項下平米三十四萬一千三百七十石二斗一升一合，折糧項下平米四萬七千三十四石一斗六升二合六勺。

以上不等田畝共徵夏税秋糧地畝條編并徭里銀二十萬七千五百九十六兩六錢五分七釐五毫五絲一忽四微二纖一沙二塵三渺三漠九埃，内除鄉宦舉貢生員優免銀一百五十五兩一錢七分九釐九毫二絲一忽二微，改解户部充餉。優免一項，案准部文，不免正供，止免徭里雜辦銀兩，計該優免田一百七十七頃五十二畝八分，每畝免雜辦銀八釐七毫四絲一忽一微五纖一沙八塵八渺六漠七埃，共免前數。

實在起存條編銀二十萬七千四百四十一兩四錢七分七釐六毫三絲二微二纖一沙二塵三渺三漠九埃。

共派徵秋糧本色米一十四萬八百二十二石五斗五升一合四勺八抄一撮。

原額人丁八萬一千九百六十丁，各鄉細數詳載田賦之三。内除鄉宦舉貢生員優免人丁三百八十一丁，每丁免銀一分七釐四毫八絲二忽三微三沙七塵七渺三漠四埃。共免雜辦銀六兩六錢六分七毫五絲七忽七微，改解户部充餉。

實在當差人丁八萬一千五百七十九丁，每丁徵銀一分七釐四毫八絲二忽三微三沙七塵七渺三漠四埃。共徵徭里銀一千四百二十六兩一錢八分八釐八毫六絲。

丁、田二項：

通共實徵夏税秋糧地畝條編并徭里銀二十萬八千八百六十七兩六錢六分六里四毫九絲二微二纖一沙二塵三渺三漠九埃，通共實徵秋糧本色米一十四萬八百二十二石五斗五升一合四勺八抄一撮。

另編項款：

綾紗料價銀二千三百四十五兩七錢一分八釐四毫九絲。此項銀兩如奉文派織，照數編徵，若停織之年，免徵于民。

外不在丁田起徵項款：

漁課銀一百一兩六錢一分四釐六毫七絲。漁船網户所納。

門攤課銀一百兩。店鋪完納，小甲催辦。

匠班正損銀二百三十六兩八錢八釐。内正銀二百三十四兩，損銀二兩八錢八釐，各色人匠所納，計五百二十名，每名四錢五分。

順治十八年，增丁六百三十一丁，該徵銀一十一兩二錢五分八釐五毫八忽七纖五沙一塵二渺三漠六埃。

康熙元年，奉文改折户、工二部絹布銀硃蠟茶等料，照十八年時價折徵，增編銀二千六百三十三兩四錢六分二釐六毫六絲五忽八微九纖六沙六塵二渺五漠，減編價墊損費銀一千五百八十七兩三錢四分二釐二毫一忽七微一纖一沙二塵二渺五漠。

又奉文撥出户部蠟茶改折復辦本色，減編銀一百九兩二錢五分九釐九毫七絲五忽。

又奉文增編揚州倉本色米一千六十三石七斗七升二合五勺七抄八撮，折色銀一百一十五兩三錢七分二釐八毫九絲一忽七微三纖八沙八塵。

四年，奉文改折解南次白粳減編米三百一石七斗三升二合七勺五抄三撮二圭二粟八粒，增編銀四百五十二兩五錢九分九釐一毫二絲九忽八微三纖一沙二塵。

又增編董漕縣丞俸工銀九十八兩六錢二釐。内田地項下八十八兩六錢三分六釐九毫八絲三忽一微，人丁項下九兩九錢六分五釐一絲六忽九微。

五年，簡明《全書》訂後，奉文扣備工部灰石折漕，減編米二千一百九十九石三斗八升五合，改入折色銀内徵解，增編灰石折漕銀二千六百三十九兩二錢六分二釐。

又爲《全書》額款每年增減不一等事，本色辦料照十二年題定價值，增編損銀六百三十五兩三錢八分七釐二毫七絲三忽九微三纖四沙七渺六漠。

均編科舉坊儀盤纏等銀一百九十二兩二錢八分八釐八毫。內田地項下一百七十二兩八錢八分三釐五毫一絲六忽四微二纖三沙六塵八渺三漠四埃，人丁項下一十九兩四錢五釐二毫八絲三忽五微七纖六沙三塵一渺六漠六埃。

又於請議歸併漕截等事案內，奉文并徵漕糧項下五米五千八十九石五斗四升八合三勺八抄五撮，十銀一萬一百七十九兩九分六釐七毫七絲。

又城濠官地陞科本色起存并漕贈五米二石一斗四合三勺六抄九撮九圭五粟二稞一粒，折色起存并漕贈十銀二兩六錢九釐一毫三絲二忽九微四沙二塵。

十一年，審增人丁二千二百一十二丁，該徵銀三十九兩四錢六分七釐二毫二絲六忽四微五沙九塵八渺二埃。

十五年，審增人丁七百九十二丁，該徵銀一十四兩一錢三分一釐一毫二絲二忽六微五纖五沙三塵五漠七埃。

十六年，於籌餉期于有濟等事案內，清出徵糧上鄉低薄田六十四畝七分七釐，每一畝五分准熟田一畝。准熟田四十六畝二分六釐四毫三絲，每畝科平米二斗九升五合。共科平米一十三石六斗四升七合九勺六抄八撮五圭，增編折色起存并漕贈十銀七兩四錢四分一釐六毫九絲一忽三微三纖六沙八塵一渺八埃五逡六巡，本色起存并漕贈五米五石七斗七升六合一勺七抄八撮二粟五稞五粒五稷七糠。

二十年，於坍荒賠累無追等事案內，勘確坍没版荒田地蕩溇五十四頃九十五畝四分三釐六毫，准熟田五十二頃畝五分一釐，共缺科平米一千四百七十五石七斗二升二合，內徵糧項下平米一千四百三十三石二斗八升一勺，折糧項下平米四十二石四斗四升一合九勺。蠲免税糧地畝條編并徭里銀八百一十五兩六錢八分八釐四毫二絲八忽九微一纖五沙九塵五渺八漠四埃，又免秋糧本色米六百六石六斗一合七勺九撮一圭一粟二稞六粒二黍九稷九糠。

是年，審增人丁九百二丁，該徵銀一十六兩九分三釐七毫七絲八忽五微七纖九沙六塵五渺三漠七埃六逡四巡。

二十五年，於請寬陞科等事案內，陞科墾荒徵糧下鄉低薄田四十一畝三分，每一畝五分准熟田一畝。准熟田二十七畝五分三釐三毫三絲，每畝科平米二斗三升五合。共科平米六石四斗七升三勺二抄五撮五圭，增編税糧地畝條編并徭里銀三兩六錢三分八毫四絲一微七沙七塵二渺七漠二埃八逡三巡，秋糧本色米二石七斗三升八合四勺一抄一撮三圭五粟九稞二粒四黍一稷三糠。

是年，審增人丁七百七十三丁，該徵銀一十三兩七錢九分二釐一毫一絲八忽四微五纖一塵九渺一漠八逡六巡。

二十八年，於請寬陞科等事案內，陞科墾荒徵糧上鄉准熟田二十二畝七分七釐八毫，每畝科平米二斗九升五合。共科平米六石七斗一升九合五勺一抄，增編税糧地畝條編并徭里銀三兩六錢六分三釐八毫八絲三纖八沙六塵一漠六埃二逡二巡，秋糧本色米二石八斗四升三合八勺七抄二撮七圭七粟一稞五粒五黍三稷二糠。

三十年，審增人丁六百九十八丁，該徵銀一十二兩四錢五分三釐九毫四絲三忽九微五纖六沙三塵一渺七漠四埃三逡六巡。

三十五年，審增人丁二千五十丁，該徵銀三十六兩五錢七分六釐七毫六絲九忽四微九纖九沙二塵一渺三漠一埃。

三十七年，於仰籌開荒等事案内，新陞版荒徵糧上鄉准熟田三畝九分九釐六毫八絲，每畝科平米二斗九升五合。共科平米一石一斗七升九合五抄六撮，增編税糧地畝條編并徭里銀六錢四分二釐八毫九絲二忽七纖七沙三塵六渺七漠七埃六逡六巡，秋糧本色米四斗九升九合七撮四圭五稞九粒七黍七稷。

四十年，審增人丁三百七丁，該徵銀五兩四錢七分七釐五毫九絲四忽二微六纖一沙五塵八渺九漠四埃七逡四巡。

四十五年，審增人丁三百三十二丁，該徵銀五兩九錢二分三釐六毫五絲二忽四微二纖六沙二塵一渺四漠二逡四巡。

五十年，於請寬陞科等事案内，新陞徵糧上鄉熟田五十畝一分四釐二毫，每畝科平米二斗九升五合。共科平米一十四石七斗九升一合八勺九抄，又徵糧下鄉熟田七分七釐五毫，每畝科平米二斗三升五合。共科平米一斗八升二合一勺二抄五撮。又得業蕩一十六畝四分八釐四毫，草蕩七十三畝六分二釐五毫，水漊六分，共准徵糧熟田二十畝六分一釐三毫，每畝科平米三斗。共科平米六石一斗八升三合九勺。以上共平米二十一石一斗五升七合九勺一抄五撮，增編税糧地畝條編并徭里銀一十一兩五錢三分三釐四絲三忽八微三纖三沙四塵九漠三埃三逡一巡，秋糧本色米八石九斗五升四合五勺八抄四撮二圭四粟三稞六粒九黍二稷六糠。

是年，審增人丁五百五十一丁，該徵銀九兩八錢三分一釐一毫二絲一忽九微四纖八沙三塵二渺五漠八逡二巡。

五十二年，恩詔人丁永不加賦。

以上原額并陞增田地蕩漊，除坍減外，實共一萬四千七百七十五頃九十三畝九分一釐七絲，不等准熟田一萬四千六百六十三頃三十畝八分五毫五絲，共科平米三十八萬六千九百七十七石八斗二升六合三勺七抄五撮。内徵糧項下平米三十三萬九千九百八十六石一斗五合六勺七抄五撮，折糧項下平米四萬六千九百九十一石七斗二升七勺。

實徵折色起存銀二十二萬二千三十兩五錢八分九釐六毫五絲七忽一纖六沙五塵五渺一漠七埃五逡八巡。

本色起存米一十四萬三千八百九十一石六升九合四勺五撮四圭二粟四稞六粒三黍九稷九糠。

原額并審增人丁共九萬二千八百五十八丁，共徵銀一千六百二十七兩二錢二分五釐七毫五絲四忽四微三纖四沙二塵三渺六逡六巡，不在丁田雜辦銀四百三十八兩四錢二分二釐六毫七絲。

丁田雜辦三共折色起存銀二十二萬四千九十六兩二錢三分八釐八絲一忽四微五纖七塵八渺一漠八埃二逡四巡，遇閏增編銀九百七十兩七分六釐七毫九絲七忽七微四纖四沙八塵九渺四漠四埃四巡。內：

起存解司充餉銀一十五萬三千八百八十九兩二錢八分八釐三絲九忽八微四纖五沙三塵七渺八漠三埃四逡，遇閏加銀二百九十五兩五錢一分五釐九毫三絲四忽一微六纖二沙五塵七漠四埃三逡四巡六須。

解司支給損銀三千四百三兩二錢二分二釐六毫七絲七忽五微九沙一塵三渺五漠六逡。

修河米折正費并導河夫銀一千九十八兩六錢九分一釐七毫七絲二忽七纖四沙二塵一渺五漠三埃。

兩浙運司鹽課正損費銀五千五十兩九錢三分四釐六毫九絲二忽五微七纖六沙八塵五渺九漠一埃。

各衙門官役俸工并存留支給等銀五千五百九十九兩六錢九分八毫三絲四忽六微二纖六沙一塵二渺六漠三埃四逡二巡。

額撥漕項銀七百五十四兩七錢一分八釐九毫二絲三忽九微。

隨漕輕齎蓆木等項正損費并淺船民七漕贈，共銀二萬四千五百二十二兩八錢一分三釐六毫九絲六忽三微四纖四沙三塵三渺九埃四逡，遇閏加增灰石，除抵減漕贈外，實加銀三百兩八分六釐八毫六絲一忽四微一纖四沙三塵二渺。

協濟冬倉米麥折正損費并金松衛所運軍行月糧米折，共銀五千三百八十五兩一錢九分二釐四毫五絲一忽七微五纖八沙三塵一渺七漠五埃，遇閏加銀一百十五兩五錢七分八釐四毫四絲九忽八微八纖三沙五塵八渺九漠六埃。

白糧給軍并節省經費銀二萬四千三百九十一兩六錢八分四釐九毫九絲二忽八微一纖六沙四塵一渺九漠二埃四逡六巡。

本色起存米一十四萬三千八百九十一石六升九合四勺五撮四圭二粟四稞六粒三黍九稷九糠，遇閏減編米六十一石三斗六升二合一勺三抄九撮三圭六粟九稞三粒七黏四稷八糠。內：

起運漕糧正改兑正耗共米一十萬一千三百七十三石七升一合五勺九抄八撮六圭九粟二粒九黍二稷，遇閏減折灰石米二百七十二石六斗九升一合五勺三抄九圭五粟五稞九粒三稷八糠。

漕贈五米五千六十八石六斗五升三合五勺七抄九撮九圭三粟四稞五粒一黍四稷一糠，遇閏減米一十三石六斗三升四合五勺七抄六撮五圭四粟七稞七粒九黍五稷二糠。

白糧正耗舂辦盤用糙耗等米二萬七千四百三十七石二斗三升七勺二抄三撮五圭一粟四稞六粒七黍五稷四糠。

奉裁運船水手飯米一千一百四十七石二斗七升四勺二抄五撮六圭四粟一稞七粒五黍一稷。

金松衛所運丁行月米一千七百二十五石三斗七升五合六抄九撮五圭四粒一黍八稷八糠,遇閏加米一百六十五石五斗一升四合六勺二抄八撮六圭八粟八稞二粒一黍四稷七糠。

楊州倉運丁行月米二千四百九十三石五斗四升九合三勺四抄三撮七圭六粟八稞八黍二稷一糠。

解南白粳正耗舂辦共米一百五石二斗三升五合六勺六抄六圭二粟六稞七粒二稷三糠。

解南糙粳并陞科充餉米三千八百二十七石二斗八升六勺八抄七圭九粟四稞八粒九黍三稷五糠。

局匠口糧米四百二十六石六斗七合四勺一抄九撮二圭五粟五稞六粒九黍八稷三糠,遇閏加米三十五石五斗五升一勺七撮五圭七稞九粒七黍五稷。

恤孤口糧米二百八十六石七斗九升四合九勺三撮六圭九粟七稞六粒一黍二稷四糠,遇閏加米二十三石八斗九升九合二勺三抄一撮九圭三粟八稞一粒三黍四稷五糠。

五十五年,滋生人丁七百九十丁。

六十年,滋生人丁八百六十丁。

雍正三年,管理户部事務怡親王等奏爲皇仁已遍寰區等事,請酌減蘇、松浮糧,特奉恩旨永減銀四十五萬兩,上邑派減銀四萬九千七百二兩六錢八分九釐。

徵糧項下:

二斗九升五合則田每畝減銀三分五釐九毫九絲一忽六微四纖一沙六塵九渺七漠七埃三逡四巡。

二斗三升五合則田每畝減銀二分九釐五毫五絲一忽三微三纖八沙五塵五渺二漠六埃三逡。

二斗五合則田每畝減銀二分六釐三毫三絲一忽一微六沙七塵一渺七漠七埃一逡。

三斗則田每畝減銀三分六釐五毫三絲五微六纖二沙一塵三渺四漠三埃八逡二巡。

折糧項下:

二斗九升五合則田每畝減銀四分七釐四毫二絲七微九纖三沙九漠四埃三逡。

二斗三升五合則田每畝減銀三分八釐六毫五絲五忽九微一纖三沙九塵六渺六漠四埃五逡四巡。

二斗五合則田每畝減銀三分四釐二毫七絲三忽四微七纖四沙四塵四渺四漠九埃六逡六巡。

三斗則田每畝減銀四分八釐一毫五絲一忽二微七纖三塵八埃九逡四巡。

四年，總督兩江部院查弼納題爲請分大縣等事，以蘇、松賦稅繁重之十三州縣，各分爲兩而治，上邑與焉。二年，原議分治川沙，後從士民之請，改設南匯。奉旨俞允割長人鄉十六保一、二區，十七、十九、二十保全區，二十一保三區，共一百六十六啚隸之。

劃分原額田地蕩漊七千七十八頃八十九畝一分九釐六毫六絲，不等准熟田七千三十九頃四十二畝五分四釐七毫九絲，共科平米一十六萬八千七百一十四石七斗一升二合八勺九撮，内徵糧項下平米一十六萬六千九百九十六石二斗六升二合九勺九撮，折糧項下平米一千七百一十八石四斗四升九合九勺。康熙二十年，坍没版荒折實田五頃五十二畝一釐七毫二絲，缺科徵糧平米一百五十石一斗三升八勺。二十五年，陞科准熟田二十七畝五分三釐三毫三絲，科徵糧平米六石四斗七升三勺二抄五撮五圭。五十年，陞科不等准熟田七畝九分一釐九毫，科徵糧平米二石二斗九升七合五勺七抄五撮。

實共劃分原額除坍并新陞准熟田七千三十四頃二十五畝九分八釐三毫，共科平米一十六萬八千五百七十三石三斗四升九合九勺九撮五圭。

共折色銀九萬四千六百三十八兩七分二釐七毫二絲七忽四微八纖三沙一塵八渺九漠六埃一巡，内雍正三年減賦銀二萬八百四十六兩八錢七毫七絲九忽八微四纖一沙八塵五渺二漠二逡五巡。共本色米七萬六百一十七石三斗六升七合四勺七抄七撮二圭七粟六粿七粒四黍五稷五糠，遇閏減編米三十石一斗一升七合八勺八抄八撮八圭六粟五粒九黍八稷七糠。

劃分原額人丁三萬九千七百九十八丁，共徵銀七百一十兩二分三釐二絲九忽二微三纖四沙六渺一漠九埃三逡。節年審增人丁四千四百八十七丁，共徵銀八十兩五分八釐五毫一絲九忽三微八纖六沙八塵一渺四漠二埃三逡四巡。永不加賦人丁八百丁。

劃分雜辦匠班二百七十名，該徵銀一百二十一兩五錢，擴銀一兩四錢五分八釐，漁課銀五十二兩七錢七分，門攤課鈔銀一十六兩。丁田雜辦三項除減賦外，共銀七萬四千七百七十三兩八分一釐四毫九絲六忽二微六纖二沙二塵一渺三漠七埃四逡，遇閏增編銀四百六十九兩四錢一分二釐三毫八絲七忽九微九纖六沙八塵五渺六漠六埃四逡一巡四須。

實分存原額田地蕩漊七千七百四十九頃六十六畝九分七釐九毫三絲，准熟田七千六百七十四頃一十六畝六分六釐五毫二絲，内優免田九十二頃九十八畝六分一釐一毫五絲。共科平米二十一萬九千六百八十九石六斗六升七勺九抄一撮。内徵糧項下平米一十七萬四千三百七十三石九斗四升八合九抄一撮，折糧項下平米四萬五千三百一十五石七斗一升二合七勺。

共徵起存折色銀一十二萬八千二十二兩二錢四分六釐七毫一絲五忽六微四纖一沙七塵七渺三漠七逡六巡，又另項優免銀八十一兩二錢八分五毫七絲五忽四微五纖。

共徵本色米七萬三千七百九十九石六斗六升三合九抄八撮八圭一粟八稞六粒四黍三稷四糠。

分存康熙十六年清出田六十四畝七分七釐准熟田四十六畝二分六釐四毫三絲，科平米一十三石六斗四升七合九勺六抄八撮五圭，該折色銀七兩四錢四分一釐六毫九絲一忽三微三纖六沙八塵一渺八埃五逡六巡，本色米五石七斗七升六合一勺七抄八撮二粟五稞五粒五稷七糠。

分存康熙二十年坍没版荒田地蕩漊四十九頃九畝五分三毫五絲，准熟田四十六頃四十八畝四分九釐二毫八絲，缺科平米一千三百二十五石五斗九升一合二勺，內徵糧項下平米一千二百八十三石一斗四升九合三勺，折糧項下平米四十二石四斗四升一合九勺。蠲缺折色銀七百三十三兩三分六釐六毫九絲四忽七微五纖二沙九塵二渺一漠三埃三逡七巡，本色米五百四十三石六升二合四勺一抄九撮一圭五粟七粒八黍九稷三糠。

分存康熙二十八年陞科田二十二畝七分七釐八毫科平米六石七斗一升九合五勺一抄，該折色銀三兩六錢六分三釐八毫八絲三纖八沙六塵一漠六埃二逡六巡，本色米二石八斗四升三合八勺七抄二撮七圭七粟一稞五粒五黍三稷二糠。

分存康熙三十七年陞科田三畝九分九釐六毫八絲科平米一石一斗七升九合五抄六撮，該折色銀六錢四分二釐八毫九絲二忽七纖七沙三塵六渺七漠七埃六逡六巡，本色米四斗九升九合七撮四圭五稞九粒七黍七稷。

分存康熙五十年陞科上鄉熟田四十四畝五分九釐二毫，得業蕩一十三畝二分九釐六毫，草蕩七十三畝六分二釐五毫，水漊六分，共田蕩水漊一頃三十二畝一分一釐三毫，准熟田六十三畝六分一釐一毫，科平米一十八石八斗六升三勺四抄，該折色銀一十兩二錢七分七釐八毫六絲九忽七微四纖一沙七塵三渺一埃七逡，本色米七石九斗八升二合一勺九抄二圭七粟七稞四稷四糠。

以上分存原額并陞增田地蕩漊除坍減外，實共七千七百二頃八十一畝一分三釐三毫六絲，不等准熟田七千六百二十九頃四畝八分二釐二毫五絲，共科平米二十一萬八千四百四石四斗七升六合四勺六抄五撮五圭。內徵糧項下平米一十七萬三千一百三十一石二斗五合六勺六抄五撮五圭，折糧項下平米四萬五千二百七十三石二斗七升八勺。該折色起存銀一十二萬七千三百九十二兩五錢一分六釐九毫二絲九忽五微三纖三沙三塵六渺二漠一埃五逡七巡，內除雍正三年減賦銀二萬八千八百五十五兩八錢八分八釐二毫二絲一微五纖八沙一塵四渺七漠九埃七逡五巡，實徵銀九萬八千五百三十六兩六錢二分八釐七毫九忽三微七纖五沙二塵一渺四漠一埃八逡二巡，遇閏增編銀四百八十一兩三錢七分二釐七毫九絲三忽六微七纖九沙四塵二渺七漠八逡八巡六須。本色起存米七萬三千二百七十三石七斗一合九勺二抄八撮一圭四粟七稞八粒九黍四稷四糠，遇閏減編米三十一石二斗四升四合二勺五抄五圭八稞七粒七黍六稷一糠。內：

徵糧項下：

上鄉：

一則熟田四千九百七十四頃九十一畝九分二釐六毫九絲。

傍浦留步熟田五頃五十四畝五分四釐三毫，准熟田三頃九十六畝一分二毫九絲。

低薄田二十五頃四十八畝七分一釐四毫，准熟田一十六頃九十九畝一分四釐二毫三絲。

傍浦留步低薄田二十五畝二分五釐二毫六絲，准熟田一十二畝二釐五毫三絲。

四項共准熟田四千九百九十五頃九十九畝一分九釐七毫四絲，該平米一十四萬七千三百八十一石七斗六升三合二勺五抄九撮五圭。

一則得業蕩八頃八十七畝三分九釐一毫三絲，准熟田四頃四十三畝六分九釐五毫六絲。

傍浦留步得業蕩七十七畝二分二釐三毫，准熟田二十七畝五分七釐九毫六絲。

柴蕩七畝八分二釐五毫八絲，准熟田二畝六分八毫六絲。

傍浦留步柴蕩五畝四分八釐四毫，准熟田一畝三分五毫七絲。

草蕩水漊一十頃六十五畝一分九釐六毫一絲，准熟田一頃七十七畝五分三釐二毫九絲。

傍浦留步草蕩九畝五分八釐一毫，准熟田一畝一分四釐六絲。

六項共准熟田六頃五十三畝八分六釐三毫，該平米一百九十六石一斗五升八合九勺。

下鄉：

一則熟田一千一十一頃二十五畝三分三釐三毫二絲。

傍浦留步熟田七十一畝九分九釐七毫，准熟田五十一畝四分二釐六毫四絲。

二項共准熟田一千一十一頃七十六畝七分五釐九毫六絲，該平米二萬三千七百七十六石五斗三升八合四勺九抄七撮。

一則得業蕩八頃二十四畝四分四釐四毫一絲，准熟田四頃一十二畝二分二釐二毫五忽。

柴蕩九頃六十四畝六釐六毫六絲，准熟田三頃二十一畝三分五釐五毫五絲。

草蕩二十七頃八十八畝三分八釐七毫五絲，准熟田四頃六十四畝七分三釐一毫二絲五忽。

三項共准熟田一十一頃九十八畝三分八毫八絲，該平米三百五十九石四斗九升二合七勺。

護塘外：

一則熟田六十六頃一十三畝三分五釐一毫六絲，該平米一千三百五十五石七斗三升七合一勺九撮。

一則柴蕩四頃八十七畝五分一釐九毫，准熟田一頃六十二畝五分六毫三絲。

草蕩一頃五十七畝五分八釐九毫，准熟田二十六畝二分六釐四毫八絲。

二項共准熟田一頃八十八畝七分七釐一毫一絲，該平米五十六石六斗三升一合三勺。

折糧項下：

上鄉：

一則熟田一千五百二十六頃六畝八分八釐四毫七絲。

低薄田三頃五十四畝六分五釐九毫，准熟田二頃三十六畝四分三釐九毫三絲。

二項共准熟田一千五百二十八頃四十三畝三分二釐四毫，該平米四萬五千八十八石七斗八升六勺。

一則得業蕩七頃三十一畝六分六毫，准熟田三頃六十五畝八分三毫。

柴蕩一頃五十七畝三分四毫，准熟田五十二畝四分三釐四毫七絲。

草蕩一頃七畝八分四釐，准熟田一十七畝九分七釐三毫三絲。

三項共准熟田四頃三十六畝二分一釐一毫，該平米一百三十石八斗六升三合三勺。

下鄉：

一則得業蕩一頃七十八畝八分六釐六毫，准熟田八十九畝四分三釐三毫。

柴蕩一頃六十八畝四分八釐四毫，准熟田五十六畝一分六釐一毫三絲。

草蕩一頃七畝九分八釐七毫五絲，准熟田一十七畝九分九釐七毫九絲。

三項共准熟田一頃六十三畝五分九釐二毫二絲，該平米四十九石七升七合七勺。

護塘外：

一則柴蕩四十五畝四分九釐二毫，准熟田一十五畝一分六釐四毫，該平米四石五斗四升九合二勺。

另城濠官地九十七畝六分七釐九毫，准熟田一十六畝二分七釐九毫八絲，該平米四石八斗八升三合九勺。

准熟田則例：

傍浦留步一畝四分准腹内熟田一畝。

低薄一畝五分准熟田一畝。

傍浦留步低薄每一畝四分准腹内低薄一畝，每腹内低薄一畝五分准熟田一畝。

得業蕩二畝准熟田一畝。

傍浦留步得業蕩每一畝四分准腹内得業蕩一畝，每腹内得業蕩二畝准熟田一畝。

柴蕩三畝准熟田一畝。

傍浦留步柴蕩每一畝四分准腹内柴蕩一畝，每腹内柴蕩三畝准熟田一畝。

水漊六畝准熟田一畝。

傍浦留步草蕩每一畝四分准腹内草蕩一畝，每腹内草蕩六畝准熟田一畝。

城濠官地六畝准熟田一畝。

平米斗則：

上鄉徵糧折糧熟田每畝科平米二斗九升五合,留步低薄准熟田同。

下鄉徵糧熟田每畝科平米二斗三升五合,留步准熟田同。

護塘外徵糧熟田每畝科平米二斗五合。

不論二鄉塘外徵折糧蕩漊准熟田每畝科平米三斗。

分存原額人丁四萬二千一百六十二丁。内優免人丁一百九十八丁,每丁徵銀一分七釐四毫八絲二忽三微三沙七塵。共徵銀三兩四錢六分一釐四毫九絲六忽一微三纖。當差人丁四萬一千九百六十四丁,每丁徵銀一分七釐八毫四絲二忽三微二纖六沙五塵八渺四漠九埃八逡二巡。共徵銀七百四十八兩七錢三分五釐三毫九絲二忽八微一纖二沙二塵五渺四漠六埃七逡。又順治十八年增丁三百二十五丁,康熙十一年審增人丁一千一百三十九丁,十五年審增人丁四百八丁,二十年審增人丁四百六十四丁,二十五年審增人丁三百九十八丁,三十年審增人丁三百五十九丁,三十五年審增人丁一千五十五丁,四十年審增人丁一百五十八丁,四十五年審增人丁一百七十一丁,五十年審增人丁二百八十四丁。以上共節年審增人丁四千七百六十一丁,每丁徵銀與原額當差人丁之數相同。共徵銀八十四兩九錢四分七釐三毫一絲六忽八微七纖一沙九渺九漠二埃三逡二巡。通共人丁銀八百三十七兩一錢四分四釐二毫五忽八微一纖三沙三塵五渺三漠九埃二巡,遇閏加編銀一十九兩二錢九分一釐六毫一絲六忽六纖八沙六塵一渺六埃七逡四巡。自雍正六年爲始,題定丁隨田辦。

分存康熙五十五年滋生人丁四百七丁,六十年滋生人丁四百四十三丁。

分存雜辦匠班二百五十名,該徵銀一百一十二兩五錢撌銀一兩三錢五分。此項於援例詳請等事案内,題准自雍正七年爲始,統歸本邑田地項下攤徵。

漁課銀四十八兩八錢四分四釐六毫七絲。

門攤課鈔銀八十四兩。

通共分存丁田雜辦等銀九萬九千六百二十兩四錢六分七釐五毫八絲五忽一微八纖八沙五塵六渺八漠八逡四巡,遇閏增編銀五百兩六錢六分四釐四毫九忽七微四纖八沙三渺七漠七埃六逡二巡六須。

分存本色米七萬三千二百七十三石七斗一合九勺二抄八撮一圭四粟七稞八粒九黍四稷四糠,遇閏減編米三十一石二斗四升四合二勺五抄五圭八稞七粒七黍六稷一糠。

雍正四年,滋生人丁二百一十二丁。

九年,滋生人丁二百二十四丁。

乾隆元年,滋生人丁二百三十七丁。

二年,恩詔再永減賦額銀一萬三千一百六十九兩七錢三分。

是年,又奉恩旨減辦白糧項下米石。

白粳正米一千五百七十五石三斗五升四合六勺一撮四圭六粟六稞七黍六稷八糠二粃九粞。

加三耗米四百七十二石六斗六合三勺八抄四圭三粟九稞八粒二黍三稷四粃

七粞。

白糯正米七百一十八石七升一合五勺二撮一圭七粟五粿二黍七稷四糠四粃二粞。

加三耗米二百一十五石四斗二升一合四勺五抄六圭五粟二粿五粒八稷二糠三粃二粞。

糙稉正米二千一百四十二石四斗二升九合三勺七抄九撮八圭八粟二粿一黍八稷六糠二粃九粞。

加二耗米四百二十八石四斗八升五合八勺七抄五撮九圭七粟六粿四粒三稷七糠二粃六粞。

隨減經費縣衛均支盤用加二白耗米四百五十八石六斗八升五合二勺二抄七圭二粟八粿二粒二黍一糠七粃四粞。

糙耗米四百二十八石四斗八升五合八勺七抄五撮九圭七粟六粿四粒三稷七糠二粃六粞。

白稉白糯加二舂辦米六百八十八石二升七合八勺四抄七圭一粟一粿六粒二黍二稷一粃五粞。

運船水手飯米三百一十石四斗五升一合六勺七抄四圭九粒六黍八稷四糠。

漕截銀一千八百八十六兩八錢八分一釐一毫六絲六忽二微三纖七沙二塵一漠五埃三逡四巡八須一臾八清。

負重銀六十一兩七錢九分二釐七毫七絲四忽一微七纖六沙一塵五渺六漠一埃四逡五巡。

量斛束包夫工食銀一百一十九兩四錢一分九釐五絲二忽八纖八沙一塵四漠二埃七巡。

解通由閘銀三百五十四兩九錢一釐四毫三絲五微八纖四沙。

已上共減米七千四百三十八石一升九合七勺九抄八撮四圭九粿七黍二稷二糠二粃，共減銀二千四百二十二兩九錢九分四釐四毫二絲三忽八纖五沙四塵六渺一漠八埃八逡六巡八須一臾八清。

前項減辦白稉糯糙正米四千四百三十五石八斗五升五合四勺八抄三撮五圭二粟三粿一粒二黍二稷九糠，俱奉改爲正兑漕糧起運。增編加四耗米一千七百七十四石三斗四升二合二勺。漕贈五米三百一十石五斗九合八勺八抄五撮。漕贈十銀六百二十一兩一分九釐七毫七絲。負重銀六十一兩七錢九分二釐七毫七絲五忽。輕賫蓆折正費銀六百二十七兩六錢八分三釐三毫一絲二忽一微三纖二沙一塵。

已上共米六千五百二十石七斗七合五勺六抄八撮五圭二粟三粿一粒二黍二稷九糠，銀一千三百一十兩四錢九分五釐八毫五絲七忽一微三纖二沙一塵，以減辦白糧應減經費改編抵款外，實減徵餘存白糧經費米九百一十七石三斗一升二合二勺二抄九撮八圭八粟五粿九粒四黍九稷三糠二粃，銀一千一百一十二兩四錢九分八釐五毫六絲五忽九微五纖三沙三塵六渺一漠八埃八逡六巡八須一臾八清。

徵糧項下：

二斗九升五合則田每畝減賦銀一分五釐八毫三忽八微五纖三沙三渺九漠七逡一巡，又減白糧經費銀一釐四毫一絲三忽二微八纖五沙五塵，米一合五勺六抄三撮一粟七稞八黍三稷六糠三粃。

二斗三升五合則田每畝減賦銀一分二釐四毫一忽三微四纖二沙六塵四渺二漠五埃二巡，又減白糧經費銀一釐一毫六絲五忽四微二纖一沙二塵，米一合二勺四抄五撮一圭一粟五稞六黍四稷九糠一粞。

二斗五合則田每畝減賦銀一分七毫一微七沙六塵五渺六漠五埃八逡五巡，又減白糧經費銀一釐四絲一忽四微八纖九沙一塵，米一合八抄六撮一圭六粟四稞二粒五稷四糠八粃六粞。

三斗則田每畝減賦銀一分六釐八絲五忽一微六纖七沙一塵二渺二漠五埃六逡二巡，又減白糧經費銀一釐四毫三絲三忽九微四纖八塵，米一合五勺八抄九撮五圭八稞五粒九黍三稷四糠五粃。

折糧項下：

二斗九升五合則田每畝減賦銀二分七釐八毫五絲五忽二纖二沙五塵五渺九漠七埃四逡六巡，又減白糧經費銀一釐八毫一絲六忽一微一纖一沙。

三斗則田每畝減賦銀二分八釐三毫四絲二忽七微五纖一沙二塵七渺八漠八埃，又減白糧經費銀一釐八毫四絲三忽五微九纖三沙九塵。

實該折色正雜銀八萬五千三百三十八兩二錢三分九釐一絲九忽二微三纖五沙二塵六漠一埃九逡七巡一須八臾二清，遇閏增編銀五百兩六錢六分四釐四毫九忽七微四纖八沙三渺七漠七埃六逡二巡六須。本色米七萬二千三百五十六石三斗八升九合六勺九抄八撮二圭六粟一稞九粒四黍五稷八粃，遇閏減編米三十一石二斗四升四合二勺五抄五圭八稞七粒七黍六稷一糠。內：

徵糧項下：

二斗九升五合則田四千九百九十五頃九十九畝一分九釐七毫四絲，每畝科折色銀一錢七釐六毫四絲二忽九微二纖四塵六渺五漠六埃九逡九巡，共該銀五萬三千七百七十八兩三錢一分六釐六毫七絲四微五纖五沙二塵五渺四漠六埃三逡。

遇閏加銀七毫七絲七忽四微三纖七沙六塵五渺四漠九埃五逡八巡，共該銀三百八十八兩四錢七釐二毫二絲八忽四微四纖五沙五塵五渺四漠九埃三逡一巡。

攤徵人丁銀一釐九絲七忽三微一纖一沙四塵六渺一漠五埃六逡六巡，共該銀五百四十八兩二錢一分五釐九毫二絲五忽四微九纖六沙一塵九渺四漠五埃四逡七巡。

攤徵匠班銀一毫四絲九忽二微三纖二沙二塵四渺六漠九埃九逡，共該銀七十四兩五錢五分六釐三毫一絲八微二纖二沙四塵二漠五埃六逡六巡。

本色米一斗二升三合二勺八抄八撮七圭一粟六稞九黍六稷九糠七粃，共該米六萬一千五百九十四石九斗四升三合六勺一抄五圭二粟二粿六粒七黍二稷五糠七粃二粞。

遇閏減米五抄三撮二圭三粟八粿八粒九黍四稷四粃，共該米二十六石五斗九升八合一勺八撮七圭三粟二粿八粒四黍七稷六糠四粃五粞。

二斗三升五合則田一千一十一頃七十六畝七分五釐九毫六絲，每畝科折色銀八分八釐七毫五絲二忽七微六纖三沙三塵四渺六漠六埃一逡七巡，共該銀八千九百七十九兩七錢一分七釐九微五纖六沙三塵五渺九漠六埃八逡二巡。遇閏加銀六毫七絲六微三纖七塵八渺一漠七逡七巡，共該銀六十七兩八錢五分二釐二毫四絲九忽三微一纖七沙三塵八渺七漠八埃五逡八巡。

攤徵人丁銀同前數，共該銀一百一十兩二分二釐四毫一絲七忽九微五纖三沙一塵八渺二漠八埃二逡一巡。

攤徵匠班銀同前數，共該銀一十五兩九分八釐八毫三絲五忽一微七纖八沙二塵七渺五漠五逡四巡。

本色米九升八合二勺一抄三撮四粟五粿二黍六稷三糠九粃九粞，共該米九千九百三十六石八斗七升七合六勺四抄六撮二圭一粟九粿九粒四黍七稷二糠七粃七粞。

遇閏減米四抄二撮四圭一粟六粒四黍四稷四糠五粞，共該米四石二斗九升九勺七抄一撮五圭七粟三粿四粒四黍五稷七糠七粃。

二斗五合則田六十六頃一十三畝三分五釐一毫六絲。每畝科折色銀七分九釐三毫七忽六微八纖四沙七塵八渺七漠七逡六巡，共該銀五百二十四兩四錢八分九釐六毫四忽七纖八沙九塵四漠七埃二逡四巡。

遇閏加銀六毫一絲七忽二微二纖七沙三塵四渺四漠一埃三逡七巡，共該銀四兩八分一釐九毫四絲一忽四微四纖三沙九塵一渺二漠一埃八逡。

攤徵人丁銀同前數，共該銀七兩二錢五分六釐九毫六忽五微一纖四渺五漠八埃四逡五巡。

攤徵匠班銀同前數，共該銀九錢八分六釐九毫二絲五忽三微一纖九沙四塵二漠九埃一逡二巡。

本色米八升五合六勺七抄五撮二圭九粿四粒九黍一稷一糠一粃四粞，共該米五百六十六石六斗二勺八抄三撮七圭六粟八粿三粒九黍三稷九糠五粃八粞。

遇閏減米三抄六撮九圭九粟六稷五粒九稷五糠八粃七粞，共該米二斗四升四合六勺七抄九圭九粟二稷五稷一糠一粃八粞。

三斗則田二十頃四十畝九分四釐二毫九絲。每畝科折色銀一錢九釐二毫一絲七忽一微二塵二渺五漠六埃二逡二巡，共該銀二百二十二兩九錢五釐八毫六絲五忽二微六纖四沙七渺一漠六埃一逡九巡。

遇閏加銀七毫八絲六忽三微三纖八沙二塵二渺七漠七埃八逡二巡，共該銀一兩六錢四釐八毫七絲一忽四微二纖二沙九塵九渺二埃五逡六巡。

攤徵人丁銀同前數，共該銀二兩二錢三分九釐五毫五絲三纖六沙五塵七渺一漠七埃五逡。

攤徵匠班銀同數，共該銀三錢四釐五毫七絲四忽四微九纖四沙九塵四渺五漠二埃八逡六巡。

本色米一斗二升五合三勺七抄八撮三圭五粟五稞三粒五黍二稷八糠五粃，共該米二百五十五石八斗九升六抄四撮一圭七粟一稞七黍六稷二糠二粞。

遇閏減米五抄四撮一圭四粟一稞二粒四黍八稷一糠七粃七粞，共該米一斗一升四勺九抄九撮一圭九粟六稞六黍三稷九糠八粃六粞。

折糧項下：

二斗九升五合則田一千五百二十八頃四十三畝三分二釐四毫。每畝科折色銀一錢三分五釐一毫八絲九忽九微六纖六沙三塵三渺二漠六埃九逡四巡，共該銀二萬六百六十二兩八錢八分三釐七毫二絲五忽七微三纖七沙四渺八埃三逡五巡。

遇閏加銀二毫五絲二忽三微三沙八塵五渺八漠三埃七逡六巡，共該銀三十八兩五錢六分二釐九毫六絲三微七纖二沙七塵一渺三漠八逡二巡。

攤徵人丁銀同前數，共該銀一百六十七兩七錢一分六釐七毫三絲一忽二微四纖三沙四渺五漠六埃八逡五巡。

攤徵匠班銀同前數，共該銀二十二兩八錢九釐一毫五絲二忽六微七纖七沙八塵四渺五漠九逡五巡。

三斗則田六頃一十四畝九分六釐七毫二絲。每畝科折色銀一錢三分七釐二毫三絲一忽四纖五沙一塵七渺五漠一埃九巡，共該銀八十四兩三錢九分二釐五毫九絲一忽六微四沙六塵八渺二埃九逡一巡。

遇閏加銀二毫五絲二忽三微三沙八塵五渺八漠三埃七逡六巡，共該銀一錢五分五釐一毫五絲八忽五微九纖七沙三塵三渺四漠六埃八逡五巡。

攤徵人丁銀同前數，共該銀六錢七分四釐八毫一絲五微五纖七沙四渺七漠一埃五逡。

攤徵匠班銀同前數，共該銀九分一釐七毫七絲二忽九微三纖七沙八渺二漠一埃四逡八巡。

按：以上徵糧平米一石派徵折色稅糧漕贈銀三錢一分四釐八毫三絲五忽九微五纖一沙九塵八渺四漠六埃九逡八巡，本色并漕贈米四斗一升七合九勺二抄七撮八圭五粟一稞一粒七黍六稷一糠六粃八粞，遇閏加銀一釐七毫八絲一微一纖四沙五塵六渺四漠六埃八逡六巡，遇閏減米一勺八抄四圭七粟八粒二黍七稷二糠五粃六粞。折糧平米一石派徵折色稅糧銀四錢八釐二毫一絲五忽七微六纖八沙四塵八渺二漠九埃八逡八巡。不論徵糧、折糧，每畝派九釐地畝銀六釐三忽八微八纖八塵二渺六漠二埃九逡七巡，徭里銀八釐七毫六絲二忽四微三纖三沙八塵三漠九埃一逡六巡，攤徵人丁銀一釐九絲七忽三微一纖一沙四塵六渺一漠五埃六逡六巡，攤徵匠班銀一毫四絲九忽二微三纖二沙二塵四渺六漠九埃九逡，遇閏加徵徭里人丁銀二毫五絲二忽三微三沙八塵五渺八漠三埃七逡六巡。

另城濠官地准熟田一十六畝二分七釐九毫八絲。每畝科折色銀一錢四釐八絲八忽二微六纖三沙八塵六渺八漠三埃二逡六巡，共該銀一兩六錢九分四釐五毫三絲六忽一微一纖八沙一塵二渺三漠五埃六逡七巡九須。

攤徵人丁銀同前數，共該銀一分七釐八毫六絲四忽一纖一沙一塵三渺二漠二巡。

攤徵匠班銀同前數，共該銀二釐四毫二絲九忽四微七纖一沙一塵三渺四漠五埃四逡八巡。

本色米一斗二升七合六勺四抄六撮五圭七粟八稞七粒四黍四稷七糠一粃五粞，共該米二石七升八合六抄七圭七粟二稞六粒四黍八稷二糠二粞。

雜辦：

漁課銀四十八兩八錢四分四釐六毫七絲。此項內有奉禁浦江注網缺額銀二十五兩三錢四分四釐六毫七絲，于乾隆十二年詳奉院司批允，以額外各色牙户給與縣帖輸納抵補。

門攤課鈔銀八十四兩。

起存條款：

折色項下：

布政司衙門起存地丁辦料等銀四萬九千五百五十六兩六錢五分五釐八毫九絲九忽七微八纖五沙六塵九渺七漠七埃五逡六巡五須，閏月銀一百三十九兩一錢四分三釐九毫六絲七微一纖四沙八塵二渺五漠六埃九逡六巡六須。

損脚銀二千三十五兩九錢五分八釐三毫九絲七忽五微四纖二沙七塵五渺二漠三埃七逡八巡。

蘇糧道衙門隨漕輕賷等銀二萬五千五百兩一錢三分九釐九毫五絲五忽七微四纖一沙九塵七渺六漠七埃二逡三巡一須八臾二清，閏月銀八十四兩三錢三分八毫六忽二微四纖七沙三塵九渺五漠一埃七巡，遇閏加徵灰石銀一百六十五兩九錢一分五釐六毫九絲三忽二微三纖二沙二塵二渺一漠一埃九逡三巡，又於減存三分本色蓆木板銀内除折灰石銀八錢一分八絲九忽三微三纖七沙六塵九渺二漠五埃，又減徵漕贈銀一十三兩八錢八分四釐八毫五絲二忽四微三纖八沙九塵一渺八漠二埃九逡。

江安糧道衙門額撥漕項并各倉米麥折等銀二千三十三兩五錢一分二釐八毫二絲九忽七微七纖三沙二塵五渺七漠四埃二逡九巡五須。

河庫道衙門修河米折并導河夫銀六百四十七兩八錢五分四釐五毫二絲一纖二沙八塵七渺七漠九埃六逡九巡。

鹽法道衙門鹽課銀二千八百七十八兩七錢一分二釐二毫八忽三微二纖五沙八塵八渺二漠八埃六逡七巡。

各衙門官役俸工并祭祀雜支除荒實銀二千三百八十五兩四錢五釐二毫八忽五纖

二沙七塵六渺一漠七逡四巡,閏月銀一百二十四兩三錢四分八釐七毫一絲二忽六微五纖四沙八塵二渺一漠五埃五逡六巡。内:

俸工項下:

撫院俸銀除荒實二十二兩五錢二分四釐九毫五絲九忽。

知府員下俸銀除荒實二十六兩一錢六分五釐八毫四絲七忽。

馬快三名,每名工食銀六兩,草料銀一十兩八錢,閏月銀一兩四錢,除荒實銀五十兩一錢二分一釐七毫六絲三忽,閏月銀四兩一錢七分六釐八毫一絲四忽。

步快四名,每名六兩,閏月銀五錢,除荒實銀二十三兩八錢六分七釐五毫六忽,閏月銀一兩九錢八分八釐九毫五絲九忽。皂隸四名,每名同前。

斗級三名,每名同前。除荒實銀一十七兩九錢六毫三絲,閏月銀一兩四錢九分一釐七毫一絲八忽。

董漕同知員下俸銀除荒實四十二兩三錢二分一釐六絲六忽。

皂隸一十二名,每名同前,除荒實銀七十一兩六錢二釐五毫一絲九忽,閏月銀五兩九錢六分六釐八毫七絲六忽四微。

知縣員下俸銀除荒實四十四兩七錢五分一釐五毫七絲四忽。

門子二名,每名同前,除荒實銀一十一兩九錢三分三釐七毫五絲四忽,閏月銀九錢九分四釐四毫七絲九忽。

皂隸一十六名,每名同前,除荒實銀九十五兩四錢七分二絲五忽,閏月銀七兩九錢五分五釐八毫三絲五忽二微。内於雍正七年奉文酌裁四名,抵給仵作工食。

馬快八名,每名與府馬快同,除荒實銀一百三十三兩六錢五分八釐三絲四忽,閏月銀一十一兩一錢三分八釐一毫七絲。

轎傘扇夫七名,每名六兩,閏月銀五錢,除荒實銀四十一兩七錢六分八釐一毫三絲五忽,閏月銀三兩四錢八分六毫七絲八忽。

庫子四名,每名同前,除荒實銀二十三兩八錢六分七釐五毫六忽,閏月銀一兩九錢八分八釐九毫五絲九忽。

斗級四名,同前。

禁子八名,每名同前,除荒實銀四十七兩七錢三分五釐一絲二忽,閏月銀三兩九錢七分七釐九毫一絲八忽。查此項禁卒尚有加給一半銀兩,於雍正九年奉文於各役工食内扣給。

民壯三十五名,每名六兩,加增器械銀二兩,除荒實銀二百七十八兩四錢五分四釐二毫三絲六忽四微。此款荒缺,於乾隆二年奉文于地丁銀内撥補。

鋪兵二十四名,每名七兩二錢,閏月銀六錢。除荒實銀一百七十一兩八錢四分六釐四絲四忽,閏月銀一十四兩三錢二分五毫三忽。

修理倉監除荒實銀四兩九錢七分二釐三毫九絲七忽。

縣丞員下俸銀四十兩除荒實三十九兩七錢七分九釐一毫七絲八忽。

統於地丁内扣除徑給。

本色項下：

蘇糧道衙門起運漕糧正改兑正耗米五萬七千八百二十九石八斗六升二合八勺三抄八撮二圭八粟九粺七粒九黍九稷四糠，遇閏減徵改折灰石米一百三十八石八斗四升八合五勺二抄四撮三圭八粟九粺一粒八黍五稷八糠。

漕贈五米二千八百九十一石四斗九升三合一勺四抄二撮七圭四粟六粺五粒四稷，遇閏減徵米六石九斗四升二合四勺二抄六撮二圭一粟九粺四粒五黍九稷三糠。

白糧正耗米四千九百四十二石六斗。

縣衛均支盤用二耗米七百六十石四斗。

舂辦折耗米一千一百四十石六斗。

運船水手飯米二百七十三石七斗四升四合。

金山衛運丁行月米八百七十八石五斗三升五合一勺六抄八撮九圭七粟一粺六粒八黍三稷一糠，閏月米八十四石二斗七升六合四勺五撮二圭二粺六粒七黍五稷七糠。

揚州倉運丁行月米一千二百六十九石六斗七升八合一抄五撮四圭一粟六粺四粒四黍三稷一糠。

蘇州織造衙門局匠口糧米二百二十石三斗九合三勺三抄六撮九圭六粟八粺二粒八黍六稷二糠，閏月米一十八石三斗五升八合六勺六圭五粟六粒九黍五糠。

南米一千九百六十九石八合三抄五撮七圭四粟八粺五粒五黍二稷二糠。此款于乾隆六年奉文版撥本地提標右營兵糧。

解南白粳正米三十七石二斗一升四合七勺八撮七圭二粟二粺六粒四黍三稷四糠。此款于乾隆二年奉文改徵糙粳。

恤孤口糧米一百四十二石九斗四升四合四勺五抄一撮三圭九粟八粺三黍三稷，閏月米一十一石九斗一升一合六勺九抄四撮二圭四粟六粺二稷八糠。查江省恤孤米石，於乾隆二年奉文通省均給，每名日支米七合九勺五抄，閏月同，隨漕徵貯，以今歲編額，遞年流給次年口糧，餘存正閏米石歸入南米款内撥解兵糧。

六年，審增滋生人丁七百一十五丁。

八年，於清查陞除坍漲等事案内，陞科新漲墾熟不等田蕩共五頃八十七畝六分三釐五毫，又蘆洲轉入漕則田六十七畝三分二毫五絲，二共六頃五十四畝九分三釐七毫五絲，准熟田三頃五十五畝三分三釐六毫，科平米一百一石九斗四升六合七勺二抄五撮，内徵糧項下平米七十九石九斗四升七合五勺九抄，折糧項下平米二十一石九斗九升九合一勺三抄五撮。派徵折色銀三十九兩八錢四分七毫一絲四忽四微三纖七沙一塵八渺三漠九逡，遇閏增銀二錢三分一釐九毫六絲八忽五微一纖三沙一塵九渺三埃九逡二巡。本色米三十三石四斗一升二合三勺二抄四撮四圭九粟五粺四粒一黍三稷四糠，遇閏減米一升四合四勺二抄八撮二圭七粺七粒四稷三糠。此陞科銀兩歸入解司地丁項下充餉，米石歸入南米項下撥解兵糧。

徵糧項下：

上鄉熟田九十四畝九釐八毫，該平米二十七石七斗五升八合九勺一抄。

低薄田七十畝三分二釐九毫五絲，准熟田四十六畝八分八釐六毫，該平米一十三石八斗三升一合三勺七抄。

下鄉熟田五十七畝二分八釐五毫，該平米一十三石四斗六升一合九勺七抄五撮。

低薄田三畝七釐二毫，准熟田二畝四釐八毫，該平米四斗八升一合二勺八抄。

護塘外熟田二分一釐一毫，該平米四升三合二勺五抄五撮。

上、下鄉得業蕩一頃五畝九分七釐六毫，准熟田五十二畝九分八釐八毫，該平米一十五石八斗九升六合四勺。

柴蕩六十畝三分一釐六毫，准熟田二十畝一分五毫，該平米六石三升一合。

草蕩三十八畝五釐三毫，准熟田六畝三分四釐二毫，該平米一石九斗二合六勺。

水漊一十畝八分八毫，准熟田一畝八分一毫，該平米五斗四升三勺。

折糧項下：

上鄉熟田一十畝七分九釐八毫，該平米三石一斗八升五合四勺一抄。

低薄田五畝五分四釐三毫，准熟田三畝六分九釐五毫，該平米一石九升二抄五撮。

得業蕩八畝二分三毫，准熟田四畝一分二毫，該平米一石二斗三升六勺。

柴蕩一頃三十九畝六分一釐，准熟田四十六畝五分三釐七毫，該平米一十三石九斗六升一合一勺。

草蕩五十畝六分三釐六毫，准熟田八畝四分四釐，該平米二石五斗三升二合。

十一年，審增滋生人丁八百三十二丁。

十三年，於清查陞除坍漲等事案內，開除原報坍荒公占田地蕩漊九十頃二十畝二分，准熟田七十八頃八十五畝八分七釐三毫，缺科平米二千一百九十五石八斗七升四合三勺二抄。內徵糧項下平米二千一十三石五斗八升三合五抄，折糧項下平米一百八十二石二斗九升一合二勺七抄。派減折色銀八百二十七兩五錢九分六釐六毫三絲六忽五微五纖八沙二塵二渺五漠七埃七逡，遇閏銀五兩五錢三分六釐八絲四忽六微三纖三沙二塵二渺七漠四埃五逡四巡；本色米八百三十二石一斗八升八合二抄三撮八圭七粟二粺一粒一黍八稷，遇閏減米三斗五升九合三勺六抄六撮一圭四粟三粺二粒八黍二稷七糠。奉文此項缺科銀兩於地丁額內扣蠲，缺科米石於南米額內扣蠲。

徵糧項下：

上鄉熟田四十八頃一十八畝四分六釐六毫，缺平米一千四百二十一石四斗四升七合四勺七抄。

留步一頃六十四畝六分四釐二毫，准熟田一頃一十七畝六分二毫，缺平米三十四石六斗九升二合五勺九抄。

低薄一頃六十畝二分七釐，准熟田一頃六畝八分四釐七毫，缺平米三十一石五斗一升九合八勺六抄五撮。

低薄留步二畝九分四釐二毫，准熟田一畝四分一毫，缺平米四斗一升三合二勺九抄五撮。

下鄉熟田五十八畝三釐八毫，缺平米一十三石六斗三升八合九勺三抄。

護塘外熟田一十六頃九十二畝五分七釐三毫，缺平米三百四十六石九斗七升七合四勺六抄五撮。

上、下鄉得業蕩五頃四十五畝六分六釐三毫，准熟田二頃七十二畝八分三釐二毫，缺平米八十一石八斗四升九合六勺。

柴蕩四頃一十畝五分九釐五毫，准熟田一頃三十六畝八分六釐五毫，缺平米四十一石五升九合五勺。

留步得業蕩三十九畝八分五釐五毫，准熟田一十四畝二分三釐四毫，缺平米四石二斗七升二勺。

留步柴蕩一十畝九分八釐六毫，准熟田二畝六分一釐六毫，缺平米七斗八升四合八勺。

草蕩二頃八十九畝九分三毫，准熟田四十八畝三分一釐八毫，缺平米一十四石四斗九升五合四勺。

漊一畝五分，准熟二分五釐，缺平米七升五合。

折糧項下：

上鄉熟田四頃八十五畝三分六釐二毫，缺平米一百四十三石一斗八升一合七勺九抄。

低薄田九畝三分六釐六毫准熟田六畝二分四釐四毫，缺平米一石八斗四升一合九勺八抄。

得業蕩一頃三十二畝九分六毫，准熟田六十六畝四分五釐三毫，缺平米一十九石九斗三升五合九勺。

柴蕩一頃四十九畝五分二毫，准熟田四十九畝八分三釐四毫，缺平米一十四石九斗五升二勺。

草蕩四十七畝六分三釐一毫，准熟田七畝九分三釐八毫，缺平米二石三斗八升一合九勺。

又開除續報坍荒公占田蕩八頃三畝九分八釐，准熟田六頃八十五畝六分四釐七毫，缺科平米二百二石四斗七升二勺三抄。內徵糧項下平米一百九十六石七斗七升九合一勺七抄，折糧項下平米五石六斗九升一合六抄。派減折色銀七十五兩二錢五分五釐三毫五絲七忽九微五纖四塵九渺九漠一埃四逡七巡，遇閏銀五錢二分三釐二毫七絲九忽七微八纖二沙五渺八漠八埃二巡；本色米八十二石二斗三升九合二勺四抄四撮九圭一粟七稞六粒一黍九稷四糠，遇閏減米三升五合五勺一抄二撮七圭九粟一稞三粒一黍三稷八糠。現在候豁。

徵糧項下：

上鄉熟田五頃八十九畝七分一釐，缺平米一百七十三石九斗六升四合四勺五抄。

留步七畝八分三釐八毫，准熟田五畝五分九釐九毫，缺平米一石六斗五升一合七勺五撮。

低薄田九畝六分四釐三毫，准熟田六畝四分二釐八毫，缺平米一石八斗九升六合二勺六抄。

得業蕩八十畝五釐二毫，准熟田四十畝二釐六毫，缺平米一十二石七合八勺。

留步得蕩六畝一分二釐，准熟田二畝一分八釐六毫，缺平米六斗五升五合八勺。

柴蕩五十二畝四分六釐八毫，准熟田一十七畝四分八釐八毫，缺平米五石二斗四升六合八勺。

草蕩一十七畝九分二釐，准熟田二畝九分八釐六毫，缺平米八斗九升六合。

下鄉熟田一畝四釐三毫，缺平米二斗四升五合一勺五撮。

護塘外熟田一畝五釐，缺平米二斗一升五合二勺五抄。

折糧項下：

上鄉熟田九畝六分二釐八毫，缺平米二石八斗四升二勺六抄。

柴蕩二十八畝五分八毫，准熟田九畝五分三毫，缺平米二石八斗五升八勺。

實在不等准熟田七千五百四十六頃八十八畝六分三釐八毫五絲，該平米二十一萬六千一百八石七升八合六勺四抄五圭。内徵糧項下平米一十七萬一千石七斗九升一合三抄五撮五圭，折糧項下平米四萬五千一百七石二斗八升七合六勺五撮。

共該折色銀八萬四千三百四十二兩三錢八分三釐六絲九忽一微六纖三沙四塵六渺四漠三埃六逡一巡一須八臾二清，遇閏增銀四百九十四兩八錢三分七釐一絲三忽八微四纖六沙一塵四渺一漠九埃七巡六須。

共該本色米七萬一千四百七十五石三斗七升四合七勺五抄三撮九圭六粟七稞六粒二黍四糠八粃，遇閏減米三十石八斗六升三合七勺九抄九撮七圭八粟一稞八粒八黍三稷三糠。

另徵雜辦、漁課、門攤銀一百三十二兩八錢四分四釐六毫七絲。

以上各條，紀歲輸之定額，補前志之未詳，著條編之有制，其源流如此。若隨時損益，今昔異宜，寬恤之詔，無歲不下，如天溥博，何以加兹。尤當編年恭紀於後，其撫斯民而凛然敬事乎。

康熙二十二年以前詳見田賦之二。

二十三年，恩詔以江南等省自用兵以來供應繁苦，特加恩恤免二十四年所運漕糧三分之一。又十三年起至二十二年拖欠漕項錢糧，自二十三年起，每年帶徵一年。

二十四年，巡撫都院湯斌奉二十年恩詔，題免十三年至十七年未完地丁銀米。

二十六年，恩免二十七年應徵地丁各項錢糧，其二十六年未完錢糧亦悉奉豁除。

二十七年，恩免十七年以前未完漕項銀米。

二十八年,恩免全省積年一應地丁錢糧屯糧蘆課米麥豆雜税。

三十年,恩旨江蘇等省應輸漕米自三十一年始,以次各蠲免一年。

三十八年,恩免三十四、五、六年一應地丁米麥豆雜税。

四十年,恩免江蘇四十一年地丁錢糧。

四十五年,恩旨江蘇等省康熙四十三年以前未完地丁銀米悉行蠲免,其舊欠已完在官而現年錢糧未完足者亦准扣抵。

四十六年,恩旨四十三年以前未完民欠漕項銀兩悉與蠲免,仍將本年漕項酌留賑給。

是年,又奉恩旨全免四十七年人丁額徵銀一千六百五十四兩有奇。

四十七年,特恩全免四十八年地丁銀一十六萬三千五百三十一兩有奇,并奉緩徵舊欠銀米。

是年秋,被水災七、八、九、十分不等,照例免本年地畝銀一萬四千七百七十八兩有奇,米四百一十七石有奇,漕米緩徵一半。

四十九年,恩旨江南舊欠四十四、五、六、七等年未完地丁等項錢糧於五十年起作四年帶徵,四十七年漕項錢糧於五十三年帶徵。

五十一年,特恩全免五十二年地畝人丁錢糧一十六萬四千五十六兩有奇,并免歷年舊欠。

五十六年,恩免帶徵地丁錢糧,其帶徵漕項銀米免徵各半。

六十年,偏旱七、八分災,照例免本年地丁四百六十二兩有零,米一十五石有奇。

雍正元年,恩詔免康熙十一年至五十年未完地丁銀米蘆課等銀。

二年秋,海潮漲溢,被災五、六、七、八、九、十分不等,照例免本年地丁銀一萬八千六百八十八兩有奇,米五百二十五石有奇,并緩徵漕米。

三年,巡撫都院張楷疏請康熙五十一年起至雍正元年止舊欠錢糧均作十二年帶徵。

四年,分設南匯縣,更均編法,爲版啚,立户輸賦。

六年,河東總督田文鏡奏准耗羡歸公,通行各省。江蘇正雜錢糧概以加一納耗,定給各官養廉,地方公費咸取於此。

是年,奉行清查康熙五十一年起至雍正四年止積欠錢糧,分晰民欠、官侵、吏蝕。

七年,巡撫都院尹繼善以江省收漕弊竇叢生,民累無底,奏明酌定下江輸漕一石隨交費銀六分,折收制錢五十四文,又脚費五文,倉離水次遠者,每十里加錢二文。六分之内,半給旗丁,爲沿途盤剥之需;半留州縣,爲修倉鋪墊及漕記人役紙張飯食等用,此外不許多收粒米毫銀。漕政肅清,民皆稱便。後於乾隆四年,總漕部院托題奉部議,該省徵漕收取耗費,從前該督撫等權宜酌定,雖所以杜運丁之勒掯私索,除州縣之暗派浮收,原爲地方辦公起見,但究屬收取額外耗費,非正供可比。若著爲定例,恐將來即以此爲正供,於民未便。惟在地方大吏因時調劑,措施得宜,使濟運辦公均無貽誤,軍力民情咸相允協,庶有裨益漕務。應令該督撫等確按該省實在情形,毋苛毋濫,盈縮得宜,妥協辦理可也。奉旨依議。又於八年,奉總督部院尹,著照制錢時價八折收給,每石費錢四十八文,脚錢四文。至十二年,夫頭以水次路遠控,奉督部院批准,仍收五文在案。

八年,奉行抽併順莊,便民輸納。以糧户所有田地彙於住居啚内,併立一户,挨順村莊,用滚單滚催。

十年,恩旨官侵、吏蝕、包攬錢糧分爲十年帶徵,民欠緩作二十年帶徵,自壬子年爲始,即以帶徵完納之分數爲次年蠲免之分數。

是年秋,海潮泛溢,被災五、六、七、八、九、十分不等,照例免本年地丁銀一萬六千八百五十九兩有奇,米六百七十六石有奇,漕糧緩徵。

十一年,上諭江蘇雨水稍多,收成歉薄,新舊條銀及本年南漕等米緩至來年麥熟開徵。

是年,又奉恩旨本年漕糧半本半折,十年災緩漕糧全數折徵,每石折銀一兩。

十三年,恩詔豁免康熙五十一年起至雍正十二年止民欠地丁漕項、蘆課、學租、雜税等銀五十一萬三千九百三十兩有奇,米五萬一千四百一十七石有奇。又免康熙五十一年起至雍正六年清查役蝕銀二十四萬四千二百六十六兩有奇,隨正耗羡悉行豁免。是年,又奉上諭減免耗羡,自乾隆元年始,每兩止收五分。

乾隆三年,巡撫都院楊奉雍正十年上諭,以十二、三年完納清查侵欠錢糧一百七十七兩九錢三分八釐派于三年新糧内蠲免于民。

四年,特恩蠲免中小户本年錢糧二萬一千六百六十一兩有奇。

七年,恩免雍正十三年未完地丁漕項銀一萬五百八十八兩有奇米九百九十三石有奇。

十一年,恩免本年地丁錢糟五萬五千九十六兩有奇,隨正耗費緩至次年徵收。

十二年秋,被潮災五、六、七、八、九分不等,照例免本年地丁漕項銀九千四百六十一兩有奇,米九千二百三十八石有奇。蠲剩之數按災輕重分作三年、二年帶徵,漕糧緩至明冬帶運。

十四年,總督部院黄奏明實徵册籍,分晰紳衿、衙役、兵、民四項,以清逋賦。

按:邑之錢糧本屬繁重,歷多拖欠,從無清完之歲,能九分入奏,遂爲上考。厪宸衷而煩憲慮者久矣。比年以來,叠沛恩綸減免,各懷輸將恐後之誠,均于歲内全完。可見薄賦輕徭,下民報上自有實心,聖朝樂利,永永無疆云。

十五年十月,内於清查陞除坍漲等事案内,奉豁坍荒公佔不等田蕩八十七頃六十九畝八分五釐七毫,準熟田七十六頃三十七畝一分二毫,共缺平米二千一百石九斗五合二勺四抄,共蠲缺本色米八百一石八斗四升二合二勺,折色銀八百兩七錢五分五釐,遇閏減蠲米三斗四升六合三勺,增捐銀五兩三錢四分二釐。

十九年,陞科田六畝二分一釐七毫,共科平米一石八斗三升四合一抄五撮,共陞本色米七斗六升六合五勺,折色銀六錢七分七釐,遇閏減編米三勺,增編銀五釐。

二十年秋灾荒,緩徵漕米。

二十一年,恩蠲地丁銀兩。

二十二年六月,内豁免續報坍荒公佔不等田地八頃三畝九分八釐,準熟田六頃八十五畝六分四釐七毫,共缺平米二百二石四斗六升九合七勺,共蠲缺本色米八十二石二斗三升九合二勺,折色銀七十五兩二錢五分五釐,遇閏減蠲米三升五合五勺,增蠲銀五錢二分三釐。

二十四年,陞科不等田二頃二十畝八分一釐九毫一忽二微,準熟田九十三畝七分二釐七毫八絲八忽八微五纖，共科平米二十七石九斗五升七合六勺八抄，共陞本色米八石四斗六升八勺，折銀十一兩二分三釐，遇閏減編米三合七勺，增蠲編銀六分。

二十五年，以前恩蠲地丁銀兩。

二十六年，將二十一年蘆洲清丈案内勘報轉漕入額陞科田地二十七畝八分一釐七毫三絲，共科平米八石二斗六合一勺三撮五圭，共陞本色米八斗二升三合五勺，折色銀三兩六錢一分一釐，遇閏減編米四勺，增編銀一分。

二十七年，蠲免被灾地丁十分之五。

二十八年八月，内奉豁乾隆十八年築塘佔廢不等田三頃三十三畝七分一釐八毫五絲，準熟田三頃一十八畝六分三釐七絲五忽，共缺平米九十三石八斗七升六勺七抄七撮五圭，共蠲缺本色米三十九石二斗三升一合二勺，折色銀三十四兩六錢五分六釐，遇閏減蠲米一升六合九勺，增蠲銀一錢四分八釐。

三十一年，將二十六年蘆洲清丈案内勘報轉漕入額陞科田蕩八十四畝四分，準熟田四十七畝八分三釐，共科平米一十四石一斗七升二合四勺，共陞本色米二石二斗五升七合四勺，折色銀六兩四分八釐，遇閏減編米一合，增編銀二分二釐。

又報陞入額復漲草蕩三十八畝五分二釐，準熟田六畝四分二釐，共科平米一石九斗二升六合，共陞本色米八斗四合九勺，折色銀七錢九釐，遇閏減編米三勺，增編銀五釐。

三十二年，恩詔蠲免漕糧米石。

三十三年，以前積欠恩蠲。

三十六年，普免地丁銀兩。

三十七年八月，内奉豁坍没不等田蕩一頃八十五畝五分五釐七毫，準熟田一頃七十四畝五分二釐，共缺平米五十一石四斗八升七合五勺，共蠲缺本色米二十一石五斗一升八合，折色銀十九兩六釐，遇閏減蠲米九合二勺，增蠲銀一錢三分六釐。

三十九年五月，内奉豁坍没佔廢不等田蕩五頃三十六畝五分二釐二毫九絲，準熟田三頃八十五畝四分九釐二毫，共缺平米一百十三石五斗九升四勺一抄五撮，共蠲缺本色米四十七石四斗七升二合六勺，折色銀四十一兩九錢三分四釐，遇閏減蠲米二升五勺，增蠲二錢九分九釐。

四十年，將三十六年蘆洲清丈案内勘報轉漕入額陞科田地二畝六分四毫，共科平米七斗六升八合二勺，共陞本色米三斗二升一合，折色銀二錢八分三釐，遇閏減編米一勺，增編銀二釐。

四十三年，蠲免地丁銀兩。

四十四年，奉頒重修《賦役全書》，内開實在田地蕩漊七千六百四頃三十八畝四釐二毫一忽二微，準熟田七千五百三十九頃九十四畝六分一釐一毫九絲三忽八微五纖，科平米二十一萬五千九百二十六石三斗五升三合八勺八抄九撮三圭二粟五顆，共徵本色米七萬三千八百六十三石六斗一升七勺，内除原續坍荒公佔等項實徵米七萬一千三百八十石五斗八升七合一勺，遇閏加徵米一百十五石三斗七升五合七勺。

額徵丁田雜辦等項共銀十二萬九千二百七十一兩五錢八分五釐，内除原續坍荒公佔等項及減免浮賦白糧經費等項，實徵銀八萬四千四百一兩九錢八分一釐，遇閏增編銀四百九十四兩二錢六分。

四十六年，奉恩詔松江府屬漕糧盡行蠲免。

解支各衙門本色、折色、存留各欵，悉載四十年重修《賦役全書》，不及細載。

積貯附

常平之法始於漢，盛於唐，至宋儒朱子復請立社倉法，與常平相爲表裏，規條明備，足爲千古章程。然考之，均無定額，獨我朝法餘三餘九之精意，酌邑之大小定積儲之多寡，更度豐儉燥濕以限出納，賑貸與糶濟兼施，爲民足食者，意深而慮遠，其王道之先務歟。

常平倉：

康熙年間舊額無考。

雍正十年，巡撫都院喬世臣奏定通省常平倉均貯穀數，大縣三萬石，中縣二萬石，小縣一萬六千石，或動帑採買，或截漕撥貯，以足額數。分治後，邑爲中縣，額貯穀二萬石。

乾隆二年，署巡撫部院趙弘恩疏議上邑沿海潮濕最甚，每年酌糶一半。

是年，大理寺卿汪漋條奏不近水路、不通舟楫之地，倉糧分别加倍積貯。

三年，上諭歉收之歲，貧民借領倉穀，秋後還倉，無論常平、社倉，一概免其加息。

是年，兩江總督部院那蘇圖奏常平倉捐監事例添貯穀石，若大州縣一萬石，中州縣八千石，小州縣五千石。

又奉督撫兩院遵旨酌定，如地方歉收之後，遵照雍正四年户部議准廣西道御史馮長發條奏，于城鄉八方多設廠所，將米穀運糶州縣，印佐教職分頭監視。并照乾隆元年户部議准署兵部侍郎王士俊條奏，將價值大加酌減，不拘糶三之數。如年歲原豐，惟城市居民當青黄不接，市價昂貴，止于四城關厢大鎮雜處酌量設廠，其價止須比市價酌減一二分。至于市價不昂，不過循例易新，則聽各州縣自行酌量，公平出糶，或稍爲減價。若衿役牙囤以及倉書丁役串通捏買，嚴加查察。令貧民各賫保甲門牌驗糶，每户二斗爲率。

八年，上諭每年將穀數同民數奏聞。

十一年，户部遵旨議定新收倉穀每年每石銷耗一升，三年之後，穀性已定，不准再銷。

十三年，署撫部院策摺奏，常平積貯之數過多，恐採買病民，而下江户口殷繁，過少亦慮緩急不足備用，應以前撫臣喬世臣于雍正十年奏定之數爲額。

社倉：

康熙年間未設。

雍正七年，隨漕捐積項下撥歸社倉穀六百二十四石六斗七升。此項於雍正十二年動撥囚糧三百一十九石五斗六升八合，其餘三百五石一斗二合存貯官倉。

十二年，巡撫部院高其倬議以隨漕勸捐米石自十二年始歸入社倉，計十二、十三兩年，共捐米抵穀二千三百四十石六斗八升四合二勺。於乾隆元年均作四股，選舉社長經理，在城二十五保，在鄉二十二、二十四、二十九各保，共四處，各設一社，每社正、副社長各一人，專司出納扣。至乾隆十三年，除開銷折耗及撥用外，歷年共餘息穀一千二百二十九石九斗八升五合一勺。

附載藩、臬兩司詳奉總督部院趙、巡撫部院顧核定社倉事宜：

一、勸捐宜善爲勸諭，令民樂輸。不必拘以數目，亦不必隨漕完納。如任胥役藉名措索，察出嚴參究擬。

一、社長宜擇端方殷實之人，取結詳報。果能出納有法，鄉里推服，按年給獎。五年無弊，年逾六旬，生平並無過犯，詳報延爲鄉飲介賓，給匾鼓勵。十年無過，詳請題報，照例給以八品頂帶。狥縱革懲，侵蝕治罪。

一、分貯宜謹。除在城設倉一處，大村大鎮分貯二三處，擇公所寺院收貯。如需修葺，于社米内動辦。設看守夫一名，每年給米五石，折耗造册紙筆，每年每石銷耗一升。俟息米已多，建造倉厫。

一、出入宜公。每社烙給官斗一張，每年春，除衿監不務農之人不許借給，其餘貧民願借者，先報社長核定借數，自具甘賠保結，然後總報州縣，定期彙發，秋成還倉，加一收息。如遇歉歲，免取其息；成災，緩俟來歲麥熟、秋收，兩次歸還。

一、登記宜嚴。一社設立印簿二本，一存本縣，一存社長。春登借數，冬登還數。存縣一本，二月發出，四月繳入，九月發出，十二月繳入，年終將借還生息各數彙册報查。仍聽州縣于公出時便道詣查，如有虧少浥爛，詳報追賠。

一、抑勒宜禁。社長赴倉領米，按照賑糶之例，陸路一里每石銷脚費三釐，水路十里銷運費一釐五毫。如州縣發米短少，扣尅勒取，社長全領，并將已貯社米抑勒借糶，許社長赴府州首告。

乾隆元年，總督部院趙弘恩檄行，自元年爲始，一概停止捐輸。嗣後倘有需儲備之時，聽民樂輸，不得仍前隨漕完納，亦不得拘定數目，以從民便。

六年，巡撫都院徐士林題定每收息穀一石内准銷耗三升，倉夫工食在内，俾社長用度寬裕，善其經理。

是年，巡撫部院陳大受飭行勸捐，又收捐穀二百六十三石二斗八升四合，另于在城及在鄉洋涇、閔行三處添設三社，以俟續捐。

鹽　法

官山府海，仲父以之霸齊。至漢以鹽鐵著論，唐劉晏經理財賦，則一歲得數百萬緡，抵民租之半。甚矣！鹽之爲利溥也。自宋元以來至明之季，其法遞變而日壞。本朝更始，又大異曩時。要之，事有本末，所施有先後，開其源，節其流，毋竭澤而漁，則幾矣。善乎顧文僖公之言，賦重已極，又益以海，孰能堪之？可爲深長思也。

宋

乾、淳間，今縣境下沙場及華亭境内四場額鹽一十二萬八千餘袋。宋鹽五十斤爲一石，六石爲一袋,輸鈔錢十八千。

元

元初鹽課無額,至元十五年以後,歲有增益。逮至正間,下沙場鹽三萬三千四百一十五引七十九斤。引爲鹽四百斤,斤爲中統鈔二百五十文。

明

明設兩浙都轉運鹽使司於杭州,設松江分司於府境下沙鎮,以同知或副使一員以涖之,而下砂場實領九團。正統五年,都御史朱與言奏添下砂二場、三場,今爲下砂場、下砂二場、下砂三場三鹽課司,司設大使、副使各一員,攢典二名,額管竈户一萬五千七百六十二丁,每丁辦鹽二引二百七十二斤三兩二錢,歲辦鹽四萬二千二百四十九引六十一斤十三兩五錢,每引四百斤,今折銀六錢,爲銀二萬五千三百四十九兩六錢三分四釐四毫。

竈户分給柴蕩工本鈔,督辦鹽課。其竈户附近能煎鹽者曰濱海,居遠不能煎鹽者曰水鄉。水鄉例出柴滷價錢,貼僱濱海竈丁煎辦。其後鈔法變更,柴價又爲總催尅取,濱海竈丁日就貧困。正統六年,巡撫侍郎周忱乃以水鄉竈户應納糧盡留本府支用,節其運耗,置贍鹽倉,分貯各場,用以賑贍鹽丁及補逃亡闕課。所貼柴價亦貯之各倉,官爲支給。又選殷實竈丁爲十排年、總催,其次爲頭目,輪年應當。有消乏者,依前選替。當時便之。按:崔富《鹽政一覽》贍鹽倉已不見登載,而水鄉柴價改徵爲米,紛紛多所更張矣。

鹽分二等,鹽司按歲徵辦。商人執引照支,依次遞給者謂之常服;增入中納,不依資次,引到即支者謂之存積。正統以來,常服四分,存積六分。成化間,御史李瑢奏改常服六分,存積四分。

水鄉竈户凡六千六百七十六丁,每丁折納米四石,該米二萬六千七百零四石,貼濱海丁,代爲辦課。

下沙場五團。竈户五千二百五十四丁,共受草蕩九百七十一頃九十九畝,每丁一十八畝五分,歲支工本鈔二千八百一十六錠三貫九百四十五文,每丁二貫六百八十文五分,共辦鹽一萬四千八十三引一百三十八斤十二兩八錢,每丁二引二百七十二斤三兩二錢。内濱海三千五百二丁,該辦鹽九千三百八十七引四十四斤六兩四錢。水鄉一千七百五十二丁,該辦鹽四千六百九十六引九十四斤六兩四錢。每丁折納米四石,共米七千八石。

下沙二場三團。竈丁蕩鈔等支並同一場。内濱海二千七百七十四丁,該辦鹽七千四百三十五引二百八十二斤十二兩八錢。水鄉二千四百八十丁,該辦鹽六千六百四十七引二百五十六斤。每丁折納米四石,共米九千九百二十石。

下沙三場五團。竈户五千二百五十三丁,共受草蕩一千一百五頃九十九畝七分,每丁一十八畝五分,歲支工本鈔二千八百十錠一貫三百六十文,每丁二貫六百八十文五分,共辦鹽一萬四千八十引二百六十六斤九兩六錢。内濱海二千八百丁,該辦鹽七千五百二十九引二百九斤十二兩八錢。水鄉二千四百四十四丁,該辦鹽六千五百五十一引五十六斤十二兩八錢。每丁折納米四石,共米九千七百七十六石。

成化間,御史林誠奏定折徵鹽課例,每三分爲率,以二分存場給客,餘一分照商人折支例。時以無鹽給商,每引折與銀三錢,徵銀入官,送運司轉解。

二十二年,知府樊瑩議以水鄉折鹽米均入該縣糧耗項下帶徵,白銀三千二百五十九兩五錢有奇,徑送運司交納。原撥草蕩價仍與各場徵解,其納米竈户還入民户當差。

正德三年，沿海富家言水鄉蕩價内白塗無徵銀一千五百六十兩四錢一釐四絲一忽五微，負累陪納，竟割民間已入黄册科鈔蕩價一百三十二頃七十七畝一分四釐，每畝折徵銀八分，該銀一千六十二兩二錢五分一釐二毫四絲一忽五微，此外不敷銀四百九十八兩一錢四分九釐八毫，再加縣糧耗米包補，謂之白塗蕩價。自是水鄉丁蕩止徵銀三千七十二兩三毫五絲，縣境士民歲代三場補納鹽課銀四千六百四十七兩八錢三分九釐六毫五絲。

隆慶三年，丈田均糧，海上富家將水鄉蕩或報爲科糧以絶竈户之告分，或指爲濱海丁蕩以拒縣令丈量，俱該場姦人受賄而除富家之額也。按林御史商人折支例，顧文僖言每引折與銀三錢，似未詳也。弘治元年，令浙西鹽課折銀七錢者減爲六錢。又二年，令兩浙水鄉竈户每引納銀六錢。嘉靖中，中丞周用亦言松江分司每引折銀六錢，一半解部，一半給商。然則一引也，既取於商中，復取於丁課，言利亦已悉矣。沈淮所以深病之也。附沈淮《鹽政五款》：一、查給工本。舊制：每竈一丁給與工本鈔二貫六十文，易米可四石之數，故沿海沙地長蕩每畝税鈔六十文。今諸蕩不復徵鈔，已改收平米三升或五升。乞查改徵蕩米，照依原定鈔貫算給竈户，以充工本之用。一、勘給草蕩灰場。舊法：竈户皆有附近草蕩以煎鹽柴薪，約計所收價直可抵今一丁鹽課之半。其後場司以竈丁屢易，不復撥與，俱爲總催豪右侵占樵割，于各竈名下徵取全丁額鹽。乞委所司追取草蕩舊數，踏勘明白，照丁撥派，明立界限，以防侵奪。一、停止折徵。成化間，因各場無鹽給客，每引折與銀三錢，比之中納，其利十倍。巡鹽御史林誠奏將竈丁鹽課一半徵銀解京，一半存場給客，鹽政大壞。況初給價銀非皆本色，故衣弊器盡以折充，每引三錢，特其名耳。今乃實徵本色，貧者或先事而逃催，見在者率併爲賠納，欲利反害，無甚於此。今乞特敕運司，自正德元年爲始，停止銀兩，照舊徵鹽。一、禁革賣引。凡支鹽引目不許中途增價轉賣，此舊例也。近歲商人駕之曰合本，諉之曰分撥。夫引既非其本名，鹽又不由支領，不謂之私販而何？又有豪猾之人支領之際，併包夾帶私鹽，或落價折准庫物，官吏疊其聲威，催目受其凌虐。乞自今凡遇開中，委官監察，不許勢要之人冒禁上納。一、存恤竈丁。夫刮沙汲海，炙日熬波，未有如竈户之勞者。蓬首墨肌，灰卧糠食，未有如竈户之窮者。加之有司與鹽司分爲兩家，其督鹽課者，雖百方箠楚，縶女囚男，有司不問也。其徵賦斂者，雖百端取索，賣婦鬻子，鹽司不知也。況濱海土地類多沙瘠，府之税糧，論糧加耗而不以田，蓋爲此也。近歲有司不原初意，概與水鄉同加耗米，至點均徭亦不分肥瘠，一例出銀。查得竈户施安、徐淮等各告巡撫彭韶、李嗣，蒙將竈丁全户正糧並折金花銀兩。錢塘、海寧與華亭、上海同一浙西地也，乞敕所司將濱海竈丁量爲存恤，訪求先年侍郎周忱事例，設法賑濟，其餘一應雜泛差徭悉與除免。庶幾瀕海窮民得畢力事功，雖勞不怨矣。

按：竈丁消耗各有其由，蕃息招來亦必有道，如前代黄、葉諸公及此疏所陳是已。今不務存撫，但知選僉，選僉未幾，又復消耗，此固鹽司之失。然有司不求本末，遇有僉補，即議均賠。夫海之鹽猶田之粟也，鹽課之不充，補之以粟，農田之無歲，海豈能知之？必若亭户消亡，則鹽當絶矣，而海氓之食利自如，官課雖虧，而私家之興販猶昔也。以此質之鹽司，其有説乎？且事當探本，謀當慮後。松田税重極矣，又加以海，孰能當之？此長民者所當留意。

按：顧《志》所言遇有僉補，即議均賠。此言均攤之失，其論甚悉。但先是嘉靖十二年，周中丞題准將照依見在丁數均匀辦納，五年一次，委官清理，永爲定規，則僉補均賠其從來遠矣。

萬曆二十六年，鹽法道覆准：濱海竈户分給蕩地爲勢豪兼占，以致貧户虚賠鹽課，通行各分司嚴督各場，查究追給。

下沙場。原五千二百五十二丁,今一萬四千四百丁。草蕩六萬五千三十一畝二分,每丁得分四畝五分一釐六毫。灘墩五千五百三十四所,每丁得分三分八釐四毫三絲。言所不言畝,未詳,但以分得之數按之,則所亦爲畝也。

下沙二場。原五千二百五十二丁,今一萬四千四百丁。草蕩六萬三千九百五十畝,每丁得分四畝三分八釐一絲一忽。灘墩一萬八千六百九十二畝,每丁得分一畝二分八釐二絲七忽。

下沙三場。原五千二百五十三丁,今五千二百八十二丁。草蕩四萬九千九百五十畝,每丁得分五畝四分四釐九毫五絲。灘墩八千一百八十七畝六分三釐,每丁得分八分六釐一毫八絲。

按:司鹺之言,恐亦未能盡行。萬曆四十二年,巡鹽御史楊鶴《均課議》曰:各丁場蕩有歸併總催者,有私相典賣者,應於得業之家追抵課額,除去原丁名下蕩價。則知二十六年按丁給地之法不盡行矣。自是相沿爲常,或有丁而無地,或擅地而非丁,於是有民占竈産之訐,數煩案牘,而積重難返,無益貧竈,徒損富民而已。

萬曆四十二年,裁定派徵水鄉銀數。該銀二千四百二兩一錢九分六釐六毫二絲七忽八微四沙六塵一埃,草蕩銀三千九百四十六兩一錢六分四釐六毫二絲三忽五微,白塗銀四百九十八兩一錢四分九釐八毫,倉基税銀五兩五錢七分九釐六毫六絲。此項解京。

按:萬曆季年猶有給商之課,則成、弘改給折色,以足商人引額,法尚在也。天啓而後,無所謂給商者。商人納引,官取其税,如榷關然。迨執引買鹽,與竈丁相市,聊别於私販而已。

下沙場夏禹績等呈兑上海縣包補下沙三場鹽課本色銀九十五兩八錢五分。

萬曆四十三年,巡鹽御史楊鶴定照蕩僉催之法,曰:"上海鹽場總催一名,向值銀一百兩,今不下二百兩,每名分受海灘若干弓,約上鄉田百畝,中鄉田百畝,草蕩百畝,其值倍於膏腴,而歲額亦不過若干,兼以例援優恤,役豁而累消,糧輕而利厚。今須大豁侵占之端,實勘場蕩之數。"又云:"竈户窮年汗血,苦倍於民。舊例編僉徭役分别優恤,邇來有司一概編僉里長。今後有司,除奸竈希圖兩躲差役,逃出本場境外,置買民産,或詭寄他人田土,聽有司一體編差外,其餘竈丁田比該里獨多一倍以上方報充當。若田土無多,及丁力不堪者,不得一概編僉雜泛差徭。"

按:楊侍御一言竈役之利如彼,又言其苦如此,似相左也。明制竈丁優免民户雜泛差徭,又竈丁犯罪流徒,罪止杖一百,仍煎鹽。果如初制,竈丁未嘗不利也。于是有謀充總催,以免民户役者。今總催既照課僉充,無所容其趨避,而竈户置買民田並無優免,即就其受役,鹺司科派酷罰亦月甚歲增矣。弘治初,彭惠安禁止分司官吏到場濫派、總催出辦答應及各衙門相見銷牌解册等項。今總催之苦,豈但倍于彭惠安時,且十倍于楊侍御時矣。

崇禎時,都運使張繼孟蠲無業丁銀,又令水鄉與濱海一體僉充催役,於是竈丁之苦殺焉。

鹵丁竈丁之濱海煎鹽者,弘治初,彭惠安爲《六苦詩圖》以獻章文懿,言竈丁逃亡闕額,許大户折户充補。隆慶元年,從御史蘇朝宗奏,竈丁糧差照嘉靖事例,將其應納税糧存留本處上納，一切徭役悉蠲之。

楊鶴言竈蕩原有二則，窳下者每主曬淋，寬平者可備樵採，二者相須煎辦鹽課。邇因有力者開墾成熟，近奉旨丈量，乃有附蕩縣分里遞人等，遂將前項開墾竈地報入有司。夫蕩有坍漲，每歲不常，今因其開熟改爲民田，倘蕩地坍塌，從何抵補？合編行丈勘，不許越占。

按：鹵丁消亡，由場蕩得以私賣。米鈔久不官給，於是失業者衆，終年汗血不能謀生。而大户擁有竈産者，類不煎鹽，坐尸其利。引商到場，既迫索取，盈私販者，又以子母之術困之。鹽法之壞，此爲之本矣。

鹽引。洪武初每引四百斤，弘治間改辦小引，每引二百斤，於是一引分爲二引。迨餘鹽亦入引額，而正引稍益斤數以優商，故有連包索二百五十斤之例。

萬曆末，御史楊鶴言兩浙商引積至一百五十萬，説者謂設小票之故，行一票則貼一引，因引價重而票價輕，人皆利票不利引。按嘉靖中，霍韜言商人納課賠鹽，每引費銀二兩。

掣鹽。萬曆七年，議委該府總巡官（抨）〔秤〕掣，收縣則委正官，皆隨到隨掣，以四季終爲正掣，孟月終爲續掣。萬曆十五年，李鹽院議每月一掣。

鹽禁。凡鹽快及巡司弓兵按季比較，每年限獲鹽若干斤，船若干隻，犯若干名，有捉獲鹽船收候商人支掣，無獲即以歲編工食扣抵。

章懋言游手無賴之徒什伍爲羣，小舟迅楫，沿江上下，挺取民財。霍韜言良兵勁弩，高檣大舶，行則鴟飛，止則狼踞。又言窮民勢不能待食，官鹽不得不支本境，乃巡徼者每獲一二肩負易米度日、法所不禁之夫以爲功，而市豪大猾則與之比而公販之。

按：近年私販者强半摽巡緝之號以愚恐道路，欺塞所司，爲地方大害。見場團食鹽則攫而有之，輒至其家，盎桁立盡。水居村聚，則强售私鹽，責其倍直。不爾，即以己之所挾誣之。小吏零役巡徼所至，數見拒傷，有縛沉于水者。司鹾者不得已委提督營偏攝之，亦倣萬曆中武弁巡鹽之意也。若得止問豪猾，不問肩負，方有别於若輩耳。

國朝順治二年，仍設松江分司，下砂三場設鹽課司三。

三年，奉定經制課餉，悉照會計録起科，引每包二百斤，加包索二十七斤，溢額五片免究，餘者没入。其掣鹽，於每季孟月中旬報掣，仲月開掣，季月竣掣，不得零星掣放，以致秤騐成虚。

鹽院楊議畧四則：一、綱紀宜擇；一、商人當優免；一、捉船宜禁；一、無名之税宜禁。

包補下砂二、三場鹽課二千四兩七錢八分八釐。因竈丁逃竄，徵比不登，于順治年間知縣閻紹慶詳奉各憲題，入民田内按畝均賠，縣徵場解。

順治三年，分起□□□每年額該銷引鹽四千五百道。

康熙元年，分起□□□每年代銷台、紹改引鹽一千二十八道。此引係歷年陸續攤派到縣。

康熙十八年，分起□□□每年又奉文計丁加增引鹽一千三百八十三道。

康熙四十三年，裁松江分司，將所隸松江府屬五場歸併嘉興分司管轄，地本江南，鹽屬浙江。

部頒摯子以銅爲之,上有紐環,鈎以承環,而索以懸鈎,繫於秤木之上,名曰鈎索。

康熙五十二年,爲欽奉上諭事,兩浙巡鹽御史哈爾金及筆帖式閻三格借鈎索勒索一案,欽差刑部尚書張廷樞等查審覆稱秤驗三格所收掣過鈎索,索重一觔八兩,鈎重十七觔八兩,及將杭所掣鹽鈎索秤驗,索重一觔八兩,鈎重十七觔六兩,題明在案,松掣兩包成引鈎索倍加,是掣摯之外例有申觔,憑浙鹽院核定遵行。

康熙五十五年至雍正五年,民食私鹽,官鹽片引不銷。

雍正四年起,分邑之半隸南匯縣,額銷部引三千四百五十五道五分,又額銷憲照餘引四千道,每引鹽觔掣重浄鹽四百觔,額輸正課二錢五分一釐九毫五絲六忽,公項二錢五分,皆解部。正供外,又輸道庫、引雜二項二錢有奇,在松所逐掣按數均輸。外捐各款,例係半輸,以資近海隣場巡費。

雍正八年,奉浙督鹽院李衛題,免各縣功績錢糧,以實獲鹽船器械等項變價解抵功績,其不敷之處,商人餘引輸税抵補。

舊例,本縣奉憲撥巡鹽主簿一員,民快二十名,歲共獲鹽六萬四千八百觔,船八十四隻,犯八十四名,遇閏加鹽五千四百觔,船七隻,犯七名。于康熙十二年間,知縣陳之佐將困(籲苦)〔苦籲〕情等事,詳奉浙撫都院帶管鹽漕察院事田批減,歲共捕鹽三萬五千一百觔,船四十二隻,犯四十二名,遇閏加鹽二千九百二十五觔,船三隻五分,犯三名五分。

舊例,吴淞、黄浦、三林塘巡檢三員,弓兵一百三十五名,歲共獲鹽一十九萬四千四百觔,船二百五十二隻,犯二百五十二名,遇閏加鹽一萬六千二百觔,船二十一隻,犯二十一名。因地窄鹽微,限獲不全,同詳批減,歲共捕鹽一十萬五千三百觔,船一百二十六隻,犯一百二十六名。又於康熙二十一年,知縣史彩見限獲惟艱,詳鹽法道楊,轉詳察院詹,批定三巡司歲共捕鹽四萬八千觔,船三十六隻,犯三十六名。

舊例,南匯所巡鹽官一員,軍一十名,歲獲鹽七千二百觔,船一十二隻,犯一十二名,遇閏加鹽六百觔,船一隻,犯一名。已上縣司功鹽照鹺折便,每觔銀二釐五毫,每兩收加車硃銀一分七釐,解鹽法道,每隻船照鹺折銀五錢,每名犯銀一錢二分五釐。

按:本邑襟浦帶海,地近鹽場,私販充斥。康熙五十年後,官鹽片引不銷,舊商以引課賠累,裹足不前,國課幾於無著者數載。雍正三年,知縣傅之詮以誤課被劾,而引課終乏商承辦。雍正五年,浙撫李兼管鹽政,飭委省商汪世豐、汪茂隆等承認引額,至縣發賣,且設法嚴禁私鹽,商始安業,國課充裕,鹽法於兹一整飭焉。

雍正二年,以海潮衝溢場竈,將元二年未完折價場課盡行蠲免。

雍正十年,海潮復衝内地,將場課分作三年帶徵。

雍正十三年,今上登極,將十二年以前未完場課盡行蠲免。

乾隆十六年,欽奉諭旨,兩淮運銷丁卯、戊辰、己巳三綱引鹽,皆照貴價,曾經部駁追繳,今該鹽政吉慶等又復奏請免追,該部仍照例議駁。此雖部例,但向來各省鹽引原聽其

百三十七兩三錢六分三釐六毫六絲。

次稀蘆地變則蘆地七百三十九畝五分,每畝一分四釐八毫七絲起科,該課銀一十兩九錢九分六釐三毫六絲五忽。

下稀蘆地變則蘆地一千七百三十畝,每畝一分起科,該課銀一十七兩三錢。

以上共減課銀一千二百三十三兩四錢四分五釐五毫五忽二微二纖。

實在熟田密稀蘆地共七萬七千八百四十六畝九分八釐二毫三絲二忽。內:

濬江堆土占廢熟田一千一百九十五畝二分二釐六毫三絲二忽,每畝一錢五分一釐起科,該課銀一百八十兩四錢七分九釐一毫七絲四忽三微二纖。

次熟田一百六十一畝六分八釐,每畝一錢起科,該課銀一十六兩一錢六分八釐。

上密蘆地三千二百七十六畝七分四釐一毫,每畝五分起科,該課銀一百六十三兩八錢三分七釐五絲。

次密蘆地四萬五千二百七畝四分四釐六毫,每畝三分起科,該課銀一千三百五十六兩二錢二分三釐三毫八絲。

下稀蘆地二萬八千五畝八分八釐九毫,每畝一分五釐起科,該課銀四百二十兩八分八釐三毫三絲五忽。

以上通共實該課銀二千一百三十六兩七錢九分五釐九毫三絲九忽三微二纖。

康熙十六年分至十八年分,俱同十五年。內除下砂二場四、五團竈户周壽等控減重科銀二百一十三兩八錢九分四釐六絲五忽五微案,于上年請丈蘆洲案内,詳奉布政司,轉詳巡撫慕天顔,彙疏具題,依議實徵課銀一千九百二十二兩九錢一釐八毫七絲三忽八微二纖。

康熙十九年分。新收不等則熟田、密稀蘆地三萬四千四百九畝三分四釐六毫一絲五忽。內:

次熟田變則熟田四十六畝六分五釐,每畝一錢五分一釐起科,該課銀七兩四分四釐一毫五絲。

上密蘆變則熟田二十九畝五分六釐五毫,每畝一錢五分一釐起科,該課銀四兩四錢六分四釐三毫一絲五忽。

熟田四畝八分七釐,每畝一錢五分一釐起科,該課銀七錢三分五釐三毫七絲。

上密蘆變則次熟田一千四百畝五分四釐,每畝一錢起科,該課銀一百四十兩五分四釐。

次熟田四十九畝六分六釐四毫,每畝一錢起科,該課銀四兩九錢六分六釐四毫。

上密蘆地八十二畝一分一釐二毫五絲,每畝五分起科,該課銀四兩一錢五釐六毫二絲五忽。

次密蘆變則上稀蘆地二千一百八十二畝四分五釐,每畝一分六釐起科,該課銀三十四兩九錢一分九釐二毫。

次密蘆變則上次稀蘆地九百六十畝二分五釐,每畝一分五釐六毫五絲起科,該課銀一十五兩二分七釐九毫一絲二忽五微。

次密蘆變則下稀蘆地二萬二千九百五十畝九分六毫,每畝一分五釐起科,該課銀三百四十四兩二錢六分三釐五毫九絲。

次密蘆變則荒白塗一千七百九十七畝七分六釐九毫,每畝一分三釐起科,該課銀二十三兩三錢七分九毫九絲七忽。

荒白塗六十三畝八分九釐六毫,每畝一分三釐起科,該課銀八錢三分六毫四絲八忽。

次密蘆變則莎草灘五百八十五畝二分,每畝一分起科,該課銀五兩八錢五分二釐。

沙草灘一千四百三十四畝四分三釐六毫,每畝一分起科,該課銀一十四兩三錢四分四釐三毫六絲。

次稀蘆變則荒水窪三百三十三畝三分三釐,每畝五釐起科,該課銀一兩六錢六分六釐六毫五絲。

以上共該課銀六百三十八兩九錢六分八毫三絲二忽二微五纖。

開除不等則熟田密稀蘆地四萬四千七百一十一畝五釐四毫八絲二忽。內:

坍沒熟田四百六十二畝九分一釐八絲二忽,每畝一錢五分一釐起科,該課銀六十九兩八錢九分九釐五毫三絲三忽八微二纖。

次熟田變則熟田四十六畝六分五釐,每畝一錢起科,該課銀四兩六錢六分五釐。

坍没次熟田二分三釐二毫,每畝一錢起科,該課銀二分三釐二毫。

上密蘆變則熟田二十九畝五分六釐五毫,每畝五分起科,該課銀一兩四錢七分八釐二毫五絲。

上密蘆變則次熟田一千四百畝五分四釐,每畝五分起科,該課銀七十兩二分七釐。

坍没上密蘆地五百九十一畝三分九釐一毫,每畝五分起科,該課銀二十九兩五錢六分九釐五毫五絲。

上密蘆地成義塚五畝二分九釐,每畝五分起科,該課銀二錢六分四釐五毫。

次密蘆變則上稀蘆地二千一百八十二畝四分五釐,每畝三分起科,該課銀六十五兩四錢七分三釐五毫。

次密蘆變則上次稀蘆地九百六十畝二分五釐,每畝三分起科,該課銀二十八兩八錢七釐五毫。

次密蘆變則下稀蘆地二萬三千三百二十六畝五分五釐,該課銀六百九十九兩七錢九分五釐一絲五忽。

次密蘆變則荒白塗一千七百九十七畝七分六釐九毫,每畝三分起科,該課銀五十三兩九錢三分三釐七絲。

次密蘆變則莎草灘五百八十五畝二分,每畝三分起科,該課銀一十七兩五錢五分六釐。

次密蘆變則荒水窪三百三十三畝三分三釐,每畝一分五釐起科,該課銀四兩九錢九分九釐九毫五絲。

坍没次稀蘆地五十五畝九毫，每畝三分起科，該課銀一兩六錢五分二毫七絲。

坍没下稀蘆地一萬三千一百一十畝二分五釐三毫五絲，每畝一分五釐起科，該課銀一百九十六兩六錢五分三釐八毫二忽五微。

以上共該課銀一千二百四十四兩一錢二分六釐一毫七絲三忽八微二纖，内除上屆下砂二場四、五團竈户周壽等控減重科銀二百一十三兩八錢九分四釐六絲四忽五微。

實減課銀一千三十兩二錢六分八釐一毫八忽三微三纖。

實在不等科則熟田、密稀蘆地六萬七千五百四十五畝三分三釐六絲五忽。内：

熟田八百一十三畝四分五絲，每畝一錢五分一釐起科，該課銀一百二十二兩八錢二分三釐四毫七絲五忽五微。

次熟田一千五百六十五畝二毫，每畝一錢起科，該課銀一百五十六兩五錢二毫。

上密蘆地一千三百三十二畝六釐七毫五絲，每畝五分起科，該課銀六十六兩六錢三釐三毫七絲五忽。

上稀蘆地二千一百八十二畝四分五釐，每畝一分二釐起科，該課銀三十四兩九錢一分九釐二毫。

次密蘆地一萬六千一百六十六畝二分四釐六毫，每畝三分起科，該課銀四百八十四兩九錢八分七釐三毫八絲。

上次稀蘆地九百六十畝二分五釐，每畝一分五釐六毫五絲起科，該課銀一十五兩二分七釐九毫一絲二忽五微。

下稀蘆地四萬三百一十一畝二分二釐六毫六絲五忽，每畝一分五釐起科，該課銀六百四兩六錢六分八釐三毫九絲九忽七微五纖。

荒白塗一千八百六十一畝六分六釐六毫，每畝一分三釐起科，該課銀二十四兩二錢一釐六毫四絲五忽。

莎草灘二千一十九畝六分三釐六毫，每畝一分起科，該課銀二十兩一錢九分六釐三毫六絲。

荒水窪三百三十三畝三分三釐，每畝五釐起科，該課銀一兩六錢六分六釐六毫五絲。

以上康熙十九年分，通共實該課銀一千五百三十一兩五錢九分四釐五毫九絲七忽七微五纖。

康熙二十年、二十一年，俱同十九年分。

按：蘆課向來五年一丈，無益國課，徒資中飽，以爲民害。今奉山西道御史張集具題免丈，奉旨依議，其疏詳載于後。

題爲滑田與蘆洲有别，請勅部行免丈量，以除民累事。臣惟蘆洲坍漲，五年一次丈量，部文開載惟在沿江産蘆處所，未嘗議及内地無蘆之處將完漕田畝一並丈量也。長江大湖之中，起漲蘆洲，大者數十里，小者數百頃，故《蘆誌》開載有"親詣各洲"字樣，非指傍田新漲，多者一畝半畝，少者一分二分，亦謂之洲場也。止因昔年清丈通行，各府州縣一時惕于功令，江南地方經承胥役喜于有事，將漕田微漲搜求捏報，從此五年丈量,遂爲此輩無窮之利藪、地方不拔之病根,于國家無纖毫之益,在百姓受萬千之累,請得而陳之。江南蘇松等處,田疇繡錯,間有傍河田地,東坍則西漲,東漲則西坍,爲數相等,以漲補坍,漕糈不至缺額,今若指新漲爲蘆洲,則漲者歸蘆,蘆課輕而陞者有限,坍者歸漕,漕賦重而蕪者已多,民反因以藉口,課未必能足額,其弊一。江南素稱澤國,幹河之外,全賴支河以通灌溉,邇來開濬失時,或成淤漲,今漲田一報蘆,勢不能復爲開掘,一經亢旱,水道不通,阡陌膏腴皆成焦土,其弊二。且目下以漕田而陞蘆課,異日啚奸詐害,則又指爲冒認蘆洲,挾詐小民,動稱隱漏,其弊三。總之,五年丈量但可行于有蘆洲之處,不可行于漕田漲坍之處,伏乞勅部行江南通省,如安徽撫屬安慶、池州、太平、廬州四府,和州一州,地濱大江,以及沿江地方各有蘆洲處所宜遵例清丈外,其餘府州縣凡屬内地不産蘆處,應照徽、寧等府事例一體停止,不必五年丈量,以滋煩擾。則國賦歲入無虧,而民生不致苦累矣。如臣言可採,伏乞宸鑒施行。奉旨:"該部議奏。"部覆行該督撫確查。奉旨:"這本内事情不必行察,爾部即議結。"具奉,隨又奉部覆,奉旨:"依議。"

康熙二十三年起至今止免丈。

雍正三年,分南匯縣。本邑照額應派蘆洲五千二百八十九畝二分五毫七絲七忽四纖,每畝自一錢五分一釐至五釐科則不等,共該課銀二百九十兩七錢九分八釐八毫二絲三忽五微四纖四塵。内除腹裏蘆洲一百二十四畝二分二釐九毫,每畝自一錢五分至五分科則不等,除十一兩七錢三分八釐八毫五絲,該各則蘆洲五千一百六十四畝九分七釐六毫七絲七忽四纖,該課銀二百七十九兩五分九釐九毫七絲三忽五微四纖四塵。

乾隆元年,增各則蘆洲二千三百二十九畝三分七釐三絲七忽九微六纖,額增各則蘆洲課銀四十六兩七錢六分六毫五絲九忽四微五纖九沙六塵。

實在各則蘆洲七千四百九十四畝三分四釐七毫一絲五忽。内:

熟田九百九十六畝三分一釐五毫,每畝一錢五分一釐起科,該課銀一百五十兩四錢四分三釐五毫六絲五忽。

次熟田六百五畝九分二釐三毫二絲五忽,每畝一錢起科,該課銀六十兩五錢九分二釐三毫二絲五忽。

上密蘆地一千四百一十二畝三分八釐五毫九絲,每畝五分起科,該課銀七十兩六錢一分九釐二毫九絲五忽。

次密蘆地二百七十六畝三分九釐二毫,每畝三分起科,該課銀八兩二錢九分一釐七毫六絲。

上稀蘆地一百三畝八分一毫,每畝一分六釐起科,該課銀一兩六錢六分八毫一絲六忽。

下稀蘆地四百七十六畝四分一釐,每畝一分五釐起科,該課銀七兩一錢四分六釐一毫五絲。

荒白塗二百九十六畝四分三釐九毫,每畝一分三釐起科,該課銀三兩八錢五分三釐七毫七忽。

莎草灘一千三百一十五畝九分二釐二毫，每畝一分起科，該課銀一十三兩一錢五分九釐二毫二絲。

荒水窪二千一十畝七分五釐九毫，每畝五釐起科，該課銀一十兩五分三釐七毫九絲五忽。已上乾隆元年共該課銀三百二十五兩八錢二分六毫三絲三忽，乾隆六年復造册詳報，未有定案，徵輸與元年同。現在實徵課銀三百六十一兩六錢二分七釐。

税課

元

至正十五年，額辦鈔二千六百三十七定二十三兩七錢六分八釐。酒醋課一千九百七十三定一十三兩五錢，税課六百六十四定一十兩二錢六分八釐。

明

永樂十五年，額辦鈔一萬七千四百九十三定三貫九百一十文。商税鈔一萬三千六百六十五定三貫六百七十文，契本工墨鈔一定二貫文，門攤鈔九百四十七定四貫五百文，酒醋鈔二千三百六十一定二貫六百四十文，果木租鈔一百五十四定四貫二百文，房屋賃鈔三百六十二定一貫九十文。

天順至成化八年，額辦諸色課鈔一萬四千三百八十七定三百三十八文。烏泥涇税課局鈔八千二百五十三定一貫四百七十二文，新涇税課局鈔一萬一千二百八十四定一貫五百二十八文。

嘉靖十六年，本縣及新涇、烏泥涇三税課局歲辦課程鈔一十六萬九千六百三十貫七百文，每貫折銀三釐，該銀五百八兩八錢九分二釐一毫。歲于均徭内編巡欄銀二百八十八兩，餘二百二十兩八錢九分二釐一毫出于店户。

嘉靖三十三年，革新涇、烏泥涇二税課局。

嘉靖四十三年，革本縣税課局。

萬曆年間，歲辦門攤課鈔銀一百兩，悉于本縣總甲名下追徵，放給合屬官吏及青村、南匯二所官軍支用折鈔。

魚課

元朝設黄渡河泊所於嘉定縣界黄渡地方，總管華亭、上海、崑山、嘉定四縣魚船網户。

明朝因之，歲辦課鈔以備官吏俸給，并魚油翎鰾折納黄白麻等料，起解工部。

弘治六年，知府劉璟奏將衙門裁革官吏起送别用，該辦魚課填入户由徵米入倉，續折徵錢斗三十文。

嘉靖八年，華亭知縣方鈍建議行勘本縣該徵魚課錢八萬六千九百九十八文，内該起解工部魚油翎鰾料價錢五萬三千一百三十文，該銀七十五兩九錢；存留本府備用魚課錢三千二百二十五定二貫八百七十五文，該錢三萬二千二百五十六文，并多餘錢一千六百一十二文。

萬曆十四年，於概縣塘長名下追徵解府，轉解工部，餘留本府。

國朝課額：

漁課銀一百一兩六錢一分四釐，工部項下錢糧係漁船網户完納解布政司交收，今内除劃分南匯縣五十二兩七錢七分外，分存銀四十八兩八錢四分六毫七絲。缺額者無帖私牙抵補。

匠班五百二十名，徵銀二百三十四兩，扛銀二兩八錢八釐，内除劃分南匯縣二百七十名，該銀一百二十一兩五錢，扛銀一兩四錢五分八釐外，分存二百五十名，徵銀一百十二兩五錢，扛銀一兩三錢五分。此項攤入田畝項下，不另徵收。

門攤課鈔銀一百兩。定例：城七鄉三，徵於市廛，店户輸納。内除劃分南匯縣十六兩外，分存銀八十四兩。

已上三款歷年課額俱同。

典税每户徵銀五兩，典鋪完納，解布政司交收，無常額。康熙十六年，議增銀五兩，又目今第一急務等事案内加銀五兩，共十五兩。康熙二十二年停止，後增銀五兩。至康熙二十六年，每户照舊徵銀五兩，今同。

田房税每兩三分，儘收儘解，無常額。投税時，給司頒契尾爲執。

牙税每户納銀不等。定額牙行五百一十五户，共徵銀一百三十五兩一錢六分，頂補開除，詳司報部。

牛猪税銀二兩九錢。此項向係牛户完納，康熙二十年起，知縣史彩嚴禁宰牛，歲終捐俸起解。乾隆十年，欽奉上諭裁免。十三年，復設牛牙，以杜圈店私宰耕牛及賊竊貨賣，因召募四人報充牛牙，頒發司帖，照木行税例，每户納銀五錢，解司報部。

酒税銀九十兩。康熙十九年，奉部行徵於糟坊。本縣議報九名，每名徵銀十兩，照數解司，今裁。

煙税奉文每觔徵銀二釐。緣無定額，按月解司，今并海關徵納。

關榷

國家聲教四訖，東西朔南，無遠弗屆，梯航重譯，接跡來庭，天下一家，於斯爲盛。故弛海禁，通商販，設榷權衡，非以海爲府也，亦以見柔遠能邇之道得焉。海波不揚，中國有聖人，不信然歟？

康熙二十四年，於捐納之事例已停等事案内詔弛海禁，九卿會議，江南設海關于上海，耑司一切。航海税鈔以内部司員奉敕書監收，筆貼式副之。定例一年期滿，復命奏銷。

關使署。在縣治東北小東門内，即舊察院行臺。

前監督舒、趙于康熙二十六年詳請前督院王批飭改設，准照在案。

大關。在小東門外，面浦枕濠，最據雄勝，距關署里許。

統轄海口計二十有二分，隸蘇、松、常、鎮、淮、揚六府，太、通二州。犬牙相錯，距大關自一二百里至五六百里不等。

吴淞、劉河、施翹河、黄田、瀾港、漴缺、任家港、七丫、白茅、孟河、黄家港、福山、徐六涇、石莊、小海口、吕四、當沙頭、新開河、廟灣、新溝、朦朧、佃湖。

税額。

於康熙二十九年，監督常題定，每年徵解銀二萬三千一十六兩三錢三分。

代期。

連閏例扣十二個月爲一年,以前六個月爲上季,後六個月爲下季。

徵收。

各口商漁貨税悉照部頒則例徵收,所屬各州縣樑頭鈔銀,一年例分上、下二季給發牌照,遵照則例徵收。

解給。

一、正額銀兩除扣報部役食,節次批解江藩司庫,撥充兵餉。

一、康熙四十二年,欽奉上諭事案内,本關每年出銀三十兩,捐幫庶吉士,俟關期滿日,批解户部轉送詞苑。

一、康熙四十三年,遵旨會議事案内,派撥辦銅五萬觔,每銅一觔價銀一錢,于正額内給發,共銀五千兩,于盈餘内每觔給脚價五分,共二千五百兩至四十五年。准部文知會,止將脚價銀兩解貯藩庫。

一、康熙六十一年,請旨事案内,每年除正額錢糧外,額解盈餘銀一萬五千兩。

裁併。

康熙六十一年,敬陳專一等事案内,奉旨歸併蘇州巡撫帶管,遴員題委代理,凡請領部科册檔及季報考核起解盈餘錢糧,仍請撫院給咨赴部,現今遵行在案。

管關上下季滿日,將徵收税鈔數目呈報撫院,請咨赴部季報。一年期滿之後,批差書吏賫領册檔紅單赴部科考核。

雍正二年,欽奉上諭事案内,裁去加添額解盈餘銀兩,如有盈餘,另行據實奏聞。歷年盈餘,俱係儘數解部。

雍正七年,奉旨將淮屬廟灣、新溝、朦朧、佃湖四口歸併淮榷,報除額供銀一千五百三十六兩。

每年關額應銀二萬一千四百八十二兩三錢三分,批解藩庫充餉。

乾隆十四年十一月,奉旨,海關正額盈餘悉照雍正十三年例,額解銀六萬二千兩。

乾隆上海縣志卷之五

徭　役

力役義也，力役以浚其生，其義何居？甚矣，夫明季之役之困敝也，蓋人人嘆碩鼠矣。本朝受命，以五大役改從官解，與民更始，豈非通其變使民不倦者耶！至均田議起，小役亦悉蠲除，編氓自納兩賦外，晏然無户外之警。素封之家，田連阡陌，與公卿大夫無異。食税衣租，煙火極望，可謂和樂者乎？遵而行之，雖百世可也。

唐制百户爲里，五里爲鄉。里設正一人，掌案比户口，課植農桑，檢察非爲，驅催賦役。在邑居者名坊正，在田野居者名村正。縣境五鄉，則里正二十五人也。

宋制熙寧以前，以衙前主官物，以里正、户長、鄉書、手課督賦税，以耆長、弓手、壯丁逐捕盜賊，以承符、人力、手力、散從官給使令。又有曹司、押録、虞候、揀掐，並以鄉户等第定差。熙寧以後，曰保正，曰保長。據《嘉熙便民省劄》，華亭十三鄉苗税舊例，差保長三百餘名内，縣境五鄉，則差保長一百一十五人也。

元制保里與宋同，里有正有主，首在邑居者爲坊正。

明制以里長、老人主一里之事，以糧長督一區賦税，以塘長修理田圍、疏決河道，其餘雜役並於均徭點差。

按：成、弘以前，計里編役，其布解、北運、南運及解淮等差，俱於解户内點充。後諸解不勝其困，因於每區五年一編大役，充布解、北運、南運、收兑收銀等差。每啚十年一編小役，充總催、經催、總甲、塘長、該年等差。其餘學夫、門皂、雜役將均徭編銀顧充，而役法與顧《志》中大不侔矣。今爲每役詳其損益沿革，而編審徵比之議附焉。

隆慶初，改糧長爲總催，每年五十六名。

按：舊制每縣轄保若干，每保領區若干，每區領啚若干。一區設糧長一名，專管催徵本區銀米，每年秋赴南京關領勘合，然後承役，誠重之也。嘉靖間，謂之公務糧長。自隆慶三年，改里長爲經催，竟赴縣比較勤惰，糧長之名遂革。止於經催中點丁力尤勝者一人，謂領限總催，而督察非其事矣。至崇禎年亦革。

隆慶三年，改里長爲經催，專辦民甲，每年三百九十八名。

按：舊志每啚分十年爲十甲，每甲編審里長一名，或獨充，或二三户朋充，因其挨年遞充，故謂之排年。至輪甲年分，專責催辦本啚民户本、折銀米，後遂改名經催。自本年十月開徵，至明年十月完限，匝歲奔馳，無有寧晷。而啚頑拖欠，甚有四五年尚未清楚者。沿鄉催辦，有跋涉之苦；入城比限，有盤纏之苦；完不如數，有血杖之苦；田地抛荒，有拖欠之苦；水旱逃亡，有代賠之苦。故百畝以下人户充此一役，猶慮不堪苦，以零星數畝之户朋充，未有不立斃者也。

總甲每啚歲輪一名，專職譏防之事。附郭者稱坊廂。

按：排年於本年分充經催，則先一年爲該年，又先一年爲總甲。設役初意，啚内有鹽盗竊發争鬬非常之事，令之呈報府縣也。乃後之承此役者，寇盗不時，鹽艘出没，責比追求，至於人命株連，動經歲月，致鹽盗未獲，人命未給，而總甲之家已破矣。或地當孔道，承值官長水陸往來，一應鋪設人夫、燈籠火把，責令供億，稍不如意，榜掠隨之。經歲之間，時時莫必其命。查各府總甲，俱募夫承值，而松郡獨從里役起差，此總甲之役苦也。

董其昌《總甲議》：總甲一役，三縣皆然，惟上海最稱煩苦。向當編審時，徧將城居大户或故宦子孫僉點總甲。一遇上司巡歷，如按院駐劄兵道查盤隨巡公署，以至撫臺巡海，寶山、川沙、南匯諸衙門俱責總甲承值，備辦鋪設等項，及上房書吏門厨，纖悉取給，無所不備。每于一處，約費百餘金。破産蕩家，莫可告訴。若得查華、青事例，概無苛擾，此尤休息疲役之第一事也。

塘長五十六名。

按：每啚歲輪該年一名，該年之内，經充領區總催者，即爲塘長，專主督率各啚該年人夫輪修本區水利，意法良美。自官吏貪竊，或受勢豪掩庇，或經賄賂免差，應役者分段時，用錢則派少而近，無錢則派遠而多，繼而泥頭包攬，委官陋規，押差婪索，記工半工，補渡覆浚，勒索終無已時，此應役之苦也。至天啓年間，將應役啚分派納銀兩，名曰納曠。至頭甲已納，提充二甲，二甲已納，提充三甲，勒索又無已時，此納曠之苦也。嗟嗟！塘長一役，竟爲官胥填谿飽壑之具矣。明季閭閻之力俱疲，而水旱之實莫救，蓋由此也。

孫應崑《條議》畧：松本水鄉，低田宜築圩以備潦，高田宜開濬以備旱，其勢不得不用塘長。而况潮汐往來之地，濁入清出，日積月累，淤泥壅塞，若不時加疏導，則城市鄉村多難通往。故昔人以塘長與總催更换遞用，良有見耳。然以官府用塘長，必酌其遠近緩急之宜，猶不至于遺累。而豪有力者討塘長自爲，用一准呈，後撥派各啚起夫，各啚憚于遠差，只得顧募泥頭挑濬，甚有折銀賄免以報工竣，而塘長與該啚所費多矣。此撥夫之不可輕聽輕用者也。其區啚之内無河可濬者，亦要開具册報存案，專築本啚圩岸，預防水災，此亦該啚之踴躍而樂從者也。

布解五年編定十五名，每年布解三名，領解細布一萬六百二十疋，麤布三萬二千一百九疋。洪武三年,户部奏請令浙西四府于秋糧内收布三十萬疋爲賞軍用,上以松江乃産布之地,止令一府輸納,以便其民。

正統八年,巡撫周忱奏准松江一府秋糧,凡濶白三梭布一疋准平米二石,每疋加車脚船錢米二斗六升,濶白棉布一疋准平米一石,每疋加車脚船錢米一斗二升。布每疋長四丈二尺五寸。舊例每疋重三斤,納者率以紗麤驗退,後又奏准不拘斤重,止取長濶,兩端織紅紗以防盗剪,至今行之。按洪武徵布,係間行德意,其以秋糧準米定爲布解,自周文襄始也。

弘治十六年,户部覆准蘇、松等府歲解折糧布疋。舊例送部看中,送貯甲字庫備用。弘治六年,該庫以布疋不登,原樣揀出,姦人恐嚇解户,揭借賄囑,至費銀八九千兩。近奏准今後該部看中送庫不必再揀,而該庫執奏布不及三斤,欲得自揀,不知蘇、松布精細而斤數不足,北方布麤厚而斤數有餘。自今蘇、松等處解布至部揀中,送庫不得再揀,以免解户借銀賄囑之弊。

嘉靖四十一年,知府臧繼芳議以細布附北運官船帶解,貼以損墊,行之一年,仍編民運。

陳繼儒《布解事宜》畧:布解一役,向曾搭派北運一役,兩役人甚苦之。以後遂點客商買布,即有光棍串同保結,充作大商,銀一入手,視爲已物,浪費不經,化爲烏有。有此改僉大户,大户本欲領銀買布,或曰待驗布後給銀,及布已驗矣,或曰待解布後領銀,及布已解矣,批迴已銷矣。領者愈迫,給者愈遲,或以現總而推委舊總之錢糧,或以前甲而强求新甲之償補,或有十不得六七者,或有干請求給僅許對支者,一年如此,累年可知,向來布解之所由困也。至解運之苦,若賃房聽驗,印解布袱,油紙包索,舟車關閘,掛號銷批,到京門單,税鈔内相,庫官吏書,司房保識,庫夫長隨,厨役見面,後手擺飯,茶果土儀,磕頭復求,僱夫交納等項,每疋除鋪墊外,賠銀四錢二分,稍不遂願,任意揀退,兩次三番,千辛萬苦,即使盡發現銀,尚多賠補,而况布解而銀給不如數乎?别有刁棍條陳用標布客解布者,商非土著,既難托銀,又無田土,勢難僉役。役一及之,則客商之布標散,而鄉鎮之布莊亦散矣。其關係闔縣之命脉,非細故也。

三線細布勢不容折,濶白粗布濫惡稀疏,北人最所厭棄。若照原價三錢七分改折給散,彼既利於得銀,又可以轉買商布,比之二線既堅且有餘利可落,省出墊貼銀四千二百兩,減去會計徵額,此一舉兩得者也。惟細布即發現銀,粗布將銀改折,其不易之定論乎。

知府方岳《貢議》:布解之受累無窮,而約畧言之,其病有四,曰發價之太遲也,扣銀之太重也,衙蠹之縱横而催批之太急也。蓋此役須該縣大富者充之,官視以爲大富也,吏胥門皂無不眈眈視爲大富也。曰夫夫畏官法而輕錢帛者,欲以充公費而飽谿壑,非若輩奚取焉?於是有先買布後給銀之説,而布解困於是。有每十扣一、扣五之例,而布解困於是。有頂區府快拴通縣快見面錢,有例催領銀,有例催買布,有例催驗布、催印布,有例催曬布,催布出境有例,追押布出境而安家路費又有例,節節需索,而布解之膏血盡矣。其印布也,鋪堂有例,茶房、庫房有例,書門、皂快各有例,不則踐踏及之。布方出境,而催批之檄相續不絶,每一票至,非數金相酬難禁其凌逼,層層剥削,而布解之皮骨盡矣。今議將解户名下應納之糧餉盡數扣作布價,餘則官給串單,令解户設櫃自收,則遲發重扣之弊可除也。官府多一票,則小民多一累,況大富如布解,尤羣小所視爲魚肉者乎?今議府縣催押之票一切已之,但令解户自具限狀某日有布可印,違限責之,夫亦何辭?至夫驗布矖布之票與押令出境之役,則又萬萬可省者。每春季起程者,限以八箇月。四月起程者,限以十箇月。五月起程者,限以對年。寬以時日而責其違限,夫又何辭?票既省,限既寬,皂快斂手矣。而門内需科尚有意料之外者,曰印發之不速也,侍從之太多也。惟是隨到隨印,隨印隨發,絶不留宿,而一吏一門之外,非挑布守布者不許與布近,違則重創之,明示以官府護惜解役之意。而赴院掛號,上臺親爲查問,前弊未懲,即行嚴提重究,或亦蘇息積苦之一端也。

通判孫應崑《布解申文》:布解一役,議編必真正大户,銀必先時足給,解必依期起行,批必刻限掣銷,由此做去,自可永永遵守。而松郡之人猶不免於稱煩者,何也?夫三線細布一疋價銀六錢一分外,又鋪墊、扛解、盤用銀二錢五分,是八錢六分矣。二線細布一疋價銀六錢一分,又鋪墊、扛解、盤用銀一錢五分,是七錢六分矣。濶白棉布一疋價銀三錢外,又鋪墊、扛解、盤用銀七分四釐,是三錢七分四釐矣。果若領解之役正身前去,分毫無耗,留作盤纏到京,使費實用,則亦何嘗見其有虧。而不能無失者,有故紈袴之子多憚遠行,則往往僱倩親識之人包攬代解,而包攬之人實者剋之以肥家,虚者耗之以淫蕩,糜費無餘。各項使用不得周全,則有卧批退回之苦,累及正身,破家蕩産。職此之由,頃遵院道憲行查議,一時府縣備極參酌,而議官收官解,則往事之不克終可鑒,議帶解改折,則今日之事體難行,其道無出於公審、足給、早解、早銷四者,上行下安。當日文襄德意,至今猶存也。

知縣聶紹昌《議》畧:布解一役最爲煩苦,每一縣額供三線細布二千四百五十餘疋,每疋布價銀七錢,鋪墊、扛解、盤用銀一錢一分。二線細布一萬三千四百五十餘疋,每疋布價銀六錢,鋪墊、扛解、盤用銀一錢一分。濶白線布四萬八千九百餘疋,每疋布價銀三錢四分,鋪墊、扛解、盤用銀九分。自領銀投牙,賃房聽驗,印解布袱,油帋包索,舟車鬮閘,掛號銷批,到京門單,税鈔内相,庫官吏書,司房保識,庫夫長隨,厨役見面,後手擺飯,茶果土儀,磕頭復求,顧夫交納等項,每疋賠銀不止二三錢。一經退回,則重復解進,每疋有賠至五六錢者。在本鄉先經揀選驗印,至京又且任意揀退,百千浩費,此真莫大之役。如萬觔之擔,必當委之萬觔氣力之人,而近年乃僉點中人之家,又不給銀,單寒下户豈能賠買?勢不得不賣田鬻産,揭債買布。挨到京邸,及其交卸獲批,則已吸骨及髓,更無身家餘剩矣。所以吴中一聞此役,如赴死地。蒙徐撫臺奏請二線與粗布照價改折,三線布以本色附袍船解進,而寢閣不行,朝野同惜。今議於五遞年中編定此役,以第一般實巨富、田餘二千畝、家累巨萬金者承之,必不容勢家營脱,必不使中户濫充。編審既定,每年驗係大户正身,决無包攬,先給銀若干,驗收布若干，印貯庫中，隨即發銀再買。驗收既足，給文發行，即時并鋪墊銀給之，定勒限期解京批迴，一面報本院知會户部，以防其中途濡滯之弊。庶幾肩此役者可獲更生，而布縷之征可以永永終事矣。

北運解户五年編定九十名，每年十八名。

本縣額解庫局及光禄寺、惠桂二王、都察院、府部等衙門白熟粳糯等米細數詳田賦中。

按：蘇、常等府别有内官監細白粳米。吾松以近海，米色浥爛得免。而正米之外，又加歲用、白耗、舂辦等米，均派各保秋糧平米之内本役自收。又加夫船、車脚、貼解等銀，均派秋糧歲用折色及貼役銀内徵收。在官以時給發，立法周詳，似可以不爲民厲矣。乃承此役者，輒産亡丁盡，蓋以鄉民而供玉粒，途既遥遠，而百費叢生矣。詳其諸條議中。

成化以前，解户上白糧及各物料，户、工二部委官同科道驗收，解户不與内臣等見面，故軍校不得脅勒，内臣不得多取，小民亦不至虧害。成化以後，部官避嫌，糧料不肯驗收，俱令小民運送内府，而害不可勝言矣。

尚書李康惠公承勛《疏》畧："家有千金之産，當一年即有乞丐者矣。家有壯丁十餘，當一年即有絶户者矣。民避糧役過于謫戍，官府無如之何。有每歲一换之例，有數十家朋當之條，始也破一家，數歲則沿鄉無不破家者矣。"讀其言，真堪流涕。

陸樹德《民運疏》畧：東南財賦之來，有軍運，有民運。軍運以充六軍之儲，民運以供百官之禄。人皆知軍運之重，而不知民運之苦。夫軍運以十軍而運米四百石或五百石，民運以一民而亦運米四百石或五百石。軍運之船皆官所造，而軍不知，民運之船則民自僱，而官不知。軍運以軍法結爲漕法，一呼百應，人莫敢犯；民運以田里小民供役遠道，人人得而侮之。軍運經各該分司衙門，無抑勒需索之苦；民運經各該衙門，動以遲違情由問擬工價併諸雜色使用。軍運過洪閘，一錢不煩，而洪夫、閘夫共與挽拽；民運每過一洪，用銀十餘兩，過一閘用銀五六錢，所過共三洪五十餘閘，而費可知矣。其最苦者，船户皆江淮奸民，慣造此船裝載白糧，每僱船價及撑駕夫價計不下二百餘兩。糧一入船，其驅使糧長不啻奴婢，每日供奉船長及撑駕夫不啻奉其父母。蓋糧在船中，即糧長身家所係，吞聲忍氣，曲爲順從，勢不得不然也。其最所畏者，軍運每凌虐民運，有等豪惡之軍，故將己船撞擦民運之船，民船板厚而軍船板薄，微有損傷，即便蜂攢鴉擁，盡入民船，百般挾詐，不厭其欲不已。其他入京攬頭之需索，入倉交納之艱難，又不可勝言。凡充是役，未有不破家者。臣産東南，親見此苦。詢諸父老，咸謂宜將白糧并入運軍順帶，使民出所有以益軍，軍出餘力以代民，似無不可者。但今年限期已迫，尚未敢輕議上請。今所當議者，合無將民運并入議單，兼責之漕臣，令各該參政一體督催進閘總運，參政督催至京，則軍運不敢肆其凌虐，船户不得恣其奸貪，而洪閘亦可無需索之患矣。

歸子顧《民運疏》畧：國家之賦役莫重于東南，而賦役之艱難莫重于民運。職生三吴，自爲諸生時，即知北運之苦。試舉其受累之大，有三：一曰水脚之侵没，二曰沿途之需詐，三曰交納之留難。夫運糧之有水脚，每船不下百金，似亦可濟長途之勞費、交納之賠償，獨奈何侵漁者衆也？米未下船而先盤詰，牌票百出，索取千方，船尚未募而妄爲好歹，胥吏哆口而談，縣令拱手而聽。各官原有費額，另納公堂。使費銀兩各項原有編銀，復索轎夫修船工食。既有總部協部之官，已而添官押役。原有儹運催運之役，已而添役押幫。且扛頭把持，而水手任其雇募，兜攬紛紜，而撑駕聽其遲速。蓋糧未行而水脚已耗其過半矣。是水脚之侵費，不可不重加裁革也。至如糧船之行，往返六千餘里，涉險數十餘處，民已不勝匍匐。而皇店皇木之暴戾抑勒，關津閘壩之阻滯留難，快船、官座船之欺凌需索，重至疊出，不惟詐財，且阻去路。而早則起車，遲則守凍，耗費不貲。且州縣查驗矣，又有淮安理刑之驗，通州糧衙之驗，何爲者也？况淮安之驗驗其少，少則罪之。通州之驗驗其多，多又罪之。少不可，多不可，爲之民者安所逃罪乎？是沿途之需詐，不可不重爲議處也。若夫交納之累尤有不可勝言者，五經科道，七經内官，挂號三十二衙門，亦云瑣矣煩矣。而糧未入城，先講使用，初入倉庾，各役先索常例。管門者有錢，把解者有錢，有數銖粒于掌上，選銖粒于盤中者，選畢則每石而收之，收重有罰，收輕有罰，有每石費五錢者，甚至有二三兩者。况近時之新斛，比國初之斛多有異同，賠補甚難。且遲留有罪，違限有罪，京中之罪未償，而府州縣銷批之罪又至。則交納之弊，又不可不重爲裁革也。先年有題准民運規則，稽弊票册，責令府州縣，凡解户人給一本收照，如官吏故違明旨，抑勒索騙，許即據實填註前件之下，候完日繳查参究，以故尚有顧忌。而今寢閣，不復給矣，小民安能訴耶？若遲延守凍之苦更有不堪者，則漕船虐阻之故也。漕運之與民運，均爲國儲。漕卒之艘萬，其實糲，六師食之。民之艘千，其實精，六宫百執事(實)〔食〕之。乃漕卒怙其衆而驕其民，凡道路險阻之處，抑之不得過，曰："吾爲官運也宜先，而爲私運也宜後。"故將漕船擦民船，民船損則忍氣吞聲，莫敢誰何。軍船傷則鴉擁蜂攢，百般挾詐，惟意所欲。故民之畏軍如猛虎，而莫敢以身當也。夫軍與民皆王臣也，一銖一粒皆王土所出也，何不嚴爲申令，俾五府之中得隨到隨行，令一州一縣自爲群，而不必候各府，可乎？或一州一縣之中得先則先行，令十家五家自爲幫，而不必候各邑，可乎？漕卒先行，何妨解户之先行也？漕船未過閘，何妨民船之先過也？先後聽民自便，要以不違限爲主。如此，既無風波之險，又免守凍之苦矣。凡如此弊，皆目擊而親嘗者，故備陳之。

陳繼儒《北運白糧事宜》畧：天下大矣，白糧獨責之蘇州、松江、常州、嘉興、湖州五府，何也？竊常思之，而得其故矣。國初，自南京取給五府，其勢近便。自成祖定鼎北京，而白糧相沿不改者，二百五十八年矣。在直省不知五府之偏累，在一府不知董漕者之獨勞，今已無可奈何矣。白糧之苦不獨在軍强民弱，不獨在軍先民後，不獨在過洪過閘，不獨在過關過鈔，不獨在僱船僱車，不獨在帶缾帶磚，不獨在稽查盤驗，不獨在各倉局衙門之刁頓留難，而尤苦愆期守凍出于意料之外耳。白糧守凍一年而兼兩年之船錢水手工食，千瘡萬孔，借貸無門。蓋守凍以春辦之不先，春辦不先以收米之不足，收米不足以荒區與頑户納米之不肯完也。若使納米既足，又即付之車水脚價，船户水手應時輳集，正月開幫，豈有愆期濡滯之患哉？今邑令設法，使北運者先儘本名，隨儘本區，以收白糧，置櫃給串，以收脚價，竟將此法一例行之，北運之困，其解倒懸乎？

收兑糧長額編二百二十名，每年四十四名。額數與《府志》異。按：明永樂十三年，會通河成，海運廢。而江浙原坐太倉海運之數改撥民運，至淮安倉交收。末年，平江伯陳瑄議民運俱于淮安瓜洲，補給脚價，兑與軍船領運。宣德二年，淮安徐州倉米撥民自運，赴通州倉。五年，令江南民糧兑撥附近衛所，官軍載運至京，量其遠近給與路費耗米。七年，立兑運法，定加耗脚米則例，又給輕齎銀兩，以爲洪閘盤剥之費。成化七年，都御史滕昭奏罷瓜淮兑運，令官軍僱船于江南水次交兑，民加過江之費。十年，立改兑法，蘇、松等處糧米改令官軍各赴彼水次交兑。時設收兑糧長，除官甲囤户田糧自兑外，其保區民户田畝秋糧每名約收米不等，兑給官軍。此兑役所由始也。每石正糧加耗米四斗，臨兑時，又于正耗外每石量加若干，以補沿途蒸折之數，則耗外增耗矣。正耗綱費詳見田賦，其弊具各議中。

聶紹昌《收兑議》畧：收兑之役，不苦于收之難，苦于兑之難。而其實兑之多費，由于收之不精。蓋漕軍見米之不精也，多勒贈耗以爲利，糧役因兑之多費也。益插穢雜以售欺，所以一當交兑，煩費蝟起，有綱司話會，有踢斛淋尖，有網圈後手，使用不可勝計。風力官員欲爲民少減贈耗，即環擁囂呼，張拳犯上，而莫誰何。其在旗軍，則利歸旗甲，不過恣一時之浪費。及至兑米入船，中途浥爛，反累運官揭債賠補。回衛之日，累小軍扣除月糧以抵京債，此不平之在軍者也。其在糧長，諸用不貲，常至賣産鬻業，盡蕩其家。其在國用，則軍糧之所交于京、通諸倉者，皆濫惡不堪，積久盡腐，而其病又在于國矣。然軍之所以得爲民害者，又皆由傍倉奸棍糾引漕軍，大開詐局。漕軍利奸棍以爲腹心，奸棍利漕軍以爲囊橐，互相勾引。花街鬧市，浪擲金錢，未及交兑，漕軍地頭之費已百孔千瘡，專待多勒贈耗以償所用。于是，倉棍輸情指點曰，某某是糧役渠魁，一賂此人，即爲多耗多用之倡。而兑軍之費始騷然煩重，而不可以禁止。今幸撫按漕臺刻列告示，嚴行禁戢。若納户米既乾潔，不得耗贈之外多勒升合，違者一體責治。悉遵漕運議單，每百〔石〕止加濕潤米三石五斗，或外再加三石五斗而止。又嚴申漕規，止許一旗一軍到倉交兑，其綱司話會、踢斛淋尖、網圈後手之類一切禁約。通完之日，即催趲開幫前去。如此，則漕粟乾潔，軍無腐壞累賠之苦，漕令嚴肅，倉無講兑喧擾之虞矣。

陳繼儒《收兑事宜》畧：往年收兑稱中役，僅費百金。四五年來，費及五六百金，以至破家者一年六十名，收兑豈堪破六十家之産乎？此無他，舊派太多，每倉收米一千七百石故耳。糧長承役，修倉磚瓦、蘆席、楞木有費，僱募斛手有費，僱募倉書有費，工食有費，使用有費。自十月至五六月，費已無經而納户尚多挂欠，收米如此其難也。已而漕船既到，縣總倉棍暗通漕卒，正耗之外嚇詐多端，明加踢斛淋尖，陰講綱司話會,每百石米增十擔外,每一石銀增一錢外,稍不遂意,凌虐糧長,侵侮縣官,不滿其欲不已。兑米又如此難也。至於大保大區,借改折之名,倩人代杖延挨,不肯納糧,直待旗軍催兑、比較通關之時。于是,有折銀减價,使之不得不收者,名曰搶收。有先賒糧若干,方納糧若干,使之不得不賒者,名曰賒串。若不搶不賒,且并其搶收賒串之銀米而俱無之矣。派額米缺一石,糧長自賠一石,缺百石,糧長自賠百石,米價日踴,賠價日多,米不能賠,而借債鬻産,賣男鬻女隨之矣,雖欲不破家亡身得乎?若使本區收本區,行區運法,派額既不至隔區寫保,頑户不至藉口荒區,奸民又不至觀望搶收賒串,此亦清弊竇之一策也。又聞之運軍與淮上漕書搆同,揀擇用賄,派船派江北淮泗之船,至江南四郡之内,撫道不得彈壓,則氣勢必定咆哮,往返二千餘程,則官并反多違限。何如常、鎮、蘇、松自相更調,以近附近,視以遠調近者,果孰便孰不便耶?此特在撫按倉漕一斟酌間,而收兑受福不淺矣。

收銀總催五年定編二百三十名,每年五十六名。自海中丞瑞用一條編法,歲收兵白徭銀,其役名曰長收。承役時,縣令貪廉迥别。有需索常例、火耗,而交際餽遺與各衙吏書、皂快大肆魚肉。十二人輪月承值,謂之當月。後以地方呈革,改設收銀總催。總催收銀及倉收收米,俱給號串連綴,一里排比照,一本縣存照,一人户執照,名曰三連串,彼此對較,杜其侵匿。其法刱于管糧同知鄭復亨,可百世不變也。

按:每歲收銀總催,名曰櫃收。金花有銷滴之苦,收納有晝夜看守櫃銀之苦,收時有僱募書算食用盤纏之苦。又有造册查盤十年之苦,解放有折耗等候之苦。每收銀千兩,約費五十餘兩,詳具各條議中。

聶紹昌《收銀議》畧:今之收銀即昔之長收,昔年長收之濫觴,在管月買辦,舉公家承應上司,餽送交際,一切浩費盡責其人,所以蕩析無存者。于是乃以大收改爲小收,大收二三萬,小收自一千至四千而止。然查往時相沿積弊,如傾銷滴補、解放虧折、書算衙役種種需索,又有僱募櫃書、僦寓盤用,所以一千必費銀四五十兩。更有衙役攬納,逼减天平,而積猾櫃書尤慣包攬,磨洗官串,詭發附收,那東掩西,莫可究詰。既攬此而包彼,必移後以餙前,接踵朋奸,動侵千百。本職洞悉此弊,已痛革附收。且議嚴禁積年櫃書挜身包攬,務使櫃收皆正身的名,亦不許占定櫃口,聽糧長自令所親秤收登記,竟用櫃書寫串算數,仍須役人自擇具結,報名于官,以便查弊究治。然收銀所最苦者,尤在于收放不速。今議請頒定收放之法,必置京邊及各項上供緊要者于前,而其餘次急者稍緩。解放者以次開列,不得任意先後。且十櫃多少均放,苦樂適調,一班所收即儘數放去,收盡放絶,總撒相同,然後及次班,則無存櫃積侵之弊,亦無久候盤用之苦。又以櫃派啚一定不移,如概縣六百三十里,舊設甲乙等十櫃,每櫃派定六十三啚,使納不得混淆收之,既齊放之亦速,庶幾中户之家不代巨富之累,所裨于國計出入者亦不小小也。

鄭友玄《議》畧：收銀一役，較運解之費頗省。如募書、工食及發串、紙張等項，直以顧氏貼銀一項辦之足矣。第收銀兑解則輕重有等，最重者無過金花。今每千額派三百兩，前後適均。至於銀匠解官，必當堂兑發，期無苛勒。其他散兑，稍稱便宜。亦以傾錠多少參派，不縱總書上下其手，自無偏畧之嘆。且挨定班次，隨收隨放，使之早竣歸寧，尤稱省便。且每年額銀二十五萬，除逋欠及對支外，止編收催二十萬，合五年計之，則以百萬爲率，盡大户而役之，常難取盈。今除北運布解，約四五萬兩派櫃自收，計五年可省二十餘萬。即以之加輕於七十餘萬之役，則人人輕省，是亦暗消役累之法也。又如火耗一項，上下聞之知之，誰能掩耳偷鈴？第此中例除六釐三毫，較他處以分錢計數者遠甚。然他處暗加於民，江南賦重，故小民以輕等色銀，重困收役，則此項亦獨取之收銀役人，最爲不便。今示革陋規，即首此項。蓋在官之規陋一禁，則衙門無名之費一一肅除，其加惠收役并一邑小民，有不止於毫釐而已也。

南運解户五年編定十名，每年二名。

每歲運南京光禄寺及會同館白米、神樂觀糙米，此項縣派區啚自行收貯，不涉收兑。又領盤用銀兩，此項徵收在櫃，奉票支領。是役也，脚力足用，解米從容，人不甚苦之。後議于布解一名相兼一名，以輕補重，每名編田三百畝，南運之役均矣。

按：南運内有各處解户等名色，本朝概行革除，故不載。至皂隸執事各衙門等役，舊俱力差，萬曆間巡撫胡執禮始定徵銀入官，永免僉點，民甚便之。南運一役照《青浦縣志》，故《府志》所列俱不載。

上海役法向與華亭同。崇禎六年，知縣劉潛編審之際，邑人沈麟瑞見大小役困已極，倡立囤田之議。凡紳衿田畝坐落民啚，小民向紳衿辦糧未便，刻期限日，將各紳各衿例應免役之田名照數收立完糧，紳爲官囤，衿爲儒囤。其布解、北運、收催、收兑、南運五大役，限定某役一名應田若千畝，聽其各照役數通縣收併足額，取貼贍役，謂之大囤。其官儒與五大役收存之田，每啚分爲五小囤，完糧比則均比，應役差則均差，亦五年一編，以免從前十年編審、十甲輪充、排年分催、勞逸苦樂不均、同歸于盡之積累。至今日均編一法，猶有囤田之遺意焉。

明季五大役俱爲民病，而北運一役尤甚。崇禎十五年改爲官運，點殷實大户領運，名曰官耆。名雖易，而實則仍北運也。

國朝初制，以里長承一里之事，主催辦白銀漕糧，及總甲、開河、塘長皆僉一啚中人户充之。以收兑主收貯漕糧兑軍，則于一區中選田多殷實者充之。其餘麤細布南、北二運，白糧各色解户收銀諸役，悉改爲吏收官解，永免民户承充，仍照田均編經費銀，以爲解官經承吏役傾銷諸費。後又改收兑爲官收，官兑亦照田均編兑費銀米，免僉民户，唯每啚里役仍舊。在上海則仍沿囤田之名，已非囤田之實。初猶五年一編，到後而年更歲换，移甲易乙，名爲補役，甚至變爲捆束。至均田均役之法行，而得四邑均受福焉。

布解舊額每年三名。順治二年，撫臣土國寶題改官解，共編本色鋪墊解費揁銀若干，折色解費損銀若干。

每年官解本色黄絲三梭三線細布若干疋,黄絲三梭二線若干疋,轟線布若干疋,折色二線細布若干疋,轟綿布若干疋。原編價銀及改定本折詳見田賦。

北運糧長每年十八名,順治二年題官解,計畝均編經費銀若干。詳田賦。

每歲官運供用庫白熟粳正米、酒醋麵局白熟糯正米、光禄寺白熟粳正米共若干石,每石加歲用白耗米三斗,每正耗米一石加舂辦米二斗。五府六部、都察院等衙門糙粳八分正米若干,每石加糙耗米二斗。米額詳田賦。

順治八年,總漕部院沈文奎以舊編官運經費不敷,致歷年逋欠,會議具題,加給協部官白糧耗米若干,每石加舂辦米二斗,糙粳耗米若干,運船水手飯米若干,每石原給米一石八斗,今照漕船事例,每正米一石給飯米七升二合,每船該三十六石,每名給米三石,以免侵耗正糧。

南運糧長舊額每年二名,順治二年題改官解,共給盤用銀若干。

每年官運江南省城兵餉白糧正米若干,每石加白耗米二斗,每正耗米一石加舂辦米二斗。即舊額南光禄寺、會同館、神樂觀、省城兵餉,除撥本色外,尚有折色,又撥本府督鎮兵餉本折色及解部折色。俱詳見田賦。

收銀總催舊額每年五十六石,順治二年題改吏收,免僉民户。

收兑每年四十四名,五年編審一次。順治八年,巡按御史秦世禎題定官收官兑,每年委部選職官,照派收區啚貯米在廒驗,依准單交兑。每糧米百石,除正耗收加米五石、銀五兩,蘇、松、常、鎮會議再加五兩,部覆奉旨准爲定例。

十六年,實行官收官兑法。

先是,巡按御史秦世禎奏准部覆通行,而雜費無從取辦,故陽奉陰違,猶僉民户承值。水次積蠹,勾合旗丁,横行需索。十四、五年間,兑糧一石加耗雜費至八錢餘,而連歲米值每石不及六錢,承此役者無不立盡。及是巡按御史馬騰陞再疏請行申飭,仍議添設官役,一應俸銀、工食、條倉、鋪墊、串紙、油硃等,皆于漕糧耗費支給。知府祖永勳會同三縣,酌定條例,恪遵詔旨,收貯出兑悉責成佐貳,民間始得休息云。

馬騰陞《疏》畧:題爲弊莫大於漕兑一節,而漕兑之弊又莫甚於蘇、松、常三郡。揆厥大端,總由前按臣秦世禎題定五石五兩之旨不遵,而孔胤樾所題官收官兑之奉行不力也。悍軍刁弁,積習相沿,蠹役奸徒,表裏滋弊,以致縱軍巧立名色,每百石除加四耗米并贈潤五石五兩外,又有會銀開廒、搶倉看米、折飯插籌、會籌貼担、貼船、花票通關、摺扁三擁、踢斛淋尖、割單等項,種種惡習,計米一石,除贈耗外,雜費濫觴幾不可問。名爲五兩五石,而實至二三十兩而不止也。且各縣糧總不分正耗,一例科徵,小民莫辦其爲正爲耗,剜肉補瘡,無所底極,又安得民髓之不盡竭邪?今議正額之内已有耗贈,而外加之五石五兩,必須糧户照數納倉交庫,縣官起解刑官,刑官轉給運官,運官分給伍長,而本船應領隨漕行月本折等糧,糧道不許花分,亦即各照水次派支縣官,隨兑隨給,不許挂欠。其一切衙門常例盡行禁革,在弁軍亦得實實沾惠,不致有絲毫之他溺矣。

馬騰陞《再疏》畧：題爲臣於去年曾具良法虚懸一疏，業蒙俞旨，臣因得嚴飭各屬，始克畫一遵守，今已聿觀厥成矣。然恐將來陽奉陰違，各屬仍舊審僉糧役。若蘇之公正糧長、松之啚記典者、常之里甲啚收，各役一經僉定，收漕漸復責成在民。請自今秋爲始，禁審糧役，早定收糧各官開倉之日，糧户輸納即挨次交收，無致臨兑雜沓。縣官照條銀事例，先期印發糧串，斛過糧米，糧官即照數填給，勿使糧户伺候。至如兑竣之通關，每多擲措五兩五石之外，曰順風，曰花紅，曰犒賞，巧立名色，恣意索取。今議各州縣漕糧，聽候總漕臣頒發全單，給與糧道，開明某衛共船若干隻，兑某縣米若干石，該道頒發號單，每單兑米一百石，刊定奉旨之贈耗，分發各州縣，每完一百石，連加贈銀米交清，即將一單著令衛官，填註收數，一船兑足，即出給水程，勒令開幫，是爲節節割絶，使無擲措通關之弊。再令糧道查照各屬額設幾倉，每倉頒發號簿幾本，將前各丁船開列在簿，兑足即註明全完。如過期不兑，監兑推官周歷所至，按簿責比旗軍，以杜愆期之弊。更有驍軍沿途停泊，竊取墳樹種種等情，許徑報地方官嚴拏，解赴糧道。或兵巡守道重懲其運官，約束不嚴，申報漕撫，俟過淮之日創治，以禁在途生事。倘水程限日遲延，一併查處。糧艘可以速進，而延悮之弊亦可除矣。

禮科給事中朱紹鳳《疏》畧：一曰官收官兑之壞宜議也。向來民收民兑，弱肉强食，谿壑難盈，故改而在官，煢煢孑遺，不啻生死而肉骨矣。無奈印官畏難瞻顧，陽奉陰違，如臣鄉松江一府，收糧名色華亭改曰典者，婁縣改曰啚記，上海改曰看漕，青浦改曰倉夫，名爲官收，而其實皆民收也。及出兑之日，印官既不敢臨倉，軍民又不許相見，一任積年倉蠹與積年運軍串通作奸，前弊百出，或一户而分派數船，或一船而逗留數月，有司不能察旗軍之勒措，而但比糧户之通關，比愈急愈甚，而費愈無窮，是反不如糧户自兑，猶得以身家剥膚與旗軍爭一日之命也。今議監兑推官仍復舊時事例，運官揭參旗軍綑打，則威令已有所歸。其收米兑米之法，印官總責其成，而再於佐二等官擇勤敏强幹者二三人分猷佐理，總計合縣倉厫若干，糧户若干，某户米係某厫收貯，某官經管某役看守，詳列姓名，實粘厫所。額米既足，會銀復完，管糧官與運官眼同交兑，不過二十餘日便可盡數開幫。頭厫未完，不許復兑二厫，一船既满，不許仍留水次。其各兑通關，隨兑隨給，逐厫交卸，不許復踵兑九留一之故習。藉口刁難違者，報知監兑，但比旗軍，勿比糧户。如是，而民運于倉、官兑于軍之前旨可以通行而永利也。

按：順治初年，江南細布北運、南運俱官徵役解，收銀則官點櫃書秤收，獨收兑一役尚存。後又屢奉旨官收官兑，刊定成書，民免諸大困，得更生矣。唯是斟酌時宜，官代民勞，不使官代民費，寧使寬餘，毋使不足。庶幾良法永垂，不致官苦不給，而民得以長安。知縣史彩奉督糧副使劉頒發斛概、釘定斛口之法，着口轉概平量平，戛無顆粒盈浮在倉。任事諸役，不許私取錙銖。自官收官兑之法，庶爲盡善，可垂永久矣。右毫五絲。

稀蘆地四萬二千四百八十四畝二分四釐四毫,每畝一分五釐起科,該課銀六百三十七兩二錢六分三釐六毫六絲。

次稀蘆地七百三十九畝五分,每畝一分四釐八毫七絲起科,該課銀一十兩九錢九分六釐三毫六絲五忽。

下稀蘆地一千七百三十畝,每畝一分起科,該課銀一十七兩三錢。

以上共該銀一千三百三兩七錢八分三釐六毫五忽二微二纖。

康熙三年分至十四年分,俱同二年分。

康熙十五年分。新收熟田、密稀蘆地七萬六千六百一畝九分三絲二忽。内:

密蘆地一千七百二畝九釐八毫,每畝五分起科,該課銀八十五兩一錢四釐九毫。

草地變則蘆地四百九十一畝二分四釐二毫,每畝五分起科,該課銀二十四兩五錢六分二釐五絲。

稀蘆地變則密蘆地四萬五千二百七畝四分四釐六毫,每畝三分起科,該課銀一千三百五十六兩二錢二分三釐三毫八絲。

稀蘆地二萬五千一百一十五畝九分八釐九毫,每畝一分五釐起科,該課銀三百七十六兩七錢三分九釐八毫三絲五忽。

次稀蘆地變則稀蘆地二千八百八十九畝九分,每畝一分五釐起科,該課銀四十三兩三錢四分八釐五毫。

熟田濬江堆荒一千一百九十五畝二分二釐六毫三絲二忽,每畝一錢五分一釐起科,該課銀一百八十兩四錢七分九釐一毫七絲四忽三微二纖。

以上共增課銀二千六十六兩四錢五分六釐八毫三絲九忽三微二纖。

開除熟田稀蘆草地共五萬一千九百四十二畝七分九釐八毫八絲二忽。内:

濬廢吴淞江身併捍築聽坍馬道熟田二千一百三十一畝七分二釐九絲,每畝一錢五分一釐起科,該課銀三百二十兩八錢八分九釐八毫五絲五忽九微。

濬江堆土占廢熟田一千一百九十五畝二分二釐六毫三絲二忽,每畝一錢五分一釐起科,該課銀一百八十兩四錢七分九釐一毫七絲四忽三微二纖。

草地變則蘆地四百九十一畝二分四釐一毫,每畝三分起科,該課銀一十四兩七錢三分七釐二毫二絲。

坍入大黄浦内草地二十七畝二分六釐四毫六絲,每畝三分起科,該課銀八錢一分七釐九毫三絲八忽。

上稀蘆地變則蘆地二千一百八十二畝六分二毫,每畝一分六釐起科,該課銀三十四兩九錢二分一釐六毫三絲二忽。

上次稀蘆變則蘆地九百六十一畝,每畝一分五釐六毫五絲起科,該課銀一十五兩三分九釐六毫五絲。

稀蘆地變則蘆地四萬二千四百八十四畝二分四釐四毫,每畝一分五釐起科,該課銀六自相交易,原無官爲限制之例,長蘆、河東至今尚然。惟兩淮行運江楚鹽引,適因崔紀沽名,三保庇商,兩持異議,始將各商運楚成本分别定以賤價、貴價,然自定價以來,商人總以貴價銷售至今。夫恤民裕商本屬一事,若任其屢擡時價,日引月增,則于民食有關。然勒令賤賣,則該商等又以成本有虧,不免紛紛籲請。今計各商比年行銷,價值于成本自可無虧,將來即藉口年歲不齊,料亦不過如今之所稱歉年而止耳。嗣後淮商銷售引鹽,即遇應貴之年,亦不得于現在所銷價值外復議稍有加增,庶可示以限制。至歲事豐稔,鹽價可以酌量平減,則今各該督撫會同鹽政等隨時籌畫妥辦,部臣亦不必固執定例,徒滋駁詰之繁,庶于商民均爲有益。至部議已賣貴價復令商人追賠之處,事理亦屬難行,若云買貴在民,則仍應給還食鹽之户,於勢固有所不能,否則以商人市值所餘而歸之官帑,於政體亦有所不可。總之,民間物價本自不齊,衹可隨時調劑,不能概繩以官法,即如人生日用最急者莫如食米一項,今謂意在恤民,而欲官爲限制,務使市價損之又損,閭閻皆得賤食,意則美矣,欲其行之于事,能乎?不能乎?國家休養生息百有餘年,户口繁衍,自古希逢之盛會,人庶則用廣,用廣則價昂,此一定之理。經國者要在務持大體,而于事勢通變贏縮之間爲之補偏救弊,俾庶政皆得其平,即所以嘉惠元元者不外是矣。因議鹽法,故推類及之,而因時立制之道實亦不外此,將此詳諭中外知之,欽此。

乾隆三十一年,户部行查各省鹽價有無一定或隨時長落,經浙鹽院熊以兩浙各商銷賣鹽斤價值悉係隨時長落咨部,纂入則例,現在上海、南匯鹽價商人合計成本,與蘇屬崑、常、嘉、太等各州縣一律隨時長落,憑浙鹽院核定遵行。

乾隆三十七年,浙鹽院三奏松所額引滯銷,折編撥出二萬引歸紹所行銷,華、婁等十三州縣按銷數減折合二萬引,獨上海、南匯年額銷足,例配餘引,通消歲計有盈不等,故年額仍留不折。

蘆課

蘆有專職,歲遣部使者駐節省城,徵收額課。今併入縣徵,耗輕地近,輸納差易,民甚便之。

康熙二年分。實在密、稀、上蘆,下草地,通共五萬三千一百八十七畝八分八釐八絲二忽。内:

上蘆地三千三百二十六畝九分四釐七毫二絲二忽,每畝一錢五分一釐起科,該課銀五百二兩三錢六分九釐三絲二微二纖。

上次蘆地一百六十一畝六分二釐,每畝一錢起科,該課銀一十六兩一錢六分八釐。

密蘆地一千八十三畝四分二毫,每畝五分起科該課銀五十四兩一錢七分一毫。

下草地五百一十八畝五分五毫六絲,每畝三分起科,該課銀一十五兩五錢五分五釐一毫六絲八忽。

上稀蘆地二千一百八十二畝六分二毫,每畝一分六釐起科,該課銀三十四兩九錢二分一釐六毫三絲二忽。

上次稀蘆地九百六十一畝,每畝一分五釐六毫五絲起科,該課銀一十五兩三分九釐六各壇祭祀除荒實銀八兩五錢二釐七毫九絲九忽。按：此款于乾隆十二年奉文通省均派，社稷壇、風雲雷雨山川城隍壇、劉猛將軍廟、忠義祠、節孝祠、東海神壇、羣忠祠、李公祠、土地祠每壇二祭，厲壇三祭，火神廟、常雩壇各一祭，每祭派銀一兩九分四釐六毫七絲三忽，計二十三祭，該銀二十五兩一錢七分七釐四毫七絲九忽，除原編并文廟餘銀撥抵外，仍不敷銀一十二兩一錢六分八釐七毫一絲九忽于地丁銀内撥足。

文廟香燭除荒實銀一兩二錢五分三釐四絲四忽，閏月銀一錢四釐四毫二絲。此款于乾隆十二年奉文通省均派，該銀二兩五錢七分三釐八毫。除原編外，計不敷銀一兩三錢二分七毫五絲六忽，于地丁銀内撥足；閏月銀派該六分一毫，計餘銀四分四釐三毫二絲，歸入地丁項下彙解。

雜支項下：

江寧府科場席舍供應除荒實銀八兩一錢二分七毫二絲。

協濟武場供應除荒實銀一兩四錢五分二毫六絲二忽。

本縣鄉飲酒席除荒實銀四兩九錢七分二釐三毫九絲七忽。

上司按臨行香除荒實銀五兩九錢六分六釐八毫七絲六忽。

座紅站船水手工食除荒實銀九十三兩八分三釐二毫七絲四忽，閏月銀七兩七錢五分六釐九毫三絲九忽。

兵備道仙船水手一名工食除荒實銀七兩一錢六分二毫五絲二忽，閏月銀五錢九分六釐六毫八絲七忽。

本府秋糧總書紙張銀除荒實銀六兩九錢六分一釐三毫五絲六忽。

本縣秋糧總書紙張銀除荒實銀一十四兩九錢一分七釐一毫九絲一忽。

習儀拜牌祈晴禱雨除荒實銀六錢九分六釐一毫三絲六忽。

歲底新書除荒實銀一十九兩八錢八分九釐五毫八絲八忽。

歲貢牌坊除荒實銀二十三兩二錢四釐五毫一絲九忽。按：此款于乾隆二年奏定通省均給，六年統算，週而復始。又於乾隆四年奉院司飭行，水旱不扣災蠲。

會試舊舉人盤纏除荒實銀一十兩四錢四分二釐三絲四忽。按：此款于雍正九年奉文，照廣督鄂奏定，以各州縣三年均編之銀，於會試之年照通省赴試文武舉人名數統算，均匀驗派支給，亦不扣災蠲。

布政司造册紙張銀一十兩。按：此款於門攤課鈔銀内撥給。

孤貧四十名，每名柴布衣絮銀一兩，除荒實銀三十九兩七錢七分九釐一毫七絲八忽六微五纖二沙七塵六渺一漠七逡四巡。查江省孤貧銀兩，於乾隆二年奉文通省均給，每名日支銀三釐五毫九絲二忽八微四纖九沙，閏月日支銀一釐四絲三忽，其不敷銀兩同荒缺一併照數於解司地丁銀内撥補。

以上俸工祭祀等款，内佐雜教職荒缺俸銀，於乾隆元年奉文，在於通省大員正印官俸内按數均攤補足，教職災蠲並准攤補。大小衙門人役荒缺工食，於乾隆二年奉文，俱在地丁項下撥補，其水旱災蠲亦准動撥。又于乾隆十二年奉文，版荒災蠲役食門子一名，工食六兩，閏月銀五錢，除荒實銀五兩九錢六分六釐八毫七絲六忽，閏月銀四錢九分七釐二毫四絲。

皂隸四名，每名同前，除荒實銀二十三兩八錢六分七釐五毫六忽，閏月銀一兩九錢八分八釐九毫五絲八忽。

馬夫一名，工食銀六兩，閏月銀五錢，除荒實銀五兩九錢六分六釐八毫七絲六忽，閏月銀四錢九分七釐二毫四絲。

主簿員下俸銀三十三兩一錢一分四釐，除荒實銀三十二兩九錢三分一釐一毫九絲二忽。

門子、皂隸、馬夫名數工食與縣丞衙門同。

典史員下俸銀三十一兩五錢二分，除荒實銀三十一兩三錢四分五釐九毫九絲二忽。

門子、皂隸、馬夫名數工食與主簿衙門同。

儒學教諭員下俸銀與縣丞同。

廩生一十名，每名廩銀四兩，閏月銀三錢三分三釐三毫三絲三忽三微四纖，除荒實銀三十九兩七錢七分九釐一毫七絲七忽，閏月銀三兩三錢一分四釐九毫三絲一忽。

膳夫一名，工食銀二十兩，閏月銀一兩六錢六分六釐六毫六絲六忽六微五纖，除荒實銀一十九兩八錢八分九釐五毫八絲八忽，閏月銀一兩六錢五分七釐四毫六絲七忽五纖四沙八塵二渺一漠五埃五逡六巡。查廩膳荒缺銀兩，于乾隆二年奉文於地丁銀內撥補。

齋夫二名，每名工食一十二兩，閏月銀一兩，除荒實銀二十三兩八錢六分七釐五毫六忽，閏月銀一兩九錢八分八釐九毫五絲九忽。

門斗二名，每名七兩二錢，閏月銀六錢，除荒實銀一十四兩三錢二分五毫三忽，閏月銀一兩一錢九分三釐三毫七絲五忽。

黄浦司巡檢員下俸銀與典史同。

皂隸二名，每名六兩，閏月銀五錢，除荒實銀一十一兩九錢三分三釐七毫五絲二忽，閏月銀九錢九分四釐四毫八絲。

弓兵四十名，每名五兩三錢三分，閏月銀四錢四分四釐一毫七絲，除荒實銀二百一十二兩二分三釐一絲二忽五微，閏月銀一十七兩六錢六分八釐九毫一絲五忽五微。

吴淞司巡檢員下俸銀工食均與黄浦司巡檢衙門相同。

祭祀項下：

文廟春秋祭祀原額五十二兩九錢，除荒實銀五十二兩六錢七釐九毫六絲一忽。查此項荒缺銀兩，於雍正十一年奉文於存公銀內撥補。又於乾隆十二年奉文通省均派，該銀四十八兩一錢二釐，餘銀四兩五錢五釐九毫六絲一忽撥抵各壇不敷之項。

關夫子祭祀銀六十兩。查此項祭銀，於雍正八年特奉添備，於解司地丁銀內撥給。

採邑諸生陳完《議》畧。

順治十二年，禁雜差造船諸役。本年四月，户部行三百號勘合，准御史馮題，爲派徵苛横非常事，奉旨依議通行。一切造船油蔴、大樹、煤炭、釘鐵、箭枝、馬料、鑽夫、水手、造册雜項酌議補編，會計估價給料。如有擅出牌票者，官參吏究，按察司刊刻頒發遵行。

十六年，敕撫按官禁革提充徭役及塘長納曠銀。舊例十年一編里役，近以户消役重，改爲五年，後或三年、二年輒復僉審，又或臨期暫僉一年。止將舊役提點承值，名爲提充。于是啚書奸役恣行需索，至里役辦糧，次歲仍輪值塘長，幫助遠差，或曠役納銀貼差，財力交竭，近俱奉革止。

施維翰《請復十年編審疏》：題爲編役歲擾無法，民膏暗竭難支，仰祈天語嚴察，以清蠹弊，以救殘黎事。切照東南財賦殷煩，徭役疲困，其間如官吏之侵欺，火耗之踰額，兑軍横索，一賦而百蠹隨之。具經各衙門條奏地方撫按諸臣，現奉嚴綸釐剔，庶民有更生之望矣。然臣以爲供役之苦，民害在顯而易見，僉役之蠹，國弊在隱而難除。敢以臣鄉見聞所及，爲皇上陳之。凡一縣之中，有充南、北解役者爲大役，五年一僉，已經議革。一里之中，催辦各户漕白完之縣庫縣倉者爲小役，十年一僉，按産分編，挨輪承役，官無歲舉之繁，民有息肩之隙，此役法定例也。近因官吏奸貪，每役止編一年，每年提審一次，考其故何哉？編役以五年、十年合算則數多，一縣里户之稍稍殷實者，彼此不容隱漏，而官吏亦無容上下其手。若止編一年，則役少而可役之人多，甲之賄入可移之乙矣，乙之賄入又可移之丙矣。每移愈下，承役者必單丁産薄之人，而貪者之身家盡矣。且一年一審，則往歲之爲甲爲乙者，今歲又得以役，恐之不得不如前，納賄或更加甚焉。每每一歲一提審，一審一納賄，而富者之身家亦盡矣。况啚書造册有費，公正開報有費，吏胥承行有費，差役拘提有費，田畝之歲入有限，公私之歲出無窮，于是百姓以産爲戒，上户棄業竄身，下户投繯沉水。嗟嗟！東南斃于供役之日者什之五六，斃于編役之日者什之七八矣。伏乞敕下撫按，嚴察提充納賄之弊，仍照十年一審之例，使小民筋力稍舒，歲月少暇，得耕鑿以供正賦，所裨國計民生非淺鮮也。伏候察禁施行。

又附施維翰《請禁塘長納曠疏》畧：松江府小役之中，催糧之次年，兼修本啚水利，名爲塘長。漲則防隄，涸則濬淺，時無水旱，相與休息，役法昭然，未嘗另有輸納也。後則立曠工名色，免其開河，而令民納應役之銀，每啚索費三四十兩不等，官吏分肥，沿爲定例。不然則派開隔保河渠，工難路遠，費重勞深，勢必加倍上納，以求解免。不知所稱應開之河何官相度，所應役之夫奉何文估計，所應納之銀作何項支銷。伏乞敕下撫按，禁革納曠銀兩，其本啚塘長止開本啚河港，如本年無應開之河，即當相安無事，不許借名納曠。則役外無役，而小民之悉力供正役者，子來恐後矣。本年户部題覆，奉旨依議。

按：塘長一役，每啚輪年承值，自有深意。誰爲厲階，改爲納曠。以納曠之故併廢塘長，是因噎而廢食也。今唯有就啚按畝，不時開濬，以備旱潦之至，則善矣。

康熙元年，巡撫都御史韓公世琦奉旨行均田均役法。

巡撫都御史韓爲請乘編審之期等事。照得三吴田賦十倍于他省，而徭役困苦莫甚于今日。豪强兼并之家，膏腴滿野，力能花詭避役，以致富者愈富，貧弱無告之民役累隨身，每至流離逋負，將見窮者益窮。是皆有司不念民瘼，編審無法，任憑胥蠹作奸，流弊莫可究詰。近幸廟堂軫念，奉旨均編，當亟遵條例，通計合邑田畝，和盤打算，按啚裒益，品搭停匀，務將啚外官庠自兑、附和花詭等項盡行删汰，一惟論田起役，纖毫不許躲閃。俾户無無田之役，田無不役之人，庶幾積弊頓除，窮簷稍可蘇息。無如所屬有司仍多瞻狥豪右，迄今未見力行，合速嚴飭，爲此牌仰本府官吏，查照來文，并繹原行部咨事理，即將所屬各縣統計合邑田畝若干分配區啚，逐里均平，將一應啚外户名盡歸入甲。如官户務要直開鄉紳姓名，不得造入子户朋名及知數名字，其鄉紳子弟假借冒立者痛行禁絶。至于庠户，必直書生員姓名，與學册比對，不得以别縣户籍影立混淆，一應徭役按田起差，毋蹈夙弊，仍前偏累。通限半月内均完速報，倘再有違玩不即力行，或勢要豪猾造言阻撓，定以悖旨糾參嚴處，毋得遲悮。

三年，上海獨行捆束之法。每啚分十束爲一捆，此即十甲而異名也。僉點捆頭束頭，又當雜差四出，民間膏腴之産以券贈人，苦無受主。

五年，知府張羽明請憲通行均田均役法，捐俸贍四邑册書并紙張筆墨等費，分經别緯，至六年告竣。以一縣均爲十保，一保均爲三十區，一區均爲十啚，一啚均爲十甲，無論紳衿黎庶，人各自收己田，自完己糧，一應分催、排年、總甲、塘長盡行汰除，四邑之民倒懸頓解。

按：是年均田均役後，民情稍紓。至九、十兩年，水旱疊見，十一年雹災，十八年旱災，雖屢奉恩蠲，而民力未復，又苦舊賦並征。當蒙布政使丁具詳，前撫部院慕力請，將十六、七、八等年民間掛欠舊糧分作三載帶徵，民易輸而賦易足，誠救時之善政也。

二十年，知縣史彩涖任，洞悉田役均中不均、搜剔冒濫、懸宕啚底等弊，重編立甲，頒法徵糧，更申憲府革押差名色，止用紙皂傳催，通縣各項錢糧册籍俱存内衙查算，片紙隻字不假手吏胥。完欠絲毫不紊，完者安居，給單優獎，欠者掛比，按額設施，不到差提督，完不緩行。至二十一年，額漕一十二萬石，不差一票，不拘一人，兩月之内照額全清，民不止信而化矣。奉總督部院于有"海邦良吏"之旌，巡撫都御史余有催科不擾之薦，所以勉勵將來，憲臺之意深切矣。

二十一年，漕米奉知府魯檄行，將順治十六年分議定條款酌減，詳請總漕部院邵、總督部院于、巡撫都御史余俱批，督糧道劉、江蘇按察使金會同確議，嚴飭各縣，勒石倉場，永爲遵守。知縣史彩實心奉行，始終不怠，倉場積弊洗滌一清，窮鄉細民完正額之外，無雜費之苦。

按：徵收漕糧，自明季以至順治初年民收民兑之時，軍强民弱，苛索無窮。後奉改爲官收官兑，而民困稍甦。然海邑漕米不下十餘萬石，徵收出兑，一切奔走効力之人，及修倉鋪墊、搬運脚價、器用紙張等費，濕潤蒸折、搧颺鼠食等耗，積算分毫，動盈千百。順治十六年間，前任巡按馬據士民條陳，批行府縣，會集紳衿耆庶，議得每石倉耗八升，貼耗二升，銀七分五釐，移咨前任巡撫蔣，會疏具題，今二十餘年，著爲定例。邇年官旗受兑，官贈之外必有私贈，方肯交收。徵糧之官欲全考成，因循勉應，遂歷年相沿，有增無減。康熙二十一年，知府魯深念民力艱難，不許額外多加，更將十六年條款逐一酌減，將原議七分五釐數内又減二分五釐，原議米八升數内又減去米三升，并將府縣請加不敷貼耗米二升全行裁去，止存必不可已之經費五分，倉米五升，節省以裕民，其澤溥矣。昔時區差保歇之設，因錢糧頭緒繁多，户名紛雜，有司徵比責成一人以總之。迨均田均役之後法已畫一，頭緒不繁，户名不雜，則區差保歇便當革除。乃此輩陋習相沿，因以爲利，區差婪詐名色則有相見錢、望限錢、酒席酬勞等項，保家婪詐名色則有大小二熟抽豐、歲終送禮、柴薪飯米等項，稍拂其慾，百端下石，需索苛求，深爲民病。今康熙二十一年，奉知府魯詳晰此弊，請憲批飭，永行禁止。但當時徵比專任保家，有振裘挈領之勢，若概革除，恐甲户涣散，追呼不前。知縣史彩業經革除積弊，止將逐限徵收比簿核欠掛比，分别良頑，既無保家中飽之虞，而小民俱輸將恐後，始知民無擾害，則急公仍易易耳。

自均田法行，民户輸糧人人稱便。更蒙江蘇布政使丁嚴飭各屬，按月征糧，民間完賦，樂輸有制。間奉赦免錢糧，必嚴核完欠，務使小民得沾實惠，而杜侵欺之害，民困得甦。

按：漕政奉副使劉洞曉積弊，申請撫院佘專責印官親收，不行旁委，以杜沾染之患，更頒條約，禁革倉場一切陋規。民無滋擾，漕糧得以早竣。又蒙江蘇按察使金頒示，嚴革倉歇斗役，知府魯飭禁倉夫、脚夫、厫口等項勒索情弊。各憲公忠詳慎若此，而廉府又不時按臨倉次，驗察漕政。即臨倉之頃，自備蔬糗，不飲下縣勺水。其體國愛民、急公卹下之心，千古一時也。

均田均役一法，田役果均矣。地方有不可已之役，如總甲，如塘長，則汰而未均。今奉總督部院于行保甲法，更頒弭盜條約三十八款，十家編牌内立甲長，委偵察于十家之中，絶無滋蔓，凡面生可疑者立時查逐，隱然有總甲意，而總甲之役亦均，甚盛舉也。但塘長關水利之通塞、歲時之旱潦，以海邑潮汐之區，海水濁入清出，河道壅閉不時，是亦所宜亟講。若以通縣之舊額區啚派之，各就近之幹河，度河工之大小，配啚分之，多寡注定，某某等啚備濬某河，開列印册，永遠莫移。使各就本啚，各開本河，即如均田之自收己田，自完己糧，而塘長之役亦均矣。至于里書一役，久則成蠹，甚爲民害。亦查啚中田多甲户輪年輪值，并以均之。是則田役兩均，垂久無弊矣。

户　口

生聚而教訓之，察登耗以考政治，非求多於民也。故周宣料民，《春秋》譏焉。後世計口出銀，按户徵調，其法過密。我聖祖仁皇帝，軫念黎庶，永不加賦，重民之至意度越千古，以養以恬之衆，倍沐皇仁。版籍具在，謹登於書。

元

至正中，户七萬二千五百二。

明

洪武二十四年，户一十一萬四千三百二十六，口五十三萬二千二百三。男子二十七萬八千八百七十四，婦女二十五萬三千九百二十九。

永樂十年，户一十萬九百二十四，口三十七萬八千四百二十八。男子一十九萬九千七百八十一，婦女一十七萬八千六百四十七。

宣德七年，户一十萬三百五十八，口三十三萬四百九十八。男子一十八萬二千九百七十八，婦女一十四萬七千五百二十。

正統七年，户一十萬九百八十四，口三十一萬九千九百七十。男子一十九萬三千二百二十一，婦女一十二萬六千七百四十九。

景泰三年，户一十萬八百三十二，口三十萬五千四百五十七。男子一十九萬四千一百一十七，婦女一十一萬一千三百四十。

天順六年，户八萬九千四百，口二十七萬九百二十七。男子一十八萬一千三百九十七，婦女八萬九千五百三十。

成化八年，户九萬一千二百九十一，口二十五萬七千六百五十二。男子一十七萬七千一百三十九，婦女八萬五百一十三。

成化二十三年，户八萬二千七百八十九，口二十六萬一千一百四十五。

弘治十五年，户九萬三千八百八十四，實在九萬三千二十二；口二十六萬九千九十四，實在二十六萬八百二十一。男子一十七萬九千五百二十四，婦女八萬一千二百九十七。

正德七年，户與弘治十五年同。

嘉靖、隆慶中。舊志闕。

萬曆二年，户口人丁一十一萬七千七百九十五。

天啟至崇禎間，户口人丁八萬一千九百六十一。

國朝

順治中，户口人丁八萬一千九百六十一。

康熙二十二年，户口人丁八萬一千九百六十。

康熙五十年，户口人丁八萬六千七百二十五。

康熙五十二年，欽遵恩詔，盛世滋生人丁永不加賦，悉照康熙五十年人丁册定額。上邑丁銀隨田辦納。

雍正四年，未分縣以前實在户口人丁九萬八百二十七，分縣後實在户口人丁四萬六千七百八十七。

雍正九年，户口人丁四萬八千一十一。

乾隆十一年，户口人丁四萬八千七百五十九。

乾隆四十年，户口人丁四萬八千二百零九。

荒　政

《周禮》荒政定自豐年，至其時而克行者，必未至其時而預籌之者也。聖人在上，不能使天無荒歲而能使地無餓夫，三年九年之蓄，唯其豫而已。元、明以來，災荒蠲賑皆從其後而爲之圖。我國家念切民依，設常平、社倉爲久遠計，而臨時又加意拯恤，救災之道可垂萬世法，故備書之。

元

至元二年十一月，上海縣饑，詔發義倉糧及募富人出粟賑之。

明

永樂二年八月，户部言松屬華、上二縣水災，令低田税糧以帛代輸，從之。江南兩浙概行檢放，已具《府志》者不再録。

宣德七年九月，命行在户部遣人覆視華亭、上海等縣水災，田畝蠲其租税。從巡按御史王來奏報。

正統五年五月，以水災命松屬上海二縣今年折糧内免徵大三梭布，第徵中等三梭布，每疋折糧二石，其餘折徵潤白綿布。

景泰五年九月，從户部尚書張鳳奏請，蘇、松等府被災，停免民運若干石，并各項起運存留馬草折銀等，俱俟遣官勘實災傷，奏請處置。是歲，上海人張英、張璘、姚喆等各輸米八百斛助賑。明年，蔡璠、徐昂、孔達、吴春、談愷、陶林、陳復、張經、李紳、吴昂等亦各輸賑八百斛。凡先後十三人，詔並賜冠帶以旌之。

成化二年，歲饑，上海人陸經、曹珙、徐亮、楊蕃、余平等各輸賑米五百斛，詔授承事郎。三年，邑人王謙、蔡玉、張得潤、周瓛、喬益、何欽亦各輸米五百斛，俱授承事郎。又印行、張子安各四百斛，並授迪功郎。

嘉靖四十年，以水災，邑人光禄少卿顧從禮倡義出粟，以食饑民。

隆慶二年十一月，以水災，詔改折額解禄米一年。

徐文貞公階《與知府衷貞吉書》：適見按院所行告示，其爲民之心本極懇切，但今奸民所以未敢肆者，懼搶奪之罪耳。使搶奪無罪而激變有刑，則奸民乘之妄作，以富家存留自食之米概指爲餘剩，强迫稱貸，盡其有而去，富者將何以自存？夫富者獨非民乎？且奸民今日貸於甲，明日貸於乙，既罄富者之有，貧弱之民乃更無所於貸，則無乃利奸惡而斃善良乎？敝鄉貧民皆佃種富民之田，如令富民毋計利吝施，各自貸其租户，苟非租户，不得妄指稱貸，違者各坐以罪。其中人自有田房者理當自食，不得亦稱貧民往貸於富家。至於貧難生員及一種不耕游手之民，則着落地方報名於官，另爲處給。如此則恤貧安富，一舉兩得，而亂乃可弭也。

萬曆七年，以松屬水災，從巡江御史林應訓奏，免各項税銀若干兩。

徐文貞公階《上内閣張文忠公居正書》：敝郡去歲水災，賴公顧念舊鐖，破格賑恤，不意今歲復遭淫雨，田疇渰没，民之困苦，在撫按之奏陳、郡縣之勘報，計已能詳之。某跧伏山林，不宜屢出位以及政事，但念萬民之命懸於君相，譬如赤子恃父母以生，赤子不幸有疾，非父母則無所訴，而爲父母者亦不以嘗一療赤子之疾，遂自謂已足，不顧惜其再病之能亡身。況公拯溺哺饑，視民之輾轉望救，情尤懇迫，故輒敢復以控籲。伏乞台慈不以民之積咎致災爲可惡，而唯見夫重叠被災患爲可憐，不以下之挾恩再請爲可尤，而獨軫夫顛蹶號呼爲出於不得已，不以國之經費勢不容捐以爲德，而深慮夫民窮之甚或足以生事而耗財，仍垂望外之施，曲慰溝中之望，則豈惟松人幸於再活、某幸於言之再行而已哉。

又《與胡雅齋撫臺書》：連日晴霽，雖低田渰没如故，而中田之退出者則可以復種矣。但苦無秧，民間遂相與集人舟、礪鎗刃，偷高田之稻種之，其高田之守望者亦集衆禦之，彼此務以力勝，因而殺傷者相繼。竊以爲此風不戢，日後人命之訟必多，況偷去之稻種已後時，根莖損傷，亦不能活。而素習偷盜之人詭云無妨，得銀五錢包偷一畝，愚民妄圖收穫之利，冒罪任從，請明諭而嚴禁之。

又《與吕沃洲待御書》：國家歲運四百萬石，例不捐以與民，而況今日國用方詘，即使以破例爲言，亦徒增司計者之一哂，而於事不可望濟。唯請折色，則於四百萬石者無損也。然而凶年米價翔踴，率一石值銀八九錢，而起運米一石例折銀七錢，以過江席耗通計，實爲米一石七斗有奇。是民以米八九斗免歲運一石七斗有奇，而其受惠常與免歲運之半等也。故在有司可以請，而民受惠多者，折色是也。不然，民之命縱不蒙恤，而有司税額亦何有登乎！

十六年，以蘇、松等府災荒，發太僕寺馬價及南京户部銀共三十萬兩，命户科右給事中楊文舉賑濟。此條本不必更入縣志，以楊文舉穢跡新、舊《府志》俱不載，故特入之。

萬曆丁酉舉人曹蕃郡乘補。楊文舉本係宵壬，且有所憑藉，以科臣啣命，勢焰張甚。甫渡江，即張宴江天閣，令樂工吹笙彈阮，復登金山，痛飲徹曉，西視月没，東觀日出，大呌以爲神奇。至毘陵，監兑某宴之，時承值糧長一美少年，文舉拉聚團飲，三人俱醉，溺園池中，部下援之出水，猶撫美少年背而戲之曰"湘君"云。至吴門，撫按宴之於虎丘，侑席以千金，即大喜。至秀州，王養恬家優兒名瀟湘、可宗者，兩人有名下童之目，遂與留連鴛湖者數日。夕至武林，監司觴之，侑席二百金，大失望。日暮始至，酒一再行，即拂衣起曰："我吃不慣這寡酒。"至松江，乘大座船三，雕鏤粉飾等於龍舟，所嬖兒亦與俱衣飛魚龍蟒、刻絲洒線等服，燁如神人，然入署即大言曰："松江如此富饒，有何災異？有司乃恐嚇朝廷以侵帑藏耶！法當劾。"郡縣聞言大懼，悉索以應之。留五日，即徧游九峰。巡歷上海，肆筵待座師太僕卿林景暘，水陸畢陳。巡視既竣，各府州縣裒集所賫來銀贈之，名曰"羡餘"。嗚呼！陳《志》所載勑諭何等嚴重，何等諄切，而文舉唯事荒淫，毫無減饍撤樂之意，無一語與地方有司商賑荒方畧，將三十萬金錢半入私橐，半歸烏有，而飢民之所沾被者能有幾何？豈不重可恨哉！後南臺長章某、南禮部主事湯顯祖連章論劾，僅貶遠方雜職，猶未足蔽厥辜也。〇按：先一年，上海夏大旱，至八月不雨，萍藻盡枯，冬十月米石千錢，羊豕鷄鵝、蔬菜油鮭之屬價越三倍。至十六年春，米石千六百錢，荳麥石亦錢千。民大飢，有易子而食者，有以妻易數餅者，有飢不可忍、牽手就溺者，有潛身義塚食新死胔者，有烹子罐中、爲邏卒擒報者，飢狀不可枚舉，有司乃設法賑濟焉。

十七年，以災荒從撫臣余立奏，免縣税糧米若干石，銀若干兩，歷年逋税銀若干兩，停徵銀若干兩。知府喻均分行勸賑，出粟爲糜，以食飢者。

上海舉人倪甫英助米五百石，國子生王學詩、舉人王尚行共五百石，國子生施一化三百石，邑人王漢、王國棟、王偕共一千石，王柱、王檄、黄莳各三百石，俱彙題建坊。其助二百石以下者甚衆，府官行獎，免其徭役，其名不具載。〇按：檄之孫明允，積學尚志。明允子憺，順治庚子舉人。

三十六年，大水，詔以淮揚税銀五萬兩分賑。

巡撫都御史周孔教《疏》畧：今歲突遭水患，自三月二十九日以至五月二十四日，霪雨晝夜不歇，墻垣傾圮，萬井無煙，較之嘉靖四十年間被災更慘矣。按歷年蠲賑之事例具在，但蠲止存留，上有虚名，民無實惠，賑取倉粟，則倉粟所積有限，無能濟其萬一，此特可施之尋常之災而已。今遇非常之災傷，全望非常之蠲賑，即今災傷甫告，已見搶米於路者，雖職以嚴法禁止，而民之思亂可知。計此時，職猶能奉法紀，竭心力，以調停維繫於馬奔獸駭之間。過此，日饑一日，益復無聊，加之督逋日急，鞭朴益煩，竊恐流亡之民力不能辦，將使蠲停之權不在上而在下，職有不忍言者。伏乞勅下户部亟行，按臣查勘，將重災地方本年錢糧毋論起存，破格蠲免，萬曆三十五年以前舊欠錢糧盡數停徵，又將滸墅鈔關與税監所抽歳銀量留一年，及各府事例税契、撫按臟罰，凡可動可留等銀盡留備賑，此不過捐朝廷一年之租，易此三百年孝順之百姓不爲餓殍盜賊，此其所得孰多？否則不唯損今日歳入之額，恐且益以他年軍興之費，爲憂愈深耳。職言已盡，職心欲嘔，倘不蒙俞允，唯有席藁待罪而已。

《救荒條諭》：民間之積貯有限，商賈之通濟無窮，商賈來則穀米多，穀米多則米價自平，故疏通商賈尤爲救荒急務。本院心切濟民，先切通商，各屬有司，其價隨時高下，聽商民從便交易，務使商民兩得其平。議荒政而及於鳩工，其無煩官帑，有益大户，而兼可以濟貧民者，無如修圩一事。蓋圩埂日塌，僅存一綫，所以一遇大水，捍禦無策。今誠及八九月水退之時，縣官輕舟寡從，遍至窮鄉，每圩之中有田而稍饒者計畝出米若干，有田而家貧者計畝出力若干，即以饒者之米充貧者之腹，使之畢力修築，狹者培之，低者增之。有數千畝共一圩者，仍界畫爲數圩，而多作埂以分之。夫埂厚而高則禦水有具，圩分而小則車戽可施。在出米者非置之無用之地，在出力者即自爲己田之謀。且可以目前救荒之謀，爲後來備荒之用。其地非水鄉無圩可修，或繕治城池，或平治橋道，或營建官廨，大都動千人之工則活千人，動萬人之工則活萬人，但須於富民不擾,於饑民得濟,此又救荒一端也。好勇疾貧,乘機搶奪,如奸徒羅文獻、盧二、高二等,已經拿解前來,綁押遊示六門畢,即斃之通衢訖。夫各犯搶人糧米,本以倖生,反以速死,此等奸徒在在有之。本院治亂民正以安良民,爲此諭軍民人等:務農者趂此水退,隨便耕種雜糧蔬菜,亦可餬口。經營者肩挑步擔,傭工趂食,亦可活命。各安生理,省儉度日,未必即死。若始終不悛,如羅文獻等,立斃暴骸,誰爲憐惜,爾等思之。

三十七年,歲饑,都御史周孔教檄知府張九德行縣,分往鄉村作粥以濟饑民,使鄉士大夫好義者監領之。

上邑人王圻《平糶給粟議》:古稱商賈之事可通於官府,蓋握權奇,時通塞,銖較而寸權之,亦救荒權宜之一策也。大都年凶穀貴,小民病之,若發官廩減價出糶,而四方巨儈販運穀米,一時輳集,其價自平矣。周文襄公巡撫直隸,初至蘇松,屬大饑穀貴,公廉得江浙湖廣大稔,令人橐金至其地,故抑其直勿糴,且紿言吴中米價高甚,用是三省大賈販米驟集,公乃下令盡發官廩貸民,半收其直,城中米價驟減,賈人亦賤糶,公復椎牛釃酒謝之,悉大歡而去。米價既平,乃復官糴以實廩,蓋得耿壽昌法而善用之者。然所以佐平糶者,又在無遏糴、無抑價,俾商販聞風輻凑,慎斯術也,何患米價不平而嗷嗷者不蘇哉!荒年行賑,給錢類費而鮮實,施粥或聚而難散,唯計口給粟,人不過升,合家不過斗釜,庶幾乎拯溺救焚之一策也。昔趙清憲公知越州,命吏録老穉不能自食者二萬一千九百餘人,故事歲廩窮人止三千石,公勸富人及僧道食羨者,得粟四萬八千餘石,自十月朔起,人日受一升,幼小者半之,市郊各置給粟所,共五十七處,受粟者男女異地,各以便受之。且勸富人勿閉糶,又出官粟五萬餘平其價糶之,爲糶粟所十有八處,以便糴者。又傭民修城,爲工者三萬八千,計工倍與粟。棄男女者得收養之,全活甚衆。蘇次恭爲澧州開賑,患劄記不公,給印曆一本,用紙半幅,上自書家大人若干,小兒若干,合請米若干,榜於門,如虚,首出甘罪。又請米分幾人爲隊,用旗引卯時一刻給第一隊,二、三刻及辰、巳如之,即老幼婦女病弱悉得均糴。萬曆十五年,中州飢,時衷巡撫貞吉至其地,見河北諸郡及他省流寓者甚衆,因命所司查勘,每大口給粟二斗,小口五升,活二萬餘人。願回籍者,計程人給粟二升。又移檄本郡邑計口賑之。有地者量給種,一時復業者三千餘口。以上三公皆得給粟良法,舉而行之,存乎其人而已。

邑人徐三重《救荒議》:爲守令者,積穀備荒是第一務。不入私室,不爲饋遺,買穀入倉,擇部民有行父老主之。倉須完繕高燥,用柴蓋護,待主倉者如家之主計,優以禮遇,免其雜役,不使左右羣小有所需求。每厫有定數,折耗有餘糧,時加簡問,察其盈縮。一遇凶歉,發而平糶。預訪耆德,散布各鄉。夫預備則有待無弊,久而益饒,散糶則民便利均,不至羣聚而又身勞,誠感不廢稽防,庶幾民有實惠。

又云世廟時,廣東僉事林希元上《荒政叢書》,内列綱六、目二十有三。曰:有二難,得人難,審户難。有三便,極貧之民便賑米,次貧之民便賑錢,稍貧之民便賑貸。有六急,垂死貧民急饘粥,疾病貧民急醫藥,病起貧民急湯米,既死貧民急埋瘞,遺棄小兒急收養,輕重囚繫急寬恤。有三權,借官錢以糶糴,興工作以助賑,貸牛種以通變。有五禁,禁侵漁,禁攘盗,禁遏糴,禁宰牛,禁度僧。有三戒,戒遲緩,戒拘文,戒遣使。其審勢立款,推情設策,可謂幾盡。若斟酌事宜,務令實惠及民,則在仁人君子自盡厥心焉耳。竊思遣使之戒,厥有前徵。往年江南被災,發帑命官賑濟,無益而更滋擾。昔司馬文正公謂不如專任監司守宰,但監司守宰身任其事,又以得人爲急,苟一人失用,即一處一事爲其所誤,而僵死不知幾何人矣。大要就一方人情,酌其才品委任,如丘文莊議於所部縉紳監生與夫耆老人等,凡平日爲鄉人所信服者,俾各就所在,因人給散爲得。

萬曆三十七年,華亭陳繼儒《煮粥事宜》:

城郭不如鄉村。設粥於城郭則游手之人多,設粥於鄉村則力耕之農衆,聚則疫痢易染,分則道里適中,設粥城郭十之一、鄉村十之九,則較得其平矣。

委官不如委好義。大户一心以奉委官,又一心以救飢民,精神既分,事事苟且。唯敦請賢士大夫爲地方素所信服者監督煮粥,朝夕無供應之煩,左右無需索之苦,柴米不能凑手,可以猝請猝應,於當事者又無扞格不通之虞,昔井虞轟公嘗行之矣。

搭廠不如寺院。搭廠費竹木,費柴薪,費工食,既防火燭,又防風雨,又少遮攔。唯在地方大寺院,一便水漿,一便造竈,一便寓房,一便貯柴積米,一便容民蓄衆。

早煮不如遲煮。煮粥最宜慎始慮終,須計量倉穀多寡,可食若干人,可支若干日,然後起手。若驟然輕舉,一時穀盡,又驟而已之,令老弱者轉死,强梁者且生他心,不可不慎。

土竈不如磚竈。土竈齷齪易敗,磚竈潔浄可久。其大鍋、水缸等項即從地方鎮上店家借之,編號登記。若火鈐、擔桶、淘籮、簸扁諸小物類,大户領價置之。

執事不如選用饑民。選用饑民須衣服洗浄、精力健旺者,每人給米二升,許令給事煮粥。如有不好潔、不聽命,因而偷盗米糧物件者,逐出更换。

糲粥不如米粥。往時糲粥多有半生半熟者,有拌和石膏者,往往食後致病,故以白米爲主。或以石灰入鍋,易於脹熟,害甚石膏,尤宜檢察,故必須先嘗也。

草柴不如木柴。火力既盛,搬載堆積亦易,餘炭又可煮茶。饑民待粥者即以劈柴委之,劈完加粥一碗。

喫粥不如帶粥。凡煮粥,上午一次,下午一次,奔走道途,倘遇風雨,尤覺艱難。若願帶粥者,許令自家帶鉢,并給二次,以便携歸。

給粥老人先於童壯。前鍋煮熟即貯缸中,遇老即發,蓋老者尫羸,不能久待,童而壯者尚可待也。

給粥婦人先於男子。婦人領粥出自萬不得已,來即發之,蓋婦人廉耻最重,不能久待,男子猶可待也。

童子壯男各分一處。凡童子最難馴伏，須擇人管拑，使之自屯一隊。或喫或帶，擊鑼引旗，五童一隊，挨次散之。凡壯男末後給散，擊鑼引旗亦如之。大約以巳、午爲期，馴良生理者不必先來久候，强暴頑梗者不致屯聚，亦分别調馭之一法也。

另籌領粥。凡遠近有體面之人，如學究，如里排，如醫生等類，以領粥爲慙，而實以絶粒爲苦。另置竹籌烙鐵，記色分籌，即托他人領粥，不必親身到廠。

丐流毋得混擾饑民。丐流混入饑民，非特不潔，亦且不甘。另遣乞丐頭領置之粥場遠處，别設粥賑之。

煮粥須要嘗粥。粥之生熟厚薄有插和、無插和，須要監督與大户親看親嘗，則執事者自然用心，而饑民得以飽腹。

天啓四年，大水歲饑，太僕寺少卿吴炯出粟三千石分濟華亭、上海饑民。

按：公六歲而孤，三十登第。母朱太夫人，手口卒瘏，半生苦節，以年未六十題門，格於典例，欲旌表而後服官。至歲己丑，母年與例合，乃具文直指上其事，得旨旌閭。後始赴殿試，授杭州府推官，辨釋三十年冤獄之盛瀚，歷官太僕寺少卿，多置義田以贍窮役，助邊餉萬金，人莫不高其義云。

崇禎二年，歲饑，知府方岳貢以貯倉顧氏濟荒米七千餘石平糶分賑上海縣饑民，卿大夫各出粟爲助。太常卿朱國盛捐米三百石分賑新場等處，布政司張所望捐米二百石賑龍華。

五年，旱災。

十四年，大旱，穀貴，饑殍載道，上海縣學舉人何剛等倡義出粟分賑。是歲四五月不雨，米石至三兩。

按：是年，知縣章光岳於廣福、積善二寺設粥賑饑，令男子居二寺之山門及天王、大覺兩殿，婦人居觀音、十王兩殿。僧廬不足，茇舍繼之。縣南隙地一方，繚以編籬，令童子悉聚於内，以便給粥。號呼四境，終於有聲，聞者莫不流涕。臭氣薰蒸，行者掩鼻，饑人求乞，隨地顛仆，死屍充積。給六門土工工食，令持絙索收瘞之。城外自冬至明年之夏，道上屍相籍也。

是年冬，詔蠲松屬縣漕米，改兑麥折三分。

本朝順治九年七月，巡撫周國佐題爲天災薦至，預請折漕，江南省共折漕三十八萬石。是年，米價大貴，每石折銀至一兩五錢，隨船輕賫蘆板等項仍照數起解。○按：是年四月不雨，直至七月，河底俱龜坼，民人争涓滴之水，至鬬毆傷生，亦異變也。諸生董宏度有《請蠲呈》云："呈爲旱虐，異常慘變，懇恩申請蠲恤事。切自上海地形獨高於别縣，浦東河道尤塞於鄰封。江南同被旱災，猶遇涓滴之微霂，郡内共罹雲漢，尚邀湖泖之洪波，未有春夏不雨、陂塘盡坼如吾邑者也。邑雖以海得名，海水尚遮於塘外，保雖得浦爲界，浦潮不上於堰中，水利久已不開，塘長盡爲乾没。故他縣禾苗半焦未拔，兹則全槁而不蘇，蘇亦無穀可成。每年花豆一種即生，今則屢種而不出，出亦爲蟲所食。陽烏愈酷，陰乍滋而萎黄；風伯爲尤，氣將交而吹散。河底坼如龜兆，井中涸似晉形。家若巫尫，盡羸饑而暴日；人非夸父，將渴死以成林。争水殺鄰，恐釀地方之變；因風致火，漸開焚掠之萌。造物既已絶人，父母猶堪救子，上怨天而不敢，仰呼父以求申。伏唯父臺步禱，精虔茹蔬，感格祈神，則數點隨車，片雲罩野，知誠已爲帝通。輟事則四境無雲，累旬不(兩)〔雨〕，悟孽由於民作，且江湖爲帝所封，禱禳豈能盡應，天災何國蔑有挽回。伏望權宜，懇臺通勑窮鄉，繪流民而上達;急求良策,講荒政以旁施。以海上未有之窮、今日異常之旱,申府道憲司會同疏奏,乞賑濟於目前,請蠲租於秋後。濟速尚有孑遺,請遲必然立斃。豈唯合邑之生靈是係,抑亦父臺之奏最攸關。賑其饑,蠲其賦,猶不免死,死亦甘心。下不請,上不聞,徒曰是歲,歲寧可罪。况當皇上愛民,曾發帑金以濟别省,憲臺體國,現捐贓贖以贍斯民。父臺苟切於誠求,當事何由不立應。某等陳詞甚於痛哭,將死何暇擇音,激切上呈。"是時,知縣姚修蔚據呈請蠲秋糧,已足徒飽奸胥之腹,因請蠲稍遲,故小民不得沾惠,良可痛惜也!

康熙三年,秋大風雨,海潮湮没田畝無算,知縣鄒弘申請蠲錢糧二萬四千零。

四年,秋七月大旱災,知縣鄒弘申請蠲錢糧六千三百零。

康熙十年,歲饑,知縣朱光輝賑粥,義民張有榮、孟希賢倡義出粟有差。是年冬,知縣康文長接任,以内地潮汐不至,亢旱異常,時奉部例,報災田五六分者免錢糧十分之一,報災田七八分者免錢糧二分,報災田九十分者免錢糧三分,共蠲免錢糧二萬一千零。

十一年七月,冰雹災傷,知縣陳之佐申請蠲免錢糧一千二百八十兩,米四十三石零。

十八年,旱荒,歲祲,知縣任辰旦以内召還任,省訟緩征,故公賦不蠲,民情自安。

十九年春二月,荆楚遏糴,米價騰貴,饑殍載道,貯給無資。任侯捐俸二百石,邑紳曹垂璨、張錫懌、孫大經等各捐米若干石,蓋廠於南門外�溪堂。任侯又捐不敷銀一百三十四兩。三月初一日始,至四月二十日止,日千八百口,計賑米三百八十石,柴火工食一百七十兩。邑諸生顧樹禧綜覈銀米,纖悉無漏。賑終,邑紳張錫懌復給饑民歸資錢八千文。

二十二年,奉知府魯檄縣修建常平倉以貯賑穀,知縣史彩于縣堂東西偏增置充擴,現貯穀備賑。續奉巡撫都院余頒發告示,嚴禁混派牙行諸弊,而廉府賢侯凜遵靡懈。更捐俸率先,法《周禮》遺人之意,雖不能使天無荒歲,然九年之蓄事豫則立也。

三十二年,夏旱,免本年漕糧三分之一,俟應捐年分補還。

四十四年,饑,知縣許士貞募士民、支官廩,各就村落平糶。

四十六年,旱,民饑,以本地例積米穀並淮屬儲漕米穀麥石放賑三月,共賑米一萬六千三百四石零。

四十七年,秋大水,以江西湖廣漕米三十餘萬石至蘇松減價平糶,免地丁銀一萬四千七百七十八兩零,本年漕米緩徵一半,蓋廠煮粥三月。

時設廠大南門漩溪堂,邑人張永銓典金煮粥,并募紳士曹炳曾、陸瀛葶、李士達、張家爽、李澂等捐米煮粥,饑民相聚數千,感泣而去。

五十四年,以本年秋災蠲免地丁銀米有差,仍賑濟饑民。

六十年,賑濟饑民,錢糧按分數蠲免,於被災所粥賑三月。

雍正元年,恩詔罰贖。積穀原以備賑,冬月嚴寒,貧民何以爲生?著直省各督撫,令有司務將積穀酌量賑濟。知縣傅之詮具報貧民六百五十五名,該賑一月數九十八石七斗零。

二年,以水災蠲免本年錢糧一萬八千六百八十八兩,米五百二十五石零,緩徵漕米,發粟賑濟。布政使鄂爾泰題請撥江寧、淮安二府留漕米三千石派上海縣煮粥,并動支藩庫銀五萬兩買米接濟被災各縣。

三年,諭各州縣並立社倉。

按：社倉之法，必謹司鑰於地方之殷實良善而官府吏胥不與焉。惟册籍必用官印，甲倦乙承，授受必告官長，歲終止上在倉實數，於州縣不得有文移上下稽察之煩。

四年，賑濟饑民。

五年，詔發帑金，令州縣各建常平倉以貯賑穀。

十年，秋大水，奉旨："沿海人民被水，著督撫董率有司，實心撫綏，毋使失所。"時饑民露處乏食，大口給米一斗，小口給米五升，凡給米三千六百八十二石。自十月至十一年二月，凡大賑三次，共賑米一萬六千六百五十九石，又加賑四十日，賑米九千二百三十六石。蠲免地丁銀一萬六千八百五十九兩，截留漕米平糶，本年漕米一半折徵，每石折徵銀一兩，巡撫喬世臣即發銀四百兩賑濟。

紳士李士達、曹培廉、曹培年等捐資撈埋施粥。

乾隆八年，米價昂貴，知府雅爾哈善立飭減價平糶，凡平糶出自商家，有名無實，蓋價減斗小則出納隱償其數，且本地原非出米之鄉，四方遏糶，米價騰貴。知府察其弊，親臨設法，立飭富户秉公平糶，民咸頌德。

十二年，水災，凡被災處免地丁銀六千五百三兩零，米八千九百石，本年漕糧緩徵，先爲煮粥賑濟，概給一月口糧，各災屬滰斃人口、坍倒房屋給資掩埋修葺。知縣王侹捐俸掩埋，救濟有法，饑民咸賴之。教諭成祖猷協辦查災，以詩紀事，有"翹首盼皇恩，分别加賑撫"之句。

十三年，雹傷豆麥，蒙恩旨，於被災所酌借籽種銀每畝二分，其上年被災特重者再借一月口糧。時米價大貴，知縣王侹勸士民捐資平糶，其各鄉鎮未舉行者，借俸銀買米以倡率之。

法華鎮貢監生李陽、王智古、王智純、王璞、王洪、李秉智、李秉義、李春浦、張殿邦、張德基等捐資平糶，閔行鎮貢生李枝桂倡舉平糶，監生張坤元、李朝寀、王鳴珂、李鵬搏、李朝英、李朝鼎、李昇、李如庚、李如稼、蔡秉琯等俱平糶。

二十年，乙亥。禾稼不登，飢民遍野，知縣李希舜詳請蠲賑，奉憲奏請，奉旨緩徵漕米之半，給借籽種。巡道申夢璽同知縣首先捐俸，邑紳原任梧州知府李宗袁倡捐足錢一千千文助賑，曾受國恩，不請議敘，監生胡汝棟助賑銀一千兩，議敘主簿，其紳士朱之淇、朱之灝、金應元、凌存淳、凌存濟、喬鍾沂、喬鍾吴、周芳新、曹錫棟、曹錫棠、曹錫桐、李心怡、陳鍾澧、姜天培、陳世材、瞿逢年、儲全信等各捐米石，設粥廠于演武場，委縣丞謝霖、典史何埴監賑，紳士劉應璧、凌應曾、陸秉紹、趙傳紀、曹大虬、顧樹荆、王榮鑑、張希岳、沈崇勳、王繪、金榕城、徐谷鑑等董其事，并各鄉鎮紳士李陽、李炯、李焕、王智純、王璞、王家樹、張德基、孫照龍、沈淞河、沈朝鼎、黄雲師、黄炳、張兆奎、侯昌朝等皆就鎮設廠賑粥，濟其鄉民，全活無算，均不假吏胥，民沾實惠。

次年丙子，憲檄平糶，以上各紳士俱糴米平糶，多寡有差。時饑民大疫，枕屍遍積，槥不暇給，邑紳朱之淇施棺千計，更有里民于岳王廟、廣福寺兩處，或施薑湯敗絮，或施盂粥數錢，亦多全活，誌之以爲好善者勸。

土　産

《詩》識草木鳥獸，《禹貢》列篠簜箘簵、淮蠙江龜，凡資民生而爲土之所出，故雖瑣細必詳也。邑濱海磽瘠，植木棉以貿食，其最大者，餘則以類而附著之。

五穀之屬。俗以春分後播種、大暑後刈割者爲早稻，芒種後播種、白露後刈割者爲中稻，夏至後播種、寒露後刈割者爲晚稻。夏至後十日，雖種不生矣。海邑最早有六十日稻、百日稻等種，今更有五十日稻。大率東鄉遲種早收，西鄉早種遲收，風土不同如此。物産莫重于五穀，故以爲首，餘俱以類次焉。

秔稻。宜水，一名稴，或作稉。香秔。米粒小，性柔類糯，有紅、白芒二種。又有一種曰香子，色斑，粒更小，以三五十粒入他米炊之，芬香可愛，謂之香穲，七月熟。早白稻。皮白米赤，一名小白。五月種，八月熟。早中秋。一名閃西風，八月熟。中秋稻。四月種，八月熟。晚白稻。四月種，八月熟。箭子稻。粒長而細，色白味甘，香稻中上品，九月熟。紅蓮稻。皮白粒大。陸龜蒙詩"遥爲晚香吟白菊，近炊香稻識紅蓮"即此。五月種，九月熟。穲稏稻。皮莖白，米色斑，粒長性硬，或以爲勝紅蓮。五月種，九月熟。早烏稻。皮赤米白，五月種，九月熟。紫芒稻。穀紫米白，五月種，九月熟。深水紅。六月種，九月熟。烏口稻。色黑晚熟，耐水與寒，今呼冷水稻，下品也。白花珠。性軟而香，五月種，九月熟。

秈稻。粒稍細，耐水旱。六十日稻。米小色白，一名帶犁回。三月種，五月熟。百日赤。芒赤米白，一名挈犁望。三月種，六月熟。小秈。一名早秈，三月種，七月熟。大秈。即晚秈，四月種，八月熟。金城稻。高田所種，米紅而尖，性硬，今呼赤米，穀之下品。《國語註》謂米之淼者。

糯稻。《字林》云粘稻，一名秫，黍屬，可造酒。氾勝之云：三月種秔，四月種秫。秋風糯。稃黄米白，粒圓，色最難變。每歲代晚稻輸租，故一名謾官糯，又名冷粒糯。不宜釀酒。種宜良田，大暑節刈。金釵糯。粒長，最宜釀酒，得汁倍多。劉夢得詩"酒法得傳吴米好"。三月種，七月熟。趕陳糯。米粒最長，四月種，七月熟。小娘糯。不耐風水，故名。四月種，八月熟。矮兒糯。粒白而大，苗最短。四月種，九月熟。蘆黄糯。即晚糯，粒大色白，芒長，熟最晚，色易變，釀酒最佳，今名泥裏變。羊鬚糯。穀多芒長，四月種，九月熟。羊脂糯。色白性軟，五月種，十月熟。鵝脂糯。亦以色故名，四月種，九月熟。虎皮糯。色黄，五月種，十月熟。

穄。《爾雅》云：稷也。《釋名》：穄，咨。其色如蠟，謂之黄穄。苗類黍，穗如稻，宜高鄉種之。赤曰穈，白曰芑，黑曰秬。五穀以稷爲長。

粟。《釋名》：秈粟。許慎云：粟之爲言續也，續于穀也。北人謂之小米，江東呼爲粢，亦高鄉所種。蘆粟。似薏苡而高，今北人所謂薥秫。有二種，秔者穗挺而疎，糯者穗垂而密。鷄頭粟。節間有赤鬚，結實纍纍如珠，一名珍珠粟，又名天方粟，又名玉麥。又一種初秋即熟，其莖較短。四月種，八月熟。

麥。蘇頌曰：大小麥秋種冬長，春秀夏實，具四時中和之氣，故爲五穀中貴。地暖處亦可春種，至夏可收，然較秋種者，四時不足，微有毒。《素問》云：麥屬火，心之穀也。陸文裕公深見麥有兩岐至五六岐者，因作《瑞麥賦》，義主勸戒，載《祥異志》。大麥。古謂之牟，《周禮》九穀之一。李時珍曰：牟者，大也。小麥。古謂之來。許氏《説文》曰：天降瑞麥，一來二麳，象芒刺之形，天所來也。赤麥。有早、晚二種。白麥。亦有二種。白穲麥。俗名圓麥，有赤、白二種。蕎麥。性畏霜，苗高一二尺，赤莖緑，葉開小白花，繁密粲然，結實纍纍，食之能消滓穢。立秋前後下種，八九月收刈。舜歌麥。俗名火燒頭。火燒麥。無芒。雀麥。一名燕麥。苗葉似小麥而弱，其實似大麥而細。

磨麵蒸食,可以救荒。劉夢得詩:"兔葵燕麥摇春風。"

豆。菽也。角曰莢,葉曰藿,莖曰萁。種類甚多,皆以夏至前後下種。苗高三四尺,葉團有尖。秋開小白花,結莢長寸許,經霜乃枯。氾勝之曰:夏至種豆,不用深耕,豆花畏日,見則黄爛根焦。南京黄。以種自秣陵,故名。隨稻黄。九月中方香綻,可食。六月荳。種最早,六月即可採食。砂仁豆。色紫味香,荳中上品。黑荳。陳藏器曰:炒食極熱,煮食甚寒,作豉極冷,造醬則平。一味之中,用之數變,常食補腎,從其類也。赤荳。有大、小二種。米赤荳。較赤荳畧小,可和米炊飯。菉荳。粒圓而色緑。夏月煮湯,食之涼沁肺腑。粉可滌垢膩。水白荳。宜磨作腐。青荳。色青,七月即熟。白香圓。白荳之最大者,以色味形得名。茅柴赤。凡荳不宜肥,土肥則莢稀。此種不用耘,茅草之地叢生尤盛,故名。紫羅荳。色紫粒小,俗謂紫香圓。又一種青黑花紋,名僧衣荳。龍瓜荳。花葉如裙帶,荳蔓生莢,如蠶荳而大,然不甚佳,人家亦間有之。江荳。色黑赤,其種有三:一種莢短叢生;一種莢長,沿籬生,如扁荳;一種莢長幾二尺許,俗呼裙帶荳。四月種,六月中生莢,可食。刀荳。以形似故名。莢嫩時入醬,可爲蔬醬,瓿有髮入之化爲水。豌荳。一名小寒,亦名戎菽。蜀中以此荳之不實者爲巢菜,雜彘肉作籠餅。陸游詩"春行霧雨暗衡茅,兒女隨宜治酒殽。便覺此身如在蜀,一盤籠餅是豌巢"是也。蠶荳。一名寒荳。九月種,明年蠶時熟,故名。楊萬里詩:"翠莢中排淺碧珠,甘欺崖蜜輭欺酥。沙瓶新熟西湖水,漆樏分嘗曉露腴。味與櫻梅三益友,名因蠶繭一絲約。老夫農圃方兼學,譜入詩中當稼書。"白藊荳。吴人稱爲沿籬荳。諺云:"籬荳花開蓋被單。"言寒氣將作,可挾纊也。亦有五月生者。

蔬茹之屬

菘菜。即白菜,唐人所謂濶葉吴菘、巨根蜀蒻。陸佃《埤雅》云:"凌冬不彫,四時常見,有松之操。"昔人有言秋末晚菘菜中最爲常食,冬月中有塌地生者,名盤科菜,烹芼尤佳。烏菘。春末最盛,盤根尺餘,宜煮食,暴爲乾蔬,不堪芼羹也,色淡者曰青菜。芥菜。白芥,似菘而有毛。研其子爲膏,螫舌芳辛,古稱芥醬,祛皮裏膜外之痰。陸佃云"望梅生津,食芥墮淚"是也。一種矮小者曰黄農芥,味亦香美。獨海邑更有細莖扁心,名銀絲芥,亦名佛手芥,顧氏製爲葅,經年味不變,移植他地則不榮。薺菜。處處有之,古謂之甘菜。師曠曰"歲當甘,甘草先生"謂此。一名護生草,釋家取莖作挑燈杖,以辟蚊蛾。波菜。亦曰波稜菜。葉如箭簇,根色赤,味甘美。種須月末,經朔乃生。相傳種出波稜國,因名。俗加草,失其義矣。莧菜。《埤雅》以字從見,言莖葉高大而見也。有紅、白、紫三種。《爾雅》曰:蕢即赤莧。别種細葉,布地生,曰馬齒莧。生菜。叢生如樹,細切加熟油生食,因名。甜菜。北人謂之君薘。葉厚而膩,莖甚短。冬種,至春三月收,煮暴乾,相傳有毒。又云過清明葉膜間有蟲如虱,驗之良然。金花菜。春時叢生田岸間,開小黄花,俗名盤岐頭,亦名草子頭。春初,民間徧食之。藻菜。出浦東横沔一帶,即《毛詩》采藻也。土人當霜後無蔬,輒搴波擷采,下鹽豉以供食飲,香脆可啖。韭。《禮記》稱韭爲豐,本言其美在根也。秋晚分栽,至春初擷以薦新。丁祭未薦,市不敢賣。歲三四刈。䪥。同薤,似韭而大。葱。䪥屬。《傳》曰:五葷鍊形,葱其一也。《齊民要術》:種葱良地三翦,薄地再翦。八月止,不止則葱無袍而損白。自太湖種曰湖葱,入藥用山葱、湖葱,食用冬葱、漢葱。蒜。有二種,别以大小。俱八月種,冬春食苗,夏初食薹,五月食根,秋月收種。久食損目,嵇康《養生論》云"葷辛害目",正指此也。蘆菔。蕪菁之屬。《爾雅》曰:葖蘆肥。孫炎註曰:紫花菘也。一名來服,言來年之所服也。又一種暮春生,形細長而味脆美,名曰楊花蘆菔,過時則生筋不可食。胡蘆菔。根如蘆菔,長而尖,色赤味甘,盛于冬月,出吴淞江南北,切作齏最佳。蔞蒿。葉如艾而莖圓,叢生水濱,性涼。《大招》云"吴酸蒿蔞不沾薄",只言其調也。茼蒿。八九月下種,冬春採食肥莖。花深黄似菊,葉似白蒿,其味辛甘。萵苣。正二月下種,最宜肥地。葉似白苣而尖,色稍青,折之有白汁粘手。四月抽薹,高三四尺,剥皮食之最佳,糟食亦良。或用鹽拌壓乾,加以玫瑰花瓣,芬芳可愛,名曰萵笋。李時珍曰:有毒,百蟲不敢近,蛇虺觸之則瞑目不見物,人中其毒以薑汁解之。杜甫詩:"苣兮蔬之常,隨事藝其子。"薑。非邑素産，而好事之家或一種植，終遜宣州諸地。芫荽。一名胡荽，香菜也。葉如碧芸而香，宜烹芼，尤宜點茶。蘘荷。俗名甘露子。莖葉如薄荷，能治蠱毒。冬月取根，雜鹽菜藏之，味極甘脆。《急就章》曰"老菁蘘荷冬日藏"，謂此。茄。有紫、白二種。王子年《拾遺》曰：一名落蘇。二月下種，苗抽移栽，高二三尺，葉大如掌，自夏至秋開紫花，五瓣相連，五稜如縷，黄蘂緑蒂，蒂包綴茄。茄葉摘布路上，以灰圍之，則子必繁，謂之嫁茄。雷蕈。出沿海草蕩間，雷初鳴，有暈幅三五丈，名蕈緯。蕈生緯中，故名。味類蘑茹，有小毒，以生薑同煮色變者不可食。天鮮菜。亦出草蕩間，夏雨驟過即生。芹。生于水濱，紫莖緑葉，有節，其氣芬芳。杜甫詩："香芹碧澗羹。"蒲白。初生嫩芽，醋漬作葅甘美，亦曰蒲笋。茭白。即菰也。生水中，八九月中心生臺，如小兒臂，甘美可啖，一名茭手。又一種抽苗生米，可作飯，即菰米飯也。山藥。即薯蕷。二月深種，壅肥土乃榮盛。始生赤莖細蔓，五月開白花，八月斸食，味甘腴，有秔、穤二種。芋。卓文君云"野有蹲鴟"即此。當心出苗者爲芋頭，四邊附之而生者爲芋子。二月種，八九月斸食之，味膩重，稍遜山藥。冬月煨芋魁，食之更香美。有水、旱二種。香芋。皮黄肉白，莖葉如穭荳，而細味芳香。别一種引蔓生花，花開即落，落即生味，頗類香芋。黄獨。一名土芋。蔓生，葉如荳，其根圓如卵，肉白皮黄，可蒸食，霜雪後味方佳。杜甫詩："黄獨無苗山雪盛。"慈姑。植稻田旁，其根散生，其葉上鋭下岐，其實生土中，芳香可下酒。一根歲生十二子，如慈姑之乳諸子，作"茨菰"非。百合。有二種，味俱佳。名麝香者，花清芬可愛。笋。一名竹胎，又名萲萌。種類不一，惟護居竹者鮮香第一，燕笋次之，餘笋雖佳，或兼味苦。處處俱有，吴淞江南北諸處尤佳。毛團頭。此種近年方有，葉及藤俱與山藥相似，根圓大如斗，味甘，畧帶苦，絶似香芋，子亦可食。相傳毛團頭祖師煨石子啖後，流傳此種。芝蔴。有黑、白二種，搗之常服能長生。

瓜瓠之屬

西瓜。出栅橋、梅源市、閔行、周浦諸處者佳，大如枕、形如橄欖者，名枕瓜、橄欖瓜。二月下種，蔓生，七八月實熟，有圍及經尺者。當將熟時，種植之人樹茇舍，晝夜坐守，以防人獸竊食。甜瓜。有青、白、花斑三種，擇皮老質稍堅脆者入醬爲葅。熟者名酥瓜，色淡黄者名蜜筒瓜，皮黄如金、大如鵞子者名金瓜，青黄雜斑者名畫眉瓜，俱甜瓜類，庾信所謂"甘瓜"也。冬瓜。大如枕，色青碧，最晚熟。每風寒霜重，葉凋蔓枯，皮生白粉，望之如伏狞，味勝蒸。壺穰宜澡絮，亦可作蜜煎。筲瓜。一名楚瓜，即生瓜。有青、白二種，可醃漬，藏作鹽豉。黄瓜。在二月下種，三月生苗引蔓，四月開黄花，結實圍一二寸長至尺許，青色皮上有瘖瘟，至老則黄赤色。生熟可食，兼蔬蓏之用。李時珍曰作王瓜，非是。南瓜。形扁有稜，色紅，經霜後收置暖處，可留至春時。不宜生食，味如山藥，同猪肉煮亦佳。絲瓜。二月下種，蔓延竹樹間，或作棚架。葉如蜀葵，開花五出，其瓜徑寸許、長一尺，内外深緑色，芼羹充蔬俱可。老則大如杵，筋絡纏綿如織，經霜乃枯。壺蘆。一名葫蘆，匏也。正二月下種，五六月開花。有甘、苦二種，甘者可食，苦者至秋堅老，可作器。《記》曰："器用陶匏。"《埤雅》曰："壺性浮，腰之可以涉水。"其形不同，有圓扁如盒者，有長柄如杓者，有細腰如浮屠頂者，有宛頸如鶴者，種類甚繁，長柄者尤多。所以二陸入洛詣劉道真，有東吴壺盧之問。瓠子。瓠中之最長者，形如冬瓜。《國語》云："苦瓠也。"苦瓜。俗名錦荔子。長者四五寸，短者二三寸，青色，皮上痱瘟殼，狀如荔支，經霜則黄紅色，有子如瓜子，可食，微苦。

果實之屬

桃。最易生，諺有"白頭種桃"之語，然亦易蠹蝕。種法：三四年後長而皮急，以刀劃去其脂，可復活數歲。有扁桃、墨桃、五月桃、鷹嘴桃、半斤桃、李光桃、雷震紅諸種，而惟顧氏露香園水蜜桃爲第一，皮薄漿甘，入口即化。其樹以秋分後剶枝接種，非老本也。今種甚繁。柿。邑産爲第一，最佳者名朱紅扁花，色紅皮薄，三次接植，内核全化，真果中上品。櫻桃。《爾雅》曰"楔荆桃"也。初熟時，鳥雀飛啄，有白頭翁者尤好之，即《禮記》所謂"含桃"也。一名朱櫻，王維詩："紫禁朱櫻出上欄。"白居易詩："含桃最説是東吴。"今稱櫻珠。杏。李時珍曰：諸杏葉皆圓而有尖，二月開紅花，結實類梅者味酸,類桃者味甘。《埤雅》云:北人不辨梅、杏。梅。李時珍曰:梅花開于冬,實結于夏,得木之全氣,故其味酸,所謂"曲直作酸"。花態幽香絶人。種類不一。梅源市周圍數里,郡邑咸取實于是。李。品與桃埒,有粉紫、黄姑二種,味有甘、酸、苦、澁四種。橘。遠産衢州福建,近産洞庭山邑。或偶植數十本,經霜懸顆,朱實纍纍,偶值沍寒,僵槁立盡。有金橘、密橘諸種,皮薄味甘爲上。橙。與橘同象,皮色深黄,芳香,宜點茶。瓤味酸,不堪食。閨中用以拭面,可免龜手裂膚。香櫞。橘類,大如杯盂,香氣郁烈,裝置密室,清香發起,與佛手柑比。或取其瓤點湯,尤甘香。柑。種者甚少,瓤微酸。又乾柑無水,以刀剖食。石榴。《古今注》名丹若。有紅、白二種,經霜後坼裂,其子如瑪瑙,又有如水晶者,俱帶甘澁。潘岳曰:"天下之奇樹,九州之名果。"銀杏。樹高二三丈,葉薄縱理,儼如鴨掌。二月開花成簇,青、白二色,二更開花,隨即隕落,人罕見之。一枝結子百十,狀如楝子,經霜乃熟。爛去中肉,取核爲果,其核兩頭尖,三稜爲雄,二稜爲雌,其仁緑色,火爆可食。歐陽修詩"絳囊初入貢,銀杏貴中州"是矣。林檎。一名花紅。二月開粉紅色花,六七月熟,又名來禽。梨。樹高二丈許,尖葉光膩,有細齒。二月開花,白如雪,六出,上巳無風則結實必佳。畏寒,每于樹上包裹,過冬摘之乃妙。蒲萄。有紫、白二種,白者名水晶毬,味鮮甘。枇杷。多産洞庭山人家,種植僅見。木高二丈餘,肥枝長葉,陰森幽静,經冬不凋。冬開白花,尤濃香可愛。藕。陂塘偶植,非地産也,止花堪悦目耳。蓮實。花紅者實小而甘,白者大而味淡。菱。西南之郊窪田及人家池沼多種之,有青、紅二種。紅者最早七月初即生,名水紅菱;稍遲而大者曰雁來青,曰鸜哥青;青而大者曰餛飩菱。《左傳》"屈到嗜芰"即此。棗。《埤雅》云:大曰棗,小曰棘。以山左中州者爲佳,非地所産,間有種植,止供生啖,不堪曬暴久藏也。芡實。郡郊有之,海邑甚少。地栗。一名荸薺,即鳧茨也。邑産甚佳,出水田中。核桃。即胡桃,種植亦僅見。外裹青苞,爛去外苞,擊核而食,味帶澁。無花果。葉似梧桐,不花而實,形如烏頭,中有米粒狀,味柔甘不鮮。

藥之屬

枸杞。一名苦杞。其莖幹三五尺作叢,六七月生小紅紫花,隨結紅實,微長如棗核。其根名地骨皮,《詩》云"集于苞杞"是也。菖蒲。春生青葉,長一二尺許,其葉中心有脊,狀如劍,一寸九節者良,亦有一寸十二節者。二三月開細黄花,成穗,多服令人延年益智。麥門冬。陶弘景曰:根似穬麥,故名。葉青似莎草,長及尺餘,四季不凋。根黄白色,有鬚在根,如連珠形,四月開淡紅花,吴地者尤佳。香附。即莎草根,韭畦藍地最多。瓜蔞。本名栝樓。三四月生苗,七月開花,淺黄色,結實在花下,九月熟。其根直下,潔白如雪,名天花粉。牽牛。陶弘景曰:此藥始出田野人牽牛謝藥,因名。作藤生花如扁豆,微紅帶碧,有黑、白二種,九月收製。薄荷。楊雄《甘泉賦》作茇括,俗稱薄荷,今仍之。二月宿根生苗,清明分種,方莖赤色。蘇州所蒔莖小而氣芳,豫、蜀俱不及。紫蘇。《爾雅》名桂荏。二月下種,八月開細紫花,成穗作房,九月半枯時取子,以表裏俱紫者良。車前子。《詩》名芣苡,陸(機)〔璣〕《詩疏》云此草好生道旁,故有車前之名。夏采苗,秋采實,除入藥外,亦有采食者。天南星。一名虎掌,以其葉似。又李時珍曰:其根圓白,形如老人星,故名。三四月生,苗高尺餘,七月結子作穗,九月采根,四畔有圓牙。金沸草。本旋覆花,葉似水蘇,花黄如菊。二月以後生苗水次,長一二尺,其根細白,采花去藥,用以佐藥。艾。王安石《字説》:艾可乂疾,字從乂,又草部也,故從草。用灸百病,以苗短爲良。五月五日采取,陳久者益妙。夏枯草。一名夕句,又名乃東。冬至後生葉,三四月開花作穗,苗高一二尺,有養厥陰血脉之功。澤蘭。根紫黑色,如粟根。二月生根,高二三尺,莖幹青紫色,葉生四稜,多生卑濕地。槐實。槐有數種,功用有别。四月開黄花,六月結實,七月七日采嫩實,十月采老實。李時珍曰:槐,虚星之精,服之長生。《梁書》庾肩吾常服槐實,年七十餘,其驗也。甘菊。有三種:花大而香者爲甘菊,花小而黄者爲黄菊,花小而氣惡者爲野菊。初春布地生細苗,夏茂秋華,味甘,故名。瞿麥。子頗類麥,故名。苗高一尺,葉尖小青包。根紫黑色,形如細蔓菁。花紅紫,似映山紅。二月開,至五月七月結穗。《廣雅》稱茈萎。半夏。《禮記·月令》：五月半夏生，蓋當夏之半也，故〔名〕。亦名守田。二月生苗，一莖，莖端三葉，淺緑色，頗似竹，祛痰聖藥。高良薑。陶弘景曰：始出高良郡，故名。春生莖，莖如薑苗而大，高一二尺許，花紅紫色，如山薑。芎藭。《左傳》所謂山鞠窮，亦名蘼蕪。冬、夏叢生，五月花赤，七月實黑，九十月采之乃佳。舒攣壯骨，以蜀産爲勝，本地所産力薄不能效。大薊。薊，猶髻也，其花形似。莖高三四尺，心中出花頭，如紅藍花而青紫色。薊門以多薊得名，大抵以北方者良。紫花地丁。其葉似柳而細，夏開紫花結角，平地生者起莖，溝壑邊生者起蔓，開小白花，多瘍家功效。山慈姑。即金燈花根。《酉陽雜俎》云金燈花與葉不相見，又謂無義草。冬月生，葉如水仙而狹，二月中莖枯而花發，有黄、白、紅三色，四月苗枯，取根用。蓖麻子。夏生苗，葉似葎草而大，莖赤有節，高丈餘。秋生細花即結實，殼上有刺。夏采莖葉，秋采實，冬采根。豨薟草。楚人呼猪爲豨，呼草氣辛毒爲薟，如猪而味薟，故名。葉似酸漿而狹長，花黄白色。三四月采苗葉，據《本草》云有輕身耐老之功。馬蘭。葉似蘭而大，花似菊而紫，叢生道旁。二月生苗，赤莖白根，長葉而有刻齒狀，花苦不香，人咸采汋爲俎。香薷。有野生，有家蒔。三月種之，可充蔬品。葉如茵陳，花茸紫，連邊成穗，凡四五十房爲一穗，頗有香氣。淡竹葉。春生苗，高數寸，細莖緑葉，儼如竹。八九月抽莖，結小長穗，花開冷翠可愛。生地。二月生，葉有皺文而不光，高者尺餘，低亦三四寸。其花紅紫色，亦有黄花。究以懷慶、同州者佳。牛膝。春生苗，莖高二三尺，青紫有節，如鶴膝，節上生花作穗。秋結實，甚細，以根長大至二三尺而柔潤者爲佳。大黄。正月生青葉，四月開黄花，有推陳致新之功，亦稱將軍。商陸。有赤、白二種。白者入藥，赤者可造厭勝以視鬼神。《廣雅》謂之馬尾，《爾雅》謂之蓫葛，《易》謂之莧陸，即此。何首烏。一名交藤，又名夜合。葉有光澤，形如桃柳。法製常服，延年烏髮，輕身駐顔，其功效不可具述。

竹之屬

篾竹。本末停匀，節朗梢長，解爲篾作繫束之物，甚堅密。笋色青碧，宜作脯，煮食不甚佳。黄菰竹。節目疏聳，皮黄力韌，爲篾器良材。筀竹。古稱出吴越，即今晚筀。李時珍曰：筀竹，茹可治勞熱。梅堯臣詩："侵天筀竹溪西東。"山大頭竹。即筀類，質稍瘦，皮畧黄，笋味帶苦，食時不宜生水洗。方竹。據顧文僖清舊《府志》云：澧州多以此爲臺桌。昔時園圃多植之，方而有節，鬚芽四出。至于吾邑，尤爲僅見之品，色、味故不詳。斑竹。青質黑文，點點如畫。相傳湘君泣于蒼梧之野，淚痕灑竹而成，未可盡信。但植之庭隅，秀挺可愛。紫竹。初解籜猶青，久之始變，亦不甚紫，微帶黑色。黄金間碧玉竹。逐節色青黄相間，可玩。燕竹。較他竹笋最早，燕至即生，故名。笋味甘腴。護居竹。俗誤名哺雞竹。人家多植屋後，故名。皮日休《公齋新竹》詩有云"笠澤多異竹，移之植後楹"，陸龜蒙《和詩》亦云"昔者尚借宅，况來處賓庭"，俱寓護居之意。笋白如截肪，甘香潔白，在諸笋之上。象牙竹。以笋白得名。鳳尾竹。以形似得名。宜庭除植之，或瓦甂中，殊有蕭疎之致。慈竹。即桃枝竹，俗呼慈孝竹。陸璣《草木疏》南方子母竹是也。《竹譜》云慈竹笋四時俱生，寒則顯生温竹，夏則隱生清竹，有子母相生、温凊之義，杜甫詩"慈竹春陰覆"是也。

木之屬

桑。有數種，地産止白桑，葉大如掌，可飼蠶。海邑殫力木棉，不興蠶事。歷朝夏税絲綿之賦，並未出于桑也。榆。亦數種，惟細葉者堅韌，宜爲農器，謂之綿榆。白者名枌榆。榆莢仁作糜羹，令人多睡，嵇康所謂"榆令人瞑"也。黄楊。人家偶栽種，枝葉攢簇上聳，葉似初生槐芽，不花不實，四時不凋。性難長，俗説"歲長一寸，遇閏則退"，今試之，但閏年不長耳。其木堅膩，可作梳雕印。凡伐取，須以陰晦夜，一星不見，則不裂。槐。蘇頌曰：有數種，葉大而黑者名懷槐，晝合夜開者名守宫。槐生于季春，五日而兔目，十日而鼠耳，更旬始規，二旬葉成。楊柳。在處有之，以垂條拂地者爲佳。楊枝葉短，柳枝葉長，陶朱公曰：種柳千樹，可供柴炭。其嫩芽可作飲湯。檀。最堅重，有黄、白二種。農時以放葉開花爲雨候，雨不至則葉不放，俗謂等水檀。花色正紫，其根如葛。松。李時珍曰：松樹礧砢修聳多節，其皮粗厚,有龍鱗形,其葉後凋。二三月抽爇生花,垂四五寸。采花蓝搓作粉,可糝入晶飯,清芬絶人。栢。側葉赤皮,魏子才《六書精蘊》云:萬木皆向陽,而栢獨西指,蓋陰木而有貞德者。其枝指西,猶鍼之指南也。杉。似松而葉短,身形上聳而直幹。檜。栢葉松身。又一種枝細而長,玲瓏下垂,謂之瓔珞檜。質堅紋細,可作楫櫂。棘。李時珍曰:獨生而高者曰棗,列生而低者曰棘,叢高二三尺,莖葉與棗似。楮。俗稱穀樹,楚人呼乳曰穀,木中白汁,其黏如乳,故名。《埤雅》作穀米之穀,訓爲善,悮矣。績皮可爲布,又可擣爲紙。或曰"皮斑是楮,皮白是穀",良然。烏臼。樹高數仞,葉似梨、杏。五月開細花,結子色黑。人家雜種陂澤旁,采子蒸煮取脂,澆燭貨之。子上皮脂勝于仁,霜葉朱赤。椒。人家沿蔓籬落間,結子甚細,都無芳香,終遜川蜀之産。石楠。一名枏木。性堅而善居水,江南造船皆用之。直上童童,若幢蓋之狀。其花赤黄色。冬青。身葉俱似桂凌,寒不彫,一名女貞,亦謂之萬年枝。梧桐。蘇頌曰:白桐一名椅桐,遁甲書梧桐可知日月正閏。四月開嫩黄小花,其莢長三寸許,五片合成,老則裂開如箕,謂之橐鄂。其子綴于橐鄂,炒剥如菱芡。樸。似榆而葉大,俗呼樸榆,散材也。棕櫚。木高丈許,無枝條,葉大而圓,有如車輪,萃于樹杪,其下有皮,重疊裹之,每皮一匝爲一節。二旬一採皮,轉剥轉生。六七月生黄白花,八九月結實作房,如魚子。九十月采皮,用其皮作繩,入水千年不爛。"棕"本作"椶"。柘。《埤雅》:柘宜山石,故從石。叢生幹疎,弓人取材,以柘爲上。椿。樹高聳而枝葉疎,與樗不異,葉香者椿,葉臭者樗也。梓。《埤雅》:梓爲木中之王。《詩》云"北山有楰",又楸也,又名香梓。其角細長如箸,亦檟類。楝。有二種,黄楝抽嫩芽時,鹽水漉漬,點茶最香旨。三四月開花,紅紫甚芬郁。榮。俗名烏欀,又名夜合,其華每夜必合,色如紅絨,又名合歡。嵇康《養生論》"合歡蠲忿,萱草忘憂",蓋指此也。

花卉之屬近來草花名色尚多,非古來名卉,故不載。

牡丹。自宋以來,盛于吴下,邑中亦無奇種,壽安紅而下,惟桃紅、深紫,即白者亦僅見。一名木芍藥。芍藥。有三種,桃紅重臺者爲上品,純白者爲中品,名玉帶圍,胡嵩詩"餅裹數枝婪尾春"即此。桂花。有黄、白、紅三種。紅者謂之丹桂,取其花焙茶,作餅藏之,經歲香不歇。山茶。有大紅、桃紅二種。春初,百卉未榮,點綴庭堦,殊有致。海棠。以棠梨過枝接本者爲佳,最爲妍麗,名西府海棠。若垂絲、貼梗,其媵婢也。一種秋海棠,更鮮妍可愛。桃花。花色豐艷,千葉而大紅者名絳桃,深紅者曰緋桃,白者曰碧桃,又有人面桃諸種,大抵色麗而姿粗。金絲桃。花比桃花畧大而黄色垂絲,故名。臘梅花。花開冬杪,且近梅時,故名。以磬口檀香爲上,荷花口爲次,九英最下,香氣酷烈。梅花。有紅梅、白梅、緑蕚、玉蝶等種。邑西北梅源市種植最多,每春時花開,晴雪千村,暗香十里,不減吴中鄧尉。石榴。有大紅、桃紅、淡白三種。别一種千葉瓣者,曰餅子,榴色如火,不實。紫薇。俗名百日紅,有淡紅、藍、白諸色。夏開,至秋暮不斷。紫荆。色紫,天趣絶少,亦無香味,花中最下品。玉蘭。大率辛夷過枝接成,色白璘珣,清香披拂臨風,亭亭可喜。玫瑰。色正紫,穠香郁烈,搗之可作糖醬,土人種成畦畝。繡毬。團簇周圓,色碧白。另有小者,色麻毬。紫藤。柔枝延蔓,不能自聳挺幹,大率施于灌木,開花作房,垂如瓔珞,又如紫步幛。木香。枝葉如薔薇,有黄、白二種。其花芳馥異常,宜于閨閣中簪戴。薔薇。有紅、白、雜色。皮日休《泛舟》詩:"淺深還看白薔薇。"有一種黄薔薇,種甚貴,格韵尤高。月季。色淡紅,月開一度,即隆冬霜雪中亦不輟。佛見笑。桃紅色,開時如笑。棣棠。開小黄花,無香,盈盈如黄蝶。辛夷。俗名木筆,無色無香,亦屬下品。菊。種類甚多,花名亦不一。邑昔時最佳,今稍息矣。有一本價值數金者。荼蘼。花色白,微香。暮春方開,唐人詩有"開到荼蘼花事了"句。百合。有虎皮、麝香二種,麝香花色佳,虎皮根實可啖。萱花。有錦、蜜二種。用鹽湯漬之,可充蔬菜中物。葵。有千葉、單臺及蜀葵、白葵、黄葵數種。有錦葵,品最下。槿。有紫、白二種,一物曰及,朝榮暮落,又名朱槿。芙容。一名拒霜。有大紅、桃紅、白三種,更有四面俱花者。又有一本而自朝至暮三變其色者,名三醉芙容。鳳仙。有白、紅、紫三種。色不甚艷，亦無香，子名急性。罌粟。有紅、白二種。四月花開，嬌艷非常，但不耐久。水仙。有單葉、重臺。單葉者，金盞銀臺，香與態俱可愛。荷花。人家植陂塘中，夏月抽莖開花，亭亭出水，饒有風致，亦宜植瓦沼中。梔子花。梵書名薝蔔，花香甚郁烈。虞美人。草本中最柔弱者，相傳虞姬滴淚所化，其穠艷相似。

雜植

木棉。舊志云本出閩廣，宋時覓種得之。今高鄉廣植，凡收取作布，利倍于粟。有白有紫，有早有晚，惟棉多核細者爲第一。花實方結尚青曰花鈴子，方蓝未花曰花盤，晚結無綿者曰僵囊。藍。《爾雅》曰：葴出吴淞江南北，刈其葉漚爲靛，可以染青，土人謂之青秧。清明種，五月黄梅時刈，凡五六刈。〇按：靛字應作澱，俗作靛，今從俗。苧蔴、黄蔴。種之擷其皮，可爲繩索。天竺。又名天燭，冬月結子，垂垂如赤珠，名鬼面者尤佳。蔪青。藍類，種自崇明，至如蒿而紅，多靛。淮青。蔪青類，種自淮，靛早而紅。

畜之屬

牛。有數種，在畜屬土，在卦屬坤，坤爲陰，故牛蹄坼病則立，陽勝也。起先後足，卧先前足，從陰也。《周禮》謂之大牢，《内則》謂之一元大武，梵書謂之瞿摩帝。馬。許慎云：馬，武也。其字象頭髦尾足之形。牡馬曰騭，牝馬曰騍，去勢曰騸，名色甚多。梵書謂之阿濕婆。騾。李時珍曰：古文作蠃，從馬從蠃，諧聲。牡驢交馬而生者曰驢，牡馬交驢而生者曰駃騠，音决題。驢。長頰廣額，磔耳修尾，夜鳴應更漏，善馱負。羊。土生者名杜羊，最肥美。董子曰：羊，祥也，故吉禮用之。《内則》謂之柔毛，邑俗最尚此。豕。坎爲豕，水畜，而性趨下，喜穢。狗。其用有三：田犬長喙善獵，吠犬短喙善守，食犬體肥供饌。豺見之則跪，虎食之則醉。猫。李時珍曰：字有苗、茅二音，自呼其名。《埤雅》云鼠害苗而猫捕之，故字從苗。雞。有二種：家雞屬陽，先鼓翼而後鳴；野雞屬陰，先鳴而後鼓翼。無外腎而虧小腸，有五德之譽。鴨。本名鶩，性質朴而無他心，故爲庶人之贄。《曲禮》云：庶人執匹。匹，雙鶩也。亦自呼名。鵞。有蒼、白二色，及大而垂胡者，並緑眼黄喙，紅掌善鬬，其鳴夜應更漏。

禽之屬

鶴。沈括曰鶴惟華亭鶴窠村所出爲得地，而《瘞鶴銘》亦云壬辰歲得之華亭鶴窠。按：鶴窠，即今下沙也。江淹詩"華亭失侶鶴"，韓偓詩"正憐標格出華亭"，歷來傳記班班可考。今詢土人，原自海東偶集，暫一棲憩，久乃生雛，實非土産。比年以來，亦竟不至。雉。即野雞，一名華蟲，因羽毛陸離，故名。又曰疏趾。有痼疾者忌食。烹爲脯腊，以奉蒸嘗燕享。雁。湖泖陂澤甚而邑之江浦甚少，與野雞、鵁鶄同作土貢。鵁鶄。形如鶴而小，蒼色，俗謂之灰鶴。鴾鶉。掌禹錫曰蝦蟇所化，恐未然，爆炙甚美。鷹。《左傳》所謂爽鳩。秋冬間，土人設網張媒捕得，翹俊，直擬兼金，其□爽猛而鷙。鶻。鷹之小者曰鶻。鷺鷥。一名舂鉏。絜白而善爲容，集必飛舞，而下翅背有長翰，江東人取爲接䍦，名曰鷺纕是也。鴿。性淫而易合，故名。鵓者，其聲也。張九齡以鴿傳書，目爲飛奴。翠鳥。俗名魚虎子。喜食魚，盤旋波面，一掠即得，穴土爲巢，啄深紅，項白。雀。尾短身小，棲宿簷瓦之間，性最淫，小者名黄雀，八九月甚肥，可作鮓。班鳩。俗名鵓哥。雄鳩呼晴，雌鳩喚雨，性慤孝而不能爲巢。鸜鵒。俗名八哥。五月五日取雛□，其舌圓形，能作人言，亦可取火。桑扈。俗名蠟嘴，《爾雅》名竊脂。人蓄其雛，教作戲舞。鳲鳩。名布穀。三月穀雨後始鳴，夏至後乃止，因其名呼之。取脚脛骨懷之，令人夫妻相愛。五月五日，男左女右收帶之。野梟。黄浦、吴淞江俱有。竹雞。懷古云泥滑滑，多居竹林，褐色，多班赤文，味美如菌。鵲。能報喜，故云喜鵲。上下飛鳴，以音感而孕。季冬始巢，名乾鵲。烏鴉。大嘴，性貪鷙，鳴聲甚厲，南人最惡之，北人則喜。青鶁。頗肥，俗云"水裏鯧，岸上鶁"。鶿。形如鶴，毛羽相似，頂不丹色，然有雅俗之別。鸛。亦如鶴，無丹頂，不善唳。

獸之屬

兔。《禮記》曰"明眎"，言其目不瞬而瞭然也。爲食品上味，趫捷善走。獾。狗之屬，穴土而居，皮可爲裘，味甚甘美，多油。貒。猪之屬，貛類，短尾尖嘴，而黑色味肥。香貍。俗名野猫，亦有麝香者，筆毫用其脊。獺。多居水次，以皮作冠，或餙衣服，垢膩不染，拭之即去也。

水族之屬

鱸魚。李時珍曰：鱸出吴中，淞江尤盛。四五月方出，長僅數寸，狀微似鱖而潔白過之，身有黑點，巨口細鱗。另有一種名四腮鱸，體黑腮紅，不甚雅馴，味亦不及。白居易詩"水鱠松江鱗"，韋應物詩"松江獻白鱗"，言白鱸魚。羅隱詩"鱠憶松江滿箸紅"，言四腮鱸。但未知張翰所憶者是誰種。鱖魚。巨口細鱗，質碧色，肉味鮮美。誤鯁骨，食橄欖即愈。蘇軾所謂"淞江之鱸"，正指此。又桃花水至，則鱖魚肥。鯔魚。色黑，故名。生淺水中，似鯉，身圓頭扁，骨軟，性喜食泥。其子滿腹，有黄脂，味甘美。鯉魚。諸魚之長，乃至陰之物。其脇鱗一道，從頭至尾，無大小皆三十六鱗，風家忌食。青魚。亦作鯖，以色名。本地産甚少。湖霅間，人鑿池種之。取以作鮓，即五侯鯖也。白魚。形窄腹扁，鱗細，長者六七尺，頭腹最肥。鯽魚。《埤雅》云鯽魚旅行以相即，故名鯽魚。喜偎泥，不食雜物，能補胃，冬月肉厚味佳。鯊魚。吹沙而游，咂沙而食，體圓似鱓，厚肉重唇，其尾不岐。鱧魚。俗名黑魚。首有七星，夜朝北斗，有自然之禮，色黑，北方之魚也。陶弘景曰：公蠣蛇所化，然亦有子生者，性至難死，猶有蛇性也。比目魚。俗名箬板，亦名板鞁。郭氏曰：兩片相合，乃可游行。今見其如浮箬而行，殊不相並。味最佳。鮠魚。俗名鮰魚。無鱗，亦鱘屬，頭尾身鬐俱相似，惟鼻短，口亦在頷下。鯿魚。《釋名》云魴魚，江浦間生，鮮肥異常魚。黄顙魚。俗名鉠鮿，亦作剛頦，其頦骨硬，故也。首尾俱小，亦無鱗。鮎魚。《釋名》鯷魚，口腹俱大，有齒，有胃，有鬚，鉅細之魚供其口腹。鰻鱺魚。或曰有雄無雌，以影漫于鱧魚，則其子皆附于鱧鬐而生，故謂之鰻鱺。腹白大者，長二尺，味佳。鱓魚。黄質黑章，體多涎沫，夏出冬蟄，水族中最益人。白鰷魚。長數寸，形狹而扁，如柳葉。鱗細而匀，潔白可愛。性好羣游。取炙脯，最堪下酒。螃蟹。楊雄《方言》稱爲郭索。其螯最鋭，雄多白膏，雌多黄膏。性多躁，引聲噀沫，至死乃已。當霜落秋深，佐酒上品。沙狗。出海濱一帶，生沙穴中，聞人聲即走，俗稱沙裏鈎，用醇酒泡食。虱蟹。其名不典，大率是蟛蜞望潮之屬。作羹最鮮美，但擣萬足以供一箸，殊傷物命耳。右二十種，俱吴淞江、黄浦之産。鰣魚。形秀而扁，微似魴而長，白色如銀，肉中多細刺如毛，味甘，魚中神品。石首魚。俗名黄魚。每歲四月自海洋至，其聲如雷。海濱人入竹筒探水底，聞其聲乃下網截流取之，潑以淡水，皆圉圉無力。扁身，弱骨細鱗，黄色如金，首有白石二枚，堅如玉。米魚。大者三四尺，少鱗，有細黑文，煮法與黄魚等。鱘魚。一名王鮪。長者有丈餘，至春始出而浮陽，見日而目眩，其狀如鱣而無甲，其色青碧，其冠鬆脆可愛。勒魚。魚腹有硬刺勒人，故名。可作鮝。鱭魚。形狹而長，薄如削木，質細鱗白，吻上有二硬鬚，腮下有長鬣，如麥芒，味甘美。鯧魚。游于水，群魚隨之，食其涎沫，有類于娼，故名。無硬骨，作炙食至美。河豚。有大毒。豚，言其味美也。一名吹肚魚，言其氣嗔脹也。甘腴不可言。無鱗無腮，無膽，腹下白而不光，率以三頭相從爲一部，其腹腴名爲西施乳，春月甚珍貴之。蘆芽長尺許，便不可食。中其毒，以橄欖湯治之。右八種俱海産，江浦偶有之。朱魚。邑尚短嘴岐尾，又有十二紅、十四紅、落花、一捧雪、朱眼等種色。好事者蓄之瓦沼，雜以藻荇，亦可觀玩。得附魚末云。

蟲之屬

蠶。俗不事繭絲女紅，好事者飼一二筐以供絨花之用。蜜蜂。鄉居恒畜之，冬割取蜜房。稺蜂。即胡蜂，螫最利。胡蝶。有黄、白、花三種。花者斑斕可愛，相傳山伯、英臺所化。蟬。有二種。吟風咽露，品固高矣，如聲聒聒何？螢。腐草所化，一名丹良。蜻蜓。《淮南子》稱水蠆。螳螂。子着桑上，名桑螵蛸。絡緯。一名莎雞，俗呼紡織娘。蟋蟀。好鬪，多畜之以角戲者。螻蛄。《月令》螻蟈鳴即此。蝠。鼠所化，能食蚊，糞名夜明沙。蚊。名白鳥。蠅。夏出冬蟄，喜炎惡涼，古人憎之，多有辟法。蝦蟆。喜居濕處，背有黑點，身小能跳，接百蟲解，作呷呷聲。蚓。土之精，無心之蟲。蟻。一名玄駒，穴居卵生。

服用之屬

顧繡衣裙。露香園遺製，俱劈絲爲山水花鳥，儼然生動。顧繡畫幅。亦有人物、山水、花鳥各項色樣。談箋。有數種，惟玉版、玉蘭、鏡面、宫箋爲最，談仲和製之，有秘法擣染。木屐。較他處堅緻華美。

食物之屬

鹽。出下沙等三場諸處，色白如雪，所謂吴鹽也。取精于日，成形于火。霪雨沙淡，久陰沙濕，不能成鹽，價亦時貴。其産鹽之地，自寶山至九團，謂之窮海，水不成鹽，鱗介亦鮮；自川沙至一團，水鹹可煮，亦有海錯。惟南匯沙嘴及四團尤饒。按：濱海鹽場，每場畝許用削刀，平沙如灰，鋪匀，擔水澆曬，晡後用板推夾成一長埂，以防夜雨。明晨翻開，仍曬如前，漸成鹽花。盛夏二日，秋、冬四日，曬力方足，嚴冬西北方殊勝日曬也。倘將成而值久雨，則復無用矣。有白如水晶者，名曰曬鹽，價倍于常，盛夏有之。雪糕。因其輕白，故名。琥珀光。以燒酒爲之，用薄荷、蘇木、白糖加入，色味俱佳。糟蔬。亦顧氏露香園遺法，名蔬俱備。

布之屬

布。古名吉貝。吾邑出烏泥涇、三林塘一帶，緊細若紬。近來織者競利，狹幅促度，敻殊于前，今所在有之。附徐獻忠《布賦》。序云：邑人以布縷爲業，農氓之困藉以稍濟。然其爲生甚疲苦，非若他郡邑蠶繅枲苧之業力少利倍者可同日語也。然天下所共衣被，而詳其衷者甚寡。于是核其事，告諸觀風者，作《布賦》。客有至吴下邑，覽織婦之布素，歆卉物之流澤，將島彝之末計，啓閨房之長息，乃喟然而歎曰："美哉布也。"是固一疋可以媿盜心不得千金之償約者歟？何齎者之逐逐而拾者之堇堇也？下邑之士曰："羅紈繡文，素綈錦綾，長裙交褘，流景飛晶，此居者之所揚輝而觀者之所疑睇也。子不是慕，而慕諸貧民之業，亦有説乎？"客曰："布通貴賤之服，不擇温涼而適。其爲製也，疎陋縑繒，密殊絹縠，有氍毹之毛毳，齊縞素之潔白，賤靡綺之浮華，傷貝錦之徒餙。孺夫匹婦可濟其乏缺，通都大邑與千乘之富相埒，豈虚言哉？"曰："子何不傷其勞而徒羨其美，不稽其私而徒夸其會？子亦欲聞其勞且病乎？若乃鐵木相軋，手挽足壓，且餧且扐，出絮吐核。張弓柱弦，弦急聲噎，牽條絡車，咿啞錯雜。借光于膏，繼夜于日，心急忘寐，力疲歌發。衾簟空寒，漏水寂溢，婦子喧鬨，老稚畢力。"客曰："若是勞乎？"曰："未也！嫠婦卷袖，妖姬解珮，含愁入機，凝寒弄杼。流蘇綰綜，一伏一起，踏躡相次，上下不已。縷斷苦接，梭澁恐膩，手習檻匡，聲揚宫徵。長夜淒然，得尺望咫，寒雞喔喔，解軸趨市。方是時也，母聞謗而不暇投杼，妻迎夫而帖然坐起。"客曰："若是勞乎？"曰："未也！織婦抱凍，龜手不顧，夫匹懷飢，奔走長路。持莽莽者以入市，恐精粗之不中數。飾粉傅脂，護持風露。摩肩臂以授人，騰口説而售我。思得金之如攫，媚賈師以如父。幸而入選，如脱重負，坐守風簷，平明返顧。"客曰："若是勞乎？"曰："未也！婦辭機而望遠，子牽裳而愬飢。先潔釜而待米，旋汲水而候炊。語少待以相慰，既久竚而始歸。夫嬰嬰以捐涕，云攘攘者在途。索子錢而不釋，併布母以如飛。夫狼攫虎噉，肉寒骨解，無一語之抗聲，猶三噦而稱怪。握兩手以授之，拂空拳而吞欬。雖卒歲之靡從，完小信而不怠。是豈但一織婦而衣十人，殆所謂一室肥而衆俱瘵者也。"客曰："若是病乎？"曰："未也！海上之民，土薄水淺，其惡易遷。枵腹者未知其稅駕，鶉衣徒羨夫長袖。夫廣儲豐積出自農夫之耕，一絲寸縷皆從匹婦之手。然而繭絲告成，置蠶不問，耕犂召豐，於牛何有？是固天下之同風，惟江南爲叢藪。畮鍾之他稅從升，塗泥之末路計斗，是以手不停機而終歲無衣，窮年仡仡而不贍其口。"客曰："何言之過也？滄海變遷，化爲陵陸，禹土塗泥，隆注滐淥，禾黍芃芃，滿家彌谷，貧擕白墮，富樹華屋，婚媾靡靡，徒侶簇簇。顧今日之江南，殆海内之樂國，雖有布縷之征，亦豈加于穀粟，何徒抱杞人之憂，損名都之望乎？"曰："否否。不然。恒歲之運，水毁木饑，消長相代，前建後除，陽九陰七，聽命皇祇。今昔庚甲，火仇馮夷。炕令爍金，天漢飛灰；槁土沃焦，赤地坼龜。既葵藜之莫采，亦木綿之變衰。枝無垂菝，絮罕葳蕤。傾筐脱負，采掇支離。寡夫擁腫，哲婦鴟彝。里胥蹀躞，督郵喧豗。無尺寸之可縫，況綱運之崔巍。匪凶歲之取盈，抑國計之在兹。當是時也，雖使星婺獻技，火鼠脱黀，罄大夏之全産，省公儀之百室，偪陽不懸於城雉，匡廬借練於飛瀑，亦何以應之？"客曰："嗟哉！下邑之民若是病乎？"曰："未也。工以習勝，巧自技生，傷末路之靡淫，變素樸爲華英，力作以助農，終緇麗以耀名。競良工之巧思，幻化國之神能。於是飄絮若蓬，刻縷若氉，積歲成匹，累織敵絨。廣倍乎東海之二尺，衺齊乎別渚之五虹。鑿以團鳳，繞以飛龍，綴金章以錯緣，變猩草之鮮紅，爛太霞之朝采，奪景烏之晶熒。袨已浮乎龍水，綃何羨乎鮫宫？蓋其技巧始于渡海之黄媪，彰聞出自戀闕之鉅公，忘萬家之膏腴，邀一日之歡悰，傳觀内近，遂入公宫。一匹遂抵於千緡，聯筐始達於重瞳。民已窮而益偪，霜既給而冰從。嗚呼嗟乎！蒟醬竹杖，天馬蒲萄，通西國而開越嶲，窮異詭而馳臆胸，啓皇武之遠略，罪臣謇之作俑。朝槿不思其暮落，寒灰尚戀夫冬烘。竟殘桃之取戾，何獻曝之耿衷。今聖主龍飛，問民疾苦，諸非著令，改不暖坐，首蠲兹役，卹我隕仆。尚衣之絺繡有章，進御之浮靡不取。免徭征之巨累，始息肩而就卧。雖紅紗之綱運尚存，而貂璫之督課稍妥。"客乃瞿然作而言曰："甚哉！鄙人不知民之病苦若是也。九月授衣，猶以爲晚，終歲作勞，祈寒不免，吾又何敢袖手以向人，徒負暄而思暖。"

乾隆上海縣志卷之六

城池

古壯哉縣，唯城一而已。乃藐兹元邑，峙而城於北者爲吴淞，東之爲寶山，迤邐而南爲川沙，爲南匯，是海上列城四。外控島服，内拱上洋，包塘以爲城，環海以爲池。昔之爲滬城計者，何其勢審而慮周也。今雖劃疆分治，而控引聯絡，實昭守固設險之意。倉廩津梁皆麗于城，故並志之。

縣城週圍凡九里，高二丈四尺。門大小凡六，東曰朝宗，南曰跨龍，西曰儀鳳，北曰晏海，小東門曰寶帶，小南門曰朝陽。水門三，其東西者跨肇家浜，其在小東門者跨方浜。城有敵樓一，平臺二，堞三千六百有奇，穿廊七十有八。濠廣六丈，深一丈七尺，週圍縈繞，以通潮汐。

嘉靖三十二年，知府方廉因倭亂，從邑人顧從禮建議，始得築濬。三十六年，同知羅拱宸於城四門益以敵樓三楹，沿城益以箭臺二十，環濠益以土墻，要害處益以高臺層樓，其名凡三，曰萬軍，曰制勝，曰鎮武。

萬曆二十六年，知縣許汝魁奉趙巡撫檄，城加五尺，開小南門水關，引薛家浜水，以通市河，南城居民至今賴之。後知縣徐可求、劉一爌相繼甃内城加闊，自大南門迄北門俱甃以巨石，凡十餘年而告成。三十六年，久雨，内城傾數十處，知縣李繼周次第修築。四十六年，增置川廊八十餘間。

邑人顧光禄從禮《奏請築城疏》畧曰：上海，宋時市舶所駐之地，至元二十九年開設縣治。原無城垣可守，蓋因立縣之際，一則事出草創，庫藏錢糧未多，一則彼時地方之人，半是海洋貿易之輩，武藝素所通習，海寇不敢輕犯，所以雖未設城池，自然亦無他患。見今一縣編户六百餘里，殷實之家率多在市，錢糧四十餘萬，四方輻湊，居積貨物尤多。而縣門之外不過一里即是黄浦，潮勢迅急，最難防禦。所以嘉靖戊子等年，屢屢被賊刦燒，殺傷地方鄉官、商人、居民不下百有餘家。蓋因賊自海入江，乘潮來去，劫掠城市如取囊中，皆由無城可依之故也。伏望軫念府庫錢糧之難聚，地方百姓之哀苦，乞勅工部會議，開築内外城垣，以爲經久可守之計，實一縣公私無疆之休也。

潘恭定公恩《築城記》畧：吾上海據吴會之勝，抱江負瀛，舊隸松之華亭，至勝國始進爲縣。明興，瀕海諸境防禦倭夷，至詳且密，爲所爲衛，各設城池，郡縣藉以爲安。

上海故未有城，豈以去海稍遠，無煩此耶？抑阻于時勢之難，未暇爲也？嘉靖癸丑，海寇驛騷，其肆虐於浙之東西者數矣。浸及于吴，吾邑以無城，群兇覬覦，攘臂首至，民無固心，故受禍尤酷。夏六月，會郡侯方公雙江下車，心獨憂之，奮言曰："斯城不築，是以民委之盗也。"迺建議城之。公以忠誠之心，集衆思之益，酌之以義，布之以公，發之以果，於用取諸田賦之埤益者，於工取諸傭民之受直者，於費不足附以庫錢之餘羨者，計日商功勸分，庀役不愆于素，故大功遄舉，民罔告勞云。

國朝康熙十九年八月初二夜，風雨傾大南門城墻十八丈，壓死男、婦七人。二十年，知縣史彩捐俸，集士民公議，凡週圍城垣雉堞損壞者同時繕葺。後漸圮毁。雍正十年，知縣秦士顒請帑重修。年久復損。

乾隆十八年二月，邑令李希舜開濬周廻外城河，就田起夫，一月告竣，商民舟楫環城通利，迄今日久，濁潮淤塞，每遇大潮水溢，城巷不能洩瀉，宜加重濬，城内外商民實資利賴。

乾隆二十六年夏，大南門城堞爲雷雨龍陣拖壞二丈餘，後西南城雉爲海風所壞十餘丈，又大東門南首於三十一、二等年陸續坍塌城墻一丈六尺，大東門北首砲臺東一面城墻一丈六尺，西門南首城墻十三丈先後倒塌，當經前縣詳請修築，未果。邑令清泰具詳憲司，請捐廉俸，購料鳩工，於乾隆三十七年三月初三日起工，至八月二十二日一體告竣。

倉廩

今設在小南門内水關之北，水次面南，以便輸納。由大門至甬道東西設厫六：恭、寬、信、敏、惠、豐。又白糧倉厫在各厫之西，另設臼間以爲舂白之所。業户完納每石交脚價各項銀五十三文，又於乾隆三十七年脚夫因挑力不敷，呈請添價，各業户願增每石五文，詳準在案。

水次倉。舊有二所，一曰唐行倉，在唐行鎮，今隸青浦；一曰南倉，在縣治南關外。明宣德八年，巡撫侍郎周忱建，後圮壞。嘉靖二十九年，知縣喻顯科將兑軍减省贈米重造十二聯，内府、縣公署各一所，土地祠一所。三十九年，知縣郜光先重修。合縣之税皆輸于是，漕艘駢集，泊大浦就倉給發，頗以爲便。

國朝順治九年，海寇顧三突犯，知縣閻紹慶以積貯重寄，與邑紳曹垂璨計，請改建小南門内，即今倉是也。厫房向係民建，每年取修費於糧户，立厫口名色，計石定額爲例，一切鋪墊攬收需索不一。自雍正間巡撫尹繼善釐正漕規，將厫房給價盡屬于官，夙弊一清。春辦白糧分縣後亦歸併於此。

知縣陳之佐《平漕碑略》，鄮人許自俊撰。海邑襟江帶海，地瘠民疲。吏兹土者，非敏才潔己之人，不能上濟國儲，下全民命。額漕十萬餘石，輸納惟艱。明皆置倉浦濱，實便軍民輸輓。順治十年，寇警，移倉小南門内，其紆道負載之艱，勞困甚矣。今上御宇之十有一年，登崇俊良，分宰寓内。瀛洲陳使君之佐，以名進士涖兹巖邑。甫下車，概念漕例有每石加一、三、五之耗，使君曰："源之不清，其能禁人哉？"因令盡捐加耗，豆區平準，民間歡聲若雷，不五旬而全漕竣事。其撫字催科，民懷軍畏若此。蓋

使君以實心行實政，興利除害，聲色不動而民從若轉圜，謂非其源之克清哉？俊界邑百里間，稔被風教。因士民之請，爲紀其事，以壽貞珉，而諸生瞿炯以能書名，實書丹于石。

附邑人朱在廷《平漕述略》：海邑潮汐之區，土宜木棉，不利禾稻。十萬漕糈，借資隣糴，更有加耗折正之弊，民甚病之。自康熙十一年，知縣陳之佐涖任，察民疾苦，即示諭糧户，查往年納例，每石例有加一、三、五耗弊，蠶食小民，殊爲困累。今力行釐剔，一石即出串一石，一斗即出串一斗，每石惟收出兑脚價一項，漕例陋規盡數革除。歲省民費約米三萬餘石，約銀五千餘兩，悉歸正供。兆民感激，不兩月而糴輸全竣。遂于十二年三月，邑諸生王偉等具吏治之成效新彰等，呈于撫院馬。又于八月，原任兵部職方司主事張宸，率諸生王偉、顧樹禧、王德孚等，具竣漕成績堪垂等事詞，彙請懇照陳令平米出串漕規，勒石垂久。呈准總漕部院帥，奉准各呈，通行有漕地方，一體俱照上海陳令成績，勒石水次倉所，永遠遵行。闔邑士民捧檄踴躍，集匠鐫碑。時余同年許君自俊偶游吾邑，以士民之請，作記以書其事。碑立于漕倉大堂之左，以慶永甦民困云。

乾隆四十七年六月十八九日，風潮陡作，連夜大雨，倒塌厫房一百六十間，并大門、大堂、臼房等處，知縣范廷杰勘造，借支間欵銀二千餘兩，其大門、大堂、白糧倉捐俸一體興建，兩月告竣。

常平倉。在縣治大門内西南，凡兵米局恤皆聚於此。詳見積貯條下。

社倉。乾隆元年議設四處，在城二十五保，在鄉二十二、二十四、二十九四保，各設社長以司出納，立定事宜，經今未設，實爲缺事。詳見積貯條下。

坊巷

都憲坊。爲王霽立。

登雲坊。

廷尉坊。爲王霽立。

世科坊。爲王霽、王泰父子立。

京兆坊。爲瞿霆立。

繡衣坊。爲郁文博立。

少司空坊。爲談倫立。

太卿坊。爲沈瑜立。

應奎坊。爲劉瑛立。

銀臺獻納坊。爲沈禄立。

解元坊。爲陸深立。

會魁坊。爲郁侃立。

清顯坊。爲劉深立。

三大夫坊。爲李伯瑛、李澄、李清父子立，今廢。

方伯坊。已上二坊爲唐瑜立。

兩世都憲坊。爲唐瑜、唐繼禄立。

叢桂坊。爲戴春立。

登瀛坊。爲喬維翰立。

繡衣坊。爲董綸立。

尚寶坊。爲沈瑜立。

中大夫坊。爲顧英立，舊名琴鶴。

繩武坊。爲張紋立。

登庸坊。爲陳賓、周翰立。

晝繡坊。爲黄恭立，今廢。

掄秀坊。爲徐溥立。

雙桂坊。爲侯俊兄弟立。

進士坊十一。其九在縣市，爲張穀、周洪、談詔、姜浩、王大用、戴春、沈恩、唐錦、徐南立；其二在鄉，爲莫譓、張

龍立。

育秀坊。爲周昂立,今廢。

書錦坊二。爲吴敬、劉嶼立。

繡衣坊。爲陳質立。

尊善坊。爲陳朴立。

會魁坊。爲沈璐立。

大方伯坊。爲沈恩立。

宫端坊。爲陸深立。裔孫陸永基、陸雍、陸培根、陸鎮等,於乾隆四十八年六月重修,在小東門内。

學宗坊。爲唐錦立。

三世學士坊。爲陸平、陸璿、陸深立。

侍臣坊。爲潘綸立。

天官大夫坊。爲張鶚翼立。

都臺總憲坊。

兩省尚書坊。已上二坊爲潘恩立。

尚義坊。爲戚辛立。

崇賢坊。爲顧英、顧定芳、顧從禮立。

御史大夫坊。爲潘祖慶父奎立,坊陰題"青宫少保"。

文宗柱史坊。爲王圻立。

賢科濟美坊。爲潘恩、潘忠、允哲、允端立。

冏寺清卿坊。爲陳所藴立。

三世二品坊。爲艾芹、艾元美、艾可久立。

三世參知坊。爲陳文祥、陳理、陳所藴立。

北畿解元坊。爲高洪謨立。

南省文魁坊。爲高廷楝立。

絲綸典制坊。爲王國楝立。

閣老坊。爲徐文定公光啓立。

旌賢坊。在沙岡,爲計瓊立。

光禄坊。爲張寵父慶立。

文葩坊。南龍華南,爲張杰立。

漸逵坊。爲杰從子塤立。

登俊坊。爲張鳴岐立。

啓秀坊。爲顧鼒、戴昕立,在吴會。

世顯坊。爲戴春立,在吴會。

紫微坊。爲戴曦立,在吴會。

雲間三鳳坊。爲董綸子恬、忱、懌立。

旌節坊。爲朱孔暘未婚妻周氏立。爲毛公純妻張氏立。爲顧汝信妻胡氏立。爲太學生金淇妻童氏立。爲生員曹聶宏妻朱氏立,在半涇園後。爲胡叙九妻姚氏立,在小南門外。爲曹培甲妻施氏立,在黄家衖。爲曹書臣妻姚氏立,在菓子巷。爲鈕文瑞妾梅氏立,在縣治西。爲陳禹建妻沈氏立,在虹橋北。爲沈祥生妻王氏立,在淘沙場。爲陸相恩妻陳氏立,在瞿家灣。爲周選繼妻王氏立,在火神廟西。爲朱與喬妻徐氏立,在二十五保。爲周之鑑妻滕氏立,在北門外韓家巷。爲周廷桂妻姚氏立,在西門金家橋東。爲周朝桂妻瞿氏立,在東門外郎家橋。爲顧開宗妻沈氏立,在南門外鈎玉衖。爲王文獻妻陸氏立,在南門小普陀菴後。爲趙珩妻楊氏立,在馬橋鎮。

烈婦坊。在南門外,乾隆十二年爲朱氏立,知縣王侹有碑。知縣王侹《記》:烈婦朱氏,邑民顧文英妻也。年二十,夫没於海,依父孀守,飲荼茹蘗,矢志靡他。雍正七年,有許某者欲污之,氏不從,引刀自絶。時制府尹公撫吴,允前令之請,聞其事于朝,俾强暴伏誅,民邀旌典。壬子秋,方欲鳩工庀材,建樹坊表,乃邑遭水患,氏父既貧且病,夫族又盡飄零,遷延者一十六載。乙丑,余自桃源量移是邦,凡可維持風化者,雖潛德悉欲闡發焉。其時,同善堂設義塚埋枯骨,氏父以葬氏棺爲請,余惻然傷之。夫慷慨捐軀、從容就義者,固不乏矣。或斷臂守貞,或嚙舌全志,奮一朝之激烈,遂垂千載之芳名。乃氏也,遭逢多故,大節凜然,幾于泯没。嗚呼!其烈與日月争光,其身可與草木同腐哉?若遽從氏父之請,溷之義塚,無乃玉石不分,將何以慰貞魂而標勁節?爰商之司堂事者,割塚前尺土以禮葬之,即墓前建坊以表之。夫而後,已沛之皇仁可以光昭于今日,而未彰之潛德,亦不致湮没于將來也。是爲記。

旌節坊。爲明沈露妻蔡氏立。爲明山宗海妻胡氏立。

孝裔忠貞坊。在斜橋東,爲孝子盛坤孫盛萬年未婚妻蘇氏立,今稱蘇香姐墓。

貞節坊。在石灰橋東,爲顧大可妻劉氏立。在法華西鎮寺後,爲王維寧聘妻盛氏立。

旌節坊。在二十六保西牌樓,爲張元良妻吴氏立。

旌節坊。在陸家行鎮，爲沈元一妻龔氏立。孫宏志建樓於其陽，名曰閶彩樓。

旌節坊。在西城外，爲姜世奇妻孫氏立。

貞節坊。在十九保，爲淩存澤未婚妻祝氏立。

旌節坊。在城大南門内，爲儒童周鎬妻王氏立。

旌節坊。在閔行鎮，爲監生張鉅妻康氏立。

節孝坊。在城小橋西，爲陳鼎賢妻王氏立。

百歲坊。在小南門内。乾隆四十一年，知縣史尚確爲唐朝錦妻沈氏詳請題旌建坊，壽裔唐國淵、家棟、家松、家桐、見曾任建。

旌節坊。爲朱家允妻唐氏立，在三十保九啚。爲張堃妻孫氏立，在閔行鎮。

旌節坊。爲王友義妻趙氏立，在二十三保八啚。

康衢巷。在縣南。

□衣巷。在大東門内。

北張家衖。在縣西。

姚家衖。有東、西二衖，皆中書姚秩之族，故名。

唐家衖。有東、西二衖，以父子中丞得名。

新衖。在菓子巷東。

白栅。在虹橋南。

馬園衖。在長生橋西北，相傳費氏蓄馬於此。

杜家灣。

高家衖。在西倉橋西。

馬家衖。

喬家栅。在太卿坊西。

顧家衖。在廣濟橋南。

白巷。在大南門内西。

俞家衖。在小南門内。

何家衖。在大南門内。

淘沙場。在畫錦坊南。

觀瀾巷。通北馬頭。

卜家衖。通中倉橋。

南倉橋衖。

黄家衖。在大南門内，以黄體仁得名。

安仁里。在城隍廟東北，内皆潘氏園第故址。

新路巷。在縣西南。

薛巷。在縣西，今呼薛衖。

宋家巷。在四牌樓，今呼曲尺灣。

青菓巷。俗呼菓子行。

南張家衖。在虹橋南。

館驛衖。舊府館。

葛家衖。在邑廟東。

石皮衖。在杜家灣。

中心衖。

豸史衖。在察院北。

瞿家灣。以瞿太守得名。

趙家巷。俗呼趙家嘴角。

同仁里。在大南門内東。

談家衖。在道轅南。

王二麻衖。在侯家浜東。

康家衖。在小東門内。

勾玉衖。在小南門外。

中倉橋衖。

西倉橋衖。三衖在南關外水次倉。

新街巷。在縣南。

津梁

楊涇渡。在縣東北三里。

肇家浜渡。在縣東。

范家渡。在陽涇北。

蟹漊渡。在縣東南。

烏泥涇渡。在鶴涇南。

王家渡。王之傅捐田置船,建廟於其上。

鄒家渡。在王家渡南。

彭家渡。在鄒家渡南。

已上六渡俱舊渡名,在黄浦上。

高昌渡。在陸家浜上。

南倉渡。

北倉渡。在薛家浜上。

洋涇渡。

宋家港渡。

車溝渡。

已上六渡,明嘉靖二年知縣鄭洛書所設官渡。

南蹌渡。在南蹌浦口。

桃樹渡。在減水河西。

下海渡。在減水河東北。

減水河渡。在吴松江巡檢司前。

蘆子渡。在減水河西。

草菴渡。

白渡。在肇家浜西,明顧、陸諸家各設官渡以濟人。

闢橋渡。

石家渡。

曹家渡。在縣北關外西北,里民曹暘等呈憲建設。

法華渡。

陳家渡。

新涇渡。

張家行渡。

姚家渡。俗名野雞墩。

王家渡。以王學憲圻世居,故名。

陸家渡。今名華漕渡。

莊家涇渡。

綱上渡。

已上各渡俱在吴淞江上。

横涇渡。在閔行鎮。

閘港渡。

周浦塘渡。

杜家行渡。

簑笠渡。

張家塘渡。

陸家渡。在小東門外,陸氏創立,利涉便民。

老白渡。在郎家橋。

現行義渡:

南馬頭渡。在縣南。順治十四年,里民趙元、包華、徐學等助田創建。康熙十六年,趙元將助田收去,存田無多,邑人吴定助船二隻,僧定畢助船一隻,仍行義渡。

董家渡。在小南門外永濟渡之南。按:舊志誤以永濟渡即董家渡,今改正。

永濟渡。在小南門外。順治二年,里耆張倫暨子賢聘捐田百畝,於董家渡北創立義渡,造船二隻,名曰永濟。後朱茂孫大經增助二船。康熙五十一年,二十四保四十七、四十八啚沈天林、孫一鳳,二十保二十七、二十九啚楊德申、龔天祥等重修船隻,礮築東岸馬頭,并助田給舟子工食,不許需索分文,縣令尚崇安詳憲立碑,免本啚徭役,並給"喜慰望洋"額。乾隆三十一年,二十四保兩啚願派徭役,將田收返,二十保兩啚顧景雲、張拜昌等復捐義田二十畝,詳憲勒石。

康熙二十二年,知縣史彩《記》:浦東義渡,順治乙酉里耆張賢聘捐田創舉,次年朱茂捐田繼之。迨康熙甲寅,邑紳孫大經、曹垂璨又各助田不等,於東岸建等慈菴,西岸創伏魔殿,爲晨昏寒暑旅人投息之所。兩岸渡口甃以巨石,長砌如虹,以便登艤,闔邑稱利濟者四十年如一日也。余承乏是邦,時過此渡,輒扣舷而樂之。允邑人之請,申詳各憲,建亭樹碑,捐築石路,爲善後之計。蒙制撫兩臺命垂貞珉,屹表江干,事爲善舉，好有同心，遂以"永濟"名其渡，而奉總督大司馬于公"德水慈航"一言，顔諸亭表，永作海天山斗之瞻云。

曹家渡。在縣治東六里。被埠頭小甲、馬船水手擾害。康熙二十一年，里民徐行素助田三十畝，倡舉義渡，邑侯史詳請道府，永禁擾害。

吴淞江頭壩義渡。康熙十八年，二十三保里民錢瑞、金章倡助造設。

華漕渡。在三十保九啚吴淞江上。里民朱日華創建，助田利濟，已廢。今里民公捐，造舟便渡。

舊閘渡。乾隆十一年，知縣王侹爲閘廢石沉，水險舟危，撈石建渡以濟，縣丞甯基丕董其事。

共樂亭。在南門外，邑人曹垂璨建，爲行人憩息所。

知止亭。西關外萬勝菴前，邑人張錫懌重修。

代笠亭。吴淞江頭渡口無屋，邑人張錫懌建，爲行人避雨所。

陳涇廟亭。西關外十二里，唐文進倡建。

盧家灣井亭。南門外六里，唐文進、李宗甫同建。

井亭。在南馬頭，里民周佐臣重建亭基，計瑞生完糧。

便民船。在閔行鎮。鎮離縣城七十里，往來未便。乾隆十二年，知縣王侹詳憲，設船二隻，每船止載二十五人，每人給舟錢六文，貨物成担者亦給六文，立榜示衆，以垂久遠，鄉民便之。里民金倬雲助十六保三區十八啚宇字圩一百五十號田四畝，爲歲修之費。

利濟渡船。在楊家渡。乾隆十四年，知縣李文耀設。四十二年，邑民陸素仍、彭年捐地建亭。

知縣李文耀《捐設渡船碑記》：上海澤國也。治之大東關外，有江曰黄浦，又名春申浦，南通泖澱，北枕吴淞，其源太湖之水，洩入吴淞江，由黄浦以達于海。面闊五十餘丈，一望汪洋，每日兩潮，水勢洶湧，兩涯居民非舟楫不得渡。第民間所有之渡船，僅一葉之扁舟耳。招招舟子，又多嗜利，非滿載不發。故際浪静風恬，尚多不測，若一遇風狂浪驟，恍同箕播，安危判于呼吸。于是而欲如《大易》所云"利涉大川"，殆戛戛乎難之。歲己巳桂月，余奉天子命來莅是邦，愧乏馭民之策，惟于地方一切利弊悉心體察。凡涉浦者，其病爲尤甚。中有楊家渡，過浦通達二十二保，并二十四保，民居稠密，户口殷繁，往來者絡繹不絶。且上憲按臨，閱視土塘，亦必問津焉。余下車之始，目覩情形，亟思設立官渡。船身務長大堅厚，操舟必强壯熟練，或可稍禦波濤之險。再四設法，越嘉平月購得大艘二隻，篙櫓蓬索，咸置備完整，募夫駕駛，從此一隅無病涉，余心用以稍慰。然法必經久，又恐渡夫仍不免勒索之弊，復捐養廉，置田若干畝，給渡夫收息，以資工食。備擬條規，開列于左。至將來歲需修艌諸費，余在任固不吝己資，更賴後之君子設法樂輸，以垂永久，是爲記。規條附後：

一、渡船二隻，分泊對岸，一去一來，週流濟渡，在船渡夫不得偷安懈忽。

一、船身俱堅厚完固，篙櫓蓬索齊全，渡夫小心撑駕收拾。若些小滲漏，隨時修補，至每年夏日稟官，量給油灰蔴皮，傳匠修理。倘渡夫疎忽，將船碰損，以及遺失物件，除提責儆外，仍著賠償。

一、每船渡夫二名，遇有事故更易，必經官召募，驗係可充之人，方准充當。起田給令租種，毋許私相交替。

一、渡船約載二十人，渡夫不得額外多裝，過渡者亦不得爭先擁擠，致有疎虞。

一、渡夫已給田以資工食，其空身過渡之人，不許向索錢文。若帶貨者，每担給錢一文。如敢巧取多索，以及專意包攬載貨，許衆人即時具稟，按法痛處。

一、田計一十二畝，坐落二十四保二十二啚、二十三啚。除渡夫家有子弟能自耕種聽其收息外，或租賃他人，務依期交納。若有拖欠，許稟官追給。但此田乃係官産，渡夫不得因一時亟需私相抵戳，鄉民亦不得承受，有犯與受同科，並追銀入官。

一、買田之時，悉照時值當堂給價，並無抑勒尅扣。賣主于十年後，始准將價繳官回贖，以便另置，不得私向渡夫取贖。其田糧即收，立楊家渡户名，官爲捐納。

一、船内物件如遇朽壞，解官驗明添備。如有好義士民情愿捐助，官爲奬勵。

莊家涇官渡。在吴淞江上，即舊莊家涇渡。乾隆十五年，庠生陸璜、方文燿、陸士進、陸經邦，里民孫良輔、徐天和、周元文、朱勝璧、倪敬文、仇楚良、郭彦文、吴惟賢、諸克昌、倪禹範、孫履祥、諸名俊、諸倫表、張宏源、朱旭美、張修立、陳宏士、周日新、郭九華、金惟世、郭彦珍、徐輝文、徐敷五等，各捐資助田。内原捐六畝八分二毫，新助八畝二分一釐七毫。公呈改建，又於南岸添造井亭，勒石紀載，永垂不朽。

知縣李文耀《碑記》：震澤東注，淞江承其流以入海。隸縣境者六十餘里，跨江設津渡，以便民濟者，凡十有二。莊家涇口渡，此其一也。其地雖爲邑之邊界，而北抵太倉、嘉定，南達松郡華、青，地屬孔道，商旅日往來如織，較之他渡，似亦有衝繁與簡之别焉。故非操舟者勤慎乃事，不惟野渡舟横，卬須而待，每苦望洋，且停橈柱篙，以求給其欲，則行者往往難之，亦必至之勢也。按渡之創始，由其里之好善故茂才陸懷民、茂遠昆弟，施田捨屋，授榜人而食息之。閲數十年，施者不伐其功，而享者竟據爲己有，而忘所由來，且弊滋出矣。今春江之南北四、五、九啚士民，偕創始陸氏之子姓，備呈渡夫王狀等積充强悍、需索收規之弊，及行客遶道别渡之情甚詳且悉。清釐舊助，復益新捐，另募誠實者以充斯役，而厚償其力，禁勿取季規，戒毋索現鈔。并以南岸去村甚遠，恐問渡行人風雨晦明無止息處，鼎建井亭。請詳各憲立案，永作官渡。予以爲意甚足嘉，而不廉其實不可也。因委邑尉上虞何君埙履其地，按其所施建，靡不確實。且告半月訖工，而諸士民復請名亭紀事以垂後。夫牧民以拯濟爲責，苟汝弗濟，臭厥載，何以成利涉功？予荷特恩，來吏兹土，僅及半載，罹重憂謝任，不能無負於夙抱。今嘉諸士民之心，期不規一時而規久遠，能以衆惠而成大功，猶足慰予興利之一端也。遂名其亭曰"利濟"，凡以樂其利於公溥云爾。里中士民捐資助田以勷其成者，例得並書於石，以勸來兹。

在城諸橋

阜民橋。俗呼縣橋。

撫安橋。即東簑笠橋，俗誤爲鰻鯉。嘉靖初，顧重禮重建。

望雲橋。俗呼虹橋。

靈濟橋。即西簑笠橋，俗呼魚行橋，嘉靖唐錦重建。

益慶橋。

長生橋。二橋俱正德年陸文裕公重修。

陳士安橋。

永濟橋。順治年間,里民唐堯佐建。

葛家橋。

東馬橋。

館驛橋。

西馬橋。已上並在方浜。

穿心河橋。

莊家橋。

曹家橋。已上三橋俱在肇家浜。

登雲橋。在登雲坊口。

福佑橋。今呼黑橋。

香花橋。南、北、中共三,俱跨侯家浜。

侯家浜橋。已上並在侯家浜。

永興橋。

化龍橋。在永興橋西。

廣濟橋。俗呼陳箍桶橋。

繡鞋橋。

薛家橋。在繡鞋橋南。

大通橋。半段涇上,並薛家浜。

闞水橋。在縣橋南,下西通薛家浜。

中心河橋。在登雲橋西南。

亭橋。在薛家浜。

城外鄉市諸橋

弔橋。六門各一。

榆木涇橋。

沙家橋。

周涇橋。

陳家橋。

南倉橋。在水次倉南。

中倉橋。

東倉橋。

西倉橋。

薛家浜橋。

外郎家橋。

內郎家橋。

學士橋。在浦口。陸文裕公捐餘祿肆百金,復益米千石建,工極壯麗,爲浦上大觀。

第一橋。

韓家橋。

承恩橋。在晏公廟。

羊皮橋。

井亭橋。

斜橋。舊木,萬曆年易石。

三里橋。

草堂橋。

五里橋。已上三橋俱嘉靖年間顧從禮建。

永濟橋。康熙二十二年,邑人曹垂璨建。義者張雲鶩助成,在永濟渡南。

鄭家橋。

玄雁橋。

龍華閘橋。

新江橋。

聽鶯橋。

清河橋。在烏泥涇,又名長橋。

上澳橋。

翼龍橋。跨張家浜口。

華涇橋。已上在二十六保。

百步橋。在龍華寺東,跨百步塘上。明萬曆乙卯,里人張雲程創,衆易石,爲海邑諸橋之冠。

里人張所望《建橋記》:邑之西南十七里有龍華寺,一水遶其左,曰龍華港,黄浦分流入焉。兩涯相望而遥,有橋跨其上,曰百步橋,構木爲之,所從來舊矣。爾其旁帶龍江,俯臨鷲刹,睇帆檣于煙樹,聆鐘梵于晨昏,輪蹄絡繹,宛在畫圖,固都邑之孔道,亦津梁之麗矚也。第風雨之所漂揺，波濤之所衝撼，危險特甚。而土人又利其速敗，以覓利于津航，故橋益善崩。間一葺治，必大費，不數載復圮，行者望洋趦趄，幾同鳥道。余少時往來經此，每私念易木而石，庶幾可久，且不一勞者，不永逸也。歲月荏苒，計未有所出。及萬曆壬子，余自嶺表入賀，便道過里中，橋適垂壞，徘徊瞻顧，初念勃興。而詢謀於衆，並有難色，謂："潮勢若此，工力安施？如其可石，寧竢今日？"率皆匿笑而去。惟宗弟雲程夙懷義風，雅會余指，慨然請任其役。會比丘性清亦發是願，謁余乞疏，將挾以勸施焉。余題疏已，即出俸餘百金爲倡，諸素封家顧猶豫未肯應。雲程獨不靳捐貲，決策經始，聞者又相與揶揄曰："夫夫也，將效精衛之填海耶？"此語不脛而馳，人益解體。而雲程持之益堅，余亦間相勞曰："吾聞精感可以變天地、開金石。是役也，安知川后不效靈乎？"雲程之氣乃益鋭。庀材鳩工，寒暑不輟，胼胝拮据，劬勞萬狀。歲餘，規畫有緒，而異議亦漸息。惟是湍流駛激砥柱爲難，時有工師逞奇，募得善泅者數輩，能没水終日，運椎施椓，疑出神工。于是盤基孔固，畚插雲集，遠近檀施，聞風而至。雲程綜理多能，群力畢舉。爰是癸丑之冬，迄于丙辰之秋告竣事。費金六千有奇，而出自雲程者大半，斯亦人情所難矣。越歲丁巳，余返初服，此焉問津，則見虹梁屹然雄峙浦口，昔之畏途，今爲周行，莫不稱便嘆服，且詫爲希有盛舉也。不有載筆，後將何聞？余故樂爲之記，以勒之石。而一時助施善信，皆得列名于碑陰云。

康熙年間，邑人張泰、僧上機倡募重建，後圮。乾隆年，里民□□□等重修，工未竟，知縣王侹成之。

乾隆四十五年庚子，里人周國楨等重建百步橋。

邑侯范廷杰《重建百步橋記》：龍華禪院之東浦口曰百步塘，從浦口直達郡治，潮汐迅駛，浦愈近岸愈寬，南北往來稱利濟者，曰百步橋。自明萬曆間里人張雲程易木以石，迄今二百餘年，屢修屢廢，石沈壞舟，水陸交困。邑紳李宗袁有志興修，捐資撈石，未及建造，舟行便矣。行人嗟問渡焉，先是有劉學廷者詣泗涇馬進之，筮得歸妹之九二，其爻曰："眇能視利，幽人之貞。"橋之成，其始於婦人乎？里人周國楨，長厚人也，樂善好施，發心創建，病目不果，旋卒。其妻羅氏，念夫志之未遂，出其遺資三千兩，呈請前邑令林培選允其請，深慮經費浩煩，卒難集事，於是謀之邑紳喬鍾沂等，僉曰："與其費鉅而事緩，不若通變而易成。"乃商度形勢，依吴郡萬年橋式，中築石梭墩二，兩岸甃石，大木横亘其中，鱗次櫛比，鋪塼於面，旁施欄檻，蕩平正直，於行旅爲便。議定興工，旋以經費不敷，邑紳士捐公項銀五百兩，又捐育嬰堂公項銀三百兩，猶未敷用。余適承乏斯邑，目擊鉅工未竣，亟爲分俸勸捐，以蕆其事。是役也，董其事者，職員楊克昌、生員司慕琦、程丕杰等，經始於乾隆四十五年之春，落成於四十八年之冬，共用銀四千五百餘兩。橋長二十有四丈，廣二丈有奇，如龍如虹，翼然於浦面，爲邑之巨觀焉。而其功乃始於婦人，竟符前占，數若預定，蓋亦奇矣。當始事，浦濤洶湧，潮退水落，恒深丈餘，募善泅者下樁布石，閲半載而工未就，且石工陳氏子溺焉，鄭僑之謗日盈於耳。司事者不辭勞怨，罹寒暑，卒底於成，爰紀顛末而爲之紀。

女兒涇橋。華、上交界。

三元橋。即日輝橋，坍廢，邑人李宗袁重建，易今名。

虹橋。

大馬橋。

太平橋。

莘橋。

小馬橋。

金巷橋。

已上在二十七保。

嗚鶴橋。俗呼北橋。

沙岡橋。

夾溝橋。

小母子橋。在閔行鎮。

斜涇橋。

荷港橋。有市。

新河橋。

明心橋。

竹岡橋。

横涇橋。在横瀝口。

六曲湖橋。在閔行鎮。

河涇橋。

巨漕橋。

已上在十六保。

顓橋。

俞塘橋。

月河橋。

馬橋。在馬橋鎮。

六磊塘橋。

已上在十八保。

黄土新橋。跨浦口。

唐子涇橋。

車溝橋。

華伯橋。

鷺竇湖橋。跨新涇浦上，蔣性中建。

已上在二十一保，皆屬浦西。

裕伯題橋。俗訛俞伯奇橋。

廟涇橋。里人郭少谿建，郭洽世、淑世重修。

梧桐橋。

周浦塘橋。

已上在二十一保。

楊涇橋。潘德芳、陸雲章、張秀卿、羅勝由等修。

三林塘橋。

中汾涇橋。

王家橋。今名三壽橋，周佐臣、錢明德重建。

泰隆橋。即塘橋，乾隆三十二年，周重威重修。

薛龍橋。

歸漊涇橋。

高橋。

六里橋。乾隆七年，曹秀公重建。

楊思橋。

已上在二十四保，俱浦東諸橋。

宋家橋。當黄浦、吴淞會合處，潮勢湍悍，橋木易敗，土人欲擅渡利，潛加摧毁，往來憾之。

吴淞江橋。俗呼闢橋。成化、弘治、隆慶間，知縣劉琬、郭經、張嵿俱嘗修建。波面廣闊，潮勢奔湧，每建輒數百金，不數年湧壞，濟者艱之。本朝康熙十一年築建石閘一座，三□有□橋以濟人行，往來稱便。明御史馮允中詩："浪花飛送晚鐘聲，舟泊闢橋已半更。風雨故來催客棹，饑寒翻懼拂人情。城遮漠漠村連樹，燈掩星星暗復明。民瘼近來增引領,馮夷休惜護兼程。”

盧子浦橋。 曹家橋。

虹橋。乾隆三十四年,瞿逢□同錢啓楨世重建。

春星橋。 南新橋。

已上二十三保并二十七保。

三涇橋。 劉涇橋。

林馬橋。 横清橋。

太平橋。 長行橋。

虹橋。 新橋。

王家橋。

已上在二十八保。

净浦橋。 魏莊橋。

許浦橋。 雙涇橋。

新涇橋。南、北、中三橋。

已上在二十九保。

華漕橋。 王湖橋。

陳思橋。 衆涇橋。

三漊橋。 栅橋。

已上在三十保,浦西諸橋。

永寧橋。在黄家灣西,跨運鹽河。弘治間,里人黄越建。

東溝浦橋。康熙五十七年,里民朱瑋等募捐改建石橋。

盧家浜橋。朱瑋等領建。

寺橋。在馬家浜,里民徐殿臣等重募建。 金家橋。俗呼板橋。

太平橋。俗呼紫石橋,在盛家浜,里人沈三溪建。

趙家橋。 虹橋。邑紳沈朝鼎重建。

已上在二十二保浦東。

樂善橋。舊名徐家橋,南匯楊修年重建,伊父永昌出粟賑饑,廣修橋梁,樂善好施,曾題議敘。

天保橋。在浦東。康熙間監生孫孝伯建,邑令許上貞以“好義可風”旌額。

含碧橋。在吉水港,邑民郭鴻濟建。

忠心橋。在横涇,里民公建。

磚橋。在二十二保十五啚高行鎮。 福寧橋。俗名欄杆橋,在高行鎮。

仁壽橋。在高行鎮東,俗呼瞿家墳山橋。以上三橋俱明萬曆間寧州同知瞿應昌建。

孫家溝橋。在高行鎮西。乾隆四十九年,里人瞿朝英等捐貲重建。

兵　防

滬城爲南省門户,而扼險則在吴淞。前明時,常宿重兵,具戰艦,而内地則無兵,人物浩穰，一人若荷戈而馳，即驚而却走矣，誠少所見也。皇朝定鼎以來，郡駐大帥，而吴淞則與川匯同列分汛，良以居重馭輕，呼吸四應，臂指之道固然耶。形勢既殊，兵制亦異，然其要可覩矣。

縣之形勢迥異他邑，海寇竊發，實當其衝。以海口直入不五十里爲吴淞江，爲黄浦。黄浦逼近城，賊至即抵城下，然後旁掠。或由江而西，或循浦而南，皆可達郡城。故一郡之要害在縣，而縣之要害在黄浦，黄浦之要害在吴淞所，吴淞之要害在李家口。守李家口以拒賊之上游，守黄浦口以遏賊之横渡，則扼其要矣。若僅以縣城爲務，猶末也。

晋袁崧築滬瀆壘，以防海寇。

元置萬户府，在縣治東南八十步，歲於松江萬户府分官鎮之。

明嘉靖甲寅，設海防道，以僉事董邦政領之，募戰兵三千備倭。丁巳，改海防道爲海防同知，存兵一千二百名。己未，因海上無警，汰存兵六百名，海防廳仍駐本府，增派兵銀支應。隆慶己巳至壬申，漸次減革，止存兵二百七十名，改于本縣均徭内支應。分爲水、陸二哨，水兵七十名，隨海防駐。本府陸兵額少，不足防守。邑治襟江帶海，鹽盗出没無常，城中時有寇警，練兵者皆以失事被譴。萬曆癸酉，兵道檄百户瞿彦威防守請，歸松江水兵，復原額兵六百名，六門設正兵六，屯周城要害處，設伏兵七隊。水兵分兩翼，上巡龍華港，下巡東溝口，以防外警。兵糧向係練兵官散給，兵苦侵漁，後縣官唱名面給。萬曆乙亥，因海上兵銀不足，議以徭銀凑補，遂復本縣兵額，以一百六十名補川沙堡，五十名補寶鎮堡，存兵三百九十名。議者尚嫌寡弱，思復舊額焉。

本朝順治十三年，巡撫張中元題請額設黄浦營參將一員、中軍守備一員、千總二員、把總四員、有馬戰兵一百二十名、無馬戰兵一百八十名、步守兵五百名、水守兵二百名、各官坐馬二十四疋、各兵戰馬一百二十疋。歲支俸餉乾銀四千六百一十一兩三錢九分四釐米一千三十六石八斗。

十八年，調水師副總兵王光前帶兵二千三百名駐防在縣。

又兵部尚書蘇公巡歷沿海，題築黄浦東溝北岸土寨一圍，内設官署營房，沿浦設砲臺六座，屬黄浦營撥把總率兵守禦。

康熙五年九月，奉旨差巡察南界部臣肯愛馬，筆帖式奥挖，駐札在縣，至七年十月撤回。

七年，撤回前駐防水師，從邑人兵部主事張宸遵諭陳言疏也。

張宸《疏》畧：爲敬陳客兵久駐累民，請賜勅部行查，酌歸原伍，兵民兩便事。竊見我朝設立經制，緑旗官兵各有原守汛地，欲使之扼險以衛民，非欲其冗食以厲民也。自山寇、海寇不時竊發，因而抽調各處之兵，移緩就急。事平之後，竟有遷延不歸者。夫客兵與久駐之兵，勢應不同。久駐之兵當設立之始，必且爲之預借營房，與民異處。若調征之兵，一時驟至，勢不得不出民房以居之，奉壺餐以食之，代其樵牧，供其役使，謂不過事平即去，暫勞永逸爾。迨至日久，遂爲永例。暫出之民房，久踞不還矣；暫進之壺飧，視爲常供矣；暫時之樵牧役使，且奴僕視之、夫馬驅之矣。嗟此窮黎，其得有安枕乎？天下之大臣不得而知，即就臣假歸時目擊，江寧省會現兵止二千五百餘名，及至上海，斗大一城，反有兵三千二百餘名。查此兵，自順治十八年以前海賊正熾之時，從未設立，以外有吴淞鎮重兵，内有提督鎮重兵，皆在百里内外，足資彈壓。自江寧賊敗之後，督臣慮其餘氛復騁，因而調集諸兵，謂之水師，督駐上海，其實原係各營陸兵。數年以來，優游城市，未常登舟一試，且亦未經題明防汛何處，毫無責成，此則閒冗客兵久駐之一徵也。伏乞勅部行督提諸臣，查明經制額兵，盡數撤回原伍，仍不許臨行折毁民房，沿途多索夫船。庶一兵有一兵之用，而兵無久客之苦，民無冗兵之累，此亦惠安小民、兵民兩便之事也。

康熙九年二月，鎮江副都統查題，將黄浦營官兵五百名調防靖江，存縣營守備一員、千總一員、把總二員，存實兵二百八十八名。因抽調單弱，本府提督酌撥提標官兵五百名，貼防上海，半年一輪。

康熙十四年，復調崇明水師副總兵王永禎移駐在縣，帶兵二千三百名，至十五年六月撤回。

按：向年提標貼防，半年輪换，每覺客兵雜處爲未便。今康熙二十年，昭武將軍楊移麾復鎮以來，刁斗不鳴，烽烟無警，兼禁營兵重利吞剥小民，更禁放青養馬諸弊害，是以民不知有客兵往來之擾。

縣境巡徼司兵之署。

凡鄉鎮要地，各設巡檢司一員、弓兵三十名，各分汛地，以數鎮屬其官領之。主譏往來奸慝及私販禁鹽、逃亡軍民、罪囚并無引私越之人，仍責以捕逮警邏之事，護衛村民。俱設于明洪武初，後歷有更置。邇因秩微禄薄，人無所畏，或因公廨敝毁，僦住民房，計口而食，日憂不給，司兵散處村落，所領工食不足充解鹽斤，故諸事廢弛。今雖鎮戍宿有官兵，而設官遺意非他冗職比也。

黄浦司。在閔行鎮。

三林莊司。在周浦鎮，今隸南匯。

吴淞江司，在縣西北，吴淞江北岸。今駐法華鎮。

南匯堡。今屬南匯。

《松江圖説》曰：本堡地形如犁狀，突出洋中，勢向東南，其三面皆海，故謂之南匯嘴。倭寇每察風色，分綜于洋山、馬磧，如東南風，則此嘴大瀏口當洋山衝，如東北風，則此嘴四、五、六團洪當馬磧之衝。蓋各堡止防一面，而是堡三面受敵矣。洪武時，備倭築堡，以金山衛中後千户所官軍駐守。嘉靖中，倭入寇被陷，乃設把總一員，統民兵守禦。事平，裁革把總，汰存民兵止百名，於該所内挑選軍兵，即委所官操練，聽川沙把總節制。萬曆初，亦盡革民兵，增軍兵，另委官統操。汛時督發，出洋哨探，南至青村界頭墩，北至川沙界八墩，各二十五里。面至海塘，背至新場，皆其汛地。每年汛時，金山營撥陸兵協守，汛畢回營。所官劉嘉錫議，謂此堡沿海外塘信地，南自大瀞口起，北抵六團洪止，一帶洪窪，倭船東風瞬息可到，最爲險要。宜于中、南、北各設廠房一間，汛時每廠撥發，選鋒哨守，汛畢常川更番守禦。

建置。守禦南匯𥫗中、後千户所，在縣十九保。洪武二十年，建鎮撫司、軍器局，在城。演武廳，在南門外。千户三人，所鎮撫一人，百户八人。

官軍。官即金山中、後所分署也，現在千户四員，考選掌印一員，城操一員，鎮撫一員，百户六員，分委掌印一員，陸路一員，其餘聽差本所旗軍一千四百名。

本所墩臺自頭墩起，北至川沙，共一十九座，每墩撥軍五名瞭望，近議每墩增軍一名。又設塘在墩臺内，自一塘至十七塘，每塘置鋪舍，撥軍二名瞭望，獨本所有之。

一墩至五墩。五墩名瞭望臺，明正統七年翁總督改今名。六墩至九墩。擒虎墩。明正統丁卯，墩爲三虎所據，指揮同知侯端率衆先登，手擒三虎并二虎子，人服其勇，遂以名墩。今廢。十墩至十三墩。郭公墩。在清水窪南。水窪舊無，成化十六年，郭總督以海盗劉通爲患及鹺艘私販出入二窪，委官軍築之。初名新墩，後郭去，人思其惠，易今名。十四墩。在張家灣。十五墩。在秦家壩。王公墩。下有大水，曰楊家洪口，私販鹽舶出入之所。明正德元年，王總督憲以崇明沙民施天泰作亂，委官軍築之。舊名新築墩，王去，易今名。十六墩。在曹家溝。十七墩。在王家溝。

俱隸本匯中、後千户所。

屯田糧餉。本所原派上海軍儲本色米一萬一千二百六十石八斗。

本所屯田三十一頃九十六畝，屯田旗軍餘一百六十五名，田坐落縣二十保，原該子粒九百三十六石，除運糧旗軍餘五十名，免一百五十石，實納子粒七百八十六石。

本朝順治四年，經制設守備一員、千總一員、把總二員、步戰守兵三百名。

順治七年，裁革千總一員、把總一員、守兵一百名，改設官兵二百二員名。

康熙元年，添設營馬四十疋。康熙五年，馬疋全裁。

十一年，撥川沙營馬十疋在匯。

十三年，裁閑甲守兵八名，撥補徽六二營。

改定經制，守備一員、把總一員、馬戰兵十名、步戰兵四十五名、守兵一百三十七名。

共馬步戰守官兵一百九十二員名，官坐馬六疋，兵戰馬十疋，歲額支俸餉乾銀叁千六十四兩五錢九分四釐。

川沙堡。今屬南匯。

《松江圖説》曰：本堡洪武時以非險阻，原無設。嘉靖中，倭入寇，乃築堡，撥南匯千户一員，督南匯軍五十名，於汛時前來，守川沙窪口，而隸于南匯把總。後以賊來登陸從寶山而南掠者，川沙正當其衝，故於此設把總一員，革南匯總而反屬之，設民兵千名，後事平裁減。萬曆十九年，以海警震鄰，又調撥蘇州鎮海衛旗軍來守，起造營房與居，增募浙兵，督同哨官管領訓練，時常與吴淞營兵合營團操。又以設堡孤懸，而川沙窪水深岸近，議令總旗分兵巡劄，則往來必經南匯，其策應川沙尤便耳。本堡南至南匯六團五十里，北至寶山六十里，東至海十二里，西至縣城五十里，皆其汛地。本所千户統領軍餘守堡，又與寶山各撥兵往來，會哨有警，飛報總參，蓋川沙總屬，以南、寶二堡首尾互應，氣勢聯而兵力壯矣。附近巡司弓兵悉聽該總隨宜調度，松江守禦千户所亦遥屬之。其所屬海港如翁家港、川沙窪諸處，今爲要害云。

官軍。設守堡千户公署一所、守禦官一員、陸路官二員、領兵官二員、守窪官一員。

本堡與蘇州鎮海衛調撥旗軍一百名，在堡守禦，起造營房給住，又守川沙窪兵一百名。此窪向撥南匯所軍五十名劄守，萬曆三十年撤軍募兵時，始到哨，造給營房二十五間、戰馬二十四匹，日支草糧銀一分，後裁一十八匹。

屯田糧餉。本堡原設營田二百八十六畝，給軍布種，每畝納租七斗，共租二百石二斗，本堡官收貯餘糧之外，聽本堡支銷。

本朝順治五年，經制設守備一員、千總一員、把總二員、步戰守兵三百名。

七年，裁千總一員、把總一員、守兵一百兵，改設官兵二百二員名。

十八年，提督梁化鳳會奉巡海兵部尚書蘇、宜二公題，設參將一員、守備一員、千總二員、把總四員，歸併寶山營兵三百名、撫標右營兵五百名，本營兵二百名，共兵一千名，分布川沙、寶山防禦。内有馬戰兵二百名、無馬戰兵三百名、步守兵五百名、各官坐馬二十四匹、各兵戰馬二百匹。

寶山堡。《松江圖説》曰：改築後，今定爲駐守官軍於吴淞所調撥，月糧于嘉定縣解給，此官軍聽蘇州府統轄。民兵兵餉於松江解給，此民兵聽松江府統轄。南至川沙六十里，北至馬沙墩四里，東至海一里，西至吴淞江三十六里，皆其汛地也。此地海沙堅硬，號鐵板沙，與浪相撼舟立碎，倭不得泊近者。吴淞之沙日漲，而寶山日頽，寇至，泊舟爲便。且改築山墩，又陡立遠眺，如堅標然。故吴淞之險移之寶山矣，防禦不視昔更急耶？近堡有張家浜、界浜二路通堡城，久淤應濬，以便運糧。又議開横港以資田灌溉，併得取土增修護塘，尚未允行。

官兵。官無定員，係吴淞所官軍駐守，造給營房，聽蘇州府委官統攝。又設民兵及兵船捕舵，共入聽松江府委官統練。皆屬川沙把總。

本堡設民兵五百名，委總練官一員，領兵官一員，唬船四隻，每隻捕舵夫兵十四名。

本朝順治四年，經制設守備一員、千總一員、把總二員、步戰水手兵三百名、沙船十隻。

七年，裁革千總一員、把總一員、水手兵一百名。

十五年，歸併江寧巡道，裁兵一百名。

十八年，盡裁，併川沙營參將統轄。

康熙八年，議復寶山城，將川沙營中軍守備一員、把總一員分領馬步戰守兵三百名，在城防汛。

重設沙船六隻。因前設沙船朽爛，今新備。唬船二隻。皆停泊界浜口。

参將一員,月支俸薪銀二十兩二錢七分八釐三毫三絲三忽。

中軍守備一員,月支俸薪銀十兩二錢八分二釐八毫三絲三忽。

千總一員,每員月支俸薪銀四兩。

把總四員,每員月支俸薪銀三兩。

實在馬戰兵七十名,每名月支銀二兩、米三斗。

實在步戰兵一百九十名,月支銀一兩五錢、米三斗。

實在步守兵六百二名,每名月支銀一兩、米三斗。官坐馬二十四匹、兵戰馬七十匹,每匹月支乾銀一兩一錢。

共月支俸餉乾銀一千一百八十兩九錢六分一釐一毫六絲六忽、米二百五十八石六斗。

歲支俸餉乾銀一萬四千一百七十兩五錢三分四釐、米三千一百三石二斗。

南匯經略之要。

明隆慶中,鄭若曾議曰:南匯在上海境内,下砂、新場、周浦、八團諸鎮,舊號富庶,皆本所汛地。嘉靖倭亂,乙卯爲賊所戕破,遂設總練官一員,常川駐守於此。然賊之犯上海也,每自李家浜入黄浦,逼臨城下,南匯反在其外。若能統練精兵,自外衝擊攻圍,亦一勝算。

川沙經略之要。

隆慶中,鄭若曾議曰:舊制南匯與吴淞所互爲應援,然相去一百五十餘里,又隔李家港,兵難急渡。賊至,飛報且不能達,況提兵策應乎?嘉靖甲寅,賊據爲巢,與老鸛嘴、柘林、新場之賊合,本鎮頓成丘墟。丙辰亂平,遂築堡以一千户守之,而隸于南匯把總,然未盡算也。歷年賊艅每自寶山旱寨登岸,擄掠而南,則此堡正當其衝,視南、青二堡更爲剥牀,所設軍餘百名,弓兵八十名,果足備禦乎?倘遇賊警,把總之兵豈肯棄南匯而赴川沙乎?合無移把總駐此,而予卒五百戍守,有事與寶山首尾捍禦,庶總司不以遥制推諉,而事權得行,氣勢得壯,誠備禦之長策。後已移把總于川沙,增兵劄守,當事者用其議。

萬曆中,督撫宋議曰:川沙把總,自六團起至寶鎮堡,皆其汛地。境屬有南匯所,南蹌、三林二巡司,沿海地方百里,俱係衝要。舊設民兵四百名、戰馬二十四匹,後以該總兵力單弱,加募民兵一百六十名,共足五百六十名爲營,督同哨官二員,管領訓練,時嘗與總鎮營兵合營圍操。該堡孤懸海邊,而川沙窪水深岸近,今議總兵官分兵巡劄,則往來必經南匯,其策應川沙尤便。又添設哨探唬船四隻,船兵即于陸兵内扣充,仍查照金山例行貼。駕軍餘於南匯所選補,本所千户帶領軍餘一百名守堡,與寶山堡每處各撥兵一百名往來,會哨有警,飛報總兵參將,南匯、寶山堡并上海縣相爲犄角,互相應援,其巡司弓兵并南匯官軍悉聽該總隨宜調度。

寶山經略之要。

隆慶中，鄭若曾議曰：江東旱寨有二，一在寶山，一在高橋鎮，皆國初設以備倭者，今廢久矣，無議及修復者，豈以青、南當其前，吴淞擁其後，形勢已壯，而寨兵不足爲有無耶？竊見此地物饒民殷，賊所窺伺，而守江守浦兵俱在内地，青、柘、川、南諸堡僅可遏賊于南，吴淞兵船僅可遏賊于北，不能顧焉。況賊見南北阻截，不能登犯，其勢必趨之盤據爲巢。故嘉靖甲寅，徐海屯柘林而令葉明屯此，與新場、陳東合爲二窟，藉糧于内地，紛擾誰爲厲階？則我自失地利也。今二地之中，有界浜焉，乃嘉、上之鴻溝也。宜令蘇、松併築一城，設兵屯戍，一如常、鎮孟河事例。有警則二地之民攜家以入，僇力死守，寇自無糧可資，蓋堅壁清野之長策也。

萬曆中，督撫宋議曰：寶山堡南自徐家溝，北至老鸛嘴止一帶，俱爲險要。且寶山突然，爲海標識，倭船乘風而來，勢必趨此。雖去吴淞大營不遠，然阻隔黄浦，聞警調兵，卒難濟度。舊時春汛，於總兵標下分撥陸兵二百名，加募民兵一百名，委指揮一員統領防守，然城堡窄狹，又失地勢，兵力單弱，甚爲可虞。今議該築堡城三里，并遷吴淞協守所官軍移守新城，山上加築墩臺，以便瞭望，以壯聲勢，仍建造官廳營房。每汛時，總兵官帶陸兵駐扎城内，屹然爲一方巨鎮。不惟要隘有備，且南匯青村一帶接應更便。汛畢，各兵仍回總鎮各營團操。

邊海内外設備一方。

前知〔府〕方廉《議》略：南匯以北各浜港，舊制係南匯官軍把守，今查修復海塘，須照舊分派，相應於南匯、吴淞適中地方如七、八團，添設陸路把總二員，各領精兵一千，暫借民居劄營，隨路有警，相機策應。此海塘設備之大略也。若沿海港口，南匯以北有四、五、六、七、八、九團，洪口、川沙窪、清水窪等處，宜設船防守，按舊制每百户所造出海哨船四隻，俱就各所派撥巡軍，在海巡邏。正統間，海患寧謐，或以船爲虚費，題准沿海用馬，而哨船之制遂廢。今議設船隻，一馬之費不足以備一船之用，官軍窮苦，又難賠貱。合令每馬二匹造船一隻，再於衛所查有地租公費等銀兩，與松江府庫軍前銀内輳造，就點各所知水軍人操習水戰，布列港口，各分汛地，如倭賊突至而敢容其停泊者，服以上刑，則自無規避之患矣。此海港設備之大略也。夫沿海設備果爲上策，萬一外守不固，則黄浦一帶爲蘇松險要，守浦乃所以守門户，猶愈于守地也。今吴淞江口即爲黄浦口子，既經設備，而吴淞江所亦設兵一枝，以防深入矣。然沿浦一帶地方，賊一登岸，搶船渡浦甚易。除先後打造雙塔船等，召募水兵分布沿浦各港巡邏把截，又各募鄉兵護守城池，有警調至浦邊協守。此内地設備之大略也。然倭船之來，乘風渡海，勢難聯絡。每至海外大山，必停舶候齊，然後深入。照得羊山爲本府所屬，爲定海、吴淞江二總兵兵船會哨之處，以地里適均故也。本府所造之船數本不多，僅可以支把港之用，此但可以言守而不可以言戰。須得福船、蒼山各數十隻，沙耆民船二三百隻，每至風汛時月，分泊港口，各住汛地，更番出至羊山，往來遊擊，晝夜不絶。外則爲定海、吴淞江會哨兵船之羽翼，内則爲海港把守兵船之捍衛。遇有海賊，齊力奮擊,賊䑸散而少,我船合而衆,氣勢既分,勝負自判。此海洋設備之大略也。

《海防志》曰:青柘、南川達於寶山,延袤二百五十餘里,一〔望〕平陸,隨處可登。其川沙窪水深丈餘,翁家港雖〔淺〕,〔然〕潮漲即可泊岸,二港最爲危急,各該信地,雖〔設〕兵往來巡哨,第恐風雨晦冥之時,巡兵各歸汛地,而二處港口萬一有警,悮事匪輕。舊規南匯撥兵五十名,委官一員帶領,專守川沙窪,青村撥兵五十名,委官一員帶領,專守翁家港,俱聽委官約束,委官聽該總約束。遇警馳報各路官兵合勦,每年春汛依期選撥,汛畢歇班。

李家洪孤懸海口,東至寶山六里,東北至吴淞所一十二里,此口間隔在寶山、吴淞所之中,兩難照顧。賊若乘潮突入,不移時直抵上海城下,豈可不預爲之地?近議大汛時,吴淞所撥兵一枝哨守,如遇有警,聽總鎮提兵勦截,而寶山兵亦星馳夾擊,庶幾得策矣。

川窪當羊山一帶,水勢瀠洄,亦昔年倭所從登,因據川沙爲巢。萬曆十九年,又倭䑸特犯,故議復窪兵一百,委官一員統練守之。

清窪深闊,内可泊船,連年海盜於此登劫。應如昔年特造南、北廠,川沙、寶山撥兵,上海、嘉定出餉〔以〕守之。

李洪萬曆中海潮衝成大口,吴淞之險移于是矣。題設沙船五十隻,未幾改調别用。

海塘相傳其初相度形勢,取礱糠浮水,趁其漂射之跡築之。古張儀取蜀,以龜之形跡築城,名龜城,即此意也。初制原自一團起,至九團止,護塘内外有濠,闊四丈,深一丈五尺,每一團設吊橋一座,聽民出塘生理,官軍瞭望,如有賊,即以吊橋掣去,距塘而守,遠可攻以箭炮,近可刺以戈矛。護塘之上,每一橋造窩鋪三間,以爲鄉兵止宿守瞭之所。

《江南經畧》曰:海塘西起金山,東並南匯,北抵吴淞,其間窪口多,故賊易登岸,沙塗遠,故我兵難泊舟。明初原設塘濠,因而增築,庶易防禦。

海防備禦訓練之宜。

海防〔之〕策有二,曰禦海洋,曰固海岸。何謂禦海洋?會哨〔陳、錢〕,分哨馬磧、大衢、羊山,遏賊要衝是也。何謂固〔海〕岸?〔修復備〕倭舊制,循塘拒守,不容登泊是也。總〔督〕胡宗憲云防海之制,謂之防海,必宜防之於海,斷乎以禦寇羊山爲上策。其言是也。蓋賊犯蘇松,必藉東北風向殿前羊山,過淡水門以入寇。羊山在金山之東,大七、小七之外,吴淞江順帆不過一潮而已。其爲賊之要衝,雖與馬磧、大衢相若,而淡水門捕黄魚一節,乃天設此以爲蘇松屏捍,豈可謂遠洋備禦之難,而以羊山與馬磧、大衢例論哉?蓋淡水門者,黄魚之淵藪。每歲孟夏,漁船出洋撈取,獲利不知幾萬金。常防劫奪,故出海漁船必自募久慣出海之人,以格鬬則勇敢,以器械則鋒利,以風濤則便習其時。適當春天之時,其處則又倭犯必經之處,賊至羊山,見遍海皆船,而其來舟星散而行，以漸而至，勢孤氣奪，必遠而他之，敢復近乎？或問："約束之法奈何？"曰：逦來漁船出洋，輔以兵器，相須而行，協力而戰，取甘結，給旗票，謹盤詰，驗出入。船回之日，當道委官抽税以助兵餉，此法必不可行也。何也？漁船專欲覓利，兵船專司擊賊，其志不侔，其力不協。况所税能幾何，而欲分其所有哉？莫若兵船專于把港，勿用出洋，但令願捕魚者籍名于官，立首領，編旗甲，保以耆民，示以盟約，于殺賊有功照例陞賞，永許採捕。若縱賊近岸，則一體坐罪，永不許其出洋。凡漁利與所獲賊資，悉以畀之。如此，則漁人皆以禦倭爲己責，感恩畏罪，捨死直前，豈不愈于專督兵船耶？

禦海洋之説，有言當泊舟於外洋山島，分乍浦之船以守海上，羊山、蘇州之船以守馬磧，定海之船以守大衢，則三山品峙，哨守連聯，可扼來寇者，總督胡宗憲也。有言文臣不下海，則將領畏避潮險，不肯出洋。合無春汛時，令蘇松兵備暫住崇明，寧紹兵備暫住舟山，而總兵官嘗居海中，嚴督會哨者，中丞唐順之也。有云聚船于馬磧山，以爲諸路水軍老營，仍于羊山設水營以扼賊入乍浦、川沙、窪，由吴淞江口入蘇松之路，于大衢山設水營以遏賊〔入〕寧波、〔温〕、台之路，專設海上總兵，特造出海大艦，〔如古挐飛艦〕、飛虎艦、戈船、樓船之制，仍大申出洋〔之令〕，〔修復大〕青風尖、八槳等船，以便行使者，尚書〔馬〕坤也。有言守海者必先設險于險之外守之，所謂海戰之重兵，必治戰船、備火攻而謹斥堠，迎擊于沿海之上，賊未泊岸，則爲夾水而陣以遮擊之，賊既登岸，則當隨其賊艘所泊之處而直搗之，是謂海上格鬬之兵，副使茅坤也。但海中無風之時絶少，一有風色，即白日陰霾，且颶風時作，全軍往往覆没。雖以元世祖之威、伯顔之勇，艨衝千里，皆爲魚鱉，則海戰亦未易言也。故鄭若曾云哨賊于遠洋而不常厥居，擊賊于近洋而勿使登岸。兩言頗爲知要。

奚秋蟾云：海中有風時多，無風時少，舟易散而難聚。且逐潮勢而行，若風猛潮平則以風爲主，潮勇風微則以潮爲主，風潮皆逆則迴船向後而行，風潮順則一瀉千里。每日所行程途之數與東西朔南方向，皆不可料，敵船亦然。故我行若千里，敵亦行若千里，愈追愈遠，愈求戰而愈不得。况兵船分行，大海渺茫，有與我相望而見者，有不可望見者，昏黑之夜，起火爲號，則隱隱見之，然亦不能辨其爲賊船與我兵船也。有時遇賊欲戰，而我同哨離遠則勢孤。有時隣哨相近，敵舟又遠，難于攻擊。有時我兵遇合，敵舟亦近，可以戰矣，而風或大作，舟在浪漕中低昂起伏，方欲仰而攻敵，瞬眼之間，吾舟忽撞高一二丈，敵舟反在下矣。船出浪漕之時，船首向天，落漕時，船尾向天，兵士竚立且難，况戰乎？亦有風不甚猛而怒濤爲虐，兩舟相擊即碎，亦不敢戰。惟是舵工巧妙，能占上風，撞碎賊舟。或乘風火攻，或揚灰沙以迷賊目，方得勝勢。然竟謂海戰利用火箭與銃炮弓弩，亦非也。火箭惟微風可用，若無風則帆不可焚，風急則火亦反熄，皆無益也。銃炮弓矢因舟蕩漾，發去無准，皆虚擲于浪中。鎗鈀之類亦無用，惟標鎗、鈎鎗、撓鈎三件。舟在上風者，以撓鈎鈎住下風之舟，以鈎鎗鈎扯賊人之足，以鏢鎗鏢射賊人之身，胥爲有用之器。

海邑海〔防〕設備之〔要〕。

海之〔有防〕，〔歷代不〕見於典册，有之自晉代袁崧禦孫恩〔始〕，而海〔之〕嚴於防自明嘉靖始。嘉靖間，倭寇連艅突犯，横肆蹂躪，濱海之官民將卒聞警則變色於談虎，解嚴則踈戒於衣袽，夫駭以爲巨敵。而按吾邑僻在瀕海，自吴淞、寶山、南匯、川沙各汛處處可犯，則處處宜防。防之之法，前人議亦詳矣。然爲今日吾邑海防之策，則必以堵截李家洪口使不得入，緊守海岸使不得上爲至切要。蓋邑之要衝莫李洪口爲甚，而李洪口東北至吴淞十二里，東至寶山六里，雖兩處各有專員，而洪口亦撥兵分汛，然昏黑之夜，一旦闌入，所撥之兵未足以捍禦，二處即星馳救應，亦有不及之虞。計莫若移吴淞之官駐劄洪口，多設沙船聯艅備禦，則自無突入之患。至川沙、南匯，今已屯兵駐守，雖賊欲停泊登岸，而終不敢遠離賊艘。惟修築護塘，疏濬塹濠，嚴行守塘巡哨之法，逼之使不得登岸，截之使不得歸舟，而吾兵進可以戰，退可以守，勝勢自在我矣。且以護塘爲蔽，而賊無駐劄之地，故于防禦爲次衝。他若勾引之，當察接濟之，當嚴寸板之不得下海，則内援絶而窺伺之謀消。招之以散其黨，撫之以誘其來，則外勢摧而枝蔓之圖泯，海疆有不敉寧者乎？是在當事者熟籌焉。

附海船。《武經總要》曰：凡水戰以船艦大小爲等，勝人多少皆以米爲准，一人不過重米二石。帆艣輕便爲上，以金鼓旗幡爲進退之節。其戰則有樓船、鬬艦、走舸、海鶻，其潛襲則有艨艟、遊舸，其器則有拍竿爲其用。順流以擊之，諸軍視大將之旗，旗前亞聞鼓進則旗立，聞金則止，旗偃則還。若先鋒遊奕等〔船〕爲賊〔所〕圍以須外援，則視大將赤旗，向賊點則〔進〕，每點〔一〕船進，旗亞不舉則戰船徐退，旗向内點，每點一船退。若張疑兵，則于浦海廣設旌旗檣帆以惑之。此其大略也。

遊艇無女墻、舷上槳，船左右隨艇子大小長短四尺一牀，計會進止，回軍轉陣，其疾如風，虞候用之。夫拍竿者，施于大船之上，每艦作五層，樓高百尺，置六拍竿，並高五十尺，戰士八百人，旗幟加于上。每迎戰，敵船若逼則發拍竿，當者船舫俱碎。

艨艟以生牛革當戰船背，左右開掣掉空，矢石不能敗。前後左右有弩窻矛穴，敵近則施放，不用大船，務在捷速，乘人之不備。

樓船船上連樓三重，列女墻，戰鬬樹幡幟，開弩窻矛穴，外以氊革禦火、製炮、擂石、鐵汁，狀如小疊。其長百步，可以奔車馳馬。若遇暴風，則人力不能制，不甚便于用。然施之水軍，不可不備，以張形勢。

走舸船舷上立女墻，棹夫多戰卒，皆選用勇力精鋭者充之。往返如飛鷗，乘人所不及。金鼓旌旗在上。

鬬艦船舷上設女墻，可蔽半身，墻下開棹孔。船内五尺，又建柵與女墻齊，柵上又建女墻，重列戰士。上無覆背，前後左右竪牙旗金鼓。

海鶻船形頭低尾高，前大後小，如鶻之形。舷上左右置浮板，形如鶻翼翅肋。其船雖風濤怒漲而無側傾，覆背左右以生牛皮爲城，牙旗金鼓如常法。

已上俱古制。

福船高大如樓，可容百人。其底尖，其上闊，皆護板，護以茅竹，竪立女垣，其帆桅二。其中爲四層，最下層不可居，惟實土石以防輕飄之患。第二層爲兵士寢息之所，□樞隱之，須從上躡梯而下。第三層左右〔各設〕水，□置水樞，乃揚帆炊爨之處也。其前後各〔設木〕錠，繫以棕纜，下椗、起椗皆于此層用力。最上一層如露臺，須從第三層穴梯而上，兩傍板翼如欄，人倚之以攻敵，矢石火砲皆俯瞰而發，賊又難于仰攻，誠海戰之利也。戚繼光曰：福船乘風下壓，如車碾螳螂，鬬船力不鬬人力，每每取勝。若使賊船相等，未必濟也。且喫水一丈二尺，惟利大洋，不然多膠于淺，無風不可使。是以賊舟一入裏海，沿淺而行，則福舟無用矣。故又有海滄之設，廣船視福船尤大，其堅緻亦遠過之。蓋廣船以鐵力所造，福船不過松杉之類而已。二船在海若相衝擊，福船即碎，不能當鐵力之堅也，故倭船亦畏之。但廣船難調，不如調福船爲便易。廣船若壞，須用鐵力木修理，難乎其繼。且其制下窄上寬，狀若兩翼，在裏海則穩，在外洋則動摇，此廣船之利弊也。

黄魚船非以禦寇也。每年四月出洋時，各郡漁船大小以萬許，人力則整肅，器械則犀利。唐公順之捧敕視師，約軍民每府漁船若干，輔以兵卒若干，相須而行，協力而戰。取其結，給旗票，謹盤詰，驗出入。船回之日，該府差官收税，于軍餉大有助焉。黄魚出處惟淡水門，在羊山之西，兩山相峙如門，故曰門。羊山在金山東南，大七、小七之外。今漁船出海皆在漴缺口，孟夏取魚時，繁盛如巨鎮然。然亦須候潮，潮大勢急則推魚至塗，否則無有。蓋月出潮長，月没潮落，月直潮平，月斜潮退，此利素爲沙船所占。夫羊山、淡水洋乃倭奴入寇必經之道，黄魚出時乃春汛，倭至不先不後之期，此殆天意有在，假手于山沙精捍之人，出捍吾邊鄙柔脆之民焉。天時、地利、人力三者兼得，亦東吴禦寇之一策也。

沙船沙民生長海濱，習知水性，出入風浪，履險若平。但此船惟便于北洋，而不便于南洋，亦僅可以協守各港，出哨小洋，而不可以出大洋。雖能接戰，而上無壅蔽，火器矢石何以禦之？不如鷹船兩路俱尖，〔不〕辨首尾，進退如飛。其傍皆茅竹板，密釘如福船〔傍板〕之狀，竹間設窗，可以出銃箭。窗之内，艙之外，〔可〕以隱人盪槳。必先用此衝敵，入賊隊中，賊技不能施，而後沙船隨後而進，短兵相接，戰無不勝。此二船乃相須之器也。

王在晉《類述》云：福船之小者爲草撇船，今名哨船。又爲海滄船，今名冬船。其再小者爲蒼山船，卑隘于廣福船而闊于沙船，用之衝敵頗便，温人呼爲蒼山鐵船。賊船入裏海，我大福、海滄不能入，必用蒼船追之，又可撈取首級。近又改蒼山船制爲艟艄船，比蒼船稍大，比海滄較小而無立壁，得其中制。艟艄之稍次者，爲鐵頭船，首尾皆闊，帆櫓並用，深淺俱便，人呼爲鐵頭，以其堅而有用也。閩人將草撇蒼船改造鳥船，式如草撇，兩傍有櫓六枝，尾後惟稍櫓二枝，不畏風濤，行使便捷，往來南北海洋，福、草、蒼、艚等船無出其右。温州有艚艚船，亦不如鳥船之疾速，可與沙唬船並駕焉。

唬船頭尖稍鋭，艙闊槳多，風順揚帆，風息盪槳，喫水惟止三尺，慣走遠洋，體式低小，雖無衝犂之勢，進退殊捷，可備追逐之需。閩浙有喇叭唬船，兵夫坐向後而棹槳，其疾如飛，有風竪桅用布帆，槳斜向後，准作偏柁，亦能破浪，甚便追逐哨探，倭號曰軏帆，蓋懼之也。輪船式如唬船，而與唬船並速。開浪船式如烏船，而比烏船差小。

兵船之能任重者，爲蜈蚣船。東南彝用以駕佛狼銃，銃重千斤，小者亦百五十斤。葛稚川曰：蜈蚣之氣能逼蛇，彝之制義爲是故歟？

艘哨船爲温州捕魚船，網梭船乃漁船之最小者。魚船于諸船中制至小，材至簡，工至約，而其用爲至重。以之出海，每載三人，一人執布帆，一人執槳，一人執鳥嘴銃。布帆輕捷，無墊没之虞，易進易退，隨波上下，敵船瞭望所不及，是以近年賴之，取勝擒賊者多其力焉。

附砲臺〔烟〕墩。

按：明時沿海浦濱一帶向無砲臺之設。

本朝於沿浦若虹口、龍華、閘上閘，港口之周家寺及竹岡、語兒涇，沿海則殷家路口、楊家路口、黄家灣、寶山城諸處，各築砲臺一座，遇有寇警，則舉砲相聞，謂之號砲。其烟墩即古之烽燧也。沿海自一團起，北至黄家灣止，共四十六墩。又北至嘉定八都界，内有湯字圩、李字圩、生字圩三墩，因寶山城從前半屬上海修築，故三墩亦屬上海。每墩山頂立臺，墩軍站守其上，瞭望海艅，以時修葺之。

康熙二十三年至雍正二年，未經分縣，南匯諸堡統轄上海。自雍正三年分立縣治，兵防亦皆分列。但形勢策應，須四面籌度，故從前經畧議制俱不可廢。若地方制禦則各有緊要，今只就有關上海者載焉。

康熙五十八年，江督常查海疆要地防禦不敷，題請提標右營遊擊合營官兵移駐上海。

遊擊一員，駐劄上海縣城内，統轄守備一員、千把總七員、外委千把總并額外外委十一員。

中軍守備一員，駐劄上海縣城，兼轄千把外委額外兵十八員、馬步戰守實操兵六百九十九名。

千總一員，駐劄上海縣城内，耑防城守關厢、獄囚倉庫，耑管馬步戰守兵二百七十七名。

分防中浦汛，駐劄惠濟汛上海縣地方千總一員，耑管水陸戰守兵五十六名。分防北浦汛，駐劄引翔港汛上海縣地方把總一員，耑管水陸戰守兵三十名。分防南汛，駐劄馬橋汛上海縣地方千總一員，耑管水陸戰守兵七十名。分防北汛，駐劄閘口汛上海縣地方把總一員，耑管水陸戰守兵六十六名。分防泗涇汛，駐劄泗涇西口汛婁縣地方把總一員，耑管戰守兵五十八名。分防北簳山汛，駐劄北簳山汛青浦縣地方，耑管戰守兵五十一名。

外委千把總七員，係本營馬兵，内一員隨營操演，六員係派防中北浦、南北泗涇、北簳山六汛，協同該汛千把總分防。

額外外委四員,係本營馬兵,隨營操演。

城汛所屬上海縣城廂,分防門汛六處、監庫二處,派撥戰守兵五十一名,即於存營戰守兵内更换防守。

大東門汛戰守兵六名,小東門汛戰守兵六名,大南門汛戰守兵六名,小南門汛戰守兵六名,西門汛戰守兵六名,北門汛戰守兵六名,縣監汛戰守兵十名,關庫汛戰守兵五名。

以上八汛係上海縣城内地方。

中浦汛,屬上海縣地方分防陸汛三處、哨船二隻,派撥水陸巡防戰守兵五十六名。惠濟汛戰守兵十名,三角地堆汛戰守兵五名,大王廟堆汛戰守兵五名,巡查水陸戰守兵三十六名。

以上水陸汛口係上海縣地方。

北浦汛,屬上海縣地方分防陸汛二處、哨舡一隻,派撥水陸巡防戰守兵三十名。引翔港汛戰守兵六名,土寨汛戰守兵六名,巡查水陸戰守兵十八名。

以上水陸汛口係上海縣地方。

南汛,屬上海縣地方分防陸汛六處、哨舡二隻,水陸汛防戰守兵七十名。馬橋汛戰守兵八名,龍華汛戰守兵八名,閔行汛戰守兵八名,鄒家寺汛戰守兵六名,關墩汛瞭臺守兵二名,語兒涇瞭臺守兵二名,巡查水陸戰守兵三十六名。

以上水陸汛口係上海縣地方。

北汛,屬上海縣地方分防陸汛四處、哨槳舡各一隻,派撥水陸巡防戰守兵六十六名。閘口汛戰守兵八名,曹家渡汛戰守兵八名,野雞墩汛戰守兵八名,新涇口汛戰守兵六名,巡查水陸戰守兵三十六名。

以上水陸汛口係上海縣地方。

泗涇汛,屬華、婁、青三縣地方,派撥戰守兵五十八名,分防汛口十處。西口汛戰守兵八名,係華、婁二縣地方。楊家洨汛戰守兵五名,以下三汛係婁、青二縣地方。蟠龍口汛戰守兵五名,七寶汛戰守兵八名,打鐵橋汛戰守兵五名,以下二汛係青浦縣地方。蟠龍鎮汛戰守兵六名,莘莊汛戰守兵八名,以下四汛係華亭縣地方。陳家行汛戰守兵五名,顓橋汛戰守兵五名,朱家行汛戰守兵六名。

北簳山汛,屬華、婁、青三縣地方,派撥戰守兵五十一名,分防汛口八處。塘橋汛戰守兵十名,係婁縣地方。正聖堂汛戰守兵六名,係華、婁二縣地方。北簳山汛戰守兵八名,以下六汛係青浦縣地方。鳳凰山汛戰守兵六名,郟店汛戰守兵六名,陳坊橋汛戰守兵五名,崧澤村汛戰守兵五名,斜涇廟汛戰守兵五名。

巡船七隻,内派南汛龍華汛一隻、曹家渡汛一隻、野雞墩汛一隻、泗涇西口汛一隻、塘橋汛一隻、七寶汛一隻、北簳山汛一隻。

以上各船兵丁即係守汛官兵分防。

跟隨各汛弁遊巡戰守兵四十名。

馬戰兵七十四名,内除官弁養廉名糧二十四分,實在馬兵五十名,内外委千把總七員,額外外委四員,除外委六員派防汛守外,餘俱在營操演。

步戰兵一百六十七名,内除養廉名糧三分,實在戰兵一百六十四名,内在營一百三十三名,分派汛守三十一名。

步守兵五百六十四名,内除官弁養廉四十四名,公費二十四名,實在守兵四百九十六名,内在營一百五名,分防汛守三百九十一名。

各官例馬二十四匹。

各兵騎操馬七十四匹,内養廉馬二十四匹外,實在馬五十匹。

哨船四隻,二櫓哨船一隻,改建哨船一隻,改建槳船一隻,巡船七隻。

本標係提督親標,内河水師營分駐劄上海縣地方,所有分防汛口屬上海者,東係黄浦大江環繞於左,北與吴淞海口毗連,設有海關,甚爲扼要。其西南係華、婁、青三縣所屬汛口,俱係内地各汛,界址里數逐細分晰。

城汛。坐落上海縣城内,管轄六門,汛境週圍四址悉與本營中浦汛城河交界。

中浦惠濟汛。

東自惠濟汛起,浦江水程三里與川沙營所屬之洋涇汛截岸交界。

西自惠濟汛起,一里與本營城汛之小東門汛交界。

南自惠濟汛起,十五里與本營南汛之龍華汛交界。

北自惠濟汛起,三里與本營北浦汛之引翔港汛交界。

北浦引翔港汛。

東自引翔港汛起,六里與川沙營所屬之東溝汛交界。

西自引翔港汛起,十二里與本營北汛之閘口汛交界。

南自引翔港汛起,三里與本營中浦之惠濟汛交界。

北自引翔港汛起,三十三里與吴淞營所屬之胡巷口汛交界。

南汛馬橋汛。

東自馬橋汛起,二十七里與川沙營所屬之周浦塘汛截岸交界。

西自馬橋汛起,十八里與松江城守營所屬之白沃廟汛交界。

南自馬橋汛起,十五里與柘林營所屬之蕭塘汛交界。

北自馬橋汛起,六里與本營泗涇汛之顓橋汛交界。

北汛閘口汛。

東自閘口汛起,五里與本營北浦汛之引翔港汛交界。

西自閘口汛起,三十六里與本營泗涇汛之蟠龍鎮汛交界。

南自閘口汛起,二十四里與本營南汛之龍華汛交界。

北自閘口汛起,十八里與吴淞營所屬之江灣汛交界。

泗涇西口汛。

東自西口汛起,十八里與本營北汛之新涇口汛交界。

西自西口汛起,九里與本營北簳山之塘橋汛交界。

南自西口汛起,十五里與松江城守營所屬之東外汛交界。

北自西口汛起,二十一里與吴淞營所屬之紀王廟汛交界。

北簳山汛。

東自北簳山汛起,十五里與本營泗涇汛之打鐵橋汛交界。西自北簳山汛起,十八里與本標後營所屬之青浦汛交界。

南自北簳山汛起,二十四里與本標城守營所屬之北外汛交界。北自北簳山汛起,十五里與本標後營所屬之重固汛交界。

墩汛。濱海之區,聲聞息警,斥堠尤宜聯密,故川右兩營並派以供臂指之任云。

沿浦西岸營汛八:

會濟宫汛。右營兵十名。　龍華汛。右營兵八名。

闞上汛。右營兵二名。　鄒家寺汛。右營兵六名。

閔行汛。右營兵八名。　語兒涇汛。右營兵二名。

引翔港汛。右營兵六名。　土塞汛。右營兵六名。

沿浦東岸營汛六:

白蓮涇汛。川營兵五名。　東溝汛。川營兵五名。

馬家浜口汛。川營兵五名。　洋涇汛。川營兵五名。

周浦塘汛。川營兵五名。　楊師橋汛。川營兵五名。

塘橋汛。川營兵五名。

沿吴淞江營汛四:

吴淞閘口汛。右營兵八名。　曹家渡口汛。右營兵八名。

野鷄墩汛。右營兵八名。　新涇汛。右營兵六名。

沿浦東西各村鎮營汛六:

馬橋汛。右營兵五名。　三林塘汛。川營兵五名。

陳家行汛。川營兵五名。　高家行汛。川營兵五名。

曹家路口汛。川營兵十名。　黄家灣口汛。川營兵十名。

沿海墩臺八:

内塘十五墩。川營兵三名。　内塘十六墩。川營兵三名。

内塘十七墩。川營兵三名。　外塘曹家路墩。川營兵三名。

外塘十六墩。〔川營兵三名〕。

界北三墩:坐落寶山界,上邑承修。

湯字圩墩。川營兵三名。　吕字圩墩。川營兵三名。

生字圩墩。川營兵三名。

附戰船。

沙船三隻。　哨船四隻。

救生船三隻。

附郵遞

縣非孔道，故無驛而有遞，上下文檄所由傳也。然沿海各汛軍機攸係，時多往來，置郵實有賴焉。附兵防後。

總鋪。在縣治東，設司兵六名。

龍華鋪。

烏溪鋪。

華涇鋪。已上三鋪自總鋪南遞以次各九里。

乾隆上海縣志卷之七

官　署

朝廷設官，恒重守土，凡以與民親也。顧一官非爲傳舍，向明出治，民具瞻焉。他如明倫而建學，設險以守國，皆與親民之官相維繫，寧可忽諸？古人聽政甘棠，興歌“弗剪”，有官守者其顧名而思義乎？

縣署。元市舶司也。至正二十九年閏六月始立上海縣，以舊榷場爲之。大德戊戌，併舶司於四明，遂移縣署於司。《永樂大典》：縣署舊在今儒學之東，係松江總場。明年，爲海潮所壞，達魯花赤雅哈雅率僚佐新之。

唐時措《建縣記》：上海縣襟海帶江，舟車輳集，故昔有市舶，有榷場，有酒庫，有軍隘、官署、儒塾，實華亭東北一巨鎮也。至元壬辰，分高昌、長人、北亭、海隅、新江五鄉凡二十六保立縣，隸松，從參政冀公之請也。舊榷場廳宇向爲鎮守總管府運糧千户所，庭宇湫隘。大德戊戌秋，方議遷，適有併海舶歸四明之命，請於省府，己亥劄下，俾移置廳堂，衙宇較舊倍寬，而在在缺漏，大費補苴。且時值風雨交作，海潮湧怒，沉廬飄瓦，渺瀰一壑，縣庭僅撑立而日靡寧居。今達魯花赤雅哈雅裒然捐己貲爲舉首，尹夏承務，丞范從仕、簿侯將仕交贊以和，邑里富室募金樂助，委司吏姜濟董之以責成，閲六月訖事。大德六年三月記。

明洪武二十五年，知縣林廷瑾建鼓樓。二十九年，知縣張守約建穿堂。

正統四年，知縣張禎以巡撫侍郎周忱命，重建儀門、中堂、後寢，爲絃歌深處。

天順中，知縣李紋重建訓導，江震有記。

成化間，知縣劉宇復改建鼓樓。

正德七年，知縣黄希英新廳事。面廳爲戒石亭，鑾駕庫在廳東，典史廳、架閣庫在廳西，兩廡爲六房，土地神祠在中門外，監房在中門右，鼓樓在門外。

嘉靖元年七月，樓壞於風，知縣鄭洛書即其地爲絃歌坊，後傅重屋，上傅更漏，下通出入。十六年，知縣梅凌雲復建鼓樓，顔曰“麗譙”，制甚弘廠，後燬。寢堂後有方池，跨以飛梁。其内爲正衙，左右而南爲僚佐衙，西南爲吏舍。十九年，知縣張秉壺造牧愛坊於儀門内。三十二年，倭夷突至，廳宇悉燼。三十三年，知縣劉克學重建，邑人趙世芳捐貲，桂文督工。門廡堂寢、庫獄、公私廬舍爲之一新。東三衙：一巡捕丞，一管糧丞，一治農丞。今治農丞革，衙廢。西三衙：一水利丞，一管監簿，一典史。今水利丞統於簿，衙廢。四十三年，知縣黄文煒於儀門西偏增置迎賓館，其東偏新土地祠。

萬曆五年，本府同知鄭復亨於大門外建三坊，南曰海甸雄邑，東曰撫綏，西曰明弼。十年，知縣鄧炳開西馬道，與東稱，而規制始備，唯麗譙獨缺。二十六年，知縣許汝魁立戒石亭、親民坊於門内。三十六年，知縣李繼周重建内衙廳事及丞尉以下衙舍，改造獄舍。四十年，知縣徐日久建可堂於中堂之右。四十六年，知縣吕濬重修縣治，改建縣門，設榜廊於左右，易民居餘地，恢廓弘敞，建東、西二坊，曰潔愛、廉平。

明知縣彭長宜《署中元日》詩："玉宸遥祝拜衣冠，雨浥庭堦帶曉寒。七日尚遲梅送臘，半年唯伴柳居官。驚心世事顔初減，蒿目征輸淚暗彈。猶喜條風吹海内，青郊不礙帶星看。"

國朝順治十七年，知縣涂贊各加修葺。

康熙九年，知縣朱光輝建堂三間於内衙之西，後任知縣任辰旦題額曰"介和堂"。十二年，知縣陳之佐葺縣門外海甸雄邑坊，改面南額曰"萬福來歸"，而北額曰"浦江聚秀"，坊之東西各建一亭，爲民之有事於縣者憩息地。

二十年，知縣史彩建堂於内衙之東南，題額曰"問心堂"。

二十一年，知縣史彩以縣堂東西兩側改建常平倉，並修獄舍，囚貧無食者，日給米七合、錢三文。

雍正九年七月，署知縣張濤以大堂圮毁，捐俸重修。

乾隆十三年，知縣王侹捐俸修葺，築月臺，補建吏舍、班房，縣署爲之一新。

鑾架庫。在縣堂後西偏。　　軍器庫。在縣堂後東偏。

留鶴堂。在縣後堂。明嘉靖初，知縣鄭洛書以奏最行，留鶴於此，故名。今廢。

君子軒。　　圖政軒。今俱廢。

邑人潘恩《記》：縣有二軒，一曰君子，一曰圖政。潘子未達，曹子曰："君子者以立體，圖政者以致用也。"潘子曰："然。然立體者存乎德矣，致用者存乎心矣。夫政慮諸心，宣諸庭，達諸里閈。其政良，民乃安之，悦之，詠歌之。其政弗良，民咸畏之，惡之，相與謗厲之。是政事之臧否，斯民之從違係焉。要其機本諸心，故古之君子以己觀民，民憂亦憂，民樂亦樂，故能通其政于一身，達其愛于天下。今天下民力莫竭于松，困苦莫甚于賦，子之視之也，其有所隱于心乎？其思所以利之乎？"曹子曰："然。固名軒之義也。"

問心堂。

邑人葉映榴《記》：縣署東偏舊有堂三楹，户可南也。而北之堂亦垂圮三十餘年無有葺之者，蓋長吏心以爲傳舍也。藺菴史侯涖任之明年，庀材鳩工，移其户以向明，廣其庭以植花木，自署其顔曰"問心堂"，而屬邑人葉映榴爲之記。噫嘻，善哉此問乎！

夫天遠而不可問也,人私而不可問也,唯最初之一心近乎天而同乎人。爲行爲生者天,欲立欲達者人,天無日不以愛物爲心,人無日不以自愛其身家爲心。雨露霜霆,疾痛疴癢,舉關寸心,不自問而或任才氣,或苟瞻狥,或惑於左右之口,皆非吾心也。非吾心而一時行之,後且悔之,毋寧寂然退食其中,問吾心之慊與否,以慊天人之心,是即誠求之道也。侯之命斯堂也,意或出此乎?今吾邑疆六百里,户億萬,侯端居一室,撫琴書,顧花鶴,不馳尺檄而呼吸與通,臂指是效,問心之道得也。聞之古有熙春堂矣,有思政堂矣,有蓋公堂矣,其意未嘗不留心民隱,而舉一節之與全體,蓋有間矣。所問者近,所通者遠,所問者公,而所及者無不饜人之私,以視夫巡行阡陌,問民疾苦,其名實本末必有能辨之者,又何耳目手足、簿書期會之足云?他日入政事堂参機務,願無忘問心也。

贊政廳。在縣堂西偏。嘉靖三十二年,毀於倭。

清節堂。宋咸淳中,董楷提舉市船時捐俸建,人服其廉,扁以是名。

時雨軒。成化八年旱,知縣王崇之與邑縉紳會禱於軒,雨適至,因名。以上三所今俱廢。

土地祠。在儀門左。

寅賓館。在儀門右,今圮。

附常平倉。舊在縣堂東西,知縣史彩建,已圮。今雍正年間,奉文添造。知縣于本宏、張壽建四十八間,在縣署西吏庫。知縣王世濬建十間,在儀門内東西。

監獄。在大門内西門東向。雍正十三年,撥范葵心入官田二十畝作獄田。

縣丞署。在縣儀門外東偏。舊制:董糧丞一,董漕丞一,今董漕丞改屬南匯,其舊署在城南,已廢。

主簿署。在縣儀門外西偏。

典史署。在縣儀門外西偏。

巡檢署。一在縣境西十二里法華鎮,一在縣境南七十里閔行鎮。詳兵防志。

學博署。在縣治東學宫内。詳學校。

附申明亭。在縣治前,明洪武二年建。國朝乾隆十四年,署縣事泰州州判蔣堯年重修。舊制每保一所,共二十六所。舊有善治亭在縣側,旌善亭在縣前,施水亭在縣西,受福亭在縣西,喜雨亭在城隍廟内,觀瀾亭在南門外,一在北門外,今俱廢。

分巡蘇松兵備道署。在縣治東南。

國朝雍正八年六月,奉江蘇撫院尹繼善會同督院疏稱蘇松道有巡緝之責,不宜住居蘇城,應移上海鎮攝通洋口岸,甚爲便易。并以上海係江海要道,請加兵備銜,以資彈壓。部覆,奉旨依議。雍正九年,相度入官廛舍,兼買民地一十四畝,改建公廨一百五十楹。二月經始,閱八月告竣,共費公帑錢四千緡。

巡道王澄慧記:郡國之有使者自唐始,然觀察、經畧、防禦、團練等使時置時罷,迨宋以來沿革不一。明代直省設按察司使一人,蓋即古之觀察。又設有副使、僉事,所以佐其不逮也。國初官制概仍明舊,蘇、松二府向有兵巡道,駐太倉州,巡行入郡,則明澤槁東有駐節之所。康熙二年,改兵巡爲分守,蘇州遂爲治署。二十二年,以督糧道兼之，守道復奉裁。今上即位之二年，以撫臣何公之請，復蘇松分巡道如舊制。八年六月，中丞尹公上言分巡道有巡緝之責，兵民皆得治之，請加兵備銜，移駐上海，彈壓通洋口岸爲便。制曰可。按：上海自明嘉靖甲寅設海防道，以僉事董邦政領其職，募兵三千以備倭，旋以海上無警罷之。今余適承乏是官，問其舊署，不可識矣。乃相度入官廛舍，兼買民地，改建公廨，周垣重門，上堂旁宇，後寢下舍，約畧具備。邑吏士庶聚而觀之，憲度之秩、風紀之揚于是乎在，余重自愓矣。蘇松，通都望國，被海帶湖，地繁而劇，人稠以龎，主客雜沓，愚黠異數。而漁鹽鐵冶、粟菽絲枲之利，人競錐刀。三江震澤、澱山三泖之區善藏奸慝，守斯土者登其堂、思其義，何以肅吾民而使之無犯？何以容我兵民而俾得並生？其何以辨淑慝而樹之風聲？復何以整習俗而會歸有極？苟如是，庶上有以答天子鄭重設官之義，下亦無負中丞轉移調劑之宜。余故記廨舍之經始，并書以自勗云。

右營遊擊署。在縣治西南。

國朝康熙五十九年，奉旨移駐提標右營遊擊于上海，查勘官地，發帑建署，并造營房一千四百間。詳《兵防志》。

右營守備署。在縣治南。

城守千總署。在縣治西。

公館。在縣治東北，即舊都憲行臺，明弘治間知縣郭經建，國朝康熙二十四年改爲榷使署。

乾隆四十六年三月，巡道盛保捐俸建造。

巡道盛保《新建公館碑記》：上邑向無公所行臺，每遇大吏閱兵巡海，及松、太二屬守牧令佐等員因公來集，無所停頓，非借居紳宦之家，即租賃廟宇民房，否則繫艇浦濱，既失攸寧，亦非海邦體制，且恐因循日久，勢必擾累紳民。乃檢查圖册，咨訪書舍，於寶帶門内得巡按舊署一所，蓋此署自巡按停差，康熙二十四年設立海關，遂爲欽差監督駐劄之所。四十年，督關三公諱保者曾加修葺，爲文勒石以記之。嗣於六十年奉旨以是關歸撫部，兼攝撤榷關差員，改委巡道監收，於是此署扃置不居，房宇亦日就坍廢。乾隆三十二年十一月，曾奉部咨將廢署變售，其時衆書舍等緣署旁土地祠乃本關香火，又有舊科房藏貯卷宗，未便價售拆毁，願將工食額銀公捐承買，因而屋址廢，房盡歸書舍。其實儀門以内棟宇全坍，僅存大門照壁，亦凋敝將傾。至左右廊房，地基已久爲民佔，納租歸科房公用。予既確訪情形，遂自捐廉俸，給還書舍等原價，贖回舊址，鳩工庀材，重建儀門、大堂、穿廊、内堂、花廳、書舍、厨舍共三十六間，繚以三面圍墻計八十四丈八尺，大門照壁卸舊增新，又移建土地祠廟門于大門之内，一旦規制重新而景象焕然。計工價用銀一千九百六十兩，絶無絲毫派擾。經始於乾隆三十六年中旬，至四月下浣告成。從此節鉞可臨，軒車可駐，不徒用壯觀瞻，實免于借館維舟，且致有擾累紳宦居民之處。則是役也，雖職分所當盡，亦余于地方公務不敢漠視耳。後之蒞斯土者補苴培護，繼此毋廢，所厚望焉。用是爲文以記之。

附演武廳。乾隆二十年,遊擊戴超、守備顧啓龍建造。

演武場。舊在縣西北積善寺前,明正德九年,知縣黄希英建,嘉靖四十二年遷於北門外韓家橋北。國朝順治十五年,總兵馬逢知遷東門外徐氏園基,東臨大浦,潮勢衝削無存。康熙五十七年,移駐右營遊擊於上海,五十九年詳準遷于南門外舊倉基。

陰陽學。在正陽道院。

醫學。

僧會司。在積善寺。

道會司。在城隍廟。

舊有府館,在縣治西北,海防廳在縣治西,總練廳在城隍廟東,安撫司、酒庫在縣治方浜北,上海務、青龍務、北橋務、蟠龍務、蘆子務、縣市税課局、新涇税課局、烏泥涇課局,今俱廢。

育嬰堂。在縣治南埸水橋東。康熙四十九年,邑人張永銓倡議,曹炯曾捐宅建。中供碧霞元君,爲每歲收育嬰孩之所。先是曹炯曾、李士達、曹炳曾、曹培廉、曹培年司其事,均出重資,并勸捐以供費,後李宗袁、曹錫棟、曹錫黼任之。乾隆三十九年,朱之灝、朱朝棟獨力增建屋宇,規模式廓,復念經費不敷,捐輸難繼,與李宗袁、凌存淳、李焕、瞿秉忠等倡捐義會者三,積六年而餘資以千計,分存在城解庫,按月支息以給用,前人善舉賴以經久而勿壞。乾隆四十八年,喬鍾沂倡議以育嬰餘剩,津貼貧苦老人,每人日給制錢二十文以供饘粥,是年僅敷十人之需,樂善者聞風興起,共事輸將,普濟遺規不難繼美,是所望于來者。乾隆四十八年,司歲李宗袁、朱朝棟、朱木、瞿秉忠、凌鏡心、李應墉,監會陸秉笏、喬鍾沂、曹錫棠、凌廷燮,司月張日灊、張焕宗、楊克昌,司慕琦張焕業、陸錫光、李章、曹樹藩、胡鳳翔、陸大川、瞿學宏、喬漢濱,司堂曹錫惠。

告神文:嗟哉育嬰,事大責重。一受付托,性命與共。我有孩提,朝夕含飴。笑則我喜,啼則我悽。念彼藐然,獨非人子。誰顧誰復,等於敝屣。我既收之,我爲若父。若不得生,曰吾殺汝。戰戰兢兢,以日以月。二三同人,先後相率。某等不德,適承此諾。懼弗克勝,心勞心弱。省視或弛,人將我欺。疎于會計,兒受之飢。是曰予聾,是曰予瞽。況利其資,況誤其乳。贏絀必書,毫釐無忽。粒粒絲絲,兒膏兒血。皇天后土,上下明神。册籍具在,鑒此寸誠。相彼異類,猶相煦沫。矧伊同形,不爲求活。我勞幾何,兒得生存。乃欺乃怠,神不可慢。彼不畏神,彼有子孫。曹一士撰。

知縣李文耀《勸捐育嬰小引》:嘗聞惻隱之心人皆有之,而天下之最足動人惻隱者,莫若遺棄嬰孩。蓋呱呱者,飢寒飽煖未克自達,雖襁褓乳哺,爲父母者出入顧復,尚多疾病殤夭之足慮,乃一旦竟爲抛擲,死生判于俄頃。嗟嗟,誰非人子,誰無父母,而生逢不辰,一至于此耶?今國家聖聖相承,恩綸疊下,省會州邑,咸設立育嬰堂,字弱恤幼之仁,至周且渥。歲己巳仲秋,余奉天子命來涖是邦,採知治南埸水橋東有堂一所,建自康熙庚寅,邑紳梧岡曹公慨捐别業,經營盡善,後裔繼志述事,偕同人輩力行罔倦。予甚喜,謂吾邑之嬰孩可無失所矣。因公接見菽圃曹君,出《徵信録》以示予,條分縷晰,凡所以爲保嬰計者蔑以加之。而捐助銀錢、米苴、花布、花藥等項,數無論多寡，悉于録是載，以此見董事之大公，亦以覘海上之好義者衆也。惟是經營務祈永久，福田尤宜廣種，所貴隨一己之力量，由一念之菩提，交相勸勉，源源施濟，則嬰孩之藉以存活者，功莫大焉。雖贊成善事止全夫惻隱之本心，然惟天好生報施，亦豈有靳？從此世世子孫，爾昌爾熾，何莫不以是始基哉。

邑人李宗袁《育嬰堂徵信録序》：我邑之有育嬰堂自康熙四十九年始，所以揚皇仁、廣慈愛也。曹公世宏爲章昆仲，暨先外祖賓門張公、先君子鶴洲公實創始焉，曹公敬三大椿繼之，或捨宅作堂，或相助建堂，或歲捐重貲，悉心經畫，備列章程，數十年来賴以全活者甚夥。迨後日久費繁，勸募每多不繼。余雖附名司歲，方役役于宦遊婚嫁間，未遑經理也。癸巳春，屬有餘暇，因念前人創舉盛心，不可不力振之以步後塵。因集同志數人，多方勸募以濟公用，又值同里朱公倡捐義會告成，歲有常息，而堂中共事諸君復能同心蕆事，即今歲費無支絀之虞，幼稚亦漸覺長育多而(天)〔夭〕殤尠矣。惟是屢歲豐登，棄嬰尚少，故能辦理裕如。若欲建經久不敝之策，俾豐歉常充，嬰孩得所，是又在仁人君子之解推無已也。至于增建堂屋，重焕舊規，則賴蒼巖朱公賢阮獨力捐助云。堂中向刊《徵信録》，用昭衆善樂輸之名，并紀每月支收之數，當核實開明，期于衆著，因備述建堂顛末，以告世之樂善不倦者。

堂中現行規條：

一、司歲六人，專司義會存摺，每年輪管取息，以供育嬰之用。

一、司月專司收發及察嬰之事，每月輪管其公項，向司歲逐月票支應用。

一、監會專司會項，毋許他用挪移，另有司募、司醫、司租諸人，各盡心力，共勸堂事。

一、每遇朔望日，司月輪流按名逐户察視嬰兒之肥瘠，與夫乳嫗鞠養之勤惰，勤者量給賞錢，惰者隨時更换，共期實心實力，毋憚風雨煩勞。

育嬰義田一百八十七畝有零。内田七十一畝，乾隆七年，監生郭其相助，有碑。

附贍給老人

乾隆四十八年，育嬰堂司歲倡議以存公餘息贍給貧苦老人，是年值堂中嬰多，所費不支，僅贍數人。先是，邑紳朱之淇嘗慕普濟堂善舉，儲白銀三千兩，命子姪俟有倡始者捐助之。及是，邑中好義諸君咸願厚施以成其事，不一月捐數已至數千，分存解庫生息，現可贍給數十人。從兹貧疾高年足資依賴，實爲善事中至急之務，爰將樂輸姓氏并粗定條規附載於後。

邑人喬鍾沂《勸捐小引》：蓋聞國家重養老之文，鄉黨尚引年之誼，際四民之惸獨，更届暮年遭六極之疾貧，偏逢晚景，誰爲挾纊？衣褐無完；孰解輖飢？爨烟欲絶。矧夫就衰，台背難任力作之經營，無告頹齡，更鮮期功之倚藉，似此見聞之可憫，尤宜通變以相周。惟吾上邑夙號樂郊，羣推仁里，桑梓則敬恭成俗，閭閻則任卹爲風。棄寘遺嬰，久體誠求之義；龍鍾暮齒，尚虚軫恤之方。思效良圖，共扶善舉。解囊金而三千，首倡贍沛國之先施；積沙塔而累百，襄成望諸公之繼美。數則以多爲貴，貯質庫而弊絶移挪;用則以利爲衡,立恒規而計□永久。相期協力,弗懈同心,分朔望以兩施,使邁履不煩,更僕胥鰥嫠之並濟,俾寒幃無獨向隅,敢云愛衆以博施,共切憐貧而安老,庶幾桑榆雖逼弗怨窮途,從兹饘粥可謀、羣歌飽德矣。

現行贍給規條:

一、是舉尚未設堂,不能招留彙處,每人各有住址,逐日赴取未免煩勞,一月頓給又虞耗散,今議每月朔望兩次給發必須親赴育嬰堂,司事者驗明執照,每人併給半月贍資制錢三百文。

一、年在六十以上實在貧苦無依,或有殘疾不能謀生者,必須衆議允洽,方准給據,仍註明來路之人,以資查考。

一、領贍給之人各宜安分守己,倘有干犯科條者,即行停給,如遇病故,通知繳據,公議助給喪費制錢三兩。

一、是舉係倡始善端,經費未富,現就所捐銀兩,每千金計其餘息可給十人,人數多寡以此爲率,如有缺額,方准接補,俟公項充裕再議增添。

一、此項銀兩現在仍歸育嬰堂司歲管理,司事者即於司月内酌煩經管,俟設堂蕆事,另立章程。

附載捐數姓氏:共計捐項柒折足底制錢捌千兩,田一百柒拾貳畝零。

朱之淇留捐紋銀叁千兩。兑准七折足底制錢肆千兩。

喬鍾沂、鍾吳奉母命捐伍伯兩。以下捐數俱制錢七折足底。

陸學茨姪培正、培華捐伍伯兩。

李宗袁男心耕、孫旦華捐肆伯兩。

李炯姪應墉捐叁伯兩。

瞿逢世、逢運、穎川捐叁伯兩。

黄其順捐貳伯兩。

黄酬志捐貳伯兩。

鹺務公堂捐貳伯兩。

龔懋源捐壹伯伍拾兩。

山紹文捐壹伯伍拾兩。

喬照捐壹伯兩。

吳培本捐壹伯兩。

姚國翰捐壹伯兩。

王坤培捐壹伯兩。

沈静捐壹伯兩。

馬昌麒捐壹伯兩。

楊枝茂捐壹伯兩。

盛璽捐壹伯兩。

周家誠捐壹伯兩。

關清科捐壹伯兩。

唐郭萬豐捐壹伯兩。

鄭淦捐田柒拾貳畝伍分。坐落青浦縣黄渡西，并瓦房壹間半。

南匯楊修年捐田伍拾畝。坐落二十四保二十二保。

沈朝鼎捐田貳拾畝。坐落十六保三十一啚。

曹錫桐捐田貳拾畝。坐落十六保三十一啚。

曹錫棠捐田拾畝。坐落十六保四十四五啚張字圩。

同善堂。在縣城虹橋南。乾隆十年，知縣王侹捐俸，率闔邑紳士商民公建。基地壹畝有奇，共房壹拾陸間，并魁星閣、惜字井，中供文昌神像，爲每歲施棺掩埋、施藥惜字諸善事之所。邑人邢正銓、金應杓、喬承頤、王箴、唐堯德、方文耀司其事。又設義塾，延師以教幼，學堂有義田不敷經費，每歲恒資勸捐以給用，邑紳李宗袁等現倡義會以籌備焉。

乾隆四十八年，董事紳士李宗袁、喬鍾沂、邢正銓、金應杓、李學元、楊克昌、張焕宗、王宗柳、毛肇烈、司慕琦、喬漢濱、胡鳳翔、張渟。

分巡兵備道廣安《同善堂碑記》：嘗聞吉人爲善，惟日不足，人之好善，其性然矣。第善端發見而不能擴充，其本然之善心遂汩没而不復萌焉者，是豈人之情哉？抑由在上之教不宣，即有欣欣向善之心，無以啓其機，爲可惜耳。聖朝重熙累洽，百年以來，凡仁心善政、惠養元元者不勝枚舉。上行下效，草偃風從，光被之下，每令人好善之心不覺油然自生。戊辰冬，予奉命觀察蘇、松。甫下車，即知上海縣有同善堂，凡濟物澤人之事，無不黽勉行之，予造其堂而深喜之。夫海隅小邑，樂善不倦如此，是知人性本善，亦易於復古，海邦士之沐浴於聖化者深矣。宜風俗之日登於仁厚焉，因爲之記。

知縣王侹《施棺碑記》：天下顛連無告之苦，而至貧無以殮，父子不能爲恩，夫妻不能盡愛，雖敝帷敝蓋而無所具，其勢迫而心痛，有不可以言語形容者。苟有能體脱驂麥舟之義，罔不慨然以興焉。乙丑夏，予蒞海上，備採風俗，知同善堂諸人有施棺之舉。先是，縣貳尹阜城寧君彰其善，於提要之册已悉大概，未匝月而諸紳士復進其施棺《徵信録》暨擬行諸善規條，以建堂同善爲請。予欣焉嘉之曰："此善俗也。夫輔翼作興，非宰誰任？"遂捐俸諏吉，爲之經始，踰年而落成。創其規者則維邢君正銓、王生箴、唐生堯德、方生文耀等，繼之者則金生應枰、難弟應杓、喬生承頤輩，而商士謝鸞捷、王以寬等亦爲贊勷經理焉。施棺之外，並置義田以爲掩骼，而堂之規遂大備焉。予臚實以請於各憲，蒙準壽諸貞珉，以垂不朽。

分巡松太道、今兵部尚書、總督河務李奉翰譔序：《春秋》以善善欲長爲義，《孟子》與人爲善，亦即此意。顧天下事，莫爲之前雖美弗彰，莫爲之後雖盛弗傳，相須相遇之，故韓昌黎嘗三致意焉。上洋自乾隆乙丑邢、金諸君創立同善堂，會舉衆善，三十餘年不輟。癸巳歲，新斯堂者爲李太守、陸封翁、喬光禄，增建義廬者爲程兆基，而始終董其事、詳其規制者，則邢、金兩州司馬也。内置田，設義塚，施棺掩骼，以及施藥、惜字、開義塾，凡所以濟物訓俗者罔弗備興，非有好善紳士經營於始，擘畫於繼，綿綿延延無已，曷以美且盛焉？春間，予奉恩命，觀察是邦，曾出所攜唐明府心齋《臨政問心編》，徧示牧令，良以其詮釋宣陵吕司寇公所載容城楊忠愍公《治獄四要》，庶幾與人爲善，藉以相勗，是亦善之無間於存心也。而海上諸紳士通是，亦爲政之心，廣施陰騭，《易》曰："善不積不足以成名。"諸君固非務名，然令名載而行之矣，諸君其益勉旃。

署知縣巴哈布譔序：《易》爲包涵天地古今之書，首稱乾元元者，善之長也。攷乾之象有親上親下、聲應氣求之理，故遇文明而後同人。同人者，同此心之善也。善能同則利可斷金，言如蘭臭，故君子孰大於與人同善哉！海上人夙嚮善，有同善堂，甚盛舉也。玆綰邑篆邢君正銓、金君應杓等以同善堂《徵信録》問序，繙閱之下，歷任道府大憲序之綦詳，即予兄河制昔觀察松太時亦嘗序之。堂中經理區畫井井有條，凡施棺瘞埋、義學義田、文會儲才、醫藥拯疾，爲利切於桑梓者罔不備列，而統攝輪年，按季各有專司，稽出納合於《周禮》，日成月要，歲會之計，抑何思慮之周而慕義無窮如此。《詩》曰："靡有不初，鮮克有終。"三十年來勸輸不倦，衆善同心。堂之善，其與育嬰之澤，及幼稚相輔而行，並廣皇仁於無已矣。更聞諸紳士將創始普濟堂，以及顛連無告窮民，予更樂與之觀成矣。諸君尚矢之以誠，行之以果，成之以裕，守之以恒，而不懈於體乾元之善、濟美同人也哉！

堂中現行規條：

一、施棺。貧民無力殯殮者向堂報領，常年領數彙刊《徵信録》。

一、掩埋。每年清明下元節，於四郊義塚瘞埋無主棺木，並間遇潮灾撈埋尸櫬。乾隆十二年七月潮灾，紳士喬楷、邢正銓、金應杓等打撈屍棺壹千玖伯伍拾捌棋；乾隆四十六年六月潮灾，邢正銓、謝敬仁等打撈浮棺散骨貳伯餘棋，俱立案義廬義塚，詳載墟墓。

一、施藥。常年秋間，於邑廟藥王殿虔製太乙丹、六合定中丸，施療民疾。

一、義塾。始自乾隆丁卯歲，邑紳李宗袁等倡始，出脩脯延師，里中貧民子弟羣來肄業，更於堂中雅集文會，以爲童蒙觀式。

同善堂公捐義田壹伯伍拾肆拾叁分，瓦房伍間，每年取租充施棺掩埋公費，至公捐義塚、掩埋田畝及建造房屋俱不在内，另列墟墓後。

邢正銓共捐田十一畝。

徐衡士共捐田三畝。

黄士昌共捐田二畝五分。

金應杓共捐田二十七畝。

程傅岩共捐田六畝。

朱之灝捐田八畝。

趙鳴玉及荳行程傅岩等八家，并同善衆姓，公買田四十二畝。

喬郭紳捐田三畝。

顧廷銓捐田一畝。

胡士英捐田一畝。

奚全觀捐田七畝四分。

劉益美捐田六畝七分。

張元臣捐田二畝。

王大英捐田一畝五分。

劉允修捐田一畝五分。

沈恒勗捐田一畝。

姜廣仁捐田一畝。

毛開周捐田一畝。

胡汝楨捐田三畝。

堂中公買田二十四畝六分。

邢揆九捐瓦房二間，基地五分。

潘聘三捐瓦房一間。

高廷芳捐瓦房二間。

學　校

吾郡自宋始立學，滬城自元至正之季鎮升爲縣，而學制始備。乃自有明三百年以來，迄於本朝，名臣碩儒，後先輩望，其於學則彬彬矣。若社學、書院亦古鄉學遺意，助流政教，非細故也。況當右文盛典，軼於往古，凡所以振作人才，仰承天子意者，可不先以教育爲兢兢？

縣學。在縣治東，本上海鎮學也。宋咸淳中，鎮人唐時措市韓氏屋立文昌宫，請於監鎮董楷，作古修堂，爲諸生肄習所。元至元二十八年，鎮升爲縣。三十一年，知縣周汝楫乃更爲縣學，繕葺未竟。明年，廉訪僉事朱思誠以按部至，委邑人費拱辰成之。

元貞元年《建學記》：邑有學，始於漢。至魏，令縣五百户置校官，置鄉學。宋置縣學，蓋取古者"鄭人游鄉校，百里皆有師"之遺意也。上海舊爲鎮，嘗像先聖先師於梓潼祠，又有古修堂，爲諸生肄習之地。至元辛卯，割華亭東北五鄉立縣。甲午，榜縣學，縣尹周汝楫洎教諭諸執事方營建未遑。聖上龍飛，首下崇儒之詔。明年改元，浙西廉訪僉司朱君思誠按行是邑，適與余偕至。越二月朔，率屬拜宣聖殿。時縣僚迫以田糧四出，皆不得與邑事，因委鄉貴萬夫長費拱辰修葺之。乃飭正殿，完講堂，買鄰地而起齋舍。不三月，沈沈翼翼，如至鄒魯之間，游洙泗之上矣。上洋襟江帶海，號東南壯縣。今廟學一新，將見聞絃歌之音，覩鄉飲酒之儀，化番商爲縫掖。其或禮義不行，人材不出，獄訟不稀，盗賊不息，余弗信已。既畢工，書興學之由，俾刻諸石。若夫棟宇之未備，器皿之未全，圖像之未足，尚有望于邑之諸君。松江府知府兼勸農事張之翰記。

大德中,松江判官張紀、縣丞范天楨增拓學宫,於是學制始備。

大德元年《修學記》畧:上海縣介在海濱,商賈百貨所輸會,昔治以鎮,至元二十八年始陞爲縣。惟時官署吏舍往往更置,未暇興學。海道運糧萬户費侯拱辰念里居於是,而學弗立,顧舊有梓潼祠,非有功兹土,乃改爲學。材章、夫役、器用之資,咸出費氏。侯没而學浸壞。大德六年夏,松江判官張君紀始議修整,縣丞范君天楨欣然以爲己任,首捐俸錢爲衆倡。作軒於殿外,又新夫子像,繪先賢兩廡。爲外門三、學門一,朱扉儀戟,舉以法。階戺渠道,治使端直。尹辛君思仁助爲垣一百三十尺,前通泮水,施橋其中,復古諸侯學宫之制。其春秋薦奠、廪士養老,則府以其學田若塘畀之,合爲畝五百有奇,租以石計者一百五十有羸,可以經久。按上海,春秋句吴之地。吴小且遠,季札知樂,始通上國。今天下一家,地大物衆,海隅商賈百貨之區,禮殿儒宫,嚴嚴翼翼,粲然不異鄒魯。昔子産不毁鄉校,君子韙之,今賢令丞奉上德意來治兹邑,非直勿毁,又能增新完固,以期久遠,是所幸也。士居是學,朝思夕厲,講求德業,則兹學之立,豈特游息之所,新美之觀而已!集賢直學士趙孟頫記。

至大三年庚戌,廉訪僉事吴彦升遷學於縣治之西,邑人都轉鹽運使瞿霆發助田以建學。

至大三年《舍田遷學記》畧:古者比閭之法,庠塾之教,必合二十五家之子弟以教之,於是司徒選士之秀者升之學,曰俊士。升於司徒者不征於鄉,升於學者不征於司徒,曰造士。欽唯國朝,璽書下學,見於至元之甲申、至大之己酉,勉厲學校,宣明教化,必惓惓於風憲之專職。於是,廉訪副使商公繼顯分臬松江,改撥府學田七頃,而荒蕪者二頃,祭器、書籍、殿堂、齋序咸闕焉。至大庚戌,僉憲訪事吴公彦升巡按是邑,慨學宫之隘陋,思所以新之。邑先達瞿公霆發,買民田五百畝有奇,入之學宫。又捐貲,以助建學之費。乃相基址,得官地十五畝于縣之西,俾同知府事帖木兒海牙董其役。竊觀《易》之《頤彖》曰:頤"貞吉",養正則吉也。"觀頤",觀其所養也。"自求口實",觀其自養也。《禮運》曰:治國不以禮,猶無耜而耕也。而今而後,必修禮以耕,必陳義以種,必講學以耨,必本仁以聚,必播樂以安,毋荒厥志,毋餒其氣。此自養之説也。内外交相養,其學不懋矣哉。前浙東海右道肅政廉訪使臧夢解記。

延祐元年甲寅,縣丞王珪改建於縣治東。即今學也。凡更一丞三尹,而學乃大成。學之勝概有天光雲影池,中有片洲,其上有止菴,北有杏壇,東有盟鷗渚、舞雩橋、洗心亭、酸窩、古井、蕉石,堂前有古松梧竹無數。今唯池尚存,餘皆廢。

至正十一年辛卯,縣丞張議重作廟門、齋舍,知縣何英作明倫堂於廟左。

至正十一年《修學記》畧:縣之有學,其來尚矣。歲久弗葺,齋舍隳圮,師生靡寧。監縣忠武兀奴罕公、縣侯承務張議始至兹邑,瞻顧咨嗟,大懼學政之不修、教基之廢墜也,曰:"唯政本莫先於教,辟雍、泮宫載在《雅》、《頌》,古人爲治,蓋自有本哉。"於是捐俸以倡,幕佐姚良能、阿德彌實謀畫贊襄,邑士費雄等咸輸金助役。爰命教諭于逵慎歲租之入，節廪稍之費，鳩工貿材，凡椽棟宲柱蠹腐橈折者易之，齋廬門廡之未建者完之。瓦比甎甃，上安下寧，户牖洞達，丹堊炳焕，重簷翼翔，廣庭砥平。瞻宫墻足起其敬肅之心，居齋舍足安其講習之志。壯麗宏偉，中式度程。凡創造櫺星門、大成殿門、齋舍二十餘楹，垣墻則益其卑而高焉，廊廡則撤其故而新焉，講堂則因其舊而甃緻焉。上人覺玄者，感誠嚮化，舍田蕩六百畝有奇，輸於學，歲租之入，永嗣修葺之費，俾已成之功保全勿朽。上人異教殊科，嚮慕若此，宜乎化行俗美，閭里巷社絃歌聲聞矣。翰林侍講學士、中奉大夫、同修國史、知經筵事黄溍記。

至正中，知縣劉輝遷文昌祠於學宫北。

《文昌祠記》畧：上海始爲鎮時，東有文昌祠，鎮既升縣，遂改爲學宫，而祀其神於東廡。至正五年冬十月，縣尹劉侯下車，展謁學廟，見廡下祠，顧謂教諭章服曰："此非祀神之所也。神教人忠孝，其功爲大，聖朝既錫號，故祠祀之於學，終不若專祠爲安。"服感侯言，邑士章伯顔慨然以爲己任，乃除地學宫之北，爲屋四楹，像設正中，工未畢而侯以憂去，服亦秩滿遷，教諭朱以寧力就其緒，復以侯意勸章，即祠前爲軒三間。于是籩豆有秩，序列有容，堂宇靚深，塗塈鮮餙，稱夫神明之居。經始於丙戌十月，落成於丁未春暮。徽州路歙縣儒學教諭屠性記。

明洪武中，同知王文貞築射圃，建觀德堂。

十一年，同知王文貞修復學宫。

洪武十一年《圖籍記》畧：學校，天下之本也。舍嬴秦而下，雖六朝五代喪亂之極，猶不之弛，知爲之本也。故天下之治，則守綱常，循禮樂，遵制度而耻爲違道。設有不幸，亦全節守義，代不乏人，所謂教道之結於人心也。上海爲縣自至元二十八年始，其有學則自三十一年。首創之者，縣人宣慰費公拱辰。因而隆之者，判官張侯紀、縣丞范侯天楨也。垣而周之，通導泮水，復古學宫之制而廪土養老者，縣尹辛侯思仁也。更大殿址，崇廣殿宇，加敞廡序，裒贍其田糧，增置生員者，僉憲吴侯彦升、縣丞王侯珪、運使縣人瞿霆發及縣尹張侯如砥也。其重修者，縣丞張侯議也。創教諭之廳，開講習之堂，糾其德望之士而以規以矩者，縣尹劉侯文大也。老者有所遵也，少者有所造也，學者盛而庠舍勿容也，别建明倫堂及東西齋者，縣尹何侯緝也。非禮無以將其敬也，非樂無以達其用也，置禮器、雅樂、籩豆、罍爵者，縣尹蘇侯宗瑞也。嗚呼！學其至於大成矣。夫物有盛則有衰，有隆則有替，基侵於强民，類私於鄰叟，舉之聚之，復而完之者，其今郡同知王侯文貞也。不有作者，誰其繼之？繼將不及，作亦何爲？若王侯者，可謂善繼其作矣。又慮夫其所舉者或覆，聚者或散，復者或失，畫之圖，紀之籍，俾爲方來者守。於是，勒之貞石，以永無窮。顧彧撰。

正統四年己未，提學御史彭勗、巡按御史蕭啟，命知縣張禎大作學宫，建文昌祠門，創射亭及學之後堂。

正統五年《修學記》畧：今天子莅祚之初，特命公卿大臣慎選學行堪爲後學儀表者一十三人，授以風紀之職，分處天下，各賜璽書，俾各遵守奉行之，期得賢才以致治。乃少傅楊公首舉吉之永豐彭公祖期爲監察御史，專督畿内諸學。正統元年九月，駐車松之上海邑庠。謁聖之餘，覩諸廢墜，曰："是誠典玆土者之過也。"維時郡倅清河潘侯俊、建陽滕侯康、邑令東皋張侯禎、丞浦城蔣侯文凱，祇承恐後，同鳩材傭工而經營焉。若殿廡齋宇、明倫堂門則撤而新之，文昌祠門、明倫後堂、射亭、生舍則特建之，戟門、饌堂則改朽易堅，以及祭祀器物亦皆一新。越四年冬，公復按臨，瞻玆棟宇翬飛，百爾具備，喜溢於色。顧研記之，垂勸後來，砥礪後進。由是賢才彬彬而出，無負少傅公所薦，足荷聖君付託之重，而爲後學儀表矣。仲秋既望，訓導徐研記。

八年癸亥，颶風壞學舍，巡按御史鄭顒復修，好義者出私錢助之，學舍復新。時陸友常建文廟，陸大本新櫺星門、學門，金彦英立饌堂，完教諭宅，曹永常完戟門。

天順中，知縣李棨改建講堂，增兩齋。

成化十一年乙未，知縣劉宇買學北隣地以闢射圃，重建觀德堂及左右廡，遷文昌祠於學之東南隅，以其地改立生舍。

《觀德堂記》：上海，東吴鉅縣，學政舉弛係令賢否，尚矣。成化甲午夏，鈞州劉侯來令是邑，首謁學宫，進諸生講解畢，次觀射於圃，病其地隘，毅然以開拓爲己任。明年春，捐俸鬻學北隣地，廣袤若干，於中搆觀德堂及左右廡，凡弓矢樂器之類靡不完美。每朔望莅學必舉行之，未至三載，成德達材者彬彬而起，謂射不足養人於德乎？又以文昌祠舊逼僧舍，乃遷於學東南，以稱神棲。改創東西號房，徙學門、櫺星門、文昌門並峙而南。置學官公廨，修養賢堂，添繕庫房，嚴嚴翼翼，以次興舉。學諭郭儀、司訓陳元録、盧繼明謂不可無紀，乃囑誌其事以美之，學士錢溥記。

二十年甲辰，知縣劉琬作尊經閣於明倫堂北。

《尊經閣記》：成化二十年，上海縣儒學尊經閣成。是閣也，邑宰宜春劉侯治縣，又明年，百度咸舉，庠舍一新。又議地於明倫堂北，建閣數楹，以貯六經、聖朝御製諸書，及百家子史，無不具在。而獨以尊經名，經以載道也。劉侯知經學所當重，乃倡斯閣以尊崇之，俾諸士子誦習之餘，游焉息焉。作新之功，豈出文翁下哉？侯名琬，字德資。侍郎錢溥記。

弘治七年甲寅，知縣董鑰市地東南隅，以廣學舍。

十二年己未，知縣郭經築大成殿、講堂、前月臺。

正德十四年己卯，知縣鄭洛書重建大成殿、養賢堂。訓導劉昱樹栢於廟門，劉充增造祭器。知縣鄭洛書重修觀德堂及廡。今廢。

十六年辛巳，知縣梅淩雲以義租重修學宫。

嘉靖九年庚寅，詔天下釐正文廟祀典，改大成殿爲先師廟，作啓聖祠。

先師廟，國初仍元舊，稱大成至聖文宣王，像用冕服。其配哲從祀稱公、侯、伯有差，皆有像。殿曰大成至聖。嘉靖時，大學士張孚敬議易像以主，改稱至聖先師孔子，四配稱先賢某子，十哲、七十二賢稱先賢稱名，春秋以後諸儒稱先儒稱名，歲以春秋仲月上丁日致祭，改殿曰先師廟、啓聖祠，追祀孔子父叔梁紇爲啓聖公，以先賢顔路氏、曾晳氏、伯魚氏、孟孫氏配享，從祀程珦、蔡元定、朱松。至萬曆間，用科臣議，增祀周輔成焉。丁日先祭啓聖，而後祭孔子。

萬曆三年乙亥，知縣敖選重修學宫，增置學廛於東南隅，改修文昌祠。

九年辛巳，教諭徐常吉作三友軒。

萬曆九年《三友軒記》：余至海上之明年春，諸生以學舍湫下，將爲余搆堂於其側，既卜址，弗果。及是夏潦，廨水盈尺，僕褰衣涉，與蛙上下，婢子着屐汲炊，時時仆水中，室人誶誶謫我。于是諸生復申前議，各捐私鏹，余亦佐以升斗之費，爲屋三楹于廨之西偏。落成，因楣曰“三友”，蓋取益者之意。客有問於予曰：“子之於此傳舍，矪燥濕之不時，而奚以更諸爽塏爲？”余曰：“予之故里去此不五百里，而近猶桑梓也。吾唯於此日進三益，相與揚搉古人，披瀝衷素，時或户外屨去，扃關兀坐，龍見天游，虚室生白，吾尚不知天地之有高下，而奚知蘧廬之有彼此？又奚數數焉較貧與冷爲？”既以語其人，退而爲之記。教諭徐常吉撰。

十二年甲申，知縣顔洪範重修學宫。廣明倫堂、月臺，填教諭宅污池。

十九年辛卯，知縣楊遇命義民朱錦重修學宫。

三十年壬戌，知縣劉一爌闢文廟地。時新作黌門，勒文於壁，曰“壁水宫墻”。

四十七年己未，知縣吕濬重修學宫，復學前侵地。

崇禎七年甲戌，知縣劉灒修葺啓聖祠、明倫堂。

國朝順治三年丙戌，知縣孫鵬修整文廟、儀門。

八年辛卯三月，禮部申學政六條於天下學校。本年，知縣姚修蔚、教諭高遇修造東廡、西齋，重造三友軒。

九年壬辰二月，頒卧碑於天下學宫。

十五年戊戌，知縣陸宗贄、教諭許三奇修文廟。

十八年辛丑，教諭曹忱增葺文廟及文昌閣，知縣涂贄、訓導王汝礪共襄厥成。邑人朱錦有記。

康熙十年辛亥，知縣朱光輝重修宫墻八十餘丈，教諭陳迪葺治尊經閣、名宦鄉賢祠。

十三年甲寅，疾風，文廟壞，知縣陳之佐重修，教諭馬廷桂董成之。郡人許纘曾有碑記。

十六年丁巳，邑人孫仕範捐資重新兩廡先賢、先儒木主一百餘座，子大經修儒學儀門。教諭馬廷桂有碑記。

十九年庚申，知縣任辰旦重修啟聖祠、大成殿暨儀門、兩廡。

二十二年癸亥，知縣史彩重修兩廡，并重築文廟前月臺丹墀。

二十四年乙丑，知縣史彩重修于欞星門外，復浚池瀦水，至明年丙寅告成事，計樂輸捐俸共二千兩有奇。邑人張錫懌重修啟聖祠。

雍正十年壬子，蘇松分巡道王澄慧捐俸重修。

巡道王澄慧《修學記》：國家廟祀孔子，視前代典最隆備。聖祖仁皇帝躬屈萬乘之尊，行九拜禮，復升朱子次十哲位，明孔子之道所傳。皇上即位，首加封孔子五代王號。又命海内學士臨文避諱，凡六經所用及郊祀鉅制外，悉改本字形體，蓋尊師重道之意於是爲至。顧官吏奉承有祇有怠，振作而興起之不可以後。上海學宫，宋元歷明迄今，代崇其規。自康熙二十四年重修後，未有繼者。雍正八年，余移駐兹邑。肅謁廟下，見榱棟朽敝，學堂齋舍夷于榛莽，大懼無以承詔旨、宣布教澤。會攝榷關事，釐公項得銀三百七十一兩，請于中丞，以新廟學。而縣令秦君士顒復佐余不逮，爰屬學博李君射斗董其役。鳩工市材，易腐增缺，凡欞星、儀門、宫殿、兩廡暨祠宇、旁舍、明倫堂、尊經閣，咸焕然改觀。暨又以紳士之請，擇學宫東南隅鼎建奎星閣一座，六楹三層，高與大成殿埒。蓋形家言"巽方高聳，最利文運"云。是役也，始于雍正十年壬子仲冬，至甲寅夏乃潰於成。共費銀一千五百八十兩有奇，其中紳士樂輸者五百二十兩有奇。至祭器、樂器之缺，與經籍之不存者，以俟力有餘，次第完之。繼自今，有司學官諸生歲春秋行禮，對越惟嚴，以仰副聖朝尊祀先師之典。而諸生退即于學，敬修所業，以求不畔於聖人之道，將作賓致用，型仁厚俗，余敢不勉勉以冀。

大成殿。先師位正中向，四配、十哲分列東西向。

本朝康熙二十三年甲子，聖祖仁皇帝頒御書額曰"萬世師表"。

五十一年，升宋儒朱子熹爲先賢，列十哲之次。雍正三年，世宗憲皇帝頒御書額曰"生民未有"。乾隆三年，皇帝頒御書額曰"與天地參"。殿覆黄瓦，又以有子若列十哲之次。

教諭成祖猷《恭紀御書"與天地參"匾額》詩："德教昌明日，皇風廣被時。品題符大道，揚扢契前知。義闡古今秘，文敷龍鳳姿。三才弘化育，六合戴君師。禮樂綿隆運，詩書衍教思。澤周山海國，光照聖賢祠。翰墨來宸極，昭回入泮池。千秋紀盛事，章彩下彤墀。"

兩廡。先賢、先儒分列東西。

本朝雍正三年，增祀蘧瑗、復。林放、復。秦冉、復。顔何、復。牧皮、縣亶、公都子、樂正克、公孫丑、萬章，升宋儒周敦頤、張載、程顥、程頤、邵雍爲先賢。

本朝康熙五十三年，增祀先儒范仲淹。雍正三年，增祀鄭康成、復。諸葛亮、范甯、復。尹焞、黄幹、陳淳、何基、魏了翁、王柏、趙復、許謙、金履祥、陳澔、羅欽順、蔡清、陸隴其。乾隆三年，增祀吴澄。

崇聖祠。舊名啟聖祠，在文廟北。乾隆九年，知縣王世睿重修。

本朝雍正元年，詔封先師五代王爵。肇聖王木金父，裕聖王祈父，貽聖王防叔，昌聖王伯夏，啟聖王叔梁紇，祠改今稱，配享及從祀如前制。又增從祀先儒宋張迪。

名宦祠。明正德己卯，知縣鄭洛書作仰高書院，祀名宦、鄉賢。後建祠戟門外，左名宦，右鄉賢。
晉左將軍吴國内史長合侯袁崧。
宋松江市舶分司上海董楷。
元知松江府事僕散翰文。
明上海令祝挺。
治水户部尚書謚忠靖夏原吉。
巡撫南直隸工部尚書謚文襄周忱。
上海教諭趙正。
巡撫南直隸兵部尚書王恕。
巡撫南直隸右副都御史謚惠安彭韶。
提學御史陳選。
知松江府事樊瑩。
上海令李棨。
上海令鄭洛書。
上海令黄文煒。
上海令徐可求。
巡撫南直隸副都御史周起元。
上海令徐日久。
上海令彭長宜。
國朝巡撫江南陞禮部尚書謚文正湯斌。
總督兩江兵部尚書于成龍。
總督兩江兵部右侍郎謚清端傅臘塔。
總督兩江陞兵部尚書范承勳。
巡撫江南太子太保吏部尚書宋犖。
督學江南參議道邵嗣堯。
督學江南張榕端。
督學江南許汝霖。
總河陳鵬年。
總漕郎廷極。
學院張泰交。
守備贈都司司起龍。
巡撫江南禮部尚書謚清恪張伯行。
學院張元臣。
上海教諭陳迪。
督學江南順天府府尹余正健。
鄉賢祠。
唐中書侍郎平章事陸贄。
後唐貝州宗城令顧謙。
元平江運糧萬户侯費拱辰。
浙東都水監任仁發。
浙江行省員外郎楊乘。
明文華殿大學士全思誠。
淮安府長史李伯璵。
江西布政司參議蔣性中。
江西建昌府知府張紘。
福建福州府知府朱豹。

湖廣布政司參議張萱。　　四川左布政司沈恩。

詹事府詹事贈禮部右侍郎謚文裕陸深。

御醫贈光禄寺少卿顧定芳。

左都御史贈太子少保謚恭定潘恩。

南京工部郎中李昭祥。　　貢士張泮。

右通政趙灼。　　魯山王府教授蔡紳。

巡撫山西右副都御史唐繼禄。

陝西按察司副使潘允哲。

南京通政使艾可久。　　四川右布政使潘允端。

雲南按察司副使喬木。　　陝西布政司參議王圻。

山東按察司副使黄體仁。

贈浙江布政司參議姚繼禄。

四川布政司參議喬拱璧。

山東右布政司參議張景平。

贈工部郎中朱察卿。　　太醫院吏目曹國裕。

福建建寧知府張元玘。　　江西永寧知縣陸明允。

文淵閣大學士贈太保謚文定徐光啟。

中書舍人徐驥。　　右布政使張所望。

貴州石阡知府陸郯。　　羅定州知州包爾庚。

國朝贈通議大夫葉蕃春。

左副都御史贈通議大夫葉有聲。

贈工部侍郎謚忠節葉映榴。

浙江遂安縣知縣曹垂璨。

贈奉政大夫周叔魯。　　太學生周璵。

浙閩總督謚清惠施維翰。

贈光禄大夫刑部尚書張尚文。

翰林院庶吉士己亥會元朱錦。

直隸滄州知州王承庚。

贈文林郎孫仕範。　　廪貢生沈求。

江西贛縣知縣曹炯曾。

贈奉直大夫吴中毅。

乾隆三十二年丁亥，巡道勞宗發諭知縣于方柱、張世友改建學宫，邑人朱之淇、之灝、李宗袁、淩存淳、黄雲師、李焕、喬鍾沂、曹錫棠、李朝宋及闔邑紳士公捐告成。邑人徐秉哲、喬鍾吴、劉應璧、淩應曾、沈崇勳、張焕宗、張日濳、金燦文、潘熙陛董其事。

牌坊二座。東曰興賢，西曰育才。

宫墻璧水。

櫺星門。

泮池。　　石橋三座。

大成門。三間。門内丹墀東西兩廡各九間,門外東名宦祠,西鄉賢祠,各三間。

大成殿。五楹。

崇聖祠門。三間。

崇聖祠。三楹。

學宫大門。三間。　　儀門。三間。　　兩廊。

官廳。三間。

明倫堂。三間。

尊經閣。

射圃。

天光雲影池。

學署樹人門。二間。　　儀門。一間。

土地祠。三楹。

堂齋。三間。

書齋。三間。

内室六間。　　廂屋。二間。

巡道勞宗發《重建學宫記》:學校者,風化之本,人材所由出也。聖天子雅意右文,鈞陶一世,薄海人士喁喁向化,上思備國家之應求,次亦爲鄉黨之自好。凡以教之有地,故人日向方,其典甚重,其制宜加崇矣。顧琳宫梵宇徧天下,而郡邑之學或任其卑隘傾頹,不加整理,豈守土者習于簿書期會,不暇及歟?抑前憚於謀始,後則莫與觀成,以至于是歟?上海自至元中始立縣,大德中改文昌祠爲學,後雖屢有修葺,而大成殿僅三楹,兩廡止長數丈,春秋歲祀,奉豆籩執羽籥者肩摩踵接,幾無餘地。且屋宇傾欹,墻除殘缺,將何以昭誠敬、端治本耶?乾隆丙戌春,余奉簡命觀察蘇松,使署舊在上海,任事之明日,肅謁文廟,顧而歎曰:"上邑固大邑,且人文藪也,何學之失修若是?"邦人士盍謀鼎新之,聞者皆踴躍從命。于時,上海令山左于君方柱倡其始,繼則秭歸張君世友董其成,邑之紳士莫不争先樂輸,集白金九千餘金,鳩庀畢功,更有邑紳朱氏昆弟修尊經閣,建敬一亭,獨出己資至千數百金,尤人所難焉。是役也,始於乾隆丁亥冬,落成於戊子之夏。卑者崇之,狹者廣之,峩峩翼翼,均易舊觀。于事爲因,于功爲創,一切工料之搆貴、金錢之出入責之紳士董理,官胥一無所與,并公延原署學博崑山顧君惇量總核其事,而學以成。夫自二氏之教行,吾儒亦復溺惑其説,相與崇飾土木,以求福利。今上海紳士獨知學校之重,一加倡導,無不捐輸恐後,俾向之卑隘傾頹者一舉而焕然,巍然以妥靈爽而登教育,是蓋由聖化涵濡之久,海隅率俾,故人皆觀感興起而崇尚正學若此。夫導揚聖澤以獎勵人材,觀察之責也,因樂其成而書之。

三十二年,邑人朱之淇、朱之灝建造敬一亭。

署巡道韓錫胙《敬一亭記》畧:敬一亭者,上海學中供奉御書之所,薦紳朱氏之淇、之灝兩兄弟所建也。先是,上海學宫圮,武林勞公觀察駐上海,率上海令捐俸廉,集紳士仔肩其事。自先師廟、明倫堂外,貲財不繼,羣議置尊經閣爲後圖。朱氏兩兄弟瞿然曰:"好義不終,何以聞于隣邑?且聖謨洋洋,褋諸陳編殘簡中,非敬也。"遂獨任尊經閣,而兼剏敬一亭于閣後,勞公撰碑嘉之。蓋聖賢所以教人者,知與行而已,尊經致知,明倫力行。洪惟列聖,繼天立極,教思無窮,製卧碑及訓飭士子于學宫。我皇上復親灑翰藻,示諸生立志之要,更頒十三經、二十三史與諸子百家之書藏弆各學,俾諸生以時講貫習復,經明行修,爲有體有用之材,意何其肫且備哉!雲漢天章,儲之惟謹,故懸象魏之令,在邑既有申明亭而凛咫尺之威,在學宜有敬一亭也。余前作宰寶山,趨謁勞公,遇春丁從公陪祀,方見朱氏畫基址,聚木石,爲築室倡始計。越五年,余從新安移守松江,權觀察篆,則學中亭閣早已落成,而又環以欄檻,砌以階石,峻以垣墉,所費過千餘金,材富而功倍,多前營度時所未及者。傳聞朱氏兩兄弟俱早貢成均,名在銓曹,可仕進,乃怡悦林泉,皓首同居,以課其子孫,而于學宫風化之地,不惜貲鏹以崇隆而丹堊之,豈非知本未輕重君子人哉!因推勞公之意而詳書之。

乾隆四十四年己亥,巡道盛保重建奎星閣。

《重建奎星閣記》:長白盛公恭膺簡命,觀察松太兩郡,駐節上海。下車以來,事事爲國爲民,百廢具舉,尤以作養人材爲先務,故于敬業書院多方培植。又以湧泉亭地脉爲文運攸關,特隆修舉,兹復捐廉俸重建奎星之閣。其功德益大且崇,是烏可以勿記稽。閣創始於前觀察河南王公諱澄慧,度地學宫巽方,築樓三層,供神像以應斗垣。告成在雍正十二年甲寅歲,而乙卯、丙辰、丁巳連掇巍科、洊登顯位者不一而足,人皆歸美於奎星閣之高聳文峰,上關象緯,兆斯鴻爍效彰彰矣。迺自己亥歲閣失于火,科名漸稀,有志者屢議興修,因循二十餘年而未果。今何幸而得遇公,毅然自任,創偉業以復一邑之鉅觀。需費盈千,皆出廉俸,無籍官寮,贊輔無取,紳士樂輸,計匠給工,不勞民力也。基循故址,不事更新也。規制仍依於昔,觀瞻倍壯于前。爰見六角披雲,三層拱日,法象則輝煌赫濯,形勢則縹緲巍峩,丕乎休哉!若天特留此數十年久廢必興之事,以待公之成之也。邑之人懽欣踴躍,争自濯磨,思有以副所望焉。繼自今人文蔚起,科第蟬聯,皆公所賜,而公爲聖天子育賢升俊之誠心,亦永永與傑閣昭垂于不朽矣。邑紳士暨敬業書院諸生,因誌感而鐫諸石。

乾隆四十六年秋大風潮,毁大成殿脊,壞西廡及尊經閣前簷,巡道盛保諭署縣巴哈布勸紳士捐修,并濬内外泮池。邑人施潤、喬鍾沂、沈崇勳、范承張、劉爾榮、朱霞董其事。

附學田

元大德六年,松江府給上海縣學田五百畝。見前趙孟頫記。

至大三年,邑人運使瞿霆發助學田五百畝。見前臧夢解記。

延祐元年，僧善能獻私田四百九十五畝於學。

《釋氏舍田記》畧：延祐元年冬，歷山張侯如砥來尹是邦，延見諸生，則齋廬未治也，庖廩未充也。按籍則田之析於郡庠者，出於邑之賢士寓公者，歲爲米不盈四百石，惕然深懼士失其養。爰洎學官毛君夢雷謀大其規制，而未知所出也。上人善能者，介邑人浦元姜濟請入私田四百九十五畝有奇爲學宫永業，侯既納其請，則白狀于縣，而輸券于學。嗣主教事者方君遇聖，以爲向之克有學有田不易如此，而上人遽能不愛其所有以弛吾乏絶之慮，是不宜使後之君子無述也，乃伐石徵文爲記。嗟乎！大道驟裂，儒墨之異趨久矣。是果不可同歟？《易》稱"同人于野亨"，而謂"同人于宗吝"。夫爲善而不擇其類，致亨孰大焉。施惠而不施其黨，去吝孰先焉。上人亦嘗學於是耶，故爲之記。其目之細，則碑陰存焉。台州路海寧縣丞黄溍記。

至正十一年，僧覺元入田蕩六百畝于學。見前侍郎黄溍記。

明嘉靖中，邑人國子生顧定芳助田百畝贍學，後知縣黄文煒復置田百畝。萬曆中，知縣顔洪範繼之。

國朝康熙年間，撥府學明貞女鄭氏助田百畝。

按：元朝田畝載籍無稽，即康熙年間舊志所載，實徵田共四百七十六畝有奇。及核細數，亦屬不符。

雍正四年，分屬南匯外，存縣實徵共田二百三十畝有奇。

現田細數：顧定芳捐田，今實額九十八畝零，坐落二十五保九啚、十五啚，歲納銀二十兩二分零。府斷吴明入官公田二十二畝三分四釐四毫，坐落二十四保三啚，歲納銀二兩一錢五分。

知縣黄文煒買張達田，今實額九十畝零，坐落二十六保十五啚、二十二啚，歲納銀十四兩六分零。知縣顔洪範買張威田二十畝一分四毫，坐落二十二保四啚、四十三啚，每歲納銀六兩四錢三分六釐。

已上共縣徵額租銀四十二兩六錢七分九釐，例解學院。康熙十九年，酌減一半，解司充餉，一半例解學院，修學贍貧。

又姚涵田二百二十畝，在三十保正、副段區。潘憲告明送學作爲義田，每歲納銀二十兩，儒學收作公費之用。

附鄉飲賓

沈大至。康熙乙巳知縣鄒宏舉。

唐姚端。康熙己未知縣任辰旦舉。

唐張蕁。康熙戊寅知縣陳善舉。

王之傅。康熙癸未知縣李發枝舉。

沈璵。康熙乙未知縣李發枝舉。

朱紹謨。康熙己未知縣任辰旦舉。

張之禎。康熙戊寅知縣陳善舉。

劉道深。康熙乙亥知縣陳善舉。

蔡之芴。康熙癸未知縣李發枝舉。

陳煒。康熙乙未知縣李發枝舉。

凌元芳。雍正甲辰嘉定縣趙向奎舉。　　陸瀛齡。乾隆戊寅知縣車策舉。

朱之淇。乾隆戊寅知縣車策舉。

附書院

申江書院。今改敬業書院,在縣治東北武廟西。

乾隆十三年戊辰,江蘇按察使翁藻同知縣王侹捐俸,即籍官房改建講堂齋舍,并備器用,延請掌教,月給諸生膏火,一月三課。

《書院碑記》:國家設立書院,教育士子,歲發帑金,資給膏火,猗歟休哉,誠盛典也。觀察使翁公前任監司,曾駐上海,公餘之暇,召集諸生講解經書丹黄文藝者匪朝伊夕,更欲于上邑創立書院,以廣教育之區,而旋奉調移,有懷未逮。嗣從江右觀察使調繁江蘇,乃復創首捐俸,書院肇興。時監司□公、郡守朱公、邑侯王公與公同志,因邑中有舊籍官産,葺而新之,爲肄業地。王公又檢閲公項,向以爲邑侯有者咸歸學舍,以資養育。于是士民感奮,從事樂輸,而書院一切規制次第告成。遂延余爲掌教,爰進諸生而語之曰:"書院之設,振興鼓舞,非徒爲諸生樹聲華、角文藝也。藏修游息,使心不外馳,則義理昭明,行修品潔,下以化其鄉閭,而上以昭彙徵之慶胥,于是乎在願諸生共勉之。"邑人兵部侍郎凌如焕撰。

乾隆三十年丙戌,巡道李永書因書院門徑偏狹,捐俸移建大門,改建講堂,匾額曰"誠正堂"。後樓座供朱子牌位,以爲朔望拈香之所。

乾隆三十五年庚寅,巡道楊魁捐俸修理,改名敬業書院。

巡道楊魁《重修書院記》畧:書院創自前觀察武林翁公,置田捐緡,規模寖備,歷今來學者多,歲入田租不足,經費告絀。乾隆己丑,余來海上,思振刷而增益之。檄川沙同知于方柱、上海令褚邦禮清泰,稽舊籍,籌新費,詳議規條,親加釐訂,於是舊額悉清。邑紳士李宗袁、凌存淳、朱之灝、喬鍾沂、曹錫棠以田倡助捐者聞風踵繼。新費有資,遂蠲除洋行歲修銀兩,于院西墻外購民廛歸院内,正其方隅,堂室垣宇悉修治之,改院額曰"敬業書院",規模視剏始有加焉。而他邑亦有負笈而來者,海上文風駸駸乎日上矣。夫事樂于有成,而尤虞其難久,前人剏制備極周詳,亦望詒之久遠。乃歲月遷流,經事者弗憖,未幾而耗蠹生,侵漁□削,致良法美意弗克垂諸永久,亦守土者之責也。余遵前人□制,而又爲善後之計,爰爲臚其條目勒諸石,俾後之君子得有所考焉。

乾隆四十六年辛丑秋風潮,壞院墻垣,巡道盛保捐俸修理。

乾隆四十七年壬寅,署巡道袁鑒重修書院,捐俸建造内外東西房屋,整葺後樓,諭知縣范廷杰、主簿盧雲路董其役。

署巡道袁鑒《重修書院記》:聖天子文治光昭海隅,覃被遐陬小邑,罔不設學置官。而守土之吏又復建講院,延師儒,以爲士子進德修業之地,與學校相輔而行,蓋所以宣德教、重文治也。上海分泖峯之奇，攬望洋之勝，淵岱之寶，豈讓雲津！余丙申歲以監司駐節兹土，整綱肅紀，政通人和，公餘進諸生而教之。甫及一年，猝以憂去，不獨余之縈情于多士，亦知多士之不能無望于余也。今承天子□命，留□□左，得以□次之暇，□官承乏，再蒞上洋。聞松、太士民有復來之喜，而余亦幸前此未竟之緒可次第踵行。入境之時，秋稼如雲，讀書紡織之聲時入採風之耳，知百餘年來，國家教養兼施，百姓涵濡聖澤深且厚矣。七月之望，集士子課以文藝，喜其彬彬皆有可觀，而可望以有成也。因捐俸入之餘，重修書院，拓大講堂，旁搆書舍，因舊增新，共爲大小若干間，諭知縣范廷杰、主簿盧雲路董其役，此豈徒飾觀瞻以博名譽也哉！夫書院始于唐之麗正，如秘閣三館，宋初未設州學，乃有四大書院，制綦重矣。今以海濱一邑，前監司廣社學爲書院，命名申江，復改名敬業，是亦望以從流溯源，敬修聖賢之業。而余復勤勤懇懇，雖隔越數年而不忘初志者，蓋鶖湖義利之辨，鹿洞分年考較之法，前規具在，遷其地而皆同也，多士其勉之。是爲記。

歷年掌教姓氏：

凌如焕。邑人，字琢成，號榆山，康熙乙未進士，歷兵部左侍郎。

談起行。浙江德清人，字立峯，號秋帆，雍正癸卯舉人，山西趙城知縣。

蔡亮茂。浙江德清人，字仲淵，號華亭，乾隆丁丑進士，歷山西太原府同知。

李時憲。福建閩縣人，字□□，號敬亭，雍正庚戌進士，直隸河間知縣。

狄之武。鎮江(漂)〔溧〕陽人，字春暉，乾隆丙子舉人，安徽繁昌教諭。

王顯曾。金山人，字周謨，號文園，乾隆庚辰進士，歷禮科給事中，巡視臺灣。

楊大琛。蘇州吴縣人，字寶年，號謙山，乾隆己未進士，歷户部員外郎、通倉監督。

施潤。邑人，字澤寰，號秋水，乾隆壬辰進士，安徽鳳陽府教授。

皇甫樞。浙江桐鄉人，字益齋，號竹泉，乾隆乙丑進士，廣西融縣、湖北竹山知縣。

附書院公田

現存田三百五十三畝六分四釐一毫。

小東門外濠基房屋地租七兩八錢。

書院門面樓房十四間，房租八兩四錢。

啓蒙書院。在縣治東北四牌樓東，共計屋一十七間。

國朝乾隆三年，蘇松分巡道翁藻捐俸建。

巡道翁藻《啓蒙書院記》：古者立教必先鄉學，成材務習少儀，蓋以果行育德之功，端在蒙以養正之日，其爲風俗人心之所繫，匪細故也。上海僻處海濱，競尚氣血，豈習俗之難移與？余自乾隆元年職任分巡，移駐上海，軫念貧民子弟無力從師，用是于武廟餘房捐俸修葺，延劉球、楊兆桂教誨童蒙，以端風習。緣就學者多，又於三年秋捐資價買陳式洽入官房，以爲啓蒙書院，另延王昇分課于月之朔望。余親詣書院中，令諸童背數頁，認數字，稽其勤惰，考其生熟，倣昔賢爲兒童親正句讀之義，觀者如堵，莫不嗟嘆，於此見斯民之可與爲善也。余兹調任江安糧道，行有日矣。邑令廣文請余勒石以紀其事，因敘其顛末如此。後之君子繼續而鼓舞之，將見邑之童蒙少而習焉，不見異物而遷焉。小子有造，馴致成人有德，庶幾人心正而風俗醇，是則余所厚望也。夫乾隆八年，仁和翁藻記。

乾隆四十七年，壬寅。知縣范廷杰捐俸重修。

壇　廟

吾甚重祀而敬祭，古帝王猶嚴之。況風雲雷雨、社稷山川、城隍之神，皆載在令甲，敢或忽歟？然捍患禦災，有功德於民者則祀之，若海忠介之治河，聾忠之死賊，周、方二公之築城蠲賦，鴻勳亮節，淩古爍今。其他未易枚舉，俱附於秩祠之後。非曰尊鬼，亦以勸忠。

社稷壇。在縣西北。初在縣西南徐家浜，明洪武二年移建今壇，嘉靖二年重修。

明鄭洛書《記》：正德十六年上戊，上海令莆人鄭洛書肇祀社稷，空壇越在草莽，敗垣廢屋，牛羊來斯，弗稱崇奉之意，亟以祭之日修之。迨秋祭，垣屋新壇亦新。是年也，歲稔，人謂鬼神顧歆云。嘉靖二年七月立石。

風雲雷雨境内山川神壇。在縣治南。初在縣東北聖妃宫，洪武二年移建今壇，嘉靖二年重修。

鄭洛書《記》：上海山川壇昔者圮，官無齋所，神若野宿。正德十五年冬，洛書爲宰。明年春，顧瞻蕪陋，心大勿寧。遂以畢祭之日，築壇以棲神，作室以齋官，是秋告訖工。擇謹良二人守之，俾勿懈，壞則聞於官，亟修之，俾勿壞。嘉靖二年，時乃考績，爰勒所由。

東海神壇。在縣東南長人鄉，明洪武十六年建，已分屬南匯。

今本縣應行望祭東海之神，每歲春秋仲月上戊日，竟詣申浦界口望洋致祭。

先農壇。在縣治北門外高昌鄉二十五保三啚三茅閣北。於雍正四年奉文，欽奉上諭，以耤田叠産嘉禾之瑞，詔令重農課稼，以敬天勤民，九卿議覆，飭令直省府州縣衛，於各該地方擇潔净之地，照九卿所耕耤田四畝九分之例設立。

先農壇所。于雍正五年爲始，每歲仲春亥日，督撫司道、府州縣衛等官各就所在，率屬耆老農夫人等致祭。

先農之神。照九卿耕耤之禮舉行，于五年正月復奉部文以致祭。

先農大典。應令各直省同日舉行，俟頒憲書，後擇定日期奏聞，行文各直省一體遵行。

耤田四畝九分。壇壝一畝五分，高二尺一寸，寬二丈五尺。奉神主正殿三間，東、西配房各一間。

邑厲壇。在縣治北,明洪武三年建,乾隆十二年重修。

鄭洛書《記》:明有鰥寡孤獨,幽有厲鬼。朝廷矜恤之心,何間死生。故厲鬼者壇而祀之。正德十五年,洛書出宰上海。越明年,清明舉祭,則見垣頹址荒,雲風蕭颯,草木淒其,若滯鬼號訴無依者。亟令工匠治其垣屋,更封其壇。是秋中元,祭告成,鬼罔怨恫,洋洋如在。嘉靖二年八月朔日,買石記之。

土穀神壇。每里一所,凡七百三十所。

鄉厲壇。每里一所。二壇俱明洪武十五年建。

城隍廟。在縣西北。明永樂間,知縣張守約建。天順間,知縣李紋重修,刻誥文於石。萬曆三十四年燬,知縣李繼周重建。康熙二十二年,知縣史彩倡修,道士楊兆麟募化建鼓亭。康熙四十八年,邑人於廟左搆東園,建亭鑿池,栽花叠石,頗稱名勝。廟基十二畝六分,乾隆元年恩詔免科。十三年四月三日,寢宫燬,知縣王健重建。

明知縣馮彬《城隍坊記》:西北隅有廟翼然,即城隍廟。歲乙未秋八月,馮子至海上,例得謁諸神,新教令,喜上海之無淫祀而獨致隆於是廟。廟舊有門甚隘,司廟者建牌坊一座,黝堊焕若,以答神休。功將就,而彬適至,因請題,彬命之曰"保障海隅",昭神功也。時有永嘉幼童善大書者至,即命書之。

邑人曹一士《城隍神頌并序》:《記》曰:能禦大菑則祀之,能捍大患則祀之。言生能爲民禦菑捍患,殁宜享民之祀,以美其報也。若夫既殁而能顯其威靈,除民菑患,其功愈久不忘,惟我上海縣城隍神爲然。順治十年秋,海寇張名振再犯縣治,蘇州總兵官王燝督戰辱師,民聚而詬。巡撫周統兵按臨,燝恐民暴其走遁失機狀,反誣合縣通賊,自南浦訖静安寺界,欲盡屠之。時海宇新造,兵革未靖,周撫頗惑其説。邑侯閻公紹慶,偕先伯祖遂安令垂燦,連袂長跪,願以百口爲保,迄未許。將俟旦日雞鳴,令下縱戮。是夕,神降於官廨中,朱袍象簡,儼立堦下,周撫心動。至夜半仍欲屠之,又見神直視摇首,如是者數四,東方大明,遂釋不屠。嗚呼!凡我父老子弟,保有室家,長子育孫,以迄今日,且得含哺鼓腹,親覩太平之化,非神其誰賜之?相傳神爲故待制秦公,諱裕伯,字景容。有玉二方,篆公名字,流傳民間。明萬曆中,邑人喬時萬爲文以獻其家,復録明祖三聘御書暨公却聘書二通,同遺像藏諸廟。神之爲秦,其來蓋久。考公大名人,元末避地揚州,轉徙至邑。今觀所藏書劄,悉係吴年月日,首篇即言海濱民好鬬,恐爲公累。而史但謂命中書省檄起之,殆失傳也。史又稱洪武元年復徵不出,諭以手書,乃舉海民好鬬爲辭,則其家不傳而史獨傳。嗚呼!明祖當僞張負固之餘,疆圉初定,其慮我海邦之不靖,岌岌乎三致意焉。公不得已,起而應召,所以釋主疑、明民志,不惜一身之去就,爲國人請命耳矣。誥封顯佑伯,制辭自洪武二年正月,而公於是年始爲待制。越明年,復與劉公基同爲南畿主考官,後知隴州始卒。豈神位之建,虚以待其人耶?抑黜陟去留,亦如國家銓曹之法者耶?冥漠事不可知,可信者,祀典之常理也。公生則能以其身安民之反側,没則能以其神衛民之死亡,其有德於此土者甚大，誠宜血食萬世，永永無極。邑人恐其歲久事湮，明德不著，請一士作頌紀之。士不敢辭，惟神靈跡多有，謹掇其大者著於篇，俾知神之所以爲神者功在於民，爰拜手稽首而獻詞曰：惟明有君，惟幽有神。奉帝之命，同恤於民。烈烈秦公，作元郎中。事母以孝，懷主以忠。皤然三聘，哀我海邦。高蹈之故，以爲民訌。入司風議，出典大州。進禮退義，國史可求。公神來歸，陟降兹土。巫夢告祥，印還故府。王命作伯，顯佑是職。其顯維何，於讒於慝。其佑維何，汝田汝宅。昔在草昧，海氛震驚。有帥不戰，退保於城。于思之誚，覆謂亂生。蚩蚩者氓，刀在其頸。神武不殺，曰聖天子。彼昏不知，惟神是啟。有風肅然，在庭尺咫。如戒如麾，暴職不試。嗟十萬户，更生於此。大哉神功，萬民攸倚。有孱者夫，婦爲鴆毒。雄狐是謀，末由歸獄。令君徬徨，先巫後祝。神驚其奸，詞窮辜伏。有黠者盜，劫我税船。神示令君，非陸非山。與波上下，青龍之津。往捕殫獲，府藏以完。於赫神威，靡遠弗届。雲車風馬，戾於海外。海波沉沉，倏忽萬怪。神燈在空，遄往無害。凡此神功，不可測量。入於爾民，心腹腎腸。神之處矣，有亭有臺。鶴鹿在囿，花木盈階。神之出矣，一歲三巡。輿衛塞路，燈火達晨。何以侑神，柔毛剛鬣。列酒羅餚，繽紛合沓。何以娱神，楚舞吴歈。呈妍貢妙，要眇嫭姱。嗟我海邦，事神如父。承顏伺意，惟恐或後。嗟我海邦，事神如君。鞠躬屏息，罔敢匆虔。豈無水旱，神則蘇之。豈無疫癘，神則驅之。此善而顛，神尚扶之。彼惡而奮，神尚鋤之。大哉神功，與海罔極。於萬斯年，無有厭射。作此頌聲，以播金石。

附曹一士《小靈臺詩四首并序》：己丑歲，邑人於廟後别搆東園，其中有臺翼然，高可十餘丈，廣僅容宴豆，而浦之東、南、北三面之美咸在。余因邑人子來樂成之義，名之曰"小靈臺"而系之以詩。"神祠北際名園闢，寢廟東偏别殿開。更擬登高望雲物，人間重築小靈臺。""何年丹詔起孤臣，雲樹蒼茫舊隱淪。東去題橋有遺跡，固應忠孝作明神。""引水爲山十畝間，祈年宴罷此中間。石壇夜静神鴉集，海上雲旗乍往還。""斥鹵桑田縱目初，萬家耕織雜樵漁。赤氛黑祲年來有，憑仗登臺一掃除。"前在東園東隅，今廢。

邑人喬鍾吴《西園記》：西園在城隍廟西北，即明潘方伯豫園故址。乾隆二十五年，邑人相與醵金購其地仍築爲園，以仰答神庥，先廟寢之左有東園，故以西名之。歷二十餘年，所費累鉅萬，功將告成。歲甲辰，鍾吴蒙上恩遷授岷州牧，請假旋里，展謁廟神，遂得暢覽園亭，喜百數十年名勝湮没之區儼然復覩其盛。園址約七十餘畝，南至廟寢，西北兩面皆繚以垣。其東爲通衢，搆樓數間，迤艮南北。中闢園門，入門西行有石梁，穹窿南北跨溪上者，係豫園舊築。溪南銀杏一株，相傳恭定手栽。過石梁而北爲玉華堂，仍舊名而重建者。堂前奇石屹立，即《豫園記》所稱玲瓏玉，爲宣和漏綱是也。離玉華堂而西爲得月樓，蓋取近水樓臺之意。樓西傍池，岸修廊曲，檻南達于緣楊春榭，由得月樓而北稍東，若萬斛舟泊于岸者曰烟水舫。自舫西行，其閎敞高塏，居一園之正中者爲三穗堂，堂之前分植檜、栢，面當大湖，頗具廣遠之勢。湖心有亭，渺然浮水上，東西築石梁九曲，以達于岸亭外。遠近植芙蕖萬柄，花時望之燦若雲錦，憑欄延賞，則飛香歕鼻，鮮色襲衣，雖夏月甚暑，灑然沁人心脾。由三穗堂東北行，入行籬間曰萬花深處，花間有軒曰可樂軒，前隆然而起者土丘，上列嘉木。其西爲留春塢，其東北迤邐而相屬者爲花神閣，與花神閣參差相峙者曰聽濤閣，以閣邊松栢時作風濤聲，隱隱與黄浦飛濤聲相雜也。繞籬轉西北，度溪橋則山石突屹，從人面而起，入山徑西行轉北，折而東有堂曰萃秀，頗峻潔。堂前峯巒羅列，雜樹紛敷，游者憩此，忘其爲疲焉。由萃秀堂出右仰，巨山層崖，峭壁森森，若萬笏狀，其金碧秀潤之氣常撲人眉宇，遥望之若壺中九華，天造地設，幾不知其爲人力也。從麓而上，盤旋二三百步陟其顛，視黄浦、吴淞皆在足下，而風帆雲樹則遠及于數十里之外，觀至此稱大快。自山而下，循小溪西南行，兩岸蒲葦交雜。度小橋，復入山，由洞中環行而上，至香石亭可小憩。復下南入洞行，有亭臨大湖曰流觴處，山中花卉雜開，四時不絶。山南有澗，每逢驟雨則飛泉淙淙，瀉入于湖，坐亭中可酌而飲之。自亭西北行有數椽，三面繞池皆藝荷，曰蓮廳。廳東南築亭橋一，以通于西南境。由廳而東北過凝雲橋，望見最高者曰熙春臺，臺凡三層，以地僻，故游者鮮登焉。自橋西行，尋轉而南，紅欄閣道，屈曲數十步，其左瀕河抵憇舫。由舫入内得門曰雲邊别墅，入門有堂曰致遠，其上爲樓曰涵碧。涵碧之左有樓甚窄而高者曰磬樓，以樓形似磬故名。憑樓縱覽，則園之東南景皆瞭然在目。出憇舫，南度石梁，入山洞右折，有閣東向迎朝日曰凝暉閣，其從洞中南行，盤繞而出山上，則挹翠亭在焉。亭左立奇石，高尋丈，形貌古怪，曰魁星石，自王氏素園移置于此。下山沿溪而南有廳西面，其後軒俯大湖，東與湖心亭相望者曰濠樂舫。南行度小橋，有室面北曰緑蔭軒，室後南向額曰千巖競秀，前列木石，爲西南盡處。自此而東，傍大湖以南者曰茶墻酒墅，曰清芬堂，堂四面皆植叢桂。東北隅有鶴閒亭，又東曰飛丹閣，曰緑波廊，曰春稧閣，至吟雪樓而園之勝概盡此矣。嗟夫！神之威靈昭昭，其爲一邑之民禦災捍患，功德炳然，宜吾民之不恤財力而争相虔奉。若此今而後雨暘若寒燠，宜五穀登、兆民樂，庶幾都人士女來遊來歌，則斯園也足與千秋廟貌並垂不朽矣。

彌羅閣。在城隍廟東偏，即舊玉皇殿，年久傾圮。乾隆四十六年，道會司陸景行改建爲閣，易今名，上奉玉皇，下奉雷祖。

鄂王廟。在城隍廟東偏，係邑人張錫懌創建，并有《記》存焉。

劉猛將軍廟。在城隍廟東偏，於雍正十二年奉文秩祀。

羣忠祠。在城隍廟内。明嘉靖間，知縣黄文煒建。祀本縣縣丞劉東陽、建平縣縣丞宋鰲、鎮海衛指揮使武尚文、浙江鎮撫吴賢、鳳陽散官丁爵、土民楊鈿。并祀濬吴淞江死事松江知府周中鋐。

黄文煒《記》：嘉靖癸丑，島夷犯順，竊發海堧，殺戮鹵掠，椎埋直窮荒落，頭足異處者相枕藉。幕府募死士戰，得失大不相當。上海時未城城，被殺獨先諸郡縣。是歲入寇者一再，甲寅歲復寇之，丙辰歲復大寇之。羅落千艘，攻圍甚急，城不潰者一髮矣。幕府先後檄公等兵之，夷賊故狡猾多算，卒以伏計待勝。公等所至，皆殊死戰，不勝竟死。丁力能舉千鈞，死於清水窪；武、宋與賊巷戰，死於市；吴統杭卒，死於黄泥浜；歲在癸丑。劉佐前令治理，政稱無害，死於太平寺里，歲在甲寅。俱累日不能收。武獨爲賊刳腹出腸，賊退，而過者爲之下涕。鈿以一身而當登城之賊，與賊俱死城下，圍遂解；邑之萬命，鈿實生之，功不在諸死者下；歲在丙辰。先是，邑之學士大夫與邑之人以公等死狀言於監司，請祀於邑神廟之左矣。黄子捧檄來上海，見神位棲於一室，照漏天日，不蔽風雨，念非所以妥神靈，又豈土人與有司所忍見也？乃聚材鳩工，因葺故所爲祠宇三楹，西之隙地復爲屋二楹，以爲藏牲酒所，增厨墻垣，具如儀門，扁曰"羣忠祠"，告成於甲子四月。黄子曰："損性伐生，賢者弗與，死誠賢者所重也。然與草木同腐，名稱不立，生猶死矣。史稱傅燮戰没而狥漢陽之急，紀信舍生而解滎陽之圍，豈有見於泰山之當輕於鴻毛哉？公等抗義奮身，不避鋒刃，俱以節死，庶幾無媿古人矣。俎豆維馨，光於千禩，謂非死猶生哉。故爲之記而復爲之詞，以侑公等。"劉，四川人，死後于宋而首祀之者，以丞上海故，且以勵後之吏兹土者。其辭曰：海波揚兮鬬鯨鯢，天狼爍兮光陸離。忠魂升兮怳無期，御蒼龍兮駕白螭。舞長劍兮揚旌旗，髮上指兮干雲霓。爲厲鬼兮佐王師，滅卉服兮蕩諸彝。牲腯肥兮潔乃粢，永千秋兮繫人思。

胡芳《武、宋死事歌》：爲國攘彝心不貳，天地鬼神知有誓。白刃雕戈非不利，前無開先後無繼。一身敢當三百騎，臨陣屢蹶黄金轡。鼙鼓無聲日西逝，一朝同死豈天意。悲風長號撼大樹，死爲百萬生靈計。救死扶傷在平地，吾將書功報太史。巡遠復出大明世，千秋萬年有生氣。

曹垂璨《記》畧：羣忠一祠，前邑侯黄公文煒所以叙其先後死事之跡甚悉。計嘉靖之季以迄於今，百有餘年矣。歲月既遥，風烈寖遠。然按前志所書，篝燈疾讀，即無不骨騰肉飛，髮立毛竪，欲以身厠其間而爲之奮臂争死者，所以見人心之同，而忠臣義士之所以不死也。皇朝削平畔逆，于以四方，克定厥家，其用武亦既效矣。先朝死事之臣，即今日(糾)〔赳〕桓之彦，而乃使之等於若敖，非所以厲武功，壯忠節也。會我同志鼎搆祠宇，肇修祀事，所以綏神靈而鼓後人敵愾之氣者，端於是乎在，故爲之書。

李公祠。明嘉靖間，知縣馮彬建，祀知縣李棨。

唐錦《記》：公諱棨，字從質，河間任丘人。成化戊戌進士，己亥來知縣事。縣役繁鉅，人皆難之，公和平靖深，寬簡粹密，開誠布公，酬應如響。争訟至者，每開諭使之自釋，吏胥旁睨，不得容其奸。徭役聽其自議，然後稽詢衆論而差次之，無弗均者。歲之常賦五十餘萬，前令督責百方，卒莫時集。公緩期寬約，而民虔相戒飭，趨輸恐後。歲嘗再旱，公茹蔬籲禱，彌月不懈，雨乃時降，遂以有秋。邑故有養濟院，舊唯敗茅數椽，公改建夏屋二十餘楹。先是，貧家死者多從火葬，公亟下令申禁，展拓義塚，瘞者有歸。邑瀕大浦，操舟業渡者頭會，責貨利於衆濟，舟小不勝，時有覆溺。公市堅木爲巨艦，分置諸津，設官夫駕之。奸民奚勤、高祥者詐稱孟御史微行，公廉知奸狀，捕械付獄。至學較葺理，尤爲周悉。無何，以艱去，士民攀遮以留，涕泣相屬。邑人有事京師者，必迂道瞻謁以爲快。今令尹馮侯彬歆公風烈，時進父老講求公舊政而遵循之。父老嘆曰："吾儕老矣。乃獲復覩我公之政，何其幸耶！"薦紳耆宿謂李公有大德于民，非専祠弗稱，乃羣詣侯庭，具申詞款，願致材力以畢素懷。侯爲相度厥址，得地於城隍祠之左隅。衆樂趨事，不日告成，輿情慰悦。因摭公之所以感人天者，書於麗牲之石，使後之吏兹土者知所勸云。

仁壽祠。在城隍廟東廡後，明知縣彭公長宜清廉慈惠，邑民塑像祀之。

祠故在廟東偏，康熙十年，庶吉士周金然偕同學朱與洵、陳完、喬舒、朱與濬以侯像東向爲不虔，爰胥宇於東北隅，得樓三楹，各捐貲鳩工整繕，迎侯像南向以崇禮之，顔其額曰"仁壽"，以誌其德云。

武廟。在縣治東北。舊天主堂，今改作廟。雍正五年，追封三代公爵。乾隆十三年，知縣王侹建祠，重修敬一堂。四十六年，署縣巴哈布率紳士捐修大門、中堂，重建崇聖祠。

火神廟。在簑笠橋南，雍正十一年奉文秩記。

天妃宫。在小東門外浦濱，雍正十三年奉文致祭。

施相公廟。在大東門外。

晏公廟。在西城外。

明思州府知府邑人蔡懋昭撰碑云：平浪侯晏公數顯靈于江湖間，吴赤烏中建廟于周涇左側。嘉靖間島夷犯城時，僉憲董邦政署縣篆，計無所出。俄聞半夜兑隅鼓礮震天，洶洶有喊殺聲，已而海潮汎溢，隤土堤，淹溺賊帥八十餘人，遂解圍去。吏民德之，相率捐貲重修。

淡井廟。在城西五六里，元時爲城隍廟。

十澤廟。在白蓮涇南。

浮霄廟。在洋涇北。

戚王廟。在二十四保二十六啚。

高昌廟。新、舊二所，新在城南陳家橋，舊在新廟南二里，皆濱大浦。

吾東廟。在三十保，相傳宋太師劉錡奉祠山神在所居之左，故曰吾東。

三王廟。

夏保廟。在界浜。

矴溝廟。在矴溝浦。

欽賜仰殿。在二十四保二十啚，係唐時勅建，信官秦叔寶督工建造。

築耶將軍祠。在長人鄉，祀袁山松。

通濟龍王祠。在滬瀆，吴越時建。宋景祐五年，太史葉清臣重修。

王彝《神絃曲》：鼕鼕天鼓秋潮裏，雪山耀日青山紫。金鎖蛇鱗百尺身，領得江中萬魚起。女巫亂乳飲龍孫，雨蔍芙蓉瀉秋水。神絃棖棖風雨黄，明珠一夜照龍堂。滄江水渾龍濯足，明朝化作林中緑。

黄婆祠。在烏泥涇鎮，鄉人趙如珪建，元季兵燬。明成化間，知縣劉琬重建，後廢。萬曆間，邑人張之象改祠於張家浜上。天啓六年，方伯張所望移祠於二十六保寧國寺西偏。一祠在縣城梅溪衖，城中紡織者報賽於此。

張之象《黄道婆祠記》：上海西南廿餘里爲烏泥涇，故有道婆祠。云道婆者，姓黄氏，本鎮人也。初淪落崖州，元元貞間附海舶歸。閩廣多種木棉，織紡爲布，名曰"吉貝"，而道婆最善是業，州里宗之。先此，烏泥涇土壤磽瘠，民多貧困，因謀樹藝以給，遂覓種於閩廣間。然尚無踏車椎弓之制，率用手擘去子，線絃竹弧置案間，振掉成劑，厥功甚艱。道婆乃教以制造捍彈紡織之具，既以便民矣。至於錯紗配色、綜綫挈花，又(告)〔各〕有法。故被褥帨帶之類，織以折枝、團鳳、碁局、文字，粲然若寫。士人競相倣習，稍稍轉售他方以牟利，業頗饒裕。未幾，道婆卒，莫不感恩灑泣而共葬之。已立祠，歲時享之。越三十年，祠燬，里人趙某再爲立祠。今再燬，又數十年於茲矣。頃歲，行游其所，求問前所謂道婆祠者，業已頹廢，鞠爲灌莽，撫蹟增感，低回戲欷者久之。予遂於居舍之東北隅聽鶯橋畔捨地二畝，其右爲南北周行。乃集里中嘗所稱尚義者，凡若干人，共圖興復。經始方旬，而煥然改飭，像設具備，神有棲憑，于是里中庶士咸曰宜之。落成之日，爰來請記，蓋是舉予實倡之也，義何可辭？先王之制禮也，法施於民則祀之。吾松之民仰機利以食，實道婆發之，苟被其澤者，無忘追本之思，則祠祀可不廢矣。

張所望《移製碑記》：吾鄉之祀黄道婆也，始自勝國之季，而燬於兵，其後重建輒復廢。而吾家王屋公改祠於張家浜者，不三十年亦已化爲榛莽，余每過而傷之。念昔物壤磽瘠，民困無聊，生養至今，伊誰之賜？且輸貢尚方，衣被寰宇，明德遠矣，食報謂何？間與里中好事，謀所以似續不朽者。竊謂榱棟維新，黍離興感，昔人所慨，諒非無因。矧茲數椽，越在荒阻，地僻則寡助，事遠則易忘，旋興旋廢，勢所必至。夫惟金仙氏之教，終古尚存，而道婆故皈依法門，亦諸佛所攝，受俎豆於斯，庶幾永劫不壞乎？衆皆是余言。於是議即寧國寺之西偏附建一祠，余遂捐貲首事，屬寺僧董其役，就能仁之精藍，作報功之福地。祠宇既飭，聿觀厥成，像設莊嚴，輪奐輝映，爰易舊額，錫以佳名，勒之貞珉，是稱黄母。蓋衣食之源，媪實開之，恩斯勤斯，等於育我，是所謂衆人之母也，而以母道事之，誰曰不然？余乃躬率旅人，設蘋藻之奠，拜於祠下。羣情胥懌，神用居歆，衆乃合詞進曰：歲比不登，吉貝靡所獲，母其陰相我下土，令杼軸不空，民以康乂，繼自今祗奉禋祀其無斁。皆再拜稽首而退。屬余記之如此。至其航海來歸，教民織作之始末，《輟耕録》載之甚詳，兹不重述。

明胡芳詩："黄婆古廟秋復春，不見年來祭賽人。當時拋却金梭去，誰教吴姬織白雲。”

邑中《祠記》：黄道婆開民衣食之源，備詳張方伯譔記。予里渡鶴樓右梅溪衖搆祠崇奉，凡邑中力於紡織者，常年四月中爲黄道婆誕辰，相率報賽。予里素號讀書地，昔邑侯山陰李公夜行，常聞里中誦讀聲，寒暑不輟，謂此間洵仁里也。今奉道婆以勤於紡織，俾機聲書聲相應，實關風教焉。乾隆甲辰，候選州同九十老人金應杓譔，郡諸生王宗柳書丹立石。

忠孝節義祠。在淘沙場，廪生王西玫素園故址。知縣陳善題額“沂源書院”，因王氏别業，取源流沂公意也。内文昌閣，康熙甲午科舉人王俊臣建，爲讀書地。雍正元年奉恩詔，著於地方公所閒曠設立祠宇祭祀。知縣丁銓於王氏園立祠，以祀前明貴州巡撫忠義張鶚翼，孝子貢生張同文、義士貢生朱陳一，建城忠義潞安府同知喬鏜、御醫王潭，殉難忠義廣西按察副使顧國縉、遊擊將軍喬一琦、兵部員外郎何剛、中書舍人李待問、太僕寺少卿孫士美、江西按察副使王域、滕縣知縣瞿騫、欽天監博士陳于階、吏部主事朱永佑，孝子盛坤，孝子府學生張秉介，殉難舉人張錫眉、諸生馬元調、王匡、布衣孫訥、盛萬年，本朝湖北糧道死事贈工部侍郎謚忠節葉暎榴，孝子夏汝法、夏廷彦，孝義儒士張有榮，孝子俞九思，孝義唐姚端、丁守安、金鶴勳，金川死事户部主事贈光禄寺卿入祀昭忠祠趙文哲。節烈祠另在西隅。

沈公祠。明嘉靖中巡撫夏邦謨建，祀左布政使沈恩。

張秉壺《記》：公諱恩，字仁甫，登弘治丙辰進士。初任刑部主政，歷官至四川左轄，此區區名爵，未暇論也。據誌所見，如蒙逆瑾之誣，成古燈之獄，可以觀節；平白水之寇，榮采木之旌，可以觀才；削牢漁之例，省浮費七十餘萬，可以觀仁；易簀之際，貧無以爲殮，可以觀廉。非古所謂全德之君子歟？此真足以垂諸不朽者。宜其身後有令名焉以傳也，而可以無祠乎哉？祠地極褊小，建樓以主神居，東西亦各有側樓，外有碑亭，前有石獅，南即通道，樓閣軒楹僅成法度而已。蓋其貴極外臺，貧無立土，故遺田止三十六畝，當墓之陽，其宗人相與盟世守之。且擇良者掌歲入，以奉公祀于弗替。蓋足以見公德之在人心，竊喜公之祠終有賴焉已。

周、方二公祠。在積善寺西，祀明巡按御史周如斗、知府方廉初。嘉靖三十二年，如斗廉用邑人顧從禮議，築城禦倭，再造海邑，士民立廟祀之。萬曆初，知縣顔洪範以從禮及潞安府同知喬鏜、御醫王潭從祀。

潘恩《記》：吾上海瀕海之陽，爲松屬邑。舊無城郭，嘉靖癸丑會倭酋入寇，邑中鈔略殆盡，民恐恐然懼寇之復入也。時郡守雙江方公履任至，即行縣相度所宜，曰：“斯城不築，是以民棄之盗也。”于是計廪輸羨，鳩工庀材，凡民廬延袤之數，環涂廣狹之差，磚石凑聚之宜，墉池高深之度，終始咸既厥心，畚鍤雲集，不數月而工就。是後寇之竄伏海隅者，紛擾村落間，而罔敢復窺邑，聚斯城之力也。又明年乙卯，侍御觀所周公以巡按至，下車江南，不遑寧處，布惠除苛以恤瘡痍之衆，散財發粟以還集流徙之民，視地益兵以防侵軼之寇，疏免是年田租二十餘萬石，民喜更生。明年丙辰當代去，議留公，復巡兹土以順民心，於是公益殫力於民煦嫗休息焉。是歲五月，倭復大舉來寇，奄至城下，圍而攻之者二旬，城中堅守，援兵亦集，賊無所鹵獲，遂解圍去。民益嘆曰："吾邑吾民，非方公築城於前，周公保息於後，其無噍類矣乎！"明年丁巳，周公改督學代去，方公擢江西憲副亦去，郡民懷思二公之德，相與立祠郡中，邑之人亦立祠邑城之北。周公名如斗，浙之餘姚人，丁未進士；方公名廉，浙之新城人，辛丑進士。

潘方伯祠。在舊演武場，祀明布政使潘允端，以參政董澧儲，加惠桑梓，士民請於官祀之。

喬將軍祠。在西關外，祀明都督同知今謚忠烈喬一琦，天啓初建。將軍能詩，又喜書，以武功仕游擊，死滴水崖之難，贈都督同知。

陸鑨詩："繹騷羽檄奏明光，帶甲桓桓盡裹創。忽見重垓圍虎帳，坐令諸將失鷹揚。枕骸恨作殊方鬼，組練空悲故壘荒。莫訝鼓聲全不起，頻呼庚癸尚踉蹌。"

許、徐二侯祠。在東關外黄浦之滸，邑民追思明知縣許公汝魁、徐公可求德政，建祠祀之，後毁。

孟侍御祠。在三十五保，明景泰中建，祀御史孟暘。

三公祠。在三十保吴淞北，祀明都御史海忠介公瑞、按察司僉事鄭公元韶、上海知縣敖公選初。本保土性磽瘠，糧額不均，自吴淞淤塞，民益凋敝，瑞始奏濬吴淞，元韶丈地均糧，選申請改折，民甚德之。里人王熠捨地捐貲，立祠江上，以識不忘。尚書潘恩爲之記。熠，即學憲王圻之父。

忠勇祠。在南匯所，明嘉靖三十年建，祀李府及子香黍，李日華記。今屬南匯，不備載。

仰德祠。在川沙堡，明萬曆中建，祀潞安同知喬鏜及子雲南副使木，陳繼儒記。今屬南匯，不備載。

寺　　觀

儒門淡泊，禮陳樂設，不能收豪傑之心。二氏流傳，教立象尊，有以導迪吉之路。用雖不同，體唯一致，故崇廟貌，肅觀瞻，即先王以神道設教之意也。凡載在舊志與今所建置者俱録之，亦曰尊王，匪云狗俗矣。

積善講寺。宋紹興間，里人李阡夢金人乞坐地，遂捨地爲精舍，度其孫師立主之。元至大間，有番賈航海南來，拜師立道上，自云慕師高德，以貨寶一巨艘施之，不通姓名而去。立遂大拓舊規，請額爲積善院。明成化間，僧道言重修，復建海會堂。本朝康熙己未，大殿傾圮，僧海印募修。至癸亥復圮，有維揚僧海潮重新寺，爲祝聖習儀之所，僧會司在焉。邑人曹垂雲、張谷、里民倪鼐等董其事。乾隆元年，恩詔寺基十三畝免科。乾隆五年，僧佛音力募重建。又有金剛殿，僧福緣重建。

廣福講寺。石晉天福間建。前代屢修，寺基十三畝，今乾隆元年例免科。

内有潘恭定祠。邑人徐汝翼記畧：廣福，一禪寺也。祀恭定者何？以報功也。何言乎報功也？嘉靖間倭亂，軍需告匱，議將東南寺觀鬻之以助。時公鎮撫河南，命其仲子擕俸償直。未幾，復尋前議，公又命仲子償之如初，寺始得永存，以綿此方福利於久遠。今擬募建祠堂，繪公遺像奉祀其中，而公之伯子率子弟輩捐貲相助。經始乙酉正月，落成於十有一月。堂凡三楹，夾室二，儀門一，貯經月樓，供祭有庖，燕享有序，繚以周垣，費錢若干緡。請鐫其事於石。余唯恭定公天挺名世，歷宦四十餘年，宦跡滿天下。余嘗分臬大梁，行部禹州，故公移守郡，余謁其名宦祠，則公之爵里名氏，與鄭子產、黄次公，與公並祀兩楹，竊嘆彼都士論何其嚴而核也。夫汾陽鑄像，廣化增崇，白傅懸真，香山益勝。《記》曰："有功德於民則祀之。"寺固民所藉以邀福也。幾廢而獲存者再，則建祠以祀公也固宜。

顧孝子墓庵。在縣治西北孝子墓側。因延雪嶠駐錫，故名圓明菴。錢金甫有記。今孝裔顧相時復新之，請避御苑嘉名，仍改舊額。

青蓮菴。隆慶六年建。丘彌陀塑佛像，與所塑鎮江甘露寺、蘇州北寺佛像同日開光，蓋分身化去。

沉香閣。萬曆庚子年建。邑人潘允端督漕駐淮上時，有沉香大士寶像從海浮至淮口，乃奉請以歸。邑有災旱，祈禱必應。年久傾圮。康熙甲子，大士降乩諭邑人曹垂璨修理一新。

鐸庵。邑人張在簡讀書處，有董文敏"蔽行山房"額。康熙元年，邑人曹垂璨與俞源倡改爲菴，延犀照禪師駐錫。後鈍夫、慧遠相繼接席，至説菴而益光大之。康熙十九年，陞任知縣任辰旦建大悲閣。二十二年，説菴募長生田若干畝膳衆。按：菴西隙地七畝有零，本濟農倉故址，久廢。康熙九年，邑人朱景旦呈請開懇，給帖存照，後辟除蕪穢，漸作菑畬。于十五年，菴僧超忠具請陞科，隨于十六年奉部覆，照草蕩事例，每畝五升科則准熟田五畝五分，即按年輸納訖。因勒石以記，俾後起者知躅地之山及陞科歲月云。

曹垂璨《鐸菴記》畧：鐸菴，本城西廢圃，存屋數椽，餘爲畦丁蓺植之所。江右犀照和尚來游，遂卓錫焉。余與張子越九、俞子秋來襄其事，因而編籬插槿，種竹栽蔬，向者牧豕彈雀，今則晨鐘暮鼓，禮足者繞座矣。犀照曰："昔普化和尚得法後，不欲匡徒領衆，手持一鐸，逢人輒向耳邊振之。"故以鐸名菴。夫尼山以木鐸，而犀公以菴鐸。於是松龕石磴、白拂朱藤、芒鞋鳩杖、竹榻茶鐺，鐸之具也；雲霞盤矗、星斗闌干、松風謖謖、篆煙霏霏，鐸之景也；珍珠瓔絡、貝葉優曇、法筵龍象、七寶莊嚴，鐸之供奉也；饑來吃飯，困來打睡，二六時中，醒然不寐，鐸之静參也。如是，則何往而非鐸耶？嗟嗟！蘇臺終冷，金谷成丘。何如玆菴，千年善地。護法檀那，同參聖諦。一棒一喝，發明祖意。選佛場中，心空及第。請謝世緣，來持半偈。

陞任知縣任辰(且)〔旦〕《大悲閣碑文》畧：皇帝建元以來，道貫三教，德育萬類，奮武揆文，敉寧底定，參天貳地，未易究陳。越十有四年，辰旦受命知上海縣事。景仰先賢之行，祈進儒者之治，將末俗之更新，信斯民之近古。唯念同域娑婆，罕能説法，三塗盤錯，六入恍惚，望白業之尚遥，嘆黑灰之闇結。遂出六年之俸，期種三藐之果，此大悲閣之所由作也。爾時，薦紳以暨博士弟子員皆江左之碩彦，協薙草開林之力，文苑之淑望任鳩工稱事之勞。於是五材畢備，百工具舉，横亘給園，半齊竿柱，瓔珞寶幛,毫光如灌,彌天祥耀,永籍憑依。蓋經始於十九年之季夏,落成於二十年之仲春也。是歲之夏,史君諱彩來宰兹邑,靈樞圜轉,智刃游裕,護持之功,實攸賴之。鐸庵釋元澤,西林長子弘覺嫡孫,素著古德之風,兼攝住持之職。夫蹟久則湮,銘傳而顯。裴休之捨宅難追,李邕之勒石可鑒。用繕銀書,乃施珉篆,庶靈巖之常見,識光景之永新云爾。

張錫懌《長生田記》:鐸菴之有長生田也,即今癸亥始也。自犀照和尚開山,後禪師代乘謀所以贍學人者,不過曰月米、托鉢米,又易之爲瓶米,計亦止此數端,是僅救目前之暫,而圖所以無窮者則未也。今幸得説公繼席,萬行峻特,一性泊如。數年來,大悲閣佛殿、方丈、山門次第整飭。説公以大衆缺食爲憂,輒咨之于余,余曰:"師不見天童長生田例可做乎?"師爲首肯。余遂同緑巖曹子首倡其事,有田者助田,無田者貼價,以百畝所入,除官糧外,一歲可以贍百餘指矣。或者以數少爲嫌,余曰:"是無虞。夫余一倡而應者接跡焉,知他日此百畝之外不化爲盈千盈萬,而百指之餘不廣集如給園大比丘衆乎?則是食有無窮,而施者亦無窮也。"因以是語舉似説公,説公囅然曰:"護法願大,衲子腸廣,請以是相無窮。"遂記之,併勒諸同志姓名于石。

又《同善會序》略:鐸庵向有放生會,年來親朋凋謝,闕焉不講。余舉而復之,名其會曰"同善",蓋以放生者,特善中之一事,余則本乎其意,舉凡物之同有其生,與凡事之有類乎放生者,皆得推而廣之,其勉强而行之也。人非上聖,驕與吝或不免,而性之善自存。《大易》之言曰:"同聲相應,同氣相求。"天下之形色不同,而聲氣之善者則無不同。顧火之性本上也,無以發之則不炎;水之性本下也,無以決之則不達。人之性本善也,上之人不能鼓舞而作興之,下之人不能樂羣而勸勉之,則爲善之意亦不能油然以生,非出於驕即出於吝,而薄德寡恩之事靡所不作。間或有驕語好施,希心福報,而一本之親、同類之子,聽其困苦危亡,而莫之省憂,爲善者固如是乎?余願與諸君子約,發一言而有解於患難也,則生在一言,行一事而留餘於子孫也,則生在一事。見一人疾苦也,不憚殫心,極慮臨危履險以濟之,則生在一人者,即生在萬族。諸如耳目之所偶及,無一不存乎好生之意,而由本及末,由大及小,不狥其名,不責其報,使人人皆有油然爲善之心,以庶幾合於與人爲善之旨,此則余復舉斯會之意也,當與諸君子共勉焉。

同善會倡和詩。張錫懌原倡:"垂老方知積善難,邀來蓮社共盤桓。春風已放梅花早,火樹應消雪色寒。不盡雄心悲逝電,無邊願力障狂瀾。幽居也抱蒼生念,莫作尋常佞佛看。"任辰旦詩:"謝客東林結社難,勞人倚意更盤桓。香飛曲徑花臺逈,氣静深山竹閣寒。高調自難追白雪,塵襟乍喜挹清瀾。庭前樹有優曇在,取次春風好共看。"朱在鎬詩:"休訝吾儕善果難,此中最樂可盤桓。常扶陽德如觀火,莫誦陰符中薄寒。百歲飛光知夢幻,寸田似水不波瀾。唯將宗乘西來意,好共同人諦眼看。"曹垂璨詩:"濁世應知向道難,欣逢初地可盤桓。攜筇欲識拈花意,竪拂猶驚立雪寒。琴撫無絃忘色相,心同止水息波瀾。何妨竹影西窗下,半偈吟成倩衲看。"毛甡詩:"沿城何處問阿難，行盡橋西舊井桓。午日到門聽磬遠，春風吹水隔林寒。閒亭喜見飛花雨，高座剛逢渡海瀾。不信衡陽龐處士，今來仍作旅人看。”繆彤詩：“海濱蓮社往還難，却有高人鍾與桓。堦下泉聲通大壑，林間花意耐初寒。巍峩傑閣招黄鶴，浩渺申江拂紫瀾。聞道遠公愛肥遯，籃輿肯許載花看。”胡士著詩：“飛錫初經行路難，西江帶甲正桓桓。鉢龍到海潮音壯，簷鴿迷煙瀑布寒。明月半肩分浩劫，鄉關一杖砥狂瀾。座前深竹秋陰滿，仍作匡廬結壁看。”錢芳標詩：“閲過羊腸九折難，軟紅堆裏厭盤桓。得辭世網青鞋辨，肯放心盟白社寒。噩夢半醒猶作囈，迷津一顧即生瀾。槵珠聲静蕉團穩，腐鼠文犧不耐看。”

一粟菴。本徐氏荒圃。康熙七年，四明僧超濬置買建菴，邑人曹垂璨取“金鷄解衔一粒粟”之義題額，有茂林修竹之勝。菴後陳氏河，陞任知縣任辰旦捐俸，買爲放生池。康熙五十年間，餘姚徐本捐資，重新正殿、塔院等勝。

長壽菴。隆慶元年，僧德湛建。萬曆十二年，創大殿。後傾圮，僧鎣公重修。

邑人張錫懌《記》畧：菴建於隆慶元年，僧東川實創始人，而佐成厥功者，則存隺太行兩潘公也。至萬曆十二年，續建大殿，位置翼然。先王父建寧公賦遂初與象一輩結方外社，厥後喪亂洊臻。淡雲鎣公慨然以再造爲己任，不事勸募而扶衰飭敝，焕復舊觀。蓋公戒行精嚴，福緣夙秉，樹績易而成功速，宜也。

地藏菴。順治七年，僧中恒建。乾隆四十八年，巡道盛保于菴左捐建關帝廟數楹。

羼提菴。康熙元年，僧湛源建，陞任知縣任辰旦題額。

崇寧菴。在縣東南。

觀音閣。在北城丹鳳樓西，知縣林培選捐修。

已上係在城寺菴。

潮音菴。學士橋北。明嘉靖間，陸文裕公淑人梅氏建，今爲陸氏香火。

衆善菴。明萬曆二十五年，僧幻初建。順治九年，僧自心重修。

青龍菴。小南門外。

小武當。大東門外，創于萬曆十二年。至康熙二年，住持一鑑募前協鎮王光前重建三義祠。

小普陀禪院。在小南門外倉橋東。宋時有僧自海外奉大士像至創建，明僧法空重修，復建浄業堂，莫如忠書額。本朝康熙年間僧普信重修，乾隆十四年，僧成逸與徒孫覺源築拈花堂，葉承書額。

萬勝菴。在萬勝橋下。副使王文炳建，僧海宗開山，順治辛丑進士王又汧有記，乾隆己亥歲重建。

西林懺院。在西門外。萬曆壬寅，僧真香募建。有邑人楊萬里《碑記》，張元玘《然燈碑記》，住僧智函有《戒行能詩》。

邑人張元玘《然燈碑記》畧：西林懺院者，僻在西郊，睥睨遥聯，晴川規合，加以石梁，左控土岡，右帶松灣白水，漸遠紅塵，修竹短垣，時聞清磬，蓋幽偏之地，闍練惟宜。况一二比丘，怡然古素，入徑清風，窺人明月，六時禪誦，澹寂成緣。然布金獨儉，香火非侈，佛右燈光，常虞不續。故諸信心輒有善願，置田五畝，歲足供油，將明光所，曁萬劫非昏,覺朗共臻,三生不昧。

普濟菴。明天啓三年,給諫趙東曦、顧孺人命僧創建。

萬壽菴。在南馬頭渡口,原名大王廟。明萬曆壬寅僧智融建,知縣史彩詳撫院,立放生池繞菴側。

九華禪院。在邑之巽方,萬曆甲辰年建,僧東川開山,有董文敏公書額。

華嚴菴。宋寶慶元年,僧道安建。明邑人張肇林重修,爲歸田後讀書結社之所。金陵禪師徧音習静地,後因佛像剥落,住持僧一實募化重裝。

送子菴。崇禎七年,僧恒一建。

三昧菴。在小南門外演武場西北,舊名茶亭。乾隆三十一年,僧東岩募建。

臨江閣。在小南門外永濟渡,舊爲伏魔殿,後名大悲閣。乾隆四十八年,巡道盛保重建,改今名。

已上四郊菴院。

南積善教寺。在縣南五里。宋紹興戊寅,僧師浄建。明景泰間,僧善暲欲拓其舊址,邑紳談景瞻等捐給財力,首建大殿,裝塑佛像,次及兩廊、山門,雨花、心印二堂暨諸鐘樓、僧房、香積厨舍,穹壯宏麗,鄉邑稱爲雄剎。乾隆四十八年,僧福緣募修。

宋蒙城高子鳳《記》畧:西林去邑不十里,寺之在周浦者曰永定,在黄浦者曰寧國,而西林居其中,蓋所謂江浦之聚也。里故無寺,紹興戊寅有比丘浄,行化爰止,亟思啓導里人,培植勝業,請於迪功劉均及長者孫氏,得地百畝,創菴以憩。逮淳熙間,而法堂方丈、齋廬庫藏輪奐一新。嘉定初,又得永定七古佛,即之以求福者尤衆。先是,浄夢白蓮七枝擢秀於堂之所,諗爲瑞相,擬作大殿,其徒道暉嗣之,因徐昌純、葉純裕爲大檀越,鳩材庀工,以奉所得七佛者,前夢至是符焉。暉之法兄道全,以淳祐壬寅始白之禮部,甲辰乃符錢唐積善寺廢額,甲乙焚修,式延雲水,而浄之派孫文睐復募作重門練垣,以謹中外之限,遂與永定、寧國鼎峙。嘻!亦盛矣。三世協勤,四檀委輸,再祀九十,厥有成績,有可尚者,故受簡而記之。時淳祐庚戌十月既望。

度門寺。在閔行鎮。元至正二年,水月禪師建,僧照菴、元白重修。乾隆丁卯復新,陳維城建碑。

已上十六保。

通濟菴。元泰定間,僧深建。

南浄土講寺。在吴會,俗呼南王寺,又呼王家寺。宋淳祐中,王晉公遠孫雲卿,俗稱王萬三者創建,僧吉開山,初名九品觀堂,元大德中改今額。明宣德間燬,正統初僧古田重建,錢溥有記。

華嚴院。在縣西南六十里。後梁開平初,都水使者錢綽建,僧通開山。宋治平二年,賜額爲"明心教寺"。寺有石函觀音像,禱求響答,及華嚴寶塔、義虎講臺。治平間,有希最法師居此講經,緇流愛而畏之,號曰"義虎"。古檜二本,元豐所植,至今存焉。

宋高子鳳《石函觀音殿記》:劍埋豐邑,氣騰斗牛,寶發陳倉,光集祠宇,是皆寓於有形而幾於無形者。其靈變翕忽猶若此,况佛菩薩應身闡化、神超象外而不同於一物者乎?淳熙間,青龍鎮有畦地爲圃者,中廣丈許,藝之不生,溉之散流,夜有祥光上燭,遂發之，得六石函，貯觀音像，夾紵爲質，冠衣儼如，楊枝淨缾在左右手，雲披月滿，姿相殊特。寺鄰沈氏傾橐贖之，奉安明心寺之西壇。寶慶丁亥，震風發屋，像失其蔽。既而陰有所啓，更有金彩彰施，迎真法堂，僧了勝瞻仰欣慶，有創殿意，蘊而未言。一夕，厨鑰自開，像立於地，莫審其故，勝獨感之。勝偶疾作，忽夢麗服而瓔珠者，慈視以拊之，既覺，失疾所在。於是罄貲締倡，肇自丙午三月，洎九月畢工。三門兩廡以次具舉，題璇砌琺，塗飾精好，一境正信咸獲依歸。噫嘻異哉！蓋大士與此土衆生有大因緣，乘機赴感，無乎不在，其晦其顯，又孰得而測之？若夫十方刹土之廣，千萬億生之衆，不之他所而之明心，不屬餘人而屬了勝，其與秦文之獲、張華之逢，亦一理也。發於不測之謂機，契於無私之謂感，其若是哉。時淳祐庚戌三月。

資壽寺。舊爲院，元至元末普照寺僧嚴肇建，以地多王氏所居，俗呼北王寺。

已上俱十八保。

長壽寺。在裕伯題橋鎮，南宋乾道間建，僧如行開山。元至正間，趙文敏孟頫篆額，後燬。明成化間，僧惠瑛重建。萬曆初，僧秉科增葺。崇禎年，郡人李待問題額。

南廣福寺。宋嘉泰間，里人鄒運幹捨宅建，俗呼鄒家寺，中大夫孫德之有《記》。寺臨黄浦，浦自西流，至此則折而北流矣。

印月庵。里人郭允周建，延行僧居之，有秋潭、梅龕諸勝。

永慈菴。吴衢涇渡口。順治二年，里民錢宏仁倡建，以接往來問渡者。

已上俱二十一保。

慶寧教寺。宋建炎間僧圜募建，後燬于兵，元大德間重建，北礀有僧堂記。

法華院。在縣東二十餘里。元至正間，里人陶侃捨地，僧福開山。明洪武初建環橋于寺前，名福田橋。成化間，僧道昌募建大殿，嘉靖末燬于倭寇。萬曆二十九年，法雨寂照重修。郡人俞汝爲撰《碑記》，邑人王乾昌書丹，喬拱璧篆額。四十九年，續建萬佛閣。本朝康熙五十年燬，雍正十年海水泛，復毀大殿。乾隆四年，睿臨等募化重修。院之西偏陶侃父子植花處，名萬一園亭，有銀杏二株，大可百圍。康熙間，僧天然等即其地建屋，有萬照堂，陸鳴珂作記。

珍敬菴。宋端平甲午年，邑人吴居四捨宅建，僧遠開山。

五福菴。宋咸淳元年，邑人陳百八建，僧暹開山。

西圓通菴。宋景定間顧千一建，僧裕開山。

已上俱二十二保。

太平教寺。華亭太平禪寺在其西，俗呼東太平。以宋太平興國間，僧及操舟雲游，夜泊范家浜，聞蘆葦中有鐘鼓音，疑出梵宇，訪之無有。後夜復然，見白光燭天，發地得鐵佛一，因以建寺，以國號名之。後廢於兵，僧旻秋堂重建。

致思菴。宋淳熙六年僧修建。

竹隱菴。宋建炎間僧道諲建。

圓通菴。元僧聞重建。

孝思菴。宋建炎間，里人陳七郎建，僧權都正開山。

時思菴。宋乾道三年,邑人陳九建,僧習開山。　法華菴。宋僧智了建。

蓮隱菴。宋寶祐五年,邑人顧嗣名建,僧昭開山。

已上俱二十三保。

海會院。元大德間僧果建。　白衣菴。

西林懺院。宋淳熙間僧文□建,後有慈悲閣,康熙十一年,僧元徵募里民張文魁重修。

天竺菴。在塘橋鎮,剏自前明。本朝順治間,里民孫雲泉、張悦甫等募衆改葺。乾隆三十五年,邱日章、孫贊王等復議興修,監生周重威、朱約章捐資董成之。

定水菴。洋涇鎮,僧覺非募建。

甘露菴。康熙元年,僧戒初募建。菴當南北孔道,行人憩息焉。

等慈菴。浦東義渡,爲行人風雨寒暑棲息之所。順治二年,耆民張倫創建,人咸感之,呈縣,即祀倫于東側。今菴已移廢,僅存井亭。

石僊廟。在黄淄漊南。舊誤十仙廟,相傳後晉天福年間,有石道人結茅成仙,故名。康熙六年,里民沈濂、僧照徵、普序重修。

陳汶菴。元大德間,僧圓建,後廢。隆慶三年,里人趙希唐捨基重建,復捐饍僧田十三畝,有碑記,其子若孫文畧、汝珪所施也。

已上俱二十四保。

積善院。宋慶元間,千户徐名建,僧顯開山。

法華經堂。宋紹興間,邑人吴常山建,僧有堂開山。

衆善菴。宋太平興國間,僧禮建。

翠微菴。順治十四年,僧寂澄建。

已上俱二十五保。

龍華教寺。在黄浦西龍華村。相傳寺塔爲吴赤烏年建,殿宇創於唐垂拱三年,廢於黄巢時鎮將張郁之。後吴越忠懿王常夜泊浦上,風雨驟至,草莽間祥光燭天,鐘梵隱然,詢其地,古龍華寺基也,遂命大盈莊務將張仁泰重建。宋治平初,賜額曰"空相"。西北隅舊有白蓮教院,山門外有二井,俗呼龍井。明嘉靖間,山門燬於倭,僧慧林重建。萬曆間,詔頒佛藏於諸名山,僧達果疏請,特遣中涓齎勅詣寺,并賜達果金環紫衣護藏,慈聖皇太后復賜其徒理圓銀環紫衣護藏,如其師,又賜範金千葉,寶蓮毘盧佛一,金彩絵旛十丈,并日月錦旛二鏤,銅器五,勅賜大興國慈華禪寺。後正殿頽圮。四十六年,方伯張所望倡助成之。明末,善士陸鎰復捐金修葺,又遇韜明宗禪師住持,梵宇鼎新,復成偉刹。後法嗣大壑、澄清、古溪、霜林相繼接席,宗風得以不墜云。康熙間重修,寺基二十九畝,乾隆元年免科。

皮日休《龍華夜泊》詩:"今市猶存古刹名,草橋霜滑有人行。尚嫌殘月清光少,不見波心塔影横。"

錢溥《重游龍華寺》詩:"古刹茫茫煙雨中,浮屠高插翠微重。營巢鳥擇雲端樹,翻譯僧敲飯午鐘。香木傍橋春水净,殘碑没草緑薹濃。年來愧我塵緣老,憶昔登依興已慵。"

陸深詩："六月龍華兩度游，陸行騎馬水行舟。風雲塔院松將瞑，煙火村家麥已收。病到静餘初減藥，望窮天際更登樓。桑榆苦愛清江曲，常愧山僧半日留。"又《龍華寺懷張玄超》："浦上白雲深，幽居清道心。竹徑鳴風珮，蘭堦生晝陰。山僧忘入臘，寶塔舊成林。落日青霞外，高人何處尋。"

馮遷《登龍華浮圖》詩："千年飛塔標滄海，躡盡高層霽色開。翠蓋重重吴樹起，青螺點點越山來。貪看佛日浮中界，醉倚人天逼上台。此地别離同浩劫，晚猿昏磬一時哀。"

寧國寺。宋隆興元年，僧昌月堂建，與龍華寺南北相望。殿前羅漢松四株，古色蒼然，蓋三四百年物也。明天啓六年，張方伯所望重修，并移黄道婆祠於寺之西偏，祀記詳廟志。

延恩寺。元延祐間，僧得建。

梵壽菴。漕河涇鎮。明崇禎七年，行僧佛乳建。

崇福菴。

已上俱二十六保。

静安教寺。在蘆浦，初在滬瀆，吴赤烏中建，號重圓寺，唐更永泰禪院，宋祥符初改今額，嘉定間遷此。寺中有雲漢昭回之閣，閣廢，大字刻諸石，有江中浮來石像、石鉢，有吴越王瑜珈道場中毘盧遮那像五臟，皆書錢氏妃嬪氏名。寺基二十五畝，乾隆元年免科，四十三年，歙人孫思望首捐重修。

周弼《寺記》：華亭東北百里，松江繞焉，有寺在滬瀆，曰重圓。大中祥符元年，因避諱，改今額爲静安。嘉定九年，僧仲依以舊基迫近江岸，濤水衝匯，遷基於蘆浦之湧泉，即沸井浜也。中流數尺，特深如井，晝夜騰沸，或指爲海眼，因寺遷而異其名焉。寺之靈驗最顯著者。西晋建興元年，有兩石像浮於江浦，吴縣人朱膺迎置於寺，視其背則有銘，蓋七佛中之二，曰維衛，曰迦葉。後六年，漁者又獲兩石鉢于沙際，大如臼，羶辛稍觸之，則變怪輒見，因以爲石像供具。佛閣則因僧智儼而立。儼有異行駭俗，號鰕子僧。常斂蒲草爲萬餘繩，掛諸廊廡，且曰："吾將作大緣事。"繼即示寂。人競樂施以財，繩皆滿足，閣果成就。是皆傳于閭里，著於雜書，彰彰者也。自佛法渡江而南，浙西信嚮特甚，精藍浄舍，所在布滿。究其從始，最遠者，極天監、大同而止。吴赤烏十年，康僧會始至建業，建寺以居，謂之建初，此寺實相踵而成焉。自石像遷於吴門開元寺，而錢氏瑜珈道場、盧舍那寶像與雍熙、宣和兩碣屹然尚存。雙檜偃蹇，如虬如鳳，則魯望、襲美之所題詠也。風恬月淡，鐘聲梵響，悠揚於滄波浩渺之外，安知無石像再浮而至，發光彩于蘆葦間哉？華亭，吾外氏所宅，蓋少所聞而異焉，故述爲記。

朱豹詩："古刹乘閑到，紅塵路已賒。洞門虚歲月，檀樹鎖煙霞。谷静泉逾響，山空日易斜。坐聽清梵入，落盡木蘭花。"

胡芳詩："翠微隱隱出層霄，杖履來游不憚遥。冰柱四簷晴作雨，雪山一帶晝隨潮。金鎔柳色藏高閣，紅愛梅花立短橋。賸有流霞駐顔色，養生無意問王喬。"

陳一鳴詩："孫吴踪跡草芊芊，唯剩江聲繞寺邊。能鉢迷雲晴欲雨，山槐浮蔭日如年。斷碑零落蒼苔護，小澗清幽白鶴眠。半日流連消俗慮，愧無王帶惠高禪。"

犀照大師詩："摩空蕭寺見荒陬，殿古僧殘夕照流。明月久虚雙檜影，閱人海眼碧千秋。"

附《静安八詠》：陳熙《赤烏碑》："穹碑巋立紀孫吴，爲訪遺踪弔赤烏。潮齧石垠埋鳥篆，月明波底照龜趺。深藏不受風雷劫，重出應同河洛符。還念峴山留片碣，幾回江上獨踟躕。"華錫瑞《陳朝檜》："摩挲雙檜自陳時，雨溜苔封纓絡垂。千尺根盤左紐骨，十朝露潤再生枝。空山月冷吹蒼雪，古殿秋深鎖赤螭。三閣香銷摧玉樹，獨餘貞幹佛扶持。"徐日華《鰕子禪》："一曲漁歌物外情，胥村渺渺暮烟横。可知示幻原非幻，會説無生却是生。妙諦每從顛處見，腥風還向醉中迎。食鳩召虎傳燈舊，留得千秋鰕子名。"喬鍾沂《講經臺》：築臺講偈接曹溪，遺址蒼凉江草齊。貝葉獨参無礙旨，法雷應破大千迷。麈來玉麈常沾雨，湧出香蓮不染泥。隻履西歸留象教，依依石塔夕陽低。"瞿華《滬瀆壘》："紛紛猿鶴與沙蟲，廿萬長驅向海東。誰遣寄奴終破賊，不教内史早成功。忠魂半夜游江上，碧血千年化土中。故壘竟同祠宇没，幾番憑弔野花紅。"劉爾榮《湧泉亭》："高僧卓錫海雲邊，一勺温泉似火然。趵突不關神虎躩，沸騰應有老龍眠。化爲甘雨村村潤，湧出冰珠故故圓。遊客漫言清可濯，眼前活潑足談禪。"喬鍾吴《蘆子渡》："瑟瑟叢蘆古渡邊，渡頭人立倚江天。一灣葉亂空灘雨，兩岸花藏小市烟。弔古已無防寇壘，問津常有捕魚船。即今海上承平久，滿眼桑麻種野田。"陳昌國《緑雲洞》："禪定消除憂惱根，洞中栖息幾朝昏。經繙上乘蓮千葉，心會真如月一痕。滿地松陰迷鷲嶺，數間林屋闢雞園。悠然憑眺雲深處，翠竹黄花半掩門。"

按：《静安八詠》名作頗多，釋壽寧搜輯成編，凡百數十首，楊維禎序之，後張抑復加增輯。其詩間有採入古蹟，今但録近人所作，附此以識其概云。

報恩寺。在静安寺東隅。乾隆四十三年，巡道盛保建，并捐田二十四畝以供香火。

觀音禪寺。宋崇寧初建，淳熙三年賜額"慈報禪院"，從錢参政良臣請也。僧覺印開山，元燬。明洪武十六年，僧性重建，改今額。爲縣之首刹，前有嘉林，後有萬工山，萬工所成。占地數畝，已平爲田，其陂陀古栢即遺址也。萬曆四十二年，僧萬緣募建，無梁殿，工未竟。

明教諭尹務厚《寺記》：觀音寺在上海縣西十八里，時有觀音聖像浮海而來，咸異之，錢参政良臣捨貲，禮雲門禪師七世孫覺印，創於宋崇寧年，爲縣禪宗首刹。元季廢爲瓦礫。洪武壬戌，僧會本源性公與其徒紹一募建法堂。前觀音像流寓九峯間，見夢於性，舟載以復。庚午，性公没，一公募建殿東西廡。三年，住持本山。甲戌，縣尹張守約捐貲建大佛殿。丁丑，買民房建天王殿及山門。庚辰，尹杜鎰復營香積厨一所。自後，法堂鐘樓以次而舉，凡立屋若干楹，拓地若干畝。是宜記之，以示諸後，庶嗣而葺之，俾垂不朽云。時永樂甲申十月。

法華禪寺。在觀音禪寺東，宋開寶三年建，博士王昭素請額。元至大中，僧慶重建。明洪武、宣德年間，兩度新之。順治五年重修，曹垂璨有記。乾隆十一年，僧悟相呈請立碑紀載。寺基田五十畝九分六釐四毫，内四畝監生王倫叙助。

釋心泰《記》畧：法華寺在邑治之西一十八里，宋開寶間，僧慧爲開山第一代。元至大初，雲翁慶禪師大振之，趙文敏公壻海道千户費雄佐之甚力，首建大雄殿，趙公書額，普應國師中峯和尚三過其寺。後廢於寺田之多，重徭艱役，僧皆散去。沙門善達乃以寺田數十頃悉與佃户，故寺無一墢之土，庭無一吏之跡，屋廢者漸興，僧散者復集。洪武二十四年，立爲四方禪林。三十二年，天臺沙門智勇捧檄，出住兹山，善達又造方丈，建僧堂若干楹，迺屬其孫如鏁代焉。達以儉約自持，專修净業，臨終念佛，泊然而逝。今住山者智勇，復能建諸堂宇，焕然一新，遂爲之記。

邑人曹垂璨《記》畧：按雜志，洪武六年，僧善達誓願重建大殿，苦行三年，一傭工者助施百金，未幾，無疾而死，善達書其兩手云："見我開口，見我開手。"又三年，募至海濱，有千户費雄生一兒，已三歲，喑而不語，兩手拳而不伸，見善達，啞然笑曰："師父來矣。"開其手，拽僧之衣，衆皆驚異。千户延僧問之，備述傭工捨金之事，乃慨然獨成之。

按：順治七年四月朔夏，若時輩啓建萬佛懺壇于寺，至二十五日夜三鼓，若時忽見佛放毫光，自殿後直徹天半，光滿四野，在壇僧衆俱見，殿後如月光一照，若時因捐家産，及寺僧文鏞同建佛閣云。

翠竹菴。在法華寺東。明萬曆二十一年夏，可立捐地倡建。康熙十一年，可立孫若時復捐地五畝，僧文愍募化改建。菴外一古井，甘泉清冽，養而不窮。

邑人王圻詩："偶來松下汲，石井雲深處。湛然無盈虧，甘芳自相註。"

本源禪師《偕門人超法訪夏若時》詩：策杖過兹地，知爲宿契投。諸天開勝境，而我暫淹留。竹樹時婉孌，山水有餘秋。潺潺從溪水，側折以西流。迢迢行役人，還憩石井頭。石井有深味，豁人塵外眸。龍華聳天半，一峰雲際浮。東望春申城，蒼然一氣收。當年夏居士，結席供比丘。瑞像漢陽塑，法書得李尤。燈祇朗遠照，香雨灑四周。爲識安禪者，名山兹可求。

安國講寺。宋咸平三年敕建賜額。明洪武中，紹宗法師奉使廬山稱旨，歿賜御祭碑文。講堂燬廢，僧普懋重建，更復寺基三十五畝零，邑諸生王繼鏊助寺田八畝，大殿復葺，佛像一新。

小祇林。里民沈仲交同壻生員張繼會建，邑人張錫懌有記。

已上二十八保。

隆福菴。住持湛圓，四川人。康熙十年正月禮《華嚴經》始，十二年圓滿，即端坐而化。今龕身尚在。

西來禪院。大壑禪師自龍華退院後募建，卓錫於此。

已上二十九保。

福田菴。元至正間,僧壽建,後燬於兵。嘉靖中,里人王熠重修,子圻題額。

明郡人徐璠《記》畧:上海三十保原有舊創福田菴,歲月既久,漸就傾頹。嘉靖中,醫學正王君熠因侍二親疾,日夜不交睫,而憂思攻其中,兩目至昏眩弗能辨,嘆曰:"我爲親而瞽,無憾也。"乃齋香武當,倦而少憩木石間,若有神告諸夢寐者曰:"汝近境原有福田菴,乃吾行宫也。汝能葺之,綏福不止明目矣。"王君歸而考菴之遺址,投牒有司,廣其基地,捐己貲及募集工材,一鼎新之。起事於甲子之三月,工將竣而王君之病目明。子圻于是歲領南畿鄉薦,王君德明神之感應,而又謂是菴之不可以無記也,故屬書之。

香雪林。行僧自覺募文學林楝别業改爲禪室。梅竹靚深,窅然法界。

慈濟庵。在三十保九啚,里民朱日曄等建。

福基寺。

已上三十保。

正陽道院。在縣治東南。元至正十一年,里人潘守真建,縣陰陽學設於此,即水仙宫。明嘉靖丁未,前後屋宇毁於火,至丙申重建。潘恭定公《碑記》又載院建於宋景福四年。後三清殿傾圮,康熙二十一年,道士張爾宿重修。越己丑,山門毁,邑人李瀓新之,有記。

邑人朱在鎬《重修三清殿碑記》:道家有南北二宗,南宗自東華少陽君,授漢正陽子鍾離權,權授唐進士吕岩,六傳而至白玉蟾,北宗自吕岩授金王嚞,嚞授弟子丘處機等,展轉相授,不絶如綫,而要皆本於正陽。滬城水仙宫,相傳爲純陽煉丹之所,而門額則榜曰"正陽道院",蓋溯吕岩所自來也。道院創自宋景福四年,至明嘉靖丁未前後俱燬於火,而三清殿獨存,至丙申而燬者復葺,潘笠江先生記其事。而要皆爲前明時所蓋,椽唯三清殿則宋時遺址,巍然靈光者六百餘年,歲久物蠹,亦其勢然也。乃羽士張爾宿則引爲己耻,弘發誓願,不呼將伯,不一至富人之門,鳩工庀材,至辛酉冬焕焉鼎立,遠邇瞻仰,無不肅然。非爾宿之誠與一,亦何能光復故物乎?此余推本正陽之義,而又詳列廢興之歲時,以附於笠江先生之後云。時壬戌仲秋之五日。

關帝廟。一在北城,嘉靖甲寅年築城,建屋三間于城垣,萬曆壬寅,總練費千户因城外空野,請帝君供奉,康熙庚戌,邑士曹垂朗募修。一在東城上,萬曆十三年,喻顯卿、秦嘉楫倡議捐建,邑令顔洪範襄其役,羽士顧拱元董之。一在城隍廟大殿東偏,順治七年,住持吴體一募建,楊兆麟募塑馬王、大王,今改爲三聖閣。

斗母閣。城隍廟西偏。康熙十年,邑人張錫懌、曹垂璨、曹垂屺倡始捐貲,道士蔡元益同募建。上供斗母,下供文昌,并塑魁星像于閣左。

許真君祠。在城隍廟西偏。

藥王廟。金方包倡建,知縣王侹率藥舖醫家等重建,知縣李文耀竣工,詳作廣仁堂施藥。

三官堂。在小南門内永興橋左,中有古銀杏一株,闔邑風水攸關。康熙間會有伐樹者,邑人張錫懌出資買置,今爲張氏世植。

利濟廟。在虹橋,順治間建。康熙五十一年,里民唐斌策等募修,縣丞韓仲有碑。

文昌宫。在廣福寺後，巡道翁藻建，胡爾雋董成之。西有放生池，邑紳李宗袁置，諸生王宗柳有記。

蕊珠閣。在縣治西南隅，即斗母閣。康熙五年，里人徐垣英等建。乾隆二年，吴式士等重修。

茶亭。在縣治東南。康熙間徐本述捐資建，知縣李發枝書“人莫不飲”四字額。

真武廟。在北城鎮海樓上。嘉靖戊午年建，萬曆壬辰同知羅拱辰重建，己未道會、陸宗改造。康熙辛酉，通判宋士標、知縣史彩、邑人曹(乘)〔垂〕璨、張錫懌、曹垂屺募建，里民張有榮、道士吴履嘉督工。

雷祖殿。在城東北隅丹鳳樓下。乾隆四十一年，道士陸丹書募衆興建。

三茅閣。在北關外，建於前明，乾隆戊子歲重修。

斗堂。在北門外，康熙間建，乾隆戊子歲重修。

順濟廟。即聖妃宫，在東北黄浦上。宋咸淳中建，後燬，改建於北城樓，又特建天妃宫於東城外。按《一統志》，宋莆田林氏女生有神異，没而顯靈，立廟於莆之海中湄洲嶼，元至元間勅爲護國明著天妃，明洪武、永樂兩加封號。廟有丹鳳樓，觀潮者登焉，潮洶湧北來，至廟門而伏，過則復起，人以爲神。

鎮海侯廟。在大東門外。

羅神廟。在西門外，明邑人姚永濟有記。本朝雍正間，僧際芳建山門。乾隆丙寅殿燬，知縣王侹捐俸倡舉，僧見緣募建。是廟本陸氏墳祠，久廢修葺。乾隆四十五年，裔孫陸敬銘同僧慧銓重建。

三元廟。俗稱三官堂，里民凌廣先建於二十三保。萬曆二十四年，有金道人移建縣大南門外三里橋南。今逢三元節，四方瞻禮者肩相摩也。康熙二十二年，邑人曹垂璨同弟垂朗見大殿簷淺，倡募增造鶴軒於前。乾隆十一年重修，知縣王侹作記勒石。

仁濟道院。在吴會，元至元間里人王氏建，至正初韓日新重修。

平山道院。明洪武七年，里人沈子文建。永樂元年，道士項子通修。按《府志》載晉袁崧犒軍長人鄉，酒罄聚瓶爲山，故亦名瓶山院。外有天移井，明翰林院侍讀唐文獻爲記。又載五代吴越王嘗飲軍於此，飲訖而棄瓶成山云。

洞圓道院。元延祐七年，道士潘復原建。

祥寧道院。元至正二十四年，里人施道良建。

真聖堂。元至正二十年，道士彭盟朴建。　　大清菴。元至正間道士張静雲建。

三官堂。在永濟渡東岸，爲問津者憩息之所，乾隆四十一年重修。

崇福道院。在楊賜橋南，宋宣和元年賜額，明嘉靖中倭燬重建，有給事中奚良輔碑記。

永真觀。在舊二十四保副八啚白蓮涇北。康熙二十年，里人孫大經倡建。

邑人曹垂璨《記》畧：余有閣曰霞綺，每設齋供，諸仙佛誕降歆饗，則憑乩疾書，皆格言彝訓，盈笥累牘。余擇其要語録以勸世，而世之信心者少，其不以余言爲愚妄而信道彌篤，其恒山孫君乎？君名大經，宦游旋里，于辛酉夏宅東南隅，建寺曰永真觀。中塑斗真，分配三元、真武、吕祖於左右，前供關夫子，門外設義井亭，詹阿棟宇，巍然嶙峋。恒山倡始之，遺書於余云：“昨關夫子降覘，命君作本觀碑記。”余愧不文，然帝命不敢違。余觀我鄉先達登巍科，歷膴仕，唯以園亭臺榭是娱。未幾，子孫或有半菽不飽者。若孫君之樂善好施，使人皈依慕道，鼓舞而不能遏，其功德烏可量哉！神所憑依將在是矣。謹述始末爲記，後之人無以余言爲愚妄而咸生信心，則可藉以不朽云。

春申道院。在二十一保横濼東岸,内奉楚相春申君像,知縣褚菊書修有記。

立雪菴。雍正間,邑人曹炳曾增造屋宇,燦然可觀。

炳曾《復立雪菴題詞》畧:高昌廟者,立雪菴故址,離縣治四里,傍春申江,蘆葦映帶,帆影去來不絶,焚修佳境。歷宋、元、明至我朝七百餘載,雖有朱、陳、張三姓樂助,得不傾圮,然事經五十年,黝堊丹雘者亦漸黯然色改矣。余游屐所至,不勝感嘆,爰命良工葺之。向缺東廡,并爲補搆三楹,以全一庵之勝。上人請復舊額于余,因書"立雪菴"三字貽之。

東華道院。在白栅内。康熙間建,後圮。乾隆四年,里民唐、徐、張、潘、朱、王募建,邑人金應元有記。

洞真道院。元延祐七年,道士潘復原建。

小祇園。在閔行鎮度門寺東側。

文昌院。在閔行鎮六曲河西。

廣明菴。在閔行鎮。乾隆三十七年,當湖陳榮、邑人鄭起源捐貲重修。今名小雲臺。

附分屬南匯諸寺。案:上、南既析兩縣,凡壇廟寺觀今屬南邑者,例應删此入彼,以清界限。第南匯初志所載壇廟列入祀典而外,一切古寺名刹概屏不録。兹復汰削,則數百年名勝遺蹟泯没無考,是亦訪古者所惜焉。故仍附永定諸大寺于卷末,其他不甚著聞者悉從删去。

永定講寺。在周浦鎮。宋淳熙間,趙宫使建,僧恩法華開山,御賜"永定禪院"額。元至正間,僧妙智作藏殿。明洪武中改今額,成化間建金剛殿,嘉靖中半毁于倭。本朝順治十三年,里民張彦聖助建萬佛閣於舊址。康熙二十年,僧曇英募修山門墻垣,里士朱源、夏潤等塑文昌關帝像于佛閣,爲文社地。寺東南隅銀杏樹,宋時所植,大可蔭二畝。有釋行中《藏經記》,高啓有《過永定廢寺》詩。

大聖教寺。在十七保。宋紹興間有異鳥止于郊,鄉人疑爲鳳凰,曰鳳凰非寶地不止,遂發地得泗洲僧伽像,僧思修因建寺焉。隆興二年請額,後廢,明初即普浄院,榜今額。

永寧教寺。在新場鎮。元至元辛卯,邑人瞿霆發建,僧允恭開山,名報恩懺院。有鐵佛高尺餘,相好殊特,建院時得之土中。中峰和尚爲之銘,明洪武中改今額,元方回有記。

雷音寺。在十九保。舊係道院,名神霄雷壇。元至順四年,道士邵希陽建,後僧人居之,改今名。

崇慶教寺。在北蔡,宋嘉定間邑人蔡功建,僧顯開山。

福泉寺。在南匯城。元至正二年,僧成公建。寺有泉湧出,故名。有大鐘并銀杏二株,皆數十圍。

城隍廟。在二十二保十二啚九團地方,内有欽公祠。雍正十年海水泛,居民漂没無算,知縣欽廉通詳建築土塘,民免水患,因建祠焉。

第宅園亭

有晉公之勳業,斯可以治集賢之亭臺;有白傅之文章,斯可以居履道之池館。人境適符,固其所也。邑雖海濱,然自宋、元迄明,故家喬木猶存,未可因灌莽而盡置之。況我昭代不乏太傅東山,則今之地以人傳者,不更當志,爲異日流風之慕歟?

雲漢昭回之閣。在蘆子浦。南宋淳熙十年,端明殿學士錢良臣建,以藏宸翰,其額係光宗在東宫時書,今碑存閣廢。

王逢詩："雲漢昭回夜，新登最上頭。叢林幾度臘，片石百年秋。爽氣隨天盡，踈雲帶月流。身今在析木，無暇顧牽牛。"

尚彝齋。鶴砂朱聽作詩好奇，楊維楨名其齋曰"尚彝"以規之，并系以銘。今屬南匯。

銘曰：木以繩而正，弓以檠而柔，車以規而轉，舟以窾而浮。帷不彝也，繩檠之在，規窾之繇，惟淑德優，而況乎翰墨之游？

永思堂。詩人朱楚材居，陶宗儀記。
筆議軒。彭汝器手評《宋史》之所。
安分齋。朱熹書，筆勢飛動，楊培揭于鶴沙之居。培，瑀之子。屬南匯。
雲錦樓。在縣治北，下瞰蓮池。費寀夏月飲賓於此，孫雄重修，今廢。

元楊維楨詩："高門經過費家府，門前溝水東西流。插花老嫗賣坊酒，騎竹小兒迎縣侯。白雪漫村蠶了簇，黄雲捲隴麥成秋。海中望見旌旗赤，知是將軍烽燧樓。"

瞿氏園。在下砂，浙西苑囿此爲最。古宋秀州守方岳嘗留題壁間，後紫陽、方回繼題十絶，今屬南匯。
白客堂。下沙瞿氏宴饗媚黨賓客之室，今屬南匯。

元方回詩："壁間墨客掃龍蛇，所寫詩佳字亦佳。忽見一詩增感慨，吾家宗伯老秋厓。"

琴軒。元瞿霆發善鼓琴，聚古琴百張，搆軒居之。今廢。
西郊野趣軒。在黄家闕，黄銘建，人呼爲西郊先生。
古村居。曹迪隱所。村以古松得名，中有清概軒、瓢樂山房、寶古齋。迪字簡伯。

僧宗泐《古村居》詩："古村民，古村居，古村有田復有廬。屋後桑麻四五區，屋前榆柳八九株。老婦辟纑兒讀書，青燈夜照三更初。牛角帶經耕且鋤，年年歲歲輸官租。聖人治世如唐虞，飽來擊壤歌康衢。烏紗作巾白布襦，東隣西舍相招呼。醉歸兀兀杖且扶，古村民，古村居。"

錦溪茅屋。明曹賢搆。賢，迪之孫。

顧清《記》：出郡城而東有水北流，曰蟠龍塘，塘折而東趨上洋，將東北歸於海，别派入古村，南出龍華以入於黄浦者，其名曰錦溪。溪之上屋數十楹，葺之以茅，古松曹先生家焉，曰錦溪茅屋。當元之季，名勝之士避地東吴，若鐵崖、艾衲皆折行輩與交。先生博雅好古，其爲此屋也，節棁不施，楹棟不飾，修篁嘉木，映帶左右。先生日居其中，客有問錦溪之義，先生曰："吾溪所謂錦者，與他異。西蜀之錦城，因物而名之者也。錢塘之錦樹，因人而名之者也。若吾之錦，則吾溪之自有也。日月星辰麗于上，天之錦也；山川草木粲于下，地之錦也。烟雲輝映，風水相遭，渚之花，汀之草，鳧鷖雁鶩之翔集，烟罾霧罟之低昂，夾岸之丹楓，流波之素月，夫孰非錦乎？良天佳時，與二三友生考古今,論人物,壺矢博弈,觴豆間設,或醉而縱步溪滸,留連徘徊,照入溪中,金碧相組繡。回視吾屋,如在輞川圖畫中,則欣然而返,如是者逾五十年。蓋人知吾屋之勝而不知以錦溪勝,知錦溪之勝吾屋而不知,其出於自然,與所繇來者遠也。"

榆溪草堂。在浦東,隱士陶中之居。

懷静軒。在竹岡。居延馬季子所創,其先世居静州天山,以懷静名,示不忘本也。

王逢詩:"爾家世德肇居延,忠義勳名兩代傳。碧血濺波歸九地,白衣扶日上中天。鳳毛麟角聯青紫,春雨秋霜隔隴阡。惟有終身誠孝切,祈連如見氣蒼然。"

歸雁亭。費用和嘗畜雙白雁及二雛于園池,元統間去而復還,毛羽光潔,足鐶儼然,而園亭適成,因以名之。

唐行詩:"馴雁妄飛去復還,分明足上誌金鐶。玉京紅縷曾纏燕,信義由來重若山。"

世綵堂。吴會韓震父日升年近八十,孫曾滿前,楊維楨名其堂,翰林周伯琦題額。

初,日升舟次杭之長安,屬其壩一不容巨舟,一不專上下,爲往來梗,遂請于有司,願于其東買民地,鑿渠添置其一。至正中,杭州路總管寶哥從其請。今呼爲新壩。

最閒園。在烏涇鎮。王逢居青龍,移隱于此。内有藻德池、懷湘坡、樂意生香臺、幽貞谷、濯風所、卧雪窩、流春石、海曙巖。

王逢詩:"地深雛鳳穴,池浸小龍泓。白石垂綸影,蒼苔拄杖聲。人心嘗淡泊,風物自虚清。多却詩千首,無繇避隱名。""無才甘在野,多懶愜行園。石露溥雲氣,池風損水痕。草深眠雉子,林静集鵶孫。擬著幽居録,漁樵共討論。"

進德齋。烏溪趙如珪建。聘名儒掖諸子庭芝、庭鶩,生徒遠來,皆館穀之。後庭芝第進士。來學人郭性存,色目人,札剌里丁,亦繼登科,鄉人稱爲盛事。今廢。

勤織堂。鷺湖蔣性中建。

泰和王直《記》略:上海蔣用和作堂奉母,母喜而謂之曰:"吾壯時勤于紡織,助汝父以興,朝而絲縷,暮而布帛,凡家之用皆賴焉。今幸汝讀書成立,而吾老矣。汝宜記吾勤苦,以勸汝子孫。"性中再拜受教,遂以名堂。

曲水草堂。在黄浦南百曲港,姚蒙與其弟臨隱居之所,有别室曰"海曙丹房"。今屬南匯。

葵軒。在華漕朱祐宅。

錢溥《記》:上海朱君民吉致政歸,除地吴淞之陰,闢軒數楹,周匝植葵萬餘本,遂以顔之。感時悲歌,觸事生慨,眷眷焉若不忘於時者。予特道淞水,偕邑宰王侯守節造焉。相與品題竟日,因謂侯曰:夫葵有可稱之美者,宋歐陽文忠公謂其傾陽以庇其本，異洛陽所尚。今朱君家居，非無足娱，獨引葵自況，非以有傾陽之忠乎？蓋君抱俊才，蘊經濟，忠君愛國，根于天性。年少即大有聲，京師子弟多宗之，一時臺省大臣莫不推重。同知豫章府事，聲在人口，乃以直忤奸權，甫四十即解組以歸。慷慨棲遲，弗究厥忠，翛然託意于花草間。觸其生也，感吾始；艷其盛也，追吾成；撫其飄揺風霖也，傷吾齟齬於（是）〔時〕；見其實也，慰吾渥衍于後。其忠誠懇款固未嘗一日忘者。且日奉太宜人于堂上，對花延賞，春酒萊班，則又有似其庇本之孝焉。一樹植之小，而可會吾道之大，其深得乎歐陽子之所尚哉。

南溪草堂。在肇溪南，顧英搆，玄孫九錫重葺。

張悦詩："一室幽然蔭碧蘿，半層東枕白鷗波。窗涵水影揺書幌，門過潮聲雜棹歌。淇簟涼分秋氣早，湘簾晴卷夕陽多。不知何處知音客，長爲攜琴載酒過。"

玉泓館。顧從義别業，得宣和紫玉泓硯，因以爲名。有舒嘯臺、秋波亭、曇花菴、浴鶴溪諸勝，今廢。

梅花堂。宋黄魯直書，張萱用扁其堂。

秀野堂。宋文信公書扁，張萱揭于龍華里居。

柱石塢。陸文裕公深别業，今廢。

陸深自記畧：儼山西偏，澄懷閣之下，小滄浪之上，復以暇日周施欄檻，周備臨覩徙倚之適。有川石者三，高可丈許，並類削成，有奇觀焉。因錯樹之爲三峰，中峰蒼潤如玉，彈窩圓瑩，豐上而鋭下，藉以盆石，有端人正士之象。却而望之，擎空于雲，邈焉寡群，豈八柱之遺非耶？題曰"錦柱"，傍甃雨臺。其左曰龍鱗石，蒼碧相暈，比次成文，儼然鱗甲之狀，森聳而欲化也。其右石首微墮，而婀娜拱揖，有掀舞之意，名曰"舞化虬"。合而命之曰"柱石坡"。曲徑其下，以通往來。每當朝日始升，夕陽初下，曳杖徘徊，聊以寄吾孤岸之氣。時時賦王右丞五言短篇，或歌陶彭澤《歸來詞》一兩解，俯檻觀游魚，爲之一笑，意甚樂也。

後樂園。在黄浦東，亦陸深之居，今廢。

朱察卿詩："亂後重來百感生，青山誰主鶴相迎。已無金谷園中會，空有山陽笛裏情。曲徑秋風衰草合，敗垣斜日亂蟲鳴。門前江水依然在，却送歸舟似掌平。"

馬跡堂。在十六保顧望塘。志大試時，其祖懽降靈於堂，有馬跡之異，因名，子孫世居於此。今屬南匯。

棲雲館。在闤水橋左，李水部昭祥居，今廢。

豫園。在城内，潘方伯允端奉父恭定公燕居之所。有奇石曰"玉玲瓏"，因顔其堂曰"玉華"，王世貞謂其秀潤透漏，天巧宛然，爲隋唐時物。西闢樂壽堂、涵碧閣、留春窩、玉茵閣、頤晚樓、會景堂，俱擅丹艧之美，今爲西園，附城隍廟中。

方伯潘允端《豫園記》：余舍之西偏舊有蔬圃數畦，嘉靖己未下第春官，稍稍聚石鑿池，搆亭藝竹，垂二十年，屢作屢止，未有成績。萬曆丁丑解蜀藩綬歸，一意充拓，地加闢者十五，池加鑿者十七，每歲耕穫盡爲營治之費，時奉老親觴咏其間，而園漸稱勝區矣。園東面架樓數椽，以隔塵市之囂，中三楹爲門，區曰"豫園"，取愉悦老親意也。入門西行可數武，復得門曰"漸佳"，入漸佳西可二十武，折而北，竪一小坊曰"人境壺天"。過坊得石梁穹窿跨水上，梁竟面高墉，中陷石刻四篆字曰"寰中大快"。循墉東西行，得堂曰"玉華"，前臨奇石曰"玲瓏玉"，蓋石品之甲，相傳爲宣和漏網，因以名堂。堂後軒一楹，宋檻臨流，時餌魚其下，曰"魚樂"。由軒而西，得廊可十餘武，折而北有亭翼然覆水面曰"涵碧閣"，道相屬行者忘其度水也。自亭折而西廊可三十武，復得門曰"履祥"，巨石夾峙，若關中藏廣庭，縱數仞，衡倍之，甃以石如砥，左右累奇石，隱起作岩巒坡谷狀，名花珍木參差在列。前距大池，限以石闌，有堂五楹，巋然臨之，曰"樂壽堂"，頗擅丹雘雕鏤之美。堂之左室曰"充四齋"，由余之名若號而題之，以爲紘韋之佩者也。其右室曰"五可齋"，則以往昔待罪淮漕時苦于驅馳，有書請于老親曰："不肖自維有親可事，有子可教，有田可耕，何戀戀雞肋爲？"比丁丑歲首，夢神人賜玉章一方，上書"有山可樵，有澤可漁"，而是月即有解官之命，故合而揭齋焉。嗟嗟樂壽堂之搆，本以娱奉老親，而竟以力薄愆期，老親不及一視其成，實終天恨也。池心有島橫峙，有亭曰"鳧佚"。島之陽峯巒錯叠，竹樹蔽虧，則南山也。由五可而西，南面爲介閣，東面爲醉月樓，其下修廊曲折可百餘武。自南而西，轉而北有樓三楹，曰"徵陽"，下爲書室，左右圖書可静修。前累武康石爲山，峻嶒秀潤，頗愜觀賞。登樓西行爲閣道，屬之層樓曰"純陽閣"，最上奉吕仙，以余攬揆偶同仙降，故老親命以"徵陽"爲小字。中層則"祁陽"，土神之祠，蓋老親守祁州時，夢神手二桂，携二童至，曰："上帝因大夫惠澤覃流，以此爲而子。"已而誕余兄弟，老親常命余兄弟祀之，語具《祠記》中。由閣而下爲留春窩，其南爲葡萄架。循架而西，度短橋，經竹阜，有梅百株，俯以蔽閣，曰"玉茵"。玉茵而東爲關侯祠，出祠東行，高下紆迴，爲岡，爲嶺，爲澗，爲洞，爲壑，爲梁，爲灘，不可悉記，各極其趣。山半爲山神祠，祠東有亭北向，曰"挹秀"。挹秀在群峰之坳，下臨大池，與樂壽堂相望，山行至此藉以偃息。由亭而東，得大石洞，窅窱深靚，幾與張公善拳相衡。由洞仰出爲大土菴，東偏禪室五楹，高僧至止可以頓錫。出菴門，奇峰矗立，若登虬，若戲馬，閣雲碍月，蓋南山最高處。下視溪山亭館，若御風騎氣，而俯瞰塵寰，真異境也。自山逕東北下，過留影亭，盤旋亂石間，轉而北，得堂三楹，曰"會景堂"，左通雪窩，右綴水軒。出會景，度曲梁，修可四十武。梁竟，即向之所謂廣庭，而樂壽以南之勝盡于此矣。樂壽堂之西構祠三楹，奉高祖而下神主，以便奠享。堂後鑿方塘，栽菡萏，周以垣，垣後修竹萬挺，竹外長渠，東西咸達于前池，舟可遶而泛也。樂壽堂之東别爲堂三楹，曰"容與"，琴書鼎彝雜陳其間。内有樓五楹，曰"頤晚樓"，樓旁庖湢盛備，則余栖息所矣。容與堂東爲宅一區，居季子雲獻，便其定省，其堂曰"愛日"，志養也。大抵是園不敢自謂輞川平泉之比，而卉石之適觀，堂室之便體，舟楫之沿泛，亦足以送流景而樂餘年矣。第經營數稔，家業爲虚，余雖嗜好成癖，無所于悔，實可爲士人殷鑒者。若余子孫惟永戒前車之轍，無培一土、植一木，則善矣。

董其昌《樂壽堂歌爲潘泰鴻壽》：江南欲作名園記，海上河陽看世濟。尚書綦履故遺聲，名轄風流恢賜第。考德真將獨樂同，貽謀郤與平泉異。種木於今及百年，歌鐘甲第長依然。閲盡人間陵與谷，肯堂肯構歸象賢。森梢嘉樹成蹊徑，突兀危峯出市廛。白水朱樓相掩映，中池方廣成天鏡。刷羽鳧鷖迎向人，瀺嚼游魚波不定。水北樓臺照碧霄，桂爲棟兮蘭爲橑。邀賓盈百猶虚敞，歌吹數部仍寥寥。水南嵐翠何縹緲，琱琢雲根成夭矯。磴道周遮洞壑深，游人往往迷幽討。飛梁百尺亘長虹，別有林扉接水窮。名花異藥不知數，經年瑶圃留春風。主人夙有烟霞賞，王事馳驅多鞅掌。又銜新詔五羊城，萬里家山勞夢想。不辭爲作輞川圖，一似抜形入玉壺。畫繡正看桑梓里，年華况值挂桑弧。君不見鴻乙草堂傳畫史，一丘一壑徒爲爾。又不見洪崖仙人拔宅居，舊時城郭曾無餘。何如世業儷金谷，吏耶隱耶俱不俗。五嶽仙仙縱所如，卧遊鄉思常相續。君生亦是我生辰，大斗年年持介福。

曹玠詩："瞬眼繁華幾變遷，湖光山色尚依然。香銷羅綺花邊妓，夢冷笙歌月下船。畫閣遺鈿侵暮雨，斷橋衰抑拂秋煙。遊人莫漫嗟興廢，金谷當年更可憐。"

萬竹園。在吴會，成廷珪僑居。

西溪草堂。在吴會，戴彦文之居，内有樗散軒。

黄石園。在龍華里，張所望別業，有寶穡堂、交遠閣、野藻亭諸勝，今廢。

春華堂。在上澳浦，黄瑾別墅。

王氏讀書樓。在三十保梅源市，王士衡居，五世孫圻重修，今廢。

貽清堂。王謨建，以祠其祖圻，侯峒曾題額，黄淳耀書聯。

東園。在梅源市，孝廉王昌會讀書處，内有藤龍閣、墨君堂諸勝。昌會，圻之孫。今廢。

葆真園。太學生王昌紀別業，内芸章閣爲進士董中行橋寓地，今昌紀子穎居之。今廢。

三壽堂。在城南。時潘恭定恩年八十，華亭徐太師階、嘉興吴冢宰鵬以同榜來壽，燕於此堂，故名。

讀書樓。在二十五保，銀臺張肇林建以讀書。南即張氏宗祠，西即贈公淞玉所建居易草堂。

二仲居。一名竹中書屋，會元朱錦與弟文學錚讀書處。清流暎帶，周植梅竹，今子源、淇、泓、溶藏先世遺書於内。在周浦鎮。

露香園。道州守顧名儒築萬竹山居於城北隅，弟尚寶丞顧名世復闢東曠地，穿池得石，有"露香池"字，爲趙文敏跡，遂名。盤紆壇曼，擅一邑之勝。今廢，惟文敏石跡，尚寶五世孫太學顧昌平移置小滄洲，尚在焉。

朱察卿《記》：上海爲新置邑，無鄭圃輞川之古，惟黄歇浦據上游，環城如帶。浦之南,大姓右族林立,尚書朱公園最勝。浦之東西居者相埒,而學士陸公園最勝。層臺累榭,陸離矣。道守顧公築萬竹山居於城北隅,弟尚寶先生因長君之築,闢其東之曠地而大之,穿池得舊石,石有"露香池"字,篆法蜾匾,爲趙文敏跡,遂名曰"露香園"。園盤紆壇曼,而亭館峪嵷,勝擅一邑。入門巷,深百武,夾樹柳榆苜蓿,緑陰蓤楙,行雨日可無蓋。折而東曰阜春山館,繚以皓壁,爲别院。又稍東,石累累出矣,碧漪堂中起,極爽塏敞潔,中貯鼎鬲琴尊、古今圖書若干卷。堂下大石棊置,或蹲踞,或淩聳,或立或卧,雜秇芳樹,奇卉美箭,香氣馝茀,日留樞户間。堂後土阜隆崇,松檜杉栢、女真豫章相扶疎蓊薆,曰積翠岡。陟其脊,遠近紺殿黔突俱出,飛帆隱隱移雉堞上,目豁如也。一楹枕岡,左曰獨莞軒,登頓足疲,藉稍休憩,游者稱大快。堂之前大水可十畝,即露香池,澄泓渟激,魚百石不可數,間芟草飼之,振鱗捷鰭,食石欄下。池上跨以曲梁,朱欄長亘,池水欲赤。下梁則萬石交枕,谽呀膠轕,路盤旋,咫尺若里許。走曲澗入洞,中可容二十輩,秀石旁拄,下垂如笏如乳。由洞中紆迴而上,懸磴複道,嵾嵯棧齴。碧漪堂在俯視中最高處,與積翠岡等,群峰峭竪,影倒露香池,半風生微波,芙蓉蕩青天上也。山之陽,樓二楹,曰露香閣。八窓洞開,下瞰流水,水與露香池合,憑檻見人影,隔山歷亂真,若翠微杳冥間有武陵漁郎隔溪語耳。樓左有精舍,曰潮音菴,供觀音大士像,優曇花身,貝葉雜陳棐几,不五武有青蓮座,斜榱曲構,依岸成宇,正在阿堵中,造二室者,咸盥手露香井,修容和南而出。左股有分鷗亭,突注岸外,坐亭中盡見西山形勝。亭下白石齒齒,水流晝夜,滂濞若噌,群鴉上下,去來若馴,先生忘機處也。先生奉長君日涉于園,隨處弄筆硯,校讐墳典以寄娱。暇則與隣叟窮弈旨之趣,共啜露芽,嚼米汁,不知世有陸沉之苦矣。昔顧辟疆有名園,王獻之以生客徑造,旁若無人,辟疆叱其貴傲而駈之出。先生懿行偉詞,標特宇内,士方倚以揚聲,以先生親己爲重。賢豪酒人欲窺足先生園,慮無紹介。即獻之在,當盡斂貴傲,掃門求通,非辟疆所得有也。彼鄭圃輞川豈以莊嚴雕鏤聞于世,以列(子)〔于〕王右丞重耳,露香園不爲先生重哉?先生已倩元美諸先生爲詩,復命予爲記,故記之。

王世貞詩:"吴下風流地,重聞顧辟疆。一丘官自拙,三徑意難荒。杖底千秋出,壺中萬象藏。搆分蒼鹿柴,穿得白鷗鄉。竹露寫清韻,荷颸來暗香。破雲施短屐,過雨進輕航。鷄舌忘爲吏,金莖不願嘗。可容王子敬,門外踞胡床。"

日涉園。在城南,明太僕卿陳所藴建。中有竹素堂、濯煙閣、來鶴樓、菉漪亭、浴鳧池館,水石之勝爲一邑冠。相傳董思翁、陳眉公共搆之,太僕自記。後歸陸明允,傳子起鳳及孫鳴玉、鳴珂、鳴球,世居其中,四方名士多觴詠於此。今封學士秉笏、大理寺卿錫熊仍其居,添建傳經書屋。

孫致彌詩:"望衡對宇過從便,況遇良朋共酒船。南極星辰尊一老,西園圖畫集羣賢。梧桐記閏垂陰密,菡萏迎秋出水鮮。最是幼輿巖壑美,莫耽雲卧負華年。"

董德其詩:"五老峰高夙所瞻,連宵話舊雨垂簾。一池春水桃花綻,半榻清風繡被添。興到便攜筇竹杖，醉餘頻索水晶鹽。平生知己無多得，漫説新詞好易𦂳。”

渡鶴樓。一名南園，在縣治西南，明禮部郎中喬煒建。有明志堂、錦石亭、息機山房、珠來閣諸勝，池通浦潮，引水遶匝，古木層巒，蓊藹葱蒨。今邑人曹垂璨居之。每當花晨月夕，名人觴咏其際，探奇領勝，非他園比。

董俞詩：“長日無餘事，林泉素願諧。折花爲佛供，斸筍作僧齋。夢醒涼生簟，詩成月滿堦。往來談笑者，風雅盡吾儕。”

朱錦詩：“仙吏投閒日，林泉已宛然。小山皆種桂，淺渚亦栽蓮。客有煙霞契，名同園綺傳。幽芳取次賞，應使俗情捐。”

孟亮揆詞：“海濱卜築，爲園十畝，臨流斜敞雙扉。匝地梧陰，侵衣竹粉，壁間泉響留題。堦下藥苗肥。見蟬鳴高樹，鷺浴前溪。虛閣涼生，碧欄十二浸琉璃。　隔林煙靄霏微。趁曲廊千折，步過橋西。墻覆薜蘿，池通潮汐，緑陰坐繞襟披。清晝白雲齊。怪落花飛鳥，何故依依。茗椀餘懽蚤攜，尊酒踏花谿。”右調《望海潮》。

孫致彌和詞：“鄭公鄉畔，香山池上，幽探别啓巖扉。扶杖問花，移牀就竹，薜蘿共挂絺衣。雁齒小橋低，映曲廊倒影，千蕚紅薇。暗水通潮，碧痕新漲上苔磯。　相攜不醉無歸，笑黄塵褦襶，幾許炎威。金谷酒籌，香檀曲譜，疎簾清簟看棊。荷净納涼時，把旅懷愁夢，都付深卮。一任斜陽背人，轉過數峰西。”

張錫懌詞：“思寄蓴鱸，夢醒蕉鹿，生涯久付滄浪。春申江上，老我芰荷裳。忽漫樽開河朔，逢良會、刻燭傳觴。如公等，珠璣錯落，端合侍明光。　難忘，丘壑美，枕流漱石，烏几匡床。對此君高致，王者幽香。幾疊奇峰插漢？暮天碧、露净琴張。還愁却，吴山練水，斜月隱横塘。”右調《滿庭芳》。

徐允哲和詞：“東觀詞臣，西園名彦，一時人地俱良。新詞低按，刻羽更流商。況是花邊竹底，移尊坐、彷彿柴桑。誰拘管，披襟散髪，松翠落衣裳。　疎狂，如我者，獨醒奚事，同醉何妨。聽緑陰深處，鶯弄笙簧。良會難逢易别？蒹葭老、露白爲霜。休忘却，風林水榭，煙月淡微茫。”

曹垂璨和詞：“茗話懽餘，開樽列坐，蓴絲鱸膾堪嘗。廊迴轉角，荷净竹生涼。蔣徑方來二仲，接羅倒，共泛霞觴。小橋側，輕鯈躍藻，淺渚浴鴛鴦。　徜徉，浮白墮，塵容月洗，逸思雲將。況軒開臨水，鳥囀如簧。坐有蘇辛秦柳？詞瀾湧、倒峽翻江。斜陽下，揮毫落紙，句裏暗生香。”

曹垂璨《園居詩》：“開簾香入座，谷口畫堪圖。岸柳青垂澗，溪篁拂翠隅。鳥聲逢客媚，花態遇晴殊。三徑名賢至，黄公憶酒壚。”“辟疆聊散步，花影入簾時。愛竹嘗留笋，吟松不去枝。溪深鳧睡穩，樹密鳥歸遲。況有攜琴客，高談酒滿卮。”

小西園。在城外西南五里橋，又名水心園，明喬中翰承華别業，徐獻忠有記，馮遷有《丹霞館賦》，後屬喬氏甥唐孝廉汝玫居之，今廢。

半涇園。在城西南，明給事中趙東曦别業，多植桂樹，東曦有《桂屏賦》。今屬給事中曹一士，雍正戊申桂杏並放，詩以誌異，尋登第。

尊訓樓。在縣南，明大學士文定徐光啓宅，元孫檢討學柄、文學國城世居讀書之所。又有深柳堂，在南關外，文定舊居，俗名桑園。

四焉齋。在城南，給事中曹一士講學處。

五畝園。在城南，封中書曹炳曾別業，在居第重慶堂之西，有無隱廬、城書室、蔽竹山居、迎旭軒、醉宜亭諸勝。顧成天詩："哲人超世外，不越此寰中。嘉美濃陰蔽，高明幽徑通。河干同喻意，林下更聞風。宜穩東山卧，縹緗盡日窮。"

樹滋堂。在城西南，明建寧知府、鄉賢張元玘故宅，至今子姓居之。

水竹居。在城西，少司馬淩如焕別業，在居第慎修堂之北，告養家居，爲娱親之所。

藏書樓。在縣西，爲中翰閑存先生張永銓著書之所。

風樹園。在城南，大中丞喬光烈奉先棲神之所。有羣玉山居、緑雨亭、春草池，爲中丞幼時讀書處。又有宜園，在居第最樂堂之東，舊爲洗馬周金然别墅，今屬喬氏，老樹奇石，因仍其舊。中有四宜堂、月滿樓、蕉雨松風閣、快雪時晴、鷗波亭、琴臺、歸雲岫諸勝。中丞自記，載文集中。

思敬園。在城東，封中憲大夫朱之淇、工部員外郎朝源奉其祖先之所。榱桷崇峻，旁列亭榭，四時花木繁盛，棲神遊覽，頗擅幽致，在居第荆桂堂之西。

叢桂園。在法華鎮，候選州判王璞别墅。老桂數本，秋時香聞廿里，春末牡丹尤盛。

從溪園。在法華鎮，爲員外郎李焕昆仲别業。法華牡丹多異種，爲雲間之冠，而園中所植更繁，花時遊賞，遠近畢集。

芝露園。在二十二保，貴州遵義守沈朝鼎别墅，在居第藜照堂之東。

墟　墓

壇壝載在秩祀，尚矣。而復志墟墓者，何居？慨兹一坏，或績著中朝，或義高一邑，故家遺俗流風迢然，苟不登諸邑乘，非古聖王式閭表墓之遺意也。故自晉左將軍以來，以孝節著，以詩文傳，以勳名爵位顯於世者，悉紀年按地列於篇。若夫牛羊登壠、芻牧不禁，亦在其後人加之意而已。

晉

左將軍袁崧墓。在長人鄉周浦鎮。傍有小墓，相傳即部將李祥墓。明時有樹出墓中，至今開一石竇，里人望之，見内尚有練索虚懸，料非疑塚。墓前石碣刊"晉左將軍袁崧墓"七大字。又《吴郡縣志》載崧築滬壘禦孫恩，爲賊所害，麾下士李祥收骸歸葬在蘇之横山。又□□保亦有袁崧墓，未知孰是。

朱錦詩："獨樹老風煙，將軍姓氏傳。何來三古恨，不及六朝編。海氣憑孤挽，霜威借日懸。忠魂如可作，碑碣有啼鵑。"

董德其詩："袁崧古墓響秋虫，銅馬金戈化冷風。吴國山川花自落，晉朝人物草連空。暫來滬壘尋遺跡，久别鄉關泣斷篷。露白燈青魂夢遠，不堪塵世論英雄。"

孔蘅詩："將軍墓碣枕荒村，虎氣雄堪壓海門。最是瀟瀟風雨夜，如聞傳箭擣孫恩。"

宋

詩人儲泳墓。在長人鄉周浦鎮。今屬南匯。

朱淇詩："淒淒宿草長孤墳，何處招魂倚夕曛。此地滄桑經幾劫，當年風月却平分。情因懷古愁啼鳥，人到悲秋悵落雲。佳句夜臺還賦否？蕭蕭木葉亦難聞。"

唐時措、時拱墓。

浙西漕司丞李邃墓。在十六保竹崗内。

元

兩浙都轉運鹽使瞿霆發墓。在下砂鎮。今屬南匯。

《墓誌銘》略：皇慶元年二月二十六日，兩浙都轉運鹽使瞿公卒於松江上海下砂之里第，得年六十二歲。明年四月二日，葬於祖塋之東。至正七年，去公之卒年三十五年矣，而墓碑無文，子時舉大懼先德之遂泯，始以故浙東廉訪副使臧夢解所爲狀，屬同僉太史院事楊瑀來請銘。乃爲銘曰：海隅選兵，孰扞以寧。鹽民破業，孰奠以生。公既靖之，復還定之。我食我衣，歲或薦饑。出粟賑乏，哺餓以糜。遂肉我瘠，孰不惠懷。廷臣林公，導之以見。再叩天陛，握恩錫美。皇帝有旨，俾護而家。汝知鹽筴，往乘副車。海多大風，潮水暴溢。鴻離魚潰，莫保家室。公力拯之，皇褒以秩。正持使節，有赫其光。浙河以東，天菑札荒。公時推澤，出資散給。拊尫萃逋，歲賦兼集。民有頌言，微公曷粒。德孔厚矣，神之勞之。宜爾耋期，以衎以頤。公不少留，廷命來下。夙悟禪理，無怛于化。若堂之墟，龜峙螭蟠。追刻穹石，百世永傳。應奉翰林文字、登仕郎、同知制誥兼國史院編修官張翥譔。

秦裕伯墓。在淡井廟北。

孝子徐誠墓。在長人鄉，貝瓊誌。今屬南匯。

明

户部侍郎顧彧墓。在慶寧寺傍。

孝子顧文敏墓。在西門内，旁有祠。

知縣杜鎰墓。鎰在任十八年，卒，遂葬於縣西，今名杜家灣。

錢塘知縣葉宗行墓。在莘庄春申橋之南。

都察院右副都御史唐瑜墓。在周涇北。弘治年賜祭葬，長沙李東陽銘。

鴻臚寺序班、遼府典寶喬彦衡墓。在小南門内，未築城時建。

廣東韶州府同知許進墓。在北門外桂香菴西，傍城濠岸，有碑。

肇慶府同知王俊、太平知府王佩墓。在虹口。

工部侍郎談倫墓。在鶴坡里。

贈中憲大夫、贊治尹王良臣墓。在周涇浜，弘治年以子霽貴勅建。

大理寺卿王霽子、江西參議泰墓。在陸家浜，弘治間賜葬，洛陽劉健銘。年久傾圮，康熙年間，邑庠生王維新、王偉復修葺之。

江西叅議蔣性中墓。在鷺竇湖。

湖廣叅議張萱墓。在漕河涇，孫承恩銘，長洲王寵書。

湖廣叅議張穀子、王府長史抑孫、東昌教授懋寅墓。在北門外。穀之祖衡，以御史建言，謫戍遼東，見名臣志。今裔孫袞住周浦，藏衡手跡如新。

御醫王潭子、鴻臚寺序班學詩墓。在八灶。

臨安知府瞿霆墓。在洋涇，陸深銘。

廣南知府顧英墓。在郁家宅東，陸深銘，祝允明書。

磁州學正張瑞墓。在沙岡口。子紀善兆達祔。

南京工部郎中龔情墓。在語兒涇。

禮部主客司郎中何良傅墓。在南沙崗。今屬南匯。

南京工部郎中晉階朝列大夫李昭祥墓。在浦南，屬南匯。

詹事府詹事、翰林院學士、贈禮部侍郎、文裕公陸深墓。子贈中憲大夫、石阡府知府楫，孫中憲大夫石阡府知府郯祔。在黄浦東二十四保二十四啚。嘉靖二十四年，勅賜祭葬。

禮部左侍郎贈工部尚書張電墓。在淡井里，嘉靖三十五年賜葬。

南京禮部尚書文僖公顧清墓。在塘橋，嘉靖九年賜葬。

江西參政儲昱墓。在三林塘，唐錦誌銘。

南昌府同知朱佑墓。在斜橋北。

福州知府朱豹墓。在斜橋西南。子太學生察卿祔。

江西副使唐錦墓。在周涇，崑山朱希周銘。

湖廣副使張鳴鳳墓。在龍華。

四川參政戴邦正墓。在望海塘。

光禄少卿顧從禮墓。在日赤港北，太倉王世貞銘。

都察院左都御史恭定公潘恩墓。在陳涇廟，萬曆十一年賜葬。長子湖廣提學副使允哲祔。

贈南京工部右侍郎董體仁墓。在望海塘，萬曆三年賜葬。

四川布政司右布政潘允端墓。申時行誌銘。

贈福建左參議喬鏜墓。在十七保三十三啚，張位誌銘。今屬南匯。

雲南按察司副使喬木墓。在十七保二十九啚，今屬南匯。

詹事府主簿顧九錫墓。在龍華姚涇。子晉祔。

通政使司右通政趙灼墓。在五里橋，徐階誌銘。

南京通政使司通政使艾可久墓。在十七保十二啚，萬曆中賜葬。

恩州府知府蔡懋昭墓。在周浦塘。已上二墓俱屬南匯。

山東僉事前汝爲墓。在上海龍華寺之西，長洲文震孟銘。

贈湖廣督學副使王熠墓。子陝西參政圻，孫思忠、思義、思孝祔。在三十保十啚東沙洪九曲口。

山西參議朱正色墓。在十九保。

中書舍人贈禮部員外郎喬拱宸墓。在十七保，今屬南匯。

四川布政司參議喬拱璧墓。在十七保，今屬南匯，大學士張瑞圖銘。

南京太僕寺少卿陳所蘊墓。在高昌里，董其昌銘。

贈南京河南道監察御史董遺安墓。在竹岡西，俗呼金鈎釣月。

南京河南道監察御史董綸墓。子刑部郎中、大理寺少卿恬，子廣東肇慶知府忱，孫周府審理繼貫祔。在竹岡西。

贈光禄大夫、太子太保、禮部尚書董華墓。子贈禮部尚書悌祔，在竹岡西。

贈刑部主事董龍墓。子河東鹽運司子儀、子武舉子備同祔，在俞塘南。

河南都司斷事董繼恩墓。在沙岡西。

河南光州判董傳性墓。在新河西。

綿州知州進階奉議大夫董懌墓。子贈南京工部右侍郎繼芳祔，在望海塘。

南京工部右侍郎董傳策墓。在十六保新河。

贈福建布政司右參政董晉墓。在竹岡西。

南京右軍都督府都事董源嵩、明州州同洵合墓。在竹岡西。

贈通議大夫吏部左侍郎董鶴年墓。在沙岡東。

封雲南道御史、贈通議大夫、吏部左侍郎董嘉相墓。子光禄寺卿、都察院左副都御史、吏部左侍郎、進階通議大夫羽宸祔，在語兒涇董家匯。

巡撫浙江都察院右僉都御史董象恒墓。在竹岡西虹橋。

山東右布政張所望墓。在龍華開化，門人汪慶伯志銘。

贈太子太保、大學士徐緒墓。在縣肇嘉浜南。

贈太子太保大學士徐思誠墓。在陸家浜北。

太保禮部尚書、文淵閣大學士、文定公徐光啓墓。在二十八保徐家灣，崇禎七年賜葬。

刑部左侍郎錢士貴墓。在浦東坍石橋海螺港内。今屬南匯。

貢士張泮墓。在二十五保。

刑科給事中趙東曦墓。在二十四保九啚簍笠渡北。

禮部儀制司郎中喬煒墓。在十七保，屬南邑，檇李譚貞默誌銘。

都察院副都御使葉有聲墓。在十九保石港内，屬南邑。

浙江左布政使姚永濟墓。在日赤港。

工部虞衡司郎中朱長世墓。在龍華北廿八保。

武英殿中書舍人艾大有墓。在二十八保十六啚。

武英殿中書舍人艾廷機墓。在二十四保副八啚。

贈承德郎湖廣都司都事艾芹墓。在二十四保五啚。

贈山西布政使司左布政使艾洪墓。在十七保，屬南邑。

贈山西布政使司左布政使艾元美墓。在十七保，屬南邑。

浦城二尹陸析墓。子靖江教諭陸明揚祔。在西蘆浦。

贈奉直大夫沈鎡子、四川左布政恩墓。在北關外鳳凰原。

廣西左布政司喬懋敬子、謚忠烈殉難遊擊一琦孫、太子太傅、南京都督同知桓墓。在龍華之北。乾隆二十六年,元從孫光烈修墓,贖回墳田十五畝,以供祭祀。

東昌府知府王祐墓。在静安寺西三涇。

贈通政使司左通政張翼翔墓。在譚家行廟涇,二十七保六啚。

贈通政使司左通政張景平墓。在肇家浜南譚家宅西。

封江西永寧縣知縣陸明允子、永寧知縣起龍、貢士起鳳墓。在二十二保十四啚。

贈兵部武選司員外郎、尚寶司司丞顧嶽子、尚寶司司丞顧名世墓。在洋涇南。道州知州名臣墓。在潘生橋。

鄢陵縣知縣張鴻墓。在二十五保十三啚,孫旌表孝子貢生同文袝葬。

贈太子太傅、禮部尚書董其昌墓。在蘇州陽山,崇禎十年賜葬。

建寧府知府劉璵墓。在西城大境下,未築城建。

山東副使黄體仁墓。在白蓮涇。

應天府經歷黄兆蘭墓。在二十七保一啚。

中書科中科舍人李待問墓。在十六保横涇内。

兵部主事陸燧墓。在二十九保中新涇。

贈工部主事陸萬春墓。在二十四保黄淄漊南。

贈刑部郎中張令德子、建寧府知府元玘墓。在孫家灣。

福建叅政侯堯封子、贈吏科給事中孔詔孫、吏科給事中邺贈太常寺少卿震暘曾孫、左通政峒曾、國子監生岐曾墓。在二十三保圓沙,華亭董其昌、長洲文震孟撰誌銘。

貴州按察副使晉冏卿王文炳墓。在南門外。

海澄縣知縣瞿寅墓。在社壇西。

江陰教諭張元瓏。在二十七保。

贈通判舉人王偕春子、寧波通判王觀光墓。在十七保十一啚,南屬廪生王日昇袝。

興國州知州周汝誼墓。在二十四保黄淄漊西。

贈刑部主事張鰲墓。在斜橋西,顧文僖清誌銘。

贈兵部主事張鯨墓。在萬勝橋,二十五保一區十啚談字圩四百四十一號,被符姓削平,康熙五十二年,監生張枚吉訟理重修墓。

刑部主事張鷗墓。在斜橋西,陸文裕深誌銘。

文華殿中書、贈知府王乾昌墓。在護塘六角亭。

廣西按察司僉事張鵠墓。在新涇,二十四保身字圩二百七十號。

廣東惠州府知府王逢年墓。在十七保諸家牌坊北。

浙江布政杜喬林墓。在壓薦浜。

臨海知縣王國材墓。在三林塘,二十四保十四啚。

監察御史、福建僉事金定墓。在北俞塘。

周府教授張敏中墓。在肇家浜西斜橋北，二十五保十三啚。

刑部郎中李繼元墓。在十六保巨漕口。

滕縣知縣、殉難瞿騫墓。在張江栅北。

禮部郎中王國棟子、太僕寺少卿世美墓。在三林塘。

寧海州知州陳賓墓。在慶寧寺東。

三節婦墓。邑主簿李從吉妻，劉氏二女，唐文祥妻妙貞，沈源仲妻妙堅，在肇嘉浜北。

國朝

封遂安知縣曹六龍墓。在北關外。

封泰安州知州復封國史院掌典籍事中書舍人張在簡墓。在二十九保。

贈翰林院庶吉士朱維垣子、庶吉士錦墓。在周浦。

浙閩總督、謚清惠施維翰墓。在閘港。

湖北糧道、贈工部侍郎、謚忠節葉暎榴墓。在新塲。

雲南南寧府推官李延渠墓。在竹岡内。

大同府知府施惟訥子、湖州通判念祖墓。在車子港。

特恩追授吏部侍郎、晉刑部尚書張淇墓。在西三林塘鎮。

江西廣信府推官朱在鎬墓。在羅家灣，曹錫黼(損)〔捐〕資葬。

贈奉政大夫周明璵子、洗馬金然墓。在二十四保七啚。

泰安州知州張錫懌墓。子國子監典籍、贈新昌知縣永岳，孫宿松教諭家爽、歸化知縣家鑑，俱祔在簡墓。

山東學道布政司叅議陸鳴珂墓。在二十四保十四啚。

贈檢討徐以濟子、檢討學柄墓。在二十六保十四啚。

贈贛縣知縣曹垂屺墓。在二十六保龍華鎮。

黄浦營守備、死難贈都司司起龍墓。在大南門外。

贈文林郎、興安縣知縣李用粹墓。在五里橋南。

内閣中書、徐州學正張永銓墓。在静安寺後。

辛丑進士喬夢蛟墓。在松江西門外集賢村。

翰林院修撰戴有祺墓。在十六保三十一啚烏泥涇内，俗呼狀元墳。

江西贛縣知縣曹炯曾墓。在二十六保篗笠渡。

貤贈貴州巡撫、晉贈烏魯木齊提督喬英魁墓。在浦東沈家衖北。

贈貴州巡撫、晉贈烏魯木齊提督喬恩子，贈烏魯木齊提督起麟、贈貴州巡撫起鳳墓。在二十四保副十五啚白蓮涇北。

封内閣學士、禮部侍郎凌起潛子，兵部侍郎凌如焕孫，江西萬安縣知縣凌應蘭墓。在南邑鶴沙。

工科給事中曹一士墓。在横沔北。

贈中憲大夫、刑部主事李士達墓。在龍華西。

贈奉直大夫、候補員外郎曹培廉墓。在南門外草堂。

兩淮鹽運同知金應元墓。在大南門外陳家橋。

贈甘肅凉州鎮掛印總兵官喬起龍墓。在西門外晏公廟北。

康熙壬子科舉人徐忠墓。在陸家浜北婿湖南，巡撫喬光烈立碑。

湖南巡撫、兵部侍郎、都察院副都御史喬光烈墓。在白蓮涇北，祔葬父起鳳墓側，大學士陳文恭宏謀銘，左都御史門人王杰書丹。

太常寺所牧、候補員外郎曹錫黼墓。在小馬橋。

贈光禄寺卿、入祀昭忠祠、賜祭葬趙文哲墓。在二十二保十七啚陳三橋，死難木果木，衣冠歸葬。

江寧府教授張書紳墓。在静安寺。

貤贈奉直大夫、工部營繕司員外郎朱銘子，贈奉直大夫之潤、贈儒林郎州同之渭墓。在二十四保副十五啚白蓮涇内。

贈承德郎、山西平陽府通判沈雲秀子，贈通判、晉贈中憲大夫增川，封儒林郎、州同天洽墓。在二十二保二啚。

贈奉直大夫、員外郎李秉智墓。在二十四保十七啚白蓮涇北。

封朝議大夫、候選州同朱之灝墓。在南邑北蔡鎮南。

廣東雷州府同知凌存淳墓。在鳳凰山。

甲子科舉人喬龍墓。在大南門外。

上海縣訓導華宋時墓。在西門外，生員王宗柳、王勳等買地葬之，有碑。

廣西靈川縣知縣趙傳紀墓。在潘生橋北。

癸酉科舉人劉應壁墓。在南邑閔家灣。

侍衛叅將王大德墓。在北門外。

贈奉直大夫瞿逢年墓。在二十七保十三啚。

靈壁縣教諭李瀚墓。在漕河涇。

流寓泰西潘國光墓。在南門外。其寓置田産，知縣王侹詳歸書院，徵充膏火。

侯氏節孝墓。孝子侯洵、侯演、侯潔、侯瀞，節婦夏氏、姚氏、龔氏，貞女盛氏之墓，在二十三保圓沙，建昌徐芳有葬議。

何烈女墓。有碑。

知縣王侹《碑記》：國家治隆化洽，民間孝義節烈咸爲表坊，所以勵民心、興民行也。余自桃源來宰海邦，一切有關倫教實行著聞者，既詳達題旌矣。而潛德幽貞，亦必闡揚恐後，誠欲以廣昭德意、丕振民風耳。寅友甯君與余同心，適以廣宣鄉約至洋涇鎮，偶見溪側片墟，残碑卧草，詢之居人，稱言何烈女墓，惻然傷懷。歸以告予，商所以表之。因命吏人詳考故跡，覓彼舊文，乃知烈女姓何名佩姐，邑城北門外人也。幼已許字，十九喪父。聞北兵南下，與母遷洋涇避之。乙酉仲秋，游騎入鎮，鄰衆遁去，母女無依，擬涉水以趨北港，而一騎突至，見女美欲污之，烈女力拒，母出銀鈽以求免。騎取之，仍不舍，逼迫裂衣，烈女奮怒，髮竪睛睜，誓死駡曰："寧殺我，肯從汝乎！"騎遂舉刀刲其腹，母亦隕地。一時避兵蘆葦中者，莫不遥見掩泣。越三日，面猶如生。許聘夫至，因偕其母葬於洋涇北岸焉，此順治二年八月二十七日午刻也。里中高其節，歲爲致奠者，則夏仲淵。爲序傳具詳題稱烈女墓者，則劉冲吉。康熙丁巳，爲伐石置亭者，則張氏天聞、天垂、童維吉、趙華生。爲之作記者，則輯柳山人徐雙金也。此皆感烈女之行，而共傳烈女之名者。嗟乎！烈女一孤弱女子耳，乃能捐軀殉義，拒賊全芳，大節凛然，人咸欽重，此真足以扶植綱常，維持風俗者矣。顧令荒塋斷碣委於蕪隴寒流，其何以慰貞魂于泉下，扶正氣於人間也哉？用置新石，志厥始終。甯君工書，親爲畫寫。而後乃今烈女之事歷久彌章，而風俗人心亦知所勸，庶幾哉不負我聖天子勵民興行之至意矣。碑成，鎮中士庶等各捐資建亭，以復故址，亦以見人心之好義，教化之可興，並書之。

義塚

南壇義塚。在二十七保第六啚。本絶户闞玉地，并費萬户投没無糧田，通計二畝八分。嘉靖元年，知縣鄭洛書置。

西林懺院基義塚。在二十五保第四啚，地二十九畝三分六釐。

錢家庵義塚。在二十五保十三啚，本絶户曹辛田蕩，計三十二畝二分六釐。

法華菴義塚。在二十五保六啚，本絶户胡保安田，遠海遺田二十三畝四分七釐。

二十五保三啚義塚。三百五十號、五十一號、三百八十三號，共一十九畝五分。萬曆年間，徽商任磐石置助。

白家墓義塚。在二十五保四啚改字圩田二百三十四號，計田四畝八分五釐三毫，萬曆年建。

張家墓義塚。在二十五保四啚一百十一、十二、十三號，共田三十五畝六分一釐，萬曆年建。

海防同知黄捐建義塚。萬曆年建。

監察御史甘捐建義塚。萬曆二十年。

國朝

順治三年，糧道王捐建義塚。共田十畝三分，在念五保九啚。

十四年，本府知府李捐建義塚。共田四畝。

康熙十年，知縣康文長捐建義塚。共田一十五畝，内十畝聽民埋葬，五畝召種完糧。在□□□保。

十九年，知縣任辰旦捐建義塚。計田二畝，在二十五保十三啚。

二十一年，知縣史彩捐建義塚。計田三畝九分三釐四毫，在二十五保十三啚。

十九保十五啚義塚。康熙三年，里人朱錦置建。計田二畝，完糧聽葬。今屬南匯。

泰西義塚。一在舊演武場土山後，今坍入浦。一在吴淞閘北。一在修士墓。一在南邑横沔。

義塚。在二十五保一區十五啚已字圩六百十五號，田三畝。内閣中書曹培廉呈請助以葬族人，勒碑誌之。歲收隙地所入歸宗祠。

枯骨塔。在二十五保十三啚。雍正七年，義民朱國彩捐資建造，有碑記。

義塚。在二十四保二十二啚傷字圩四百九十一號，田一畝四分，職監龔基捐置。埋浮棺二百二十四具，又埋包枯髏一百七十六口。

乾隆十二年，知縣王侹撥同善堂義塚。在二十三保十三啚體字圩五百三十一號，田三分五釐；五百三十二號，田三分九釐一毫。

同善堂夫婦合瘞義塚。在二十五保九啚罔字圩一百九十號,田二畝五分,喬承頤及祝華等捐置。

同善堂男義塚。在二十五保九啚罔字圩二百五號,田二畝八分三釐四毫。江北衆荳客蕭聖文等,荳行程傳巖等共捐置。

同善堂女義塚。在二十五保十三啚靡字圩六百八十一號,田二畝一分七釐七毫,内二畝監生王斌、徽商胡士本捐置,内一分七釐七毫顧廷詮捐助。

同善堂瘞旅塚。在二十五保六啚能字圩九十四號,田五分二釐,喬承頤、徐洙等捐置。

同善堂骨罈塚。在二十五保十三啚靡字圩六百八十號,田七分九釐二毫,顧廷詮捐助。

同善堂不識姓名塚。在二十五保六啚能字圩九十四號,田四分九釐六毫,王繪捐置。已上同善堂義塚,另捐田抵糧,收棺埋葬。

隴西義塚。在十六保十八啚二百七十九號,田二畝一分八毫,監生李朝宰捐助聽葬。

李氏義塚。在十六保十八啚一百六十二號,田三畝三分二釐八毫,李朝宰續捐聽葬。

張氏義塚。在二十八保九啚堂字圩四十一號,田二畝,監生張德基捐助聽葬。

顧氏義塚。在二十二保十五啚翔字圩八十五號,田二畝五分,顧梓助梓,生平好義樂施。

唐氏義塚。在二十四保二十五啚,田一畝六分,唐藎臣等捐助。

顧氏義塚。在二十二保二十四啚,田一畝一分,顧汝傑捐助聽葬。

黄氏義塚。在二十二保三十七啚三百五十三號,田壹畝五分,監生黄本忞撈埋建置。

謝家義塚。在二十五保四啚改字圩,共田拾陸畝肆分,監生謝敬仁等捐置。

商善義義塚。在二十五保四啚得字圩,共田拾柒畝零,泉漳商士陳、郭、蔡、黄、徐、曾、鄭、林、謝等公捐置。

新設義塚。在二十五保四啚改字圩,共田叁畝五分,邑紳李宗袁等捐置。

紀商義塚。在二十五保四啚改字圩,共田捌畝零,商人紀德悦捐置。

義廬。舊在西關外,年久坍毁。乾隆三十七年,程兆基獨建。

思恭堂議廬。在二十五保十三啚靡字圩不等號,田數畝。乾隆戊午年,徽寧程炳臨、張國嶸、程浩、程永振、畢榮、程文桓、胡廷宰、朱德顯等勸捐建。

沈氏義塚。在二十二保二啚盈字圩,共田壹畝八分零,邑紳沈朝鼎捐置。

從溪義塚。在二十八保五啚形字圩,共田三畝零。乾隆四十六年,貢生李炎捐置。

孫氏義塚。在二十四保二十一啚才字圩,共田三畝六分,係雍正十□年,邑民孫文瀚捐置,并捐資獨力撈埋。是年水災,淹斃人口數百具,詳奉制憲等給“仁者之風”額,屢奬之。

乾隆上海縣志卷之八

官師歷官表　宦績

歷官有表，所以書其姓名、爵里與蒞任歲月耳。凡吏斯土者，無論賢否悉具焉。顧既有表矣，而又擇其人治狀洵美有實效者，編爲宦績，則賢者彰而否者退矣，勸戒之道竊寓於此。上海設縣建官蓋自元始，國朝雍正八年，移巡道駐此，舊表止列令佐等員，而不及巡道。蓋郡邑志乘專以守令爲主，其欽差大僚則歸省志統部，例固如此。今以使署所在，特爲補入。至右營各弁，職司防禦，爲吾邑所重賴，而舊表亦屬闕如，今並補入。又舊載宦績自晉以下凡六十九人，兹取其政績較著者續增六人焉，後之君子亦可觀感而興起矣。

歷官表

元至正二十九年，始置上海縣，設監縣曰達魯花赤，縣令曰縣尹。

明設知縣一員。

縣丞一員。

主簿一員。掌水利。

典史一員。掌督捕。

儒學教諭一員。

訓導一員。

巡檢司三員。黄浦司、三林司、吴淞司。

鹽課大使三員。

陰陽學訓術一員。

醫學訓術一員。

僧會司僧會一人。

道會司道會一人。

國朝兵備道一員。雍正八年，自蘇州移駐此。

知縣一員。

縣丞一員。康熙元年，添設董漕縣丞一員。雍正四年，移屬南匯。

主簿一員。

典史一員。

儒學教諭一員。舊設訓導一員,順治三年裁,康熙十六年復設,雍正四年移屬南匯縣。

巡檢司二員。黄浦司、吴淞司。舊有三林司一員、鹽大使三員,均于雍正四年分屬南匯,其陰陽學訓術、醫學訓術僧會司、道會司各一人,俱仍明舊。

提標右營游擊一員。康熙五十八年移駐此。

守備一員。康熙五十八年,與游擊同移駐此。舊有黄浦營、都司守備各一員,今裁。

千總三員。

把總四員。

〔歷〕任分巡道:

自雍正九年移駐上海始,以前不及備載。

王澄慧。字勇循,河南睢陽人,康熙癸未進士,雍正七年任。

崔琳。字□□,山西蒲縣人,進士,雍正十三年任。

翁藻。字荻洲,浙江仁和人,雍正癸卯進士,乾隆元年任,調江安道,有傳。

王雲銘。字寶文,山東惠民人,丁未進士,乾隆五年任,調淮徐道。

汪德馨。字一菴,河南夏邑籍,徐州碭山人,監生,乾隆八年任,調浙江金衢道。

託恩多。字湛堂,奉天鑲紅旗人,舉人,乾隆十年任,調糧儲道。

傅椿。字□□,奉天鑲藍旗人,監生,乾隆十二年任,陞陝西布政使。

陶士僙。字毅齋,湖南寧鄉人,癸卯進士,乾隆十三年任,陞福建按察使。

廣安。字居仁,滿洲正黄旗人,舉人,乾隆十三年任。

申夢璽。字受昌,山西陽曲人,監生,乾隆十五年任,調浙江嘉湖道,陞江蘇按察使,有傳。

朱奎揚。字南湖,浙江山陰人,監生,乾隆二十二年任,歷任至光禄寺卿。

薩載。字厚菴,滿洲正黄旗人,舉人,乾隆二十六年任,現任兩江總督。

李永書。字芳園,直隸河間人,拔貢,乾隆二十七年任,陞江蘇按察使。

勞宗發。字錫山,浙江錢塘人,乾隆乙丑進士,乾隆三十一年任。

楊魁。字梅村,奉天正黄旗人,監生,乾隆三十四年任,歷陞江蘇巡撫。

鍾光豫。字立齋,直隸宛平人,舉人,乾隆三十七年任。

孫含中。字西林,山東昌邑人,辛巳進士,乾隆三十八年任。

李奉翰。字香林,奉天正藍旗人,監生,乾隆三十九年任,現任江南總河。

袁鑒。字春圃,浙江錢塘人,丁丑進士,乾隆四十年任,陞安徽按察使。

陳大化。字葑池,安徽盧江人,戊辰進士,乾隆四十一年任,調江蘇糧道。

盛保。字芸亭,滿洲鑲藍旗人,生員,乾隆四十三年任。

章攀桂。字淮樹,安徽桐城人,監生,乾隆四十九年見任。

	知縣	縣丞	主簿	典史
元	周汝楫。至元三十一年任。		郗。缺。至元二十九年任。	
	夏。缺。大德二年始還縣治。		侯。缺。大德二年任。	
	石。缺。大德間任。			
	辛思仁。大德末任，有傳。	范天禎。大德中任。		
	張如砥。字周道，延祐元年任，有傳。	張議。 王珪。至大四年任，有傳。		
	單伯顔。延祐五年任。	鄧巨川。至治初任，陞禮部尚書，有傳。		
	何蒙。字叔正，泰定間任，有傳。	余貞。字復卿，泰定間任，《府志》有傳。		
	程伯顔帖木兒。元統二年任。	蒙速海牙。元統二年任。	王伯顔察兒。元統二年任。	
	李璋。有傳。			
	劉輝。字文大，至正五年任，有傳。	張秉中。至正七年任。	吴福孫。至正八年任，有傳。	
	何緝。字子敬，至正中任，有傳。	忽都帖木兒。至正十一年任。	速嘉世理。至正十一年任。	
	蘇宗瑞。至正二十三年任，有傳。		陳聚。臨海人。	
明	祝挺。字正大，番陽人，吴元年任，祀名宦，有傳。		王椅。	
	張平。洪武二年任。		鄭著。	
	張麟。洪武三年任。		李從吉。已上俱吴元年與祝挺同復縣治，有傳。	
	王隆祖。洪武四年任。			
	康伯愚。洪武八年任。			
	林廷瑾。洪武二十五年任。			
	張守約。洪武三十年任。			
	杜鎰。洪武三十二年至永樂二十二年，有傳。			

續 表

	知 縣	縣 丞	主 簿	典 史
	方佐。四明人，宣德間任，有傳。	蔣文凱。浦城人，宣德間任。		
	張禎。東臯人，正統間任，《府志》有傳。			
	侯源。正統間任。	楊俊。天順七年任。		
	楊昕。瑞安人，景泰三年任，有傳。			
	李紋。字仲繡，九江人，舉賢良方正，景泰中任，有傳。	杜棠。陝西伏羌人，國子生，成化六年間任。		
	李文。成化初任。			
	王崇之。字守節，直隸滑縣人，天順甲申進士，前嘉興知縣，成化七年改任，有傳。	吴玘。雲南金齒人，國子生，成化七年任。	傅泰。山東臨淄人，國子生，成化七年任。	
	劉宇。字志大，河南鈞州人，進士，成化十一年任，歷仕至正德以尚書入内閣，有傳。			
	李棨。字從質，直隸任丘人，進士，成化十五年任，歷仕光禄少卿，祀名宦，有傳。			
	劉琬。字德資，江西宜春人，進士，成化十九年任，以鹽察御史陞松江府知府，歷仕副都御史，有傳。			
	李鑾。河南汝寧人，進士，成化二十三年以給事中謫任，弘治三年陞廬州府通判。	衛柔。山西霍州人，監生，成化二十三年任。 劉忠。直隸景州人，監生，弘治元年任。 吴忠。山西渾源人，監生，弘治元年任。 李榮。湖廣枝江人，監生，弘治元年任。	張鼎。湖廣黄岡人，監生，成化二十三年任。	
	汪直卿。浙江鄞縣人，舉人，弘治三年任，六年調定陶。	張現。河南陳州人，監生，弘治三年任。 梁賓。山東聊城人，監生，弘治四年任。 高鐸。直隸河間人，監生，弘治四年任。 王寛。直隸祁州人，監生，弘治四年任。		

續　表

	知　縣	縣　丞	主　簿	典　史
	董鑰。字啓之，鄞縣人，進士，弘治六年任，陞監察御史，有傳。		韓泰。山東樂陵人，監生，弘治六年任。	
		馮經。直隸蠡縣人，監生，弘治七年任。 鄧寅。江西靖安人，監生，弘治七年任。 辛實。山東濮州人，監生，弘治七年任。 李逵。河南衛州人，進士，弘治八年以御史謫任，陞黄岩知縣。 孫壽。山東新城人，監生，弘治九年任。 陳俊。四川内江人，監生，弘治十年任。 莫遜。廣西宜山人，監生，弘治十年任。 張世用。湖廣桃源人，監生，弘治十年任。	王善。山東新泰人，監生，弘治十年任。	
	郭經。字載道，直隸盧龍人，進士，弘治十一年任，陞開封府同知，有傳。	李鏞。河南洛陽人，監生，弘治十二年任。 曹讓。山東曲阜人，監生，弘治十三年任。 温和。山西解州人，監生，弘治十六年任。 李輅。山西澤州人，監生，弘治十七年任。 楊繼榮。江西永豐人，監生，弘治十九年任，正德三年陞湖廣海豐知縣。 李宣。河南新蔡人，監生，弘治十七年任。		
	石腆。字仲殷，福建漳浦人，進士，弘治十八年任。	吕彦士。山西汾州人，監生，正德元年任。 蕭滋。四川内江人，監生，正德三年任。	陳資。四川眉州人，監生，正德二年任。	
	徐潭。字惟静，浙江定海人，進士，正德五年任，七年調湘潭，有傳。	王佐。河南祥符人，監生，正德四年任。 吴文。浙江慶元人，監生，正德六年任。 柳瑄。直隸深州人，監生，正德六年任。 張佐。山東濱州人，監生，正德六年任。	王廷貴。河南羅山人，吏員，正德五年任。	

續 表

	知 縣	縣 丞	主 簿	典 史
	黄希英。字如英,福建莆田人,進士,上饒知縣,正德七年任,有傳。	張林。壺關人,正德八年任。 劉鑛。鞏昌人,正德八年任。 苗和。清澗人,正德間任。	謝淪。禹縣人,正德間任。	
	王軾。字子敬,浙江山陰人,正德九年任。	常相。浙江麗水人,監生,正德間任。	李仲才。蔚州人,正德九年任。	
	王卿。字良佐,河南弘農人,進士,正德十二年任,歷参政,有傳。	于溱。直隸任丘人,進士,正德十年給事中謫任,歷仕知府。 朱伯舉。龍川人,監生,正德間任。		
	鄭洛書。字啓範,福建莆田人,進士,正德十三年任,陞提學御史,祀名宦,有傳。	歐遵教。寧鄉人,監生,正德間任。 王傑。元氏人,監生,正德十年任。 蔣楷。江華人,監生,正德間任。	黄明。西江豐城人,知印,正德十三年任。	
		楊紀。	李朝陽。雲南阿彌州人,嘉靖五年任。	
	徐昭。字德新,浙江永康人,進士,嘉靖四年任,陞通判。	王球。江西金谿人,監生,嘉靖初任。 劉江。山東文登人,監生,嘉靖初任。 黄貫。山東人,監生,嘉靖初任。 李申。江西新喻人,監生,嘉靖初任。 任連。嘉靖初任。		
	曹煜。字孟輝,江西浮梁人,進士,嘉靖七年任,陞南京監察御史。	王徽。嘉靖八年任。 惠應。河南人,監生,嘉靖八年任,陞鹽山知縣。	張相。福建人,監生,嘉靖八年任。	
	常應文。字汝實,山西榆社人,進士,嘉靖十一年任。	劉經。嘉靖十一年任。 王廷俊。嘉靖十一年任。 屈郟。任丘人,儒士,嘉靖十一年由序班陞任,歷仕堂邑知縣。	胡東周。河南鄢陵人,嘉靖十一年任。	
	杜鏜。字邦平,浙江鄞縣人,進士,嘉靖十三年任,陞主事。	顧傳。嘉靖十三年任。 吕懋。嘉靖十三年任。	苑蕃。清遠人,嘉靖十二年任。	

續　表

	知　縣	縣　丞	主　簿	典　史
	馮彬。字用先,海康人,進士,嘉靖十四年任,以行取歷仕松江府知府。	邊宓。直隸任丘人,嘉靖十五年任。 李章。臨晉人,嘉靖十五年任。 丁洎。江西豐城人,嘉靖十五年任。	高士鸞。湖廣荆州人,嘉靖十五年任。	
	海淩雲。字尚志,江西九江人,進士,嘉靖十六年任。	崔禎。遼海衛人,嘉靖十六年任。 莫自賢。荔浦人,嘉靖十六年任。		
	張秉壺。字國鎮,福建莆田人,進士,嘉靖十七年任,以行取授給事中。	文觀光。 郭白環。 周賓。	曾璟。 王繼榮。 姜漢。	
	孫渭。字應清,福建莆田人,進士,嘉靖二十四年任,歷仕憲副。	徐瓛。 卞勳。 田登。	史佩。山東〔人〕,〔嘉〕靖二十八年任。	鄧伯祖。湖廣石首人,嘉靖二十八年任。
	喻顯科。字時晉,江西南昌人,進士,嘉靖二十九年任。	鄭炯。 張黼。浙江人,嘉靖三十年任。 姜鑄。		
	劉克學。字子行,四川什邡人,進士,嘉靖三十四年任。	劉東陽。四川人,嘉靖三十二年任,祀羣忠祠,有傳。 李時。 吴祚。江西人,嘉靖三十二年任。	尹崇相。山東人,嘉靖三十三年〔任〕。 楊璣。河南人,嘉靖三十四年任。	張貢。山東人,嘉靖三十二年任。
	葛大紀。字伯理,直隸人,進士,嘉靖三十五年任,陞主事。	張琪。山東人,嘉靖三十三年任。 楊世寶。浙江人,嘉靖三十四年任。 孔義。 李棟。湖廣人,嘉靖三十五年任。 聞人恭。 李意光。山東人,嘉靖三十五年任。	郭宗益。山東人,嘉靖三十六年任。	周□。浙江人,嘉靖三十六年任。
	牛鏡。直隸獻縣人,進士,嘉靖三十七年任,歷仕青州知府。	李潮。山東人,嘉靖三十六年任。 賈世臣。湖廣人,嘉靖三十七年任。 姜臣。直隸滄州人,嘉靖三十七年任。 黄列清。	金鐖。浙江金華人,嘉靖三十七年任。	

續 表

	知 縣	縣 丞	主 簿	典 史
	郜光先。字子孝,山西長治人,進士,嘉靖三十九年任,以行取歷仕總督三邊兵部尚書,有傳。	宋邦治。陝西人,嘉靖四十年任。 劉士逢。浙江人,嘉靖四十二年任。		冀崇貴。陝西人。 徐正。浙江人,嘉靖四十二年任。
	黄文煒。字德華,江西南城人,進士,嘉靖四十一年任,祀名宦,有傳。	周攀桂。陝西人,嘉靖四十三年任。 岑懋義。浙江餘姚人,嘉靖四十四年任。	龔惠。山東人,嘉靖四十一年任。	童靨。浙江人,嘉靖四十五年任。
	鄭惟僑。湖廣荆州人,進士,嘉靖四十四年任,陞南京大理寺評事。	廖顯。江西新淦人,嘉靖四十四年任。	吴斌。河南人,嘉靖四十三年任。	蕭沂。江西人,嘉靖三十九年任。
	姜忻。字克榮,江西南昌人,進士,嘉靖四十五年任,歷仕參政。	張九德。浙江人,隆慶元年任。 李侃。湖廣人,隆慶二年任。	薛孝。浙江人,隆慶元年任。	林士貢。福建人,隆慶二年任。
	張嵿。字子謙,江西南城人,進士,隆慶二年任,陞工部主事。	田德顯。遼東人,隆慶三年任。 郭萬白。湖廣郴州人,隆慶三年任。	王尚時。河南人,隆慶四年任。	周士懃。餘姚人,隆慶二年任。
	鄺彭齡。字幼玄,廣東南海人,進士,隆慶五年任。	范宗聖。山西人,隆慶五年任。 張鍾。陝西神木人,隆慶五年任。	李惠。北直隸人,隆慶六年任。 賀儀。湖廣寶慶人,萬曆元年任。	熊鏊。江西人,萬曆二年任。
	敖選。字用卿,四川金堂人,進士,萬曆二年任,以行取授監察御史。	李對時。□南人,萬曆元年任。 劉昱。廣西人,萬曆二年任。 邊濬。河間人,萬曆三年任。 梁允玳。廣西人,萬曆四年任。 華啓。四川人,萬曆七年任。	張斗東。山東人,萬曆三年任。 李士龍。雲南人,萬曆六年任。	陳天挺。福建人,萬曆六年任。
	鄧炳。字其文,湖廣監利人,進士,萬曆八年任。	魏良翰。廣東人,萬曆八年任。 曹詩。湖廣人,萬曆九年任,有傳。	王琚。直隸保定人,萬曆九年任。 李慧。江西人,萬曆十年任。	張貢。山東人,萬曆九年任。
	顔洪範。字中起,浙江上虞人,進士,萬曆十一年任,以行取授監察御史,有傳。	昌應聯。龍溪人,萬曆十一年任。 方德宗。淳安人,萬曆十一年任。	陳嘉策。北直隸人,萬曆十四年任。	李科。山東人,萬曆十三〔年〕任。

續　表

	知　縣	縣　丞	主　簿	典　史
	高進孝。字遂忠，河南獲嘉人，進士，萬曆十六年任。	王德化。四川人，萬曆十三年任。 方以材。弋陽人，萬曆十四年任。	費洋。定陶人，萬曆十五年任。	
	許汝魁。字真甫，江西湖口人，進士，萬曆十七年常山知縣調任，丁憂，二十三年復補任，陞南吏部主事，有傳。	馬李。沔池人，萬曆十五年任。 謝寶。		胡顯烈。南昌人，萬曆十五年任。
	楊遇。字惟良，浙江仁和人，進士，萬曆十八年任。	譚運。	栗崇本。	余和。
	徐可求。字觀吾，浙江西安人，壬辰進士，萬曆二十一年任，陞吏部，累官僉都御史，巡撫四川，贈右都御史，有傳。	張尚耻。 劉圻。 林奕勛。	徐夢鯉。 許萬里。	吴一勳。 胡禮。
	劉一爌。江西南昌人，進士，萬曆三十年任。	徐志雄。	左之柱。	陳嘉言。
	李繼周。字斗中，南昌人，進士，萬曆三十一年任，有傳。	楊麟。		
	徐日久。字魯人，浙江西安人，進士，萬曆三十九年任。	謝悳迪。 林應春。	陳期椿。	詹熊祥。
	鄒人昌。字宸柱，湖廣麻城人，進士，萬曆四十年任。	葛楚士。		趙國獻。
	吕濬。字槐長，浙江平湖人，進士，萬曆四十四年任。	謝邦化。	何明揚。	姜世勳。
	鮑奇謨。字赤城，浙江餘杭人，進士，天啓二年青浦知縣調任，陞監察御史。	范時。	戴大禮。	
	陳四賓。字逵門，四川銅梁人，進士，天啓五年任。	梁日章。		陳經濟。
	陳昌胤。福建寧德人，進士，天啓七年任。			

續　表

	知　縣	縣　丞	主　簿	典　史
	熊經。字南石，江西豐城人，進士，崇禎三年任。	唐以典。 冉維垣。	季應旂。	
	麥而炫。字章闇，四川順德人，辛未進士，崇禎四年任，有傳。	淩濛初。		郭應禎。
	劉潛。字念先，四川富順人，辛未進士，崇禎六年以婺源知縣調任。	徐觀成。	胡光斗。	王大邦。
	王大憲。字依可，江西萬安人，甲戌進士，崇禎八年任。	戴國英。		
	章光岳。字茂闇，浙江臨安人，庚辰進士，崇禎十三年任。	鮮起雲。	盧志璉。	何大榮。
	彭長宜。字德符，浙江海鹽人，癸未進士，崇禎十六年任，有傳。	邵士美。		

明陸深《上海題名記》：上海縣令題名者，題令上海縣者之名也。石之者，示不朽也。創之者，嗣令上海浮梁曹侯孟輝也。由曹侯而上，令凡四十有一人，其在元者十有二。縣，元始也，元令始于周侯汝楫也。由周侯而下，列其姓氏，以官曆次第之，使可考見。復虛其左，以俟後之令茲縣者題焉。是役也，循名以求其實，弗替乎舊而引之今，侯可謂知體矣。縣人陸深記之曰：令于縣無所不統。令，猶令也，所以使令一縣之人，以知公上尊親之義，而和以富壽安逸之福，懸以刑賞禮律之文，發而出之，故曰令，蓋言令之而必行也。令于民親誨諭訓誡，不越乎堂皇之間，里閭向方，可以徧于時日之内，故令之民也便。親則有感，便則有功，此治之基也。基于縣而天下運矣，基于令而六官舉矣。是故令于民也，身教之，手澤之。民之視令也，公則官之，私則父母之，遇則戴之，去則思之，歿則神明之、尸祝之。此縣令題名之所以不容已也。或曰："凡是四十一令者有善乎？"曰："有之。""亦有不善者乎？"曰："亦有之。"曰："善不善亦奚取于茲石哉？"曰："民思其善以忘其不善，令監其不善以底于善，此《關雎》《麟趾》之意而《周官》之法度也。"又曰："我皇明之治體也。"侯名煜，丙戌進士，有惠政，爲縣之三年當嘉靖之十年，是月某日立石記。

	知縣	縣丞	主簿	典史
國朝	孫鵬。陝西鳳翔人，進士，前東明知縣，順治二年補任。 高維乾。遼東海州衛人，貢士，順治五年任。 姚修蔚。江西南昌人，舉人，順治八年任。 閻紹慶。河南魯山人，拔貢，順治十年任，有傳。 商顯仁。字晦侯，浙江淳安人，乙未進士，順治十四年任，有傳。 陸宗贄。山東臨清人，拔貢，順治十五年任。 涂贄。江西豐城人，舉人，前安陸知縣，順治十七年補任。 王孫蘭。陝西洮州衛籍拔貢，順治十八年任。 陳以恪。山東昌邑人，壬午舉人，康熙元年任。 鄒弘。字未菴，戊戌進士，江西廬陵人，康熙二年任。 朱光輝。字闇公，遼東義州人，廕生，康熙七年任。 康文長。字長孺，江西吉安府人，舉人，康熙十年任。 陳之佐。字鶴亭，直隸河間府故城縣人，辛丑進士，康熙十一年任。 任辰旦。字待菴，浙江蕭山縣人，丁未進士，康熙十四年任，十九年行取考選工科給事中，有傳。 史彩。字簡菴，浙江會稽縣人，例監，康熙二十年任，陞同知，有傳。 王錟。河南歸德府柘城縣人，例貢，康熙二十五年任。 朱萬錦。字樸愚，湖廣武昌府通山縣人，舉人，康熙二十七年任。 董鼎祚。正白旗人，監生，康熙二十八年任。 梁以楠。廣東肇慶府廣寧縣人，舉人，康熙三十年任。	胡起龍。浙江餘姚人，吏員，順治四年任。 陳洪範。浙江海鹽人，吏員，順治六年任。 祝煇。江西上饒人，恩貢，順治十一年任，陞江寧府理事、同知。 鄧化國。湖廣巴東人，歲貢，順治十五年任。 劉景宸。直隸大興人，監貢，順治十八年任。 王敏政。遼陽人，正白旗下外郎，康熙元年任。 劉秉健。湖廣應山人，歲貢，康熙二年任。 許處厚。浙江海寧人，拔貢，考定通判，改授，康熙三年任。 酈蜚煌。直隸昌平人，拔貢，考選州判，改授，康熙十二年任。 徐煌。浙江嘉興人，貢監，康熙十五年任。 徐京璋。江西安義人，文學生員功貢，康熙十八年任。 關緝。江西清江人，貢生，康熙二十年任。 陳宗泰。江西進賢人，監生，考授州同，改降，康熙二十二年任。 鄭其祥。浙江處州府麗水縣人，康熙三十一年任。 俞弘毅。正紅旗人，康熙三十三年任。 張煒。山東樂陵縣人，康熙三十四年任。 張漢。浙江紹興府山陰縣人，康熙三十六年任。 張心正。河南開封府人，康熙四十年任。 孟賡樹。直隸順天府大興縣人，康熙四十年任。 左熟。直隸河間府河間縣人，康熙四十六年任。 韓仲。浙江紹興府山陰縣人，康熙四十七年任。 俞巖徵。浙江紹興府山陰縣人，康熙五十七年任。 楊朝琬。直隸順天府人，康熙五十九年任。	徐鵬翰。浙江海鹽人，歲貢，順治五年任。 李宙臯。湖廣嘉魚人，恩貢，順治十一年任。 章泓。浙江富陽人，吏員，順治十五年任。 沈邦振。直隸大興人，吏員，康熙五年任。 汪周祚。浙江富陽人，吏員，康熙十四年任。 李文奇。陝西富平人，吏員，康熙十八年任。 李六德。山東東阿人，吏員，康熙二十二年任。 徐樹滋。直隸容城人，康熙三十七年任。 金瑞。順天大興人，康熙五十年任。 梁凝璞。直隸真定人，康熙五十八年任。 孔承業。順天通州人，附貢，雍正二年任。 郝大倫。見縣丞。 江溪。直隸趙州寧晉縣人，拔貢，雍正十一年任。 李廷彥。直隸霸州人，附貢，乾隆元年任。 林其賁。福建漳州府龍溪縣人，附貢，乾隆三年任。 王臣。山西太原府交城人，附貢，乾隆五年任。 安允恭。河南汝州人，吏員，乾隆十三年任。見任。	夏廷璋。吏員，蘇州府常熟縣人，順治二年任。 黃章。吏員，浙江紹興府新昌縣人，順治二年冬任。 舒志英。吏員，江西南昌府靖安縣人，順治九年任。 韓與范。吏員，盛京順天府文安縣人，順治十二年任。 卜汝亨。吏員，浙江湖州府歸安縣人，順治十八年任。 唐肇虞。吏員，陝西西安府同官縣人，康熙二年任。 張雲冲。吏員，陝西西安府華州人，康熙六年任。 宋振禄。吏員，河南開封府原武縣人，康熙十一年任。 楊名。山西人，康熙二十五年任。 宋光祖。河南洛陽縣人，康熙二十七年任。 劉運盛。山西人，康熙二十九年任。 李璋。直隸人，康熙三十四年任。 稽鼎寅。直隸人，康熙四十三年任。 李錫玫。直隸人，康熙五十五年任。 劉文煥。山東登州府福山縣人，雍正三年任。 沈金。順天大興人，雍正八年任。 桂廷佐。吏員，安徽池州府貴池縣人，雍正十二年任。 程元春。吏員，安徽寧國府旌德縣人，乾隆三年任。 馮宗豫。吏員，浙江紹興府山陰縣人，乾隆四年任。 葉如松。吏員，順天府宛平縣人，乾隆九年任。 何塤。吏員，浙江紹興府上虞縣人，乾隆十四年任。見任。

續表

	知縣	縣丞	主簿	典史
	陳善。字九臯,福建泉州府晋江縣人,貢生,康熙三十二年任。 李發枝。字鹿友,浙江紹興府山陰縣人,庚辰進士,康熙四十一年任,有傳。 許士貞。字介菴,河南歸德府虞城縣人,戊午舉人,康熙四十五年任,有傳。 鄭廷璧。湖廣武昌府大冶縣人,貢生,康熙五十年任。 劉洴。字漱園,山西平陽府翼城縣人,癸未進士,康熙五十一年任。 尚崇安。鑲黄旗人,監生,康熙五十四年任。 陳錡。鑲黄旗人,監生,康熙五十六年任。 何自懋。湖廣安陸府潛江縣人,舉人,康熙五十八年任。 傅之詮。陝西西安府涇陽縣人,己丑進士,康熙六十一年任。 全乾象。字健也,山東兖州府沂州人,辛丑進士,雍正三年任。 李玫。字文玉,山西汾州府臨縣人,吏員,雍正四年任。 于本宏。順天大興縣人,癸巳進士,雍正六年任,陞淮安知府。 秦士顒。湖廣安陸府沔陽州人,乙未進士,雍正九年任。 褚菊書。浙江秀水人,癸巳舉人,雍正十三年任。 李倪昱。字顒亭,福建泉州府晋江縣人,庚子舉人,乾隆二年任。隆學校,嚴盜賊,士民頌之。 王世睿。字道存,山東濟南府章丘縣人,乙未進士,前四川直隸瀘州知州,乾隆四年任。 王侹。字燕賞,山東曹州府單縣人,生員保舉,乾隆十年任。政績載各條内。	高恩。陝西西安府人,康熙六十年任。 譚體乾。廣西潯州府貴縣人,雍正元年任。 艾元復。直隸宣化府懷來縣人,監生,雍正二年任。 潘飛熊。四川夔州府開縣人,雍正三年任,四年奉文分縣,移設南匯縣。 徐文炳。浙江紹興府餘姚縣人,監生,雍正六年任。 眭文焕。湖廣永州府零陵縣人,拔貢,雍正七年任。 郝大倫。直隸河間府任丘縣人,監生,雍正九年任。 紀應迪。順天文安縣人,監生,雍正十二年任。 甯基丕。直隸河間府阜城縣人,己酉拔貢,乾隆十年任。 佟鋆。奉天正藍旗人,監生,乾隆十二年任。 霍位喬。山西朔平府馬邑縣人,乙卯拔貢,乾隆十四年任。見任。		

續表

	知縣	縣丞	主簿	典史
	李文耀。字金章，號蓉裳，福建汀州府清流縣人，乾隆辛酉拔貢，鑲藍旗教習，乾隆十四年任。見任。 潘恂。字蘭谷，安徽桐城人，壬戌進士，乾隆十五年任，陞揚州府同知。 李希舜。字櫟齋，雲南宜良人，癸卯舉人，乾隆十七年任，有傳。 車策。字冠英，湖南邵陽人，監生，乾隆二十一年任。 盧師武。字□□，貴州龍泉人，拔貢，乾隆二十四年任。 于方柱。字中齋，山東平度州人，貢生，乾隆二十六年任，陞松江府川沙同知、貴州遵義府知府。 張世友。字益齋，湖北歸州人，拔貢，乾隆三十二年任。 清泰。字午亭，蒙古鑲白旗人，丙子舉人，乾隆三十四年任。 史尚確。字易齋，山東樂陵人，丙子舉人，乾隆三十八年任，陞蘇州府海防同知，有傳。 孫思庭。字坦園，直隸懷來人，壬午舉人，乾隆四十三年任，陞太倉州知州、雲南昭通府知府，治尚簡嚴，人鮮犯法。 林培選。字立齋，山東文登人，庚辰舉人，乾隆四十五年任。 范廷杰。字斗南，號寶巖，雲南通海人，庚午舉人，乾隆四十七年任。見任。	謝霖。字甘亭，浙江長興人，副榜，乾隆十八年任，陞海州州同。 王右銘。字敬之，廣東樂會人，乾隆二十三年任，現任光禄寺署正。 許嗣抗。浙江錢塘人，乾隆二十九年任。 陳道耀。字□□，浙江山陰人，貢生，乾隆三十年任，歷湖北武昌府知府。 蔣梗。字□□，廣西灌陽人，監生，乾隆三十五年任，調江蘇長洲縣縣丞。 陳慶元。廣西平樂人，監生，乾隆三十八年任。 陳璿。直隸易州人，監生，乾隆四十一年任。 巴哈布。字□□，奉天正藍旗人，監生，乾隆四十二年任，陞蘇州府震澤縣知縣。 王光陛。字□□，直隸永清人，吏員，乾隆四十八年任。	楊永芳。四川松潘人，拔貢，乾隆二十一年任。 周杜。山東人，監生，乾隆二十四年任。 張雲翮。廣東嘉應州人，進士，乾隆二十八年任。 楊延輝。字孚尹，直隸曲陽人，乾隆二十九年任，陞蘇州府吴江縣縣丞。 錢璽。浙江歸安人，副榜，乾隆三十六年任。 王芹。安徽穎上人，監生，乾隆三十八年任。 魏右曾。江西廣信人，監生，乾隆四十三年任。 盧雲路。字天衢，浙江鄞縣人，監生，乾隆四十六年任，調江蘇元和縣縣丞。	沈世英。直隸涿州人，乾隆二十二年任。 楊光旦。四川人，乾隆二十六年任。 楊大勳。江西會昌人，乾隆二十八年任。 李德培。浙江紹興人，乾隆二十九年任。 王大澤。字沛蒼，福建仙游人，附監生，乾隆三十四年任。 朱有剛。字配常，湖北襄陽人，乾隆四十七年任。

	教諭	訓導
元	唐時措。邑人。 湯植翁。 方遇聖。 毛夢雷。 章服。 朱以寧。 于逵。	吴子文。

續 表

	教　諭	訓　導
明	張守忠。	顧彧。邑人,歷陞户部侍郎。
	尹厚。	顧逵。
	王文昭。	黄黻。字成章。
	王驥。並洪武中任。	
	尹如恢。字務厚,泰和人。	劉鐔。
		趙永吉。
		王鳳。
		李敬。
		黄巖。
		徐研。已上正統間任。
	趙正。三山人,祀名宦,有傳。	
	李義。	
	夏曜。字太舉,天台人,舉人,陞九江府教諭。	
	郭儀。已上景泰間任。	
		詹湍。
		姚堉。
		尹古。
		吕珍。
		劉世傑。
	孫昇。字孔易,解元,餘姚人。	江震。錢塘人,有傳。
	李繼。陝西人。並成化間任。	程良杰。
		陳元禄。
		盧繼明。
		陳德隆。
	孫潤。慈谿人。	管藍。已上天順間任。
	彭申。字宗嶽,莆田人。	劉愷。安仁人。
	淶英。新昌人。	司馬學。普安人。
	李瀚。字文卿,新會人。	任朝璉。字宗器。
	李朝贊。字子卿,順德人。	劉昱。字景陽。
	龔棠。全州人。	潘得春。洛陽人。已上弘治間任。
	聞元奎。字應明,鄞縣人。已上正德間任。	
	鄒明魁。字應乾,宜賓人,陞知縣。	
	聶曼。金谿人,陞國子監學録。	
	葉朴。字淳夫,貴溪人,舉人,歷陞主事,有傳。	
	楊元永。字介夫,永康人。	
	文大才。舉人,湖廣人,陞知縣。	
	胡方禮。山陰人,陞壽州學正。	趙繼宗。曲阜人。
	方興邦。莆田人,舉人,歷陞參議。	吴潤。字時雨。
	黄洙。莆田人,舉人,陞通判。	林澤。鄞縣人。
	王弘兆。固安人,舉人,陞知縣。	李聰。盱江人。
	姚本崇。閩縣人,舉人,陞知縣。	劉光。字景美。
	袁希燦。峽江人,陞浙江紹興府教授。	盧德淵。道州人。
	梁拱辰。曲靖衛人,舉人,陞江夏知縣。	蘇子受。字廷謙,陞知縣。
	楊濂。巫山人,解元。	
	楊邦憲。巴陵人,舉人,歷陞副使。	吴山。字仁重,陞知縣。

續表

	教　諭	訓　導
	徐廷龍。莆田人,舉人,歷陞徽州府同知。 陶性。夷陵人,舉人,歷仕歸德府推官。 盧希曾。山西人。 張應鳳。江西人,舉人,陞上津知縣。 張良卿。貴州籍,華亭人。 葉茂中。慈谿人。 徐常吉。字士彰,武進人,登癸未進士,歷仕南京户科給事中,有傳。 朱禹臣。字啓夏,吴縣人,陞國子助教。 鄒明良。字爾賡,無錫人,舉人。 吴道昭。字懋中,廣東南海人,舉人,萬曆十九年任,陞沙縣知縣。 盛心學。直隸無錫人,舉人,陞浦江知縣。 淩子伍。陞龍泉知縣。 吴良輔。四川人,登萬曆三十二年進士,官監察御史。 黄居中。字明立,福建晉江人,舉人,陞南京國子監監丞。 王建和。字乾純,貴池人,萬曆四十一年進士。 趙廷策。字用我,太倉人,萬曆年任。 王制。湖廣京山人,陞知縣。 沈德先。浙江秀水人,陞國子監學録。 嚴覺。浙江湖州人,舉人,陞巢縣知縣。 趙大成。順天人,舉人。已上俱天啓間任。 鄭應柱。徽州人,舉人。 鍾鴻穎。字海槎,浙江海鹽人,舉人,陞知縣。 唐起鳳。浙江湖州人,舉人。 陶鑄。浙江烏程人,舉人。已上俱崇禎年任。	趙价。南江人,陞知縣。 翁泮。莆田人。 丁子英。臨安人,陞教諭。 伍超。字汝冠,晉江人。 談文惠。字元翊,順德人。 吴璟。瓊山人。 潘廷璽。餘杭人。 劉止。保定人。 周易。貴溪人。 趙邦瑞。建陽人,陞仁和教諭。 易信。分宜人,陞崇安教諭。 陳植。慈谿人。 劉亨。桂林人。 梁梅。臨清人,陞鎮源教諭。 繆希肜。陞扶溝教諭。 向斆。慈谿人。 黄照。秀水人,陞王府教授。已上嘉靖間任。 陳亮寀。海鹽人,陞王府。 潘一鶚。海寧人,陞沐陽教諭。 易道南。興國州人,陞王府。 程汝賓。已上隆慶間任。 朱寅。仁和人,陞開化教諭。 楊尚亨。南昌人。 洪儀。字中立,歙縣人,陞福建寧德教諭。 鄭儒。字子珍,廣東瓊山籍,浙江德清人,陞連州學正。 楊潤。字子玉,四川巫山人,濂之弟。 劉中孚。字汝化,直隸鹽山人。 徐文。字伯傳,長洲縣人。 張問政。字德甫,直隸崇明人,萬曆十八年任。 張漸。字允升,無錫人,萬曆二十一年任。 朱履恭。字安之,滁州人,萬曆二十四年任。 許一純。字貞白,歙縣人,萬曆二十五年任。 李時教。字述之,鳳陽人。 范遇。字振雅,靖江人。 沙中孚。字紹園,長洲人。 楊倧。四川南充人,歷陞杭州通判。 周正孚。常熟人。 吴道盛。宜興人。 汪宗伊。繁昌人,陞天柱教諭。俱天啓年任。 彭紹先。亳州人,陞知縣。 郭騰蛟。徽州人。

續 表

	教　　諭	訓　　導
		章繼昌。和州人。 白燦然。陝西延安府人,歲貢。 王家慶。崑山人,陞教諭。 王夢豸。陝西人,歲貢,陞教諭。 張魯傳。崑山人,歲貢,陞知縣。 劉惟澤。安慶人,歲貢,陞教諭。 張師載。嘉定人,歲貢。 毛穎。太倉人,歲貢。俱崇禎年任。

《儒學題名記》:古者帝王建國,君民教學爲先,而必崇師儒之選。大都師道立則賢材衆多,而治理登閎,師道不立則教化陵夷,而王路陒薜,載諸典籍,班班可擥而睹已。我國家稽古圖治,首先庠序之事,申布功令,詳延鴻碩以爲學師,儼然諸生之上,與古帝王崇儒重道其揆一也。上海吴會隩區,舊爲鎮,自元至元間始置縣。縣始置學,以入我明,涵濡菁莪,棫樸之化,文物聲名,斌斌盛矣。而學師姓名不録,無所攷見,非缺典歟?萬曆庚辰秋,余同年友徐君常吉來署教事,講藝修業,端本植範,籍甚有聞。而分教洪君儀、鄭君儒協恭師席,以風勵諸生,斐然向風。癸未之春,徐君擢第南宫,入對大廷,留陟華省,人有去後之思。洪君、鄭君乃因羣心,礱石竪碑,并攷在昔學師凡如干人,合而鐫之,補曠代之缺典,昭同文之大義,蓋盛舉也。而請余文紀其事,將以鑒往而詔來。余不佞,聞之傳曰:"天生時而地生財,人其父生師教,而君正用之。"故師之名與天地君親埒,一何尊也。晚近世爲師者,往往自居僕卑,而人亦不以嚴事之,與他吏冗散等爾,此何以故?無乃襲師之名而未盡師之道乎?藉第令人師毅然以師道自任,取古帝王典籍所載與今功令所布,日與諸生講肄而砥礪浸灌之,非六藝之譚不出諸口,非五常之懿不措諸躬,則經術可明,人心可正,而士習一變至道矣。如是而崇鄉里之化,人皆有所觀摩,務學修行孝弟忠信之風,歘然民俗可歸於淳矣。諸生烝烝嚮用,信守師説,出入不倍所聞。大者弼亮天子,翊贊化機,爲師傅卿相。小者展采錯事,奔奏自效,稱良吏勞臣,勳猷著於巖廊,惠澤被於域寓。後之人將按其名而歆言之曰:夫夫之爲先生造士之盛也如此;夫夫有功於世教民生也。如此,則斯碑可垂不朽,而無忝於在三之重,不亦韙歟?余學之諸生也,竊附忠告之義,俾來者得覽觀焉。邑人潘允哲撰。

	教　　諭	訓　　導
國朝	張可瞻。湖廣黄岡人,副榜貢,順治二年任。 高遇。金壇人,丙子舉人,順治五年任,陞韶州府推官。 楊名陛。巢縣人,歲貢,順治十一年任。 許三奇。江浦人,歲貢,順治十四年任。	屈鳳翔。碭山人,歲貢,順治二年任。 毛詩雅。和州人,歲貢。 吴士彦。鳳陽人,歲貢,順治年任,陞教諭。 王汝礪。宿松人,歲貢,順治十七年任,康熙三年□月奉裁,至十六年八月咨補。

續　表

	教　諭	訓　導
	曹忱。宜興人,拔貢,考授知縣,告改教諭,順治十八年任。 陳迪。當塗人,辛卯舉人,康熙四年任。 馬廷桂。常熟人,丙戌舉人,康熙九年任,陞翰林院待詔。 吴文鎔。無錫人,己酉舉人,康熙十七年任。 陳白漢。山陽人,辛卯舉人,康熙二十一年任。 王英。字千之,高郵人,辛卯舉人,康熙三十五年任。 陳時震。字毅齋,江都人,丁巳舉人,康熙四十一年任。 曹新標。字石倉,泰興人,戊午舉人,康熙四十五年任。 張鍾岳。字崧叟,宜興人,己卯舉人,康熙五十四年任。 錢守中。字遠亭,吴江人,附貢,前無錫訓導,康熙六十年任。 李射斗。字喬文,無錫人,壬午舉人,雍正三年任,陞國子助教。 成祖猷。字集先,通州人,康熙癸巳舉人,前陝西延安府定邊縣知縣,乾隆十年任。 狄無逸。字瀨江,溧陽人,舉人,乾隆十九年任,陞四川□縣。 吴曰藻。字□□,歙縣人,舉人,乾隆三十一年任。 楊自怡。字州牧,武進人,舉人,乾隆三十三年任。 王傳詔。字鳳齊,太湖人,舉人,乾隆三十七年任。 李時。字宜亭,懷寧人,舉人,乾隆四十七年任。見任。	楊翶。泗州人,歲貢,康熙十六年任。 馬文鏞。字峯珮,吴縣人,附貢,康熙二十七年任,陞翼城縣知縣、户部員外。 汪邦達。字行瞻,休寧人,附貢,康熙三十五年任。 華宋時。字祁公,崇明籍無錫人,廩貢,康熙四十二年任。 巢執中。字心傳,武進人,附貢,康熙四十九年任。 楊金。宿松人,歲貢,雍正三年任,即於本年分縣,移設南匯。

提標右營遊擊:

景慧。字照軒,陝西鎮彝人,康熙五十八年移駐上海,五月調任福建汀州鎮中軍遊擊。

吴進義。字子衡,陝西寧夏人,康熙五十九年任,陞提標中軍參將,歷古北口提督,加太子少保。

周騰鳳。字天御,河南人,雍正元年任,掣陞川沙營參將。

葛世雄。字書麟,陝西人,雍正三年任,陞金山營參將。

王澤澄。字南池,山東蓬萊縣人,雍正九年任。

尤迪。字吉士,江南通州人,乾隆九年任,調蘇鎮標中軍遊擊。

孫鼎元。字輪甲,浙江寧波人,雍正丁未科武進士,乾隆十四年任,陞吴淞營參將。

戴超。字漢飛,淮安山陽縣人,乾隆十七年任。

吴其雄。字楚材,湖廣武陵縣人,雍正己酉科武舉,乾隆二十三年任,陞吴淞營參將。

陳孝忠。字宇一,淮安山陽縣人,乾隆二十五年任,陞廣東肇慶營參將。

蔣尚忠。字恕存,廩生,係駐防京口漢軍鑲紅旗人,乾隆三十年任。

岳澣。字奎海,四川成都縣人,乾隆癸酉科文舉人,以父鍾琪功世襲一等輕車都尉,乾隆三十七年十一月任。

陳延慶。字祈永,江寧上元縣人,乾隆三十八年任,掣陞廣東肇慶營參將。

五十六。字念祖,滿洲正白旗人,乾隆四十四年十月任。見任。

提標右營守備:

王宗聖。 徐潛。 劉國鳳。
包成麟。歷吴淞營參將。 戴超。見遊擊。 顧啓隆。
蔣飛鵬。 李大綱。歷總兵。 孫德麟。
陳兆魁。 馬凱。陞都司。 王永安。陞都司。
趙裕。 何安邦。陞狼山都司。 陳鴻。見伍。

宦 績

晉 虞潭 袁山松

虞潭，字思奥，會稽餘姚人。吴騎都尉翻之孫，父忠仕至宜都太守。潭清貞有檢操，初以軍功賜爵都亭東鄉侯，歷宗正卿，徵拜尚書。蘇峻反，潭守吴興，加督三吴、晉陵、宣城、義興五郡軍事，與郄鑒、王舒同舉兵討峻。峻平，進爵武昌縣侯，徙會稽内史。未發，時吴郡以軍荒饑饉死亡塗地，潭表出倉粟賑救，又修滬瀆壘以防海鈔。咸康中，進衛將軍。卒，贈左光禄大夫，謚孝烈。子仡嗣，孫嘯父，兄子谷，後並爲吴國内史。

袁山松，陳郡陽夏人，嗣父方平爵長合侯。博學能文章，著《後漢書》百篇。善音樂，酒酣輒歌《行路難》，聽者爲流涕。歷祕書監，出爲吴郡太守。孫恩寇吴會，時承平久，人不習戰，所在多破亡。山松築滬瀆壘，緣海備恩。明年，恩復寇滬瀆，死之。部人海鹽李祥突白刃收山松尸，葬横山。

舊志誤作“崧”，明陸文裕深有辯。

宋 葉清臣 毛漸 徐確 姜詵 趙彦敔 董楷

葉清臣，字道卿，長洲人。以策擢進士高等自清臣始。仁宗寶元初，爲兩浙轉運副使。時太湖豪右據民田上游，又盤龍匯水曲滯迂不得洩，民患苦之。清臣請疏匯釃爲新渠，直流從滬瀆入海，人賴其利。清臣天資爽邁，遇事敢行，數上書論事，陳九議、十要、五利，皆當世可行者。有《文集》一百六十卷。

毛漸，字正仲，江山人。舉進士。哲宗紹聖中，爲兩浙轉運副使。時浙部水溢，詔賜緡錢二百萬賑卹。漸言被害者且數州，歲蠲恐不可繼。乃按錢氏有國時故道，起長安堰，至鹽官徹清水浦入海，開無錫、武進、常熟諸水入大江，浚崑山諸浦、吴江、大盈、顧匯、柘湖，下金山小官浦並入海，自是水不爲患。

徐確，莆田人。陳洪進辟掌書記。宋初，首勸洪進納土，洪進怒，欲害之，遂走京師。試禮部第四，歷官宗正丞，出使兩浙提舉常平。時大水歲饑，確攷《禹貢》三江故道，得吴淞古江以太湖東注入海。吴淞在下流，潮泥湮塞爲患，請自封家渡古江開淘至大通港，直徹海口，計七十四里，役徒二百二十餘萬，以常平錢米十八餘萬充和僱諸費，水道遂通。

姜詵，孝宗隆興中爲兩浙轉運副使。時淫雨水溢，民大饑。詵相地高下，即張涇堰傍增卑爲高，築月河，置牐其上，以時啓閉。復浚河，自簳山達青龍江口二十七里，故水所敗田數萬畝復爲膏腴。乾道二年冬，許克昌立石記其事。

趙彦敔，字仲和。寧宗嘉定中，監青龍鎮税，重建鎮學，絃歌聞百里。兵部侍郎杜孝嚴爲文記之。

董楷，字克正，天台人，以通經入仕。度宗咸淳中，提舉松江府市舶分司上海鎮，愛民養士，津梁廨宇多所建置。去官之日，民遮卧不忍其去。

元　吕謙　羅璧　僕散翰文　辛思仁　王珪　張如砥　鄧巨川　何蒙　李璋　劉輝　吴福孫　蘇宗瑞　何緝

吕謙，字和之，亳人。元初，從伯顔南征，所至不殺。宋平，東南大饑，謙詣省白狀，發粟賑民，全活數萬。即拜懷遠大將軍，鎮上海。當春勸農，謂父老曰："善牧羊者先去敗羣，善治民者先除民病。"由是里胥嚴憚，境内大治。

羅璧，字伯玉，鎮江人。世祖至元初爲總管，鎮守上海。建議海運部漕舟由海道抵楊村入，不數十日至京師，較漕河部運甚捷。卒謚桓敏。子坤載，用廕歷知餘姚、蘭溪、吉水、新喻四州，有惠政。嘗著《厚俗篇》。

僕散翰文，字行之。至元末知府事，析華亭東北鄉爲上海縣。愛民如子。秩滿歸，百姓遮道嗟泣，翰文亦泣下。時代者張之翰謂曰："相公得民情，民不忍舍，願爲請再任三年。"翰文曰："不然，願公他日一如翰文之去耳。"

辛思仁，成宗大德間尹縣時，學校草創，思仁鋭意修舉，鑿泮池，復古制，春秋行釋奠禮，廩士養老，文教勃然，士林思慕之。

王珪，武宗至大間縣丞，性剛果，爲治能抑强扶弱。又改建儒學，於縣治東增闢基址，崇飾殿廡，文廟焕然改觀，至今人頌其德。

張如砥，字周道，濟南歷山人。始尹舞陽、洛陽，仁宗延祐初治上海，廉明若神。有民負寺僧租，弗能償，會其家嬰兒病亡，移以陷僧，如砥曰："彼不毆爾，而毆嬰詐也？"叱使去，民復訴之府，果反坐。丙辰秋，浙西大水，壞禾稼，行省詰縣徵賦如常，如砥力争之得減。明年春大饑，復白省賑濟，民賴全活。所至以清惠聞，擢陝西行臺御史。

鄧巨川，字百川，真定人，英宗至治初縣丞。嘗奏請以苗糧改科豆麥，民蒙其利。仕終禮部尚書。

何蒙，字叔正，泰定間尹縣。性峻潔，貧而能廉，攜家累十餘口，日屑麥爲粥以食，無愠歎聲。值歲歉阻饑，請發粟賑貸，民賴以全。

李璋，濟寧鉅野人，自江浙闖掾擢爲尹。愛重文教，嘗重刻九經、四書，版藏文廟，以廣傳習，學者便之。

劉輝，字文大，汴人。順帝至正五年尹上海，有威惠。時以宋季公田虚徵税額加數倍，輝勸富民出粟爲常平本，賦役遂均。創置社學百六十所，行鄉約禮，召耆民及小吏觀之，使知大義。期會唯揭縣門，無敢後者。有兄弟争財，連歲不決，輝召諭之，皆感泣罷去。擢中書户部主事，會母卒，民不忍舍，爲買地以葬。鄰邑士民亦刻石頌德。

吴福孫，字子善，杭州人。能詩，尤工篆籀，得趙文敏楷法。至順初，召見奎章閣，上嘉賞，命侍臣引金鍾酌酒以賜。性恬退，不嬰榮利，嘗徜徉湖山間。至正六年，隨牒爲縣主簿。歲大旱，有禱立應。俄奉檄詣温台，給鹽場工本。復馳傳督閩税，以疾發還廨，卒於官。

蘇宗瑞，至正二十三年尹縣。敏練明決，獄無冤滯。考古制，備置文廟禮器，識者稱其知務。錢鼒爲撰《德政碑》。

何緝，字子敬，泰州人，至正末尹縣。廉公識大體，尤嗜愛文學。建明倫堂及東、西二齋，凡淫祠巫覡必毀斥之曰："毋使鬼神禍福之説惑吾民也。"時稱爲儒吏云。

明 祝挺 李從吉 杜鎰 方佐 楊昕 張禎 甯祥 李紋 趙正 江震 王崇之 劉宇 李槩 劉琬 董鑰 郭經 原應宿 徐潭 史塘 黄希英 王卿 鄭洛書 葉朴 任環 方廉 董邦政 劉東陽 吴賢 黄文煒 郜光先 曹詩 徐常吉 顔洪範 許汝魁 成心學 徐可求 龐尚鴻 李繼周 麥而炫 彭長宜

祝挺，字正夫，番陽人，明洪武初知縣事。時巨盜錢鶴臯煽亂，兵逼縣治，挺懷印走府，爲誅討計。及聞府城陷，乃仰天嘆曰："此我死所也。"效死弗去。後被執至盜所，挺毅然曰："汝吾編氓，敢迫我耶！吾頭可斷，身不可屈。"盜釋之。乃密與主簿鄭著、王椅、李從吉等謀起義兵，追斬僞帥姚總兵、金萬户于西溝，復縣治。時主帥議罪脅從者，挺曰："彼皆良民被脅，奈何并誅之？請以身代。"復上狀中書省，民賴以全。

李從吉，山西靈石人。少負奇概，通用兵方畧。明太祖初年，授縣主簿。時道梗，晝伏夜行，間關到官。會巨盜錢鶴臯倡亂，劫知縣祝挺，事具挺傳。從吉奉挺密謀舉兵，一鼓平之。後從吉早世，遺二女，妻劉擇名族嫁之。婿亦尋卒，母女艱苦營葬于郭外西原，其壻唐福祔焉。

杜鎰，洪武末知上海縣。其政以崇節儉、黜華靡爲本，遇事明果，不怵勢利，吏畏而民懷之。

方佐，四明人，宣德初知縣事。通達世務，廉公愛人，甚有恩紀。然性頗剛褊，含垢藏疾非其所長。

楊昕，浙江瑞安人，明景泰三年知縣事。興學勸農，平徭役，簡獄訟，有古循吏風。丁母憂去官，士民垂涕，賻贈一無所受。起復知華亭，清操益厲。提學使選秀民充弟子員，昕具書稱名敦請，士皆感奮。改知壽光，卒于官。喪還經吴門，兩邑民争往哭之。

張禎，東臯人。明正統二年，以縣丞擢本縣知縣。先是，巡撫侍郎周忱行部上海，耆民相率詣忱，言禎公清勤敏，撫字有方，且縣劇非禎不能理，今令缺，請以禎補之。忱具以聞，吏部以禎未九載，例不當遷，英宗曰："民情不可拂也。"特從之。

甯祥，山東章丘人。明景泰中鄉貢進士，授同知府事。涖職清謹，愛民惜物，嘗重浚蒲匯塘，重建盤龍塘諸橋。歲旱，奏免徵兩邑税糧十九萬，民深德之。

李紋，字仲繡，九江人。舉賢良方正，明景泰中知縣事。剛毅練達，剖決若流，奸黠不敢肆。嘗以暇日訪民疾苦，而陰察其貧富，故徭役令下，雖荒村僻巷若家至而户歷者，輿論翕然稱平。

趙正，三山人，明景泰間爲學教諭。終日坐堂上講授，夜振鐸以警惰者。及門之士既仕，猶念之不忘，每曰："安得如斯人者以勵後進。"

江震，浙江錢塘人。明天順四年，以鄉貢授上海訓導。課誦有法，兩爲主司，號稱得人。擢知廣濟縣。

王崇之，字守節，直隸滑縣人。明成化七年，由鄉貢知縣事。時濬吴淞江，崇之分董其事，役力用財皆有條貫，民謂鑿江之功，王公居多。《滑縣名臣傳》云崇之天性友愛，剛正弗撓，與王威寧越齊名，稱大、小虎云。

劉宇，字志大，鈞州人，明成化十一年知縣事。沉毅有才斷，奸豪屏跡，邑境肅然，民蒙實惠。

李椝，字從質，任丘人。明成化戊戌進士，由教諭知縣事。政尚寬恕，不動聲色，民自懾服，故去後嘗見思。子時翰林編修，每見儒官，輒加禮遇，曰："吾父嘗居是官也。"

劉琬，字德資，江西宜春人。明成化十四年進士，由松陽縣補上海。奏以餘糧編銀雇夫，積官税羨餘葺學舍，綜理周密。發奸擿伏，終其任，無敢干以私者。入爲南御史，出知松江府。凡所興革，務爲久長。用文學，飭吏治，考大成之樂，間詣學宫，飲射讀法，率學官弟子親爲講説。飭陸宣公、周文襄祠，表貞節忠孝，百廢具興。俗尚侈靡，躬行儉約先之。客至，豆觴魚鱐、果脯一飯而已。琬本姓高，嘉靖壬子，子祉領鄉薦，疏請復其姓。

董錀，字啓之，鄞人，明弘治六年知縣事。明辨有幹局，築西鄉田圍以捍水患，修撰錢福爲文記之。

郭經，字載道，盧龍人，明弘治十一年知縣事。治尚簡易，民安其政。去之日，邑人樹碑頌德。

原應宿，陽城人。明弘治間，以府倅署縣。剛達明果，敏于立事。其董水利尤力，濬堙鑿隘，大利農畝，而興工給費，亦有調度，公不匱財，民不見病，邑人稱之。

徐潭，字惟静，浙江定海人。明弘治六年進士，正德二年除上海知縣。故事區長有歲例輸官，潭斥不取。值大祲，設法賑濟，全活甚衆。先是，訟者苦遣卒逮捕，潭造木人，令訟者持至所訴之家，其人抱木人自詣，無敢後。邑多豪族逋官租，區長破家以償，潭嚴懲之，以此植怨。會督儲者有所求，不與，乃以事中傷。改知湘潭，後官至按察副使。

史瑭，偃師人。明正德中，以府倅攝縣事。性澹泊，不染脂潤。後以憂去，民常見思。

黄希英，字如英，福建莆田人。明正德初進士，七年由上饒縣調上海。爲治寬仁不擾，有長者風。後子女即嫁娶邑中名族，至今人猶思慕之。

王卿，字良佐，弘農衛人。明正德甲戌進士，初授德清令，後改上海。簡重端慤，不欲以才見，上官未之知也。性坦易，不設城府，人樂就之。或干以私，輒瞠目直視，不發一語，言者慙退。明武宗南巡，道路洶洶，有緣以爲姦利者，卿抗諸邀索，一不應，第曰："車駕至日，供不供有令也，何先事自擾爲?"竟以安堵。寧藩反，人心騷動，卿堅卧安衆心，而陰修武備，許告訐獲罪者以鋏贖，由是兵械森然，民免科賦焉。尤慎改作，三年無土木之役。見廨舍頽圮，每曰："取蔽風雨足矣。"有勸之更定政令者，則曰："令何可數出? 出必期於行，行必期於久。朝爲之，暮更之，何以範民爲?"故終卿之任，若畫一焉。邑有闤頭，聚糧長之資，歲輸之官以爲例，卿曰："此假人手以漁民也。"悉罷之。又有所爲摳錢者，每歲里甲賦錢于田，以充長吏經費，名曰櫃錢，官操其奇贏而出納之，諸行市賣有折閲者，有入空券而待命者,卿請於上官,歲災出櫃量賑,民以不傷。時疫癘流行,卿製善藥作糜,躬行鄉落徧給之,屏諸騶從,小舟獨行,清凈不擾,擬之曹參治齊云。

鄭洛書,字啓範,福建莆田人。明正德丁丑進士,十五年除上海縣。明達治體,上官下文牒或未當,輒停罷。民間訟獄聽其自息,有不息者召而折之以理,平情而退。日晡判决,無留牘。嘗垂簾屏坐,進諸生,講論經史,評隲文藝高下,士林欽企之。以其暇品節婚喪之禮,著爲令式,舊俗一變。又建社學九十六區,建常平倉,積穀備賑,論次鄉賢名宦,營葺社稷壇壝,更修邑志,百廢具舉。嘗念賦法久弊,議均田爲三則,奏上,未果行。後巡撫林潤定爲三鄉,本洛書議也。洛書嘗謁府還,見水次有石磨磨欹,發墓得屍,異之,遣人偵近村民家磨失其牡,合取無異,攝訊具服。又舟行有焚屍道左者,察其色若恐,詰之,曰:"吾嫂也。"不數日,有以母亡不歸告者,洛書意必夜行劫殺,即逮前焚屍者鞫之,其人故無嫂,發其家,所劫金具在。其摘伏神異類如此。嘉靖四年,徵拜監察御史。遭父憂。服闋,還職爲給事中,饒秀訐奏罷歸。踰年卒,年三十九。後倭亂,陷興化,洛書子開來奔,邑人朱察卿、顧定芳醵金買田贍之,表曰"鄭賢侯田"。

葉朴,字淳夫,江西貴溪人。嘉靖八年,以舉人署邑教諭,規條嚴肅,士風丕變。諸生孫某有雋才,爲蜚語所中,學使者將黜之,朴力白其誣,指天日自誓,學使爲之動容,事得寢。又常損俸以周貧士。後遷邵武令,歷官太守。

任環,字應乾,山西潞安人。明嘉靖甲辰進士,由廣平令遷蘇州府同知。時倭寇内地,環訓練民兵搏戰,誓以身殉。每出師,徧體自書姓名,示求屍者有所驗識。在軍與士卒同寢食,俸入悉以犒士,士樂爲之死。三十二年,擊賊于上海之八團,身被三創,膳夫徐珮身蔽環以免。及守太倉,疽發背,會賊至,即裹瘡登舟出海,仗劍督戰,意氣彌厲,擒斬百餘級。已又敗之于陰沙,又敗之于寶山,又敗之于南沙,賊望見旌幟輒駭曰:"此任家旗也。"咸遁去。捷聞,擢山東按察司僉事,備兵蘇松。明年,賊犯蘇州,民争走保城,不得入,環啓門納之,全活數十萬。明日,以計敗賊于葑門。又帥師援上海,轉戰習家墳、陸涇壩,俱大敗之,斬首六百級。録前後功,進布政司參政兼按察副使,治兵如故,賜金綺,録一子爲千户世襲。丁母憂,奪情。晝甲胄治戎,夜歸則衰絰。嘗野宿周浦,值母忌辰,豆登不具,惟奠腐一盂,哀動左右。寇平,乞終制,許之。再丁嫡母喪,以哀毁卒,年四十。給事中徐師曾奏環忠勇平寇,宜有優典,詔贈光禄寺卿。

方廉,號雙江,浙江新城人。明嘉靖辛丑進士,以膳部郎出守松江。倭寇上海,老弱争走郡城,廉用邑人顧從禮議城上海,復于郡城增陴深塹,列亭障,宿甲士,不踰月咸就緒。甲寅正月,寇從南沙突攻上海,以新城固不能克,寇乃由黄浦攻郡城。廉堅壁伺間,屢挫其鋒,寇不得志。廉又條上海逃竄丘墟狀白之御史周如斗,奏蠲賦一年。時承平既久,武備廢弛,召募四方客兵,供應薪粟重困。廉更練土著,行伍漸實,客兵減者十七。上嘉其功,賜金綺,尋遷江西副使,進廣東參政,擢都察院右僉都御史,巡撫江南。廉又疏陳民間疾苦,減賦百餘萬。尋進右副都御史,楚人丘橓劾罷之。穆宗踐祚,起南京大理卿,尋遷總漕,轉南京工部侍郎,引疾辭位。方守松時,一日訛傳倭已入西關,居民棄家東去。廉聞之，神色不動，呼四隸舁輿，一童子持印，出不見寇，乃駐西門城樓，令四隸東出，呼市民使還，俄頃遂定。角巾白袷，徒步睥睨間，親執夏楚，儆其干掫之不力者。寇壘在坰，四門不闔，日進流民於廢宅空館，飲而飼之，調發諸伍，犒賚必倍，以故民不苦兵，兵不苦敵。當寇圍城之夕，有太學生杜門援琴，廉聞琴聲，叩其室曰："休哉！汝欲享其樂，不得不任其憂，願假四千鐶以資韎韐。"太學如數獻之，秋毫不自潤也。廉氣體素豐，自禦倭寇，至廢寢食，體漸羸弱，其忠勤捍患不媿古社稷臣云。後建生祠于郡，至今祀之。

董邦政，字克平，山東陽信人，以貢授六合知縣。善騎射，常擒江中劇盜，知名於時。嘉靖三十二年，督府使帥兵討倭寇。擢按察司僉事，專領海防，駐上海。時新城始建，賊蕭顯奄至，穴民樓俯瞰城内。邦政登陴督戰，用神鎗手以一當百，賊解去。三十四年，擣川沙賊巢，斬首五百級。其秋，賊自金陵轉掠至滸墅關，邦政會兵合擊于吴林廟，轉戰横涇，悉俘斬之。爲趙文華所抑，左遷蘇州府同知。三十五年，與任環合擊倭于界觜，悉殲其衆。又追擊新莊賊，及于沈莊，皆勦滅之。論功加四品服俸，邦政竟引疾去，時論惜之。當蕭顯寇上海，常州通判劉本學攝縣事，與邦政協力，亦有捍禦功。

劉東陽，四川人。任上海丞，治稱無害。嘉靖三十三年，蕭顯入寇，月餘忽解去，董邦政使東陽躡其後，東陽故書生，倉卒統兵追及之于太平寺，衆皆潰走，東陽遇害。先是，上海未城，鎮海衛指揮武尚文同建平縣丞宋鰲統所部駐焉。賊至，尚文擊敗其游兵，過蔓笠橋，伏猝起，斷馬足，尚文死之，鰲亦戰死，與東陽並祀羣忠祠。

吴賢，杭州衛鎮撫，統杭兵來禦賊，屯黄泥浜。與賊接戰，杭兵敢鬬者俱死，賢亦死之。時有丁爵者，鳳陽義官，力舉千斤，二子俱武健。應募至，率二百人出哨，遇賊于趙家溝，爵欲示武，戒二子勿前，舉鐵鞭連撾三賊，一賊佯死卧地，爵下馬取首級，佯死賊奮刀斫之，斷其臂。二子赴救，以所乘馬負之而還，踰夕死。

郜光先，號文川，山西長治人。明嘉靖己未進士，除上海知縣，折獄明允，催科有法。兑運武弁憑勢勒索，莫敢誰何。一日，運弁率軍卒數十人，露刃入縣門，光先待其至，手執一弁，叱之曰："汝等將劫庫耶？"亟命鍵户勅輿隸盡縛之，顧曹掾牒申總漕，武弁伏地請罪，釋之。乃下令逐運船出，鱗次泊浦濱，候一船兑完，一船銜尾進兑，弁軍唯唯，無敢譁者，不三日事竣。辛酉大水，歲饑，光先勸縉紳顧從禮輩各出米千斛，計里設廠，作粥賑濟，民賴全活。在官，薪蔬小物未嘗取之民間，去之日，行李蕭然，有趙清獻之風焉。歷官總督三邊、兵部尚書，卒贈太子太保。

黄文煒，字德華，江西南城人。弱冠領鄉薦第一，成進士，除邑令。謙恭好問，摘發如神，吏胥不敢上下其手。性尤嫉惡。有里豪施鑄潛殺其弟，沈友諒納兄女爲妾，睚眦殺人，里中畏之，莫敢發。文煒廉得實，捕而立置之辟，闔境稱神君。每月進諸生課試之，品題甲乙，時或相與揚搉古今，共疏食而罷。嘗置學田百餘畝以贍貧士，建羣忠祠，修濟農倉，興廢舉墜，境内肅然。文煒素孱弱，竟以勞瘁成疾，年未三十卒於官。貧不能殮，諸丞簿貸帑以治棺槥。時李官、陳懋觀攝縣事，爲足其帑，曰："毋汚廉吏名。"今祀名宦。

曹詩湖，廣京山人。以貢授邑丞，清介不苟。會公事入郡，渡浦，風浪陡作，覆舟死。

知縣鄧炳臨其屍,見袴襪敝垢不可殮,橐中僅存俸一金,炳解衣殮之。邑人顧名世爲文祭之曰:"入其室獨蒼頭二人,無執爨之婢;檢其橐唯敝衣敗絮,無數金之儲。"蓋實録云。

徐常吉,字士彰,常州武進人。博學通古文辭,明嘉靖四十三年領鄉薦。萬曆初,署上海教諭,以師道自任,凡所鑒拔多致通顯。性清貞狷介,常白郡守,脱人於死,其人齎千金報德,常吉怒曰:"多財多患,以田宅婢僕致獄訟殺身者衆矣,胡載禍相贈耶?"謝不受。十一年成進士,除中書舍人,擢南户科給事中,終按察使僉事。上海署教登第自常吉始。

顔洪範,字仲起,浙江上虞人。明萬曆癸未進士,除知上海縣。簿書填委,獄訟紛沓,洪範耳受目攝,口訊手判,裕如也。士民至者,一識面久而不忘。徭役均平,奸豪斂迹,有神明之稱。雅好文藝,士所獎拔率皆知名。常聘邑人張之象纂成縣志。滿五載,徵拜監察御史。

許汝魁,字元甫,江西湖口人,明萬曆丙戌進士。自浙江常山知縣調上海,居三載,以母喪去。服除,還補故治,從民請也。汝魁不好更張,以簡静鎮俗,事無巨細,單辭片言,襍以詼諧,人人皆意解心折而去。嘗微行郊野,與細民相勞苦,歷問土田高下、人户登耗,默識之,故所定踐更最善。又減省斗級、櫃首諸役,遠近尤德之。他如甃内城,增敵臺,築捍浦塘,民不知勞,而爲利甚久。秩滿,遷南京吏部主事,累官至南通政使。

成心學,常州無錫人,以鄉舉署儒學教諭。謹愿端慤,言吶吶若不出口,而規條可法,知縣許汝魁深敬禮之。遷浦江令,有惠愛。比大計,隣郡推官中以墨,心學昌言於吏部曰:"令以不職去,有田可耕,書可讀,子孫可教,甘之矣。假污以墨,奈何復上先人丘隴乎?"尚書嘆曰:"幾爲司理所悮。"得改教,遂歸隱不出。

徐可求,字觀我,浙江西安人,明萬曆壬辰進士。初知南昌、江浦二縣。服除,補上海。踵前令許汝魁之政,載其清静,治稱廉辦,簡獄訟弛,刑罰無輕罪入繫者。其事大吏未嘗阿狥,馭下不假顔色,而謙和下人,不自崖異也。秩滿,擢兵部主事,累遷四川巡撫,以兵變遇害,朝野惜之。

龐尚鴻,廣東南海人。由歲貢生爲宛平知縣,坐言事謫上海縣典史。知府許維新檄濬郡治河道,尚鴻躬履巡視,丈量故址,爲豪右占據者立毁之,三月而河工告成,時論並美焉。

李繼周,字汝輔,江西南昌人,明萬曆甲辰進士。除上海知縣,三載當入覲,御史以瀕海歲荒請留,報可。三十七年,御史引前例欲留之,辭曰:"海隅外吏,豈有五載不見天子聽主計黜陟者?"遂行詣京,願得冷曹,遷刑部主事。繼周治尚柔仁,而不爲詭隨。遺愛在民,去久見思。後自郎中出知黄州府,遷四川按察副使,死藺酋之難,贈光禄寺卿。

麥而炫,字章闇,四川順德人。明崇禎辛未進士,釋褐除上海令。廉仁汎愛,在官不求赫赫名,而以誠感下,遠近化之。四年夏大旱,而炫建壇郊外,率吏民步禱,俄雲霧四合,有龍見於龍華,夭矯天際,雨隨大至,四境霑足。明年春,麥秀兩岐,村民折穗以獻,命工圖之。瀕海林莽中有虎暴,捕之久不得,而炫到官,虎即遁去。坐公事免,百姓嗟泣罷市,詣臺乞留者千百輩,不許,乃壘城門梍其行。而炫恐,召父老哀請數日,始得去。去之夕,童叟焚香哭送,至婦人女子皆號泣不絶聲,聲聞數十里。因繪《麥侯德政圖》四番:一《神龍晝見》,一《四郊甘雨》,一《麥秀兩岐》,一《猛虎渡河》,邑人張在簡誌其事。

彭長宜,字申伯,浙江海鹽人。明崇禎癸未進士,除上海知縣。科條寬簡,宿猾吏頗易之,長宜摘發中隱,舞文者駭愕斂手。先是,浙東民變,邑多寇警,巨室僮奴聚黨脅主人,託名索質券,因以焚掠,撫軍擒斬數輩乃定,而修怨者告捕日衆。長宜至,以爲首惡既誅,宜並停罷,全活者數百家。巡按御史遣兵戍川沙,長宜曰:"民變非盗賊比也,有司治之足矣。"遂撤兵去。尋有愚民相聚爲立教,至數千人,督撫將加之兵,長宜固争得免。其徵賦悉省羡入,不施鞭朴,第勸令速輸。知府讓之,謝曰:"與其督責而飽隸橐,不如寬之使悉入公家。且民貧,或鬻子女以償,一官何有,而忍敲朴以博最也。"民聞,益感悦,賦登逾他縣。夏亢旱,徧行村落視災傷,力請臺使上聞,減税額什一。家去治所二百里,月載酒米自給,惟市鮭菜,率倍價償之,至汲水者亦給傭直,其廉惠大概類此。遭亂去官,攜襆被登舟,百姓號泣攀卧,至出境不絶。刻木爲像,祠于城隍廟西。

國朝

閻紹慶,字康侯,河南魯山人,由拔貢除本縣令。機警沉毅,尤勤吏職,案牘滿前,目不留瞬,手不停批,而綽有餘晷。縣胥徒糧里數千人,一過目即能識面呼名,至久不忘。時有大蠹孫年、里魁顧酉暴横積年,莫可誰何,紹慶廉得其實,立置之死,奸骫重足屏息,目之曰"活閻王"。徵糧有善法,遇大寒暑,不笞一人而賦辦,編户德之。順治十二年,海寇突犯沿浦,鎮弁王璟緣以爲亂,謀劫倉庫,紹慶以死拒之獲免。事定,璟誣縣民通寇,紹慶詣臺使,力保全活甚衆。後以法論土豪於死,爲羣小所構,坐免,今邑人猶思頌弗衰也。有《海邦讞畧》一百六十條,闔境稱爲神明,郡人宋徵輿爲之序。

商顯仁,字晦侯,浙江淳安人,明三元文毅公輅□世孫。順治乙未進士,釋褐令上海。廉静儒雅,以經術爲政,仁愛形於詞色,蓋天性然也。縣故巖邑,積宿逋至二三十萬,踵徵新賦,民困不支。顯仁意創規條,明爲賞罰,置酒陳鼓樂於庭,輸及額者勞之酒,出則鼓樂導之,民觀感流涕,以逋賦爲戒。暇則進諸生,課文藝,品題高下,十不爽一,士子烝烝嚮風,人文頓盛。尋以科場事株逮,按訊無狀,繫獄歲餘終不免,士論惜之。

任辰旦,字待菴,浙江蕭山人。有文名,著《權書》十篇,示有用。登康熙丁未進士,除上海。簡獄訟,寬力役,務爲安静。奏績最諸縣,行取授工科給事。慷慨敢言,既熟知松郡利弊,遂上章請減浮糧以均國課,復愷切面陳,上爲霽顔。初,邑有賈人失金三百,役繫旅主人,旦疑之,禱於邑神,令役伏寢宫下,夢有婦右手抱細女,左手挈衣與之,及接視,則裙襴也。歸以告,旦曰:"賜衣而得裙襴,則非衣也。非衣者,裴也,細女乃愛女,吾聞納音之數陽,姓從左,今左非衣而右愛女,得毋有裴姓而愛名者乎?"役曰:"有之。"遂收鞫,伏其辜。邑人張錫懌爲之記。

史彩,字簡菴,浙江會稽人,由太學知上海縣。鋭意振興,修學宫,建常平倉,葺獄舍,置義塜。念邑乘久缺,遽延葉映榴、張錫懌、曹垂璨輩考訂重編,百廢具舉。康熙二十一年,海寇突犯縣境,守備司起龍督兵出戰,彩馳騎登城,率衆守禦,卒保無恙。洪中丞顔其堂曰"海邦良吏"。

司起龍，山西人，授黄浦營守備。康熙二十一年春，海寇乘夜潮，駕四舟突入黄浦，起龍率千總陳聖策等各躍入漁舟，挺身陷陣，賊衆應弦而斃，俘其四賊。復奮身追擊，中礮殁於陣。昭武將軍揚捷臨縣，戮賊首，祭其靈，疏聞於朝，敘死事功。

李發枝，字鹿友，浙江山陰人。康熙庚辰進士，宰海上。狷介有守，能却暮夜金，人稱爲清水。性明察，摘發如神，吏胥莫敢欺。好微行，凡拳勇無賴之徒悉置之法，無漏網者。尤加禮士子，聽政之暇，惟以商確詩文爲事，誘掖奬勸，學校歸心云。

許士貞，字介庵，河南虞城人。康熙戊午舉人，釋褐令上海。廉潔清正，獄無沉冤。頻歲大饑，捐俸設立粥廠，法詳恩溥，歷久不倦，至今有甘棠之思云。

欽璉，浙江長興人。雍正癸卯進士，除南匯令。時縣新建，事皆創始，赫赫有能聲。性英察而不苛，海邑聞風，咸爲引領。後兼攝上邑，如治南匯時。初蒞任，廉知境内豪民姓名，繫其尤者數人，立正厥辜，餘皆震攝，民賴以安，談者至今快之。

翁藻，字荻州，浙江仁和人，雍正癸卯進士，任蘇松太巡道。甫下車，觀風三郡，甄拔多知名士。刻《吴會採風録》，創建申江書院，延少司馬凌如焕主講席，親臨考課，面訓士子，以立品讀書，捐俸給膏火。又捐買陸氏宅，立啓蒙書院以訓幼學，至今人被其澤。歷署江蘇臬司，治獄多平反，在任五載，士民頌德。

申夢璽，字受昌，山西陽曲人。由蘇州守擢巡道，治極和平，政尚簡肅，以天理、國法、人情六字顔於堂。於書院尤加意振作，士林感之。時有大獄，糾紛立解，紳民咸受其德。尤留心水利，以薛家浜爲上邑東南要河，捐俸開浚，并建石閘以資蓄瀉，至今資利賴焉。

李希舜，號慄齋，雲南宜良人，雍正癸卯舉人。居鄉時，隨父養病山中，晝夜侍奉，經年無倦色，人稱爲孝子。以養親就教諭，服闋，補上海知縣。爲人一誠無僞，清介自守，凡有訟獄，必以誠意感孚，民多悦服。時值荒灾，設法捐賑，必親臨按視，饑民全活無算。開濬城河，薛、肇兩浜，凡鄉鎮支河一律疏濬，逢歲旱百計虔禱，甘霖得沛。在任四年，巡撫陳文恭宏謀深嘉之，題陞太倉州知州。

孫含中，字西林，山東昌邑人，辛巳進士，以部曹蒞松太道任。公理學名家，優於經濟，事無巨細皆出親裁，官吏奉法惟謹，而節操清廉，絲毫不苟，所司關榷，商民感之。後擢浙江布政使，以禱雨行日中，觸熱而卒，至今江浙人咸思之。

史尚確，字易齋。山東樂陵人，丙子舉人，乾隆三十八年任。立心慈惠，寬以濟猛，外和而内介，賫緑悉絶，吏不忍欺，民懷其惠。在任五載，崇尚實學，訓課書院，必親自甲乙，多造就焉。後陞蘇州海防同知，士民勒碑記之。

附署任邑侯

韓運鴻，字菂齋，安徽天長人，甲子舉人，乾隆四十三年署縣事。實心愛民，多惠政，宦囊如洗，而于貧乏士子猶分俸周之。檄署蘇州同知，百姓遮留不得。會公有方浜建閘之請，環籲撫軍，復邀公來督濬事。公于河干作聯示民曰："敢曰愛民，六月淹留勞血汗。漫云勤事，一錢不受勵冰心。"後補南匯，三年告歸，至今上、南人咸思之。

王學濂，字□□，浙江仁和人，癸未進士，乾隆四十五年以儀徵令移署縣事。聽斷公平，案無留牘，風裁峻整，請謁不通，廉俸公費外絲毫不以入己，人比之玉壺冰云。

按：志例署任不載，且生不立傳，今韓、王二公俱在，而其仁心惠政，士民謳思，不可泯滅，附載于此。

乾隆上海縣志卷之九

選舉科目表　辟召　薦舉館職　封贈　録廕
監貢　例士　武科　武途

選舉之塗，其類有八，大要立德、立功、立言，三者得其一，皆足以名世。夫賢良方正、孝弟力田，漢法盡善。科目一塗，明洪武初旋廢旋復，而名公卿大夫多出其中。積而畸重，殆銓注者失其平也。我朝加意作人，開科廣額，多士蒸蒸向風，而參以薦舉，廷臣至郡縣皆得各舉所知，太學考職，選拔入都，均蒙引見，用人之道於是乎大備。今裒集諸塗，分類詳列，封廕附焉。姓氏獲與於編，士大夫所榮也。顧循名以責實，不宜憬然擇所立以名於世乎？作《選舉志》。

〔科　目　表〕

	進　士		舉　人	貢恩、拔、副、歲、優。
唐	顧謙。字自修，舉明經、三禮二科，授宗城令，有傳。			
宋紹興十八年王佐榜	王迪。字八三，太常丞，南渡時徙居鶴沙。 張偉。字書言，四舉三甲二十一人。 林公望。字叔山，舉二甲十四人，任提舉福建茶事。	宋	任仁發。字子明，號月山。年十八中式，元辟宣慰掾，征交趾，浚河治水，擢中憲大夫、浙東道宣慰使司副使，有傳。	
二十四年張孝祥榜	錢良臣。參知政事，有傳。			
淳熙十一年衛涇榜	王日輝。字萬七，福建提舉。			
元至治元年宋本榜	趙庭芝。字德瑞，南人，登進士自庭芝始，授歸安丞。			
泰定元年甲子科捌剌榜	潘達。字桂坡，信州提舉。			
明洪武二十四年辛未科許觀榜	沈暹。甲戌廷試，行人。	明洪武二十三年庚午科	沈暹。府學，見進士。	

續　表

	進　士		舉　人	貢恩、拔、副、歲、優。
		二十六年癸酉科	徐陞。	
		二十九年丙子科	王徵。 徐子信。河間府教授。	陳文榮。歲。 丁子剛。歲。 陳拳。歲。
		建文元年己卯科	楊銓。員外郎。 劉信。 劉琳。 周霖。見進士。 馮吉。見進士。 劉庸。見進士。	富有。歲。 夏禮。歲,御史陞副使,有傳。 李衡。歲。 張士實。歲,中書。 湯忠亮。歲。 費肅。歲,海寧主簿。 周尚文。歲。 虞節。歲。
		永樂元年癸未科	諸英。	孫雅。歲。 周紹。歲,教諭。
永樂二年甲申科曾棨榜	周霖。字子望,永寧知州。 馮吉。字汝迪,餘姚知縣。 劉庸。監察御史。			吴逸。歲。
		永樂三年乙酉科	趙端。行唐訓導,陞兵科給事中。 張翔。唐縣訓導。 沈驥。見進士。 康勉。延安教諭,陞知縣。	王約。歲。 戴脩。歲,南安知縣。
四年丙戌科林環榜	沈驥。訾山知縣。	九年辛卯	黄翰。府學,見進士。 潘�。湖州訓導。	李坦。歲,長沙府經歷。 楊新。歲。
十年壬辰科馬鐸榜	黄翰。字汝中,歷任浙江僉事參議,擢巡撫,改廣東參政、山東按察使。	十二年甲午科	張鑑。淳安知縣。 張衡。見進士。 張趍。常德府訓導。 姚璧。武康訓導,監察御史。 李昇。府學,見進士。	許進。歲,常德府同知,有傳。 李熠。歲,浦江縣丞。 曹敬。歲,德清知縣。 楊森。歲,見舉人。
十三年乙未科陳循榜	李昇。吏部考功郎中。 張衡。字允平,監察御史,有傳。 曹衡。字士望,工科給事中,歷官知府,清敏好古,善真草書。		陸徵。府學,見進士。 曹衡。華亭學,陝西中式第二人,見進士。	劉琛。歲,禮部郎中。 金璧。歲,建安知縣。 沈載。歲,桐廬知縣。
		十五年丁酉科	楊珙。府學,中式第一人,見進士。	潘珉。歲,浙江布政司都事。
十六年戊戌科李騏榜	楊珙。字廷瑞,丁酉解元,任翰林院編修,有傳。 韓著。字用文,衢州府教授。		韓著。府學,中式第三人,見進士。 朱忠。府學,中式第五人,見進士。 王端。字汝善,府學,淳安教諭、汀州教授,兩典鄉試。	顧完。歲。 徐蓮。歲,開化知縣。 褚澄。歲,蘭谿知縣。 俞敏。歲,刑部主事。

續 表

	進 士		舉 人	貢恩、拔、副、歲、優。
		十八年庚子科	黄恭。字孟莊,刑部主事,陞贛州知府,有傳。	樊循。歲。
十九年辛丑科曾鶴齡榜	陸徵。字尚實,禮部主事、汀州知府。 朱忠。字藎臣,禮部員外郎。		楊森。奉化知縣。 蔣性中。府學,見進士。	
		二十一年癸卯科	趙禮。知縣。 陳質。見進士。	
二十二年甲辰科邢寬榜	陳質。字文彬,御史,歷山東左參政,有傳。			
		宣德元年丙午科	辛珪。政和教諭。 陳光。江都教諭。 李伯璵。字君美,府學,淮府長史,祀鄉賢,有傳。	潘良。歲,主簿。 陸宗。選,雅州知州。 錢鐸。歲,東光知縣。
宣德二年丁未科馬愉榜	蔣性中。字用和,兵科給事中,歷江西參議,祀鄉賢,有傳。	七年壬子科	張顴。字孟威,武定學正。 孫震。安仁訓導。	趙昂。歲,廣昌知縣。 吴濬。歲,新昌知縣。
		十年乙卯科	徐溥。新野王府教授。	衛庸。歲,歸德知州。
		正統三年戊午科	侯俊。富陽教諭。 周昻。桃源教諭。	王宬。歲,陽谷教諭。
		六年辛酉科	錢俊。驍騎衛經歷。 全智。見進士。 浦清。府學,見進士。	李森。歲,平度知州。 楊紀。選,安溪知縣。 孫昻。選,永平府推官。
正統十年乙丑科商輅榜	全智。字克明,監察御史、四川參議。 浦清。字宗源,刑部郎中、福建副使。	九年甲子科	姚林。字文林,第五人,洛陽教諭。 蔡敏。訓導。	陸鏞。歲,嶧縣教諭。 俞仁。歲。 李鏞。歲。
		十二年丁卯科	周輿。府學,中式第一人,見進士。 唐瑜。見進士。 戴昕。字景昇,陳州知州,所至克舉廢墜。	張裕。歲,知縣。 陳綱。歲,知縣。 侯驥。歲,字敬德,知縣。 吴愷。歲,藁城知縣。
		景泰元年庚午科	戴春。昕從弟,見進士。 沈湛。 朱允。字克信,連州知州,以平蠻功陞知府,有《牧民集》。 朱佑。字民吉,南昌府同知,天性孝友,工詞翰。	陶塤。歲。 周泰。歲。字景陽,漢陽知縣,年九十九卒,以耆德稱。

續　表

	進　士		舉　人	貢恩、拔、副、歲、優。
景泰二年辛未科柯潛榜	唐瑜。字廷美，禮科給事中，巡撫甘肅副都御史，有傳。 周興。字廷參，丁卯解元，翰林院庶吉士、編修，大理寺寺副。		戴曦。字景暉，昕弟，中書舍人，陞員外郎，簡静好學。 李清。伯瑛子，見進士。 張杰。字民畏，府學，餘姚知縣。 金綬。字文璧，順天中式，鞏昌府通判。 沈舉。榜姓高，浙江籍，見進士。	
		四年癸酉科	郁文博。第三人，見進士。 王祐。字天錫，榜姓高，東昌知府，有傳。	
五年甲戌科孫賢榜	李清。字希憲，湖廣布政，見父伯瑛傳。 郁文博。以字行，南京御史、湖廣副使，有傳。 沈舉。榜姓高，成化戊子禄弟，順天中式，歷浙江按察司僉事。 金純。字文明，河南布政司使。		談倫。見進士。 沈瑜。字廷美，太常寺少卿，善吟咏，有傳。 金純。綬之弟，順天中式，見進士。 金紳。純之弟，順天中式，潮州通判。	王琳。歲，江夏知縣。 張紹。歲，字宗道，見封贈。
		七年丙子科	顧珉。 李澄。伯瑛子，清兄，見進士。 戚繹。新城訓導。 蘇源。字汝清，郯城知縣。 蔡肅。字廷觀，建昌教諭，純篤嫻雅，爲時所重。 宋訥。府學，見進士。 鍾震。雲南中式，見進士。 唐珣。辛未瑜弟，見進士。	陳亮。歲，道州吏目。 孫怡。選，字孟愉，濱州學正，工詩。 余濂。選，新昌縣丞。
天順元年丁丑科黎淳榜	談倫。字本彝，工部侍郎，有傳。 李澄。字希範，歷福建參議，見父伯瑛傳。 宋訥。字近仁，兵部員外郎、江西參議。 唐珣。字廷貴，辛未瑜弟，累官總督兩廣右都御史。 鍾震。工部主事。		董綸。見進士。 喬維翰。原名樊，見進士。 陳肅。字惟敬，歷順天府治中，恬静高尚，工古文詞。 顧英。字孟育，廣南知府，有傳。 劉瑛。字鍾美，鳳翔同知，改真定，陞建寧知府，所至有惠政，祀名宦。 王霽。見進士。 沈璐。見進士。 莫誙。見進士。 金爵。四川中式，見進士。 姜浩。順天中式，見進士。	姚民。歲，字舜夫，冠帶散官，能詩翰。 嚴豫。歲，訓導。 全用。歲，梁山知縣。 沈宗黼。歲，廣德州訓導。 張乾。歲，沂昌知縣。 孫瞻。歲，海寧訓導。
四年庚辰科王一夔榜	王霽。字景明，景泰癸酉祐從弟，歷山東巡撫、大理寺卿，有傳。 王綸。字緝之，山東僉事。		王綸。湖廣中式第七人，見進士。	陳瀚。歲，字源伯，石門知縣。

續 表

	進　士		舉　人	貢恩、拔、副、歲、優。
		六年壬午科	姚春。永寧同知。 顧欽。洪武甲戌恒之孫，芒部軍民府通判。	杜雯。歲，字天章，臨川縣丞。
七年癸未科彭教榜○是年會場火災改期八月以甲申三月廷試	戴春。字景元，南京吏部郎中、順慶府知府，有傳。 董綸。字縉之，上饒知縣，多異政，終監察御史，有《破斛記》。 姜浩。字希孟，官行人。	成化元年乙酉科	周洪。見進士。 許瓊。字廷玉，順天中式，封邱知縣。 張慶。字積之，順天中式，光禄寺寺丞。 王俊。字朝弼，景泰癸酉祐從子，廣東肇慶府同知。 陳琛。字廷獻，九江推官。 劉福。字天祐，工部員外郎。 王佩。字朝儀，同榜俊弟，太平知府。 戴儼。字人望，儒士景泰庚午曦子，禮部司務。 沈浩。字宗遠，平原知縣。	韓浙。歲，字本清，富陽教諭。 陳瑶。歲，字公器。 張穀。歲，見舉人。 陸宗黼。歲，字文猶，保定訓導。
成化二年丙戌科羅倫榜	莫誙。字汝敬，大理寺評事，以雲南僉事致仕。	四年戊子科	張穀。順天中式，見進士。 沈禄。字汝學，順天中式，以仁壽太后戚授通政司經歷，超遷參議，累官禮部侍郎，贈禮部尚書。 顧博。府學。	陳經。歲。 殷質。歲，思恩府通判。
五年己丑科張昇榜	喬維翰。字師召，翰林院編修。 沈璐。字廷瑞，第四人，山東僉事。 金爵。按察司副使。	七年辛卯科	王景祥。懷安縣知縣，陞通判。 張汶。字季深，湖州教授，有材名。 顧肅。府學。	
		十年甲午科	陳賓。字尚賢，第二人儒士中式，寧海知州。 張地。字德乾，景泰庚午杰之子，府學，萊州同知。 張黼。府學，見進士。 陳粟。府學，見進士。	戴昌。歲，字景亨，天台訓導。
十一年乙未科謝遷榜	張穀。字濟民，永樂乙未衡孫，湖廣參議，有傳。 陳粟。字惠民，工部主事，志行奇古。	十三年丁酉科	林濟。字數澤，沔陽知州。 李萱。府學，字宗爰。	
	周洪。字廷誥，南京監察御史，有傳。	十六年庚子科	談詔。第五人，見進士。 黄金。定遠籍，見進士。 曹濂。字清之，道州知州。	張成。歲。 何瓛。歲。字廷玉，饒州通判。
十七年辛丑科王華榜	談詔。字朝宣，山東副使，能詩，剛明有識，所在有風績。	十九年癸卯科	瞿霆。字啓東，順天通判、臨安知府，居官勤慎，却黜夷那氏千金，爲鄉所重，有傳。 王泰。霽子，見進士。 許黼。字朝威，府學教諭。	陸殷。歲，字尚質，香河訓導。 王鑒。歲，字本明，海寧縣丞，有廉名。

續　表

	進　士		舉　人	貢恩、拔、副、歲、優。
二十年甲辰科李旻榜	姜一清。字希夷，癸未浩之弟，通政使。 黄金。字良貴，廣西參議。 金獻民。字舜舉，己丑爵子，兵部尚書，有傳。		金獻民。爵之子，見進士。 姜清。順天中式，見進士。 唐禎。金山衛學，見進士。	倪黼。歲，字德章，處州衛經歷。
		二十二年丙午科	周翰。字文屏，夔州府同知。 董恬。見進士。 諸宏濟。字大經，尤溪知縣。	吳謨。歲，字子和，浦城訓導。
二十三年丁未科費宏榜	張黼。字士欽，應天府丞，有傳。 唐禎。字原善，禮部員外郎。		王大用。見進士。 董忱。府學，見進士。	姚宇。歲，府學任學正。 王鉞。歲，字味齋，福清知縣。
		宏治二年己酉科	張天爵。府學，見進士。 廖縉。	山彪。歲，字文柄。
弘治三年庚戌科錢福榜	張天爵。字良貴，工部郎中。	五年壬子科	陳雲。字士龍。 徐南。見進士。 張霆。字時霆，廣州府通判，有傳。 趙松。見進士。 曹閔。府學，見進士。	沈同。歲，字文會，應天府經歷。 朱瑜。歲，字宗潤，會稽縣丞。
六年癸丑科毛澄榜	趙松。字天挺，太常寺少卿。 王大用。字世顯，工部主事。			
		八年乙卯科	唐錦。見進士。 沈恩。見進士。 張鳴鸞。字世和，府學，黼從子，金華府推官。 張鳴鳳。府學，見進士。	楊節。歲，字廷孚。 朱霙。歲，字漢章。 王璵。歲，字宗魯，餘姚訓導。 張溥。歲，字文瀚。
九年丙辰科朱希周榜	董忱。字世行，癸未綸子，恬弟，肇慶府知府。 董恬。字世良，癸未綸子，歷大理寺少卿，有傳。 沈恩。字仁甫，四川布政，祀名宦鄉賢，有傳。 曹閔。字宗孝，南京御史，建言廷杖削籍，起廣西僉事，有傳。 唐錦。字士絅，景泰辛未瑜從子，江西提學副使，以子贇貴加贈中憲大夫，有傳。 張鳴鳳。字世翔，成化丁未黼子，南京御史，建言下詔獄，廷杖落職，起湖廣副使，有傳。			

續 表

	進士		舉人	貢恩、拔、副、歲、優。
		十一年戊午科	孫鶚。字朝立，刑部司務。 張萱。府學，見進士。 凌雲。字天章，通判。	陳衡。歲，字正夫。 黄喆。歲，字重吉。
十二年己未科倫文叙榜	王泰。字時陽，庚辰霽子，江西參議，有傳。 徐南。字明仲，奉新知縣。			
		十四年辛酉科	陸深。中式第一人，見進士。 郁侃。見進士。 張鷴。見進士。 張紘。見進士。 葉鈇。字廷用，官臨安知府，有傳。 金皐。見進士。 金澄。景泰甲戌純之子。 金濂。見進士。 唐懽。府學，見進士。 戴慈。府學，字子孝，天順癸未春之孫。 董憚。字世康，綸之子，恬、忱弟，儒士中式，綿州知州。	宋禮。歲，字節之，袁州訓導。 陸蓁。歲，字時茂，濟寧訓導。
十五年壬戌科康海榜	唐懽。字季和，刑部員外郎，有傳。 郁侃。字希正，第三人，監察御史、黎平知府。 張龍。字汝言，壬午慶之子，通政司參議。 張萱。字德輝，景泰庚午杰從子，湖廣參議，有傳。		陶驥。府學，見進士。 張龍。府學，順天中式第七人，見進士。	
		十七年甲子科	諸傑。見進士。 顧聽。府學，字思聰，天順己卯英孫，烏撒軍民府。	張時泰。歲，字吉甫，秀州訓導，有《續通鑑廣義》行于世。
十八年乙丑科顧鼎臣榜	陸深。字子淵，辛酉解元，詹事府詹事，贈禮部侍郎，謚文裕，祀鄉賢，有傳。 張鷴。字九苞，刑部主事。 陶驥。字德良，行人，禮部員外郎，直内閣。			
		正德二年丁卯科	張鵠。見進士。 金暭。見進士。 張南升。府學，字進之。	宋禴。歲，字誠之，蕭山訓導。
正德三年戊辰科吕柟榜	張紘。字文儀，建昌知府，祀鄉賢，有傳。			

續　表

	進　士		舉　人	貢恩、拔、副、歲、優。
		五年庚午科	李翔。見進士。 沈存肅。思從子,麗水知縣。 唐周。本姓周,成化丙午翰孫,博學能文,有《白屏日記》。 戴恩。府學,見進士。	郁徽。歲,字誠美,文博子。 褚宏廙。歲,字元慎。 闞鼒。歲,字廷實。
六年辛未科楊慎榜	金濂。字濬之,景泰甲戌純之子,禮部主事、鞏昌知府。 戴恩。字子充,天順癸未春孫,陝西參議,有傳。 金皐。字鶴卿,成化甲辰獻民子,翰林院檢討。			
		八年癸酉科	秦璧。府學,字啓文,裕伯裔孫。 吴稷。府學,見進士。 沈雲。字子龍,通判。 王應恩。泰之子。 朱豹。見進士。 儲昱。順天中式,見進士。 王紱。順天中式,平凉知府。	艾洪。歲,字文宏,湖廣斷事。 曹宏濟。歲,字茂勳,福寧訓導。 張藻。歲。
九年甲戌科唐皐榜	金皥。字治卿,辛未皐弟,工部主事。 吴稷。字舜弼,金華府推官,荆、徽二府長史。			
		十一年丙子科	張鳴謙。府學,字汝益,順天通判,有傳。	
				朱曜。歲,字叔陽,佑之子,清江提舉。 張洋。歲。
十二年丁丑科舒芬榜	儲昱。字麗中,庶吉士,兵科給事中,歷參政。 朱豹。字子文,景泰庚午佑孫,監察御史、福州知府,祀鄉賢,有傳。			
		十四年己卯科	趙綸。見進士。 王佐。字良臣,號鶴沙,景泰癸酉祐從子,南安知縣,有政績。 張鴻。字子漸,鄢陵知縣。 張鳴岐。府學,壬戌萱從子,刑部主事。	王龍。歲,字雲從,訓導。 陸銓。歲,字文衡,清江訓導。 薛鴻。歲,字九逵。
十五年庚辰科楊維聰榜	李翔。字集卿,苑馬寺少卿。 趙綸。字廷言,刑部主事,有傳。			

續 表

	進 士		舉 人	貢恩、拔、副、歲、優。
		嘉靖元年壬午科	潘恩。見進士。 石英中。見進士。 王可立。字子卓，大名府通判。 唐稷。字世相，錦從子。 董子儀。見進士。 張鸛。丁卯鵠從弟。 孫繼禄。字汝濂，弘治戊午鶚從子，連州知州，慈祥醇謹，有惠政。 談承儒。字元珍，成化辛丑詔從子，衢州推官，有傳。 張國維。定遠學，見進士。 蔣惠。字天錫，工部司務。	徐鳴鳳。選，字子儀，浦城縣丞。 黄剛。歲，訓導。 胡芳。歲，字汝載，昌化知縣，有傳。 張武。歲，字德勇，王府教授，有傳。 王霑。歲，字時濟，訓導。
嘉靖二年癸未科姚淶榜	潘恩。字子仁，刑部尚書、左都御史，贈太子少師，謚恭定，有傳。 石英中。字子珍，刑部主事，有傳。 張國維。郎中。			
		四年乙酉科	葛桂。見進士。 戴邦正。見進士。 劉兆元。字德資，懷慶府推官，有傳。 談愷。無錫學，見進士。	沈鑾。歲，字和鳴，訓導。 顧鰲。歲，字克載，黄陂縣教諭，有傳。
五年丙戌科龔用卿榜	張鵠。字翀霄，弘治乙丑鵰從弟，廣西僉事。 葛桂。字子芳，南雄知府。 戴邦正。字貞卿，永樂甲午謙裔，四川參政。 諸傑。字子與，永樂壬午英曾孫，尚寶司少卿，有傳。 談愷。累官巡撫，廣西都御史。			
		七年戊子科	趙憲。見進士。 翁燦。見進士。 王教。見進士。 顧名儒。字道夫，鄧州知州。 包節。華亭學，見進士。 薛良輔。字仁卿。 張鶚翼。見進士。 周冕。字服之。 蔣雲。字從龍，宣德丁未性中曾孫，廣昌知縣。	張抑。歲，字汝揚，成化戊子穀之子，學正。 鄧翰。歲。

續　表

	進　士		舉　人	貢恩、拔、副、歲、優。
		十年辛卯科	奚良輔。見進士。 顧向。字子中，弘治甲子聽從子。 張大魯。字子守，永城知縣，見父武傳。 唐國相。順天中式，見進士。	王瑩。歲。 徐鳴鳳。選，丁酉鳴鸞弟，浦城縣丞。
十一年壬辰科林大欽榜	王教。字道修，大理寺評事、陝西参政。 唐國相。字舜舉，工部侍郎。 包節。字元達，監察御史，建言謫戍，贈光禄寺少卿。			
		十三年甲午科	潘忠。字子蓋，癸未恩弟，工部郎中，簡訥朴素。 龔愷。見進士。 吴天壽。順天中式，見進士。	周冠。歲，字正之，戊子冕弟。
十四年乙未科韓應龍榜	奚良輔。字遂卿，庶吉士、禮科給事中、廣東参政，醇謹勤學，歷官不異寒素。 趙憲。字子成，一字叔度，禮部郎中。 翁燦。字德輝，副使。			
		十六年丁酉科	繆文龍。順天中式，見進士。 李昭祥。見進士。 孫濰。字宗昌。 徐鳴鸞。字子和，順天中式，德慶知州。	周文。歲，見舉人。
十七年戊戌科茅瓚榜	董子儀。字羽吉，天順癸未綸從子，河東鹽運副使。 繆文龍。字惟德。			
		十九年庚子科	董充大。字汝化，天順癸未綸元孫，中式第六人。 蔡懋昭。字允德，思州知府，有傳。 王諫。字獻可，濟寧訓導、樂清教諭。 嚴渠。字子材。 唐志大。見進士。 龔情。府學，見進士。 董志學。榜姓錢，大理寺評事。	張鵬。歲，字九萬。 蔡紳。歲，字朝卿，新建訓導，祀鄉賢，有傳。
二十年辛丑科沈坤榜	張鶚翼。字習之，貴州巡撫、都御史，有傳。 唐志大。字子迪，弘治壬戌懽孫；大理寺副，告終養歸，淡于世味。			

續 表

	進　士		舉　人	貢恩、拔、副、歲、優。
	吴天壽。累官布政使。	二十二年癸卯科	沈希皋。字叔明,學務博綜,時稱通儒,所著有《海天風軌》、《玉蘭堂詩》。 秦宲。華亭學,字和甫。 吴嘉賓。字光國,茶陵知州、王府長史,謹厚有守。 朱鳳。金山衛學,字鳴岐,建昌府同知。 孫應魁。見進士。 唐自化。見進士。 唐繼禄。見進士。 周文。字郁卿。 郁岷。字子剛。 喬誥。字師周,衛輝府同知,兄弟友愛。	諸應朝。歲,餘姚訓導。 孫繼謙。歲,字汝益。
		二十五年丙午科	戴邦治。字家卿,乙酉邦正弟。 沈陽。嘉定籍,見進士。 張仲謙。見進士。	戴邦直。歲,府學,字敬卿,縉雲教諭。 張泮。歲,字文化,祀鄉賢,有傳。
二十六年丁未科李春坊榜	龔愷。字子和,御史,歷湖廣副使,有傳。 李昭祥。字元韜,工部郎中,祀鄉賢,有傳。			
		二十八年己酉科	董傳策。見進士。 屠寬。見進士。 石應朝。字啓忠,癸未英中子,工部主事事,母孝,居官廉。 瞿寅。字人正,海澄知縣,精勤吏治,所識拔士咸致通顯,母喪去官,民思之,不樂仕,年九十七自作墓銘,無病卒。 曹世龍。青浦學,字子見。 華秉中。無錫籍,見進士。 金定。四川中式,見進士。	張敏中。歲,字時用,仁和教諭、王府教授,有傳。 蔡繡。歲,字文卿,教諭。 趙恕。歲,學正。
二十九年庚戌科唐汝楫榜	董傳策。字原漢,弘治辛酉懌曾孫,刑部主事,劾嚴嵩六罪,廷杖下獄。隆慶初,起原官,歷禮、工二部侍郎,有傳。 孫應魁。字元之,弘治戊午鶚孫,新淦知縣、刑部主事。杜門養静,不與請謁。 沈陽。字復卿,御史、廣信知府。			

續　表

	進　士		舉　人	貢恩、拔、副、歲、優。
		三十一年壬子科	顧名世。中式第四人，見進士。 秦嘉楫。見進士。 唐本堯。見進士。 趙灼。見進士。 杜時登。字庸之，瑞安、浪穹知縣。 董傳教。字原學，庚子充大子。 俞文榮。見進士。	胡來宗。歲，字子因，金華府通判。 唐敏。歲，字勉之，德化縣教諭。 陳表。歲，字獻之，海鹽縣丞。 陳一鳴。歲，字起静，有傳。 石懿中。歲，癸未英中弟，王府教授。
三十二年癸丑科陳謹榜	俞文榮。字國華，刑部郎中、長蘆鹽運使，質素自守，門巷蕭然。 唐繼禄。字子廉，副都御史，祀鄉賢，有傳。 龔情。字善甫，丁未愷從兄，刑科給事中、太僕寺寺丞，有傳。 屠寬。字德宏，雲南僉事，有傳。 華秉中。字正夫，刑科給事中，有傳。 唐自化。字伯咸，成化丁未禎族孫，監察御史、兵部郎中。			
		三十四年乙卯科	李時英。錢塘籍，見進士。 趙焕。字堯章，錦衣衛經歷、平樂知府。 王遷喬。字伯翀，正德己卯佐從子。 潘允端。順天中式第五人，見進士。 候堯封。嘉定籍，見進士。	茅忠。歲，教諭。
三十五年丙辰科諸大綬榜	趙灼。字時章，行人、刑科給事、右通政，祀鄉賢，有傳。			
		三十七年戊午科	艾可久。見進士。 李從約。字玉宇，庚辰翔之孫。 杜時騰。字冲之，壬子時登弟，石埭教諭、黄縣知縣有傳。 諸鏞。府學，安遠知縣。 石應魁。字啓文，順天中式，己酉應朝弟，臨江府同知。	楊翰。歲，知縣。 陳震。歲，教諭。 張慈。歲，河南府教授。

續表

	進士		舉人	貢恩、拔、副、歲、優。
三十八年己未科丁士美榜	顧名世。字應夫,戊子名儒弟,尚寶司丞。 秦嘉楫。字少説,御史,歷僉事,有傳。 金定。字汝濟,號天保,景泰甲戌純孫,監察御史、福建僉事。 張仲謙。字士益,正統戊辰鎣元孫,山東按察使,有傳。			
		四十年辛酉科	韓謙貞。字長吉,好學能文。 徐鏞。字伯聲。 喬木。見進士。 俞顯卿。府學,見進士。 林景暘。華亭學,見進士。	董體仁。歲,字公近,天順癸未綸之孫,弘治辛酉懌之子。 張攝。歲,字道行,壽光教諭、吉安教授。
四十一年壬戌科申時行榜	潘允端。字仲方,癸未恩之子,乙丑允哲弟,四川右布政,有傳。 艾可久。字德徵,陝西右布政、南京通政使,有傳。			
		四十三年甲子科	徐汝翼。見進士。 喬懋敬。見進士。 王圻。見進士。 戴大登。字仲明,丙午邦治從子。 唐繼賢。字子象,癸丑繼禄從弟,象山知縣。 潘允哲。順天第五人,見進士。 陳紀。貴州中式,廣西南寧知府。	張秉學。歲,字子静,會稽教諭。
四十四年乙丑科范應期榜	徐汝翼。字君羽,辛酉鏞之子,廣西右布政,有傳。 潘允哲。字伯明,癸未恩之子,陝西提學副使,有傳。 喬懋敬。字允德,湖廣布政使,有傳。 王圻。字元翰,監察御史、湖廣提學僉事、陝西參議,有《續文獻通考》行世,祀鄉賢,有傳。			佘采。歲,字元亮,桂林府教授,有傳。 唐志孝。歲,字子順,永福訓導。 沈廷臣。歲,字貞甫,廣東清遠教諭。 董容大。歲,字象宇,瑞州府學訓導。
		隆慶元年丁卯科	徐士亢。字叔謙,嘉靖丁酉鳴鑾從子。 張令德。字憲卿。 王文炳。榜姓高,順天第三人,見進士。 倪甫英。字華月,順天中式,象山知縣。 董晉。字昭甫,初名傳史,嘉靖庚戌傳策弟。	高舉。歲,字伯鵬,天津衛教授。 顧汝紳。歲,字允行,安吉州學正。

續　表

	進　士		舉　人	貢恩、拔、副、歲、優。
隆慶二年戊辰科羅萬化榜	喬木。字伯梁，雲南副使、福建參政，祀鄉賢，有傳。 林景暘。字紹熙，成化甲午濟元孫，庶吉士、太僕寺卿。			
		四年庚午科	潘伯翀。府學，見進士。 李伯春。見進士。 張雲門。府學，字九夏，正德丙子鳴謙孫。 金從洋。華亭學，見進士。	李伯春。選，見進士。 董傳性。歲，字原定，嘉靖庚子充大子，光州判官。 葛士麟。選，字于郊，蕭縣訓導，篤學有守。 李尚袞。選，金山衛學，見進士。 唐志范。恩，府學，字子期，通許知縣。
五年辛未科張元忭榜	李時英。字含之，欽州知州、禮兵二部郎中。 唐本堯。字世承，嘉靖癸丑自化子，江西副使、貴州參政。 李伯春。字友卿，嘉靖丁未昭祥族子，刑部主事、湖廣參政，有傳。 王文炳。字象南，號貞庵，正德己卯佐從子，四川敘州推官，平九絲蠻，晉功，歷貴州按察副使、苑馬寺卿，有傳。 金從洋。字汝孝，雲南副使、陝西苑馬寺卿。 侯堯封。字欽之，監察御史、福建參政。 潘伯翀。字元翰。			
		萬曆元年癸酉科	黄履建。字允中。 張汝聰。字允謀，大嵩衛教授。 朱應麒。府學，字叔郊，綜覽能文。	施一元。副，北京兵馬司指揮。 黄一岳。歲，字子鍾，上杭教諭。
		四年丙子科	陳所蘊。第三人，見進士。 秦國士。字友善，瀏陽知縣。 唐元偉。字觀卿，楚雄同知。 蕭士純。嘉定籍，字粹卿，建昌通判。 李尚袞。見進士。	王衣。歲，字章甫，鎮江府訓導。
		七年己卯科	張恒。嘉定籍，見進士。 戴士琳。見進士。 張國棟。字曙源，上猶知縣。 張齊顏。府學，字伯復，隆慶庚午雲門子。 李安祥。字元定，嘉靖丁未昭祥從弟，滄州知州，有傳。 王焯。府學，字顯甫，永樂丁酉端元孫，饒平知縣。	喬如陵。歲，字允峻，撫州通判。 張正蒙。歲，府學。

續 表

	進 士		舉 人	貢恩、拔、副、歲、優。
萬曆八年庚辰科張懋修榜	張恒。字伯常，興國知州、江西副使。			
		十年壬午科	朱崇時。字用中。 顧允貞。字秋宇，南陽通判、工部員外郎。 唐仲賢。字晉卿，嚴州同知，有惠政，見《嚴州志》。 胡汝諒。字叔貞，遂溪知縣。 王偕春。府學，原名尚行，字爾中，號瑞井，隆慶辛未文炳從子，有傳。 高洪謨。字皐甫，順天中式第一人，穀城知縣，有傳。 何三畏。字士抑，順天中式，紹興府推官。	楊繼隆。歲。 王學試。歲，字無藝，江夏縣丞。 高洪謨。歲，見舉人。 周茂仁。歲，金山衛學，太倉州訓導。 王猷。歲，蘇州府訓導。
十一年癸未科朱國祚榜	俞顯卿。字子如，刑部主事，言事奪職，有骨鯁風。	十三年乙酉科	施大經。金山衛學，字天卿，瑞州府通判、崇府審理正。 杜士全。見進士。 徐汝冀。府學，字南圖，嘉靖辛酉鏞之子，知州、韓府長史。 奚時甲。府學，字幼登，嘉靖乙未良輔孫，寧波通判。 李叔春。府學，見進士。 杜宗彝。字孝若，嘉靖戊午時騰子，彝陵知州。 杜獻璠。字公魯，嘉靖壬子時登子，刑部員外郎。 喬元允。字伯麟。	杜宗彝。歲，見舉人。 鄭鈢。歲，字鳴盛。 山有年。歲，字永伯，安吉州訓導、溧水教諭。 劉邦重。歲，字季球，永寧州知州。
		十六年戊子科	陳紹虞。字賓初，桐廬知縣。 朱正色。見進士。 李中立。見進士。 朱一德。府學，字士隆。 施大諫。府學，字叔顯。 董其昌。順天第三人，見進士。	朱允若。歲，金山衛學，太平教諭。 王其祐。歲，字全吉，曲沃縣丞。
十七年己丑科焦竑榜	董其昌。字元宰，天順癸未綸裔，庶吉士，累官禮部尚書、太子太傅，謚文敏，有傳。 陳所蘊。字子有，號滬海，累官太僕寺少卿，有傳。 朱正色。字稚曾，淄川知縣、浙江副使，調參議。 李叔春。字順卿，福州台州推官、刑部郎中、歸德府知府。			

續　表

	進　士		舉　人	貢恩、拔、副、歲、優。
		十九年辛卯科	瞿守。字北野，嘉靖己酉寅弟。 劉嘉猷。見進士。 喬拱璧。見進士。 潘大儒。見進士。 夏景華。見進士。 朱家法。見進士。 李南春。字賓卿，己卯安祥子。	張懋寅。歲，字人則，東昌教授。 施于蕃。歲，字价夫，樂陽訓導。
二十年壬辰科翁正春榜	朱家法。字季則，正德丁丑豹孫、察卿子，信陽州知州，歷工部郎中，有傳。 李尚袞。字元輔，號補之，兵部主事。			
		二十二年甲午科	侯震暘。嘉定籍，見進士。 朱應熊。字爾師。 杜士基。字彥恭，乙酉士全弟，兵部員外郎。 高廷楝。字仲隆，壬午洪謨子。 金雲鵬。字九萬。 黄體仁。見進士。 倪嘉允。字元錫，隆慶丁卯甫英子。 張所望。府學，見進士。 朱國華。華亭學，榜姓盛，改名國盛，見進士。 陳舜道。嘉定學，見進士。	湯懋德。歲。 姚永濟。副，見進士。 秦日益。歲，教授。 聶聞詩。歲，岳州府通判。
二十三年乙未科朱之蕃榜	夏景華。字素夫，荆州推官。 杜士全。字完三，嘉靖戊午時騰孫，刑科給事中，歷工部尚書。 李中立。字士强，壬辰尚袞從子，由公安知縣歷大理寺評事、四川主考。 戴士琳。字伯玉，嘉靖甲子大登從子，曲江知縣。			
		二十五年丁酉科	姚永濟。見進士。 沈紹僖。字廷和，嘉靖庚戌陽從子，吏部司務。 朱本洽。見進士。 姜雲龍。字神超，正統戊午清裔孫，撰文中書。 徐光啓。順天中式第一人，見進士。	朱家教。歲，字叔行。 顧成憲。歲，字幼章，應天訓導，聘修邑志，所著有《藝林剩語》。

續 表

	進　士		舉　人	貢恩、拔、副、歲、優。
二十六年戊戌科趙秉忠榜	劉嘉猷。字崑溟,餘杭知縣、刑部主事。 姚永濟。字汝楫,由東陽知縣,刑部主事、禮科給事中、浙江布政司,有傳。			
		二十八年庚子科	楊萬里。見進士。 瞿秉中。字宗堯,教諭。 吴克昌。字俾爾。 蔡紹襄。字仲謨,由歲貢任江西貴溪訓導,江西鄉試中式,改蕭縣教諭,陞瑞昌知縣。	蔡紹襄。歲,見舉人。 趙光祖。恩,字繩之。
二十九年辛丑科張以誠榜	張所望。字叔翹,刑部主事、山東布政司使,有傳。			
		三十一年癸卯科	董尊聞。字原高,弘治丙辰忱曾孫。 李時榮。見進士。 過庭訓。平湖籍,見進士。 喬時敏。見進士。 陳俊林。字茂叔。 王明夔。字汝一。 陸明揚。字伯師,靖江教諭。 陸燧。見進士。 吴國模。雲南中式,工部屯田司主事。 蔡懋廉。府學,字朝需,宜黄知縣、南昌府同知。	潘伯錮。歲,見舉人。 唐國士。歲,見舉人。
三十二年甲辰科楊守勤榜	黄體仁。字長卿,刑部主事、山東副使,祀鄉賢,有傳。 徐光啓。字子先,庶吉士,累官禮部尚書兼文淵閣大學士,贈太保,謚文定,有傳。 過庭訓。字爾韜,江陵知縣、雲南道監察御史、福建按察司使、應天府丞。			
		三十四年丙午科	王陞。見進士。 范文若。原名景文,見進士。 顧國縉。字寅美,桂林副使,殉難,有傳。 張肇林。見進士。 董羽宸。見進士。 張元珙。字君琳,復姓陳,名肇元。 唐國士。字玉屏,福建通判。 潘伯錮。字雲翥,伯翀弟,成都知縣。 龔爲光。字伯龍。	湯紹科。歲,長洲訓導。 杜如錫。歲。

續　表

	進　士		舉　人	貢恩、拔、副、歲、優。
三十五年丁未科黄士俊榜	楊萬里。字孟圖，餘姚、錢塘知縣，行取考選御史，有傳。 陳舜道。 李時榮。字元甫，寧德、莆田知縣，太僕寺少卿。 張肇林。字茂卿，江西萬安知縣、通政司參議，有傳。 喬拱璧。字穀侯，隆慶戊辰木子，海鹽知縣、湖廣參議，祀鄉賢，有傳。			
		三十七年己酉科	周明琳。字鳴之，長洲教諭。 倪家泰。字開美，刑部主事。 杜喬林。金山衛學，見進士。 王庭梅。府學，見進士。 許譽卿。府學，見進士。 謝秉謙。府學，榜姓孫，見進士。	杜名林。歲，寧國教諭。
三十八年庚戌科韓敬榜	陸燧。字以時，由諸暨知縣，歷工、兵二部主事，涿州知州、滄州道僉事。 喬時敏。字君求，仁和知縣，選授御史，有傳。 潘大儒。字需之，中書舍人。 朱國盛。字敬韜，工部主事、山東布政使，陞太常寺卿。 侯震暘。字啓東，隆慶辛未堯封孫，吏科給事中，建言外謫，崇禎改元起原官。			
		四十年壬子科	喬時英。見進士。 陸起龍。字雲從，永寧知縣。 孫元化。字初陽，歷官巡撫登萊僉都御史。 王坊。金山衛學，字元表，丙辰陞弟，南雄府推官。 李繼佑。青浦學，字仍啓，辛卯南春子，有傳。 何萬化。府學，見進士。	董崇禮。歲，徽州訓導。
四十一年癸丑科周延儒榜	朱本洽。字叔熙，嘉靖丁未大韶從子，刑部主事、山東副使。 喬時英。字君平，庚戌時敏弟，臨海知縣，有政績，祀名宦，有傳。 董羽宸。字原孚，癸卯尊聞從弟，餘姚知縣，擢御史，巡按山東，平白蓮妖寇有功，歷吏部左侍郎，有傳。 王庭梅。字元調，浙江左布政使、順天府尹。			

續 表

	進　士		舉　人	貢恩、拔、副、歲、優。
		四十三年乙卯科	葉有聲。第一人,見進士。 王昌會。字嘉侯,嘉靖乙丑圻孫,有傳。 高秉經。字君緒。 朱紹堯。字文季,原名紹元,正德丁丑黼元孫,武强知縣。 謝應聘。字徵甫,和州學正。 王臺。字春卿,丙辰陛弟。 徐百朋。見進士。 顧真羽。字翔南,天順己卯英五世孫,泰安知州。 沈應丙。字默夫。 李繼元。字鏡始,嘉靖丁未昭祥孫,刑部郎中。	黃兆錫。副,甲辰體仁子。 王來儀。副,字仲威。 黃禎桂。副,甲辰體仁子。 王金章。歲,字玉相,松谿知縣。 徐采齊。歲,教諭。
四十四年丙辰科錢士升榜	徐百朋。字元重,隆慶丁卯士亢孫,行人司。 王陛。字超之,己卯焯從子,太僕寺少卿。 杜喬林。字君遷,刑部主事、浙江布政使。 許譽卿。字公實,工科都給事中。			
		四十六年戊午科	侯峒曾。嘉定籍,見進士。 李繼厚。字士載,隆慶辛未伯春子。 趙東曦。見進士。 潘雲會。見進士。 王潁。字元敳,號孟魯,萬曆壬午偕春從子,工、禮二部郎中。 陳正中。見進士。 張泰階。見進士。 翁元益。見進士。 董象恒。見進士。 聶慎行。華亭學,見進士。	李延枝。副。 王三省。歲,字元藻。 諸本修。歲,字德復。 戴士鰲。歲,字稺龍,改名畹芳,嘉靖丙戌邦正孫,衡府教授。 黃兆蘭。恩,甲辰體仁子,應天府經歷。
四十七年己未科莊際昌榜	潘雲會。字士逢,嘉靖癸未恩從孫,工部主事,督修明神宗陵寢,管節慎庫,俱有能名。子煥景,以篤行聞。 張泰階。字宛平,嘉靖辛丑鶚翼曾孫,刑部郎中,湖州潞安知府、河南副使、浙江参議。 葉有聲。字君實,號震隱,解元,由俟官知縣、禮科左右給事中,掌都給事,浙江、江西、湖廣副使,福建参政、河南按察使、江西布政使、太僕寺卿、大理寺卿、副都御史,有傳。			黃應申。拔。甲辰體仁子,德化訓導。 戴元良。歲,字仁甫。

續　表

	進　士		舉　人	貢恩、拔、副、歲、優。
	趙東曦。字升之，嘉靖乙卯焕孫，由知縣擢刑科給事中，建言謫官，起行人司，歷禮部郎中，有傳。 范文若。由秀水知縣歷大理評事，有傳。 董象恒。字有仲，開州知州，歷浙江巡撫、僉都御史，有傳。			
		天啓元年辛酉科	孫士美。字公粲，深州知州，死事，贈太僕寺少卿，有傳。 李之楠。字仙植，隆慶辛未伯春從孫。 王域。府學，字元壽，萬曆丙辰陞從弟，歷工部郎中、江西按察司副使，攝建昌府事，城被圍殉難，有傳。 王稑。字幼新，萬曆丙辰陞弟。 王國材。字達甫，萬曆壬午偕春從弟，臨海知縣，擢南京監察御史，有傳。	喬煒。副，順天榜，見薦舉。 喬之仲。副，字次山，考授通判。 劉永禕。歲，字少文。 王國楷。恩，字少槐，工部主事。 唐光燕。歲，字爾賓，安遠訓導。
天啓二年壬戌科文震孟榜	張元玘。字采初，隆慶丁卯令德子，刑部主事，嚴州、建寧知府，祀鄉賢，有傳。 朱長世。字子久，正德丁丑豹曾孫，工部主事，有傳。 何萬化。字宗元，兵部主事、廣東按察使。 謝秉謙。字益之，御史，巡按陜西。 聶慎行。字駿如，吏部員外郎。		張元玘。見進士。 朱長世。見進士。 杜麟徵。青浦學，見進士。	張元瓏。副，見舉人。
		四年甲子科	郭繼周。字可卿。 蔡文陞。字丹仲，萬曆庚子紹襄子，巴陵知縣。 喬之文。字典籍。 張元始。見進士。 徐天麟。見進士。 朱永佑。見進士。 計安邦。字伯懷，通許知縣。	施紹法。副，字敬則。 朱永佑。恩，府學，見進士。 徐采元。歲，字端濛。 劉光裕。歲，字升齋。
五年乙丑科余煌榜	侯峒曾。字豫瞻，萬曆庚戌震暘子，兵部主事、通政司使，有傳。			

續表

	進士		舉人	貢恩、拔、副、歲、優。
		七年丁卯科	王廷貞。字元從，辛酉國材弟，湖廣黄州府推官。 張元瓏。字伯潤，壬戌元玘弟，江陰教諭。 潘桓。字殿虎，有奇才，原名焕甯，于書無所不窺，屬文典奥，好古識奇字。 陶良楫。字君濟，常熟教諭。 金于山。字象兼，龍安府推官。 陳于明。華亭學，字公亮。	唐仲泰。歲，字雲門，天台、平江、廣信教諭，屢署縣事，署有惠政，擢王府教授。 王璋。歲，字樊桐。 李待問。拔，見進士。 王陛。歲，字元納，萬曆丙辰陛兄，吴江訓導。 李繼晟。歲，仁化知縣、兵部司務。
崇禎元年戊辰科劉若宰榜	陳正中。字宗尼，上杭知縣，以討寇功累贈太僕寺少卿，有傳。 張元始。字貞起，行人，轉工科户科左右給事中，陞太常寺少卿，有傳。			
		崇禎三年庚午科	楊枝起。金山衛學，見進士。 何剛。字慤人，原名厚，兵部員外郎、遵義府知府，有傳。 喬履將。字旋甫，萬曆癸丑時英子，孝友端慤。 李待問。見進士。 黄徵蘭。字滋甫，萬曆甲辰體仁子。 張錫眉。嘉定籍，字介之，乙酉闔室殉難，有傳。	杜蓀。歲。 杜蘅。歲。 金人英。歲，字伯含。 袁國休。拔，見進士。 王世炤。歲，字子臨，雲南按察司經歷。
四年辛未科陳于泰榜	徐天麟。字陵如，兵部郎中，有傳。 杜麟徵。字仁社，萬曆丙辰喬林子，兵部郎中。			
		六年癸酉科	周汝諠。見進士。 朱紹鳳。見進士。 朱在廷。字思篁，本朝河間府推官，居官以廉直著，尋歸，有《歸舟》《載石》諸詠。子輿琮，以明經世其業。 王陛彦。字又元，萬曆戊午熲子，中書舍人、尚寶司丞。 沈泓。嘉善學，順□□□□。	袁昌祚。歲。 陸晉錫。副，見薦舉。 包爾庚。拔，見進士。 顧其言。拔，金山衛學，見進士。 唐時徵。歲，字元成，隆慶辛未本堯孫，青陽教諭。
七年甲戌科劉理順榜	朱永佑。字爰啓，刑部主事、吏部文選司主事，殉難，有傳。 翁元益。字穉謙，嘉靖己酉廷儒孫，松谿知縣、刑科給事中。 楊枝起。字我旗，户科給事中。			

續　表

	進　士		舉　人	貢恩、拔、副、歲、優。
		九年丙子科	包爾庚。見進士。 徐在明。榜姓嚴，嘉定籍，字堯夫。 陳朗。字前之，原名于王，本朝大名府推官。 吴永孚。府學，見進士。 諸舜發。府學，見進士。 秦宜宏。青浦學。 魯道昆。順天中式。 韓文昭。字名卿。 朱襄孫。字寧馨。 袁定。原名國休，見進士。	李姜荃。副。 徐廷選。歲，字元懌，江陰訓導。
十年丁丑科劉同升榜	包爾庚。字長明，號宜壑，嘉靖壬辰節曾孫，羅定知州，有傳。 袁定。字與立，餘姚知縣。			
		十二年己卯科	唐汝玫。字次仲，嘉靖癸丑繼禄從孫，有傳。 陳正容。字威玉，有傳。 張所珍。字待之，本朝户部郎中。 顧其言。見進士。	瞿騫。歲，見庚辰特賜進士。 王爾賓。副，金山衛學。 張肇相。恩，光禄寺署正。 朱載揚。歲，寧國教諭。 趙存恪。歲，考授教職。 陸昌踀。歲，字君寧，温州通判。 梁珉。歲，字子貞。
十三年庚辰科魏藻德榜	顧其言。字公綸，香山知縣，本朝以薦起補陝西布政司都事。 吴永孚。字休仲，南安府推官。 瞿騫。字孝叔，孝友積學，己卯歲貢，庚辰廷試，賜同進士出身，任滕縣知縣，多勞績，後殉難，有傳。 周汝誼。字賈生，庚辰特賜進士，授興國知州。			
		十五年壬午科	朱在鎬。字周望，天啓壬戌長世子，本朝廣信推官，有傳。 袁國梓。華亭學，見本朝己丑進士。	王世焯。歲，字建平，大理寺寺副。 姚賡明。副。 徐百瑜。歲，字元握，博學能詩，藏書甚富，有《藏書説》行世。 陸起鳳。歲，字儼若，積學好善，屢舉郡邑鄉飲大賓。
十六年癸未科楊廷鑑榜	李待問。字存我，嘉靖丁未昭祥四世從孫，中書舍人，殉難，有傳。 沈泓。字隣秋，有傳。			

《科貢題名記》附　縣鄭洛書撰。

自我國朝有科貢以來，聖治作人，俊髦鵲起，上海之由是興焉者先後輩出，彬彬盛也。乃正統迄今，名湮没不傳，何以勵世風而揚邦彦？予爲令之三年，始買石，考其姓氏官歷而勒之，垂于永久。嗚呼！天之將佑斯世也，光斯邦也，則賢者進；天之將病斯文也，則不賢者進。而賢不賢皆得鴈行並列于此，令後之論其世者，按碑而指其名曰："某也賢，行誼文章足爲世範。某也不賢，上負國家，下辱梓里。"無乃重有警乎？然則是刻也，關於風教非小矣。

	進士		舉人	貢。恩、拔、副、歲、優。
國朝		順治二年乙酉科	李延棨。府學，見進士。 曹垂璨。見進士。	董雲申。歲，府學，字士開，明萬曆癸丑羽宸子，太平訓導。
順治四年丁亥科吕宫榜	曹垂璨。字天琪，號绿巖，直隸藁城知縣，調浙江遂安知縣，祀鄉賢，有傳。 諸舜發。字元升，户部郎中、陝西提學參議。			葉翔龍。歲，府學，字翊飛，明萬曆己未有聲子。 徐啓泰。歲。
		五年戊子科	許纘曾。見進士。 施維翰。見進士。 袁璿。初姓郭，名藩，見進士。	董培甲。歲。 倪鳳翔。歲，字羽干。 王承庚。副，字丕佑，本姓羅，滄州知州。
六年己丑科劉子壯榜	許纘曾。字孝修，明隆慶辛未樂善曾孫，庶吉士，秘書院檢討、編修、中允，江西副使，四川參政，河南、雲南按察使。 朱紹鳳。字儀聖，臨縣知縣、吏科給事中，歷户科都給事中，有傳。		王日藻。華亭學，榜名濂，見進士。	王有孚。歲，字尹玉，候選知縣。 杜同春。歲。 龔繼拯。歲，字濟之，山西遼州知州。 王日茂。歲，字次山，明萬曆壬午偕春孫。
	袁國梓。字丹叔，明崇禎丁丑定從弟，歷刑部郎中、衢州知府。	八年辛卯科	張錫懌。見進士。 朱錦。見進士。 陸鳴珂。見進士。 張郴。字濂池，明萬曆丁未肇林弟。 徐士吉。見進士。 喬夢蛟。華亭學，榜姓陸，見進士。	李之杜。歲，字世齊，明隆慶辛未伯春從孫。 杜登春。拔，字九高。 顧鳴鸞。恩。 潘堯中。歲，字維符，寶應訓導。
九年壬辰科鄒忠倚榜	施維翰。字及甫，臨江府推官，授監察御史、光禄寺少卿、太僕寺卿、大理寺丞、宗人府丞、左副都御史，巡撫山東、浙江總督，謚清惠，有傳。 李延棨。字方思，明嘉靖丁未昭祥曾孫，南寧府推官。			孫大經。副，字典常，順天榜，國子監博士。 朱景旦。歲，字姬公。 張鍔。恩，字蓉城。

續　表

	進　士		舉　人	貢。恩、拔、副、歲、優。
		十一年甲午科	董含。見進士。 潘堯彩。見進士。 顧昌時。字聖僧，明崇禎庚辰其言子，中書舍人。	喬世埴。歲，字予方，有傳。 張颺高。拔，本姓章，字武謀。
十二年乙未科史大成榜	張錫懌。字越九，號宏軒，明天啓壬戌元玘孫，泰安州知州，有傳。 王曰藻。字印周，明萬曆丙辰陞孫，工部主事、員外郎中，江西提學僉事、河南河道、浙江按察使、河南巡撫、户部尚書。 陸鳴珂。字天藻，貢士起鳳子，揚州教授，陞國子監監丞，禮部儀制司主事、員外郎，户部廣東司郎中、山東提學布政司參議，有傳。 潘堯彩。字聖眉，明嘉靖壬戌允端曾孫。			陸鎏。歲，金山衛學，字魯南，安東訓導。 趙蘭如。歲，字香王，明萬曆己未東曦從子。 俞士睿。選，本姓瞿，字子先，岑谿知縣。 張天培。恩，字因生，歷黔陽、平遠知縣，有傳。
		十四年丁酉科	周官。字其人。 王又汧。見進士。 葉映榴。見進士。 趙子瞻。榜姓唐，見進士。	吴珪。副，字壽平，順天榜。 朱與謙。副，字子牧。 趙子謙。副，榜姓唐。
十五年戊戌科孫承恩榜	徐士吉。字謙六，授推官。			
十六年己亥科徐元文榜	朱錦。字天襄，會試第一人，翰林院庶吉士，祀鄉賢，有傳。			
		十七年庚子科	董俞。字蒼水，明萬曆癸丑羽宸孫。 朱廷獻。見進士。 王憺。榜姓朱，字士悦，號芑亭，明隆慶辛未文炳曾姪孫，著《五經源流》《性理輯要》。	王象炳。恩，字孝昭，臨安縣丞。 徐爾路。恩，字行之，明萬曆甲辰光啓孫。 薛龍。恩，字英南。
十八年辛丑科馬士俊榜	董含。字閬石，明萬曆癸丑羽宸孫。 趙子瞻。字半眉，明萬曆己未東曦子，有傳。 葉映榴。字丙霞，明萬曆己未有聲子，翰林院庶吉士、湖北糧儲道，殉難，贈工部右侍郎，謚忠節，有傳。 王又汧。字孝西，明萬曆丙辰陞孫，授平和縣知縣。 袁瑨。字澄六，己丑國梓從子，寶坻縣知縣。 喬夢蛟。字爲霖。			

續 表

	進　士		舉　人	貢。恩、拔、副、歲、優。
		康熙五年丙午科	金維寧。字瞻淇。	朱萬禧。恩,字公純。 朱與琮。歲,字令方,明崇禎癸酉在廷子,徽州績溪訓導。
		八年己酉科	顧昌祚。字受周,號忍園,順天榜,明崇禎庚辰其言子,湖廣江華知縣、萊州府經歷。 張集。見進士。	伍玉。歲,字藹如,五河訓導。 閔峻。拔,字山紆,盧龍知縣,陞兵部主事,有傳。
		十一年壬子科	張守。字子毅。 顧啓祚。榜姓張,原名啓允,幼繼庠生張亨爲子,教養成立,中式後復姓改名,見進士。 周金然。榜姓金,見進士。 周爾美。榜姓龔,字譽凡。	姚昌謨。歲,字拜揚。 包爾昌。歲,府學,字介蕃,庚子副榜。 秦光祚。恩,字培世。
		十四年乙卯科	彭開祐。婁縣學,見進士。	倪用霖。歲,字日肅,淮安訓導,陞建陽縣丞。
康熙十五年丙辰科彭定求榜	顧啓祚。字令修,山東安丘知縣。 彭開祐。字孝緒,湖廣武岡州知州。 張集。字殿英,號曼園,行人司,山西道監察御史,陞吏部侍郎,有傳。		閔瑋。字介申,内閣中書。	張永申。歲,見舉人。 潘月征。拔,字襄臣,考授知縣。 李彬。歲,字璇斗。
		十六年丁巳科	艾汝成。字玉立。 陳琰。字亮公。	王未央。歲,字赤城,太平訓導。
		十七年戊午科	曹泰曾。字彙初,號如菴,順治丁亥垂璨從子,莆田知縣,有傳。 錢金甫。榜姓金,見進士。 董德其。嘉定籍,字瞻屺。	沈瑢。歲,字八磚,本姓喬。 俞麟徵。拔,字來雍,教習知縣。 張應徵。恩,字浚宣。
十八年己未科歸允肅榜	錢金甫。字越江,庶吉士,舉博學宏詞,歷翰林院侍講學士。 朱廷獻。字幼修,順治己丑紹鳳子,文選司主事。		孫致彌。見進士。	顧棨。歲,字敏功,英山縣訓導。 朱允懷。歲,字遴之。 潘鍾阜。歲,府學,字少陵,天啓丁卯桓孫,來安縣訓導。
二十一年壬戌科蔡升元榜	周金然。字廣菴,翰林院庶吉士,歷司經局洗馬,有傳。			
		二十三年甲子科	戴有祺。金山衛學,見進士。 施是培。順天中式,字昂青,號藻汀。	
		二十六年丁卯科	張永申。字月豐,太倉州學正。	宋瑞。歲,字懷玉。

續　表

	進　士		舉　人	貢。恩、拔、副、歲、優。
二十七年戊辰科沈廷文榜	孫致彌。字愷似，號松坪，明萬曆壬子元化孫，翰林院侍講學士。			王緒宣。拔，字子安。 嚴穎璿。歲。
		二十九年庚午科	王鎬。見進士。 劉貞吉。字正凝，號固齋，名醫道源子，長洲教諭。平生孝友姻睦，爲宗黨推重。有《衆忻吟詩集》《躍雲池館文集》《歷代史論》。	殷以臨。歲，字瑶簡。 童玟。歲，字維吉，舒城訓導。 張永銓。副，見舉人。 吴燧。副，字蕃宣，號存初。
三十年辛未科	戴有祺。字昺章，廷試一甲第一名，翰林院修撰，有傳。		歸鴻。常熟籍，榜姓張，順天中式，見進士。	許顓。歲，本姓姚，字文淵。
		三十二年癸酉科	張永銓。字賓門，號西村，内閣中書，改徐州學正，有傳。 劉念椿。見進士。 唐廷仕。順天中式，字行可。	盛紹永。歲，字允猷。 李瀚。歲，字運南，靈璧教諭。 唐瑋。歲，本姓殷，字龍寅。
		三十五年丙子科	徐學柄。見進士。 施惟訥。榜姓顧，見進士。 李大中。榜姓徐，字功載，泰州學正。 周彝。婁縣學，順天中式，見進士。	胡鼒。副，字麗文，沭陽教諭。 蔡嵩。拔，府學，見進士。 包國泰。歲，字日俞。 朱鑑。拔，見進士。
三十六年丁丑科李蟠榜	周彝。字策銘，號寒溪，翰林院編修，有傳。			戴天威。歲，府學，字咫御。
		三十八年己卯科	張翢。順天中式，見進士。	謝之翰。歲，字嶽申。 張幬。歲，字德如。
三十九年庚辰科汪繹榜	張翢。字凌秋，内閣中書。 施惟訥。字予憲，大同知府。			
		四十一年壬午科	包爾純。字介玉，號愚谷。 蔡嵩。順天中式，見進士。	曹式曾。副，字繼初。 王全。歲，本姓倪，字元嘉，號三峯。
四十二年癸未科王式丹榜	歸鴻。字既垣，河南西華縣知縣。			范煌。歲，字麗成。
		四十四年乙酉科	華謙。字履光，山東鉅野知縣，改授丹徒教諭。	張家爽。副，順天榜，字荀六，順治乙未錫懌孫，蕭縣、宿松教諭。
四十五年丙戌科王雲錦榜	王鎬。字王在，號純愚，候補内閣中書。			

續表

	進士		舉人	貢。恩、拔、副、歲、優。
		四十七年戊子科	張書紳。見進士。 陸袞。榜姓張,字補山。 陸懋恩。字受章,號容山。 宋宗淑。大興籍,榜姓秦,順天中式,見進士。 凌如焕。榜姓胡,順天中式,見進士。	姜鏊如。歲,字丹士。 汪國琦。副,榜姓宋,字敏功。 唐文昌。歲,府學,字虞公。 王鑄。歲,字范之,號虚亭,丙戌鎬弟。 杜鉉。歲,字中剛,號純和。 姚烈。歲,字青疇。
四十八年己丑科趙熊詔榜	張書紳。字爲張,江寧府教授。 劉念椿。字古年,鳳陽府教授。			
		五十年辛卯科	朱鑑。見進士。 高廷亮。榜姓奚,字完孟。	唐聲傳。歲,府學,庠姓沈,字廷一,號庭抱,有傳。
		五十二年癸巳科	張泰。榜姓瞿,字克廣,號虞尊,金壇教諭。 馬嚴。見進士。 閔望。字夏聲,號蓬嶼,乙卯瑋子,浙江富陽知縣。 張煜。字昊霑,號荆園,順天中式,丙辰集從子。 金展成。榜姓張,字藻庭,順天中式,明嘉靖己未定八世孫。	宋鳳徵。副,榜姓俞,字乾照。 張起霞。歲,本姓余,字丹舒。 徐寧。副,見進士。 唐時琳。歲,字宸枚,江寧訓導,有傳。
五十二年癸巳科王敬銘榜	蔡嵩。字宣問,號中峯,翰林院編修、雲南提學、湖北按察使、太僕寺卿、宗人府府丞。 宋宗淑。字智臨。			
		五十三年甲午科	張鉞。榜姓董,見進士。 葉棠。字召南,號蘆邨,明萬曆丙辰有聲曾孫。慷慨好施,尤愛獎成後進,有《蘆邨詩集》二卷、《別集》一卷。 王俊臣。字日初,號雪坨,順天中式,明天啓辛酉國材四世孫,有傳。 艾鼎金。榜姓許,字輯桓,號元聲,順天中式。	潘淑旂。副,字覲章,明嘉靖癸未恩裔孫,學問深醇,品行端慤,爲士林表率。 邱有馨。歲,字蘭若。 喬鏞。歲,府學,字傳聲。
五十四年乙未科徐陶璋榜	凌如焕。字琢成,號榆山,翰林院編修,陞侍講、湖北提學、翰林院侍讀學士、內閣學士兼禮部侍郎、兵部左侍郎,戊午江西主考,己未會試總裁,有傳。 徐學柄。字王馭,號蔚村,中式第三,明萬曆甲辰光啓元孫,翰林院檢討,有傳。			

續　表

	進　士		舉　人	貢。恩、拔、副、歲、優。
		五十六年丁酉科	顧成天。婁縣學，榜姓成，見進士。 陸經遠。榜姓張，字帶存，順天中式。 徐寧。順天中式，見進士。 王學洙。字釐仍，號唯堂，順天中式，丙戌鎬子。 淩賡臣。榜姓張，字以成，順天中式，歙縣籍。	李恒。歲，字聖基。 顧謨命。歲，金山衛學，本姓徐，字莀□。 徐永吉。歲，府學，字履修。
五十七年戊戌科汪應銓榜	張鉞。字南吕，號秋巖，初授宗人府主事，歷監察御史、吏科給事中。			
		五十九年庚子科	蕭龍江。榜姓王，字穎達。 强式模。榜姓淩，字修麓，順天中式，河南遂平縣知縣，改授寧國教諭。 蔡兆昌。榜姓張，見進士。	沈沐。副。 毛漢齊。歲，字嶧蒼。 葉皆榮。歲，字芬南。
		雍正元年癸卯恩科	沈于鵬。榜姓于，字文在，號梅岑，以知縣管浙江石堰場大使。	李澂。副，順天中式，字静淵，廣西恭城、興安縣知縣，有傳。
雍正元年癸卯恩科于振榜	徐寧。字學培，號静齋，山東鄆城知縣。 朱鑑。字旦平，號泖君，寧國府教授，文章高潔，名噪一時。 蔡兆昌。字思旦，號心齋，康熙癸巳嵩從子，太平府教授。			
		二年甲辰補癸卯正科	唐班。榜姓程，見進士。 顧昺。原名昌，字凝是。 葉承。見進士。 朱良裘。順天中式，見進士。 王葉滋。榜姓葉，順天中式，見進士。 金應元。字霖舒，號宇春，順天中式，明嘉靖己未定八世孫，歷兩淮淮北鹽運使司分司運判、監掣同知，有傳。	陸瀛齡。拔，字景房，號仰山，石埭教諭，累贈翰林院侍讀學士、光禄寺卿，有傳。 朱良裘。拔，府學，見進士。 曹一士。拔，青浦學，見進士。 周稚炳。歲，字灝音，英山訓導。
二年甲辰科陳悳華榜	唐班。字晚野，號柴溪，山東鄒平知縣，鳳陽池州府教授。 朱良裘。字冶子，號補園，癸卯鑑子，詹事府少詹兼翰林院侍講學士，乾隆辛酉科四川正主考。 馬嚴。字敬六，號威卿。			

續 表

	進士		舉人	貢。恩、拔、副、歲、優。
		四年丙午科	張曰珩。榜姓蔡，字虞廷。 張宏全。榜姓徐，字錫萬。 曹一士。青浦學，順天中式，通州、如皋縣教諭，見進士。	曹培選。歲，見舉人。 張燦。歲，字焕文。
五年丁未科彭啓豐榜	王葉滋。字槐青，號我亭，明工部員外，甲申殉難，本朝賜謚忠節。鍾彦孫，由舉人食俸充明史纂修官，會榜發，未殿試，特賜二甲第十名，授湖南常德府，陞辰永靖道，轉糧儲道，署臬篆，奉旨撫苗，有殊績，卒於官。 葉承。字子敬，號松亭，康熙甲午棠子，常山知縣，改池州府教授。		張士裔。榜姓范，順天中式，字宏一，同科宏全胞兄，祁門縣教諭。	
		七年己酉科	凌應龍。見進士。 印楠。榜姓瞿，字于蕃。 陸瀛亮。字熙載，號宏山，順天中式，順治乙未鳴珂從子，有傳。	唐必傳。副，教習，以教職用。 李兆六。拔，字端臨，河南試用知縣，署裕州州判，精文律，有官聲，所著《四書講義》《廿一史提綱歌》《五經輯要》。
八年庚戌科周澍榜	曹一士。字諤廷，號濟寰，别號沔浦生，順治丁亥垂璨從孫，康熙戊午泰曾子，翰林院庶吉士，壬子順天同考授編修、内繙書房行走，充《一統志》文穎館纂修官，山東道監察御史，轉工科給事中，有傳。 顧成天。字良哉，號小崖，明崇禎庚辰其言孫，康熙己酉昌祚子。著《金管集》，得達御覽，天語褒嘉，召入内廷。是年試不第，上親閲原卷，賜進士，授翰林院編修、日講官、起居注，陞侍講，有傳。			
		十年壬子科	曹培選。字燮廷，號賓川，順治丁亥垂璨從孫，康熙戊午泰曾子，學問淵深，性情坦易，舉孝廉方正，辭不赴。	顧猶龍。歲，字非耳。 朱廷琦。歲，府學，字右韓，號醉白，有傳。
		十三年乙卯科	凌應蘭。見進士。	張瑛。歲，字宸侯，號尊瀛。
乾隆元年丙辰科金德瑛榜	凌應龍。字天用，康熙乙未如焕從子，刑部安徽司主事。			鈕思恪。拔，府學，見進士。 喬龍。拔，見舉人。
		乾隆元年丙辰恩科	喬光烈。榜名宏烈，見進士。 黄槐。見進士。	

續　表

	進　士		舉　人	貢。恩、拔、副、歲、優。
二年丁巳恩科于敏中榜	喬光烈。字敬亭，號潤齋，會魁第三，明忠烈一琦曾從孫，即用陝西寶雞知縣，歷乾州知州、同州知府、山西河東道長蘆鹽運使、直隸按察使、河南布政使，貴州、湖南巡撫，兵部侍郎、都察院副都御史，左遷甘肅布政使，有傳。 黄槐。字浚望，號果亭，山西太平縣知縣，補浙江松陽縣知縣、徐州府教授。 凌應蘭。字春藻，號静圃，康熙乙未如焕子，南河效力，署揚州府通判，江西萬安縣知縣。			
		三年戊午科	張成。字修己，號憺菴，有傳。 張端木。榜名若木，順天中式，見進士。 鈕思恪。順天中式，霍山教諭，見進士。	鄒黄濤。歲，字四表。 唐應麟。歲，金山衛學，字學陵，無爲州訓導。 孫昌後。歲，府學，字成九。
		六年辛酉科	陸秉笏。字長卿，號葵霑，又號淞南，順天中式，順治乙未鳴珂從孫，候選知縣，累封翰林院侍讀學士、光禄寺卿，有傳。 曹錫寶。順天中式，内閣中書、軍機處行走、方畧館纂修，見進士。	顧偉烈。拔，字作先，號雲點，遷安知縣。 韓又琦。副，字湘靈，潛山教諭。 姚荃。歲，字予揆，桃源訓導。 張汝進。歲，字貽安，號野翁，海州訓導，有傳。
七年壬戌科金甡榜	張端木。字崑喬，號林長，康熙癸巳煜子、文敏照從子，浙江常山縣知縣、諸暨縣知縣。			
		九年甲子科	喬龍。字甫在，號見田，明隆慶戊辰木五世孫，萬曆丁未拱璧四世從孫，有傳。 戴張傑。榜姓張，字哲宣，號梅坡，江都教諭。 葛恒。字繼武，號晴溪，順天中式，金壇教諭。	汪宜耀。歲，字士雲，舒城訓導，有傳。 施潤。副，見進士。 顧偉度。副，字裴右，順天中式，見後。 沈苞。歲，府學，字丹山，望江訓導。 曹泰。歲，字魯望，號東巖。
		十二年丁卯科	顧鳳池。字麗中，號超亭。	徐秉哲。副，順天中式，見進士。
十三年戊辰科梁國治榜	鈕思恪。字作賓，候補内閣中書。			顧偉度。副，順天中式，八旗教習，以知縣用。 董孫曜。歲，府學，字驥行。

續　表

	進　　士		舉　　人	貢。恩、拔、副、歲、優。
		十五年庚午科	錢浩然。府學,字匯如,山東鄆城、諸城、嶧縣知縣。 黄文蓮。金山衛學,字芳廷,號星槎,歙縣、全椒教諭,河南泌陽知縣。 徐秉哲。順天中式,見進士。	劉應壁。副,見舉人。 金炯文。副,字蔚中,號西麓,雍正甲辰應元從子,候選直隸州州判。 陸秉紹。副,順天中式,字繩山,候選教諭。
		十七年壬申恩科	瞿朝宗。字澗篁,廣西馬平知縣,補山東嘉祥縣知縣,調諸城、安丘、聊城知縣,陞四川會理州知州。	陸上達。恩,字敬範。
		十八年癸酉科	趙傳紀。見進士。 薛鼎銘。見進士。 王家桂。府學,字庭榮,號香浦。 吴士映。字思誠,浙江嵊縣知縣。 劉應璧。字東府,號文垣,順天中式,康熙庚午貞吉孫,有傳。	喬思信。副,見舉人。 凌應曾。拔,見舉人。 朱鉞。歲,字秉虔,滁州訓導。
十九年甲戌科莊培因榜	徐秉哲。字紹虞,號超亭,徐州府教授,有傳。			
		二十一年丙子科	凌應曾。字祖錫,號叔子,順天中式,康熙乙未如焕從子,乾隆丙辰應龍弟,貴池教諭、翰林院待詔,有傳。 趙思信。榜姓喬,字渭川。	韓進。恩,庠姓蔣,字暘谷。 沈健行。歲,字確士。 山惟寅。歲,字叔青。
二十三年丁丑科蔡以臺榜	曹錫寶。字鴻書,號劍亭,又號容圃,雍正庚戌一士從子,翰林院庶吉士,授刑部主事,歷員外郎、郎中、山西學政、庚寅河南主考、辛卯會試房考、山東糧道,改補部員、四庫館纂修,特授國子監司業。			
		二十四年己卯科	陸錫熊。中式第三人,見進士。 喬鍾吴。見進士。 郭體乾。字宇泰,號舒堂。	黄守恪。副,字王克。 趙旭生。歲,字扶上,號充宇,順治己未子瞻孫,有傳。 蔣懷音。歲,字西苓。
		二十五年庚辰恩科	徐長發。榜姓金,婁縣學,翰林院待詔、户部司務,見進士。	李逢春。副,字繡谷,見後。 沈執鑑。副,字南坪,候選直隸州州判。

續　表

	進　士		舉　人	貢。恩、拔、副、歲、優。
二十六年辛巳恩科王杰榜	趙傳紀。字其輔，號雲屏，廣西融縣、靈川知縣。 陸錫熊。字健男，號耳山，乾隆辛酉科秉芴子，壬午南巡召試，授内閣中書、軍機處行走、内廷方畧館纂修、宗人府主事，歷刑部員外郎、郎中，欽命《四庫全書》處總纂官，奉恩旨嘉奬，特授翰林院侍讀，尋陞右春坊右庶子，掌坊事，日講、起居注官，翰林院侍讀學士兼文淵閣直閣事、光禄寺卿，歷充乙酉山西、戊子浙江副考官，庚寅廣東正考官，辛卯壬辰會試同考官，見任大理寺卿。			
		二十七年壬午科	趙文哲。字損之，號璞函，壬午南巡召試，欽賜舉人、内閣中書，陞户部主事，勦金川，叙死事功，贈光禄寺少卿，入祀昭忠祠，有傳。 張熙純。字策時，號少華，順治乙未錫懌曾姪孫，順天中式第八人，乙酉南巡召試，欽取内閣中書、方畧館纂修官，有傳。	李蒸。副，字王哉，乙酉中式。 汪佑煌。副，順天中式，見進士。 朱霞。拔，字友梅，號凝臺，覺羅教習，以知縣用。 劉爾榮。拔，字桐引，號禮園，金山衛學，康熙庚午貞吉曾孫，充武英殿校對，候選州同。 周楷。歲，字廷範，府學。 衛德成。歲，字範之。
二十八年癸未科秦大成榜	喬鍾吴。字雲門，號鷗邨，乾隆丁巳光烈子，直隸滿城縣知縣，調遷安縣知縣，陞甘肅岷州知州。 薛鼎銘。字象山，號葦塘，浙江浦江縣知縣。			
		三十三年戊子科	施潤。見進士。 艾辰。字寅賓，金山衛學，明嘉靖壬戌可久六世孫，人尚氣誼。 汪佑煌。順天榜，見進士。	鍾陳培。恩，字田玉。 潘文奎。恩，字麗天。 陸宗祚。歲，庠姓蔣，字起八。 陸思誠。歲，府學，字希正。
三十四年己丑科陳初哲榜	汪佑煌。字誦芬，寧國府教授。			
		三十五年庚寅恩科	孫宗炎。府學，字衣聞，號筠亭。	李逢春。副，候選直隸州州判。
三十六年辛卯恩科黄軒榜	徐長發。字象乾，號玉厓，兵部主事，陞員外郎、郎中，則例館纂修。			

續 表

	進 士		舉 人	貢。恩、拔、副、歲、優。
三十七年壬辰科金榜	施潤。字澤襄,號秋水,順治壬辰維翰曾從孫,康熙庚辰惟訥孫,鳳陽府教授,有傳。			
		三十九年甲午科	徐慰祖。字又周,號恪亭,明萬曆甲辰光啓裔孫,康熙乙未學柄孫。	蔡敦。歲,字樸夫,康熙癸巳嵩孫。
		四十二年丁酉科	張位中。字立人,號蔚三,順天中式,戊午成孫。 周寧遠。陝西中式第六人,字静山,號星煥,康熙壬戌金然裔孫。	胡源。恩,字有瀾。 丁駿。歲,字揚先。
		四十四年己亥恩科	喬鳳翔。榜姓郁,字宗佑,號翽亭。	張夢松。副,字仲曦,號芝堂。
		四十五年庚子科	沈崇勳。字炎赤,號玉笥,明弘治丙辰恩七世孫。 范承張。府學,本姓沈,字裕祥,號吉夫,同榜崇勳族弟。	瞿秉虔。副,字司載,號西塘,四庫館謄録,議叙中書科中書。 潘成璧。歲,字玉章。
		四十八年癸卯科	趙秉中。字硯懷,號謙士,壬午文哲次子,懋勤殿行走,欽賜舉人、内閣中書。	

辟　召

全思誠。洪武初,以老儒召爲文華殿大學士,兼左中允,賜勑致仕,有傳。

秦裕伯。洪武元年,上命中書檄起之,裕伯稱疾不起,上乃手書諭之曰:"海濱之民好鬬,裕伯智謀之士而居此地,苟堅守不起,恐有後悔。"裕伯遂入朝,拜待制。有傳。

薦　舉

王基。字宗大,仕潞州判官,以孝廉薦。顧彧。有傳。何廣。有傳。張樞。本府訓導。張守中。本學訓導。楊雄孫。邳州學正。陸宗海。武陵知縣。鍾律。國子助教。范公亮。華亭訓導。張敘。東流教諭。王掖。司令,有傳。張明復。海寧教諭。黄黼。已上明經薦。

馬黼。紀善。錢恕。臨江知府。舒原輔。平樂府同知。浦原善。經歷。王墉。永平照磨。已上秀才薦。

張詢。黄溪知縣。張諤。詢弟,陝西僉事。吴千文。漢中府通判,好學尚禮。諸震。綏德州訓導。錢驥。晉府紀善,有傳。潘謙。中書舍人。鄭公佐。中書舍人。張節。禮科給事中。張益。中書舍人。王瓊。按察副使。陳景芳。中書舍人。徐耀。縣丞。姚秩。禮部主事。張錞。字伯聲,禮部員外郎。潘綸。主簿。陳璞。禮部郎中。吴敬。以薦入史館,預修《永樂大典》。歷吏部文選司主事、員外、郎中,陞太僕少卿,轉正卿，再轉太常卿。致仕，廕子及孫。卒賜諭祭。俞宗大。竹岡里人，族盛，人呼俞莊。宗大善楷書，薦授中書舍人。勤慎稱職，歷吏部郎中。致仕，進階四品。子珙亦善書，正統中隨駕，没于王事，録其子順爲太學生，仕終南京鴻臚寺寺丞。已上楷書薦。

張仲實。江西宗仁知縣。夏長文。有傳。許昇。福建副使。楊敬。福建右參政。趙公器。應天府丞。方本立。淶水主簿。沈文新。奉節知縣。任仲真。南唐縣丞。浦撝謙。知縣。已上人材薦。

張電。字文光，學書於陸文裕深。游京師，受知故相夏文愍言，屬電書《大明集禮》序，世廟一見嘉之，遂入史舘。皇史宬建，命電書扁額，稱旨，詔賜金幣。歷中書舍人、尚寶司丞、太僕少卿，兼司經局正字，改通政使，遷工部右侍郎。凡有殿額及册表聖製，皆出電手書。寵眷優渥，賜賚無虚日，蔭子及孫。病卒，上甚悼之，贈工部尚書，賜葬祭。

喬承華。字文甫，由邑諸生入太學。隆慶初年，少師徐文貞階疏薦承華文學優長，預修《世宗實録》暨玉牒，授誥勑房中書舍人，預修《穆宗實録》，轉制勑房。萬曆四年，充經筵官，謄御前講章。陞大理評事，卒于官。所著有《之燕稿》《省中集》。

喬煒。字赤餘，副使木孫。由恩貢薦，授制勑房撰文中書舍人，歷官禮部儀制司郎中，有傳。

謝嗣。祁州判官。

周大用。金華知縣。

朱迪哲。縣丞。已上賢良方正薦。

朱璘。隨州知州。

袁舉。户部主事。已上孝廉薦。

鍾仲明。兵部主事。

王文富。詹事府典簿。

董紀。字良史，按察司僉事。

喬彦衡。鴻臚寺序班，遷遼府典寶。

陳士廉。浙江按察副使，有詩名。

馬麟。山西右布政使。

奚景周。山東右布政使。

周克敬。廣西左布政使。

孫豫。山西右布政使。

吴衡。陜西左參政。

陸勉。四川左參政。

江潤。河南右布政使。已上人才薦。

張士實。中書舍人。

陸友仁。禮部主事。

俞珙。中書舍人。

朱奎。大理寺卿。

沈世隆。中書舍人。已上楷書薦。

顧定芳。字世安，博綜典籍，尤深于醫，直至濟殿太醫院御醫。

徐樞。太醫院使。已上醫術薦。

王世熙。字孟明，大理寺評事。

王世爌。字元超，雲南布政司經歷。

顧從禮。字汝川，翰林院典籍，累官光禄寺少卿，加四品服。

王世燦。字鬱華，中書舍人。

王世美。字元韶，禮部員外國棟子，中書舍人，加太僕寺少卿。

顧從義。字汝和，嘉靖十八年以御試第一授中書舍人，加大理寺評事。

王稽古。字成博，同知，赴都補官，道聞甲申之變，殉難濟南。

陸璧。字鵬海，由太學生授光禄典簿。品誼端方，屢舉飲賓。年八十四。

王徹。字叔朗，以工書薦，倣蘇、黄、米、蔡四家，進授武英殿中書。

陳于階。字仲臺，以曆法與修曆書，授欽天監博士，乙酉殉難。

陸晉錫。字康叔，順天癸酉副榜，薦授中書舍人。避政府嫌，改麻城知縣，有惠政。本朝授辰州府推官。假歸，以詩文自娱，卒年七十有八。

國朝

潘焕寅。字公畏,明嘉靖壬戌允哲孫。順治二年從征,授嚴州同知,陞廣東海北道僉事。

潘復。字蓉江,世鳳子,明西華令。本朝順治二年,内院洪題授江寧通判,陞吉安同知。

樓儼。字敬思。恭遇聖祖南巡,獻詩詞,欽取第一。以學士孫致彌薦入詞譜館纂修,授廣西靈川知縣,歷任江西按察使,候補京堂,有傳。

張果浚。字寰瀛。恭遇聖祖南巡,以布衣獻詩,徵入武英殿纂修,授浙江昌化知縣,補直隸廣昌知縣。

張家鑑。字士淵。康熙間,以翰林院編修沈宗敬薦武英殿纂修,選江西新昌縣。丁内艱,上官以其廉謹,欲請奪情,鑑泣辭守制。遇特恩,勅授文林郎。服闋,補福建歸化縣知縣。

胡廷棟。字樞廷。雍正間,以湖北學政凌如焕保舉,授直隸任縣知縣。

趙秉冲。字硯懷,號謙士,贈光禄寺少卿文哲子,以大學士于敏中薦,在懋勤殿行走,特賜舉人,授内閣中書。

館職

沈霖潤。字書田,號雨甘,監生文恪荃曾孫。乾隆辛酉,刑部尚書張照保舉會典館謄録,議叙湖北長樂縣縣丞,署縣事,調漢陽縣縣丞。

劉爾榮。字桐引,號禮園,乙酉拔貢,户部尚書王際華奏,充武英殿修書處校對,候選州同。

曹錫瓚。字伯熊,號書圃,附監生,甲午順天鄉試,奏取四庫館謄録,議叙布政司經歷,分發山東試用。

喬冠賢。字冀野,號笏堂,監生,中丞光烈孫。户部尚書梁國治奏,充《國子監志》謄録,議叙州同。河南開浚引河,大學士公阿桂奏准效力,事竣引見,分發南河試用。

瞿秉虔。字司載,號西塘,順天鄉試,奏取四庫館謄録,庚子副榜,議叙中書科中書。

李應坡。字又瞻,監生,候選翰林院待詔,順天鄉試,奏取四庫館謄録,議敘大理寺評事。

陸芳燦。字杏園,號沐齋,監生,考取方畧館謄録,選廣西上思州吏目。

金德基。字履伯,號牧堂,附監生,候選府經歷,順天鄉試,奏取四庫館謄録。

曹如璧。字式金,北籍生員,順天鄉試,奏取四庫館謄録,議敘分發廣西,以主簿用。

瞿華。字碧如,號叔游,監生,順天鄉試薦卷,奏取四庫館謄録,議敘縣丞。

瞿應謙。字益之,監生,考取方畧館謄録,議敘州同。

曹洪梁。字寧百,號雉山,附監生,候選州同,考取繪圖館謄録。

封　　贈

張世良。以子衡貴,封監察御史。

姚德明。以子秩貴,贈中書舍人。

俞季明。以子□□□□□□□□□□□。

趙琦。以子端貴,封兵科給事中。

黄銘。以子恭貴,封刑部主事。

張天錫。以子鎛貴,封禮部員外郎。

張逢吉。御醫,以子昱貴,贈中書舍人。

浦璇。以子清貴,累封員外郎。

李則亮。以子升貴,封吏部郎中。

吴天祐。以子敬貴,贈吏部主事,加贈郎中。

潘德賢。以子謙貴,封中書舍人。

陸驥。以子徽貴,贈禮部主事。

陳觀。以子質貴,封湖廣按察副使。

蔣文榮。以子性中貴,封兵科給事中。

金英。以子智貴,封御史。

高鉉。以子祐貴,贈同知。

劉伯初。以子堔貴，贈禮部主事。
唐昭。以子瑜貴，封副都御史。
郁昂。以子文博貴，封御史。
談恭。以子倫貴，累封吏部郎中。
戴瑄。以子斯貴，贈吏部郎中。
戴瓛。以子春貴，贈知縣。
王顯忠。以子霽貴，贈黄州府知府。
沈禧。以子瑜貴，贈太常寺少卿。
李珙。以子伯璵貴，贈淮府左長史。
莫忠。以子譓貴，贈大理寺評事。
喬宗嶽。以子維翰貴，封編修。
沈祐。以子璐貴，贈刑部主事。
陳謙。以子粛貴，贈順天府通判。
張芹。以子穀貴，贈中書舍人。
張紹。以子黼貴，贈刑部郎中。
談甫。以子詔貴，累贈郎中。
劉鈍。以子璵貴，贈肇慶府同知。
艾芹。以子洪貴，贈斷事。
王天祥。以子佩貴，贈員外郎。
劉琛。以子福貴，贈工部員外郎。
瞿晟。以子霆貴，贈左府經歷。
瞿應昌。以子汝圭貴，贈儒林郎。
董繼芳。孫傳策貴，贈南京工部侍郎。
董體仁。子傳策貴，累封南京工部侍郎。
趙博。以子松貴，封工部主事，贈光禄少卿。
董綸。御史，以子恬貴，贈員外郎。
沈鎡。以子恩貴，贈員外郎。
曹奎。以子閔貴，封御史。
陸璿。以孫深貴，贈詹事、翰林學士。
陸平。以子深貴，封編修，贈詹事兼學士。
張黼。應天府丞，以子鳴鳳貴，封中憲大夫。
唐琛。以子錦貴，贈刑部郎中，有傳。
王霽。大理寺卿，以子泰貴，贈通議大夫。
唐德華。以子懽貴，贈刑部主事。
戴偉。以子恩貴，贈工部郎中。
郁瓊。以子侃貴，贈南京員外。
張忱。以子紘貴，贈工部員外郎。
張鼇。以子鵰貴，贈刑部主事。
葉茂。以子鈇貴，贈福州同知。
儲璇。以子昱貴，贈兵科左給事中。
朱曜。提舉，以子豹貴，封御史。
張鯨。以子鵠貴，贈兵部主事。
潘慶。以孫恩貴，贈都察院左都御史。
潘奎。以子恩貴，封僉事，贈左都御史。
石泉。以子英中貴，封刑部主事。
李恭。以子翔貴，贈延平知府。
趙山。以子憲貴，封主事。
張森。以孫電貴，贈禮部侍郎。
張啤。以子電貴，贈禮部侍郎。
王山。以子教貴，贈大理評事。
奚欽。以子良輔貴，封給事中，有傳。
顧嶽。以子名世貴，贈尚寶司丞。
顧澄。以子世芳貴，贈光禄寺署正。
顧定芳。以子從禮貴，贈光禄寺少卿。
秦勑。以子嘉楫貴，貤封行人。
趙國。浦城縣丞，封給事中，加封通政。
艾洪。湖廣都司斷事，孫可久貴，累贈左布政司使。
艾元美。太醫院吏目，以子可久貴，封御史，贈左布政使。
龔襄。以子愷貴，贈御史。
唐激。以子繼禄貴，贈御史，加贈大理少卿。
張朝封。以子仲謙貴，封湖廣少參議。
戴思。以子邦正貴，封雲南按察僉事。
林祥。以孫景暘貴，贈太僕卿。
林正隆。以子景暘貴，封太僕卿。
王熠。以子圻貴，封知縣。
張錫。以子鶚翼貴，贈僉都御史。
董龍。以子子儀貴，封主事。
陶海。以子鎔貴，贈南城兵馬。

喬鏜。以子木貴，□贈同知參議。
喬稽。以孫懋敬貴，贈布政司右參議。
徐鏞。貢士，以子汝翼貴，贈員外郎。
喬訓。縣丞，以子懋敬貴，贈參政。
徐欽。汝翼本生父，贈員外郎。
俞裔。以子文榮貴，贈主事。
陸標。以子炫貴，贈宛平縣丞。
石韞中。以子應朝貴，贈南京工部主事。
倪淑。以子邦彦貴，封光禄署正。
陸楫。恩生，以子郯貴，贈石阡府知府。
喬禾。以子承華貴，贈中書舍人。
瞿成唐。以子寅貴，贈海澄知縣。
李得祥。以子伯春貴，贈主事。
高嶔。以子文炳貴，贈刑部郎中，加贈慶遠知府。
趙文錦。以子一舉貴，封光禄監事。
倪邦彦。子甫英貴，贈承德郎。
張杭。子恒貴，累贈建昌知府。
朱朝賓。子正色貴，累封杭州知府。
戴大柱。子士琳貴，贈曲江知縣。
陳文祥。孫所蘊貴，贈河南參政。
陳理。子所蘊貴，贈河南參政。
顧從學。子九就貴，贈光禄寺署正。
朱察卿。子家法貴，贈工部郎中。
楊交臨。子萬里貴，封錢唐知縣。
潘允諒。子雲龍貴，贈中書舍人。
杜時登。嘉靖壬子舉人，知縣。子獻璠貴，贈漳州同知。
黄一岳。子體仁貴，贈登州知府。
張□□。子國棟貴，贈上猶知縣。
張大忠。孫所望貴，贈廣西按察使。
張翼翔。孫肇林貴，貤贈左通政。
華鯨。子秉中貴，封東昌府推官。
張汝問。子所望貴，贈廣西按察使。
李先春。子時榮貴，累贈太僕寺少卿。
潘允文。子大儒貴，贈中書舍人。
張景平。子肇林貴，封文林郎，贈左通政。
王學詩。子乾昌貴，贈中書舍人。
沈俊。子紹傳貴，贈知縣。
朱大英。子本洽貴，贈真定知府。
喬國楨。子時敏貴，贈御史。
范敏行。子文若貴，贈秀水知縣。
陸萬春。子燧貴，封兵部主事。
趙隆培。光禄寺署丞。子東曦貴，封閩縣知縣。
姜思學。子雲龍貴，贈中書舍人。
唐思德。子仲賢貴，贈國子監助教。
朱家風。子長世貴，贈工部主事。
倪志先。子家泰貴，贈内江知縣。
張令德。隆慶丁卯舉人。子元玘貴，贈刑部郎中。
顧可大。子國縉貴，贈刑部主事。
董華。曾孫其昌貴，贈太子太保、禮部尚書。
董悌。孫其昌貴，贈太子太保、禮部尚書。
董漢儒。子其昌貴，累贈太子太保、禮部尚書。
杜時騰。嘉靖戊午舉人。孫士全貴，累贈工部尚書。
杜宗翹。子士全貴，累贈工部尚書。
張嗣封。子泰階貴，贈潞安知府。
王炳然。嗣子陞貴，累贈工部主事。
王煒。子陞貴，封山陰知縣，贈兵部主事。
李可教。子逢申貴，贈工部主事。
顧九敘。子真羽貴，贈温州推官。
姚一祥。臨江知事。孫永濟貴，贈浙江左布政。
姚繼禄。子永濟貴，封刑部主事，贈浙江左布政。
孫繼統。子元化貴，封兵部員外郎。
顧九疇。子時升貴，贈儒林郎。
張勳。子元始貴，封行人，贈太常寺卿。
徐珣。曾孫光啓貴，贈太子太保、大學士。
徐緒。孫光啓貴，累贈太子太保、大學士。
徐思誠。子光啓貴，累贈太子太保、大學士。
王乾昌。中書舍人。子逢年貴，贈福州通判。
董鶴年。孫羽宸貴，贈吏部左侍郎。

徐以僎。子百朋貴，封行人司行人。
董嘉相。子羽宸貴，封御史，累贈吏部左侍郎。
葉銘。孫有聲貴，贈太僕寺卿。
葉蕃春。子有聲貴，累封太僕寺卿。
朱應旂。子永佑貴，贈吏部主事。
翁性之。子元益貴，贈刑科給事中。
包文煌。子爾庚貴，贈羅定州知州。
顧國憲。子其言貴，封香山知縣。
喬拱宸。中書舍人。子煒貴，歷贈禮部主事、員外郎。
陸煉。字蓉塘。子璧貴，贈光禄寺典簿。
張柯。孫元始貴，贈太常寺卿。
王洪。子國材貴，贈臨海知縣。
陸明允。子起龍貴，封文林郎。

國朝

曹六龍。子垂璨貴，封遂安知縣。
朱雲昇。子紹鳳貴，贈吏科給事中。
許遠度。子纘曾貴，封翰林院檢討，累贈四川參政。
王錕。子日藻貴，贈奉直大夫。
張在簡。子錫懌貴，封泰安知州。子鏌貴，封内國史院中書舍人。
施廉。子埏寶貴，封徵仕郎。
朱維垣。子錦貴，贈翰林院庶吉士。維垣字伯師，天懷坦率，不設城府，里中推爲鄉祭酒，有"一門種德，三世傳經"之語。
俞守誠。本姓瞿，子士睿貴，封知縣。
朱長祚。子在廷貴，贈河間府推官。
王六經。本姓羅，子承庚貴，贈知縣。
閔栻。邑庠生。子峻貴，贈奉直大夫、兵部主事。
潘雲鳳。羅定同知。子焕寅貴，封奉直大夫。
吴中傑。子定貴，累贈刑部主事。
孫仕範。飲賓。子大經貴，贈文林郎。
張令名。嗣子宸貴，贈督捕主事。
張令譽。子宸貴，贈兵部主事。
胡有壽。子士麟貴，贈儒林郎。
陳應禎。子朗貴，封推官。
張積仁。子天培貴，贈黔陽知縣。
張淵。子元士貴，贈成安知縣。
胡有衢。子士錦貴，贈儒林郎。
葉蕃春。封太僕寺卿。孫映榴貴，累贈通議大夫。
葉有聲。左副都御史。子映榴貴，累贈通議大夫，有傳。
施于民。廩監生。曾孫維翰貴，累贈資政大夫、兵部右侍郎。
施大誼。庠生。孫維翰貴，累贈資政大夫、兵部右侍郎。
施紹夔。庠生。嗣子維翰貴，累贈資政大夫、兵部右侍郎。
施紹著。廩生。子維翰貴，累贈資政大夫、兵部右侍郎。
張方。曾孫淇貴，贈光禄大夫、吏部左侍郎，加三級。
張耀邦。孫淇貴、曾孫集貴、元孫照貴，累贈光禄大夫、刑部尚書。
張尚文。子淇貴，贈光禄大夫、吏部左侍郎，加三級。孫集貴、曾孫照貴，累贈刑部尚書。
張淇。特恩追授光禄大夫、吏部左侍郎，加三級。子集貴、孫照貴，累贈刑部尚書。有傳。
蔡之筆。子嵩貴，贈翰林院編修。
徐以納。子文國貴，贈全州州同。
陸明允。孫鳴珂貴，累贈布政司參議。
陸起鳳。副榜。子鳴珂貴，贈布政司參議。
周明璵。子金然貴，贈奉政大夫、司經局洗馬、翰林院修撰，加一級。
張元士。成安知縣。子宏秉恪貴，贈知縣。
葉景龍。子楠貴，贈玉山縣知縣。

徐以濟。子學柄貴,贈翰林院檢討。

曹榮曾。子培源貴,貤贈太倉州學訓導。

樓宗聖。以子儼貴,贈廣州府同知。

朱書紳。嗣子國源貴,貤贈登仕佐郎。

朱鏴。孫岳楷貴,貤贈開縣知縣。

周宣。子廷潤貴,贈永平府通判。

曹垂屺。庠生。子炯曾貴,贈贛縣知縣。

李用粹。孫澂貴,貤贈文林郎、興安縣知縣。

李謨。庠生,子澂貴,贈興安縣知縣。

張永岳。國子監典簿。子家鑑貴,贈新昌縣知縣。

唐華。子時琳貴,貤贈江寧縣訓導,有傳。

胡如炳。子廷棟貴,贈任縣知縣。

凌日榮。孫如焕貴,累贈通奉大夫、内閣學士兼禮部侍郎。

凌起潛。庠生。子如焕貴,累封通奉大夫、内閣學士兼禮部侍郎。

凌璿玉。增貢生。子應龍貴,封奉直大夫、刑部安徽司主事。

曹垂雲。庠生。孫一士貴,贈奉政大夫、山東道監察御史。

曹泰曾。舉人,莆田縣知縣。子一士貴,累贈奉政大夫、工科給事中,有傳。

張用貞。廪生。子書洛貴,贈湖北京山縣丞。

王藩。子沛貴,封益都縣縣丞。

曹炳曾。子培廉貴,封内閣中書,有傳。

李長禄。子士達貴,贈儒林郎、州同。

李士達。子宗藩貴,封光禄寺署正,孫心耕貴,貤贈中憲大夫、刑部主事、加四級,有傳。

周元茂。子文魁貴,贈儒林郎、州同。

李泓。子秉智貴,贈儒林郎、州同。

周大道。子肇新貴,贈儒林郎、州同。

朱諱。子從嘉貴,封登仕郎。

喬英魁。曾孫光烈貴,貤贈通奉大夫、貴州巡撫、兵部侍郎。曾孫照貴,誥贈振威大夫、烏魯木齊提督。

喬恩。候選州同,孫光烈貴,贈通奉大夫、貴州巡撫、兵部侍郎。孫照貴,誥贈振威大夫、烏魯木齊提督。

喬起龍。附貢生,候選訓導,以姪照貴,貤贈武顯大夫、凉州鎮掛印總兵官。

乔起麟。庠生,子照貴,累贈振威大夫、烏魯木齊提督。

喬起鳳。候選州同,子光烈貴,累贈通奉大夫、貴州巡撫、兵部侍郎。

張瑞相。監生,子汝進貴,貤贈海州訓導。

曹煜曾。庠生,孫錫寶貴,累贈中憲大夫、刑部郎中、山西學政,加二級。

曹培謙。子錫寶貴,貤贈中憲大夫、刑部郎中、山西學政,加二級。

王天貴。左都督,子大德貴,晉贈榮禄大夫。

唐照。子應麟貴,貤贈無爲州訓導。

陸鳴球。廪監生,子瀛齡貴,貤贈石埭縣教諭。曾孫錫熊貴,貤贈通議大夫、日講起居注官、文淵閣直閣事、翰林院侍讀學士。

陸瀛齡。拔貢生,石埭縣教諭,孫錫熊貴,贈奉政大夫、刑部員外郎,晉贈通議大夫、日講起居注官、文淵閣直閣事、翰林院侍讀學士、光禄寺卿。

黄嗣憲。孫槐貴,貤贈文林郎、浙江松陽縣知縣。

黄洙。子槐貴,封文林郎、浙江松陽縣知縣。

凌元芳。鄉飲賓,子康貴,封儒林郎、州同。孫存淳貴,晉贈朝議大夫、廣東雷州府同知,加一級。

凌康。候補州同,子存淳貴,贈朝議大夫、廣東雷州府同知,加一級。

顧瀛。監生,孫偉烈貴,貤贈文林郎、直隸遷安縣知縣。

顧萼。庠生,子偉烈貴,贈文林郎、直隸遷安縣知縣。

陸瀛亮。舉人，候選知縣，以外孫李心耕貴，貤贈朝議大夫、刑部員外郎。

朱士坊。孫之灝貴，貤贈儒林郎、州同。

朱鏐。子之灝貴，贈儒林郎、州同。以孫森貴，貤贈朝議大夫、布政司理問，加四級。

朱銘。孫朝源貴，貤贈奉直大夫，晉贈中憲大夫、工部營繕司員外郎，加三級。

朱之淇。鄉飲賓，子朝源貴，封奉直大夫，晉封中憲大夫、工部營繕司員外郎，加三級。

張樹信。以外孫喬鍾吴貴，貤贈文林郎、直隸遷安縣知縣。

陸秉笏。舉人，候選知縣，子錫熊貴，封奉政大夫、刑部員外郎，晉通議大夫、日講起居注官、文淵閣直閣事、翰林院侍讀學士、光禄寺卿。

張容。子培坤貴，貤贈陝西三原縣縣丞。

李宗袁。梧州府知府，子心耕貴，封中憲大夫、刑部主事，加四級。

趙璧。候選州同，孫文哲貴，貤贈徵仕郎、内閣中書。

趙紳。歲貢生，子文哲貴，贈徵仕郎、内閣中書。

朱之潤。子朝桂貴，贈奉直大夫、布政司理問，加二級。

朱之渭。子朝相貴，贈儒林郎、州同。

强士宏。子式模貴，貤贈寧國縣教諭。

朱之灝。候選州同，子森貴，封朝議大夫、布政司理問，加四級。

汪永安。增廣生，子宜耀貴，貤贈舒城縣訓導。

沈雲秀。孫朝鼎貴，貤贈承德郎、山西平陽府通判。

沈增川。子朝鼎貴，贈承德郎、山西平陽府通判，晉贈中憲大夫。

沈天洽。子淞河貴，封儒林郎、州同。

曹聶宏。增廣生，嗣子錫端貴，貤贈修職佐郎、江寧縣訓導。

孫世顯。孫照龍貴，贈中憲大夫、候補主事，加四級。

孫誠。子照龍貴，贈中憲大夫、候補主事，加四級。

徐世杰。子谷鑑貴，貤贈廣德州訓導。

孫前光。子維德貴，貤贈登仕佐郎。

唐元皓。孫班貴，貤贈文林郎、鳳陽府教授。

唐珙。子班貴，贈文林郎、鳳陽府教授。

黄霖。孫雲師貴，貤贈儒林郎。孫炳貴，晉贈奉直大夫、布政司理問，加二級。

黄恒松。監生，子炳貴，贈奉直大夫、布政司理問，加二級。

黄雲章。子培蘭貴，贈奉直大夫、布政司理問，加二級。

薛元琦。孫鼎銘貴，貤贈文林郎、浙江浦江縣知縣。

薛仁本。子鼎銘貴，贈文林郎、浙江浦江縣知縣。

李秉智。候選州同，子焕貴，贈奉直大夫、員外郎。

周邦新。子長源貴，贈文林郎、廣西臨桂縣知縣。

瞿王基。孫秉忠貴，貤贈奉直大夫、布政司理問，加二級。

瞿逢年。子秉忠貴，贈奉直大夫、布政司理問，加二級。

瞿大年。孫應謙貴，貤封儒林郎、州同。

瞿冠六。嗣子應謙貴，贈儒林郎、州同。

胡奇錩。孫汝楨貴，貤贈奉直大夫、布政司理問，加二級。

胡士濤。子汝楨貴，贈奉直大夫、布政司理問，加二級。

徐仲彩。曾孫長發貴，貤贈奉政大夫、兵部武選司主事，加二級。

徐隆吉。孫長發貴，貤贈奉政大夫、兵部武選司主事，加二級。

徐丙南。子長發貴，封奉直大夫、兵部武選司主事，加一級，晉贈朝議大夫，加三級。

朱朝楝。子文照貴，封奉直大夫、布政司理問，加二級。

鄭子和。子淦貴，贈儒林郎、州同。

鄭子順。孫棠貴，貤贈奉直大夫。

鄭淦。子棠貴，封奉直大夫、州同，加二級。

印榮。孫蘭貴，貤贈奉直大夫、州同，加二級。

印光祚。子蘭貴，贈奉直大夫、州同，加二級。

許煜。國學生，子純忠貴，贈奉直大夫、主事，加一級。

徐洪遠。內姪瞿應源貴，貤贈修職郎、山東西繇場鹽大使。

張文洽。孫全得貴，贈武翼大夫。

張明善。子全得貴，贈武翼大夫。

徐思軒。嗣子恪飛貴，贈奮武郎。

徐思傑。子恪飛貴，貤贈奮武郎。

沈進德。子霖潤貴，貤贈修職郎。

録廕

吴震。太常卿敬之子，鴻臚丞。

吴貫。字一之，敬之孫，任州判。

王臨。大理寺卿霽之子，任瑞安縣丞。

張翌。任尚寶司卿。

張守經。禮部侍郎電之子，任左府經歷。

陸楫。詹事深之子，廩膳生，附傳。

陸郯。詹事深之孫，補父楫蔭，歷知府。

張元立。電之孫，任南京光禄署正。

潘允哲。左都御史恩之子，見科第。

潘雲樞。恩之孫，字汝一。

林有麟。南太僕卿景暘子，知府。

唐自平。字堯卿，副都御史，繼禄子。

董祖和。字孟履，太子太傅文敏公其昌子，官都察院照磨。

董祖常。字仲權，太子太傅文敏公其昌子，官刑部主事。

杜元方。字思難，工部尚書士全子，未仕。

徐驥。字安友，太保、大學士、文定公光啓子，未仕。

徐爾覺。字順之，太保、大學士、文定公光啓孫，中書舍人，未仕。

徐爾爵。字縻之，太保、大學士、文定公光啓孫，中書舍人，未仕。

徐爾斗。字旋之，太保、大學士、文定公光啓孫，中書舍人，未仕。

徐爾默。字含之，太保、大學士、文定公光啓孫，未仕。

杜來遠。字爾長，工部尚書士全孫，未仕。

國朝

葉㝢。字南田，贈工部侍郎、謚忠節映榴長子，廕五品正印官，知荆門州，歷任廣州知府。雍正八年，與弟芳、子鳳毛同召見，授鳳陽知府。後任沂州知府。

葉芳。字靄園，映榴次子，授蔚州知州，改授員外。

葉鳳毛。字恒齋，映榴孫，内閣中書，轉典籍。

趙秉淵。字少鈍，號實君，贈光禄寺少卿文哲子，廕七品官，□任内閣中書、軍機處行走。

監　貢此係六堂積分監貢。

張之麟。字仁英，曲州縣丞。

喬鼎臣。字殿臣，御史時敏孫，部題廷試，授河南内鄉縣知縣，卒於官。

吴定。字滄菴，授澄城縣知縣，陞行人，歷刑部主事，有傳。

張鍈。字蓬園，壬戌進士元玘孫，乙未進士錫懌弟，授内國史院掌典籍事中書舍人，轉雲南開化同知，有傳。

吴開封。字受之，定子，授内秘書院掌典籍事中書舍人，轉雲南大理府同知。

施埏寶。字緩宜，任縣知縣。

張宸。字青琱，中書授主事，有傳。

儒士

吴陞。濬之孫，司務。

唐鋭。錦兄，司務。

吴震。光禄署正。

王應芳。泰之子，郎中。

趙希奭。松子，中書。

張電。見薦舉。

何初。中書兼司經局正字。

沈洧。中書。

倪鏞。王府典籍。

例　仕例貢附

沈鑑。州判。

唐鉞。瑜子，詹事府主簿。

陸鵬。徵孫。

喬巖。判官。

姚愷。知事。

喬昱。

奚浩。臨清州判官。

余麟。新淦縣縣丞。

韓綸。景寧主簿。

孫寵。廣濟知縣。

李寧。

劉兖。汀州通判。

潘綸。長樂知縣。

姚淮。

唐鐻。

董源。都督府都事。

顧雲龍。英之子。

姚吉。

張瑞。判官。

蔣堅。

儲昱。見科甲。

唐錞。浙江都事。

王淮。州判。

康溥。

喬穡。州判，見封贈。繩檢自律，時稱長者。

唐玫。錦從子。

談田。倫之子，能詩，有俠節。

胡雷。所吏目。

談壽。

黄章。主簿。

沈龍。大和縣丞。

金璧。

瞿鵬。州判。

沈稷。福建理問。

顧倣。

趙佑。

朱鵬。瑞昌縣丞。

朱繼宗。

唐文。

潘鑰。

唐牧。瑜孫，知縣。

唐斆。主簿。

瞿鶴。主簿。

談綱。

陶鎔。光禄署正。

談紀。棗疆主簿。

顧定芳。御醫，見祖英傳。

陳文禎。府照磨。

劉燾。璵之孫，府照磨。

戚和。縣丞。
秦文解。
喬禾。
顧棣。主簿。
王寅。廣東理問。
陳相。兵馬。
倪濟。
張南人。
沈文祐。
朱直。
王應期。襄府奉祀。
陸應堂。
李塾。
陸應瑞。
秦鈿。
蔣永澄。縣丞。
董繼恩。
丘勣。經歷。
韓藎臣。判官。
喬訓。見封贈,丞東莞,祀名宦。
郁夢麒。侃之子。
王恩。福州府推官。
陶成。
唐繼恩。商城主簿。
朱山。
唐瓓。錦之子。
唐衮。
潘恕。恩弟,光禄監事。
張之象。萱之孫,鳴謙子,浙江按察司知事,有傳。
黄標。有傳。
郁性。
孫繼科。
趙揚。松之子,通判。
沈希周。
陸棠。

趙瑞。古田令,有政績。
王元岳。
朱萊。南豐縣丞。
沈保宗。府經歷。
沈隨。
唐鎣。錦之子,中書。
張南陽。知縣。
陸憲。
朱辰。
朱平。
陸應昌。
劉紹元。主簿。
孫繼臣。鶚之子。
何應福。斷事。
王相堯。州判,儉樸近古。
董應登。主簿。
吴鳳祥。縣丞。
喬謨。穡之子。
瞿應祥。霆之孫,縣丞。
顧東。
談承儒。見科。
朱蟾。曜之子,能詩。
董繼芳。
王應辰。泰之子。
王元寶。
金繼瑞。縣丞。
陳鳳。
陳道。
潘惠。恩之弟,通判。
朱宗卿。曜之孫。
馮文。
趙世方。
薛良翰。主簿。

陳德。琛之子。
馮人傑。吏目。
諸華。弘濟子,序班。
李槃。
談承伯。承儒兄。
高郿。
潘晉。字汝昭,雲南建水州知州。
董恂。
沈民視。
陸霆。經歷。
劉袠。
劉啓元。經歷。
任注。
談寶之。經歷。
何應祥。序班。
楊鍊。
張寶訓。
楊金。
林禎。
顧世芳。光禄署正。
董繼貫。審理。
黄鳳。
杜詩。
趙希摯。松之子,縣丞。
王應文。
唐瓚。錦之子,光禄監事。
金汝楫。
顧從禮。定芳子,見祖英傳。
郁恪。
喬鎧。見封贈,有傳。
趙□□。縣丞,見封贈。
談宬之。
唐繼科。
王愚。霽之孫,應恩子。
張伯源。州判。

瞿學召。恩州推官，終養。　倪邦彦。廣西桂林府通判。　王心。相堯子，朴實有善行。

顧從德。定芳之子，序班。　顧從義。定芳子，大理評事，簡重敦雅，善書能詩。

吴成忠。任太原府左衛經歷。　劉永豐。山西蒲州同知。

朱察卿。豹之子，有傳。　張秉一。鶚翼之子，光禄監事。　顧從敬。定芳之子，光禄監事。

朱宸卿。曜之孫，上林署正。　潘允亮。恩之子，後府都事。　喬維翰。鄖陽通判。

翁褕。　潘允修。惠之子。　何應禄。

諸效先。　陸標。贈宛平縣丞。　董宜陽。恬子，有傳。

趙希程。衛經歷。　石應魁。見科。　董繼寶。縣丞。

杜時登。見科。　周寶。縣丞。　趙逢吉。憲之子。

喬承華。見薦舉。　秦鉅。序班。　朱胤昌。

陶寅。主簿。　丁楫。主簿。　趙鰲。松之曾孫，聰慧有文。

陳夢元。　喬如京。誥之子，衛經歷。　王學詩。可興序班。

陸炫。都司都事。　顧從周。監事。　張汝明。大魯之子。序班。

趙燦。國之子。　何夢鰲。　秦夢魚。

秦夢熊。衛經歷。　施一化。　瞿應昌。理問，陞同知。

楊輒。主簿。　楊思。主簿。　石應蘭。

陳教。　施一元。　張之道。

張之化。　張雲韶。序班。　楊瑛。

陸爌。　屠懋義。寬之子。　張同文。鴻之孫。

聶叔頤。　王柱。佐之子。　翁槊。燦之子。

沈霈。希皐之子。　陸析。　張伯溢。義□主簿。

張時雍。　何一鳳。　王情。

屠懋禮。寬之子。　劉可大。　唐繼書。

戴邦式。　戴大成。光禄監事。　倪甫英。見科。

倪甫義。邦彦子，上林署正。　朱希孔。　潘允穆。恕之子，上林署丞。

潘允臧。恕之子，光禄監事。　潘威甫。恕之子，光禄署丞。　沈陵。

張秉模。鶚翼之子。　葉守中。臨安知府，鈇之孫。　王文謨。

唐兆賢。　徐士充。鳴鳳之子。　潘允徵。惠之子，光禄署丞。

沈秉直。　王玉鳴。可立之子。　趙世傳。

王光祖。佐之孫，序班。　陳志學。　趙一中。布政司經歷。

朱家賓。豹之孫，察卿子，上林署丞。　秦昌祚。

徐東偉。汝翼之子。　顧九疇。從禮之子，薊州判官。　潘允肅。恕之子。

潘允光。惠之子。　顧九錫。從禮之子，詹事府主簿。　潘弘業。

潘允京。忠之子。　潘允達。惠之子，汀州府通判。　高伯慎。

潘雲棐。惠之子。　潘雲驥。允端之子，中書舍人。　趙隆遇。焕之子。

王淑誼。文炳子，録事。
潘雲龍。允亮之子，中書。
陳夢鯉。
喬拱宸。木之子，中書舍人，見封贈。
潘雲夔。允端之子。光禄署丞。
喬卓。
潘嘉翰。允端之子。
王士選。兵馬。
唐繼能。錦之孫。
陸維封。
潘茂學。允端之子，京府經歷。
顧昌祚。
喬拱宿。木之子，兩浙運副。
王乾昌。
顧箕英。名世之子。
喬楠。木之弟，後府經歷。
艾大有。可久子。
潘允奇。忠之子。
杜獻璠。時登子，見科
艾萬有。可久子。
□四教。
顧時化。
潘士彦。改名元升，光禄寺典簿。
趙一舉。
喬本。木之弟，河南理問。
秦鎤。
張所毅。大魯之孫。
沈昌德。
陸在。郯之子。
陸佳。郯之子。
潘雲柯。允之子。
王學易。
瞿大順。兵馬。
陸璧。
潘雲楫。允之子。
潘允合。忠之子。
潘允台。忠之子，兵馬。
俞鳳梧。文榮之子。
喬如阜。誥子。
喬元胤。承華之子，見科。
俞光國。
王國楝。中書。
瞿大功。鵬孫。
顧九遷。
孫伯胤。
顧九思。
顧九就。光禄署丞。
顧九叙。
顧九能。
王紹元。
瞿宿。
李從誠。
顧九華。
朱大觀。瀘州判官。
顧起。
王淑倫。文炳子。
艾廷機。中書。
瞿大濂。寅之子。
何誥。
楊曾奎。
吴爲寶。
王玉潤。可立子。
顧昌祖。
郭開泰。
潘雲獻。允端子，京府經歷。
杜士頤。
潘雲杰。都司都事，著《印範》《詩韵輯畧》。
唐仲憲。仲賢弟。
潘雲章。都司斷事，陞興都留守司經歷。
潘世鳳。序班。
王思忠。圻子。
龔大備。情子。
潘雲柱。
馬翰如。
潘焕窿。光禄寺署正。
潘焕明。中書舍人。
潘敞。通判。
潘焕文。都司經歷。
孫仲。
顧會英。
趙一辛。文錦子。
華廷端。
華□□。
王逢年。字台承，同知。
姚永豫。字定菴，永濟弟，授外衛經歷。
朱長芳。字有馨，成都通判。
姚登明。副榜。
朱長治。
朱長統。杭州通判。
趙爾磐。字愚公，東曦子。
喬之吉。光禄署正。
潘焕宿。歷官王府長史，著《尚寶司志》。
張肇森。
張瑞錫。肇林子。
喬之武。煒之弟。
潘堯年。
王觀光。寧波通判。
喬培。煒之弟。
瞿汝圭。序班，陞東莞縣。

張申錫。

國朝

董姚申。字士餘，羽宸子

曹煥曾。字雯初，垂瑺子，授州同。

閔璐。州同。

朱廷源。教諭。

趙子由。國子監典簿。

張錔。字棐九，錫懌弟，考授州同。

張永岳。字漢封，乙未錫懌子，國子監典簿。

徐文國。字開初，廣西全州州同。

施是彝。選授知縣。

許暨。字成垣，考教職。

張永祚。本姓胡，字令錫，選授知縣。

曹鼎曾。字九和，州同。

吴予瓛。字天錫，考知縣。

徐承志。候補博士。

朱溶。字誦芬，授州同。

施允中。字伊傅，衡陽丞。

施體震。考授教職。

袁綸。字渭垂，考教職。

諸雲。來安縣訓導。

姚廷讓。州同。

趙名世。字映文，授州同。

胡永裕。字餘錫，授經歷。

周金聲。字集菴，授教職。

包爾弘。考授教職。

金方苞。字穎嘉，考州同。

趙琳。

郭世傑。字芥圃，選授山陽學教諭。

沈純。字豹文，考州同。

陳廷棟。考授經歷。

胡士錦。考授州同。

喬起龍。候選訓導。

趙炎。直隸大名知縣。

朱昌平。陝西涇州州判。

黄景升。滋陽縣知縣。

葉永年。贑榆縣訓導。

葉楠。字芥舟，高淳教諭，陞玉山知縣。

潘堯璿。黔陽令。

王肅。字來雍，泰寧縣知縣，崇祀名宦。

吴景隆。繁昌訓導。

王鑛。字冶城，授教諭。

王輅。望江教諭。

陳楨。考授教職。

何藩。陳州二判。

朱士煥。字遡亭，霍山縣教諭。

張元士。字龍章，成安縣知縣，見封贈。

艾志遠。字師李，候補欽天監博士。

曹炯曾。字世宏，贛縣令，多惠政，祀鄉賢。

張文錦。字夫功，金壇學訓導。

鄒維寧。字枚夏，考教職。

胡士麟。字魯菴，授州同。

朱與濬。考授縣丞。

鈕隆培。候選訓導。

陳常彝。

朱國垣。考授州同。

程兆麟。字天石，歷任陝西驛傳道。

沈穎隆。宜黄縣丞。

張怡。字子和，歸安令。

朱方瀛。附貢生。

朱士炘。字式亭，考授教職。書法精工，士林争購。

吴汝翼。字素臣，雲南尋甸州吏目。

王佐臣。廣西鬱林州判。

周廷潤。字漱六，康熙壬戌金然子，直隸永平府通判。

張宏。字亦園，歷静海、臺灣等縣，陞西城兵馬司。

郭展綖。山東莒州州同。

李士達。州同，有傳。

曹煐曾。理藩院知事。

趙維炎。附貢生。

朱國源。浙江泰順知縣。

曹培源。太倉州訓導。

陸瀛蕚。字秋谷。

張秉恪。直隸宣化知縣。

凌康。字渭思，州同。

朱與淳。字處厚。

朱岳楷。知縣，陞刑部主事，帶銜任臺灣，卒於官。

董宰。附貢生。

喬廷選。字周士，附貢生。

王沛。山東益都縣丞。

周文魁。敕授州同。

朱雲林。字半山，安州州同，題署安州知州。

萬作霖。字甘來，内黄縣知縣。

張永昭。字麗中，廣西江州州同，撫恤猫獞，約束地方，興利除弊，著有循聲，卒於官。

劉夢金。廩貢生，有傳。

曹傑士。字電發，附貢生。

孟曰恭。附貢生。

曹培廉。候選中書，有傳。

曹培年。候選通判，有傳。

顧梓。即用州同。

曹王分。字甸封，附貢生。

李朝宗。字次韓，附貢生。

張書洛。京山縣丞。

李昇。字景煌，附貢生。

趙毓秀。太平府經歷。

王騫。附貢生。

凌存淳。雷州府同知，歷署雷州、南雄知府，有傳。

彭均邦。附貢生。

李宗藩。字叔又，候選光禄寺署正。

李宗袁。字式凡，刑部主事、梧州府知府。

王智古。字静山，附貢生。

曹大玑。字魯璵，附貢生。

張懷崧。附貢生。

凌存濟。字兆梅，附貢生。

李枝桂。字健林，附貢生。

周肇新。敕授州同。

張培坤。陝西三原縣丞。

張培源。河南鄭州吏目。

李宗周。萬年縣丞。

張懋瑚。字敕民，附貢生。

顧義。字補庭，附貢生。

陸如苞。候選待詔。

李陽。字元春，附貢生。

曹錫黼。太常寺所目，候補員外郎，有傳。

李樹信。字成孚，附貢生。

李秉智。敕授州同，有傳。

鈕中英。附貢生。

周芳新。字景川，待詔。

沈淞河。敕授州同。

奚有基。附貢生。

金永孚。附貢生，有傳。

顧文烈。候選州同。

張定榮。附貢生。

曹敬華。字欽廷，附貢生。

奚張躍。附貢生。

吴學源。附貢生。

桂舒蕚。字蟾元，附監生，考授州同。

張誌仁。字赤文，考授州同。

張日濳。字天衣，附貢生。

李春浦。字典叙，附監生，考授州吏目。

金應杓。字建亭，考授州同。

王智大。字聞望，候選府經歷。

邢正銓。字澄選，考授州同。

徐淦。字仿愚，湖南臨湘縣知縣。

凌應熊。字渭占，乙未如焕子，四川屏山縣丞。

鈕雋。字玉臺，附貢生。

蔣鳴錕。字佩千，湖北德安府經歷。

周長源。字東匯，廣西太平府明江同知。

李宗震。字松亭，附貢生。
張麟徵。字兆謨，附貢生。
陸秉穀。字豐城，附貢生，順治乙未鳴珂孫。
王榮鑑。字韶鳴，附貢生。
曹錫端。字菽衣，廩貢生，雍正庚戌一士子，江寧縣訓導。
孫照龍。字作霖，候選主事。
王璞。字宛如，候選州判。
喬鍾沂。字樸園，號檀園，乾隆丁巳光烈子，候補光禄寺典簿。
朱朝源。字星發，號宿亭，工部營繕司員外郎。
瞿秉忠。字廷獻，候選布政司理問。
李炯。字心研，號果亭，附貢生。
李焕。字琢明，號闇齋，候選員外郎。
李心耕。字春圃，號硯畬，刑部員外郎，湖南岳州府知府，署衡、永、郴、桂道。
沈朝鼎。字濟英，號砥亭，貴州遵義府知府。
朱文永。字景歐，附貢生。
曹錫棠。字循南，號南枝，候選布政司理問。
陸必達。字巽中，附貢生。
喬鍾霍。字鶴峯，號鄂不，乾隆丁巳光烈子，西城兵馬司副指揮。
許純忠。字士偕，附貢生，候選主事。
郭金蘭。附貢生。
朱朝桂。字青遠，候選布政司理問。
李鵬翰。江西安義縣縣丞。
朱朝相。字禮臣，號容齋，候選布政司理問。
朱森。字季謀，候選布政司理問。
朱木。字寧周，附貢生，候選光禄寺署正。
李勳。字立夫，附貢生。
凌學昌。字禹拜，應蘭子，候選兵馬司吏目。
祝煜。字蘊輝，候選布政司理問。
金煒文。字耀東，廩貢生，雍正甲辰應元從子。
顧肇基。字籓遠，候補縣丞。
陸大榮。字茂亭，河南淇縣縣丞。
徐谷鑑。字人表，廩貢生，廣德州訓導。
黄雲師。字周書，候選布政司理問。
黄炳。字文圃，候選布政司理問。
李心澄。字升元，陝西涇陽縣丞，署白水縣事。
陳元錦。字廷銓，候選州同。
李心衡。字舜廷，府經歷，署四川冕寧縣縣丞。
陳澤泰。字茹征，附貢生。
瞿應源。字洪川，山東西繇場鹽大使。
李韋。字軼倫，候選布政司理問。
曹洪頤。字匡來，山東萊陽縣縣丞。
朱文照。字允明，候選布政司理問。
胡汝楝。字尚占，好善樂施，議叙主簿。
胡汝楨。字金章，候選布政司理問。
朱文焕。字耀昆，湖南按察司照磨，署芷江縣。
印蘭。字芳谷，附貢生，候選州同。
沈碧璉。字熙之，候選光禄寺典簿。
鄭淦。字芳九，候選州同。
鄭棠。字華南，候選州同。
唐國藻。字超亭，附貢生。
胡燦。字西村，候選州同。
顧原湘。字楚濱，附貢生。

舊志元時有陳明爵，潁州郡侯；明朝有周禾，從靖難渡江，授巡檢；張世良，官序班，歷吏部侍郎；姚克勤，任刑科給事中。並未詳其登用之途，附載於此。

雜職

朱世爵。字友六，四川三臺縣典史。
孫維德。字克修，山西應州吏目。
喬文顯。字欽思，廣東揭陽縣巡檢。
喬金。字南重，山東濟寧州州判。
胡昭陞。字耀亭，江西臨川縣典史。
韓鳳來。廣東陸豐縣黄沙坑巡檢。
凌應豹。字大文，湖北試用吏目。
凌學賢。字思齊，四川富順縣典史。

凌學詩。字采臣,廣東三水司巡檢。

凌學禮。字用和,四川江津縣典史。

陸基。字肇烈,廣東文昌縣典史。

李學元。字乾初,候選從九品。

楊克昌。字介綏,候選從九品。

附武科

明

瞿彦威。霆之孫,字宗望。連中隆慶丁卯、庚午、萬曆癸酉三科武舉,任本邑兵務。

盧斌全。字楨伯,連中隆慶庚午、萬曆癸酉、丙子三科武舉。

朱家禮。察卿子,字稚合,萬曆己卯科。

唐鎮遠。字邢湖,萬曆壬辰進士,圖山把總。

倪大武。字伯範,萬曆丁酉科。

富繼熙。字春旭,萬曆丁酉科。

邢天寵。萬曆丁酉科。

劉撫安。字定宇,萬曆庚子科,應天巡撫中軍把總。

喬一琦。字伯圭,萬曆癸卯科,鎮江遊擊將軍,贈都督同知,有傳。

唐定遠。字仲衡,萬曆丙午科。

施德澤。萬曆丁未進士,任遊擊。

施所藴。字畜侯,萬曆壬子科,浙直水陸總巡。

喬桓。字定侯,萬曆壬子科,以父功蔭金山衛指揮僉事,歷南京右軍都督府都督同知,晉太子太傅。

陸重光。字鳴野,萬曆癸丑進士,歷南京神機營都督同知。

張虎臣。字子繡,萬曆丙辰進士,福建守備。

陳泰階。萬曆丙辰進士,把總。

許大猷。萬曆丙辰進士,把總。

朱長襄。字先之,萬曆中中三科武舉。

陸鐕。郯之孫,字仲玉,萬曆戊午科,歷京衛参將。

張鳳翥。字聖如,天啓壬戌進士,歷劉河營遊擊。

賈威。字君復,天啓辛酉科。

朱傳。字益之,天啓辛酉科。

閔彪。字睢園,天啓辛酉科。

王圖鞏。字興仲,天啓辛酉科。

閔鎮藩。字廷儀,天啓辛酉科。

姚錫禧。字仲泰,天啓□□科,歷江西操捕都使,有《陣機新書》《巴雪草》行世。

董爾正。字季方,崇禎□□科,聯捷進士,新試技勇不全,停選。

沈文德。字來遠,崇禎丙子科。

趙珍。字伯玉,崇禎丙子科,與子從龍同科,應撫標,任劉河中港事。

趙從龍。字孟騰，崇禎丙子科，應撫標，任姑蘇六門小哨事。

唐景隆。字君美，崇禎己卯科，南京龍江關守備。

張羽冲。崇禎中中三科武舉，南京撫標坐營把總。

施普。字兩公，崇禎庚辰進士，南京水營守備。

張光輔。字培之，崇禎癸酉科，京口營遊擊。

黄日章。字叔闇，崇禎癸未進士，劉河營把總，甲申禦流寇戰死。

國朝

唐明揚。字官一，順治乙酉科，撫標中軍金山衛都司，管屯田事。

王紹彪。青浦學，順治庚子科，台州衛千總。

潘廷虞。字華重，康熙丙午科。

程揚。婁縣學，康熙癸丑進士，山西太原守備。

徐忠。字燕公，康熙壬子科。

計迪奎。府學，字英文，康熙壬子科，屯田千總。

張繼序。字玉森，鄉飲亨子，康熙戊午科。

陳虎文。康熙辛酉科。

錢日新。字藻修，康熙辛酉科。

金輅。康熙辛酉科。

顧淇。字瀛洲，康熙辛酉科。

倪景元。字萬貞，康熙辛酉科。

瞿廷相。字聖臣，康熙辛未進士，四川建昌衛守備。

陸培基。康熙戊子科。

喬楷。字學田，明忠烈一琦曾從孫，雍正壬子科，浙江平陽協守備。

喬照。字書田，號東齋，明忠烈一琦曾從孫，乾隆丁巳進士，歷甘肅凉州鎮巴里坤鎮總兵、烏魯木齊提督，今調浙江提督，賜帶花翎。

吴振翼。字昆南，乾隆丙辰科。

徐恪飛。字式如，乾隆丁卯科，吴淞營把總。

附武　途

明

鞠協恭。以北運功授戎政軍門、標營守備。　曹國楨。字明衛，寶山團練哨官。

王國寶。字爾珍，苑馬寺卿文炳從子，歷三邊總兵官，明季陣歿。

李中孚。字士修，府曾孫，崇禎末官劉河營遊擊，甲申與日章同死。

國朝

王天貴。國寶族，隨征臺灣，功加左都督。

王大德。字懷寧，江南蘇松水師營遊擊，陞参將。

楊遇春。字昌谷,廣東順德協副將,署吉石鎮總兵。

張全得。字維新,浙江玉環營參將。

孟琳。江南靖江營遊擊。

陳大龍。字接三,湖南洞庭協副將。

周光中。字體仁,江南鹽城營守備。

王鎮。字職方,江南崇明守備。

喬建昌。字駕鰲,浙江提督照子,分發南漕衛千總。

附恩榮老人

乾隆元年,恩詔八十以上老人給八品頂帶榮身。

曹世傑。監生,八十四歲。

祝元英。九十一歲。

應易貞。八十九歲。

邢維純。八十八歲。

朱方來。八十七歲。

沈維遠。八十三歲。

孫爾章。八十三歲。

王舜生。八十三歲。

馮安國。八十二歲。

張日華。八十二歲。

俞彦斐。八十二歲。

蔡貞一。八十二歲。

鈕亮若。八十一歲。

何悦生。八十一歲。

陸清臣。八十一歲。

曹友月。八十一歲。

陳元章。八十一歲。

周映川。八十一歲。

陸宏遠。八十一歲。

王子斐。八十一歲。

胡象恒。八十四歲。

張君聘。八十二歲。

陸天政。八十七歲。

乾隆上海縣志卷之十

人物　名臣　獨行　文苑　隱逸　流寓　藝術　列女　仙釋

王者君萬國，子萬民，一日二日萬幾，繄良股肱是賴。然廉平守職，無所短長者衆矣。若夫清風亮節，彰著朝野，上倚以重，下托以安，雖崇卑中外有殊焉，其功在社稷一也。故首名臣。於是宣風導流，停澆激薄，自士君子以至委巷細民，奮其孝義廉節之性，爲史策光，君子於以觀風俗焉。次獨行。爾乃文章之士，山林之叟，含咀六經，畋漁百氏。或歌咏太平，或抗情肥遯，不容以語嘿軒輊之。次文苑、隱逸。而且類聚羣分，聞聲而來樂土，一術以衍箕裘，賓至如歸，小道可觀也。次流寓。又次藝術。他如婦人女子，蒙化被澤，知天不可移，節不可奪，茹蘗捐軀，始終一致，(中)〔巾〕幗之中秉禮而守義，蓋德化之成也。故次列女。至于仙、釋二家，漢唐以來，流傳已久，要其爲術可以獨善其身，姑存一二，以俟能言距楊墨者。作《人物志》。

名　臣附循吏

宋

錢良臣，字友魏。幼力學，舉紹興中進士，淳熙五年拜參知政事。立朝德望偉然。縣學皆良臣所葺也。

元

費寀，字子壽，長興人。徙嘉興，再遷上海。宋末，以策干兩淮制置使，補進勇副尉，權提舉上海市舶。元初，授武德將軍、金牌千户，遷宣武將軍，兼鎮守上海，總管府事。沿海民船無所統，或流入盜賊，寀請録爲户，蠲其徭役而官領之，可得海船數千、稍水數萬備國用。乃賜虎符，授明威將軍，管領海船萬户。踰年，遷懷遠大將軍，遥授浙東宣慰使。卒贈江夏郡公，謚榮敏。寀器局寬整倜儻而篤厚，賓禮名士，尤輕財樂施，人呼爲“費佛子”。稅司重估苛取，寀請用三十稅一之法，不足則補以私錢。戊子大水，計口賦鹽，寀曰：“飦粥不給，何有于鹽？”先以鈔輸官，徐取鹽付列肆。又酒課不均，寀請以田業爲斷，貧下户悉除之。鄰境牒惡民相讎殺，將獮薙之，寀建議招收從征日本，使自贖，數千人得不死。卒之日，人爲罷市往哭，至相與爲佛事以報之。子拱辰，武德將軍、平江等處運糧萬户。縣初建學,拱辰捐貲經理之。孫雄,亦知名,有祖父風。

任仁發,字子明,號月山,世居青龍之東。幼穎異好學,年十八應宋鄉試,入選。元初,游平章見而器之,辟宣慰掾,授青龍水陸巡警官。會征交趾,改海船上千户。是年,浙西淫潦,建言河沙澱乃吴淞咽喉,不先此而他濬罔效,大臣不納,後果湮塞。大德七年重澇,平章闍黑起仁發董其事,疏濬凡七十餘里,畚鍤之役井然有條。進都水監丞。至大間,大都通惠河及會通河梗澁,檄仁發治之,不兼旬報竣。河決汴梁,溢入歸德府,仁發結籧篨鳳掃,實河口,築隄五百餘里以扞横流,水不爲害。至治二年,鹽官海潡岸崩,鎮江練湖淤積,並命治之。泰定改元,詔賜銀幣,與行省朶班左丞部六郡夫,疏導吴淞二道,大盈、烏泥二河。事竣,加江陰尹,特任都水庸田使司副使。計創石閘六,築塍圍八千,浚溝千有奇,太湖衆水東入於海,所至具有績效。以中憲大夫浙東道宣慰使司副使致仕,年七十三卒。所著《水利書》具存。尤工詩善畫,有《熙春》《天馬》二圖,詔藏祕監。

明

全思誠,字希賢。博學能詩文,仕本郡學正。洪武十六年,以耆儒徵授文華殿大學士兼左中允,勅曰:"卿懷才抱德,志肩古人,惜乎年迫衰暮,志雖存而力不能任。朕不忍復勞,特授此職以輔導太子,免卿早朝,日晏而入,不久當從其志。"思誠固辭,許致仕。

按:思誠詩學盛唐,王梧溪輩俱尊之爲耆宿。時傳其《問疾》詩有"千年松下得琥珀,萬壑雨餘生薜蘿。有客饋魚供野饌,何人擊竹和樵歌",能脱窠臼。又云"長吟不盡相思意,矯首霜前一雁過",殊有遠致。又有《送黄璋就試禮部》詩,云:"唳雀灘前東雨收,賓筵載咏鹿呦呦。右文天子春秋富,勸駕諸侯禮數優。日下五雲生北闕,天邊一鶚起南州。遥知入射丹墀策,象管翩翩思不休。"

王思,由人材洪武三十三年令永春縣。性聰敏,勤于吏事,蠲税糧,均徭役,嘗奏革額辦段疋,民至今德之。

夏長文,洪武時以人材舉拜監察御史,劾堂官右都御史袁泰違法,擢左僉都御史。

杜隰,字宗原,祁國十一世孫。祖元芳,元德清簿,父希仲,水軍萬户,俱有文名。隰好學持正,非聖賢之書不讀,非其人不交。洪武初中詞科,爲太常贊禮郎。時麓川平緬未下,議遣使宣諭而難其人。有以隰名聞者,召對授旨,賜襲衣、囊藥、力士、重譯爲介以行,至詰其不庭,卒以其人入貢。上嘉獎,授禮科給事中,以疾辭歸,凡兩賜手書存問。卒年三十三,所著有《雙清集》十卷、《紀行詩》一卷。弟桓,善論時事,亦能詩,有《九峰一叟稿》。

何廣,字公遠。博學多識,以明經爲江西令,尋擢御史,遷陝西按察副使。精于律學,時變亂成法者當大辟,法家因仍,一切有所改易輒以傳議。廣曰:"嘻!若是則大辟者踵接矣。此但爲改定律令者言之,蓋禁於所不犯也。"大學士解縉覽而是之。及卒,禮部主事俞允狀其行,曰:"居鄉里則稱學者,任郡邑則爲循吏,在風憲有澄清志,位藩垣得大臣體。"時以爲實録。所著有《律解辨疑》行於世。

夏禮,字公立。洪武中,貢入太學,拜監察御史。有直聲,明太祖爲開其軍伍。嘗上疏劾勳貴，忤旨，出爲知縣。奏減各處均輸商税，從之。永樂初，以薦爲御史，陞河南副使，謫戍武清。文皇北巡，再召爲御史，使至南京。值閘壩水溢，漂毁民廬，亟令有司疏洩，上聞而是之。復以薦爲陝西副使，積歲疑獄一言而決。以内艱去，陝西數千人詣闕借留，奪情還任。卒於官。

黄恭，字孟莊。永樂庚子舉人，釋褐除刑部主事，廉公不苛。出知贑州府，有惠政，以父喪去，贛民如失怙恃。服除，改守黎平。適苗獠叛，朝廷命將征討，恭以漢龔遂對宣帝語啟總戎，請往招撫。乃單騎入賊營，賊感泣羅拜，全活數十萬。以功食三品俸，歷九載，卒于官。其子彦宏，博學倜儻，有父風。

葉宗行，讀書尚氣節。永樂中，東吴大水，松江尤甚，宗行上書請濬范家浜，引浦水以歸于海，上善其言，命從夏尚書原吉治之，水患果息。原吉還薦其才，擢知錢唐縣。宗行爲定役法，俾民自占甲乙書於册，循次而呼之，役遂以均，詞訟亦簡。不逾年，翕然稱治。一日，廳事前有蛇蜿蜒，若有所訴，宗行諭之曰："若有冤乎？吾爲汝驗之。"蛇返，入餅肆中爐下，發之得屍，乃肆主利其財殺之埋此，遂伏法。縣故多虎暴，宗行爲文祭之，虎遂斂跡。仁宗在東宫，聞其治行，戒所司善視之。按察使周新風采嚴峻，嘗伺宗行出，潛至其署發笥，惟笠澤銀魚乾一封，新嘆息，携少許而去。明日，召之食，曰："此君家物也。"飲之至醉，出三品儀從導之歸。宗行辭，不許。曰："此位可立至，奚辭爲？"時呼爲"錢唐一葉清"。奉公事入京，道病卒，新痛悼累日，自爲文以祭之，云惟錢唐之山水與公萬古而俱清，至今稱爲循吏云。

陳質，字文彬。永樂甲辰進士，拜御史。風操凛然，論事斷獄，雖權貴不能屈。嘗參靖遠伯王驥軍事，多謀畧。以山東參政致仕。居官四十年，清謹如一日，家居杜絶請託，親舊不敢干以私。卒年七十五。

許進，永樂中，同知韶州府。甫到官，輒出俸倡修學校，除害興利，子畜其民。終明世倅郡者，以進爲最。

李伯璵，字君美。宣德丙午舉人，歷桐廬、山陰、秀水、安福四縣學官。先是，桐廬累舉缺人，伯璵至，識姚文敏公夔于少年，曰："一夔足矣。"授《春秋》，未幾，夔擢第山陰學。或傳山陰不利科目，請徙之，伯璵曰："顧師弟子教學何如耳。"卒不徙，後仕者相繼稍遷。淮府長史從王入覲，左右請他求，伯璵不可，曰："君臣之間有賜無求，求則瀆，瀆則不敬。"府使人入貢，與一縣令争道，詔下令于獄，而釋使者不問，伯璵請治之，以戒生事官校。有犯王械寘於市，伯璵請論如律。王有疾，左右請施僧祈福，伯璵謂不若貸丁役錢以賚衛士，從之。卒年六十八。著《文翰類選》一百六十三卷行于世。子澄、清，並進士。澄字希范，終福建左參議，恬静有守，不競榮利，有古人風。清字希憲，終湖廣右布政，狷介有志操，始終清謹。官南京刑部。時除母喪，謁尚書姚夔，以其父舊，思欲留之，謝曰："知者謂公自薦，不知者謂清有所干也。"姚嘆曰："希憲真君子。"第八子深，字希達，少有雋才，讀書通音律，淮王愛之，疏請納爲儀賓，太后特召入京賜婚，中外榮之。

蔣性中，字用和，宣德丁未進士。有司舉故事，爲立表於門，時鬻竇湖病涉久，性中曰：

“榮吾家，曷若利吾鄉。”即移所費爲石梁於湖上。除兵科給事中，清介自持，上疏劾巨璫王振，請節閹寺、錦衣諸冗食以養驍勇。常奉使過家，駕小艇，令村僕二人挽之，性中坐舟尾，持櫓觸行舟，舟人以篙擊中笠，更呵駡之，僕厲聲曰：“此蔣給事也。”性中叱曰：“奴輩欺人，此處那得蔣給事？”促牽船徑去。出爲江西參議，有惠政。以疾乞致仕，章四上乃許。歸家躬耕養母，杜門不出。巡撫周文襄忱每往謁，性中設蔬食，款論竟日，終不報謁。一日，邑令往候，及門，見有蓑笠從田間歸者，不顧竟入，頃之，束帶出迎，即所見蓑笠人也。其古樸類如此。

張衡，字允平。宣德間，授御史，上《澄清風紀疏》，忤旨，謫戍遼東，竟卒戍所。嘗詒書于孫穀曰：“本以名義經心，不顧利害，日望汝成立，慰我冥冥。”吴文定公寬、陸文裕公深有贊，表其風節。

唐瑜，字廷美。景泰辛未進士，拜南京禮科給事中，出守衢州。先教後刑，衢人大悦。會歲旱且疫，瑜自爲文禱于神，雨大作，沴疫亦消。後凡禱輒應，吏民相與勒石於周宣靈王廟。衢有孔子祭田爲豪家所奪，瑜以俸贖還，俾世其祀，孔氏孫圖瑜像于家廟生祠之。民有李延者，爲媒而匿婚家聘金，鬻二子及妻以償，瑜曰：“民窮而犯法，畏法而棄妻子，守之過也。”贖而歸之。龍游張福戕吴氏四人，而諉其事于金氏，既誣服矣。瑜别置於獄，廉得其實，釋金而罪福，民以爲神。及去，民立祠祀焉。及參政湖廣，襄河爲害，作隄障之。置廣儲倉，歲饑發賑，民賴以濟。尋遷山西布政，改雲南，定土官世襲法及給散滇糧事宜，俱有條貫。大臣屢薦，未果用，或勸之宜少降志，瑜正色曰：“我一介寒士，至此復何求？”久之，擢都御史，巡撫甘肅。會詔使諷織細罽充貢，瑜執不從，又黜弁田廣等陰搆之，坐劾去。弘治五年，詔復其官，致仕卒。衢民聞喪奔哭者，累月不絶云。

郁文博，以字行。景泰甲戌進士，擢御史，有直聲。歷湖廣副使，撫蠻寇，活三十萬衆。居官清介，一錢尺帛不妄取，妻子衣敝緼，飯脱粟，晏如也。嘗有老蒼頭夜侍忽泣，語曰：“主翁寧能常在官中耶？家計日落，奈何不爲子孫地？”文博艴然曰：“余如貞婦，苦守垂白矣。爾欲污我，令我後不得爲清白吏子孫耶？”提矛擲之，清操益勵。

談倫，字本彝。天順丁丑進士。長身豐頤，瑩然玉立。時鹽山王忠肅爲冢宰，風岸孤峭，意輕南士，見倫瞿然曰：“南方有此人耶！”授驗封主事，轉員外郎、郎中。忠肅每入見，輒以倫隨，上問之，公以名對曰：“臣老矣，于聖諭恐有遺忘，此郎代臣志之，且其人可信也。”上因欲大用之，忠肅謂年少資淺，他日用之未晚。丁母憂，服除，補虞衡司，擢應天府丞。是年，鳳陽大水，守者匿不以聞，倫自署其奏，詔免秋糧數萬。進尹應天，改順天，尋拜工部右侍郎。會南昌人李孜省以左道得幸，而萬文康在内閣，有憾于冢宰尹某，因孜省媒孽，以成其獄。士出尹門下及山東鄉故盡逐之，尹出都無敢送者，倫獨往餞。成化初，孜省伏誅，謫逐者多召還，而倫以病不起。初，倫家居，歲遣人起居尹于山東，祀王忠肅于别室，及尹没，亦如之，時稱其淳厚。今吾鄉所行談箋，倫家遺製也。子田少，治舉子業不遇，乃棄去。好吟咏，不甚求工。起大第，搆園亭，花木泉石之勝甲一郡，四方紳士過之必留連觴咏，瀕行餽遺，有古俠士風概云。

王霽，字景明。天順庚辰進士，初授南京刑部主事，歷郎中，出守黄州。州多虎，時有火災，又江水嘗暴至，壞民廬舍，霽祈祝輒應，民愛信之。遷廣西參政。未幾，遷江西按察使，進太僕寺卿。條奏馬政十事，報可用。薦巡撫山東，值歲饑，霽區畫銀五十餘萬兩、米二百餘萬石賑之，存活甚衆。召拜大理卿，用法平易。弘治元年卒，賜祭葬。子泰，自有傳。

顧英，字孟育，號草堂。天順己卯舉人，授廣西同知。有民楊姓兄弟争産，各以百金賂英，英佯許之。比庭，詢問若所争幾何，弟白兄匿五十金，英曰："若争五十金，乃以百金求勝乎?"顧吏出其賂分償之，兩造媿服。尋改延安。會兵荒，民多逋負，英移文所司，乞以舊糧量改輕賫，候完俸支折色，民賴其惠。歲饑，先發倉賑濟，後詣監司謝罪，上官嘉奬之。後守廣南，屬車里讎殺，宣慰板雅氏者死，嫡庶争立，英乃冒險行千里，卒定其事。致仕歸，搆南溪草堂，賦詩自娱。又出田十餘頃爲義莊，以贍宗族。卒祀鄉賢。孫定芳，最知名，有傳。

戴春，字景元，弟曦，字景暉，同受業周廷參門下。景泰庚午應鄉試，令侯某戲曰："兄弟俱讀書科舉，誰充役者？果捷，當爲建聯桂坊。"及同領鄉薦，令爲建坊。天順甲申成進士，歷官順慶知府，卒。曦學優才敏，外坦内嚴，授中書舍人，遷刑部員外郎，卒於官。

王祐，字天錫。榜姓高，父鉉贅于高，因從其姓。成化丙午，以鄉貢授泉州同知。泉多山，谿民倚險爲梗，祐訓以德義，皆相率從化，積逋不督而集。凶年出粟貸民，念山鄉險遠，總授而分給之，遠邇稱便。嘗道漳州，宿山間，有負豪家債而憤其逼者聚衆，期旦日殺豪，豪亦陰爲備。祐知之，遣人諭以禍福，片言而散。一日，令所部市茶，其人密置銀二錠以進，祐笑却之，屏其人，弗復接。丁父憂歸，部民千餘人携金錢跪釃，皆不受。歷廣平、東昌二府，操履如一。晚居邑西，四壁蕭然，不以介意。時鄉人作《三婦説》喻士大夫，獨目祐爲節婦云。

周洪，字廷誥。成化戊戌進士，除蒲圻令。勸農力田，植桑麻，令婦女業紡績，治絲枲，驗其勤惰而賞罰之。高田置筒車，下隰創陂堰，民賴饒給。鄉置社學，市田三十畝，令生徒父母合力耕稼，復其徭爲教讀資。邑有奸法者，大署木牌于門，雖權勢不避。置立義倉六所，儲穀三萬石，正德初大旱，民猶賴之。拜御史，卒。蒲人誦德不衰云。

張黼，字仕欽。成化丁未進士，官刑部郎中。有里嫗訟其子不孝者，反覆開譬，且呼其母爲子理髮，皆感泣悔服去。每有疑獄，必焚香祝天，至忘寢食，以求其情。久之，子鳴鳳以御史官南臺。一日，值御史騶哄於道，鳴鳳下馬立，他御史疾馳去，乃嘆曰："吾老矣。安得復與兒子輩争衡哉?"即日疏乞致仕，上嘉其恬退，進應天府丞。歸卒，年七十八。初，黼年五十未第，或勸廢學，黼曰："人雖休，吾弗休。古人有之，請事斯語。"卒成其志。又以晚成，父母不及禄養，刻親像自隨，垂老言及必流涕，士林稱爲篤行。

瞿霆，字啓東，號南山。成化庚子舉人，授順天府判。奉詔同給事中李漢等，清理武清七廠葦地，繪圖進呈，勒石著令。尋遷左府經歷，調後府，出知廣南府，俄轉沅江。那氏與族人相讎殺，往撫諭之，那氏陰行千金爲賂，霆發其奸，獻議誅之。隨乞休東還，作七老會圖書,賦詩以爲盛事。年八十九卒。有《南山集》。

董恬,字世良,綸子也。弘治丙辰進士,授工部主事,分司徐州,改刑部員外郎,轉郎中。有族子三人毆殺其叔母,恬謂法當敘服制輕重,司寇擬以同罪,果爲大(埋)〔理〕所反。奉勅録囚浙江,平反明慎。時逆瑾干政,凡復命者必往謁,恬不往復,無所遺,乃摭以逾限,罰米二百石餉邊。正德戊辰,晉大理少卿,癸酉賜章服閒居。卒年七十四。

金獻民,字舜舉,綿州籍上海人,登成化甲辰進士,累遷御史,按雲南、順天,並著風裁。出爲天津副使,陞湖廣按察使。正德初,劉瑾亂政,追坐獻民勘天津地不實,械繫詔獄,斥爲民。瑾誅,起貴州按察使,歷南京刑部尚書。世宗即位,召爲左都御史,遷刑部尚書,執奏奸黨王欽、王銓不宜貸死,不納,尋代彭澤爲兵部尚書。五星聚營室,其占主兵,因請勅天下鎮巡官預守戰之備,且請用賢納諫,罷土木,屏玩好,帝頗采納。太監丘福、潘傑死,詔官其弟姪,張欽死,詔以家人李賢承廕,獻民執奏不可,勿聽。土魯番速壇滿速兒寇肅州,命兼右都御史,總制陝西四鎮軍務,捷聞召還。錦衣百户俞賢,中官泰養子也,以中旨管事,獻民奏賢本厮養,不宜濫竊名器;又錦衣副千户李全、王邦奇等,以冒濫汰去,帝復授全等官,獻民前後固争之,不聽,尋爲言者所劾,引疾歸。未幾,邦奇訐前尚書彭澤,詞連獻民,逮獄奪職。獻民性伉直,有執持,初大禮議起,數偕廷臣疏諫,帝不悦,由此得罪。隆慶初,贈恤如制。

唐錦,字士絅,弘治丙辰進士。時修會典,擇進士有才望者入史館,錦與焉。會典成,乞歸侍養,已而出就東明令。比河患不息,建言者奏開賈魯河,下北直、河南、山東、漕運四撫臣議。錦謂賈魯河久爲平陸,且延袤數百里,非費鉅萬無成功,元以開河致亂,此非細故,不若隨地隄備,即間有害,無他虞。撫臣籍其議以聞,役遂寢。入爲兵科給事中,清理廣東鹽法,查覈積逋百餘萬引,所司侵盗者寘之法,餘悉蠲除之。時劉瑾殘横,錦不謁饋,謫判深州。瑾誅,晉南繕部,轉比部郎。凡淹繫可矜者力奏出之,竟任無一滯獄。再督江西學政,遇宸濠之變,集城中士民激以大義,捕得守城内官杜茂、僞千户朱真輩四十二人,奪其鎖鑰,馳請虔撫王守仁入城,建首功。坐所部民兵夜亂落職,後事白,許致仕。杜門養重,銳情著述,一時金石之文皆出其手。卒年八十。所著有《龍江集》《夢餘録》,《大名》《上海》二志行于世。

曹閔,字崇孝,弘治丙辰進士。授沙縣知縣,入爲南御史。正德初,上疏極論劉瑾,下錦衣獄,被杖幾死。瑾敗,起廣西僉事。閔曰:"一瑾去而衆瑾尚在。"遂引退,年未五十也。爲人篤實恬静,足跡不入城市,養母十年。母終廬墓,得寒疾卒。

沈恩,字仁甫,弘治丙辰進士。初授刑部主事,忤劉瑾落職。瑾敗復起,歷官雲南按察使。前使者謁黔國公,拜伏隅坐甚恭,恩不爲屈。旋按其不法事,問遣奴輩二十餘人,黔國怒,陰令市肆告變以危恩。監司上其事,廷議竟右恩,擢四川布政。廉知蜀民苦邊糧料價,前後奏減二百餘萬兩。時新都相柄國,蒼頭稍驕横,恩輒寘之法。新都遺恩大紅羢二,且謝不謹,恩召集僚屬焚于廷。新都子廷對擢第一人,賀者争致重幣,恩出俸三兩佐兩蜀帊爲餽,新都不爲禮,恩亟走入索歸,卒以此坐免。居鄉屏謝竿牘,對郡縣語尤規切。嘗徒行數十里，送其師朱曜之喪。其歿也，貧不能殮，今祀鄉賢，巡撫都御史夏邦謨又特爲之祠。

張鳴鳳，字世祥，黼子。與弟鳴鸞同年舉於鄉，丙辰成進士。令永康，以廉能召爲南御史。上疏論劉瑾，被逮廷杖。瑾誅，詔復原官，仕終湖廣副使。

張萱，字德暉，弘治壬戌進士。除鄱陽令，改嵊縣，復改政和，擢守茶陵州。民悍黠多盜，不可詰捕，乃類編族氏，嚴立株坐之法，四境清肅。又隣邑永新民越境占田，歲負税三百餘石，萱白其狀，上官責永新吏督徵，以紓民累。內艱，服除，改潞州。會武宗西巡，權幸譸張訛言欲刷婦女，一州洶沸，將竄匿山谷，萱請以身當之，民倚以安。歷官湖廣參議，致仕歸。萱外寬內嚴，所至有風績，茶陵人爲著《循良傳》，楚臬某畫其像以志思慕，人以方何武焉。子鳴謙，孫之象，別有傳。萱所建宗祠在二十六保。

唐懽，字季和，號只山，弘治壬戌進士，官刑部。孝宗崩，歡哭之慟，不御酒肉者累日。正德初，逆瑾竊國，懽獨以直節守官，瑾心銜之，乃誣以他事下詔獄。其黨張文冕，懽同郡人，使人邀重賂營救，懽曰："我實無罪，冤當雪。若有罪，則法在朝廷，安敢倖脱?"遂謫穀城令，士大夫咸餞别之，賦詩弈棋，談笑自若。單車至縣，見餓莩於路，輒悲嘆不食，以爲長民之責。未幾，卒於官，年三十七。是年八月，瑾誅，人以懽不及見爲恨，然無有上其事於朝復其官者。

陸深，字子淵，號儼山。幼有大志，人以公輔期之。弘治辛酉，舉應天鄉試第一，乙丑成進士，官翰林。時承平無事，朝士留心翰墨，名儁繼起。深詩文與李空同、徐迪功争衡，書法李北海、趙松雪，其品隲古今、賞鑒書畫談鋒洒然，一座盡傾。由編修擢國子司業，丁母憂去官。既釋服，不樂赴補，廷臣交章薦之，起祭酒，充講筵。故事，講章先從内閣删竄，深講畢，面奏："今日講章非臣原撰，乞自今容講臣得盡其愚。"上可之。退復上疏，極言講官宜令自盡獻納，以杜壅蔽。當路忌之，謫延平府同知，遷山西提學副使。時晉府有優人子入學，深聞之曰："可使學宫缺一人，不可以一人污學校。"竟斥之。又陽曲生父爲縣令所笞，下獄死，訴御史趙，趙反抵生罪，深争之不能得，即疏劾趙，趙亦劾深，有旨差勘，深得直。旋補浙江副使，仍理學政，歷四川左布政，徵拜光禄卿，預修玉牒，改太常卿兼侍讀學士。扈駕，承天命，深掌行在翰林院印，御筆删"侍讀"二字，嚴嵩贈深詩有："行朝特視詞林篆，御筆親題學士名。"後致仕。一日，上問侍臣陸深、張邦奇才學孰優，侍臣以陸優於張對，上曰："陸深曾爲祭酒，桂萼欲害之，今尚在否?"方有意召用，會卒，賜祭葬，贈禮部右侍郎，謚文裕。遺文凡一百卷。子楫，字思豫，少穎敏，讀書過目不忘，屬文援筆立就，年未四十卒，人共惜之，所著有《蒹葭堂稿》。文裕以孫郯賢嗣楫後，官石阡守。

王泰，字時陽，大理卿霽子，弘治己未進士。以刑部主事理漕淮陽，弛軍士淹禁者百人。去淮之日，籍公帑若千緡，築石隄數百丈，以防湖漲。遷主客員外郎。時逆瑾專政，賞賜屬國多紊舊例，泰上疏復之。擢太常丞，出爲江西參議。值饒信姚源盗起，都御史俞諫檄泰軍前，督餉倚其力。用俘獲男女，具訪鄉里親戚還之。事竣，賜白金文綺。先是，柄兵者議撫東鄉賊渠，授以冠帶，泰不可，主議者疾之，遂謝事歸。泰嫡長應得父大理卿廕，不以屬子而讓庶弟，尤人所難。

張霆，字時震，弘治壬子舉人。官南安司理，又倅廣州，俱有廉惠稱。

葉鈇，字廷用，弘治辛酉舉人。授福州府同知。甫下車，有二十四人上謁，自稱汛商，各饋海錯一罌，發視皆白金也。鈇大駭，封識而密察之，皆海洋劇盜，即詣臺使白其狀，請得便宜除賊。乃伏甲内廨，延汛商入飲，席終伏發，群賊就縛，得通番劫殺諸不法事，上之臺使，悉殲之，出罌金貯公帑，賊黨駭散，閩海始安。尋擢刑部員外郎，晉郎中。以論事忤權貴，出知雲南臨安府，多惠政，移疾告歸卒。

趙綸，字廷言，正德庚辰進士。爲内江令，有善政。有民利其從子財，手刃七人，而誣爲盜所殺，綸片言折服，衆驚嘆以爲神。蜀素無雪，是歲雪盈寸，又蝗不入境，粟一莖五穗，士民刻石稱三異。終南京刑部主事。

戴恩，字子充，正德辛未進士。授工部主事，累官陝西參議。恩外恬和内機警，初視榷武林，歲歉多負課，恩曰："吾寧以是獲戾，不能效掊克吏也。"御史王堯封特爲奏免。武宗南巡，郡縣吏往往棄印逃譴，恩獨與總理河道御史龔弘經理供億，市肆不擾。以勞瘁遘疾，乞歸，時年五十有三。

朱豹，字子文。父曜，以貢授清江提舉，愿慤端毅，時人比之陳太丘。豹舉正德丁丑進士，當除官，曜戒之曰："我生平慕包孝肅之爲人，若爲官不持一研歸，乃吾子也。"豹受命惟謹，所至有冰蘗聲。令奉化，豪右凜凜奉法，振飭庠序，捐俸建社學。調知餘姚，革里甲短解之弊，至今遵其法。兩邑皆祠名宦。擢御史，益以直道自任。薦楊一清、伍文定。及召對，豹又密陳災異裨聖政十事，言極剴切。奉勅清理江西軍務。江西自宸濠變後，災盜數起，豹至，發粟活數萬人，釋大辟囚三十餘人。又嘗請兩京五品以上官各舉郡守，舉不稱者坐之，語多忤時。遷守福州。聞父訃，即日徒跣行三十里，僚屬士民送者遮道。豹性孝友，父存日未嘗乘車，與昆季處，履相易而敝，宗黨多待以舉火。所著有《福州集》，父曜有《玉洲集》，俱行世。

喬懋敬，字允德，號純所。父訓，寧德丞，有惠政，祀名宦。懋敬登嘉靖乙丑進士，授刑部主事，佐漕淮安，漕政肅然。遷員外郎，擢福建按察司僉事。治興泉時，新被倭難，凋瘵實甚，且多豪右難治，懋敬拊循振刷，寬猛相濟，瘡痍以次起而横暴斂足。有劇寇攻剽閩廣間，勢張甚，廼陳破賊狀，制府悉以兵事屬之，因乘間擊賊，賊敗入海，轉戰至韶州境，復出奇策，結吕宋國擣其巢，賊渠授首。事平，陞布政司參議，遷江西布政司參政。去之日，父老涕泣，遮留車軹不得。發江右，方行履畝法，條上均賦便民十餘事，會疫大起，諸藩臬多寢疾，懋敬兼攝七道，案牘山積，從容應之，由是聲譽益著，爲寮寀所忌。時江陵柄國，聞其治辦聲，陞湖廣按察使，擢廣西右布政，會御史某按楚，有微嫌，中以蜚語，乃罷歸。懋敬天性孝友，宦轍所至必奉母以行，既歸，築庄西郊，顏曰"白雲"，以志思親。居官廉儉，雖歷藩臬，布衣蔬食，室無厚藏。年六十二卒，著有《廉鑑》四卷。子一琦，自有傳。

潘恩，字子仁，號笠江，嘉靖癸未進士。知祁州，調劇禹州。州人相語曰："毋相仇，避潘侯。毋甚口，媿太守。"積儲爲列城最，會歲祲，發倉貸之。擢南京刑部員外郎，遷廣西僉事，督學政。時靖江王驕，勒其衛卒子毋充諸生，即充者必以賄，恩移文長史，欲糾之，諸生乃得就試。嘗署按察篆,勾捕王所匿大猾,王銜之,上疏誣恩,上遣法曹會勘,事得直。進四川左参議,歷浙江参政,按部海鹽。島寇猝至,圍之數十匝,時城無見兵,但鼓舞吏人,晝夜登陴不少懈,城卒以全。進雲南按察使,擢江西布政使,巡撫河南。徽恭王子載埨嘗輕去其國,多掠良家子充後宫,占民田,賊殺無辜十百事,恩與御史悉發其罪狀,論廢徙。遷刑部侍郎,再擢南京工部尚書。時督餉都御史章渙嘗有疏《經畧中原》,名觸上諱,將坐以誹謗。又雲南巡撫游居敬與黔國相觝,沐陰中之,坐以激變。恩上疏救解,皆得比寬典。改左都御史,疏請飭臺綱、剔吏弊,詔嘉納之。乞致仕,聽許。年八十七卒,賜祭葬,贈太子少保,謚恭定。子允哲、允端,俱成進士,自有傳。

劉兆元,字德資,嘉靖乙酉舉人。閉户讀書,兼通兵法、風角、占候,謁選授懷慶司理。嘗慮囚一女子繫獄已二十年,兆元察其冤出之。武陟富人以女字巨室,壻家後貧,規欲離絶,兆元責令歸之。而疑富家多婢,或有詐,乃訪一隣嫗曾識女面者驗之,果僞,兆元怒,欲按籍其家,竟得成婚。尋病歸,至淮陰卒。

杜時騰,字冲之,嘉靖戊午舉人。就教石埭,時文廟忽發異香,瑞芝產于泮池。未幾,子宗彝、從子獻璠、孫士全俱登賢書。後遷黄縣令,出冤繫二人于獄。尋罷歸,黄人攀號送之,時騰出一詩,留别父老曰:"三年休養力,一旦别離情。税事須先足,苗田宜早耕。身家忍處保,衣食儉中盈。回首雲山隔,飄然兩袖輕。"年八十餘猶作蠅頭楷書,無疾而終。

蔡懋昭,字允德,嘉靖庚子舉人。由嘉善教諭擢知新河縣,遷守趙州。州有大橋税,歲入千金,例供官署,懋昭分償積逋,載會計册。冢宰胡松稱其賢,擬内召,而太守陳煒齮齕之,拂衣歸。適有御史顔思賢過趙,父老泣訴治狀及去官之故,顔薦之朝,即家起桂陽州,旋同知懷慶。遭父喪去官,補肇慶。時海酋餘黨許恩者,築城陽江沙島,東連惠州林道乾,爲犄角勢。懋昭用間離其黨,示以恩信,恩降,即入坐恩幄,呼恩解散部曲凡六千餘人,急隳其城,率恩入謁制府,婉請赦之。道乾既失援,亦詣軍門降。遷思州知府。城故無井,民間汲水二三十里外,懋昭令四門各穿一井,肅衣冠拜禱,水旋涌出,民稱爲蔡公井。及致仕歸,思民肖像祀之。歷官幾三十年,環堵蕭然,至不能舉火。卒年九十。

張鶚翼,字習之,嘉靖辛丑進士。以兵部主事出守山海關,創新令數條,改吏部酌選法,疏淹滯,鄉里無所借。後巡撫貴州,復區畫撫彝四事上之,皆見嘉納。以星變免歸。會倭寇上海,民無固志,首建築城、飭備、團兵三議,又出粟廪登陴者,城賴以全。病亟,猶口占答郡守論民瘼書,引己疾爲喻。所著有《須野集》《易説辨訛》。孫泰階,萬曆己未進士,歷官温處道。

龔情,字善甫,嘉靖癸丑進士。由行人擢禮科給事中。時南北警報旁午,情條疏邊防四事,復封駮移取太倉銀兩詔書,詞旨愷切。以會勘伊庶人不法事,忤旨外謫,稍遷南工部,隨罷免。情少聘韓氏女,病廢,或勸改圖,不聽,女亡,始議婚。性伉直,言論丰采有古人風。著《撮殘稿》藏于家。從弟愷。

龔愷,字次元,號全山,嘉靖丁未進士。授慈谿令,入爲御史。會咸寧侯仇鸞倡馬市,首疏論之,杖闕下,得不死。出視兩淮鹽政,又按西粤,屬吏不職者輒望風解綬去。尋列靖江王驕恣狀,復疏止大征粤寇,上是其議,當事者以此忌之。出爲山東參議。屬大蝗,愷下令捕得蝗者易粟倍,於是蝗不爲害。遷湖廣副使,引疾歸卒。

董傳策,字原漢,綸曾孫也。九歲能屬文,嘉靖庚戌進士。是時,嚴嵩父子怙寵不法,諸臣以直言觸忤抵死者數輩,傳策爲刑部主事,偕給事中吴時來同官張公翀疏劾嵩六事,請斥之以謝天下。上怒,下詔獄推鞫,主使榜掠慘酷,絶而復甦者再。會地震得宥,謫戍南寧。時按粤者爲嵩私人,傳策短衣大帽,跪舟次呼曰:"軍人董某見。"御史趣迎之,幾墮水。有宣慰某齎寶劍玉幣求謁,止户外移日,叱却之。隆慶初,復原官,尋擢南京禮、工二部侍郎。爲人清介,而待族黨有恩,然性剛,繩下嚴急,臧獲懼不免,遂及于難。所著有《採薇》《幽貞》等集,《景獻奏疏》若干卷。弟晉,隆慶丁卯舉人。晉孫象恒,萬曆己未進士,官浙江巡撫都御史,自有傳。

唐繼禄,字子廉,嘉靖癸丑進士,除遂安令。下車,募壯勇數百人,儲粟數千石爲備。未幾,倭寇内地,所至殘破,遂安獨全。有殺人,獄既具,稱冤不已,往驗無傷,惟胸前逌歛如石,繼禄曰:"若飲之滷乎?"囚叩頭服。召拜御史。值歲大旱,疏修省十事。又奏行里甲法,著爲令。出按湖廣,會興山盗鑿礦行劫,聚衆三千餘人,縣官利賊礦,匿不以聞,郡守徐學謨上狀,繼禄即下檄,先縛縣令囚之,而陰遣沙市趙巡檢詣賊寨,諭以朝廷威德,令早自解散,人給一符,待以不死,還籍者隘兵驗符,毋擅誅。月餘,賊黨盡散。擢大理丞,晉少卿,遷操江僉都御史,尋轉副,治屯鹽。俄移疾歸卒,年五十一。繼禄居家儼如在官,無惰容妄語,口不作鄉土音,嚴整介潔,其天性然與?

秦嘉楫,字少説,嘉靖己未進士。初授行人,使周藩,周王偉其風度,厚贐之,悉謝却。乃衣以一狐裘曰:"天氣方寒,幸使者爲遠道計。"嘉楫不得已陽諾,至杞縣,以裘托同年歸之。王曰:"某賤臣也,何敢辱王服?"其介節如此。拜侍御,出爲浙江僉事,左遷光州判官,復隨牒量移,至南京工部主事致仕。家居校輯羣書,手自鈔録,所著有《鳳樓集》。

屠寬,字德宏,嘉靖癸丑進士。由部郎歷官浙江僉事,調雲南。時撫臣鄒欲誣黔國沐公大逆,委寬推鞫,無狀,止罪其奴。鄒復誣奏鋉索箐居民嘯聚,得旨勦捕,寬全活良民數萬。鄒益恚,坐是罷歸。後有頌其事者,召用不起。家貧甚,妻子不免飢寒,年八十一卒。

華秉中,字正夫,嘉靖癸丑進士。司理東昌,平反有異政,召入刑垣。言事侃侃,分宜當國,抗疏劾之,不報,歸里,閉門養重。卒年僅四十五,所遺圖書數卷而已。孫曾彬蔚,能以清白世其家。

王圻,字元翰,嘉靖乙丑進士。授清江令,調劇萬安,入拜御史。峭直敢言,卒忤時相,出爲福建僉事。時巨盗張文欽等,聚衆剽掠積年,圻設方畧殲之,餘黨解散。而忌者復搆他事,謫補曹縣,量移開州,尋備兵武昌。改督學,典福建、山東鄉試,所奬拔多爲名臣。遷陝西参議,致政歸。初,圻以奏議爲内江相趙貞吉所推,江陵張居正與内江交惡,諷使攻之不應。新鄭高拱,圻座師也,時方修隙,徐文貞公階又疑爲私其鄉人不助己,恚甚,遂摧抑之。里居著書,至老不勌,卒年八十五。所撰有《續文獻通考》《稗史會編》諸書,見《藝文志》,皆經世大著作云。

趙灼，字時章，嘉靖丙辰進士。授行人，考選刑科給事中。疏陳三吴水災，乞蠲賦，言甚詳懇。轉户科。時江南民歲轉廪於諸曹，人衆地分，奸蠹百出，灼疏請立禄米倉，以司徒屬一人主之，歲省民財以萬計。遷吏科都給事中，晉右通政。卒年四十五。兄廷炯，嘉靖乙卯舉人，官至潯州守，以才行稱。孫東曦，自有傳。

張仲謙，號受所，莊懿公五世孫，嘉靖己丑進士。時徐文貞階居政府，其夫人仲謙姑也，仲謙與諸進士旅進旅退，未嘗私謁。授兵部主事，居武庫七年，大司馬楊襄毅爲文貞言武庫郎賢，且積資久，宜置要地，以語仲謙，漫不應，謂兩尊人春秋高，願得外補以便省覲，遂出爲湖廣參議。文貞既罷相，新鄭高拱修故郄，根株其親黨。仲謙入覲，見拱，拱迎問曰："君與徐公戚乎？"仲謙曰："徐公夫人家姑也。"拱改容謝曰："真古君子。徐公在事，何久不聞公名？"仲謙爲治清静寬易，多所平反。囚某年十二，以奴傷人抵死，仲謙以罪坐奴，竟出之。遷雲南參政。當黔國兄弟搆隙，幾弄兵爲難，仲謙移檄留都，分别其事解之。俄聞父喪歸，堅卧不出，隱居三十餘年，年八十六卒。從弟烈，同年進士。

潘允哲，號蘅齋，恭定公恩子，嘉靖乙丑進士。授新蔡令。時淮汝水溢，漂没民居，請穀賑卹，流移盡復。調義烏，徵拜御史，按上江，出守黄州。治務簡静，民親而畏之。擢山東副使，遭母喪去官。服闋，督學陜西，規條嚴密，士翕然從之。得父手書心動，即解綬歸。承藉世資，不事家人産，羸衣菲食，應門僅一老蒼頭。卒之日，知與不知皆流涕。

潘允端，字仲履，嘉靖壬戌進士。歷官參政，總理漕儲。交兑後期，運不時至，允端督有司，勒諸官軍，以二月至淮，五月入閘，八月並達天津。又于瓜洲建閘，以避江濤。令白糧民船尾漕艘而進，永免民運瓜儀之苦。淮撫王宗沐特薦允端擘畫海運，允端躬歷沿海要害，申明賞罰，凡爲艘三百有奇，運糧十有二萬石，不一月至天津，自會通置河以來所未曾有。説者謂海運通則河不能爲梗，可以佐漕，而或以爲乘危倖功，遂格不行。後晉四川布政，移疾歸。搆樂壽堂，奉養恭定公，以篤孝稱。中子雲龍，弱冠入成均，值選中書，故事皆以貲進，惟雲龍以文得選。會雩祭，明神宗將步禱南郊，見閣選潘名，曰："朕方祈甘澍，雲龍二字佳讖也。"遂授武英殿中書舍人。有《萬花樓集》及《六體〈千字文〉法帖》行于世。第四子雲鳳，以允端致仕早，母顧氏封不及格，及雲鳳官羅定州同知，應得贈，因疏請進母爲夫人，如父階，詔許之，蓋異數云。孫桓明，天啓丁卯舉人，有文名。曾孫堯彩，順治乙未進士。郡稱世家者，首推潘氏云。

艾可久，字德徵，嘉靖壬戌進士，授太常博士。擢南京御史，巡視上江，劾勳貴驕縱及附新鄭大臣者四人。遷知衡州府，屬縣有議增商税者，執不可，其政以緩催科、興學校爲務。擢山東副(吏)〔使〕，累遷江西、陜西參政，革田税飛洒，出羡金賑饑。再遷按察，轉山西布政，入爲南京太常卿，晉通政使，請告尋卒。孫廷機，字平菴，幼失怙恃，依祖成立。及可久卒，廷機請于朝予祭葬，營墓域如禮。由太學生授中書舍人，旋告歸。輕財任俠，鄉黨賢之。孫汝成，康熙丁巳舉人。

徐汝翼，字君羽，嘉靖乙丑進士。初授刑部主事，入遷至廣西布政使。會猺獞倡亂，汝翼奉敕會諸監帥，籌餉調兵，相機勦撫，粵西底定，遂疏乞致仕歸。初，汝翼在郎署，其座主高拱以輔臣攝吏部事,汝翼終歲無私謁,清風高節,鄉黨咸推重之。

陸郊,號三山,文裕公孫。以廕起家都察院都事。時臺長以郊世族少年,心易之,及議事,郊援據典故,風發泉涌,始肅然改禮焉。後授石阡守。石阡古夜郎地,苗獠錯居,傜役龐雜,郊倣吴下條編之法,著爲令,吏民德之。郡僻陋無書籍,郊家輦經史教之,士始向學。又播酋思亂,郊經畫密剪其角距,事具《德政録》中。請告歸家,居二十餘載,内行醇備,無愚智皆尊禮之。殁,祀郡邑鄉賢祠。長子堣,有令德,世其家。

喬木,字伯梁。爲諸生時,遇倭寇守陴,殺寇過當,知名于時。隆慶戊辰成進士,守安吉州。州當貢栗,木上言:“明主奈何以口腹累民?”請罷貢,報可。擢河南僉事、井陘兵備道。值茨溝營卒多烏合,盗礦不可踪跡,乃選土著八百人充伍,漸汰諸募者,盗以是息。歲祲,以便宜發粟,全活甚衆。遷福建參政,解組歸。子拱璧,自有傳。

李伯春,字友鄉,昭祥從子也。隆慶辛未進士,授刑部主事。以明允爲尚書嚴清所器,使脩定條例。轉郎中,出知濟南府。屬歲,飢民王登以妖言煽衆,擒置之法,出倉穀鉅萬斛賑貸,人心遂安。遷浙江副使,轉湖廣參政。守陵宦者孫某欲奪民沙洲田,又横索里夫折值,皆挫抑之。尋以母老棄官歸。弟仲春、叔春皆親自教授,叔春登萬曆己丑進士,歷官歸德知府。值河決,後城郭傾圮,飢民數萬聚葦澤剽掠,監司欲興兵勦滅,叔春固請解散之,皆感泣來歸。又蠲逋責牛種,户口漸復。後論調歸,起按察副使,乞休。伯春兄弟同堂共爨,友愛甚篤。仲春當伯、季仕宦,常主奉養,孝謹尤著。及殁,室無私財,伯春以産均授其子焉。伯春第二子繼厚,萬曆戊午舉人。仲春孫之楠,天啓辛酉舉人。

王文炳,字象南,隆慶辛未進士,授四川叙州推官。叙有山峒名九絲蠻者,即孟獲後,時出掠女口貨財,官兵逼之則入關,關名凌霄,地險絶。蜀撫曾省吾議進討,檄文炳贊畫。文炳乃自裹氊帥師從山後入破凌霄,馘蠻王阿大、阿耇等,設武寧衛城。上其功,晉秩一階,入爲刑部郎,尋出知慶遠府,遷貴州副使。致仕歸,卒年七十六。

陳所藴,字子有,萬曆己丑進士。授南刑部,調吏部,出爲江岳參議,俄遷大名副使,皆有風績。督河南學政,人莫敢以私干之。尋分守大梁,有奸弁上疏請覈河南羡帑者,乘驛按問,同事震懾,所藴辨折屈服之,弁坐誣妄被逮。未幾乞休,後起南京太僕少卿,甫半載趣歸。所藴性方嚴,已請老,地方有大利弊片言而決。年八十四卒。

董其昌,字元宰。父漢儒,耿介力學。其昌自外塾歸,漢儒夜從枕上口授經義。萬曆己丑成進士,選庶吉士。禮部侍郎田一儁以教習卒官,其昌請假,走數千里護其喪歸葬。還授編修,知起居注。明光宗出閣,充日講官,因事啓沃,光宗每目屬之。主考江西,尋有忌者,出爲湖廣按察副使。陳疾歸,三十二年起爲湖廣提學副使,踰年致仕,叠詔起用,並不就。光宗踐祚,問閣臣曰:“舊講官董先生安在?”乃起爲太常寺少卿,掌國子監司業。天啓二年,改兼翰林院侍讀學士,纂修實録。奉詔至江南採録諸司掌故,凡萬曆朝章奏案牘輯爲三百本,其留中之疏有切于國本、藩封、人才、風俗、河渠、食貨、吏治、邊防議論可施行者,别爲四十卷,倣史贊之例,每篇繫以筆斷。書成表進,有詔褒美,宣付史館。三年,遷少詹事,掌南京翰林院,轉禮部右侍郎。四年,充纂修實録副總裁,同知經筵,尋轉左侍郎,還部。五年，遷南京禮部尚書。時政在奄竪，黨禍深酷，其昌深自遠引，遂謝政歸。崇禎六年，召拜禮部尚書，掌詹事府事。七年，進太子太保。乞骸骨，温旨慰留，章七上乃允，賜乘傳還。九年卒，年八十二。訃聞，輟朝，賜祭葬，贈太子太傅，謚文敏。其昌天才俊逸，善談名理，在講席見知于光宗，爲僉人所忌，然不激不隨，故免于黨人之禍。少好書畫，臨摹真蹟，至忘寢食。中年悟入微際，遂自名家，行楷之妙，跨絶一代。其畫集宋元諸家之長，行以己意，論者稱其氣韻秀潤，瀟灑生動，非人所及也。四方金石之刻得其制作手書，以爲二絶。造請無虚日，尺素短札流佈人間，争購寶之。尤精于品題，好事家至今引重焉。所著有《奏議》《筆斷》等書。

姚永濟，字通所。祖一祥，肄業太學，嘗拯湖州一生於厄，而不問其姓名。後就選，除臨江知事，時直指劉某按部，見一祥名，召謂曰："先生尚識余耶？余故湖州遇難生也。無以報公，察有冤繫五人罪可釋，公第與言，可致千金爲壽。"一祥唯唯，即上繫者名于直指釋之，詭云得金而陰却不受，一時傳爲盛事。永濟，萬曆戊戌進士，初令東陽。值歲荒，出粟賑濟，活民數萬。俗豪家婢女白首不得婚配，永濟下教，凡婢女年二十以上無夫者罪其主，匿不告者罪其隣，惡俗頓改。調煩永嘉，尚教緩刑，民不忍欺。遷刑部主事，以政最擢禮科給事中。時楚王被誣，禁錮子女一百二十餘人，廷臣莫敢言。永濟獨抗疏曰："細民有過尚且恤刑，豈皇祖雲礽之裔而不蒙覆盆之照乎？今天潢一派，九載沉埋，平反何日？乞賜生還，以篤宗盟。"上感悟，即詔歸國，時論偉之。會考選宗藩，特命永濟董其事，當時有"姚公桃李皆皇族"之語，亦異數也。在諫垣，章數十上，聲望藉甚。後持節封周藩，嫉之者擠之，外遷湖廣副使，不就，請終養。崇禎二年，備兵太原，尋轉浙江之左布政。時有給事督餉浙中，永濟不爲禮，銜之，遂劾免。國初，有妄男子糾衆劫其家罄盡，永濟處之泊如也。好參同内景家言，採録類書二百餘卷，爲《學撮》六卷。年九十七卒。弟永豫，外衛經歷，好施樂善，有祖一祥風。子賡明、襄明，俱恩貢生。永豫孫廷讓，太學生，以詩文名于時。

張所望，字叔翹，萬曆辛丑進士。除刑部主事，奉使榮、襄、靖江三國，餽遺一無所受，諸王欽企焉。出守衢州。衢俗嚚訟，而奸民左右兩造間，詭譎競利，所望廉得其名，閲詞輒知主文者某某，即逮訊窮治，剖決若神，衢以大治。遷副使，備兵蒼梧。時嶺表法令久弛，所望至，繕城隍，寔倉廩，簡屯戍，若藤峽、崑崙、鬼門、勾漏諸要害，無不身歷慰撫，窮山炎谷喜見大吏，皆搏顙受約束。有羅運猺者，阻溪洞，戕殺熟猺，所望馳檄諭之，遂輸貢爲編户，蓋漢以來所未賓也。轉左江參政。隆峒長官黄兆基少子與其兄遺孤争襲，讎殺累年，所望討平之，將吏請郡縣其地，所望曰："師以定亂，奈何斬人祀以自利耶？"置其長而還。擢廣東按察使，不就，起爲湖廣按察使，理漕政。時兵興，轉輸煩亟，以積勞疾作解職歸，再起山東右布政使，固辭不拜。所望清羸如不勝衣，而當大事力持正議，侃侃不阿，急人之難無遺力。常買一婢，詢知爲名家子也，撫爲己女，擇壻具奩餙嫁之。年八十卒。所著有《梧潯雜佩》《嶺表游記》《幅員名義攷》《文選集注辨疑》《龍華里志》。

黄體仁，字長卿，萬曆甲辰進士。時館李文節廷機家，廷機使試館職，體仁謝曰："某老矣，不足以辱此選。有門人徐光啓者，博學而賢，用世才也，請以自代。"故光啓入翰林，而體仁爲刑部主事。遷員外郎，轉郎中，出知登州。罷坊市雜税，豪右歛手。衛有明建文忠臣陳迪孫在戍籍，爲之陳乞脱伍，并爲迪請謚。秩滿，擢東兖道副使。值歲祲，而福王之國舟車填湊，體仁裁制以法，因條上臺，盡革迎謁供億諸費，民甚愛之。而當路不悦，罷歸。所著奏議、詩文、雜著二十六卷，撰《續上海志》田賦諸篇，稱詳覈云。

徐光啓，字子先。萬曆丁酉舉順天鄉試第一，甲辰成進士，選庶吉士。光啓善聲律，及是悉棄去，籌經濟大畧可施用于世者。授翰林院簡討，充會試同考官，擢少詹事兼河南道監察御史。勅使練兵，監司、副將並受節度，得自辟召委任。天啓初，與兵部尚書崔景榮議不合，御史丘兆麟誣劾之，謝病歸。大閹魏忠賢素嫉光啓，諷御史智鋌追論練兵事，勒罷官。崇禎初，起禮部右侍郎，協理詹事府事，同知經筵。時懷宗方用兵，憂國用匱乏，御經筵嘆曰："大禹時天雨金，秦雨金于櫟陽，此外寧復有是乎？"光啓曰："周成王時亦有之。"他日讀《離騷》，問曰："圜則九重，天有九何也？"光啓對曰："宗動一天也，恒星一天也，七政各一天，合而爲九。"因及日月薄蝕、五星順逆之故，日昃始罷退。復上言京東西屯田及曝沙種鹽策數萬言，懷宗動容嗟賞，意嚮用之。轉左侍郎，旋加太子賓客。是夏日食失驗，欲罪臺官，光啓言臺官測候本郭守敬故法，歷久必差，宜及時修正。從之，乃詔修曆，勅光啓領之。初，劉基造《大統曆》，雖用授時法，而郭守敬之術不傳，守敬之言曰古之日長，今之日短，當以七十五年爲消息，上推益一，下推損一，天官家莫曉也。光啓獨得其意，以泰西勾股測弧之法，三線交而布筭用，測圜弧以黄道緯度爲主，視授時用黄道距度，其法加密。曆成，進禮部尚書，掌詹事府。四年夏，懷宗手勅光啓，以本官兼東閣大學士，參機務，再進兼文淵閣大學士，加太子太保。時周延儒、温體仁先後爲首輔，光啓年已老，不得展其力用，居嘗鬱鬱。六年秋，卒于位。訃聞，輟朝三日，賻賜有加，贈少保，謚文定。詔求遺書，子中書舍人驥入謝，進《農書》六十卷，進贈太保，録其孫爲中書舍人，命有司刊佈其書。又有《毛詩六帖》《漕河議》《兵事》《庖言》《幾何原本》《曆指》等書，總百餘卷。

喬一琦，字伯圭，號原魏，廣西布政使司懋敬子。年十六入邑庠，喜談兵學，馳馬擊劍，能開五石弓，左右射，遂以武勇知名，中萬曆癸卯武舉。巡撫周孔教委練孟河兵，孟河爲劇盗出没之所，往往劫掠殺人，聞一琦至，皆望風逸。以薦授遼東廣寧衛守備，尋移備滴水崖，練卒繕堡，宣布威德，境内肅然。陞遊擊，守鎮江城。時熊、楊兩經畧有隙，并疑一琦，人或尼其行，一琦曰："大丈夫當爲國家出死力，安計利害？且經畧爲國求才，豈以修怨厄壯士哉！"即蒞任，日夜訓練甲兵，爲戰守備。會朝廷責諸將逗遛，一琦乃監朝鮮軍，從總兵劉綎並禦大兵，綎令爲前鋒，屢立戰功。時進兵益急，一琦以深入山險，宜審虚實，綎不聽，及軍敗綎死，一琦突圍鏖戰，中流矢，走入朝鮮營，都元帥姜宏立、副元帥全景瑞率衆降，一琦投滴水崖死，贈都督同知。一琦天才絶世，博覽羣書，爲詩古文辭皆奇警超軼，尤善書法，有碑刻行於世。本朝乾隆四十年賜謚忠烈。

葉有聲，字君實，號震隱。天資絶人，嗜學不倦，萬曆乙卯舉應天鄉試第一，丙辰成進士，越二年殿試，釋褐除侯官令。邑當省會衝，煩倍他屬，有聲先機密晝，均役省徭，不事箠楚而賦辦事集。天啓五年，擢禮科給事中。時上佚豫内廷，委政宦寺，有聲首言四事：一勤政，二治體，三言路，四仕途。又云："天下猶器也，久而不操將有授之柄者。願皇上熟思治亂之關，以公論還政府，以直道還臺省，天下幸甚。"方大閹魏忠賢柄國，屢攘邊功，以竊封爵。有聲新參入直疏，有"疆埸赤白其羽，幕府衛霍其勳"二語，忠賢深銜之。閹黨又宣言于朝，欲進忠賢王爵，有聲衆中叱之，坐是削籍。懷宗嗣位，凡璫斥逐諸臣俱環召陛見，引問去國始末，奉有勁直可嘉之旨。其他抄參封駁，挺然不阿，爲忌者所抑，外轉浙江副使。六年，補分守武昌道。時湘陰寇東下，直逼省城，有聲登陴捍禦，寇知不可乘，引去。七年，遷福建參政，尋轉河南按察使。平反讞決，朝上夕報，無留獄焉。流寇老狪狪率賊數萬，直抵大梁，有聲與撫按協謀，使驍將陳永福以奇兵繞出賊後，而城中大出兵應之，賊奔潰，追斬數百級。越三月，賊悉衆來攻，乃堅壁清野，相持月餘，賊衆夜隧道以入，發火器殲之，解圍遁去。遷江西右布政使，擢南太僕卿，召拜大理卿，力持法守，聲望蔚然。遷左副都御史，召對條奏兵食利弊甚晰。時臺端虚位，有聲攝院篆，首相薛國觀清鯁剛決，見愠羣小，憸人某營求科道不得，怨薛與有聲，遂陰搆大獄，薛賜死，而免有聲官。及某坐法伏誅，始獲昭雪。召拜少司馬，不就，卒。所著有《緑天館文集》《疏議》四卷。子翔龍，歲貢生；景龍，恩貢生；映榴，辛丑進士，自有傳。

董羽宸，字邃初，萬曆癸丑進士，授餘姚令，報最，擢御史，巡視山東，平白蓮妖賊，歷遷吏部侍郎。剛方獨立，忤時相，被劾歸。時同邑何萬化，字宗元，萬曆壬戌進士，歷官湖東參政，亦平境中妖賊之亂。

喬拱璧，字穀侯，副使木子也。萬曆丁未進士，除海鹽令。縣土田詭匿肴雜不可稽，拱璧按故籍，履卧勾考，悉得其實，覈虚丁，絜而均之，一邑稱平。所隸廣儲、常積二倉衛士，雜支本折，侵耗百出，拱璧請以冬月支屯糧，夏月赴府支銀錢，春秋月支倉米，人予左券，合驗而給之，詭冒並絶。遷工部主事，改兵部武選司，左遷順天府教授，尋陞南兵部郎，出爲湖廣僉事，轉參議，未任卒。

楊萬里，字孟圖，萬曆丁未進士。授浙江餘姚令，調繁錢塘。寬仁廉潔，有循良稱。西湖葑草壅淤，因疏湖築隄，與蘇隄相望，號楊公隄，載《西湖志》中。縣有豪民傅時、傅曉，恣惡不法，萬里捕得立斃之，籍其家，出私穽械禁者數十人。初捕二傅時，同官行萬金請緩，萬里正色拒之。冬夜，子女號寒，孺人意色愁慘，萬里笑曰："此非惡聲也。"政最，擢湖廣道御史，尋卒。錢塘士民建祠湧金門外，至今祈禱如響云。

張肇林，字茂卿，號咸池，萬曆丁未進士。除江西萬安令，愛民如子。調房山，政如萬安云。時中人劉進朝封占周口廢廠，村民失業，肇林上其狀于臺使，云："職何愛一官，何愛一身，使周口有廠，而房山無民乎？"得盡逐之，民賴其惠。遷刑部主事，具《熱審停刑疏》，恤刑四川，多所平反。擢南通政司參議，尋罷歸，卒于家。

趙東曦，字馭初，右通政灼孫也。萬曆己未進士，除閩縣令。閩賦籍掌於收吏，而納者無左券，金粟入官吏，或以意多寡之，莫能辨也。東曦始給印紙，官民各執其半，如吴下法，奸詭遂絶。丁父憂，服闋，補金華。尋復丁母憂，起補嵩縣。居三月，以前後政最，徵拜刑科給事中。時奄人王坤監鎮宣大,巡撫沈棨以失策逮,東曦劾奏王坤職在監視,厥罪惟均,乞正坤罪,悉罷中使監鎮之任。奏入,降旨切責,謫福建布政司都事。稍遷行人司司正,禮部郎中,奉使還里,卒于家。未幾,王坤治邊無狀,朝廷追思東曦之直,而不及用,識者惜之。子子瞻,順治辛丑進士。

董象恒,字有仲,萬曆己未進士。時年甫二十四,一榜推年少。除守開州。州户役莫困於馬頭,吏緣爲奸,象恒區别貧富爲量助,貧者悉免,役于是平。時白蓮倡亂,突犯州境,象恒率壯丁捍禦擒斬,州城以安。遷兵部郎中,出爲右參政,分守漳南。值海寇鄭芝龍猖獗,撫按檄象恒分道勦擊,克之。復與遊擊歐陽瑞撲滅山寇於冷羊頭巖,閩海底定。旋告歸省親,遂乞終養,侍親十三年如一日。服除,補福建屯鹽右參政。屯鹽夙爲弊藪,象恒悉心釐剔,商民便之,刻《屯鹽全書》於閩署中。特擢右僉都御史,巡撫浙江。召對稱旨,賜酒膳銀幣。到官,屏却餽遺,正己率下,莫敢干以私。是時,需漕孔亟,而浙艘回空獨遲,期迫則封民船以濟。象恒稔知其困,捐俸爲十一郡倡,屬吏争先樂輸,造漕船五百有奇,不費公帑,不擾民間,督漕史可法題叙,下詔褒美。會流寇竊發,徵兵勤王,象恒發援師四千入衛,爲天下先。時頻年災荒,萑苻嘯聚,象恒奏請蠲賑,賊漸解散,故各省多殘破,而兩浙獨完。忽以蜚語去官,民爲罷市,詣闕訟冤者萬餘人,上感悟,得免。旋移疾歸,坐卧斗室,參閱内典。年七十而卒。

張元玘,字采初,號三陟。少孤力學,登天啓壬戌進士,除刑部主事。奉使賚餉寧夏,所過餽遺及王國賜予皆辭不受。遷員外郎,轉郎中。時大獄屢興,力求外補,遂出知嚴州,旋調繁建寧府。府衝劇,郵傳疲困,元玘事爲裁制,立條約,請臺使勒之石,由是供億不擾。又更鹺政及錢法,民皆便之。覲行,屬邑例有長夫假寓諸公費,一切却之。策蹇北行,口占有"人言五馬貴,我獨兩驢輕"之句。未幾告歸,有以失位唁者,笑曰:"拙宦非性所宜,今得課子若孫,足矣。"居鄉,産不踰中人,好行其德。徐方伯汝翼歿後,貧不能葬,元玘經紀其事,連舉十喪,一時義之。所著有《廣史》及雜著詩文數十卷,尤精六法,遠近得片紙,珍若拱璧焉。子在簡,爲諸生有名,慷慨好義,工詩文,廬墓課讀。孫錫懌,成乙未進士,鋡、鍈皆登仕籍,人稱爲世德云。

李逢申,字延之,長史伯璵五世孫也。萬曆己未進士,除慈谿令。失閹黨意,左遷縣佐。丁母憂,服闋,起上林苑監丞,遷工部主事。甫三月,封事九上,劾兵部尚書梁廷棟誤國,疏寢不報。會軍興,驗試火器,廷棟中以危法,論戍澉浦。逢申長子雯,痛父以詆忤權貴獲罪,走京師訟冤,章上,報罷。後雯弟又伏闕上書,政府哀之,事得白。召逢申爲刑部主事,轉工部郎。逢申又五上疏論時政,有所彈擊。時寇已奄有秦、晉,逢申疏請出空名告身與廷臣,分募三輔、山東、兩河豪傑衛京師,廷議中沮。甲申三月,賊陷京師,逢申被執不屈,身受五毒,自經死。雯時從父在邸舍,已不食四五日,聞難,絮血行乞得棺,朝夕捧壺漿跪奠,哭不絶聲,又餓且病,氣息纔續,守父骨不復動。及皇朝破闖賊,收京師,内院諸大學士憐雯孝,奇其才,薦授弘文院撰文中書舍人。丙戌,得請于朝,以父喪歸,葬事竣卒。雯以文章名世,即海内所稱"雲間李舒章"也。

顧國縉,字寅美,萬曆丙午舉人。授崑山教諭,遷南國子監丞。天啓末,操江都御史劉志選諂事魏忠賢,稱爲德齊至聖,當建祠文廟左,祭酒羅喻義不勝憤,疽發背,餘莫能抗。國縉奮争曰:"誰敢爲先聖萬世罪人?"國縉誓以死守,祠不可建。志選恚,馳使愬閹,謂國縉本顧憲成族子,中以黨禍。會熹宗崩,乃止。遷南刑部郎中,知常德府。擢按察副使,分巡桂林。猺賊寇平樂諸郡縣,國縉即用猺人攻之,擒其渠,餘黨解散。未幾,楚寇來犯,復以猺兵擊破之。請老歸。甲申之變,慟哭不食死。本朝乾隆四十年賜謚忠節。

朱長世,字子久,天啓壬戌進士,除工部虞衡司主事。時方用兵,軍械皆取給于部。長世移卧公廨視事,尚書張鳳翔知其忠勤,題薦,七日内兩轉爲正郎。會六軍守城,需懸簾十萬,一巨璫夜詣部曰:"予我十萬金,可立辦,毋問所從來。"蓋内庫所蓄也。鳳翔謀于長世,拒弗與,竭三晝夜之力而懸簾具,璫恨之。懷宗出按軍壘,璫摘其一二疏薄者中以危語,上震怒,鳳翔下獄,長世廷杖死。長世素孝友敦睦,其卒也,士大夫痛惜之。子在鎬,壬午舉人。

張元始,字貞起,號訒叟,崇禎戊辰進士。性方嚴,不妄交游。爲諸生時,即留心經濟,故尤嗜史學。時瀕海竈户舊有總催一役,或地棄而役存,居人重困,元始力陳于鹾使,釐剔一清。由行人擢給事中,抗疏直言封疆失事,保舉非人,偘偘不怵權勢,有詔嘉納。又江南大役莫苦于北運布解,富室往往破家,元始條奏其弊,請北運改爲官耆,布解附于漕艘,報可,民力以甦。崇禎十四年大旱,斗米千錢,上海漕數萬吏民皇皇無所措手足,元始建議以麥代米,得旨准十之三以麥價徵折色,先行于豫,遂及江南,公私俱利。先是,江南漕運後期,又積年逋餉百萬,懷宗特簡科臣催督,元始星馳受事,朞月之内,輸輓無阻,徵解逋賦至九十萬,國用賴以不匱焉。元始才識開敏,於前代成敗得失及本朝掌故毫髪不爽,在諫垣八年,清忠諳練,朝廷將大用之,會遭母喪,去職。服除,起太常卿,未拜,歸隱卒,年六十九,士論惜之。

陳正中,字宗尼,崇禎戊辰進士,除上杭知縣。縣介虔粤,流寇侵擾,所在煽結。正中至,撫定凋瘵,鳩集遺散,調兵食,練鄉勇,屢挫賊鋒,獲渠帥張日昇,降其支黨五百餘,捕誅劇盜何柏等三十餘人,所部肅清。革橋税以惠商旅,積粟備荒歲,饑不爲害。流賊復犯武平,正中率衆持五日糧,趨三百里擊之,頗有斬獲,賊望風引去,隣邑以完。正中素有羸疾,積勞轉篤,卒于官。在縣五載,屬軍興旁午,大帥駐節會師,供億煩重,能盡心惠養,民不知有兵。所積官穀七千餘石,羡餘贖鍰悉歸庫藏,公私充實,而妻子衣食不給。卒之日,民罷市哭,巡撫鄒維璉上言:"正中撫順討逆,鞠躬盡瘁,清白勵操,遺愛在人,請賜官崇祀,以昭激勸。"乃勅贈兵部主事,追論平寇功,再贈太僕寺少卿。

何剛,原名厚,字慤人,崇禎庚午舉人。性孝友直諒,以節義自許,才學通練,知名於時。太守方岳貢修築海塘,自青村至柘林數千丈,剛經紀其役,三年告成,費省工倍,永無水患,鄉人立祠祀之。官兵部員外郎,監維揚軍,佐史可法拒守,城破,投井死。本朝乾隆四十年賜謚忠節。

孫士美,字公粲,以舉人授舒城教諭。崇禎八年,流寇犯縣,令以公事出,代守七十日,城獲全。擢知深州。大兵至,力守三日,城破,自經于角樓,父訥亦自縊,一家死者十三人,贈太僕少卿。本朝乾隆四十年賜謚烈愍,訥列入祀典。

王域,字元壽,舉鄉薦,授宿州學正。流賊至,佐有司捍禦有功,遷工部郎中。唐王時以江西按察副使攝建昌府事,守城,及城破就戮。本朝乾隆四十年賜謚烈愍。

朱永佑,字爰啓,由進士授刑部主事,改吏部。罷歸後事魯王,舟山城破,被執就戮。本朝乾隆四十年賜謚烈愍。

瞿騫,字孝叔,孝友力學,爲鄉邦推重。崇禎己卯歲貢,庚辰廷試特試進士,授滕縣令,著勞績,大兵破城死之。乾隆四十年賜謚節愍。

李待問,字存我,由進士官中書舍人。工文章,兼精書法。福王時,與沈猶龍等募壯士數千人分守府城,待問守東門,城破自經死。本朝乾隆四十年賜謚忠節。

陳于階,字瞻一,號仲台,精曆法。父華曲,宦遊粤東,爲盜所害,于階募壯士,手刃父仇,抉其肝以祭。崇禎末,閣部史可法薦之,授欽天監博士。時國事寖急,每嘆朝廷不爲先事之防,所用鎮撫不得其人。遷兵部司務,仍兼博士。南都將破,或勸之遁,曰:"臣節不係官之大小也。"遂縊于雞鳴山之觀象臺。本朝乾隆四十年賜謚節愍。義僕宋千,佐節愍公報父讐,迨節愍殉難,千扶柩歸葬,曰:"吾事畢矣。"遂自縊。

侯承祖,字懷玉。始祖端,永樂間金山衛指揮,備倭有功。承祖以世蔭襲職,署南匯所印,政教嚴飭,立囤法,以絶飛灑,吏不敢欺。擢參將,大兵至,令軍士守城,自率兵出禦,城破,督家丁巷戰,力竭被執,勸降不從,遂與長子就戮。乾隆四十年賜謚忠烈。長子名世禄,列入祀典。

國朝

朱紹鳳,字蒿菴,順治己丑進士。除臨縣令,有惠政,奏最,擢居諫垣,以敢言自任。時江南漕兑困敝,直指馬騰陞奏請官收官兑,而諸縣猶有陽奉陰違者,紹鳳詳陳利弊,得旨允行,其法始定,民咸賴焉。順治十六年,會推總漕某,衆皆唯唯,唯紹鳳獨昌言其不可。後疏救周亮工,降謫閩中,然亮工之獄亦藉以解。康熙三年,有摘發紹鳳請復漕儲一疏,急徵至京,事大白,以疾卒。

施維翰,字及甫,號研山,順治壬辰進士。除臨江推官,擢職力主事,考選山東道御史。康熙八年,掌京畿道,題減蘇松浮糧。十八年,巡撫山東,奏免官宦贓銀無出者,舉廉吏,陳文學、周根部等俱擢臺諫。壬戌,節制兩浙。前院參滿軍鼓譟一案,墩鎖二百餘人半載,維翰即日會讞,分别歸結,多所平反。癸亥,調鎮閩海,四月至浦城歿。諭祭葬,謚清惠,建特祠,仍祀鄉賢。

葉映榴,字丙霞,號蒼巖,順治辛丑進士。授庶吉士,轉禮部郎。康熙十四年,榷贛關,值吴逆亂,與同城官守險要,撫流民,保贛無虞。二十四年,授湖北糧道。會朝議以湖廣内地,裁總督缺并裁督標兵。楚兵素剽悍,有夏逢龍者尤桀黠軍中,號夏包子,隱附之裁兵,橔下洶洶,無所歸向,巡撫索月糧不得,遂聚謀山中,將爲亂,武昌同知某倡議捕賊,衆愈怒，露刃入轅門。映榴急入白，請好言撫之。巡撫出，衆語不遜，詈曰："若欲反耶！"衆揮刃曰："反也！奈何？"逐巡撫。撫逸去，映榴冒刃前，諭以朝廷威德，不應，擁歸逼從逆，嗔目叱之，欲奪刀自刎，賊大呼曰："殺好官不祥。"以兵環之。巡撫既遁，餘或亡或降，賊勢大震。映榴困孤城中，誓一死報國，念老母無所托，顧其妻陳淑人曰："以付若。"皆慟哭。遂令陳奉母易服，從水溝遁出，曰："我乃今可以死矣。"即繕遺疏，北向九叩，南向再拜，升公座，罵賊自刎，瞋目良久，然後瞑。賊大驚，羅拜而去。疏聞，上震悼，贈工部右侍郎，予祭葬，廕一子。明年南巡，御書"忠節"以謚之。

張集，字殿英，號曼園，康熙丙辰進士。授行人，擢御史。疏免漕田丈量以除民累，及釐軍政、嚴保題等事，糾庸懦提鎮，不避怨嫌。歷官至吏部侍郎，丁内外艱。服闋，補兵部左侍郎，尋謝病歸卒，予祭葬。

凌如煥，字榆山，號新齋，康熙乙未進士。入翰林，遷侍講。居官以清慎勤自矢。視學湖北，舊例各給新進書籍一部，令繳銀，名書價，蒞任即禁絶。科試拔前明楊忠烈漣之曾孫楊可鏡貢於朝，以廷試文不合格被議，奉特旨褒楊氏忠義，授部曹，事得釋。除閣學，自楚復命，見歸州水程險絶，商旅多覆溺，奏請川廣險阻處廣設救生船，以濟商民。時直省方事開墾，或有不毛之地强民報墾者，疏陳利弊，部議准行。值直隸渾河水發，詔查民房災塌者給帑安頓，即奏請嗣後被災之處，督撫聞報，不待部文到日，即許地方官動支庫銀倉穀，量給報銷，著爲令。承平日久，民或游惰失業，奏請行保甲法，令老疾得給養，强壯無曠業。陞兵部侍郎，出典江西試，過北新關，關距錢塘江三十里，而納税者照票出錢至五六次，奏請革除。己未典會試，轉左侍郎。以親老乞終養，特賜御書"福"字，有"以爲爾父壽考徵"之俞旨云。歸里日，翁年九十，偕其兄璿玉皆年逾六旬，作孺子色，鄉黨羨爲盛事。歲戊辰，以在制主教申江書院，著《禮記節萃》，輟簡而卒，年六十八。平生孝友，少時割股以愈母，貴後財産與兄共之。與人交謙和愷直，裁成後進，不啻口出。工草書，神似米漫仕。詩宗陶、白、蘇、陸，有《應制集》《燕都草》《楚游草》《讀史小稿》《皇華集》《黄海紀游草》《向日槎雜咏》等集流傳于世。

曹一士，字諤廷，號濟寰。負異稟，於書無所不窺，爲名諸生三十餘年。中雍正庚戌進士，入翰林，乙卯擢御史，尋轉工科給事中。慷慨敢言，爲諫官期年，所陳多切時要。如言開墾有名無實，十年之後既已成賦，州縣不敢懸欠，督撫不敢開除，將爲民患。又言奸人挾仇告訐，指摘詩文字句誣爲大逆，株連羅織，宜悉禁絶。又言兩浙之場課宜捐，帶徵之漕米宜免。又言督撫保舉專用能員，大抵趨走便利、應對捷給則登薦剡，而惻怛愛人、與民休息則謂無能，概從廢罷，請另舉賢員，以敦吏治。皆見嘉納。會密劾要臣某，微窺者飛語聞上，部議降調，特旨留任。十一月卒於官，年五十九，蒙恩歸葬，扶柩入城。一士文章名海内，居詞垣，充纂修官，撰述甚富。壬子充順天同考，推得人第一。所著《四焉齋集》十六卷，子錫端等梓以行世。

顧成天，字良哉，號小崖，其言孫，昌祚子。潛心理學，得濂洛關閩之傳，詩古文取法漢唐，中康熙丁酉舉人。著《金管集》，所詠皆嘉言懿行，有裨風教，編首恭輓聖祖仁皇帝升遐詩六章,忠愛悱惻,溢于言表,傳播京師,得達禁内。世宗憲皇帝温旨宣召,欽賜進士,授翰林院編修、上書房行走,尋告歸。今上登極,復就官,晉秩侍講,旋以老乞休,一時公卿祖帳爲詩寵其行,有《歸田贈言録》,比之二疏楊少尹云。旋里後,閉户著書,有請業者不憚往復,未嘗有厭倦意,年八十二卒。子賓臣最幼,國學生,考充史館謄録,銓敘。

聖祖仁皇帝輓辭恭附:"脉脉盈盈人與水,纖縑曾付搴修通。可憐垂老茅閨女,哭到蒼天頰暈紅。""血氣尊親頸盡延,容真如地蓋如天。已增虞舜巡方歲,竟少唐堯在位年。""踐食虚過五十餘,太平無事擁詩書。只今粗識詩書味,不把犂鉏恩便殊。""何人不解君臣義,罕喻君臣一綫情。深淺豈真關貴賤,冷窻揺筆淚縱横。""鑾輿幾度接窮簷,日角天顔惕仰瞻。此日鼎湖龍已去,空教昂首望龍髯。""京國遊踪出塞垣,九重猶想對臨軒。悲魂恍惚驚魂定,聞道新皇已改元。"

喬光烈,字敬亭,號潤齋,明忠烈一琦從曾孫。乾隆丁巳進士,即用陝西寶雞縣知縣。甫至,閱獄囚百餘人,剖别减釋,淹滯頓空。憫小民無知觸法,編律令,爲便民條約,使家喻户曉,犯者遂少。故事商人助公費,户民納官膳,光烈悉除之。李村多田無水,旱即蕪棄,捐廉鑿石穿土,引汧水入而成渠,人稱惠民渠。勸民墾荒,不宜稼者種藥,民獲大利。教民蠶事,郊郭曠野藝桑萬株,人號喬公桑,取江南吉貝子教以鋤藝紡織。子午谷居民數千家,椎魯不學,築舍延師,教之讀書。秦鞏流民入邑,設糜散藥,麥熟歸之。治陳倉棧道,偏橋皆夾以石,施石闌馬墻,行旅無恐。調渭南,歷乾州牧、同州守,所在有聲,如創馮翊書院,定夾沙灘界,除潼關雜役,修津河,判華州渠道,减唐陵地租,政績尤著。巡撫陳宏謀屢疏薦之,擢山西河東道。所屬歲灾,詳請動平絳溢米十六萬、豫米二萬,全活無算。又請濬涑水、姚暹、五姓諸河,變汙潦爲沃壤者四百里。擢長蘆鹽運使,改補直隸按察使,數月積案頓清,勘漳衛河决,陳奏分消、零消二法,又上賑恤急務十六條,皆奉旨允行。擢河南布政使,時值黄河楊橋口决水,圍汴城甚急,光烈親率屬弁涉水駐堤,撈救難民以萬計,總理工賑,動帑至二百三十萬。擢貴州巡撫,加兵部侍郎,調任湖南,整飭吏治。軫念民艱,有凶苗仇殺三命,苗例衡屍骨償值,光烈奏請按擬如法,著爲令。奏動帑修嶽麓書院,奏辦洞庭湖留拆私垸,以恤貧民,以平水患。時寶慶守有罪自縊,部議落職,仍起甘肅布政使,履任兩月,力疾清釐展賑事宜,手批公牘,端坐而逝。光烈居官三十年,忠勤自矢,唯以民事爲急,由牧令以至封疆,不名一錢,廉聲上達宸聽,洵名副其實焉。著有《最樂堂文集》。子鍾沂,候選光禄寺典簿;鍾吴,現任岷州知州;鍾霍,西城兵馬司副指揮,蚤卒。

趙文哲,字損之,號璞函。父紳,歲貢生,能詩,工書法。文哲幼聰穎,爲諸生,篤志力學,凡經史百家靡不討究,擅詞賦名,與同里黄文蓮、青浦王昶、嘉定王鳴盛、錢大昕、曹仁虎、吴縣吴泰來相友善。所輯《七子詩選》傳至日本,其國相高棅見而慕之,人贈一詩,從賈舶郵寄,聞者比諸香山詩爲雞林寶購。乾隆二十七年,上南巡召試,特賜舉人,授内閣中書,充方畧館纂修官、軍機處行走,兼司經局正字。文哲才情敏練,辦館書及樞要事動合機宜。三十三年,以事免,時緬甸用兵,將軍阿奏令軍前效力,飛書草檄,馬上立成。及撤兵,以勞績復官。尋小金川搆患，復隨將軍温赴四川軍營辦事，自滇至蜀，疾馳二十晝夜未嘗交睫，攻克日耳等寨皆與有力。逆酋僧格桑竄入金川，分兵三路進討，文哲隨將軍温由西路。三十八年二月，駐軍木果木，陞户部河南司主事。六月，布朗郭宗失守，賊匪掩襲大營，迺取軍籍册付家人，乘間逸出，自隨將軍上山力戰，同被難，年四十九。贈光禄寺少卿，蔭一子。賜祭葬，入祀昭忠祠。所著《媕雅堂詩集》十二卷、《藏海廬詩集》四卷、《娵鯛集》十卷、《詞集》四卷、《羣經識小録》四卷、雜文若干卷。長子秉淵，以蔭例得縣令，蒙恩特授内閣中書、軍機處行走；次子秉冲，由懋勤殿行走特賜舉人，授内閣中書。

附循吏

明

喬時敏，字君求，萬曆庚戌進士。選仁和令，以慈愛爲理，其政績如徵輸踐更勾丁，置倉建閘等事，皆爲杭民百世利，憲司并下其法于諸州邑。擢御史，巡視上江，却供應，止餽遺，多所論列，如增解頭，減煩役，修安慶城，增采石兵，皆有裨時政。謝病歸。時敏好讀書，著述甚富。其令仁和頗得民心，去杭日民尸祝之，歿祀名宦。弟時英，字君平，萬曆癸丑進士，授臨海令，多惠政。島寇内侵，設法殲之，參軍勒石海門紀其績。丁父艱，一痛而絶，臨民思之，請祀名宦。

朱家法，字季則，萬曆壬辰進士。察卿子，豹孫。出守信陽州，值大旱，賑活飢民鉅萬。又擒大盜陳三川等，州以寧謐。時閹宦銜命採礦，所至暴横，唯信陽以家法故得罷採，州人德之，祀名宦，歷官工部郎中。

王國材，字逹甫，天啓辛酉舉人。初授黄巖知縣，調臨海縣，以廉平著。海門衛兵變，單騎撫降之。會夏旱，步禱雨降，即以是日卒，時適擢南臺御史，未及任，士民惜之，建祠祀焉。

國朝

吴定，字澹菴，由太學生順治辛卯貢入廷試，除澄城令。時邑寇盜充斥，積逋重累，九年凡十易官。定務以德化民，計擒賊首，勸農墾荒，建水東書院，延師課士，攝韓城、郃陽篆，俱有惠政。治澄十一載，遷行人，四爲詔使，擢比部校正律令。出督夏鎮河道，增築湖堤三百餘丈，司馬王公稱其精明廉幹，勒碑獎勵。假歸，杜門著書，周貧乏，設義渡，禮嫁張氏孤女，人高其義。輯有《河渠志》。子開，封任大理同知；子瓛，考授縣令。

張錫懌，字越九，號弘軒，順治乙未進士。試身言書判第一，授泰安州牧。州山有捨身崖，愚民惑所謂報娘恩，往往投其中。甫視事，即禁止，歲活無算。廣學舍，減香税，清逃人，復四氏學，州人碑以紀績。會校秋闈，以元卷改字被議，世祖知其名，許歸籍。居鄉，留心地方利害，海邑倚重者垂四十年。癸巳海警，巡撫周中飛語闔邑將罹不測，以抗辯得釋。康熙七年，巡察使駐邑，議塞界河三處防海，胥役將徧杜支河，膏腴盡成灌莽，力陳督撫，大弊克除。川沙、南滙歲派修城費，民苦之，廉知營成爲奸，白之當事，弊遂絶。病篤，故友大名推官陳朗撫床哭曰："吾清貧，賴子以活，子死，誰殯我？"聞之瞿然，命孫家爽出篋中金贈陳爲身後費。所居點雲閣，著書其中，畧見《藝文志》。

張天培,由貢士爲韓城縣丞。康熙乙卯二月,守將李師膺殺縣令翟世琪,據城以叛。天培時解蜀餉歸,聞變,星馳抵韓,韓人擁之不使入,天培曰:“令死城失,歸殉封疆,我分也。”遂入,賊環白刃脅之不爲屈,賊以其得民也,姑置之。天培於是以計紿賊出城,閉關死守,乘間請救,兵至乃解,韓人德之。後遷平遠令。

曹泰曾,字彙初,號茹菴,康熙戊午舉人,授莆田令。莆之俗,自宋號難治,民好鬬善訟,吏舞文爲奸,賦役不均。泰曾初至,吏以例金餽,却之,則倍餽,笑曰:“汝曹乃敢啖縣官耶!”吏震懾。大姓陳生因燈會擊斃曾氏子,賄誘他人,廉實按之,則更賄府求脱,泰曾力持不可,論如法。有鄭元振者,以犂擊人致死,前合論絞,上巡撫,元振易辭爲病死,下泰曾,按如前擬,撫嚴訊死者子,亦易初辭,泰曾争於撫曰:“傷有死骨,獄有初辭,下吏非懼失入之罪也,失一官輕,冤一命重。”弗聽,劾以失入。初,泰曾條六事上諸臺,尤以清賦役爲政本,如:鹽田賦重,民田賦輕,有業失而重額仍在,輒轉告詰者立法禁止。又有田或久淪沙水,而糧不得除,匀攤啚甲者將現在報墾之田以次抵豁。莆俗匠役有徵,夫役有錢,弊至徵民代匠,子錢半母,皆梳剔除害。會罷官,不克竟其施。莆人思之,祀名宦。從弟炯曾,知江西贛縣,亦著政聲,並載省志。

凌存淳,字鯤游,號竹軒,庠生。入貢任廣東雷州府同知,五署府篆,善決疑獄。粤有斷腸草,鳥啄食,糞有毒。攝番禺時,有馮與張疊訟,張毆其母,驗無傷,越日死,驗如前,得服毒狀,僉謂馮鴆母以陷張,因念嫌小弗至此,唤馮童丱入署緩訊,知死者素患腹痛疾,新得方,用鵓鴿糞冲酒療治乃飲,遂經宿死,案得昭雪。又杖巡撫蠹胥欺鄉民佔田,有强項風。以乞養歸,杜門謝客,好吟詠,能擘窠大字。年六十八卒,嘉定錢大昕誌其墓。

獨　行

宋

俞彌恭,北橋人,與子端皆好與樂施。凡售物者,自百緡而下,一聽所邀,償之糴者,每百斛必誤唱籌以裨其不足,人謂之癡。孫彬,生四子,名英、雄、俊、傑。英四世孫宗源,祖、父繼喪,撫幼叔鏡成立,事祖母以孝聞,邑中推爲世德。

元

瞿霆發,字聲父,其先汴人,宋南渡,居上海。霆發幼穎悟,書一覽成誦。元兵次臨安,遊騎及境,霆發年二十六,挺身兵間,率衆歸附,境賴以全。爲下砂鹽場副使,提舉上海市舶,俄遷兩浙運司副使。海潮壞鹽場,死者萬計,霆發傾力捄之,流亡復還,鹽事以集。仁宗時,以捕蝗功奏拜運使。浙東饑疫,霆發稽户數、第物力而振救之。更以最聞,召見,使未至而卒。霆發事母孝,得時物不敢先嘗。喜賓客,樂賑施,西湖書院、上海縣學咸割田資助,鄉隣貸貰不償不責也。嘗有貧士僞作運使張文質書來謁,霆發命門幹贈以楮三定,幹鄙其人,未與,霆發知之,更取五定,温言勞遣之。或問其故,曰:“汝何知彼何不作書與汝?”時人服其量。

何敬德,號孤巖善人,浦東民家子。謹愿不妄言笑,善會計。事吴郡張瑄行舶筦庫,不數年贏羡無算,敬德不以毫髮自私。瑄父子方倚任之,亟辭去。瑄既貴盛,敬德布衣蔬食,以施貧賑乏爲事,勸瑄父子毋嗜進厚藏以速禍。及瑄敗,逮誅黨與,而敬德獨全。大德十一年,杭州大饑,官設粥賑之,敬德擇好善有材智者數人,即菩提寺作粥,納大瓮中,明旦飢民先後至者,令相向坐廡下,虚其前以行粥,食已以次去,凡七十日,飢民無一死者。明年春,敬德集諸好善者,收聚遺骼枯胔數十萬具瘞之,語在《破衣傳》。卒年五十七,時皆稱爲"何長者"而不名。

任仲孚,好義樂善。大德間饑,發米二千斛,穀八百斛以濟貧乏。部使者上其事,詔旌其門,擢其子良佐溧陽縣儒學教諭、良輔信州叠山書院山長。

章夢賢,字思齊,宋莊敏公楶九世孫。孝友通練,儀觀偉然。至順初,浙西大水,朝廷募民能賑五百石以上者爵有差,夢賢出粟二千餘石而不受爵,詔旌爲"義士之門"。至元中,以孝友薦授襄陽、建康等處營田財賦提舉,以父母俱喪,不就官。置義莊,建義塾,以教養鄉人。兄殁,撫其孤如子。闔門二百口,未嘗有間言。葬崧宅里,揭傒斯志其墓,并書。子元澤,字吉甫,性孝而好義。父夢賢營義塾未竟而卒,元澤感慨流涕,乃崇齋宇,飭廟貌,爲清忠書院,以仁宗所賜郇國公得象"清忠"二字名也。出贍田一千一百畝,資師弟子及祠祭之費。初爲丞相府舍人,累遷奉政大夫、海漕鎮撫。以母老棄官歸養,年八十五卒。

唐煜,字仲明,世居華亭,後徙海隅鄉,遂爲上海人。業不踰中人,能自致饒富。元至順庚午,郡大水,出粟五千斛於官以賑境内,事聞,授浙西袁部場司丞。秩滿,轉江西蘆潭批驗所提領,俱以廉幹謹慎稱。年七十乞休致,賜七品秩,授徽杭等處榷茶副提舉。又出粟賑饑,至老彌篤。卒年九十。生四子九孫,五世同居,内外雍穆,遠近賢之。

杜英發,字俊卿,祁國公衍九世孫。仕建寧學正,遷教授。歸隱西霞浦上,號西霞道人。初,季父某無後,養莫氏子爲子,後復以英發爲後。及季父殁,悉以産歸莫氏子,復爲之冠娶,待之不異同氣。族困於徭役,首倡置義田,儲粟若干石以資之隣里,婚喪皆有給,其勇於義如此,而貲産不逾中人云。

徐誠,字信之。畜田至二萬畝,遂雄一鄉。嚴於治家,有儀法。既富,能賑施三族及鄉里之不能婚嫁者,病予之藥,死給之槥,汲汲如不及。庚午、辛未歲大祲,煮粥捄饑,活萬餘人。年四十六,即屏妻妾,斷葷肉,以内外事屬二子,日轉《法華經》,積至萬卷,復鋟梓印施四方。所居多重洲複浦,爲梁木以通往來,人不爲病。

金子安,字幼仁,居漢成里。事後母孝,母嘗遘疾,子安稽顙北辰,求以身代。母危困中忽甦曰:"適神語我'加爾壽三十四'。"及母殁,距神語時三十四月也。居喪毁瘁,鄉隣往往感激改行。嘗市地於隣,除之得白金一罌,亟召其人歸之,時又多其義。

趙恭,字思恭,家貧好學。母方卧疾,久不愈,恭憂悴不知所爲,乃𠜱臂肉作羹啖之,疾尋愈。父通患蠱疾,其弟敬刲股肉爲糜以進,亦愈。時並稱之。

明

顧鰲,字克載。端方鎮静,有古人風。應貢入京師,廷試第一,授黄陂教諭。訓諸生必先德行,以身範物,化行一邑,黄陂入祀之名宦。歸家時,策紫竹杖訪故友清談,未嘗乘車。

嘗舟行墮水，猶讓同溺者先登。其不苟類如此。學者稱爲遜齋先生。

陸文旺，號德林。三歲能識心、斗二宿，見者驚嘆。長好讀書，蘄于經濟實用，士望歸之。里有就之質成者，誨以大義，感悟去。處家篤於孝友。比楊苗之亂，流寓苕溪，里人指而言曰："此陸德林先生居也。"洪武三年，詔舉郡國賢良，拜武昌府倅。當僞漢兵燹之餘，茹淡服勞，悉心撫字。尋擢守饒州，乞骸骨歸。出俸金分賚其宗親，曰："毫末皆國恩也。"年八十九卒。

沈得四。洪武十一年，祖母張遘疾，得四割股食之即愈。久之祖病，得四又取肝作湯以進，隨飲而瘳。有司上其事，下詔旌之，仍徵授太常寺贊禮郎。其後有鋆者，少喪耦不娶，人稱義夫，有司旌之。

劉仲禮，字用和，以《春秋》明經辟召至應天。遇靖難師入，不食七日而死。二世孫鈍兄銑，永樂間以會計事坐法繫京師，鈍婚二日即趨裝護行，後兄思歸，鈍陰乞守者代之。兄歸，紿父母謂弟病道卒，父母悲哀不已。會刑部訪善書者，獄吏以鈍聞，試之稱善，爲釋其罪而禮遣焉。比歸家，人驚以爲鬼，鈍具告其故，與父母對泣，兄自媿逸去，鈍亦不明兄之紿己也。鈍子璵，官至建寧知府。

張年，字公壽。元季，從鴛湖避兵海上，因家焉。父綸爲太醫，嘗以事被逮，年徒跣詣闕，冒死陳狀，卒白父冤。後以名醫徵，不就。永樂中，廷臣薦其才，下詔徵聘，年復固辭，時人高其雅高。爲詩文工而有法，所居白沙鄉，舍傍隙地種杏成林，人稱杏園先生，有《杏園藁》。及卒，四方名流各賦誄章輓之，有"蘿室半間俱是藥，雲山千頃總成詩"，又"舊業尚餘芸閣在，春花空發杏園幽"之句，其見重于時如此。

楊珙，字廷瑞。幼穎敏，讀書過目成誦，永樂丁酉舉鄉試第一，明年登進士，改庶吉士，授編修。以疾告歸卒。珙性至孝，以祖德亨從宦葬河南之靈寶，百方規畫，卒返其柩于鄉。祖母蔡臨終，遺言用浮屠法火葬，珙曰："非治命也。"卒棺殮如禮。

張穀，字濟民，成化乙未進士。祖衡爲御史建言，卒貶所。穀初授中書舍人，直内閣，尋引疾歸。弘治初，起脩《憲宗實録》，録成，同事者皆進官，穀止加俸，恬無一言。又三年，遷湖廣參議，提督太和山。一夕，沐浴晨起更新衣，出廳事，方執筆判署，目微瞑，扶歸卒。穀風度清遠，眉目秀朗如畫，與人言從容簡當，無厲色遽詞。事母至孝，養二姊，終始以禮。子抑明經，三爲學官，却餽周貧，著有《却帶説》《却銅雀硯文》。

楊松，字國用。家貧，竭力奉親。爲父吮痔，及母病，不能食，刲臂肉脩藥以療。後父遘危疾，復刲股作羹以進。家益落，爲人傭以贍養。有司上其事，復其家。

張鳴謙，字汝益，萱長子，正德丙子舉人。爲温州司理，有善政，擢順天府通判。謁御史，用京兆故禮長揖，啣之，誣劾廷杖，已而得白，復其官。歲餘，請骸骨歸。宰相張治高之，牓其廬曰"完名勇退"。鳴謙居鄉十餘年，好義樂施，鄉黨賢之。卒年七十四。

唐琛，字廷璧。少以孝友聞，不樂仕進。父疾，奔走湯藥，三年如一日。明成化丁未，以恩例授金山指揮使，琛力謝致仕，澹然榮利，士論多之。

張紘，字文儀。少有至性，一月七喪，哀毁營葬如禮。正德間，由進士知桐鄉，擢守高唐州。時流賊寇高唐，紘增墉浚濠，料丁壯，親肄武事，賊遂竄伏。部民白某地有窖錢，發之可得數十萬，紘不應。治嚴，處二郡簡静不擾，投劾自免。歸耕蘆子渡西，與傭保相雜作，未嘗乘車行里中。一夕，攜童子從田間還，邏卒呵止之，紘遜避。詰旦，知爲官人，蒲伏陳謝，徐慰遣之。嘉靖初，用廷臣薦，起知建昌府。卒，環堵蕭然，有清白聲。

張倫，字文簡，號林趣，居七寶鎮。以氣槩自雄，好讀《左氏春秋》及歷代史，尚志節，有古俠烈風。宣德中，郡丞馬運税糧十萬斛赴徐州，時監收内官拒弗納，丞惶遽無策，倫儒服入見，曰："人謂平江伯無善謀，果然。今統十萬人治河打淺，淺終不通，若以十萬人築城浚池，擴倉厫以接南運，待水發運京，未爲不可。今以十萬糧委之草野，設遇兵變，非以資敵耶？"監收者驚悟，遂納之倉。其慷慨抵掌，談言微中，能使人傾聽，類如此。先是，周文襄忱巡撫江南，病征輸無法，倫獻策立水次倉，民以爲便。倫在文襄幕府垂二十載，文襄欲以葉宗行例薦，辭不應。暮年家居，猶憫吴淞浦滙淤塞，歲比不登，上書請疏濬，知府葉聘倫經紀其事，以通潮汐，此亦布衣之豪也。家美園池竹木，人稱爲"園上張"云。子齡，舉鄉薦。

顧定芳，字世安，英之孫。邑茂才，博學多藝，尤精于醫，夏文愍言禮重之。世宗召爲御醫，問用藥之道，對曰："用藥如用人。"又問攝生，以清心寡欲對。上嘉之曰："定芳非醫也，儒之有用者。"進脩職郎。致仕。父母疾，以口續食，以體藉卧，爲聞孝。故邑令鄭洛書歿，三喪未舉，定芳躬至其鄉，市地葬之，復歲賙其子。其好義樂善率皆類此。子從禮，字汝由，少隨父客金陵。時夏文愍言遊學困頓，從禮齎贈三百金。後言大拜，薦從禮題十三廟謚號。穆宗登極，又題世宗神主。先後被殊賞，自中書兼翰林院典籍，歷官光禄寺少卿致仕。夏公論死西市，親舊莫敢視，從禮收歛歸葬，徐文貞稱之曰："不悖德，不邀利，真義士也。"性至孝友，兄弟六人同居共爨，喪祭一遵古禮。上海困倭寇，始議築城，從禮發粟四千餘石作小南門以爲倡，又置義田以助里役。卒年八十四。弟從義，字汝和，善書能詩，選授中書舍人。隆慶初，以預修國史成，擢大理評事。家搆玉泓館，手摹宋本淳化帖，多藏法書名畫、金石鼎彝。又善繪事，工署書，爲文徵明、王世貞父子所重。有《硯山山人詩稿》行世。

陳一鳴，本朱姓，字起静。爲人剛介，有以張某口語嫁一鳴於令所，或勸其援張自解，一鳴卒不自白。少從父宦遊，以詩受知於分宜嚴嵩。後應貢入京，顧定芳言之嵩，嵩曰："非曩時相唱和人耶？其驚人語我猶識之，可令若來見。"定芳以告，一鳴曰："余顛毛種種矣，詎能脅肩摇尾博好官耶？"竟不往。會有鄉人居銓曹，故欲借所親示公者，一鳴遂不謁選，而歸養母，終其身無悔志。

蔡紳，字朝卿，由明經教授南昌，貧士以束脩上者必却之。有名家子，以家難陷大辟，紳冤之，力陳當道得白，卒成名士。弟纁，亦以貢爲臨淄訓導，以子懋昭貴，封奉訓大夫。學問該博，時號"書厨"，以比南齊陸澄云。

姚昭，字如晦。世業儒而貧，讀父遺書輒嗚咽流涕，事母孝。開門受徒，師道嚴重。有撫臺某行縣，詢諸生："以民窮財盡，宜何如處？"昭進曰："民窮財盡，誠如明公言。聞明公進羨餘二千金以助大工,安所得羨餘也?”撫臺愕然,徐曰:“戇哉此生!”因偃蹇場屋。賦《老將》詩以見志,聞者壯而悲之。躬課五子,同爲諸生,人稱姚氏家學。及卒,門人私謚爲孝廉先生,所著有《留耕堂稿》。

張泮,號致齋,嘉靖甲辰貢生,廷對第一。性至孝,事二母以色養,咸得其歡心。沉毅慷慨,急人之阨,撫弟子如己子,凡族屬之不能舉火及外父山氏之貧者,皆賴周給,有喪則力殯之如禮。徐文貞嘉其品行,招入中翰之選,固辭不就。嘉靖癸丑,倭寇猖獗,當事議築城捍衛,泮散財畀役,身親畚鍤,手口盡瘁,遂病不起,所謂以死勤事者。崇禎丙子,里人摭其行事上學使者,檄縣崇祀鄉賢。子令德,孫元玘、元瓏,先後皆以科名顯。

喬鏜,字子聲。性質直,好義樂施。嘉靖癸丑,倭寇内地,巡撫蔡克廉檄鏜築海上護塘九十里,捐貲倡始,兩月而塘成。又散家財輸官,城川沙堡,塞窪口以防賊船收泊。巡撫御史周如斗委募土兵二千人,訓練勦寇,多所斬獲,鄉人賴焉。同時有盛濟,時亦募兵保護新場鎮,赴敵善戰,號盛家兵。後録功爲百户,辭以資,選北城兵馬指揮,轉山東青州府通判,致仕。又潘元亦募兵設伏,伺倭到,輒擊殺之。未幾卒,功無表見。三人者並太學生,張宗伯鼐作《三太學傳》誌其事。

李昭祥,字元韜,嘉靖丁未進士,授蘭谿令。俗生女率不舉,昭祥令民間育三女者復其身,遂無棄女者。擢至工部郎中,會丁父艱歸,隨乞休致。昭祥性至孝,八歲喪母,哀毁如成人。嗣父塾爲沙縣簿,坐事,走數千里訟其誣得白。友人唐志大殁而家貧,迎養其母,撫其諸子。宋堯咨客留都死,殮而歸其喪。置義田五百畝,以助里徭饑疫,又埋掩胔骼。其施惠類如此。所著有《瀫陽雜稿》《慎餘録》《龍江船廠志》《讀史一得》《棲雲舘集》總若干卷。弟得祥,子容春、含春,皆以孝友稱。從子伯春,自有傳。

李安祥,字元定。當倭奴入寇,據柘林出掠沿浦,父堂倉卒走避,竟爲所獲,驅負擔。歸,安祥聞之,徒跣奔救,日夜涕泣,抵賊巢求見,跪訴願以身代。父忽從衆中望見,父子悲啼不止,賊哀而舍之。已而,一賊躍上船,出令箭插安祥頭釋之。時安祥已爲諸生,學使者耿定向旌其門曰“至孝”。後登萬曆乙卯賢書,出知滄州。子南春,孫繼佑,俱領鄉薦。

喬洪,字伯舒。力學攻文,孫令渭下車校士,讀洪卷嗟賞不容口,時召洪促席談文。或請洪關説,洪面發赤,謝去。渭聞而嘆曰:“喬生豈徒文章士哉?”益禮重之。養二親力具甘旨。妹早寡,收卹于家,竟成其節。授徒至二百餘人,貧者却其脩脯。

朱一德,字士隆。六世祖木,有詩名。一德篤學醇謹,適舘拾遺金,俟于路側,頃之,一人號泣至,曰:“吾父逋官錢繫獄,故賣妻贖之,不幸失去。”遂還其金。萬曆戊子舉於鄉,僦寓應天,夜有艾婦即之,燃燭待旦,昧爽輒徙。寓居郡城南二啚,見有無主屍骨,捐田瘞之。里中謝某陷大辟,一德白其冤出之,其人感恩厚報,不受一錢。其廉潔自好類此。殁後,貧不能襝,縉紳争賻焉。

黄椿,字廷茂,銘之五世孫也。性孝友,每出雖近在數里外,必預飭甘旨始行。父母病,越兩月衣不解帶,疾革,詒之金餅曰:“佐汝喪葬費。”椿嘗葬畢,悉出所詒分諸昆季。兄早殁,育其遺孤而爲之娶,共爨五十餘年。弟老無子,攜數百金寄椿所,逾年來索,忻然歸之，人稱長者。

余采，字元亮，號竹臞，本姓方，正學八世孫，避居上海。剛毅廉介，不能容人之過，不妄取人一錢，後生望之如嚴師，權貴莫屈其志。而素敦友誼，嘗與一生同舟，生卒，采出資含殮還其喪，終不責報。晚年以明經教授江右閩粵，師範嚴肅，造就多名士。

楊鈿，閭左健兒也。嘉靖丙辰五月朔，倭寇圍城，鈿守陴，至十七日四鼓，賊窺守者倦，舉梯登城，邏者覺之大呼，鈿驚起，急以矛刺之，鈿墜，賊亦墜，城上矢石如雨下，賊退，渡濠溺死者六十七人，遂解圍去。

閔電，字起光，素有膽畧。時倭寇猖獗，客兵來援者輒挫衄。電乃與潘元孝倡義團，土兵千人自將之，屢與賊遇，多所斬獲。後戰于新場鎮，衆寡不敵，歿于陣。同邑李府爲南滙哨官，與二子香、黍力戰敗倭，中礮而死，官爲立忠勇祠。曾孫中孚，甲申殉難。

盛坤，九團里人。嘉靖癸丑，日本犯境，坤負母出走，爲寇所獲。坤泣告曰："殺我縱母，死無憾。"寇義之，舍去。母顧得危疾，夢神告之曰："鵝血可治。"坤驚起，私念曰："鵝、我聲近。"遂刲左臂血投之沸酒，進母食之立愈。復病，刲右臂如前。一日，母思食蛤，時沍寒，坤求之不得，逢老嫗指使東，乃東走浦濱，得數升以進。其孝感如此。母卒，廬墓三年云。

張同文，字從道。母孫病瘵，百方不愈。嘉靖丙戌三月朔，同文禱天，刲左股肉一臠，和羹以進，母食之，病旋愈。其刲處無血，亦不作楚，人以爲孝感。

陳時熙，性孝友。父遇倭寇，將刃之，時熙哀請身代，得兩釋。後父病，刲右股調羹以進，父遂愈。

王節，素業農。嘉靖辛酉，父病危甚，節以刀割左股肉作羹進之，病旋愈。楊豫扁其廬曰"白華遺響"。

陳理，字良玉。少受詩於潘恭定恩，有令譽。性坦夷，不設城府。家素饒，藏金悉歸兩異母弟，兩弟時挾母齮齕，理没齒無怨怒。邑令敖選少許可，獨造請理爲鄉飲賓，邑人余采曰："邇鄉飲如酒肆，安得盡若人爲伍也?"理終不赴。郡丞鄭復亨旌爲耆德。

胡芳，字汝載。事後母至孝，母疾，芳不解帶者逾月，中帬厠牏，皆親爲洗滌。家無擔石，而好給宗人之不能舉火者。一日，肅衣冠行市中，其族弟耻衣敝緼，亟走避，芳呼而語之曰："人患行不完，豈耻衣破耶!"解衣衣之。以貢爲武昌丞，監司重其清操，擢昌化令。過金牛驛，題曰："金牛豈是無金地，只有夷齊不動心。"尋自引歸，與樵人牧豎放浪隴畝間。長於詩歌，聲調逼古。

顧敏，字文敏。父仲睦，以事受誣坐累死，子孫應戍邊，敏年十三，至京刺血上書白父寃，朝廷憫之，得末減放歸，詔旌其門。

葉蕃春，有聲之父。嘗宿邑邸，主人出追逸僕，獨少婦在室，日且暮，冒疾風甚浪，渡浦避之。又有妾與嫡忤，胠篋走，母家失道，夜匿公園，覘得之，密召其夫與偕歸，曰："毋揚之，恐人以垢汝。"其質行不愧如此。

陸明允，字襟宇。父析，兄明揚，嘗以語譙邑令敖選，選銜之。會析與族人楠有隙，楠因姻家曹忿奪奴妻事,誣明揚同謀殺其夫,明揚被拷誣服,明允籲辨臺司,楠懼,謀遷明揚于青浦獄,欲庾死之。明允棄儒藝圃以事父母,居三日,則負糗脯走百里視其兄獄中者三年。屠公隆夜行獄,聞明揚讀書聲,察其寃,申狀直指,覆讞之得釋。後舉鄉薦,爲靖江教諭。明允子起龍,壬子舉人,宰永寧,有惠政,祀名宦。孫鳴珂,順治乙未進士,自有傳。

王潭,字克深,世居川沙,任御醫。萬曆十一年,海潮衝溢,漂没人民,潭瘞浮屍數百,偕喬鏜議築川沙城備倭,後城傾圮,其孫中書乾昌、舉人偕春修葺。又建水洞石梁,置茶亭便民。曾孫惠州守逢年、寧波通判觀光,並有政聲。

張秉介,字子石,中丞鶚翼之季子也。少警敏,性至孝,侍兩親雖酷暑不解帶。父病劇,中夜祈禱,願以身代。及歿,投地擗踴,既哀毁遘疾,猶設奠室中,據牀微作拜跪狀,嬰嬰若兒啼,氣不可續,遂卒,年二十九。天啓初,孫泰階疏聞于朝,建坊旌表。

顧元啓,字子賢。少補弟子員,壻貴家,以清謹自持。嘗讀書外舍,有隣女目挑之,元啓倉皇閉户。薄暮,女復私就其寢處,元啓怒起,亟呼侍者燃燭。有魯男子風。里中告急者,倒囊貸之,貸而不能償,輒焚其券,即前負者復以急告,貸之如初,人稱善信云。

奚欽,字聖功。有鄉人負其金,往責之,固留欽宿,而餙其女出見曰:"吾力實不能償,願以此女侍。"欽拂衣起,排闥出走,宿友人家。至夜分大吐,旦視之,有蟲如髮數百,欽素病瘵,是後遂愈。又嘗還道拾遺金,多隱德。

周應文,白沙里人,家傭也。三歲失母,其父鳳育之廿載。萬曆丁酉秋,父患心疾,危篤,合門長齋,欲往謁普陀大士丐方救父,遂出剜開心胸,深濶各三寸餘,即投海漂二十里,水至頸而不没,至柘林,有盤石,遂坐其上,所開竅若拆榴連,晝夜不饑,亦不覺痛。會百夫長吴某亦以母病從普陀乞方還,舉以授文。文欣然還家,以剜肉血和藥進父服之,其病立止。唐進士之屏爲作《孝子傳》。

曹誠,世業醫,診視有神解,投以丹膏,病者立起。爲人敦樸廉介。倭亂時,避兵五里村,有川沙人失所携金,惶急欲死,誠獲之立還,無矜色。一夕,命其子同宿藥肆,指一囊曰:"此頃所拾路傍物也,若就内卧,倘失者來,何從知之?"晨起,果有諸暨紙賈行泣而覓於道,詢其故,即還之。誠少時曾還遺金於廣福寺前,交稱長者。陳所藴爲作《守愚先生還金傳》。年九十一卒。

喬在修,字三餘。世業儒,祖未湖、父仲餘及在修皆棄儒爲醫,名重三吴,時人以"喬半仙"稱之。在修自以編氓終其身,皂帽深衣,不儒服。居父母喪,病家迎之診視,先曰:"吾不以醫故易服。"過祖父墓道,雖昏夜大風雨必肅拜而去。醫不責酬,有所入,以分宗族孤寡無依者。嘉定令萬某病且殆,諸醫束手,在修治之立愈。令德之,屬富人踐更求脱者以五百金爲壽,在修咈然謝却之,其人卒就役,萬令益大義之。猶子之文舉於鄉,在修謙退自如,窮簷僻巷,延請無不往。病有疑險者,積日夜以思,精求其故,輒欣然曰:"得之矣。"侵晨,叩病者門與之藥,無不應手愈,其醫之神妙如此。肅賓介者四,旌善人者三,卒年七十五。子□、□,俱能世其業云。

周明璵,字叔魯,太學生,端重不苟。初無子,諸弟争嗣者破其家,明璵置不校。後舉子三人，人以爲厚德之報。

郭良俊，字少谿。其先廬州人，以軍功世襲錦衣衛千户，後徙居上海之瞿河。少喪父，以孝聞，慷慨明大義。嘗適野拾遺金，堅坐以俟，凡三日不獲，遂以所拾金并益己資建石梁於廟涇，民不病涉，即名廟涇橋。中子繼周，甲子應天舉人。

張錫眉，字介兹，崇禎庚午孝廉，嘉定學新場鎮人。闈前請於乩仙，仙示云是科必中，後殉國難，果於是科捷南闈。甲申闖賊之變，令室人黄氏及妾與女俱赴水死，然後徧身自書姓名，登嘉定南門城樓自縊死。國朝乾隆四十年命列祀典。

馬元調，字巽甫，邑諸生。學行兼優，有聲膠序，里黨奉爲矩矱。僑居嘉定，與黄淳耀、唐全昌諸人友善。福王時，侯峒曾倡義捍衛，同誓死守，大兵破城皆死之。乾隆四十年命列祀典。

國朝

曹六龍，號南叟。年甫十二，善屬文，侍御喬古崗作序弁其首，士林膾炙。自爲諸生，八入棘闈，數奇不遇，因開門授徒，學成取科第者甚衆。事親能色養，家業悉推讓諸弟，無所私，郡縣累舉鄉飲。子垂璨，丁亥進士。孫泰曾，戊午舉人。

喬恩，字三尹，性至孝。父前明廩生英魁，母陶氏，貧老卧病，恩甫九歲，匍匐親串家貸粟以供朝夕爨，日三四返，足趾盡腫，經年無倦色。親歿，喪葬如禮，廬墓三年。平生誠篤好善，重然諾，以服賈致饒裕，常于冬夜瞯愁苦之家，以銀投之，不使人知。年八十三卒，後以孫大中丞光烈、大元戎照貴，累贈如其官。

張至大，字伯宏。同爨及百丁，人以公藝稱之。康熙八年，歲饑，捐租五百石以賑里人。李二鬻女以償貸金，至大立返其券。山右賈人王晉旅死，至大爲具棺殮，使召其子宏謙至，又計其費而津遣之。康熙十二年病，命置酒召親黨，呼其子永吉取逋券悉焚之，薰沐而逝。弟至剛，字君毅，年十八代兄任北運役，同役胡中以舟沉被繫，傾囊貸之得釋。崇禎十四年大荒，賑穀六百餘石，募夫濬洋涇、海塘、新港諸河，計口給食，所活萬計，人尤誦其義云。

張尚文，字從周，上海人。英敏好學。父遊京洛，即能拮据養母，咸稱其孝。姊寡弟亡，撫諸孤不異己子。門庭整肅，慷慨好施，遊太學有名。少時東鄰有窺宋者，拒不納，人或稱之，蹙然曰："我未嘗有此也。"一日，載布入郡，見其叔官逋窘辱，即舉舟與之，無矜色。平生陰德多類此。舉鄉飲賓，祀婁邑賢祠。子淇，能世其德。孫集成，康熙丙辰進士。

朱紹謨，字銘範。幼失恃，事後母以孝聞。及父母相繼下世，家益貧，負土營葬得疾，遂棄書學圃，築梅花别塢，自榜一聯云："志清不必嗤人濁，酒熟從教共客歡。"其寧澹如此。同祖弟紹鳳，時在諫垣，長子廷獻領庚子鄉薦，紹謨謹飭奴隸弗闌與外事，課耕織如常。廷獻以罣誤里居，勸勉益力，以故益肆志力學，至己未登第，適紹謨八十壽辰，錦衣奉觴，鄉里榮羡。後兩舉賓筵，遜謝不赴，終身不履公庭，口無莠言，身無畸行。又性耿介，善規人過，如東坡先生云"喉間有物，必吐出乃已"，里中皆嚴敬之。

孫士範，字洪修。性寬和，慷慨好義。事寡母五十餘載，孝養喪葬盡禮，撫猶子如己子，歲饑出粟賑濟，穿義渠，修學宮，三黨待以舉火者甚衆。崇禎十七年，巡按御史周元泰題給冠帶，舉飲賓，卒祀鄉賢。子大經，國子博士。族裔益彰有孝行，邑令王侹旌之。

陸恒穎，家貧至孝。母梅氏病，絶粒數日，恒穎哭禱竈神，割股和藥以進，母即思飲食，病尋愈。

王檄，性寬仁，急公好義。邑有重役，人争營脱，檄挺然曰："往役，義也。可累貧弱乎?"遂身任之。又助貲濬吴淞江，歲饑出米助賑，邑令旌之。孫明允，有學行。子儋，順治庚子舉人。

沈朋，慷慨好施。歲饑，出粟賑貸，後悉焚券，終無德色。子製，僉運京漕米，蕩散無補，與家人哭别登舟，夜泊黄河，颶發中流，一舟呼救，乃舉米盡實製舟，及旦，物色前舟不得，即以其米上之，人謂好義之報。孫從教，以孝聞，又能賙卹親黨，里中稱之。

孔貞民，至聖六十三代孫，事父母及後母俱孝。親喪，廬墓三年，人咸稱爲孔孝子。子尚贇，孫胤貞，世守家法，孝行不衰。

高維岳，周浦鎮民。父高恩，好義樂善。明萬曆十六年，歲大祲，作糜賑饑，所活甚衆。十九年，海溢，恩收葬溺屍無算。又重修鄉約，助造濟農倉，不惜破産，人多其義。維岳幼有至性，父病危，籲天求代，割股手調以進，奉母如父，親殁後，各廬墓三載。明巡按御史陳某、王某皆具疏題旌，本朝巡按御史李某亦賜粟帛以旌之。子象辰，孫廷亮，俱庠生。同時又有杜啓賢、朱養豫，臺使並旌爲孝子云。

丁守安，周浦鎮農家子也。順治十年，母諸氏病篤，守安割左股調羹以進，母病尋愈。逾年，父務輿暴疾瀕死，守安復割右股療父。後父母各享年八十餘。兄弟四人，友於無間。壯年喪妻，終身不娶，鄉黨以篤行稱之。

夏汝法，本上虞人，遷居上海，事父母盡孝。順治六年大疫，一門染病，母思生魚，汝法扶病冒雪求得之以供，妻何氏憫姑齒落，以乳哺之。及兩親殁，汝法間關扶櫬歸葬。子廷彦，亦割股以瘳父疾，邑人目爲世孝云。

張政義，甫生喪母，祖母郭氏撫育之。後郭老病危篤，政義割左股肉作湯飲之，立愈，享年八十三而卒。

談柱，杜行鎮人。母趙痼疾，醫禱無效，柱割股食之復甦。

王承庚，字丕佑，原姓羅。由順治戊子副榜貢授朝邑令，有惠政，尋遷滄州知州。性孝友，事親色養，兄弟白首相携，尤耿介不欺暗室。初館於鶴坡孔氏，夜有一女子冉冉而至，叱之，忽不見。晚年棲心禪悦，爲邑耆宿云。子輅，歲貢生，望江教諭。

陸弘濟，字天如，世居坍石橋。性篤孝，力貧色養，友愛諸弟。父廷相緣族難出亡，弘濟窮山極谷，走覓五載無踪，血淚頻枯，因卜地葬二母，以衣冠主穴，力任葬費。又拮据葬叔嬸之喪，還金者再。精岐黄術，不再娶，至放生賑獄，施藥助棺，歷年無怠。又梓《先正訓典》《鄉約》諸書。自擇歸道山之期，沐浴端坐而逝。子柱國、定國，俱庠生。

俞九思，有孝子名。父允和病七十餘日，九思籲天乞代亦七十餘日，既而神示之兆，色養又十五年。子乘御、乘時，梓《孝感篇》勸世。孫存敬，年十七母病，籲天乞代如其祖，嘗藥滌厠牏，母尋愈，而存敬以積勞殤。知縣劉洴旌之曰“髫孝可風”。

唐姚端，字震陽，事父孝。歲飢，煮粥以食餓者，設義船於永濟渡，往來便之。

張淇，字爾瞻，以孝義稱。效范文正義莊規畫，置田千畝以贍族人。雍正十年，子彙、孫照承先志，奏明朝廷，立册存案，上嘉獎，追授吏部左侍郎。

金銘，字名佩，由庠生貢成均。性誠篤厚，於宗黨力相周給。有戚秦某負萬五千金而逃，或勸之訟，弗聽，甘爲寒儒。康熙十三年，軍籍黄文兆以運漕折欠産籍入官，死於囚，銘惻然典貸二百三十餘金補其數，免其孤於死。子泓，重義疏財，綽有父風。

嵇爾瑛，字修五。勵行端嚴，不苟言笑，重然諾，喜施予，望隆鄉國。郡守龔嶸舉旌善之典，造門敦請，延至公堂，歷數善行，酌酒爲壽。尋以鼓吹導之行，令吏號於城市曰：“爲善者法此。”題其門曰“善矩型方”。子慶立，守其家法，爲士林模楷。

唐華，字上采，姚端子，以孝義著。年届五旬，事九十老親作孺子色。家業讓諸兄，自甘貧乏。精岐黄術，以藥濟人。受業張、姚二師，四喪未舉，竭力葬之。

曹炳曾，字爲章。篤於至行，三黨之貧乏者每厚給之。爲族姪兩娶婦，婦卒，又撫其嬰。故人三喪未舉，助之舉。有名家子，淪落爲人鄙，解衣推食三十年，歿更殮之。捐貲育嬰，夏月施帷帳，晚年創置義田以贍族。聚書萬卷，吟嘯其中。輯族譜，著《放言居集》，孫錫黼梓以傳。

李士達，字天英。性好善，置田百畝贍貧族，捐貲建育嬰堂，歲助乳哺，施貧人絮及棺，又給獄囚棉絮錢米以爲常。康熙四十七年，歲饑，捐米助賑。雍正十年，水溢於浦，撈浮屍以棺殮，鄉黨咸稱長者。

曹培齡，字赤松。父煜曾，績學躬行，望崇耆舊。齡禀庭訓，食餼本庠。八歲喪母徐氏，哀毁骨立。繼母張生兩弟，齡孝友備至。父善病，即學醫，精其術。父嘗有憂色，叩之不言，齡默揣父意，盡出館穀爲兩弟婚，父乃喜。以父母春秋高，遂不應試。有幹濟才，三黨倚重。明於理學，手批《陸當湖大全》，發前人所未發。舉孝廉方正，固辭不就。患肺病，子錫秬割臂肉療治，父子相繼殁，人比之鄧伯道云。培齡弟傑士，字電發，附貢生，力學善書，敦行如兄。傑士子錫璜，字伯熊，能詩文，亦善書，官山東布政司經歷。

曹培廉，字敬三。少有文名，補博士弟子員。念父厭家事，遂棄舉業，勤色養，拓五畝園，招勝流觴，咏以娱親志。母有孀妹，貧無依，迎養於家，久而不怠。故宦某之孫貧，鬻其女，廉解囊贖之，具奩以配族子。於宗祠祭田外增置義田，并建本族義冢瘞無後者。歲助育嬰堂醫藥乳食，以承先志。援例授中書，未任卒。生平好客耽書，蒐刻名人集，詳《藝文志》。

張懋信，字咸孚，廩膳生。蓬蓽蕭然，事親所需畢給，侍母疾衣不解帶者累旬。母卒，哀毁幾滅。性孝感隣曲，品行端方，不爲利動。年未六十而殁。子文龍，幼通十三經，入婁庠。懋信殁，以哀死，人咸惜之。

曹培年，字大椿，候選通判。孝友敦篤，惠溥宗親。幼失怙恃，每逢諱日，必哀感致享，至老弗替。從兄培鯉，殁久缺嗣，議立年幼子，年曰：“嫂無所依，宜立長以主門户。”遂他舉。猶子錫寶有文譽，提攜以成其名。春夏交必發粟給本宗，以訖三黨。其老幼孤苦者，力任喪葬婚娶。里人有貧窘者將鬻妻，年如所需給之，全其偶。他若義學義冢、施粥施棺及道路津梁，靡不樂輸。督撫舉善行，題旌其門。

陸瀛齡，字景房，號仰山，又號柳村，明文裕公深裔孫。幼負異質，稍長，博通經史，爲詩古文辭，皆有根本，書法宗二王，以拔貢入京師，名動公卿。雍正十一年開博學宏詞科，張文敏照將以其名上，辭疾歸。嘗游兩江制府幕，數陳郡縣利病，制府下其指於有司，民皆稱便，陰受其德。選石埭教諭，縣僻居山谷，鄉貢寂寂，瀛齡捐貲拓學舍，發所藏書與諸生講論研習，文風蒸然日上，登科目者遂甲他邑。邑大水告饑，上官檄令往賑，冒霖兩，肩輿走萬山中，周閲户口，辨民色先後給之，全活無算。及攝縣篆，絶苞苴，察痍傷，嚴圻堠，牘無留者。獄未讞囚，不食於官，天寒多餓，出俸米日飦之，囚皆感泣。乞休還家，舉鄉飲賓，年八十而殁。瀛齡内行淳密，篤於孝友，而急人疾病患難如飢渴。在京師未嘗以竿牘謁貴顯，而喜汲引人材，惟恐後。平生與物無忤，臨財一介不取，嘗誦“澹泊明志，寧静致遠”二語以爲知言。孫錫熊貴，贈光禄寺卿。

李泓，字韜文。秉性誠篤，重然諾。賈吴閶，有同賈者遺銀裹，泓檢得而其人已死，訪其子還之。又嘗焚積逋券千金，鄉人饑，偕好義者捐貲，按户周給，里黨頌之。子陽，字元春，庠生，品學純粹，當事延飲鄉賓，辭不赴。歲饑勸賑，陽陳三便三不便，請以米易粥，憲司嘉之，人受實惠。嘗爲母壽創修橋梁寺觀，皆有碑紀其事。

朱之淇，字泉左，號菉溪。幼稟至性，痛父殁，事母張孝敬備至。力行善事以祈母壽，母年九十卒，哀毁盡禮。兄弟四人，長與三早亡，諸孤姪煢煢藐弱，教養婚娶悉如己子，以丁衆析居，所授資産子與姪無厚薄。家雖饒裕，而自處極約，營建宗祠以敦族屬，遇人有緩急，不惜解囊佽助之。乾隆二十一年歲饑，施糜平糶，争先爲合邑倡，秋疫，貧不能殮者捨櫘以千計。三十二年改建文廟，獨力修尊經閣，建敬一亭，巡道韓公錫胙爲文勒石記之。初鄉飲禮久缺，當事廉其行，請於上官，舉爲賓，不獲辭，觀禮者咸歎服焉。内閣學士李公因培視學蒞郡，顔其居曰“禮崇德懋”，壽至九十神明不衰，稱觴者千里偕至，觀察盛公保贈以“仁壽”之額。之淇於善事知無不爲，而雅不欲居其名，邑中人無貴賤賢愚皆愛敬之。生平嘗慕普濟堂善舉，儲銀三千兩，命子姪俟有倡始者捐之，以襄其事。子朝源，任工部營繕司員外郎，以告養歸，封如其官。

李秉智，字事貞，贈奉直大夫。性至孝，父泓患疽，日夕號泣，籲天願以身代，尋愈。母年八十餘，孺慕不衰，兄弟友愛無間。歲饑，出粟周鄉里，建宗祠，置常稔公田以贍宗親。子焕，字琢明，候選員外郎，能繼祖父志，力行善事，增置公田，葬其族人三世喪。乙亥歲歉，偕兄炯捐米賑飢，又倡捐義塚施棺及育嬰諸事。雅好成人之美，嘗有戚友屢瀕于危，不惜重貲緩急至再，人尤感之。

朱之灝，字蒼巖，號棲谷，候選州同。襟期高朗，不樂仕進，事母以孝聞。事兄之淇甚敬，凡所爲善必稟兄命而後行，兄所爲善必先意贊成之，時人目爲二難。訓誨子姪以禮，里黨交游有不能婚葬者，輒爲賙給，無德色。歲偶歉，施濟獨先，并捐修敬業書院，增建育嬰堂屋舍,凡邑中巨工善舉咸資領袖焉。生平雅好賓客,日常盈座,與人言諄諄以孝弟相勗,每見人善,喜不自勝,吾邑長者以灝兄弟爲最。年七十有八,以子森階進封朝議大夫。

陸秉笏,字長卿,號葵霑,瀛齡子。幼承家學,弱冠即有聲庠序,領乾隆辛酉順天鄉試。持身嚴整而處衆寬和,樂人爲善,不惜反覆勸導,里黨咸欽重之。晚年性益恬澹,不赴吏銓,以子錫熊貴,封如其官。閉户蕭然,安貧樂道,日以著述自娱,所撰《雲間予謚諸臣傳》《贊傳》《經書屋詩文稿》皆有關世教。歲癸卯重修邑志,當事請爲總修,正訛補缺,指示居多,惜未蕆事,以無疾終,年七十有八。

黄雲師,字驧書,候選布政司理問。以孝友勤儉起家,兄雲章没,遺孤四人,教養成立。乾隆乙亥歲饑,有司勸富家賑粥,雲師以飢民得粥既不飽,且有伺候填溢之患,議給以錢。即自爲倡,於所居五十二啚驗其最貧者,大口日給錢二十,小者半之,全活甚衆。母壽九十,悉蠲貧人租負。有戚友没赴弔,出懷中逋劵千金焚之。嘗剏建宗祠,修築橋梁,皆不惜鉅費,樂善好義之風里中翕然誦之。姪培蘭,亦理問;子森,邑庠生。

侯昌朝,字焕廷,國學生。居諸翟鎮,性伉爽,尚節義,有曾伯祖峒曾風。乾隆二十年歲饑,里中艱食,昌朝家僅中資,首倡捐米千石,專廠煮粥以濟上、青、嘉三邑鄰近飢民。嗣因破産不給,乞其嬸趙氏助之,趙恚,誣以倡孀,連訟於官,昌朝苦心莫辨,激烈自刎死。妾朱氏爲白其寃,巡撫莊公有恭、愛公必達、陳公宏謀並憫恤之,給額嘉獎,并具題請叙,奉旨追贈主簿銜。朱氏痛昌朝歿,仰承其志,乾隆二十二年捐田二十畆,助南翔鎮育嬰堂、學院,李公因培給"惠周襁褓"額旌之。

文　苑

宋

儲泳,字文卿,號華谷,居周浦。有詩名,精于陰陽五行,通儒玄理。所著有《祛疑説》,人争傳録。弟湋,字智卿,號晴谷,亦以詩名。

元

莊肅,字恭叔,號蓼塘,居上海之青龍鎮。仕宋爲祕書小史,宋亡棄官,放身海上。性嗜書,聚書至八萬卷,手鈔經史子集、山經地志、醫卜方技、稗官小説,靡所不具,書目以甲乙分十門。至正間修宋、遼、金三史,詔求遺書,命檢討危素購其家,得五百卷。所著有《藝經》《畫斷餘譜》傳於時。

王太初,字古心。通《易》,有《貴土集》《漁樵稿》《筆録》行世。

陸侗,字養正。詩典贍豪邁,尤善題咏景物,往往出人意表。同時若王泳、趙鎮、殷汝舟、姚玭俱能詩文,汝舟尤長于經學。

王文澤,字伯雨,别號梅泉,譜稱王茂弘,後家華亭風涇,後遷上海。祖大言,父京,並有文章。文澤學尤富,下筆不襲前人一語,所交多當世名士,累舉不第,爲府學訓導。所著有《尚書制度圖纂》三卷、《自立齋詩文》十卷。

唐時措,好學能爲古文詞,嘗即文昌祠作古修堂,以便學者講習,元初爲儒學教諭。

任暉，字東白，吴之著姓也。祖仁發，歷官都水監。父子文，又由祕書監遷考城令。暉喜文史，善賦詩，脱去凡近，雄健有法度。與楊廉夫游，嘗邀至其家，校讐詩章累日，廉夫極愛重之。有《東白集》。

彭汝器，字宗璉，號素菴。博學有史才，嘗評《宋史》，謂杜后遺命立太宗，與宋宣公舍其子而立穆公同貽亂于後。貝瓊爲撰《筆議軒記》，深許其識古今得失大義云。

俞宗大，其先河南人。曾祖彬，仕元爲浙江行省檢校，始居上海竹岡西。叔仲幾，工書，與宋克相友善。宗大善楷法，以薦授中書舍人，歷吏部郎中，致仕進階四品，年九十餘卒。子珙、孫順，皆能書。珙爲中書舍人，正統中歿于王事；順以恤敘爲國子生，仕終南京鴻臚寺寺丞。

明

王掖，由明經任邑令，有著作行於時。

朱木，字楚材。治《易》，工辭章，士多執經及門者。所著有《静翁集》《静軒行稿》。子元振，有《壽梅集》《文集》，詔徵明爲之序。

諸傑，字子興，由儒士中進士，官至尚寶少卿。日閉户蒐獵墳典，尤嗜《左》《國》，撰造必求其肖。尤耽苦吟，一時寡和，凡鉅公誌狀得出其手爲重，遇名勝處題咏極多。

董紀，字良史。父成，有詩名。紀詞翰俱美，凡賦咏一出，輒膾炙人口，與袁景文、陸宅之、吴子愚輩齊名。洪武初，舉任江西僉事，尋引疾歸。所著有《西郊笑端集》。

王弇州曰：良史爲國初詩人，我絶愛其《海屋》詩，如："過橋雲磬天台寺，泊岸風帆日本船。"

《大雅集》載《題友人山居》詩云："煙蘿寂寂蔭柴扉，路入蒼苔一逕微。江燕定巢來自熟，巖花結子落還稀。修琹有制先抄譜，沽酒無錢更典衣。采藥山童終日去，夜深常與鶴同歸。"

顧彧，字孔文，舉明經，爲鄉邑訓導。詩文豪整奇麗，有古作者風，與錢鼒、賴良結詩盟，雄于元季。嘗顔其齋曰"審安"，梧溪王逢爲賦，揭坐右。累官至户部侍郎。

彧學于王逢，以詩名，元季時稱其雄傑，有《客夜》詩云："露下碧梧白，風生玉籟幽。關河今夜客，天地十年秋。鼓角悲新鬼，衣冠憶舊遊。都將周顗淚，灑徧黑貂裘。"

陶振，字子昌，洪武初爲吴江訓導，上《紫金山》《金水河》賦二篇，太祖嘉之。所著有《釣鰲集》。

錢驥，字子良，以儒士舉，任晉府紀善。工詩文，所著名《砥齋集》。

吴敬，字孟寅，以楷書生寫《永樂大典》。書成，入太學，擢行在吏部文選司主事，歷遷郎中，九年秩滿，予四品禄，守本官久之，擢太僕寺卿。以疾乞致仕，正統四年卒，遣官諭祭予蔭。

沈瑜，字廷美。明成化初，以舉人預修英廟實録，授中書舍人，遷尚寶司丞。弘治中，遷少卿，陞南京太常寺少卿。卒，賜祭如例。瑜美姿容，善談論文藝，政事有可稱者，以重聽故，不獲擢用云。

曹豹，字文蔚。弱冠，充邑踐更，遂發憤力學，舉弘治己丑進士，授郟縣令。立社學，毁淫祠。秩滿，奏最内召，將以臺諫處之，會卒，郟祀名宦。雅好吟咏，有《山居》《雲程》二稿。

章瑾，字公瑾，莊敏公楶之後，徙李墟。能詩，草書法二王，尤長于畫。爲人有高致，其畫或頃刻可就，或數日不著一筆，蓋張可觀以後一人而已。

談承儒，字元珍，嘉靖壬午舉人。力學不與世事，晚爲衢州司理，卒于官，宦囊如洗，人共惜之。所著有《且適園稿》。

石英中，字子珍。邑令鄭洛書有《人倫鑒》，一見稱爲異才，曰："此盧、駱再生也。"弱冠成進士，授刑部主事。意氣豪舉，千萬言援筆而就，以嫉惡憤發及于難。其古樂府《紀夢》《七宣》等作含譏隱刺，類鄒陽、枚乘，而綺麗風雅逼司馬長卿。嘗自評其文如坡公所謂赤手捕龍蛇者，其胸次可槩見矣。所著有《石比部集》行于世。

張武，字德勇。飭躬力學，授徒自給，潘恭定恩其門下士也。以貢謁選，少宰霍韜奇其文，署名第三，例授司李，武雅不樂刑名，請以師儒自效，遂授弋陽王府教授。上《保祚箴》《鑒古録》，深見嘉納。尋引歸，監司交檄挽留不得。諸宗室相率贈遺，一無所受。家居惟以著述爲事，有《城南稿》《讀史漫筆》行於世。子大魯，令永城，禦流賊有功，語在《王元美志》中。

高企，字進之，别號西棲，居唐行鎮。年十七喪母，往姑蘇求吴文定公墓文以葬，文定奇而與之。企，顧文僖清高弟也。論辯英偉，邑令鄭洛書嘗稱之曰："高生經明行修，思齊古人。"聘修邑志。年八十餘能躋山絶頂，又三載卒。

顧斗英，字仲韓，尚寶名世之子也。少負雋才，磊落不羈，窮服饌聲色之美，選勝宴遊，座客常滿，名園畫舫、花木圖書、古尊罍畢具，與華亭莫廷韓風流文采相頡頏，人稱"雲間二韓"。子昉之，亦工書翰，能詩。

李繼佑，字仍啓。才情奔放，卓然自成一家言，與父南春先後舉于鄉。所著有《初學集》。

楊學禮，字伯立。少與陸文裕深齊名，中歲以病廢，與曹弘濟、滕奎結詩社，日相唱咏，有《寄陸文裕秋興》一律云："風物蕭疏兩鬢絲，感懷常在夜深時。心灰未冷金猊熱，首級無功鐵馬悲。杜宇敢言遊子怨，芙蓉空帶美人姿。山家亦有陽春調，不與多才宋玉知。"詞林莫不稱賞。自作生誌，書銘旌。

張電，字文光，以布衣從陸文裕深入京師。夏文愍言見而奇之，使書御製《集禮序》，世宗嘉賞，遂入史館供事。皇史宬建，命電題額，詔賜金幣，授鴻臚寺序班，遷中書舍人，漸被恩遇，朝廟典册必使電書，世所傳《消痞帖》特其小者，凡行幸游宴未嘗不從，賜予優渥，至遣攝大祀，諸學士有不得比者。歷遷至工部右侍郎，進禮部左，兼官如故。電起布衣，至卿貳，恭謹儉素，始終不渝，故受知眷最深。年五十一卒於官，贈□□尚書，賜祭塟。

黄標，字良玉。藏書甚富，繙閱無間寒暑，叩之如指諸掌，陸文裕公臨文有疑義，必屬標考核。與人談經濟，鑿鑿可行。輯《古今説海》一百四十二卷，選《陸文裕集》一百卷，所著有《書學異同》二十二卷、《縣志稿》十卷，俱燬於倭，惟《戊己》《庚子》二稿尚存。

張梗，更名敏中，號璞齋。其先汴人，八世祖鐵一公卜居龍華里，子孫因家焉。嘉靖甲寅，由明經教授仁和，會倭寇薄城，當路檄屬員之才譜者分守，梗得艮山諸坊，率生徒督士卒捍禦，城賴以完。遷王府教授。年八十卒于家。

李焕然，字子文，長史伯璵曾孫。家富于書，研討淹貫，時號爲書簏。絶意進取，教授里中。祠部張烈、司馬蔡汝賢，其高足也。弟復科，仲子名可教，以廉讓稱。孫逢申，工部郎中。

朱察卿，字邦憲，福州守豹子。幼敏慧，稍長，厭薄經生言，思砥行立言爲不朽業。邑令黄文煒、郡司李陳懋觀咸禮重之，察卿謝避，無所關通。及黄、陳相繼物故，察卿爲治棺殮，經紀其妻子歸葬。生平任俠慷慨，倒篋無吝容。其文法東、西京，詩法開元以前諸大家，即撰著脱稿，猶令人詆訶，務當乃已。卒年四十有九，著《邦憲集》。子家法，壬辰進士，歷仕有惠政。孫長世，自有傳。中子家聲，少負儁才，工爲詩，有《春草》《芳草》二編，至今膾炙人口云。

董宜陽，字子元，大理卿恬子。工詩賦古文詞，詩法高、岑，晚嗜元、白，文效先秦、兩漢，兼善楷書、行草，日坐一室，手不釋卷。所著有《琬琰録》《雲間詩文選》《先哲金石編》《近代人物志》《中閩記》《雲間百咏》《松志補遺》《上海紀變》諸書。又按，宜陽與弟宜旭析産時，爲文泣告先祠，義讓田産，更稱有薛包之誼云。

張之象，字元超，號王屋，萱之孫，鳴謙子。少穎異，曠達不羣，於一切世榮意殊易之。屢試不第，乃專力治古，博綜群籍，成一家言。詩爾雅冲澹，興寄寥遠，文出入東、西京，不屑爲晚近語，海内學士大夫無能傲屈之者。晚從禄仕，參藩幕，性偃蹇，不能脂韋，遂投劾歸。閉門却掃，斗室中圖史羅列，至不能布席。邑令顔洪範聘修邑志。所著有《剪綵》《翔鴻》《聽鶯》《避暑》《題橋》《倚闌》《擊轅》《佩劍》《林棲》等集，所輯有《太史史例》《史記發微》《唐詩類苑》《新舊注鹽鐵論》《唐雅》《回文類聚》等篇。又作《叩頭蟲賦》，寓譏邪諂，尤關世教云。子雲門，孫齊顔，曾孫藎臣，先後俱登鄉薦，以文學知名于時。

張所敬，字長輿，世以孝友詩禮禪其家學。少有文譽，與陳太常所藴輩齊名，司寇王世貞見其所爲古文詞絶，推重之。邑令顔洪範聘修縣志，纂輯之功居多焉。

高洪謨，字九畹，舉萬曆壬午順天鄉試第一。由太平教諭遷穀城令，有善政，旋謝事歸。當在穀城，所獎拔多名俊。識方岳貢于髫年，及岳貢來守松江，洪謨已歿，展墓修敬焉。

戴士鰲，字稺龍，後更名畹芬。耽嗜典籍，少從父遊京師，年十五遂以博洽名。尤精三《禮》，郡人治《禮》者必從講授，至今曲臺業宗戴氏云。數奇不遇，年四十餘貢入太學，爲廬州府訓導，甚有聲望。屢薦當遷，會崔呈秀巡按江北，士鰲無所餽，遂扼之。轉湖廣漢陽府教授，棄官歸。明崇禎二年，起爲衡王府教授，以老辭，長史三移牒徵之，乃赴，深見禮重。踰歲謝病歸。年七十三卒。所著見《藝文》中。

范文若，字更生，初名景文，明萬曆丙午舉於鄉。與常熟許士柔、孫朝肅、華亭馮明玠、崑山王焕如五人爲拂水山房社，以奇文鳴一時。己未成進士，除汶上知縣，以嚴察爲治。改知秀水，案牘之間不廢文翰。再調光化，意不自得，或兼旬不治事，扁舟往來江漢間，以釣筒詩卷自娱。遷南京兵部主事，爲考功中傷，左遷，稍移南大理評事，以憂去官。卒年甫四十八。文若美姿容，工談笑，雅慕晉人風度，好爲樂府詞章，識者擬之湯臨川云。

喬時萬，字處後。治《毛詩》有盛名，進士時敏、時英同産兄弟也。時萬獨數奇不遇，乃閉户著書，初選《詩藝》《詩苑》，既選《鼓吹》，皆紙貴四方。尤長於古文詞，選八大家、七才子等集數。教授生徒，如張元玘、元瓏、朱在廷，皆致通顯，邑中推爲耆宿云。

王昌會，字嘉侯，中萬曆乙卯舉人。屢試不第，遂絶意進取，杜門讀書。太守方岳貢欽其風，聘修郡志，昌會固辭，陳徵君繼儒作書勸駕，乃就。志中賦役、鹽榷諸大條俱出其手。晚年築室淞原，門無雜賓，廣堂弘敞，前列圖書，後陳女樂，每花晨月夕，即開樽宴賞，脩然物外，時論賢之。年五十八卒。所著有《全史詳要》諸書，見《藝文志》。弟昌紀，字永侯，幼穎敏，讀書數行俱下，手輯十七史四十餘年，足跡不履闤闠，時稱“王氏二龍”云。年八十六卒。昌會子灝，亦以文名，曾預修邑乘。

王偕春，字爾中，原名尚行。父學詩，久躓諸生，以貢就銓鴻臚。偕春弱冠登賢書，同徐文定公並師事黄縠城副使。校訂《四然齋集》行世，自著《問若編》，得漢魏古文氣息。萬曆中出粟賑飢，詳荒政。子觀光，字公覲，寧波通判，善詩古文辭，兼工書畫。

吴泰，字延之。書法詩文爲董文敏、陳繼儒所推重，著《研廬稿》，摹董跡勒石爲帖，亦以“研廬”名。明末徵爲御醫，後歸隱於郡之南城。

喬煒，字赤餘，副使木之冢孫也。父拱宸，起家中翰，贈祠部員外郎。煒恂恂雅飭，不以門第自高。少好學，有名士林，以副榜貢入北雍。會開史局，高選名彦，煒首與焉。歷掌制誥、直起居，纂修玉牒，授内閣撰文中書舍人，晉禮部儀制司主事，尋轉員外郎，遷郎中。煒恪恭閎慎，爲少師葉文清公向高所深器，居鄉以孝友著聞。子舒，爲邑諸生，以文翰能世其家。

徐天麟，字退谷，明崇禎辛未進士。幼孤好學，年三十餘始爲諸生。及官南京兵部郎中，蕭然如寒素。以終養告歸，杜門却掃，唯與二三故人引滿長嘯。詩文伉爽有奇氣，所著有《西郊草堂集》《廣蔭軒雜咏》行於世。

包爾庚，字長明。生而穎慧，幼時見兩兄習舉子業，携筆墨坐花下搆文，塾師見之驚異。及長，天才艷發，試輒冠軍，遂得選貢，崇禎丁丑成進士。守羅定州有善政，行取入都，遭祖母喪不赴。國初，隱居青谿之曲，自號“宜壑居士”，閉户著書。詔舉山林隱逸，當事强起之，以母老力辭。康熙元年，太守郭廷弼禮聘纂修郡志。臨終，端坐高吟曰：“千秋大業今家計，萬里清風昔宦遊。”遂合掌瞑目而逝。

陸鑨，字元美，文裕公深四世孫。砥礪名行，於書無所不窺，輯《宗譜》二卷、《文裕公逸稿》十卷，補刻《儼山文集》百餘篇。隱居著書，有《百一詩集》行世。弟鎧，亦敦孝友，工詩古文。

陳正容，字威玉，崇禎己卯舉人。行己端慤，問學該博，授徒著書，文名籍甚。所著有《欲報堂全集》《孟子合評》《陳子説詩》行世。

喬鳳將，字子翔，號文九，邑庠生。博學能文，名噪一郡，及門數百人，士林重之。

國朝

沈大至，字伯雍，號于三，邑庠生。闡濂洛之旨，而尤精于《易》，講學五十餘年。所著有《四書貫》《易經原》《繫辭津》《綱鑑要》及文集數十卷，又博通天文、地理、醫藥諸書。爲人端方正直，人稱大儒，晚年自號一三居士。康熙四年舉鄉飲賓。歿日，門人私謚爲"敬修先生"。

朱錦，字天襄。幼穎異，爲諸生時以文章雄視儕輩。順治辛卯舉於鄉，己亥會試第一人，選翰林院庶吉士。益肆力於經史，服食不異寒素，晏如也。十八年，同考禮闈，得人爲多。旋以母老乞歸養，杜門却掃，與人無競，無聲色游冶之好，時人服其雅量。初，錦將應會試，適里中貧民鬻其未婚婦於伎家，錦聞，急持金贖之，或謂："如資斧何?"曰："我行可緩？此女一去即墮落矣。"卒完其配。先是，夏雷震城東門，知縣陸宗贄卜之，云當有大魁天下者，命鑿"龍門"二字於城垣以識之，已而果然。錦天資醇謹，砥礪名節，雖仕不大顯，後學宗之。年五十四卒，有《藜照堂詩》行于世。弟錚，字拂鐘，資敏而尤邃古學，喜賓客，好吟咏，酒酣作歌，旁若無人，詩載《二仲居集》。先錦卒。

喬世埴，字子方。年十三補博士弟子員，聲望蔚起，當湖吕濬、襄陽方岳貢咸器重之。居恒好賓客，喜結納，爲幾、復二社耆宿。九試不第，卜築西郊，名其園曰"秋爽"，日與知交嘯傲其中。順治十五年，由明經廷對未官，鬱鬱不得志，年五十餘卒。所著有《玉版陽秋》十卷、《燕喜堂稿》《紉蘭草》。

張宸，字青琱。博學工詩文，由諸生入太學，選中書舍人。時端敬皇后賓天，上命詞臣擬撰祭文，三奏草而上不懌，最後屬宸，有云："渺兹五夜之箴，永巷之聞，何日去吾十臣之佐，邑姜之後誰人?"上讀之泫然稱善。尋遷兵部督捕主事。康熙六年，上求直言，宸疏請撤本邑客兵二千四百人并巡海章京，以甦民困，報可，邑用安堵。旋罷歸，病卒。有《蘆浦莊詩》《北征使粤草》行于世。

趙子瞻，字半眉。幼孤，有成人之量。及長，力學通經史，旁及天文地理諸書。順治丁酉領鄉薦，因主司被論。戊戌、己亥春，兩蒙世祖章皇帝臨軒覆試，凡自制舉義外，雜試詩賦、論序、表策、頌記、辨説數篇，拔置上卷，辛丑成進士，殿試二甲四名，例授推官。坐公事免。閉門課子，以詩書自娱。所著有《詩集》四卷、《詞》一卷行世。子維宗、維圭、維炎，好學能文，稱濟美云。

閔峻，字山紆，號筠庵，浙烏程籍上海人。幼孤，事母至孝。博通經史，與處士王光承兄弟稱性命交。順治甲午舉明經，選授盧龍令。廉明仁愛，在官五年，有十異政，邑民樹碑頌德，祀名宦。康熙九年，擢職方主事，在部以廉慎稱。十年，督税嶺南，使還，乞假歸里，視宗親俱有恩紀，而恬静方嚴，不以片楮于當事。性無他好，惟研精經籍，著有《筠庵詩文集》及《兵法觀略》諸書，王光承極推重之。年六十七終于家。子璐，明經；瑋，康熙乙卯舉人。

唐汝玫，字次仲，繼禄從孫。幼英挺岐嶷，好學有文譽，天才高邁，不讀秦漢以後書。爲諸生，以經濟自任。崇禎己卯舉于鄉，屢試南宫不得第。乃徜徉山水間，嗜酒好客，二頃所入悉付酒家，客有語及聲利者，輒飲之醇酒，不使竟。康熙癸卯授常寧令，未赴卒。子士龍，孝友能詩文，知名于時。

劉浚之，字孟郊，郡諸生。有世德，好學博古，著述甚富，舉飲賓。卒年九十餘歲。

彭喬年，字凌雲，邑諸生。操履峻潔，博學工文詞，踏省門十餘次，執經門下者百有餘人。所著有《易演究微》《詩餘圖譜》。子奕，府庠廩生；奂，能文。孫勳，庠生，享年八十七。

張燧，字景明，號皇人。隱居孝聞，割股療母，不求進取。文藝風雅，著《千秋一覽》《藝苑英華》《萬竹山居詞》《三影集》《梅花詩》行世。《春居》云："梅花摇落燕初歸，剥啄無聲晝掩扉。二月正逢榆莢雨，一尊且典芰荷衣。"董蒼水摘句有"小橋寒食路，細雨杏花村"、"門前楓老迎寒色，馬上人歸背夕陽"、"烟濛帆影疎林見，雨霽鐘聲隔岸聞"、"雲飛暮嶺盤千色，風起寒林共一聲"、"但使故人攀日月，不妨我輩卧烟霞"諸句，格調雋逸，極膾炙人口。

朱在鎬，字周望，號拜石老人，明工部主事長世子。由孝廉任廣信推官，有賢聲，曾以三千金贈貧友葬親。歸田後，宦槖蕭然，日與曹垂璨、張錫懌輩以詩詞酬唱，有句云："蹈道固所安，能貧又奚慕。"亦足想見其人。壻王灝，並有文名，癸亥與在鎬同修邑乘，俱見史才。

曹垂璨，字天琪，號緑巖。少穎異嗜學，兼長詩賦。順治丁亥成進士，任藁城、遂安，皆有惠政，尤以振興士習爲事。歸田後，手不釋卷，康熙癸亥修邑乘，實秉筆焉。所著有《片玉齋》《且閒亭》《竹香亭》《越游草》諸集。順治間，海寇犯縣境，䄠將叵測，垂璨泣告縣令閻紹慶及蘇理刑楊昌齡，願以百口保闔邑，并與紳士跽請於撫軍，遂得免。生平篤友愛贍，闔族人無間言，崇祀鄉賢。

陸鳴珂，字次山。天資高邁，自幼力學，弱冠登第。由教授補監丞，擢部郎，典試四川，提學山左，稱得人。著有《廣陵吟》《金門集》《使蜀草》《萊青集》《湖濱集》。兄鳴玉，弟鳴球，俱有文名，人稱"三鳳"云。

張鏌，字如九，號蓬園。貢入成均，以書學兼優召對，天語嘉奬，授中書，直西清。轉弘文内史，絲綸詔誥皆出其手。擢開化同知，有惠政，假終養歸。著《晴雪堂文集》行世。

范箴，字莘尹，號蘇林，明職方郎中景文孫。穎敏沉静，十餘歲即食餼於庠，推爲諸生祭酒。七戰棘闈，數奇不售，益肆力於經史，士林咸稱淹博。赴京師，與臺館諸公互相酬唱，有達之睿賞者。倪永清嘗刻其古今體詩數十首行世，稱爲陳大樽後一人。

蔡湘，字竹濤，監生。少游京師，盡交當時名士。龔芝麓集同人聽柳敬亭説隋唐遺事，即席限韻賦詩，湘以齒少居末座，詩先成，時閻古古負才自詡，南面首坐，嘆曰："崔詩在上矣。"由是名愈盛，與王阮亭、朱竹垞相倡和，咸服其才。客死交城，年甫二十餘。

范青，字筠堅，庠生。幼慧博學，爲文不加點，詩才敏捷。遊浙閩制府范忠貞幕，相契獨至忠貞，死耿逆之亂，爲輯其《畫壁記》傳于世。著有《筠堅詩稿》，其《芙蓉影詩》三十首尤膾炙人口。

周金然，字礪巖，號廣菴，又號越雪。康熙壬戌進士，入翰林，官至洗馬。負奇才，俯視一切。與修國史、一統志，共事者凡有考核，則告以某義某辭出某史某傳，悉了然。典試湖廣山右，稱得人。奉旨校輯《古文戴禮》，稱善。攖疾告歸，以平日所書字幅進呈聖祖，御製五言詩十二韵以示褒嘉。著有《飲醇堂文集》等書，而其所長者尤在書法。

戴有祺，字昺章，金山衛學，上海人。康熙戊辰進士，辛未廷對第一，授修撰。文奇古似柳州，詩曠達似放翁，以左遷不赴，歸築草堂，縱意詩酒卒。

徐允哲，字西崖。工詩古文，南至越，北至燕，一時名流如王士禛、毛奇齡、錢金甫、周金然皆目爲畏友，四方之士慕其名，欲購其詩文，日不暇給。兼長書法，以晉人爲宗，游戲於丹青，得宋、元諸名家法。著有《申江集》，膾炙人口。

周彝，字策銘，號寒溪，康熙丁丑進士。館選授編修，典試雲南，羣服其公且明。歸途經石首，訪得房師未安窀穸，徒步以葬。纂修御書，屢荷嘉奬。初在雍中，祭酒王士禛奇其才，談論詩古文，有水乳之合，日益有名。性謙和渾厚，悉心奬勵後學，是不徒以文章著者。

張永銓，字賓門，號西村。康熙庚午副車，癸酉賢書，授中翰，改選徐州學正，未赴任卒，門弟子私謚曰"閑存先生"。生平學闡程朱，胸羅經史，宋尚書犖撫吴時重其學，延入嵩山書院，豫人至今念之。著作今古詩文卷帙甚富，鐫有《閑存堂文集》。

徐國埏，字嗣功，號舜甄，增廣生。天資明敏，復篤於學，作詩古文詞不待思索，脱稿不易一字。受徒設教，從游者以百計。弟太史學柄，自幼至長親教成之。

徐國城，字心聲，號公衛，名諸生。性純孝，父病刲股以療之。兄弟四人友愛無間，子姓貧弱者必給資擇師教之。生平從游者甚衆，如進士趙頤、舉人葛恒、拔貢顧偉烈皆出門下。著有《尊訓樓稿》。

徐學柄，字王馭，號蔚村。康熙乙未捷南宫第三人，館選授檢討，充實録館纂修。居京師十餘年，閉户著書，絶不干謁要路，同官或不識其面，時論高之。

嵇慶淳，字文高，襟懷高潔，文如其人，詩亦清遠絶俗。工楷書，酷摹《黄庭經》，至今片紙隻字人争什襲焉。

潘牧，字牧園，係明恭定恩裔孫。少負異才，萬言倚馬，司寇徐乾學知其名，欲以博學宏詞薦，辭不就。後貧甚，毫無悔意。日事詩古文詞，集幾充棟，殁後散失，今進士張梁搜藏之。

徐元植，字予培，庠生。穎悟過人，研精載籍，尤邃於《易》，融會本義、程傳及諸儒之言，著爲成書，名曰《嘉會》。乾隆庚申，奉旨採訪遺書，制府檄取抄本送部。平日著作甚夥。居家孝友，限於年，三十二歲卒。

王俊臣，字日初，號雪坨，中甲午京兆榜。大父陛良博極羣書，名重當世，俊臣能繼之。工詩古文詞。年二十三遊練川，學士孫致彌提倡風雅，名宿畢集，俊臣出所作《登金山》詩，其中聯云："暮潮卷落千帆月，曉角吹開萬井烟。瓜步樓台飛鳥外，潤州城郭亂山前。"見者斂手推服。副使王澄慧聞其名，首薦博學宏詞，以疾不赴。平生惇謹，無擇言擇行，尤喜推獎寒士，及殁，學者思之。著《寒碧齋集》。子汝楫，廪生。

唐聲傳，字廷一。穎敏嗜學，食餼郡庠，入棘闈，屢薦不售，貢成均。著有《廷一問詩》《古文詞》各集，尤精研理學，當湖陸清獻器重之。

唐時琳，字宸枚，歲貢生。爲人誠慤，潛心理學，工詩文。授江寧司訓，立規課士，上憲推獎，命爲鍾山書院監院。著有《學庸集説》《詩經正義》。年七十九殁於家。

朱廷琦，字右韓，晚號銕翁，歲貢生。能文章，闡理學，著《四書參愚》三十餘卷。

劉夢金，字夷來。質直有氣，折節讀書，名著大江南北。遊京師，貴人争欲羅致門下，悉屏弗通，卒齟齬以明經終。爲詩古文，濡翰立就，出入韓、蘇、李、杜間，既脱稿，隨手散漫，雅不欲以文人自域。與人交始終無面背，遇俗子弗交一言。工書，善醫弈，有國手之譽。

金應元，字霖舒，號宇春，别號漁村。弱冠即工文詞，鄉先達以大器目之。補弟子員，屢爲司衡者賞識，旋貢成均，充武英殿分纂《圖書集成》。中雍正甲辰順天舉人，除兩淮運判。雖司鹺政，而好以文章獎勵後學，於士之貧乏者移學署名，月給膏火以贍之。承辦賑務及疏濬中河均惠恤商竈，政聲籍甚。轉監鹺司馬，引疾歸里，與淩司馬榆山唱和往來，人以爲文學政事兩擅云。卒年七十有五，著有《種書圃詩文集》。

陸瀛亮，字熙載，號宏山，鳴珂從子。幼有異稟，長善文詞，儀封張宗伯撫吴時拔入紫陽書院，名噪一時。雍正己酉登順天賢書，輦下鉅公重其文學，咸稱得人。試禮闈不售，需次家居，以詩文自娱，人推爲文壇宿望。子秉紹，字繩山，亦有文名，乾隆庚午副榜。

陸琳，字右廷。性嗜古，秦漢來圖書金石罔不考訂。詩有魏晉風味，尤工書，宗其文裕家法，兼得張東海秘。嘗入朝鮮，争購以重價，絲毫弗取，士林重之。

張成，字修己，乾隆戊午領鄉薦。爲人樸誠敦篤，文詞之外兼工墨竹，精岐黄，著有《醫學心參》《萬竹居詩稿》。子泰源，庠生，早殁。孫位中，乾隆丁酉舉人；志，邑庠生。

喬龍，字甫在，號見田，由拔貢生舉於鄉。品行純粹，學術湛深，邑中名宿盡出其門。中丞王師、鹽政吉慶聞其名，以師禮聘之。晚年深明禪理，屢以果報勉人行善，聞者化之。著有《傳經堂文集》。

王雲瞻，字卓士，邑庠生。有文行，負笈從者皆得雋尤。邃於經學，著《周易纂要》。子洪範，文亦奇古，魚門鄭學使以國士器之，早卒。

汪宜耀，字士雲。父永安，工舉業，喜吟咏，著《諸翟村志》。宜耀潛心力學，精于四書及諸經義理，著述甚富。以歲貢生官舒城訓導，俸滿歸，卒於家。

張熙紳，字赤垂，號蘆濱，邑諸生。四書經義無不究極源流，好引掖後進，家居授徒不計資斧。晚年病目失明，猶口誦傳習，著有《蘆濱文稿》。

張廷璧，字藴輝，廪生。幼聰敏勤學，博覽經史，通星象學，尤邃於《易》，義理象數一以貫之，與人講解娓娓不倦，惜不永年而殁。

葉鳳毛，字超宗，映榴孫。雍正八年，以忠節廕授内閣中書，轉典籍，推陞同知，引疾歸。生平嗜古力學，於經史子集無所不窺，考據詳核，著述甚富，有《説學齋稿》。書法入晉人室，凡碑版誌銘多出其手。父㝉，沂州守，善畫山水，亦得其傳，間作翎毛花卉，雖游戲筆墨，生趣盎然。

徐秉哲，字紹虞，號超亭，性孝友。以能文名中丁卯順天副榜，庚午舉人，甲戌進士，就徐州教授，勸學興行，士風一變，卒於官。

王智古，字静山，學贍才博，爲諸生中名宿。居長春圃，教授生徒屢登科第，而己以明經終，士林惜之。晚耽詩古，嘗箋釋李義山詩，自著有《惺齋文集》。

曹錫黼，字誕文，號菽圃。藏書甚富，晨夕披覽，博而能該，手著《碧鮮齋詩鈔》《無町詞餘》《四色石》《桃花吟傳奇》。任太常寺所牧，年二十九卒於官。

劉應璧，字東府，號文垣。賦性敦樸，篤於孝友，鄉里推爲長者。文章原本經史，有古大家風。中庚午副車，登癸酉順天鄉榜，出秦殿撰大士房，歎爲賈醇董茂，近今尠匹，輦下諸公争相引重。弟應巨，磊落不羣，工詩古文詞，爲名諸生。

張熙純，字策時，號少華。博學能文，豪于詩酒，爲諸生試輙冠軍，與同里趙文哲齊名，時號張趙。由舉人召試，授内閣中書，充方畧館纂修官，供職二年卒。熙純天才高邁，下筆千言，其詩清麗拔俗，尤長樂府，著有《華海堂詩集》八卷。歿後，其兄熙緒搜輯遺稿，大半散軼，所存詩餘若干闋，青浦王昶選入《國朝十六家詞鈔》。

凌應曾，字祖錫，號叔子，少司馬如焕姪，由拔貢生中丙子順天榜。癯骨清高，吐棄一切，爲古文根柢經史，制義亦高古，希踪大家，詩清淡有法。選授貴池縣教諭，諸生請業者争滿學舍，盡心教之。以待銓翰林院待詔歸，卒於家，著有《古歡堂稿》。

施潤，字澤襃，號秋水，清惠公維翰曾姪孫。幼孤，事後母以束修供甘旨，克盡孝養。攻苦績學，篝燈夜讀，無間寒暑。工詩古文辭，才華贍博，舉筆立就。由甲子副榜中戊子鄉魁，登壬辰進士，以母老就鳳陽府教授，得迎養。丁憂歸，當事聞其名，延主敬業書院，訓課有法。著《居敬堂詩》。

薛韜光，初名龍光，字少文，府庠生。幼即能詩，篤志厲行，研究經學，皆有依據，著有《五經集説》《玉屏山房詩鈔》。

曹錫端，字菘畦，廩貢生。負詩文名，工詞，有《東吴十子稿》，並著《半涇園詩餘》。初授銅山訓導，未赴，改江寧，會開《四庫全書》館，省立書局，令總理其事。學舍傾圮，捐俸重搆，諸生勒碑紀之。

李心怡，字昆和，號香嚴，國學生。十三歲能文，爲宗正丞竇光鼐所賞。廣置書籍，名其樓曰“味經”，讀書其中，著述甚富，有《竹田詩稿》。

隱　逸

唐

顧謙，字自修。風神朗秀，質性端敏，舉明經、三禮二科。洞達貫穿，魏帥何公表謙高才，拜宗城令。尋棄歸，隱居北平鄉，名流高其風操，咸就見焉。咸通中卒。

宋

黄庚，太學生。能文章，尤工丹青。宋亡不仕，有《樵吟集》行世。

任良能，字子益，號清逸處士。讀書樂道，力行孝弟，能詩文，省府交辟不起。

元

王默，字子章，文澤子。少任俠多藝，弱冠折節讀書，書法趙孟頫，行筆甚捷。被徵書金字《浮屠經》，擬官翰林，力辭歸隱。父歿，盡鬻書買山以葬。

余瑾，居上海干山，因自號笴隱生。幼時夢掘地得大小墨數百笏，遂善屬文。又好游名山，至正間，自具區，道毘陵，渡江抵淮泗。以直言干當事者勿用，還讀書干山下，終身不出，世稱高隱。

王泳，字季瀰，宋進士日輝曾孫，元衡山主簿鏞子也。性樂易，自號静習。或問静何習，輒對曰："習不由静，未曾學也。"先是，奉父遺命，以庶弟奉其生母，泳悉舉田宅畀之，而自處卑隘，緼袍蔬食晏如也。其門生輩爲買龍華之原營壽藏，扶杖臨觀，乃作歌曰："鼉何物兮，甓是室兮，吾其願畢兮，抑亦二三子之力兮。"聞者多之。梧溪王逢爲銘其藏曰："生斯游，死斯藏，古賢達是方，雖晦也孔光。"

蔡訓，字君立。元末兵亂，變姓名隱吴中。事定還鄉，築室漢成里，扁曰"東郊草堂"，其友人江陰孫作爲記。

明三人

吴爰，字翼夫。以詩名於時，顧文僖清稱其"山林日長無外物"以撓其志，故其言蕭散閑静，無世俗綺靡、揚袖倚市之態。著有《雪窻詩》行於世。

姚章，字尚絅。少厭薄舉業，學詩有陶、謝風，書法宗黄魯直。游學荆溪、陽羡間，愛其山水清僻，遂移家焉。後又至采石之紅木山，市地數畝，結屋棲遲。年八十四卒，葬於山麓。嘉靖間，觀風使者陳九德以逸民旌之。所著有《玉崖集》十卷。

張拙，字汝吉。能詩，善篆隸，隱居不仕。陸文裕深引爲社友，嘗和深《白槿》詩，深擊節推爲擅場，詩云："懶隨宫女候羊車，欲嫁潘郎鬢已華。誰向上林承雨露，自甘僻壤飽煙霞。幽情肯許題紅葉，澹影常教占白沙。却笑阿嬌金屋貯，最深恩寵不藏瑕。"其風操可想矣。

國朝

王光承，字玠右，貢生。品行修潔，力學好古，綜經史以及百氏書成一家言，三吴推爲冠領。性澹榮利，絶意仕進，與弟烈偕隱窮鄉，躬耕養父，裹足不入城市者三十餘年，惟與故交閔峻校讐文籍以爲樂。後學奉如嚴師，然質以疑義輒謝不知也。康熙十六年，啓手足於友人丙舍。雖夏甫之穴土室，幼安之默遼海，殆無以過。卒無子，衆悼惜之。

沈求，字與可。秉性耿介，慎取與，不妄交游。明鼎既遷，隱居於梅花源，以吟詠爲樂，其逸情高致，往往即詩見之。

莫秉清，字紫仙，號葭士，自稱月下五湖人。勝國諸生，幅巾道服，絶意進取。詩古文詞具有高致，所著有《采隱草》行世。其門人吴徵棐以爲孤梅鐵幹，猗蘭幽芬，雪淡風高，與俗逕庭，庶爲得其概者。書法力摹晉人，善鐵筆。當事欲見之，辭弗許，蓋王穉登一輩人也。

沈白，字濤思，又字賁園，隱君求子也。幼時一就童子試，遂絶意應舉。即父求隱居之梅花源築結繩書屋，歌嘯其中。詩不尚雕繪，意偶感發，任筆揮灑，自有恢奇怪偉之致。書法雲煙，落紙如倪雲林畫竹，自寫胸中逸氣。事父畫像，晨起必拜，飲食必祝，終身不少變。年七十八而卒，嘉定張樸村雲章銘其藏曰："孰膠其口，孰韜其光，兩世之隱，百世之芳。"

瞿穀，字式似，號筠冲。年十二補博士弟子員。父騫以進士令山東滕縣，值流寇亂，守城殉難，穀年僅十五，殮骸骨歸葬。遭時多故，廬墓授徒，不求仕進。著《刪刪詩集》《且存卷文集》傳世。

流　寓

宋

章楶，字質夫。其先浦城人，祖頻，侍御史，父訪，移居蘇州，號曰北章。楶以叔郇國公得象廕起家孟州司户參軍、將作監簿，應禮部試第一，試大理評事，監華亭鹽。搆思堂于公宇，東坡爲之記，有《楊花水龍吟詞》，坡亦和之。樂其風土，因家于青龍之崧宅。歷直龍圖閣，知慶州。時朝廷捐葭、蘆、安、疆等四砦，夏得砦益驕，入圍環州，楶先用間知之，遣驍將伏兵以待，斬獲甚衆。哲宗訪邊事稱旨，命知渭州。至即上言，城葫蘆河川，據形勝以偪夏，乃帥四路師築二城，不浹月而成，賜名平夏城、靈平砦。夏主將數十萬兵圍平夏，疾攻十餘日不能克，一夕遁去。夏諸將皆勇悍善戰，楶諜其弛備，遣輕騎夜襲，直入其帳執之，盡俘其家，虜馘三千餘，牛羊十萬，帝爲御紫宸殿受賀。累擢至端明殿學士。時章惇用事，楶與同宗，頗爲世所疑。及進築鄯湟，楶諫曰："自兵興以來，儲蓄一空，今者正休兵息民、清心省事之時，惟深察臣言，裁決斯事。若更詢主議大臣，恐誤聖聽。"大臣蓋指惇也。徽宗立，請老謝事。加資政殿學士、中太乙宫使。卒封秦國公，謚莊敏。七子，綽、綜最知名。

布衣吴惟信，字仲孚，湖州人，寓居白鶴村。記問該博，以詩鳴，有《菊潭稿》，詩詞清遠，庶幾唐風。吴郡人糜登，吟壇名宿也，一日叩所作，誦一絶云："白髮傷春又一年，閒將心事卜金錢。梨花瘦盡東風軟，商畧平生到杜鵑。"糜不覺下拜曰："天才也。"

吴潛，字毅夫，宣城人，侍其父寓居下砂鹽場。讀書後魁多士，爲宋開慶名相。

元

貢師泰，字泰甫，宣城人。至正中自禮部尚書爲平江路總管，甫視事而淮兵至，守將莫能支，師泰率義兵出戰不敵，懷印走松江。嘗寓静安寺，賦《招提八詠》，其《滬瀆壘》一章，忠憤之氣猶可想見。

趙孟頫，字子昂，湖州人，官翰林學士承旨，書法獨步一代。嘗居鶴砂鎮，凡寺院碑記鐘銘皆其真蹟。前赤壁石刻向在永寧寺，郡守方岳貢移置和衷堂。

楊瑀，字元誠，錢塘人。性警敏，博學長身，紫髯如畫。元天曆間，召見奎章閣，命篆"洪禧"、"明仁"二璽文，稱旨，署廣成局副使，擢典簿中瑞司。與密謀草詔黜奸臣伯顏，超授奉議大夫。江南盜起，改建德路總管，得謝。來松居鶴沙鎮，遂老于鶴沙。初瑪在官，上從容詢其鄉土，對以西湖葛嶺之勝，御書“山居”二字賜之，因自號“山居”。所著有《山居新話》。卒，返葬葛嶺。

王逢，字原吉，江陰人。才氣俊爽，弱冠有令名。臺臣薦之，以疾固辭，大府交辟皆不就。會世亂，客遊吴中，築室青龍江上，以吟咏自娱。初，祖母徐夫人嘗手植雙梧于故里之横河，逢追思之，因名所寓曰“梧溪精舍”。所著有《梧溪集》。

按，汪澤民曰：王原吉學詩于延陵陳漢卿，陳與柯敬仲俱事邵菴虞公，得其傳。邵菴爲時名臣，柯参書奎章閣，陳今爲東流尹，亦躋顯仕。原吉窮而在下，獨以詩鳴志，樂漁隱高風，殆不可改。

楊乘，字文載，濱州人。少負氣，博涉經史，由參謀府掾累官監察御史，遷江浙行省員外郎。至正壬辰，杭州陷，無罪坐黜，依青龍章元澤以居。丙申，松江陷，或傳張氏將起，乘笑曰：“吾豈事二姓？”使果至，乘知不免，命子具禮享先祠畢，設飲，起行後圃中，顧西日晴好，慨然曰：“晚節如是，足矣。”誨其子治畦，處置家事如平日，夜分就寢，遂自縊。遺書言“死生如晝夜，不足介意，正以得全臣節爲快”云。乘死二年，臺臣白其前後事，贈官賜謚，録其子。

葉杞，字南有。先世居京口，有别業在松之吴滙。杞讀書負才。兵興，進士李國鳳經略南土，杞密陳時事十條，李嘉納之。授進義副尉、丹徒縣主簿，將别任之而柄移藩鎮。乃築草堂于魚鱗涇上，顔曰“漪南”，秘書監貢師泰爲序，楊維楨、魯淵爲歌詩，王逢爲楚音二章以樂之。遂老於松。

明

秦裕伯，字景容，大名人。從父仕元，就學胄監。登第，累官至福建行省郎中。會世亂，棄官寓揚州，復避地松江之上海以養母。時張士誠據姑蘇，遣人招之，拒不納。吴元年，明太祖命中書檄下松江起之，裕伯對使者曰：“裕伯受元爵禄二十餘年，背之是不忠也。母喪未終，忘哀而出是不孝也。不孝不忠之人，何益於人國？”乃上書固辭。洪武元年，省臣復檄起之，裕伯稱病不起，上乃手書諭之曰：“海濱之民好鬬，裕伯智謀之士而居此地，苟堅卧不起，恐有後悔。”裕伯拜書，遂入朝。裕伯博辯，善談論，上屢欲官之，以他故辭，後卒爲待制。

孫作，字大雅，江陰人。自曾祖徵川，傳至作而學益大，門弟子以“尚清先生”稱之而不名。著書十二篇，號《東家子》，詞旨宏博。至正中兵起，挈家入吴，惟載先代藏書兩敝簏。張士誠聞而廪給之，卒謝去。久之，衆爲買田築室於松焉。洪武癸丑，召纂修日曆，授翰林編修官，乞外授太平府教授。三年選學官，内任除國子助教。明年分教中都，又明年還成均，又明年陞國子司業，後終於漢成里。所著有《滄螺集》，宋太史濂有《東家子傳》。

車程，天台人，經行修明，工古詩文。

邵貞亨，字復孺。其先淳安人，元末僑居邑西。洪武初爲府訓導。博通經史，贍於文辭，工真草篆隸，凡陰陽、醫卜、佛老之學莫不究其奥。所著有《蛾術集》。

宋克，字仲温，長洲南宫里人。少跌蕩不羈，以氣節自勵。性伉直，人有過輒面折之。與人言據事析理，期於必勝。一旦謝客染翰，日費千紙，遂以書名。章草久不傳，至克始得其法。游松江，寓城東俞氏，郡人多學其書，陳文東壁嘗從授筆法，吴僧善啓謂"宋筆正鋒，陳多偏鋒"，以是不及云。洪武中，同知鳳翔府卒。

成廷珪，揚州人，避地上海。淹貫百氏，嘗闢萬竹樓于吴滙，卒遂葬焉。珪好歌詩，尤長于律，世稱"成八句"，有《居竹集》行世。

馮淮，字會東，一字雪竹。初居崑山安亭，往來吴淞江上禪寺，獨坐古桂下吟不輟。陸文裕公深見其詩，請爲社會。子遷、邃，俱能詩文。裕公子楫以江上别業贈淮爲居，父子力耕其間。後日本入寇，乃走避入城，潘録事爲分宅居之，士大夫争相迎欵焉。邃嘗以踐更匍匐公庭，邑令屠隆問得其名，遽令易服延坐，邃亦傲然無所讓，時人兩賢之。淮有《江皐集》，遷有《長鋏齋集》，邃有《馮子潛詩草》、《南游稿》。

董中行，號念龍，天啓壬戌進士。初，祖墓有沙走於外，相者曰："離鄉者貴。"乃移家至華亭縣。有上海文學陸完龍曰："是子可妻也。"以女妻之，遂家焉。初授工部主事，掌節慎庫。舊例宦官司鑰，部臣檢查，每入庫，宦官必賂部臣左右，得不窮詰，中行正色拒之，侵蝕頓清。後遷營繕，抑絶虚估，衆嗛之，遂拂衣歸。亡何，吏部周順昌被逮，以五人擊死緹騎，故人人自危，無敢送者，中行獨慷慨登舟，捐貲助别。已而補都水，再遷郎中，督通惠河道，疏濬三百餘里，漕艘啣尾而上，京師賴焉。又宦官張彝憲總督户、工兩部，尚書虚正堂待之，中行挺身出曰："此堂祖宗所立，尚書所坐，若安得踞此！"遂撤其坐，彝憲慚沮。踰年，出爲浙江臬副，會通州閘壞，彝憲以前怨移罪中行，逮繫，久乃得釋。尋卒，仍返葬吴縣。季子宏度，博學有文名，亦居上海。孫德其，康熙戊午舉人。

李贊化，字與參，浙之四明人。敏慧，工岐俞術。明崇禎時，以叔大宗伯李金峩薦，召見武英殿，賜中書舍人，屢奉差江右浙直。晚年僑寓上海，刀圭所及，沉痾立起。性樂善好施，有還遺金、完破鏡諸事。年七十八，異香繞室，趺坐而逝。子用粹，著有《證治彙補書》，與姪邦俊克世其家學。孫曾謨、瀚、瀓，入籍上海，有文名，並登仕版。

國朝

樓儼，字敬思，一號西浦，浙之餘姚人。入太學，嗜古人書，善詩，尤工長短句，絶似姜堯章。聖祖仁皇帝南巡，獻詩稱旨。明年，以學士孫致彌薦纂修詞譜，入武英殿注唐詩，修《方輿程》，詔極嘉之。初授廣西靈川令，會嶺獞廖氏據險叛，率壯士數百人直入其巢平之，載《征苗方畧》。以軍功遷廣州理猺同知，歷廣東監司，按察江右，卓有政績。召補京卿，引年歸海上。家素貧，持憲二十餘年，古書數十篋外無長物。易簣時，家徒四壁，惟以負特達之知爲恨，時人賢之。著有《蓑笠軒》等稿，濟北副使王雲銘爲之序，稱其"脱迹入神，莫可思議"，蓋非虚譽云。

吴歷，號墨井道人，常熟文恪訥裔孫。工詩，尤善寫山水，嘗學於王太常煙客。觀宋、元、明真蹟，冥心默契，得其神髓。屐遊數萬里，歸憇海上。

藝　術

明

徐樞,字叔珙。初家華亭,後移居龍華里。其先遇異人,授以《扁鵲神鏡經》,遂有所悟。父號神翁,樞少傳其術,兼學詩於會稽楊維禎。洪武末,召爲太醫院御醫,累有奇驗,遷院使,告歸展墓,宣宗賦詩送之。年八十致仕,賜金帶,遣中官二宫人一護還,又七年卒,有《足庵集》。子彪,字文蔚,正統十年以能醫薦入太醫院。時代王久病瘇,又昌平侯楊洪在邊疾篤,受詔往視,皆不旬日而瘳,遂留御藥房。十三年,擢御醫,景泰二年遷院判,常侍禁中,每以諷諫。景帝問藥性遲速,對曰:"藥性猶人性也。善者千日而不足,惡者一日而有餘。"問攝生,以固元氣對,其因事納忠類此。六年,預修中秘書録。子墱,爲國子生。彪質直洞達,善議論,少從父入秦,其邸舍元許文正衡遺址也,秦王以"魯菴"題之,秦中稱爲魯菴。及歸老,以詩畫適情,所著《本草證治辨明》十卷,《論咳嗽條》《傷寒纂例》各一卷。

浦澤,字時濟。少與張電俱受陸文裕深書法,能窮古人波磔之妙。喜任俠,常游吴越燕趙間。晚歸,僦廛僻地,惟法帖百卷偃仰其中。慕漢逸民矯慎之風,終身不娶。平生嗜酒,醉則安枕,或一二日不起,里中呼爲小癡。

璩之璞,字君瑕。楷法妍雅,善畫山水,兼工翎毛及水墨花竹,筆致矜貴,精于摹印,在吴門文氏伯仲間。人品高潔,不趨榮利,士論多之。

姚蒙,字以正,家百曲港。善醫,尤精《太素脉》。都御史鄒來學巡撫江南,召蒙視疾,姚素有風疾,鄒心輕之,問曰:"汝亦有疾乎?"對曰:"有風疾。"曰:"何不自療之?"曰:"是胎風。"鄒即引手令診,姚却不前,鄒悟,呼座坐之。診視畢,姚曰:"大人根器上别有一竅出污水。"鄒大驚曰:"此予隱疾,甚祕,汝何由知?"姚跪曰:"以脉得之。左手關脉滑而緩,肝第四葉有漏,通下故也。"始改容謝之,乃求藥,姚曰:"不須藥,到南京便愈。"以手策之曰:"今是初七,得十二日可到。"鄒即行,果十二日晨抵南京而卒。蒙臨終作《謝世詞》,警悟超脱,蓋有所見云。

俞寰,字允寧。樸愿沈静,喜讀書,工詞賦,醫藥卜筮、斲琴刻篆無所不通。然不求人知,終歲不一入城府,故人亦少知之者。

陳常,字用恒。世業儒,常傳外氏邵艾菴醫,即有名。明永樂十五年,遣使下西洋,以醫士從。歷洪熙、宣德間,凡三往返,恭勤愿愨,上官皆器重之。常言海中行以六十里爲二更,往返一千六百更,爲九萬餘里,所涉歷自占城至忽魯謨斯凡三十國。臨終但曰:"今不葬魚腹矣。"子經,字宗理,世其醫。

喬迨,家世業醫,迨益精其術。歲疫,夢神人指示水中草云:"以此活此方人。"旦物色得之以治疫,無不立起,由是顯名,技亦愈進。子士琰,字仲餘,少好讀書,有介操。常出遊,遇富家子死一日矣,士琰以一匕投之,遂甦。其家奉百金爲壽,不受。晚年預營葬地,作方塚,自爲銘曰:"黔婁之死,正而不足。千載以下,踵其芳躅。不能爲圓,不能爲曲。覩兹方塚,不知其人而知其行獨。"士琰有五子,第四子在修字三餘,篤行長者,其治病善用古方，察脉精審，所活人甚衆，年八十餘無疾而卒。

陸坶，字舜陟，文裕公深曾孫。深書法北海，而坶尤妍秀，出入蘇、米之間，董文敏公其昌深器之，有二陸詞翰之目。從孫濟，字公謙，庠生鎧子，畫宗小李，點染人物，獨步一時，所著有《畫史》《竹譜》。

秦昌遇，字景明。少善病因，遂學醫，治兒疾有神效，已而遍通方脉，不由師授，妙悟入微。常行村落，見婦人淅米，使從者挑怒之，婦人忿詬，昌遇語其家人曰："若婦痘且發當不治，吾激其盛氣，使毒發肝部耳。日下舂時，應見于某處，吾且止爲汝活之。"及暮如其言，乞藥而愈。青浦林氏子年方壯，昌遇視之曰："明年必病，三歲死。"既而果然。其或病至沈篤，時醫張口眙目，昌遇投劑能立起，名動四方，往來無寧晷，然未嘗自多，嘗謂"法當死者，雖盧、扁不能爲。苟有生理，勿自我死之可矣"。爲人瀟灑自適，預知死期，年六十餘卒。所著《大方幼科痘疹折衷》行于世。

胡維壁，字國雍。工真草書法。明神宗時，太后給高麗磁青箋，勑寫《金剛經》，書成，賜賚有加。當國者欲引故尚書張電故事薦用維壁，固辭。子訓之，字無競，能世其學，凡廨廟顔額多出其手。孫懷國，稱名醫。

徐延賞，字元識。好養生家言，因精岐黄術。常熟令楊鼎熙病月餘，徧求醫弗效，延賞以三劑起之。吴淞朱文達素無恙，一日忽神思有異，晚而歌笑不節，飛騎邀視，延賞曰："此陰火乘肝晚動也。"予平劑遂復。懸壺滬瀆間，争禮致之。延賞以供具過多，常奉清齋，又作《戒殺文》以勸。授太醫院御醫，董文敏其昌雅重之，贈以詩曰："藥倩韓康賣，門容尚子過。五茸安豹隱，萬里弄鷗波。"子霑恩，能世其業。

奚鳳鳴，少業瘍醫，尤善治癰疽，能察人氣色預知病日。川沙副將蔣其仁先常患背疽，至是復發，使鳳鳴視之，曰："此昔年蘊毒，故肌理墨腊也。"治之月餘而瘳，膚加澤焉。一日，其仁弟在坐，鳳鳴謂曰："君不出三月疽發背矣。"及期果然。鳳鳴常言"癰疽中潰，積腐四周，非吮之不得盡"，故治病必募人以苦酒虚口而吮之，其貧者鳳鳴即親吮之。有張姓者左足拇指瘇，三年不能行，鳳鳴以刀破其患處，抉出一蜂，遽起徐步，其神異類此。

吴易，字素友，董文敏公其昌門下士。書畫得其神骨，文敏見之亦莫辨其出自吴手也。崇禎時授文淵閣中書舍人，後遊四方，卒于粤。

顧壽潛，字旅仙，尚寶丞名世孫。性高介，不求聞達。董文敏公其昌嘗稱其畫法，其遺蹟雖尺幅片縑人争寶之。所著有《煙波叟詩草》。

丁遠，字自邇。品極高潔，精繪事，從喬將軍一琦遊，嘗作《俺荅欵關圖》，名播塞外。一琦戰死，歸隱西郭，繪一琦像，瓣香奉之。子日章，字伯含，亦以畫名。

方叔毅，字百里。工貌人物，神氣生動。常遊錢塘，擔荷者竊其行李逸去，乃寫其形揭之城闉，見者皆曰："某坊陳二也。"因捕得。或謂之曰："君能捐棄筆墨，游心太虚，僧繇龍眠可並駕矣。"叔毅憬然歎曰："惜我少年不聞此，自今請以子言爲師。"未幾病卒，年僅四十餘。

陳鯤，字悟泉。性强記，會倭亂，遂習數學，尤精六壬，決策奇中。徐文貞公階既謝政，值張博搆獄，鯤占之得六儀，曰："其兆太陽當位，羣陰乃伏，有兩貴人佐之，某日夜半必獲美信。"及期，報新鄭被逐，夜漏二十刻也。張宫諭以誠未遇時，鯤成數謂當大魁天下。徐文定光啓、姚布政永濟皆于窮困中識之，後悉符合。其子三省，孫杰，能世其學。

國朝二十五人

李中梓，字士材。父尚衮，明萬曆壬辰進士。中梓本諸生，有文名。因善病，自究醫理，輯張、劉、李、朱四大家所著書，補偏救弊，集其大成。金壇王宇泰亦精于醫，年八十患脾泄，中梓診視訖，語王曰："公體肥多痰，愈補愈滯，法宜用迅利藥盪滌之。"乃用巴豆霜，下痰涎數升頓愈。又魯藩病，時方盛暑，寢門重閉，床施氈帷，懸貂帳，身覆貂被三重，王猶呼冷，中梓曰："此伏熱也。古人有冷水灌頂法，今姑爲變通，用石膏三斤煎飲，作三次服。"一服去貂被，再服去貂帳，服三次已盡去外圍，體蒸蒸流汗，遂愈。其神効不可枚舉。然素自矜貴，非富貴家不能致也。年七十餘，作偈端坐而逝。有《道火録》《居士傳燈録》《醫宗必讀》《頤生微論》《内經知要》《本草通玄》《傷寒括要》等書十六種，爲後學津梁。其診脉要訣口授門人董宏度，其餘及門甚衆，多知名于時。

張兆龍，字震翀，事父母至孝。及長業醫，洞曉《素問》，能決死生。工導引，邑中稱神術焉。年八十無疾而終，子天衢、天樞世其業。

曹六韜，字君略，太醫院吏目。貫徹醫理，屢起廢疾，遠近延治無虚日，年七十餘卒。子孫繁衍，積德之徵。

葉有年，字君山。嗜繪山水，探奇造勝，足跡半天下，得名山大川之助，筆墨愈工，董文敏、陳徵君俱推重之。明肅藩聞其名，禮聘至秦有年，爲繪圖築苑，名勝甲于八郡。後歸隱石筍里，四方争購其畫無虚日。卒年八十，葬于佘山之麓。

曹揚廷，字楚石。幼習經史，改業岐黄，其診脉用藥獨有神解，故所投立起，爲先達董文敏公所器重，明時禮部劄給冠帶榮之。子文倩及孫曾俱有文名。

周官，字伯元，明侍御周洪六世孫也。幼習舉子業，尋喪父食貧，乃去儒業醫。諸方書無不洞曉，而保嬰一術尤稱神妙。孝友方嚴，皆以長者目之。明崇禎時，禮部上其名，給劄并冠帶榮之。年八十卒。所著有《痘疹彙纂》諸書行世。子景榮爲諸生，景新、景閎仍世其業。

童蒙亨，字以行。善醫，凡遇疑難症候，能出獨見全活之，歷有奇驗。爲人亦篤實，稱長者。孫玫，諸生，有文名。

趙儒縉，字鳳亭，本長洲人，流寓上海。祖傳醫道二十七世，治目疾尤其所長云。

顧承仁，字壽卿。著有《幼科精義》四卷，知名于時。子琳世其業，知縣李發枝給匾曰"春生繡褓"。

傅廷彝，董文敏高弟也。尤工擘窠大字，識者以爲入晉唐之室。

徐子瞻，鄉飲賓，性沉静，對人訥訥語，若不能出諸口。凝神按脉，釋手後斷生死，不爽時日，俗號之曰"徐仙"。

劉道深，字公原，與李中梓爲中表，因業醫。發憤二年，盡得其秘。求治者無論貴賤，必應其請。自賦有"黄花籬下迎人笑,老去求閑不自由"之句,蓋道其實云。著《症脉合參》《傷寒探微》《醫按心印》等書。子貞吉,孝廉,亦精其術。

沈元裕,字介徵。有長者風,邃于醫理。上海稱李、劉、徐、沈爲四大家,而沈更神妙。孫左城,繼其業,名亦相亞。同時朱元賓平怪、夏澤生俱有神手稱。

張智錫,字學之。以鐵筆見稱,渾老遒勁,有蠆尾盤屈之勢。嘗自謂"秦章漢篆得之心而應之手"云。

李邦俊,字彦章。精研醫理,懸壺五十餘年,活人無算。訂正《診家正眼》《證治彙補》,成一家言。年八十六卒。孫樹信,庠生,世其業。

孫肇慶,字又章。業鍼灸術,爲太醫院御醫。行鍼能起死回生,名振都下。

唐玉書,字翰文。醫理如神,所著有《青芸齋文集》《詩集》《本草删書》《傷寒類書》《脉學定本》等書行世。

張泌,字長源,食餼于華亭庠。工詩古文,尤善草書,筆走龍蛇,其拏攫之態不可捉摸。子泰,字克廣,康熙癸巳舉人,工詩文,書法亦知名於時。

曹培琇,字玉川。爲人謹厚,不隨時趨。精繪事,酷肖黄子久墨法,片紙尺幅極其珍惜。家貧,邑令王侹物色之。又王紹廷工棧道圖,百人百騎,無一重複。

周銓,字緯蒼。長於詩,尤工長短句,杜太史詔以"小周郎"目之。書法神似鍾、王。子其永,亦能書。

唐成封,字聖襄,世習醫。成封長於幼科,年踰七十,保嬰甚衆。子麟書,繼其業。

陸榮,字桓又。能詩,工繪事,寫人物頡頏仇十洲,其工細處尤勝于前人。又方成美,亦善寫動植之物。

顧行,字書紳,隱居城南。蒔花種竹,工書,善摹晉、唐各帖,年九十猶作小楷,遠近稱之。

李用粹,字修之,號惺庵。父贊化,邃於醫,用粹克紹家學,變化因心,獨臻神妙。嘗著《證治彙補》等書,醫家奉爲拱璧。商丘宋犖巡撫江南,延至幕府,臨歸書擘窠五字贈之,曰"行賢宰相事",人稱不愧云。子揆文,孫春山,俱世其業,以名於世。

沈璠,字魯珍。醫理精妙,遠近稱爲神醫,江浙人就醫者無虚日,著有《脉訣》等書。

顧昉,字若周。初至京,宋駿業集名手繪《南巡圖》,令王翬總其事,昉得其秘,擅名京師。

楊錫祐,字介眉。攻岐黄,根據古方,参以已見,危險之症應手而愈,貧者求診必先往,人高其誼。子朝輝、朝陞,孫士傑,俱傳其家學。著有《習醫心録》。

陸天錫,字思順,文裕公深六世孫,庠生。制行端方,工書法,得趙吴興三昧,遠近珍之,年八十餘猶臨摹不倦。子文然,字裕可,性好書畫,能世家學。

徐大楫,字若濟,明太醫院樞之後。少敏悟,承其父天澤庭教,妙解《靈》《素》諸書,活人甚多,著有《脉論辨訛》《醫宗粹語》。子庠生兆魁,字書城,孫瀛洲、金臺,世紹其業。

陶南望,字遜亭。精書法,徧觀古人法帖,著有《草韻彙編》。

趙秀，字文楚，號君實。附監生，考職州同。從張文敏游，書法日進，臨摹幾於神似。

□世武，字漢功，世禄，字逢吉，世緒，字昭服，明高士遠之孫。遠工繪事，世武兄弟並傳其學，尤妙傳神。相繼游京師，公卿交重之。

姚楷，字正之。工花卉人物，尤擅牡丹、鍾馗像，設色渲染歷久不薾。又强行健，字順之，作山水障，墨采濃郁，元氣淋漓，兼長鐵筆篆書。張焕文，字斐成，郡庠生，好爲山林小景，每於運墨中見生動之趣。

王睿章，字曾麓。鐵筆之妙，學古而無迹，自謂妙處全在神韻，其名與莫紫仙、張學之後先鼎峙，年九十八歲卒。子岡，字南石，善寫禽魚花木，爲時所稱。

曹友仙，善彈琴、撾鼓、吹鐵笛。鰥居時，中秋月夜援琴鼓之，神傷而聲噍以殺，有鬼物自几下出斷其絃。嘗泊舟槎溪，聞岸上十番聲，技癢不已，出鐵笛吹之，岸上人擁至，邀入場中，曰："先生真仙笛也，某等專此技十年，今甘拜下風矣。"

金理，字天和。能詩，精醫學，尤擅幼科，著有《醫源圖説》《水聲集》。又范大德，字尊一，世業醫，治目疾尤有神效。

黄元裳，字遇吉。精醫理，凡遇沉疴，按脉投劑，無不奇驗，雖窮鄉僻處延之必往，貧家酬以金輒却之。年八十餘，所著有《内經集註》等書。子萬育，能世其業。

張深，字嘯園。能詩，工篆隸，有《麗雪箋詩詞集》，尤善切韻。子瞻園，名梓，亦以能書名。

唐藻，字端亭，庠生。有文名，精通醫理，長于大方，凡診脉用藥詳慎至再，曰："每憾庸醫誤人，在忽視不能虚心故也。"人推爲至言。著有《傷寒會集》四卷。

曹培源，字浩修，垂璨孫。秉鐸太倉，爲王麓臺侍郎館甥，精繪事，酷肖婦翁，鑒賞家有"冰清玉潤"之譽。

陸培厚，字德載，文裕公深裔孫。書宗趙吴興，雄健處兼得顔平原秘，一時籍甚，其遺蹟人皆什襲之。

王永豐，字穗昭。通大小方脉，尤善治小兒，每遇疑難症候必詳審而得其故，以是全活者衆。其徒潘漢成、曹廷璋，均能傳其學。

山文中，爲人樸誠，專幼科。不驚惶病者，家遇大症，必謂其家曰："寧延明者視之，毋以我而致誤。"年已老，不隨僮僕，雖甚寒暑不乘輿，曰："我治其病，未必果起，奈何累其先出輿從資耶！"子石峯、補亭，孫漢良，世其業。

王敬義，字協中。從劉正夫游，得岐黄術。殫思妙悟，聚書數千卷，丹鉛不輟，遠近就治者駢集，有神醫稱。搆浦濱息廬，蒔花種竹，神致瀟然，壽九十而終。著有《疫癘溯源》《女科指要》。

陸肇祺，字介昭。善外科證治，得其外祖明太醫曹六韜正傳，視有疾者，不故甚其辭以爲取效地，既愈不施勞。子本源，字大川，世其業。

唐音，字載賡。隱居，好讀書，能詩工書，尤善章草，得二王法，臨池揮毫，至老不倦，遠近求者無虚日。

夏重光,字東昇。瘍醫刀鍼藥餌應手輒效,盛行于時,今女夫張瞻源得其遺意。

程宗伊,字紹南。泛濫岐黄諸書,以意參之,獨得神解。遇沉疴投劑立驗,有仙手活人之譽。子珩,姪丕杰,庠生,能繼其業。

倪日廉,字載若。少服賈以奉親,後棄其業,授徒鄉里。性喜奕,負輒令其子克讓應之,縱横一二,即轉敗爲勝。克讓名世式,兒時讀書過目成誦,賦性特異,天真渾然,極好潔。至老不娶,所居惟一木榻,終日危坐,對客常不交一語。奕甚精,近時無敵,其操行孤高,殆奇士也。

金堅,字貽周,府庠生。性情伉爽,舉業之暇,兼攻岐黄,探極銀海精微,得秘傳金針法,能撥内障,瞽者復明。其族姪敏軒,名德,亦究心醫理,著《啓麟堂醫方》。

曹世曜,字日章。精岐黄術,遇貧寒家延請,雖昏夜風雨必徒步即往,人或勸其乘輿,曰:"若等醫藥尚不能辦,豈能供舁夫錢食耶!"以是人都稱爲長者。其徒王勝爲輩,並傳其學。

金永孚,字式方,附貢生。居筠溪,屋後羅漢松一株,爲宋時物,遂以松南自號。能詩文,工書法,尤擅長擘窠大字,人争購之。張司寇照曾加嘆賞,謂其出入歐柳之間,而能自神其技者也。

沈日章,字中美,號素園,世傳岐黄術。年三十喪妻,即不復娶,人稱其義。晚年益自刻苦,凡貧人邀請,無不立至,施藥救人不計酬,名譽遠播,年至八十五歲。

張士璧,字元一。世業瘍醫,神於鍼砭,遇疑難症尤見識力。爲人樸誠敦篤,有古人風,年八十卒。子甸封,世其業。

顧偉器,字成琢,號浮山。績學工詩古文,以著述自娱。常游名山,悟徹畫意,遂工丹青。生平絶愛董北苑、米南宫,其筆墨妙處直造古人室,惜流傳甚少,邑中收藏者咸寶貴之。又浦東胡可權,字殿英,志操清潔,工蘭竹山水。俞宗禮,字人儀,工園林圖景、仕女仙佛白描,得李龍眠筆意,戲以水墨畫,醉僧散仙往往入神。宗禮子鶴,能傳其法。

張鵬萬,字雲翼,庠生。立品高峻,不苟取與,曾姪孫位中志幼孤,訓課備至。邃于醫學,隨手投劑輒效,知名于時。

潘璵璠,字魯珍。性情純樸,工真草篆隸,長於鐵筆,摹秦漢文,藝林珍之。

朱同焕,字明章,在鎬曾孫。精大方脉,求治者雖極貧賤必即往,不計其酬,遇危症能出獨見,累有奇效。

唐衛尊,字剡春,國學生。幼孤,性狷介,書法初宗顔魯公,晚出入晉唐間。家藏石刻甚富,臨摹不倦,尤精於鑒賞彝鼎圖書,能辨真贋。

陸炳義,字質夫,國學生,以眼科名于時。

列　女

晉

孫氏,虞潭母。晉成帝二年,蘇峻反,詔潭督三吴等郡諸軍事,與顧衆同討峻,母戒之曰:"吾聞忠臣出孝子之門,爾當舍生取義,勿以吾老爲累。"乃盡發家僮助戰,貿所服環帶以給軍資。峻平，拜武昌侯，太夫人加金章紫綬，没復賜謚婦人。生而封爵，死而易名，自潭母始。

元

顧氏二貞，長曰中，次曰和，顧亨女也。既字而寡，中慕古貞烈操，非節孝事弗語。和剪髮自堅，父母議婚皆不聽。及卒，臨川奉智題其墓曰"處女墳"，吉安楊清爲《二貞傳》。

楊節婦，龍華人，適張都水子裕，生一女。年十七裕蚤世，楊守節五十餘年，食淡茹素，寢處一室，里人呼其室爲"楊節婦居"。

吴妙寧，年二十一適同里張氏子。越四載，其父坐事，罪且不測，妙寧泣曰："吾父苟無地爲解，族其赤矣。吾不遄死，禍延良人。"遂自經死。未克葬，吏果至，聞寧死，唶異而去。

費元琇，歸江陰知事朱道存。至正間，江陰亂，因歸寧以避之。未幾，苗寇上海，城陷，元琇爲苗軍所逼，攀堂楹，厲聲曰："吾義不受辱。"以死拒之，爪入於木，罵不絶口，苗怒剚之。妹元徽，歸華亭陶氏，年未三十喪夫，將營夫墓，命兩其竁，曰："一瘞吾夫，一俟未亡人。吾不即死者，以仰有舅姑，俯不忍弱女耳。"時家世艱虞，勤紡織以具甘旨，始終一節，卒年八十，竟遂同穴之志，鄉人稱爲"雙節"。

胡氏，姚某妻，陳村人。十八而嫁，生兒未週歲夫死。族賂鄰婦爲富家求婚，胡抱兒泣曰："不獲從夫地下，有此兒耳。尚乞生圖富貴耶？"族驅迫之，度不能容，乃乞歸。父母亦憐其少，如夫黨言。婦以死自誓，竟完其節。

沈景新母及妻，平江人。至正中，景新調上海。吏江浙時，苗軍逼境，母謂婦曰："吾家素清白，義不受辱。"及爲苗所掠，曰："從吾不殺汝。"大罵拒之。苗先殺其姑，縛婦髮馬尾曳殺之。

明

李夫人，揚州通判劉遠明女，歸上海主簿李從吉。年二十八夫死，志不少二，誨二女有法。長妙貞，贅唐文祥。次妙堅，贅沈源仲。二婿亦蚤世，女年皆二十餘，母女相依爲命，撫遺孤，各成立，壽皆八十餘。西昌尹厚、瀼東黄翩、武陵顧逵，皆一時文士，爲作《三節傳》及詩詞傳于世。

倪妙貞，漢成里人，孫思聰妻。生子益五歲，次生倣甫朞而夫死，時年二十五，哀毁骨立。未幾，父與弟及子益相繼死，獨與母及幼子倣、弟子絅居。母諷以少寡，泣誓不從，甘艱苦以存二姓之祀。侍母壽終，撫子侄成立，人稱其節孝云。

湯節婦慧信，龍華人，歸華亭人鄧林，生一女。林卒，湯年二十五，鄧族利其居，迫使歸。湯曰："我生死鄧家，去何歸？"鄧知不可奪，乃貿其居於巨室張，湯泣曰："我守夫骨，於兹土與同存亡，奈何棄之。"欲自盡，張義而還之。既而曰："彼惟利吾財耳！"乃盡以家貲還鄧，躬織紝自給。時連歲大水，湯居荒野沮洳中，其女已適富林曹氏，操舟迎之，不許，曰："吾守此六十年，縱没溺，以從汝父於地下，所甘心焉。"卒不往。

沈妙蘭，未嫁時，母患心疾，貧不能致醫，剖脅刲肝，進母食之，遂愈。明永樂間旌表之。

胡淑貞,山宗海妻。永樂十年,宗海死,氏年二十七,事姑教子,守節以壽終。天順初,知縣李紋聞於朝,旌爲貞節,學士錢溥誌其墓。

俞妙觀,張文通妻,高昌鄉俞奐昭女。適張五載,張病瘵,俞屏容飾,侍湯藥。及夫卒,俞慟絶復甦,至夕,自經死。舅姑族人具大棺同殮,以終其志,時年二十有六。明正統三年,旌爲貞烈之門。

唐淑清,蔡倫妻。夫亡,時年二十四,勵志守節,奉舅姑以孝聞。育子式堅,娶侯昱女淑潤。式卒,撫遺腹子經爲儒學生,亦卒。姑婦同心堅守,鄉里稱爲雙節。明成化間,詔旌表其門。

郁淑貞,副使文博女,嫁同里孔瑜。瑜死于寇,郁時年二十五,不再嫁。知縣劉琬上其狀,弘治初詔旌其門。

李氏,景泰間嫁同縣沈璠,年二十六而寡,撫孤子女成立,終始一節,明弘治中旌其門。

陸氏,名蓮,周浦人,嫁青龍鎮茅瓊。瓊卒,陸年十九,二子震、霆幼,家業凋落。乃專紡織,奉舅姑,隣婦罕見其面。弘治中詔旌其門。

康氏,張掖妻。掖督運遘疾,卒于毘陵,康年二十一,懷遺腹越月。子生,荼苦萬狀,撫育成立,以衍宗祀。嘉靖壬午,郡人刑部郎中周珮表其墓。

俞氏淑安,新江鄉人,任仕中妻。年二十而寡,女二歲,男甫五月,姑先夫卒,舅宦遠方,家貧無依。氏斷髮自誓,織紝撫孤。既而女適俞邦用,邦用亦早喪,或説之再適,女曰:“再嫁誰奉俞宗祀?且辱吾母。”乃歸,與母同居守節。詔旌所居曰“雙節之門”。

張氏善才,漢成里金復妻。復年二十三卒,善才年與之同,誓死不再嫁。孝養舅姑,撫六歲孤成人,舉動以禮,五十餘年如一日,鄉族稱之。

陸氏,沈振宗妻。事姑至孝,嘗刲股愈姑疾,里稱爲孝婦。

談氏,嚴泰妻。泰客死,婦年十九,無子而貧,飲苦茹澹以養舅姑,五十餘年未嘗見齒。宗黨欲請旌之,婦堅辭曰:“吾始願不及此,盡吾心耳。”

節婦某氏,既嫁,夫患風癩不起,舅姑謀奪以妻少子,婦覺,密告其夫,夫泣而遣之母家。遂攜筐篋去,潛製喪襝衣衾。夫既死,家人露置棺于水濱而不闔,蓋俗忌惡疾然也。婦聞之,即盂飯瀹鷄,偕幼妹至棺所,抱屍浴之,斂衣衾,闔棺設祭。祭畢,遂與妹訣,即以巾幕面投水死。惜無能傳其姓氏者,張汝弼傳之。

戚氏,王瑾妻,高昌鄉人。

胡氏,陳伯昂妻。

何氏,陳彬妻,唐行人。

雷氏,陸宗黼妻,唐行人。

王氏,張欽妻,三林里人。

陳氏,董瑜妻,長人鄉人。

許氏,蔡金妻,華亭人。

施氏,徐煦妻。年十八,姑有所私,施每諷以義,姑銜之,謀欲敗其守,施以死自固。姑與所私怒，且慮事洩，撾殺之，潛瘞郊西。連旬雷雨震溢，縣令馮彬疑有冤，廉得之，逮訊首伏，置之獄。時溽暑，啓婦棺，面如生，人皆駭異，爲作《辨貞録》。

顧氏，李賓陽妻，顧定芳女。歸李三載夫亡，越四月，舉遺腹子泣曰："先夫有後，可死矣。"遂以遺孤托兄從禮，絶粒死，年僅二十一。學使者趙鏜、邑令喻顯科旌其門。

蔡氏，生員沈露妻。露死，蔡方二十六歲，求死者數四，念姑老、二子在抱，强起奉姑撫幼，辛勤四十年如一日。巡按尚維持上其事，詔旌其門曰"貞節"。

王氏妙真，莊銓妻也。婚五年銓死，遺孤世忠才三歲，舅姑欲奪其志，王氏抱世忠哭曰："陰瑜妻以屍還陰，尚病其不早決，吾當死莊氏户内。"卒不爲奪。嘉靖戊申，巡按饒天民廉得其實，與顧嶽妻秦氏、曹雷妻陳氏、山禧妻某氏、姚佐妻胡氏並聞于朝，值倭變，議未下，詳潘恭定恩所著傳中。

金氏，新場鎮人，張問仁妻。夫卒，金年少，毁容自矢，煢煢撫孤，白首一節，詔旌其門。

瞿氏，胡汝任妻，太守霆孫女。時有倭難，里媪言及村落女婦受辱事，瞿自矢曰："吾脱不幸，惟有死耳!"既而奔竄與賊遇，瞿慮不免，從衆中奮擲越水，婢挽之不起，竟溺死。

趙氏，秦環妻。環少嬰孱疾，趙時年二十二，環疾革，囑其兄璽曰："婦少年無子，吾死只作一壙。"趙聞之，欲先夫死，闔户自縊，家人驚救，遂髡髮見志。環死，環兄璽尋卒，妻張氏亦年少，與趙同誓死守。兩婦煢然，始終一節，學使者耿定向、巡按邵陛旌其門曰"貞節"。後二十餘年，族人秦鏓女嫁進士潘伯翀，亦早寡，以苦節死，監司交旌其廬。

談氏，推官承儒女，承儒無子，贅張伯深爲壻。年二十二伯深死，舅姑授以産，遜與伯叔。及父卒于官，遺田數畝，族人奪之，或謂當訟之官，談泣曰："未亡人少不踰闔閾，乃以争産故忍耻向公庭乎?"歷年六十四，提學耿定向、巡按劉曰睿下檄旌之。

孫氏，鶚之女，歸嘉定沈思道。思道屬纊時，誓相從地下，及就木，孫引刀自刎，不殊死，家人日夕守之，潛吞鹹服，每百計自殘。踰年，守者懈，竟自經死。明嘉靖間詔旌其門。

沈氏，太守瞿霆孫，繼武妻。二十一而寡，寡貧無子，孝事後姑，苦節五十五年，提學耿定向旌之。

> 張所敬《三烈女傳》：貞節義烈之事，無世無處無之。第窮陬絶壤，或單門小户，履危蹈險，感忿激烈，以自引決，人故無得而稱焉，遂使身速朽于黄泉，而名未列于青史，余甚悲乎其人，作《三烈女傳》。三烈女者，俱上海人。其一姓包氏，其二不知其姓，蓋包之婢子云。包已字于錢，年二十許，容甚韶麗。值島夷之難，家人各自奔竄，遺三女在後，寇追及之，相去百武許，包氏先赴水，二女從之。浮沉間，寇倒長戈授包，温言諭之起，包不爲顧，自擲深處，寇怒，以戈刺之，二女子争以身捍，遂俱被重創以死。死之地爲東鄉之横眠，距邑四十餘里。方亂時，其事不傳于縉紳，故操野史之筆者不得而紀之。要之，三人皆烈女也。三烈女死後十餘年，而余始得其事，由此觀之，世之矢幽貞、堅苦節、湮没草莽而不爲人知者，何可勝道也。

金氏，葛鈿妻。年二十二鈿死，旦暮泣血，結成心疾，家事日落，營葬舅如禮，人無間言。事聞,詔旌之。

唐氏,杜時官妻。時官少服賈,抱病將卒,唐年二十三,無子,有老姑。時官命之曰:“伯氏有子宗亮,立爲後以養其姑。”後賈事廢,家日就貧,遇歲大祲者三,唐操愈勵。年五十餘,宋子南華傳其事,士大夫歌詠之,題曰“楓閨白璧”。後以子貴,敕贈孺人。

陸氏,廩生陳無逸妻。陳卒,陸年二十三,子世蕃尚襁褓,訓子補諸生,復夭,守節七十六年。邑令屠隆旌之。

倪氏,高橋倪捕爵女。倭寇上海,倪同嫂奔竄,猝與寇值,女見嫂被執,投水自盡,寇以長戈起之,諭以好言,女以死拒寇,寇怒,裂其屍。

陸氏,適華亭徐從教。避倭吴興,鬱鬱不得志。時有子益孫少敏,撫而歎久之,詠一絶句,悲愴婉切。趣客與談若訣者,客去,面壁西向而逝。陸上奉孀姑,攜十歲孤以禮葬訖,歸女與彭汝讓,日夕嚴課,子壻皆成名。守節七十六年卒。

蘇香,幼字盛萬年。萬年有膂力,工騎射,將軍喬一琦署爲前鋒,從征遼左,轉戰至滴水崖,歿于陣。凶問至,蘇泫然曰:“若能死忠,我雖未婚,豈復爲他人婦乎?”遂自經死。死三日,面如生。事聞,下詔建坊斜橋。邑人張長輿、董文敏公其昌等有詩輓之,至成帙云。

沈氏,布政使恩女,歸庠生顧從仁。年二十五,夫亡守節。時倭寇,亂離播遷,備嘗艱苦,撫孤子九叙成立,年五十卒。學使耿定向旌其門。

尹氏,贈大學士徐緒妻。年三十一緒亡,子思誠方六歲,會遭倭亂,流離避難者四年。寇平,收合餘燼,延師訓子。萬曆間,巡按御史徐元特旌其閭。享年八十。孫光啓嘗曰:“藉六七十年中無王母,徐其泯矣。”後追贈一品夫人。

杜氏,張寵繼室。寡居三十餘年,撫前妻二子若已出,拮据婚嫁,並竭心力。季子夢鼎娶劉,事姑盡孝,又曾刲股肉療夫病。兩世貞孝。崇禎間,有司旌之。

唐恭人,何三德妻。年三十夫亡,撫長子萬化舉天啓壬戌進士,疏母節以聞,詔旌表。後萬化爲福建提學副使,封恭人。次子萬仞早世,婦李氏同姑守節,至崇禎時詔建雙節坊。

楊氏,張亮臣妻,生二子。亮臣病歿,楊誓以身殉。及遺腹生男,乳之,勉終喪制,即托孤親族,徧身紉以縞素,自縊,士大夫哀而誄之。

陶氏,楊日就妻。年二十二夫亡,子履泰方在襁褓,毁容茹苦,教子爲時名醫。

曹氏,庠生蔣光濟之妾。光濟歿,曹年二十一,與妻張氏誓守。無子,立姪蔣思,方遊庠,又卒。未幾,張氏亦卒,曹獨紡績撫遺孫蔣孜成立。撫孤難,妾撫孤尤難,撫兩世之孤尤難,無力請旌,志其苦節如此。

鄭氏,幼字王景昌,未婚而夫病亡。鄭矢志不渝,年十九歸夫家,守貞三十餘年。崇禎二年,太守方岳貢聞於朝,詔建坊瑞安橋。鄭感激國恩,剖夫遺田房,半給嗣子,半助學宫,孤貞高義,巾幗中不多見者也。

劉恭人,顧可大妻。年二十六而寡,時有倭警,村民逃竄,劉守夫柩不去,事姑教子,六十壽終。廣西按察副使國縉母,天啓二年奉旨建坊於日輝橋。

顧氏,孫可久妻。年二十一夫亡,苦節六十年,壽至九十一歲。天啓四年,巡按御史張文熙題請建坊旌表。

胡貞女，幼字蔣理，甫爲室未婚，理甫歿，終身矢志守貞，崇禎年旌表。

徐氏，顧敏行妻。二十三歲夫亡，守節撫子朝樞、朝模成立，卒年八十七歲。

宋氏，沈文炤妻。讀書明大體，文炤歿，孤子泓方五月，矢志守節，紡績徹夜。翁姑憐而欲嫁之，氏手書告母，以死自誓，由是翁姑不敢復言。卒年五十四，孀居三十二載。崇禎六年旌表，泓成癸未進士。

國朝

列女

陳氏，包文煥妻。年二十九夫亡，連遭荒歉，力勤紡績，孝事病姑，苦節四十餘年卒。本朝順治四年，巡按旌其門。

馬氏，文學喬軫妻。年二十二夫亡，守節七十四歲卒。至順治十年，巡按秦世禎疏奏旌其門。

朱氏，吕朝紳之妻。年十八于歸，二十一而寡，力勤訓子，巡按張鳳起旌之。

顧氏，馬鳴仲妻。順治二年九月，時方喪亂，爲游兵所掠，顧義不受辱，赴水死。三日後就殮，顔色如生。臺使郡邑並旌其烈。

周氏，字朱孔暘。未婚夫死，周長齋繡佛，積貲營墓葬夫，并葬舅姑如禮。順治十年，巡按御史秦題旌，建坊浦濱，今號爲“旌節里”云。

張氏，儒士周士琦妻，生二子。士琦病故，張年二十有八，飲血食貧，足不踰閫。姑徐氏性方嚴難近，張先意承志，得其歡心。教子貽謀、貽謨，俱成令器。守節三十五年如一日。江寧巡撫慕天顔題請，詔建坊旌表之。

張氏，毛公純妻。年二十二夫死，翁姑相繼歿，張撫稺女，號曰：“翁姑故夫俱未入土，目能瞑乎？”乃晝夜紡織，積貲營葬如禮。年六十餘，里黨無間言。撫臣慕天顔具題，奉詔建坊旌表。

顧氏，明泰昌時適夫黄龍，生一子三女。子殤，未幾龍亦死，顧泣請舅姑，願立後守節，姑佯許之，而陰許他族。顧聞之，乃詭語姑曰：“新婦不得已將再嫁，幸延吾母及鄒氏姑爲別。”許之。及母姑至，具酒食泣拜曰：“大人幸自愛，長與膝下辭矣。”因僞起更衣入室，門闔自刎死。故進士黄淳耀爲撰《烈婦傳》，孝廉張錫眉哀而誄之。

張氏，沈自成妻。年二十七而夫歿，即爲夫擇嗣，嗣定六日，遂自經柩傍。臺使屢旌其門。

顧氏，陸昌明已聘未婚之妻也。昌明年十六夭亡，顧年甫十三，誓不改適，隨詣夫家，苦守十七載。年二十九，正襟端坐而逝。

盛氏，文學董勔妻。勔館于浙西，姑徐氏病篤，盛驚憂無策，刲股作羹以進，旬日病愈。

鮑氏，張信甫妻。母病，割股作湯飲之，立愈。

何氏，名珮，年十九父死母寡，已字而未婚也。順治二年，避兵洋涇，一騎突至，攲其衣，逼污之，何泣且駡，以死拒之，遂遇害，母亦死。越三日，其所聘夫至收其屍，顔色如生，因同母合葬洋涇北原。士民賦詩輓之,且樹碑以旌其烈。

蔣氏,故給事性中曾女孫也。及笄,歸李應曙。年二十七夫亡,守節幾五十年。先未歸李時,母沈病痞瀕危,蔣割股療母,世稱其節孝云。子瓚,孫良翰,皆爲諸生。

張氏,閔元樞妻。年二十九守節撫孤,至八十歲病卒。

徐氏,太學艾廷槐妻。年二十五而寡,雖家門貴盛,茹苦撫孤,置祀田,育遺嬰,周卹親黨,力行善事,年七十有七而卒。

陶氏,夏復初妻。復初亡,氏年二十七,子益尚在襁褓,僅遺瘠田十畝,躬耕以養舅姑。崇禎十四年旱蝗,蝗獨不食陶氏禾也。是年冬,舅病,思得羊羹,解衣市肉以進。致無袷服禦寒,故終身抱寒疾。子益以貧,故棄儒業醫。乃嚴課其孫潤力學,知名黌序。陶年八十九卒。曾孫期成,亦邑庠生。

郁氏,年十八歸秦玠,生子日昌。未朞,玠入京遇盜死于途,後母弟爭産搆難,又罹倭寇,郁獨身周旋其間,堅忍撫孤,歷七十一年,教子孫成立,享年九十二而卒。

張氏,湯侍泉妻。年十九而寡,伯氏逐之改嫁,以死拒之。養姑撫子,年六十三卒。

杭氏,顔尚忠妻。夫亡無子,苦節終身。邑令任辰旦立石表其墓道。

儲氏,施龍妻。夫亡,遺孤敬萱,妻顧氏,俱年未三十守節終其身,鄉黨賢之。十七保人。

王氏,奚養元妻。年二十七夫亡,苦節撫孤,年八十七而卒。

曹氏,居順宇妻。自二十九歲喪夫守節,至九十二歲,預知亡期,沐浴更衣危坐,集三黨永訣而逝。

吴氏,太學生葉紹龍妻。年二十二夫亡無子,撫猶子爲子,教養倍至,苦守四十年卒。

施氏,庠生華一鳴妻。婚一月而夫亡,氏毁容堅守,營葬舅姑及夫,三喪成禮,苦節四十六年如一日云。

陸氏,三林塘人,儒士儲重美妻。生一子,甫六歲,重美歿,陸年二十有五。孝舅姑,撫孤子,力舉八喪,致哀盡禮,守節四十九年而卒。子國禎,孫才,俱力學有名,不負母訓云。

蔡氏,儒士徐儼妻。年二十六夫亡,苦守三十五年,稱完節云。

余氏,朱敬竹妻。年二十七夫死,遺二子一女,遭外侮,挈孤愬冤得雪,享年七十有六。長子光祖,以哀毁卒,妻亦余氏生。子之鼒早世,媳程氏生子士煥,方二齡,痛夫喪子幼,誓以身殉,姑泣諭乃止,教士煥成名。又光祖女弟適余朝聖,光祖女適余泰宥,皆年未三十夫死,歸母家守節。計朱氏一門有五節婦,三代同居,未曾析産,人稱爲節義云。

高氏,朱世榮妻;吴氏,朱世卿妻。俱年未三十而夫歿,妯娌同心守節,撫孤成立,臺使邑令並旌其門。

潘氏,故宦陸明揚之妾也。明揚艱嗣,娶之連舉三子。而夫卒,潘矢志撫孤,享年九十一而歿。前令朱光輝旌曰"德門貞壽",人以爲實録。孫鳴夏等皆知名。

姚氏,孫可進妻。自二十九歲守節,享年八十七而終。明崇禎時,按察使凌義渠旌其門。

張氏，文學朱在瀛妻。婚三年，在瀛病故，張年甫二十也。撫孤與梓，布衣蔬食，坐卧慈雲樓，足跡未嘗履地。享年六十一而終，宗黨稱爲全節。

杜氏，文學唐子諒妻。夫亡無子，誓以身殉，其祖母伺防之，得不死。後防者稍懈，杜遂自經。及家人驚捄，已殞絶矣，遠近哀之。

方氏，正學十世女孫也，歸文學袁蕃。生三子而蕃殁，方泣血撫孤，竭力教育，凡二十餘年。子熹、荃，俱知名黌序。璿，成辛丑進士。

王氏，朱可忠妻，唐氏，其妾也。唐生一子，家宰甫朞，可忠卒，時王年二十九，唐年僅十九耳。同心守節，撫孤成立，延朱宗祀不絶。邑廩生鑑，即兩節婦曾孫也。

陳氏，何尚仁妻，生一子一女。夫亡，家益貧落。陳晝耕夜績，連舉舅姑及夫三喪，娶婦嫁女，課孫士璿力學爲諸生，苦節四十七載，享年七十三卒。

汪氏，孝廉陳肇元妻。肇元蒙外祖張姓，領鄉薦入都，疏復原姓，張氏聞之怒甚，立逐汪出，僦别館以居，而待張益厚，張亦感悟。未幾，肇元卒。汪氏奉姑撫孤，晝夜辟績爲生計，苦節四十餘年。子裕爲諸生，有孝行，多著述，遠近稱賢。殁後，里人私以“孝介”謚之。

何氏，喬以韶妻。順治二年八月，避亂至母家，遇游兵，掠之縛馬後，至肇嘉浜，奮身赴水死，時年十九。

徐氏，邑庠生閔栻妻。年二十四夫亡，碎首搥心，誓從泉壤，家人勸謂：“存孤義重，未可捐軀也。”乃撫孤子峻成名，苦節三十八年如一日。康熙六年，贈孺人。十九年，又贈宜人。

閔氏，文學葉光龍妻。年二十八而寡，上侍翁姑，下教諸子，言動以禮，享年八十五卒，郡邑並旌其門。

潘氏，年十六歸諸振兮，逾年夫殁，舅姑憐其年少無子，諷令改適，潘矢志堅守三十七年，卒全其節。

施氏，年十八歸徐維生，甫二載夫亡，翁姑貧老，族有謀奪志者，氏截髮剔面斷一指，以死自誓，竭力紡繡，葬三世喪，有數白鶴遶墓悲鳴三晝夜。明季，亂民焚劫，指氏廬曰：“此節婦居也。”引去。教子成立，年六十三臨殁，命止以麻衣殮貯。邑令屢旌之。

張氏，金巨卿妻。

梁氏，龔孟夔妻。

朱氏，喬炳文妻。

方氏，楊會心妻。

沈氏，喬承宗妻。萬曆二十九年，巡按御史馬給匾旌表。

陸氏，姚錫祉妻。

陳氏，俞海峯妻。

胡氏，生員姚煒妻。天啓元年，巡按御史趙紱旌其門曰“節重千秋”。

戴氏，喬揚孫妻。

王氏，高維岳妻。

丁氏，生員徐奎生妻。年二十四，夫歿無子，誓以身殉，父母泣阻之，苦節四十餘年卒，各憲交旌其門。
徐氏，朱有智妻。
潘氏，唐之益妻。
張氏，陸伯達妻。
張氏，陶愷妻。
嚴氏，陸含淳妻。
俞氏，閔君卿妻。
姚氏，周元浩妻。
金氏，王達妻。
張氏，生員喬從毅妻。
嚴氏，夏旭初妻。
喬氏，生員龔至欽妻。
張氏，唐植慧妻。
張氏，周蕚懷妻。
黄氏，周仁甫妻。
沈氏，張雲蛟妻。
倪氏，黄有章妻。
陶氏，俞維賢妻。
喬氏，趙錫祚妻。
丁氏，何永言妻。
沈氏，生員顧翔妻。
王氏，廕中書舍人徐爾斗妻。順治十一年，巡按都御史周旌其門曰"冰清玉映"。
沈氏，瞿之璧妻。
姚氏，趙國紳妻。
潘氏，生員張嗣錫妻。
趙氏，太學生吴道弘妻。
朱氏，彭爾升妻。
張氏，徐文熾妻。
鄔氏，龔穎達妻。
高氏，生員杜爾柔妻。
程氏，洪功臣妻。
吴氏，俞綱妻。
趙氏，秦少山妻。
沈氏，侯逢嘉妻。
姚氏，朱與枚妻。

全氏，凌彦林妻。

王氏，馬淘妻。

龔氏，丁國祚妻。

程氏，儒士張斗南之室。二十八歲夫歿，時海寇頻驚，骸柩(摩)〔靡〕托，程隻手營葬。遺子旦兮甫肆齡，撫孤教育。子遵母訓，苦誌誦讀，克敦孝義，縣報撫憲，聘爲義學師。守志三十五載，白首全貞，撫院學院題請建坊旌表。

范氏，張旦兮之妻，即節婦程氏媳也。事孀母、孀姑以孝謹聞。旦兮館穀於外，范與幼女獨居。康熙乙丑六月初九夜，隣賊潘成挾利刃穴壁而入，以威逼姦，范義不受辱，峻拒大罵，成以刃亂下，洞胸穿腹，立時殞命，遍體刀痕。成逃至浦濱時雷雨大作，終不得路，復歸，爲隣人所擒伏法。縣詳撫院學院，題請建坊旌獎。郡邑士大夫皆賦詩輓之，縣特建祠樹碑，永表姑媳節烈。

胡氏，吴尚聘妻。二十八歲夫客死，子兆友甫生三月。姑病，割股肉以愈之。嗣後隻身營窀穸，訓兆友能成人，享年六十四。

石氏，范子咸妻，即烈婦范氏母也。二十九歲夫没，遺子恒若甫六歲，煢煢苦守，日勤紡織，孝敬翁姑，和睦妯娌，撫孤訓誨，子克盡孝，嫁娶成禮，母兼父職。守節三十一年，茹素終身，芳名畢世，縣詳旌表。

胡氏，顧汝信妻。年二十三夫亡，子天漢在襁褓，家貧，勤紡績事，舅姑生養死葬咸盡禮，教子以醫名於時。苦節數十年如一日，督學張廷樞題請建坊旌表。

張氏，陸天爵妻。二十四歲夫没，子士璋甫乙歲，煢煢苦守，日勤紡織，孝敬翁姑，生養死葬，撫孤訓誨，克敦孝義，婚娶成禮，母兼父職。守志數十年如一日，縣詳旌表。

顧氏，廩生張來妻，名世曾孫也。年二十四夫亡，欲殉，父母勸阻，謂子方一歲，氏就義撫孤，針指營食，號"露香園顧繡"。崇禎末年，有賊匿孤，氏泣惟此夫脉，脱珥贖之。教子燧，文藝精絶，子報以孝。完節四十六年。

朱氏，張燧妻，顧氏媳也。青年早寡，兩孤在襁褓，勤績力撫，凄風苦雨，食貧無怨，相夫敬姑，克盡孝道，祀禮無怠，俾子就塾，苦節四十餘年如一日。旌有"一門雙節"、"兩代筠操"諸額。

周氏，黄小江妻。

唐氏，張元觀妻。年二十七夫亡無子，嗣子在遷，彌月承祧，爲名諸生。苦守三十八年，在遷亦無子。

蔡氏，馮飛五妻。　　　　　　　　滕氏，周之鑑妻。

朱氏，喬來泰妻。生子僅三月夫亡，里閈失火延及殯室，氏哭憑夫柩，願俱焚，時有返風滅火之異。

沈氏，生員汪汝兆妻。　　　　　　李氏，潘調鼎妻。

姚氏，曹書臣妻。二十而寡，奉事舅姑，孝聲遠播，撫孤雲翼入泮。

陳氏，凌君禄妻。　　　　　　　　吴氏，王鴻生妻。

汪氏，陸廷柱妻。　　龔氏，孫繩浦妻。

蔡氏，于敬初妻。避兵守節，壽届古稀。

張氏，監生于捷繼妻。仰事俯育，曲盡孝慈。

姚氏，胡叙九妻。　　張氏，姚介錫妻。

陳氏，陸瀛華妻。二妾吴氏、馮氏，建"一門三節"坊。

瞿氏，周朝柱妻。姑歿，舅更娶，氏事之盡禮。夫亡，上有二兄，舅姑以氏賢，願就養于叔婦。夫治命建渡橋，周恤遠族，氏皆勉力從之。撫孤學海成立入泮。

沈氏，陳禹建妻。二十六歲夫亡，守節五十五年。

龔氏，童柯妻。　　徐氏，金瑞生妻。

江氏，于見山妾。夫死孤殤，終不改節。

姚氏，于楫聘妻。楫病劇，姚歸侍湯藥。十月楫亡，守節終身。

童氏，監生金淇妻。淇亡，嗣子方苞甫四歲，氏口授《孝經》《論語》，日夕不輟，方苞以孝友聞。

于氏，凌文翰妻。奉姑教子，守節三十餘年。

李夫人，生員喬起麟繼室。夫亡守節，治家訓子，嚴整有法，奉旨旌表。後以子照貴，誥贈一品夫人。

郁氏，秦玠妻。　　王氏，儲蘊瑞妻。

陸氏，王文顯妻。　　某氏，顧奇妻，拒姦被殺。

曹氏，陸韜妻。少寡，事姑盡孝。姑病篤，刲臂爲羹以進，遂愈。又十五年姑卒，母疾不治，亦刲臂雜米湯以進，母覺，不竟食，遂卒。曹孀居五十一年，年七十四。

陳氏，王五妻。拒王才强姦，不辱奮駡，被殺而死。

張氏，徐俊妻。俊疫死，貧不得棺，張伴屍而卧，以一女爲萬氏養媳，始得錢以殮。後族子利其改適，與其母謀嫁周某，遂自經死，年三十四。

倪氏，顧颺妻。海寇刼其家，氏觸墻死。

趙氏，徐士述妻。族人奪其産，逼之嫁，氏赴水，鄰救之，遂成疾死。

郭氏，生員蔣鑑妻。

唐氏，夫與某博負，以氏償之，自縊死。

瞿氏，夏某妻。夫死于冤，氏縊屍側。

曹氏，陸昇階妻。夫亡百餘日，值寒食設祭，一慟而絶。

楊氏，唐元晟妻。夫亡，守節十年。姑與繼母逼嫁之，服鹽滷死。

張氏，吴連妻。夫亡，後有刼娶之者，紿其束裝，自縊而死。

張氏，周某妻。夫亡，後有謀娶之者，氏聞，遂自縊死。

王氏，顧德修妻。早寡，父謀嫁之，氏聞痛哭，即自縊死。

秦氏，徐天禄妻。本某姓婢，夫亡，守節十餘年，其主令改適，自縊死。

烈婦顧氏，及笄，歸楊春。春故撫于其姑，其姑多穢行，婦見所往來者，遂戒其夫勿出。

春之叔母亦有穢行,其姑與之善,謀所以逐春者。誣以不孝,逮于官,潛匿所私,突入烈婦所,婦以計脱。洎春釋歸,婦悉出簪珥償春宿逋,餘置酒脯告祖先,密紉其衣,偕春赴吴淞牐以死。時雍正三年七月,距歸春纔七十日。知縣欽璉捐俸建祠墓前,墓在牐西。

凌存巽,父名康,幼婉順知書,年十五許字金惟驪。未婚,惟驪卒,女聞訃暗泣,目盡腫,詰之,以病目對。遂托佞佛,縞衣茹素。年餘,戚有議婚者,女微聞,遂自經,歿年十八。啟遺篋,得詩數章,中有"鞠育恩難報,此身愧歉多。紅顔原薄命,盡瘁莫生波",可謂從容就義者。從叔如焕爲之傳,旌表祀節孝祠。

陳氏,康瞻廷妻也。夫死,夫之伯德明聽馬洪謀,逼再醮,不從,洪乘夜糾衆刧之,烈婦抱柱號哭,梃交下,刃鱗刺罵不稍屈,衆曳之出,綑置舟中,至所議婚家,氣將絶,罵益厲。婚家憐其志,釋歸,殞于途。知縣王世睿驗之,見血污遍體,大哭之。洪伏誅,旌婦之烈。

朱氏,增廣生曹聶弘妻,會元錦之女孫也。年十八于歸,七年而寡,無子,拮据營葬,苦節廿餘載。雍正四年題旌建坊,具載省志。是年四月,聶弘弟一士始舉子錫端撫以承祧。

高氏,徐忠甫妻。　　錢氏,黄堅士妻。

孫氏,姜世奇妻。守節撫孤,殯殮三喪。乾隆十二年旌。

金氏,黄孚遠妻。家貧守喪,孝養舅姑,撫孤成立。

包氏,張維周妻。二十五歲夫亡,守節四十二年。

張氏,劉清其妻。　　趙氏,王恩妻。

盛氏,王維寧聘妻。年二十知書史,維寧死,泣往守貞,縞衣茹素終其身。

楊氏,趙珩妻。撫孤駿烈成立。

周氏,喬以萊妻。　　仇氏,張秉璉妻。

陸氏,火日智妻。　　胡氏,顧某妻。

姚氏,曹某妻。　　周氏,生員馬熙妻。常熟籍。

秦氏,王宰妻。　　陸氏,生員凌肇英妻。

梅氏,鈕文瑞妾。年二十夫亡,子一,正室陸氏先夫亡,亦子一,撫二孤無分彼此。有葛姓曾以五百金寄文瑞,久無索者,氏雖貧,不稍染,卒訪其子于流離中還之。

蔣氏,强文杲妻。　　顧氏,諸敬愷妻。

龔氏,沈元一妻。年二十二夫亡,撫孤朝樞成立,壽九十三歲,曾孫向榮、如圭皆入泮,乾隆十一年旌。

陳氏,顧冰修妻。　　孫氏,施欽妻。

徐氏,陳政在妻。　　王氏,沈祥生妻。

朱氏,蔡天吉妻。　　曹氏,楊紹思妻。

王氏,陳敬梅繼妻。節凜冰霜,訓子成立。

徐氏,張子榮妻。　　沈氏,黄公采妻。

唐氏,朱嘉胤妻。居寡,子三歲,值冬至,方祭祀哭其夫,某統衆斬門扛醮,氏持利刃斷髮毁形,終身茹素,不復蓄髮。

趙氏，陸肇嘉妻。　周氏，殷躋生妻。

曹氏，蔡際飛妻。二十一歲而孀，守節母家五十三年。

王氏，陸虎臣妻。　黄氏，朱與增妻。

范氏，嚴庶翼妻。年二十夫亡，撫姪爲嗣。家貧，以紡織孝養舅姑，苦守至七十八歲。

楊氏，王希仁妻。　徐氏，朱在喬妻。

龔氏，丁某妻。　何氏，夏某妻。

沈氏，監生李宏基妻。原任黄浦營守備李濬媳，山西籍。

潘氏，陸某妻。　朱氏，儒童包良有妻。

朱氏，顧文英妻也。年二十結褵，三月夫没于海，守節八載。至雍正己酉秋，拒許才强姦，引刀自絶。督撫上其事，請旌。至乾隆乙丑，知縣王侹即女義塚旁禮葬之，墓前建坊，勒石紀其事。

沈氏，顧開宗妻。二十二歲夫亡，撫遺腹憲文成立。

趙氏，張秉繩妻。　顧氏，蔡丹宸妻。

董氏，朱培繼妻。　黄氏，凌維策妻。

黄氏，凌兆蘭妻。夫死，撫孤及孫曾成立，壽至八十。

錢氏，莫元愷妻。

王氏，周選繼妻。夫亡，姑邁而病，氏衣不解帶者累月，有賢孝聲。遺孤殀亡，撫姪成立。

孫氏，張漢英妻。

施氏，曹培甲妻，大同知府惟訥女。年二十一夫亡，嗣子錫桐從襁褓撫之。乾隆十年請旌建坊。

申氏，王籍妻。　何氏，胡洪芳妻。

趙氏，曹子賢妻。　陳氏，顧文思繼妻。

陸氏，姚華顯妻。　倪氏，張尚智妻。

張氏，奚天表妻。　張氏，凌洪疇妻。

朱氏，張載陽妻。　盧氏，張殿侯妻。

董氏，高仲珍未婚妻也。年十九仲珍死，氏即于歸，孝養邁姑，撫嗣子天叙，七十二歲卒。

滕氏，李宗沆妻。夫亡無子，撫嗣子，主内事，以令則聞。

王氏，張麒妻。苦節四十餘年，撫孤成戊午舉人。

金氏，顧翌周妻。　陶氏，陳成妻。

秦氏，王省臣妻。守節三十餘年，撫孤成立。

張氏，俞士鵬妻。年二十七夫亡，撫遺腹苦守。

陳氏，陸相恩妻。無子，嗣姪亦早世，撫孫壽徵成立。

顧氏，王應奎妻。　嵇氏，儒童王鎮妻。

孫氏，庠生張堃妻。夫亡，遺孤二歲，奉侍舅姑之餘，嚴於督課，二十七年如一日，子兆奎爲明經。

姚氏，周廷柱妻。　　陸氏，沈松舟妻。

桂氏，凌式賡妻。二十六歲夫亡，一子殤折，撫嗣子。

陸氏，吴永年妻。　　沈氏，王禹臣妻。

邢氏，陸昭令妻。　　金氏，潘永焕妻。

周氏，陸開遠妻。　　徐氏，王方旦妻。

顧氏，吴燦英妻。　　金氏，王鴻裔妻。

張氏，朱堂妻。孝邁姑，撫孤成立，鄰里稱其勤儉。

潘氏，黄文遠妻。　　莊氏，徐茂英妻。撫孤徐元卿成立。

劉氏，方逢若妻。　　毛氏，顧景章妻。

瞿氏，曹邦吉妻，公卓女。二十二歲孀居，孝事兩世，撫孤成立，守節四十一年而卒。

劉氏，潘洪三妻。家貧無子，矢志冰霜。

劉氏，錢明卿妻。遭惡奴薛求强姦不從，連受七刃殞命。邑令李發枝上其事，請旌建坊，題聯曰："蓮不染污體愈潔，玉雖埋土美無瑕。"讞成，寸剁薛求於市。

程君信妻唐氏，二十五歲寡，守節五十年歿。

沈氏，儒童陸公信妻。年十九而寡，子以貿易不歸，紡績度日，苦守至八十三歲。本府王檄訪其節。

顧氏，徐宏勳妻。節壽領恩賞，知縣欽璉給匾曰"松齡柏節"。

王氏，顧菉園妻。二十而寡，家貧無子，苦守至六十三歲卒。

張氏，龔掌文妻。年十九適龔，二月夫亡，苦節迄今三十餘年。

陳氏，郭純嘏妻。夫亡，子纔三歲，以紡績養姑，敬謹備至，苦守三十九年卒，子繼亡，無後。

蔡氏，陸遠卿妻。年十八夫亡，至八十三歲卒。子愚亮亦早世，媳朱氏年二十一，孀居四十七年。長孫調九妻戴氏，二十八歲而寡，今七十五歲。次孫廷選妻朱氏，二十九歲而寡，七十一歲卒。一門四節，貧而無後，聞者咸爲之酸鼻。

陳氏，庠生艾秉倫妻。年二十八夫亡，守節以終。

李氏，儒童陸鍾熙妻，贈文林郎謨女。年二十一夫故，無子，紡織度日，爲嗣子完婚，至五十六歲而歿。

秦氏，李湘妻。年二十八夫亡，知縣劉洴以"彤管流芳"旌其廬，守至八十六歲。子名鳳徵，年八旬，頗有古人風。

黄氏，方修永未婚妻。年十八修永卒，黄自誓守貞，享年六十二餘歲。

王氏，生員張本英妻，州同銓女。夫亡家貧，養親教子，艱苦備嘗，守節三十餘年，子超入膠庠，巡道汪德馨旌曰"貞松蔭鶴"。

奚氏，陸又章妻。二十五歲夫亡，子亦早歿，撫孫耕織，守節五十六年，蓋備歷艱苦云。

錢氏，顧琳妻。年二十七夫亡，守節五十載。府同知俞兆岳給“德門賢母”額，提學張廷璐給“松貞柏勁”額。子庭植，邑庠生。

蔡烈女，名來。幼通女訓，許字謝玉智。謝年十三殤，女聞飲泣，絶食三日，父母强之乃食。後父母擬再擇配，遂投繯，遺片紙，大書“貞烈”二字，父母哀其志，卒與謝合葬。

丁貞女，十歲許字羅某。閲十年，羅某殀，女欲赴喪不得，則求死，父母知不可奪，許歸舅氏。後聞母病篤，請歸侍，割股奉母，數月母卒，以積毁死。縣令周某書“冰潔玉貞”四字獎之。

沈烈婦，某姓家奴丁二妻也。丁早世無子，撫養子繼丁祀。主某將奪其志，婦潛以養子託其戚，投繯死，時年三十。

張貞女，許字徐維仁。維仁病故，請奔喪，徐氏辭以緩迓。閲二載，翁姑相繼即世，女詣徐守喪，時年二十一，守貞二十二年卒。

張氏，夏深濤妻。年二十九夫亡，守孀三十年。

楊氏，嚴國楨妻。夫死無子，守節三十二年。

朱氏，吴大盈妻。婚一載夫亡，撫遺腹子琳，守節四十一年。知府董給“丸畫芳徽”四字獎之。

楊氏，張蘭臣妻。年二十六夫亡無子，守節三十二年。

陳氏，顧宗英妻。二十四歲夫亡無子，守節五十一年。

陸氏，黄相鳳妻。二十七歲夫亡無子，延師訓姪，勤針黹以葬舅姑，苦節三十年。

李氏，曹培馨妻。二十五歲夫亡，孝奉孀姑二十載，中外無間言。

王氏，生員張鎬妻。二十六歲夫亡，守節二十九年。

陳氏，吕純典妻。夫亡，守節三十五年。

喬氏，曹榮曾妻。夫亡無子，撫姪培源爲嗣，守節三十九年。

孫氏，何仲德妻。三十歲爲未亡人，孝邁姑，撫兩孤，家貧，以十指爲活，今八十二歲。

陶氏，王學海妻。二十八歲夫亡，孝事舅姑，生養死殯，咸稱盡禮，訓子沛蒼入泮。

徐氏，生員王昊妻，文定孫女，能詩善書。夫亡，棄簡籍，勤紡織，非祭祀不肉食。翁姑歿，足不履閫外。卒年七十九，守節五十三年。

鈕氏，太學生劉松齡妻。年二十八夫亡，孝事老姑，撫子成立。

沈氏，俞聖明妻。年二十四夫亡，守節四十餘年。

王氏，何允徵妻。二十三歲夫亡，知縣周中鋐給以“德昭壼儀”之額，年七十一歲卒。

范氏，喬元弼妻。年十九夫亡無子，今五十九歲。

范氏，孟宏禮妻。年二十三夫亡無子，今六十一歲。

朱氏，顧施度妻。年十九歲婚六月夫亡，苦節三十年。

葉氏，張之鐘妻。夫亡，族有逼之嫁者，氏逃歸母家，苦節三十八年。

喬氏，陸含章妻。二十五歲夫亡無子，守節三十三年。

吴氏，張烈妻。年十八婚一月夫亡，盡禮殮夫，即投繯而死。

鞠氏，監生唐逢奇妻。二十九歲夫亡無子，撫嗣子，亦卒苦節三十年。

方氏，沈佳先妻。二十三歲夫亡，五十七歲卒。

陸氏，梅閬苑妻。結褵十一月，舅姑與閬苑兄弟五人皆物故，梅氏宗支遂絶，氏脱簪珥殯殮。家極貧寒，衣夏布，食糠麩及草葉，年七十四卒。

陸氏，鄭之元聘妻。之元卒，氏在室勵志守貞。兄以家貧，欲另許字，氏即投井中，急救得出，卒如其志。

金氏，丁用章妻。年二十九夫亡，孝養舅姑，撫孤成立，年八十四卒。

丁氏，羅維寧聘妻。維寧卒，氏聞訃，即脱簪飾，以守節自矢。母蔡氏病劇，氏割左臂肉以進，母病即愈。

顧氏，朱國城妻。夫亡，氏以翁姑及夫柩未入土，日勤紡織，克舉葬事，年七十五卒。

朱氏，唐朝銓妻。婚二年夫亡，五十五歲卒。

吴氏，生員張文龍妻。二十四歲夫亡無子，家貧守節，哀毁而卒。

吴氏，王某妻。年十九夫亡，挈遺孤依兄時焕，以十指爲活，苦節四十餘年。

許氏，張永皓妻。二十七歲夫亡，五十八歲卒。河道張師載以“節並松筠”四字獎之。

余氏，孫連璧妻。二十七而寡，家貧，孝事翁姑，撫孤守節。

曹氏，生員張琛妻。二十四歲而寡，守節四十年。

萬氏，徐以慥妻。年十四而婚，十五而寡，撫孤入泮，復殀，竟無子，守節五十年。

姚氏，姜宸楝妻。二十八歲而寡，貧困無依，扶朞歲孤成人，守節三十二年。

曹氏，邵某妻，永孝母。年二十八夫亡，享年八十餘歲。

羅氏，沈台臣妻。二十五歲夫亡，撫遺腹成立，卒年六十八。

鳳氏，徐以愫妻。二十五歲守寡，孝姑撫子，歷四十年。

陶氏，潘應龍妻。二十六歲夫亡，備嘗艱苦四十八年。

殷氏，適施漢雯。二十九歲守寡，家貧，撫孤成立，營葬三世，六十三歲卒。

韓氏，州同羅從樸妾。二十八歲夫亡，苦守三十一年。

張氏，韓堯生妻。二十六歲爲未亡人，守節三十年。

王氏，陳廷一妻。年二十夫亡無子，姑欲奪其志，氏剪髪矢志，守節六十八年，恩賜老婦衣。

沈氏，陳某妻。結褵兩月夫亡，時年二十四，夫弟欲奪其志，遂削髮，守節四十九年。

葉氏，李公輔妻。年二十一夫亡，撫孤奉姑，守節三十四年。

陳氏，李德裕妻。年二十三夫亡子幼，家貧姑邁，織草屨易米奉姑，而自食糠粃，守節五十三年。

張氏，生員唐風妻。十九歲而寡，撫遺腹子成人，守節五十三年。

張氏，潘日初妻。年十九結褵三月而寡，孝奉翁姑，苦守三十載。

潘氏，胡嘉誠妻。年二十于歸，二十八歲夫故，守節五十三年。爲子熙臣娶嚴氏，二十九歲熙臣故，嚴氏矢志守孀，人稱“一門雙節”，郡守汪德馨給匾旌之。

韓氏，吴作舟妻。二十二歲夫亡，守節三十三年。

蔡氏，沈熙卿妻。夫故家貧，撫子成立，苦節五十一年。

孫氏，唐聖澤妻。二十八歲而寡，守節三十三年。

顧氏，陶錫禮妻。家貧子幼，守節四十八年。

韓氏，唐虞書妻。二十九歲而寡，無子而貧，守節三十八年。

黄氏，儒童潘鍾瑞妻。年二十結褵，越二年夫亡，遺孤數月，家貧，守節三十年。

張氏，曹天垂妻。夫亡，家貧無子，苦守五十餘年。

陳氏，陸有恒妾。夫亡，正室程氏亦物故，氏撫孤持家，克延夫祚，守節三十七年。

顧氏，陸宏毅妻。年三十而孀，撫孤成立，守節四十年。

張氏，年十六許配龔漢書，未婚而龔卒，氏縞衣素食，守貞五十二年。前令李給獎"閨德全貞"四字。

金氏，陶坦妻。二十三歲而寡，撫孤安銘入監，壽七十。

楊氏，顧西山妻。二十七歲夫亡，守節三十四年。

王氏，李宗儼妻。二十四歲夫死，孀居二十七年，家貧無子，撫姪爲嗣，建坊旌表。

趙氏，張王錫妻。三十歲夫亡，同側室姚氏苦守三十年，人稱"一門雙節"。

吴氏，張元良妻。二十二歲夫亡，守孀三十餘年。

孫氏二貞女，簡書妹，喪父，並守貞不字，孝養老母。知縣李倪昱給"閨秀雙貞"額。次女五十歲先卒，長女年至七十餘歲。

汪氏，曹漢文妻。結褵一載夫亡無子，撫嗣成立，守節二十五年。

高氏，奚悦妻，拒姦自縊。

褚氏，胡永禧妻。二十八歲夫亡，守節三十五年。

李氏，許翼舒妻。二十三歲夫亡無子，守節二十八年。

喬氏，潘子敏妻。二十八歲夫亡，撫嗣守節五十一年。

何氏，姚又陶妻。夫亡守節，課子授經，家貧，訓蒙度日。

陶氏，生員徐學權妻。二十八歲夫亡無子，營夫喪葬，守節三十五年。

姚氏，許開周妻。二十三歲夫亡，遺孤宗盛甫八月，撫之成立，守節三十四年。

張氏，顧鳴夏妻。二十三歲夫亡無子，葬舅養姑，守節三十四年。

陳氏，唐本立妻。夫亡無子，晝夜紡織，營葬二代。

陳氏，朱華明聘妻。未婚而華明卒，守貞三十四年。

謝氏，朱培妾。二十二歲守寡，享年八十餘歲。

楊氏，裴茂祥妻。二十八歲而寡，家貧茹蘗，矢志守孀，撫孤成立，完節四十五年。

山氏，胡鳴球妻。夫亡，事翁光祖，撫孤毓麟，苦節三十四年。

張氏，徐天玉妻。二十三歲夫亡，家貧，紡織養姑，教子成立，年九十而歿。兩受恩賞，邑令傅之詮旌其門曰"柏心鶴算"。

楊氏，郭聖符妻；李氏，郭勝甫妻。兩世撫孤守節，邑令許士貞給獎"雙節流芳"。

陸氏，李春芳妻。二十二歲夫亡，九十五歲而歿，守節七十餘年。

嚴氏，王寧士妻，夫死守節。

張氏，潘漢珠妻。夫亡無子，撫姪爲嗣，守節三十九年。

王氏，孫宥如妻。夫亡，上事邁年翁姑，下育遺腹一子，苦節四十二載。

錢氏，沈翼王繼妻。夫亡，殯葬三代，撫育二子，守節三十三年。

郭氏，唐孫蔚妻。二十八歲夫亡，五十二歲而歿，家貧無子。

郭氏，高德燾妻。十九歲夫亡，現年五十三歲，無子。

張氏，唐兆麟妻。二十六歲夫亡，苦節四十二年，無子。

孫氏，庠生唐方沂妻。年十八結褵，越二年方沂入都，歿於京，氏苦守至今，六十一歲。

陸氏，史全幸妻。十七結褵，越一載夫亡，乏嗣，撫姪奎燦成立。縣令傅之詮以"潔方冰雪"旌之。

王氏，單奇章妻。二十七歲夫亡，守節三十五年。

張氏，周純初妻。二十二歲夫亡，守節三十四年。

戴氏，李賁其妻。二十五歲夫亡，守節三十一年。

章氏，孫潔人妻。二十九歲夫亡，守節六十二年。子元緒，娶張氏，五年而元緒亡，時氏二十七歲，苦守四十四年而歿。人稱"兩世冰霜"。

計氏，顧俊臣妻。二十八歲夫亡，守節四十五年。

周氏，胡綬年妻。二十歲夫亡，守節五十三年。

趙氏，胡天培妻。二十四歲夫亡，守節三十三年。

陸氏，張介眉妻。二十二歲夫亡，守節三十五年。

陳氏，周朝儀妻。二十七歲夫亡，孝姑訓子，守節三十四年。同知俞兆岳給"松筠節操"額。

徐氏，王天植妻。二十八歲夫亡，守節五十七年。

李氏，趙勝倫妻。二十六歲夫亡，守節三十年。

張氏，殷榮三妻。二十一歲夫亡，守節三十二年。

王氏，張奕斯妻。二十歲夫亡，守節三十四年。

康氏，朱國鼎妻。二十一歲夫亡，守節三十七年。

喬氏，陳穎侯妻。二十三歲夫亡，守節二十九年。

錢氏，孫中和妻。

朱氏，顧鑑易妻。二十一歲夫亡，守節三十年。

杜氏，褚林士妻。二十七歲夫亡，守節四十三年。

羅氏，周子建妻。二十一歲夫亡，守節五十四年。

張氏，劉子明妻。二十七歲夫亡，守節五十餘年。

陸氏，唐介錫妻。二十八歲夫客死餘杭，氏貧，煮草充腹，節紡織之費積數金，至餘杭殮夫骸骨歸葬。苦守三十六年，無子。

馬氏，沈萊成妻。三十歲夫亡，守節三十九年。

李氏，陳履端妻。二十五歲夫亡，守節五十餘年。

項氏，陳洪遠妻。二十三歲夫亡，守節三十一年。

貞女王氏，燦如女，幼喪父，念母老家貧，矢志守貞，母至九十二歲卒。依弟翼史，現年七十五歲。

褚氏，童嘉恕妻。嘉恕喪母，過哀成疾，服闋，病益甚，氏知之，堅請歸侍，悉出簪珥爲醫藥費。閱明年夫亡，蓋棺之夕，伺家人熟睡，闔户自縊，婢覺，毀窗救解，絶粒三日而卒。

李氏，飛遵女，許字蔡秉璉。秉璉死，氏年十六，即長齋念佛，足不踰閾，五十四歲歿，守貞三十九年。

張氏，王宗秀妻，尚文女。二十六歲夫亡，苦節五十餘年，無子。

陸氏，唐而可妻。十九歲夫亡，守節五十年。

黄氏，李節珊妻。二十七歲夫亡，家貧無子，日夜紡織，奉養翁姑，營葬兩代，守節三十七年。

邱氏，陳耀賓妻。二十四歲夫亡，撫遺腹子，紡織度日，守節五十九年。

施氏，張天臣妻。二十七歲夫亡，遺數月孤，備嘗辛苦，三十一年如一日。

馮氏，朱方城妻。二十九歲夫亡，守節三十九年。

顧氏，陳六觀妻。二十八歲夫亡，忍受飢寒，苦節三十六年。

何氏，王楚雄妻。二十二歲夫亡，遺腹一子亦殀，苦守三十二年。

汪氏，丁位德妻。二十九歲夫亡，守節三十一年。

姚氏，顧堯上妻。二十七歲夫亡無子，守節三十八年。知縣秦士顒給匾曰“瑶池冰雪”。

李氏，潘瀛賓妻。二十六歲夫亡，刻苦撫孤，守節五十一年。邑令于本宏給奬“節茂松筠”。

徐氏，陳公翼妻。二妾張氏、王氏，皆刻苦守孀，人稱一門三節。

桂貞女之父盛枝，與同里康某忤，康以事誣盛枝繫獄。康之姪聞貞女美，授意媒妁許婚則事可釋，盛枝堅不允，拷掠將成獄。時貞女年十七，泣謂兄曰：“事亟矣。苟能出父，姑以身許之。”康喜得計，訟良已。及議婚期，女曰：“曩所以許字者，徒欲脱吾父耳，豈能反顔事仇乎！”遂縊寢室，父母急救勸慰，因自毀容剪髪，康亦知其志堅不敢偪。在家焚修，年三十七趺坐而逝。太史周彝傳其事。

張氏，朱與璂妻。年二十九夫亡，止遺一女，女復以廢疾死，家貧無依，苦志守孀，至六十三歲卒。

衛氏，監生郭舜揚妻。二十六歲夫亡無子，守孀茹苦，至八十六歲。兩受老婦恩賜。

李氏，顧聖一妻。二十一歲夫亡，守節撫孤成立。

陳氏，王九苞妻。生一子，九苞歿，陳年二十九歲，撫孤守志，邑令許士貞給“節並松筠”額奬之。

張氏，王舜儀妻。年二十三夫亡守節，撫遺孤孝則成立。

周氏，鍾受天妻。受天客於京病死之，周年二十二，撫遺孤守節三十餘年。

王氏，趙孚惠妻。年二十九夫故，撫孤旋殤，誓絶粒飲滷死。

姚烈婦，西林某甲妻。人艷其色，欲汙之，堅不從，赴水死。

劉氏，醫士陳克明妻。雍正壬子歲，克明病疫危甚，劉刲左肱和藥以進，病稍間，既而終不起。劉絶粒求死，親黨以撫孤責之，乃復食，甘貧作苦，里中咸敬之。

吴氏，王元藻妻。二十五歲夫亡，孝養舅姑，撫遺腹家燮，辛勤教子入府庠，卒年五十九歲。

曹氏，沈進德妻。二十四歲夫亡，撫孤霖潤，甫六齡，教養成立，後霖潤官漢陽丞，貤贈八品孺人。

劉氏，凌孟卿妾。十七歲孟卿亡，四壁蕭然，同正室施氏矢志守節，撫孤天錫，純孝性成。當事旌其廬曰“二母冰心貫日，孤兒純孝格天”。

顧氏，曹武觀妻。二十三歲夫亡，貧而無子，藉十指爲活。歷五十年積羨，營葬三喪。邑令以“志潔冰霜”獎之。節婦殁，屋售他姓，毁其額，時聞鬼哭。

曹氏，蔡文若妻。家貧無子，守孀四十餘年。

艾氏，徐瑞徵妻。夫亡，撫遺腹孤，苦守三十餘年。

梅氏，山彩若妻。夫亡無嗣，變産殯葬，依弟苦守，歷今五十三年。

列女黄引姐，許字徐欽忠。徐故，請奔喪，親弗許，毁粧飲泣。會有求庚者，女聞，投繯死，年二十二。邑人作詩輓之。

張氏，毛君賢妻。居吴縣洞庭東山，早寡而貧。嘗遣子定西借貸於戚，深夜不歸，登嶺俟之，險黑空還，憩石相泣，氏拔榛簪插土曰：“我母子不餓死，此簪當活。”已而簪竟化榛，旁有泉，暗流滋之。後徙家上海，迨殁即葬植簪之地。乾隆五年旌表，孫廪生毛肇烈徵詩紀事。

陳氏，生員吴金聲妻。

孫氏，蔣儒妻。

趙氏，曹宗元妻。夫亡守節，撫子朝顯成立，乾隆十七年旌。媳張氏，年二十九朝顯殁，守節二十七年。

蔡氏，朱令一妻。夫亡守節，乾隆二十三年題旌。

金氏，黄孚遠妻。

莊氏，張漢英妻。

陳氏，顧介之妻。

康氏，凌公候妻。

瞿氏，黄季美妻。

印氏，凌人表妻。

蔡氏，儒童朱政在妻。孀居矢志，守節二十三載，建坊旌表。

陸烈女，二十一保六九啚人。父母蚤世，依母舅郭和中撫養。及笄，里有惡少調戲未成，女即羞忿自縊。乾隆十三年，邑令蔣堯年按驗抵償，建坊旌獎。

郭烈女四姐，强姦不從，自縊死，乾隆十四年旌。

曹氏,邵元斌妻。二十八歲夫亡,結褵八載,叠遭三喪,遺孤未及週歲,教養婚娶,中年病卒,復撫孤孫成立。乾隆二十九年旌,時年九十九歲。

喬烈婦,名鍾齡,大中丞光烈第四女。幼隨父任,事嫡母張以孝聞。年十四,同生母王氏幼弟鍾霍自晉歸里,過天妃閘,湍水覆舟,烈婦以救先出,覓母弟不得,復躍入水牽母裾,母懷弟相繼而起,得免于難,人以爲孝感云。年二十,適河源知縣黄槐子太學生熙宁,結褵數日,熙宁以痘殤,哀慟欲絶,舅姑昆弟密防之,不得間。時當酷暑,防者偶疎,即密紉衣裾,閉門自縊。死次日就殮,顔色如生,蚊蠅不集,遠近嘆異,大吏聞于朝,給旌典。

陳氏,董宗屏妻。年二十六夫故,力謀營葬,辛勤撫子,苦節五十三載,卒年七十八歲,有司題請旌之。

夏氏,曹炳曾妾。二十四歲炳曾故,無出,現年七十歲,乾隆三十年旌。

胡氏,曹培鯉妻。二十五歲夫亡,無子,撫嗣子錫辰,苦節三十七載,乾隆三十年旌。

何氏,戴天秩妻。二十五歲夫歿,無子,孝養翁姑,力營窀穸,守節三十四載而卒,乾隆三十三年旌。

康氏,監生張鉅繼妻。夫亡,撫遺腹子兆濟,教養有法,家政肅然,延名師訓孫鳳樞入泮,旌表建坊。

王氏,儒童周鎬妻。二十歲夫亡,奉侍翁姑,撫孤宗濂成立,營葬兩代八棺,守節四十餘載,乾隆三十二年建坊旌表。

沈烈婦,朱義官妻。族屬圖財逼嫁,自縊死,乾隆三十二年旌。

蔡氏,顧韋城妻。年二十八夫亡,無子,奉侍翁姑,辛勤紡織,營葬兩世,守節三十八載,現年六十五歲,乾隆三十二年旌。

王氏,陳鼎賢妻。二十七歲夫亡,無子,并乏承嗣,侍奉翁姑,生養死葬。依姪金輅,撫姪孫成立,請旌建坊,守節五十餘載,卒年七十八歲。

祝貞女,許字儒童淩存澤。年二十聞存澤訃,即以所聘金環吞之,母兄解救得甦,奔喪,奉姑撫嗣子松心入泮。守貞二十一年,四十歲而卒,乾隆三十六年建坊旌表。

曹氏,生員秦秉恭妻。二十二歲夫亡,無子,立兩姪爲嗣。十指辛勤,事姑教子,守節三十二年。今兵部尚書河督李公奉翰給"松筠貞操"額,現年五十三歲,乾隆三十七年旌。

徐氏,張子榮妻。操凛冰霜,柏舟矢志,乾隆四十三年旌。

彭氏,儒童曹潤元妻。年二十四夫亡,撫遺腹子球入泮,仰事俯育,備極辛勤,邑令史尚確具詳請旌。

黄烈女,候選布政司理問黄炳女,許字廩生曹鍌子綏祖。將婚,綏祖病殤,女飲泣絶粒,越十四日而卒。翁姑憐其志,迎柩合葬,乾隆四十八年旌。

孫氏,侯君榮妻。年二十九夫亡,力葬三喪,撫孤成立。守節三十三載,卒年六十二歲,乾隆四十八年旌。

瞿氏,徐洪遠妻。二十八歲夫亡,無子,奉姑盡孝,撫二幼女完嫁,苦節三十載。乾隆四十五年,姪山東西尤場鹽大使瞿應源以本身封典,貤封八品孺人,現年五十七歲。

孫氏，楊人奇妾。二十四歲夫亡，守節三十二載，撫子太學生培厚成立。卒年五十六歲，乾隆四十八年旌。

金氏，吴維崑妻。孀居矢志，紡織度活，苦節三十餘年，里黨稱之。以下待旌。

沈氏，湖州通判施念祖妻。年二十八而寡，事姑盡孝。子潤尚幼，家貧不能從師，氏親自課讀，勤女工以資仰育。潤登壬辰進士，鳳陽府教授，迎養，卒于官署，年七十三。

朱貞女，許字張德廣。未婚，德廣病歿，女年十九，飲泣奔喪，孝奉邁姑，守貞一十九載，卒年三十八歲。

顧氏，王鳴貞妻。二十七歲夫故，家貧，力勤紡績，撫後讀書，卒年七十歲。曾孫生員王宗柳臚實徵序，桐鄉進士皇甫樞作傳紀之，并詳南匯志。

何氏，朱時芳妻。結褵三月，年十九夫亡，侍舅姑盡孝，撫嗣子南邑庠生從彦成立，飲荼守節，倍嘗艱苦。雍正十年，學院張廷璐給"貞松勁節"額獎之。

張貞女，名幼貞，許字婁縣蔡應蓮。未婚，應蓮卒，女年十七，矢志守貞，奔喪撫嗣，現年六十餘歲。

羅氏，沈維嶽妻。二十八歲夫亡，守節孝養邁姑，力貧撫子成立，邑令張給"彤管清標"額旌其門，卒年七十五歲。

湯氏，顔聖周妾。二十四歲孀居，苦志撫孤，守節六十載，卒年八十三歲。

曹氏，候選光禄寺署正李宗藩妻。二十七歲夫亡，撫孤心葵，守節四十餘載，卒年六十九歲。心葵妻凌氏，二十五歲夫歿，孝事孀姑，撫孤成立，現年五十九歲。

劉貞女，名應月，廩貢生夢金女，幼許字曹錫輿爲室，年十五而錫輿亡，女悲傷成疾，不食而死。

王氏，吴善臣妻。

陸貞女，孝廉淳川之女，許字王視德，未婚王卒，守貞五十餘年而歿。

張氏，王朝鼎妻。夫亡，苦節四十餘年，邑令傅之銓給額獎之。

金氏，庠生王嗣喆妻。二十歲孀居，紡織撫孤，卒年七十三歲，邑令傅之銓給匾旌其門。

程氏，貢生唐彪妾。二十八歲而寡，遺孤尚在襁褓，正室羅氏無出。羅歿，族争搆訟，遇廉吏得伸，撫子國學生衛尊成立，備歷艱辛，苦節四十餘年而卒。

李氏，候選經歷王智大妻。二十八歲而寡，奉姑盡孝，訓子家桂中乾隆癸酉科舉人，守節三十餘年。家桂妻孫氏，年二十九夫亡，家無常産，依伯嫂爲活，訓子烈入府庠。

黄氏，瞿予悦妻。年二十五夫亡，持門户，奉翁姑，撫子女，皆循禮法，守節二十七年而歿。側室陸氏，年二十同守節，七十八歲而歿。

朱烈婦，沈雲秀妻。訛聞夫難，先期自縊，學憲鄭任鑰給"金閨韓範"額褒其烈。孫朝鼎貴，貤贈安人。

鄒氏，周憲章妻。孀居苦節，備歷辛勤，有司給匾旌之。

何氏，張淇妻，守節三十四年。

周氏，生員吴岵瞻妻。二十九歲夫亡，撫其子閭望入泮，守節三十餘年而卒。

姚氏，程宗洛妻。二十一歲夫故，孝事邁姑，撫子丕杰食餼于庠，爲邑名諸生，現守五十餘年。

顧烈婦，曹廣渠妻。初婚夫病，籲天求代，夫亡絶粒，以香火刺“完節”二字于胸，卒年二十一歲。

趙氏，周珩山妻。年二十五夫亡，撫孤守節，觀察申夢璽以“冰雪自持”額褒之，卒年七十五歲。

陸氏，陳有成妻，寡居苦節三十餘年。

施氏，郭興源妻，孀居守志，現年七十三歲。

滕氏，戴天成妻，二十二歲而寡，守節六十餘年。

陳氏，康應麟妻。

楊氏，庠生唐奕祖妻。

湯氏，蔡文耀妻，二十一歲孀居守志，現年七十一歲。

龔氏，馮桐川妻。年二十三而寡，守節三十四年。

奚氏，陳雲章妻。二十歲而寡，守節三十九年，撫子順勗成立。

施氏、張氏，俱貢生奚有貞妾，並二十六歲守節，撫孤紹烈成立。施五十六殁，張現年六十有五。

陸貞女，十八保陸象先幼女。父亡母病，兄嫂相繼殁，遺姪甫生三月，貞女事母撫姪，營葬兩世，現年七十二歲，里黨咸稱賢孝。

王氏，儒童薛南英妻。二十九歲夫故，撫子培本、遺腹培源，守節三十餘年而卒。

徐氏，監生曹錫圭妻。二十八歲夫亡，事孀姑盡孝，撫嗣子成立，卒年八十歲。

朱貞女，許字諸仁靄。年二十二聞夫病劇，過門侍湯藥，尋卒，女哀慟幾絶，矢志守貞。事姑至孝，撫嗣子成立，現年五十歲，學院給匾獎之。

周氏，王智超妻。二十七歲夫亡，常齋繡佛，守節四十年而殁。

蘇氏，彭友璜妻。年二十八夫殁守節，卒年七十四。子東望，娶朱氏，二十五歲而寡，現年六十一歲。

王氏，徐克昌妻。年二十二而寡，苦節四十五歲而卒。

顧氏，廩生胡孝移妻。

葉氏，丁周士繼妻。二十七歲夫亡，營葬翁姑，守節教子，卒年八十四歲。

王氏，監生金煌文妻。二十九歲夫亡守節，現年七十一歲。

陳氏，潘國緒妻。二十五歲夫亡，守節四十餘年而卒，曾孫成平入邑庠。

喬氏，儒童夏曰時妻，結褵半載夫亡守節。

吴氏，張印生妻。年二十九夫亡，撫孤苦節四十一載，邑令秦士顒題“蘭馨玉潔”獎之。

朱氏，張永修妻。年二十二夫亡，事姑撫子，守節三十年，學院彭給“女貞化碧”旌其廬。

蘇氏，劉爲章妻。二十一歲夫亡，家貧無子，苦節四十四載，卒年六十五歲。

朱氏，錢朝旭妻。年二十六夫亡，無子，孝事邁翁至八十餘歲，撫養幼叔，現年六十七歲。

陳氏，曹錫九妻。二十歲夫亡，無子守志，事姑至八十八歲，撫嗣子洪鐘成立入泮，守節三十二載而歿。孫國學生樹琰，現擬請旌。

封氏，龔聲聞妻。二十九歲而孀，事姑撫子，守節四十餘載，卒年七十歲。

趙氏，庠生李友信妻。年二十九夫歿，孝養邁姑，勤勞撫子，守節四十餘載而卒。

瞿氏，陳玉珩妻，高行鎮瞿維楨女。二十八歲夫亡，力貧撫孤西美成立。晚年喪明，猶勤紡績以資衣食，守節五十餘年而歿，學院李給匾獎之。

楊氏，曹寧載妻。年三十夫亡，家貧無子，苦節三十年。

黄氏，潘方城妻。年二十九而寡，事翁撫子，守節四十六年。

唐氏，孫宏章妻。年三十夫亡，守節五十六載，八十六歲而卒。

沈氏，錢東望妻。年三十夫亡，守節四十二年而歿。

陳氏，孫渭源妻。二十二歲而寡，守節四十年，卒年六十二歲。

李氏，王智符妻。年二十四夫亡，撫孤元會娶徐氏，元會歿，徐年二十九，同姑守節，撫嗣子炘成立入泮。李現年七十七歲，徐現年五十六歲。

黄氏，高星璇妻。年二十九夫亡，力貧，資紡織以撫遺孤，卒年七十五歲。

陳氏，生員錢朝曙妻。年二十四夫亡，矢志守節，卒年六十五歲。

黄氏，趙文愷妻。二十四歲夫亡，無子，守節四十八載而卒，外孫生員錢元箸現擬請旌。

顧氏，州同張士鶴妾。二十九歲張歿，守節四十三年，七十二歲而卒。

李氏，楊康侯妻。年十九夫亡，族人逼嫁，誓死不從，三世單傳，力勤紡績，撫子成立，苦節六十餘載，卒年七十九歲。

曹氏，儒醫薛鼎璜妻。年二十九夫亡，撫子學恂、學恪繼其父術，卒年六十五歲，學院景福以"節孝可風"額獎之。

喬氏，庠生張林元妻。年二十九夫亡，遺孤俱在襁褓，教養成立，守節三十七載，卒年六十六歲。

陳氏，盛成章妻。年二十九夫亡，守節卒年七十一歲。

潘氏，陳浩妻。年二十九夫亡，家貧無子，苦節三十五載，卒年六十四歲。

童氏，陸煌玉繼妻。年二十六歲夫亡，以紡織銖積葬夫及前妻并已身父母，撫立族嗣，一生苦節，卒年六十有三。

陳氏，潘志信妻。年二十四夫亡，勤勞撫嗣，守節四十五載，卒年六十九歲。

顧氏，瞿用錫妻。二十一歲夫亡，家貧，撫遺腹子元陽成立，衣食皆從十指出，苦節五十年歿。

祁氏，張萬春妻。二十六歲夫亡，養邁姑盡孝，夫族無子，撫姪祁良宰承嗣，守節三十五年,卒年六十。

蔡氏,徐若濟繼妻。年二十七夫歿,遺孤文府方襁褓,兼撫前妻張氏子書城入泮,日夜紡織,積資以葬舅姑,守節五十歲而卒。

黄氏,徐欽信妻。二十一歲夫亡,無子,卒年五十一歲。

俞氏,邢張紳妻。二十五而寡,茹荼守節,撫孤嘉蘭入泮,現年七十五歲。

顧氏,陸王翰妻。年二十七而寡,守節三十二年。

曹氏,黄固亭妻。三十歲夫亡,苦節四十五年而歿。

顧氏,國學生曹國薰繼妻。曹卒,同妾周氏守節三十五年,撫前妻子貢生秉鎔名成行立、次子秉德遊庠。

徐氏,王南生妻,苦節五十餘年而歿。

夏氏,曹開文妻。年二十八夫亡,備嘗艱苦,撫孤及孫完娶,現年六十九歲。

計氏,薛四觀妻。年二十四夫亡,現守三十餘載。

曹氏,顧漢風妻。

黄氏,監生曹正倫妻。二十九歲夫亡,現年五十五歲。

夏氏,監生曹鶴之妾。年二十六而孀,偕嫡蔡氏同志守節,克佐婦職,子秉鏌、孫步雲皆國學生,卒年七十三歲。

潘氏,張文一妻。二十六歲夫故,撫嗣子俊元成立,現守三十二年。

江氏,朱振宜妻。二十歲夫亡,守節三十年而歿。

孫氏,邢世寧妻。年二十九孀居,事翁撫孤,營葬兩世,卒年七十三歲。

顧氏,張慶祖妻。年二十八夫歿,無子,撫姪爲嗣,守節三十年。

唐氏,張昆垂妻。年二十六夫亡,孝事翁姑,力勤紡織,撫子早夭,立姪爲嗣,卒年七十一歲。

方氏,朱耕方妻。年二十三而寡,矢志守節,現年六十一歲。

胡氏,馬虞班妻。年二十一夫亡,家貧,撫子曙成立入泮,備歷艱辛,守節三十二載。

陸氏,談文博妻。二十九歲夫亡,撫孤守節,卒年八十一歲。

趙氏,庠生姚秀妻。二十九歲夫亡守節,現年六十四歲。

蔡氏,張祖淦妻。二十六歲夫故,守節三十五年,撫嗣子虎文成立。

陶氏,張焕成妻。十九歲夫亡,茹荼矢志,現守三十餘載。

沈氏,瞿及仙妻。二十六歲夫亡,事翁姑,積資營葬,撫遺孤成立,現年六十八歲。

夏氏,王瞻一妻。年二十八夫亡守節,現年六十九歲。

朱氏,潘與陶妻。十九歲夫故,撫遺腹欽文成立,孫成璧歲貢生。

張氏,儒童楊永錫妻。二十五歲夫亡守節,現年五十八歲。

吴氏,盛宗燦妻。三十歲夫故守節,現年六十歲。

王氏,楊國烜妻。二十四歲夫歿守節,撫育嗣子,備嘗辛苦,現年六十一歲。

曹氏,監生黄本忞妾。本忞亡,曹年二十九歲,偕正室陸氏苦志同守,撫孤成立,陸年八十四卒，曹現年七十歲。

顧氏，侯克仁妻。二十二歲夫亡，力貧撫子，苦節五十年而歿。

蔡氏，淩光祚妻。二十八歲夫亡，苦節五十餘年而卒。

王氏，陸兆雲妻。二十六歲夫亡，守節三十四年。子金度娶湯氏，三年而歿，湯年二十三歲，無子，兩代苦節，鄉里咸欽重之。

鄭貞女，名裕，閔行鎮人。年二十八父母俱亡，兄嫂相繼歿，孤姪鄭起源甫孩，女受兄嫂托，守貞不字，撫姪成立，卒年六十三歲。

陸氏，監生楊國熙妻。年十六夫亡，守節四十八歲卒。

毛氏，州同孫貽謀妾。二十八歲而寡守節，現年七十三歲，子國學生昌緒，孫庠生夢圭。

康氏，莫在廷妻。二十五歲夫亡子喪，族人逼嫁，誓死不從，傭養邁姑，營葬兩世，現年七十三歲。

趙氏，許元來妻。二十三歲夫亡，孝養翁姑，撫嗣子廷揚成立，現年五十四歲。

姚氏，張文和妻。夫亡撫孤，卒年八十六歲，邑令史尚確以“松筠節操”獎其門。

李氏，監生王珩妻。十九歲夫故，撫遺腹子國學生夢龍成立，邑令李文耀給“節勵冰霜”獎之，現年七十三歲。

莊氏，龔舜廷妻，西鄉二十九保人。年二十四而寡，遺孤五歲痘殤，一慟幾絶，誓不欲生，族咸勸以待夫弟有子當嗣立，始勉從之，家貧苦守，現年六十六歲。

戴氏，潘思任妻。三十歲夫亡，勤苦守節，變産葬親，現年六十六歲。

楊氏，廩生嚴允武妻。二十七歲夫亡，無子守節，現年五十五歲。

宋貞女，名心華，河北觀察使宋敞女。許字梧州守李宗袁次子心睦，九歲而殤，女截髮誓不嫁，父母體其志，因歸李終守。郡守韓錫胙、今兵部尚書河督李奉翰俱爲立傳。

瞿氏，王漢符妾。二十三歲而寡，現年五十七歲。

張氏，陶楷妻。二十三歲夫故守節，現年五十一歲。

張氏，鄭龍山妻。二十七歲夫亡，撫孤成立，現年六十二歲。

沈氏，姚紹昇妻。年二十八而寡，事翁姑，撫孤子，現年六十二歲。

唐氏，貢生沈璧琮妻。二十六歲夫故守節，撫子静入泮。

陸氏，曹錫圖妻。年二十五夫亡，撫子洪鐸入泮、洪業婚娶，長子早亡，媳趙氏同守節。

淩氏，監生李心恕妻。十九歲夫亡，守節撫孤，冰霜矢志。

黄氏，吴蓉城妻。二十八歲孀居，事親教子，以十指度活，現年六十五歲。

倪氏，瞿元振妻。十九歲夫故，無子，事舅姑以孝，現年五十九歲。

朱氏，高國逑妻。年二十夫亡，矢志守節，奉養翁姑，學院夢麟以“志凛松筠”額褒其門，現年五十八歲。

金氏，顧心一繼妻，舉人金展成女。夫亡無子，荼苦守節，織紝積資，營葬兩世，現年七十七歲。

王氏，陸盈淇妻。年二十八而孀，奉邁姑，撫嗣子，勤苦守節，現年七十歲。

沈氏，胡廷楝妻。二十四歲夫亡，事邁翁，撫幼子，倍歷艱辛，守節三十七年。

顧氏，生員葉德心妻。年二十七夫亡，撫嗣子成立，現年六十歲。

徐烈婦，楊大經妻。夫亡，以襁褓子泣囑夫弟大綸撫育，夫殯日投繯死。

蘇氏，朱德三妻，法華鎮人。二十二歲夫亡，無子，矢志守節，以紡織餘資營葬翁姑及夫，現年五十五歲。

唐氏，火應元妻。二十一歲夫亡，撫遺腹子，以紡織度日，苦節四十餘年而卒。

周氏，胡學三妻，法華鎮人。三十歲夫故，家貧無子，以織紝爲生，竭力營葬舅姑及夫，撫嗣子成立，現年五十一歲。

秦烈女。俟攷。

張氏，趙文鍾妻。

褚氏，監生李維楫妻。二十九歲夫亡，無子，事姑盡孝，卒年五十四歲。

王氏，陶自虞妻。夫亡，家貧子幼，艱苦備嘗，守節四十年而歿。

徐氏，黄念祖妻。年二十四夫亡，家貧，仰事俯育，備極苦辛，卒年六十歲。

黄氏，顧甤賓妻。二十四歲夫亡，無子守節，撫姪太學生炤爲嗣，卒年七十有一。

莊氏，儒童陶斯泳妻。年二十而寡，家貧，孝事翁姑，撫嗣子成立，現年七十一歲。

張氏，陸公美妻。二十八歲夫亡，事翁撫子，茹荼守節，卒年七十歲。

徐氏，陸念兹妻。二十二歲夫亡守節，仰事俯育，備嘗艱苦，卒年七十一歲。

殷氏，陸佳士妻。年二十七夫亡，仰事撫孤，曲盡孝慈，孫湘春遊府庠，卒年八十四歲。

奚氏，凌希敘妻。二十九歲夫卒，守節四十三年。女適監生顧禹甸，二十八歲亦寡，撫嗣子星如讀書成立。

陸氏，陳朝佐妻。二十一歲夫亡，撫嗣子廷燿，延師課誦，頗有文名，現年五十六歲。

喬貞女，名澹貞，贈提督喬起麟次女，許字郡城陳皓清之子。女年十五陳子殤，守貞不字，卒年三十六歲，葬西城梵音庵後。

蔡氏，徐崑來妻。二十一歲夫亡，無子，撫姪式元成立，事舅姑以孝聞，現年六十一歲。

徐氏，馮京山妻。二十八歲夫亡守節，孝事翁姑，現年六十歲。

戴氏，黄維馨妻。二十五歲夫故，撫嗣子完娶，現年四十七歲。

吴氏，朱汪若妻。年二十七夫亡守節，撫子成立，現年七十二歲。

金氏，孫裕昆妻。夫故，勤紡績，茹荼苦守，遺孤堯賓尚幼，教養有方，至于成立。

王氏，葉大雯妻。二十歲夫亡，撫嗣子紹綸成立。

貞女葉藴貞，國學生葉胥江女，許字胡兆三。胡殤，即縞衣茹素，鬱鬱病瘵死。

曹氏，陳可英妻。早寡，以紡績自給，孝養邁姑，撫孤成立，年八十三歲。

曹氏，陳久芳妾。年二十而寡，家極貧，撫子早亡，又撫姪爲嗣，拮据婚娶，年八十餘卒。

計氏，葉某妻。二十一歲夫亡，無嗣，紡績度日，年六十餘卒。

黄氏，陳鳳起妻。年二十八而孀，守貧守節，撫孤成立，年四十五卒。

吴氏，張馨遠妻。二十八歲夫亡，食貧守節，課子錫梅入泮，卒年七十五。錫梅又歿，妻陸氏亦矢志守節。

鄒氏，吴備倫妻。二十九歲夫亡，勤織紝以事邁翁，撫孤子在東，艱苦備嘗，現年六十一歲。在東妻鄒氏，年二十一在東歿，撫遺腹子。

艾氏，楊朝暉妻。二十九歲夫故，事邁年翁姑盡孝，撫子士傑成立。

金貞女，名德玉，廪貢生煒文女，許字唐國泉。女年十八將婚，國泉卒，痛哭奔喪，留事舅姑，貞孝並著。

吴氏，楊枝茂妻。二十八歲夫亡守節，撫子禹公娶媳顧氏，未幾禹公歿，年纔二十三，同姑苦守，縣奬"一門雙節"額。吴卒年七十九歲，顧卒年六十九歲。

唐氏，庠生張楷璿繼妻。二十六歲歸張，結褵六月而寡，矢志守節，卒年六十二歲。

錢氏，薛雅南妻。二十九歲夫亡，守節撫孤四十餘年。

瞿氏，生員顧斐妻。二十八而寡，撫三子，未幾長幼俱殤，憂鬱成疾死。

李氏，王心傳妻。二十六歲夫亡，守節撫孤，邑令鮑給"飴甘冰蘗"額奬之，現年五十九歲。

陳氏，潘敷九妻。年二十一歲孀居，撫孤鳳友成立，現年五十九。

吴氏，儒童李照妻。年二十一歸李甫，半載而寡，孝事翁姑，持家勤儉，里黨賢之，現年四十七歲。

陸氏，凌修吉妻。二十九歲夫故，守節四十六年。

張氏，孫宗籓妻。年二十五歲夫亡，無子，守節二十四年。

孫氏，陸緗妻。早寡，守節六十年，邑令給"冬嶺孤松"額奬之。

秦氏，陳作霖妻。二十三歲而寡，子女俱無，矢志守節，事舅姑盡禮，扶幼叔成立，現年五十八歲。

徐氏，高行鎮黄全初妻。于歸二載而寡，家貧守節，撫遺腹子震錫成立，現年七十三歲。

潘氏，監生顧士珪妻。二十七歲夫亡，守節四十年。

王氏，貢生李治妻。夫亡，氏年三十歲，守節二十九年而歿。

錢氏，楊集山妻。二十八歲守節，没年六十八歲。

張氏，蔡令融妻。年二十五而寡，事姑盡孝，無子，撫姪序垠成立，歿年七十二歲。

仙　釋

宋

鰕子和尚，名智儼，居静安寺。七月十五日，村郭設會，寺僧赴請殆盡，惟儼在寺。有胥村人來寺齋僧，因請同往齋所，舟行見捕鰕者，儼從買一斗，索水啖之，謂漁者曰："齋回還汝錢。"至齋家，令席地一飯而無襯錢。及還，漁者索錢，儼徐云還汝鰕，復索水飲，隨吐活鰕盈斗，人始異之。將示寂，歛蒲草爲萬餘繩，懸諸廊廡曰："吾將作大緣事。"即坐蜕。

人競施錢懸之繩，繩皆滿，遂建佛閣。今静安寺猶稱鰕子道場。

元

德林，東甌人。至正十三年，禪坐上海之柘澤廢寺，飢寒弗嬰其心。越歲夏五月，忽語人曰："疇能施我一龕，九月一日將此色身焚却。"人未之信。至期，市薪繞龕，趺坐其内，合掌説偈，竟火自身起，觀者始矍然膜拜云。

明

原真，字用藏，姓朱氏，上海人。得度于華亭興聖寺，戒行高潔。明洪武十八年，微疾，浴已，書偈曰："四十二年，無作無修。有生有滅，大海一漚。真歸無歸，心空浄遊。"趺坐而寂。

紹宗，字一原，號遂初，上海陳氏子。年十三出家里之安國寺，戒行精嚴。洪武中，應召有事廬山，奏對稱旨，賜金縷僧伽黎等服，擢右講經，陞右善世。一日端坐而化，敕遣中使致祭，會者數千人，其徒奉舍利遺骨塔于安國寺。

善信，號無疑，蘇州嘉定人，俗姓吴。年二十九出家，禮上海施水菴僧智德爲師，不識字，一日索浴入龕，欻然火起，自焚其身，寺僧爲起塔繪像。

朱蒲包者，上海界浜沈氏僕也。十八爲寶山募兵，行遊遇異人，授藥一丸，曄曄有光，服之，覺腹中熱氣騰湧，遂不覺寒暑飢渴，身衣破衲，冒以蒲包，飲之酒輒醉，醉輒笑卧當街，人呼"蒲包仙"云。朱行必挾竹四竿，夜宿植竹於途，不施苫蓋，露卧其中，大雨無沾濕，霜雪裂膚，鼻息齁如也。市人釀酒敗，朱挾竹攪瓮，輒變爲甘。夏月裸坐赤日中，不浴而浄。冬月河冰合，以竹敲冰，水輒解，裸坐水底，振衣而起。生平不爲人談禍福，或無意吐一語，必奇中。後無疾而化。

拙猊和尚，幼讀書，通音律，并善象緯岐黄之學，喜與方外交，深得禪理。寄食江湖十餘年，遇異僧韜老人，乃祝髮皈依，居龍華寺。忽一日，有行僧詣其家，報和尚已化去，亟需千錢造龕其家。縞素往唁，見和尚面壁獨坐，合掌念重生偈曰："去得乾浄，去得乾浄，莫負山僧忙報信，懸崖撒手踏虚空，那有人我塵緣些子剩。來得好，來得好，前日是前生，今日是今生，大地一輪紅日曉，和尚們喫飯飽，休論閑是閑非，却把光陰錯過了。"(暝)〔瞑〕目而逝。

國朝

興澈，號犀照，宏覺老人高弟也。俗姓劉，本江右甲族，襁褓中即不茹葷，喜趺坐，蓋夙根云。度江州能仁寺爲僧，遭跌豁悟，著《語録》。遊海上，駐錫鐸菴。書法瘦削清峭，詩有《晶溪集》。人謂其從光明藏中流出洵然。後還山作偈曰："我從無生來，還向無生去。去來相亦無，豈向無生住。"投筆坐化。

普澤，號潭潤。書宗東晉，畫法宋、元，一時名宿咸推重焉。及談禪，意旨微遠，有支遁風，時以爲書畫禪云。

上晏，號雪松，居鐸菴。時面壁，善作詩，不屑屑道釋子語。後忽向人曰："某日吾當去，幸一别。"届期，衆信環集，見其兀坐，問訊畢，即示寂。觀者如堵，咸嘆異之。

一粟菴僧，佚其名，不解語言文字，舉動無異凡僧，惟竟夕趺坐不寐。一日語其徒曰："夜來聞鬬聲，不出菴境。"跡之，有龜蛇並鬬死于菴後池畔。圓寂後，焚其龕，背脊中節節爆出，白顆如圍碁鐵石，搥之不碎。

曹煐曾，字祖望，增貢生，理藩院知事。好仙術，能出陰陽神預知人病生死，龍虎山張真人授爲贊教，嘗爲人祛邪療病。其人迷於五通神，神空中云："汝幼時即爲我害，老復害我耶！"因憶七歲時曾壞五通神狀，未嘗爲禍。年及七旬，語人曰："生平苦吟，傷心嬰兒姹女相離矣。"一日無疾而逝，著《長嘯軒詩集》。子培鯉，考職州同，著《尺木居詞》。孫錫輿、錫辰。

澄照，出家於青蓮菴，精通内典，能詩工畫，尤善鼓琴。巡撫宋公犖聞其名，延至吴閶，遂於滄浪亭駐錫焉。晚游黄山化去。

漏雲和尚，又號静峯，從浙西駐錫鐸庵，居四十餘年，持戒苦行。初擅禽魚花卉，得徐熙筆意，後從金分司宇春游，工山水，清微澹遠，自成一家。間作詩詞，亦不入俗。晚年來往西湖，化於菩曇寺。

董杏芬，沙岡人，嘗拾遺書，讀之，得仙術，爲鈕星若家塾師。一日語其徒曰："我將死，爲我沐浴。"已而果然。及瘞，舉棺輕若無屍，後里人有見于吴中者，乃知其爲尸解云。

乾隆上海縣志卷之十一

藝文經部　史部　子部　集部

粤自書契肇興，經史尚已。兩漢以後，子集各有專家，載籍極博。孝成帝使謁者陳農求遺書，命劉向、任宏主之。後向子歆嗣其父業，著《七略》，凡三萬三千九十卷。魏氏代漢，祕書監荀勗分爲四部，合二萬九千九百四十五卷。至宋元嘉，廣爲六萬四千五百八十二卷。齊梁以降，隨聚隨散，故隋開皇三年，奇章公牛弘表請購書，陳論五厄，每書一卷賞縑一匹，至唐而大備，計四部，合條爲一萬四千四百六十六部，有八萬九千六百六十六卷。宋逮元、明，祕閣無專官，零落猥雜，莫可稽矣。今皇上親臨萬幾，博考載籍，仿四庫之制，廣搜天下書籍，開文淵閣，令諸臣詳加考訂，命大學士總理其事，洵亘古未有之盛典。凡一鄉一邑，皆得以藏書貢獻採擇，以副芻蕘不遺之意。上邑僻處海隅，然文人輩出，代有遺書，謹就舊志所載，續諸新著，分爲四部，附以金石諸刻，以俟採風者，作藝文志。

經部

《易經輯説》三卷。

《詩經輯説》七卷。以上恭定公潘恩著。

《易説辨訛》。都御史張鶚翼著。

《尚書制度圖纂》三卷。訓導王文澤著。

《禮記裒言》。

《周禮全書註》。以上参議王圻著。

《毛詩六帖》。文定公徐光啓著。

《毛詩翼傳》。文學顧秉禮著。

《詩經彙解》。

《春秋便讀》。知府張元玘著。

《孟子合評》。

《陳子説詩》。孝廉陳正容著。

右經傳凡十有二。

《詩韵輯略》五卷。恭定公潘恩著。

《字學指掌》。朱光家著。

《韵學統宗》。知事張之象著。

《書學異同》二十二卷。黄標著。

《古篆分韵》五卷。

《古隸分韵》五卷。潘允台著。

《印藪》六卷。顧從德輯。

右小學凡七。

史部

《史補斷》。元笴隱生著。

《讀史漫筆》。王府教授張武著。

《讀史一得》。郎中李昭祥著。

《史記發微》。

《太史史例》一百三十卷。知事張之象著。
《左傳分國彙編》。陳裕著。
《全史詳要》。孝廉王昌會著。
右正史凡七。
《上海縣志》。侍郎顧彧著。
《大名縣志》。
《上海縣志》。提學副使唐錦著。
《祁州志》。恭定公潘恩著。
《上海縣志》。知事張之象著。
《龍江船廠志》。郎中李昭祥著。
《青浦縣志》。參議王圻著。
《沁州志》。
《趙州志》。知府蔡懋昭著。
《上海縣志》。忠節公葉映榴著。
右志書凡十。
《水利集》十卷。元宣慰使任仁發著。
《東吴水利考》。參議王圻著。
右地理凡二。
《董氏族譜》。太學董宜陽著，從孫羽宸重修。
《世澤會編》五卷。張氏五世著。
右譜牒凡二。
《名臣琬琰録》。
《先哲金石録》。
《近代人物志》。
《松志備遺》。
《上海紀變》。以上太學董宜陽著。
《幽貞録》一卷。侍郎董傳策著。
《陸文裕公年譜》。太學生陸楫著。
《泖峰先賢志》。文學張所敬著。
《萬曆事實纂要》三百卷。
《留中奏議筆斷》四十卷。文敏公董其昌著。
《斑管録》。王府教授戴士鰲著。
《廣史》。知府張元玘著。
右傳記故實凡十有二。
《律解辨疑》。按察副使何廣著。
《洗冤習覽》。參議王圻著。
右刑法凡二。

子部

《畫繼餘譜》。
《藝經》。以上宋祕書莊肅著。
《厚俗篇》。知州羅璧著。
《儼山外集》。《傳疑録》《金臺紀聞》《中和堂隨筆》《同異録》《河汾燕閒録》各二卷，《玉堂漫筆》《書輯》《史通會要》各三卷，《玉章漫鈔》四卷，《南巡日録》《大駕北還録》《淮封日記》《南還日記》《知命録》《願豐堂漫書》《科場條貫》《春風堂隨筆》《溪山餘話》《停驂録》《春雨堂雜抄》《古奇器録》各一卷，《續停驂録》三卷，《翰林記》若干卷，俱文裕公陸深著。
《撫貴録》。都御史張鶚翼著。
《中述》。
《霸繩》。
《談道隨筆》。
《讀書雜著》。以上侍郎董傳策著。
《藝林剩語》十二卷。訓導顧成憲著。
《廉鑑》四卷。布政使喬懋敬著。
《量書》。文定公徐光啓著。
《科名果報録》。曹垂璨著。
右雜著凡十有三。
《夢餘録》。提學副使唐錦著。
《説海》一百四十二卷。文學黄標著。

《應客緒言》。侍郎董傳策著。
《中園雜記》。太學董宜陽著。
《雅言漫録》。
《撮殘集》。給事中龔情著。
《稗史彙編》。參議王圻著。
《秉燭叢談》。文學張所敬著。
《歸田録》。
《寶穡堂雜記》。
《梧潯雜佩》。
《閱耕録》。
《閱耕續録》。以上布政使張所望著。
《聞見醍醐》。王府教授戴士鰲著。
《花甲磯》。知府張元玘著。

右説家凡十有五

《曆法全書》。
《幾何原本》。文定公徐光啓著。

右天官家凡二。

《泰西水法》。
《宜懇令》。
《農遺雜疏》。
《農政全書》。文定公徐光啓著。
《藝菊志》。知府張元玘著。

右農家凡五。

《脉訣辨明》。太醫院使徐樞著。
《本草證治明辨》十卷。
《傷寒纂例》二卷。
《論咳嗽分條》二卷。以上太醫院判徐彪著。
《大方折衷》。
《幼科折衷》。
《痘疹折衷》。以上秦昌遇著。
《醫宗必讀》。
《頤生微論》。
《内經知要》。
《本草通元》。
《傷寒括要》。以上李中梓著。
《萬全備急方》兩集。
《應驗方》一集。以上曹垂璨輯。

右醫家凡十有二。

《居士傳燈録》。李中梓著。

右釋家凡一。

《祛疑説》。宋儲泳著。
《道火録》。李中梓著。

右道家凡二。

《韵府群玉掇遺》。錢全衮著。
《續書史會要》。黄標著。
《三才圖會》。
《續文獻通考》。
《古今考》。參議王圻著。
《閱古類奇》。知府張元玘著。
《學撮》六卷。布政使姚永濟著。

右類書凡七。

集部

《華亭百咏》。張之象著,宜陽劉邦輔著。
《菊潭稿》。吴惟信著。
《自立齋集》十卷。訓導王文澤著。
《東白集》。任暉著。
《金聲録》。
《丹崖夜嘯》。

《玉露吟》。以上笥隱生著。
《貴土集》。
《筆録》。以上王太初著。
《袁海叟集》。御史袁凱著,張所望重刊。
《蛾術稿》《野處集》。並訓導邵亨貞著。
《足菴詩集》。徐樞著。
《釣鰲集》。陶振著。
《砥齋集》。王府紀善錢驥著。
《紀行詩》。給事中杜𡒇著。
《葵軒稿》。同知朱佑著。
《草堂遺稿》一卷。知府顧英著。
《南山詩集》二十卷。知府瞿霆著。
《龍江集》十四卷。提學副使唐錦著。
《雪窻稿》。吴爰著。
《玉洲集》。清江提舉朱曜著。
《笠江集》二十四卷。
《梧溪集》。王逢著。
《石比部集》四卷。主事石英中著。
《須野集》。
《留畊堂稿》。姚昭著。
《城南稿》。王府教授張武著。
《江臯集》二卷。馮淮著。
《棲霞館集》。
《玉崖詩集》十卷。姚章著。
《張王屋集》。知事張之象著,共十集。
《采薇集》一卷。以上侍郎董傳策著。
《寶綸閣稿》。提學副使潘允哲著。
《之燕稿》一卷。
《陽春遺帙》。穀城知縣高洪謨著。
《裒山文集》。陸起城著。
《竹素堂集》。太僕卿陳所藴著。
《璩君瑕稿》。璩之璞著。
《百一感詩》一卷。倪邦彦著。
《緑天館集》。都御史葉有聲著。
《歸愚集》。孝廉李繼佑著。
《居竹集》。成廷珪著。
《漁樵稿》。
《静爲集》。朱木著。
《滄螺集》六卷。國子博士孫作著。
《西郊笑端集》。按察僉事董紀著。
《九峯一叟稿》。給事中杜𡒇著。
《杏園稿》。張年著。
《雙清集》十卷。
《壽梅集》。朱元振著。
《山澤吟嘯》。學正孫怡著。
《張謙齋詩集》。參議張穀著。
《丙戌集遺》。葛柱著。
《儼山正續集》一百十卷。文裕公陸深著。
《董大理集》。大理少卿董恬著。
《朱福州集》六卷。知府朱豹著。
《美芹録》。以上恭定公潘恩著。

《胡昌化集》。昌化知縣胡芳著。
《全唐詩話》。以上都御史張鶚翼著。
《且適園稿》。推官談承儒著。
《蒹葭堂稿》二卷。國子生陸楫著。
《長鋏齋稿》七卷。馮遷著。
《慎餘集》。郎中李昭祥著。
《董紫岡集》。董宜陽著。
《廓然子稿》二卷。
《朱邦憲集》十五卷。太學朱察卿著。
《洪州類稿》。參議王圻著。
《省中集》八卷。大理評事喬承華著。
《鳳樓集》。侍御秦嘉楫著。
《百一草詩》。杜時騰集其族中詩。
《容膝齋集》。按察副使朱正色著。
《四然齋正續稿》。按察副使黄體仁著。
《濳玉齋稿》八卷。張所敬著。
《初學集》。
《花影集》。太學施紹莘著。

《博山堂樂府》。大理評事范文若著。

《春草芳草》二編。進士朱家法著。

《西郊草堂集》。

《廣蔭軒雜咏》。以上進士徐天麟著。

《欲報堂全集》。孝廉陳正容著。

《藜照堂詩集》。庶吉士朱錦著。

《二仲居集》。文學朱錚著。

《蘆浦莊詩集》。主事張宸著。

《玉版陽秋》十卷。

《燕喜堂集》以上貢生喬世埴著。

《南歸草》。

《涉江草》。

《漫游隨筆》。

《張子近言》。以上進士張錫懌著。

《紉蘭草》。並係貢生喬世埴著。

《覺言録》六卷。曹垂璨著。

《集唐梅花詩》三百首。

《切法指南》。以上文學吴曼著。

《使蜀草》。布政司參議陸鳴珂著。

右文集、詩集,凡九十有五。

《鹽鐵論集解》八卷。知事張之象著。

《武學經傳句解》十卷。參議王圻著。

《文選集註》。布政使張所望著。

右訓釋,凡三。

《文苑類選》大成。王府長史李伯璵撰。

《樂府原》四卷。奉化知縣徐獻忠撰。

《古詩類苑》。

《唐詩類苑》。

《詩紀類林》。

《回文類聚》四卷。

《唐雅》。以上知事張之象撰。

《明詩藻》。文學張所敬撰。

右總集,凡八。

金石刻

《赤烏碑》。在静安寺,吴赤烏中刻,今亡。

《歸去來辭》。在上海。

《大士像并贊》。在上海。

《順濟廟碑》。倣歐陽率更書,已淪入黄浦。

《醉翁亭記碑》。在學署尊經閣,宋蘇軾書。

《片玉堂二陸詞翰帖》。明陸深、陸垹書,陸起龍摹勒。

《急就章》。

《前出塞詩》。僧善啓刻石。以上宋克書。

《金剛經石刻》。喬一琦集王右軍書,在法華鎮寺。

《喬將軍帖》。一琦書。

《湖廣參議張萱墓誌銘》。在上海,孫承恩撰,王寵書。

《瑞麥圖賦》。以下並陸文裕深書。

《文賦》。臨趙吴興書。

《來鶴詩話帖》。

《南征賦帖》。

《絶交書》。臨趙吴興。

《王元章梅花詩》。

《草書帖》。

《月賦帖》。在喬氏宜園。以下並董其昌書。

《寶鼎齋帖》。

《硯廬帖》。吴泰摹刻。

《汲古堂帖》。

《臨淳化閣帖》。以上二帖俱其孫用威藏石。

《董氏家藏帖》。有正續二刻，其子祖常勒石，孫剛廣分藏之。今在喬氏宜園。

《銅龍館帖》。從曾孫象恒藏石。

《大來堂帖》。其子祖源摹刻，孫黄中藏石。

《戲魚堂帖》。

《三朝綸誥》。

《來仲樓帖》。從孫鎬刻石。

《鵁鶄館帖》。

《玉恩堂藏帖》。華亭林希顥集家藏真蹟勒石。

《消痞帖》。張電書。

《顧氏淳化閣帖》十卷。上海潘允亮家藏宋榻，顧從義摹刻。

《潘氏淳化閣帖》十卷。潘允亮自摹刻石。

《柳誠懸蘭亭》。

《玉泓館蘭亭》。

《十七帖》。

《蘭馨帖》。以上並顧從義摹刻。

《蘭亭帖》。潘允端摹宋榻本，後有趙孟頫十八跋。

《煙條帖》。顧從德摹，張旭書。

《六體千字文》。潘雲龍摹刻。

《分巡道公署碑記》。王澍書。

《最樂堂法帖》。喬光烈臨各種書。

右集歷代法書及重摹舊刻。

續編

《周易默》。明永寧令陸起龍著。

《衍範》二卷。知縣顧昌祚著。

《易簡編》。陸起鳳著。

《謚法通考》十八卷。王圻著。

《静安八詠》。僧壽寧輯，張抑增刊。

《書經旨畧》。明王大用著。

《瀔陽雜記》。明李昭祥著。

《錢譜》。文裕公陸深著。

《鎌山草堂詩》。王光承著。

《五緯表》十卷。明文定公徐光啓著。

《詩疑辨證》六卷。黄中松著。

《詩經遵義》二十卷。黄元吉著。

《朱子家禮輯要》。李士達輯。

《診家正眼》。

《病機沙篆》。以上並李中梓著。

《證治彙補》。李用粹著。

《醫學心印》。

《症胍合参》。以上並劉道深著。

《醫貫直指》。平照神著。

《五石山房全集》。知縣曹垂璨著。

《葉忠節集》。侍郎葉應榴著，内附《徑小齋集》，子員外郎葉芳著。

《西江禩述》。

《岑峒瑣言》。以上並朱在鎬輯。

《玉壺室詞鈔》。訓導葉永年著。

《嘯閣詩餘》。知州張錫懌著。

《礪巖文部》。洗馬周金然著。

《閑存堂文集》。中書張永銓著。

《且蘭集》四卷。編修周彝著。

《楚遊草》。侍郎凌如焕著。

《簑笠軒僅存稿》。按察使樓儼著。

《道腴堂詩集》。曹煜曾著。

《東浦草堂各刻五種》。顧成天著。

《長嘯軒詩集》。曹煐曾著。

《最樂堂集》。中丞喬光烈著。

《放言居集》。曹炳曾著。

《山中白雲詞》。

《袁海叟詩集》。

《雲間二韓詩》。以上並曹炳曾輯。

《習醫心録》。楊錫佑著。

《四焉齋詩文全集》。給事中曹一士著，從子錫黼輯。

《姓譜新編》。陸瀛齡著。

《倪雲林清閟閣集》。曹培廉輯。

《雲間予謚諸臣傳贊》。陸秉笏著。
《古雪齋詩文集》。曹錫寶著。
《古詩唐詩約選》。曹錫寶輯。
《碧鮮齋詩集》。
《四色石》。以上並曹錫黼著。
《媕雅堂詩詞》。
《娵隅集》。以上並趙文哲著。
《參同契註釋》。喬廷選著。
《玉屏山房詩》。薛龍光著。
《經稼堂詩集》。徐長發著。
《聽雨樓詩稿》。黄文蓮著。
《杏花春雨樓詩集》。曹錫璜著。
《女科指要》。
《梯仙閣詩稿》。曹一士室陸鳳池著。
《拂珠樓詩稿》。曹一士女葉承妻錫珪著。
《趙文敏集》。曹培廉輯。
《痘疹定論》。朱純嘏編輯，曹錫寶重刊。
《石倉世纂》。曹錫黼輯。
《桃花吟》。
《廿一史提綱歌》。明經李兆六著。
《藏海廬詩集》。
《華海堂詩集》。張熙純著。
《周易纂要》。王雲瞻著。
《居敬堂詩集》。施潤著。
《古歡堂稿》。凌應曾著。
《切韻指要》。生員胡鼎著。
《草韻彙編》。陶南望著。
《疫癘溯源》。以上並王敬義著。
《茀芸樓詩》。趙旭生女徐秉哲妻著。
《荇賓詩稿》。曹泰女黄文蓮妻著。
《晚晴樓詩稿》。曹一士女陸秉笏妻錫淑著，入《四庫全書》。
《申江集》。庠生徐允哲著。
《筠堅詩稿》。范青著。
《尺木居詞稿》。曹培鯉著。
《説學齋詩文集》。内閣典籍葉鳳毛著。
《唐詩七言長律選》。
《半眉詩稿》。進士趙子瞻著。
《雲間文獻》。廪生黄烈著。
《竹濤詩稿》。蔡湘著。
《緯蒼詩詞》。周銓著。
《醫原圖説》。金理著。
《五經集説》。薛龍光著。
《國朝海上詩鈔》。以上曹錫辰輯。
《硜小齋稿》。員外葉芳著。
《韞芳詩集》。庠生顧應桂妻華氏著。

兵　　燹

滬城僻處邊鄙，其俗剛果少文，然無喜亂之心。設有不虞，上游底定，片檄可下，何所事兵？而夙昔載記以來烽火洊至者，以海道所出入，易弄兵于潢池也。劉宋之禦寇，嘉靖之平倭，事皆係于海，故兵燹之來，郡緩而縣速，郡少而縣多。我朝承平日久，百餘年來，海不揚波，蓋自古難之。

晉

隆安三年，海寇孫恩襲據會稽，都督劉牢之引劉裕爲參軍討之。恩驅男女二十餘萬俱入海，吴國内史袁崧築滬瀆壘，緣海備恩。明年，恩寇滬瀆，害崧。仍浮海向京口，劉裕累戰敗之，循海要截，復大破于滬瀆江。

按：古滬瀆江大而黄浦小，海寇來犯皆由滬瀆而進，故築兩城以防之。及後黄浦大而滬瀆湮，賊不得達，兩城遂爲廢地，蘆花滿目，反可以避兵矣。

梁

承聖元年，王僧辨敗侯景于石頭城。景東趨吴郡，僧辨使侯瑱追戰，景大敗。乃自滬瀆入海，至壺豆洲，太子舍人羊鵾斬之，送首僧辨。

唐

廣明元年，黄巢入潼關，僖宗幸蜀，海寇王騰竊據華亭。先是，華亭之北境、上海青龍皆有鎮將，勢孤不敵，鎮海軍節度使周寶分兵戍之。

明

吴元年，大將軍徐達攻松江，知府王立中以城降。會達檄各府，驗民田，徵磚甃城，上海民錢鶴臯不奉令，結張士誠故將韓復春、施仁濟，聚衆三萬餘人，自稱行省右丞，僞署官，屬以姚大章爲統兵大元帥，據上海。達遣驍騎指揮葛俊進討攻下之，檻送鶴臯伏誅。知縣祝挺出走，起義兵復邑治，斬大章首送俊，故官兵不及境，詿連者皆得免。

嘉靖十九年，秦璠、王(玉)艮、王祥糾衆攫魚鹽爲姦，遂據南滙川沙以叛，焚掠沿海富民家。總兵湯慶、巡撫夏邦謨等相機進勦，賊入吴淞江等處，王師悉出大艦追之，斬首數百，獲舟二十有一，璠(玉)死，艮等以五舟遁去。

二十一年，倭掠寶山，人不滿百，皆飢困。吴淞所百户馮舉、隊長屈倫率所部擒之，殺賊一人，墮水賊衆，持刀奮鬭，二人俱被害。巡江百户宗元爵繼至，與賊戰，亦被害。據里人楊氏故宅居數日，沿入縣境，擄漁船遁去。賊偵知沿海武備甚弛，遂數數入寇。

三十二年閏三月十三日，有倭船三舸泊寶山，登岸殺掠，兵備吴副使調發鎮江民兵陳寶等及本縣快役共五百名，委松江劉通判領之，四月十九日戰于十九保連賓華橋，我兵不利，陳寶力斬數賊，歿于陣。四月十五日，倭船三座自海口入泊北馬頭，入市劫掠。五月四日，從閘港出，至高昌與水兵接戰浦中，我兵不利，鎮江衛知事吴宗德調領江陰兵船截守黄淄漊，賊以長竿懸燈，夜深從海邊遁去。初七日，倭寇千餘從太平寺竹家橋至，市民驚潰，恣其劫掠，糧艘悉被燒燬，滿載出海。十二日，賊又入寇，北自海口，南自周浦，共船三百餘舸，操江都御史蔡克廉調至，鎮海衛指揮武尚文、建平縣丞宋鰲各統所部兵巷戰，倭善設伏，我兵陷伏中，武尚文戰死于西簑笠橋，宋鰲戰死于縣橋南，殺傷民兵甚衆，縱火焚廬舍及縣署城郭爲墟。二十七日，賊復至縣市，督府遣鎮撫吴賢接戰于黄泥浜，我兵不利，賢歿于陣。二十九日，復滿載而去。知府方廉議築城，數月幸賊不至，城成，撫按奏設海防道，以六合知縣董邦政有戰功，超陞按察司僉事，專理海防。

三十三年正月十八日，賊將蕭顯駕巨舟七、率衆二百餘突入吴淞所，夜泊宋家港口。時有崇明兵船四十號泊黄浦東岸，黎明戰于浦中，我兵不利，一舟反被獲，兵悉投水中。蕭顯登東門外石匠家樓，穴壁瞯城中，董邦政以兵力微弱，攖城固守，城新築，椓土未堅，多有崩壞。邦政命神鎗手于壞處擊賊輒斃，賊不敢近，僅四郊野掠，至二月六日忽解圍去。邦政遣本縣丞劉東陽統兵躡之，衆見賊而潰，東陽死之。參將盧鏜率兵二千追至嘉定界，焚其舟，斬首百餘級，悉復所擄。後賊首陳義詐降，盧兵得入城，期爲内應，會邑人徐某曾被擄逃歸，見陳義大驚，亟報捕兵擒鞫之，果得詐降内應實狀，即戮之，餘黨皆遁。三月二十日，遠近倭兵會集，悉從黄浦出海。二十五日，海中雷大震，風雨暴作，倭船多覆，遂復登岸，結營壘，掠婦女，濱海百里内寂無人煙。又有賊將葉麻三據周浦寺爲巢穴，出没無時。由是調募客兵，遠近踵集，如山東長鎗手，山西鈎刀手，川兵、麻陽兵、坑兵、瓦氏兵、僧兵俱以不識地勢，往往陷伏，且供億浩繁，民不堪命。惟三團把總婁宇、監生喬鏜及僉事董邦政所練土兵相爲犄角，識地勢，知賊情，故三人屢立戰功也。

三十四年三月七日，倭寇五千餘從海至，董邦政發兵迎之，戰于浦東陸氏園，我兵不利，奔至水涯，多溺死。倭將有衣紅乘白馬者，持雙刀衝擊，勢張甚，海防兵陳瑞挺身出戰，竟斬之，賊懼，退瑞口，銜所斬賊首，截浦泅以渡，觀者無不駭歎。邦政立署爲千夫長，後多斬獲功。時兵備副使任環及董邦政親冒矢石，屢有戰功，賊聞懼之。

三十五年二月，趙文華移檄祭海，知府方廉請設壇壝于得勝港行禮，會集水陸官兵二十餘萬，軍聲大振，川沙、周浦諸賊遁入浙境。五月初一日，倭船五十餘艘從吴淞所卒至，先是董邦政奉撫按檄，往蘇州勦賊，城守單弱，是時常州府通判劉本學署縣事，邑之士大夫詣劉，請貸庫銀二千兩爲守城犒勞資，事平後如撫按不允其用，咸願捐貲以償，劉慨從之。乃懸賞格，募勇敢，分守汛地，晝夜巡警，賊百計攻城不得間，圍十七日，内外援絶。賊窺西南城地曠人稀，作木梯，以布爲級，高與城墉比，乘夜半時守者倦寢，舁梯倚城，賊次第躡登。適守城鄉宦徐鳴鑾不寐心動，促諸生唐緝巡城，忽見舁梯狀驚呼。城夫楊鈿躍起，登女墻吶喊，賊驚墮，以鎗刺之不中，鈿身重，憑虚無倚，墮壓梯上，與賊俱墮，鈿殲焉。城上砲石如雨，賊退涉城濠，值潮溢浦口，堰水高數尺，賊相牽挽溺濠中，城中人未之知也。平旦，賊棄營壘，從南浦遁去。城中人出視，見衣裾浮水面，拽之得屍，怪之，争入水，得六十七人，皆被重創，持利器，頭顱大如斗，口圓而小，色黝黑，知爲真倭，其精鋭約盡于此。六月初七日，復回舟從黄浦出海，自後雖有他警，不入縣境矣。

按：三十二年倭兵入寇，多募鬼國人，有黑、白番鬼諸名目。白番鬼如倭形，黑番鬼即古崑崙奴之屬，其面深黑，善鬬而忘死。倭以五十金買一奴，畀之船尾，遇戰縱之出，僅給食粗糲，以獸畜之。一船不過五六人，所用鳥銃以銅爲之，繫于臂，聲未發，藥即至。手舞雙刀，刀長五尺餘，手腕運動，開鋒丈有八尺。其刀飛舞，通身如雪，無間可擊。弓用八尺，以足蹋弰，立而發矢。海蘆爲簳，鐵鏃闊二寸，如燕尾，重三兩有奇。近人乃發鏃，與簳不甚粘，中人後可拔簳而出，無活理。倭兵身無甲，冬夏止花布衣，下體短袴，輕捷如飛，多膂力，生拔牛角，通曉陣法，數繞我軍後，兩面夾攻，能以少擊衆。是年至上海，水道則從吴淞江抵周浦，陸路則從川沙、南滙直入縣治。三十三年七月以後，定扎川沙灣，搭廠盤踞，遂成巢穴。後或屯周浦，或屯新場，南至浙界，北抵蘇州，所過荼毒，大抵以浦東爲營窟。時徵廣西瓦氏兵至，日需蛇犬爲食，有司困于供應。

朱察卿《江南感事》詩："江南千里暗妖氛，野哭家家不可聞。落日群狐窺白骨，荒村萬馬卧黄雲。將軍不下征夷令,使客空傳祭海文。試問九重宵旰處,殿頭香氣正氤氳。""萬里迢遥徵戍士,虎符星發路何賒。帳前豎子金刀薄,閫外將軍寶髻斜。田父誅茅因縛犬,乞兒眠草爲尋蛇。軍儲不惜人間供,願斬鯨鯢净海沙。"

張之象《亂後經故居》詩:"烏鵲飄零月滿溪,遠林何處得安棲。萬方多難疲征歛,百戰無功厭鼓鼙。荒徑客歸惟見草,故隣人去不聞鷄。攜家欲問桃源洞,只恐雲深路已迷。"

本朝

順治二年九月,浦東拜空邪教孔貞伯爲首,聚不順命者數千人,揭竿稱兵,反攻川沙堡城,委署守城把總沈某多力,手排城墉數仞,壓死攻者衆,稍退。總督李成棟提兵勦之,共殺萬餘人。是時倡亂者多逃匿,平民反遭殺擄,所掠婦女潛置舟中,總督下令搜禁,皆驅溺浦中,屍浮水面。有諸生沈騏妻,不受兵污,雙手攀桃樹,赴水自盡,後有犯桃樹者輒死。

三年四月,五竈儲章甫聚黨爲盜,掠沿海一帶富室,川沙周浦居民咸携家遠避,知縣□□□移遊擊率兵捕獲,解總督部院正法。

四年正月十三日,海寇百艘泊海口,内地震驚,提督吴聖兆移兵至吴淞禦之,出大洋去。

十年,海寇張名振屢犯吴淞。時提督張天禄征閩未回,蘇州總兵王燝署掌軍務,統兵駐邑小東門外。九月初六日,寇進海口,王燝禦于東溝,不利,退保城中,海艘魚貫而入,旌旗蔽天,燝驚遽無措,將士逃亡者大半,闔城奔竄。初七日,賊艘至閔行,劫掠一空,滿載出海。十五日,巡撫周統兵按臨,燝恐邑人揚其退保畏懾狀,因譖言城中百姓俱與賊通,激怒輒欲屠城者再,卜于邑廟,不吉。會知縣閻紹慶亦長跪陳請,願以百口爲保,遂得免。十二月十五日,提督張天禄整飭水師出戰,長子某素有武畧,率鐵甲四十人,殺傷海寇甚衆,追出大洋,竟遇害。

十一年正月,戰于海上,我兵又不利,賊艘去來無定,知府李正華議立梅花木樁于浦口,巡撫又令以鐵鍊横亘浦中。七月初三日,賊艘進至東溝,將木樁鐵鍊挽載而往,隨至高橋洋涇搶掠,吴淞兵接戰,各殺四五百人。二十六日,復進浦,高橋高家行沿至洋涇東溝俱席捲無遺。提督張天禄兵駐小東門外,賊亦營壘相望,全無畏忌。八月十四日,海艘又進浦,揚帆而南,天禄亟遣兵赴閔行堵救,比海寇方登陸,遂巷戰,獲賊四五人,閔行得免再掠者,提督遣救之力也。十五日,寇艅出海,約計四百三十餘艘,撫院張□□發兵二百四十人來鎮援,城中肆奪,爲之罷市。二十七日,總督馬□□按臨上海,諱言海寇,民以被掠訴者俱置不問,人心大失望。二十九日,撫院張□□復按臨,欲立木樁如初,因歛官儒户銀兩并支庫帑伐木釘樁,自八月至十月始竣工,未幾風浪漂拔,無有存者。

十三年秋,海寇顧三麻來降,自後海烽稍息。

十六年五月十三日,忽報海艘在楊家嘴,將進内地,提督馬逢知統兵至吴淞,知縣陸宗贄齊集民夫登陴固守。二十日後寇信漸緩,民心稍安。六月初,聞鎮江之警,城中婦女踉蹌争避,旬日而復。

康熙二十一年三月初五日五更，海寇乘濛霧中駕四大艘隨潮突進，直犯浦濱，知縣史彩亟馳騎登城，率衆守禦，遊擊張一奉、守備司起龍、千總陳聖策、把總張通等急駕小艇督兵出戰，砲矢齊發，殺賊甚衆，活擒數名，賊即敗遁。我兵乘勢追逐，司起龍中礮死之。昭武將軍楊□□聞警，親自率兵飛騎臨縣，賊艘逃出洋去。

乾隆上海縣志卷之十二

祥　異

災祥並稱，乃自《春秋》以來天文、五行志諸史所書，皆志其異以示儆戒，求所謂祥者，不一見也。吾邑磽瘠田，仰高則災旱，污萊則災水，水旱之來，邑兩受之，故志所列者詳焉。若星日之變，義不繫之乎一邑者，則削而不書。

元

大德五年。辛丑。秋七月朔大風，屋瓦樓楯掣入空中，繼而海溢，壞民廬舍。

九年。丙午。旱蝗，明年饑。

延祐七年。庚申。大旱。

元統二年。甲戌。夏五月雨雹，大者如鷄子，小者如蓮菂，其雹有一眼，若琱琢然。

至元二年。丁丑。歲饑。夏六月，民訛言朝廷欲括童男女，一時嫁娶殆徧。平江蘇達卿時爲上海縣吏，有女年十二，贅里人浦仲明子爲婿，明年生一子，亦罕事也。

至正十七年。丁酉。民家鷄伏七雛，一作大雞狀，鼓翼長鳴。

二十二年。壬寅。秋八月，民家閹牡狗生小狗八，其一爪吻紅如血。牡物生兒，陽化陰也。犬屬金，吻紅火也，主兵主火。

二十四年。甲辰。夏六月乙卯，漏下四鼓，江海泖湖涌起三尺餘，平江、嘉興路亦然。《五行志》水自盈，主兵興。

二十六年。丙午。秋八月，有牧羊兒見流光中隕一魚，是日縣市人指流星自南投北，即此時也。《志》云天隕魚，人民失所之象。

明

洪武三年。庚戌。秋七月十六日，大風從海上來，塵沙蔽空，中有物如烏鳶亂飛，又類屋瓦，至沙岡漸下，集于里人林彦英家。風息視之，垣屋四周皆楮幣也。今其家猶温裕，人呼鈔飛林。出林氏家傳。

按《山居新話》曰：後至元丁丑，青村鹽場有蘆一枝飛空中，後有鈔隨之，而飛集于里人林清之佛堂閣上。與此小異。

永樂初，連歲大水。三年夏六月朔，雨至于十日，高原水數尺，窪下丈餘。

正統九年。甲子。秋七月十七日，大風拔木發屋，雨晝夜不息，湖海漲湧，瀕海居民有全村決没者。見周文襄奏。

冬十二月，大雪七晝夜，積高一丈二尺。明年有倭寇之亂。見《府志》。

景泰五年。甲戌。春正月大雨雪，四旬不止，夏大水大疫。

成化八年。壬辰。秋七月十七日大風雨，海溢，漂没死者萬餘人，鹹潮害稼。

十七年。辛丑。春夏旱，秋七月大風雨，九月朔雨，至于冬十月，禾不登。十一月冬，至大雷電雨雪，明年饑。

弘治十一年。戊戌。江海泖湖水溢。

十四年。辛酉。冬十月十四日，地震。

十六年。癸亥。夏四月，大雨雹損麥，沙岡尤甚，牛馬有擊死者。

十八年。乙丑。秋九月，有風如火從東南來，再至益厲，已而地大震，聲如萬雷。後數日，有星東北流墜於海，光如火，聲如雷。或云天狗也。明年，崇明有變，邑人恐。

正德四年。己巳。秋七月六日雨，至十一日晝夜不止，瀕海高原人民廬舍多漂没。父老言景泰甲戌與永樂乙酉同。先是，邑南諸山有虎食人，北延横泖之上，水至而去。

是冬極寒，竹柏多槁死，橙橘絶種，數年間市無鬻者。黄浦潮素洶湧，亦冰厚二三尺，經月不解。有娶婦者過冰上，劃然有聲，一崩數畝，婿婦與媒妁、親戚、輿從百餘人俱陷。

五年。庚午。麥生數岐者甚多。五月雨，如己巳六月。大風決田圍，低鄉復饑，流離疾疫死者幾半。

六年。辛未。夏六月龍見黄浦東南，所過焦禾壞屋。有項氏者，壓死男女七人，一人被攝起入空而墮。

七年。壬申。夏，巨寇劉七入大江，泊狼山，邑民聞風震懾，男女長幼皆稱大王，無敢斥言寇賊者。□□集民戒嚴，夜有無賴子桂某者，乘醉呼"大王至矣"，甲士執兵伏者皆散走，官吏閉門不敢出，呼號之聲徹於街市，夜闌而定。秋七月二十五日大風，海水暴漲，是日賊船碎於江中，潰入海，官軍數百艘追及於邑東九團大洋圍之，皆莫敢前，獨一舟與戰，弗勝殲焉，賊亦逸去。十一月冬至，人望見竟夕海上有火連延，如列萬炬，西抵北蔡，且聞金聲，望者以爲寇至，空巷出走。

十三年。戊寅。秋八月大水，有九龍戰於海。

十四年。己卯。秋八月白露大風雨，早晚二禾俱損，低鄉冬盡猶收穫未竟，民大飢，居民王僖捐千金賑之，民多全活。

嘉靖元年。壬午。六月，東鄉黄氏家僕萬全妻生一子，頭頂左右各有肉角，目在額上而圓甚，雙睛突露如夜叉，聲亦不類兒啼，遂棄諸河，或謂旱魃。七月二十五日大風雨，壞官民居，崇壽寺銀杏數圍拔而仆地，至冬，一夕自立。

二年。癸未。六月朔日大雨雷震，縣南之松江道院火燎其楣，煙焰蓬勃，經日始熄。

三年。甲申。二月十五夜地震。秋七月飛蝗蔽天，颶風大作，驅蝗入海，遺種化爲蟹食稻。

十八年。己亥。秋閏七月初三日海嘯，風從東北起，漂没人民數萬。

二十三年。甲辰。二十四年。乙巳。連歲大旱赤地，米價騰貴。每石一兩六錢。

三十年。壬子。地動，白毛生。長七八寸，民間床壁下亦有，先是民謡曰："地上白毛生，妻兒老少一同行。"高橋鎮民家鷄作人言。云："燒香望和尚，一事兩勾當。"

明年倭奴燒香羊山，遂登岸焚掠，人民逃散。

三十三年。甲寅。三十四年。乙卯。大疫，民死殆半。六門山槽車日以百數，棺肆不能給，多以葦席裹屍，至有一家相枕籍無收斂者。

三十五年。丙辰。夏，黑眚見，民間譁言有物若狐狸，夜入人家，家擊銅器驅之，不寧者兩月餘。有被害者，噀以水，見紙人墮地，相傳妖人所爲。

四十年。辛酉。秋大水，歲饑。知縣郜光先命民王洲糴米煮粥哺之，民賴以生。

四十五年。〔丙寅〕。秋風雨大作，城市閭舍多〔傾壞〕，〔牌〕坊石柱俱摇動。

隆慶元年。丁卯。城中民家猪生一子，其左蹢爲人手。先一月，河岸有枯樹竅中出煙如縷。冬，民訛言遣中使詔選宫女，民間男女無論長幼，婚娶無虚日，至有配非其偶者。

二年。戊辰。冬十月夜雷電，桃李花開，麥秀，梅杏實。

三年。己巳。六月朔癸酉日海溢，大風從東南起，人畜漂没無數。

萬曆二年。丁丑。夏六月，陰雨連旬，寒氣凛冽如冬，田成巨浸，花禾漬腐。

十年。壬午。七月十三日海溢，潮過捍海塘丈餘，漂没人畜無數。後大風雨徹晝夜，壞禾稻木棉，是歲饑。

十月十三日，颶風從西北來，江濤陡作，舟皆簸溺，邑丞曹詩適詣府，舟覆死。

十五年。丁亥。春正月雨，木冰。謂之木介，晴霽之朝，枝葉四面皆冰，如玉樹。

夏秋異雷颶風，麥禾花豆俱淹折，晚稻僅可得糜數升。

十六年。〔戊〕子。〔春〕大旱。五月大水。秋七月〔壬申〕，大風拔木仆屋，田禾皆盡，民大饑。時斗米銀二錢，斗麥銀一錢。人咱糟糠屑荳餅作粥，繼以草根木葉，飢民死相枕籍。桀黠者煽衆環富室告貸，尋攔入室中，盡擄其所有，報復殺傷甚衆。監司憂禍且不測，急上其事，詔用重典，殲其渠魁，乃定人心。風俗此爲一大變云。

十七年。己丑。正月雨，木冰如箸，大饑。夏五月大旱，至於七月不雨。六月癸巳，月中飛雪，紛若吹絮，擥之皆六出。

十九年。辛卯。秋七月辛巳，海溢，自一團至九團，幾及百里。飄没廬舍數千家，男女萬餘，六畜無算。大雨徹晝夜，平地水二尺餘，城門晝閉。壬午，訛言倭寇至，民争入縣，凌藉死者數十人。是日居民求屍海濱，潮至群走，遂傳爲寇警。冬十月，雷電時作，晦夕大震。

二十二年。乙未。春三月，有鹿高丈餘自狼山渡海，循海南行至上海。在黄浦中絶流而過，縣官以十餘舟載矢石擊殺之，重五百餘斤。

二十六年。戊戌。春三月，二十九保民家婦有娠，忽嘔出一兒，寸許，形體畧具，驚擲之，即失所在。

二十七年。己亥。甲戌薄暮，聞空中有鬼聲。時以紙炮震之，民間謡曰："天上〔鬼車〕叫，城中放紙炮。不知因甚來，朝廷要納鈔。"〔次年〕果有抽税之舉。太監孫隆〔率奸徒〕建税司于〔雲間〕第一橋，凡支河悉置〔鎖柵〕，〔令械船〕四出巡邏，商〔賈被〕害，民不堪命。有民〔葛〕賢奮臂擒隆于橋下，擊之幾斃，曰："我以一身爲萬民除害也。"是歲，新場民嚴四家生一豕，人身白體，鼻方而長，前足皆人手。

二十八年。庚子。倉側民家產水犢，兩手六足，前四後二。

三十二年。甲辰。有二龍鬬于黄浦。在孫家灣，其傍大木盡拔，毁民廬數十間。

三十六年。戊申。六月，白龍見于黄浦龍華港，目光如電，一神人立其首。

天啓三年。癸亥。春三月，地大震，丙午復震海上，地生白毛。冬十二月，地大震，聲如風雨，自西北至東南，屋宇動摇久之。

四年。甲子。春二月甲辰，烈風雨沙，日白無光，凡三日。

夏五月，霪雨徹晝夜，壞禾苗，歲饑。秋七月辛未，地震，若雷聲，民居有傾者。

崇禎四年。辛未。上海沙岡有虎出蘆中。自黄浦西入浙界，至乍浦獲之。

五年。壬申。大荒，米穀騰貴，民饑。

九年。丙子。十〔二〕月極寒，黄浦冰。

十三年。〔庚〕辰。〔大〕饑。是年春夏不雨，村農□□□□翻種花荳，至六月二十四日大雨，溝澮皆盈，復將花荳，又翻禾苗，此後至冬無雨，歲遂大饑。

十四年。辛巳。夏大旱蝗，米粟湧貴，饑莩載道。八月戊午，海潮日三至。是年春大饑，斗米至三四錢，民食草木，根皮俱盡，抛妻子，死者相枕。有薛得倡首燒劫，白晝搶奪于市，知縣章光岳捕至，立杖殺之示衆。賣婆□氏抱人子女，至家殺之，以供飽啖，隣人聞所烹肉甚香，啓鍋視之，手足宛然，鳴官獲之，立斃。

十五年。壬午。春蝗蝻，遇雨化爲鰍蟹。冬十月丙午、冬至夜半，疾雷，迅風澍雨，折木飛瓦。

十六年。癸未。冬至五更，迅雷震電，大雨。初十日黄昏時，有銀一片自西飛來，銀邊相觸，有玎璫聲，漸漸往南，不知所止。以下採《紀異》。

國朝順治元年。甲申。三月，東南蚩尤旗見。六月初十日，廿三保祝聖堯家群奴持刀弑主，父子立時焚爐，遂延至各鄉，大户無不燒搶。十五日，廿一保顧六倡首，率各家奴輩入城，先至紳家索鬻身文契，六手持雨蓋一舉，其家立成虀粉。主被毆辱，急書退券，沿鄉焚劫，大家爲之一空。邑紳張肇林飛書達兵道〔程〕珣，遣貝遊擊領兵擒勦，始〔息〕。

按：明季縉紳多收投靠而世隸之，〔邑幾無王民〕矣。然主勢一衰，拔扈而去，甚有反占主田産，坑主貲財，轉獻新貴有勢，因而投牒興訟者。有司亦惟力是視而已。物極必反，以是顧六一呼從者蝟起，回憶情狀，毛髮悚然。近奉功令，鄉紳自好，積弊已清，然而子孫世隸未之改也。昔之君子有贖民鬻身者，可不體此意而與之更始乎？

三年。丙戌。二月十九日，白晝鬼號，徧城市皆然。十二月初，小南門外姜姓養鷄翼下有爪，各長寸許，有高飛而去者。

五年。戊子。四月初三日，大風，雨冰雹，地上徧生白毛。雹中有一黑圈，如人眼珠大者，擊傷牛馬麰麥。

七月二十一日，黄浦一日三潮。

六年。己丑。秋七月二十日將晚，日中黑氣一道直貫天頂，須臾海中一道黑氣上升，與日中黑氣相接如橋，至暮而没。

九年。壬辰。四月五月亢旱，人行魚道溝底，鑿井得水，鹹渾而臭。是歲大饑，合邑士民告荒請賑，知縣姚修蔚據董宏度呈上申，得蒙題請蠲糧。呈詞載荒政條。十一月十四日大雷，凡震三次。

十二年。乙未。四月，大東門外民婦懷妊十二日生一物，眼在耳邊，徧身生毛，宛是豬形。

十四年。丁酉。七月初三日，雷震東門城堞。知縣陸宗贄卜之曰："龍騰也，邑之東當出元魁。"因命石工置"龍門"二字志之，後己亥科朱錦果中會試第一名。

十五年。戊戌。八月二十三日，地震。

十八年。辛丑。七月二十六日，一日三潮。

康熙三年。甲辰。七月内疾風，浦水大溢，六門竟同水關，田禾漂没。

七年。戊申。夏六月十七日，地震。

九年。庚戌。夏六月十一日，驟雨狂風，拔木倒屋，三晝夜方止，是歲凶荒。

十年。辛亥。四月至七月亢旱，港底生塵。

十一年。壬子。閏七月，地屢震。七月二十日，龍陣，燒毀田禾，掀起房屋于空中，行人隨風掀去，冰雹有重二三斤者，壓死牛馬。

按：《府志》祥異自順治元年後不載，玆據耆儒劉浚之日記而録，其中或有互異，俟諸君子詳加攷焉。

十六年。丁巳。夏，疫癘大作，鄉邑靡寧。知縣任辰旦詣廟齋禱，啟建九州大醮四十九日，闔邑士民日率齋戒，境内賴以得安。

十七年。戊午。四月初五日午時，地震。

十八年。己未。夏旱。秋八月初十日，螟蝗入境食蘆，勢如火燃，禾稻無患，二日而去，米價湧貴。每石二兩四錢。

十九年。庚申。八月初三日，驟雨連宵，浦潮相接，城内水高五尺，鄉民船行田中。

三十二年。癸酉。冬寒，黄浦冰。

三十五年。丙子。六月朔颶風暴至，海潮漲溢，漂溺人民無算。

四十四年。乙酉。夏旱，秋大水，民饑。

四十六年。丁亥。夏大旱，禾豆盡槁。秋七月夜，地震。

四十七年。戊子。秋大水，苗棉盡没，米價騰貴。每石二兩八錢。

六十年。辛丑。饑。

雍正元年。癸卯。四月八日大雨雹，大者重四五十觔，自龍華至閘港，斃一人，傷者無數。

二年。甲辰。夏旱，秋七月十八日大風雨，海潮溢，田廬人畜盡溺。

三年。乙巳。冬十一月，繁霜如雪，著樹作梅花、竹葉狀，或稱甘露云。

八年。庚戌。冬十月二十六日夜，地震。

十年。壬子。秋七月十五日颶風大作，十六日大雨如注，海潮横溢，城内水溢於途，浦東沿海水至樹杪，至十七日始息。被災之夜，皆云龍見空中，故其災特甚。冬大饑，奉旨大賑，民乃得安。

十一年。癸丑。大疫，民饑。

十二年。甲寅。夏，龍見於閔行鎮北，壞民居，拔樹木，傷木棉。

乾隆十二年。丁卯。春正月雨大冰。秋七月十四日風潮大作，人民漂没，知縣王侹捐俸買棺，撈屍掩埋，并勸邑之同善堂、鹺商、洋行、荳行、煙行及各鄉好善士民捐資撈埋，共勷義舉。

十三年。戊辰。雨雹，傷豆麥，自春徂秋，米價大貴。每石價至三兩五錢。冬十二月初八日午大雷雨，龍見，至夜嚴寒，雨雪，三日乃止。

十四年。己巳。大疫，知縣李文耀捐俸施藥療之。

二十年。乙亥。歲歉，城鄉俱煮粥賑饑。

二十六年。辛巳。冬大寒，浦江凍冽，舟不能行。

二十七年。壬午。夏亢旱，十月大熱，初十日雷雨雹冰。

二十九年。甲申。秋大風拔木。

三十一年。丙戌。秋大風潮，屋宇傾倒，冬大寒，河冰塞路。

三十九年。甲午。秋風潮大雨。

四十六年。辛丑。夏風雨，壞屋拔木，大潮驟長數尺。

遺　事

志遺事者，志其善事之遺也。其人爲獨行之所不及收，而其事又不可使之泯没而無傳者，乃筆之。若事近於怪，而人之入於窮奇者，雖前志所存，槩從姑舍，蒐瑣重複如《容齋隨筆》、《鶴林玉露》諸書者，亦無取焉。

張百五，烏泥涇人。宋隆興間歲饑，數出粟以賑，又捐資千金建長橋。寧國寺橋西有棄地，號八千畝者，每苦旱，五百開長渠，自烏泥涇直抵大浦，引潮灌田，人享其利。

趙如珪，世籍烏泥涇。推誠樂善，創建保和道院，又於涇浦入邑孔道咸鑿井架菴，以憩行旅。其子弘毅，又闢齋舍，延名儒以教諸子，生徒負笈至者皆館穀之。未幾，庭芝第進士，其來學者越人郭進存、色目人札剌里了亦相繼登第。元代南人登進士自庭芝始。

費寀，器局寬整，樂善好施。税司重估苛取，寀請依額取辦，用三十税一之法，不足則補以私錢。其斛銘云："出以是，入以是，子子孫孫永如是。"後贈江夏郡公，謚榮敏。

戴光遠，字君實。父暘谷，規創義塾，以訓里人，未竟而卒。光遠經畫成之，作堂室四十間，貯經史，延師儒，招學者，割上田五十畝贍之。

明太祖嘗登鍾山，詞臣扈從擁翠亭，給筆札賦詩，應制者八人，秦裕伯與焉。世宗幸興都，詔修《承天府志》，命侍臣各擬承天賦，應制者十三人，顧從禮與焉。

張賜，字安仁。嘗渡海舟覆，憑一篙浮沉者五晝夜，遇故人某以網畀，得歸不死。後有孫曰衡，中永樂乙未進士，曰顴，中宣德壬子舉人，劉定之紀其事。

胡秉忠，洪武初舉人材，知行唐縣。務以禮化俗，製《孝順》、《節義》、《讀書》三圖，入覲時以獻，温旨嘉之，頒行天下。

李敬，字成學，郡人，永樂丁酉舉人。宣德間，上疏乞就禄養，授上海訓導，迎親入署，菽水承歡者十餘載。遷德化，改崇德教諭，皆以師範稱。

侯端，有膂力。南滙有虎傷人，端格殺于烽堠下，至今人呼其地爲侯公殺虎墩。

李文忠，居貧力穡，一介不妄取。嘗與其子入城，得遺金三兩于道，遂艤舟以須，一人泣至曰："吾父逋賦繫於官，吾鬻子以輸，今亡之，無生路矣。"文忠舉還之。舟過唐行鎮，膠淺入水，挽之水中，獲銀一錠，衡之倍於前。

張紘厭城市，去邑北數里居焉。多種木棉，親自鋤收。補任建昌守，吏人來迎，遇紘田間，問守居何所，因指示之，潛從舍後冠帶出見，吏人觀之，即田中叟也，相顧驚異。

曹用中業醫，有媚黨以千金寄之，俄被盗，媚倉皇奔詢，用中曰："君物幸無恙。"悉歸之。

張二善泅水，能伏水中竟日夜不起。倭舟泊海洋，令張入海鑿沉其舟，立奇功，督撫欲疏授之官不願，與之金亦不願，曰："官繫我，金禍我，不如一醉也。"强賜之，果以金遇害。

董氏始祖遺安公墓在沙竹岡間，相傳厲布衣所定，墓前柿樹一株，每結一實則獲雋一人，自天順己卯御史董綸始。

喬益，字以謙，號南圃。兄弟友愛，白首不衰。性好施，成化三年歲饑，出粟五百斛賑給鄉閭。

顧草堂英，于弘治己酉治生壙于肇嘉浜上，雷雨大作，磚埴之屬忽移于南數丈外，其鋪甃巧異，非人工可及，白筆倒書大字于華表石上，"雷部大將軍石守信"，字畫遒勁，有晉人筆意。

楊東濱，少負俊才，拓落不遇。與陸文裕公交善，嘗賦《春興》一絶云："薔薇枸杞滿庭栽，書閣垂簾半捲開。蛺蝶不嫌春色淡，隔簾飛去又飛來。"太守雅聞之。後以殺人事牽連，太守見其名，笑曰："此作《春興》詩者，襟懷如此，肯干俗事耶？"釋不問。

莆田鄭公洛書爲令，特廣設社學，每出屏騶從，聞市中蒙童讀書聲必竚以聽，有訛字即令改正，或試之對，有穎敏稱意者即命取紙筆賞之。

秦嘉楫初授行人，使周藩。王偉其風度，厚贐之，悉謝却，乃衣以一狐裘，曰："天氣方寒，幸使者爲遠道計。"公不得已陽諾。至杞縣，託同年以裘歸王，曰："某小臣，何敢辱王服。"

黄公希英爲令時，海濱有物隨潮而入，潮汛退，不得出，民搏以獻，其頭類虎，尾如鹿，皮甚堅厚，或云虎頭鯊也。

顧公從禮舟過黄浦孫家灣，遇二龍取水，其船攝起空中，見龍華塔反在下。頃之舟墮，乃三林塘西岸，已去孫家灣二十餘里矣。是日壞船者無數。

朱御史豹,起家奉化令。正德己卯入覲,與尉某同舟,夜泊黄河口,隣於賈船,盜百人圍賈船急,尉之子能挽十石弓,試其技,立死二盜。羣盜怒,舍賈船而奔朱公,度不免,躍入水,順流浮二十餘里,若有物掖之者。遇莞蒻舟繂垂下,遂挽繂得稍止,舟人覺救之,公寒噤不能語,舟人異公貌,即焚莞蒻爲公驅寒,久之乃甦。是時死于火者三十餘人,尉僅存燼餘一股而已。

張建寧元玘,解組後宦槖蕭然。好行善事,凡故舊宗鄘子弟貧不能學者,多館穀於家,訓迪甚至。自言幼孤,舞象後尚未能學,伯兄食餼有名,奴輩俱懾伏之,視予蔑如也。一夕夢遊庠,諸黠奴拜賀惟謹,始醒悟,折節讀書,受業於徐文定光啓、家方伯所望,遂得成名。凡兩公著述,多屬參訂行世。

潘恭定恩知蘄州,年四十尚無子,夢雙星從天墜下,其光燁然,隱隱有文,一曰哲,一曰端,未幾生雙子,即以其文名之。

秦敕有桃一株,質幹並瘁,棄籬落間。嘉靖三十八年春,桃忽再榮而花,其子嘉揖會闈捷書至,沈太僕作《瑞桃記》。

秦國士,端愨自持。從父御史鳳樓公無子,謀之國士,不應,食貧如故。後鳳樓卒,族人争訟,嗣子以田宅券授國士,復笑而却之,蒼頭挈貲來歸者皆勿納。後爲武進教諭,遷知瀏陽,民風爲之肅清。

朱贈公察卿,能文而豪於酒。嘗於十月望夜餞客學士橋,酒酣,裸身賦詩,中寒疾不起。病中作《破帳記》,記甚奇麗,載集中。易簀之日,云:"白鶴下來,乃吾去時也。"果於空庭中鶴唳三聲而逝。王弇州來唁,有蝶大如碗集懸像上,唁畢乃去。

朱進士家法爲諸生時,與黄公體仁同讀書龍華寺之北房。午夜夢身死銘旌,上大書"工部都水司郎中朱某之柩",役夫舁至潘方伯壽域上休焉。覺而語黄,黄曰:"焉知君異日不方伯耶?"後家法由信陽州守歷官工部郎,以疾乞歸。而方伯之子以所營壽域不稱意,欲棄之,而别卜地,已松柏成行矣。家法聞之,笑曰:"是天留以遺我也。"乃售而葬焉。定數之奇如此。

侯通政峒曾,卜祔其父給諫公震暘于祖參政之墓,延地師李明田相視,明田登壠環視,曰:"昭穴辰水衝城,若窆是必代有忠孝,然買禍烈矣。"峒曾長揖曰:"如公言幸甚,天下豈有忠孝之門而畏禍者耶?"竟祔葬焉。

周規,字象圓,少好學,有奇氣。崇禎時,疋馬走京師,上書言邊塞事,不報,拂衣歸里。賦詩自娱,家無儋石,喜酒好客。風日晴美,袖餖飣并攜樏器,至水木清華所,呼知交泥飲,飲罷,時仰天悲吟,以此終其身。所著有《醉餘草》,蕳質如其人,高人莫秉清爲之序。

王昌明,字良仲,學憲圻之孫。補博士弟子,屢試不遇。嘉定有舊家子爲仇,修宿怨,欲寘之死,其人手離婚券,率艾妻夜造昌明所,曰:"某爲仇人所陷,無援必死,或三十金可倖生。公五十無子,我妻少,且宜男,請侍箕帚。"昌明惻然,如數畀之,而置其妻於别室,令老嫗寢食與俱。不一月,其人事解,召而還之,夫婦泣拜而去。子世奇,順治庚子副榜。

沈沐周,鎮庠生,屢試不遇。有同姓墓域一區,以子姓寥絶,丘壠爲墟,沐捐己資爲之修葺，且代輸官租。又收養孫氏子三月之孤，爲之撫育婚娶，其好義有足稱者。

杜啓勳，内行甚飭。因家中落，假錢貿布，之大賈席罔卿所市之，席司庫者於本值外誤發羨銀數十金，勳不知也。歸舟合要，乃復返棹，以餘金歸司庫者。又拾遺金於木市，艤舟待亡金者歸之，不告姓名而去。後勳家道日昌，子孫皆有聲。卒年八十一。

奚汝斗，川沙堡人。性至孝，父患癰，汝斗吮之，號天求代。病愈，復色養者十二年。崇禎己巳歲大祲，率先請賑，出己粟若干石以助糜。年近百歲，人咸謂孝義之報云。

趙夢嘉，字連城。幼時績學，由儒士候選。崇禎十二年，憫傷役困，捐助贍役義田百畝，又助鄉學田二十畝，巡按御史王志舉給帖額旌之。年六十猶未得子，後連舉二男，燮，庠生，炎，國學生。

夏氏，陸家行陶氏僕婦也。夫姓曹，以父有少子，異室而居，夏孝甚，每以酒肉竊食其翁。翁飢，夏以雞卵四沸酒食之。夫歸，疑夏食所私，詈之，夏含冤憤，伺夫出，闔扉自縊。隣媪排闥視之，氣已絶，馳告夫歸。將入殮矣，忽黑雲疾飛，雷電繞户百餘匝，而夏復活，此崇禎十三年六月十三日事。今癸亥，年七十而强飯如故。

蔡國珍，字叔祥。崇禎十五年歲大祲，尸骸枕席，珍獨力葬埋。康熙三年海潮大作，田舍俱淹，珍罄囊築圩，至今賴焉。婦翁王藹人無子，爲娶妾續嗣，繼爲撫孤成立，田園什物悉歸其子，閭里稱爲長者。

□泓，字鄰秋，崇禎癸未進士。母亡，每遇歲除必至殯所寢處，元正三日後乃歸。每一念母，中宵哽咽，人爲感動。

喬英魁，字仲安，廪生。博學好古，天性純厚，嘗撫族間弟姪至成人者甚衆。有老友潛寄金三百無人知，後友卒無子，英魁訪其婿還之。

張必榮，字季華，早失怙，依母梅居浙之歸安。會鼎革，避亂途中遇盜，母子赴水，藉枯木浮至閔行，遂家焉。梅喜食韭，榮種韭養母，時人呼其里爲韭菜街。

太學生杜士敏妻周氏，五十四而寡，事姑以孝，撫子女以仁。今年癸亥登百歲矣，而視微齒堅，神明不衰，崑山徐翰林秉義贈詩曰："城東佳氣鬱芊眠，中有期頤寶帨懸。年逓廣成還七百，桃遺方朔定三千。閒梳黄髮論耆舊，笑攬斑衣問耳元。從此北堂春更永，漸看甲子兩回圓。"

張有榮與孟希賢，兩人俱老以孝義相感，康熙十年春，共出己粟若干石助作粥糜，全活無算。北郊至吴淞閘商民往來，泥淖爲患，二子倡首募石砌路，亦義士也。

倪學武，事親能以志養，尤樂善好義。黄浦高昌渡爲東西孔道，武助田若干畝以贍榜人，涉者賴之。

趙瑞，以監貢授福州古田縣令，有惠政。孫文元，有逸才。一日從村舍還，城門鐍矣，坐井亭待旦，袖有税銀及詩稿一册，蹣跚衣袖間，宵人捹取之，文元覺而其人駭仆，文元笑曰："無畏，若貧耳，取吾金去，詩稿畀我。"其曠達若此。卒年九十四。

蕭詩，字中素，明季人。託業木工，應役受直，以文士相待，則談詩不倦，古賣漿僧牛之伍也。王漁洋《詩話》稱之，著《釋柯集》。

張國臣,字夔山。邑侯劉潛濬虬江時值歲歉,民不能供役,國臣代爲出資募工以疏湮淤,復捐貲五十金助建奚家江橋。其孫永銓、游雍,爲六館知名士。

滕善國,字元長,嘉定庠生,博聞强記,邑侯吴道重之。有江東富人沈晦輸金乞免徭役者再,善國拂衣去,終不以私干,其介如此,嘉定門人稱爲露研先生。

□日旭,字東自,郡諸生。父觀光,前寧波别駕,順治初以華亭陳子龍舊獄逮繫江寧,草行露宿,號慟乞食以進,獄底不離奉侍。會獄省釋,負父以歸,孝養終老。孫大經,字理緒,孝事節母,有義行。

張勃,字伯涵,孝友方介,博洽經史。乙酉秋土寇作亂,勃父年九十餘,卧不能起。寇至,欲殺之,勃以身捍父,宛轉白刃間,賊感其孝,獲免。董象恒開府兩浙,延禮之,所著績勃謀居多。子天臣,亦知名於時。孫以恒,能文工書法。曾孫希岳,好義樂善,尤工詩。

曹垂雲,字天翼。弟貧,有多男累,抱乳之,既長,授田而歸之。戚家緣事被逮,力直其冤,罄所有,義聲震閭里云。

王銓,字衡山。就選入都,聞親疾急歸,遂絶意仕進。有同懷兄弟七人,遺産悉讓焉。故人貧乏,傾囊不足濟,典貸益之。年八十,子孫濟美。

張學淵,字經南,孝友敦倫,喪葬盡禮,不以家貧廢。叔母李無依,獨力膳養者二十年,待兄弟叔姪無分彼此,里中有君子稱。

□廷垣,字御籓,幼失恃,能自成立。性孝友,復慷慨,有金陵商人寄銀三十兩,後久不至,御籓即以原銀助育嬰堂,著商之姓氏。

曹聶宏,字荆來,增廣生,莆田令泰曾子,年二十一贅朱氏。夜讀書,恒宿於外,有婢數出窺笑,吹燈滅之,聶宏厲聲叱去,明日遂挈婦歸。性好施,嘗傾囊濟同學,卒後客有過門者,聞狀愕然曰:"大德久未報,詎料遽作故人。"泣下數行而去,竟不知其姓名。

張家爽,字荀六,康熙乙酉副榜。貧而好義,四十七年民饑,施粥助米,嘗却暮夜金。授蕭縣教諭,重建學宫,立義學,文教聿興焉。

陳以熖,字顯周。居閔鎮,鄉人死不能殮,陰助之櫘,或貧不自聊,生女輒溺之,即厚給勸其乳,聞者感之。

王以佐,剛直慕義,凡賑饑及施棺藥諸善事,莫不勉力贊成。生平敬字紙,不洗手不敢披書,造惜字藏,每月焚化,終身弗替。

孫一鳳,字道翔。嘗西渡舟,誤行海艘之旁,同渡者遭覆,一鳳空中若有神挈至海艘免溺,遂捐置永濟渡義田,勒石於亭。生平好善,年逾七旬。

張學祭,字雲山,持躬素慎。嘗覆舟蒲匯塘,浮沉終夜,遇救不死,歸家大慟,以爲臨深之玷。一生體認《朱子家訓》,既卒,門人環泣,私謚曰服古先生。

曹世照,字青臣。慷慨仗義,同里徐文則年邁喪子,孤孫翰飛僅五歲,呈官立案,托世照撫養。文則殁,徐族欲奪孤産,照訟於官,力抗之。後孤長成,悉還原産,而世照已與徐族訟家反落,人咸誦之。

張永泰、潘王格,俱割股療親病者,至性可矜,故合紀之。

趙宏璧，字爾珍。内行純備，爲其戚族孤困者各完婚配，前後嫁娶共十三人。又置墓田五十畝，以贍羣宗。康熙四十四年大饑，宏璧給其貧族各二月糧，戚友隣里亦並賙之，全活甚衆。

程千頃，庠生，貧而好善。康熙四十八年歲大歉，捐館穀賑饑，解衣贈故人，自以敝葛裹絮御冬，致寒疾，家人笑之，口占"葛衣敝絮勝無衣"之句以答。

金鶴，字鳴九。性孝，娶施氏，舉子一月後，其異母産一弟死，鶴令妻乳之，逾已出。父嚴厲，每杖鶴，鶴嘗逃宿橋上，伺怒解潛歸，夫婦益相勉以孝。業岐黄，精太素脉，所著有《醫學傳心》。

陳王陛，字敷功，號鱸江，廪生，以能文名。巡撫某修滄浪亭，求作記者連致數十人，所爲文皆不當意。鱸江後至，文成悦甚，薦爲教諭，除知縣，卒于官。著有《懷古堂詩文稿》。

宗大賢，字開甫，爲人正直，睦族敦倫，尤好施與，鄉里推重。康熙五十四年，邑令許士貞給"耄年德輔"額獎之，壽八十有六。孫駿發，克繼祖志，力行善事，乾隆四十七年以養老大典受恩賞，現年八十六。

曹遂之，好學能詩，尤工樂府。子履豐，性孝，童時母患目疾，朝夕舐之，逾年復明。母殁，事父能盡色養，年逾六旬，孺慕不衰，壽至九十六，兩受恩賞，無疾而逝。

蔡之筆，字聖持。性謹實，勇于爲善，里黨重之。臨殁，猶遺金助興義塾，以教鄉之子弟。

沈允昺，字赤舒，庠生。雍正十年水災，屍棺漂流黄浦，允昺捐資收瘞，時有黄本仁、陳宏才、沈開緒、沈文嘉、陳顯章、王秀章、夏昆望、方成美、陸裕川、周龍照、夏廷宰、趙宸宰、邢鶴年、孫震南、陳虞章等俱撈埋無算，當事給匾獎之。乾隆十二年，孫震南、張鎬、唐堯德復有撈埋善舉，並紀于此。

瞿克正，字公端。性方正，樂于爲善。雍正壬子潮災，施糜掩埋，皆竭力爲之。子麟徵，字周詠，敦品立學，爲諸生中名宿，現年八十。

山封金，字龍江，長于吟咏，事親盡孝。母素愛榴花，封金恒覔供瓶中，以娱親意，兩次結實如拳，傅中丞贈聯云："堂上萱親榮晚節，瓶中榴實兆新祥。"

李朝宰，字賡和，太學生。母喪明，嘗以舌舐母目復明。值饑歲，預出資儲粟，大歉則按户量給。俗多火葬，勸止之，捐田立義塚。

瞿克生，字維楨，慷慨尚義，急人疾難。戚某爲仇家誣陷繫獄，破産援救，晚年困甚，教授鄉里，有受其前惠者或償以金，輒却還之。子熙，字典文，剛介有特操，雖處奇貧，未嘗以衣食干人，以教授終。

陸瀛蓴，字秋谷，號季韡，附貢生。父鳴珂，視學山左，瀛蓴隨侍，與史騏章藻功游，稱爲奇才。雍正癸卯南闈，薦元不售，遂絶意進取，家居與樓儼、周銓唱和爲樂。平生樂善不倦，於親知三黨賙恤無吝色。康熙己丑歲歉，以五百金助賑粥，雍正壬子秋海水漂没，又出粟施濟。子秉穀，庠生；秉泰，太學生。

潘鍾皡，字西白，恭定恩裔孫。博學工詩，長於書法，不治生産，家無米薪，吟咏不輟，尤工長短句,與周銓輩相唱和。子采美,庠生;女字庠生周鈞,亦能詩。

張豐,字羽可。性慷慨,好施與,戚族鄉里有貧乏者必先意周之。北闗外天后宫當潮水衝嚙,獨力捐築石岸十數丈。歲荒疫,施粥、施藥、施櫘,不惜重費。他如蘇州育嬰堂、嘉定黄渡鎮石橋,皆捐貲助建,遠近慕其名。

李澂,字静淵,號澹軒,雍正癸卯順天副榜,由教習候選知縣。條陳清查江南錢糧在官、在民、在役三項,稱命往廣西試用。尋補恭城縣令,調任興安,所在皆有惠政。著有《雙清齋詩集》。

陳畿,字建中,樂善好義。雍正十年潮灾,偕子錦、婿曹世烺撈埋淹屍千餘口,兼營義塚。又陳式範,字洪疇,亦捐田掩埋無主尸棺爲義塚,有司給額旌奬。

沈增川,字元正,贈中憲大夫。九歲喪母,事繼母朱以孝聞。雍正十年水灾,撈埋沿海浮屍,給以棺殮。乾隆十一年蠲免地丁,因命子朝鼎具呈捐佃租千石,鄉人稱其好義。朝鼎承父遺志,又於乾隆四十九年,呈請捐西鄉田二百畝、房屋一所以爲贍族義産,當事申詳立案。

曹國薰,字華東,爲人誠實無僞,事親以色養,贍邺宗族,撫甥姪,延師訓課,廿年如一日。凡賑粥撈埋、建橋開河諸善事,樂爲傾囊,歷有旌額。子秉鎔、秉德,皆承父志云。

顧汝傑,字漢三。事節母計氏以孝聞,撫養弟姪不辭勞瘁,遇荒灾施粥施棺,撈埋捐塚,當事屢旌其門。年七十餘,預知逝期,徧訣親串。子四,長應晌,能守父業;次應奎、應桂、庭蘭,孫鼎炎,皆入泮。

黄錫周,字令聞,磊落慷慨,有儒者風。嘗遊嶺南,有潤州盛某爲嶺南邑佐,被黜流離,錫周憫之,護其家二十餘人歸潤,復捐二百金爲生計。盛感德,出愛妾以贈,錫周怒,拂衣歸。

瞿承義,字端和,爲人樸誠簡易。家貧,事嗣母及本生母皆得歡心,甘旨所需,妻趙氏以紡織佐之。時里中鮮文學,承義延師訓子,克盡禮敬。長子覲光、次觀光,並爲名諸生;幼國光,國學生,至今浦東首僂一指,曰讀書之家。

葉芳,字洲若,忠節映榴子,廩貢生,歷官蔚州牧員外郎。告歸,閉户讀書,不與聞外事。大吏聞其賢,飭有司舉鄉飲賓,辭不就。卒年七十九,著《徑小齋稿》。

陸栽,字懷英,瀛齡從子,以諸生教授里中。精研理學,深得程朱之旨,每與生徒講論先儒傳説,掩卷了如。著《學庸析疑》四卷。

顧瑞初,少孤貧,事母孝,與妻董氏竭力耕作,由是起家。乾隆二十年歲饑,助米賑粥,于鄰里之貧者尤加意賙邺,人頗德之。

□翰飛,字慎思,邑庠生。尚節義,好讀書,精研理學,與人交生死無間。故人某死,撫其孤寡,購左近屋以居之,爲代婚嫁,義聲頗著。子秉哲,登甲戌進士。

黄洙,府庠生,績學工詩,著有《拙村詩鈔》。雍正十年海溢,洙家具盡没,妻周氏脱衫裙,出典易食。路見女屍裸者,即以衫裙衣而埋之,歸語妻,妻曰:"如此者正多,曷不勸同里共爲之。"洙如其言,掩埋甚衆。後其子槐乾隆丁巳成進士,宰山西太平,教授徐州。

宋懋，字聖修，國學生。樂善好施，凡遇公事，争先捐給。雍正十年潮灾，捐塚撈埋，設粥濟飢，并董開趙家溝，不惜鉅費，鄉黨稱之。

張大中，字安道，爲名諸生，兵部職方司宸之孫。品行端慤，不涉户外事。居華涇鎮，搆屋數椽，蒔花藝竹，宴如也。授徒數十人，皆有文行。晚年以詩酒自娛，造其廬者終日宴笑無倦色，年至七旬，無疾而終。

凌式颺，字臯言，幼有至性，年十三割股療祖疾。長好施與，里黨有貧乏者輒賙卹之，遇疾疫，製藥施治，地方公事不惜傾囊輸助。前縣令李公文耀給"孝義可風"額旌之。

王觷彜，字明序。父病危，割股以進，遂痊。次子昊瞻，亦割股療觷彜疾，邑令李公發枝給"孝思濟美"額。昊瞻子箴，慷慨好施，當事獎《爲善人箴》。子廩生金鰲，以三世敦倫呈其事于學憲李公因培，旌曰"孝笋有根"。

張昜，字懷蓼，明湖廣參議萱後裔。秉性端謹，行不由徑，目不視邪色，耳不聽惡聲，終日危(生)〔坐〕，以嚴心學。嘗負笈千里，擇師從之，惜不及大成而卒。

趙家璉，字荆山。有山東馬某者，將鬻妻以償逋，家璉憫之，爲代償而完其夫婦，贈資使歸。又嘗見投水者援之，收養於家，俾有衣食而後去。子傳紀，辛巳進士，宰廣西靈川令。

薛仁本，字務修。精醫學，誠心視病，活人無算。平生規行矩步，著《述訓編》，示守身立德之要。子鼎銘，癸未進士，浦江令，贈如其官，人以爲種德之報。

張汝進，字貽安，歲貢生，選海州訓導。甫半載，以母老不得迎養，遂乞歸，巡撫陳公宏謀深獎之，給"鱣堂上壽"匾。及母卒，廬墓三年。母年九十有八，汝進七十有九。

徐王謨，字宗範，檢討學柄子。稟資雋穎，文筆清超，屢試不售，士論惜之。子慰祖，登甲午賢書；從弟來鼎，字燮元，庠生，亦能文。

張汝成，字作霖，以計然術起家。樂敦古誼，親舊中有不能婚葬者必助其資費，尤重文人，待師友曲盡禮敬，人咸稱之。

瞿逢年，字大有，國學生。父王基，庠生，有名藝林，著《禮記約編》。逢年性好施與，邑中捐賑育嬰等事無不踊躍樂助。子秉忠，能繼父志。

邱良臣，高行民，早歲喪母，事父仰高竭盡心力，寒煖飲食得其歡心。父歿，奉木主如生時，逢生忌歲時涕泣不止，同里諸生徐兆魁賦其事，有云："五倫知有父，七十若嬰兒。"年八十六趺坐而逝。又九團民徐曾榮，妻黄氏，夫婦事親亦以孝聞，里中有《雙孝徵詩啓》。

王智純，字粹儒，智古弟。天性惇篤，樂善好施，平生未嘗言人過，親戚故舊年高者，雖私居不敢稱其名，其古道照人多類此。

王璞，字宛如，候選州判。操行端謹，父歿，事後母極孝，隣里稱之，當事議舉鄉飲賓，未果卒。

王家樹，字庭珍。幼孤，事母以孝聞。喜讀書，與弟家桂自相師友。家桂領乾隆癸酉鄉薦，早歿，家樹撫姪烈遊庠。平生遇事鯁直，不肯瞻狥，人稱爲難。

趙旭生，字扶上，歲貢生。品行古方，以詩文名于時。徐進士秉哲初從其遊，獨賞識之,妻以女焉,後秉哲果成名。

蔡維公,字占有,邑庠生。幼孤,四子書悉其母口授。母歿,廬墓數載,野兔窟其廬,爲之馴熟。

張希賢,字若愚。好吟咏,善吹簫彈琴,曰此中有詩意。手抄古文數百卷,口誦手批,獨出手眼。晚年肺病貧困,不以衣食干人。挾詩帙走京師,名公鉅卿交重其品,棄館歸,終于家。

胡鼎,字章敘。工詩文,尤精聲韻,凡五音六律之變、四聲八轉之奇,能曲通其微奥。著有《切韻指要》《崇古堂詩文集》。

張德基,字焕文,國學生。慷慨好施,歲歉,於極貧者出錢以贍。劉涇橋圮,勸輸不敷,捐貲襄建,巡道申公夢璽、前令李公文耀給額奬之。

趙文鳴,字宸藻,贈光禄寺卿文哲兄。平生好學,不嗜榮利,待親友必以誠直。喜吟咏,兼工丹青書法,所居室中臚列花卉圖書,有灑然自得之趣。著《清泉詩集》,以諸生終。

喬鍾霍,字岳封,中丞光烈季子也。年十三父歿,奔喪至清江浦,聞櫬渡河,披髮跣足,走蘆葦中三十里,號哭登舟,一慟幾絶。貢成均,累試不售,嘗嘆曰:"人壽幾何? 不舉十科,便成一世矣。"尋出爲西城副指揮,剖决訟獄,興除利弊,頗著治辦聲。攝正指揮,以勞疾卒,年僅二十四,人咸惜之。

蔡挹青,字明照。幼穎異,讀書數行俱下。弱冠游庠,才華博贍,每有所著,輒爲前輩所激賞。惜年未三十而卒,著有《藜堂詩文稿》。

張氏,諸生安道次女,適孫鑑遠。翁東表省試回,患病劇,氏割股食之而愈。氏有女,適曹炳千,值張氏病甚,女亦割股療之,病遂痊。

浙人胡公奇,字爾俊,寄籍上海。性喜善,凡施濟修建之事輒爲輸助,而以孝友訓子孫,至今猶同居焉。又蔣鳴錕,字佩千,由考職選授德安府經歷,有惠政,凡邑中善事皆樂預之。附載于此,俾好善者不没云。

上海府縣舊志叢書

補遺卷

上 海 通 志 馆　编

第三册

上海古籍出版社

本 册 書 目

咸豐金山縣志稿

〔清〕錢熙泰　纂修
和卫國　點校

整理説明

《咸豐金山縣志稿》，錢熙泰纂修。錢熙泰，字子和，號鱸香，金山縣錢圩人，曾任靖江縣學訓導。

此次標點所用底本，係上海圖書館編《上海圖書館藏稀見方志叢刊》（第三一册）影印本（國家圖書館出版社二〇一一年版）。該書提要指出："《咸豐金山縣志稿》，清錢熙泰纂。清咸豐五年（一八五五）纂，初稿本……是志分序目、輿圖、建置、縣境諸水、山川、水利、古跡、墳墓、山水、賦法、役法、鹽法、兵防、海防、藝文、職官、列傳十七門。是志另有咸豐八年（一八五八）稿本存臺灣。"遺憾的是，兩種稿本均非足本。相對而言，上海圖書館藏本體量大於臺灣藏本，除提要所列十七門外，還有鎮市、善堂、第宅等；臺灣藏本則係志稿部分内容的謄清本（已整理出版），内容也不完全相同。

不過，整理時也發現，因上海圖書館藏本並非經過整理的稿本，很多内容存在重複，主要包括三類情況：一是同时收録了不同階段的志稿。如，志稿影印本八三至二一〇頁關於山川的内容，與二二一至三二一頁基本重複，前者爲初稿，後者爲誊清稿；三八九至三九〇頁關於場課徵解的内容，與三九二頁基本重複，前者爲已被標注删去的謄清稿，後者則爲修訂稿；三九五至四二〇頁關於兵防、海防的内容，與四二一至四三六頁、四三七至四四四頁基本重複，其中三九五至四二〇頁爲第三稿，四二一至四三六頁爲第二稿，四三七至四四四頁爲第一稿；四四六至四四七頁關於提標建置的内容，與四四八頁重複；四五一頁夾簽關於鋪遞的内容爲初稿，四〇二至四〇三頁爲謄清稿；四五九頁關於順治四年設金山衛守備屯田的内容，與四六〇頁重複；七七五至七七六頁與八五五至八五六頁周靄聯傳重複，前者爲第二稿，後者爲第一稿；七七六頁與八六三頁胡廷儀傳重複，後者爲初稿，前者爲第二稿。对此，一般選擇後一稿加以整理，重複内容不再收録。二是完全重複印刷。如，八五四與八五六頁，八七九頁與八八一頁，均係重複印刷，整理时只收録其中一頁。三是兩頁内容重複印刷，但其中一頁帶有夾簽。如，三三五與三三七頁係重複印刷，但後者附有夾簽二條，其中一條寫有"以上並删"字樣，三三八頁天頭亦有"以上並删去"字樣。據此，整理時將三二五至三三八頁雍正三年之前"賦法"内容删去。八五五與八五七頁完全重複，但八五七頁另附一條夾簽，整理時正文只録其一，夾簽内容同時收録。

還需説明的是，因此書爲志稿，整理時力争保存其原貌，而有明確删除標記的内容則不再收録，如三四七至三六〇頁雍正朝以前的役法内容删去不録。

此次整理，雖經與乾隆、光緒兩朝所修《金山縣誌》進行了互校，但由於該志稿修改幅度較大，加之影印本很多地方模糊不清，辨識非常困難，整理時又未能目睹原書，因此肯定存在一些錯誤，敬祈讀者批評指正。

點校者

二〇二二年八月

目　　録

序　目

夫志乘之濫觴，實源於史。古者地里有圖、有志，《周官》職方氏與小史、外史所掌，下及郡國，皆有志，非徒備一代掌故已也。首志疆域，次建置，重境土也。任土作貢，賦役次之。帑藏足矣，莫先於利民生，故次食貨。體統正矣，尤貴於敦教化，故次學校。有文教不可無武備，故次海防。防守固必徵以文獻，故次藝文。且察宦績則知政事之得失，傳人物則知人材之盛衰，與風土之美惡，述往事，勸來者，其於政乎繫焉，若此其大也。金邑僻處海壖，以百數十年未續之志，一旦考其因革興廢，而欲述古证今以傳後，必將創新例、易舊目，以求合於史體，竊嘗闻之久矣。夫修志之要有四：一曰專任，一曰採訪，一曰聚書，一曰無私。間攷《史記》、《漢書》及《五代史》皆成於一人之手，取其筆法，前後如一也。近世士夫專攻帖括，鮮有明史家之體例者。夫修之者非第在於博學，必先以才與識，三者兼之，而尤貴優於行。蓋志局一開，即有束脩、紙札之費。紛紛求入局者，各懷意見，互相攻駁，惟利是圖。如承祚之修《魏志》，索米以立佳傳，自古爲然。近如華亭縣之《王志》、南匯縣之《吴志》、上海縣之《李志》，其才望非不重於當時，而兩志則前後矛盾，兩傳則叙述異同，甚非帖括之語，阿竄入駢儷之詞，終無有盡善盡美之歎者，大抵坐開局之病不立一專任者之故也。然此貴夫專任者，不必設局而責之以總修，深得二三人以左右其役，或長考據，或主紀載，或明掌故，將前志之畧者增之，冗者節之，若者叙次未明，若者文法不古，又從而糾正之、究辨之，期無乖於史法而後止。衆長既集，則又恐其漏畧，又必采訪以分佐之。藉非邑人，又恐見聞不確，更須得一明於地理者親履其地，凡山川之脉絡，如某山自某山分支，距某處若干里，某水之源出於某處，而所入之水匯於某處，一一圖其形勢。況此通彼塞，今昔不同，故按舊志以增益之。仿《水經注》叙事之法，以及坊表、橋梁、寺觀。至人物節孝之類，訪查明確，兼之考核載籍，則聚書尤爲要務。以史遷作《史記》，鄭樵尚譏其所見之書少。況金邑自分縣以前，如地理之沿革，非考諸二十四史及三通、《寰宇記》、《吴郡志》諸書不能明也。有時事之有關一邑利病或漏於紀載者，一時之見聞有限，不參證近人諸集，其是非尚不足以徵信也。節目未能明備，去取未能精詳，如《璜溪志》、《朱里志》、《衞城志》等，皆足以羽翼志乘，以備蒐羅。必須蒐佚黜訛，不以摭拾繁富争長，較之因襲不增修以志，修志者相去遠矣。然所纂輯，尤貴無私。宋儒有言，修志之難同於作史，直筆公心兼長斯善。劉知幾作《史通》，以亢直不畏彊禦爲第一義。一存私見，必至濫收。凡爲子若孫者，誰不欲傳其祖父、載其詩文？不傳則已，傳則其政皆龔黄也，其德皆顔曾也，其才皆班馬也。空言溢美,莫辨等差。前志及宋《府志》皆蹈此弊。然狥情則乖史法,而秉公則招衆忌。竊謂前志所已傳者不敎妄删,未傳者不宜濫録。其縻而無據者則必核實之,畧而不詳者則必廣搜之,湮而未彰者則必出闡之。如功無以利民生、德不足孚衆望、言不能傳著述,尤宜慎之又慎。昔人云不爲利藪,不爲怨府,誠非虚語也。蓋去取嚴,斯可爲信史耳。具此四者,而後仿史家之義例,以正名目。《史記》有表,有紀,有書,有世家,有列傳,未嘗統名之曰記。《漢書》亦有帝紀,有年表,有本志,有列傳,亦未統目之曰書。今之修志者,往往皆强繫"志"字以成書,如秩官、選舉,表體也,而名之曰志;人物、列女,傳體也,而亦目之曰志。或以一志統數志,或一志而强立名目,皆不合史體。惟將前志所當因與不當因者,增損於其間,則新志之凡例統歸劃一焉。按:前志爲焦太史○○所輯,不免遺逸庸陋之病。此次修志,非敢掎摭前人以自是也。《詩》曰:"維桑與梓,必恭敬止。"若知其闕失而不争正者,非所以重前哲也。按:舊志卷首不列宸翰,本邑爲○○○聖駕南巡所不及,所有頒賜諸臣聯語,此係私幸,無庸恭紀,最合體裁。諸圖亦分繪明晰。惟沿革統於建置,星野勦襲空文,秩祀與寺觀分門,職官與裁員混列,坊表所遺不少,墳墓多有濫收,金石不立專門,物産同於各志。海防、鹽法爲本邑第一要務,則缺焉不詳。藝文濫入詩文,似乖志體。例貢、例監、吏員、鄉飲賓等類,固不勝收,致多遺佚。况縣志非家乘可比,是書廕尤爲贅入。兼之所載名官,上溯唐宋,備紀總督,撫臣政績,似與分縣無涉。人物與科目兩岐,且多濫入。其傳敷衍空詞,尤宜重加裁汰。緫之金爲分邑,一切紀載緫覈其實,係其地者書之。舊志不免牽連華、婁兩邑之病。其類舊分三十,姚氏續修志稿亦仍之,惟於科目、列女兩門最爲詳覈。其采訪列女,以道光十五年爲止。科目則多借才隣邑,是宜删者。人物傳不分儒林、文苑諸門,頗合史體。而所收大半强援華、婁原籍,並追採土著之祖父及子孫之遷徙者爲傳。叙體則失之太簡,簡則不能達其可傳之實。餘如鹽法、田賦、坊表、橋梁、第宅等類,悉仍舊志,並未采訪一二。惟藝文則仿《漢書》,專載本邑人著述書目,而冠以欽頒書籍,爲不倫耳。末仿蕭大可《蕭山縣志》例,爲三志刊誤數則,考核精詳,是可法也。玆就前志及姚氏志稿,審定其去所,並參以武功、靈壽、朝邑諸志之合於史例者,爲表四、志八、列傳十二。庶幾不悖於古,實於志體未窺涯涘,知不免以齊笑楚也。藁既脱,誌其緣起如此。是役也,吴江董徵君夢蘭、南滙張茂才文虎之力居多,合牽連得書。

咸豐○○年○○月,金山錢○○叙。

與姚厚田明序論修志書

日者以邑志年久失修,不以○之譾陋,辱承下問,悚恧何如。敝邑僻處海壖,以百數十年未續之志,一旦考其因革興廢,而欲述古證今以傳後,則又甚難。夫志乘之濫觴,實源于史。非曰良史才者不能知其體例,○何人,□敢參末議。然以足下蒞治以來,政通人和,百廢具舉,殷然以前志紀載未備是懼。○忝属部民,敢不竭其愚欵?擬先以修志條例謹陳左右,惟足下裁定之。古者地里有圖有志,《周官》職方氏與小史、外史所掌,下及郡國皆有志,非徒備一代掌故已也。首志疆域,次建置,重境土也。任土作貢,賦役次之。帑藏足矣,莫先于利民生,故次食貨。體統正矣,尤貴于敦教化,故次學校。有文教不可無武備,故次海防。防守固必徵以文獻，故次藝文。且察宦績則知政事之得失，傳人物則知人材之盛衰，與風土之美惡，述往事，勸來者，其於政乎繫焉，若此其大也。今幸得足下爲主修，必將創新例、易舊目，以求合于史體，不才竊嘗聞之久矣。夫修志之要有四：一曰專任，一曰采訪，一曰聚書，一曰無私。夫《史記》《漢書》及《五代史》，皆成于一人之手，故其筆法前後如一。近世士夫專攻帖括，鮮有明史家之體例者。〇意修之者非第在於博學，必先之以才，與識三者兼之，尤貴夫優于行。蓋志局一開，即有束修、紙札之費，紛紛求入局者各懷意見，互相攻駁，惟利是圖。如承祚之修《魏志》，索米以立佳傳，自古爲然。近如華亭縣之《王志》，南滙縣之《吴志》，上海縣之《李志》，其才望非不重於當時，而兩志則前後矛盾，兩傳則敘述異同，甚非帖括之語，即竄入駢儷之詞，終無有盡善盡美之歎者，大抵坐開局之病，不立一專任者之故也。然此貴夫專任者，不必設局而責之以總修，復得二三人以左右其役，如〇平日以學相砥礪者，如〇〇〇〇〇〇，誠得以分任之。或長考據，或主紀載，或明掌故，將前志之畧者增之，冗者節之。若者敘次未明，若者文法不古，又從而糾正之、究辨之，期無乖于史法而後止。衆長既集，則又恐其漏畧，又必采訪以分佐之。若非邑人，又恐見聞不確，更須得一明于地理者親履其地，凡山川之脉絡，如某山自某山分支，距某處若干里，某水之源出于某處，而所入之水滙于某處，一一圖其形勢。况此通彼塞，今昔不同，復按舊志以增益之。仿《水經注》敘事之法，以及坊表、橋梁、寺觀，至人物、節孝之類，訪查明確，兼之考核載籍，則聚書尤爲要務也。昔者史遷作《史記》，鄭樵尚譏其所見之書少。况吾邑自分縣以前，如地理之沿革，非考諸二十四史及三通、《寰宇記》《吴郡志》諸書不能明也。有時事之有關一邑利病或漏于紀載者，一時之見聞有限，不參證近人諸集，其是非尚不足以徵信也。節目未能明備，去取未能精詳。如《璜溪志》《朱里志》《衞城志》等，皆足以羽翼邑乘，以備蒐羅。必須蒐佚黜譌，不以摭拾繁富争長，較之因襲增修、以志修志者，相去遠矣。然所纂尤貴無私。宋儒有言，修志之難同於作史，直筆、公心兼長斯善。劉知幾作《史通》，以亢直不畏(疆)[彊]禦爲第一義。一存私見，必至濫收。凡爲子若孫者，誰不欲傳其祖父，載其詩文？不傳則已，傳則其政皆龔黄也，其德皆顔曾也，其才皆班馬也。空言溢美，莫辨等差。前志及《宋府志》皆蹈此弊。然狥情則乖史法，而秉公則招衆忌。意前志所已傳者不敢妄删，未傳者不宜濫録。其靡而無據者則必核實之，畧而不詳者則必廣搜之，湮而未彰者則必幽闡之。如功無以利民生、德不足孚衆望、言不能傳著述，尤宜慎之又慎。昔人云，不爲利藪，即爲怨府，誠非虛語也。蓋去取嚴，斯可爲信史耳。具此四者，而後仿史家之義例，以正名目。《史記》有表，有紀，有書，有世家，有列傳，未嘗統名之曰記。《漢書》亦有帝紀，有年表，有本志，有列傳，亦未統目之曰書。今之修志者，往往皆强繫“志”字以成書。如秩官、選舉，表體也，而名之曰志；人物、列女，傳體也，而亦目之曰志。或以一志統數志，或一志而多立名目，皆不合史體。必擬先釐定篇目，將前志所當因與不當因者，增損於其間，則新志之凡例統歸劃一焉。按：前志爲焦太史〇〇所輯，不免遺佚庸陋之病，非敢掎摭前人以自是也。《詩》曰：“維桑與梓，必恭敬止。”若知其闕失而不争正者，非所以重前哲也。按：曾志卷首不列宸翰，本邑爲聖駕南巡所不及，所有頒賜諸臣聯語,此係私幸,無庸恭紀,最合體裁。諸圖亦分繪明晰。惟沿革統于建置,星野勦襲空文,秩祀與寺觀分門,職官與裁員混列,坊表所遺不少,墳墓多有濫收,金石不立專門,物産同於各志。海防、鹽法爲本邑第一要務,則缺焉不詳。藝文濫入詩文,似乖志體。例貢、例監、吏員、鄉飲賓等類,固不勝收,致多遺佚。況縣志非家乘可比,是封廕尤爲贅入。兼之所載名宦,上溯唐宋,備紀總督諸臣政績,似與分縣無涉。人物與科目兩歧,且多濫入。其傳敷衍空詞,尤宜重加裁汰。揔之金、婁分邑,一切紀載揔覈其實,係其地者書之。舊志不免牽連華、婁兩邑之病。其類舊分三十,姚氏汭有續修志稿亦仍之,惟於科目、列女兩門最爲詳覈。其采訪列女,以道光十五年爲止。科目則多借才隣邑,是宜删者。人物傳不分儒林、文苑諸門,頗合史體。而所收大半强據華、婁原籍,並追采土著之祖父及子孫之遷徙者各傳。叙體則失之太簡,簡則不能達其可傳之實。餘如鹽法、田賦、坊表、橋梁、第宅等類,悉仍舊志,並未采訪一二。惟藝文則仿《漢書》,專載本邑人著述書目,而冠以欽頒書籍,爲不倫耳。末仿蕭大可《蕭山縣志》例,爲三志刊誤數則,考核精詳,是可法也。兹就前志及姚氏志稿審定去取,並參以武功、靈壽、朝邑諸志之合於史例者,爲表四、志八、列傳十二。庶幾不悖於古,實於志體未窺涯涘,知不免以蜀笑楚。惟足下矜其愚而教之,幸孔幸孔!

易生叢謗。修志與修史同一杼柚。作文難,評文易。吹毛求疵,文人惡習。試觀諸《史記》《漢書》,雖出馬、班之手,尚不能無遺議,況他人耶。

《元和郡縣志》《元豐九域志》《乾道臨安志》《乾道毗陵志》《淳熙三山志》《淳熙雲間志》《嘉泰會稽志》《嘉定赤城志》《寶慶四明志》《景定建康志》《咸淳臨安志》《至元嘉禾志》《志大昌國州圖志》《延祐四明志》

此錢鱸香先生手筆。白蕉注。

一、金山自雍正二年分縣之後,乾隆十七年邑令常琬與邑紳焦以敬等創爲邑志,分三十類,即今舊志是也。百年以來,纂輯無聞。道光間,邑人姚汭恐其失墜,作續志十二卷,未成而歿。今據爲藁本,缺者增之,繁者芟之,《姚志》所無者續之,因革事宜務求完備,尚有脱遺,敬俟博雅。

一、沿海之區,當詳水利。舊志略載數條,經緯不分,朔南莫辨,《姚志》亦無所發明。今以幹水爲綱,詳列支水,於下同源合委者咸附入之,庶使閲者展卷瞭如。

一、建設賦役,悉遵國家定制。前賢議論、名臣奏牘實可施行,或行之有效者,區别甄録,以著得失之林,亦以見我朝深仁厚澤云爾。

一、本邑設有鹽場鹺政,不可不講。乃竈丁、業户蕩税場徵,舊志最爲疎舛。《姚志》稍加詳整,今又數十年矣,中間變易章程,釐剔利弊,必須鑿鑿言之,故不憚博採旁搜,以補遺漏。

一、前志以縣署在衛城,故以衛城爲首。今縣治移建朱涇,四至八到當據朱涇起數,一切記載亦宜先之,蓋由内及外之意,非擅爲改革也。

一、人文蔚起,志乘增光。然必以土著爲斷,撰述家好爲扳附,未免借才異地。《姚志》詳爲攷核,悉標某村某鎮人,頗稱慎密,今悉從之。

一、閨範壼儀，首先節烈，而賢淑仁智，中壘並稱。今取其事蹟可攷者，並著於篇，庶列女一門不致貽陳祖範寡婦籍之譏爾。

一、名山述作，代有傳人。鄉先輩所著流傳至今者，編入《藝文志》中，悉存其目。學問經濟尤爲瑰琥者，倣《四庫全書提要》體例，綴緝數語，以志梗概。其所不知，並付闕如。金石録目亦附於此。

一、多載詩文固是志書之病，然芟薙太甚，或致文獻無徵，又屬矯枉過正。今擇有關世道人心及本邑掌故利病者，間些一二，即附各條之下，省煩文、求實是也。

一、柘湖向爲巨浸，今已湮廢。大小金山在海洋數百里外，窵遠不相連屬，故《姚志》以舊志爲繁而削之。然邑既以金山爲名，則金山不啻鎮山也。況湖道淤塞，尤爲農田之病。今並臚列，識者鑒諸。

草擬金山縣志凡例　擬稿

一、縣有志以備史也。知人論世，當名辨物，庶足信今而傳後。舊志如常棠《澉水志》、韓邦奇《朝邑志》、高鶴《定遠志》，皆太簡不足法。今惟空言删其枝蔓，實事挈其綱維，有關國計民生，不憚敷陳詳盡。名宦人物各傳言言核實，勿涉鋪張，以期繁簡適宜，無乖史例。

一、志乘篇目各種分合不同，如《淳熙三山志》《至元嘉禾志》《八閩通志》《廣東通志》增損不倫，多滋訾議。今略仿《武功》七篇之例，增其所當增者。一曰地理，釐界址也；二曰建置，紀廢興也；三曰祠祀，隆典秩也；四曰田賦，重正供也；五曰學校，六曰兵防，昭文治武備也；七曰名宦，八曰選舉，九曰人物，十曰藝文，爲官斯土居是邦者矜式也；十一曰名蹟，思古之情也；十二曰雜志，亦《易》有雜卦、《禮》有雜記之例也。凡當載者，俱斷自雍正丙午分縣之年始。

一、星野之説，牽合紛歧。伏讀高宗御製詩，深斥其妄，煌煌聖訓，率土欽遵。今惟仰測高弧，驗諸北極、赤道偏度，以準地域。

一、縣以海塘水利爲要務，工作不慎，徒縻帑藏。今備載濬築事宜，俾莅事者考鏡焉，庶不至空談而無實效爾。

一、田賦冠以減糧，殿以荒政，紀湛恩也。鹽課實關國用，籌畫宜詳，故不憚煩言焉。

一、志載藝文、人物，昉於《太(宇)〔平〕寰宇記》。迨後朱昱三原志人物有十七類，分析太繁，亦不足法。今遵《大清一統志》例，合爲古今人傳。藝文載明卷帙，依經、史、子、集分部編次。

一、人物久而論定。松江府《顧志》撰於正德壬申，而立傳不及宏治。《陳志》撰於崇禎辛未，而立傳不及隆、萬。《郭志》撰於康熙癸卯，而國朝諸人並未立傳。華亭縣《王志》撰於乾隆辛亥，而立傳止及雍正以前，殆綦慎也。今名宦人物各傳載至乾隆乙卯止，惟修築裁改事宜、職官選舉題名，以及貞節婦女符例者，悉載至本年止。

一、前志有祥異、兵燹、風俗三類。今國家承平日久，海甸乂安，不尚嘉祥，絶無災異。方言、風俗郡屬各邑大略相同，俱編入《雜志》中，以歸簡易。

一、衛城地賦半屬華亭，衛學儒紳統赅七邑，全載於編，實乖體例。若竟從删削，則衛已久裁，此後誰爲蒐輯？今特另撰《衛志》一卷附後，既免牽混，且較詳明。

一、《江南通志》成於乾隆丙辰,所載與今不合。新府志修於嘉慶乙亥,所載不無舛錯。縣志參校稍疏,前後致多互異。凡三志遺誤各條,俱各詳查細校,另輯《三志補正》一卷附末。

修志凡例

一、志仿史體，法貴謹嚴。舊志分類三十，姚氏汭續修志稿亦仍之。今擬仿《武功縣志》例爲表四、沿革、疆域、職官、選舉。志八、地理、建置、賦役、藝文、食貨、學校、海防、志餘。列傳十二，名宦、政績、義行、隱逸、儒林、文苑、忠節、孝友、藝術、游寓、方外、列女。期於文約事增，則後人易資省覽也。

一、舊志纂於分縣之後，一切記載不免牽入華、婁兩邑。擬詳加考覈，實係其地者書之，以雍正三年爲始。

一、卷首前列全境諸圖，餘圖分列各門下，以表左圖右史之意。

一、沿革、疆域及職官、選舉皆仿史例作表。疆域首列鄉、保、區、圖，末附鎮市、各地名。職官表内，如横浦、浦東兩場鹽大使，另附于《鹽法志》後。其額設舊制各員，《姚志》皆删，今存之，另作《題名記》附後，使來者有所稽考焉。

一、邑境瀕海，明設七所重兵，遂爲重地。然明制兵防海岸，而國朝之兵防於舟山、狼山等處，是以舊志兵防傷于略。今按時與地，自應首務及此，故立《海防志》以統之。

一、邑設鹽場，而鹺政又今昔互異。竈丁業占蕩税、場徵，舊志最爲疎漏。兹遵《兩浙鹽法志》及横浦、浦東兩場册(擋)〔檔〕，互相考證，詳載以補之。

一、各圖河道爲一邑水利所關，必須脉絡分明，而後有疏治之法。舊志所載，此塞彼通。今昔互異，兹就各處訪查，每保各繪一圖外，以方線限之，以規里數，並依《水經注》標幹水爲綱，詳列支水附於下，俾源委可尋，後之治水利者考其興廢，因勢而利導之，思過半矣。

一、橋梁各標明所跨諸河段落。墳墓、寺觀僅載其表著者。風俗、物産則詳本邑所獨。至昔存今廢之倉署，第宅、橋梁、坊表等項，皆存其目附後，有基址可訪者悉註明其下。

一、舊志科目下列例貢、吏員、例監、恩賚四門，兹以不及備載删之。惟旌義各人名，擬作合傳附雜志内。又鄉飲賓各題名，擬附鄉飲酒後。

一、舊志列傳濫收，頗有抵牾，悉爲(辧)〔辨〕正。仿《史記》陳平、聶政諸傳，註明某村、某鎮人。並仿《剡録》下注原引及參用書目，以杜濫入，不敢憑耳食也。唯列女一門，以節烈爲主。其貞孝、賢淑、才女亦間爲採入，不復分類，均以年之先後爲次。有年例已符而未邀憲旌者亦採入，而現存者不與焉。

一、舊志藝文二卷，濫入詩文，似乖志體。兹仿《漢書》例，祇載書目，並以詩文之有關一邑掌故利病者，散綴于各門下，自唐至元均採無遺，自明至國朝選入尤嚴。至書目下，仿

《提要》體例,以(箸)〔著〕其尤者,餘存其目以别之。而金石尤資考證,舊志不載,今仿《隸釋》《隸續》例,間録原文,及大小尺寸並附載焉。

一、舊志兵燹、祥異、風俗三門,與府志大略相同。玆擬編入《雜志》,以歸簡易。末附舊志纂輯年月及各姓氏。

一、通志成於乾隆丙辰,所載與今不合。《松江府志》修于嘉慶丁丑,又多乖錯。舊邑志參校亦踈,前後致多互異。玆擬參證諸書,仿蕭山縣作《證譌》一卷。

志一册　山水　水利　古(積)〔蹟〕　冢墓

志二册　城池　衙署　壇廟　善堂

　　　　表坊　橋梁　第宅

志三册　恩蠲　賦法　役法　鹽法　倉穀　兵防

志四册　藝文

志五册　倉穀　物産　學校　學田　鄉飲酒禮附　兵事　(詳)〔祥〕異　風俗

志六册　田賦

表一册　目録　凡例　沿革　(彊)〔疆〕域

表二册　職官

表三册　選舉

列傳一册　名宦　仕績　儒林　文苑

又　二册　忠節　孝友　義行

又　三册　隱逸　藝術　游寓　方外

又　四册　列女

沿革表

疆域表　形勢　界址　鄉保區啚　鎮市　屯田入海防。　田補入賦役。水港入地理、水利。海浦入海防、海塘。

職官表　形勢非表所能該,附論於海防後可也。

選舉表

地理志　分野分野改從《姚志》作極度。　山川　水利　古跡　墳墓

建置志　城池　街巷　衙署　倉厫　壇壝　寺觀　衂所　義冢　坊表　橋梁　第宅

賦役志　賦法　役法　漕運　田畝　賦額　課税　蠲賑　解支　襍辦

食貨志　户口　鹽課　積穀　荒政　物産

學校志　廟學　書籍　學田　書院　鄉飲

海防志　營汛　驛遞　兵畧　軍政　屯田　海塘

藝文志　書目　金石

襍志　兵事　祥異　風俗　遺事

列傳　名宦　儒林　文苑　政蹟　忠節　孝友　義行　隱逸　流寓　藝術　方外　列女

沿革表

疆域表　界至　鄉保區啚附鎮市

職官表

選舉表

地理志　極度　山川　水利　古跡　墳墓

建置志　城池街巷　衙署倉敖、禁獄　壇廟寺觀　善堂嬰局、義冢　坊表　橋梁　第宅

賦役志　田賦　鹽課　役法　解支附課税　褋辦　賦法　蠲賑

食貨志　户口　積穀　荒政　物産

學校志　廟學附書籍　學田　義學　書院鄉約

海防志　海塘　營汛　鋪遞　屯戍　附論

藝文志　書目　金石

褋志　兵燹　祥異　風俗　遺事

列傳　名宦　儒林　文苑　仕蹟　行誼　隱逸　藝術　方外　流寓　列女

金邑無形勢可言。舊所列要害，亦無一着實語。要當按切目前時勢作一快論，附於《海防志》之末，不必褋入《疆域表》中。分野定從《姚志》作極度。“壇壝”二字不能該，廟宇擬改壇廟。“卹所”二字稾强，擬以“善堂”標題，而嬰局、義冢附之。他善舉仿此。賦法擬易田賦，而以漕運、田畝、賦額、蠲免、減緩諸類悉并入之，以免瑣碎立名。鹽課亦賦也，宜入《賦役志》。積穀應名積貯，今避嫌名，姑仿《南匯縣志》亦可。義學亦學也，宜附《學校志》。鄉飲禮久廢，不如存鄉約。金邑無驛，故改驛遞爲鋪遞。兵略、軍政徒事鋪張，括之以營汛，則已包舉無遺。金邑無屯田也，有則應歸入田賦，而從前屯軍則爲衛而設，故改屯戍。“政蹟”二字覺客氣，不如“仕蹟”爲妥。忠節、孝友皆義行類也。《南匯縣縣志》合之，亦仿之改爲行誼。

志乘通弊，往往以抄撮爲能，取盈卷帙。如賦法、役法，則抄撮《史》《鑑》，學校、軍政則抄撮會典，連篇累牘，自張門面。不知都是天下通行公象語，而於地方實在情形反期期艾艾，語焉不詳，或并闕而不載。豈志局多人，皆大事糊塗哉？或有所諱忌而不敢言，或欲言而稟制不能自主，遂相率顢頇了事而已。今既一手操持，旁無掣肘，宜講求精當，不以年月爲限，務使所記所議實有裨於一邑，而不徒爲故紙堆中生活，則誠有用之言而不朽之盛業也。

圖

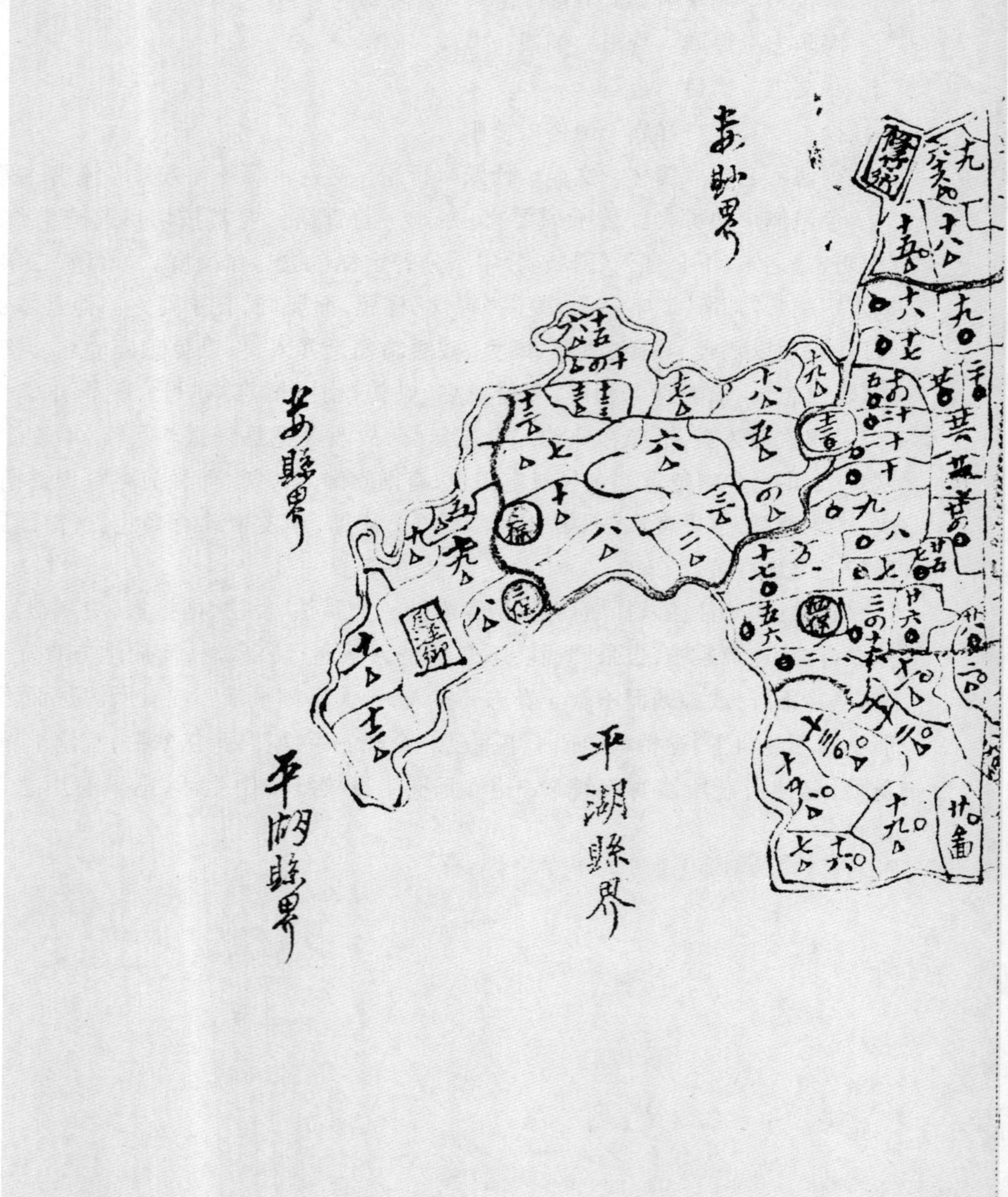

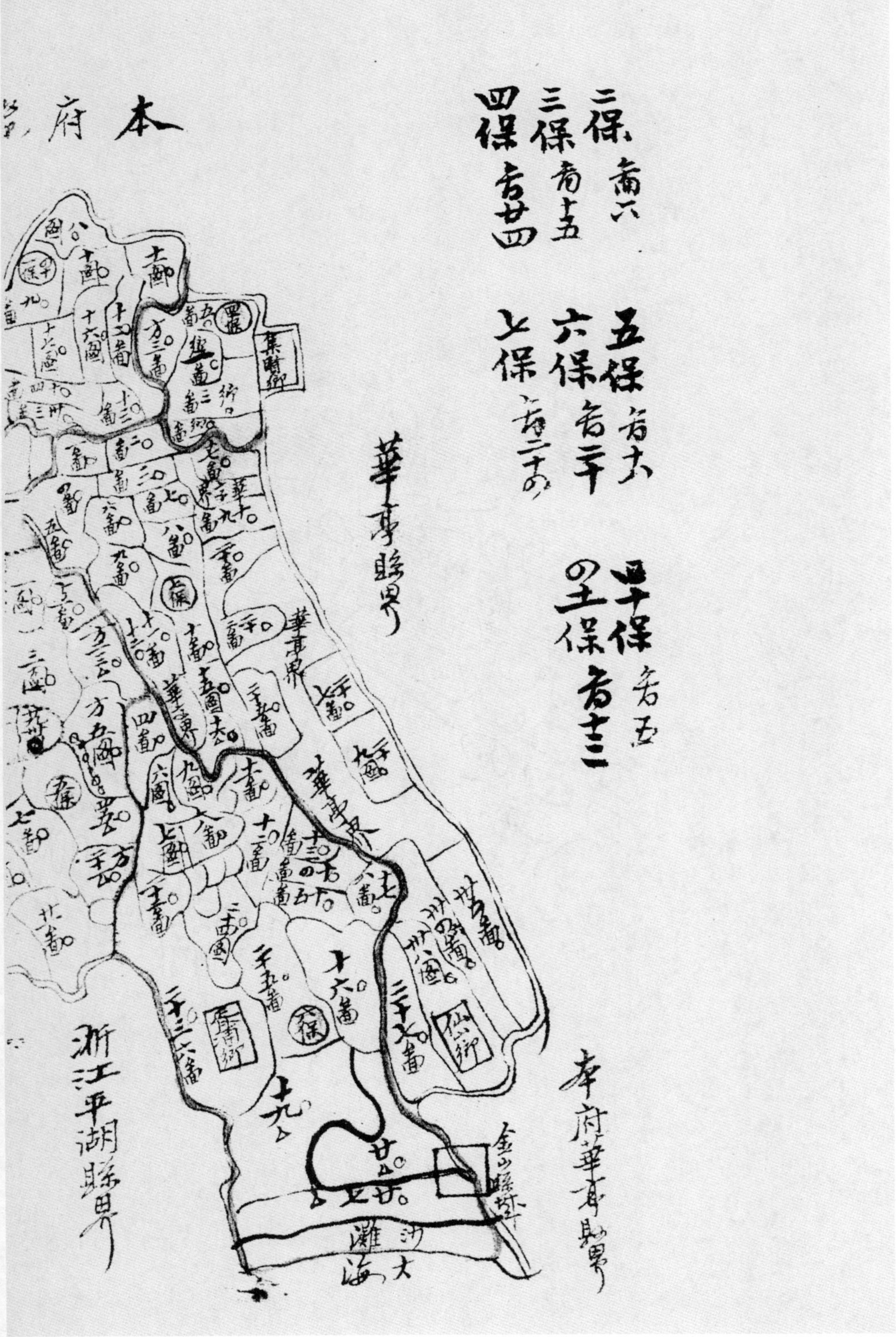
本府
華亭縣界
浙江平湖縣界
本府華亭縣界
大海

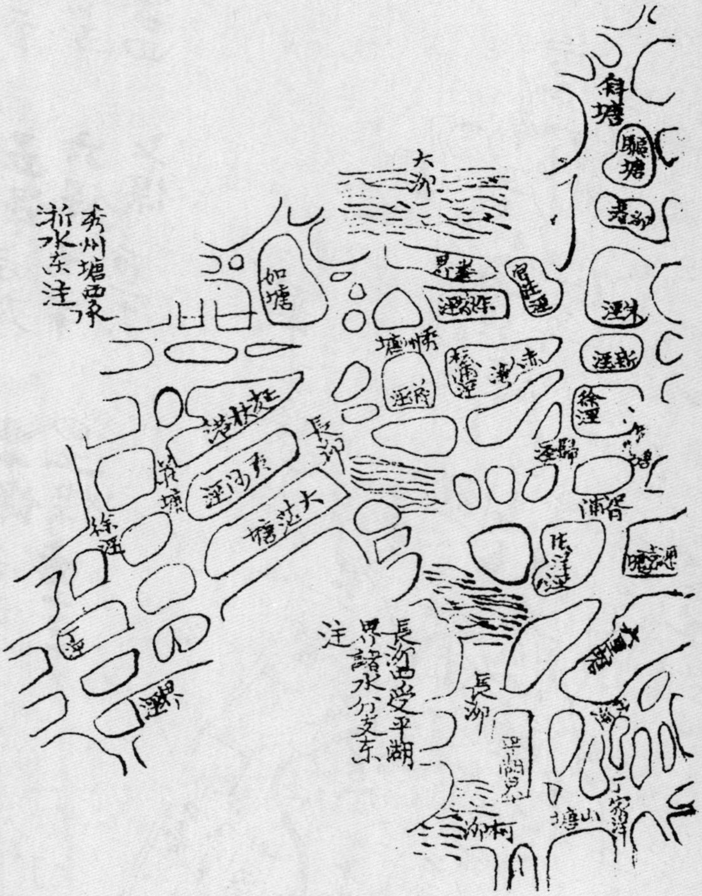
秀州塘西承浙水东注
長泖出受平湖界諸水分支东注
大泖
長泖
加塘

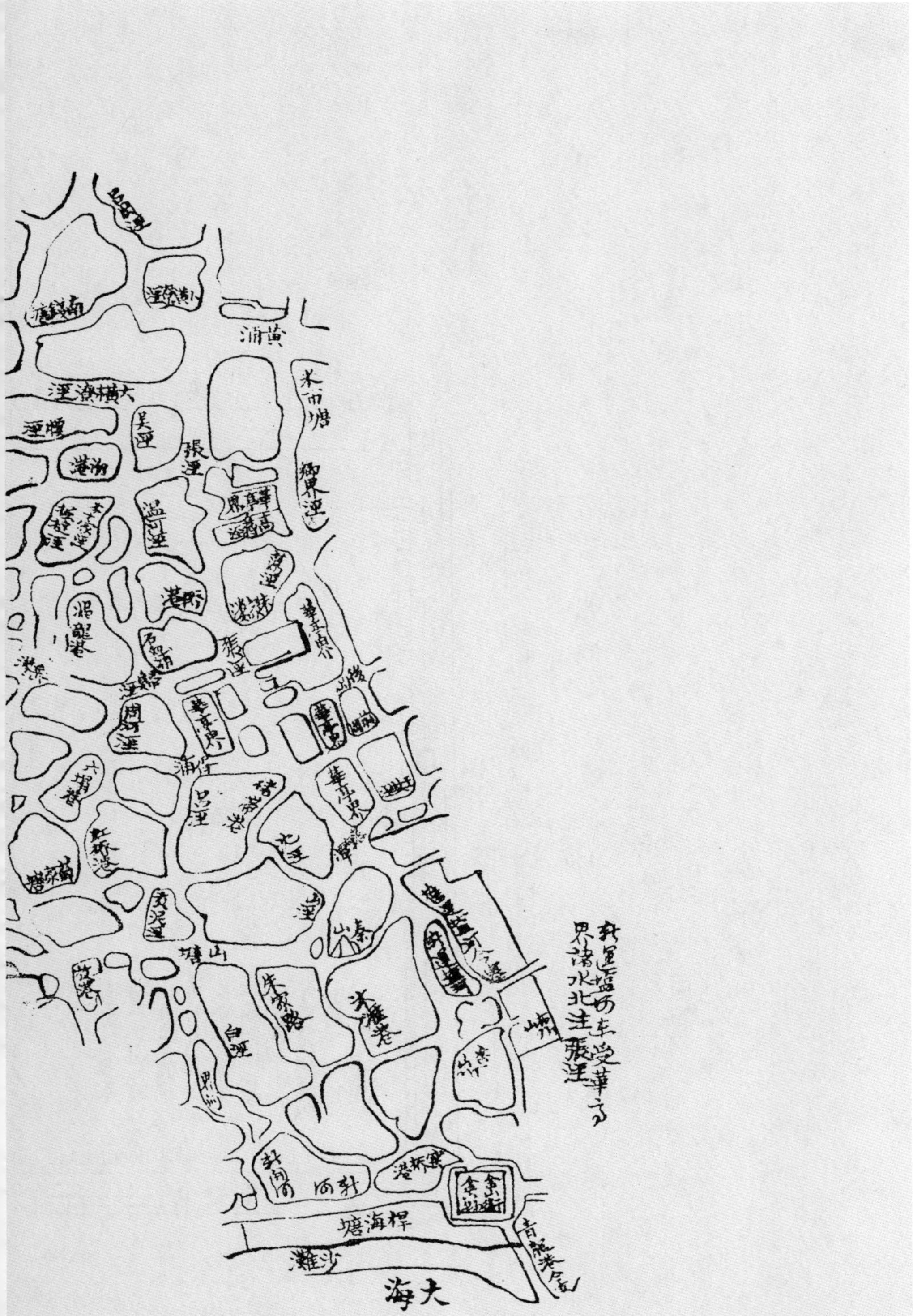
黃浦
米市塘
張涇
山塘
朱家路
白涇
封河
捍海塘
沙灘
大海

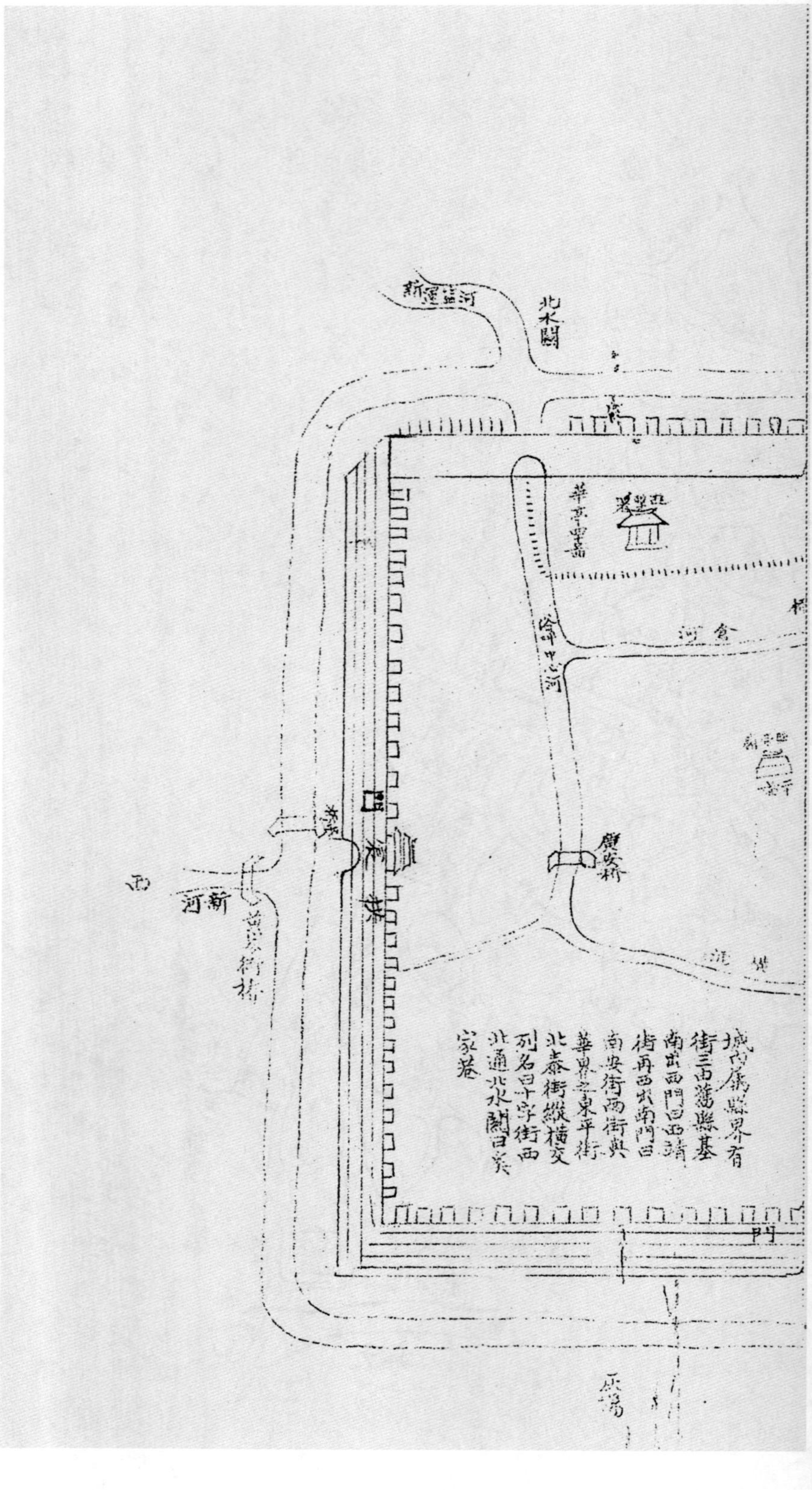
北水關
倉河
西
新河
城內係縣界有
街三面舊縣基
南出西門曰西靖
街再西出南門曰
南安街兩街與
華界之東平街
北泰街縱橫交
列名曰十字街西
北通北水關曰奚
家巷

城池圖

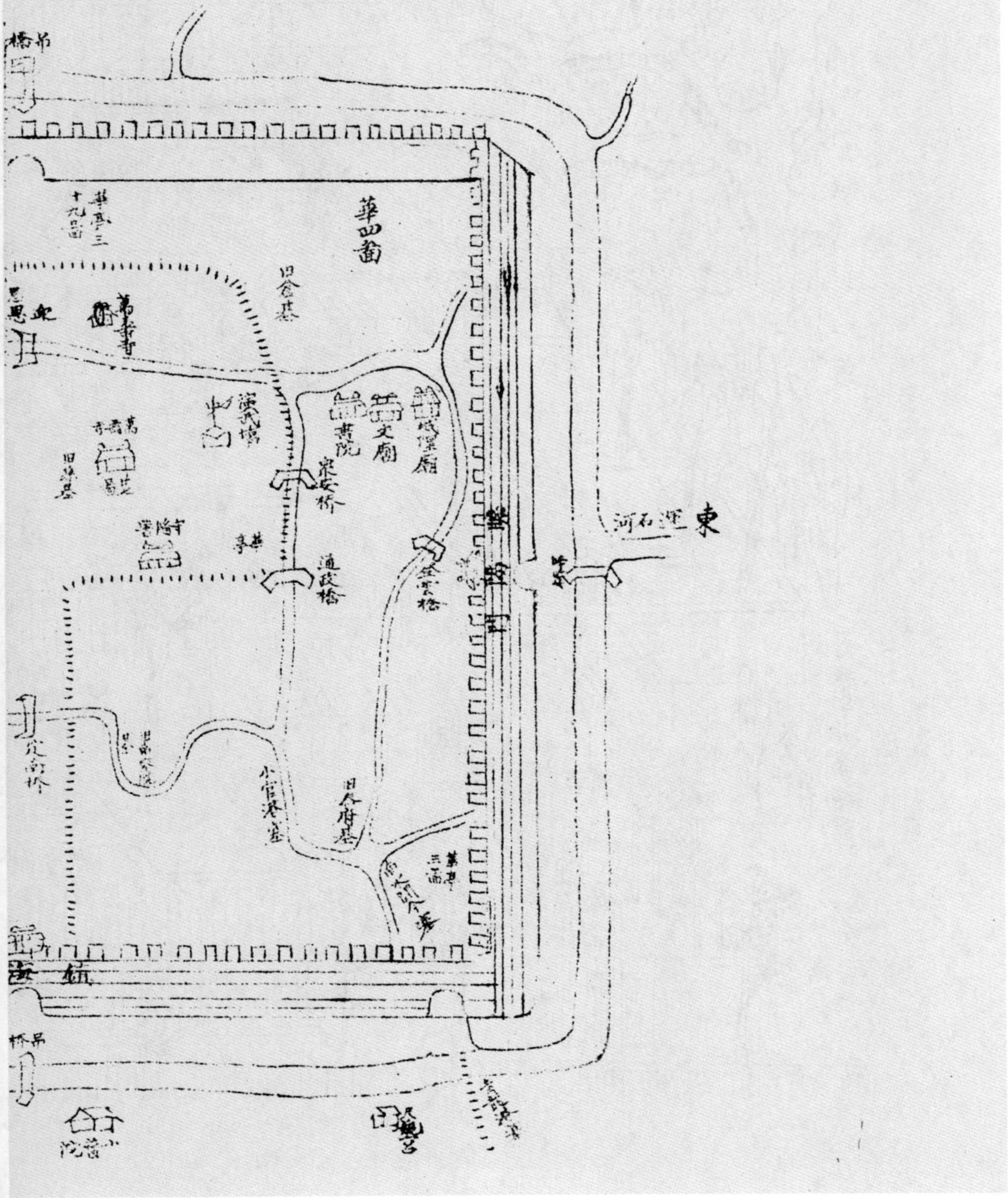

田岸
田
節孝祠
節孝坊
觀書院

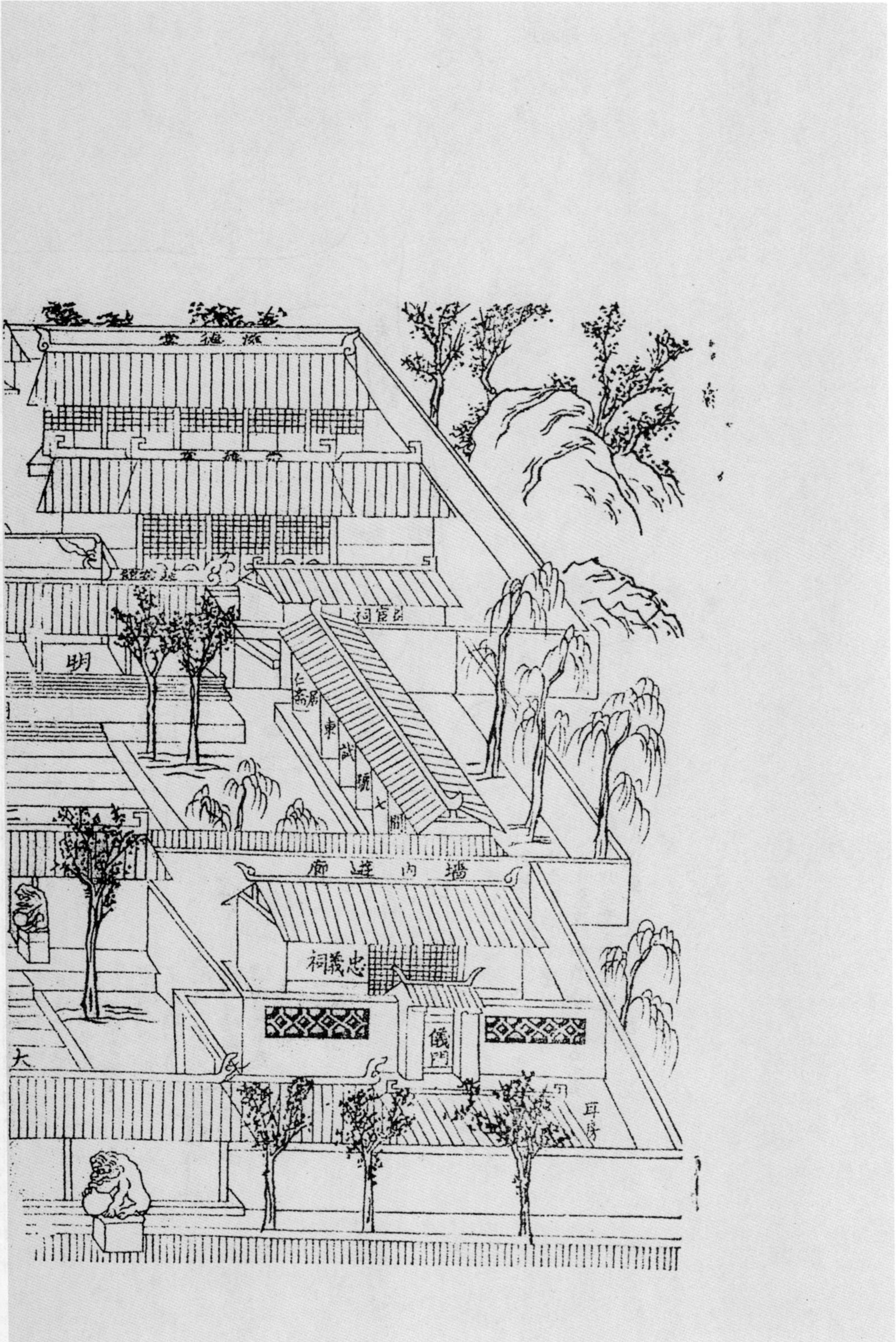
名宦祠
東
號
七
明
墻內遊廊
忠義祠
儀門
大
耳房

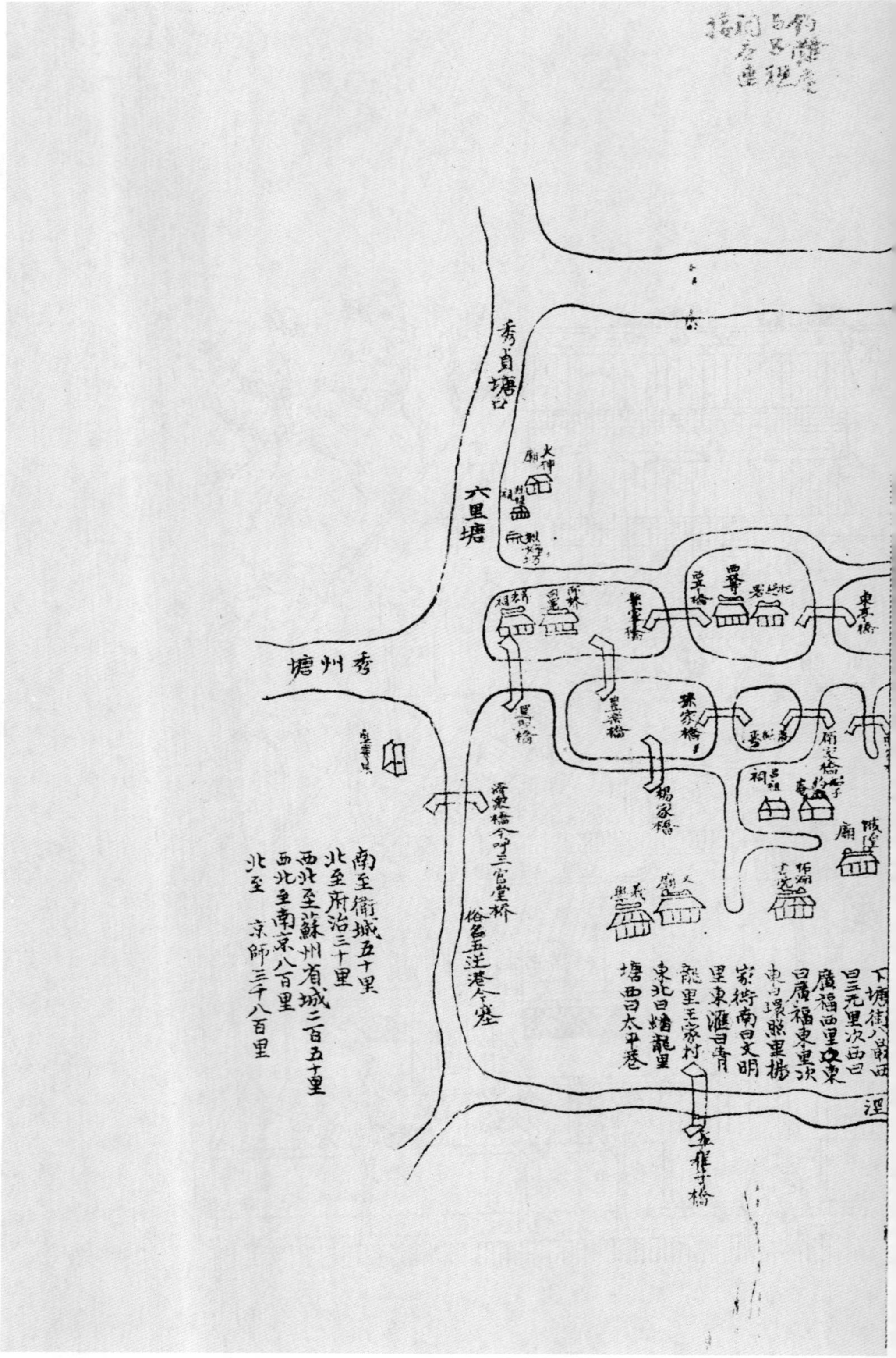
秀貞塘口
火神廟
六里塘
秀州塘
楊家橋
張家橋
東壽橋
俗名五涇港今塞
南至衛城五十里
北至府治三十里
西北至蘇州省城二百五十里
西北至南京八百里
北至 京師三千八百里
曰三元里次西曰
廣福西里次東
曰廣福東里次
家街南曰文明
里東滙曰青
龍里王家村
東北曰蟠龍里
塘西曰太平巷

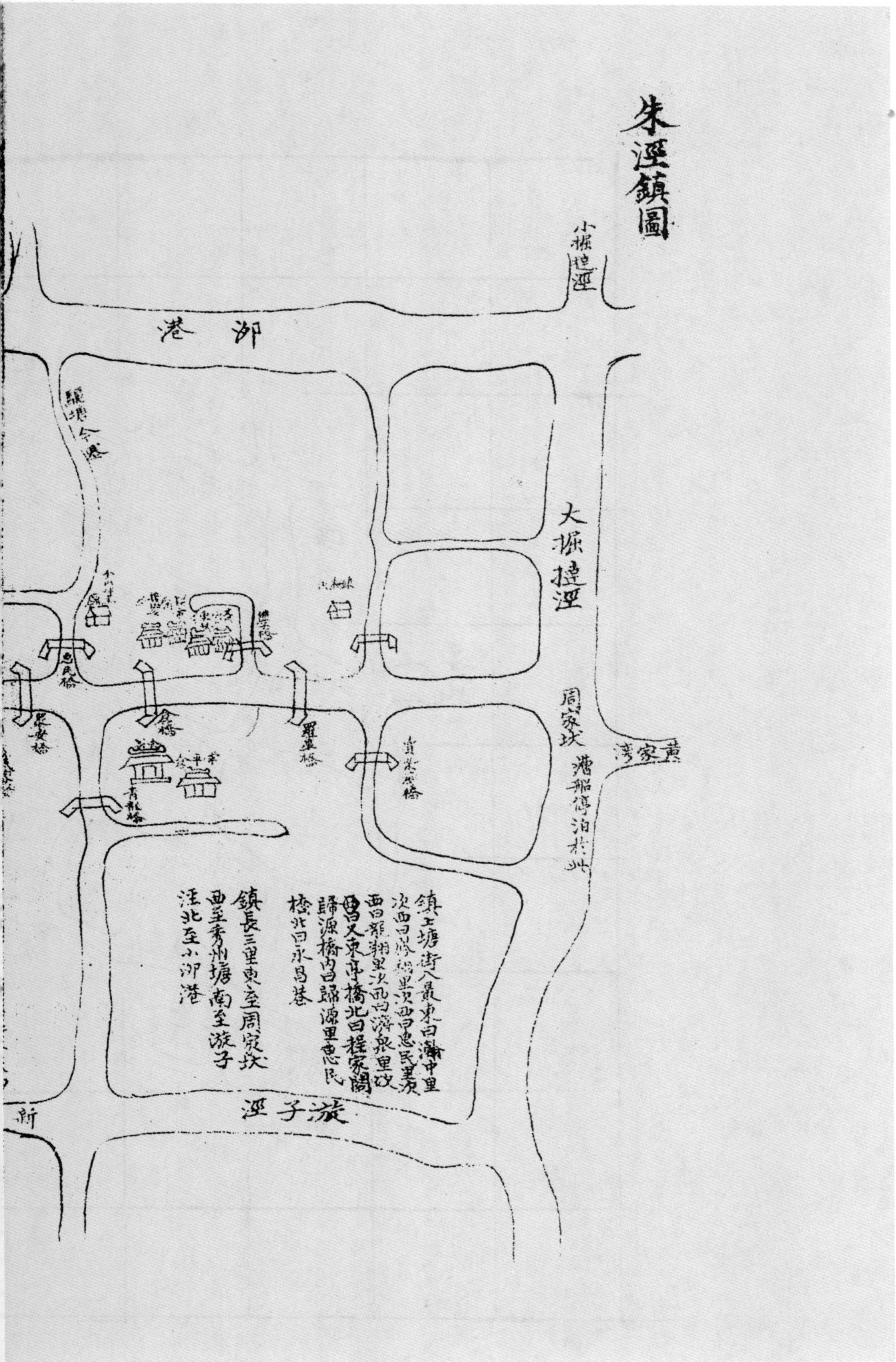
朱涇鎮圖
小攔提涇
港　泖
大攔提涇
周家坟
漕船停泊於此
湾家黃
歸源橋內曰歸源里惠民
橋北曰永昌巷
鎮長三里東至周家坟
西至秀州塘南至漩子
涇北至小泖港
涇子漩
新

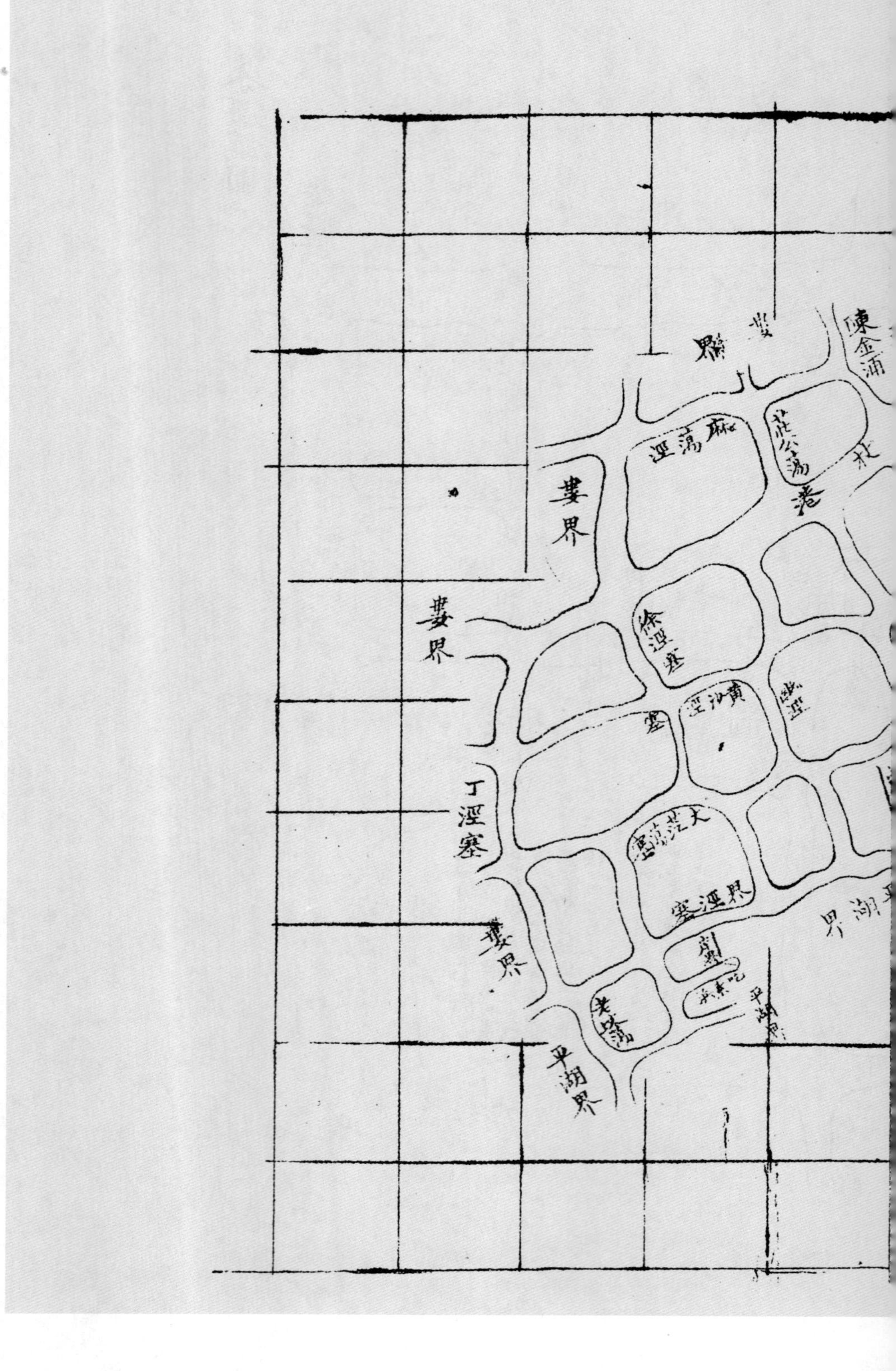
婁界
婁界
丁涇塞
婁界
平湖界

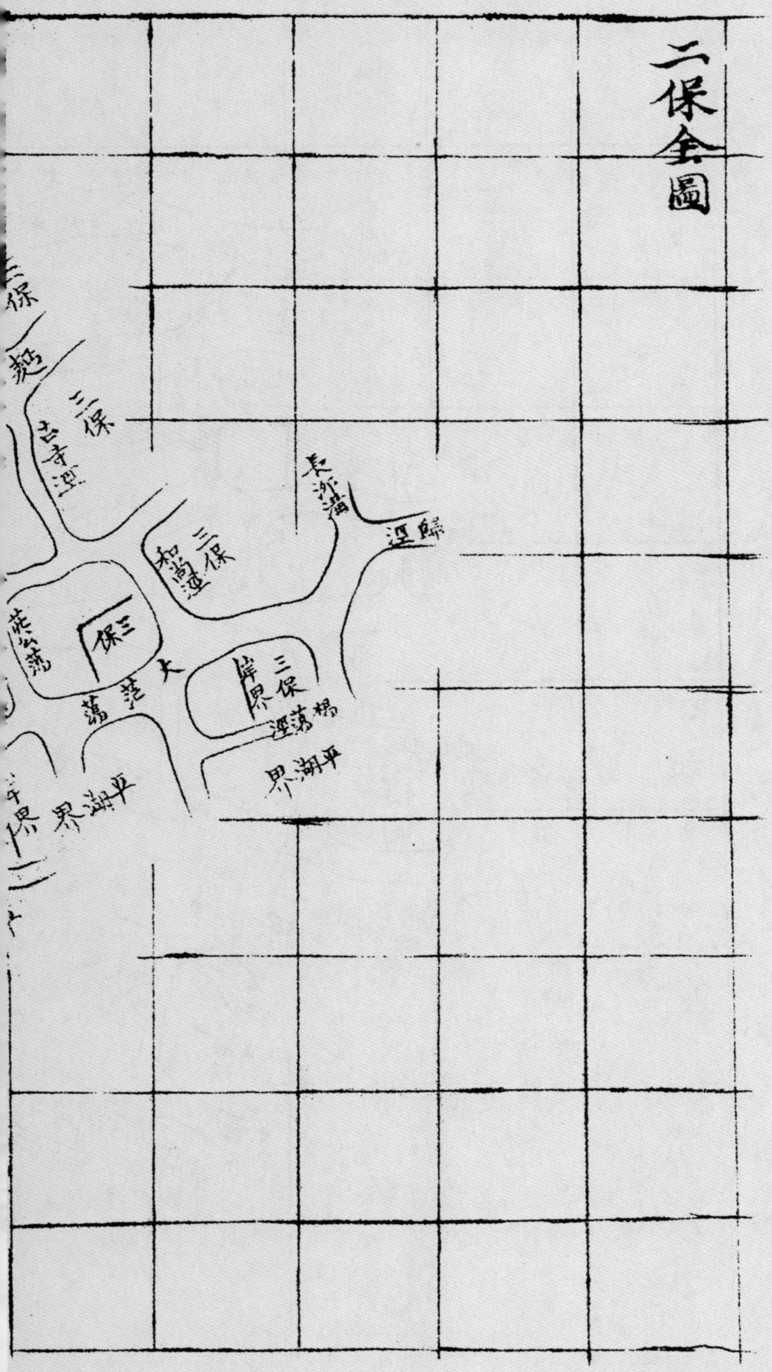
二保全圖
三保
古寺涇
三保
和尚涇
三保
三保
平湖界
平湖界

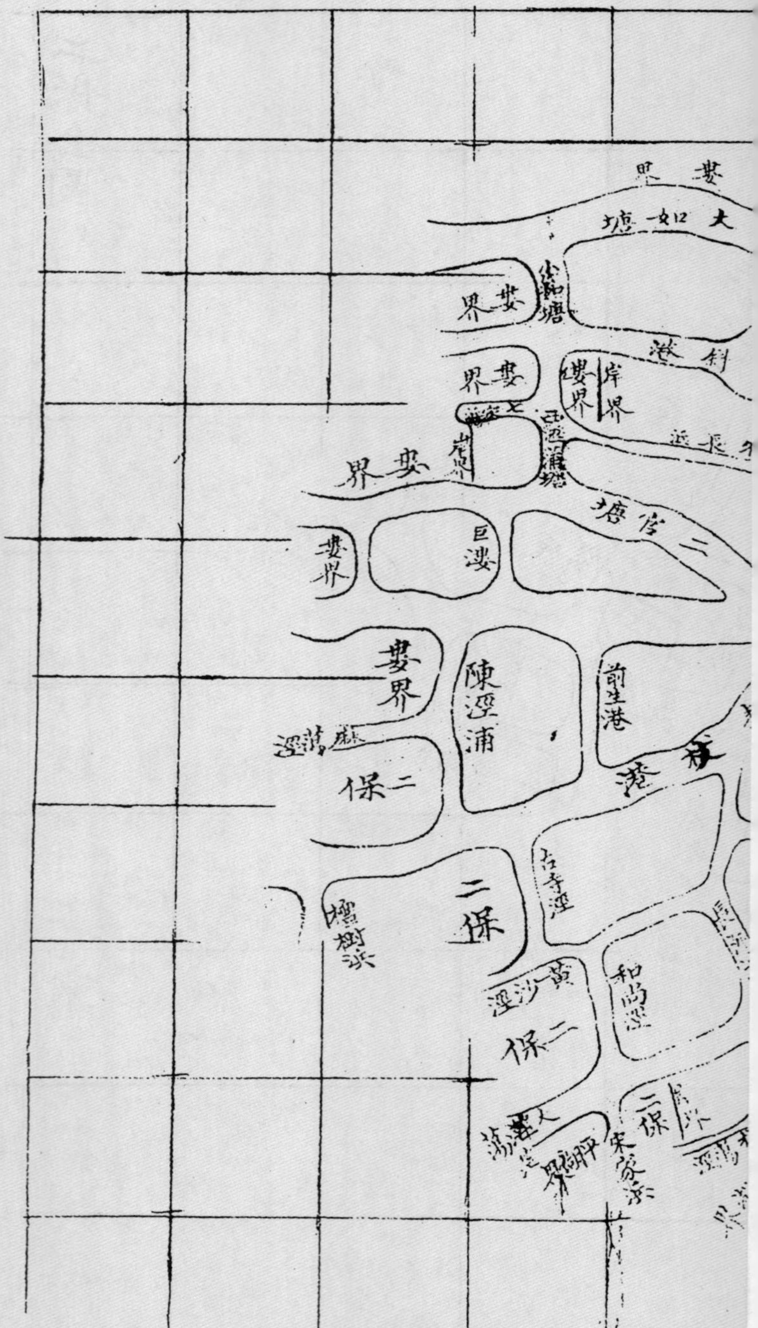
要界
陳涇浦
二保
古寺涇
和尚涇

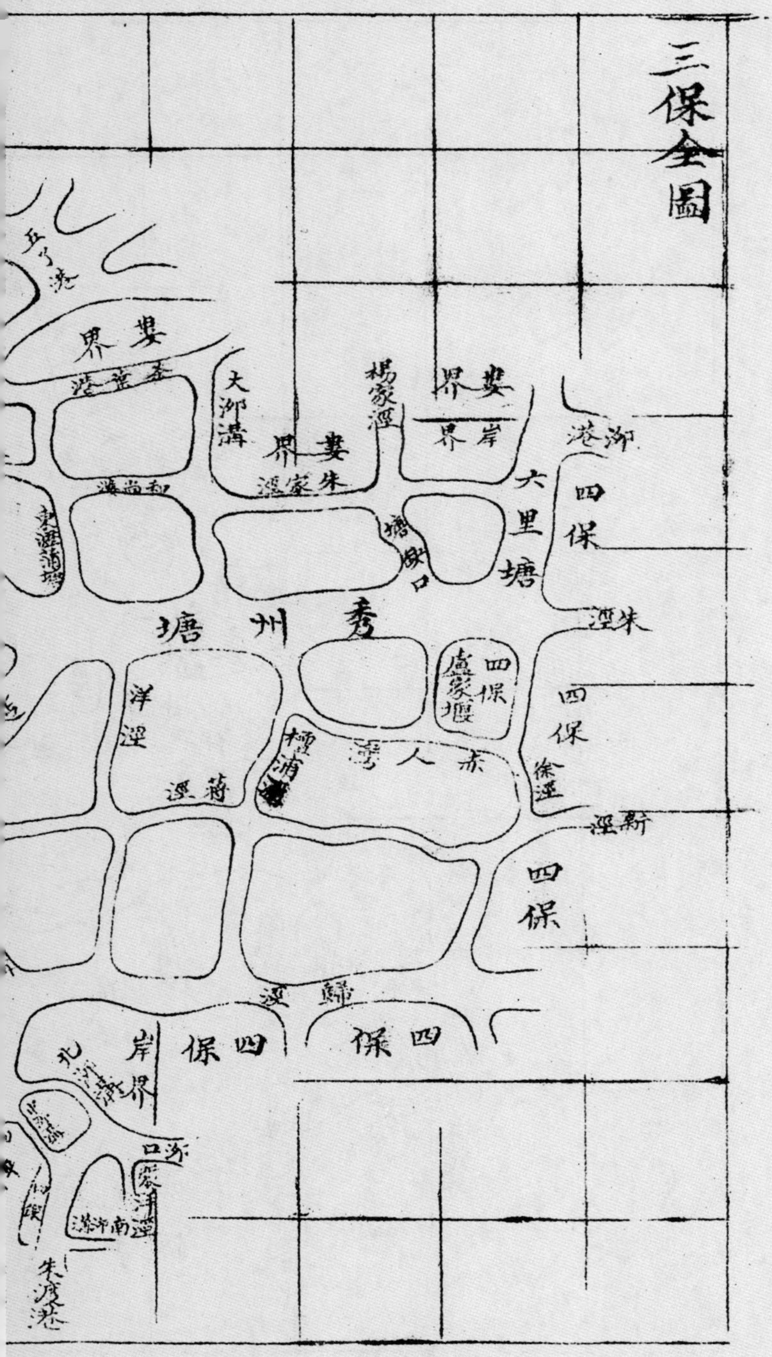
三保全圖
婁界
婁界
大泖溝
楊家涇
婁界
岸界
朱家涇
泖港
六里塘
四保
秀州塘
朱涇
四保
盧家堰
四保
洋涇
四保
蔣涇
徐涇
新涇
四保
歸涇
四保
四保
岸界

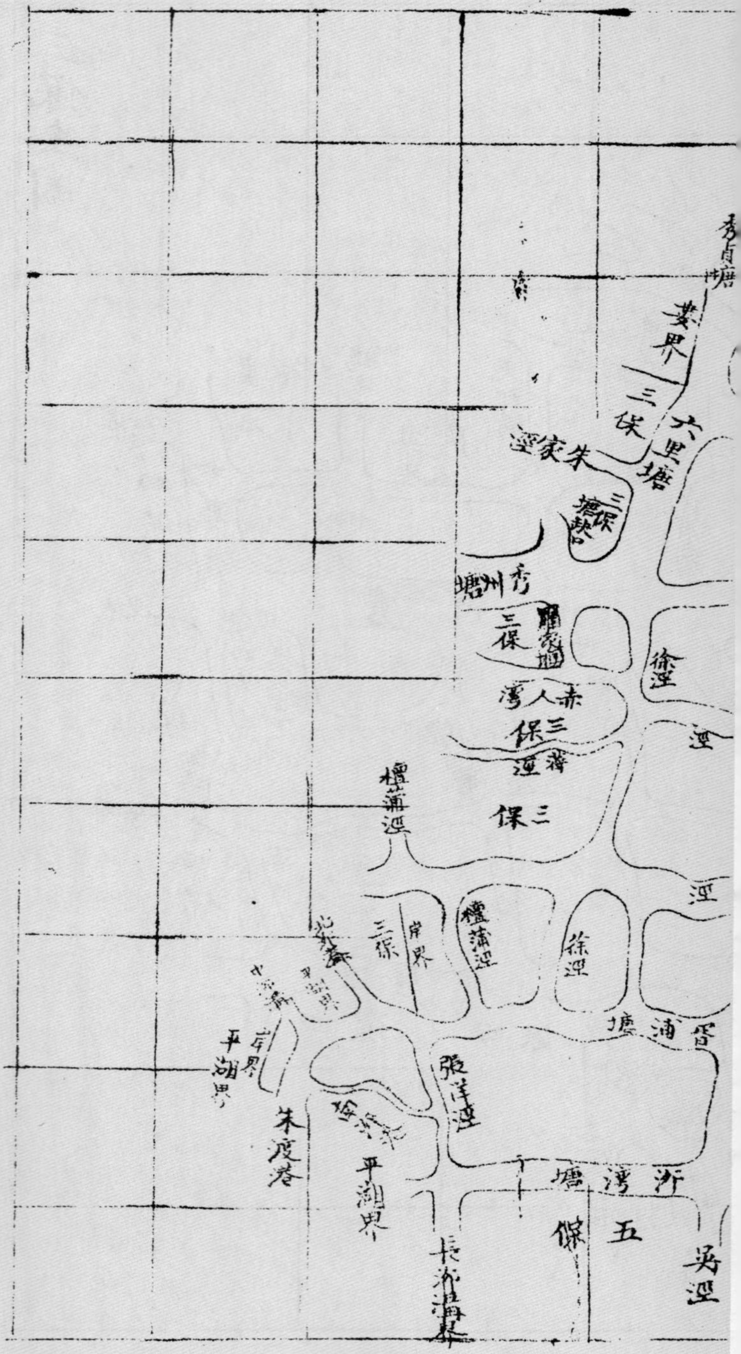
秀州塘
六里塘
三保
檀蒲涇
三保
檀蒲涇
徐涇
張洋涇
平湖界
平湖界
朱渡巷
五保

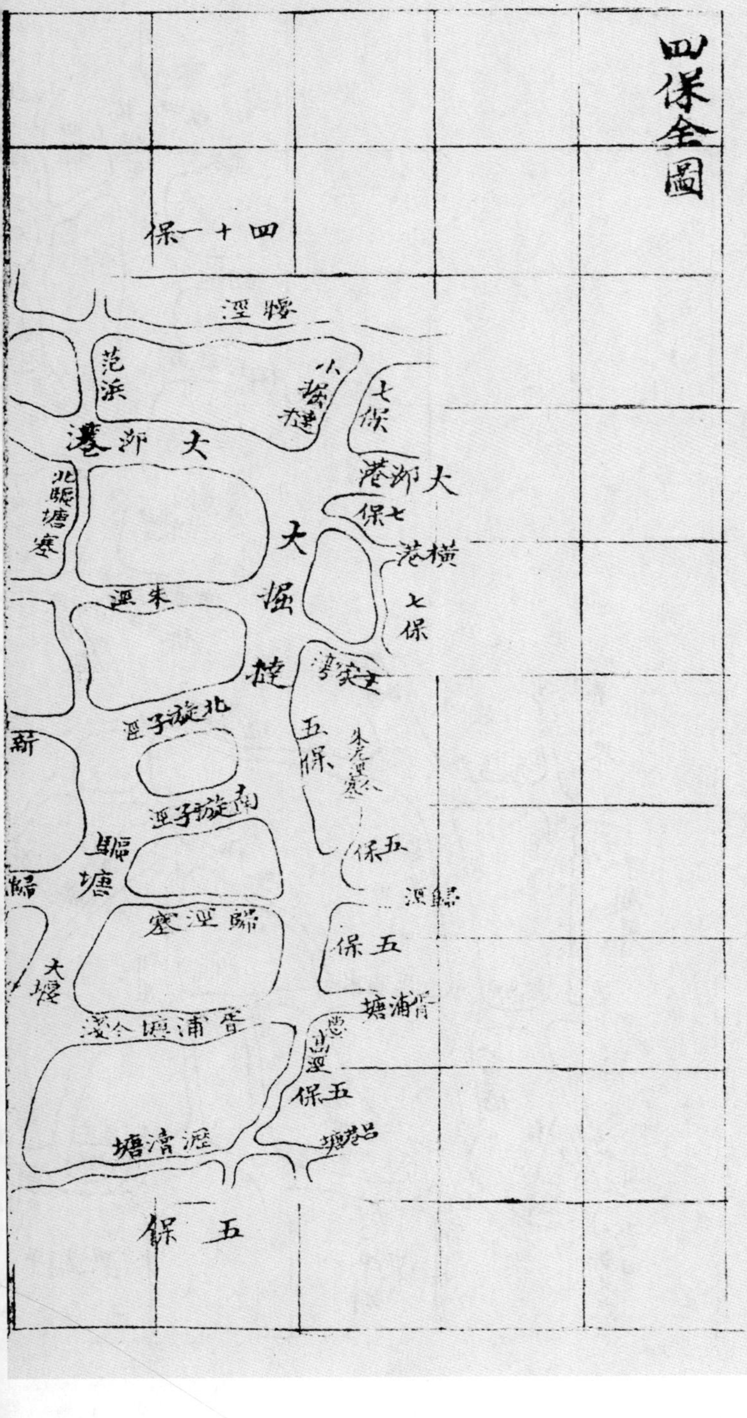
四保全圖
四十一保
蓼涇
范浜
小堰橋
七保
大泖港
大泖港
七保
橫港
七保
朱涇
大堰橋
王家灣
北旋子涇
五保
南旋子涇
新
五保
歸涇寨
歸涇
五保
大堰
胥浦塘
胥浦塘今淺
五保
涇清塘
五保

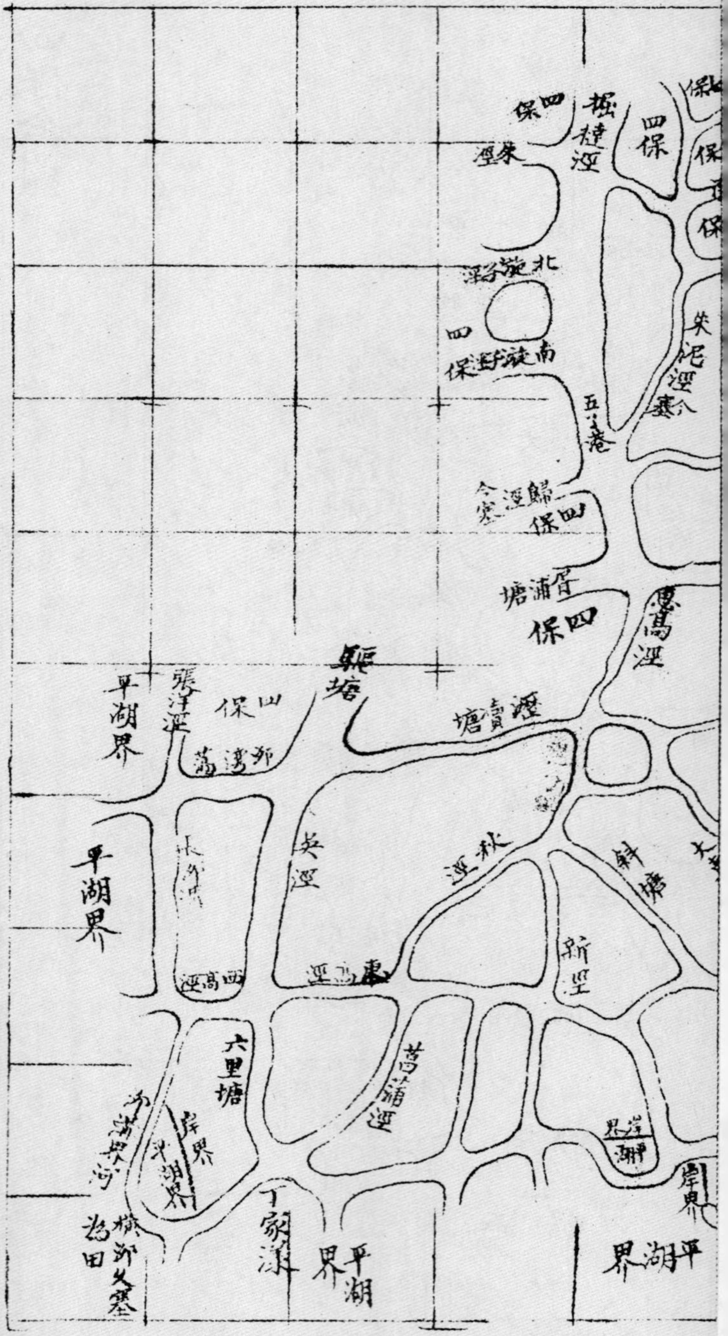
平湖界
平湖界
六里塘
南浦涇
平湖界
平湖界

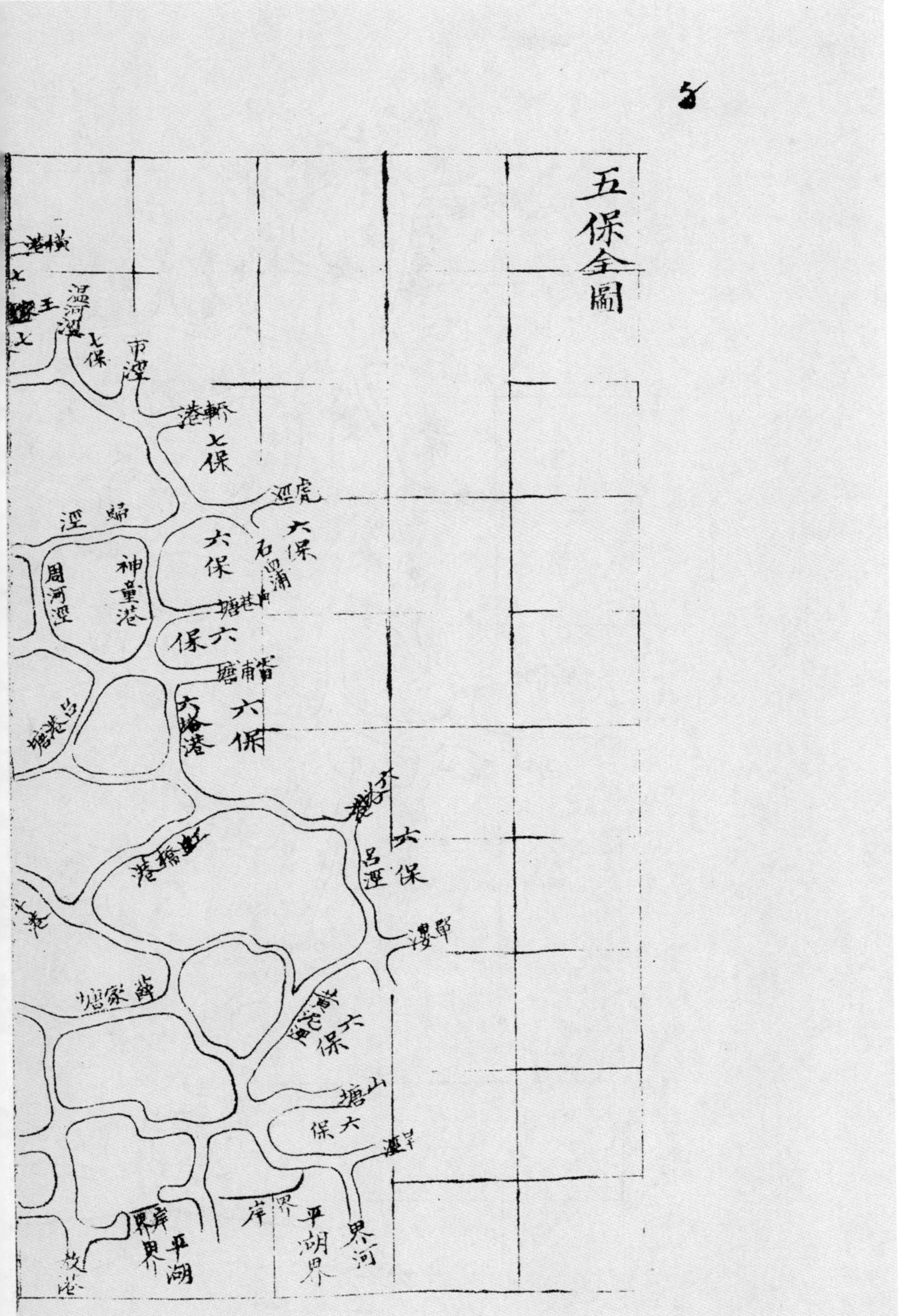
五保全圖
溫河涇
七保
市涇
七保
虎涇
婦涇
六保
六保
周河涇
神童港
六保
六保
六保
呂涇
六保
六保
平湖界
界河
平湖界

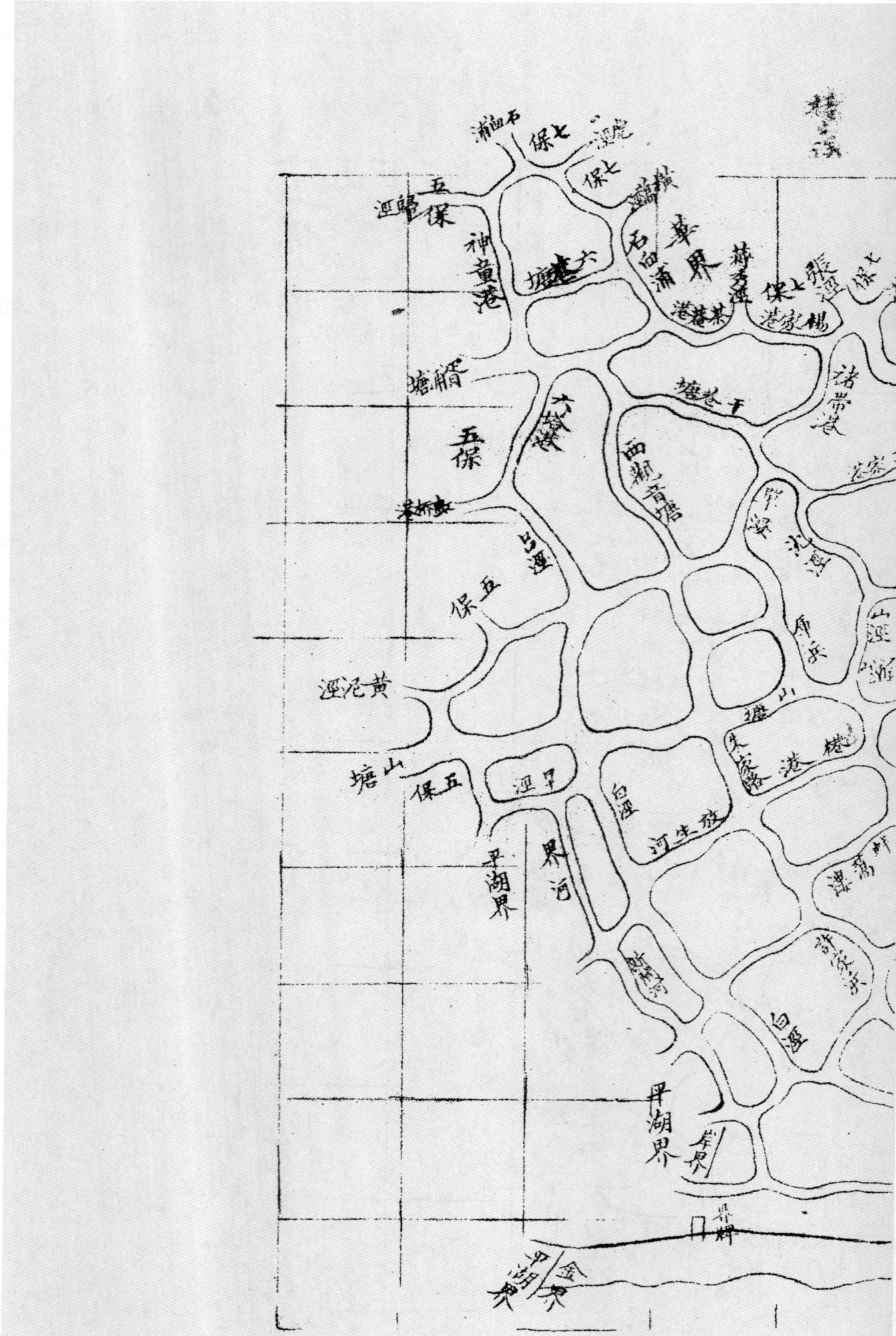
七保
五保
神童港
六保
華界
諸帶港
五保
黄泥涇
山塘
五保
界河
平湖界
白涇
平湖界
金界
平湖界

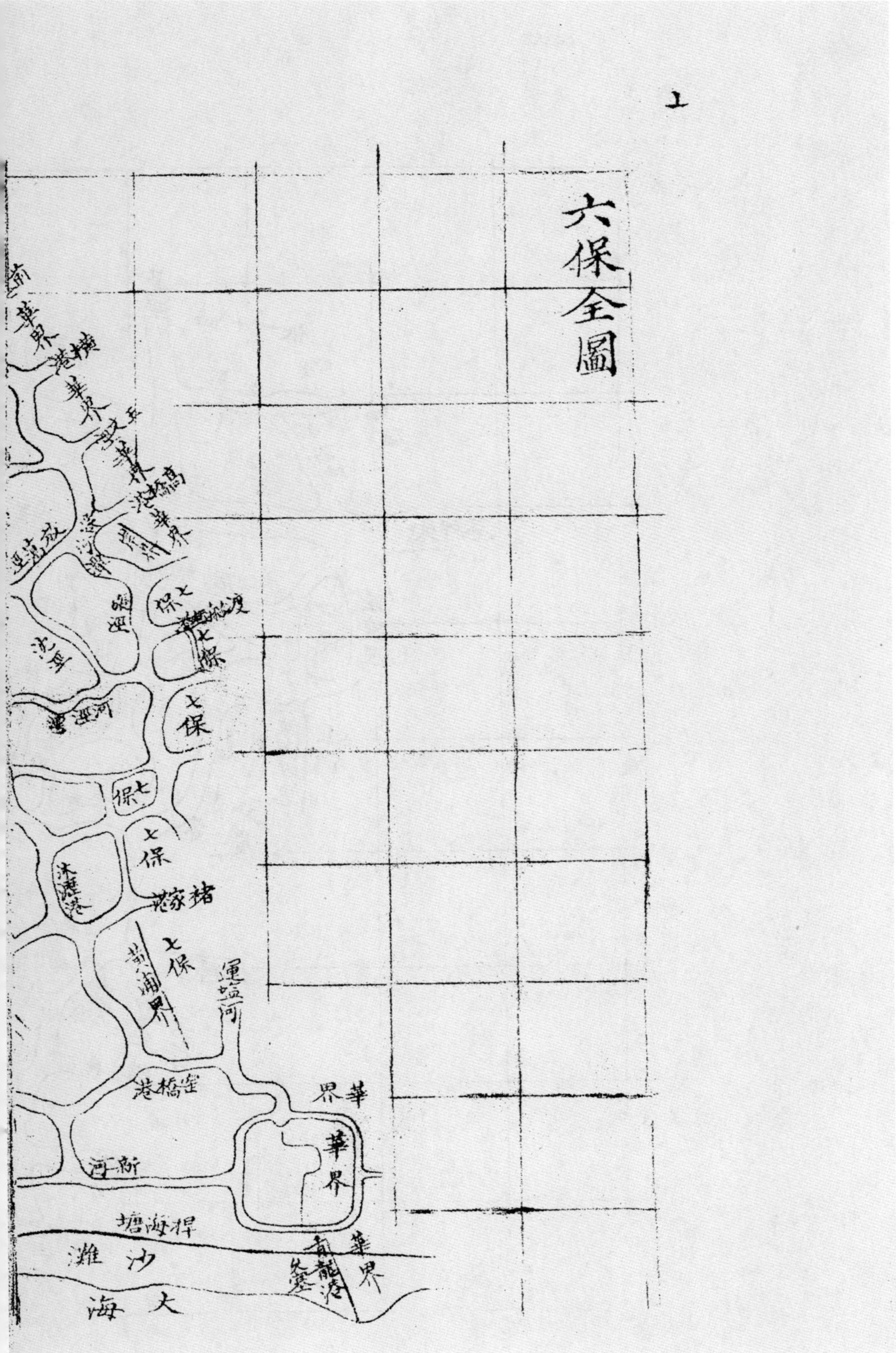
六保全圖
華界
七保
七保
七保
七保
七保
運鹽河
華界
華界
華界
新河
捍海塘
沙灘
大海
青龍港

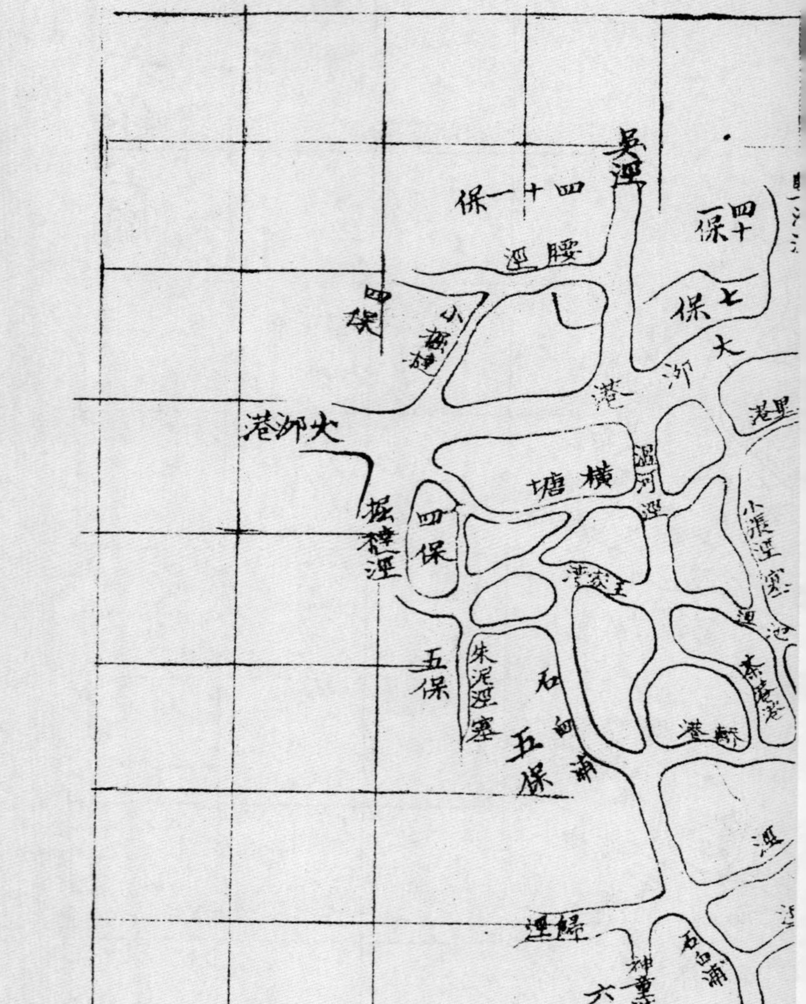
四十一保
腰涇
四保
大泖港
橫塘
四保
五保
五保
六保

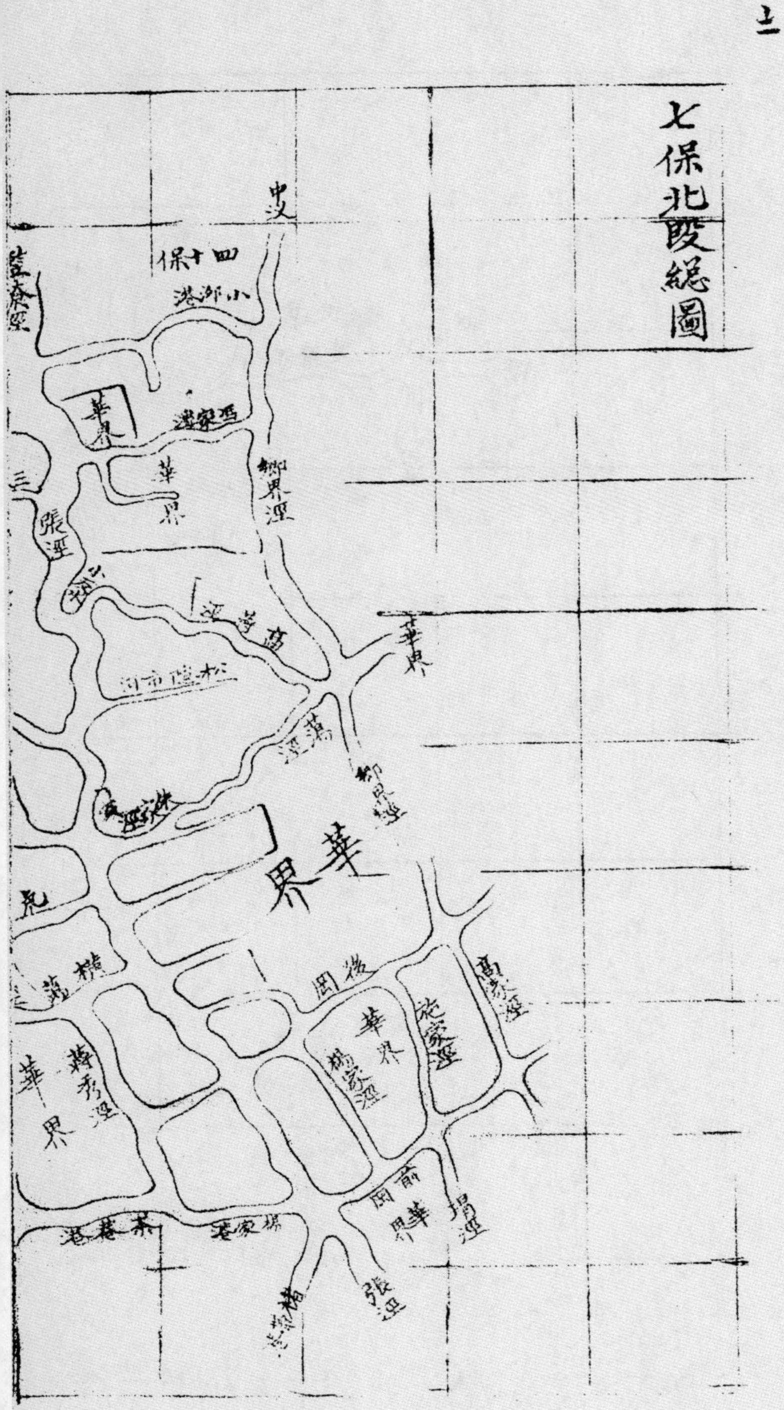
上
七保北段總圖
四十保
華界
鄉界涇
張涇
華界
張涇

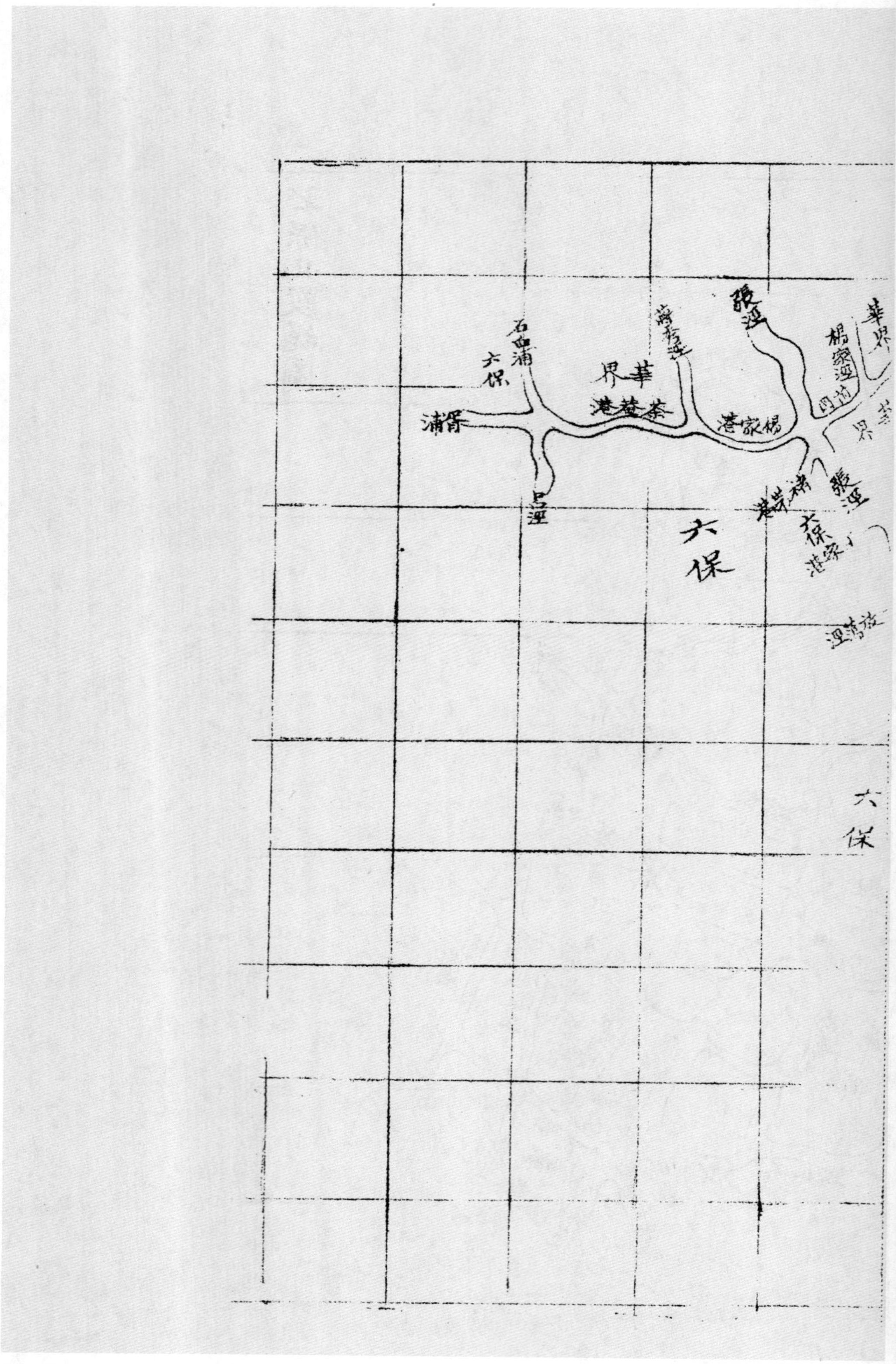
六保
六保
六保
張涇
張涇
楊家涇
華界

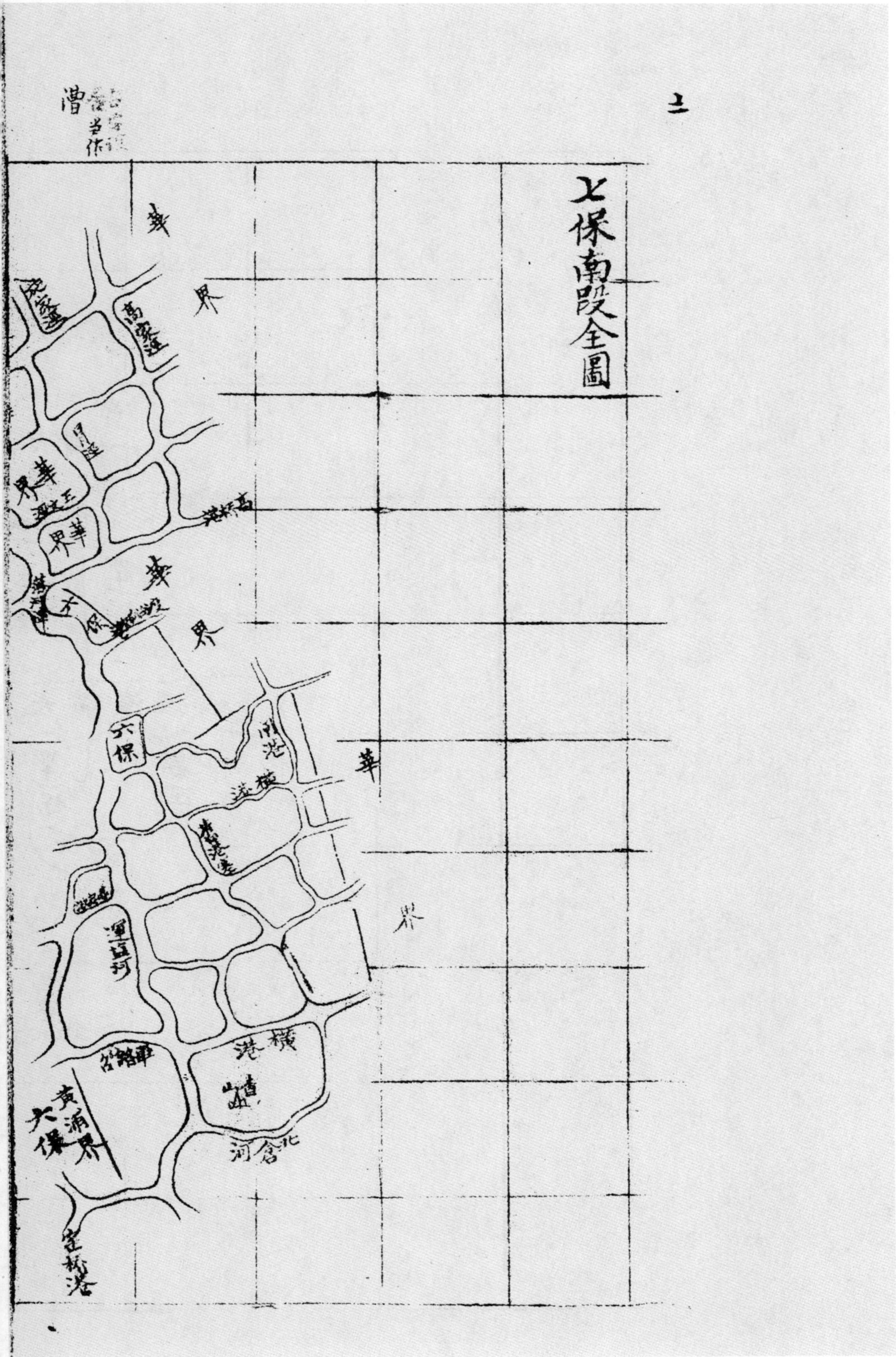
七保南段全圖
華
界
華
界
華
界
六保
橫港
北倉河
黃浦界
六保

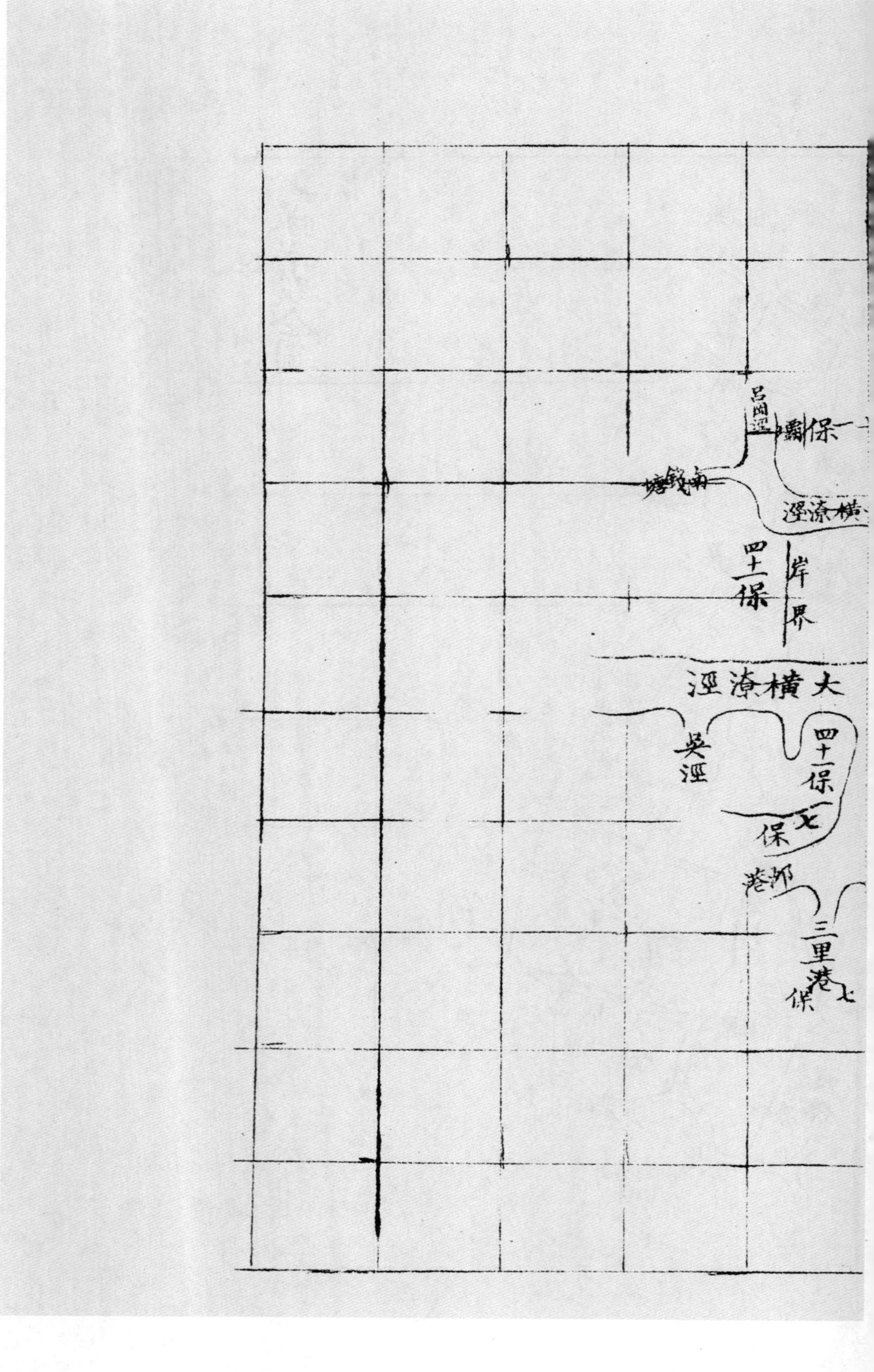
吕岡涇
保
南錢塘
涇滄横
四十一保
岸界
大横滄涇
吴涇
四十一保
七保
邢港
三里港
七保

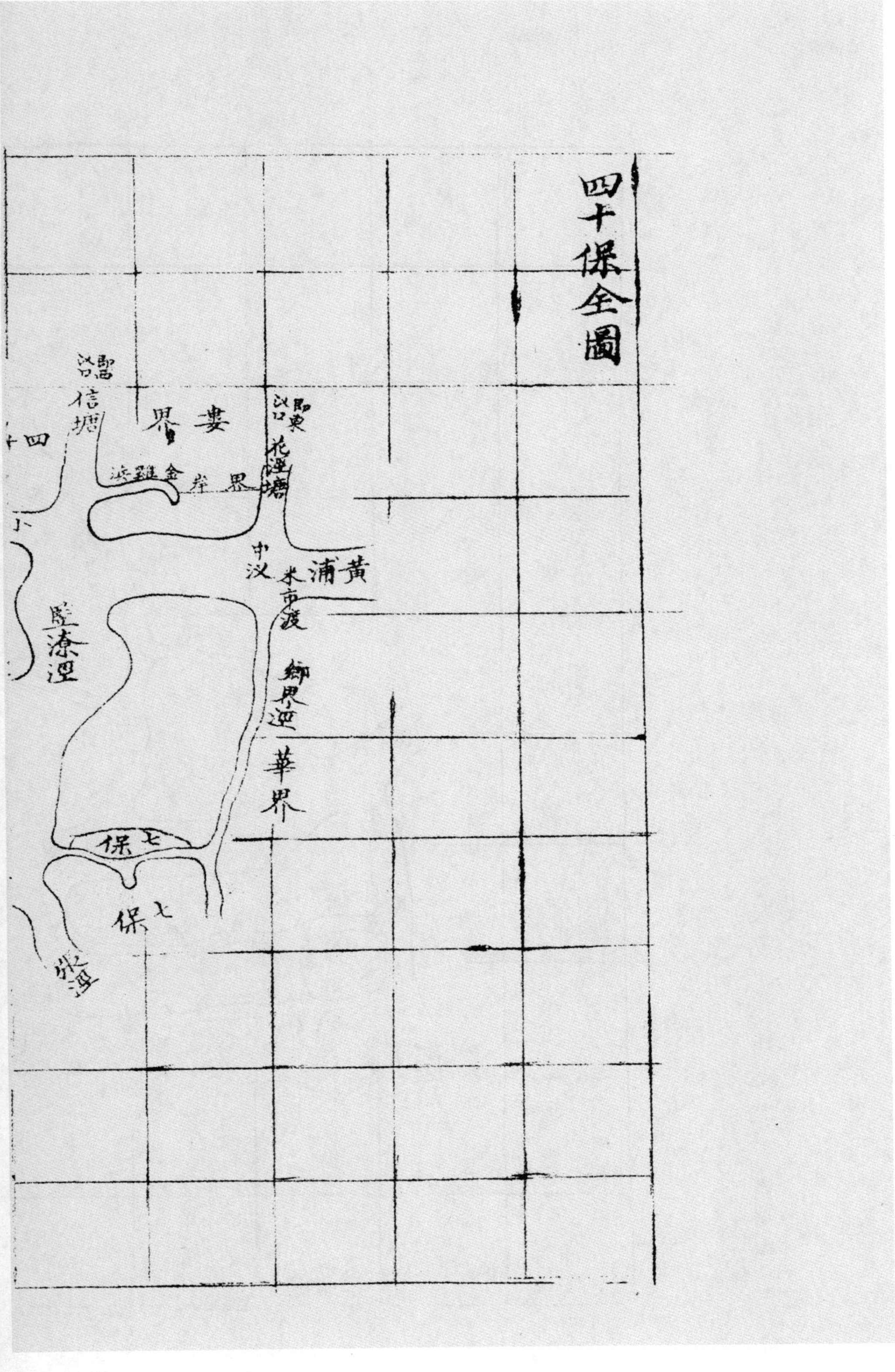
四十保全圖
即雷泖
信塘
婁
界
即東泖口
花涇塘
金雞涂
界
黃
浦
中泖
米市渡
鄉界涇
華界
七保
七保
四
小
壓漾涇

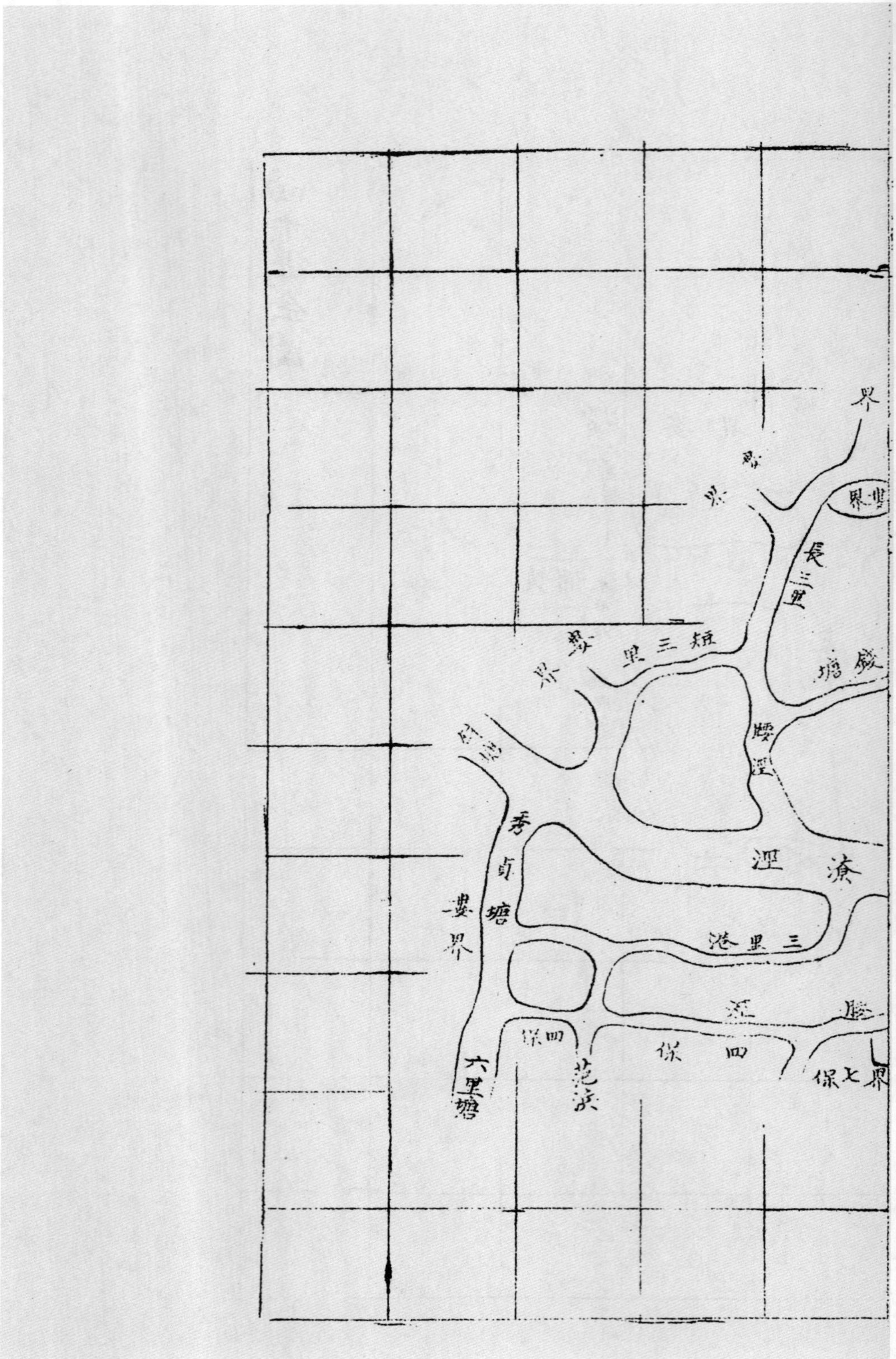
秀貞塘
婁界
六里塘
范浜
四保

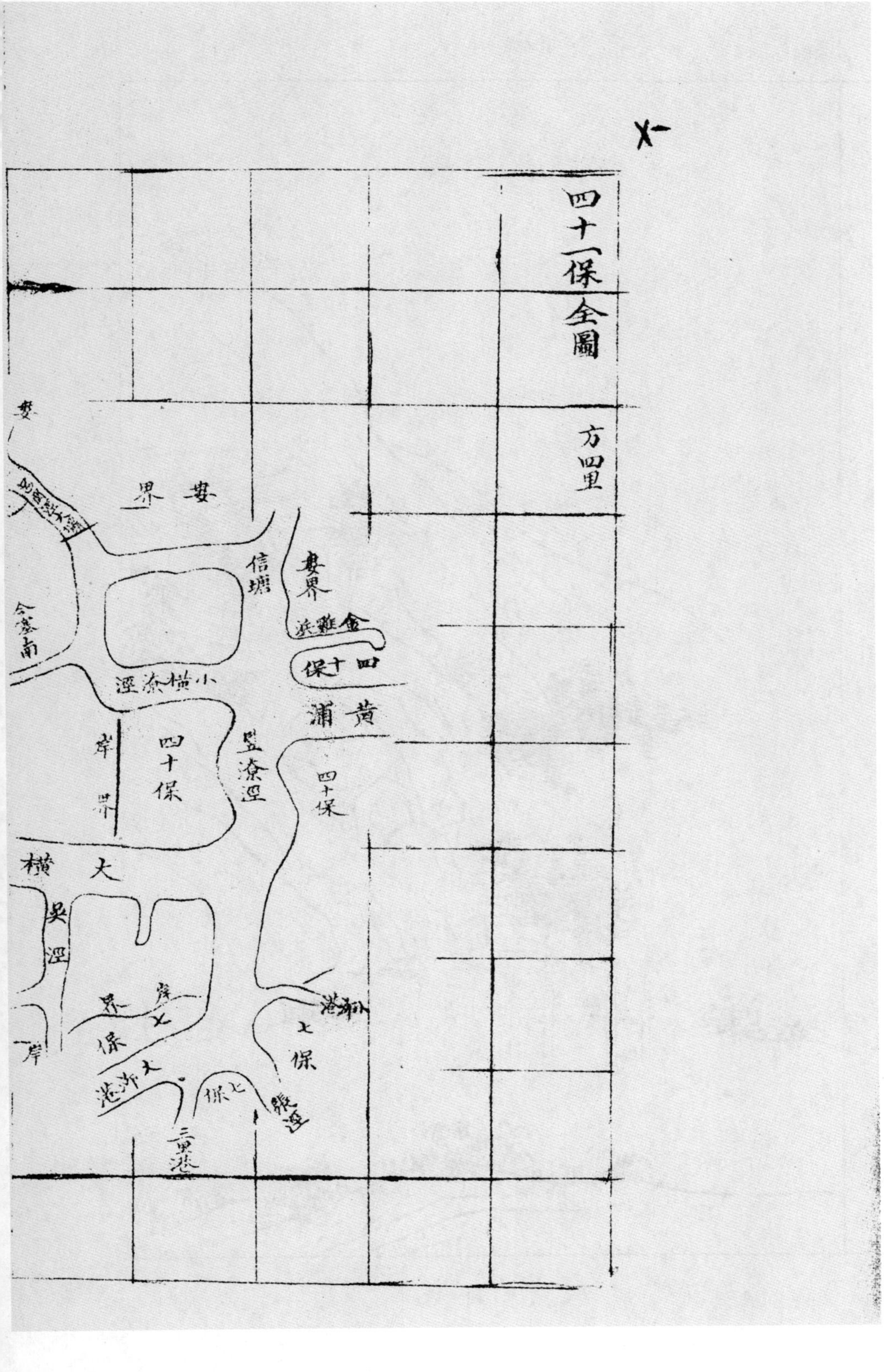
四十一保全圖
方四里
婁界
信塘
婁界
金雞浜
四十保
黃浦
四十保
四十保
大橫
吳涇
七保
七保

建置志

城　池

縣治未有城，乾隆二十四年，總督尹繼善、巡撫陳宏謀奏請移治朱涇鎮，並議築城。三十三年，總督高晉、巡撫明安請以築城工役增修衛城，改爲金山縣城。知縣仍駐衛城舊治所。城内半屬華亭者，歸併金山縣管轄。今户口（穎）〔隸〕金山，田賦仍屬華亭。後知縣仍駐朱涇。五十九年，舊署爲颶風所毁。嘉慶元年，知縣王之導詳准，以縣城偏僻，永駐朱涇。城垣至今未建。

金山衛城，在縣治南十里，距海三里，分隸華亭。自南水門起至北水門止，西、南二門屬金山，東、北二門屬華亭。城高二丈八尺，周一十二里步有奇。陸門四：南曰鎮海，又名“南安”。西曰迎仙，又曰“凝霞”。東曰瞻陽，北曰拱北。南水門今塞，惟北有之。門樓四、角樓四、腰樓八、敵樓八，間以箭樓，凡四十八。新府志作“六”。雉堞三千六百七十八，各廣二丈。前明築以防海，史稱太祖沿海建衛所城五十九，此其一也。信國公湯和經其始，安慶（候）〔侯〕仇成董其成。洪武十九年工竣。俗以方鳴謙督造，故稱“方城”，今曰“康城”，音近之譌。或謂周康王築，或以爲吴越錢氏所作，皆流俗附會也。永樂十五年，都指揮使谷祥加高五尺，埤堄六尺易土以甎，四門各築月城。成化三年，都督府僉事董良改甃以石，指揮使西賢繼成之。宏治年，指揮使翁熊重修。萬（歷）〔曆〕二十六年，知府許維新重修。崇禎三年，知府方岳貢、指揮使范必忠修築二百二十六丈。國朝康熙二十二年，婁縣知縣史彬重修。乾隆二年，華亭知縣陳陛誠重修。三十九年，知府韓錫胙、知縣程名桂又修之。嘉慶二十二年，知縣林沛重修四門敵樓。

池周一十三里三百步。初深一丈，廣九尺，外周以子河。永樂十五年，都指揮使谷祥命指揮同知（候）〔侯〕端重濬，加深四尺，加廣二丈。宣德六年，指揮僉事張註重濬。正德六年，都指揮使張奎令指揮劉良、翁仁廣加濬四尺，廣如故。萬曆二十六年，巡撫趙可懷、知府許維新督衛官復濬，共闊十丈，加深一丈五尺，周開子河。乾隆三十九年，知縣程名程加濬焉。今並湮塞。凡屬金山所轄者，其界址一如城。

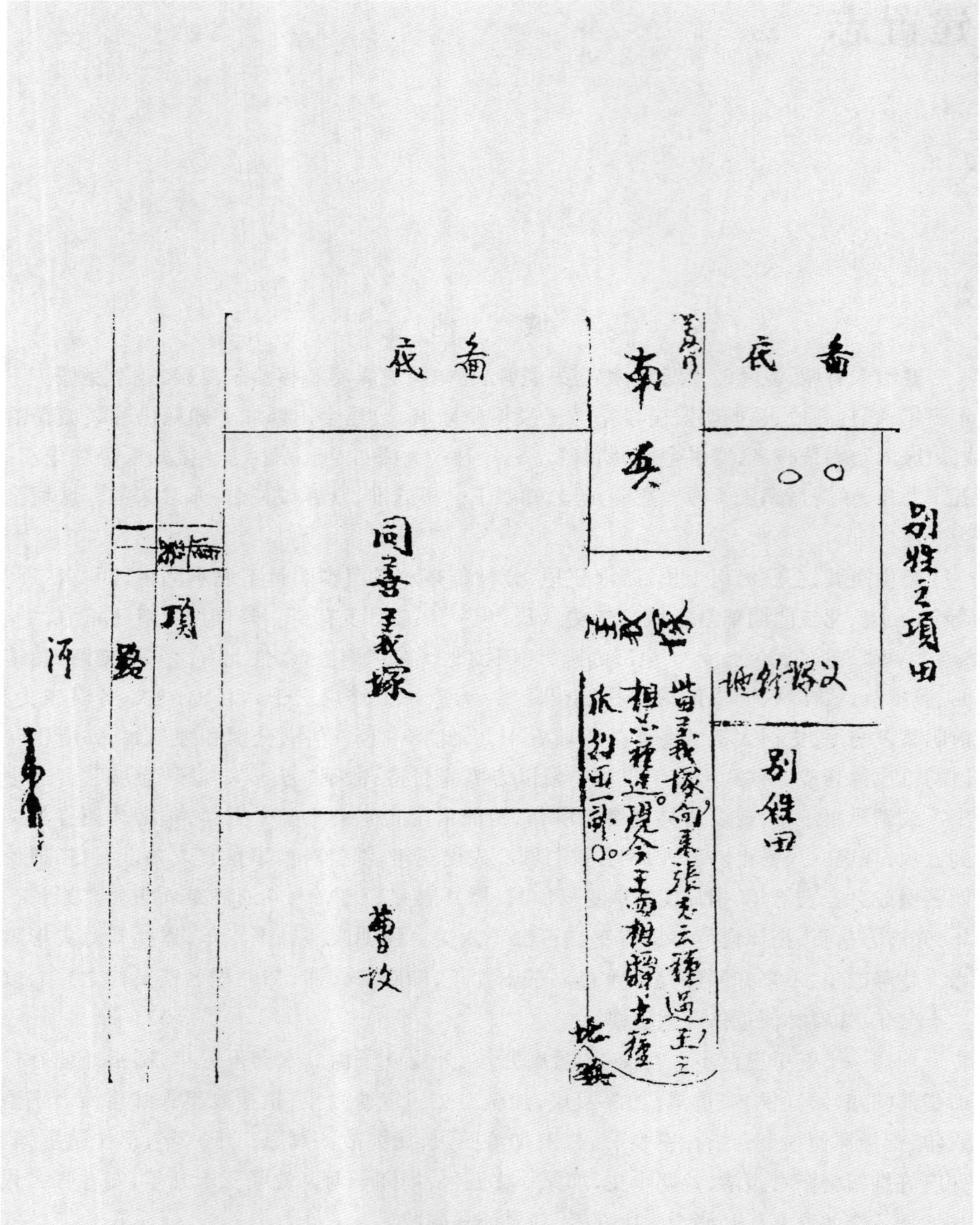
同善王義塚
別姓田
河
路

義　　冢附

（義冢應附《𠍁所門》後，不必寫。以下仿此。）

元

夏君義冢　在胥浦里人夏尚忠捨地。

元楊維禎記：葬不能埋曰棄，不得其屍曰捐。衣以周身，槨以周棺，土以周槨，禮也。自夷鬼陀林之教行，始有畔中國之禮而忍棄其親者，人心之陷溺也久矣。吁！可憫哉！松之民類不以禮葬其親者，人謂無邱陵之地，則有付之水火，亦勢使之然也。仲尼觀延陵季子葬其子，其坎深不至於泉。松之葬也，獨無壞土可窾乎？此華亭夏君尚忠義，冢之所以作也。得不食之地於胥涇之東，周垣一里，所爲之封域名義冢，使藏無地者歸焉。什伍其曹，其子孫氏各樹識表，而有異月展享之託。又規地一隅爲精舍，俾浮屠者主之，以掌其籍焉。其有貧不克葬者，又出資力以助之。於乎！君之用心亦仁矣。文王更葬朽骨而天下恩之，宋世良賀、蘭祥輩收瘞暴骸而境旱得雨，夏君之仁其不有感於天人？吾聞君之先人清潤處士，嘗憫人積喪不入土者，捐金粟至千斛緡弗計。義冢之舉，其又不爲善繼先志者乎？余固樂書其事，而況君重有請也。於是乎書君郡之義門敦武。公孫字士文，承直郎，鎮江路府判官，棄而歸隱，益讀書習禮文事。又剏立夏黄書院，以祔享其外祖橘隱公。其好古崇禮類此。

明

廣孝所二：一在衛城南門，一在衛城西門。

普同塔　在衛城北門外，明浦東場大使俞某建。

崇禎二年，郡守方岳貢以俗尚火化，督邑令鄭友玄，每啚設義冢，立石定界，便民瘞埋。今隸金山縣者一百有二十所。

二保一區　五啚四畝四分二釐五毫，七、九啚一畝九分一釐五毫三絲，八啚、十啚二畝六分，十一啚六分三釐，十二啚一畝七釐七毫。

三保一區　八啚四畝五釐三毫，十啚二畝四分二釐一毫，十二、三十二啚九分六釐二毫五絲，十三啚三分一釐一毫，十四啚一畝九分。

三保三區　二啚四畝八釐四毫，三啚四畝一釐四毫，四啚一畝七分八釐三毫，六啚一畝二分五釐八毫，七啚一畝九分三釐九毫。

三保四區　五啚一畝二分，十五十六啚一畝六分九釐，十七啚一畝，十八啚一畝二分，十九啚六畝八分三釐九毫。

四保一區　七、八啚四畝三分五釐七毫，九、十啚一畝八分二釐八毫，十一啚二畝三釐六毫，十三啚三畝二分一釐八毫，十四、十五啚七畝九分四釐八毫，十八啚二畝四分五釐五毫，十九啚五畝五分，二十一啚一畝六分二釐七毫、二十五、啚二十七啚六畝一分八釐六毫、二十九、三十啚二畝七分八毫。

四保三區　一、二啚一畝八分六釐三毫，三、四、十六啚七分一釐一毫，五、六啚五畝六分一釐五毫，十二啚六分九釐六毫、方一、十七啚一畝四分一釐六毛。

四保四區　十七啚二畝七分三釐，二十啚二畝二分六釐七毫，二十二啚一畝五分六釐九毫，二十三啚一畝五分四釐九毫，二十四啚一畝，二十六啚二畝三釐七毫，二十八啚一畝七分。

五保一區　三啚三畝二釐四毫，方五啚一畝二分二釐八毛，七啚八分五毫，八、九啚二畝三釐三毛五絲，方廿一啚一畝二分九釐九毫五絲。

五保二區　一啚八分二釐六毫，方一啚一畝四分一釐六毫，方二、三啚一畝四分五釐，四、五啚二畝一分二毫。

五保三區　十啚、十二啚三畝一分二釐二毫，十一啚一畝二分，十三、十四啚二畝七分三釐八毫，十五、十八啚三畝六釐五毛，十六、十七啚一畝二分九釐八毫，十九啚三畝九毫，二十啚八分六釐七毫，二十一啚五畝一分四釐。

六保一區　四啚一畝九分一釐二毫，七啚二畝八分九釐二毫，八啚二畝二分六釐，九啚八分二釐五毫，十一啚二畝三分八釐七毫，十五啚三畝六分七釐二毫，十六啚十四畝六二分四釐四毛，十七十八啚一畝二分八釐七毛，十九、二十啚八分九釐九毛，廿四啚一畝六分九釐。

六保二區　六啚三畝四分六釐三毛，十啚二畝二分七釐，十二啚二畝九分四釐五毛，十三啚三畝五分七釐五毛，十四啚四畝八分六釐七毛，二十廿六啚六畝四分七釐九毛，廿二啚一畝四分七釐，廿三、廿六啚十一畝五分五釐三毛，廿五啚四畝一分九釐四毛，廿七啚九畝一分六釐六毛。

七保一區　二啚四畝四釐三毛，五啚一畝五釐，七啚一畝九分五釐，八啚四畝三分五釐六毛，十啚二畝八分三釐六毛，十五啚二畝一分六釐七毛，十六啚二畝一毫，十二、十三啚二畝六釐六毫。

七保二區　十七啚一畝二分六釐五毛，十九啚三畝七分，二十啚二畝一分四釐四毛，廿二啚四畝三分六釐，廿五啚二畝五分六釐七毫，廿七啚五畝二分八釐九毫，廿九啚三畝四分七釐，三十五啚六畝，三十四、三十六啚九畝三分七釐一毫，三十七啚五畝九分三釐四毫，三十八啚九畝五分四毛。

七保三區　一啚四畝六分七釐五毛，三啚一十一畝四分六釐七毛，四啚一畝八釐，六啚二畝八分八毫，九啚三畝五分三釐三毫。

四十保二區　鄉二啚二畝一分五釐七毫，方三啚二畝二分二釐，鄉四啚五畝四分六釐八毫。

四十一保一區　八啚三畝七釐三毛，十啚一畝三分七釐二毫，十一啚一畝四釐六毫，十二啚一畝二分，十三啚一十畝九分七釐四毫，十六啚三畝七分一釐八毫。

四十一保二區　九啚四畝七釐，十四啚三畝四分二釐一毛，十五啚五畝四分，十七啚二畝三分八釐三毛，十八啚二畝七分五釐六毫，十九啚、六十六啚二畝九分六釐九毛，三十三啚七分七釐。

（此舊志所載，續捐當查明細號增入。）國朝順治九年題准，令直省各地方官於空閒官地設立義冢，凡死不能葬及無主暴骨盡行收埋。如有好義之人收瘞貧屍及掩埋枯骨數多者，地方官勘實，給匾旌獎。

雍正十二年，督撫、藩臬、道府各憲捐設義冢。

一在六保一區十四啚章字圩十四號，田肆畝壹分二釐九毫。

一在七保二區二十啚潛字圩二百六號，田壹畝九分六釐七毫。

雍正十二年，蘇松分巡道王澄慧捐設義冢。

在七保二區三十八啚不、該字圩九十四號，田叁畝正。

雍正十二年，金山縣知縣劉紹周捐設義冢。

在六保一區十七八啚道字圩壹百二十九號，田壹畝正。

積骨塔　在朱涇萬安橋北，乾隆四十三年知縣程名程重修。

廣濟社　在李家莊三啚，乾隆五十年侯明堂捐建。

同人堂義冢，嘉慶十三年邑人公捐建置，男女異壟，每年三月、十月兩次掩埋。

在四保四區二十啚上露字圩，七十九號田肆畝，八十號田五畝九分四釐五毫。

金山縣志

山　水

金山　在衛城東南海中，高七十丈，周十里。《雲間志》周康王東遊築城，南接金山，因名曰金山城。明初設衛，每歲武臣率兵入山巡邏，海寇謂之搜山。甯紹諸州漁人多棲泊其間。《陳志》上有寒穴泉。北爲古海鹽縣，後淪於水。元末，潮齧山北趾，下瞰橋井甃甃。居民於井中得碑文曰鸚鵡洲界。《三岡志畧》上有平陂，可坐四五十人。明戚繼光演兵於此。《華亭志》

秦山　在縣治南三十六里，距張堰三里。高二十八丈，周一里又九十步。《雲間志》一名秦望，又名秦駐，俗傳始王曾登此望海。上有秦皇馳道，並有井，水味甘而色白。其陽有仙人洞、飛來石、老人峯、石馬磴、翠微峯、白龍洞、龍遊洞、試劍石，爲秦山八景。明成化七年，巡撫畢亨檄築海塘，里人吴武獨築一百四十里，不三月而成。亨嘉其義，疏授一職，不受，乃以秦山及繞山河港給牒歸之。前志。本朝道光十五年，巡撫陳鑾奏修海塘，擬開秦、查二山，就近取石。里人錢熙祚具陳石少墳多，不足採用，而毀棄胔骼爲可憫，並捐運費。其議遂寢。

查山　在縣治南，距秦山十二里，舊名遮山，又名赭山，高五十丈，周二里。《雲間志》或云昔查玉成煉丹海上小山中，即此。《集仙外傳》今山有浴丹井、煉丹室，山下鄉曰仙山鄉，皆其遺跡，因據此定爲查山。《松江續志》山西半里許，有二石兀然，相傳爲山之足。南有橋曰大石橋。劉垓《績衛志》

柘山　在縣治南，距查山東北四里，舊在柘湖中。以地産柘，故山與湖俱以柘名。《顧志》今湖成平地，山僅一拳耳。

海　在衛城南三里。屬本境者，西自白沙灣江浙界牌起，迤東至舊青龍港西岸止，凡十二里。其東岸即屬華亭縣界。自金山東過勝山爲大洋。又東過洋山。又東南爲南大洋。前志海潮衝决，向在華境之漴缺以東，今迤西漸近邑界。秋雨汎漲，居民恒惕惕。蓋一旦衝齧，則鹹水灌入，田禾廬舍皆不可保，故築塘捍海爲兹邑第一要務也。

海塘界址　縣境皆土塘。自浙江界牌與平湖土塘分界起，東至衛城南青龍港與華亭土塘分界止，凡二千二百八十丈五尺，準乾隆元年頒行部尺，凡一千九百三十八丈四尺。

號段　每二十丈爲一號，西起□字，東止金字，凡二百十□號。

塘式　底寬五丈，面寬二丈五尺，高一丈二尺。塘身隨地勢凹進，形若彎弓。

估工　每丈應用小土方四十五方，每方給銀六分六釐，加夯築銀六釐，每方共給銀七分二釐。

取土　塘外留地三丈，塘内留地二十丈，共留田三百十九畝八分七釐，豁免錢糧，以供取土，不許旁及民田。乾隆元年巡撫顧琮奏。

塘長　初額設塘長二名。堡房二所，一建王家衖，一建奚家巷。每名給工食銀七兩二錢，於縣庫耗羡項下按季給發。後又添設塘長二名，分原設工食之半。互相巡防，隨時培護。每遇歲修，協同督率人夫挑築。

工費　凡土塘損壞，派民捐修。若工程浩大，准其借帑，定於次年各依本境按畝攤徵歸欵，以乾隆元年爲始。

協修　自分縣後，於乾隆三十四年華亭稟請鄰邑協修塘工，遂爲成規。

保固　土塘離海不及一里，及在一里以外，坐當迎溜頂衝者，保固二年。倘於限内坍塌，著落承辦之員賠修。如限内遇有異常潮汐，委非人力可施，以致坍塌，查明工程原屬堅固，錢糧俱歸實用者，該督撫據實聲明保題到日，免其賠補。如工程草率，料物苟簡，以致坍塌者，照例題参，著落賠補。

築法　松屬築塘，舊時挑至三尺始行一硪，每方給工食銀六分六釐。雍正十年，巡撫喬世臣　奏准每方加給夯銀六釐。凡翻土塘，每層挑鬆土一尺即硪三徧，築至堅實，加土再硪，收束至頂。考明吴嘉允《海塘問答》云，築塘要在起手時緊下鞭搥。如土高尺許，則人力可加。積至三四尺以上，即鞭搥無益矣。至石塘創築、續築於方岳貢者，因經費不足，有十四層、十二層、十一層、十層之别，雖未足以久遠不壞，然數十年保障之功不可没也。國朝太僕卿俞兆岳總理松江塘務者六年，創鐵筍、鐵簫之法，最爲堅固。巡撫尹繼善疏准續築石塘，俱用筍、簫。又築外護土塘坦水、石壩，以禦衝激。

築河隄法，先將塘基行硪二三徧，除去平地病根。後用潤澤散土七寸，行硪三徧，打實五寸。亦有用虚土一尺硪至七寸爲式者，層層到頂。又虞兩坦硪力不到，須加硪四五徧。倘遇焦乾土塊，須細細敲散，用水沃潤硪之乃固。至分段交界處，往往各留尺許，不肯做足，至頂始行硪築，下面硪夯不同，致成合漏，遇陷成溝。凡眠牛藏象之病，皆基於此。須令監築官逐段逐層稽察試驗，不許留有合漏。夏月土鬆，易於蟄陷。冬月土凍，不能凝固。若非緊要搶築，當擇二、三、四月，八、九、十月農隙土堅之時修築得宜。若夫增高加厚，最懼新舊不膠。須先將老隄坦坡樹木、草根剷盡，坡上切成階級，每級寬尺餘，後加新土，層層交錯，行硪至頂，再將頂上草根剗盡，頂上乭透半鍬，俾新舊聯絡，然後舖面行硪，層層加高，乃無蟄裂。又於春初察看坦坡，如有積雪凍疏之處，貛鼠爬掘之迹，及蛇蟲小穴，即時用鍬乭透，覆以新土。大則行硪，小則夯杵。隄頂雨過有窟，名曰穿井，深四五尺不等，填不得法，愈衝愈大，竟有填土數方不滿者，故水漲時多至衝决。填時須先將浮土盡心乭去，至四面無空缺而止，先用夯杵逐細杵打數徧，然後加以新土，著實杵打，層土層夯，與老隄相平，另用碎土三四尺徐徐硪平，切不可用乾泥大塊補填。若新隄築成後歲修，工竣後皆用鐵錐釘穴，以壺水灌之水不滲漏爲度。以上皆河隄修築良法。海潮吞吐，一遇颶風，勢猛力盛，凡修築者尤宜加意焉。

國朝康熙四十一年，婁縣知縣李遇陛修捍海塘。《婁縣志》

自江浙界牌以東，至衛城南青龍港止，培薄加高。前代塘潰始修，濤瀾衝突，大爲民害。康熙初始行歲修法，盡除塘長該年名色。蓋明時啚有該年，區有塘長。該年督率一啚之人夫，塘長督率一區之該年，大小相維，專供開濬挑築。既知府方岳貢以因沿舊習，派户承築，費無定額，因令每該年輸免役銀一十八兩貯庫，名曰納曠，遇有興作，估價發銀。國朝行均田均役法，令民按畝捐錢，以資公費。順治二年至康熙六十一年，每畝加編八釐。至雍正十一年，巡撫喬世臣奏請舊例每畝捐錢五文，令糧户於完納條銀時交足貯庫，作爲歲修海塘及塘長工食、建蓋堡房等費。十三年，巡撫疏請停罷。每年春修司庫領銀，搶修道庫領銀，多寡不等，造册報銷。

雍正十三年，金山知縣劉紹周與華亭合濬石臼浦。

是時委員勘估，分急要、次要、可緩三項工程。金山以石臼池涇、胥浦、六巷塘、城濠、新河爲急，山涇、歸涇爲次，白涇、沐瀝港爲緩，急要中以石臼爲最。

乾隆元年，知縣王道修築裴家路土塘。

凡築土塘，由下至上，以次而狹。金境故土塘，自乾隆十四年增築，高一丈二尺，底濶五丈，面濶二丈。其地東接金山嘴，西連浙江乍浦，東西皆凸，此塘地勢獨凹。其明年，奏立善後歲修法，雍正十一年，巡撫喬世臣奏立歲修限期，飭縣令於每年十一月查勘損壞宜修處，確估報司該定，於明年正月興工，至三月修竣，仍令海防道察其勘修遲速及塘身高卑厚薄，以定殿最。令有司謹守，以圖經久。雍正十一年，巡撫喬世臣奏請修防土塘，飭令縣丞、主簿各照本邑地界專理，所設塘長均聽稽查約束，仍令同知州同不時督察。金山塘務，縣丞管理，海防同知轄焉。是年九月，道捐貲修築裴家路塘面低窪處及潮損塘脚數丈。時海防同知馮鬲履勘，以裴家路一段塘身下有水穴，屢填屢陷，塘面不平，議加築抄塘於內，請于憲，未行。金山衛城南小官浦，即青龍港，舊與海通。明洪武中，置衛于此，巡海四十艘由此出入。自成化年修築海塘，通海諸港日就湮塞，海沙漸積成洲，潮汐不復衝突。今自青龍港以西，舊有沙灘漸爲海潮洗刷。至裴家路左右，潮勢衝激尤甚，當伏秋大汛，洪濤直射塘身。乾隆元年，海防同知馮鬲嘗履勘詳憲，謂此屬近年創見云。

乾隆二年，縣丞張乾築捍海塘外坦坡。

六年，福泉縣丞王麟超加築坦坡。

塘舊高七尺，底築坦坡，寬五丈。是年，海防道程夢瑛議于新築坦坡之上加築四尺，高齊舊塘，檄麟超督工興築，高七尺，面闊三丈二尺五寸，動帑二千三百兩有奇。

十四年，知縣常琬加築海塘。

先是，十二年七月風潮，巡撫安甯奏請加築。至是年正月，琬承檄興築。自經始以後，日必臨視。以沙土相雜，必不堅固，嚴禁挑取塘外淤沙，于裴家路一段緊要工程，尤令加工夯築，以圖經久。七閱月而塘成，高一丈二尺，面闊二丈，與華亭土塘高厚等，動帑三千三百兩有奇。

五十六年，知縣鄭濂協修華亭縣外塘。

嘉慶七年，知縣鄭人康協修華亭縣土石塘。

黄浦　在縣治東北□里，一名春申江。相傳楚黄歇所鑿，共長二百五十里。自小横潦涇迤南至大横橑涇入縣境，邑西北之斜塘及秀州塘、麪杖港，西南之驅塘、掘撻涇、泖港，東之張涇,諸水皆入焉。

泖　在縣治西。其水由浙之平湖入縣境。自西迤南而北,當時並受浙西諸水。近自乾嘉間,泖河漸湮成溝,其水各就附近支河出黄浦。西自平湖東流出山塘者爲横泖,自丁家漾北至水月灣俗呼龍頭。爲南長泖,皆爲金、平交界。北由歸涇至大茫塘口爲圓泖,今已漲成小河三道,即俗名南泖溝、中泖溝、北泖溝是也。南北爲金、平交界。中泖溝屬平湖界。自大泖塘北至泖橋港爲北長泖,則屬縣境。自朱家涇北爲大泖,東爲婁界,西爲金界。今則盡漲爲田,居民紛紛争奪,樂利忘害,有受無洩,旱則無水可戽,潦則積水不退,欲冀田疇之常稔,庸可得乎?蓋長泖、山塘爲縣境腹内諸水之源,往時二水深廣,西南浙水奔注於此,故腹内支、幹諸水無不迅利。今則渾潮深入,水緩沙停,傍泖居民植蒲沾利,罣沙尤易,以致三泖幾成平陸,山塘僅通小舟,不能承受浙水。由是泖東水勢日緩,而海潮自黄浦來,濁入清出,淤澱日甚。若能即此二水先爲利導,剷削深挑,以暢浙水,設立長夫,時爲撈淺,或如浦北諸水,派定區畐,輪年頂濬,不特一邑之利,實一郡之利也。無如泖灘新漲,陸續陞科,屋宇、邱墳所在多有,土著者各護其産,豈易概言剷削?兼之功鉅費繁,驟難集事。留心水利者徒託空言,終無實効爾。

柘湖　在縣治東南,湮没已久。考《吴地記》,柘湖周五千一百十九頃,中有小山生柘樹,因名。本爲海鹽縣地,漢王莽時改爲展武。至秦時淪没爲柘湖。移于武原,復陷爲當湖。錢氏有國,濬柘湖及新涇塘,由小官浦入海,則五代時湖與海通,後漸湮没。《雲間志》云,自柘湖堙塞,置閘十八所以禦鹹潮,可知其時湖已僅存基址。今舊護塘外金山港上有金山營,又東十二里爲胡家港,又東北五十里爲蔡家港,皆其地也。

青龍港　在衛城東南。《郭志》云,柘湖由小官浦出海處,即東江入海之口。後因築海塘,没爲鹽場、草蕩。圖經云,昔孫權造青龍戰艦于此,故名。宋元間爲入貢及市舶交集之處。後徙四明港,漸淤塞。今其故道幾不可考矣。

縣境自西而東幹水

南新河　西受平湖之黄姑塘水,逕全公亭入縣境,直達城濠,北入新運鹽河。最西一支,自山塘逕白涇水,從北來注之。今已淺狹,西水不至故也。

按:新河在衛城之南。考自柘湖没後,東南諸河俱築壩堰。其水舊從浙西而東流入青龍港入海。厥後海口淤塞,西水不東,邑之支、幹諸河水從北入運鹽河,由張涇出浦。此河道之一大變,而衛城之盛衰亦係乎此。

次北山塘　在秦山西,自丁家漾西受浙水東流,至放港口入縣境,至秦山爲止。東北流,由山涇出落河潭。東南流,由河涇灣皆出張涇。今西水不至,山塘淤塞已十之九。

次北胥浦　相傳爲吴伍胥所鑿。自朱渡港西受浙水,北出驅塘,東出洋闞頭轉北,流入掘撻涇。又東逕干巷塘口至張涇水已淺狹。西流,亦入掘撻涇。

次北歸涇　西受浙水,由南莊公塘東轉大茫塘,絶長泖溝鑿爲歸涇。東入驅塘,過漩子涇,出掘撻涇。自驅塘至五丫港皆迂塞。又東由五丫港出張張涇。今淤塞。

次北泖溝　西受秀州塘諸水。至朱涇口北流，逕六里塘，轉東流爲泖港。東絶掘撻、温河涇口，出張涇爲大泖港。北入豎潦涇。自張涇東至米市塘爲小泖港。今淤塞。

次北大横潦涇　俗呼横蘆涇，乃黄浦之首西。受黄橋門斜塘諸水，東注張涇，北流豎潦涇轉東，出黄浦，水勢湍悍，兩岸田畝時被衝齧。

最北小横潦涇　西北受吉祥滙、吕岡涇諸水。自道光年吕岡涇築壩以後，潮勢殺緩，而水道漸淺矣。

按：南境諸水，淅流不暢，浦潮不至，涓涓止水，望雨而耕。一遇亢旱，不特桔槔無施，幾至炊汲欲絶。此可爲隱憂者也。其餘幹水衹恃浦潮傾注，潮來則漲，潮去則涸，一來一去，濁入清出，支港細流轉瞬淤淺。若不清西水來源，即挑濬亦屬徒勞矣。

縣境自南而北幹水

西驅塘　西南受浙水，從吴涇北至泖灣蕩口，與胥浦合流爲驅塘。其水勢猛甚於前。北至南漩子涇，出掘撻涇，自北漩子涇達朱涇，今亦淤塞。由朱涇入泖港。淤塞尤甚。

次東掘撻涇　俗呼掘石涇。源自胥浦塘，北流逕五丫港，絶旋子涇入大泖港。自漩子涇以南，水勢已緩，水道亦狹。北至周家坟口，爲本縣漕艘停泊之所。又北至泖港，河面較濶，水勢悍急。從泖港北至腰涇爲小掘撻涇。五丫港港口五岐，今惟存南、北掘撻涇通流。東西爲歸涇，東北爲漚龍涇，俗呼朱泥洼，皆塞。又東爲石臼浦，亦已淺塞。

次東張涇　南接新運鹽河，北過前後岡口，再北至高蔣涇口爲小汜水，又北至豎潦涇爲大汜水。前志：北至府城南大張涇，共長六十三里。

次東南新運鹽河　亦名西運鹽河，在舊護塘外。即今張堰。

自衛城北流，出張涇。初在查山東，後以徐浦塘由柘湖入海。風濤之險，改浚於此，即今舊港，已塞。

此河本爲浦東、横浦兩場而浚。乾隆初年，西水不至，張涇亦淺，鹽艘不能達衛城，必用小舟駁運，東由秦山塘入胥浦，至楊闌頭過船。其間水道曲折，亦多淤塞。自開浚以來，始由張涇出黄浦。近年亦漸淤淺。夏秋之交，舟尾相銜，涓流易阻，灌溉有妨，急宜深浚張涇，庶幾商農交便耳。

按：山塘以南諸河，並西受浙水東流，北注掘撻涇諸水。又東至秦山，已屬强弩之末。故張涇清水微弱，涇潮從大汜水而來，所入支港屢浚屢塞。惟能導西水而東注之，庶免清不敵渾之患爾。

江浙連界諸水

界河　南自界牌起，新開河北至旱涇，爲金、平交界，已淤塞不通。

旱涇　自界河西北至山塘，爲金、平交界。

放港　自山塘南里許爲金界，再南爲平湖界。

山塘　自放港口西至丁家洋南爲平湖界，北爲金界。

南長泖溝　自横泖來，北流絶高涇，再北至泖灣蕩，爲金、平交界。泖河久塞，俗呼爲溝。

張洋涇　自泖灣蕩北至南泖溝,爲金、平交界。

南泖溝　在張洋涇西,又西至朱渡港,北爲金界,南爲平湖界。

朱渡港　西南受浙水,轉東由泖口入胥浦。又朱渡港接南泖溝至中泖溝口爲金界。中泖溝口至北泖溝口,南爲金界,北爲平湖界。

北泖溝　自泖口北至楊蕩涇,東爲金界,西爲平湖界。

楊蕩涇　自中泖溝西至宋家浜,爲金、平界河。

宋家浜　自大茫蕩南至楊蕩涇口,爲金、平界河。

大茫蕩　西自丁涇東至莊公塘,今皆淤塞,爲縣境。自莊公塘南接浙水至宋家浜,爲金、平交界。東流入歸涇,出驅塘。

界涇　西自丁涇東至徐涇口爲邑境。徐涇口東至幽涇口東,爲金、平界河,皆築堰不通。

老墳塘　自界涇西口南至吃素浜口,爲金、平交界。北爲丁涇,今塞,爲婁、金交界。

婁、金連界諸水

丁涇　在界涇西金、平交界。北至大茫蕩口黄沙涇口,皆築堰斷流。又北流至麪杖港,爲婁、金界河。

麪杖港　西受浙水,至徐涇入境,南北爲婁、金交界。東流入秀州塘,由泖港出黄浦。

徐涇　自麪杖港之南皆塞。自麪杖港北至麻蕩涇,爲婁、金交界。

麻蕩涇　西連婁界,自徐涇東流,絶北莊公塘,至陳涇浦,北爲婁界,南爲金界。

陳涇浦　自麪杖港北至麻蕩涇屬縣境,自麻蕩涇至秀州塘爲婁、金交界。

秀州塘　俗名大官塘。西受浙水,自楓涇來,至陳涇浦口爲婁、金交界。又東至二官塘及麪杖港口,又東至塘缺口,又東至朱涇口合北流爲六里塘,再東至泖港出浦。

二官塘　亦自楓涇來,東至巨漤,爲婁、金交界。又東南入秀州塘。

大如塘　西受浙水,自小如塘入五丫港,爲婁、金交界。小如塘自大如塘分流,南而東入斜港。

斜港　西自楓涇來,歷小如塘口,東至茶葉港口,爲縣境。東北至五丫港,爲婁、金交界。

茶葉港　爲斜港支水,東流入大泖溝,爲婁界。

瀝蒲塘　自斜港口南流,至朱長浜,爲婁界。又南流至二官塘,爲金界。

大泖溝　自朱家涇北流,至茶葉港,東爲婁界,西爲金界。

朱家涇　自六里塘西至楊家港爲金界。自楊家港西至大泖溝,南爲金界,北爲婁界。

楊家港　自朱家涇口北里許,爲婁、金交界。

秀貞塘　即秀州塘。南接六里塘,北流入斜塘,爲婁、金交界。

短三里港　自婁之李塔滙西南流,出斜塘,爲婁、金交界。

長三里港　自吉洋滙西南流,至李塔滙,爲婁、金交界。

呂岡涇俗呼毛竹港。　自婁之古浦塘口迤南而于陳橋渡,入信塘,南至金雞浜,皆爲婁、金交界。今吕岡涇壩斷，則吉洋滙之水從長三里入腰涇，出横潦涇。

華、金連界諸水

北倉河　自河口至運鹽河南，接北水關，東爲華界，西北爲金界。

高橋港　自落河潭東入華之新漕涇，爲華、金交界。自高橋港南，至裏護塘，以岸爲界。張堰鎮南，至衛城北倉河，或以岸爲界，或以溝爲界。

王墳涇　在張涇東，至高家涇，爲華界。

横港　在張涇東，中爲華界。再東至冒涇，入金界。又東至高家涇，爲華界。

前岡　在張涇東，南華界，北金界。至楊家涇南口入華界，東至施家涇，南爲金界，北爲華界。又東至高家涇，爲華界。

後岡　自張涇至楊家涇北口，爲金界。又東至施家涇北口，爲華界。自施家涇至高家涇，南爲金界，北爲華界。

茶菴港　在張涇西。自蔣秀涇至石臼浦，南爲金界，北爲華界。

横蕩涇　在張涇西。自蔣秀涇至石臼浦，北爲金界，南爲華界。

石臼浦　自茶菴港北至横蕩涇，西爲金界，東爲華界。

蔣秀涇　自茶菴港北至横蕩涇，東爲金界，西爲華界。

蕩涇　自張涇東至鄉界涇，北爲金界，南爲華界。

馮家漊　自張涇東至鄉界涇，南爲華界，北爲金界。

鄉家涇　自高家涇逕後岡、高蔣涇、小泖港，北至米市塘出黄浦。

花涇塘　即大張涇。南流至黄浦中汊，西對金雞浜，爲金界，東爲華界。以上界河皆已淺狹淤塞。

縣境腹内諸支水

窑橋港　自新河來，東北入新運鹽河，西北入白涇北，入沐瀝港。

白涇　自新河入窑橋港，北流入山塘。

沐瀝港　自窑橋港北入山塘。

沈涇　有二，自山涇南至河涇灣爲南沈涇，山涇北至丁家港口爲北沈涇，均已淺狹。

吕涇　自山塘北入胥浦，今已淤塞。

薛家塘　自秋涇屈曲而東，入吕涇，皆已淤塞爲溝。一支北下爲虹橋港。又北爲六塌港，入胥浦。又北爲神童港，入歸涇，亦皆淺狹。

六里塘　西南受浙水，自丁家洋北流，絶東西高涇。又北流，合吴涇，北入驅塘。

秋涇　自東高涇東北至惠高涇，入瀝瀆塘，亦淤塞。

瀝瀆塘　一名璜溪，即吕巷塘。東北自胥浦來，至吕巷，已淤塞爲溝。逕惠高涇口，西合吴涇，北入驅塘，亦已淺浹。

大茫塘蕩　西自丁涇東至幽涇口，已塞不通。自南莊公塘接平湖諸水，東流入歸涇，出驅塘。

蔣涇　西接黄沙涇，東過新涇至鏇子涇，出掘撻涇，今亦淺狹。

檀浦涇　南自歸涇北出秀州塘,淤塞爲溝。

新涇　西自蔣涇來,至鏇子涇,今漸淺狹。

南北兩鏇子涇　西南受吴涇、泖灣、蕩歸涇諸水,并入驅塘,合流出掘撻涇,北流入泖港。

朱涇　一名市涇。自秀州塘分支東流,入掘撻涇。西北爲萬安橋舊基,轉折回旋,水勢最爲猛悍。

腰涇　自秀州塘東流,由吴涇出大横潦涇。

六里塘　自秀州塘北折東,入泖港。

温河涇　東南從池涇來,北入泖港。舊自石臼浦來,源已塞。

吴涇　接温河涇,北流入横潦涇。

南錢塘黄泥涇　皆淤塞。

水　利

吴越寶正二年,濬柘湖及新涇塘,由小官浦入海。《十國春秋》

宋熙寧元年,詔興修水利。《郭志》

《吴郡志》:郟僑言,治秀州水,當體究柘湖、澱山湖等處。凡有民田高壤障遏水勢不可疏决者,並與開通,達諸港浦。

宣和元年,兩浙提舉常平趙霖圍裹華亭泖爲田。《婁志》

《吴郡志》:是年十一月,御筆訪聞秀州華亭泖可爲田,仰趙霖相度措置。霖應詔役夫八萬三千七百有奇,圍裹華亭泖爲田。二年八月罷役,勾收人吏送平江府右獄磨勘錢物。

紹興三十年,華亭縣劉侯修秦山及鹽鐵、蚌涇三堰。《華亭志》

乾道二年,轉運副使姜詵置張涇堰閘。《雲間志》

許克昌《浚河置閘碑》:時有言,蘇秀勢最下,華亭尤近海,十八港皆有堰捍潮,可一切决之。四湖所瀦水宜爲斗門,以便節減。于是命轉運副使姜詵相度便利以聞,曰:東南瀕海之地,視諸港反高,雖有神禹,不能導水使上也。今宜浚通波大港,以爲建瓴之勢。又即張涇堰旁增庳爲高,築月河,置閘其上,謹視水旱,以時啟閉,則西北積水順流以達于江,東南鹹潮自無從入也。上稱善,即丐以常平之帑贍其役。

七年,知秀州邱崈修華亭瀕海十八堰,移新涇堰于運港。《郭志》

《雲間志》:自柘湖堙塞,置閘十八所,以禦鹹潮。政和中,提舉常平官興修水利,盡决堤堰,獨留新涇塘,以通鹽運。海潮衝突塘口至闊三十餘丈,鹹水延入蘇湖境上。乾道七年八月,右正言許克昌請于朝,移堰入運港,築月湖,置閘其上,甃巨石,兩址相距常有四尺,深十有八板,板尺有一寸,以時啟閉,故鹹水無自而入。月河長三千三百五十有五尺，廣常有六尺。

淳熙二年，立庸田使于平江，浚松江之張涇及通波、官紹、盤龍等塘。前志

元大德二年，立浙西都水庸田使，專主水利，濬泖、澱等湖。《元史》

是時，泖、澱等湖各有定立，官湖界畔不許仍前侵占，違者庸田司就便追斷。海濱潮沙淤澱之處，亦令庸田司于二、八月如法疏濬，毋致壅遏害民。

至順六年，置斗門于張涇、盤車二堰。《郭志》

至順元年，天雨連綿，湖泖水漲。府請行省，于烏泥涇閘舊河直道開挑，以導宿水歸海。次年二月，開濬河長五百一十步，闊五丈，深一丈五尺。二、三年間，水勢稍弭。至元四年，水復爲患華亭尹郭，也先不花承議鑿之。六年，郡人劉廷玉請于張涇、盤車二堰置閘，深濬外河，導水歸海。府尹伯野台從之，發民疏濬，置斗門焉。

至正元年，復立都水庸田使司，浚松江漕河。《婁志》

時以江浙行中書丞相欽察台言，復立都水庸田使司，凡平江各處農事正官結銜、知渠堰事聽受使司節制。是冬，浚府南門外太平栅至張涇堰，長六十三里。

明永樂元年，命夏原吉治蘇松水患，濬金山衛牐。《明史·河渠志》

正統八年，巡撫周忱檄浚金山衛獨樹營至劉家海口濱海諸河。舊志

嘉靖二年，工部郎中林文沛督率華亭縣，開官莊涇、黄泥漕、尹山涇、站船浜等十一處，洩當湖、泖、澱諸水，各通黄浦，道吴淞入海。

六年，御史林應訓奏請濬合郡大川支流，求圩岸故迹作《水利圩圖》。《郭志》

《明史》：林應訓疏言，松江大黄浦西南受杭嘉之水，西北受澱、泖諸蕩之水，總會于浦。而秀州塘、山涇港諸處，實黄浦來源。澱山湖入黄浦道漸多淤淺，宜爲疏瀹，而自黄浦、横潦涇、朱涇，經秀州塘入南泖至山涇港等處待濬，尤急宜設法開導。從之。

十年，松江通判劉師召修築泖浦隄岸。《婁志》

崇禎二年，同知錢永澄濬吕涇、横涇等河。《郭志》

四年，知府方岳貢濬運河、後岡港、鹽鐵塘、南横港、鶴涇匯等河。《郭志》

五年，通判朱啟元築泖塘岸。《郭志》

國朝順治九年，華亭知縣劉成龍浚丘涇、横瀝、張涇、沈漕涇等處拜各支河，仍令歲加修治。舊志

康熙中，議開青龍港，通海設關。督撫會勘，邑人曹漢禮上條議六欵，議遂寢。舊志

曹漢禮開青龍港議：天下之患，莫大于見目前之小利而貽後日之大害。一時惑于浮議，倡便民之舉而不知厲民實深，爲富國之謀而不知誤國非淺。某不敢借唐之兩税、宋之青苗以爲喻，請即以水之利害陳之。謹案：東南之水最居下流，而松江更居諸郡下流，去海尤近。其水易瀦而難洩，每當霖雨泛漲，風濤奔激，潮溢江湧，勢不可禦，往往衝嚙田禾，漂没廬舍。自明洪武二年海溢以後，三百年來歷被水患，載在府志，不勝殫述。即隄防之具，代不廢弛，猶且水災屢告，饑饉薦臻。今幸民慶安瀾，户歌清晏。復聞有浚青龍港之議，不知此水引海決河，有蓄無洩，所謂抱火以厝之積薪之下而寢其上者也。議者或謂，此港一開，市舶輻湊，以金山爲壟斷，可以籠襲商税。某謂

不然。普天之下,莫非王土。金山之税果有益於海關之税乎?况商人之莫便於上海也。報税之後,得價即可。發貨如不得便,即可直抵各省,乍浦亦然,不若金山之路紆地僻也。假令盡驅海浦之商而爲金山之商,亦不過盡移海浦之税而爲金山之税,於國課無涓埃之補,而地方多騷擾之虞。所當佐憲臺之籌畫者一也。或謂金山百姓引領企踵,渴欲開濬,便民最切,某謂不然。率土之濱,莫非王民。異日金山之商,即今日海補之商。苟其去此適彼,則金山百貨交易,在此不不無蠅頭之利,而海浦行旅莫顧在彼能無遺已之嫌,均屬子民一體異視。所當佐憲臺之籌畫者二也。或謂開閘港口,依時啟閉,以抑潮汐,可免水患,某謂不然。聞之先猷水利,非蓄無以防旱,非洩無以疏水。今欲開此以防旱乎?則鹹水害苗,反成斥鹵之地。抑欲開此以疏水乎?則海潮洶湧,又無分瀉之方。譬有母而無子,有腸胃而無脉絡,勢必泛濫潰裂,瀰漫無涯,轉瞬之間,松民其爲魚乎。夫築塘捍海,幾費經營,尚懼横溢。今乃導海入内,其與引寇入門何異?所當佐憲臺之籌畫者三也。或謂此水止通海潮,不通内河,可無顧慮,某謂不然。即如康熙三十五年六月間,華亭九團忽遭海嘯,漂没居民數千。此已然之明驗。今青龍運、鹽兩河相距不過咫尺,能保海水之不洋溢合而爲一乎?潮勢迅疾,日浚月削,日潰月滋。上流既通,下流無路,萬一暴流懷襄,閘不能制,塘不能闌,膏腴之地將變巨浸之區,耕鑿之氓頓罹昏墊之苦。河患未已,繼以海患。至此而講補救之方,河工可鑒。所當佐憲臺之籌畫者四也。或謂内河水涸,乘此開濬,按田均派,衆擎易舉,某謂不然。松郡財賦繁重,連遭水旱,民困催科,筋髓敲竭,皮毛俱盡,正供猶且不給,安得三年、九年之蓄,爲國家設關起税之助?即使勞民動衆,耗一方之膏血,無裨一綫之源流,必至弱者枵腹而殉身,强者棄鋤而走險。若必盡請國帑,則税未入而課先出。倘沙因潮至,日漸淤塞,重浚則微特費不可支,抑且海水爲患。不浚則前功盡棄,後悔難追。以有用之金錢,靡費無益。所當佐憲臺之籌畫者五也。或謂明時通海故道可循,照舊興復,民安樂利,某謂不然。明嘉靖時,倭寇入犯,四散流刦,皆經於此。今雖海宇太平,晏安無事,然爲憂盛危明之策,亦宜思患預防。況開此果利,豈無留心國計者經畫于先,何待今日?乃故老無聞,成書莫攷,則其不足屋廟堂之計更可知已。大抵喜淺近之功者遺遠大之慮,察秋毫之利者召叵測之殃。所當佐憲臺之籌畫者六也。語云:明者遠見於未萌,智者避危于無形。又云:福生有基,禍生有胎。上關國脈,下逮生靈,理無可疑,勢所必至。某海隅一介,何敢越俎冒瀆,妄竭一得之愚。然當憲臺奉旨按臨,親歷相度,不得不敬獻芻蕘,以俟採擇。伏惟仁人之利溥,智士之識先,中流砥柱,覆奏停止,則爲東南萬萬姓造福無疆矣。

雍正八年,金山縣知縣高澤萊開運石河。《宋志》

是年冬,巡撫尹繼善檄華、奉、婁、金開運石河。澤萊承檄,自婁縣腰壩九里橋,至華界湯家橋止,長三千二百六十三丈六尺三寸,面濶六丈,河底三丈開深四尺。明年五月工竣。

十三年,金山縣知縣劉紹周與華亭合濬南北石臼浦。《宋志》

先是,總督趙宏恩于十二年疏請普修江南渠港,勸民循照舊例,按田派工,業户給食,佃户出力,令委員勘估,分急要、次要、可緩三項工程。金山以石臼、池涇、胥浦、六巷塘、城濠新河爲急要，山涇、歸涇爲次要，白涇、沐瀝港爲可緩，急要之中又以石臼浦爲最急。

乾隆六年，濬鄉界涇。舊志

鄉界涇南通張澤塘，北達黄浦，長二十八里，華、金合界。金山開二千五十丈有奇，奉憲行業食佃力。

十四年，知縣常琬濬治運石河道。舊志

河係鹽、運出入之所。金山知縣常琬同華亭知縣余暢詳定商民分濬，并禁挑泥人夫附近堆積。

嘉慶六年，署松江府知府康基田濬張堰塘。《宋志》

十四年，金山縣知縣鄭人康會華亭縣知縣李紹洛濬灎涇。《宋志》

是年，士人以張涇淤塞築壩斷灎涇水道，自張涇口而東，至松隱寺前，已爲平陸，自松隱而東，至問津菴渡，亦漸淤塞。濬自後港十八啚馮家漊口起，至張堰南止。

按：金山挑河，雖無鉅工可記，而近來支河撈淺，幾於無歲無之。或由縣捐開，或啚民自開，或派啚協開。三者之中，協啚尤多叢弊。司事賢否不齊，河差貪情成性，地保嚇勒鄉愚，敲筋刮髓，於是公事無聞，惟圖私槖。無惑乎河流之日濬而日淤也。試言其弊約有四端；一曰派工不公。啚有豪强者不敢多派，有桀黠者不能多派，有狗情納賂者不便多派於。是有長段艱難之工，悉令荒僻窮啚承辦，苦樂不均。其始事之謬已如此。一曰苛勒包挑。所派之啚遠道齎糧，集傭赴工，而在局者多方挑斥，誣爲開不如式，逼令重挑。被斥者寃苦莫伸，即使重賂求免，而所費已多。於是不得不浼局包挑，其費有加至三四倍、五六倍者。及至驗包挑之工，無不草率偷減。由於局内之給價不敷也。一曰掩飾丈尺。欲其深則增高兩岸，欲其濶則坦削兩岸。一丈之河，止開五尺，而已可掩飾。且泥在兩岸，一雨之後，盡卸入河，而河淺如故矣。一曰乘潮驗工。潮之長落，大或五六尺，小亦三四尺。若乘潮滿之時，其濶深原覺可觀。須臾潮退，仍似溝渠。蓋未開壩之前既可掩飾丈尺，既開壩之後又復乘潮驗工，貪夫狡計，誣上行私，真無所不至矣。有此四弊，而新開之河即有淤淺之象，論者徒咎夫潮泥之日積。噫！豈盡潮泥之爲害哉？今將從前開河善策參酌今制，分條析欵，詳載於左，俾後之留心河務者酌擇焉。庶不爲奸人所熒惑耳。若支幹各河，淺深緩急、原委通塞已詳水道各條下，兹不更贅。

附：開河事宜

期限　次年將開某河，須於上年八月定議。若借帑之工，須於春初詳請，九月延董，十月勘河。定後當即刊刻工單，十一月籌備經費，十二月詳請委員雇集人夫，隨即打壩。一交新年，知照委員來工，諏吉開工。以工程之大小、夫役之多寡，定限期之長短。最鉅之工，亦必於穀雨前報竣，庶幾不礙農功。

遴董　董事賢否，關係全工。向來由地方紳士呈請開挑之工，即以具呈諸人作爲董事。不知諸人之中未嫻經濟者有之，少年喜事者有之，甚至營私嗜利者亦有之。具呈之人未必皆能董事也。設有一不肖者濫厠其間，則公正者必且相率引去，獨留此貪妄之徒始終其事，公事尚可問乎？故延董者，必具知人之明，慎而又慎。以身家殷實者管錢米，以公正無私者記出納,以老成諳練者司勘驗。以精明(疆)〔彊〕幹者督工役。各用其長,以期集事。若分界之河與鄰邑合濬者,移知所轄,慎選幹董,會同辦理。

勘河　十月晴暖,漕務未興。縣尊減從駕船,帶同各董將來春應開之河親詣丈勘。蓋地勢河身,隨步换形,若但云長若干、濶若干、此番應濬若干,其間淺深濶狹,難易迥殊,人情必有不均之歎,工程便無責實之效。故勘河之時,務盡其法。須以小舟行河中心,用畫準丈竿沿河點水。所測淺深,令董事與工房書吏各記一册,名曰"勘册"。兩邊河涯水際各用一人,踏水而行,持竿點水,册記亦如之。又用兩人於兩涯水際拽繩而行,以量河面丈尺。又用兩人於兩涯水際拽繩而行,以量河底丈尺。其測水之淺深、量河之濶狹,看有不同處,即便釘樁分段編號,他日筭土計工,全在於此。淺深濶狹多係相同,當用步弓步準丈數,細細分段。如原議欲令水深八尺,據現在通流水有三尺,此處該去土五尺矣,應作一段筭。有水二尺之處,該去土六尺,應另作一段。其濶狹亦如之。分段既明,兩岸各釘一長木橛,令深入土中,名曰"信樁"。樁上出土二尺,上書原編號數,及長短濶狹深淺丈尺,仍於四旁用土封識,不得移動。此樁不獨界限分明,亦可認記老岸,使興工之後,不得增高兩岸以虚報河身丈尺,而他日逐號派工,逐段筭土,皆有的據,第一緊關工夫也。其丈竿三根,須照乾隆元年所定工部營造尺,畫準尺寸,庶與步弓相合。丈繩兩條,丈尺須用色線分别繫定,又必與丈竿分寸無舛,方無弊竇。

土方　每去土四面上下各一丈爲一方。每方計土一千尺,該一千六百挑。每方用起土一人,名曰"一置";擔土二人,名曰"二挑"。大凡人夫荷重,妙在换肩交擔,其力少息,乃可長用。如從河底升岸,從岸遠堆,大約相去十二三丈。該用二人接挑,計每日置挑三人,約可去土四百挑,計四日積一十二工方,可去工千尺,名曰"一方"。而置土之人用力稍省,法當更番,以均勞逸。但土之爲方,凡當河底者必深,近河岸者必淺。淺深難於牽折,驗派難於均平。須每方一帶之中通力合作,務令深淺均攤。又民之負土,河有濶狹,而路之遠近隨之。往返之間,近者便而遠者艱,難以概論,須差爲等級。如河濶十丈者,每方派夫一十二工;若濶十五丈者,則加以一工;濶二十丈者,加以二工。以次遞加,大約以三十丈爲率,加至四工而止。設有更濶於此者,亦當如數加之。若行河底泥淖中,或從河登岸,或岸上堆土,從卑至高,用力甚難,亦須酌加接挑之人。昔人又有車運之法,每帶兩旁各造木車三乘,如方盤之式,駕以四輪,大約每乘可載土十擔。使二人挽之,則一車可當十夫,去土遠而民力省,其工食則比諸役又當少加。

工值　范文正公河工給米法,每日每人給米五升。後人仿而行之,或半支銀錢,即以米價準之。今田家雇工耕作,除供給烟茶、酒肉、飯食外,每人每日尚須發給工錢五六十文不等。若開河人夫工值過輕,不特怨咨蠭起,且恐應募無人,并有逃亡躲避等事,否則必以龍鍾孱弱者應命,工築何由而觀成?酌中之數,每人每日給米二升、鹽菜錢二十文、工錢四十文,較之尋常雇工已屬輕減。且不可概給錢文。蓋米價歲有低昂,而役夫終日勤力,非二升不飽。若遇荒歉之年,工錢照價給米亦無不可。姑以一里核之。若面濶十丈、底濶六丈,上濶下狹折筭,實該八丈。每方一丈合用人夫一十二工,一帶八方,則該人夫九十六工。一里二百六十四帶,則該土一千七百二十八方,合用人夫二萬七百三十六工,應支米四萬一千四百七十二升,應支鹽菜工錢一千二百四十四千一百六十文。若以此數爲太重,則不妨隨時酌量,但不可過於尅減,以致工程草率耳。

刻工單　土方工費已有定數,即當刊刻簡明工單,開明某號土方若干、該工若干、米若干、錢若干、總共需夫工若干、錢米若干,照依勘册核筭,詳載無少差参,刷印多張備用。蓋詳憲當用此單,勸捐亦用此單,移知委員亦用此單,工所徧貼此單,董事吏役各持此單,以爲憑準。

籌費　工無大小,總以儲費爲先。其儲費之法亦不一,有借帑,有官捐,有民捐,有本啚照田派開,有協啚派開,有業食佃力。惟借帑必須預爲詳憲奏請,其餘俱届時儲備,務將經費妥爲籌畫,整備充足,各董彙數造册,呈縣請詳。

詳請委員　集役人數衆多,非董事所能彈壓。且獎勤責惰,常川駐工,自非專員委辦不可。但專員駐工,一切居處飲食、傔從舟輿,在在需費。工局既不能供應,委員又不能自備代縣之勞。自宜由縣貼費,毋致貽累工局,庶冀費不虛靡,工歸實用。凡工所事宜,俱聽委員處置。

雇募人夫　應用夫工若干,預飭該河附近各啚地保,按名雇募,詳細造册送縣,名曰"夫册"。須要住近該河之人,可以晨集暮歸最妙。更要挑選精壯耐勞者,若濫以老弱充數,定將地保重懲,責令另雇補足,務於封印前一併雇齊。每人分給工票一紙,填明姓名、年歲、居址及工數、錢米各數,與地保造送之夫册相符。

堵壩戽水　此二事向來包辦,須責成地保領費辦理。若工段過長,須用腰壩,務於臘底將壩堵閉,將水戽乾。該地保帶用守壩人夫住宿壩上,壩有滲漏鬆動,責令加築。倘遇天雨,協同戽水,直至竣工開壩之日方爲畢事。

興工　先期本縣將興工的日備文移知,憲委專員,敦請來工。擇於該河附近廟宇公所,預備行館供給,届期同赴(公)〔工〕所,破土興挑。即將勘册、夫册等件交割,并酌派勤慎書役隨同在工,以供差遣。各董事俱自備資斧,隨同委官住工照料。

查工　每日清晨,地保將在工人夫分隊排立,候委官查點過,方令下河做工。非大寒、大雨不得休息。地保鳴鑼摧趲,俱要時刻在河,不得少懈。至晚,地保將一日濬河人數報明委官立册登記,名曰"工册"。自興工之日爲始,除去天雨輟工日期,每半月爲一限。委官督同各董事稽查工程,分數别勤惰,以行賞罰。即將各夫應領錢米分給一次,各董立册登記,名曰"費册"。先是興工之日,將木橛三根刻記丈尺,二釘兩邊岸底,一釘河心,與土平,名曰"樣樁"。樁木須要極長,入土須要極深,以防拔起作弊。每届查工時,但驗樁露若干,則知去土若干矣。或將樁木留出土上一段,令與兩岸齊平,亦可杜拔起之弊。

驗收　河心樣樁尺寸齊露,是謂工竣。必須河心之樁與兩岸之樁相同,方爲合式。又用丈繩於兩岸信樁相同拽平,立丈竿於樣樁之上,以量虛河淺深。如繩在竿十尺上,則虛河深十尺矣。取册查之,尺寸不能欺也。又法用滚木一根,以索挽之,循河而往,稍有窒礙,即加究治,罰其再行開挑,勿給工食。委官同縣官並驗訖,方准拔去樣樁,開壩放水。

開壩　往時壩基每不剷平，督工者方謂大工已竣，易於忽略，草率殊多。務令多撈深挖，勿留高凸。開壩之後，擇潮水退時，縣委各官督同董事，用鐵足木鵞浮於水面，隨流而下，驗其淺深。稍遇淤淺之處，必即傾仆，責令承段地保重加撈挖。必試驗如式，方准拔去信樁，委官銷差回任，縣官申報竣工。董事之賢勞者給額奬之，胥吏地保果能始終勤奮，亦勞以花紅酒食。

運泥　興挑之時，箄土派夫，勒限程工，新泥勢難遠堆，不得不於近河十餘步外度地暫堆，徐商搬運。乃辦河之人，羣以運泥爲可緩之務，一至樁拔壩開，全河工竣，委官去矣，董事歸矣，人夫散矣，而經費亦已告罄矣。於是無人經理，無欵支銷，泥遂終於不運。亦有另儲運泥之費，而爲局中人所侵蝕，百計延捱，究亦歸於不運。所以泥山土阜，一望穹窿，所在皆是。有開河之時，即買近河隙地以爲久堆之計者。或擇公所閒田恣行堆貯，名爲暫借，實圖長佔者。更有載拋左近河流，任其隨潮衝入。此尤計之至拙者也。查前人良法，惟有填厚低田、培高圩岸兩事而已。若能於經始之初先儲其費，終事之後勿緩其功，何處低田、何處圍岸需用河泥，設法運送，毋謂河工已畢，遂置此事於不問也。

圍築圩岸　金邑南境患旱，北境患潦。故通縣大熟之年，實爲罕觀。任仁發撰《水利議答》十卷，其大要不過曰濬江湖以洩水，築隄岸以障水，置插竇以限水而已。蓋治水與治田無異策也。明周孔教督民濬築河岸圩，掘河中之土築傍河之岸，則河既深通，岸亦堅固，一舉兩得。今查北鄉低薄田大都泖灘新漲，歷届陞科者或需加田增岸，不妨相度舉行。若以河中之土築傍河之岸，適啟小民佔築河渠之漸，又不可不防其微也。

酌定牐壩　水利之酌盈劑虛，全在乎建牐置壩。范文正公言修圍、濬河、建牐三者如鼎足，缺一不可。若使沿海水鄉不能深濬河渠，蓄用山源湖蕩之清水，而專恃江海濁潮，爲害不小。且湖水澄清，底泥淤爛，農夫箭取雍田，年復一年，田愈美而湖愈深，兩得其利。若濁潮灌田，沙積田中，田力日薄，一遇大雨，浮沙滲入禾心，苗生漸槁，而所收亦薄，利害不大相懸絶哉？若能相度形勢，酌建牐座，以時啟閉，或宜築壩以攔截之，亦美利之當興者。

按：金邑水利凡幾變。吴越時濬新涇塘，由小官浦即今金山衛城。入海，誠以東南河港昔與海通，所賴十八堰以禦鹹潮之入。迨柘湖湮而南境之水道一變，青龍港塞而南境之水道再變。自築土、石兩塘，無須堰閘，山塘以南悉成止水，而南境之水道又一變。蓋邑之西北地低，易於潴，東南地高，易於涸。西境多承浙水。凡横泖、長泖、胥浦山塘皆源於上塘河，秀州、大茫諸塘皆源於下塘河。近年來源緩弱，巨浸如泖湖且幾成平陸。以今證昔，西境之水能仍其故者尠矣。北境諸水，以浦爲歸，而受浦之潮，長則渾潮淤澱較易，落則水弱衝刷無力。故湮淺尤速，爲通、爲塞幾於歲易月更。即如前岡、後岡、王墳涇，昔承張涇以西諸水，東歸黄浦，今並西流注張涇矣。驅塘昔由洙涇鎮北入横潦涇，今則東合掘撻以入矣。張涇昔承西水，今受大汜水之潮，而松隱東西無深流矣。五舍以南本皆泖水，今則泖漕所存僅有如塘矣。其高家涇、鄉界涇之湮塞尤顯焉者也。於是議者紛紛，有上、中、下三策。一須會同蘇、松、太屬開濬三江，剷除冒佔，量移牐座。又咨浙履勘來源籌辦。是爲上策。其次先削泖湖漲灘以暢清水，繼導幹河支港分注東流，終乃酌設閘堰力遏潮沙。是爲中策。其所謂下策者，亦止就境内之水隨淺隨挑，暫濟商農耳。今查境内幹河，如南境新河，爲運鹽河來源，乃山塘以南農商所利賴。自上下横涇十分淤淺，河以北之通流又皆堵塞，於是欲其東注已難，更安望其北流濟運乎？又如張涇亦爲運鹽要道，年來屢濬屢淤，由於西水遠來勢微力弱，浦潮近注，沙壅泥留。不得其原，開挑無益。或暢通西水駛達清流，或酌設小閘稍隔潮沙。其他腹内支河，凡屬渾潮所經，盡皆易於漲塞。暢清敵濁之理，誰不知之？誰不能言之？而工鉅費繁，漸致泥沙淀積，淺若蹄涔。即或上奉憲檄，下據民詞，一旦議舉，而書吏高下其手，往往延至清明興役。畚揭未幾，農事已興。泥夫潦草以應役，董事苟且以告成，不過圖目前之暫通，未幾復塞。故念切民瘼者勢難猝辦，惟有平日必先嚴禁兩岸侵佔。平日以工不出區之法，派定區啚，頂值輪濬，勒石永遵。更當變通其法。有因潮而泥多積壅者，則時爲淘摉；緣緩流而沙易停流者，則另設閘座。並著爲令，勿得臨事滋擾。是所望於留心水利者，俾小民各自開其灌溉之河渠，支幹畢深，曲折並到，南阡北陌，水澤滿盈，自沾其利。而又於水口之處，夾岸置閘，潮來則扃之，候潮平始開，則泥沙淀於閘外而不入内河矣；潮落復扃之，候落急始開，則衝決有力而泥沙仍隨流而去矣。

古　蹟

周公墩　在捍海塘外。《陳志》距金山城不十里。通志當潮勢奔猛處，蓋古人築以戍兵防海。或因相傳康王築城得名。前志今蔡廟西捍海塘北烽堠亦以此名。《續金山衛志》又有白茅墩、逢陣墩諸舊烽堠，恐皆非故墩所在。前志

葛蓬墩　在衛城西。其地多艾，俗呼爲蓬，以灸疾多效，相傳爲葛元遺種。《金山衛志》

寒穴泉　在金山。山峙大海中，泉出山頂，獨甘冽流注不竭，因名。《墨莊漫録》《雲間志》

宋毛滂銘：歐陽文忠公爲《大明水記》云：山水上，江水次之，井水爲下。山水乳泉、石池漫流者上。然余客東都時日，從定力院取井水煎茶，此井不知有山泉，而味乃與惠山等。至衡其輕重，則定力之水輕。是此井寧肯出山水下哉？至載劉伯芻謂，水之宜茶者有七等，又載李季卿論水次第有二十種，惠山泉益居第二，文忠公以爲不然，雖余亦不以爲然也。蓋水之在天下者，人安能盡知之？顧可使不知之水，又盡居七等、二十水之下乎？水之良不過甘也，一甘而第爲二十，差爲七等，又遂以爲天下無水而高之，是當欺我。秀州華亭縣有寒穴泉，邑人知之者鮮。縣令姚君汲以遺余，余始知之，問此邦人，則多不知也。取嘗，甚甘。取惠山泉竝嘗至三四，反覆嘗，畧不覺有異。是就余所知，則惠山、寒穴相望裁二百餘里間，蓋有兩二泉矣。嗟乎！論水者談何容易。景祐中，相國舒王有《和華亭縣令唐詢彦猷寒穴泉》詩云，此泉雖所寄荒寒，宜因相國詩聞於時，然亦復未聞也。余恨前人之論水者，既不及知之，余欲以告今之善論水者，爲作銘云：泉之顯晦，豈亦有數？生此寒穴，與世不遇。美不見録，爲汲者

惜。泉獨知冽,不計不食。

梅堯臣詩:山頭寒泉穴,浄若鏡面平。熨齒敲冰冷,貯瓶微玉聲。旁有野鹿蹟,上蹄林鳥清。何由一往挹,况復病朝酲。

王安石詩:神泉冽冰霜,高穴與雲平。空山渟千秋,不出嗚咽聲。山風吹更寒,山月相與清。北客不到此,如何洗煩酲。

浴丹井　在查山。相傳與煉丹室皆爲查玉成遺跡。井水紺白而甘,極旱不竭。煉丹室,一名井西山房,又有西南林壑,爲元僧浄建。虚翠閣,爲元僧雲巖建。王逢有詩

仙人洞　在秦山東麓。上有飛來石,明吴韶隱此,榜其上曰"南崖洞天"。南有白龍洞,明成化間大雨,中有蛟成龍,自洞騰雲去,故名。前志

明張世美歌:秦山有石洞,云是仙人居。外隘僅容入,中窺信有餘。洞庭聯絡潛自接,華陽窈窕深相紆。仙人一去秘靈迹,洞門崖峩障巨石。或傳居民昔避亂,移家正脱黄巢日。千年靈異豈終塞,發石開通果誰力。秦山山人有偉圖,壯志骯臟雄萬夫。獻書北闕時不達,遁迹南崖興自孤。此洞標名本屬先,祖龍望海亦當年。查公丹井前峯近,松子遺蹤後寺連。山人前身疑亦仙,千年復來異事傳。嗚呼!不有鬼斧五丁力,掘石排山豈偶然。

赤松溪　在張涇堰,又名張溪,相傳留侯從赤松子嘗遊於此。明張世美仙人洞詩"松子遺跡後寺連"即此。

胥浦城　在婁縣西四十里。梁大通六年葬,以地接胥浦故名。通志

白苧城　在柘湖北。《明一統志》云:宋元築城戍守處。今裏護塘,地生野苧,周迴如城,俗呼白苧滙。通志

草鞋墩　在歸涇北,有土阜形似之者,傳爲吴越王遺址。前志

小陵關　在山涇南。相傳兩岸舊有烽樓,爲吴時望海處。《太平寰宇記》

釣灘　在朱涇鎮。唐釋船子和尚垂綸處,今爲法忍寺。内有魯般殿,又有古礀寒泉,爲元釋楚蘭浄修之所。楊維楨署額並記。

唐船子和尚詩:千尺絲綸直下垂,一波纔動萬波隨。夜静水寒魚不食,滿船空載月明歸。　二十餘年江上遊,水清魚見不吞鈎。釣竿斫盡重栽竹,不計工程得便休。　三十餘年坐釣臺,釣頭往往得黄能。錦鱗不遇虚勞力,收取綸竿歸去來。

宋黄庭堅詞:瀲㶑生涯身已老,短簑篛笠扁舟小。深入水雲人不到,吟復笑,一輪明月長相照。

誰謂阿師來問道,一橈直與傳心要。船子踏翻纔是了,波渺渺,長鯨萬古無人釣。

宋張商英詩:蘆葦蕭蕭江岸秋,長天獨月向西流。離鈎三寸無人道,笑倚蘭橈自點頭。

松澤西亭　在朱涇。宋釋妙賢與若圭建,即船子留詩處。《朱涇志》

張涇閘　在張堰東三多里。宋邱崈置堰十八所，姜詵奏請築月河，置閘其上，以時啟閉，故鹹潮無自而入。今惟此閘，猶以閘上名其地。宋許昌記

鐵笛橋即東陽橋。　在瀝瀆塘。當時可眺秦山、獨山諸峯。元楊維禎與陸居仁、貝瓊觴咏於此。嘗吹鐵笛於橋上，因名。前志

稅寶滙俗呼爲四寶滙。　在胥浦、瀝瀆交會處。元稅海舶於此。前志

靈根塔　在朱涇。元時建釋鶩一有詩。《朱涇志》

龍淵里　在法忍寺西。明詩人戚韶字龍淵。居此。《廣志堂筆記》

籌邊亭　在衛城都指揮署内。明都指揮董宸備倭時建，巡按賈爽銘，華亭知縣戴冕記。前志

鶴坡　在朱涇。明王良佐築，時與錢鶴灘稱爲二鶴，作二鶴行。《朱涇志》

落照灣俗呼赤日灣。　在朱涇。昔人自府城望落日於此。前志

冢　墓

周

孔子像墓　在衛城大觀書院右。

宋

鄉貢進士謝國光墓　在五保。墓有安節亭。

元宇文公諒《安節亭記》：安節亭者，晉大傅文静謝公二十六世孫節齋先生之所作也。先生之六世祖，隱居華亭之南曰"立極"，子孫因家焉。先生諱國光，字觀夫，有雅量，夙敏於學，十三能作文。宋咸湻癸酉領鄉薦，明年上春官，策問求賢，所對愷切。時賈似道柄國，忌直言，主司畏禍不敢取，以例補太學生。天朝一海宇，遂潛德勿耀。至元廿三年，治書侍御史程公鉅夫承詔搜遺逸，或以先生薦，輒杜門稱疾，且曰："吾與其榮於身，不若無愧於心。"日以經史自娯而已。卒於至元乙酉，遺命葬先塋之西，名祭享之亭曰"安節"，蓋其志也。嗚呼！宋社既屋，文武遺臣位卿相者，不可一二數，獨文山文公、疊山謝公，起家科第，知萬死不顧一生，以全大節，凜凜如秋霜烈日。而天朝特寵異之，以風厲天下，或官其子孫，或立書院以奉祀，非後代之所能及也。先生一布衣諸生，矢不渝節，其亦可敬也已。矧不沽不激，得大《易》安節之義。今其諸孫，多好修力學，將復有以科目顯者，是又安節之亨也。其孫質晉與其弟良貞，請發名亭之義，刻石以垂永久，且懼亭之久而或廢，乃相與割田五十畝，以規營繕。故爲之書，復效小山招隱悲歌，以祀先生："若有人兮谷之陽，蘭爲佩兮蓉爲裳。聲獵獵兮擅名場，縱六轡兮馳康莊。文八音兮五色，進治安兮長策。披歷歷兮忠肝，横流涕兮太息。事既謬兮時又異，遺紛華兮若蟬蜕。苟榮身兮變初志，寧安節兮内無愧。鱸肥兮胥浦，掇秋英兮汎芳樽。尚友兮淵明，微夫人兮孰伍。松醑兮青青，歸來兮斯亭。節既安兮不朽，仰百世兮儀型。"

處士殷澄墓　在胥浦鄉。楊維禎銘。

元

邵氏世墓　在秋涇里。墓有敬思亭。安陽韓性記。

處士邵天驥墓　在吕巷南同安村。

義士吕良佐墓　在瀝瀆塘北,楊維禎銘。

陸應奇墓　在南陸。應奇,靖獻先生陸正之子也,元末避居胥浦。

儒學提舉曹彦明墓　在干巷十啚。

翰林學士潘塏墓　在查山。

明

懷遠將軍侯端墓　在秦山。郁文博表。

指揮僉事翁紹宗墓　在衛城西北。錢溥碑記。

指揮使劉惠墓　在衛城西。

指揮僉事西甯墓　在衛城東門外。錢溥碑記,周佩銘。

高州知州鄭珪墓　在朱涇戚家衖後。

御史曹豹墓　在干巷。沈愷銘。

知縣王良佐墓　在朱涇歸源橋北。

詩人戚韶墓　在朱涇下圩。徐楷題墓。

御史周鵷墓　在四保何家浜。

處士朱菊坡墓　在七保章家庫。徐階銘。

泖橋巡檢黄珏墓　在三保崑字圩。

太平府知府吴梁墓　在張堰西北河涇灣。樹聲撰神道碑。

太常寺卿張明正墓　在泖港北。王錫爵銘。

解元莊允中墓　在朱涇下圩。

承天府通判吴丕顯墓　在鵝涇滙。袁福徵銘。

賜葬刑部尚書姚士慎墓　在惠高涇。

參政吴霖墓　在張堰石皮衖後。

麻城縣知縣單恂墓　在六保四啚。龔鼎孳銘。

吴淞總兵吴志葵墓　在吕巷。朱彝尊銘。

大學士、前松江府知府方岳貢墓　在五保掘撻涇。

指揮使侯承祖、烈婦周氏、子世禄、世蔭合葬墓　在衛城北門外。

世襲百户張昌後墓　在七保三啚。

僉都御史陸樹德墓　在秀州塘。王世貞銘。

兩廣總制沈猶龍墓　在松隱寺西。

邵陽縣知縣張軌端墓　在四十保鄉二啚。

工部主事李逢申墓　在朱涇南四保滙。

舉人吴潮墓，子主事之賢、孫主事嘉允祔。

諸生張密墓　在小泖港。

旌表焦烈婦墓庠生朱焕妻。　在七保湯家角。

國朝

贈御史王廣心墓　在南陸。

内閣學士楊瑄墓　在六保草塔頭。

貞定先生吴欽章墓　在横潦涇。

高士吴懋謙墓　在五保方廿一啚。

處州府知府周茂源墓　在方十七啚。

旌表孝義曹煔墓　在干巷十一啚。

賜葬大學士王頊齡墓　在五保方二三啚。張廷玉銘。

臨江同知楊黼墓　在三里橋。侍郎李濤銘。

貞文先生林希灝、子贈編修子威墓　在十七啚。

永康縣知縣沈藻墓　在新運河東三十八啚。

編修姚宏緒墓　在南陸。

編修張起麟墓　在四保九啚。

太僕寺卿張棠墓　在秦山西北。陳元龍銘。

封刑部尚書張彙、子刑部尚書照墓　在横潦涇。

徵士焦袁熹墓　在四十保鄉二啚。張廷玉銘。

太常寺卿高層雲墓　在張堰。

鹽運司運同張卿雲墓　在楊蕩涇。

詹事王圖炳墓　在五保裴婆廟。

訓導周纁墓　在九啚顧家浜。

漢興道姚培和墓　在五保二十啚。

編修曹鑑臨墓　在干巷九啚王圩。焦袁熹銘。

魯烈婦墓　在朱涇萬安橋。

附古墓存疑

唐邱府君墓　在昌唐鄉。今名仙山鄉。

宋趙王墳　在朱涇東北。

侍郎聞人鼎墓　在朱涇村。

越國公謝奕采墓　在吕巷東南。

懋四縣主墓　在謝家原。

周南樓墓　在西倉。

賦　法

蓋自明祖憾吴民爲張士誠固守，困以重賦，其後雖嘗有所減免，民困仍未蘇。國朝康熙間,御史孟雄飛之疏曰:"蘇松徵收科則,歷代以來,較他省獨重。至元朝可經加倍。明比於元可多三倍。"嗚呼! 數言概之矣。於時巡撫韓世琦、瑪祐、湯斌,布政使慕天顔,給事中任辰旦,先後請減賦額。部臣恐虧國課,議未决。雍正三年,以怡親王奏,核減蘇松浮糧。其明年析置金山縣,故志賦法始此。若夫歷代規制,則有史書及郡志在,無取屋下架屋云。

賦　法

雍正三年,管理户部事務怡親王奏請酌減蘇松浮糧。

疏略:蘇松二府明代屢增之額,因未經詳悉奏請,至今仍舊。伏查蘇州府條折、兵餉、徭里、人丁、匠班、隨漕經費等項歲徵銀一百六十二萬六千九百兩零,松江府八十三萬三千五百三十兩零,蘇州府正耗、漕白等項歲徵米九十七萬五千二百三十石零,松江府四十一萬八千五百八十石零。民閒輸納完者居多,且天庾正供,兵食攸關,無庸請減。惟額徵地丁銀項,每至次年奏銷之期,蘇州一府民欠必至三十餘萬兩,松江一府十五六萬兩,蘇松浮糧從來爲數太多。查蘇州地丁銀一百二十九萬五千餘兩,松江六十七萬四千餘兩,或應酌減。伏祈敕下江南督(府)〔抚〕布政司,將所減銀兩作何分減之處秉公均派。

(金山縣分管田山蕩漊三千七百五十九頃七十畝一分九釐七毛五絲。以下照《姚志》。)是年,減免金山縣浮糧銀一萬三千九百三兩七錢三分一釐五毫六絲。

乾隆元年,署巡撫顧琮疏減耗羡。

疏略:蘇、松、常、鎮等府額賦繁重,荷蒙皇上格外施恩,酌減耗羡,以舒民力。今分别科則輕重,量減差等。請自乾隆元年起,一切新舊錢糧,將科則最重之蘇、松、太三府州,遵減耗羡五分,計共減耗銀七萬七千三百八十三兩有奇云云。二年,奉恩詔免蘇松浮糧銀二十萬兩,金山縣免浮糧銀六千五百三兩七錢七分五釐七毫。

(未知是慶桂否,須考。)三年,總督慶飭定徵收漕糧規條,立石各縣。

(前既不著舊志,此亦可免注,且《姚志》亦從府志中抄來也。)《金山志稾》:一、銀匠止用信實有身家者,連名互保,聽民隨便赴傾,自封投櫃,不許設立總管銀匠戳記,不許銀匠包攬代納,不許得受銀匠承充陋規。一、銀色止取細絲白紋,不用凸心鏡面。如糧户納銀原係紋足,無拘大錠小塊,俱準自封投櫃,不許銀匠勒折重傾,不許櫃書以無戳捎阻。惟銀色不足,許花户自覓銀鋪公佔傾銷。一、庫戥照依部法較準製造鐫押,發給各銀匠明設鋪面,聽花户自秤、自封、自投,不許銀匠代秤,亦不許櫃書執戥。一、火工錢每傾銀一錠,許花户給銀匠大制錢五文,其小制錢案照時值折增。凡納户銀自二兩以下止傾一錠,不許傾分幾錠,藉詞多索。一、串票錢每完銀一票,許花户給櫃書串票錢三文小錢,照時值折增。凡納户銀數雖多,不許加增票錢。小户完銀一分以下,不許索取票錢。其完銀封袋,即以票錢備用,不許另索封袋錢。

(金山縣原额田地三千七百七百□,照《姚志》)十七年,總督尹繼善申明禁革收兑漕糧積弊,通飭各縣勒石。

《金山志稾》:一、下江徵收漕糧,每石隨正交納費銀六分,照現今錢價八折收錢四十七文。其所收費錢内,給丁二十四文,爲津貼兑諸費。存縣二十四文内,酌留二分,爲修理倉厫、制備蘆席器具一切雜用。其餘一分,給發漕總記書,爲紙張費。收脚錢四文,水次離倉遠者,每十里遞加錢二文。此外毋許多收粒米分文。一、漕糧例應官收官兑,印官駐宿倉場,親驗米色,立時斛收,給串安家。倘故意憎嫌,篩颺刁蹬,明加暗扣,浮收斛面,并在倉人役勒索入厫錢、篩搧錢、斛錢、脚錢、飯錢、酒錢、鋪墊等錢,及呈樣米、順風米、養斛米、鼠耗等米,婪索分肥者,立行分别參處。一、漕總記書務選殷實樸誠者秉公僉點,由府核實加結,報道着辦。本官不許勒取硃價、贄禮册費、隨禮門包等項。點定之後,漕總專司文移記書，止許在倉登記收數，印官不得稍授權柄。倘印官婪收規禮，縱容滋弊，定行嚴參治罪。一、本府遵照部頒小口鐵斛製造，送道較準，印烙發用。印官隨時稽察，每晚弔存內宅封貯。倘有敲鬆撬薄、任意大小、暗中巧取等弊，定行官參役處。一、漕倉遵例辰開酉閉。凡米到倉，插旗編號，挨次斛收。如遇米多，即多開厫口分斛。總在本日斛完，毋許後先攙越，躭擱守候。倘有挨至暮夜米不收完仍然斛收者，明係弊混，嚴拿漕記，從重究處。一、糧户完米，務須親身赴倉交納，毋許米行、鋪户□價買米，包交糧户運米到倉，自行平斛。響欜毋許漕記人等執欜動斛，脚踢手捺，攘鬧勒掯。斛外餘剩零米，悉令糧户掃回，不許在倉人役擅取顆粒。一、漕糧例禁折乾，而行月耗贈米石亦悉應本色上船過淮，聽候漕督盤驗。倘州縣希圖折乾浮滿，預先併厫，各幫違例折收，不行上船者，縣幫官吏并丁一併參處。一、州縣任胥雇用積蠹、斛夫、斗級盤踞倉場，飛爬走欜，斛成虚角、凹面、雞窠等弊有累軍旗者，歷奉嚴禁，盡行革除。一、各幫并丁赴次兑糧，驗米色乾潔，立時收兑。兑竣之日，即將通關米結徑交州縣查收開行。至軍旗，除三分漕費之外，不許多索絲毫。一應兑費、心紅、程儀、鋪設、樣米、綱司、水手貼銀、貼艙鼠耗、尖米、合米、交席板、穩跳、演戲、酒席、花紅、後文等陋規，永行禁革。一、監兑廳員徧歷水次，親驗米色，稽察縣幫弊竇，秉公查究，毋許徇庇，并不許索要兑例、心紅、夫價、鋪設、樣米、通關、席面、中伙、較斛、提斛、跟役、催兑、開兑等陋規。一、南米原係隨漕一條鞭徵收，並無區别。乃州縣官以糟糧考成較嚴，將當年徵完米石先儘起運，餘爲南米續徵。另徵或高斛面，或暗扣明加，甚至重價折乾，實爲民累。嗣後徵收南米，務照漕糧畫一辦理。

二十四年，總督尹繼善、巡撫陳宏謀酌定徵收條丁章程。

《金山志稾》：一、市平各縣不同，一縣之城鄉、村鎮亦各不同。惟曹法爲十分之市平，減一分即九九平，減二分即九八平。此曹法久爲通行之市平，商民皆知。今完條丁，每曹法一兩加平二分，即爲庫平。一、紋銀每曹平一兩加平二分，又加耗五分，傾實、火工、折耗一分，飯食、解費一分，共曹平一兩零九分，完條銀一兩，連耗在內。一、民間不能盡加紋銀。有將實在九九色銀向匠鋪完納條丁者，除加平二分，加耗五分，加傾實、火工、折耗一分，飯食、解費一分，另加色一分，完條丁一兩，連耗在內，九八、九七、九六、九五、九四每色遞加。一、業户有紋銀庫平者，聽其自封投櫃，匠鋪不得把持，櫃書不得掯勒。已足之封，不得濫捉短封。如有願交匠鋪代納者，亦聽其便。匠納之封，逐封秤足折兑，不得令銀匠折于正耗之外另繳併平銀。一、以錢交納，每條銀一兩完錢八百八十文。連年錢價不相上下，如遇過昂、過賤，另行增減詳定。一、换錢庫平紋銀一兩，價至八百二十文以外者，詳明候示。一、票錢每票取錢三文，不及一錢者不取票錢。

照《姚志》：二十七年，金山縣入額新漲艸蕩九頃七十五畝八分六釐有奇，折實不等田一頃六十二畝六分。　三十二年，金山縣新陞艸蕩五頃六十六畝七分七釐，折實不等田九十四畝四分六釐。　是年，豁免金山縣續報坍没、義冢公佔田七十五畝七分有奇，蠲米一十一石四斗七升三勺、銀八兩八錢。

役　法

雍正七年，巡撫尹繼善革收漕積弊。

《婁志》：檄行江蘇各屬，每石定收費六分，折收錢五十四文，以二十七文給運丁，以二十七文給州縣，爲鋪墊、飯食、紙張之用，又每石定收挑脚駁船錢五文，水次遠者每十里加錢二文，數十年收兑錮弊盡除。

乾隆元年，革除區差，改圖書爲保正。

《宋志》：户律所載，人民一百户內，設里長一名、甲首一十名，輪年應役，催辦錢糧，勾攝公事。今松郡各縣按圖設保正一人，召募充當職役，與里長同。其名目或以爲始于此。

（應添孫玉庭、王家相奏摺及海運奏）

鹽　法

鹽場　府屬六場在縣境者二,曰横浦,曰浦東,俱嘉松分司管轄。横浦場署駐西倉鎮,浦東場署駐北倉鎮。

按:横浦場界連江浙,延袤千餘里。地有横浦,西連貢湖,南入於海。明初置鹽課司於其之上,遂以名。駐在縣之西倉鎮。浦東場,五代漢乾祐時,華亭有四場,浦東其一也。宋仍其舊。乾道八年,置搬運倉于張涇堰,主運浦東場鹽,駐在縣之北倉鎮。雍正七年裁并横浦,乾隆四年奏請復設。

明初府境場八,浦東隸松江分司。本朝康熙四十三年,裁松江分司,浦東并隸嘉興分司管轄,改爲松江分司。雍正七年,閩浙總督李衛奏裁浦東。乾隆五年,浙撫盧焯奏請復設。

場界　横浦場界連江浙,延袤十餘里,西接浙江平湖縣蘆瀝場,東至舊青龍港接浦東場,北至舊裏護塘有司田,南至海。浦東場西至舊青龍港接横浦場,東接華亭縣袁浦場,北至舊裏護塘有司田,南至海。

按:横浦場惟廟港之東、山羊以北、護塘以南屬華亭縣地,其餘團竈、灰場俱在縣境。浦東場惟柘山之西、護塘以南、場署以北屬縣境,其餘團竈、灰場俱在華亭縣界。金山嘴以東至菊花港,皆屬浦東場近。因潮刷沙坍,刮鹻無地矣。

(幾副當查兩浙鹽法志)團竈　横浦場竈舍四十九副,竈聚五團:西興團□副、西二團□副、中正團□副,俱在塘内;東二團□副、東新團□副,俱在塘外。浦東場竈舍一十五副,竈聚二團;浦頭團□副,在塘外;浦二團□副,在塘内,運石河南。

按:横浦舊聚團六:曰西團,曰東團,曰新興,曰北新,曰南備,曰中正。浦東舊聚團六:曰北正備,曰查山南,曰浦東南,曰金山北,曰金山中,曰東西新。原額横浦竈舍五十二副:西興十、西二十、中正十一、東二九、東新十二。浦東竈舍二十七副:浦頭九、浦二八、浦三十。浦三團今併入浦二團。横浦場每團設團役二名、甲長一名,在團稽煎。浦東場每團設團差一名、水手一名,在團稽察;領辦一名,往來巡查。

竈丁　横浦場四千七百七十七丁。浦東場四千八百四十六丁。

按:場地沿海窪下,爲竈丁曬淋處號灰場。自灰場以内至裏護塘有司田止,舊並屬草蕩,分給竈丁,以供樵煮,煮鹽入官,謂之"鹽課"。宋景定間,黄震論恤亭丁六策,有曰"在法亭户産業不許典賣,今不特上岸水田典賣無餘,而草蕩麥地坐落亭場,亦歸豪右。間有上户以佃召爲名,初不煎鹽,而止據其地"云云。則知在宋已有佔侵丁蕩者矣。明正統以前,或已墾蕩成田,據爲民業,而徵收空丁鹽課仍如故額,丁不聊生。正統十年,巡撫劉敷改水鄉鹽引折銀三錢五分。十二年,詔翾水鄉蕩價觧司。二十一年,知府樊瑩請以蕩價抵水鄉鹽課之半,立蕩户收之餘半,於各縣秋糧加耗餘米帶徵,而丁盡歸有司。行之期年，尋復停罷。嘉靖中，周御史題准，竈丁分給草蕩。時倭寇內訌，竈户逃亡殆盡，議不果行。萬曆三十六年，鹽道議覆查給竈户蕩地，浦東場五千二百八十丁，草蕩四萬九百九畝三分四釐，每丁得分七畝九分四釐七毫有奇；灘場二千一百一畝六分四釐，每丁得分三分九釐八毫四忽。四十三年，巡鹽御史楊鶴請定照蕩計畝僉催之法。蓋當時竈丁可以免差、免罪，於是謀充者衆。至是，僉定浦東場総催六十名，每丁課銀一錢三分有奇。後遂以丁課移蕩徵給，商人赴場買鹽。天啓而後，則商人納引輸税，自與竈丁相市。所徵蕩課即以解京，與商不涉。自是草蕩悉爲民業，按畝完課。崇禎十一年，都運使張繼孟奏請勘給草蕩、灰場。查蕩地中每嵌入有司田畝，實因隆慶三年丈田均糧時，富户通同胥吏妄指草蕩爲民田，以絶竈户告分，故田蕩雜互，相沿不改。

本朝順治二年，巡鹽御史王顯疏稱，竈户煎鹽，原有水鄉草蕩，漲則成田耕種，以資衣食。歲久法敝，或被勢家侵佔，或苦税課重叠。惟清查侵佔，蠲免錢糧，庶可次第復業。至康熙初年，丁課悉攤入地畝徵輸，而丁累自此永息矣。

又按：明末，巡撫彭韶議令各鹽場並立豫備倉，責令官攢看守，申巡鹽御史查考盤驗。遇有凶年，賑濟窮竈，秋成照數還官。此法若行，則熬波刮沙之徒即值凶荒，不至因飢滋事。拯貧保富，莫善於此，亦有心者所宜講求者也。

煎鹽　以海潮沃沙暴日中，將夕刮鹻，聚而苫之，明日又沃而暴之。如是五六日，乃淋鹽取鹵。横浦場每鹵一担，成鹽二十五斤。浦東場每鹵擔成鹽二十斤，每竈設挨煎籤正附，煎丁毋許越次。

驗鹵　用竹筒一枚，長二寸，取老硬石蓮五枚，納鹵筒中。一二蓮浮，或俱不浮，則鹵薄不堪用，謂之“退鹵”。三蓮浮，則鹵將成。四五蓮浮，則鹵成可用，謂之“足鹵”。

倉厫　横浦場倉厫五所五十二間。浦東場倉厫一所十間。

（查《鹽法志》）鹽價　凡鹽四百斤，加鹵耗四十斤。每净鹽百斤，定價三錢三分。如遇米薪過貴、過賤之時，仍許場員隨時詳請，酌量加减。

鹽引　每引四百斤。横浦場所産鹽斤，分配嘉、松二所，每掣配銷商鹽一萬一二千引不等。浦東場所産鹽斤，行銷上海、青浦二縣，每掣配銷商鹽一萬四千五六百引不等。

按：横浦場原額六千引，每二百八十五斤爲一引。浦東場原額四千八百六引，每三百斤爲一引。元至間，横浦場辦鹽一萬二百六引一百八斤，浦東場辦鹽一萬六千六百六十四引一百九十斤。本朝雍正以前舊額，横浦場每年六千引，浦東場每年四千八百六引，每引連包索二百八十五斤。乾隆元年，閩浙総督嵇曾筠題改大引，每引加鹽一百十五斤，又每百斤加鹵耗七斤、拆折三斤。

引課　金山引爲下下則。辦商領鹽運松，每引正課銀二錢五分一釐一毫七絲八忽有奇，又滴珠銀二毫五絲一忽有奇，又公費二錢五分，赴運司衙門完納，歸鹽册報。辦商每引經費三錢二分,赴運司衙門完納。

掣鹽　每年冬、夏兩掣,竈户將鹽陸續運厫秤收估值。各商發價捆運,將單引送場查驗,每引納釘引銀二分,然後赴所候掣。

按:明季商鹽四掣,本朝因之。後改兩掣,首掣十月,次掣五月。乾隆二十六年,浙撫莊有恭奏定夏掣六月、冬掣十二月。

運鹽　横浦場引鹽赴掣,由新運鹽河過張堰、松隱兩汛抵所。浦東場引鹽赴掣,由厫房水次過金山衛北關城濠,轉入新運鹽河,經南冉里庵、張堰兩汛,出張堰口,過松隱汛抵所。

按:嘉慶六年,兩浙鹽院延豐奏改批驗所衙署爲掣鹽廳,在府治集仙門外。今因張涇隨開隨淺,不能浮送鹽艘,但以小舟般送,東至秦山,北入胥浦,西北至楊闕頭,過船起運。

行鹽　金山縣年銷正引三千三百七十五引,内除改紹行銷二千八百一十八引,又奉賢縣劃歸四十五引,共銷六百二引,松所掣銷。

按:奉、金二縣額引共銷七千二百五十二引,除改紹行銷五千三百四十八引外,奉賢應存一千三百四十七,引金山應存五百五十七引。今奏銷册報,奉賢額銷一千三百二引,金山額銷六百二引,係以奉賢所餘四十五引劃入金山抵銷。

(查《鹽法志》)緝私　金山額設鹽快□名。水陸緝私,一月内能獲積梟巨販一二案,本季免比。再能獲千斤以上夥販三四案,捐貲獎賞。若僅獲零星及全無獲報,均於季底彙提嚴比。

按:販私之弊,有肩販,有夥販,有船販,有攬載夾帶,有重斤夾帶,有借巡興販,有借引興販,種種不一。其弊皆由於商不捆配、竈有餘鹽所致。若能催商儘配,更能減價敵私,則無鹽可販,無利可贏,興販之弊可以不禁而自絶。乃沿海貧苦壯健之徒,無田可耕,無業可歸,羣以販私爲務,肩挑背負,什佰成羣。即至婦人女子,靡不多力健步。兼之性喜爭鬬,室尠蓋藏,偶值水旱偏災,米薪騰貴之時,往往糾聚多衆,各擔私鹽,蜂集鄉村,增價硬掗,名爲求售,勢將索鬬,不遂其欲,吵嚷不散。甚至搬搶錢米,蹂躪圍毆。即有文武衙門兵役擒治,無如出没無方,聚散不定,查拿緊要則附漁浮海,緝捕稍緩又陸續潛回。此南鄉大户所爲日夜不安而莫可如何者也。誠得地方深識之士出而籌畫,能如彭韶所議,設立豫備倉以資賑飢,最爲上策。否則用昔人以工代賑之法,或議開河,或議築塘,或議修城,不特丁男可以應役,即婦女亦堪赴工,使無食之人咸得仰食於工,而人心自靖矣。縱使無粟可發、無工可興,務須會齊同志,捐集多貲,設法賑濟,分給口糧。或就城内營署給發,以壯我威;或向城外挨期輪發,以分彼勢。莫謂濟衆難於博施,須知安貧即以保富也。

又按:本地之肩販,患中於一時;外來之船販,患甚於平日。近有包頭丐船,俗呼爲“倒撑船”，或從江北而來，或隨漕艘而至；三三兩兩，往往來來，聚散行停，踪跡詭秘。并且日則爲梟，夜則爲盗，挖壙攫金，刨棺取骨，皆若輩爲之也。誠能嚴密查拿，不許停留，驅逐出境，則盗風不熾而梟販亦可永除矣。

按：嵇曾筠疏畧：凡近竈貧民，年六十以上，十五以下，及少壯之有殘疾、老年婦女孤獨無依者，每名驗籌，准給二三十斤至四十斤爲準，止許在附近場竈十里之内挑賣，不許越境，及往城市有引之地與商争售。違者仍以私論，將鹽入官。其給籌之處，則責成有司確查取給，由道申送鹽政衙門烙發。

（逐項分行寫以待查看，下仿此。）

（此條須查明新額逐項開寫爲妙。）蕩額　横浦場各則原額、新墾課蕩一萬九千九百七十三畝六分七釐四毫，重税課蕩八百七畝六分四釐。水鄉各則原額、新陞税蕩一萬八千六百八十八畝九分九釐六毫有奇，團基税地一十七畝八分二釐，備荒税蕩一百二十八畝九分六釐八毫，丈出海底沙塗二千八百九十五弓，續陞丁蕩四畝八分四釐九毫有奇。

按：原額上、中、下各則課蕩二萬八百七十六畝八分七釐六毫有奇，各税蕩一萬八千九百七十二畝一分二釐四毫。雍正四報陞蕩四畝八分四釐。乾隆四年築塘挖廢二百三十一畝九分一釐九毫八絲有奇，按畝豁除。

（此條照道光三年理定逐項開明。）浦東場課蕩三萬七千六百六十八畝二分二釐，灰場一千六百九十一畝七分九釐，海灘一千五百二十二畝七分。原額各則水鄉税蕩二萬九千七百八十三畝一分一釐二毫，報陞各則税蕩一千九十六畝六分二釐四毫有奇，備荒各則税蕩二千四百四十五畝一分一釐，續陞蕩一十九畝九分五釐五毫有奇。

按：原額各則課蕩四萬三千二百二十二畝二分八釐，税蕩三萬三千五百十三畝七分五釐六毫三絲。舊有代攤袁浦場丁課一百一十一兩三錢。雍正四年報陞蕩税一十九畝五分五釐，即抵除前報税蕩暫攤丁課外，又雍正二年、十一年築塘挖廢各則蕩二千五百二十八畝四分九釐八毫。

按畝

（逐項分一行寫，下仿此。）科則　横浦場上則丁蕩每畝一錢四分一釐二毫，次則丁蕩每畝一錢一分一釐二毫，中則丁蕩每畝八分一釐六毫四絲，下則又墾丁蕩每畝俱六分六釐六毫四絲，新墾丁蕩每畝七分五毫，上中則丁蕩每畝一錢一釐三毫一絲，下下則丁蕩每畝五分五毫，重税丁蕩每畝七分一毫；上則水鄉蕩每畝一錢四分八釐三毫，上中則水鄉蕩每畝一錢九釐七毫零，次則水鄉蕩每畝一錢二分二釐六毫，中則水鄉蕩每畝九分一釐九毫，下則水鄉蕩每畝七分二釐一毫四絲；舊墾水鄉蕩每畝七分三毫，又墾水鄉蕩每畝五分一毫，低薄水鄉蕩每畝四分七釐九毫三絲，重税水鄉蕩每畝八分五毫，下下則水鄉蕩每畝四分五釐一毫；上則荒場每畝四分七毫，中則熟場每畝七分四釐五毫，下則熟場每畝六分二毫，中則荒場每畝三分五釐二毫，下則荒場每畝二分八釐一毫，下下則荒場每畝二分九釐二毫一絲零；團基每畝三分七釐一絲五忽零，灰場每畝三分二釐五毫，海灘每畝三分零，海底沙塗每弓一釐九毫八絲七忽零。

三年，下則撥丁荒草蕩三分九釐六毛零。

浦東場上則丁蕩每畝一錢二分一毫八忽五微，上次則丁蕩每畝一錢一分七釐一毫八忽零，中則丁蕩每畝八分一釐七毫二絲四忽零，下則丁蕩每畝五分八釐；下則撥丁上墾蕩每畝八分五釐五毫八絲零，下則撥丁中熟蕩每畝六分五釐四絲一忽零，下則撥丁次熟蕩每畝七分五釐五絲四忽零，下則撥丁次中熟蕩每畝六分五釐五絲四忽零，下則撥丁草熟蕩每畝五分七釐五絲四忽零；下則撥丁上草墾蕩每畝七分九釐九毫五絲零，下則撥丁新墾蕩每畝五分八釐五絲四忽零，下則撥丁上草蕩每畝三分九釐九毫三絲七忽零，下則撥丁下草蕩每畝二分九釐五毫七忽零；撥丁東内灰場每畝五分一釐三毫四絲八忽零，撥丁金中竈灰場每畝三分七釐六毫五絲五忽零；上則水鄉蕩每畝一錢一分五釐八毫二絲三忽四微，上次則水鄉蕩每畝一錢七釐九毫五絲一忽零，中則水鄉蕩每畝九分四釐二毫七忽零，下則水鄉蕩每畝八分四釐八毫一絲二忽零；下則水鄉熟墾蕩每畝六分九釐五毫九絲一忽零，下則水鄉舊熟蕩每畝六分三釐四絲九忽零，下中則水鄉蕩每畝八分二釐二毫七忽零，下則水鄉車路地、新墾蕩每畝俱五分八釐七毫一絲九忽零，下下則水鄉墾熟蕩每畝三分五釐二毫三絲一忽零；海底灘場每畝一分一釐四毫一絲八微零；大出中則蕩每畝八分一釐三毫九絲；上則草蕩每畝五分四釐，中則草蕩每畝三分，稀薄下則草蕩、報陞海灘每畝一分，下則水鄉備荒草蕩每畝六分三釐二毫八絲六忽零；下則撥丁備荒草蕩每畝三分九釐六毛八絲六忽零；新漲沙塗每畝二分二釐。報陞海灘每□一分。

課額　橫浦場額徵各則課税新陞等銀二千九百三十五兩八錢七分有奇、滴珠銀二十九兩三錢五分九釐有奇、車脚銀二十兩零五錢七分一釐，共正、珠、車銀二千九百八十五兩七錢八分。

按：舊額徵銀二千九百四十六兩八分七釐，應加雍正九年陞課銀三錢四分二釐，實額徵銀二千九百四十六兩四錢二分九釐。乾隆四年實坍豁銀十兩五錢五分九釐。

浦東場額徵各則課税新陞等銀五千三百九十四兩五錢一分七釐、滴珠銀五十三兩九錢四分五釐二毫、車脚銀三十七兩七錢六分一釐，共正、珠、車銀五千四百八十六兩二錢二分三釐二毫。

按：舊額徵銀五千四百五十一兩八錢五釐，内應除築塘挖廢銀一百六十四兩八錢，實額徵銀五千二百八十七兩五釐。又代攤袁浦丁課銀一百一十一兩三錢。雍正四年至十二年止，實坍豁銀三兩七錢八分八釐。

雜餉　橫浦場額徵備荒銀九兩九分二釐、滴珠銀九分一釐、車脚銀六分九釐三毛零，共正、珠銀九兩二錢五分二釐三毛。　浦東場額徵備荒銀一百二十三兩七錢九分六釐、滴珠銀一兩二錢三分八釐、車脚銀八錢六分七釐，共正、珠、車銀一百二十五兩九錢一釐。内除道光十五年築塘挑豁銀十六兩二釐，道光十七年築塘挑豁銀三十二兩四錢一分九釐。

按：康熙四十五年，禁革在縣公捐，及差役到場當日飯食等費，在場現催、保伍諸役，督煎、稽煎、稽賣、查比鹽斤、過堂滚簿、查竈鍋鏈、捆運、各衙門書差規例等名色，倘有違犯，官則詳参，役則革究。

徵解：横浦、浦東徵收銀兩，均由本場起解運庫。每解銀一千兩内，正課銀九〇八十三兩一錢八分四釐，滴珠銀九兩八錢三分三釐，車脚銀六兩八錢八分三釐，外加河餉銀三十兩，耗羡銀三十兩，加平銀十六兩九錢六分。

按：康熙二十六年，浙江巡撫金鋐奏，兩浙竈地由場員設櫃征收，課銀原封解縣，折併轉解運庫。三十六年，復歸場徵場解。三十八年，兩江総督張鵬翮定議，鹽課仍復歸縣。雍正七年，浙閩総督李衞疏請，横浦場附城憲户錢糧向歸平湖縣徵解，殊多苦累，定爲横浦場仍歸金山縣完課。乾隆五十八年，户部議定，場員歲徵竈課錢糧，即由場員徑解運庫兑收，毋容解交州縣，以杜挪移延宕之弊而專責成。如經徵不力，亦應照例處分。

税契　歲無定額。乾隆五十九年，鹽政全德奏定，各場竈産税契照地方州縣田畝之例，由場征解，附入奏銷。

按：乾隆八年，南滙縣遵憲立碑，永禁蕩地税契。

兵　防

營制

提標金山營游擊駐衛城。明嘉靖時設金山營参將，國朝因之。原轄柘林、青村、南滙、川沙、寶山五營，及浙江平湖境之江門營。順治十八年，添設川沙營参將，以南滙屬之，裁寶山營，餘如舊。嘉慶二十五年，改参將爲游擊。

中軍守備一。左右哨千揔各一。把揔四。以上係康熙間裁定。

外委千揔二。外委把揔四。上係雍正七年添設。額外外委三。乾隆二十八年添設。自外委千揔以下，皆即馬兵内撥補。

馬戰兵□□□名，步戰兵□□□□名，守兵□□□□□名，共額兵六百八十八名。按：順治初，設立兵額五百名。十八年，增至一千。康熙間至雍正二年，裁至八百十五名。乾隆以來，又屢次裁汰。今據道光□年定額。

坐馬二十二匹，康熙初額定二十四匹。道光□年裁二匹。戰馬四十九匹。康熙初額定六十五匹，後屢次裁汰。今據道光□年定額。

陸營唬船八號。每船捕盗一名、柁工一名、船兵十二名，於陸兵内抽撥。水營沙船十三號。

馬戰兵每月支餉銀二兩、米三斗，步戰兵每月支餉銀一兩五錢、米三斗，守兵每月支餉銀一兩、米三斗。

戰馬春冬月支豆九斗、草八十束，夏秋月支□□。

汛地

衛城駐防千揔二、外委千揔二、兵四百五十五名，城門守汛四。

南門城守汛，西門城守汛，以上屬金山。東門城守汛，北門城守汛。以上屬華亭。

海汛分防把揔一、外委把揔一、兵一百名，管塘汛墩十五。按：舊制每墩一座，瞭守軍士五人；塘一座，瞭守軍士二人。塘者，置鋪舍於護塘之側也。

横瀝墩，成化甲午指揮侯甃以磚石，葛蓬墩，天順間甃以石。以上屬金山營左哨二司把揔管轄。金山頭，西薪墩，篠管墩，戚家墩，金山墩，東薪墩，胡家廠，以上屬華亭。白沙灣，江門墩，江門營，新庿墩，獨樹墩，砲臺。以上屬平湖。

張堰汛分防把揔一、外委把揔一、兵八十三名，管塘汛十三。

張堰汛，張堰鎮南至衛城，北通府治，爲水陸要道。明季倭寇特，嘗議宿重兵於此，實邑境適中之地也。張涇口，南六里庵，秦山，秦山水汛，北倉，西倉，白涇，裴家橋，以上屬金山營右哨二司把揔管轄。蔣莊，平等庵，三洋，官橋。以上屬華亭。

亭林汛分防把揔一、外委把揔一、兵八十一名，管塘汛十。

亭林鎮，上横涇，下横涇，觀庵，望河涇，金門溇，後港，寒圩，林家橋，以上屬華亭。阮巷。屬奉賢。

張澤汛分防把揔一、外委把揔一、兵一百名，管塘汛十二。

松隱，泖港口，以上屬金山營左哨頭司把揔管轄。張澤鎮，張澤，大橋水汛，庿涇，葉謝，葉謝水汛，節婦橋，金家灣，陸店橋，大洋涇，三汊河。以上屬華亭。

提標中營朱涇汛分防千揔一、外委千揔一、兵五十名，管塘汛六。

朱涇東栅，朱涇西栅，朱涇邑治倉庫重地，東近黄浦，西達湖泖，最爲衝要。北六里庵，蔣涇，泖涇，大茫蕩。

提標後營干巷、吕巷汛分防把揔一、外委把揔一、兵六十四名，管塘汛九。

太史庵，山塘，明正庵，泖灣，夏枋，西口，干巷，安浜，葉家行。

提標城守營分防一。

鵶鵲渡。向屬前營管轄，乾隆三十一年改屬。

提標左營分防二。

興塔，韓家隖。

右汛地屬金山者三十三，屬華亭者三十，屬奉賢者一，屬平湖者六。除提標營止詳金山所屬外，若金山營所轄，固不得以越隸而或略也。

鋪遞

鋪司兵二十二名，每名日給工食銀二分，每年額編工食銀七兩二錢，在縣支取。

急(遽)〔遞〕鋪額設揔鋪司一名、登記一名、引導一名。

衛前鋪，在衛城，鋪司兵三名。接遞北塘公文，送至奉賢縣白帶鋪，交替由華亭縣楊胥鋪、前港鋪、蓮花鋪、馬橋鋪過黄浦江渡至松江揔鋪，計程八十四里。

滕港鋪，在西塘，鋪司兵四名。送至松江府，由婁縣斜塘鋪、吉陽鋪至府城，計程三十六里。

塘灣鋪，鋪司兵四名。

陳涇鋪，鋪司兵四名。以上二鋪由滕港鋪接遞公文至浙江必由之路。

楓涇鋪，鋪司兵四名。由上二鋪接遞公文，至浙江嘉善縣張涇滙鋪交替，計程三十六里。

屯戍

明洪武十九年置金山衛，設指揮使、一，後增二。同知、二，後增三。僉事。四，後增六。世所謂十八指揮，蓋兼同知、僉事而言也。又鎮撫司鎮撫、二，後增一。經歷司經歷一。知事。一，後裁。凡使與同知、僉事皆考選，掌管衛事。每歲按藩臬察賢否，五歲一考，選軍政廢置之一人統衛事，曰軍政掌印；一人練兵，一人屯田，曰軍政僉書；京操、巡捕、出哨、備禦、軍□、漕運諸雜務，曰現任管事；編諸行伍，曰帶俸差操。凡撥軍、補軍、替軍、選軍、募軍並統於掌印。鎮撫掌刑獄，經歷掌出納，文移，知事佐之。凡城池葺濬，度其材力，軍十之三，民十之七。領千户所七，曰左、右、前、後、中、中前、中後。初皆駐衛城，後移中所守禦府城。中前守禦青村，中後守禦南滙，餘左、右、前、後四所常駐衛城。所各千户、一，後各增一。副千户二，後左增二，右、前、後各增一。百户，十，後左、後各增五，右增一，前增二。又後所鎮撫司鎮撫，一。軍儲南倉大使一，副使。一，尋裁。

明制，一衛官軍大率五千六百人。初置金山衛，徙京軍五千戍守。不足，又抽福建福、興、漳、泉四府丁充之。據夏有文《金山衛志》，七所舊額正伍旗軍共七千九百八十一名，其後或改調別衛或逃，故行勾實在者僅三千九百餘名，不及原額之半。其在左、右、前、後四所者千九百餘名耳。志作於正德間，而已名實不符如此。此前有帶管漢達軍奉例投充軍，合七所實在者計之，蓋亦四千四百餘人，要之充數而已。

衛志：洪武間設衛，調撥七所旗軍，左、右、前、後四所各総旗二人，小旗十四人，軍百四十人。中所捴旗十四人，小旗七十人，軍七百人。中前所捴旗二人，小旗十四人，軍七十八人，軍餘六十二人。中後所総旗二人，小旗十四人，軍百二人，軍餘三十八人。屯種上海縣二十保長人鄉田，総旗每名種田三十畝，小旗每名種田二十四畝，軍人每名種田二十畝，七所共田三百五十二頃八十畝，子粒九千四百八十八石七斗五升，夏税小麥三千八百四十四石，秋税豆二千八百二十二石七升五合，米與豆數同。漕運旗軍松江中千户所長調，不與防海，凡千户一人，百户三人，総旗六人，小旗五人，軍四百八十九人，軍伴一人。

按：金山衛統領七所，其屯田皆在今上海、南滙邑境。

本朝裁世職，設守備一人，專理七所屯田，後又裁歸鎮海衛，詳具府志，兹存其厓略而已。

附：明營堡舊制

金山營守備官一、軍四十名。胡家港守備官一、軍四十名，歲撥貼守旗軍百名。蔡廟港堡守備官一、軍四十名、貼守官軍三百五十二名，歲於太倉、鎮海二衛調撥，以二月初一來，十月初一去。凡貼守者仿此。獨樹營堡守備官一、軍四十名、貼守官軍一百一名，嘉興千户所調撥。江門營守備官一、軍四十名。

海　防

金山衛南臨大海，西控浙界，北之沙塗至此而盡，南之山嶼至此而終。賊自下八山分䑸單西鹹,可以直搗,乃浙直第一門户也。洪武初經略海上,置衛於此,而以備倭,都指揮領之,誠得備禦長策。承平日久,武備廢弛。嘉靖倭起,徐海欲據爲巢,攻圍甚久,天幸獲守。鄭若曾議。乃於本衛添設遊擊將軍,統領馬步游兵,往來巡徼,北護松江,西援乍浦,事平遂已之。府志。萬曆中,督撫宋□□因城池空虚,防守單薄,建議改編軍伍,填實衛城,仍移蘇松參將駐劄該鎮。原有民兵五百六十名,選鋒軍餘五百六十名,共成二營。塘健牙兵等役四十名,俱聽參將統領。又選委慣戰總練官一員,哨官千百户五員,常川與柘林、青村兵合營屯㨿。東至吴、松、寶、鎮,西至乍浦、獨山,北抵松江迤北一帶,遇有警息,往來截殺。添役唬船八隻,以資探報。其金山衛所并各城堡把捴、指揮等官軍兵合餘悉聽調度。如有應援失期,觀望誤事,依法究治。

張鼐《周防紀》云:由乍浦而東五十里爲金山衛,内有四所,而設総督揚州等處備倭都指揮。其中又有胡家港堡、蔡家港堡,每堡設官軍六十員名,而又每歲於腹裡衛所調撥官軍三百員名,二月來,九月去,謂之貼守。每衛所各有戰船,教習水戰。沿海每六里築一墩,撥一軍朝夕瞭望,每見外洋船隻往來,即舉火相應,互相傳報。如果倭夷犯界,即整軍駕艫出與迎敵。一倭登岸,即以失機論。無事之時,每歲領率兵於近岸各山島間巡邏一二番,謂之搜山,亡命者不得以爲巢穴。百八十年來,島夷絶顗覦之念,各沙無嘯聚之徒,東南晏然,得盡力於耕織。後有淺識者見海上無事,而官軍日惟坐食,以爲此備虚設,而此等皆冗食也,冗兵也,冗費也。由是各衛所之船皆賣而買馬矣,沿海衛分之軍撥今運糧矣,各堡貼守之軍散去不用矣。各衛所官軍倉糧任從糧長侵欺,而軍士有一二年無糧者。知府方廉議曰:松江府自金山衛至南滙所,官軍各分汛地,各有定額。如金山衛以西,守禦獨樹、江門二營,舊制各設官軍四十名,又貼守兵共一百名。金山衛金山營胡家港堡、蔡廟港堡舊制各設官軍四十名,又貼守軍共三百五十二名。已上正軍係金山衛查撥,貼守軍係太倉、鎮海二衛嘉興千户所調撥,每歲二月上班,十月掣班。　又曰:舊制,金山衛所造船各有定額。左、右、前、後所每百户所造出海哨船四隻,計八十隻。青、南二所每百户所造出海哨船四隻,共計八十隻。俱就各衛所派撥巡軍在海巡邏。正統間,海患寧謐,或以船爲虚費,題准沿海用馬,而哨船之制遂廢。

倭船之來,必由下八山分䑸。若東南風猛,則向馬蹟西南行,過韭山以犯閩粤。若正東風猛,則向大衢西行,過烏沙門以犯浙江。若東北風猛,則向殿前羊山,過淡水門以犯蘇松。羊山在金山之東大七、小七之外,吴松江順帆,不過一潮而已。淡水門者,黄魚之淵藪。每孟夏潮大勢急,漁船出洋撈取,寧、台、温船以萬計,蘇松船以數百計。小滿前後凡三度。浹旬之間,獲利幾萬。故海中常防劫奪,必自募久慣出海之人,以撫鬬則勇敢,以器械則鋒利,以風濤則便捷。其時適當春天,其處則又倭犯蘇松必經之處。邇來漁船出洋,輔以兵船,取甘結,給旗票,謹盤詰,騐出入。船回之日,委官抽税以助軍餉。此法必不可行,何也?漁船專欲覓利,兵船專司擊賊,其志不保,其力不恊。况所税幾何,而欲分其所有?莫若兵船專於把港,勿用出洋,但令願捕魚者籍名於官,立首領,編旗甲,保以耆民,示以盟約。如殺賊有功,照例陞賞,永許采捕。若縱賊近岸,則一體坐罪,永不許其出洋。凡漁利與所獲賊資,悉以畀之。如此則漁人皆以禦倭爲己責,捨死直前,豈不愈於專督兵船耶?見松江府《陳志》。

按：明初置金山衛，爲海濱重鎮，所以防倭。日久備弛，有名無實。嘉靖倭寇起，訖未收效。我朝革除世襲，事歸營伍，而置江南提督於郡城，聲勢應援，朝發夕至，誠得居中禦外之策。苟能實尺籍，斥罷頑，時搡練，勤巡哨，修明戰備，常若寇至，則海防不足言也。漁船之議固制寇一奇，要在能用之者。若夫沿海澤國不便用馬，或議改馬兵爲水師，此亦未易言。姑列明人所論，以俟有經世之略者采擇焉。

（府志）

（共官兵七百六十七員名，每月支銀一千二十四兩六錢三分七釐一毛六絲六忽、米一百二十七石七斗，歲支銀一萬一千一百九十四兩六錢四分六釐、米一千七百二十五石四斗。馬每匹每月支乾銀一兩一錢，歲共支銀一千二十九兩六錢）以上九員俱在馬兵數内支食馬餉，並無裁減。

兵　數

馬兵五十四名，戰兵一百五十六名，守兵五百四十九名。共額兵七百五十九名。每裁一名，均用馬一戰二守七例作數。

按：順治二年設立本營，官兵五百名。十八年增至一千名。康熙初年，三次裁至八百六十二名。二十三年雍正二年，五次裁改至八百五名。嘉慶十九年，裁至二十名。每裁十名，均用馬一戰二守七例作數。

馬　數

坐馬二十四匹，戰馬五十四匹。

按：康熙初額定戰馬六十匹。二十三年裁馬三匹。二十七年裁馬二匹。萬曆十九年，關白報警，議設水師沙船。

巡　船

陸營唬船八隻。每隻捕盗一名，柁工一名，船兵十二名，于陸兵内抽撥。此船輕挑易使，即可巡哨海洋。時衛一帶皆鐵板硬沙，最難泊船，故不設舟師。（照海鹽、平湖營，須查。）

水營沙船十三號。（船四十號，後裁至十四號，又改造十號。汛時遠哨洋山等處，汛畢奴泊李家浜。後撥守黄浦一帶。蓋此係漕船、商舶日夕往來要路，藉巡把守最爲得策。嘉慶間，裁兵二十名，内馬糧二分，節省馬乾餉銀七十四兩四錢、米七石二斗；戰糧四分，節省餉銀七十一兩、米十四石四斗；守糧十四分，節省餉銀一百六十八兩、米七千石四斗。每年節省馬乾餉銀三百十四兩四錢、米七十二石。）

軍　餉

營歲需俸薪餉乾連閏共銀一萬四千四十七兩七錢四分六釐，本折米三千一百三十九石五斗。(銀數舊制不符，照查。)

衛城駐防：

把總二員，外委把總二中，兵四百五十五名。四門城守汛四，屬縣境者二，屬華亭縣者二。後改千揔二員。

南門城守汛兵□名，西門城守汛兵□名，東門城守汛兵幾名，屬華亭。北門城守汛兵幾名。屬華亭。

分防大汛四。

海汛分防　千總一員，後改把揔。外委千總一員，駐防兵一百名，管塘汛墩十五處，屬縣境者二，屬華潮縣者七，屬浙江平湖縣者六。

篠管墩，戚家墩，金山墩，橫瀝墩，葛蓬墩，以上屬金山。營左哨二司把揔管轄。金山頭，西薪墩，東薪墩，胡家廠，以上屬華亭。白沙灣，江門墩，江門營，新廟墩，獨樹墩，礮臺。以上屬平湖。

張堰汛分防：把總一員，外委把總一員，駐防兵八十三名，管塘汛十三處，屬縣境者九，屬華亭縣者四。

張堰鎮，張涇口，南六里庵，秦山，秦山水汛，北倉，西倉，白涇，裴家橋，以上屬金山營右哨二司把揔管轄。蔣莊，平等庵，三洋，官橋。以上屬華亭。

亭林汛分防　把總一員，外委把總一員，駐防兵六十一名，管塘汛十處，屬華亭者□，屬奉賢者□。

亭林鎮　上橫涇、下橫涇、歡庵　望河涇　金門漊後港　寒圩　林家橋以上屬華亭　阮巷奉賢

張澤汛分防：千總後改把揔。一員，外委千總一員，駐防兵一百名，管塘汛十二處，屬縣境者二，屬華亭者十。松隱，泖港口，以上屬金山。以上二汛，府志作張堰汛，分□□左哨□司把揔防管轄。張澤鎮，張澤大橋水汛，廟涇，葉謝，葉謝水汛，節婦橋，金家灣，陸店橋，大洋涇，三汊河，以上屬華亭。

本縣民壯三十二名，縣馬快八名。(此處在兵數内守兵條下。)

巡檢司弓兵三十八名，弓兵主譏往來奸慝及私販禁鹽、逃亡軍民罪囚，并無引私越之人，按視鄉鎮要害而設。舊例在腹内者三十名，沿海沿江者加額。皆責以逮捕警邏之事，蓋與戎政相爲表裡云。

(下接鋪司兵入《屯戍門》。)水陸要害

朱涇鎮，東通黄浦，西通湖泖，南遵水道達平湖，北從泖浦達蘇州、嘉興，爲鹽艘出没、水寇睥睨之地。今爲縣治，倉庫監獄在焉，尤爲重鎮云。

(此三條歷後亦可。)唐代華亭有鎮將。宋若元或屯軍置府。明始講求海防，於府治東南七十二里金山設衛，南瀕海，西連乍浦，東接青村、南滙觜，北抵吴淞江，控引幾三百里，

設指揮使統兵駐守。

洪武元年,定衛所官軍大率以五千六百人爲一衛,一千二百二十人爲一千户所,一百一十二人爲一百户所,設揔旗二名、小旗十名,通以指揮、千、百户領之。金山實設指揮十八人,内掌印一員、管屯一員、三巡一員、城操一員。領千户所七,左、右、前、後四所在衛城。左所千户五人,百户六人;右所千户三人,百户一人;前所千户六人,百户十二人;後所千户五人,百户十人。每所鎮撫一人。中所以守禦松江分署府城,中前所以守禦青村分署青村,中後所以守禦南滙分署上海。十九保經歷司經歷一人,鎮撫司鎮撫二人,軍儲南倉大使一人。

明嘉靖中倭難起,乃於衛城添設游擊將軍,統領馬步營兵往來巡徼,北護松江,西援乍浦,事平遂已之。設蘇松參將坐鎮衛城,青村、南滙、柘林、川沙、寶山諸堡皆屬統轄。

(此條注首兵防之下)國朝直省設立提鎮重臣,統轄營伍。順治二年,以總兵李成棟爲江南提督,駐兵郡城。十八年,川沙添設叅將,南滙歸併川沙,裁寶山營,柘林、青村二營仍屬統轄。康熙五十八年,兩江總督常鼐奏請,以金山營及柘林、南滙、青村、川沙均隸提標。

此段可添列《海洋要害·淡水門》下否?

按:松郡兵防防海爲大。防海之處非一,而金山實爲要地。自前明嘗宿重兵於此,控引沿海三百里以固封守,誠重之也。國朝定鼎,設兩參將,分領柘、青、川、南,與乍浦、崇明聲勢相援。又開建節鉞,移提督軍門於郡城之内,而盤石之勢以成。故自金山而論,則墩塘爲耳目,而衛城爲堂奥。自金郡而論,則參将爲前第,而提標爲中權,兵制之善孰過於此?至羊山爲竊發所必經,淡水爲賊人所必取,農家衖、金山嘴爲海舟所可泊,則嚴巡哨、謹瞭望、繕戎器、練士卒以預防之,變何自而生乎?

添

順　康　康　康　乾　道

十八年　五年　十一年　廿三年　卅五年　卅六年　八年　廿二年

馬一百名　十名

步二百名　三名　廿八名　共添一百〇四名,添額外二員

守七〇名　百廿名　廿名　十一名　十二名

裁

康　康　川　雍　乾

五年　十一年　十三年　廿三年　廿五年　廿七年　卅五年　□　二年　五年　卅六年　□

□　□

馬□　□名。　廿名　三名　二名　十一名

步□　□名　五名　九名　十一名　十名　一名　一名　十名　卅八名　廿二名

守□　卅三名　十三名　五名　八名　七名　四名　十一名。

嘉　道

□　二十一年　三年　十年　□

馬　二名　二名　一名

步　四名　四名　二名　六名　四名

守　十四名　十四名　四名　十六名　十名

屯　田

順治四年,設金山衛守備一員,掌衛印,專理七所屯田。按:屯田坐落上海、南滙兩縣者,多遠隔衛城百餘里,故歷任守備皆居南滙所屬之周浦鎮,就近收糧。

按:明洪武丁卯,創立衛所屯種,原派総旗按每名種田三十畝,小旗每名種田二十四畝,軍人每名種田三十畝。総小旗軍人俱每名歲納夏秋子粒六石,内夏税麥、秋税豆各半。後有開渠種稻者,秋改税豆、米各半。公差漕運減米三石,納麦一石七斗,米、豆各七斗七升。每納一石,加耗五升,入□作正支銷。有事故,召人頂種,式再撥運。見《松江府備照册》。　左、右、前、後四所,該屯田旗軍餘六百二十四名,田百二十七頃八十八畝,坐落上海縣十九、二十保。原該子粒三千七百四十四石,内夏税小麥一千八百七十二石,秋税豆五百三十六石,米與豆同。除運糧旗軍餘一百名免三百石,實納子粒三千四百四十四石。城操每名徵糧六石,運糧每石徵糧三石,俱運赴本所倉交納收貯,聽放本屯官軍裡糧。　本衛軍例免漕運。嘉靖癸丑,奏定南方衛所,沿邊者戍,腹俸者運,制也。邇年乃以松江運船二十艘,改派金山衛及青、南二所代運,邊腹互失其職,宜遵舊制。部覆報可,復舊。至萬曆間,復有議及者,寢不行。

本衛七所屯種田地,俱坐落上海縣十九、二十等保,共該旗軍餘一千七百二十名,田三百五十二頃八十四畝。原該子粒一萬二百二十石,除運糧旗軍餘□七十名免一千四十石,實納子粒八□九〇十石。凡子粒俱運赴本所倉交納收貯,聽放本屯官軍俸糧。

鎮　市

四保

(擬加疆域表下,則似鎮非鎮者可消納其間。)

(朱涇既爲治所,應添距府城里數,因前已削去四至八到故也。)

朱涇鎮　在衛城北四十二里。由松江西至平湖爲秀州塘,朱涇在塘之轉折處。相傳以姓得名,又名珠溪。東西長三里。明洪武六年,自楊巷市徙税課局于鎮。嘉靖五十一年裁。雍正五年,建太平倉署。於九年,建常平倉,在鎮之東南,邑令時蒞治于此。乾隆二十四年,奏准改爲縣治。

(此條已注城池門下。)附:瀚中里。即馮家厙。鳳翔里。自佛字橋至惠民橋止。惠民里。自惠民橋至東亭橋止。龍淵里。自東亭橋至戚家衖止。明置申明亭于此。濟衆里。自戚家衖至萬安橋止。程家閣。在東亭橋北。歸源里。在歸源橋内。永昌巷。在惠民橋北。以上皆在鎮東市河北。

三元里。自新橋至翁家衖止。廣福西里。自新橋至廣福橋止。廣福東里。自廣福橋至楊家衖止。環照里。自楊家衖至衆安橋止。文明里。自楊家衖至文廟止。青龍里。即東滙。南滙。自翁家衖至三官橋止。西滙。自還照橋至蘇家橋止。剥岸。在長壽橋西。王家村。在長壽橋南。元置大盈務於村北,廢。蟠蔭里。在王家村東北。文殊浜。在翁家衖南。顧家灣。在顧家橋南。以上皆在鎮西市河南。

萬安橋西。四區十九啚。萬安橋至惠民橋一區十四、五啚。惠民橋至沈浦涇橋。一區二十一啚。鳳翔橋至北漩子涇。一區二十二啚。下塘三官橋至青龍橋。三區十二啚。三官橋西三區十三啚。

吕巷鎮　在朱涇東南□里□啚。一名墳溪。元吕良佐父子居此,故名。街南五保二啚,街北四保廿八啚。

附

黄草蕩　在□□啚。

下圩　在□

高家村

周家帶

王家角

尹家庫

泖灣　在吕巷西北四里一二啚。

新宅

西馮

周曹村

馬村

倪莊

六保

張堰鎮　在洙涇東南三十六里。南至衛城十八里。自府至衛城孔道,爲宋邱峦堰海十八所之一。舊名張涇堰,一名張溪,又名赤松里,俗傳赤松子曾居此。宋建般運倉。通志。乾祐前,置浦東鹽司。明洪武初設税課局。正統初裁,十一年復置。嘉靖三十三年裁。洪武初,置金山巡檢司。十九年,徙駐華亭界胡家港後,駐亭林鎮。

附

夏家衖東。華亭界。小橋東至夏家衖。七保三十四、六啚。新街。七保三十四、六啚。小橋西至西栅。六保十七、八啚。西栅外街北六保十六啚。

干巷鎮　在張堰西北十二里。一名干溪,舊名干將里,俗云干將曾鑄劍於此。元季,平江提舉曹彦明隱此,今曹氏世居焉。

附

西倉　在衛城西三里。

二龍廟　在□

太平寺

八市橋

洛北村

裴家路

樓前

沐瀝村

錢家圩　在張堰西六里。

李家廊

湖涇灣

陸巷

莫家庫

單家庫

褚帶(“帶”即“埭”字之譌。)

七保

松隱鎮　在洙涇東十二里。舊名郭滙,一名松溪,以松隱庵得名。

附

北倉　在衛城北三里。宋乾祐時,浦東場鹽課司大使自張涇堰至衛城移駐於此。

舊港　在張堰東南三里,即舊運河。

六里堰　在舊港南□里,又名角里庵。

新橋　在張堰南□里三十七啚,又名星渡橋。

大石村　在張堰南。

葉家行

蔡庫

章家庫

中叚村

湯家角

五保

楊巷在□　元明設税課局。明洪武六年徙朱涇。

南陸　在□□里。元陸居仁居此。

姚家廊下　在□里二十一啚。姚氏世居于此。

田家栅

窑埭　在□里,又名瑶潭村。俗呼田家圩。

同安村

陶家庫

烏鴉里

鄭家扇(“扇”即“庫”之轉音,其實當作“舍”,村舍也。杜詩“舍南舍北皆春水”即此。)

宋家帶

野人村

新村

立極村　在□，即謝家原。

秋涇里

施家村

三保

韓家塢　在□里。明徐孝子億居此，今徐氏世居其地。

泖橋　　　　　夏枋

陳蔡　　　　　曹都

瑶臺（“瑶臺”當系“窰埭”之轉音。）　鄭行

三里舖　　　　塘灣

匠人帶　　　　曹莊

二保

興塔　在泖橋□十里。舊有興塔院，故名。

莊家柵

陳家厙

四十保

焦家村

林家厙

姚厙

四十一保

南錢

陸家角

涇南

（後附義冢）

善　堂

養濟院　在朱涇鎮青龍橋西。先自分縣後，孤貧尚附郡舊院，按季給糧。乾隆二十三年，知縣劉霖建。

劉霖《養濟院記》《姚志》

同仁堂　在朱涇鎮。舊設施棺局於法忍寺内。嘉慶十三年，知縣鄭人康重募捐設于文昌宫，並置田十畝于周家坟，添設掩埋及施藥惜字。凡有路斃浮屍，悉照郡城規條，堂中給發飯食，折錢八兩，以禁差保需索，亦經詳請立石署前。

同善堂　在張堰鎮。乾隆三十八年，里人沈若潛等捐設。嘉慶十年，復設局於廣福

寺。施報埋葬。僧琴谷捐建樓屋二十六間,張顯葵捐埋葬公地十七八〇道圩□卅三號一□七分二釐七毛,又金□十七八〇等田。

接嬰局　在朱涇鎮。一在錢家圩,道光十□年里人錢熙祚等捐建。

輔仁局　在朱涇鎮。

濟嬰局　在張堰鎮,道光二十六年。

寄主祠　在朱涇鎮。(下附義冢)

《海塘志》應添石塘築法,擇善而從,宜簡不宜冗。《雜志》内遺事須謄清後再編次。惟兵防類原稿格式不大合,現經塗抹,恐看不出,不能不略繕清楚,故折出緩繳,餘奉上門。有郡城之行,何時能維長候刻佳,不一。

廿六日辰刻。

金山縣志卷

海　防兼兵防言之，俟定藁後酌商分别。

明設金山衛，每歲武臣率兵入山巡邏，海寇謂之搜山，後漸廢弛。《顧志》

嘉靖倭變時，郡守方廉議舊明制，金山衛所造船，各有定額，左、右、前、後所每百户所造出海哨船四隻，共計八百隻，青、南二所每百户所造出海哨船共計八十隻，俱就各衛所派撥巡軍在海巡邏。正統間，因海患甯謐，或以船爲虚費，題準以江船易馬，而哨船之制遂廢矣。《陳志》金山衛有陸營唬船八隻，每隻捕盜一名、舵工一名、船兵一十二名，俱于該營陸兵内抽撥。萬曆十九年，關白報警，議設水營沙船四十隻，又改造唬船十隻，汛時遠哨洋山等處，汛畢收泊李家洪。《陳志》

萬曆中，督府宋行議曰：金山衛大海襟其南，松江在其北，東爲青南之上游，西爲乍獨之界限。近因查閲城池空虚，防守單薄，建議題請改編軍伍填實衛城仍移改蘇松参將駐劄該鎮。原有民兵五百六十名，選鋒軍餘五百六十名，共成二營。塘健、牙兵等役四十名，俱聽参將統領。又選委慣戰總練官一員，哨官千百户五員，常川與柘林、青村兵合營屯操。東至吴淞寶鎮，西至乍浦、獨山，北抵松江迤北一帶，遇有警息，往來截殺。添設唬船八隻，以資搜報。其金山衛所併各城堡把總、指揮等官軍兵舍，餘悉聽調度。如有應援失期，觀望誤事，照依軍法從重究治。一應守城巡哨事宜，俱照舊規，酌量編派。但兵家之勢，要在虚實罔測，分合隨宜，戰守互用。近該道鎮議得，南滙當海勢之衝，爲吴淞、金山適中要地，倭寇往往在此登犯。已經議題，每歲汛期總参三營各挑精兵一枝，赴南滙駐劄，分伏海塘，遇有倭寇登犯，即時奮勇剿滅。萬一金山、吴淞有警，則回兵掩襲，内外夾攻，斯爲折衝制勝要略。近該兵備道措處官銀，蓋造營房一百五十餘間，防守之計可謂全備矣。《陳志》

（按：方廉，嘉靖三十二年任。）前太守方廉議以華亭之葉謝、曹涇、張堰等處，倭賊登岸，搶船渡黄浦甚易，除松江先後打造雙塔船、鷹船各船，發該處召募水兵，分佈沿浦各港，巡邏把截，兼募鄉兵護守城池，有警調至浦邊協守。令清軍同知一員帶管，無事率兵操演，有事統兵防守。《陳志》

金山衛内有四所備倭，都指揮治其中。自衛東百餘里有南匯嘴千户所，又東七十里爲吴淞千户所。二所之中相去遠者，如金山至青村中間有胡家港堡，有蔡廟港堡。每堡額設官軍六十員名。又每歲于腹裏衛所調撥官軍三百員名，二月來，九月去，謂之貼守。《陳志》

（此論淡水門爲海洋要害之二）防海之制，宜防之于海，禦寇以洋山爲上。洋山在金山之東大七、小七之外，吴淞江順帆一潮可到，而淡水門捕黄魚一節乃天設，此爲蘇松屏捍。每歲孟夏潮大勢急，漁船于此時出洋，甯、台、温大小船以萬計，蘇松沙船以數百計。小滿前後凡三度，獲利不知幾萬金。海中常防刦奪，故漁船必自募久慣出海之人，格鬭則勇敢，器械則鋒利，風濤則便習。其時適當春汛之時，其處倭犯蘇松必經之處，不募兵而兵彊，不費糧而糧足，不俟查督而自無躲閃之弊。惟在有以約束之耳。約束之法，奈何以兵船專主把港？令願捕魚者籍名于官，立首領，編旗甲，保以耆民，示以盟約。殺賊有功，照例升賞。若縱賊近岸，一體治罪，永不許其出洋。凡魚利與所獲賊貲悉以畀之。如此則漁人皆以禦倭爲己責矣。《陳志》

（戰艦）海中以風潮爲主。水操之法，欲進則進，欲退則退，欲轉折則轉折，回翔如飛，横風鬭風皆能調戧者，惟沙船也。其次則蒼艟之類，帆櫓兼用，亦可操演。若廣船、福船，皆不設櫓，所恃者帆耳。其船重大，順風而往，逆風即不可回，乘潮而進，逆潮則不可退，回翔轉折，尤非所便。將欲操之内港，港形甚狹，潮勢甚迅，兵船操者甚多，大船順風，其迅如矢，向前衝擊，小舟遇之立碎，故斷不可行。惟舵工得人，奪上風，施火器，或迎而犂，或尾而追，或合而圍，或横而衝，則可耳。《陳志》

（牧馬）兩京太僕寺所屬，該每年比較府衛州縣牧馬共三百八十八處，其不比較衛分二百九十五處，金山亦在不比較數中。每五年造馬騾文册，送南京府部。每十年造馬騾奏副本册，并繳兩京府部。《郭志》

（屯田）金山衛五所屯種，原派總旗每名種田三十畝，小旗每名二十四畝，軍人每名二十畝。總小旗、軍人每名歲納夏秋子粒六石，内夏税麥三石，秋糧米一石。公差漕運減免三石。納麥一石五斗，米、豆各七斗五升。每納一石，加耗五升，入倉作正支銷。《郭志》

（衛兵）本衛原額官軍舍餘二千二百餘名、民兵三千餘名，後存陸營民兵六百八十七名、水營民兵四百五十五名。軍選鋒五百六十名，後存五百二十七名。戰馬三十六匹。日給口糧，俱本府屬縣練兵銀内支給。《郭志》

松江自吴淞江口以南、黄浦以東海壖數百里，一望平坦，有海塘而無海口。金山界于柘林乍浦之間，尤爲浙直要衝，特設總兵以統領，又添游兵把總專駐金山，往來巡哨，所以北衛松江，西援乍浦。《郭志》

（海塘）海塘初自一團起，至九團止。制護塘内外有濠，闊四丈，深一丈五尺。每一團設弔橋一座，聽民出塘生理。官軍瞭望，如有賊，即以弔橋掣去，距塘而守，遠可攻以箭砲，近可刺以戈矛。護塘之上每一橋造窩鋪三間，以爲鄉兵止宿守望之所。《郭志》松江有海塘而無海港。其設備以陸兵爲主，蓋松江之海起于獨山，迄于小湯窪，迢迢二百四十八里，皆有護塘爲之限隔，高厚如城，别無港汊可以通海。護塘内外相夾皆水。在内者謂之運鹽河，又謂之横港；在外者謂之塹濠，又謂之護塘溝。昔人恐鹽潮害苗，所以築此。明初，用爲金湯，以備倭患。設衛所墩堡于塹濠之外，倭至則捍禦于海岸灘塗，不容登泊。萬一不支，則踰塹而守。倭進不得攻，退無所掠，護塘之功用豈小小哉？《郭志》

（此論羊山爲海洋要害之一。）康熙二十九年，奉旨查定江浙洋面分界官兵會哨之處。

浙江海汛以大羊山爲界，大羊山脚以北之洋島屬江爲管轄。江南海汛以馬蹟山爲界，馬蹟山脚以南之洋島屬浙江管轄。自西至東，山島、洋面俱以二山爲準，分界巡哨，勒名爲例。蓋羊山爲海道必由之路，南至定海，北至吴淞，皆一潮可到，實江浙之交界也。又爲江浙之屏翰，而陳錢、壁下、大衢、小衢諸山輔之。陳錢爲中國之盡處，賊艘望見陳錢，則知中國之將近，而必泊于羊山，然後分綜。故防海道賊犯江南，而浙江官兵不至陳錢者，罪在浙江；賊犯浙江，而江南官兵不至馬蹟者，罪在江南。若江浙官兵誠能聯絡爲一，併力擊殺，或搗其中堅，或截其歸路，或踵其後，或犯其前，毋使登岸入江，爲第一策，江浙海防之大要也。《觀海指掌圖》

（此專論浙江，似不必録。）不守羊山，則馬蹟可以結巢。而徐公上下皆爲倭寇淵藪，不惟滸山脣亡之慮，而聲息不通，應援阻絶，衢洋當一面之衝，浙江失藩籬之固矣。《海防類考》

（此專論明之倭寇，似不必録。）凡倭舶之來，恒在清明之後，方有東北風過。五月風自南來，不利于行矣。重陽後風亦有東北者。過十月風自北來，亦非倭所利矣。防海者以三、四、五月爲大汛，九、十月爲小汛，其所向一視乎風也。《倭國事略》

（海口要道）海口之要道有二：一曰裴家衖。屬金山，係金山營所轄。金邑沿海俱有鐵板硬沙三四里，海艘難于停泊。今裴家衖一帶海沙漸近，正月初鄉民往普陀進香，悉于此出口矣。一曰金山嘴。屬華亭，亦金山營所轄。其地突出海中，勢如犂狀。東南爲金山，西距乍浦彩旗門九十五里，無僻港暗礁，無停泊處。向來捕魚船俱從漴闕口出海。今海潮侵齧，沙灘衝洗殆盡，金山嘴塘下漸可泊舟，捕魚者不下漴闕矣。舊志

（内地要道）内地要害有二：一爲朱涇鎮。鎮東通黄浦，西通湖泖，實水寇睥睨之地。向設泖橋巡司，在鎮巡緝，以鎮南之水達平湖、海鹽，北從泖達蘇州、嘉興，鹽艘出没便利故也。一爲張堰鎮。鎮之陸路南通金山，北通府治。嘉靖備倭時，以金山衛離府太遠，兵勢太孤，屯重兵于此，以爲衛城聲援。舊志

屯　田

洪武十九年，信國公湯和築沿海諸城，置屯衛，徙京軍數萬實其中，金山衛得五千。

案：明初設衛所，屯操守禦，仿唐府兵遺意，軍省衛民之勞，民無養兵之費，制誠善也。逮乎中葉，武備廢弛，兼之兑運法行，更番輓漕，而軍不復知有武事。其後軍疲丁玩，不堪守禦。于是始開召募，謂之民兵。其于衛所弁卒，遴其强者置之行伍，謂之選鋒。然皆虚糜俸饟，無裨于用。是豈沿海立衛之本意歟？我朝裁世職，汰冗軍，設守備、千總專司漕務。順治四年，每衛設掌印守備及經歷一員，每所設千總二員。十七年，裁經歷。康熙六年，改所爲幫，每所設千總二員，更番領運，而于軍政則大小相維，水陸相應，經武之方度越萬古云。

洪武三十五年，定每軍田一分，正糧十二石，收貯屯倉，聽本軍支用，餘糧十二石給本衛官軍俸糧。

金山衛守備,順治四年設,掌衛印,專理七所屯田。今裁歸鎮海衛。按查屯田坐落上海、南滙兩縣者,多遠隔衛城百餘里,故歷任守備皆居南滙所屬之周浦鎮,就近收糧。

附前明屯田舊制

金山衛左、右、前、後四所,該屯田旗軍餘六百二十四名,田一百二十七頃八十八畝,坐落上海縣十九二十保。原該子粒三千七百四十四石,除運糧旗軍餘一百名免三百石,實納子粒三千四百四十四石。

金山衛五所屯種,原派總旗每名種田三十畝,小旗每名二十四畝,軍人每名二十畝,總小旗軍人每名,歲納夏秋子粒六石,内夏税麥三石,秋糧米各一石,公差漕運減免三石,納麥一石五斗,米豆各七斗五升,每納一石加耗五升,入倉作正支銷。

左、右、前、後四所并守禦松江、青村、南滙共七所,屯種田地俱坐落上海縣十九、二十等保地方。共該屯田旗軍餘一千七百二十名,田三百五十二頃八十四畝。原該子粒一萬三百二十石,除運糧旗軍餘四百七十名免一千四百一十石,實納子粒八千九百一十石。城操每名徵糧六石,運軍每名徵糧三石。凡子粒俱運赴本所倉交納收貯,聽放本屯官車俸糧。

本衛軍例免漕運,嘉靖三十二年巡撫彭黯、巡按孫慎會奏。

海　塘

金境海塘離衛城南二里,西自江浙界牌與平湖分界起,東至青龍港與華亭分界止,凡一千九百三十八丈四尺(《宋志》作二千二十九丈六尺),皆土塘。塘外直出二、三、四里不等爲沙塗,皆鹽竈灰場。又外舊有鐵板沙隄里餘,屢經風汛衝蝕洗刷,每潮漲時水深丈外。裴家路左右衝激尤甚,伏秋大汛直射塘身。乾隆初,海防同知馮髙議加築抄塘於内,未行。

歲修　康熙初始,立歲修法。雍正十一年,巡撫喬世臣奏立歲修限期,飭縣令每年十一月查勘,損壞宜修處,確估報司核定,明年正月興工,三月修竣。又奏准每塘五里設塘長一名,給工食銀七兩二錢,各建堡房一間,朝夕在塘隨時培護。遇歲修,仍督率人夫挑築。原額設塘長二名,堡房二,一建王家衖、一建奚家巷。乾隆八年,巡撫陳大受咨部覆准添設塘長二名,共四名。分段管轄,均分工食。

工費　雍正十一年,巡撫喬世臣奏請舊例每畝捐錢五文,令糧户於完納條銀時交足貯庫,凡歲修海塘及塘長工食、建蓋堡房等費並於内酌動。乾隆八年,巡撫陳大受咨准,令塘長每年自收塘身、塘面葦草抵給工食。金山塘不産草,於縣庫(秏)〔耗〕羨項下按季給發。歲修及建蓋堡房動支司庫存公銀兩。

築法　凡築土塘,由下至上以次而狹。舊挑土三尺始行一硪,每方給工食銀六分六釐。雍正十年,巡撫喬世臣題准每方加銀六釐,每層挑土一尺,即硪三徧,築至堅實,加土再硪。明吴嘉允《海塘問答》云:築塘要在起手時,如土高一尺許,則人力可及。積至三四尺,即鞭撻無力矣。乾隆元年,巡撫顧琮奏准塘外留地三丈,塘内留地二十丈,以備修築。取土凡留田三百一十九畝八分七釐,其地錢糧槩行豁免,不許旁及民田。

附録 《河防摘要》築隄法:先將塘基行硪二三徧後,用潤澤散土七寸行硪三徧,打實五寸,層層到頂。兩坦須加硪四五徧,遇焦乾土須細細敲散,用水沃潤硪之,切不可令夫頭包硪,恐其厚土坯而惜硪力也。至分段交界處,往往各留尺餘,不肯做足,至頂始行硪築。下面夯硪不同,致成合漏,遇限成溝。須逐段逐層試驗,不許留有合漏。夏日土鬆易於蟄陷,冬月土涷不能凝固,非緊急搶築,仍擇二、三、四月,八、九、十月農隙土堅,修築得宜。增高加厚,最懼新舊不膠。須先將老隄坦坡樹木草根剷盡,坡上切成階級,每寬尺餘後加新土,層層交錯行硪。至頂再將頂上挖透半鍬,俾新舊連綴,然後鋪面行硪,層層加高,乃無蟄裂。春初察看,如有積雪涷疎、獾鼠爬掘之迹,及蟲蛇小穴,即用鍬挖透,覆以新土。大則行硪,小則夯杵。又頂隄雨過有窟,名曰穿井。水漲時多至衝決,須先將浮土盡去,夯杵數徧後加新土杵打,層土層硪,與老隄相平,另用碎土四五尺徐徐硪平,切不可用乾泥大塊補填。新隄初築及歲修工竣,皆用鐵錐釘穴,以壺水灌之不滲漏爲度。

歷届修築分縣以前修築海塘,詳見府志及華、婁兩縣志,兹不具。

乾隆元年,知縣王道捐資修築裴家路土塘。

乾隆二年,縣丞張乾築捍海塘外坦坡。

元年九月,巡撫顧琮議先從塘外脚幫築坦坡,嗣後遞年增培高厚。是年三月,乾承檄興築,七閲月工竣,自江浙界牌抵青龍港二千二百八十丈五尺,高三尺、面潤五尺、底寬一丈五尺。

乾隆六年,福泉縣丞王麟超加築捍海塘。

塘舊高七尺,底築坦坡寬五丈。是年海防道程夢瑛議,於新築坦坡之上,加築四尺,高齊舊塘。七月動帑二千三百兩有奇,檄麟超督工興築,高七尺,面闊三丈二尺五寸。

乾隆十四年,知縣常琬加築捍海塘。

先是十二年七月風潮,巡撫安寧奏請加築。是年正月,琬承檄興築,設禁令,察勤惰,日必臨視,七閲月而塘成,高一丈二尺、面潤二丈,動帑三千三百兩有奇。

咸豐金山縣志稿藝文

山　　川

考始皇馳道在華亭縣西北、崑山南四里，似不應入。《雲間志》唐詢詩注。前志作始皇輦道在秦望山，無詩。《郭志》"古跡"亦云秦皇馳道在郡西北、崑山南四里。"秦山"條又載馳道在華亭、崑山。《宋志》"古跡"條尚有許尚、屠隆詩，亦不指秦望也。"秦山"條載與《郭志》同。

再查《顧志》"山川""古跡"兩條，所載皆同。此外别無秦皇輦道在秦望山也。

攷《會稽記》，秦望山爲衆峰之傑，始皇登之以望海，屬紹興府。

金山　唐詢　梅堯臣　王艮　段天祐　屠隆

宋郭祥正詩前志　宋許尚詩前志

明張弼詩前志

秦山　唐薛據詩

查山　元王逢登虚翠閣詩　陶宗儀詩　明張璣十景詩　國朝王廣心詩　前志

柘湖　宋唐詢詩　宋王安石詩(并序，《宋志》見柘山下)　梅堯臣詩　元王艮詩前志

許尚詩　元段天祐詩

泖湖　唐詢　王安石　宋宋庠詩　林景熙詩　元楊維禎詩　倪瓚詩　錢維善詩　張光弼詩　中峰禪師詩　邵亨貞詩　明王禕詩　顧清詩　王世貞詩　吴如忠詩　林景暘詩　莫雲卿詩　董其昌詩　陸彦章詩　駱駸曾詩　陳繼儒詩　國朝朱彝尊詩　國朝程飛□賦　梅聖俞詩　宋唐詢詩　王安石詩　元王艮詩　段天(佑)〔祐〕詩　明陸應暘詩　顧清詩　周珽詩　以上前志

古　　蹟

釣灘　唐船子和尚詩《顧志》

宋張商英詩前志顧

葛天民詩《顧志》　《顧志》注古蹟

黄庭堅詩前志顧

明朱履升詩前志

朱思全詩《顧志》

（西亭蘭若、推篷室在《宋志》法忍寺提出。）**西亭蘭若**船子和尚維舟咏歌處

宋林希逸記

宋高儀甫陳志

推篷室　宋趙孟堅詩

明袁凱詩

元僧明本記　《顧志》《郭志》并註法忍寺下

蓮月軒　元陶宗儀詩（蓮月軒在東林寺下提出。）

錬丹室　宋范成大詩

（丹室、丹井在查山下提出。）

松澤西亭　亭後爲西亭蘭若。　唐船子和尚詞《雲間志》并存。顧志注：古蹟，亦船形。王維舟處。宋高儀甫詩

寒穴泉在金山北。宋毛滂銘并序　唐詢詩　許尚詩　梅堯臣詩

王介甫詩已見銘内，可不録。　王安石詩　前志、《雲間志》並見

王艮詩

屠隆詩《郭志》注金山下。

仙人洞明張世美歌《郭志》

浴丹井明張世美詩

（前志“古蹟”門“浴丹井”條。煉丹室一名丹井西房，而“藝文”門内有井西丹房。元張憲七律詩疑即是丹井西房。已錄入。）

第　宅

宋光風霽月亭　宋儲泳詩

宋寶俭堂　元楊維禎記

元拱翠堂　明貝瓊記

元五雲窩　元楊維禎詩附張雨吕氏園館詩

元東阿所　元楊維禎記

元樂全堂　元虞集記　元歐陽玄詩

明陳旅詩　明周家濂詩前志

明草閣　袁海叟避居於此。吴炯建。　明陳繼儒詩前志

元不礙雲山樓　元楊維禎記　明貝瓊賦　元張天雨詩前志作張雨

元書聲齋　元楊維禎記　王逢詩

元漪瀾堂　明貝瓊詩

（又萬竹樓感興　元馮濬詩舊志

舊志有“六月十三日與毛洪共飲三槐樓下題楊維禎”句，似宜添入未来德堂下）

元來德堂　元楊維禎記《郭志》

明瑞芝堂在衛城　明張弼詩序《郭志》
明崇蘭館　明莫如忠詩《郭志》
國朝祖德堂　國朝高不騫詩
國朝康園　國朝吴騏詩前志

城　池

金山城　宋許尚詩　明袁凱詩　樊瑩詩　三詩并前志

鎮　市

朱溪　元楊維禎詩此詩無查　明陸寶詩　題朱字加玉旁宋方岳詩　二詩並前志
璜溪　元貝瓊詩　明袁凱詩　二詩並前志

寺　觀

法忍寺　宋釋智圓記　明袁凱詩前志
東林寺　明徐獻忠詩《郭志》
澄鑒寺　明陳繼儒記
松隱菴　元王逢詩
興塔寺　宋黄英後記《顧志》

壇　廟

城隍廟　明侯方記　國朝楊瑄記　胥浦祠明韓魏詩
天后宫　明袁凱詩　忠烈廟　宋趙孟堅記略　宋許尚詩
沈氏宗祠　明唐昌世記
魯烈婦祠　國朝焦袁意詩

學　校

文廟　國朝楊宏聲建縣學記
邵氏義塾　元黄滔記
璜溪義塾　元吕良佐自序即應奎文會序
金山衛文廟明錢溥記舊志節録《郭志》？略，顧志全　修學廟　明陳鑑記《顧志》《郭志》又修學錢傳記《郭志》《顧志》亦載
又置廪膳　明徐階記《郭志》

橋　梁

萬安橋　明顧純記　徐階記此二記未録

冢　墓

謝國光墓　元宇文公諒安節亭記

邵氏世墓　元韓性記墓有敬思亭

吕良佐墓　元楊維禎銘

附夏君尚忠義冢　元楊維禎記前志

前志藝文《南四鄉記》宋樓鑰。前志畧,《雲間志》全,應入《賦役志》"蠲賑"條。　《御冠□紀畧》明莫如忠。應入《經畧志》"兵畧"條。

(上撫院書或可與漕政利病同入一條)《上撫院書》國朝吴騏。應入《經畧志》"賦法"。　《吴貞石碑記》明張世美。似可附《吴梁傳》後,否則入"兵燹"或"金石"。

《記漕政利弊》國朝王雲。似可入《田賦》"起運"條,或附《經畧志》"賦法"。　《開青龍江議》國朝曹溪禮。入《經畧(制)〔志〕》"水利"。

《曹氏義田記》明徐階。《陸文貴義田記》明沈銘。此二記似可附《賦役志》"課税"條。

吴貞石碑在廣福寺中赤松舊地

前志　藝文　詩　詩餘

節母詩五章　明李雯爲沈臨秋太夫人作。

織布謡　明董憲良

陳貞烈楊氏　明郭奎先

姚節婦俞氏　明陸培

橘如行　元張憲應入《萬孝子傳》後

踏車行　明黄顓

膾殘　國朝吴偉業　蓴菜詩　宋楊萬里

六月十三日與朱涇毛宰、洪廣文共飲三木陰下。　元楊維禎。似宜入《第宅》來德堂下已入。

井西丹房　元張憲當即是丹井西房,入《古蹟》。

吕氏園館　元張雨　入《第宅》五雲窩下。

萬竹樓感興　元馮濬吕良佐所居,應附入來俭堂下,已入。

伍公(詞)〔祠〕　明韓魏　秦公祠　宋許尚

鍊丹臺　明顧謙

東陽海月　明唐汝詢

□同魏坤作　國朝朱彝尊

壬子夏端居二湖云云成無韻　元貝瓊中有寘月亭注。似應入吕良佐第宅後。

東山小憩　國朝曹亦堪

次葆芬先生咏蓴漁圖韻　國朝朱彝尊

山川　秦山　　唐 薛據

南登秦望山，目極大海空。朝陽半盪(浴)〔漾〕，晃朗天水紅。溪壑争噴薄，江湖遞交通。而多漁商客，不悟歲月窮。振緡迎早潮，弭棹候遠風。予本萍泛者，乘流任西東。茫茫天際帆，棲泊何時同？將尋會稽迹，從此訪任公。

（元方行《登秦山》：此地曾經駐蹕來，秦皇遺跡尚崔嵬。採窮滄海無靈藥，歸到驪山有劫灰。萬里黑風迷鬼國，一杯弱水隔蓬萊。詩人吊古應多思，日落高丘首重回。

遊查山登盧翠閣　　元 王逢

仙迹遺丹穴，僧坊倚石林。中宵龍甲雨，三日虎蹄涔。青薜崖容立，黄茅海色侵。爲尋霞上句，鐵杖落清音。

遊查山分韻得日字　　元 陶宗儀

雪後天象清，維時月初吉。三老山中居，杖藜乘興出。總訝神仙流，衣冠兼散逸。叩我東家門，造我讀書室。主人重流連，開尊叙真率。傾寫間别懷，分義等膠漆。送别河梁上，悵然若有失。快行莫遲遲，猛虎嘷落日。

遊查山十景詩　　明 張璣

一徑雙峯峙，清池俯遠林。朝昏連蜃氣，高下逼龍吟。佛閣緣蘿暗，僧廊入竹深。登山與航海，我意愜幽襟。兩峰接海雙樹矗天低，輪囷翠巘西。虎頭無筆畫，鴨脚有詩題。枝拂將崩石，根行不帶泥。烟雲時出没，寒象鳥難栖。雙杏凌霄清池環寺口，静影浸岧嶢。戲草魚翻鳥，飛松鶴過橋。一窪時積瀑，數斛不通潮。會見天花落，香清未肯消。香池印水龍仙遺井在，山氣晝氤氲。甘積金丹雨，香舍玉液雲。居僧移石護，過客捉瓶分。不遜中泠味，偏於海國聞。丹井乳泉山半起青蓮，嶙峋架一椽。九年堪對坐，十笏任歌眠。徑折行妨足，門深立礙肩。幾經歷寒暑，今古色蒼然。僧房石壁懸崖屋儼然，亂石護雲烟。天上樓何處？人間洞已傳。鑿空憑鬼斧，驅駕藉神鞭。六月生寒色，林端挂壁泉。仙洞天泉一叚崚嶒石，何年飲羽翎？叱羊應未起，射虎已成形。潤積寒泉日，香披舊蘚青。朝來山雨過，斑駁鏃痕腥。叢林箭石翠擁浮圖閣，巉巖曲徑逢。陰風飛濕菌，夜雨拔枯松。磊落難收鉢，峥嶸已化龍。深潭如得水，那禁入雲蹤。絶澗龍巖崱屴石崚崚，巍然立數層。巖紅霞泛樹，嶂碧雨浮藤。危許雲中見，幽宜月下登。幾回同躡屐，荷杖一閒僧。北山翠屏白石粼粼處，仙蹤向未湮。俯身曾拜斗，屈足爲朝真。苔蘚三分蝕，烟霞隻迹新。遊人休踐履，絶不受埃塵。南坡膝印

遊　查　山　　國朝 王廣心

仙山海上雨初晴，勝侶携筇老衲迎。當户藤蘿雙樹合，諸天鐘鼓一燈明。亂餘洞壑秦

碑没,秋到溪泉玉井明。却笑廿年臨戲馬,漫將書劍學縱横。

兒童佳節此山巔,老大登臨思惘然。碧海丹山仍故國,朱顔緑髮自當年。麒麟塚上茱萸熟,鸞鶴壇邊薜荔懸。將相神仙俱寂寞,黄壚誰惜杖頭錢。

金　山　行　　宋 郭祥正

金山杳在滄溟中,雪崖冰柱浮仙宫。乾坤扶持自今古,日月彷彿躔西東。我泛靈槎出塵世,搜索異境窺神工。一朝登臨重歎息,四時想像何其雄。捲簾夜閣挂北斗,大鯨駕浪吹長空。舟摧岸斷豈足數,往往霹靂搥蛟龍。寒蟾八月蕩瑶海,秋光上下磨青銅。鳥飛不盡暮天碧,漁歌忽斷蘆花風。蓬萊久聞未曾往,壯觀絶致遥應同。潮生潮落夜還曉,物數交會誰能窮。百年形影浪自苦,便欲此地安孱躬。白雲南去供入望,又起歸興隨征鴻。

金　山　　宋 許尚

激浪聞澎湃,山神陰力多。風濤歸指顧,海若敢誰何。

鎮海樓望金山　　明 張弼

春晴催我上層城,望望金山入杳冥。樹影連雲孤鳥没,濤聲撼地萬鼉鳴。乘槎嗟我頭先白,送酒憐君眼獨青。博陸舊祠還在否,也應宿莽語猩猩。

(宋許克昌浚河置閘碑　張堰志)

泖湖秋泛賦　　國朝 程飛鳳

攬五茸之名勝兮,有三泖之清瀏。壯江城而襟帶兮,綰衆水之咽喉。北連澱之巨浸兮,東注申浦之洪流。波濤南接夫斜塘兮,帆檠西通夫秀州。吊由拳之古跡兮,事荒遠而難求。感吾人之乘興兮,又忽泛此清秋。爾其演漪瀠洄,渟泓滉漾。遠樹迷離,遥波澹蕩。雲外緑浮,天邊碧漲。晴光陰靄,變瀲灔以千重;暮景朝暉,映漣漪而萬狀。白鷗下蘋東以雙飛,舟子棹烟中而夕唱。况復清商應律,蓐收司晨。烟銷水碧,霞霽川澄。郊原渺其蕭瑟,天日皎而光晶。霜瀨則流泉競響,寒蟬則抱樹微吟。灘長連絲之芰,波浮雙服之蓴。楓柏新紅,金風乍染;蒹葭始白,玉露微零。與湖光兮映發,互鷁首兮將迎。既而泛空濛,窮浩渺。恍素練之無垠,忽巋然其似島。望一塔之浮空,焕丹甍於樹杪。睹乍遠而不分,勢將近而猶小。跨蒼穹而孤標,俯平湖而獨矯。千年龍象之場,百畝英蕖之沼。僧廬晝静,洪濤雜梵唄以嘈啈;傑閣晨虚,倒影共雲霞而繚繞。遂乃望參差之遠岫,眺隱見之層峰。飛天邊之紫翠,浸水底之芙蓉。既流丹而浮碧,亦駭緑而紛紅。寫烟螺於曉鏡,窺眉黛於青銅。暮烟處而夕照,縠紋縐而清風。一聲兩聲兮傳鐵笛於江上,一行兩行兮倒鴈字於雲中。任扁舟之所適,將一往其安窮。則見夫斜挂蒲帆,輕搖畫槳。波上徐來,烟中倏往。舟密密而踈踈,帆三三而兩兩。阿儂以舟楫爲家,生涯則烟波是掌。穿湖面以飛梭,織紅心而下網。魚鷹潑剌以沉淵,小婦喧呼而擊榜。入筐紫蟹,啣稻穗以初肥;出水銀刀,擲西風而亂響。洵漁家之樂事，資吾徒之幽賞。於是興漸闌，日將晚。潮緩舟廻，風輕帆轉。蓬底之翠浪輕翻，天上之白雲微捲。乍俛仰而徜徉，亦徘徊而繾綣。爲之歌曰："泛泖湖兮清秋，蕩桂楫兮木蘭舟，我思美人兮聊與寫憂。"又歌曰："泛清秋兮泖湖，酌瓊漿兮白玉臺。我思美人兮聊與歡娱。"水波微和，餘音未終。感渺渺之予懷，乃頽然而醉乎舟中。

泖湖

宋 宋庠

緑鴨東陂已可憐，更因雲竇注西田。鑿開魚鳥忘情地，展盡江湖極目天。向夕舊灘多浸月，過寒新樹便藏烟。使君直欲稱漁叟，願賜樵青不計年。

林景熙

泖口乘寒浪，湖心散積愁。菰蒲疑海接，鳧雁與天浮。澤國無三伏，風飄又一州。平生漫爲客，奇絶在兹游。

唐洵

深谷彌千里，松陵此合流。岸平迷晝野，人至競方舟。月照方諸泣，風迎弱荇浮。平波無限遠，極目漲清秋。

梅聖俞

斷岸三百里，縈帶松江流。深非桃花源，自有漁者舟。閑意見飛鳥，日共汎觥籌。何當驂鯨魚，一去幾千秋。

王安石

巨川非一源，源亦在衆流。此谷乃清淺，松江能覆舟。蟲魚何所知，上下相沉浮。徒嗟大盈浦，浩浩無春秋。

元 楊維禎

天環泖東水如雪，十里竹西歌吹回。蓮葉筒深香霧捲，桃花扇小彩雲開。九朵芙蓉當面起，一雙鸂鶒近人家。老夫於此興不淺，玉笛横吹鶻浪堆。

倪瓚

華亭西畔路，來訪舊時蹤。月浸半江水，蓮開九朵峰。酒杯時可把，林叟或相從。興盡泠然去，雲濤起壑松。

錢維善

西望蒼茫浴遠天，芙蓉九點秀娟娟。勢翻震澤蛟龍窟，氣浸高寒牛斗躔。支遁每招過野寺，天隨曾約種湖田。倚闌不盡登臨興，更駕長風萬里船。

張光弼

泖湖有路接天津，萬頃銀花小浪匀。安得滿船都是酒，船中更載浣紗人。

中峰禪師明本

年晚那能與世期，水雲深處分相宜。茭蒲繞屋供晨爨，菱藕堆盤代午炊。老岸欲頽添野葑，廢塘將種補新泥。無心道者何多事，也要消閒十二時。

明 邵亨貞

（邵亨貞，《郭志》作明人，應列段天（佑）〔祐〕後、王禕之前。《宋志》横泖下詩注亦作明人。）宿霧隨雲斂，寒星著水明。客舟移遠岸，戍柝報初更。老覺馳驅倦，愁思喪亂平。故人鷄黍約，歲晚更多情。

横泖清晨望，人烟樹幾重。三江歸禹貢，衆水會吴封。雲倚孤村墖，潮生半夜鐘。田翁談古迹，隔水是青龍。

元 王艮

邈邈華亭谷，遠帶松江流。亦有賞心人，於焉放方舟。風將綵鷁舉，月與元兎浮。拍手招鴟夷，傲睨三千秋。

段天佑

谷水三百里，夜雨向東流。仰瞻崑山樹，下泛松江舟。白波兼浪起，素采與雲浮。游宦歸來蚤，鱸魚正及秋。

明 王禕

入夜初過泖，蒼茫興杳然。大星懸樹杪，新月出帆前。野酒聊供醉，漁歌屢惱眠。歸歟綉川上，欲辦釣魚船。

陸應暘題像泖上夜泊

如此風波地，孤舟未可前。山青猶帶雨，浪白不分天。僧度寒鐘外，帆收落雁邊。夜來方乞火，能得有人烟。

顧清

扁舟下三泖，試拂舊綸竿。鱸魚三尺雪，飛上水晶寒。

王世貞

莫言初地小，但覺四天寛。面面芙蓉鏡，層層薜荔冠。一泓鸞眼碧，九點鷺頭丹。唄響波聲合，漁歌夜色殘。經歸龍藏易，僧結蜃樓難。我醉聲聞酒，誰施法喜餐。倦分禪榻卧，閒借佛書看。猶有餘根在，羞人識宰官。

莫如忠

首夏初晴暢惠風，壺觴沿渚出花宫。行攀緑樹陰成幄，興渺滄波望若空。墖影空懸天鏡裏，梵音翻出櫂歌中。鑑湖倘許知章乞，便可投簪狎釣翁。

林景暘

澄湖浩淼接長天，遲日微風泛畫船。浴景波濤雲外起，涵空樓閣鏡中懸。數行鷗鷺依晴渚，九點芙蓉隔暮烟。詞客相從訪古處，秦城吴塞已茫然。

莫雲卿

夜來湖上月色清，四空惟聞松水聲。使君攬衣起索客，呼酒長嘯天風生。高樓推窻燭光冷，樓頭人語波心影。沙磧烟荒鳥亂啼，陰廊古壁僧初定。吾生茫茫都欲浮，何年劈浪分此邱。九龍峰前一珠耀，精芒直撼蛟宫幽。登臨勝跡宛然在，姓字即今何曖曖。卻待風流杜使君，千古江山起光怪。

董其昌

九點芙蓉墮淼茫，平川如掌攬秋光。人從隱後稱湖長，水在封中表谷王。日落魚龍迴夜壑，霜清鐘磬隔寒塘。浮生已閱風波險，欲問蒹葭此一方。

陸彦章

澤畔楓林黄葉催，霜天雲物對傳杯。中宵急艇衝寒宿，數里驚濤對月來。極浦蒼山遲半景，孤烟白鳥辨層臺。櫂歌到處横江發，風壑秋清奏響哀。

駱騤曾

序曰：往余卧疴淮揚舟中，夢一小艇凌波萬頃，浩渺無際。耳畔聞海濤聲，舟人語予此泖湖也。俄見一舴艋迸決而下，勢殊可畏。既又抵一小洲憩焉，恍惚若有天竺大士閣。予爲摳衣頂禮延佇者久之，遂醒。蓋甲辰春三月間事也。風塵十餘年，曾不自意視學玆郡。追惟夢遊，遂數問泖湖何許。又不意泖湖之中，乃有大士潮音閣，依然一夢境也。聊成短什。

十年清夢可追尋，江上浮槎試一臨。水月倒懸祇樹影，天風長送海潮音。杯浮野渡占僧定，閣映空明沁客心。飲啄人生原有定，君平何必問升沉。

陳繼儒

秋老江蘋漾夕空，蕭蕭楓葉挂疏紅。那知三泖清秋思，偏寄蘆花一寺中。　泖上空波叠亂沙，寺門橋斷半蒹葭。何從一借風帆力，醉挾飛鷗拍浪花。　斜陽約略水西頭，餘景還能上竹樓。天際蘼蕪半膄緑，釣蓑歸處起雙鷗。

國朝 朱彝尊

日暗千重樹，風微一葉舟。殘星高太白，重露滴牽牛。菰乳新漿熟，魚標小市收。不知葭菼岸，吠蛤爾何求。

明 周珽

萬頃蒹葭波浩渺，出林孤，塔擎天，鷺鶿衝破夕陽烟。人家秋水上，漁舸晚風前。　乘興去来忘近遠，櫂歌欸，乃紛然，吴王墳壘落霞邊。忽飛明月上，襟袖拂冰蟾。

柘　　湖

宋 唐詢

世歷亡秦遠，湖連大海濱。柘山標觀望，玉女見威神。渺渺旁無地，滔滔孰問津。何年化魚鼈，髣髴歷陽人。

梅堯臣

柘土久陷没，千秋嗟水濱。不復吴鹽邑，空有秦女神。浩蕩吞海日，曠漭迷天津。扁舟誰能往，旦暮逢漁人。

許尚

展武沉淪後，波澄一鑑明。桑田復更變，觸目捴柴荆。

王安石

柘林著湖山，菱葉漫湖濱。秦女亦何事，能爲此湖神。年年賽雞豚，漁子自知津。幽妖窟險阻，禍福易欺人。

元 段天祐

湖水緑於染，人家半水濱。拏舟採山柘，舉酒酧波神。蘆荻生新渚，潮汐長舊津。夕陽漁笛起，愁殺未歸人。

王艮

湖瞰平林外，波摇斷岸濱。柘山應孕秀，秦女乃龍神。翦紙徼靈貺，乘槎覓要津。渡頭風正惡，愁殺採菱人。

古　蹟

釣　灘　　唐 釋德誠

千尺絲綸直下垂，一波纔動萬波隨。夜静水寒魚不食，滿船空載月明歸。　二十餘年江上遊，水清魚見不吞鈎。釣竿斫盡重栽竹，不計工程得便休。　三十餘年坐釣臺，釣頭往往得黄能。錦鱗不遇虚勞力，收取絲綸歸去來。

宋 張商英

蘆葦蕭蕭江岸秋，長天獨月向西流。離鈎三寸無人道，笑倚蘭橈自點頭。

葛天民

澤國茫茫水接天，孰云無法與人傳。見成風月難迴避，盡在華亭一釣船。

黄庭堅

蕩漾生涯身已老，短簑箬笠扁舟小。深入水雲人不到。吟復笑，一輪明月長相照。誰謂阿師來問道，一橈直與傳心要。船子踏翻纔是了。波渺渺，長鯨萬古無人釣。

明 朱履升

清秋散餘步，幽林此地看。緬懷千年來，船子垂綸竿。溪有五色蝦，兩兩戲清瀾。夾山從問道，萬里涉巑岏。一語諧神契，舟覆如輕丸。玄雲不可即，仿彿見飛湍。豈知滄桑變，逝水空漫漫。小市滿狙獪，蕪薈蔽幽蘭。遺像問太虚，廢址亦摧殘。臨風長歎息，薄暮烟波寒。

朱思全

蘆葦蕭蕭落照灣，漁舟一葉水雲寬。錦鱗未躍波先動，玉鑑初圓夜正寒。説法何須頑石聽，竪橈曾與夾山看。搆堂已據垂綸地，安得當時舊釣竿。

松澤西亭船子維舟處　　唐 釋德誠

一葉虚舟一副竿，了然無事坐烟灘。忘得喪，任悲歡，却教人唤有多端。　一任孤舟正又斜，乾坤何路指生涯。抛歲月，卧烟霞，在處江山便是家。　愚人未識主人公，終日孜孜恨不同。到彼岸，出樊籠，元來只是舊時翁。

宋 高儀甫

松澤亭前山色幽，朱涇渡口荻花秋。離鈎三寸無人會，一棹東西獨未休。　野水閒雲無定蹤，一生空棹月明中。錦鱗纔得飜船去，堪笑家風徹底窮。　西亭無處認遺基，烟月空餘舊唱辭。欲問辭中端的意，渚花堤柳可能知。　劈口兩橈無剩法，點頭三下不容聲。謝師付授從今了，一段風流畫不成。　隔水遥山數朶青，送人依舊法閒亭。此舟未信無重過,門枕蘋汀夜不扃。

西亭蘭若船子維舟咏歌處記　　宋 林希逸

西亭者,檇李僧若圭所建也。其地則船子誠師游歌舊處也。圭宗天台之學而慕船子高風,即其故地作爲此亭,聚羣衲講誦其間,冀一遇如船子者焉。四方聞而高之,爲歌咏者甚衆,而圭猶將有記焉,俾泳屬予。予曰:圭之所以慕於師者何以哉?予嘗求師之本末矣。師,蜀人也。事藥山三十年,盡得藥山之道。晚節游吴,寄以葉舟,往來華亭、朱涇,自爲歌詩,時以唱咏,漁者傳而和之。既又思其學之未傳也,以其意屬之道吾。道吾指夾山即江次謁之,一語而契,乃蹴其舟自没以化。師之自立孤高如此。圭之所慕者何以哉?嗟夫!學伯夷之清者,不必皆餓於西山;學屈原之忠者,不必皆沉於汨羅。堂序雖安,居之以無心則猶虚舟也;軀殼雖存,視之以,無我則猶浮漚也。迎其始而知所以得,則藥山猶在也;溯其終而知所以傳,則夾山未死也。船子何人哉?余素愛船子之歌,而又嘉圭之志,故爲之記且書,俾泳篆其額。泳,予子也,亦與圭爲方外交。景定三年九月。

推篷室記　　元 釋明本

昔船子和尚神心廓悟,嘗泛舟於烟波蘆葦間,日與漁歌牧笛互相酬酢,似無意於傳唱之門者。逮遇夾山,則其迅機峻令,電走風飛,破執蕩情,一髮無貸。末後一句,命若懸絲,踏破空虚,有誰敢擬?爲人痛快,未有如是之作者。今朱涇法忍寺,乃其覆舟委篷之地。寺之沙門舜賔始習賢首教,觀於大方之家,穎悟元要,一旦思欲解文字之縛。大德壬寅,嘗搆别室於寺之側。時有勝侶來集,禮懺摩以祛業習,克其觀以證自心,扁其室曰“推篷”。蓋有意於推船子既委之篷也。尋而繼伏臘之土,日聚月滋,頗有成規,將有待於同志之士也。余丐食吴江,會師於偃梅之正受。語及建立之由,慮來者罔其初志,屬文以記之。予曰:船子既没,其所不與舟同覆篷俱委者,是道也。道之即文字而謂教,離文字而謂禪。今五百年矣,駕其既覆之舟于蒲團禪板之間,推其已委之篷於方等懺摩之上,融古今於一瞬,空迷悟於寸心,餘烈遺風,尚可想見。經世傳遠,相續不斷。推篷之義豈虚設也哉?故直筆以記之。

以下爲記之帽首,從《顧志》録全。

竊觀佛祖,洞悟一心之至理,具大解脱。哀羣生以虚妄情識滯於此岸,以不動智設萬有之善巧,遣其識,破其情,咸俾其直造彼岸而後已。原夫一心之道如巨舟,萬行之善巧如舟之有篷也。舟乃篷之體,篷乃舟之用,一心萬行,相融相攝,體用均資,涉入無間,曾何處之擇哉?以上五行冠記首。

又　詩　　宋 趙孟堅

秋泊禪扉夜,清吟入興頻。風生水鱗甲,雲放月精神。禪有機鋒秘,詩無句法新。舊題尋不見,吹徧壁間塵。

明 袁凱

伍子行師日,秦皇駐節辰。英雄無處所,樓閣自天神。白鶴晴沙散,青山遠樹新。那知千載後,凄惻吊斯人。

蓮　月　軒　　元 陶宗儀

鑿治栽蓮半畝强,開軒敷席任端相。從來水月真靈境,化出匡廬古道場。兔影淡籠銀橐浄,冰輪清碾玉簪香。要知影色皆爲妄,本性圓明意味長。

(古蹟四)

煉　丹　室　　宋 范成大

聞是查仙舊隱居,巉峰絶似小蓬壺。雲深未到採芝洞,雨小先尋煉藥爐。磵下草香疑可餌,林間虎伏試教呼。閒身儘辦供薪水,定肯分山一半無。

浴　丹　井　　明 張世美

憶昔看山逸興生,興來今復看山行。石泉尚識丹砂舊,寺榜猶題松雪名。

丹井西房　　元 張憲

葛井西頭更向西,丹房高與白雲齊。鉛田虎下飛紅電,汞海龍沉結紫泥。山鬼俯欄窺火候,爐神伏地丐刀圭。飲餘一盞中黄酒,坐聽鵑聲松上啼。

寒穴泉銘并序　　宋 毛滂

歐陽文忠公爲大明水記云:“山水上,江水次之,井水爲下。山水乳泉石池漫流者上。”然余客東都時,日從定力院取井水煎茶。此井不知有山泉,而味乃與惠山等。至衡其輕重,則定力之水輕,是此井寧肯出山水下哉?至載劉伯芻謂水之宜茶者有七等,又載李季卿論水次第有二十種,惠山泉蓋居第二,文忠公以爲不然,雖余亦不以爲然也。蓋水之在天下者,人安能盡知之?顧可使不知之水,又盡居七等、二十水之下乎?水之良不過甘也。一甘而第爲二十差,爲七等,又遂以爲天下無水而高之,是當欺我。秀州華亭縣有寒穴泉,邑人知之者鮮。縣令姚君汲以遺余,余始知之。問此邦人,多不知也。取嘗,甚甘。取惠山泉,並嘗至三四,反覆嘗略不覺有異。是就余所知,則惠山、寒穴相望裁二百餘里間,蓋有兩第二泉矣。嗟乎!論水者談何容易?景祐中相國舒王有《和華亭縣令唐詢彦猷寒穴泉詩》云:“神泉冽冰霜,高穴與雲平。空山渟千秋,不出嗚咽聲。山風吹更寒,山月相與清。北客不到此,如何洗煩酲。”此泉雖所寄荒寒,宜因相國詩聞於時,然亦復未聞也。余恨前人之論水者既不及知之,余欲告以今之善論水者,爲作銘云:泉之顯晦,豈亦有數。生此寒穴,與世不遇。美不見録,爲汲者惜。泉獨知冽,不計不食。

又　詩　　宋 唐詢

絶頂干雲峻,寒泉與穴平。還同帝臺味,不學隴頭聲。夜雨遥源漲,秋風顥氣清。誰云蔗漿美,纔可析朝酲。

許尚

濆涌縣崖下,泠泠注不窮。將期挹甘冷,弱水漸難通。

梅堯臣

山頭寒泉穴,浄若鏡面平。熨齒敲冰冷,貯瓶微玉聲。旁有野鹿蹟,上啼林鳥清。何由一往挹,况復病朝酲。

明 王艮

石竇出寒冽,湛湛天影平。處静能自潔,不汲原無聲。飲之煩熱除,鑑此毛骨清。寄語沉酣者,一啜當解酲。

明 屠隆

靈巖開雪竇,玉乳冷朝暾。瀉落經雲葉,流来浸竹根。將因鑑毛髪,兼得洗心魂。坐對真清絶,山風吹石門。

觀吴南崖開秦山仙人洞歌　　明 張世美

秦山有石洞,云是仙人居。外隘僅容入,中窺信有餘。洞庭聯絡潛自接,華陽窈窕深相紆。仙人一去秘靈迹,洞門嵯峩障巨石。或傳居民昔避亂,移家正脱黄巢日。千年靈異豈終塞,發石開通果誰力?秦山山人有偉圖,壯志骯髒雄萬夫。獻書北闕時不達,遁迹南崖興自孤。長絙縛石時一呼,笑拍兩手衆來趨。雷轟電掣洞門闢,須臾自有神靈扶。吾觀洞門奇自見,青霞紫氣紛相絢。福地還將林屋窺,洞天豈必張公羨。棋枰酒榼日追逐,芒屩藤笻互游衍。溪迴誤認武陵源,舟來多泝桃花片。此洞標名本屬仙,祖龍望海亦當年。查公丹井前峰近,松子遺踪後寺連。山人前身疑亦仙,千年復來異事傳。嗚呼!不有鬼斧五丁力,掘石排山豈偶然。

第　宅

光風霽月亭　　宋　儲泳

一段風流出自然,中和氣候嫩凉天。百年心事無人會,付與茅亭伴吕仙。

寶　儉　堂　　宋元 楊維禎

寶儉堂,雲間吕輔之祖室也。或謂輔之去其祖之創家不遠,祖之創家由儉得之,草衣蔬食、汙尊抔飲之所爲也,故輔之命堂以"寶儉"云。楊子辨之曰:"不然也。昔子華子嘗與晏子論古昔聖人之儉,不以堯之居土階、舜之不用塗髹之器爲儉也。而以儉在内不在外,推其至極於心，居中虛以治五官，精氣動薄而神化爲潏，節其所受而嗇其所以出，然後神宇泰定而精幹不摇。此聖人之所以爲儉，而爲聖人室也。然則輔之者，傳其先之儉也，將以草衣蔬食、汙尊抔飲之爲乎？抑將以聖人之節所受、出以嗇，神宇泰定而精幹不摇者之爲乎？輔之求聖人之道者也，將求擇於斯矣。不然，計口而食，視入而出，操贏而制餘，以庾氏商賈子之所爲，爲寶儉也，則子華子之所斥矣。"輔之聞之辨曰："善哉，先生之言吾儉也。微先生吾爲夷貊之人，烏造聖人之域也。且請銘之。"曰：草衣蔬食，儉之麤；嗇出節受，儉之精。叶苴。我思古人居中之虛，五官既治，萬物受奴。是乃大寶，金玉弗如。小夫之志，不出里閭，又何拔異乎計口而食，操贏而制餘者乎？

拱翠堂記元　　明貝瓊

華亭大姓邵文博氏治圃楊淡居第之東偏，垣而環之。鑿方池廣一畝，錯置巨石，相爲經緯，類十洲三島之狀。而奇峯崒然特起，如神山珠宫，疑有雲氣昏旦上升焉。觀者以爲成於造化也。乃度地搆堂若干楹，坐挹其勝。循池而北，則因高爲亭，風櫺月楹，尤極宏麗。老檜参天，修楊夾道，不知有三伏。時由亭左行百武又爲小亭，可坐五六客，以待游觀而憩者。小亭之西五十武，闢塗屬於北垣，有軒在萬竹間，曰"緑陰"。軒之下溝以通衆水之來，鏘鏘有聲，曰"流月"。其西軒曰"樂琴書"，合而名之曰"滄洲一曲"。《記》稱："滄州在瀚海中，周回五萬里。其人千歲不死。有飛樓涌閣，皆金銀氣。有琅玕之産，紅鱗白鳳所集，中國之人莫能至者。"此雖廣袤不同，而外旋大澤，中俯平野，彷彿其一曲已。户者謹扃鑰，非魅人碩士鮮克造是。且不遠二百里招余誨其子麟書，暇輙往。時十月始寒，風高氣烈，而海棠數本，爛熳如春。於是置酒命客，共酌於下，自晝抵夜，圓魄中微雲盡斂，二小姬出彈箏歌以和之，極歡而罷，怳然出埃𡏖而超鴻濛也。

來德堂記　　元楊維禎

松之南其鐘水曰大泖，有川谷導其和陂塘污庳以産其美，其氣不沉越，故宅是者多殷饒。然其末也易流淫靡，虞于湛樂而替于隸圉者亦不少焉。惟植之以德，聳之于身，而儀之于子孫，如吕氏輔之者，不能百一也。輔之名其新堂曰"來德"，其貽後也遠矣。嘗謂予曰：某視吾鄉富而馅者某某，今其宅已姓于它貴，而豪者某某，今其氏已踣而不振，遠不二葉、三葉，近不二十、三十年。吾懼焉，故堂以是名。某將曰：修吾德爲久之計，非一朝一夕計也。予謂細人之爲歲計者來之以穀，五歲、十歲計者來之以木。然不種則不能必其報於如期之後也。惟大人君子爲百歲計者來之以德，種益大而來益遠，來益遠而享益豐。大人之必報于弗近者，又豈細民之所能識哉？遠近不侔也。種而來，其報一也。輔之仁長者也，有仕才不屑仕也，將遺之子若孫也。來德之日，至子孫其有名世者作乎？抑余聞黍不爲黍，不能蕃蕪；木不爲木，不能蕃毓。德不爲德，則不能蕃殖也。德之基爲來之期者，可不慎矣乎！吾觀輔之氏輕財好義，行若古人，棄貴而施舍，補乏而振滯，燕以事耇老，餞以勞賔旅，聚莊以仁乎舊族，設塾以淑乎賢才。吾知輔之氏之爲德也至矣！期於來也遠矣！

傳不云乎,興者有吕申之功,以其功之來者遠也。輔之氏思承其後以繼其興者,尚以余言勉之哉!

六月十三日,與朱涇毛宰、金華洪廣文共飲三槐陰下。德常有作示余,余遂率毛、洪共和之,余作草草如左。

元 楊維禎

(詩有來德堂句,故附録入。前志)

老人手植三槐樹,來德堂高道義尊。帙散牙籤雲上几,酒殘銀燭月當軒。西域蟠桃方結子,東家玉樹早添孫。旁人錯比揚雄宅,不用先生五柳門。

(《宋志》"來德堂"條、吕良佐居,又有萬竹樓句,因録入。)

萬竹樓感興

元 馮濬

秋滿層樓四面開,樓頭風急鶴飛回。天空西北峯巒繞,日薄東南鼓角哀。紫蓋黄旗歸象緯,越裳素練點輿臺。憑闌無限凄凉意,數問平安信使來。

五雲窩元

元 楊維禎

君家樓閣有新霜,無奈今宵月色凉。露下金莖仙掌白,兔生玉臼雪眉蒼。道人醉寫榴皮字,嘉客飢分寶屑糧。老我西園吹鐵笛,碧雲千里雁飛長。

吕氏園館

元 張雨

(《宋志》云吕希遠嘗從句曲外史張雨遊,因録入。)因向雲間求二陸,西施浦口弄晴沙。東風勒住螭頭舫,微雨吹開罌粟花。到處花房通曲密,舊時醉墨誤欹斜。一聲歌板銀瓶側,不見玉童雙髻鴉。

東阿所元

元 楊維禎

按《隴西志》,東阿谷在醉仙山,隱者所棲也。氣清境勝,草木蕃廡。此少陵杜氏屢見於歌詠而不厭也。其詩有曰:"船人近相報,但恐失桃花。"少陵蓋以其境比之桃源矣。松之南曰瓚溪。溪之上馮生濬世家焉。生於廬之東又治讀書室,顔之曰"東阿"。東阿去秦地數千里,而生以之名者,取景同不取地同也。地有水竹之美,在瓚之東隩,軒又東嚮,謂之東阿,固宜當夫朝陽方升,萬景焜耀,鳴雞在樹喔喔然,白鵞蒼鴐與文禽彩鳥在水者泛泛然。陽陂種蔬者數十品,瘦地宜粟者五種熟。高人逸士時過其所,詬租吏呌囂東西村口,如隔島外也。未知居東阿數十家者,比生何若哉。昔少陵氏之詠東阿,非實居也。使少陵實徙東阿,遭世擾攘,妻子流離,拯死之不贍,雖有東阿,能一日居乎?今生生於全盛之時,又無宦仕,優游焉誦詩讀書,暇則杖策溪上,觀片雲雙鳥,其悠然自得,蓋與東阿之詩人同一遠意,而非衆人之所能測識矣。夫談詩有得不必琴臺,流觴有泉不必蘭渚,東阿有隱者,又何必曰醉仙之谷哉？書諸記，又爲詩曰：

問君讀書所，我所在東阿。東阿何所有，水竹蔭陂池。鶯羽飛隼雉，長頸鳴駕鵞。離離原上㯲，濯濯池中荷。桃源在人世，豈必陽山阿。今日有良會，同志適相過。擷我園中蔬，具酒旨且多。請君考我槃，和我軒中歌。

樂全堂記元　　元 虞集

華亭黄君宗武隱居長泖之灣，植耕桑，藝卉木，上以奉乎百歲之父母，下以長其奕葉之子孫。優游焉誦詩讀書於太平日，蓋厚德之致也。而時未有聞焉。其季子璋舉進士，貢京師，士大夫始知其家有所謂樂全堂者，皆欣然稱道之。璋來求文以記。夫黄氏之樂如前所云者，信乎其可謂全也已。親之壽也，身之康也，子之文也，甘旨之充也，藏脩游息之有其所也，遭夫時之無虞而不見其外事也，將天錫之以全也與。噫！求全焉則志荒，有其全則意肆。善保其全者，知止而不自足者也。長泖之樂，蓋如是乎？若夫聖賢之所至，與天地同流而無所虧欠間斷，而後樂生焉，是又全而樂者也。璋歸，試誦予言於家庭之間乎？

又　詩　　元 歐陽玄

野外岡坻合，海邊洲嶼清。名國依古郡，嘉木列前榮。治世稀勞役，閒居得繕生。尊親逾耄耋，視聽倍聰明。橋梓千年遇，蘭芝奕葉英。郎君貢鄉曲，刺史及門閎。緑醞良朋共，青編稚子擎。文鱗翻洗墨，好鳥和鳴箏。俯仰何修飾，歡娱此合并。幽栖便地勝，真趣仰天成。德曜夫妻志，龐公父子情。人間倘來物，所少勿經營。

明 陳旅

（陳旅前志作元人。）華亭南去五十里，秩秩高堂枕泖濱。黄金買書教諸子，彩服捧酒娱雙親。石梁絶閒荷花雨，雲屋依林竹色春。能守不成三瓦戒，樂全長得葆天真。自注："三瓦"見《史記·龜策傳》注。

明 周宗濂

長泖東南趨，浩浩吞遠山。昔有隱君子，築室當其灣。卉木蔭几案，鎮日長閉關。膝下課書史，堂上舞斑斕。允矣樂斯全，嘉名永不删。我來尋遺踪，寒汀起白鷳。子姓列屋居，高風杳難攀。緬懷徒躑躅，千載水雲間。

（第宅五）

不礙雲山樓記元　　元 楊維禎

余嘗北渡揚子，訪金山之勝，而不知松之南又有所謂大金、小金出没於雲海之中，如壺嶠之在弱流外也。至正九年春，余抵松之張溪。溪之東有大族爲楊竹西氏。居之南偏，其樓曰"不礙雲山"。竹西宴於樓之上，窗户四闢，萬頃之雲、兩鼇之島，皆自獻於眉睫之下。竹西風日佳時，岸巾樓上，手揮五弦之餘，與一二解人談至理。既以八窗無礙者闢於目，復以八荒不礙者洞於心。雲山之觀盡矣備矣！竹西憮然若有得，起舉酒而自歌曰："海之雲兮油油，雨我田兮有秋。海之山兮離離，障我流兮東之。”又歌曰：“雲之動兮躚躚，吾與雲動兮動而不遷。山之静兮層層，吾與山静兮静而不停。”并録其歌以爲記。

又　　賦并序

元 貝瓊

（貝瓊，《宋志》作明人。）

赤松溪楊竹西氏築樓一所，在居第之南。而海中大、小兩金山飛舞而前，因取杜少陵詩語顔之曰“不礙雲山”。鐵崖楊先生爲之記。夫有雲山之境者恒不得其人，有雲山之趣者恒不得其地，而兹樓獨領其要，朝嵐夕翠，不起燕坐而盡得之，豈非先生所謂境以人高、人以境勝哉？竹西嘗命予爲賦，久未克就。歲閼逢執徐之春放舟溪上，始獲登竹西樓遠眺，五茸三泖，窮目力所至爲限，飄飄乎若一羽凌空，飛度三素雲中也。命酒共酌，操塈雷之琴，歌白雪之辭，極歡而罷。因援筆爲賦，不惟狀雲山之勝，且寓感今思古之意焉。

巍乎層構之造天兮，既内敞而外隅。滄海浩浩而左滙兮，銀河淵淵而右紆。激回風於四阿兮，宿雲氣於薄櫨。七星挂於北户兮，送結璘而迎望。舒荷倒植而菡萏兮，芝旁生而扶疏。實仙人之所居兮，候安期於虚無。兩金嵳峩而并峙兮，蛾眉巧以迎予。斷太華之仙掌兮，翦蓬萊之左股。掃新黛之聯娟兮，洗海門之秋雨。九山北起而向背兮，翩鸞迴而鳳舞。秦山拱以旁繞兮，列邾莒於齊魯。雲霏霏以晨蒸兮，散玉衣而輕舉。何卷舒之無恒兮，倏爲龍而爲馬。羗不起於燕坐兮，挹爽氣於樽俎。招夸娥之二子兮，夢高唐之神女。聊徙倚而四望兮，悼吾行其孰與。日散輝於斷岡兮，鳥没影於平楚。美人期而中訣兮，魂煢煢而若睹。吾令雲以申誠兮，山復險而道阻。願從赤松以授道兮，邈清塵之萬古。昔祖龍之帝六合兮，度浙江而東巡。王氣飒以燐滅兮，瑤草萋而自春。悼三女之中夭兮，高冢崒其猶存。暗沙窑之風雨兮，猶想夫萬乘之雷奔。偉希馮之夙悟兮，逮九齡而知名。荒臺圮而荆棘兮，餘鳥迹之縱横。金石輟而弗聞兮，激流水之泠泠。平原振藻於東吴兮，翔雙鳳於太清。胡鹿苑之一敗兮，競鎩翼而就烹。黄耳去而不返兮，唳鶴寂而無聲。羡記室之見機兮，遂南旆而孤征。念丹轂之易僨兮，鱸秋美而可罾。卒全軀於濁世兮，歷千春而尚榮。尋古洞之丹砂兮，吊黄鶴之仙人。天瞢瞢而無光兮，哭深林之帝魂。白鹽皎以積雪兮，火萬竈之飛烟。憤仲父之厲階兮，冀海水而桑田。博陸忠而覆族兮，宋南渡而肇祀。漢實薄而少恩兮，獨弗念乎厥始。嗟時俗之好怪兮，語荒唐而無紀。竦余轡於高邱兮，濯余足於清泄。訪吴子之獵場兮，平蕪緑而靡靡。挾白羽以命中兮，感翩翩之飛雉。寵西施以忘國兮，猶痛恨於后嗣。爰抗音以弗歌兮，酌兕觥之芳醴。諒高明之可居兮，胡汨没而弗止。陋齊奴之金谷兮，歲曾幾而荒蕪。雪月空而燕去兮，鳥雀啾以驚呼。斥粉黛而弗貯兮，列圖史而自娱。亂曰：雲動不測，氤氲霪霧，勃萝萝兮。山静不遷，嶔崟巀嶪，鬱叢叢兮。飛樓蔽虧，青延翠攬，棟隆隆兮。瞻望美人，於彼夕陽，思無窮兮。弦吾素琴，目送飛鴻，烟空濛兮。

又　詩

元 張天雨

吴松别有隱人邱,大小金山翠欲流。屋宇雲山俱不礙,老夫伸脚卧西樓。

書聲齋記

元 楊維禎

余客松游亭林,尋所謂野王讀書臺者,已夷爲隧隴,化爲草棘。去臺之西北十里,近爲璜溪。溪有義門,夏士文氏歲聘文行之儒爲子弟師,六籍子史,下及百氏之書,凡數千卷。童子雁次,蚤夜諷誦,聲徹行路。因名其齋曰“書聲”,而求志於余。余聞魯恭王入孔子宫,聞金石聲而宫不壞。漢高皇過魯,聞弦歌不廢而邑不殘,書聲之感人也如是。書聲聞於承平之日,未爲奇也,而聞于兵戈格鬬之頃,非一家之曲阜與。雖然,士之讀書也,沉潜道德性命之微以極,夫禮樂教化之著,豈直聲而已哉!

又　詩

元 王逢

璜溪溪上魯東家,四壁無塵護絳紗。春水硯池窺乳燕,午香簾幕度飛花。賔筵優禮同三釜,秘閣遺書共五車。総羡韋賢家教美,滿籝金壁護泥沙。

漪　瀾　堂

元 貝瓊

漪瀾堂上又東風,報答春光酒未空。海鳥一雙鷗尾白,山花千朵鶴頭紅。水邊列坐皆詞客,天上清歌少玉童。不省日斜誰倒載,從教拍手笑三公。　牕户青紅竹裏開,竹深無地著塵埃。山移閬苑千峰出,水接銀河一道迴。釀酒每留賔客醉,賦詩重許老夫來。暖風遲日春如海,隨意何妨坐緑苔。

瑞芝堂序明

明 張弼

金山衛西侯孟清之作新堂也,芝適生於東楹,其同僚劉廷瑞、侯以賔輩暨衛學師生,凡耆俊之士,咸走觀而畢之,遂名其堂曰“瑞芝”以表之,賦詩以咏之,以賔之弟以正又爲圖之,學士錢先生記之。東海翁張弼聞而喜之,喜其瑞迎妄,庶幾當其人也。夫芝之生,不根不植,倏焉成質,輪囷氤氲,雲凝霞結,一和氣所鍾也。應各有自,若瑞應圖云:王者敬事,耆老不失舊德,則芝生亦一瑞耳。假托周公,未必盡然。然人之處瑞者首自瑞焉,故曰當其人也。匪其人則燕然自得,傲然自大,肆然自騁,則鮮不爲孽焉。聞孟清一覩斯瑞,肅然自斂,栗然自持,凝然自思。曰:“吾祖、吾父世致微勞,圖報聖天子深仁厚澤,猶持一勺以增滄海耳。今撫海陬,軍民凛凛若有傷也。上天何由而賜兹大瑞耶?必吾同寅協恭乎?率徒効勤乎?吾祖、吾父在天之靈有以默佑吾乎?聖天子覆冒之深恩固不待言矣。在我惟黽勉萬一,其庶幾不負耳。”侯之心如此。予以爲當其人,若宋王欽若狗鼠輩,山菌野蕈,烹以上獻,以啓侈心,以毒海宇,去今千載,猶有餘殃。君子不忍言之,瑞之累也如此。孟清自少講學,與章縫之士游者素而此堂,真不負乎芝也。故序於首簡,頌且規焉。

崇蘭館明　　明 莫如忠

喜聞高論浣塵襟，念載交期感素心。未覺賦歸時不早，相看道趣晚應深。含風蘭芷先春色，過雨簾櫳滿院陰。過我即成招隱地，豈須尋社向東林。

草閣明袁海叟遊地於此，吴太僕炯建。　　明 陳繼儒

霏霏雨過濕垂楊，草閣同登更舉觴。絲草沉溪來白燕，遠山一抹映斜陽。

祖德堂　　國朝 高不騫

問水知華屋，維梢就薜松。相逢幽意愜，尚論片心降。鱠有鱸魚獨，香傳桂樹雙。此中堪笑舞，況列白醅缸。

康園在浦南王漯居，焦徵君讀書於此。　　國朝 吴騏

拔地孤峰峻，彌天翠篠幽。野禽栖欲暮，深谷冷疑秋。屐畏蒼苔滑，衣防蔓草鈎。雜花無遠近，觸目揔生愁。

竹榻西牕静，燈花夜色深。蕭然無衆籟，宛爾似禪林。宿酒初醒後，聞鐘欲曙心。北年飛動意，不覺自銷沉。

城池

金山城　　宋 許尚

治盛周康世，東游豈信然。城闉亦墮廢，圖牒漫相傳。

次方鳴謙指揮海上築城韻　　明 袁凱

城堞遥連北斗斜，島夷從此識中華。諸侯幕府多春酒，上將歌謡雜暮笳。别去幾時還下榻，興來何日欲乘槎。爲報安期頭白晝，更煩重覓棗如瓜。

旗影翩翩整復斜，中天星月動光華。千群貔虎方屯戍，萬里魚龍聽鼓笳。聖主自多開國老，小夷休恃上天槎。却煩上將頻思念，時問東門二畝瓜。

登金山衛城樓　　明 樊瑩

孤城周匝倚江干，大海微茫入望寬。蜃氣半收初霽日，潮聲漸細已迴瀾。魚鹽有利民空羨，穀粟無功我愧餐。獨喜四夷時貢獻，將軍不用事征鞍。

鎮　市

行嘉善道中宿朱涇　　明 陸寶

春潮覆草半江青，長水分塗客未經。少理蠶絲多織布，百家烟火旁朱涇。

次韻徐宰集珠溪

山家鳧鶩散平田，沙路雲深屐屢穿。半醉半醒寒食酒，欲晴欲雨杏花天。春能醞藉如相識，柳自風流未肯眠。野老不知詩思好，但言啼鳥亦欣然。

璜　溪　　元 貝瓊

白首事章句，不登金馬門。空名苦爲累，遂枉三聘煩。一瓢雖屢空，五鼎非所存。願偕田父遊，卜宅溪南村。霜寒收柿栗，日暮散雞豚。去矣從吾好，得與巢父論。

璜 溪 寓 所　　明 袁凱

高林深竹氣冥冥，野火波光更滿汀。草閣雨晴鳴翡翠，花畦風暖入蜻蜓。書成已與山公絶，賦就唯教阿買聽。猶未忘情是杯酒，尚煩隣里致盆瓶。

（寺觀壇廟續）

寺觀一

（明謝□□《竹林院山門記》《張堰志》）（明有勲《修仁壽庵記》《張堰志》）

法忍寺結界記　　宋 釋智圓

船子和尚名德誠，不知何許人。嘗泛小舟放浪江湖間，垂綸舞棹，歌詠自適。泊道傳夾山，遂覆舟而逝。而朱涇多所遊止，故立像於此院。元豐三年暮秋月望，予以衆命結界，負錫至此。考其創置之始，而古無傳記，惟石幢所載，乃唐咸通十年立也。又尋井闌題記，仍有會昌之號，疑其古刹經廢，至咸通復興耳。舊名“建興”，今朝治平中易爲“法忍”。前世住持累不得人，零落尤甚。今惟秀者力勤營治，漸復完密。又謂僧居不結界，則法律不可行；法律不行，則與靈祠郵舍何以别乎？乃和悦院衆，而闡斯法利，至於立標分相、集僧唱結，皆遵律範，來者幸無疑焉。

陪楊廉夫登朱涇法忍寺閣次壁間韻　　明 袁凱

伍子行師日，秦皇駐輦辰。英雄無處所，樓閣自天神。白鳥晴沙遠，雲山錦樹新。誰知千載後，凄惻弔斯人。

東林禪寺　　明 徐獻忠

秀水東復折，長皋滙爲林。風湍日千轉，寶塔凌十尋。念彼飛錫者，静寄留遺音。人天路非遥，鸛鶴摩青冥。偕我同懷子，悠然生遠心。烟蘿夕堪捫，芳徑相行吟。閑房春寂寂，僧梵都沉沉。丹梯豈須躡，披我寥廓襟。

澄鑒禪寺重修記畧　　明 陳繼儒

澄鑒寺與朱涇、風涇東西相望，前後皆空水，而有甫田居其中。溝畎環匝於四旁，泖橋横闌於巽上。今橋圮，不可行，獨僧寮佛閣露於菰蒲竹樹之間，景幽地僻，遊人未嘗過而問焉。寺建於唐天寶六年者，爲隆禪師燬，而重建者宋本一師。入明至嘉靖，寺頽。僧筠所、果林、二么至，畚土薙草，募修四殿，後葺静室，栽蔬種竹，稍稍有一枝之安，日諷誦水聲中，絶不與世緣相附麗。余聞其鐘鼓分明，又見其僧儀嚴肅，就之談，無塵土粥飯氣。歎曰："此浮屠中避世隱君子也。"因泛月放掉，聽雨連牀，慨然想慕白牛居士之高風，船子、夾山之古德而不及見，猶幸有寺中本色道人可與作無生話耳！因相與商略指點，漸次整頓之。繇榆陰逶迤而入爲山門，額曰"泖上第一山"。繇門而入，兩天王踞於左右，額曰"澄鑒禪寺"。又入，額曰"大雄寶殿"，供如來應真。繇東西竇一門，額曰"小補陀"。其内曰"大叅同"，曰"觀音殿"。繇西北殿一門，曰"收綸禪"。又竇一門，曰"清音堂"。清音堂之後曰"竹君堂"，竹君堂之左曰"香印齋"，香印齋之左曰"竹篠"。東偏其他静照軒、挂笠軒、庖湢場圃之屬不勝紀。東南竹扉，濱水而居，舍筏登者自此始，曰"渡錫"。渡錫而外，無橋可接，無城市村落人往來。其地以水勝，以月勝，以竹勝；其僧以戒律勝，以詩畫勝，以幽淡枯寂(牓)〔勝〕。其内外牓書以剛峰海中丞、元美王司(冠)〔寇〕、荆石王文肅、思白董宗伯、凡夫趙徵君署題勝。此皆緣主僧上美而下孝，前恭而後德，好莊嚴聖像門庭而不好私藏，好文、好潔而不好求人知，故士大夫樂與之遊。顧其地，緑净不敢唾；入其室，如草衣木食之高流，動色相敬，周旋徙倚而不忍遽舍去也。今筠所、梵儀、果林已供影堂，而諸弟子念其權輿之所自，如燕壘，如螘官，瓣泥撮土，一一從口血銜掇中來，廢刹中興，厥惟艱哉！後之繼者辛勤善守之，大檀度宰官長者悲憫而擁護之，此寺世世不朽矣。

興塔禪寺蓮社記　　宋 黄英復

雲間夙壯縣，崇尚梵教。雖地里廣袤，風俗淳龐。管下十有三鄉，寺院大小凡四十六所，有如井邑。闤闠之地，檀那輻輳，殿宇鱗差，金碧交輝，固不費經營抄注之力。若夫僻壤荒郊，古刹孤立，自非賢厚長者與之外護，則棟瓦傾頽，粥飯廢缺，僧徒不能自給，飄然涣散。雖有靈蹤異迹，亦将沉没於榛荆之域，豈不惜哉！考之紀載，興塔院乃我朝治平初海慧月禪師重修。祈禱道場，屢有感應。紹興間，奉勑立額，僧師展主之。續當里澹軒居士盛熙舉於開禧丙寅，創建懺堂等屋，傚廬阜作蓮社會。寶慶丁亥，忽遭震凌，掃盪幾盡。免解進士直學盛熙慨成規之遽廢，憫先志之湮微，遂率里之信士褚友璿究心經畫，改建法華經會,同邑李塔滙、進士錢相印施蓮經六十部,供檢楊萃裝彩普賢菩薩聖像及寶塔一所,於淳祐九年四月内啓建。自是遠近翕然歸向,舊規復興。鄉進士朱浹又慮經會月旋注了日必難悠久,約同志各助錢置租,命寺僧清了、道芳主之,經官給據,鐫石以垂不朽,併求余記其實。余少游庠序,已知盛君賢而有文,勤於教子。今其子時以童科勑免文解,觀其游心内典,仰承先志之傳刻志義,方俯垂家庭之訓,作善之報。固宜有此,繼是入社者盍相與勉之?淳佑十二年歲次壬子三月三日。

松隱寺　　元 王逢

一片流泉瀉玉虹,九山分繞梵王宫。雨餘清氣來天上,風定鳥聲入座中。松葉晝昏雲欲合,藤花雪白徑微通。老僧異我君親念,一卷琅函答太空。

壇廟

城隍廟記　　明 侯方

金山鉅海重地,異時倭舶爲患,水宿重兵以鎮之。元社已屋,高皇正大統,始立衛,以奠安海陲。有衛則有城,有隍有神以司之,廟之所由建也。廟在衛東百餘步,迄今百有餘年,風雨蠹敗,神罔攸棲。守帥六合楊公奉命作鎮于兹,治戎講武,綜理周密,出號司令,風動雷行。僚屬奉之以承式,軍民仰之以依歸,用能邊境晏然,高枕無事。公時祗謁神祠,顧瞻咨嗟。謂斯城斯隍,高深雄偉,實東南一籓籬。而廟乃凋弊弗治,敬共明神,可若是耶?乃損己貲,規畫料理,市餘地以拓舊址,徵材運甓,諏日庀工。作正殿若干楹,参以高軒,翼以兩廡,前建重門,以司啓閉。庭墀潔瑩,綵繪鮮明,繚以周垣,既堅既好。莊嚴神象,儼乎如在。凡公斯舉,加于舊規而不浮于度。公乃齋沐,具牲牢,率僚屬,湛焉肅焉,秉厥丹誠,駿奔走廟,衹告成功。神歆人悦,祚有攸歸。公既瞻拜而退,掌衛事指揮使翁君熊謂公:此舉不煩于官,不勞于衆,獨以己帑作新斯廟,宜有文以示永久。遂爲書,介其僚友侯君寅、蕭君元來請。方既未得造公之庭,竊幸自喜如昌黎韓子滕王閣故事,得載名其上,有榮耀焉。廟之作經始於宏治四年八月九日,而訖工於是年十二月十二日云。

國朝 楊暄

金山衛城隍廟一區,創始於明洪武二十年指揮僉事李公武,蓋設衛之明年也。宏治四年,捴督楊公政駐節於此,復鼎新之,規制稱大備矣。迄今二百餘稔,屢葺屢壞,旁風上雨,廟貌弗嚴。羣衛之人,皇皇焉惟隕越明威是懼。于是分鎮王君功建偕諸將佐,率先經畫,而衛之人士咸踴躍從事,鳩工庀材,罔或弗飭。始丁丑冬,訖戊寅夏,其規模無改於昔,而重檐修栱、危垣文陛之制,視昔有加焉。工既竣,暄爲文以紀其事。竊惟祀典之載於有司者,城隍爲特重。衛城南臨大海,北控泖澱,自明初置戍設防,而本朝遂因之。比歲以來,島嶼削平,鯨鯢偃仆,四境晏然,里巷無吠犬之警,商舶之往來絡繹如行階除間。豈非國家聲教四訖,海隅率俾之明效與?雖然,今之可患者厥有二焉:海潮之自南滙觜而西也,湍闕爲首衝。明郡守方公所築石塘,日就傾圮。秋月潮盛,閒值風雨,水勢洶湧,高與塘平。其穴石罅以入者,聲轟然如雷,則患在海潮之衝決也。環城地皆斥鹵,其通潮汐以資灌溉者,惟運鹽河是賴。今則河底日高,河身日狹,苟夏秋間十日、二十日不雨,農人相顧,無計措手,而田禾且盡槁,則患在内河之淤塞也。蓋舉百里内外,數萬生靈,與夫田疇室廬資生之計,胥托命於一綫之水,其可患也如此。苟非神之默施補救,以惠此一方,其能旦夕保哉?夫蒙其利矣,必隆其報、舉其祀矣,必竭其誠,宜諸人士之越事恐後也。繼自今風雨以時,陰陽不忒,天吴海若,奉職效靈,俾我民樂業遂生,永享太平無事之福,維神之休,豈有艾與!瑄世居衛城之西北郊,幸嘗與邀神庇,故於廟之成,舉其事之繫於民生者,書而勒之於石,用揚靈爽於無窮,非徒爲一廟誌廢興也。

天后宫　　明 袁凱

酒正初傳内府醪,南來河伯送行舠。百年祀事崇邦典,半夜神光出海濤。花散曉風紛爛漫,禮成春殿肅清高。聖躬端爲蒼生禱,不比尋常漢使勞。

胥浦祠　　明 韓魏

荒荒落日嶺雲孤,伍相祠前泣鷓鴣。千里悲風吹殿瓦,一庭新雨長蘼蕪。濤聲入夜還吞越,山色迎秋尚弔吴。白馬靈旗時出没,至今伏臘走曰夫。

忠烈昭應廟碑略　　元 趙孟堅

西浙諸州,禾興最爲邊海,華亭、金山又在郡東。插脚滄溟,峻岸截起,驚濤四浮。《吴國備史》載,漢博陸侯霍公附小黄門謂吴主曰:"國之疆土,東齧海濤,虧蝕侵尋。臣漢舊輔,今當爲神駐於金山,爲禦海斥,使不衝盪,全護國封,當爲建祠於彼金山,示所旌顯。"自時厥後,封祀不絶,今爲忠烈王順濟廟焉。維英烈侯家閩氏錢,行居七,航海而商,舶帆經從,入廟致禮,儼覩威爽。雪浪東行,一山若峙。巖巖殿宇,卓冠山椒。地勢坤靈,軒赫斯稱。又諗王忠在社稷,歆生敬慕。若曰浮沉罔利,轇轕迷途,汩洪塵中,何終底止。没事忠臣,愈浪生死。猛念倏發,幽明洞符。玉立廡間,叉手瞠視。不欹不倚,窅然化歸。驚怪顯跡,爲廟部臣。老宿相傳,幾百年矣。季夏之月二十二日,維侯生辰,沿海祭祀,在在加謹,廣陳鎮金山祠祀尤嚴常歲。是日,鹽商海賈,賽伍亭丁,社鼓喧迎,香花羅供。然前無位號,未應秩經。杖隊弓刀,遥稱太尉。殆幾野廟,殊闕聲猷。屬青齊向化之年,困獸猶競。東鄙興師,侯能助順。虚無之際,神證用彰。霧消雲飛,陰兵千萬,排空而下,旌旗著號。華亭錢太尉神識昭明,逮及交鋒,虜勢披靡,風驅電掃,冥助維多。主兵上之公朝,訪尋允合。爰加封敕,謚以英烈,庸答靈庥。端笏垂紳,榮被章服,從飾仗衛,一變魚雅。孟堅母弟孟淳嘗謂堅曰:"英烈侯神靈國動,如是其偉。兄志於文,盍爲紀述?當備珉石以奉刻辭。"因言曰:"英烈侯初非衣逢掖道先王者,一念向正,即隸明祠。惟王與侯,肸蠁相應。如斯至者,心公忠耳!故侯卒能效順,佐邦家,殄醜虜,使侯居廟堂而職臣事。殺身成仁,夫豈難能。切彼鄙夫，身縻好爵，畏事齷齪，當言不斷，口若置箝，鼠計自營，盻視同列，苟利飲喙，縮縮循墻，鬼蜮斯靡，何有何無，若拜侯庭，有泚其顙。孟堅疇昔之夕，恭祝嶽神，節仗旋歸，繽紛肅截，壁月當午，簫吹撼空，文繡兒郎，粉態優女，晝燭椽列，夾道秉行，敬拜奉安，一無醉懈。顧而問曰："此嬰臼社稷臣也，心實歆焉！"因述侯事，遡頌王忠，夙心忠鯁，不覺宣露。爲之銘曰：

正直爲神，維忠維孝。國有常經，祀典崇報。博陸在漢，擁昭立宣。雖曰世禄，不我以延。逮及異朝，血食廟祀。爲禦提封，叱捍潮水。毋使侵嚙，虧厥疆理。至於今世，靈畏若存。英烈錢侯，起自七閩。浮舶而商，致禮英靈。推公與直，志合心傾。一誠嘿孚，旋隸部下。拱立廟廡，杳然冥化。東海之濱，奉祀式虔。位號封崇，若有待然。醜虜不競，東鄙興師。維侯助順，若響之隨。神兵千萬，陰靈擁之。虜勢旋靡，電掃風披。昭靈顯功，褒號英烈。服爵儀衛，一變綿蕝。我銘玆石，匪事夸雄。寓勸若人，知孝而忠。爲食君禄，當勇於事。事依違者，將焉用彼。致忠於君，奮不顧身。身死不死，其名永存。史傳紀績，廟食薦馨。吁嗟鬼蜮，狗苟蠅營。

又　詩　　宋 許尚

俯拜祠堂下，遥思弼漢功。吁嗟孝宣帝，忘注太悤悤。

魯烈婦祠詩三章　　國朝 焦袁熹

小草生寒谷，無復芳菲時。一寸心未死，竹柏相因依。妾本貧家女，不識珠與璣。結髮爲人婦，作苦分所宜。室中有阿母，禀命無是非。但恨織作遲，阿母顔色不得怡。　嚴霜凋百草，重露沾人衣。家計不可論，食糠常苦飢。妾生自不辰，顛頞復奚辭。良人自有心，紛紜空爾爲。紛紜空爾爲，忍令大義虧？眼見野鴛鴦，一生逐浪隨風飛。　皇天覆萬物，厚地乃載之。日月朝暮出，兼照無偏私。妾行多過訾，神鬼當見治。有生不如死，視死真如飴。妾死何足道，長與衆苦辭。良人及阿母，生世良可悲。寒無以爲衣，飢不得餔與糜。賤妾歸黄泉，猶應有淚如綆縻。

（學校一）

建金山縣學記　　國朝 楊宏聲

粤稽《春秋》，凡興作必書，重民力也，惟僖公津水閟宫不書，則以崇禋祀、育人材，有國者之首務也。金山分縣以來，洀治衛城，而司鐸即府學訓導爲之，又未爲先師建廟。遇春秋二丁，則與婁邑、奉賢合祀於華亭縣學，良以苟簡則褻聖，宏麗則傷財，故因循而莫之舉也。然春秋朔望，有司不能率屬行禮，而義塾月深又以庠師在郡，諸生遠涉抠趨爲難。歲己卯，前巡撫部院桂林陳公博採輿情，知金民所不便，具題特蒙皇上俞允，於是縣署移治朱涇，並建學以備制度。地方紳士具呈於公，謂無須髮帑，而以創建聖廟并遷移學署諸費自任，咸蒙俯准。而宏聲適承乏金山，首捐俸廉置地十九畝有奇於釣灘之西，設局經理，捐輸雲集，庀工鳩材，經始於乾隆二十六年十月之吉,兩閱歲而廟與學次第告成。學田之隸府學者,督學晉寧李公據詳准,分四百三畝有奇。自此縣有學,學有廟,廟有祭祀,并有師資,有膏火,焕然其可觀矣。

國家崇儒重道,興賢育材,縣必設學,學必設廟,而司牧與司鐸者實力奉行,必收百年樹人之效。所謂濟濟多士,文王以寧,此之謂也。我邑人士果能推此義舉,日淬厲於聖賢之道,則將來德業文章永垂不朽,豈不於學有光哉?並爲記。乾隆二十八年十二月。

金山衛學記畧照《郭志》□。　　明 錢溥

衛有廟學非古也,而古教行焉。孔子當諸侯尚武,則救之以文,曰瑚簋之事則嘗學之;當萊兵刼魯,則濟之以武,曰有文事者必有武備,請設左右司馬。顧當用者則先之,未嘗舉一而廢一。後以文廟事孔子、武廟祀太公望,判爲二途,竟莫能一。其後損武祀,罷武學,而置文廟,學亦未聞焉。我國家君師宇内,作養文武士幾八十年,而尤慮武臣子弟安於熙洽之久,動作進退鮮克由禮,英偉閒生,或局其材干,是命天下軍衛立文廟,學如郡制,典教者亦如郡,曰教授,而訓導則半之,教其官之適庶與凡軍士之俊秀,登第者隨其材而庸之,定爲著令。隆綱常而原性之同乎天,兼文武而見材之周其用,然後知孔子之道如日在天,如水行地也。金山距松城七十二里許,遵海而居,未易營度。巡撫廬陵周公提調學校,御史吉豐彭公同心輔化,而郡守保定趙公克相斯舉,工善材良,不勞而集,廟殿兩廡、戟門學堂、東西序以及賔客之所、肄業之室靡不完美,斥鹵之境、兜鍪之士得被冕服俎豆之化、升降揖遜之客而作。其親親尊上之心者,皆由三君子有志文武之業。故能祗奉德意於有成,毓人才之效於無窮。烏乎!魯頖獻馘,史克頌之。晉師有禮,楚人懼焉。而况舞羽而苗格,因壘而崇降,將見孔子之教大行,而賢才文化駸駸乎虞周之盛者,皆自兹始。董其事者指揮使劉公,請予記其成者衛學訓導陳師興、傅鴻也。

修學記略《郭志》□　　明 陳鑑

古昔盛時,文武一途,黨術皆學,未聞有無學之地、有不學之人。周田不助,文武異轍,而欲求世之治、俗之善也,豈不難哉?金山之爲衛,越在海隅。人皆以瀕海之人、介胄之士武事未習,何以文爲?故自有衛以來,未嘗建學。正統己未,巡撫周公忱奏請建學,朝廷允之。乃相地於衛之東北隅篠管街之北,高亢靚深,宜教宜習。庀材鳩工,首建明倫堂,立居仁、由義兩齋,師儒居止之地、生徒游息之處,庖湢庫庾,咸有品則。維時董督厥事則提學吉豐彭侍郎,勗經畫修理則松江趙太守豫、衛揮使劉君惠西、君賢、貳揮侯君端,而興化陳師興實以分教職來與焉。於是乎武臣子弟與凡伍符尺籍之秀朗英偉者偕來就學。然學以始創,廟祀闕然。正統戊辰,建寧劉侍御福以憲節至,以爲學而弗廟,師何以崇,費雖夥弗宜中止。故係於三尺之下,法可疑而情可矜者,悉聽其贖。或金或帛,皆輸之學,以爲百需之費。再踰月而就厥緒,禋祀有所,景仰有憑,然未大盛也。天順辛巳,提學莆田嚴侍御洤至,又進民生以增廣之。大都督安慶董侯宸尤以興學爲心,俾殿堂門廡焕然一新,故士之游於其間者靡不争自濯磨,文風由之而丕變矣。司訓鐔城梁君元礱石請記。於戲!少司

空不以武士爲不與學而始創之,大都督不以文學爲可緩而振舉之,侍御公尤能防范激勸于其間,世道之復古於是乎占之矣。惡得而弗書?

重修衛學記略《郭志》□　　明 錢溥

三代已有庠序、學校之設矣。歷漢唐宋元,皆行諸郡縣,而武衛未之有聞。國朝正統己未,始詔天下軍衛置廟學,務合文武士於一途,使朝廷享實材之用也。金山衛之有廟學,自己未迄今成化辛丑,歷歲滋久,將入於毁。監察御史高唐劉公魁巡按至衛,與鎮守都帥合肥郭公鋐周覽庠舍而嘆曰:"學本育材也,而武以衛乎材。顧兹危陋,可不加之意乎?"亟命掌衛事指揮使西寧暨僉事魏文修葺之,教授張濂、訓導歐陽法贊助之。慮材無由出也,槩發官帑,專命文董治之。劉公既滿去,而陝右孟公俊繼之。恐工費有弗給也,復量措使趣爲之。昔未備而今始壞者,悉與維新。郭公視其成而喜曰:"二公興我衛學,烝我髦士,學垂弊而復光,士成德而有造。"於是來請記。夫古之學者,入有井牧、閭師之教,出有擊刺、騎射之法,無異施也。然以甸侯綏要荒觀之,綏在五服之中,内三百里揆文教、接甸侯也,外二百里奮武衛、禦要荒也,又因其地而異其施焉。吴春秋時實維荒服,雖金山越在海濱。今則有武以捍患,有學以興教,禮樂儀興也,聲教遠暨也,風俗大同也,而何内外間然之有?金山之士當益修文武之業,而不失全材之用,於諸君子上下協謀之盛心亦賴有光矣。請以是記之,以俟後之嗣修者考焉。

衛學初置廩膳記畧　　明 徐階

金山衛故有學有師,以教吏士之子弟及其民之秀者,率再歲而貢士一人于庭,比于邑學。蓋自正統己未迄於今百餘年矣,而其士猶未得養于有司,于是其當貢者亦相持不能决。嘉靖庚子,教授王新請于督學御史楊公宜得,以文之優者二十人當廩膳之數而次第貢之。其明年,新率訓導蔣詵及諸生孫寅、陸中美等言于巡按御史舒公汀曰:"國家疆域萬里以養士,二十人不爲費。然而可以見一視之仁、右文之盛焉。如其請當無不可。"公以語郡守何侯繼之、别駕李侯蓁、郡憲黄侯洪毗、前華亭縣令朱執中,僉曰教授言是。黄侯則又進曰:"洪毗閩人。閩有平海衛者,實得廩其學生。金山一衛也,援以請其可。"于是舒公會同都御史夏公邦謨疏于朝,如黄侯言。大宗伯上議曰御史言是,得詔置廩膳二十人。教授新既拜舞以謝,退語于衆曰:"我國家以文爲治,自洪武至正統,其化大行,則衛于是有學。又自正統迄今,化日益淪浹,則士始得養于有司。蓋係乎時者如此,不可無述也。"乃幣而徵文于階。階嘗讀《易》,爲卦六十四,而有取于養士者二。其一鼎之象曰大烹以養聖賢,言上之養士也。其一頤之象曰君子以慎言語節飲食,言士之自養也。夫上必養士而後可以成治,士必自養而後可以佐時。三代以降,士或從事于學,而徇外以戕内,則是不能養其入,而于節飲食之義乖;牽己以從物,則是不能養其出,而于慎言語之旨悖。如是而徒養于上之人,其又何能佐時以無負于國家也?階不敏,欲規于多士,遂不辭而記之。

邵氏義塾記　　元 黄溍

翠巖處士邵君，家於華亭縣西南六十里胥浦之上，遺世弗仕，而志在澤物。遇其鄉之人，委曲纖息，一以惠利。患夫去庠序之遠，而其子弟無所於學，乃捐私錢，即所居之旁闢義塾，贍以胥浦、風涇、仙山三鄉之田二百十六畝有奇，禮名士主其席，聚里中之俊秀而教育之。二子彌遠、彌堅，克承君之志，力相其事。君既高壽終，彌堅尋卒，而彌遠亦老矣，懼來者或隳其成，則列其田之步畝鄉落，以狀白於官，示不敢有，且求書石以告後人，俾永勿墜。予觀先王教民之法，閭有塾，黨有庠，遂有序。爲士者固不必常在庠序之間，而朝益暮習之功，必本於閭塾。故其《詩》曰："攸介攸止，烝我髦士。"三代而下，禮闕學廢。宋制唯藩鎮乃立學，其後因執政之請，而學始遍於郡縣。我朝因之，四方萬里，莫不有學矣。然爲民師帥者，恒迫於職務之繁，况里居之遠於州邑者，欲時會於庠序而不可得。非有私淑之地，士何賴乎？處士君誠所謂一鄉之善士，而鄉之秀民賴之以爲士者也。君今已不可作，而其嗣人能汲汲焉迓續之，如君之存。絃誦之聲，久而愈振，君父子有功斯文，其善所及，奚止一鄉已哉！處士諱天驥，字千里。彌遠字子猷。彌堅字子固。

璜溪義塾應奎文會自序　　元 吕良佐

國朝設科取士，以明經及古賦、詔誥、表策兼其才者亦難矣。十一科之文，自延祐际至正末，其得失已大相遠。嗚呼！可獨咎天下之士哉？良佐生文明時，竊慕鄉舉里選之盛，輙於大比之隙，剏立應奎文會。邑大夫唐公世英、張公彦英明勸於上，移以公牒，聘海内知名士。主文評者會稽楊公廉夫，公又舉同評者雲間陸公宅之。東南之士以文投者七百餘卷，中程者四十卷。蓋楊公蚤登高科，其文力追西漢盛唐之作，而山林學者無不欲列名於其門，故視他會爲獨盛。不然，士之懷奇負氣，不可以爵禄誘者，甘於自閟其學，况銖金尺幣所能致哉？今所選高者經正而文，賦奇而法，詔誥章表各通其體，策皆貫穿古今而有經史之學者也，誠足爲後代之繩尺。已選中之文，因鋟諸梓，以傳不朽。至正十年七月序。魁其選者，廣信尹希顔也。

（冢墓一）

安節亭記 在宋鄉貢進士謝國光墓

元 宇文公諒（《宋志》《顧志》俱作"公諒"，疑是雙名。舊志作"宇文諒"，誤。）

安節亭者，晉太傅文靖謝公廿六世孫節齋先生之所作也。先生之六世祖隱居華亭之南曰"立極"，子孫因家焉。先生諱國光，字觀夫，有雅量。夙敏於學，十三能屬文。宋咸淳癸酉領鄉薦，明年上春官，策問求賢，所對剴切。時賈似道柄國，忌直言，主司畏禍不敢取，以例補太學生。天朝一海宇，遂潜德勿耀。至元廿二年，治書侍御史程公鉅夫承詔搜遺逸，或以先生薦，輙杜門稱疾，且曰："吾與其榮於身，孰若無愧於心乎。"日以經史自娱而已。卒於至正乙酉，遺命葬先塋之西，名祭享之亭曰"安節"，蓋其志也。嗚呼！宋社既屋，文武遺臣位卿相者不可一二數，獨文山文公、叠山謝公，起身科第，知萬死不顧，一生以全大節，凛凛之如秋霜烈日。而天朝特寵異之，以風勵天下，或官其子孫，或立書院以奉祀，非後代之所能及也。先生一布衣諸生，矢不踰節，其亦可敬也已。矧不沽不激，得大《易》安節之義，今其諸孫多好脩力學，將復有以科目顯者，是又安節之亨也。其孫質晉與其弟良貞，請發名亭之義，刻石以垂永久，且懼亭之久而或廢，乃相與劃田五十畝以歸茔繕，故爲之書。復效小山招隱悲歌以祀先生，其辭曰："若有人兮谷之陽，蘭爲佩兮蓉爲裳。聲獵獵兮擅名場，縱六轡兮馳康莊。文八音兮五色，進治安兮長策。披歷歷兮忠肝，横流涕兮太息。事既謬兮時又異，遺紛華兮若蟬脱。苟榮身兮變初志，寧安節兮内無愧。鱸肥兮胥浦，掇秋英兮汛芳。酹尚友兮淵明，微夫人兮孰伍。松檟兮青青，歸來兮斯亭。節既安兮不朽，仰百世兮儀型。"

敬思亭記略邵氏世墓在秋涇里。　　元 韓性

敬思亭者，邵君子猷之所建也。邵氏家洛陽，康節先生六世而南，由丹徒徙雲間，族葬於秋涇里，至子猷四世矣。子猷即先茔爲兩舍，以奉祀其祖父。構亭扁曰"敬思"。予聞而歎曰："善矣，夫邵氏之名其亭也。邱壠者，先世遺體之所托。望其連岡，觀其崒隧，風樹寒泉之思，自有不期然而然者。嗚呼！人孰無是心哉。而世之人乃有厚於奉養而薄於墳墓者，吾不知其何心。其或過於華侈，觀世示富而心實不在其先人者，亦豈足爲孝哉！邵君於先茔爲之室廬，嚴其守護，勤其展省，奉祀之禮歲時不忘，揭敬思之名於亭，因名以表其心，余知邵君之能孝也！"

吕良佐墓銘在瀝瀆之北原。　　元 楊維禎

蹈車無仲尼，覆舟無伯夷。義以勇，卒以全歸。曰貞曰惠，匪謚乎私。嗚呼！噫！莫尊乎野，而位者覆卑。璜之滸，粟之垂，有過其墓而慕其人者，讀我銘詩。

義冢記在胥浦東，里人夏尚忠捨地建。　　元 楊維禎

葬不能埋曰棄，不得其屍曰捐。衣以周身，棺以周衣，椁以周棺，土以周椁，禮也。自夷鬼陀林之教行，始有畔中國之禮而忍棄其親者，人心之陷溺也久矣。吁！可憫哉！松之民，類不以禮葬其親者，人謂無邱陵之地，則有付之水火，亦勢使之然也。仲尼觀延陵季子葬其子，其坎深不至於泉。松之葬也，獨無壤土可坎乎？此華亭夏君尚忠義塚之所以作也。得不食之地於胥浦之東，周垣一里，所爲之封域名義塚，使藏無地者歸焉。什伍其曹，各樹其識，使其子孫異日有展享之托。又規地一隅爲精舍，俾浮屠者主之以掌其籍焉。其有貧不克葬者，又出資力以助之。於乎！君之用心亦仁矣！文王更葬朽骨，而天下恩之。宋世良、賀蘭祥輩收瘞暴骨，而境旱得雨。夏君之仁，其不有感於天人乎？吾聞君之先人清潤處士，嘗憫人積喪不入土者，捐金粟至千斛緡弗計。義冢之舉，其又不爲善繼先志者乎？余固樂書其事，而況君重有請也，於是乎書。君郡之義門敦武公孫，字士文，承直郎、

鎮江路府判官，棄而歸隱，益讀書習禮文事，又剏立夏黄書院，以祔享其外祖橘隱公，其好古崇禮如此。

開濬事宜

蔡澍

予自令江後，博稽邑内水利，見各河港多壅滯未濬者，大爲農田累。乃先後檄里民，竭力濬之。于政稍暇，躬親按視，炎風暑雨，勿敢避也。數年以來，頻見成効。乃舉開濬時已試之法次爲數則，并採昔賢耿柚、陳瑚諸議詳悉酌定，後賢擇而行之，或不無一得云。

一、測量。凡驗河淺深，以水不以岸，蓋岸有高低，水無不平也。當於未戽水，先刻水痕于岸上，就兩岸痕以篗拽之，量其闊狹，乃立一碑，寫某處某號，比老岸淺若干，老岸潤若干，水岸闊若干，河底應開深若干、闊若干。至開畢，驗河底信樁，試仰月弓，更以水線通之，則淺深潤狹無遁情矣。一、下樁。凡量度河身，先于兩岸立樁，循岸以弓量之。至若干丈，立一樁木，由此每里立幾樁，□身長幾里幾丈，瞭然可知。其兩岸闊狹，亦於兩樁拽篗，量其若干丈尺，則逐段闊狹不等，亦瞭然矣。又從兩岸中間，立一長樁，釘于河心土内，刻水痕于樁上，與兩岸所刻痕齊，可以互相考覈。就此樁繫線，與兩岸樁縱横斜互牽拽，即爲筭土方之準。欲測水深若干，則繫線此樁之頂，□碇沈入水底，即知深淺若干，應開深幾何，可從此算矣。迨戽水已乹，河底既出，乃下信樁。假如□段應開深五尺，用木一截，二三尺許，烙印編號，名爲信樁。先釘在河底，再用長木一根，名爲送樁，送信樁入地五尺而後止。將來挑土露出樁頂，則知河已開深五尺矣。　一、算土方。凡工段勿計丈尺，止算土方，蓋同此一丈河也。河面有潤狹，河底有淺深，則工力之多寡不等。若第以丈計，則狹而淺者工力多，潤而深者工力少，派役不齊，胥吏從而作弊，故必筭准土方，公平分派。至挑濬之時，每面十方留一土柱，印官親臨查勘，以驗淺深潤狹。積至千萬方，燭照無遺。又工部尺較今量田弓丈小什之一，算方必依部尺，晝一裁量，嚴禁陰增弓步，灑派鎮保，以致妨工累民。　一、分段。假如河長五十里，當分十段。每段算壩併工，先開一段爲様河。次戽第二段水，以次而開。蓋防驟雨滛溢，致重戽五十里之水也。　一、趲工。每方一丈，深亦一丈，須用十人挑土，三人掘土裝担，一人爲炊。認定土方，聽其糾夥力作。每人担土百尺，每担可挑土四尺，計土二十五担，則此一方土净矣。至於從卑至高，用力爲難，尤須更換接替。若淺灘多生蘆根，鍬鋤費力，用牛耕之，可代五人之力。每日黎明鳴鑼，夫頭率衆赴工，踴躍効力。督工官止監督一處，察其土方。至某時挑盡，即以爲例。他處止須勘驗土方，便知勤惰，不必時時點夫，處處巡工也。　一、編號。凡河夫不編名次，常有移夫之弊。隨督工官所至，移易點名，其間隱匿人數無從考驗。應編定字號，某鎮某保，豎一小旗，再立一木牌，上書某鎮應開河幾十丈，覈實土方幾百幾十幾方，夫幾百幾十名。其夫役花名，統列于册，有病逃代替者亦注之。每夫給一腰牌，書其姓名年貌，驗牌點名，則彼此移易之弊除矣。　一、堆土。凡河中起土，役夫偷力，即于沿河堆土，一經霖雨，土隨水卸，仍復淤塞。必離岸數丈，立標爲准，挑泥由遠及近，或補岸，或壅田，勿令雨淋下河而後可。若兩岸田低，應築圍岸捍水者，則以濬河之泥增築隄岸，別令種田居民隨濬隨築，河深而隄益高,此兩利策也。　一、量弓。河既開畢,當以弓量之。以徑量深,以弦量濶。假如河面濶五尺、深一丈,即以毛竹接長作弓。其弦五丈,自弦至背徑一丈。開河之後,以輪推弓而行,弓弦向上,形如仰月,以準岸上水痕。弦出痕上,則深不及一丈。而河淺岸礙,弓梢則濶不及五丈。而河狹,責令如式。但須兩岸水痕皆準,則淺深闊狹不差分寸。　一、水線。土方既行,必於河底當心深開一線,導水流行。如水不到處,知河底尚高,再加挖深,必至順流無盡而止。水線須令底平方有準。又河中腰壩之基悉爲剗盡,使一線通流,方得淺深如一,否則諸壩攔截,每段之水線雖通,而全河之水線不貫,河内淺深仍復不等,不可謂工已完也。　一、開壩。河工既畢,開壩放水。若留壩基在下,不惟妨運,且使泥沙停蓄。須先在壩下掘挖壩潭,其深濶與壩之高厚相等,然後掘壩土入潭,庶河底無留滯之患。　一、派夫。照田役夫,其法甚古。然規避影射,狡黠每易脱漏,浮派統括良善,多苦重科。而僉點夫頭,差委雖役,尤滋勒索派斂諸弊。必于舉行之始,密吊應役區圖摠册,覈明各業户,認管畝數,然後通融算派,毋任胥役擅權盈縮。至夫頭約束衆夫,祗於下宕時驗點充,切勿先期僉派,致啟倩囑移换之弊。其監工書役,官給飯食,派斂必懲,則錮累永除,公事易竣矣。　一、普濬。河有幹支,均係水利,先後疏濬,固有次第。而灌漑所藉,不僅幹支兩河,支河之中更有偏渠仄港。雖屬溝澮,附近之田,待澤至亟,若祗濬支河,不治小澮,則内地反高,外河雖通,終成阻滯。宜於濬河既畢,凡通小澮之處,但令隨時一律開挑,務使内外大小脉絡節節深通,則灌漑之利普矣。　一、撈洗。濬河之期不一,或數年,或數十年。事雖善舉,而勞民費財,不可以爲常也。江邑瀕臨大江,潮汐出納壅塞,至易數歲不濬,漸成陵陸。計惟于開濬之後,相視各河形勢,按年遞加撈洗,使泥沙不至於積,則大役不至數興,而民無重困矣。

王烈婦詩

精金質本堅,貞石性本壽。金堅有時鎔,石壽有時剖。金石尚難恃,令名獨不朽。卓哉天壤間,有此王烈婦。婦爲周氏女,廿七執箕帚。家無擔石儲,躬自操井臼。夫壻勤負販,婦常面塵垢。機聲與燈影,每至三更後。節縮得餘資,營田六七畝。方期夫與妻,蛩蟨常相守。豈知天降疫,一朝危疾構。延醫來視夫,夜半門亟叩。醫云不可爲,長跪苦求救。轉眼夫已死,哭聲滿户牖。哀痛難自禁,勺水不入口。有女在襁褓,舉以授阿母。兒既無藐孤,兒又無姑舅。自今願從夫,地下常爲偶。背人藏毒藥,畢命一盃酒。聞者皆咨嗟,此事實寡耦。方今世事非,風教若敝笱。誰能挺鬚眉,祗是畏尾首。區區一女子,大義炳星斗。允當建崇祠,姓氏垂悠久。

王烈婦詩

吴江　沈日富南一

金山四堡十二圖,有婦飲藥殉其夫。夫王伯和婦周氏,父曰鴻儒家授徒。結婚十年始遣嫁,四壁屹立生計無。節衣縮食營負販,君能滌器甘當壚。皇天不弔時疫兆,危哉人命争須臾。夜半求醫卧不起,以頭觸門長跪呼。倉皇送死哭且罵,不能活人空懸壺。妾身無子無舅姑,有女在褓聲呱呱。三日不食母來視,以女授母涕淚俱。阿芙蓉汁滴酒盂,兒今生不如死娱。舊借瓶罌付鄰媪,歸來藥發殞厥軀。咸豐五年秋八月,二十一日日中殂。是時國恤到詔書,吏民素服行街衢。忽聞嫗哭争走訊,見者彈指聞者吁。婦年三十能自立,人間愧殺眉與鬚。魯烈婦後事再見,百五十載光里閭。綱常名義撑天地,一弱女子能力扶。此事轟傳徧海隅,我方承乏講柘湖。願爇瓣香往下拜,更礲大石奮筆濡。旌别淑慝朝廷典,激揚清濁由師儒。丁張黄顧邑中望,曷不臚列鳴當途。諸生請各詠其事,焦君往矣誰操觚。

奉賢 莊應元省三

妾無翁姑,妾無遺孤。妾事已盡,妾當從夫。死得其所,孰謂輕生。妾目分内,豈望令名。

金山 張敬詒恭叔

皇帝五年秋,八月二十一。金山有烈婦,吞藥殉夫卒。周氏第三女,于歸王氏室。黽勉共五載,恩情若膠漆。膠漆有時散,夫婿感危疾。藥石投不靈,轉瞬一命畢。女性本堅貞,哀毁口不食。日星炯常存,風雲變不測。飲毒即時殉,距夫纔六日。吾聞肅然起,感之涕横臆。蛾眉弱女子,昭然大義悉。回溯百年前,可與魯氏匹。峩峩烈婦祠,過者盡矜式。後先足輝映,惜無南浦筆。綽楔何時營,作詩聊紀實。

漢中謁先大夫生祠堂記秋琴閣文鈔　　姚允迪蘊生

乾隆三十四年秋,外子官延安定邊令。予奉太夫人赴養關中,道出興元,見黎民扶老攜幼,執瓣香往來不絶,若有事於頌禱者。令僕御叩其狀,僉曰詣姚觀察祠。觀察,吴人,三十年前爲我屬監司,有功德於民。民不能忘,醵金建祠,每月朔望,恒焚香頂禮。今將從事也。予聞之心動,急詢觀察姓氏,里居居民爲一一詳言之。噫!非他人,此我先大夫一亭府君也。問其地,不數里。翌日,予請命於太夫人,具牲牢,易象服,恭拜祠下。觀者咸嘖嘖歎息。予低徊留之不能去。憶先大夫於康熙己酉歲,由部曹授陜西漢興道,兼管瓜沙屯墾事。時兩郡遭兵燹未久,至之日户口凋敝,民氣慘促。先大夫爲勞來休息之,招流亡,除苛政,講屯墾之法,嚴盜賊之禁,一切失業無事者悉歸於農,俾民衣食充足,兩年政化大行。乃下令郡中設學建倉,躬親董率,間有頑梗者繩以法,寬猛相濟,人盡化之。一時賢士大夫,持筆札録其善政爲治譜者足相躡□。秦民感之深,思之切,堂廡之設有自來矣。今世之坐皋比、佩虎符、爲民望者豈少哉?當其未去也,上而州牧,下而胥吏,以及士民衆庶,靡不揄揚盛德,惟恐不及。一旦車馬出國門,頌聲寂寂,無一人道其姓氏,以視我先大夫賢不肖何如哉?當此之時,子若孫即欲表揚前烈,以昭示來兹,難矣。今先大夫墓木已拱,其屬邑猶有爲位以祭者,非大有功於民,其能如是乎?迺爲記,即書於堂之壁,俾後之莅是邦者觀之可興感焉。

硯小史序　　薛體洪愚亭

作史有三長：曰識，曰筆，曰才。讀書不貫串則無才，論斷不精確則無識，文詞不典贍則無筆。班馬范史而外，代有其人，互有得失，深歎史才之少，正所以見史才之難。我里二垞朱子，余同硯友，亦良史才也。工詩古文詞早賦。壯遊長安，久客。其意氣原欲讀中秘書，其才識不難充左右史，惜以數奇七試秋闈，再薦不售，僅以詩名儕偶間。雅多著述，且平生有硯癖，得古今十三硯，名其齋曰"十三硯齋"。滴水輕研，清詞滿紙，初不知境遇之窮。暇取古今論硯之書，倣史家例，共成四卷，曰《硯小史》，簡鍊不如似孫而貫串過之，古朴不如彦猷而精確勝之，博雅莫如襄陽而典贍倍之。此蓋具龍門、扶風、順陽之才而合之者，非亦所謂體大思精者耶。二垞出晦庵先生後，年方壯盛。他日登玉堂，歷鳳池，如其所作石生之傳云云者，不但目爲詩人，且進而成良史，則是編也，特其見端者也。是爲序。嘉慶戊午　　載《干巷志》。

祝邑尊徵三韓老父師華誕　　薛體洪淇園

素仰廉平宰，銅符蒞海疆。飲冰懷皎潔，就日拜恩光。射策才名遠，傳經世澤臧。登朝同寶玉，行縣飭輕裝。泖左成勞著，嘴城新績長。白烏重表瑞，青雀再呈祥。小子當髫齡，菲材荷揄揚。庚寅壬辰，師兩試金邑，俱蒙覆拔。空羣雖自愧，懷核恰難忘。覆試蒙賜果品。重以純儒望，曾從舅氏詳。外祖東崖王公與師同榜。舅氏述遺訓，稱師道誼爲是科之最。瞻韓欣舊識，願獻九霞觴。

薛渭珍，知縣體洪之祖。贈瑞昌縣知縣。

薛　竽，知縣體洪之父。贈瑞昌縣知縣。

單其鯤字魚北，晚號雙个山人。邑廪生，居干巷鎮。秉姿聰慧，賦性和平。優於經學，工詩，善寫竹，名傳遠近。著有《清芬居詩稿》十餘卷、《墨竹吟艸》二卷。嘗遊浙西諸郡，與諸名士交。筆墨富有，吟咏頗多。卒年五十有四。

憶胥浦舊宅

我家老宅鎮中流，南北東西號單漊。翠色當門山勢峭，緑陰遶屋竹竿脩。春風十里農開畝，明月三更釣泊舟。終慕翁垂堂構業，古槐高映讀書樓。

嫠婦哀清明日書所見

幾日東風吹，吹出雨絲絲。風雨迭相送，直到清明時。清明出巷口，遥見塚纍纍。旁坐麻衣婦，哭聲一何悲。上有白髮姑，下無黄口兒。存亡無一可，天乎呼不知。我亦聞之重歎息，愁雲四起天變色。

永隆橋雙榆吟

邑乘所載，橋建宋寶慶間。榆生橋西畔，幹本合圍。自道光二十九年秋水災橋覆，環傾水中，樹仍如故。今春偶經橋側，仰見樹蔭婆娑，悲淒久之，口占長句。

古永隆橋跨碧潯，榆生石罅獨成林。百年俯瞰源流遠，雙幹高承雨露深。不異知心盟轂笠，儼同寄跡契苔岑。虹形已斷虬形在，抱却堅貞閱古今。

猛　虎　謡

猛虎猛虎心何毒，日食人兮當魚肉。山中爾亦有子孫，出山何以欲逐逐。朝踞山之巔，暮偵山之麓。遥見人羣隱隱來，一聲長嘯如裂竹。突入人羣真火速，行人驚倒隨地伏。爪以抉人目，牙以剖人腹。食盡皮血食手足，不顧百人命，不管萬家哭，肥爾孽軀肆威福。斯人談之色爲變，斯人畏之額頻蹙。富者願賣田，貧者願賣屋，斂錢糾衆圖報服。鉄槍火砲雇健能，强弓怒矢圍山谷。搜羅醜類盡殲旃，無辜銖連爾眷族。渠魁之罪不必鞫，惡貫盈兮甘就戮。一邑之中害忽除，百里之内一清肅。無論貴賤智與愚，拍手狂呌羣悦服。吁嗟猛虎兮，前此饕餮不檢束，今日仇報何慘酷。

九月十五日往錢圩追懷錢水西

回首匆匆又一年，每懷知己倍淒然。筆追北苑雲俱散，十年前聚首蘭隱園中。君與曹花尹作故。方東園在海上。菊問東籬月正圓。予到此值九月十五日。燭影摇時摠獨對，琴聲寂處榻誰聯。如君好善今難得，氣數無憑合問天。

秋杪登晚秦望山晚眺

攝衣獨自上山巔，日落紅墻返照妍。石磴坐看林木勝，四圍如薺遠連天。

山坳的皪艷黄花，一抹秋光萬景賒。親自荷鋤向僧乞，仙人洞口紫金沙。

叵叵藤蘿手自攀，斜陽影裏扣禪關。殷勤尋得南崖處，古篆糢糊蘚剝斑。

泉鳴瀑布嶺頭西，最好山腰白堊泥。回首蒼茫天欲暝，一行雁字度前溪。

焦山雪舫上人，覺堂。予寫竹友也。十年不見，未知存没若何。今夏偶檢畫册，追憶之餘，不能無詩。

廿年方外訂心知，翰墨姻緣最繫思。脚底踏殘山萬個，胸中藏滿竹千枝。烟霞供養維摩筆，衣缽流傳賈島詩。賸馥殘膏今檢點，一回翹首一神馳。

題黄門雙節婦

江夏傳雙節，冰霜共潔清。推丹荼忍苦，别白柏符貞。燕表申申度，蟾聽乙乙聲。卓哉真壼範，萬口有公評。

閨範鄉閭式，氷清玉潔誇。丁年彤勒管，子舍白賡華。節履松筠並，升恒日月賒。輶軒幽亟闡，衰典錫皇家。

重陽日訪釣灘庵船子和尚棲隱處

九日登高罷，來尋舊釣灘。庵邊森古木，橋畔轉清瀾。法雨施羣類，高風賸一竿。持螯樽菊酒，客邸樂盤桓。

採瓠新居

東干獨處無同姓，回溯支分出單漊。舊宅西南三里路，新居左右兩間樓。一身碌碌都牽俗，雙髩蕭(蕭)只爲愁。補葺瓠堂容我嬾，向陽門第故公侯。予所居採瓠堂，係前朝曹峨雪宗伯故第。舊額"採瓠堂"爲曹能始學佺先生書。予寶之，仍其名。

胥浦守潮

頻年作客水爲家，鷗鷺親人日正斜。港口守潮看月上，半天寒意浸蘆花。

風緊霜高月滿湖，蕭蕭兩岸戰枯蘆。還家心切眠難穩，何地何時客夢無。

寒夜渡浦

布帆疾駛石橋西，霜蕊冰花一色齊。酒熟百壺紅琥珀，牕明六扇碧玻璃。三更犬吠風逾緊，四野雞聲月漸低。對景寫懷新得句，蠻牋十樣醉餘題。

冬日登小普陀湛光樓晚眺

山門環拱水連天，此日登臨一愴然。樹木參差平野外，樓臺高下夕陽邊。久推豹變開文社，前明曹宗伯、董文敏曾結文社於此。不許狐留號野禪。極目晦明風景異，南山一抹起蒼煙。

龍沙菴　即明季張和尚廟，在七保三十四、六啚張堰南二里許。國朝改爲龍沙菴。嘉慶十四年，里人錢永錫、張坤來、沈德崗、住持比邱尼龍成重脩立碑。

龍沙菴記

張　沅

龍沙菴，即張和尚廟也。明季張和尚居之，廟因以名焉。性慵，面忘洗，衣忘澣。庭中植鐵樹一株，别饒古趣。然連數年無梵唄聲，土人頗怪之。居無何，謂土人曰："予將往天台採藥。待吾二十年不來，火吾身可也。"土人笑而頷之，未之信也。半載後，僧不歸，啓其鑰，瞑目端坐。有躁妄者謂爲已死，將化之，僧忽瞪目曰："若輩爽約，幾使我神不還舍矣。"袖中現出一物，形如狗。問之，則曰："松脂入地，千餘年而化爲茯苓，即此物也，服之延年。"土人奇之。又時見其侵晨蚤起，向旭光吐納，頂上有小兒，長寸許，忭舞跳躍，與僧之吐納相應，土人益奇之。問以休咎，如響應聲，無不神驗。於是遠近聞知，謂此僧能知未來。知府某慮其煽惑人心，率衆數十人封兩大盒，闖然入菴，謂僧曰："今日知老夫來意否？"曰："將拿我。"問盒中何物，曰："一是蔬果，賜老僧的。一是拿老僧的凶器。"問何以知之，曰："静者心多妙。"知府默然。有頃，問朔望膜拜者幾人，曰："一箇。"何謂一箇？曰："屈指入廟者不知幾許，但老僧視之，総是一箇貪不死之人耳。求名求利貪猶小，以酒色財氣之徒香花供佛，妄冀長生，貪莫大焉。"知府微笑。見其破衲不完，賜白金數兩并盒中蔬果而去。比至舟，則所賜者早已置在舟中矣。崇禎間，草寇騷擾。僧口念符呪，寇遠見高山一座,中坐觀音大士,指之而笑。迫近之,四面皆汪洋大水。寇驚去,村人得無恙。後數年,張和尚合掌坐化。土人塑其像供之廟中,至今尚存。或曰此像即張和尚肉身。是説也,余未暇攷云。

王　珪古尹,嘉慶壬申歲貢,重遊泮水。

王　勧巽喦,道光甲午副榜。

張　雷静存,嘉慶庚辰恩貢。

張春榜禮園,附生,重遊泮水。

魏　氏文童朱瑞南妻,居張堰南三十五啚。年二十六生子,四十日夫亡,事翁姑盡孝,撫孤成立,守節四十七年。

沈氏宗祠碑記

前乙丑進士、授奉直大夫、工部營繕清吏司員外郎年家眷弟唐昌世頓首拜譔。

《禮》"君子將營宫室,宗廟爲先,居室爲後",原古先王之意。蓋以宗廟者爲祖宗神靈之所棲,而歲時將事,所以展孝子慈孫報本反始之心,而推尊祖敬宗之義於無窮,不可以不亟也。是故王制祭法,自天子以逮士,皆有廟以祀其祖宗。惟庶人則於寢爾,自唐以來,非奉朝旨不敢立廟。故《朱子家禮》始曰:"祠堂是今之祠,仿古之廟而爲之也。"祠有家,有宗,祭其祖禰以至高曾,孝盡於一家,故繫之家。祭其始遷祖以下,凡族人之祖宗以次祔,孝合於一宗,故繫之宗無不别起屋宇以妥侑於斯者。今之士大夫繕第宅、治池館、縻金錢而不知惜,而春秋時事,則於其正寢行之。問其祠堂之在所,大率無有也。是身居士大夫之列,而以庶人待其先矣。曰營第宅、池館以適吾身,而無寸椽尺土以饗吾祖宗,是昧其始矣。一家之祭不修,而遑及於一宗,故吾郡之有宗祠者蓋寡。今有毅然規復其先人之故居,而皇然即以起宗祠爲急,而事卒以成,祭克以禮,豈非有合古先王之道,宜爲鄉黨之則傚哉?夫人有爲一事而可以有激於天下,君子韙之,況祀事之大乎,則我所見沈君宏烈殆其人與。宏烈之始祖雷暨弟電,洛陽人,元時避寇過江,占籍我郡之松隱鎮,椒實蕃衍。迨明宣德間,有諱孟容者,於宏烈爲九世祖,嘗築堂曰"種德堂"。後之園曰"懸今",鄉之人或從其姓而呼之曰"沈園"。宏烈之高祖學古有子五、孫十五。傳至其曾祖至孝、祖推己,族益大産析。洎入本朝,堂鬻園圮。宏烈之考雲俊欲修復而未及爲,宏烈殫數年心力始如先人之志。迺謀於族曰:"此吾祖宗遊息地,合建宗祠於東南隅,以安神棲而鳩吾宗乎?"咸曰善。經始康熙之壬戌,越癸亥告成。日長至,宏烈率其族人奉安始祖以下栗主於新祠,既徹而來請記。余嘉宏烈之能急先務而善繼親志,且願吾郡之人聞風而悔曩者之失,皆從此而有事焉。此余所爲大慰也,遂爲之書。

皇清康熙二十有三年歲次甲子新春日立

咸豐金山縣志稿職官

職　官

（此非《會典》，亦非《搢紳録》，何用記品級、俸廉兩項，俱可删。此是承舊志之失。）

知縣　雍正□□□□□□□□□俸銀四十四兩七錢五分二釐，除攤扣一十二兩二錢二分四釐，實支銀三十二兩五錢二分八釐，六年定給養廉銀一千二百兩。吏、户、兵、刑、工科各二，禮科一名，承發科一名，每科典吏各一名，並募充，五年役滿無過，送部考職，不給工食銀。門子二名，分設經制皂隸十三名，仵作三名，馬快八名，巡防捍禦民壯三十五名，轎繖扇夫七名，庫子四名，斗級四名，看監禁卒八名，並每名給工食銀六兩。按：舊志有燈夫四名，雍正六年奉裁充餉；皂隸十六名，七年奉裁三名，抵給仵作工食；禁卒八名，每名加給工食銀六兩，九年奉文於各役工食内扣給。舖司兵二十二名，每名給工食銀七兩二錢。

儒學訓導　雍正三年以府學訓導改授，歲支俸銀四十兩。按：原額一十五兩七錢六分，乾隆元年增俸二十四兩二錢四分。攢典一名。役滿送考，不給工食。齋夫二名，每名給工食銀一十二兩。門子一名，給工食銀七兩二錢。

張堰司巡檢　明洪武三年設，分縣後因之，初爲泖橋司，後改洙涇司。歲支俸銀三十一兩五錢二分，乾隆元年定給養廉銀六十兩。攢典一名。役滿送考，不給工食。皂隸二名，每名給工食銀六兩。分兵三十八名，内十一名半每名給工食銀八兩二錢，三十三名半每名給工食銀四兩一錢。

典史　雍正三年題設，歲支俸銀三十一兩五錢二分，乾隆元年給養廉錢六十兩。攢典一名。役滿送考，不給工食。門子一名，皂隸四名，馬夫一名，每給工食銀六兩。

横浦場鹽課司大使　明洪武初設，屬嘉松分司，歲支俸銀四十兩，按：原額三十一兩五錢二分，雍正七年增俸八兩四錢八分。舊俸浙江秀水縣編發，增俸在浙江藩庫支領。乾隆十年定給養廉銀二百六十兩。攢典一名。役滿送考，不給工食。門子一名，皂隸四名，馬夫一名，每名給工食銀六兩。舊額皂隸二名工食浙江秀水縣編發，雍正九年添設二名及門子、馬夫工食在浙江藩庫支領。

浦東場鹽課司大使　明洪武年設，國朝雍正七年裁，歸併横浦場管理。乾隆五年復設，屬嘉興分司，初屬松江分司，康熙四十三年裁，因併屬嘉興分司。歲支銀四十兩，舊俸、增俸支發並同横浦場。乾隆十年定給養廉銀二百兩。攢典一名。役滿送考，不給工食。門子一名，皂隸四名，馬夫一名，每名給工食銀六兩。舊額皂隸二名工食金山縣編發，乾隆五年添設二名及門子、馬夫工食在浙江鹽道衙門支給領。

(此等不足爲職官,亦無關考據,何必累及紙筆?)(雖非職官,然志乘似所應有。)乘陰陽學訓術無俸。

醫學訓科無俸。

僧會司僧會無俸。

道會司道會無俸。

(游擊俸銀與參將同否,當查。)金山營游擊　國初舊設參將,嘉慶二十五年始改游擊,道光四年换印,屬提督統轄,歲支俸銀三十九兩三錢四分,薪銀一百二十兩,蔬菜燭炭銀四十八兩,心紅銀三十六兩,養廉銀四百八十兩、米七十二石,按:參將、守備、千総、把総舊皆自收隨丁名糧,無養廉銀米。雍正十一年給隨糧有定額。乾隆八年去"隨丁"名,稱"養廉"。馬乾銀一百五兩六錢。書識十名,内稿房一名,食戰餉,乾隆七年加給飯食銀十兩八錢。吏、户、禮、兵、刑、工六科各一名,承發科一名,幫書二名,並食守餉。隨丁二十名,内馬兵八名,戰兵八名,守兵四名,皆無人充當,其餉給養廉。凡隨丁或馬、或戰、或守不同。其無人充當餉給養廉並同。

中軍守備　順治年設,歲支俸銀十八兩七錢六釐,薪銀四十八兩,蔬菜、燭炭銀十二兩,心紅銀十二兩,養廉銀一百九十二兩、米二十八石八斗,馬乾銀五十二兩八錢。　書識十名,内稿房一名,食戰餉,乾隆七年加給飯食銀三兩六錢。吏、户、禮、兵、刑、工六科各一名,承發科一名,幫書二名,並食守備。　隨丁八名,内馬兵三名,戰兵三名,守兵二名。

城守把揔二員　順治年設,額設四員,内二員駐防金山衛城。每員歲支俸薪銀三十六兩,養廉銀七十二兩、米十四石四斗。　每員書識二名,並食守餉。隨丁四名,並戰兵。

外委把総二員　雍正七年設,額設四員内二員,協同經制把揔城守。仍食馬兵餉,每員歲支養廉銀十二兩、米三石六斗。　每員隨丁一名,守兵。

千総一員　順治十八年設,駐朱涇鎮,提標中營分防,歲支俸薪銀四十八兩,養廉銀七十二兩、米一十八石。　書識二名,食守餉。　隨丁五名,内馬兵一名,守兵四名。

外委千総一員　雍正七年設,協同經制千揔防守。仍食馬兵餉,歲支養廉銀一十八兩、米三石六斗。　隨丁一名,戰兵。

把總一員　順治十八年設,提標後營分防,駐吕巷鎮,歲支俸薪銀三十六兩,養廉銀四十八兩、米一十四石四斗。　書識二名,並食守餉。　隨丁四名,並守兵。

外委把総一員　雍正七年設,協同經制把揔防守。仍食馬兵餉,歲支養廉銀一十二兩、米三石六斗。　隨丁一名,守兵。

把総一員　　金山營分防,駐張堰鎮。

外委把揔一員

附額設舊制明

(総督乃差使虚名,並非官名。舊志"総督一員"四字本不妥協,此仍其謬。鄙意宜改題都指揮而去"一員"兩字,蓋総統大員本無兩員之理也。)

都指揮　明初衛城不設,將領有事,則命都指揮或提督官至衛經理。永樂中,命都指揮總督江南、福建、浙江沿海衛所備倭,往來巡徼,初無定所。正統七年,命都指揮專督直隸揚州等處備倭,遂常駐衛城。至嘉靖中設蘇松参將,始裁。

参將　明嘉靖中倭難起,乃添設游擊將軍,統領馬步游兵往來巡徼,北護松江,西援乍浦。事平罷之,設蘇松参將鎮守衛城。

衛指揮使　洪武十九年設,後各員同。後添設二員。以下皆世襲。

指揮同知二員　後添設三員。

指揮僉事四員　後添設六員。

按:府志云,洪武十九年設指揮十五人,領千户所七。又云,衛設指揮十八人,内掌印一員,管屯一員,三巡一員,城操一員。

鎮撫司鎮撫二員　後添設一員。

經歷司經歷一員

知事一員　初設,尋裁。

軍儲南倉大使一員　副使一員。(此不必詳)

按:衛設指揮使、同知、僉事、鎮撫等官,如遇世流襲替,報都指揮使司,達所隸都督府,移兵部。其陞授、改調、增置無定員。凡使與同知、僉事皆考選,掌管衛事。每歲撫按藩臬察其賢否,五歲一考選,軍政廢置之一人統衛事曰軍政掌印;一人練兵,一人屯田曰軍政僉書;京操、巡捕、出哨、備禦、軍器、漕運諸雜務曰現任管事;編諸行伍曰帶俸差操。凡撥軍、補軍、替軍、選軍、募軍並統于掌印。鎮撫掌刑獄。經歷掌出納文移,知事佐之。凡城池時葺浚之,度其材力,軍十之三,民十之七。

左千户所正千户一員　後添設一員。副千户二員,從五(員)〔品〕,各所同。後添設二員。百户十員,從六品,各所同。後添設五員。

右千户所正千户一員。副千户二員,後添設一員。百户十員,後添設一員。

前千户所正千户一員,後添設一員。副千户二員,後添設一員。百户十員,後添設十二員。

後千户所正千户一員,後添設一員。副千户二員。百户十員,後添設五員。

後所鎮撫司鎮撫一員。軍儲南倉大使一員。副使一員,未入流,初設,尋裁。

按《金山衛志》,初設所七,並駐衛城。尋調中千户所守禦松江,分署府城。調中前千户所守禦青村鎮,調中後千户所守禦南滙,分署上海十九保。惟左、右、前、後四所常駐衛城。　府志:左所千户五人,百户六人;右所千户三人,百户一人;前所千户六人,百户十二人;後所千户五人,百户十人。每所鎮撫一人。

金山衛儒學教授一員,訓導一員,並正統己未設,駐衛城。國朝順治初裁,以府學訓導署理。康熙中,歸府學教授兼攝。

縣丞一員　雍正三年,以婁縣管糧縣丞撥授,管水利海塘。乾隆二十四年裁。

金山衛守備一員　順治四年設,掌衛印,專理七所屯田。乾隆十四年裁。

經歷司經歷一員　明洪武年設,掌金山出納文移。國朝因之。乾隆十一年裁。

千總二員

外委千總二員

把總一員

外委把總一員

金山縣志卷

職官表

鹽課大司	知縣	訓導	巡檢	典史
雍正四年				
姚連衡康熙十年任横浦場。 蔡揚聲康熙十年任浦東場。 趙毓璉康熙十三年任横浦場。 王士佩直隸人。康熙二十二年任浦東場。 王朝卿河南人。康熙二十五年任横浦場。 沈允忠順天人。康熙二十七年任横浦場。 劉生玉河南人。康熙二十八年任横浦場。 馬閎鉞順天人。康熙三十七年任浦東場。 鄒士章直隸人。康熙四十一年任浦東場。 陳邦佐順天人。康熙四十三年任横浦場。 楊秉智陝西人。康熙四十五年任横浦場。 苗光玉山東人。康熙五十五年任浦東場。 吉　賓山西人。康熙五十八年任浦東場。 賈　銓陝西人。康熙四十五年任横浦場。	湯之晸河南睢州人。康熙庚子舉人。雍正四年二月任,三月初十日與婁縣分界視事,本年七月去任。 張安國浙江秀水人。監生。雍正四年七月以江甯府南捕通判署任,十月奉部咨以通判管知縣事,五年十一月去任。	鄧　峪鳳陽府臨淮人。歲貢生。雍正四年以府學訓導改授任,十二年三月去任。	鄧瞻鵬江西建昌人。以下俱雍正年任。 趙維藩婁縣主簿兼署。 李成奎婁縣典史兼署。 祝　涵浙江山陰人。	闞静宇山西太平人。内閣供事。雍正四年八月任,五年十二月去任。
五年				
楊國英順天人。雍正三年任浦東場。 劉　軾山東人。州判。(注:原稿内容缺)年任横浦場。 向　上四川人。舉人。(注:原稿内容缺)年任横浦場。 鄭　重高郵人。雍正甲辰進士。(注:原稿内容缺)年任横浦場。 石　山宿松人。通判。(注:原稿内容缺)年任横浦場。 陳士雋無錫人。舉人。(注:原稿内容缺)年任横浦場。 嚴之綸含山人。拔貢生。(注:原稿内容缺)年任横浦場。	艾元復直隸宣化人。府志作監生,懷來人。雍正五年十一月以上海縣縣丞署任,十二月去任。 黄鳴鶴四川郫縣人。舉人。雍正五年十二月任,八月卒於任。			

續表

鹽課大司	知縣	訓導	巡檢	典史
六年				
	蕭廷瑞山東濟南人。舉人。雍正六年以婁縣知縣兼署，七年四月去任。			唐森華雍正六年二月，以婁縣小貞《婁志》作"徵"。司巡檢署任，四月去任。
七年				
	文　鐸湖廣武昌人。監生。雍正七年四月署任，八月去任。 魯宏璋浙江會稽人。監生。雍正七年八月署任，八年六月去任。			李成奎雍正六年五月以婁縣典史署任，七年三月去任。 丁友俊雍正七年五月以府知事署任，八年六月去任。
八年				
	高澤萊直隸静海人。貢生。雍正八年六月任，十年九月去任。			趙維藩雍正八年八月以婁縣主簿署任，十月去任。
十年				
	孫見龍浙江烏程人。進士。雍正十年十月署任，十一年二月去任。			谷　瑄雍正八年十二月以本縣縣丞兼署，九年八月卒於任。
十一年				
	劉紹周鑲紅旗人。舉人。雍正十一年二月任，十三年四月丁憂去任。		朱懋熹浙江紹興人，監生。雍正十一年三月任，乾隆五年十一月卒於任。	陶岳屏雍正九年九月署任，十年四月去任。
十三年				
	張　鈞浙江秀水人。進士。雍正十三年閏四月署任，五月去任。 陳學山江西建昌人。進士。雍正十三年五月署任，十二月去任。 王　道福建海澄人。歲貢生。雍正十三年十二月任，乾隆二年六月去任。	吴　巽徽州府歙縣人。歲貢生。雍正十二年十一月任，乾隆五年正月卒於任。	章射基浙江紹興人。《婁志》作宛平人。以婁縣小貞司巡檢兼署。 吴　曜徽州歙縣人。以華亭縣管糧縣丞兼署。《華亭志》作大興人。乾隆二年四月任。	吴維新奉天人。雍正十年四月任，十一年五月卒於任。 朱懋熹雍正十一年六月以泖橋司巡檢任，本年十一月去任。 黄以信雍正十一年十一月任，十三年十月去任。
乾隆二年				
《兖州府志》《婁縣志》作鄆城人	王士瑾山東兖州人。舉人。乾隆二年六月以婁縣知縣兼署，三年二月去任。			

續表

鹽課大司	知縣	訓導	巡檢	典史
三年				
	李宏儒直隸宛平人。舉人。乾隆三年二月任，七月去任。 邱聞詩浙江錢塘人。府志作仁和人舉人。乾隆三年七月以海防同知署任，四年二月去任。			陳暉烈乾隆元年四月任，六年去任。
四年				
	胡具體直隸容城人。監生。乾隆四年二月以婁縣知縣兼署，三月去任。 徐國璟直隸人。監生。乾隆四年三月署任，五年六月去任。			
王道升江西廬陵人。優貢生。乾隆五年任浦東場。	張　舋直隸天津人。進士。乾隆五年六月任，閏六月丁憂去任。			
五年				
	王斯恩浙江孝豐人。拔貢生。乾隆五年閏六月署任，六年二月去任。	徐　浡凤阳府灵璧人。岁贡生。乾隆五年九月任，七年十二月去任。		
六年				
方學沆浙江桐鄉人。舉人。乾隆六年任横浦場。	馮宗洙陕西綏德人。舉人。乾隆六年二月任，七月去任。 張坦諫湖北漢陽人。乾隆六年七月署任，十月去任。 常　琬湖南長沙人。進士。乾隆六年十月任，九年七月去任。			章射基乾隆六年四月以婁縣小貞婁志作徵司署任，本年十月去任。 師　寬山西平遥人。内閣供事。乾隆六年六月任，十三年七月去任。
九年				
	王麟超直隸正定人。拔貢生。乾隆九年七月以婁縣縣丞署任，十月去任。 常　琬乾隆九年十月復任，十二年十月引見去任。	成　瑚通州海門人。歲貢生。乾隆八年七月任。	陳朝進直隸宛平人。乾隆八年二月任。 朱 吴臣鳳通山人。生員 熊　燕福建上杭人。貢生。	
十二年				

續表

鹽課大司	知縣	訓導	巡檢	典史
	侯嘉璠乾隆十二年十月署任，十三年三月去任。		徐翼鵾	
十三年				
	常　琬乾隆十三年三月復任，十五年七月聘闈去任。		孙　慤	馮鶴翔浙江寧波人。乾隆十三年十月任，十四年七月去任。
十五年				
	許吉璇（“璣”从徐本作“璇”。）乾隆十五年七月署任，十月去任。			馮秉鈞順天大。與人。乾隆十四年七月到任。
陶一楷湖南巴陵人。乾隆十五年任浦東場。	常　琬乾隆十五年十月復任，十七年二月致仕去任。			
十七年				
梁樹本山西絳州人。監生。乾隆十七年任横浦場。	王宗閔浙江山陰人。吏員。乾隆十七年二月以縣丞署任，本年七月去任。 陳懷仁山東恩縣人。進士。乾隆十七年府志作十八年七月任，十八年七月去任。			
十八年				
	車　策湖北邵陽人。監生。乾隆十八年七月以華亭縣縣丞署任，本年十月去任。 陳懷仁乾隆十八年十月復任，二十一年七月去任。	門　宣阜陽人。歲貢生。乾隆十九年正月到任。		
二十年				
吴先舉湖南常沙人。舉人。乾隆二十一年任横浦場。	蕭登生四川華陽人。監生。乾隆二十一年七月署任，十月去任。 陳懷仁乾隆二十一年十月復任，二十二年月去任。			
廿一年				
董甘霖云南南甯人。舉人。乾隆二二年任浦東場。	龐作楝江西人。舉人。乾隆二十二年月任，二十三年七月去任。			

續表

鹽課大司	知縣	訓導	巡檢	典史
廿二年				
	劉　霖甘肅中衛人。進士。乾隆二十三年七月署任，本年十月去任。 黄　堅四川人。乾隆二十三府志作五年十月署任，去任年月無查。		金應昌順天大興籍，江西金谿人。議叙。乾隆二十三年實授到任，三十五年十一月調貊貔巡檢去任。	
廿六(年)				
	鄭　炳漢軍鑲紅旗人。到任年月無查，乾隆二十六年　月去任。	包　夔貴池人。歲貢生。乾隆二十四年六月到任。		
	楊宏聲直隸柏鄉人。進士。乾隆二十六年　月任，三十年□月去任。	張一豫通州人。歲貢生。乾隆二十六年十一月以奉賢縣訓導兼任。		
李　暎貴州平越人。舉人。乾隆二十七年任横浦場。	康　鋑直隸蔚州人。監生。乾隆三十年　月以青浦縣縣丞署任，三十三年二月去任。	雷文涵揚州府江都人。舉人。乾隆二十七年閏五月以婁縣教諭兼任。		
楊方正四川華陽人。副貢。乾隆二十九年任浦東場。				
王　鎧浙江會稽人。監生。乾隆三十一年任横浦場。		馬　襄通州人。廩貢生。乾隆二十八年五月到任，三十五年十月去任。		
白子圖貴州施秉人。舉人。乾隆三十二年任浦東場。	曾鴻遠廣東嘉應州人。舉人。乾隆三十三年三月署任，十月去任。 清　泰蒙古鑲白旗人。舉人。乾隆三十三年十月到任，三十四年五月去任。			聶連登河南榮陽人。監生。乾隆三十四年七月調。
	姚其旋湖南武陵舉人。乾隆二十四年五月到任，三十五年正月去任。			
	韓運鴻安徽天長人。舉人。乾隆三十五年正月到任，本年六月去任。	王廷士蘇州府長洲人。舉人。乾隆三十五年十月以華亭縣教諭兼任。	吴　洪福建順昌人。監生。乾隆三十五年十一月題。 聶連登湖南榮陽人。監生。	
	耿睿錫河南虞城人。例貢生。乾隆三十五年六月署任，本年八月去任。			

續 表

鹽課大司	知縣	訓導	巡檢	典史
	楊廷輝直隸曲陽人。拔貢生。乾隆三十五年八月署任,十月去任。 韓運鴻乾隆三十五年十月復任,三十七年六月去任。 陳朝楝福建閩縣人。舉人。乾隆三十七年六月署任,本年九月去任。 程名程直隸南和人。舉人。乾隆三十七年九月任,三十九年七月去任。	魏方泰句容縣人。歲貢生。乾隆三十六年十月初九日到任,三十七年丁憂去任。 孫其武蘇州府長洲人。乾隆庚午舉人。乾隆三十七年九月署任。 朱文嶸乾隆癸酉舉人。乾隆三十八年四月署任。	羅光朝湖南桂東人。監生。乾隆三十八年九月任,四十一年七月去任。	
(府志誤編在吕培緒後)	黄元燮直隸天津人。舉人。乾隆三十九年七月署任,十月去任。 程名程乾隆三十九年十月復任,四十二年七月聘闈去任。	朱光廷太湖人。歲貢生。乾隆三十八年七月到任,三十九年卒於任。 沈鶴來武進人。乾隆丙子舉人。乾隆四十年正月署任。	王元鰲湖南人。吏員。 李　鈞湖南滎陽人。監生。	
蔣　華江蘇吴縣人。監生。乾隆三十二年任浦東場。	吕培緒廣西臨桂人。監生。乾隆四十二年七月署任,十月去任。	劉大年蘇州府吴縣人。舉人。乾隆四十年十二月任,四十八年卒於任。		
	程名程乾隆四十二年十月復任,四十三年四月去任。		王開安	
	繆廷玢漢軍正白旗人。府志作奉天。監生。乾隆四十三年四月署任,　月去任。			
張振衡浙江開化人。監生。乾隆四十三年任浦東場。	李雲翔新興人。舉人。乾隆四十三年□月到任,四十四年九月去任。			
于天澤山東文登人。監人。乾隆四十四年任浦東場。	李龍湛肇慶人。監生。乾隆四十四年九月署任,四十五年四月去任。			陶曾恕山東文登人。監生。乾隆四十四年三月題。
	周世宅湖南湘潭人,舉人。乾隆四十五年四月任,本年七月去任。 邊見龍漢軍鑲紅旗人。監生。乾隆四十五年七月以青浦縣縣丞署任,九月去任。 周世宅乾隆四十五年九月復任,四十七年七月去任。			

續 表

鹽課大司	知　縣	訓　導	巡　檢	典　史
	安　源湖北江夏人。舉人。乾隆四十七年七月署任,九月去任。	蔣　震陽湖人。舉人。乾隆四十八年十一月署任。		王士泰四川中江人。監生。乾隆四十六年十月題。
張　澍直隸撫寧人。舉人。乾隆四十七年任横浦場。 黄光中福建連江人。舉人。乾隆四十七年横浦場。	杜文輝湖北安陸人。舉人。乾隆四十七年九月任,四十八年七月去任。		汪朝琮湖北江夏人。監生。乾隆四十七年三月到任。	
	張裕柱安徽桐城人。監生。乾隆四十八年七月署任,十月去任。			
楊光祖漢軍鑲藍人。監生。乾隆四十九年任横浦場。 吴　焯江陰人。監生。乾隆五十年任横浦場。	杜文輝乾隆四十八年十月復任,五十一年閏七月去任。 張五典陝西涇陽人。舉人。乾隆五十一年閏七月署任,十月去任。 杜文輝乾隆五十一年十月復任,五十二年十二月去任。	馬　襄乾隆四十九年復任,五十年去任。 張　槎丹陽人。舉人。知縣改職候補乾隆五十年六月署任。 楊　葉六安人。廩貢生。乾隆五十年十二月任,五十一年卒於官。	高延齡順天大興人。監生。以本縣典史兼署。	
	梁蘭生直隸正定人。廩貢生(《華志》作例貢生)。乾隆五十二年十二月以府經歷署任,五十三年九月去任。按:新府志《職官表》尚有張思甸一任編在五十二年。	仲嘉德常熟人。乾隆庚辰解元。乾隆五十一年十二月署任。 黄考祥興化人。歲貢生。乾隆五十二年八月任。	吴熙禄浙江錢塘人。監生。	
陳昌平安徽潛山人。廩生。乾隆五十三年任横浦場。	王　勸湖北麻城人。舉人。乾隆五十三年九月署任,五十四年十月去任。			
方春澍安徽桐城人。監生。乾隆五十四年任横浦場。	鰲　圖漢軍鑲紅旗人。舉人。乾隆五十四年十月任,五十五年十一月調任。			
李聯登雲南河陽人。舉人。乾隆五十五年任浦東場。	鄭　濂浙江遂安人。舉人。乾隆五十五年十一月任,五十六年四月去任。			
	王　勸乾隆五十六年四月任,五十七年七月聘闈去任。	秦智鉷常州府金匱人。廩貢生。乾隆五十六年五月署任。		
	張璽榮甘肅中衛人。廩生。乾隆五十七年七月以上海縣縣丞署任,本年九月去任。	方玉垣定遠人。乾隆拔貢生。乾隆五十六年十一月任,嘉慶四年丁憂去任。		

續 表

鹽課大司	知 縣	訓 導	巡 檢	典 史
府志五十七年任華亭	王　勸乾隆五十七年九月復任，本年十一月調任。			
府志五十二年任在梁蘭生後	張思甸湖南寧鄉人。舉人。乾隆五十七年十一月任，五十九年六月卒於任。			
	楊兆鶴陝西鳳翔人。吏員。乾隆五十九年六月署任，六十年閏二月去任。			高延齡順天大興人，監生。乾隆五十九年題。
翟世模河南南陽人。舉人。乾隆六十年任横浦場。	陳觀國浙江海寧人。進士。乾隆六十年閏二月任，本年七月去任。 舒　懷浙江鄞縣人。進士。乾隆六十年七月署任，九月去任。 陳觀國乾隆六十年九月復任，嘉慶元年九月去任。			
舒　敏漢軍鑲黄旗人。監生。嘉慶元年任浦東場。	李紹洛山東棲霞人。舉人。嘉慶元年九月署任，本年十一月憂去任。 王之導湖北孝感人。舉人。嘉慶元年十一月署任，十二月去任。 靳金鼎河南延津人。進士。嘉慶元年十二月任，二年七月去任。 王之導嘉慶二年七月署任，去任年月無考。 靳金鼎復任年月無考，嘉慶三年四月去任。			
	左元鎮直隸河間人。舉人。嘉慶三年四月署任，七月去任。 李　擎浙江山陰人。監生。嘉慶三年七月署任，九月去任。		王　炳順天大興人。監生。嘉慶三年十一月實授到任。	
	周爲憲潮陽人。舉人。嘉慶四年任。 鍾　麟浙江蕭山人。吏員嘉慶五年以府知事署任。	陳　栻溧陽人。廪貢生。嘉慶四年六月署任。		
	鍾　麟浙江蕭山人。吏員。嘉慶以府知事署任。			

續　表

鹽課大司	知　縣	訓　導	巡　檢	典　史
張光錡湖北漢陽人。監生。嘉慶五年任浦東場。	鄭人康四川廣安人。副貢生。嘉慶五年八月到任,六年七月去任。 劉青藜福建閩縣人。舉人。嘉慶六年七月署任,八月去任。 鄭人康嘉慶六年八月復任,十二年七月去任。	黎士龍宿松人。歲貢生。嘉慶五年二月任。 許兆琪常州府陽湖人。舉人。嘉慶五年八月署任。 彭　義徐州府沛縣人。廪貢生。嘉慶六年四月任,八年十月卒於官。		
周官鐸廣西桂林人。舉人。嘉慶八年任横浦場。	彭　楷江西廬陵人。監生。嘉慶十二年七月署任,九月去任。	蔣保齡蘇州府長洲人。廪貢生。嘉慶八年十一月任。	王搓年廣東樂會人。嘉慶十年十月以本府知事廳署任,十一年三月去任。	
	鄭人康嘉慶十二年九月復任,十三年　月去任。 諸葛蓉浙江蘭谿人。舉人。嘉慶十三年※府志作十四年※※署任。	顧雲馥常州府金匱人。歲貢生。嘉慶九年六月任,十年九月卒於任。 段玉成金壇人。舉人。嘉慶十年十月署任。		
	聞時霈安徽銅陵人。舉人。嘉慶十五年七月署任,九月去任。	朱宗大寶應人。歲貢生。嘉慶十一年四月任,七月卒於任。		
	陳立紀江西新昌人。舉人。嘉慶十六年任。 黄　嵋南城人。監生。嘉慶十八年任。 劉青藜嘉慶十九年復任。	馮錫智丹徒人。廪貢生。嘉慶十一年八月署任。 王　福泰州人。舉人。嘉慶十二年任,本年丁憂任。		
	林　沛監利人。舉人。嘉慶二十年。 葛若焕山東濮州人。監生。嘉慶二十一年七月署任,九月去任。	歸　衔常熟人。廪貢生。嘉慶十二年署任。 周懷琢溧陽人。歲貢生。嘉慶十三年任。	蔡以任湖北監利人。嘉慶二十年　月到任,二十五年六月去任。	
	陳鳳喈山東濰縣人。拔貢生。嘉慶二十三年九月署任,二十四年七月去任。	張潮觀丹徒人。廪貢生。嘉慶十五年任。 端木煒江寧人。舉人。嘉慶十六年到任,十八年卒於任。		
	李本瑶浙江錢塘人。監生。嘉慶二十四年七月以常熟縣丞署任,十一月去任。 楊景烈陝西華州人。舉人。嘉慶二十四年十一月任,二十五年七月卒於官。	吴金緘通州人。廪貢生。嘉慶十八年到任。 周鳳翽丹徒人。嘉慶舉人。嘉慶十八年八月任。 秦永年金匱人。廪貢生。道光九年十一月署事任。		

續表

鹽課大司	知縣	訓導	巡檢	典史
	葛若焕嘉慶二十五年七月署任,道光二年十二月去任。		王雲標河南睢寧人。監生。嘉慶二十五年六月任,十五年洙涇司署移駐張堰,十九年八月卒于任。	
道光年				
	鄭人康道光二年十一月回任,三年二月去任。 譚　霖江西南豐人。道光三年二月以寶山縣丞署任。 程士偉廣東南海人。舉人。道光三年七月任,十年七月調武進縣去任。 姚雲升山東濰縣人。進士。十年七月到任,八月去任母憂。			
	蔣封岐山東青州人。廪監生。道光十年八月署任,十一年去任。 周百順山東寧陽人。嘉慶進士。道光十一年八月任,九月去任。	李　鴻安徽懷寧人。廪貢生。道光十年四月任,十三年四月去任。 蔣封岐道光十一年十月署任,十二年七月去任。 黄元吉湖南寧遠人。嘉慶進士。道光十二年七月任,十二月卒於官任。 程士偉道光奉憲十二年暫署八月任,十三年四月去任。		
	魏文瀛浙江雲和人。舉人。道光十三年四月署任。	吴介祈宜興人。舉人。道光十三年四月署事任。		
	朱雲桂江西彭澤人。嘉慶舉人。道光十五年五月任,十八年七月去任。 韓倬章浙江仁和人。附監生。道光十八年七月署任,十九年八月去任。	王世豐泰州人。嘉慶舉人。道光十四年五月任,十六年九月卒於任。 葛其仁嘉定人。舉人。道光十六年正月署任。 宋綸華元和人。廪貢生。道光十六年九月署任。		

續　表

鹽課大司	知　縣	訓　導	巡　檢	典　史
	錢燕桂浙江嘉興人。監生。道光十九年八月任，二十年八月調署縣任。 姚　銑浙江錢塘人。監生。道光二十年四月以震澤縣丞代理。 羅才懋湖南人。嘉慶舉人。道光二十年八月署任。十九日以丁憂去任。	王廷楨通州人。嘉慶舉人。道光十七年九月任，十八年十月丁母憂去任。 吴象嶸常熟人。廩貢生。道光十八年十月署任。 朱承灼安徽銅陵人。廩貢生。道光二十年六月任，二十一年閏三月卒於任。	沈濟川十九年九月代理。 丁文燦十九年十月署任。 王慶祥（注：原稿内容缺。）人。道光二十年十二月　（注：原稿内容缺。）日到任署事，道光二十一年三月　日告病去任。	
	劉　琅陝西咸寧人。監生。道光二十年九月署任。		秦樹本山西鳳臺人。監生。二十年四月任。	
	李　玟河南河内人。進士。二十一年八月署任，九月去任。	劉秉淵無錫人。廩貢生。道光二十一年四月署任，二十二年六月去任。	王世源浙江紹興人。道光二十一年三月十八日署任。	
胡裕祥廿三年四月署任。 喻履仁廿四年四月署任。 宋　治廿五年五月署任。 周鴻光貴州都匀府人。監生。廿五年十月任。	李輝德奉天海城人。嘉慶舉人。道光二十一年九月署任，二十三年閏七月調任。 于　浚湖南桃源人。附生。道光二十三年閏七月到任，二十六年七月調任。	王晋階長人。廩貢生。道光二十二年六月署任，十一月卸任。 何鼎綸武進縣人，歲貢生。道光二十二年十一月任，道光二十九年九月卒于任。	王日增道光二十二年九月十四回任。二十三年二月以吴縣典史去任。 沈傳經廿三年四月代理。 汪元烈浙江嘉興人。監生。道光二十三年三月署任，道光二十三年三月去任。	
巡检				
朱其恕浙江上虞人。廿八年二月任。 温瑞春廿九年十一月代理。 李淮三十年二月代理。 朱其恕三十年三月回任。	孫　豐順天大興人。監生。道光二十六年七月署任，道光二十七年八月卸任。 張光詔山東泰安府人。舉人。道光二十七年八月署任，十月初八卸事任。	范端天元和縣人。增貢生。道光二十九年十月任，三十年三月卸事任。	王世源道光二十四年三月二十六日到任。 張　埰順天大興人。監生。道光□年□月　日實授到任，道光二十六年六月二十七日丁憂去任。	
張聯芳三十年九月署。	陳　偉湖南衡州人。監生。道光二十七年十月任，二十八年八月革職去任。 王慶嵩浙江紹興人。副貢生。道光二十九年八月任，三十年八月去任。		黄鶴年道光二十七年五月　日到任。道光二十九年七月十九日，奉縣委赴錢家圩押米，被鄉人打傷，落河身死。 陸致鈞藩憲委署。 劉鳳鈞直隸清苑人。監生。道光二十九年八月選缺，三十年　日到任。	

續 表

鹽課大司	知 縣	訓 導	巡 檢	典 史
	薛 焕四川安縣人。舉人。道光三十年八月任，咸豐元年八月被劾去任。	洪長庚元和縣人。附貢生。道光三十年三月任。		
咸豐				
	陰昌庚山西憂縣人。進士。咸豐元年八月署任，二年九月卸任。			
	陸 保浙江海鹽人。監生。咸豐二年九月由通判署任，五年四月卸任。 姚祿齡山東蓬萊人。進士。咸豐五年四月任。			

	金山衛參將	中軍守備
順治二年	張道瀛奉天人。二年任。	張 元奉天人。順治二年任。
	滕志喜奉天人。三年任。	丁可貞山西人。順治三年任。
	李成印江南人。順治三年任。	
	許漢鼎陝西人。順治四年任。	
	楊文啓奉天人。順治五年任。	楊定國奉天人。順治五年任。
	李景暘奉天人。順治七年任。（"陽"衛志作"暘"）	敖應春北直人。順治七年任。
	李 必陝西人。順治八年任。	金國政奉天人。順治十年任。
	吴守祖奉天人。順治九年任。	秦鎮西山西人。順治十一年任。
	趙 亮陝西人。順治十三年任。	周 光陝西人。順治十二年任。
	李汝澤江寧人。順治十五年任。	王問裕浙江人。順治十三年任。
	張國俊河間人。順治十六年任。	戴天模京衛人。順治十四年任。
	張瑞祥陝西人。順治十六年任。	龔國柱河南人。順治十八年任。
	徐登雲奉天人。順治十七年任。	王 啓山東人。康熙十三年任。
	白可愛陝西人。康熙十三年任。	李友福山東人。康熙十六年任。
	鄧君弼榆林人。康熙十八年任。	王恒肅淮安人。康熙二十五年任。
	杜 昇榆林人。康熙二十一年任。	林培榮太倉人。康熙三十九年任。
	任世禄浙江人。康熙二十二年任。	賈光漢陝西人。康熙四十七年任。
	李遇芳正藍旗人。康熙二十四年任。	張雲翥正黄旗人。雍正元年任。

續　表

	金山衛參將	中軍守備
	林　允福建人。康熙二十五年任。	朱　貴崇明人。雍正七年任。
	徐　奎寧波人。康熙三十年任。	王雲奉松江人。雍正十一年任。
	王功建山東人。康熙三十二年任。	朱　斌浙江人。雍正十三年任。
	王起龍山東人。康熙四十二年任。	汪有奇蘇州人。乾隆元年任。
	施定國福建人。康熙四十四年任。	陶弘勳天津衛人。乾隆八年任。
	徐日昇福建人。康熙四十八年任。	
	楊澤浤順天人。康熙五十七年任。	
	興王政鑲黄旗人。康熙六十年任。	
	劉　昇湖廣人。康熙六十一年任。	
	鄧良臣河南人。雍正元年任。	
	冉起鳳江南人。雍正三年任。	
	劉永貴陝西人。雍正四年任。	
	李必懋浙江人。雍正五年任。	
	雷逢春陝西人。雍正八年任。	
	葛世雄山西人。雍正八年任。	
	王三實河南人。雍正九年任。	
	李桂芳山西人。雍正九年任。	
	金題顯鑲藍旗人。雍正十二年任。	
	陳光祖陝西人。乾隆八年任。	
	金　煒直隸人。乾隆十年任。	
	雅隆阿鑲黄旗人。乾隆十四年任。	
	陳　楫直隸人。乾隆十五年任。	

附明職官題名

（此亦當改題都指揮）**都指揮**自永樂年至嘉靖年裁。

谷　祥　　張　註　　盛　琦　　翁紹宗　　董宧亦作“宸”

都　勝　　郭　鉉　　吴　瓚　　楊　政　　高　瑛

竇　永　　西　寧　　王　憲　　袁　傑　　陳　璠

文　恭　　張　奎　　劉　衡　　陸　桓　　林　東

孫　仁　　陳岳生　　高岡鳳　　湯　慶　　童　揚

李　俊　　楊　英　　李　杲　　韓　璽　　魏　元

朱　文　　王世科　　梁　鳳　　盧　鏜　　劉恩至

参將自嘉靖年至崇禎年止

戚　金　　李　震　　鄭　印　　沈嘉謨　　周　建

洪恩炳　　許雲際

衛指揮使世襲五千六百人爲一衛

西　貴　　賢　　寧　　靖

劉　惠　　瑛　　艮　　重光　　大任　　安國　　鼎爵

翁熊　　紹宗　　仁廣　　時獎　　大章　　元輔　　國衡

指揮同知世襲

侯　端　　寅　　藩　　乾　　繼高　　國爵　　承祖

魏　榮　　清　　濱　　賢

馬　勇

范文斌　　鎮

潘　綱

指揮僉事世襲

（"永和"鄉志作"勇"）

孫永和　　安　　旭　　雲　　源　　奎　　寵

劉　懋　　雍　　綱　　鉞　　遠　　恩

施　義　　瑄　　文　　霖

魏野驢　　澄　　晟　　榮　　武

（"瑛"衛志"英"）

蕭　榮　　忠　　瑛　　元　　貞

常　俊　　貴　　祚　　壽　　祐

劉　海　　玉　　欽

吴　亮　　通　　翰　　鰲

常　貴　　友　　勝

陳　灝　　山

陳　輝　　暹

張　敏

衛鎮撫世襲

竇　雄　　實　　宗　　桂　　昊

（"勇"衛志作"湧"）

竇　清　　勝　　勇　　源

朱　亮　　員　　能　　軏

左所正千户

江　貞　　洪　　惠　　鯤

劉　璧　　廣　　信　　泰　　良　輊

左所副千户世襲

于　興　　質　　時　　景　　寧　　鸞

張　信　　受安　禮　　中

錢伏一　　明　　貴　　文　　禎

李　恕　　榮　　春　　英

左所百户世襲　一百十二人爲一百户所。　總旗二名，小旗十名。

周　禮　　能　　剛　　昌

劉　忠　　德能　輔　　天錫

麴　亮　　賢　　禮　　信　　祥　　真　　綱

姚　旺　　豫　　璋　　逵

童鎖兒　　銘　　亮　　鏞　　表

藍　瑄　　晟　　惠

陳　泰　　豫　　經　　罍

張　昇　　真　　勝　　懿

王　成　　譽　　廉　　恩

陳　琦

胡　政　　貴　　經　　紀　　欽　　鑑　　鎮

甘　霖　　文　　聚　　潤

馮　貴　　通　　綱

姚　興　　昇　　玉　　聚

陳定童　　敬　　能　　質　　猷　啓元

右所正千户世襲

王　義　　斌　　鑾　　文　　鵬　　言

右所副千户世襲

李　德　　安　　剛　　秉　　本

陳　童　　琮　　輔　　弼

臧　貴　　鑑　　清　　璧

右所百户世襲

何　興　　旺　　俊　　山　　浦

王　善　　敬　　端　　雄　　葵

穆　清　　興　　斌　　英　　山

顧　興　　祥　　璽　　璿　　斌　　昇

李 海 文 禎 樸 恩

李 定 貴 勳 義(“義”衛志作“毅”) 勇

張 斌 杞

張 寬 榮 英 錦

董 禎 榮 勝

劉 海 虎 彪 雄

閆 閏 峻 闓

前所正千户世襲

魏 賢 珵 銘 漢

曹 榮 實 敬 文

前所副千户世襲

李 文 懋 禎 宸

林 華 俊 巒 雲

張 興 昇 倫

馮 義 斌 新

勝 玉

前所百户世襲

劉 興 廣 勝 能 戣

張 讓 琬 銓 泰 儒

王 信 真 經 瑄 瑋

邱 英 楠 嵩

阮 英 琪

濮 清 源 川 春 暄 金

劉 與 顯 璋 俸

李 銘 經 英 模

范 勝 彬 誠 源 宗(“宗”作“忠”) 廉 宗政

江永旺 廣 信 雄 鱗 洪 浦 山

陳 貴 阜 志威 徽

干 鋭 聚 羽 輔 霖

徐 通 迪 昇 經 璉

熊 貴 英 禎 弁 巘

姜 實 能 龍

金 彪 沂 鼎 浩 宥 密 山

劉 富 敬 瑁 玉

何 福 海 濱(“濱”縣志作“賔”) 寅

段　真　　貴　　錦　　文　　表
何　海　　泰　　亮　　寬　　琮　　本

後所正千户世襲

張　麟　　亮　　廉　　奇觀　　浩然　　時俊　　府　　錦　　軒　　亮
陳　暹　　晟　　雄

後(户)[所]副千户世襲

李　保　　讓　　宣　　莊
陳　原　　榮　　瑾
張　榮　　倫　　埧　　奎

鎮撫世襲

孟　興　　祥　　誠　　禎　　紀　　儒

後所百户世襲

吴　興　　旺　　禎　　寅
羅　璇　　鐍　　鏜　　錦
葛　政　　亮　　盛　　洪　　雄
段　琥　　襲　　勇
黄　釗　　政　　鑑　　銓　　富　　堂
范　貴　　貢　　瑄　　韶　　葵
屈　保　　冕　　敬　　灝　　明
王　興　　斌　　冕　　政
鄭　智　　旺　　暵(“暵”衛志作“瑛”)　　文　　奎
魏保子　　富　　斌　　瑄　　元
鄭　隆　　安　　明　　周
徐　昇　　昂　　珍　　嵒
郭　禎　　貴　　勝　　鎮
劉大兒　　海　　峻　　祚
何福二　　旺　　貴　　璿　　振
張奎以上俱見《金山衛志》。

衛指揮使補

徐承宗　　廖秀芝　　廖　雷　　廖應世　　陳大綬　　施　恩　　西天墨　　徐可大　　西昌言　　范必忠　　劉羽聖　　馬象乾

指揮同知

王　勝

指揮僉事

李　武　　費　興　　常　貢　　魏　文　　魏弘宣

鎮撫

竇邦翰　朱秉正

千户

張　軒　馮舜卿　竇世勳　張時傑

百户

濮　鎮　濮　寅　黄　河　黄惟孝　黄正色

王　忠　王　何　郭宗盤　邱應龍　阮國柱

江百騰　張明道　徐君啓　張昌後　徐君寵

陸君球　徐雙槐以上見衛續志及雜記、家乘。

衛學教授

李　筠　陳　鏞　殷　珞　曹　元　張　濂

黄　燦　李　暘　胡　欽　王　新前志無,據《宋志》增。　翁興賢　羅　衣

任高峯　趙元良　高　冠　張天爵　曹　滌

李持身　蔡朝諫　單　澧　蔣天祐　褚應訓

錢夢麟　夏宜註　王晉之　濮陽景昭　張鵬翼

周邦畿據《宋志》增。　鄧　漢據《宋志》增。　陳夢槐據《宋志》增。　饒萬錦

衛學訓導

李師興　傅　鴻　徐　旦　梁　元　歐陽法

徐　宜　孫　璉　曹　勝　湯　盤　鄧　奎

蔣　詵　任遵道　凌養浩　婁　旻　田養純

鄭之麟　喬遷高　黄　卷　周應禾　伊直生據《宋志》增。

王文燭

(按:前志尚有中、前、後三所職官題名,因不駐衛城,故不列入。)

國朝職官題名

經歷司經歷乾隆十一年裁缺。

駱士貴　黄桂色　王　渠　王大猷　丁國泰　張拱極

張懷澤　王　崧　章　成　王世勳　陳　柱

胡光祖

縣丞乾隆二十四年裁。

田　畯　劉培英　張希北　谷　瑄　王爾翊

黄以信　許芝蘭　張　乾　胡巍齡　張曰謨

熊　晉　龍　眉　師　寬　金義荆　馬鵬飛

張　瑋　王宗閔(王宗閔乾十六年修志時現任,須查)

金山衛守備

朱世韗　林光輝　趙光宗　王藏珍　范　寘
王化遠　蔡國玖　張　曜　董成龍　吴　勳
梅　岑　賀　祺　萬　崑

列　傳

名宦　仕績　儒林　文苑　忠節　孝友
隱逸　義行　藝術　游寓　方外

李自華　丁奇逢　徐三重(《姚》)　李尚衮　殷廷福　李中立(《姚》)　徐禛稷(《姚》)

徐銘常(《姚》)　徐丙晉　李嘉生(《姚》)　李振宗(《姚》)　李允苻　李家祺(《姚》)

《青浦詩傳》王昶　《上海詩抄》肖□□　《續松風餘韻》王碧山　淞南清氣集吴陶宰

曹彦明　(曹)豹　(曹)昊　(曹)成《文》　(曹)珏𤥨《義行》

(梁)鈺　梁鉉梁鉷《仕績》　銑《仕績》　(梁)鑄《仕》　梁《仕》　(梁)鏄《仕》　(梁)鍔　宏緒

(梁)潤　蕃《文》　(梁)津《文苑》　(梁)大友《文》　(梁)沆　(梁)津

培仁　培和　培益

(梁)詩　(梁)烔《文苑》　(梁)勳《文苑》□　(梁)檑　(梁)樸《文》　(梁)豁《文》　(梁)□《文》　(梁)□　(梁)菉　□□

(梁)重　(梁)偉(梁)《文》　(梁)爾埴　(梁)爾堪《文》　(梁)爾坊　(梁)爾垣　(梁)爾埏《文》　(梁)漢禮文　(梁)爾垶《义行》　爾坫《藝》　(梁)元□　□石

(梁)鑑式　(梁)鑑倫《文》　(梁)鑑昊孝　(梁)鑑仁《文》　(梁)鑑臨《文苑》　(梁)鑑平　(梁)鑑□　(梁)曹重《隐》　(梁)鑑咸《文》　(梁)鑑浩

(梁)源郯　(梁)源邦《文》　(梁)源郊《文》　(梁)源郁《文》　(梁)源因

(梁)廷桅　(梁)廷楝　(梁)源元

姚□

應補入　周藹聯《仕績》

胡廷儀《仕績》　黄光焯《仕績》　薛體洪《仕績》　朱楝附朱履升　錢熙祚《文苑》　(薛)楊楚珩　錢福昌

王步蟾《藝術》　(王)丕曽　錢熙載附　錢拊芝坿傳文後。　沈毓秀坿宏烈後。　吴琛坿欽章。□□　徐昭文　姚讷　(姚)清華　(姚)前機　(姚)湘　(姚)海

王廷宰《致身録纂注》。

(前志收者以○别之。)

(府志收者以△别之。)

(姚志收者以、别之。)

(凡傳中引人,當稱名不應稱號,如稱翁尤當改之。)

名宦

陳師興　黄　鈺王忠、梁賢、李叢禄、童元、賴榮華　　翁希賢　韓召祖　黄　卷　伊直生　王　新　黄　某　張安國

文　鐸　王　道　常　琬　王宗閔

龎作棟　劉　霖　楊宏聲　劉大年　王　勸

侯　端　劉　懋以下衛官。　王　勝　翁紹宗劉惠　都　勝

（吴　武府志、《張志》字克平。）西　賢西寧，縣志入仕績。　陳　璠　張浩然　侯繼高　廖應世　陳大綬　吴守祖　興王政　白雲上

（才女唐直淑，唐醇女，已收。）　唐氏唐彬女，著《翠雲朝詩》，歸女昌齡。　楊氏江都人，舉全國焯室，著《文書樓詩》。　蔣瑞招角里村人，農家女，卒年三十。　顧飛雲柘林人，諸生伍炳寶室。

金桂□□，平湖人，監生王之才妻。　顧文琴徵則華亭人，王丕□室，《漱幽□詩》。　戴書芬同村崑山人，諸生王景高室，《義書樓詩》。善琴，精通六法。　□玉成諸□人諸□□仁女，《望山樓詩》。

仕　績

（名次當依《宋志》挨准。）

丁公著　許克昌　鄭　珪璋　王　珪

柳　淳　莫　昊愚、文通　周　佩　王良佐　王　周

曹　豹　潘　静　姚　參　周　鷀　胡　岳

姚　篚　吴　梁潮　□□□　□□　張承憲　姚體信

曹　鉷鏄　張明正明化　曹　鑄　吴丕顯焯　林景暘有麟、濟

曹　銑　吴　炯　□□□□　曹　蕃　姚士慎士同、士恒，縣志另傳。

張履端軌端　莫天淳　張昂之　楊枝起　吴志葵另傳。

莫　琛　王廣心　王頊齡　王九齡圖熹　王鴻緒圖煒、炯

楊　黼際亨，縣志另傳。　沈　藻中黄　程儀千宏考　姚培和

畢　誼應辰　張仕遇沈于鵬　焦以敬　王興吾祖庚，另傳。

曹復元　單乾元　王紹曾顯曾　姚念曾

程維岳　張國珍　林令旭見龍

縣志姚士芳　王孫熙

儒　林

林　至革　殷　奎壁、箕　陸從諭　周心屺梁　焦袁熹以恕、紹祖　周　纁　張　慧　趙鳳翔縣志入《文苑》。　楊履基

文　苑

姚述堯　　　　沈　度粲

周　輿
曹　津
焦正藩
田茂遇
沈紹寅
楊王猶斗芬
董而中
楊　瑄
胡　竹
茅起翔
曹鑑倫源、郊、郁、邦
姚宏緒培益
張起麟澤棨
夏　嘉
姚培謙
奚昴諧
楊履基姚廷瓚
徐是訓
姚世靖
沈　湖
□如倫□□□□
林子卿　姚　釗
李蒸《松江詩抄》□□□。
莫秉清府□□。
姚世曙
夏尚忠前志
曹　鑄
張文貴府七十三卷七十二頁。前志《藝文》。
諸希曾前志
丁奇逢府八一卷四十頁。
殷□□□□□。
嚴有威前志《逸事》。
姚士元松□
徐顯章府八十二卷。

胡　琬
沈　東陳奎、邵雲
曹　勳大友、炯、谿默
曹爾堪爾埏
張一鵠
沈　蕖烈
吴昌祺
曹偉謨漢禮、鑑儼
沈　迴
夏之夔起蛟
程　珣
陳　治
王圖炳
曹鑑臨
林　鶴
楊錫觀
焦文達
張仕遇
□□□
徐□□府□卌頁。
董而中□□□。
釗　林□□□□。
王光承□□□□□。
林子襄
《姚志》收曹幽松江詩抄
王綸松風廿八卷。
張思敬府八十二卷四十頁。
曹錤府□□頁。前志
李尚衮
黄□風《松風》卌志。
章元衡府□□。
鄭楝府八十二卷三□頁
田有相府□卷十頁。
徐銘敬

忠　節

姚有德

吴嘉胤欽任。

侯承祖世禄,縣志另傳。蔭,縣志入《孝友》。

陳國賢

張時傑

張昌後　□□□□

姜　超郭元吉、楊宦樂、張乾、朱家臣、陳廿八

廖應世張明道、祝俊卿

(陳廿八應入《宗賢傳》。定附姜超下。)

張秉淳

吴永孚周之逵、劉鎮國。

唐　銓

(張昌後、濮寅應入《名宦傳》。)

(縣志凡官於此者入《名宦》。已襲爵者爲土著,入列傳。)

謝　漢鋏忠(補入廖應世下)、羅滕蛟(張秉淳上)、□凝之

孝　友

黄允恭鉞,□孝子。

湯文英

沈士賢有鋆、愛松

沈　昜

麴　祥

(莊則孝上增姚體化,依《人物志》添入。)

勝入名宦。

蔣子良

徐　億有亨

姚體化

張希曾

莊則孝

徐顯章

吴之賢

張　育

張起鵬

陸承勳

侯廷觀

徐光祖柱國、照

張之普

楊朝藩升、開鄴

胡　信

唐　彬

曹鑑昊

朱天翔

黄令荀

楊錫履錫恒縣志另傳。

夏起麟益萬

錢鏗嗣

張妙望

姚　立

吴　震

(縣志楊升)

陳丙炎鮑繩祖等合傳。

隱　逸

謝國光

陸霆龍(前志另傳)居仁、能仁

吕德謙
吕良佐良佑、恒、恂
戚　韶
單　恂玉華
李　蒸　胡元諒
吴　騏
杜希灝
夏　治
沈　穀
袁天麟
沈　麟
馬　靖
謝小萬
范　鴻
邵天驥彌遠另傳。
楊　謙
姚世勳
沈　泓龍、業另傳。
王應麒
張　密
金瓊階
陶　獨
朱履升
王　侯
唐　醇定昌
曹　棻
曹　重
陳　治

義　行

李　祥　殷　澄　夏尚忠　李重洽

曹　成　朱　璧　吴　韶　曹　鉉　莊允中

張　涓　陸　相　元　禎　王嗣響　曹　鍔　田　焕　陸文貴　嚴有威　郭中涯　范來良　張宏理　王　澐　吴欽章　王　楨　沈宏烈毓秀　曹　熻奕霞　徐念肅嘉猷、是做、烜　李　鉉興宗、陳嘉綬

周仁灝　曹爾垶　王鶴江嘉樟　林企俊令愉　王懷奇麗天　湯　俊　錢溥義　莊有奇　張用楝　莫遜田之浚　顧世榮　徐　乾

（縣志義卹題名作合傳附後。）汪志毅　陸士彬　宋維熊　朱雲梯　曹源滄

曹文豫子麒麟，兩世出粟賑饑，授義官。見邑□。

藝　術

莫仲仁　鄭文舉　朱　寅奎　沈　藻　楊　青　夏　衡　莫　勝　陸元聘　趙　左　姚體倫　朱涵光　宋世德　王　清　曹奇珊

陸　原　李磐石　胡洵龍

夏之皁　王簡心　倪木痴　吴慶孫　陸大痴　金　銘

徐　磐　姚宏垚　葉　痴　姚　井　徐宗泌

董公慶　施士愷　姚世翰　謝庭玉　曾　奭

金　源秋涯、宜賢　沈　韶　曹爾坫　王詒燕　李　熾藻

宋景祥　廖瑞松　王孫耀　譚華孫　鄒兆熊

游　　寓

（應增）

陳繼儒曾讀書于澄鑒寺。董文敏題其門曰"蒹葭蒼蒼，緑竹猗猗"。寺瀕泖，以煙水勝。

（又《遺事門》收館姚氏事。）

陸　正　楊維楨　張　憲　貝　瓊

洪　恕　吴　毅　沈　煉　陸　集

王昌紀　朱元大　熊曰蘭　李磐石　吴　映　徐　鯤　張　琳　蕭　詩　陸隴其　言德堅

錢起盛　王　福　應文明　賴鵬飛

方　　外

葛　元　船子和尚　查道人

妙　普　元　智　德　然　道　安

袾　宏　顛　師　達　觀　魯志剛　莊　痴　折臂道人　明　照

蜀僧行謐　明　穹　了　緣　桃源道人

遠　真　周　望　周端揆　鄒半仙

（府志未採者九十人。）

（□□□□□　李自華、章憲文、徐三重已入《科目表》，應否補傳須商之。）

（李自華收《朱涇志》。）

沈　度補入《第賢傳》。

林　濟府志稱上海人，不當入《金山志》。

莫如忠補《仕績》。

李自華府志云上海人，居□□□，可不載。

張　涓擊倭死，以無官故不入《忠節》，入《義行》。

莫是龍補《文苑》。

徐三重青浦人。

姚士爹補《仕績》。

姚有德補入《忠節》。

潘　静補入《仕績》。

吴　潮附從叔梁傳。

李　府上海人，曾爲所官，可不載。

徐一愚補入《游寓》。

曹　樸曹豹商□是干巷人，入《孝友》。

童憲文華亭人。清亳婁志。

殷廷樞華亭人府志引奉賢志□□□□□不知何據，姑闕之。

沈時來府志華亭人。□□□□□□□□□□環湖橋，可不載。

王孫熙補《仕績》。

陸從諭補儒林。

章簡、曠華亭人。

李　蒸入《隱逸》。

徐禎稷青浦人，三重子。

沈紹曾華亭人，居泖濱，然孫沈岑之父□□金山人。

莫天淳入《仕績》。

吴　楨

唐　銓補《忠節》。

李中孚上海人。

莫道張□□□□□□□□

周茂源的係華亭人，不當入金山。

莫　琛補《仕績》。

張　密補《隱逸》。

李延昰上海人。

沈　楫係沈度之後，居婁縣□□□作金山人。

夏　治《隱逸》。

王　廓附祖嗣鄉□。

王　爽補《文苑》。然居金山沙灘，宜汰去。

林子卿景芳曾孫，可不載。

陳嘉綬附《義行·李□傳》。

施士愷補《藝術》。

唐　彬補《孝友》。

夏　嘉補《文苑》。

沈于鵬入《仕績》。

沈　湖實係金山人，□□□□□□□□

錢溥義入《義行》。

莫是驊《忠節》。

姜君羽《忠節》。

張時傑已見。

沈　荃華亭人。

茅起翔補《文苑》。

王應麒補《隱逸》。

莫秉清□□□□

曹　谿附《文苑·曹勳傳》。

金瓊階補《隱逸》。

王　侯補《隱逸》。

沈宗敬係沈荃子，汰去。

袁夫麟補《隱逸》。

曹爾埏附父勳傳

侯廷覲入《孝友》。

姚培益入《仕績》，附兄培和傳。

曹鑑仁入《文苑》，附兄鑑倫傳。

夏益萬附父起麟傳。

焦以恕已附兄衷憙傳。

徐　乾補《義行》。

沈樹聲實係華亭人，與金山無涉。《科貢表》中亦無其人，可不載，删之爲是。

王嘉曾已見兄紹曾傳，或另立傳亦可。

汪志毅補《義行》。

周　霽當併入子藹聯傳

盛堅修入孝友。

徐爾鏞入孝友。

姚昌銘入《文苑》。

陸士彬補《義行》。

宋維熊入《義行》。

鮑純祖入孝友。

莊國華入孝友。

（藝術）

沈　藻係沈度子，可不録。

陸元聘補。

宋景祥已見，誤作張景祥。

王詒燕補。

莫　勝補。

張澤棨補。

王蔄心補。

（寓賢）

徐　鯤補。

（方外）

道　安補。

達　真補。

明　照補。

明　穹補。

周　望補。
周端揆補。
(《姚志》内未採者九十人。)
李重洽族。補入《義行傳》。
曹　鉉干。入《義行》。
王　周補《仕績》。
朱　璧補《義行》。
侯承祖已見。
張　寛已見弟密傳。
夏　衡補《藝術》。
莫　勝已見。
姚宏垚補《藝術》。
方王　楨補《義行》。
廖瑞松入《藝術》。
張　琳入《游寓》,附徐鯤傳。
徐　崧入《游寓》。
應文明入《游寓》。
賴鵬飛入《游寓》。
曹基豊入《游寓》。
蕭　詩補《游寓》。
折臂道人補《方外》。
(李尚衰入前志科目。)
周　望已補。
李尚衮李府四世孫,非金山人,可不載。
曹　鑄補《仕績》。
沈　麟補《隱逸》。
徐光祖已見《孝友》。
程儀千已見。
莫之玟入《義行》,附縣遊田傳。
曹鑑昊已見《孝友》。
吴　震補《孝友》。
王嘉璧附王顯曾傳。
熊曰蘭已見《游寓》。
曹　成(干)入《義行》。
曹　鍔(干)入義行。
曹　梁(干)入《仕績》。
曹　默(干)入文苑,附曹勳傳。
曹鑑咸(干)附《文苑·曹鑑臨傳》。
汪　福(松詩)補《游寓》。
朱天翔(松詩)補《孝友》。
沈戌開(松詩)入《文苑》。
郁　振(松)入《文苑》。
張其煒(松)入《文范》。
程　超(松)入《文苑》。
朱雲梯(松)補《行義》。
林希灝(松)補《隱逸》。
鄭文舉(朱里)入《藝術》。
程國法(朱里)附子儀千傳。
程文彝無實事可以列傳,當入科貢表。
徐是訓無可列傳,當删之。
黄　灝休甯人,可不載。
程　運補《文苑》。
沈　業附《隱逸·沈泖傳》。
陳炳炎補《孝友》。
鮑純祖補《孝友》。
周宗濂補《文苑》。
金　城入《文苑》。
沈穀(海上詩)入《隱逸》。
馬　靖補《隱逸》。
范　鴻補《隱逸》。
金夢熊(府)入《文苑》。
方　騏(又)入《文苑》。
張遠□入《文苑》。
張　育已見。
朱　銘傳爲隱約之詞,不必立傳,或入《雜志》亦可。
沈見龍明言華亭諸生,雖居衛城,決非金山人矣,可不載。

鄒兆熊入《藝術》。

徐　照華亭諸生，可不載。

朱一飛無事實，可不載。

袁　鎬僅言琴畫，可不載。大約此種人有一句半句之詩載于一隅天書，非必真有學問也，登諸志乘，不可不必。

吴　�入《游寓》，可不載。

鄒半仙

林子襄景暘曾孫，子卿之弟，當是華亭人。

范來良入《義行》，與郭、中涯合傳。

陸　相入《義行》。

宋道通入《藝術》。

曹源滄補《義行》。

姚廷瓚（前志）大約平湖人，可不載。

張希曾入《孝友》。

夏尚忠補《義行》。

朱元大入《游寓》。

沈培中以夭死，可不載。

張爲霽無事實，可不載。

楊　潤無事實，可不載。

周端揆已見。

王光承決非金山人，可不載。

郭中涯入《義行》。

萬孝子補《孝友》。

田　焕補《義行》。

嚴有威補《義行》。

楊升附父黼傳。

汪如倫（前志）載《奉賢縣志》，水北亦疑之矣，不必載。

陸文貴入《義行》。

曹漢禮入《文苑》。

（姚志名宦未採入者二十六人。）

湯　和以備倭至海上，不必定居，金山也，可不載。

侯　端已見。

劉　惠補。

郭　鋐已見。

陳　璠補。

張浩然（已入）志云掌南南匯所印，可否不入金山，此兼印。

湯克寬此係総兵官，可不入縣志。

熊　桴此係兵備道，自領兵殺賊，當入省志，不可入縣志。

侯承祖已見。

張明道已見。

陳國賢附侯□承傳後。

趙　豫此□松江守以有杖衛軍□□，故水北□然□金山□，不必□入也。

俞大猷官不爲金山而設，可入府志，不當入縣志。

盧　鏜駐劄海鹽□以有□金山一事，志藁遂欲《名宦》，未免□□□□矣。

翁大立此係巡撫金山衛其所奏設也，當入省志，不當入縣志。

燕召祖補。

柳召點僅修衛學，不當入《名宦》，盖知府設一屬□□□□□不可獨□□金山。

張文炫□衛卒，是知府□□，可入□□縣志，可不載也。

仇　成大約以欽差築城耳，不當入金山名宦。

陳師輿已見。

王勝原載《孝友》，或移于此亦可。

王　憲補。

劉重光補□惠傳。

陳大綬已見。

濮　寅已見。

白雲上已見

名　宦

明

（《顧志》作永樂十三年，《宋志》本張起鵬雜志，亦作十三年甲午，然甲午乃十二年非十三年也。《金山衛志》云戊戌則在十六年，前志正作十六年戊戌，此云十七年未知何所從。）

侯端，字敬莊，盱眙人。父貞，洪武中歿於東昌，母楊苦節自誓。永樂四年，任指揮同知。十七年，倭寇衛城，端與郤清分兵出戰。清出南門，軍覆，賊入城斷橋。端孤軍阻東門不得入，馳至西門，躍馬過濠，單騎巷戰，身被箭如蝟，衆不能繼。突出東門，值施義軍至，同次楊家團，集散卒百人。人持束草，輦礮趨海灘，盡焚賊船十餘。賊不得歸，遂大敗。方端巷戰時，賊委布於地，欲生致端。端佩兩劍，以左挑布而右斷之。一劍墮地，所乘馬口銜以授事，乃得濟，蓋神祐也。端騎射刀槊皆絶人。有勇力，嘗徒手殺虎。府治石狻猊高四五尺，一手挽之行十許步。策馬過坊門，交手擁楣，以足挾其馮而懸之。《郭志》參《五茸志逸》。

（擬删）此軍政弛壞，士卒衰耗，揑奏掩罪耳。近日之習往往類此，何足傳？此即侯端敗倭一時事，何又云十四年？）

劉懋，金山衛指揮僉事。永樂十四年，倭亂城陷，同官皆論死。懋奏軍士差往各路，採取營木，及清勾逃亡老弱，賊衆兵寡，請貸諸臣罪。帝命查覆得實，並免死。《金山衛志》

王勝，字子奇，羽林衛人。正統二年任指揮同知。性至孝，母有疫疾，勝吞其疫，母立愈。初守龍江關，父亡貧無以斂，哀號竟日。忽江桴一木至，得其棺斂葬。遷福建都司，有餉鮮荔枝者辭不受，曰："吾親未嘗此也。"無子，買一妾，詢爲千户金某女，立遣還，不責其直。嘗巡海遇大風，歎曰："吾心無風波，神不以風波戕我也。"朝廷旌其門曰"忠孝"。（前）志參《華亭縣志》。

陳師輿，字東魯，莆田人。正統四年始設衛學，師輿爲訓導。諸生皆武弁軍戍子弟，師輿纂四書、五經、十七史諸畧及《兵家七子直説》，俾傳習之，習尚一變。時傅鴻緒亦以訓導至，與師輿迭相講授，衛士有登鄉薦者。《金山衛志》

翁紹宗，字繼武，鳳陽人。正統七年任都指揮使。時沿海營堡年久傾圮，紹宗修築獨樹、胡家、江門等堡，加甃磚石，内設廨宇、營屋，歲調官軍防禦，海道肅然。《金山衛志》

劉惠，字孟懷，上蔡人。任指揮使，掌印三十年，清心勵行，一衛化之。子英嗣職，有父風。曾孫重光，字伯明。

（仕績）周藹聯，初名愛蓮，字肖濂，縹五世孫。父霽，諸生，喜施予，節館穀，所入以賙三黨及里之節婦，月給以米。藹聯少有文名，乾隆五十四年舉人。時廓爾喀與西藏搆兵，孫士毅攝川督，隨辦軍務，奏授内閣中書。事平，升主事。湖北教匪擾川境，參士毅軍，以功賞戴花翎，調赴滇黔軍營。升雲南蒙化廳同知，檄赴緬寧邊外猛猛土司地方幫辦夷務。升貴州思州府知府，調興義府，累遷四川永寧道。道光八年，以病乞假歸。卒年七十二。初知思州，能體察苗民種類，知釀叛半由土目，嚴禁官民朘削，懲吏役侵漁，訟則立剖，苗民悦服。及官廣西左江道，忠州民有斂錢結拜事，株連人衆，藹聯奉勘各村無叛跡，乃治爲首者，論死一人，流十人。獄上，同官咸惴惴。藹聯毅然曰："設有意外，藹聯獨任其咎。"卒無事。著有《竺國記遊》《黔陬雜志》《頌詩堂筆記》。

胡廷儀，字仲篪，朱涇人。嘉慶三年舉人，六年成進士，（志乘非家傳比，可從略。）授河南閿鄉縣，升湖南衡州府同知。先是，父日升爲縣吏時，有鹽梟案波及百餘人。日升察其情，乃燬册請罪，縣不得已，僅斬首犯數人，餘穫免。廷儀承父志，爲政以廉明稱。有龍山（縣民婦以簪戳死，賄作）謀殺親夫案（誤觸簪死耶？抑爲人戳死耶？但云以簪戳死，殊不明白。賄者誰耶？亦見分曉。），數年承審未實，廷儀力任平反，開棺驗之，得白婦寃。婦炷香其門者三日，乃給貲送回龍山。署靖州知州，進苗士月課以文。（本在湖南，不須提出。）趙金龍作亂，廷儀佐糧臺，叙勞擢長沙府同知。致仕，年七十又九。行狀

（仕績）騰越弟顯曾，字周謨。乾隆二十五年進士。由翰林累擢給事中，出視南漕，巡臺灣，並多建白。移疾歸。《宋志》

姚念曾，字季方，宏緒孫。乾隆三十年拔貢。歷任湖北孝感、應山、鄖縣，嚴懲盜賊，民不闔户。所至不名一錢，嘗曰："房彦謙有云：'人皆因禄富，我獨以官貧。'斯言庶無媿乎？"擢德安府同知，被劾歸，年未四十也。《宋志》弟懌曾，字叔參。究心理學，學者稱"眉洲先生"。

張國珍，字寶廷，干巷人。以縣丞發四川，累陞滿城令，濬大栅河，修漢張蒼祠，葺玉山書院。邑困徭役，國珍於例支外，日給米一升，民大悦，肖像方順橋尸祝之。乾隆四十六年西巡，迎駕稱旨，賜文綺。四十八年治淶水道，上遣内大臣詢職名，賜綺如前，皆異數也。調東安，巨猾倪三林子者數犯罪，援例贖免，至是毆其季父。國珍按律擬上，上官意在末減，故詰責之。國珍争益力，卒遣戍，以年逾七十投劾歸。《宋志》

（義行）（列曹源滄後）宋維熊，字渭田，衛城人，諸生。嘗應試江甯，同寓某暴卒，經紀其喪，不終試而歸。象山賴鵬飛家貧，落拓至衛城，維熊愛其才，時周卹之。後卒於海鹽通元寺，不遠數百里歸其喪。《宋志》

（列宋維熊後）莫遜田，字薛封，昊九世孫。伯祖之玫，字士佩，以郡未有試院，捐千金倡建，闔郡賴之。遜田以五月五日生，故名。官潮州通判，樂善不倦。乙亥歲祲，設粥廠以賑，遠近飢民全活者衆，巡撫莊有恭旌其門。《宋志》

（列汪志毅後）朱雲梯，字寶蟾，歲貢生。家貧，勇於爲義。宗人紱夫婦相繼歿，遺二女，雲梯爲之鳩葬其夫婦，并嫁二女。旋以貧死。《松江詩鈔》

（列朱雲梯後）曹源滄，爚族孫。布衣家貧，授徒養母。有負其逋者死，其妻再醮以償，堅却不受。里人有負他姓金者，將鬻其妻，源滄出館穀代償之，完其伉儷。前志

（列莫遜田後）黄光焯

（前付黄光焯傳）按院時，附貢生錢熙載字虞揆，捐修衛學、文廟，建大觀書院，廩生翁淳字質民爲之經理，士林並稱之。《晚學齋集》參墓志

商黄會賢挾重貲客死於蘇，俊受其托，厚爲官殮，籍其貲，俟其子至而歸之。子請分其

半，俊笑而不納。前志

莊其奇，字問雲，先世由歙遷朱涇。受學於張大受，文名藉甚。以貢官潛山訓導。性慷慨，解推寒士，賙䘏宗黨，終身不倦。前志

張用楝，字逸九，家浦濱，後寄籍青浦。有羣盜夜半入弟室，拷掠哀號，聲徹户外，鄰人莫敢救。用楝持挺躍入奮擊，背負重傷弗覺也。盜驚竄，弟得免。嘗遊京師，公卿多待以國士。屢試不售，士論惜之。前志

顧世榮，字天賢，朱涇人。性至孝，周恤親友無虚日。佃某見世榮未有子，願納女作妾以償租。世榮不可，蠲其租，助貲遣嫁，人稱其義。前志

（義行）錢溥義，字景方，鏗嗣子。鏗嗣客吴門病劇，溥義迎歸。經泖河，大風，舟幾覆，泣禱得免。比歸，父病頓瘳，人以爲孝感。從弟溥聰家貧無子，以子樹蘭爲之後，授産與諸子均。乾隆二十年歲饑，首倡施粥，並助賑米千餘石，復號于門減價平糶，自是以爲常。次年大疫，施櫘以千計。又置田千畝，以贍親族，至今待以舉火者數十家。子樹棠，字思召。疎財仗義，有負屈縶官者，不通嫌怨直之。倡捐修《松江府志》及求忠書院，爲郡守宋如林、陳鑾所重。樹芝，字瑞庭。敦氣誼，有妹適沈，以死殉其夫，爲婚嫁其子女如己出並，請建坊以旌其烈。從姪熙咸，少孤貧，撫之讀書，以浙籍中道光十五年舉人。某負千金，焚其券，里有善人之目。《宋志》

徐乾，字天倫，松隱人，諸生。父有伋少孤，母張撫之成立。欲上其事而有伋卒，乾承父志，請旌建坊。乾隆二十年歲饑，與弟曰煦鬻田以賑餓者，學政曹秀先旌其門。子念程，附監生，以孝稱。孫祖鎏，由廩貢生官蘇州府學教授，以文名。《宋志》

汪志毅，字健行，張堰人。與弟騰鳳以孝友稱于時。創興同善堂，堵築朱家漊、高蔣涇堰。弟騰鳳，字庚旬，歲貢生。博學能文，著有《兩漢發微》《童子登》諸書。子夢雷、奏雲，廩貢生，俱有文名。《宋志》

（文苑）得詩一卷，黄之雋爲之序。

姚培謙，字平山，培知從弟，諸生。勤學，好交游，名噪江左。雍正十年馬謙益以孝友端方薦，乾隆十二年沈德潛以閉户讀書不求聞達薦，均不赴，人以是高之。生平校刊書甚富，《左傳杜注》尤爲善本。其所撰《類腋》《經史臆見》，爲一生心血所萃云。《宋志》

林鶴，字健羽，朱涇人，康熙五十六年舉人。從焦袁熹遊，爲文自舒胸臆而不失軌範。以下第歿於京邸，啟篋得書三通，乃其徒函致要人欲爲師地者，鶴不往謁，亦不言於人，其介如此。《宋志》

奚昜諧，字掌謨，張堰人，歲貢生。過目成誦，《史》《漢》諸書覆卷不遺一字。詩文筆力縱横，不可羈勒，爲韓菼所激賞。前志

姚廷瓚，字述緗。父甡，以詩名。瓚承其家學，棄舉子業。僑寓當湖，搆别墅於所居西，蒔花種竹，與諸名士結詩酒社會，出語輒驚座人。著《嬾迂小藁》《塵甑草》《鐵蕉詞吟》。《宋志》參《檇李詩繫》

曹復元，字興門。乾隆元年舉人，選林縣知縣，改溧陽教諭。歲饑，作《賑荒》五古十九首，當事爲之惻然，比之鄭俠《流民圖》。《宋志》　子湯鼐，博學工詩，遷居婁縣，著《齊物類抄》《咫聞暇録》。

錢樹本，字根堂，溥義子。敦行篤學，以焦氏袁熹爲宗。著有《言行質心録》，人有勸付刊行者，曰非敢訓世，用以檢身云爾。族叔祖金甫學士家貧，臨没以詩文未刊爲憾，樹本力任之。旁通醫術，施診多奇效。弟樹立，字素然，藏書甚富。手自丹黄，寒暑不倦。曾與雷琳同輯《經餘必讀》正、續二集，一時風行。尤工書法。著《經學質疑》等書。姪熙祚，字錫之。勤學多所考證，校刊《守山閣叢書》《指海》等二百餘種。士林重其書，朝鮮諸國以重價購之。道光十五年，捐修海塘。議免開秦、查二山，上塋墓賴以保全者數百計。以通判叙選，殁於京師，年四十四。《宋志》參《研經室集》

姚昌銘，字耘上，吕巷人，歲貢生。工詩，風格每變愈工。性迂怪，詩文亦多奇句。自言焚去詩尺許，所存猶二寸許。臨終自爲輓句云："住世五十九，年數盡於此。作詩一萬餘，首樂在其中。"《宋志》

程維岳，字愛廬，朱涇人，原籍嘉善。乾隆四十五年進士。由内閣中書歷官山東道御史。軍機處行走，頗爲阿桂所知。充萬壽盛典館提調，兼方畧館總纂，《南巡盛典》《盛京通志》，遼、金、元史，薩拉爾、臺灣、巴勒布等紀畧皆與編纂。事嗣母錢、本生母張以孝聞。丁憂歸，不復出。購書二萬卷，日漁獵其間。所著有《淞笠齋詩墨》等書。《宋志》參《朱涇志》

趙師淵浙江。弟師夏，宗人師雍、師蒧。

《浙江通志》：趙師淵字幾道，號納齋，黄巖人，乾道八年進士。嘗從朱文公游，與之論校《綱目》前後凡八書。歷官衢南、劍甯、海軍推官。趙丞相汝愚以從班薦，有旨與職事官，會趙以讒斥遂，翩然東歸。益究所學，積十餘年不仕。暨詔申前命，以母病添差通判温州。入主將作太常簿、司農太常丞，以論成肅后山陵事不合而云。師夏號遠菴，金華王魯齋嘗跋晦翁所與《納齋帖》，稱納齋登朱子之門爲最先，其後遠菴昆弟相繼而進。開之以道誼，締之以婚婣，往來尺牘其多可知。趙師雍字然道，師蒧字詠道，往來□□□□之間。

張貞女傳

貞女姓張氏，祖鋐，籍隸新安，官河南鄭州知州，因家焉。父準，雲南麗江府維西通判，遷於蘇州海隅山下，故貞女爲常熟人。幼性静莊，祖母曹鍾愛之，授以《孝經》《女誡》諸書，輒能曉大義。日侍祖母披閲《通鑑》數番，遇忠孝節義事，津津爲弟妹稱述不之倦。及長，許字金山諸生姚式曾子文瀾。文瀾志切顯揚，力學晝夜不少休，應府試歸，得咯血疾。時年已逾冠，父爲之請期於張，期定而文瀾遽逝矣。姚訃至，父母秘不使聞。貞女見摒擋嫁物而庋之，心竊疑。旋於篋中得姚所訃帖，涕泣卧床，不食飲者累日。祖母撫而謂之曰："汝獨不顧八十老人爲汝餗寢俱廢耶？"貞女感是言，瞿然起，激烈漸化，承顔如平常。是爲乾隆己丑。久之聞媒氏造門議婚，不食卧床如前。父諭之曰："汝無庸爾，願爲有家，父母之心。汝其以我心爲心則得矣。且汝曾讀書，顧不識在家從父乎？"貞女含淚仰答曰："兒字於姚，父命也，兒惟父初命是從而已。兒不敢輕生，亦不急急歸姚者，以弟弱妹幼，爲祖母、父母奉侍故也，此身則屬之姚矣。苟有異圖，是使兒不得終奉侍也。"父知其志堅，遂不之强。嗣祖母暨母劉相繼辭世，病也扶持盡瘁，歿也哭踴盡哀，俱十倍於常人。後其父服闋，將赴官，貞女跪請曰："兒固姚婦也，無在家稱未亡人理。彼有事，兒必往，父其許兒。"其父頷之，且曰："滇吴懸隔數千里，無庸待命，既往報我也其可。"居二年，爲乾隆戊(戍)[戌]，文瀾母趙以卒聞。貞女謂弟守椿曰："曩父已許我矣。姑死不可不奔喪，弟其爲我致書焉。"書達於姚，備禮具舟以迎。既至，素服廟見。拜翁畢，易衰絰謁姑靈，放聲長號，拜不能起。繼之夫殯所，拜起而哽咽以泣，因謂舅曰："感舅知媳，不逆媳志，媳他日可以見泉下人矣。"遂留事舅盡禮，待夫妹俱有恩。甫三月，父卒於官。凶問自雲南來，計其弟報姊歸，姚信猶在途也。貞女哭失聲，星馳返，促弟就道扶柩而自守喪次。其弟投所親任，告貸不遇，留廣東不能往，從宦於滇族子某，越四載始以喪還。貞女以未由親視含殮也，撫棺蕭寺中，哭絶而甦者再，觀者咸爲之感泣。自後日盼弟至，共襄窀穸，神慘心疚。以明年九月晦，嬰疾卒於姚，是爲乾隆壬寅。貞女十九爲姚聘婦，二十一守貞於室，三十歸姚後五年終，年三十有四。

論曰：從來男子忠由於孝，女子貞亦本於孝。觀張貞女事祖母、父母竭誠盡敬，聞父死，蔬食三年，夜每飲泣申旦。信已！夫娶有日，夫死斬衰以弔。既葬而除，固禮意也。可往弔而爲之服，亦奚不可守貞以全義之有？嗚呼！世於倫紀，其失於偷薄者多矣。予職在採風，其敢以貞女爲賢知之過，而不重與其移孝以作貞也哉！

賜進士出身、日講起居注官、翰林院侍讀學士、充方畧三通館纂修、眷生褚廷璋拜譔。

擬《金山縣志》仕蹟一則

黄光焯，字望崙，一字槐江，朱涇人。先世由休寧遷金山，遂隸籍。曾祖文彪、本生祖灝見《科貢表》。光焯，道光癸未進士，授户部貴州司主事，號爲能吏。值江南禦黄壩倒，國家興大工，内外大吏竭力，光焯在部首建海運之議。尚書英和曰："議者多矣，未有如此人之委曲詳盡、明白曉暢也。"方薦用，而光焯以母病告假歸里。明年事竣，英屬其同部以書招，欲爲署勞，光焯以父母年高不往。恐父促行，匿其書。未幾，加知府銜。未及入都，遭父喪，旋遭母喪，服闋，遽疾，卒年四十五。光焯居家孝友，葬父後嘗往休寧葺其長發支祠。其在朱涇，倡衆重脩聖廟，又剏建柘湖書院。其有志而能任事如此。本《晚學齋文集》

進士表	舉人表	貢表
(林召棠)道光三年癸未科榜黄光焯見仕績。	道光元年辛巳恩科黄光焯詳第	嘉慶廿三年戊寅恩科黄光焯副榜，休寧籍。

沈湖，字鏡涵，號涵虛，居小蒸。乾隆十三年進士。湖工於時藝，所評選爲童蒙《兔園册子》，廣西巡撫李錫秦聘主秀峯書院。時户部郎中許道基爲學政，深契之。後選穎州教授，勗諸生敦倫修行，文宗先正，士多遵焉。致仕歸，卒年七十有七。《青浦志》

舊志惟載科目門，無傳。

程　超字器之，號山村，又號工鐵。乾隆戊子科舉人，文極一等，分發貴州改教，歸林。著有《山村詩稿》若干卷，又《錢詩稿》若干卷。在時不詞訟，不附俗。

程儀干號言遠。康熙丙子科舉人，授泌陽縣知縣，補額外主事，歸林。著有《積實軒吟板》，（缺校刊）、《性理字訓》。　以上均考泆里□。

程文彝號梓園。康熙癸卯舉人，甲辰科進士，明倫堂額子□□，由京畿監察官至工部右侍郎。

王孝子傳

孝子姓王氏，諱鳳麟，婁縣分治之金山人也，以農世其家。父諱瑞生，母陳氏。孝子性純篤，髫髾即能孝事二人。比長，授室躬耕以養，藜藿蔬水未嘗缺，父老皆以孝子稱之。康熙五十一年夏，孝子傳父盛薪於舟，將往易粟，過蔣涇港，大風作，水濤洶湧，舟覆父溺。孝子隨躍入，逾時援父出水，而淹淹垂殆。歸，籲天哀禱，血淚涔涔。下夜將半，父甦獲安，人咸以爲孝思所感也。後六年，父母相繼歿，喪葬必竭心力，孺慕哀痛無已。結廬墓側，一日風雨蔽空，蛟發於其近地，大木斯拔，民無完舍，而其墓與所居之廬無少損，人益以爲孝思所感也。按狀孝子生於康熙二十有一年十月二十二日，歿於乾隆五年六月二十五日，年五十有九。其平時醇朴好義，細行必謹，不縷述。道光二十有五年，有司題請旌表如例，鄉里榮之。夫孝子自少即以孝聞，乃得之於村童牧豎中，是人情所難而足以愧紱冕儒冠者也。況其孝行之昭昭，在人耳目者又如是耶？殆沐浴國家教孝之澤之遠且長也。曾孫義銘述祖往行求爲傳，謹舉其大者書之如右。

薛體洪，字南梁，號愚亭，又號淇園，干溪人。邑庠生。筠次子。少即穎悟，推爲雲間翹秀。弱冠補博士弟子，歲科五試皆壓儕偶。與其弟邑庠生體苞、歲貢生汝金湛深經術，研精史學，時人復稱"河東三鳳"。乾隆癸卯擢高魁，座主謝金圃少宰墉大加賞色，決其爲玉堂中人物。及屢試禮部，數奇輒薦而不售。既而以大挑得江西縣令，歷署大庾、貴溪等邑，吉安分府，均有政績可紀。庚午科江西鄉試同考官拔取真材，羣稱老眼無花，旋補瑞昌縣。甫下車，適邑中久旱渴雨，即至誠祈禱，隨應，闔邑咸爲誠感，紳衿士庶皆有詩詞善頌善禱。理積案數十件，聽斷得情，民有慈心鐵面之美，謂其寬嚴適中也。署前有大榆一株，堪輿家指公云："此樹利於公不利於邑。若去之，邑中科第大利，然不利於邑令者，非特一次而已，必三次乃止。"公曰："邑苟利矣，吉莫如之。"遂去樹。不數月，公即疾，卒於署。繼公而宰是邑者，亦二次驟卒於署，而邑中科第果綿延不絶。其心乎爲民如此，他可知矣。公性和而介，行方而通。好學，雖羈縻於薄書錢穀，亦娓娓不倦。其作文一以理法爲宗，故子、兆鳳、兆熊，皆邑庠生。若孫克昌，邑廩膳生。世其學不乏，蜚聲黌序。著有《愚亭制義》行世，胡長齡、顧德慶、周繼炘序，姚湘跋。又有《淇園詩稿》六卷，雜集數種。墳堪在七保十五啚。

孝子張龍官，俗名攤船，因胎生左足短脚。家貧父歿，既無親族，又鮮良朋，舉目無親，告貸無由，不得已而捧糕賣而養母度日，所以母未食不敢嘗。一日間，店主見伊淚下，詢以何故。對曰："今日所賣出息甚少，不能糊口。"店主留飯，詎伊見飯淚下如雨。店主又不解其故，又問之。曰："母未食，何忍食之也。"店主即贈以遣去，欣然謝之，以供父母。後母

歿,號泣數日,相繼而亡。至今閭里言念斯人,誰不稱其孝子也。現于春間採(妨)[訪]節婦事,一併附入詳出也。陳奏山手

庠生盧槐茂,不苟言,不苟笑,(行)不由徑,目不斜視,言必信,行必果。當暑袗絺綌居家卧室外,棉布短衣。道途望見婦女來,旋即回身易路。其所讀性理諸書,以道學任之。暮年七十外,日讀孔孟經書不倦。惜無著作,惟見伊家乘序文三篇,亦以立德、立功、立言。人心惟危,道心惟微。其譜序如此,畢生之品行已可相見,且目所見其行事也。

婁縣志人物傳

徐是傚,字景予。少孤力學,以諸生例入國學,日下知名士交口推重。恒親王重其才,延爲經師者十年。乾隆初,薦試鴻博,堅辭不就。年七十四卒。是傚性謙和,爲詩寢食長慶,與焦袁熹、黄之雋、陸崑曾齊名,時有"焦黄徐陸"之目。在藩邸時,所著慢令多被之管弦。時山東歲飢,是傚嘗作憫荒二截句,藩邸見之,入請發賑,全活者甚多。是傚曰:"余積詩萬首,惟此五十六字爲有用,餘可謂並多無益也。"著有《古春堂詩文集》。

《松江府志》義烈傳

徐敬成,字儼思,生於康熙壬寅四月三日。少潁悟,有雋才。十歲善屬文,筆力遒勁,前輩莫不器之。尤酷嗜經史,晝夜不輟,嘔血盈升,手不釋卷而歿之,歲乃乾隆丁巳八月十五也。年十六聘萬瞻陳公女。訃聞,氏一慟幾絶。父欲别許字,誓不更二姓,浹歲亦嘔血以死。事載府志。道光十六年題旌建坊,崇祀節孝祠。

(以上二條,查舊志未入,想必事積在刻志後,故再今於家譜中録出。是否應改正入新縣志,伏乞定奪。)

郭彦章,字志林,衛城人,金山營把総。三歲喪父,嫡母氏祝、生母氏夏撫養成立。嫡母病劇,曾刺血書乞母病,病果遂瘳,並享上壽。繼遭兩母氏喪,身爲營弁,哀毁過常。廬墓月餘,遊戎善公薩保往吊始回。晝禮一如詩禮之家。堂弟廷章老無所倚,生養死葬,一力擔承。至其周鄰里睦,宗黨並跡。其生平爲弁時,無不出於實心實力。道光二十二年,其子鏞亦任金山營千総,稟請學憲毛以行敦孝友褒獎,隨奉批准,附入雲間孝悌祠。

右呈略跡,哀求斧政採入。孝裔長清百叩。

應採書目　　松江明末忠節録姜兆翀

《松江詩抄》

《明詩綜》

《傳燈録》

《續□□》

《中吴軼史》國朝陸緯

《徑山志》

《梧溪集》

《雲間志畧》

《松江志》元刘恭

《九峯志》本朝諸嗣郢

《東吴水利考》明王圻
《雲間海防志》明王圻
《蘇松財賦考圖畧》
《雲間著述考》明李紹文
《雲間兵事》
《雲間志》宋楊潜
《吴郡志》宋范成大
《續松江府志》元錢全衮
顧清府志　《陳志》
《璜溪志》
《續衛志》劉垓
《朱里志》朱履升
《魯志》
《峯泖先賢録》張所敬
《信史》
《郡獻》
《皇明詞林人物攷》
《西樓雜著》李豫亨
《孤墅哀談》
《推篷寤語》
《寶善編》
《雲間盛事記》
《楓庵漫録》張初
《萬曆野獲編》
《南巖文畧》
《吴騏集》
《海上詩逸》
《婁縣志》《平湖志》
《稗史會編》
《峴南集》
《漱芳詩話》
《大雅堂集》
《郡齋讀書》
《陸年譜》
《明季逸史》
《三江水學》明金藻
《蘇松浮糧考》
《尊生樓臆記》明范惟
《一寒齋别墨》范濂
《明季逸史》
《嘉禾志》至元
《松江郡志》元大德知府張之翰修
《雲間通志》明錢崗
《郭志》
《金山衛志》□敁
《留溪小志》吴大復
《干巷志》
《通志》
《雲間往哲録》周紹節
《古今名賢彙語》
《雲間近時人物攷》
《憲章録》
《樵史》
《闇然堂類纂》
《震澤長語》
《淞故述》楊樞運
《稗史會編》
《西樓雜著》
《方□□□□畧》
《雲間詩抄》
《□李詩□》
《三魚堂日記》《崇蘭館集》《華亭縣志》
《汭陽志》
《□文外集》
《今世説》
《□□□□》
《當湖弟子傳》
《轉徵録》
《雲間兵事》
《□□□□》

《□天□□》
《國史》
《世經堂集》
《國朝畫徵録》
《曝書亭集》
（丁照餘九□會入《雜志》）
（方外葛元入《雜記》）
又《雲間人物志》方應選、李紹文
《五芳志逸》
《殷頑録》楊陸榮（本朝）
《鄉評録》
《通志》《三藩記事》
《松事叢説》明正統
《府志辨誤》徐鏞
《上海詩抄》曹北居
《淞南清氣集》吴陶宰
《玉劍尊聞》記徐陟
《説夢》曹家駒
《玉陽□□》
《木几叢談》彭汝讓
《語叢》唐汝諤
《梧潯雜佩》張所望
《目樂編》李豫亨
《峯泖詹言》王明時
《郡乘補》曹蕃
《明殷遺録》張烈
《郡志稿》徐三重
《無聲詩史》
《書畫銘心録》何良俊
《□□□□》
《續書畫彙考》
《清河書畫舫》
《明殉節録》
《贛縣志》

《沔陽志》
《明史》
《長蓬詩話》
《帶經堂集》
《説夢》
《雲間雜志》
《南吴話舊録》
《雲間志畧》
《先進舊聞》
《一統志》
《中吴紀聞》
《金山志餘叢》□□□□
《續松風餘韵》王碧山
《客譜偶抄》明周裕度
《□史》
《據目抄》
《雪堂日抄》孫元弘
《陶白齋雜記》章憲文
《移愚齋筆記》顧九錫
《四友齋叢説》何良俊
《東吴逸史》吴丕顯
《志餘》何三畏
《松志備述》董宜陽
《史宬》楊豫孫
《書畫譜》
《畫史》
《畫塵》本縣顧大申
《□□□□》
《圖繪寶鑑》
《吴騏集》
《忠節録》
《張憲文集》

石爐在金山，相傳忠烈廟中物。　義塾明史悅建，在真武廟之後。有田□□，今廢無考。

石鼓在□餘□，□□□四五人環□□□□。

第宅收梅□軒，在北春街，在華界，舊志亦收，當删。

（灾異）

（金石）

衛城廣安橋西南有馬家井，爲明馬指揮故宅，遇旱不竭。

石馬槽　在映月橋北，傍有石紗帽，明萬指揮遺物。

前志圖　歷代建置圖删　金境圖删　城池圖改衛城圖。　水利圖（揔删）

兵防圖　海防圖　朱涇圖　海塘圖删

横浦場圖　浦東場圖　鄉保啚圖　縣署圖删

倉署圖改縣署圖。

（增）　水利圖每保一篇。　秦山圖　查山圖　柘山圖

柘湖大壩書院圖　《顧野王分野樞要》

（灾異）明成化丙戌七月大雷雨，秦山有白蛟騰空。先有羣龍從雲中同起，山背有穴漸合。夏之文鄉志

張涇道光十一年蔣口岐浚，廿三年于浚浚。　姚士同萬曆庚戌《陳志》無、己未無。張從諭

田茂遇舉博學宏詞魏裔介

小蘭亭在干溪，四圍溪水，稱小普陀，應入《園林》。　張寧（履端子）妻郁氏年三十守，歷廿十三年旌，查入。

烈女濮寅妻常氏，自縊死，明殉難。　松隱塔前縣、府志失收。

《雪莊小艸》曹相駿鋨仙著，六卷。

《此君山房稿》曹炡雷集二卷。

《倡設集》�

《羣芳集》姚大浚夢

《香艸廬集》曹鑑咸

《倪莊詩》二　（以上還）

軍儲南倉、軍儲北倉、始皇馳道《青浦志》

《干巷志》二部　曹卧三處借。　《南滙志》奚梅圯處借。　《奉賢志》聽甫處。

《青浦志》何宏甫處借還　《上海志》瞿守瓶處借。　《朱涇志》《南湖時話》張晴川處。

《衛城志》四　《康城志畧》一　《明末殉節諸臣録》一　《歸併衛學記》一　宋海帆處借。

《張涇小志》二本。吴相卿處。　《張堰志》時曉白處。　《鎧海志》松翁。　《查山衛廟志》王縵卿處借。

加六年奉旨，尊文昌爲文帝，列《祀典》。　林景暘《置治金山書》入《褉志》。見姚志《建置》。

極度作证誤。

来來廟注入《祥異志》《通志》般運倉在張涇堰，宋建。

戚韶上海人，在唐行鎮，須查。 吴志葵《宋志般頑録》《雲間兵事》。 侯世禄□逊志□設筆。

田賦一册許需雲《崇蘭館帖》爲其孫浚昌勒石。 寶鼎齋董書。

苦節先峯□表沈度書，在薛山。關君像 觀音像

般奎後徙居太倉。又傳稱徙崑山。崑山志時祖□□□□ 陸友仁，名輔，沈粲弟子。

預備倉 袁海叟，常居吕巷，有璜涇詩。《陳志》

水道之通塞，衛城之表里由之，東□爐下 萬曆己酉年□ 廿十□欽明照尊 道光年□□□

沿革表

查各史紀志

疆域表 鎮市 查注各鎮及小地名按畐擇其尤著者。

職官表 添守備□八年後 添典史乾五十年以後 添兩□官嘉慶年後

選舉表 當校正

地理志 極度

山川 山距縣署里 海距城□里 附桥梁海以下當改入。

水利 以志爲本，照按圖仿《水經注》重纂入。

墳墓

建置志 城池 街巷 考城内與金分界。 □城年月道光年。

倉署 禁獄 各署自嘉□□年□年月。 各倉删去，添入《食貨志》。

壇廟 寺觀查定添入。

善堂 義塚 查寫添入。 義塚須查增。 查義塚號畝。

坊表 查添入。 查朱涇尚义、□元諸坊存圮，又南錢王祐坊。

橋樑 查定各河道註明。

第宅 當程記存。

賦役志 田賦賦法、蘆課、田數 悉照前志纂入。 賦法重纂。

鹽課

役法 (槽)[漕]運 役法重纂。

蠲賑 增添

解支 課税 存留 襍辦

食貨志户口 查寫

蠲賑

積穀附荒政，未輯。

物産少添減。

學校志廟學 書籍、學田 □□年月道光年 忠孝查添入

書院 未補入。

義冢　在□捐建地方。

鄉約　未補入。

海防志　海塘名應自雍正年始，依《南滙志》。

營汛　鋪遞　查輯。

屯戍　附論　未補。

兵燹

藝文志 書目　增寫。

金石　添注。

雜志　兵燹　查增。

古跡

祥異　未輯。

風俗　畧改

遺事　採□□□□，重寫。

证謁

列女傳　增才女、賢婦、烈女傳。

人物傳　增□時諸人。

英自方伯以下世郡人亭遠，乃夢知樂圃于干巷而移家焉。《黄□堂集》

三志辨正不外　　田茂遇

刊誤人物傳

姚士慎官刑部尚書，《陳志》作陞南京工部尚書。

姚體信字汝達，前志作汝中。

曹鑑倫康熙乙卯舉人，《松江詩抄》作戊午舉人。

王勝旌其門曰忠孝。《宋志》及《華亭志》作孝廉。　丁公著《吴縣志》胥浦人，《新唐書》吴人。　許克昌浦南人。按《奉賢縣志》，竹岡人。　鄭珪知鈞州，前志作高州。　王周本姓吴，居址未詳，因前志列入《科目》，姑仍之。　張承憲按《華亭縣志》，端諒堂張給練承憲宅在治東石幢下，又自注其下云朱涇人。　吴梁張堰人，《婁縣志》北俞塘人。　張明正《朱涇志》朱涇人。按《宋志》，居郡城佛字橋，當非邑人，因前志有傳，姑仍之。卒蕩、馬潘、馬瑚、餉瑚，《宋志》作湖縣。濵選，《宋志》作賔選賔。　林景暘《姚志》林家庫人。按：《華亭縣志》《婁縣志》俱云居郡城普照寺前。《攄目抄》亦云，林氏世居普照寺南，賣生藥起家，人呼林生藥。迨景暘貴顯後，建第鶴城書院左，東北抵寺基，西至陸侯神路，共數十畝。是爲郡人無疑。而《林氏族譜》則云居林家庫，或郡城有別宅，遂以爲華亭人耳。(考吴炯是吕良佐之後，後改姓吴。)　吴炯吕巷人，前志因謁爲良佐之後。按《華亭志》，吴炯所居安儉堂，在城内悦安橋南，又自注其下云吕巷人。雪盛灝獄前盛瀚。　沈時來大石村人，舉人，前志《科目》失載。《宋志》居瑁湖橋，《華亭縣志》香灣里人。意當時曾居其地，實爲粲後，無隸華亭者。　姚士豸字伯憲，前志作邦憲。　王孫熙字君文，前志作子文。　曹蕃字价人，前志作介人。張昂之朱涇人。《婁縣志》晚居白龍潭。《青浦縣(志)》云築圃余山。　吴志葵字昇階，《宋志》作聖嘉。　畢誼子應辰，《朱涇志》作應宸。　林令旭字豫重，《松江詩抄》作豫仲。　單乾元居六保，《宋志》作華亭人。　林至按：至爲林家庫林氏遠祖。《通志堂經解》云谷水林氏。《婁縣志》有傳。當時居址未知果在縣境否，因前志有傳，姑存，俟考。　殷奎吕巷人，《姑蘇志》作蘇州人。　張慧字廸喆，《宋志》作廸吉。　趙鳳翔弟慎徽，《陸清獻年譜》作龍翔。　姚述堯按：《杭州府志》《御選歷代詩餘》皆以述堯爲錢唐人。朱彝尊跋《北窓炙輠録》亦曰浙人。惟《詞綜》作華亭人。前志據以入志。其實武林籍也。且邑中姚氏各譜俱無祖述堯者，前志有傳不足據，删之。前志《科目》下注云咸淳進士。《文苑傳》云張孝祥榜進士。查張孝祥榜爲紹興二十四年，下距咸淳五十餘載，《科目》所注當必有誤。且查《雲間志》及《雲間進士題名碑》，郡人登張孝祥者止有錢良臣、徐鋭、衛稷三人。　周輿前志朱涇人。按：《華亭縣志》云，居北城濠畔，蓋指郡城而言。前志所云未知何據，恐非邑人，識此俟考。　莫是龍按《華亭縣志》，石秀齋在蓬萊巷東，又自注其下云莫家庫人。　田茂遇《宋志》青浦人。《青浦縣志》云，其先河南人，至明中葉遷於貞溪，其實青浦人。乃前志云原籍田家栅，不知何據，姑存，俟考。順治五年舉人，《青浦縣志》作順治八年舉人。　曹爾堪侍讀學士，《宋志》作侍講。宋琬，前志作畹。　沈迥著《潛積堂稿》，《宋志》及《松江詩鈔》作潛確堂。（《殉節紀畧》《通志》作方正學祠，《宋志》作楊忠襄祠）　吴嘉胤《通志》作嘉印，張堰人。《華亭縣志》世居棠梓橋。其實吴氏世居張堰，不得因其暫居，其人遂爲華亭人也。楊忠襄祠，按《殉節紀畧》作方正學祠。　侯承祖衛指揮使，《通志》作參將。按《華亭縣志》列入《忠孝傳》。今子孫里居，試籍俱隸華亭。因前志有傳，姑仍之。長子世禄，從容就刑，按《殉節紀畧》作自刎死。次子世廕，前志作世蔭，《殉節紀畧》作其偉。

朱家臣按：前志云，世居衛志之東郭，當爲華亭人，識此，俟考。　謝漢六月戰于桐里，前志作閏月。　莫是驊崇禎三年武舉人，《殉節録》作九年丙子舉人。　（沈泓《通志》選舉門注婁縣人，然泓時未有婁縣。又《孝義傳》作上海進士，故亦收入《上海志》。）（寅東應附吴志葵、楊枝起後入外志。）　楊寅東載前志。依《五芳志逸》寅東有志，不應入《忠節傳》，削之。　陳廿八餘姚人。《宋志》入《寓賢傳》，今附接□後。子舉人。　張乾居衛城。按：《華亭縣志》有永慶堂，明張乾宅，在九保四啚，當爲華亭人。　唐銓居衛城東。《吴縣志》潘墊人。　姜超居篠管衖。《華亭縣志》列入《忠孝傳》，當是華亭人。前志有傳，故仍之。　沈士賢字得四，《通志》作名德四。居泖上，《顧志》作上海人。祖母邱，前志作張，誤。四世孫鋆，前志作鈞，依《上海縣志》更正。　沈易大石村人，《華亭縣志》曰河滙人。長子度亦居此，《華亭縣志・第宅》有樂琴書處，又有錫老堂，爲次子粲居，與度所居相近，蓋粲始亦嘗居郡城，後讓其居於兄子藻，遂構宅查山，今爲大石村。　徐億乾家塢人，《青浦縣志》云家泖西。　吴之賢字佑甫，前志作祐甫。　張之普字宏祖，《宋志》作閎祖。　李祥按：祥爲袁崧部將，見《晉書・袁崧傳》，未詳居址。又《南滙縣志》袁崧墓在周浦鎮南，又有小墓，相傳袁部將李祥葬此。《青浦縣志》載崧墓在崧宅鎮後，《顧志》則云在上海之長人鄉，《吴地志》又云在横山，今屬吴縣界，俱不可考。崧，《宋志》作山松，誤。前志有傳，《宋志》不載，删之。　曹鍔字子礪，前志作勵。　王嗣響張堰人，按《華亭縣志》張堰七保人。屬《華亭縣志》有傳，存之。　王澐字勝時，又作持。　莫遜田字薛封，《干巷志》作薛峯。　陸霆龍咸淳進士，前志作開寳進士。居仁前志誤入宋。《通志》作青浦人。　周佩朱涇人。按《華亭縣志》載，居北城濠，其自號北野者以此。是佩當爲郡人，而前志著之，或始居朱涇，而晚遷郡城者與。郡守崔宇《五芳志逸》作熊宇。後轉刑部，《通志》作刑部郎中。　單恂居六保。《華亭縣志》賢游涇人。又《松江詩抄》僅羅□廟西，白□庵乃其栖隱處也。　沈泓朱涇人，前志作世居泖上，更名宏堅。《婁縣志》有傳，嘉善籍。《洙涇志》作宏忍。□□□□中式，又居楓涇。

戚韶《小長蘆詩話》朱涇人，《郭志》《陳志》《青浦縣志》俱作唐行鎮人。識此，竢考。　王廷宰張堰人。《府志》嘉興籍。《松江詩鈔》嘉定籍。　吴騏世居郡東郊，後遷泖上。《婁志》僑寄郡西西林寺，《府志》《華亭縣志》《奉賢縣志》皆云居珊湖涇。　唐醇著《馬蹟堂稿》。按：馬蹟堂在十六保顧望塘北，醇並非邑人。舊志有傳，故仍之。

曹重初名尔。陔當作垓。父焜，前志作焜。　朱寅字孔陽，《通志》作名孔陽。　趙左朱涇人。按：《婁縣志》《宋志》俱云上四畾人，其遺址可考。前志作朱涇人，誤。　沈韶按《干巷志》，嘉善人，寓居干巷，前志遂爲干巷人。沈井按《宋志》、前志皆悞入明朝。今括世譜改正。　夏治治，《松江詩抄》作冶。

王良佐字汝弼，《明詩綜》作良弼。　曹樸弟檈，《府志》作澐。　胡竹字椀珠，前志作琬珠。　金瓊堦自號終去逸叟，《婁志》作修去。

吴丕顯《姚志》本姓宋，榜姓周，須查。　沈藻爲度孫，中書舍人。又渠子亦名藻，官永康令，同族同名。林企俊景暘五世孫。《青浦志》亦有林企俊，號？亭，隱居青龍江。　胡元諒　曹谿并入國朝，《郭志》列前明。

張起鵬乙酉八月，《府志》誤作巳酉。

何溥華亭中式四二十二名，《山西□□史》俱不載居址，未能定爲邑人，且查景科名天中，□可名何溥，係承業癸未何清之弟，俱入《奉賢縣志》。前志載弟遺兄未起日，據識此，俟考。

莫昊前郡志順天中式二名。今依《南國賢書》更正，并補載莫氏登科名位。

李自華　丁奇逢　李尚衮　殷廷樞以上收入舊志，查非本邑人。

張友仁《府志》藝文、《研北襍志》《墨史》□收張友仁，號宅之，誤。查張友仁係平江人，名友，字友仁，以字行，亦字宅之。而《陳志》内詩亦載名輔字友仁，係沈粲弟子，豈又是同姓名乎?

王周弘治甲子科中式。前志居址未能定爲邑人，俟考。　張邦憲前志萬曆壬午舉人，不載居址，未能定爲邑人，俟考。

刊誤科目

羅義前志景太庚午科中式。　王綸前志天順乙卯科中式，不載居址，未能定爲邑人，俟考。　王周居址未詳。《宋志》、前志作溥。

高夔前志僅列高夔於宏治乙卯科。及考《高氏世紀原》，至遞凡六世，曰原，曰禋，曰夔，曰遞，先後登科。依《高氏家乘》補入。　何浦前志中式正統丁卯科一百二十二名。□志作華亭。考府志，是科應天中式共一百名，與前志不合。　周輿前志由庶吉士官布政使，與《人物傳》異。《宋志・進士表》翰林院編修，歷官大理寺寺副，亦與《人物傳》異。其云寺副者，或由下王祐而誤耳。　王祐前志官大理寺寺副。《宋志》删去，則存周輿之下，誤。　王綸天順間有兩王倫：一中己卯科，仕至山東按察使僉事；一中壬午科，官都察院司務。前志以僉事字緝之，宋志以司務字緝之，顧志兩人俱字緝之，必有一誤。居址亦無考。　柳淳山東右布政，宋志作四川布政，與《人物傳》異。　陸銍居址未詳，《宋志》作上海人□。　林濟郡學中式，前志及《郭志》皆作上海學，依《宋志》更正。　彭敷字以言，《宋志》作汝言。　王屏王祐子，前志失載。　莫昊郡學中式第三名，前志及《宋志》俱作順天中式第二名，今依《南國賢書》更正。莫氏自昊以下登科者十一人，前志失載，惟如忠入《人物傳》而不著《科目》。　周佩仕至刑部郎中。前志《科目志》作員外，《人物傳》作郎中；《宋志・科目》作郎中，《人物傳》作員外。　姚奎郡學中式，《宋志》作邑學中式，誤。　彭燮前志作華亭學中式，今依《南國賢書》作順天中式更正。　姚参官工部主事，《宋志》作郎中，依《姚氏家乘》更正。　胡岳字仲申，《宋志》作仲山。　姚篚字登之，前志作澄之。　曹銑用嘉善貫，戊午舉人，前志作華亭學中丙午舉人。　徐銘敬前志僅列銘敬于崇禎丙子科，而其祖三重、其叔禎稷、其兄銘常、其弟丙晉三世科甲俱不載，今依《徐氏家乘》補入。　張明化字成甫，《宋志》作大成。　吴炯官太僕寺正卿，前志作少卿。雪盛瀚宽。瀚，《姚志》作灝，《陳志》作瀚。《華亭志》云居府城悦安橋。　姚士豸字伯憲，《宋志》作邦憲，誤。今依《姚氏家乘》更正。

章憲文可不列。前志僅列章元衡、章元復，□□□□□□□□爲邑人，其餘如憲文、如曠、如簡、如本練、如繼如皆不載，今並列入。　殷廷樞郡學中式，前志作華亭順天中式，今從《乙癸題覽》訂正。　沈時來字君文，《宋志》作君大。 李尚衮未授職,上海、南滙兩志誤作兵部主事。 殷廷樞布政使,前志作參議。 王孫熙字君文,前志作子文。 張揚美承憲孫,郡學中式,前志作承憲姪孫,華亭學中式。 王孫熙台州府知府,前志作知州。 章元衡官工部主事,前志、《宋志》俱作刑部。 莊則孝字虞卿,前志作慶卿,《宋志》作愚卿。 莊世權字若谷,嘉善貫中式,前志作君谷,華亭學中式。 姚士慎刑部尚書,《宋志》傳作工部,與《科目表》異,依家乘改正。 鄭棟浙江按察使副使,前志作浙江鹽副使。前志萬曆廿八年舉人不載居址,未被定爲邑人,俟考。 王元琮郡學中式,前志作華亭學。 姚士同萬曆三十一年中式,《宋志》失載。 張濱選字君豫,前志作字君穆,《宋志》作賓選,字于王。 張履端主事,前志作員外。郡學中式,前志作華亭學中式。 陸從諭刑部員外,《宋志·人物傳》作工部員外。 張昂之華亭學中式,前志作郡學中式。 姚士恒京畿道,前志作福建道。 張名順大興籍,《宋志》作宛平籍。 張仕遇字秉鈞,《府志》作秉均。 黄秉鈞《宋志》作秉均。 王楨前志作王禎。 曹鑑臨嘉善籍中式,前志作婁學,《府志》作府學。 楊瑄邑學中式,前志作郡學。 程儀干珣弟,國子監助教。前志作珣從弟,又官主事。 張瑒之官行人司行人,《宋志》作知縣。 曹尔堪官侍讀學士,《宋志》作侍講。 沈泓崇禎戊辰恩貢生,前志作丙寅。查崇禎並無丙寅年,誤。

張慧歲貢,繁昌訓導,《宋志》作思貢,太平縣訓導。 郭洪疇康熙歲貢,《宋志》作雍正歲貢。 張坤翼良,縣志作□良。 程國澍康熙八年武舉人,《府志》作金山人。時未建縣,當脱一"衛"字。 姚鎮乾已酉武舉人,《府志》注作乙酉。 莊元禎華亭中式,前志作郡學中式。 章元復華亭學中式,前志作郡學中式。 吴禎《青浦詩傳》作嘉胤弟,《吴氏世譜》不載,恐誤。 單國祚工部郎中,《宋志》作員外。 吴嘉胤户部主事,《宋志》作户部員外。 姚世勳字元仲,中式十三名,前志、《宋志》作元頌,作三名,依《姚氏家乘》更正。 張元之郡學中式,前志作華亭學中式。 吴永孚郡學中式,前志作華亭學中式。 張瑒之字梁公,《宋志》作梁吉。 焦綏來本姓何,《青浦縣志》作何綏乘。 沈珣字邃苞,《宋志》作邃芭。 程珣康熙二十四年乙丑科,《宋志》作二十七年戊辰科。 李永祺字鶴君,《宋志》作若鶴。 姚培和陜西按察使副使,《宋志》作漢興道。 姚培益字苞延,《宋志》作苞咸。 程維岳山東道御史,《宋志》作湖廣道。 程文彝字銘仲,《宋志》作名仲。

□梁 青龍橋金烈重建,府志金烈貢建,誤。 萬安橋《通志》作在金山縣西南三十五里,誤。 文筆橋俗呼伍藏浜橋,即和尚浜橋,舊志"伍"字誤寫"左","浜"字誤寫"經"字。 護龍橋縣志"龍"誤"隆"字。 世濟橋《宋志》誤作澤。 通政橋、冬雲橋、楊家橋、衷安橋、宏仁橋、興勝橋、東西吊橋。以上在金山衛城華亭境,前志誤收,今删。

滕志喜《通志》作善。 李成印《通志》作承印。 徐登雲順十七年任,《通志》作十八年。 杜昇順二十一年,《通志》作十八年。 徐昇湖廣人,《通志》作福建人。 周世宅四十七年去任,《宋志》四十七年復任。 劉昇康六十一年任,《通志》作六十七年。 (添)增入 艾元復《宋志》監生。直隸宣化人,府志作懷來人。 蕭廷瑞山東濟南人,《宋》、府志作德州人。 王士瑾山東兖州人,《宋》、府志、《婁志》作鄆城人。 邱聞詩浙江錢塘人,《宋志》作仁和人。 徐國璟正(兰)〔藍〕旗人,《宋志》青浦縣下作直隸人,金山下作正(兰)〔藍〕旗人。 常琬乾十三年復任,《宋》、府志作十二年。 陳懷仁乾十七年任,府志作十八年。 車策乾十八年任,府志闕。 蕭登生仝上。 黄堅乾二十三年,《宋志》作二十五年。 鄭炳鑲紅旗人,《宋志》作鑲(兰)〔藍〕旗人。 韓運鴻乾三十五年復任,《宋志》作三十六年。 黄元燮乾三十九年任,《宋志》作四十二年,在吕培緒後。 繆廷玢漢軍正白旗人,《宋志》作奉天人。 邊見龍漢軍人,《宋志》作奉天。 梁蘭生廩貢生,《華亭志》作例貢。下尚有張思旬一任，編在五二年。　王勸乾五十七年任，《宋志》作五十七年任華亭。　舒懷進士，《宋》、府志作舉人。　鄭金鼎嘉元年任，《宋志》作二年。　諸葛蓉嘉十三年任，《宋志》作十四年。　章射基維興，《婁志》作宛平人，乾元年任小具司兼署，“貞”字作“徵”。　吴曜歙縣人，《華志》作大興人，乾二年任。

（選舉）陳師與莆田人，府志作興化人。　（城池）池深一丈，廣九尺。《通志》作深丈有八尺，廣十二尺。

（冢）　吴嘉元墓舊志在横潦涇。《張堰志》嘉元墓祔在吴潮墓，在七保二十一啚。嘉元妻徐氏墓在横潦涇。

名宦祠　忠義祠前志但照婁縣書量後録入。

《雲間志畧》張克峻

元李重協聘室趙氏，自經，官爲立祠。《朱涇志》（查潘樵穀居南通橋，是否金山人？）

吴韶與畢公議築海塘事。《西陽舌瑣》

《五芳志逸》：南陆陆氏名彦章者，生有氣節，深有感于心，自命其高。田養浩鐵崖爲記。

泖河謝氏，松江右室也。謝伯禮搆光漆亭于泖湖之濱，爲燕客之所。鐵崖晚年避地嘗居之。《杜風餘韻》

《朱涇志》：城隍廟門内有碑，云云。入外志

朱涇北十餘里，地名斜橋，水通黄浦。康熙二十八年夏，有犬渡河而沉。少頃，見一大魚似鮎，有二長鬚如竹，銜犬泳出水面而逝。二十九年旱涸，佃户入水置桔槔，忽爲此魚吞，其兩肢號呼求救，其兄力挽之，已失半體矣。三十年七月橋旁地忽坼裂有聲，上有汛兵營房，兵懼疾走，未至數十步其地二□許陷，漂水湧丈餘，一路奔流，赴黄入海。所過河港俱溢，風雨雷電至數時方息，潭深不可測。《述異記》

（刊誤）（第宅）

樂全堂在泖灣，《通志》在華亭縣泖涇，是沿《華亭志》，誤。　古興堂在李家廊，前志誤載白涇。　康園在浦南，前志作涇南。

寶儉堂元時建，前志作宋。　端平書屋明時建，前志作宋。　拱翠堂明建，前志作元。

（冢墓）殷澄墓當從傳作宋人，前志誤入元。　潘塏墓在查山，《宋》、府志作華亭十五啚，誤。　吴懋謙墓在方廿一啚，前志作秦山西北，誤。　王日藻墓在華亭寒字圩，《通志》誤作在本邑。

（古跡）籌邊亭董宸建，府志誤作“良”。《姚志》作“宸”，今依衛學碑作“宸”。

（坊表）東平坊　北泰坊　冠英坊　科第坊　鍾秀坊　育材坊　振武坊　貞節坊二一爲黄蒙妻王氏立，一爲西昌言妻黄氏立。以上九坊俱在華亭界，前志誤收本邑。

激揚坊明天順年立，前志失收，據《宋志》增入。　百歲坊在衛城華界，《宋志》誤收本邑。　登庸坊爲程經立。“程”，《宋志》作“陳”。　興吴拔秀二坊爲楊杞村立。“杞”，《宋志》作“玘”。　啓秀坊爲王綸立，《宋志》作姚参立，誤。　節孝坊爲姚培位妻俞氏立，“位”，《宋志》作“廉”。

澄清坊爲裴斐立。《宋志》“斐”，作“旻”。　登科坊爲陸銍立，《宋志》作姚奎立。

(橋梁)世濟橋在吕巷,《宋志》作“澤”。　萬安橋在舊縣治西北。《通志》在縣西南三十五里衛城通政橋、青龍橋、登雲橋、歲月橋茅家、○安甋、宏仁、慧日、小塘、楊家、東吊、北吊,俱華界。

(職官)艾元復宣化人,《宋志》懷來人。　蕭廷瑞濟南人,《宋志》作德州人。　王士瑾(衮)[兖]州人,《宋志》作鄆城人。　邱聞詩錢塘人,《宋志》作仁和人。　吕培緒《宋志》列黄元燮前。　黄元燮卅九年任,《宋志》誤作四十二年。

繆廷玢漢軍正白旗人,《宋志》作奉天正白旗人。　边見龍漢軍鑲紅旗人,《宋志》作奉天鑲紅旗人。　梁蘭生貢生,《宋志》作例貢生。

張思甸作乾隆五十二年任,列在梁蘭生後。　舒懷進士,《宋志》作舉人。　章射基紹興人,《婁志》作宛平人。　吴曜歙縣人,《華亭志》作順天大興人。

楊蕖歲貢生,前志作廩貢生。　秦智鉷歲貢生,前志作廩貢。

(疆域表)四十一保八、九、六十六、十一、十九啚俱北接婁縣界,《通志》作北接華亭界,誤。　風涇鄉風,《嘉熙華亭縣學記》作楓。　二保一區原管啚十,屬金山者六。内七、九啚,《婁縣志》作七啚隸金山,蓋分七、九啚爲二也。　朱涇鎮朱俗誤作洙。元置大盈務于王家村,《通志》作宋置。　楊巷在五保,《通志》在縣西南,誤。

(衙署)倉署雍正五年張安國建。按:安國於五年十一月去任,《通志》作八年,誤。　縣丞署未建,《通志》在朱涇鎮。　巡檢署《通志》在朱涇鎮西,盖指泖橋署言。

(列女)單氏曹子灼妻。年二十八年夫亡,苦節三十二年。《宋志》作華亭人,年二十四夫亡,苦節五十年。曹氏沈宗敏妻,《宋志》作華亭人。　章氏張基妻,《宋志》作監生張基妻莊氏　楊氏沈炘妻,《宋志》及前志俱作沈忻。　張氏沈天柱妻,前志作衡峯妻。　沈氏庠生曹王檜妻,《宋志》作玉。　倪氏干嘉謨妻,府、縣志“干”俱作“于”。　王氏庠生姚尹繼妻,《宋志》作姚某繼妻,庠生姚尹繼母。　干氏□聖來妻,《宋志》作聖來。　方氏沈祚瀅妻,《宋志》作祚瀛。　孫氏沈榮文妻,《宋志》作雄文。　張氏姚大鋒字釗威妻,《宋志》《金山節孝傳》作劍威,《華亭節孝傳》作大鋒。　王氏金成熹,《宋志》作金熹。　錢氏職員王祖年妻,《宋志》作監生王祖業。

(古跡)周公墩按《通志》,墩爲昔人所築戍兵防海之地,而舊經云周康王南遊築,故以墩與孔宅爲周公、孔子遺蹟。考康王未嘗南巡,孔子未嘗至吴,其謬已甚。

(疆域表)南廿七啚至海。《通志》:南一里至大海。

西啚平湖界。《通志》:西九里至高蕩橋平湖界。

北接婁界。《通志》:北接華亭界。

風涇鄉《嘉熙華亭縣學田記》作楓。

仙山鄉唐邱府君墓志曰葬昌唐鄉。《雲間志》云,以道里考之,昌唐當即是仙山鄉。

修竹鄉《至元嘉禾志》云本名谷陽鄉。

析婁縣分置在雍正丙午年,《通志》作乙巳。

婁縣按《顧志》,梁大同分婁縣爲崑山,而《陳志》則云天監六年廢婁縣。《宋志》與《陳志》同以大同元年析故婁地置崑山縣。《吴郡志》蕭梁分婁縣置信義、大同,復信義屬崑山,其參錯如此。但自蕭梁後,諸志但不見婁縣,疑云廢者近是。又《陳志》:梁太清析海鹽置前京,尋廢。又云:隋開皇置信義,而以前京入常熟。前京廢矣,安得入常熟?又《陳志》隋開皇十八年復置崑山。云復置,則嘗廢矣,而無明文。惟《沿革表》太清三年廢崑山改前京,歷陳至唐,皆爲崑山,亦未明晰也。又《陳志》天寶十載蘇州守臣趙居貞,而《顧志》稱吴郡太守自梁改吴郡爲吴州,吴郡之改久矣,天寶中安得尚沿其名?俟考。

安慶侯按《顧》、《陳》、府志云，安遠侯築金山衛城。安遠侯乃柳升，永樂靖難後始封，則非安遠明矣。仁和夏有文。《金山衛志》云：安慶侯仇成，洪武功臣也。從之。

城池衛城前志相傳周康王所築，見之樞要。查顧野王著有《分野樞要》一書，今世失傳不可考，照附會。錢氏有國，屆成守其址，亦不可考。

康城相傳周康王築城以鎮大海。金山，海中山也。城南與山接，故名康城，亦屬附會。

（山川）秦山按：《嘉禾志》《太平寰宇記》海鹽、崑山俱有秦望山。前志載秦皇馳道在華亭崑山南。　前志引《顧志》云，仙人洞内嘗有秉燭入者，行漸寬，遂半部最而返，其説近謊。

金山前志引《樞要》云，周康王東遊築城，南接金山，名曰金山城，當潮勢□猛處有周公墩，均近附會。按海甯舊志，亦有康王故城。又前志引《吴國備史》，"國"字是"越"字之誤。

（倉署）雍正五年張安國建《通志》作八年。張安國於五年十一月去任，此譌。

（沿革）　雄州《顧志》唐大歷年改蘇州爲雄州，不知雄州爲郡望，如縣之有赤緊也，《陳志》因之。

（山川）柘湖前志引《顧志》《陳志》，□海鹽縣爲柘湖，出《吴越春秋》。查是書爲吴越事，並無載及□□者。

始皇馳道按《青浦志》，在官塘。

（古跡）松澤西亭按《青浦志》。

（建置）縣署至衛城。前志作五十里至松江府城。里前志作三十六里。其至蘇州省江寧省城，依《大清一統志》道里計算開載。

（沿革）朱涇元置大盈務于王家村，《通志》作宋置。　張堰在衛城縣治北十二里，《通志》縣南五十里。　吕巷在泖涇西南三十五里，誤。至朱涇□□里。　干巷相傳吴干將于此鑄劍，無考，當是附會。　楊巷在五保，《通志》在縣西南，誤。

（山川）秦山秦望輦道。按守處以南接金山而名，《通志》亦云南接金山，誤。《大清一統志》：金山在金山縣界。《輿地紀勝》又云，金山衛城在華亭南，相傳吴越時築爲戍□□。或云山以縣得名，應屬縣境。不知縣之得名特襲衛名而仍之，□□□屬縣境而。　招山張堰東南，《通志》作鎮西，誤。　金山查雍正三年朱軾海塘疏云，金山直衛漴缺之華亭界。《通志》及縣、府志誤列邑境。　許山、浮山、勝山、竹嶼山、達岸山、蘇山、洋山、小金山。前志中軍。考諸山俱在海中，或屬鄰省，或屬鄰郡，或屬鄰邑。且高遠丈尺並難表測，未敢據爲邑境也。

（合署）参將署、録爲守備署、演武廳、揔督府、東察院。俱華界。

（職官）指揮府志，洪武十九年設指揮十五人，領千户所七。又云，本衛設指（揮）十八人，内掌印一員、管屯一員、三巡一員、城操一員。

（壇廟）　城隍廟南四十五□□院，宋淳熙建。、旌表縣廟、大神廟、錢鏐廟。俱在華界。

（科目）丁公著前志　宋　張國南紹興十五年乙丑劉章榜進士。居址無考。　許克昌紹興三十年梁克家榜進士，《雲間志》作狀元。　林至淳熙十六年已酉以上舍释褐，由信州學教授。《婁縣志》作紹興元年進士。居址無考。　林革嘉定十三年庚辰劉渭榜進士。　姚述堯紹興二十四年甲戌張孝祥榜進士。考林景祥進士題名碑及《雲間志》，是科止列衛稷、錢良臣、徐鋭三人，並無述堯，名亦無考。又依科序，述堯應列許克昌前，前志反列嘉定之後，蓋前志《科目》又作咸淳進士，原與《人物》自相矛盾也。

張□龍咸淳鄉貢進士。前志《人物傳》作開寶鄉貢進士，與《科目》異。　謝國光咸淳九年癸酉領鄉薦。

（元）黄璋天歷二年乙巳馮勉榜鄉貢十五名，再舉鮑恂榜十三名，許瑗榜二十四名。　倪中至正二十二年壬寅左榜鄉貢，丙午進士。考諸志並無其人，不知何據列此。　宋良二右榜進士。　張居仁宋咸淳進士，以《詩經》中太定三年黄清老左榜鄉貢。依科名列黄琣前，二志誤列于後。又前志作至正□至鄉薦。而《人物傳》作太定丙寅，彼此兩歧。

(列傳)吴韶寄書太守翁公理詩三“萬家瓦屋皆沉竈,何處絃歌獨倚樓”句。按《華亭縣志》,爲張堰里民王瑾之作,太守爲之罷宴,府志兩載之。

伊直生

楊寅東《宋志》列入《忠義傳》。《雲間志》載侯承祖于衛城陷時巷戰者七。諸生□□□者有二心從後繫公,勇將陳國賢肘遇害,公遂被執,當削其名可也。

翁孝賢爲衛學教授,掘地出聖像一節,與《雲間雜誌》所載熊姓欲于文廟後鑿一阿,去其土之不潔者即發矣,得聖像瘞之事相同。

(墓)李逢甲墓《宋志》作逢春。　張宫墓下孝子之普祔,《宋志》脱一“孝”字。

(隱逸)王應騏借第道觀,《宋志》遁跡亭事林寶雲寺。

(沿革)吴中軍《郭志》吴越□氏稱中吴府領華亭。按《十國春秋》,陞蘇州爲中吴軍。　嘉興路嘉興路松江府。按《元史》,元時府有隸、木隸之分。松江府元時已不隸嘉興路。蓋至元二十八年應上海縣時,從僕散翰文請也。徐碩撰《至元嘉禾志》在前,故嘉興路下有松江府,宜從《元史》。

(水利)吴松江出《後漢書·左慈傳》,有“所少吴松江鱸魚”一語。然觀章懷太子注,係吴字斷句。至《陳書·侯瑱傳》始有“與景戰于吴松江”一語,始冠以吴郡之名,而後人遂連稱之。所自昉與杜詩“剪取吴松半江水”,又趙彦材注云:言吴地之松江也,今世刊本多作“淞”。《元史·河渠志》亦作吴松江,明人諸書“松”“淞”互用。

黄浦舊説爲松東江。《陳志》云,太湖自白蜆江□,東至黄浦合吴松江北入海爲東江。

(尼庵例不載志)(疆域)浜“浜”字見《集韻》,非俗字。　啚“啚”字雖從“圖”省,然謝少運《歙縣志》已作“啚”。《説文》音同“部”,《韵會》俗作“啚”,非。按李北海《雲麾將軍碑》亦作“啚”,則“啚”“圖”相通自唐已然。今仍從正書作“圖”。

(襍志)泖上謝氏事載《雲間通志》。《配給象奴詩》與□□載夷歎妻。氏事同,而《烈女傳》、縣志不收。

(列女傳)郭貞女《宋志》載,郭貞女縊于槐,至今槐蔭數畝。又按《金山縣志》,所載與此畧異。查前志並無其事,不知何據。

(應補《人物傳》。《宋志》收,現删者。《朱志》收,現删。)

沈湖入《流寓》。　曹元曦　王嘉壁《姚志》作張堰人,當查。

沈戍開　金夢熊　方騏　張遠器以上三人入《宋志》拾遺。　張士彬或并收重遊泮水。

彭金華　郁振　張其煒　程超　程運　程以权　金城　徐照　張爲齋　楊瀾　袁鎬　朱一飛

(前志收,現删者。)葛元　姚述堯　李祥

(《宋志》補遺,當補。)周永寧妻封氏　張升聞繼妻駱氏　徐廷芳妻吴氏　國學生張曜妻潘氏

(方外楚蘭名補《方外傳》。)　曹元曦字裴則,續舉小蘭亭詩社,著《庸軒集》,博覽羣籍。應補。

(刊誤　《宋志》收王國焯妻楊氏,工詩文,與妾汪氏入《節婦》内。)　張昌後《宋志》注《殷頑録》,查無。　吴志葵《宋志》注《曝書亭集》,查無。

(刊誤)周心屺雍瞻,舊志作永瞻。　蕭詩《留涇外傳》作蕭山人,誤。　曹源郊邦。前志附入《鑑倫傳》,現入《科舉》。

(按:侯承祖妻周氏死,注入《刊誤》。)

李蒸前志作璜涇人，誤。

曹沆蕃弟萼脩圖結公榮吟社。

戚氏朱涇徐君仲妻，乾(隆)二十三年百歲題旌建坊。　張氏朱涇陳悦仲妻，乾(隆)五十六年過九旬，五世同堂，詳請旌表，賜"昇平人瑞"額。

周纁父茂濱。　胡琬岳父。　(藝術)金源子秋崖，孫守質。按：源本姓戚，郡庠生，精于醫。子秋崖，名毓祉，活人無算。傳其學遠近稱人。

曹鑑算父爾垶。　王藻鑑項齡曾祖。　王廓鴻緒父。　嗣響藻鑑父。　典廣心父。

曹勳子爾坊、孫鑑倫　稹勳父。　津勳祖　姚进士慎祖。　曹鍔梁父。

游擊俸銀與參將同否？以□□興名數須查。　城守千摠何年改？

(查)衛城四門華、金分界。(問)二保莊家柵、陳家庫，三保泖橋、夏枋、曹都、珏○、秋字圩，四保黄艸蕩、下圩、高家村、周家帶、王家角、尹家庫、新□□、周曹村、倪莊、晒旅浜。

五保田家柵、□源村、同安村、烏鴉里、秋涇、莊家橋、湯家坎、宋家帶、野人村、新村、立極村、施家村、戚家坎、西馮、六保洛卜村、沐瀝村、單價庫、褚帶。七保 章家庫、湯家角、中段村。

四十保林家庫。四十一保張家角、涇南。

典史添加□以後。　中軍守備乾隆八年後至十九年止。　横浦、浦東兩大使加慶以後諸人名。

山距朱里數、海距朱里數廿三六　頭段□節孝圩。　縣署修年月自道光十四年以後？　巡司署捐廉卷。　典史獄共□間，修年月？

(十)寺觀張鎮道院碑當抄。錢武肅王廟　六里庵　古廟查明鐘　朱涇同仁堂田、輔仁田、家主祠、接□建立年月田、志仁局。

保啚查小河港名。廿三六　頭段有單金氏石坊。各鎮廟問碑鐘　查嘉慶十四年後開河章程。

衛城照《□志》，南水關河東華界、西金界。今演武場華界，守備署亦華界，華金以萬壽寺至迎恩橋分界。

□三興□無增　洋山三四月有黄魚汛市，五六月曰□米市，七八月有海蜇市，九月曰□□□市。

府志海潮、縣志海咄爲入《外志》？

查山有明潘懋穀所鑄鐘。　查山俗丹井。石甃當存，入《金石》。

縣本水鄉，又濱于海，凡小族海錯皆其所産。迺近年以來，泖漲成田，海多積沙，漁人不能施網罟，即蒓菜鱸魚亦不可得，遑論其他哉。且布不如華亭之緻，鹽不如南滙之贏，僅爲窮嫠瘠户稍資衣食而已。農事全賴秋收，而下鄉濱海收成尤薄。中元前後患在風潮，中秋前後患在螟螣，秀時霜多患在凍漿，穫時雨多患在腐楂。往往夏秋間滿擬，豐年轉瞬頓成歉歲，而地方奏報例在秋分以前，其時豐歉未定，後麥薄收不得上陳矣。

松民賃田力耕，輸租而外，田大者稍有餘粒，少者僅存穅秕自給。迩年來斗米一百錢至○○錢不等。若至秋成時價稍减，入春則貴，遇雨水則貴，兑軍之時則貴，客米舡不至則貴，頭損則貴，秋有風潮則貴。一遇歉收，必有偷漏海禁之採買者也。

《姚志》衛城記全卷内有職官。按：衛設指揮云云，應入廢員下。(下又一段)又按：明設衛所一段。

(祥异)萬曆己丑八月，衛馬生二卵大於鵝，子力破其一，五色鮮明。《輟耕録》名鮓荅，□古人用以祈雨。《竺國記遊》：鮓荅即劄荅牛。馬狗腹皆有人黑危，尤重剌麻。得之置水中，以梵語呪之即可致雨。 順治癸巳萬壽寺甘露降。

(役法、賦法)當時《姚志》 (風俗)○潮生日有至張涇橋縱○者。亦□相傳大士成道日燒香。七月晦設盂蘭盆會，燃□燈，□□作爲蓮舡，鄉人競投寓上，于中祈往生西方，夕作夢事楚之。

源郁有《宸翰堂稿》《東園叟雜纂》 曹爾埴有《緑野春深堂稿》。"讀者期有用，閉門恥無能"。 耕耤禮入《雜記》。

姚氏舉人貧女。年十三受黄氏聘，未成夫夭，父母欲更□，不從。有强委禽者即自刎，故止。乃獨局一室，持齋念佛以終焉。

康熙四十六年丁亥春，聖駕南巡，上幸侍郎王頊齡西園、尚書王鴻緒東園。改名秀甲園 "永思堂"额，康熙三十八年六月賜工部尚書王鴻緒，三十八年賜少詹事王九齡。

御書"敬慎堂"額，又賜詹事府少詹(事)王頊齡御書"世恩思堂"匾額。四十一年，賜王鴻緒御書"松竹"二字，又"蒸雲"二字。五十二年，賜内廷供奉庶吉士王國炳御書"漱芳"二字。五十八年，賜大學士王頊齡"世澤堂"額。雍正元年，賜太傅、大學士"朝堂元老"額，"清華品堂"四大字。

兵防照《婁志》。兵制 訓練 軍餉 防汛 紀兵 周與《寶善編》 般隆《通志》 周湮《通志》《雲間志畧》

鹽法照《華志》 場鹽 商鹽 晉鹽 私鹽 林□《魯志》參《沔陽志》。 莫如忠《明史》《通志》 張承□《廿經堂集》

水利照《華志》積壅則時爲淘攓，停留者另設閘座。 林景暘《通志》 王孫熙《通志》 張昂□《通志》

端諒堂張承憲宅在府治東，查宅删之。 黄鑾妻坊華界北倉。

吴嘉允《一統志》 戚韶張志居詩話 夏士夔《朱里志》

瑞芝堂 西寧宅 華界 黄裳妻坊華界北門。 (藝術)張元聘華亭人。 張玘麟《曝書亭集》 張慧《周大樞傳》

竹林庵衛城東北 華界

萬壽禪院衛東門 華界

吴騏壻，家望湖涇，因醉墜□，其女易尔衣之不受。《南志》吴家角人。

顧用楫，字蔚若，南滙人。明諸生，博聞强記。世教幾社，與僉事李懷及諸生計南陽、曹魯元稱莫逆。入國朝，李視事中州，招三人入幕，校藝用楞，所賞則破壁去。去張涇王氏最久，頊齡及二弟皆出其門。其卒也，頊齡葬之白廟港。有《還素堂集》。《南匯志》 唐醇究心理學，與陸清獻、王瑁湖友善。由南滙徙居張涇。子彬至孝，定爲清獻入室弟子。

《掩埋事宜》：一、造册宜詳也。先令各啚地保挨查○啚無主露報，一一造册呈縣，以便給發各董查辦。須到處清查,毋使遺漏。其□厝年久者,取具葬埋限状依限督埋。一、查辦宜慎也。董事督同地保僱夫移埋。其年久棺朽,另置大□盛貯。如無力□者,亦出資僱夫代埋。一、夫工宜省也。將塚地挖開寬大,分别男女,各埋一處。至於僱募泥夫,照例計日給賞,未便計報數□發價。一、經費宜裕也。各董僱埋諸督,有情□捐辦者聽。一、火化宜禁也。查例載,聽尊長遺言將屍焚化者杖一百。若無加焚化,各照尊者行幼服制律,重則繯首,輕亦杖徒,出示嚴禁。《南志》尚有若則。

(風俗)士、農、商賈農邑之北地低田瘠,南地高田腴。地瘠少大熟。宜稻者曰水田,宜□□豆麦者曰旱田。小田用車戽水,以資灌溉。

海邊艸蕩,明初給與竈户爲□。鹽之資萬曆後□□家起税,受業遂變爲蕩租。鹽丁以是消乏。秋成曰大熟,麥秋曰小熟。

歲歉口食仰賴他處,官府禁糶。營汛假稽查需索奸民,挽留强買,其有搶米沉舟之愚,至境而必沸騰。

周藹聯　胡廷儀　黄光焯《晚學齋集》《仕績》　薛體洪　朱棟附朱履升。

錢熙祚《文苑》　錢熙載附樹本。　錢樹芝附傳文。　沈毓秀附宏烈。　錢熙咸《流寓》

吴琛附欽章、大復。　徐昭文　王步蟾附孫耀、丕曾。　姚汭、前城　姚海、清華

薛

楊楚珩　程以權附程運。　汪逄堯、奏雲附《□□傳》。

府志拾遺記　楊大周妻葉年二十四夫亡,守節廿六年。　邵在莪妾林氏年十六夫亡,苦節五十四年。　國子生張曜妻潘氏金山人。

周永寧妻封氏　張升聞繼妻駱氏　徐廷芳妻吴氏金山人。

《南新志》《守禦議略》《禦海洋紀畧》　《武備志》　《奉賢志》鹽法、役法、海塘

海鹽本秦縣,後縣陷爲柘湖,移於武原鄉。出《元和郡縣志》。

夏府志收

按前志,雍正壬子科有沈湖,字鏡涵,原籍華亭,以本縣學中四十六名乾隆辛酉科。有陸承祖,字武昭,原籍婁縣,以本縣學中五十六名壬戌明通榜,寶應教諭。三人皆非邑人,應聽各邑志記載。乾隆壬申科有陳芳槐,字聽三,本姓陸,原籍寶山,以本縣學中式,官懷寧訓導。

錢鏗嗣,字綏萬,國子生。事親孝。每出,視日已晡即歸省侍。一味之鮮,必市而進之,得父母欽皆享大壽。比歿,慟而甦者再。里中薄其父母者,咸聞而改行。有弟三,各守中人産,而鏗嗣獨勤。益贍體父志,復以己産四分之。尤篤族誼,曾佐父隣修宗譜。年六十三舉鄉飲賓。

(附貢生,字嘯樓。時有錢熙載與廩生翁淳刱建衛學文廟並刱建大□書院,是之南北文風以興。于是乎與熙載并捐銀助建,請旨議叙,□運司提舉。)

王鳳麟,朱涇人,先世業農。康熙五十一年夏,隨父販薪過蔣涇港,大風濤湧,舟覆父溺焉。鳳麟隨躍入,逾時援父出,淹淹一息,籲天哀禱獲甦。父母相繼歿,喪葬盡禮,廬墓

側。一日大風雨,蛟發于墓之近地,民無完舍,獨其墓與所居之屋無恙,人以爲孝感。性醇樸好義。道光二十五年題請旌表如例。

徐仁,字洪濤,武庠生。母病,割股愈。《張堰志》

(流寓)

程文彝,字銘仲,休寧人。康熙癸卯舉人,甲辰進士,官工部侍郎。弟文錡,字李玉,習孫吴法,中康熙己未武進士,授□威將軍,除三品識。以母老終養遷居朱涇。

陳金龍

《姚志》有而刪者

李祥　姚述堯　李自華　殷廷樞

曹士藻　曹炷□　林襄　廖瑞松《游寓》　徐崧游　曹基堂游　葛元　李尚衮　莫秉清林子卿子襄當考居址。　陳嘉綬□添入《儒林》。當刪。

陳海　姚懌曾《儒林》　沈湖　徐穎□　王嘉壁　陸士彬

曹梁　曹默　沈戍開　郁振　張其煒　程超　程國法

程文彝　徐是訓　黄灝　程運　沈業　金城

《易裨傳》《宋史・藝文志》作一卷,《文獻通考》于二卷之外又有外篇一卷。此本爲元至正間陳泰所刊,揔爲二卷,蓋泰所併也。其書未免有主持稍過之處,而所論多中説《易》之弊。自序其謂易道變化不窮,得其一端,皆足以爲説,尤至論也。

《易憲》是編隨文詮意,不載本义原文,而全書宗旨一一與本義合,在舉業家則可謂之簡而有要矣。

《儀禮彙説》無

(進呈焦氏家藏稿本。江蘇巡撫採進本每卷有袁熹名印,前有其孫鐘璜跋。)

《春秋闕如編》八卷。是編爲袁熹未成之書,僅及成公八年而止。自孫復倡《春秋》有貶無褒之論,説者日流于刻酷。此書獨酌情理之平,末附讀《春秋》數條,亦足破穿鑿之謬。雖未成之書也,代説《春秋》者莫之先也。非襍説諸書出自門人襍録者可比。

《經説彙編》是編乃(袁熹)讀諸經注疏,間有標識,其門人掇拾成編,蓋(袁熹)究心注疏,時有所觸,隨筆記録,本非有意著書,故其説往往泛及襍事。其門人一一録存末,附《讀朱子語類》一卷,列之經説,殊爲不類,尤見編録之無體例也。

《四書説》是書係其子以敬以恕掇拾殘稿成編。凡袁熹手定者十之六,故與所作經説偶有重復。然較經説多可取,其中有强附古義者,不免賢智之過。然其他疏理簡明,引據典確,與《章句集注》小有出入。自明以來,講四書者多爲時文而設,是書獨能深求其學問者。

《四書雜説》是編乃以《禮記》中《大學》《中庸》及《論》《孟》注疏,與朱子《章句集注》兩兩相勘,决擇是非,而左袒朱子爲多,其中考證亦多過疏者。無卷數。

(提要誤作無錫人。)《六書辨通》是書大旨謂,六書假借,于義可通,爲變而不失其正。其不可通者,即不得不著辨以明之。因分韵編次于每字之下,各標出處,並注本字之義,而于其誤通者則一一辨正。

《六書例解》《六書襍説》《八分書辨》是書首冠黄之雋《篆學三書序》,蓋錫嘗作《秦篆韻編》《正學啟蒙短牋》二書,與此爲三也。書凡六篇,分論六書,大抵尊許慎《説文》,而陰以魏校《六書精藴》爲藍本,故于制字之義多所未明。其《六書雜説》,論六書分界,强生辨别。至《八分書辨》一卷,申歐陽洪適之説,以八分爲隸,而謂今之楷書爲八分,引據牽合,亦失于考證也。

（史）（地經襍觀）《吴中舊事》此書記吴郡軼聞故跡，以補地志之闕，頗能有所考證。其體例近于小説，然襍記之，誌神怪，資諧笑，自唐已然，不足爲友仁訾也。刊本訛脱，今以《永樂大典》本所載互校補正，備元人説部之一種。

（編年）《此木軒紀年畧》五卷。一種。按王鴻緒纂輯《明史》，袁熹亦在局中，以持論齟齬（詞）［辭］去，乃自以其意書著此書。紀事始于堯，編年則始于《春秋》。撮其治亂興亡之大端，而各繫以論，亦頗考證其異同。未及卒，僅及漢順帝而止。其門人徐逵照裒輯賸稿編爲此本。其第一至三卷皆熹手自標識，提其綱要。三卷至五卷，則逵仿袁熹之例，補爲標識者也。

（子）（小説）《墨史》陸友仁集古來善製墨者凡百五十餘人，旁及高麗、契丹、西域之墨，無不搜載。末附雜説二十五則，皆墨之典故，頗可博贍。

（襍家襍學）《叢語》吴炯。是書成于萬曆癸巳，初無門目，故李時英序但稱上編、下編。此本乃其門人孫汝學重爲排次，刻于南京，始分爲十七類。其學亦出于姚江，而不甚取其末流之狂肆。至于論處世之道，謂相安于無事爲上。又云，爲善亦須顧慮，雖激于時事而言，然已參入黄老矣。

（兵家）《兩浙兵制》是書第一卷首列全浙海圖，附以説，並及沿革、兵制，各府圖説，並詳列兵書、烽堠、倭犯，寧、紹二府爲一圖，臺、金、嚴三府爲一圖，温、處二府爲一圖，圖後有説，第二卷載造戰〇〇舡、火器、軍器及營捺、甲捺、哨捺、伍捺等圖，第三卷載倭警始末，第四卷爲《日本風土記》，于一時海防軍隸事之。

（藝術）《畫説》莫。是書論畫，以李成爲北宗，王維爲南宗，而於維尤無間然。其論筆法、墨法，頗合畫家宗旨，特所録僅十五條，不爲詳盡。

《青蓮舫琴雅》凡古琴之制度、名稱、典故、賦詠，是編悉爲采録，而琴譜反黜不録，蓋書非審音之書也。據自序，乃萬曆癸丑遊西泖時所作。青蓮舫，蓋其舟名。

《法教佩珠》是書成于萬曆甲寅，襍採儒先格言及二代因果之語。前有徐樂善序，稱其擷菁英于三教，漱芳潤于百家，則固明言其襍以釋道，非純然儒者之書矣。

《研北襍志》入《元史·藝文志》，是書取段成式《漢上題襟集》語，自號曰研北者，因名所録皆佚文瑣事，而友仁頗精賞鑒，亦工篆録，故關于書畫古器者爲多。其考證詩文亦頗見依據者。本出自陳繼儒家，末有舊跋。跋稱字多訛脱，繼儒刻入《普秘笈》中，更失校讎。錢曾《讀書敏求記》稱有柯柘湖校本、項藥師刊本，今皆未之見也。

《致身録》《明史藁》王廷宰纂注吴江仲彬所述建文出亡後事甚具，萬曆時出得之。

復者僅存二十八條，殊失隴其之意。此本刊于乾隆辛未，乃金山楊開基重編，分道體、爲學、處事、教學、辨學術、觀聖賢六門，仍以原第幾條注于本條之下，以存其舊，而别以己見附識于後。前有開基序，稱《問學録》爲中年之書，此本爲晚年手定之書，極論伯行之删本爲非。又有隴其孫申憲跋，亦謂伯行刻隴其遺書四種，惟《讀禮識疑》《讀朱隨筆》爲足本。此書及《問學録》均删節失真云。如此凡漢注、唐疏爲講學諸家所不道者，亦皆研思探索，多所取裁，可知一代通儒，其持論具有本末，必不只言誠敬，屏棄詩書，自謂得聖賢之心法也已。

（屬字）《三魚堂賸言》是書本名《日抄》，皆平時劄記之文，未分門目。其甥金山陳濟排次成編。雖亦不立標題，而推求其例，則説五經四書、《太極圖説》《近思録》、小學及諸儒得失，亦間及襍事。隴其傳朱子之學，爲國朝醇儒第一。是書乃其緒餘，而於名物訓詁、典章度數一一精核乃如此。

（又）《松陽鈔存》是編乃隴其爲靈壽知縣時取所輯《問學録》《日抄》二書，摘其中切要之語録爲一編，以示學者。靈壽爲古松陽地，故以松陽爲名。本七十八條，張伯行嘗爲刊板，删其與《問學録》重復者。

（儒家）《恥亭遺書》周宗濂。是書于《易》《書》《詩》《春秋》《禮記》《周禮》《儀禮》偶有所得，皆隨筆記録，末附

《日省録》一卷。其説經諸條,多講章習見之語。惟《日省録》語多切實,蓋疎于考古而熟于講學者也。

《文獻通考節貫》是書取馬端臨《文獻通考》、王圻《續通考》,首尾編次仍如二十四門之舊。惟帝系、象緯、物異、四裔、節義、方外六門,以難于節録置之,蓋意主便于記誦,爲場屋對策之用,固不能以著書體例繩之耳。

《强齋集》明殷奎。是集乃其門人余熂所編,詩文襍著凡九卷,又益以交遊贈答詩文暨行實、墓誌共十卷。奎生於元明之間,承開國渾樸之初運,宋末江湖積習、門户流波湔除已盡,故發其文亦樸雅,頗有經籍之光。在當時不以詞翰名,而行矩言規、學有根抵,不失爲儒者之言,視後之雕章繢句有逕庭之别。刊于洪武十五年,錢唐陳振祖爲之序。

《崇蘭館集》二十卷。按:《明史·文苑傳》附載董其昌傳。其詩頗具唐音,五言近體尤多佳句。文則應俗之作居多,惟題跋十餘頗爲雅令。蓋如忠精于賞鑒,流傳墨跡題識最多,此所收猶未盡也。

《玉恩堂集》林景暘。九卷,附録一卷。是集爲其子有麟所編。凡奏議二卷,叅詞二卷,詩二卷,文三卷,附録碑誌、行狀一卷。王錫爵、張以誠二序及張孟男、申時行所撰墓碑皆不稱其文,惟杜士全序少稱之。

《石秀齋集》十卷。《明詩綜》載有《廷韓遺稿》,不著卷數。此本前有傳一篇,于是平生事跡不甚詳備,又無序跋及目録,其末卷亦有闕佚。然《明史·藝文志》云《石秀齋集》十卷,與此本合,豈彝尊所見又别一本歟?是龍書畫皆有名,而爲詩不屑深思。

(此本但有内集,蓋不完之本。末有跋。汪啟淑進呈,稱抄自朱彝尊家,原闕後七卷,則其佚久矣。)《五倫詩》五卷。沈。是編前有錢惟善序。此集本爲課蒙而作,所録皆淺也。通俗之作,原目共内集五卷、外集七卷,内集五倫分五卷,詩餘分七卷。

《世恩堂集》凡詩集三十卷,經進集三卷,詩餘三卷。項齡值文治昌明之日,奏太平黼黻之音,故一時臺閣文章迥异乎郊寒島瘦。即早年未達時作,亦無衰颯哀怨之意,足以見其襟抱矣。

《艾納山房集》九齡之詩,欲挹何李之流波,而才思富艷,加以纖穠。如《金陵襍感》云:"十里青樓原上草,六朝紅粉路旁花。"殆以情勝矣。

《松桂讀書堂集》姚培謙喜刻巾箱小本,亦好事之士。所著有《春華集》刻于康熙庚子,《自知集》刻于雍正甲辰,樂府及覽古詩刻于乾隆己未。此乾隆庚申裒合諸編,删爲一集,培謙自爲之序,其諸集序亦仍列之于卷端。

《松風餘韵》是選上自六朝,下迄有明,凡雲間諸人全集傳或篇什僅存一二者,悉收輯入,各綴以小傳,义取博收,不能一一澄汰。其凡例内已自言之矣。有不忍復逸,存詩所以存人,云云,弘緒已自言之矣。

(〇乃河渠)《全吴水畧》天一閣藏本。是書成于嘉靖戊戌。首載蘇松七府爲揔圖,次作《捍海塘紀》,次列太湖、三江及諸水源委。凡疏導修築之事,以及歷代官司職掌公移事實,悉採録之。

《國史經籍志》《明經籍志》《提要》《直齋書録解題》《崇文揔目》

《遂初堂書目》《文淵閣書目》《千頃堂書目》《經義考》《郡齋讀志目》

(經部)《易裨傳》二卷附外篇一卷。宋林至撰。上卷凡三篇:一曰法象,本之太極;一曰極數,本之天地之數;一曰觀變,本之揲蓍十八變。下卷題曰外篇,論反對、相生、世應、互體、納甲、變爻、動爻、卦氣八事。(《四庫全書簡明目》《經義考》)

《孝經旁訓》沈易入《元史·藝文志》。

《四書襍説》按:是書以《禮記》中《大學》《中庸》注疏及《論語》《孟子》注疏與朱子《章句注》兩兩相勘,决擇是非。《四庫全書》存目。其家藏本八十卷。

《玉恩堂集》林景暘紹熙著。按:是集凡奏議二卷,參詞二卷,詩二卷,文三卷,附録碑志、行狀一卷。 存目。

《研北襍志》陸友仁。《元史·藝文志》。 《易憲》四十卷明沈泓撰,黄淳耀序。雷鋐跋云:不矜新奇,不事泛濫，足稱傳義之功臣。　浙江採集遺書。

《海畠遺事》陸友仁。入《元史・藝文志》。　《儀禮彙説》十七卷焦以恕撰。採輯注疏及各宗説，其以己意爲衡者，則以"愚按"别之。　浙江採集遺書。

《六書(辦)[辨]通》五卷楊錫觀撰。取兩字至四五字可通假者，標而辨之，以韵爲次。自述云，兹編專辨通假，而每文下分注形、聲、事、意、轉注五義者，以本義明，始假借明也。　浙江採集遺書。

《把菊軒稿》陸友仁。《元史・藝文志》。

《叢語》十二卷，明吴炯撰。多論理學經義，時有辨正。　浙江採。

《五倫詩選》十二卷小山堂藏寫本。元沈易輯古今詩之有繫于倫理者。原目内集五卷，外集七卷，今所存止内集。據《千頃堂書目》云：易洪武中官咨議參軍，棄官養親，教授里中。集是以教童子誦習者。　浙江。

《崇蘭館集》二十卷明莫如忠撰。如忠善艸書，詩文有體要。陳卧子云：方伯名德羽儀詩，頗樸易。　浙江。

《石秀齋集》十卷明莫雲卿撰。雲卿能文善書，皇甫汸、王世貞亟稱之。　浙江。

《易裨傳》《宋志》一卷。《文獻通考》作二卷。陳振孫曰：(注：原稿後文缺失。)

(《明史稿・藝文志》)《書經質疑》一卷，吴炯。　《詩經質疑》一卷。　《畫説》二十卷，莫是龍。《博學編》沈易□。

《崇蘭館集》二十卷，莫如忠。　《石秀齋集》十卷，是龍。　《玉恩堂集》十卷，林景暘。　《緯蕭齋集》六卷，王廷宰。

《曹勳宗伯集》十六卷《文瑞樓書目》作嘉善人。

十七、八畠節婦何王氏，寡於道光十年，夫歿時年廿九歲，現年五十四歲。父王紹磬，翁何琢成，夫心培，子瑞昌。

卅四、六畠節婦張沈氏，寡於嘉慶〇〇〇，夫歿年廿八歲，現年六十歲。父沈松濤，夫張春敷，子承渠。

□劉氏，寡於嘉慶六年，夫歿年廿一歲，現年七十五歲。父復基，夫□象賢，子景高。

十七、八畠節婦楊黄氏，寡於嘉慶五年，夫歿年三十歲。父黄維新，夫監生楊廷琳，子祖磬。

道光二十四年，學院張給匾"貞石流芳"。

卅五畠節婦宋張氏，寡於乾隆四十七年，夫歿年三十歲，守節五十四年。父張南侯，夫鶴賢。子三：玉峕、兩受覃恩。鳴玉、庠生。立鰲。

卅四、六畠節婦沈黄氏，寡於乾隆丁未年，夫歿年廿一歲，守節卅三年。父黄益千，夫沈懷德，子椿。

卅八畠節婦沈黎氏，寡於嘉慶甲子年，夫歿年廿九歲，守節卅五年。父黎善珍，夫庠生沈鏞，子雷。

(四保)十二畠節婦周李氏，寡於嘉慶十二年，夫歿年十九歲，守節四十七年。父□□，夫周金松，嗣子桂秋。

十二畠節婦周張氏，寡於道光四年，夫歿年二十七歲，現年五十八歲。父□□，夫周清河,子一。

十四、五啚節婦程王氏,寡於道光六年,夫歿年廿二歲。父王淮,貢生。靖江縣學訓導。夫程秉禮。子國光,現署浙江烏程縣知縣。

十二(啚)節婦姚沈氏,寡於嘉慶十八年,夫歿年廿五歲。父監生沈賓王,夫監生姚洪源,子楷。

十四、五啚節婦陸盛氏,寡於道光五年,夫歿年廿八歲。父監生盛琳,夫庠生陸鍾麟,子庠生慶澄、慶瀾。

四保廿一啚孝女王闠氏,生於嘉慶十九年,歿於道光廿六年。父監生王潮,母張氏。

十四、五啚節婦程葉氏,寡於嘉慶十九年,夫歿年廿九歲。父庠生葉光史,夫程希平,子秉裕。著《益神智室詩鈔》。咸豐五年五月,江蘇學院奎給"節勵霜松"。

廿三、六啚節婦戚曹氏,寡於道光二十三年,夫歿年廿七歲,守節十年。父勝瀾,夫戚榆,子二。爔、煇。

卅四、六啚節婦秦村氏,寡於道光六年,夫歿年廿八歲,守節。父蔣師仲,夫秦以雍,子祖慶。道光二十一年,江蘇學院毛給"巾幗完人"。

(七保)二十啚節婦潘陳氏,寡於康熙五十九年,夫歿年廿五歲。父陳作舟,夫永祚,子二。昌言、昌益。道光八年五月,學院朱奏旌"金石同貞"。

(干巷)節婦周俞氏,寡於□□□□□,夫歿年廿九歲,守節十餘年。父□□,夫肇豐,子蟾桂。道光五年,學院辛給"節光吴乘"。

節婦陳朱氏,寡於□□□□□,夫歿年廿八歲,守節廿九年。父庠生宗珍,夫陳蘭恬,子無。撫姪疇。

節婦吴周氏,寡於□□□□□,夫歿年廿五歲,父□□,夫吴雲程,嗣子□□。現年六十六歲。

六保十啚節婦曹程氏,寡於嘉慶十四年,夫歿年廿五歲,守節五十一年。父太和,夫庠生曹炳麟,子無。

烈婦李阿和妻,某氏,幼時央媳,未經畢姻夫歿,棺木無措,翁以氏身抵償,乃得買棺入殮。未幾,媒者至,氏覺托病不□,搆藥服之而歿。道光□□年旌。

六保九啚節婦陳曹氏,寡於嘉慶十八年,夫歿年廿九歲,守節四十三年。父曹廷槐,夫陳炳鈞,子一。

八啚節婦金曹氏,寡於嘉慶二十年,夫歿年廿六歲,守節四十一年。父曹炳遂,夫金紹良,子無。

八啚節婦王陳氏,寡於嘉慶十二年,夫歿年廿三歲,守節四十八年。父陳鳳階,夫萬昌,子一。

六保十啚節婦曹莫氏,寡於道光三年,夫歿年廿八歲,守節十五年。父莫顯達,夫曹炳虎,子夭。

八啚節婦曹夏氏,寡於道光六年,夫歿年廿九歲,守節三十年。父夏勝奇,夫趙長發,子一。

十畾節婦曹謝氏，寡於道光十一年，夫殁年廿七歲，守節廿七年。父廣生，直隸寧津縣知縣謝宇澄，夫曹應裘，無子。

十六畾節婦曹陸氏，寡於道光十一年，夫殁年廿一歲，守節廿四年。父陸槐德，夫曹永春，無子。

十畾節婦倪徐氏，寡於道光十二年，夫殁年廿歲，守節十二年。父徐德超，夫監生倪升元，無子。

十畾孝子張龍官，生於乾隆卅九年，殁于嘉慶十七年。父惠川，母干氏。

其人俗呼坍船，胎生短脚，行走不便。家貧，以(買)[賣]糕謍生。尚存老母干氏，日爲奉養不怨。後母卧病在床，數十年侍奉如一，盡心竭力任事。母殁後，痛哭悲傷不已，相繼而亡，至今流傳爲孝子也。

孝女焦氏，生於乾隆卅五年閏五月，殁于道光二十三年閏七月。父衛學庠生焦文達。乾隆五十七年春，父起病，女年廿三歲，已歸華邑民人吴士登妻，歸侍湯藥。父病亟，女籲天祈禱，嚙臂肉和藥即服，病雖莫挽，而女之孝行殆不可及。

道光廿四年八月，松府正堂洪給"順德有原"。

道光廿五年九月，學政張給"孝兼子職"。

(《婁志》缺人物、藝術、列女、流寓。)

(《台灣府志》缺賦役，典禮，學校；藝文三：序、記、祭文；藝文四：賦、駢體詩一。)

(科目刊誤)

高夔前志僅列高夔于宏治乙卯科。及考高氏世紀，原至遞凡六世，曰原，曰禋，曰夔，曰遞，先後登科，今依《高氏家乘》補入。何溥前志中正統丁卯科第一百二十二名。考府志，是科應天中式共一百名，與前志不合，俟考。周(車)

《廿一史志疑》《倭寇志牘》

《藝文通志》隋唐迭降，亡失略寫。乃斷自《漢志》迄明，考其存否真僞、卷目同異。古書散亡，《漢志》所述至《隋經籍》十不存三四。

《備遺録》裨見所聞見掌故，著律曆□度名法。

(金石同殉，大節完人。)《帖攷》記南村惟先生富有貞珉，一字千秋，推作乎郡符，分北捕。想當日慘罹賊刃，孤忠百世重完人。許觀察輓程蘭，川名樋，號珊林。

莫闢官舁，大節同河山並峙。朱九香侍郎蘭輓附。

羣推記博忠心，與金石交輝。

生不爲楊將軍，痛馬革裹尸，白骨未安三尺土。

死遂作嘉田力子記，鴻恩歸葬，孤魂獨懸六朝山。　徐憩焉司訓辰珠輓。

《清浦志》十四本。

《吴江志》六本。
《孝豐志》四本。
《鄧州志》四本。
《陳留志》四本。
《磁州志》五本。
《寧遠志》四本。
《懷寧志》五本。
《海寧志》八本。
《鎮洋志》八本。
《永清志》四本。

張静川妾周氏子□,楊氏甥,侄□字圩廟。住九間頭,年七十二歲,張三相來。

湯心望妻蕭氏住姜家後,子無,女二。年四十四歲

公姓胡,諱廷儀,字仲篪,號向山。由本學廪生中嘉慶三年戊午科舉人,六年辛酉會魁,賜同進士出身。選授湖南黔陽縣,親老告近,改選河南閿鄉縣。俸滿丁艱,服闋入都,擬改京職,格於吏議,遂以同知發湖南補用。先是,公尊人日升守愚公充本縣刑科,海疆鹽梟案波及百餘人。守愚公取搜獲花名底册,一夜燒去。明晨以誤燒請罪,縣尊廉得其實,竟定首犯數人,餘俱獲免。及公貴,鄉人始藉藉傳其事,至今談因果者猶盛稱公尊人不置以故。公自幼禀承庭訓,凡遇刑名案件,無不細心體察,以寧失出毋失入爲主,故在楚三十餘年,廉明政績,不可枚舉。有龍山縣欺貧用篙戳死賄作謀殺親夫一案,獄經五年,除本縣龍克家外,承審斯獄者大小三十餘員,無一不賄通。適臬憲萬公到任,係公座師之子,以世誼入見。萬心疑此案有誤,公即力任平反。時龍知縣係撫憲門生,與公爲難。公請各具甘結,吊棺開驗。死者面白如生,項下微露一洞,取篙子頭按視(注:原稿後文缺失。)

宋志古蹟

鎮市　璜涇　元貝瓊前志　(城池)金山城　宋許尚前志　明袁凱詩前志　樊瑩前志山川　泖湖　宋　王艮、王安石、唐詢、梅聖俞　前志　顧清　明周珽

山川

柘湖宋王安石前志　宋唐詢詩、梅堯臣詩、許尚詩

元段天祐詩　(古)松澤西亭船子詞(《顧志》)宋高儀甫詩(《顧志》)

釣灘唐船子和尚詩　宋黄庭堅詞　宋張商英詩　宋葛天民詩(《顧志》)　明朱履升詩(前志)　明朱思全詩寒穴泉宋毛滂銘　宋王安石詩(《雲間志》)　唐詢詩　許尚詩　梅堯臣詩　明王艮詩　屠隆詩(《郭志》)

古蹟　仙人洞　明張世美歌

寺觀　法忍寺

宋釋智圓《結界記略》　林希逸《西亭蘭若記》

高儀甫詩　趙孟堅《寺門夜泊》詩　元釋明本《推篷室記略》(《郭志》)　明袁凱登閣詩

(《宋志》)注推篷室下。

東林寺(入古跡)元陶宗儀《蓮月軒記》。明徐獻忠詩(《郭志》)

(忠烈碑即忠烈廟,趙孟堅作。興塔在泖橋西,似不應入金山,舊志收,姑存。)

澄鑒禪寺　明陳繼儒《重修記略》

興塔寺　宋黄英《夏蓮社記略》

松隱庵　元王逢詩　井西丹房　元張憲

學校

文廟　國朝楊宏聲《建學記》　邵氏義塾　元黄溍記

明錢溥《衛學記》《郭志》　又《修學記》　又徐階《廪膳記》　又明沈度《苦節先生墓表》《郭志》

(《郭志》云,苦節先生墓在薛山西麓,似不應入金山,《宋志》收在青浦。)

冢墓

璜溇義塾　元吕良佐文會序

安節亭　元宇文諒記

邵氏敬思亭　韓性記略

吕良佐墓　元　楊維楨銘　草堂義冢記元楊維楨(前志)

第宅　光風霽月亭宋　儲泳詩　崇蘭館　明莫如忠詩(《郭志》)

寶儉堂　元　楊維楨記　瑞芝堂　明張弼詩序

拱翠堂　明　貝瓊記

五雲窩　元　楊維楨詩

東阿所　楊維楨記

樂全堂　元　虞集記　歐陽元詩　陳旅詩　明　周宗濂詩前志

《記漕政利弊》,國朝王澐。似可入"田賦起運"條。或附經畧□□。

《開青龍江議》國朝曹從禮。似附《水利》。

《曹氏義田記》明徐階。此二記似可附《田賦》《役田》《課税》。《陸文貴義田記朝　明沈銘。

《南四鄉記》　宋樓鑰不應入《山川》。

《禦寇紀畧》　莫如忠應入《兵畧》　《上撫院書籍》　吴騏《經畧志・賦役》

《應奎文會序》　吕良佐　《學校》。

吴貞石碑記　張世美似可附《吴貞石傳》後。此記吴君義行不可入《冢墓》。

第宅　艸閣　明陳繼儒

不礙雲山樓　元楊維楨記　明貝瓊賦

來德堂吕良佐居。　元楊維楨記

書聲齋　元張天雨詩　楊維楨記

(珠涇宋方岳,前志)

漪瀾堂　(元)王逢詩　明貝瓊詩

祖德堂　國朝高不騫詩

柘湖

(宋)梅聖俞詩　又唐詢詩《雲間志》　王安石詩　又元段天祐詩《郭志》

山川　秦山　唐薛據詩　查山　元王逢《登虚翠閣》詩　陶宗儀詩　秦山　王安石《始皇馳道》詩,又梅聖俞《始皇(弛)[馳]道》詩,又唐詢詩。又明張璣《十景》詩　宋范成大《煉丹室》詩　明張世美《浴丹井》詩

朱涇　明□□室

金山　宋郭祥正(前志)

　　宋許尚　張弼(前志)

壇廟　城隍廟　侯方記　天后宫　明袁凱詩　國朝楊瑄記　胥浦祠　韓魏詩　忠烈廟　宋趙孟堅記略　魯烈婦祠　國朝焦袁熹詩橋梁　萬安橋　明顧純記　徐階記

《雪堂日抄》孫克弘　《木几叢談》彭汝讓　《雲間通志》成化年錢崗

《陶白齋祼記》章憲文　《移愚齋筆記》顧九錫　《語叢》唐汝諤　《梧潯雜佩》張所望　《四友齋叢説》何良俊

《東吴逸史》吴丕顯　《峯泖詹言》王明時　《推篷寤語》李豫亨　《自樂編》仝上　《楓庵漫録》張初　《志餘》何三畏　郡乘補曹蕃　《雲間紀時野史》　封中《松志備述》董宜陽　《近代人物志》仝上　《明殷遺録》張烈　《史宬》楊豫孫　《郡志稿》徐三重

南匯縣新志稿

〔清〕金福曾　顧思賢　修
〔清〕張文虎　纂
謝　輝　點校

整理説明

《南匯縣新志稿》八册，不分卷。據卷端題名，依次分爲《疆域志》《水利志》《建置志》《田賦志》《户口志》《學校志》《祠祀志》《營汛志》《官司志》《選舉志》《藝文志》《人物志》《名跡志》《風俗志》《方外志》《雜志》十六志，各志下又分子目。此外卷前目録尚有《全境圖》《各保區啚圖》《水利圖》《縣城圖》《學宫圖》《縣署圖》《書院圖》《積穀倉圖》《舊倉署圖》《墩汛圖》十圖，但有目無文。

此本不題撰人與撰述時間。考《光緒南匯縣志》卷前金福曾《南匯縣新志序》，同治十二年，金氏來知南匯縣，請張文虎主修縣志，先爲條例，張氏因歷數修志之難與其弊。今《南匯縣新志稿》卷前有《擬修南匯縣志條例》，末云“以上各條，畧陳體例，俟志稿粗具，再行審定”，正與金説相合。此後同治十三年秋，金氏調署吴江，顧思賢接任，繼續推進修志事宜。至光緒三年，初有所成，故《光緒南匯縣志》卷前方錡《南匯縣新志序》謂“蕆事於光緒三年某月”。今《南匯縣新志稿》所記之事，亦有下及於光緒三年者，如《建置志・義建》下收録光緒三年二月顧思賢詳稿。由此可知，此《南匯縣新志稿》應是由金福曾、顧思賢遞修，張文虎總纂，其成書時間不晚於清光緒三年，亦即《光緒南匯縣志》之前身。

將此志與《光緒南匯縣志》比較，能夠明顯地看出前後承繼之關係。一方面，《光緒南匯縣志》雖爲二十二卷，但實際仍爲十六志，僅《田賦志》分爲二卷，《人物志》分爲六卷，又《營汛志》改稱《兵防志》，與《新志稿》之架構基本相同。另一方面，從内容上來看，二志亦有大量重合，如《田賦志》一門，《光緒南匯縣志》幾乎與《新志稿》全同，明顯因襲自彼。然而，這并不意味著《南匯縣新志稿》即《光緒南匯縣志》據以付刻之底本，二者之間仍存在不小差距。如《藝文志》一門，《南匯縣新志稿》僅分經、史、子、集，而《光緒南匯縣志》又於其下劃分二級類目。又如《人物志》一門，《光緒南匯縣志》從人物收録到編排次序，均與《新志稿》有明顯差别，特别是《列女》二卷爲《新志稿》所無。由此可知，《南匯縣新志稿》應是《光緒南匯縣志》之初稿，此稿後又有一次較大規模的修訂，約至於光緒五年，方成《光緒南匯縣志》。

從取材上來看，《南匯縣新志稿》主要採自欽璉《分建南匯縣志》、胡志熊《南匯縣新志》，以及道光間何士祁修《川沙撫民廳志》、嘉慶間宋如林修《松江府志》、同治間應寶時修《上海縣志》，此外還兼採吴履震《五茸志逸》、李延昰《南吴舊話録》、葉夢珠《閲世編》、姚宏緒《松風餘韻》等。當然，《新志稿》並非簡單抄撮前志，而是做了大量的採訪工作。如《水利志·川港》下,《新志稿》先列出諸水洞名目,後加以附註,謂水洞之名,欽璉與胡志熊二《志》已多不合,"今採訪所列,核之胡《志》,名亦稍異。"這些在採訪基礎上進行的增補、考辨,多爲後出之《光緒南匯縣志》所吸收,爲其成書奠定了堅實的基礎。雖然從内容上來看,《新志稿》所載大部分已見於《光緒南匯縣志》,其史料價值并不突出。但從南匯縣修志歷史來看,其上承欽、胡二《志》,下啓《光緒南匯縣志》,可謂是承前啓後之重要一環,應爲研究者所重視。

本書傳世有清鈔本,今藏國家圖書館。此外《上海方志提要》著録有一九二七年鉛印本,藏天津圖書館與内蒙古圖書館,今未能檢得。故本次整理,即以國家圖書館藏清鈔本爲底本。此本鈔尚工整,然訛誤處甚多。今書中凡標明出處者,盡量查核原文,加以校正。其中欽璉《分建南匯縣志》、胡志熊《南匯縣新志》用上海古籍出版社二〇〇九年點校本,《川沙撫民廳志》用國家圖書館藏道光十七年刻本,《松江府志》用《續修四庫全書》影印清嘉慶間刻本,《上海縣志》用臺灣成文出版社《中國方志叢書》影印清同治十一年刻本。此外《光緒南匯縣志》與《新志稿》有直接承繼關係,且校勘較精審,今亦取上海古籍出版社二〇〇九年點校本以参校。卷中"崇禎"之"禎",有避諱作"正"者,今予回改。限於學力,不足之處敬請讀者批評指正。

北京外國語大學國際中國文化研究院 謝輝

南匯縣新志稿目録

擬修南匯縣志條例

一，南匯析自上海，雍正三年，長興欽公璉首任是邑，即創修邑志，六閱歲而始成。其自序言得《鶴沙志》及蔣生思永《新分縣志》而修舉之，今此兩書皆未見，且《鶴沙志》不知何人所著。則非無所因也。越乾隆五十八年，而孝感胡公志熊繼之。迄今又八十餘年，中更兵燹，文獻凋落，采訪綦難，誠非朝夕所可集事矣。欽《志》原分六類，胡《志》廣爲十三，今參合兩《志》，酌具條目如左。

一，全境圖宜計里開方，詳著四至八到。其各鄉市鎮，依方填入。

一，水利圖，欽、胡兩《志》互有詳畧，宜與《水利志》參定。

一，便民倉今雖已燬，宜圖舊址，以存崖畧。川沙廳既別有志，道光中，撫民同知山陰何公士祁創修《川沙廳志》。城圖可省，而新設積穀倉及書院圖，皆在所當增。

一，欽《志》以區田場蘆隸於疆土，故賦役獨自爲志。胡公既改疆土爲疆域，賦役爲田賦，則田畝、場團、蘆洲、屯田，自宜隸於田賦，而列之疆域，則名實不稱，今宜改正。

一，欽《志》學校隸於建設，非尊崇之義，胡別爲志是也。今從之。

一，欽《志》壇廟亦隸建設，胡別分《祀典志》，然所列不盡應祀典也。今改題《祠祀志》，凡城鄉諸雜祀皆附此。

一，欽《志》武衛亦隸建設，胡別分《武備志》，稱名不當，今改題營汛。屯田已見田賦，衛官列於官司，至兵燹所以紀事，不宜附於營汛之後，今別入雜志。

一，有國者設官分職，以爲一朝制度，故史有《職官志》。今一隅之地，守土而已，欽《志》題爲官司，是也。而統於建設則非。今從胡別立志，而名從欽。欽《志》名宦冠於《人物志》，胡題爲宦績，列於此，今亦從之。

一，欽《志》科第錯出於《人物志》，今從胡別爲《選舉志》。舊附封贈例仕，習非成是，姑且從俗，登其實缺者。

一，欽《志》無藝文，今從胡《志》。但搜采續增，必須目見，不得但據空名。又其人尚存者不著録。

一，《人物志》，欽、胡兩《志》各分傳目，中有疑似可互見者。蓋子孫述德者，才華必兼經濟，學(間)〔問〕必擅辭章，文飾鋪張，幾於人人具美。雖其中間有一二，而安能盡攷其虚實？嘉定錢少詹修《鄞志》，總題人物，不分名目，引寶慶、延祐兩《志》，及羅願《新安志》、施宿《會稽志》爲證。《嘉慶松江府志》效之。今新修《上海志》，亦依陸慶循修例，而獨分藝術,則自亂其例。今擬依古人合傳附傳之例,其無他長可見者,立一人爲首,而牽連書之。惟列女、游寓,自當别題。方外則自爲一志,以寺觀僧道教堂隸焉,勿使其溷乎我教也。耆碩亦不標名,如藝術例。

一,欽《志》坊表附於建設,胡《志》入之雜志,《上海新志》附之街巷,於意不安。擬别爲《名跡志》,與古跡、第宅、園林、冢墓爲類。碑刻絶少,各附於當處。

一,風俗爲郡邑志之急務,舊多附之雜志,非是。今别立志,而詳著其利弊,以爲官斯土者,因勢利導,矯枉正俗之本。其歲時俗尚,以及方言物産,則著其獨異於他處者,毋濫及。

一,祥異遺事,皆記事也。無題可歸,各志隸之雜志,兵燹亦然。今從其類。凡遭寇死者,隨其地其時,皆系於此。其確有拒賊不屈,事跡昭然者,仍著録於《人物志》。

一,嘉慶十年,始析南邑十啚,以與川沙,則未析以前,例宜詳載。既析以後,川沙自有志,宜可從畧。然學校統於南邑,科第仍宜載入。

一,志中例采前人詩文,然必有裨於當地掌故古跡,可攷見盛衰者附之。或有補於采風問俗,可推知民隱者附之。至於流連光景,一時興到之作,并有全不關本地者,概不采入。

以上各條,畧陳體例,俟志稿粗具,再行審定。凡載筆之事,必先不私於己,而後能不私於人。一有偏狥,反唇立至。錢少詹言近代士大夫一入志局,必欲使其祖父族黨,一一厠名卷中。於是儒林、文苑,車載斗量,徒爲後人覆瓿之用。此論甚篤,願在局諸君子奉以爲鑑,毋啓紛争。

附目録

全境圖
各保區啚圖
水利圖
縣城圖
學宫圖
縣署圖
書院圖
積穀倉圖
舊倉署圖
墩汛圖
疆域志 形勢 界址 鄉保區啚 邑鎮附街巷 團路
水利志 海 洪窪 海塘 黄浦 川港 開濬 橋梁 津渡
建置志 城池 萬壽宫 衙署 倉廒 禁獄 郵鋪 善堂 義冢附掩埋
田賦志 恩蠲 田畝賦額 鹽場 蘆蕩 漕運 屯田 津銀 雜税

户口志　户口　恩賚附五世同堂壽民壽婦　恩賑　積穀　義賑
學校志　學宫　學額　學田　書院　鄉約　鄉飲　義塾
祠祀志　壇　廟　祠　雜祀　廟宇
兵防志　營制　兵額　校場　戰馬　巡船　汛地　墩臺
官司志　文職　營官　衛官　宦績
選舉志　召試　欽賜　辟薦　進士　舉人　貢生附重游泮水　武科　封贈　禄蔭　例仕　武職
藝文志　經　史　子　集
人物志　古今人傳　列女　游寓
名跡志　坊表　第宅園林　古跡　冢墓
風俗志　風俗
方外志　寺觀　僧道　教堂
雜志　祥異　遺事　兵燹

疆域志

形　　勝

南匯大海環其東南，潮汐所至，於此迴瀾，南派入浙江，北派入大江，故名。胡《志》。

海道東南通閩越，西北距江淮。欽《志》

南匯地勢如犁狀，突出洋中，勢向東南，三面皆海，故謂之南匯嘴。前明倭寇每察風色，分艅於洋山、馬磧。如東南風，則此嘴大澉口當洋山之衝；如東北風，則此嘴四、五、六團洪當馬磧之衝。《府志》。

南匯嘴亦名老鸛嘴，東南爲翁家港，向係南匯營與青村營會哨處，水勢極險。胡《志》。

邑東沿海一帶皆鐵板沙，船最難泊。且縣治歷内、外捍海塘及蘆蕩、鹽場、沙嶺約三十里，較之上邑海舟得由吴淞口直達城下者異。前明倭犯上海，薄黄浦，逼城下，吾地反在其外。若統練精兵，自外衝擊，虜勢立絀矣。欽《志》。

欽《志》云：大海東環，黄浦西亘，非特東南一郡之屏障，實亦江浙海防之要衝。今按，護海塘如長虹環亘，自江浙交界之金山衛城，以及柘林、青村而下，不半日走馬可達。咸豐十一年冬，粤寇由浙省闖入金山，直抵奉賢、南匯、川沙，盤踞各城市，窺伺上海、寶山。旋於同治元年五月朔，南匯城首先招降，又連復川、奉兩城。駐滬者無東顧之憂，得以并力攻拔金山，而蘇州、嘉興以次進勦。則南匯豈特江浙海防之衝，陸路亦其扼要也。明信國公不築城於川沙，而築於南匯，蓋有見焉。

自七團出海迤東，至崇明洋中流，將近銅沙之淡水内洋，向爲南匯營、川沙營巡哨交界處。按，銅沙在崇明東南。洋自銅沙以外爲外洋，鹹水；自銅沙以内爲内洋，淡水。

界　　址

東至海三十里，

西至黄浦上海縣界六十里，

南至奉賢縣界二十四里，

北至川沙撫民廳界四十八里。

東南至大澉口濱海三十里，

東北至七團海岸川沙撫民廳界五十里，

西南至千步涇華亭縣界八十四里，

西北至龍王廟上海縣界七十里。

自縣城至松江府治所一百二十里,至蘇州府巡撫治所三百里,至江寧府總督治所九百里,至京師三千餘里。

鄉保區啚

長人鄉分爲上、下二鄉,十六保、二十一保爲上鄉,十七保、十九保、二十保爲下鄉。

上鄉十六保在邑境西南隅。南至奉賢界,有界河。西至華亭界,南千步涇。北至上海界,黄浦北閔行鎮。東接十九保界。金匯塘。南北二三里至五六里不等,東西約二十餘里。

十六保分轄二區、十二啚,并存八啚。

一區:十啚地字圩潘家行,又曰石皮衖。十五啚玄字圩顧望塘,十六啚黄字圩竹岡,二十、廿一、二啚宙、洪、荒字圩沙岡,天一、廿三、四啚天、日、月字圩太平橋。

二區:八啚日字圩白廟港,十一啚昃字圩閘港口,十四啚辰字圩閔行塘南丁家橋。

上鄉二十一保在邑境西稍北,跨周浦塘,與上海地犬牙相錯。南接十九保界,杜家行北。西至上海界,周浦塘南至黄浦。北至上海界,西三林塘止。東接十七保界。周浦塘西。南北約二十里,東西約二三里、四五里不等。

二十一保分轄一區、八啚。

三區:十四啚乃字圩西三林塘南,十八啚服字圩射獵廟,二十一啚衣字圩中心河,二十二啚裳字圩九思橋東,二十三啚推字圩長浜西,二十四啚位字圩陳家行南蔡家宅,二十六啚讓字圩范家浜,二十七啚國字圩杜家行北趙家橋。

下鄉十七保在邑西北境。東接六、七團界,南接十九保界,西接二十一保界,北接川沙界,十五啚大聖寺南。西北至上海界。陳村觀音堂。南北約五六里至二十餘里不等,東西約四十餘里。

十七保分轄六區、三十一啚。

一區:一啚夜字圩西三林塘南及北太平庵,二啚號字圩百曲港太平庵東,四啚崗字圩列船橋,五啚水字圩周浦鎮塘北,八啚露字圩邱家角東南。

二區:三啚生字圩便民倉基及永定寺西,九啚張字圩周浦北一王廟,十啚天字圩周浦鎮塘南。

三區:十一啚天字圩高家牌樓及竹節觀音堂,十六啚宇字圩瞿家港,二十啚宙字圩韓家蕩及諸家牌樓,二十四啚洪字圩小高峯,三十八啚荒字圩諸家牌樓東南,曰西横沔。

四區:二十六啚天字圩沙塗廟及八竈港,二十八啚天字圩七竈港投機廟,二十九啚玄字圩八竈港三官堂,三十啚黄字圩七竈港邱家橋,三十二啚宇字圩趙行西南三椏叉,三十三啚宙字圩八竈港陳家橋,三十四啚洪字圩陳家行東至水洞,三十六啚荒字圩趙行及金家窑,三十七啚日字圩小五竈港,四十啚月字圩王家行及黄家樓下鎮。

五區:十七啚洪字圩大瀝橋東,舊念一啚藏字圩北六竈港東黑橋,新念一啚地字圩瓦屑墩鎮及利造橋,舊念二啚天、地、玄、黄、宇、宙、洪、光字圩疊橋東秀雅廟,新念二啚黄字圩北七竈港新廟東。

六區：十九啚天字圩周浦東朱家牆，二十三啚地字圩張勝橋及夏保廟，二十五啚坵字圩管家口及湯家行。

下鄉十九保在邑西境，東接一、二、三、四、五團界，南至奉賢界，有界河。西接十六保界，閘港以北至黄浦上海界。北接二十一保界、十七保界。西至周浦南，東至五、六團界。南北約四五十里，東西約六七十里。

十九保全轄十二區、八十九啚。

一區：三啚天字圩新場鎮北倪家廟南，二十啚地字圩南四竈聞家橋，二十六啚元字圩縣西北三竈鎮，三十一啚黄字圩縣城西夏家橋，五十三啚宇字圩縣城西黄家閣，八十一啚宙字圩蓮瑞庵，八十二啚洪字圩新場洪橋，八十七啚日字圩新場西南楊輝橋，八十九啚日字圩倪家廟，九十二啚月字圩南七竈施家橋，九十七啚盈字圩縣西北何家橋，九十八啚昃字圩老鴉窠，一百啚辰字圩北一竈喬家宅。

二區：十七啚天字圩南二竈，十八啚地字圩南六竈繡花鋪，三十六啚玄字圩新場東南狀元橋，八十六啚黄字圩南一竈張家墳，八十八啚宇字圩包家橋，九十啚宙字圩南一竈龍尖嘴，九十一啚洪字圩大缺口，九十三啚日字圩新場東南至一團，九十四啚月字圩龍珠庵，九十五啚盈字圩東魚潭頭元壇廟，一百一啚昃字圩南五竈，一百二啚辰字圩腰路。

三區：二十八啚天字圩六竈鎮西市及港南，六十六啚地字圩六竈鎮西南閔灣，七十一啚元字圩腰路東古五港，七十六啚詩字圩閔灣南腰路西，七十九啚地字圩坦石橋北唐家廟，八十啚天字圩坦石橋鎮，九十六啚洪字圩六竈鎮東市及湯家店，九十八啚日字圩北莊及揚化石橋，九十九啚宇字圩邱家廟。

四區：四十八啚天字圩北五竈朱家店，五十五啚地字圩樊家壩及腰路，七十二啚元字圩勞家橋，七十五啚黄字圩天竺庵，七十七啚宇字圩莊家庫，七十八啚宙字圩坦石橋鎮南，八十三啚洪字圩嚴家石橋南朱家宅，八十四啚荒字圩備竈港長路，八十五啚日字圩魚潭頭傅家宅。

五區：四十九啚天字圩航頭鎮西南，五十四啚地字圩徐家衖及景仰止橋，五十六啚元字圩航頭南富家宅，五十〔七〕啚元字圩曹家橋西、水仙塘南北及盛林灣，五十八啚亨字圩盛家橋，五十九啚利字圩馬家橋，六十啚黄字圩航頭東南，六十一啚盈字圩徐家壩及張家蕩，六十二啚天、竺字圩航頭鎮。

六區：十六、七十三啚仁、信字圩胡家井亭，東至飛雲橋東，北仇項。六十三啚義字圩下沙東南尖頂廟及飛雲橋，六十八啚禮字圩下沙鎮。七十啚智字圩下沙東北，在十六、七十三啚之間。

七區：三十四啚天字圩下沙南朱家潭子，三十九啚天字圩下沙北至黄鶯橋，四十啚天字圩胡家井亭及錢家宅，四十一啚天字圩坦石橋西新橋頭，五十一啚天、地、元、黄、宇、宙、洪、荒字圩下沙鎮西街。

八區：一啚火字圩閘港口北，四啚爲字圩撥賜莊，三十七啚河字圩召稼樓南，四十四啚龍字圩閘港口東蒲達涇西。

九區：二啚人字圩撥賜莊南，六啚崗字圩撥賜莊，十九啚水字圩杜家行白場前，二十五啚海字圩召稼樓東。

十區：八啚辰字圩杜家行北，九啚張字圩范家浜，十啚宿字圩黄家橋，十二啚雲字圩召稼樓，二十三啚宗字圩談家牌樓。二十七啚平字圩王家宅起，至西黑橋河南。

十一區：十一啚天字圩談家牌樓西，十四啚天字圩沈莊橋南，十五啚天字圩沈莊橋北，二十一啚天字圩杜家行鎮，二十四啚芥字圩召稼樓、陸家簾。

十二區：二十九啚閏字圩施家行東，三十啚位字圩施家行西，三十三啚遜字圩汪家豁及北楊，三十五啚姜字圩下沙西，四十二三啚藏字圩葉家行，四十五啚歲字圩魯家匯，四十六啚稱字圩旌表亭北陸家車，四十七啚果字圩旌表亭橋，五十啚李字圩裹秦。

下鄉二十保在邑境西北隅，東至川沙界，王家港鎮西、鄉約所東。南接十七保界，四眼廟橋西迤遇駕橋。北至上海界，有界河。西至上海界。龍王廟止。南北約十餘里，東西約八九里，一二十里不等。

二十保分轄四區、二十啚。

一區：二十啚鳥字圩大灣西包家宅，二十一啚官字圩馬烈婦祠，二十二啚鹹字圩石家觀音堂，二十三啚芥字圩新興鎮，二十七啚重字圩莊家觀音堂，二十八啚鱗字圩潘家橋，二十九啚潛字圩新港橋南，三十啚羽、天字圩龍王廟。

二區：八啚天字圩東沈家衖，十啚東、天字圩沈家衖，十一啚天字圩張江栅鎮，十二啚天、地、(无)〔元〕、黄、宇、宙、洪、荒字圩錢家廟，十三啚天字圩黄家衖，十四啚盈字圩牛角尖，二十六啚天字圩北蔡鎮。

三區：三啚元字圩灣裹陸，六啚宙字圩龔家祠堂。

四區：一啚天字圩一六庵，二啚地字圩鄉約所，二十四啚藏字圩陸家橋。

邑　　鎮附街巷

南匯城在本境東南隅，爲三團地，本守禦南匯嘴中後千户所。即金山衛之分署，明洪武間始築城。

國朝雍正三年，改爲縣治，衙署、學校、壇壝、廟祀規模畢備。咸豐癸丑，突遭蹂躪，尚無焚燬。辛酉、壬戌間，爲粤匪據擾，頓失舊觀。惟設法招降民房，存者居多，善後諸政，漸以修舉矣。東西約二里，南北約二里，周城約八里。

附十字口。在城中央，向造鼓樓，跨街四通，今廢，人猶稱鼓樓頭。

西衖，今呼陳家衖。城隍衖，鹽店衖，張家火衖，以上在南街西。

關帝衖，今呼徐家衖。祖師衖，朱家衖，香衖，嶽廟衖，以上在南街東。

南衖，新衖，今呼典當衖，南向轉東，直達學宫。柴行衖，以上在東街南。

北衖，羊肉衖，所衖，今呼箭衖。以上在東街北。

同橋河沿，南達城隍廟。以上在西街南。

武廟巷，舊有聖武布昭額，今添養正義塾匾。楊家衖，曲折達西潭子。以上在西街北。

花園衖，今呼殺人衖。縣橋東河沿，曲折南達箭衖，北達青龍橋。以上在北街東。

徐家衖，縣橋西河沿，迤西即白虎橋。以上在北街西。

東大街，轉北經積穀倉西折而北，直達城北門。西小街，北折循縣署泥牆轉東，向北達城北門。南折而西，即章鄧二公祠前。以上在縣橋北。

十七保各鎮

周浦鎮，邑西北四十八里，一名杜浦。元置下沙杜浦巡司，後他徙。明嘉靖間，移置三林巡檢司。自順治己亥科朱錦進士第一，向學者衆，科名遂多。街道迴複，緜亘四五里。其東西街夾鹹塘，南北街夾周浦塘。民居稠密，爲邑巨鎮。雍正四年，置新縣糧倉，漕艘畢集，市肆益盛。咸豐癸丑春，倉燬於火，西市爲之衰落。辛酉、壬戌間，爲粵匪所擾，兵燹相仍，幾成焦土。今復興建廛舍，稍稍成市，猶未盡復舊觀云。

附東街。大濟橋東爲東街。

西街。瑞安橋西爲西街。

中街。瑞安橋向南爲石子街，轉東至大濟橋，爲大街路。又北至李將軍橋，爲衣莊街。又西至瑞安橋，爲港北街，總名棋盤街。

南街。永興橋南，下塘爲椿樟街，上塘爲竹行街，又東爲八竈灘。

北街。李將軍橋向北，爲北大街。

王家衖，觀音堂衖，居家衖，陶家衖，三官堂衖，龔家衖，舊鄭家衖。以上在周浦塘北。

楊家衖，胡家衖，薛家衖，靈官閣衖，俗呼天一堂衖。油車衖，賈家衖，姚家水橋衖，尊聖閣衖，俗呼混堂衖。水神閣衖，以上在周浦塘南。

太平衖，龔家衖，以上在鹹塘東。

遇駕橋鎮，俗呼逾街橋。邑西北六十里，鹹塘北盡處。店肆約二十家，橋在東市。

列船橋，邑西北五十餘里。面周浦塘，而居者今僅存十餘家。昔周浦開糧倉時，漕艘嘗集此。其西又三四里，爲蘇家橋，畧有廛肆。

百曲村，邑西北五十里，陳氏世聚族於此。

北七竈鎮，邑西北三十里。明季利造橋，張氏始遷此。面北七竈港，店肆寥寥數家。

瓦屑墩鎮，邑西北三十里。昔張氏聚族於此。嘉靖間，倭寇毁張氏居，積瓦礫成墩，故名。里人以不雅馴，更呼雪村，遠近之稱者不能遂改。依北六竈港北岸，列肆對面街，約三四十家。

横沔鎮，邑西北四十二里。依横沔港，北爲虹橋港，四圍袤廣各里許。乾隆初，華氏增建市房，廛舍相對，街路盤曲。匪擾後，未復舊觀。

王家行，今無市。

黄家樓下鎮，邑北三十二里。即在王家行西，依虹橋港，列肆今存二十餘家。高行人黄舟書得華氏鳳梧堂，添建樓房、廛舍，遂成市鎮。

陳家橋鎮，邑西北二十八里，因橋成鎮，故以橋名。跨北八竈港，港南北環列廛肆三十餘家。

陳家行,邑北三十六里。明洪武間陳彦成所居。國朝陳曼以畫名其家,今其子姓數傳,多能守祖風云。

二十保各鎮

北蔡鎮,邑西北六十六里。相傳宋蔡功徙居於此,築園鑿池,以娱晚景。本有南、北二蔡,如華亭之南北錢云。今民居列肆百餘家,虹橋在鎮中市,其下東西通河爲白蓮涇。

張江栅鎮,邑北七十里,一名古桐里。乾隆丁巳進士黄槐居此,居民廛肆約二百餘家。相傳明隆慶時,有張姓名江者創建市舍,故名。

龍王廟鎮,邑西北六十八里。鎮西一里,爲上、南分界。相傳前明中山王弟、武毅將軍徐進乙居此。

新興鎮,一名楊家鎮,邑西北七十二里。

十九保各鎮

新場鎮,邑西南二十四里,一名石筍灘。宋建炎間,有兩浙鹽運司署,後遷鹽場於此,故得今名。北橋税司亦來此收税。歌樓酒肆,商賈輻輳,鄉人有賽蘇州之謡。南北街長四五里,東西各二里許。科第兩朝稱盛。後毁連旺三橋,稍替矣。匪擾後,廛舍焚燬,名蹟就湮。今雖復成市,寥落處猶多。

附紀家衖,俗呼典當衖。姚家衖,譌爲毛家衖。王家衖,東通便民橋。唐家衖,又名宋家衖。以上俱在市心大街東。

邱家衖,西通石筍灘。俞家衖,鄭家衖,牌樓側。以上俱在市心大街西。

庵街,西市通南山寺側。方家灣,在受恩橋南,今呼閔家灣。北栅口,夾路,北市梢通倪家倉。朱家灣,北栅口外。楊社衖,庵街北首西皆有之。宋家衖,洪福橋北大街東。卜家衖,義順橋北。儲家衖,東街通北。張葉衖。西街通北至下沙。

下沙鎮,邑西北三十六里。相傳地曾産鶴,方頂、緑足、龜文,故又名鶴沙。宋丞相吴潛侍父讀書處,元設鹽課司,明初遷新場。東對北三、四竈港,西接鹽鐵塘。乾隆間,吴氏文學、科名、仕宦,一時稱盛。今既式微,市亦迥不如前。

坦石橋鎮,又稱坦直橋,邑西北二十四里。明饒州府知府陸文旺富豐莊故址。相傳陸氏世居此,曾建大石橋,環而高,後圮,乃平之,遂呼爲坦石橋。橋跨北四竈港,市廛相接,東西緜亘約二里許,市中貿易較就近各小鎮爲盛。

附王家衖,中市三元堂右。陸家衖,三元堂左。邱家衖,中市秀東橋北對直。浴堂衖,東市。哺坊衖,東市。營房基。西市蕭王廟前。

北莊,在坦石橋東北五里,陸文旺别墅。其墳址傍北五竈港,居民約數十家。

三竈鎮,邑西北十二里。向呼爲周家廟,以先有廟而後成市也。市中即北三竈港,港北東西街,港南南北街,約共里許。昔鄖縣令周乘柄、東平州判周熹居此,今其子姓猶緐盛。

北六竈鎮,邑西北二十四里。明顧氏富有田園宅舍,與龔、馬二姓,甲科蔚起,振興文風。到於今,人知向學。街在六竈港北,自東而西約三里許。兵燹後,西市零落,轉不如東市之稠密矣。

沈莊鎮，邑西北四十二里，當北五竈港之衝，列鹹塘西岸。相傳爲元末富人沈萬三田莊，後惟朱氏稱盛，今其鎮西猶呼爲朱氏梅園云。南北街約半里强，西街寥寥數家而已。

召稼樓，邑西北四十八里，明末田以召耕旅，故名。今樓已廢，街夾王家浜，東西約一里。奚氏居此，子姓繇衍，第宅緜亘，富厚爲一邑冠。

杜家行鎮，邑西北六十里。明永樂時，杜勉夫之子自然，從杜浦遷此。後子姓繇，科第盛。多建第宅廛舍，商賈輻輳，遂成市鎮。街沿王家浜，西出黄浦約二里許。

附孫家衖，九曲衖，三官堂衖，石路，景雲衖，楊思橋南。慶星街，楊思橋北。南市城門。

撥賜莊，邑西北六十里，元世撥賜百花公主之莊也。按，百花公主即順帝之妹，下嫁於丞相脱脱之子。宋元時稱巨鎮，今居民僅數十家。

施家行，邑西北五十八里。有老宅、東宅、西宅、南宅之稱，統名施家行，俱清惠公維翰五世祖晚江分建，今荒圮。

行頭鎮，一名航頭，邑西三十六里。明時有鹽倉，名斜角倉，候商牙行多聚此。東西街約里許，陳氏、嚴氏俱發科，遂多士族。

裏秦，在航頭西，爲秦裕伯别業。其族多聚此，今修建家祠於西偏。

外秦，在裏秦西。從前廛肆較裏秦爲多，今俱無市。

魯家匯，邑西四十八里，明舉人魯道昆居此。閘港至此，稍折而南。每八月，浦潮由港入，遇折騰湧，士女輒競聚觀濤。同治間，邑紳徐、縣令陳倡建觀濤書院。商舶輻輳，廛肆日增矣。

葉家行，邑西南五十里，明錢塘令葉宗行故里。市心南北港即運鹽河，南岸屬奉賢，今無市。

徐家衖，邑西四十四里，中通官道，故名衖。南屬奉賢，今久無市。

方家村，邑西四十二里，方正學七世孫環始居此。其大梟涇之南爲南村，四十九啚。北爲北村，五十四啚。向設店肆，今寥落。

盛家橋，邑西南三十里，昔盛氏居此。南里許有界河，接奉賢，爲兩邑往來之衝。

曹家行，邑西南三十餘里，向曹氏族聚居成村。

十六保各鎮

閘港鎮，邑西六十里，十六保之東境。出港爲黄浦轉角處，俗稱鄒家嘴，候潮船多泊此。向惟居民數家，今市較稠密矣。

南大橋鎮，邑西南六十七里，在十六保十啚。辛酉、壬戌間，避賊者輒徙此，商賈稍集，遂成小鎮。

沙岡，邑西南隅，即古三岡之一。去竹岡三里，去紫岡六里，入土數尺皆螺蚌殼。其北數里尤多黄沙，土人砌甃，咸取給於此，市已久廢。

太平橋鎮，邑西南八十里，在十六保天一、廿三、四啚，去各鎮均遠。居民數十家，今漸有市店。

二十一保各鎮

中心河鎮，即金家行鎮，邑西北六十里。辛酉匪擾，此獨無恙，向本寥落，亂後成市。居民百餘家，其四鄉標布細緻尤爲著名。

范行，邑西北六十四里，面范家浜，今無市。

鶴坡市。見舊志，今廢。

團鎮

一團鎮，即大團鎮，邑南二十四里，下沙頭場鹽大使署建此。鎮依舊護塘，東爲上塘，西爲下塘。向惟南北一街，約五里許。南二竈港從中西流，當市心盤轉處，謂之盤門口。粤匪踞擾，焚燬幾空，今漸復舊。蟠龍橋西堍下，西新街約十餘店。老街中市，東新街較完整，皆同治年間添設。沿海一帶，沙土開拓，民居稠密，市中貿易日興。大户亦多殷實，以盛氏爲巨擘，稱雄鎮焉。

附頭墩牌坊，坊前東達鹹水廟，坊後東達楊家路。混堂衖，東達楊家路。嚴家衖，東達海潮寺。以上屬頭甲。

王家衖，東達海潮寺。楊社廟衖，東達海潮寺。蘇家衖，東達沙塗廟。俞家衖，東達沙塗廟。姜家衖，在蟠龍橋東堍下，東達沙塗廟。以上屬二甲。

施相公廟衖，出東即新關帝廟，達陶家路，東北達茶亭路。在二、三甲中間。

頭場衙前橋，跨老護塘港，東堍即街，西堍衙前地。方家衖，東達陶家路。鐘樓廟衖，即今場城隍廟，東達沈家路。以上屬三甲。

三墩鎮，邑南十八里，在大團北。士族多遷居者，人知向學，市亦日緐。

柴場灣，在三墩西二里許。雍正甲辰進士唐班祖宅，濟美堂在其中，數十家耕讀相傳，連緜科第，此村落之最有名者。

二團鎮，邑南十六里。西對南四竈港，居民數十家，顧氏爲盛，近多向學者。

六竈灣鎮，邑南九里。傍内護塘，列肆南北街畧折而西，居民百餘家。

三團二竈鎮，邑北三里，西即北二竈港。向以老護塘爲街，今無市，居民二十餘家。

四團倉鎮，邑北十二里，爲下沙二場。向有鹽倉，故名。居民百餘家，廛肆較前爲盛。

五團竹橋鎮，俗誤祝家橋。邑北二十四里。市中衆濟橋，舊爲竹橋，乾隆時易石。邑城人金其章建廛於此，創開牙行，招集商賈。今街道盤曲，市舍日盛，居民百數十家。

六團灣鎮，邑北三十五里。居民六七十家。

七團江家路鎮，邑北四十二里。在陳家水洞直東欽塘脚下，東西街居民約五十餘家。

團　　路

一團：楊家路，海潮寺路，沙塗廟路，陶家路，沈家路，茶亭路，董家村，南馬衖堂，北馬衖堂，泥城。

二團：老鸛嘴，一、二團分界。周家路，即殷家路。奚家路，高項址，鄔家路，嚴家路，張家路，但有水路。瞿家路，王家路。

三團：沈家路，袁家路，朱家路，王家灘，丁家路，一竈路，陸家路，倪行路，二竈路。

四團：三竈路，沈家路，六墩路，即喻家路。方家路，范家路，大沙路。

五團：馬家路，火叉堰，朱家路，顧家路，瞿家路，沈家路，蘇家路。

六團：朱家店，鄧家碼頭，中餘路，港梢路。

七團：江家路，大樹路，馬家路，麥家路，薛家路，猪獾墩港路，胡家車路，華家路，暢塘。川南交界。

水利志

海

海在縣東三十里,南過一團接奉賢界,北至八團入川沙界。沿海皆淺沙,海艘不能泊,故商賈不通。向賴煮鹽之利,後以水淡停煎。惟傍海居民,有以捕魚爲生者。明陸深曰:聞父老言,潮起於南匯嘴,始若湧突,旋分兩派,南派南漲入錢塘江,北派北漲入揚子江。海人驗候云:山擡風潮來,海唑風雨多。擡,謂海水擡起,常所迷望之山,皆在目也。唑,萬喙聲也。

沿海洪窪

潮水衝激,變遷無常。胡《志》所載與欽《志》異,今較胡《志》又不同矣。

一團:大瀚口,奉、南分界,小普陀直出。卸水瀚,楊家馬頭直出。二瀚口,小瀚口,俱海潮寺直出。黄沙港,董家村直出。南匯嘴,南泥城角。中港,泥城中。蔣港,北泥城角。石皮瀚,南沈家馬頭直出。楊葉瀚,陶家馬頭直出。三竈港。茶亭路直出。

二團:四竈港,老鸛嘴直出。黄家窪港,周家路直出。小窪港,高項嘴直出。新開港,鄔家路直出。六竈港,嚴家路直出。希湖港,張家路直出。密湖港。瞿家路直出。

三團:老港,沈家路直出。中港,朱家路直出。一竈洪,一竈路直出。二竈洪。二竈路直出。

四團:三竈洪,三、四團交界,三竈路直出。大路洪,沈家路直出。長溝洪,六墩路即喻家路直出。四團洪,范家路直出。倪家洪,大沙路直出。新開洪。馬家路直出,交五團界。

五團:薛家洪,即五團洪,火叉堰直出。潘家洪。瞿家路直出。

六團:六團洪,鄧家馬頭北首直出,今塞。九號溝。中餘路南首直出,今存溝影。中餘路有施相公廟,俗呼施家路。

七團:新開港,大樹路直出。陳家港,豬獾墩直出。楊家洪。撑塘直出,交八團界。

黄浦

黄浦在縣西六十里,其源受浙之杭、嘉、湖諸水,自秀州塘東行九十里,至廣福寺折而北,流約七十里與吴淞江合,以達於海。廣福寺即鄒家嘴,其折北處對岸,爲邑之閘港口。自口以北十八里,浦面較闊,俗呼長十八,逢狂風則波浪頗險。邑境十六保在浦南,十七保、十九保、二十保、二十一保俱在浦東。各川港引潮溉田,實賴其利,水潦亦恃以宣洩。惟潮挾沙至,濁入清出,故通潮之港,易致淤淺,常勞疏濬。不通潮者,農人罱泥膏田,無淤塞之患。

浦潮從東北來，東北風則潮大，西南風則潮小。天炎熱嚴寒，潮亦小。春三月名菜花潮，秋八月名黄胖潮，俱有潮頭。秋爲甚，或陡漲數尺，泊舟者豫防之。每月初八、二十三爲小汛，十三、二十七爲起汛，初三、十八爲大汛。

候潮歌訣：初一月半子午潮。初八廿三，卯酉汛灘。十一十二，喫飯不及。二十廿一潮，天亮白遥遥。廿五六，潮來煮早粥，潮來煮夜粥。

浦潮雖從海入，實係長江之水。長江出焦山口，經福山，南出洋山，水勢湍急，攔截海潮。潮長則江水與俱長，潮退則江水與俱退，故自崇沙以西，江陰嘉寶以東，皆江水，無海水。此説見《上海志》，似創實確。

海　塘

瀕海夏秋間，每苦風潮，護塘所爲築也。内塘東舊爲不毛之地，厥後海漸東移，築室治田，故更起外塘，而於内塘開水洞，以資蓄洩。至外塘東茭蘆蔓衍間，有可墾之蕩，又起圩塘，以爲外塘之保障。

内捍海塘，俗呼老護塘，原在邑境者，南自一團，與奉賢五墩涵水廟分界起，北至九團十五墩，與上海分界止。嘉慶十五年，八、九團分隸川沙，北至七團撑塘分界止。今計長九千六百三十四丈八尺，原面闊二丈，底闊四丈，高一丈七尺。東濠爲禦寇河，西濠爲運鹽河。

外捍海塘，俗呼小護塘，又稱欽公塘。原自一團至九團止，今亦以七團撑塘爲川、南分界。塘在諸蕩則之外，諸鹽場草蕩之内。

唐開元元年，築捍海塘，起杭州鹽官，抵吴松江，長一百五十里。《府志》云：鹽官即今海寧州，抵吴松四百一十里有奇。舊《府志》參《雲間志》及《唐書·地理志》，實强合二事爲一。明成化八年，知府白行中築捍海塘。檄委同知傅愷、楊憲，華亭知縣戴冕，上海知縣王密之督工。嘉靖二十二年，巡撫蔡克濂修捍海塘。檄川沙太學生喬鏜督工，鏜捐貲首倡，兩月訖工，凡九十里。欽《志》於此條後載：萬曆三年，修捍海塘，上海令楊臚山白兩臺監司云云。今按，《府志》所載徐文貞公《記畧》，是華亭界海塘，時華亭知縣爲楊瑞雲。又按《府志·職官表》，是年上海知縣爲敖選。萬曆十二年，知縣鄧炳築外捍海塘。十三年，通判鄒志學、知縣顔洪範成之。長九千二百五十丈，高廣與兩塘同。

國朝康熙四十七年，知縣許士貞修築捍海土塘。此條據《府志》補。雍正二年，知府楊紹詳請修内外捍海塘。先是，康熙六十一年，士民顧智、倪泰交等，以護塘東開墾陞科，近患鹹潮淹没，具呈縣府，另築護塘，願自挑築，轉詳布政司鄂，定議於鹽蘆交界地挑築。至是年三月，府檄吴松司巡檢趙、青浦縣主簿徐督視起工。閏四月，一、二、三團工已半。七月十八日，颶風大作，海水駕外塘，溢内塘，新築客土未堅，衝決殆盡。被災後，窮黎力不能勝，遂罷。至冬十二月，總督查、巡撫吴奏準發帑修築，三林莊巡檢金督修内塘，府同知俞、華亭知縣陸督修外塘。明年春，始竣。按此條，欽《志》甚明晰。胡《志》移雍正二年修築於後，若分二事，不知是年三月以下，俱雍正二年事也。今依欽《志》，參《府志》。六年，原任山東巡撫陳世倌奏請修築土塘。南匯詳覆，縣界内塘殘損無幾，有八處應修。外塘坍陷頗多，共應修築者九十處。又應修水洞十二座。共需夫工料價銀二千三百七十兩七錢六分。準照田畝，均派捐輸，每畝應捐銀三釐三毫七絲有奇。十一年，巡撫喬世臣奏請發帑，築捍海塘。先是，十年七月十六、十七兩日，海潮乘風大溢，塘多湮壞。至是奏準發帑修築，以工代賑。知前令欽連才能勝任，復調故治，承辦外塘，共築一萬五千三百二十丈，共銀六萬六千八百九十四兩四錢有奇。壩工二道，計工料銀二百九十九兩八錢有奇。十一年正月起工，七月竣事。是年，喬世臣奏準，全塘均分四十段，每段五里有餘，募設塘長一名，給工食銀七兩三錢，堡房一間，令其在塘居住照管，禁阻作踐。每逢春秋大潮期内，晝夜看守，有急待搶護之處，殫力搶護。歲修之時，亦即督率人夫挑築。其塘身及塘脚兩旁挖廢地内，令塘長徧種草葦，使根株盤結，以益堅實。秋後收割葦草，報明存公。本邑計塘十七段，該塘長十七名。乾隆八年，巡撫陳大受咨準，土塘每段添設塘長一名。嗣後於塘身上徧種甘柯，聽管塘長收刈，以抵工食。是年，喬世臣又奏稱土塘修防機宜，必須隨時規畫，庶幾措置合宜。知縣事繁，不能周到，應令該縣縣丞、主簿，各照本縣地界管理，塘長均聽稽查約束。乾隆十四年，知縣胡具體詳準發帑修捍海塘。長一萬三千六百三十四丈八尺，面寬二丈，底寬五丈，高一丈二尺，領工料銀二千四百六兩有奇。塘西留公地二十丈，塘東留公地三丈，以備起土修塘之用。二十四年，督撫題準，將松江府董漕同知移駐川沙城，專管上、南海塘，其管塘縣丞聽同知督率調度。

附録乾隆間，工部奏準，海塘内外挖廢田畝，聽原業户自行耕種，免徵租息成案。

奏爲籲請免徵海塘廢田租息，以卹窮黎事。都水清吏司案呈，内閣鈔出吏部尚書署理江南總督楊奏前事等因，乾隆六年七月初六日，奉硃批該部議奏，欽此。欽遵於是月初十日，户部將原鈔咨送到部，該臣等議得江南總督楊奏稱，松江、太倉各屬，建築土石塘工計五萬九千四百餘丈。除塘身壓占之外，所有挖廢田畝，原議塘内概留二十丈，塘外概留三丈，爲歲修取土之用。其所留地畝，尚有可以種植花禾、蘆葦之處，經前撫喬題奏，交於各塘長管理，所得租息，責令交官，以爲歲葺堡房及塘長工食之需。嗣因各業户以地係恒業，不甘讓塘長獨擅其利，情願自領耕種護澤。前撫臣許題請，令各原業領種，定額輸租。自乾隆三年爲始，飭縣另款徵解，備充公用。至田内將來遇有歲修及興舉人工挖廢，則隨時勘實，計畝減租等因，亦經部議準行。臣思沿海各屬，所築土石塘工緜亘三百餘里，計塘身壓占及挖廢田畝，不下五十餘頃，皆係民間恒産，並未給還田價。今塘身壓占之處，業户已不能過問，惟餘塘内塘外挖廢零田，聽民自行耕種，猶爲稍償原價。若以錢糧既經豁免，又必按畝徵租，是蠲除其輸賦，而取償於租息，似非情理之平。即曰捍(治)〔海〕築塘，原爲百姓起見，然保衛合境之城社田廬，獨將此數千百户世守之業，永令入官，尤爲偏累。今按田核派松、太等屬六縣，(兵)〔共〕應徵租銀五百三十六兩零，自乾隆三年以來，完納不全。據各縣小民呼籲求免，紛紛具詳。臣上年查勘海塘，目覩所留餘地挖廢者，半(或)〔成〕溝潭，其尚可種植者，亦係零星坵段，不成阡陌。即可收成出息，諒亦無幾。且將來歲修取土，正無底止，在各業户亦不能長爲己有，雖現在收穫些微，實不足以補償原價。仰懇皇恩，將各州縣塘内、塘外留餘廢田，悉聽原業户自行墾種，免其徵租。如塘工有需土之處，仍在田内取用。並通塘所設塘長七十餘名，每年應需工食銀五百餘兩，原議於地租銀内抵給，今既請免徵，則此項工食，查塘身、塘面原有發生草葦，秋冬收刈，可變價數百兩。現據該縣議請，抵作工食，不致缺出。合并陳明等因，前來查松、太各屬，定築土石塘工，留餘挖廢田畝。據前撫喬題奏，交與各塘長管理，每年所得租息，責令交官，以爲歲修堡房及工食之用等因，經久照議，準行在案。嗣於乾隆三年十月，内據前撫許疏稱，此項挖廢田畝，各業户以地係恒産，糧雖蠲而價未給，猶屬己産，情願自種輸租。

自本年爲始,飭縣另款征取,備充歲修及堡房塘長工食之用。其塘身塘面之草,仍令塘長收刈充公等因,經臣部覆準,亦在案。今該督以"沿海所築塘工,計塘身壓占及挖廢田畝,皆係民閒恒産,並(木)〔未〕給價。錢糧既免,按畝徵租,是蠲除額賦,而取償於租息。即築塘原爲百姓,然保衛合境城社田廬,獨此數千百户世守之業,永令入官,尤爲偏累。上年查勘海塘,目覩所留餘地尚可種植者零星坵段,收成無幾,且將來取土挑挖,各業户不能長爲己有,現在收穫細微,不足補償原價。懇免徵租,悉聽自行耕種。如塘工需土,仍在田内取用"等語,查寶山等縣,建築塘工占挖田畝,既係民間恒産,從前雖經豁除額賦,而田價未給。此項零星之地,收穫租息無幾。今該督既稱"令業户輸租,似未平允",應如該督所奏"嗣後將各縣沿海留餘廢地,仍聽原業户自行耕種,免其徵租。如該塘工有應需修補之處,仍令田内取土應用,庶沿海民田不致偏累",相應請旨,敕下該督撫,一體遵行。至塘身、塘面所産草葦,業據該撫將歷年收割數目,變賣充公,報部在案。應令該撫即將所産草葦,責令塘長採割,抵作堡房塘長工食。如有餘賸,留充歲修之用。歲底據實造報,仍令該縣查察,不得以多報少,致滋侵隱。乾隆六年七月三十日題,八月初三日奉旨依議,欽此。

按,此條胡《志》不載,《府志》於"名宦"楊總督超曾傳中載及之。(令)〔今〕二團下南甲人孫春橋,有祖遺零田,在二團六甲石馬頭地方、挖廢三丈地内。曾典王姓,王轉租唐姓,搭蓋草房。唐又將房轉售郭姓,地租仍交王收。孫從王處贖回,令郭拆屋,郭仍許交地租。後因縣丞閱塘移縣飭查,孫以郭挾嫌,與塘長等將公地召租朦禀等情,鈔黏工部,奏準原案赴府呈控,知府楊發縣查訊。同治十二年,知縣金批,斷令原業户孫春橋管業,郭仍向孫賃租。將來海塘如需修理,仍於田内取土,詳覆在案。

圩　　塘

乾隆三年,邑人蔡鳴謙、金乾等具呈鹽司,地近海濱中,下雨則在塘外者時被鹹潮淹没爲害,請各團按畝出夫,挑築圩塘,以禦潮汐,以捍田舍。二、三場大使李昌樟會同知縣韓墉,詳準起築,自五團至九團,共四十餘里,高一丈五尺,面一丈,址二丈。在八、九團者,今屬川沙。二十七年,邑人顧紹愷、蔡恒齋等具呈,修築凌家洪口圩塘。五十三年,邑人蔡維標等具呈,修築圩塘百餘丈,及楊家洪壩。五十六年,邑人蔡維城、楊紹昌等具呈,興修楊家洪口圩塘百餘丈。凌家洪今在川境,楊家洪川、南交界。

開　　濬

楚春申君黄歇治水松江,導流入海。《太湖備考》載此事,繫於周烈王十五年。嘉慶《上海志》訂正,當作楚考烈王十五年。

宋熙寧六年,命郟亶興修水利。中書檢正沈括復言,浙西涇浜淺涸當濬,請下司農貸緡募役,從之。前志宋熙寧三年,崑山人郟亶上言水利。有旨令(重)〔亶〕至兩浙運使,與本路提舉司共同相度,蓋沿《吴郡志》、《姑蘇志》之説。《府志》據《宋史》。杭州於潛令郟亶上言,蘇州環湖,地卑多水,沿海地高多旱,故古人縱則有浦,横則有塘,又有閘堰涇瀝而棋布之。今欲畧循古法,七里爲一縱浦,十里爲一横塘。又因出土以爲堤岸,水治高田,旱治下澤。事載《河渠志》,在熙寧六年五月。

紹興四年,提舉浙西茶鹽胡《志》作"鹽官丞",今從《府志》。王珏,開華亭瀕海支河胡《志》作"海河",云即護塘港。二百餘里。《府志》云:此事應在紹興五年至十五年之間。

按,《上海志》載,紹興十五年,通判曹詠重(間)〔開〕顧會浦,又濬鹽鐵塘,更名下沙浦,以入江。《府志》但載顧會浦,無鹽鐵塘,胡《志》亦不載。

明永樂元年,命夏原吉治蘇松水患,濬華亭、上海運鹽河。據《府志》補。二年,又濬范家浜,接黄浦,通流入海。時華亭人葉宗行上言治水方畧,送原吉聽用。

天順二年,胡《志》作"四年"。巡撫副都御史崔恭鑿曹家溝,南抵新場二萬丈,《府志》載錢溥記,作"三萬丈"。廣十四丈,深二丈。及沙竹岡諸水通流入浦,民感其惠,因呼曹家溝爲都臺浦。胡《志》云:據此,則鹹塘亦屬都臺浦矣。董役者,府通判洪景德,華亭知縣石玟,上海知縣李紋。

弘治元年,僉事伍性濬都臺浦。

按,胡《志》於此條後載:七年,命工部侍郎徐貫與主事祝萃,會同巡撫都御史何鑑,委知蘇州府史簡,開鹽鐵塘十八里。今考《府志》載徐貫治水疏云:開斜堰、七鋪、鹽鐵等塘,洩陽城湖水,由七了港以達于海,則非邑境之鹽鐵塘矣。

正德十三年,部使成闕名舉里人倪鏞,董濬龍游、馬路二港。

郡人莫如忠記畧

新場東有南北諸竈港,而龍游港横鎮其間。鎮之西曰馬路港,實受海潮之入,自黄龍浦達諸港,溉農畝以鉅萬計。又商人藉通艖艦,東南之大利也。年來諸港就湮,潮汐壅閼。部使者成議興水利而難其任使。里人倪鏞爲運丞徐紹先所知,上其名,公署鏞董其役,不閲月而工畢。

嘉靖二年,工部尚書李充嗣修水利,濬周浦塘、鹽鐵塘、站船浜、金匯塘,使各通浦,并示開法。按,《府志》、《上海志》俱稱,工部郎中林文霈督率開濬。"霈",《上海志》作"沛"。

四年冬,命水利僉事蔡乾,濬陳村塘、馬家浜。

徐文貞公階與撫院論水利書畧

凡言水利者,大率二端:蓄與洩是也。而所謂蓄洩,有大蓄洩焉,有小畜洩焉。大洩者,以海爲壑,鑿白茅諸港、吴松諸江,導江湖之水而注之尾閭也。大蓄者,去江湖之淤淀,使足以受支河之水也。小洩者,以近田之支河爲壑,導田間之水而注其中也。小蓄者,疏濬支河,使足以受田間之水也。夫專意於洩,於救潦可矣,即不幸五六月間復如去歲之不雨,何以濟之。不若致力於蓄,則旱既足以救,而潦亦有所容而不爲害也。蓄洩之大者,其勢用財力必多,未易猝舉。今姑治其小,則莫若修築圩岸。然亦不可概云修築而已。敝邑之田,東西二鄉,高下(迴)〔逈〕絶。東鄉本不苦水,岸高則車救愈勞,當令各以修築之力,疏濬支河,爲蓄水之計,仍遠徙其泥,毋俾復壅。西鄉圩岸在所必築，而艱於得土，亦當督令濬河，因取塗泥附之舊岸，築而加高焉。庶財力不虛，而旱潦有備也。

按，此書《府志》在萬曆六年一條下。

萬曆五年，知縣敖選濬周浦塘、馬家浜。七年，又濬都臺浦、鹹塘。據《府志》補。

十年，松江通判劉師召《上海志》作"師谷"。濬白蓮、三林等河。

三十六年，巡撫周孔教，行華亭知縣聶紹昌《濬築成規》并《工册工單式》。

一，定每年一役之法。每縣各區啚塘長，任督修一啚之水利。其法每年輪一人主之，凡一區内高鄉應濬河渠若干，低鄉應築塘岸若干，每區繪一總圖，并填明該區啚田畝實數，令各區啚塘長、該年，會同本區啚糧長、排年，從公斟酌。先分水利緩急，次計工力多少，均匀搭配，分爲五工，每年定興一工，週而復始，務使巧無倖免，拙無獨勞。

一，定工不出區之法。塘長、該年所統細户，一啚不下百人，一區不下千人。小民朝夕營生，豈能供役數十里外？只就本區之役，含哺可事畚鍤，妻孥可相舂杵。冬春之交，農事未興，各自濬其灌溉之河，築其防禦之岸。民雖至愚，亦當倍奮。

一，定冬月興工之法。五年一工之圖册既定，每年定限十月中，農工既畢，塘長、該年赴縣，遵照原編工次，投領督工白牌、分工告示并工册、工單，督令興工。定限三月中，農興之日爲止。務完一年分定工次。

一，定分段算土之法。冬月，塘長領工後，該縣酌係大工，即日親詣勘段派工。塘長、該年會同該糧長、排年，眼同分段。其間地勢河身淺深、闊狹不同，須駕小舟行河中心，用畫準丈竿，沿河點水淺深，即便册記。兩邊河涯各用徒跣一人，持竿點水册記如之。又用兩人於兩涯水際，拽繩而行，量河面丈尺。其淺深、闊狹不同處，各自分段。如原議欲令水深八尺，據現在水有三尺，該去土五尺，應作一段。有水二尺處，該去土六尺，另作一段。其闊狹亦如之。分段處，兩岸各釘一長木橛，令深入土中，名曰信樁。樁出土二尺，上書原編號數，及長短闊狹淺深丈尺。仍於四旁用土封識，不得移動。使他日逐號派工，(遂)〔逐〕段算土，皆有準的，兼可記認老岸。興工後，不得增高兩岸，虛報河身丈尺也。丈竿三根，須刻定尺寸。丈繩二條，須用線繫記丈尺。

一，定計方派工之法。凡去土四旁，上下各一丈爲一方。每方計土一千尺，該一千六百挑。凡人夫荷重息力，全在換肩交擔。如從河底升岸，從岸遠堆，相去十二三丈，宜使二人接挑。計每日置挑三人，約去土四百挑。積四日十二工，去土一方。每人日給米五升，業户出米，佃户出力。每方該工食米六斗。如河身廣闊，登岸太高，堆土太遠，亦據丈尺加增。其接挑人夫，或行河底泥淖中，或從河登岸，用力甚難處，應增接挑一人。每方增四工，加工食米二斗。遠近加減，悉準此例，勞逸均則勤惰見。

一，定照田均派之法。濬河本以資灌溉，各爲已田旱潦計，非公家力役之比，故不論優免。又該區田，五年輪濬，無不周徧，更不論本年所濬灌溉及與不及。凡係該區輪當工次，即將該區田之半，計畝派方算米。如本區共田三萬畝，以一萬五千畝應甲年開濬之役，乙年輪轉，互爲歇息。如官甲囤户有田二百畝，則甲歲役田百畝，乙歲亦自爲循環，不致并累。論一區數里之内，幹河、支河大小資灌，苦樂原是相通。即有河道深闊處，五年輪濬，所不必及。其坐落田畝，亦不得希圖規避。蓋通流常稔之田，幸而得之，尤當効分力協工之義。但塘長、該年，十年一輪，歇息之日多；該區田人夫，兩年一役，歇息之時少。不得過用其力，使爲可繼。大約畝米二升爲率。惟區内或有拋荒逃亡鰥寡老病等，於勘工日，特予免派，示矜恤之意。

一，定督率工力之法。分段造册後，將該區應濬河身共若干，逐段折算應挑土方若干。該區本年應役田該若干畝，派開土一方，大書告示，張掛工所。塘長、該年照方照派計該某啚甲業户某人，田若干，下應濬若干，逐一開注工册，送縣覆驗，給印。該年至河，公同輪役，五甲業户分釘夫樁，樁上明書土方丈尺及業户姓名，各認樁赴工。各啚該年將應濬夫樁，每工段填寫工單一紙，給應役人夫，以憑記工支米。每日，塘長執官給白牌，督一區工役。該年鳴鑼催趲，一啚人夫俱要時刻在河。至晚，該年各就工樁，將本日人夫填注工單。又將該啚本日人夫總數報塘長，填注工册，以俟比較。每半月一限,至期,塘長、該年送册到縣查比。區工不及分數,責塘長;啚工不及分數,責該年。如頑户抗不赴工,及不給佃户工食,與人夫支領工食,用力不齊,許塘長、該年稟究。遇風霾雨雪,塘長開報,以晴天十五日足一限,三限完工。

一,定稽查工程之法。事畢稽工,以絶虚冒之弊,全在三樁。信樁之外,將木橛三根刻記丈尺,一釘河心,二釘兩涯岸底,與水面平,河若無水,與土平,名曰樣樁。有水者,除去河身尺寸,將應開尺寸釘入土中,即時逐段册記。工完,樣樁原刻尺寸盡露,則去土如數。又必河心與兩涯樣樁相同爲合式。又用丈繩於兩岸信樁相向拽平,立丈竿於樣樁上,如繩在竿十尺上,則虚河深亦十尺。取初勘時造定丈尺核之。其逐段中,或一户自濬,或數户朋濬,或一甲朋濬,各各分認工次。公同塘長、該年丈量分任,釘橛爲記,曰夫樁。三樁爲稽工之準。(則)〔册〕單竿繩爲稽工之具。驗老岸,量河身,查三樁,測竿拽繩,爲稽工之法。而所憑,全以原造河册爲主。

一,定官助興工之法。凡溝渠浜漊田土附之蓄洩者,多名曰支河。濬時工費輕省,悉資民力,無煩官帑。而支河之通流,全藉大河爲之原委,名曰幹河。若(濱)〔濬〕幹河,須計算土方工程明白。又合算經過區啚田畝,能役幾何,只就原分河段信樁及細分夫樁。民户應開者,責令自開,其餘官爲設法協助。將官帑銀米給散,仍填注各夫工單上。照土方丈尺,責令代開。給散時,務眼同對注。若夫工不係田户、佃户,必親識保認,以防逃躲。若塘長、該年無故阻撓需索,及以計侵漁者,坐以贓論。

一,定照單給米之法。工單夫給一紙則太煩,止於逐段中,不論一户朋户,每夫樁給一單。若田户本身赴工,只照田例派,不須給單支領。惟佃户或(開)〔閒〕民赴工,依單支給,而每日支領數目,必業户注明,方準給發。倘佃户人等赴工無誤,業户以别項推辭,不給工食,許執單呈官追給。

一,定要害壩閘之法。水利之酌盈劑虚,全在建閘置壩。若沿海地方不能深濬河渠,以蓄湖蕩之水,而專利海潮,不知湖水澄清,底泥淤爛,農夫罱取壅田,田愈美而湖愈深。海潮挾有浮沙,一日兩(朝)〔潮〕,每潮淀沙一箸,以致旋開旋壅。又濁潮灌田,沙積田中,田力日薄,一遇天雨,浮沙滲入禾心,苗生漸槁,而所收亦薄。今議於河身開深處,相度形勢,建閘以時啓閉,或築壩堰攔截,亦水利之一也。

一,定勘河省役之法。令該區晝一河圩總圖,按圖披册,逐一丈量。通計某河若干丈,自某至某,面廣若干,底廣若干,河深若干。或有河身深廣一向通流者,有南段塞而北段通流,或南北塞而中段通流者,一一注明圖册。開濬時,便知若者不煩工力,若者宜濬何處,易於計量工力。即有侵占河道,致妨水利者,亦可據圖清理。但地形水勢變遷不常,法當十年一勘爲宜。

崇禎元年,蘇松水利道張孝濬小閘港。

二年,巡撫曹文衡檄同知錢永澄,濬金匯塘。《(唐)〔府〕志》繫華亭。三年,又濬鹽鐵塘、南横港。《府志》作四年,知府方岳貢濬,亦繫華亭。此二條,《上海志》俱不載。

四年,知府方岳貢濬閘港。

邑人葉有聲記畧

申浦以西治水者治其水,而申浦以東治水者治其旱。太守方公岳貢,以吾邑石笱里當閘港潮汐壅塞之衝,禾稼苦焦渴,舟楫苦梗塞,内外不通,物價騰踊,失時不雨,農且狼顧,於是荒度土功,鳩衆集事,不數月而天吴、川后輒奏最,於波濤容與間,禾稼莫或少傷,百姓始鼓舞。公之先事有備,而德澤深且厚也。前此者固嘗有事矣,而迄無成績。公慎擇廉勤,俾司核視,慨發公帑,就近雇役,一切苟且玩愒之竇,爲之畢塞,而告成且不日矣。後公以績最入朝,確見是河關係之大,猶惓惓乎詳請撥夫畢未竟之工,欲以本區役定爲本區河工之用,三歲一開,申爲永制。若此,則浦以東之民且世世賴之，豈直一時戴德而已哉。

五年，巡撫莊祖誨，督通判朱啓元濬新場河、沈莊河。

國朝順治五年，濬周浦塘。里人顧君陶捐貲開濬，據《府志》補。十一年重濬。胡《志》作"十年"。《府志》云，《記》稱甲午歲，乃十一年。

邑人王鑄記畧

順治甲午歲，自夏徂冬，亢旱二百餘日，潮汐俱絶，四民咸苦之時，里中好義顧君陶、朱叔宗、王素臣、沈雨臣、趙捷山、馮思源輩共議，具呈院道濬浦便民，衆推先祖父二酉公爲首，而邵聖卿副之，奉批準行。撥派塘長七十八啚，委官王輔之董其役。吏胥因緣爲奸，實止二十六啚受役，總計浦身三千七百餘丈，尚多未完之工。乃議謝官遣役，私行募勸。厥後，在鎮商賈共開七百丈，(朱)〔先〕祖父獨開六百丈，其餘九百丈，賴太平庵陳和尚力，始克疏通。集事之難蓋如此。

康熙十六年，知縣任辰旦濬馬家浜。時塘長禁革，於傍河田畝隨地起夫，業食佃力從公均任，擇本啚耆民董其役，兩閱月而工竣。據《府志》、《上海志》補。

四十七年冬，敕令督撫大臣，行勘蘇、松、常、鎮四府支河當濬者，開列報部，給發帑金。知縣許士貞詳濬周浦塘，計工六萬四千一十有四，開帑銀二千四百二兩。

邑人王鑄《恭紀聖恩濬河碑》

皇帝勤恤民隱，六巡江南，凡山川民物、風俗奢儉、衣食贏絀、水潦旱乾之備，無不周知。會丁亥夏秋，災傷相繼，米價翔踊，列屋皆艱食。其明年秋，霖雨害稼，山水暴溢，民困滋甚。皇帝惻然，哀矜民命，既令有司具賑，又截漕數十萬平糶，民賴以濟。(經)〔繼〕又念臨事而修救，不若先時而備者之費省而惠普也。復允督臣邵穆布之請，敕將蘇松四郡支河之淤淺者，及時疏濬。其入江海處閘口水壩，壞者修之，缺者特建，以時蓄洩，用禦天災。又令撫藩諸臣踏勘，確估其費，凡出帑金一十七萬八千九百八十兩有奇。以己丑二月初吉興事，歷三月而告成。不惟河流汪洋利於蓄洩，而貧民之乏食者，皆得藉是以餬口，以免於溝壑，甚盛恩也。所建閘三，完舊者又十有三，皆當江海要道。所濬支河，凡二十有二，鎮屬一，常屬二，蘇屬十有二，松屬七，而吾鎮之周浦塘亦得邀沛澤焉。

六十年，知府周鐞元檄濬鹹塘。從邑人沈柏年、馮雨田請，自七竈橋起，至吴家行止，共一千五百餘丈。

六十一年，知府周鐞元濬周浦塘。亦從馮雨田請，自李將軍橋西，至蘇家橋止，共三千八百餘丈。始於癸卯秋，竣於甲辰夏。雨田獨自焦勞一載，大工初成，正值大旱，秋復大水，得資蓄洩，歡聲載道。

雍正四年，知縣欽連詳濬周浦塘。時建漕倉於周浦鎮，爲糧艘出入停泊之所。從士民馮雨田等請，因復開濬，自匯龍橋西，至裕伯題橋止，共五千六百餘丈。河面廣闊，爲浦東通渠之冠，漕艘便焉。

乾隆二十六年，知縣劉若洙詳請照田驗派出夫，疏濬鹽鐵塘、南都臺浦、蒲達涇。

四十年，知縣成汝舟詳濬閘港。

邑人葉鳳毛《重濬閘港記》畧

吾邑左海右浦，之四方者必渡浦，之浦必由港。港之道四，惟閘港最直捷。然其身狹而日積潮汐之沙，非時濬不能常通。雍正以前，淤塞者數十年矣。乾隆元年，始濬而通之。其後屢濬屢塞，往來者迂道而行。航頭之人，求飲於河而不可得，公私交病。恭遇成侯來涖吾邑，遂有開濬之舉。經始於乾隆四十年閏十月初三日，告成於十一月二十六日。侯特立章程，集十九保洎十六保、二十一保之人，計河分段，計啚分梱，計畝出夫。河之長短相配，淤之深淺相配，啚之肥瘠相配。東自蓮花庵起，西至三官堂止，分三十六段，設十八董事。每啚又設董事，董事率梱頭，梱頭督役夫，日出而作，日入而息。侯日至工，步行巡視，立赤幟以分界，立量竿、信樁、輥木以測土限。河面五丈，河底三丈，深六尺。先濬底始容一鋤，以漸而廣，以達於涯，使役夫不致濡足，有不率者問董事。擔土上岸，寧遠勿近，以廿丈爲率；覆簣於田，寧散勿聚，以均平爲度。兩岸闢坦途廣丈餘，内作塹以納土。内有不率者，責役夫、董事。日籍役夫之數以聞，計用夫六十萬有奇。橋之低者高之，害船者遷之，灣之曲者直之，灣之故道湮之。一濬之後，可多歷年所。故勞費雖大，人情不憚，後更有事，視此碑刻，良法具在焉。

又濬都臺浦。下沙鄰近八啚紳士呈濬。

《頂濬都臺浦碑記》

南匯縣知縣薛清來、曹襲先，爲遵例傍塘自後顧請勒石頂修等事。乾隆二十二年十一月初八日，奉本府張批，據紳士王學曾、陸炳忠、劉嗣基、朱有善、劉嗣向、凌學恒、王煜等呈稱，自雍正四年分縣，建倉周浦，而閘港以南東西三十餘里各區啚，必從都臺往北到倉，實屬往來通津運漕要道。從前，開濬閘港必議並修，緣承委之員往往目爲帶修，不能盡心督率，以致屢無工次，漕運維艱。某等幾次呈請，將六十八、五十一、六十三、三十四、三十九、七十、十六、七十三、三十五啚等傍塘八啚頂濬都臺浦，惟因未經議詳勒石，尚無成憲恪遵，久失疏修，漸成平陸。爲敢具呈環叩，俯念漕儲重務，輓運要河，恩飭議詳勒石頂濬，委督開挑，以通漕運等情。奉批，仰南匯縣勘議通詳核奪等因。奉經前縣薛清來移，委糧衙劉翥文勘集議去後，旋准覆勘得該河南自航頭鎮環橋起，北至下沙鎮北朱箍桶港止，計長一千一百四十三丈。又自下沙鎮往東，至太平橋止，計長二百丈。又自鎮往西，至吉利橋止，計長四百丈。通共長一千七百四十三丈。并集保正糧户公議，八啚稻額共田二萬七千四百餘畝，核之河身，計田一十六畝，濬河一丈。業食佃力，並無偏枯。築壩料工，亦按額分認。事出至公，衆情悉協。永遠頂濬，無煩再派等因。即經薛前縣繪圖，於二十三年九月十八日據情通詳去後，奉巡道朱、布政常、巡撫陳、總督尹各憲批開。既據該縣查明，出自士民情願，並無抑勒派擾，應如該府縣所請，准其頂濬，免派别項差派，勒石永遠遵守，須至碑者。乾隆二十四年六月日立。

又濬白蓮涇。詳請照田出夫，議設董事，分段督夫開濬。

四十二年春，知縣成汝舟濬新場包家橋港、洪福橋港，以通閘港。令一、二團紳士董之。

邑人葉鳳毛記畧

吾吴爲澤國，吾郡亦爲水鄉，咸仰黄浦之潮汐。吾南匯一邑，土厚水深，不假潮汐而能涵浸漫滀者，多有之。然當潮汐能達之處，而爲之疏通導引，以補其不足而節其旱澇，又在乎人之能盡其力焉。文水成侯，久涖吾邑，熟知邑中水道之利弊。前濬閘港深通，懋績昭著。更念新場包家橋港洎洪橋港，一南一北，皆閘港之支流，近皆淺阻。今年春，先濬包家橋港，引閘港之潮入。時值少雨，水流滔滔，直達於東之一團，鎮田之栽稻者，得充灌溉，並告有秋。於是次及於洪橋港。是港西通閘港，東接邑城，尤爲達邑之孔道。挹閘港之餘波，東聯自然之水勢，不容不爲之整理也。即於夏秋之交，拓其市心之故岸，深其水底之積淤，徹其石橋之低壓。(而)〔向〕之窒塞窘蹙者，豁然而開明；向之篙艫抵觸者，方舟而遄進；向之對宇而敧峙者，減柱礎，退石厓，將革故而鼎新；向之涅垢困憹者，涣然而清浮，淵然而坳渟。行旅爲之一快。是役也，贊府曲阜王侯、儒學長洲吴先生皆佐侯蕆事，例得並書。

四十三年，知縣成汝舟濬老護塘港。年久失疏，淤塞不通，邑人金國棟等呈請捐輸，議設董事，分段督濬。

四十四年，知縣成汝舟濬周浦塘。

邑人葉鳳毛記畧

吾邑大夫文水成公涖任以來，常以水事爲急。周浦之塘，乃漕艘所停泊，其通塞關繫尤大。至漕倉之東横臯港、椒子浜之西横臯港、裕秀橋港，皆四方糧户運米到倉之要道。公以爲不爲則已，爲則必使水無遺利，人無遺力，而後可多歷年所。博采羣謀，親爲經畫。自興工以訖告成，無日不親履河干，督率董事，賞罰役夫。寬深之限，寧過而無不及；積土之所，寧遠而戒近便。統計大小河身長二千七百一十六丈有奇，分三十九段；用夫一十一萬有奇。爲日自十月十八日起工，至十一月初四日告成。

嘉慶二年，知縣張桂林濬閘港。

三年，知縣張桂林濬周浦塘，又濬周浦市河、從邑人于世燦、朱清〔榮〕等請。鹽鐵塘。周浦支河。從邑人姚伯驤、馮夢蟄等請。

七年，知縣張昌運濬王家浜、鹹塘。

十三年，知縣方恩承詳濬周浦塘。

二十年，府檄，委知縣沈映楓濬閘港及都臺浦。

二十一年，知縣沈映楓濬周浦塘。據《匯龍橋碑記》。

二十五年，知縣董和培濬周浦塘。川沙各啚奉文濬鹽船港及北鹹塘。因川境漕船停泊周浦塘，兑糧交軍，小船駁載，路由此河，推車壩費仍歸南董承給。見《川沙志》。

道光三年，知縣楊承湛濬閘港及北都臺浦、洪福橋港、包家橋港。紳士周國蕃等呈稱，開濬閘港,向係十九保内八十箇啚,十六保共八啚,二十一保内三箇啚承挑,六十二啚承築。東西大壩傍塘出車戽水,捐設局資。按,是河開濬深闊,歷二十餘年尚賴其澤。

邑人蔡綸記畧

閘港爲東南各啚、團蓄洩要河,潮汐往來,積沙易淤。乾隆四十年,文水成侯相度疏導,垂二十年,民受其利。嘉慶年間,隨濬隨塞。去年夏亢旱,浦潮不至,支河盡涸。仲秋,楊侯涖任,訪民間利病,慨然曰:"水利至要務也,曷可稍緩!"旋據紳士周國蕃、方貞操等呈請疏濬,申詳大憲。於正月二十日築壩,至三月十三日工竣。東壩新場西白虎廟前,西壩小閘口東,共計河身三千二百十二丈,濬土七萬三千三百三十二方,分三十六段。除十九保六十二啚承築東西兩大壩外,力役者共九十一啚。底三丈,面五丈,深六尺有咫,悉照乾隆四十年舊章。其北都臺浦下沙附近,八啚承濬。洪福橋港,新場士商捐濬。包家橋港,一、二團董業捐資承濬。與閘港先後興工,毗連二十餘里,支河亦遂疏通無滯。侯一餐而出,自辰至酉,徒步數十里,口授指畫,勤者獎,惰者懲。從前業佃之偷減,差保之隱庇,匪棍之包攬,咸慴息不敢逞。民始憚其嚴,繼服其明,終樂其勤懇誠篤,而恍然於一勞之可永逸也。

五年,知縣楊承湛濬周浦塘。深闊通利,民沾其澤。是年,川沙各啚仍濬鹽船港、北鹹塘兩河,見《川志》。

九年,知縣德宣詳濬王家浜。衿業沈詩等稟請,循照舊章,十九保内除承濬北都臺浦八箇啚外,其八十有一啚,均田均役。丈見河身二千七百七丈五尺,計土二萬九千八百十三方五分。每田十畝,應濬土九分二釐零。衿業奚曾鈺等,捐大小壩座及工局費用。其出車戽水,歸沿塘各啚承辦。詎築壩後,東南各啚紛紛具呈,遂至(許)〔訐〕訟延久。恐誤農事,乃飭局董墊挑。(土)〔工〕竣,詳憲請飭追繳夫價。經本府遵札訊詳,仍未繳出。至咸豐二年,議濬閘港,其附近王家浜者,亦須與役。知縣高長紳查悉此項未繳,恐有争執,諭令各啚,遵斷呈繳,給還原墊局董,以銷舊案。

松江府《遵札訊詳稿》節録

伏查此案,王家浜河道檢核,乾隆二十七年,前縣孫耀德造報底册,載明十九保全啚公濬。嘉慶七年,王家浜與鹹塘並濬。前縣張昌運議,以塘西二十九啚疏濬王家浜,塘東五十啚及東西傍河兩啚疏濬鹹塘。因分派稍有偏枯,復令承濬鹹塘各啚,津貼王家浜夫工錢一千一百千文。確核全卷,王家浜與鹹塘均爲十九保全啚應濬之工,疏值同時,故權宜分任,而通工較核,以此有餘,補彼不足,仍屬兩得其平,各無偏累。否則,此疆爾界,畛域攸分,若非公濬,則各挑各河,既不必權其輕重,以分派偏枯,酌提津貼,即在塘東之五十啚,並東西傍河兩啚,挑濬鹹塘,已勞工力,又焉肯捐資協濟,復貼王家浜夫價?緘默無言,其爲公同開濬,段落雖分,工仍并計,均田均役,不容避就於其間。即此可見,是不特乾隆二十七年之底册足爲公濬確憑,即就嘉慶七年濬案而論,王家浜淤塞,亦當由十九保全啚通力合作,均任其勞。今鹹塘已歸并運河帶濬,毋庸派挑,則王家浜一河,自應循照舊章,仍歸八十一啚公濬,以昭平允。至唐鼎高等所稱乾隆四十年稟案,久據該縣查詳,年遠無從檢核,現訊(施)〔姚〕玉階等,堅供並未抽匿。查閲朱希士等稟呈應春泉抄給成前令造報河道底册,該王家浜河並無歸十九保某啚分濬字樣,自不得狡執推諉,轉置乾隆二十七年、嘉慶七年之新舊各案於不論,及以各有支港爲詞，藉口延訟。現提唐鼎高等審訊，據供均願協挑。其訐訟之由，訊因不諳舊章，又以各該本處東西横港等各河淤塞須挑所致，尚非有意阻撓，請從寬免議。蔡綸等所墊王家浜夫工錢文，飭縣按啚追給。施堡椿等所供，南都臺浦前與閘港帶濬，上年係四十九、五十四等八啚開挑，章程不一，易滋推諉。自應妥爲查議，由傍河近啚公濬，或仍歸閘港帶濬之處，飭縣同東西横港、五竈港等河，查明是否一律深通，妥議興濬章程，别詳立案。俞鶴田所控歛錢包訟，訊係懷疑，既據到案，即行供明，免予置議。諸邦基等應出挑河工價，業已付楚監生、顧懷壁，訊未苛派斂錢。姚玉階、應春泉亦無抽卷朦混情事，均毋庸議。案已訊明，未到人證，請免查提。是否允協，合將訊明查議緣由，(其)〔具〕文詳覆。道光十年七月初五日，詳督撫學藩臬道各憲。

藩憲梁批唐鼎高等呈詞十年八月

查此案，王家浜河道既據該府核卷訊明，應照舊章，仍歸十九保八十一啚公濬。縣書姚玉階等，並無抽卷朦混情事。其唐鼎高等訐訟之由，訊由不諳舊章，尚非有意阻撓等情，通詳在案。乃唐鼎高等仍復堅執不服，隨詳翻控，地方官辦理公事，豈能舍現存案卷於不論，而轉以無可稽查之舊案爲憑？似此狡健，未便竟予免議，仰松江府速即摘提人證，覆加嚴訊，另行議擬詳辦，毋稍寬貸，施堡椿等詞及各鈔黏並發。

是年，又濬南都臺浦等河。衿業方貞仁等具稟，願濬南都臺浦及大蒲涇。西横港係十九保内附近八箇啚挑濬，統計河身一千二百餘丈，共土六千六百餘方。每田四畝零，濬土一方。並稱此河向與閘港公濬，現在傍塘承濬，請免挑王家浜。縣查閘港卷内南都臺浦一河，攤入公濬，應否免協王家浜，諭飭局董議覆。

按，南都臺浦於同治九年仍歸閘港帶濬。

十年，知縣賀崇禧濬五竈港等河。衿業沈赤文等具稟，以王家浜東出沈莊塘，乃與鹹塘相接，而鹹塘東之五竈港、戴家漕、周家浜，近已淤滿，糧運維艱，議就十九保内近河二十五箇啚，按畝出夫挑濬。統計河身七百四丈，共土一萬六千八百二十三方二分。

按，五竈港等西口通鹹塘處，積沙易淤。同治五年開周浦運河，附近衿業曾請帶濬，因段落分定難添，經局董王晉堦等議，俟後届開運河，將各河進口處與鹹塘並濬。

十五年，知縣(宋)〔朱〕清耀會同川沙同知何士祁，詳濬白蓮涇及長浜、吕家浜、小腰涇。十一月開工，十六年二月竣。白蓮涇東自長浜三林浦起，西至徐家橋西上邑境箬帽港止，長二千六百七十四丈，面闊七丈至九丈，底減十之五，濬深四尺至六尺。以三十二箇啚及兩半啚額田十四萬八千四百六十畝，挑土八萬七千一百八方。長浜東自張家浜口起，西至三林浦，接白蓮涇止，長一千四百十一丈五尺，面闊五丈至八丈，底減十之五，濬深四尺至六尺。以七箇啚及兩半啚額田五萬三千九百十九畝，挑土三萬二百二十九方三分。吕家浜東自松筠橋起，西至東牛角尖，接白蓮涇止，長一千四百四十七丈五尺，面闊四丈至五丈，底減十之五，濬深四尺至六尺。以九箇啚額田三萬九千八百三十一畝，挑土二萬四千五百二十方。小腰涇南自御駕橋起，北至石橋口，接白蓮涇止，長一千三百六十一丈五尺，面闊四丈，底減十之五，濬深四尺至六尺。以八箇啚額田四萬五千七十一畝，挑土二萬五千二百八十八方。其車壩及局費，由廳縣捐廉，及勸諭各典鋪大户并沿海各團捐資辦理。至白蓮涇接連上海境内應挑土方無幾，議由川、南各啚勻挑，上海知縣黄冕捐廉四百千文，發交總局，歸入攔潮大壩之用。

川沙同知何士祁記畧

道光十二年秋,侯官林公撫江蘇,江夏陳公爲方伯,憫江南頻年潦溢,其高者又〔患〕旱(患),於是繼吴淞江、泖湖之役,濬孟瀆、白茆、劉家河。大幹疏通,復檄蘇、松、太各屬支河,審其高下,或疏或瀹,各興水利。而川沙、南匯比連之白蓮涇、長浜、吕家浜、小腰涇,亦得同時告成。白蓮涇濬於乾隆三十九年。長浜諸河淤墊成平陸,近且百年矣,地界兩邑,屢議屢梗。士祁來涖是邦,陳牒屬請大府,與南匯朱大令會集紳士,議定分工並舉,均田均役,以給土方。其諸費,或官捐,或民自給。凡四閲月而工竣。其西壩外停沙淤阻,復仿混江龍之制,置密齒鐵鈀十,用船隨潮疏刷之,水勢暢注。大府臨視,核其工,彙奏以聞。

按是年,捐銀數多者,詳請議敘。邑中士商陸文浩、羅祖垚、陸清泰、韓錫瑞、羅城耀、馬維翰、楊尚淵、奚貽穀、奚晉、奚錫仁、黄濤、曹秉墉、曹秉堉等,均予八品銜。

又采訪册顧來曾,亦於是年議敘八品。

二十三年,知縣蕭翀詳濬周浦塘。是河自漕倉前迤西,由上海、南匯交界之槿樹園,至上海縣境内裕伯題橋、陳家行一帶,直達黄浦,均係糧艘要道,今已淤塞。查照歷届開挑,本邑一百五十四啚同川沙二十保、二十二保共廿二啚,及得沾水利之上邑沿塘七啚,田額業食,佃力挑濬。其築壩戽水,向係按田,一畝由各啚業出車壩錢十文,繳局濟用,移請川沙、上海協浚。惟槿樹園以西,因上海未辦,請飭起挑。餘以九月築壩,十一月工竣。

咸豐元年,知縣高長紳會同川沙同知何士祁,署松江府。後同知竇塾接辦。詳濬長浜、吕家浜、小腰涇。長浜計長一千四百三十七丈,以川、南二十啚及兩半啚額田十一萬九千二百七十六畝,挑土三萬三千四百三十三方,由廳諭董,設局督挑。吕家浜計長一千五百五十二丈三尺,以川、南十九啚半額田七萬三百四十六畝,挑土三萬一千六百八十一方六分。小腰涇計長一千六百七十七丈七尺,以南邑十七啚半額田九萬三千九百六十七畝,挑土三萬一百九十八方六分。均由縣諭董,設局督挑。除土方按畝出夫外,其車壩及局費,由廳縣捐廉,及勸諭各典鋪大户并沿海各團,捐資辦理。於十一月開工,二年二月初竣。

按是年,捐銀六百兩、四百兩者,援案請奬。邑中士商奚廷榮、奚洪基、程義泰、程光宗、曹鏞、傅崿、羅曾復、陳維祺、黄熙源、蔡旭明、羅曾煜、羅世清、羅高慶、胡景銜、陸臣燮、潘鼎、王元爵、王學禮、王學海、嚴新鑒、朱琬、沈承業、顧昌桂、馬璠貴、張烝、沈汝銑、馮應驥、顧桂棠,均給八品銜。

三年,知縣高長紳濬閘港及北都臺浦、下沙市河。循照舊章,於二月初開挑,三月中工竣。

七年,知縣馮樹勳濬周浦市河。諭董朱斯鍾,勸令紳業店商,分段捐挑。於二月興工,三月完竣。時以兵燹後,歲屢歉,周浦塘運河大工未能遽興,而市河外周圍淤淺,必須撈通,因令附近各啚紳業協助。

八年,知縣馮樹勳濬王家浜。計長一千七百餘丈。由縣捐錢三千二百千文,分段雇夫挑濬。其壩座局費,俱奚姓捐助。

是年,又濬南都臺浦。計長八百餘丈,附近八箇啚挑濬。其壩座局費,由縣捐廉及紳董王晉堦捐助。

又濬南閘港。計長八百餘丈。一、二團業户捐(設)〔錢〕一千六百千文,交局雇挑。其壩座新場紳業店商捐築,局費由縣捐廉。

又濬東横(港)〔梟〕。計長四百餘丈。由縣捐廉,雇夫挑浚。其壩座亦新場捐築。

同治五年，知縣葉廷眷詳濬周浦塘。董事王晉堦、葉爲璋等禀請開濬，自上邑陳家行起，至本邑周浦鎮司前橋東首止。内上邑七啚，承浚大壩内河身一百九十九丈零。南邑承濬上境河身，自第一段至槿樹園西首止一千一百四十八丈四尺零。槿樹園西首至司前橋東首止，南境河身一千八百五十丈六尺零。又鹹塘南段一千七十七丈，北段二百九十六丈，沈莊塘八十四丈，東横梟一百六十丈，西横梟九百十丈，六、七、八竈港五百二十九丈零，鹽船港二百六丈，統計長六千四百六十一丈零，計土十二萬八千七百六十八方一分四釐三毫。於十月開工，十二月竣。尚有北鹹塘北段一千四百九十五丈，議歸小腰涇并濬。周浦塘大河計土八萬九千一百二方五分八釐。除二十保廿七、廿九兩啚，頂修永濟渡百役不與外，計通邑額田六千四百四十七頃七十八畝九分九釐一毫，加上邑沿塘七啚額田二百五十三頃七十三畝，共六千七百一頃四十九畝九分九釐一毫。按田核算，每田一頃，應濬土十三方二分九釐五毫三絲三忽。除上邑額田應濬土三千四百二十六方二分九釐三毫外，尚存土八萬五千六百七十六方二分八釐七毫。加以東、西横梟土一萬五千九百五十二方四分八釐五毫，按田均算，每田一頃，應濬土十五方七分六釐一毫八絲。十六保八箇啚，共額田三百三十五頃六十一畝七分七釐二毫，應濬土五千二百八十九方九分三釐八毫。每方計夫價錢二百四十文，按畝派算，十六保各啚每畝應出夫價錢三十七文八毫三釐。除派外，實存土九萬六千三百三十八方八分三釐四毫。再加沈莊塘六、七、八竈港、鹽船港等土二萬三千七百十二方四分一釐三毫，以十七、十九、二十、二十一等保各啚額田六千一百十二頃十七畝二分一釐九毫均派，每田一頃，應濬土十九方六分四釐一毫三絲三忽。每方計夫價錢二百四十文，每畝應出四十七文一毫四釐。如有外啚情願赴河承挑者，計其田畝，應濬土方若干，准免協貼。不承挑者，無分内外啚田，一律協貼。周浦塘大河，河面舊章七丈。玆以工程太重，減爲五丈，底闊二丈。其車壩經費，因此次上邑境内河段，一體興挑攔潮大壩，應築陳家行西，迫近浦口，壩座樁木須格外深厚，工料比前倍費。且河身既長，内段小壩亦多，戽水更覺繁重。兼當木價昂貴，需費實鉅。據禀詳准，每畝徵錢十六文，於催辦下忙時隨收。十六保各啚，循舊減半。因各啚貧乏小户，不能按數收足，共收九千五(有)〔百〕千文。共用車壩公費，除收回變賣壩木什物外，實支九千九百三十三千五百七十五文。王晉堦捐貼三百千文，實不敷錢一百三十三千五百七十五文，各董暫墊。鹽船港向係川沙各啚承濬。是年，准川沙同知何移，據陳光烈等禀稱，從前川沙漕船停泊周浦塘，由此駁運，故議協濬。嗣於道光二十六年，經前陳升憲詳請，川沙漕船改泊白蓮涇，不由該河駁運，似難協挑云云。因議并入大河通派，分段承辦。十一月，以上邑七啚應濬土方，尚未集夫到工，禀府飭催。奉松江府楊批，上邑七啚應濬河身，前據該啚紳士秦惟梅等，以周浦係南匯運道，七啚向不協濬等情，呈奉藩憲批府議詳，即經轉行會議，嗣據該生監等來府具呈。本府一再傳訊，並將該縣志書記有"匯龍橋起，裕伯題橋止"字樣，可見裕伯題橋以西爲七啚應濬明證，反覆講解。該職監等情願出資，協貼錢四百(十)〔千〕文，禀求飭發。本府又經批飭該職監等隨禀赴縣，聽候核飭遵辦。玆據朱蟾奎等復，以河身將次告竣，赴縣往返需時，聲明派定河段一百九十餘(又)〔丈〕，挑土三千五百方，每方官價二百四十文，核計需錢八百四十千文，現遵湊足，呈求飭給雇挑，庶無貽誤要工等情。核與來禀所稱，應派段落土方，丈尺相符。該職監等拘泥於先，一經研究，即能照數協貼，尚非始終固執。除批令刻日繳齊，札發上海縣，移送該縣給董收領雇挑外，仰即知照，仍會同上邑王令妥議章程，詳請立案，俾免將來再有争競切切。嗣於同治十二年，上、南兩縣會詳，嗣後疏濬周浦塘河道，南邑與上邑不分畛域，均役興挑，請賜立案，勒石永遵。蒙各憲批准，轉飭立案。

上海縣、南匯縣爲遵批補詳立案事。竊於三月二十日，奉藩司批，卑上、南二縣，會詳遵批議覆。嗣後疏濬周浦塘河道，卑南邑與卑上邑七啚，不分畛域，均役興挑。請賜轉詳立案由奉批據詳各情，是否妥洽可行，已移請水利局酌核辦理矣，仰即知照繳。又奉水利局批據詳周浦塘河道，以後凡遇開濬，不分上、南地界，兩邑紳民和衷會辦，均田均役，按畝出夫，通力合作。即上境七啚河身應濬與否，亦照此兩邑公派。其周浦塘河工築壩戽水，南邑既兼漕運、舟楫之便，仍歸南邑獨辦，稍示輕重具徵，籌議平允，可使兩邑永遠遵行，以利農田。至吴淞江與南匯相距較遠，前已詳准永遠免役，本與上邑協濬周浦塘之案無涉，將來上邑七啚派挑吴淞，不得以此牽混，庶幾睦鄰息怨,永杜訟端。所議亦均妥洽,仰即補詳兩院憲批示立案等因。奉此伏查此案,先經卑上邑會同卑前縣羅令聯銜詳奉撫憲批,仰蘇藩司飭府,刻日核議,通詳察辦。又奉前督憲批,仰蘇州布政司查議、詳覆飭遵等因。又奉臬司批"凡河道,本爲蓄洩灌溉,使農田不受旱潦之害,是以謂之水利。其舟楫則於既有河道之後,因以爲通行之利。本末輕重,人所共喻。周浦塘貫於南、上兩邑之境,以通浦江,自應於得沾水利之區,均田均役。嗣後開濬,應如所禀,將上邑七啚田額并歸南邑,按畝派分,通力合作,同時並舉。其築壩戽水,仍歸南邑獨辦"一節,因此河爲南邑運漕舟楫所利,使於力役之外,多有勞費,則區分輕重之間,已是顯示本末之義。惟所稱"嗣後周浦塘如爲農田水利而開"及"槿樹園以西並不淤淺"數語,殊失事理而起釁端。試思大川支流,凡須開濬者,孰非爲農田蓄洩以備旱潦者。不此之講,是以又有外段河道,並不淤淺,專開本境之河,即不令上邑七啚與役之説。夫治水以下流通暢,俾上流得建瓴之勢爲最要。周浦應否疏濬,南、上兩邑總當同時並舉。若上邑以不甚淤淺爲詞,聽使南邑獨浚上流,則下口高仰,阻水出路,壅遏倒灌之害,南邑受之。是起兩邑之争於無窮,甚非鄉鄰親睦田里友助之誼,尤非國家均平化理,和洽人心之政。仰再剴諭妥議,禀候覆核,并奉水利局批,據詳已悉。凡大川經流支河小港,皆爲農田蓄洩灌溉之利。舟楫則以既有河道,而後因以爲利。該二縣周浦塘河雖爲南邑運糧之道,其實河所經由,兩邑之近塘田均沾其利。前此兩邑紳民互争,現經該縣等集議,定爲上邑得沾水利七啚,田額并歸南邑,均田均役,按畝派分,通力合作,自是妥協。又以築壩戽水,分歸南邑獨任,是於均派之中,仍存南邑運糧加認勞費之意,其輕重亦屬平允。惟"周浦塘如爲農田水利而開,及如槿樹園以西外段河道並不淤淺,專開南境之河,即不令上邑七啚與役"一節,未免視舟楫之利與農田並重。又以一貫之河,分爲兩截。蓋治水以農田利益爲本計,尤以下流疏通爲先務。如果上境以河不淤淺,爲可以不開,則南境雖開,恐由上境直達浦江一節,仍屬不暢。南邑未嘗不有上壅下泛之虞,兩邑必有争端。仰再集衆詳悉剴諭,務以共保農田水利,勿分畛域,以致互執己見,相怨一方,俾(南)〔兩〕邑永相協和爲要各等因。奉經卑職(延)〔廷〕眷,會同卑前縣羅令,傳諭原禀兩邑紳董,遵照指飭,逐一覆議。伏查疏濬河道,本以農田水利爲重。前次卑兩邑紳董所議,將來興挑周浦塘河,槿樹園以西並不淤塞,專開南境之河,不令上境七啚與役,及日後周浦漕倉建,復歸南邑獨挑兩層,原因七啚膠執己見。百數年來,每逢開挑,藉口推諉,纏訟不已。是以南董會議,但願從此永相和協,以濟大工,所以通融議覆。不知留此一隙,反起衅端。將來開挑之年,如果上境以河不淤淺,爲可以不開,則南境雖濬,内深外高,浦口不能暢達,必有上壅下泛之虞。復經再三會議,請以嗣後周浦塘河有淤淺之處,自應不分上、南地界,何段應挑,不論周浦漕倉建復與否,凡遇疏濬,兩邑民田,同在沿塘,或遠或近,水得通流,皆沾其利,兩邑紳民均應和衷共議,會同辦理。測量丈尺,核計土方,將上邑七啚田額并入南邑,均田均役,按畝出夫,通力合作。即七啚河身不濬,或專濬七啚,均應照此兩邑公派。其築壩戽水,南邑既兼漕運舟楫之便，自應仍歸南邑獨辦，稍示輕重，以昭公允。至吴淞江，與卑南邑相距尚遠，已經詳准，永遠免役，本與上邑協濬周浦塘之案無涉，將來上邑七啚，承挑吴淞，亦不得以此牽混，庶幾睦鄰息怨，永杜訟端等情，當經卑職廷眷會同卑前縣羅令，聯銜詳復水利局暨藩臬司在案。兹奉批飭，前因理合具文補詳，仰祈憲臺鑒核，俯賜立案批示祗遵，以便勒石永遵，實爲公便。

松江府楊爲轉飭事。奉布政司恩札，奉總督部堂李批，本司詳復上、南二縣復議疏濬周浦河均役興挑一案，由奉批據詳已悉繳等因，到司奉此查此案。前於具詳時，即經移行，遵照在案。奉批前因合就轉飭等因，到府奉此查此案。奉藩臬巡憲批札，均經轉飭該縣，遵照在案。今奉前因合就轉飭，札到該縣，即便知照，特札。

上海縣葉爲移知事。奉本府正堂楊札，奉布政司恩札，奉總督部堂李批，上海、南匯二縣會詳復，嗣後疏濬周浦塘河道，南邑與上邑七啚，不分畛域，均役興挑，請賜立案，勒石永遵。由奉批，仰蘇州布政司核明詳復飭遵，仍候撫部院批示繳。又准水利局咨。奉蘇撫部院張批開，如詳立案。仰水利總局轉飭遵照，並移藩司衙門知照，仍候督部堂批示繳等因，到局奉此。查此案，前據該二縣具詳，當核所議，均尚妥洽平允。即經分晰批示，並令補詳院憲在案，奉批前因。除轉飭遵照外，咨煩查照各等因，到司奉准此。查該縣等所議詳各情，業由水利局察核所議，均尚妥洽平允，應即如詳立案，永遠遵行。奉批前因，除詳覆外，合就轉飭等因，到府奉此。查此案，前奉臬巡憲批飭，即經轉飭該縣遵照，旋據南匯縣録批申報藩局憲批示各在案，今奉前因，合就轉飭等因，到縣奉此，合行移知，爲此合移貴縣，煩爲查照施行。

南匯縣金爲諭知遵照事。奉本府憲楊札，奉布政司恩札，奉總督部堂李批，上、南二縣會詳，嗣後疏濬周浦塘河道均役興挑云云，特札等因，到縣奉此，合行諭知。諭到該董等即便遵照，迅將嗣後疏濬周浦塘河道，本邑與上邑七啚，不分畛域，均役興挑緣由，即速擬具碑文，送候勒石，永遠遵守毋違。特諭。諭原董葉爲璋等。

周浦塘河工上海縣移送應濬七啚田畝及同治五年應濬土方細數。

二十一保十六啚：田二十六頃十二畝，濬土三百五十二方七分一釐。

二十一保十七啚：田三十頃八十二畝，濬土四百十六方一分九釐。

二十一保二十啚：田四十四頃十一畝，濬土五百九十五方六分四釐。

二十一保二十五啚：田三十五頃十二畝，濬土四百七十四方二分四釐。

二十一保二十八啚：田四十八頃九十八畝，濬土六百六十一方四分一釐三毫。

二十一保二十九啚：田三十六頃五十三畝，濬土四百九十三方三分。

二十一保三十啚：田三十二頃五畝，濬土四百三十二方八分。

以上共田二百五十三頃七十三畝，共計濬土三千四百二十六方二分九釐三毫。

是年，並濬周浦市河及王家浜等三支河。

同治二年，周浦運河未議開濬，而市河淤塞尤甚，董事姚有林、楊大文等稟請諭董籌費。三年，楊大文、朱杰等又禀，市河急宜開濬，工費浩繁，現議堆積。請於各牙行米麥買賣兩户，每石各捐二文，行用内亦每石捐二文，棉花每千提捐二文。此外各店商，量力捐輸，每日二三文至三四十文不等。擇殷實店鋪收存，(後)〔俟〕農畢，築壩興工開濬。循照舊章，各業派段承挑。其捐自五月起，至十二月暫停。又於四年二月起，至十月止。除收捐等費外，共存錢一千五百餘千。至五年運河設局，初議於此項内提貼車壩。楊大文等禀，歷届開濬市河，車壩帶入大河，並無貼費。此次積有捐錢，願自行雇車戽水，但將來濬河章程，應遵舊例，陳求備案，由縣批准。後止提車水錢七十千文，又因諭建匯龍橋提出四百千文，餘分各段，幫貼夫價。計市河分三十段。又董事王珠樹等，請濬王家浜、張家浜、鹽鐵塘，另作三段。鹽鐵塘因費重未濬，所派之錢，移濬陸家浜。

六年，知縣陳其元詳濬吕家浜及各支河。據董事錢楠、周學濂同川沙董事丁世棣等呈請(間)〔開〕濬。於十二月興工，七年四月竣。

吕家浜，東自江家橋東首起，西至東牛角尖止，長一千四百六十二丈九尺五寸，面寬四丈至五丈，濬深五尺。以二十保六啚、八啚、十啚、十一啚、十二啚、十三啚、十四啚、二十啚、二十一啚、二十二啚、二十三啚、二十八啚及三啚東中兩圩，并川沙七箇啚，共額田七萬六百五十七畝八分，挑土二萬六千四百四十五方四釐三毫，每頃派挑三十七方四分二釐七毫。

長溝，南自萬安橋起，北至張家宅東止，長四百二丈五尺，面寬三丈，濬五尺。以十二啚北圩、十三啚北圩、二十三啚、二十八啚，共額田一萬一千三百六十七畝一分，挑土四千九百二十方七分一釐九毫，每頃派挑四十三方二分八釐九毫。

南馬家浜，北自城隍廟前起，南至香含橋南止，長二百五丈，面寬三丈，濬五尺。除川沙承濬六十丈外，以三啚東圩、十一啚南圩及六啚，共額田七千五百九十一畝五分，挑土一千九百十六方六分六釐二毫，每頃派挑二十五方二分四釐八毫。

北馬家浜，長一百五十四丈五尺，朱墓港，長三十六丈。以十一啚北圩、二十一啚西圩、二十二啚西圩，共額田三千九百九畝三分，挑土一千九百七十六方四分三釐四毫，每頃派挑五十方五分五釐七毫。

蔣家浜，長七十五丈五尺。以十啚南圩、十一啚南圩，共額田三千一百畝，挑土七百八十七方六分五釐八毫，每頃派挑二十五方四分八毫。

和尚浜，南段八十五丈八尺七寸，北段一百十七丈三尺三寸。以十三啚北圩額田六百畝，挑土一千九百三十一方八分八釐七毫，每頃派挑三百二十一方八分六釐五毫。

錢楠等禀，車壩等費，今非昔比。變通舊章，於張江栅、新興兩鎮，並川境王家港、小灣、龔家路鎮，各行店提捐。及得沾水利各啚，仿照均田均役之法，酌核捐數，協濟經費。計收各捐并變售壩木物件，共三千八百七十二千六百五十六文，内三百千文川沙協貼,共用三千七百九十千九百九十三文,餘八十一千六百六十三文撥充瀝浜經費。吕家浜自牛角尖起,至鴨河灘東首止,計長十二里。又王家浜、顧家浜、長溝、南北馬家浜、蔣家浜、和尚浜共六支港,約長六七里不等,工程頗重,此次尚有未濬處。

七年,知縣王其淦詳濬小腰涇。十月開工,八年三月竣。

董事王珠樹、姚有林等禀,請開濬小腰涇,連鹹塘北段。自周浦北吴家行起,北至丁家橋止,河身一千八百七十四丈,應濬土三萬八千二百二十方四分。以十七保一、二、三、四、五、八、九、十、十七、十九、舊二十一、新二十一、二十三、二十五等啚,二十保一啚、二十四啚、二十六啚及二啚之半,共額田九百三十九頃五十八畝均役,每頃派挑四十方六分七釐七毫。議定客啚田畝,應派每畝九十六文。其車壩等費,向歸各典店商集捐抵用。現在河身放長,爲費較鉅,請仿周浦塘章程,就承濬啚分,按畝捐錢十六文,共收一千四百千文。又收周浦典捐店鋪、牙行、航船等捐七百七十六千一百文,北蔡典捐店捐二百十千六百文,御界橋店捐一百千二百六十文,五、六團捐四十千六十文。共用錢二千八百九十千三百十八文,除收回變售壩木什物外,尚不敷錢一百五千九百十二文,王珠樹借墊。六團店捐應歸吕家浜,此次暫行分貼小腰涇、長浜之費。

又濬長浜等河。

董事喬鼎勳、奚紉蘭等禀,請開濬長浜及帶濬各河。自孫小橋起,北至牛角尖止,計長浜河身一千四百二十八丈二寸,濬土四萬四千六十方二分六釐五毫。殷家浜河身二十丈,濬土二百八十三方三分二釐。川境三竈港河身一百八十六丈,濬土二千四百四十二方六分九釐二毫。以十七保十一、十六、二十、新二十二、舊二十二、二十四、二十六、二十八、二十九、三十、三十二、三十三、三十四、三十六、三十七、三十八、四十等啚,額田九萬一千二百四十二畝三分,及二十保二三兩半啚,額田七千二百八十九畝八分,并川境十二、十五兩啚,額田一萬三千五百二十三畝二分,均役派挑。客啚田每畝應派九十六文。又川境四竈港河身三百二十九丈,濬土四千八百十七方四分七釐,暫以川境十三啚獨濬。又殷家浜帶濬農河五十二丈,濬土七百九十六方三分二釐,係十七保二十啚、二十保二啚承濬。其車壩經費,請照周浦塘章程,就承濬各啚,按畝出錢十六文,共收一千四百千文。又收横沔、樓下、孫小橋、秦家典、陳家橋、陳家行等處布疋提捐,及典捐、店捐、航船捐,共七百二十七千二百十四文。又六、七團協捐一百十四千七百文,六團公費八十千文,并川邑協貼三百千文及店捐四百二十七千九百十文,八團捐一百六十六千文,各啚續貼車水四十七千五百四十文,由縣捐挑老坎一百(十)〔千〕文,共用四千八百十六千六百二十二文。除變售壩木物件外,尚不敷錢六百六十千二百五十八文,喬鼎勳借墊。

九年,知縣葉廷眷濬瀝浜。二月開工,三月竣。

董事張桂等禀,西瀝浜向與吕家浜同濬,前因農忙禀緩,前廉陳准將吕家浜餘捐八十一千零，撥充車壩公費，再於就近各啚勸捐協濟。今議於承濬之啚，每畝捐錢十六文。嗣據啚業等議，分南北兩段。南段河身二百四十五丈六尺，積土一千一百七十六方，由三啚中圩承濬。因公費無幾，啚業協貼，不派車壩。其北段河身三百六丈三尺，積土二千八百二十方二分，除勸令張江栅店商（損）〔捐〕濬四十（文）〔丈〕外，由十三啚南圩及三啚西圩内近河兩梱承濬，並各捐車壩費十六文。

是年，知縣葉廷眷詳濬閘港。十月開工，歷閏十月，至十一月竣。

董事葉爲璋、王晉堦等議濬閘港，自魯家匯迤東起，至新場鎮白虎廟前止，並下沙太平橋東首之二、三、四竈港，及向歸帶濬之南都臺浦各河，共長四千六百三十五丈六尺八寸，計土九萬二千八百八方。除附近下沙共八啚另濬北都臺浦，及六十二啚頂築東西大壩外，其餘十九保各啚、十六保八啚、二十一保南三啚，共九十一啚，額田三千五百四十二頃四十六畝零，均田均役，計每田十畝，濬（工）〔土〕二方六分二釐零。每方工價二百四十文，每畝應錢六十三文。不分内外啚田，其出車戽水，歸沿塘各啚承辦。尚有小壩及局中經費，由縣捐廉五百千文，餘係各董捐給。惟南都臺浦各壩，應十九保附近之六十、五十六、五十四、五十七、四十九等啚承築，該各啚每畝派錢十文，歸繳總局經辦。

附六十二啚開濬閘港、頂築大壩公項錢存典生息，以備下屆開河築壩費用案。

同治九年，知縣葉舫濬閘港。工竣，據壩董嚴夢熊、周錫瓚等稟稱，將用賸壩木變價錢二百四十千文，存典生息。議定正本常年一分二釐息，釐本常年七釐息，逐年合計本息共錢三百七千五百四十一文。作爲正本，止取常年一分息，後來轉息，仍照原議常年七釐。

又濬南閘港。

南閘港自分水墩起，至包家橋東止，長七百九十九丈八尺，計土七千六十七方二分。據盛國儀、顧祖金等稟稱，此河向由一、二團籌捐協濬，惟一、二團下則田多在新塘迤東，不沾水利，從未與役。其坐落老塘西之田，五畝以上各户，每畝捐錢七十文。老塘東之田，折半出捐。共得錢一千六百千文，繳局協濬。其壩費向由新場捐築，兹因新場適開市河，止捐貼錢一百千文。餘以附近之八十八、八十七、六十一南圩、五十八、五十九、九十、九十一、二十七、九十八、九十四、二十、一百一、三十六共十三啚，田四萬八千八百九畝零，每畝捐錢五文，統歸總局收支。

又濬新場市河及南新港。

新場市河長二百六十七丈零，又洪福橋東西共三十四丈零，董事黄洵誠、方宣等經辦，於閏十月開工，十一月竣。其夫價及重建東街青龍石橋，修永興石橋，盤起坍塌之壽星橋石料，並貼南閘港壩費，共用錢一千七百七十三千九百三十六文。由縣倡捐錢一百千文，餘俱新場商民捐。

南新港自南閘港起，至揚輝橋港止。董事朱景星、謝家樹等，勸捐錢一百四十五千零。雇夫挑濬，計一千五百工零，每工給錢一百四十文。其不敷錢及壩費，由董捐墊。於十一月開工，十二月竣。

又濬北都臺浦。

北都臺浦及下沙市河，自航頭泰安橋迤北，至下沙鎮東太平橋鎮西吉利橋，北至鹹塘岸觀音堂，長一千二百六十一丈，計土一萬九千五百三十四方一分。附近八箇啚承濬，共額田二萬七千四百三十畝三分四釐七毫，每方夫價二百四十文，每田一畝出錢一百七十一文，不分内外啚田。其車壩局費，由承濬啚業及下沙店商捐錢支用。董事康祖培、喬時泰等經辦，於閏十月(浚)〔竣〕。

十一年，知縣羅嘉杰濬杜行市河。正月開工，二月竣。

衿董張汝淵、衛元祥等稟請開挑杜行市河。長二百五十三丈七尺，計土五千方，并一切經費，共用二千三十千一百八十八文。由店房主客各出捐錢，并附近紳業及召樓鎮紳業店商捐助，共收一千四百五十六千三百二十九文。不敷錢數，除樁木折抵外，尚墊四百四十五千三百六十六文。

是年，諭董協濬曹家溝。亦名都臺浦，在二十保。十一月開工，十二年二月竣。

上海縣移文，都臺浦自南壩外秋家灣迤南之四百九十二丈，計土八(十)〔千〕八十七方二分，係川、南毘連。(餘)〔除〕移川沙廳外，煩飭應濬之二十、二十一、二十二啚董保集夫挑濬。即諭總董錢楠、陸元熙等，邀同會議。内除九十五丈七尺應歸川沙十六啚協濬，並界浜迤北三十八丈，應上、南分挑，將十九丈仍歸上邑承濬外，南邑實有三百七十七丈三尺。因迤南尚有淤塞，沿塘(南)〔兩〕啚情願協濬，再添一百六十一丈，共五百三十八丈三尺。以沿塘之二十啚、二十一啚東圩、二十二啚東圩、八啚(此)〔北〕圩、十啚北圩額田均(投)〔役〕，其二十啚帶丈田不協濬。所有築壩戽水，舊章均歸上邑，今由上董貼錢，南董代辦。計車壩經費及代挑上邑應濬界浜段夫價三十五千文，共用二百九十一千二百八文，除上邑協貼車壩七十千文、夫價十千文外，不敷錢二百十一千二百八文，陸元熙捐墊。

又諭董協濬三林塘。十一月開工，十二年二月竣。

上邑濬三林塘，移知南邑。二十一保(九)〔北〕五啚應往協濬，即諭總董邢承烈，同承濬各啚董保赴工候勘，集夫開挑。計二十一保内十四、十八、二十一、二十二、二十三等共五啚，田一萬四(十)〔千〕畝，每畝挑土一方一釐一毫零。其車壩經費，俱上邑總局給發。

十二年二月，知縣羅嘉杰諭濬陳村港，又濬百曲港、雙浜、沈婆浜、大姑港、大生塘。四月，知縣金福曾督成之。

上邑西開三林塘東壩外陳村港一段，必須接挑寬深，直達周浦，祈飭南境八啚、二啚、三啚承挑。即諭三林塘河董康雲興等督辦。據稟，自東壩轉南至顔家木橋，約五百餘丈，大半淤淺，三官堂以北幾爲平陸。論地勢，則南邑十七保八啚占全河東岸，而西南之十七保二啚、三啚亦占上流。現雖河道寬深，宣洩實資三林塘一河。即十七保九啚及二十保一啚，離港東岸不過二三里，亦應協濬。惟上邑之二十四保三啚，雖處西岸，現已頂濬三林塘大工，似難再派。隨飭各啚會議。據八啚董事康懷仁等稟稱，咸豐六年挑濬築壩，南段即在廟東，議貼上邑錢文，從未協(竣)〔濬〕。若照前章，再爲議貼，如欲開濬西岸，上邑三啚理應丈分。又據各啚董業，以不沾水利，紛紛請免，願各挑濬近河。乃諭董事王晉堦，會同妥議。覆稱，是河工程約四百丈，理應上邑三啚、南邑八啚對認。八啚北圩坐落東岸，自應承濬，其南圩應在協濬之例。至一、二、三、四啚，各有支河頂濬，役既不輕，勢難協濬。復經會同上海縣勘明，議定上邑三啚已頂濬三林塘，今以築壩戽水，由上邑三啚承辦，其開挑工程，暫由南邑八啚南北兩圩按畝出夫。計河身四百四十六丈，濬土四千三百三十九方一分三釐二毫。挑工及公費一切，每畝出錢一百五十文。業户自挑者，聽其便。開工後，八啚董業稟稱，上邑附近各啚推諉，三林塘大工，僅貼車壩。本邑各啚，亦挾持脱卸。此段河工，獨歸本啚。啚内耆民謂董等不顧後累，董等目前任怨暫行勉濬，呈請計籌善後，通詳備案。縣詳稱，查疏濬河道，凡坐落得沾水利之區，例應并力承辦。此次開濬陳村港，暫由八啚獨挑，本不能援以爲例。嗣後該河須濬，上邑三啚無論頂濬三林塘與否，總應與南邑八啚通力合作，均田均役，各半分挑，庶昭平允而杜争端。仰祈鑒核，俯賜立案。奉本府楊批，據詳已悉，仍即補詳各憲批示飭遵。

二、三、四啚董業火龍章等，以坐落陳村港西南，現尚深通，請開百曲塘、雙浜，以資蓄洩，四啚西圩協濬。計(三)〔二〕啚之百曲港，長四百二十(文)〔丈〕，濬土四千六百三十方四分。三啚之雙浜口長一百七十一丈，濬土二千二百七方三分。均田均役。其車壩公費，每畝提錢四十文。三月開工，四月竣。

一啚董業吴景清等，以陳村港與一啚無涉，議開小姑港、顔家浜，復以工鉅費繁，改議濬小腰涇西之沈婆浜梢及陳村港進口，派西圩四梱認挑。計河身一百六十一丈四尺，濬土一千五百八十六方二分一釐。又濬小腰涇東之大姑港梢，派東圩五梱認挑。計河身一百八十八丈二尺，濬土一千五百二十九方九分五釐五毫。俱按畝出夫。其車壩雜費，每畝二十文。於三月開工，四月竣。呈明西圩尚有五十(文)〔丈〕，因農忙請緩。十月，沈汝鈺補濬完工。

九啚西圩董業計嘉士、徐望樓，以陳村港素非協濬，議開大生塘。計河身二百十六(文)〔丈〕，濬土一千七百二十八方。照西圩田額，按畝出夫。其車壩公費，初議每畝十五文，後改議四股公派梱業墊貼。并以本啚頂濬大生塘，與陳村港永無干涉，呈請立案。縣批，下届如有應濬之處，仍當察看各河應挑與否，工力之輕重，田畝之遠近，隨時隨事，定議分别，頂濬協濬，和衷辦理，庶幾各得其平。著即遵照。

是年十一月,知縣金福曾濬三竈鎮市河。十二月竣。

同治十一年,貢生王國濬,文生季元鎮、周永治等,以三竈市河淤淺,并有開堰建橋等費,籌商提捐,稟請知縣羅示諭,從四月起,至十二年秋停止。本年十月,又稟董等,本欲先濬河,後建橋,緣今夏亢晴日久,幸周浦塘潮引入,農田賴以灌溉,奈三竈(錢)〔鎮〕爲王家堰所阻,咸謂開堰爲急務,而通衢不能久斷。一面雇匠建橋,現已告竣。惟所提之捐,僅建橋工尚有不敷。復議由董等及各商業湊捐,并本鎮市房主客及附近沾利各户,量力勸捐。計河身五十六丈五尺五寸,濬土二百八十一方五釐一毫,用錢一百八十八千九百五十二文,洋六十元。橋石工料等費,共四百四十五千二百五十八文。

光緒二年,知縣顧思賢會同川沙同知陳方瀛,詳濬白蓮涇、長浜、吕家浜、小腰涇及各支河。開濬詳稟以某河爲主,凡連及者,俱列支河,故與《川港志》不盡合。

同治十三年二月,董事錢楠、周學濂等請濬吕家浜,喬鼎勳、金介福等請濬長浜,俱議白蓮涇亦須開濬。沈汝鈺、張堯祖等亦請濬小腰涇。知縣金諭飭,邀同川沙董事,查丈確估,妥議章程。四月,川、南經董會議,長浜、吕家浜、小腰涇,按田一畝,由業户貼車壩錢十六文。白蓮涇幹河,亦每畝貼錢十六文。此外,勸令川、南得沾水利各鎮典當店鋪,按月輸捐充費。即會同川沙廳詳明各憲,已奉批准。至八月,霪雨颶風,秋收大歉,詳請暫緩。光緒元年,知縣顧以各河淤塞更甚,復會詳開濬。所有各鎮捐項,諭於二月起,按月收繳。各啚應捐車壩,亦於本年上忙帶收。而邑中士民多以歲歉役煩,赴府求緩。九月,知府楊親歷各處履勘,實形淤塞,惟本年秋收歉薄,緩至明年舉辦。其車壩費,既經上忙印串加戳,仍應一律催繳。發典生息,隨時報查,不准移用。二年八月,諭董舉辦,九月築壩,稟請藩憲委員,會同督辦。十月初開挑,十二月初工竣。

白蓮涇長一千六百八十二丈,計土五萬八千七百四十八方四分。以川沙二十二保十五箇啚、二十保七箇啚、十七保三箇啚,南邑十七保三十一箇啚,二十保除二十七啚、二十九啚頂修永濟渡,及二十啚頂濬郁家浜外,計十七箇啚總共七十三啚派挑。

長浜長二千四百六十一丈,計土七萬二千七百二十九方七分。以川沙十七保十二啚、十五啚,南邑十七保十一、十六、二十、舊二十二、新二十二、二十四、二十六、二十八、二十九、三十、三十二、三十三、三十四、三十六、三十七、三十八、四十等啚,二十保二啚東圩、三啚西圩,共十(六)〔九〕啚及(西)〔兩〕半啚派挑。

吕家浜長二千六丈一尺,計土四萬八千三百十七方。以川沙二十保四、五、七、九、十六、十八、二十五等啚,南邑二十保二啚東圩及六、八、十、十一、十二、十三、十四、二十、二十一、二十二、二十三、二十八等啚,共十九啚及半啚派挑。

小腰涇長二千七百六十六丈五尺,計(工)〔土〕六萬七千七百四十八方四分。以南邑十七保一、二、三、四、(至)〔五〕、八、九、十、十七、十九、舊二十一、新二十一、二十

三、二十五等啚，二十保二啚西圩及一啚、二十四啚、二十六啚，共十七啚及半啚派挑。

郁家浜長四百三十丈，計土八千四百九十八方九分，係二十保三十啚頂濬。其車壩等費，本啚自派畝捐，及龍王廟鎮店捐，不在收支總數内。

周浦市河長一千十六丈，計土二萬一千六百四十五方六分，係在鎮典商店鋪承濬。

西瀝浜長六百六十一丈，計土六千八百四十五方二分，係二十保十三啚南圩、三啚中圩，又西圩(由)〔内〕兩梱承濬。勸張江栅鎮西市附近浜口之典商行户，協挑七十三丈零，計土七百方。

南馬家浜長二百九十八丈五尺，計土五千四十二方五分，係二十保六啚及三啚東圩、十一啚南圩，並川沙二十保四啚承濬。

北馬家浜長二百四十六丈五尺，計土二千八百六十六方，係二十保十一啚北圩、二十一啚西圩、二十二啚西圩承濬。

朱墓港長六十二丈，計土一千五十六方二分，承濬啚與北馬家浜同。

和尚浜長(二)〔一〕百八十五丈，計土一千四百方，係二十保十三啚北圩，在長溝内劃出額田六百畝承濬。

長溝長五百三十三丈五尺，計土九千八方三分，係二十保十三啚北圩、十二啚、二十三啚、二十八啚承濬。

王家浜長一百十四丈，計土一千七十方一分，係二十保十二啚承濬。

蔣家浜長一百二十四丈五尺，計土一千六百九十五方二分，係二十保十啚南圩、十二啚南圩承濬。

顔家浜長一百十六丈，計土一千六百九十二方五分，係二十保三啚承濬。

曹家溝長一百二十八丈五尺，計土一千九百五十五方三分，係川沙二十保各啚承濬。

三竈港長一百九十六丈，計土二千九百九十二方四分，係長浜各啚帶濬。

四竈港長三百四十丈，計土四千四百六十二方八分，係川沙十七保十三啚承濬。

殷家浜長二十丈，計土三百三十四方一分，係長浜各啚帶濬。又五十三丈，計土九百四方六分，係二十保二啚、十七保二十啚，各半啚承濬。

收車壩捐錢數

川沙二十二保十五箇啚，專濬白蓮涇，每畝收錢十六文。十七保三箇啚、二十保七箇啚，幹支並濬，每畝收錢三十二文。除廟宇、荒墳、義冢不計，並給書差經費外，實收二千二百八十一千九百二十九文。又收畝捐存典息錢二百千文。又收典商捐二百千文。又收(錢)〔城〕内外及各鄉鎮月捐，除支收捐費外，實收一千二百五十七千二百二十一文。統計川沙收錢四千四十千二百五十文。

南邑十七保三十一箇啚、二十保内十七箇啚，俱幹支並濬，每畝收錢三十二文。除荒絶及待豁坍田、義冢不計，並給書差一成經費外，實收六千七百四十一千三百五十六文。又收畝捐存典生息錢四百三十五千文。又收張江栅、新興、陳家橋、北蔡等鎮典店捐并息錢，御界橋、周浦、横沔等鎮及五、六、七團典店各捐，除給各董雇人收捐一成經費外，實收二千八百九十一千八百六十六文。統計南邑收錢一萬六十八千二百二十二文。

共支用錢一萬三千七百六十二千三百九十二文，河局支銷尚餘錢三百四十六千八十文，分修各河橋梁訖。

是年，又濬鹽鐵塘。周浦支河。十月開工，十二月竣。

紳耆張文虎、王景熙等禀，鹽鐵塘久未疏瀹，將成平陸，其東半工費尚輕，但西首來源不通，究無濟事。議居河身之半，有不入祀典之二王廟廢址四畝三分四釐六毫，開去河身一畝零，以通幹河之潮，餘地足供漕賦。請諭將河身分作八段。内廟基改河形，自南至北，長十三丈五尺，濬土四百三十二方，分作兩段。東半老河形長二百十八丈，濬土二千一百八十方，分作六段。俱由沿塘衿業商民派挑。其所開廟基，添設木橋及協貼各段并一切雜費，共用錢一百十四千一百八十五文。經勸在鎮(唐)〔店〕商隨緣樂助，尚虧九千七百十五文，經董墊發。

三年，濬張家浜、網船浜。俱周浦支河。

衿業葛茂元、朱方來等禀濬張家浜，自河口迤東，至龔裕昌行前，係附近商民及十啚北圩農田頂濬，計長六十丈，土四百五十五方。自裕昌行迤東，至程家橋西，應派十九啚、二十三啚及二十五啚之一坵、二坵協濬，計長一百五十丈，土八百十五方。其一切籌濬經費，董事貼給。二月開工，四月竣。

董事韓文祥、林同慶等禀濬網船浜，計河身二百餘丈，議分十段，半由居民認段，半由衆姓捐挑。内有石橋兩座，議向合鎮店商勸捐建造。其局中經費，各董自行公派出資。

同治十一年奉憲批准，開濬吴淞江，川沙、南匯永遠免役案。附。

川、南紳董祝椿年、吴治、潘鰲、瞿光藻、葉爲璋、王晉堦、喬鼎勳、陳爾賡等禀爲河非應役、環求詳免事。切奉憲飭，協濬上邑吴淞東工，仰見大憲軫念民生，無微不至，恐旱澇無常，疏水利以衛之，因民力未舒，撥鉅款以濟之。凡在羣黎，同深感戴。紳等業已遵諭，力籌承濬，現已報明蕆事，不敢稍有違誤。惟川、南兩境，地屬浦東，委非應役，所恐此次協濬，以後永爲成案，不得不將嚮未應役之故，一一陳明。查吴淞距川、南兩邑，近則百數十里，遠者幾及二百里，中隔浦江。川、南地勢高亢，以浦潮爲灌溉。沿浦港口遞年疏濬，即可有備無患。界限分明，相度即知。此不沾水利，向不承挑者一也。且訪諸耆老，考諸乘志，歷届開濬吴淞，均無承挑舊案。至同治二年兵差案内，因軍(大)〔火〕師船由吴淞進剿，應行承挑之青浦尚未收復，曾經派及川、南。惟時賊氛未靖，公義同伸，工費并入餉捐同辦，非與農田水利之興役可比，似難援以爲例。此不應承挑者二也。况疏濬河道，責成坐落州縣承挑，以其便於民夫，而易於督率也。本邑與吴淞相距既遠，民夫越境渡浦，或中途遷延，或在工潛逃，隔江傳唤，呼應不靈。既照料之難周，亦往來所不便。此又因路遠，向不承挑者三也。川、南沿浦諸港，潮汐停積，易於淤塞。常年疏濬，各有應役之工，已虞力竭，隔江協濬，究屬舍己芸人。此又向不承挑者四也。凡此數層，均屬實在情形，用特鈔呈嘉慶二十一年詳免原案，環求恩賜，轉詳俯准，以後開濬上邑吴淞，川、南永遠免役，以符原案而順輿情，地方戴德上禀。縣批，候會同川沙廳據情通詳各憲，俟奉到憲示飭遵，鈔黏附。

布政司，水利局爲會詳事。切奉憲臺、督憲批，川、南二廳縣詳卑廳縣不沾吴淞水利，請賜永遠免役立案。由奉批，仰蘇州布政司會同蘇屬水利工程局，確查核議，詳復飭遵。仍候署撫院批示繳摺存。又奉撫憲、憲臺批開水利總局會同藩司衙門，確核妥議，詳復飭遵。仍候督部堂批示，此(致)〔繳〕摺存各等因，到司奉此。伏查道光七年開濬吴淞江原案，係由坐落之上海、嘉定、青浦及得沾水利之元和、寶山、吴江、震澤、崑山、新陽、太倉、鎮洋十一州縣，派夫分段承挑。川、南二廳縣，本非應行協役之處。同治二年，開挑吴淞江河道。時因太、鎮、崑、新、長、元、吴江、震澤等縣，尚未收復，曾飭該廳縣派夫協挑。此次開濬吴淞，又因元和、吴江、震澤三縣，各有本境應辦太湖、漊港等項工程，是以照案飭令川、南二廳縣派夫協挑。以後遇有開濬吴淞工程，本可毋庸再派該廳縣應役。前據該廳縣詳請，嗣後開濬吴淞，永遠免其派挑等情到司，即經批准立(業)〔案〕，並飭府轉行知照在案，奉批前因相應會同四品卿銜何中書具文會詳。伏候憲臺鑒核，批示飭遵，實爲公便。

南匯縣羅爲諭飭勒石永遵事。案照本縣會同川沙廳憲具詳該紳董等禀，川、南農田不沾吴淞江水利，亟請轉詳，嗣後開濬吴淞，永遠免役等情，已奉各憲批准，録批諭飭遵照在案。兹於本年九月初六日，奉本府憲楊，轉奉署布政司應札，奉署督部堂何批，本署司會同水利工程局，詳川、南二廳縣，承挑吴淞工程，嗣後開濬，永遠免其派挑一案。由奉批如詳飭遵繳。又奉署撫部院恩批開如詳辦理，希即轉飭遵照各等因到司鈔詳，札府轉行到縣，奉此合行諭飭。諭到該紳董等，即便會同川董遵照憲札，將嗣後開濬吴淞，批准永遠免派緣由，迅即刊立碑石，俾得永遠遵守，是爲至要，切切特諭。

南匯縣羅爲給示勒石，永遠遵守事。案據川、南紳董祝椿年、葉爲璋、王晉塏等禀稱，協濬上邑吴淞東工，業已遵諭，力籌承濬，報明蕆事在案。惟川、南兩境，地屬浦東，遠距吴淞幾及二百里，中隔浦江，水利不沾。恐此次協濬，以後永爲成案。鈔呈嘉慶年間免役原案，環求詳免等情，據經本縣會同川沙廳，詳奉各大憲批准，嗣後開濬吴淞，永遠免其派挑各等因，到縣奉此，合行給示，勒石永遵。爲此，示仰闔邑紳耆、農田人等知悉。所有吴淞江河工，現已詳准。嗣後如遇開濬，川、南二廳縣，永遠准免派挑。其各遵照毋違，特示。

川　港

邑東境築塘障海，境内之水，南自華、奉而來，西受浦潮之入。今敘縱港自西而東，敘横港自南而北。

浦南諸水俱縱港，其支河各附於下。浦南支河，潮盛時水與岸齊，潮退即涸。農事時，於港口築堰蓄水，以資灌溉。如有淤淺，各照田畝開濬，雖通塞無常，尚免旱乾之患。

千步涇，俗名峯蒲涇。西岸華亭境，東岸邑十六保天一、廿三、四啚。自口至奉賢境一啚，南北三里，闊二十丈，深二三丈。南進三里餘，淤塞已久。港口外新漲沙塗，周六七畝，所産蘆草歸普靈庵。

巨漕，在千步涇東三里，進口有曲灣，東岸天一、廿三、四啚，進二里爲二十、廿一、二啚，西岸俱天一、廿三、四啚。自口至奉賢境一啚，南北三里，闊五丈，深一丈五尺。内已淤塞。

沙岡，在巨漕東三里，合紫、竹二岡，爲古三岡，相傳海中湧三浪而成。港口東岸十四啚，進一里半爲二十、廿一、二啚，西岸俱二十、廿一、二啚。自口至奉賢鄔家橋鎮後，南北三里半，闊八丈，深二丈，直達南橋塘。近已淤淺。

附漁瀝港。沙岡西岸支河，由漁瀝廟前西進，向達千步涇，近已淤塞，僅二里許，即不通。

竹岡，在沙岡東三里，港口東岸十六啚，進一里十五啚，西岸十四啚，進一里半爲奉賢十五保三啚。自口至奉賢境，計東灘南北三里，西灘半之，闊六丈，深二丈，直達南橋塘。

附竹安溪。竹岡東岸支河曲折，抱李氏金雞墳及東西三宅，俗稱李氏宅河。近已淤淺，周達不及二里。

夾溝，在竹岡東一里半，東西兩岸俱十六啚。口闊二丈，深丈許，南僅一里，已淤塞。

横涇，在夾溝東一里半，古稱紫岡。對浦北閔行鎮。港口東岸十一啚，西岸十五啚。進一里餘，東屬十啚，再進一里，屬十四啚。西進二里，亦屬十四啚。自口至奉賢境，南北三里，闊六丈，深二丈五尺，直達南橋塘。閘港以西，惟此港最通利。按，自千步涇至横涇諸河，俱貫浦之南北。在浦北者，屬(事)〔華〕亭上海境。

附顧望塘。横涇西岸支河，向達華亭境。今自竹岡以東，雖淺尚通。竹岡以西，僅存其名。

白廟港，欽《志》云：即從令涇。胡《志》以從令涇爲金匯塘之舊名。在横涇東三里半。港口東西兩岸俱十一啚，進一里俱十啚。自口至奉賢境，南北三里半，闊六丈，深二丈，直達南橋塘。

附悦河浜。白廟港東西兩岸支河，自南大橋畔分流，今淤塞。

王㕚浜，㕚，胡《志》作交，誤。在白廟港東二里，東西兩岸俱十一啚。口闊二丈五尺，深丈許。未至奉賢境，已淤塞。

金匯塘，在王㕚浜東二里，與閘港比連，東西兩岸俱十一啚。自口至奉賢境，南北三里有奇，闊六丈，深二丈。

以上浦南諸水，自西而東，起華亭分界，至黄浦北折處止。

浦東沿浦横港港分縱横，宜先縱後横。今敘浦南諸水，至黄浦北折處即爲閘港，因先敘沿浦横港，各附支河。

閘港，在黄浦北折處。港口兩岸俱十六保十一啚，進爲十九保一啚、四十四啚。口闊十八丈，深五丈。東貫蒲達涇，經魯家匯盤屈。由鶴頸灣逾小閘口，折而東北，流經旌表亭、外秦、裏秦、塘灣、封家橋，入航頭鎮。貫都臺浦，又東至茅柴港，口向有閘基。又東至大脉灣，折而南，流經永福橋，南屈而東流，至文星橋東分水墩，再東爲新場洪橋港，直達南六竈港。欽《志》云：康熙癸酉，知府龔嶸濬閘港，民稱龔公浦。

附新港。在閘港北半里，由浦入口北折而東，至牧溪禪院前，再東里許通蒲達涇。十九保一啚。

沈公浜。俗呼筍枯浜,在閘港北,由浦入口,東通蒲達涇。十九保一啚。

鶴坡塘。在閘港橋東半里許,自閘港北流,截鹽鐵塘、王家浜、沈莊塘,經鶴坡里入周浦塘。在裕伯題橋南爲上海界,今多淤塞。

蒲達涇。在閘港口東,截閘港南北。閘港南爲南蒲達涇,通奉賢境;閘港北爲北蒲達涇,通鹽鐵塘。今多淤塞。蒲達涇西小河,有九畝浜、金定港、興隆港。

按,新港、沈公浜别有浦口,鶴坡塘、蒲達涇河身頗長,俱不當列閘港支河。然以新港、沈公浜與閘港並列,以鶴坡塘、蒲達涇與鹹塘等縱港並列,亦似未愜。故就近附列,仍各爲一條。其支河則連類貫下,稍示區别。後載鹽鐵塘等各河下就近附列者,準此。

白洋涇,俗名油車港,在魯家匯西。自閘港分流,西南斜通葉家行、運鹽河,今淤。周家浜,從閘港南流,今淤。大匯塘,從閘港南流,其東岸俱奉賢境。今淤。小閘港,在旌表亭西,從閘港南流,其西岸俱奉賢境。蔣達港,在塘灣西。從閘港分流,西南斜經蔣達廟,今淤。廟涇港,在航頭鎮城隍廟東,截閘港南北分流,今淤。茅柴港,金匯港。俱從閘港南流,今淤。

網船浜,施家港,黄泥浜,肇瀝港。俱近魯家匯。界河,五十啚、四十六啚界。漕坊溝。在外秦。王姓港,川心河。俱在裏秦。磚橋港,茶亭橋港。俱近大脉灣。沈鉄石橋港,太平橋港,通旺橋港,旺順港。以上在聶家廟,至新場左近。自網船浜至旺順港,俱從閘港北流,今多淤塞。川心河於道光間秦拜石勸捐開濬,今亦淤淺。

鹽鐵塘,即下沙浦。在閘港北三里,港口在十九保四啚。自撥賜莊,東經施家老宅、自此以西已成平陸,自此以東尚容小舟。汪家簖、楊家灣,至下沙鎮中市。北折入鹹塘,至東市,南折入都臺浦,東達北三、四竈港。胡《志》爲北一竈西流。欽《志》下沙鎮東對北三竈港,港西接鹽鐵塘,而《水利圖》亦與北一竈相對。

附車溝港,由浦入口,東通蒲達涇,極淺狹。十九保二啚。

陳家浜,由浦入口,爲十九保二啚、四啚界河。

翁浦港,即楊家(洪)〔浜〕,由浦入口。

司徒浜,由浦入口。

翁家港,由浦入口,東通牛腸涇。

衛家港,由浦入口,東通牛腸涇。以上俱十九保四啚。

井亭浜,由浦入口,東通牛腸涇,爲十九保四啚、六啚界。

金鈴港,施淮港,俗呼施横港。郁家港,毛家橋港。俱從鹽鐵塘南流。

馬路涇,自鹽鐵塘北流,出小竹岡。小竹岡東通新港,西通王家浜。馮娘子港,自鹽鐵塘北流,至沈莊塘南。牛腸涇,自鹽鐵塘北流,至水月庵入王家浜。其南轉西,由翁家港通浦。今多淤塞。網船浜,自鹽鐵塘北流,迤接張涇(港)〔浜〕,西折出牛腸涇。引才河,在洞元道院東,自鹽鐵塘北流,通王家浜。仁善港,自鹽鐵塘北流,通(三)〔王〕家浜。南新河,自鹽鐵塘北流,通王家浜。其南流三叉口,東通鹹塘。裏鹹塘。自鹽鐵塘北流,達沈莊塘。曲鹹塘。即下沙東市河,自鹽入四竈港,東至坦石橋。

王家浜,在鹽鐵塘北三里,港口在十九保八啚。自杜家行鎮屈曲東北行,經水月庵、葉家橋鎮、陸家簾、召稼樓鎮紆回向東南，由野猫洞至黄鶯橋，下達鹹塘。胡《志》過寒鴉橋曰（三）〔王〕家浜，誤。

按，自鹽鐵塘、沈莊塘淤淺之後，閘港以北，周浦塘以南，惟賴王家浜得（適）〔通〕水利。欽《志》謂，其水紆回曲折，同爲潮汐往來之道，年久不淤。今則屢經疏濬，亦易淤淺。

附潘家浜，在杜家行北，由浦入口，東通牛腸涇。十九保八啚、九啚。

急水港，在潘家浜北，由浦入口，東南達王家浜。十九保八啚。

陳勝涇，自王家浜南流。藴草浜，俗稱西小港，自王家浜南流。西劉家河，召稼樓西市。東劉家河。召稼樓東市。二河俱從王家浜南流，今淤。

鍾家港，召稼樓西市。自王家浜北流，通沈莊塘。磚灘港，自王家浜北流，通沈莊塘。小磚河，西出磚灘港，東通渡船浜。渡船浜，野貓洞東即王家浜，北折達沈莊塘處。談家港，蒲鱔浜。俱從王家浜北流。

沈莊塘，在王家浜北三里。港口南岸二十一保二十六啚，北岸二十七啚，東至孫宅，前與范家浜合流，而東爲十九保十啚。再東經召稼樓，北至沈莊鎮永濟橋下，達鹹塘，東達北五竈港。自浦口至磚灘港口已淤塞，磚灘港以東今尚流通，由沈莊塘出浦，必紆道王家浜。

附范家浜，在王家浜北，沈莊塘南。由浦入口爲二十一保二十六啚。進口三里，與沈莊塘合流。按，欽《志・水利圖》在沈莊塘南，而《川港志》誤稱在北。胡《志・水利圖》，竟列於沈莊塘北。

吴水港，在康家（完）〔宅〕，自沈莊塘北流入上海界，通周浦塘。張家浜，自沈莊塘北流。杜踰塘，自沈莊塘北流，通周浦塘。南長浜，西入杜踰塘，東通鹹塘。獨樹港。自沈莊塘北流，東通鹹塘。

周浦塘，在沈莊塘北三里。港口屬上海二十一保，自塘口鎮、陳家行鎮、裕伯題橋鎮，至韋馱殿，東入邑境十七保。經蘇家橋、列船橋、周浦鎮西市，至李將軍橋下，達鹹塘。由鹹塘南至巽龍橋下，東達八竈港，再東迤南達北六七竈港。

附西長浜，在裕伯題橋西上海界，從周浦塘北流至三林塘，其間東西兩岸各啚，或屬上海，或屬南匯。陳村港，南由雙浜通周浦塘，其北流截三林塘，東口入上海界，通白蓮涇。在邑境者西岸，亦有上海境。謝海漊，自周浦塘南流，通王家浜。南雙浜，自周浦塘南流，通沈莊塘，今淤。其口與北流雙浜相對。姚婆涇，自周浦塘南流，通沈莊塘。西横臯，在周浦鎮西。從周浦塘分流，迤南轉東至三板石橋，通鹹塘。東横臯，在周浦西市接官亭對岸。從周浦塘南流，東通鹽鐵塘，南合西横臯。鹽鐵塘。從東横臯東流，至秀南橋下，通鹹塘。今西段淤塞，鑿二王廟基，通周浦塘，與下河涇南口相對。

茅柴港，從周浦塘北流，通三林塘。百曲港，從周浦塘北流，通陳村港。董瀝港，南通百曲港，北通後漕涇。雙浜，在永定寺西，從周浦塘北流，接陳村港。儲童浜，在周浦西市梢，從周浦塘北流，通陳村港，今淤。和尚浜，在便民倉西，從周浦塘北流，今塞。夏椒子浜，在便民倉東，從周浦塘北流，今塞。下河涇，在三林司署西廣濟橋下，從周浦塘北流，通小鹹塘。其南口久淤，新濬。網船浜。在周浦塘北。其東口在北市太平橋下，通鹹塘。西由下河涇通周浦塘，淤塞已久，里人新濬。或指下河涇南口爲網船浜南口，非是。

杜浦塘，大生塘，潘家漕。俱從陳村港東流達鹹塘。大聖塘。從陳村港東流達陸家浜。陸家浜。西接大聖塘，東通鹹塘。沈婆浜。從陳村港東流，通小腰涇。小姑港。從陳村港東流，通小腰涇，再東通横沔港。今淤。

自杜浦塘至小姑港，並非周浦塘支河。因陳村港既就近附列，凡通陳村港者，并附於此，故别爲一條。

中心河，在周浦塘北三里。港口在二十一保二十一啚，東流通西長浜。今淤。

附陳家浜，由浦入口，東北轉西，合中心河，在二十一保二十一啚東岸，屬上海。

丁家浜，由浦入口，東通中心河，爲二十一保二十一啚、十八啚界河。

三林塘，在中心河北三里。港口北岸屬上海，南岸爲本邑二十一保十八啚，東經二十二啚、十四啚，北岸亦屬上海。再東過上海界，通陳村港。西三林塘東市有南流支河曰新橋港，港東上海，港西本邑。

附西兢子港，自三林塘南流，入上海界，達周浦塘。東兢子港，自三林塘南，流入上海界。芋涇，即芋孏涇，在三林塘南。塘水西來，過長壽橋，分流而南，出姚家橋，又南入中心河。分芋涇。即芋涇分流，東南通後漕涇，東北流者至大漲橋，南合於塘内，連上邑境。後漕涇。從西長浜分流而東，達陳村港。又從長浜西流者，亦稱後漕涇。

白蓮涇，在三林塘北二十餘里。自三林塘北至白蓮涇，其間尚有新涇港、小黄浦、楊淄漊、黄淄漊等口，俱屬上海境。港口屬上海，經六里橋、嚴家橋至徐家橋，入邑境二十保。至龍王廟，西達郁家浜。至北蔡鎮，東達吕家浜，東南達長浜，俱流入川沙境。自北蔡鎮，南達小腰涇，流入鹹塘。吕家浜、長浜俱列腹境横港内。

附郁家浜，自白蓮涇分流，過龍王廟，東至二十一啚。又東入川沙境。其進口處，在三十啚，向係三十啚頂濬。凡邑境河工派及二十保者，除周浦塘、運河外，三十啚概不與役。有案。陸家浜，在龍王廟南，自郁家浜南流，折東通馬家浜。周家浜。自郁家浜分流，折北而東達川沙境。陸家浜、周家浜二河進口處，俱在二十八啚，向係二十八啚頂濬。

小腰涇，自白蓮涇分流，由黄泥墩橋進口迤南，至御界橋，接鹹塘，實爲鹹塘之北流。顔家浜，薛家浜。俱小腰涇支河，今淤。大姑港。從小腰涇東流通横沔港。

以上浦東沿浦横港，自南而北，起黄浦北折處，越上海境止。

浦東縱港。沿浦横港之東流，或達都臺浦，或達鹹塘，皆縱港也，故次及之。而腹境東境之縱港並列焉。其東西兩岸分流大者，别敘爲横港，小者各附於下。有已附横港下者，不復載。

都臺浦，在十九保航頭鎮東，貫閘港之南北。其南流稱南都臺浦，至盛林灣，達大鳧涇。由東大鳧涇口南流，轉東達水仙塘、黄泥浜。由西大鳧涇口南流，達龍游港、護塘港，俱通奉、南界河。其北流稱北都臺浦，至下沙鎮西折，北流至衆安橋，接鹹塘。其西折處爲下沙市河，即鹽鐵塘。

附西王家港，湯家浜，陳家港。俱從南都臺浦西流，今淤。

王家港，施家港，又名湛漊港。楊家港，杏林橋港。俱從南都臺浦東流，今淤。

車子港，從北都臺浦東西兩流，今淤。

黄絲漊，朱家港，嚴家港，鄔窑浜。俗呼荷葉浜。俱從北都臺浦西流，今淤。

漕達港，保姑橋港，養秀橋港，周家浜，張家漕，陳沈浜，長安橋港。俱從北都臺浦東流，今淤。

鹹塘，南接都臺浦，自十九保下沙鎮中市北流，經胡家井亭、倪家橋、沈莊鎮及十七保周浦鎮、吴家行、一王廟、計家宅，至二十保御界橋，爲小腰涇。由北蔡西南，通白蓮涇。小腰涇附詳“白蓮涇”下。

附來鳳橋港，蔣涇港，渡船浜，錢顯橋港。俱從鹹塘西流。

地瀝港，王家浜，在坦石橋北，東通横瀝。周家浜，在王家浜北，東通横瀝，今口淤淺。大界浜，在戴家漕北。蘇家浜，祝家港，在七竈港南。趙溝，在周浦永興橋分支。胡《志》作交溝。今口已淤塞。王家浜，在周浦關帝廟橋分支。張家浜，在周浦五福橋分支。蘇家浜，在周浦聚龍橋分支，今淤。小鹽船港，在吴家行北，今淤。金家港，今淤。鴨河灘，今淤。湯釣港。俱從鹹塘東流。

分水港，即西横港，亦呼窑港。南通奉賢境。自水仙塘北流，至十九保新場鎮西，今南段已淤塞。入閘港。中有分水墩，包家港以南出分水墩南，洪橋港以北出分水墩北。

附曹行港，由分水港東流，通東横港。胡家港。由曹行港分流，入東横港。

鶴坡塘，在十九保新場鎮東，即東横港。東通南二竈至七竈港諸水，西有二口：一爲包家橋港，一爲洪橋港，俱通閘港。自千秋橋北，稱千秋橋港。又北稱檀香港，又北稱梅檣港，俱即胡《志》所云倪家港。

附運鹽河。由東横港西流，截楊葉港，至下沙東市，達鹽鐵塘。

沙塗港，自北七竈港北流，至南場界河西流，北折爲楊家灣，達横沔港，屬十七保。

横沔港，自南場界河折而北流，東通小五竈、諸氏盤、虹橋港、吉氏盤、楊家港、瞿家港等河，西通鹽船港、牌樓港、殷家浜等河。再北分二支：一支東北流，從四眼橋下達馬家浜；一支西流爲張家浜，稍折而北，又西爲長浜，達白蓮涇。其南段屬十七保，北連二十保北段，東岸屬川沙。

馬家浜，由上邑西溝口浦水入港，南流過新橋，入邑境二十保。過張江栅鎮，至圓修庵，達張家浜，南爲川沙界。

曹家溝，亦稱都臺浦。由上邑東溝口浦水入漩河潭進港，過陸家行，南入邑境二十保二十啚，南流至六啚唐墓橋，南入川沙界。

運鹽河，俗呼内護塘港。在老護塘内，諸竈港之東，向爲鹽艘出入之路。南自奉賢至一團入邑境，自倪家水洞以南，直達二墩。自二墩以南至奉南交界處，稍有曲折。循塘而北至八團入川沙境，再北至九團黄家灣入寶山界，由界浜通黄浦。凡有市鎮處民居稠密，每多作踐。兵燹後，瓦礫填灘，更形淺隘。大團鎮最甚，三墩鎮次之，六竈灣又次之。

附各團界河。在運鹽河西。

一、二團界河，西達潘家石橋鹽司、有司交界處。二、三團界河，對南關水洞橋。三、四團界河，四、五團界河，介溝，對積善橋。瀾港，即五、六團界河。唐家浜，長庚橋北。六、七團界河。對陳家水洞，即南場界河。詳見後横港下。

禦寇河，俗呼外護塘港。在老護塘外，小護塘内，一名備難河。明嘉靖間，太學生喬鏜倡議禦倭，奉檄開濬，自一團至九團九十里。原濬與運鹽河俱闊四丈，深一丈五尺。今三、四團不通流，四團以北直達川沙。

附護塘水洞，在老護塘，以通内外護塘港之水。小護塘向亦有水洞，雍正間，海潮爲災，詳準永閉。牛郎廟水洞，在奉、南交界處，東流直達海潮寺馬頭。南沈家水洞，在一團二墩，東流直達沈家馬頭。北沈家水洞，在三墩，東流即茶亭路，至王家堰爲止，距欽塘尚有數十步。戚家水洞，在一、二團界，東流直達欽塘，至老鸛嘴、石馬頭，往來最便。潘家水洞，在二團，東流達唐家堰，距欽塘數十步，港已淺隘。奚家水洞，在二團，東距欽塘數十步，港極淺隘。顧家水洞，在二團，東流極遠處，不過百步，俱堅築壩堰，以障内河之水。再東則地勢較高，河底較淺，壩堰一開，則内河之水有洩無蓄，難資灌溉。若欲水利直達欽塘，必須按畝派捐開濬，其西流即五竈港。嚴家水洞，在二團，即六竈廟水洞，東流距欽塘約百步。倪家水洞，在二、三團界，西流即界河，直達舊營横港鹽司、有司交界處。其東流直達欽塘，至黄家路。倪家水洞，在三團，東流達欽塘。關帝廟水洞，在三團，東流距欽塘百步。衛家水洞，舊稱趙家水洞，在三團，東流達欽塘。宋家石橋水洞，在三、四團界，東流達欽塘。利濟橋水洞，在四團，疑即胡《志》金家水洞，東流達欽塘。金家水洞，在四、五團界，東流達欽塘。按胡《志》，四團曰金家水洞，四、五團連界曰姚家水洞。今訪姚家水洞，無知者。康家水洞，在五團，東流達欽塘。耕樂橋水洞，在五團，嘉慶丙子開，東流達欽塘。新水洞，在五團，咸豐壬子開，東流達欽塘。殷家水洞，在六團，即胡《志》陸家水洞，西對瀾港，東流達欽塘。四安橋水洞，在六團，西對八竈港，東流無港，南合殷家水洞，北合(東)〔陳〕家水洞，抵欽塘。陳家水洞，在七團，東流達欽塘。王家水洞，在七團，東流達欽塘。胡《志·水利圖》誤列陳家水洞南，與《志》不符。喬家水洞。在七團，東流達欽塘。

按水洞之名，欽《志》圖與《志》已不盡符，胡《志》所稱又異，而數亦較多，當是乾隆間所開。今采訪所列，核之胡《志》，名亦稍異。自三團至六團，又多四處。内五團二處，實係新開。其三團之宋家石橋、六團之四安橋二處，不知開自何年。欽《志》圖有八竈(外)〔水〕洞，疑即四安橋水洞，而胡《志》不載，殆以其東流無港歟。

以上浦東縱港，自西而東，起邑境之腹，至小護塘内止。

浦東附塘及腹境横港。水既自西而東，宜由腹境以至附塘，惟附塘諸竈港，南自一至七，北自一至八，次序秩然。今先敘以清眉目，而腹境之接流者繼之，并附支河。

南界河，爲奉賢、南匯分界。東由護塘港，曲折達欽塘，西至東横港。在新場東。自東横港以西爲樊家浜，再西爲朱家浜，至小閘西爲楊涇浜，俱奉、南分界。胡《志》云：新場西(口)〔曰〕龍家港。按，龍家港在朱家浜之南，全屬奉賢。

附綿長港。由南界河橋東首北流，經南一、二、三、四竈港，至玉皇閣橋下，入東横港。

南一竈港，在界河北，東通護塘港，西至盛家橋，接水仙塘。

水仙塘，東接南一竈港，西流折北又西分二流：西流者爲新涇，西南流者爲陳家浜。欽《志》云：未築海塘之先，諸竈西各有壩，以爲界。自築海塘後，皆去壩，故一河而東西異名。盛家橋東，向有宋家壩，東爲一竈港，西爲水仙塘，今俱直達。

南二竈港，在一竈北。東通護塘港，西經一團鎮北折，會三、四竈港於龍珠庵，西達東横港。

黄家港，在南二竈西南。以進士黄翰開通，故名。自宋家壩東，由黄家宅西北斜流，截分水港而西，與水仙塘合。

附楊家港，在黄家宅後，從黄家港分流而西，入水仙塘。夷蒲港，從黄家港分流，有二支：一在黄家宅西分支，北通二竈；一從施濟橋東分支，北通楊輝港。站船浜，亦黄翰開。從施濟橋西北流，在洪橋西南入新港，又從盛家橋南流入奉賢境。康家浜。由站船浜西流。

南三竈港，在二竈北。東通護塘港，西經柴場灣，西北過潘氏祠至龍珠庵，西達東横港。

南四竈港，在三竈北。東通護塘港，西經王家橋，合二、三竈港至玉皇閣橋，北流入東横港。其西口當楊輝港東口。

楊輝港，在新場南市梢。東接南四竈港，西出分水港，通大蒲涇。

大蒲涇，亦名大鳧涇。在盛林灣東者稱東大鳧涇，其西爲西大鳧涇，通小閘港。

附楊麻灘港，一名養馬灘港，又呼羊毛灘港。由東大鳧涇北流，又東北達王家港。龍游港。由西大鳧涇南流。

南五竈港，在四竈北。東通護塘港，西達東横港，其西口當包家橋港東口。

包家橋港，東接南五竈港，西出分水港，通閘港。以包姓倡開，故名，今亦稱南閘港。

南六竈港，在五竈北。東通護塘港，西至新場八字橋，即仗義橋，今名千秋橋。達東横港。其西口當洪福橋港東口。

洪福橋港，東接南六竈港，西出分水港，接閘港。今亦稱北閘港。

附新港，在洪福橋西首，南流至楊輝港，南合黄家港。此港與洪橋港渾潮吞吐，最易淤塞。諸家港。俗名搶港，在新場(四)〔西〕市。從洪橋港北流，斜通馬路港。

南七竈港，在六竈北。東通護塘港，西至縣城，即城之南濠。又西至新場會龍橋，南達東横港。

馬路港，東自七竈港至新場鎮北濬河墩漾西，由石家橋即鍾秀橋。逶迤過姑嫂墳，再西達鹽鐵塘。欽《志》云：南匯所軍馬西過鹽鐵塘，至杜家行、吴冲涇渡入郡，故名。今按，縣城北濠分流東折者，土人亦呼馬路港。蓋七竈爲南濠，原與北濠通流，當時所城馬路統南北濠而言也。又，胡《志》鹽鐵塘北流之馬蘆涇，當即欽《志》所云過鹽鐵塘至杜家行者，而名字小異。今以北濠分流者，附北一竈下。鹽鐵塘分流者，仍附鹽鐵塘下。而考其實爲一流，附識於此。至欽《志》所云穿小閘口由閘港出浦者，恐未確，且與杜家行入郡之説，自相抵牾矣。

附衙前港，在新場北市梢，下沙場衙署舊建於此。東通東横港，屈曲西北逕馬路港，南出分水港，今多淤塞處。楊窑港，俗呼楊葉港，自馬路港、姑嫂墳東首分流而北，截北一、二竈港，至三竈港。黄泥涇。自馬路港西北斜流，至北三竈港。運鹽河。在七竈港北，東通東横港，西截南楊葉港，至下沙東市南爲長浜。

北一竈港，在南七竈北。東通護塘港，西南至縣城，即城之北濠。再西至下沙鎮東南，達都臺浦。

附馬路港，自北城濠入壇基橋，稍折過南山橋，北至壩基，東折入北二竈港，西流轉北達護塘港。此港素無橋梁，居民沈洪祐、唐堦設義渡，以便往來，人呼沈唐渡。界二竈港。界於一、二竈港之間，東自黄家閣，從二竈分流而西，至倪家廟後。

北二竈港，在一竈北。東通護塘港，西經黄家閣，過蓮瑞庵稍折而南，又西達楊窑港。

北三竈港，在二竈北。東通護塘港，西經三竈鎮，至蔡家橋西爲魚潭，又西過元壇廟、凌家墓，與四竈港合流，至下沙鎮，達鹹塘。鹹塘之西即鹽鐵塘。

附龍游港，自三竈港西北，斜流經陸家橋，再西過樊家石橋，達强過汀，合四竈。井亭港，在龍游港北，東接瀾港，西達四竈港。長浜，祝家浜。俱自龍游港北流，達四竈港。

北四竈港，在三竈北。東通護塘港，自四團倉西經腰路、樊家壩、坦石橋鎮，至沈家新橋西首，南折經康家橋爲强過汀，再南西折過蕭王廟，斜合三竈港。

朱箍桶港，自四竈南折處，西經衛家宅，達鹹塘。鹹塘西斜對王家浜。

附橫瀝，在坦石橋東，張西橋下。從四竈西北斜流達五竈港，至戴家漕。火燒港，自橫瀝分流，西達五竈。運鹽河，在樊家壩東首。自四竈分流而北，截五竈，達備竈港。張憲港。在沈家新橋東首，從四竈北流，達王家(港)〔浜〕。

顧五港，一名古五港，又名柯護港。在四竈北。東通護塘港，西達運鹽河。此運鹽河，即從四竈北流者。

北五竈港，在顧五港北。東通護塘港，西經葉家牌樓、陸家廟，至連筆華橋按，實爲保佑橋。西首，北折過北莊，復折而西經天竺庵、邱家廟，至沈莊鎮，達鹹塘。鹹塘之西即沈莊塘。今西口通鹹塘處已淤塞。同治五年，濬周浦塘，曾議帶濬，未果。

附戴家漕，在五竈北。東從蝤蛑袅南首西流，經一粒珠，達鹹塘。今西口通鹹塘處淤塞。同治五年亦議帶濬，未果。新漕，在五竈北。徐河漕，在戴家漕北。黄泥浜，從五竈港北流，至瓦屑墩西南。西窑港，從五竈港北流，至瓦屑墩，東達六竈港。蝤蛑袅，從五竈港西折處北流里許，西折斜達六竈港，(九)〔北〕過西黑橋，再北合七竈港。其自馮家木橋至六竈港，又名黑橋港。

備竈港，在五竈北。東通護塘港，西至閔灣分二支：南入五竈，北入蝤蛑袅。

北六竈港，在備竈北。東通護塘港，西經六竈鎮、瓦屑墩、東西黑橋，至大瀝橋北折，爲大瀝港，入七竈港。自南一竈港至北六竈港，俱東屬鹽場，西屬十九保，惟六竈西段有十七保境。

附楊家浜，在六竈港南。陸家漕，在六竈港北。南界浜，瓦屑墩鎮南二里。西通黄泥浜，東通運鹽河。浜南十九保，浜北十七保。東界浜，瓦屑墩鎮東萬安橋下北流，通七竈港。西界浜。瓦屑墩鎮西德潤橋下北流，通七竈港，南北里許，南流者即黄泥浜。

北七竈港，在六竈北。東通護塘港，西經利造橋，再西合六竈至小瀝港口，入八竈港。自北七竈港以北，至繆涇港，俱東屬鹽場，西屬十七保。繆涇港以北亦屬十七保，今爲川沙境。夷蒲達以北屬二十保，其東段俱屬鹽場。

附小瀝港。從七竈港南流，歷祝家港，從蘇家浜西入鹹塘。

八竈港，在七竈北。東通護塘港，西經秀野廟，至周浦鎮東南啓秀萬年橋，合六、七竈港，又西至巽龍橋，下達鹹塘。由鹹塘而北轉西通周浦塘。

附龍游浦，東由窑沙港通橫沔港，西由八竈港通鹹塘。

新港，在八竈北，東通護塘港，西達沙塗港。

南場界港，在新港北，東通護塘港，西達橫沔港。

小五竈港，在南場界港北，東通護塘港，西達橫沔港。

附窑沙港。東通橫沔，接小五竈，西接龍游浦。

諸氏盤，在小五竈北，東通護塘港，西達橫沔港。

鹽船港，東通橫沔，接諸氏盤，西至周浦鎮北吴家行，達鹹塘。向爲川沙運糧要道，鹹塘之西即社浦塘。

附龔漕，從鹽船港南流。官界口港，從鹽船港北流，達(段)〔殷〕家浜。泥龍港。北達龔漕港，南通張家浜。

虹橋港，在諸氏盤北，東通護塘港，西達橫沔港。

吉(字)〔氏〕盤，在虹橋港北，東通護塘港，西達橫沔港。

牌樓港，東通横泀，接吉(字)〔氏〕盤，西至丁家宅北折，由新漕港至一王廟北首，達鹹塘。鹹塘之西即大生塘。

楊家港，在吉(字)〔氏〕盤北，東通護塘港，西達横泀港。

附油車港。東通横泀，接楊家港，西至艾家宅，又名新漕港。

瞿家港，在楊家港北，東通護塘港，西達横泀港。

附倪家港。一名沈家漕，東通横泀，斜對瞿家港，西至曹家尖，南通新漕港。

繆涇港，一名新娘子港，舊《志》分爲二港，今又呼黄蘆港。在瞿家港北，東通護塘港，西達横泀港。繆涇港南爲本邑十六啚，北爲川沙十五啚。

附陸家漕。東通横泀，斜對繆涇港，西至釣船浜，再西里許名龍尖，斜南爲黄泥漨。黄泥漨東口名唐家港，向西曲折至御界橋，南達鹹塘，其出口處又名新開河。

寺前港，在繆涇港北。東通護塘港，西達横泀港，今屬川沙。

小三竈港，在寺前港北。東通護塘港，西達横泀港，今屬川沙。

殷家浜，東通横泀，斜接小三竈港，西過一六庵，折南轉西爲黄堯灣，西至計家宅，達鹹塘。從一六庵東折而北者，入長浜。

小四竈港，在小三竈北。東通護塘港，西截曹家溝，達横泀港，今屬川沙。

夷蒲達，在小四竈北。東通護塘港，西截曹家溝，今屬川沙。過馬家浜入邑境，其西北通長浜，其南自横泀港西流轉南，至御界橋，通小腰涇。今在邑境者多淤。

長浜，東斜接夷蒲達，西北通白蓮涇。受白蓮涇潮水，東南達横泀港。邑境十七保東段及川境均沾水利。

三林浦，在夷蒲達北。東通護塘港，今屬川沙。西至二十保十啚入邑境，截曹家溝、馬家浜，又西截長浜，通小腰涇。在邑境者，有淤塞處。

王家港，在三林浦北，東通護塘港，今屬川沙。西至二十保八啚入邑境，達曹家溝，北折西流爲吕家浜。

吕家浜，東通曹家溝，西過張江栅鎮，至牛角尖，通白蓮涇。受白蓮涇潮水，邑境二十保及川境均沾水利。

附長溝，在張江栅鎮西顧家石橋，從吕家浜分流，西北達黄家浜。和尚浜，在張江栅鎮西，從吕家浜東流北折，達黄家浜。瀝浜，在張江栅鎮西市，從吕家浜分流，南達長浜。朱墓港，在張江栅鎮東，從吕家浜東流北折，達張家浜。蔣家浜。從曹家溝分流，截馬家浜，過張江栅鎮南市營房橋，西達長浜。

顧家浜，在王家港北。東通護塘港，今屬川沙。西至二十保二十一啚入邑境，過潘家橋，西達白蓮涇。

張家浜，在顧家浜北。東通護塘港，今屬川沙。西至二十保二十啚入邑境，截馬家浜，再西至塘橋鎮，入上邑界。通浦。

界浜，在張家浜北。東通護塘港，今屬川沙。西至二十保二十啚入邑境，截曹家溝，至馬家浜爲海塘浜。界浜南爲川沙及邑境之二十保，北爲川沙及上邑之二十二保。

海塘浜，東通馬家浜，接界浜，西過上邑塘橋鎮，通黄家浜。黄家浜由浦入口，在白蓮涇北爲上邑境。

以上浦東附塘及腹境横港，自南而北起奉賢分界，其附塘者越川沙境止，在腹境者至上海境止。

邑城内外河。胡《志》川港以縣城爲主，東西南北由近及遠，故首列城河。然城處東偏，非水利源流所繫也，今從欽《志》，列各川港後。

城内河，自惠南橋，東過青龍橋，南過靖海橋、文源橋，至福泉寺，東過思樂橋，北至書院，東出水關。自惠南橋，西過彩鳳橋南渟爲潭，西出水關。

城外濠河，四面圍遶。南濠即南七竈港，北濠即北一竈港。

橋　梁

邑城内外：即三團。城内在縣署南者曰惠南橋。知縣欽連建，乾隆間知縣楊宜崙修。邑人朱元章重建，子耀重修。在縣署東者曰青龍橋。知縣李鳳翔建。在縣署西者曰彩鳳橋。乾隆丙申，奚聖修建。在學宫東南者曰思樂橋。知縣欽連建，乾隆甲午周燮等重修，道光間周鍔等重建。在文昌宫西者曰聚奎橋。同治己巳建。在水火神廟東者曰靖海橋，舊名望海，知縣胡具體易今名。文源橋。知縣成汝舟建。城濠弔橋五。東門外二，南、北、西門外各一。城外跨校場河者曰大德橋。爲南鄉入城要路，道光辛丑，陶一桂重建。跨馬路港口者曰邑厲壇橋，同治辛未修。南山橋。在壇橋東，爲北鄉要路，乾隆庚戌，龔越凡建。跨南七竈港者曰宜嘉橋。本木橋，倪姓建，土人呼倪家橋。道光辛卯，節婦李謝氏例當請旌，氏素好善，曰："建坊留名，不如造橋濟人。"因出貲易石重建，里黨爲易今名，有李墀碑記。跨北一竈港者曰啓秀橋。俗呼學士橋。道光癸卯，知縣蕭翀諭董重建。在北一竈南岸者曰仁壽橋，乾隆辛亥建。百旺橋。俗呼邢家石橋。二橋俱西北鄉入城要路。跨護塘者曰南闢水洞橋，二、三團分界處，即倪家水洞。嘉慶丙辰，盛茂遠建。道光間，鍾、顧二姓修。同治間，顧祖金、唐堦重修。太平橋，亦呼倪家水洞，同治癸酉修。萬安橋，即關帝廟水洞。乾隆己酉，喬萬生建。同治壬申，知縣羅嘉杰修。衛家水洞木橋，前呼趙家水洞。罄宜橋。俗呼宋家石橋。乾隆間建，嘉慶丁巳重建。跨護塘港者曰濟南橋，同治丁卯修。通濟橋，道光辛丑建。衆安橋。嘉慶甲子建，道光丙午修。

一團：跨奉南界河者曰保安橋，康熙間建。南山橋。乾隆己卯，盛錦、盛鑑建。跨南一竈港者曰瑞來橋。俗名木行橋。同治戊辰，盛國霖、王成龍、邵裕邦建。跨南一竈港口者曰起鳳橋。在九十三啚。乾隆己酉建，同治戊辰王成龍修。跨南一竈、南横港者曰棣華橋。在九十三啚毛家圈。雍正間，查如埧建。同治戊辰，盛國霖、王成龍、邵裕邦重修。跨東横港口者曰太平橋。在南市。嘉慶壬申，奉賢耆民黄廷基建。跨西横港口者曰仁壽里橋。在北市，乾隆戊申建。跨南二竈港者曰渭陽橋。乾隆初，吴志國建。道光己亥，宋維城、吴佐玉重修。跨南二竈港口者曰福善橋。奚大倫建。在南二竈北岸者曰大公橋。跨新開河口者曰中和橋。跨一、二團界河者曰報恩橋。潘清臣建。跨護塘者曰平橋，牛郎廟水洞。水龍橋，沈家南水洞。祥麟橋。沈家北水洞。跨護塘港者曰譜雲橋，俗呼牛橋。明時建，乾隆戊戌重修。蟠龍橋，在盤門口，康熙間施廣修建。衙門橋，在北市，因場署名。義濟橋。在柴場灣，唐氏建，乾隆戊申修，同治丙寅重修。

按：九十三啚二橋，應列十九保内，舊《志》并列一團内，今仍之。

二團：跨南四竈港者曰善果橋。乾隆乙酉，三墩東潘姓建。附近多徐姓，俗呼徐家橋。在南四竈北岸者曰西萬安橋。嘉慶庚午建。跨南六竈港者曰玉虹橋。俗呼斜橋。乾隆戊寅，季楚章、邵德英建。跨一、二團界河者曰鑰鍉橋。相傳橋邊爲鯉魚地，以橋鎖之。在界河北岸者曰東永安橋，俗呼大茂橋，同治戊辰重修。西永安橋。二橋俱乾隆間潘清臣建。跨護塘者曰永豐橋，戚家水洞。東萬安橋，潘家水洞。益友橋，奚家水洞。樂善橋，顧家水洞。道光間，顧姓重修。利濟橋。六竈廟水洞。乾隆間，嚴玉成建。跨護塘港者曰永福橋，即二團城隍廟橋，乾隆間建。安樂橋，即六竈三官廟橋，同治戊辰重建。永安橋。在六竈灣，舊名永寧。同治戊辰重建，易今名。

四團：跨北三竈港者曰百禄橋，俗呼東五塊橋，咸豐戊午重建。聚福橋。俗呼西五塊橋。乾隆癸未建，嘉慶己巳修。在北三竈北岸者曰廣濟橋。俗呼糖坊橋，在鹽蕩民田分界處。乾隆辛巳周銓建，嘉慶戊辰衆姓重建。跨北四竈港者曰士成橋，道光丙申，周士成建。泰興橋。明葉怡園建。康熙癸酉、乾隆己酉，葉氏兩次重建。在北四竈南岸者曰青龍橋。乾隆甲寅，葉豪觀建。跨柯五港者曰梯雲橋。嘉慶乙亥周永成等建，同治壬申修。在界溝北支河者曰永福橋。通北鄉入城路。跨護塘者曰利濟橋，乾隆間建。同治庚午，知縣葉廷(春)〔眷〕倡捐重建。繼述橋。金家水洞，舊名豐樂。乾隆間，馬文生等建。同治壬申重建，易今名。跨護塘港者曰瑞安橋，乾隆丁丑建，道光壬寅重建。慶安橋，俗呼灣背石橋。乾隆丁亥沈姓建，道光丙申修。同治己巳，知縣葉廷眷倡捐重建。南倉橋，明時建，乾隆間重建。北倉橋。在四團倉鎮。

五團：在北六竈港北岸者曰濟善橋，俗呼鐵店橋，乾隆己酉建。秀聚橋，俗呼瀾港橋。乾隆庚申，張翼天、陸元璧建。同治癸酉，張祥桂修。善慶橋，俗呼郭家橋。凝秀橋。即張家亭子環橋。康熙庚戌張良甫建，乾隆甲戌後裔修。跨護塘者曰積善橋，康家水洞。張沛和建，同治辛未修。耕樂橋，嘉慶丙子建，道光辛丑修。普濟橋。俗呼新水洞，咸豐壬子建，同治己巳修。跨護塘港者曰萬安橋，乾隆戊子，張信臣永士建。壬子，永士孫勝宗遷建。道光庚寅，永士曾孫煜炳重建。寶善橋，俗呼北張家石橋。乾隆癸巳，張沛和建。集慶橋，俗呼倪家石橋，乾隆己丑建。凝善橋，俗呼張家廟橋。乾隆己丑，張傳豐建。嘉慶庚申修。萬壽橋。嘉慶甲子移建，同治壬戌修。跨禦寇河者曰利涉橋，俗呼灣背橋。乾隆己丑，朱達明建。衆濟橋。即竹橋故址。乾隆乙酉建，咸豐壬子修。

六團：跨北七竈港者曰萬勝橋。俗呼駱家橋。乾隆癸巳，潘懷古、祝存心、龔德華、瞿泰元捐建。咸豐辛酉修。跨護塘者曰利濟橋，殷家水洞，咸豐庚申修。四安橋。跨護塘港者曰百祥橋，乾隆乙卯建。長庚橋，乾隆辛卯建，道光庚子修。長慶橋，懷德橋，同治己巳修。見龍橋，嘉慶初，徐丹陛倡建。同治壬戌，寇毁中塊。古赤欄橋。嘉慶戊午建。跨禦寇河者曰三星橋，啓明橋，永安橋，即灣鎮井亭橋。咸豐辛酉修，同治己巳重修。萬安橋。乾隆壬辰，湯安若建。道光丙申，裔孫聘一等重修。跨塘東横港者曰太平橋。

七團：跨護塘者曰陳家水洞橋，明嘉靖間，陳小山建。同治癸酉，後裔重修。王家水洞橋，道光甲辰重建。喬家水洞橋。名萬壽。乾隆己卯，喬姓建。跨護塘港者曰騰駕橋，乾隆丁亥建。六角亭橋，亭久廢，橋無題字。或云橇星，或云留姓，今難確考。明王乾昌墓在橋西，相傳王姓建。普濟橋。俗呼潘家橋。乾隆甲申，喬雲川、露川重建。跨禦寇河者曰高家橋，普善橋，安東橋，清宴橋，喬家橋。

十六保：跨閘港者曰閘港橋。乾隆庚子夏，景韓呈請知縣成汝舟，撥周浦河工壩木，並(保)〔倡〕捐重建，葉鳳毛有碑記。嘉慶丙辰，橋圮易渡。戊午，知縣張桂林撥周浦壩木，並倡捐重建，吴省蘭有碑記。道光間，董事夏振芳屢修。咸豐乙卯，商船撞圮。丙辰，知縣馮樹勳倡捐重修。周之德捐十六保十一啚一百八十四號一畝三分五釐七毫、一百十七號三畝九分五釐、四百二十二號三畝八釐九毫、二百九十九號四畝四分四釐二毫，八啚一百十四號二畝六分五毫，共田十五畝四分四釐三毫，立户周閘橋，收租歲修。同治以來，歷(徑)〔經〕知縣葉廷眷、陳其元、方濬益、羅嘉杰、金福曾捐廉,諭董夏祖庚時損時修。又經上海善局於橋脚外,添立附樁四根,以殺水勢,今尚完善。跨金匯塘口者曰岡涇橋。俗呼北新橋。道光癸巳,周延烺募捐重建,易今名。咸豐丙辰,同治丙寅,子供佶兩次募捐重修。周之德捐十六保十一啚八十四號二畝九分八釐八毫、一百十四號三畝五分五釐、一百十五號五畝八分三釐六毫、一百七十九號一畝九分二釐五毫,共田十四畝二分九釐九毫,立户周新橋,收租作歲修費。跨王叉浜者曰檀橋。乾隆甲申,何維城募建,易石橋,左有碑亭,已圮,尚存石柱四根。跨白廟港者曰南大橋。道光初,戚廣咸募捐,易石。同治丁卯,富昌鏞重修。稍北向有北大橋,南有杜家橋,俱廢。跨紫岡者曰扶欄橋,雍正間,富元掄重建。同治壬申,楊悦山重建,丁宜福有記。東丁家橋,丁華一建。新橋。道光初,王錫瑞、富伯和倡捐,易石。在秦塘者曰永豐橋,即顧望塘石橋,宋時建。明宣德間,石友純、褚彦恭、翁文俊重修。象平河石橋。咸豐間,富昌鏞重修。跨夾溝者曰鍾秀橋。嘉慶丙寅,李東山易石獨建。跨竹岡者曰今度菴橋,明崇禎間建,李待問有募修啓。咸豐丁巳,李桂馨等募捐重建。今字,胡《志》作"金",誤。李家橋。俗呼油車橋,西岸奉賢十五保三啚。跨沙岡者曰西丁家橋,同治甲子,張謙、王其勤、朱士英、丁嘉蘭募捐重建。顧家橋。向有橋田,二十、廿一、二啚洪字圩一百一號一畝四分七釐、一百二號三分。跨漁瀝塘者曰漁瀝塘廟橋。道光辛丑,張友蒼、薛香蒓易石同建。跨巨漕者曰太平橋。同治甲戌,馬明海易石獨建。知縣金福曾給利涉一鄉額。

十七保:

周浦鎮及附近各啚。跨周浦塘者曰匯龍橋,在便民倉前。明成化戊午,僧大量募建。嘉慶己未,姚暘修。雍正辛亥修,乾隆辛亥修。嘉慶丙子,周長發經修,有碑記。同治甲戌,楊大文等集捐重建。泰安橋,在巡檢司署前,俗呼司前橋。乾隆庚午建,同治癸亥修。壽安橋,俗呼何家橋。乾隆甲子,于公棋重建,同治戊辰修。瑞安橋,俗呼時安橋。明隆慶辛未,王遷喬建。同治壬申,葉球募修。李將軍橋。在東口通鹹塘處,相傳袁山松部將李祥居此。康熙癸酉,張祥之修。同治辛未,韓雅三等捐修。跨鹹塘者曰太平橋,乾隆庚申建。與巽龍、秀南二橋環列,俗統稱爲鑰鍉橋。永興橋,俗呼老石橋。明正德戊辰,姚塤建。大濟橋,雍正丁未建,乾隆丙戌修,同治壬戌重修。永安橋,俗呼北大濟橋。乾隆丙寅建,同治壬戌修。關帝廟橋,本名壽安。以橋西有關帝廟,因稱,今廟已毁。凝秀橋,俗呼邱家橋。乾隆庚申建,同治庚午陸承烈經修。五福橋,乾隆壬戌建,道光己酉修。同治壬戌,張鳴玉等勸捐重修。聚龍橋。乾隆壬申建。同治壬戌,張鳴玉等勸捐重修。跨和尚浜南口者曰便糧橋。又名香花橋,在便民倉西。乾隆乙酉,王時乘修。今浜已塞,橋在土中。跨夏椒子浜南口者曰廣利橋。即椒家橋。明成化癸卯,僧景瞻募建。嘉慶丙子修。跨下河浜南口者曰廣濟橋。俗呼小橋。跨鹽鐵塘者曰平安橋,悦和橋,光緒丙子,里人集捐重建。秀南橋。在東口通鹹塘處,道光己丑修。跨八竈港者曰巽龍橋,在西口通鹹塘處。乾隆庚申建,嘉慶丁丑修,同治丁卯重修。啓秀萬年橋。乾隆丁丑,周聖禹、王超萬等募修,馮金伯有碑記。嘉慶己巳,王文煒倡捐重修。俗呼梓潼閣橋。跨網船浜東口者曰太平橋。俗呼蔡家橋。跨張家浜者曰溯源橋,在西口。乾隆戊辰,周大齡建。毓秀橋。俗呼紅欄干橋。乾隆乙酉,蘇陸氏建。鎮西跨茅柴港者曰川塘橋,茅家橋,太平橋,菴廠石橋。跨董瀝港者曰董瀝廟橋。跨西長浜者曰周家石橋,聖壽橋。俗呼任家石橋,西岸二十一保十四啚。跨百曲塘南口者曰百曲塘橋。乾隆間,陳樾亭建。在百曲村東南者曰百曲村橋。明萬曆間,陳天俸建,裔孫纘曾重修。跨周浦塘者曰蘇家橋,俗呼六里橋。同治甲子,朱芾重修。列船橋。俗呼三里橋。跨儲童浜南口者曰裕秀橋。胡《志》"跨雙浜",誤。跨雙浜南口者曰留青橋。乾隆己卯,節婦范永生妻朱氏建。跨陸家浜西口者曰猛將堂橋。跨謝海漊者曰永安橋。俗呼聖僧廟橋,周浦至召稼樓要道。雍正間,張金吉建。同治癸酉,顧秋賓勸捐重建。跨南雙浜者曰吉祥橋。鎮北跨陳村港者曰謝恩橋。俗呼徐家橋，胡《志》"跨儲(重)〔童〕浜"，誤。跨孫家浜者曰秀南橋。趙姓建。跨通秀浜者曰通秀橋。俗名送師橋，又呼宋家石橋。明成化辛丑，趙昂建。康熙甲午，趙懷江修。乾隆丁亥，趙南容修。同治丁卯，計邦寧、姚雨峯等勸捐重修。跨陸家浜東口者曰崇福橋。俗呼吴家行橋。乾隆甲子，曹文遠重建。光緒乙亥，姚雨峯、張惠周勸捐重修。跨潘家漕者曰大馬橋，明萬曆間，楊鈿建。胡《志》"跨喬家浜"，誤。大潘家橋。同治甲子重修。跨大生塘者曰康家橋，永濟橋，在東口。跨鹹塘者曰積善橋，與吴家行橋毗連。乾隆庚申，曹文遠重建。光緒乙亥，姚雨峯、張惠周等勸捐重修。南永寧橋，俗呼南夫妻橋。明萬曆間，趙璧建。乾隆甲辰，方掌世、張炎廷重建。戊子，邱芳芝修。同治甲子，計克貞重修。北永寧橋。俗呼(此)〔北〕夫妻橋。明萬曆間，趙璧建。乾隆丁丑，張近臣蕙南修。同治甲子，計克貞重修。跨大聖塘者曰繼志橋，青龍橋。葉聖書重修。跨楊家溝者曰鴛鴦橋。跨南牌樓港者曰萬安橋。跨鹽船港者曰張勝橋。周浦至横沔要道。雍正丁未，丁傳一建。乾隆甲辰，于公棋重建。道光壬辰重修。跨横浜者曰小張勝橋。跨牌樓港者曰壽豐橋。跨杜浦港者曰萬年橋。鎮東南跨鹹塘者曰積慶橋。俗呼姚家老石橋。明成化甲辰，姚塤建。跨北六竈港者曰湖莊小橋，張家橋。跨大瀝港者曰大瀝橋。俗呼杜里橋，當六竈港北折處。康熙間，張凝周建。乾隆間，陳奉宜募修。跨六竈港支河者曰合璧橋，乾隆己酉，奚敬德、王綬章重建。雙壽橋。在黑橋西。乾隆乙酉，顧子良建。同治甲戌，裔孫翼等重修。跨北七竈港者曰寶善橋，俗呼七竈橋。康熙間，張允展建。利安橋。俗呼像浜橋。在七竈港北岸者曰萬春橋。俗呼虹斷橋，節婦張萬鍾妻范氏建。跨界浜者曰百歲橋。亦張范氏建。跨北儲家漕者曰洪武石橋。跨南横浜者曰丁家石橋。跨八竈港者曰啓秀橋。在八竈港北岸者曰太平橋。俗呼穿心河橋。在張家浜南岸者曰開文橋。以上三橋，同治間，張式鐸經修。

横沔鎮及附近各啚。跨横沔港者曰沔溪第一橋，在鎮前。乾隆乙卯，沈簡亭倡捐建。環慶橋。東岸川沙十五啚，西岸本邑二十啚。同治丁卯，曹步思勸捐重修，俗稱此橋爲孫小橋。按，孫小橋在此橋之東，兩岸俱屬川沙。跨鹽船港者曰萬年橋，在鎮西市。人和橋。乾隆庚戌，張南山建。在鹽船港北岸者曰婺彩橋，延壽橋，福壽橋，老萬年橋。以上四橋俱同治壬申重修。在横沔港西岸者曰萬安橋，殷家浜橋，聚秀橋，跨陸家(溝)〔漕〕，諸君和建。豐樂橋。跨沈家漕，陸有年建。跨牌樓港者曰牌樓橋。横沔港東跨竹行港者曰同善橋，在川沙南門外。北岸川沙十五啚，南岸本邑十六啚。廣福橋。同善橋西。跨新娘子港者曰保安橋。橋北有界牌，北川沙，南本邑。跨施家港者曰保建橋。跨瞿家港者曰仁秀橋，積善橋，仁善橋，振秀橋，樂善橋，四美橋。在瞿家港北岸者曰穆鼎橋，聚龍橋，俗呼外横港橋。廣福橋。跨楊家港者曰巽龍橋，湧高橋，永和橋，范文生建。復興橋。西口通横沔處。跨小火港口者曰餘慶橋。跨吉(字)〔氏〕盤者曰聚慶橋。同治戊辰，薛永孚、薛士英及龔姓重建。跨虹橋港者曰虹橋。在虹橋港北岸者曰樓横港橋。跨諸(字)〔氏〕盤者曰杜浦橋，東磚橋，同治甲子，喬鶴亭勸捐建。寧遠橋。在横沔鎮東南。乾隆戊寅，華能恒建。跨小五竈港者曰仁壽橋。在陳家行鎮。跨南場界河者曰元春橋。跨新港者曰承啓橋。胡《志》跨八竈港。乾隆戊戌，奚聖修建。横沔港東南跨沙塗港者曰瑞安橋，在趙行，同治辛未重建。沙塗廟橋。乾隆壬午重建。跨八竈港者曰迴瀾橋，明喬拱璧建，俗呼凌家石橋。祝孝子坊在橋北。慶餘橋，乾隆壬子，黄俊仁建。同治癸酉裔孫修。望雲橋。俗呼陳家橋。乾隆丁亥建，同治癸酉修。舊有碑亭，今亭廢，碑嵌橋上，橋邊有小鎮。在八竈港北岸者曰東懷德橋，西懷德橋，俱祝爾和建。保和橋，寶善橋，寶恒橋，永思橋，啓秀橋，凝瑞橋。同治癸酉重修。在八竈港南岸者曰步雲橋，跨唐家浜。福壽橋，俗呼唐家橋。榮壽橋。二橋俱同治甲戌，孫恒勸捐修。

瓦屑墩鎮及附近各啚。跨北六竈港者曰迎暉橋，在鎮東，雍正庚戌張嶘建。長生橋，乾隆甲辰，奚聖修建。東黑橋，明顧姓建。康熙甲戌，張醇懷修。西黑橋，明萬曆間，顧姓建。乾隆庚申重建，知縣韓墉撰碑記。胡《志》"跨界浜"，誤。百順橋。俗呼玉蟹橋。乾隆庚子，奚廷鳳重建。在六竈港南岸者曰秀鳳橋，在鎮南，跨張友愷宅東支河。嘉慶壬戌，友愷建。添壽橋，俗呼繆家石橋，在杜宅前支河。明萬曆間，金姓、郭姓同建。瑞龍橋，跨黄泥浜。乾隆丙戌，奚聖修建。胡《志》"黄"字誤作"萬"。姚家店橋，跨黄泥浜。雍正丁未，姚周溪建。莊家橋，跨莊家溝，俗呼蔡家宅南橋。永濟橋。俗呼北王家石橋，明嚴逵建。雍正間，張嶘修。乾隆辛丑，奚聖修重修。在六竈港北岸者曰報恩橋，在鎮西市。嘉慶己卯，姚匯芳、秀芳同建。樹萱橋，俗呼蔡家宅西橋。萬安橋，在鎮東界浜口。康熙間，張士麟同子崧嶘建，孫萬言、萬選修。德潤橋，界浜口，俗呼廟陽橋。乾隆戊戌，奚聖修建。延齡橋，萬隆橋，萬興橋，水香古渡橋。在水香菴後，顧秉源爲母奚氏六十生辰建。跨界河者曰貽謀橋，俗呼姜家宅西橋。道光癸未，奚貽謀建。樂壽橋，奚大銓建。三(了)〔椏〕叉橋。跨蛸蚌梟者曰裕後橋，俗呼北王家石橋。乾隆初，陸姓建。馮家木橋。在蛸蚌梟北岸者曰又一村橋。在墨稼莊，朱姓建。跨北七竈港者曰利造橋，明張仲清建。嘉慶辛酉，裔孫大經、映桂等修。仲清墓在橋南，有碑有祠。新廟橋，在新廟前。應龍橋，俗呼孔家石橋。乾隆己亥，奚聖希建。七竈港木橋，永慶橋，郭日豐建，橋北即七竈鎮。同善橋，俗呼俞家橋。永安橋，在邱氏家祠南，邱姓建。種玉橋。俗呼燒鹽陸家宅橋。嘉慶丙子，張雲中建。在七竈港南岸者曰拱剎橋，即投機廟橋，跨攔港。世安橋，永寧橋。俗呼麻家宅橋。道光初，張雲中重建。在七竈港北岸者曰五子橋，嘉慶間，陸永年、張康侯重建。萬安橋，張日千建。長芳橋，張秉華建。北福橋，三多橋，益壽橋，怡園西偏，奚大銓建。合壽橋，跨魚(袂)〔秧〕灘，奚(火)〔大〕銓建。思補橋，同治戊辰，顧泖三鴻逵集捐建。榮壽橋。即界浜橋。嘉慶辛未，張天錫妻建。跨八竈港者曰奉仙橋。乾隆乙酉，王佐臣建。在八竈港支河者曰秀雅橋，秀雅廟東。天壽橋，乾隆戊申，壽民劉仁貞建。同治戊辰，壽民徐應超修。咸寧橋。跨深浦港者曰叠橋。同治甲戌，徐尚忠等勸捐修。舊志跨八竈港。按，其地有尖嘴，西北流者爲深浦，即龍游浦；西流者爲八竈。其南木橋跨八竈，其北石橋實跨深浦。

十九保：

新場鎮及附近各啚。東南至一、二、三、團界止，西南、西北別附各鎮。跨楊輝港者曰楊輝橋。在南市梢，本名興福，因南即楊輝鋪，故稱，并以名港。跨包家港者曰受恩橋。俗呼包家橋。明正統間，御醫沈文正建，值給誥，因名。乾隆戊戌，方景淵重修。咸豐丁巳，胡鎔熙等倡捐募修燈闌，改石。跨新港者曰太平橋，在南口，乾隆戊辰建。福安橋，在中市，即邱家橋。明萬曆丁(固)〔酉〕建，乾隆戊戌重修。萬壽橋，在北市，又名壽星橋，通鄭家衖，同治壬戌寇毁。永興橋。在北口。明萬曆間，朱思聰建。康熙間，蔣九皋修。光緒乙亥重修。跨洪橋港者曰洪福橋，在市心。明正德間，潘祥建。乾隆壬寅，知縣韓運鴻倡修，有碑記。青龍橋，洪福東。同治庚午濬河，募捐修。義濟橋，俗名税務橋，在西街，今廢。雷壇橋。在雷音寺前，本名廣濟。因寺有神霄雷壇，故名。道光甲辰，僧蓮芳募捐重建。跨白虎廟港者曰義和橋。俗呼王況橋。元至正間，朱君實、朱暉遠建。明萬曆間，金家聲、(未)〔朱〕允若、朱從龍重修。跨衖前港者曰餘慶橋，舊名扶闌，明倪淑建。同治壬申，周紹曾、吴恩藻、奚憲斌募捐重修。衆安橋，即衖前橋。元至正間，瞿姓建。乾隆乙亥，吴必達重修。義順橋。俗呼胡打壇橋。或云，明時與倭寇大戰處，爲倭打戰橋。明萬曆間，朱國盛重建。跨衖前港支河者曰永寧橋。在北寺前。跨東横港者曰青龍橋，又名倪家橋，通王家衖，同治壬戌寇毁。萬福橋，通唐家衖。同治丁卯，南山寺僧覺可募修。千秋橋，原名仗義橋，在東街。康熙間，錢紀章倡建。乾隆丙午，奚廷桂、杜松泉、朱紫高等重建，視舊高廣。徐維霞碑記謂廷桂獨力捐貲。同(淮)〔治〕癸亥，廷桂曾孫光祐、光祖倡修。木行橋，郭家廟側。嘉慶間，周姓建，今廢。連旺三橋。在千秋橋北。明朱衣建，乾隆間廢。光緒丙子，謝家樹、吴恩藻、朱子鑣等集捐重建。跨(壇)〔檀〕香港者曰會龍橋。明倪淑建。跨梅檣港者曰慶元橋。俗呼倪家倉橋。在東横港南者曰玉皇閣橋。乾隆丙子，潘北山萬華重修。同治庚午，高鍾禄、王嘉謨等倡捐重修。跨南閘港口者曰永興橋。俗名界溝橋。同治甲戌重修。在石頭灣西者曰壽安橋。俗呼紅娘子橋。跨南五竈港口者曰便民橋。乾隆間，李姓建。同治壬戌寇毁。跨旺順港者曰旺順橋。咸豐間，張潮重建。跨南六竈港口者曰城隍廟橋。跨楊窑港者曰象佳橋。即胡《志》欣濟橋。乾隆丁未，朱毓麟建。孫桂森重修，曾孫子鑣重建。嚴泰橋，本名履泰，嘉慶間建。跨馬路港者曰華秀橋，俗呼唐家橋，乾隆己卯建。鍾秀橋，俗呼石家橋。太平橋。俗呼馬家橋。跨北一竈港者曰黑橋，九如橋，俗呼倪家廟橋。嘉慶丁丑，吴九如建。西夏橋，萬安橋，俗呼東夏橋。二橋俱夏姓建，在邑城西。寶善橋。俗呼玉蟹橋。嘉慶甲戌，沈裕成建。跨北二竈港者曰長壽橋。跨南七竈港者曰聚福橋，俗呼倪家橋。廣禄橋，在聚福南。增壽橋。俗呼牛橋。公濟橋，乾隆壬申，李倬建。丁未，周佩環修。儀鳳橋，俗呼胡家橋，同治丙寅重修。狀元橋，繼興橋，施南野建，名施家橋。其孫化宇修，故又名繼興。道光壬午，葉宏仁重修。寶善橋。俗呼菴橋。乾隆間，馬雲生建。道光庚子，談廣文募修。跨南六竈港者曰金家橋，十八里橋，朱玉亭建。至邑城十八里。井亭橋，應龍橋，乾隆辛巳，唐聖言妻建。嘉慶丙寅，里人重修。俗呼廟橋。裕豐橋。乾隆乙亥，張武山建。跨南五竈港者曰永安橋。乾隆間，盛懋淵建。跨南四竈港者曰息訟保安橋，乾隆甲子，顧姓建。俗呼李家橋。永福橋，通濟橋，即東西王家橋。乾隆戊辰，潘象明、沈立成建。永福於同治壬申里人重修。宣家橋。在四竈港北岸者曰世德橋，乾隆丙申，潘世毓建。咸豐辛酉里人重修。俗呼王子良石橋。跨横港者曰永安橋。東岸二團蕩，西岸九十四啚。俗呼老宅橋。乾隆間，潘耕山建。道光甲申，潘周彦重修。跨諸葛衖港者曰保太橋。嘉慶間，儲鍾秀妻施氏孫潤千建。跨南二竈港者曰基福橋，康熙壬申建，乾隆辛卯修。長春橋，嘉慶戊辰建。百齡橋，道光己亥，鍾型建。廣濟橋，同治己巳建。存心橋。乾隆癸巳，朱慶元建。跨黄家港者曰徐家壩橋，潘家橋，胡家橋，曹家橋，施濟橋，在港口，俗呼施主橋。咸豐戊午重修。裕後橋。嘉慶丁巳建，同治庚午修。跨夷蒲港者曰夷蒲橋，禄蔭橋。俗呼教化石橋。同治壬申，高鍾禄倡捐重修。跨站船浜者曰添嘉橋。俗呼潘家橋。跨南一竈港者曰太平橋，在港口北，接黄家港，俗呼張家橋，同治辛未重修。衍慶橋，朱耀建，道光丁未修。在一竈港西者曰長春橋。跨綿長港者曰拾信橋。跨水仙塘者曰盛家橋，即衆安橋。明嘉靖間，盛伯珪、壽四娘建，盛際時修。馬家橋。即通濟橋。明萬曆間，葉有容建。

航頭鎮及附近各啚。跨閘港者曰磬宜橋，鎮西栅外。乾隆己酉，吴甸南等勸捐重建。同治庚午重修。城隍廟橋，在廟前廟涇口。明崇禎間，郁少溪建。乾隆丙申重建。道光壬寅，周熙度勸捐重建。育麟橋，靈官廟前，俗呼靈官廟橋。胡《志》"跨都臺浦"，誤。嚴家木橋，中市。德芳橋，東市梢。永福橋，俗呼薛家橋。同治丙寅，張藻煦重修。文星橋。俗呼南張家橋，沈鶴存建，道光癸卯重修。跨南都臺浦者曰廣善橋，大悲菴南，俗呼菴橋。咸豐戊午濬河，橋圮，知縣馮樹勳捐廉倡修，有記。耕心橋。在富家宅。跨北都臺浦口者曰泰安橋。東市，蘇有成建。道光辛巳，衆姓重修。後以濬河，旋圮。咸豐癸丑，王烈勸捐重建，樁深石密。同治庚午，濬河彌深，橋仍堅固。在閘港北岸者曰磚橋，茶亭橋，沈鈇石橋，太平橋。俗呼北張家橋。在北都臺浦東岸者曰永安橋，馬路港口。順龍橋，跨馬路港，同治丙寅重修。長安橋，跨長浜。青龍橋。俗呼朱家橋，同治丙寅重修。跨楊麻灘港者曰十義橋。俗呼羊毛灘橋。跨西大鳧涇者曰大鳧涇橋。跨東大鳧涇者曰積善橋，在盛林灣。裕後橋。俗呼康家宅橋。跨程家墳港者曰永安橋。跨水仙塘者曰廣福橋，俗呼大林家橋。嘉慶己巳修，道光丙申重修。永慶新橋。乾隆戊子建。在水仙塘北岸者曰永慶二橋。乾隆乙未建。在水仙塘南岸者曰迎瑞橋。俗呼小林家橋。跨南界河者曰磚橋，界河橋，郁戚橋。俱南通奉賢。

魯家匯裏外秦施家行及附近各啚。跨閘港者曰(句)〔向〕觀橋，道光丁酉，徐振山重建，捐田十畝爲修葺費。同治間重修。魯匯西橋，南通奉賢，徐振山捐田十畝爲修葺費。同治辛未，衆姓重修。旌表亭橋，同治癸亥，知縣吴棐彝倡捐，衆姓重建。外秦橋，今圮。復興橋，在裏秦東宅，本名東興。乾隆甲寅，方鳴瑞、秦丹成等勸捐建。嘉慶庚辰，秦天禄、文邦等倡捐，普勸重建。改今名。大豐橋，俗呼封家橋。道光壬寅，沈餘三、倪森林重建。秦家老石橋。跨肇瀝港者曰繼善橋，善果橋，道光壬寅，陸潤環建。計家橋，大生橋。原名啓香橋，俗訛爲二娘橋。道光初圮，施、孫兩姓集捐重建，改名大生。跨新港者曰李家石橋，在觀濤書院北，舊本木橋，李日就倡捐，經勸重建易石。書院東有青龍橋，亦同治間建。丁家石橋，道光間，丁大成建。永興橋，道光壬寅，諸、金、陳、許等姓經建。鄭公橋，元至正間，徐子堅建。道光壬寅，傅潤等重建，有碑記。胡《志》"跨沈家浜"，誤。永興橋。在港口，許坤玉倡建。跨網船浜者曰世寧橋。跨南蒲達涇者曰種福橋。葉家行西北一里，嘉慶癸亥建。跨北蒲達涇者曰葉家墳橋，同善橋。跨施淮港者曰聚慶橋。明萬曆己卯，施永川建。跨東施家浜口者曰時芳橋。跨西施家浜口者曰咸慶橋。跨黄泥浜口者曰徐家橋。跨周家浜者曰徐文港橋。跨川心河者曰萬壽橋。乾隆丙申，秦翼如、陳洪九、陳子方同建。跨蔣達港者曰兄弟橋。俗呼蔣達廟橋。跨南横浜者曰裕後橋。嘉慶丙子，諸占吉建。跨横浜支河口者曰福履橋。同治壬申，諸湘亭、徐小亭及衆姓建。跨叉子港者曰餘慶橋。俗呼西叉子港橋。嘉慶乙亥，孫瑞庭建。跨運鹽河者曰發祥橋。西接奉賢界。乾隆初建。光緒乙亥，王叔裘重修。跨南界河者曰清静菴橋。奉賢分界。跨金窑港者曰金窑港橋。張宏文、宏明建。跨小閘者曰金娘子橋。節婦金氏建。乾隆丁亥，徐大椿易石，改名景仰止橋。

下沙鎮及附近各啚。跨鹽鐵塘者曰虹橋，在西市。乾隆丙子，陳萬菴、劉述田、劉復照重建。丙申，劉述田、劉復照、陳伯治、喬應周重修。同治己巳，里人重修。濟南橋，在南街，王述亭建。乾隆丙申，里人重修。同治己巳重修。三多橋，乾隆丁酉，汪儒忠、汪寧三、汪維岳建。駕雲橋，俗呼李家大橋。乾隆丁亥，汪維杰建。道光戊戌，汪士心重建。履祥橋。離鎮里許，相傳梁姓建，俗呼梁家橋。乾隆間，秦洪傑、王燮臣、汪維岳、吴長發重建。跨鹹塘者曰衆安橋，在中市，元至正間建。雍正間，王澍、張星海修。乾隆丙申，王學文等重建。同治己巳重修。古鶴北安橋。在北市，俗呼北木橋。同治辛未重修。跨北三竈港者曰東墅橋，在東市，俗呼大石橋，張澄建。雍正庚戌，王澍、張星海修。太平橋。在東市梢，同治甲子重修。跨曲鹹塘者曰放生橋。在鎮東北。乾隆間，張友明建。跨黄泥浜者曰永思橋。在汪氏宗祠前。乾隆戊辰，汪姓建。跨支河者曰瑞安橋，明嘉靖間，傅瑞建。乾隆間，裔孫維龍、應蘭重建。瑞齡橋。嘉慶戊辰，王瑞廷同子萬貞、百貞建。跨談家浜者曰潘登龍橋。在鎮西。元至正間，潘姓建。明萬曆辛卯，樊濡修。乾隆丁巳，里人重建。在鹹塘西岸者曰和義橋，鎮北里許，元瞿姓建。寒鴉橋。俗呼韓窑橋，跨蔣涇港。在鹽鐵塘南岸者曰通秀橋。俗呼毛家橋，同治壬申重建。在長浜南岸者曰三星橋。跨馬路港者曰飛雲橋。咸豐戊午重修。跨横港者曰長春橋，本立橋。二橋俱嘉慶丁巳張景賢建。跨烏窑港者曰和四橋，乾隆丙子建，道光丙午修。東仁壽橋。乾隆己丑，程姓建。跨陳沈浜者曰西仁壽橋。乾隆己亥重建。跨支河者曰長生橋，道光戊申重修。秀水橋，乾隆丁亥建。福興橋。同治己巳重建。跨北四竈港者曰保泰石橋。嘉慶丁巳，儲伯華妻施氏建。同治己巳，胡漁莊、雲莊、魯巖重修。

撥賜莊及附近各啚。跨鹽鐵塘者曰梯雲橋，即元時朱千四橋，在撥賜莊南。通濟橋，關帝廟橋，衆興橋，太平橋，在杜家白場前。桂芳橋，在撥賜莊西市、明慶寺前。太平橋，在施家老宅前。朱郎中橋，郁克廣重建。矮磴石橋，分水墩橋，嶽雲橋。俗呼李家橋。跨馬路涇者曰太平橋，聚龍橋，寶慶橋。跨衛家港者曰來澤橋，爲杜行閘港通衢。衛家橋，衛姓建。萬壽橋。夏學文建。在衛家港北岸者曰太平橋。來澤相近。跨井亭港者曰永興橋。在杜行西南。跨牛腸涇者曰步安橋，茅草橋。跨新港者曰保安橋，仁壽橋。

沈莊鎮及附近各啚。跨沈莊塘者曰天帶橋，橋南有長夾桁如帶，故名，俗訛爲天打橋。新橋，西園橋，在朱氏梅園，朱華鄂建。關帝廟橋，在鎮西市，康峻明重修。西新橋，永濟橋。東口通鹹塘處。康熙壬子，張必誠建。跨鹹塘者曰南木橋，在鎮南市。秀南橋，在鎮南市。普濟橋，在鎮中市，明成化間朱讓建。永安橋，在鎮北市，亦朱讓建，後廢。道光丙午，重建木橋。倪家木橋。咸豐間，衆姓重建。同治甲戌，沈鍔、沈萬圻、錢萬昌勸捐重建。在沈莊塘北岸者曰杜蹌橋，杜蹌港口。顧家橋，東倪家橋，西倪家橋，南橫梟橋。在鹹塘西岸者曰積善橋，橫梟東口，俗呼三板石橋。道光甲辰，朱如桂勸捐重建。井亭橋，在胡家井亭。康熙己巳重建。乾隆庚子，許周京勸捐重建。青龍橋。在胡家井亭南。順治甲午，郭君常重建。來鳳橋，錢顯橋，同治甲戌重建。跨馮娘子港者曰善慶橋。俗呼馮娘子橋。順治壬辰，馮莊坡妻陸氏建。乾隆丙寅，錢王氏修。甲寅，衆姓修。道光乙酉，施玉成妻蔣氏重修。跨橫梟者曰東橫梟橋，孟墩子橋。跨中涇港者曰梅園橋。跨獨樹港者曰北趙家橋，朱家渡橋。北堍屬上海縣。跨王家浜者曰唐家橋，在野貓洞東。太平橋，俗呼錢鳴橋。乾隆丁丑，馮伯卿建。黄鶯橋。東口通鹹塘處，俗呼王凌橋。乾隆戊戌，王宏載、炳寰、鼎如重建。同治己巳，衆姓重建。跨小碑河者曰小碑橋。跨達涇港者曰太平橋。跨裏鹹塘者曰聚福橋。明萬曆間，王光祖建。嘉慶辛未，衆姓重建。跨戴家漕者曰莊家石橋，大木橋。跨北五竈港者曰王家祠堂橋。跨周家浜者曰便民橋。魚潭傅姓建。跨界浜者曰三秀橋。前明有茅氏舊宅，俗呼茅家橋。在界浜南岸者曰長發橋。在小界浜者曰留耕橋，福善橋。

召稼樓鎮及附近各啚。跨王家浜者曰報恩橋，在鎮東市，馮伯卿建，道光己丑修。南山橋，在西市梢，對奚氏祠堂，俗呼祠堂橋，道光己丑修。沈宅大木橋，談祠東西二木橋。在王家浜南岸者曰衍慶橋，跨西劉家河，在鎮西南。道南橋，跨東劉家河，在南市。廣濟橋，萬濟橋，俱跨南新河。孫家木橋，福善橋，跨西新河，俗呼海家石橋。明萬曆壬子，鍾有聲建。康熙間，錢升士重建。乾隆壬午，錢姓修。仁善橋，跨仁善港，俗呼連家石橋。乾隆甲申，馮伯卿、鍾健雲、東山、秦象儀建。金港廟橋，東通沈莊，西通杜行。鍾家木橋，在北鍾宅召稼樓南，四達要道。合佈橋，南通下沙。牛橋，在節孝坊西。三角場二木橋，西通杜行，東通下沙，南通魯匯。鶴壽橋。跨引才河，在洞元道院東。在鹽鐵塘北岸者曰永泰橋。在洞元道院西。道光戊戌，楊彩章、樊坤榮重修。在王家浜北岸者曰復興橋，跨鍾家港口，在西市。瑞徵橋，在東市。乾隆癸巳，張同文建。義冢橋，在大沈宅東。廣安橋。跨碑灘港，在鎮東，本陸姓建，稱陸家石橋。後坍毁，改木橋。道光丁酉，奚姓重建石橋。跨沈莊塘者曰周八鋪橋，在鎮北，橋南即周八鋪房基。金家橋，在鎮東北。蔣家橋，在鎮西北，蔣姓建。陳家木橋，在鶴坡塘口東。牌樓橋，即談家橋。太平橋。在姚家宅東。在沈莊塘北岸者曰壽龍橋。跨鶴坡塘者曰通濟橋，馬橋。在談家牌樓東。

杜家行鎮及附近各啚。跨王家浜者曰楊思橋，康熙間，楊姓建。道光至同治間，孫姓屢修。土地堂橋，在鎮中市，杜姓建。道光戊子、己酉，同治癸亥，屢改建。衆興橋，在西市，杜姓建。張家行木橋，同治戊辰，奚、杜、楊、湯等姓，捐貲重建。驗貞橋，在水月菴東偏。元泰定間建。明嘉靖年以後，歷經杜姓修建。同治壬申，杜先第、先訓等，集捐重建。談家港橋，葉家橋，陸家地橋，陸氏聚居此。沈家橋。跨急水港者曰天馬石橋。南至杜行一里，北至塘口五里，爲南北通衢。明萬曆間，杜雲樓建，俗呼樓下橋，以給事中顧允貞嘗建樓於此。跨潘家浜者曰永安石橋，乾隆初建。錢良石橋。在永安東，康熙間建。跨沈莊塘者曰康家橋，在杜行東北四里，俗呼東康家橋，乾隆初康姓建。永慶橋。在杜行北三里。乾隆間，孫姓建。同治壬申，孫如山重修。跨牛腸涇者曰葉和橋。跨陳勝涇者曰萬年橋。乾隆辛未，王周在建。在王家浜北岸者曰永興石橋。南至杜行三里，北至陳家行六里。康熙丙戌，談九臯建。橋南堍有井亭，談獻章建。今井已湮，亭存四柱。在王家浜南岸者曰兵馬石橋。相傳明嘉靖間，總兵俞大猷、兵備任環，駐兵於此。

六竈鎮及附近各啚。跨北六竈港者曰仁壽橋，乾隆乙未，陸元墀建。道光戊申，里人重修。見龍橋，即周九石橋。明嘉靖間，顧良方建。乾隆辛亥，傅商純等重建，有碑記。興隆橋，道光癸巳，華友章建。聚秀橋，在鎮東市，俗呼油車橋，乾隆癸巳建。重慶橋，俗呼馬家橋。慈陰橋，在蕭王廟前。凝秀橋，明顧良方建。雍正間，戴文彩修。嘉慶辛酉，申鵬萬合族換去青石重建。聚龍橋。乾隆壬申，孟逢聖建。在六竈港北岸者曰大有萬年橋，東堍五團。報祖橋，傅焕章建。同治壬申，衆姓重修。聚秀橋，傅兆熊建，孫錫桐、錫奎、錫福修。平安橋，在鎮東市。慶餘橋，俗呼李家橋。乾隆己亥，陳成士建。長春橋，在鎮西市，俗呼申家石橋。明顧良方建。乾隆辛未，申寧如、申秀亭等重建。長發橋，在鎮西市。乾隆丁巳，戴在明、陳茂林重建。嘉慶辛酉，申允良等重修。太平橋，雍正間，孟逢聖建。乾隆丙午，申廣南修。毓秀橋，在馬氏墓西。同治辛未，顧蘭茝、孟景高募修。利涉橋。乾隆己亥，喬友三建。同治辛未，孫汝弼、汝楫修。跨備竈港者曰慶豐橋，俗呼郭家橋。乾隆丁未，張西園等建。同治癸酉，里人重修。雙喜橋，受祉橋，俗呼唐家白牆橋。乾隆庚子，唐佳則建。同治乙丑，裔孫重修。永豐橋。俗呼閔家石橋，明閔雲川建。嘉慶癸亥，裔孫愷六、展玉英等重建。同治乙丑，裔孫掌榮等重修。在備竈港北者曰凌家橋，跨界浜。搶港石橋。明萬曆甲辰，鮑瀛建。乾隆甲申，張宗文重建，改名宗善，今廢。在備竈港南者曰永福橋。在界河南，達五竈港。跨北五竈港者曰太平橋，陸家廟前。乾隆間建，同治間修。聯徽橋，俗呼嚴家橋。萬曆乙亥，嚴逵建。乾隆己亥，徐克廣修。永茂橋，乾隆間建，同治間修。賢母里橋，閔得中募建。春暉橋，乾隆丙申，閔世瑞、世珽建。咸春橋。嘉慶甲戌，陸鳴佩倡建。在五竈港北岸者曰進香橋，重慶橋，萬曆乙亥，嚴逵建。乾隆己亥，徐克廣修。咸豐壬子，傅鑑堂等倡修。通旺橋，代興橋，啓秀橋，仁和橋，毓秀橋，集慶橋，跨黄家船坊浜，嘉慶間建。聯桂橋，閔魯生建。西太平橋，松鶴橋，跨閔灣港。道光庚子，朱成章、閔玉英募建。古運鹽河橋。跨運鹽河。嘉慶甲戌，陸鳴佩倡建。在五竈港南岸者曰良善橋。

坦石橋鎮及附近各啚。跨北四竈港者曰秀來橋，即坦石橋，在鎮中市，明陸文旺建。雍正丙午，裔孫書臨、端石修。乾隆間重建，易今名。(文)〔又〕於西市别建坦直橋。坦直橋，在西市。乾隆間，沈裕承建。同治癸酉，沈姓倡修。樂善橋，在東市。咸豐庚申，樊玉麟建。李家橋，在東市。瑞凝橋，在東市。道光壬辰，陸伯勤建。後樂橋，道光甲辰，范龍翔倡建。新橋，同治甲子建。豐樂橋，乾隆辛未，唐姓倡建。頌聖橋，乾隆戊子，沈英山建。積善橋，道光辛巳，沈寶三倡修。秀誠橋，乾隆間建。通旺橋。乾隆間建。道光甲辰，金姓倡修。在四竈港北岸者曰莊西橋，跨横瀝口，舊名張西，乾隆壬子建。桐花橋，嘉慶間，王誠倡捐重建，易石。承先橋，在運鹽河南口，俗呼樊家壩橋。嘉慶癸酉，潘耘溪建。興隆橋。乾隆己丑，唐世德建。跨桐橋港者曰桐橋。在鎮西。跨王家浜者曰祥里橋。乾隆甲戌，陸張氏、莊施氏建。光緒乙亥修。跨周家浜者曰萬安橋。舊名祝家橋。乾隆癸酉，陸瑞可易石。跨龍游港者曰登龍橋，道光壬辰，沈穆林建。鍾秀橋。乾隆間建。在龍游港北岸者曰荷花橋。橋面刻荷花，因名。道光間，陳岐高建。跨腰路港者曰太平橋。乾隆癸未，樊仁儒、文謨、益謙重建。咸豐辛亥，朱蘭英獨修。同治丙寅，樊海琴倡修。跨朱家浜者曰廣寧橋。明隆慶丁卯，沈露、沈鵬建。乾隆甲申，沈喆重建。跨東長浜者曰毓秀橋。俗呼大石橋，明陸天佐建。乾隆間修，道光間重建。跨西長浜者曰衆興橋。俗呼小石橋，道光間建。跨柯五港者曰廣濟橋。明嘉靖間建。道光辛丑，朱、沈二姓重修。跨陸家洞港者曰蝤蛑橋。乾隆間，汪玉章、倪必達建。跨北五竈港者曰長生橋，(即)〔邱〕家廟側，乾隆辛巳易石。世美興隆橋，天竺菴側。嘉慶間，孫垂裕、倪必達等四姓建。壽星橋，乾隆甲子，陸民章建。永壽橋，唐家廟側。乾隆戊申，陸姓倡建，嘉慶丁丑修。保佑橋。明弘治壬戌，陸銈建。同治庚午，里人重建。按，此橋向稱連筆華橋。舊《志》俱云葉鈇建。今據橋側居人云，連筆華橋實在五竈港北支河，已久廢，因此橋相近，遂致沿誤。又按，陸銈爲陸文旺四世孫，欽、胡二《志》俱有傳。欽《志》誤以其字東皋爲名。胡《志》誤“銈”爲“銓”。其獨建永興、保佑二橋。見《上海志》。而欽、胡《志》俱不載。在五竈港北岸者曰彩雲橋，北莊西市。天啓辛酉，嚴逵建。嘉慶甲戌，宣廷楫、倪寧載重建。同治甲戌，衆姓修。天恩橋。北莊東市。天啓辛酉，嚴逵建。嘉慶甲戌修，咸豐辛亥重修。跨沔長港者曰廣濟橋。在北莊東南。明萬曆乙亥，嚴逵建。乾隆庚子修，咸豐間重修。

三竈鎮及附近各啚。跨北三竈港者曰通濟橋，在鎮中市，周士珍建，曾孫燾修。橋北建有孚亭。耕樂橋，在西市梢，周銓建，同治癸酉修。祝聖橋，在鎮東，乾隆間建。百福橋，嘉慶丁丑，朱桂森建。睦旺橋，乾隆癸亥，瞿、倪、張三姓募捐建。俗呼木行橋。勸善橋，在元壇廟前。咸豐丁巳，陸位成建。仁義橋，嘉慶丙寅，沈裕成建。顧發橋，乾隆間，顧秉文建。嘉慶丁巳，季開基等倡捐重建，改名獻瑞橋，俗呼季家石橋。咸豐丁巳，季佩玉倡修。百順橋。俗呼窑橋，乾隆間建。在三竈港北岸者曰壽禄橋，俗呼蔡家橋。東安橋，周銓建。匯龍橋，周燮同弟炎、烒建。種福橋，周燮等建。同治戊辰，衆姓重修。宏濟橋。在鎮西市，同治癸酉建。跨龍游港者曰山壽橋。周燮同弟炎、烒建。

二十保：

張江栅鎮及附近各啚。跨吕家浜者曰衆安橋，在鎮中市，乾隆壬申建。太平橋，在東市，乾隆乙未建。以上二橋，道光丙申濬吕家浜，河面加闊，俱移局費重建。種德橋，在西市。乾隆戊寅，顧信公建。嘉慶壬申，壽民陳振揚重建。道光丁未，陳書成募捐修。松筠橋。嘉慶甲戌，蔣瞻淇妻顧氏、妾張氏建。跨馬家浜者曰香含橋，天保橋，在東市，沈從教、唐天然建，孫孝伯修。同治癸亥，里人重修。趙家橋，趙姓建。萬安橋，康熙庚子，孫道祥建。同治辛未，王金詔、趙星垣修。迎和橋，俗呼程家橋。乾隆甲午，朱聖忠建。靈道菴橋。在菴前。乾隆間，凌姓建。跨西瀝浜者曰正心橋。在鎮西，顧信公建。跨朱墓港口者曰朱墓橋。嘉慶丙辰，朱憲章建。跨蔣家浜者曰百忍橋。嘉慶丙子，孫漢章建。跨和尚浜者曰種福橋，在浜口。乾隆辛巳，顧信公建。嘉慶乙丑，趙勝章重建。道光丁未，陳書成、周如椿募修。存仁橋。同治癸亥，錢仁柏、周學濂建。跨長溝口者曰萬安橋。乾隆甲寅建，道光庚寅重建，咸豐戊午修。跨錢家浜者曰同仁橋，同治癸亥，錢仁柏、周學濂建。沈家衖橋。明嘉靖壬子,沈綸建。嘉慶間,裔孫重修。跨黄家浜者曰承善橋,乾隆戊午,趙賓章妻顧氏建。同治庚午,裔孫欽榮重修。以公濟公橋,在鎮北。道光戊戌,沈聲和、黄湘建。咸豐戊午,周如椿、沈德若勸捐修。跨茅長溝者曰大通橋,明時建,咸豐間重修。常善橋。明萬曆庚戌,楊進達建。道光癸巳,里人重修。跨界溝者曰合隆橋。在鎮北。道光甲辰,馬驥銜、沈聲和建。同治壬申,馬鴻德、沈汝霖倡捐重修。跨南界溝者曰壽南橋,乾隆甲戌,李姓建。嘉慶戊辰,李蘭谷重修。雙壽橋。乾隆辛巳,壽民龔漢傑、李臨川同建。跨新浜者曰聚龍橋。乾隆辛巳,徐維賢建。同治壬申,里人勸捐重建。跨曹家溝者曰永壽橋,向稱新橋,黄受成建,東岸川沙七啚。永世橋,明沈銘奉父桑溪遺命建,東岸川沙十六啚。唐望橋。明天啓壬戌,唐之敏建,今改名唐墓。道光壬辰,裔孫棣重修,東岸川沙二十五啚。跨横溪港者曰仁壽橋。明天啓甲子,唐之敏建。道光間,裔孫棣修。跨顧家浜者曰積善橋,在十一啚找丈。乾隆癸酉,吴鵬飛建,北岸川沙十六啚。聚龍橋。陸銓建。道光壬寅重修,北岸川沙十六啚。跨王家港者曰繼志橋,徐聖和建。慶雲橋,明嘉靖庚戌,瞿姓建。嘉慶壬申重修。崇德橋。康熙間,徐君義建。跨横港者曰餘佳橋。明時建。同治癸酉,唐中孚重修。跨夷蒲達者曰崇德橋,徐聖和建。保安橋,唐姓捐修,今改木橋。遺建橋。俗呼丁家石橋。道光丙午,顧南望集捐重建。跨沈沙港者曰餘慶橋。在六啚找丈。乾隆間,張之鵬建。跨張家浜者曰倪家橋,四眼橋,在鎮南圓修菴前,明時建。南岸川沙四啚。長慶橋,俗呼黄家石橋。嘉慶己未,黄豫豐建。趙家石橋。趙姓建。跨三林浦者曰張果之橋。在鎮南。明泰昌庚申,張訓之建。嘉慶丁巳,奚民望、趙勝章重修。跨横沔港者曰陳推官橋,元陳推官建。道光丁酉,川沙同知何士祁、南匯知縣沈炳垣倡捐重修,有碑記。東岸川沙十二啚,西岸本邑二十保二啚。吴家嘴角木橋。俗呼奚家木行橋。同治癸酉,吴象賢募捐重修。跨殷家浜者曰吴家角木橋,同治癸酉,吴象賢募捐重修。敦仁里橋。舊名蔣家石橋,鄒姓建。乾隆戊午,錢姓重建。在殷家浜北岸者曰寶善橋。錢學洙建。道光間,顧必達修。跨西横港者曰廣善橋,俗呼糖坊橋。乾隆戊午,顧姓捐修。永濟橋。舊名秦家石橋,秦姓建,同治癸酉集捐重修。跨大浦港者曰通惠橋。道光間,顧必達倡捐修。跨湯鈐港者曰湯鈐橋,四寧橋,通濟橋。二橋俱道光間,顧坤義重修。跨南横港者曰毓秀橋。雍正丁未,錢姓修。嘉慶庚申,顧文郁重修。

北蔡鎮及附近各啚。跨白蓮涇者曰萬隆橋,舊呼虹橋。乾隆癸卯,趙森嚴重修。光緒丙子濬河,羅曾江等請撥局費,并集捐重建。楊家木橋。俗呼典當橋。乾隆初,楊輪山建。道光初,恒孚典重建。同治壬戌募捐修。跨郁家浜者曰樂善橋,即徐家橋,楊修年建。嘉慶丁巳修,年妻曹氏子承裕重建。西岸屬上海。青雲橋,在龍王廟,咸豐乙卯重建。德善橋,乾隆乙丑,濟陽氏建。光緒乙亥,馬鴻德、凌玉樹重建。報恩橋。康熙辛卯,張文素建。跨周家浜者曰樂善橋,本劉氏婦建,舊呼劉娘子橋。楊克進重修,改今名。護龍橋。在新興鎮。乾隆己卯,楊永昌建。跨陸家浜者曰樂善橋。俗呼仙家橋,楊永昌建。跨海塘浜者曰永濟橋。二十七、二十九兩啚捐建,北岸屬上海。跨小腰涇者曰積善橋,在北口,俗呼黄泥墩橋。道光戊戌,徐秉仁重建。永興橋,俗呼北丁家橋。道光初,京商楊大年建。延齡橋,俗呼丁家石橋。明萬曆戊子,張松建。乾隆乙巳,衆姓修。嘉慶丁巳,三林巡檢陳惠疇倡捐重建。道光乙未,張廷珍勸捐改建。薛家橋,道光癸卯,上邑沈大成改建。御界橋。明萬曆乙亥,沈欽建。同治己巳,吴景清重修。跨鹹塘者曰興隆橋,明萬曆乙亥,沈欽建。聚秀橋。嘉慶丙寅,張克昌建。跨薛家浜者曰北安橋。乾隆乙巳,金聖章倡捐重建。跨顔家浜者曰惠龍橋。乾隆己未,潘佩華建。同治庚午,潘苑花、潘秀榮修。跨三林浦者曰南慶橋。乾隆丁未,潘振廷重建。跨大姑港者曰餘慶橋。嘉慶己卯,陳朝年建。跨張家浜者曰吴家衖環橋,在張相公廟前,明吴本建。樂善橋,在一六菴前，秦秉謙重建。同治庚午，衆姓重修。永順橋。嘉慶癸亥，趙德仁建。跨夷蒲達南口者曰太平橋。明萬曆乙亥，沈欽建。咸豐辛亥，沈兆熊、黄芳石重修。

二十一保：南三啚。跨范家浜者曰永昌石橋，進浦口一里許，爲南北通衢。道光丙申，康培榮、范舒英改建。范家木橋，永昌東半里許，亦南北往來要路。西康家橋。與范家橋東西相望，其下可通行舟。跨沈莊塘者曰西連家橋，進口一里許，塘近浦口處尚闊，橋上亦大。東連家橋，在西連家橋東半里許，相傳連姓族繁，故二橋皆以連名。趙家橋。在東連家橋東一里許。沈莊塘至此，水淺沙淤，不通行舟，橋雖要路，近亦改小。

北五啚：跨三林塘者曰梧桐橋，北岸屬上海，南岸本邑十四啚。半邏石橋，在梧桐橋南，地名七間頭。中界石橋，北岸屬上海，南岸本邑十八啚。同治壬申，濬三林塘，闊五丈餘，橋圮。經董喬達成，會同上海董事集捐重建。王家橋，在中界橋西。同治壬申，康成大等集捐重建。康家橋，在王家橋西。同治壬申，康烈等重建。龐家橋，在康家橋西。同治壬申，衆姓重建。猴象橋。在龐家橋西。同治壬申，李春煦等勸捐重建。跨中心河者曰許家橋，進浦口半里許，在中心河鎮西。九思橋。在射獵廟東。

津　　渡

閘港渡，對岸爲鄒家嘴，當黄浦北折最險處，風號雨晦，舟行欲進口者，迷不得路。乾隆五十七年，瞿松山等呈請設天燈，知縣胡志熊置十六保十一啚昃字圩一百二十二號張鴻業田十一畝一分四釐八毫，公舉鄰近誠實董事經營，著佃點照，以垂永久。至道光後，被人私索陋規，燈幾失點。同治十三年，知縣金福曾重加禁飭，並移燈竿外灘愍渡菴前，商旅稱便。

何家渡，在白廟港東。

横涇東渡，對岸爲閔行春申閣。乾隆四十八年，王桂芳捐田六十畝，吕蘭谷捐田十畝，建設義渡。後田被子孫售盡，義渡遂廢。

横涇西渡，對岸爲閔行西市。此渡南達柘林，北達吴淞。來往最多，渡船十餘隻每貪重載，争先湧軋，易蹈覆溺，宜加示禁。

沙岡渡，在沙岡口。向有憩亭，久圮。同治九年，馬明海重建。

巨漕渡，在巨漕口。同治十三年，馬明海建石塊。

彭家渡，在千步涇口。

杜家行渡，一名吴衝涇渡，與上邑吴衝涇對。

姚家渡，在衛家港南百餘步，有憩亭。

王家橋渡，進閘港口二里許，有十九保四十四啚田五畝四分，公捐濟渡。咸豐時，船已廢。其田於同治七年，曾經董事禀請歸觀濤書院。

永濟渡。在二十保二十七、二十九兩啚。公捐田二十畝，給渡夫工食，以便川沙、南匯公文往來，常年修築馬頭，准免濬河，奉憲勒石，上邑署前及渡頭亭中俱有碑記。現因田畝缺數，年遠難稽，兩啚業户續捐補足二十畝，以符舊額田單呈案。二十七啚捐本啚田一百五十三號王敬谷單四分一釐二毫，一百五十四號葉金章單一畝七釐二毫，又葉孟華單四分九釐二毫，二百八十三號朱長興單五分，五百九十五號丁裕良單三分五釐，九百十五號永濟渡單二畝八分七釐六毫，九百二十五號張懋德單一畝，九百四十一號永濟渡單九分一釐四毫。又二十二啚田四百八十一號趙仁美單七分三釐二毫，八百四十四號趙仁修單一畝，又趙仁修單二分一釐三毫。二十九啚捐本啚田二百六十號湯書章單五分一釐三毫，又李廷憲單五分一釐二毫，二百九十六號奚和尚單一畝六釐四毫，四百二十八號永濟渡單九分九釐，四百三十七號永濟渡單一畝，四百三十八號永濟渡單一畝，五百六十一號永濟渡單六分，六百五十三號永濟渡單一畝，八百九十六號永濟渡單一畝，三百七十六號屯田王秀春單一畝。又三十啚田四百六十九號李明章單一畝二分。共計兩啚公捐實田十九畝四分四釐。

建置志

城池

縣城在三團地，本守禦南匯觜中後千户所。明洪武十九年，信國公湯和始築城，即金山衛之分署。周五里一百四十九步，高二丈二尺。池周於城，深七尺，廣二丈四尺。(半)〔旱〕門四：南曰迎薰，北曰拱極，東曰望海，西曰聽潮。水關二：東曰静海，西曰通濟。門樓、角樓各四，敵臺四，箭樓四十，雉堞一千九百九十垛。永樂十五年，都指揮使谷祥增修。周六里七十五步，甎甃加高五尺，池深七尺五寸，闊八丈。弘治初，指揮使翁熊重修。正德丙子，總督張奎、鎮撫胡洪浚池，深五尺，廣如故。萬曆十六年，巡撫趙可懷檄重修，垣高厚如制，池面闊十丈，底闊六丈，深一丈四尺。國朝歲修葺，屢修屢壞。康熙五十七年，發帑委松江府同知鄭山督修。雍正三年，改爲縣治。五年，知縣欽連重修。乾隆三十九年，知縣成汝舟同上海知縣史尚確詳奉發帑三萬八千七百七十六兩二錢，分工修辦。本年十月興工，次年七月工竣。上邑承辦之工，自通濟關迤北轉東，至静海關北首止，共五十七段，估銷銀一萬九千五百二十二兩七分九釐。本邑承辦之工，自静海關迤南轉西，至通濟關南首止，共五十二段，估銷銀一萬九千三百六十七兩四分五釐。計修旱門四，水關二，城樓四座，礟臺十六座，周長九百九十八丈七尺五寸。以上胡《志》。

道光二十二年，西夷犯上海，爲防禦計，知縣范鳳諧修築。咸豐三年，會匪擾亂，旋即復城。四年，知縣富克精阿、董事陶翼等修建。同治十二年，知縣羅嘉杰據董事葉爲璋等稟請，修葺城垣，詳准開工。周圍雉堞，添用新磚五層，估銷制錢六千四百七十七千八百八十文。此項經費由縣措墊，分年於漕糧隨收公費項下，每千提錢二十四文，計五年籌補足數。

萬壽宫

萬壽宫在縣城南門内。乾隆癸巳，知縣成汝舟捐廉，倡率耆老紳庶等恭建。歷有修葺，匪擾被毁。同治十一年，奚瑞凝堂捐錢重建。

聖殿，拜廳三楹，官廳，在拜廳東側。觀光樓，在官廳西。戲臺，宫門，東西圍牆。照牆一座，東西兩廊，六間在殿外。東西平房，在大殿左右。紳耆廳三間。在官廳直南。朔望暨三節拜闕，宣讀聖諭并講鄉約。

衙　署

縣署，在城内西北。雍正四年，知縣欽連建。

照牆一座，頭門三間，上有鼓樓，東西側各四間。儀門三間，外東側房一間，西側房四間。大堂三楹，東廊十二間，西廊十一間，舊建。東側房二間，西側房二間，東庫一間，儲臓物。西庫一間，藏册籍。庫東側户庫書科房八間，堂東西皁隸棚六間，以上俱知縣成汝舟建。宅門東西共四間，二堂三間，前有川堂。東西厢房六間，内東厢房三間，翻改庫房，儲一應錢糧。三堂三間，即退食堂。東廳五間，舊曰鶴清堂。東西厢房六間，新建。對面廳房三間。後面厨房二進，共七間。西廳五間，舊曰思補堂。廳前方亭一座，右首厢房五間，新建。對面廳房三間，後面書房九間，後正樓上、下各九間，東西側樓各二間，東西側厢各二間。

附《新建南匯縣治碑記》

松江府，濱海郡，(共)〔其〕隸邑之疆域，賦廣税繁，與蘇屬並甲天下。自至元間，割華亭北五鄉置上海縣。明初，築南匯城於縣東八十里，爲千户所。嘉靖中，又割上海西偏置青浦縣，而上海獨存浦海之區。今天子踐祚之明年，准前督臣查弼納奏，析置州縣，而上海所割，即賜名南匯，仍城之舊也，於是三分縣云。連適蒙特簡，首莅兹土，顧城荒民鮮，縣治無可因。時值新恩減賦，萬姓歡頌，羣叩憲請，聽民捐建。旋得旨，即藩庫給銀三千兩，乃悉還民所捐。卜日庀材飭工，凡四閲月，而門牆、堂屋大畧粗具。計其貲已踰所給之數。是役也，人謂余苟足飾觀，以公濟公可矣，又何鞏固自期，捐貲不惜之(與有)〔有與〕。(意)〔噫〕！此正余之所慨也。嘗念士自身事主，忘身最難。高者蔑視百里，指一官如傳舍，其於堂皇之嚴整、門樓之巍焕、齋署之深謹，皆非所急。卑者浚我以生，借官衙爲貫肆，其於堂皇〔之〕湫隘、門樓之陋畧、齋署之苟簡，皆非所顧。夫意不在君，則受此職，宰此土，原無慎重之思；意不在民，則臨此邦，居此室，又何久大之志。平生所慨如此，忍一旦躬自蹈之耶？未幾，以公誤被劾，例應鐫秩去。何期皇仁浩蕩，不加譴逐，復獲視事。嗣是晨而出，惕然思曰：君貸我而坐理斯堂也，誤可再乎？則民可誤傷乎？姦可誤縱乎？吏胥可誤聽而苞苴可誤通乎？是自折其棟也。對榱桷之翬飛，能無赧乎？暮而入，惕然思曰：君貸我而退食斯堂也，仁可數邀乎？則衍可不省乎？悔可不深乎？過可不自改而誤可不痛自懲乎？是自試於巖也。仰垣墉之巀嶭，能無懼乎？輾轉於懷，將益圖報稱於訖工之後，而又慮其久而或自懈也。又勒石於堂之右，以誌不忘。治基週圍，凡五十五畝有奇。近距北門半里許，地取寬形勢，面陽多也。照牆外臨河，内縣埸袤廣五丈五尺，示通達且容衆也。大門門樓上下各三楹，譙樓巡(瞻)〔瞭〕之設，巍然壯觀也。儀門左三楹爲土地祠，朔望致虔，爲民祈福且奠厥居也。右三楹爲寅賓館，有客戾止，則前席焉。又其右爲獄室，高垣厚墉，取深密也。門内甬道，廣袤十丈三尺。東西廊書吏房各十間。大堂旁翼庫室，後接川堂，以整以備，並照恒規也。宅門内二堂三楹，爲逐日僉書處，取其不求華飾也。東西書廳各五楹，係禮賢問治、賓從講畫之所，庳陋不可也。兩廳前庭之前向北，從房各如其數，安僕役也。三堂變三爲五，其西齋室兩進，亦各五。每間置門壁，爲退思及親賓從事卧榻，貴聯絡而區分，不混亦不隔閡也。最後大樓五楹，樓東房兩進，亦各五楹，内室、厨湢雜作之地，皆在焉。惟務謹樸，爲堅久計也。爲木大小共六千五百八十株，甓瓦六十五萬二千八百，合磚石大小八十六萬三千塊。其他灰沙、雜料稱是，土工、木匠、雜役二萬三千四百工。外丞典衙署，甫鳩厥工，始訖之月日、經費之多寡、董正賢勞之名氏，俱俟落成續刻於後。知縣欽連記。

同治元年，粵匪踞擾。復城後，知縣鄧賢芬、董事王晉堦、馬元德擇要修葺。

同治三年夏，遭颶風，徹夜驟雨如注，衙坍内樓四間及花廳等處牆垣，東西廊科房亦傾圮。知縣徐本立修建。

同治十一年春，海風大作，雷雨滂沱，署内牆屋多圮側。知縣羅嘉杰重加修築，并改頭門外柵闌爲腰牆，支動庫存各款，估銷銀九百八十九兩一錢九分。

縣丞署，向在大堂東偏。乾隆二十八年，知縣楊宜崙詳建。咸豐十一年毁。同治六年，知縣葉廷眷詳請，以縣丞移駐海塘外泥城，咨部准行，衙署未建。

訓導署，在學宫東。詳《學校》。

典史署，在縣治大門内東偏。雍正五年，典史金紳詳建。

班房二間，廳五間，川堂一間，後房五間，東西厢房各三間，厨房五間。在後房東。

南匯都司署，在東門内。即向南匯所署，曾改守府署。乾隆三十六年詳修。咸豐十一年毁，未建。

南匯守備署，在西門内。乾隆三十二年詳修。咸豐十一年毁，未建。

三林莊巡檢署，在周浦西鎮。明嘉靖時移此，隸上海。雍正四年，分屬南匯。咸豐十一年毁，未建。

金山屯署，在周浦鎮。明代建。國朝乾隆十五年，以金山幫屯漕事務，改歸太倉、鎮海衛兼管。

下沙頭場署，在大團北市。乾隆十三年，場大使陳大齡詳建。咸豐十一年毁，未建。

倉　廒

積穀倉，本常平倉舊基并縣丞署廢址。同治十一年，知縣羅嘉杰，據董事王晉堦、陳爾賡等禀，詳請創建。内買民房基地東西十二丈，南北八丈九尺。

倉神殿一間，向南大廒房十間，向西大廒房十五間，向東大廒房十五間，曬場，倉廳五間，川堂三楹，東西敞牆，頭門五間，照牆一座，照牆外平廒房五間，東柵門，西柵門，東西北三面圍牆。中留更衖。

添買民房基地契價錢四百六十千文，建倉鋪廒裝修備物勒石計錢一萬一千七百八十二千三百二十一文，截止同治十三年底止。共用錢一萬二千二百四十二千三百二十一文。内動支陳捐息錢一千四百二十一千二百七十文，畠捐息錢九千四百二十千一百三十五文，團捐息錢一千四百千九百十六文。

東常平倉，倉神堂三間，東廒房十八間，西廒房十八間，南廒房七間，北廒房五間，外斗級役房三間，在縣署東。

西常平倉，東廒房三間，西廒房七間，南廒房一間，在縣署西。

上兩倉，知縣欽連、徐日炳、裘嚴生、成汝舟建。咸豐辛酉冬，匪擾殘毀，雖經修葺，舊料朽壞。同治十一年，知縣羅嘉杰籌議開拓積穀倉地面，將舊存常平倉十七間移建縣署西側，其經費即於創建積穀倉項下支銷。

徵糧便民倉，在周浦鎮西市。基地三十一畝三分四毫，屬十七保一區五啚水字圩。雍正四年，知縣欽連建。

糙糧倉大門樓三間，倉廳五間，舊額曰合樂堂。恭字廒房四十五間，寬字廒房三十七間，信字廒房三十六間，敏字廒房三十六間，惠字廒房三十七間，豐字廒房十八間，八尺廒房八間，在大堂東。倒串房三間，在大堂東。白糧倉大門前照牆一座，大門三間，東西米廒三十六間，東西廊廡六間，儀門三間，東西砧房十六間，倉廳三間，舊額曰寶稼堂。上房八間，書房八間。

照牆前基地一方，東西長二十一丈，南北寬六丈六尺。乾隆四十六年，知縣成汝舟捐置。牆外向有池河一方，已塞。

附知縣欽連《申請建倉周浦議》。

漕白倉廒，關係軍國重務，兹當謀始之初，務圖經久之策。其一在小民輸納之適均也。匯城偏處東南，僻居場地，竈户無糧，各保糧户偏(房)〔居〕西北。周浦鎮處南北之中，支港水道，咸通舟楫，計程遠者，皆不過五十、六十里。催辦轉輸，可傳檄刻期而民不勞，此便於民者一。其一在運船停泊、受兑之便利也。匯城去黄浦江六十餘里，水道窄狹，止通商販，小舟尚須隨潮上下。一至冬月，水落潮消，節次淤淺阻塞。漕白六萬有奇，建倉斷須水次，而他處非有黄浦風潮、漕船停泊之險，即有河港淺窄、邨莊單薄之虞。惟周浦鎮形勢，則有南匯、川沙之犄角，且海口至上海縣城已十餘里，又上海至周浦塘口四十餘里，又自周浦塘口至建倉之處二十四里，合計一百二十餘里。其餘海岸有内外護塘，不通水路，並非逼近海口。且周浦水道寬者十五丈，窄者十二三丈。冬間水落歸槽，河身尚可八九丈不等，稍用民力，於農忙後挑浚，即可寬深，爲力亦易。計漕艘一百餘隻，(者)〔首〕尾相銜，儘數泊入内河，可免黄浦西北風潮之險。各漕船俱有隨帶剥船，到倉受兑；盤運大船，路近而易。此便於軍者一。其一在收糧防護之在人慎重也。漕制定例，印官親自監收交兑，應於辦漕時，縣官即移駐倉場，督收舂辦。一切民事，俱在倉辦理，亦無顧此失彼之虞。而防護之密，周浦向設把總一員，駐防兵十四名。今與川沙營會議再添兵二十名，共三十四名。縣官隨帶壯快五十餘名。川沙營仍不時另委大員巡防。再於周浦塘口、漕船停泊總路，築建墩臺、瞭房、營房，安設汛地，撥頭目帶兵守哨。哨船二隻，撥水兵遊巡，足敷防護。俟漕船開完之後，將添撥官兵收歸營伍，其於漕務地方，均有裨益。再照建倉基地，已相擇在鎮西市内，計共三十一畝三分四毫，俱係十七保一區五啚辦糧民地。所有田畝細號，地漕銀米，另造確册申報。均請題豁開除。公估項下，緣係漕倉所有，會勘情形定議詳覆。

咸豐三年春，燬於火，猶存廒房數處。匪擾後，片瓦無存。迄今，漕糧以折收爲便，未能建復。

社倉。一在横沔鎮，倉三間。一在新場鎮，倉二間。俱乾隆十七年，知縣胡具體建，今已久廢。

禁　　獄

監獄，在縣治大門内西偏。監門三間，東向，中爲虎頭門，守門禁卒居旁兩間。内監門三間，南向，中間爲門，提牢吏居東間，西一間奉獄神。獄室東西各七間，南二間，北三間，米廒一小間。監牆周長四十四丈七尺，原高一丈三尺。乾隆五十三年，知縣任兆炯加砌，高二丈。同治元年，知縣鄧賢芬飭董修葺。

自新所，十間，在儀門東側。乾隆二十九年，知縣楊宜崙建。又二間，即昔之土地祠，今移于寅賓館，此改作自新所矣。

郵　　鋪

縣前總鋪，係中後鋪所改。揚輝鋪，基在新場之八十七啚。周八鋪，基在召稼樓之十二啚。以上三鋪以次相遞，各二十七里，向例各設司兵三名。五團腰鋪，距南匯、川沙城各二十五里，向例設司兵二名。川沙鋪，自川沙至南匯、上海總鋪各五十里，向例設司兵二名。

義　　建

種桑局。桑園在城西北隅，養濟院側。同治十二年，知縣羅嘉杰捐廉，購運桑秧，廣爲散給，并置買田四畝有奇，插槿爲籬，種桑數百株，就嘉、湖等處雇工二名，栽植培翦，俾四鄉知所則效焉。

附種桑法

一，桑株忌雨淋、日曬、風吹，宜用稻草護之。

一，種桑之地，須先耕熟，泥要和匀利水。切忌夾種雜糧及荒草滿地，致用肥不力。

一，種桑之地，須要向陽，不見太陽則不發。最忌地如環橋，高低互出。

一，種下掘土約一尺五寸深，但非拘定，總以桑下本接處覆好爲度。其開闊當隨其根之長短，順其勢之東西。

一，種時將根鬚理順(理)〔埋〕下，然非盡向下埋也。横根有數層，(理)〔埋〕好一層，將泥蓋之，層層如此。如或以根撞根，斷不能發。

一，桑株直下者名頂心根，須翦去。留之則根不黏(二)〔土〕，桑本難竪。横根不可翦。

一，根有損壞者，其色黑，須翦去，不翦則好根亦壞。

一，種時用人糞拌水灌之，然後用豬、羊、牛、馬糞。若暗土不肥，浸豆餅壅之更好。人糞等總宜摵水，淡則乏力，濃則鹹死，在乎隨時審擇，以肥潤爲貴。到第二年，桑株漸大，根已四達，宜掘土藏糞，仍將土鋪平，庶可得力。切不可單用水澆，單水則桑便死。

一，初種時灌糞，只要依桑邊周圍灌之。切不可掘土，庶下雨不致積水，桑根不致受傷。

一，灌糞到第五次，可以隔十天再灌，此亦初種時法也。當春間發洩之時，天（時）〔晴〕可間日灌之。至秋冬收藏之候，多用肥糞，交春更爲得力。

一，桑株種下即灌水糞。隔數天，見桑株發（者）〔青〕，然後將桑株梢頭翦去。翦後，但留桑株二三箇，便好長大成叉。其本弗過高，離地約一尺四五寸。第一年祇留二眼，或多至三眼。其餘眼頭俱可抹去，以免旁枝雜出，則桑本亦易粗壯。但留眼之時，最防蟲傷。上眼爲其食去，則以下眼留之。此後，仍如前法翦留。年倍一年，四五年則成十五六叉，便可開翦成拳矣。

一，地土凡草即鋤，不鋤則拔糞肥，雜糧種之亦然。惟種菜相宜。

附章程

一，鄉民領種桑秧，應由董分鄉註册，隨時督課也。查頒發桑秧，若任聽小民四散分領，或多或少，或代人領去，輾轉給人，不特無從稽攷，課其勤惰，抑且鄉民不肯慎重培植，不數月而已成槁木，徒托空言，毫無實濟。今定頒發時，各由各鄉董事開單，報明何鄉何啚何人領種若干，由局董逐一登册。每月，由董事同局中所雇工人到鄉查看，種不如法，就地教導。即縣中於下鄉時，亦可按册隨處細詢耆農，隨時勸課。勤儉者優加褒獎，怠惰者令董設法勸諭。如此辦理，較爲實在。

一，散發桑秧，應先令殷富倡率也。查種桑之利息固厚，而初種二三年内，非特無息可採，更須壅肥培植，加添工本。但貧户領桑株數過多，必致乏本，壅培不能暢茂，反怪地土非宜，半途而廢。即有能設法壅種，而限於力量，未得其利，先去其本，亦必畏難苟安，各生懈怠，因而中輟，遂致事不能行。故凡創始之初，必先求見效，庶幾相率而成，有不期然而然者。今酌定分給貧窮之户桑秧，不必過多，當量其培壅、工本之力，就數給發。其餘准各鄉有力之户，承領分種，并勸令下年出資購買分散。如此，則有力之家工本裕如，培植必能得法，一家行而一鄉效焉。從此逐年推廣，貧民知種桑之利，亦得遂其生計矣。

一，教習種桑，應雇工先行設局試種也。卑縣地僻海濱，鄉民未諳樹桑，往往以沙土難植，因而廢棄。不知浦東田塍高築，宜棉無不宜桑。惟桑有翦栽、壅肥、鋤草、去蟲、掘坑、釀糞，更有斫條、壓枝各法，若不逐細教導，勢難見效。今雇覓嘉、湖熟諳治桑工人兩名，由董督率，即於局中置買民地四畝，遍種桑株，先爲倡率，四周圍紮籬槿。示諭四鄉農佃，隨時到局習學翦栽、壅肥各法。其工人常時在局治桑之外，每月隨同董事輪流赴鄉一次，查看教導，不准索取酬謝，俾鄉民咸知種法，不致因循怠忽。

一，局中器具工本，應預籌接濟也。查局中課桑，雇定嘉、湖工人兩名，每名每日發工食錢一百六十文。此外壅肥、釀糞、修紮籬槿、置備桶杓、鈎翦等項器具,在在需費。即就所種四畝之桑而計,亦復不少。若不預爲籌畫,將來經費無出,恐難見效。且係設局爲倡,更當加意培植,方可表率。今將原捐買桑買地餘賸錢五百千文,交給董事具領,以資二三年中局用。或另籌有費,即將此錢發典生息,以息抵支。其正本存,俟養蠶之年,置備器具,雇用工人,開局養蠶等項,再行提用。絲成變價,仍舊存典,以資下年經費。如此循環經理,經費不致短絀,事或可望成就。

存款:支放餘賸捐錢三百二十千文,現存陳恒昌布米莊。常年一分二釐生息,逢閏加算。

房租:市房三間,坐落南門之後街。其房係典買,暫行由局召租。

本城同善堂,在西門武廟東,吕祖殿後。房屋兩進,共十四間。道光元年,李墀倡建。同治元年,知縣吴棐彝諭董事唐堦、陳爾賡清查經理。

附稟稿

同治七年五月,董事唐堦、陳爾賡稟,竊奉鈞諭,遵照憲飭,查明善堂田房及歲收租息,開具經董呈候報查等因。查本城同善堂,坐落西門武廟東側,建自道光元年,向辦捨棺、掩埋、施衣、散藥等舉。董等於同治元年,蒙吴前廉諭飭接管。維時兵燹甫平,案卷帳據,被毁無存。即經報查追溯,逐細清理,踏田召佃,連續後捐置,共有啚團蕩熟田一百五十二畝,蘆蕩二塊,房屋一間一頁。應收年額租錢二百八十九千六百十二文,造册報案。旋於二年分開堂,將各項善事次第舉行。惟恒産無多,且此項公田,類皆低下,即豐稔之歲,租息止收八成左右。而三四等年,遭遇歉收,田租折短。又賊擾後,房屋傾圮,什物全缺,修葺置備,在在需錢。兼之從前錢糧,奉准歸入公項免完,清糧以來,儘數完納,以致經費不敷。董等設法籌墊,支持七載,歷年均有報銷册存案。上年,蒙葉前廉於嬰堂提捐項下,按年撥錢四十千文,發堂充費。前月又奉陳前憲捐廉五百千文,發典生息。緣奉諭查爲,敢造册稟呈,伏乞鑒核彙報。

附章程

一,辦施棺也。堂董自行購木鋸板,雇匠到堂造作,逐日監督,務須筍縫緊密。做就後,即揩桐油一次,編號存儲。當領棺時,問明死者姓名來歷,保領某人,一并登簿,挨號發給,脚夫把持,隨時稟究。其有力能買棺,以及各家雇工、婢僕,一概不准濫領。再施棺一項,勸寫散捐。每愿五十文,施去一棺,即收愿一次,以補足之。

一,辦平賣也。稍貧之户,遇有病故,每有不忍領施棺而欲勉力自備者。堂中於施棺之外,另做平賣棺木,只取實在工料價錢。

一,辦掩埋也。照向章一年一舉,以清明爲期。經董預先督保在城厢内外,查明暴露棺柩。有主者,催令自葬。無主及無力者,加詳訪問,分别男婦,編號登簿。破碎之棺,另具骨箱檢盛,盡行擡赴義冢。男婦異處,一律深埋。每逢三節,設祭焚紙。如無力而有地者，亦爲代葬。

一，置義冢也。每年掩埋，漸葬漸多。冢地前已勸捐添買。儻再須續置，必擇高燥之處，報明立石。糧賦暫由堂完，以待請豁。

一，辦施藥也。向逢夏令，經董親自選買藥料，依方配合痧暑等丸分送。如遇疫病流行，延醫施診。極貧之户，照方給藥。必須寬籌經費，實力辦理。

一，辦施衣也。每歲於十月間，由堂預備厚絮男女棉襖棉褲二百件。查明實在貧寒老弱者，記其姓氏里居，先給小票。交冬至節，擇(處)〔定〕日期，聽其到堂領衣。請委驗票監發，衣上仍用戳記，儻有變賣，查實弔回。

一，邮病旅也。本邑之鰥寡孤獨，由縣捐給孤貧糧二百幾十石，可無溝壑之虞。獨異鄉流落者，資斧乏絶，道途染病，危迫情形，最堪憫惻。或施藥醫治，或稍助川資，堂董隨時察看，實心救濟。

一，收路斃也。或病死道旁，或淹斃河内，一經地鄰報堂，經董親往查看，如無傷痕，即施棺殮埋。儻地保、丐頭及無賴等藉屍圖詐，據實稟究。如有傷痕，報官驗明，然後棺殮。收過之屍，俱於册内詳注衣服、狀貌，以備查對。再屍場相驗，此項經費，另有專款，田産取租抵用。雖同歸善堂經管，仍應將收支數目，分册報銷，以免混雜。贏餘則存典生息，俟積有成數，再添産業，以冀永久。

一，省浮費也。堂中各善舉，經董輪流管理，不支薪水。惟用收租司帳一名，雇堂役一名，酌給辛工飯資。一切必不可省之零星〔俱撙節以杜靡費〕。

一，清報銷也。截止年終，將堂中出入細款，確實造册報銷。另録一通，張貼公所。租欠之户，附稟請追。仍俟經費充裕，推廣善舉，並彙刊《徵信録》分送。其收埋屍棺及施送衣藥之時，有善信助捐灰沙、棉衣、藥料者，一并造報。

捐款：同治七年，(分)知縣陳其元捐錢五百千文，分存各典當，常年一分五釐起息。

房租：房屋一間一頁，在本城西門内桐橋東首，由堂召租。

田畝細數：十七保三十三啚三百二號田四畝七分六釐一毫，又三百八號田二畝三分一釐七毫。新廿一啚六百二十一號田二畝七分六釐六毫，又六百二十二號田二畝七分九釐八毫，又六百二十三號田七分二釐，又六百三十四號田五分。十九保二十八啚二百三十五號田一畝五分。又三十一啚九十一號田一畝五分二釐六毫。又五十五啚七十五號田一畝九分。又六十一啚五百十七號池三分一釐三毫，又五百十九號田一畝，又五百二十一號田二畝七分一釐五毫，又五百二十二號田六畝七分七釐三毫。又八十啚九十三號田一分五釐。又八十八啚一百七十五號田二畝四分六毫，又一百七十六號田三分七釐五毫，又一百八十號田八分一釐六毫，又三百九十一號田一畝四分五釐一毫，又三百九十七號田二畝五分四毫，又四百十二號田二畝一分五釐八毫。又九十啚一百五十八號田五畝一分。又九十一啚一百二十九號田五畝二分九釐，又七百九十四號田七畝一分六釐一毫，又池二分一釐五毫。又九十二啚五十七號田一畝二分五釐五毫，又六十二號田三畝二分，又六十三號田一畝八分三釐一毫，又七百九十二號田四畝六分六釐六毫。又九十四啚八百三十一號田六畝六分八釐四毫。又九十三啚四十一號田三畝，又五百三十一號田九畝。又九十八啚三百九十號田一畝八分五釐八毫。又一百啚七百二十七號田二畝二分五釐，又七百三十六號池一分五釐六毫。又一百二啚三百三十八號田二畝九分。二十保三啚一千一百十四號田一畝，又二千五百十七號田二畝。又共無號田十一畝。以上各啚共田一百八畝三分三釐一毫，池六分八釐四毫。又蕩田三團竈蕩義冢八畝，又義冢三畝，又義冢六畝，又蕩一塊,又竈蕩五畝,又二十號新漲沙一百七十五步。又二團竈蕩四畝,又二畝,又三畝。又四團蘆蕩二步,又竈蕩四畝三分。又六團竈蕩一畝,又六畝。以上各團共竈蕩二十五畝三分,義冢十七畝,蘆蕩一塊二步,漲沙一百七十五步。

屍場公費:知縣高長紳勸職員沈執慎、顧思恩等,捐錢二千串,存典生息,作爲屍場經費,以杜書役人等,遇有命案相驗,藉端需索,累及地主地鄰之弊。卷失,經刑書孫駿業默寫舊章備案。旋於同治八年,奉江蘇巡撫丁頒發定章,在本邑城隍廟勒石。

附同治六年知縣葉稟

敬稟者,竊長洲縣通稟禁革屍場使費及囑犯開花諸弊,籌款生息,以資飯食解費,請立案緣由。奉各憲札飭,體察情形,仿照辦理。伏查卑縣於咸豐二年,經高前令嚴行禁革屍場需索等弊,勸諭職員沈執慎、顧思恩等捐錢二千串,存典生息。仿照奉賢縣,詳定章程。遇有鬬毆自盡命案,應行相驗者,除官坐船自行發給外,每起提給錢二十千文,以爲隨從書差、船價及飯食之費。如在三里以内,陸路可達者,扣去船價十千文。其路斃浮屍,每起減半,給發飯食錢五千文,船價錢五千文。儻在三十里以外者,再加船錢二千文。遇案,並發(捐)〔掮〕牌示禁,不准再向地鄰需索。旋於咸豐三年八月,賊陷縣城。先經紳士顧祖金借提此項經費,募勇團練。迨收復後,據該董清理還款,置田一百畝,召佃承種,收取租息,以爲此項經費。嗣於咸豐十一年十二月,又遭賊擾卷失。復城後,經各前令暨卑職先後整頓,諭董循舊辦理。卑職因城内向有同善堂收取願捐,施送貧民棺木,是以將此項田租,并歸同善堂董事經理。每年租息除提給相驗命案屍場經費之外,如有盈餘,即以添備棺木。儻命案有死者貧乏,無以爲殮,及路斃無名男屍,亦即施棺殮埋,以杜累及地主地鄰之弊。惟屍場使費諸弊,已爲禁絕。而命盜解勘之案,應需解費,仍不可少,發本生息,實屬無款可籌。但爲地方除害,當不吝此。捐廉應由縣按年捐錢二百千文存庫,立簿登記。遇有解勘案件,應需解費若干,於(縣)〔點〕解時,當堂給發承領,並勒石大堂,俾使咸知積弊,可期永革。緣奉札,合將辦理情形,肅泐稟明,伏祈垂鑒。

附同治八年江蘇巡撫丁札

爲通飭事。照得地方相驗命案例,止許隨帶仵作一名、刑書一名、皁隸二名,一切夫馬飯食,俱自行備用,不許書役人等需索分文。乃訪聞蘇省,遇有命案相驗,隨帶書差、跟丁、人夫往往多至二三十人,輒向屍親、犯屬、地鄰索取屍場使費。甚且有望鄰、飛鄰名目,株連蔓引,比户驚惶,殊堪痛恨。夫以屍親含冤,凶犯議抵,爲小民至哀慘之事。乃書差等反因以爲利,竟欲雪上加霜。以居近鄰里,誼關戚族,實案外並無干涉之人,而若輩偏藉此誅求,大煽城門之火。在受者既吞聲而飲恨,在聞者亦扼腕而咨嗟。爲民父母之謂何?本部院參稽羣議,搜剔弊源,僉以爲欲禁書差之需索,必先優給書差之公用,尤應議減書差之人數。爰將下鄉相驗各項,逐條逐款,參酌定章。通飭各廳州縣,一律辦理,合行札飭。札到該縣,即便遵照,後開(革)〔章〕程。凡遇一應命案,下鄉相驗,務須輕輿減從。一切費用,照例自行捐給,由縣詳明立案。此後如有書差人等，藉端滋擾，索取屍場規費分文者，嚴行懲治，以甦民累。儻地方官不嚴行禁止，准受害之家，赴該管上司喊控，以憑分别參辦。仍一面全抄札文，并後開各條，出示曉諭，立碑城隍廟前，以期永杜弊端。限本年三月内，摹搨示式呈送。此係各州縣造福無疆之事，減一時之官樣，便減書差數十人之騷擾。分一勺之廉泉，便除小民數十家之拖累。各宜實心遵辦，以副厚望。切切。特札。

附城隍廟勒石新章

計開相驗項下：承行一名，每日飯食錢二百四十文。招房一名，每日飯食錢二百四十文。仵作一名，每日飯食錢四百文。皂快二名，每名日飯食錢一百八十文。行杖二名，每名日飯食錢一百四十文。以上隨帶書差，已照例定額量爲增加。不准於現定名數外，再有多帶，能減者更善。跟班二名，每名日飯食錢一百四十文。厨役一名，每日飯食錢一百四十文。轎夫四名，每名日飯食錢一百二十文。傘夫一名，每日飯食錢一百二十文。以上隨帶夫役，總共不得過十五名。地保伺候，每案給飯食錢五百文。土工每案飯食錢四百文。本官船每日錢一千文。書差轎傘船二隻，每隻日錢八百文。無船者，雇小車，每車每日錢四百文。搭屍廠給錢一千文。蘆席給錢二百二十四文。紅白布給錢一百四十文。燒酒給錢三百文。蒼朮、白芷給錢一百文。銀硃、筆墨給錢六十文。屍格給錢二百文。刑書招詳紙張錢八百文，招解案加二百文。招書辦稿，一切紙張錢三百文。如不招解，減半。代筆紙張錢二百文。以上隨帶書差、一切人等，飯食及各項費用，均由該廳、州、縣自行捐廉給發，不准向民間分派絲毫。

附同治十三年三月監生顧德沛禀

禀爲陳明措繳，求准核收事。竊生故父教職顧祖金，董理原捐屍場公費，所得租息，除支用外，餘存錢六百二十五千一百七十文。當經故父在日造册，報銷在案。伏查原捐屍場公費，存本二千串，後經故父提款置田一百畝，取租充費。緣念田有活産糾葛，租户不無疲玩。若仍提田歸公，恐多枝節，生情愿措繳原捐存本，以續前人樂輸之志。連前餘息錢，共應繳錢二千六百二十五千一百七十文。惟當此青黄不接，措資甚難，(免)〔勉〕力先繳洋七百元，餘容再趕緊設措清繳，不致延誤。爲此禀明，伏乞垂電。

附同治十三年五月顧德沛禀

禀爲遵諭清繳事。竊生前措繳屍場公費本錢，計洋七百元，核錢八百四十七千，備情呈繳，已奉飭發，經董具領，另存在案。尚應繳本息錢一千七百七十八千一百七十文，生現如數措足，交城董陶翼、陳爾賡，另行存典生息。外所有王前憲任内，奉飭先提(除)〔餘〕租一百八十千，存典起息。當時曾否提存，前禀因未聲明，致奉飭覆。遵查故父在日，並未將此項餘租存典。爲敢遵飭聲明，並將繳楚緣由禀報，伏祈垂電。

同治十三年五月，經董陶翼等，將顧德沛繳出屍場公費本錢二千串，存鄉典同(并)〔昇〕起息。又將繳出屍場公費息款錢六百二十五千一百七十文，存城典同和起息。嗣後，兩典本息錢均繳還。於光緒二年，置七團蕩田五十二畝，付契價錢一千串，作爲屍場經費恒産。又提出錢一千八百八(十)〔千〕文,償還賓興蕩地項下,唐董墊用墾田費,約餘存二百四十千文。

附光緒三年二月知縣顧思賢詳稿

禀爲據情詳請事。竊卑縣賓興項下,置有三團蘆蕩三百餘畝,由董經理,收租充費。後因産柴稀薄,承佃乏人,諭董唐堦領佃開墾,酌量增租。經羅前令列入章程通詳,並據董事唐堦先後禀明,陸續墾成熟地二百二十六畝零,墊用錢二千六百餘千,分次造報有案。嗣唐董病故,伊子文童唐勉善禀,請(造)〔退〕佃,給還墾本。並據文生奚培基等以原領翻墾之唐佃,浮冒墾費,覬覦公蕩,請定價集資,償還墾本控。奉各憲臺批飭,履勘明確,體察情形,明定墾費,妥議詳辦等因,並奉抄詞下縣,奉經諭董籌議。嗣據廪生黄炳奎等以此項公産,究以留地爲正辦,禀請核定墾費,飭董籌款給還,收地另召等情,當經卑職秉公核議,每畝酌償唐佃開墾工本錢八千文,照已墾熟地二百二十六畝零核算,共該還錢一千八百八千文。飭董籌款,俟給還歸墊,收地另召。業將酌償墾本,收地歸公緣由,詳覆憲鑒。並諭董籌議去後,兹據董事陶翼、陳爾賡、王晉堦禀稱,(覆)〔賓〕興蕩地墊用墾費,每畝酌定八千,共應償錢一千八百八千文。緣唐勉善因伊父墊資,半出挪借,賠利多年,不堪苦累,屢向催領,迄未籌給。今值歲暮,諸(償)〔債〕逼索,情形窘迫,再三商議,賓興存款無多,未便輕動。查屍場經費田畝,前據原董顧祖金之子德沛繳還錢二千串,存典生息,又歷年餘錢六百二十五千一百七十文,由董暫存。此款支用甚微,年有餘剩,曾奉金前廉諭,撥普濟充費。除十三年分生息,已撥普濟口糧外,至本年止,約又存錢四百餘千。典中營運爲難,屢欲將本繳還,似難添存。今春適有陶玉裕七團蕩地五十二畝覓售,董等議出時值價錢一千串,買作屍場經費恒産。先在餘息内,支給過錢二百四十千。此田召佃收租,歲約百千,已敷支用。其餘本息錢二千餘千,本係餘存、可以通融動(發)〔撥〕之款。普濟尚不過絀,似宜先其所急,擬請提出錢一千八百八千,撥歸賓興,以抵償還唐勉善墾本,即將蕩地收回,另召增租,尚有餘錢,仍歸屍場經費。如此移盈補缺,無非以公濟公,既于賓興實多裨益,即屍場經費亦無窒礙。而唐勉善藉得早領,償欠豁累,粘呈單契,求飭提給轉詳等情前來。據此卑職伏查,賓興蕩地初因柴稀乏佃,故議開墾,所有墊用工費,因籌款爲難,迄未定案給領。唐董之子文童唐勉善,爲債欠催索,連年苦累,屢次在縣(清)〔請〕領,情殊迫切。至屍場經費,用少存多,曾經卑前署縣金令諭董,除開支用款之外,餘撥普濟堂充費在案。今該董等以賓興存款無多,未便輕易提動,屍場支用甚微,普濟尚不過絀,請於屍場餘款内,提出錢一千八百八千,撥歸賓興,抵償墾費。原以本地公費所餘,移濟本地公款之用。且前三項公事,皆係該董等經理。所禀均屬實情,查無窒礙,似應俯如所請,分别提支,給還唐勉善歸墊,收地另召,免致糾轕煩牘,理合據情具文詳請,仰祈憲鑒,俯賜轉請批示(抵)〔祇〕遵,實爲公便。

養濟院,在城西北隅,知縣成汝舟建。西房屋四進,每進七間。東房屋四進,每進三間。頭門三間，建碑其中。計共四十三間。匪擾被毁，僅存東首一進，已極破壞。同治八年，知縣王其淦捐錢一百千文，飭董修整。

附養濟院殘碑記

□□□□□肯僻處海隅，自雍正四年分篆，初任虛白欽公經營草昧，粗創規模，(乞)〔迄〕今五十餘□□□□□君子因民之請，雖亦補苴罅漏□有興修建，(西)〔而〕革舊建新之際，仍不免顧此失彼，□□□□不足，或時使然也。予於辛卯歲承乏兹土。下車之始，閱歷鄉城，體制尚多未備，豈敢□□□□第從事黽皇戴星出入。初一二年，勞形案牘，刻無寧晷。嗣後，訟庭稍寂，政有餘閒，□□□□三紳士商酌緩急，次第舉行。崇□□□舉八蜡，巍焕丁壬之椽，經營石木之□。以至久淤水道，如閘港、蓮涇等河，亦皆矢公籌□□律深通。尤念吾民中煢煢無告、食息無□者，必思有以彌其憾，劑其平。隨有民人朱覲光□以官地歸公，詢之則曰："地在縣治西北隅。乾隆辛未，胡使君曾建養濟院其上，爲孤貧依棲之所。第措施未善，數弓矮屋，今已就(地)〔圮〕。"予履其地，計丈三畝五分九毫，闊十二丈六尺，南北進深十二丈四尺。於是更高其基址，擴其規□，建屋四十三間。屋總四進，列東西，西爲鰥寡所棲息，東復以安軍流到配之人，中分夾道，前後共出入，周繚以垣。統用銀七百二十一兩一分八釐，悉捐廉俸，無煩取諸閭閻，不匝月而工竣。詳憲立案，計垂永久。嗟乎！士大夫遊宦四方，撫循總總，慰安元元，斯其職也。今予夙夜□皇，痛小民之疾苦，而予以安全，非市德，非沽名也，實抱此區區不忍之心，而不欲稍萌旦夕〔苟〕安之計，是則予之志也。夫爰樂抒數言而爲之記。乾隆四十一年歲次丙申荷月上浣，晉陽成汝舟撰并書。

額設孤貧三十二名，口糧米在漕糧内編徵，柴布衣絮銀(杜)〔在〕地丁内編徵。每名大建月給米二斗三升八合五勺，銀一錢七釐七毫八絲强。小建月給米二斗三升五勺五杪，銀一錢四釐一毫八絲七忽强。由縣按月折錢放給。

額外孤貧，由縣捐給，無定額。現在十一名，每名大建月給口糧米二斗四升，小建月給米二斗三升二合。

格外孤貧，由縣捐給，無定額。現在一百七十八名，每名大建月給口糧米一斗五升，小建月給米一斗四升五合。

以上額外、格外孤貧口糧，由每年辦漕之員捐給，按月隨同額設孤貧，一體折錢給發。

普濟堂，普濟孤貧，於同治十三年，知縣金福曾具詳各憲增設。以五團丈出新漲草灘九十一頃九十五畝五分八釐歸入普濟，仍由原管之户承佃，分上、中、下三等取租，抵發口糧之用。額定大糧六十名，月給錢七百五十文，小糧四十名，月給錢三百五十文。不分大小建，由董經收經發，議章詳定有案。其堂尚未建設。

附詳稿

南匯縣爲詳請事。竊照養濟院，爲朝廷矜全無告窮民而設。恤米則征之額漕，柴布則編入條銀。而且遇閏有增，遇災不蠲，深恩厚澤，至優極渥，此誠發政施仁先及四煢之遺意。卑縣養濟院，按《賦役全書》載列，額設孤貧三十二名。每名每日給米七合九勺三杪，每名每年共給銀一兩二錢九分二釐零。歲共編征恤米九十一石五斗八升四合，又柴布銀四十一兩三錢六分。米照歷屆海運節省糶變之價，合計提出每石一兩，放給孤貧，其餘歸入節省解司，撥抵海運經費。統計全年放給孤貧銀米兩項例支，僅抵銀一百三十二兩九錢四分四釐。而卑縣每月折放正額三十二名，恤米柴布實需每名錢七百四十二文，每年共需錢二百八十四千有零。以之合計，已屬不敷。加以兵燹之後，流離失業，少壯者尚可謀生，而老弱殘廢、不能勤作之民，無衣無食，數實繁多。經卑前縣各令於正額之外，又增額外、格外兩項。額外每名日給米八合，月共折錢五百五十二文。格外每名日給米五合，月共折錢三百四十五文。陸續隨時添列，至今額外已有十三名，格外已增至一百八十五名之多。共計每年加給額外、格外孤貧錢八百五十二千有奇。稟府立案，統歸該年辦漕之員，於漕糧公費中酌提認捐，此卑縣歷年籌放孤貧口糧之情形也。惟四鄉年老貧黎，嗷嗷待哺，尚復不少。卑職每於月終點驗、(於)〔放〕給口糧之時節，據紛紛來縣求請給發，每期至少亦有數十名。而下鄉時，道旁呼籲訴苦求糧者，亦在所皆有。非老弱貧苦無依，即疲癃殘廢可憫，雖諭飭註册，俟有缺出，再行挨補，然出缺有限而待補無期，目擊心傷，實堪憫惻。格外、額外已多，若再增添，年復一年，數無限期。且捐貼過多，更恐不能行之久遠，轉致有名無實。卑職反覆籌思，國家之度支，例有常經，既不能請益於編征，而辦漕之羡餘，歲有豐儉，亦未便博施以濟衆。然海僻窮黎，同一失所，先報者已邀優恤，後到者挨補無期，委填溝壑，殊切向隅。必得另籌普濟之法，俾無告之民，同沾惠澤，庶可推廣皇仁，保全民命。卑職現與邑中紳士籌商，除養濟院正額及格外、額外，各孤貧仍照舊章，分别動支編款及漕餘，由縣辦理，毋庸更張外，現擬在城創立普濟堂，添設孤貧百名，仍由養濟院正額孤貧之例，按月給發口糧。所需經費，卑職查得卑縣清理勘丈沿海沙灘案内，除各團專案，另行(息)〔具〕詳請示外，查有五團草灘丈見九十七頃六十八畝五分六釐二毫五絲，係在該團四次歸公租課地畝之外，地形最低，潮汐往來，坍漲靡常，難以築圍開墾，歷久未能勘報。然卑職就近細加察訪，近潮處所生長蘆葦，除去斫樵工本，每畝歲可收息錢數十文及百文不等，歷年均爲洲保、蕩甲侵漁影射，甚至刁徒、沙棍各自覬覦，互相串訟，其得歸看守沙民樵斫，繳息充公者，不及十分之半。今就所丈而計，每年可收草息約及一千串，以之(發)〔撥〕充普濟經費，足敷贍養孤貧百名之額。每年如可盈餘，存典生息，積有成數，再行籌湊經費，建造堂屋，俾無依孤貧入堂棲止。且地既歸堂充公，專管有人，將來沙地漸次高阜，距潮較遠，即可由董另籌工本，仍歸向來看守樵斫，原户挑土築圍，逐漸培墾。惟(境)〔現〕在潮汐日到，坍漲無定，未便令其承買，應請暫免繳價，俟地土堅結，再由董籌款報勘，照章繳價承買，升科承課。如此辦理，即以海濱自然之利，普濟海隅窮苦之民，既可杜洲保、蕩甲之侵漁影射，又可息刁徒、沙棍之覬覦争訟。將來如可築圍，報陞國課，亦不致終久虚懸，一舉而數善備焉。是否可行,理合據實具詳憲鑒,業奉批准。

附章程

一,孤貧糧數應酌分輕重也。普濟堂額設孤貧百名,應分别極貧、次貧兩等。上等大糧,定額六十名,每名每月給錢七百五十文。次等小糧,定額四十名,每名每月給錢三百五十文。不分大小建,一律照給。應查明實在瞽目、殘疾、癱廢、年老、極貧無依者,准支食(火)〔大〕糧。其餘年老、貧苦無依者,歸入小糧。此外雖係年老殘疾,查有親戚可靠,並非實在無依者,概不准入額冒領,以杜浮濫。

一,發糧應對驗腰牌也。凡有孤貧,呈報到堂,由董照章確查,實係殘廢、年老、貧苦無依者,無論男女,均准註册,分别等次。如有病故缺出,酌補入額。請(懸)〔縣〕驗明,然後給發腰牌,將姓名、年歲、住處、何項殘疾,逐一註明,牌内加蓋縣印,一面編刊年月。該孤貧即於每月二十八日午後,持赴邑廟,呈驗領糧。經發董事,應按照牌内註明各項,驗對相符,再行給糧。並於背面年月項,加蓋已發紅戳,以杜頂替、冒領、重領之弊。一年之後,仍將腰牌繳銷,倒换新牌。如有遺失,由董禀縣備案補給。下期臨點時,如有重牌,應即將人牌扣除,送縣查究,以杜重複冒領。

一,病故應時常稽察也。查年老、殘廢、無依、孤貧,現無堂屋收養,散處四方,應由董事隨時查察。如有病故者,應知照善堂,給發棺木一具,瘞埋錢三百文,在於義冢公地埋葬。掘坑必以三尺爲度,不許淺埋暴露,亦不得折發錢文,致令經手者從中短扣。一面吊銷腰牌(方)〔另〕,補以杜頂替冒領。

一,放糧應準定日時也。現在養濟、普濟,相(附)〔輔〕並行。養濟仍由官動支編捐給發,普濟由董經收蕩息查放。所恐兩處冒領,除由縣、由董分院分堂,逐一查察,(外)〔有〕無重複外,嗣後準定每月二十八日午後,縣中放養濟院口糧時,廟中即放普濟堂口糧,同時並發,既免傳唤之繁、又杜重領之弊。

一,經費應按年造報也。普濟堂應收沙田租息及常年放給口糧,若由縣經理,恐胥役侵收尅扣,應由董經收經放,較爲核實。惟口糧從本年四月分給起,而收租須在八月,每年應由董籌墊四箇月口糧。現議收起租息,除歸墊外,將通年應給口糧,交殷實各董分存,逐月提給。如有餘錢,存典生息。在事經董,薪水無須開支,逐月放糧。及每届盤收租錢,歸同善堂司事兼管,歲貼辛資錢十二千文。每年從九月起,催收租息應給辛工,擬每千酌提錢五十文。凡八月内,佃户自赴完租者,每千減讓錢五十文,於收租票内加蓋紅戳爲憑,無庸另給催租辛工。如此則佃户之急公疲玩,既有區别,辛工亦無浮費。每届年底,由董將給過口糧及雜用各款,收起租息,造册呈縣,核明轉報,並榜示通衢,以昭核實。仍俟餘錢存典,積有成數,或凑撥别款,届時再行籌建堂屋,以期擴充備美。至本年承種佃户,應出頂首,現據董議,查照租額,酌收一半作爲頂首,以示體恤。現在刊照造册,各項經費,應准該董等,即於頂首項下核實支銷,俾免賠累。

一,孤貧頭應裁汰也。查向來養濟院孤貧設立孤貧頭,專爲傳諭領糧,稽查病故,稟報稽免，不假胥役之手，另於孤貧中選充。立法本爲杜弊起見，乃積久弊生，傳領則需索茶酒，病故則隱匿不報，甚至頂名冒領，尅扣散給。若輩伎倆，往往如此。本邑養濟舊設孤貧頭，訪查尚無此等情弊。然普濟堂自可無須設此名目，孤貧口糧，應與養濟同日給發。定於每月二十八日午後，在城隍廟齊集放給。即風雨之日，亦不改期。由各該孤貧届期持牌，自行赴廟請領。如有病故，應由董稽察查報，不准另設孤貧頭名目，以杜把持流弊。

附董事陶翼等稟

爲造册呈核並請示遵事。竊五團新漲沙地，奉詳准歸普濟堂收租充費，飭造號户、租息細册，取(其)〔具〕認結，呈候通送立案等因，職等會同丈量書，按甲造號，逐細丈明，對准原丈總數，查清原户畝分，繪造魚鱗坵形，號領户領細册，以爲根據。共計丈見九千七百八十六畝五分六釐四毫，内擬留出作路五百九十畝九分八釐四毫，實可召佃九千一百九十五畝三分八釐。惟查漲沙本尚瘠薄，猶有高下不同，因於細丈之時，留心察看，分爲上中下三等。應收租息，酌議上等每畝錢一百五文，中等每畝八十四文，下等每畝五十二文五毫。(六)〔共〕該錢八百四十四千三百五十三文，内八百四千一百四十六文爲正租，其餘四十千二百七文，核隨正每千五十文，抵作催租辛工。如佃户依限自來完納，毋須催收者，每千減讓五十文，掣照時，加蓋紅戳爲憑。所減之錢，即係所減辛工。佃户既知踴躍，早完正租，仍不動及。爲此將各册繕正齊全，並造佃户租額清册稟呈，伏乞電鑒，祈將佃户租額抄列曉示、深爲公便。

育嬰堂，即向之接嬰堂，道光二十二年，知縣蕭翀飭陶桂芳建。在城内荷花塢、知止庵。房屋兩進，共十一間。同治十一年，知縣羅嘉杰設法整頓，創改育嬰。參酌省城及桐鄉章程，擬定規條，詳準(杜)〔在〕案。諭董王晉堦、陳爾賡等辦理。

附章程三十二則

一，寄養之法。堂中設立收嬰册一本，以千字文編號。如有貧户無力撫養，經人明送至堂者，堂中司事問明原抱人住居、姓名、嬰孩生辰，驗明顔色、髮螺左右(編)〔偏〕正、手指箕斗、有無疤痣，及父母、伯叔兄弟住址，一并註明册内，以便稽查。即本生父母，將來亦可查明領回。

一，嬰兒有路旁檢送，或夜間棄擲門外者，無從稽查，先於神座前，設一竹筒，内籤百枝，分書百家姓氏。遇有嬰兒，即於座前虔卜，(袖)〔抽〕得(其)〔某〕籤，即爲某姓。其年庚，即以進堂之時，作爲生年月日。至於命名，男女各先定一字排行，臨時董事擬取，男名上一字取廣字排，女名下一字取生字排。

一，堂中延請司事一人，專司帳目。又察嬰兩人，專管查察寄養嬰孩。每人每月薪水，格外優給。以冀激發善心，盡力經管。如有弊竇，察出辭退。

一，堂中新定寄養乳婦，預於開堂收養前，設法羅致。貧户有乳之婦，願領堂嬰者，到堂報明住居、姓名，夫男作何生理，查驗乳汁濃淡，登記乳婦册内。遇有棄嬰收下,司事(母乳)〔分别〕嬰孩之大小,配乳汁之濃淡,令堂役抱送寄養。於收嬰册内,註明該嬰於何年何月何日寄於某處,某婦領養,以免朦混。

一,堂中雇用堂役一名,聽差及抱送寄嬰。每月酌定工食,月終給發。不准多支,並不准預支。

一,嬰孩抱送到堂,適在深夜,或大雨大雪之日,而乳婦散居四處,不及抱送於外。應先於堂中之接嬰所,或附近鄰居,雇定乳婦一人,住下接乳,勿使嬰孩凍餒。俟次日,再行寄養於外。

一,寄養嬰孩,每口給發腰牌一面,載明號數、題取名字、箕斗髮旋,發領養之婦收執。按期到堂對册,支領工食。

一,嬰孩或有遠鄉攜負,或歷星夜風霜,或片縷未著肌膚,或忍飢已更信宿,司事收嬰之時,務宜細細察看是否殘廢,有無病痛,能否吸乳,詳細註册。抱送乳婦領養,以備稽查。庶免乳婦領養不力,藉口諉卸之弊。

〔一〕,每乳婦寄領一嬰,月給工食錢一千二百文。每月分朔、望兩期,由董督同司事,(食)〔令〕乳婦來堂驗牌,按名給發。其在堂(按)〔接〕嬰之乳婦,工食照發。

一,堂内應預備毛衫、單裙、肚兜、夾襖、夾裙、棉襖、棉褲、夾抱裙、棉抱裙、夾棉鞋襪、帽子、尿布、坐車、兒籃、草窠等件,以便隨時給發。

一,所定領嬰乳婦,如有住居城外者,總以附郭六里爲限。其住居六里以外者,一概不准領養,以便司事隨時查察,遠則照管不周。

一,派專司察嬰兩人。分城内、城外東西南北,按日輪流往查,察看所寄嬰孩之肥瘠。如有不善撫養,以及乳汁乾竭者,即調寄别婦領養。所給嬰孩衣物,令其交出。

一,乳婦性情懶惰,漠視嬰兒,無故打罵,或不留心,常時跌碰,以致損傷,或成殘廢,不論有心、無心,概行更换,不可徇私。

一,(鑒)〔嬰〕孩種痘,最關(縻)〔緊〕要。每年於二、三月間,由堂延定痘科,下苗種痘,或種牛痘。種後司事逐日往看,一切由堂備辦,須先諭令乳婦必須格外留心,以保嬰命。另賞乳婦錢五百文,以作酬勞。

一,堂中常年訂定兒科、外科、驚科,先與言明每次看封一百文,由堂發聯單邀請。遇有嬰兒患病,應由乳婦到堂報明何症,即請聯票往請何醫診治,後遣堂役往取藥方,對藥送交乳婦,另給炭火錢文。

一,乳婦設遇所哺之嬰夭殤,查得别無疑竇,與本婦無干。該婦向能善視嬰兒者,由董事記名,俟有新收之嬰,再行派發領養。

一,凡嬰兒服藥,最是難事。恐乳婦厭其哭鬧,不肯耐煩灌服。司事當格外留心查察,以昭慎重。

一,乳婦領養一嬰,所有一切零用,如瘡藥、松花、六一散、剃頭等錢,俱由堂中給付,不在一千二百文之内。

一,(疫)〔痧〕藥、紅靈丹、抱龍丸、驚藥、瘡藥、膏藥、天中茶、(葉)〔紫〕金錠以及藥料之貴重者,常年由堂預備應用。

一,嬰孩病故,乳婦即報明堂内,由司事帶同堂役,置買嬰匣石灰收殮,掩埋義冢并地。仍於收養册内註明,該嬰於某年某月某日病故,開除收回腰牌。

一,嬰孩斷乳以歲半爲限,計滿十八箇月。然須視小兒强壯無疾、能飯食者,方可斷乳。倘病弱不能飯食,應予轉限。再凡斷乳之嬰,不離乳所,必害乳癆,應更調别婦撫養。過二三月後,俟其伏貼無病,再交原乳婦領養。

一,嬰兒無論大小,有願領男作子嗣,領女作養媳者,赴堂報明住址、生業,董事稽查來歷清楚,取具身家清白,不致凌虐甘結及圩甲保結,方可准領。其尚在乳哺之嬰,有人願領爲子媳,自行乳哺者,每月貼錢五百文。每月朔日,來堂看驗一次,給糕錢二十文。以十箇月爲滿,准其作爲己出,即由堂中給予執照,蓋用縣印,庶日後不致以異姓(家)〔亂〕宗爲(嗣)〔詞〕,驅逐失所。領照之時,堂中不准需索分文。若僧尼、道士、賭棍、娼家以及蹤跡可疑之人,概不准領。如有領去之後,貪利掠賣,一經查出,送縣嚴懲。

一,男孩除人願領撫育外,其餘養至七歲,由堂就近領進義學讀書,書籍紙筆送交塾師管理,冬夏衣服由堂送給。讀至十三歲,除材可上進,堂中按年管領衣食,至十六歲成丁後,令其自給外,餘各量其材,或薦學手藝,或雇工服役,妥爲安置。均將何年月日,何人引薦,何師教習,詳細註册。並取中保的證甘結二分,一分呈縣,一分留堂。

一,殘疾男嬰養至十三歲,准人領去學習星卜、卦算等業,亦報明姓名、籍貫、住址、生業,取具本人及房族鄰保甘結,給予執照一紙,以杜冒認。自領之後,每月朔、望,師徒到堂一驗,每驗給錢二百文。驗以五箇月爲止,錢以一千文爲率。如有不善教養者,不准給錢。其餘殘疾女嬰,養至十三歲,如無人領去及難以配偶者,(發)〔撥〕入養濟院以養餘生。

一,女嬰除人願領撫育外,其餘養至八歲,著乳婦教其紡織縫紉。至十三歲,確訪妥人擇配,取(其)〔具〕本人身家清白及鄰保甘結(一)〔二〕分存案,註銷檔册。

一,嬰兒既由本生父母送堂,發交乳婦領養,凡親族不得再往探看。設有疾病夭殤,或經他人領去者,一概不准與問。如未經他人領去,本生父母願領回自養者,准其赴堂報明,稽查確實,由司事同往乳婦處,准其領去。

一,查驗爲育嬰要事。凡每月朔、望兩日,放給工錢,應令乳婦將所領嬰孩,抱堂查驗。届期,由董事稟明,由縣親自到堂點名給發,或委捕廳代點,察嬰兒之肥瘠,驗乳哺之勤惰,定賞罰以爲勸懲。如有小兒本屬多病,該乳婦盡心撫養,漸見愈好者,亦有小兒本屬茁壯,乳婦調養失宜,漸致消瘦者,非臨時所能猝定。惟一月之内,由董事詳審驗看數次,庶嬰兒稔識有素,乳婦勤惰無從遮飾。如有盡心撫養,嬰兒日益强壯者,明晰開單,届期呈縣,驗確給賞。其有乳哺失宜嬰兒瘦病者,即换人管領。

一,堂中董事,不支薪水,亦不供膳。責任稽查,務以堂事當自己家事,嬰兒當自己子女,愛惜人役如自己奴婢,防範費用如自己錢財節省,實心實力,與司事和衷共濟。切不可心存畛域,各執己見,亦弗遇事勿言,背後彼此譏議。月終將一切出入帳目結算,年終開册造報,以昭慎重。

一,堂中所供神龕,每遇朔望,虔誠祀禱拈香,以保嬰兒平安。

一,堂中經費現在本縣籌撥草息錢一千串,開辦寄養,誠恐經費不敷。查向來由縣於辦漕公費中,每石原提郡城育嬰堂錢五文、本城接嬰堂錢五文,錢糧公費每兩又提郡城育嬰堂錢五文,每歲由縣共發錢八百四十千文。今本邑既設育嬰堂,毋須抱送松郡代育,此項撥款詳明,統歸該堂支用,設立印簿,由董或按月呈簿請發,當堂領取,不經書吏之手,以杜弊混。其續開各典月捐,亦可酌撥。此外再行勸諭好善紳士,慷慨助捐,逐漸推廣,以成善舉。

一,堂中所撥經費及勸集捐貲,酌提若干,即寄存典鋪,立摺支取。或生息濟用,或置辦(布)〔市〕房田産,庶幾源遠流長,可大可久。官紳董事,不得以他項善舉挪用,並不准分文借擾。如有狥情,公同議罰。

一,設立嬰堂,係屬地方最要善舉。儻有書役以使費爲名,來堂需索分文,許董事立即稟究,切弗畏事,致滋繁費而開弊端。

捐款:同治十二年二月,知縣羅嘉杰撥捐錢一千千文,分存各典,常年一分二釐生息,逢閏加算。

提款:同治十二年八月,知縣金福曾詳請將本邑錢漕内,原提捐錢十七文,郡縣育嬰堂各半分支。計漕糧内每石提捐十文,郡嬰五文,縣嬰五文;錢糧内每兩提捐五文,郡嬰二文五毫,縣嬰二文五毫。其經書辛工内酌提二文,現撥修府城隍廟。工竣後,仍歸郡縣育嬰各支一文,蒙府批準在案。

房租:同治十二年,絶買王光裕房屋兩進共計十間,坐落西門吕祖殿之南首。計絶價銀七百千文,由堂召租。

田畝細數:十九保七十一啚十四號下則田六畝六分七釐八毫,又准田五釐七毫。又一百十四號下田二畝七分四毫,又准田一釐七毫。又一百二十二號下田七分五釐,又准田五毫。又一百二十六號下田三畝三分一釐七毫,又准田二釐三毫。又一百二十五號下田三畝四分九釐三毫,又准田一釐九毫。又一百四十一號下田四畝五分一毫。又一百四十號下田九畝一分八釐三毫,又准田一分一釐七毫。又一百三十九號下田三畝四分五釐六毫,又准田一釐四毫。又一百四十四號下田一畝六分五釐四毫,又准田三釐四毫。又一百四十五號下田一畝二分六釐四毫。又一百四十六號下田三畝一分五釐一毫,又准田四釐三毫。又一百五十五號下田一畝四分二釐八毫。又一百五十九號下田二畝。又一百六十二號下田三畝七分三釐四毫,又准田四釐四毫。又一百六十一號下田二畝九分六釐一毫。又一百六十七號下田二畝一釐六毫,又准田三釐一毫。又一百七十一號下田二畝五分八釐八毫,又准田一釐四毫。又一百八十一號下田五畝三分九釐四毫。又六百四十號下田十九畝九分二釐三毫。又六百四十一號下田八分。又一百二十八號下田一畝(九)〔二〕分八釐(九)〔三〕毫。又九十二啚十一號下田一畝九分八釐九毫,又十二號下田五畝,又二十二號下田一畝二分七釐九毫,又二十七號下田一畝九分,又二十九號下田七畝七分九釐一毫。又五十四啚二百九十三號池一畝,又二百九十四號下田十二畝六分八釐五毫,又二百九十五號池三分六釐一毫,又二百九十六號池四分六釐。又九十三啚四百二十號下田二畝四分三釐八毫,又五百八十七號下田三畝六分二釐二毫。又九十一啚二百三十三號下田三畝八分八釐。又二十六啚三百七十一號下田九分。以上各啚共田一百二十二畝一分八釐,又池一畝八分二釐一毫。又蕩田一團竈蕩三畝。二團竈蕩八畝，又三畝。三團竈蕩三畝，又一畝，又四畝，又六畝。四團竈蕩一畝五分，又五畝五分，又二畝。以上各團共田三十七畝。

本城惜字局，在荷花塢西偏。向設惜字總局，建有大字藏一座，污字淫書字藏二座。匪擾後未毁。同治六年，董事陶翼等集議章程，仍舊辦理。其經費由董事及善姓認輸，月捐常愿，每一愿五十文，刊刷收條，按月支取。

卹嫠局，在南門大街西首。同治年間，歷經前後任知縣捐廉倡率，并諭董勸集各紳富捐款，即向之長春堂吴氏故宅。餘房基址，裝修創造。

頭門，川堂，廳樓上下六間，大廳三間，廳次左側樓上下二間，北側樓上下六間，廳次右側樓上下二間，厨房平屋二間，廳後川堂，走廊五間，號舍上下樓房二十間，茶房一披間，坑厠二披間，山牆十九丈五尺，圍牆、腰牆共六十丈八尺有奇，外頭門一間。

附知縣王其淦通禀

敬禀者，竊惟發政施仁必先鰥寡孤獨，故律著收養之典，俾窮黎咸獲生全。而四煢之中，寡婦一項，情形更苦，尤堪矜憫。前蒙憲臺諄諄札飭，勸辦卹嫠，祇因經費難籌，迄無成議。卑前縣陳令於卸篆之前，雖曾捐錢五百千文，發商生息，而一年得利僅止七十餘緡，杯水車薪，仍無濟事。卑職到任以來，每晤紳董，無不反覆籌商，再三規度，既求拯濟之方，復圖久長之策。因知卑邑每年四月，必須由縣採買紙草花朵，逢人分散，名爲賞花。四鄉婦女，紛紛來領，不特拋荒事業，耗廢資財，無適於用，抑且成羣結隊，擦背摩肩，有傷風化。而綜計所費，不下二三百千。是項用度，均須官爲捐備。再四思維，與其供無益之虚糜，何如充未成之善舉？卑職(逐)〔遂〕令紳董陶翼等一同倡議，廣爲開導，即從本年爲止，將賞花舊習永遠革除。就以所省之錢，移作卹嫠經費，竟以三百千之數定爲常額。每年四月，由董赴縣具領。似此挹彼注兹，量爲轉移，便覺事有就緒，兼可振新風俗。第每年所入，尚不及四百千文，還須設法勸捐，藉資衆力，以冀日漸廣博。卑職故又捐廉一百千，首先倡率，陶翼、葉爲璋、唐堦、蘇學海、陳爾賡、朱世澤、陶冀、盛以德等，亦各有心爲善，同願解囊，或助田産，或捐錢文。并據采訪上海果(有)〔育〕堂成式，仍就本邑所宜，擬具條款，呈送卑職，公同酌核，事均可行。擬暫附同善堂内，即從十月爲始，先就孀嫠查報，然必須實在守節之人，方准散給。每名每月年在四十歲以内極貧，放錢七百文，次貧放錢六百文。四十歲以上極貧，放錢五百文，次貧放錢四百文。如有子女，酌量加給。一面印發捐簿，出示勸諭。此後視捐數之多寡，量力推廣。儻有已食孤貧口糧者，不准重領。如果願退貧糧而就於卹嫠，核與章程相符，仍聽其便。庶於周卹之中，復杜冒濫之弊。至無告窮黎，往往有連安身之所并無著落者，更應覓一寬曠之處爲住宿。兹查有舊時入官之長春堂房屋一所，共屋三十餘間，兵燹以後，雖已殘破，尚未全毁。近年以來，本爲縣丞公寓。今該縣丞既須移駐泥城，是屋别無所用，儘可撥入同善堂内，由董等籌款修整，分定間數，編明字號，以供衆嫠棲息。屋後又有場基一方，地面亦尚寬展。苟經費充裕，猶可添建房舍，視各婦年紀老少，酌分内外。設有舊族孀寡，不肯逐隊露面寄宿堂内，由董查明，准其在家就食。若是，則規模粗具，便無中輟之虞。再加緝理，自必益臻周妥矣。卑職謬權斯邦，責無旁貸，總當隨時講究，必期盡善盡美，以仰副大人矜孤恤寡，諄諄告誡之至意。惟目下甫經開辦，事多草創。除將來有應斟酌損益之處，再行具禀辦理外，合將現辦卹嫠緣由，録各條款示式肅，先禀呈，是否有當，伏乞訓示祇遵，謹禀。同治八年九月十七日。

附續議卹嫠章程

一，南邑創辦卹嫠，專爲貧寒婦女保節全貞，當將歸公房屋修（正）〔整〕，設局辦理。如有守節窮嫠、孀居寡婦無親族可依，及雖有親族而無力資助者，均准告知保鄰，赴局具保，報明姓氏、年歲、住址、守節年，明白司事復查確實，入册填牌，給資贍養。其有子姪可靠，或自能苦度以及在外傭工者，一概不准濫給。

一，應給貧嫠膳錢，編定"食檗茹荼"四字爲次。年在四十以内極貧，列食字號，每月給錢七百文。次貧列檗字號，月給錢六百文。四十歲以上極貧，月給錢五百文。次貧月給錢四百文，分編茹、荼二字。如青年嫠婦中子女較多，年皆幼穉，十分貧苦，二孩以上，照本婦之數，加給半名，四孩以上，加給一名。

一，未婚之女，因夫夭亡，情愿守貞而貧苦無依者，照極貧嫠婦，（升）〔月〕給錢七百文，以示優卹。

一，學中已故生員，遺有寡妻弱息，因貧難度，尤當格外周卹。議由鄰保禀學轉咨，另列儒嫠名目，以"敬節恤孤"四字編次。照貧嫠一律分爲四等外，子女在十六歲以内，亦准減半給發。其子如有志業儒，現在城鄉俱立義塾，即可送入讀書，毋庸另貼修金。

一，儒嫠、貧嫠、貞女，由董查明入額，給牌收執。其錢按月望日，持牌來領。常年於四、八、十二月三次，遵照通飭憲章，請官會董照驗給發。所執之牌，於年終倒换，以昭慎重。

一，嫠婦、貞女，除月給錢外，年終加給年米錢三百文，清明加給祭掃費錢三百文，以慰苦衷。其棉衣、暑藥，暫由同善堂提給。

一，給資嫠婦，一經有子成立，即行停給，用示限制。不然則積久數多，經費不支。續有貧嫠，不能沾惠。如遇病故，並著親族里鄰報明。無力殮埋，應由同善堂分别給棺代葬，本局仍助喪費錢七百文。原給之牌，繳還扣除。（仍）〔儻〕敢隱匿，或私頂冒領，查出究懲。

一，南邑孤貧口糧，有正額、額外、格外三項名目。額數較多，男婦皆有贍老一項，毋須另辦。惟本局經費充裕之後，如有合例寡婦，願退貧糧，改領卹錢，應聽其便。儻已領卹錢，而復食貧糧，應請扣除，以杜重複，而免偏枯之弊。

一，現額驟難議定，祇就歲息多寡，酌定名數。足額之後，續有報到，應即查明，註册存記，俟有缺出，或捐數增添，再行展額，挨次補給。其實急不能緩者，酌量周濟。

一，嫠婦、貞女之中，日後查明年例合符者，由董彙册禀縣，詳請旌表，以彰苦節而勵風化。

一，卹嫠爲善政之大端，務宜日漸推廣。現在經費無多，尚須籌勸。集有成數，或置田産，或存公典，祇取租息(祇)〔抵〕用，方克垂諸久遠。凡我同人，尤須實心實力，秉公辦理，不得狥情浮濫。每届年終，將放支各數專款，逐細造册報銷，列榜張示，仍俟費裕刊録分送，用(照)〔昭〕徵信。

一，是舉甫經創辦，零星用款，諸從節省。所需帳簿、刊牌、紙工、煙茶等項，議由董事唐堦、陳爾賡捐備，示諭詳辦。一切紙筆、辛工、案書亦願捐辦。所有捐錢生息，盡歸實用，不准别項支取分文，藉節虚糜而杜隱射。日後經費充裕，推廣收養，再行妥議辦理。

附知縣金福曾通詳稿

爲申報工竣並造圖册事。竊照卑縣辦理卹嫠，籌議展額，添建號舍，以備留養一案，當經卑前縣羅令禀，奉各憲批飭，卑職督董趕造，工竣核實造報等因，下縣奉此遵經，諭董督匠如(立)〔式〕修建，工竣禀報驗收，並飭妥議規條呈送去後。兹據董事王晉堦、陶翼等禀稱，本邑添建卹嫠局號舍，本可早日竟工，緣所勸之捐，繳數零星，購買物料，所費不支，以致工程不能迅速。且此次工料，由董等前在各處，自行挑選，往返採買，是以時日稍稽。現已一律工竣，共計添建朝南號房上下十間，朝東號房上下十間，厨房兩間，裏頭門一間，穿堂兩間，走廊九架，四周圍牆，以及修整外頭門，裝立栅門，添備門窗，加高舊牆等項，並添買地基格外撙節，統共支用工料錢三千九百八十八千五百九十文，均係實用實銷，並無絲毫浮冒。開具工料細册，繪具圖説，禀請驗明轉報。並聲明已收捐錢三千十二千零，尚有未收錢一千八百餘千，不敷工料，暫爲措墊。其餘應用物件，亦未備齊。應請催繳濟用等情前來。卑職當赴該局，逐一查驗，均與册造相符，一律如式完固。委係工堅料實，並無草率偷減。即將册造各數，飭承照録，榜示局前，以昭信實。除諭董將留養規條妥議，呈送核轉，並催未繳之捐，收齊歸墊，飭取匠頭保(關)〔固〕切結附卷外，合將添建卹嫠局號舍，工竣緣由，繪造圖册，具文申報，仰祈憲臺鑒核。同治十三年正月二十六日。

附留養規條

一，本邑向無卹嫠之舉，前邑侯陳建議倡捐，各前廉分(俸)〔墊〕籌款，於同治八年創行。以入官房屋，請作公所。分别儒嫠貧嫠，編號給糧。額數則量費之所入，次第加增。惟欲保貞操，終宜内卹，故遵諭勸捐建房，參仿郡城全節堂章程，議辦留養。

一，堂屋在本城南門，原止兩進，後有餘地，圍以牆垣，添建號舍。對南樓房上下十間，對東樓房上下十間，爲内堂。中間留作起居外，其餘十六間，以“柏舟矢志，古井盟心。松筠勁節，金石堅貞”編號，每號可住四人。

一，堂中常費有限，外卹口糧尚係量入爲出，留養額數難以預(支)〔定〕。現在先行開辦，尚須設法籌(收)〔款〕。所望好善殷富，解囊捐助，庶幾經費有資，得以推廣。

一，收養節婦，諸宜慎重。號舍外面，設立總門，内外加鎖，旁置轉桶，内設木梆，外設雲板，以便敲擊相聞，傳遞物件。

一，總門外設立帳房，(僨)〔倩〕老成司事經理堂務。凡外鑰啓閉出入，歸一人掌管稽查。並雇年老工人，專司總門外傳送飲食，并供節婦買物之役。買回，眼同司事遞進。内堂用老婦，專司内鑰，并一切服役。均不准擅自出入。

一，此舉原爲保全節操而設。專留青年嫠婦，固爲正規。其夫故在三十歲以外，雖已不合旌例，而有志來堂，又不能不曲體以勉勵之。故議凡守節在三十五歲以内、現年四十歲以内者，均准入堂。未嫁夫亡，不愿改適之貞女，年歲相符者，一體留養。此外一概不准。

一，節婦應在留養，而有夫黨、母黨可依，不願入堂，實係貧寒者，仍從外卹。

一，節婦情愿入堂，報明本堂司事確查，果合留養清規，須保人及該氏出具切結，然後入堂。儻入堂後，不耐羈苦，勢難勉留，仍須原保具領。其切結領紙，年終彙呈縣案。

一，節婦(大)〔夫〕故須過百日，若有遺腹，俟生産满月，方准入堂。其未入堂之前，先照外卹給糧。

一，節婦入堂後，惟至親方准探望。在總栅門外，隔牖相見。或有饋送食物者，必交司事驗明，著雇工送入轉桶，不容私授。

一，節婦入堂時，先將夫(冢)〔家〕墳地墓址，告知司事註册。清節前後，由堂備舟輿，准其分日掃墓，給發錠帛。自備者聽。其節婦於各節自備菜蔬，致祭翁姑故夫者，准在堂内設享。

一，内堂檯櫈什物，一應備齊，零星器用，隨時酌添，不使缺乏。榠榻每人一隻。節婦中，有傢伙衣服帶入，聽其自便。如無衣被者，由堂各給棉被褥一套，單被一條，枕一箇，帳一頂。冬給棉襖褲一副，單布裙一條。夏給夏衫裙褲一副，草蓆一條。俱四年一换。春秋給單布衫褲一副，二年一换。子女同。

一，節婦在堂，宜勤女工。其原習紡織者，必有向用紡車，應各自帶入。惟布機、軋車，可以共用，且以粗重之件，由堂置備。如無資本，應酌給一次。凡針黹、布疋所出，皆歸本婦收用。買賣出入，必由司事驗明，並查察雇工侵尅之弊。

一，節婦既有工作所出，可支零用，無須月費。或患病時醫藥之外，更有所需，或帶有子女，不免工作少而需用多，應隨時酌給。

一，節婦一日三餐，每月兩大葷，四小葷，餘俱隨常素菜。逢節四餚，年節六餚，六人一桌。

一，總門以内，於披屋中，設一小厨房，以便茶水、湯藥之用。其飯食，由外厨房送進。

一，内堂女司事難於延請，先就節婦中，擇年齒稍長明白嫻静者，暫爲照料。各節婦在堂，宜循分和睦，相讓相卹。如有恃性搆隙，致生是非，隨時善爲勸誡。三次不悛，告知司事，即著原保領出，以肅清規。

一，節婦子女攜帶在堂者，男則八歲送義塾讀書。十二歲以内，辰出到學，申入依母。至十三歲，另在外堂歇宿，不能仍住内堂。其質地平常者，由堂量才送業。女則隨母教習女工，不准出外閑遊。及笄時，聽伊母及親族自行擇配。或有廢疾，難以習業遣嫁，妥爲安置，勿使失所。

一，節婦有子成立，或夫族及女壻有力迎養者，俱准出堂，仍須取具領結。

一，節婦患病，堂中延醫看治，藥餌、柴炭由堂買給。如病勢沉重，自愿出堂，或親族愿邀還家，侍奉湯藥者，准其出堂。尋常小病，本堂自有醫藥，不在此例。所帶母姑子女有病，一體醫治給藥。

一，節婦在堂身故，由堂成殮，配葬夫墓。如有親族有力愿領，聽其領葬。無力者，酌給葬費。或夫亦未葬，並無墳地，由堂擇地埋之。其節婦之母姑子女，在堂病故，一體殮埋。

一，節婦故後，遺有在堂子女，派無子女之節婦，帶領撫育，酌貼零用。母姑無人領養者，改歸普濟堂給糧。

一，本堂留養及外䘏嫠婦，守節年歲合例者，采訪事實，將來彙請旌表。歿後製位，送入節孝祠，以彰潛德。

一，本堂董事不支薪水，所倩司事及雇工、厨夫、内堂工婦，均酌給辛工，董事輪流到堂稽查。如司事經理不善，雇工、男婦怠忽生事，撤退另换。

一，堂中留養經費，連外䘏口糧一切收支細款，年終造報榜(止)〔示〕。費裕，再刊《徵信録》分送。

附外䘏規條

一，本邑前創䘏嫠，原有議定規條。開辦留養之後，嫠婦不入堂者，仍歸外䘏。斟酌舊章，分晰增改重定，期歸盡善。

一，嫠婦貧苦無依，准其告知保鄰，赴堂具保，報明姓氏、(年)年歲、住址、故夫名字、守節年分、有無翁姑子女，由司事復查確實。照章應在外䘏，或合留養而不愿入堂者，即註入外䘏册内，聽候給糧。

一，報到嫠婦，或將年歲以大改小，察看年貌不符，或擡前守節年分，多所捏飾，查出均不准䘏。若查係窮困，實年尚在應䘏之列，仍照現年登册。

一，貧婦膳資，編“食檗茹荼”四字爲號。食字月給錢七百文，檗字六百文，茹字五百文，荼字四百文。

一，極貧嫠婦，現年三十歲以内，入食字號。三十五歲以内，入檗字號。守節在三十五歲以内，現年四十以内，入茹字號。次貧則遞降一等。守節雖在三十五歲以内，而現年已逾四十，入荼字號。其三十五歲以外守節者，無論現年在四十内外，均入荼字號。有青年守志，至四五旬後，因貧始報，查實從優給䘏。

一，青年嫠婦，有子女較多，年皆幼穉，實在貧苦。二孩以上，照本婦之數，加給半名。四孩以上，加給一名。俾免凍餒、遺棄之虞。

一，學中已故貧儒，遺有寡妻、弱息，尤當格外賙卹，另以“敬節卹孤”四字編號，照貧嫠分等給錢。極貧者，子女在十六歲以内，亦准減半給發。其子有志業儒，代送義塾讀書，毋庸另貼修金。

一，未婚之女，夫故守貞，而清寒難度，除留養之外，有不愿入堂，應歸外卹者，分别極貧、次貧，照嫠婦“食”、“檗”兩號（卹）〔給〕資，以示優卹。

一，外籍寄居之嫠婦，實係貧苦無依，酌量資卹。來去無定者不給。

一，嫠婦有親族有力可依，或有産可度，或在外傭工，概不給卹。夫故在四十歲以外者，亦不在應卹之列。凡操守不堅及曾改適之婦，均不准開報濫給。

一，嫠婦、貞女，查明入額，即照應入字號，填牌給執。錢定按月望日給發，或（釐）〔嫠〕婦自領，或親族代領，總以堂牌爲憑。牌後排列月分，給過按月加蓋（下）〔小〕戳爲識。常年四、八、十二月三次，必須將所執之牌，請官查驗。俟年終倒换，庶於體卹之中，仍寓慎重之意。

一，月給膳資之外，不分等次，按名於歲底加給年米錢三百文，清節加給祭掃錢三百文，以慰苦衷。

一，極貧嫠婦，禦寒無具，本堂製備棉衣，查實給發。暑藥即於同善堂施藥内提給。其患病醫藥，俟費裕再議。

一，所卹嫠婦，有子成立，或女壻能養，即行停給。不然，則積久數多，經費不支。續有貧嫠，不能沾惠矣。

一，嫠婦如無子女，或雖有子，而殘廢不能營生，日後無所依靠，三十五歲以内守節者，給卹到老。其守節在三十五歲以外者，卹至五十歲爲止。

一，停卹老嫠，本堂廣周全〔之〕餘意，另設贍老一項，每名月給錢三百文，以資餬口。如愿改歸普濟領糧者，應聽其便。

一，所卹嫠婦、貞女，遇有病故，著親（嫠）〔族〕保鄰報明。如實在無力殮埋，咨照同善堂給棺，並代葬夫墓，本堂仍助喪費錢七百文。將原給之牌收回扣除。翁姑子女病故，照此辦理。

一，嫠婦雖給卹，而不甘苦守，自愿改適，固難勉强，應即繳牌開除。

一，嫠婦或病故，或改適，親族保人隱匿不報，私自頂替，以及將不應入卹之婦，捏報朦混，冒領卹錢，查出追賠究罰。

一，卹額現定二百名，須待費裕再增。如已滿額，續有報到，查明後，另（詮）〔註〕一册存記，俟有缺出，或加添時，挨次補給。其實在急不能緩者，先行酌量周濟。

一，領卹嫠婦，有復食養濟、普濟貧糧者，查出令其自認愿食何項，餘者一并扣除，以杜重複偏枯之弊。

一，卹額内濫給一名，即少卹一守節之婦。且捏冒者，不特目前虚糜經費，尤恐將來混入旌獎。初報務必詳查確實，隨時亦須暗加察訪，應扣即扣，不容稍徇情面。司事弊混，察出撤退。但城鄉散處，耳目究慮難周，頭緒紛繁，規畫未能盡妥。所望四方君子，一視同仁，有所聞見，幸即指示。蓋一邑善政，原藉一邑之人匡襄者也。

捐款：同治七年四月，知縣陳其元捐廉五百千文。十年四月，知縣葉廷眷捐廉二百千文。並分存各典，常年一分五釐生息。又十二年十月，上海縣知縣陳其元移捐錢五百千文。知縣羅嘉杰捐廉三百千文，又籌撥錢六百千文，分存各典，常年一分二釐生息，逢閏加算。又同治八年九月，知縣王其淦捐錢一百千文，存陳恒昌莊，常年一分五釐生息。本邑境各典月捐，間有分撥局中，以充經費者，由縣詳府隨時酌定。

提草息：三團未佃新漲地四千六百九十六畝二分八釐五毫，每年額收草息錢一百二十千文。上年酌加草息錢一百八十千文。共收草息錢三百千文。以光緒元年爲始，統歸邮嫠局承買，按撥買之地，照下等沙灘每畝二錢，酌分兩年繳價。同治十三年，知縣金福曾詳定。

房租：市樓房上下十四間，平房七間，均坐落南門大街，由局召租。

田畝細數：十九保六十一啚田一畝九分七釐四毫，周紹曾捐。又九十八啚田五畝二分四釐，錢必達捐。又九十四啚田二畝五分四釐二毫，廣善堂。川沙二十保四啚田二畝六分一釐，廣善堂。三團蕩田四畝二分五釐，朱世澤捐。又六畝，廣善堂。又二畝五分，夏家庵移。六團蕩田一畝九分九釐六毫，局置。又一畝八分四釐，局置。以上共啚團田二十八畝九分五釐二毫。

廣善堂，在城隍廟衖南首東向。乾隆十六年，知縣陳焱據董事金在田、胡發源、蔣之楷、(陶)〔鞠〕飛熊、胡景瑗、嚴廷韶、李培、李企白等禀呈，首先捐廉，詳憲創建舉行惜字、施棺、施藥等事。今已久廢。

周浦鎮育嬰堂，在鎮東市，即碧霞庵故址。雍正七年，紳士朱日成等建。本在善慶庵後，乾隆三年移此。其建置始末及堂房息錢田産，詳朱清榮《碑記》，載胡《志》。

查清房屋基址：堂房六間，重修。毘連三間，向爲義塾。東側一間毁，現存二間重修。基十七保十啚九百三十七號七分四釐五毫。趙溝上塘房二間，毁。基十啚九百三十六號二分五釐。旗杆街樓房上下四間，毁。基十啚一千一百九十六號一分一釐。同治二年，沈姓借地，造平房二間。三年，期滿歸堂取租。金山屯署房三間，毁。基十啚一千一百八十六號三分三釐。張家浜上塘房四間，重修出租。基十啚一千三百六十五號三分。瑞安橋西大街下塘房一間，毁。基十七保五啚八百八十一號五釐。朱家衖房三間，毁。基五啚八百八十四號二分。胡家橋南上塘房十二間。基十啚一千二百四十六號七分八釐七毫。北市梢上塘樓房二間，毁。基十七保八啚十九號一分。按堂房六間，毘連三間，乾隆年間置，載《碑記》。又八所，嘉慶年間馮應麟置，其價即于源昌停典存項收繳。

查息錢項下：照《碑記》所載，除方襄宸捐存于源昌典七百七十千已置外，尚有張務本捐存奚至正典三百五十千，并嘉慶年間朱清榮、馮應麟等籌捐，增至二千千。迄道光三年災荒，嬰孩口糧增多，概支用無存。

查清田畝細號：十七保，三啚，三十九號，二畝三分九釐七毫。四十號，一畝六分四釐四毫。四十一號，二畝八分七釐三毫。四啚，一百二十三號，六分。五啚，三十六號，四分六釐七毫。三十七號，二畝一分六釐一毫。二百五十七號，三畝二分四釐九毫。九百二十七號，一畝一分八釐一毫。九百二十八號，二畝七分四釐八毫。四百二十一號，一畝八分五釐七毫，嬰墳。八啚，九百十八號，三畝五分。九百五十五號，一畝八分。一千八十四號，三畝。一千八十五號,二畝四分。九啚,一百四十九號,一畝三釐五毫。一百五十號,七分八釐七毫。二百三十六號,二畝八分五釐五毫。十啚,四十號,二畝五分四釐。五百九號,五分。八百三十號,五釐,漊。九百四十三號,一畝。九百五十一號,二畝六分五釐六毫。一千三百七十二號,一畝一分八釐三毫。上三號嬰墳。十七啚,一千一百三十三號,二畝。一千一百三十四號,二畝。一千一百三十六號,五畝一分三釐三毫。一千一百三十八號,四畝二分八釐四毫。一千一百三十九號,四分七釐六毫。一千一百四十五號,四分七釐九毫。舊念二啚,十五號,一分五釐。十六號,一畝二分二釐九毫。十七號,一分五釐。念五啚,一百七十七號,二畝九分六釐三毫。一百七十八號,二畝六分七釐五毫。一百七十九號,三畝三分六釐八毫。念八啚,二百十一號,六畝四分八釐七毫。二百五十二號,一畝八分二釐九毫。三十二啚,一千五十四號,三畝八分三釐。三十六啚。一百六十八號,二畝。二百七十二號,九分三釐。二百七十四號,八分三釐。十九保,五十四啚,二百四十號,一畝三分七毫。二百四十一號,三畝九釐。二百八十七號,六畝五分三釐七毫。九十六啚。一千三百七十一號,一畝二分。二十保,五啚。一千一百九號,二畝四分九釐六毫。一千一百十號,七畝六分四釐三毫。一千一百十一號,一畝八分六釐五毫。一千一百十二號,四畝九分一釐八毫。一千一百十三號,二畝三分五釐八毫。又七百八十八號,一畝一分六釐二毫。七百八十九號,二畝七分七釐。二十一保,念四啚,三百九十九號,八畝三分六釐三毫。四百號,三畝五分四釐七毫。念七啚。三百六十四號,二畝八分五釐八毫。三百六十五號,二分五毫。十七號,一分五釐。

右田一百三十三畝零。除《碑記》所載八十三畝零外,係嘉慶、道光年間捐添。惟九啚田二畝零,以浦姓贖房價置。同治二年,王珠樹經置田畝另列。十七保,五啚,一千二百三十八號,一畝。十啚。七百八十七號,三畝。九百四十九號,一畝七分。一千一號,二畝九分四釐八毫。

周浦鎮萬緣堂,在中市大街路天一堂衖北首。面南堂屋三進,共九間。里人朱錫三倡捐,經董王珠樹、姚有林、王仲賓等募建。同治七年,知縣陳其元捐錢五百千文,分存通邑各典,常年一分五釐生息。其保生、卹嫠、施棺、施醫諸善舉,分董辦理。

周浦鎮代葬局,在巽龍庵,知縣葉廷眷倡捐,諭董姚有林等建。秦瑞生捐十七保十啚田一畝爲代葬局基地,未建堂屋,先繳單備案。

杜家行鎮同善堂。嘉慶年間,楊景春捐田創建。惜字、施藥、施棺、置水龍、設義冢,並撈浦江浮屍。嗣杜克棠恐經費不敷,雖善難繼,勸近鄉捐添田畝。匪擾後,華川蒓、夏希賢續修,嗣諭張汝淵、衛元祥等接辦。

查存田畝細號:十九保,頭啚,二百七十六號,八分。三百十一號,一畝二分五釐。四百四十三號,七分五釐六毫。(三)〔五〕百三十八號,八分。六百三十三號,六分三釐。七百十三號,一畝。七百十五號,九分四釐七毫,池。二啚,一百三號,一畝八分四釐七毫。一百四號,一畝九分一釐。六百三十二號,一畝二分。六百七十九號,九分。六百八十號,二畝九分七釐七毫。六百八十一號,五畝一分四釐三毫。七百六號,四畝五分八釐七毫。七百十二號,四畝八分九釐八毫。七百十三號,二畝九分四釐。七百六十一號,一畝。七百六十五號,一畝四分九釐。七百六十六號,一畝五分一釐。七百八十三號,九分五釐二毫。八百十四號,一畝六分三釐。八百二十六號,四分七釐三毫。八百二十七號,二分八釐四毫。八百二十九號,五分六釐六毫。八百三十號,九分九釐四毫。八百七十八號,六分。九百二十九號,一畝五分。九百四十一號,一畝。四啚,六百十二號,五分。六啚,六百十四號,六分二釐五毫,池。三十五號,一畝。八啚,五十八號,一畝一分一釐一毫。六十號,四畝一分七釐六毫。六十四號,一畝一分八毫。二百九十三號,三畝三分三釐。三百十一號,二畝二分五釐二毫。三百三十九號,二畝三分,義冢。三百四十八號,一畝七分九釐二毫。四百三十五號,二畝。四百四十二號,六分五釐八毫。四百四十(二)〔三〕號,二畝。四百五十二號,一畝二分五釐。四百五十三號，七分八釐五毫。五百五十四號，八分九釐七毫。九啚，三十七號，一畝五分。一百六十七號，四分五釐六毫。一百六十八號，八分八釐二毫。一百八十七號，一畝七分七釐五毫。二百二十七號，八分五釐一毫。二百四十六號，一畝九分二毫。十一啚，四百四十二號，一畝一分二釐八毫。四百七十九號，四畝七分五釐八毫。十九啚，六百九號，二畝。二十一啚，二百五十四號，九分。五百六十三號，一分。五百六十八號，一分五釐六毫，基地。六百三十一號，六分四毫。六百三十二號，一畝一分。七百二十二號，一畝九分。七百四十八號，一分。二十三啚，四百二十六號，九分。二十九啚，五百九十三號，一畝八分四釐三毫。四十四啚。五百二號，二畝六分。五百七十六號，一畝八分八釐一毫。二十一保，二十四啚，三百八十三號，二畝。四百三十八號，一畝五分。二十六啚，五十九號，二畝二分。六十號，九分五釐九毫。一百九號，二畝三釐。一百四十七號，一畝九釐六毫。二十七啚。二百十六號，一畝。上邑二十一保，二十啚，一千一百三十六號，一畝八分。二十八啚，二百八十號，一畝。九十一啚。二百四十一號，二畝二分六釐八毫。二百六十四號，一畝二分五釐。六百四十號，二畝三分八釐四毫。五百七十四號，一畝二分五釐。

另坍没田入丈報案内，未免科，亦開列。十九保，四啚，六百十二號，一畝八分八釐九毫。六百十三號，三分。七百二十九號，六分。八啚，五百二十七號，八分四釐二毫。念一啚。五百四十號，二畝三分八釐九毫。五百四十一號，一畝八分一釐二毫。二十一保，念六啚。八十八號，二分四釐九毫。三百六十六號，七分五釐一毫。四百十八號，八分九釐五毫。

杜家行鎮代賒局，經董池鳳池、張家俊、葉德配、杜克斌募建。

中心河賒棺局，在射獵廟。經董李春煦、王克謹、康烈、夏濟昌、王家錫、王鴻磐倡建。

新場鎮善堂，在城隍廟東，堂屋三間，葉爲璋、方宣、奚光祖、葉錫疇、謝家樹募建。施棺掩埋并收路斃浮屍，除集貲存棺外，勸捐小願二十四文。聶家廟基地七畝零，其租歸堂充費。同治七年，知縣陳其元捐錢五百千文，分存各典，常年一分五釐生息。

航頭鎮善堂，附設城隍廟。知縣葉廷眷倡捐，諭周錫瓚、嚴祥桂經理。常年施棺掩埋，并勸五十文小願接濟。以下各善堂均無息錢田莊。

魯家匯鎮善堂，道光二十九年創設，附於財神廟。今就堂添造三間，爲觀濤書院。其集捐施棺掩埋，歸董事李日就經理。堂(墓)〔基〕在四十啚，四畝二分八釐一毫。

下沙鎮施棺局，經董康祖培等在城隍廟儲棺，施送小捐，每願四十文。

沈莊鎮西十四啚施棺局，知縣葉廷眷倡捐，諭董王鑑等在鎮西蕭王廟儲棺施送，集小捐七十願，每願七十文。其沈莊鎮善堂，經董沈鍔抽捐舉辦，知縣金福曾飭令裁撤。

坦石橋鎮善堂，在中市，堂屋兩間。郭世英、王鳳曾、吴世謙、陸位成、張一舉、湯舜卿、胡鳳樓經理，先行籌款存棺，并勸小願二十四文，常年施棺及收路斃浮屍。

三竈鎮同仁堂，在東市。周漣、王國濬等集捐建，堂屋三間，基地四畝七分。施棺、惜字、立願、收給，同人輪司出入，務期撙節。藉此爲講鄉約所。

北六竈鎮善堂，在西市蕭王廟、城隍廟兩厢隙地，建樓房上下六間，馬元德、張鑫、申良翰等募捐經理。先行出資存棺。并勸小願三十文濟之，施棺掩埋及收路斃浮屍。即於此儲水龍，講鄉約，設義塾焉。

沙塗廟施棺局，經董孫恒等，就附近六處啚分募捐創設。同治八年，董事金介福同孫恒等,以添三十六、三十四、三十七等啚於陳家橋,復設施棺局,各從其便。

橫沔鎮志仁堂,基地一畝,在十七保三十八啚一百九十一號,喬鼎勳等經理集有捐數,現購料議造堂屋。其辦施藥、施棺及掩埋等費,隨緣勸募,并收小願二百二十文。同治七年,華日新捐田二畝八釐二毫,爲堂義冢。

張江柵鎮善堂,附設城隍廟,周學濂經理。其施棺掩埋,先行籌款,存儲棺木。并勸鎮商及附近各啚出小捐,每願五十文接濟。

新興鎮善堂,附設鎮東靈道庵,馬鴻德等勸捐,辦理施棺及收路斃浮屍。

仁壽庵善堂,在二十保十二啚。錢楠、陸俊卿等籌款,製棺存局,專辦近地施棺,并收埋浮屍暴骨。募勸小捐,每願一百四十三文,以期經久。

一團盛氏捐資,造存棺木,就近施送。自乾隆四十二年起,至今不廢。

二團顧氏,經顧祖金稟請,就顧長慶所傳各房,輪流出資,以充保嬰、養老、施藥、施棺等費。

四團慈航局,在南三甲關帝廟,顧迺模等經理。保嬰、施棺、惜字並建字藏兩座。

五團善堂,在竹橋鎮萬壽廟旁。堂屋兩間,純陽閣一間,字藏一座。知縣葉廷眷倡捐,諭傅以康、金燦、何鼎、傅以銓、嚴慶祺等創建。辦理水龍、惜字、施藥、施棺各善舉,并勸常年小願,每日出錢一文,按季收支。

五團施衣保嬰局,在二甲關帝廟。顧鏞等於每年冬至節,施送寒衣,并立保嬰會。

六團善堂,在井亭内。黄庭誦、瞿翰辦理施棺,立大願、小願收給。

五六團慈雲局,在三官堂,傅錫圭、張國安等建。專收五、六團沿海溺斃浮屍,并集貲存棺施送。又捐沙則田八畝爲義冢。

義田。竹岡李氏宗祠義田莊,在十六保十五啚。嘉慶甲戌,附貢生李林建。

附泖東欽善碑記

竹岡李氏,其先江陵人。宋理宗朝有諱邃(替)〔者〕,官浙西漕司丞,遂家焉。其子孫十傳而始盛,昭祥、安祥、伯春、叔春、南春、繼佑、繼元、繼厚、之楠、待問、延棨、大中,三百年科第相望,祀鄉賢、孝子、忠義者,凡五人焉。舊有宗祠在夾溝右,祭田漸少。百餘年來,族既繁,或他徙,又貧者多,繕治不以時,圮矣。貢生李林素好義,郡育嬰嘗倡以舉。兹承父照遺命,蓄志四十年,資族弟蘭榮贊畫,重建宗祠於顧望塘。懼有祠無田,後將與夾溝不異。又念田少則貧族之拜於祠者,無以賙卹慰望之。皆非先人意也。遂捐田五百畝,手定條約,酌同郡張氏、蘇州彭氏,近規爲義莊澗族之田,呈於官,詳請具題。得邀賜帑建坊,給匾(加)〔如〕制。於是奉其始祖以下栗主於正(堂)〔室〕,而當祀者以次附廡。冬春二祭,聚族於敦本堂。堂即後室,左租倉,右學塾。宗祠也,即義莊也。事始甲戌,成於戊寅,林之年六十八矣。將鐫碑以告來者,請餘文。銘曰:聞林之名,好義莫先。問林之産,未逾中人。敦宗敬祖,讓富甘貧。林豈老誇,不念子孫。多田之翁,傳少三世。世以田娛,田(周)〔凋〕世敝。不凋之田,繫於大公。林也卓見,俗情一空。逐末忘本,衰世可風。願有繼者,善與之同。

附鶴沙吴氏義田。嘉慶二十三年四月，南匯縣原署廣東惠州府同知吴敬樞庶母、原任都察院左都御史吴省欽妾李氏，捐置婁邑田五百六畝七分二釐一毫一絲八忽，以贍給五服以内宗族。又置婁邑祭田五百一畝八分一釐二毫，以奉蒸嘗而修祠墓。由縣通詳備案咨部。

附上海朱氏義田。上海朱之淇曾營别業於周浦鎮，分支家焉。曾孫監生增楷，遵母許氏命，願將自己南匯投税絶田一千四畝九分五毫，首先輸賦，餘贍同族並父母有服親戚。另捐南邑絶田二百五畝五分二釐二毫爲(租)〔祖〕塋祀田。詳憲題咨立案，永禁盗賣盗買。後增楷又捐南邑田三百二畝六分四釐一毫，并將義莊項内添置田一百二十五畝五分二釐四毫，作爲續捐義田，以補不足。

附浙寧會館，在周浦鎮網船浜北岸，基地十二畝零，坐落十七保八啚。咸豐丁巳，浙寧厲啓蕃等集資創建。計廳事七間，厢房六間，後廠屋十四間，前後圍牆東首餘地，爲浙寧義冢。辛酉，匪擾被毁。同治四年，經厲啓蕃、王渭熊等募捐重建，制如其舊，又添置八啚水字圩田二畝零，爲浙寧婦女葬地。

附新安會館，在新場三十六啚，匾曰思義堂。嘉慶壬申，劉畯田創建。嗣詹繡書廓之，大約建廨舍爲停棺之所，買田畝爲厝葬之地。寄柩以五年爲期，設祭以三節爲度。咸豐辛酉被毁，胡鎔熙倡捐重建。

義　冢

查《賦役全書》，南匯於道光元年奉豁嘉慶二十四年續報義冢熟田五十八畝六分七釐二毫。今原卷已失，無從稽核。惟就胡《志》所載與今户書所開以及各采訪新報者，參考録存。其四址未能盡詳，故概闕如。

十六保

一區十啚二百六十四號五分一毫，免科。十五啚八十九號一畝二分五釐八毫，免科。二十、廿一、二啚二百十四號一畝三分五釐九毫。天一、廿三、四啚三百四十七號六分八釐一毫，免科。

二區八啚一百九十九號六分八釐三毫，免科。十一啚四百十四號六分四毫。又一百四十三號五分八釐四毫，夏雲山捐。十四啚四百九十三號一畝三分八釐九毫，免科。

二十一保

三區十四啚四十五號二畝三分七釐，免科。又四百八十一號一畝五釐六毫，四百八十二號四釐二毫，四百八十三號一畝六分一釐八毫，蘇松太兵備道應寶時捐廉買置，有《碑記》。二十一啚三百十六號五分四釐三毫。二十三啚四百九十一號三分九釐二毫，免科。二十六啚五百九號一畝二分一釐，免科。

十七保

一區一啚一號七分。又八百七號三分二釐六毫，免科。二啚二百九十二號一分七釐九毫，又五百四十七號三分三釐七毫，又一千二百三號一分六釐七毫。又一千三百六號一分八釐,免科。五啚一百三十六號一畝九分二釐二毫,九百六十七號八分四釐五毫,九百七十三號三畝四分八釐。九百七十四號五畝九分,免科。一百三十七號一畝五分二釐,一百三十八號五分。九百六十七號二畝七分四釐五毫,楊豫範捐。又同號四分,于祐賢捐。九百七十五號二分,楊豫範捐。八啚三十二號六分四釐三毫,一千三百五十一號七畝二分五釐二毫,一千五百十一號八分二釐。一千八百四十號九分五釐八毫,免科。又四十二號一畝二釐六毫,姚公肅捐。

二區三啚三號五分,馮炳英捐。四百六十三四號五分,張勝明捐。九啚六百三十二號一分九釐三毫,免科。十啚一千二百三十四號五分二釐四毫,免科。九百四十三號一畝,嬰墳。九百四十五號二畝二分七釐四毫,朱樂壽堂捐。九百四十五號一畝四分四釐八毫。九百四十六號八分二釐五毫,陸文蔚堂捐。九百四十六號二畝,朱作烔經勸置買。九百五十一號二畝六分五釐六毫,嬰墳。一千八十二號一畝,在王家浜。一千二百二十七號一畝七分七釐三毫,在財神廟後。一千三百七十二號一畝一分八釐三毫,嬰墳。

三區二十啚一百五十一號一畝三分七釐。一千四百六十二號一畝六分,免科。二十四啚三百二十四號一畝六分七釐,免科。三十八啚四百七十三號八分七釐四毫。三百四號二畝,免科。三百四號三畝七分三釐二毫,一千一百七十號二畝一分四釐九毫。

四區三十啚三百六十二號一畝一分七釐五毫,免科。三十二啚一千六十四號一畝二分,免科。三十三啚一百五號一畝四分六釐三毫,免科。三十六啚七十四號一畝四分九釐三毫,免科。三十七啚二百五十九號七釐二毫。六百二十八號二分五釐六毫,免科。四十啚八百九十七號二畝七分一釐七毫。一千三十六號三分八釐七毫,免科。

五區十七啚二百二十三號一畝三分一釐五毫。新念二啚一百八十一號七分三釐,范章捐。四百八十四號一畝四釐二毫,奚桂森捐。四百九十四號三分,奚桂森捐。

六區十九啚七百六十號八畝六分五釐,免科。二十五啚八十三號一分一釐三毫,一百四十九號一分六釐。二百三十二號一分一釐五毫,免科。

十九保

一區三啚三十七號一分二釐,免科。二十啚五十號三分八釐三毫,二百九十八號一畝九分一釐三毫。四百四十一號四畝五分一釐三毫,免科。二十六啚二百三十四號六分一釐六毫。三百七十五號一畝二分三釐三毫,又八分三釐七毫,免科。八十一啚七百八號一分五釐。七百十四號一分九釐,免科。八十二啚四百四十七號五分七釐三毫,四百四十九號二畝九釐,六百九十一號一畝三分三釐三毫。一千一百號二畝九分六釐五毫,免科。八十七啚十二號一畝四分一釐八毫。一百九十號五分六釐三毫,又一分七釐四毫,免科。八十九啚報恩懺院前約一畝三釐三毫。九十二啚三百四十五號二畝一分九釐五毫。八百七號五畝四分三釐,免科。九十七啚九十二號一畝二分。八百四十八號一畝二分二釐四毫,免科。一百啚八百八十八號六分七釐七毫,免科。

二區十七啚一千六十五號三畝七分五釐。一千七十四號六分九毫,免科。十八啚二百八十五號一畝二分九釐,免科。八十六啚一百七十九號八分四釐三毫,又二分一釐三毫,免科。八十八啚二百五十三號一畝三分五釐四毫,免科。一百一啚二百三十一號八分九釐。一百二啚十號二畝四分三釐三毫。四百三十五號五分三釐四毫,免科。

三區二十八啚一百十號四畝六分八釐一毫,免科。又五百九十四號一畝三分,六百八十七號四畝四分七釐,七百六十三號一畝二分。六十六啚八百七十五號四分一釐四毫,免科。七十六啚三十一號七分五釐,免科。八十啚一百六十六號一畝七分二釐五毫。五百八十五號二畝六分一釐二毫,又一分三釐五毫,免科。九十六啚一千五十號一畝二分八釐一毫,免科。又同號四分,陳敬榮捐。九十八啚一百七十九號一畝二分,免科。九十九啚一百八十七號九分六釐四毫,免科。

四區七十二啚九百十九號一畝六分七毫,免科。七十七啚二百五十號七分九釐九毫。七十八啚十一號一分一釐七毫,免科。八十三啚一百七十一號六分七釐五毫,又一畝二分七釐五毫,免科。八十四啚三百十五號軍田一畝一分四釐五毫,張彦英捐科,詳攤軍田。八十五啚四百八十二號七分,免科。

五區四十九啚九百六號九分三毫,免科。五十四啚六百九十八號八分二釐五毫,免科。五十六啚九百二十一號二分五釐,免科。五十八啚四百六十號四分二釐五毫,免科。六十啚七百十一號一畝,免科。六十二啚七百四十號一畝一分八釐二毫。八百五十八號九分五釐,免科。又八百五十八號五分五釐,八百八十三號一畝五分五釐四毫,又八百八十四號二分二釐四毫。

六區六十八啚五十二號四分三釐三毫,一百二十四號九畝三分三釐三毫。五百十三號三畝九釐六毫,又三畝三分二釐八毫,免科。十六七十三啚二百八十九號一畝七分二釐,免科。

七區三十九啚五十一號一畝七毫,免科。四十啚八十一號二畝四分二釐,免科。五十一啚荒字圩四十六號一十七畝六分八釐四毫。天字圩七十四號三分二釐二毫,免科。洪字圩五十五號一畝四分二釐一毫,五十六號二分五釐。又六十二號一分,劉森捐。

八區一啚九百二十一號一畝,免科。四啚一百五十四號一畝九釐九毫。五百三號八分二釐九毫,免科。三十七啚八百八十六號一畝五分一釐七毫,免科。四十四啚六百八號八分二毫,免科。

九區十九啚一百七十三號八釐三毫。二十五啚四百三十九號八分九釐九毫,免科。

十區八啚三百三十九號二畝三分,楊耐山捐。十啚四百二十五號二分三釐九毫,免科。十二啚六百三號四分一釐七毫,免科。二十七啚三百七十四號一畝三分。四百十五號三分七釐,免科。

十一區十一啚三百六十九號一畝四分,免科。十四啚一百五十二號九釐四毫,免科。十五啚九百十九號一畝一分二釐二毫,免科。二十一啚六百十四號一分六釐五毫,六百十五號一分七釐一毫,四百八十二號二分。二十四啚十九號三分三釐三毫,免科。

十二區三十三啚八百二十九號二畝三分三毫,免科。三十五啚四百七十六號一分七釐六毫。一千號八釐七毫,免科。四十二三啚一百三十六號八分四毫。三百八十八號一畝五毫,又一分三毫,免科。四十五畐五百四十六號四分,徐達海捐。四十六畐四百三十三號二畝五分一釐八毫,免科。四十七畐七十七號三分五釐四毫,四十六號五分三釐三毫。五十畐一百二十六號一畝七釐九毫。七百七十六號一畝八釐八毫,免科。二十三號二畝三分。

二十保

一區二十一畐二百四十七號七分。二十三畐一百二十一號一畝六分。五百五十一號八釐三毫,免科。二十七畐三百八十五號三分八釐七毫,免科。二十九畐七十九號一畝一分二釐五毫,免科。三十畐五十四號八分八釐八毫,免科。

二區八畐六十五號二畝五分六釐九毫,免科。十畐六十五號二畝,王綺堂捐。十一畐二百二十七號七分,五百六十一號二畝一釐七毫。十三畐四十五號一分三釐一毫,免科。二十六畐一百三十二號五畝五分一釐一毫,一百五十七號一畝四分五釐四毫。又八分二釐三毫,免科。

三區三畐一千一百七十三號二畝六分七釐三毫,免科。

四區一畐三百四十一號一畝五分八釐三毫,免科。三百八十三號一畝三分。二畐三百九十七號一畝五分三毫,免科。二十四畐三百六十二號五分八釐,免科。

一團小普陀廟西小營基一畝七分五釐,二甲蕩一畝,西段一甲三百八十三號四畝二分二釐九毫,北段三甲蕩二畝,七甲蕩一畝。

二團下六甲人字號十畝八毫。

三團北城濠上,五畝八分二釐五毫,即邑厲壇,知縣欽連建。乾隆九年,邑厲壇擴爲十一畝。化人壇二畝七分,積骨塔一畝七分,知縣湯延鳳有《碑記》。西城濠上廣善堂置上義一百七十九號四畝一分八釐五毫。校場溝東同善堂置上仁二百十六號二畝八分正。西門外同善堂,於同治五年新置上義五十號四畝六分二釐三毫,又五十四號一畝六分二釐。七竈港上,道光三十年,知縣高長紳辦掩埋置上義一百五十三號七畝,又同號二畝七分五釐。倪家路離城三里官地,二畝四分九釐有零。

五團一甲,四分二釐六毫。四甲,七分二釐五毫。六甲,一畝二分五釐九毫。九甲,六分一釐三毫。

六團頭甲張國安捐沙則田八畝,立界石。

附掩埋

雍正二年秋七月,海溢,溺居民,歲貢生王鑄白知府周鋅元,造册收屍骨。舉人顧昺,生員唐溶、倪受蕃等出資,分埋各團屍骨。十年秋七月,海潮災。十一年(早)〔旱〕,歲歉且大疫。十二年猶饑,浙江錢塘籍貢生汪鼒、候選州同張嵃及程爲珍出貲收屍,施棺掩埋。貢生施鎬、監生盛錦、監生張體乾及方學亮、候選州同周德洽、候選州同華大紹、監生張松及朱世傑、世澤、生員馬彝、監生馬楫,亦均出貲埋屍棺。龔兆麟收屍棺五百餘,捐田三畝瘞之。監生張承義收屍棺,建積骨塔於五團六竈港之北。陶錫正盡收十七保虹橋屍棺埋之。陸廷俊收十九保五竈港屍棺埋之。張彥英收屍八十有七,棺一百二十有三,捐屯田一畝三分以葬。上海候選州同俞士鳳募人舟，徧埋浦東屍棺。至邑五團舉人顧昺之坍宅基，收屍百餘，昺命姪方泰捐田五分埋之。

乾隆十七年，知縣陳焱設立《埋骸規議》八條，分别有主、無主屍骸，諭董事實心妥辦，通計掩埋二千七百七十三具。知縣張世友復加意振興，通計掩埋二千五百餘棺。

乾隆五十九年，知縣胡志熊諭飭職員陸兆鵬、李長發查辦本城。候補吏目周焕，歲貢生華陳源，附貢生奚桂森，監生康廷機、朱繼曾、王馥、蘇東源、陳求敏、朱受愷，生員顧司直、楊光和、申攀梧、王朝棟、王會圖、秦濤查辦十九保各啚。監生王鎰、張洪源、朱坤元，生員姚之照、陳華、丁錫光、華湘、張夢蓮查辦十七保各啚。職員張永鋐，監生黄兆麟、潘熙時，生員徐錫章查辦二十保各啚。耆民金德芳、張景繁、邢作世查辦廿一保各啚。朱永澤，貢生富克壎、李林，監生胡懷仁、張兆熊、蔡維城，贊禮生朱玉成、鞠士林，生員周如金、張樹德、張浩然、唐淮，耆民方彬文辦理各團。共計掩埋七萬一千六百四十一具。

咸豐三年，土匪據城爲亂。顧祖金、陶桂芳等募勇攻殺賊黨四百餘人，盡棄北門外邑厲壇前溝壑，用土掩埋。

同治(九)〔元〕年，賊擾之。後城廂内外，所有殉難男女，掩埋於先農壇西張姓田内。男左女右，對峙二冢，里人倪研香經辦。又上海輔元堂買舟雇工，於浦東各處，掩埋屍首。

同治二年，知縣徐本立奉松江府錢劄，以松郡連遭賊擾，死亡相繼。除並無棺殮者業經收埋外，其僅有棺柩，暴露荒原城鄉内外，比比皆然，深恐日久敗壞，屍首無存，陰慘之氣，變爲疫癘等因，諭飭善堂董事唐堦、陳爾賡實心經辦，收瘞浄盡。據覆查，得暴露棺柩、抛棄骸骨一千八百八十八具。當用白粉書號，(後)〔復〕又鳴鑼，再催承值之人速爲遷葬。然後雇集土工，仍偕(繼)〔總〕甲驗明散棺與無棺者，檢骨重殮。棺稍破壞者，或用繩索束之，或用鐵皮搭之。搬載義冢，逐一親檢，分别男女，開穴深埋。其難分别者，隔岸以埋。除有主承值認葬外，計共埋過七百七十三具。三年，委縣丞吴往各鄉鎮查催掩埋。其尤爲出力者，周浦王仲賓等，四團朱蘭勳等，五團顧振聲等。

同治五年，知縣葉廷眷捐廉，諭董購地掩埋。自五年至六年，據緣城鄉各董册報，計共埋葬二千餘棺。

同治六年，知縣陳其元奉江蘇布政司使丁劄，各屬城鄉内外停厝之棺，前經通飭，出示曉諭，勒限本年十月底止，有力者自行營葬，無力者由親屬報明善堂代埋，其餘無主各棺，責成善堂一律盡行收埋等因，詳請展限，緩至臘底。迅即諭催本城董事唐堦、陳爾賡等，周浦董事王珠樹、姚有林、王仲賓等，新場董事葉爲璋、唐耀奎等，下沙董事胡家駿等，坦直橋董事唐欽明等，六竈董事馬元德、申良翰、張鑫等，横沔(等)〔董〕事喬鼎勳等，沈莊董事沈鍔等，召樓董事沈銓等，杜行董事夏希賢等，三竈董事潘承基等，航頭董事嚴祥棨等，魯家匯董事李日就等，閘港董事李培因等，張江栅董事錢楠、周學濂等，北蔡董事黄慶清等，新興董事馬鴻德等，大團董事盛國儀、王成龍等，三墩董事金殿紳等，二團董事顧祖金等，三團董事蘇學海、宋錫晉、衛如圭等，四團董事周昌鳳、葉祚禧等，五團董事傅以康、金燦、何鼎等，六團董事瞿翰、黄庭誦等，七團董事金湘等，趕緊協同保甲人等，各就所分地段，實心辦理,務須一律瘞净。據册報計,通縣有主有力停棺四萬四千四百六十四具内,已經葬者二萬五(十)〔千〕九百十一具,未葬一萬八千五百五十三具,勒限臘底葬盡。有主無力停棺共三千四百具,已由董保代爲埋葬。其掩埋無主屍棺,共六千七百六十七具。

周浦鎮代葬局,同治十年清節,共埋大小屍棺二百九十九具。十一年清節,共埋大小屍棺一百十四具。十二年清節,共埋大小屍棺四十三具。

田賦志

恩　蠲

國朝順治二年，蠲免本年税糧十之七，兵餉十之四，明季無藝之徵，盡永除之。三年，户部覆準江南漕米折價，再免三之一。八年，蘇松大水，改折秋糧十之六。九年，大旱，從巡撫周國佐請，折江南漕米三十八萬石。知縣姚脩蔚據諸生董宏度辭，請蠲秋糧，蠲數無考。十一年，免六、七兩年民欠地丁錢糧。十三年，免八、九兩年民欠地丁錢糧。十六年，水災，免十五年以前未完錢糧。

康熙三年，免順治十五年以前民欠各項錢糧。是年秋，海潮溢，蠲錢糧二萬四千有奇。知縣鄒宏申請。四年，免順治十七、十八兩年民欠錢糧。是年大旱，蠲錢糧六千三百有奇。知縣鄒宏申請。八年，免元、二、三年民欠地丁錢糧。九年大水，被災田地，漕白米攤徵仍蠲，起運改折十之三。十年，免四、五、六年民欠地丁錢糧。是年大旱，蠲錢糧二萬一千有奇。知縣康文長申請。十一年雹災，蠲銀一千二百八十兩有奇，米四十三石有奇。知縣陳之佐申請。十二年，以蘇松等屬連年災荒，免明年地丁錢糧之半。十七年水災，蠲緩地丁漕項銀兩有差。十八年旱，免十年、十一年、十二年民欠錢糧。其十三、四、五、六等年錢糧，自十九年起分年帶徵。十九年大水，免被災田畝十之三。緩徵本年被災田漕米，於二十年帶徵。是年，户部覆準，江南財賦繁多，十二年以前舊欠均免。二十年，以兵革寢息，免十三、四、五、六、七等年民欠地丁錢糧。二十三年，免二十四年漕糧三之一。又自十三年至二十二年，民欠漕項錢糧，於二十三年起，每年帶徵一年，以免一時並徵之累。二十四年，巡撫湯斌題免蘇松等屬十三年至十七年未完銀米。二十六年，免二十七年地丁錢糧，又免本年未完錢糧及十三年以後加增雜税。二十七年，免江南積欠地丁錢糧及屯糧、蘆課、米、麥、豆雜税。三十年，詔自三十一年爲始，各省漕米以次蠲免一年。三十二年旱，免漕糧三之一。三十八年，免蘇松等屬十八年至二十六年民欠正雜錢糧，又免三十四、五、六等年一應地丁米、麥、豆雜税。四十年，免江蘇四十一年地丁錢糧。四十五年，免江蘇等省四十三年以前未完銀米。其已完在官者，準本年扣抵。四十六年旱，免四十三年以前民欠漕項錢糧，并免四十七年額徵人丁銀。四十七年水災，免被災地畝銀米，并免四十八年地丁銀。四十九年，免江蘇省無著銀十萬八千兩有奇。五十一年，免五十二年地畝人丁錢糧并歷年舊欠。五十四年水災，免地丁銀米有差。五十六年，免江蘇等省帶徵屯衛銀。其帶徵漕項銀及米、麥、豆，各免其半。六十年旱，免地丁銀四百六十二兩有奇，米十五石有奇。

雍正元年，免康熙十一年至五十年未完地丁米、豆、蘆課等銀。二年，免康熙四十六年至五十年舊欠地丁米麥。又以海潮漲溢，免本年地丁銀，並緩徵漕米。三年，減蘇松浮糧。詳見"賦額"。又以被災，免二年蘆課銀。又免元年、二年民欠場課。場課係鹽院謝賜履奏請。四年，以蘇松等屬被水，將成災，五分以上地畝，漕米緩徵一半，於五年秋收後帶徵。十年，以官侵吏蝕錢糧，分十年帶徵。實在民欠，緩作二十年帶徵。以帶徵完納分數，爲次年蠲免分數。是年秋，海潮汎溢，蠲條編銀二萬七千九百八十六兩有奇，兵南局恤米一千三百八十一石有奇。又分别被災蘆洲，免課銀十之(三)〔二〕、三、四不等。十三年九月，高宗純皇帝登極，免雍正十二年以前民欠錢糧，并免官侵吏蝕二項。十月，免漕項蘆課及學租雜税等銀。十一月，免雍正十二年以前耗羨銀。十二月，免雍正十二年以前帶徵緩徵漕項本折銀米，又詔業户酌量寬減佃户之租。

恭録上諭。朕臨御以來，加惠元元，將雍正十二年以前，各省民欠錢糧悉行寬免。誠以民爲邦本，治天下之道，莫先於愛民，愛民之道，以減賦蠲租爲首務也。惟是輸納錢糧，多由業户，則蠲免之典，大概業户邀恩者居多。彼無業貧民，終歲勤動，按産輸糧，未被國家之恩澤，尚非公溥之義。若欲照所蠲之數，履畝除租，繩以官法，則勢有不能，徒滋紛擾。然業户受朕惠者十分，苟損其五分惠佃户，亦未爲不可。近聞江南已有嚮義樂輸之業户，情願捐免佃户之租者，閭閻興仁讓之風，朕實嘉悦。其令所在有司，善爲勸諭。各業户酌量寬減彼佃户之租，不必限定分數，使耕作窮民，有餘糧以贍妻子。若有素封業户能善體此意，加惠佃户者，則酌量獎賞之。其不願者聽之，亦不得勉强從事，此非捐脩公項可比。有司當善體朕意，虚心開導，以興仁讓而均惠澤。若彼刁頑佃户，藉此觀望遷延，則仍治以抗租之罪。朕視天下業户、佃户皆吾赤子，恩欲其均也。業户沾朕之恩，佃户又得拜業户之惠，則君民一心，彼此體恤，以人和感召天和，行見風雨以時，屢豐可慶矣。

乾隆元年詔，凡遇蠲免，以奉旨之日爲始。其奉旨之後，部文未到之前，有已輸在官者，準作次年正賦，永著爲令。二年，減蘇松浮糧。詳見"賦額"。四年，特蠲江南正賦一百萬兩，所蠲正賦之耗羨一概免徵。七年，免雍正十三年民欠地丁漕項銀米。十一年，全免地丁錢糧。十二年秋，潮溢，緩徵災田漕糧及漕項地丁銀。十五年，免未完耗羨銀十之六。十六年，免元年至十三年積欠地丁銀。二十一年，免二十年被災地丁銀三萬六千一百九十八兩有奇。二十二年，免二十一年以前積欠地丁銀兩，又免十年以前積欠漕項銀米及地漕耗羨。二十七年，免二十二年至二十六年因災緩徵及地丁各欠項。三十年，詔將江蘇等省二十五年以前節年因災未完蠲賸等款，並二十六、七、八等年因災未完地丁河驛等款，及二十八年以前因災未完漕項，暨因災出借籽種口糧，並民借築隄銀兩，概予蠲免。又將江蘇州縣二十八年以前熟田地丁雜款未完銀，一體豁免。三十一年，詔將各省漕米，照康熙三十年例，按年分省通行蠲免一次，白糧一體蠲免。又奉旨，辦漕各省州縣内，有徵收折色者，概予蠲免。是年，又從總督高晉等請，間府分免。松江等府輪，應三十二年蠲免。三十五年，普免錢糧。江蘇等省輪，應三十六年蠲免。四十三年，普免錢糧。江蘇等省輪，應本年蠲免。四十五年，普免漕糧。松江等府輪，應四十六年蠲免。四十九年，免江蘇未完地丁漕項等款。五十五年，普免錢糧。五十九年，水災歉收，緩徵銀米。六十年，免節年民欠及因災帶徵銀米。

嘉慶元年，普免漕糧。五年，免民欠口糧。十九年旱，緩徵災田地丁錢糧，并漕項漕糧銀米。二十四年，免二十二年以前積欠地漕銀。謹按，《府志》載，嘉慶間緩徵。本邑惟十九年旱，餘無考。

道光年間，歷奉詔，免積欠并因災蠲免緩徵。謹按，道光三年及二十九年俱大水，除應蠲免分數外，全行緩徵。至偏災減緩之年尤多，因案毁，不能詳載。

咸豐年間，歷奉詔，免積欠并因災蠲免緩徵。謹按，咸豐三年及十一年漕糧，俱因匪擾，全未徵收。其餘減成緩徵之年尚多，案毁不能詳載。

同治元年，免咸豐七年至九年民欠地丁錢糧，又免十一年以前民欠地漕暨各項雜税，又免本年錢漕。二年，免錢漕五成。三年，免錢漕二成，又免二年以前民欠地漕銀米、蘆課。又經户部奏請，將江蘇、安徽兩省，道光三十年以前豁免積欠錢糧，因造册未清，往返駁查，延未題豁者，一概免之。又請并免蘇州藩司所屬，道光十二年起至二十九年止，未完雜税正耗銀。又請申明流抵之例。

户部片奏。再蠲免之典，宣上德而通下情，恩至渥也。然地方官吏因緣爲奸，則中飽者多，而澤難徧洽。聖祖仁皇帝洞悉其弊，於四十五年蠲免江蘇等省詔内，有豁免已完在官、現年亦准扣抵之諭。至乾隆二年，復奉旨，將豁免錢糧，已輸在官，准流抵次年應完正賦一條，纂入《則例》，防弊已極周詳，原期官民共悉。無如各省州縣積習相沿，機詐百出。或停擱蠲免詔旨，先期催迫。或藉無流抵明文，闌入私橐。即或業户中偶請示遵，而官吏胥差互相聯絡，游詞飾説，巧爲欺朦，倚勢作威，肆其侵蝕。小民不諳條例，自顧身家，何敢結怨官府，致招罪戾。故遇免徵之年，追呼不已；已輸之賦，扣抵無期。及其詳覆院司，虚應故事，不過搆造情詞，便可了局。此外省歷届蠲免，難霑實惠之實在情形也。即如本年四月十八日蠲免江屬諭旨，有“流抵”字樣。正月初二日蠲免蘇屬諭旨，無“流抵”字樣。載與不載，厥例惟均。恐小民無知，或啓猜疑之竇，官吏藉端影射，巧索强取，由此而生，此弊之不得不防者也。擬請特降恩旨，申明定(倒)〔例〕。凡蠲免省分，其全年蠲免，先期輸官者，准其流抵次年應完正賦。其蠲免定有分數，先期全輸在官者，除應徵分數外，除應蠲免分數，亦准下年扣抵。倘官吏朦混隱匿，仍按律治罪。令各省大吏刊刻謄黄，徧行曉諭。以後遇有蠲免年分，請將此旨列入。庶幾恩不虚建，而欺隱之弊或可稍息。

四年，減蘇、松、常、鎮、太浮糧。詳見“賦額”。本年錢漕，仍免二成。八年秋，收歉，緩徵漕糧五釐，至九年冬帶徵。十一年，免六年以前民欠地漕銀米蘆課。十二年秋，收歉，免錢漕四釐。

光緒元年，免同治十年以前民欠地漕銀米蘆課。本年秋收歉，免錢糧五釐。

附録前代蠲緩之事

宋乾興元年，蠲水災民租。咸淳六年大水，免公田租。元中統四年，免民户包銀俸鈔。至元三十一年,免夏税有差。大德三年,免夏税十分之三。四年,免租税十分之一。明洪武九年,大水,免(曰)〔田〕租。十一年,水災,蠲歷年逋賦。永樂元年、三年、十二年,並蠲水災田租。宣德元年、七年,並蠲災田租。正統五年,水災,免折糧、秋糧有差。景泰五年,免漕糧若干石。成化七年,免税糧五分有奇。十年,免災田税糧。弘治五年,免四年税糧。正德七年,旱,免秋糧有差。十四年水,免夏税有差。嘉靖四年,免帶徵錢穀。七年,被災,免全税。二十年、二十二年,並免被災税糧。萬曆七年,水災,免各項税糧。十七年,免災田税糧。崇禎五年,旱,蠲逋賦。十四年,大旱,蠲漕米改兑麥,折三分。

田畝賦額

宋紹熙四年,華亭夏税一十五萬三千三百五十三貫一百一十五文,秋苗秔米一十一萬二千三百一十六石九斗一升四合六勺一抄,實數六萬七千餘石,縣官歲督纔三萬八千石。時華亭未分上海,實爲今松江一府之地分。計今南邑境所輸,不滿一萬。《府志》按,《雲間志》李璋《濟民倉記》云:治平三年,歲輸公租一十一萬有奇。似與紹熙所徵秋苗之數合。又云:爲(敖)〔廒〕十八,容受十二萬。似實徵十一萬有奇者。而舊志於秋苗下則云:實數六萬七千餘石,縣官歲督纔三萬八千石止。豈公租爲公田之租,而非秋苗之税耶?宋代賦税田則之制,不見舊志。惟《嘉熙便民省劄》内云:田一萬九千八百六十九畝,合管秋苗一千一百六十六石三斗,夏税九十八貫六百一十文。地蕩七千六百一十二畝,合管夏税三十二貫二百三十文。是每畝所徵,約五升八合六勺九抄有零。夏税約每畝五文而弱。地蕩僅徵夏税,無秋苗也。《安濟院碑》所載畝角苗税各數,如中田一十二畝一十三步,税五十文,苗米七斗一升,是每畝五升有零。下田六十三畝三角五十七步,税七十七文,苗米二石八斗一升,是每畝四升有奇也。中田、下田之課,約以一升爲差。又北九鄉下田二百七畝有奇,中田二十六畝有奇,上田七畝有奇,納税一匹七百二十六文,苗米一十一石三斗九升。南四鄉下田三百八十一畝有奇,中田一百二十二畝有奇,中地一十八畝有奇,納税兩匹二百一十二文,苗米一十六石四斗六升。畝數幾贏其半,而税僅多二百餘文,米僅多五石。是南四鄉苗税,輕於北九鄉也。端平元年,實徵秋苗米五萬七千八百一十石。是時,華亭令楊瑾行經界法。其籍自畝之圍則有歸圍簿,自圍之保則有歸保簿,自保之鄉則有歸鄉簿,自鄉之縣則有都頭簿。田不出圍,税不過鄉。景定四年,加徵一十五萬八千二百石有奇。并紹熙舊額,共二十七萬五百一十六石。是時,宰相賈似道行買公田法。其法以會子及官誥度牒買民田,用免和糴,遂益糧如右。租(飢)〔既〕太重,民不能堪。太學生葉李、蕭規上疏,論之曰:公田之害,慘於青苗;似道之罪,浮於安石。

元至元二十四年,括勘税糧四十五萬八千九百三石。二十七年,割華亭東北五鄉立上海縣。大德六年,没入朱清、張瑄田。延祐二年,悉以上、中、下三等分則,計畝起科,前後續增夏税、秋糧,至七十四萬五千餘石。各色鈔錠、絲緜,在外視宋末幾增二倍。泰定二年,從邑丞鄧伯川請,以豆麥準秋糧,著爲令。

楊彌昌《上海苗糧改科豆麥記》畧

國朝於松江置府,割華亭縣五鄉立上海縣。其地瀕海,潮汐蕩激,挾沙土於畎澮,致滷瘠之壤,日積以亢,川流不通,高昌、長人兩鄉尤甚。穀不宜稻,農惟仰食豆麥。遇旱,則莽爲不毛之墟。(大)〔夫〕何田下而賦上,以石計四十萬有奇,概科秔糧與沃壤等。有司峻期取盈,富有力者轉糴以輸,貧無所措,則里正代償,因而破蕩轉徙,邑民重困。真定鄧公伯川爲斯邑丞，至治二年秋，行田檢災，慨然建議，請易米以豆、麥，以從土宜，紓民力。嘉興路治中壽之高公上其議於行省。未幾，鄧公以廉能，選爲行省掾史。爲之力陳民瘼，上官惻然。遄俾銜命上中書亦及斯事，公又昌言於政事堂，拳拳爲疲民請命，乃下其議於地官，迄獲從請。

天歷二年，收下沙竈户瞿時學等沙塗田糧。至正十年，詔水深長蕩，有額無徵，盡爲蠲免。知府王克敏以助役閉償，格不奉命。元代松郡田有陷江、陷海、抛荒、積荒，水深長蕩，有額無徵，無田虚包等色事，故其糧皆第役分償，名曰均賠。至是詔免，而仍格不能行。十五年，定壄上海縣官民田土二萬一千三百九十頃七十三畝六釐五毫，額徵夏税絲五百六十九斤一十五兩一錢八分八釐。除鹽場外，實徵四百三十斤一十五兩二錢九分七釐。緜一百九斤六兩一錢四分九釐。除鹽場外，實徵九十三斤一十五兩二錢四分四釐。麥，五萬七千六百一十九石三斗六升六合。除鹽場外，實徵四萬五千四百四十五石五斗八升九合。秋税秔米、糯米。三十二萬六千一石七斗八升一合四勺。除鹽場外，實徵二十五萬六千八百一十三石六斗七升八合四勺。鈔。一千二百七十五定二兩七錢三分。

明洪武二十四年，定壄上海縣官民田地、山池、塗蕩二萬二千六十二頃四畝七分八釐八毫。額徵夏税大麥三千九百七石四斗二升九合五勺，小麥六萬七千五百六十石三斗一升九勺，絲三千七百八兩有奇，緜，一千二十七兩有奇，鈔。五千八百九貫有奇。秋糧秔米二十三萬三千七百一十七石九升九合五勺，糯米二百三石三斗，赤米二十六萬二千六百一石四斗九升四合五勺，黄豆七萬二千一百四十三石三斗三升四合五勺，斑豆四千二百一石一斗四合三勺，赤榖。六百五十五石七升二合一勺。宣德五年，敕諭各處，舊額官田，起科不一，農民弗勝。令每田一畝舊額納糧自一斗至四斗者，各減十分之二。自四斗一升至一石以上者，各減十分之三。上海共減夏税秋糧米麥豆榖十二萬八千三百石有奇。宣德八年，巡撫周忱奏定加耗折徵例。洪武、永樂中，税糧額重，積欠數多。至宣德七年，定撥起運米四十三萬九千，實納止六萬六千有奇。每正糧一石，徵平米至二石，而猶不足。忱奏定加耗之例。上海有徵正糧，每石徵平米一石九斗，凡夏税麥、豆、絲、緜，户口食鹽、馬草、義役、軍需、顔料、逃絶、積荒、田糧起運脚耗，悉於此支撥。其折徵之例，金花銀一兩一錢準平米四石六斗，或四石四斗。闊白三梭布一匹，準平米二石五斗，或二石四斗，至二石。闊白緜布一匹，準平米一石，或九斗八升。已上於重則官田上照糧均派，俗名輕齎，白熟秔、糯米每一石，準平米一石二斗。於輕則民田上照糧均派。先是洪武三十年，以蘇松糧重，許折輕齎，周忱之論本此。天順元年，巡撫李秉改定加耗例。六斗以上田，止徵正額。五斗以上田，每石加一斗五升。四斗以上田，每石加三斗。三斗以上田，每石加六斗。二斗以上田，每石加八斗。一斗以上田，每石加一石五升。五升以上田，每石加一石一斗五升。其折徵之金花銀一兩，準米三石四斗。三梭布一匹，準米一石五斗。緜布一匹，準米七斗五升。至二年，巡撫崔恭仍依舊例加耗。其折徵則畧同此例。弘治八年，巡撫朱瑄定分鄉論田加耗例。上海東鄉每畝加斗一升，中鄉斗三升，西鄉斗五升。後又分東鄉沿海每畝加一斗，不沿海加斗一升。中鄉斗三升，西鄉斗六升。十一年，巡撫彭禮復論糧加耗。十五年，又分官田、民田，改定加耗例。官田論糧加耗，每石徵平米一石六斗。民田論田加耗，每畝徵耗米一斗二升。正德二年，巡撫艾璞重定論田加耗例。東鄉每畝加七升，中鄉加斗一升，西鄉加斗四升。六年，巡撫張鳳復論糧加耗并銀布折徵舊例。派徵錢糧，俱照巡撫周忱所行則例，不分東、中、西三鄉，一概糧上加耗。金花銀兩、布匹，先儘重則官田。每銀一兩折米四石，粗布一匹折米一石，細布一匹折米二石，白銀一兩隨時定價。其上、中、高户，俱派與本色秔糯等米。陸深曰：加耗二字，起於後唐。明宗入倉，見受納主吏折閲，乃令石取二升，爲鼠雀耗。我太祖則每斗起耗七合，石爲七升，蓋中制也。江南糧税，每石正米上加耗已至七八斗，蓋并入雜辦，通謂之耗，意不止於鼠雀爲也。近時巡撫乃於田畝上加耗,則漸失初意矣。嘉靖十六年,《府志》作九年。禮部尚書顧鼎臣請清查版籍,巡撫歐陽必進、知府黄潤議,以八事定稅糧。一曰以原額稽其始。官民田若干畝,徵米若干石、麥若干石。二曰以事故除其虚。除公占田地若干畝,不納米鈔蕩若干畝。三曰以分項別其異。官田地五斗以上不起耗田若干畝,一斗以下至四斗以上加耗田若干畝,民田地加耗田若干畝,坍損拋荒折銀田地若干畝,累賠寄莊折半官田若干畝,先年召佃抵斗納租官田若干畝,天順後召佃還租官民田若干畝,原勘板荒、無人開種官田若干畝,告勘納銀、積荒草蕩若干畝,拋荒告墾、納米二斗官田若干畝,積荒復熟、納積官田若干畝,白水蕩田若干畝,積荒納銀田若干畝,開墾、公占、拋荒等項還租田若干畝,荒熟不常、折半徵輸田若干畝,實荒折納草價田若干畝,告墾免稅田若干畝,夏稅科麥不科糧田地若干畝,得業柴蕩若干畝,新漲沙塗若干畝,傍江蕩若干畝,開蕩成田若干畝,科鈔不科糧得業蕩若干畝,起科得業蕩若干畝,瘦薄蕩若干畝,召佃還租一斗九升田若干畝,開蕩得業麥地若干畝,量出多餘蕩若干畝,坍江、坍湖、積荒鈔蕩若干畝,告墾免稅蕩若干畝,不納米未開塗若干畝。四曰以歸總正其實。額徵平米若干石,除納銀平米若干石,該本色米若干石,折色銀若干兩,練兵銀若干兩。五曰以坐派起其運。户部坐派本色米若干石,折色銀若干兩,馬草若干束,鹽鈔若干兩,小麥若干石,絲絹若干匹,料價若干兩。六曰以運餘撥其存。起運秋糧外,該存留本色若干石,支派某項。折色若干兩,支撥某項。七曰以存餘攷其積。存留本、折二色,派餘正數及削并畸零,謂之羨餘,俱積儲備用。八曰以徵一定其額。凡金花白銀、粗細布價,一例均攤。各衙門正耗白糧外加春辦等項,省去頭緒,止作本色糧米、折色白銀兩項派徵。十八年,盡括官民田地,不分等則,一以三斗起徵。時又有綱銀、一條鞭、一串鈴諸法。綱銀者,舉民間應役歲費丁四糧六總徵之,易知而不繁,猶網之有綱也。一條鞭者,以府州縣十歲中兩歲運存之額,均徭、里甲、(上)〔土〕貢、僱募、加銀之額,通爲一條,總徵而均支之。一串鈴則夥收分解法也。隆慶二年,巡撫林潤奏請丈田均糧,以蘇民困。以僉事鄭元韶專管履畝清丈,悉去官民召佃之名。分作上、中、下三鄉,每畝均科正糧二斗五合,各輕重其加耗以爲等則。上鄉每畝加耗九升,中鄉六升,下鄉三升。近海田地悉免加耗,塗蕩地漊科無耗。平米自一斗五升至五升,亦分三等。荒瘠山田,加倍準折。田有字圩號數,册有魚鱗歸户。至今,田額以是爲準。丈量之法,先分某鄉、某保、若干區、若干啚,每啚以支河分劃爲圩,編立字號。一圩之田,又各以隄岸分劃,自一號起至某號止,令主户各立標田。次乃隨其長短廣狹,以六尺爲步,四周度之,繪圖於册,而書之曰某鄉某保某區某啚某字圩某號田若干畝,四至步尺若干,主户某甲。書畢,即偃其標。積號爲圩,積圩爲啚,以次相比,名爲魚鱗圖册。其田易主,必開寫原户某今某,雖更數姓,仍存丈量時主户名,謂之歸户。自是科則簡明,田數畫一。凡里胥飛走隱漏之弊,於是絶矣。時知縣張嵿建議以官户立官甲,米自兑軍,銀自赴比,不累催役,尤爲良法。萬曆元年,析華亭、上海地復建青浦縣。先於嘉靖二十一年分立,至三十二年罷,至是復建。上海存田一萬五千一十三頃四十七畝有奇,十年復丈,實存一萬四千九百四十七頃七十五畝有奇。徵正耗平米四(千)〔十〕萬八百石有奇,十年,實徵平米三十九萬七百四十二石有奇。另徵練兵銀七千七百五十八兩有奇,貼役銀二千四百三兩有奇。均於稅糧外加編。又徵均徭銀一萬三千五百四十八兩有奇,里甲均平銀三千七十五兩有奇。俱於稅糧外,照丁田均派。每一丁,準田一畝五分。五年,巡撫胡執禮重定里甲貼役法。革庫子、巡攔,而改弓兵役,悉爲銀差。里甲則革里夫,餘皆徵銀,官爲撥給供應。時議七十畝加銀一兩,給事中林景暘上書力争之,得減十七。十七年,兵備副使李淶釐定經賦册,復五錢折銀,凡折平米四萬六千九百一十三石有奇。十九年,加編兵餉銀,每畝三釐。四十三年減編二釐六絲,四十六年加編三釐五毫。二十年,會計除折平米納折銀二萬二千五百兩有奇,抵作起運外,實該本折米三十四萬四千一百九石有奇。每石派本色米四斗五升二合,每折色銀二錢六分四釐三毫。實徵本色米十五萬五千五百三十七石有奇，折色銀十一萬一千四百三十三兩有奇。加編兵餉銀、解損銀、貼役米不在此數。四十八年，定墾田地，除免科外，實存一萬四千八百五十四頃二十三畝有奇。徵本色米十四萬三千三百七十石有奇，折色銀十二萬六千八百二十七兩有奇，另編練兵銀七千八百六十一兩有奇，貼役解損銀五千七百七十七兩有奇。是年，加派邊餉銀，每畝五釐五毫。户部三釐五毫，兵、工二部各一釐，并原派三釐五毫，共九釐，時謂之九釐地畝銀。崇禎十二年，楊嗣昌督師剿寇，議加練餉銀，每畝概徵銀一分。郭《府志》云：松郡加賦，始於嘉靖甲寅倭亂。萬曆中，兵餉不敷，又每畝加編，末年增至九釐一畝，民(因)〔困〕已極。嗣昌建議驟增一分，逞臆掊斂。其後治兵無效，懷宗深知其害，旋行蠲免，而民心已離矣。

國朝順治二年，平定江南，以萬曆中賦額起徵。時上海縣田地、蕩漊一萬四千八百五十頃八十二畝有奇，除免科、公占、義冢等二十三頃二十四畝有奇，實在有徵田地、蕩漊一萬四千八百二十七頃五十八畝有奇，十四年，定墾城濠官地。升科後，共一萬四千八百二十八頃五十六畝有奇。準熟田一萬四千七百一十三頃四十二畝有奇。十四年，共一萬四千七百一十三頃五十九畝有奇。科平米三十八萬八千三百九十九石有奇，十四年，三十八萬八(十)〔千〕四百四石有奇。徵本色米十三萬三千九百七十七石有奇，折色銀十一萬九千九百三十兩有奇，本年蠲七徵三，止徵米四萬一百九十三石有奇，銀三萬五千九百七十九兩有奇。折色兵餉三萬三千六百九十一兩有奇，本年蠲四徵六，止徵二萬二百一十四兩有奇。均徭里甲銀九千六百二十五兩有奇，本年蠲七徵三，(上)〔止〕徵二千六百六十六兩有奇。續編徭里協濟科場銀二十五兩有奇。四年，復徵九釐地畝銀。此項至雍正三年減賦後，尚存每畝六釐三忽有奇。康熙元年，巡撫韓世琦飭行均田均役，嚴革經催。至五年，婁縣知縣李復興始按實舉行。時上邑自十六保至三十保爲保十五，爲啚三百九十四，不等則田蕩一萬四千七百餘頃有奇，均攤配搭，分爲十保，保三十區，區一百甲。均啚之法，不(綸)〔論〕紳衿民户，一並照田編甲。田必入啚，啚無虧田。并田之法，如一人有數百畝，(生)〔坐〕落不等區啚。即以不等之田，彙歸本户。均徭之法，不論紳衿民户一體當差，總入條編内。(鋪)〔銷〕啚之法，按田按户，編歸一甲，各照徵輸。徵輸之法，注明某區啚甲户某，月限銀若干。分户之法，田隨户轉。若有授受，即據契分出，各照户完納。十三年，布政司慕天顔飭徧行各屬，勒石永遵，并立徵收截票之法。十九年，婁縣知縣史彬行銷圩法，而均編法始備。又詳革押差名色，止用紙皁、傳催各項。錢糧册籍俱存内衙，查算不假手吏胥，完欠絲毫不爽。除革區差相見錢、望限錢、酒席酬勞等項，及歇保大小二熟抽豐、歲終送禮、柴薪飯米等項。四年，巡撫韓世琦請減蘇松田賦。

韓世琦疏畧

(則)〔財〕賦之重，首推江南；江南之中，蘇松爲最。按宋時定江浙稅法，每畝不出一斗之外。考之《郡志》，蘇州三十餘萬，松江二十餘萬。其後因行公田，賦法雜亂。元初，仍宋之舊。延祐中，增定賦額，蘇州至八十餘萬，松江七十餘萬。末年，張士誠竊據，徵尤無藝。明洪武初，克士誠，怒民附寇，乃取豪族所收佃户(祖)〔租〕簿，作田賦之數，蘇州多至三百餘萬石，松江一百四十餘萬石。建文二年，詔云：蘇松準私(祖)〔租〕起稅，特以懲一時頑民耳，宜悉與減免。未幾，永樂革建文之政，蘇松復罹重賦之厄。宣德、正統間，逋賦日甚，巡撫周忱奏減蘇州秋糧七十餘萬，松江三十餘萬，而存額尚重。然其時之完於官者，歲不過十之五六。故終明之世，完及七分者，即爲州縣上考。我朝盡革故明弊政，獨蘇松賦額尚仍，蘇州二百五十餘萬，松江一百二十餘萬。

竊觀疆域田土，古今無異，今税賦之徵即未能追宋以前之太輕，獨奈何三倍於元初乎？在故明徒有虚額。今司農但按《全書》有一項之編徵，即有一項之撥解，考成必責十分。自順治二年至康熙元年，積逋動盈千萬，守令斯土者席未暇暖，褫革旋加。康熙二三年，臣竭心力，多方勸懲，僅能如額。斯實迫於功令，不得不令民剜肉醫瘡，而揆諸撫字之職，負罪實深。竊恐繼此以往，民力愈絀，必致填於溝壑，流於四方。伏念皇仁如天，去歲免順治十五年以前逋賦，今歲盡蠲十八年以前錢糧，臣愚以爲，議蠲於催徵不得之後，孰若施惠於浮賦難完之先？特將二府錢糧，酌仿元初賦額，兼照各省科則。如以目前軍國多需，且乞依常州接壤之則定科，蘇民(因)〔困〕，則召天休，永培國本於億萬斯年矣。

按此疏之後，康熙八年，御史施維翰乞准韓世琦前疏，特減蘇松賦額。十年，巡撫馬祐因臺臣條奏長洲等州縣從無陞任之官一案，奏蘇松之民受病最切，蘇松之吏受累最深，請比江西袁、瑞二府減免。給事中嚴沆亦有奏疏。十一年，御史孟雄飛因停徵恩諭，請逐減免浮糧。十三年，(在)〔左〕都御史吴正治奏清查善後之策，莫若減蘇松浮糧，照常州府一例起科。江蘇布政司慕天顔亦奏請酌減浮糧。二十一年，慕天顔爲巡撫，再申前疏。工科任辰旦亦奏請減額。二十四年，巡撫湯斌奏乞集議減定蘇松賦額，并請另立賦從重地州縣官考成例。

二十九年，奉上諭：蘇松浮糧一事，朕刻刻在心。此明之弊政，豈可踵而行之。其會同九卿詹事科道，詳議以聞。雍正三年，怡親王請酌減蘇松浮糧。奉旨：覽管理户部事務怡親王等所奏，具見勤求民隱、爲國推恩之意，正應户部辦理之事。蘇松浮糧，當日部臣從未陳奏，常厪皇考聖懷，屢欲施恩議減。乃彼時大臣，以舊額相沿已久，國課所關綦重，恐損上益下，非理財之道，故以不應裁減，固執覆奏。凡國家大事，因革損益，必君臣計議畫一，始可舉行。若皇考違衆獨斷，既非詢謀僉同之義，且恐一時減免，倘後來國用不足，又開議論之端，只得從衆議中止。然猶軫念蘇松誕敷渥澤，屢蠲舊欠，以紓民力，其數較他處爲多，是亦與裁減正額無異也。今怡親王等悉心籌畫，斟酌奏請，甚爲可嘉。朕仰體皇考愛民寬賦之盛心，准將蘇州府額徵銀蠲免三十萬兩，松江府十五萬兩。《論語》曰："百姓足，君孰與不足。"《周易》曰："損上益下，民説無疆。"朕但願百姓之足，時存益下之懷。用是特沛恩膏，著爲定例，俾黎民輕其賦税，官吏易於催科，可飭令該地方知之。時上海蒙減銀四萬九千七百二兩有奇。計分縣後南邑田數，應蒙減銀二萬八百四十六兩有奇。

怡親王疏畧

我朝平定海内，悉除前明苛政，各省賦税，凡嘉靖以後加增者，概行蠲免。惟蘇松二府，明代屢增之額，因未經詳晰奏請，至今仍舊。伏查蘇州條折兵餉徭里人丁匠班隨漕經費等項，歲徵銀一百六十二萬六千九百兩零，松江八十三萬三千五百三十兩零。蘇州正耗漕白等項，歲徵米九十七萬五千二百三十石零，松江四十一萬八千五百八十石零。其歲徵額米，歷年以來，民間輸納完者居多，且天庾正供，兵食攸關，無庸請減。惟額徵地丁銀項，每至次年奏銷之期，蘇州一府民欠必至三十餘萬兩，松江一府十五六萬兩，積累數年。幸遇曠典，蠲免宿逋至數百萬兩，而數年之内糧户日受追比之苦，地方官亦因承追而罷去者多矣。此雖有額徵之名，而無額徵之實也。我皇上心周蔀屋，洞照萬里。江西南昌府屬浮糧，已蒙恩旨，酌減寬免。今蘇松浮糧，事同一體，從來加浮之額爲數太多，或應酌減幾分，仰候皇上欽定。

雍正四年，以總督查納弼題請，分上海長人鄉置南匯縣。編審上下二鄉，共五保、二十五區、一百六十六啚。田地蕩漊通共七千九十二頃九畝六分八釐九毫，除公占、義冢、車路等免科田共八頃八十一畝三分二釐四毫，又坍没豁糧田五頃八十五畝七分九釐三毫，又撥入鹽司倉基三十五畝八分二釐九毫，新陞不等田蕩共四十七畝八分一釐三毫，實在上下二鄉新舊不等田蕩共七千七十七頃五十四畝五分五釐六毫，準熟徵糧田共七千三十四頃二十五畝九分八釐三毫。胡《志》按，乾隆三年，考訂《賦役全書》分管原編項下，實在有徵不等田地蕩漊共七千七十三頃四十畝三分一釐四絲，準熟田七千三十四頃二十五畝九分八釐三毫。雖與舊志不符，然徵額以此起算，故詳列之。共科正耗平米一十六萬八千五百七十三石三斗四升九合，内徵糧項下實徵本色起存米七萬六百一十七石三斗六升七合，遇閏減編米三十石一斗一升七合。徵糧項下税糧銀、漕贈十銀，及折糧項下平米折銀，又二項派徵九釐地畝銀，除減免外，實徵起存條編銀七萬三千七百九十一兩二錢七分一釐九毫，遇閏加編銀四百五十一兩二錢六毫。攤徵人丁銀七百九十兩八分一釐五毫，遇閏加編銀一十八兩二錢一分一釐七毫。匠班銀一百二十二兩九錢五分八釐外，不在丁田雜辦。除義米折外，實徵銀六十八兩七錢七分。《賦役全書》載：乾隆三年，徵本色米六萬九千七百三十三石五勺，遇閏減米三十石一斗一升七合九勺。徵折色銀六萬二千八百四十七兩七錢五分，遇閏加銀四百五十一兩二錢一釐。六年，總督田文鏡奏准耗羨歸公。江蘇正雜錢糧，概以加一納耗，各官養廉、地方公費，咸取於此。按，此款於乾隆元年起，每兩減五分。乾隆二年，奉上諭，蘇、松浮糧，已蒙世宗憲皇帝特降諭旨裁免四十五萬兩，以紓民力。但江省糧額尚有浮多之處，著再加恩免額徵銀二十萬兩。該督撫確查詳核，務使均匀，俾民得沾實惠。南邑奉減額銀九千八百六十二兩有奇。是年，又奉恩旨，減辦白糧經費銀米。十年，工部侍郎范燦奏江南下江收漕弊竇，奉旨嚴行釐剔。如有仍蹈故轍者，必重加處分。十五年，奉豁坍没公占田蕩一十頃七十七畝九分八釐六毫八絲三忽，準熟田九頃七十五畝九分一釐四毫二絲一忽。蠲本色米一百一十四石六斗二升二合二勺，折色銀一百兩七錢四分六釐。十七年，總督尹繼善申明禁革收兑漕糧積弊，詳議規條，通飭各縣勒石。一，下江徵收漕糧，遵奉督憲尹於蘇撫任内，奏定章程。每石隨正交納費銀六分，照現今錢價八折，收錢四十八文，不許收銀，以杜重戥稱收之弊。其所收費錢内，給丁二十四文，爲(準)〔津〕貼兑□諸費。存縣二十四文。内酌留二分，爲修理倉廒、置備蘆蓆、器具及詳定協貼蠲項一切雜用。其餘一分，給發漕總、記書，爲紙張費。收脚錢四文，水次離倉遠者，每十里遞加錢二文。此外毋許多收粒米分文。至錢價低昂無定，仍應隨時詳報增減。一，漕糧例應官收官兑。印官駐宿倉場，親驗米色。如果乾圓潔净，立時斛收，給串寧家。倘故意憎嫌，篩颺刁蹬，明加暗扣，浮收斛面，并在倉人役勒索入廒錢、篩搧錢、斛錢、脚錢、飯錢、酒錢、票錢、鋪墊等錢，及呈樣米、順風米、養斛米、鼠耗等米，以及籍稱積穀按石勒捐，巧立種種名色，婪索分肥者，定行分别參處。一，漕總、記書，務選殷實樸誠者秉公僉點，由府核實，加結報道。著辦本官不許勒取朱價、贄禮、册費、隨禮、門包等項。點定之後，漕總專司文移，記書止許在倉登記收數。印官不得稍授權柄，致使朋比作奸。仍嚴加查察，如有包攬、浮收、舞弊之事,立即按律究處。倘印官婪收規禮,縱容滋弊,定行嚴參治罪。一,本府遵照部頒小口鐵斛製造,送道較準印(恪)〔烙〕發用。印官隨時稽察,每晚弔存内宅封貯。倘有敲鬆撬薄,任意大小,暗中巧取等弊,定行官參役處。一,漕倉遵例辰開酉閉。凡米到倉,插旗編號,挨次斛收。如遇米多,即多開廒口分斛,總在本日斛完。毋許後先攙越,躭擱守候。倘有挨至暮夜,米不收完,仍然斛收者,明係弊混,嚴拏漕記,從重究處。一,糧户完米,務須親身赴倉交納,毋許米行、鋪户□價買米包交。糧户運米到倉,自行平斛響擛。毋許漕記人等,執擛動斛,脚踢手捺,嚷閙勒揹。斛外餘賸零米,悉令糧户掃回,不許在倉人役擅取顆粒,違者重究。一,漕糧例禁折乾。而行月耗贈米石,亦悉應本色上船,過淮聽候漕督盤驗。倘州縣希圖折乾浮滿,預先并廒,各幫違例折收,不行上船者,縣幫官吏、弁丁,一并參處。一,州縣任胥,雇用積蠹,斛夫斗級,盤踞倉場,飛爬走擛,斛成虚角凹面鷄窩等弊,有累軍旗者,歷奉嚴禁,盡行革除。如敢潛藏,察出重究。一,各幫弁丁赴次兑糧,驗米色乾潔,立時收兑,不許借端延揹。每日將上船米若干石,先給鈐記收票一紙,移送州縣。俟兑竣之日,即將通關(來)〔米〕結,徑交州縣查收,方許開行。如無故遲延不兑,或兑竣不交通關米結,許州縣通詳以憑拏究。至軍旗除三分漕費之外,不得多索絲毫。一應兑費心紅、程儀、鋪設、樣米、綱司、水手、貼銀、貼艙、鼠耗、尖米、合米、交席板、穩跳、演戲、酒席、花紅、後文等陋規,永行禁革。犯者,弁参丁處。一,監兑廳員,偏歷水次,親驗米色,稽察縣幫弊竇,秉公查究,毋許徇庇,并不許索要兑例、心紅、夫價、鋪設、樣米、通關、席面、中伙、較斛、提斛、跟役、催兑、開兑等陋規,違者參處。一,南米原係隨漕一條鞭徵收,並無區别。乃州縣官,以漕糧考成較嚴,將當年徵完米石,先儘起運。餘爲南米續徵另徵,或高斛面,或(將)〔暗〕扣明加,甚至重價折乾,實爲民累。嗣後徵收南米,務照漕糧,畫一辦理。該管府州嚴加查察,如有浮高加扣及折收等弊,立即嚴拏參究。以上各條,係就漕務緊要大端臚列開陳。總之,除額定漕費、脚錢之外,縣幫並無應得之銀米。如有多取顆粒分文者,即屬贓私,照所犯輕重,分别參究,定不寛貸。二十年,奉豁義冢公占寺基熟田三十九畝四分二釐九毫,蠲本色米三石八斗七升二合四勺,折色銀三兩五錢七釐。二十四年,總督尹、巡撫陳,酌定徵收條丁章程,通行勒石。一,市平各縣不同,一縣之城鄉、村鎮,亦各不同。惟曹法爲十分之市平,減一分即九九平,減二分即九八平。此曹法久爲通行之市平,商民皆知。今完條丁每曹法一兩,加平二分,即爲庫平。〔一〕,紋銀每曹平一兩,加平二分,又加耗五分,傾寶火工折耗一分,飯食解費一分,共曹平一兩零九分。完條銀一兩,連耗在内。一,民間不能盡皆紋銀,有將實在九九色銀,向匠鋪完納條丁者,除加平二分,加耗五分,加傾寶火工折耗一分,飯食解費一分,另加色一分。完條丁一兩,連耗在内,九八、九七、九六、九五、九四每色遞加。一,業户有紋銀庫平者,聽其自封投櫃,匠鋪不得把持,櫃書不得揹勒。已足之封,不得濫捉短封。如有願交匠鋪代納者,亦聽其便。匠納之封,逐封秤足折兑,不得令銀匠折於正耗之外,另繳并平銀。一,以錢交納,每條銀一兩,完錢八百八十文,連年錢價不相上下。如遇過昂過賤,另行增減詳定。一,换錢庫平紋銀一兩,價至八百二十文以外者,詳明候示。一,票錢。每票取錢三文,不及一錢者,不收票錢。五十二年,奉豁坍没田蕩一十三頃九十三畝七分八釐,準熟田一十三頃三十畝二分三釐七毫。蠲本色米一百五十九石七升四合五勺,折色銀一百三十九兩四錢三分。自分邑至此,除歷次奉豁外,實存田地蕩漊七千四十八頃二十九畝一分一釐四毫五絲七忽,準熟田七千一十頃八十畝四分二毫七絲九忽。共科平米一十六萬七千九百九石一斗九升一合三勺九抄三撮五圭,實徵本色米六萬九千四百五十五石四斗三升一合四勺,遇閏減米二十九石九斗九升八合。實徵折色銀六萬二千六百四兩六分七釐,隨徵五分耗羡銀三千一百三十兩二錢四釐,遇閏加銀四百四十九兩四錢五分四釐。耗羡銀二十二兩四錢七分三釐。據《府志》,與乾隆六十年《賦役全書》合符,胡《志》米數亦同。其銀數徵六萬三千五百八十五兩八錢七分六釐,每兩加耗銀五分,共三千一百七十九兩二錢九分四釐,門攤漁課銀在内,遇閏加徵銀四百六十七兩六錢六分七釐。嘉慶十四年,奉豁坍没田一十頃三十一畝三分三釐一毫,準熟田一十頃九畝五分三釐四毫。蠲本色米一百二十四石五斗三勺,折色銀一百八兩六錢一分九釐。前《志》此條於蠲本色米下、耗羡銀下,俱作南匯,而豁免田數及折色銀下,誤作青浦。今據《賦役全書》核前後田數,確係南邑。十五年,川沙同知改設撫民廳，劃分十七保三區，十二啚、十三啚、十五啚。二十保一區，十六啚、十八啚。二區，九啚。三區，四啚、七啚、二十五啚。四區，五啚。共不等田蕩四百六十七頃二十一畝二分三釐七毫，準熟田四百六十六頃八十六畝二釐五毫八絲四忽隸之。《川志》分管南匯田數，少熟田一十四畝六分有奇，因除去嘉慶二十四年蠲免公占義冢。本邑實存田蕩六千五百七十頃七十六畝五分四釐六毫五絲七忽，準熟田六千五百三十三頃八十四畝八分四釐二毫九絲五忽。共科平米一十五萬六千六百八十七石二斗三合八勺六抄一撮五圭，實徵本色米六萬四千七百六十五石四斗七升一合，遇閏減米二十七石九斗七升三勺。實徵折色銀五萬八千四百一十八兩三錢九分二釐，隨徵五分耗銀二千九百二十兩九錢二分，遇閏加銀四百一十九兩九分八釐，耗銀二十兩九錢五分六釐。道光元年，奉豁嘉慶二十四年續報義冢熟田五十八畝六分七釐二毫，實存田蕩六千五百七十頃一十七畝八分七釐四毫五絲七忽，準熟田六千五百三十三頃二十六畝一分七釐九絲五忽。應科平米一十五萬六千六百七十二石四斗八升八合四抄一撮五圭，應七合九勺八抄一撮五圭，因折糧項下多列六抄，同治四年更正。實徵本色米六萬四千七百五十九石三斗二升九勺，遇閏減米二十七石九斗六升七合七勺。實徵折色銀五萬八千四百一十二兩八錢八分五釐，隨徵耗銀二千九百二十兩六錢四分五釐，遇閏加銀四百一十九兩五分七釐。耗銀二十兩九錢五分四釐。道光十年《賦役全書》。咸豐間，徵額準此。同治二年，光禄寺卿潘祖蔭、福建道監察御史丁壽昌，並有請減浮糧之疏。奉旨户部議奏。時總督曾國藩、巡撫李鴻章，亦以減賦入告。奉上諭，據曾國藩、李鴻章等奏報，克復松江府及太倉州地方。陳及該處百姓，被賊殘虐，爲數百年來所未有。各廳州縣田畝拋荒，著名市鎮悉成焦土。雖窮鄉僻壤，亦復人煙寥落。連阡累陌，一片荆榛。居民間有孑遺，顛連窮困之狀，有不能殫述者。覽奏情形，曷勝憫惻。因思蘇、松、太三屬地方，爲東南財賦之區，繁庶甲於天下，而賦額亦爲天下最重，比諸他省，有多至一二十倍者。良由沿襲前代官田租額，且自宋、明兩代籍没諸田，皆據租籍收糧所致。嘉靖中，又令各州縣盡括境内官田民田，分攤定額。蘇松等屬田賦，至比官田通額，亦皆大有增加。我朝順治年間，即經明奉聖諭，以故明讐怨地方，加糧甚重，我朝何可踵行，飭由地方官詳察具奏。嗣於雍正、乾隆間，迭奉恩旨，以蘇松浮糧施恩議減，將蘇州府額徵銀蠲免三十萬兩，松江府十五萬兩。又江蘇省糧額浮多之處，加恩免徵銀二十萬兩。仰見我祖宗軫念民艱，至深且厚。國家承平，百餘年來，海内殷富，江蘇自乾隆年間辦理全漕者數十年，固由民力之充，亦屬民心之厚。及道光年間，兩次大水以後，各州縣每歲荒歉，加恩蠲減，遂成年例。嗣是每年徵收之數内，除官墊民欠，率得正額之七八成或四五六成不等，民力殆已難堪。及至粤逆竄陷該省，焚燒殺掠，民盡倒懸。幸自上年官軍克復松江，本年克復太倉。現方飭令統兵大臣等，進取蘇州，救吾民於水火。而各地方經賊荼毒，雕瘵至極。若不將該各府州縣屬數百年浮糧積弊，仰體列聖深仁厚澤，大爲核減，無論民力斷有不堪，即使勉强減成輸納，何以慰如傷之隱，而施浩蕩之仁？且令官紳胥吏徒營中飽，尤爲弊之甚者，亟宜因此時會痛加埽除。所有蘇州、松江、太倉三府州屬糧額，著兩江總督曾國藩、江蘇巡撫李鴻章督飭司道設局，分别查明各州縣情形，折衷議減，總期與舊額本輕，毋庸議減之常州、鎮江二府，通融核計，著爲定額。先自松、太創行,即以此後開徵之年爲始,永遠遵行,不准再有官墊民欠名目。蘇州所屬,俟肅清後,一體辦理。嗣後非大水旱成災,實在荒歉者,並不准捏災請緩請蠲。至蘇松漕弊,尤莫如大小户等名目,紳户把持,州縣浮收,種種弊竇,皆出其中,著即永遠禁革。所有一切辦理章程及應行裁革之浮收陋規,包户等積弊,均著該督撫悉心妥籌,詳細具奏。務期上紓國用,下恤民生,變通盡利,經久可行,用副朝廷痌瘝在抱,嘉惠斯民之至意。

曾國藩、李鴻章疏畧

竊惟《大學》理財之道於天下必曰平,《周官·土均》掌土地之徵必曰均。今天下之不平不均者,莫如蘇、松、太之浮賦。上溯之,比元多三倍,比宋多七倍;旁證之,則比毘連之常州多三倍,比同省之鎮江等府多四五倍,比他省多一二十倍不等。以肥磽而論,則江蘇一熟不如湖廣、江西之再熟;以廣狹而論,則二百四十弓爲畝,有縮無盈,不如他省或以三百六十弓、五百四十弓爲畝。而賦額獨重者,則由於沿襲前代官田租額也。夫官田亦未嘗無例矣。伏查大清户律,官田起科每畝五升三合五勺,民田每畝三升三合五勺,重租田每畝八升五合五勺,没官田每畝一斗二升,是官田亦有通額。獨江蘇則不然。考宋紹熙中,朱子行經界法,吴糧每畝五升耳。厥後,籍蔡京、韓侂胄等莊爲官田,又賈似道廣買公田,元代續加官田,明祖平張士誠,又没入諸豪族田,皆據租籍收糧。宣德中,巡撫周忱、知府況鍾奏減蘇松糧百萬石。疏中稱,蘇府秋糧二百七十餘萬石,内民糧止有十五萬餘石,餘皆官糧,是二者未嘗合并,官糧自七斗六升,民糧自五升。嘉靖中,令各州縣盡括境内官民田裒益之,分攤足額。長洲縣官田最多,故額最重。(化)〔他〕縣他郡官田遞少,故額遞輕。今長洲等縣每畝科平米三斗七升以次不等,折入秔米,多者幾及二斗,少者一斗五六升,遠過乎例載官田之數,此蘇、松、太賦重之源流也。《蘇州府志》稱,明臣周忱奏令輸布一匹準米一石,輸銀一兩準米四石。又稱課吏以催科六七分爲上考。終明之世,無徵至七八分者。國朝康熙、雍正中,奏准江蘇漕米折徵每石銀一兩。其時銀價每兩易錢七八百文。以此觀之,前明及國(朝)〔初〕賦額(最)〔雖〕重,大都逋欠準折,有名無實而已。嗣是承平百餘年,海内殷富,爲曠古所罕有,江蘇尤東南大都會,萬商百貨,駢闐充溢,甲於寰區。當是時,雖擔負之夫,蔬果之傭,亦得以轉移執事,分其餘潤。無論自種佃種皆以餘力業田,不關仰給之需,遂無不完之税。故乾隆中年以(復)〔後〕,辦全漕者數十年,無他,民富故也。惟至道光癸未大水,元氣頓耗,商利減而農利從之,於是民漸自富而之貧,然猶勉强支吾者十年。迨癸巳大水而後,始無歲不荒,無縣不緩,以國家蠲減曠典,遂爲年例。夫癸巳以前一二十年而一歉,癸巳以後則無歲不歉,且鄰境皆不歉而蘇松獨歉,此何理也?謂州縣捏災,此三十年中督撫司道更數十人之多,豈無一二不肯黨同欺妄之人,而且聖主不加斥,户部不加駁,廷臣科道不加糾,此又何理也?誠以賦重民窮,有不能支持之勢。部臣職在守法,自宜一切不問,堅持不減之名;疆臣職在安民,實因萬不得已,爲此暗減之術。始行之者,爲前督臣陶澍、前撫臣林則徐,皆一代名臣。推其意,必謂減額則永不能加,災緩則後不爲例。原冀民氣漸甦,無難復舊,初不意年復一年，且年甚一年而不可返也。臣竊惟前辦全漕之時，閒遇水旱，辦成災者一，辦帶徵者九。帶徵之後依然全漕，(徵)〔故〕以年計爲減成，以十年計非減成也。今則年年辦災，永無帶徵之日，乃真減成也。又，官墊民欠一款，道光之初數僅分釐，癸巳以後尋至一二成。夫所謂墊者，豈州縣之果能墊哉？不過移雜墊正，移緩墊急，移新墊舊，移銀墊米，以官中之錢，完官中之糧，將來或豁、或免攤賠，同歸無著，猶之未完也。故歷年糧册必除去(墊)〔墊〕欠虛數，方得徵收實數，以虛數民固未嘗完也。伏查蘇屬全漕一百六十萬，厥後積漸減損，蓋自道光中年始，於今三十年矣。《禮》(田)〔曰〕：以三十年之通制國用。言綜乎三十年之大凡，斯以後可知也。今試以道光十一年起至咸豐十年止，三十年中運數分計之，辛卯以後十年共數一千三百餘萬，内除官墊民欠，得正額之七八成。辛丑以後十年共數九百餘萬，内除官墊民欠，得正額之五六成。咸豐辛亥以後十年共數七百餘萬，内除官墊民欠，得正額之四成而已。自粤逆竄陷蘇、常，焚燒殺掠之慘，遠接宋建炎四年庚戌金兀朮故事，蓋七百有三十年無此大劫。臣親歷新復各州縣，向時著名市鎮全成焦土，孔道左右蹂躪尤甚。又各賊不能相統，此賊所踞，難免彼賊劫掠。故賊境即不與官兵交界，亦皆連阡累陌一片荆榛。凡田一年不耕便爲荒田，今已三年矣。各廳縣册報拋荒者居三分之二，雖窮鄉僻壤，亦復人煙寥落，閒有頹垣斷井之旁，遇有饑民，無不鵠面鳩形，奄奄待斃。傷心慘目之狀，實非鄭俠《流民圖》可比。已復之松、太如此，未復之蘇州可知。而欲責以重賦，責以數倍他處之重賦，向來暴斂橫徵之吏所謂敲骨吸髓者，至此而亦無骨可敲，無髓可吸矣。皇上視民如傷，未傷者猶且如傷，况已傷而傷又至重者乎。斯即據情籲請，全行蠲免三五年，在皇上如天之仁，必蒙俞允。惟是天庾正供停運三年，軍糈浩繁，度支仰屋，其何以濟，臣等所不敢出此也。又荒田召種，有順治年間各省屯田之例可援，然墾熟既遠，陞科更遲。現報荒田三分之二，已荒者議蠲，未荒者議減，所存僅止一二成，亦臣等所不敢出此也。至於辦災例案，自七八成而五六成而四五成。咸豐三年間，聞警拋荒僅止三成，若稍存苟且彌縫之見，援拋荒之案，減而又減，約得二三成，非不可以塞責。但前督撫臣之所以爲此者，尚或冀其復舊。今則明知無復舊之望，而狃於積習，不以直陳，是全無爲國之心，徒有罔上之咎，又(往)〔臣〕等所不敢出此也。臣等細核歷年糧數，咸豐十年中百萬以上者僅一年，八十萬以上者六年，而皆有官墊民欠十餘萬在其中，是最多之年，民實完數不過九十萬。成案如是，民力如是。積弊之後，大難之餘，催科一事，棘手尤倍。臣等蒿目艱難，悉心籌畫，上體宵旰憂民之切，下維軍國待用之殷，於萬難偏重之中，求兩不相妨之道，似宜用以與爲取、以損爲益之一法。比較歷來徵收各數，酌近十年之通改定賦額，不許捏災，不許挪墊，於虛額則大減，於實徵則無減。窮變(道)〔通〕久，於此時爲正辦。(武)〔或〕者謂據此定額未免過少，不知減餘之數，仍通省莫重之數，尚非宋元舊額，不得爲少，且不自今日始也。咸豐十年以前，歷年如是，未嘗於歷年國用有減也。彼時完善之江蘇僅有此數，即殘破之江蘇不應仍有此數。今臣等於殘破之餘，議照完善之時定額，且不援近年最少之數。臣等今日之所辦,方將借減賦之名爲足賦之實,所以能照完善之時定額者,其機括全在減賦二字中也。何以言之?辦災辦緩,權在胥役。減額既定,胥役無權,民間既沾實惠,公家亦有實濟,是爲轉移之善術一也。吴民死亡之外,大半散之四方,故鄉賦重,望而生畏,尋常蠲緩不足去重賦之名,招之不來,荒田日久愈多,何法以治之。惟聞減賦之令,必當争先復里,是爲勞來之善術一也。往者諸城被陷,官吏一空,鄉團抵死拒敵,小股賊匪見輒郤走。即以三首縣言,洞庭、香山、金市各鄉,有相持至七八月之久者,固由朝廷恩澤之至深,亦徵愚賤天良之未泯。此時減賦令下,彼見皇上於經費匱乏時,尚有此度越尋常之舉,有不感生望外,踴躍輸將者乎?是又激勸之善術一也。大抵以事理而論,殘破之視完善,必應遞減。而有此三者可以彌補此遞減之數,則又以事理決之,臣等所謂以與爲取、以損爲益者此也。現在蘇郡尚陷賊中,聞各鄉多爲暗團之約,待時而動,以應大兵。即如常熟反正鄉民,燬賊卡、殺賊目者凡十餘處。崑山克復,沿湖居民截殺竄賊無數,是其明證。一聞減賦之令,必當感激涕零,望風增氣。他日軍麾所指,弩矢之驅,必當奮簞壺之迓,又未始非固結招徠之一法。仰惟列祖列宗,當東南全盛之時,猶復軫念民依至深且厚,況今日之兵燹孑遺,流離瑣尾,至於此極也乎?漕糧爲惟正之供,而蘇松獨曰浮糧,曰浮賦,見諸列聖諭旨及郡縣志不以爲嫌,是知實有浮多應減之處,留以待我皇太后、皇上行之者也。惟有籲懇聖慈鑒察,特沛殊恩,俯准減定蘇、松、太三屬糧額。由臣等督飭司道設局,分别查明各州縣情形,以咸豐中較多之七年爲準,折中定數,總期與舊額本輕,無庸議減之常、鎮兩屬,通融核計,仍得每年起運交倉漕白正耗米一百萬石以下、九十萬石以上,著爲定額,即以此後開徵之年爲始,永遠遵行,不准更有官墊民欠名目。似此核實辦理,不特酌十年、二十年之通,相較固無所絀,即酌三十年之通,相去亦不甚遠。下延億萬垂盡之生,上繼累朝未竟之志,民生幸甚,國計幸甚。

四年,奉上諭:户部奏遵議江蘇減免漕糧章程一摺。江蘇蘇、松、常、鎮、太五屬,編徵米二百二萬餘石,原係彙同漕贈行月南邺局糧等款,一串徵收。自應如李鴻章等所奏,無分起運留支,一體並減。至以科則之重輕,地土之饒瘠,爲減成之多寡,辦理亦尚妥洽。加恩著照所請,所有蘇州府屬額編米豆八十七萬七千五百六十四石零,著減三十二萬六千六百三十二石零。松江府屬額編米四十二萬七千四百六十一石零,著減一十一萬六千五百四十四石零。太倉州屬額編米豆一十五萬三千四百三十二石零,著減四萬二千八百七十七石零。常州府屬額編米三十五萬五千九百八十石零,著減三萬五千五百九十八石零。鎮江府屬額編米二十一萬四千七百三十五石零,著減二萬一千四百七十三石零。統計原額編徵米豆二百二萬九千一百七十四石零,共減米豆五十四萬三千一百二十六石零,仍應徵米豆一百四十八萬六千四十八石零。著自本年爲始,照減定數目徵收。其各屬派減米豆數内,尚有留爲沿海瘠區加減之數,並著照章分别核派,應減科則另行造報。經此次派減後,該督撫等務當督飭所屬,認真徵解,不准再有官墊民欠名目。非實在旱潦爲災,不准請蠲請緩。如有捏報災歉,朦混呈報,應即著嚴參懲辦。其把持浮收等弊,並著永遠革除,以裕民生而重賦課。該督撫即刊刻謄黄,徧行曉諭,務使實惠均霑,毋任吏胥舞弊,以副朝廷破格施恩至意。於是本邑徵糧項下原額四則,蒙恩遞減漕米九千二百三十四石三斗六升五合七勺,又沿海瘠區加派優減米一千九百五十二石五升四勺,共減徵米一萬一千一百八十六石四斗一升六合一勺。除遞減、優減外,實應新科額徵本色米五萬三千五百七十二石九斗四合八勺。遇閏以增抵減外,實減米二十三石一斗三升六合七勺。徵糧、折糧兩項原額實徵折色銀五萬八千四百一十二兩八錢八分五釐,隨正五分耗羡銀二千九百二十兩六錢四分五釐,遇閏以增抵減外,實增銀四百一十九兩五分七釐,隨正五分耗羡銀二十兩九錢五分四釐。

署總督李鴻章、署巡撫劉郇膏奏遵擬分别遞減、普減章程疏畧

伏查蘇松等屬賦額,與浙省杭、嘉等府同形繁重,而款項各有不同。浙省杭、嘉、湖三屬,編徵漕白改漕,多係起運。寧紹等屬,編徵南米,盡屬留支。今減賦案内,只減杭、嘉、湖三屬本皆起運之漕糧,無庸議及留支之南米。界限自清,不致牽混。惟蘇、松、常、鎮、太五屬,歲額編徵米二百二萬餘石,係彙同漕行月南郵局糧一串徵收,分款解支。即民間升斗之糧,亦復漕南畢具,並非按款按屬分徵。現辦減漕,自應一例普減。前奉部議,奏准蘇、松、太三屬三分減一,常、鎮二屬十分減一,雖(不)〔未〕指明南米並減與否,然漕、南斷難分别,必須一同按照徵數派減。現在應請遵照例案,無分起運、留支米款,一體驗派扣減。其減缺白糧米石,攸關天庾玉粒,照例仍於漕糧項下,按數撥足起運。兵糧、郵孤局糧等款,均係計口授食,要需難以短缺,亦應籌款撥補。其額撥江安糧道漕項行月米石,各就本款核減,毋庸於南米内統行扣減,以免轇轕。至蘇、松、太三屬極重浮糧,必得大加核減,俾紓積困。上中各則,亦分别遞減,使減存米數輕重悉稱,賦額各得其平。其沿海之區與腹裏各屬,肥瘠懸殊,(文)〔又〕不可不量予優減。仍不減五(井)〔升〕以下之輕(别)〔則〕,以示區别;亦不逾三分減一之範圍,以示限制。此外如常、鎮二屬,一律普減,同清理田糧,責成各屬(要)〔妥〕速查辦。《賦役全書》現應四届並修,一切善後事宜,均經臣等會督現署蘇藩司郭柏蔭、糧道奇克坦泰暨減賦局員,詳稽册檔,博採輿情,酌核定議。謹開列辦理章程及派減米數清單,恭呈御覽,仰懇天恩迅賜明降俞旨,准予施行。

附蘇、松、太三屬永減漕額分别輕重按則遞減章程

一,極重浮糧應大加核減也。查蘇屬吴縣有四斗三升五合六勺零一則,元和縣有三斗一升四合五勺零、二斗九合七勺零二則,長洲縣有三斗一升四合二勺零一則,實爲通省極重之浮糧。惟統計其地,不過四畝有餘,額徵米豆不及二石。是雖破格優減,與大局並無關礙。擬將以上四則,不計分數,概減爲一斗一升起科,俾免偏重爲累。

一,上、中各則應逐細遞減也。自減賦令下,當經博訪紳耆,互相參酌。或謂減免分數尚須請益,或謂不分輕重均派爲宜,議論孔多,不勝枚舉。查蘇、松、太漕額減去三分之一,已奉户部核議奏准,豈能再事瀆請。至均攤普減辦法,非不簡易,第各屬徵糧科則,自一斗九升六合五勺零起,至九勺零止,共有二百餘等。由重及輕,相懸奚啻

百倍。若不問孰輕孰重、有浮無浮，率以均派爲惠，是將有限之減分，濫及於不浮之輕則，轉致積重賦額，挹注無貲。雖減不多，重者仍重，將來民困未得全紓，輸將難期踴躍，於國計民生兩無裨益。臣等反覆推求，折衷一是。擬將一斗九升六合五勺零，至一斗六升二合六勺零止，共十一則，遞減至一斗以外，一斗一升以内。又將一斗五升七合二勺零，至一斗四合七勺零止五十則，遞減至九升以外。一斗四合零，至九升二合八勺零止十八則，遞減至八升以外。九升二合一勺零，至七升八合零止二十四則，遞減至七升以外。七升七合三勺零，至六升六合六勺零止二十二則，遞減至六升以外。六升六合零，至五升一合五勺零止三十則，遞減至五升以外。五升一合三勺零，至五升三勺零止三則，遞減至四升以外。與賦則本輕，概不議減之五升以下各則，原科在四升九合七勺零以下，遞排均勻，不致輕重倒置。其松屬華、婁等縣，間有低薄加科等項田蕩，每一畝四五分或二三畝準熟田一畝者，仍照折實熟田科則，一體核減。似此確按等差，逐細遞減，庶浮糧可以全除，民困可以頓釋。而減免總數，亦與部議三分之一核計相符。庶足以昭平允而垂久遠。

一，減存米數應輕重悉稱也。查五升以下（足）〔定〕爲下則，概不准減，固無論矣。即上、中賦額仍有一百六十餘則。其中科則遞輕，減數自應遞少，第重輕密如鱗次，相去每至數勺。鈎稽稍不精詳，則將來實徵米數，重則因減多而已適於輕，輕則因減少而轉形其重。一經比較，立見參差，殊不足以昭平允。現在不厭煩瑣，各按等次，逐層遞減，務使減賸實徵米數，權衡輕重，不爽纖毫，以免偏枯，而臻平準。

一，沿海田賦應量予優減也。查蘇省常熟、昭文、華亭、奉賢、金山、上海、南匯、川沙、太倉、鎮洋等廳州縣，各有沿海區啚，地土類多瘠薄。或栽花麥，或種雜糧，（許）（計）其一歲之所收，較諸各屬腹裏稻田，不及十之六七。且米非土產，採買交倉，又復暗多折耗，民力實覺難支。現在查辦減賦，自應格外體卹。擬將前項沿海田地額徵漕糧，除彙同腹裏田賦通盤按則遞減外，所有減賸實徵數内，無分上則、中則，惟就收成最爲瘠薄，及稍次、再次，優予酌加減數，以示平允。内太、鎮二州縣再予核減十分之五釐，常、昭、奉、上、南、川六廳縣再予核減十分之四釐，華、金二縣再減二釐，用舒民力。至寶山縣境内，亦有沿海之區。但該縣科則最重者，不過二升七合一勺，本在五升以下輕則不減之例，應毋庸議。其太、鎮、常、昭等處沿海科則如在五升以下者，亦仍不減，以示區别。

一，起存米款應一體並減也。查各屬額編本色起運項下，有漕白、正耗、贈五之别。存留項下，有南糧、行月、局卹之分。而徵之於民，向止一條鞭徵。所給單串，祇列每户應完總數，不分起存，由來已久。此次乞減浮糧摺内，係專就歷年起運漕糧計數比較，不及臚列細款。現奉部議奏准，按照蘇、松、太額漕，減去三分之一，自應遵照將額編起存各款，一體驗派扣減，以歸核實。

一，減缺白糧應撥足起運也。查白糧爲天庾玉粒，舊有二十餘萬石。乾隆年間，改漕十二萬石，並減白糧經費，實徵米一十二萬九千七百八十石零。内除給丁餘耗及盤用耗、水脚食米、舂辦耗等款，河運之年分别支給海運案内，均歸節省糶變外，實計起運白糧正耗米七萬二千六石零。定例凡(過)〔遇〕坍減田地，不蠲白糧。即奉特恩蠲免，或因災蠲緩，核見確數後，亦仍照額撥補。此次永減浮糧，核出白糧應蠲若干。應循案統歸漕糧正耗贈五米内，分别扣減。所有白糧正耗，仍照額撥足。並按年起運，交倉以重正供。

一，南、邺、局糧應籌補濟支也。查各屬隨漕徵收南米，爲通省各標營及江寧省倉協壽二標兵糧之用。邺米一款，專爲養濟院孤貧支給。局糧一款，解於蘇織造機匠口糧。均係計授要需，遇有災缺，向皆奏截漕糧藉資支放。自軍興以來，始議折價放給。將徵下南糧，飭屬糶變易銀解司，以兩抵石，分别派支。取糶價之盈餘，補米款之不足。咸豐十年以後，或於節省漕費及司庫正雜項下湊支，間亦借動關税。或竟撥不足數，隨時酌量辦理。無非權宜敷衍之計，未可視爲常經。此次減免浮糧，蠲缺南、邺等米，照例本應以漕改南，俾免逐年籌補。惟倉儲亦宜兼顧，未便輕議更張。擬請以各屬隨漕徵收之脚費錢文，通融撥補，以濟支放。

一，江道行月應就款扣減也。查蘇省各屬編徵江安糧道衙門額撥漕項行月米款，《賦役全書》載明，係於南米内撥出。如遇被災，將應蠲之米，於南米項下統扣，其額撥米石仍照額撥解等因，歷經循照辦理。現奉恩旨，永減漕額，蘇、松、太居三分之一，常、鎮十分之一。起存米款，一體並減。在南糧減缺之數，已須籌款撥補。若再代扣減缺江道米款，不特缺數愈多，籌補更形艱鉅。且查前項米款，同蘇糧道行月等米，本係給丁濟運，隨漕徵收。今漕糧既經議減，此項米石，亦應一體按照應減分數，各就本款分註扣減。將減賸實徵米石，按年核數酌提，分别抵充運費。所有江糧道額撥米款，應請變通辦理，就款核減，毋庸於南米内扣蠲，以免轇轕。

一，清釐田糧應由屬妥辦也。查蘇省各屬，徧遭兵燹，田地大半抛荒，業佃復多轉徙。頃畝科則，難期有條不紊。前因兵興以後，官之册檔，民之契券，多有毁失，各屬賦額無稽。若按縣按畝丈量，不特曠日持久，縻費滋多，且恐辦理稍有未周，即致别滋弊混。是以由蘇州紳士前赴川沙督董先試一隅，因田數未能悉符原額，業經議請停辦，仍以訪求册券、根詢業佃爲主。如有界址不清，必須查丈之處，由本地紳董督同業佃，自行清理在案。現在辦理減賦，所有各屬頃畝科則，悉照《賦(後)〔役〕全書》開載核辦，毋庸另議清丈。至各廳州縣如有單册俱無，田糧轇轕，必須丈量之處，應由各屬善(徵)〔後〕清糧案内，自行查辦，以歸簡便。

同治六年，造册詳報坍没田十一頃九畝八分一釐，續置義冢田十畝六分三釐六毫，俱未奉豁，仍在原額内。今於各啚實存熟田外，列待豁坍没若干，待豁義冢若干，均照户書開報細數。此外尚有續報義冢，俟彙案具詳，補載卷末。

準田科則

傍浦留步熟田，每一畝四分，準腹内熟田一畝。

低薄舊荒田，每一畝五分，準熟田一畝。

已上二則，每準熟田一畝，各隨上、下鄉熟田起科。今各啚下稱準上田，準下田。舊志尚有傍浦、留步、低薄田，每二畝一分，準熟田一畝。按此則田，胡《志》止存一畝一分六釐四毫，今册無。

得業蕩每二畝準熟田一畝。

柴蕩每三畝準熟田一畝。

草蕩、水漊每六畝準熟田一畝。

以上三則，每準熟田一畝，均科平米三斗，上下鄉同。今各啚下稱準三斗則田。

各啚田畝細數俱照户册登載，核之《全書》，各則總數稍有參差。按，胡《志》細數、總數，亦不盡符，蓋相沿已久矣。上鄉熟田全屬優減，但稱上鄉熟田。下鄉分兩則，故稱下鄉熟田、優減下鄉熟田以別之。

上鄉十六保，分轄區二，領啚八。

一區：十啚地字圩，上鄉熟田五十四頃八十八畝八分五釐二毫。低薄五十三畝七分六釐七毫，準上田三十五畝八分四釐四毫。得業蕩十一畝六分四釐八毫，準三斗則田五畝八分二釐四毫。草蕩一畝七分二釐三毫，準三斗則田二分八釐七毫。水漊四畝八分七釐一毫，準三斗則田八分一釐二毫。實存不等則田五十五頃六十畝八分六釐一毫，共準熟田五十五頃三十一畝六分一釐九毫。按，胡《志》有免科義冢五分一毫。

十五啚元字圩，上鄉熟田十六頃二十六畝八分四釐九毫。傍浦留步田四畝七分七釐七毫，準上田三畝四分一釐三毫。水漊十六畝三分六釐二毫，準三斗則田二畝七分二釐七毫。實存不等則田十六頃四十七畝九分八釐八毫，共準熟田十六頃三十二畝九分八釐九毫。外新報待豁坍没上田三十六畝四分四釐六毫。按，胡《志》有免科義冢一畝二分五釐一毫。

十六啚黄字圩，上鄉熟田二十二頃八十五畝五分二釐八毫。水漊六十四畝六分八毫，準三斗則田十畝七分六釐八毫。實存不等則田二十三頃五十畝一分三釐六毫，共準熟田二十二頃九十六畝二分九釐六毫。外新報待豁坍没上田一頃十五畝三分七釐。

二十、廿一、二啚宙、洪、荒字圩，上鄉熟田五十三頃十二畝六分九釐三毫。水漊四畝三分三釐二毫，準三斗則田七分二釐二毫。實存不等則田五十三頃十七畝二釐五毫，共準熟田五十三頃十三畝四分一釐五毫。外新報待豁坍没上田九十七畝五分三釐九毫。

天一、廿三、四啚天、日、月字圩，上鄉熟田四十五頃二十七畝八分二釐七毫。傍浦留步田二十畝五毫，準上田十四畝二分八釐九毫。低薄二頃五十五畝二分八釐，準上田一頃七十畝一分八釐七毫。實存不等則田四十八頃三畝一分一釐二毫，共準熟田四十七頃十二畝三分三毫。外新報待豁坍没上田二十三畝八分八釐八毫。按，胡《志》有免科義冢六分八釐一毫。

二區：八啚日字圩，上鄉熟田四十一頃七十一畝二分九釐。低薄三十五畝八分二釐一毫，準上田二十三畝八分八釐一毫。得業蕩一畝一釐八毫，準三斗則田五分九毫。草蕩一分二釐五毫，準三斗則田二釐一毫。實存不等則田四十二頃八畝二分五釐四毫，共準熟田四十一頃九十五畝七分一毫。外新報待豁坍没上田四畝三分八釐八毫。又得業蕩五畝六分，準三斗則田二畝八分。舊免科義冢六分八釐三毫。

十一啚昃字圩，上鄉熟田四十七頃十五畝七分二釐五毫。傍浦留步田十八畝一分五釐七毫，準上田十二畝九分六釐九毫。低薄四畝五分一釐五毫，準上田三畝一釐。水漊七十三畝三分一釐四毫，準三斗則田十二畝二分一釐九毫。實存不等則田四十八頃十一畝七分一釐一毫，共準熟田四十七頃四十三畝九分二釐三毫。外新報待豁坍没上田九十六畝五分三釐九毫，又準田三分三釐七毫，又待豁義冢上田六分四毫。

十四啚辰字圩。上鄉熟田四十七頃三十畝三分五釐九毫。水漊三十二畝一分一釐四毫，準三斗則田五畝三分六釐九毫。實存不等則田四十七頃六十二畝五分七釐三毫，共準熟田四十七頃三十五畝七分二釐八毫。外新報待豁坍没上田二十一畝八分八釐五毫。

上鄉二十一保，分轄區一，領啚八。

三區：十四啚乃字圩，上鄉熟田二十二頃十五畝六分四釐四毫。水漊九畝九分一釐七毫，準三斗則田一畝六分五釐三毫。實存不等則田二十二頃二十五畝五分六釐一毫，共準熟田二十二頃十七畝二分九釐七毫。外舊免科義冢二畝三分七毫。

十八啚服字圩，實存上鄉熟田三十九頃十畝五分七釐二毫。

二十一啚衣字圩，上鄉熟田二十六頃三十八畝一分九釐九毫。柴蕩五畝一分二釐七毫，準三斗則田一畝七分九毫。草蕩一畝四分五釐，準三斗則田二分四釐二毫。實存不等則田二十六頃四十四畝七分七釐六毫，共準熟田二十六頃四十畝一分五釐。

二十二啚裳字圩，上鄉熟田三十頃二畝五分三釐五毫。水漊十九畝七分七釐九毫，準三斗則田三畝二分九釐七毫。實存不等則田三十頃二十二畝三分一釐四毫，共準熟田三十頃五畝八分三釐二毫。

二十三啚推字圩，上鄉熟田二十二頃二十八畝七釐九毫。水漊二畝七分七釐七毫，準三斗則田四分六釐三毫。實存不等則田二十二頃三十畝八分五釐六毫，共準熟田二十二頃一十八畝五分四釐二毫。外舊免科義冢三分九釐二毫。

二十四啚位字圩，上鄉熟田十五頃九畝三分六釐四毫。水漊五畝二分六釐六毫，準三斗則田八分七釐八毫。實存不等則田十五頃十四畝六分三釐，共準熟田十五頃十畝二分四釐二毫。外新報待豁坍没上田五畝六分一釐。

二十六啚讓字圩，上鄉熟田十七頃六十四畝五分七釐。得業蕩六畝八釐五毫，準三斗則田三畝四釐三毫。水漊五十七畝二分三釐三毫，準三斗則田九畝五分三釐九毫。實存不等則田十八頃二十七畝八分八釐八毫，共準熟田十七頃七十七畝一分五釐二毫。外新報待豁坍没上田四十四畝九分五釐二毫。舊免科義冢一畝二分一釐。

二十七啚國字圩。上鄉熟田二十七頃十八畝二分五釐六毫。得業蕩十八畝一分五釐三毫，準三斗則田九畝七釐七毫。水漊二十一畝七分九釐三毫，準三斗則田三畝六分三釐四毫。實存不等則田二十七頃五十八畝二分二毫，共準熟田二十七頃三十畝九分六釐七毫。外新報待豁坍没上田十八畝二分四釐四毫。

下鄉十七保，分轄區六，領啚三十一。

一區：一啚夜字圩，優減下鄉熟田三十五頃三十九畝五分五釐三毫。舊荒一畝八分九釐五毫，準下田一畝二分六釐三毫。水漊十一畝九分七釐三毫，準三斗則田一畝九分九釐七毫。實存不等則田三十五頃五十三畝四分二釐一毫，共準熟田三十五頃四十二畝八分一釐三毫。外舊免科義冢一畝一釐六毫。

二啚號字圩，優減下鄉熟田五十頃十九畝六分三釐八毫。水漊十六畝四分五釐五毫，準(二)〔三〕斗則田二畝七分四釐三毫。實存不等則田五十頃三十六畝九釐三毫，共準熟田五十頃二十二畝三分八釐一毫。按，胡《志》有免科義冢八分三釐。

四啚岡字圩，優減下鄉熟田四十三頃四十九畝二分四毫。得業蕩八畝八分五釐，準三(十)〔斗〕則田四畝八分二釐五毫。水漊十七畝一分九釐三毫，準三斗則田二畝八分六釐五毫。實存不等則田四十三頃七十五畝二分四釐七毫，共準熟田四十三頃五十六畝八分九釐四毫。外新報待豁坍没下田三十五畝五分三釐，又準田一分三釐三毫。

五啚水字圩，優減下鄉熟田四十八頃七十三畝一分六釐一毫。得業蕩一分二釐五毫，準三斗則田六釐三毫。柴蕩二畝三釐，準三斗則田六分七釐七毫。水漊二畝八分五釐七毫，準三斗則田四分七釐六毫。實存不等則田四十八頃七十八畝一分七釐四毫，共準熟田四十八頃七十四畝三分七釐八毫。外新報待豁坍没下田四畝一釐五毫。舊免科義冢十畝二分二釐五毫，舊免科公占七十二畝三毫。按，胡《志》公占分列漕倉基三十一畝五分一釐三毫，三林司署基一畝五分九釐三毫，永定寺基三十六畝九分七釐四毫，外一畝九分二釐二毫，但稱公占，即雜志免科義冢。

八啚露字圩。優減下鄉熟田八十頃九十七畝七分一釐六毫。低薄十五畝九分一釐六毫，準下田十畝六分一釐一毫。舊荒七畝九分五釐八毫,準下田五畝三分五毫。實存不等則田八十一頃二十一畝五分九釐,共準熟田八十一頃十三畝六分三釐二毫。外舊免科義冢九畝六分七釐三毫,舊免科公占五分七釐。

二區:三啚生字圩,優減下鄉熟田三十六頃三十一畝八分二釐九毫。得業蕩六畝一分,準三斗則田三畝五釐。水漊七畝五分六釐三毫,準三斗則田一畝二分六釐一毫。實存不等則田三十六頃四十五畝四分九釐二毫,共準熟田三十六頃三十六畝一分四釐。外新報待豁坍没下田十二畝三分二釐。按,胡《志》有免科公占十四畝九分一釐。

九啚張字圩,優減下鄉熟田五十四頃二十六畝八毫。水漊一畝七分九釐八毫,準三斗則田三分。實存不等則田五十四頃二十七畝八分六毫,共準熟田五十四頃二十六畝三分八毫。按,胡《志》有免科義冢一分九釐三毫。

十啚天字圩。優減下鄉熟田六十一頃五十九畝五分七釐三毫。水漊十畝九分三釐,準三斗則田一畝八分二釐四毫。實存不等則田六十一頃七十畝五分三毫,共準熟田六十一頃六十一畝三分九釐七毫。外新報待豁坍没下田三畝三分七釐九毫。舊免科義冢五分二釐四毫。

三區:十一啚天字圩,下鄉熟田五十二頃六畝五分四毫,徵糧東田八十六畝二分四釐二毫,實存不等則熟田五十二頃九十二畝七分四釐六毫。

十六啚宇字圩,下鄉熟田六十二頃三十九畝九分五釐三毫。水漊二畝二分五釐六毫,準三斗則田三分七釐六毫。實存不等則田六十二頃四十二畝二分九毫,共準熟田六十二頃四十畝三分二釐九毫。

二十啚宙字圩,下鄉熟田五十四頃四畝八釐二毫。低薄舊荒二畝九分三釐六毫,準下田一畝九分五釐七毫。柴蕩五頃九十畝一分三釐七毫,準三斗則田一頃九十六畝七分一釐二毫。下鄉折糧田二十九頃八十九畝三釐九毫,徵糧東田五十六畝八分四釐七毫。實存不等則田九十頃四十三畝四釐一毫,共準熟田八十六頃四十八畝六分三釐七毫。外舊免科義冢二畝九分七釐。

二十四啚洪字圩,下鄉熟田三十九頃七十九畝九分二釐七毫。低薄五頃三十九畝五分四釐一毫,準下田三頃五十九畝六分九釐五毫。得業蕩一畝五分四釐二毫,準三斗則田七分七釐一毫。水漊四十一畝七分一釐六毫,準三斗則田六畝九分五釐三毫。下鄉折糧田二頃七十五畝四分九釐四毫,徵糧東田十一畝九分五釐一毫。實存不等則田四十八頃五十畝一分七釐一毫,共準熟田四十六頃三十四畝七分九釐一毫。外舊免科義冢一畝六分七釐。

三十八啚荒字圩。下鄉熟田六十一頃二十二畝六分七釐三毫,徵糧東田一頃七十八畝五分三釐三毫,實存不等則熟田六十三頃一畝一分六毫。外新報待豁義冢下田五畝八分八釐一毫。舊免科義冢二畝一分三釐一毫。舊免科公占五畝。

四區:二十六啚天字圩,下鄉熟田三十四頃九十二畝三釐。低薄二畝一分,準下田一畝四分。實存不等則田三十四頃九十四畝一分三釐,共準熟田三十四頃九十三畝四分三釐。

二十八啚天字圩,下鄉熟田六十二頃七十九畝六分二釐四毫,下鄉折糧田一頃九畝八釐五毫,實存不等則熟田六十三頃八十八畝七分九毫。外舊免科公占一畝三分七釐。

二十九啚元字圩,下鄉熟田四十頃十一畝二分五釐一毫。柴蕩四十五畝四分九釐二毫,準三斗則田十五畝一分六釐四毫。下鄉折糧田二頃畝六分一釐七毫,折糧東田三十九畝二分三毫。實存不等則田四十二頃九十六畝五分六釐三毫,共準熟田四十二頃六十六畝二分三釐五毫。外舊免科公占一畝六分六釐六毫。

三十啚黄字圩,下鄉熟田六十八頃四十八畝二毫,折糧東田七十六畝一分,實存不等則熟田六十九頃二十四畝一分二毫。外舊免科義冢一畝一分七釐五毫,舊免科公占二畝五分七釐五毫。

三十二啚宇字圩,下鄉熟田五十八頃二十五畝四分七釐四毫。得業蕩二畝五分四釐,準三斗則田一畝二分七釐。柴蕩七十三畝九分一釐九毫,準三斗則田二十四畝六分四釐。實存不等則田五十九頃一畝九分三釐三毫,共準熟田五十八頃五十一畝三分八釐四毫。外舊免科義冢一畝二分。

三十三啚宙字圩,下鄉熟田五十二頃五十八畝九分六釐七毫,徵糧東田五畝二分九毫,實存不等則熟田五十二頃六十四畝一分七釐六毫。外舊免科公占一畝四分六釐三毫。

三十四啚洪字圩，下鄉熟田三十七頃五畝一分六釐七毫，折糧東田一頃三(千)〔十〕四畝六分四釐六毫，實存不等則熟田三十八頃三(千)〔十〕九畝八分一釐三毫。

三十六啚荒字圩，下鄉熟田四十二頃八十八畝一分一釐八毫，下鄉折糧田一頃十五畝三分八釐五毫，徵糧東田七畝一分八釐九毫，實存不等則熟田四十四頃十畝六分九釐二毫。外舊免科義冢一畝四分九釐三毫。

三十七啚日字圩，下鄉熟田四十七頃三十四畝五釐三毫，下鄉折糧田一頃七畝七釐五毫，徵糧東田四十畝七分四釐三毫，實存不等則熟田四十八頃八十一畝八分七釐一毫。按，胡《志》有免科義冢三分一釐八毫。

四十啚月字圩。下鄉熟田五十七頃九十三畝六分八釐九毫。柴蕩五十九畝四釐，準三斗則田十九畝六分八釐。水漊二畝七分八釐，準三斗則田四分六釐三毫。實存不等則田五十八頃五十五畝五分九毫，共準熟田五十八頃十三畝八分三釐二毫。外舊免科公占演武場三十一畝七分，舊免科義冢三畝一分四毫。

五區：十七啚洪字圩，下鄉熟田五十五頃七十一畝一分九毫。水漊二畝二分四釐九毫，準三斗則田三分七釐五毫。實存不等則田五十五頃七十三畝三分五釐八毫，共準熟田五十五頃七十一畝四分八釐四毫。

舊二十一啚藏字圩，實存下鄉熟田四十七頃十八畝八分九釐六毫。

新二十一啚地字圩，下鄉熟田三十四頃四十二畝八分六釐。水漊八畝一釐三毫，準三斗則田一畝三分三釐六毫。實存不等則田三十四頃五十畝八分七釐三毫，共準熟田三十四頃四十四畝一分九釐六毫。

舊二十二啚天、地、元、黄、宇、宙、洪、光字圩，實存下鄉熟田三十六頃四十一畝八分五釐五毫。

新二十二啚黄字圩。實存下鄉熟田五十三頃四十六畝四分五釐八毫。

六區：十九啚天字圩，下鄉熟田二十九頃三十五畝六釐八毫。草蕩一畝八分四釐一毫，準三斗則田三分七毫。水漊八畝五分，準三斗則田一畝四分一釐六毫。實存不等則田二十九頃四十五畝四分九毫，共準熟田二十九頃三十六畝七分九釐一毫。外舊免科義冢八畝。

二十三啚地字圩，實存下鄉熟田四十七頃七畝五分六釐六毫。

二十五啚坵字圩。下鄉熟田八十二頃九十四畝八分七釐七毫。柴蕩五十畝八分一釐二毫，準三斗則田十六畝九分三釐八毫。水漊六畝六分五釐，準三斗則田一畝一分一毫。實存不等則田八十三頃五十二畝三分三釐九毫，共準熟田八十三頃十二畝九分一釐六毫。外舊免科義冢三分八釐八毫，舊免科荒絶一分六釐。

下鄉十九保，(全)〔分〕轄區十二，領啚八十九。

一區：三啚天字圩，下鄉熟田三十七頃一畝八分一毫。水漊四畝五分一釐六毫，準三斗則(四)〔田〕七分五釐三毫。實存不等則田三十七頃六畝三分一釐七毫，共準熟田三十七頃二畝五分五釐四毫。外舊歸場鹽倉基一頃四十五畝二釐九毫，舊免科義冢一分二釐。

二十啚地字圩，下鄉熟田五十二頃六十五畝四釐二毫。水漊十四畝九釐八毫，準三斗則田二畝三分五釐六毫。徵糧東田四十二畝一釐。實存不等則田五十三頃二十一畝一分五釐，共準熟田五十三頃九畝四分八毫。外舊免科義冢二畝三分八毫，舊免科公占四畝八分四釐六毫。

二十六啚元字圩，下鄉熟田三十七頃十四畝二分七釐一毫。水漊五畝五分，準三斗則田九分一釐七毫。徵糧東田十九畝四分九釐九毫。實存不等則田三十七頃三十九畝二分七釐，共準熟田三十七頃三十四畝六分八釐七毫。外舊免科義冢二畝六分八釐六毫。

三十一啚黄字圩，實存下鄉熟田三十六頃九十三畝三分四釐七毫，外舊免科公占八畝八分。

五十三啚宇字圩，下鄉熟田二十八頃七十五畝八分一釐九毫，新陞上田四畝一分。水漊六畝一分九釐四毫，準三斗則田一畝三釐二毫。徵糧東田一頃三畝七分。實存不等則田二十九頃八十九畝八分一釐三毫，共準熟田二十九頃八十四畝六分五釐一毫。外舊免科公占二十六畝七分四釐。

八十一啚宙字圩，下鄉熟田三十八頃四畝三分八釐二毫，徵糧東田一頃七十九畝一分二釐四毫，實存不等則熟田三十九頃八十三畝五分六毫。按，胡《志》有免科公占馬路二十六畝四分七釐，免科義冢三分五釐二毫。

八十二啚洪字圩，優減下鄉熟田三十三頃四畝六分八釐七毫。得業蕩二畝九分，準三斗則田一畝四分五釐。草蕩三畝三分三毫，準三斗則田五分五釐一毫。徵糧東田二頃二十五畝八分六釐三毫。實存不等則田三十五頃三十六畝七分五釐三毫，共準熟田三十五頃三十二畝五分五釐一毫。外新報待豁坍没下田九畝三分九釐三毫。舊免科義冢六畝九分四釐八毫。

八十七啚日字圩，優減下鄉熟田二十三頃八畝九分三釐六毫。水漊五畝五釐八毫，準三斗則田八分四釐三毫。實存不等則田二十三頃十三畝九分九釐四毫，共準熟田二十三頃九畝七分七釐九毫。外舊免科義冢二畝一分五釐五毫，舊免科公占八分六釐三毫。

八十九啚日字圩，下鄉熟田四十九頃七十九畝八釐九毫。水漊五畝七分二釐六毫，準三斗則田九分五釐四毫。徵糧東田一頃五十一畝五分三釐。實存不等則田五十一頃三十六畝三分四釐五毫，共準熟田五十一頃三十一畝五分七釐三毫。外舊免科公占一頃六十七畝一分。

九十二啚月字圩，下鄉熟田四十三頃十一畝四分六釐三毫。水漊二畝二分三釐三毫，準三斗則田三分七釐二毫。徵糧東田一分六釐。實存不等則田四十三頃十三畝八分五釐六毫，共準熟田四十三頃十一畝九分九釐五毫。外舊免科義冢七畝六分二釐五毫，舊免科公占十二畝六分八釐。

九十七啚盈字圩，實存下鄉熟田六十三頃四十四畝五分六釐二毫。外舊免科義冢二畝四分，舊免科公占馬路十畝七分一釐八毫。

九十八啚昃字圩，實存下鄉熟田二十四頃八十六畝一分五釐九毫。

一百啚辰字圩。下鄉熟田五十七頃十三畝五分八釐三毫。水漊二畝，準三斗則田三分三釐三毫。徵糧東田四十九畝八分九釐八毫。實存不等則田五十七頃六十五畝四分八釐一毫，共準熟田五十七頃六十三畝八分一釐四毫。外舊免科義冢六分七釐七毫。

二區：十七啚天字圩，下鄉熟田五十八頃八十七畝八分四釐二毫。草蕩二十五畝四分七釐二毫，準三斗則田四畝二分四釐五毫。水漊六畝八分六釐，準三斗則田一畝一分四釐三毫。徵糧東田四十九畝一分二釐二毫。實存不等則田五十九頃六十九畝二分九釐六毫，共準熟田五十九頃四十二畝三分五釐二毫。按，胡《志》有免科公占四畝八分三釐。

十八啚地字圩，下鄉熟田四十頃十九畝七分七釐三毫。水漊十一畝六分一釐九毫，準三斗則(四)〔田〕一畝九分三釐七毫。徵糧東田二頃七十四畝二分八釐五毫。實存不等則田四十三頃五畝六分七釐七毫，共準熟田四十二頃九十五畝九分九釐五毫。外舊免科公占二畝五分二釐六毫。

三十六啚元字圩，下鄉熟田三十頃畝九分二釐。水漊十一畝九分一釐，準三斗則田一畝九分八釐五毫。實存不等則田三十頃十二畝八分三釐，共準熟田三十頃二畝九分五釐。

八十六啚黄字圩，下鄉熟田五十二頃四十一畝一分七釐二毫。水漊二十畝二分一釐四毫，準三斗則田三畝三分六釐九毫。徵糧東田九十二畝七分八釐九毫。實存不等則田五十三頃五十五畝一分七釐五毫，共準熟田五十三頃三十八畝三分三釐。外舊免科義冢一畝五釐。

八十八啚宇字圩，優減下鄉熟田三十頃五十三畝九分一釐八毫。低薄二畝九分一釐二毫，準下田一畝九分四釐一毫。水漊二十八畝九分一釐六毫，準三斗則田四畝八分一釐九毫。實存不等則田三十頃八十五畝七分四釐六毫，共準熟田三十頃六十畝六分七釐八毫。外新報待豁坍没下田四分四釐七毫。舊免科義冢一畝三分五釐四毫。

九十啚宙字圩，下鄉熟田四十頃七十九畝二分八釐三毫。水漊十二畝一分四釐，準三斗則田二畝二釐三毫。徵糧東田二頃六十八畝八分八釐。實存不等則田四十三頃六十畝三分三毫，共準熟田四十三頃五十畝一分八釐六毫。

九十一啚洪字圩，下鄉熟田五十五頃五十三畝一分一釐一毫。水漊十八畝二分八毫，準三斗則田三畝三釐五毫。實存不等則田五十五頃七十一畝三分一釐九毫，共準熟田五十五頃五十六畝一分四釐六毫。

九十三啚日字圩，下鄉熟田六十七頃三十五畝八分七釐四毫。新漲低薄三十八畝三分，準下田(一)〔二〕十五畝五分三釐三毫。舊荒低薄七分，準下田四分六釐七毫。水漊二十畝五釐八毫，準三斗則田三畝三分四釐三毫。徵糧東田二十二畝六分二釐二毫。實存不等則田六十八頃十七畝五分五釐四毫，共準熟田六十七頃八十七畝八分三釐九毫。外舊免科荒絶一畝二分七釐。

九十四啚月字圩，下鄉熟田五十四頃四畝二釐一毫。水漊十畝九分九釐五毫，準三斗則田一畝八分三釐三毫。徵糧東田三畝六分八釐九毫。實存不等則田五十四頃十八畝七分五毫，共準熟田五十四頃九畝五分四釐三毫。

九十五啚盈字圩，下鄉熟田二十六頃八十三畝七分五釐四毫。水漊十畝三分二釐六毫，準三斗則田一畝七分二釐一毫。實存不等則田二十六頃九十四畝八釐，共準熟田二十六頃八十五畝四分七釐五毫。外舊免科公占三畝四分九釐。

一百一啚昃字圩，下鄉熟田五十頃六十九畝九分二釐七毫。低薄一畝一分三釐二毫，準下田七分五釐五毫。水漊七畝四分三釐六毫，準三斗則田一畝二分三釐九毫。實存不等則田五十頃七十八畝四分九釐五毫，共準熟田五十頃七十一畝九分二釐一毫。

一百二啚辰字圩。下鄉熟田二十九頃六十九畝八分二釐二毫。柴蕩二十三畝二分九釐八毫，準三斗則田七畝七分六釐六毫。水漊十六畝三分六釐二毫，準三斗則田二畝七分二釐七毫。徵糧東田七十九畝五釐，新陞下田七分七釐五毫。實存不等則田三十頃八十九畝三分七釐，共準熟田三十頃六十畝一分四釐。外舊免科義冢三畝。

三區：二十八啚天字圩，下鄉熟田六十九頃十二畝七分五釐四毫。水漊二十七畝二分五釐八毫，準三斗則田四畝五分四釐三毫。實存不等則田六十九頃四十畝一釐二毫，共準熟田六十九頃十七畝二分九釐七毫。按，胡《志》有免科公占四畝六分八釐一毫。

六十六啚地字圩，實存下鄉熟田七十一頃十七畝九分三釐六毫。外舊免科義冢四分一釐四毫，舊免科公占運鹽河二畝六分八釐五毫。

七十一啚元字圩，下鄉熟田五十二頃二畝七分四釐九毫。水漊一頃十三畝一分九毫，準三斗則田十八畝八分五釐二毫。實存不等則田五十三頃十五畝八分五釐八毫，共準熟田五十二頃二十一畝六分一毫。

七十六啚詩字圩，下鄉熟田十五頃四十五畝三分六釐八毫。水漊三十畝八分三釐四毫，準三斗則田五畝一分三釐九毫。徵糧東田三畝三分七釐五毫。實存不等則田十五頃七十九畝五分七釐七毫，共準熟田十五頃五十三畝八分八釐二毫。外舊免科義冢七分五釐。

七十九啚地字圩，下鄉熟田三十七頃五十一畝八毫。水漊十三畝四分八毫，準三斗則田二畝二分三釐五毫。實存不等則田三十七頃六十四畝四分一釐六毫，共準熟田三十七頃五十三畝二分四釐三毫。

八十啚天字圩，下鄉熟田三十頃七十二畝六分七釐六毫。水漊二十七畝二分二釐，準三斗則田四畝五分三釐七毫。徵糧東田四十二畝七分三釐。實存不等則田三十一頃四十二畝六分二釐六毫，共準熟田三十一頃十九畝九分四釐三毫。外舊免科公占四畝四分七釐三毫。按，公占内二分九釐六毫，胡《志》作坦石橋營房基。

九十六啚洪字圩，下鄉熟田七十三頃二十一畝二分一釐八毫。得業蕩八畝三分七釐四毫，準三斗則田四畝一分八釐七毫。柴蕩一頃八十畝六分四釐六毫，準三斗則田六十畝二分一釐五毫。下鄉折糧田四十一畝四分五釐三毫，徵糧東田十一畝四分二釐八毫。實存不等則田七十五頃六十三畝一分一釐九毫，共準熟田七十四頃三十八畝五分一毫。外舊免科義冢一畝二分八釐一毫。

九十八啚日字圩，下鄉熟田二十六頃八十畝九分一釐八毫。草蕩十七畝八分三釐，準三斗則田二畝九分七釐一毫。徵糧東田八畝。實存不等則田二十七頃六畝七分四釐八毫，共準熟田二十六頃九十一畝八分八釐九毫。外舊免科義冢一畝二分。

九十九啚宇字圩。下鄉熟田四十八頃四十一畝九分六釐四毫。水漊四十三畝六分八釐八毫,準三斗則田七畝二分八釐一毫。徵糧東田四十五畝二分七釐六毫。實存不等則田四十九頃三十畝九分二釐八毫,共準熟田四十八頃九十四畝五分二釐一毫。外舊免科義冢九分六釐四毫。

四區:四十八啚天字圩,下鄉熟田四十二頃四十八畝七分七釐九毫。水漊二十一畝四釐,準三斗則田三畝五分七毫。實存不等則田四十二頃六十九畝八分一釐九毫,共準熟田四十二頃五十二畝二分八釐六毫。

五十五啚地字圩,下鄉熟田十六頃九十五畝六分二釐九毫。水漊十七畝三分九釐二毫,準三斗則田二畝八分九釐九毫。實存不等則田十七頃十三畝二釐一毫,共準熟田十六頃九十八畝五分二釐八毫。

七十二啚元字圩,下鄉熟田六十一頃七十六畝七釐六毫。水漊三畝七釐一毫,準三斗則田五分一釐二毫。實存不等則田六十一頃七十九畝一分四釐七毫,共準熟田六十一頃七十六畝五分八釐八毫。外舊免科義冢一畝六分七毫。

七十五啚黄字圩,下鄉熟田二十九頃五畝一分三釐九毫。水漊七十四畝九分七釐一毫,準三斗則田十二畝四分九釐五毫。實存不等則田二十九頃八十畝一分一釐,共準熟田二十九頃十七畝六分三釐四毫。

七十七啚宇字圩,下鄉熟田四十二頃五十三畝五分二毫。水漊四十二畝四分六釐八毫,準三斗則田七畝七釐八毫。徵糧東田二十四畝三分四釐五毫。實存不等則田四十三頃二十畝三分一釐五毫,共準熟田四十二頃八十四畝九分二釐五毫。

七十八啚宙字圩,下鄉熟田四十二頃五十五畝八分八釐一毫。水漊一頃四十七畝七分一毫,準三斗則田二十四畝六分一釐七毫。實存不等則田四十四頃三畝五分八釐二毫,共準熟田四十二頃八十畝四分九釐八毫。外舊免科義冢一分一釐七毫。

八十三啚洪字圩,下鄉熟田二十四頃六十七畝四釐四毫。水漊三畝二分四釐一毫,準三斗則田五分四釐。下鄉折糧田一頃六十九畝九分八釐六毫,徵糧東田六十八畝八分七釐三毫。實存不等則田二十七頃九畝一分四釐四毫,共準熟田二十七頃六畝四分四釐三毫。外舊免科義冢一畝九分五釐。

八十四啚荒字圩,實存下鄉熟田二十八頃八十一畝五分二釐。

八十五啚日字圩。實存下鄉熟田三十六頃五畝二分五釐七毫,外舊免科義冢七分。

五區:四十九啚天字圩,優減下鄉熟田五十一頃四十三畝四分八毫。得業蕩六畝五分三釐五毫,準三斗則田三畝二分六釐八毫。水漊八畝六分二釐八毫,準三斗則田一畝四分三釐八毫。實存不等則田五十一頃五十八畝五分七釐一毫,共準熟田五十一頃四十八畝一分一釐四毫。外新報待豁坍没下田一畝八分二釐五毫。舊免科義冢九分三毫。

五十四啚地字圩,優減下鄉熟田三十六頃九十五畝九分五釐四毫。水漊四畝三分,準三斗則田七分一釐七毫。實存不等則田三十七頃畝二分五釐四毫,共準熟田三十六頃九十六畝六分七釐一毫。外新報待豁坍没下田二畝三分四釐四毫。舊免科義冢八分二釐五毫。舊免科公占一分三釐三毫,胡《志》作神壇。

五十六啚元字圩,優減下鄉熟田四十七頃二十六畝九分二釐二毫。水漊二畝四分三釐,準三斗則田四分五毫。實存不等則田四十七頃二十九畝三分五釐二毫,共準熟田四十七頃二十七畝三分二釐七毫。外新報待豁坍没下田三畝六分四釐四毫,舊免科義冢二分四釐。

五十七啚元字圩,優減下鄉熟田四十五頃二十一畝八分八釐八毫。水漊五十七畝二分二釐二毫,準三斗則田九畝五分三釐七毫。實存不等則田四十五頃七十九畝一分一釐,共準熟田四十五頃三十一畝四分二釐五毫。

五十八啚亨字圩,優減下鄉熟田二十九頃三十三畝九分七釐五毫。水漊十七畝八分九釐二毫,準三斗則田二畝九分八釐二毫。實存不等則田二十九頃五十一畝八分六釐七毫,共準熟田二十九頃三十六畝九分五釐七毫。外舊免科義冢四分二釐五毫。

五十九啚利字圩，優減下鄉熟田二十一頃三十七畝一分六釐五毫。水漊二十畝四分二釐五毫，準三斗則田三畝四分四毫。實存不等則田二十一頃五十七畝五分九釐，共準熟田二十一頃四十畝五分六釐九毫。

六十啚黄字圩，優減下鄉熟田三十五頃四十四畝四分四毫。草蕩三畝三分四毫，準三斗則田五分五釐一毫。水漊二畝二分九釐六毫，準三斗則田三分八釐三毫。實存不等則田三十五頃五十畝四毫，共準熟田三十五頃四十五畝三分三釐八毫。外新報待豁坍没下田八畝一分八釐。舊免科義冢一畝。

六十一啚盈字圩，優減下鄉熟田四十六頃畝九分二釐三毫。得業蕩一畝四分九釐三毫，準三斗則田七分四釐六毫。水漊三十七畝七分六釐四毫，準三斗則田六畝二分九釐四毫。實存不等則田四十六頃四十畝一分八釐，共準熟田四十六頃七畝九分六釐三毫。外新報待豁坍没下田五畝一分九釐五毫。

六十二啚天、竺字圩。優減下鄉熟田七十七頃五畝二釐六毫。得業蕩三畝，準三斗則田一畝五分。柴蕩二畝二釐六毫，準三斗則田六分七釐五毫。草蕩四分六釐六毫，準三斗則田七釐八毫。水漊三畝九分六釐四毫，準三斗則田六分六釐一毫。實存不等則田七十七頃十四畝(田)〔四〕分八釐二毫，共準熟田七十七頃七畝九分四釐。外新報待豁坍没下田十四畝二分二釐八毫，又待豁義冢下田二畝三分二釐八毫，舊免科義冢二畝一分三釐。

六區：六十三啚義字圩，下鄉熟田四十一頃十畝九分六釐。水漊三十九畝八分七釐，準三斗則田六畝六分四釐五毫。實存不等則田四十一頃五十畝八分三釐，共準熟田四十一頃十七畝六分五毫。外新報待豁坍没下田三畝九分六釐七毫。舊歸場鹽倉基三十五畝八分二釐九毫。

六十八啚禮字圩，實存下鄉熟田二十五頃八十畝四分八釐，外舊免科義冢十六畝一分九釐。

七十啚智字圩，下鄉熟田二十五頃十七畝一分二釐四毫。水漊十一畝四分六釐三毫，準三斗則田一畝九分一釐一毫。實存不等則田二十五頃二十八畝五分八釐七毫，共準熟田二十五頃十九畝三釐五毫。

十六、七十三啚仁、信字圩。下鄉熟田六十七頃二十一畝七分八釐一毫。水漊六畝三分一釐，準三斗則田一畝五釐二毫。實存不等則田六十七頃二十八畝九釐一毫，共準熟田六十七頃二十二畝八分三釐三毫。外舊免科義冢一畝七分二釐。

七區：三十四啚天字圩，下鄉熟田三十一頃三十二畝八分五釐四毫。水漊七畝三分九釐五毫，準三斗則田一畝二分三釐三毫。實存不等則田三十一頃四十畝二分四釐九毫，共準熟田三十一頃三十四畝八釐七毫。

三十九啚天、地、元、黄、宇、宙、洪、荒字圩，下鄉熟田二十六頃九十六畝五分七釐四毫。水漊七畝六分四釐七毫，準三斗則田一畝二分七釐五毫。實存不等則田二十七頃四畝二分二釐一毫，共準熟田二十六頃九十七畝八分四釐九毫。外舊免科義冢一畝七毫。

四十啚天、地、元、黄、宇、宙、洪、豐字圩，下鄉熟田三十五頃五十八畝六分八釐八毫。水漊六畝九分七釐四毫，準三斗則田一畝一分六釐二毫。實存不等則田三十五頃六十五畝六分六釐二毫，共準熟田三十五頃五十九畝八分五釐。外舊免科義冢二畝四分二釐。

四十一啚天字圩，下鄉熟田十九頃六十五畝五分五釐四毫。水漊十三畝八分六釐二毫，準三斗則田二畝三分一釐一毫。實存不等則田十九頃七十九畝四分一釐六毫，共準熟田十九頃六十七畝八分六釐五毫。

五十一啚天字圩。下鄉熟田十九頃五十六畝四分六釐六毫。得業蕩二分，準三斗則田一分。水漊三畝四分九釐，準三斗則田五分八釐三毫。實存不等則田十九頃六十畝一分五釐六毫，共準熟田十九頃五十七畝一分四釐九毫。外新報待豁義冢下田二分五釐。舊免科義冢十七畝八分二釐七毫，舊免科公占八釐。

八區：一啚火字圩，優減下鄉熟田五十頃三十二畝八分六釐八毫。低薄二畝八分四釐九毫，準下田一畝八分九釐九毫。柴蕩六分五釐，準三斗則田二分一釐六毫。水漊六畝七分三釐九毫，準三斗則田一畝一分二釐二毫。實存不等則田五十頃四十三畝一分六毫，共準熟田五十頃三十六畝一分五毫。外新報待豁坍没下田五十四畝四分三釐。

舊免科義冢一畝。

四啚爲字圩,優減下鄉熟田二十八頃十五畝五分九釐三毫。低薄五畝四分四毫,準下田三畝六分三毫。得業蕩三畝二分八釐一毫,準三斗則田一畝六分四釐一毫。水漊十五畝六分八毫,準三斗則田二畝六分一毫。實存不等則田二十八頃三十九畝八分八釐六毫,共準熟田二十八頃二十三畝四分三釐八毫。外新報待豁坍没下田六十一畝八分四釐五毫。舊免科義冢八分二釐九毫。

三十七啚河字圩,下鄉熟田五十八頃九十二畝七分二釐三毫。得業蕩五分六釐,準三斗則(曰)〔田〕二分八釐。水漊二十一畝九分九釐三毫,準三斗則田三畝六分六釐六毫。實存不等則田五十九頃十五畝二分七釐六毫,共準熟田五十八頃九十六畝六分六釐九毫。外舊免科義冢一畝五分一釐七毫。

四十四啚龍字圩。優減下鄉熟田三十頃二畝四分四釐三毫。得業蕩六十五畝四分九釐四毫,準三斗則田三十二畝七分四釐七毫。柴蕩九十七畝七分七釐五毫,準三斗則田三十二畝五分九釐一毫。草蕩十畝九分一釐一毫,準三斗則田一畝八分一釐九毫。水漊三十一畝一分九釐八毫,準三斗則田五畝二分。實存不等則田三十(一)〔二〕頃七畝八分二釐一毫,共準熟田三十頃七十四畝八分。外新報待豁坍没下田四十四畝七分二釐三毫。又得業蕩十一畝一分三釐四毫,準三斗則田五畝五分六釐七毫。舊免科義冢八分二毫。

九區:二啚人字圩,優減下鄉熟田四十四頃二十一畝九分八釐四毫。傍浦留步田九畝三分二釐,準下田六畝六分五釐七毫。低薄舊荒七畝五分六釐一毫,準下田五畝四釐一毫。得業蕩三畝七分三毫,準三斗則田一畝八分五釐一毫。草蕩一畝二釐五毫,準三斗則田一分七釐一毫。水漊八畝六分三釐四毫,準三斗則田一畝四分三釐九毫。實存不等則田四十四頃五十二畝二分二釐七毫,共準熟田四十四頃三十七畝一分四釐三毫。外新報待豁坍没下田二十四畝四分五釐九毫。又得業蕩一畝二分六釐六毫,準三斗則田六分三釐三毫。

六啚罔字圩,優減下鄉熟田二十九頃四十四畝九分一釐三毫。水漊五十二畝六分四釐三毫,準三斗則田八畝七分七釐四毫。實存不等則田二十九頃九十七畝五分五釐六毫,共準熟田二十九頃五十三畝六分八釐七毫。外新報待豁坍没下田十四畝八分五釐一毫。

十九啚水字圩,下鄉熟田三十八頃五十三畝八分一釐五毫。水漊二十四畝六分八釐六毫,準三斗則田四畝一分一釐四毫。實存不等則田三十八頃七十八畝五分一毫,共準熟田三十八頃五十七畝九分二釐九毫。

二十五啚海字圩。下鄉熟田二十一頃七畝一分一釐六毫。水漊十七畝,準三斗則田二畝八分三釐三毫。實存不等則田二十一頃二十四畝一分一釐六毫,共準熟田二十一頃九畝九分四釐九毫。外新報待豁坍没下田三畝六分八釐五毫。舊免科公占八分九釐九毫。

十區:八啚昃字圩,優減下鄉熟田二十六頃四十四畝六分二釐。水漊十一畝七分,準三斗則田一畝九分五釐。實存不等則田二十六頃五十六畝三分二釐,共準熟田二十六頃四十六畝五分七釐。外新報待豁坍没下田十七畝七分九釐八毫。

九啚張字圩,優減下鄉熟田十頃八十三畝九分一釐六毫。水漊二十二畝九釐二毫,準三斗則田三畝六分八釐二毫。實存不等則田十一頃六畝八毫,共準熟田十頃八十七畝五分九釐八毫。

十啚宿字圩,優減下鄉熟田三十九頃九十六畝八分二釐三毫。得業蕩八分一釐六毫,準三斗則田四分八毫。實存不等則田三十九頃九十七畝六分三釐九毫,共準熟田三十九頃九十七畝二分三釐一毫。外舊免科義冢二分三釐九毫。

十二啚雲字圩,下鄉熟田二十九頃十三畝一分一釐二毫。得業蕩一畝四釐五毫,準三斗則田五分二釐三毫。水漊二十二畝七釐三毫,準三斗則田三畝六分七釐九毫。實存不等則田二十九頃三十六畝二分三釐,共準熟田二十九頃十七畝三分一釐四毫。外舊免科義冢四分一釐七毫。舊免科公占八分六釐一毫,胡《志》注鋪基。

二十三啚宗字圩,下鄉熟田二十二頃七十九畝一分二毫。水漊三十三畝六毫,準三斗則田五畝五分一毫。實存不等則田二十三頃十二畝一分八毫,共準熟田二十二頃八十四畝六分三毫。外新報待豁坍没下田十畝四分八釐九毫。

二十七啚平字圩。下鄉熟田四十三頃二十二畝一分八釐六毫。得業蕩四畝,準三斗則田二畝。水漊十七畝六分七釐六毫,準三斗則田二畝九分四釐六毫。實存不等則田四十三頃四十三畝八分六釐二毫,共準熟田四十三頃二十七畝一分三釐二毫。外舊免科義冢一畝六分七釐。

十一區:十一啚天字圩,下鄉熟田十九頃六十畝八分四釐一毫。水漊三十畝四釐,準三斗則田五畝六毫。實存不等則田十九頃九十畝八分八釐一毫,共準熟田十九頃六十五畝八分四釐七毫。外新報待豁坍没下田一畝六分七釐五毫。

十四啚天字圩,下鄉熟田六十頃九十七畝五分六釐三毫。低薄五分五釐二毫,準下田三分六釐八毫。水漊一頃六十畝二分五釐五毫,準三斗則田二十六畝七分九毫。實存不等則田六十二頃五十八畝三分七釐,共準熟田六十一頃二十四畝六分四釐。外舊免科公占九釐四毫。

十五啚天字圩,下鄉熟田四十六頃四十六畝九分九釐七毫。水漊一頃五十三畝七分五釐,準三斗則田二十五畝六分二釐五毫。實存不等則田四十八頃畝七分四釐七毫,共準熟田四十六頃七十二畝六分二釐二毫。按,胡《志》有免科公占一畝一分二釐二毫。

二十一啚天字圩,優減下鄉熟田三十七頃四十四畝九分九釐八毫。水漊五畝六分五釐八毫,準三斗則田九分四釐三毫。實存不等則田三十七頃五十畝六分五釐六毫,共準熟田三十七頃四十五畝九分四釐一毫。外新報待豁坍没下(四)〔田〕二十九畝七分三釐二毫,(人)〔又〕待豁義冢下田二分。舊免科義冢三分三釐六毫。

二十四啚芥字圩。下鄉熟田二十二頃二十七畝六分九釐一毫。水漊九十畝六分三釐五毫,準三斗則田十五畝一分六毫。實存不等則田二十三頃十八畝三分二釐六毫,共準熟田二十二頃四十二畝七分九釐七毫。外新報待豁坍没下田七畝九分七釐。舊免科義冢三分三釐三毫。

十二區:二十九啚閏字圩,下鄉熟田四十二頃九十四畝七分六釐。水漊五十九畝八分二釐四毫,準三斗則田九畝九分七釐一毫。實存不等則田四十三頃五十四畝五分八釐四毫,共準熟田四十三頃四畝七分三釐一毫。

三十啚位字圩,下鄉熟田二十九頃三十六畝七分四釐六毫。得業蕩十七畝一分三釐,準三斗則田八畝五分六釐五毫。水漊十九畝八分二釐四毫,準三斗則田三畝三分四毫。實存不等則田二十九頃七十三畝七分,共準熟田二十九頃四十八畝六分一釐五毫。

三十三啚遜字圩,下鄉熟田三十三頃三十九畝三分七毫。水漊二十畝八分二釐七毫,準三斗則田三畝四分七釐一毫。實存不等則田三十三頃六十畝一分三釐四毫,共準熟田三十三頃四十二畝七分七釐八毫。外舊免科義冢二畝三分三毫。

三十五啚姜字圩,下鄉熟田三十七頃畝一分四釐八毫。水漊二十三畝六分七釐六毫,準三斗則田三畝九分四釐六毫。實存不等則田三十七頃二十三畝八分二釐四毫,共準熟田三十七頃四畝九釐四毫。外舊免科義冢二分六釐三毫。

四十二三啚藏字圩,優減下鄉熟田三十三頃六十五畝七分四釐一毫。得業蕩六十九畝三毫,準三斗則田三十四畝五分二毫。新陞得業蕩三畝一分八釐八毫,準三斗則田一畝五分九釐四毫。草蕩五畝二分二毫,準三斗則田八分六釐七毫。水漊十七畝一分九釐三毫,準三斗則田二畝八分六釐六毫。實存不等則田三十四頃六十畝三分二釐七毫,共準熟田三十四頃五畝五分七釐。外新報待豁坍没下田四十一畝三分七釐。又得業蕩三畝九分九釐六毫,準三斗則田一畝九分九釐八毫。舊免科義冢二畝二毫。

四十五啚歲字圩,優減下鄉熟田三十頃四十四畝四分八釐六毫。低薄舊荒一畝二分一釐五毫,準下田八分一釐。得業蕩二十畝二分二釐,準三斗則田十畝一分一釐。柴蕩五畝三分九釐四毫,準三斗則田一畝七分九釐八毫。草蕩二畝,準三斗則田三分三釐三毫。水漊六十六畝九分六釐三毫,準三斗則田十一畝一分六釐一毫。實存不等則田三十一頃(田)〔四〕十畝二分七釐八毫,共準熟田三十頃六十八畝六分九釐八毫。又存下田十六畝二分七釐五毫。外新報待豁坍没下田二十二畝六釐二毫,又待豁義冢下田四分。

四十六啚稱字圩,優減下鄉熟田三十四頃七十九畝八分一釐五毫。得業蕩二十四畝六分九釐六毫,準三斗則(四)〔田〕十二畝三分四釐八毫。水漊二十三畝五分五釐五毫,準三斗則田三畝九分二釐六毫。實存不等則田三十五頃二十八畝六釐六毫,共準熟田三十四頃九十六畝八釐九毫。外新報待豁坍没下田十九畝五分九釐三毫。按,胡《志》有免科公占二畝六分一釐六毫。

四十七啚果字圩,優減下鄉熟田二十四頃七畝八分八釐八毫。水漊三十四畝八分八釐四毫,準三斗則田五畝八分一釐四毫。實存不等則田二十四頃四十二畝七分七釐二毫,共準熟田二十四頃十三畝七分二毫。外新報待豁坍没下田十三畝六分四釐八毫。又水漊一畝五分八釐四毫,準三斗則田二分六釐四毫。又待豁義冢下田八分八釐七毫。按,胡《志》有免科公占三分五釐四毫。

五十啚李字圩,優減下鄉熟田四十七頃三十九畝六分六釐四毫。得業蕩七分七釐九毫,準三斗則田三分九釐。柴蕩二畝九分三釐,準三斗則田九分七釐七毫。水漊十一畝六分二釐四毫,準三斗則田一畝九分三釐七毫。實存不等則田四十七頃五十四畝九分九釐七毫,共準熟田四十七頃四十二畝九分六釐八毫。外新報待豁坍没下田九畝四釐八毫。舊免科義冢一畝七釐九毫。

下鄉二十保,分轄區四,領啚二十。

一區:二十啚鳥字圩,優減下鄉熟田二十九頃四十畝二分二釐七毫。低薄一畝九分一毫,準下田一畝二分六釐七毫。水漊五畝二分八釐二毫,準三斗則田八分八釐。徵糧東田二頃三畝八分四釐七毫。實存不等則田三十一頃五十一畝二分五釐七毫,共準熟田三十一頃四十六畝二分二釐一毫。

二十一啚官字圩,優減下鄉熟田二十二頃十四畝二分四釐五毫。水漊一畝八分三釐,準三斗則田三分五毫。徵糧東田一頃四十八畝七分三釐九毫。實存不等則田二十三頃六十四畝八分一釐四毫,共準熟田二十三頃六十三畝二分八釐九毫。外舊免科公占八畝六分四毫。

二十二啚鹹字圩,優減下鄉熟田三十七頃十五畝二分八釐七毫。水漊八畝六分四毫,準三斗則田一畝四分三釐四毫。實存不等則田三十七頃二十三畝八分九釐一毫,共準熟田三十七頃十六畝七分二釐一毫。

二十三啚芥字圩,優減下鄉熟田三十六頃七十一畝一分五釐四毫。得業蕩一畝八分三釐七毫,準三斗則田九分一釐九毫。水漊二十六畝五分九釐,準三斗則田四畝四分三釐二毫。下鄉折糧田六頃四十八畝一分八釐八毫,徵糧東田一頃三十五畝三分三釐。實存不等則田四十四頃八十三畝九釐九毫,共準熟田四十四頃六十畝二釐三毫。外舊免科義冢一畝六分,舊免科荒絶八釐三毫。

二十七啚重字圩,優減下鄉熟田二十八頃八十畝九分九釐七毫。水漊一畝九分四毫,準三斗則田三分一釐七毫。下鄉折糧田十三頃二十三畝五分五釐,徵糧東田一頃五十二畝六分四釐七毫。實存不等則田四十三頃五十九畝九釐八毫,共準熟田四十三頃五十七畝五分一釐一毫。外舊免科義冢三分八釐七毫。

二十八啚鱗字圩,優減下鄉熟田三十七頃八十四畝四分五釐。得業蕩一畝五分六釐二毫,準三斗則田七分八釐一毫。水漊三畝七分一釐二毫,準三斗則田六分一釐九毫。徵糧東田一頃七十八畝五分六釐。實存不等則田三十九頃六十八畝二分八釐四毫,共準熟田三十九頃六十四畝四分一釐。

二十九啚潛字圩,優減下鄉熟田三十五頃五十四畝六釐四毫。水漊二畝三分五釐六毫,準三斗則田三分九釐三毫。下鄉折糧田六頃三十三畝三分八釐三毫。實存不等則田四十一頃八十九畝八分三毫,共準熟田四十一頃八十七畝八分四釐。按,胡《志》有免科義冢一畝一分二釐五毫。

三十啚羽、天字圩。優減下鄉熟田四十三頃十六畝二釐三毫,徵糧東田一頃八十九畝六分,實存不等則熟田四十五頃五畝六分二釐三毫。外新報待豁坍没下田二畝九分三釐三毫。舊免科義冢八分八釐八毫。

二區:八啚天字圩,優減下鄉熟田二十八頃八十三畝二分三毫。草蕩三畝五分,準三斗則田五分八釐三毫。徵糧東田四頃九十五畝九分二釐五毫。實存不等則田三十三頃八十二畝六分二釐八毫,共準熟田三十三頃七十九畝七分一釐一毫。外舊免科義冢二畝五分六釐九毫。

十啚東、天字圩，優減下鄉熟田二十五頃七十六畝七分一釐四毫，徵糧束田四頃二十四畝八分六釐一毫，實存不等則熟田三十頃一畝五分七釐五毫。

十一啚天字圩，優減下鄉熟田三十四頃九十三畝五分二釐三毫。水漊四畝一分三釐，準三斗則田六分八釐八毫。徵糧束田三頃六十五畝三毫。實存不等則田三十八頃六十二畝六分五釐六毫，共準熟田三十(六)八頃五十九畝二分一釐四毫。

十二啚天、地、元、黄、宇、宙、洪、荒字圩，優減下鄉熟田二十八頃九十三畝八分九釐四毫。得業蕩二十四畝一分一釐二毫，準三斗則田十二畝五釐六毫。柴蕩九分三釐六毫，準三斗則田三分一釐二毫。水漊一畝六分四釐五毫，準三斗則田二分七釐四毫。實存不等則田(一)〔二〕十九頃二十畝五分八釐七毫，共準熟田二十九頃六畝五分三釐六毫。外新報待豁坍没下田三十畝五釐四毫。

十三啚天字圩，優減下鄉熟田三十九頃十八畝二分七釐四毫。低薄二十八畝五分一釐，準下田十九畝六毫。得業蕩十四畝八分六釐五毫，準三斗則田七畝四分三釐三毫。水漊二畝二分八釐七毫，準三斗則田三分八釐二毫。實存不等則田三十九頃六十三畝九分三釐六毫，共準熟田三十九頃四十五畝九釐五毫。外新報待豁坍没下田十五畝六分七釐四毫。舊免科公占一分三釐一毫。

十四啚盈字圩，實存優減下鄉熟田二十一頃三十四畝七分九釐六毫，外新報待豁坍没下田十五畝八分九釐。

二十六啚天字圩。優減下鄉熟田五十二頃二十七畝三分六毫，下鄉折糧田二十四畝九分五釐三毫，實存不等則熟田五十二頃五十二畝二分五釐九毫。外新報待豁坍没下田五十三畝五分九釐六毫。舊免科義冢七畝七分八釐八毫，舊免科公占七分九釐七毫。

三區：三啚元字圩，優減下鄉熟田六十二頃九十七畝五分二釐七毫。低薄五頃十三畝九分五釐七毫，準下田三頃四十二畝六分三釐八毫。得業蕩四頃七十七畝二分四釐六毫，準三斗則田二頃三十八畝六分二釐三毫。草蕩四十四畝三分九釐六毫，準三斗則田七畝三分九釐九毫。水漊二畝九分四釐九毫，準三斗則田四分九釐二毫。徵糧束田九畝一分。實存不等則田七十三頃四十五畝一分七釐五毫，共準熟田六十八頃九十五畝七分七釐九毫。外新報待豁坍没下田七畝二分三釐三毫。舊免科義冢二畝六分七釐三毫。

六啚宙字圩。優減下鄉熟田三十七頃十九畝八分九釐九毫。水漊六分三釐六毫，準三斗則田一分六毫。徵糧束田二頃八十九畝一分三釐三毫。實存不等則田四十頃九畝六分六釐八毫，共準熟田四十頃九畝一分三釐八毫。

四區：一啚天字圩，優減下鄉熟田八十頃九十六畝八釐。得業蕩三畝七分四釐四毫，準三斗則田一畝八分七釐二毫。水漊二十五畝二分三釐八毫，準三斗則田四畝二分七毫。下鄉折糧田八十八畝三分一釐一毫，徵糧束田四畝八分。實存不等則田八十二頃十八畝一分七釐三毫，共準熟田八十一頃九十五畝二分七釐。外新報待豁坍没下田四畝三釐。舊免科義冢一畝五分八釐三毫。按，胡《志》有免科公占備塘十六畝五分六釐，又演武場四十八畝六分三釐五毫。

二啚地字圩，優減下鄉熟田七十頃七十一畝一分八釐。得業蕩四十二畝七分八釐四毫，準三斗則田二十一畝三分九釐二毫。下鄉折糧田一頃四十九畝八分一釐六毫。實存不等則田七十二頃六十三畝七分八釐，共準熟田七十二頃四十二畝三分八釐八毫。外新報待豁坍没下田二畝四分四釐二毫。舊免科義冢一畝五分三毫。

二十四啚藏字圩。優減下鄉熟田五十九頃十七畝一分六釐二毫。得業蕩一頃十四畝二分八釐五毫，準三斗則田五十七畝一分五釐六毫。水漊四畝八分九釐，準三斗則田八分一釐五毫。下鄉折糧田一頃八十二畝六分二釐五毫。實存不等則田六十二頃十八畝九分六釐二毫，共準熟田六十一頃五十七畝七分五釐八毫。外新報待豁坍没下田十九畝九分一釐九毫。舊免科義冢五分八釐。

按，胡《志》各啚田數，先載某(頃)〔項〕田若干，次列原坍若干、某年坍若干、義冢公占若干、實存若干，最爲明晰。今次重修，應續載嘉慶十四年豁坍没，及道光元年免科義冢，因原册散失,不能確指。故止載現存實數,其已豁坍没,概不列入,惟義冢、公占仍附列實存數之外。有未見胡《志》者,當即道光元年所免。有載在胡《志》而今册無者,補注胡《志》有公占若干、義冢若干。

徵糧科則每減科平米一石,徵本色米四斗一升七合九勺二抄五撮九圭九粟六稞有奇,漕贈五米在内。

上鄉原存田五百三十五頃八十畝八分二釐一毫五絲,新報義冢、坍没田未除。每畝原科平米二斗九升五合,内正米二斗五合,耗米九升。實徵本色米一斗二升三合二勺八抄八撮有奇。今遞減、優減十之三,科平米二斗七合四勺九抄有奇,實徵本色米八升六合七勺一抄八撮有奇,遇閏減編米三抄七撮有奇,共減科平米一萬一千一百十七石八斗五升二合七勺五抄八撮三圭有奇。該本色米四千六百四十六石四斗三升九合七勺,遇閏共減編米二石六合七勺。

下鄉腹内田原存三千六百八十五頃六十九畝一分五釐,新報義冢、坍没田未除。每畝原科平米二斗三升五合,内正米二斗五合,耗米三升。實徵本色米九升八合二勺一抄二撮有奇。今遞減十之一、三、五,科平米二斗三合二勺七抄四撮有奇,實徵本色米八升四合九勺五抄有奇,遇閏減編米三抄六撮有奇,共〔減〕科平米七萬四千九百二十石八斗九升三合六勺二抄五撮七圭有奇。該本色米三萬一千三百十一石三斗八升九合三勺,遇閏共減編米十三石五斗二升二合五勺。

下鄉瘠薄再次田原存二千一百七十八頃七十二畝五分二釐九毫八絲,新報義冢、坍没田未除。每畝原科平米二斗三升五合,内正米二斗五合,耗米三升。實徵本色米九升八合二勺一抄二撮有奇。今遞減優減十之二,科平米一斗八升九合四抄五撮有奇,實徵本色米七升九合七撮有奇,遇閏減編米三抄四撮有奇,共減科平米四萬一千一百八十七石八斗七升五合六勺四抄八撮九粟有奇。該本色米一萬七千二百十三石四斗八升四合,遇閏共減編米七石四斗三升四合一勺。

上、下鄉蕩漊等準熟田原存十一頃三十一畝五分四釐五毫四絲五忽,新報坍没田未除。每畝原科平米三斗,實徵本色米一斗二升五合三勺七抄七撮有奇。今遞減十之二、一、一,科平米二斗三升七合五勺四抄有奇,實徵本色米九升九合二勺七抄四撮有奇,遇閏減編米四抄二撮有奇,共減科平米二百六十八石七斗八升七(分)〔合〕五勺三抄八撮有奇。該本色米一百十(三)〔二〕石三斗三升三合三勺,遇閏共減編米四升八合五勺。

護塘外最瘠薄田即東田。原存四十八頃五十畝九分一釐四毫二絲,每畝原科平米二斗五合,不加耗。實徵本色米八升五合六勺七抄四撮有奇。今遞減、優減十之三,科平米一斗四升二合六勺八抄有奇,實徵本色米五升九合六勺二抄九撮有奇,遇閏減編米二抄五撮七圭有奇,共減科平米六百九十二石一斗二升八合五勺一抄五撮有奇。該本色米二百八十九石二斗五升八合五勺,遇閏共減編米一斗二升四合九勺。

折色科則每原科平米一石,派徵折色銀三錢一分三毫五絲三忽三微有奇,漕贈十銀在内。

上鄉二斗九升五合額田,每畝科徵折色銀一錢六釐二毫六絲一忽有奇,共徵銀五千六百九十三兩五錢八分八釐,加五分耗銀二百八十四兩六錢七分九釐。遇閏加徵銀七毫三絲九忽六微三纖有奇,共加徵銀三十九兩六錢三分,加五分耗銀一兩九錢八分二釐。每畝攤徵人丁銀一釐一毫二絲八忽七微八纖有奇,共徵銀六十兩四錢八分一釐,加五分耗銀三兩二分四釐。遇閏加攤銀二絲六忽一纖七沙有奇,共攤銀一兩三錢九分四釐,加五分耗銀七分。每畝攤徵雜辦班匠掮銀一毫七絲五忽六(徵)〔微〕七纖有奇,共徵銀九兩四錢一分三釐,加五分耗銀四錢七分一釐。核上鄉田,每畝共該徵正耗銀常年一錢一分二釐九毫四絲四忽有奇,遇閏一錢一分三釐七毫四絲八忽有奇。

下鄉二斗三升五合額田,優減下田同則。每畝科徵折色銀八分七釐六毫四絲四微七纖有奇,共徵銀五萬一千三百九十六兩二分八釐,加五分耗銀二千五百六十九兩八錢一釐。遇閏加徵銀六毫三絲五忽三微八纖有奇,共加徵銀三百七十二兩六錢一分八釐,加五分耗銀十八兩六錢三分一釐。攤徵人丁銀通邑同則共六百六十一兩九錢六分九釐,加五分耗銀三十三兩九分八釐。遇閏共加攤銀十五兩二錢五分八釐,加五分耗銀七錢六分三釐。攤徵雜辦班匠損銀通邑同則共一百三兩二分,加五分耗銀五兩一錢五分一釐。核下鄉田,每畝共該徵正耗銀常年九分三釐三毫九絲二忽有奇,遇閏九分四釐八絲六忽有奇。

上、下鄉準熟三斗額田,每畝科徵折色銀一錢七釐八毫一絲三忽有奇,共徵銀一百二十一兩九錢九分六釐有奇,加五分耗銀六兩一錢。遇閏加徵銀七毫四絲八忽三微二纖有奇,共徵銀八錢四分七釐,加五分耗銀四分三釐。攤徵人丁銀通邑同則共一兩二錢七分七釐,加五分耗銀六分四釐。遇閏〔共〕加攤銀二分九釐,加五分耗銀一釐。攤徵雜辦班匠損銀通邑同則共一錢九分九釐,加五分耗銀一分。核準熟三斗則田,每畝共該徵正耗銀常年一錢一分四釐五毫七絲三忽有奇,遇閏一錢一分五釐三毫八絲六忽有奇。

護塘外二斗五合則額田,每畝科徵折色銀七分八釐三毫二絲九忽八微七纖有奇,共徵銀三百七十九兩九錢七分一釐,加五分耗銀十八兩九錢九分九釐。遇閏加徵銀五毫八絲三忽二微六纖有奇,共加徵銀二兩八錢三分,加五分耗銀一錢四分二釐。攤徵人丁銀通邑同則共五兩四錢七分六釐,加五分耗銀二錢七分四釐。遇閏〔共〕加攤銀一錢二分六釐,加五分耗銀六釐。攤徵雜辦班匠損銀通邑同則共八錢五分二釐,加五分耗銀四分三釐。核東田,每畝共該徵正耗銀常年八分三釐六毫一絲六忽有奇,遇閏八分四釐二毫五絲五忽七(徵)〔微〕九纖有奇。

折糧科則每平米一石,派徵折色銀四錢一分五釐二毫七絲二忽五微有奇。

下鄉二斗三升五合額田,原存七十二頃五十三畝三分九釐三毫,每畝科徵折色銀一錢一分二釐二毫九絲六忽有奇,共徵銀八百十四兩五錢三分一釐,加五分耗銀四十兩七錢二分七釐。遇閏加徵銀四毫二絲八忽一微九沙有奇,共徵銀三兩一錢五釐,加五分耗銀一錢五分五釐。攤徵人丁銀通邑同則共八兩一錢八分七釐,加五分耗銀四錢九釐。遇閏〔共〕加攤銀一錢八分九釐,加五分耗銀九釐。攤徵雜辦班匠損銀通邑同則共徵一兩二錢七分四釐,加五分耗銀六分四釐。核下折田,每畝共該徵正耗銀常年一錢一分九釐二毫八絲有奇,遇閏一錢一分九釐七毫五絲七忽有奇。

護塘外二斗五合額田,原存六十七畝八分一釐七毫,每畝科徵折色銀九分九釐八毫三絲八忽有奇,共徵銀六兩七錢七分一釐,加五分耗銀三錢三分九釐。遇閏加徵銀四毫二忽四(徵)〔微〕四纖有奇,共徵銀二分七釐,加五分耗銀一釐。攤徵人丁銀通邑同則共七分七釐,加五分耗銀四釐。遇閏共加攤銀二釐,加五分耗銀不及一釐。攤徵雜辦班匠損銀通邑同則共徵一分二釐,加五分耗銀不及一釐。核東折田每畝共該徵正耗銀常年一錢六釐一毫九絲九忽九微有奇,遇閏一錢六釐六毫四絲九忽有奇。

現在實徵本色米五萬三千五百七十二石九斗四合八勺。遇閏加徵行月南郵等米八十四石九斗九升六合,漕贈蠲缺米二斗三升八合,減編漕糧漕贈正耗米一百八石三斗五升八合六勺,揚倉行月米一升二合一勺。以加抵減外,實減米二十三石一斗三升六合七勺。

徵收兑費錢二千七百八十五千七百九十一文,減徵錢一千二百三文。

運解存支各款

起運本色項下

蘇松糧道漕糧正兑正米,原額三萬二千七百二十四石五斗四升二合七勺,除分隸川沙廳應徵漕米請放兵糧由縣以南改漕正兑外,該米三萬一千七百十石三斗六升二合九勺。今定該運正兑糧米二萬五千五百六十石九斗五升一合。遇閏減編米六十二石五斗四升九合九勺。

加四耗米,原額一萬三千八十九石八斗一升七合一勺,除分隸川沙廳應徵外,該米一萬二千六百八十四石一斗四升五合二勺。今定該米一萬二百二十四石三斗八升四勺,遇閏減編米二十五石二升。

改兑正米,原額四千二百五十九石九升四合六勺,除分隸川沙廳應徵外,該米四千一百二十七石四斗三升五合二勺。今定該兑米三千三百二十七石二升五合,遇閏減編米一石四斗九升六合八勺。

加三耗米,原額一千二百七(千)〔十〕七石七斗二升八合四勺,除分隸川沙廳應徵外,該米一千二百三十八石二斗三升六勺。今定該米九百九十八石一斗七合五勺,遇閏減編米四斗四升九合。

漕贈五米,原額二千五百六十七石五斗五升九合二勺,除分隸川沙廳應徵外,該米二千四百八十八石八合八勺。今定該米二千五石五斗二升三合三勺,遇閏減編米四石四斗七升五合九勺。

白糧正米,原額該運米三千六百六十四石,除分隸川沙廳應徵外,該米三千四百二十三石一斗五升五合。今同。

耗米,原額一千九十九石二斗,除分隸川沙廳應徵外,該米一千二十六石九(十)〔斗〕四升六合五勺。今同。

盤用耗米,原額七百三十二石八斗,除分隸川沙廳應徵外,該米六(石)〔百〕八十四石六斗三升一合。今同。

舂辦米,原額一千九十九石二斗,除分隸川沙廳應徵外,該米一千二十六石九斗四升六合五勺。今同。

運船水手飯米,原額二百六十三石八斗八合,除分隸川沙廳應徵外,該米二百四十六石四斗六升七合。今同。

行月項下

金松衛所行月糧米,原額八百四十四石六斗三升八勺,除分隸川沙廳應徵外,該米七百八十九石一斗一升一合四勺。今定該運米六百五十二石八斗一合六勺,遇閏增編米六十二石五斗二升一合七勺。

江興帮丁改本月糧米,原額二千三十三石八斗五升,除分隸川沙廳應徵外,該米一千九百石一斗五升六合三勺。今定該米一千五百七十一石九斗二升六合五勺。

揚州倉行月米,原額一千二百二十石八升二合四勺,除分隸川沙廳應徵外,該米一千一百三十九石八斗八升三合七勺。今定起運江安糧道該米九百四十二石九斗八升二合一勺,遇閏減編米一升二合一勺。查此款原歸蘇松糧道,於乾隆二十八年,改歸江安糧道。

解給兵糧項下

解給各標營兵南粳米,原額四千三百四十九石三斗五升八合八勺,遇閏增編,并餘賸邺孤米三石六斗三升一合四勺,除分隸川沙廳應徵外,該米二千一百八十二石二斗五升六合八勺,遇閏增編米二石四斗五升五合八勺。今定起解江蘇布政司南糧兵米一千八百五石二斗九升七合四勺,遇閏增編米二石三升一合三勺。

存給項下

邮孤口糧,原額九十九石一斗九合,遇閏加徵米八石二斗五升九合,除分隸川沙廳應徵外,該米九十一石五斗八升四合,遇閏加徵米七石六斗三升二合。今存邮孤口糧米七十五石七斗六升四合,遇閏該加米六石三斗一升三合七勺。

實徵折色銀五萬九千三百二十四兩四錢一分一釐,門攤漁課銀在内,每兩加耗銀五分。共加耗銀二千九百六十六兩二錢二分一釐。遇閏增編正銀四百三十六兩五分五釐,隨加耗銀二十一兩八錢三釐。

起運折色項下

解布政司:地丁雜辦等款,原額銀三萬三千一百十一兩三錢六分一釐,遇閏增編銀一百六十四兩四錢六分,除分隸川沙廳應徵外,又除縣丞員下添設弓兵,增給工食銀一百七十五兩八錢九分,閏月銀十四兩六錢五分七釐。實該解司銀三萬五百五十四兩六錢八分六釐,遇閏增編銀一百三十四兩。

損腳銀一千三百六十七兩二錢六分四釐。

解蘇松糧道:輕齎經費各款共原額銀二萬三千八百二十一兩一錢五分四釐,除分隸川沙廳應徵外,實該解銀二萬二千二百六十四兩六錢四分一釐,遇閏以增抵減外,實加增銀二百十二兩二錢八分三釐。内:

隨漕輕齎銀四千四十六兩七錢四分五釐,解損銀一百二十一兩四錢二釐,河工備剥銀三百三十二兩一錢八分七釐,解費銀六兩六錢四分三釐,二升耗米銀四十三兩一錢一分二釐,解費銀八錢六分二釐,七分折色席木版銀二百十兩八錢四分,解費銀四兩二錢一分八釐,以上俱係輕齎款。三分本色席木版銀九十一兩七錢一分四釐,遇閏減編銀一兩二錢九分八釐。過江六升米折銀一千二十七兩八錢七分八釐。漕贈十銀五千二百七兩五錢九分三釐,遇閏減編銀十二兩五錢四釐。改漕加編負重銀五十三兩一錢一釐。改折灰石銀一千一百二十一兩二錢五分六釐,遇閏增編銀一百五十一兩四分。金、松衛所淺船民七料銀五十七兩九錢七分,揚倉行月米折正銀三百六十一兩四錢四分五釐,解損銀七兩七錢七分一釐。金山衛行月折銀三百六十八兩九分一釐,遇閏增編銀四十一兩九分八釐。松江所行月折銀二百七十八兩五分,遇閏增編銀三十三兩九錢四分七釐。

白糧經費項下解通由閘銀二百七十四兩三分一釐,漕截銀一千四百八十五兩八錢七分四釐,負重銀四十兩三錢八分八釐,查此項(厘)〔原〕解布政司,今已彙入。千總俸工銀二十七兩九錢四分七釐,隨帮廩工銀七兩八錢九分九釐,仍存經費銀一千二十二兩八錢一分九釐。量斛束包夫工食銀每船二名,每名工食七兩二錢,共一百兩八錢。節省經費銀五千九百六十三兩三錢五釐。

解江安道:各款原額銀一千三百四十四兩八錢四分一釐,除分隸川沙廳應徵外,〔實〕該解銀一千二百七十六兩四錢八分一釐,遇閏加徵銀四釐。內額撥漕項銀二百九十八兩二錢二分九釐。鳳陽倉麥折正損解費銀六百十三兩二分四釐,遇閏加徵銀三釐。徐州永福倉歸并淮倉,折正損解費銀三百六十五兩二錢二分八釐,遇閏加徵銀一釐。

解兩浙鹽運司:包補白塗鹽課,原額銀二千一百七十二兩二錢二分二釐,除分隸川沙廳應徵外,實該正銀一千九百九十七兩五分五釐,滴珠銀十九兩九錢七分,車脚銀十三兩九錢七分九釐,共銀二千三十一兩四釐。除由縣捐解車珠不敷銀四錢六分三釐,實該解銀二千三十兩五錢四分一釐。

存留支給折色項下

巡撫院俸銀二十二兩五錢九分九釐。

知府俸銀二十六兩二錢五分一釐。

馬快二名,每名工食銀六兩,草料銀十兩八錢。共銀三十三兩六錢,閏月銀二兩八錢。步快四名,每名工食銀六兩,共銀二十四兩,閏月銀二兩。皂隸四名,每名工食銀六兩,共銀二十四兩,閏月銀二兩。斗級三名,每名工食銀六兩,共銀十八兩,閏月銀一兩五錢。

知縣俸銀四十四兩八錢九分七釐。

門子二名,每名工食銀六兩,共銀十二兩,閏月銀一兩。皂隸十五名,每名工食銀六兩,共銀九十兩,閏月銀七兩五錢。查內有酌裁皂隸三名,工食抵給仵作在案。馬快七名,每名工食銀六兩,草料銀十兩八錢。共銀一百十七兩六錢,閏月銀九兩八錢。查馬快工食、草料銀兩,與(補)〔捕〕快分支。民壯三十一名,每名工食銀六兩,器械銀二兩。共銀二百四十八兩。查內有分防奉邑民壯二名,分支工食、器械銀一十六兩。轎傘夫七名,每名工食銀六兩,共銀四十二兩,閏月銀三兩五錢。庫子三名,每名工食銀六兩,共銀十八兩,閏月銀一兩五錢。斗級三名,每名工食銀六兩,共銀十八兩,閏月銀一兩五錢。看監禁卒七名,每名工食銀六兩,共銀四十二兩,閏月銀三兩五錢。查禁卒尚有加增工食。雍正九年,奉文於各役工食内扣給。鋪兵九名,每名工食銀七兩二錢,共銀六十四兩八錢,閏月銀五兩四錢。修理監倉銀四兩九錢九分六釐。

縣丞俸銀四十兩。

門子一名,工食銀六兩,閏月銀五錢。皂隸四名,每名工食銀六兩,共銀二十四兩,閏月銀二兩。馬夫一名,工食銀六兩,閏月銀五錢。弓兵三十三名,每名工食銀五兩三錢三分,共銀一百七十五兩八錢九分,閏月銀十四兩六錢五分七釐。查此項於同治八年,詳咨(奉)〔奏〕准添設。

縣學訓導俸銀四十兩。

廪生十一名,每名銀四兩,共銀四十四兩,閏月銀三兩六錢六分七釐。齋夫一名,工食銀十二兩,閏月銀一兩。膳夫一名,工食銀二十二兩,閏月銀一兩八錢三分三釐。門子一名,工食銀七兩二錢,閏月銀六錢。

三林(司)〔莊〕巡檢俸銀三十一兩五錢二分。

皂隸二名,每名工食銀六兩,共銀十二兩,閏月銀一兩。弓兵三十五名,每名工食銀五兩三錢三分,共銀一百八十六兩五錢五分,閏月銀十五兩五錢四分五釐。查内有分防章練塘弓兵二名,工食按數分支。

典史俸銀三十一兩五錢二分。

門子一名,工食銀六兩,閏月銀五錢。皂隸四名,每名工食銀六兩,共銀二十四兩,閏月銀二兩。馬夫一名,工食銀六兩,閏月銀五錢。

批驗所大使俸銀三十一兩五錢二分。

皂隸二名，每名工食銀六兩，共銀十二兩，閏月銀一兩。

下砂頭場大使俸銀三十一兩五錢二分。

皂隸二名，每名工食銀六兩，共銀十二兩，閏月銀一兩。

以上俸工項下，有荒缺正閏銀兩。內廩糧膳夫、民壯孤貧及有役當差一切工食，向於地丁銀內撥足。佐襍俸銀，在通省正印大員俸內攤補。續於乾隆五十五年奉文，統於地丁銀內撥足。其正印大員俸銀，仍照除攤實支之數，支扣在案。

文廟春秋祭祀銀四十八兩一錢二釐，香燭銀二兩五錢七分四釐，閏月銀六分。

各壇祠祭祀銀十六兩四錢二分。內社稷壇二祭銀二兩一錢八分九釐，風雲(雪)〔雷〕雨、山川、城隍二祭銀二兩一錢八分九釐，忠義祠二祭銀二兩一錢八分九釐，節孝祠二祭銀二兩一錢八分九釐，劉猛將軍二祭銀二兩一錢八分九釐，常雩壇一祭銀一兩九分五釐，火神一祭銀一兩九分五釐，邑厲壇三祭銀三兩二錢八分五釐。

文昌帝春秋祭祀銀四十兩，誕祭銀二十兩，在地丁銀內支。

關聖帝春秋祭祀銀四十兩，誕祭銀二十兩，在地丁銀內支。

雜支各款銀一百五十二兩七分六釐，閏月銀一兩三錢一釐。內江寧府科場席舍銀一兩一錢六分，協濟武場供應銀一兩四錢五分七釐，上司按臨行香銀五兩九錢九分六釐，本縣鄉飲酒席銀四兩九錢九分六釐，本府秋糧書紙張銀六兩九錢九分五釐，本縣秋糧書并布政司書紙張銀二十四兩九錢八分九釐。歲貢旂匾銀二十三兩三錢一分七釐，查此款，於乾隆二年奏定均給，六年統算，周而復始在案。會試舉人盤纏銀十兩四錢九分三釐，查此款，雍正九年奉文，照廣督鄂爾泰奏定，以各州縣均編之銀，於會試之年，照通省赴試文武舉人名數，統算均勻，驗派支給。看守儒學門子一名，工食銀三兩五錢九分七釐，閏月銀三錢。習儀拜牌祈晴禱雨銀七錢。歲底新書銀十九兩九錢八分六釐。孤貧三十二名，每名均給銀一兩二錢九分三釐四毫二絲五忽七微六纖，共銀四十一兩三錢九分，閏月銀一兩一釐。

按，支給工食一項，向係留儲縣庫支給。乾隆五十二年，户部議准四川總督保寧奏，全數解司。應支各款，具文赴領核給。嗣於嘉慶五年改定，仍在縣徑支，遵行在案。

鹽　場

明洪武元年，立都轉運鹽使司於杭州，設松江分司於下砂，下砂場統領九團。正統五年，分場爲三，每場轄三團，各置大副使。是時，計丁授蕩，煎鹽者爲竈丁。去場三十里者爲水鄉，不及三十里者爲濱海。水鄉丁不能煎鹽，例出柴滷價米石，貼濱海丁代煎。每丁受草蕩十八畝零，歲支工本鈔二貫六百餘文，辦鹽二引二百餘斤。成化二十年，以鹽倉走滷消折，每三分之二存場給客，其一分改折銀兩納官解京。嘉靖中，遂全徵折色。然竈丁與蕩，尚未分也。隆、萬間，有霸占竈蕩者，有貧竈出佃與人者，有私相典賣者，有并歸總催者。丁多而富者僉報總催。於是或有丁而無地，或占地而非丁。萬曆四十二年，裁定派徵水鄉草蕩、白塗倉基解京銀數。自是丁銀徵蕩，而竈與蕩分矣。《府志》云：明嘉靖間，倭亂，竈户逃亡，丁課已歸地畝徵輸。欽《志》云：鹽課歸蕩，實在萬曆間。其課銀以各團總催充解户，小户皆由總催催辦。每年三限，經松江分司驗封，自赴兩浙運司兑收,耗倍正供。

國朝順治初年,鹽課官制,悉仍明舊。《府志》云:順治元年,設兩浙巡鹽御史。二年,設松江分司,領鹽課司六。康熙二十六年,浙江巡撫金鋐奏準,各場鹽課歸縣徵收,解兩浙運司。小户得自輸將,大户得免解費,民甚便之。三十六年,復歸場徵。三十八年,兩江總督張鵬翮定議復歸縣徵。四十三年,裁松江分司,歸并嘉興分司管轄,後又裁二、三場大使,歸并一場。康熙四十一年裁三場,雍正二年裁二場。雍正七年,浙督李衛請復設二場大使。將下砂三場原地酌量中分,其一、二、三、四團額課屬一場,五、六、七、八、九團額課屬二場,更定場徵縣解之例。乾隆五年,(後)〔復〕設三場,并爲下砂二、三場,其各團分屬如故。五十八年,户部議定場員徵收,徑解運庫,至今因之。雍正四年分縣,下砂場地全隸南邑。嘉慶十五年,八、九兩團分隸川沙廳。

下砂場鹽蕩共四(十)〔千〕三百十四頃六十二畝有奇。一場一(十)〔千〕六百三十二頃十一畝有奇,二場一千一百八十八頃三十九畝有奇,三場一千四百九十四頃十畝有奇。雍正十一年,除築塘挖廢蕩四十頃四十五畝有奇。一場十三頃五十一畝有奇,二場十一頃三十畝有奇,三場十五頃六十二畝有奇。乾隆五年,除被潮坍卸蕩三百八十九頃八十一畝有奇。一場一百四十一頃七十九畝有奇,二場六十一頃六十二畝有奇,三場一百八十六頃三十九畝有奇。實存蕩三千八百八十四頃三十五畝七分三釐八毫九絲一忽九微。一場一千四百七十六頃八十畝二分五釐三毫五絲五忽,二場一千一百十五頃四十六畝九分四釐九毫四絲,三場一千二百九十二頃八畝五分三釐五毫九絲六忽九微。又鹽墩四千一百二十三所半。全屬一場。

雍正七年,舊額共徵蕩税銀二萬三千六百五十六兩有奇,又代攤袁浦場課銀五百七十二兩有奇,又陞黄巖場,并雍正四年陞課銀一百十八兩有奇。除雍正十一年築塘挖廢蕩課銀三百六十七兩有奇,又攤袁浦場課銀五兩有奇,又乾隆五年坍缺課銀一千二百五十二兩有奇,又減則減課銀七千十四兩有奇,又減則課銀一百八十五兩有奇,實共徵課銀一萬五千五百二十四兩五錢一分六釐。一場六千二百二十二兩七錢二分九釐,二場四千九百六十四兩四錢六分六釐,三場四千三百三十七兩三錢二分一釐。每兩隨徵車珠銀一分七釐,耗羡銀七分五釐。

現存蕩地課銀細數

一場現存一、二、三團并分徵二場四團,共不等則蕩一千六百六十八頃九十八畝五分六釐九毫一絲七忽六微。一團三百五十三頃五十八畝一分一釐六毫五絲五忽,二團五百十一頃三十一畝八分六釐五毫,三團四百二頃八十五畝四分三釐,四團四百一頃二十三畝一分五釐七毫六絲二忽六微。

又存鹽柴墩塗四千一百二十三所半。一團三千一百六所,二團十七所半,三團一千所。

又二團新陞沙灘塗地一百十三頃十二畝。此蕩乾隆五年被潮坍卸,道光十年(後)〔復〕陞原科。

又四團新陞蘆蕩二十一頃九十五畝八毫四忽四微。此蕩乾隆五年被潮坍卸,道光十九年復陞原科。

以上三則均不計被歉。

一場現徵課銀共八千三百三十七兩四錢一分四釐,每正銀一兩隨徵耗款銀九分二釐。應解滴珠銀一分,車脚銀七釐,河餉銀三分,耗羡銀三分,應支傾工解費等銀一分五釐。

一團正銀二千一百十六兩三錢五分八釐。

上則蕩八十二頃四十七畝四分七釐五毫七絲，每畝改則銀八分五釐九毫九絲九忽强。

上則餘蕩九頃八畝四釐七毫，每畝改則銀五分。

水鄉蕩十七頃二十四畝五分，每畝原則銀六分二釐。

水鄉草蕩三十九頃二十四畝四分二釐二毫，每畝原則銀八分五釐九毫九絲强。

中則蕩五十七頃七畝五分五釐二毫一絲，每畝改則銀六分七釐八毫五絲三忽。

上則希薄蕩二畝七分三釐，每畝改則銀二分二釐二毫六絲二忽强。

中則希薄蕩七十八畝六分二毫，每畝改則銀二分二釐二毫六絲二忽强。

下則蕩四十九頃六十六畝四分五釐三毫七絲五忽，每畝改則銀四分二釐八毫八絲。

下則餘蕩七頃六十畝五分，每畝改則銀四分二釐八毫八絲。

下則希薄蕩一頃六十五畝九分五釐六毫，每畝改則銀二分二釐二毫六絲二忽强。

下則新墾蕩四頃十三畝六分八釐二毫，每畝原則銀四分二釐八毫八絲。

希薄草蕩四十二頃四十一畝七分七釐，每畝原則銀二分二釐二毫六絲二忽强。

高沙脊蕩二十頃二十八畝四分，每畝改則銀四釐七毫六絲九忽。

陞墾備荒塗蕩二十一頃八十八畝二釐六毫，每畝改則銀一分五釐。

鹽墩三千一百六所，每所改則銀四分。

二團正銀二千一百七十五兩二錢七分七釐，又新陞沙課銀一百十三兩一錢二分。

上則蕩一百十四頃九畝七分八釐一毫，每畝改則銀八分九釐七毫九忽强。

水鄉蕩八頃三十四畝八分七釐七毫，每畝改則銀四分七釐二毫八絲八忽强。

中則蕩二十二頃五十七畝一分四釐四毫，每畝改則銀六分七釐五毫一絲八忽强。

下則蕩七十二頃二十七畝四分五毫，每畝改則銀四分七釐二毫八絲八忽强。

水鄉草蕩一頃三十二畝一分四釐五毫，每畝原則銀八分五釐九毫九絲强。

希薄蕩十一頃九十七畝八分五釐六毫，每畝改則銀三分七釐八毫一絲二忽强。

蘆蕩七十三頃九十一畝五分六釐九毫，每畝改則銀二分八釐三毫六絲五忽强。

草蕩八十三頃三十三畝三分四釐二毫，每畝原則銀二分八釐三毫六絲五忽强。

備荒草蕩二十二頃九十九畝一分三毫，每畝原則銀一分八釐八毫九絲九忽强。

白塗水窪蕩四十五頃四十九畝三分九釐三毫，每畝原則銀九釐四毫五絲强。

鐵板老白塗蕩九頃四十三畝五分七釐九毫，每畝原則銀四釐七毫六絲九忽。

報陞新墾水荒等蕩九頃三十五畝九分四釐五毫，每畝改則銀四釐七毫六絲九忽。

備荒車路蕩三十六頃十九畝七分二釐六毫，每畝改則銀四釐七毫六絲九忽。

上則鹽墩九所半，每所原則銀一錢七分八釐。

中則鹽墩五所，每所原則銀一錢一分五釐。

下則鹽墩三所，每所原則銀九分四釐。

新陞沙灘塗地一百十三頃十二畝,每畝原則銀一分。

三團正銀一千九百九十六兩一錢四分。

上則蕩一百三十四頃五分七釐一毫,每畝改則銀八分五釐九毫九絲九忽强。

上海民畓田内鹽倉基地一頃七十六畝,每畝原則銀一錢三分三釐一毫三絲一忽强。

南匯所新墾營塹軍口蕩十一頃六十九畝二分,每畝改則銀七分四絲一忽强。

中則蕩五十八頃七十二畝二分四釐六毫,每畝改則銀七分四絲一忽强。

塘腳蕩四十五畝八分四釐二毫,每畝原則銀五分。

下則蕩三十五頃四十五畝四分九釐六毫,每畝改則銀四分二釐八毫八絲。

丈陞新墾蕩四十頃三十五畝六分,每畝原則銀一分。

沙灘草蕩九十六頃二十七畝五分,每畝改則銀四釐七毫六絲九忽。

新墾柴蕩十二頃九十七畝八分三釐八毫,每畝改則銀四釐七毫六絲九忽。

新墾備荒水窪蕩七十三畝,每畝改則銀一分。

塘外南匯所荒草蕩三頃七十六畝八分一毫,每畝原則銀二分八釐三毫六絲一忽强。

備荒白塗等蕩六頃六十五畝三分三釐六毫,每畝原則銀二分八釐三毫六絲一忽强。

鹽墩一千所,每所原則銀五分。

四團正銀一千九百三兩五錢九分四釐,又新陞蘆蕩銀三十二兩九錢二分五釐。

上則蕩一百五十頃,每畝改則銀八分四釐五毫五絲七忽。

上則鹽倉基地三十畝,每畝原則銀七分五釐。

中則蕩三十八頃八十五畝四分五釐四毫三忽,每畝改則銀七分五釐。

中則老墾并塘腳蕩六十二畝八分二釐,每畝原則銀六分。

下則蕩三十八頃三十三畝五分一釐五毫五絲二忽,每畝改則銀三分七釐八毫一絲二忽强。

下下則白塗淤沙蘆等蕩一百七十三頃十一畝三分六釐八毫七忽六微。此蕩於同治十年,丈見白塗缺額三十五頃八十五畝五分,將新漲地撥補足額,每畝原則銀一分一釐一毫四絲强。

新陞蘆蕩二十一頃九十五畝八毫四忽四微,每畝原則銀一分五釐。

二、三場除四團屬一場分徵,八、九團隸川沙廳外。現存五、六、七團,共不等則蕩一千八十五頃三十畝七分六釐一毫九絲二忽九微七纖八沙。

五團三百二十八頃十九畝八分七釐八毫七絲四忽,六團三百三頃四畝七分八釐五毫七絲一忽,七團四百五十四頃六畝九釐七毫四絲七忽九微七纖八沙。内下下則草蕩道光二十六年新陞，沙則草蕩咸豐七年新陞。

又六團新漲淤沙白沙蕩十四頃九十八畝六分七釐六毫。同治九年，詳報陞科。光緒元年，會縣勘明，立石定案。詳請援照七團沙則蕩科則，每畝徵正課銀一分五釐。又六團新漲淤沙草蕩二十九頃九十一畝六分七釐。同治九年，詳報陞科。光緒元年，會縣勘明，立石定案，詳請援照七團下下則草蕩科則，每畝徵正課銀四釐七毫六絲九忽。

二、三場現徵五、六、七團課銀共四千二百九十二兩二錢五分九釐，每正銀一兩隨徵耗款銀九分二釐。應解（滷）〔滴〕珠銀一分，車脚銀七釐，河餉銀三分，耗羡銀三分，應支傾工解費銀一分五釐。

五團正銀一千五百六十兩八錢九分九釐。

上則蕩九十二頃八十二畝五分五釐九毫五絲五忽，每畝改則銀九分一釐一毫八絲六忽。

中則蕩七十二頃四十畝二分八釐二毫七忽，每畝改則銀七分。

下則蕩三十八頃五十六畝一分八釐，每畝改則銀三分七釐八毫二絲二忽强。

白塗蕩一百二十頃二十四畝六分五釐七毫一絲二忽，每畝改則銀四釐七毫六絲九忽。

沙則蕩四頃十六畝二分，每畝改則銀一分七毫六絲五忽强。

六團正銀一千四百九十九兩九錢七分三釐。

上則蕩四十七頃八十六畝五釐，每畝改則銀九分一釐一毫八絲六忽。

中則蕩七十七頃七十七畝七分四釐二毫一絲九忽，每畝改則銀七分。

下則蕩五十九頃二十七畝八釐五絲九忽，每畝改則銀三分七釐八毫一絲二忽强。

上海縣歸場水鄉恤蕩三十五頃二十六畝二分，每畝改則銀七分。

白塗蕩八十一頃三十一畝四分一釐二毫九絲三忽，每畝改則銀四釐七毫六絲九忽。

上墾備荒蕩八十八畝八分，每畝改則銀六分。

中墾備荒蕩六十七畝五分，每畝改則銀六分。

七團正銀一千二百三十一兩三錢八分七釐。

上則服號蕩二十頃畝，每畝改則銀四分六毫五絲四忽强。

上則衣號蕩八頃八十九畝七分八毫，每畝改則銀四分六毫五絲四忽强。

上則水鄉稀薄蕩六十八頃四十四畝九分九釐三絲二忽，每畝改則銀三分六釐四毫一絲。

中則舊墾蕩并餘蕩三十七頃六十畝九分七毫九絲四忽，每畝改則銀六分。

中則蕩三十七頃九十三畝一分一釐六毫，每畝改則銀三分六毫一絲八忽强。

下則墩路草蕩一百二十七頃六十畝七分八釐六毫六絲五忽，每畝改則銀一分五釐。

下則草蕩九十二頃八十二畝四分二釐七毫五絲六忽九微七纖八沙，每畝改則銀三分六毫一絲八忽强。

新陞下下則草蕩四十二頃五十九畝七分七釐六毫，每畝原則銀四釐七毫六絲九忽。

新陞沙則草蕩十八頃十四畝三分八釐五毫，每畝原則銀一分五釐。

附**鹽竈**

一場：康熙間，額設鹽竈二百二十二座。雍正三年，移竈團聚，存一百四十九座。一團一百三十二座，二團十七座。乾隆初，二團竈皆廢，惟一團存一百七座。後因沙漲瀕淤，鹹潮漸遠，亦多停歇。至乾隆末，僅報煎三十一竈。嘉慶間尚存二十二竈，道光間遂俱停煎。

二場：康熙間，尚存竈舍十五處。雍正二年，浙撫李、巡鹽噶全行裁毀。

三場：明季已不産鹽。

附**額銷鹽引**

順治初，上海縣歲銷鹽四千五百引，後代銷台、紹。至順治十八年止，歲加銷二百引。又屢經攤派，自康熙元年至三十二年，歲銷正引五千一百七十二引，計丁加引一千三百八十三引，共六千五百五十五引。舊縣史志作六千九百十一引。康熙五十七年起，乏商行運，歷年片引不銷。雍正四年，設南匯縣，應分銷鹽引三千四百五十五引。知縣欽連會同署舊縣李枚議詳各院，請飭官商行運銷課。浙督鹽院李飭撥杭商汪學禮、汪茂隆，到縣代銷。舊商引額，據汪學禮等稟詞，詳準南邑鹽引於上邑帶銷，遵行在案。以上見欽《志》。

南匯縣年銷正引二千五百八十六引，又計丁加引六百九十一引，内除并歸上海縣五分，實銷三千二百七十七引。自嘉慶十年，析置川沙，除分撥三百三十九引外，年銷正引二千九百三十八引。見《府志》。

同治三年，浙省鹽務奏改票運。七年，蘇、松、常、鎮、太五府州屬，遵照部議，招復引商認定銷數。八年，據上、南引商夏隆泰等認得上、南、川一地照舊額減成，應上海二千四百引，南匯二千四百引，川沙在内。今每年統銷四千八百引，於上海開設公堂。南匯銷數寥寥，難設分棧。稟請并地融銷，由上、南二縣會報。奉憲批準在案。

附雍正四年，知縣欽連會同上邑議詳鹽引事宜不果行

議略(田)〔曰〕：上海全縣鹽場皆在沿海護塘一帶。南匯舊係營城，今爲新分縣治，地屬場團，民皆丁竈，而新縣之十七、十九、二十保及舊縣之二十二、二十四五保民田，悉與下沙一場至三場毗連，故有民居場地，竈住民村，聯絡錯處，皆近産鹽。數年来，官商絶跡，市無鹽鋪，民皆就近買食，此地形使然也。又民情莫不喜賤惡貴。官商就場運賣，正價、脚價雖輕，加以公費、私規，合計必重。查從前定價一分二釐，較場已三四倍，鄉民就本村買食，既賤且便，安能向商店貴買，此民情不能盡防也。況竈户以煎鹽爲業，别無生計，場課二萬有奇，及各丁仰事俯育，惟鹽是賴，故煎愈多，則課完而衣食足。使場商果能盡數收倉，不以鹽多減價，使無餘鹽存儲，則私販自絶。但商人

之本有限，竈煎之出無窮，彼不能盡數收倉，此亦不能枵腹以待，必私售爲餬口計，此(恃)〔時〕與勢不能盡禁也。統三者言之，則引之所以不銷，商之所以不至，課之所以不完，灼然矣。夫緝私之例甚嚴，文武之處分甚重。誰不愛惜功名，甘罹參罰，實以情形時勢之無可如何。是以前令被參去官，而積引數年，尚存道庫。查上邑商册六十名，報逃報故，前縣屢詳，無一應者。九年中，片引不銷，卷存上邑可查。再查奉設鹽捕，非不羅列，但此輩原無額設工食，謂商人召募，商人已裹足矣。今惟責成州縣召募其願充之人，無非游手奸貪，習知鹽場利竇，藉在官鹽快爲名，肆其吞噬。或有積年鹽梟，結爲黨羽，朋比作奸，以致栽鹽指窩，勾賣嚇詐，零星食鹽，拏爲私販，株連蔓延，不可究(語)〔詰〕。竈丁多一番横索，地方多一番鬬毆，窮民多一番搶奪。甚至公駕械船，手持官票，護送大夥梟販，遇盤查則假稱捉獲，過地界則縱放公行。且有行商重載，借名巡鹽，搜搶客貨，因而告劫、告毆、告殺、告傷，訟牒紛紛，成案累累。不特與銷引無益，實爲地方大害。今士民强式模等，有以票改引之請。某初來，細訪利弊，官引既不能銷，改票猶未盡善。愚民趨利之心甚於畏禍。既有小票可以照鹽，則奸頑梟販保無囤私買票，藉票販私，更有凌弱欺寡，搶鹽奪票之弊。官斯土者，即盡心查察，亦恐耳目難周，輒干咎戾。某等悉心籌計，惟祈援例變通。查照雍正二年，士民蔡鳴般等爲萬民樂輸等事，援照江陰、靖江、崇明等縣之例，照田均課，除免商名，并革鹽快。則課可全完，民無淡食，地静民安，實興利除弊之一策也。查上海原額帶銷共六千九百十一引，每引正課銀二錢五分六釐二毫，捐課銀二錢五分，補課銀一錢，貼解費銀五分，共正費銀四千五百三十四兩九錢九分八釐二毫，照分縣地畝均攤。查上海全縣田一萬四千六百六十三頃三十畝零。今分舊縣七千六百二十八頃十一畝九分三釐五毫，應分銷課額三千五百九十五引五分，計銀二千三百五十九兩三錢四分六釐八毫。新縣田七千三十四頃十八畝六釐五毫，應分銷歲額三千三百十五引五分，計銀二千一百七十五兩六錢四分三釐九毫。照田均攤，每畝該三釐九絲二忽九微六纖强，各并入地漕項下徵收，爲數無多，均輸甚易，使民無另項之擾。仍分引課起解，俾無缺額之虞，既無累於有田之富民，大有裨於無田之窮子。田多丁衆之家，免食私之累；田少丁稀之户，受賤價之益。肩挑步負在處官鹽，寡婦稚黎皆堪覓食。官不必苛，吏不得擾，鹽捕不必設，而護私透漏之弊自絶，搶奪(拖)〔拒〕毆之事不興。訟獄可省，引課可完，考成無誤，上、南二邑鹽政莫便於此。其積年未銷舊引，惟望飭在省綱商，於不附近鹽場州縣分改帶銷，可無貽悮。如蒙允行，請自本年爲始，按限徵輸，源源解濟。仍嚴飭本地營汛，不許漏私出境，其不附近鹽場州縣，并寶山、青浦、華亭、奉賢，凡連界水陸要口，汛捕加謹巡緝，并行令場員，如遇本地肩挑零星小販，聽其買賣。惟嚴緝竈户勾通大夥私梟，械船裝載。場官親身查察，則私販自絶。某爲銷引起見，敢獻芻蕘，伏乞採納。

附遵奉本府魯《詳定巡鹽疆界碑記》在十七保二十六啚沙塗廟内。

江南松江府上海縣爲巡鹽不明規例，地方擾害無窮，申請特賜嚴禁，以安民生，以杜私販事。奉本府正堂加六級魯信牌,開奉總督部院于批本府呈詳,巡鹽捕役不遵鹺規舊制。離場三十里外,黄浦塘内,巡緝每每擅入鹽場。凡遇小民手提食鹽,輒便搶奪,私刑欺詐。更有不法捕役,往往攜帶私鹽,高擡時價,沿門挜賣,瞯擇温飽之家,抛鹽蛋詐,不遂其慾,捏報文武衙門,陷害破家,蔓延鄰佑。并無賴貧商勾連捕役,以巡鹽詐害爲利藪,擾累民生。應請分界勒石,立法嚴禁。不許擅入場團之内巡鹽賣鹽,杜絶私販緣由,奉批據詳。捕役奸商,藉緝私之名,違制害民,請勒石永禁。具見留心地方,黎庶攸賴,深爲可嘉。仰候移明鹽院,該府即移行所屬文武緝捕衙門,嚴行飭禁,兵役仍不時稽察。如有違犯,立即拏解究處。仍候撫鹽兩院批行繳。又奉江寧巡撫都察院余批開據詳。剔除巡鹽諸弊,有關民生,仰候總督都院兩浙鹽院批示繳。又奉兩浙鹽漕察院詹批開據詳。禁緝擾害,以杜私販。具見該府留心國課。(凡)〔此〕後如有前項無賴棍徒,勾連捕役,抛鹽陷詐窮民者,該府訪實,嚴拏解究各等因,到府奉此。除移會各營弁牒總、巡廳外,合亟飭行。爲此仰該縣官吏查照來文事理,立即分界勒石,嚴緝〔飭〕捕役。嗣後遵照各部院憲批,止許黄浦塘内緊要處所,往來巡邏,不許擅入鹽場三十里之内,搶奪小民手提食鹽,以及(治)〔沿〕鄉挜賣生蛋,詐害百姓。如有此等,許受害人等擒拏解府,將本犯按律重處。場官、汛官一並連坐,仍解各部院究處施行等因,到縣奉此,合行分界,勒石永禁,爲此碑示合屬巡鹽捕(鹽)〔役〕并軍民人等知悉。嗣後,巡鹽捕役各宜遵督、撫、鹽三院憲禁,止許於黄浦塘内緊要處所,往來巡邏,不許越此界限,擅入鹽場三十里之内,借巡私販并搶奪小民手提食鹽,以及沿鄉挜鹽生蛋,詐害百姓。如有蠹捕奸商藉巡害民,該地方等即擒拏解究,以憑轉報本府暨各院法處施行。此係愛民善政,務垂永久,慎勿違犯,致蹈重譴。須至碑者。康熙二十二年五月日立。知縣史彩,縣丞陳泰、徐京瑋,主簿陸德,典史宋振禄,下沙二場大使姚永銘。

按,陸學淵《副志》云:鹺規開載:捕役不許擅入場團,許離場三十里黄浦灘邊巡緝。後役不奉法,司鹺弗察弗禁,大爲民害。康熙二十年,知府魯超力請於總督于、巡撫余、巡鹽詹,照舊例立碑永禁。碑在十九保北莊鎮。又後巡鹽親歷各場,相其衝要改立,離場十五里立碑。分界碑在一團鎮。

蘆　蕩

國朝順治三年,命滿漢部員管理蘆政。魯《府志》云:明定鼎金陵,中山、開(乎)〔平〕功勳蓋世,封爵之外,恩賜蘆洲。竟長江所極,盡爲勳産。入本朝之後,没入縣官,編徵蘆課,特遣部員清查丈量。濱江之外遠及蘇松,一時州縣奉行,恐蹈隱漏之咎,遂多題報。此内地蘆課之所由起云。七年,令各督撫將沿江蘆洲舊額、新漲,詳查報部。

康熙五年,工部差員臨縣查勘陞漲、除坍,題定課額。十年,各屬蘆課歸并地方官徵收。二十一年,從御史張集奏,罷内地丈量。

張集疏畧

蘆洲坍漲,五年一次丈量,部文開載,惟在沿江産蘆處所,未嘗議及内地無蘆之處，將完漕田畝，一并丈量也。長江大河之中，起漲蘆洲，大者數十里，小者數十頃。故蘆志開載，有親詣各洲字樣，非指旁(曰)〔田〕新漲，多者一畝半畝，少者一分二分，亦謂之洲場也。江南蘇松等處，田疇繡錯。間有倚河田地，東坍則西漲，東漲則西坍，以漲補坍，爲數相等，漕糈不至缺額。今若指新漲爲蘆洲，則漲者歸蘆，蘆課輕而陞者有限，坍者歸漕，漕賦重而蕪者已多。民反因以藉口，課未必能足額。其弊一。江南素稱澤國，榦河之外，全賴支河，以通灌溉。邇來開濬失時，或成淤漲。今漲田一報蘆洲，勢不能復爲開掘。一經亢旱，水道不通，阡陌膏腴，皆成焦土。其弊二。且目下以漕田而陞蘆課，異日圖奸詐害，則又指爲冒認蘆洲，挾詐小民，動稱隱漏。其弊三。總之，五年丈量，但可行於有蘆洲之處，不可行於漕田漲坍之處。伏乞敕部，行江南通省，如安慶、池州、太平、廬州、和州地濱大江，以及沿江地方各有蘆洲處所，宜遵例清丈外，其餘內地不産蘆處，應照徽、寧等府事例，一體停止，不必五年丈量，以滋煩擾。則國賦歲入無虧，而民生不致苦累矣。

雍正四年分縣，共蘆洲七百八十三頃七十七畝五分三釐五毫。內腹地項下九十八畝五分九釐，沿海浦港項下七百八十二頃七十八畝九分四釐四毫有奇。通編課銀一千三百十八兩三錢五分三釐有奇。胡《志》云：按定例，蘆課錢糧次年壓徵。十三年，覆準江蘇所屬腹內地畝爲漕田，近水泥灘沙地爲蘆洲，均有坍漲，或漲墾不報陞科，或坍荒不爲請豁，或新漲已成漕田，仍報陞蘆課，或蘆洲久成熟田，並不轉則陞科，均履畝清丈。如原係報陞蘆課，已經開墾成熟者，令隨本處漕田則例轉科。其接連漕田之新漲，勘明實係漕田，照漕田報陞，不得揑稱蘆地。是年，丈存七百三十一頃二十二畝六分二釐九毫有奇，內腹地項下數與前同，沿海浦港項下七百三十頃二十四畝三釐九毫有奇。通編課銀一千一百七十三兩二錢八分八釐有奇。照前項減一百四十五兩六分四釐三毫六絲有奇。

乾隆元年至三十四年，四次丈增轉科各則，又丈減坍没變則，以增抵減外，實減各則田灘八十頃三十七畝八分三釐一毫八絲二忽三微，實減課銀一百三十二兩二錢一分六釐九毫一絲一忽七微六纖。實存各則蘆洲六百五十頃八十四畝七分九釐七毫五絲一忽五微，內腹地項下九十八畝五分九釐，仍如前數。沿海浦港項下六百四十九頃八十六畝二分七毫五絲一忽五微。實徵課銀一千四十一兩七分一釐七毫一絲八忽三微三纖。內腹地(頃)〔項〕下七兩一分一釐九毫五絲，沿海浦港項下一千三十四兩五分九釐七毫六絲八忽三微三纖。

嘉慶二十一年，丈見蘆田，《府志》載，南匯縣一萬四千九百八十六畝二分七毫五絲一忽，似丈出新陞之數。額徵正銀一千四十一兩七分二釐，仍與乾隆間銀數同。隨徵五分耗羨銀五十二兩五分四釐。按，十七保十三啚、二十保十八啚次熟田共四畝一分五釐五毫六絲四忽，已劃分川沙徵收。因爲數無多，仍由南邑批解。故田數課銀至今仍列册內。今訂實存各則蘆洲共九百五十七頃七十四畝四分九絲七忽三微。內：

腹地項下：奉文免丈蘆洲共九十八畝五分九釐。內：

次熟田四十一畝六分四釐九毫。

十七保一區一啚秋字號六畝四分五釐八毫。

十九保五區六十啚致字號四分五釐。八區一啚露字號二畝四釐五毫，四啚爲字號四畝八分二釐。九區二啚結字號三畝七釐五毫，十九啚霜字號七分九釐三毫。十區十啚生字號六畝八分八釐七毫。十二區五十啚罔字號十一畝一分一釐五毫。

二十一保三區十四啚巨字號三畝二分五釐六毫，二十六啚光字號二畝七分五釐。

上密蘆地五十六畝九分四釐一毫。

十九保一區八十二啚騰字號二畝八分。三區七十一啚戎字號一畝。五區六十二啚雨字號三畝。九區二啚七畝一分七釐五毫。十二區四十二啚麗字號四十一畝七分八毫。

二十保一區二十啚邇字號一畝二分五釐八毫。

沿海浦港項下：各保内各則蘆洲共十五頃四十一畝七分六釐二毫四忽。内：

熟田一頃九十八畝八釐五毫。

十六保一區十啚元字號四畝三釐四毫。二區十一啚昃字號三畝四分八釐八毫，十四啚宇字號六畝四分三釐三毫。

十九保二區九十五啚新字號二畝二分六毫。十二區三十三啚新字號二畝三分二毫，四十二三啚新字號十八畝三分五毫，四十二三啚水字號二十畝二分八釐八毫，四十五啚玉字號六十八畝四分八毫，四十六啚出字號十七畝三分六釐六毫，四十七啚昆字號二十四畝二分九釐二毫。

二十一保三區二十七啚果字號三十畝九分六釐三毫。

次熟田四頃五十七畝七分三釐六毫八絲四忽。

十六保一區十啚元字號十五畝五分三釐五毫，十五啚宙字號三畝四分四毫，十六啚洪字號三十二畝四分九釐二毫，二十廿一、二啚荒字號三十三畝七分六釐二毫。二區八啚地字號十八畝七分九釐六毫，十一啚昃字號二十四畝三分九釐，十四啚宇字號三十一畝三分一釐七毫。

十七保一區四啚冬字號五十七畝七分八釐八毫。二區三啚收字號十九畝五分六釐。三區十三啚新字號川沙一畝一分八釐六毫六絲四忽。

十九保一區三十一啚新字號八分四釐八毫，九十八啚新字號一畝六分四毫。八區一啚新字號五分八釐三毫，四十四啚金字號一頃三十一畝八分七釐二毫。十二區四十二、三啚水字號十一畝二分八釐二毫，四十五啚玉字號六十三畝三釐一毫。

二十保一區十八啚海字號川沙二畝九分六釐九毫。四區二十四啚歲字號七畝三分一釐七毫二絲。

上密蘆地七頃六十九畝七分九釐六毫。

十六保一區十啚元字號五十九畝四分一釐一毫，十五啚宙字號十三畝二分四釐三亳，十六啚洪字號四十三畝三分七釐八毫，二十廿一、二啚荒字號六畝四分二釐八毫，天一廿三、四啚天字號二十五畝一分三釐。二區八啚地字號七畝四釐五毫，十一啚昃字號五頃十九畝八分，十四啚宇字號三十畝七釐二毫。

十七保二區三啚收字號一畝六分三釐一毫。

十九保六區十六啚新字號五分。八區四啚新字號三分，四十四啚金字號四十二畝六分六毫。十二區四十二、三啚水字號二畝二分六釐九毫，四十五啚玉字號四分八釐三毫。

二十一保三區二十一啚夜字號十五畝五分，二十四啚新字號二畝。

次密蘆地五十三畝七分八釐九毫。

十六保一區十五啚宙字號五分三釐三毫，天一廿三、四啚天字號一畝六分六釐七毫。二區八啚地字號三畝二分六釐一毫。

十九保八區三十七啚新字號一畝，四十四啚金字號二十畝九分八釐一毫。

二十一保三區十八啚珠字號六畝七分五釐二毫，二十一啚夜字號十八畝六分九釐五毫，二十七啚果字號九分。

上稀蘆地三分六釐七毫。

十六保一區十五啚宙字號三分六釐七毫。

下稀蘆地十一畝六分一釐六毫。

十六保一區十五啚宙字號一畝四分九釐，十六啚洪字號二畝九分九釐八毫。二區八啚地字號一畝九分四釐。

二十一保三區二十四啚新字號五畝一分八釐八毫。

莎草灘四十六畝一分五釐九毫。

十六保一區二十廿一、二啚荒字號四畝九分四釐二毫，天一廿三、四啚天字號三分三釐二毫。二區十四啚宇字號二畝。

十九保八區一啚新字號一畝一分三釐七毫。十二區四十二、三啚水字號三十四畝七釐一毫。

二十一保三區十八啚珠字號三畝六分七釐七毫。

荒水窪四畝二分一釐三毫二絲。

二十一保三區二十四啚新字號四畝二分一釐三毫二絲。

沿海浦港項下：一團至六團內各則蘆洲，共九百四十一頃三十四畝四釐八毫九絲三忽三微。內：

次熟田二頃十一畝八分三釐八毫。

一團二頃十一畝八分三釐八毫。

次密蘆地五十九頃十四畝一分六釐七毫三絲。

一團十頃五十八畝九分一釐七毫，二團三十九頃九十畝三分三絲，三團八頃六十四畝九分五釐。

上稀蘆地二十一頃八十二畝四分五釐。

四團二十一頃八十二畝四分五釐。

上次稀蘆地十四頃四十七畝五分五釐五毫。

一團四頃八十七畝三分五毫，五團九頃六十畝二分五釐。

下稀蘆地二百六十八頃三十四畝八分九釐六絲九忽五微。

一團七十九頃五十六畝一分四釐六毫三絲七忽五微，二團九十頃八十九畝七分九釐八絲七忽，三團三十一頃六十一畝七分九釐七毫五絲，四團四十三頃九畝九釐三毫四絲五忽，五團十九頃七十五畝九分五釐六毫五絲，六團三頃四十二畝一分六毫。

荒白塗八十七頃八十九畝三分六釐五毫八絲三忽二微。

一團八十七頃八十九畝三分六釐五毫八絲三忽二微。

莎草灘二百八十頃八十三畝二分七釐九毫一絲五忽四微六纖。

一團一百六十頃八十九畝二分六釐五毫二絲二忽六微六纖。又道光元年，新陞七十二頃九十三畝六分六釐五毫二絲一忽八微。二團四十七頃畝三分四釐八毫七絲一忽。

荒水窪二百六頃七十畝五分二毫九絲五忽一微四纖。

一團一百三十頃畝八分八釐六毫五忽一微四纖。又道光元年，新陞六十八頃九十六畝一分二釐三毫七絲四忽。二團七頃七十三畝四分九釐三毫一絲六忽。

各團編號

一團分列十號，二團分列二十八號，三團分列三十九號，四團分列十一號，五團分列十一號，六團分列三號。

徵課科則

熟田每畝一錢五分一釐，次熟田每畝一錢，上密蘆地每畝五分，次密蘆地每畝三分，上稀蘆地每畝一分六釐，上次稀蘆地每畝一分五釐六毫五絲，下稀蘆地每畝一分五釐，荒白塗每畝一分三釐，莎草灘每畝一分，荒水窪每畝五釐。

現徵課銀共一千二百八十五兩九錢九分九釐三毫八絲四忽二微九纖四沙。內：

十六保，沿海浦港項下課銀五十三兩六錢四分一釐一絲七忽。

十七保，腹地項下課銀六錢四分五釐八毫，沿海浦港項下課銀七兩九錢三分五釐一絲四忽。

十九保，腹地項下課銀五兩七錢二釐六毫五絲，沿海浦港項下課銀四十七兩三錢六分九釐六毫二絲七忽。

二十保，腹地項下課銀六分二釐九毫，沿海浦港項下課銀一兩二分八釐六毫二絲。

二十一保，腹地項下課銀六錢六毫，沿海浦港項下課銀六兩四錢七分六釐四毫七絲九忽。

一團，沿海浦港項下課銀六百二十七兩四錢九分五釐九毫三絲八忽九纖四沙。又松郡育嬰堂承佃南五號歸公地内入額課銀五兩三錢八分四釐。

二團，沿海浦港項下課銀三百六兩九錢二分六釐八毫二絲四忽九微五纖。

三團，沿海浦港項下課銀七十三兩三錢七分五釐四毫六絲二忽五微。

四團，沿海浦港項下課銀九十九兩五錢五分五釐六毫一忽七微五纖。

五團，沿海浦港項下課銀四十四兩六錢六分七釐二毫六絲。

六團，沿海浦港項下課銀五兩一錢三分一釐五毫九絲。

已上每銀一兩隨徵耗銀五分。

又四團新陞蘆洲共七十八頃九十九畝四分二釐五毫。

次密蘆地二十一頃七分一釐，每畝課銀三分。

次稀蘆地二十九頃四十一畝一分二釐五毫，每畝課銀一分五釐六毫五絲。

荒水窪二十八頃五十七畝五分九釐，每畝課銀五釐。

應徵課銀共一百二十三兩三錢三分七釐八毫五絲六忽二微五纖，每銀一兩隨徵耗銀五分。

附一、二、三團歷年丈出歸公新沙地共三百七十頃五十三畝一分六釐，現徵課銀除一團已入蘆課額五兩三錢八分四釐外。六十七兩八分七釐，徵租銀五百七兩二錢九分五釐。内：

一團，下泥灘七十一頃三十九畝九分六釐一毫，課銀七兩一錢四分，租銀四十九兩九錢八分。

又五十三頃八十四畝强，課銀已入蘆課額内，租銀三十七兩六錢九分。

二團，荒水窪二十一頃四畝五分二釐一毫，課銀十兩五錢二分二釐，租銀七十三兩六錢五分四釐。

下泥灘五十二頃七十四畝二分六釐八毫，課銀五兩二錢七分四釐，租銀三十六兩九錢一分八釐。

三團，莎草灘九頃畝，課銀九兩，租銀六十三兩。

荒水窪四十七頃二十五畝，課銀二十三兩六錢二分五釐，租銀一百六十五兩三錢七分五釐。

下泥灘一百十五頃二十五畝四分一釐，課銀十一兩五錢二分六釐，租銀八十兩六錢七分八釐。

新沙課銀科則，莎草灘、荒水窪俱同蘆課。下泥灘每畝一釐，其租銀莎草灘每畝七分，荒水窪每畝三分五釐，下泥灘每畝七釐。

附一團至六團新漲泥灘。

一團共一萬四千九百五畝三分三釐三毫，内除三千八百三十三畝三分三釐三毫蘇州清節堂承買外，尚存一萬一千七十二畝。每年收草息錢二百五十千文。同治十三年，酌加一百千文，共收三百五十千文。今撥入惠南書院承買五千二十六畝八分，觀濤書院承買三千畝，賓興項下承買三千四十五畝二分。

二圍一萬七千一百十四畝六分九釐四毫,每年收草息錢一千二百千文。同治十三年,酌加二百千文,共收一千四百千文。由縣酌撥公用,逐年報銷。

三圍四千六百九十六畝二分八釐五毫,每年收草息錢一百二十千文。同治十三年,酌加一百八十千文,共收三百千文。撥入邑城恤嫠局承買。

四圍已陞入蘆洲内,見前。

五圍九千七百八十六畝五分六釐四毫,每年收草息錢三百五十千文。同治十三年,撥入邑城普濟堂承買,除留出作路五百九十畝九分八釐四毫外,現在每年收草息錢八百四十四千零。

六圍畝數未丈,向收草息錢八十千文,由縣酌撥公用,逐年報銷。

按,沿海泥灘坍漲不一,今列歸公新沙内一圍下泥灘五十三頃零,實已坍卸,租課虚懸。其新漲泥灘,尤難定準。因現收草息,俱撥善舉公用,姑附列之。

漕運

宋大中祥符初,江淮兩浙路租糴,於真、揚、楚、泗州置倉受納。分調舟船,泝流入汴,以達京師。紹興初,以兩浙之粟供行在。

元至元十九年,命上海總管羅璧、朱清、張瑄等,造平底海船六十艘,運糧四萬六千餘石,從海道至京師。然創行海洋,沿山求嶼,明年始至直沽。二十年,罷新開河,頗事海運,立萬户府二。二十四年,又增置萬户府二,總爲四府。二十八年,并四府爲都漕運萬户府二,令朱清、張瑄掌之。其屬有千户、百户等官,分爲各翼,以督歲運。

明永樂十二年,海運糧四十八萬四千餘石於通州,又衛河攢運糧四十五萬二千餘石於北京。所謂海陸兼運也。一由江入海,出(匠)〔直〕沽口,由白河運至通州,謂之海運。一由江入淮、黄河,至陽武縣,陸運至衛輝府,由衛河運至薊州,謂之河運。十三年,會通河成,遂令浙江嘉、湖、杭與直隸蘇、松、常、鎮等府秋糧,除存留並起運南京及供給内府等項外,其餘原坐海運之數,盡撥運赴淮安倉。十六年,又令浙江、湖廣、江西布政司並直隸蘇、松、常、鎮等府兑糧,坐派二百五十萬石,令糧里自備船隻,運赴通州河西務等處上倉。宣德二年,令浙江、江西、湖廣並直隸蘇松等府起運淮安、徐州倉糧,撥民自運赴通州倉,其運糧軍士於淮安、南京倉支運。七年,議準民運多失農月,著民糧加耗腳,各於附近水次,兑與軍運。成化七年,都御史滕昭議罷瓜、淮兑運,裏河官軍雇江船於江南水次交兑,民加過江之費。

嘉靖四十四年御史張振之救止民運疏畧

據揭報爲黄河水汎淤塞運道,妨阻糧船,議照往年河變事例,將糧米寄囤,就撥各軍看守,空船回南修(艙)〔艌〕,仍照舊管運到京。但來歲之糧,不能不取之民運等因。臣查先年民運,止於徐、淮、臨、德四倉,官軍轉運,尚交納稱難,弊害百出,而議爲官軍水次交兑。自成化以後,百年相守,田野郊邑之民,不知運糧爲何事矣。一旦責之舍耕鉏,操舟楫,而涉歷江河險阻,風濤洶湧之衝,其誰堪之。惟有號苦而已耳,駭走而已耳。有力者則囑托告免,轉相攀陷而已耳。此其不可行一也。萬一迫於官司,不得已認役,則不得不轉包積年走京光棍,私雇横惡長船,召募無籍水手,欲無侵累賠盜不可得也。此其不可行二也。有民運,則必有官部運。裁革冗員之後,官既不多,數千里遠行,欲無常例科索,不可得也。此其不可行三也。旗軍交兑,下有千百户,上有指揮、把總。然且船抵水次,而有頑户不納,倉廒無糧,較斛議耗,(支)〔交〕相鬪怒。(人)〔又〕或勢豪私兑,每至米不乾圓潔浄抵京,挂欠追賠。一田野小民,欲與有司較美惡,争多寡,論遲速,得乎?其勢不至於數月守待、溼爛支吾、傾貲代應不止也。此其不可行四也。往時十年一編均徭,今則提編加徵,不知幾倍矣。往時五年一審糧長,(令)〔今〕則三年一當,甚至有年年者矣。往時十年一名里役,今則一家二三名矣。當此困窮,雖賑荒蠲賦,尚不能救,而加此百年未有之役乎?此其不可行五也。一年開端,將來遂爲定制。寄囤守凍,無歲無之。今年凍阻,明年兑運,孰不以後到之爲利。此其不可行六也。臣所謂民運之害,斷斷不可行也。

萬曆九年,議準漕司及各巡撫將江南五府應運白糧,令各糧長仍雇五百料中船,應得水脚先給一半,其餘封印,船過徐州總部官驗給。又題準每歲解京白糧,務點殷實糧户解納,船隻許令糧長自雇五百料中船,每百石定給銀三十三兩。經過鈔關,如果止於土宜四十石,免其納税。

陳睿謨《論白糧解役疏》畧

竊惟國家財賦,大半取給江南。力役重大,莫如糧解。漕糧、白糧兩解,皆公儲也,皆公役也。然漕糧係軍運,軍係伍丁。白糧係民運,民運則照地畝簽差,名曰大户。夫惟以大户充糧解,其賠累有莫可言者矣。東南諸省如湖廣、江西等府,俱止有漕糧,無白糧。即南直、浙江,惟蘇、松、常、嘉、湖五府獨有白糧。臣每見里中糧役收領正米外,更有各項(各)〔名〕色。官有管轄,遂因其管轄而遮索之。事有款項,遂照其款項而各科之。運船未出江口,而使費已耗其大半矣。用是不避怨嫌,臚列四款:一曰糧官陋規當裁。官常肅,而糧解之節省無量矣。一曰胥役冗費當革。需索少,而糧解之輸納易辦矣。一曰沿塗阻壅當卹。此又疏通糧務之一關鍵也。一曰包攬積蠹宜懲。此又區處解役之一權宜也。

黄希憲《改運白糧疏》

竊白糧爲上供急需,遞年簽點糧解,春辦兑納,相沿久矣。邇因半爲包棍侵漁,半爲胥役掯索,以及剥淺守凍、赴京交納等費,動以千計,遂至靡歲不遲,無(色)〔邑〕不欠,公家正額,究無完納之期。臣撫此財賦重地,目擊苦役,敢復隱忍膠柱,不求長策乎?近行蘇松道,會同常鎮道,澈底講求,思甦民裕國之策,莫善於均徵米而官運之。官運則民無雇倩之費,一便也。官無簽役之難,二便也。錢糧既自官支,吏胥無從抽扣,三便也。在船皆官役,船户無敢凌虐,四便也。催儹皆官事,沿塗無敢抛撇,五便也。况米屬均徵,則苦樂之形不立,巧拙之情自化。糧不必詭寄飛灑,差不必避難就易。民心以厚,民風以醇。六便也。然其中有當議者五焉:凡白糧正耗、舂辦夫船等米,一概算入平米之内派之,此派糧之公可行也。原編耗米之外,另編加二耗,以補沿塗之消損。以平米一石計之,不過合勺而已,此加耗之輕可行也。民間辦糧,盡數交倉,無此漕彼白之分。縣官就完米中,擇其乾潔者,交協部官動支舂辦,交割總部完辦,蚤則起行,先可免漕艘阻壓之患,此徵辦之速可行也。運船向係民雇,官運則必用官船。計每船管船頭佗、水手各安家衣資等項,以及買辦包索、過淺起剥、過溜添簟等項,計每船用米五十石,用銀三百二十五兩。以原編夫船貼役米計之,除支外,米尚有餘。以原編夫船貼役銀計之,除儘支外,銀尚不足。以有餘之米,當不足之銀,臨時調劑,是經費不(順)〔煩〕增設矣。至於管押起交,侵盗漂失,每船各有責成。遇有虧欠,立勒賠補。懸大法以繩其後。蓋既不可以復問糧里,則人未有不愛惜性命者,是責成不患無人矣。兹據蘇、常兩道,臚列具詳,臣亦無容更益,而臣緯恤杞憂,尚有不能已於言者。語曰:一法立一弊生。外而衙蠹包棍,内而部胥、積歇、引户,每視糧解爲奇貨。今改爲官解,未免拂其狼心,必至多方阻撓。或包棍潛入京師,串通積役,仍肆把持。或引户交搆外奸,僞造訛言,動摇耳目。有一於此,皆足害成。乞敕五城御史及緝事衙門,凡遇此等,即置重典,庶蟊賊一清而美利可久矣。

崇禎間,又雇民船濟運。推官徐日曦建議止之,附録其略。

近奉憲檄,恪遵明旨,欲募民船以濟新運,委曲權宜,勢非獲已,第須商酌調妥,不至臨期跋盭。繇來漕米出辦民間,運艘責之旗甲,有司、衛弁,分曹而治。船至無糧,郡縣之咎。若幫船少而回空遲,雖有催督之任者,不能代之理也。於是催儹必嚴,修舱必飭,人與事習,保無他虞。間有漂溺焚燬,灑帶未盡,量僦民舟,補其見缺,然亦漕軍自供厥役。今一旦問之州縣,代與雇(見)〔覔〕,其資斧取之輕齎月糧,猶可言也,并輸輓分之閭閻、衙役,其可繼乎?二郡之糧,十有七八,運船此時,百無一至。若輩尋常遷延,規避功令,驅之猶且不率,聞有代之勞而分其過者,裹足匿影,益以有辭。求之愈急,應之愈緩。民糴不已,改爲民運。江南無縣無白糧,無歲無南解,析骸殞命,蕩産鬻兒,支吾門户不給,尚克代軍伍難勝之任乎?職每從監兑,見(緒)〔諸〕軍咆哮不戢,現船現米,生端措勒,多索耗贈,争嫌米色,谿壑是盈,如奉驕子。若更予之以自便,累民以難堪,濟變一時,階厲萬世,恐漕法繇此壞矣。蘇、常、鎮州邑臨大河,通商舶者有限。其餘迂回僻遠,與雲間三縣逼近海濱,又有泖浦之險,運艦而外,江廣載船日月一至,往往白糧解户,遠涉江外,身家相倚,賠費不貲。使雇船一人,運糧更一人,痛癢不關,(惜)〔情〕態錯出,毋論薄板輕舟,負重致遠,洪波懸溜,意外生虞。甚有不肖奸旗,折乾盗賣,利其漂沈,推諉首事,雖竭頂踵,不足以殉。作事謀始,安得不鰓鰓(遇)〔過〕計。以職之愚,謂徵糧有無,有司事也;催督旗船,仍屬衛所。稽查現在回空修舱之數,星夜到次交兑開幫,刻期嚴限,毋以代雇爲辭。果被兵燹,急難修造,或凍涸不前,需待無日者,亦必官軍親集兑所,算給應領齎銀,隨便雇買船隻,撑駕兑運,自可無誤。彼知擔不易釋,須畢力仔肩,法不容寬,務兼程必濟。救急之方無善於此。

抑職尤有説焉。漕事之難，無過於松之上海，卑職目擊其艱。去歲六月過淮，逋糧尚餘六萬，職以半月嚴追，幸竣其局，究竟縣官猶煩白簡。今年災歉特甚，愈不聊生，哺糟咽糠，逃徙亡算。職每親臨比并，見民皮骨僅存，血杖淋漓，淚與俱下。然不敢愛姑息而後催科，定當竭心力以稱上指。第雇船代運之事，斷難（如）〔加〕諸積羸極困之氓。責以無米之（吹）〔炊〕，望其不脛而走，一朝反（惻）〔側〕，恐有不可言者。職方被催督之檄，爲此迂緩之言，迹疑自寬，念則轉切，爲地方乃以利國家，惟冀詳計而審行之。

國朝順治二年，覆準糧長僉解白糧，受累無窮，宜改爲官解之法。路費、脚費額派之外，不許多索民間分毫。四年，題準白糧改爲官運，以府通判爲總部，縣丞、典史爲協部，吏典爲押運。九年，總漕馬國柱疏請查黄屯丁審定運軍。

馬國柱疏畧

前明用黄快船以裝貢物，設運船以輓漕糧。事雖並重，然黄快船丁係編審小甲，糧船運户係食糧祖軍，人實分途。先是兩丁皆正身應役，備受監局、廠衛之騙害，有冤無告。嗣據南北兵部堂屬詳議疏請，定爲免役編銀之法。快丁每歲納銀一萬五千兩，黄丁每歲納銀二千二百兩，俱徵解南兵部，以爲繕船募役之貲。此前明萬曆十四、十六等年，兵部題準，刻有《船政新書》可據。兩丁遵此而行，非一日矣。至於運軍承祖户運差，凡有事故，止於運差軍餘内撥補，不得將黄快船編丁掣出領運。此萬曆二十一年兵部題準。至崇禎四年，南兵部尚書傅振商與漕運總督李待問，又將萬曆八年及四十六年老册與運軍祖册、運餘底册、逐月支糧册，澈底清查。審定運軍一萬八千六百六十名，有見運旗甲，有食糧運餘，有清出竄丁，有空閒備補。其間祖宗姓名，子孫人數，刻有《運册新考》可據。運軍遵此而行，亦非一日矣。我朝創造方新，舊弊叢生，奸甲既思竄户而息肩，貪弁反借鈎查而居奇。臣前（門）〔閲〕總督漕臣沈文奎題疏及部臣覆議，慎重精詳，深恐殷實運軍竄户逃差，致誤國家漕務。雖然，臣謂此輩有（改）〔敢〕竄之心，無能竄之法。何也？兩書在案，運自運，丁自丁，固截然而不容混也。我皇上念念爲民，事事除害，一切直省錢糧，盡照萬曆年間編派，以絶額外濫加之弊。則《船（改）〔政〕》、《運册》，亦萬曆年間臺省、兵部幾經參駁而後成書。使清查照此清查，（别）〔則〕載册祖軍，誰敢指鹿爲馬。簽運照此簽運，則納銀船丁，自難以羊代牛。斬斷無數葛藤，省盡許多騙詐矣。伏乞敕部詳議，仍將原書發臣刊布，使軍丁世守成規，永戴皇仁，祈賜采擇。

十一年，奉恩詔，白糧民解累民，官解仍以累民。今後於漕船分帶，以省官民之累。十二年，覆準蘇、松、常三府白糧，除原額正米、耗米、舂辦米三項外，每正糧一石，加派耗米二斗四升，水脚添篁提溜脚價銀一兩三錢。每船加柁夫、水手十二名，每名給米三石。看糧夫役二名，擔運夫役二名，各照船數，一例均派。總部、協部公費工食，就糧米多寡酌定。康熙十四年，裁去總、協二部。蘇、松、常三府，每府增設千總二人，每年輪流領運。是年，户部議準各省漕糧過淮,應限月日。蘇松等處,限正月以内過淮。乾隆九年,題準江南松江府及江西湖南幫船,於過淮原限外,寬限十日。十三年,題準金山、松江二衛所,舊例行糧全支本色,月糧全支折色,今行、月二糧,改爲本折各(年)〔半〕。半折行糧,每石一兩一錢。半折月糧,照依原折每石一兩編徵支給。十四年,巡按御史秦世貞奏定漕糧官收官兑章程,每正糧百石,除正耗外,加米五石,銀五兩,交與旗弁。十六年,巡按御史馬騰陞疏請,自今民户,各照應納糧米並耗贈及五兩五石,儘數交納收糧官,官隨收給串,即發歸農。俟旗船到次,衛官與印官、糧官交兑,軍民兩不相見,則五兩五石之外無苛求。是年,又準科臣朱紹鳳以蘇、松、常、鎮四府糧多路遠,領運旗丁不無常例雜費,於五兩之外,再加五兩。

馬騰陞疏畧

臣於去年題準良法虛懸一疏,業經嚴飭各屬,畫一遵守矣,恐將來不肖有司陽奉陰違,仍復審簽糧役,責成在民,請自今秋早定收漕各官。開倉之日,糧户輸納,即挨次交收,無致臨兑雜沓。縣官照條銀例,先期印發糧串,(斛)〔解〕過糧米,糧官即照數填給,勿使糧户伺候。至如兑竣之通關,每多勒措,五兩五石之外,曰順風,曰花紅,曰犒賞,巧立名色,恣意索取。今議各州縣漕船,聽候漕臣頒發全單給糧道,開明某衛船若干,兑某縣米若干。該道頒發號單兑米,每一百石連加贈銀米支清,即將一單著令衛官填注收數。一船兑足,即出給水程,勒令開幫,是爲節節割絶,使無勒措通關之弊。再令糧道查照各屬額設幾倉,每倉頒發號簿,將各丁船開列在簿,兑足即注明兑足。如過期不兑,監兑推官按簿責比旗軍,以杜愆期之弊。更有驍軍沿途停泊,竊取墳樹種種等情,許地方官拏解糧道或兵巡道重懲。其運官約束不嚴,申報漕撫,俟過淮之日創治,以禁在途生事。倘水程限日遲延,一並查處,庶糧艘可速進,而延誤之弊亦除矣。

康熙元年,覆準蘇、松、常三府,白糧雇用民船,水腳銀編載《全書》,計包給發,均從米數科算,並無别設雇船私貼之項。惟至丁字沽,每石應用雇駁銀一錢二分。今漕船可直抵通,此項應裁省解部。至於額編看船糧夫,每名工食銀十二兩,擔運夫每名工食銀七兩二錢,南北艱辛,僅充口食,難議裁減。十四年,題准蘇、松、常等府,白糧選漕船裝運,每船議給經費銀三百三十兩有奇。其運白各船應載漕糧分於餘船帶運,每加裝正米一石,給負重銀五分。雍正六年,奉上諭,江浙徵收漕米,但擇乾圓潔净,不必較論米色。準令紅白兼收,秈秔並納,著爲定例。七年,准蘇撫尹繼善之請,禁革徵收積弊,酌定每石費銀六分,折收制錢五十四文,半給旗丁,爲沿途盤剥之需;半留州縣,爲修倉(補)〔鋪〕墊及漕記人役、紙張、飯食等用。又每石止許收水腳錢五文。倉離水次遠者,每十里加錢二文。乾隆八年,議定漕費六分,折定制錢四十八文,水脚四文,共五十二文。嘉慶五年,奏准漕費全行給軍。其修倉鋪墊、人工紙張等費,印官捐貼。脚錢仍照前議。乾隆二年,奉上諭,聞得江浙兩省,民間輸納白糧,較漕糧費用繁重,甚屬艱難,朕心深爲軫念,諭令該部詳考據奏。兩省歲運白糧二十二萬餘石,太常寺、光禄寺各賓館需用二千餘石,王公官員俸米約需十五六萬石,内務府禁城兵丁及内監食用等項需萬石，尚餘五萬石存倉等語。朕思光禄寺等處，原以供祭祀及賓館之用，在所必需。其王公官員俸米，應用白糧者，可酌量減半，以秈米抵給。至賞給禁城(共)〔兵〕丁及内監食米，亦可將白糧裁減，給以秈米。如此，則每年所需白糧不過十萬石，仍照常徵收起運。其餘十二萬石，著漕運總督會同該督撫酌行改徵漕糧，其經費銀米，均照漕例徵收，以紓民力。是年，又題準江浙二省運京白糯，松江府、太倉州屬偏處海濱，(米)〔采〕買艱難，將白糯全改漕糧。

派兑幫船

南匯縣額船八(千)〔十〕三隻内，加一裁船八隻，又裁汰興武三幫内揚州二幫船三隻，又撥兑婁縣水次興武三幫船六隻，該船六十六隻。又撥入原派金山水次興武四幫船三隻，實共船六十九隻。内計江淮七幫船五十七隻，興武三幫船三隻，興武四幫船九隻。

兑運白糧幫船

南匯縣額船七隻。《府志》云：例載，蘇松糧道所屬各幫船隻，就原兑本府各邑水次，遠不過百里，近則三四十里，定以三年一調。是各縣之派兑，恒有變更也。至於船隻多寡，或因蠲緩核減停運，亦未畫一。惟録近年現行之制，聊見額派船數。

道光五年，因運河淤塞，漕米阻滯，大學士英和疏請暫由海運，得以專治内河。兩江總督琦善、江蘇巡撫陶澍、藩司賀長齡等妥議章程，疏請試行由上海雇用商船，酌給水脚銀兩，合蘇、松、常、鎮、太五府州屬，起運漕糧一百四十二萬九千石有奇，白糧八萬一千五百石有奇。嗣後復歸河運。至二十七年，運河潰決，覆準江浙兩省新漕，援照六年成案，仍行海運，至今因之。

協辦大學士英和海運疏畧

海運行於元代六十餘年，至明永樂間，會通河成，其法始廢。而明臣邱濬猶謂會通河如人之咽喉，一日食不下咽，事即可慮，因有河海並運之議。嘉慶九年，給事中蕭芝奏請采買海運案内，浙江巡撫阮元覆奏亦稱，如萬不得已而行，衹可量分額漕改爲海運。可見彼時亦議及此。上年御史查元偁又有上海商船買米運京之請，經該省督撫奏稱有妨民食，遂置不議。由今日論之，竊謂全漕悉由海運則不可，而商船未嘗不可分載也。江蘇買米海運則不可，而額漕未嘗不可暫賫也。請言其四難，更陳其四善。國家河運已數百年矣，一旦改由海運，無論章程難以驟議，第以數百萬天庾之重，忽輕試於(案)〔素〕不相習之風濤，物議人情，易滋惶惑。此一難也。官運必置船，置船必設官，費既不貲，船豈猝辦。元代得習知水綫之人，因以委任。今既難其人，而大洋出没，又豈官府號令所能約束。此二難也。江河挽運，風火等事在在不免。沿途員弁，星羅棊布，該丁等尚或假飾捏報。海中島嶼繁多，風色不一，既難連幫，何從稽察。倘有放洋之失，誰執其咎。此三難也。圖海運之便捷，河工必致踈懈，挑挖疏濬勢必不力，漸成淤塞。百餘年之成功，數千里之水利，一旦失之，後欲河運，不復可得。此四難也。海運累有成議，全漕似未可輕試。而臣竊以爲暫雇商船分運漕糧，則不慮此。聞上海沙船有三千餘號，大船可載三千石，小船可載千五百石，多係通州、海門土著富民所造，立有會館、保載牙行，運貨往來，並不押載，從無欺（編）〔騙〕等情。關東一歲數至，沙綫風信是所熟悉，不致歧誤。此一善也。雇船海運無須製船之費。若令分載米石，應給脚價，仍可即於短運幫費之内劃出給與，不需多費。此二善也。上海商船以北行爲放空，以南行爲正載。海船裝帶南貨不能滿載，往往取草泥、石塊壓船。今令赴津之船，每船酌準七分裝糧，三分帶貨，給與脚價，免徵貨税，自必踴躍從事，而暫行仍可即止。此三善也。閩粤、南洋或有海氛，而由吴松口迤北，北洋沙磧水淺，南洋鳥船斷不能入，從無他慮。且該商等所得運費與貿易之利相同，又經官取保結，必無意外之失。此四善也。有是四善而無四難，孰便於此。議者尤以風濤爲慮。查江廣境内，如洞庭湖、鄱陽湖、長江俱稱險阻，歷年軍船多有漂溺情事，不獨海洋爲險。且海洋節歲貿易之船，何以不聞漂失，而上年臺灣米船，又何以安穩抵津。雖有數船遇風駛至吴松口岸，並非漂没，是其明證。又以風信靡常、守候不定爲辭。向來海船由上海至天津，風利七八日可到，至遲不過旬日，從無阻滯，較之（可）〔河〕運迅速倍蓰。又謂鹹水鹹風，易致霉變。上年所運臺米，受溼者不及百分之一。（令）〔今〕已先行開放領米，旗分咸以爲圓潔。況南糧堅實，遠勝臺米。且載運不過旬日，爲時不久，何至遽行蒸變。應請由兩江總督、江蘇巡撫轉飭上海道傳齊各商行，諭知雇船出運。每官糧漕斛一石，應給運價銀若干，並準折耗米若干，取具互保甘結存案，陸續兑開。江廣等幫共船九百八十餘隻，米約一百萬石，内外兩月之間，計可兑竣，即令該商出具領運米數清單，承認交兑。其抵津時，應請於倉場侍郎二人中分一人前往兑收，嚴禁經紀人等，不得稍有需索，俾該商不致苦累，再由楊村剥船撥運赴通。其應給該商銀兩，應先於上海給領一半。其餘一半，俟運津交兑後，覈明運米數（日）〔目〕，按照補給。即於江蘇、直隸酌款墊給，再由部撥歸款，並嚴禁胥吏尅扣中飽等弊，務令實數歸商。若該商等奉行妥速，應請照上年臺商運米之案，擇其尤爲出力者，酌給職銜，以示鼓勵。至江廣幫船身重大，恐未能由丹陽運河運至海口，即飭將江浙等幫已經截卸之船，於出瓜州口時交兑替運，抑或雇船剥運，總（督）〔在〕該督撫察看情形，妥協辦理。如果行之有效，將來全漕運京時，酌分百餘萬石交商兑運，未必非漕運中並行不悖之一策也。

同治四年，署總督李鴻章等奏裁海運津貼疏畧

竊照江蘇漕額甲於天下，向係民收民運。自改兑法行，盡歸軍運。民（曰）〔田〕舊納正兑、改兑之外，加編耗米五米行月米並漕項等銀，以爲運費。定例起運漕白未兑以前，責在州縣；既兑以後，責在旗丁，總以掣取通關爲斷。祇以旗丁多方要挾，於例給銀米外勒索幫費，州縣以考成攸關，無不隱忍應付，年甚一年。每漕米一石，運費自五六錢至七八錢不等。白糧米石多至一兩以外，而運丁過閘過壩，京倉通倉亦各有費用，漕運遂不可問。迨道光六年起運五年各漕，因運河阻滯，創行海運，費用大減，漕政一清。嗣經前撫臣陸建瀛河海兼籌，至咸豐元年豐工決口，運河阻塞，盡改海運，其沙船、水脚、經剥、食耗等項銀米，先由各屬捐給。四年以後，援照浙省章程，將沙船、經剥、食耗等米款動支、節省餘耗作正開銷，而沙船之水脚津貼並南北交兑，需用孔

多，即將蘇糧道庫節省漕贈等銀盡數動支，亦屬入不敷出，遂各按州縣情形，酌提節省幫費湊撥濟支，名曰經費，歷年辦理海運，藉以無誤。近當大難初平，又值蒙恩減賦，因思額該起運之正漕，尚荷特恩永減，其額外隨收之海運津貼，究屬病民，久思設法裁除，以卹民力。而各屬情形不同，浮收數目亦非一律，因之一縣之内城鄉各有低昂，一任之中前後亦有軒輊。臣劉郇膏前在蘇藩司任内，(會)〔曾〕於同治二、三兩年，辦理松、太兩屬冬漕時，商之臣李鴻章，通飭各屬禁止浮收，並裁除各項濫費，通融牽算，已較往届格外輕減。嗣後籌議全行裁革所需經費，以節省河運錢糧及向應給丁之津租等款，一律統歸海運案内抵支，俾得無誤起運。正在酌覈(其)〔具〕奏，即準户部咨會侍郎殷兆鏞奏請裁除海運津貼銀兩一案，經部議令將海運案内一切經雜各費撙節支用，所提津貼亦量爲覈減，據實覆奏。又於議覆減賦摺内奏令於地漕各款裁減浮收，仿照浙省辦法，斟酌情形覈實删減各等因，先後奉旨允準，恭録咨會前來。臣等督飭署蘇藩司郭柏蔭欽遵覆加確查，竊惟江、浙漕務情形稍有不同，款目亦異。即如浙省漕截一項，每石徵銀三錢四分有奇，蘇省每米百石僅徵漕贈銀十兩，計每石不過一錢。是兩省籌款抵用大有難易之分，則覈計用款亦有多寡之别。且浙漕運至上海雇船海運，隔省跋涉，所費較增。該省奏明每石需費銀八錢，蘇省自應從減。現定無分漕白，總計每石約需銀七錢，可期勉强敷用。查蘇、松、太三屬漕糧奏準三分減一，(當)〔常〕、鎮二屬十分減一，仍該起運漕糧一百一十三萬餘石，白糧起運額米七萬二千餘石，共計米一百二十餘萬石。内白糧照額不減，仍應起運交倉米七萬二千餘石，漕糧除節省給丁餘耗並撥補白糧外，約計交倉米一百萬石有奇。以每石七錢運費計之，共應支給沙船、水腳並神福、犒賞、挖泥、縴夫等七款，以及津、通經費，約需銀七十四萬八千餘兩。又，沙船、經剥、食耗並籌備二升餘米，由縣支銷舂耗等項，共需米一十五萬三千五百餘石，皆係參酌成案，撙節覈計在所必需之用款，設有短絀，於漕務關係非輕。今運費既難懸缺，津貼又議裁除，必得通籌全局，逐一鉤稽，將海運南北經雜各費另行籌款抵(交)〔支〕。查有節省丁耗贈五改糙盤舂並行月糧等減賸，應徵米三十二萬一千九百二十餘石，内除抵支需用米一十五萬三千五百餘石，仍餘米一十六萬八千三百八十餘石。每石合價二兩，堪以糶變銀三十三萬六千七百餘兩。又，蘇糧道漕項堪以酌提節省給丁各款銀二十八萬一千八百餘兩。又，江糧道漕項堪以照額酌提一半節省銀四萬一千八百餘兩。又，蘇、太等五衛應解司道庫屯折漕項銀一萬九千一百餘兩，月糧米折銀一萬四百餘兩。又，金山幫屯田津貼銀八千八百三十兩。以上共可得銀六十九萬八千六百餘兩，抵支海運需用銀七十四萬八千餘兩，尚有不敷銀四萬九千三百餘兩，實無别款可籌。惟有飭查各衛幫坐落各屬屯田確數，酌提津租各款濟用。再有不足，即於例應報撥之蘇糧道庫四分漕項内隨時奏撥，以免短絀，並可永紓官民之累。所動漕項等款，應請免其造册報銷，並不得逾每石七錢運費之數，以示限制。如將來河運可復，仍將前項銀米，各歸本款支用。其前項應需津貼，即從前之浮收，業經籌款抵補銀七十餘萬兩，(以)〔似〕較覈實。另有州縣向來徵漕一切陋規，名目極爲繁瑣。(總)〔經〕臣等(覈)〔嚴〕飭各屬覈實裁減,祇期勉敷辦公之用。計所裁減之數,亦與前項運費相埒。浮收盡去,正用亦敷,雖裁去津貼,仍與運務無礙。而以(薄)〔漕〕濟漕,並不支動别項正款,亦與部議相符。在州縣從此得免捐提之累,足(責)〔資〕起運,自必易於徵解。即偶有不肖者,亦不能藉端多取於民。如有狃於積習,敢再恣意巧取浮收,必當執法從事,立予嚴參。蘇省漕務得此整頓,實於國計民生兩有裨益。據署藩司郭柏蔭詳請覈奏前來。臣等往返函商,意見相同,〔相〕應據實奏懇天恩,俯準查照辦理。仍由臣等督飭藩司、糧道隨時實力稽查,務將浮收積弊永遠杜絶,可期(更)〔吏〕治從此肅清,以仰副聖主子惠元元、實事求是之至意。嗣經部議,其例應報撥之蘇糧道庫四分漕項,仍令報部候撥,不準動用運費。設有不敷,應由漕務項下未提款内酌提補足,不得於漕項之外再動别項。

屯田

明初,設各衛所,立屯田,令軍士耕種。每軍種田五十畝爲一分,或二百畝,或七十畝,或二三十畝。軍士三分,守城七分。屯種又有二八、四六、一九、中半等則,皆以田土肥瘠、地方衝緩爲差。又令少壯守城,老弱屯種。其徵收則例,各因時地而異。洪武三十五年,始定科則。每軍田一分,正糧十二石,收儲屯倉,聽本軍支用。餘糧十二石,給本衛官軍俸糧。永樂二十年,免餘糧一半,止納六石。嘉靖十六年,巡撫歐陽定議,知府黄潤刊入賦役册載,守禦南匯中後千户所屯種田地,原派總旗每名種田三十畝,小旗每名種田二十四畝,軍人每名種田二十畝。總旗、小旗、軍人但每名歲納夏秋子粒六石,僉點漕運每名得減子粒三石。本所屯田二百户伍,屯種總旗二名,小旗十四名,軍人一百四十名。共種十九、二十等保田(二)〔三〕十一頃九十六畝,原該夏税小麥四百六十八石,秋税米、豆各二百三十四石。除運糧旗軍餘五十名,免一百五十石,又公差運糧旗軍餘五十名,每名減納屯糧三石,在屯旗軍餘一百六名,每名全納屯糧六石,内夏麥三百十八石,秋米、豆各一百五十九石。每年管屯印官催徵,放給本所官軍,抵作十月分俸銀。至天啓三年,改折免耗,夏麥每石折銀三錢,秋米每石折銀五錢,豆每石折銀四錢,共三百五十一兩。崇禎三年,於前項屯折内,扣出夏秋正糧九十八石六斗,準銀三十六兩九錢七分五釐。明年,又於存糧八百三十七石四斗,每石加銀八分助遼,共加派銀六十六兩九錢九分二釐。俱由該管官每年徵解,松江府差官解部充餉。川沙堡設營田二百八十六畝,給軍耕種,每畝納租七斗,共租二百石二斗,堡官收儲支銷。

國朝改南匯、川沙爲營,罷屯田。其十六、十七、十九、二十等保坐落本邑軍田,俱屬金山衛屯種收糧。以上俱見欽《志》。按《府志》,乾隆十五年,金山衛歸并鎮海衛管理。胡《志》載:屯田二百八十六頃六十三畝三分三釐三毫,内二百十七頃六十六畝七分四釐,奉文自乾隆四十年起,每畝徵津貼銀二錢。又於四十六年奉文,裁汰旗丁龔麥九名下漕船,屯田内添徵一頃四十五畝五分六釐九毫。共徵銀四千三百八十二兩四錢六分二釐,由縣徵解道庫。嘉慶十五年,劃分川沙廳。各啚内屯田一頃八十四畝三釐九毫,應徵津銀歸廳徵解外,坐落本邑屯田應存二百八十四頃七十九畝二分九釐四毫。《府志》三分三釐五毫七絲,今核細數,應二分九釐二毫。每畝徵津貼銀二錢,貼造銀三分,共徵銀六千五百五十兩二錢四分七釐,不加耗。按銀數與《府志》同。

各啚田數

十六保一區十啚八十三畝七釐四毫,二十廿一、二啚九十二畝九分四釐五毫,天一廿三、四啚三十二畝一釐六毫。二區八啚七十八畝八分七釐七毫，十一啚一頃八十六畝八分二釐五毫，十四啚七十六畝七分九釐九毫。

十七保一區一啚二十一畝一分六釐二毫，二啚一頃四畝四分四毫，八啚二頃九十畝四分二釐七毫。二區三啚八畝一分，九啚一頃四十二畝九分七釐一毫，十啚三畝六釐七毫。三區二十啚三畝九分二釐一毫。四區二十六啚三十九畝一分五釐五毫，二十八啚十三畝三分四釐九毫，三十三啚一頃五十二畝九釐三毫，三十六啚四十七畝二分八釐一毫。五區舊二十一啚二頃七十八畝二分四釐一毫，新二十一啚六頃二十七畝五分一釐八毫，舊二十二啚六十八畝八分七釐三毫，新二十二啚四畝二分一毫。六區十九啚九十六畝二分九毫，二十三啚十六畝九釐四毫，二十五啚九頃十七畝七釐七毫。

十九保一區八十一啚十四畝七分二釐二毫，一百啚七畝六分九釐二毫。三區二十八啚五頃七十七畝四分二釐九毫，六十六啚五十四畝二分一釐六毫，九十六啚八頃六十九畝四分四釐一毫，九十八啚五十八畝二分九毫，九十九啚二頃四十畝二分四釐四毫。四區七十二啚十三畝七分九釐五毫，七十五啚一頃八十四畝一分五釐五毫，八十四啚九頃四十五畝八分七釐三毫，八十五啚五畝二分六釐五毫。五區五十四啚四畝六分三釐八毫，五十六啚六畝八分五釐，五十七啚二畝六分四釐六毫，六十二啚十七畝七分五毫。八區一啚三十五畝四分四釐四毫，四十四啚一頃十一畝五分九釐五毫。九區二啚十七畝五分八毫。十一區十五啚十畝五釐六毫。十二區二十九啚五十三畝三分九釐八毫，三十三啚一頃四十七畝九分九釐六毫，三十五啚二十畝九釐，四十二、三啚六十五畝二分三釐八毫，四十五啚二畝二分二毫，四十六啚十八畝九分九釐四毫，四十七啚四十六畝九分三釐七毫，五十啚二頃九十六畝一分八釐三毫。

二十保一區二十啚六十七畝二分九釐三毫，二十一啚三頃六十一畝五分一釐七毫，二十二啚五頃八十一畝六分三毫，二十三啚七十一畝五釐六毫，二十七啚一頃三十七畝五分六釐四毫，二十八啚三頃七十二畝三分二釐一毫，二十九啚四頃二十九畝一分七釐八毫，三十啚十一頃六十二畝四分八釐四毫。二區八啚六頃三十二畝八分二釐四毫，十啚四頃八十六畝三釐七毫，十一啚二頃二十八畝三分五釐七毫，十二啚二十八頃六十九畝一分三釐，十三啚七頃七十七畝七分七釐二毫，十四啚四十二頃五十九畝七釐五毫，二十六啚八頃五十三畝六分九釐六毫。三區三啚三頃七十八畝七分一釐，六啚九十八畝二分一釐七毫。四區一啚二十一頃三十八畝九分一釐六毫，二啚九十七畝二分三釐三毫，二十四啚五十二頃六十三畝一分九毫。

雜　　稅

元時雜稅有酒醋課、稅課、河泊課諸名目。明永樂間，有商稅鈔、契本(上)〔工〕墨鈔、酒醋鈔、果木租鈔、房屋賃鈔諸名目。

國朝康熙年間，有酒稅、煙稅。俱見《府志》，數不細載。今就現存雜稅開列如左：匠班銀一項，明萬曆間上海縣徵二百三十四兩。國朝順治、康熙間,徵正損銀共二百三十六兩八錢八釐。雍正四年分縣後,南邑應徵正損銀共一百二十二兩九錢五分八釐。嘉慶十五年分川沙後,額徵一百十四兩七錢七分。此項於雍正七年督撫題準,在田畝攤徵,不列雜税内。

門攤銀。明永樂間,上海門攤鈔九百四十七定四貫五百文。萬曆間,門攤税課銀一百兩。國朝順治、康熙年間俱一百兩。雍正四年分縣,額徵十六兩。嘉慶十五年分川沙後,額徵十四兩五分。耗銀七錢三分。同治十二年,知縣金福曾以胥吏等分派累民,詳請由縣於錢漕公費内籌撥歸解,永免派徵。奉憲批準,遵行在案。

漁課銀。明萬曆間,上海漁課銀一百一兩六錢一分四釐六亳七絲。國朝順治康熙年間額徵數同,惟順治間分解部存留二款。雍正四年分縣,額徵五十二兩七錢七分。嘉慶十五年分川沙後,額徵四十五兩二錢三分九釐。耗銀二兩二錢六分一釐。同治十二年,知縣金福曾以漁總人等分派累民,詳請由縣於錢漕公費内籌撥歸解,永免派徵。奉憲批準,遵行在案。

田房税。按,《府志》始見於康熙二十一年。又引《通志》云,四十三年,浙江道御史王焯奏田房税契用司頒契尾。時江蘇等屬皆遵照此例。照契價每兩徵銀三分,每税銀一兩,加耗銀五分,隨徵隨解無定額。

典税,每典徵銀五兩,加耗銀二錢五分。胡《志》云:康熙十六年議增五兩,再於第一急務事案内又增五兩。二十二年免五兩,二十六年又免五兩,仍照舊每户徵銀五兩。乾隆間四十典,共徵銀二百兩,加耗銀十兩。嘉慶間三十典。共徵銀一百五十兩,加耗銀七兩五錢。現在二十典,共徵銀一百兩,加耗銀五兩。如有新開閉歇,隨時增除。

牙税。魯《府志》云:牙税起於順治十年,向據牙行告帖,分别上、中、下等科則徵收。雍正四年分縣後,徵銀一百二十四兩三錢五分。乾隆五十七年,徵銀一百三兩五錢五分。每兩加耗五分。嘉慶二十年,徵銀一百二兩七錢一分。每兩加耗五分。現在徵銀一百十二兩五錢,加耗銀五兩六錢二分五釐。如有新開閉歇,隨時增除。

牛豬税。《府志》始見於康熙二十一年。雍正四年分縣後,徵銀二兩九錢。乾隆五十七年,奉部删除。《府志》云:乾隆十二年奉文裁免。同治十三年,由牙帖局給帖,徵牛户税銀一兩五錢,加耗銀七分五釐。

户口志

户　　口

康熙五十二年，欽奉恩詔，海宇承平日久，户口日繁，地畝並未加廣，宜施寬大之恩，共享恬熙之樂。嗣後各地方官遇編審之期，察出增益人丁，只將實數另造清册奏聞。其徵收錢糧，但據康熙五十一年丁册定爲常額，續增人丁，永不加賦。雍正六年，欽奉諭旨，將應徵丁銀均攤地畝。乾隆三十七年，欽奉諭旨，停止五年編審之例。嗣後止逐年清查，據實造具四柱册送解。

雍正四年分縣，人丁四萬四千一百五十三丁。内當差人丁四萬四千一百二丁，外雍正四年并前康熙五十五年、六十年，審增共一千三丁，欽遵恩詔，永不加賦。見欽《志》。

雍正十三年，實在人丁四萬五千四百七十四丁。内優免一百八十三丁，當差四萬四千一百二丁，滋生人丁一千一百八十九丁。

乾隆五十五年，實在人丁共四十四萬八千三百三十八口。内男口二十四萬八百四口，婦女二十萬七千五百三十四口。

嘉慶十五年，册報原額人丁四萬四千二百八十五丁内，劃歸川沙廳分管二千九百四十九丁，優免七丁，當差二千九百四十二丁。本邑實存優免一百七十六丁，當差四萬一千一百六十丁。又清查册造節年孳生人丁一十八萬四百九十七丁，共男丁二十二萬一千八百三十三丁。

嘉慶二十一年，編查實在男婦大小，共四十一萬六千四百九十七口。男丁二十二萬四千四百六十一口，婦女一十九萬二千三十六口。

道光、咸豐年間，册報人丁今無考。

同治元年，册報男婦大小共四十八萬七千六百六十六口。男丁二十六萬五千三百四十一口，婦女二十二萬二千三百二十五口。

同治四年，《賦役全書》載册報男丁二十九萬一千三百九十七丁。

同治十三年，册報男婦大小共六十六萬七千五百十四口。男丁三十四萬二千六百一口，婦女三十二萬四千九百十三口。

恩　　賚

胡《志》恭載此門，但自分縣後始，今僅從之。

雍正十三年九月，欽奉恩詔，軍民年八十以上者，給與絹一匹，綿一觔，米一石，肉十觔。九十以上者倍之。十一月，欽奉恩詔，直隸各省婦女年七十以上者，給與布一匹，米五斗。八十以上者,給與絹一匹,米一石。九十以上者倍之。百歲者題明給建坊銀兩。

乾隆元年二月,欽奉上諭,上年恩詔凡民人年七十以上者,許一丁侍養;八十以上者,給與八品頂帶,以榮其身。朕思直省生監中有年登耄耋者,祇以名列膠庠,轉不得邀恩錫,於引年尚齒之典,尚未爲備。著通行内外直省,凡屬生監年七十以上者,優免一丁;年八十以上者,給與八品頂帶。十五年八月,欽奉恩詔,軍民婦人年八十以上者,照例分給賞賚。十六年十一月,欽奉恩詔,軍民年八十以上者,給與絹一匹,綿一觔,米一石,肉十觔;九十以上者倍之;至百歲者,題明給與建坊銀兩。本邑計八十以上老民二百四十二名。二十六年十一月,欽奉恩詔,軍民八十以上者,給與絹一匹,綿一觔,米一石,肉十觔。九十以上者倍之。至百歲者,題明給與建坊銀兩。本邑計八十以上老民四百二十六名,九十以上老民七名。三十六年十一月,欽奉恩詔,軍民年八十以上者,給與絹一匹,綿一觔,米一石,肉十觔。九十以上者倍之。至百歲,題明旌表。本邑計八十以上老民二百六十一名,九十以上老民四名。四十五年,欽奉萬壽恩詔,軍民年八十以上者,給與絹一匹,綿一觔,米一石,肉十觔。九十以上者倍之。至百歲,題明旌表。本邑計八十以上老民二百四十八名,九十以上老民六名。五十年,欽奉國慶恩詔,各省有同堂五世者,著各督撫查明彙奏,給予賞賚。又軍民年八十以上者,給與絹一匹,綿一觔,米一石,肉十觔;九十以上者倍之;至百歲者,題明旌表,並加賞大緞一匹,銀十兩。本邑計八十以上老民一百二十八名,九十以上老民三名。五十五年正月,欽奉萬壽恩詔,軍民年七十以上者,酌加賞賚;八十以上者,給與絹一匹,綿一觔,米一石,肉十觔;九十以上者倍之;至百歲者,題明旌表,並加賞大緞一匹,銀十兩。本邑計七十以上老民一千九百十八名,八十以上老民九十七名,九十以上老民九名。

嘉慶年間,歷次欽奉恩詔,賞賚老民。

道光年間,歷次欽奉恩詔,賞賚老民。

咸豐元年,欽奉恩詔,賞賚老民。

謹按:以上(名)〔各〕年本邑呈報老民名數,今已無考。

同治元年,欽奉恩詔,軍民年七十以上者,許一丁侍養,免其雜派差役;八十以上者,給予九品頂帶;九十以上者,給予八品頂帶;百歲以上者,給予七品頂帶;一百二十歲以上者,給予六品頂帶;百歲至一百二十歲以上者,均仍題明給予建坊欽旌。是年,江藩司詳奉撫憲批准移蘇藩司仿辦示諭各屬老民,如果年例相符,儘可頂帶榮身,毋庸給照爲憑,亦毋庸具結報官,以免書差里保藉端需索。其百歲以上壽民、壽婦,仍准呈由地方官詳報,題請旌表加賞。

光緒元年,欽奉恩詔,軍民年七十以上者,許一丁侍養,免其雜派差役。八十以上者,給予九品頂帶;九十以上者,給予八品頂帶;百歲以上者,給予七品頂帶;一百二十歲以上者,給予六品頂帶。百歲至一百二十歲以上者,均仍題明給予建坊欽旌。

附載五世同堂及壽民壽婦年九十以上者:

王明智,航頭人,外剛毅而内寬厚,鄉人敬愛之,邑令史彩額其堂曰耆壽。瞿聘三,二團人,乾隆五十五年,督撫奏聞,蒙恩賞。邵彬,一團三甲人,夫婦偕老,五世同堂。嘉慶十年彙題請旌。顧賓範,邑城人,夫婦偕老,五世同堂。嘉慶十九年彙題請旌。張世昭,十七保八啚人,嘉慶二十四年彙題請旌。嚴文彬,二團上北甲人,道光十八年彙題請旌。王鳳元，二團下南中甲人。吴潤庭，張江栅人。忠厚儉約，治家有法。郁賡揚。四團人，現年八十五歲，知縣金福曾給額。

顧行遠妻金氏，十七保十二啚人。賈張氏，應熊母，周浦人，知縣高長紳給額。奚之焕妻張氏，召稼樓人。道光二十九年災疫，賑貧施棺。夏在田妻黄氏，十九保三十一啚人。黄順章妻龔氏，二十保六啚人。李文璧妻陳氏，十九保四十五啚人。邵潛修妻沈氏。十九保九十三啚人，現年九十六歲。

以上俱五世同堂。王明智、瞿聘三見胡《志》耆碩，顧行遠妻金氏見胡《志》壽婦。

傅媚川，十九保八十五啚人，年九十二歲，妻沈氏年九十四歲。傅露友，十七保二十啚人，與妻龔氏，年俱九十二歲。王烈，十九保六十啚人，與妻聞氏，年俱八十七歲。馬誠孚，北六竈人，年八十六歲，妻朱氏年八十七歲。馬正業，誠孚子，年八十歲，妻張氏年七十七歲。胡貞元，十九保二十啚人，年九十四歲，妻瞿氏年九十三歲。馬誠泰，北六竈人，年八十歲，妻喬氏年八十一歲。馬叙英，誠泰子，年八十五歲，妻施氏年八十七歲。監生嚴尚文，十九保六十二啚人，年八十歲，妻陸氏年九十三歲。胡旭初，十九保二十啚人，現年八十二歲，妻亦存。黄如竹，十九保九十七啚人，現年八十九歲，妻馮氏現年八十六歲。

以上夫婦偕老。年未九十者亦附列。

錢惠南。十九保五十一啚人，年百歲。顧在文，十九保一百啚人。秉性冲淡，頤養自娱。杜良士。十九保二十一啚人。以上俱九十九歲。趙天若，沈莊人。賦性温厚，立品端方。王成烈。十七保三十三啚人。以上俱九十八歲。胡萬豐，十九保四十六啚人。陸友安，沈莊人。儲承堯，十七保二十九啚人。姚廷安，周浦人。顧樸寒。四團人。以上俱九十七歲。毛凝相，十七保三十啚人。勤儉務農，立心忠厚。陳天助，十九保九十啚人。朱友祥，沈莊人。邢方千，沈莊人。唐士良，周浦人。杜宏勳。十九保九啚人。俱九十六歲。監生王士朝，北六竈人。王紹熙，十九保二十五啚人。王純久。三團人。以上俱九十五歲。監生唐允陛，張江栅人。立品端方，力學不倦。葉秉賢，二十保二十四啚人。爲人正直，篤於友愛。張鉉昌，北七竈人。莊海大，十九保二十七啚人。姚周齡。周浦人。以上俱九十四歲。盛雲祥，一團人。劉國華，周浦人。趙桂林，沈莊人。李蘭田，十九保四十九啚人。陸培元。三團人。以上俱九十三歲。朱寶華，十九保六十六啚人。曹崑玉，十七保二十啚人。王咸英，十九保一百一啚人。監生傅悦仁，十九保九十九啚人。談永成，沈莊人。蔡旭旦，十七保二十啚人。張友愷，十七保新二十一啚人。樂善好施。翁德久，十九保四啚人。康敬慈，十九保七十九啚人。蔡瞻義，十七保三啚人。潘鳳江。十九保六十三啚人。以上俱九十二歲。周甯士，十七保一啚人。倪萬榮，北莊人。倪學荃，二十保一啚人。陳振揚，二十保十三啚人。張大池，一團五甲人。閻邱澤寰，十七保十啚人。倪啓東。三團人。以上俱九十一歲。沈倫，十九保一百二啚人。杜曜環，良士子。杜昌焕，十九保九啚人。傅懷源，十九保九十九啚人。馮彭年，周浦人。沈維銘，二十保一啚人。顧裕中，一團四甲人。陳正容。十七保三十四啚人。以上俱九十歲。

李郁妻衛氏，八團人，年一百二十歲。康熙四十五年建坊，胡《志》佚郁名，據《川沙志》補。朱元久妻徐氏，九團人，年一百七歲。知縣胡志熊、巡檢陳惠疇給米肉衣布錢物。蔣君美妻陶氏。八團人，年一百一歲。以上壽婦三人見胡《志》。

馬某氏，萬榮母，四團人，年一百十五歲。蘇成齋妻徐氏，十七保十七啚人，年一百二歲。陸浣妻張氏，二十保二十二啚人，年一百一歲。張聖彩妻趙氏，十九保十四啚人。邱秀章妻孫氏，十七保八啚人。唐啓元妻王氏。十七保八啚人。以上俱九十八歲。葉侃妻王氏，新場人，年九十七歲。傅兆龍繼妻張氏，十九保九十六啚人。孫洪緒妻金氏,十七保八啚人。陳代觀妻朱氏,十七保八啚人。張鶴宗妻莊氏,二十保十啚人。奚廷楨妻姚氏,二團下南甲人。以上俱九十六歲。顧明玉妻王氏,十七保舊二十二啚人,年九十五歲。徐在明妻陸氏,十九保八十四啚人。監生鮑載廷妻楊氏。十七保三十啚人。以上俱九十四歲。監生葉祖武妻金氏,新場人。勤儉持家,孝慈兼盡。陸增祥妻周氏,十七保三十啚人。張掌觀妻朱氏,十九保二十八啚人。嚴尚文妻陸氏,十九保六十二啚人。吴王臣妻顧氏。二十保十一啚人。以上俱九十三歲。陶茂山妻盛氏,十九保三十七啚人。曹天惠妻徐氏,沈莊人。顧在山妻喬氏,十九保一百啚人。顧錫蔭妻馮氏,十九保二十七啚人。趙二觀妻費氏。十七保三十啚人。以上俱九十二歲。盛有信妻秦氏,一團鎮人。嚴楊氏,蘭貞祖母,二團人。朱守忠妻沈氏,新場人。朱近信妻馮氏。十九保十五啚人。以上俱九十一歲。馮大周妻倪氏,沈莊人。馮蒼餘妻張氏,沈莊人。廩生嚴鴻麟妻楊氏,二團上北甲人。顧攀桂妻王氏,十九保二十啚人。戴裕妻張氏,十七保舊二十一啚人。徐鳴鎬妻曹氏,十九保四十二三啚人。夏在田妻黄氏。十九保三十一啚人。顧順昌妻王氏,十九保十四啚人。顧天成妻倪氏,十九保十四啚人。以上俱九十歲。

周友廷妻瞿氏,十九保九十二啚人,現年九十七歲。庠生盛思銘妻唐氏,一團鎮人,現年九十四歲。顧坤榮妻丁氏,十七保五啚人。現年九十四歲。陳宗望妻周氏。二十保二十啚人。現年九十四歲。監生顧鏞妻金氏,二團人。現年九十三歲。監生王鑑妻某氏,十七保十六啚人。現年九十三歲。傅廷璧妻劉氏,十九保九十六啚人。現年九十三歲。陸九皋妻喬氏,十九保四十七啚人。現年九十三歲。張作霖妻儲氏。北六竈人。現年九十三歲。汪長明妻陸氏,二十保十三啚人。現年九十一歲。徐秀春妻沈氏,二十保二十七啚人。現年九十一歲。

恩　賑

康熙四十七年秋,水災,奉諭以江西、湖廣漕糧三十餘萬石至蘇松減價平糶。又於四十八年,設廠賑粥八十日。廠設福泉寺。

雍正元年,詔以罰贖積穀,原以備賑,冬月嚴寒,令有司酌量賑濟。

二年,海潮汎溢,民被災者發倉賑濟。

四年,水災,賑濟饑民。

十年秋七月,海水大溢,海塘左右民溺死過半。歲大饑,督撫具奏,冬,奉旨大賑饑民三月,每月給大口各米一斗,小口各五升。初賑大口四萬五千四百六十八,小口一萬五百八十八。二賑如初。三賑除病故大口十七,小口五十八。

十一年,奉旨加賑四十日,給大口米一斗三升三合,小口六升六合。大口四萬五千四百二十三,小口一萬五百二十九。補賑民軍貧生大口三萬五千六百七十一,各給米一斗三升三合。小口六千一百四十七,各給米六升六合五勺。自冬至春,賑米二萬七千一百十八石有奇。

道光三年,水災,奉旨大賑饑民。

二十九年,水災,奉旨大賑饑民。

附録前代賑郵之事

宋乾興元年,水災民飢,貸廪粟。崇甯四年,水災,賜乏食者粟。紹興十八年賑饑民。元至順二年賑饑民。至元八年大水，給賑。明洪武二年，給貧民米布。三年、八年、九年、十一年，並賑饑民。永樂二年、四年，並賑濟。景泰六年賑饑民。成化元年賑饑民。弘治五年、八年，並賑饑民。嘉靖四十年賑饑民。萬曆九年、十年、十六年、三十六年，並賑濟。崇禎十五年賑饑民。

積　穀

明宣德七年，巡撫周忱奏立濟農倉，遇災賑濟。

國朝康熙二十二年，令天下設常平倉，歲於漕米外石益二升爲積儲計。雍正五年，詔發帑金，令各州縣設立常平倉以儲賑穀，知縣欽連於縣堂西偏置廒，又捐俸於周浦白糧倉西置廒。詳《建置》。十年，巡撫喬世臣奏定常平倉均儲穀數，大縣三萬石，中縣二萬石，小縣一萬六千石。或動帑採買，或截漕撥儲，以足額數。乾隆三年，奉上諭，歉收之歲，貧民借領倉穀，秋後還倉，無論常平社倉，一概免其加息。七年，奉上諭，嗣後凡遇歲歉米貴之年，地方官多出倉儲減價平糶，毋拘存七糶三成例。又奉督撫、兩院遵旨酌定，歉收之後，照部議於城鄉八方多設廠所，將米穀運糶。職官分頭監視，并將價值大加酌減。如年歲原豐，惟城市居民當青黄不接，市價昂貴，止於四城關厢設廠，不過移舊易新，聽州縣酌量公平出糶，或稍爲減價。若衿監屯囤及書役串通捏買，嚴加查察。令貧民各齎保甲門牌驗糶，每户二斗爲率。八年，奉上諭，每年常平倉穀數同民數奏聞。十一年，署巡撫策奏，常平倉穀過多，恐採買病民，過少不足備緩急，應以雍正十年奏定之數爲額。本邑自雍正四年起，歷年共儲穀二萬二千二百餘石，均於雍正十年水災撫恤及賑濟案内，全數動撥無存。旋於十一、十二兩年陸續奉撥，照中縣額補儲穀二萬石。嘉慶十五年，分撥川沙倉一千石，應存一萬九千石。咸豐三年，閩、廣匪徒踞縣城。收復後，存穀四千餘石，借放籌防兵勇口糧在案。

雍正三年，奉上諭，各州縣並立社倉。欽《志》云：常平在官，社倉在民，在官者慮糴糶之不實，在民者慮斂散之有私，常平之法地方不得問，但防吏胥之侵漁。社倉之法必謹司鑰於地方之殷實良善，而官府吏胥不與焉。惟册籍必用官印，甲倦乙承，授受必告官長，歲終止上在倉實數於州縣，不得有文移上下稽察之煩。十二年，巡撫高其倬議以隨漕捐納米石撥歸社倉，本邑於十二、十三兩年，共捐米一千三百三石七斗五升七合八勺。乾隆元年，選舉社長專司出納。時總督趙國麟檄行自元年始，常平、社倉概停捐輸。嗣後，儻需儲備，聽民樂輸，不得仍前隨漕完納，亦不得拘定數目。六年，巡撫徐士林題定，每收息穀一石，内準銷耗三升，倉夫工食在内，俾社長用度寬裕，善其經理。是年，巡撫陳大受勸民量力捐輸，又收捐米二百三十八石二斗五升。七年，續收捐米六石五斗。十七年，議建社倉於横沔、小灣、新場等處堆儲收放，旋因坍廢，寄存寺院及空屋。五十六年，存本息米一萬二千五百七十五石四斗一升一合四勺一抄。嘉慶十五年，劃分川沙五百九十石九斗八升二合，尚應存本息米一萬二千五百九十一石二斗六升三合九勺。今無考。

同治六年十月，奉上諭，給事中夏獻馨奏請設立義倉、以裕民食一摺，民生本計，足食爲先，歲之豐歉無常，惟在平時預爲籌備，遇有偏災，方足以資接濟。向來各直省州縣設立常平倉以外，復設義倉，原以廣積儲而備災荒，立法本爲至善。自軍興以來，地方被賊擾害,舊有義倉每多廢棄,亟應及早興復,以備不虞。著各直省督撫即飭所屬地方官,申明舊制,酌議章程,勸令紳民量力捐穀,於各鄉村廣設義倉。並擇公正紳耆,妥爲經理,不準吏胥干預。該督撫等各當實力奉行,不得視爲具文,將此通諭中外知之。七年三月,知縣陳其元奉府札諭董籌辦,倡捐錢二千串,交董發典生息。先於同治六年十月準上邑移稱,道憲將歷議積穀章程,鈔發到縣,並檄南邑會同籌辦。知縣陳其元即諭董酌議章程。嗣因上邑所詳隨漕收捐,未奉督憲批準,尚未舉辦。五月,知縣王其淦以紳董所議章程詳候憲示。十一月,撫院丁批準青浦章程,按田起捐,隨漕帶收,由司通飭各屬參酌仿辦。於是復諭集議詳準於八年上忙爲始,隨同錢糧每忙按畝帶收捐錢十文。各團竈地由場隨課照額徵銀一兩,收捐錢二百文,均以五年爲限。至十二年下忙止。頭場於八年下忙起帶收,至十三年上忙止。九年正月,知縣葉廷眷詳準於沿海沿浦團啚編徵蘆課之蘆蕩沙地,每徵課銀一兩,隨收捐錢五百文,以九年上忙爲始。至十三年下忙止,亦收五年。所收各項捐錢,陸續發典生息。十一年八月,知縣羅嘉杰詳準於縣署東偏縣丞署廢基及常平倉舊基,并添買民屋基地,建倉積穀。詳《建置》。十月,由董領錢赴錫、金、宜、荆等處,採買秈穀二萬五千石,啚捐買二萬一千四十石,團捐買三千九百六十石。分儲三十八廒。其收捐存息動支及現存錢數,開列如左。

知縣陳倡捐錢二千千文,同治七年五月起,存典生息,常年一分五釐。光緒元年起,減爲按月一分。此項捐錢應歸啚團公共,其歷年生息錢二千千文,已全數動支湊濟建倉公費。

各啚民田捐錢六萬四千六百七千九百五文。

蘆課捐錢二百三十四千三百九十三文。

共收啚捐錢六萬四千八百四十二千二百九十八文,動支買穀錢二萬八千二百五十九千七百十文,實存錢三萬六千五百八十二千五百八十八文,存典生息,按月一分。

歷年生息錢一萬五千七百八十五千七百七十七文,動支建倉備物等項錢一萬二千二百六千九百七十二文,實存息錢三千五百七十八千八百五文。內三千四百千文存典轉息,按月七釐,餘錢存董備支。

各團竈地捐錢,頭場七千二百五十七千二百八十九文。

二、三場三千三百二十六千三百三十二文。

蘆課捐錢一千七百七十千八百二十二文。

共收團捐錢一萬二千三百五十四千四百四十三文,動支買穀錢五千三百十八千二百八十文,實存錢七千三十六千一百六十三文,存典生息,按月一分。

歷年生息錢二千四十七千九百七十一文,動支建倉等項錢一千四百四十七千九百七十一文,實存錢六百千文,存典轉息,按月七釐。

以上各項總數均於同治十三年底止,細數載《徵信録》。

詳定章程十六條

一,積穀宜驗收過秤也。前奉憲行採穀應按斤論數,不得但以石計等因,查穀以石計，固多空癟盈斛之弊；而以斤權重，亦有灰砂攙雜之虞。自應遵照通飭辦理，慎選乾潔粒綻之穀，不但數無短缺，抑且存放可以經久。今定以漕斛大七升之市斛較秤曹砝十六兩準秤，斛見乾潔之穀一石，適符百斤之數。是以置備曹砝十六兩準秤兩架，又置造較漕斛大七升之木斛兩張，均用烙印，存放義倉。凡糴穀運到，由官驗明，實係乾潔，船中用斛兑起，倉中用秤覆準，兩相符合者，即無弊混。倘斛足而秤不足，即知有空癟之弊；如秤足而斛不足，即知有灰砂夾雜。均須風篩乾淨，方準進廒。如此辦理，較爲核實。

一，廒房宜鋪襯通氣也。前奉憲行鈔發委員曾牧所陳條議内，有通風避潮各法，極爲周緻，自應照辦。凡廒廊堦石皆高於庭心盈尺，以防簷雨潑入。廒底離地高二尺，再鋪木板，板上先襯礱糠，再加蘆席，中用竹篾通氣，以免受（涇）〔溼〕霉蒸。其廒底最易鼠嚙洞穿，穀石滲漏實多，廒外看守之人無從知悉，應於廒底前後牆脚多留空洞，不但通風去（涇）〔溼〕，且可時常查看，放貓出入。此外前簷木栅通氣之處，槩用鐵絲細網密釘，雖雀啄鼠耗終究不免，然如此辦理，較爲慎密也。

一，義倉宜格外謹慎也。查積穀重地，火燭、偷竊尤應加意防範。四周圍牆内，本有留備更衖，令更夫一人擊柝巡視。倉中常住司事一人、廒夫一人照管，每遇風雨，查看屋漏，隨時苫葢，早起早息，門户謹慎。其厨竈安置頭門外側屋。凡董事、司事之親友，看役、更夫之眷屬，槩不準混雜及留宿借住，違者斥逐。

一，董事宜專責輪流經管也。查義倉積穀及存典生息係民捐備荒要政，不難於立法，而難於經理。在官但司督率稽察，杜絶書役涉手；在董事則有司理出納，經手錢穀，照應一切之責。若選舉不得其人，必致百弊叢生。即專責一二人常董其事，亦恐始勤終怠。自應延訪謹慎公正紳董六人，神前矢誓，拈鬮排定，每年兩人，三載一週，輪流經理。每至歲底造册交新董，元旦日接手，於正月内請官臨倉，穀則對册測量，錢則按典查詢，以交替爲盤查，互相稽察。一有不實不盡，據實開報。如董事侵蝕虚銷，由官詳辦。倘官有撥用挪移，由董禀揭。立信於民，方可杜弊。

一，借放宜停止辦理也。查社倉舊章，本有春借秋還、加一償息之例。但借易償難，天下通病。儻届時不還，聽其抗欠，則數年之後，廩成虚設。若竟具禀請追，責保代賠，差役四出，更多騷擾，是小民實惠未沾，先受其累。嗣後春借秋還應請停止。設遇凶荒之歲，平糶賑濟，照章籌辦，較爲核實矣。

一，災賑宜預定大畧也。一遇凶荒之歲，應行賑濟，或錢或米，必須詳明，再行舉辦。如猝遇水災，亦當一面動支撫卹，一面禀報各憲，其查造賑卹户口及動支錢穀數目，届時察看災分輕重，分别等次，另定災賑章程舉辦。要在因時制宜，不必先行議定，致臨時轉多格礙。至南邑原捐積穀，本分啚圑，啚屬民田，圑乃竈業，現雖存倉存典，記數分儲，將來平糶賑濟，仍當查明成災不（存）〔成〕災，分别輕重，照啚圑之户口，按應動之穀石，均匀派發，以歸公允而免争執。

一，平糶宜因時辦理也。或被災之年，賑濟與平糶相輔而行；或來歲青黄不接之時,米價未平,酌量舉行;或歉收之年毋庸辦賑,但以平糶接濟,或酌糶數鄉,或分糶數村。均須因時察看,隨地制宜,未便草率預定,轉致臨時格礙。惟平糶之時,必須先查户口,先給小票,持票赴廒驗明,方準糶給。該户糴過一次,即於票内加戳一次,註明月日,以杜重複再來。糶下之錢不必存董,亦毋庸繳官,即由各典領存生息,俟年歲成熟,或鄰省穀賤,提存典之款買穀歸倉。如此則穀價不致挪移虧短矣。

一,出陳易新宜定時糶糴也。穀積年久雖多紅朽,不能不推陳納新,然穀之朽壞,總在初儲一二年内,若一二年中晾曬乾透,則歷久不變,以後則毋庸時常糶糴。設遇必須更易之年,若儘數出糶亦非妥善,應由董察看穀色,確核市價,先以倉儲之半於白露節前開糶,立冬節後即將所糶之錢,儘買新穀歸倉。出納均以倉秤,一律秤準糶糴,穀價隨時分晰報查。其餘一半,再於下年開糶。照此遞轉,則倉不乏穀,有備無患。

一,錢穀宜相輔並積也。查穀積在倉,廒夫之工食,司董之薪水,更夫之油燭、食用,以及添備倉用苫蓋、蘆席、稻草並斗斛、升筒、棧條、風篩傢伙等項,在在需費,必得籌款,以抵常年支用。至於晾曬則盤斛狼籍有耗,平時則雀啄鼠蝕有耗。若推陳易新之年,折耗之外,則糶糴有費,舟船有費。如遇凶荒,平糶則減價有虧,賑恤則散給動缺,均須籌議歸補。若不先事綢繆,不數年而倉儲空匱,重辦攤捐,豈不費事,且須四五年之久,方可集成。設遇饑饉之歲,必致束手無策。故積穀之外,必須兼積錢款。自應將歷年攤徵之項採穀外,其餘酌留數成,然至多亦不得過五成,存典生息,以抵各項支用。支用之外,盈餘尚多,每逢年底滚成作本,一并生息,逐年遞增。即以一分生息而計,積五年之本息,即能數增一倍,不特經費有資以補不足,更可推廣酌提,分置義田,以爲永遠經久之計。此次建倉工料幾及萬串,皆出息款,未動穀本,此其明驗。如此,則各項動用虧短,咸以租息補苴,而倉儲常盈,即凶荒糶賑之後,無慮匱乏。籌備之計,未有過於此者。

一,移撥宜嚴行禁絶也。查從前常平、社、義等倉穀石,往往因地方公事緊要,一時無可設措,竟有暫時借撥。初意未嘗不欲歸補,既而轉輾挪移,所存穀價或應付兵差防堵,或借作辦漕墊用,甚至詳明動碾,或留養外來災民,或徑放兵行卹米。此端一開,廪成虚設。此次係小民自捐,積之於公,錢穀兩項,悉歸紳董經理,由官督率稽查。除本地災荒平糶撫卹賑濟照章動碾外,其餘無論緊要公事,槩不準顆粒絲毫借撥,即外來災民到境,亦須另籌,不準請動,以防其漸,庶幾倉儲存典皆歸實用矣。

一,耗穀宜分年限制也。查倉穀翻曬,出陳易新,糶糴盤量既多折耗,雀啄鼠蝕不無短絀,前擬出糶之年,連同翻曬,仿照各屬定章詳明并計折耗,每次不得過一成之數。原屬拘以限制,并非執一而(足)〔定〕。然以三萬石儲倉而計,每次至多尚可銷至三千石,未免有浮。且糶糴有年遠年近之分,翻曬又有時勤時惰之別。定數太多,倉廪不免虚縻,經理者轉生覬覦之心;定數過少,盤量猶恐不敷,監守者勢必畏累苟安。況穀之粒燥質輕,總在初儲一二年内,以後則質堅粒實,亦不致過於虧短。再四籌思,統限一成以内,終非妥善,惟有酌分年期再定限制。如在三年以外出陳動糶者,所耗至多不得過三釐。如在六年以外出陳動糶者，所耗至多不得過五釐。如在十年以外出陳動糶者，所耗至多不得過七釐。年分再遠，亦照七釐爲止。如其中實有不敷，由董將因何虧折過多之處，據實禀縣，轉詳察辦，不得任意虚銷。以上皆指折耗至多之數而言，其有毋須此數，亦當核實造銷，不得藉此多支。如此限定，不但可免虚耗，抑且採辦之時，亦必格外慎選乾潔矣。

一，經費宜明定限制也。查常年倉用各款雖無一定，若不示以限制，勢必不能撙節。今酌定每月薪水、工食、油燭等項，給錢二十千文，由董事自行核定支銷。如遇曬晾糶糴之時，應行多僱人夫，亦準隨時報明，按名支給。其挑力穀每擔十二文，錢每千一文，縣書、紙張、辛工每月錢二千五百文。所有原詳按畝攤捐之案，本限五年，自同治八年起，至十二年分下忙止，業已攤竣，此後毋庸催收。差保人等本無所事，且亦不準干涉。原定舟船、飯食等錢，一槩停給。如縣官到倉查驗，盤量稽察，隨帶人役飯食等項，由縣捐給，不準向董事索取分文。此外倉中常年添置傢伙、蘆席、柴草及需用各項，隨時據實造銷，準於存典息款内動支。必須由董報明請給印諭，方準支取，不準擅自提用。如各典無諭私給，照數示罰。

一，本息宜立簿登記也。查發典生息之項，應將何日發錢若干，何典承領若干，何日起息，何日核計息錢，轉入本款，自應設立印簿三本，逐一登註。一本存縣，一本存於司年之典，一本董事執管。如遇發本計息及隨時支領存放，由董赴縣領取存縣之簿，並請印諭，持往各典登註，三本均加蓋圖章。事畢，縣簿仍繳縣存查。如有舛錯，三簿核對，即明其生息之款。若按月支取，轉息作本，又恐太繁，應量予體卹，每年年底由董持簿赴各典，將某典息錢若干逐一登記，并入本款，結出總數。照禀定之案，正本按月一分生息，轉息作本者按月七釐起息，以免空曠而昭平允。

一，各典宜連環公保也。查南邑城鄉各典，雖係殷實，惟所存乃地方備荒要款，且安貧即所以保富，自宜連環公保，一典虧短，各典攤賠。如有閉歇，將本息繳出分發現開各典分領，較爲核實。應先具結呈縣備案，以免推諉。

一，造報宜分别錢穀也。歷奉憲行分頒捐錢、穀數兩項册式，自應遵照，按年造報。先於常時設立存倉穀册二本，將各廒編列字號，於册内載明某字廒儲穀若干，逐一登填，一本存縣，一本存董。年終董事輪管交替之時，於次年正月盤查確數，同存典本息，照造錢穀兩册呈縣，轉申司道府各憲存查，並刊刻《徵信録》呈送，分散各鄉各鎮以示誠信。縣中仍遵憲飭，按月呈報。

一，翻曬宜定時經理也。查海濱地土斥鹵，易於受潮蟲蛀，翻曬宜勤。應於每年六月暢晴之時，逐廒翻騰晾曬，以免霉爛。即於其時請官查驗，亦屬一舉兩得。

署藩憲應寶時頒發條狀

一，專責成。查積穀爲備荒要政，雖由董事經管，身爲民牧者應如何慎重其事，豈容一槩諉諸經董，置身事外。現在辦理已有數年，各處存穀不少，亟應澈底清查，冀垂永久。應由各州縣於文到日，即將所存倉穀統爲(折)〔扦〕量。其扦量之法，用上圓下鋭長鐵簽一支，直(折)〔扦〕到底，看深若干，再量長若干，寬若干，則實存穀數一算即知。各縣工書均曉此法，如未學習，可函詢鄰縣是何算法，不難一覽而知。既省工費，又免耗折，較爲簡便。量畢之後，即造存穀、存錢細册，出具無缺印結，於一月内送司。嗣後新舊交接，即由新任於一月内會董照前扦量結報。如有短少，除現定準耗外，禀由前任及董事各半賠補。倘徇隱不禀，即著後任買賠。如此任任(折)〔扦〕量，責有攸歸，庶無推諉。惟此項積穀及存典錢文，每任出具印結，應專案於限内由府核轉，不準混入交代。儻敢不遵，詳〔請〕撤任。或敢逾限，亦即詳記大過，以期遵守。

一，定折耗。查各州縣自辦積穀以來，所有經董實心任事者不乏其人，況當年新穀，畧有折耗在所不免，如槩令賠補，不足以昭平允。現經訪查明確，本年之穀果實乾潔圓綻，曬後虧折不過二升。今爲從寬，明定章程，嗣後一年以内之穀每石準折耗三升，二年之穀連前共準折耗四升，三年以後不準虧耗。將來如須出陳易新，務必公同察酌情形，禀候核定飭辦。至現買之穀，應分倉另儲，以免牽混。以前穀石，仍查明進倉日期，扣算年限，於册内分晰註明，照章準耗外，如再有短少，則是官紳辦理不善所致，應即由官紳分賠足數。總之，各州縣積穀折耗，經此番核定，斷不準稍有加增，以示限制。

一，核經費。查積穀既有倉廒，勢不能一無所費。惟費用宜有常經，開支亦宜核實。各州縣應將常年用度或留、或減、或删，酌量情形，會商紳董詳細分别核定，禀請示遵。嗣後每年即照支用，庶不致有浮費。至修倉添用蘆席等項，非年年必需之用，毋論多寡，應隨時先行禀明動支。除置有田産經費有著之縣，不準動及别項外，其餘各州縣應準於存典息錢項下動支，第祇準取用利息，不準動用存本，以垂久遠。

一，明功過。各州縣總董人品不齊，經理失當者，平日既有分賠之責，則實力實心始終如一者，自應酌加獎勵。現亦明定章程，如辦理四年，倉穀完好，毫無短缺，有職者準給勞績一次，如不須勞績者，由縣核議，請示加獎，以昭激勸。

江蘇布政使司應爲遵飭通行事。奉蘇撫部院張劄，開據該司申報，蘇省舉辦穀捐已歷多年，積存錢穀爲數頗鉅，第各屬辦法不同，尚未悉臻妥洽。現經詳加察訪，臚列條款，通飭遵辦，合將所擬條款録報鑒核等情到本部院，據此查扦量一法，最爲簡捷。然考之户部則例，只有盤量而無扦量。推原例意，殆因積穀滿廒，其中或有霉變攙雜情弊，非盤不清。嗣後遇有交代，應責成接收之員察看情形，或酌量抽查。如無可疑，即照新章扦量，毋得延宕。若查有攙雜霉變各情，應準後任逐廒盤量，以免日後争執諉卸。如積穀數多盤量需日者，并準專禀聲明，聽候院司酌給寬限日期，但不得藉口故延，致干咎戾。其餘所議各條，均爲核實經久起見，俱準照行。合行劄司，即便通飭各屬一體遵照等因。到司奉此，除將前頒條款及現奉憲劄一并鈔行書局，刊入省例，通行遵辦外，合行通飭劄到該縣，即便遵照辦理，毋違此劄。同治十三年六月日劄。

義　賑

明景泰五年，歲饑，邑人張英、張璘、姚喆，《府志》作姚吉。各輸米八百斛助賑。明年，邑人蔡璠、徐昂、孔達、吴春、譚愷、《府志》作談愷。陶林、陳復、張經、李紳、吴昂亦各輸助賑米八百斛，詔並賜冠帶旌之。

成化二年，歲饑，邑人陸經、曹珙、徐亮、楊蕃、余平各輸米五百斛賑濟。欽《志》脱五字，依《府志》增。明年，邑人王謙、蔡玉、張得潤、周瓛、《府志》作周獻。喬益、吴欽，《府志》作何欽。亦各輸米五百斛接賑，詔俱授承事郎。印行、張子安各助四百斛，並授迪功郎。

嘉靖四十年，水災，邑人光禄寺少卿顧從禮倡義出粟賑飢。

萬曆十三年旱，十四年春大饑，邑人沈梅出粟三千餘石賑濟。

十六年，大水，人相食，邑人顧綵捐貲賑濟。明年，知府喻均勸(賬)〔賑〕，邑舉人倪甫英助米五百石，義民王漢、王國棟、王偕《府志》作王楷。共一千石，國子生施一化，義民王柱、王檄、黄葑《府志》作王葑。各三百石，國子生王學詩、舉人王尚行共五百石，俱賜建坊。其二百石以下者，免其徭役。

天啓四年，大水，郡人太僕寺少卿吴炯出粟三千石，分(賬)〔賑〕華亭、上海。

崇禎二年，歲饑，知府方岳貢以顧氏濟荒米七千餘石平糶，分(賬)〔賑〕上邑饑民。按《府志》，萬曆間，郡人國子生顧正心助濟荒義田三千餘畝，共除糧淨米二千餘石，每石易銀四錢五分，納存府庫，以備三縣濟荒。太常寺卿朱國盛捐米三百石賑新場等處。

十四年，大旱，米石三兩，舉人吴剛等出粟分賑。

國朝康熙十年，歲饑，邑人張有榮、孟希賢出粟賑粥。

十九年，歲饑，知縣任辰旦捐米二百石，銀一百三十四兩。邑紳曹垂璨、張錫懌、孫大經助米一百八十餘石賑粥。

四十四年，浦東饑，知縣許士貞募士民支官廩各就村落平糶。一團施霖及弟霦、雯、鎬，三團西漢儀，五團顧麟、張承新出貲轉運，造册計口以糶。又倡率勸輸以助賑濟。

四十八年春，邑貢生黄素西銘、武科倪景元助柴米，於福泉寺設粥賑飢。

雍正十年秋七月，海潮災。十一年旱，歲歉且大疫。十二年春猶饑。初被災，知縣程綱勸捐賑，浙江錢塘籍貢生汪鼒遵母程氏命，首輸銀六十兩助賑，又平糶米三百餘石。十一年春，平糶豆、麥各百餘石。十二年春，捐賑粥銀五十兩，又自賑三日。候選州同張嵏首捐本邑賑銀，又自賑鄰里錢米并平糶。十一年冬，蠲免田租五百餘石。十二年春，捐賑粥米三十石。程爲珍奉母王氏及兄庠生爲玠命，平糶米三百八十石，平賣木棉一萬三千斤，給被災佃户穀種五十石，施絮衣一千九百件，捐賑粥銀四十兩。復設廠一團鎮東禪寺，自賑十一日。以上三人所費俱鉅，大府上聞，並予議叙。貢生施鎬捐賑銀六十兩，又出銀二百二十七兩、絮衣八百五件，分施饑民。十二年春，助賑粥米十五石，又自賑三日。監生盛錦遵父服命，捐賑銀六十兩，賑粥米十五石。又分鄰人錢五十千，米四十石。監生張體乾遵父行文命，捐賑銀六十兩，又分近鄰錢米，平賣木棉八千斤。方學亮捐賑銀十兩，又分近鄰錢米。候選州同周德洽助賑米二十石。候選州同華大紹捐賑銀四兩,賑粥米五石。監生張崧捐賑銀十二兩,典質五穀給還本人。崧没,子監生萬言、萬選捐賑粥米十石。朱世傑、世澤濟饑民百口。龔兆麟載歸流移饑民三十餘人全活之,并平糶米石。張騰九平糶米豆。廪生錢汪基捐賑粥銀五十兩。候選州同華雲、監生華琳各捐賑銀十二兩,賑粥米十五石。貢生華昌朝給五團、七團、八團佃户錢米,捐賑銀三兩,賑粥米五石。貢生華珍,候選縣丞琦,監生珙、瑜、珊、瑄,同捐賑銀十二兩,賑粥米十五石。監生秦秉謙捐賑銀八兩,賑粥米十石。生員馬彝、監生馬楫同捐賑銀八兩,賑粥米十石。鹺商汪茂豐捐賑銀五十兩。監生張曰雋捐賑銀十二兩,賑粥銀十兩。以上諸人,臺省郡縣旌之有差。欽《志》。

十二年春,知縣欽連捐養廉銀買米一百石,并勸紳士商庶輸銀錢柴米,設廠邑城及川沙賑粥。邑城自三月初六日起,至二十九日止。川沙自三月初六日起,至四月初一日止。共賑十九萬七千九百十四口,用米五百十三石四斗六升。

乾隆二十年秋,穀不熟。二十一年春猶饑,憲檄勸諭紳衿富户量力助捐。新場鎮鄉宦葉夷倡率勸捐,董理煮賑項下:原任梧州府李宗袁捐米四十九石。權郿縣知縣、候選通判周乘柄同弟貢生乘桂捐米五十石。監生方景儕捐米二十石,錢一十八千四百。程志清捐米二十石。張鴻捐米八石。張邦泰、丁啓瑞、嚴明望各捐米五石。顧朗書捐米四石。張之珩捐錢二十四千八百。程怡豐捐錢二十三千。許重光捐錢二十四千四百六十。梅銑、宋敏學、沈朝慶各捐錢十七千。方靜源捐錢十六千八百。周泰捐錢十六千零。施國球捐錢十五千零。張玉尚捐錢十五千。葉澹宜捐錢十四千九百。周虔文捐錢十四千。張元裕捐錢十三千零。方文藻捐錢十千。何其焕捐錢八千五百。李北山捐錢六千。瞿漢湘捐錢五千。自一千至五千以内者,不及備載。福泉寺賑粥及就啚煮賑項下:監生楊永昌捐米二百一十七石零。周乘柄捐米四十餘石。孫懷清捐米五十一石零,穀五十一石零,錢四十二千零。王樂善子議叙衛千總虬龍捐米九十三石零,錢二百三十三千零。祝爾和捐銀一百八十一兩零。方錫康捐米五十餘石。于公桓、公棋捐錢一百四千零。華堯彩捐米四十三石零,錢十五千零。候補主事王學文同姊程王氏合捐米四十石零。張鴻文捐錢五十四千零。候補知府秦秉謙捐米二十石,錢二十七千零。議叙州同張嶒捐米二十六石。監生汪淮捐米三十石,錢三十千。陳貽翼捐米二十四石零,錢二十九千零。張芝鵬捐錢四十一千,又一十二千。陳以銘捐米二十六石零。葉有章捐錢四十九千零。龔紹彭捐錢五十一千零。楊煜捐錢四十六千零。曹朝顯捐錢三十千零。例貢施霞捐米二十石。顧式模捐錢四十六千。顧子良捐錢四十千五百零。喬之梁捐錢三十六千零。朱丕承捐錢三十六千零。李龍光捐錢四十二千零。楊國楷捐錢三十千零。陸元墀捐錢十千零。陳見龍捐錢十三千八百。張廷植捐米十三石零。蔡鳳池捐錢十六千零。葉永豐捐錢十六千零。張元裕捐錢二十六千。孔其倬、王德文各捐錢十二千。吴元鴻捐錢二十千。汪堯年捐錢二十二千零。汪啓淑、汪獻瑞、方之綱、黄光縉各捐錢十七千。羅成魁捐錢十九千。翁繩武、翁宇來、康專仁各捐錢十二千。張萬言、張之㬌各捐米八石。金廷楫捐米六石。陳以鏀捐米四石。張烜捐米六石。李武烈捐錢十千零。曹永泰捐錢十千。蘇毓輝捐錢二十八千零。陸椿捐錢十千零。申偉烈捐米六石。李之漾捐米五石。馬彝捐米六石。張森捐錢十千。周連城捐錢二十二千零。方念慈捐錢二十五千零。龔漢杰捐錢十千。喬之杰捐錢十四千零。秦益燿捐錢十千。秦兑澤捐錢十二千零,又給本啚貧民口糧三月。顧曰庠捐錢九千零。羅彬捐米七石零。陸王猷捐錢七千。陳爾遠、陳定一、陳梅選各捐米、豆四石。翁永裕捐錢六千。

張琳、張珽、張大復、金紹明各捐米三石。張長御捐米四石。華堯成捐米三石零。華啓淳、華鍾元各捐錢五千零。張營岐捐錢七千。戴鳳崗捐米三石。張原厚捐米三石。顧周若捐銀五兩零。喬土洪捐銀五兩零。張集三捐銀五兩零。諸金城捐銀五兩零。周天瑞捐錢八千零。范斐章捐銀五兩零。馮占樞捐銀五兩零。汪静庵捐銀五兩零。此外捐米一二石、錢二三千者,不及備載。舊二十一啚顧型方就本啚書最急者姓名,效邑城施粥而以錢代,按户按期計口周邮,未詳所費若干。胡《志》。

附葉鳳毛《新場設賑記》

乾隆二十年,歲乙亥,江南饑,詔各縣城設糜。有司推廣皇仁,令民出粟,煮糜於郊。十一月二十六日,邑侯張召紳士指新場爲郊賑。所至者數人,書七十餘石。復符下諸生,各書一石,又得百石。新場募得二百餘石,喬氏、周氏分募得二十餘石。以北寺爲廠,煮器規約視邑城,於寺傍舍作竈,用鍋十二檐,外蓋草棚三間。即楊籬爲障,棚中置大缸十,佛殿上置缸六,轉厨糜盛之,殿檐前縛木爲栅。食糜者自持器,由栅孔中授受,人給一木瓢,以籌爲符,籌長三尺許,火烙印。籌不繼,代以印記、紙條。水火雜工三十人,米石限薪二百斤,部署定於十六日開賑。先是,人言設粥無益而有害,招集無賴不良,必有奪市飲食、蹈藉死傷之事。然奉縣必行,不可以已,人心皇皇然。十六日晨,營弁於城隍廟授籌,先納人廟中,魚貫出之。聚婦豎於郭家廟,營卒授籌。是日,僅千人,不譁。次日,城隍廟中人多,至不可容,噪而出,盡奪去籌,弁亦匿去。有丐者數十散入市,掠熟食盡。市人大恐,閉户罷市,路無行人。是夕,侯偕劉將至,視授籌處不善,更擇廟右隔河厲壇爲聚,南施栅闌,西斷小路,留一徑於北入廠,人既集,礟三響,即閉守栅闌。翼晨,侯坐小石橋西,人渡橋來,授之籌,橋雖狹無敢擁。婦豎則聚於城隍廟,營將授籌,俱甯帖。侯將去,丞校代之。此後,日不過三千人。丞恐争橋者或(隨)〔墮〕水,更令民圜坐於地,身繞行而授之籌。有起立争先者笞之,俱聽命。然仍有越栅叫譁者,不時懲責。有搶食者,荷擔人密袖鎚擊之,畏亦止。二十日,張郡侯至觀廠。二十三日,嵩司馬奉撫檄察罷市事,事無可稽,觀賑一次去。張與嵩俱余故人也。二十七日,米盡,丞預告之,皆諾。張侯以前丁父憂,至是去。權侯舒至,董事者請張侯所募米二百石接賑,舒按籍索不應,吏亦不能無弊。舒自募得五十石,又括鎮中未繳米二十石,復於二十一年正月初六日開賑。十三日,米又盡而止。張郡侯諭必賑至麥秋,而米實無出。舒侯復令丞置酒,邀鎮人再募,復書得七十餘石。真侯薛至,復募諸紳士,紳士僉曰:“廠設新場,遠者不能食,彼獨非公民乎? 不若啚自爲賑,惠乃周徧。”薛善之。其自賑本啚者,先籍其無食人數,日給四文錢。期十日一給,擇(其)〔有〕家長厚人主之,省鍋竈、器物、力役之費,真良法也。周浦、下沙、横沔行之。適奉旨,城廠加賑一月,并出官穀以助郊廠。薛侯發倉米百石,復於三月初十日開賑,增煮具三之一。日至萬餘人。籌凡四回,僞籌半焉,明知而弗能弗與,糜盡給二合米。十三日清晨,驟雨,人不能坐地,争渡橋,擁至丞所,著革履丁刓者皆踣,踐死者四人,腦腸俱出。其一人懷千錢,半串陷於腹中。二十日止。三次爲日三十,爲米石四百六十,皆私。郡侯名玉,司馬名齡,邑侯名世友,權侯名希忠,真侯名清來,丞爲劉翥，將爲劉溥，校爲陳應龍，余佐大人董事。事畢，鎮之士人又相與論曰：賑粥非佳政，前賢論之極詳。《周禮》荒政十二，設粥不與焉。就今之所行而論，其人稍能自愛者不來也，真飢者亦不來也。其來而就歠者，皆丐也。來而持其粥去者，飼犬豕也。餓之人日歠一粥，誠足以濟其餒。無粥之日，將若之何？且建廠備器用役人工買薪，其費已耗米百石，曷不留此百石以有用用之？必不得已，亦當如周浦、下沙啚自爲賑之法。庶不飢者不得冒，真飢者得實利。余謂諸君子之言是也。然今聖天子之意以爲，民之丁惡歲，猶人子得痛癢之疾，爲父母者，爲之撫摩，爲之抑搔，明知其無益也，姑緩其痛癢，亦暫息嚬呻。君之於民也亦然，撫摩抑搔之無益，民無怨焉，而喜上之愛我民也。喜而喧聚，其患小；怨而喧争，其患大。當今廟堂之上，籌之審矣。至於賑之之法，有司因時制宜，不必拘拘以粥爲事可耳。《周禮》荒政十二，首曰散利，則設粥亦散利之一事乎？

乾隆五十九年秋，水災。明年春猶饑，知縣甄輔廷勸邑人捐資賑濟。捐户監生秦爾椿、監生秦自郵、廩貢生唐祖蕃及沈維楨、楊承裕、金鳴盛等均給額，張映桂亦捐賑閭黨。餘無考。

嘉慶十九年，旱災，邑人捐資賑濟。捐户張遠庭議叙八品，附貢生葉大啓議叙九品。廩生嚴鴻麟，監生鍾越凡，貢生顧長慶，監生嚴文彬及金以球、張廷照、張廷源、張純修、周守義、沈泰等均給額，餘無考。

道光三年，大水成災，民飢，邑人捐資賑濟。

道光十三年水災，邑人捐資賑濟。

按，三年、十三年二次義賑，捐户采訪無多，難免遺漏。今分職銜給額列之，并附留養江北災民捐户。

議叙八品銜：

嚴飛熊，葉允升，胡尚培，謝日傑，王世起，周希若，吴克紀，嚴如璧，張鳴玉，胡尚堅，奚谷蘭，朱始達，于爾耆。

議叙九品銜：

丁思齊，王泰，丁春耀，顧鴻，周如玉，薛其祥，鍾楷，鍾銘，鍾鈺。

藩司給額：

俞大貞。

府縣給額：

張詒禄，黄克峻，傅樹錦，陸德鈞，朱耀，趙雲階，孫佳木，王柏楨，張以義，儲文炯，金超，金秦照，葉大猷，張廷源，陳寶琳，顧雲錦，華善常，張如芬，傅忠信，葉鳳苞，張兆熊，李培義，王維槐，楊尚文，龔成安，葉含苞，陳樹芝，陳寶金，周憲成，沈維崧，潘炳時，張景賢，倪泳若，張式鐸。

十三年，捐户朱子鑣捐錢賑濟半啚，不請奬額。

道光二十九年夏，大水成災，邑人捐資賑濟。至冬又賑，越明年麥熟始止。

議叙加二級紀録一次：

布政司經歷鍾錦堂。

議叙縣丞銜：

鹽知事奚錫祺。

議叙鹽知事銜：

奚鍾善，奚爾福，唐九皋。

議叙八品銜：

葉基泰，周宗翰，方毓鍾，杜克雅，顧鼒，張拱瀛，周慶曾，程慶麟，奚源，黄洵焕，黄瑩源，易端士，任縞，葉鎔，郁祥雲，馬齊仁，葉含芝，葉長靄，胡大有，顧芝芳，曹秉坊，金道驊，鍾祖培，沈洪祺，嚴紹裘，顧祖錫，顧祖鍈，倪慶芳，陳谷馨，程仁和，俞錦鏞，童峻崧，計价士，奚雲蒸，朱文奎，陳樹椿，姚廷寀，姚祖本，徐樂堯，徐樂炳，凌應麒，張錦，華文英，華曾緒，張錫恭，康至煒，金兆蘭，胡家駿，盛家駿，鍾鳴盛，瞿國棟，康祖貽，陳文彪，朱詒侃，沈驥祥，盛承啓，顧遂安，張志遠，俞世鑑，胡景煦，黄清漣，羅士傑。

議叙九品銜：

張慶麟，張祥鳳，沈勳，姚光祖，鄒雛鳳，朱澤恩，羅曾桂，羅高望，楊聲松，張家祥，朱燿，奚雲烈，倪逢鑑，鮑桂滋，李如松，金良佐，黄之淇，唐克明，王時鼎，沈承恩，唐鈞，周之翰，楊心耕，周鍾驥，盛國棟，陸德裕，陸安瀾，周天秩，葉錫禧，沈洪恩，孫慶湘，潘達修，丁宜卓，金慶雲，張詵，宋思義，周世棨，徐嘉鏞，邢純一，姚源裕，汪后嘉，潘芹馥，陸鴻桂，陸鴻勳，胡長發，杜先訓，衛錡，蔡辰豫，褚衡甲，閔國佐，徐逢震，俞九宫，許大生，汪家樹，嚴文耀，張銓，樊思禮，張昇華，郁新巖，姚明慶，嚴夢熊，周雲棟，朱重熙，沈鍔，顧鳳，朱文炎，喬欽承，徐焕如，方裕申，王錫朋，顧如麟，陶松英，傅邦慶，傅邦式，周世棻，周世棠，陳耀林，姚瑞蘭，姚裕蘭，張洪欽，黄貴三，黄誠基，朱文聰，徐健行，趙家仁，趙家達，夏鴻洲，施錫祐，凌濟寰，金廷照，杜桂林，張翻，楊朗奎，童承昆，姚遠猷，張春舒，談炳，康世昌，顧家珠，邢純粹，邢厚積，康至良，閔嘉謨，傅春閏，胡元泉，胡維鐘，張樹，張應樞，馬元貞，楊貴瀛，馮元勳，衛光謙，何松心，張履光，王應蘭，朱耀山，丁宜稼，張錫佳，馬學堉，顧觀德，傅祺，陸元熙，張駿德，黄通理，潘承基，張崇義，俞錦堃，孫洪模，康祖培，張麟洲，盛國煦，顧鼎鎔，王毓秀，蘇楙椿，張銘，姚景熙，沈洪禔，沈典謨，陳文龍，陸鴻儒，陳瑞基，張寶善，陸應楨，程景麟，方淥，張承棨，王俊明，趙宗溥，顧芝秀，金湘，王家源，何桂，朱文炤，鍾祖德，曹鉞，沈吉士，俞錦黻，許克綏，俞錦湘，唐遜虞，唐欽明，顧熙源，高桂馨，蘇楙森，張又華，周世槩，黄洵賡，黄祖庚，康正煜，陸友濱，李日就，陸鴻基，李振邦，張文炎，金聲傑，曹秉培，曹秉堦，徐逢源，唐賢熙，奚洪生，瞿傳贊，潘鏞杰。

府縣給額：

葉含珍，顧三台，陸九江，陸如桂，陸德銓，朱卓田，諸士瓚，衛大德，徐文炯，唐士陞，潘斐章，趙雲階，樊聲聞，金以球，張兆坤，張兆奎。

學校志

學宫

文廟，在東水關内。雍正五年，知縣欽連建。基地二十畝二分三釐九毫五絲六忽。

知縣欽連《新建南匯縣學宫記》

南匯向爲千户所，在上海之東南隅。有城屹如，置將領以守之，兵民雜處，罕黨塾術序之美。及陞而爲縣，百度維新，典常具備，督學使者羅其士而試之。一歲之間，補博士弟子員者若而人。分儒官以任其事，祭菜鼓篋之典，鄉飲大射之文，當以次舉行。而黌宫闕如，禮儀莫洽，曷以烝髦秀而樹之風聲。連奉簡命宰是縣，不敢以興賢育才，委爲異人任。經營籌度，購民地若干畝於縣(也)〔之〕東南境，擇其址之爽塏者培之。建大成殿五楹，旁列兩廡，前設大門，門以外爲泮池，施橋於上。橋之前則欞星門樹焉，繚以崇垣，百堵皆作。即其後爲崇聖之宫，講堂齋舍。計日告成，丹雘炳焕，階戺砥平。宫牆之旁，翦其荆榛，易之以桃李、松檜。嘉樹有蔭，璧沼(逹)〔漣〕漪，互相掩映，山川秀靈之氣，於是乎萃。工既竣，邑多士之繫籍於學者，請連誌其事，以垂不朽。連惟敬敷五教之命，昉自虞廷；論秀書升之法，載在《周禮》。君國子民，教學爲先，歷漢、唐、宋、元、明以來，莫或廢。至昭代而文教倍隆。自聖祖仁皇帝涵煦樂育，積六十年之久，文思光被，雲漢爲章。暨皇上嗣登寶位，臨雍講藝，圜橋門而觀聽者幾萬人，文物聲明之盛，丕冒乎海隅出日之鄉，遐陬僻壤，里巷之儒，罔不崇師考業以自淑。矧爲一邑之宰，有宣化承流之責，而忍委草莽乎？則連亦自盡其學道〔之〕常分焉耳，何足示異爲。既又思朝廷以經義取士，操觚角藝之流，國學生而外，名必隸於鄉校。而後循序以登春秋之榜，巍科顯仕，胥從是出，是學固多士致身之所自始也。繼自今願多士益自淬厲，朝夕奮勉，經明行修，挾其素所蓄積者，以彙征雲路，對策大廷，彬彬乎文章道德之盛，接踵代興，前輝後耀，足爲邑之光華。俾追念於創學者之職，有微勞而與其榮施，則連之所致望於多士者豈淺哉！乃狥多士之請而爲記。

乾隆十三年，知縣胡(其)〔具〕體修。二十九年春，知縣張世友、訓導顧淳(董)〔量〕重修，增牌坊二，東曰德配天地，西曰道冠古今。增明倫堂東西耳房各一間，官廳三間，大門一座。四十四年，知縣韓運鴻重修。五十八年，知縣胡志熊、訓導管松年重修。道光七年至八年，知縣楊承湛接任，德宣捐廉，并募民捐重修其正殿、兩廡、宫牆、五王殿、明倫堂、文星閣。諸大工係紳董貢生奚曾斌，文生盛國瑞，監生王瓚，貢生丁春曦，文生胡尚堃暨寡婦馬唐氏分修。事竣後，江蘇巡撫會同兩江總督、江蘇學政題奏，均蒙優獎。咸豐元年，知縣高長紳諭邑紳照舊章重修，其力不能承修者並募捐蕆事。十一年冬，粵匪陷邑城，學宫燬，惟學署、書院僅有存者。同治四年三月，知縣徐本立、訓導楊驤詳請重建。五年正月，知縣葉廷眷興工，八年十二月始竣，諸如舊制，共支用畝捐錢四萬二千七百三十三千六百七十五文。惠南、芸香兩書院，學(師)〔宫〕、署暨先農壇工費，皆在內。其捐有司田按畝一十文，隨地丁條銀同徵。四年止鹽司竈蕩每額銀一兩捐錢二百文，蘆洲每額銀一兩捐錢五百文。惟川沙廳管下十啚及八九兩團額田，止繳錢三百千，屯田不納捐，教門納捐而異其名。

(火)〔大〕成殿，爲文廟正殿。康熙二十三年，頒御書萬世師表額。雍正三年，頒御書生民未有額。乾隆三年，頒御書與天地參額。嘉慶四年，頒御書聖集大成額。道光三年，頒御書聖協時中額。道光三十年，文宗顯皇帝登極，頒御書德齊幬載額。咸豐十一年，穆宗毅皇帝登極，頒御書聖神天縱額。

大成殿正位

至聖先師孔子。

東配

復聖顏子，述聖子思子。

西配

宗聖曾子，亞聖孟子。以上配位，宋以前皆稱封爵。元至順元年，贈顏子兖國復聖公，曾子郕國宗聖公，子思子沂國述聖公，孟子鄒國亞聖公。明嘉靖九年，改稱復聖顏子，宗聖曾子，述聖子思子，亞聖孟子。國朝因之。

東哲

先賢：閔子，冉子，端木子，仲子，上並唐開元八年從祀。卜子，唐貞觀二十一年，以經師從祀。開元八年，以十哲從祀。有子。唐開元八年從祀，國朝乾隆三年升列哲位。

西哲

先賢：冉子，宰子，冉子，言子，上並唐開元八年從祀。顓孫子，唐開元八年從祀，宋咸淳三年升列哲位。朱子。宋淳祐元年從祀，國朝康熙五十一年升列〔哲位〕。

東廡

先賢：公孫僑，咸豐七年從祀。林放，唐開元二十七年從祀，國朝雍正二年復祀。原憲，南宫适，商瞿，漆雕開，司馬耕，梁鱣，冉孺，伯虔，冉季，漆雕徒父，漆雕哆，公西赤，任不齊，公良孺，公肩定，鄡單，罕父黑，榮旂，左人郢，鄭國，原亢，廉潔，叔仲會，公西輿如，邽巽，陳亢，琴張，步叔乘，秦非，顏噲，上並唐開元二十(二)〔七〕年從祀。顏何，唐開元二十七年從祀，國朝雍正二年復祀。縣亶，牧皮，樂正克，萬章，上並雍正二年從祀。周敦頤，程顥，上並宋淳祐元年從祀。邵雍。宋咸淳三年從祀。

西廡

先賢：蘧瑗，唐開元二十七年從祀，國朝雍正二年復祀。澹臺滅明，宓不齊，公冶長，公晳哀，高柴，樊須，商澤，巫馬施，顏辛，曹卹，公孫龍，秦商，顏高，壤駟赤，石作蜀，公夏首，后處，奚容蔵,顔祖,句井疆,秦祖,縣成,公祖句兹,燕伋,樂欬,狄黑,孔忠,公西蔵,顔之僕,施之常,申棖,上並唐開元二十七年從祀。左邱明,唐貞觀二十一年,以經師從祀。秦冉,唐開元二十七年從祀,國朝雍正二年復祀。公明儀,咸豐三年從祀。公都子,公孫丑,上並雍正二年從祀。張載,程頤。上並宋淳祐元年從祀。

東廡:

先儒:公羊高,伏勝,上並唐貞觀二十一年從祀。毛亨,同治二年從祀。孔安國,唐貞觀二十一年從祀。后蒼,明嘉靖九年從祀。許慎,光緒二年從祀。鄭康成,范甯,上並唐貞觀二十一年從祀,國朝雍正二年復祀。陸贄,道光六年從祀。范仲淹,康熙五十四年從祀。歐陽修,明嘉靖九年從祀。司馬光,宋咸淳三年從祀。謝良佐,道光二十九年從祀。羅從彦,明萬曆四十二年從祀。李綱,咸豐元年從祀。張栻,宋景定二年從祀。陸九淵,明嘉靖九年從祀。陳淳,雍正二年從祀。真德秀,明正統二年從祀。何基,雍正二年從祀。文天祥,道光二十三年從祀。趙復,金履祥,陳澔,上並雍正二年從祀。方孝孺,同治二年從祀。薛瑄,明隆慶五年從祀。胡居仁,明萬曆十二年從祀。羅欽順,雍正二年從祀。吕柟,同治二年從祀。劉宗周,道光二年從祀。孫奇逢,道光八年從祀。張履祥,同治十年從祀。陸隴其。雍正二年從祀。

西廡:

先儒:穀梁赤,高堂生,上並唐貞觀二十一年從祀。董仲舒,元至順元年從祀。毛萇,唐貞觀二十一年從祀。諸葛亮,雍正二年從祀。王通,明嘉靖九年從祀。韓愈,宋元豐七年從祀。胡瑗,明嘉靖九年從祀。韓琦,咸豐二年從祀。楊時,明弘治八年從祀。尹焞,雍正二年從祀。胡安國,明正統二年從祀。李侗,明萬曆四十二年從祀。吕祖謙,宋景定二年從祀。袁燮,同治七年從祀。黄幹,雍正三年從祀。蔡沈,明正統二年從祀。魏了翁,王柏,上並雍正二年從祀。陸秀夫,咸豐九年從祀。許衡,(宋)〔元〕皇慶二年從祀。吴澄,明正統八年從祀,國朝乾隆二年復祀。許謙,雍正二年從祀。曹端,咸豐十年從祀。陳獻章,明萬曆十二年從祀。蔡清,雍正二年從祀。王守仁,吕坤,上並道光六年從祀。黄道周,道光五年從祀。陸世儀,光緒元年從祀。湯斌。道光三年從祀。

祀典用春、秋二仲月上丁日。先期省牲,次日五鼓,縣學官齊集,釋奠禮,行三獻,樂奏六佾,舞如之。

祭儀

前期一日,承祭官、分獻官穿補服詣省牲所,巡牲一匝,北向立,以西爲上。待禮牲者折身曰"充",贊者曰"告充"。畢。禮牲者又折身曰"腯",贊者曰"告腯"。畢,瘗毛血。贊者復引承祭官、分獻官詣厨,視滌溉。畢。午後演禮於明倫堂,進爵帛如祭禮。歷朝祭用牲鹿。雍正四年,奉旨改用太牢,著爲令。正祭日,分獻、陪祀各官,入兩旁門序立。贊引一人,對引一人,導承祭官自盥洗處盥手。畢。引至臺階下立。唱樂舞生就位,執事者各司其事,分獻官、陪祀官各就位。贊引贊就位,承祭官就拜位立,分獻隨後立。唱迎神,唱舉迎神樂,奏(照)〔昭〕平之章。樂作。贊引贊跪叩,興,承祭官、陪祀官、分獻官俱行三跪九叩禮,唱舉初獻樂,奏宣平之章。樂作。贊引贊升壇,導承祭官由東階上,進殿左門。贊引贊詣至聖先師孔子位前,承祭官至案前立。贊引贊跪叩、興,承祭官行一跪一叩首禮,興。贊引贊奠帛,執帛者捧帛跪進,承祭官受帛,拱舉立獻。畢。贊引贊奠爵,執爵者捧爵跪進,承祭官受爵,拱舉立獻。畢。行一跪一叩首禮,興。不贊。贊引贊詣讀祝位,承祭官詣讀祝位立,讀祝者至祝案前,一跪三叩首,捧祝板立於案左。樂止。贊引贊承祭官、陪祀官、分獻官各官俱跪。贊引贊讀祝,讀祝者讀畢,捧祝板至正位前案上,跪安帛(匣)〔篚〕,三叩首,退,樂作。贊引贊叩、興,承祭官及各官行三叩首禮,興。贊引贊詣復聖顔子位前,承祭官就案前立。贊引贊跪叩、興,承祭官行一跪一叩首禮,興。贊(拜)〔引〕贊奠帛,捧帛者跪進於案左,承祭官受帛,拱舉立獻案上。贊引贊獻爵,執爵者跪進於案左,承祭官受爵,拱舉立獻案上,行一跪一叩首禮,興。不贊。贊詣宗聖曾子、述聖子思子、亞聖孟子各位前,獻帛爵如前儀。其十二哲,分獻官升壇奠帛獻爵,如承祭官禮。兩廡分獻官,如承祭官禮。禮畢,贊引贊復位,承祭官、分獻官各復位立,樂止。唱行亞獻禮,唱舉亞獻樂,奏秩平之章。樂作,贊引贊升壇,獻爵於左,如初獻儀。贊引贊復位,承祭官、分獻官各復位立,樂止。唱行終獻禮,唱舉終獻樂,奏叙平之章。樂作,贊引贊升壇,獻爵於右,如亞獻禮,贊引贊復位。承祭官至殿内立。捧酒胙二人,捧酒胙至正位案前,捧舉,至飲福胙位右旁跪。接福胙二人,在左旁跪。贊引贊跪,承祭官跪。贊(引)〔飲〕福酒,承祭官受爵,拱舉授接爵者。贊受胙,承祭官受胙,拱舉授接胙者。贊引贊叩、興,承祭官三叩首,興。贊復位立。次行謝福胙禮。贊引贊跪叩、興,承祭官、分獻官、陪祀官俱行三跪九叩首禮,興。唱徹饌,唱舉徹饌樂,奏懿平之章。樂作,徹。訖,樂止。唱送神,唱舉送神樂,奏德平之章。樂作,贊引贊跪叩、興,承祭官、分獻官及陪祀官皆行三跪九叩首禮,興,樂止。唱捧祝帛饌各詣燎位,捧祝者、捧帛者至各位前,一跪三叩首。捧起祝文在前,帛次之,捧饌者跪,不叩首,捧起在後,俱送至燎位。承祭官退至西旁立,候祝帛饌過,仍復位立。唱望燎,唱舉望燎樂,與送神同。樂作,贊引贊詣望燎位,導承祭官至燎位立,祝帛,焚訖,樂止。贊禮者贊禮畢,退。

先師位陳設:帛一,白瓷爵三,牛一,羊一,豕一,登一,太羹。鉶二,和羹。簠二,黍稷。簋二,稻粱。籩芡、菱、棗、栗、榛、鹿脯、鉶鹽、藁魚、白餅、黑餅共十。按:《周禮》作"刑鹽"。豆韭菹、芹菹、菁菹、醓醢、筍菹、鹿醢、兔醢、魚醢、脾析、豚胉,共十。酒罇三。

四配位陳設:每位帛各一,爵各三,羊一,豕一,鉶二,和羹。簠二,黍稷。簋二,稻粱。籩榛、菱、芡、鹿脯、鉶鹽、藁魚、棗、栗共八。豆韭菹、菁菹、芹菹、鹿醢、兔醢、魚醢,共八。酒罇一。

十二哲陳設:東西十二案。每位帛各一,爵各一,豕一,鉶各一,簠各一,黍。簋各一,稷。籩各四。棗、栗、鹿脯、鉶鹽。豆各四。菁菹、芹菹、鹿醢、兔醢。

兩廡陳設:帛各一,爵各一,豕三,每案簠一,簋一,籩四,棗、栗、鹿脯、鉶鹽。豆四,菁菹、芹菹、鹿醢、兔醢。

恭録乾隆八年欽定文廟樂章

迎神奏昭平之章。辭曰:大哉孔子,先覺先知。與天地參,萬世之師。祥徵麟紱,韻答金絲。日月既揭,乾坤清夷。

初獻奏宣平之章。辭曰:予懷明德,玉振金聲。生民未有,展也大成。俎豆千古,春秋上丁。清酒既載,其香始升。

亞獻奏秩平之章。辭曰:式禮莫愆,升堂再獻。響協鼗鏞,誠孚罍甗。肅肅雍雍,譽髦斯彦。禮陶樂淑,相觀而善。

終獻奏敘平之章。辭曰:自古在昔,先民有作。皮弁祭菜,於論思樂。惟天牖民,惟聖時若。彝倫(有)〔攸〕敘,至今木鐸。

徹饌奏懿平之章。辭曰:先師有言,祭則受福。四海黌宫,疇敢不肅。禮成告徹,毋疏毋瀆。樂所自生,中原有菽。

送神奏德平之章。辭曰:鳧繹峩峩,洙泗洋洋。景行行止,流澤無疆。聿昭祀事,祀事孔明。化我烝民,育我膠庠。

恭録部頒祝文

辭曰:維某年月日某官某致祭於至聖先師孔子。曰:惟先師德隆千聖,道冠百王,揭日月以常行,自生民所未有。屬文教昌明之會,正禮〔和〕樂(和)節之時。辟雍鐘鼓,咸恪薦於馨香;泮水膠庠,益致嚴〔於〕籩豆。兹當仲春、秋,祇率彝章,肅展微忱,聿將祀典,以復聖顔子、宗聖曾子、述聖子思子、亞聖孟子配。尚饗。

崇聖祠,在大成殿後。明嘉靖九年,於大成殿後立啓聖祠,祀叔梁公。國朝雍正二年,詔封孔子先世王爵,合祀五代,更啓聖祠爲崇聖祠。

崇聖祠正位

肇聖王木金父位中。

裕聖王祈父位左。

詒聖王防叔位右。

昌聖王伯夏位左次。

啓聖王叔梁紇位右次。

東配

先賢:孔氏,名孟皮,咸豐七年配。顔氏,名無繇,唐開元二十七年從祀,明嘉靖九年配。孔氏。名鯉,宋咸淳五年從祀,明嘉靖九年配。

西配

先賢曾氏,名哲,唐開元二十七年從祀,明嘉靖九年配。孟孫氏。名激公宜,明嘉靖九年配。

東廡

先儒:周氏,名輔〔成〕,明萬曆二十三年從祀。程氏,名珦。蔡氏。名元定,上並明嘉靖九年從祀。

西廡

先儒:張氏,名迪,雍正元年增祀。朱氏。名松,明嘉靖九年從祀。

崇聖祠陳設:視先師減太牢一、太羹一,每位帛一,白瓷爵三,羊一,鉶一,簠一,簋一,籩八,豆八。

配位從祀陳設與前兩廡同。

恭録部頒祝文

辭曰:維某年月日某官某致祭於肇聖王、裕聖王、詒聖王、昌聖王、啓聖王。曰:惟王奕葉鍾祥,光開聖緒。盛德之後,積久彌昌。凡聲教所覃敷,率循源而溯本;宜肅明禋之典，用(中)〔申〕守土之忱。兹届仲春、秋。聿修祀事，配以先賢孔氏、先賢顔氏、先賢曾氏、先賢孔氏、先賢孟孫氏。尚饗。

名宧祠在戟門東。

元松江知府僕散翰文，明上海知縣祝挺，户部尚書夏忠靖原吉，工部尚書、原任巡撫周文襄忱，上海學教諭趙正，給事中、上海知縣鄭洛書，上海知縣李棨、黄文煒、徐可求、徐日久、彭長宜，國朝上海知縣朱光輝，贈太僕寺少卿、松江知府、原任上海知縣周中鋐，南匯縣首任知縣欽連。

鄉賢祠在戟門西。

明淮府長史李伯璵，魯府教授蔡紳，福建福州知府朱豹，貢生張泮、朱察卿，福建建寧知府張元玘，廣東肇慶府同知蔡懋昭，進士李昭祥，山東東昌府司李華秉中，通政司艾可久，山西潞安府同知喬木，工部員外郎顧允貞，山東登州知府葉蕃春，兵部郎中喬拱璧，左副都御史葉有聲，兵(部)〔科〕給事中包爾庚，朱雲昇，國朝福建總督施清惠維翰，進士朱錦，直隸(倉)〔滄〕州知州王承庚，贈工部右侍郎葉忠節映榴，吴中毅。

忠義孝悌祠在大成殿西側。

宋知臨江軍鮑廉明，布衣王守信，江南趙《通志》列爲松郡忠義之首。廩生閔電，哨官李府、李香、李黍、張涓，游擊將軍贈左都督同知國朝謚忠烈。喬一琦，游擊將軍前鋒盛萬年，中書舍人國朝謚忠節。李待問，兵部司務國朝謚節愍。陳于階，山東滕縣知縣國朝謚節愍。瞿騫，樂亭縣知縣國朝謚節愍。施溥，工部郎中李逢申，劉河營游擊張鳳翥，劉河守備黄日章，劉河中軍守備李中孚，舉人張錫眉，諸生李之檀、陳濬、朱錫麟，布衣朱天爵、蘇兆人、一作"仁"，據宋志、上志。蔡九韶、陳回，國朝湖廣糧儲道、特贈工部右侍郎葉忠節映榴，又宋千秋、顧翰陞。宋爲陳于階僕，胡《志》作宋千，上志列附祀。顧爲葉映榴僕，據欽《志》補。以上俱忠義。明唐懌，倪淑，滄州知州李安祥，貢生李得祥，行人司左司副唐志大，盛坤，顧邦正，李仲春，顧允昇，朱養豫，國朝宏文院中書李雯，高維岳，諸生唐彬、王日旭、王大經、丁守安、丁務與、陸恒穎、丁陟思、張德符、陳邁、顧德炳，進士馬嚴、孫韞、吴源、陳進賢、華士禧、王謙、沈周才、姚紳、陸宏濟、陸宏圻、高大觀、費明啓、金文綵、黄照臨、張興、黄元、李蘭榮、王含英。上二人並道光十八年題旌入祀。

節孝祠在崇聖殿西側。

祔祀經師。同治十二年，知縣金福曾仿其祖温州府學教授金衍宗議詳，酌就尊經閣設祀，因閣爲藏書之所，特於芸香草堂之學海淵源處捐置木主，每歲春秋丁祭後行釋菜禮焉。按，金教授原議尚有字祖倉頡等，未及備舉。

漢河間獻王劉氏德，戴氏德，戴氏聖，許氏慎，何氏休，趙氏歧，魏王氏弼，何氏晏，吴韋氏昭，晉韓氏康伯，杜氏預，郭氏璞，北周盧氏辯，唐陸氏德明，孔氏穎達，賈氏公彦，徐氏彦，楊氏士勛，宋邢氏昺，孫氏奭。

附學署

復設訓導署，在明倫堂東，講堂書齋内室各三間。雍正五年，隨學宫同建。乾隆二十九年春，知縣張世友、訓導顧惇量重修學宫，并增署中書房一間，顔曰耐齋。西(四)〔面〕三間，從房三間，(府)〔厨〕房一間，書役房五間。道光七年，知縣楊承湛修學宫時，復加增拓。

十六年,訓導魏士偁捐廉重修。賊擾後,僅存間架。同治五年,知縣徐本立、訓導楊驤於復建學宫時,支畝捐項重修。

祭器庫,在正殿西側。同治七年,知縣陳其元捐錢二百千文交學署,作復灑掃會公費。學師楊驤以祭器等均尚缺如,用時致多假借,爰以此項存鋪生息,陸續置造,俟全齊後再議舉行灑掃會事。兹將所置諸器物録存。鉶六,簠六,簋六,籩十,豆一百八件,銅爵一百九十四。以上祭器。鐘一,鼓一,升降龍旛各二。以上樂器。

存學書籍目。同治十三年,知縣金福曾捐廉置買,以供諸生肄業之用。兹並録登。

《欽定周易折中》,《欽定書經傳説彙纂》,《欽定詩經傳説彙纂》,《欽定春秋傳説彙纂》,《欽定禮記義疏》,《欽定周官義疏》,《欽定儀禮義疏》,《欽定四書文》,《皇清經解》,《御批通鑑集覽》,《十三經注疏》,《資治通鑑》,《續資治通鑑》,《朱子綱目》,《昭明文選》,《日知録注釋》,《段氏説文》,《困學紀聞》。

學　額

雍正五年分縣,巡撫陳時夏奏分定南匯學廪生額十名,增生額十名,文童入學額十二名,武童入學額十二名。乾隆二十五年,學政李因培奏減金山衛學額,撥增廪增生額各一名。乾隆四十年,學政謝墉奏裁金山衛學,撥增廪增生額各三名,文武童入學額各三名入南匯學。

同治五年,援軍輸新例,詳請永廣文武生童入學額各十名,咸豐三年以後,統計南邑捐輸軍餉一十萬八千五百十四兩,邑紳顧祖金等請詳永爲定制。統計新舊額文童共得二十五名,外撥府五名,逢恩廣或六七八名不等。同治五年,補行元年、二年、四年歲科三案,照額并取。同治七年,補五年試歲科兩案,照額并取。

歲貢,舊制每二年上、南兩縣輪推。乾隆十九年,學政雷鋐奏准兩學四年各貢一人。科值申、子、辰。拔貢,每十二年一舉,上、南兩縣輪拔。乾隆三十年,奉旨,分(折)〔設〕各縣准每届各取一人,然以後仍舊輪拔。至同治十一年,知府楊永杰詳請援同治九年四川綏定新例,每縣各拔一人,永爲定制,自同治十二年始。

學　田

十七保一區四啚岡字圩田五十六畝七釐七毫。内九百六十三號二畝一分四釐八毫,九百六十五號二畝七分六釐,九百七十四號四畝二分八釐四毫,九百七十五號三畝八分六釐,一千二十七號二畝,一千一百六十四號一畝七分四釐,一千一百七十一號六畝三分二釐八毫,一千二百七號四畝五分七釐一毫,一千二百八號四畝五分五釐八毫,一千二百十六號四畝二分二釐五毫,一千二百四十九號一畝九分五釐六毫,一千二百五十號五畝四分七釐二毫,一千二百五十一號二畝三分六釐三毫,一千二百五十二號一畝一分四毫,一千二百五十三號二畝九分一釐四毫,一千二百五十四號四分九毫,一千二百五十五號一畝七分二釐五毫,一千二百五十六號二畝四分四釐六毫,一千二百五十七號一畝二分一釐四毫。十七保二區三啚生字圩田三十一畝二分五釐七毫。内三百號一畝八分三釐八毫,二百一號三畝一分六釐三毫,二百二號三畝五分八釐,二百三號九畝一分五釐九毫,二百四號十三畝五分一釐七毫。十九保四區八十四啚荒字圩田四十八畝五分一釐一毫。(四)〔内〕二百五十二號八畝一分五釐九毫,二百六十號八畝三分三釐，二百六十一號七分五釐五毫，二百六十二號五畝九分九釐九毫，二百七十八號十五畝五分三釐四毫，三百四十號三畝一分五釐，三百四十一號六畝五分八釐四毫。二十保一區十六啚火字圩田四十九畝九分五毫。内二十號五畝四分四釐六毫，二十一號三畝九分五釐六毫，二十三號一畝一分八釐四毫，二十七號九畝三分七釐，二十八號三畝一分九釐，三十九號五畝七分三釐二毫，四十號五畝八分，五十五號四畝六分七釐五毫，五十八號五畝五分五釐二毫，二百七十五號五畝。二十保一區二十七啚重字圩東田三畝七分八釐八毫。九號三畝七分八釐八毫。通共核實田一百八十九畝五分三釐八毫。合舊志虧短田八畝五分六釐二毫。

案，胡《志》言，上邑學田全額有七百餘畝，分南匯時僅撥二百畝，原隸邑界者亦不盡屬，其故不可考，姑志現存實數云。今據册核田，於原撥項内已虧八畝餘，而在胡《志》尚有施鎬等户捐田四十餘畝，迄今田去號存，豈無輾轉侵蝕等弊，而爲時既遠，原户子姓罕存，清查實爲不易，玆亦就現核之實在數載焉爾。

書　院

惠南書院，在學署東。乾隆二十九年，知縣楊宜崙以文星閣餘資建。初制最後上下六間爲尊經閣。川堂外東西耳房兩間，講堂五間，東側廳三間，再重門五間，大門三間，爲書院。乾隆三十九年，知縣成汝舟添建額門兩間，側廳三間，厨房五間。四十九年，知縣張大器仿照紫陽書院例，延掌教課士。五十七年，知縣胡志熊增東正廳三間，書房三間。嗣後，重修學宫必兼葺書院。咸豐十一年，幸不全燬。同治五年，撥畝捐項重修。

捐入田畝數：十六保一區十五啚元字圩田五畝七分一釐六毫，一百六十二號二畝一分四釐六毫，三百二十三號九分二釐一毫，三百二十四號二畝六分四釐九毫。十六啚黄字圩田一畝八分八釐三毫，二百十九號一畝八分八釐三毫。二十念一、二啚(寅)〔宙〕字圩田三十三畝七分四毫、十五號一畝六分，二十一號二畝九分三釐，七十一號一畝六分六釐，九十八號二畝五分，三百五十四號一畝八分六釐六毫，四百七號二畝，四百十六號二畝三分，四百四十八號四畝，四百五十二號九分八釐八毫，四百五十三號一畝四分四釐三毫，五百七十六號一畝八分八釐五毫，六百三十九號一畝八分二釐，六百四十二號四畝二分三釐七毫，六百四十三號四畝四分七釐五毫。洪字圩田九畝二分，一百四十二號二畝，三百二十七號六畝，三百四十二號一畝二分。天一念三、四啚日字圩田十五畝六分三毫、五號四畝，三十八號五畝九分四釐一毫，三十九號二畝九釐四毫，四十號一畝九分，四十一號四分四釐七毫，九十五號一畝二分二釐一毫。月字圩田四畝九分四釐五毫。十二號四畝九分四釐五毫。二區八啚日字圩田三十五畝八分八釐四毫、四十二號一畝九分七釐一毫，一百十七號四畝三分九釐六毫，一百十九號九分五釐，一百三十號一畝四釐二毫，一百三十一號二畝七分八釐三毫，一百三十三號三畝五分三釐三毫，一百三十四號四畝七釐五毫，一百三十五號四畝八分六釐三毫，一百三十六號三畝四分五釐四毫，一百三十七號一畝二釐九毫，一百三十八號七畝七分八釐八毫。昃字圩田五畝二分二毫，六十九號一畝六釐三毫，七十一號二畝四分二釐五毫，七十二號一畝七分一釐四毫。十一啚東北昃字圩田六畝九分一釐一毫。一百五號二畝六分九釐五毫，一百二十七號一畝五分，一百五十三號二畝七分一釐六毫。十七保一區五啚水字圩田七畝八分八毫。一千一百九十二號二畝二分六釐八毫，一千一百九十五號五畝四分四釐。二區十啚天字圩田三畝三分三釐二毫。一千三百四十四號二畝三分三釐二毫，一千三百四十六號一畝。三區十一啚天字圩田八畝五分四釐六毫，二百十九號二畝一分二釐四毫，三百七十一號二分，三百九十六號三畝二分二釐二毫，四百八十七號三畝。二十啚宙字圩田三畝三分五釐七毫，二號三畝三分五釐七毫。二十四啚洪字圩田一畝六分一釐四毫，二百五十八號一畝六分一釐四毫。三十八啚荒字圩田二十三畝六分八釐三毫。三百九十四號一畝八分五釐，三百九十七號二畝三分二釐三毫，三百九十八號二畝五分一釐二毫，三百九十九號九分一釐，四百二號一畝五分二釐四毫，四百九號一畝九分六釐一毫，四百二十三號二畝三分八釐八毫，五百六十四號二畝，五百八十七號三畝二分，五百九十號二畝七分七釐三毫，九百五十二號一畝七分四釐二毫，一千二百二十二號五分。四區二十八啚地字圩田三畝六分九釐四毫，二十號一畝七分四釐七毫，四百十二號五分四釐七毫，二百四十八號一畝四分。二十九啚元字圩田五畝二分八釐二毫，一百四十號五畝二分八釐二毫。三十二啚宇字圩田七畝五分□釐三毫，一百九十五號九分七釐，四百十九號二畝四分三毫，五百六十三號一畝三分九釐，七百二十二號二畝七分五釐。三十四啚洪字圩田二畝九分三釐，一百六十二號二畝九分三釐。三十六啚荒字圩田二畝四分六釐二毫，七十八號二畝四分六釐二毫。三十七啚日字圩田三十三畝六分八釐七毫，四十四號三畝一分九釐八毫，一百四十二號一畝三釐四毫，一百七十七號二畝四分三釐四毫，二百十九號一畝八分三釐八毫，三百五十六號三畝四分五釐二毫，三百六十三號九分三釐，五百六十四號二畝九分二釐二毫，六百四十號五畝，七百九號一畝五分九毫，八百二十一號二畝，八百二十二號三畝八分，九百十二號一畝九分九釐一毫，九百五十號二畝一分七釐五毫，九百五十一號一畝四分四毫。四十啚月字圩田五十四畝四分三釐八毫。一百二十五號二畝二分七釐五毫，一百九十二號三畝三分，二百三號二畝六分二釐六毫，二百七十八號三分一釐一毫，二百七十九號四畝八分一釐三毫，三百一號二畝九分九釐四毫，三百六十五號一畝九分五釐六毫，三百六十六號四畝九分三釐二毫，三百七十六號三畝三分，三百八十二號二畝六分一釐七毫，四百六十六號一畝四分六毫，五百四十七號五畝四分二釐一毫，五百五十三號五畝三釐，五百五十八號一畝七分，五百五十九號九分三釐三毫，五百六十號一畝八分四釐三毫。六百十三號七分六釐五毫，池。六百十四號一畝四分三釐五毫，六百三十四號二畝一釐一毫，六百四十七號一畝，九百二十六號一畝八分五釐一毫，一千二百五十二號一畝八分五釐五毫，一千二百五十三號六釐四毫，池。五區新念一啚地字圩田一畝三分。九百三號一畝三分。六區二十五啚坵字圩田一畝二分八釐七毫。九十一號一畝二分八釐七毫。十九保一區二十六啚元字圩田一畝三分九釐三毫，一百十三號一畝三分九釐三毫。三十一啚黄字圩田三畝一分七釐九毫，一百號三畝一分七釐九毫。八十二啚洪字圩田二畝五釐四毫，十一號一畝六分三釐，池。十四號四分二釐四毫。八十九啚月字圩田六畝，二號六畝，東。九十二啚月字圩田三畝七分，四百七十五號二畝，八百四號一畝七分。一百啚辰字圩田八畝五分六釐七毫。七百八十七號八畝五分六釐七毫。二區八十六啚黄字圩田五畝一分八釐二毫，五號二畝二分一釐五毫，八號二畝三分二釐六毫，十二號五分九釐六毫，十二號四釐五毫，准。九十啚宙字圩田十一畝八分七釐三毫，九十四號一畝九釐四毫，東。六百三十四號五畝五分七釐六毫，六百三十五號一畝一分六釐八毫，六百三十六號一畝五分三釐九毫，八百三十四號二畝四分九釐六毫。九十一啚洪字圩田六畝三分五釐四毫，二百五號二畝四分，七百三十三號三畝一釐六毫，七百三十四號九分三釐八毫。九十三啚日字圩田二畝八分八釐，一千一百號二畝八分八釐。九十五啚盈字圩田六畝九分三釐八毫，六號一畝七分五釐一毫，八號四分四釐，一百九十四號四畝七分四釐七毫。一百一啚昃字圩田二十五畝五釐七毫，四百一號三畝五分九釐，四百十三號二畝七分五釐四毫，四百十六號三畝，四百十七號三畝四分三釐，四百十八號四畝六釐，四百二十號二畝七分，四百二十一號二畝五分二釐三毫，四百三十一號三畝。一百二啚辰字圩田二十畝。五十一號五畝九分，五十三號二畝二分六毫，六十二號六畝，六十四號四分六釐六毫，七十二號三分二毫，七十三號三畝一分二釐六毫，九十號一畝四分二釐一毫，九十一號五分七釐九毫。三區二十八啚天字圩田六畝七分三釐三毫，一千五十五號二畝八分，一千一百十號三畝九分三釐三毫。七十一啚元字圩田十九畝九分七釐五毫，二百六號七畝九分，六百九十一號七畝一分四釐二毫，六百九十二號四畝九分三釐三毫。九十六啚洪字圩田七畝七分六釐六毫。七十五號三畝一分四毫，七十六號二畝四分四釐四毫，九百四號二畝二分一釐八毫。四區四十八啚天字圩田十七畝三分四釐九毫，四百號二分七釐二毫，池。四百五號十七畝七釐七毫。八十三啚洪字圩田一畝。一百七十六號一畝。五區四十九啚天字圩田一畝五分四釐，八十五號一畝五分四釐。五十七啚元字圩田七畝，二百十八號五畝四釐二毫，二百十九號九釐九毫，准。二百六十號一畝八分五釐九毫。六十啚黄字圩田一畝五分五釐。六百三十六號一畝五分五釐。六區七十三啚信字圩田九畝九分五釐九毫。三百三十號四畝二分二毫，三百三十一號二畝一分五釐七毫，三百三十二號二畝八分，三百三十三號八分。八區一啚火字圩田一畝。七百十七號一畝。九區十九啚水字圩田九畝一分一毫。二百十六號二畝八分七釐一毫，二百十七號二畝六分五釐六毫。二百十八號八分七釐，二百十九號二畝七分四毫。二十保一區二十一啚官字圩田十四畝四分九釐七毫，三十三號二畝七分，二百三十九號二畝七分九釐八毫，二百四十一號二畝六分八釐三毫，四百八十一號二畝五分，四百八十二號一畝二分一釐六毫，四百八十四號一畝八分八釐，四百八十五號七分二釐。二十二啚咸字圩田二畝六分，四百九十九號二畝六分。二十九啚潛字圩田二畝一釐，四百十五號一畝一釐，四百四十八號一畝。三十啚天字圩田十畝六分四釐八毫、四百八號九分五釐，三百三十四號一畝二分五釐，三百七十一號一畝，四百六號四畝一分八釐四毫，四百七號一畝四分四釐六毫，四百二十二號一畝八分一釐八毫。羽字圩田三畝四分五釐八毫。三百八號一畝五分，五百二號一畝一分五釐八毫，五百五十三號八分。二區十三啚天字圩田七畝三分二釐一毫，三百五十一號二畝，三百六十號一畝三分五釐，五百八十八號四分，八百號三畝五分七釐一毫。十四啚盈字圩田九畝五分五釐四毫，二百七號三分三釐三毫，二百十二號四分六釐三毫，二百三十八號二畝四分九釐八毫，五百三十一號四畝一分九釐五毫，六百八十三號一分六釐七毫，六百八十五號一畝八分九釐八毫。二十六啚天字圩田一畝四分七毫、十四號四分七毫，八百八十七號一畝。荒字圩田一畝。八十七號一畝。三區三啚元字圩田五十四畝二分五釐四毫，一百八十號二畝五分，三百七十號一畝四分七釐，四百十五號一畝，四百十八號二畝三分，四百十九號一畝五分，四百三十三號一畝，四百四十號五分，四百七十五號八分二釐一毫，四百九十九號一畝，五百四十六號一畝，五百五十九號一畝，六百三十號一畝八分，六百三十九號四畝，六百四十一號九分六釐九毫，八百三十七號二畝，九百二號五分，九百三十二號二畝四分五釐，准。九百三十五號一畝三分四釐一毫，准。九百四十五號一畝，一千一百三十六號二畝四分，准。一千一百三十九號二畝八分六釐七毫，准。一千一百三十九號一畝，准。一千一百四十八號三畝七分八釐二毫，一千一百五十九號一畝四分九釐八毫，准。一千一百六十一號一畝，准。一千一百八十號四分六毫，准。一千一百九十八號一畝三分三釐四毫，准。一千二百一號一畝五分三釐四毫，准。一千二百八十二號三畝三釐八毫，一千二百八十三號一畝七分四釐四毫，一千二百八十四號一畝，一千三百二號一畝，一千四百三十二號一畝五分，一千四百五十號一畝。六啚宙字圩田五畝四分三釐九毫。二百二十二號三畝五分四釐四毫，二百二十五號一畝八分九釐五毫。四區一啚天字圩田七畝一分八釐四毫，九十一號二畝。一百十號二畝，下折。八百三十一號二畝六分五釐，一千一百九十號五分三釐四毫。二十四啚藏字圩田五畝五分六毫。六百六十九、七十號五分，六百七十九號一畝，七百十四號二畝五分二釐三毫，一千三百四十號一畝四分八釐三毫，准。又敦仁義塾撥歸田二啚□字圩。三號一畝九分二毫，一百七十九號四畝，三百十九號二畝，三百二十九號一畝三分二釐一毫，四百四十四號九分四釐九毫，四百四十五號九分一釐，四百六十三號一畝一分一釐一毫，四百六十六號七分五釐，四百七十四號三分，四百七十五號二畝七分九釐五毫，五百六號一畝八分四釐三毫，七百三十一號二畝三分八釐五毫，八百八十二號一畝七分二釐九毫，八百九十號二畝，一千六十二號二畝三毫，一千七十一號二畝三分一釐七毫，一千一百四號二畝，一千四百十七號五畝三分，一千四百三十四號六畝四釐五毫，一千四百三十五號三分，一千四百六十號一畝六分九釐五毫。案，是田於乾隆五十八年,知縣胡志熊據邑人秦應紱呈稱,塾廢,請將塾田詳移入院,共九十畝。今僅四十三畝零,年遠舊册并亡,勢難稽考,兹亦就現在數照單核載。二十一保三區二十四啚位字圩田六畝八分六釐一毫。一百四十八號一畝五分三釐一毫,一百六十五號八分五釐六毫,一百六十六號一畝一釐八毫,二百十八號一畝七分七釐一毫,二百十九號一畝六分八釐五毫。共區田六百四十一畝五分二釐五毫,應徵錢六百五千五百八十二文,米十七石二斗九升,荳四十二石七斗七升。又團蕩田二十九畝四分八釐五毫。租息:一團荳一石二斗六升,二團錢七千四百八十,三團錢十千六百,四團錢六百,五團錢四千六百八十,六團錢十二千二百,七團錢七千,共錢四十二千五百六十文。合啚蕩田畝通徵錢六百四十八千一百四十二文。米荳在外,照市折價。

又院田坐落川境者:十七保十二啚地字圩田六畝四分一釐二毫,二百七十號九分三毫,二百八十四號一畝,一千一百十八號一畝四分,一千二百六號二分,一千二百七十二號二畝九分九毫。十三啚地字圩田三畝六分,五百二號一畝六分,五百八十八號二畝。十五啚地字圩田十四畝三分八釐八毫。三百八十三號三畝,四百八十一號一畝八分,四百八十三號二畝七分五釐,五百十七號一畝一分八釐八毫,五百四十七號一畝八分五釐,五百五十八號三畝八分。二十保(田)〔四〕啚黄字圩田八畝五分四釐一毫,三百二十七號四畝七分二釐五毫,三百三十二號一畝三分一釐六毫,四百二十二號一畝五分,二百七十三號一畝。五啚黄字圩田六畝六分一釐九毫,一百八十六號六畝六分一釐九毫。七啚洪字圩田十五畝,一百十三號一畝,一百二十九號一畝,一百四十五號一畝,四百三十號一畝五分,四百七十三號二畝,四百七十六號二畝,五百十一號一畝五分,五百十五號五畝。二十五啚閏字圩田十一畝。二百二十八號二畝五分,四百十七號七畝五分,四百八十九號一畝。共〔田〕六十五畝五分六釐,乾隆五十八年撥入院之安仁義學田四十一畝二分,亦在其内。歲徵錢八十六千九百三文。又蕩田三畝。八團二畝,九團一畝。二十保十六啚瓦房三間,基地二方,歲入租錢八千十四文。

案,此項田租以坐落在川境,催收未便,故自嘉慶二十三年始,即由廳衙門代徵移解在案。册檔匪毁後,亦請廳尊飭造於同治五年清糧案内,换給新單,常年除將應完廳屬條漕等用扣去外,餘錢歸公充費。

又案,書院田蕩畝數,胡《志》核見六百三畝零,今數較增百餘畝,意八十年來必有捐撥置買等情,緣册遭匪毁,追考爲難。又胡《志》所載絶田細號僅二百三十畝,則未絶者亦有移换。今無不絶之産,特將號數照單備載,以杜侵移。

另有撥院報買一團新沙地五千二十六畝,畝收草息錢三十二文,同治十三年知縣金福曾詳撥,歲可徵錢一百六十千八百五十八文。

附在院肄業生童:同治十三年,知縣金福曾甄别院課,録拔生員四人,童生二人。在院肄業,人給膏火錢月五千文,歲以十箇月爲率。即捐錢三百千文,逐月按給,課按月六期,自制義外兼課詩賦、策論,由山長評閲甲乙。嗣請作爲常例。歷年經費由在任官於草息項内支放,詳定在案。

賓興費:舊存公項,匪擾無存。惟先以息錢置買塘外新沙地三百畝在。歲收錢約九十千文。同治十年,知縣葉廷眷捐錢八百千文。十一年,知縣羅嘉杰以董稟項尚不敷,請撥河工羨錢一千二百千文,各存典生息,定於鄉試(筭)〔年〕提息錢七百千文,助應試諸生費,通詳在案,恩科照提。先於同治六年丁卯科,知縣葉廷眷捐洋銀二百元協濟賓興,歷任照捐如例。

另有一圍新沙地三千四十五畝，知縣金福曾詳請歸入賓興項内，報買撥定在案，畝收草息錢三十二文。

公車費：同治十年，知縣葉廷眷捐錢六百千文。十一年，知縣羅嘉杰又據董稟，撥河工羨錢六百千文，各存典生息。定於會試年提息錢三百千文，助本邑應試舉人費，詳定在案，恩科照提。

拔、優貢費：嘗於公車項内酌贈錢五十千文。同治十三年，知縣金福曾捐錢二百千文，存典生息。遇拔、優等貢進京，人多則盡息項，按人分給，以助朝考之費；或僅一人，則息雖有餘，亦不得過百千，詳定在案。

孝廉會課花紅：同治十三年，知縣金福曾先捐錢二百千文創爲此課。每課需給花紅錢二十千文，以十課爲率。即經詳定，常年於草息項内官爲支撥。遇會試課期減半之年，預將應撥花紅錢提給百千，作爲公車貼費。

芸香草堂，在惠南書院東，本昔文昌宫舊址。咸豐七年，知縣馮樹勳就胡令所增屋捐廉改置，詳請遵阮文達公西湖詁經精舍例，以經史詩賦課士於此，有學海淵源堂、梅花唫館、述齋等處。閘港監生周之德、新場監生易鈞各捐田畝，馮自捐錢三千貫存典生息，并爲月課、膏火、花紅費。原定常年分作六課，每課須七折錢六十兩。今因匪擾後，息項無存，課亦酌減，常年均爲四課，每課須給足錢三十千文。另須催租盤川及煙茶、紙筆等費約共十餘千文。歲於正月二十日爲阮文達公誕辰，以香燭牲醴致祭，酌費錢四千文。

捐入田畝共八十九畝七分八釐五毫。内周之德捐田，四十四畝三分六釐六毫。十九保八區四十四啚。龍字圩。一百三十七號二畝一分四釐九毫，一百四十四號五分，四百二十六號一畝五分，四百三十六號四分九釐三毫，四百三十七號一畝六分二釐五毫，四百四十五號一畝五分七釐六毫，四百七十三號四畝七分八釐，四百八十六號八分七毫，五百十二號二分，五百八十三號一畝七釐，五百八十四號四畝四分一釐五毫，五百九十四號二分二釐五毫，五百九十八號五畝二分三釐九毫，五百九十七號一畝四分，六百十三號一畝六分三釐一毫，六百二十七號一畝四分九釐六毫，六百三十一號二畝四分三釐一毫，七百七十六號一畝四分七釐。十二區四十二三啚。翔字圩。二百七十八號三畝五分五釐三毫，三百三十五號一畝五分三釐，三百七十一號三畝，三百一號三畝二分七釐六毫。易鈞捐田，四十五畝四分一釐九毫。十九保一區八十二啚。七百二十七號三畝七分一釐三毫。二區八十八啚。宇字圩。二百六十三號二畝四分四釐四毫，二百七十二號二畝四分三釐五毫，二百七十九號三分，二百八十三號五畝三釐一毫，六百六十六號二畝七分五釐。五區五十八啚，九十五號二分，九十九號二分七毫，一百號七畝，一百一號一分，一百三號七畝八分四毫。六十二啚。天竺字圩。九百九十五號一畝，一千四十號八畝六分七釐三毫，一千四十一號六分四釐一毫，一千四十四號一分，一千一百三十八號三畝一毫。

觀濤書院，在魯家匯鎮。府庠生徐樂緯倡捐田畝，稟請知縣陳其元詳建書院於鎮。便西半縣生童肄業，道府縣先後捐廉，乃即鎮東同善堂故址改建。正廳一間，次間一間，耳房三間。一月兩課，通詳立案。

松江府知府楊永杰《觀濤書院記》

觀濤書院之設，蓋由惠南書院而推廣焉者也。南邑舊有惠南書院，在縣署偏，月兩課，延山長爲主講，歷有年矣。而邑諸生之閉户潛修者鄉居，在魯家匯爲尤盛。離城窵遠，月一再至，勢必需舟資而曠時日，故雖有書院之名，而與課者幾絶跡也。董事李子日就、徐子樂緯等，請於署縣陳君，將鎮之同善堂而重建焉。陳君曰"善"，因首捐錢若干(緒)〔緡〕，屬李子、徐子爲之。度以門庭，揆以書廡，繚以牆垣，鳩工庀材，咸事其事，凡數閱月而成。俾諸生得藏修游息於其間，即今所謂觀濤書院者是也。曰觀濤何也？地逼海壖，潮汐之所至，而亦謂諸生之文之極乎韓潮蘇海之觀耳。顧其中山長之修脯，生徒之膏火，經費甚鉅，苟無以擴充，又何以歷久而不廢。因復請於當道，各捐廉俸。其富家咸奉私錢以爲助，誠盛舉也。落成之後，屬余爲叙，余因之有感矣。夫邑之有書院，佐學校而作人材也。故漢唐立經師，宋元以來又各有山長，國朝因之。其所以教育英才亦專且溥矣。顧士先器識而後文藝，孔子於弟子自孝弟謹信以及愛衆親仁而外，以其餘力學爲文辭，誠欲課實行而黜浮夸也，夫豈徒尋章摘句、循誦習傳云哉！然則諸生之學於觀濤者，必將講論乎道德之師，樂取乎敦行不怠者爲之友，使根柢深而踐履篤，而後發爲文章。學術由於斯，經濟由於斯。無事則秉(來)〔耒〕而橫經，有事則效忠而報國，明體達用，庶不負夫朝廷培植之初心，與夫當道者興建書院之至意也。不然者，規模制藝，斤斤於弋取科名，而或且流爲刀筆，豈惟無補於人材，抑且貽害於鄉曲，是則余之所深慮焉，而亦諸生之所深恥也。同治八年八月既望。

知縣陳其元《觀濤書院記》

相告相示，《禮經》詳儒者之見聞；小成大成，《學記》述人材之陶淑。伊昔劉寬作宰，善氣蒸於閭閻；文翁教人，學者比之鄒魯。要使有區立脚，從乃如登；且必排案埋頭，居方無陋。洵乎衆美畢具，三餘兼資也已。魯匯地居南滙鎮甲西偏，向多修德之竇鈞，不少忘餐之元晏。雖黨庠鄉塾，宏規未啓乎當年；而捨藥施棺，公所可稽於曩昔。乃者紅羊歷劫，黄鶴空存。雨漏風穿，僅賸三間之屋；煙荒草蔓，尚餘五畝之區。懼有基而勿爲，將成模之更拓。斯固都人士之願望，抑亦守土者之初心也。今者營室將(落)〔成〕，明如普照。善哉，(儒)〔孺〕子解囊，願割膏腴；美矣，諸生讀書，咸知振作。緣(其)〔具〕梯梁而卜吉，計兼書院以程功。特是善貴人同，事宜衆濟。敢辭創首，已争先分五斗之糈，所望同人，尚恐後〔助〕千倉之粟。韓章共舉，量鼓争操。庶幾不日可成，詎止十年之計。此際榆輸國寶，慨捐皆樂善之文人，他時草長科名，食報盡好施之種子。同治六年十月既望。

附捐廉數：蘇松太兵備道應寶時、涂宗瀛各捐洋銀二百元，松江府楊永杰捐錢一百千，知縣陳其元先後捐錢七百千，接任王其淦捐錢一百千，葉廷眷捐洋銀三十元。以捐項除營造各經費及自七年四月開課後一切支銷外，尚餘陳任捐錢五百千，存典生息。常年一分五釐。又知縣羅嘉杰於院中自置田項内捐貼錢二百千文。

捐置田畝共二百四十二畝八分四釐五毫。内徐樂緯捐田，九十八畝四分三釐一毫。十九保四十二、三啚，三百八十二號四畝一分六釐五毫，四百二號四畝。四十四啚，四百三十七號一畝五分，六百二十八號五畝三分四釐二毫。四十五啚，一百十三號六分八毫，一百十四號三分九釐四毫，一百八十七號一畝一分。四十九啚，一百三十三號一畝五分三釐三毫，一百四十六號二畝八分三釐四毫，一百四十八號一畝，四百五十九號五畝一分三釐三毫，一千一百八十號二分一釐四毫，准。五十啚。四百號一畝二分。奉邑十四保二十七啚。八百九十五號六分二釐，池。八百九十六號七畝九分五釐，八百九十七號六畝一分七釐六毫，九百五十七號三畝三分八釐，一千三百二十八號二畝一分九釐七毫。十五保十六啚，二百七十九號一畝一分五釐一毫。二十啚，一百七十九號一畝三分，一百九十二號二畝二分，三百二十二號三畝二分二釐八毫，三百七十六號三畝一分五釐一毫，三百七十七號四畝六分一釐四毫，四百六號三畝。四百十七號四分二釐三毫，池。四百十八號四畝五分九毫，四百六十七號二畝一分，七百六十二號一畝八分。二十一啚，二十一號四分三釐八毫，二百六十五號二畝，五百二十二號八分三釐三毫，五百九十八號一畝二分，六百八十一號三分，六百八十三號四畝六分二釐。二十二啚，一百二十一號一畝九分九釐九毫，二百六十五號九分五釐二毫，三百二號一畝三分八釐八毫，三百七十四號一畝七分三釐。二十五啚。二百六十五號一畝二釐八毫，三百十一號二畝一分二釐一毫，五百十號三畝。徐樂堯捐田，七畝一分八釐五毫。十九保四十六啚，二百二十六號一畝六分三釐五毫。四十七啚。三百二十一號一畝。奉邑十五保十七啚，五百四號一畝一分。二十二啚。四十九號一分三釐，池。五十一號三畝三分二釐。徐樂忠捐田，三畝三分二釐六毫。奉邑十五保二十九啚。八十七號九分五釐，八十八號二畝三分三釐三毫，八十八號四釐三毫，准。蔣飛、雲亭捐田，四畝二分一毫。十九保十九啚，七百號三畝九分五釐一毫，八百四十六號二分五釐，池。諸湘亭捐田，二畝五分八釐三毫。十九保四十六啚，八百四號二畝五分八釐三毫，徐樂成捐田，六畝一分八釐八毫。十九保四十二、三啚，五號九分四釐六毫，六號二畝一分三釐七毫，七號一畝三分五釐五毫，四百一號一畝七分五釐。王晉堦捐田，四畝三分九釐。十九保五十六啚，七百十四號四分七釐三毫，七百二十九號三畝九分一釐七毫。黄子卿捐田，二畝一分三釐。十九保八十二啚，三百九十三號二畝一分三釐。方珠霖捐田，六畝九分七釐九毫。十九保六十二啚。八百六十九號四分一釐，池。八百六十九號一分三釐，池。八百七十一號四畝三分三釐九毫，八百七十一號一畝三分，八百七十二號三分六釐六毫，池。八百七十二號一分四毫，池。奉邑十五保二十七啚。五號二畝，二十三號二畝三分三釐。徐樂炳捐田，二十五畝三分三釐八毫。十九保四十二、三啚，三百七十三號三畝三分，三百七十七號二分。四十四啚。二百二十八號六分。二百三十五號七分八釐，池。五百五十四號二畝二分七釐八毫，六百二十六號一畝一分，七百七十號一畝九釐五毫。八百九十二號五分九釐八毫，准。八百九十二號七釐八毫，准。八百九十二號二釐二毫，准。奉邑十五保二十五啚，五十三號二畝八分四釐四毫，五十四號一畝四分七釐五毫，二百二十八號二畝八釐六毫，二百六十號二畝一分二釐九毫，三百十九號一畝一釐二毫，三百二十一號二畝二分。二十六啚。四百二十九號二畝五分四釐一毫。徐古心、菊坪捐田，五畝九分三釐八毫。奉邑十五保二十三啚。三十一號一畝七分三釐八毫。八十二號七分六毫，池。八十六號一畝五釐，八十七號八分六釐四毫，六百二十四號一畝五分八釐。王叔裘捐田，三十畝三釐一毫。十九保四十二、三啚，七十七號六分三釐六毫，七十八號二分六釐五毫，三百七十九號四畝八分六釐。四十四啚。八號八分四釐四毫。奉邑十四保十九啚。七百六十五號六畝一分。十五保十五啚，四百七十號九分。十六啚，十八號三分五釐一毫，十九號五分一釐三毫，二十二號二畝三釐五毫，三百五十五號一畝四分九釐四毫。十七啚，四號二畝七分，三十號二畝。二十二啚，一百三十八號一畝六釐。二十三啚，三十號三分，池。三十五號二畝一分九釐七毫。二十七啚。十五號二分七釐六毫，二十號二畝，一百七十一號八分，三百十三號七分。蔣秀嚴捐田，一畝四分七釐四毫。十九保二十九啚。五百五十四號一畝四分七釐四毫。徐修齊捐田，八畝五分四釐八毫。奉邑十五保四十啚。二百五十四號一畝三分，二百五十五號一畝八分六釐二毫，(一)〔二〕百五十六號二畝七分二釐一毫，二百五十七號二畝六分六釐五毫。院内自置田，三十二畝一分三毫。十九保九十二啚。二百七十二號二畝六分五釐二毫,二百七十八號八分九釐四毫,二百八十八號三分五釐四毫,二百八十九號一畝九釐,二百九十號九分二釐四毫,五百五十五號一畝二分四釐五毫,五百七十一號二畝八分,五百八十五號二畝四分一釐三毫,五百八十六號二畝八分七釐五毫,五百八十七號三畝五分六釐三毫,五百八十八號三畝四分三釐五毫,五百八十九號一畝三分,五百九十號一畝五分,六百八十號二畝七分九釐,六百九十六號一畝九分,六百九十七號二畝三分六釐八毫。歲共徵折足錢一百五十九千一百三十二文,額米一百三十石九斗。另有一團沙灘三千畝,知縣金福曾於同治十三年詳請撥歸院中,報買在案。畝收草息錢三十二文。光緒元年起,内除催租費一成。

鄉　約

城中在萬壽宫,鄉鎮在義塾。

康熙九年十二月,頒聖諭十六條於天下。雍正二年,頒《御製萬言廣訓》於天下。定制每月朔、望,有司恭謁文廟。畢,詣明倫堂。司鐸紳士皆坐,擇諸生升壇,鳴鼓講讀,編氓拱立以聽。諸鄉鎮亦各擇行能之士,照例於公所講讀。古者講射讀法,無非教民謹身率義,使不入於匪僻,以成親遜之風。我朝頒行鄉約規條,一句一字皆民生日用頃刻不可背離之義,較古更爲詳備。

同治七年,知縣陳其元諭設各鄉鎮義塾,又重刊鄉約規條,頒發義塾講論。嗣後,司鐸每年巡鄉輪講,至今奉行。

鄉　飲

順治二年,順天府詳查鄉飲酒禮,移禮部題請頒行鄉飲酒禮圖式,令京府及直省府州縣每正月望、十月朔日,舉行於學宫。

附《鄉飲酒儀注》

舉行前一日,執事者於明倫堂依圖陳設坐次,司正率執事習禮。至日,主及僚屬、司正先詣學,遣人速僎、賓以下。比至,執事者報"賓至"。主偕僚屬迎於庠門外以入。主東,賓西,三揖三讓而升堂,東西相向立。贊兩拜畢,皆坐。僎至,介至,儀亦同。既齊至,各就位。執事者唱"司正揚觶"。執事者引司正由西階升詣堂中,北向立。執事者唱"僎賓以下皆立"。唱"揖",司正揖,賓僎以下皆揖。執事舉酒授司正,司正曰:"恭惟朝廷率由舊章,敦崇禮教,舉行鄉飲,非爲飲食。凡我長幼,各相勸勉。爲臣盡忠,爲子盡孝,長幼有序,兄友弟恭。内睦親族,外和鄉里。毋或廢墜,以忝所生。"讀畢,執事唱"司正飲酒"。飲畢,以觶授執事。執事者唱"揖"。司正揖,賓僎以下皆揖。司正復位,賓僎以下皆坐。唱"讀律令"。執事者舉律令案於堂之中,引禮引讀律令者詣案前,北向立,唱"賓僎以下皆立",行揖禮如前。讀畢,復位。執事者供饌案,執事者舉饌案至賓前,次僎,次介,次主,三賓以下次第舉之。執事者唱"獻賓",主起席,北面立,執事斟酒以授主。主受爵,詣賓前,置於席,稍退。贊兩拜,賓答拜。訖,執事又斟酒以授主,主受爵,詣僎前,置於席,交拜如前。儀畢,主復位。執事唱"賓酬酒"。賓起,僎從之。執事者斟酒授賓,賓受酒,詣主前,置於席,稍退。贊兩拜,賓、僎、主交拜。訖,各就位。介、三賓、衆賓以下,以次斟酒於席。訖,執事者唱"飲酒",或三行,或五行，供湯。又唱“斟酒飲酒”，供湯三品畢，執事者唱“徹饌”，候徹饌案。訖，唱“賓僎以下皆行禮”。僎、主、僚屬居東，賓、介、三賓、衆賓居西，贊四拜。訖，唱“送賓”。以次下堂，分東西行，仍三揖，出庠而退。凡鄉飲酒禮，序長幼，論賢良，别奸頑。其坐席席間，年高有德者居上，高年淳篤者並之，以次序齒而列。其有違條犯法者，不許干與良善之席，違者罪以違制。敢有喧譁失禮者，揚觶者以禮責之。主，府知府、州知州、縣知縣；如無正官，佐貳官代位於東南。大賓，以致仕官齒爵德服人者居之，位於西北。僎、賓，擇鄉里年高有德之人，位於東北。介，以次長，位於西南。三賓，以賓之次者爲之。三僎亞於僎，位於賓、主、介、僎之後。除賓僎外，衆賓序次列坐。其僚屬則序爵。司正以教職爲之，主揚觶以罰。贊禮者，以老成生員爲之。

乾隆乙巳十月，頒御製補笙詩六章，令佾生演習而歌之。

工歌《南陔》三章，二章章六句，一章章八句。我（自）〔逝〕南陔，言陟其岵。昔我行役，瞻望有父。欲養無由，風木何補。我逝南陔，言陟其屺。今我行役，瞻望有母。母也倚廬，歸則甯止。南陔有筍，籜實勹之。孱孱孩提，孰噢咻之。慎爾温清，潔爾旨肴。今爾不養，日月其慆。

工歌《白華》四章，章六句。有白者華，不污纖塵。咨爾士兮，宜修其身。不修其身，乃貽羞于二人。有白者華，婉兹静好。咨爾女兮，宜修婦道。不修婦道，乃貽羞于二老。白華匪玉，涅而不淄。白華匪蘭，芬乃勝之。我擷白華，載咏載思。白華匪玉，質玉之令。白華匪蘭，臭蘭之浄。我擷白華，載思載咏。

工歌《華黍》三章，二章章四句，一章章五句。瞻彼阪田，厥黍始華。胝足胼手，嗟嗟我農夫。瞻彼阪田，黍華以秀。胼手胝足，惟勤斯殖茂。華有不秀矣，秀而不實矣。其雨其雨矣，（果果）〔杲杲〕日出矣，惄予愁之恤矣。

工歌《由庚》四章，章四句。王庚便便，東西朔南。六符調燮，八風節宣。王庚容容，朔南西東。惟敬與勤，百王道同。王庚廓廓，東西南朔。先憂而憂，後樂而樂。王庚恢恢，南朔東西。皇極孰建，惟德之依。

工歌《崇邱》三章，章六句。澗松童童，蛙黽鄰兮。邱草萋萋，蕩青雲兮。凡百君子，慎乃托身兮。澗松童童，澗則卑兮。邱草萋萋，邱則崎兮。凡百君子，審乃所依兮。有崇者邱，物無不遂。有卓者道，愚無不知。資生育德，永植無替。

工歌《由儀》四章，二章章四句，二章章二句。在上曰天，在下曰地。君君臣臣，父父子子。在下曰地，在上曰天。父父子子，君君臣臣。由其儀矣，物則熙矣。儀其由矣,物則休矣。

義 塾

順治九年,題准每鄉置社學一區,擇文義通曉行誼謹厚者,補充社師,免其差役,優給廩膳。提學按臨月造姓名册,申報備查。

惠南義塾,在城南城隍廟東。最先設立,前後兩進,知縣胡具體倡建,邑人祝爾和捐置田畝。乾隆三十二年,邑人王復培嘗捐膳修兩載,延金國鑰爲塾師。後廢,田移并書院。道光二十年間,又於各質庫集資,延邑廩監生金沐仁教讀頗久。咸豐七年,知縣馮樹勳捐廉重修。今四門已各設一塾,以此爲南門義塾。

芸香義塾,咸豐八年知縣馮樹勳捐置。本設於今文昌宫正殿西(厠)〔次〕間,現仍其舊,爲東門義塾。

養正義塾,設武聖宫後,即東浦草堂故址。同治八年,職員唐堦等稟縣置,是爲西門義塾。

成始義塾,設章鄧二公祠内。同治十一年,知縣羅嘉杰諭董陳爾賡、蘇學海等添設,爲北門義塾。

各鄉社學,合周浦、新場、大團、杜家行、閘港、北蔡、航頭、六竈、沈莊、三竈、鶴沙、横沔、竺橋、張江栅、四團倉、六、七團、二團、魯家匯、坦直橋、召稼樓、御界橋凡二十一處。同治七年,知縣陳其元詳設,諭董延師各就地方公所教讀,而以秤餘銀充給修資。按,新場、航頭、召稼樓、閘港四塾旋奉裁,别於三墩、董家村、十六保、馬衖堂等處添設。原詳每鎮一塾,後以御界橋生徒頗衆,知縣金福曾准分兩塾。

理真社學,在俗名泥城内。同治六年,崇明彭以藩設,并集捐田九十四畝爲塾師修脯,知縣王其淦給文興海澨匾。同治十三年,以生徒衆多,分東西兩塾。

捐入田畝共九十四畝:内彭以藩捐田南天字號二十畝,沈志剛捐田南地字號十畝,施德茂捐田南利字號五畝,趙嘉賓捐田北利字號四畝,張昆玉捐田北和字號十畝,邱紹良捐田北利字號四畝,陸道學捐田北地字號四畝,郭大邦捐田南利字號五畝,施大茂捐田北利字號三畝,顧金寶捐田南人字號二畝,郭鳳章捐田南和字號五畝,朱丙火捐田南利字號五畝,陳世蘭捐田南時字號五畝,趙國良捐田北地字號三畝,趙振文捐田北地字號三畝,朱玉林捐田北天字號二畝,徐大良捐田北時字號二畝。

敦仁義學,在二十保二啚鄉約所。雍正十三年,里士秦秉謙等捐田創建。至乾隆五十八年,來學者少,秉謙子應紱等將所存田畝,呈請知縣胡志熊移入惠南書院。同治十三年,里人復於此設塾,知縣金福曾批示修資由縣暫給。

按,舊尚有鶴沙義塾,在下沙鎮,元里人瞿時學建,戴良記,見松江府宋志。方氏義塾,在石筍里,今受恩橋南首閔家灣,即其舊址。明嘉靖間,里人方鏞建,有何繼之、洪富二記,見上海縣舊志。安仁義學,在八團,見胡《志》。今皆廢。

祠祀志

壇

社稷壇，在南門外。雍正五年置基地八畝二分二釐五毫，東至官路，西南至溝，北至水灘。春秋二仲以上戊日致祭。欽《志》，胡《志》同。

附碑記

先儒陳祥道謂：社所以祭五土之祇，稷所以祭五穀之神，以其同功均利而養人故也。《周禮》州長以歲時祭祀州社。後世因命郡縣祭社稷。皇上軫念民依重農務本之意，無遠弗屆，每歲親詣王社，爲民求福報功。而州縣官亦例得於所屬之邑，置社以祀。雍正四年，連奉簡命，莅兹新置邑。敬擇南郊潔凈爽塏官地若干畝，不編丈册，正賦無損，爰築社稷神壇，每春秋上戊日，率屬員祭之。祝曰：社報土功，稷祈穀熟。利賴實均，民人以育。惟我皇朝，務農重穀。王社必親，徧勵所屬。連承簡命，爲民禱祝。潔蠲視牲，薦陳血肉。一邑之衆，敬無敢瀆。神其居歆，永錫禔福。雍正六年仲秋買石記之。長興欽連撰。

風雲雷雨境内山川壇，在社稷壇東。雍正五年，置基地十畝三分五釐，東北至溝，西南至演武場。每春秋仲上戊日致祭。欽《志》，胡《志》同。

附碑記

《月令》孟春，命有司祀山林川澤，季冬之月乃畢。山川之祀，歷代皆然。本朝因前明之制，令縣官於屬境築壇祀之，以報布斂雲雨之功，爲民祈膏澤焉。雍正四年，長興欽連奉命莅兹新邑，於南門外得官地若干畝，建山川神壇，不編丈册，正賦無損。每春秋仲月上戊日，率屬致齋以祭。祝曰：相時出雲，按律通氣。陰降霜凝，陽回雷厲。名山名川，羣神羣祀。風伯雨師，用偕燮理。感召諸休，驅除百沴。山鬼山蜚，永令藏棄。雍正六年仲秋勒石記之。長興欽連撰。

東海神壇，雍正四年擇建東門外，有地一畝。欽《志》。乾隆四十年，知縣成汝舟改建於南門外演武廳東側，更名龍王廟。五十七年，知縣胡志熊重修。每二仲上丁日致祭。胡《志》。咸豐六年，知縣馮樹勳重修。以上諸壇，並遭匪毁，今暫在城隍神廟行禮。

附祝辭碑記

海爲百谷王，神豈不靈。雍正四年春，余奉命來宰是邑。邑以海爲包幕，商舶往來,居民生植,一視諸潮汐渟泓,波平風輭,此際含澤布氣,惟賴神之呵護。謹於邑東郊買地,築壇以祀。祝曰:抑揚蘭佩,麾掉桂旗。神之陟降,實式憑斯。向若而悚,享祀孔時。商民永奠,令亦賴之。雍正六年秋,南匯知縣欽連記。

先農壇,在西門外。雍正五年,知縣欽連建,共田五畝九分,内以四畝九分爲耤田。胡《志》。據今報,東至郁田,西至劉墳,南至馬路,北至李田。咸豐六年,知縣馮樹勳捐修。後遭匪燬,同治九年重建。詳具《建置志》。

附壇記

欽惟我皇上敬天勤民之意,有加無已。每歲親耕耤田,爲民祈穀。又欲俾守土之官,咸知稼穡艱難,通其禮於臣下,特命部議,制爲定典,於雍正五年爲始,自府尹、督撫及府州縣衛所等官,率屬員、耆庶恭祭先農於壇,照九卿耕耤例行事,誠曠典也。連承乏新邑,謹遵定制,於縣治西門外,購置民地若干畝爲耤田。田後建先農壇,制高二尺一寸,寬二丈五尺。壇後建房三間,中供先農神位,東儲祭器、農具,西儲耤田米穀。更建配房各一間,東置辦祭品,西令守壇民居住。壇房、耤田外,周圍築土爲牆,開門南向。歲遵頒行祭日,預期致齋,率屬員、耆庶祝祭神壇。畢,行耕耤禮,知縣秉耒,佐貳執青箱播種,耆老一人牽牛,農夫二人扶犁,九推九返。農終畝。秋成,收耤田米穀,供本地祀典粢盛之用。爰志所始。凡我官吏人民,尚其重農務本,仰體聖天子朝乾夕惕、錫福惠民至意毋懈,是爲記。雍正六年仲秋,南匯縣知縣欽連撰。祝曰:土穀之祀,報功第一。穀自先農,繼配以稷。后土並尊,社稷是式。古典一視,不復别白。緊我聖朝,欽崇稼穡。農實養生,遠溯先澤。爰立壇廟,統厥土德。徧詔長民,秉耒謹飭。惟神陟降,享祀無忒。庇我蒸黎,庶永粒食。

廟

關帝廟,舊在南門内。明永樂八年,千户張敏建。正德十年,指揮僉事張文光,國朝雍正六年,知縣欽連以次重修。欽《志》。乾隆三十九年,知縣成汝舟移建於西門内。胡《志》,本顧侍講成天舊宅。向(例)〔列〕羣祀。咸豐三年,國子監司業保極奏請升入中祀,以四年春爲始。七年,又頒御書"萬世人極"扁,自京師及天下春、秋二仲月諏吉致祭。儀節畧如文廟,樂用六成文武,舞並用八佾。五月十三神誕日告祭,不作樂,不徹饌,供品用鹿、兔、酒、果。後殿祀帝曾祖光昭王、祖裕昌王、父成忠王,雍正五年,以公爵封帝先代。咸豐五年,太常寺疏奏既升中祀,其先代應請照文廟崇聖祠禮,乃進王爵。爲三王殿。即顧氏東浦草堂西南隅。廟經匪亂,獨不毁。同治四年五月,以大風雨坍照牆及殿後戲臺,知縣王其淦諭董修照牆。因祀典嚴重,廢戲臺,即以殿左餘房設立養正義塾,歸同善堂經理。

知縣成汝舟《移建關帝廟記》

乾隆辛卯春,予奉命來南邑,祇謁先師,旋詣帝廟。見陋宇荒階,隤然湫隘,即思鼎新,更諸爽塏,而未得其地。越明年,訪得顧太史舊宅,深廣正當兑隅,即捐金置爲廟址。而城中紳士及各啚圍之民聞之，無不踴躍，不待勸而樂輸者數千餘家。時鄉先生、密縣尹吴公適丁艱返里，乃請於讀禮之暇，董爲經畫。遂與同學諸子繪圖定式，購材鳩匠，相其屋基，拓其舊宇。宏締構，峻規模，高門三闢而重啓，前極大展而長騫。巍中殿以奉神位，啓聖殿以尊三公，左右厢室，東西丙舍，齋宫中閟，象殿後崇，其間層樓廣厦，曲榭長廊，連亘相通，丹碧交焕於象殿之前，崇臺飛構以奏樂迎神。後院中修平攘剔，使雅潔寬閒，爲栽松種竹之地。蓋至是而後，帝與先師之廟，東西並峙，始克配焉已。斯廟之建，經始於癸巳六月，告成於乙未七月。爰記其創作顛末，鐫於圭石，以垂無窮。鄉先生吴公與同學諸君規畫經理之功，例得書石。公名世賢，諸同學則金子承恩、楊子一瑾、宋子思進、鞠子大勳、李子寅與李子長發也。外有廣善堂金老人在田，餘皆另石備書云。

廟在鄉鎮見前志者有九，兹以祀典嚴肅，不能達於齊民，未敢褻載。僅登周浦廟記一則，以概其餘。

附知縣胡志熊《周浦關帝廟記》

關帝廟自京師達於天下幾千所，其在外則行省尚書、侍郎至州縣之長吏，春秋率僚屬，以太牢致祭。朔望焚香九頓首，著於令甲。先師孔子同。其尊崇之典若是，而殿廡門庭褊迫陋庳，不足以肅觀瞻而嚴對越，豈非守土者之責乎？周浦鎮距南匯五十里，民殷土沃，百貨流衍，爲一縣甲。南匯歲漕六萬餘石，其輸納皆於周浦。長吏以時徵斂，因即治文書、聽獄訟於其地，一歲中，率三四月留。鎮東舊有關帝廟，近市湫隘，(安)〔妥〕侑有闕，靈爽弗憑。志熊來莅兹土，朔望展敬廟下，怛然唯不共是懼。暇日，與三林巡司陳君度得永定寺東偏藥師殿廢址，迺即而新之。殿屋三楹，門屋五楹，東西步廊，左右序室，度木戒工，以序營構。役不煩而既，財不費而足，廢者以興，陋者以華，囂者以静，弛者以嚴，悦於民而惠於神。上稱朝廷尊崇之典，下盡有司昭事之誠，胥於是乎在，爰記其事於石。

文昌宫，在惠南書院東，隔一水。嘉慶十年，知縣張昌運即書院東廳料改建，嘗設文廟灑掃會於此。遭匪燹，僅存正殿。同治十二年，知縣金福曾捐廉諭董籌款重建，越歲工竣，以費缺，制猶未備。以二月初三神誕日告祭，春秋祭諏吉，禮節畧如關廟。

附知縣金福曾《重建文昌宫碑記》

《太史公書》文昌宫有六星，而《周官・大宗伯》司中、司命獨預槱燎之祀，天府所掌則有司禄焉。今世崇祀文昌，謂主人科名禄命，賞善罰惡，是即司中、司命、司禄之職，而魁星每附焉，則奉爲戴匡之星明甚。道書乃有十七世化身始末，儒者釋之，則比於維嶽降神及五人帝爲帝坐星之類，幽明之理難以臆決，有其舉之，不可廢矣。國朝嘉慶六年，文昌之神列於羣祀，咸豐六年升中祀，有加禮焉。南邑文昌宫，創自乾隆二十九年，在惠南書院之左。道光九年，徙置水東。咸豐末，毁於寇。越十三年，福曾既承乏兹土，咨於邑諸君子，権工二百六十萬餘錢，爰倡蠲廉率錢五之一，都人士皆踴躍出資。經始是冬,不三月而竣。大門内前聽事中殿皆有東西厢,殿左右廊各五,後殿奉神先世。上有樓,東西有房,如故制,其魁星閣則將以繼事焉。歲二月,與諸君子行禮於此,福曾舉靈皋方氏之言曰:人受天地之中以生,既生而有形氣,又必有制其死生脩短之數者。王者相協,生民之中,欲登之於仁壽而消其疵厲、夭札,故特立神號以祀之。大哉言乎!惟神賞善罰惡,與國家崇德右文之典,實相表裏。然則凡承祀於庭者,當體司中、司命之旨,以修身立命,斯學焉而禄在其中。《傳》曰:禮不虚行,固非徒餼牲酒醴之備、衣冠跪拜之節云爾。此福曾所急欲與都人士講明而共勉之者焉。諸君子皆以爲然,請勒諸石。乃不辭而爲之記。

天后宫,在縣治西南隅知止庵旁。乾隆五十八年,知縣胡志熊建。道光七年及二十二年,知縣楊承湛、范鳳諧歷次重修。

丁壬宫,即水火神廟,在東門靖海橋西北向。乾隆十一年,知縣胡具體建。四十四年,知縣成汝舟重修。胡《志》。歲以六月二十三日致祭。胡《志》作"十三日",誤。咸豐十一年,遭匪毁。同治三年,知縣徐本立據董稟集捐重建,勒碑於廟。

附知縣徐本立《重建水火神廟碑》畧

水火之神,有功於民,奉載祀典。余以同治二年九月來任縣事,縣人士因廟被匪毁,祀祭無所,乃於三年七月鳩工重建,迄五年四月工竣,而余已於四年調任去,因以書來乞碑文示來者。噫!余豈有造於斯邑哉!江蘇州縣自遭匪擾,民力已竭,民氣未舒,有牧民之責者,求副其實,蓋戛戛乎難之。今歲幸有秋,民皆樂業,固由聖人軫念民生,感召祥和所致,抑兹水火之神實嘉賴焉。記曰:有功德於民,則報之。水火神爲功已久,以余任事才二年,縣人士猶不余咎,余其敢没神貺。謹列於石,以永保障之靈,俾無水旱。將小民之受福,方自今始。云云。

八蜡廟,在東門内。乾隆四十一年,知縣成汝舟即猛將廟拓舊址以祀蜡神,而奉猛將以下如初制。胡《志》。同治元年,遭匪燹,僅存小樓耳房。八年,知縣王其淦、葉廷眷先後捐廉,合紳董各民户集資興復。詳具《建置志》。

附葉鳳毛《新建八蜡廟記》

南邑濱海,地高仰,土性雜沙,稼不甚宜稻,植木棉者過半,而間以豆。水皆細流高岸,艱於灌輸,而木棉尤畏雨潦。每至七月處暑前後,有颶風挾雨,自東北卷海潮而來,土人謂之風潮,爲吾邑農田居室之害。自我邑侯虚齋成公臨莅以來,曰暘而暘,曰雨而雨,風潮不作,民物康阜。邑之人,以天時人事之感應歸我侯。侯則曰:反風渡虎,昔人謂爲偶然,余奚敢承。繄惟冥冥中有默相之者乎?乃考古(人)〔八〕蜡之祀,始自伊耆,沿用於三代,其祝辭曰:土反其宅,水歸其壑。昆蟲毋作,草木歸其澤。其功也如此,其望也如此,顧不重歟?雖我朝未頒甲令,然我民祈永貞,報獲福,詎可後也。爰命司事,即城東隅猛將神廟恢拓舊址,别構殿以祀蜡神,易其名曰八蜡廟,而祀猛將神以下如初。越歲乙未,江南自冬及春無雨,吾邑海涯,孽蟲大作,生翅股若蝗,食蘆殆盡，驅坑之不已，人情大恐。時廟工未半，侯齋戒虔禱於神，率衆刻期撲捕，蟲忽凌空西遊，盡殲於浦濱。尋甘雨大霈，殘蘆〔復〕萌。邑人感茲靈應，踴躍薦貲。侯不時臨視，指授程度，屆冬蕆事。棟宇宏敞，丹青絢采，巍然炳然，允愜人望。落成之日，邑父老設醮張樂，肅將奠獻，慶廟貌之維新，植物之攸賴。八靈依位，千秋崇饗。是非明神之厥功章明，曷能使大工之立辦？非吾侯敬神重農，曷能使隆古祀典創興於今？兹人事既備，神用順成。嘉苗歲登，飄驟式遏。神之休，侯之勤，均不可以無紀。用是礱石綴辭，道宣德美，仰答顯貺，永垂後觀。

劉猛將軍廟，自易八蜡名，而仍別祀其中。雍正十二年，詔有司歲於冬至第三戊日及正月十三日致祭。咸豐七年七月敕加保康號。《禮部則例》神名承忠，元時官指揮，能驅蝗。元亡自沉，世稱劉猛將軍。其各直省府州縣立廟，則自雍正二年始。按，神能驅蝗福民，所在有廟。然制俱庳陋，不能徧載，兹概省。

旗纛廟，在都司署左。欽《志》云：明洪武二十二年，千户陳盟建，定制每歲霜降日，各營官先期齋戒，自演武場迎旗至廟，守禦官戎服致祭，行三獻禮。胡《志》同。今署爲寇燬，廟亦未復。

城隍廟，在縣治西南。明洪武年，千户陳盟建，錢福有記。本朝雍正六年，知縣欽連改造大門、儀門。欽《志》。乾隆四十九年，知縣張大器倡修。每歲春秋仲月，附祭於山川壇。胡《志》。咸豐末，遭匪燹。同治三年，經董措捐復舊。

附知縣張大器《重建城隍廟記》

南匯爲上海分治，建設創始數十年來，凡在祀典諸祠宇，亦既次第舉而新之矣。獨城隍廟因陋就簡，尚從其朔，豈鞏力之尚有待歟，抑何宜新而久未之新也。夫城隍廟之神，歲莅邑厲壇者三，制有專祭，曰城、曰隍，此天子所命以相兹土也。亞乎社，秩視邦伯。禮侯堂七尺，臺門，則斯廟之不宜卑庳也明矣。有廟而不協於制，其何以妥神靈乎？癸卯歲，余來知邑事，將作而新之。會邑人士亦以願新城隍廟請，余嘉其有同志也，首捐廉以倡，邑人士競出朱提，勷其役。爲築土以高其基，砌石以廣其址。即前所建之大殿，而恢擴其規模。仍其寢宫燈樓宅門，而内之兩側廳則新建也。戲樓傾圮矣，重整焉。易兩廊之廨宇爲樓，俾與戲樓相稱。始建頭門、儀門，並新左右五路、土地二祠。起照牆，樹轅栅，鼓吹有亭，旗纛有臺。更添設兩班房於頭門之外。不期年而廟成，赫赫明神殆默相之矣。於是而邑之駿奔走於宇下者，咸得入廟告虔，仰荷神庥焉。邑人士請書其語於石，因作詩二章以遺之，使歌以祀神。首章曰：莪莪雉堞，東海之濱。建邑設牧，頒禄授民。布政有宰，昭鑒有神。彰善癉惡，敕命諄諄。陰陽分理，奉職維均。洋洋如在，肅肅明禋。陳牲薦醴，神兮來歆。次章曰：風馬雲車，虹流電掣。瞻視廟堂，穆清淵默。官守何常，神司專壹。時若雨暘，降祥頌德。户比絃歌，境鮮盜賊。囹圄空虚，倉箱充實。於萬斯年，惠此南國。胡《志》。

案，城隍之名見於《易》，其祀昉於蜡之坊與水庸。然曰城、曰隍，固惟在縣治者爲主。今鄉鎮祈報之所，皆冒稱城隍，實即鄉土地。前志附列邑廟後，義似未當，今概歸卷末。

邑厲壇，在北門外，知縣欽連建。東至化人壇，西至義塚，南北俱至河。祭法，鬼有所歸，乃不爲厲。昉明洪武三年，我朝因之。每歲三祭，清明、中元、十月朔，皆迎城隍神爲主祭。胡《志》。遭匪毁。光緒二年冬重建。

祠

名宦祠。

鄉賢祠。

忠義孝弟祠。

節孝祠。上俱見《學校》。

附乾隆三十八年訓導吴昌宗《重建節孝祠記》

節孝祠舊在縣治之西，基址狹小，且地臨犴狴，位置非宜。乾隆癸巳春，邑侯虚齋成公，面諭各節裔公，議移建於文廟西北隅隙地，皆踴躍樂輸。當委學宫董事揚一瑾、宋思進、鞠大勳、金承恩、姚安國等，鳩工庀材，共襄厥事。凡爲正祠五間，門房倒座三間。高其棟宇，繚以周牆，不數月而落成。與重建忠義祠前後相望，規模加宏敞焉。竊惟共姜守義，採其風詩，杞婦銜哀，彰諸傳記。貞節之關於風俗人心者大矣。南邑濱海之區，人尚氣節，故雖婦女，尤多烈行。然苟非敦詩説禮，沐聖人餘教，其能苦節著於生前，芳名垂於亦禩也哉？今得附禮門義路之旁，以妥其靈而歆其祀，抑何幸也。而我邑侯扶翼聖教，振興祀典之意，亦於是乎備矣。是爲記。

附上海曹一士與欽明府書

節孝一祠，惟題旌者得與，此功令也。然世代既遠，或子姓微弱，必不能上聞。則有真節真孝，名光史册，而終不得與者矣。非賢父母斟酌而表彰之，何以上宣德意，下慰幽魂？昨承命，即詣祠，遍閲木主，惟現有子孫及新被旌者數家，恐非聖朝廣搜側陋之美意也。因退取志書，再三檢勘，若但録旌表，則掛漏實多。若於未旌中，復加去取，偏私滋甚。今請製造大木牌二，細書深刻，一顔之曰旌表節孝，一顔之曰志載節孝，姓名以次横列於下。旌表者供堂之正中，以尊王命。其志載者，即供於正中之左右。如此功令既無所混淆，孤芳又不至湮没。微賤之家莫不感奮，於激勵人心之道，庶有當乎。謹呈牌式二紙，伏望即賜裁定，發樣付工，并空餘地，使爲續刻，尤荷明德於無窮矣。

乾隆五十八年，知縣胡志熊仿置大石碑五。中一碑刻旌表節孝，左右列碑四，刻志載節孝。并空餘地，使可續刻。

縣土地祠，在縣治儀門右，邑令春秋致祭。

學土地祠，在學署内，學官春秋致祭。

倉土地祠，向在周浦白糧倉西南隅。咸豐三年倉燬，移祀縣治長平倉。同治十一年，改長平爲積穀，祠移内署。

章、鄧二公祠，在縣治西首。咸豐六年，知縣馮樹勳據稟，詳準當就錢姓宅改建。章公祠祀前邑令章惠。同治三年，知縣徐本立又據稟，詳準爲前邑令鄧賢芬建祠，旋擬合祠，遂稱章鄧二公祠。監生嚴桂馨祔焉。有司春秋致祭。詳《建置志》。捐存田畝細號另立。

忠勇祠，在東門内，明嘉靖三十年建。祀李府及子香、猶子黍，有李日章記。

羣英祠，在東門月城内。祀鄭總兵、方太守、王游擊、侯指揮、楊同知、孫范二守備，以德政及民，因胥肖像以祀。初不在一處，順治七年，分守南匯所游擊李耀春建以彙祀。

清風祠。在下沙場。祀郡分司夏之彦，建於明崇禎九年。

上三祠或毁，或僅存(在)〔址〕，胡《志》已然，今均無蹟矣，存其名以備考，猶前志意也。欽《志》尚有葉公祠，祀明巡鹽御史葉永盛，即今一團城隍廟。

雜祀廟宇

周浦城隍廟，在西市。舊爲杜浦廟，祀上海縣神秦裕伯。雍正年，分縣建倉，里人王炳捐宗祠餘地，改爲邑護倉城隍廟。歷有修葺。同治元年，遭匪毁，知縣葉廷眷捐鋪大殿方磚及護栅神厨。今兩厢樓房存捐待建。

新場城隍廟，在千秋橋東，咸同間，遭匪燬。同治四年，里紳士募捐重建。後進東偏耳房爲善堂公所，諸較舊規加壯，惟大殿未營。

一團城隍廟，本葉公祠，祀明巡鹽御史葉永盛，後即奉爲場境城隍。乾隆四十七年，鹺宰董詳照祀神例，請(絡)〔給〕厲祭銀兩。遭匪擾全燬。場大使劉元鎧倡捐募建。

航頭城隍廟，在西市，稱府城隍，行署頗宏敞。

杜行城隍廟，東西市兩所。東廟，徽商楊姓於康熙末捨宅成之，歷有添造，道光十八年重修。今並存。

六竈城隍廟，建於康熙初。嘉、道年，里人申錫璜及子錦華募捐重修，添建房廊字藏。上所載，畧見前志。案，鄉鎮間稱邑廟者，固皆鄉土地，要猶鄉里所應祀，故較他廟宇采登畧備。他如張江栅、北蔡、撥賜莊、下沙、沈莊、二團皆有城隍廟，其非專祀與不中程者不及。

純陽帝君殿，在關廟左。即顧氏花語山房址。乾隆三十九年，知縣成汝舟與關廟並建，寇毁重修。

東嶽廟，在縣城南門内。明永樂年，總旗宫庸建。咸豐十一年，寇毁。同治四年建，復大殿。

附明徐階《南匯所東嶽廟記》畧

金山之(匯南)〔南匯〕故有東嶽祠，以祀泰山神。按，東嶽在魯地，去金山三千里而遥。禮諸侯祭封内山川，非其人爲僭，非其封爲黷。金山之祀東嶽何居？以予言之，嶽於山最尊。金山雖遠，固古揚州之域，東嶽在東方，揚之諸山宗之。其爲嶽祠，殆取諸此。自漢以來，古禮日廢，山川之祀，達於齊民，而禮有禦菑捍患則祀之文。金山地濱大海，盲風怪雨，發作無時。聞之耆老，歲祀東嶽，境則大甯。有其舉之，固所不廢，則謂僭且黷焉者過矣。嘉靖壬辰春，匯人鞠君芳病其頽圮，亟以義倡於衆，撤而新之。又闢地爲屋，及門廡若干間。越明年告成。士女咸會，瞻拜肅雝。盡是歲，風雨式時，民無癘疫。芳介予友未軒朱子請記其事。因念神能捍禦菑患，必能彰癉善惡。今而後，匯之士女，惕於神之靈威，爲善爲惡，凛然不敢一日懈，而仁讓之風成，則固予所樂覩也。遂爲之記。云云。

附下沙鎮西東嶽行宫，宋延祐年，里人瞿養浩爲法官薛伯載建。初名洞元道院。明毁於倭。國朝乾隆二十五年，募成大殿。嗣是至同治十二年，迭次增修，禱祈頗盛。

一王廟，在周浦鎮北。寇毁，里人集資重建。五楹一厢，前殿未復。按胡《志》，鎮泰安橋南有二王廟，元臨淄郡侯陳明建。嘉慶年，上海陸宿農嘗爲募修。後廢。咸豐十年，復興之，旋遭匪毁。光緒二年，里人濬鹽鐵塘，鑿廟基爲新港，以徑達市河，廟遂終廢。

夏保廟，在十七保二十三啚。明時稱月德庵，國初改今名。

楊社廟，在北門月城内。寇毁重建。

三官堂，在南門大街。寇毁。同治三年，里人集捐修整，專祀三官。

附小雲臺，在周浦北市，亦祀三官神，初建失考。同治元年寇毁，里人張慶鴻等重修。

青龍廟，在新場中市王家衖，國初建，近爲宣講鄉約所。

岳忠武王廟，俗稱洪廟，疑即建廟者之姓。在新場南山寺北。又周浦及三林塘東南，亦有岳王廟。

沙塗廟，在十七保二十六啚，宋建，東臨沙塗港。廟如其稱。相傳始僅草舍，本在港東，一夕爲風雷攝於西，無少損，羣異之，始改造。由元明届今五六百年，歷有修葺，額稱禪院，而所奉多神祇。道光二十一年重修，遭寇獨完。

施相公廟，在周浦東市，神名伯成，宋人，九歲爲神，見至元《嘉禾志》。明孔穆建。知府方岳貢舉朱永泰講鄉約於左，爲講約所。積久傾圮。遭寇，僅存正殿。又横沔鎮港南十六保十五啚西渡口亦有是廟。

節度使廟，在下沙鎮北，祀宋劉韐，明侍郎談倫建。殿前井水大旱不竭，云通海，里多就汲。同治九年，知縣葉廷眷倡修。

蕭王廟，在十九保七十啚。明建，寖廢。道光二十四年，里人募捐重建。前後殿東西厢樓。

火神廟，在六團灣。乾隆年就井亭基建。

晏公廟，在新場洪福橋北。神生明時，以治水有功，封平浪侯。

杜浦廟，在横沔鎮東，明人華太行建。隔河銀杏一株大七八圍，傳爲宋元時所植。

强家廟，在十九保四十八啚，明建，初名蘭蔭庵。國朝嘉慶年，曹元章倡修。寇毁。同治三年，里人王姓墊資復建。廟基八畝有零。

施家廟，在六團三甲，乾隆四十年建。寇毁。同治七年重建。

董瀝廟，在十七保一啚港西岸，寇毁。同治六年重建。

漁瀝塘廟，在十六保沙岡西。傳爲吴日驥讀書處。

財神廟，在魯匯鎮東市。舊基二畝，里人徐姓又捐地二畝零分，建同善堂。

案，同治六年七月初六日奉上諭，准御史王書瑞奏，東南甫經兵燹，民力未舒，凡不列祀典之祠廟，不准再行創議建修，欽此。欽遵并依部議，刷印原奏，移咨蘇撫札司到府，通飭在案。時雖爲節用厚俗起見，亦可見古禮日湮。民間自禦災捍患、祈報有常外，正多僭黷之祀，致厪宸念。我邑鄉多神廟，又皆一廟數神，有廟名而不知所祀者，兹不濫載。

營汛志

南匯營舊制

順治四年，改南匯堡，設立陸路營，分原額守備一員，把總一員。雍正七年，添設外委把總一員，在本營馬兵内拔補。十一年，以守備改設都司。十三年，添設千總一員，專防西路各汛。以外委一員爲協防，其把總一員專防東路各汛墩臺。乾隆二十八年，添設額外外委一員，於本營馬兵内拔補。三十一年，以陸路改設水師，添設把總一員，將廣德營守備裁撥，移建衙署於本城，經管兵馬錢糧軍裝船隻等項。千總一員爲中哨，把總二員爲左右二哨，外委分撥協防。又添設額外外委一員，在本營馬兵内拔補。時額設都司一員，月支俸薪銀十一兩七錢八分二釐八毫三絲三忽，又養廉銀二十一兩六錢六分七釐。守備一員，月支俸薪銀七兩五錢五分八釐八毫三絲三忽，又養廉銀十六兩六錢六分七釐。中哨千總一員，月支俸薪銀四兩，又養廉銀十兩。左右二哨把總二員，月各支俸薪銀三兩，又養廉銀七兩五錢。左右二哨外委把總二員，在馬兵額内仍支馬戰糧餉外，月各支養廉銀一兩五錢。額外外委二員。在馬兵額内仍支馬戰糧餉。

馬步戰守兵三百三十二名，内馬兵十七名，外委、額外外委四弁在内，每名每月支餉銀二兩，米三斗。步戰兵一百二名，每名每月支餉銀一兩五錢，米三斗。守兵三百十三名。每名每月支餉銀一兩，米三斗。

官例馬十四匹，内都司四匹，守備四匹，千總二匹，把總二員各二匹。兵戰馬十七匹。馬每匹每月支馬乾銀一兩一錢。

都司、守備俱駐城内，兼轄地方二百餘里。東至大海三十里，西至黄浦與上海右營水師交界六十里，南至青村營五墩汛交界二十五里，北至川沙營九墩汛交界三十五里。該管洋面係匯頭及沿塘淺水洋至崇明之淡水内洋。中哨城守專汛千總駐城内，該管城厢庫獄各堆等汛。

左哨專汛把總駐杜家行汛，協防外委把總駐六竈汛，該管航頭、魯家匯、〔閘港〕、杜家行、下沙、坦石橋、六竈共七汛，俱屬本邑地方。

右哨專汛把總駐一團汛，協防外委把總駐四團汛，該管一團、四團、大灣、二灣四汛並沿塘十墩。靖海墩至外八墩，詳《墩臺》。内二灣口屬奉賢地方，餘屬本邑。

巡船設大罟船二隻，小哨船四隻，官弁按季帶兵巡洋。至南匯嘴東南翁家港與青村營會哨，東至崇明洋中流將近銅沙之淡水内洋，與川沙營會哨。都司、守備輪流坐駕大罟船爲分巡，千總、外委輪流坐駕小哨船爲委巡。以上乾隆時舊制，參胡《志》。

兵額添裁

馬戰兵,順治四年原額十名。乾隆三十一年添二名,三十六年添十名。乾隆四十七年裁五名。嘉慶二十一年裁一名,二十二年裁一名。道光三年裁一名,二十五年裁二名,二十六年裁二名。

步戰兵,順治四年原額四十名。雍正五年添十名。乾隆三十一年添二十四名,四十八年添五十六名。道光二十五年添二名,二十六年添二名。乾隆三十六年裁十名,四十七年裁十八名。嘉慶二十一年裁三名。道光元年裁二十名,十二年裁二名。

守兵,順治四年原額一百三十一名。雍正五年添九十名。乾隆三十一年添九十八名,四十八年添二十四名。道光元年添二十名,三年添一名。雍正七年裁二名。據營册所開,胡《志》無。乾隆四十六年裁二名,四十七年裁十五名,四十八年裁十三名。嘉慶二十一年裁十一名,二十二年裁二名。道光十二年裁六名。

按,提督水師南匯營,道光二十七年册報實在兵四百四名,内馬兵十名,外委把總二弁、額外外委三弁在内。步兵八十一名,守兵三百一十三名。以後卷失無考。

同治元年,收兵一百九名,内馬戰兵五名,外委把總二弁、額外外委三弁在内。步戰兵三十四名,添設額外外委四弁在内。守兵七十名。

同治九年,酌改水師營制,裁馬兵一名。係額外外委病故停補。十一年,改定外海水師新章,裁馬兵四名,内外委把總二弁、額外外委二弁。裁步戰兵四名。即添設額外外委四弁。以上裁缺各弁,仍留本營水師候補。又移撥柘林營兵二十名,内步戰兵十二名,守兵八名。餘仍屬本營水師。

馬匹添裁

官例馬,順治四年原額守備一員,馬四匹,把總一員,馬二匹。雍正十年,守備改設都司,馬不添。十三年,設千總一員,添馬二匹。乾隆三十一年,增設把總一員,添馬二匹。三十八年,增設守備一員,添馬四匹。同治九年,酌改水師營制,裁官例馬十四匹。

兵戰馬,順治四年原額馬戰兵十名,馬十匹。乾隆三十一年增馬戰兵二名,添馬二匹,三十六年增馬戰兵十名,添馬十匹。乾隆四十七年,減馬戰兵五名,裁馬五匹。嘉慶二十一年減馬戰兵一名,裁馬一匹,二十二年減馬戰兵一名,裁馬一匹。道光三年減馬戰兵一名,裁馬一匹,二十五年減馬戰兵二名,裁馬二匹,二十六年減馬戰兵二名,裁馬二匹。查道光二十三年,兩江總督耆奏撤戰馬,南匯營例裁戰馬十匹。乃按照營册所開,中間未即裁改,豈定章在前而奉行在後耶?以後卷失無考。

同治元年,就近購買戰馬五匹。嗣改定外海水師新章,戰馬盡撤無存。

巡船添裁

乾隆十一年,設小號二櫓哨船三隻,分派新場、杜家行、閘港三汛,撥兵撑駕内河巡哨。三十一年,以陸路改水師,添設犁罾船二隻,小哨船四隻,在於提右、吴淞、川沙三營内裁撥。原設新場二櫓哨船一隻,移歸青村營哨巡。三十三年,將犁罾船二隻改造雙篷(艍)〔鋸〕船二隻。四十五年,將雙篷(艍)〔鋸〕船二隻改造罟船二隻,現額設罟船二隻,小哨船四隻。

道光二十四年,兩江總督璧《查核江南水師船政奏摺》摘録

江南水師營,其外海水師船一百七十一隻,内河水師船一百四隻,經委員前往確查,除蘇松、狼山兩鎮尚有小哨船十隻,堪以駕駛外,其餘二百六十五隻,或船身朽爛不堪,或板片漂蕩無存,雖間有交廠久逾修限之船,而船政廢弛已不堪問。惟事隔多年,官非一任,伏乞寬其既往,概免查參。營船既改定章程,所有舊設船隻,應逐一查清,變價以充經費。江南省内外洋面均有會哨巡防事宜,内洋長江利用大小舢板船,外洋利用大(船)〔舿〕船,在江甯、蘇州兩處,分廠承造,不經官匠,不派書吏,一概照民價辦理。

道光二十九年,蘇松鎮田札鈔黏議定章程摘録

舊設舿船配兵三十六名,安設大小礮位十二尊。新造舿船配兵四十名,安設千斤以内紅彝礮九尊,劈山砲八門。大舿船每隻歲給油艌銀一百五十兩,加給篷索銀五十兩。大舢板船每隻歲給修理銀一百兩。小舢板船每隻歲給修理銀五十兩。查狼右、掘港、南匯三營均隸外海,向無外海船隻。舵工、兵丁既慮外洋沙綫不熟,又恐畏懼風濤,避居港内,以致有名無實。請將上海現造放大舿船五隻,派定營分,後即交上海局商挑選。現在水勇每船二十名,正舵工一名,派定營分。亦派兵二十名,副舵工一名,在於應巡洋面實力操巡。並派向管水勇之人,會同營員管帶,庶兵可熟諳,餉不虚靡。

咸豐初,設大舿船一隻,舢板船四隻,二櫓哨船二隻。官弁按季帶兵駕船三隻,輪巡内外洋,又巡防内地各汛。三年八月,匪擾,船隻毁失。

南匯營外海水師新章

同治七年,兩江總督曾奏議江蘇省水師事宜摘録

自十滧口以東八十里至佘山,佘山以北至贛榆縣之鷹游門,出洋約八九百里,與山東洋面毗連,内爲五條沙,外爲黑水洋。由佘山迤南至金山衛,出洋約二百七八十里,與浙江洋面毗連,此外海也。凡外海六營,曰提督之南匯營,曰蘇松鎮之中營、左營,曰撥歸福山鎮之吴淞營、川沙營,曰狼山鎮之掘港營,不分汛地,以吴淞口十滧兩處爲各艇船停聚之所。無事則分别月分輪流巡哨,有事則不分畛域一體勦捕。

游擊一員,爲營官。

都司二員,一爲輪船正哨,一爲頭號艇船正哨。

守備一員,爲二號艇船正哨。

千總二員,一爲輪船副哨,一爲頭號艇船副哨。

外委一員,爲二號艇船副哨。現派把總,將來出缺後改爲外委。

兵部議覆。奉旨依議,欽此。查南匯營添游擊一員,以福山中營游擊爲營官。用廣艇兩號,頭號正哨都司,副哨千總各一員。二號正哨千總,副哨把總各一員。均係舊制。再增輪船一號正哨都司一員,以狼山左營都司改撥。副哨添守備一員,以太湖營守備改撥。應如所請,並將舊制外委二員裁去。其餘原制把總一員,移於提標右營,應歸裏河條内核議。至福山中營游擊、狼山左營都司、太湖營守備,原係内河水師提補之缺,今既撥歸南匯營,應改爲外海水師提補之缺。

廣艇船二隻,配兵丁八十名。
輪船一隻,配兵丁六十名。
外設差兵二十名。

同治十一年,續議水師章程摘録

外海六營,按月輪巡。今擬定以十二船分爲三起。第一起四船駐馬蹟,東巡至陳錢,西巡至大小羊山七山,北巡至四礁、雞骨礁等處。第二起駐十滧,東巡至佘山,北巡至洋漲沙、木錨套,南由銅沙,巡至乍浦交界之葛篷墩、瀉水漕,東南巡至大小羊山、七山及雞骨礁等處。第三起駐鎕鱸港,南巡至洋漲沙、木錨套,東北巡至東凌、斗崘、王家等港一帶。南匯營與掘港營合爲一起,由各該鎮督帶分巡出洋。每起每營分雙單月,第一號承值上半月,第二號承值下半月。遇有失事,即將承值員弁參處。

水師營分均係水陸兼防,新章水師以船爲家,所遺陸汛,不特巡緝地面,兼有城池倉庫接遞之責,必須撥歸附近陸汛兼管。擬以柘林營都司,接管川沙、南匯兩營所遺陸汛。其柘林營所遺本汛,撥歸金山營兼管。其中南匯營舊汛之一帶,地方與青村營相近,即撥歸青村營管轄。

太湖左營係副將營分,並統轄右營都司。而本營所屬僅止千把,請留設守備一缺。即將原奏移調南匯營之太湖右營守備,移調太湖左營。其南匯營應添守備一員,並准改以狼山中營撥歸川沙營守備一員移調。

舊制每千把一員,設立外委一員,將來千把缺出,應照該營缺數補還外委。計南匯營應裁二號副哨把總一員,改設外委一員,俟將來出缺時,即裁改補還,以符營制。

外委、額外向食馬兵糧餉,今屬水師,無馬步戰兵名目。水師新定章程,外委支給柁糧雙月分,每月〔七〕兩二錢。裁缺者照單月支給。額外外委月支給六兩,裁缺者月支三兩。

外海六營衙署,應於吴淞口、鎕鱸港兩處建立。自都司以下至外委,不立衙署,不准登岸居住。違者官即革職,兵即革糧。該營營官如有狥庇,不即稟報者,查參報部。

副、參、游各給座船二號,各月支銀十四兩。自都司至外委,各給座船一號,各月支銀十二兩。惟太湖右營以都司爲營官,准給座船二號,不爲例。

外海六營共艇船十二號,内設參將二員、游擊四員爲營官,都司一員、守備八員、千總六員、把總三員、外委六員爲哨官。又輪船四號,設都司四員、守備一員、千總三員爲正副哨官。每艇船配兵四十名，共四百八十名。每輪船配兵六十名，共二百四十名。輪船係歸提鎮管轄，現派道員統領操演。

游擊稿書二名，書識四名。都司稿書一名，書識二名。守備書識二名。其各船千、把、外委同係哨官，亦有應辦之事，各准用書識一名。

外洋艇船較長江水師長龍船更大，且終年出入外洋，風擊蟲蛀，最易損壞。每年油艌燂洗四次，所費甚鉅。其旗幟號衣篷帳，亦所必需。今定每年每船各給銀二百四十兩，隨時修理。

外海六營將弁兵丁格外辛苦，均宜稍從豐厚。參將、游擊月加銀十六兩，都司月加銀十二兩，守備月加銀十兩，千總、外委月加銀八兩。正柁一名，月給銀九兩。副柁一名，月給銀七兩二錢。班手、繚手各二名，月各給銀六兩。錨椗一名，月給銀六兩。木匠、艌匠各一名，月各給銀五兩。稿書照繚手支給。其餘兵丁、書識，月給銀四兩五錢。均經覆在案。又留差兵一百六十名，每名月給銀四兩五錢，均由蘇藩司庫撥給。

外海艇船十二號，每船應配礮十尊，洋槍十二桿。此外長矛、刀杈、噴筒等隨宜配用，均准由甯蘇軍裝局撥給。外海六營其各船火藥、洋火、子彈就近在上海支領。此外皮紙、更香、封門、大小熟鐵羣子，若遇緩急，應隨時酌數由蘇州製造局請領。

現在南匯營外海水師支食各項，均照湘平請給。

營官游擊一員。歲支養廉銀四百兩，俸銀三十九兩三錢三分九釐，薪銀一百二十兩，蔬菜燭炭銀三十六兩，心紅紙張銀三十六兩，月加銀一百九十二兩。座船二隻，每隻歲支銀一百六十八兩。稿書二名，每名歲支銀七十二兩。書識四名，每名歲支銀五十四兩。稿書、書識六名，每名歲支米折銀四兩三分二釐。

頭號艇船正哨都司一員。歲支養廉銀二百六十兩，俸銀二十七兩三錢九分三釐，薪銀七十二兩，蔬菜燭炭銀十八兩，心紅紙張銀二十四兩，月加銀一百四十四兩。座船一隻，歲支銀一百四十四兩。稿書一名，歲支銀七十二兩。書識二名，每名歲支銀五十四兩。稿書、書識三名，每名歲支米折銀四兩三分二釐。

二號艇船正哨守備一員。歲支養廉銀二百兩，俸銀十八兩七錢五釐，薪銀四十八兩，蔬菜燭炭銀十二兩，心紅紙張銀十二兩，月加銀一百二十兩。座船一隻，歲支銀一百四十四兩。書識二名，每名〔歲支〕銀五十四兩，又每名歲支米折銀四兩三分二釐。

頭號艇船副哨千總一員。歲支養廉銀一百二十兩，俸銀十四兩九錢六分五釐，薪銀三十三兩三分五釐，月加銀九十六兩。座船一隻，歲支銀一百四十四兩。書識一名，歲支銀五十四兩，又歲支米折銀四兩三分二釐。

二號艇船副哨外委一員。歲支養廉銀十八兩，雙分柁糧銀八十六兩四錢，月加銀九十六兩。座船一隻，歲支銀一百四十四兩。書識一名，歲支銀五十四兩，又歲支米折銀四兩三分二釐。

頭二號廣艇船二隻，每隻歲支油艌銀二百四十兩。配兵八十名，內正柁工二名，每名歲支銀一百八兩。副柁工二名，每名歲支銀八十六兩四錢。班手四名，每名歲支銀七十二兩。繚手四名，每名歲支銀七十二兩。錨椗二名，每名歲支銀七十二兩。艌匠二名，每名歲支銀六十兩。木匠二名，每名歲支銀六十兩。水兵六十二名，每名歲支銀五十四兩。

以上各歲支米折銀四兩三分二釐。

差兵二十名。每名歲支銀五十四兩，又每名歲支米折銀四兩三分二釐。

輪船一隻，配兵六十名。現未配巡。其將弁兵丁每月酌加銀兩，俟兵船造成後續議。

柘林營官弁移駐南匯、川沙管轄地方

都司一員。

中軍千總一員。

左、右二哨把總二員。

左、右二哨外委把總二員。

原制額外二員。

添設額外二員。

都司駐南匯城，接管川沙、南匯城廂、沿浦、沿海各汛。

右哨城守專汛把總，駐南匯城，該管城廂四門、兩關、庫獄、堆卡，專防四團、大㴚、二㴚等汛，并沿塘内八墩、外十墩，及周浦、六竈、坦石橋、下沙、陳家行、塘口、杜家行、閘港、魯家匯、航頭等汛。協防城汛額外外委駐南匯城，協防右哨外委駐周浦汛，協防額外外委駐杜家行汛。内塘八墩、外塘十墩，詳《墩臺》。

中軍城守專汛千總駐川沙城，該管城廂四門、城關、庫獄、堆(十)〔卡〕，專防川沙窪、六團灣、陳推官橋、横沔、張江栅等汛，并九墩、殷家路墩、外十墩、江家路墩、大洪墩、十一墩、十三墩、楊家路墩、南新墩、邱家路墩，及洋涇塘橋、楊師橋、三林塘、白蓮涇、北蔡等汛。協防左哨外委駐川沙窪汛，協防額外外委駐洋涇汛。

左哨專汛把總駐曹家路汛，專防曹家路口、十四墩、十五墩、曹家路墩、外十六墩、十七墩，并馬家浜、東溝、黄家灣、高家行等汛，及陸家行汛、三尖嘴汛、寶山汛、界河汛、湯字圩墩、吕字圩墩、生字圩墩、礮臺汛、張家浜汛、廟港汛、對江墩、鎮海墩、周家浜汛。協防額外外委駐寶山汛。

原額兵二百八十八名，現收兵一百二十名，内馬兵十名，外委、額外在内。戰兵四十六名，守兵六十四名，官馬十匹，戰馬十匹。歲支官弁養廉銀五百九十六兩，俸、薪、馬乾、心紅、紙張等項及兵餉共二千三百六十七兩三錢九分四釐，米四百三十二石。

校　場

在本城南門外，知縣成汝舟詳建。演武廳被毁，未建。

汛　地

金山營管轄本邑境汛地。

南路蕭塘汛，東與柘林營轄閘港汛連界，向例防兵四名。遊橋汛。東與蕭塘汛連界，向例防兵四名。

此二汛向屬柘林營，同治九年改隸。

青村營管轄本邑境汛地。

南路新場汛，東與本邑城守營汛連界，向例防兵二十二名。盛家橋汛，北與新場汛連界，向例防兵五名。一團汛。南與青村營翁家港汛連界，西與盛家橋汛連界，向例防兵三十名。

以上三汛向屬南匯營新場汛、盛家橋汛。乾隆三十一年，改隸一團汛，同治九年改隸。

柘林營管轄本邑境汛地。

西路航頭汛，東與青村營轄新場汛連界，南與青村營周家衖汛連界，向例防兵五名。魯家匯汛，南與青村營灣周汛連界，向例防兵五名。閘港汛，南與金山營轄金匯橋汛連界，西至黄浦邊，與上海右營裏河水師鄒家寺汛連界。向例防兵十名。杜家行汛，北與本營轄陳家行汛、塘口汛連界，向例防兵五名。下沙汛，南與航頭汛連界，向例防兵五名。坦直橋汛，南與青村營轄新場汛連界，向例防兵五名。六竈汛。西與周浦汛連界，向例防兵五名。

東路四團汛，北與九墩汛連界，向例防兵十名。大激口汛。南與青村營五墩汛連界，向例防兵五名。

以上各汛向屬南匯營，同治九年改隸。

北路川沙窪汛，南與六團灣汛連界，向例防兵十名。六團灣汛，南與六竈汛連界，向例防兵五名。横沔汛，南與坦石橋汛連界，向例防兵五名。陳推官橋汛，東與川沙城守營汛連界，向例防兵五名。張江栅汛，西與陳推官橋汛連界，向例防兵五名。北蔡汛，南與周浦汛連界，向例防兵五名。周浦汛。西與本營轄陳家行汛、塘口汛連界，向例防兵十名。前後護倉。

北與寶山交界陸家行汛。轄南匯二十保之念二啚。

西北與上海交界塘橋汛，轄南匯二十保之念八啚、念九啚、三十啚。三林塘汛，轄南匯二十一保之十四啚、十八啚、念二啚、念三啚。陳家行汛，轄南匯十九保之十啚。塘口汛。轄南匯二十一保之念一啚、念四啚、念六啚、念七啚。

以上各汛向屬川沙營，同治九年改隸。

舊制各汛設營房三、四、五、六、七、八間不等，烟籠、瞭臺俱全，今廢。

墩　臺

内塘第一墩，大團鎮南。第二墩，大團鎮北。第三墩，三墩鎮北市。第四墩，二團嚴家路。第五墩，三團一竈路。第六墩，四團利濟橋水洞直東。第七墩，五團康家水洞東南。第八墩。五團竹橋鎮北。

以上八墩向屬南匯營，今改隸柘林營管轄。

第九墩，六團殷家水洞北。殺虎墩，六團小普陀前，護塘港西岸，明侯指揮端殺虎處。第十墩，六團見龍橋直東。十一墩。七團塘上。又九團十四墩汛管轄南匯縣二十保之八啚、十二啚、二十啚。

以上各墩向屬川沙營，今改隸柘林營管轄。

外塘靖海墩，海潮寺直出。董家宅墩，陶家碼頭直出。靖氛墩，鄔家路北。黄家窪墩，老闢地直出。方家棚墩，高項址直出。新建墩，二、三團分界，西對四墩。趙家棚墩，此墩最小，西對五墩。外六墩，西對内六墩。宋家棚墩，西對〔内〕七墩。外八墩。西對内八墩。

以上十墩向屬南匯營，今改隸柘林營管轄。

殷家路墩，西對九墩。外十墩，西對殺虎墩。江家路墩，此墩已平，俗呼孟墩。西對十墩。大洪墩。俗呼猪獾墩，西對十一墩。

以上各墩向屬川沙營，今改隸柘林營管轄。

舊制除殺虎墩久廢，十墩於乾隆十九年裁撤。其餘沿塘内外各墩臺，俱設營房三間，瞭樓一座，烟籠一箇，防兵三名，今廢。

官司志

知　　縣

欽連，浙江長興人，進士，雍正四年任。詳《宦績》。李枚，山西汾州府人，雍正四年署。朱爾介，雍正六年，嘉定縣調署。左秉震，雍正六年，崇明縣調署。施霖，直隸宛平人，雍正六年署。馬任，直隸雄縣人，雍正七年署。姚之珂，湖北武昌人，舉人，雍正七年署。邱聞詩，浙江仁和人，舉人，雍正八年署。徐日炯，湖(廣)〔南〕益陽人，恩貢，雍正九年任。金秉柞，湖北當陽人，拔貢，雍正九年署。程綗，安徽休甯人，雍正十年任。欽連，雍正十一年再任。楊玨天，河南安陽人，拔貢，雍正十二年署。裘嚴生，浙江錢塘人，雍正十三年署。羅士瓚，廣東東莞人，恩貢，乾隆元年署。陳京，浙江會稽人，乾隆二年署。陳嵩，安徽繁昌人，拔貢，乾隆二年任。韓墉，福建晉江人，舉人，乾隆三年署。詳《宦績》。施士箴，本縣縣丞，乾隆四年署。林瑛，直隸臨榆人，貢生，乾隆五年署。韓墉，乾隆五年任。張汝納，直隸景州人，拔貢，乾隆七年署。鄭炳，漢軍鑲紅旗人，乾隆八年署。湯延鳳，安徽太平人，拔貢，乾隆八年署。胡具體，直隸容城人，乾隆九年任。王鎬，浙江會稽人，乾隆十一年署。馬鵬飛，安徽桐城人，乾隆十一年署。孔傳祖，漢軍鑲紅旗人，乾隆十一年(任)〔署〕。王延熙，浙江錢塘人，乾隆十三年署。潘涵，浙江錢塘人，乾隆十三年任。詳《宦績》。胡具體，乾隆十三年再任。陳焱，陝西盩厔人，乾隆十七年署。詳《宦績》。張世友，湖北歸(川)〔州〕人，拔貢，乾隆十八年任。舒希忠，直隸大興人，舉人，乾隆二十年署。薛清來，河南孟縣人，拔貢，乾隆二十一年任。詳《宦績》。曹襲先，江西新建人，舉人，乾隆二十三年署。李兆鋐，湖北鍾祥人，舉人，乾隆二十四年署。詳《宦績》。劉若洙，漢軍鑲黄旗人，乾隆二十五年任。詳《宦績》。于方柱，山東平(皮)〔度〕州人，貢生，乾隆二十六年署。金潢，直隸大興人，舉人，乾隆二十六年任。沈日照，直隸大興人，乾隆二十七年署。孫耀德，直隸懷來人，乾隆二十七年任。張世友，乾隆二十八年再任。楊宜崙，直隸靈壽人，乾隆二十九年署。詳《宦績》。鄧培蔣，乾隆二十九年任。陳道耀，浙江紹興人，乾隆三十一年署。李鳳翔，雲南人，舉人，乾隆三十一年任。田怡，金山海防，乾隆三十二年署。陳模，浙江海甯人，乾隆三十二年署。楊茂遷，溧陽縣丞，乾隆三十三年署。蕭震生，四川閬中人，舉人，乾隆三十四年任。李長青，湖(廣)〔北〕黄岡人，進士，乾隆三十四年署。程兆選，乾隆三十四年，吴縣調署。楊宜崙，乾隆三十五年再任。邱漣，江西南豐人，舉人，乾隆三十五年任。成汝舟，山西文水人，乾隆三十六年任。詳《宦績》。孫思庭，直隸人，舉人，乾隆四十一年署。詳《宦績》。成汝舟，乾隆四十三年再任。袁知，浙江新城人，舉人，乾隆四十五年署。韓運鴻，安徽天長人，舉人，乾隆四十五年任。黄元燮，直隸天津人，舉人，乾隆四十七年署。俞鎬，浙江新昌人，拔貢，乾隆四十七年署。張大器，浙江海甯人，乾隆四十八年任。周雲(翔)〔翮〕，浙江山陰人，乾隆五十年署。任兆炯，山東聊城人，舉人，乾隆五十年任。馮時基，本縣縣丞，乾隆五十三年署。王光陛，直隸永清人，乾隆五十三年署。李維梅，陝西綏德人，舉人，乾隆五十四年任。姚培原，安徽桐城人，乾隆五十五年署。胡志熊，湖北孝感人，舉人，乾隆五十六年任。詳

《宦績》。甄輔廷，乾隆五十九年署。張桂林，乾隆六十年署。胡志熊，乾隆六十年再任。王勸，嘉慶元年署。汪廷昉，安徽人，舉人，嘉慶元年署。張桂林，嘉慶元年署。靳金鼎，嘉慶二年署。張桂林，嘉慶二年署。張昌運，浙江仁和人，解元，嘉慶四年任。詳《宦績》。沈映楓，直隸宛平人，副貢，嘉慶五年署。張昌運，嘉慶五年再任。陳聿藻，福建侯官人，舉人，嘉慶六年署。張昌運，嘉慶六年再任。諸葛蓉，浙江蘭谿人，舉人，嘉慶九年署。張昌運，嘉慶九年再任。方恩承，漢軍鑲黄旗人，嘉慶九年任。詳《宦績》。馬紹援，山東章邱人，拔貢，嘉慶十二年署。方恩承，嘉慶十二年再任。鄭人康，山東廣安人，副貢，嘉慶十六年任。李傳簪，浙江仁和人，嘉慶十八年署。徐鼒，浙江錢塘人，監生，嘉慶十九年任。沈映楓，嘉慶二十一年署。董和培，漢軍正白旗人，嘉慶二十一年任。周岱齡，河南人，嘉慶二十三年代理。詳《宦績》。譚霖，嘉慶二十四年代理。杜昭，道光元年代理。楊承湛，直隸宛平人，進士，道光元年任。詳《宦績》。德宣，漢軍人，舉人，道光七年署。常恩，漢軍人，道光九年代理。賀崇禧，山東人，進士，道光十年署。熊傳栗，河南人，進士，道光十一年署。詳《宦績》。沈炳垣，浙江嘉善人，舉人，道光十二年代理。詳《宦績》。朱清耀，山西人，道光十三年任。沈炳垣，道光十六年任。徐家槐，直隸人，監生，道光十九年署。孫琬，浙江人，監生，道光二十年署。范鳳諧，江西人，舉人，道光二十二年署。蕭翀，浙江人，舉人，道光二十三年署。左輝春，後改名仁，長沙湘鄉人，舉人，道光二十六年署。黄廷贊，進士，道光二十七年代理。金咸，浙江人，生員，運同銜，道光二十七年署。李映芬，四川人，進士，道光二十八年任。李文浩，道光二十九年代理。蔡慶城，浙江人，道光二十九年代理。高長紳，陝西米脂人，進士，道光二十九年任。劉郇膏，河南固始人，進士，咸豐元年代理。高長紳，咸豐元年再任。張慶熊，咸豐二年代理。高長紳，咸豐二年再任。章惠，浙江山陰人，咸豐三年署。詳《宦績》。邵鼎曾，浙江人，咸豐三年代理。富克精阿，漢軍鑲藍旗人，咸豐三年署。馮樹勳，廣東南海人，舉人，咸豐三年署。鄧賢芬，安徽五河人，進士，咸豐八年署。詳《宦績》。吴棐彝，順天人，舉人，同治元年署。徐本立，浙江湖州人，舉人，同治二年署。葉廷(春)〔眷〕，廣東香山人，監生，同治四年署。陳其元，浙江海鹽人，廩貢，同治六年署。王其淦，江西廬陵，生員，同治七年署。葉廷(春)〔眷〕，同治八年任。方濬益，安徽桐城人，監生，同治九年署。羅嘉杰，福建上杭人，生員，同治十年署。金福曾，浙江秀水人，廩貢，同治十三年署。顧思賢，原名國蕃，廣東新興人，舉人，同治十三年任。

訓　導

楊金，安徽人，歲貢，雍正四年任。陸汝愈，長洲人，歲貢，雍正五年任。李廷益，六合人，歲貢，雍正六年任。劉一柱，雍正八年任。徐賦，舒城人，歲貢，乾隆元年任。顧之瑗，上元人，歲貢，乾隆二十二年任。顧惇量，新陽人，優貢，乾隆二十六年任。吴昌宗，吴縣人，舉人，乾隆三十二年任。詳《宦績》。劉鳳彰，沭陽人，歲貢，乾隆五十二年任。管松年，上元人，拔貢，乾隆五十六年任。詳《宦績》。楊雲煜，鎮洋人，舉人，嘉慶六年任。孫銓，崑山人，舉人，嘉慶六年任。蒯兆然，吴江人，廩貢，嘉慶十三年署。談泰，上元人，舉人，嘉慶十四年署。屈軼，常熟人，廩貢，嘉慶十五年署。施廷柱，通州人，舉人，嘉慶十六年署。張文照，蘇州人，廩貢，嘉慶二十三年任。唐錫晉，丹陽人，舉人，道光八年任。李汝嶠，太倉人，道光十五年署。魏士偁，合肥人，舉人，道光十六年任。李文喆，道光二十三年，奉賢學兼署。曹文瀾，常熟人，廩貢，道光二十四年署。施展成，崇明人，舉人，道光二十五年署。郭熙載，安徽人，廩貢，道光二十六年任。裴楷，句容人，廩貢，道光二十八年署。鄭榮祺，丹徒人，廩貢，道光二十九年署。詳《宦績》。胡式丹，常熟人，舉人，道光三十年任。嚴正，丹徒人，舉人，咸豐元年署。包桂芬，丹徒人，增貢，咸豐二年任。汪學治，蘇州人，廩貢，咸豐六年署。陳朝儀，歲貢，咸豐六年任。黄振均，淮安人，拔貢，咸豐十年兼理。吴汝渤，揚州人，貢生，咸豐十年署。楊驤，東臺人，歲貢，同治二年任。

縣丞

潘飛熊，四川開縣人，貢生，雍正四年任。施士箴，福建晉江人，貢生，雍正七年任。吕日登，福建人，雍正十一年任。劉楧，漢軍鑲白旗人，乾隆七年任。周世(登)〔發〕，福建羅源人，乾隆十二年任。何志倬，湖廣人，乾隆十四年任。黄謨，廣東化州人，乾隆十八年署。劉翥，直隸寶坻人，乾隆十九年任。劉渶，直隸天津人，乾隆二十四年任。朱廷麟，直隸宛平人，乾隆二十八年任。潘鯤，廣西人，拔貢，乾隆三十二年署。劉奕冲，直隸任邱人，舉人，乾隆三十二年任。李馨，山東歷城人，乾隆三十八年任。潘霖，浙江會稽人，乾隆四十年任。黄德屏，廣東吴川人，拔貢，乾隆四十一年任。曾毓琪，湖南臨武人，乾隆四十四年任。馮時基，山東益都人，乾隆四十五年任。黄文華，四川籍大興人，乾隆五十七年署。

縣丞、典史二職，胡《志》以後，《府志》以雜職不載。本縣兵燹後，案卷無存，姑就可考者識焉。

鄭祖經，浙江人，道光六年任。王直潤，道光十八年任，詳《宦績》。方臻，安徽人，道光二十三年任。白誥卿，道光二十七年任。章枚，直隸宛平人，生員。沈葆恩，浙江嘉善人，廪生，咸豐元年任。白誥卿，咸豐二年復任。何佑，浙江人，咸豐四年兼署。汪鈺，浙江人，咸豐四年署。張燕孫，浙江人，咸豐五年任。汪鈺，咸豐七年調署。吴槐，浙江人，同治元年署。周叔蓮，浙江錢塘人，同治二年署。朱慶濂，順天大興人，同治三年任。汪曰誠，浙江仁和人，同治四年任。李奇峰，山東濟甯州人，同治五年任。陳善昌，浙江秀水人，同治九年署。吴德輝，安徽休甯人，同治十年署。潘瑩，安徽涇縣人，同治十一年署。王炳年，浙江會稽人，同治十二年署。徐良羣，浙江海甯州人，同治十二年任。王恩重，浙江嘉善人，光緒元年署。趙爾樾，河南商水人，光緒二年署。

典史

金紳，直隸宛平人，雍正四年任。孫漢爵，山西陽曲人，雍正六年任。祝世禄，大興籍浙江山陰人，雍正十三年任。魯南，直隸大興人，乾隆四年任。陳士俊，浙江會稽人，乾隆四年任。劉德國，山西靈邱人，乾隆十四年任。吴永昌，河南湯陰人，乾隆十六年任。鍾光祖，浙江山陰人，乾隆十八年任。諸紹周，浙江錢塘人，乾隆二十三年任。蔣源洛，漢軍鑲黄旗人，乾隆二十四年任。盧宇，宛平籍錢塘人，乾隆二十六年任。宋紱，江西奉新人，乾隆三十一年任。丁鑰，浙江山陰人，乾隆三十三年任。張發，安徽桐城人，乾隆三十三年任。張永楙，浙江山陰人，乾隆四十二年任。毛慰曾，山東濟甯州人，乾隆四十五年任。以後無考，見《縣丞》。李述三，浙江人，道光三年任。詳《宦績》。高瑜，山東人，道光七年任。劉蘭，江西人，道光二十三年任。祁藻，安徽人，道光二十三年任。羅定邦，安徽人，道光二十六年任。王繼鈞，浙江人，道光三十年署。孫憲揆，咸豐元年代理。王繼鈞，咸豐元年復任。張文暉，安徽涇縣人，咸豐元年任。張文光，安徽人，咸豐二年署。何佑，浙江人，咸豐四年署。吴志仁，浙江人，咸豐五年署。張奚亭，浙江紹興人，咸豐五年任。陶學銘，咸豐六年代理。張奚亭，咸豐六年復任。邵鼎銘，浙江人，同治十二年代理。張奚亭，同治十二年復任。

三林(司)〔莊〕巡檢

金懋庠,直隸宛平人,康熙五十年任,雍正四年分隸南匯。

任超,雍正七年任。王大德,浙江山陰人,雍正九年任。張蘭,浙江山陰人,雍正十三年任。林其賁,福建龍溪人,乾隆四年任。趙大賓,山東平原人,乾隆九年任。劉德,山西人,乾隆十三年任。吴永昌,河南人,乾隆十五年任。翁潮,浙江仁和人,乾隆十八年任。范天成,直隸通州人,乾隆二十年任。韓秉仁,直隸大興人,乾隆二十三年任。李毓英,直隸人,乾隆二十四年任。詳《宦績》。王世佐,貴州人,乾隆三十二年任。洪嵩年,徽州人,乾隆三十二年任。陳大順,乾隆三十四年任。吴士英,江西高安人,乾隆三十七年任。孟惠,浙江會稽人,乾隆四十年任。陳惠疇,江西金谿人,乾隆四十七年任。詳《宦績》。王錫笙,乾隆五十九年任。陳惠疇,乾隆六十年復任。蕭國瑞,福建邵武人,嘉慶六年任。田錫祚,嘉慶十一年任。陳錦,浙江紹興人,嘉慶十三年任。費福柱,嘉慶十九年署。吴耀曾,嘉慶二十年任。范世漢,浙江人,嘉慶二十一年任。徐錫羹,浙江人,道光十四年任。謝元龍,浙江紹興人,道光十五年任。項貴生,浙江人,道光十七年署。郭安固,浙江人,道光十九年署。李彦菁,福建人,道光二十年署。陸尊五,浙江嘉興人,道光二十一年任。馮雪齋,直隸人,道光二十五年署。曹鈞,浙江仁和人,道光二十六年署。徐心照,順天大興人,原籍紹興,道光二十七年任。蔣銓,浙江人,咸豐二年署。侯儀,浙江台州人,咸豐四年署。胡瀚,江西人,咸豐五年署。凌炳煃,浙江湖州人,咸豐六年署。徐心照,咸豐七年復任。

川沙清軍同知

松江府向設同知二員,一董漕,一海防。乾隆二十四年,裁董漕,并爲海防清軍同知,移駐川沙。

鮑成龍,鳳陽人,貢生,乾隆二十四年任。楊長林,漢軍鑲黄旗人,監生,乾隆二十九年任。鍾光豫,宛平人,舉人,乾隆三十四年任。西林,乾隆三十五年任。張圖書,儀封人,貢生,乾隆三十五年任。劉塝,諸城人,監生,乾隆三十六年署。施恩祖,紹興人,監生,乾隆三十六年署。劉德植,睢州人,監生,乾隆三十六年署。王應中,萊陽人,舉人,乾隆三十七年任。吕世祥,臨漳人,舉人,乾隆三十八年任。張浤,漢軍鑲藍旗人,監生,乾隆三十八年任。孫焕,鎮海人,舉人,乾隆三十八年任。徐玉英,錢塘人,舉人,乾隆四十年任。趙秉鍾,涇陽人,舉人,乾隆四十年任。和隆,滿洲鑲藍旗人,乾隆四十二年任。福生額,滿洲正藍旗人,繙譯生員,乾隆四十三年任。王學濂,浙江仁和人,進士,乾隆四十三年任。宋振德,濟寧州人,拔貢,乾隆四十四年署。巴通阿,滿洲正白旗人,官學生,乾隆四十四年任。肅登生,華陽人,監生,乾隆四十五年任。王承廣,惠安人,進士,乾隆四十六年署。吕燕昭,新安人,舉人,乾隆四十六年署。陳烈,樂城人,貢生,乾隆四十六年署。阿林保,滿洲正白旗人,監生,乾隆四十八年任。汪感岳,乾隆四十九年署。阿林保,乾隆五十年復任。汪感岳,乾隆五十年署。明安圖,蒙古人,乾隆五十年任。張五典,涇陽人,舉人,乾隆五十五年署。高伯揚,封邱人,拔貢,乾隆五十五年署。柳在夏,乾隆五十六年任。壽聰,大興人,監生,乾隆五十七年署。張思甸,寧鄉人,舉人,乾隆五十七年署。譚大經,新會人,進士,乾隆五十七年署。蔣梗,灌陽人,監生,乾隆五十八年署。福綸布,乾隆五十九年署。張桂林,嶧縣人,舉人,乾隆五十九年署。吕聖宗,乾隆五十九年署。胡灝,孝感人,舉人,乾隆五十九年署。蔣梗,乾隆五十九年署。靳光寰,乾隆五十九年署。唐仲冕,善化人,進士,乾隆六十年署。張桂林,嘉慶四年署。蔣梗,嘉慶五年署。張敦仁,陽城人,進士,嘉慶五年任。蔡泉,德清人,監生,嘉慶六年署。張敦仁,嘉慶六年復任。孫憲，嘉慶七年署。張敦仁，嘉慶八年復任。趙堂，大興人，舉人，嘉慶八年署。陳毓蕙，温縣人，舉人，嘉慶八年署。馬紹援，章邱人，拔貢，嘉慶九年署。以後歸《廳志》。

下砂頭場鹽課大使

陳上齡，江甯人，乾隆四年任。詳《宦績》。謝偉，江西贛州人，乾隆二十二年任。蔡廷斗，浙江仁和人，乾隆二十三年任。柴麟生，浙江仁和人，舉人，乾隆二十八年任。李文奎，山西平陽人，乾隆三十二年任。旃兆鵬，雲(間)〔南〕人，舉人，乾隆三十六年任。陳秉光，廣東陸豐人，乾隆三十八年任。李鏡，山東青州府人，乾隆四十一年任。彭高，江西吉安府人，乾隆四十九年任。李之秀，直隸大興人，乾隆五十二年任。黄玉(厨)〔澍〕，直隸天津人，乾隆五十七年任。胡《志》以後無考，姑闕。李燧，直隸河間人，嘉慶十九年任。詳《宦績》。丁廷楷，浙江德清人，道光五年任。吴杰，福建人，道光六年署。李質英，直隸人，道光六年任。侯鍾誾，山西人，道光十一年任。王希賢，蘇州吴縣人，道光二十二年署。聯奎，滿洲人，道光二十三年任。蔡琪，道光二十五年署。聯奎，道光二十六年再任。朱廷國，安徽人，道光二十六年署。張承紳，安徽人，道光二十七年署。詳《宦績》。鍾光輝，福建人，道光二十七年署。蔣元沂，湖北人，道光二十七年署。詳《宦績》。顧鏕，蘇州人，道光二十八年署。雷樹芝，順天人，咸豐元年任。馬培章，安徽桐城人，青村場大使，同治元年兼理。程德儀，蘇州吴縣人，同治二年任。沈彩芝，順天宛平人，同治四年兼理。吕佐之，湖北江夏人，同治四年署。蘇作梅，安徽太平人，同治五年署。李奇峰，山東濟甯人，本邑糧廳，同治六年兼理。徐思謙，順天大興人，同治六年署。劉元鎧，山西陽曲人，舉人，同治七年任。

二、三場鹽課大使

楊維清，陝西華州人，監生，雍正七年任 。沈方直，浙江烏程人，監生，雍正七年任。李昌樟，乾隆元年任。袁涵，乾隆三年任。胡鳴鸞，乾隆四年任。李泰，直隸豐(順)〔潤〕人，舉人，乾隆七年任。陳上齡，江甯人，乾隆十一年任。馮聖世，漢軍鑲紅旗人，舉人，乾隆十二年任。劉希清，山東蒲臺人，舉人，乾隆十七年任。張之永，湖南湘潭人，舉人，乾隆二十六年任。顧瓚，江蘇無錫人，舉人，乾隆二十九年任。吴元潛，安徽休甯人，舉人，乾隆三十五年任。楊守禮，江蘇金匱人，舉人，乾隆三十八年任。張承訓，江蘇甘泉人，監生，乾隆四十二年任。方性恒，安徽桐城人，乾隆四十七年任。蔣大鎔，江蘇長洲人，監生，乾隆四十七年任。熊之垣，江西南昌人，監生，乾隆五十三年任。林鍾傳，山東文登人，附(生)〔貢〕，嘉慶三年任。李槐，安徽巢縣人，監生，嘉慶六年任。林倬奎，安徽懷遠人，廩貢，嘉慶七年任。李本柢，嘉慶十二年任。譚朝貫，江西南豐人，舉人，嘉慶十三年任。謝國治，福建連城人，舉人，嘉慶十三年任。托雲，内務府漢軍人，監生，嘉慶十四年任。伍有庸，廣東新會人，進士，嘉慶十五年任。李燧，直隸河間人，監生，嘉慶十七年任。闞光朝，(河)〔湖〕南桃源人，舉人，嘉慶十九年任。黄鶴，湖北黄岡人，附監，嘉慶二十一年任。全誠，漢軍鑲黄旗人，生員，嘉慶二十三年任。何煦綸，山西靈石人，監生，嘉慶二十三年任。方召，順天大興人，監生，嘉慶二十四年任。汪烇，安徽休甯人，道光元年任。沈求誠，江蘇青浦人，道光元年任。三福，内務府正白旗人，舉人，道光三年任。王鶴年，山西洪洞人，監生，道光六年任。余繼桂，順天人，舉人，監生，道光八年任。王鶴年，道光八年再任。吕惠山，安徽旌德人，附貢，道光十六年任。王鶴年，道光十八年再任。何允中，漢軍人，道光二十二年任。余章，順天人，咸豐二年(任)〔署〕。王紹廷，陝西人，咸豐三年署。何允中，咸豐四年再任。柴兆璜，江西人，咸豐十一年署。徐思謙，順天人，同治元年署。

柴兆璜，同治二年再任。張沛，江蘇人，同治二年署。吴步程，江蘇人，同治三年代理。李鍾昌，江蘇人，同治三年署。鄭傑，江蘇人，同治三年署。沈慶萬，順天人，同治三年署。張光璧，河南人，同治四年署。華松年，順天人，同治五年署。高廷綸，順天人，同治七年署。莫世昌，順天人，同治七年任。黄濟清，廣東人，同治八年兼攝。黄文枚，湖北人，同治九年署。余慶麟，徽州人，同治十年署。黄鈐，徽州人，同治十一年署。左昭澤，湖南人，同治十一年任。

川沙營參將

周騰鳳，河南人，行伍，雍正三年任。柳圓，山東蓬萊人，行伍，雍正五年任。劉志高，松江人，行伍，雍正八年任。倪鴻範，福建人，舉人，雍正十二年任。簡正，福建人，行伍，乾隆元年任。王大德，福建人，侍衛，乾隆六年任。楊天柱，通州人，行伍，乾隆十年任。錢正，通州人，行伍，乾隆十三年任。周士英，寶山人，行伍，乾隆十六年任。龔宣，通州人，進士，乾隆二十一年任。江起蛟，浙江人，行伍，乾隆二十四年任。蔡興邦，福建人，世襲雲騎尉，乾隆二十八年任。婁全，浙江人，行伍，乾隆三十年任。夏攀龍，浙江人，行伍，乾隆三十四年任。曾(大)〔天〕禄，廣東人，行伍，乾隆三十八年任。鄭文來，浙江人，行伍，乾隆四十一年任。呼天培，山東人，進士，乾隆四十五年任。黄楷，浙江人，行伍，乾隆四十八年任。穆爾松阿，滿洲人，世襲雲騎尉，乾隆五十(六)〔二〕年任。馬玉魁，山東人，進士，乾隆五十四年任。汪亮，廣東人，行伍，乾隆五十七年任。徐忠，浙江人，行伍，乾隆六十年任。倪定得，吴縣人，行伍，乾隆六十年任。羅光照，(潭)〔漳〕州人，世襲〔騎都尉〕，嘉慶二年任。楊華，福建人，行伍，嘉慶六年任。陳配高，浙江人，行伍，嘉慶七年任。童鎮陞，浙江人，行伍，嘉慶九年任。以後歸《廳志》。

南匯營都司

徐濳，直隸人，侍衛，雍正十一年改設任。王雲鳳，松江人，行伍。龔宣，通州人，進士。麻文英，山西人，進士。劉溥，河南南陽人，行伍。陳文耀，浙江人，行伍。龐超元，湖廣人，進士。周文，福建人，行伍。吴其雄，湖廣人，武舉，乾隆三十一年改設水師，任。陳廷柱，通州人，行伍，乾隆三十二年任。孫茂榮，福建人，藍翎侍衛，乾隆三十九年任。童天柱，通州人，行伍，乾隆四十年任。丁朝雄，通州人，行伍，乾隆四十一年任。黄隧爵，蘇州人，行伍，乾隆四十三年任。錢邦彦，通州人，行伍，乾隆四十八年任。馮建功，寶山人，行伍，乾隆五十年任。楊天相，蘇州長洲人，行伍，乾隆五十五年任。張得勝，乾隆五十七年陞任。葉國昌，乾隆五十八年任。張成，元和人，行伍，乾隆五十九年任。葉永錫，嘉慶二年任。張成，嘉慶二年再任。曹松林，嘉慶二年任。李景曾，嘉慶三年任。湯林玉，通州人，行伍，嘉慶四年任。王連陞，嘉慶五年任。徐國英，嘉慶五年任。湯林玉，嘉慶六年再任。劉天禄，嘉慶七年任。滿瑾，嘉慶八年任。陳堂，嘉慶九年任。滿瑾，嘉慶十一年再任。孫廷簡，嘉慶十二年任。周尚義，崇明人，行伍，嘉慶十三年任。張光裕，嘉慶十三年任。周尚義，嘉慶十四年再任。毛源河，嘉慶十五年任。滿瑾，嘉慶十六年再任。劉國棟，嘉慶十六年任。徐世雄，嘉慶十七年任。馬安正，嘉慶十七年任。劉國棟，嘉慶十八年再任。嚴成泰，嘉慶十九年任。鄭錫泰，汪士逵，葛經邦，趙雲標，俞大銓，黄國楨，陸廷彩，陳振疆，進士。田浩然，王廷棟，雲騎尉。周希濂，陸鳳祥，川沙人。陳宗岳，施元鳳，崇明人，行伍，道光二十二年任。詳《宦績》。張鳳翔，崇明人，行伍，道光二十八年〔任〕。景又春，咸豐元年署。熊奎錫，旗籍，徐州人，咸豐三年任。張在德，崇明人，雲騎尉，咸豐五年署。

丁斐熊,川沙人,行伍,咸豐八年署。陳金堂,進士,咸豐十年任。方有才,軍功,同治四年署。王步雲。河南人,進士。同治十二年,柘林移駐南匯任。

川沙營中軍守備

張玉樞,江南人,武舉,雍正三年任。顧時鼎,直隸宣化人,行伍,雍正六年任。丁國相,通州人,行伍,雍正十年任。王勇,江蘇人,行伍,乾隆五年任。李大倫,通州人,行伍,乾隆八年任。錢通,崇明人,行伍,乾隆十年任。徐禮,崇明人,行伍,乾隆十五年任。曹文元,川沙人,乾隆十八年任。錢士麟,通州人,行伍,乾隆二十年任。李安邦,川沙人,乾隆二十四年任。沈得,崇明人,行伍,乾隆二十六年任。楊鼎元,崇明人,行伍,乾隆二十八年任。劉得,江蘇人,行伍,乾隆三十四年任。丁朝雄,通州人,行伍,乾隆三十八年任。沈鵬,崇明人,行伍,乾隆四十一年任。楊世德,通州人,行伍,乾隆五十二年任。李景曾,通州人,武舉,乾隆五十五年任。徐國英,寶山人,行伍,嘉慶四年任。陳天柱,崇明人,行伍,嘉慶八年任。陳堂,崇明人,武生,嘉慶九年任。以後歸《廳志》。

南匯營守備

周國維,山東人,雍正五年任,十一年改設都司。

王良駿,崇明人,行伍,乾隆三十八年添設。黄振,崇明人,行伍,乾隆四十一年任。張得勝,臨海人,行伍,乾隆四十八年任。葉國昌,寶山人,行伍,乾隆五十七年任。施瑶堦,乾隆五十八年任。葉國昌,乾隆五十九年再任。葉永錫,寶山人,行伍,嘉慶元年任。孫元鳳,嘉慶二年任。葉永錫,嘉慶三年再任。嚴承泰,寶山人,武生,嘉慶四年任。徐天柱,嘉慶四年任。劉天禄,崇明人,行伍,嘉慶四年任。周飛熊,嘉慶五年任。劉天禄,嘉慶六年再任。馮邦慶,嘉慶七年任。錢益元,嘉慶七年任。劉天禄,嘉慶八年再任。張登華,嘉慶八年任。成杰,通州人,武舉,嘉慶十一年任。劉國棟,崇明人,行伍,嘉慶十三年任。趙啓錫,嘉慶十(二)〔三〕年任。劉國棟,嘉慶十三年再任。徐天柱,嘉慶十六年再任。周飛熊,嘉慶十八年再任。方向榮,周維藩,陳宗岳,周世榮,闞奎龍,周志元,田浩然,周名揚,黄國楨,張鴻毫,馬攀鳳,樊定邦,崇明人,道光三十年任。林浩,咸豐四年署。周鼎亨,崇明人,咸豐五年署。倪學偁,上海人,雲騎尉,咸豐七年署。石魁林,(青江)〔清河〕人,軍功,咸豐七年署。

金山衛守備

賈任洙,直隸古城人,進士,道光十八年任。潘佐廷,咸豐五年署。謝顯茂,江西人,咸豐六年任。黄鳳喈,廣東人,咸豐十年署。烏雲珠,滿洲正白旗人,同治元年署。藝林,漢軍鑲藍旗人,同治三年署。孫應坦,淮安山陽人,守禦所千總,同治四年署。陳蔭禧,淮安山陽人,守禦所千總,同治六年署。張用賓,安徽桐城人,千總,同治七年署。忠發,滿洲鑲黄旗人,同治九年任。

宦績

晉袁山松,陳郡陽夏人。嗣父方平爵長(令)〔合〕侯,博學能文,著《後漢書》百篇。出守吴郡,值孫恩寇吴,時承平日久,兵不習戰,松築滬瀆壘禦之,保障一方。明年,兵敗死之,部將李祥收葬於周浦。胡《志》。

宋曹詠,紹興間,以通判監州。值大水,吴門以東沃壤爲巨浸,部使者飭郡邑詢求故道,導源決壅以洩之。詠身任其事,於邑境重濬鹽鐵塘,更名下沙浦。胡《志》。

元王艮,諸暨人,兩浙鹽運司經歷。會議計口食鹽不便,請減,或謂成籍不可改。艮曰:"今民食少賦多,死徙已衆,顧重改籍而輕棄民命乎?"遷浙江行省檢校官。松江人徐瑨告瞿時學隱沙塗事,委艮體覆。艮詳考本末,謂"沙塗糧課俱已入官,縱微末未科,何關輕重,瑨等不知國體,不宜信議"。上從之。胡《志》。

明湯和,字鼎臣,濠人。洪武十一年封信國公。倭寇上海,帝患之,顧謂和曰:"卿雖老,强爲朕一行。"和請與方鳴謙俱。鳴謙,國珍從子,習海事。嘗訪以禦倭策,鳴謙曰:"倭海上來,則海上禦之耳。請量地遠近,置衛所,陸聚步兵,水具戰艦,則倭不得入,入亦不得傅岸。近海民四丁籍一以爲軍,戍守之,可無煩客兵。"帝以爲然。和乃度地浙西東並海,設衛所城五十有九,選丁壯三萬五千人築之,盡發州縣錢及籍罪人貲給役。役夫往往過望,而民不能無擾,浙民頗苦之。或謂和曰:"民讟矣!奈何?"和曰:"成遠算者不恤近怨,任大事者不顧細謹。復有讟者,齒吾劍。"踰年而城成。稽軍次,定考格,立賞令。浙東民四丁以上者,户取一丁戍之,凡得五萬八千七百餘人。嘉靖間,東南苦倭患。和所築沿海城戍皆堅緻,久且不圮,浙人賴以自保,多歌思之。節《明史》本傳。

施之和,福州人。洪武間,爲下沙場鹽司副使,轄一團至九團。課繁路遥,心恤竈困,以憂勞積疾,没於官。時兵戈梗道,就近葬焉。子叔(祥)〔常〕,詳"流寓"。胡《志》。

李充嗣,字士修,内江人,成化丁未進士。以工部尚書,修江南水利。嘉靖二年,濬周浦塘、鹽鐵塘、站船浜、金匯塘諸港,使各通黄浦,旱澇有恃,并示以(門)〔開〕法。設巨筏數百,曳木齒隨潮進退,以汰沙泥,名曰濬川杷。又置小艇百餘,隨鐵箒於尾,以爲疏導,名曰鐵掃箒,其利甚溥。終南京兵部尚書,贈太保,謚康和。胡《志》。

周如斗,字允文,餘姚人,嘉靖進士。乙卯,以監察御史巡撫蘇松四郡。會倭寇訌海上,歲且大祲,如斗奏蠲常税什五,已輸官者,發倉廩(選)〔還〕之。率將士進討屢捷。踰歲,當代去,士民乞留章七上,得允。如斗復奏設海防專官,蠲濱海綱運,改運艘折兑。其夏,寇復至松江,如斗與督撫合策,大捷於沈莊,羣賊悉平。胡《志》。

葉永盛,字玉成,安徽涇縣人,萬曆己丑進士。出筦兩浙鹽政。先是,奸弁高時夏妄奏餘鹽山積,横征至貧丁無以爲生。永盛疏陳疾苦,語極愷切,章五上,卒得請,遂覈奸弁,蘇民困。旋以艱去,民思其德,爲立祠一團鎮,陸樹聲有《去思碑記》。詞見欽《志》。

方岳貢,字四長,湖廣穀城人,天啓進士。授户部主事,遷郎中。崇禎改元,出知松江府。郡之東南濱海,颶潮漂没田舍,爲築石塘二十餘里。又於周浦之碧霞菴,與鄉民講約。潛移默化,頹風大變。去後立祠以祀,杜尚書士全爲之記。癸未,超拜左副都御史,俄晉東閣大學士。立朝半載,殉李賊難。胡《志》。

彭長宜,字申伯,海鹽人。崇禎間知縣事,摘發中隱,舞文者駭愕。值歲饑,民情汹涌,巡按御史遣兵戍川沙。長宜曰:“民變非盜賊比也,有司治之足矣。”爲撤兵。胡《志》。

國朝史彩,字簡菴,會稽人。康熙間知縣事,浦東民多强悍,彩訪其魁傑除之,羣黨斂跡。嘗纂修邑志。胡《志》。

李發枝,浙江山陰人。勤吏事。冬夏嘗從一役燭行城外,内聞有讀書聲、紡織聲,旦輒召而勞之,貧者稍資之,邑人競勸。南匯去治遠,民多强横,立點卯簿,期必到,到必詢晴雨及米麥等價,應對小錯,輒加譴責。地方報悛改,始除名。無賴之徒,多知過自悔者。

欽連,字幼(琬)〔畹〕,浙江長興人。雍正元年進士,四年除南匯知縣。時縣新分,僻處海濱,俗多强悍。下車後,事皆創始,鋤强扶弱,惠威並行。歷九月謝事,民攀轅泣留。七(月)〔年〕,署府篆,尤屬意邑事。十一年復任,值潮災歲饑,爰築護塘一萬五千三百餘丈,以工代賑,民賴以蘇。從此潮不害,本以欽項興築,爲欽工塘,民頌公德,謂之欽公塘。邑中官署、學舍、郊壇、倉庫,無不具舉。創修邑志。去任日,訓邑民之送者曰:“氣死不要興訟,餓死不要作賊。”父老至今道之。著有《虚白齋詩鈔》。參《府志》。

韓墉,字惠中,福建晉江人。乾隆三年以舉人除縣事,政尚清嚴。而聽訟遇骨肉參商者,必以禮法情誼開導之。兩任縣事,民皆悦服。胡《志》。

陳上齡,江甯人。乾隆四年除下砂場大使。時值潮災,鹽蕩坍缺且蕩瘠課重,詳免改則,場民德之。母林氏七旬誕,白鶴降庭,王道升顔其堂曰“來鶴”,以誌一時慈孝之感。胡《志》。

潘涵,浙江錢塘人。乾隆十三年,以蘇州通判署縣事,不三月而清歷年未結之案。鹽賈有以賄嘗者,嚴卻之。去之日,邑民焚香泣送。胡《志》。

陳焱,字晉亭,陝西盩厔人。乾隆十七年,以蘇州府糧捕同知署縣事,獎善懲惡,政令肅清,捐俸掩骼。有謀殺夫命(駕)〔架〕誣讐家者,廉得其實,置奸夫婦於法,遠近稱快。《府志》。

薛清來,河南孟縣人,乾隆二十二年由拔貢除縣事。時值歲祲,清來賑邺災黎,全活無算。有母年已八十餘,孝事惟謹。性廉介,廉俸外不名一錢。邑人易“薛”爲“雪”,表其潔也。後以逸獄囚去任,會母死,哭泣不食而死。見《説學齋文稿》。

吴昌宗,字文園,吴縣舉人。性坦夷,無城府。乾隆二十二年,司訓斯邑。士執贄見者,不以厚薄爲親疎,以業相質,隨其材引導之。司訓十八年,齋廚蕭然,吟嘯自若,干以非義,介如也。著有《燕山吟草》。《府志》。

李毓英,大興籍蔚州人。乾隆二十二年,任三林司巡檢,屏絶一切陋規,曰:“我官雖小,容貨乎?”壬午水災,委查飢户,地保進供給,念歲荒民困,何忍先以此累民,嚴卻之。《府志》。

李兆鋐,字曉菴,湖北鍾祥人,乾隆二十四年由舉人除縣事,持躬勤儉,審斷練達。邑多(松)〔訟〕棍,傾軋百出,訪得其人,盡法懲之,案牘肅清。

劉若洙,字魯巖,漢軍鑲黄旗人。乾隆二十六年,由文穎館謄録揀發除縣事。縣多盜藪,日夜微行,擒積盜,訪博局,未半載而境内肅清,游民俱歸業。去任後,有接收前令徵存緩漕六千石鼠耗十一，後令檄之來。甫入境，民囊粟出迎，呼劉青天。應補交漕米六百石，不日而足。見《説學齋文稿》。

楊宜崙，字恒山，直隸靈壽人。乾隆二十九年除縣事，去而復來者再。秉性嚴峻，鉤捕積窩逸賊(暨)〔置〕諸法。修文廟，建書院，搆文星閣，文教蔚興。

成汝舟，字虚(濟)〔齋〕，山西文水人。乾隆三十六年、四十三年兩知縣事。邑素難治，甫下車，蒐捕姦慝，清釐獄訟，設鉤距，嚴擊斷，宵小潛蹤。乃建修祠廟，浚周浦、閘港、白蓮涇諸河，民蒙其利。去任後，擢湖北按察使。邑人思其德，與欽公並肖像於邑之武廟偏殿祀焉。邑侯楊承湛爲之記。

孫思庭，直隸人，乾隆四十一年以舉人除縣事，剛方廉潔，用法嚴峻，賭盜屏迹。有故人子來謁，款接殷勤，後緣事不稍貸，人以爲欽公復見。遷太倉知州，終福建鹽道。

胡志熊，字公望，湖北孝感人。乾隆五十六年，由舉人除縣事。民婦窩盜横行，倚隣縣監生某賄結郡書，陰爲之地，志熊廉治如律。捐修縣志，發潛闡幽，於水利尤詳，閲者稱善。以俗尚淺葬，倡設義塚，掩埋至七萬餘具。膺卓薦擢廣州府同知，留署柘林通判，檄赴沭陽，卒於差次。著有《名言輯要》行世。

管松年，上元拔貢。乾隆五十六年，司訓斯邑。士以執業請者，必示以先正之程，講貫亹亹不倦。諸生有小過，必示優容，謂"讀書人須養其廉恥也"。然遇諸生有事不干己，必加痛斥，人以爲有古風焉。

陳惠疇，江西金谿人。乾隆四十七年、六十年，兩任三林巡檢。時盜賊充斥，惠疇微行密緝，宵小潛蹤。周浦鎮舊設育嬰堂，爲籌經費，立規條，詳報立案。去任日，士民泣送，彙刻送行詩曰《春帆集》。

張昌運，浙江仁和人，嘉慶四年由解首除縣事，政尚簡肅，尤愛造士。嘗闢署旁隙地，仿建闈號，值賓興歲，捐給供膳，集多士於中，一照場規課士，士多感奮。小吏張宏能詩，昌運資以薪水，俾竟其業。卒有詩名。

方恩承，漢軍鑲黄旗人，嘉慶十年循例除縣事。甫至即嚴緝賭棍，境爲之肅。(將)〔時〕民間田土率憑空指賣，輾轉搆訟。恩承創爲田契，履畝編號，鈐以印信，俾各業户收執，買賣均以爲憑。民至今稱便，號爲"方單"。

李燧，直隸河間人。嘉慶十九年，除下砂場大使。值旱災，欽塘内外，溝淺水涸，顆粒無收。是年，縣未議賑，首勸紳富捐賑。明年春，申請欽賑，民活無算。道光三年大水，又如前勸賑，並請撫卹竈民。完課向由銀匠經收，不免需索，爰於署中設櫃，令業户自納，民甚便之。卒後，場民思其德，塑像祀焉。

周岱齡，河南人。嘉慶二十三年以代理來視縣事，判結積案胥明允，時有人鏡之頌。數月去任，民甚懷之。

楊承湛，字閬仙，順天宛平人，道光二年由進士除縣事，首減白銀價。尤留意水利，浚閘港、周浦塘，皆(接)〔按〕程課工，身自董治，必如式乃已。厥後民賴其利者垂三十年。公暇，偕僚佐詣香光樓飲酒賦詩，人稱儒雅。

李述三,字清濟,江西人。道光四年任縣典史,政肅心慈,宵小戢迹。時俗尚(張)〔强〕悍,縣令欲以峻法嚴刑救其弊,述三惻然。遇事必切諫,縣令爲之霽威。尤工書法,撫憲評爲第一,人得其真迹,奉爲墨寶。至今故家猶存匾額焉。

熊傳栗,字民懷,河南人,道光十一年由進士除縣事,明於聽斷。日坐堂皇,訟詞入,即籤差傳訊,視路遠近限晷刻,并禁需索,應給飯貲若干判於籤尾。案無留牘,吏不能欺,人比之周岱齡。

沈炳垣,字曉滄,浙江嘉善人,道光十二年由舉人除縣事,吏治稱最。尤好獎誘後進。書院課士,必擬示程文。批閲時一長必録。屢次分校鄉闈,所取多知名士。秩滿擢海防同知,旋引疾,上游器重,留掌上海敬業書院。

王直潤,字四篁,浙江人。道光十九年任縣丞事,政持大體,不尚煩苛。尤長文學,公餘之暇,與文士詩酒往還。或干以私,凛然難犯,一時稱之。

施元鳳,崇明行伍。道光二十二年,除南匯營都司,值暎夷擾吴淞,提督陳化成殉難。邑中戒嚴,元鳳謂縣令籌餉在君,戰守在我。時有訛傳縣令坐船停城外乘閒他適,邑人大恐,遷徙幾空。乃派弁兵分駐城門水關,日夜躬自校巡,人心乃定。去後,民猶思之。

張承紳,安徽人。道光二十七年署下砂場大使,老成持重,有整飭風俗之意。一團鎮素多游民爲患,密訪數人,按律懲治,匪徒斂迹,民賴以安。半載卒於任,去之日,執香泣送者數百人。

蔣元沂,湖北人。道光二十七年署下砂場大使,少年英俊,心切民生。時多海寇乘夜搶劫,邀紳士議設水旱木栅,并按户踐更巡緝,鎮賴以安。

鄭榮祺,字晴郊,丹徒人。道光二十九年署訓導事,時值水災,饑民載道,榮祺首請賑給貧士,并勸諭紳富捐米,於武廟設立(弼)〔粥〕廠,以濟貧乏。自奉儉約,分俸餘,見路旁餓者,必給錢以買(弼)〔粥〕,全活無算。每至所處,饑民環繞乞憐。去任日,宦囊如洗,士民繪《南沙贈别圖》,作詩以送之。

章惠,字子元,浙江山陰人。咸豐三年,由鎮洋縣調署縣事,治尚廉,勤理積案無一滯。值便民倉燬後,人多觀望,惠徵税銀,許以布菽代,民樂其便。八月,青浦亂民周立春陷嘉定、上海,會匪劉麗川等亦據城應之,闔邑驚擾。時營兵以奉調勢單,惠出衣物質錢四十千,畀守備樊定邦修軍裝籌守禦,樊漫應之。初十日,劉遣逆黨沈紹、趙懋曾等(哭)〔突〕入,城遂陷。詳具《兵事》。惠見事不可爲,乃具冠服坐公堂,曉以利害。賊謂是好官,願推戴。惠叱之退,急起入内,自縊死。賊共嘆悼,以禮殯殮。未幾,紳士顧祖金、濬書陶謙吉起義,密約樊内應,復城,斬趙逆首級以祭。歸喪日,民泣送者無數。事聞,贈卹如例,於治所準建專祠。

鄧賢芬,字薌甫,安徽五河人。由翰林改官。咸豐八年,自元和縣正任調署縣事。十年春,粤逆陷杭州,松屬驚擾,或欲議徵漕尾,勃然曰:"此何時?猶斂怨不恤民乎?"蘇松既陷,會匪餘孽吴和尚方乘閒煽亂,詗得即捕戮之,境少謐。明年秋,浙賊陷金山柘林。冬十二月,循塘東下,攻破南橋,團勇不及禦,奉、南遂接踵陷。時賢芬方誅悍勇王奎,聞警誓以身殉，從者謂徒死無益，遂從間道赴上海，請兵恢復。同治元年，新撫李鴻章會師進勦，檄賢芬隨營贊理，駐蘇家橋，誅攫民蠹役龔裕。會賊酋吴建瀛、劉玉林請投誠，五月朔，賢芬單騎入城，宣諭朝廷威德，遂受其降。越一日，金山衛賊合川沙賊，率萬衆攻邑南北兩門，賢芬拊循降衆劉玉林，出奇兵直衝賊營，斬賊驍目，乘勢追北，賊盡南竄，衆心始定。詳(具)見《兵事》。叙功以原官復任，綜理善後事宜。未幾，積勞成疾，竟卒於任。遺命以戎服殮，悲志之未竟也。邑人思之，稟請詳准入章公祠並祀。

選舉志

召　試

張(泉)〔果〕浚。字寰瀛,康熙己酉南巡,以布衣獻詩,授武英殿纂修,補直隸廣昌知縣。

錢學洙。韓家蕩人,監生。康熙丁未朝考一等,試用知縣。附應元。

吴省欽。廩生。乾隆丁丑一等,特賜舉人。有傳。

張熙純。舉人。乾隆乙酉一等,特授内閣中書。有傳。

葉抱崧。乾隆乙酉欽取二等。有傳。

金國鑰。字少源,邑諸生。乾隆年分失攷,欽取二等。

欽　賜

顧成天。雍正丁未,由舉人欽賜進士。有傳。

顧賓日。成天子。欽賜監生。

顧賓鴻。成天子。欽賜監生。

吴省欽。乾隆丁丑,由廩生欽賜舉人。

張熙純。乾隆乙酉,由舉人欽賜内閣中書。

吴省蘭。乾隆戊戌,由舉人欽賜進士。

奚淵鏡。字湛秋,府庠生。咸豐戊午,以捐輸助餉,欽賜舉人。

辟　薦

元秦良顥。(允)〔元〕貞初,習蒙古字。大德間,除國子學録。有傳。

潘應武。三墩人。大德間,以治水功,授淳安教諭。

瞿霆發。由下砂埸副使,擢進義校尉、上海(布)〔市〕舶司。有傳。

明秦裕伯。洪武元年,以元進士徵授待制。有傳。

陸文旺。洪武三年,舉郡國賢良,拜武昌府倅。有傳。

朱璘。洪武時,以孝廉授趙州知州。有傳。

王掖。洪武時,以明經授鹽埸司令。有傳。

杜隰。洪武時,詞科,授太常寺贊禮郎。有傳。

吴敬。永樂時,以楷法入太學。有傳。

沈政。永樂時醫士,陞御醫。有傳。

諸英。永樂時,考準儒士。

夏長文。本姓倪。永樂中,以人才授監察御史。有傳。

葉宗行。永樂中,以人才授錢唐縣知縣。有傳。

秦世傑。永樂中,以人才授迪功郎,轉福建武平縣知縣。

秦允恭。世傑子,授浙江麗水縣知縣。

諸傑。弘治時,由進士考準儒士。

趙希奭。字元伯,松子。以儒士授鴻臚寺序班。

張電。正德時,以儒士入史館。嘉靖時,又以楷法授序班。有傳。

倪鏞。夏長文孫。正德時,以儒士仕。嘉靖時,又以人才授興府典膳。

談鑑。府廩生。績溪縣教諭,以才能授富陽縣知縣。

談福。太學生。嘉靖時,授太醫院良醫正。

李叔春。萬曆中,由進士考準儒士。

華時中。字希聖。萬曆中授鴻臚寺序班。

喬煒。天啓時,以楷法授禮部郎中。有傳。

倪邦楷。天啓中,以人才授高唐州州判。

王乾昌。學詩子。考授文華殿中書舍人,遷行人司。附見潭。

王雄。元名稽古,天啓中,以人才授濟南府同知,殉甲申難。

朱禄。天啓時,以醫術授太醫院吏目。

徐庚光。徐家壩人。天啓時,以楷法管玉牒,中書舍人。

杜士含。天啓時,以醫術授太醫院院使。

陳于階。崇禎時,以人才授欽天監博士,殉甲申難。有傳。

施署。一元孫,廩生。舉宏博,充史館纂修。

張兆元。崇禎時,以醫術授太醫院吏目。有傳。

華廷琳。字仲玘。崇禎時,以人才授南城兵馬司。

王其佑。闕年。曲沃縣丞。

張克恭。以義勇杜松薦,授參將,教習京兵。

王世熙。字孟明,學試子,〔以〕楷法授鄖陽府同知,陞大理評事。以上二人載《廳志》。

國朝李雯。前明進士。順治初,以孝特授宏文院中書舍人。有傳。

張在簡。元玘子。順治初,舉孝廉方正。

金舜白。庠生,字虞珠。十九保人。以國子監教習,授汾西縣知縣。欽《志》、胡《志》作汶西,誤。

張家鑑。字士淵,錫懌從孫。順治十二年,沈宗敬薦,入武英殿纂修,授江西新昌縣知縣。丁内艱,上官以其廉謹,欲奪情,泣請終制。後補福建歸化縣知縣。舊志作錫懌曾孫,誤。

葉永年。康熙十八年,開宏博科,以邵静山薦,辭不赴。

葉洮。康熙時,以畫入内廷供奉。

張朱梅。雍正五年,舉賢良方正。有傳。

華宏璧。以醫術入京師,雍正十年,授太醫院吏目。有傳。

葉承點。字子異。乾隆元年,舉博學宏詞科,取次等。有傳。

顧瓚。字仰山。以醫術游京師。道光時,授太醫院吏目。

進　士

宋王日暉。淳熙甲辰。下沙人,字萬七,官鹽運提舉。附見泳。

元潘達。(奉)〔泰〕定甲子。字桂坡,南三竈人,官信州提舉。

(泰)〔秦〕裕伯。至正甲申,由學胄監登第,累官福建行省郎中。

明黄翰。永樂壬辰。有傳。

張衡。永樂乙未。有傳。

陸徵。永樂辛丑。字尚實,召稼樓人,禮部主事,汀州知府。

李清。景泰甲戌。有傳。

談倫。天順丁丑。有傳。

李澄。天順丁丑。附詳伯輿。

張縠。成化乙未。附詳衡。

談詔。成化辛丑。字朝宣,山東副使。能詩,剛明有識,所在有風績。

趙松。弘治癸丑。有傳。

唐懽。弘治壬戌。有傳。

儲昱。正德丁丑。有傳。

朱豹。字子文,佑孫。正德丁丑。

石英中。嘉靖癸未。有傳。

諸傑。嘉靖丙戌。有傳。

翁燦。字德暉。嘉靖乙未,十六保人。兵部主事,終副使。

唐志大。嘉靖辛丑。有傳。

李昭祥。嘉靖丁未。有傳。

葉秉中。嘉靖癸丑。有傳。

秦嘉楫。嘉靖己未。附見敕。

艾可久。嘉靖壬戌。有傳。

喬木。隆慶戊辰。有傳。

李伯春。隆慶辛未。有傳。

王文炳。隆慶辛未。有傳。

潘伯翀。字元翰。隆慶辛未,潘家行人。

朱正色。萬曆己丑。有傳。

顧際明。萬曆己丑。

李叔春。萬曆己丑。附詳伯春。
李尚衮。萬曆己丑。有傳。
朱家法。豹孫。萬曆壬辰補試。
杜士全。萬曆己未。有傳。
李中立。萬曆乙未。字士强,尚(家)〔衮〕從子。知公安縣,大理評事,四川主考。
姚永濟。萬曆戊戌。
黄體仁。萬曆甲辰。有傳。
喬(供)〔拱〕璧。萬曆丁未。有傳。
朱國盛。萬曆庚戌。有傳。
潘大儒。字含赤。萬曆庚戌。十九保人,中書舍人。
杜喬林。萬曆庚戌。
葉有聲。萬曆己未。有傳。
李逢申。萬曆己未。有傳。
張元始。崇禎戊辰。有傳。
陳正中。崇禎戊辰。有傳。
杜麟徵。崇禎辛未。
翁元益。字稺謙。崇禎甲戌,十六保人,刑科給事中。
包爾庚。崇禎丁丑。知羅定州,兵科給事中。
顧其言。崇禎庚辰。有傳。
李綺。崇禎庚辰。榜姓錢,逢申從子。仕永歷西臺御史,殉難於廣城。
瞿騫。崇禎壬午,以歲貢特賜進士。山東滕縣知縣。流寇陷城,死之。本朝予謚節愍。
李待問。崇禎癸未。有傳。
國朝朱紹鳳。順治己丑。有傳。
施維翰。順治壬辰。有傳。
李延桀。字方思。順治壬辰。李家角人,南甯府推官。
徐士吉。字謙六。順治壬辰。新場人,臨洮推官。
朱錦。順治己亥會元。有傳。
葉映榴。順治辛丑。有傳。
彭開祐。康熙丙辰。
朱延獻。康熙己未。附詳紹謨。
施維訥。康熙庚辰。有傳。
王鎬。康熙丙戌。有傳。
蔡嵩。康熙癸巳恩科。有傳。
宋宗淑。字智臨。康熙癸巳。所城人。
朱鑑。康熙癸卯恩科。有傳。

蔡兆昌。字師旦。雍正癸卯。太平府教授。

馬嚴。雍正甲辰。有傳。

唐班。雍正甲辰。有傳。

朱良裘。雍正甲辰。有傳。

葉承。雍正丁未。有傳。

顧成天。雍正庚戌,欽賜進士,授編修。有傳。

黄槐。乾隆丁巳。有傳。

吴世賢。乾隆戊辰。字掌平。歷湖南沅江、湘陰、靖州,湖北咸甯、黄陂,河南密縣知縣,廣東樂昌縣知縣。

吴省欽。乾隆癸未。有傳。

施潤。乾隆壬辰。有傳。

吴省蘭。乾隆戊戌。有傳。

徐繼達。字苑花。道光庚戌。無極縣知縣。

舉　人

明趙端。永樂乙酉。行唐訓導,兵科給事中。

黄翰。永樂辛卯。見《進士》。

陸徵。永樂甲午。見《進士》。

張衡。永樂甲午。見《進士》。

李伯璵。宣德丙午。有傳。

張顴。字孟威,衡弟。宣德壬子。武定州學正。

朱允。景泰庚午。有傳。

李清。景泰庚午。見《進士》。

朱佑。字民吉,木子。景泰庚午。

王祐。榜姓高。景泰癸酉。有傳。

談倫。景泰癸酉。見《進士》。

李澄。字希范。景泰丙子。見《進士》。

(許)〔計〕瓊。字(平)〔廷〕玉。天順壬午。封邱知縣。

顧博。字原厚。成化戊子。同知。

張穀。成化戊子。見《進士》。

顧鼒。成化辛卯。十六保人。

談詔。成化庚子。見《進士》。

諸宏濟。字大經。成化丙午。横沔人,(光)〔尤〕溪知縣。

趙松。弘治壬子。見《進士》。

葉(鉄)〔鈇〕。弘治辛酉。有傳。

唐懽。弘治辛酉。見《進士》。

諸傑。英曾孫。弘治甲子。見《進士》。
顧聽。字思聰。弘治甲子。十六保人。
秦璧。字啓文,裕伯裔孫。正德癸酉。
儲昱。正德癸酉順天榜。見《進士》。
朱豹。正德癸酉。見《進士》。新場人。
王佐。正德己卯。有傳。
談承儒。嘉靖壬午。有傳。
石英中。嘉靖壬午。見《進士》。
翁燦。嘉靖戊子。見《進士》。
顧向。字子中。嘉靖辛卯。十六保人,聽從子。
李昭祥。嘉靖丁酉。見《進士》。
蔡懋昭。嘉靖庚子。有傳。
唐志大。嘉靖庚子。見《進士》。
朱鳳。字朝陽。嘉靖癸卯。知定州,陞建昌同知。
秦宲。字和甫。嘉靖癸卯。嘉楫從子。
華秉中。嘉靖己酉。見《進士》。
石應朝。字啓忠。嘉靖己酉。英中子。餘(航)〔杭〕知縣,南京工部主事。
秦嘉楫。嘉靖壬子。見《進士》。
杜時登。嘉靖壬子。有傳。
王遷喬。字伯翀。嘉靖乙卯。佐從子,周浦人。
艾可久。嘉靖戊午。見《進士》。
杜時騰。嘉靖戊午。有傳。
石應魁。字啓文。嘉靖戊午。臨江同知,英中子。
諸鐈。嘉靖戊午。安〔遠〕縣知縣。
喬木。嘉靖辛酉。見《進士》。
王文炳。隆慶丁卯。榜姓高,見《進士》。
倪甫英。隆慶丁卯。有傳。
潘伯翀。隆慶庚午。見《進士》。
李伯春。隆慶庚午。見《進士》。
秦國士。萬曆丙子。嘉楫從子,附傳。
李尚衮。萬曆丙子。見《進士》。
李安祥。萬曆己卯。昭祥從弟,附傳。
王尚行。萬曆壬午。改名偕春。附見潭、觀光。
顧允貞。萬曆壬午。有傳。
胡汝諒。字叔貞。萬曆壬午。遂溪知縣。

高洪謨。萬曆壬午,順天解元。附舉傳。

杜宗彝。萬曆乙酉。附詳時騰。

李叔春。萬曆乙酉。《府志》《上邑志》並作叔英,儒士。見《進士》。

杜獻璠。萬曆乙酉順天榜。時登子,附傳。

杜士全。萬曆乙酉。見《進士》。

施大經。萬曆乙酉。金山衛學。有傳。

朱正色。萬曆戊子。見《進士》。

李中立。萬曆戊子。見《進士》。

朱一德。萬曆戊子。有傳。

施大諫。萬曆戊子。有傳。

喬拱璧。萬曆辛卯。見《進士》。

朱家法。萬曆辛卯順天榜。見《進士》。

李南春。萬曆辛卯。附見安祥。

潘大儒。萬曆辛卯。見《進士》。

杜士基。萬曆甲午。有傳。

倪(嘉)〔家〕允。萬曆甲午順天榜。附見甫英。

朱國盛。萬曆甲午。榜姓盛,名國華。見《進士》。

黄體仁。萬曆甲午。見《進士》。

高廷楝。萬曆甲午。附見洪謨。

姚永濟。萬曆丁酉。見《進士》。

蔡紹襄。萬曆庚子。有傳。

蔡懋廉。字朝需。萬曆癸卯。宜黄知縣,陞同知。

潘伯翺。字雲翥。萬曆丙午。伯挪弟,成都知縣。

陳肇元。萬曆丙午。榜姓張,名元珙。十七保人。

李逢申。萬曆丙午。榜名見素,見《進士》。

倪家泰。萬曆己酉。附見甫英。

李繼佑。萬曆壬子順天榜。有傳。

葉有聲。萬曆乙卯解元。見《進士》。

沈應丙。字默夫。萬曆乙卯。横沔人。

李繼元。萬曆乙卯。伯春子。附見昭祥。

陳正中。萬曆戊午。見《進士》。

翁元益。萬曆戊午。見《進士》。

李繼厚。萬曆戊午。附詳伯春。

李之楠。天啓辛酉。附傳。

張元玘。天啓辛酉順天榜。見《進士》。

蔡文陞。天啓甲子。附詳紹襄。
許安邦。天啓甲子。有傳。
張元始。天啓甲子。見《進士》。
金于山。字象兼。天啓丁卯明通榜，選龍安府推官。
張元瓏。天啓丁卯。元玘弟。附泮傳。
李待問。崇禎庚午順天榜。見《進士》。
張錫眉。崇禎庚午。榜姓黄，有傳。
黄徵蘭。崇禎庚午。附見體仁。
朱紹鳳。崇禎癸酉。見《進士》。
朱在廷。崇禎癸酉順天榜。長世從子。
包爾庚。崇禎丙子。見《進士》。
朱襄孫。字甯馨。崇禎丙子。新場人。
李綺。崇禎丙子。見《進士》。
葉日華。字士光。崇禎丙子。一團人。
陳朗。字前之，原名于王。崇禎丙子。陳家行人。
魯道昆。崇禎丙子順天榜。魯家匯人。
顧其言。崇禎己卯。見《進士》。
秦宜宏。字道力。崇禎己卯。
朱在鎬。字周望。崇禎壬午順天榜。長世子。
國朝李延椉。順治乙酉。見《進士》。
施維翰。順治戊子。見《進士》。
朱錦。順治辛卯。見《進士》。
徐士吉。順治辛卯。見《進士》。
顧昌時。字聖偕。順治甲午。内閣中書，其言子。
葉映榴。順治丁酉。見《進士》。
朱廷獻。順治庚子。見《進士》。
王憺。順治庚子。榜姓朱。附見檄。
顧昌祚。康熙己酉。有傳。
閔瑋。康熙乙卯順天榜。中書。附見峻。
陳炎。字亮公，本姓陸。康熙丁巳。航頭人。
艾汝成。康熙丁巳。可久元孫。
施是培。字藻汀。康熙甲子順天榜。維翰從子。
張永申。字月豐。康熙丁卯。太倉州學正。
王鎬。康熙庚午。見《進士》。
劉貞吉。康熙庚午。長洲教諭。附詳道深。

唐廷士。康熙癸酉順天榜。六團人。附見景隆。

施維訥。康熙丙子。榜姓(詳)〔許〕。見《進士》。

李大中。字南村。康熙丙子。榜姓徐,十六保人。泰州學正。

包爾純。康熙壬午。有傳。

蔡嵩。康熙壬午順天榜。見《進士》。

華謙。康熙乙酉。有傳。

宋宗淑。康熙戊子順天榜,姓秦。見《進士》。

朱鑑。康熙辛卯。見《進士》。

高廷亮。康熙辛卯。榜姓奚,周浦人。附詳維岳。

馬嚴。康熙癸巳。見《進士》。

閔望。康熙癸巳。富陽知縣。附見峻。

葉棠。康熙甲午。有聲曾孫。附見承。

顧成天。康熙丁酉。見《進士》。

王學洙。字礪成。康熙丁酉順天榜。鎬子。

蔡兆昌。康熙庚子。榜姓張。見《進士》。

顧昺。雍正甲辰。榜名昌。附詳璠。

葉承。雍正甲辰。見《進士》。

朱良裘。雍正甲辰順天榜。見《進士》。

唐班。雍正甲辰。榜姓程。見《進士》。

張曰珩。字虞廷。雍正丙午。榜姓蔡,南四竈人。

華鍾和。雍正己酉順天榜。附見廷梅。

趙敬。雍正乙卯。附見維聘。

黄槐。乾隆丙辰。見《進士》。

吴世賢。乾隆辛酉。見《進士》。

葉廷棟。乾隆壬申。

唐芬。乾隆丙子。有傳。

張熙純。乾隆壬午順天〔榜〕。見《辟薦》。

吴省蘭。乾隆壬午。見《進士》。

華錫瑞。乾隆乙酉。附見士禧。

施潤。乾隆戊子。見《進士》。

金生。乾隆戊子。歙縣教諭。

唐丕承。乾隆庚寅。改名承華,有傳。

蔡夢菉。字西筠。乾隆辛卯。八團人。

唐祖樾。乾隆丁酉。有傳。

朱毓賢。字廷簡。乾隆丁酉。三團人,望江訓導。

王樹滋。字賡起。乾隆癸卯。原名源泰，改名鯑。周浦人，陽湖訓導。
趙丙融。字欒宣。乾隆己酉順天榜。桐城訓導。《府志》作趙璆，改名丙融，據上志。
吴敬權。字巽行。乾隆己酉。省蘭子，廣東嘉應州通判。
唐曾颺。字楙村。嘉慶戊午。有傳。
姚伯驥。字聖和。嘉慶丁卯。
唐鳳。字集夫。嘉慶戊辰。芬子。
倪錫湛。字秀夫。嘉慶庚午順天，宛平籍。沁水縣知縣。
唐棣。字宛村。嘉慶癸酉。
唐鼎高。字理黄。嘉慶己卯。曾颺子。
朱南枝。字琴村。道光壬午。蕪湖、清河訓導。
蔡雲桂。字策羣。道光戊子。潛山訓導。
顧鏡涵。字春船。道光戊子。
嚴宗熙。字韻泉。道光丁酉。
嚴宗价。字嶼花。道光癸卯。
徐繼達。字苑花。道光甲辰。見《進士》。
賈榮懷。字蓉卿。道光甲辰。内閣中書。
祝椿年。字楚翹。道光己酉解元。
唐景高。字鐵卿。咸豐己未。
王蓉生。字子勗。咸豐己未。海州訓導。
鍾斯盛。字際唐。咸豐己未。
沈樹鏞。字韻初。咸豐己未。内閣中書。
閔孝。字豫庭。同治丁卯。
顧麟。字趾卿。同治丁卯。
唐乃勤。字亮餘。同治丁卯。
王保建。字牧臣。同治庚午。蓉生子，現任泰興訓導。
姚有彬。字藝諳。同治庚午。
張翼。字梧岡。同治庚午。
張聯甲。字祖庚。同治癸酉順天榜。
朱紫佐。字贊虞。光緒乙亥。

貢　　生

明富有。洪武歲貢。航頭人。
杜衡。永樂歲貢。杜行人。
吴敬。永樂歲貢。
褚澄。永樂歲貢，蘭溪知縣。十六啚人。

計璚。天順府學歲貢。
張穀。成化歲貢。
杜雯。字天章。成化歲貢,臨川縣丞。杜行人。
談誥。成化歲貢,如皋訓導。
唐瑗。字執之。弘治歲貢。十六保人。
褚宏廙。字元慎。正德歲貢。十六保人。
艾洪。字文宏。正德歲貢,湖廣斷事,能文。《(聽)〔廳〕志》作癸酉。
朱曜。字叔陽。正德歲貢,庚午佑子,清江提舉。
陸銓。字文衡。正德府學歲貢,清江訓導。
張抑。字汝揚。嘉靖歲貢,穀子。上志作王府長史,《府志》《胡志》作學正。附詳衡。
諸應朝。嘉靖歲貢。餘姚訓導。
蔡紳。字朝(鄉)〔卿〕。嘉靖歲貢,王府教授。有傳。
張泮。字文化。嘉靖歲貢。
蔡繡。字文卿。嘉靖歲貢。附詳紳。
趙恕。字子仁。嘉靖歲貢,彭澤教諭。《府志》作學正。
石懿中。字泉子。嘉靖歲貢,英中弟,王府教授。
張攝。字道行。嘉靖歲貢,吉安府教授。
余采。字元亮。嘉靖歲貢,桂林府教授。《府志》作方正學裔。
鞠蕙。字秀芝。嘉靖拔貢。有傳。
唐志孝。字子順。嘉靖歲貢。有傳。
張瑞。嘉靖衛學歲貢。有傳。
高舉。字伯鵬。隆慶恩貢,上志作歲貢。有傳。
李得祥。字元佑。隆慶歲貢。有傳。
李安祥。隆慶府學拔貢。
李伯春。隆慶拔貢,欽《志》作恩貢。
唐志范。隆慶府學拔貢。有傳。
李尚衮。隆慶衛學拔貢。
周茂仁。隆慶衛學歲貢,太倉州訓導。十七保人。
黄一岳。字子鐘。萬曆歲貢,祁陽訓導,攝縣事,陞上杭教諭。《廳志》作恩貢,胡《志》作隆慶歲貢,據上志。
李應祥。萬曆華學歲貢。
施一元。字伯允。萬曆副貢,北京副兵馬司。施行人。
高洪謨。萬曆歲貢。
杜宗彝。萬曆歲貢。
王學試。字無藝。萬曆青學歲貢。《府志》作江夏縣知縣,上志作縣丞。
朱允若。字向俞。萬曆衛學歲貢,太平縣訓導,陞教授。

王其祐。字全吉。萬曆歲貢，曲沃縣丞。

施于蕃。字价夫。萬曆歲貢。附一化。

姚永濟。字汝楫。萬曆恩貢，上志傳云選貢。杜行人。

張懋寅。字人則。萬曆歲貢，穀孫，東昌府教授。

秦日益。萬曆歲貢，教授。

朱家教。字叔行。萬曆歲貢。

潘伯鲰。萬曆歲貢。

蔡懋廉。萬曆恩貢。

蔡紹襄。萬曆府學歲貢。

杜如錫。字涵平。萬曆歲貢，蕪湖訓導。

談鑑。萬曆歲貢，富陽知縣。

李延枝。字鄂西。萬曆副貢，伯春從孫，之楠弟。上志載吴江學。

王來儀。字仲威。萬曆副貢，遷喬子。

談瀚。萬曆歲貢。高苑縣丞。

杜名林。字君揚。泰昌衛學恩貢，喬林弟，興國教諭。

張元瓏。泰昌恩貢。

朱長治。泰昌府學恩貢，有才名。

喬煒。天啓順天榜副貢，木孫。

喬之仲。字次山。天啓歲貢，授通判。上志作副貢。

黄兆蘭。天啓恩貢。應天府經歷，附見體仁。上志作選貢。

劉光裕。字升齋。天啓歲貢，應山知縣，遷隨州州同，周王府審理正。

喬雲將。字游甫。天啓副貢，據上志。

黄應申。天啓拔貢，德化訓導。《廳志》作應甲，見體仁。

王璋。字樊桐。天啓歲貢，太醫院冠帶散官。據上志。

李繼沂。字敬公。天啓甲子、丁卯，兩舉副貢。昭祥孫。

施紹法。字敬則。天啓衛學副貢，于蕃孫。

黄兆錫。天啓順天副貢，體仁子。上志作江南榜。

黄楨桂。天啓副貢，體仁子。

陸學海。字仲志。天啓副貢。

姚襄明。崇禎恩貢，永濟子。

王逢年。字台承。崇禎戊辰。攷欽、胡兩《志》，並無名氏，府、上二《志》均作部題充貢，任惠州府知府，《府志》作福州府同知。今據上志。

朱長芳。字有馨。成都府通判，其科分貢。班同上王逢年。

唐汝芳。崇禎府學歲貢。

張肇相。崇禎恩貢。肇林弟，光禄寺署正。

李繼晟。字鏡良。崇禎歲貢。上志作兵部主事，欽、胡二《志》作仁化知縣，陞兵部司務。

諸本修。字德復。崇禎歲貢，十九保人。

徐廷選。字元懌。崇禎歲貢，江陰訓導，陞滁州教諭。

李待問。崇禎拔貢。《府志》作恩貢。

包爾庚。崇禎拔貢。

陸昌翊。字君甯。崇禎歲貢，温州府通判，遷工部員外郎，以誅黄村口盜，陞温處兵備道、按察司僉事。

顧其言。崇禎衛學拔貢。

趙存恪。字秀寅。崇禎府學歲貢，(仕)〔任〕教諭，十九保人。

梁珉。字子貞。崇禎歲貢。

李姜荃。字蘭友。崇禎府學副貢，繼元孫。

瞿騫。字孝叔。崇禎歲貢。

王三省。字元藻。崇禎府學歲貢，十九保人。

杜蓀。字幼君。崇禎府學歲貢，任訓導。

杜蘅。字幼清。崇禎華學歲貢，任訓導。

黄甲英。崇禎歲貢。黄家角人。

姚賡明。崇禎副貢，永濟子。

杜甲春。字端成。崇禎副貢，麟徵子。

喬貞復。字雷中。崇禎副貢，木曾孫。

李中梓。據徐鏞《松江府志餘議》云：兩舉副貢。見《尤西堂文集》。今諸志俱不載，其科目不知在何年，故附列此。有傳。

國朝葉翔龍。字翊飛，有聲子。順治乙酉府學歲貢。《府志》作字元飛。

王承庚。字丕文。順治戊子府學副貢。本姓羅，有傳。

吴定。字澹生。順治辛卯題貢。胡《志》作拔貢，上志作戊子題貢。有傳。

李之杜。字世齊，伯春從孫。順治辛卯歲貢。

杜登春。字九皋，麟徵子。順治辛卯青學，《府志》作監貢，上志作選貢。處州府同知。

杜同春。字子曠，喬林孫。順治甲午府學。《府志》作拔貢，上志作選貢，黔江知縣。

閔峻。字山野，烏程籍。順治甲午。《府志》作監貢，上志作選貢，胡《志》作拔貢。有傳。

朱萬禧。字公純，國盛子。順治丙申題貢。胡《志》作康熙丙午歲貢。

吴珪。字壽平。順治丁酉順天副貢，川沙人。

杜世嵩。字晉五，士全曾孫。順治丁酉歲貢。

包爾昌。字介蕃。順治庚子副貢，包家宅人。

沈沐。順治庚子副貢。有傳。

葉景龍。有聲子。順治辛丑恩貢。

張鋏。字如九，錫懌弟。順治題貢，闕年，姑附于此。

朱與琮。字令方，在廷子。康熙壬寅歲貢，績溪訓導。

伍玉。字藹如。康熙己酉歲貢,五河訓導。所城人。

張永申。康熙己酉歲貢。

宋瑞。字懷玉。康熙乙卯歲貢,所城人。

李彬。字璇斗。康熙丁巳恩貢,上志作歲貢。

王未央。字赤城。康熙丁巳歲貢,太平訓導,附見睿章。上志作未英,航頭人。

施體震。字長公。康熙己未歲貢,臨淄訓導。上志作戊午。

顧棨。康熙甲子歲貢。有傳。

王日茂。字芊友,偕春孫。康熙甲子歲貢。

盛紹永。字允猷。康熙丁卯歲貢,有文名。《府志》作府學,據上志。

沈珍。字培英。康熙癸酉歲貢,吴江訓導。

吴燧。字蕃宣。康熙庚午副貢,有傳。

胡黼。字麗文。康熙丙子副貢,沭陽教諭。《府志》作青學,沭陽知縣。一團人。

李大中。字南村。康熙丙子副貢,榜姓徐。

朱鑑。康熙丙子拔貢。府上二《志》作戊寅。

蔡嵩。字宣問。康熙丙子府學拔貢,府、上二《志》作戊寅。

葉森。字司直。康熙庚辰歲貢,六合教諭。新場人。

秦光祚。字祓四。康熙乙酉歲貢,府、上二《志》作恩貢。十九保人。

張家爽。錫懌孫。康熙乙酉順天副貢。據《府志》。

王鑄。字范之,鎬弟。康熙戊子歲貢。有傳。

唐聲傳。字廷一。康熙辛卯府學歲貢,四竈人。

姚烈。字青疇。康熙辛卯歲貢,《府志》作字青垂。有傳。

宋鳳徵。字乾照。康熙辛卯副貢,榜姓俞。所城人。

邱有馨。字蘭石。康熙甲午歲貢,新場人。

朱霞。字初(暗)〔晴〕。康熙甲午歲貢。胡《志》誤作朱震。〔有〕傳。

喬鏞。字傳聲。康熙甲午府學歲貢,八竈人。

顧諟命。康熙庚子衛學歲貢。本姓徐,有傳。

嚴漢徵。字李珊,上志作履山。康熙庚子歲貢,《府志》列衛學。三墩人。

張應徵。字俊宣。康熙辛丑恩貢,以孝友聞。沈莊人。

葉皆榮。字(紛)〔翂〕南,映榴(旗)〔從〕孫。康熙辛丑歲貢。附士堯。

朱之屏。新場人。康熙中歲貢,姑附于此。

毛漢齊。雍正癸卯恩貢。有傳。

朱良裘。字補園。雍正癸卯府學拔貢。

李恒。字聖基。雍正癸卯歲貢,句容訓導。附玠瑩。

陸世隆。字騰林。雍正癸卯府學歲貢,任訓導。

張燦。字煥文。雍正丙午歲貢,南六竈人。

宋志(淵)〔潮〕。字蒼源，宗淑弟。雍正丙午歲貢。
張標。字赤霞，元始曾孫。雍正丙午華學歲貢。
陳鳳業。雍正丁未歲貢。
唐必傳。字友杰，廷士子。雍正己酉副貢，鑲紅旗教習。
華昌朝。字顥亭，廷梅子。雍正庚戌衛學歲貢。
張(濟)〔儕〕鶴。字孚中。乾隆丙辰恩貢，泗州訓導。
閭邱王言。字文長。乾隆丙辰府學歲貢，有傳。
瞿渟。字硎石。乾隆丁巳府學歲貢，鳳陽訓導。
李琮。字配蒼。乾隆丁巳華學歲貢，五河訓導。附見王鑄。
吴世賢。乾隆辛酉府學拔貢。
喬之梁。字家山。乾隆辛酉副貢，河南陝州州判。
顧偉烈。乾隆辛酉拔貢，遷安知縣。
韓又琦。字湘英。乾隆辛酉副貢，潛山教諭。
馬樂。字方翁。乾隆辛酉府學歲貢，嚴從(兄)〔父〕。有傳。
施潤。乾隆甲子上學副貢。
顧偉度。乾隆甲子、丁卯，上學、順天榜兩舉副貢。
龔廷濟。乾隆甲子府學歲貢。
劉效綬。乾隆丁卯歲貢。
蔡鳴殷。字莘亭。乾隆壬申恩貢，附見嵩。
奚杏賢。字翼先。乾隆壬申歲貢，虹縣訓導。
王學震。字履萬。乾隆壬申恩貢。
徐周桂。乾隆乙亥歲貢。附見諟命。
顧杜。杜，《府志》作柱。乾隆己卯歲貢。見《耆碩》。
莊宗魯。字藎念。乾隆辛巳歲貢。《府志》作字禮堂。
徐周模。乾隆癸未恩貢。附見諟命。
鮑以炯。乾隆癸未歲貢。有傳。
金承恩。字芳若。乾隆乙酉拔貢。
胡範金。字慶辰。乾隆乙酉副貢。
葉鎮。字子静。乾隆乙酉歲貢。
談國珍。乾隆戊子歲貢。見《耆碩》。
鞠濬源。乾隆戊子歲貢。
李鈞。字光周。乾隆辛卯副貢。
張成杲。字穆笙。乾隆壬辰歲貢。
蔡敦。字樸夫，鳴殷子。乾隆甲午歲貢。
閭邱廷憲。字英臺。乾隆丙申歲貢。附見王言。

唐承華。原名丕承，班次子。乾隆癸卯優貢。
唐祖藻。字潛夫，承華子。乾隆丁酉府學拔貢。附承華。
唐祖蕚。字亞夫，承華子。乾隆丁酉拔貢。附承華。
顧滋。字羲文。乾隆戊戌歲貢。
錢本忠。字欽哉。乾隆己亥恩貢。附見闓。
黄桂。字東觀。乾隆庚子歲貢。
錢存寬。字昭武。乾隆庚子歲貢。附見闓。
葉欽芳。字蘭谷。乾隆辛丑歲貢。
鮑以煐。字鍾巖。府學歲貢。
閭邱廷俊。字克章。乾隆癸卯歲貢。
陳梅選。字應皋。乾隆甲辰歲貢。
唐力逢。字慶夫。乾隆乙巳恩貢。
張培瀚。字浩參。乾隆戊申恩貢。
華陳源。字崑來。乾隆戊申歲貢。
趙維霞。本姓徐，字鳳樓。乾隆庚戌恩貢。
胡源。字洽聞。乾隆壬子歲貢。
程瓚。字皚中。(劍)〔例〕貢入監，選授教職。新場人。
唐荷薪。字巢夫。嘉慶丙辰恩貢。
楊光輔。字心香。嘉慶丙辰歲貢。
唐賡和。字協恭。嘉慶庚申恩貢。
汪雲桂。嘉慶庚申恩貢。張江栅人。
張泰。字百源。嘉慶庚申歲貢。
唐維吉。字鳳(附)〔阿〕。嘉慶辛酉拔貢。
唐鳳。字集夫。嘉慶甲子副貢。
陳錦泉。字(迨)〔迢〕源。嘉慶甲子歲貢。
唐祖權。字巽夫。嘉慶丁卯府學歲貢。
倪錫湛。字蠡蓬。嘉慶丁卯副貢。
趙光熊。字維師。嘉慶戊辰歲貢。
潘鴻書。字朝宗。嘉慶戊辰歲貢。
朱桂。字丹林。嘉慶己巳恩貢。
陸文耀。字葆華。嘉慶壬申歲貢。
蔡綸。嘉慶丙子副貢。
衛學禮。字九乾。嘉慶丙子歲貢。
徐廷鑑。字義山。嘉慶丙子府學歲貢。
高鳳翔。字九儀。嘉慶庚辰恩貢。

周金銘。字月芳。嘉慶庚辰歲貢。

王潤。字裕亭。道光辛巳府學恩貢。

陸錦章。字鳳輝。道光甲申恩貢。

周國翰。字宗憲。道光甲申歲貢。

談元春。字應侯。道光乙酉拔貢。(府)〔有〕傳。

朱函鍾。字掌平。道光戊子恩貢。

張廷源。字泉發。道光戊子歲貢。

許皋。字于九。道光辛卯府學恩貢,清河訓導。

奚錦芳。字静山。道光壬辰歲貢。

姚煒琛。字守璇。道光癸巳府學歲貢。

閭邱德堅。字香萸。道光丙申恩貢。

王惟一。字景雲。道光丙申歲貢。

喬桂。字文輈。道光庚子歲貢。

賈榮懷。原名國杰,字蓉卿。道光庚子優貢。

金廷藻。字遂園。道光甲辰歲貢。

于爾大。字(光)〔沖〕甫。道光癸卯優貢。

火文焕。字星恒。道光癸卯優貢。

湯銘。字滌齋。道光辛丑府學歲貢。

唐汝翼。字乙青。道光癸卯府學歲貢。

張克黼。字繡山。道光甲辰府學歲貢。

唐楙松。字蔭樓。道光乙巳恩貢。

王熙。字曉蓬。道光戊申歲貢。

金廷恩。字澤圃。道光戊申府學歲貢。

馬元德。字健齋。道光己酉拔貢,句容訓導。

秦大椿。道光己酉恩榜副貢。

張壽祺。道光己酉恩榜副貢。

盛清藻。字連溪。道光庚戌恩貢。

陸文海。字珠浦。咸豐壬子歲貢。

閔雛鳳。字小雲。咸豐壬子恩貢。

張兆熙。字惠菸。咸豐丙辰歲貢。

嚴宗儉。字助廉。咸豐癸丑恩貢。

葉爲璋。字東軒。咸豐庚申歲貢。

毛世載。字令輿。咸豐恩貢。

顧顯章。字蓉塘。咸豐府學歲貢。

唐曾桐。字琴山。同治甲子歲貢。

閔震。字西佘。同治歲貢。

王鑑。字保三。咸豐恩貢。

金王福。字禔卿。同治壬戌恩貢。

沈侃。同治丁卯恩榜副貢。

喬秉衡。字南屏。同治辛未府學歲貢。

丁宜福。字慈水。同治壬申歲貢。

顧祖基。字鏡花。同治癸酉副貢。

唐貴瑜。字荔衫。同治癸酉恩榜副貢。

嚴廷元。字連三。同治癸酉恩榜副貢。

吴恩藻。字寄雲。同治癸酉拔貢。

嚴守真。字世棠。光緒乙亥恩榜副貢。

陳梅選。字應高。恩貢生,候補訓導。住陳家行鎮,在乾隆間,譜失載科分。

陳錦泉。字調元。歲貢生,候選訓導。住陳家行鎮,在乾嘉間,譜失載科分。

附重游泮水

閭邱廷俊。嘉慶丙辰。詳《列傳》。

閔驤。字衷哉。嘉慶庚辰,新場人。

謝守忠。嘉慶庚辰,邑城人。

謝守敬。嘉慶庚辰,守忠弟。

錢燧。字杏傳。道光癸未,新場人。

金士衡。字絳卿。道光辛丑,七團人。

顧之鍔。字劍堂。道光甲辰,二團人。

武進士

明李璵。字西淵。正德丁丑,府弟。上志云:舊志列舉人。按丁丑無鄉試,今從《府志》。

唐鎮遠。字刑湖。萬曆甲午,總兵。

張士起。萬曆丁未,任參將。

張鳳翥。天啓壬戌。

翁英。崇禎辛未會元,廷試第二。十六保十四啚人。

董爾正。字季方。崇禎甲戌。

黄日章。崇禎癸未。有傳。

國朝唐明揚。順治丙戌。新場人。撫標傳宣中軍,金山衛都司,管屯田事。

金王謨。乾隆甲戌。附詳文綵。

王紹彪。據《府志》,順治庚子進士,而武舉表中無其人,故附後。

武舉人

明李璵。舊志列正德丁丑,但丁丑無鄉試,未知中式何科。

朱家禮。萬曆己卯。字稚合,正德丁丑豹孫。

李中孚。萬曆壬午。

倪大武。中式萬曆乙酉、丁酉二科。字伯範。

唐鎮遠。萬曆辛卯。見《進士》。

潘壯猷。萬曆甲午。

朱長襄。萬曆丁酉,又連中己酉、乙卯二科。

富繼熙。中式萬曆丁酉、庚子(一)〔二〕科。四竈人。

邢天寵。中式萬曆丁酉、癸卯二科。邑城人。

劉撫安。中式萬曆庚子、壬子二科。應天撫標中軍把總。字定宇。

唐定遠。萬曆甲辰。字仲衡。

張士起。萬曆丙午。見《進士》。

閔鼎培。萬曆丙午。北五竈人。

施所蘊。萬曆壬子,又舉天啓辛酉。南贛嶺北道標下中軍,歷松江浙直水陸總巡。字蓄侯。

喬拱珍。萬曆壬子。歷任參將,鍾孫。

陸冠。萬曆乙卯。

杜人龍。萬曆乙卯。

鞠允春。萬曆乙卯。撫標金山衛水營把總,劉河分守。邑城人。

朱傳。一德子,字益之。

賈威。字君復。周浦人。

閔彪。新場人。

閔鎮蕃。彪弟。

王圖鞏。字與仲。

張鳳翥。見《進士》。

劉文彪。防皖守備。

唐靖遠。柘林把總。(日)〔自〕朱傳至此,俱中式天啓辛酉。

閔安侯。天啓甲子。

翁英。崇禎庚午。見《進士》。

董爾正。崇禎癸酉。見《進士》。

閔以韜。崇禎癸酉。字六侯。

張光輔。崇禎癸酉。任京口游擊。字培之,張栅人。

沈文德。崇禎丙子。字來遠,二十保十三啚人。

趙珍。崇禎丙子,與子從龍同榜。欽咨應撫標,(仕)〔任〕劉河中港事。

趙從龍。珍子。任蘇州六門小哨事。
唐景隆。崇禎己卯。字君美。歷任南京龍江關游擊。
張羽翀。《上海志》作沖，云：崇禎己卯。南京撫標坐營把總。
黄日章。崇禎壬午。見《進士》。
國朝唐明揚。順治乙酉。見《進士》。
王紹彪。順治庚子。台州衛守備。《上海志》云：青浦學。
潘廷虞。字華重。康熙丙午。
許迪奎。字英文。康熙壬子。屯田千總，遷上林守備。
錢日新。康熙辛酉。
顧淇。康熙辛酉。盛家路人。
倪景元。康熙辛酉。有傳。
金乾。乾隆辛酉。按《府志》及《上海志》俱失載。
金王謨。乾隆壬申。元榜姓陳，見《進士》。
喬崧。乾隆己卯。
金王佐。乾隆庚辰。王謨第。
李大成。乾隆戊子。
朱旭。乾隆戊子。
程大賓。乾隆庚寅。
程攀桂。乾隆庚寅。崇明守備。
王珮玉。乾隆丁酉。川沙千總。
金鼇。乾隆己亥。
祝甘霖。乾隆庚子。
張兆鯤。乾隆庚子。崇明千總，調川沙。
顧之梁。乾隆癸卯。
陳葶。乾隆己酉。
顧祥龍。光緒乙亥。
王瑞卿。光緒乙亥。
陳樹勳。光緒乙亥。
王頌清。光緒丙子。
趙連璧。光緒丙子。
黄金榜。光緒丙子。
龔彰。光緒丙子。

封　　贈

明陸文瑞。以子文旺貴，贈武昌府同知。

黄浩。以子翰貴,贈按察司僉事。

張世良。以子衡貴,封監察御史。

趙琦。以子端貴,贈兵科給事中。

李珙。以子伯�貴,贈淮府長史。

陸驥。以子徵貴,贈禮部主事。

吴天佑。以子敬貴,贈吏部郎中。

秦良(顥)〔佐〕。以子世傑貴,贈武平知縣。附見知柔。

張芹。以子穀貴,贈中書舍人。

李伯瑛。以子清貴,贈刑部郎中。

談節。以孫倫貴,贈工部右侍郎。

談恭。以子倫貴,贈工部右侍郎。

唐德華。以子懽貴,贈刑部郎中。

李序。以子昭祥貴,贈工部主事。

黄一岳。以子體仁貴,贈登州知府。

談甫。以子詔貴,封刑部主事,贈郎中。

趙博。以子松貴,封工部主事,贈光禄少卿。

蔡繡。以子懋昭貴,贈思州知府。附見紳。

秦勅。以子嘉楫貴,封行人,贈監察御史。有傳。

高鉉。以子祐貴,贈泉州(司)〔同〕知。

葉茂。以子鈇貴,封福州同知。

李塾。以子昭祥貴,贈工部主事。

王學詩。以子乾昌貴,贈中書。附見觀光。

談表。以子繼先貴,贈海鹽縣丞。

王乾昌。以子逢年貴,贈福州通判。附見潭。

李可教。以子逢申貴,贈工部主事。有傳。

朱岳。以子璘貴,贈知州。

施僑。以子一元貴,贈兵馬司指揮。

儲璇。以子昱貴,贈兵科給事中。

朱澄。以子允貴,贈連州知州。

顧繼賢。以子允貞貴,贈禮科給事中。

秦莊。以子國士貴,封瀏陽知縣。

張森。以孫電貴,贈禮部侍郎。

張哻。以子電貴,贈禮部侍郎。

李得祥。以子伯春貴,贈刑部主事,晉郎中。有傳。

潘允文。以子大儒貴,贈中書舍人。

石泉。以子英中貴,贈刑部主事。
喬晟。以孫木貴,贈福建参政。
石韞中。以子應朝貴,贈工部主事。
倪淑。以子邦彦貴,贈光禄寺署正。有傳。
倪邦彦。以子甫英貴,贈象山知縣。
杜時騰。以子宗彝貴,封崇陽知縣。以孫士全貴,贈南京工部尚書。有傳。
倪志先。以嗣子家泰貴,贈内江知縣。
杜時官。以嗣子宗彝貴,贈崇陽知縣。
杜時登。以子獻璠貴,贈漳州府同知。有傳。
杜宗翹。以子士全貴,封工科給事中,贈工部尚書。有傳。
華鯨。以子秉中貴,贈東昌府推官。
高荻。以子文炳貴,贈慶遠知府。
朱朝賓。以子正色貴,封杭州知府。
陸天佐。以子繼皋貴,贈遼東都司。
艾芹。以子洪貴,贈湖廣都司斷事。
艾洪。以孫可久貴,贈左布政使。
李怡山。以子中主貴,贈公安知縣。
艾元美。以子可久貴,贈御史,加左布政。
王偕春。以子觀光貴,贈王府長史。附見觀光。
金詩。以子楷貴,贈太醫院吏目。
葉銘。以孫有聲貴,贈副都御史。
張柯。以孫元始貴,贈太常寺少卿。
李容春。以子繼元貴,累贈應天府通判。附見昭祥。
張勳。以子元始貴,贈太常寺少卿。
趙文錦。以子一舉貴,封光禄監事。
張鴻。以子國紳貴,贈經歷。
喬拱宸。以子煒貴,贈禮部主事。附見木。
顧國憲。以子其言貴,封香山知縣。
陳嘉績。以子正中貴,贈上杭知縣。
陸長春。以子昌韍貴,贈温州通判。
葉蕃春。以子有聲貴,歷贈太僕寺卿,加副都御史。有傳。
包文煌。以子爾庚貴,贈羅定知州。
秦鏓。以子夢魚貴,贈青田知縣。
陳霑。以子鶚貴,贈延平府通判。
陳志顯。以子汝賚貴,贈江西按察司知事。

朱鐙。以孫國盛貴，贈山東左布政。
朱泗。以子國盛貴，贈山東左布政。
國朝朱雲昇。以子紹鳳貴，封奉政大夫。有傳。
朱維垣。以子錦貴，贈文林郎。附見永泰。
施于民。以曾孫維翰貴，贈資政大夫。
施大謨。以嗣孫維翰貴，封通議大夫。
施紹夔。以嗣子維翰貴，封通議大夫。
施大誼。以孫維翰貴，封通議大夫。
施紹著。以子維翰貴，封通議大夫。
閔栻。以子峻貴，贈奉直大夫。
葉有聲。以子映榴貴，贈朝議大夫。有傳。
陳應楨。以子朗貴，贈承德郎。
王六經。以子承庚貴，贈文林郎。
葉景龍。以子楠貴，贈文林郎。
吴中傑。以子定貴，贈奉直大夫。
張稺森。以子果浚貴，贈文林郎。
施雲譽。以嗣子允中貴，贈徵仕郎。
施雲鳳。以子允中貴，贈徵仕郎。
施廉。以子埏賔、用賓貴，贈文林郎。
葉子房。以子鳳毛貴，贈文林郎。附見芳。
程子翔。以孫兆麟貴，贈奉直大夫。
程啓學。以子兆麟貴，贈大中大夫。
施埏光。以子體震貴，贈將仕郎。
華尚絅。以子謙貴，贈修職郎。
施練。以子惟訥貴，贈文林郎。
蔡之筆。以子嵩貴，贈文林郎。有傳。
沈瑄。以子彝貴，贈登仕郎。
吴中毅。以子銓貴，贈奉直大夫。有傳。
朱之傑。以子鑑貴，贈文林郎。有傳。
朱鑑。以子良裘貴，贈文林郎。有傳。
唐元皓。以孫班貴，贈文林郎。
唐珙。以子班貴，贈文林郎。
黄嗣憲。以孫槐貴，贈文林郎。
黄洙。以子槐貴，封文林郎。
顧昌祚。以子成天貴，贈文林郎。有傳。

趙夢嘉。以子炎貴，贈文林郎。有傳。
孔宗堯。以子鵬貴，贈文林郎。
錢天選。以孫學洙貴，贈文林郎。
錢汪基。以子學洙貴，贈文林郎。附見應元。
吴燧。以嗣曾孫省欽貴，贈資政大夫。有傳。
吴宗亨。以曾孫省欽貴，贈通議大夫。
吴啓秀。以孫省欽貴，累贈資政大夫。有傳。
吴成九。以子省欽貴，贈資政大夫。有傳。
倪伯達。以外孫吴世賢貴，贈文林郎。
顧鴻烈。以外孫吴省蘭貴，貤贈文林郎。
王鍾。以孫學文貴，贈奉直大夫。
王澍。以子學文貴，贈奉直大夫。
韓德潤。以子又奇貴，贈修職郎。
李焕。以子琮貴，贈修職郎。
喬椿。以子之梁貴，贈徵仕郎。
張行文。以孫大金貴，贈奉政大夫。
張體乾。以子大金貴，贈奉政大夫。
唐班。以孫祖樾貴，贈奉直大夫。
唐承華。以子祖樾貴，贈文林郎。有傳。
程渭千。以孫攀桂貴，封武信郎。
程大賓。以子攀桂貴，封武德騎尉。
盛服。以子錦職，贈奉政大夫。
盛鑑。以嗣子有信貴，封承德郎。
盛錦。以子有信貴，封承德郎。
王公垂。以子鎮貴，贈忠顯校尉。
張有略。以子玉青貴，封奮力校尉。
曹文伯。以子繩鳳貴，贈武信佐郎。
秦國士。以孫秉謙職，贈中憲大夫。
秦錫祚。以子秉謙職，贈中憲大夫。
于公桓。以子世焯職，贈奉直大夫。有傳。
周士珍。以子德洽職，贈儒林郎。
程紹榮。以孫德潞職，贈奉政大夫。
金南珍。以子承恩貴，贈修職郎。
朱清(滎)〔榮〕。以子南枝仕，贈修職郎。
王之佑。以子惟謙仕，贈修職郎。孫蓉生仕，贈奉政大夫。

沈士安。以孫錫川職，贈儒林郎。

賈應桂。以嗣子榮懷仕，贈奉政大夫。

賈榮禧。以弟榮懷仕，贈奉政大夫。

馬廷楷。以孫元德仕，貤贈承德郎。

馬學海。以子元德仕，封承德郎，贈奉政大夫。

姚煒琛。以孫有林職，贈儒林郎。

姚其鑅。以子有林職，贈儒林郎。

沈文淵。以孫典訓職，贈奉政大夫。

沈洪祚。以子典訓職，贈奉政大夫。

顧鴻賓。以子贊仕，贈登仕郎。

羅國棟。以曾孫曾江職，贈武翼都尉。

羅守寬。以孫曾江職，贈武翼都尉。

羅祖珏。以子曾江職，贈武翼都尉。

顧于瀚。以子超貴，贈武信騎尉。

金廷義。以子國樑貴，贈武信騎尉。

金廷鳳。以子寶和貴，贈武署騎尉。

夏端榮。以孫寶鏞仕，贈武署佐騎尉。

夏憲宗。以子寶鏞仕，贈武署佐騎尉。

宋玉魁。以孫清泰仕，贈武署佐騎尉。

宋承宗。以子清泰仕，贈武署佐騎尉。

録　　蔭

元瞿時學。霆發子，以蔭授雅州知州。

明吴震。敬子，以蔭(仕)〔任〕鴻臚寺丞。

吴貫。敬孫，以蔭任州判。

張守經。電子，以蔭任左軍都府經歷。

張元立。電孫，以蔭任光禄署正。

閔道望。以父電征倭死，蔭百户。

杜元芳。士全子，蔭未仕。

杜來遠。士全孫，蔭未仕。

國朝施奕。維翰子，蔭未仕。

葉雋。映榴長子，蔭補荆門州知州。有傳。

葉芳。映榴次子蔭，補蔚州知州。有傳。

葉鳳毛。映榴孫蔭，補中書。有傳。

鞠嘉謨。浩子，蔭把總。

葉如松。映榴曾孫,乾隆間,恩賜世襲恩騎尉罔替。

葉官守。如松子,襲未仕。

葉作和。官守子,襲未仕。

葉錫疇。作和子,以文生襲,未仕。

羅曾楠。以父士傑襲雲騎尉。

嚴大鑫。桂馨子,襲雲騎尉。

例　仕

元瞿哲。登仕郎,瑞州監税。欽《志》作知先,下沙人。

瞿忠。字君用,哲子。承信郎,治江排岸。

瞿震發。字雲巖,霆發弟。財賦提舉。

瞿電發。震發弟。財賦宣使。

俞彬。浙江行省檢校。

王鏞。字日暉。衡山主簿。

瞿時雨。震發子。宣政院斷事。

瞿時習。霆發子。潯州路總管。

瞿時懋。時雨弟。平江財賦提舉。

瞿時舉。霆發子。瑞州督税。

瞿時選。霆發子。瑞州路行運庫提舉領。

瞿時佐。霆發子。運庫提舉領。

瞿起。震發子。歷官宣慰使。

瞿德遠。電發子。歷官副使。

杜英發。建甯路蒙古字學正,陞南容教授。

杜元芳。德清縣主簿。

明談田。倫子。

談壽。字舜年,田弟。附貢。

談鼎。怡裔孫。太醫院吏目。

談謹。衢州照磨。

談綱。

談紀。字天理,倫從子。棗强主簿,羅山縣丞。

談瀚。倫從子。高苑縣丞。

談寶之。壽從子。泉州府照磨,遷經歷。

談宬之。田子。慈溪縣丞。

談承伯。紀從子。湖廣孔目。

談伯古。壽子。廣東雷州州判。

談繼祖。田孫。廣昌縣丞。
談繼先。壽從孫。海鹽縣丞,遷山陰縣丞。
談繼明。繼先弟。貴谿丞。
談從行。繼明子。除泉府檢校。
秦(細)〔鈿〕。光禄寺典簿。
秦鉅。字子大,鈿弟。鴻臚寺序班。
秦景。字敬涯。齊東縣丞。
秦璽。裕伯族孫。五經博士。
秦夢熊。字文徵,鈿子。國子學正,遷衛經歷。
秦夢魚。字芝石,鏓子。温州衛經歷,遷青田知縣。
朱鵬。字穎程。瑞昌縣丞。
朱讓。承事郎。
朱直。允孫。
朱平。字尚軌,允孫。雲南州同知。
朱正。字尚貞。昭信校尉。
朱圓。字向智。武略將軍。
朱萊。字子馨,平從子。南豐縣丞。
朱辰。讓孫。大理府經歷。
朱希孔。鵬子。中書舍人。
朱希何。希孔弟。福建場大使,遷四川金堂縣贊政,江西益府典儀。
朱朝宰。庠生,雲南按察司經歷。
朱朝惠。朝宰弟。長樂縣鹽大使。
朱蟾。曜子。
朱宗卿。字邦胄,曜孫。
朱察卿。豹子。
朱宸卿。字邦肅,蟾子。通政司知事。顔《志》作上林署政。
朱家賓。察卿子。上林苑署丞。
朱家政。龍溪縣丞。
朱長統。家政子。杭州府通判。
趙祐。高安主簿。
趙揚。松子。南雄府同知。
趙希爽。字味泉,松子。儒士,授中書科序班。
趙希程。字東洲,松從子。潁川衛經歷。
趙希摯。字一齋,松子。慈谿縣丞。
趙鰲。松曾孫。

趙一中。字吴東。山東布政司經歷。

趙一舉。字大用。光禄寺監事。

趙一辛。字公敏。湖廣應山縣主簿。

趙惟正。字震美,一中子。四川成都府同知。

趙惟賢。字士建,一辛子。布政司都事。

趙雲楨。字瑞寰。雲南和曲州吏目。

趙夢楨。字隨鳳。浙江布政司經歷。

諸華。宏濟子。鴻臚寺序班。

李塾。昭祥父。沙縣主簿。

李序。塾弟。荆府典膳。

李椝。清從子。

李鼎祥。字元新。太醫院經歷。

李嘉祥。益府典膳。

喬鏜。

喬楠。木弟。後府經歷。

喬本。木弟。河南理問。

喬拱宸。木子。中書舍人。

喬拱宿。拱宸弟。兩浙運使。

喬經。川沙人。王府紀善,加迪功郎。

喬綸。經弟。左都督僉事。

喬紀。字仲綸。濮州州判。

喬揺。煒弟。

喬之吉。拱宿子。光禄寺署正。

喬之武。煒弟。

倪鏞。興府典膳。

倪邦彦。光禄寺署丞,珍羞署正,陞桂林通判。

倪邦阜。字泊政。鴻臚寺序班。

倪邦楷。字伯進。泰陵衛經歷,高唐州州判。

倪邦勳。字伯通。陝西蘭泉驛丞。

倪甫義。字日華,邦彦子。上林苑署正。

倪甫隆。字慧珠。光禄署丞。

倪家陞。字完玉,甫英子。掖縣縣丞。

倪家齊。邦(動)〔勳〕從孫。福建萬安倉大使。

倪家裔。家齊弟。萊陽縣巡檢。

倪之傑。字亦凡。以廩例,任應天訓導。

沈正。字文政。太醫院吏目。
沈應熙。横沔人。杭州府通判。
沈鳴鳳。北四竈人。湖廣興國州吏目。
沈拱德。鳴鳳從孫。仙霞關巡檢。
秦昌祚。夢熊子。齊東縣丞,遷東平州判。
秦慶泰。昌祚子。長樂縣丞。
王侃。佐從弟。鄱陽湖巡檢。
王明道。侃子。奉化巡檢,陞大使。
王光祖。字通臺,佐孫。鴻臚寺序班。
王淑義。文炳子。以庠生題授上林苑録事。
王淑倫。淑義弟。苑馬寺丞。
王應龍。字元良。甯波倉大使。
王禮。王家行人。潞安府檢校。
王涣。青州府知事。
王潭。南京太醫院御醫。
王學試。涣子。湖廣江夏縣丞。
王學詩。貢生,鴻臚寺序班。
王學易。夔州通判,遷易州知州。
王觀光。字公觀,有傳。
王紹元。揀選知縣。
王逢年。乾昌子。福州通判,陞同知。
王雄。山東濟南府同知,甲申殉難。
王衮。四川驛丞,陞宣府大使。
王世熙。學試子。辰州通判,轉鄖陽同知,遷大理寺評事。
王熿。字非熿,世熙子。中書舍人。
潘廷彦。字伯英。湯溪縣丞。
方允端。四川布政司副理問。
方允恭。鏞子。保定府翟城驛丞。
方允。騰越州州判。
邢國儒。邑城人。山西代州監收同知。
劉體仁。字掌宇。涪州州判,鴻臚署丞。
葉惟潔。宗行孫。景泰中,官南京太常寺寺丞。
葉守中。鈇孫。臨安知府。
陳鶚。字似小,十七保三十啚人。延平府通判。
陳汝賚。字季良。江西按察司知事。

陳志大。字臨沙。官鎮撫。
陳志先。官主簿。
陳志學。鴻臚寺主簿。
華廷瑞。十七保四十啚人。廣東肇慶府經歷。
華廷琳。字仲玘。南城兵馬司吏目。
華時中。字希聖。鴻臚寺序班。
華允傳。秉中子。雲南布政司經歷。
張子澄。十九保十八啚人,字鈞天。河南陳州尉。
張宧。瓦屑墩人。河南驛丞。
張仕徵。字鳳岡,(詒)〔詔〕安縣洪淡司巡檢。
盛際時。字子亭,一團人。青州府通判。
周江。字岐山。由通州吏典,任天城(街)〔衛〕經歷。
顧國泰。字石峯。襄陽獄大使,陞襄陽府典儀。
顧國藩。陝西布政司都事。
毛羽豐。倪家廟人。山東諸城縣巡檢。
賈漢傑。十七保人。上饒縣主簿。
瞿鵬。霆從孫。州判。
瞿鶴。鵬弟。淯川主簿。
瞿應祥。霆孫。縣丞。
瞿學召。鶴子。思州推官。
瞿宿。太平菴人。選縉雲主簿,陞臨山(尉)〔衛〕經歷。
瞿槳。宿從孫。廣東縣丞。
瞿大有。宿從子。鼎湖縣典史。
陞繼臯。文旺裔,〔遼〕東都司斷事。
陸應春。繼臯子。
杜詩。字子言。南城兵馬司正指揮。
杜時達。由吏員攝遂昌主簿,以廉謹著,終紹興府知事。
杜時遇。江西都司吏目,遷雲南倉大使。
杜獻璋。時登子。光禄寺署丞,有傳。
杜獻炎。時登從子。官臨川縣知縣,有詩名。
杜宗魯。時逢子。浙江臨海尉。
杜元懋。士全從子。選教諭。
杜宗旦。宗魯弟。福建歸化縣典史,轉香山巡檢。
杜開美。題授中書舍人。
杜肇孫。士全孫。廣東龍川知縣。

施大立。于蕃子。河南都司,轉萬全衛都事,至衡州審理。

施沛。字沛然,大經子。南康府同知。

施溥。字汝中。樂亭知縣,殉難。

姚永豐。太醫院御醫。

姚永豫。衛經歷。

艾大有。可久子。中書舍人。

艾萬有。中書舍人。

艾廷機。可久孫。中書舍人。

金楷。字涵春。効力壽陵,太醫院吏目。

金九俊。字章甫。翰林典修玉牒,陞府通判。

國朝葉栴。字芥舟,景龍子。高淳教諭,陞玉山知縣。

葉枚。兵馬司指揮。

葉永年。字丹書,有聲孫。贛(諭)〔榆〕縣訓導。

葉長齡。澧州吏目。

包爾宏。府學教授。

施用賓。原名埏量,字介眉。增監,明冀州州判。國朝除名,後任萊陽縣知縣。

施埏寶。用賓弟。趙州州判,遷任縣知縣。

施允中。字式其,一元曾孫。衡陽縣丞,陞行唐知縣,補花縣知縣。

施是彝。字箕叙,維翰子。壺關縣知縣。

施玉立。字蒼佩,是彝子。府學附貢,忠州知州。

施念祖。惟訥子。附貢,湖州府通判。

施希聖。字宏周,允中子。吉水縣丞。

張文始。元始弟。光禄寺丞。

張鑑明。太醫院院判。

張國紳。彰德府經歷,遷京衛經歷。

張鍔。元始子。台州推官。

張曰敏。東平州判。

張承新。北六竈人,署蒙城知縣。

張大金。一團人,刑部郎中。有傳。

張志源。昆明縣縣丞。

朱廷源。字子宿,紹鳳子。甯鄉縣知縣。

朱琦。字大韓,正色曾孫。鳳翔府知府。

朱珩。琦弟。宣州知州。

朱之棟。廷源子。桃源訓導。

沈珍。吴江縣訓導。

沈彝。無爲州澳龍司巡檢。
程兆麟。字天石。光禄寺丞，累遷陝西驛鹽道。
程兆彪。字蔚書，兆麟弟。内閣中書，遷員外。
孔鵬。周浦人。江西興安知縣，陞廣東知府。
程玉昆。兆麟子。浙江仁和縣場大使。
華宏璧。太醫院吏目。
杜肇孫。字席書。龍川知縣。
杜亮采。字爾臣。垣曲知縣，工山水。
杜啓晉。字康侯。吏目。
杜啓源。字祖崑。知縣，工詩。
吴開封。定子。内閣中書，陞大理府同知。
吴予瓛。彭水知縣。
吴翥。周浦人。吉安府知府。
吴天昌。西和縣典史。
閔如炎。四川酉陽縣巡檢。
王鑛。字冶城。下沙人，盱眙訓導。
王鉉。字雅重。州訓導。
王學文。字復少。下沙人，户部河南司主事。
趙炎。字綏衡，夢嘉子。横沔人，大名知縣。
姚禮。榮城縣石島司巡檢。
王輅。承庚子。望江教諭。
周乘柄。郿縣知縣。有傳。
周焘。東平州同知，署萊州通判。
周焕。焘從弟。吏目，委信陽州判。
俞廷選。四川蒼溪縣典史。
胡熙年。江西上高縣丞，調金溪縣。
盛有信。南城兵馬司副指揮使。
顧賓臣。成天子。霸州知州。
王惟謙。字古春。邳州儀徵訓導，陞涇縣教諭。
周虎炳。字薇莊。署河南開封府、彰德府。
張鈺。字二如。河南滑縣知縣。
徐錦。字襄文。直隸安肅縣典史。
金承恩。宿松縣教諭。
金在鎔。字冶堂。福建永定縣巡檢。
陳鴻書。常州府教授。

胡景熊。字小山。元和嘉定縣訓導。

朱鳳笙。字蔭松。陽湖縣訓導。

王穀生。字宜田。浙江甯海縣丞,東亭場大使。

唐欽明。字梅羹。浙江平湖縣主簿,紹興府經歷。

武　　職

宋鮑廉。咸淳中,知臨江軍,挂平虜將軍印。

元杜希仲。隰父,(永)〔水〕軍萬户。

明秦水雲。金山衛指揮,封昭勇將軍。

朱正。昭信校尉。

朱圓。武略將軍。

李府。哨官。

李黍。府從子。哨官。

喬卣。拱宿孫。督標都司。

王焜。官副鎮將軍。

張克恭。字文肅。以北運功,授參將。

談上都。安慶營游擊。

鞠協恭。以北運功,授戎政軍門標營守備。

王國寶。改名遠,字爾珍,文炳從子,三邊總兵。明季陣歿。

賈漢傳。山西大同游擊。

李中孚。有傳。

國朝張希皓。順治開伍,衛州參將。

季成龍。川沙人。歷仕玉川沙參將。

趙啓秀。邑城人。歷吴淞營守備。

趙啓祥。川沙把總。

趙啓瑞。吴淞守備。

趙啓豐。本營把總。

鄔景超。左都督。

王天貴。國寶族,隨征臺灣功,加左都督。

王大德。字懷甯,天貴子。江南蘇松營游擊,陞參將。

王鎮。川沙人。蘇鎮標左營守備。

王大椿。鹽城營守備。

王大貴。字蘭亭,大椿弟。北浦汛把總。

王增貴。字繩武,大椿子。北簳山汛把(將)總,調赴常玉山,陣亡。照例賜卹。

鞠浩。邑城人。武(王)〔生〕,投營,拔吴淞。以巡洋遇難,題奉恩卹祭葬,蔭一子。

鞠嘉謨。浩子。以難蔭。補本營把總。
鞠勝龍。川沙把總。
鞠應龍。崇明把總。
鞠應蛟。吴淞守備，陞掘港都司。
陳文焕。本營把總。以上俱邑城人。
曹文元。川沙人，本營守備。
曹純鳳。登州前營守備。
李安邦。浙江玉山參將。
李定國。安邦弟，廣東香山副將。
楊遇春。廣東碣石總兵。
張玉青。蘇鎮標奇營守備。
葉國昌。掘港都司。以上俱川沙人。
沈兆奎。把總。
胡慶全。崇明把總。

藝文志

經　部

《大學正宗》。朱錫爵著。

《周易(折)〔析〕義》。施少溪著。

《五經原流》。王懀著。

《孝經吻義》。顧榮著。

《易尚書詩解義》。俞倩著。

《四書講義》。徐諟命著。

《四書就正言》。高廷亮著。

《孔門出妻事辨》。張玠著。

《周易象貫》。喬廷選著。

《春秋鏡》。唐日馭著。

《朱陸異同》。顧炳。據《廳志》。

《春秋便讀》。

《四書講義》。顧秉禮。

《書經劄記》。

《講義彙參》。閭邱銘。自《易説》以下,皆據上志。

《性理纂要》。蔡紳著。

《四書正脉》。朱正中著。

《尚書標指》。李迪著。

《衍範》。二卷。顧昌祚著。

《四書繹義》。王鑄著。

《學庸入門》。姚烈著。

《周易味義》。王學洙著。

《删訂尚書會纂》。六卷。李琮著。

《春秋纂要》。二十二卷。鮑以燦著。

《四書題解》。蔡嵩。據《廳志》。

《易説》。宋儲泳。

《詩經彙解》。俱明張元屺。

《讀左咀華》。施潤。

《詩經序傳合参》。俱國朝顧昺。

史　部

《綱目纂要》。蔡紳著。

《瀫陽雜志》。

《高廟聖政記》。唐志大著。

《沁州志》。

《慶遠府志》。王文炳著。

《左傳分(圖)〔國〕彙編》。陳裕著。

《河渠志》。吴定著。

《内閣小志》。葉鳳毛著。

《琴川志》。鮑廉著。

《讀史一得》。

《龍江船廠志》。俱李昭祥著。胡《志》作蔡懋昭,誤。

《趙州志》。

《浙江通志》。以上並蔡懋昭著。

《張給事奏疏》。張元始著。

《史鑰》。葉映榴著。

《歷代史論》。劉貞吉著。

《讀史偶筆》。華羲成著。

《天台山志》。釋物成輯。

《史統》。顧偉器。

《兩浙鹺志》。喬拱宿。

《上海田賦志》。黄體仁。上四書俱據《廳志》。

《慶遠府志》。

《平蠻録》。俱明王文炳。

《廣史》。張元屺。

《楚游録》。唐瑜。

《閱古類奇》。張元琦。

《喬氏家乘》。喬木。

《杜氏家乘》。杜宗範。

《儲氏族譜》。儲昱。

《南河志》。朱國盛。

《南京都察院志》。施沛。

《綱目集要》。蔡紳。

《鹽官案牘》。喬拱璧。

《南京工部志》。朱長芳。

《經賦全書》。倪甫英。

《漫遊隨筆》。張錫澤。

《朱氏家譜》。朱在達。

《江東耆舊傳》。杜登春。

《續綏冠紀略》。

《閲世編》。俱葉夢(殊)〔珠〕。自《慶遠志》以下，皆據上志。

子　部

《祛疑説》。

《陰符經解》。

《參同契解》。俱儲泳著。

《文苑類選》。一百六十三卷。李伯璵撰。

《武經七書註釋》。李清著。

《兵法觀畧》。閔峻著。

《博古説解》。(庚)〔盛〕兆榮著。

《古今法書苑》。王乾昌著。

《居士禪燈集》。

《道火録》。

《内經知要》。

《病機沙篆》。

《頤生微論》。

《醫宗必讀》。

《本草通元》。

《胗家正眼》。

《傷寒拈要》。以上李中梓著。

《大方折衷》。

《幼科折衷》。

《痘疹折衷》。俱(泰)〔秦〕昌遇著。

《症脉合參》。

《傷寒探微》。俱劉道深著。胡《志》誤作道原。

《脉訣彙辨》。

《痘疹全書》。俱李延昰著。

《脉法合璧》。

《珍方合璧》。

《方記俚言》。俱閭邱煜著。

《大方合璧》。

《補註脉家正眼》。俱閭邱炳著。

《本草選志》。閭邱銘著。

《鍼灸機要》。沈嘉貞著。

《十二科指要》。葉其蓁著。

《陸氏家言》。陸咸寧著。

《從戎記畧》。鄔景超著。

《周天經緯圖(老)〔考〕》。十卷。陸大鼎著。

《煙霞閣畫寄》。黄如彰著。

《地理萃玉》。二十四卷。

《便農占鏡》。俱蘇毓輝著。

《讀騷列論》。

《楚辭九歌解》。俱顧成天著。

《吴農歲時雜志》。四十卷。高恩著。

《續韻玉》。一百卷。鮑以燦著。

《説叩》。葉抱崧著。

《編注古今拔萃》。顧炳。

《并音連声》。龔泰。

《十三科指掌》。

《疫癘脈鏡》。俱葉其蓁。

《儒門保赤》。華長源。華,前志沿誤,均作葉,今攷正。以上五種並據《廳志》。

《崔公入藥鏡説》。宋儲泳。

《纂通》。

《一貫》。

《吹萬集》。俱元秦良灝。

《澤國農書》。明施大經。

《典類清英》。施潤。

《自警篇》。李清。

《草堂禪集》。

《金剛經疏》。

《心經疏》。

《續燈録》。

《内外景靈蘭集》。

《黄帝(賑)〔脈〕書》。

《脈(徹)〔微〕》。

《(租)〔祖〕劑》。俱施沛。

《花甲磯》。

《藝菊志》。俱張元(起)〔玘〕。

《文材》。宋蔡卿。

《醫學心印》。劉道深。

《雷公炮製藥性解》。李中梓。

《南吴話舊録》。

《藥品化義》。

《醫學口訣》。俱李延昰。

《脈因證治》。(泰)〔秦〕昌遇。

《張子近言》。國朝張錫懌。

《社事始末》。杜登春。

《脈理精要》。

《經驗志奇》。俱施不矜。

《參同契註釋》。

《形家輯要》。俱喬廷選。

《魯珍醫案》。

《駁正醫宗必讀劄記》。俱沈璠。自《崔公入藥(境)〔鏡〕》以下,皆據上志。

集　部

《静翁集》。

《静軒行稿》。俱朱木著。

《壯遊集》。黄翰著。

《蓉軒集》。李清著。

《張謙齋詩集》。張穀著。

《碧梧軒詩集》。李深著。

《且適園稿》。設承儒著。

《慎餘集》。

《棲霞館集》。俱李昭祥著。

《寿梅集》。朱元振著。

《綏禄堂集》。(蔣)〔顧〕允貞著。

《鳳樓集》。秦嘉楫著。

《陽春遺帙》。高洪謨著。

《容膝齋集》。朱正色著。

《奏議詩文》。二十卷。

《四然齋正續稿》。俱黄體仁著。

《百一草》。杜時登著。

《遊燕草》。

《遊滇草》。俱杜時遇著。

《紀遊詩草》。杜時達著。

《西園倡和集》。

《仍詩閣集》。俱杜宗玠著。

《叢談娱老集》。鞠蕙著。

《春星堂存稿》。杜士全著。

《百一感詩》。倪邦彦著。
《詠歸堂集》。陳曼著。
《蘭陔堂全集》。
《李煇詩集》。李之(梅)〔楠〕著。
《玉裕堂詩集》。李待問著。
《花影集》。施紹莘著。
《放鷴堂集》。李延(昱)〔昰〕著。
《颙領集》。吴騏著。
《蓼齋集》。李雯著。
《筠菴詩集》。閔峻著。
《藜照堂詩稿》。
《竹涛遺稿》。蔡湘著。
《存初文稿》。吴燧著。
《廣心堂詩稿》。顧棨著。
《躍雲池館文集》。劉貞(志)〔吉〕著。
《芝軒稿》。張永言著。
《鴻雪居詩稿》。鮑歷著。
《含輝閣詩稿》。包爾純著。
《哲人遺稿》。趙相如(意)〔著〕。
《東郇詩畧》。朱之樸著。
《酸窩存稿》。唐宏著。
《小渭川詩》。閔楷著。
《金管集》。
《質疑類稿》。顧炳著。
《環菴道人詩稿》。閔爲輪著。
《華海堂集》。張熙純著。
《見天閣詩稿》。唐芬著。

《歸愚集》。李繼佑著。
《奮北草》。計安邦著。
白門、敝帚、行藥、蜩甲、閒居諸草。俱杜開美著。
《绿天館集》。葉有聲著。
《直木居詩集》。包爾庚著。
《樵雲新舊詩集》。高維岳著。
《鎌山堂集》。王光承著。
《采隐草》。莫秉清著。
《浣花窝詩稿》。朱紹鳳著。
《葉忠節公遺稿》。葉映榴著。
《二仲居詩稿》。俱朱錦著。
《半野堂詩稿》。孔蘅著。
《尊鼎堂詩稿》。王憺著。
《煙霞閣詩鈔》。黄素著。
《玉壺詩鈔》。葉永年著。
《養浩齋詩文集》。姚(醮)〔熊〕著。
《邁軒集》。喬瓏著。
《聽雪廬詩稿》。朱淇著。
《古文評註便覽》。朱鑑著。
《任廬詩稿》。黄河著。
《磴小齋集》。葉芳著。
《東浦草堂文集》。
《花語山房詩文集》。俱顧成天著。
《説學齋詩文稿》。共四十卷。葉鳳毛著。
《秋圃詩集》。黄知彰著。
《居敬堂詩集》。施潤著。
《函雅堂詩稿》。葉抱崧著。

《儀吉堂古文選》。三十卷。鮑以燦、以煇纂。

《白華前稿》。六十卷。吴省欽著。
《翼經堂詩詞稿》。毛漢齊。
《奏議詩文》。黄體仁。
《燕雲集》。俱賈淞。以上七集並據《廳志》。
《學唫稿》。
《滇南雜詠》。俱唐瑜。
《紀行詩》。俱杜隰。

《問若編》。王(楷)〔偕〕春。
《卷石山房詩稿》。毛(陳)〔楝〕。
《獨學編》。
《文翰類選大成》。明李伯嶼。
《拙庵稿》。
《雙清集》。
《九峯一叟稿》。杜桓。

《南浦散民雜詠》。杜愊。
《百一草》。杜時登。
《杜氏通族詩》。杜世祺輯。
《葵軒稿》。朱佑。
《月令詩》。俱談田。
《玉洲集》。朱曜。
《石比部集》。石英中。
《澹遠齋文集》。
《中州詩選》。
《智息齋焚餘稿》。鞠蕙。
《蔡幼君詩》。蔡懋孝。
《匪蘭館草》。
《天都小草》。俱高洪謨。
《荆南敝帚集》。俱喬拱璧。
《陔華堂詩帖》。
《朱邦憲集》。
《朱季子草》。
《郢中草》。俱朱家法。
《芳草篇》。俱朱家聲。
《六議集》。
《碧梧軒詩系》。李可教。
《緑天館文集疏議》。葉有聲。
《澆花遺稿》。杜麟徵。
《笠澤草堂集》。
《烏蹟堂稿》。唐醇。
《西陵草》。莫芳奕。
《雒浦齋詩集》。朱在廷。
《西江雜述》。
《尺五樓詩文集》。杜登春。
《還素堂稿》。顧用楫。
《涉江草》。
《漫游稿》。俱張錫懌。
《玉壺室詩詞稿》。葉永年。
《静觀樓詩稿》。朱鑑。
《沂川集》。俱葉承點。
《晚峰堂集》。杜讚。
《淡香堂詩文集》。秦昌遇。
《牧民集》。朱允。
《朋寿山詩》。
《南山詩集》。瞿霆。
《朱福州集》。朱豹。
《明聖諭詩》。黄岳。
《删删詩集》。
《且存卷文集》。俱瞿穀。
《元洲詩稿》。喬木。
《陽春遺帙》。
《嘉源論草》。
《息機園藁》。
《春星堂集》。杜士全。
《茗柯什》。俱杜士雅。
《舊雨軒稿》。俱朱察卿。
《季子近草》。
《春草篇》。
《楊芬閣集》。
《清秘集》。俱喬煒。
《故藝齋稿》。喬一琦。
《初學集》。李繼佑。
《集外詩》一卷。施潤。
《寫心集》。王文授。
《傍秋軒文集》。莫秉清。
《幽蘭草》。國朝李霆。
《楷園文草》。李迪。
《岑洞瑣言》。俱朱在鎬。
《蔽竹山房詩稿》。張在簡。
《南歸草》。
《嘯谷餘聲》。
《九梅堂詩文稿》。葉夢珠。
《廷一詩文集》。唐聲傳。
《松亭詩集》。
《東村詩略》。朱之樸。

《青門草》。施徵燕。

《梁亭詩草》。黄槐。

《光霽堂詞》。鄔景超。

《復林唫稿》。高廷亮。

《拙村詩草》。黄洙。

《評選吴越十二家》。閔峻。

《曇花閣詞》。張熙純。

《愛秋詩稿》。朱庚。自《文翰類選》以下，皆據上志。

人物志

古今人傳

晉李祥，海鹽人。爲吴郡内史，袁山松從事。山松死孫恩難，祥冒白刃收骸骨，葬於周浦。人高其義，有李將軍橋，志不忘云。胡《志》。按：欽、胡兩《志》均不書海鹽人，今據《上海志》補。原註言海鹽本長人鄉地，秦置會稽郡，與鄮並屬，後以城陷，徙治武原，地入婁而名如故。至陳武析置前京，始云上海地。今邑實割長人鄉置，是祥實邑人。

宋儲泳，字文卿。號華谷。先世魏人，以避亂徙居周浦。工詩，通儒學，兼精元理，習道術家言，著《祛疑説》以辨。弟游，字智卿，號晴谷。亦以詩名。欽《志》。

鮑廉，五竈港人。咸〔淳〕中，知臨江軍，挂平虜將軍印。德(裕)〔祐〕元年二月，元兵渡江，廉率所部扼天長、六合間，大小百餘戰，以衆寡不敵，退入臨江。當元兵圍急時，或勸之遁，廉曰："守死分也。烏乎遁？"甲子城陷，向闕泣拜以殉。子穆，中景定間宏詞科。宋亡，隱居不仕。乾隆元年，知縣韓墉詳祀忠義祠。胡《志》。

元瞿霆發，字聲父，君用子。幼穎悟，讀書一覽成誦，才氣過人。元兵次臨安，遊騎及境，霆發年二十六，挺身兵間，率衆歸附，境賴以全。遂命爲下沙鹽場副使，復提舉上海市舶。秩滿，授兩浙運司副使。潮泛鹽場，死者萬計，霆發傾力拯救，流亡復還，鹽事以集。仁宗居潛，召對稱旨，遥授都轉。以捕蝗功，真拜運使。浙東飢，亭民多死徙。霆發稽户數，第物力，籌賑甚力。以課最召見，未至，卒。霆發事母孝，好賓客，樂施與。嘗割田畝畀西湖書院，及上海縣學。鄉鄰貸貰，概不責償。胡《志》，參《府志》。子時學，以蔭授雅州守。皇慶間，建鶴沙義塾，有先聖先賢殿廡，以時祭祀，師生廩膳，比於州縣學。胡《志》。從曾孫懿，字彦德，幼孤，事叔如父。叔以非罪訟繫，懿泣訴得釋。叔病歿，延師教其子時習，出仕潯州路總管。據《府志》補。

徐誠，字信之，十九保人。至正間，父爲金玉局大使，遘疾幾殆，割股和藥以進，尋愈。治家有法，好施與，親族鄰里咸賴以濟。庚午、辛未大祲，以饘粥食飢者，活萬餘人。胡《志》。

杜英發，字俊卿，上海人。又號西霞道人。祁國公衍九世孫，爲建甯學正，陞教授。季父無後，嘗養莫氏子。及没，英發悉以産歸之，且爲之冠娶。以族困徭役，倡置義田，儲粟若干石，鄰里婚喪皆有給，貲産實不逾中人也。據《府志》補。

何敬德，號孤岩。居沈莊南。謹愿不妄言笑，善會計，爲吴郡張瑄行舶管庫。贏羡雖多，未嘗私毫髮。瑄方倚任，忽辭去。瑄門下皆意氣自得，敬德獨布衣蔬食，施貧賑(之)〔乏〕。

屢以厚藏速禍,爲瑄父子勸。及瑄敗,其黨均就逮,而敬德獨全。大德十一年,杭大饑,敬德糾同志,煮粥於菩提寺,徧食饑民,自六月至八月,凡七十日。明年春,又集諸善士,收埋遺骼數十萬具。夏,復施粥凡三十六日。人咸德之。欽《志》。

王泳,字季深。宋進士日輝曾孫,鏞子。性樂易,自號静習。父殁,悉舉田宅畀弟,而自取卑隘,緼袍素食,晏如也。門生輩爲營壽藏於龍華之原,泳角巾扶杖,逍遥作歌曰:"蠶何物兮,蠒是室兮。吾其願畢兮,抑亦二三子之力兮。"梧谿王逢爲銘其藏曰:"生斯游,死斯藏。古賢達是方,雖晦也孔光。"胡《志》。

秦良顥,其先維揚人。父知柔,始遷上海。聰明善記。元貞初,詔所在州郡習蒙古學,良顥游大名,從師蕭氏,盡究精奥。乃㩉摭史傳故事,及時務切要者三百餘,譯以爲書,曰《篹通》。又掇拾師言,兼採别説,爲書曰《一貫》。又取蒙古及緯兀爾問答之言,爲書曰《吹萬集》。時南北學蒙古者無其右。大德間,擢浙江榷鹾使,尋致仕。胡《志》。

葉李,字亦愚,宋少保夢得後。贅居華亭,以太學生上書,忤賈似道,流嶺南。及似道謫遣,李放還,遇諸途,贈以詞云:"君來路,吾歸路,來來去去何時住。公田關子竟何如,國是當年誰汝誤。雷州户,厓州户,人生合有相逢處。客中頗恨乏蒸羊,聊贈一篇長短句。"元世祖平江南,授以官,與商軍國大事。嘗因病足不就列,遂以所御五龍車召之,命坐而諮决焉。累官至中書左丞。胡《志》。按:元至正十四年,始立華亭府。十五年,改爲松江府,華亭隸焉。二十九年,分華亭之東北五鄉爲上海。(令)〔今〕長人鄉十九保有葉家行,相傳爲李所居。

秦裕伯,字景容,號葵齋。良顥子。少侍父遊,以大名貫入監,登至正甲申進士,累官福建行省郎中。會丁世亂,棄官歸養。遭母喪,盡禮。拒張士誠之招。明祖建元,命中書(有)〔省〕檄起之。裕伯對使者言:"仕元二十餘年,背之不忠。母喪未終,拜命不孝。似此(文)〔又〕焉用之?"乃上書固辭。省臣復檄起,附秦裕伯再上丞相書。秦裕伯者,昔臣有元。讀書食禄,二十餘年。今逢天數,理宜棄捐。自放爲民,釣水耕田。明帝遠召,仁智兼全。仁而不殺,智而求賢。義勿敢往,服病相連。匪獨服病,廉恥係焉。士無廉恥,棄君如筌。女無廉恥,棄夫如鈿。廉恥道喪,國何用旃。惶恐上書,丞相之(尊)前。轉告陛下,寬仁照憐。投鹿于山,放魚于淵。不出範圍,物遂其天。遂稱疾。上乃手書諭之曰:"海濱之民好鬬,裕伯知謀之士,而居此地,苟堅守不起,恐有後悔。"裕伯恐,始拜書入朝,屢官屢辭,受事不受職。旋乞歸,居長壽里。洪武六年卒,即葬其地。子孫世居閘港,其地稱内外秦云。参《秦氏譜》。按:欽《志》從史言曾仕明。胡《志》謂史載大名人,已失實,乃據譜削之。而《同治上海志》則且編作明人。不知史依登第籍貫,亦未失實。至仕明與否,則當鼎革之際,亦每有出入。觀其對使者言,及再上丞相書,心事已揭如日月。故仍照欽、胡兩《志》,就元人詮次云。

明朱璘,字公璧,新場人。醇樸有孝行。洪武中,以孝廉辟知趙州,清白勤敏,得士民心。秩將滿,謂僚(及)〔友〕曰:"璘以一介布衣擢此位,揣分已過,競進何爲?"即還政歸。胡《志》。

姚暘,字啓明,華亭人。父潤祖,元醫學教授,好古博雅,著聲吴越。暘少孤,事母至孝,世其家學。洪武中,以人材試官行人。宣德間,除莆田令,未幾歸。據《府志》補。孫蒙,字以正。沈静博學,屢徵不起。善醫,尤精太素脈。巡撫鄒來學素貴倨,嘗使視病,南向坐,出(乎)〔手〕令診。問:"醫果知病乎?"蒙曰:"公根器别有一竅,出(汗)〔汙〕水。"鄒悚然

(田)〔曰〕:“此隱疾,何由知?”蒙曰:“以脈知之。”鄒改容請藥,則言:“不須藥,還南京便愈。”以手策之曰:“今是初七,計十二日可到。”鄒即治裝行,果如其期抵會同館,竟卒。胡《志》。

杜隰,字宗原,上海人。宋祁公裔。祖元芳,元德清簿。父希仲,水軍萬户,代有文名。隰好學持正,非聖賢書不讀,非其人不交。洪武初,中詞科,爲太常贊禮郎,奉使緬甸,詰其不庭,卒以其人入貢。稱旨,授禮科給事中。以病歸,兩賜手書存問。卒年三十三。所著有《雙清集》十卷,《記行詩》一卷。弟桓,字宗表,善論時事。永樂三年貢士,金華衛經歷,棄官歸隱。當周忱爲巡撫時,曾上書請減浮糧。著有《九峯一叟稿》。欽《志》,參《府志》。

王掖,山陰人。父逢,避地(海上)〔上海〕,因家焉。洪武初,爲通事司令,轉翰林院博士。與弟攝並有詩名。據《府志》補。

夏長文,上海人。洪武中,以人材舉,拜監察御史。劾左都御史袁泰違法,陞左僉都御史。據《府志》補。

陸文旺,字時興。號德林。富豐莊人。三歲能識別星斗,長好讀書,蘄于實用。居家孝友,不事矜飾,一時名檢之士,奉爲典型。以大義曉訟者,悉感悔。楊苗之亂,留寓苕溪,里人相戒護其廬,得不毀。洪武三年,詔舉郡國賢良,拜武昌府倅。當僞漢兵燹之餘,民不聊生,文旺緩税輕徭,悉心撫字。擢守饒州府,尋乞骸骨歸,出俸餘分賚宗黨,曰:“毫末皆國恩也。”卒年八十九。胡《志》。

王守信,字蕉雪,鶴沙里人。布衣,授徒自給。聞靖難兵破京師,作詩:“驚傳烽火破重關,盡日無言淚自潸。恨吾未能誅篡賊,敢偷殘息立人間。義難食粟避塵寰,竊附高風孤竹間。爲謝勸餐諸父老,此鄉是我首陽山。”絶食死。胡《志》。

黄翰,字汝申,南一竈人。永樂壬辰進士,歷官山東按察使。多權畧,决獄如神。詩文豪健敏捷,操筆立就,書亦遒勁。胡《志》。

張衡,字允平,十七保人。登永樂乙未進士,宣德間,拜監察御史。疏請澄清風化,謫戍遼東,卒。嘗遺書於其孫縠曰:“本以名義經心,不顧利害,日望汝成,慰我冥冥。”吴寬、陸深嘉其節操,皆爲作贊。縠字濟民。號謙齋。成化間成進士,距其祖登第時適六十年。授中書舍人,直内閣,與修《憲廟實録》。陞(河)〔湖〕廣參議,兼督太岳太和山工。及至,周覽嶽祠,飭諸道流勤修,以答天貺。是夕沐浴,晨起更新衣出,方執筆判事,目微瞑,遂卒。縠風度清遠,眉目秀朗如畫。與人言,從容簡當,雖怒無疾言遽色。事母至孝,養二姊終始以禮。恬退安雅,人稱篤行君子。胡《志》。

葉宗行,葉家行人,宋太學生李之後。讀書尚氣節。永樂中,蘇松大水,上書請濬范家浜,引浦入海,上命從尚書夏原吉治之。原吉薦知錢塘縣,定役法,令民自占甲乙,按册呼之,役遂均。一日,有蛇出廳事,蜿蜒若欲訴,諭之曰:“爾有冤乎?吾當爲汝驗。”跡之,蛇入餅肆爐下,發視得屍,乃肆主謀財所殺。鞫實,遂伏法。仁宗在東宫,聞其治行,戒大吏善視。臬使周新率屬嚴勵,嘗伺宗行出,潛至其署,發笥,惟笠澤銀魚乾一函。歎息,攜少許去。明日,召宗行食,作羹以進,曰:“此君家物也。”飲之至醉,出所御三品儀從導歸。後入京，以公事病卒，新爲文祭之。子瑮，孝友工詩。欽《志》。

朱木，字楚材。號静翁。祖士雲，避張士誠亂，由蘇州遷石筍里。攻《左氏春秋》，兼知兵。太祖聘贊軍事。永樂時，上安邊十二策，動中窾要。適榜葛剌國貢麟，乃獻《麒麟頌》，深見嘉納。子元振，字壽梅。號怡閒。宣德、正統間，隱居自樂。著有《壽梅集》，文徵明爲之序。胡《志》。

秦勅，字曉江，裕伯族孫。諸生。生平慕義若不逮，修塘濬濠，一方賴以爲命。海濱多斥鹵，税蕩且不堪，時議改蕩爲田，民大困。勅走鹺院訴其事，乃免。

吴敬，字孟寅，十七保花園橋人。以寫《永樂大典》入太學，尋擢主事。累遷太僕寺卿。胡《志》。

沈政，字文正，新場人。永樂時，丁文膺薦爲太醫院醫士。上鑒其忠誠，陞御醫，晉階迪功郎。胡《志》。

李伯璵，字君美，號養庵。所城人。宣德丙午舉人，爲桐廬訓導。識姚文敏公夔於少年，授以《春秋》，卒爲名臣。復補山陰訓導。時以科目失利，或請徙學宫，伯璵謂："形家言不足信，亦視教學何如耳。"卒不徙。後登庸相繼，鼎元亦出其門。遷淮府長史，府使入貢，與縣令争道，詔下令獄而釋使。伯璵并請治之，以戒生事。官校有犯，王將械欒之於市，伯璵請論如律。王疾，左右擬請施僧祈福，伯璵謂："不若貸役錢，以甦衛士。"從之。卒年八十六，從祀鄉賢。有子八人，澄與清並登進士。澄字希范，恬静自守，有古人風，終福建左參議。幼子深，字希達，少有儁才，讀書通音律，淮王愛之，具疏納爲儀賓。太后召入京，賜婚厚賚，中外榮之。胡《志》。

朱允，字克信，號溪山。沈莊人。景泰庚午舉人，官連州牧。秉心清白，興利除害，論者比之劉禹錫。以征蠻功，陞平樂府知府，政如連。善吟咏，多與名流倡和，有《牧民集》傳於世。禕，允第四子，字萬竹。敦龐近古，邑長聘爲鄉飲賓。又嘗董城溝役，官民稱便。例授武畧將軍。壽八十七。胡《志》。

王祐，字天錫，號貞庵。宋進士迪之後。祖居下沙，父鉉，出贅於高，即承其姓。祐以景泰癸酉舉於鄉，成化二十二年，授泉州同知。泉民多倚險爲梗，祐化以德義，積逋不督而集。凶年貸民粟，總授而分給之，遠民稱便。嘗道宿漳州山間，有負豪家債而憤其逼者，詰旦將聚攻，豪亦陰爲備。祐遣人諭以禍福，即解散。一日令所部市茶，其人密置銀二鋌以進，祐笑卻之，屏弗復接。丁外艱歸，部民千餘人攜金錢跪軆，皆不受。歷廣平、東昌二府，操履如一。晚居邑西，四壁蕭然，不以介意。時鄉人作《三婦説》，以喻士大夫，獨目祐爲節婦云。按：下沙王氏皆迪後世，傳至今。《同治上海志》言祐父鉉始爲上海人，其先皆汴人。今考王氏家乘，鉉已爲迪十二世孫，著籍已久。惟以贅高，故自祐以下，特別爲高王支。據此，知祐實下沙族屬。胡《志》。

李清，字希憲，伯璵次子。少博學，十七舉於鄉，景泰甲戌進士。授工部主事，遷南京刑部郎中，獄多平反。服闋補官，時冢宰姚夔爲伯璵門人，欲留之，謝曰："荷公盛意，恐不知者謂清有所干。"夔歎爲真君子。改南兵郎，擢河南右僉議。伸陳留民賈忠之冤，寢司徒孫鼎轉漕黄河之議。調四川右參議，松潘用兵，民賴以蘇。遷左參議，剪除大盗，境内肅清。尋遷右轄,在蜀十年,清謹一節。轉河廣左轄,終於官,年五十二。所著有《容軒集》、《自警篇》、《武經集註》傳於世。胡《志》,参《府志》。

談倫,字本彝,號野翁。鶴坡里人。天順丁丑進士,觀政吏部。王翺爲冢宰,意輕南士,見倫,瞿然曰:“南方有此人耶?”歷官郎中,忠肅每入見,以倫隨。上問之,忠肅以名對,曰:“臣老矣,於聖諭恐有遺忘。此郎代臣志之,且其人可信也。”上欲大用之,忠肅謂年資淺,遲之未晚。丁母憂,服闋,補虞衡司,擢應天府丞。會鳳陽大水,守匿不以聞,倫自署奏,詔免秋糧數萬。進尹應天,改順天。會軍興,禁軍士横索民車。累遷工部右侍郎,筦易州薪政,積弊悉除,得羨餘若干萬。時南昌人李孜省以左道得幸,(閤)〔閣〕部萬文康銜恨於禮部尹公〔旼〕,因孜省以搆其獄,凡士出尹門下,及山東鄉故,盡逐之。尹出都,無敢送者,倫獨往餞。成化初,孜省伏誅,謫逐者多召還,而倫已病不起。歲遣使至山東問尹,而祀翺於别室。尹没,亦如之。卒(謐)〔謚〕恭簡。嗣子田,字舜卿,號東石。與弟壽相切摩,以文學名。屢躓場屋,乃疊石穿池,構亭榭,栽卉木,極林泉之勝,顔曰朋壽,志娱親也。一時名公鉅卿,想望風采。王文恪鏊屢薦之,不起。著有《朋壽山園記》及《月令詩》各一册,今僅存五十三首,《山園》百篇。壽字舜年,號西石。生有異質,寡言笑。倫嘗舉少時讀書鐙授之,延慈谿姚東泉爲師,名噪諸生。歷試南北闈,不售。田謂曰:“司空之業衰矣,不當再圖乎?幸毋忘授鐙意。”正德辛巳春,有於部使者前陰中之者,歸,齎志以没,年四十八。陸深誌其墓。從孫承儒,字元珍。性凝静,手不釋卷。每試春官,必鬻産以充行李。或勸之干謁,面輒頳。以舉人爲衢州司理。胡《志》。

計璚,字廷玉,居沙岡。天順壬午舉人,出宰封邱。潔己惠民,廉平稱最,以不能事上官乞歸。嘗謂其友張弼曰:“古之仕以行志,今之仕以行勢。降志從時,吾不能也。吾且歸浦上,讀古人書,以安吾素足矣。”據《府志》補。按:張東海弼有《送計廷玉復任序》,似璚嘗復出,今無考。曾孫安邦,字伯懷,天啓甲子舉人。崇禎間,知通許縣,調餘干。時盜賊蠭起,官司(杭)〔杌〕隉。鄰境樂平有張六瑚等,聚衆(災)〔焚〕劫,伺餘城無備,(災)〔突〕入官署。安邦被擄,傷右臂,迫令助餉。安邦不爲屈。會總兵王得仁來援,乃出,擢吉州理刑。吉城適爲土寇踞,安邦潛遣僕招餘干壯士章才、章奇等百餘人,間道趨吉,焚其木城。賊潰走,奪還所擄男婦六百餘人。招亡掩骼,民慶再生。擢臺省,杖策歸,屢招不赴。著有《奮北草》。晚家石筍里。欽《志》。

石應朝,字思吾。嘉靖己酉舉人,任餘杭令。清操逾常,至買水而飲。邑人有“米載雲間白,泉沽苕水清”句。應朝聞之,曰:“石使君名得與苕水並傳,生平之願足矣。”據《府志》補。

趙松,字天挺,陳村人。弘治癸丑進士。好讀書,美風儀。弱冠就童子試,不利,就婚郡城。旋以歸省,道經學使院門,見新進士方進轅謁謝,乃隨入觀之。點名訖,各行禮,松獨挺立於庭學。使者怪問之,松曰:“特觀盛典耳。”氣度自若。因令誦試作,誦畢,啓其帽諦視,喜曰:“他日公卿也。”補送入府學。是秋即領鄉薦,春闈聯捷。歷官太常寺卿。胡《志》。

葉鈇,字廷用,北五竈人。弘治辛酉舉人,授福州府同知。甫下車,有二十四人來謁,自稱汛商,各饋海錯一罌,發視皆白金。鈇大駭,封識而密察之,則皆洋盜。即詣臺使白狀,請便宜除賊。乃伏甲,延汛商飲,席終伏發,皆就縛,得通番劫殺諸不法事,悉殲之。出罌金儲公帑,賊黨駭散。尋擢(邢)〔刑〕部員外郎,晉郎中。以論事忤權貴,出知雲南臨安府,多惠政。旋移疾歸。欽《志》。

唐懌,字叔和。有至性,母亡,水漿累日不入口,父殁亦如之。孝事繼母,以弟懽幼好嬉遊,懌懸父像,哭之慟,弟卒感悟,力學登第入官。懌復遺書,戒以勿負國家,勿畏權幸。會弟遭讒,家室仳離,懌撫藐孤如己出。其後子孫列膠庠、登仕籍者相繼,以讀書孝友世其家。胡《志》。懽字季和,號只山。弘治壬戌進士,官刑部郎中。孝廟崩,哀哭累日,至屏酒食。正德初,逆瑾竊國柄,獨以直節守官。瑾銜之,誣以他事下獄。(具)〔其〕黨張文冕與懽同郡,使人邀重賂許救,懽不爲動。旋謫穀城令,士大夫之餞别者咸惋惜,懽賦詩奕棋,談笑自若。及至縣,路見餓莩,輒悲歎廢食,引以自責。未幾卒於官,年三十七。是年八月,瑾誅,人以懽不及見爲恨云。據《上海志》補。孫志大,字子迪。號左谿。嘉靖辛丑進士。將謁選,念母春秋高,又獨子,因求南曹,以便養親。授南行人司副,旋疏乞終養,家居躬耕給甘旨。會倭寇起,奉母居吴(與)〔興〕,親族無依者悉從徙,上下千指,皆賴以濟。母喪,護柩冒兵刃歸葬,復趣還吴(與)〔興〕,遂病不起。其没至無以爲殮,妻子乏食,不能歸故里,聞者悲之。後得李昭祥營葬。所著有《僑居賦》及《高廟聖政記》。從孫志范,字子期。號後樂。以選貢宰通許,值歲饑,不待申請,發倉以賑。事聞,上嘉之。邑有豪甲,以人命陷乙,獄已成,志范廉得其實,置甲於法,民快之。致政歸,宦囊蕭然。志孝字子順,亦懽從孫。歲貢,任永福司訓。性篤倫紀,以從祖懽等十五墓瀕浦將崩,乃爲改葬立碣。俱《胡志》。

朱豹,字子文,石筍里人。父曜,操履剛正,以貢授清江提舉。豹正德丁丑進士,知奉化縣,豪右屏息。調任餘姚,革里甲短解之弊。以最擢監察御史,數上封事,薦楊一清、伍文定。召對,密陳災異,獻時政十事,言極剴切。奉敕清理江西軍務,時當宸濠變後,歲荒盜發。豹至,發粟賑飢,全活無數,省釋大辟囚三十餘人。尋守福州,聞父訃,即日(徙)〔徒〕跣行三十里,士民追送,有泣下者。里居未嘗乘肩輿,與兄弟處,同食遞衣,友愛無間。好施與,宗黨多待以舉火。所著有《福州集》行世。子察卿,字邦彦。幼敏慧,九歲喪父,哀毁如成人,事母蔡孝敬倍至。邑令黄文煒、推官陳懋觀並重之,然未嘗有私謁。後兩人並没於官,乃爲經紀,歸其喪。慷慨重然諾,韓謙貞之没,獨力葬之。親友婚嫁,讀書習業,有力絀者,必周給而趣成之。閎覽典籍,不屑爲時文,詩筆古雅,著有《邦憲集》十五卷。太倉王世貞以爲徐孺子、郭林宗之流。孫家法,字季則。萬曆辛丑進士,出守信陽州。值大旱,賑活饑民鉅萬。擒大盜陳三川等,州境以治。時以中官領礦務,所至暴横,惟信陽得免,民共(得)〔德〕之。歷官工部郎中,卒祀名宦。曾孫長世,字子久。天啓壬戌進士,除工部虞衡司主事。時方用兵,軍械皆取給於部,長世遂移卧公廨。尚書張鳳翔知其忠勤,題薦爲正郎。會六軍守城,需懸簾十萬,一巨璫夜詣部曰:"予我十萬金,可立辦。"蓋内廪所儲也。鳳翔謀於長世,拒勿與,竭力營三晝夜而事亦舉,璫恨之。會莊烈帝出按軍壘,璫指一二紕薄者,中以危語。上怒,下鳳翔獄,長世以廷杖死。長世孝友敦睦,其卒也,士大夫咸爲之痛惜。子在鎬，崇禎壬午舉人。並見《府志》。按：豹貴後，嘗移居上海城内，見《海曲詩鈔》。

儲璿，字廷美。號南谿。諸生，泳五世孫，居三林莊之芋溪。好讀書，創義塾於所居之旁，曰志應堂。延順昌丞潘良佐爲師，錢福、湛若水各爲之記。凶歲輒捐田租，遇貧者施槥焚券以爲常。以子昱貴，贈如其官。璿，胡《志》誤作濬，今據《府志》、《上海志》改。昱字麗中，正德丁丑進士，選庶吉士，改禮部給事中。監督乾清宫，杜侵冒。工訖，擬進太僕寺少卿，尋轉兵科，舉劾鉅重，甚著風裁。後改江西右僉議，乞休歸，鳴琴賦詩，構園自樂，遂不復出。卒年七十。族孫名才，字藴珍。布衣，能詩，著有《雲谿華堂集》。胡《志》，參《上海志》。

王佐，字良臣，下沙人。正德己卯舉人，授泉州南安令。邑瀕海多盜，稱難治，佐清保甲，善鉤距，擿發如神。期年，請歸養，撫按慰留之。任六載，去日，民走送以千計，立生祠肖像以祀。胡《志》。孫光祖，字元孝。號通臺。由邑庠貢成均，考授鴻臚寺序班。萬曆初，假歸，篹《夷堅志》行世。上邑令許從魁題其堂曰世德，謂有祖父風云。據原報册增輯。

石英忠，字子珍，十六保人。意氣豪舉，爲文章，千萬言援筆立就，有《古樂府》、《紀夢》、《七宣》等作。邑令鄭洛書有人倫鑑，驚其才爲盧、駱再生。嘉靖癸未進士，官刑部主事。胡《志》。

諸傑，字子興，横沔人。嘉靖庚戌進士，授刑部主事。以建言謫典史，起國子監學録，累官尚寶寺少卿。有氣節，時閉户讀書，爲文喜效《左》、《國》。工詩，遇名勝題詠殆徧。胡《志》。

鞠蕙，字秀芝，所城人。嘉靖八年選貢，授平涼府通判，調廣西平樂府。撫治有功，加僉事服俸，提督富賀軍務，總理平樂軍餉。勦戮八源，安撫三峒，蠻夷感化，每三里建碑頌德。三十二年倭亂，時巡撫周如斗調苗兵五千，有號夜不收者，蕙舊部選鋒也。聘蕙統鎮，未幾以年老告歸，隱居南郭，卒年九十。著有《叢談娱老集》、《智息齋焚餘稿》。胡《志》，參《府志》。

蔡紳，字朝卿，號宣齋。二十一保人。孝友直諒，淹貫經籍，尤精理學。以貢生司訓新建，有士某爲仇家所陷，擬大辟，紳力辨出之，卒成名士。調黄陂教諭，端己立範，士風丕振。〔陞〕魯山王府教諭，以風規見憚，尋致仕歸。著有《綱目集要》、《性理篹要》二書，歿祀鄉賢。弟繡，字文卿。端謹樸實，多長者行。以貢爲臨淄訓導，立身行己，不愧其兄。子懋孝，字幼公，自署石户山農。幼失怙恃，發憤淬礪，文穎出羣。萬曆初，紳門下士新建謝某督學南畿，分宜甚篤。或以語懋孝，笑曰："我鬚髯如戟，尚應童子試耶？"性率真，遇物外夷而中介。莫秉清、龔字〔淳〕皆忘年契交，林景暘尤莫逆。胡《志》。繡子(思)〔懋〕昭，字允德，號溟陽。嘉靖庚午舉人，由嘉善教諭歷官趙州守。州有大橋，税歲入千金，例供官署。懋昭分償公項積逋外，載入會計册。冢宰胡松稱其賢，擬内召，太守陳煜齮齕之，拂衣歸。御史顔思賢過趙，父老泣訴治狀及去官故，乃薦之朝。適遭父喪，服闋，授肇慶府同知。時海酋餘黨許恩築城陽江沙島，東連惠州林道乾，互相援引。懋昭用間離其黨，先以恩信降恩，散其部曲六千餘人，并毁所築。旋爲恩請命制府，得免死。道乾既失援，亦詣軍門降，陽江積寇悉平。知思州府，思州城故無井，汲水二三十里外，民苦之。懋昭於四門各鑿一井，民被其澤，稱爲蔡公井，至肖像以祀。喜扶持善類，沈孝思、鄒元標謫戍，道出其治，懋昭皆遣使慰勞，飭傳授館。歷官三十年，環堵蕭然。卒年九十。據《府志》補。

姚塤，字以和，周浦人。成化、正德間，建積慶、永興二橋，又濬義井。時鎮爲荒僻地，塤廣建廛舍，招集商賈，漸成大鎮。胡《志》。

倪淑，號新溪。夏長文之後，長文以建言，全家戍邊，惟幼子貴繼舅氏倪得免，後遂成倪姓。新場人。父鏞，嘗督濬龍游、馬路二港。淑幼有至性，因母目失明，日夜禱天，旋以鍼愈。撫孤姪如子，捐田贍族。分築邑城，不受值。脱里人張姓誣累，張願以子婦爲傭，不許，至刻淑像祀之。舉鄉飲賓，年八十四卒。子邦彦，字伯獻。號靄寰。弱冠爲名諸生，以貲授光禄大官丞。遇穆廟覃恩，以父得封。子甫英又領鄉薦，殊自慰。旋擢桂林府通判，即致仕居鄉。病俗浮侈，因取嵇中散一溉後枯之義。更號一溉。又仿應休連作《百一感詩》卷，唐太史文獻比之《簡兮》、《蟋蟀》諸篇。孫甫英，字華月。號蛟樓。隆慶丁酉舉人，選浙江分水令，有聲。調象山，土瘠民玩，甫英以節儉爲治，不事追呼，徵徭無缺。又病版籍廢，吏緣爲姦，乃較定《經賦全書》，宿蠹盡掃。謝政歸，教養宗族之貧者，或資其婚嫁，爲善尤力。曾孫家允，萬曆甲午舉人。家泰，萬曆己酉舉人，官刑部主事。邑稱世家。墓在上海十六保三十八圖。胡《志》，參上志。

倪學，所城人。父綱，以罪戍鎮江。時以倭警募兵，學請斬倭贖父罪，屢戰屢勝。直指尚維持嘉其功，題請授百户，赦綱罪，子孫世襲。胡《志》。

陸銓，號東皋。文旺裔孫。父娶後母，分敝廬數椽，東皋以精心計致富。嘉靖間，倭内寇，銓捐金十萬助餉，賜懷遠將軍銜，建坊以旌。胡《志》。

李昭祥，字元韜，竹岡人。嘉靖丁未進士。爲諸生時，有司以白金代賓興宴，昭祥以非禮卻之。宰浙江蘭谿縣，俗生女多不舉，因令民間育三女者復其身，風頓易。歷官(二)〔工〕部郎中，以喪本生父歸，遂致仕。性至孝，八歲喪母，哀毁如成人。嗣父塾，爲沙縣主簿，坐誣，昭祥走數千里訟白之。撫諸幼弟皆有恩，尤敦友誼。宋堯咨客死留都，行人司副唐志大身後家甚貧，昭祥皆爲之經紀。又置義田五百畝，助里中徭役。飢年疫作，日出資掩埋胔骼。歿祀鄉賢。所著有《瀔陽雜稿》、《慎餘録》、《龍江船廠志》、《讀史一得》、《棲館集》總若干卷。子容春、含春，以孝友稱。容春子繼元，爲臨湘縣，有惠政，陞刑部郎，以終養請歸。含春七子，繼沆、繼涉最知名。上志録昭祥寄兄嘉祥詩云："我聞東南賦，重自開國初。國初上籍田，租籍準僞吴。有田尚不堪，況乃輸空租。廬舍鬻已盡，漸言及妻孥。邇來催科政，不問田有無。嗟嗟浦旁民，手足無完膚。四方(五)〔互〕轉(提)〔徙〕，聊作游釜魚。我祖恒軒翁，曾爲叩闕呼。斛米折錢糧，民困或少蘇。"按恒軒翁名觀，爲昭祥祖，他事不見紀載，惟此詩足徵，故亦補載之。胡《志》。

李德祥，字元益，昭祥從弟。齊名庠序間，以疾不事進取。特敦倫紀，丁父艱時，年將六十，哭踊如嬰兒。比葬，哀慕不少減。族兄以被誣逮獄，奮袂直其事。子三。伯春字友卿，號約齋。隆慶(幸)〔辛〕未進士，授刑部主事。爲大司寇嚴公清所器，勳戚豪右疑曖難決事悉屬之。引斷明允，擢郎中，出守濟南，案無留牘。歲飢，奸民煽衆，擒置之法，發粟賑貸，民賴以安。歷湖廣參政，時漢旁有漲沙數頃，民已墾就，守陵中官欲奪以益莊田。伯春履勘其地，持杯酒酹江，曰："漢水有靈，當爲我(澆)〔洗〕刷此沙，毋致釀厲。"三日沙果(殁)

〔退〕,中官(攝)〔懾〕服。仲春字敬卿,獨家居奉親,曲盡孝敬。以母喪哀毁卒,郡守表其廬曰一門孝友。叔春字順卿,萬曆乙丑進士。知歸德府有聲,終按察副使。孫繼厚,伯春子,萬曆戊午舉人。之楠,仲春子,天啓辛酉舉人。胡《志》。

李安祥,字元定,亦昭祥從弟。萬曆己卯舉人。嘉靖間,父堂爲倭寇所掠,徒跣奔賊巢,泣請代,寇並釋之。學使耿定向旌其門曰至孝。仕至滄州知州。《貢舉表》作保安知州。子南春,萬曆辛卯舉人。孫繼佑,萬曆壬子舉人。李氏故(氏)〔世〕家,最後待問遂以忠節著。並據上志補。

張瑞,字信甫,號全山。十六保十四啚人。嘉靖歲貢,授廬陵訓導,建白鷺書院。旋移淳安教諭,建學宫,塞漏港。突遇倭警,淳故無城郭,瑞於林莽中設伏,射斃兩巨魁,餘寇駭散。攝邑篆,立善惡二簿,更鐫教民榜文,註讃詳悉。海忠介領邑事,深相契。遷磁州學正,遂歸里。當忠介以言事詔獄時,瑞慰藉曲至。迨開府江南,式廬造訪,瑞竟遁迹。至海上,叩舷對語,低徊不忍别。劉司李中蜚語,拷訊誣服,瑞挺身辯救,得生者四十餘人。年八十六卒,海忠介誌其墓。子兆達,終淮府紀善。胡《志》。

華秉中,字正(大)〔夫〕,十九保人。南齊孝子寶十六世孫,先世自梁蹊徙此。嘉靖癸丑進士,司理東昌,有異政,詔入,擢刑科給事。疏劾嚴嵩不報,遂歸里。時倭方内寇,嵩私人開闔來(私)〔松〕,欲羅織濱海民通倭,以掩其敗。秉中力辨數千言,事得寢。嵩敗,起光禄少卿,未赴,卒,所遺惟圖書數卷而已。子允傳,雲南布政司經歷,始遷居十六保。曾孫鶴鳴,字迴文,邃於《毛詩》。鶴鳴孫謙,見後傳。胡《志》,參《府志》、上志。

杜時登,字庸之。號虚江。隰裔孫,居十六保十啚。嘉靖壬子舉人,知遂安縣。有懷金以嘗者,立卻之。條興革十事,上監司,著爲令。調知浪穹,投劾歸,湛思著述,絶跡公府。年八十三卒。子獻璋,字稚珪。號城南。幼隨母至外家,值驟寒,母假女子衣衣之,辭以男女有别,衆異之。弱冠游庠,受知於學使耿定向,貢入成均,祭酒林燫遇以國士。已卯報罷,循例就光禄署丞。胡《志》。獻璠,字公魯,萬曆乙酉舉人。官漳州同知,以廉能稱。擢刑部員外郎。據上志補。孫開美,獻璋子,字袁度。生有異采,博覽工文,捷出流輩。神宗時,授中書舍人,以母老乞歸。刻有《秋水》、《遠遊》、《扣舷》、《貂裘》、《潤州》、《白門》、《敝帚》、《行藥》、《蜩甲》、《閑居》諸草,皆行世。尚有《蘭陔堂未刻稿》藏於家。胡《志》。

杜時騰,字冲之,時登弟。嘉靖戊午舉人,官石埭教諭。萬曆乙酉,文廟發異香,瑞芝産泮池,諸生相率賀。已而仲子宗彝、從子獻璠、長孫士(金)〔全〕南北各領鄉薦。遷黄縣令,出冤獄二人。尋罷歸,黄人攀號送。時騰出詩别父老,有"税事先須足,苗田宜早耕。身家忍處保,衣食儉中盈"句。年八十餘,猶作蠅頭楷書。無疾卒。子宗翹,字振卿。父官時,獨率羣從子姪居家攻苦讀書,同歲得鄉舉者三。時騰宰黄縣,清介絶俗,宗翹嘗典鬻物産佐之。雖治經生業,而不廢耕作。時騰自黄歸,宗翹問寢食,必偕其婦。以子士全貴,封給(練)〔諫〕。年七十四,將卒,適士全奉册歸,親視含殮,人謂盛德所致。宗彝嗣弟時官,後官彝陵知州,亦著惠政。胡《志》。孫士全,字完三,時騰孫,宗翹子。萬曆乙未進士,知大冶、海鹽二縣,報最,擢刑科給事中。天變陳言,上三吴水災諸疏。宗翹見之,曰:"吾嘗戒其務勤事，無喜事，務直言，無詭言。今庶幾乎。”册封益藩，餽遺悉屏。（宫）〔官〕至南京工部尚書，尋告歸。崇禎元年，詔使存問。六年卒，壽八十三。士基，字彦恭。萬曆甲午舉人，官南兵部郎中。隨士全解組，時人比之二疏。士基能書，嘗手録二十一史。族有名時中、字宜之，名士領、字禹門者，皆舉鄉飲賓，授七品散官。時中年九十八。有名秦、字子瀛者，亦舉鄉飲賓。参上志。

杜時達，字兼之，時登族弟。嘉靖末，由吏員官紹興府知事，遷遂昌簿。廉介不苟取。邑多積逋，時達以漸追徵，民樂輸納。攝篆期月，聲稱翕然，復以俸餘新衙舍。去任日，囊無一錢，士民涕泣送之。著有《紀遊草》。據《府志》。

杜啓勳，字公懋，亦時登（淡）〔族〕。嘗假金於大賈，誤多數十金，亟以返。又（舍）〔拾〕遺金於道，艤舟待失者歸之，而不告姓名。卒年八十一。子世祉，字尹受。上志作幼存。諸生。工詩。啓勳病劇時，世祉籲天（封）〔刲〕股以進，病尋愈。胡《志》。按，杜氏尤多詩人，並見《海曲詩鈔》。

秦嘉楫，字少説，號鳳樓。裕伯族孫。父敕，字曉江。爲諸生，慕義若不及。海濱多斥鹵，僅徵蕩税，時議陞糧，民將大困。敕走鹺院訴免之。嘉楫登嘉靖己未進士，授行人，奉使周藩。王偉其風度，厚贐之，不受。乃贈一狐裘，曰：“天方寒，幸使者爲遠道計。”嘉楫陽爲謝，至杞縣，仍托人歸之，謂：“賤臣何敢辱王服？”拜侍御，出爲浙江僉事，左遷光州判，進汝甯推官，陞南京工部主事，致仕家居。校輯羣書，手自鈔録。所著有《鳳樓集》。從子國士，字友善，萬曆丙子舉人，食貧攻苦。嘉楫無子，欲以爲嗣，不應。嘉楫卒，争嗣者議割田宅與之，拒不納。任瀏陽令，左遷河南按察使司檢校。胡《志·遺事》載敕家有桃一株，質幹已瘁，嘉靖三十八年，桃忽再榮。時適嘉楫捷會闈報至，沈太僕有《瑞桃記》。據《府志》補。

艾可久，字德徵，號恒所。十七保人。父元美，精醫，徒步出診，日數十里無倦。舉鄉飲大賓。可久嘉靖壬戌進士，授太常博士，擢南京御史，巡視上江。劾勳貴驕縱及附高拱者，遷知衡州府。屬縣議增商税，執不可，以緩催科、興學校爲務。權山東副使，累遷江西參政。革田税飛灑，出羡金賑餞。再遷按察，轉山西布政，入爲南京太常卿，晉通政使。疾作，請告，不候旨歸。省臣劾之，上置不問。尋卒，年六十九。可久在南臺，民肖像以祀，衡州、臨清俱有生祠。及卒，子大有請於朝，諭賜祭葬，祀鄉賢。孫廷機，由監生授中書舍人。汝成，康熙丁巳舉人。胡《志》，参上志。

喬晟，字景昭，八竈人。嘗捐田助役，設義塾，施棺木，立義塚。嘉靖間，島夷入寇，出没川沙，率子鏜集土兵勦捕，親冒矢石。三與鄉飲賓。胡《志》。

喬鏜，字子聲。號春山。晟子，太學生。慷慨有志略，性孝，嘗遠遊心動，亟馳歸，（别）〔則〕父正以思子病，遂愈。會島夷内寇，首發團練鄉兵議。時幕府徵諸道兵數十萬，率以不習地形，戰輒衄。得鏜議，奇之。又爲撫院蔡克廉議，塞川沙口，濬海塘外濠。幕府將次第舉行，先以濬濠試。鏜躬親與役同勞苦，不日成，濠長亘將百里，倭不能渡，幕府以爲能。巡按周如斗使練土兵，鏜募勇士，得千人，各從所親爲伍，所（使）〔便〕習爲技。部署既定，出戰，無不一當百，斬獲無算。上功，賜章服白金文綺，五品告身。既又試塞川沙口，鏜謂莫若築城以扼其(衡)〔衝〕,從之。檄爲首領,益奮厲,徧召里中父老子弟,尅日受版築。平時視故等夷無少假,由是謗議四起,日相搆陷,鏜竟以(忽)〔忿〕恚卒,而城卒賴以成。倭舶之出没海窪者,不敢復近。鄉人思其德,痛其冤,建仰德祠祀之,並祀邑忠義祠。胡《志》,參欽《志》、《府志》。

盛際時,號子亭。太學生,一團人。島夷内寇,奉檄募兵二百,保新場。以善戰,號盛家兵。前後録功,應爵百户,辭。以資選北城兵馬司副指揮,轉青州府通判。胡《志》。

潘元孝,字見陽。太學生,二團人。奉檄募鄉兵三百,扼連筆花橋,邀殺賊之出劫者。未録功而卒,張宗伯鼒作《三太學傳》,謂鏜及際時、元孝也。胡《志》。

李府,字一樂,所城人。爲哨官,練族丁以助伍。嘉靖三十二年秋,倭逼所城,府率次子香出戰,斬賊四級。乘勝追之,賊衆蝟集,父子俱陣殁。明年,以全倭又入犯,府從子黍年十九,亦爲哨官,慨然欲復仇,迎戰多斬獲。倭夜踰城,獨黍覺,手刃數人,推垛壓之,賊盡墮,城賴以全。越日,賊方至,黍立城堞(聞)〔間〕,大呼:"三兒在此,敢來戰否?"三兒,黍小字。賊礟悉向之發,黍中彈,遽死。其後府孫尚衮上其事於巡撫,爲立忠勇祠。祠在東門。祀府,而香與黍附焉。香字友蘭,黍字思溟。胡《志》。尚衮初名衮,字補之。少聰穎,直指尚維時觀風,奇其文,因以己姓加其名以志賞。復師事王龍谿,邃精理學,究心河防、漕運、壬遁、火攻諸經世事。萬曆己丑進士,壬辰補廷試,授兵部主事。尚衮子中梓、中孚,别有〔傳〕。府於國朝乾隆四十年,賜謚節愍,祀忠義祠,香與黍祔焉。參上志。

閔電,字起光,廪生。有膽略,以文學受知督學曹邦輔。嘉靖三十一年,倭寇起,曹巡撫江南,諷電:"盍以武功顯?"乃倡團鄉兵千人,自率之,合鎮江兵陳寶等,同圍賊於連筆花橋,多所斬獲。後以衆寡不敵,與陳俱戰死新場。邦輔上其事,廕一子百户,入祀忠義。胡《志》。

張涓,字子清,號月樓。十九保人。屢率鄉兵(販)〔敗〕倭。會邑有祀神事,軍民無備,倭突至,緣梯乘堞。涓亟登城奮擊,顛斃者相藉。城賴完,而涓卒中流彈死,祀忠義。胡《志》。

張士起,字伯奮,號赤虬。十七保新二十一啚人。少有膽力,嘗讀書,補諸生。鄉薦不售,又習弓馬,入武庠。以萬曆丙午武舉,成丁未武進士,仕至參將。家居遭倭寇,率衆拒敵,室廬盡燬,惟存瓦礫。今瓦屑墩其遺址也。胡《志》。

顧邦正,字鄰海,横沔人,邦憲裔孫。嘉靖間,父被仇陷戍滇,邦正猶處襁褓。既長,問父(在所)〔所在〕,母泣以告,遂辭母往尋。歲餘至滇,道瀕死,夜夢得父處,晨訪之,背負所書里及父姓氏。其人見而驚曰:"吾翁即若翁耶?"則父再娶所生子也。及見父,痛哭,請偕歸。父曰:"奈法何?"乃歸報母。後復至滇,父已死,欲歸骸骨,弟曰:"兄有父,弟可無耶?"不得已,白於官。判曰:"雲南子盡子道於生前,江南子盡子道於身後。"乃負骸歸。卒祀孝悌。胡《志》。

盛坤,九團人。嘉靖三十二年,倭寇犯境,負母出走,爲寇所獲。坤泣告曰:"殺我縱母,死無憾。"賊並舍去。母病瀕死,夢神告以鵝血可治,坤念鵝我聲近,刲左臂血,和酒以進,病立愈。寒日母思食蛤,不可得,逢老嫗指示,東走海濱,竟得之。其孝感如此。母卒,坤廬墓三年。卒祀孝悌。胡《志》。孫勇，一名萬年，爲喬一琦親軍，雄健善鬥。喬死滴水崖，萬年從之。祔祀忠義。上志。

高舉，字伯鵬，號淞陽。北蔡人。以貢授順天府訓導。順天文廟向無祭，舉言宜與外郡一體。擢太湖教諭，旋署望江邑篆。均水利，罷冗徵，禁黠吏，慎讞獄。甫半載，邑大治。晉天津府教授，引年歸。舉體貌崚嶒，面目清冷，居官訓士，居家訓子，咸有規紀。卒年七十七。胡《志》。子洪謨，字皋甫。號九畹。舉萬曆壬午順天鄉試第一，爲太平府教諭。胡《志》作授，據《府志》、上志正。講求經義，以行誼相勖。遷穀城令，有善政，旋罷歸。性狷介，舉止端嚴，喜獎拔名俊。在穀城，識方岳貢於髫年。及方守松江，洪謨已歿，展墓修敬如禮。孫廷楝，舉人。胡《志》。

陸繼皋，字舜臣，文旺七世孫。少以諸生遊太學，祭酒瞿景〔淳〕器之，選楚藩參軍。值王入覲，悉汰其運役之苛者，而籍其餘，官民稱(使)〔便〕。遷遼東都司斷事，時遼陽孟酋闖入塞，巨細事咸受成於繼皋。朝鮮上書，欲遣人入習華言，部行守道會議。繼皋陳不可者三，不便者五，事得寢。歲饑，移文請賑，民多頌之。以病乞歸。胡《志》。

顧綵，字南雲，所城人。嘉靖間，大旱，捐資濬七竈港，灌田萬頃，官旌其門。萬曆間，歲饑，人相食。綵設四門，作粥食之。兩次海溢，駕筏拯救，聚瘞遺骼。胡《志》。同時有陳鶯，號(十)〔小〕山。十九保人。父業數萬，悉讓之兄弟，有廢業者，仍周之。海溢，出粟濟生瘞死。欽《志》。

方鏞，字良遠，新場人。早喪父兄，事母及嫂盡愛敬。嘗建義塾，捐田給修脯，訓一鄉子弟，皆循規矩。嘉靖中，郡守何繼之、運使洪富各撰碑文記其事。子岑，字秀之，克承父志，臺司共旌之。孫允瑞，官理問。胡《志》。

余采，字元亮，號竹癯。方孝孺八世孫。其先避難，變姓隱泖上，采父環復遷邑十九保大鳧涇南村。采剛毅廉介，有志操，不妄取。嘗與婺士同舟，士卒，采出資含殮，還其喪。晚以明經教授江右、閩粤，多所造就。子道南、道東，復方姓入學，重刻《遜志齋集》行世。胡《志》。按：上志載，舊説甯海丞魏澤匿正學幼子德宗，托余學夔攜避華亭俞允所，允正學門人也，遂冒俞姓。後欲贅爲壻，又改余。子姓繁衍，至萬曆己酉，督學楊廷筠令復本姓，建正學書院云云。説似確鑿，而與《明史・正學傳》有異。其建於《遜國臣傳》者，始末又頗晰。是否姑誌此，以備證。

施少谿，萬曆間隱居好學，著《周易析義》。孫于恩，敦倫樂善，舉鄉飲賓。曾孫廣，承先志，喜利濟，不求名。欽《志》。

張電，字文光，號賓山。九團人。能書，以布衣從陸深遊京師，受知夏相國言，令書《大明集禮序》。世廟嘉之，遂入史館供事，書皇史(歲)〔宬〕額，詔賜金幣。凡朝廟典册，必以使電，行幸游宴，未嘗不從。賜予優渥，諸學士不得比。累擢至工部右侍郎，進禮部左侍郎。電自布衣躋卿貳，始終恭敬，故受眷最深。年五十一，卒，贈工部尚書，賜祭葬，廕一子一孫。墓在上海淡井里。胡《志》，參上志。其先以字得官者，有吴敬，字孟寅，十七保花園橋人。以楷書生寫《永樂大典》成，入太學，旋擢主事，累遷太僕寺卿。其同受書法於陸文裕者，有浦澤，字時濟，世居新場。少讀書，慕漢逸民矯慎之風，終身不娶。書能窮波磔之妙。喜任俠,常游吴越燕趙間,晚僦廛僻地,惟法帖百卷,偃仰其中。嗜酒好眠,或一二日不起,人呼爲小癡。俱胡《志》。

高恩,周浦人。萬曆間,歲饑賑粥,海溢葬溺。修鄉約所,造濟農倉。子維岳,性孝,父病危,籲天求代。奉母如父,先後廬墓六年。巡撫任濬(其)〔具〕疏題旌。著有《樵雲詩稿》。曾孫廷亮,康熙辛卯舉人。胡《志》。

朱元嘉,字鼎侯。號太樸。同族良,字魯夫。號西岡。沈莊人,性俱孝。元嘉母氏姚病危,焚疏禱天,願折己算延親壽,父病亦然,均獲愈。良補諸生,每見父有不悦,即長跪膝下,悦而後起。母早卒,忌日臨祭,必泣曰:"母識兒,兒不識母也。"嗚咽竟日,至老不改。鄉里並稱之。良於萬曆元年卒,年八十七。

朱萊,字子馨。號望山。以諸生入國學,授江西南豐丞。佐令興革利弊,能宜其民。終以志不得展,年餘謝歸,遂不復仕。

喬木,字伯梁。號元州。鏜子,隆慶戊辰進士。爲諸生時,佐鏜禦倭,聲東備西,寇果入阱,發礮盡殪,圍遂解。知安吉州,民苦貢粟,上請得罷。州壤腴瘠相錯,胥吏易爲姦,木勾股其田,區别高下,私無所容。又受天目諸山之水,雨集陡發,齧城損稼。木四門築垾,得免衝激。臺使稱善,令旁邑倣行。治獄多所平反,有疑兩臺獄皆屬之。遷潞安同知,潞爲瀋王治,歲給將軍中尉以下禄萬計,皆親授,絶侵漁。彈壓豪悍,一府肅然。擢河南僉事,以憂歸。補(涇)〔井陘〕兵備道,茨溝營募卒盗礦,不可迹,乃選土著八百人充伍,漸汰諸募者,盗遂息。歲祲,便宜發倉,全活甚衆。遷福建參議,禽剪盗魁,清税省徭,躬行節儉,倉廩府庫皆充。尋以病歸,居川沙,挈族遷堡中,從者數百家。募衆濬渠二十里,通潮以濟。會風飄海舶至,邏者以倭報,木禁勿殺,檢牒乃朝鮮貢使,導之歸,得表謝。卒祀鄉賢,又祔祀父鏜仰德祠,安吉祀名宦。子拱宸,字元恪,號敏齋。郡諸生。嘗應召試中書舍人,究心經世之術。拱宿以副車仕至兩浙運副,署運使,平鹽筴,修鹺志。拱璧自有傳。胡《志》,參欽《志》。

喬拱璧,字轂侯。號訒庵。木子,萬曆丁未進士,授海鹽令。邑田畝詭匿,淆雜難稽,拱璧按故籍,履畝勾考,悉得其實。核虚丁絜而均之,一邑稱平。邑有廣儲、常積二倉,儲衛士餉,往時雜支本折,侵耗百出。拱璧請以冬支屯糧,夏支銀錢,春秋支倉米,人予左契驗給之,詭冒並絶。歲大祲,諸臺使閱浙西災傷,獨拱璧境疏導有法,水不爲災,考績甲諸縣。其剔弊興利,具載《海鹽志》。累官至南京兵部郎中,領船政。汰冗費,歲省金錢萬計。鐫其條畫,著爲令。終湖廣參議,移疾歸,殁祀鄉賢。子煒,字赤餘。少好學能文。天啓元年開史局,煒以副貢首膺是選,撰述志稱旨,授撰文中書。歷掌制誥,進起居注,篹修玉牒。累遷禮部郎中,爲葉相國向高所器重。煒子舒,諸生,世其學。胡《志》。

王文炳,字象甫,下沙人。隆慶辛未進士,授四川敘州推官。敘有九絲洞蠻,即孟獲後。時擄婦女貨財,官兵逼之,遁入淩霄關,用木石塞口,不得進。相傳諸葛武侯有記,謂必星過月中,關始破。會蜀撫曾省吾檄文炳進討,見邸報,適有星過月中語,曰:"事成矣。"得通事何朝恩及死士吴鯨爲嚮導,鯨言:"若得端午日雨,必捷。"蓋蠻俗於是日相餽遺,羣飲酒，可乘其隙也。至期果雨，防更疎。(帥師文柄)〔文炳帥師〕裏氊，從山後襲破之，馘蠻王阿大、阿肴等，設武甯衛城。功上，晉階刑曹，旋陞貴州憲副。彈壓土酋安國亨等，酋餽之金，則以輸正供，給庫收，乃更畏服。終苑馬寺卿，致仕，卒年七十六。胡《志》。

王潭，字克深。居川沙，爲御醫。萬曆十一年，海溢，居民漂没，潭瘞浮屍數百。喬鏜築川沙城，潭亦與其事。後傾圮，潭孫中書乾昌、舉人偕春踵葺之，又建水洞、石梁、便民茶亭等。卒祀忠義。偕春另有傳。《胡》志，上志。

黄體仁，字長卿，號穀城。川沙人，萬曆甲辰進士。父一岳，性孝友，由貢爲祁陽訓導，攝邑篆，升上杭教諭，並著正直聲。歸舉鄉飲賓，卒私謚貞定。體仁早歲受知學使耿定向，於身心性命之學，多所發明。建閘築塘，爲鄉邦利弊計甚悉。既成名，館李文節廷機家。廷機使試館職，則以老謝，薦門人徐光啓自代，光啓遂入翰林。體仁爲刑部主事，歷郎中，明刑肅法，豪貴斂跡。出知登州府，罷坊市雜税，脱建文殉難臣陳迪子孫於戍籍，又爲迪與戚繼光請謚。擢東兖道副使，會福藩之國，舟車填輳。時值歲祲，體仁條上臺使，請盡革迎謁供億諸費，民不困而當路意殊拂，罷歸。卒祀鄉賢。著有奏議、詩文二十六卷，《續上海志・田賦》諸篇，〔稱詳覈。〕墓在白蓮涇。(稱祥覈)。胡《志》，參上志。

王偕春，字爾中。初名尚行。潭孫，萬曆壬午舉人。與徐光啓俱師事黄體仁，校訂《四然齋集》。好爲古文，自著《問若編》，得漢魏人意。子觀光，字公覲，性豪邁，復極純篤，急人之急，任卹不遺餘力。初爲甯波通判，會饑，捐俸請賑，躬自按籍稽口，實惠及民。遷王府長史，歸，葺南有園，日與知名士觴咏，趙左繪圖。陳繼儒、王敬美輩皆至，時名園外橋爲集賢。工書，尤善山水，用墨得董香光之秘。鼎革後，祝髮爲僧，自號海岸。家素豐，及歿，無絲粟儲。《廳志》。

沈梅，字思雲，居横沔南。王柱，字曰中，佐子。王檄，字曰傳，佐猶子。並輕財好義。萬曆十三年旱，明春大饑，梅出粟三千餘石以賑，臺省交旌。後二年又饑，柱亦出粟六百石，以食飢者。會邑有重役，人争營脱，檄曰："往役，義也。可累貧弱乎？"乃獨任。又捐資濬吴淞江。歲方饑，出粟助賑，亦爲邑令所旌。其子憺，順治庚子舉人。孫明允，有學行。胡《志》。按：胡《志》以憺爲檄曾孫，誤。今據上志、《府志》正。

顧允貞，字叔復，號秋宇。杜家行人。萬曆壬午鄉魁，七中明通榜，授南陽府通判。歲祲委賑，晝夜兼行，巡察災傷，保全甚衆。署府篆，以四勸四禁曉諭訟者。遷工部員外郎，陳時事數千言，不報。尋致仕，搆草堂，以造就後學爲務。教以敦本厲實，論文亦先理解，次體格，而後才華。崇〔禎〕間，屢薦不起。三舉鄉飲大賓，卒年七十九，祀鄉賢。從弟允升，字華宇。幼喪父，哀毁如成人。母病，書血疏籲天請代。居喪不飲酒食肉，不居内。以貧未即葬，廬舍適火，幾及棺，呼天大慟，忽雨降火滅。崇禎三年，賜八品冠帶，旌其孝。卒祀孝弟祠。允貞子章甫，另有傳。胡《志》。

李焕然，字子文，伯璵曾孫。性恬雅，家多藏書，研(詩)〔討〕淹貫。教授里中，祠部張烈、侍郎蔡汝賢皆其高弟。從子可教，從字胡《志》作仲，據上志逢申傳，可教父名復科，則非焕然子，自以從字爲是。今正。字受甫。號鶴鳴。年十二，能屬文，趙貞齋遴爲贅壻。年十八，補諸生。其先世儲書萬餘卷,悉散於倭,可教多方訪購,得還十五六,皆篹鈔加點勘。課趙二子,補諸生。督其子逢原、逢申不稍貸。生平砥礪名節,惜福擇交,爲鄉間所重。逢申自有傳。胡《志》,參《府志》。

李逢申,字延之,可教子。萬曆己未進士,歷官工部主事。甫三月,封事九上,劾兵部尚書梁廷棟誤國,疏寢。會軍興,試驗火器,廷棟中以危法,論戍瀫浦。逢申長子雯走京師上疏訟冤,不報。雯弟又伏闕上書,政府哀之,事得白。召爲刑部主事,轉工部郎中,又五上疏,彈擊時政。會流寇已破秦晉,逢申請出空名告身,募山東兩河豪傑,結義旅以衛京師,廷議中阻。崇禎十七年,京師陷,逢申被執,身受五毒,不屈死。雯自有傳。胡《志》。

談上都,字仲和,官把總。崇禎七年,獲流賊徐(曾)〔曹〕兒等於安慶,以功洊陞遊擊,致仕歸。復先世箋業,晉謁公卿間。姚方伯永濟爲作像贊曰:"貌樸而神强,形短而技長。曾樹績於疆場,旋解綬以歸鄉。傳侍郎之箋法,乃遨遊於四方。"胡《志》。

施大經,字天卿,號石渠。又號玉屏。牐港人,宋華亭令退翁裔孫。萬曆乙酉舉人,署丹徒教諭,遷江西瑞州府通判。會稅璫議采木,大經抗言:"開采名爲利民,實以厲民。民迫爲盜,能豫爲撲滅地乎?"議遂寢。嫠婦涂氏,族利其資,誣以陰事,婦家因吏夜進千金求白。大經曰:"枉而白之,分也。奈何污我?"杖吏卻金,卒白其枉。旋引疾歸,再起惠州通判,轉崇府審理,遂致仕。著有《澤國農書》。子二,沛字沛然,天(歷)〔啓〕初以貢除廣東前府縣志作河南。廉州通判,調署欽州。首建文廟,禮名俊,革陋規,擒宿盜,造渡船,民咸稱便。議時務十二條,多切中。會出師勤王,給士卒素袍,衆譁,兵備楊嗣昌屬沛易五色。時已夜,沛召梓工,以萊菔雕花,雜印作彩,前後綴日月形。黎明畢具,師遂發。轉南康同知,歸不赴。後嗣昌爲督師,書邀沛,許任監司。堅謝之,尋卒。沛素知醫,罷官後益精其術,活人甚衆。溥字汝中,以貢授永清衛經歷。崇禎時,遷樂亭知縣。未赴任,流賊陷京師,溥歎曰:"我父兄皆受國恩,我豈可失臣節?"遂仰藥死。國朝乾隆四十一年,上志作四十年。賜謚節愍,祀忠義。據欽《志》補,參《府志》。按:大經十九保人,《府志》亦稱居閘港,而於溥殆據《殉節録》作華亭人,入華忠義祠,另傳。上志意其借籍華亭,祀與傳已並補。兹攷欽《志·大經傳》,沛、溥二子同附,亦無異祠。惟胡《志》失登,(持)〔特〕據以補。

施大諫,字叔顯,施家行人。幼穎悟,弱冠登萬曆戊子鄉榜。不樂仕進,閉門注《老》、《莊》,寒暑不輟。子紹莘,字子野。少負雋才,借華亭籍爲諸生,跌宕自喜。初築舍於西佘北,復搆别業於南泖西,自號峯泖浪仙,世與華亭沈龍並稱。時陳繼儒居東佘,亦常以詩酒相接。復好聲伎,工樂府,著《花影集》行世。早夭無子,時論惜之。胡《志》、《府志》。

朱正色,字稺曾。居沈莊,允五世孫。萬曆己丑進士,知淄川縣。聽訟多平反,喜課士,雖怱劇不廢。歲允旱,禱雨立澍。入爲刑部主事,恤刑閩中,詳讞明允。晉郎中,夏月例得熱審,曹侍郎學程先以建言,忤旨(諭)〔論〕死,正色語大司寇曰:"今日之恩,獨無片紙加曹君,如白雲丹筆何?"曹得末減論戍。出守杭州,白前守冤。稅使劉成横攫市物,民罷市,正色諭解之。濱海邏兵輒指琉球賈爲寇,至(傑)〔磔〕其人以倖功。正色(曰)〔白〕部使,得生還者十九人。累擢山西少參政,告歸。卒年七十七。曾孫琦,字又韓,官鳳翔知府,有能聲,遷郡城。胡《志》。

朱正中,字子建,沈莊人。父朝宰,爲諸生,憤魏瑺賊虐善類,繕疏待糾,正中竊焚其稿。嘗從餉使至山西,代作疏,得蠲免民賦二十餘萬。及至陜,又爲區畫,保全華陰等縣。後佐粤幕,慮囚多減活。抱才高尚,兩膺薦舉不就,家居繞屋植梅以自娱。胡《志》。

嚴兆齊,字振玉。新場人,諸生。學純品正,識王光承於童子時,爲忘年交。所居籬花繞徑,築土累石,邱壑在几席間,顔曰愛吾廬。光承嘗歎其經學爲轅固、高堂生所不如,至其行事,則陳太邱不是過。人以爲實録。胡《志》。

李繼佑,字仍啓。工古文,才情奔放卓然。與父南(村)〔春〕先後舉於鄉,所著有《初學集》。胡《志》。

朱一德,字士龍。《府志》作隆。木六世孫,萬曆戊子舉人。篤學工詩,性純謹,多善行。路拾遺金,坐俟失主至,還之,則父逋官錢繫獄,賣妻往贖者也。寓南都,夜拒奔婦,待旦即徙。寓郡城,捐葬無主尸骨。里人謝某冤陷大辟,辨於官而出之。生平廉潔自好,及没,囊橐如洗,搢紳争賻焉。胡《志》,參《府志》。從子養豫,字立凡。父一讓患瘵,家日落,養豫傭書訓蒙,奉湯藥惟謹。父卒,殯葬如禮。母孫氏病風,養豫奉飲食,侍起卧,不假寐者匝月,病愈。杜門謝客,不離母側。當事交旌,卒祀孝弟。胡《志》。

蔡紹襄,字仲謨,號翹雲。新場人。八歲能文,日就七藝。以貢選貴溪訓導,登萬曆庚子江右鄉榜,擢瑞昌令。地介江表,僞漢陳友諒遺孽柯、王二姓,聚衆三(十)〔千〕人爲寇。紹襄計擒渠帥六七人,餘悉攝服。居官清介,任歸,貧如故。性孝友,力撫庶弟成立,養外父母終其身。子文陞,字丹仲,天啓甲子舉人,授巴陵令,有惠政。胡《志》,參上志。

施一化,字湧川,施家行人。以諸生入太學,性孝友,撫二弟,均析己産畀之。歲凶,出粟賑饑,割田助役。子于蕃,字价夫,事繼母以孝聞。萬曆癸巳貢成均,授溧陽訓導。孫維翰,另有傳。胡《志》。

朱(水)(永)泰,字雲陽,周浦人。耽讀。不治生産。徐文定光啓延訓其子,及徐居相位,屢招不赴。郡守方岳貢推舉鄉約,優禮備至。子維垣、維屏,皆諸生。孫錦,另有傳。胡《志》。

葉有聲,字君實。號震隱。父蕃春,字時行,新場人。嘗投宿邑旅,主因僕逃出緝,獨少婦在家。時日且暮,又值風雨,蕃春遽渡浦歸。某氏妾忤嫡,胠篋出走,夜迷道,匿蕃春園。覘得,密召其夫與偕返,曰:“毋揚之,恐人以詬汝。”其質行如此。五舉鄉飲賓,卒年七十二。有聲於萬曆乙卯,舉順天鄉試第一,明年成進士。己未補廷試,由侯官令擢禮科給事。首上四事,指治體、言路、仕途,而以勤政爲首。又願以公論還政府,以直道還臺省。時魏璫用事,攘邊功,竊封爵。有聲入直,特疏詆及,魏已深銜之。閹黨欲以王爵媚魏,又爲有聲廷叱罷。(生)〔坐〕是削籍。懷宗立,召見,奏去國始末,得勁直可嘉旨。爲忌者所抑,外授浙江副使,調武昌道。值湘陰寇逼,登陴力禦,即引去。七年,遷福建參政,轉河南按察使。決獄無留,案多平反。流寇老𤞑𤞑率數萬衆抵省,有聲與撫按協謀,使驍將陳永福出奇兵破之,追斬數百。越三月,賊悉衆復犯,乃堅壁固守,相持月餘,圍始解。以功遷江西右布政使，拜大理，力持法守，特簡左副都御史。召對，陳兵食利弊甚悉。會以吴昌時搆薛國觀事，并中有聲，官遂免。後復召拜兵部侍郎，不就。屏居村墅，與兄有容、有成白首怡如。成以廉著，壽八十七，屢舉鄉飲大賓。有聲卒年七十九，著有《緑天館文集》、《疏議》。與父並祀鄉賢。子三，映榴另有傳。胡《志》，參府、上志。

朱思聰，字敬愚，新場人。以貿易起家，喜交當世文士。嘗鑿義井，捐義冢，建石梁，修祠宇，施藥捨棺，樂善不倦。萬曆間，郡邑交旌之。胡《志》。

朱錦，字尚絅，下沙人。家不甚饒，好行其德。萬曆壬子秋，海溢，錦收瘞甚多。辛卯，學宫圮，邑令楊遇捐二百金，授錦督修。錦言："某有田數頃，足了此工。"及竣，費千三百金，罄其產。令償所費，辭不許，乃復置田百畝助學。至還王松婦，返姚宥媳，全范相塚，尤人所難。兩臺高其義，給額旌之。胡《志》。

李之楠，字仙植。伯春從孫，天啓辛酉舉人。嘗買妾，詢爲前母族，即召其父，具資嫁之。究心内典，病革時，先割產施宗黨，次及二子。事畢，就外寢，跏(生)〔坐〕而逝。胡《志》。

張元始，字貞起。號訒叟。新場人。崇禎戊辰進士。性方嚴，不妄交遊。爲諸生，即留心經濟。濒海竈户舊有總催一役，困於地棄役存，當者家多破。元始謁鹾使，力陳其弊，釐刷一清。田行人擢給事中，抗疏論封疆失事，保舉非人，有詔嘉納。復奏北運布解爲江南苦役，(諸)〔請〕改爲官旂。府、上志均作者。布解附之漕艘，報可。民力藉少紓。崇禎十四年，大旱，斗米千錢。上海應漕糧數萬，吏民猝無措。元始議以(参)〔麥〕代，得旨准十之三。又以麥價徵折色，公私俱利。旋奉命催督漕運，及江南積逋百萬。受命星馳，期月間徵逋什九，國用賴充，輸輓亦無阻。元始才識通敏，在諫垣八年，政多諳練。朝廷將大用，會遭母喪去職。服除，起太常卿，未赴。卒年六十九。胡《志》，參《府志》。

陳正中，字宗尼。世襲千户籍，居南界河。崇禎戊辰進士，除上杭令。邑介虔粤，流寇侵擾，所在煽結。正中至，撫彫瘵，足兵食，練鄉勇，屢挫賊鋒，獲渠帥張日昇，降其黨五百餘，捕誅劇盜何柏等三十餘名。復革橋税以招商販，積粟備荒，歲饑不害。流賊復犯武平，帥衆持五日糧，馳三百里擊之，賊引去，鄰邑以完。正中素有羸病，積勞轉篤，竟卒於官。在縣五載，屬軍興，大帥駐節會師，供億緐重，而能(便)〔使〕民不知兵。積官穀七千餘石，羡餘贖鍰悉備公項支銷，妻子衣食至不給。卒之日，民罷市哭。巡撫雛維連疏請獎䘏，敕贈兵部主事，追論平寇功，再贈太僕寺少卿。胡《志》。

陳守真，新場人。事母至孝，朝夕必揖拜。家貧，歲種木棉畝許，而所獲倍他。守真以此養母，自食粗糲。鋤田恐傷蟲蟻，必祝令他徙。木棉放時，有欲盜之者，恍惚見陳在後，率不敢犯。守真終身不娶，時有張某者，當萬曆甲寅，已百有三歲，猶善健步。見守真，戲以孩呼之。守真年九十，無疾卒。據上志補。

華鶴鳴，字迴聞。號九皋。秉中曾孫，廩膳生。世以《詩經》名家，至鶴鳴尤邃。江右陳懷我以《詩經》課士，入選者鶴鳴居其半。同社孫士美嘗云："國家明經取士，如迴聞洵無愧焉。"孫謙，復以《詩經》魁鄉薦。胡《志》。

李待問，字存我，號遠峰。昭祥從曾孫。工書能文，尤尚氣節。崇禎癸未進士，授中書舍人,假歸。聞流寇陷京師,呼搶欲絶。未幾,大兵至松。沈猶龍事起,待問遷母於鄉,身守城東門。城將破,待問整衣冠,設香案哭拜。自以世受國恩,忝登甲第,城存與存,城亡與亡,在朝在籍,有死無二。拜已欲下,百户某問:"安之?"曰:"死也,歸一訣耳。"百户曰:"信我先斷頭以待。"即自刎。待問倉卒抵家,少妾挽衣而泣,衆勸之逃,則曰:"死吾分耳。且不死何以對某百户?"將自經,邏者已至,遂遇害,年四十三。弟之檀,諸生,死吴志葵之難。待問於國朝乾隆四十年,賜謚忠節,祀忠義祠。《明史》附《沈猶龍傳》。胡《志》,參《府志》。

包爾庚,字長明,號宜壑。十九保人。上志云:曾祖鼎,成化十一年進士。祖孝,嘉靖十四年進士。是爾庚爲鼎曾孫。今考《府志·選舉表》,又注"節曾孫"。節蓋孝兄,先三年進士,而鼎成進士,乃是戊戌,當云十四年。上志言孝官河南道御史,《府志》與節合傳,則云南京御史。不符處未知孰是,姑識此。幼穎慧,見兩兄習舉子業,亦攜筆墨,坐花下搆文,師異之。未舞象,童試冠軍,督學駱騕增拔幼童四人,爾庚其一。曰:皆令器。以乙亥選貢連捷,成崇禎丁丑進士。知羅定州,值兵譁,守道水佳穎被圍,爾庚單騎馳諭,皆羅拜聽約,一州獲靖。猺蠻跳梁,總督沈猶龍勦捕弗戢,爾庚許其自新,咸感泣來歸。又革穀船税,置學田,減谿死囚至數十人。民多戴德,爲立生祠。以卓異行取入都,擢兵科給事中。見天下多故,遂以母老乞歸。上志作遭祖母喪。隱居青谿之曲,自號宜壑居士,閉户著書。初爲諸生時,郡中諸名俊方以古學立文社,爾庚不爲異,亦不爲同,招之弗往。入國朝,詔徵山林隱逸,當事强之起,終以母老辭。康熙元年,郡守郭廷弼聘修府志。一日,端坐朗吟曰:"千秋大業今家計,萬里清風昔宦遊。"遂卒,祀鄉賢。著有《直木居詩集》。胡《志》,參《府志》、上志。

朱雲昇,字奉璇,新場人。醇謹篤實,推重鄉里。教子紹夔、紹颺、紹鳳皆成名。卒祀鄉賢。

王正彝,號惺寥。下沙人,援例爲禮部儒士。時魏閹擅政,有友介入貲選官,不應。崇禎末,邑旱潦,捐資開各區通渠,南接閘港,北引杜行朝水,人均沾惠。鼎革後卒,有五子。鑕爲盱(貽)〔眙〕教諭,陞知縣。鍾考授州同知。

吴騏,字日千,世居十六保吴家角。姜孺山《松江詩鈔》作華亭人,居郡城西郊。非是。爲華亭諸生,有盛名。與王光承兄弟交,以名節相砥礪。己酉松江戡定,騏父臂受兵傷,遂絶進取。旋遭喪,營葬細林山,剪髮覆額,結茅課徒。號九峯遺叟。又僑寓亭林,有言啓、禎事者,輒憤泣。所學無不窺,爲詩古文,援筆立就,乞碑誌爲定論者無虚日。撫軍(奈)〔余〕佺聘修《江南通志》,司寇徐健菴聘修《一統志》,皆稱疾固辭。後湯文正撫吴,有意物色,騏作《鳳凰説》喻意。旋返故居,躬耕食力。光承稱有隱君子風,又稱其詩高華雄變,不拘一格。壻家望湖涇,過之,馬蹶墜河。女出新衣請易,騏以所衷皆故服,忍凍,歸得疾卒,年七十六。所著詩曰《顑頷集》。胡《志》,參《府志》。

唐疇,字去非,諸生。志大從孫,績學砥行,以名節自任。鼎革後,居玉笙樓,屏蹟不下二十年。工寫花鳥,尤妙墨瀋牡丹。弟醇,字服西,亦諸生。究心理學,有聲幾社。後改名景真,不復應試,幅巾布袍,與當湖陸清獻、張溪王文恭昆季最友善,晚遂徙居張溪。疇亦見《金山志》,其誤以此。醇子彬,事後母以孝聞。定昌從陸清獻游,爲入室弟子。入國朝,皆爲邑諸生。胡《志》,參《府志》。

李中梓，字士材，尚衮子。爲諸生有名，七應鄉舉，兩中副車。因善病，自究方書，手輯張、劉、朱、李書，得其精要。姚某以喪子得疾，目失明。診爲傳尸，下蟲如鼠者三，及尖兩頭者，遂愈。鞠某病熱囈語，户外事如見。診爲離魂，均應手瘥。金壇名醫王宇泰年八十，患脾泄，中梓爲其體肥多痰，愈補愈滯，法當下，以巴豆霜去痰涎數升，愈。魯藩盛暑病寒，卧氊帷，覆三貂被猶冷。診爲伏熱，用石膏三觔，煎分三服，被與帷亦以次卻，體熱汗流，遂愈。其神效如此。著書甚富，有《頤生(徵)〔微〕論》，尤風行於時。年六十八，端坐卒。所撰述見《藝文》。胡《志》，參《府志》。

秦昌遇，字景明，裕伯裔孫。學醫，治兒疾有神效。已而徧通方脈，妙悟入微。常行村落，見婦人淅米，使僕驟擁之，大怒。昌遇語其家："若婦痘且發，當不治。吾故激其怒，使毒發肝部耳。日下春時，應見點於某處。吾且止，爲汝活之。"果如其言，投藥而愈。林氏子年方壯，昌遇，視之曰："明年必病，三歲死。"既而果然。然未嘗自多，謂法當死者，雖盧、扁不能爲，但勿自我死之可矣。年六十，豫告終期而卒。生平志趣高雅，董文敏嘗繪六逸圖，皆郡耆宿，景明年最少，與焉。所著見《藝文》。胡《志》，參《府志》。

朱國盛，字敬韜。新場人，以進士歷官太常寺卿。善畫山水，得小米筆意。董文敏題其畫，嘗言："敬韜作米虎兒墨戲，不減高尚書，閱此欲焚吾硯。"其推許如此。胡《志》。

葉有年，字君山。嗜畫山水，足蹟半天下，得山川之助，筆墨愈工。董文敏、陳徵君俱重之。晚應肅藩聘，至秦，爲繪圖築苑，名勝甲於八郡，遂爲上客。歸隱石筍里，墓在佘山。胡《志》，參《府志》。

黄日章，字叔闇，黄家閣人，崇禎癸未武進士。李中孚，字士修，府曾孫，崇禎壬午武舉。諳練騎射，同官劉河守備。時流寇蔓延，日章練卒伍，勵忠義，咸樂爲用。甲申，復以松江遊擊，調往劉河堵禦。部下義兵百餘人，皆善戰。妻王氏亦能軍，(新)〔親〕佐(俘)〔桴〕鼓。日章與中孚各(奪)〔奮〕勇拒敵，力盡同死。時有張鳳翥者，字聖如，十九保人。天啓壬戌武進士，亦在劉河官游擊，赴戰亦死。三人並祀忠義。王氏傳見《列女》。胡《志》。

張錫眉，字伯明，號介兹。新場人。以嘉定籍領崇禎庚午鄉薦，榜姓黄，遂寓嘉定。甲申之變，與侯峒曾同守城。城將破，令妻黄氏、妾何氏與女俱赴水死，書姓名於衣，并絶命詞。曰：我生不辰，僑居兹里。路遠宗親，邈隔同氣。與城俱亡，死亦爲義。舉家殉之，惜非其(城)〔地〕。後之君子，不我遐棄。登南門城樓自縊。上志作溺。國朝乾隆四十年，詔祀忠義祠。黄氏見《列女》。胡《志》，參上志。

陳濬，字扶一。諸生，航頭人。甲申，流寇偪京師，濬募丁壯三百人，仗義勤王。及渡江，聞京城失守，北面再拜投於江。救歸，悲憤死。入祀忠義祠。胡《志》，參欽《志》。按：《府志》濬傳末附有府學廩生董夢金，聞北都陷，望闕長號，自刎死。下注："《南匯志》。"兹查欽、胡二《志》濬傳内，均不載及董，又無籍貫，未便遽附。姑識此。

陳于階，字瞻一。號仲台。百曲港人，徐光啓甥。父紹統，官廣東增城縣巡檢，自南都歸，爲盜所害。于階募壯士，率捕父仇十八人，剖心以祭。性純篤，嗜讀書，通天文，於火器得西人之秘。方岳貢築城，于階董其役。崇禎二年，復佐光啓修歷，事竣，歸耕養親者十餘年。崇禎末，以史可法薦，授欽天監博士。福王至南都，史督師淮揚，特遷兵部司務，督鍊火器，數上書言事。五月，大兵渡江，南都無備。于階曰："事不可爲矣。爵有崇卑，死節則一。"乃自經於鷄鳴山之觀象臺。上志作雨花臺。初，紹統遇盜，僕宋千《府志》作千秋。冒刃捍之。既不免，乃輿尸反報。至是，宋又扶櫬歸。比葬，曰："江干不死，爲收屍也。南都不死，爲歸葬也。今可報兩主於地下矣。"遂縊於墓側。國朝雍正三年，奉詔祀明季殉節諸臣，于階與焉。乾隆四十一年，賜謚節愍，入忠義祠，千亦附祀。胡《志》。

瞿騫，字孝叔。敦行績學，鄉黨推重。本崇禎己卯歲貢，值朝廷需才，壬午召試，(賜特)〔特賜〕進士，授滕縣知縣，有治績。大兵破死。子穀，字式似。號筠冲。年十二，即補諸生。騫殉難時，穀年十五，斂骨歸里，葬邑之二十保廿三畐。欽《志》作十三畐芥字圩。穀廬墓授徒，終不仕。著有《删删集詩卷》、《且存集文稿》。騫於國朝乾隆四十一年，賜謚節愍，祀忠義祠。據《府志》，參上志補。按：騫不詳里居，前志均無傳，而《選舉表》内又皆有其人。欽《志》於進士項下并詳墓處。胡《志》載見歲貢，不載進士。但既名列表中，墓又在邑，以爲邑人，亦屬近似。兹特據《府志》補之。惟查滕邑職官注，不知何據，作江西歲貢。一字之誤，亟應訂正。

閻邱楷，字慎所，周浦人。性孝友，弟姪間嘗以墓地讓。善醫，投刀圭立起。董其昌、陳所蘊皆有詩(古)〔文〕序述。孫銘，另有傳。胡《志》。

朱錫麟，字元序。諸生，新場人。陳回、蔡九韶，亦新場人。乙酉，大兵至松江，薙髮令下，回自縊死，九韶投水死。錫麟偕華亭蕭賓侯渡海而南，寓舟山僧舍。辛卯，大兵至舟山，俱自縊。並祀忠義祠。胡《志》。按：同時有朱天爵者，亦字元序，死事亦同，惟所偕者爲蘇北人。上志亦言，恐即錫麟之誤。存疑備攷。

顧其言，字公綸，號介庵。所城人。崇禎庚辰進士，知香山縣，署順德。流寇連舸出入香、順間，鄉村煽動。其言購善間者，得賊薄城期，陰爲部署，召父老曰："賊來必窺城，窺城必某也。出不意縛之，賊不敢動矣。"某指賊嚮導梁碩卿也。至期果就縛，遂與副總兵馬吉翔帥師逐之，盜震懾遠遁。瀕海旂(蠹)〔纛〕澳隸香山，有郭大昌、周亞眷等五百餘人據爲巢。其言引兵襲之，賊方聲援順德，不料遽及也，斬殺甚衆。出所獲，召諸鄉保甲集視，按輕重置法。其言於諸莠民，已先籍記其姓氏，故就戮時，無稱枉者。擢工科給事中，以艱歸。入國朝，撫按交薦，不起。卒年七十八。胡《志》。

顧章甫，字魯斐。允貞子，以貢授邑丞。見天下多故，不欲進取，一意造就後學，敦厲風教。史可法薦入國子監，固辭。國初，舉山林隱逸，省府檄徵不赴，時推東南隱士之冠。據《府志》補。

王大綬，字聖佩，居鶴沙。早負才諝。尤工吟咏。後棄舉業，閉户著書。有《寫心集》二卷，吴騏序之，稱本忠(者)〔孝〕以抒情性，誠有隱君子風云。據《府志》補。

莫秉清，字子先。又號紫仙。諸生，居石筍里。工詩古文詞，絶意進取，造廬者罕見其面。書法晉人，并善鐵筆。當事欲延者，俱辭弗應。門人吴徵棐贊爲"孤梅鐵幹，猗蘭幽芬，雪淡風高，與俗逕庭"云。卒葬陸家行市南。胡《志》，參上志。

張克恭，字文肅，六竈人。幼好讀書，有膂力。崇禎時，北運至京，受知於杜將軍松，委練士卒。坐作合度，以功授參將銜。以父孟治病，辭歸。子士麟，有至行。嘗還納糧户遺金,葬外祖父母,治外父母喪,襄貧族婚嫁。兩舉鄉飲賓,謝不赴。卒年七十八。胡《志》,參上志。

吴中毅,字遠公,周浦人。以貿易起家,孳孳爲善,嘗析己産以分兄弟。同里程亦宜聘連氏,年已四十餘,貧不能娶,助完其姻。邱三將鬻妻,相哭别,亦贈以金,俾勿鬻。友人馮方弈以田售得價百五十金,念其貧,出券還之。卒,崇祀鄉賢。胡《志》。

奚汝斗,川沙人。父患癰,吮之,祈以身代,旋愈。崇禎間,大祲,出粟賑粥。年近百歲。胡《志》並欽《志》。

丁文揚,字君徵。二十保七啚人,布衣。崇禎間,出穀賑饑。故人子貧,鬻其身,贖歸,兼爲娶婦。族叔無嗣,奉養終身,殁爲營葬。又嘗任逃亡者賦役,絶無責償意。卒年八十有八。胡《志》。

丁務輿,周浦人。路拾遺金及札,知其因父病篤,貸於親友者,還之,不告姓字。又於市南拾數十金,經旬無蹤蹟,乃書其事於通衢,招失金者攜去。莫秉清作《還金記》。胡《志》。

陸宏濟,字天和。上志作如。文旺十世孫,精醫。父廷相,以族難出亡,宏濟窮求山谷,覓五載無踪,乃卜地葬兩母及父衣冠,又力葬其從父母。妻亡,不再娶。刊《先正訓典》、《鄉約》諸書,還遺金者再。道光十八年旌,入祀本邑孝悌祠。胡《志》。

李延昰,字辰山。號寒村。大理評事中立子,世居邑城。今香光樓之西南隅有椒邱,即其别墅之遺址。諸生,爲徐孝廉(字)〔孚〕遠高弟,隱於醫。其從父中梓撰方書,延昰多所補訂,世共珍之。曾走桂林,任唐王官。事敗歸,遁跡平湖佑聖觀,爲道士,以醫自給。有贏餘,即購書籍藏之。疾將終,悉以贈朱檢討彝尊,凡二千五百卷。遺命弟子用浮屠法焚瘞。《曝書亭集》有辰山骨塔銘,題曰高士。序稱其原名彦貞,字莪生,要其官階氏族,人俱莫得而詳云。有《放鷴齋集》,又《雲間禊志》、《南吴語舊録》兩種,刊入張氏《三味樓叢書》。所補撰諸方書,見《藝文》。墓在東湖浜潔芳橋東。胡《志》,參《曝書亭集》。

劉道深,字公原,邑城人。與李中梓爲中表,因習醫,盡得其秘。求治者甚衆,無貴賤必應。嘗賦詩,有"黄花籬下迎人笑,老去求閒不自由"句。子貞吉,字正(疑)〔凝〕,亦精其術。國朝康熙庚午舉人,公車至都,人争結納。後任長洲教諭。胡《志》。

張兆元,字完赤,川沙人。世業幼科。崇禎間,以巡按張泰階薦,任太醫院吏目。子堯時、孫禹功世其業。胡《志》。

趙夢嘉,字連城,十七保人。崇禎八年,捐助贍役義田百畝,又助鄉學田二十畝,巡按王志舉旌之。年逾六十,始舉二男。名燮者,入國朝爲諸生。時有趙行人趙維聘,字徵之,亦嘗捐田作義冢,出粟賑粥。孫敬,舉人。胡《志》。

陳曼,字長倩,川沙堡人。爲諸生,著名幾社。畫宗二米。性好潔,有倪高士風。值鼎革,杜門寂處,以筆墨爲生,卒後莫秉清爲之傳。胡《志》。時十六保李待問族人蕃,字价人,亦工山水,兼精人物。惜不肯輕作,惟待問九歌法帖中,東皇太乙諸像,皆出其手。《府志》。

邢國賢,上志作國美,號東凡。所城人。善畫人物,得吴小仙筆意。尤好吟咏,亦以詩名。上志。

丁守安，務輿子。順治十年，母諸氏病，割左股療之。逾年，務輿病，復割右股療之。父母壽各八十餘。兄弟四人，友愛無間。壯年喪偶，終身不娶。胡《志》，參上志。子九齡，字壽徵，有至性。早失怙恃，恨不逮養，刻木以事。更名陟思。終〔身〕不撤。好賙卹，家遺陳米三百石，盡以施貧病。守安於道光十八年得旌，祀孝弟祠，陟思坿祀。胡《志》，參上志。其類守安者，有杜行人談柱。母趙病，柱割股進之，得愈。鶴沙人陳進賢，字陟山。雍正元年，母傅氏疾篤，割股和羹進。母異其肉，止啜，疾終不起，進賢亦以哀毀卒，年二十四。陸宏濟之從弟恒穎，母楊氏，病不納穀，禱竈神，割股和藥進之，尋愈。歿祀孝弟。十七保二十啚人韓德潤，乾隆二十五年，母病劇，割股和藥得減。明年，父病，亦如之。乾隆三十二年，學使曹秀先旌其門。十九保八十六啚人陳耀山，母倪氏病，百藥罔效，剜左腕肉作羹奉母，病乃愈。姚圻，字配京。母吳氏病危，割股以進。及歿，圻以毀卒，年十八。六竈鎮人鄭文元。年十五，祖母朱氏病危，隱割臂肉進。朱以老不起，文元亦哀毀卒。並胡《志》。

閔宗一，其先休甯人。洪武初，遷鶴沙。宗一生元至正乙巳，至明成化壬寅，壽一百十八歲，後裔又遷新場。胡《志》。其以耆碩稱者，一團有盛鈇，上志作洋，涇里人。字子威。性樸厚，能守正。友人妻寡而貧，收邺之。其後婦有狎意，鈇卒以資禮遣歸。年八十，子孫羅列，復舉子懿則，九十二歲，又舉子鴻逵，士大夫競歌詩以紀。壽九十四。胡《志》，參上志。沈莊朱禕，字萬竹，允第四子。敦龐近古，邑舉鄉飲賓。董濬城溝，官民稱便。例授武略將軍，壽八十七。復有瞿九鼎者，字鎮公，霆發裔孫。與弟稽臣奮志力學，冠冕膠庠。年八十餘，手猶不釋卷。新場人李芳孫，亦博通經史，兼畫人物，年九十九。俱胡《志》。

國　朝

李雯，字舒章，逢申子。爲諸生，與陳子龍、夏允彝齊名。嘗爲父訟冤，逢申死國難，雯先不食四五日，從邸舍絜血乞棺得殮，朝夕奠漿，哭不絶，氣息奄然，終守父柩不去。五月朔，王師入京，破賊。内院諸大臣憐雯孝，且奇其才，薦授宏文院撰文中書。國初高文典册，咸出雯手。己酉，充順天鄉試同考官。丙戌得請，以父喪歸葬。旋卒，祀孝弟祠。著有《蓼齋集》五十二卷。胡《志》，參《府志》。

顧用楫，字蔚若，十六保人。前諸生，博聞强記，有聲幾社，與李僉事愫及諸生計南陽、曹魯元交莫逆。入國朝，李視學中州，招三人襄校試藝，用楫所賞，輒破壁去。館張溪王氏最久，文恭昴季皆出其門。及卒，文恭葬之白廟港。著有《還素堂集》。胡《志》。

李价瑩，字存素。所城人，諸生。少孤，有至性，訓蒙養母，淹貫經史，恂恂自飭，不以賢知先人。嘗論狂狷鄉愿，曰："狂得聖人之神，狷得聖人之骨，鄉愿得聖人之皮毛。"識者謂爲親切。子恒，字聖基，雍正癸卯歲貢，官句容訓導。胡《志》。

胡伯佐，字輔臣，居杜家行。有至性，事寡嫂蔣氏如母，厚待宗黨，嚴勖子弟。年至八十餘歲。胡《志》。

黄中理，周浦人。有隱操，居貧器用多以匏。自號九匏道人。工畫墨水牡丹。年八十餘，兄弟同居無間。胡《志》。時共有隱操者，爲新場葉正源，字星槎。性耿介，初就童子試，見隸執火檢懷挾，試者致(但)〔袒〕露，即出不顧。居家日讀朱子書，與兩兄一弟相友愛。後遊廣東,卒於玉山旅館。門人私謚爲貞介。胡《志》,參欽《志》。

王承庚,字丕佑,原姓羅。航頭人。順治戊子副榜,授朝邑令,有惠政。尋遷滄州知州。事親孝,兄弟白首怡怡。性耿介,不欺暗室。晚年研窮理窟,爲邑耆宿。歿祀鄉賢。胡《志》,參《府志》。

吴定,字澹庵,北蔡人。順治辛卯拔貢,《府志》作五年。除澄城縣令。縣盜充斥,逋賦日積,九年中十易官。定以德化民,計擒賊首,勸農(懇)〔墾〕荒。建水東書院,延師課士。攝韓城郃陽篆,俱有惠政。内遷行人,四爲詔使,擢刑部主〔事〕,校正律令。出督夏鎮河工,增築隄三百餘丈。擢刑部郎中。假歸,杜門著書,周貧乏,設義渡,禮嫁張氏孤女,人高其義。著有《河渠志》。子開封,大理府同知,予瓛,彭水縣知縣。胡《志》,參上志。

朱紹鳳,字儀堅,號蒿庵。雲昇子。順治己丑進士,除臨縣知縣。邑俗悍(生輕)〔輕生〕,遇小忿輒自斃以陷人。紹鳳繩以法,風始戢。擢居諫垣,直言敢諫。時江南漕兑敝壞,初定兑軍之費,每糧百石加米五石,銀五兩,後費至數十金。紹鳳疏請申明舊制,會巡按御史馬騰陞亦爲振刷,因又條上四議,洞揭弊藪,民困始蘇。又定主將連坐之法,以肅軍政,復兩試以宏樂育。十六年,會推總漕某,紹鳳獨言不可,且以會推爲私舉。後因疏救周亮工保閩有功,案宜速結,降謫建甯司獄,又以别案被誣見逮。比得白,還卒。兄紹夔、紹颺,並有聲。從弟紹謨,自有傳。胡《志》。

施維翰,字(辰)〔及〕甫,號研山。施家行人。順治壬辰進士,司李臨江,擢兵部主事,歷山東道御史。疏請耕籍,減浮糧,緩開徵,定編審,懲監司之貪,嚴大帥之縱,禁官吏侵牟、兵弁羅織等,皆關大體,多奉俞旨。康熙八年,掌京畿道,請減蘇松浮糧,劾偏沅巡撫周召南、閩督劉斗、浙撫陳秉直,罷之。嘗按陝西,並視河東鹽政,所至釐剔姦蠹。爲副都御史,請嚴督撫薦舉非人,例有降調,不得以加級紀録抵銷,中外悚息。康熙十八年,巡撫山東,種菜署中,磨腐自給。黜貪墨,輯悍兵,勸墾(闢)〔闢〕,禁耗羡。歲饑,親行所屬,設法賑濟。疏留漕米五萬石,全活無算。又舉廉吏陳文學、周根郃等,俱擢臺諫。案牘皆親自裁决。二十一年,總督(折)〔浙〕江。前院奏參滿軍鼓譟案,縲囚二百餘人,至即會讞,多平反。明年,調任福建。又明年之官,逾嶺即卒。得操履清正,實心任事之旨,予祭葬。二十四年,賜謚清惠,建專祠於郡東門内,仍祀鄉賢。胡《志》,參上志。從孫惟訥,上志作從子。字予憲。號愚亭。康熙庚辰進士,授蘭溪知縣。多惠政,以憂去,服闋,補山西榮河縣。值奇荒,不待報,即發帑賑濟。或阻之,則曰:"爲民命,雖獲譴奚䘏?"時撫晉者爲朱文端軾,心重之,計典列卓異,擢大同府知府。子念祖,杭州府通判。上志作胡州。光祖,監生。胡《志》。按:施氏世居南邑之牐港,在未分縣時亦上海。乃維翰以華亭通籍,惟訥與念祖皆婁縣籍。至念祖子潤,始仍上海籍云。

王日旭,字〔自〕東(自),諸生。順治初,以父觀光詿華亭陳子龍獄,逮繫江甯。日旭草行露宿,乞食以進。會省釋,負父歸,孝養終老。孫大經,字理緒,孝侍寡母,有義行。日旭於道光十八年得旌,祀孝悌祠,大經祔焉。據《府志》補。

李(廷)〔延〕棨,字方思,李家角人。順治壬辰進士,授南甯府推官,用法稱平。以奏銷案詿誤,降香山縣丞。香山官吏多受海舶賄,事發盡罷斥,獨延棨留。屢攝縣篆,不受請托，不名一錢。以疾卒於官。據《府志》補。

閔峻，字山紆。號筠庵。其先由烏程遷居新場，幼孤，母徐教育之，博通經史。同郡周立勳、太倉張溥咸折輩行與交。順治十一年，以選貢宰盧龍，凡五年，有十異政，民樹碑頌德。擢職方主事，尋督嶺南税務，以廉慎著。假歸不出。峻恬静方嚴，不以片楮干當事。事母稱孝，撫卹宗族，並有恩紀。卒年六十七，祀盧龍名宦。所著見《藝文》。胡《志》，參《府志》。從弟鏡，字壽光，附監生。存養貧姊，歿身不衰。友寄宦槖，卒復歸之，封識如故。壽年九十四。上志。峻子璐，以貢生銓州同。瑋，康熙乙卯舉人。皆工詩文。

閔爲輪，字蕁池，號環庵。瑋長子。少侍父游京師，即以詩文馳譽輦下。爲人蕭疎淡遠，與人交，似無可否，而中分涇渭。嗜吟咏，酷求工穩，不輕示人。故其詩律細旨遠，耐尋味。黄之雋、顧成天爲之序，其甥黄知彰彙刻焉。胡《志》。爲望，康熙癸巳舉人，任富陽知縣。爲鈺，字庚西，號鱸鄉。嫻吟咏，以善寫花鳥名。上志。

朱錦，字天襄，號岵思。周浦人。永泰孫，維垣子。里有一門種德、三世傳經譽。錦生而穎異，爲諸生，即以文章雄視儕輩。順治己亥會試第一，選庶吉士。辛丑，充禮闈同考，得人最盛。旋以母老乞歸。初，錦公車將北上，里中貧民有鬻其未婚婦於伎家者，錦急贈金贖之。或謂："如資斧何？"錦曰："我行可緩，此女一去，即墮落矣。"生平淡於進取，日肄力經史，雖貴而砥礪名節，服食不異寒素。卒年五十四，崇祀鄉賢。著有《藜照堂集》。弟錚，字拂鐘，資敏而尤邃於古。喜賓客，好吟咏，先錦卒。胡《志》，參上志。

沈沐，字雨臣，周浦人，順治庚子副榜。窮經授徒，積學不遇。著有《四書講畧》。門下士朱鑑、高廷亮、趙炎輩百餘人，多知名士。沐卒，私（謚）〔謚〕貞素先生。焦徵士袁熹贊其像曰：貌之癯，神之腴。文之富，道之餘。無營無欲乘太虚，嗜義奮勇賁育諸。一邱一壑晚自娱，人世富貴浮雲如。翳（化）〔花〕蒔藥踵摺裾，出遊不用門生舁。鑄顔同感造化爐，謚以貞素議不誣。胡《志》。

葉映榴，字丙霞，號蒼巖。有聲子。順治辛丑進士，由庶常改禮部，遷郎中，榷税贛關。會吴逆亂，與同城官守險要，撫流民，贛賴以完。提學陝西，振興文教。授湖北糧道，清積逋，減耗羡。康熙二十七年，朝議以湖廣内地（載）〔裁〕總督缺，並裁督標兵。楚兵素剽悍，有夏逢龍者尤桀黠，號夏包子。裁兵檄下，洶洶無所歸。逢龍率衆向巡撫索月糧不得，聚謀山中，將爲亂。武昌同知某倡義捕賊，衆益怒，露刃集轅門。映榴急入，請以好言撫之。巡撫出，聞衆語不遜，詈曰："若欲反耶？"衆揮刃曰："反也奈何！"逐之，巡撫逸去，遂殺（隸奴）〔奴隸〕，劫印綬。映榴冒白刃，諭以朝廷威德，不應，擁至閱馬場，逼從逆。映榴瞋目叱之，奪刀欲刎。賊大呼曰："殺好官不祥。"勒入署，以兵環。時巡撫既遁，僚屬亦散亡，賊結撫標，兵勢益熾。映榴困處孤城，誓一死，念老母無所托，顧其妻陳曰："以付若。"陳遂奉母易服，從水溝出。映榴曰："我今可以死矣。"即繕遺疏，北向九叩，升公座，罵賊自刎，而目瞋不瞑。賊大驚，見者率羅拜。僕顧翰陞倉猝具棺，獨視含殮，乘間以棺抵蘄，與家人會。事聞，聖祖震悼，特贈工部右侍郎，予祭葬，蔭一子。明年南巡，御書忠節以謚。崇祀鄉賢。胡《志》。

附遺疏。奏爲臨難瀝血陳情，恭謝聖恩事。竊臣一介豎儒，倖中辛丑科進士，選擢庶常，叨沐皇上高厚深恩，歷任今職，常以潔己奉公，砥礪夙夜。但愧才具庸愚，寸長莫効。兹於康熙二十七年五月初九日，署理布政司印務。忽於本月二十二日，督標裁兵陳，夏包子倡亂，閉城造反，劫奪撫臣勅印，分兵圍臣衙署，百計脅從。臣幼讀史書，粗知節義，雖白刃在前，豈敢喪恥苟生。時即欲率同妻女，闔門殉節。第念臣母年已七十有六矣，隨臣任所，長子監生雋又遠在原籍，其餘二子年未成童，煢煢孤嫠，死將安歸？臣心不忍，因遣妻女奉臣母，從水溝遁出潛逃。臣此時微服匿影，或可倖免，以圖後効。念臣守土之官也，城存與存，城亡與亡，義所當然。謹將糧道衙門及布政司道號印五顆，封付家屬葉華林，囑向所過衙門呈繳具題。復謹繕謝恩一疏，囑付家人，俟臣盡節之後，奔赴京師，詣通政司衙門齎投。臣謹於本月二十六日，朝服向闕九叩謝恩畢，隨升臣衙門公座罵賊，以佩刀自刎，勉盡一死，以報國恩。但恨事起倉卒，既不能先事綢繆，默消反側，復不能臨期捍禦，獨守孤城。上辜三十載之皇恩，下棄七旬餘之老母，君親兩負，死有餘愧。伏惟我皇上廟算如神，兵威丕振，么麼小醜，指日掃滅。但臣不能忍死須臾，以覩蕩平，惟有生生死死，銜結無盡而已。臨難倉皇，語無倫次，不及貼黄，伏祈睿賜全覽，臣曷勝惶悚哀戀之至。爲此具本，謹具奏聞。

蔡湘，字竹濤，與鎬同里，國子生。天資英敏，書不再讀。客京師，嘗在合肥龔尚書席上，聽柳敬亭説隋唐故事，座客限韻賦詩，湘先成，相視皆擱筆，名遂藉甚。時海内鴻儒碩士，若新城王阮亭、宣城施愚山、南海程周量、秀水朱錫鬯，皆以沈博宏麗之才，雄視壇坫。而湘以年少布衣，與諸公交倡(送)〔迭〕和，翰墨流傳，可謂豪矣。未幾，客死交城，年僅二十五，聞者皆爲惋惜。遺詩一編，大理卿陸錫熊序而刻之。胡《志》。

陳邁，字萬之，十七保人。祖星伯年高，非甘旨不飽。邁夫婦操作以供，恒自忍飢。祖喜摹古帖，預購紙筆，常令無缺。康熙七年，郡守以順孫旌之。胡《志》。

錢應元，字孟卿，韓家蕩人。居家孝友，從弟敬仁早世，撫其二子，延名師誨之。孫汪基，名(澡)〔噪〕諸生。大中醫得名。曾孫學洙，德清令。胡《志》。

陸濳，字伏庵，九團人。嘗詣邑肆納(揚)〔場〕課，司計者誤溢二兩奇，至旅舍覺之，將往改正。或止之曰："往返數里，且風雨，獨不可稍緩乎？"曰："列肆本微，虧其本，非人情也。"遂冒雨行。胡《志》。

唐景隆，六團人。聘周氏女，有癩疾，父母欲退之。景隆曰："命也。"遂成婚。子廷士，舉人。胡《志》。

張德符，沙塗村人。父鈞天，明陳州尉，卒於任。德符方數齡，歲凶道梗，藁葬城隅而識之。順治二年，德符年十八，妻喬氏生子，乃復往，跡父葬處，抱骸骨歸。渡江，狂風驟作，舟幾覆。德符痛哭籲天，風旋息。及家，而妻喬氏以孔思亂，殉節死。詳《列女》。胡《志》。

倪景元，字萬貞，三團人，武舉。有亡友負鹽課百餘兩，孤子煢煢，催逼無措，元代完納。海濱以牛車運蘆柴，地棍截掯，景元白之官，勒石永禁。康熙癸酉大旱，護塘港涸，衆欲開七竈港，西接浦潮。景元曰："浦口距塘六十里，支河數百，焉得濟？莫若濬一竈港，堵塞水口，俟東北風南接淡潮，西流達浦，以通舟楫。此醫家急則治標之法也。"從之。不數日工畢，東北風作，潮汐漲滿。胡《志》。

姚繼禮，字君和，新場人。好義急公，三黨多待以舉火。順治間，出米五百餘石，煮粥濟荒。孫熊，見烈傳。胡《志》。

盛晉，字晉人。性恬澹，工詩文，隱居(于)〔芋〕涇。王殿撰式丹爲題芋涇漁舍圖。胡

《志》。

胡惠中，下沙人。康熙間，浚閘港，築堤咠水，皆役水濱民，貧者率鍵户遁逃。惠中捐貲代之，民作歌以頌。胡《志》。

吴源，從上海遷邑境。父患疾三十年，源嘗糞卜吉凶，割股當藥石。母病瞽，起居仗人力，妻董氏早夜伺之，亦二十餘年。邑令李發枝旌以額。胡《志》。

何元善，字君初，沙岡人。言行不苟，年登大耋。郡守龔嶸表其門曰“德堪式俗”。胡《志》。

蔡國珍，字叔祥，八團人。明季歲祲，竭力葬埋。康熙三年，海溢，田舍俱淹，罄囊築圩，至今賴焉。胡《志》。子之笏，字欽葵。醇厚端方，樂善不倦。邑令李發枝廉其行，舉鄉飲賓，郡守董慶祚旌之。子岳，庠生，謹厚有父風。胡《志》。

蔡之筆，字聖持，之笏從弟。性謹實，勇於爲善，里黨重之。臨歿，遺金助興義塾。子嵩，另傳。胡《志》。

顧昌祚，字受周。號忍園。其言季子，康熙己酉舉人，知江華縣。粤西苗爲患，惟猺足以禦之。舊例歲賞銀牌紅布，前令尅減，遂不用命。昌祚按户如額給之，聽訟準情酌理，賄賂不行。猺民悦服，悉力禦苗，四境帖然。以不合上官意，去官。著《衍象》五十卷，今存《衍範》二卷，子用烈、成天，詳另傳。胡《志》。

鄔景超，字曠思，八團人。有膽畧，雅好談兵。康熙戊午，閩督姚啓聖進勦鄭賊，檄募勇士以壯軍威。景超傾家資(衆)〔聚〕鄉兵百人，裹糧赴募。授守備職，分轄於副將蔣懋勛麾下，軍於赤嶺。景超不避矢石，屢立戰功。辛酉，題擢左都督，與督師大臣參議攻取要畧。癸亥春，啓聖督將士抵厦門，與水師提督施琅密籌蕩平策。六月，大兵乘風順潮，直搗澎河，一鼓而勝，賊窮促投誠。景超齎令往臺灣，遷鄭逆及逆將劉國軒、馮錫範至省。十一月，海氛盡平。景超在行間六年，預機謀，經百戰，嘗不解甲立霖雨中者十有二日。流矢貫肘，拔之，裹創復戰，終獲全勝。事定後，棄官歸，與弟克非耕織以養親。暇則講論理學，拈題歌咏以爲樂。詩詞清拔，無膚腐氣。胡《志》。

吴燧，字蕃宣。號存初。康熙初，父自昌自丹徒挈之徙下沙，甫七歲，歲貢生梁珉見而異之，字以女孫。爲文沖澹淵懿。時學額隘，又多夤緣之徑，年四十餘，始受知於學使高裔，中庚午副榜。居家孝友，性恬退。爲尚書張照授經於杭之西湖，張起麟、顧成天輩亦經其指授者。著有《存初文稿》。嗣子啓秀另傳。胡《志》。

王肅，字來雍。號拙存。下沙人。由例貢知福建泰寧縣，時值兵燹，重以大水，田廬盡壞。肅至，招流亡，勸開墾，修城垣，緩賦役。三年，凋黎復業，而肅竟以積勞卒于官。士民悲悼，祀名宦，并建報德祠，配享邵熊二公。胡《志》。

顧棨，字欽公，六竈人。性至孝，讀書考古，務求實用，不屑爲章句學。自言前哲於制度損革之際，往往膠柱鼓瑟，未能斟酌以通其變。每五夜挑燈獨坐，細加研較。著有《經世立本潤澤書》。以歲貢選英山縣訓導，年老不赴。胡《志》。

施不矜，字履謙，維訥弟。博學，善寫諸卉，尤妙菊花。胡《志》。

朱紹謨，字銘範，新場人。事後母以孝聞，棄書學圃，築梅花别塢。時同祖弟紹鳳在諫垣，紹鳳子廷獻成進士，適紹謨八十壽辰，錦衣奉觴，鄉里榮之。胡《志》。

閔澤，字雨芬，新場人。康熙壬申大旱，衆議開閘港，澤以文移往返，緩不及待，莫若量浚一小港，費約而效速。從之，苗果得溉。戊子大饑，作粥廠捐賑，邑令旌之。胡《志》。

華士禧，字迪祉，横沔人。父輸運京師，久不歸。禧年十六，白母尋父，半載始遇，扶歸，夫婦操作以養。苦積資營葬九喪，待戚屬極厚。子銘丹，早亡，媳周氏撫遺腹子孚若成立。曾孫錫瑞，舉人。胡《志》。

閔連，字宗四，北一竈人，諸生。品端學純，壽九十有九。著有《誾和堂詩文集》。知府郭慶祚給額旌之。胡《志》。

華謙，字履光，號受堂。鶴鳴孫。康熙乙酉經魁，分發山東，署鉅野縣。值歲飢，司府撥嘉祥縣穀以賑，檄令率民就嘉監放。嘉民統衆搶奪，令不能禁。謙請將本邑平糶米給饑民，而以准撥嘉祥穀糶價補鉅邑，民賴以安。其長於應變類如此。調高苑，俗刁悍，讐殺傾陷，輾轉牽連，謙痛加懲治。秋災，徑報各憲，得發賑。旋請改教，補丹徒教諭。嗣子羲成，另傳。胡《志》。

王謙，周浦人。八歲喪母，哀毁動人。比長，祭必宿戒。既老，見祭品或不如禮，輒悲哀拜不能起。胡《志》。

包爾純，字介玉，包家宅人。篤學好古，南北闈屢薦不售。悉屏家事，遁迹法華禪院，攻苦勵志。舉康熙壬午鄉試，家居教授，兼工吟咏。胡《志》。

朱霞，字賡方，號初晴。新場人。由歲貢授高郵州訓導，工詩文，善繪事，筆底超邁，迥不猶人。尤長草書，自謂得藏真三昧。著有《一拂樓詩文稿》。胡《志》。

黄素，字采受。黄家閣人，貢生。康熙四十八年饑，賑粥於福泉寺，又捐棺施疫死者。巡撫給匾(族)〔旌〕之。胡《志》。

蔡嵩，字宣問，號中峯。之筆子。以進士入詞館。雍正元年，纂修《聖祖仁皇帝實録》，命直南書房，清勤自矢。督學雲南，著《四書題解》，以示法程。遷祭酒，勸諸生勤學立品。擢宗人府府丞，侃侃諤諤，無敢干以私。子鳴殷，盱眙訓導。胡《志》。

唐存晉，字篔山，新場人。事親孝，早歲爲諸生，博綜載籍。嘗以千金助修府學，後中落，日以吟咏自娱。胡《志》。

葉夢珠，鈇五世孫，字濱江，號梅亭。十七保諸生。素行純篤，尤留心當世之務，輯《閲世編》二十卷。欽《志》。

顧成天，字良哉，號小崖。昌祚子，康熙丁酉舉人。自幼潛心濂洛關閩之旨，公車屢躓。年將六十，會聖祖仁皇帝升遐，成天作輓詩六章，哀痛懇摯。世宗憲皇帝見而感動，以爲居心仁厚，秉性善良。特召見，奏對良久，賜居澄懷園之花語山房，直皇子講讀。欽賜進士，授編修，尋告歸。今皇上登極，成天入覲供職，晉侍講。以老乞休，居東浦草堂，沈思撰述，博涉唐宋諸人涯涘，而清矯拔俗，自成一家。有請業者，啓迪無倦色。年八十二。成天入直時，呈所著《東浦草堂文集》，蒙恩賜序言。其忠孝之心存於中，誠敬之心積於内。故爲文衷之以至性，準之以聖道，約之以規矩，澤之以經史。言理言事，皆樸實而光彩，自不可遏。又賜題鏡容詩一律。宸衷契洽，翰墨輝煌，尤非尋常稽古之榮所能彷彿。幼子賓臣，年七十三生，官霸州知州。胡《志》。

聖祖仁皇帝輓辭恭附。脉脉盈盈天與水，纖縑曾付賚修通。可憐垂老茅閭女，哭到蒼天頰暈紅。血氣尊親頸盡延，容真如地蓋如天。已增虞舜巡方歲，竟少唐堯在位年。踐食虚過五十餘，太平無事擁詩書。只今粗識詩書味，不把犁鋤恩便殊。何人不解君臣義，罕喻君臣一(錢)〔綫〕情。深淺豈真關貴賤，冷窗摇筆淚縱横。鑾輿幾度接窮簷，日角天顔惕仰瞻。此日鼎湖龍已去，空教昂首望龍髯。京國遊踪出塞垣，九重猶想對臨軒。悲魂恍惚驚魂定，聞道新皇已改元。

顧璿，字以在，五團人，廩生。質敏性剛，勇於爲善。退而讀書，意欿然也。嘗參定家祭禮條目，以型族人。子昌，舉人。湛深經學，著作甚富。雍正間聘修邑志。胡《志》。

朱之傑，字若士，周浦人。慷慨好義。從子某好摴(捕)〔蒲〕，輸商人六百金，懼而逃。之傑招之歸，泣涕戒之，而竭麗以償商人。子鑑，進士。胡《志》。

徐諟命，庠姓顧，字葭在。新場人，歲貢生。沈潛嗜學，寢食於《朱子全書》，從遊甚衆。凡後生恂恂有矩矱者，不問知爲徐先生弟子也。殁後華亭黄中允之雋爲傳。子周桂、周模、周炳，咸世其學。胡《志》。

陸學淵，字環川，文旺裔孫。教授鄉里，所至必留心文獻，嘗葺《副志》十六卷，以補原志所不逮。先是未分縣前，新場朱之屏偕其友黄仲若輯《鶴沙志》十卷。分縣時，閘港蔣思永著《分邑志》十二卷。皆有功桑梓，而學淵所著較詳。胡《志》。

喬廷選，字國士，號瓶城。一竈人。由庠生貢成均，博贍多材，尤精堪輿。潘敏惠思榘撫浙，延入幕，相與論古講學，娓娓不倦。著有《周易象貫》。胡《志》。

華長源，華，胡《志》誤作(華)〔葉〕，今據譜正。字天來，横沔人。精兒醫，著《儒門保赤》一書。康熙丁亥，聖祖南巡，長源倣古隸書，獻《聖主寓宇頌》百韻，蒙恩奬賞。胡《志》。

吴啓秀，字禹疇。六歲隨嗣父燧卧起，而本生父宗亨以賈贍家。啓秀弱冠冠金山衛學，試累高等，學使張鵬翮、任正鑰、鄧鍾岳尤器之。家貧，鬻宅以葬七喪。教授里塾，出其門者，爲文皆有法度。修行檢〔身〕。其談書，提要鉤元，繕録品隲，手口無暇時。其文汪洋磅礴，而於矩矱不失尺寸。平生不欺暗室，不標榜以近名，屢躓棘闈，未嘗有愠意。子成楝，字修田，有名諸生間。爲文淵懿，楷法秀逸，人争求之。年五十四，赴鄉試，卒，知交争賻其喪。次成九、世賢。成九詳另傳，世賢見進士，官樂昌縣知縣。胡《志》。

顧延銓，字公衡。邦憲裔孫，九歲嗣凌宇。後凌宇生子佐陳，公衡歸宗。佐陳喜結納，連搆訟，家破。公衡析田二十畝周之，又分田十畝，助伊子婚娶。督濬吴淞江，歲祲，煮粥賑饑。邑令任辰旦給望重鄉評額。胡《志》。

汪蘭培，字永芳，一團人。康熙戊午，穀大貴，平糶米荳麥各二百餘石。雍正己酉，濬護塘港，捐百金助築壩。子貢生鼒，承父志。胡《志》。

閻邱銘，號尹節。炳子，庠生。篤孝行，精儒理。與季子説研究四子書，彙衆説而折衷之，著《講義彙參》一十五卷。兼通醫理。説，廩生。胡《志》。

俞倩，字乘六，周浦人。家貧力學，究心朱陸異同。得胡敬齋《居業録》善本，手録之，界門人顔綸梓焉。胡《志》。

沈周才,名學瀾,十九保人,諸生。伯兄喬思病,周才棄館歸,一夜數起,衣不解帶。及卒,撫棺一慟而絶。胡《志》。

張成賦,字咸則,十七保人。從父開先貧無子,好博,嘗以女鬻人。成賦稱貸贖歸,配顧姓,養開先終其身。胡《志》。

孫韞,九團人。貧不能娶,以傭養母。母病瘮,傭近隣以濟醫藥。主家或與肉,弗敢嘗,必懷以貽母。晝必三四歸,夜不解帶者八年。母没,慟絶復甦。年九十餘。胡《志》。

張興,所城人。兄弟五人,興獨貧,日以挑水錢市魚肉奉母,母亦樂居興家。黄元者,亦所城人。業手藝,養母盡孝。母没,迎長姊至家,曰:"姊吾母所愛,養姊猶養母也。"時號城西二癡云。興姪孫漢廷爲之後。胡《志》。

張士麟,克恭子。嘗拾遺金數十兩,并完漕米票四十石。頃之,一人倉皇至,乃富豐莊逋糧繫獄,鬻田房以償者。詢其數符,還之。葬外祖父母、外舅姑喪,族中嫁娶者力襄之。兩舉鄉飲,不赴。年七十八。胡《志》。

陳懷珏,字雙潤,川沙人。産不逾中人,而利人濟物,傾囊不吝。子式襄,字思贊,諸生,亦好善。胡《志》。

梅馨遠,字若芝,周浦人。尚氣誼,屢葬戚友喪,無德色。年未四十喪妻,不再娶,以姪爲嗣。胡《志》。

顧文英,號俊生。二團人。篤於行義,舉鄉飲大賓,壽八十有四。子種玉,國學生。雍正壬子潮災,作竈高垳,煮粥賑饑。海防同知郭舉鄉飲賓,給額旌之。胡《志》。

費明啓,字開夫,八團人。父平叔,年九十五,明啓已七十餘,猶依依孺慕。邑令史彩給萊舞娱親額。胡《志》。

王銘,字維若。川沙人,庠生。性恬淡,鄉稱善士。晚年適情澗阿,邑令李發枝舉鄉飲,辭不出。壽八十四。胡《志》。

張君美,五團人。樂善好施,知府郭慶祚給齒尊望重額。年八十七。子國顯,克承父志,邑令李發枝給樂善福凝額。年七十八。胡《志》。

陸大鼎,字元文。文旺九世孫,占華亭籍入學。食貧嗜古,尤好象緯堪輿,輯《周天經緯考》十卷。胡《志》。

朱含暉,沈莊人。工吟咏,繞宅樹梅,尤愛藝菊。立品端方,訓徒真切。壽九十五。胡《志》。

談國珍,字寶林,十九保人。乾隆戊子歲貢生,制義爲時推重。性和緩,終身無怒色。壽八十九。胡《志》。

孫士一,字三佩。二十保人,監生,分縣時,凡學宫、厫倉、護塘諸大事,俱損貲經理。知縣欽連旌其廬曰"仁風和煦"。胡《志》。

姚眉,字介眉,埙裔孫,精瘍醫。子江嘗夜侍讀書,見檢家人契,問故,曰:"某僕有家,汝叔欲往貸耳。"江曰:"叔故貧,即貸得錢,亦不敷半世活,何苦爲此。"眉瞠目曰:"孺子能作是語耶?"盡焚其券。江亦善瘍醫。胡《志》。

張紳,字醇懷,七竈港人。父病,值炎暑,不入帳者三月。周貧乏,恤孤寡,嘗助開吴淞江、周浦塘,邑令旌之。胡《志》。

施文安,字振華,施家行人。學識敏贍,以幕羈山左三十餘年,歲得幕資,必寄歸,分給親友之貧者。兄文衡,貧無子,且多病,賴文安力尤多。胡《志》。

陳以椿,字天敘,十七保人。嗣母陸氏歿,檢所遺借券,悉焚之。遺田二十餘畝,存十畝供祭掃,餘捐作學田。雍正壬子,海溢,躬率子弟,並募人駕筏荷鋤,撈埋浮屍以千計,邑令旌之。胡《志》。

嚴從龍,字揆九,二團人。性慷慨,雍正十年,海溢,附近居民咸避災就食,揆九罄米麥給之。胡《志》。

馬嚴,字敬六。六竈鎮人,雍正甲辰進士。幼穎悟,過目成誦,終身不忘。執父喪盡哀,事祖躬親服食,冬夜必同寢而温之。未仕卒。胡《志》。

唐班,榜姓程,字晚野。號荆巖。一團人,雍正癸卯進士,選山東鄒平縣知縣。以母老呈改教職,選鳳陽府教授。時泰安趙公撫皖,延主敬敷書院,遵朱子白鹿遺規以訓士,士風翕然。終養服闋,補池州教授。兩届計典以卓異薦,力辭曰:"所以辭墨綬,就青氈者,爲老母也。豈親亡而遂改轍乎?"卒不就。旋告歸,遷居南四竈港,顔其齋曰誦耘處。鍵户授徒,絶跡城府,從游者不下四五百人。文行卓著,學者稱柴溪先生。卒年八十一。子日馭,字羲伯,邑增生。性醇質,所講授於儒先大義,多所發明。次承華,詳另傳。胡《志》。

葉㬊,字來青。號南田,又號雲巢散人。忠節長子,府庠生。以難蔭補荆門州知州,有惠政。丁祖母憂,服闋,補鬱林州知州,調永康。時土賊紛紛,結寨山谷間,境内大容山有賊寨,㬊殲其渠魁,餘黨驚散。居民失火,燒官廨及庫厩,吏請如故事加耗,㬊弗許,變産以償,易茨爲瓦。後遷部曹,復出知沂州府,罷歸。年八十一卒。嗣子鳳毛,另傳。胡《志》。

顧昉,字若周,新場人。幼學畫,後見常熟王翬,曰:"是吾師也。"翬留門下,盡得其秘。畫工摹倣,於大年、子昂、六如尤爲神似。胡《志》。

葉承,字子敬,號松亭。棠子。雍正丁未進士,授常山令,改授貴池教諭。生平無他嗜好,日以讀書寫字爲事。課諸生,點勘制義,孜孜不倦。罷歸後,設教里中,多所成就。最工小楷,善寫山水。著有《松亭詩文鈔》。子抱崧,字方宣,廪生。天資秀絶,總角能文。性謙抑,遇知名士,傾心納縞纻,交遍大江南北。乙酉春,南巡,召試中次,選學使者以拔萃科待之,而抱崧已患瘵死。胡《志》。

李迪,字驤武。周浦人,諸生。博學多聞,著有《楷園詩文鈔》。與同里孔衡厓秋、趙相如哲人、朱錦仲子淇戢山,皆以能詩名。胡《志》。

鮑歷,字思遠。八團人,諸生。少孤,訓徒養母,究心理學。時有爲陽明之説者,王鑄痛斥其非,歷從而和之。於是海上之士,咸知程朱之不可畔。尤工詩。胡《志》。

顧炳,字冠星,邦憲裔孫。名諸生,每試輒冠其曹,而卒不遇。性聰慧,於書無所不讀,著詩文稿數(千)〔十〕卷。陸秉炎,字炬光,諸生,潛子。篤學積行,與冠星稱莫逆交。胡

《志》。

余協恭，字正棐。周浦人，諸生。端方誠篤，其造就後學甚盛。子邦基，諸生，文行有父風。胡《志》。

朱之樸，字甯周，諸生。居石筍里東，故號東村。不屑時藝，愛讀古書。其文因事立言，因言見志，波瀾意趣，馳驟縱横，而自然法立。詩學東坡，書工分隸。品行端方，以師道自重。年八十二。同里唐宏，字韋弦，邑廪生。工詩文，與之樸齊名。胡《志》。

蔡善培，字櫃垣。十九保人，增生。詩筆清雅，人亦高潔，學者稱助庵先生。胡《志》。

毛漢齊，字(亦)〔奕〕蒼，川沙人。博學能文，工詩，善楷法。以歲貢教授鄉里，推重一時。從孫棟，爲名諸生，尤工書。胡《志》。

錢闔，字炳若，增生。讀書敦行，門下多知名士。子存寬，從孫本忠，皆歲貢。胡《志》。

鮑以燦，字庚輝。廉裔孫，諸生。刻苦淬厲，尤篤以敬祖敦倫。弟以炯，字融文，歲貢生。沉冥書史，邃深理窟，著有《禹貢纂註》。胡《志》。

葉永年，字丹書，映榴從子。少以所業質王光承，一見驚嘆，由是知名。嘗游京師，值開鴻詞科，平湖邵静山欲薦之，永年辭。邵曰："子必舉一人代。"乃薦同學錢金甫。先是，商邱宋(犖)〔犖〕以詩文相友善，及巡撫江南，數欲通欵，卒不一往。選贑榆訓導，不赴。胡《志》。

張朱梅，字培珊。元始孫，庠生。雍正丙午，詔天下諸生，有居家孝友、行止端方、才可辦事、文藝優長者，所司具以名聞。督撫交章薦朱梅，授永康令。清慎詳密，事無壅蔽。調永嘉，政聲如前。胡《志》。

顧杜，字玉輝，號漁南。趙老灣人。性嗜學，下南闈十七次，屢薦不售。嘗作詩，有"青袍不數秦淮月，皓首仍歸魯國儒"之句。乾隆庚辰歲貢，年七十九。子文炳、宗敬，孫炎，皆庠生。胡《志》。

張汝淵，字静夫。號灌禾。新場人，諸生。讀書敦行，通青烏家言。葉典籍鳳毛嘗言："交游中直諒多聞者，斷推静夫。"壽八十三。胡《志》。

張純熙，字仲時。歲貢，標子。性敏力學，爲國子生，歷幕有聲。弟早卒。撫二姪如子，字以伯成、伯生，俱弱冠遊庠。稍積貲，與子均分其産。生平敦本厚族，鄉里重之。子泰、學詡，俱名諸生。胡《志》。

張熙純，字策時。號少華。張江栅人，占籍上海。乾隆壬午，魁順天鄉薦。乙酉南巡，奏賦，欽取一等第五，授内閣中書，充方畧館纂修。卒年四十三。文筆如湧泉垂露，詩尤奇麗。著有《華海堂詩》、《曇華閣詞鈔》。無子，以兄熙緒子培材爲嗣。孫慕騫，上海庠生。胡《志》。

施潤，字澤寰，號秋水。惟訥孫。乾隆壬辰進士，選鳳陽府教授。幼孤，家貧，繼母沈力持家事。潤專心向學，刻苦自厲。爲詩文，才氣華贍，迎母至學署，備極孝養。胡《志》。

顧德炳，字道源，九團人。少孤貧，母病弟幼，艱苦萬狀。後爲伯時嗣，母蔡孀居勵節，性極嚴。德炳善事之，得其歡心。本生母無侍婢，德炳禀命前往，得代作勞，手滌溺器，十載不懈。撫弟承先婚娶，承先亦盡孝恭，力建宗祠，人推顧氏二難。胡《志》。

姚紳，字拱宸，塤裔孫。家貧，廢書爲賈。或不得錢，必貸少許歸曰："兒經營所得也。"請父所欲。或招致親友，與父談讌，數十年無倦色。紳四子亦皆盡孝。胡《志》。

祝彭齡，字壽股。十七保人，例貢生。幼時遭火災，母黄氏卧病，不能避。彭齡冒火奔救，衣袂俱焦，風轉火熄，得無恙。父患目幾盲，日舐數次，目復明。值父病，焚疏禱天，願以己筭益親。如是三夕，焚餘獨留益親二字，父遂愈。子爾和，請旌建坊。胡《志》。

金文綵，字匡先。七團人，太學生。父蘭生，久患目疾，舉動焦躁。文綵曲意承歡，兩日復明。又嘗捐棺，殮沿海尸埋之。子乾，武舉。孫王謨，乾隆壬申武鄉試第一，甲戌進士，官雷波衛守備。胡《志》。王佐，武舉。

陸宏圻，字敬亭。幼孤，比長，母抱沉痾，宏圻籲天願代，竟不起。謂兄沛蒼曰："兄爲嗣續計，弟將從親泉下矣。"不食三日死，妻趙氏亦死。學使莊有恭給奇行同芳額。胡《志》。若夫婦事親並孝者，時有九團民人徐曾榮及妻黄氏。《廳志》。

高大觀，川沙人。家貧，負擔養親，非甘旨不進。父病卧不能起，必跪而飼之，然後出，未嘗改。胡《志》。

黄照臨，川沙人。父士倫，以游幕歿於蘭州。照臨甫弱冠，隻身獨往，從六千里外扶櫬歸，葬先(瑩)〔塋〕。胡《志》。

秦秉謙，字履吉，二十保貢生。損資三千二百餘兩，建鄉約所。乾隆三年，題給州判銜。又捐田入義學書院，縣署立善人榜，書其名。胡《志》。

沈璠，字魯珍。一團人，以醫名。性伉直，治病悉心體察，委曲善變。晝視病，夜考方書，以參治法。邑令李鹿友，與論陰陽五行生尅之理，歎曰："君固知性理者。"謝曰："璠何知？醫理耳。"所至環繞求診，遇貧家，雖勞極，必勉應之。門人華宏璧、外孫查克廣，皆傳其業。胡《志》。

王日煜，字爲章，二十保人。名醫沈璠之高足，深明醫旨，屢起沈痾。貧者不受報謝，轉施藥丸。康熙六十年，知縣何自懋以經綸濟世獎之。壽八十八，無疾而終。胡《志》。

秦之楨，字皇士，裕伯裔孫。習醫，得從祖昌遇真傳，撰述甚富。胡《志》。

葉其蓁，字杏林，川沙人。工詩，精醫理，有《諸科指掌》行世。孫中樞，有孝行，能傳祖業，著《醫學正命》一書。胡《志》。

俞必達，字日孜。號西原。周浦人，衛庠生。性孝友，與同郡范棫士善。〔范〕官御史，嘗招之，以母疾辭。母亡，乃束裝北上，爲大學士蔣公溥療長孫疾。值上賜魚，即寫魚藻圖爲贈。名噪都下，延請無虚日。屢薦北闈，未售。卒年八十，吴侍郎省欽誌墓。子廷選，蒼溪縣典史。胡《志》。

陳元鳳，字鶴坡，十九保人。通醫理，治病無赫赫功，而辨症詳慎，藥不妄投。胡《志》。

王睿章，字曾麓，未央子。航頭人，諸生。精篆法，所摹印穩愜蒼古，與何雪漁、蘇嘯民抗。子岡，工花鳥蟲魚，寫生入妙。孫之民，廪生，工山水。胡《志》。之士，字景賢，庠生，工畫精醫。之民子家樹，字鹽塘，諸生，亦以畫得名。

傅廷彝，字禹敘，居六竈鎮。工書，得董尚書神髓。年八十，猶能作蠅頭小楷。後有北蔡人趙秀，字文楚，由諸生貢成均。外祖周洗馬金然遣女時，貧不能實箱篋，秀母請以字幅充之。及秀長，力摹酷肖。復從張文敏照遊，筆更渾厚。再後以善書名者，有趙訥、字蛟亭，居趙行。莊廷機、字子善，居川沙，廩生。乾隆三十年，學使曹秀先彙考松屬字學第一，名益馳。王之瑜、字繹史，號石泉。工詩，兼畫書，與同里葉柱齊名。葉柱。字起潛，十餘齡即能作擘窠大字。胡《志》。

王瑛，字若愚。號牆東。樊家壩人，增生。性甯謐，不炫才，不近名。握管抽思，往往出人意表。學使雷鋐、莊有恭俱加激賞。著有《敬勝堂詩稿》。子誠，邑增生。胡《志》。

顧景豫，字立先，六竈人。暨兩弟皆工寫照，號武陵三子。

薛崑，字荆山，周浦人。善琴，尤善寫照。人有俗面，羌無俗筆。壻馮茂椿、門人劉德潤傳其藝。胡《志》。

顧秉智，號若水。周浦人，諸生。性蕭疎，不慕仕進，惟以翰墨自娱。工山水，間作寫意花卉，亦秀韻。胡《志》。

姚蘭泉，字栽亭，號秋塘。塤裔孫。善詩，工小楷。以廩貢生入都門，適吴侍郎省欽以侍讀視學四川，邀與俱，詩益進。復赴北闈，場後遽卒。有《秋塘遺稿》三卷。同時川沙蔡文鈺字書巢，沈莊朱鳳洲字紹堂，百曲村陳逢堯字聞之，皆好學工詩，著名庠序。惜俱早世。胡《志》。

金(圖)〔國〕錀，字少源，邑諸生。好爲詩，晝夜吟哦，必推敦愜心而後已。嘗以獻詩，蒙賜緞疋。胡《志》。

周秉柄，字操文。三竈鎮人。例貢，試用通判，權陝西郿縣令。性嚴峻，胥吏相戒不敢犯。郿故有横渠書院，久廢爲公廨，乘柄復修之，延師聚徒，講學其中。署岐山，岐民戴之一如郿。旋以病歸。胡《志》。弟焕，另傳。

張大金，字舜巖。號鶴村。一團人，例貢。乾隆己卯，授刑部奉天主事，歷直隸郎中。每退直，取律例詳繹，恒徹午夜。至外省題咨案件，躬自鉤稽，悉心研(枝)〔校〕。遇重囚，輒愀然累日，稍可矜疑，必力白上官，爲駁正平反甚多。上游委以總理秋審，前後紀録至十二次，京察一等，將以府道用。因病乞假，築謙牧堂。更號退夫。平生遇親友不足，輒解囊無德色。官京師時，鄉先達創雲間會館，資經理者最久。書法顔平原，後參董香光，兼好吟咏。胡《志》。

于公桓，周浦人。有傭工沈姓，奉賢人，避債爲傭。聞(償)〔債〕主來，以鬻身券呈，公桓代之償，還其券。又嘗托人持布，值可數百金，往衡州貿易。歸稱舟覆無存，或疑之，公桓坦然置不問。弟公祺，子世煒，亦好善。胡《志》。

楊永昌，字克俊，新興鎮人。起家寒畯，循例入監。性慷慨，好行其德。初以里遠城市，所需難猝給，乃構屋爲列肆，集貨招商，遂成鎮。乾隆二十年，歲大饑，官賑猶緩。永昌就本鄉，先計口給糧，累月而及。當事以名上，賜八品銜。又嘗以千金獨(父)〔建艾〕行橋，前後建橋十二所。雅好讀經史書，謂於此少有得，即異乎人。知死生有命，病不肯服葠。疾革，焚賑籍。卒年六十九。子修德、修年，俱克承父志，於義學、書院、同善堂等處，各捐田畝。胡《志》。

程佃，號笠父。周浦人。刻意畫山水，用筆沈著。每遇佳本，必臨摹得神理乃已。同里唐辰亦工畫，年皆八十餘。胡《志》。

陳周典，字有常，二十保十一啚人。年十五，父母歿，家貧，館穀育二弟，爲婚娶。性狷潔，工吟咏，嘗詠梅云："但得清香溢，何妨徹骨寒。"門人徐兆魁爲之傳。胡《志》。

顧光照，二團人。捐備桌櫈，以資縣試，勒石學宫。胡《志》。

姚烈，字青疇。新場人，歲貢生。嗜古力學，著聲黌序者三十餘年。與王鑄、朱鑑友善。從弟熊，庠生，亦工詩文。攷胡《志》，姚熊是繼禮孫。又《文苑》烈下云：繼禮從子。熊，烈之從弟。據上志、胡《志》説。

施徵燕，字貽孫，自號春江釣叟。維翰從子。學問淵博，數奇不偶，退居蒲溪之醉墨軒，以詩酒自娱。著有《青門草》。同郡許纘(胄)〔曾〕爲序而梓之。

華士毅，字友仁，横沔人。幼孤，辛苦自立。年三十餘得子，乃以田二百餘畝分畀族人，曰："我懼絶先祖祀，今願足矣。吾族皆祖宗子孫，可使吾子獨厚乎？"康熙丙子，海溢，收瘗浮屍。是歲饑，又出粟以濟。胡《志》。又有華庭梅者，康熙戊子，歲饑，同里以劫奪爲雄。庭梅曉以廉恥，散己財分給之，一鄉賴以安。胡《志》。

華羲成，號稼軒。謙子。早歲入奉庠，博聞强記，下筆如泉湧。謹言動，慎取與，賙貧助乏，濬河成梁，俱有條理。年八十。子陳源、陳淇，陳源歲貢生。胡《志》。

王鎬，字王在，謙子。爲諸生時，文極豪放。繼宗旨安溪，遂力洗鉛華，獨歸純雅。以進士候補内閣中書，訓徒自給。張文敏照，翰林董洪，襄平劉之連、之珏，皆出門下。鎬樸誠有餘，言每不足，聞謗不辯，受侮不校，人皆目爲愚。鎬曰："僕誠愚，但求心之無愧而已。"殁後門人私謚純愚先生。胡《志》。弟鑄，字范之。號虚亭。自幼以孝聞。比長，師其兄，沈潛力學，文有根柢。每學使者至，悉歎賞，而榕端張公尤敬禮之，延校試牘。有譖之者，任益專。鑄於四子書恪守程朱之傳，體會入微。其授徒嚴立課程無少怠，或朋友有過，必盡言規勸。於當事未嘗輕投一刺，然遇地方大利病，則正襟危坐以告之。郡守周中鋐虚心延訪，鑄告以興水利、修府志、建義學三事，惜未盡行，而周公已遷擢去矣。雍正甲辰，海溢，塘内外骸骨狼籍。鑄老病，猶親往揜埋之，其好義又如此。鑄屢躓場屋，僅以年資貢入太學。卒年七十一。及門甚衆，同里李(琛)〔琮〕研窮探索，尤得其薪傳。所著若《叩囊》、《閑存》、《慮得》諸集皆散佚，惟《四書繹義》，其子澤深校梓。澤深字質夫，邑廩生，亦有文名。胡《志》。

黄知彰，字貫芬。號秋圃。素子，附貢生。嘗應南北試不售，即潛心著述，重修先世烟霞閣居之，吟詩作畫，晚益精進。著《詩集》八卷。胡《志》。子大昕，廪貢生。孫山松，府廪生。

朱鑑，字旦平，號泖君。之傑子。博學能文，凡經史子集，一經運用，無不入妙。文品如秋月冰壺，空明淡宕，一片化機，孫學士勷稱爲寒碧後一人。癸卯成進士，年已六十一矣。時朝廷方旁求宿儒，以風天下，館選日，掌院首薦。鑑自(聽)〔陳〕重聽，不可備顧問列，乃以教職即用，選甯國府教授。凡甯所屬及他郡士，皆争先執贄，(繼)〔鑑〕隨其資性成就之。

若丙辰會元趙青黎,其首選也。子良裘,字冶子。號補園。性敏穎,爲詩文清和流麗,試輒得售。以進士授編修,朱文端軾、方學士苞皆器重之。嘗奉敕校刊經史,進《周易註疏考證》摺子,奉旨附編末。乾隆六年,充四川正考官,所得士多名宿。歷官少詹事。八年三月,上於正大光明殿試詞臣,甲乙之命未下,而良裘卒。胡《志》。

吴成九,字和仲,一字耕巖。啓(香)〔秀〕次子。幼俊爽,工文辭,鄉先輩王明經鑄、顧侍講成天均激賞之。顧屢擯省試,乃晝課生徒,夜肄經史,益務爲根柢之學。詩法陶、韋,詞法蘇、辛,書法李北海。生平事親以誠,交友以直,無澳涊,無忮害。其視義理之界,如淄澠黑白之審且決焉。嘗銘座右曰:"下交不難有威,而難有惠。平交不難有情,而難有義。上交不難有禮,而難有體。"卒年四十八。子省欽、省蘭。胡《志》。

閭邱一士,字傳九,銘長(手)〔子〕。嘗托友賈,友負之,不與校。獲偷兒,係素識,以錢米遣之,戒家人勿言。其人感而改行。胡《志》。王言,字綸宣。一字文長。一士子,貢生。爲人渾厚和平,工詩能書,尤善鼓琴。孫廷藻、廷憲,俱有文名。胡《志》。

唐承華,原名丕承。字旦仲。班子,籍華亭學。居家孝友,力學能文。乾隆己卯,學使李因培以優行貢。庚寅,膺恩科鄉薦,再計偕不遇,杜門授經,津逮甚衆。工行草書,楷法逼真《靈飛經》。胡《志》。弟芬,字馴叔。號竹心。班季子,乾隆丙子舉人。對策淹貫,進呈御覽。性恬淡,一赴公車,即養痾不出。詩宗王、孟,山水具倪、黄法。著有《見天閣詩文稿》。胡《志》。

葉芳,字洲若。號靄園。映榴次子,廩生。世宗特授蔚州知州,辭,旋改員外郎,未補,以疾歸。芳爲諸生,嘗會四郡名士於蓉城,風流文彩,輝映一時。至是養痾園林,静坐讀書,詠歌自得。每曰:"士以立品爲本,徵獵虚譽,無關性分。"又患習尚機巧,以必信必果自繩,顔其齋曰硜小。弟子房,字沛臣,庠生,鳳毛本生父也。言行醇謹,亦工翰墨。以鳳毛貴,贈如其官。胡《志》。

葉鳳毛,字超宗,號恒齋。映榴孫。六齡喪父,嗣於世父萼。雍正八年,世宗憲皇帝以忠節子孫召見,授内閣中書。歷官十年,將遷同知,以病請假,奉母歸里。念世受國恩,涓埃圖報,其依依戀主之忱,時流露於筆墨間。辛丑八月,患瘧,自爲文志墓而卒,年七十三。嘗自言:"性儉而不謀利,不干當事,不論人長短。或有横逆之加,輒恕之。視死生窮達如一。"蓋其學力如此。葺南屏詩屋,自爲記。其詩醇雅淵永,古文得歐、(會)〔曾〕之神。工行楷書,間作花卉翎毛,亦饒生趣。子滿林,工寫蘭及山水,早卒。胡《志》。自堯,字階萊。映榴從子,諸生。性好静,以丹青自娱。用筆簡淡,得雲林意。子皆榮,有學行。胡《志》。洮,一作陶。字金城,有年子。工畫山水,康熙中,〔供〕奉内廷,作暢春園圖稱旨。乞假,賜金乘傳歸。

葉之楨,字甯士,新場人。殫精經學,尤邃於《易》,占屢驗。性孝友篤實,擇人而交,不慕勢利。子日就,庠生。胡《志》。

黄洙,張江柵人,諸生。積學工詩,著有《拙村詩鈔》。雍正壬子,海溢,持妻周氏衫裙出質以易食,路見女屍裸者,即以裙衫衣而埋之。歸語妻,妻曰:"如此正多,曷不勸同里共爲之?”洙如其言,(淹)〔掩〕埋其衆。□《志》。從弟河,字詹吉,由諸生入太學。負儁才,工詩善書。屢試不遇,教從子槐成進士,樓爲名諸生,堉艾辰登鄉榜。文章詩古,一方私淑焉。所著有《任廬詩稿》。胡《志》。槐字晉望,號果亭。乾隆丙辰,以上海籍舉於鄉,丁巳進士。歷松陽令,值歲饑,賑粥平糶,民賴以甦。創書院,延名師,士風丕振。決疑獄如流水。服闋,補河源令。三年,以病告。上憲嘉其恬静,改徐州府教授,卒於官。胡《志》。

黄楷,字端右,周浦人。少讀書,戲圖人物即肖。博求師授,名盛一時。子燧,能繼其業。胡《志》。

葉承點,字子異,永年孫。以諸生入太學,詩學李長吉,與張詹事鵬翀、錢文端陳羣相唱和。乾隆丙辰,薦舉鴻博不遇,歸里。單居一室,日夕賦詩,必端楷書之,自題曰《沂川集》。旋燬於火。胡《志》。

張玠,字友白。監生,元始從子。有文譽,歷試南北闈十九次,不遇,遂肆力于古文詞,尤工草書。父母殁,三年不去麻衣,不薙髮,不見客。著《孔門無出妻事辨》,尤有功於名教。胡《志》。

姚斌,字文侯。周浦人,善弈。一日,在王侍郎原祁處,與婁子恒對局。侍郎放筆摹梅道人法,以爲旌勝(其)〔具〕。子恒負一子,乃贈斌。有弈譜行世。胡《志》。

吴世賢,字掌平,啓秀季子。乾隆六年,拔貢舉於鄉。十年,登明通榜。戊辰,成進士。選安化令,調沅江,屢攝緐劇,授密令。奉母諱旋里,服闋,補樂昌。以年邁乞休,將歸,卒於粤。世賢工詩古文辭,制義尤精,宦遊所至,課士如子弟。性剛直,不阿上官。在粤時,曾按大獄,釋株連者四十餘人,咸以沽名譖之。李中丞湖覆勘,皆如所讞云。

閭邱廷俊,字克章,歲貢生。績學能文,尤邃於《易》,游其門者甚衆。廷俊乾隆丙辰元年入本學,恭逢恩詔廣額。至嘉慶丙辰元年歲試,重逢恩廣,再遊泮宫,咸以爲耆英瑞事。年八十卒。

朱之標,新場人。夏日作帳,冬爲棉衣,各數百,以施貧民。死不能殮者,買棺予之。

徐元植,字予培,二十保諸生。究心《易》理,著《周易嘉會》。

程煒,字方中。號敬侯。一團鎮人,華亭庠生。家貧力學,躬行孝悌。輯著《孝順歌》、《粤遊紀草》。建文昌、漢壽亭侯合祠,於鎮之東禪寺,爲後進會文所。

吴省欽,字充之,成九子。乾隆二十二年,南巡召試,欽賜舉人,授内閣中書。癸未,成進士,改庶吉士,授編修。大考一等,擢侍讀學士,光禄寺正卿,順天府尹,擢禮部右侍郎,調補工部,歷吏部右侍郎,轉左,晉都察院左都御史。嘉慶四年罷歸,卒年七十五。省欽起家詞賦,遷陟清華,七典鄉闈,四督學政,爲同考官者三,爲副總裁者一,詞臣榮遇,罕有其比。古文堅卓奇峭,大要以唐之孫樵、劉蜕,宋之柳開、穆修爲宗。詩初學漁洋、竹垞,後自闢蹊徑。王昶謂其〔意必〕堅凝,詞歸清峻。在京師日,購地置松江義冢,葬同鄉旅櫬之無棺者。歸田後,復置義冢,設與善堂,施藥捨棺掩埋。待親故有恩誼。初,省欽無子,以弟省蘭子爲嗣。年七十二,生子敬沐,能讀父書,入邑庠,惜年十八早卒。省欽著有《白華前後詩文稿》。墓在府西白洋灘。弟省蘭,字泉之。乾隆壬午舉人,官國子監助教。戊戌會試,欽賜進士，改庶吉士，授編修。大考一等，陞詹事府正詹事。歷官工部左侍郎，降補侍講，陞侍讀學士，視學湖南。時江省同知李焜怙撫軍勢，虐生員，興大獄。而原籍有子弟與試者，輒以私書請托。省蘭入奏，李論戍，人稱其持正。性彊記，與兄省欽齊名。著有《奏御存稿》、《藝海珠塵》。

姚汝謨，號禹疇。紳子。能承順父母，友愛兄弟，族黨咸師法焉。酷嗜奕，與葉惺庵對局，持一子久不下。惺庵曰："何多思爲？"審諦之，氣不屬矣。著有《嗥嗥吟》十餘卷，佚。

祝爾和，字鶴灘，彭齡子。自八竈遷居廳城之蘭芬堂。好善樂施，乾隆二十年，歲祲，發粟賑粥，又捐資董修府志。

華宏璧，字堯章，横沔人。學醫於沈璠，業成，進京師。會太醫院考醫生，宏璧試高等，入直内藥房。出則與編修顧成天、孝廉顧昺講論，技益進，名聞公卿間。雍正十年，調兵出西塞，選醫生偕行。宏壁中選，引見，賜白金、醫院吏目。既還，以疾卒。

王誠，字伯承，諸生。歷試高等，恬雅淵博。肆力詩古文詞，尤工書，得李北海、米襄陽筆意。著有《香雪園詩文鈔》。世居樊家壩。

胡(延)〔廷〕相，字銓陛，居周浦。篤於行義，唯恐不及。乾隆二十年，海溢，歲饑。戚族之凍餒者周其衣食，已死者助之殯殮。又嘗節縮歲入，市地一區，置義冢以葬宗族之不克舉者。又欲改建宗祠，置祭田、義田，事未竟，卒。其子宗煜奉母汪遺言，亟成父志，捐田一百二十畝有奇，奉先敦族，規條秩然。嘉慶七年，具呈立石。知縣張昌運有記。

于公祺，字鶴年，公桓弟。習計然術，家業日起。凡里中有善舉，悉首倡之。歲饑賑粥，販貴鬻賤，施藥舍棺。郡中同善、育嬰、普濟諸堂，皆踵其法。年七十建壽安橋，八十復建張勝橋。卒年八十一。

周焕，字倬雲，乘柄弟。以候補布政司理問，署河南信陽州州判，歸。值乾隆六十年歲饑，獨賑一鄉。凡鄉里就食，計日給錢兩閲月。嘉慶十年，析邑隸川沙，焕呈縣請詳，按畝給單，名田子孫執守，闔邑賴之。

倪錫湛，原名敬銓，字繡夫，號蠡篷。北莊人。以宛平籍諸生，中甲子副車。嘉慶庚午舉人，薦入國史館纂修，議叙得山西沁水令。民頑多盜，錫湛發姦擿伏，有神明之稱。期年，境内肅清。

陸恬，字静安，號雪江。北莊人。性高淡，耽吟咏，兼工山水蘭竹。然富人持重聘至，輒辭不應，逢佳士又屢求不厭。著有《畫法》及《澹菊居吟草》。

吴元林，杜行人。母顧氏，節婦也。少孤，與弟設腐肆爲業，事母至孝。居逼河干，母以檻斷墜水，時潮勢方急，元林躍入河，負母出，而身復爲急浪所衝，溺死。嗣於晦冥之夜，每聞呼母聲甚慘。兩弟以奉老母自任，兄可勿悲慰之，其聲乃止。母後病故，又聞河中呼母聲，鄰近莫不隕涕。當事以孝子請旌。同治九年，如例入祠。

唐祖樾，字蔭夫。號述山。乾隆丁酉舉人，考景山官學教習，欽取第一名，恩賜紵紗羔皮袍料。銓授山西甯鄉縣知縣，充己酉科鄉試同考官，調補安邑。地有鹽池，時值開禁，以鹽課歸入地丁銀兩，聽民銷運。池中寇盜充斥，上游留邊彈壓，祖樾晝夜巡查，擇尤懲治，不數日綏靖。在任多惠政,夏亢旱,設壇步禱,立雨,禾黍倍收。陞雲南路南州知府,調署開化府知府,黑鹽井提舉,充庚申科鄉試同考官。著有《述山詩文稿》。弟祖藻、祖蕚,本學生,又同入學,同中乾隆丁酉拔萃科,時人羨之。祖藻字灊夫,號定齋。性行肫篤,嗜學好古,讀書昕夕無間。嘉慶建元,舉孝廉方正。著有《蟫餘詩稿》。祖蕚字亞夫,號桐峰。選授豐縣教諭,覃心經籍,書法尤工。

周燾,字覲揚,號樸甫。十九保二十六啚人。由例貢銓授山東東平州州同,署萊州泰安通判,兗州同知。東省民俗强悍,多訐訟,燾虚心研究,案無遁情。水旱偏災,輒捐廉助賑,上游重之。大計卓異,以直隸州用,旋以病假歸。紳士作琴鶴雙清圖,題詩以贈。

吴翥,舊名銓。號繩其。中毅子,監生。急公好義,里有嬰堂,翥力任其經費。由江西義甯州知州陞任吉安知府,以振儒術、端風化爲己任,士論翕然。性寬厚,不摭人細故,不發人陰私,嘗銘座右以自省。旋以憂歸,卒。

姚伯驥,原名之照,號泰弇。居周浦。嘉慶丁卯舉人,就職直隸州州同。力崇正學,座右(偏)〔徧〕書格言以自警。殿撰吴鍾駿、誠毅伯拉錫格里克皆出其門。故舊求援,雖窘必應。族弟單傳,貧不能娶,爲之謀婚至再,卒生二子。有世家子艱於娶,資其闕乏,俾得出贅,其後子孫繁衍。族嫠祝氏年老無子,按月資卹,并代嫁其女。著有《五經劄記》、《素安居存稿》。

朱清榮,號雪鴻。諸生,居周浦。博學多藝,尤精堪輿術。著有《地理通説》、補注儲泳《祛疑説》。子南枝,號琴村。見《科第表》。孫鳳笙,號蔭松。署陽湖訓導。

姚煒琛,字寶南。號守灊。伯驥子,歲貢生。敦品績學,嗣父伯鳳無遺業,安之若素。學宗宋儒,閉户課徒,口講手畫,循循不倦,多所造就。閒則披覽載籍,不問外事。年近八旬,猶能作蠅頭細楷。著有《躔垣一覽》、《黄河溯源竟委圖考》二卷、《前明治河圖攷》二卷、《分省水利圖説》、《洪景堂詩集》、《貞節聞見録》。又精岐黄堪輿術,兼工墨梅,學使白尚書鎔稱爲篤行君子,給經明行修額。卒年八十一。弟煒琥、煒球,均諸生。煒琥號惺齋。工隸書篆刻,輯刊其先代歷試草,著有《桐陰館詩文》。煒球夙慧,爲文操筆立就,詩效小倉山房,兼通醫理,早世。

張鈺,號二如。元始六世孫,諸生。負才倜儻,與同邑顧王畿同游陝甘,佐總督長麟公幕。值教匪餘孽滋事,敘勞得六品銜,以州同知簽發江西,改山東,勘黄河隄岸,丁内艱歸。滑縣教匪事起,汴撫檄赴營自効,擢府通判。以緝獲要匪題補歸德,旋署滑縣。結積案,清保甲,厚撫卹,尤嚴課士,仿朱子白鹿洞規,建立書院,設義塾,以教窮不能執贄者。漳河隄潰,奉委馳勘各災屬,積勞成疾,旋卒,民共思之。書宗米海嶽、董香光,畫出入麓臺、石谷間。著有《課花館遺稿》。王畿字邦懷,號谿雲。同時以功得五品銜。長身古貌,兩目有光。性廉静寡欲,自書畫古玩外無他嗜。工爲香頭畫,純皇帝南巡,行宫設掛,屢蒙睿鑒。卒年八十歲。

張兆熙,號惠蓀。周浦人,歲貢生。本姚煒琛高第弟子,品學亦似之。弟兆勳,嗣叔後,未婚亡,聘室王矢志守貞。兆熙以長子維垣爲之嗣,析半産置籍代理。至子將婚,乃迎王氏歸，按付之。中經回禄，不以涉也。里居授徒，多成業，尤愛才。有生將以貧廢讀，蠲其修脯而時賙之，卒游於庠。粵匪亂，賊傷兆熙顱，不死。旋以感時憤事，鬱鬱病卒，年六十四。

馮金伯，號墨香。周浦人。廪貢生，選用句容訓導。學優品飭，工詩，兼善書畫，收藏頗富。著有《松事叢説》、《鄉平録》、《墨香居詩鈔》、《墨香畫識》、《國朝畫識》諸書。又選刻《海曲詩鈔》，以繫一鄉文獻。乾隆五十八年，重修邑志，金伯實主其事。子家樹，亦能詩，兼工鐵筆，有印譜行世。

徐繼達，字苑花，二團下南甲人。道光庚戌進士，署直隸無極縣。少孤，從叔受學，未成童即補諸生。爲文操筆立就，事親孝謹，恬於榮利。任無極，甫期即解組，歸養家居，閉門授徒，仍如寒士，鄉里稱之。

嚴桂馨，號素卿。二團上北甲人，監生。咸豐三年八月，土匪陷邑城，邑侯章惠殉難。桂馨募勇入城殺賊，身先之，重傷廿餘處，死。優卹如例，附祀章侯。

徐鏞，字叶壎。號玉臺。諸生，居城南。博學精醫，挾藝僑居郡城，所交多知名士。嘉慶十九年，《松江府志》修成，嘗糾其誤，撰《餘議》四卷。言醫有《儒門游藝》一書行世。晚著《玉堂小志》十卷，皆載南沙軼事，遭亂失其稿。

顧思恩，字亦山，光照曾孫。富而好義，尤敬禮士人。慨寒畯應舉，艱於資斧，倡捐賓興。道光三十年，以歲災餓殍載道，乃捐資瘞埋浮屍路斃。又病命案擾鄰，捐置驗屍公費資。咸豐三年，會匪亂作，助餉復城，議敘得布政司理問銜。同治元年，粵寇至，督練民團拒賊，以傷重卒。贈知州銜，世襲雲騎尉，崇祀昭忠祠。

顧祖金，字金圃。邑諸生，居二團。敦行好義，喜聚書，研究天文算學。咸豐三年，匪陷南城，與叔思恩募勇内應，克之。以復設教諭用，並賞戴藍翎。十年，粵寇踞郡城，旋退。其死難者，祖金特捐資，僱工往殮。他凡施棺、保嬰諸善舉，靡不與。同治十二年病卒，士林惜之。

曹倬雲，本姓康，號蘭香。居周浦塘口。家貧，訓蒙自給。課徒有程限，句讀音義，明辨以析。性樸而介，好揚人善，以邑稱秦勝三之孝，乃採蕭縣孝子鄭立本事，合刊《彰孝録》勸世。同治十三年，興修邑志，任採訪。無何病歿，年七十。

秦勝三，十九保十啚人。傭工養父，日具甘旨。與人未嘗有所忤，謂恐貽親憂。父壽九十，勝三髮亦皤，遭喪哀毁不自恤。年七十三卒。子天和，事勝三亦如之。

陳文焕，邑南門人。由行伍官本營千總，升吴淞守備，署掘港都司。其地多盗，文焕力求捕除，格於勢，遂棄官歸。足不踐公庭，口不談營務，布衣擔糞，種菜城根。鄰里後生，無有知其曾仕者。

金承恩，字芳若，號湛斯。邑北門人。少聰敏，縣府院三試皆第一，補諸生。乾隆乙酉拔貢，朝考二等，以州判改安徽宿松教諭。敦品績學，尤工書。以真實課士，力抑浮躁，士風一變。送考赴郡，一夕讌飲回，將四鼓，方談笑間，鼻忽垂玉箸三寸許，旋卒。子鎔，字冶堂，福建永定縣巡檢，亦能書。

唐彬，居十六保，爲婁縣諸生。事親孝，科試寓郡，而父醇病卒，以不獲視含殮，慟而絶。既甦，復投水，爲舟人所救，仍哭不已。無何，自縊死，年三十二。道光十八年，大吏彙題，欽旌入孝悌祠。

王含英，十六保人。性樸而孝，力耕養親。母以頭風，時卧床褥，含英日則力田，夜常竟夕侍。父足患瘍，潰且甚，藥敷水洗，無間寒暑。或不稱意，加譴責，婉承不少怠。閲十年，父瘍愈，而母又失明，護持益謹。間出外，未嘗過宿。父年老，將與兄析産，泣止之，終身同炊爨。親殁，喪葬盡禮，事兄如事親。兄好施與，輒隱爲助。道光五年，邑修文廟，含英病已殆，猶命子捐資葺明倫堂。卒年五十二。道光十八年，欽旌〔入〕孝悌(入)祠。

李蘭榮，字擷芳，號心淵。明孝子安祥裔。幼有至性，親殁，毁幾滅性。慨宗譜失修，四出訪輯，歷數載不倦。族家無考者，立碣表之。復與兄林建宗祠，置義田，至罄産以助。晚歲布衣茹素以守祠，終年七十八。道光十八年，崇祀雲間孝悌祠。

趙振，字文則，號石樵。新港人。博學能文，小試不利，遂輟舉業。幼即動止有法，遭親喪，哀毁異常人。年逾五十，孺慕依然。侍母病，躬調湯藥，謹視眠起。友愛兩弟亦無間。鄉多犯齒，風賴以少戢。節王誠傳。

施長正，字甲峙。號卓亭。十七保三十三啚人，維翰從姪。品修學績，乾隆元年，公舉孝廉方正。著有《言行録》、《三餘稿》、《書法傳心》、《易學》諸書。

施長庚，字又白。號西有，又號歷三。少聰穎，年十四，補博士弟子員。閱歲父殁，長庚上奉王父(殁)〔及〕繼母，下撫諸弟妹，喪葬婚嫁胥盡禮。郡侯楊纘緒奬給克敘彝倫額。

施長發，字麗江。太學生，工書能文。康熙乙未，聖祖南巡，恭進十頌，稱旨，命入行宫，賜御食。後以疾作，不克赴選，年三十三卒，時論惜之。

張月皎，字綵如，居北六竈。性孝友，母多病，累月不解帶，以身籲天，得愈。與弟月浩同居，推多取少，四十年如一日。族有緩急，必力爲區畫。晚尤慷慨好施，謂子孫貧富自有定，人患不立志耳。其識解如此。

張(鋐)〔鉉〕昌，字鼎吉，號醉石。北七竈人。少攻舉業，精考據，書法董其昌。性端謹，好扶持善類。殁年九十四。詩文散佚，書僅有存者。

申天授，字麟生，北六竈人。試有司不利，棄去，爲古文。游京師，入銅版館校字，循資敘勞，賜蟒服，在館候選，卒。

顧宗鼐，字舜臣，邦憲裔孫。生有孝行，父萬程工醫，每出，宗鼐常負藥籠以從。父病，割股肉和劑進。既殁，哀毁盡禮。喪葬畢，廬墓三年。康熙三十二年，邑令陳善給海濱愚孝額。宗鼐傳父業，兼擅技擊，著有《傷科大全》。相繼四世，亦皆以刲股著。季子克勤，兼通形家言，著《學醫管見》、《地理微言》。曾孫芳源，著《醫方集要》一卷，《顧氏秘書》四卷。

金耀曾，號自山。諸生，居横沔。嘗刲股療母病。兄殁，奉寡嫂加敬，同居合爨終其身。

姚玉麟，字仁圃，十七保四十啚人。初業儒，改習岐黄。審虚實，明標本，依病製方，活人無算。年七十餘卒。著有《管窺集醫案》。

劉省身，二十保十一啚人。性友愛，兄弟合爨，終身無間。次(凡)〔兄〕省愆卒，以詩哭之,有"姜被同眠成往事,黄泉寒煖有誰知"句。後復哭弟省卿語亦真摯。及遭伯兄省三喪,遂廢食失明,旋卒。有《相莊詩鈔》。子宗漢,從九品銜,習堪輿家言。侍父病,衣不解帶,進藥必先嘗。病劇,禱天,割左股肉和劑,終不起。哀毁甚至,親族稱之。

游　寓

談怡,字得中,世居青城萬靈鄉。高宗南渡,爲上海參軍,官物絲毫無取。嘗建言北狩悟主,朝廷甚重之。没後贈松江護軍判官,給祭田五十畝,營葬浦東,子孫遂世居十七保。胡《志》。

李邃,湖廣荆州人,爲浙江漕司丞。既罷官,遭亂,避居浦南竹岡。昭祥、伯春、仲春皆其後。胡《志》。

瞿榆維,字安道,汴人。嘉定間,監下沙場,因卜居鶴沙。子哲,孫君用,曾孫霆發,世官於朝,富而好禮,爲海上名族。胡《志》。

王迪,字八三。汴梁蘆城人,靖康進士。正直自守,通經學,熟累朝典故。歷太常寺丞,扈蹕南渡。嘗至雲間鶴沙,愛其地僻風清,遂棲隱焉。胡《志》。

吴潛,字毅夫,宣城人。侍其父寓居下砂場讀書,舉嘉定中進士第一。立朝抗論時事,出爲制置大使。開慶元年,拜左丞相,入對言:"今鄂渚被兵,湖南擾動,推原禍根,由近年姦臣僉士,設爲虚議,誤國迷君,仁賢空虚,名節喪敗。天怒而陛下不知,人怨而陛下不察,稔成兵戈之禍。章鑑、高鑄嘗與丁大全同官,傾心附麗,躐躋要途。蕭泰來等羣小嘻沓,國事日非,浸滛至于今日,姦黨盤踞,以欺陛下。"不聽。後卒以忤丁大全謫嶺外。將終之夕,雷雨大作,四鼓開霽,乃撰遺表,作詩頌,端坐而暝。胡《志》。

吴惟信,字仲孚。湖州人,寓居白鶴村。記(門)〔問〕該博,以詩名,有《菊潭稿》,詞旨清遠。吴郡詩人糜登嘗誦其近作:"白髮傷春又一年,閒將心事卜金錢。梨花瘦盡東風軟,商略平生到杜鵑。"歎爲天才。欽《志》。

秦知柔,宋文憲公觀六世孫。文憲世居維揚,知柔遭咸〔淳〕至元之亂,挾其譜牒、圖像、誥命,與弟知立、知彰同渡江。知立居趙屯村,知章居九團,知柔居滬瀆,即今閘港地。元至正二年,浙東宣慰使費榮愍公,以宦裔通儒諳律薦於朝,擢江浙行中書傢使,固辭歸。卒葬上海肇家浜右淡井廟北。子良顯、良顥。按:《府志》誤以知微居九團,與前志及《廳志》異。

趙孟頫,字子昂,吴興人。宋太祖秦王德芳之後,累官(輸)〔翰〕林學士承旨、朝列大夫。書法温潤舒泰,如麗日祥雲,莫不快(賭)〔睹〕,爲當世獨步。(當)〔嘗〕過鶴沙,凡近鎮寺院碑記鐘銘,皆其真蹟。前赤壁石刻向在永寧寺,方郡守移置府之和衷堂。蘭亭十八跋尤爲世所珍賞,今石刻藏鶴沙王氏園。娶泖西管氏,名道昇,能寫竹,畫大士像,工書。今小蒸人尚稱管道云。(胡)〔欽〕《志》。

楊瑀,字元誠,錢塘人。性警敏博學,長身紫髯。天曆間,召見奎章閣,命篆洪禧、明仁二璽,稱旨,權廣成局副使,擢典簿中瑞司。與密謀草詔黜奸臣伯顔,超授奉議大夫。江南盜起,改建德路總管。謝政來松,居鶴沙,遂老焉。初,瑀在官,上詢其鄉土,對以西湖葛嶺之勝。御書山居二字賜之，因自號山居，著有《山居新話》。卒歸葬葛嶺。胡《志》。

張文名，字惟顯，江西貴溪人。至正間，由鄉貢仕華亭二尹。以利物存心，以誠意佐令，令信從，多善政，民愛之。既罷官，卜築浦東張勝橋，因號懷松，示戀戀於是也。九世孫士麟，另有傳。胡《志》。

黄承司，閩人，勉齋先生裔孫。至正間，爲松江府提舉，樂浦東地樸風清，遂於三團建煙霞閣居焉。後人稱其地爲黄家閣。胡《志》。

沈維四，字公常，吴興世族。與萬二、萬三爲從兄弟，二人富於貲，維四富於才。初爲丞相脱脱行軍參謀，脱脱遭讒死，遁歸故里。未幾，張士誠據三吴，維四率其族人散處海濱，有脱脱舊屬，居百花公主之撥賜莊，往依焉。其後在吴興者，如萬二、萬三輩，均遭籍殁，獨維四晏然無事，識者服其先見。裔孫喆，字迪修，增貢生，有文行。胡《志》。

華岳，字太行，世居無錫。元季遭兵燹，乃避地雲間，贅於都臺浦蘇氏，遂卜居焉。岳豐姿英爽，遇事詳審，一鄉以爲儀表。建杜浦亭，卒葬亭東，顧彧爲誌其墓。今墓旁銀杏一株尚存。胡《志》。

施叔常，閩人。父之和，爲下沙場鹽副使，卒於官。叔常遂置墓田，卜宅家焉。子孫繁衍，爲邑世家。

黄周星，字九煙，上元人。崇禎十三年進士，授南京主事。後棄官，周流江浙。周星爲張太常元始鄉榜所得士，於順治庚寅至松後，康熙庚申復寓太常所，以其季女許字其孫潮。是年午日，投南潯河死。胡《志》。

王光承，字玠右，華亭歲貢生。品行修潔，博學工詩文，才名藉甚。屢徵不就，偕弟烈隱居新場，躬耕養父，裹足不入城市者三十年，惟與故交閔峻校讐文字以爲樂。無子，依壻楊儋以没。胡《志》。

鄒三峯，陝西舉人。國初流落雲間，從師張姓學瘍醫，遂姓張。子孫以瘍醫世業，族繁多有神手之名，咸稱有家法。胡《志》。

陸垂青，字掌六，道明裔，補上邑諸生。績學多文，授徒有法，所造就以百計，士争負笈。上邑令劉洴給耆英醇德額，卒年八十八。

陸文祥，字天德，號榮清。九淵元孫。原籍山東博平縣，仕宋揚州刺史，轉知遼東府事，有瓊花之瑞。以疾告歸，士大夫賦詩贈送。值寇起，隱上海之富豐莊，即今(担)〔坦〕石橋鎮。子孫遂世居焉。壽一百五歲，從祀聖廡。孫文旺，自有傳。據陸氏宗譜補入。

陸道明，字中行，號古亭。文祥元孫。性純孝，六歲能解《孝經》，問父閨門章大義。比長，富於學，里中宿儒咸推之。宣德年，徵聘文學，堅辭不就。贅居旌表亭北嚴姓，子孫遂家焉。子璣，字叔正，成化間舉鄉飲賓。孫珵，字守真，好爲善，郡縣交旌。

趙維熊，號渭崖。上海籍，贅周浦姚氏。性至孝，奉母同居外家，好讀書，夜每不寢。母謂之曰："無自苦。"曰："母寄居，欲得黄金屋以奉母也。"中嘉慶庚申科舉人，歷署吴縣、荆溪縣訓導。戊辰成進士，翰林院庶吉士，轉户部主事。

汪百禄，號桂山。浙江桐廬籍，居(用)〔周〕浦。嘉慶戊辰浙江舉人，庚辰進士。任四川名山縣，有德政，大計卓異，調三臺縣，卒於任。名山士民思之，爲設幃誦經，哭泣三日，其感人如此。著有《抱經書屋詩文稿》。子世淳、世惠，均桐廬庠生。姪鈞，南邑廩膳生，工楷書，詩文稿佚。

曹燿翔，號桐華。上海縣庠生，居周浦。工楷法，名重一時。

王柏楨，號西溪。浙江上虞籍，監生，候選從九，居周浦。性慷慨，篤友愛。以浚周浦塘，知縣董和培給與物有濟額。道光三年，倡捐發賑，知縣楊承湛給惠賙鄉里額。尤好善事，如捐貲埋暴露、施棉衣，濟人尤廣。

蔣世勳，號守愚。奉賢籍，監生，居周浦。精岐黄，虔製膏丹施送，終始不倦。每屆冬令，製成棉衣，日則遍察里巷窮民，夜則拋衣於門，敲門有應即去，受者不知也。周浦塘口每逢黑夜，船隻收口，壞事者多。爲立天燈一座，置塘口，地方總其事，永以爲常。商旅便之。

蔣敦復，號劍臣。寶山人。道光中，遊學來南，肄業惠南書院。才情富有，而性行殊僻。歸後再來，已爲僧，改號鐵岸，住荷花塢之天后宫。後又去，畜髮，應寶邑童子試。學使張(希)〔芾〕奇其文，補諸生第一。

趙秉醇，號醴源。乾隆乙卯舉人，上海籍。工書法，有盛名。陳芝楣太史，其門下士也。子枚，號簡甫。亦擅書名，兼工鐵筆。早年就縣丞職，性恬淡，後隱居不(任)〔仕〕。咸豐辛酉，遇賊不屈，賊殺死。

錢以鑾，係浙省塘西人。賊擾之際，遷居二十一保二十六啚邢樸山宅内。曾署新陽縣知縣，有政績可攷。

周南，號荔軒。青浦籍，廩生。以詩詞古賦鳴於時，年七齡，即隨父條梅入幕湖北。時趙醴原明府任江夏，目爲神童，以女妻焉。家貧，條梅卒，依明府於周浦別墅，遂家壻鄉。執業於姚明經煒琛，學益進。肄業南邑之芸香草堂，名噪一時，知縣馮樹勳甚重之。惜年不永，遺稿悉燬於兵。

蕭長齡，號亞史。福建籍，仕湖南歸德府經歷。父國瑞，任三林塘巡檢，卒於任。守父制，遂寓居焉。性踈放，能詩文，工畫，善鐵筆。所輯詩稿均燬於兵，惟於方倩塘《澧溪詩鈔》中，尚有二三則。

黄富民，號小田。當塗勤敏公鉞第五子，世居蕪湖。道光乙酉拔貢，歷官禮部儀制司郎中。丁父艱，不復出。咸豐三年，避亂至金山，展轉遷徙，居邑之召稼樓，又徙周浦鎮。旋以寇急，走上海。爲人坦率，以詩酒自遣。著有《禮部集》九卷。卒年七十三。

駱春，浙之嘉善人。術善青烏，能詩，好畫翎毛花卉。著有《嗜餘吟草》二卷。

李泰徵，字惺一，原籍奉賢。其祖庠生毓南，授徒本邑九十啚，遂家焉。好讀書，(姓)〔性〕固執，重節義。爲文古樸淵茂，不尚時趨。曾爲湯、姚兩文宗備取，終以額滿，未得一(矜)〔衿〕。晚年授徒著書，咸豐辛酉聞警，自歎力不勝雞，每至廢食。十二月，粤逆東擾，手指怒駡，以石擊賊，投河，詈不絶口。越二日，某弟庠生占謙潛歸收尸，檢有鎗痕數處，兩目猶炯炯然。

倪長圩，字伯屏，浙江平湖人。明季歲饑，流至本邑，依十七保諸生陳仲升之僕家，傭工餬口。暇即吟誦詩文，僕頗不解。仲升(遇)〔過〕而聞之，知非常人，遂延至家，解衣推食，因得專業芸編。後成崇禎丁丑進士，官蘇州司理，歷兵科主事。

夏履安，號琴齋。上元諸生。工詩，善蘭竹。(人)〔又〕有吴縣諸生王銘，嘉善縣諸生沈香山，平湖縣何紹瑾，皆工詩詞。何道光辛丑進士，吏部文選司主事，九峯書院山長。咸豐庚申，寓蕭王朝，卒寓所。

張毓達，字仲宣，號豫齋。浙江平湖諸生。避粤匪難，寄居三竈鎮。博學能文，尤工韵語，有揮毫對客之風。性真率，無城府。兄金鏞，前湖南政。弟三與七亦諸生，六名炳堃。號鹿仙。官編修，丁艱在籍，亦同寓鎮上。遇事接人，胸有涇渭。有執贄願爲門下士者，意欲竿牘當途，竟拒不納。後赴楚北，需次觀察，以猝未得缺，戚友爲謀主釐捐局，歲可得二千金，脩書局歲不盈千金，竟辭多而就少，其操不苟如此。現官湖北粮道。

王若愚，婁縣人。相士，通星學。咸豐十一年，流寓北六竈鎮之城隍廟。年六十餘，鬚眉皓白，風雅宜人，無術士氣。十二月十八日，聞奉、南兩邑失陷，嘆曰："浦左如是，予將何歸？"是夜，縊於卧榻前，遺詩四句。詩曰："生爲大清人，死作大清鬼。一死報君恩，忠烈昭千代。"

趙廷勳，號彝齋。工書，陝西人，流寓六竈。

唐翼曾，字燕樓，上邑庠生。博學工詩，屢膺鄉薦。咸豐三年，會匪擾亂，避居二十保六啚張宅。著有《横溪集》、《詩稿》。

名蹟志

坊表

孝子坊。在邑城文廟宫牆側，爲張興建。

旌義坊。在文昌宫東，道光十一年，爲監生馬鑄繼母唐氏建。

貤封坊。在倪家倉，爲勑封光禄寺署正倪淑立，今廢。

世科坊。爲隆慶丁卯舉人倪甫英、甲午舉人倪家允父子立。

貢元坊。爲萬曆戊子歲貢、己丑廷元朱允若建。

三世二品坊。在十七保，爲艾芹、子元美、孫可久立。今圮。

三世二品坊。爲太常卿朱國盛及祖朱鏜、父朱泗建。題“九列名卿”額，左曰“七省理漕”，右曰“四乘問水”。此與上世科、貢元二坊，俱在新場鎮，今存。

熙春坊。興文坊。餘慶坊。蒞政坊。中和坊。興仁坊。安里坊。清甯坊。儒林坊。以上九坊，《郡志》並載在新場鎮，今廢。

三大夫坊。爲李伯璵、李澄、李清父子立，今廢。

鳴陽坊。在横沔，爲諸宏濟立。

進士坊。在沈莊塘，爲談詔立，今廢。

秋官大夫坊。在北五竈港北，爲葉鈇建。

少司空坊。大京兆坊。二坊相對，爲談倫立，在沈莊塘，今名談家牌樓。

義士坊。在北五竈，與秋官坊東西對峙，爲陸東皋立。

百歲坊。在新場聶家井亭前。乾隆二十七年，爲邑民張廷安妻顧氏建。以上俱胡《志》。

唐家坊。在二十保二啚，止存明隆慶六年五字，餘俱模糊。

狀元坊。松江府知府張羽明，爲順治己亥科第一甲第一名徐元文立。在十七保一啚。

科第坊。在十六保十六啚，爲同里李昭祥、顧肅、翁燦、唐慬建。

旌節諸坊均載本傳後，不複見。

第宅園林

渼陂小築，在邑城西門内，高士李延昰别業。

延昰《渼陂小築》詩：卜築城西路，溪流面面通。但教鷗鷺滿，不畏稻粱空。凈掃延虚白，閒窺落小紅。閉闗良醖足，便可傲無功。地近東溟曲，人同北郭家。種梅誇鐵幹，栽菊待霜葩。棲鳥皆堪狎，遊鱗不用叉。饑軀憐白首，歸計事非賒。　又《城西舊圃》詩：新霽豁川原，披襟坐茅屋。數畝雖就荒，猶可媚幽獨。垂楊夾清流，高下集羣鶩。鐘聲渡前溪，雲寒隱喬木。離市雖不遠，溝渠亦迴復。優游念江湖，采掇尋杞菊。黽勉事耕鋤，庶幾備饘粥。出處各有爲，惻惻保初服。

香光樓，在城南隅。地爲明董其昌讀書處。乾隆五十八年，知縣胡志熊建樓三楹，而題額焉。東水閣一間，西之南船房三楹，顏曰太乙蓮舟，臨有水亭，樓後即知止菴。今改作育嬰堂。胡《志》。

世澤堂，在城西門内，明代州同知邢國（賢）〔儒〕故居。參胡《志》。

東浦草堂，即世澤堂舊阯。後爲給事中顧其言居，孫成天建，世宗憲皇帝賜額。今爲武聖宫。胡《志》。

花語山房，在東浦草堂後，顧成天建。今爲養正義塾。胡《志》。

玉裕堂，在城南門大街前，黄巖鎮總兵張成崇明籍。宅。今屬陶宅。

藥圃草堂，在南門城根，徐鏞故居。

（讀）〔續〕書藏經，在周浦永定寺，宋張方平續書藏經處。方平嘗游瑯琊山藏院，於木匣得經，乃悟前生爲知藏僧，書《楞伽》未終而化，因續書之，筆迹與前無少異。《府志》。

雲林别業，在周浦鎮，元杜希伯自杜村遷此，遂家焉。

從子隰詩云：春風回首處，猶有舊書樓。冷落遺編在，依稀昔日游。當年天尺五，時事水東流。莫漫誇繩武，登臨感去留。自注：樓在浦濱，爲先人藏書處。《上海志》云：翡翠碧雲樓在浦濱，杜元芳構，藏書萬卷。下有蒼崖碧灣諸勝，凡七十二所。按：樓屬青浦，詳彼志，非此别業也。

三層樓，在瑞安橋北，明趙文華禦寇時，建以望敵。今存下二層。

南蔭堂，在周浦，明姚勛建。曾孫懋初鼎新之，額爲文待詔徵明書，筆力甚偉。咸豐辛酉，毁於粤逆。後有培蘭館，爲裔孫煒琛課徒處。

承青閣，在碧霞庵後。李迪、朱源、朱淇、蔡湘、姚汝謨諸人吟咏之所，今廢。

二仲居，一名竹中書屋，在周浦鎮，朱錦與弟錚讀書處。錚詩：竹枝梳散髮，每日北窗前。清卧誰如柳，高吟敢附蟬。無家思作佛，飲酒願遊仙。六月忘衫履，披裘笑昔賢。胡《志》。

天賞樓，在周浦，王鎬與弟鑄、鏗讀書處。胡《志》。

静觀樓，在周浦，進士朱鑑故居。子良裘官翰林時，和碩果親王題額。胡《志》。

南村艸堂，在悦和橋東南，閻邱汝玉别業。王之瑜、葉柱、楊長齡、王廷階輩吟咏之處，今廢。

露葵書屋，在周浦，程佃畫室。

種石軒，在周浦，李元亮構，俗呼李家園。今廢。

詠豳齋，在周浦，王學峻課徒處。

一枝軒，在巡檢署，陳惠疇題額。今毁。

素安居，在南蔭堂右，姚伯驥讀書處。

墨香居，在周浦，馮金伯書畫處。今廢。

其順堂，在陶家衖，蔡湘宅。有銀杏一株，傳爲宋時植，今被伐。

讀書臺，在下沙，今之月潭河即遺址也。宋宣城吴潛侍父讀書處。

樓下，在下沙，明洪武時，顧德梁讀書處。大學士全思誠題〔一〕經樓額，後毁於倭。

瞿氏園，在下沙。宋秀州守方岳嘗留題壁間，後紫陽方回繼題之。胡《志》。

百客堂，在下沙，瞿霆發宅。

陶諆詩：燕子落堂隅，鶯聲起榆柳。紛紛肅有人，今日堂前酒。拜坐拘倫次，言論摭古有。雖無絲竹喧，情同勝瓦缶。西山則有蔬，東海則有魚。人情敦義分，何以致區區。聊速我諸父，諸舅無弗俱。老者念殷勤，酒半起嗟吁。親戚不相顧，何如草頭露。隣黨析錐刀，千里難道故。後世少年郎，不聞百客堂。低昂觀氣勢，骨肉利相戕。争訟滿市獄，酒家沽不足。胡《志》。

琴軒，在下沙，元瞿霆發嘗集古琴百張，構此居之。胡《志》。

尚夷齋，在下沙。元朱聽居。相傳聽作詩每好奇，楊維楨名其齋曰尚夷以規之，并系之銘。銘曰：木以繩而正，弓以檄而柔。車以規而轉，舟以窾而浮。惟不夷也，繩檄之在，規窾之繇。惟淑德優，而况乎翰墨之游。胡《志》。

習園，在下沙南，安令王佐築。有鶴雛草堂、玉華軒、寶帖齋、杏花書屋、石坪諸勝。康熙初，佐於園側鑿池種荷，值花開時，集文人學士詩酒於此。胡《志》。

雙魚堂，在下沙，賴布衣建，即今之尊鼎堂。

凌園，在下沙，司馬凌汝焕别業。今樹木池石猶存。

煙霞閣，在所城西北。元至正間，黄承司官遊，家此建焉。至今稱其地爲黄家閣。其裔貢生知彰重修，閣後有池，有古柏。乾隆丁酉閣燬，其子大昕、景方重建。胡《志》。後有得得龕、百幅庵諸勝，今廢。惟一泓池水，數株老柏猶存。

懷静軒，在竹岡，居延馬季子所剏。其先世居静州天山，以懷静名，示不忘本也。《府志》。今竹岡有馬家浜。

王逢詩：爾家世德肇居延，忠義勲名兩代傳。碧血濺波歸九地，白衣扶日上中天。鳳毛麟角聯青紫，春雨秋霜隔隴阡。惟有終身誠孝切，祁連如見氣蒼然。胡《志》。

招鶴軒，在鶴坡，薛倫僑寓時所築。楊維楨題額，錢鼒爲記。倫字叔道，與兄儀隨父琮任監支松江，從楊維楨遊。通《春秋》，善詩與琴。洪武中，舉賢良方正，以母老不仕，留吴中讀書，七年始歸。胡《志》。

撥賜莊，在十九保四啚，元順帝賜其妹百花公主莊田。《元史》：至正四年六月己巳，賜丞相脱脱松江田，爲立稻田提領所，兼領故宋親王及新籍明慶、妙行二寺等田，又汪闊闊滿經歷田，以賜影堂寺院、諸王近臣。《府志》。

富豐莊，明洪武間，饒州守陸文旺宅。文旺寓苕溪，里人相戒勿毁。胡《志》。

月臺，在儲家樓西，明儲昱搆。高六七丈，下臨荷沼，三面回環，樹木陰翳，大有自然野趣。屢燬屢興，今燬於兵燹，而遺阯猶存。胡《志》遺。

馬跡堂，在浦南十六保顧望塘。相傳唐志大試時，其祖懽降靈於堂，有馬跡之異，因名。胡《志》。

儲芋西園，在芋涇西。

張端木《西林雜記》載祭酒陸深《遊園池乘月夜泛舟》詩：峯巒巖壑俯中流，何處三山與十洲。新雨不妨泥滑滑，好風先送水悠悠。鷗無機事迎人去，客有高懷盡日留。向晚星河迷上下，笙歌燈火木蘭舟。胡《志》。

日涉園，顧允貞隱居所，在杜行口，稱外花園。有聽松樓、竹屏艸堂諸勝。今廢。允貞有《竹屏記》，載顧氏家乘。

孝廉船舫，在陸家漕南，顧允貞泊船所，今猶稱船舫頭。胡《志》遺。

雙杏堂，在二十保二十二啚，明陸定故居。後有銀杏二株，大可四五圍，至今四百餘年，猶蔚然深秀，因名爲雙杏里。定，文裕公深之季父也。胡《志》遺。

倪家倉，在北一竈港，明倪淑建。廒百餘間，前有倉河，迴環其南。内有無夢堂，淑母陶氏一生無夢，因建此堂以奉母，文衡山大書紀其異。址尚存。欽《志》。

倪家園，在北一竈港，明倪邦彦搆。植梅數百株，冬日彌望如雪。胡《志》遺。

永思堂，在新場，詩人朱楚材居。陶宗儀有記。胡《志》。

葉家山，在新場北，葉銘所居。池塘環匝，古木交蔭，蔚然有山林氣象。胡《志》。

心如堂，在葉家山，南明中丞葉有聲建。有緑天館，董文敏題額，今廢。胡《志》。

大來堂，在新場，葉氏所居，明季江夏相國賀逢聖書。胡《志》遺。

鎌山草堂，在新場鎮，明徵君王光承故居。胡《志》。

鴻訓堂，在新場，忠節葉映榴第。御書"忠節"及"丹心炳册"二額。胡《志》。

御書樓，在新場西市，葉鳳毛敬藏御書處。

鳳毛記略：大父忠節公以道員殉夏逆之難，聖祖仁皇帝褒恤忠烈，親書"忠節"二大字、"丹心炳册"四大字兩扁以賜。又先父擢守鳳陽時，陛辭，世宗憲皇帝賜《御製喜雨詩》墨刻帖。鳳毛直南書房時，世宗賜《御纂宗鏡大綱》一部。又先忠節公、先沂州府君、典籍府君，暨鳳毛所受康熙、雍正、乾隆年間特恩、覃恩誥命、敕命，並聖祖賜先外祖大中丞李公御筆法帖二函，吏部舅以己無後，傳於鳳毛。謹奉諸宸翰，彙爲一處。宅中有樓在池上，樓之後向爲先仲父員外府君起居之所，仲母歿後虚焉。於是盡徙而藏於此，并先像遺筆，附列於旁。謹稱其樓曰御書樓。胡《志》。

螟巢園，在新場，康建鼎别墅。編修大興程湰有序。有怡安蜆巢、老人峯、挹翠巖、栖雲洞、通幽處、邀月橋、聽泉亭、聽梧書舍、戲魚舟、青嶂、晴雲悠然、獅子巖、别有天、盤蝸、步屧廊、十笏山房、乞花小築、見天心處、净意軒、天香閣、吟素月、觀濤處諸勝。

一經堂，施大諫故居。行素堂，施大謨故居。扶雲堂，施大誼故居。居敬堂，施維翰故居。聖祖仁皇帝御書"帝心(持)〔特〕簡"額。四堂並在施家行。胡《志》遺。

濟美堂，在南二竈柴場灣。明崇禎間，處士唐豫田建。王光承有記，今廢。胡《志》。

雙節堂，在十九保五十啚，爲明秦璽妻張氏、環妻趙氏二節婦建。胡《志》遺。

華海堂，在張江栅鎮，張熙純讀書處。今毁。

怡園，在北七竈，附貢生奚桂森建。今僅存話雨蓬，馮金伯書；宛在舟，沈倫書；方廳苟有可觀，賀隆錫書；西牆得月廊，張立書；西厢遺廬，王成瑞書，有跋。

亦園，在三竈鎮，信陽州判周焕築。

里人王國濬有記曰：亦園者，里周氏别業也。地不餘二十畝，且近市，而遊其間者，翛然若出塵埃之外。憶少時嘗從長者至，自誦芬堂西南一扉入，爲緑雲書屋，翠竹碧梧，前後交蔭。南折而西，臨溪一亭曰觀濠處。西折而北，循斜廊，達小壺山房，軒然大厦也。北牕洞開，植芭蕉數十本，蔚藍無際。前面廣庭遼敞，目極溪南一高阜而止。室之左爲聽琴閣，閣前一大松可合抱，憑欄静憩，風聲謖謖，如出弦軫。室之右爲棲息所。又循廊西南行，拾級而升，曰延月亭，半出牆外，玉輪東升，停琴可待。由亭南下數十武，至米家舫，正臨溪上，左右明窗低檻，前後兩楹梢櫳，如在舟中。其南有橋，紅欄三曲，歷苔磴升高阜，可坐十餘人，石牀甃凳於焉。小憩則鴟尾魚鱗，隱現於松楸梧竹間，東北闤闠，可一覽盡焉。夫物之興廢無常，而人之悲歡有係。始余初至，雨桃烟柳，藹然春温。其繼至也，叢桂方華，涼月流照，作廣寒宫闕想。迄今三十餘年耳，而廢址頹垣，盡爲蔬圃，凸者平，窪者滿，每一經過，唏嘘者久之。今年秋，抱病家居，斗室棲遲，思一間曠處以抒悒鬱而不可得。因與周子奏庭縱談往事，追溯曩遊，不勝今昔之感。一里如此，一園如此，而況家國之大，海宇之廣哉？周子曰：園雖小，亦吾里之紅豆莊、玲瓏山館也。子盍有以記之？彼後之覽者，知撮土卷石，亦足以徵勝迹，則園雖廢而不廢矣。因約畧而著之於篇。

豈是園，在南一竈，布政司理問朱曜建。有仙人洞、六角亭、船屋。其額曰含精、溪山秋色、知止鷦、蔚秀山房。

梅園，在沈莊。里人朱鳳洲宅。嘗與葉鳳毛(喝)〔唱〕和，中年遽卒。著有《會心軒詩稿》。園梅結實大而脆，人呼沈莊梅。

曲水草堂,在百曲港,明姚蒙與弟臨隱居之所。

素農庵,處士姚樹棠居。黄之雋有記。未詳其地。

自怡堂,在新場鎮西市張葉衖北,明張元始故居,額高宗純皇帝御書。

行素堂,在新場鎮北街,程兆麟故居。

閔峻故宅,在新場鎮南市閔家灣。

滄明書屋,在六竈西鎮,進士馬嚴讀書處。

古　蹟

鼓樓,在城中央,臨十字街。明築城時建,置鼓樓中,以傳寇警。久廢。欽、胡二《志》遺。

椒邱,在渼陂小築南。邱圓如甑,在水中央。李延昰建放鵰亭於上,後黄汪度構爲别業,顧成天取《楚辭》"且焉止息"語名之。今廢。

閔爲輪《聞椒邱荷花已開柬汪度》詩:水滿陂塘白鷺飛,扁舟應繫舊魚磯。遥知抱酒溪亭夜,一道荷香暗拂衣。城南無處不荷花,欲到椒邱問釣槎。可惜月牙池上月,幾回孤負聽鳴蛙。無復蓮舟唱採蓮,菰蒲烟水入平田。試看一抹紅霞影,都付君家載酒船。

荷花隖,在香光樓前。池約三四畝,夏秋之交,荷花頗盛。按:隖與邱截然兩處,胡《志》謂隖即椒邱故阯者誤。

福泉井,在福泉寺大殿後東偏。先寺開鑿泉,清冽而甘,因以名寺。後有僧人涉訟,飲恨投井死,遂掩之。欽、胡二《志》遺。

甎橋,又名鐵橋,在南門東嶽廟前。形如甎槨,凹凸不便行人。道光時剷平,改鋪石版。東舊有河,今猶存遺跡。欽、胡二《志》遺。

古岡身有三,曰沙岡、竹岡、紫岡。南屬於海,北抵松江,長百里,入土數尺皆蠃蚌殼,世傳海湧三浪而成。地高阜,宜菽麥。《吴郡圖經》云:濱海之地,岡阜相屬,故謂之岡身。上海舊志:沙岡、竹岡在十六保,紫岡在十八保。絶浦而南,至奉賢縣界。岡身屬邑境者,南北約六里許。參胡《志》。

秦塘,北走嘉定,南盡海岸,屬邑境者約六里。相傳秦始皇東游望海,由此塘而南,故名。胡《志》。

吴王獵場,今爲射獵廟,在二十一保十八啚。相傳吴大帝獵場。南有曬旗場,因遇雨曬旗,故名。今人誤稱曬雞場。欽、胡二《志》皆遺。

小石山,在二十一保二十七啚,高二丈餘,東西三丈,南北止數丈。

盤陀山,在四團倉彌陀寺後。

小高峯,在十七保二十四啚,石峯高聳,不假人工。

鶴沙,即今下沙鎮。胡《志》云"宋吴潛侍父讀書地",非也。

張榮《過鶴沙》詩:一條晴雪凍寒溪,寂寂芳塘路不迷。野鶴何年海外去,荒雞此路午前啼。淡雲欲鎌千村合,麗日高烘萬樹齊。聞道沙中多石筍,幾時纔得出汙泥。

安分齋,在下沙,三字朱子手書,筆勢飛動。楊瑀子培揭於鶴沙之居。胡《志》。

潭子,在下沙。相傳元時有異物潛藏如鼠,天雨每出,人莫知其名。後大如牛,一日風雨驟作,化龍飛去。成一潭,清而且深。今朱氏聚族於此,人稱朱家潭子。

鶴坡塘,在召稼樓西,一名鶴窠村,相傳華亭侯陸遜養鶴處。傍有鶴坡塘。宋沈括云:鶴惟鶴窠村所出爲得,餘皆凡格。

前京城，梁天監七年築，在華亭縣東南八十五里，梁置。《輿地紀勝》：前京城在華亭縣東南，以近京浦，因名。宋許尚詩云：廬落皆無有，依稀古堞存。登臨認遺迹，林莽暮煙昏。按：以地望準之，約在石筍里者近似。前志遺，《府志》、《補上志》云：地在長人鄉十九保。《通志》載，《南志》失考。今據《府志》地圖補入。

朋壽山，在鶴坡塘東。相傳侍郎談倫致仕，子田即宅畔建園娱親。有峯巒七十二，亭臺十三，橋梁各渡二十一，自爲記。按：召樓西鶴坡樓之上，居民稱爲談氏園，又謂朋壽園。今有巨石巋然，有朋壽二字，或云即朋壽石。背泐錢福詩，自左向右，共十三行，草書，筆極飛舞。字多漫漶，且石作魚鱗，凹凸不可搨。胡《志》稱錢福銘，蓋即此。

錢福詩：少司空談先生七十餘，無疾坐化，厥子田哀之甚。予以吾子娩嫺過問，朝夕聽哭奠聲不自安，即其女所舊述，及少年所得諸先輩者，作哀歌一章。英皇御宇羅俊英，特建□牧俱馳聲。教貽豐芑籌憲廟，絲綸則李王銓衡。王公笑比黄河清，我公獨爾子立成。繼之者□□□尹，一脈相業襄成平。奔走道德公獨宜，兩尹京兆冗務知。舉端尋緒如理絲，至今立則垂所司。司空再陟愜羣望，財隨手握内帑□。頓教國足民不虧，當宁自有鈞衡想。天不佑賢無令人，側目鵰鶚立紫宸。逐黨拔本肆取攘，兼令王佐間海濱。范蠡謝國身覺輕，故智未忘烏得停。養魚種竹廣栽求，醉倒華堂祝太平。教兒睦族霈餘施，直欲一方無所事。心事未究敢愁天，付與兒郎有餘地。兒郎鴻漸征九重，亟拾芳躅憂忡忡。承顏養志人不同，忽爾辭去天無功。天豈無功地有力，不□栽者不培植。兒郎襲芘當〔繼〕芳，天意方濃人不及。吾徧俯仰曷所從，質典問故羞匆匆。而今叩門朋壽峯，峯冷花發慘無容。我半公年亦已矣，公今化去還從龍。

上方山，在永寧寺後，相傳爲唐時將軍卜珍墓。嘗有靈應退倭寇，因廟祀之。荒祠已廢，銀杏二株尚存。按：此山之具體者，非古墓也。石根無所底止，其下緜亘甚廣，銀杏生石上。道光二十年，樹忽出火光，燄高數丈，遠近皆見。鎮民異之，往視，樹根下有石穴，火氣自穴中出。羣擔水灌之，彌灌彌盛，歷四五晝夜始熄，而樹依然葱翠。

丹霞洞，在永寧寺後，相傳爲麻姑仙現身處。其地清雅幽僻，而丹楓堊壁，掩映如霞。

葉鳳毛《丹霞洞》詩：永寧寺北丹霞洞，高氏真人此隱居。佛地尚存仙跡廢，夕陽衰草蔽邱墟。胡《志》。

石筍灘。《郡志》、《上海志》謂在下沙捍海塘外。朱仲雲《感古》詩云：不見沙頭洗玉缾，閒移小艇弔江靈。豪華消歇今非古，依舊春風岸草青。《五茸遺話》，朱仲雲《石筍灘感古》詩注云：在下沙捍海塘外，抵海三十餘里，每二三丈，沙汭中有石，如筍彌望。潮汐至此，其流遂分。按：今新場鎮名石筍里，則灘近新場，不應近下沙。而新場之距海尚五十餘里，距捍海塘亦四十餘里。下沙在新場西北十二里，去海塘五十餘里，潮汐亦多從黄浦入沙汭中，石筍亦不可問。舊跡難稽，聊存其名而已。胡《志》。灘今名石頭灣，在新場受恩橋西，當南五竈港曲折處。土人云：河底尚有一片青石，掘下無底止。

海眼泉，在北庵街前，當閘港屈流處，泉中時有旋渦。

旌表亭，在十九保四十六啚，〔刻〕宋末勅建義門詔於亭，故名。亭今圮。明宣德間，陸道明有記。

冢　墓

晉東曹掾張翰墓，在石筍里。陳《志》在横山東五里。《蘇州府志》載入吴縣内，云：在横山五里。陳《志》不知何據，疑亦蘇州之横山。顧成天《南匯志》云：在石筍里。按：新場有墓，俗呼狀元墳，音近相訛，似爲近之。

左將軍吴郡太守湘西伯袁山松墓，在周浦五啚。前志云十啚，誤。乾隆壬申邑令陳焱《重修記》附。晉故將軍嗣長合鄉侯袁山松，陳郡陽夏人，元帝南渡長合鄉侯袁瓌孫也。瓌始以義兵攻蘇峻，有功封侯。子喬嗣爵，授建武將軍、江夏相，决策取蜀，平李勢，進龍驤將軍。子山松嗣爵，守滬瀆城。孫恩作亂寇吴，兵敗死之。既死，部將李祥收葬其尸，誉葬杜浦，屹然爲貞亮死節之臣之墓。千有餘歲，其鄉之學士聞人，流連史傳，每感慨悲悼於侯之行事，有功德於斯民甚厚。而農人牧子，抱布負薪，擊鼓行臘，過其坵壟，莫不唏嘘，傳此袁將軍能衛民殺賊者也。夫自晉迄今，人代湮遠，侯之名弗絶於行道者之口，而其塚穴平夷，幾弗可辨，甚非所以崇德而報績。乾隆壬申，焱來攝邑事，紳士金在田輩白請重修侯墓,(壞)〔抔〕土增城,巋然封表故蹟。侯之靈呵護是鄉,未嘗不如其生時。吾想瀟風細雨,青雲涼月之頃,居人寂静,必有聞行路之曲,聽挽歌之聲,感慨低回,泣數行下。如羊曇騎馬西州,嗚咽不盡。此不特其功施爛然,而史稱襟情秀遠,縱歌酣醉狀,蓋至今如未嘗死也。工既落成,爲文以記諸石,立壙左,俾不朽也。

陶將軍墓,在周浦瑞安橋北。袁部將。胡《志》。

李將軍墓,與袁墓相望。即袁部將李祥。按郭《志》,山松爲孫恩害,祥突白刃,收骸歸葬。胡《志》。

宋詩人儲泳墓,在周浦匯龍橋南。俗呼木魚墳。乾隆間,邑廩生王澤深等具呈請(文)〔丈〕重立界碑。胡《志》。

儲游墓,在周浦網船浜上。泳弟。胡《志》。

太常寺少卿王迪墓,在下沙鎮南。墓有大銀杏二樹。胡《志》。

知臨江軍鮑廉墓,在十九保九十九啚。胡《志》。

浙西漕司丞李邃墓,在十六保竹岡。俗呼金鷄墳。胡《志》。

元贈少中大夫瞿忠墓,在新場永寧寺後。胡《志》。

兩浙都轉運鹽使瞿霆發墓,在鶴沙鎮西北。

附《墓誌銘》畧。皇慶元年二月二十六日,兩浙都轉運鹽使瞿公,卒於松江上海下沙之里第,得年六十二歲。明年四月,葬於祖塋之東。至正七年,去公之卒三十五年矣,而墓碑無文。子時舉大懼先德之遂泯,始以故浙東廉訪副使臧夢解所爲狀,屬同僉太史院事楊瑀來請銘。乃爲銘曰:海隅選兵,孰扞以甯。鹽民破業,孰奠以生。公既靖之,復還定之。我食我衣,歲或薦饑。出粟賑之,哺餓以糜。遂肉我瘠,孰不惠懷。廷臣林公,導之以見。再叩天陛,握恩錫羨。皇帝有旨,俾護而家。汝知鹽筴,往乘副車。海多大風,潮水暴溢。鴻離魚潰,莫保家室。公力拯之,皇褒以秩。正持使節,有赫其光。浙河以東,夭菑札荒。公時推澤,出資散給。拊疕萃逋,歲賦兼集。民有頌言,微公曷粒。德孔厚矣,神之勞之。宜爾耋期,以衎以頤。公不少留,廷命來下。夙悟禪理,無怛於化。若堂之墟,龜峙螭蟠。追刻穹石,百世永傳。應奉翰林文字、登仕郎、同知制誥兼國史院編修官張翥譔,楊瑀書。胡《志》。

孝子徐誠墓,在長人鄉。貝瓊志銘。胡《志》。

信州提舉司潘達墓,在十九保九十四啚南三竈北。其裔建家祠於前,有碑記。胡《志》。

浙江榷鹺使秦良顒墓,子隴州知州裕伯祔,在二十一保二十八啚長壽里。《府志》。

明贈文林郎汀州府武平知縣秦良佐墓,在十九保六十啚。

武平知縣秦世傑墓,在十九保五十啚。

雲南参政宋堯武墓,在十六保二十念一、二啚巨漕東。墓有大銀杏二株,約二百餘年物。前誤入《奉賢縣志》,今據陸樹聲《墓誌銘》辨正。

饒州府知府陸文旺墓,在坦石橋鎮。有碑碣。胡《志》。

隨州知州朱璘墓,在鹽鐵塘東陳家灣。胡《志》。

磁州學政張瑞墓,在十六保沙岡口。海瑞誌銘。胡《志》。

宣城伯衛璋墓,在杜家行。胡《志》。

烈士王守信墓,在下沙東。

禮部主事、汀洲知府陸徵墓,在十六保十六啚。

淮府長史李伯璵墓,子福建参政澄、湖廣布政使清祔。《李氏世譜》在二十一保陸道浜,《府志》、胡《志》在邑城西門外,誤。

南匯千户所哨官李府墓,在邑城東門外。

平樂知府朱允墓，在鹹塘東十五啚。胡《志》。

工部右侍郎談倫墓，在十九保二十三啚。前志謂有王鏊誌，今不可攷。

御史大夫倪貴墓，在十九保五十三啚。

興府典膳倪鏞墓，子光(録)〔禄〕寺署正淑、文林郎伯達祔，在十九保五十三啚。淑墓，徐階書誌銘。胡《志》。

廣西桂林府通判倪邦彦墓，在黄泥涇。胡《志》。

刑部主事倪家泰墓，在二竈港。《府志》。

刑部員外郎唐懽墓，在十六保十六啚。胡《志》。

贈太常寺卿趙博墓，子太常寺卿松祔，在十七保陳村港東。有大銀杏二株。胡《志》。

兵部左給事中儲璇墓，子參政昱祔，在三林莊。唐錦誌銘。

贈禮部左侍郎張森墓，在二十保九啚天字圩。胡《志》。

國子監助教姚敬墓，子太常寺寺丞塤祔，在十七保十啚。

南安縣知縣王佐墓，在下沙鎮東。蔡懋昭誌銘。胡《志》。

南京工部郎中李昭祥墓，在十六保十六啚。胡《志》。

滄州知州孝子李安祥墓，在十六保十啚蘆港東。胡《志》。

湖廣布政使司右參政李伯春墓，在十六保十六啚。陸樹聲誌銘。胡《志》。

刑部郎中李繼元墓，在巨漕口。《府志》。

思州知府蔡懋昭墓，在二十一保二十四啚。胡《志》。

奉政大夫華(綡)〔鯨〕墓，子刑科給事中秉中祔，在十九保三十二啚。胡《志》。

雲南布政司經歷華允(博)〔傳〕墓，在十六保八啚。有大銀杏二株。胡《志》。

工部尚書張電墓，在淡井里。嘉靖三十五年賜葬。《府志》。

遼東都司陸繼臯墓，在井亭港。胡《志》。

贈左參議喬鏜墓，在十七保二十八啚。胡《志》云，在三十三啚，誤。

雲南副使喬木墓，在十七保二十九啚。沈一貫誌銘。胡《志》。

浪穹縣知縣杜時登墓，在杜行。唐文龍誌銘，馮時可誌表。胡《志》。

工部尚書杜時騰墓，在十六保十啚。胡《志》。

南京工部尚書杜宗翹墓，在白廟港西。陸彦章誌銘。《府志》。

授奉政大夫杜龍章墓，在急水港北。胡《志》。

授奉政大夫杜龍璠墓，在井亭港。胡《志》。

南京工部尚書杜士(金)〔全〕墓，在白廟港東。胡《志》。

授奉直大夫杜士基墓，在十九保十啚。胡《志》。

處士杜自然墓，在杜行。杜昌意清釐墓田，嘉慶甲子年勒碑爲記。載《府志》。

懷遠將軍黄縉墓，在十九保九十九啚。《府志》。

贈布政使艾洪墓，子元美、孫通政使可久祔，在十七保十二啚。萬曆中賜葬。《府志》。

中書舍人喬拱宸墓，在十七保。《府志》。

鹽運司副使喬拱宿墓，在八竈港。胡《志》。

參議喬拱璧墓，在十七保二十八啚。張瑞圖誌銘。胡《志》。

禮部郎中喬煒墓，在十七保三十啚。譚貞默誌銘。胡《志》。

御醫王潭墓，子鴻臚寺序班學詩祔，在八竈港。胡《志》。

奉政大夫王偕春墓，子長史觀光祔，在十七保十一啚。《府志》。

行人司司正王乾昌墓，在六角亭。《府志》。

惠州知府王逢年墓，在横沔。胡《志》。

上杭知縣陳正中墓，在十九保五十七啚南界河北。胡《志》。

工部員外郎顧允貞墓，在急水港。徐光啓誌銘。胡《志》。

武德將軍劉貴墓，在城東南姚蕩灣。俗名爲旗鼓地。

布政使朱國盛墓，在航頭鎮東。《府志》。

太常寺卿葉(錦)〔銘〕墓，子蕃春祔，在新場。胡《志》。

副都御史葉有聲墓，在十九保四十四啚蒲達涇北。董其昌書墓誌銘。胡《志》。

特賜通判施一化墓，在十九保。唐文獻誌銘。《府志》。

贈資政大夫施大謨墓，子贈資政大夫紹夔祔，在十九保十九啚。胡《志》。

貤贈資政大夫施大誼墓，子貤贈資政大夫紹著祔，在十九保三十啚。胡《志》。

貴州按察副使王文炳墓，在十九保六啚。胡《志》。

舉人秦國士墓，在二十保三啚張家浜北。

太常寺少卿張元始墓，在朱箍桶港北。胡《志》。

中憲大夫張令德墓，子建甯知府元玘祔，在孫家灣。《府志》。

參議朱正色墓，在沈莊塘。畢自嚴誌銘。胡《志》。

僉事陸昌婽墓，在坦直橋。文旺墓東。《府志》。

贈文林郎顧國憲墓，子工科給事中其言祔，在三竈鎮南。胡《志》。

中書舍人、贈太常寺少卿、賜謚忠節李待問墓，在十六保十六啚。胡《志》。

滕縣知縣、賜謚節愍瞿騫墓，在二十保二十三啚。胡《志》。

欽天監博士、賜謚節愍陳于階墓，在十七保二啚。胡《志》。

舉人張錫眉墓，在新場雷音寺西。胡《志》。

劉河守將黄日章衣冠墓，在城西。閔爲(翰)〔輪〕集：崇禎癸未武進士，甲申戰没劉河，求遺骸不得，其子姓具衣冠招魂葬之。《府志》。

丁務輿墓，子守安、孫九齡祔，在十七保五啚。

武畧校尉周處士墓，在十九保七十六啚。

閔宗一墓，在下沙吉利橋西。

俞家墳，在二十保二啚。有墓道碑“萬曆二年鄉進士之墓”，名無考。

鄉飲大賓劉道深墓，子長洲縣教諭貞吉、孫夢金、曾孫舉人應璧祔，在閔灣。

贈吏部左侍郎張方墓，子贈吏部左侍郎耀邦祔，孫刑部尚書尚文墓在東，在芋涇。

《府志》。

中書舍人張翌墓，在十九保六啚。胡《志》。

國朝南寧推官李延棨墓，在十六保。《府志》。

舉人陳炎墓，在十九保六十啚金匯港西岸。

福建總督、賜謚清惠施維翰墓，在十九保三十啚。

文華殿大學士宋德宜撰墓誌銘。康熙甲子四月，福建總督施公以疾卒於官。上聞報震悼，命部臣議謚議卹，褒忠之典有加。於是其子是彝以狀緘寄，乞銘於予。予與公同舉於鄉，而比肩共事，執交誼三十餘年。公之訃也，不能爲寢門之哭，今得誌公之墓，論撰其生平，以明著後世，庶稍解夫宿草之悲也。其何敢辭？謹按，故通議大夫、福建總督、兵部右侍郎兼都察院右副都御史、謚清惠施公，諱維翰，字及甫，一字研山。生而穎異，讀書數行俱下，倜儻不羣，具經濟大畧。戊子，與予同舉於鄉，壬辰登進士。初任臨江府推官，舉卓異，陞兵部督捕主事，擢山東道監察御史。長身玉立，突兀班行中，世祖皇帝目而偉之。正色敢言，克舉其職。皇上御極，加器重公。公益自發攄，無所粳避，前後章奏數十上。於國家大(禮)〔體〕，則請耕耤田以勸穡，請太皇太后勿謁山陵以節勞。於東南賦役，則請減蘇松重額，禁漕米耗贈，除塘長曠工名色，緩開徵，定編審。於文武吏治，則請懲監司之貪，嚴大帥之縱，官吏勿得侵牟商利，盜案不許營弁羅織。特糾督撫之縱兵爲盜，及曲庇貪吏者，咸正厥罰。以至簡投誠之兵，伸言路之氣，專鼓廳一官，以省推諉，免旗下婦女有罪墩門，以别嫌疑。諸條奏皆關大體，多奉俞旨。計公在臺班十有七年，中一按陜西，一視河東鹽政，所至釐剔姦蠹，整攝紀綱，年資最深，蹇諤最著，海内想望風采，皆以爲當代偉人。而上亦知公廉直，可大用也。内陞鴻臚少卿，轉光禄、大理丞，陞太僕卿、宗人府府丞，尋晉都察院左副都御史。公首陳督撫有薦舉非人者，照定例降調，不得以加級抵銷，中外爲之悚息。值地震示異，朝廷斥封疆大吏之溺職者，而選賢往代之。廷臣推轂以請，上乃命公巡撫山東。陛辭日，上召見便〔殿〕，慰勉再四。余遇之於朝，語及吏治惰窳，民生凋瘵，謂公此行，必能挽回波靡，救濟元元，以副眷注。公亦慨然自任，有古人登車攬轡，澄清宇内之思。余既心壯之，且喜朝廷簡畀得人，不覺爲之額手，而不知即與公爲長訣也。公莅東省，則黜貪墨，輯悍兵，勸墾闢，禁耗羨。時連歲災祲，親行所屬，設法賑濟，疏請截留漕米五萬石，所全活饑民無算。又以青萊距臨倉遠，輸輓艱難，請永行改折，以甦運解之苦。又以歲荒穀貴，凡兵馬供應米豆草料，請照時價估辨，以免官民賠累。至苞苴餽遺，嚴行謝絶，一切案牘，皆親自裁決，不假他手。菜羹糲飯，廚舍蕭然。以故百吏洗心，豪右屏氣，萑苻竄息，獄訟簡清。於夙昔所期，果見諸實事。朝野喁誦，聲望蔚然。天子聞而嘉之。會浙江總督缺，遂特簡用公。公之至任，惟務鎮静，與民休息，潔己率屬，一如在山左。會有駐防滿兵，每夜出緝盜，公慮有生事擾民者，疏請滿兵夜必收營，緝盜之事，專責漢緑旗兵。上善其言，命通行各省，著爲定例。又以衢州地接江閩，控温台，爲瀕海重地。時逆孽初平，疏請如前任督臣，移駐衢州，就近彈壓，得旨報可。公至，衢公署傾圮，營房久歸民間，戍卒即次不寧。苦心籌畫，稍得安堵，公亦自此積勞成疾矣。復奉新命調閩，適巡海使至，公與之徧歷海隅，勞瘁備至，疾漸劇。力赴新任，度仙霞嶺，至浦城，猶强起視文書，延見屬吏，越宿而卒。嗚呼！斯可謂鞠躬盡瘁，以死勤事者矣。公生於前壬戌七月二十四日，卒於康熙甲子四月初二日，年六十有三。先世居汴梁，靖康末，南渡居松江，遂爲上海人。祖大誼，父紹著，嗣父紹夔，皆積學砥行，代稱隱德。後皆以公貴，誥贈如其官。配沈氏，賢明有婦德，綜理家政，能佐公所不逮。始封孺人，繼封淑人，先公卒。側室尹氏、唐氏。子三人，長是彝，候選知縣。次昌奕，殤。次是程，尚幼。孫二人。公通敏精彊，老成幹練，論事剴切如陸敬輿，應機剸斷如姚元之。坐堂皇，决詞訟，耳聽目覽，手披口答，如劉道和。至其不通暮夜，不受請托，所至興利除弊，救灾賑乏，則趙清獻之持己，富鄭公之恤民，不能過也。故易名定謚，曰清曰惠，天下皆以爲允。公與予交久，繼有婚媾之約，而兩家子女俱殤。然相好無間，猶姻戚也。予自附於知公，公亦謬以予爲知我者。今日月有時，鐫遺烈而掩諸幽也。嗚呼，其忍不銘？銘曰：於廓靈海，百川所宗。是生人傑，魁磊施公。入推殿虎，出擁車熊。皂囊論事，白簡攄忠。帝簡重臣，保釐於東。我哺我乳，活此疲癃。山川越絶，初掩燧烽。資公坐鎮，衅甲櫜弓。豪帥悍卒，秣首趨風。移駐閩疆，勞心惙忡。畢力王事，不有其躬。清勤廉直，一節始終。恩綸加憫，褒卹是崇。豐碑贔屭，高城巃嵸。啓佑後人，步武芳蹤。後千百年，垂裕無窮。

贈文林郎、吏科給事中朱雲昇墓，在十九保一百一啚。

吏科給事中朱紹鳳墓,在下沙鎮北。胡《志》。

兵部主事閔峻墓,在沈莊北。《府志》。

贈工部右侍郎、原任湖北糧儲道、謚忠節葉映榴墓,子沂州知府敷、孫内閣典籍鳳毛祔,在十九保七十五啚。

御製碑

朕惟褒忠所以勸臣節,卹死所以勵生存。惟其抗志不渝,全操罔玷,斯隆名紀於竹帛,顯號涣於貞珉。國典有常,君恩益渥。爾葉映榴,性行端方,才猷練達。起家常吉,洊歷曹郎。簡拔司衡,克興文教。洎督糧於楚渚,值弄兵於潢池。蠢兹凶徒,敢行劫制。爾乃身與白刃爲鄰,志並青霜彌勵。篆章密識,遺表潛裁。徐慷慨以捐軀,竟從容而致命。既從優卹,仍睠忠魂。屬時邁之式臨,覩遺孤於道左。感懷往事,儼英爽之猶存;載考彝章,俾聲稱之永賁。是用重申綸綍,特與易名,爰立豐碑,謚之忠節。於戲!表忠扶孝,典從其厚而非虚;取義成仁,名比諸存而孰重。覩此殊恩之逮,愈知大節之光。康熙三十二年十月立。《府志》

授蔚州知州、改授員外郎葉芳墓,在十九保七十三啚。《府志》。

贈内閣典籍葉子房墓,在南七竈。胡《志》。

贈庶吉士朱維垣墓,子錚祔,在周浦。《府志》。

户部主事朱錦墓,子淇、孫薪元、曾孫大本祔,在沈莊塘西。沈荃誌銘。《府志》。

泰寧知縣王肅墓,在十九保三十四啚。胡《志》。

左都督鄔景超墓,在八團沈沙港。《府志》。

武德將軍王紹彪墓,在十九保七十六啚。

誥授武功將軍、署嘉興副將李安邦墓,在八團。《府志》。

誥授武功將軍、温州鎮總兵李定國墓,在八團。《府志》。

贈中憲大夫施練墓,在十九保三十三啚。《府志》。

貤贈中憲大夫施維禎墓,在十九保二十九啚。《府志》。

大同知府施維訥墓,子湖州通判念祖祔,在車子港。《府志》。

贈編修、山東萊州經歷顧昌祚墓,在一竈港。胡《志》。

侍講顧成天墓,在十九保六十三啚。胡《志》。

贈編修蔡之筆墓,在八團四竈港北。胡《志》。

宗人府府丞蔡嵩墓,在七團王家水洞。胡《志》。

進士王鎬墓,子孝廉學洙祔,在十七保二啚。鎬弟歲貢生鑄墓,在五啚。《府志》。

鳳翔知府朱琦墓,在沈莊塘西。胡《志》。

左都御史朱椿墓,在沈莊塘西。

東閣大學士兼户部尚書梁國治撰墓碑記。皇帝圖任舊人,博延魁碩,耆壽之老,布列王廷,宣亮邦紀。時則有若左都御史婁縣朱公,以宿德重望,久勞在外。天子念其年逾七十,不忍重煩以有司之事,乾隆四十八年五月,自廣西行部院召掌南臺。上數延見顧問,禮數優渥。公亦强竦自力,以寅共夙夜。會疾作給假,久之弗瘉。越明年二月,遂卒於任位。公子煐等,卜新兆於南匯縣長人鄉之北原,將以喪歸之。明年十二月,奉公柩而窆焉。公官階品級皆第一,遵令當爲龜趺螭首之碑,樹於墓隧,稱道勛伐,以昭示來世,而石未有辭。煐乃涕泣奉書,以請諸其考之執友會稽梁國治。國治誼不得讓,謹論次公事爲文,使刻之碑下。曰:公諱椿,字大年,别號性齋。皇贈通奉大夫、廣西布政使諱毓之嗣子,鳳翔府知府、皇贈通奉大夫諱琦之孫,皇贈通議大夫、廣西按察使諱竦之曾孫。其先故汴人,從宋高宗南渡入浙,徙居松江之上海，再徙沈莊。其卜宅婁西門，而爲其縣人者，自公祖考始。公生四歲，父母俱没，祖母陳太夫人自鞠養之。公稍長，則岐嶷，治五經，即通貫大義，鳳翔府君以爲類己。甫成童，即爲輸粟於官，吏部注籍，侍通判闕，公以祖父年高，不行。鳳翔府君捐館，服除，久之，會郡縣築金龍塘捍海，守土者舉公領其事。公晝夜宿隄上，授值賦功，悉意鉤校，至罄其貲以助工。役成勞最，督撫奏請優叙，擢授湖北荆州府同知。甫上，尋被檄，有貴州擇木之事。時方營萬年吉地，工部用故事，徵材荆蜀，而大木産窮山絶壑中，道險遠，前後奉使，多憚不敢前。公獨排巖批谷，深入數百里，冒犯瘴霧，極曠莽無人之地，卒多獲峻幹，以致之江。公自漕送京師，引對稱旨，擢爲浙江金華府知府，進授温處道。恭遇天子南巡，駐蹕西湖，公先期潔陳行廬，躬部夫卒，迎御舟，翼衛以行，夙夜在次，執事勤恪。上召詢地方事，應對明敏，由是識其才，駸駸嚮用矣。丁祖母憂歸，起服爲福建興泉永道。温州教授王執玉得罪，公嘗會薦降級，既而還原官，補湖北驛鹽道。視郵道所便，汰其船之溢濫者，省費什九。鹽引絀失平，爲劑其均，商以紓力。黄州大水，請餔其餓者，而築隄以拒江。復爲《備荒書》，下郡縣行之。官民有所守，故雖災不害。王師征緬往來，公護其行，頓舍牢廪無缺，兵民不争，訖事寧謐。上益知公可用，乾隆三十五年，遂擢公廣西按察使，治臬事者六年。進雲南布政使，尋復還之廣西。又四年，遂自布政使擢爲兵部侍郎，巡撫其地。公之爲治也，以嶺外荒遠，苗猺錯居，不可以威令，在拊循漸摩，以化其俗，而於獷悍不率教者，亦未嘗有所縱舍。民感公意，罷息訟獄，以時力田，所屬歲屢登，倉廪豐實，户敦禮讓。先後在粤十餘年，粤人愛公如父母，公視其民亦不啻子弟也。當奉詔去粤，人遮道挽留不能得，既聞其卒，皆爲之流涕云。公至行醇備，以不逮事父母，諱日悲哀如初喪。奉祖母，能盡色養。接僚友，一於至誠，夷險不易。蓋公平生一意修飭，其小者卓卓已如此。至其繫於民事者，人陰被其福，而亦不能盡言也。公卒年七十有五，娶夫人許氏、陳氏，皆贈一品夫人。子二：長煥，中書科中書。次照，尚幼。女六，所適皆名族。國治曩在武昌，與公爲僚，獲見公設施。因而論公始終之間，仰見聖天子知人善任，出入中外，恩禮無間。而公實克秉其純恪，以自結於上，上爲國家勤勞勳相之臣，遭際寵榮於是爲盛。迺繫之以詩曰：泖襟峯扆環東瀛，沐浴日月呿鼇鯨。芒開五色星降精，玉鉉大斗王之楨。早窮策府窺璣衡，循陔戀養伸烏情。欻然乘風朝紫廷，手執銅虎驅牙旌。緶(梗)〔梗〕筏梓浮襄荆，南跨婺括宣藩屏。劍津鄂渚報政成，芃苗萬里謳謡盈。帝咨炎徼思敉寧，疇若予治無逾卿。百蠻坐鎮安邊城，公拜稽首矢潔清。和平豈弟神所聽，嘉穀盡植無蝗螟。水耕火耨樂太平，公功不尸物遂生。天眷宿齒頤耆齡，南臺領袖影華纓。叟筵帝歌位載賡，餙巾何遽乘箕升。沈莊之原舊里閎，岡迴隴伏開新塋。豐碑岌嶪高不傾，行人下馬來讀銘，後千百年垂庥聲。

贈編修朱鑑墓，子詹事府少詹事良裘祔，在周浦東朱家牆。《府志》。

贈順天府府尹吴燧墓，弟光禄寺卿宗亨祔，在十九保水仙塘。胡《志》。

贈順天府府尹吴啓秀墓，在豐家橋。胡《志》。

贈順天府府尹吴成九墓，在南二竈港。胡《志》。

訓導李琮墓，在十七保八啚。《府志》。

兵部左侍郎張集墓，在北四竈。太倉王掞銘。《府志》。

貤贈庶吉士顧鴻烈墓，在趙老灣。《府志》。

河源知縣黄槐墓，弟楙、子熙宁祔，在二十保十三啚三林浦。《府志》。

德清知縣錢學洙墓，在二十保二啚。

常山知縣葉棠墓，在十九保三啚。

貴池教諭葉承墓，在十九保七十三啚。《府志》。

鳳陽府教授唐班墓，在十九保九十八啚。

舉人唐芬墓，在十九保九十四啚。

内閣中書張熙純墓，在二十保三啚。王昶銘。胡《志》。

贈兵部左侍郎淩起潛墓，子侍郎如焕、孫萬安知縣應蘭祔，在下沙東。《府志》。

贈朝議大夫淩元芳墓,子贈朝議大夫康祔,在十九保八啚。胡《志》。

莆田知縣曹泰曾墓,在横汚北。胡《志》。

贈奉政大夫張行文墓,子體乾、孫大金祔,在三竈港。胡《志》。

贈承德郎、候補州同知周德洽墓,在三竈港北。

鄖縣知縣周乘柄墓,在三竈港北匯龍橋。《府志》。

候補布政司理問周炎墓,在三竈港北登龍橋。《府志》。

贈奉直大夫于公桓墓,子世煒、孫布政司經歷士達祔,在十九保。《府志》。

中憲大夫秦錫祚墓,子秉謙祔,在二十保二啚。

宿松教諭金承恩墓,子其章祔,在五團十甲。

陽湖訓導王樹滋墓,在十七保二十三啚。

貤贈修職郎趙一忠墓,子訓導炳融祔,在十九保十四啚。《府志》。

三林巡檢蕭國瑞墓,在十七保十啚。

沁水知縣倪錫湛墓,在十九保九十八啚壽星橋北。

詩人張(宏)〔綋〕墓,在七竈宜嘉橋。

贈修職郎(宋)〔朱〕清榮墓,子清河訓導南枝祔,在十九保十五啚。

贈修職郎胡尚培墓,子元和訓導景熊祔,在十九保十五啚。

贈奉政大夫王之佑墓,子涇縣教諭惟謙祔,在十九保二十六啚。

贈守禦所千總羅長清墓,子千總士傑祔,在郁家浜北。

無極知縣徐繼達墓,在一團六甲。

孝子王含英墓,在十六保西八啚。

屏山知縣桐廬汪百禄墓,在趙老灣。

福安知縣上海劉樞墓,在十九保九十八啚北莊東。

貞烈孫妙真墓,在十七保三十三啚。事蹟莫考,斷碣猶存。乾隆壬子,邑令胡志熊重立石。胡《志》。

顧節婦孝感墓,在新場永甯寺東南。節婦孝養舅姑,歿後貧不能葬,日夜飲泣。葉員外芳哀其志,首捐葬地,同人復欣助之。墓成,文學朱之樸名曰孝感,且爲之記。胡《志》。

三姓墓,在十九保十六、七十三啚。邑城人沈鳴鶴,以其外大父馬姓、妻婦湯姓、姊婿許姓均無後,爲之買地營葬立碣。胡《志》。

胡氏親族之墓,在十七保八啚。周浦胡廷相捐,以葬親族之無可歸者。胡《志》。

姑嫂墳,在十九保馬路港北原。相傳有子死於外,而親存者,嫂守節,姑守貞,以共養,歿後同葬焉。墓有鴨脚樹二,歷數百年猶存。胡《志》。

風俗志

風　俗

南邑瀕海阻浦，冠蓋商賈罕至，故俗尚耕織，風多儉勤，猶近古焉。然西連奉邑，近於喬野，北接上海，習於浮華。士大夫好讀書，尚氣節。而呰窳之徒好訾議，結黨聚訟，持官府短長者，間亦有之。參欽《志》。

吉凶多沿俗禮，喪事尚佛老，祭多以俗節，清明、七月半、十月朝之類。婚喪費尤侈。

女子年十五，留頭，問名，則乞女子生庚占配，俗謂討八字。納采則曰行盤，聘金則曰茶禮。迎娶時，又有節禮門儀。近俗改聘金名目爲做節料，争多論寡，雖士族猶不免。

喪禮崇釋道，按七七日薦享，於五七爲尤盛。或三晝夜，或五晝夜，或九晝夜。親朋弔賻，咸會於是日。又視死日干支，以定回煞之期。至期必延道士設享，曰接煞，否則具蔬陳几，舉室他出，曰避煞。俚俗相沿，皆惑於道家之説耳。

南邑素崇儉樸，雖士大夫家居衹布素，有事暫服綢綾。今差役之流，居然天青緞套，其婦女亦天青緞披、紅縐裙，滿頭金珠矣。咸豐初年，宴會猶衹八簋，今則多用燕窩、魚翅、炙煿諸品。良由近滬，相沿成習，漸趨華靡云。

造墓惑於風水，遷延歲月。其始力能葬，爲選地過苛，其後或以家道中落，或以弟兄消長不齊，積棺纍纍有數十年不克葬者。甚至厝之荒野，年久坍毁，雖經地方官催儹掩埋，而置若罔聞，尤爲惡俗。咸豐辛酉，髮逆竄擾，凡空屋停棺，多被發掘，甚或縱火焚燒，暴骨尤爲可慘。然事定後，仍蹈故習。參欽《志》。

喬鍾吴《海上樂府》：浮埜槨，田野間。云誰無父母，骨朽不相關。云誰非人子，親喪若等閒。有錢擇佳地，有地擇佳辰。富家不易葬，貧家葬尤難。歲月易遷流，門户忽衰殘。荒郊多悲風，吹此白骨寒。昔爲華屋人，今爲無主棺。

俗信神鬼，病則多事祈禱。男巫曰火居，華、婁、金、青間曰太保。女巫曰師娘。俗又謂看仙，言能與鬼神通語。不獨鄉愚爲其所惑，士族亦有信之者。參欽《志》。

病者延道士醮禳，曰解星宿，曰燒替身。或邀親友具牲醴，至邑廟及東嶽廟祈禱，曰保福。病愈則又往，曰贖保狀。或於竈上呼病者名而招之，曰叫魂。送鬼曰送野客。

四月十二日爲城隍白夫人誕，商賈雲集，廟中演戲，小家婦女排坐東西樓觀劇，浮蕩子弟評頭量足，恬不爲怪。縣署舊有賞花例，婦女至者插花飲酒，雖意取勸農，觀實非雅。前令王其淦。詳請革除，而以其費爲恤嫠用。

浦東地瘠，而農民頗耐作苦。種稻者曰水田，種棉花、黄豆者曰旱田，今歲稻、來歲花豆者曰翻田。翻田必以牛犁，餘則或以牛，或以人。人日耕一畝，率十人當一牛。水田用車戽水，近浦通潮，易爲力。其潮汐所不及者，岸峻，水車陡立，非五六人不能運。夏日男女赤汗交流，邪許之聲相聞。有不用人，而以牛運者，其形如輪，横輾以轉水車之軸，俗名牛車。欽《志》，參胡《志》。

浦東宜棉不宜稻，稻田遇大熟年可收二石，中年衹一石五六斗，歉則一石左右。土民不敷所食，必俟蘇、常販來。乾隆五十九年，歲祲，米每石騰貴至六千文。道光三年、十三年、二十九年，水災，米每石至六千餘文。出米之鄉，姦民結黨阻糴，各鎮米鋪俱以二百文爲限。同治元年，髮逆退後，外來米每石十二千文。後以次遞減，至六七年，始平至三四千文。

按：米自江北來者曰下河秈，自關東來者曰牛莊秈。牛莊最佳，江北次之，然終不及蘇、松、常之稌米。

浦東種稻較遲於浦南，而穫則反先。七月中，新穀已登，八九月間，幾無遺秉矣。蓋地氣使然。

農家秋成曰大熟，麥秋曰小熟，人皆藉小熟以種大熟。麥有小麥、大麥、圓麥，小麥爲麪，大麥、圓麥，貧家糝米作飯，俗曰麥粞，故他邑有東鄉麥子之稱。欽《志》。

傍浦種秔稻者十之三，種木棉者十之七。婦女饁餉外，耘穫車灌，與男子共作苦。盛夏赤日中，耘草棉田，俗謂脱花。脱宜爲挩，解挩也，謂爲草所纏而解挩之。俗通作脱，浦南人呼如撻，聲之轉。汗雨交流。熱極，就塘掬水飲之，甚或和衣入水浸片時。不特貧家婦女爲然，即温飽家，亦必躬親操作，俗謂領脱花。

海濱八九月間大風雨，曰風潮。風潮所過，花稻之早者減收，其晚者衹存空莖。農家占驗云：白露看花秋看稻。屢試屢驗。

窮農無田，爲人傭耕，曰長工。農月暫傭，曰忙工。田多倩人助工，而償以值，曰伴工。顧《志》。

婦女紡織佐衣食，不第鄉落，雖城市亦然。紡紗，他邑止用兩指撚一紗者，名手車。吾邑多一手三紗，以足運輪，名脚車。織布率日成一疋，甚有一日兩疋，通宵不寐者。故男子耕獲所入，輸官償息外，未卒歲室已罄。俗有六十日財主之稱。其衣食全賴紅女。參欽《志》、胡《志》。

明王冕《江南婦行》：江南婦，何辛苦。敝衣零落裙斷腰，赤脚蓬頭面如土。日間力田隨夫郎，夜間績麻不上牀。績麻成布抵官税，力田得米歸官倉。官輸未了憂鬱腹，門外又聞私債促。大家揭帖出陳帳，生穀十年還未足。大兒五歲方離手，小女三週未能走。社長呼名散户由，下季官糧添兩口。舅姑老病毛骨枯，忍凍忍飢蹲破廬。殘年無物做慈孝，對面冷淚如流珠。燕趙女兒顔似玉，能撥琵琶調新曲。珠翠滿頭金滿臂，日日春風厭酒肉。五侯七貴争取憐，一笑可博十萬錢。歸來重藉錦繡眠，不信江南婦人單被穿。

明董宏度《織婦歎》：飢亦織，凍亦織。一梭一梭復一梭，日短天寒難成匹。豪户徵租吏徵糧，兩兩叩門如火急。丈夫欲催不忍催，向屋無言向機立。織婦宛轉訴可憐，自來君家已十年。嫁衣雖有豈堪著，布褲百結袒服穿。無朝無夜儉且辛，寸絲寸縷不上身。丈夫有志苟富貴，勿忘機上糟糠人。努力織成力況瘁，回頭忍淚聊相慰。猶勝隣家賤且窮，布機賣卻賣兒童。

王逢《浦東兒女行》：浦東巨室多豪奢，浦東織女長咨嗟。丁男循俗各出贅，紅女不暇親桑麻。鵓鴣呼雨楝花紫，大麥飯香勝小米。一方青布齊裹頭，赤脚踏車争捲水。水低岸高力易竭，汲水上田愁滿缺。穀種看如瓜子金，野鴉不銜田鼠竊。黄草衣薄風披披，日色照面蒼煙姿。南隣北伴更貧苦，糟糠靡粉隨朝虀。阿婆送茶相向語，鉅室新爲州縣主。妻拜夫人婢亦榮，繡幰朱輪照鄉土。牛羊下來鷄欲棲，汪汪眼淚數行啼。女兒身長苦非一，歸路白楊斑竹西。

土俗向不解蠶桑，粤寇之亂，浙西及江寧避難者多至浦東，遂開其端。前令羅嘉杰。官斯土，始課民藝桑，并導以育蠶之利。近日周浦、六竈、新場各鎮，已桑樹徧地，而蠶利則猶未溥焉。

竈丁攤晒鹽場，朝往暮歸。沍寒時，海飈迅烈，頭面皸裂。酷暑聚棚煎煉，火氣熏爍，立赤日中，反覺清涼。掘沙得水，掬飲輒盡。欽《志》。

一、二團皆婦女攤晒，耐飢寒。健者能負鹽行百餘里，無業者賴以給衣食。此肩挑餬口，與船載私販不同，而鹽捕每覷其孤單，指爲私販，而截留焉。參欽《志》。

海邊草蕩，明初給與竈户，爲煎鹽之資。萬曆後，豪强告帖起税，管業遂變爲蕩租，鹽丁以是消乏。欽《志》。按，此鹽户逃亡之所由來。沿海間有私販，率多從浙境之南山船載到灘。雖近日此風少息，而猶不能絶。

傍海編氓多從事捕魚，有簰網、蒲網，列竹於海澨曰滬。欽《志》。春夏之交，於海濱張網，魚隨潮上。得魚，裝鮮滿載，販往上海，俗謂之鮮船。所畏颶風驟起，海潮陡長，網隨飄没，不知所之。又雷雨後，蟛蜞滿灘，於黑夜篝燈，或用鐵鈎鈎取，或用手取，俗謂之搶蟛蜞。餘如土蛈海螄，兒童攜筐拾取，入市易錢。

海灘新漲地，遼闊無際，俗統名之曰蕩。雖經歷屆官吏勘丈，升科召佃，然利藪所在，衆所必争。其已承佃者，謂之老蕩户。其未承佃者，謂之新蕩户。省控京控，靡有已時。

鄉民謹愿者多，每以鼠牙雀角，涉訟公堂。訟師暗唆，胥吏又從中煽惑，株連不已。其始一時逞忿，其後欲罷不能，經年累月，破家亡身。前志謂動以人命相傾，至今猶然。參欽《志》。

地方公事，如開濬、賑飢之類，不能全資差保，自當以紳士督率。而好事之徒，往往各挾私見，互相告訐。甲與則乙訟，乙與則甲訟，其實易地則皆然。於是愛惜聲名者，深藏不出。實事求是，賞罰必信，鼓之舞之，懲之創之，誠未易言矣。

木棉有早晚不同，十月候寒，游手之徒連羣攫取，名曰捉落花。於是田户僱人防守，曰趕捉落花，有相鬭至傷人命者。參胡《志》。

脚行或謂之馬頭，或謂之籮擔，脚夫所聚也。分立段界，不相通借。婚喪之家，綵輿喪輴，故昂其直。市肆貨物，遷運出入，以及客舟起載，不容他僱，必饜其欲。否則攘臂駡詈隨之，士民商旅吞聲而已。約欽《志》文。

民間吉凶之事，不論貧富，丐頭率諸行乞，索酒食錢物。少拂其求，即圍門肆擾。欽《志》。

鄉鎮游手，每於秋末冬初，開場鬭蟋蟀，名曰秋興。既罷，則鬭鵪鶉，曰冬興，又曰鵪鶉圈。少年子弟多由此廢時失業，雖屢經嚴懲，往往賄差保蔽縱，亦敝俗也。

夏天小旱，游手輩舁廟中神像求雨，所過廟神有尊於所舁者，疾趨而過，謂之搶轎。率爾傾跌，雖神像墮臂碎首，弗顧焉。始出惟以日中，一鑼一繖而已。繼且卜夕，糊紙作燈，漸加繁盛，務以奇巧相炫，每至深夜，舉國若狂。既雨之後，復盛設儀衛百戲，日夜游街，或清唱演劇，謂之謝將。有出假民居，爲行館者，至是各歸本廟，謂之回鑾。凡此之類，騷擾閭閻,科派列肆,雖小本營生,亦不得免。而人亦願之,謂四方聚集,可多賺錢也。此風周浦鎮尤甚。

鄉鄙有演唱滛詞者,或雜以婦人,曰花鼓戲,或在茶肆,或在野間,開場聚衆,最足傷風敗俗。近因官司嚴禁暫息。又有所謂影戲者,蓋興於浙之海鹽鄉間,頗復沿及浦東,亦其類也。

婦女茹素佞佛,原無大害。然近有所謂喫長素者,奉大被教教主,名阿太,浙省無賴男子也。所至男女跪拜,争供獻。有被大如一室,夜則男女共被,謂之傳教。最傷風化。及官司訪究,又逸往他處。

鴉片流毒無窮,三四十年來,吸食者不特城市殆徧,即鄉僻亦然。計邑城每日所進烟土,其費倍於米糧。又有花烟館,名爲夫妻店,勾引良家子弟,尤爲藏姦之所。雖經官吏訪究,亦不能絶。

無藉之徒,三五爲羣,醵酒肆横,强取市物,或習(奉)〔拳〕勇,聚黨結盟,謂之小弟兄。迎神賽會,斂錢演戲,勒派良善,夥賭窩娼,留蔽盜賊,借力打降,此類不一。各以其地,名曰某帮某帮。此亂民也。近方有警,首造謡言者,必此輩矣。參欽《志》。

孀婦再醮,皆其自願。乃有强娶孀婦者,誘其遠族,私立婚書,夜率鼓樂,破門而入,挾婦升輿,謂之扛孀。欽《志》。近且有鳩衆搶醮,或略賣者。此視扛孀爲尤惡,雖司牧嚴懲,未能革也。

海中去岸數十里,有鐵板沙闌亘,海舶誤閣,率多膠碎。沿海不軌之徒,以救生爲名,搬搶貨物,名撈洋貨。亦隨懲隨犯,終難杜絶。

物　　産

松郡七邑,物産大同,《府志》概之。宜著其異者,惟木棉所産尤多,民業賴焉,不可以不識。木棉。王逢云:交廣木棉,一名斑枝花。吴地所種,乃草棉也。胡《志》云:陶南村呼爲吉貝。欽《志》云:元時有道婆黄姓,上海污泥涇人,淪落崖州。貞元中,附海舶歸,因以是藝傳里中。吴偉業云:污泥涇偶傳此種,黄婆教之以捍彈紡織之法,死而爲廟祀之。褚華云:邑人止謂之華,而不言棉。有數種:一曰黄蔕,穰蔕有黄色,如粟大。一曰青核,核細於他種。一曰黑核,核亦細,純黑。一曰寬大衣,核白而穰浮。四者棉重皆二十而得九,黄蔕稍强緊,餘皆柔細。又一種紫花,浮細而核大,棉輕,二十而得四。早收者曰早花,晚收者曰晚花,經霜而采,色微糙者曰霜黄花。其蒔植、采摘、軋彈、揉捲之法,詳褚所著《木棉譜》中,不具載。元熊禾《木棉歌》:秋陽收盡枝頭露,烘綻青囊翻白絮。田婦攜筐采得歸,渾家指作機中布。大兒來覓襦,小兒來覓袴。半擬償私債,半擬輸官賦。竹籠旋着活火熏,蠹蟲母子走(粉粉)〔紛紛〕。尺鐵碾出瑶空雪,一弓彈破秋江雲。中虚外泛搓成索,晝夜踏車聲落落。車聲纔冷催上機,去作離人身上衣。小女背面臨風泣,憶曾隨母田中拾。布。出周浦者名標布,俗稱大布。十六尺爲平稍,二十尺爲套段。出新場、下沙及各鄉鎮者,緫名扣布,俗稱小布,又名中機。又稀布,較大布濶三四寸,有單扣雙扣之分。又有斜文方文,尤精而貴。以上參欽《志》、胡《志》。節録徐獻忠《布賦》。序云:邑人以布縷爲業,農氓之用藉以稍濟。然其爲生甚疲,非若他郡邑蠶繅枲苧之業,力少利倍者,可同日語也。括其事,告觀風者。若乃鐵木相軋,手挽足壓。且餧且抙,出絮吐核。張弓拄弦,弦急聲噎。牽絲絡車,咿啞錯雜。借光於膏,繼夜於日。衾簟空夜,漏水寂溢。含愁入機,凝寒弄杼。流蘇綰綜,一伏一起。踏躡相次,上下不已。縷斷苦接,梭澀恐膩。長夜凄然,得尺望咫。寒雞喔喔,解軸趨市。方是時也,織婦抱凍,龜手不顧。匹夫懷飢,奔走長路。摩肩臂以授人,騰口説而售我。坐守風簷,平明反顧。婦辭機而遠望,子牽裳而訴飢。先潔釜而待米，旋汲水而候炊。語少待以相慰，既久竚而始歸。夫嬰嬰以捐涕，云攘攘者在途。索子金而不釋，并布母以如飛。狼攫虎噉，肉寒骨解。無一語之相抗，猶三囈而稱怪。握兩手以授之，拂空拳而吞欸。夫廣儲豐積，出自農夫之耕；一絲寸縷，皆從匹夫之手。然而繭絲告成，置蠶不問；耕犁召豐，與牛何有。是固天下之同風，惟江南爲叢藪。是以手不停機，而終歲無衣，窮年仡仡，而不贍其口。全文見胡《志》，不具録。織衲布。《雲間續志》云：出下沙，其文如衲。手巾。胡《志》云：以雙紗爲經綈扣稀，運糧人置售北省甚衆。出周浦。談箋。胡《志》云：談倫選造，擣染有秘法。董宗伯評云：凡箋多古牙色易渝，又脆而無觔易斷。惟談箋潤而綿，善隨人意。按：今郡城有製者，本邑未聞。蘆花鞋。胡《志》云：出張江栅，他處無之。冬間盛行江浙。黄秈。胡《志》云：出十六保，粒長大，色潤而堅實。穞麥。欽《志》云：俗呼員麥，白者爲秔，赤者爲糯。惟浦東爲宜，屑之和米炊飯。銀絲芥。欽《志》云：葉如銀絲。《府志》云：細莖扁心，取子研汁，可作醬。彌陀芥。扁莖，有癭尤嫩。茨菇。即《本草别録》之烏芋也。亦曰藉菇。邑境所出，較大於他邑。荸臍。即《爾雅》之凫茈也。俗名地栗，亦大於他邑。有紅黑二種。欽《志》云：浦東水田中最佳。山芋。落花生。俗名長生果。上二種向不産，近年客民於沿海沙地種之。蓮子。相傳邑城荷花池産者無心。白果。即銀杏，俗名白眼，相傳邑城福泉寺前者無心。梅子。沈莊梅園産消梅，墮地即碎。西瓜。胡《志》云：出周浦雪瓤者最佳。按：俗稱倉前瓜。饒摇。按《爾雅・釋草》"柱夫，摇車"，郭注："今呼翹摇車。"《詩》"邛有旨苕"，《正義》引陸疏云："苕，苕饒也。幽州人謂之翹饒。"翹摇、苕饒、翹饒、饒摇，蓋方言之轉。浦南人謂之荷花草。花有紅紫二色，間有白者。春生苗可煮食，亦可作菹。夏初翻根，和溝泥積之以培田。蓋即蘇詩之元修菜也，亦曰小巢菜。各處皆有，稱名不同，未知此草已見於《毛詩》、《爾雅》也。故特著之。黄花莭。即蒲公英，入藥。土人采其苗作菹，他邑尠食。旋覆花。生海濱柴蕩，他處多來收采。茳草。水生，可作錢緡。絲草。生沙灘，長四五尺，如絲。蘇常來市者，連舟捆載。藍。欽《志》云：其葉漚爲靛，出牐港一帶。清明種，黄梅時刈，凡五六刈。鶴。欽《志》云：相傳出下沙鶴窠。按：今久不聞有是。鵪鶉。欽《志》云：田鼠化爲鴽即此。按：雄者蓄以角勝負，雌者入饌，此風盛於他邑。雞。欽《志》云：産浦東者大，有九斤黄、黑十二之名。蟹。欽《志》云：出横沔者最佳。胡《志》云：出各竈港。按：昔聞有重十二三兩者，有兩隻斤者。今甚尠，惟六竈九團稍勝。沙裡鉤。欽《志》云：一名沙狗，似蟹而小，生七八團海灘沙穴中。殼軟，嚼之，其渣紅。按：今亦尠有。遮羞螯。似蟚蜞而小，一螯獨大。按《古今注》：蟚蚏，小蟹也。其有螯偏大者，名擁劒。以其螯赤，謂之執火。蓋即此。蟲蟹。欽《志》云：出江浦中，似蟚蜞而極小，作羹甚鮮，杜家行最多。按：此蟹惟正二月有之，近清明即空。或曰：聞紙錢灰氣即死。玉筯魚。胡《志》云：出周浦，骨軟肉肥。銀魚。胡《志》云：出張江栅。雞豆糕。以芡實和粉爲之，向出沈莊，今不聞有此。

方外志

寺觀

福泉寺,在縣城南門内。元至正二年,僧成創建。明嘉靖間毁。萬曆元年,里人劉守清重建。乾隆四十六年,修正殿。胡《志》。閲嘉、道兩朝,歷有所葺。同治元年,遭匪燬,僅存古鐘。學師楊驤倡議集資重建後進。案胡《志》,寺在文廟坤申方,殿脊特高,堪輿家謂不利科名。乾隆五十八年,知縣胡志熊易爲平脊,東西築牆圍之。殿前銀杏二株,猶宋植,今爲匪戕其一。殿後有井泉,極清冽,寺因以名。

永定講寺,在周浦鎮西市。宋淳熙開,趙宫使捨宅地四十八畝建。開山僧恩法華,御額永定禪院。元至正間,僧妙智作藏殿,起佛閣。明初,改今額。成化間,里士趙博、馮玭、姚塡等募修,添建觀音殿、金剛殿,副使郁文博有記。嘉靖中毁。國朝順治十三年,里人張彦聖倡捐,復萬佛閣。康熙二十年,僧曇英修葺山門牆垣,里士朱源、夏潤等,塑文昌關像於佛閣,爲文社地。乾隆癸巳、丁未,再修。胡《志》。後多傾圮。道光二十九年,有客僧募修佛閣。

朱錦《永定寺重建佛閣記》。寺創宋淳熙間,其時題額皆出御賜,刹竿相望,金碧輝煌,前代所未有也。明嘉靖中,島夷闌入内地,而寺之佛閣遂毁於兵。順治十三年,有善信張彦聖,慨然以興復爲己任,捐資千兩,選日鳩工。於是信施填委,版築雲集,佛閣遂騫雲霄之表,廊廡庖湢,次第修舉,蔚然爲招提勝境。余嘗同弟錚,侍先太史讀書其中,時象教中衰,法筵未改,竺墳梵筴,與商歌雒誦之聲,互相響答。忽忽卌脊餘年,蓼莪脊令之痛,交作於心,每一溯洄,未嘗不置身於鐘魚寥廓之際也。竊嘗謂近世士大夫好談宗旨,强作解事,或執教以議禪,或竊禪以掃教。門庭互擊,聚訟滋多。至於講席榛蕪,劫灰永錮,則莫有過而問焉。乃張君(稱)〔獨〕於佛法寖衰之日,成此勝果,雖曰時節因緣,而其勇於爲善之心,固已度越千古矣。故爲之記。

巽龍庵,在周浦鎮東南隅。胡《志》。雍正年建。乾隆五十七年,里人復於殿側增建法雲堂。嘉慶五年,姚伯驥等又倡建文昌閣,爲士人文社地。向無田産,同治元年,里人楊大文、沈維城等,勸募香積田二十三畝。張文虎有記勒石。

方廣庵,在周浦鎮。乾隆時馮姓建,咸豐後毁於寇。同治十年,里人包姓倡捐集建後進。庵左爲舊時天后宫基,有小墩,呼佛頭,相傳埋廢佛於此。

善慶庵,在周浦泰安橋東,明萬曆年建。胡《志》。國朝乾隆三十八年,住僧改故嬰堂爲大士殿,易名觀音堂。道光十六年,里人於殿側建吕祖殿,爲施醫藥之所。咸豐十一年,堂爲匪毁,餘房今作巡司公館。

南山禪寺,在新場南市。元大德十年,僧照建,初名常寂庵。國朝順治初,僧九如重修，易今名。胡《志》。咸豐間遭寇，古刹盡毁，此寺獨存。同治三年，住持僧覺可募捐，修塑重新。

雷音寺，即神霄雷壇，在新場。元至順間，朱姓捨寺基。道士邵希陽建，明陸深爲書記，後改僧舍。國朝乾隆五十年，僧清惠募修。胡《志》。道光二十年，遊僧蓮芳募修，改塑五百應真，樓殿頓焕。同治元年，遭寇盡毁。

永寧教寺，在新場北。元瞿振發及弟。霆發以恩重君親，報隆慈教，割畝。創建。僧允恭開山，名報恩懺院。元方回有記，趙松雪書，額亦趙篆。有鐵佛，高尺餘，得之土中，中峯和尚爲之銘。明洪武中，改今額。胡《志》。歲久失修，日益傾圮。粤匪之劫，僅存基址，爲里人充公賣去。

仁壽庵，在下沙鎮東。宋淳祐間，瞿均用捨宅，僧普安開山，俗呼尖頂廟。明萬曆間，里人王价糾族重建。胡《志》。同治初，爲粤寇殘毁。十年，知縣葉廷眷捐廉，諭董募葺。

資福庵，在下沙鎮。宋建炎間，瞿義建。國朝康熙九年，僧明理重修。胡《志》。同治八年重修。後殿内銀杏一株，猶前朝物。潮音禪院，亦名轉藏殿，在下沙西北三十九啚。元至元間，瞿仲賢建，年久傾頹。乾隆五十二年夏重修。胡《志》。嘉慶時，住持僧藴空募捐，重建大殿七楹，并建海月堂，爲里中生童文會之所。同治元年，遭匪燬。四年，僧自順募捐，復建大殿并東厢屋。

大悲庵，在航頭鎮，僧文慈建。據庵中禁約碑文，爲王敬山捨宅。乾隆四十一年，住持僧德巖、日安復建後殿。胡《志》。道光年，增山門。咸豐後，遭寇幾毁。同治十年，衆捐重修。

寶鏡庵，在航頭鎮東。明崇禎間建，爲州刺史王承庚讀書處。胡《志》。同治五年，以匪擾重塑像。

石林院，在十九保六啚，奉金剛、韋馱、大佛等。元大定時，北人貴由赤建。同治間，里人募捐重修。港南有塔，久圮。院有銀杏一樹，相傳四五百年物。

崇慶教寺，在北蔡鎮。宋嘉定元年，邑人蔡功建，明毁於倭。國朝康熙初，寺僧山隱重建。胡《志》。同治元年，與寺側觀音堂，亦名崇慶祥院。俱爲寇燬。後寺僧静澄募捐，復建是堂，存寺舊蹟。院側有宋植銀杏二株，仍在。

天竺庵，在張江栅鎮，里人沈虹雯、沈麟瑞倡建，黄應文捐田七畝零。胡《志》。同治元年匪燬，里人周如春勸捐重建。

善慶庵，在二十保新興鎮北。元至元間，僧勝建。今俗名莊家觀音堂。胡《志》。

一六庵，在二十保一啚，建自明季。同治十年，里人沈姓倡捐重葺。

瑞和庵，在御界橋北塘。明萬曆三年，里人沈欽建。

星度庵，度，胡《志》誤作慶。在十七保北七竈港上，中有星石存焉。胡《志》。菴右爲明張仲清祠。

崇福庵，在十七保，元刹。明嘉靖間毁，喬晟重建。胡《志》。

寶蓮庵，在二十一保二十六啚。

興福庵，在二十一保二十一啚中心河西市，始建不詳，院宇頗寬廣。

崇福禪院，在魯家匯西。宋天聖元年建，俗名草庵。國朝施清惠嘗讀書於此。胡《志》。

同治元年寇燬,僅存明袁福徵《義免崇福庵田役碑記》。

牧溪庵,又名鄭公廟,在沈公浜北岸。元至正間,徐子堅建。胡《志》。同治元年,遭匪燬。八年,住持僧法彬偕里人金育、金維忠等募建,軒宇一新。沈公浜在蒲達涇西。

古香庵,在秦塘左。明丁方回助田十二畝。胡《志》。向有文社。道光初,里人丁燕山等,復於庵後建文昌閣。

明慶寺,又名黄道庵。在撥賜莊。元建,匪擾幾毁。同治四年,住持德垣募修。

普福禪院,俗呼蔣達廟,宋刹,春秋香火極盛。胡《志》。在航頭鎮西。同治元年匪燬,後里中集捐塑像,并葺正殿。

覺城庵,在十六保,宋紹興二年建,庵旁銀杏數百年物。胡《志》。後有詩僧賡文,嘗置香積田六十餘畝。

妙涇庵,在十六保二十念一、二啚。胡《志》。爲宋徵輿弟兄少時讀書處,有慧日堂匾,手跡尚存。道光十八年,其裔宋宦宗捐田四畝餘。庵後銀杏大可數抱。

普渡庵,胡《志》作普陀。在十六保東渡口,胡《志》。與上海之閔行鎮相對,本爲便民避雨之所。

東禪寺,俗名鐘樓廟,在一團北市。天啓間,唐西村建,爲官民朝賀聖誕處。胡《志》。

海潮寺,在欽塘外。洪武間建,乾隆間,周槐倡修。胡《志》。同治元年匪燬後,止存正殿及西厢三間,節次修整,尚未復舊。

彌陀寺,在四團倉鎮西。宋舊刹,康熙間重建。胡《志》。同治元年匪燬。至六年,里人集資歷建正殿、門房、字藏等,并附構義塾三間。

按:胡《志》所載東嶽廟等,除已歸入雜祀,若太師庵、大聖教寺、緑雯庵等,其地今屬川沙,應歸《廳志》外,尚有七團之衆福庵,俗呼六角亭廟。胡《志》言明萬曆間王乾昌建,今報册稱無是庵,且言曾詢土人,亦謂從前並無廟宇,當日或爲王氏歇涼亭云。是前志已是誤收,今删。

僧　道

明無瑕,福泉寺僧。洪武間,鑄一鐘,啞無聲。有海客言:"日來海中,鐘聲不絶。"無瑕遽悟曰:"此鐘魂也。"乃攝戒衣,臨海宣呪,預戒衆僧在寺(握)〔撞〕鐘,三晝夜不歇。鐘乃發聲,而海中鐘音遂絶。胡《志》。

國朝趙道人,失其名,居一團。素業耕漁,年三十,薙髮如頭陀,就居旁編草棚,食息其中。問其故,不言。勸之出,(赤)〔亦〕不應。或終日不舉火,有造謁者,但以箸蘸水作字答之,語有奇驗。康熙十六年,分防副將周徒步訪之,不一語。餽以銀米,謝置棚外。棚僅容二人,夏不熱,冬不寒,不爇香而自無穢氣。胡《志》。

物成,名化霖,俗姓趙,世居張江栅。年二十,出家於天台石橋方廣寺。侍郎齊召南嘗謂天台山中,早得禪悟者,推霖公爲最。輯《天台山志》,大學士嵇璜序梓。胡《志》。

可賢,十九保汪家衖人。八歲時,嘗嚙舌血噀掌,成蓮花形,仍自吞之。出家王家廟,精通内典，戒行森嚴。屢主松江北禪寺、嘉興白蓮寺講席，航海坐普陀方丈最久。乾隆十七年歸，預爲龕，與諸檀越刻期話别，端坐而化。偈有"推倒銅牆鐵壁，四大一無罣礙"等語。胡《志》。

清徹，字慧白，新場倪氏子，出家青蓮庵。庵在上、嘉接界，後遷嘉定。遇節必祀其先。每五更起擊鐘，耕者以爲候，數十年如一日。嘗夢佛示一墨字，醒語人曰："墨字甲又加二，壽當六十二。灬者，火也。僧應火化，化則歸土矣。"病革，命炷香於帛而瞑。既斂，徒置炷棺上，楮燼而棺亦焚。見《上海志》。

陳和尚，周浦太平庵僧。徒跣行乞，所得輒分濟飢寒。順治初，嘗取爐灰給病者調服，輒愈。已而灰不給，撮座間土與之，土陷成井，汲泉應之，亦驗。疆吏慮惑衆，檄遷之邑城，旋移崇明，復移蘇之北寺，信從者益衆。與談皆尋常語，問爐灰土泉何能愈疾，則曰："和尚不知，人信之即與之耳。"十年，自夏至冬，亢旱二百餘日。里人請濬周浦塘，計二千七百餘丈，工甚鉅。和尚以積募銀千餘兩，獨開茆柴港西九百餘丈，工始竣。載王鑄《濬河碑記》。胡《志》，參《上海志》。

榮性，字大鏞。諸生，唐銓之弟。四齡失恃，祝髮滬城小天竺。道光中，受戒浙之靈隱寺。歸，募修廣福寺大殿。咸豐三年，會匪踞上海，爲所擄，勒捐鉅金。詭辭脱回，投井死。城復，邑令黄芳給高禪義行額，建龕以祠。見《上海志》。

致空，號文齋，南五竈方氏子。年未壯，即棄家，至杭州會龍寺披剃。戒律精嚴，於内典密部尤有神解。寺僧誦禮《華嚴經懺》，五日一休，致空始終無暫輟。歸住法喜庵、金剛廟等處，所在争迎，至輒新其像刹。粤匪亂後，復至杭，涅槃會龍寺。

靈峰，號夢葦，周浦巽龍庵僧。工草書，頗近古。後有智餘僧，詩與書均妙。

仰廬僧，駐六竈蕭王廟，亦工書，且以能詩著。

元澄，永定寺僧，能詩，有《石香堂詩集》，已佚。

無本，天台僧。乾隆初，曾住石林院，後遊嘉興白鶴寺。適純廟南巡，引見稱旨，賜"心澄水月"四字。及回石林，别居驗貞庵，即以水月名其院。後坐化於三墩灣之精忠寺。

良和尚，塘口北人，出家奉佛，以虔脩著。

懷濟僧，柵鎮城隍廟住持，精眼科。道光間，積酬貲修廟置田，里人賢之。

雪舫，不知何許人。貌甚偉，工書，尤善畫蘭竹。游跡徧浦東，居六竈城隍廟最久。

宋葉道士，號猗蘭，崑山人，移家鶴沙。時出袖瓦石，歸置竈突中。里人以異疾求治，即與一片，使歸置突，祝之即愈。人稱葉仙。胡《志》。

明道士彭素雲，汴之汝寧人。幼師劉月淵，稍長游武當，謁張真人於紫霄宫。三年行成，足涉天下。嘗至鶴沙，築大清庵以居。洪武甲戌，羽化於細林山。弟子郭德全，作衣冠墓於鶴沙，就奉香火。胡《志》。

國朝顧源本，川沙人，俗稱顧爛頭。海濱有漁者，網得石匣，堅不可啓，以遺顧。顧開獲異書，遂神於術。會大旱祈雨，有舉顧者，令飭役呼之，辭不往，取瓦礫固封以復。令(恕)〔怒〕擲諸地，雷聲轟然，始以禮招至。約三日，雨果如約。歿時大風雨，失異書及柩所在。胡《志》。

黄世龍，九團道士。少游江西，供事真人府，善符籙，廉不受餽。海鹽陳相國世倌以母夫人偶患祟，方士術窮，延治之，至即愈。酬以金帛，一無取，因書樂善可風額贈之。又嘗出資，於九團壩獨建欽公祠。歿年九十五。《廳志》。

宣如綸，北莊人，顧源之甥。幼謁張真人於紫霄宫，三年學成，頃刻能致風雨。暑日曬麥盈場，適源過之而不入，距數武，天陡昏黑如綸。知有異，亟出繞麥場三帀。旋雨下如注，而場内麥不沾涓滴。年甫三十五，端坐逝。

林漢鏞，華亭人，出家鶴湖道院。在杜行東廟。後遊江右，傳周法官、婁真人道術。工書，手鈔道經百餘卷，畫墨梅尤妙。歲旱祈雨輒應，歷任邑宰率以額旌。法嗣若寶師錬道人、夏法師，亦均能衍其傳。

蔡鶴章，周浦人。誠樸不苟言笑，爲道士能勤其業，禱祈輒應。年逾八旬，步履甚健。道光二十六年，以地藏王誕，至夜沐浴，更法衣，焚香，誦《地藏經》畢，即和衣睡。無疾遽逝，壽八十六歲。

張軒臣，道士，住城隍廟。有道術，能發掌心雷。

附博羅德祠

法蘭西提督博羅德祠，在張江栅鎮西二十保十二啚。同治元年，官兵會勦浦東南賊寇，博助戰甚力，陣亡於南橋。大吏奏請褒恤，遣官致祭。教紳錢楠倡建此祠以報功，遂爲天主教堂。案：教堂非一處，而莫盛於此，故特著之，以見祠意在此不在彼。

雜志

祥異

案：欽《志》所載，自元大德五年始，胡《志》則始國朝雍正十年，以縣始分也。顧所城之築，猶在明初，地又瀕海，與上邑浦隔東西，旱潦風雨，或有相似而不盡同者。矧地志凡以誌地，必自分縣始，前此者諸可省矣。初乘既有足徵，更修未妨溯及。兹酌欽、胡二《志》之中，自明洪武年始。

明洪武三年，庚戌。七月，大風自海來，塵沙蔽空，如有飛物，集沙岡林姓垣外，皆楮幣也。人呼鈔飛林。欽《志》。

八年，乙卯。九月，大水，饑。《明史》作十二月。上志。

十一年，戊午。秋七月，海溢，民多溺死。嗣是正統九年，甲子。天順二年、戊寅。是年漂溺萬八千人。五年、辛巳。八年，甲申。成化八年，壬辰。漂没萬餘人，鹹潮害稼。嘉靖十八年，己亥。隆慶元年、丁卯。三年，己巳。萬曆十年、壬午。十九年，辛卯。自一團至九團，泛濫幾及百里。終明世，盛漲凡十一次。風汛多在七月，或六月，漂没人畜不計，歲輒饑。備見欽、上二《志》。

永樂元年，癸未。饑。二年六月，大水，饑。三年六月，霪雨浹旬，高原積水丈餘。上志。

正統九年甲子十二月，大雪七晝夜，積一丈二尺。欽《志》。此條在《廳志》失著年號，蒙上處，似永樂年事。

成化十七年，辛丑。春二月，地震。夏旱。秋七月，大風雨。九月，淫霖害稼。十一月冬至，大雷電。上志。

弘治十四年，辛酉。冬十月，地震。上志。

十八年，乙丑。九月十三日，有風如火，地大震，聲如雷。越數日，東北有流星墜海，亦如雷火。欽《志》。

正德四年，己巳。七月，大雨十一日不絶，瀕海高原民舍多漂没。冬極寒，黄浦冰厚二三尺，經月不解，竹柏多死，歲饑。明年夏，麥穗多岐。五月，雨如前歲，低鄉盡没。歲又饑，疫大作，民死幾半。欽《志》，參上志。

嘉靖三十年，辛亥。地震，生白毛。有長七八尺者。上志。

隆慶元年，丁卯。冬，訛言選宫女，民間婚娶，合長幼無虚日，配多非耦。上志。

二年，戊辰。冬十月，雷電，桃李開，麥秀，梅杏實。陸學淵《副志》。

三年，己巳。九月八日，暑如盛夏，雷大震。九日，寒如嚴冬，雷震達旦，禾稼經鹹潮盡死，蟛蜞蛈虫爲害。欽《志》，參上志。

萬曆五年，丁丑。六月，寒如冬，連雨傷稼。上志。

十一年，癸未。春正月朔，地震，器物相軋有聲。《副志》。

十五年，丁亥。正月，雨木氷。亦稱木介。夏秋異雷颶風，禾麥俱淹折。明年，饑民煽亂，掠富室，相殺傷甚衆。欽《志》。

二十七年，己亥。秋七月，城鄉徧地鬼嘯，新場民嚴四家生一白豕，人身，鼻方長，前二足亦人手。《副志》。

天啓三年，癸亥。地連日大震，土生白毛。十二月，復大震，有聲，自西北至東南，屋舍摇動。明年，大水，饑。欽《志》。

六年，丙寅。七月朔辛未，大風雨兩晝夜，拔木仆屋，辛卯復然。冬十二月，大雪，一夕即深四五尺，竹木折，鳥獸死。《副志》。

崇禎五年，壬申。四月，雨血，自五竈港迤西北去。是年旱，大荒，米貴民饑。欽《志》。

八年，乙亥。春，大水。民訛言夜有狐妖，沿海居人相驚以倭至，男女奔竄。《副志》。

十年，丁丑。冬十一月，雨紅沙如血。《副志》。

十三年，庚辰。春夏旱，苗枯，翻種花豆。六月，大雨，仍翻禾。秋冬又旱，歲大饑。明春，米斗銀四錢，草根木皮都盡。欽《志》。

十四年，辛巳。春二月，野漫黑霧，雨黄沙，陰晦四塞。三月，風霾蔽天。夏大旱，蝗，米粟湧貴，道殣相望。《副志》。

十五年，壬午。十月冬至，夜疾雷迅風，雨如注，折木飛瓦。米貴，斗需銀三錢九分。時錢法濫惡，每千價三錢六分。明年夏，五月至七月不雨，河水盡涸。冬至，夜大雷電以雨。木棉每觔三百文，准銀一錢。又明年正月朔，大風霾。夏，亢旱，水泉竭。叛奴聚黨，向主索身契，所在家焚身弑。川沙王逢年中書、新場朱襄孫舉人，皆爲所害。上志，參《副志》。

國朝順治三年，丙戌。春二月十九日，鬼號白晝，徧城市。《副志》。

五年，戊子。四月三日，風大雨雹，擊傷牛馬穬麥，地生白毛。七月二十一日，黄浦潮日三至。欽《志》。

七年，庚寅。歲饑，花米騰貴。米每石五兩，花每觔一錢。上志。

九年，壬辰。夏大旱，河涸爲路，鑿井溝底得水，鹹濁且臭，歲大饑。欽《志》。

十一年，甲午。六月二十二日，大風雨，海溢，人多漂没。上志。

康熙三年，甲辰。八月一日，大風雨，海溢，漂没人畜廬舍。川沙營參將惠楨祥，冒風雨駕舟，四處救援，多所全活。明年夏，大雨，米甚賤。每石銀四錢。秋，大旱。上志。

五年，丙午。夏六月十四日，暴風驟雨，毁民房廬舍無算。川沙喬副憲坊及數百年古樹俱倒拔，海潮大作。《副志》。

七年，戊申。夏六月十七日，地大震。越日，土生白毛。上志。

九年，庚戌。六月十一日，海復溢，大風雨，拔木仆屋，三晝夜始息。是歲饑。上志。

十年，辛亥。四月至七月，亢旱，港底生塵，歲饑。上志。

十三年，甲寅。夏五月，杜行鎮枯樹自焚，灰如麪。五竈金閏女一産三男。《副志》。

二十八年，己巳。五月五日，夏至，及交初伏，陰雨連旬，氣候如深秋。是歲歉。《副志》。

三十二年，癸酉。夏五月，周浦民家菊花盛開。近川沙田家生一小豬，隻眼居額正中，有肉角下垂。《副志》。

四十四年，乙酉。夏旱，秋大水，民饑。欽《志》。

四十六年，丁亥。夏大旱，河涸，禾莖盡槁。明年大水，又遭漂没，米貴民饑。欽《志》。

五十二年，癸巳。夏六月至七月，大旱。八月，大水，風潮連三作，歲歉。周浦鄉間産人面豆，眉目口鼻皆肖。《副志》。

六十年，辛丑。民饑，食賑粥者日數千。明年冬，寒，木生介。欽《志》。

雍正元年，癸卯。四月八日，大雨雹，自龍華至閘港，大者重四五十觔，擊死一人，傷無數。明年夏，旱。七月十八日，大風雨，海溢，淹溺各團田廬人畜，壞鹽場。欽《志》。

十年，壬子。秋七月，螟食稼過半。十六日，狂風起東北，暴雨如注，潮入海塘，聲如雷，平地水高三四尺，木多拔，地撼似震，漂廬舍，溺人畜，什居六七。五六團尤甚，至不辨井里。新舊屍塞河，脂浮水黑，禾稼盡爛，魚亦死。歲大饑，民食樹皮草根，轉乞鄰郡，所棄子女，死亡無筭。明年夏，旱，仍饑，又病疫死者亦無筭。十二年，甲寅。春，猶饑。胡《志》。

乾隆二年，丁巳。十月初五日，暴風，有海梟蔽天，月餘始散。胡《志》。明年八月，大風雨，海溢。六年，辛酉。七月，又溢。上志。

四十一年，丙申。五月，有鯨魚死海濱，鄉人解其脊，每節如碓，可舂米。抽其乙，利如刃。是年，塘外蘆地生蝻，旋皆抱草死。胡《志》。

四十六年，辛丑。夏，大旱。六月十八日，海溢，大風雨，拔木仆屋，漂没人畜無算，歲饑。《廳志》。

五十五年，庚戌。夏四月五日，大雨雹，損麥，十六保尤甚。胡《志》。

五十九年，甲寅。七月七日，大風雨，海溢。八月十八日，大雨十晝夜，歲大饑。《廳志》。

嘉慶四年，己未。七月三日，大風雨，海溢。七年，壬戌。七夕，復溢，漂欽塘外廬舍人畜無筭。《廳志》。

九年，甲子。八團海濱有鯊魚化虎登岸，傷斃各一人，羣逐之，南去。《廳志》。

十八年，癸酉。地生白毛。《廳志》。

十九年，甲戌。大旱，河盡涸，秄種不能下。低田棉花結鈴後，海民羣搶擷，富室雇人抵拒，幾釀亂。是歲，饑。

二十三年，戊寅。歲大稔。

二十五年，庚辰。疫癘大行，轉筋霍亂證自此始。

道光元年，辛巳。歲大熟，通邑患蝦蟆痧，治少緩即斃，有全家罹劫者。

二年，壬午。旱，河底龜坼。明年，霪雨爲災，自五月至七月，禾稼盡淹，平地積水三四尺，舟行街巷。水退，地生毛，通邑大饑，疫癘并作。參《廳志》。

十三年，癸巳。自春二月至夏五月，大雨水，秋又連雨，禾棉盡災，米每觔需錢四十餘文，民大飢。上志。

十五年,乙未。夏旱,河港幾涸。六月十八日,海潮驟湧過塘,沿海(未)〔禾〕棉藉以滋灌。《廳志》。

十六年,丙申。歲稔,米斗僅錢二百八十文。上志。

十八年,戊戌。秋,颶風,海潮大作,中秋見霜,棉花鮮實,歲又饑。

二十一年,辛丑。冬十月,雨雪積三四尺,屋上輒印人馬跡。

二十三年,癸卯。佃户多抗租,夥搶田主,縣誅首事計谷成等,勢始戢。

二十六年,丙午。夏六月十四日子時,地大震,器物磕作聲,星流如雨。冬十月五日亥刻,地又震,半空有聲如雷。明年夏五月,又震,地墳湧若水紋趨南,仍有聲。

二十九年,己酉。春,多雨。交五月,連雨五十餘日,棉花草裹,米價陡漲。每石七千文。鋪糶以二百文爲限,民嚻然,天霽始定。嗣至重陽,又連月不雨。水旱並災,花穀無穫,民大饑,米價每觔五十餘文。疫復大作,餓莩載道。

三十年,庚戌。春,饑民乏食,羣出乞,多路斃。各鄉鎮籌設粥廠,縣發長平倉穀,減價出糶,紅朽之粟,觔需錢二十餘。

咸豐元年,辛亥。歲大稔。明年十一月初二日戌時,地震。

三年,癸丑。三月,連日地震。四十二三啚民人徐勝和家,園李結實數枚,如王瓜。七月十八日,縣治大堂前楹無故自傾。

四年,甲寅。秋,稻熟生蜚,附根立萎,穀盡成粃,有并災數十畝者,歲甚歉。冬十一月,河中水潛漲二寸許,氷爲裂。

六年,丙辰。八月,飛蝗蔽天來,以僅食蘆葉,災未成。邑令馮禱於劉猛將廟,蝗即飛集廟樹,若聽約束,人異之。明年夏,大雨,蝗羣赴海灘死。

十年,庚申。秋,甚雨。夜每魑魑有聲,無定在。或目爲地愁,城廂鄉鎮莫不聞。

十一(月)〔年〕,辛酉。五月,地震。七月,航頭鎮浴肆衣箱滴血,沾人身,染衣,浣不去。八月,地徧生白毛,又啾啾作聲,徧通邑,人謂鬼愁。十二月自二十七日至除夕,大雪連下,厚積五尺餘,苦寒。

同治元年,壬戌。春正月,霜霧作花,徧著草樹,狀如鷄毛,彌望疑雪。古諺:霜凇打霧凇,貧兒備飯甕。主豐稔。是歲,二麥大熟,棉稻亦倍收。棉花觔值百錢餘。嗣是連稔三年。

二年,癸亥。二月,城鄉鬼嘯,大疫。

三年,甲子。春三月晦酉刻,地震。夏五月初十夜,狂風大作,傾牆屋,拔木覆舟。中秋後,百日無雨。

十三年,甲戌。夏六月廿八日,有龍取水過邑城,天晦冥,墨雲四壓,水聲如雷。龍髯拂闢廟檐際,旋遠升。以無風,免損壞,惟拔去桐樹一株。

兵　燹

晉隆安三年,島夷孫恩倡亂,驅男女二十餘萬人入海。吴郡守袁山松築滬瀆壘,緣海備之。五年,恩自海鹽寇滬瀆,袁遇害,尋爲劉裕所破,遁入海。亂凡四年。邑瀕海,歷遭海賊之抄。晉咸和間,虞潭修滬瀆壘以防,蓋先袁築七十年。孫恩事,前志本不載,今以誌海警之始。此外非涉邑事者概從略。

明洪武初,屢遭倭警。方國珍次子亞關既降,獻海船水手數萬,請緣海備禦。因設衛所司,遇警舉烽,延亘萬里,首尾策應。

正德七年夏,巨寇劉七入大江。七月二十五日,海溢,碎賊船,乃退入海。官軍追及於邑北九團大洋,與戰不勝,賊亦逸去。

嘉靖十九年,通州土豪秦璠胡《志》通州作崇明,璠作璠玉,兹並據《上海志》。結常熟王艮、王祥,販鹽行劫,拒傷官兵。遂據南匯、川沙,焚掠沿海富家。趨吴淞,爲總兵湯慶、巡撫夏邦謨追擊。璠死,艮等以五舟遁,旋爲其黨所殺。三十年,倭破南匯所,賊首蕭顯入上海。三十一年閏四月,徽人汪直導倭入寇,犯嘉定,破南匯所,北掠川沙境。同知任環、守備解明道敗之於吴淞口。三十二年二月,賊犯青村,遂掠下沙,復陷南匯所。哨官李府率仲子香力戰,斬級四十餘,殲三酋。再戰再勝,誤中伏,父子同死。胡《志》以府死事在三十三年,兹據《上海志》及本傳核正。四月十九日,松江通判劉本元,領鎮江民兵陳寶等,戰賊於十九保連筆花橋。兵敗,陳歿於陣,劉僅免。五月,賊衆以舟師出閘港,與官兵遇於高昌渡。十二日,賊又自海口入會於周浦,以三百餘舸寇上海。先是,浙江兵破倭於馬磧山,傾其巢。賊無所窟匿,乃突走諸鄉落。南匯嘴一帶,溝壑縱横,蘆葦蔽塞,賊據其間,反客爲主。自是浦東沿海二百餘里,賊往來出没無虚日。六月,賊二百餘人,從宋家浜焚掠上海西境,六合知縣董邦政追擊於八團之小灣,以戰功超陞按察司僉事。十一月,賊犯南匯所,劫掠三林莊,爲民兵擊退。三十三年三月,賊將蕭顯據下沙、新場,陳東、徐海據柘林,葉麻三據周浦,相犄爲持久計。四月,賊襲南匯所,城將圮。李香從弟黍,胡《志》誤作李府。年未冠,爲哨官,憤曰:"爲君父報讐在此舉。"出斬賊三級。夜半,賊潛登陴,黍覺,拔劍四斬,下視賊且蠭集,急推垛壓之,賊盡墮死,城賴以全。翌日,戰復勝。賊呼:"誰是李三郎?"黍直應,鬬方急,猝中賊礮死。守將徐學夔坐失機罷,把總婁宇代之,與同官陳習收合散亡,屢挫賊。七月,賊又攻南匯所。其屯川沙者,撤民房作營。參將盧鏜率河朔兵進攻,中伏敗,力士丁千觔、馬八百死焉。八月,軍府檄都司韓璽,會少林僧兵討南匯倭,戰於白沙灣,是役之年月,胡《志》與上志合,獨欽《志》作三十二年六月中事。兹仍胡《志》。焚三賊艦,斬首百餘級。僧了心、澈堂、一峯、真元深入被害。九月,倭自周公墩進攻南匯所,旋合柘林舊巢賊,連敗官兵。總兵解明遇遂下獄,以浙江參將俞大猷爲南直隸副總兵,知府方廉措餉募勇,並令沿海自相團保。監生喬鏜、倪邦彦、盛際時、潘元孝,諸生閔電等,遂練鄉兵,并緣海塘濬濠九十里。三十四年正月,賊自川沙攻南匯,喬鏜於六團灣敗之。董邦政統兵擣巢,殺賊五百餘。喬鏜復追擊,殪其餘。時客兵不習地利,倭又善設伏,輒被陷。惟董邦政、婁宇及喬鏜等所練鹽丁,獨多斬獲,賊乃斂衆自保。總督張經至松,議會師。二月,賊自桐鄉過青村,爲盛際時要擊,徙南匯所北遁,婁宇盡殲之。賊在新場、下沙、閘港、川沙者,初皆進逼,聞官兵大集,遂各踞巢,治守具。四月,川沙倭駕舟出海,適保靖宣慰使彭藎臣、永順宣慰使彭翼南以兵至,遂焚其巢。五月,賊八百餘,自川沙流劫閘港、周浦。董邦政、婁宇及游擊周藩,追擊於塘橋鎮。賊乘半渡截殺,軍覆,藩墮水死。七月,賊復巢川沙,犯周浦。知府方廉遣諜毒其井,死千人。八月,柘林賊七百餘來川沙,喬鏜邀擊於潘家橋。嘉定縣丞張潮率上海兵巡哨至,繞後夾攻,殲其衆。十月,賊自陶宅移屯周浦之永定寺,俞大猷進擊,爲所敗。官軍破川沙賊巢,旋有柘林出洋賊來據。参政任環、游擊曹克新擊敗之,斬獲大半,餘黨走清水窪。十一月,倭二千餘至川沙合股,其在周浦者,乘雪分屯新場,掠民積粟,擄壯丁充伍。閏月,僉事焦希程及曹克新破走之。先是,總督楊宜遣武生胡亘、朱洸等,潛入爲内應。至是,希程率川兵夜襲,亘、洸縱火焚寺,斬首百三十有奇。賊走川沙,旋出吴淞。俞大猷偕副使王崇古追擊於老鸛嘴,俘斬二百餘,焚巨艦八,餘賊還奔浦東。十二月,徵永安土兵六千,駐閘港防勦。三十五年正月,徐海巢新場,土兵驟入巢,中伏,死千人。二月,楊宜落職,以浙江巡按胡宗憲代之。徐海復巢柘林,與新場賊陳東合,掠所城境。三月,倭船四十餘,自乍浦流劫。其一犯七竈港,爲董邦政所敗。一犯南匯所,爲参政任環、参將婁宇所擊走。是月,浙直兵攻陶宅賊,賊由漴闕出海,婁宇追破之於九團洋。四月,新場漴闕賊合入乍浦。是年秋,總督胡宗憲計誘徐海、陳東、葉麻三於沈莊海,溺死。明年,復誘誅汪直。又明年,俞大猷與總兵戚繼光等,破倭於平海衛,餘寇去之。閩江浙稍安,浦東倭患始息。倭寇事欽《志》頗略,胡《志》較詳。近同治《上海志》殊明備,足訂欽、胡兩《志》之誤。特取關於邑治者,合《廳志》彙参之。前志,倭寇皆薩摩州人,而導之者,徽人汪直,杭虎跑寺僧徐海也。直據薩摩之松潘津,引寇入雙嶼港,肆擾海濱。海領其叔碧漢之衆,而陳東輔之。浙撫朱紈破雙嶼,追擊於南麂洋,幾擒直。會紈被劾死,寇亂益甚,東南糜爛矣。直黨有王汝賢、葉宗滿,海黨爲蕭顯、葉麻三、辛五郎。

國朝順治二年乙酉九月,周浦人孔思倡聚不順命者數千人,揭竿攻川沙堡城。把總沈某力排城墉,壓攻者。署吴淞副總兵李成棟提兵進勦,孔死,餘俱遁,平民遭擄殺萬餘人,遂平。兵掠婦女置舟,成棟下令搜禁,皆驅溺浦中,尸滿水面。據《上海志》。又葉夢珠《閲世編》云:順治二年,大兵既徇松城,至上海,下薙髮令。周浦狂生孔(師)〔思〕駕言,明義陽王由海不日登岸,髮留者生,髮去者死。十百附和,各以團勇時所備衣裝,僞立營寨,劫掠海濱。遂攻川沙,焚南郊廬舍殆盡。守弁沈魯肅馳書告急,郡帥李成棟以兵進勦,孔死於亂軍中,男婦被殺掠者三萬餘人。所紀較詳,可存参。前志稱成棟總督,誤,亦據《上海志》訂正。

三年四月,五竈儲章甫聚黨爲盜,掠沿海一帶富室,川沙、周浦居民,咸攜家遠避。知縣孫鵬移游擊率兵捕殺之,餘黨遂散。上志。

咸豐三年癸丑,秋八月初五日,上邑閩廣會匪劉麗川等據城作亂。越三日,遣其黨沈紹、祝月廉、趙茂貞、朱月峰、西祝三等,潛襲南匯。初十日,城陷,知縣事章惠自縊死。前年粵寇踞江寧,蘇常告警,上邑招勇防守,多雕青惡少,因有廟黨、塘橋黨、百龍黨諸私號。巡道吴健彰、知縣袁祖悳復分招廣東、福建勇,養虎自衛。時有江寧籍坐事繫獄之無賴潘小鏡子,袁痛笞之,當死。或以練勇自贖,請姑釋。及出,憾袁甚,陰結劉謀逆。閩廣勇固嘗通款粵寇,約陷蘇後從中起。值青浦亂民周立春等,先二日陷嘉定,滬方驚擾,羣不逞乃乘丁祭日,突率衆入縣署。建勇應之,遂戕令據城。復襲南匯,旋陷川沙。先是,章令聞嘉定事,即預措餉,移咨營汛,嚴密楫防。并出私資,命修儲庫軍裝。營弁嗤過慮,得資置不問。比聞滬警,始惶遽。而賊所遣,率本地諸黨,因有關説者,倡穿城假道等語,謂可無恐,備益弛,城遂陷。賊據城後,抄掠各書役家殆徧。旋遣其黨陳榮、瞿子恩、顧鳴臯、盧大和等,至周浦搜求富室,盤載米糧。未幾,二團諸生顧祖金、監生嚴桂馨,本城縣書陶友華,糾近海壯丁胡慶全、王茂賢等,置械於薪,遣鄉民狀樵者,約守備樊定邦,預入城宿空屋。二十三日寅刻,祖金等撲城,定邦斬關内應,遂自南門入，搜殺知止庵、關帝廟賊徒數百。旋攻入縣署，獲趙茂貞等。厥明，積尸福泉寺前，事遂定。按，沈紹、朱月峰逃回上海，投營自贖，旋伏誅。祝月廉逭而即獲，斬於南匯。陷川沙賊目爲張漢濱，陷後羣賊内訌，將棄去，遂先南匯數日，爲本營護理參將景又春收復。惟上海死拒年餘，至五年正月朔，始克獲斬首逆於小閘橋。潘逆偕其黨陳阿林卒逋誅。十一年，冬十二月，踞乍浦之粵寇，由海塘東下，會金山衛賊，破南橋營守，連陷奉賢、南匯、川沙。賊自去年四月十三日攻踞蘇垣，叠陷崑山等處，再破松江。七月，復自青浦犯上海，爲炸炮擊回。其在浙省竄下者，本年八月，既陷金山衛城，遂由張堰、柘林屢撲奉邑之南橋。其地爲浦東門户，先經巡撫薛焕撥德勇千名、川沙兵三百往扼。時巡道吴煦復從奉南川紳民請，公派餉銀，募泰西兵三百爲前衛。邑令鄧賢芬更募民勇三百，號東勝，命王茂賢帶同協守，嘗遂擊退。至是，乍浦賊又率大隊，自金山衛來攻。初至，畏西兵火器，乃賄通事，約不相犯。十五日黎明，賊麾衆突攻，西兵不戰，兵潰營破，死民勇鮑如圭等，茂賢亦投水死。遂於十七日陷奉賢，明日陷南匯，又明日陷川沙。賊沿塘東下如蟻，金山賊幟遂達於黄浦東岸。十九日，奉賢賊北掠，踞新場鎮，附近各鄉胥被劫殺。時以拒賊死者，有謝伯春、許遇春、陳海堂、陳克念、許炳金、何明揚、許宗春、倪錦堂、章炳蘭、陳廣華、倪南山、張春、盛和、張德金、馬和、倪會源、謝樹階、此下並見《昭忠録》。褚耀昌、陸全、沈焕章、楊金海。

二十一日，川沙等處賊分股踞周浦。越夕，有鎮西北民人羣起攻賊，至李將軍橋，遇伏盡殲。賊旋剽掠近鄉，脅民受僞職，他踞者亦然。浦東盡爲賊巢，蹂躪無虚日。其以衆拒攖賊鋒者，亦所在多有。賊僞號太平天國，有軍帥、師帥、旅帥、百長、司馬諸僞職。每脅土人爲之，概稱鄉官。此上詭名尤繁，又有六等封，爲義、安、福、燕、豫、侯，均以天紀。周浦賊羅振聲最顯，稱載天義。更上則自朝將、天將而王矣。賊不薙髮，以紅黄綢帕首，長竟地爲尊。至則量踞民房，曰打館子。紛設賊卡肆掠，曰打先鋒。繼以安民誘諸鄉官斂貢，貢已給牌，又按户斂門牌錢。卒多徵求，僅緩擄殺，而他處賊來，仍不免殺人。若刲羊豕，所在一轍。民無生望。

二十二日，十七保民人朱泰，領團勇攻入川沙南門，殺賊三百餘。旋潰走，死者甚多。同日同保民人朱儀進，亦糾攻六團灣小普陀賊卡，毁之。明日，復攻川沙東門。賊從南北兩門抄出，殺儀進，衆遂潰。合兩次陣亡，及同時拒賊死者，有邱安〔國〕、邱小狗、邱家桂、吴錦苑、宋雲成、宋瑞芝、張永安、陸海全、陳咸大、陳瑞榮、金榮錦、張和尚、張海全、湯秀章、湯貴金、趙關官、朱茂全、徐松林、蔣和貴、顧錦文、顧寶林、范狗官、陳阿水、張元英、張四官、張文忠、張聖忠、唐金全、徐炎全、朱小和、朱百福、吴金寶、吴景英、朱文官、朱傳官、王振堂、瞿長生、尹木生、蔡林官、蔡炳官、徐玉林、徐俊垣、丁關玉、張克昌、張思仁、王裕昌、王鳳山、莊廣、金如玉、金振英、金唐坤、金大狗、金張桂、金學文、宋學基、宋金南、宋桂全、宋良洲、宋春生、唐鳳樓、唐備良、范景山、范金坤、范瑞章、唐瑞華、喬初行、周有華、厲焕章、祝慶雲、祝孟求、吴瑞堦、此下並見《昭忠録》。吴國香、杜樹藩、葉成三、趙士良、唐春榮、費德明、顧秀(芳)〔華〕、喬紫卿、張小泉、金榮、曹鏞、趙昌、錢維洲、范木、龔大官、奚勝春、厲秉鈞、龔甸生、張良玉、張鳴玉、姚德春、陸勝元、姚春泉、朱時叙、傅存義、陸協恭、儲振中、儲其林、金順和、朱德秀、朱陳寶、趙八官、康維忠、顧秀芳等。是日，別賊逼瞿家港，十七保十六啚民人高小燕、高炳官，率衆截殺於張家木橋，旋斷其橋，使不得渡，全活橋南人無算。二人俱中火槍死。

二十三日，陳家行人陳振聲率子姪誦麟、錦雲，糾衆堵賊於北五竈港，殺賊百餘。別股賊抄攻其後，遂潰。三人及游國成、陳老大、俞海春、此下並見《昭忠録》。陳關華、陳畝秀、游錫桂、游國香、周全發、周明忠、陳德章、陳克明、陳禹敷、陳金泉、楊順和、俞茂春、曹安國等皆死。

二十六日，一團民人陸大忠率衆攻賊卡，爲賊攢刺死。同難有徐長生、陸大金、金小彀、張德福等。自二十七日至歲除，連日大雪，深有五尺，天寒冰凍，路斷港絶。賊始經旬不出，鄉民藉以挈逃，被擄者亦得乘間夜逸，全活無算。

同治元年二月，張江栅從九品銜周如玉及從子世楨、諸生陸臣燮、監生趙雲階等，捐雇西兵二十名，督同團勇，攻毁横沔鎮張勝橋賊卡，殺賊數十。追至北蔡鎮，賊麕至，如玉受傷，世楨等死，團勇多及難。賊更思報復，屢來犯，禦者死亦多。及載者有黄鶴中、蔣大官、龔茂官、朱振、陳時斌、陸濟雲、此下並見《昭忠録》。姚龍官、丁才官、丁永春、張學文、張國柱、嚴秀華、顧振明、黄進生等。

十三日，賊掠海塘，二團民人朱進江糾衆截殺於朱家橋，力竭被擒，遭破腹死。遭難者亦多慘死。外如陳勝全、季瑞貞、潘金榮、龔炳華、龔大全、吴妙官、黄炳元、季揆官、陳寶大、陸金全、蔡福成、喬如璋、此下並見《昭忠録》。唐秀華、王坤林、潘錫榮、陳妙希、夏華官、季錫和、張炳元等，皆死是役。

三月十九日，上海洋槍隊偕西兵攻克周浦鎮。先是，川沙紳莊行忠偕邑紳錢楠，及寓浦東之寶山紳朱芾等，設川南局於上海，招集義勇。並借西兵，合官軍，由周浦塘直趨鎮。飛礮擊賊壘，克之，斬獲無算。賊盡狂奔，竄新場者亦怖走。是日，踞一團賊掠至世德橋，在新場東。鄉民羣出拒，獲馬三匹，殺賊十八名。俄有大股賊數千至，遂被殲，並燬民屋。死者有瞿信侯、徐三和、盛炳官、季炳官、徐洪濤、季春和、蔡秀芳、沈寶全、季榮官、季春官、胡伯春、唐振榮、唐萬益、王秀章、胡景春、胡涉雲、瞿勝思、季芳生、此下並見《昭忠録》。季榮華、瞿瑞貞等。同時三竈港民人薛連亦集衆邀擊，斃賊數十，獲賊舟二。連死，所攻殺兩相當。

二十二日，賊自奉賢還踞新場，時周浦無營守，西兵又即回滬，不追躡，故新場賊既去復還。大肆焚掠。民人李欽明、夏裕春、陸建餘、王秀榮、此下並見《昭忠録》。陳景山、潘穎杉、薛裕蘭、朱振芳、談新、陳關義、王松泉、徐萬成、陳桂全、潘慶祥、張穎家、張克家、張銀、夏勝、顧芳林、陸秀和等，皆以拒賊死。并及近鄉聶家亭、大麥灣及航頭鎮等處。民人沈耀宗、閔裕華、陳建勳、談鴻遠、此下並見《昭忠録》。談大銓、王耕和、談逢癸、馬鑑淵、陸安江、王鳳奎、王關金、陸友亦、金淡人、諸太鳳、談振芳、錢彩橋、周洪海、周濱濤、傅繩武、劉火金、吴明泉、談茂松、陸坤芳、王鑫桃、王德欣、王令文等皆死。復掠魯家匯，民人徐樂亨、此下並見《昭忠録》。嚴紹夫、沈火、王金成、談俊明、沈春榮、張紹周、杜學成、沈守仁、郁秀三等，均以禦賊陣亡。初，鄉民以積忿久，又恃有兵援，各乘機截殺。至是賊亦逞忿肆毒，自周浦而東，沈莊以南，幾無人煙。

四月十八日，署巡撫李鴻章會師進勦。札華爾督西兵自松江進金山衛，爲南路。參將程學啓、都司銜千總劉銘傳、同知潘鼎新以四千人出周浦，爲北路。邑令鄧賢芬駐蘇家橋，贊理營務，支應軍柴。二十二日，學啓等叠毁航頭、新場賊壘，城中賊首先夜遁。先三日，南路兵攻克南橋鎮，同日復柘林，越日又復奉賢，浦東賊已懼絶歸路。復經是創，沿海塘民又四起攻勦。南邑賊首爲僞忠王李秀成養子，迫欲走，乃以城守委其黨，夜攜所掠，率衆南奔。大隊自相踐踏，畸零者爲鄉民雕勦略盡。學啓旋奉檄調，由南橋援松江，留鼎新、銘傳二營，以覘南匯。時踞南城者，爲什天安吴建瀛、淋天福劉玉林，以素爲秀成養子所凌，謀反正。鄧令諜知，即遣親信琴湘亭、勇目陳惠山入城覘虛實，則已强半薙髮。復迭次送款，鄧乃馳稟滬營，旋得請，特戒潘、劉二營，堅屯故處，防中變。

五月朔，賢芬奉檄，入南匯城受降。吴建瀛、劉玉林遣其黨方有才等，以八騎來迎。初，滬營檄鄧相機進止，并撥營勇百人爲護。鄧恐未足禦侮，轉易釀患，遂以單騎入，合幕友選丁，不二十人而止。既入，即就民舍，治文書，概卻餽獻。稍部署其衆，以軍功頂戴予劉、吴等，責自效。

初三日，踞金山衛賊即秀成養子。遣僞將吉慶元，率賊萬餘來犯，所過焚殺。至則射手書僞示入城，招玉林登陴，責其心變，迫令獻城，互語亦互泣。旋退五里，俾劉三思，毋再悮。因是人心惶急。時城中雖已降，其黨猶齟齬，遽難得要領。玉林等本各有家屬在蘇，與吉又素厚，意(巨)〔叵〕測。鄧以隻身入，有變即不可問，從者皆惴恐無人色。賢芬獨慨然以誠感玉林，舉大義撫循降衆建瀛等，遂誓不變，并治守具。入夜，賊潛襲城，將渡濠，爲守兵擊卻。明日，吉賊復合川沙賊來犯，南北延二十餘里，勢甚熾。守川沙賊汪有爲，亦已通款將發，而慶元至，遂爲所挾。城中志既定，先伏隊城外，至是出不意，疾開東南二門，玉林偕降目徐得勝分擊。徐眇一目，素驍悍，驟出，斬賊首荻天豫陳迎祥，賊氣頓挫。乘勢進勦，大敗之，尾追至川沙，賊悉衆遁，遂於初五日并復其城。捷聞，賢芬免失守處分，銘傳攝南匯營都司，與鼎新分守川南，以建瀛、玉林降部隸焉。餘賊南奔者，胥爲海民所殲，積尸海壖，浦以東遂肅清。是亂凡五閱月，死亡當以數萬計。賊又沿途殺掠，多道死，微特不勝載，亦無從載。其以義憤糾勦陣亡，與拒賊罵賊死者，各鄉保先後迭見，誠不敢失書。而時過跡湮，或尚多所闕漏。至諸忤賊死者，尤纍纍。其地、其時、其狀不得其詳，要其死於賊則一也。凡已有專傳及著於記者不再見，其餘謹按保團詮次，内十六保與二十一保皆近浦江，巡道吴煦命輪船礮船梭織巡緝，賊以稀至，故被難者亦較少。載所及以概所不及云爾。

戈蔭芳	邱茂榮	邱振芳	吴慶餘	顧大狗
顧秀如	黄益源	張薪水	張性仁	張筠莊
黄香圃	李德勳	黄益三	吴茂修	杜金和
侯雲彩	陳掌文	陳秀山	張德明	鮑桂馨
鮑汝森	徐廷椿	顧薰南	謝嘉勳	蔣邦盈
張維墉	丁繩本	張克珍	傅錫洲	戴玉禾
李星海	張錫福	顧惠中	蔡士潮	閔儒三
胡琢成	邱三榮	周懋基	龔昆榮	張維型
朱玉芳	何勝祥	唐文瑞	沈和衷	奚浩川
趙敬安	何應文	陶闕英	丁裕嘉	趙建安
徐孟奎	李蘭芳	陳杏千	倪小狗	閔明泉
楊筠亭	沈麗華	傅尚志	謝邦勳	王亮臣
潘俊德	潘葆初	顧文華	朱應華	張廷望
陸鳳峻	陸鳳岐	顧景韓	朱榮春	張澧東

張　銘　　以上並見《昭忠録》。

趙金祥	龔硯耕	楊潤堂	趙亮卿	陸德奇
陸德寶	陸健堂	奚明金	趙炳咸	唐香林
顧保堅	顧德行	孫寶祥	高振佳	曹裕修
金海南	徐六官	趙蘭生	劉良岵	潘心耕
陳醉香	奚蘭徵	蔡金祥	馬如川	趙安仁
林春巖	鮑汝純	陳慶祥	蔣瑞成	郭嘉餘
唐德文	錢伯和	戈成孚	湯德章	湯寶順
陳書田	郭德才	龍學成	傅七官	張安南
顧渭中	閔秀官	儲浩官	陶秀金	蔡士湘
朱啓明	奚建勲	張大官	戴友官	郭振聲
金　蘭	沈桂華	閔德安	張松林	陳　林
徐昆和	吴闢木	駱木全	顧秀文	顧海餘
宋壽春	戴　和	范豹文	周陳林	周　文
顧秀源	顧　貞	蔡　昌	張錫恭	毛會先
唐佩初	曹雲高	周繼芳	馬炳昌	蘇楙業
蘇伯勲	蘇秀成	王　銓	顧渭成	張欽照
范德照	戴超宗	孫賡鏞	邱和尚	梅卓雲
顧端山	王鶴廷	王妙生	王全官	邱炳源
邱勝全	朱闢海	朱念春	朱六官	張朝宰
張秀峰	趙德南	趙成寶	孫環照	孫金瑞
陸大官	陳三官	陳良治	康明官	吕榮春
顧金堂	王良成	陸進山	吴敬山	王錫山
王吉士	吴國祥	周玉堂	楊　全	顧　高
吴秀華	顧　美	張　春	閔寶和	劉裕卿

沈鴻儒　　鄔金蘭　　附文生朱澤均，咸豐三年被難，河南中牟縣幕。

以上俱十七保人。

陳小明	王國昌	葉雅樓	朱晉昌	王槐林
閔學履	閔國祥	朱應奎	祝友凝	錢元法
王嘉生	金士魁	喬秀榮	姚掌林	樊飛九
陳寶良	嚴鶴明	樊　忠	樊秀華	樊夢熊
樊得祥	龔茂銓	姚小狗	王秀坤	陸應祥
顧作賓	王　睦	顧雲章	顧以文	凌振揚
閔仲巖	閔之桀	閔祖鋆	閔成榮	張省蘭
徐德昌	傅大文	樊桂芳	樊世全	陸寶和

申坤培	申慶善	申善階	申涵春	申聚和
申爾全	申欽若	馬國英	蔣慶和	李書屏
凌懋修	孔洪貞	朱念依	朱安邦	朱蘭洲
張安吉	楊全德	儲有田	顧洪儒	張美玉
戴其旋	戴南金	戴士達	戴永成	張國瑞
張炳文	陳學中	朱芳春	夏秀金	孫桂生
蔣勝華	蔣元奎	朱學成	顧良弼	戴士英
楊鷺洲	樊大官	錢四觀	李桂元	李松山
李全觀	張瑞昌	葉華蓀	沈焕章	沈織雲
沈瑞金	薛寶全	邵雲龍	朱秀榮	唐映高
錢守緒	俞錫基	閔純照	張承棨	黄良弼
閔繼達	張渭春	張鳴皋	沈　誦	傅錫鑫
朱鵠瞻	康星槎	傅兆霖	傅德修	郁桂堂
馮寶和	王加茂	胡曾榮	王桂咸	沈守中
張嘉銓	張文焕	方昌宗	閔良士	顧明發
閔義昌	閔桂雲	宋南江	蔡俊良	蔡俊英
蔡照明	蔡炳炎	潘榮昌	談至烈	

以上並見《昭忠録》。

王槐堂	孫寶南	孫春林	倪坤和	陸士誠
龔　坤	顧觀棠	張榮觀	龔　妥	龔　榮
朱海大	秦錫春	秦茂良	朱　炎	朱海林
朱春榮	王永元	許蓉卿	錢遇春	錢三和
錢綬萬	錢金和	瞿勝言	張大觀	陳小和尚
陳大和尚	吴瑞華	吴秉中	胡世英	俞廷佐
俞秀林	張　南	倪貴成	金楚良	夏榮美
黄禹功	瞿三芳	傅幾望	姚裕春	黄彩祥
姚炳和	趙　桂	唐　忠	康聖章	王槐卿
姚沛膏	施楷亭	施妙林	錢育才	莊蘭田
樊曉三	張萬和	周火金	周鳳儀	夏和觀
張錫魁	張桂松	張佩宗	陳瑞充	瞿和尚
陶阿姝	徐彩庭	劉炳官	樊貴仁	康步雲
張茂全	王全官	金炳元	姚　全	王繩武
張汝霖	閔仲良	喬維榮	閔學謙	張海年
陸麻六	閔履泰	邵績偉	陸如祥	秦金官
金茂華	樊錦和	樊榮和	樊金和	樊堂和

樊茂和	樊水洤	樊金鏞	樊登官	唐茂德
張寶全	張秀山	丁同春	周四海	傅勝祥
唐秀環	閔萬千	閔春泉	閔虎官	閔沛官
傅在田	陸鑑和	陸昆和	申德保	顧　炳
張貞官	沈美官	石禮泉	湯念春	喬順千
張土官	程　漳	傅保衡	朱長發	錢玉廷
金海林	祝欽文	倪昆榮	朱七官	喬錫義
金秀官	金華官	瞿和官	姚坤官	葉在邦
楊曾明	張茂華	張應蘭	張小和尚	張二官
張培官	王元林	閔茂生	孫坤榮	趙　德
錢茂官	徐金寶	孫錫忠	閔東秀	李寶和
陸玉秀	李宗秀	談全官	陸大生	李丙官
陸關秀	李茂實	李炳茂	潘大和	潘王海
徐羹梅	顧月槎	沈茂榮	沈　賢	沈小狗
唐明揚	徐　慶	沈錫來	葉明泰	葉明溶
葉應杞	許鈞浦	陸　三	楊關金	楊國貞
高明照	閔敦裕	謝在東	葉同春	沈炳全
葉紹璋	張在春	金尚珍	金世祺	金　四
陸向榮	沈國瑞	傅鳳岐	傅宗易	翟國楨
陳鶴年	顧錫奎	顧元熙	傅邦彦	范茂官
胡關泉	喬銀和	徐亨榮	胡茂堂	張文貞
胡勝思	徐秀忠	徐生南	徐佳貞	徐昌賢
盛啓華	張元貞	胡萬元	徐坤揚	季保觀
張金南	蔡泉觀	季虎觀	季生官	季金榮
季大南	季美觀	富茂官	方茂金	顧思達
嚴文榮	宋國材	王俊三	王蘭田	王杏園
王衡三	王裕仁	王榮年	杜念修	李卓雲
錢耕和	鍾文遠	鍾大榮	沈良士	沈來九
莊勝祥	莊南昌	鍾孝言	何金年	錢望金
何火年	談燮坤	錢錫剛	錢淵泉	錢仲賢
談雲卿	馮佩蘭	王　春	錢春明	高木生
張大海	張榮觀	儲希賢	張明江	閔如玉
喬錦如	王榮久	王　炯	張銀觀	蔣老五
蔣全貞	顧序周	王四觀	王庶浦	薛良照
薛仁照	薛曾海	薛繼謀	薛嘉禾	薛學海

薛構觀	施東生	祝繼咸	樊秀和	樊鴻祺
周德士	沈榮觀	徐源全	薛盛和	薛慎維
薛連珠	蔡省三	蔡美觀	倪忠柏	楊美觀
楊景芳	王度觀	張　德	王　四	談獻忠
傅曾禪				

以上俱十九保人。

陳永林	曹闢寶	張如璧	尹良棟	尹湘泉
朱咸成	朱秉文	趙春巖	丁兆雲	凌錫全
葉掌法	趙學詩	周鶴鳴	姚保坤	凌茂千
厲景蘭	陸榮敬	張文鏡	唐士勲	馬國良

以上並見《昭忠録》。

沈維賢	唐裕南	吴繼堂	吴德官	秦茂林
楊二官	王義和	趙月槎	錢發官	錢祖朋
錢成勛	錢桂全	錢秀元	錢和官	錢阿官
趙二官	張友全	張秉良	張咸保	張保奎
秦增保	錢伯萬	錢錦榮	曹秀官	秦德福
周俊良	周位良	周德明	秦焕如	秦祥明
秦鳳春	秦克俊	秦火官	秦郁祥	錢茂發
潘永芳	顧萬全	顧坤岡	顧潤容	錢以德
陸受全	周旦夫	顧翠樓	沈廷顯	瞿桂堂
唐蘭勲	唐永華	唐三官	唐金榮	姚裕昌
姚三官	潘耀祥	潘利周	潘春南	潘敬華
潘德華	吴書亭	尹增觀	陳秉忠	張秀發
朱秀環	顧四官	陸柏壽	梅七觀	丁茂松
唐振明	潘念春	潘興元	唐國昌	唐士明
唐秀洪	孫啓賢	潘國祥	錢文華	錢榮發
金義官	趙全官	趙尚修	趙金寶	趙德全
吴介年	黄義和	陳瑞春	沈田寶	徐得金
金　官	周維新	周增官	周寶林	楊萬榮
顧周旋	王增福	翁德仙	沈欽林	顧良材
秦敬堂	秦海觀	凌德南	丁士官	張卓如
趙有明	趙阿寶	陶雲麒	陶敬堂	

以上俱二十保人。

濮元春	俞雲斐	談斐章	鮑錫槿	鮑錫九
季瑞芳	瞿　鼎	石襄元	張慎五	孫福源

孫雲衢	湯瑞和	楊茂佳	楊勝華	杜尚銓
馬錦川	金亦橋	馬萬鎰	顧景良	吴念曾
石大春	馬敬修	黄陞階	李允斌	吴桂馨
康維信	徐考三	胡旭初	胡考三	夏瑞元
季爲邦	唐松茂	丁瑞洲	趙奎祥	趙德和
沈邦瑞	季和尚	方守仁	唐茂榮	季錫奎
季錫和	盛和秀	陳桂全	唐勝祥	趙和尚
沈鶴成	毛鴻運	陳秀海	徐大榮	胡貴勳
陶掌金	張維忠	嚴慶甫	戚蘭廷	朱純一
李文福	奚聖文	杜掌英	童向榮	瞿炳觀
蘇承基	胡寰海	濮克榮	沈德龍	周盛昌
王廷楊	王端華	鄭茂榮	瞿三元	孫秀坤
顧思恒	顧祖棠	嚴蘭徵	倪海金	沈金龍
嚴德鄰	奚振杰	倪大林	江大春	倪見春
馬和尚	郭茂林	張貴德	張茂春	張德南

以上並見《昭忠録》。

鮑汝圭	陳掌文	楊超羣	唐薪傳	唐桂卿
張秀峰	史杏塘	黄達卿	夏堃培	王毓寰
王大元	蘇秀榮	馬小狗	周茂松	嚴全瑞
張　錫	嚴二官	唐四官	唐妙生	唐德芳
王茂言	潘明瑞	王良德	倪焕春	瞿桃元
楊順官	金順官	薛福官	瞿廷勲	潘卹庸
嚴蘭芳	嚴心官	張景春	張錫華	吴浩松
夏良茂	徐鶴生	朱言金	朱大官	趙得宗
李小狗	徐金海	楊洪官	顧廟海	宋桂生
朱柄官	張小狗	王義和	朱銀和	朱慶祥
蔡貞官	朱瑞玉	劉　瑞	張　坤	朱耀川
朱象春	朱寶明	吴懷忠	程德庸	富廷官
吴金榮	吴象先	唐明原	金士官	陳大榮
張士程	繆原春	陳景春	張三畏	童七茂
童八茂	朱餘金	黄二寶	唐和官	唐杏桃
周保全	蘇大茂	蘇大原	金和尚	唐焕章
唐關泉	唐建侯	奚金保	奚　和	周福壽
周小瞉	方關貞	倪金和	陸震福	吴金海
吴　春	吴保西	吴小瞉	吴　香	金有芳

葉八官	莊槐昌	莊榮春	莊秀寶	莊盛昌
莊紀昌	莊克勤	莊效忠	莊炳華	莊日新
莊良哉	莊香林	莊若仁	張維仁	李大庸
陳關通	華景官	邵福春	邵南冠	王德佩
徐坤林	盛老茂	黃全榮	盛觳投	王文元
蘇勝林	蘇南春	蔣良中	潘景耀	唐正榮
唐全榮	唐和官	金秀坤	康金隆	王海忠
程昭大	莊和尚	李大原	陳　餘	楊茂全
蘇林千	蘇和尚	汪嘉谷	汪八大	王關元
唐全村	唐心田	錢朝奎	張德芳	仇松官
劉沛香	程大官	程七官	唐敬廷	顧西村
顧坤林	顧敬林	董裕田	董秀華	宋萬餘
宋桂泉	宋岳千	宋大觳	劉順官	顧關金
沈德官	徐長生	周憲章	何廷章	張東秀
董金秀	朱德明	徐杏生	潘瑞明	蔡關四
楊惠春	周土金	徐二官	諸雲龍	諸桂春
楊秀昌	莊貴德	沈朝元	唐全行	蔡茂元
宋二官	潘廷振	唐永賓	唐坤幬	宋友官
嚴和官	沈秉中	唐四保	唐瑞貞	唐坤全
瞿槐堂	李大元	李秀春	陶建榮	王金生
唐五官	沈庸官	唐鶴亭	葉妙福	唐友蜚
唐貞官	張小和	潘和尚	黃伯達	胡秉中
謝維生	唐茂林	陳和尚	倪慶官	倪四官
倪貴松	孫逢春	劉南官	張春榮	王德春
汪宗海	顧奎官	唐五官	潘慶雲	潘如松
金和官	瞿逢盛	瞿南春	瞿榮全	瞿茂華
瞿受貞	胡述中	閔德奎	顧受貞	金思本
瞿秀中	葉慶全	陳小觳	倪二官	顧第歸
顧吟雲	潘小和	潘四官	潘慶保	朱瑞明
葉贊勤	談金龍	談鳳逢	談永年	談國昌
談炳初	瞿紹榮	瞿　東	韓小金	瞿拜轍
胡大川	陸　正	宋定義	徐　裕	馬勝全
顧萬山	胡永蘭	倪大官	倪成器	唐念榮
盛全歸	諸掌林	顏秀華	韓天貞	韓天培
阮尚春	鄔心葵	鄭炳奎	瞿德千	張玉廷

王樹芳 樊義剛 樊茂庸 倪學禮 倪耀文
倪錫昌 濮庸官 倪福堂 倪芳勲 倪火全
嚴火金 嚴阿弟 胡美官 嚴慶蘭 胡肇基
曹錦秀 陸鳳寶 楊南保 胡廷占 劉錫金
胡桂堂 陸金官 陸秀南 陸多狗
陶東海 倪保坤 瞿三官 王炳言
以上俱團甲人。
嚴心德 馬秉良 葉慶祥 葉祚鴻 周伯順
王丙奎 朱文瀾 朱景春 計昌期 馬進廷
黄應豫 以上並見《昭忠録》。
嚴松官 張木官 傅雲鵬 楊茂春 楊鳴山
陳濟雲 陸木官 陸炳全 陳老三 瞿三官
張阿官 張榮官 朱木金 朱海林 朱雪炳
瞿贊廷 周阿狗 張育萬 吴錫瑞 吴桂堂
吴尚元 朱茂榮 朱翼廷 朱敬忠 朱大茂
朱小狗 張貞官 郭小泉 趙元金 陳撰百
趙秀春 王妙金 趙茂金 趙桂金 王進寶
朱坤元 王妹官 談心官 朱全衡 王金官
李華官 顧金書 王良成 錢茂廷 吕德官
顧錫圭 王維官 潘金海 龍阿官 張澧泉
徐盛明 張麻木 朱萬鍾 衛斐文 衛　欽
衛全元 陶克謙 龔秉乾
黄鈞亭 奚俊人
以上未詳保分。
賈榮懷妻汪氏 奚雲照妻賈氏 姚有彬聘妻汪
鄒雝鳳女小姑 周　鏞妻王氏 丁秀先妻衛氏
王採珊妻姚氏 龔昌杰妻張氏 沈燿春妻王氏
周春山妻張氏 楊瀛銓妻沈氏 張兆基妻朱氏
席惠中妻顧氏 周秋山妻俞氏 龔坤榮妻陳氏
吴　某妻沈氏 嚴念劬妻張氏 劉觀蓮妻周氏
張克銓妻李氏 張春嵐妻趙氏 李德勲妻慕氏
李德勲妹德娟 鄭仁康妻趙氏 陳錦榮妻趙氏
方鏡華妻陳氏 祝心德妻蔡氏 張純熙妻嚴氏
陳良弼妻張氏 陳焕文妻周氏 張克黼妻高氏
朱玉芳妻陸氏 郭明德妻沈氏 范鳴玉妻邱氏

顧敬如妻諸氏　顧六官妻郭氏　周玉堂女寶珠
奚雲烈妻葉氏　朱作楨聘閶邱　奚雲蒸妻賈氏
以上並見《昭忠録》。
朱澤國妻吴氏　姚　海妻喬氏　姚潤堂妻丁氏
姚祉亭妻蘇氏　張春甫妻顧氏　閶邱崇志妻周
丁菉溪妻趙氏　吴驥良妻李氏　朱錫楠妻李氏
張朝宰妻劉氏　朱大川妻費氏　張國坪妻秦氏
陳裕昆妻方氏　王士修妻顧氏　邱保咸妻徐氏
金大榮妻陳氏　邱元生妻顧氏　張瑞華女安姐
張廷翼妻吴氏　俞西庚妻王氏　顧寶貞妻潘氏
桂孝元妻顧氏　周尚觀妻張氏　顧仲先妻潘氏
蔡良桂妻喬氏　華慶雲妻蔡氏　曹星旋妻華氏
鄭宗法女小姑　王錫麒女小姑　喬　珩妻朱氏
祝王佐妻劉氏　蔡鶴明妻華氏　曹良租妻沈氏
曹皆友妻沈氏　張勤之妻沈氏　瞿　大女蚓姐
華錫瑶妻厲氏　戴如章女娟姐　費保官妻沈氏
趙維新妻金氏　范大官妻邱氏　張桐柏妻孫氏
王坤成妻張氏　沈英彦妻張氏　何銀官妻項氏
張有成妻傅氏　陸克明妻唐氏　孫德勳妻朱氏
范景山妻王氏　范焕章妻唐氏　瞿顯揚妻徐氏
瞿顯揚女小姑　嚴和卿女四姐　王景明妻陸氏
范　全妻龔氏　王茂成妻喬氏　宋五官妻范氏
張　某女二姐　顧全寶母季氏　郭湘洲聘妻張
姚國基妻潘氏　黄士明妻唐氏　曹振環妻諸氏
刁大官妻萬氏　胡大官妻金氏　錢寶山妻陸氏
唐和官妻潘氏　曹金官妻丁氏　陸誕敷妻徐氏
韓蒕齋妻陶氏　張仲堂妻顧氏　吴裕章妻石氏
胡良寶妻曹氏　王茂修妻費氏　王茂林妻朱氏
金鳳來妻張氏　張德春妻顧氏　謝秀南妻倪氏
謝雲桂女銀姐　陳秀如妻富氏　陳如銓妻蔡氏
陳國昌妻蔡氏　諸樹德妻蔡氏　顧全寶妻張氏
吴聚成妻薛氏　吴德寶妻唐氏　孫亮彩妻潘氏
沈　某妻嚴氏　高　某妻瞿氏　劉　某妻宋氏
劉　某妻唐氏　計寶和妻徐氏　高炳仁妻奚氏
龔　某女鳳姐　龔　某女賢姐　徐衡國妻周氏

張鍾秀妻賈氏
張裕凝妻駱氏
吴俊明妻龔氏
吴築香妻黄氏
徐昆和妻張氏
張　某妻周氏
周　睦女小姑
張發聰妻周氏
張　田女小姑
范良鈺妻周氏
張良貴妻范氏
閔茂林妻某氏
張雲甲妻翁氏
顧嘉禄妻陳氏
蘇成齋妻徐氏
高世珍妻張氏
高寶全妻龔氏
高步洲妻湯氏
喬鳴玉妻王氏
顧誦先妻潘氏
張龍全妻章氏
張咸初妻吴氏
張萬程妻蔡氏
陳吉雲聘妻王
張静安妻唐氏
華廷彦妻徐氏
吴　某妻俞氏
以上俱十七保人。

傅邦彦妻顧氏
傅　某妻張氏
鮑汝瀾妻張氏
鮑錫瑚妻周氏
孫桂生妻張氏
施友成妻吴氏
傅錫如妻艾氏
張友官妻朱氏
申歲南聘妻烏
申吉士妻朱氏
李文元妻楊氏
張茂和妻傅氏
張茂和女淑姐
趙德榮妻張氏
朱慎言女桂姐
張振林妻戴氏
馬西園女小姑
張柏年妻章氏
陸永福妻陳氏
陸五官妻龍氏
戴嘉會妻朱氏
葉雅樓妻張氏
朱晉昌妻戴氏
鍾　蕚妻潘氏
王耀曾妻葉氏
葉方軾妻盛氏
葉傳青妻張氏
葉自誠妻王氏
程丹樵妻宋氏
李榮錫妻蔡氏
嚴宗俊妻謝氏
陳桂和妻王氏
張振家妻朱氏
王海金妻龔氏
王丙遠妻朱氏
陸孝烽妻錢氏
陸友奎妻李氏
龔紹周妻陸氏
華廷猷妻傅氏
喬經鋤妻傅氏
張維賢女寶蓮
張維賢女月蓮
周　鍇妻黄氏
顧　麟女媛姐
戴聯堦聘媳陸
許榮銓妻王氏
以上並見《昭忠録》。

龔湛菴妻沈氏
黄雨香女六姐
黄雨香姪四姐
施聖經媳朱氏
施聖經女珠姐
徐秋槎女慎金
傅邦彦媳顧氏
傅　某妻金氏
顧心畬女佩華
顧遠峯女三姐
傅士經女鈿姐
葉孟韓妻張氏
朱建昌妻儲氏
朱茂源妻黄氏
樊　某女桂英
陸錦榮妻吴氏
唐御天妻龔氏
陸源桂妻傅氏
石禮泉女畲姐
戴有勲妻閔氏
陸　某女桂珠
戴　大妻張氏
計茂春妻黄氏
陸晉昌女瑞雲

傅國安女淑姐	劉信夫妻張氏	傅叙堂妻趙氏
傅新桂妻吴氏	朱竹汀妻王氏	葉曉山妻金氏
袁光旦妻朱氏	葉方愈妻張氏	蔣春橋妻葉氏
胡福全女勤姐	高明照妻倪氏	錢元官妻夏氏
嚴拱垣妻張氏	嚴志垣妻朱氏	張小和尚妻倪
張克家妻唐氏	秦英華妻莫氏	王英士女寶珠
方鼎言妻倪氏	陸　某妻錢氏	張鶴林妻陳氏
蔣懿行妻葉氏	許蓉卿妻王氏	王永元妻鮑氏
陳心浦妻蕭氏	陸夢鳳妻傅氏	陸似璠妻淩氏
陸維新女小姑	陸文藻妻黄氏	陸赫度妻儲氏
李遇春妻張氏	徐榮官妻張氏	潘金奎妻徐氏
朱江澄妻王氏	陸安凝妻喬氏	季六官女桂珠
徐　某女小姑	潘銀山妻胡氏	王耀彰妻倪氏
顧其才妻朱氏	盛維祥妻胡氏	季　某妻徐氏
胡　某妻趙氏	胡　某妻李氏	程　某妻徐氏
蔡　某妻康氏	馬鏡湖妻某氏	瞿信侯妻任氏
唐貴瑜女五姐	鞠　某女小姑	李敬修女勝男
周茂官女勤姐	潘金海妻陸氏	李凝茂女翠英
陳寶春妻張氏	張如玉妻李氏	金雨亭女月珠
周永吉妻王氏	朱德安妻莊氏	胡建隆妻王氏
王永金妻張氏	王竹西妾宋氏	莊孟和聘妻王
張士彬妻顧氏	顧鳴鶴妻談氏	談坤生妻汪氏
沈義仲妻談氏	張秀春妻錢氏	王維咸妻張氏
錢湖客妻杜氏	談維誠妻朱氏	杜念修妻周氏
薛鍾觀妻唐氏	朱瑞春妻施氏	潘春華妻張氏
朱敬忠妻陸氏	徐雪堂妻錢氏	陸友行妻瞿氏
張在揚妻周氏	季　某妻朱氏	陳東升妻沈氏
陳懷直妻劉氏	杜鴻荃妻姚氏	陸應祥妻朱氏
胡嘉樹妻潘氏		

以上俱十九保人。

奚玉春妻丁氏	張天達妻顧氏	周　某女小姑
吴静村女桂姐	劉　全妻奚氏	陳會文妻張氏
徐榮官妻李氏	潘裕修妻朱氏	顧廷玉女小姑
沈天祥妻曹氏	張　某妻顧氏	潘　某妻奚氏
張　某妻吴氏	周　某妻陳氏	陳　某妻吕氏

倪　某妻陸氏	馬　某妻顧氏	陸　某妻滕氏
周　某妻姚氏	楊　某妻滕氏	陸　某妻陳氏
奚　某妻龔氏	嚴　某妻沈氏	以上並見《昭忠録》。
張德培妻沈氏	張友全妻高氏	張友全女妹姐
秦國祥女妹姐	顧翠樓女德貞	秦繼堂妻孫氏
唐裕南妻潘氏	沈仲希妻高氏	李坤官妻潘氏
孫維岡妻沈氏	錢方新妻湯氏	錢儉禮妻潘氏
陶　某妻王氏	陶　某妻喬氏	顧　某妻陸氏
秦　某妻唐氏	奚三官妻趙氏	秦裕堂妻韓氏
張德裕妻趙氏	吴聖來妻周氏	錢敬山妻劉氏
秦欽明妻沈氏	張如玉妻劉氏	吴國勛妻顧氏
錢佩金妻趙氏	秦木林妻淩氏	劉岵瞻妻金氏
張秀巖妻韓氏	劉鶴來妻宋氏	劉成章妻秦氏
韓輔庭妻周氏	陶　某妻程氏	陶　某妻王氏
陶　某女二姐	趙　某女小姑	秦　某女小姑
潘富官妻金氏	龔大周妻陳氏	張天衢妻顧氏
張天衢妾陳氏	張錫熊妻章氏	徐西巖妻杜氏
張上達妻顧氏	朱廷章妻陸氏	奚紹堂妻蔡氏
奚紹堂姪小姑	龔聚千妻姜氏	馬德全妻陳氏
趙洪振妻沈氏	周福生妻朱氏	俞尚文妻顧氏
朱秉仁妻孫氏	趙文德妻沈氏	丁國珍妻趙氏
包學文妻孟氏	奚顯榮妻曹氏	張桂堂妻賈氏
鄭玉廷妻談氏	陳漢克妻張氏	李鳴皋妻姜氏
徐頌勲妻張氏	黄正芳妻嚴氏	吴洪鐸女小姑
丁克宗妻龔氏	陸增駿妻宋氏	奚勝全妻李氏
倪　某妻張氏	倪　某妻張氏	張亦占妻吴氏
康介夫妻嚴氏	倪逢鈺妻吴氏	
唐松山妻徐氏	潘景元妻黄氏	

以上俱二十保人。

盛家駿妻林氏	王士全妻潘氏	吕　明妻徐氏
顧惠春女愛姐	陶寶叙妻方氏	陶浚明女妹姐
朱全官女珠姐	倪山桃妹貞姐	石介于妻顧氏
駱茂東女大姐	朱始達妻蔣氏	鮑汝圭妻李氏
鮑邦斌妻蘇氏	鮑錫喜妻孫氏	鮑錫槿妻潘氏
鮑汝元妻王氏	鮑汝章妻蔡氏	鮑汝村聘妻孫

鮑汝新妻朱氏	喬漢良妻張氏	石　某妻金氏
石　某妻陸氏	康　治妻姜氏	康維信孫如琴
康維仁妻周氏	以上並見《昭忠録》。	
馬雲三妻金氏	夏景山妻董氏	俞和尚妻吴氏
陳雲亭妻葉氏	陳鳳儀母某氏	陳鳳儀妻潘氏
陳鳳儀女某姐	周國盛妻曾氏	周關榮妻張氏
蘇大茂妻祝氏	蘇玉春妻張氏	莊三寶妻方氏
金文全妻黄氏	祝榮春妻金氏	唐超羣妻朱氏
莊忠言妻陳氏	盛家駿母阮氏	張謙六妻閔氏
周茂松妻張氏	顧坤林妻張氏	顧敬林妻陳氏
顧榮官妻邵氏	董秀海妻張氏	宋裕春妻王氏
顧大明妻陳氏	唐應元妻周氏	張海東妻蘇氏
張香官妻劉氏	邵和尚妻宋氏	唐鳴春妻朱氏
沈小狗妻周氏	李春官妻蔡氏	嚴妹官妻孫氏
潘欽明妻王氏	陳福春妻康氏	閔德奎妻湯氏
胡金官妻唐氏	瞿寶貞妻胡氏	倪慶官妻王氏
瞿上忠妻胡氏	李學蓮妻王氏	李壽昌妻閔氏
吴德宗妻潘氏	夏保初妻黄氏	康正榮妻周氏
張賢松妻蔡氏	繆元亨妻周氏	周國良妻何氏
陳嘉亭妻瞿氏	吴上忠妻俞氏	陳賢春妻吴氏
宋玉章妻王氏	蘇承基妻金氏	王　掌妻唐氏
吴金海妻張氏	莊槐昌妻金氏	莊浩川妻陳氏
莊德超妻朱氏	莊義方妻劉氏	莊尚仁妻楊氏
徐炳金妻曹氏	王大金妻石氏	顧長春妻陳氏
何廷章妻周氏	張明照妻董氏	鞠金海妻黄氏
蘇寶和妻李氏	周德和妻胡氏	顧　和妻陸氏
潘瑞明妻唐氏	邵賢貞妻宋氏	唐作舟妻蘇氏
沈全官妻施氏	嚴四官妻唐氏	陶培三妻薛氏
王樹華妻姚氏	金南榮妻王氏	唐望西妻李氏
顧友全妻朱氏	陳朝榮妻奚氏	顧耀環妻吴氏
顧士元妻朱氏	金南榮妻董氏	衛五官妻李氏
張竹舟妻邵氏	蘇錫三妻陳氏	張春和妻曹氏
唐金官妻姚氏	顧弟官妻胡氏	孫茂春妻顧氏
胡國瑞妻唐氏	瞿福全妻陶氏	顧小狗妻吴氏
瞿二老妻陶氏	潘崑崙妻王氏	唐小寶妻李氏

蘇秀春妻李氏
蘇瑞修妻張氏
張秀華妻唐氏
顧坤林女桂寶
陳尚忠女秀珠
張晉堂妻陶氏
徐心田妻錢氏
姚三官妻徐氏
朱貴勳妻王氏
陳妹官妻王氏
盛和秀妻周氏
唐金和妻陳氏
唐秀南妻陳氏
張六官妻胡氏
陳　玉妻奚氏
蔡福成妻顧氏
馬榮春妻奚氏
沈和尚妻吴氏
張茂生妻倪氏
阮福官妻張氏
王雲江妻顧氏
楊金海妻喬氏
陸會舟妻張氏
朱慶朝妻周氏
陸三官妻瞿氏
倪永孚妻王氏
孫學如妻周氏
陳阿弟妻嚴氏
陸德仁妻楊氏
胡文榮妻周氏
潘八官妻楊氏
嚴正林妻王氏
張貴德妻顧氏
馬關全妻蘇氏
陸德全養媳沈

嚴四餘妻康氏
汪七寶妻王氏
唐菊舲女蘭貞
宋南榮女引男
唐小寶女引男
趙全行妻嚴氏
杜瑞田妻鄭氏
潘茂金妻嚴氏
朱國華妻王氏
盛振榮妻張氏
季　榮妻富氏
陳秀榮妻潘氏
唐文成妻朱氏
張五官妻王氏
陳桂中妻嚴氏
潘廷秀妻瞿氏
劉美官妻陸氏
顧全歸妻杜氏
倪老富妻談氏
阮和尚妻倪氏
王福全妻仇氏
濮元及妻朱氏
王老會妻唐氏
倪固貞妻沈氏
倪瑞生妻孫氏
王老章妻濮氏
周國楨妻嚴氏
陸丙昌妻康氏
胡德言妻嚴氏
周思順妻顧氏
周茂全妻嚴氏
沈和官妻夏氏
顧　謀妻金氏
張全官妻章氏
徐上達女寶南

金錦榮妻孫氏
張學文妻章氏
嚴唐坤女秀寶
徐光東女秀雲
周慶言妻陶氏
徐步雲妻朱氏
杜良田妻沈氏
陳德和妻喬氏
朱維官妻喬氏
唐貴榮妻劉氏
計大官妻唐氏
陳貴全妻施氏
張金和妻喬氏
陳朝官妻金氏
計小榮妻潘氏
顧祖欣妻葉氏
瞿衡官妻周氏
胡阿弟妻顧氏
許福官妻蔣氏
倪茂華妻顧氏
沈德秀妻倪氏
胡二老妻吴氏
胡老富妻鄭氏
馬石林妻朱氏
徐源沛妻瞿氏
胡和尚妻朱氏
瞿聚原妻黄氏
倪金佩妻劉氏
倪盛源妻陳氏
濮元貞妻朱氏
王茂千妻唐氏
毛　奎妻沈氏
嚴文賓妻徐氏
毛鴻運女寶珠
閔東之女小姐

潘玉秀女妹姐	王雲江妹多姐	王瑞華妹寶金
徐金南女閨姐	胡兆基女雲貞	胡兆基女素寶
諸秀明妹鳳姐	王進言女秀英	鞠四官妻洪氏
姚四官妻馮氏	黄秬村妻顧氏	奚振杰女三姐
俞蘭增妻王氏	鮑錫槿女姜姐	孫雲衢妻陸氏
孫雲衢媳顧氏	楊永昌妻朱氏	楊永昌媳某氏
金念劬妻儲氏	盛敬賢妻傅氏	徐長春妻杜氏
楊永昌姪媳某	張立綱女南姐	康　衢妻陳氏
康　涵妻沈氏	康維信姪媳石	康維仁孫桂林
康　郁妻石氏	饒瑞芳妻曹氏	金子琴妻顧氏
汪三勝女三姐		
賈毓麟妻某氏		

以上俱團甲人。

又據《昭忠録》所載，或爲陣亡，或爲被難人等。前已見者不複出，原複者亦省。惟音同字異，諸涉疑似處，慎仍其舊。

徐承恩	程大曜	盛國華	金廷懋	唐曾枚
金廷玉	鞠有佳	黄瑩源	王學海	盛家駿
盛國廉	張炳魁	李皆昂	李家昌	陳景科
顧江秀	盛國濂	周天秩	謝　焕	金允文
顧汝霖	顧宗瑛	金蘭生	金廷惠	僧慧日
孫益明	張　狗	王　和	胡嵩彪	徐　鈺
龔桂泉	龔　土	施繼良	徐繼曾	徐南宗
朱亦亭	朱兆珍	朱兆琳	朱九皋	顧友賢
張　蔚	朱全保	朱仲炎	吴蘭馨	俞金和
俞小成	奚鳴金	倪永生	潘四多	錢世勳
夏樹棠	吴永嘉	章洪吉	張顯湯	張炳春
張玉堂	王樹春	方阿弟	莊益三	黄鳳三
程卧雲	董咸金	李學詩	杜明奎	馬　茂
沈大奎	傅超凡	蔡桂和	陸永祥	傅雲鶴
趙杏卿	朱應華	張志超	鞠懷新	程　德
潘磵香	孫森寶	姚心柏	王福昌	邢蓮海
周洪照	董静園	馬開基	顧錫圭	康誕孚
徐福生	瞿　七	奚克祥	倪益三	陳永華
曹春榮	柯德和	張錫福	張日揚	唐勝和
唐建安	唐青榮	凌杏芳	凌瑞南	凌允升

龔　四	江會芳	徐伯麟	朱炳咸	朱榮春
朱秀裳	朱闢榮	朱和尚	胡木林	胡超宗
吴掌林	瞿　炳	瞿國棟	俞雲飛	周　炳
李元瑞	李連元	顧勲南	顧炳福	傅和尚
厲鳳章	謝得寶	薛寶泉	奚建勛	倪茂全
倪錦咸	梅秀春	陳景芳	陳茂華	陳玉樹
姚瑞榮	姚　山	喬金生	喬松三	喬　苟
楊桂生	黄若虞	徐觀瀾	徐觀河	劉漢宗
劉松泉	盛國士	郭順陞	龔坤榮	吴英芝
倪廷揚	陶　五	楊世璜	楊嘉增	張桂泉
張　貞	張錦榮	張慶榮	張全泉	張崑泉
張鳴岡	張聯瑞	王大鏞	王鴻儒	王炳千
倪思信	倪海甯	喬闢炎	張鳳堂	王錫侯
唐錫芳	唐念鈞	顧鍾英	謝正暘	鍾蓉階
劉雲亭	富金森	唐榮清	唐谷華	唐雲萊
康木秀	康明發	康瑞玉	汪福全	程銘盤
程蘭廷	程榮春	丁珮玉	丁萬榮	凌茂千
周小河	邱秀春	邱安國	邱冠三	諸茂祥
瞿國樑	張建堂	王振遠	李培德	陸　狗
(大)〔火〕子英	倪詠生	陳步雲	樊鶴生	樊一廷
邱桂生	鄒望廬	金心齋	金小和	嚴德新
嚴浩川	嚴蘭廷	嚴大鏞	李三和	李熙元
李繡園	李申浦	李寶全	李慶祥	尹谷華
樊榮華	樊錦堂	潘蘭亭	楊妹官	王延昌
唐蔭楨	劉景春	邱蘭田	邱方舟	李廣成
閔勝全	火　發	計杏發	趙克明	趙邦國
馬如川	馬勝蘭	夏寶銓	沈萬春	沈　和
宋觀海	顧秀和	顧三全	顧文華	傅廷瑞
傅廣勤	蔡勝祥	謝金寶	華敬高	謝亞莊
陸紹文	郁繼昌	駱如山	沈　美	盛器華
陸秀榮	陸和尚	陸健堂	祝秀泉	謝雨田
李照元	鞠嘉穀	徐桂棠	倪惠揚	曹明瑞
王元貞	盛榮奎	康慧澄	潘奎望	奚徵蘭
倪曰序	鄒雛鳳	衛斐成	沈　煦	陳似蘭
邢樹松	季木旭	衛勝明	衛倫謨	季兆熊

楊大章	黄品三	邱亦文	談飛章	范和尚
朱咸春	胡景全	倪秀川	倪廷衡	陳福生
樊月江	曹秋圃	唐四寶	唐坤全	唐秉三
汪耀廷	周小和	鳳佩玖	顧星槎	陸耀先
馮耀廷	馮順章	徐蘭榮	朱又安	朱東元
朱　六	胡炳生	胡榮妹	吴秀春	吴家俊
倪書寶	沈炳忠	宋國尚	祝春泉	祝長春
王餘頭	奚振基	沈永奎	趙敬榮	朱瑞銓
瞿招榮	倪福全	奚涵源	丁　春	顧詠朝
孫金海	潘聚忠	連有泉	喬文達	喬上達
楊釗榮	張榮生	王　多	王　全	程秀文
尤玉田	周福春	周茂如	邱金蘭	金鏡窺
李敬賓	浦　春	陳鶴皋	唐世泉	劉培基
周毓賢	尹春泉	馬克俊	尹德昌	趙熙純
顧萬修	傅金海	衛元龍	陸耕揚	陸秉衡
陸秀中	郭　勲	沈星橋	湯　銘	顧思棠
朱澤義	趙雲階	顧以涵	周世楨	黄岳中
倪　堂	倪秀章	倪關福	倪　坤	倪達心
倪　大	倪　多	孫如嶽	朱錦江	奚振環
奚桂華	陶金榮	王紹貞	黄炳元	朱雲章
朱振年	姚　龍	喬焕文	倪南春	倪瑞華
倪佩元	倪茂坤	陳秀林	陳新吉	陳　德
陳御春	陳堯繼	陳秉忠	陳　寶	陳萬金
陳關壽	陳瑞華	陳妙熙	殷桂芳	孫惠全
丁敬榮	丁才茂	丁永生	凌玉田	凌秀芳
閔士英	顧瑞英	顧和海	盛　全	胡小和
吴新田	姚　狗	姚　坤	姚向榮	姚寶金
姚心田	姚　貞	喬金寶	喬小狗	喬成龍
喬維高	楊惠榮	楊文成	楊莘耕	楊木桂
楊錫奎	楊映春	楊秀元	楊甸元	章　春
奚敬元	奚金榮	倪瑞春	倪銀海	倪四成
楊貴全	張永全	張春山	張秀春	張世昌
方忠寶	劉錫奎	周茂春	周茂全	沈德山
薛三和	馬蘭高	章敬修	張仲經	張兆基
王二和	王金海	王廷鈺	王大春	莊曹金

黄紹忠	黄敬堂	唐　二	唐妙俊	唐　茂
蔣敬和	陳炎金	馮士均	施德堂	倪春家
陳慶雲	陳妹官	潘桂昌	楊　八	張濱山
唐維榮	汪耀忠	程　八	俞士良	丁毓秀
曾金秀	劉昌忠	劉鳳池	周盛昌	周秀榮
周賢春	周寶玉	周仁茂	周　和	周象龍
周秉元	金叙天	談鴻千	談會全	談和尚
談　榮	談　松	談佩玉	劉瑞舟	李國佐
盛妙忠	鄭茂榮	陸　金	陸　如	周德福
龔天佩	周德章	吴秉來	周耀祖	沈永芳
嚴金榮	李國珍	鄔德昭	鄔大和	鄔新奎
杜叙華	趙秀田	趙秀芳	趙　國	趙寶元
趙慶全	趙瑞明	沈慶南	沈飛章	沈樹華
沈寶成	沈德賢	沈錫海	沈玉堂	沈天祥
顧宗瑛	洪元龍	儲德華	楊永茂	張　金
金桂金	馮海和	翁振建	龔成山	龔允中
龔茂生	龔欣堂	施　川	徐德龍	朱　炳
朱順榮	范俊秀	宋茂林	顧秀華	顧鳳山
計六成	蔡建忠	孟東林	陸　徵	陸掌千
陸貴生	陸德華	陸　德	陸振華	陸克孝
陸克思	陸邦基	朱祥春	朱全勲	朱金和
朱雲萬	朱小弟	胡寶成	胡寶元	胡廷銓
胡闕慶	胡大春	胡象英	胡　美	吴德南
瞿岳廷	瞿三元	瞿鴻基	瞿超宗	奚咸英
郭寶成	張　昌	黄　榮	李繼賢	喬蘭泉
陳　某	周　鍇	康　椿	沈承祖	顧桂榮
陸似端	盛國棟	閔大林	葉爲琳	周如玉
喬文壇	金繩武	金文彪	喬偉如	陳金生
葉振彪	顧觀炳	西　棠	胡曾祺	費東昇
邱功錦	楊克家	申德寶	楊炳忠	趙金臺
朱桂華	王國棟	趙盤生	季遇山	奚祥慶
奚增慶	奚咸慶	費　德	徐友生	周郇榮
諸耀昌	施　和	施全瀛	徐秀金	吴木金
潘坤發	潘春榮	馬　榮	王瞻百	王惠南
康曾勲	談顯忠	吕芸莊	李沛成	沈孔豪

葉辰山	諸坤南	儲春和	倪逢春	陳　大
錢　土	宣文榮	喬小榮	張榮照	王蘭亭
李德嘉	沈士邦	宋　坤	戴苗榮	富　華
郭金魁	張　土	倪玉廷	倪餘慶	陳榮椿
陶秀全	張　大	方慶堂	程象卿	喬勝渠
申學成	顧葆椿	周錫珪	閔　秀	施餘昌
施　大	施德言	徐海和	儲希賢	儲文華
龔永生	吴金榮	倪錫慶	吴佩千	吴竹英
吴　咸	吴　榮	吴錦章	吴奎榮	吴伯和
吴寶全	儲　浩	儲德勤	朱學成	朱永洲
朱狗觀	蘇振元	蘇玉成	瞿　和	瞿德銓
瞿瑞徵	奚仲勲	奚德明	倪學禮	倪　虎
陳慶揚	潘木生	潘湘蘭	姚惠泉	唐南華
丁妹官	范玉海	陸寶成	陸永才	陸明玉
陸勝海	陸超臣	祝如章	徐　土	諸蘭亭
胡寶義	陳錦芳	陳友恭	陳寶川	袁　興
樊仁義	宣立成	喬義寶	喬洪寶	曹欽明
張全保	張　芳	張茂才	吴秀芳	吴　勝
俞　順	陳榮禎	孫雨峯	孫小狗	孫郁文
樊堂華	樊瑞良	錢　春	錢永金	姚和尚
姚　三	毛敬榮	張德明	張錦川	張德昌
張　培	張　六	張　明	張金秀	王秀川
唐子祥	唐和一	康嘉壽	程殷盤	劉金南
周云奎	周啞和	邱仁香	邱　昌	張福全
張金寶	張南村	張春林	張憲忠	王溪雲
唐　瑞	康成宗	康仲英	丁榮全	丁小榮
丁木生	仇　海	金茂榮	嚴　紹	任聽泉
嚴德基	嚴榮發	嚴金和	李炳忠	李德福
杜坤金	閔　多	閔炳松	閔茂林	(絁)〔鮑〕秋山
鮑　榮	鮑春江	鄔　全	鄔小狗	鄔秀榮
閔金生	趙玉堂	沈庸一	顧　餘	顧大狗
顧壽春	戴　美	蔡昇華	陸　榮	陸　冰
陸念先	陸　睦	陸　土	馬純叔	馬昌榮
馬良茂	沈　三	沈闕香	沈吉甫	沈國良
季良于	顧葵初	顧　茂	顧瑞龍	傅敬堂

計國祥	陸闢松	郭駿聲	楊全昌	顧　春
吴懋修	陳妙松	陳海榮	潘　榮	李　剛
許榮銓	計心法	黄金勝	唐心禪	戴　友
孟妙度	陸南仲	陸九高	陸紹周	陸長源
陸　六	郭進山	葉方軾	葉鴻生	葉儒佳
葉萬東	閔廷餘	西夢生	西炎生	倪春榮
費德璜	厲棻華	陸德元	陸金魁	陸昆餘
郭柄良	郭水泉	唐　某	陶大受	

《昭忠録》被難婦女。

喬經邦妾朱氏	王　某妻金氏	王咸春妻李氏
王　某女桂英	王錦春妻夏氏	王　某妻蔡氏
盛國華妻阮氏	張克黼妻沈氏	龔秀崗妻弓氏
倪盛源妻陳氏	王應槐妻劉氏	王　某女桂姐
唐慶和妻楊氏	康　某妻潘氏	丁　某妻陳氏
華玉堂妻徐氏	張　蔚妻宋氏	張　蔚女咸姐
周　某妻陶氏	周　某女妹姐	金　士妻計氏
李　某妻儲氏	盛國仁妻阮氏	顧匡籌媳濮氏
喬文報女茂連	嚴廷元女鳳英	陳耀林妻徐氏
金桂業妻陳氏	徐　鈺妻張氏	徐　鈺媳倪氏
金廷銓妻顧氏	孫繼達母金氏	陳鏡川妻沈氏
李養庵妻石氏	吕紫巖妻樊氏	許玉莩妻施氏
鄔　某妻趙氏	杜　某妻鄭氏	趙德華妻金氏
夏家言妻王氏	蔣慶和妻馮氏	顧　某妻胡氏
閭邱岐山媳周	閭邱岐山女玉	盛國廉妻金氏
周啓蓮母沈氏	康堯卿妻陳氏	王茂堂妻宋氏
史杏塘妻宋氏	郭廷忠妻夏氏	郭廷忠女大姐
姜發春母楊氏	朱桂春母陳氏	王茂春妻宋氏
盛榮奎媳唐氏	陸鴻飛妹三姐	祝　某妻徐氏
鞠榮耀女全姐	鞠榮耀女弟姐	鞠　某妻顧氏
華祝三妻顧氏	龔銘勲妻朱氏	朱鳳儀妻唐氏
易時發女大姑	朱鴻逵妻王氏	顧錫春母姜氏
駱如三女秀娟	石名揚妻顧氏	康誕孚媳沈氏
周如斌母謝氏	周如斌姊停雲	周如斌姊慶雲
徐觀瀾妻倪氏	鞠永熙祖母胡	朱湘奎聘妻顧
董咸金妻嚴氏	董咸金女三〔姐〕	張雲亭女三姐

徐　某妻閔氏
楊世煒女素芳
王大鏞妻嚴氏
唐　某女名姐
陳金生聘妻張
許　某妻王氏
楊大春妻劉氏
喬茂蓮女名姑
康建勲妻沈氏
徐逵章妻周氏
姜德樹妻嚴氏
沈秀春妻喬氏
奚仁耀媳蔡氏
金　某妻儲氏
陳　某妻方氏
朱文元妻倪氏
曹鳴瑞妻顧氏
俞夢星妻王氏
張　勤妻孫氏
倪　某妻喬氏
倪　某妻鮑氏
談玉山妻葉氏
趙達天妻邱氏
沈　某妻陸氏
姚　某妻徐氏
盛榮奎妻徐氏
楊　某妻朱氏
張　某妻孫氏
康良輔女咸貞
馬俊之妻王氏
吳　龍妻沈氏
李錦銓聘妻沈
倪　某妻朱氏
孫學如妻周氏
朱炳安妻儲氏
徐　某女全姑
張春甫妻顧氏
王大鏞媳瞿氏
姜　發妻康氏
施　某妻王氏
許　某妻施氏
王蘭亭妻張氏
張桂德妻顧氏
劉茂華母瞿氏
方雨亭女蘭英
俞　某妻王氏
顧　某女桂貞
張　某女金姐
徐　某妻錢氏
朱　某妻王氏
喬松三妻張氏
吳友棐妻潘氏
張麟書妻蔡氏
倪　某妻尹氏
王　某妻金氏
倪　某女八姑
李益堂妻奚氏
夏超宗妻富氏
孫　某妻顧氏
范洪祖妻孫氏
徐　某女銀姐
章三才妻張氏
張上全妻陶氏
康良輔女素貞
盛恩訓妻朱氏
朱　某妻許氏
徐桂棠妻張氏
倪春華妻楊氏
倪硯山妻王氏
唐　某女小姑
於　某女映珠
王全貞妻許氏
王大鏞女大姑
夏祥林妻王氏
申秉忠妻顧氏
姚心伯母孫氏
陳樹春妻胡氏
康瑞玉妻楊氏
金春齡妻李氏
瞿　某女引南
馬茂榮妻馮氏
徐玉亭妻李氏
鄒錦昌妻蔡氏
朱　某妻蘇氏
姚老維妻陳氏
朱　某妻顧氏
楊　某妻陶氏
倪　某妻崔氏
張錦榮妻蔣氏
周　某妻朱氏
金　某妻朱氏
陳良田女官保
孫　某妻陸氏
沈　某妻吳氏
喬維高女小姑
陸士春妻喬氏
張庭蘭妻翁氏
康良輔妻駱氏
汪福廷妻薛氏
陸鳴佩妻喬氏
張繼俊妻章氏
吳茂榮妻蔣氏
倪廷衡女翠金
顧永年妻汪氏
周　某妻錢氏

周　某妻錢氏
袁榮秀妻程氏
張慎儀妻吳氏
方　琦妻陳氏
傅　某妻盛氏
吳　某妻李氏
陸寶南妻姚氏
陸達觀妻潘氏
某　　妻張氏
郭廷忠女寶珠
王瑞華妹梅姐
沈　某妻倪氏
王　某妻顧氏
周德福姊珠姐
季　某女雲二
華祝三妻厲氏
周上珍女信姑
馮士均妻金氏
朱　某妻孫氏
瞿國瑞妻黄氏
翁　某妻沈氏
胡關成妻吳氏
瞿　某妻徐氏
陳　某妻王氏
倪東官妻劉氏
陳　某妻奚氏
楊海和女小姑
陳　某妻施氏
喬信忠妻顔氏
楊國良妻丁氏
張永全妻孫氏
張　某妻倪氏
王　某妻顧氏
唐　某妻徐氏
金鴻星妻王氏

馬　某妻蘇氏
喬尚達女小姑
張　某妻孫氏
程　某妻談氏
曹　某妻馬氏
周雲亭妻沈氏
陸秀坤女小姑
湯　銘妻徐氏
朱瑞昌妻駱氏
喬如章妹小姑
沈洪培妻朱氏
季　某女季姑
王　某女妹姐
鄭　忠女寶姐
鍾　某妻陳氏
龔　某女龔姑
季　某女坤大
諸　某女小姑
朱　某妻唐氏
瞿妹官妻周氏
胡小弟妻顧氏
吳裕高妻趙氏
倪毓秀妻馬氏
倪　某妻顧氏
倪翔藻妻孫氏
錢　某妻周氏
楊　某妻杜氏
潘　某妻顧氏
楊秀榮妻鞠氏
莊炳心母瞿氏
張永全女雲寶
張　某妻趙氏
王掌官妻胡氏
周　某妻嚴氏
嚴　某妻潘氏

陸佩生妻秦氏
陶畹春妻朱氏
張咸元祖母某
季木旭母周氏
喬　某妻郁氏
周雲亭妹杏珠
陸錦忠女能姑
祝銘勳妻王氏
潘仁大妻奚氏
王瑞華妹妹姐
沈德山妹秀妹
許　某妻蔣氏
周德福母朱氏
周　某妻喬氏
徐德龍妻瞿氏
倪　某妻傅氏
顧盈聘妻張氏
朱　某妻顧氏
胡建成妻鄭氏
俞　某妻顧氏
胡大和妻張氏
瞿大官妻夏氏
倪毓秀女妹姐
倪春榮母顧氏
梅　某妻吳氏
宣南寶妻儲氏
陳　某妻嚴氏
潘桂昌母嚴氏
楊寶全妻周氏
唐　某妻楊氏
張　某妻顧氏
王　某妻唐氏
唐　某妻陳氏
周世勳妻顧氏
杜　某妻沈氏

沈　某妻金氏	沈　某妻喬氏	嚴金榮妹妹姐
嚴炳山妻周氏	趙慶全母沈氏	馬　秀妻張氏
蔣　某妻孫氏	沈德孚妻倪氏	沈雨田妻王氏
沈自周妻金氏	季　某妻瞿氏	盛　某妻周氏
陸　某妻夏氏	陸昌官女秀姐	陸昌官女鳳姐
陸秀山妻王氏	陸文炳妻瞿氏	鞠榮春妻唐氏
沈德發妻陸氏	沈　某妻華氏	顧祖欣妻葉氏
顧　某妻趙氏	計　某妻杜氏	計　某妻潘氏
蔡　某妻顧氏	濮成山妻朱氏	徐　某妻杜氏
穆秋棠妻張氏	喬蘭泉妻閔氏	奚光祉妻顧氏
奚光祉女惠姑	顧廼懋妻金氏	顧廼懋姊四全
康椿妻端木氏	康　椿媳濮氏	徐高翔妻顧氏
奚　某妻周氏	吴大槎妻計氏	王連元妻沈氏
祝孟芳妻朱氏	奚祥慶聘妻周	陳得春妻薛氏
張恩榮祖母閔	張振家妹珠姑	沈孔豪妻柴氏
范　某妻邱氏	沈兆奎女素雲	閔　亮妻沈氏
宋　杰妻黄氏	葉爲琳母金氏	朱澤恩妻黄氏
王學銘妻宋氏	李書屏妻張氏	申關榮聘妻李
朱式如妻張氏	朱式如女六姐	王茂仁妻吴氏
吴大槎弟妻唐	陶　和妻李氏	計　某妻陸氏
陸　某妻汪氏	陸　某妻傅氏	俞寶樹妻邵氏
張新華媳周氏	鄒建明妻陸氏	吕迪三妻沈氏
閔　某女九姐	金繩武妻葉氏	周蒙川妻鍾氏
西　棠媳葉氏	王學銘妾宋氏	張狗官聘妻康
嚴江桃妻方氏	顧顯琛妻計氏	蘇泉源妻傅氏
錢　某妻陸氏	錢　某妻沈氏	張　某妻朱氏
王桂和妻陳氏	徐　某女六姐	徐　某女七姐
吴三保妻朱氏	倪　某妻張氏	倪　尚妻陳氏
倪坤元女貞姐	申寶林妻吴氏	嚴景奎妻朱氏
項寶南妻姚氏	李全方妻喬氏	傅楚英聘妻李
富静康妻吴氏	方　某妻蔡氏	周　某妻顧氏
祝　某妻倪氏	徐　某妻某氏	陳弟官妻嚴氏
錢　某妻某氏	喬　某妻傅氏	楊炳忠女和姐
張金寶妻某氏	張德明妻鍾氏	儲茂金妻周氏
朱　炳妻陳氏	朱雲山妻張氏	瞿　某妻倪氏

倪四成妻王氏
張德明姪媳唐
唐正金妻施氏
李培奎女如貞
申源長妻鮑氏
王茂新妻陶氏
趙　某妻沈氏
沈國良妻姚氏
顧　某妻周氏
周曉蓮妻瞿氏
閔嘉賢妻郭氏
陸　某妻某氏
葉方寅妻方氏
馬筠溪妻張氏
陸秀和母馮氏
毛鴻運女金姑
王鳳林女王姑
張宗翰妻汪氏
楊龍章妻錢氏
陸潤章妻淩氏
吴　榮妻朱氏
倪　某妻嚴氏
周毓賢媳沈氏
徐　某妻朱氏
俞士良妻王氏
毛榮金妻張氏
劉　某妻張氏
毛裕祥母程氏
李　某妻杜氏
顧之銓妻嚴氏
倪永孚妻王氏
諸　某女慶姐
奚　某妻張氏
周　福妻顧氏
唐咸熙女琴芳

倪茂和妻王氏
張　某妻某氏
丁　某妻姚氏
尹掌朝妻王氏
孫　某妻張氏
王秀榮妻郁氏
趙　某妻曹氏
沈國良女大姐
陸教明妻康氏
周　某妻顧氏
閔　某女美雲
葉萬東妻盛氏
葉方翕妻張氏
顧慶良媳朱氏
鞠榮茂妻郁氏
毛逢運女大姐
朱良臣妻黄氏
朱　某女烈姑
蔡錫禎妻談氏
閔之榮妻張氏
龔潤山女杏珠
楊桂芳妻張氏
周毓賢女杏姑
顧　某妻周氏
朱銘業妻葉氏
張　某妻王氏
施　某女賢姑
張　某妻范氏
朱長慶妻繆氏
朱全勳嫂張氏
朱全勳嫂石氏
朱　某妻馬氏
王　某妻周氏
嚴　某妻王氏
沈清瑞孫女某

申長明妻淩氏
莊仲卿母沈氏
李德甫妻何氏
閔雅三妻薛氏
袁文輿母朱氏
王玉泉妻陶氏
馬壽千妻胡氏
沈國良女二姐
周汝樑妻顧氏
嚴妹官媳沈氏
某　妻　陸　氏
葉方演妻方氏
徐紹曾女二姑
戴　某妻張氏
薛　某妻張氏
陸茂芳妻傅氏
季芳生妻徐氏
陸榮銓妻楊氏
祝　某妻劉氏
毛振庭妻鄭氏
朱　某女朱姐
康占鼇妻馬氏
傅慎環妻鮑氏
徐士昇妻錢氏
胡福全女琴姑
喬　某女三姑
張萬春妻丁氏
王慶甫妻葉氏
童步雲妻秦氏
王秉鈞妻嚴氏
沈春旺妻邢氏
吴　某妻王氏
周　某妻唐氏
倪恪夫女翠姑
奚振杰女三貞

瞿　某女鐘寶	徐　某妻丁氏	張　某妻黄氏
王　某妻季氏	倪　某妻朱氏	梅　某妻慕氏
陳洪堤妻劉氏	陸　木妻李氏	龔　某女龔姑
楊　某女楊姑	張　某妻唐氏	周仲良妻顧氏
周仲良女生姑	嚴汝舟妻陸氏	嚴國瑞妻葉氏
俞　某女俞姑	朱敬夫妻某氏	朱　某妻葉氏
張　某妻宋氏	張　某女張姑	黄紫陽妻丁氏
唐永生妻某氏	嚴國瑞女秀全	嚴國瑞女秀玉
邵　某女邵姑		
陸超羣妻朱氏		

又報局詳准未經刊録人名。

倪逢山	顧宗藩	唐金鑑	陳德元	倪鑑堂
唐增榮	唐茂榮	凌戒三	萬世清	葉蘭桂
葉錦興	葉錦章	葉炳榮	許汝楫	周芝齋
朱連城	鞠錫嘉	鞠金魁	王桂華	倪榮桂
傅廣勤	朱敬文	朱敬賢	龔義先	湯慶榮
鮑汝賢	李周迎	王炳三	張瑞昌	張朝載
潘香國	潘蘭亭	喬大觀	喬金榮	喬金勛
沈耀明	姚彦生	宋海觀	張惟康	李　慶
陸大川	陸茂中	陸廉貴	董汝霖	陳惟善
沈錫祉	孫金和	秦瑞馨	諸榮明	諸全生
諸和全	諸永春	秦大觀	秦二觀	張寶摩
丁妙觀	張紹祥	嚴桂金	莊橋金	張修崗
宋德升	謝曾銜	陸裕豐	陸静香	陸問松
孫春觀	孫德金	陸應昌	陳順心	胡玉成
葉德福	黄萬育	倪景炎	姚西村	葉杏芳
胡四觀	謝曾鉞	唐子雲	陳春觀	陳廷華
陳照南	楊東觀	張瑞環	朱誦芬	朱炳樞
金彦馨	顧忠賢	傅茂汝	張明高	衛仲觀
衛義和	祝有任	嚴省三	姚全住	顧三銓
傅餘村	徐雲槎	張坤良	喬全觀	喬通觀
李世全	張渭春	陳望生	沈鬬鳳	黄裕昌
錢渭金	嚴慶鍾	王安國	王爲樑	姜玉亭
葉殿元	蔣錦樓	顧　方	邱馮生	顧榮照
范雨田	喬大寶	王衡寶	陳俊傑	繆發金

劉瑞芳	陳立山	沈大官	傅繩生	丁大官
徐寶華	薛萬成	張錫三	某阿巧	王鳳鳴
繆蘭生	龔男官	王學諤	嚴士元	嚴木榮
嚴桂生	杜如松	薛茂和	金琴南	陳木金
朱妙咸	杜和寄	潘心田	吴鳳喈	沈維忠
嚴桂春	華祝堯	夏嘉會	嚴耀宗	閔茂官
莊天法	邵雲達	瞿南官	嚴文春	胡茂江
吴秀榮	傅慶華	傅瑞良	傅大章	秦永成
胡錦榮	唐愚泉	沈和尚	唐向榮	康庭蘭
龔　孚	沈寶稼	倪耀文	方佩玉	宋木田
傅悦新	張　本	陸　炳	陸　蓮	孫小國
薛安蘭	楊　榮	吴德英	王宗睦	馬掌全
周　秀	陸金陵	儲炳咸	沈小和	何成金
何益三	何春官	喬進良	錢省三	顧延果
張兆坤	王金鐘	王　桃	李　全	潘應求
潘四官	潘元發	姚憲忠	金生和	金永春
馬日照	瞿并僕	瞿升忠	談心住	
周秀華	周曾華	嚴繼蓮	席克讓	

遺　事

下沙場在元時,有豪姓恃富凌貧,每挾官府誣陷。有佃户行商,爲人所負,欲報之,謀於豪。豪使爪牙追場吏,誣以隱藏逃竈,吏許來日從事。是日,忽有二龍降豪家,凡廳堂床椅窗户,皆自相擊,無一完者。攝一舟於爪牙處,當門之檻,牢不可脱。訟者攝覆平地,謀訟者折肱幾死。是日,龍所過,凡積善家絲毫無犯,平日强梁多破産焉。豪尋遭訟破家,時至正六年也。

四竈鹽丁顧壽五妻王氏,始笄適顧,生子女五。至大辛亥復孕,及臨蓐,七日不娩。每囑家人曰:“死宜焚我,必取腹中物視之。”至正庚寅,胎動,腹痛死。家人如言取視,則胞帶纏束甚緊,剖之,乃一男胎,肋骨則堅如鐵,計孕四十年云。

浦東仕宦,下沙瞿氏最盛,明洪武間,尚存田十三萬頃。十三年,抄没,惟留長子以存宗祧。石筍里朱皋亦饒富,爲瞿氏壻,亦戍嶺外。

張賜,字安仁。渡海舟覆,憑一篙浮沉五晝夜,遇故人以網舁歸,不死。後有孫曰衡,成永樂乙未進士。曰顴,中宣德壬子舉人。劉定之紀其事。

劉瑾微時擊傷一小竪,旋以病死,擬絞下法司。上海談詔任刑部郎中,辨出之。瑾後專政,詔已亡,子尚幼,瑾每念之,未有以報。時談野翁侍郎子東石至京謁瑾,瑾禮待殊厚。東石見瑾所爲多不法,甫三日,即遁歸。不三年,瑾敗,人皆服東石之知幾。

侯端，金山衛世襲指揮。嘗腕挈府治狻猊，行十餘步，仍置故處。騎過栅門，手抱栅上横木，兩股挾馬而掛之。匯有虎，端爲格殺，人呼其地爲侯公殺虎墩。

張某，失其名。相傳明時二十保一啚吴家衖地方有虎患，張爲之力擒，居民始安堵。殁後里人思其德，立廟以祀，稱張相公殿。香火極盛，廟中并設一虎焉。

陳村趙二，欲殺異母弟，縛樹上，杖數百，不死，更擬大杖。時值晴朗，忽迅雷一聲，趙仆地死，弟獲生。

秦曉江宅有桃一株，質幹並瘁，久棄籬落間。嘉靖三十八年春，桃忽再榮，其子嘉楫捷會闈書至。沈太僕愷作《瑞桃記》。

陳鶯，號小山，十七保人。嘉靖時，父業數萬，悉讓之兄弟。有廢業者，又周之。海溢，出粟濟生埋死。子志科，字太石，附貢生。性好施濟，兼築青藜館、碧梧軒，以禮賢士。

八團民蔡蘭，見隣人王才家頗裕。值萬曆戊子歲荒，民聚劫，蘭以飛語懾才。寇且至，才懼，私贈以金。翌日，蘭仍聚衆劫才。後忽以暴疾死，見〔夢〕於妻曰："我負王，司命已罰生其家爲犬。"妻偵之，果然。王知爲蘭也，以蔡呼之，犬輒應。

一堡某，患臌脹。延醫王元卿，投以煎劑，病反劇。又延元卿師楊陽春診治，索前方閲之，曰："臌脹法袪水，而以煎劑投，水反滋矣。藥雖當，病何繇去哉？仍以此方(凡)〔丸〕服之，庶有濟乎。"如其言，皮皺而退。

蔡紹襄以貢爲江西貴溪縣訓導。萬曆庚子秋，應省試，舟次瑞洪，見有荒祠，列十餘大樟。入夜，夢與神揖讓樹傍。神曰："公中江和榜。"俄有羣儒出，若相角狀。神語襄曰："無庸，汝可隨吾去。"襄數之，得七十三人，覺而大異。榜發，鄱陽江和擢解首，襄中七十四名。

崇禎癸酉九月，御醫秦景明赴浙江巡撫之招，泊舟楓涇里，聞岸上有相持泣者，詰之，乃佃户顧某也。曰："吾向負公銀，今將鬻妻償耳。"秦曰："吾不汝責，何乃爾？"顧曰："鬻之可十四金，以十金償公，其餘可延旦夕。公雖不吾責，奈營本無資何？"秦即出四金贈之。

義民朱錦，於萬曆辛卯重修學宫。至國朝順治辛卯，庠生朱錦舉於鄉，已亥中會元。六十年間，有兩朱錦，而修學發科，歲皆辛卯。其偶合歟？抑積善必報，後之朱即前之朱歟？

黄洙，字義澄，府庠生。積學工詩，著有《拙村居詩鈔》。雍正十年，海溢，洙傢具盡没。妻周氏脱衫裙，典以易米。洙出，見有裸體女屍，即以衫裙衣而埋之。歸語妻，妻曰："如此者正多，曷不勸同里共爲？"洙如其言，掩埋甚衆。子槐，成進士。孫熙述、曾孫景伊，俱庠生。

葉鴻藻，字疇五，新場人。爲嗣母王貞女請旌建坊，本生父母分與田四十畝，悉以讓兄。又嘗捐四八十八畝，呈爲外祖倪春郊祭産，藩司給帖存案。

朱之標，新場人。夏日作帳，冬爲棉衣，各數百，以施貧民。死不能殮者，買棺予之。以上俱見胡《志》。

李元韜初出繼，所繼父後於晚年連舉五子，凡喪葬婚娶，皆出自元韜。或謂其過厚，則曰："繼嗣雖本倫序，世情即因其産業。使繼後不復育，必謂所有固我物。則今諸孤儉薄，又安得諉爲非吾事耶?”人服其義。

李見汀父爲倭所掠,重趼徧求。或告以倭正需書記,見汀乃儒衣冠,自投倭營,緩步長揖,曰:“貌若何者,吾父也。如在,願縱之,請以此身代役。”酋奇見汀,索其父,立遣去,而留見汀。嗣代酋籍記所鹵獲,咸得當。酋喜,每有犒贈,且拍其背曰:“汝作事無小大,皆赴以全副精神,富貴中人也。”繼即乘間脱歸,不持一物。提學耿定向以“至孝感夷”表其閭。

張乙,何孤巖僕,好誦《感應篇》。時張瑄以富名天下,欲得一善籌算者,人共談孤巖,遂延入幕。乙獨爲主人憂,嘗歎曰:“鴆酒止渴,解者幾人。”忽棄妻子及千金貲,外出爲僧。何悟其意,亦托故辭瑄。瑄後敗,其黨率禁錮,而何獨免。晨持佛號,輒稱乙名殿後。久之,何死,乙歸廬墓傍,朝夕展拜。至永樂初,始化去。

杜完山尚書歸里展墓既畢,答報親友,從人投帖,命毋高聲,所隨惟蒼頭與童子二三人而止。家童咸謂其過於簡寂,恐失禮體。尚書言:“汝曹不知何者爲禮體。吾三黨中,貧者起居湫隘,傔从多,即乏安頓,主人跼蹐,客亦難久留。情緒匆遽,皆由於此。正獻公家法,不且廢墜耶?”按,正獻公謂杜衍也。聞者服其雅度。

談元珍司理衢州,庖無肉食。歲餘,益自勵,衢人稱爲高談轉清。及病將(萃)〔卒〕,老僕哭曰:“賣菜傭亦有看囊錢數文,今家主至無以爲殮,後世幾人相信?”元珍歎曰:“一僕相隨二十餘年,猶不知吾表裡。談元珍自是千古男子。”强起洗沐而逝。

李漸川得祥,字元益,昭祥弟,伯春父也。當凶歲,室無餘糧。唐左溪聞之曰:“奈何使李漸川樵蘇不爨?”將遺之粟。漸川聞,乃言:“兄誼固高,然弟之願附交籍者,亦不藉之修飢腸。”左溪意竟不獲申。

李幼卿爲諸生時,每試止供蔬粥。輕薄者誚:“此公似將以藜藿終,無望登第。”幼卿聞,謂其僕曰:“此君正不識吾,吾正旦夕思邀一第耳。使未遇時不安澹泊,異日行金施紫,稍涉膏粱,便損名德。諸葛君真名士,當不吾欺也。”以上俱見《南吴語舊録》。

薛冷雲居福泉寺時,蓄一犬名托寬,出必隨行。後冷雲墮水死,犬走歸,銜其徒衣角,導至水濱,亦自(況)〔沉〕死。里人哀而瘞之。《府志》。

隱逸王泳嘗謂其妻曰:“我死貧無以斂,汝得爲黔婁妻,不既幸乎?”沈曰:“妾老尚績,圖爲夫子暖老計,不願如黔婁妻也。”聞者多之。據《松風餘韻》。

蔡懋昭官郡倅歸,止存田四畝,居常饔飧不給。種有萱花半畝,嘗采入腐中,以供午饌。所服布衣浣敝,猶不棄。郡邑聞其名,往訪不見,餽贈不受。日與弟石户山人懋孝詠詩相樂。與陸平泉宫保、馮勑齋京兆同舉庚子榜,又同得壽,好事者(給)〔繪〕三老圖,人多歆羡。陸年至九十七,馮年八十五,蔡年九十,誠爲一時人瑞。節《雲間志略》。

唐左溪志大卒後九年,忽附其女言舊事。陸文定知而訪之,隔帷語聲宛肖。曰:“帝以我恬淡聲利爲賢,但登第不服官,又不戒食犬,致待罪三年,始遷一職。滿三年,擢風雨司。今又滿矣,得休沐數日,是以乘間一歸。恐兒女輩不曉天道,冥行取禍,特來教之耳。”諸親黨致問,諄諄以殺生害人爲戒。且言生時往謁裴仙,嘗齋三月,事亦爲帝所録。數日後辭去,以力行善爲囑,其女遂如常。其祖只山比部亡後,至庚子歲暮夜,忽至家,(徘)〔緋〕衣南坐，呼兒媳聽諭。預言孫子中式授官，及問壽算事，悉如所語。事皆大奇，至以一門兩世，死而爲神，尤奇之甚者。《府志》，參《雲間志略》。

秦鳳樓御史酷於刑，治家奴刑亦嚴。死後子孫凌替，以所居售於喬春元海(字)〔宇〕。一日，喬偶扶乩，得詩云："登科曾向宦途游，鐵面威風死即休。滿目榮華非故主，一堆白骨瘞荒邱。早知後嗣皆豚犬，安用當年作馬牛。秦漢江山唐宋得，前人留與後人收。"問其名，鳳樓也。喬因以時祀之。節《五茸志逸》。

萬曆丙戌，杜孺懷以石埭掌教，與子宗彝、孫士全同試禮闈。此誠郡邑難得見之盛事，亦天倫不易有之樂境也。《府志》。

何三畏爲李孝子安祥作傳，其孝著矣。不知安祥父茭汀翁亦孝子。翁家食貧，而承兩親菽水惟謹。居恒不能辦一飯，惟日具(饘)〔饘〕糜，自飲其糊，特以厚者爲親供。而婉容愉色，出入必扶持，晨昏必定省。雖無奇節異行，但孝爲庸德，似此庸常之孝，尤人所難。且以李氏世孝言，有不令人興起乎？參《雲間志略》。

朱海曙守杭，同年某過其地，歷問杭之名勝，朱皆不能答。某笑謂："海曙何乃讓蘇、白二君占(畫)〔盡〕耶？"朱曰："使太守留心簿書錢穀，與錢塘十萬户痛癢相關，何患佳山水處，無人坐卧其側耶？"某服其言。《松風餘韻》。

杜城南獻璋吟詩成(帙)〔帙〕，不以示人，曰："吾以抒我性靈耳。安用媚目？"爲詩極工錬，風流文采，推重一時。《松風餘韻》。

談侍郎彝菴居第，正德初遇水灾，時談已亡，其子上舍生東石遷於南。地踰百畝，營建宫室益高大，叠石作山，造園亭，經營二十餘年不息。又多置妾媵，廣延賓客，結交郡縣，以詩文厠搢紳間。生子皆不學，共居一第。東石甫亡，宫室山亭以漸棄賣，妾媵他適，四子畏户役，亦他竄。所居遂爲荒區，召墾輸糧矣。好興土木者(蓋)〔盍〕鑑諸。

詭寄之弊，錢糧之所繇欠也。限田之法，詭寄之所繇革也。如新中舉人，自田僅百畝，即立官甲，謂官户也。受投靠一千畝，完納白銀，而已之百畝欠。十舉人則千畝不納白銀，况不止十人，不止百畝乎？鄉宦年久官尊，一族田俱收官甲，復有親戚門下狎客之田，動輒拖賴。以一人欠百計，十宦即千兩。以一年千兩計，十年即萬兩。况不止十宦乎？故須立限田之法，而寬爲限必須嚴爲徵。如生員舊例免田四十畝，舉人八十畝，則均倍之，不立官甲。鄉宦依品級出身，從寬限田立官甲，餘田即不入册。如是則詭寄無從，而(施)〔拖〕欠可免。特非撫按題請，勢恐難行耳。

錢糧詭寄之弊在業户，飛灑之弊又在區書。舊例秋初造白册，專重推收。近止造實徵，各區書手得通經催者，包造作弊。如一甲十户，每户飛灑米三合，銀三釐，十户則三升三分矣。况不止十户乎？一里十甲，每甲飛灑銀三分，米三升，十甲即三錢三斗矣。况一區數啚，所包不止一啚乎？又况積年包攬，年年生弊乎？然此等暗中飛灑，損人於不及覺，關係陰隲最重。正恐不有人禍，必致天殃。

古稱華亭鶴唳，松城故有鶴唳灘，且言鶴種出下沙者佳，今下沙不復見鶴。又下沙人家造繡補，今亦無造補之家矣。以上俱參《松郡雜記》。

朱國盛雲萊藉魏閹援引，由漕儲道捷升北太常。閹敗時，值錢機山當國，幸免。後歿，其子欲躋乃父於鄉賢，時論譁然，事遂寢。夫以彼之托足權門，誠不自愛。但其輓漕時，杖斃京衛梟旗，既有造於梓桑事，亦儘見其力量，似未可一概抹煞。

順治乙酉夏，吴志葵兵起，郡人殺本朝所置吏。李存我歎曰："我屬死矣。"七月，沈猶龍檄李守郡東門。八月朔，過宋轅文家，宋留之宿。中夜呼問曰："子有老母，奈何處危城中？"存我言："余子已室矣，余且死此。"宋又言："子之城守，非王命也，可無死。"李曰："向者安撫使之來，余初不願見，有長〔者〕强余前，歸而心甚恥。今如不死，是使余恥終身也。計决矣。"宋曰："子勉之，古固有以死雪其恥者。"遂别去。閱三日，城破，存我死之。李性喜臨池，遇筆墨無精惋，輒濡染。名埒董文敏，親朋以箋素置几案間，環而伺，横縱大小，頃刻可畢。甫輟筆，即攫去。下至僮隸，胥饜所欲。尤善榜書，名藍古刹尚多遺蹟。

順治十七年夏，海濱網一物如黿，前方後鋭，無足而有四翅，甲外又有鱗，口中亦有齒，重百餘觔，首大如人。傳聞萬曆三十三年，亦曾見此。取置園池，池魚盡躍於岸。蓋據耆儒朱康侯云。以上俱《副志》。

朱襄孫，字古紘。崇禎丙子舉人，家新場。乙酉七月，與諸生方用悔等創盟社，名懷忠，示不忘故明也。遠近人士多附之，而獨嚴主僕分，奴裔率不許入社。先是，宏光立南都，詔有與民更始語。僕輩訛傳可不復奉故主，上海及浦東諸鎮，千百成羣，各以索契弑其主。知府陳亨飭何通判統兵擒斬，亂始定。及是爲朱所激，復乘釁起，黨聚六十餘人，推葉僕康均甫爲首，殺朱弟兄子姪全家，并火其宅。方捕治，而航頭鎮又有九冤墳之事。

嚴而傑，字英甫，明諸生。同弟君顯居航頭，家饒於財，亦入懷忠社。因是僕人瞿長等合謀作難，夜半火嚴廬，殺英甫兄弟，及母妻子女全家。惟伯兄而俊，亦諸生，以異居得免。控官按誅如例，葬諸嚴於六十二啚之原。廪貢生徐庭選撰碑記事，即所稱九冤墳者是。同遭是難者，尚有六竈顧介甫、下沙王省陸家。明季搢紳勢重，士甫登第，投身者踵至，并有以貲産來者。豈料末流至於此極，得非廣收臧獲者貽之戚歟？

國初，浦左死孔思亂者以萬計。孔非有壯猷卓見，直一硜硜自信，以冥行者祸鄉里耳。孔字貞伯，思其名。前諸生，居周浦，素以忠義自許。甲申三月，得思宗殉國信，北向哭拜，欲起義卒，不能有爲。及南都僨事，益抑鬱不自得。時鎮有烈婦李氏，始聞亂，即以義自誓。至是，訛傳大兵到，遂投水死。孔嘉其烈，拜水濱，且哭且言當起義。里老迂之言："今邑城事已(可頗)〔頗可〕危，時起義守上海者，爲潘公權，亦周浦人。子毋更爲地方累，願他適。"孔遂挈家東行，及六竈灣，而薙髮之令下，人情方疑懼，孔乃激以大義，愚民信之，遂决計舉事。旬日間，遠近響應，得十萬衆，推孔爲首，見薙髮者即殺，又(被)〔敗〕鄉兵於腰路，時乙酉(秋中)〔中秋〕也。乘勝攻川沙，垂克矣。會大兵破上海，渡浦進討，孔迎戰兵潰，遂死。計始事至終，纔一月，而千萬人因以死。時兵由張江栅進至南城北關，殺鄉民五六千人，掠婦女無算。會有軍令，不許携帶，得縱還，亦有溺浦及以銀贖者。南城千户董海藩女，絶色也。兵逼之，駡不絶口，斫數段死。徒慕名義，不量度，并無籌畫，輕一己以禍梓桑，因歎里老所云，未爲無見。

浦東以謀逆案株連，下獄死者，前諸生周浦蔡宿一外，共有六十餘人。初，故明安昌王子變姓名，祝髮龍珠庵爲僧。頑民陰奉之，遂有劄付立諸名目。事漸露，撫院韓世琦檄捕盡獲，聞於朝，擬凌遲斬絞如例。蔡同里傅純一，亦死斯獄。

國初重海防，提督故駐松江。武臣不知書，卓著者少，然至提鎮，亦多自愛。而如順治十三年，由浙移鎮蘇松之馬進寶，則誠罕見。馬性貪而殘，每以通南陷富家致賄。葉震隱、閔與躍、方叔飛皆居新場，馬詐其銀已及萬，葉七千，閔二千，方一千。他處可知。歲巡海，帶兵三四千，馬匹減半，所至驛騷。嘗至南城，顧其言時任陝西都事，馬直入其室，求與其言子昌時孝廉博，攫金二百餘，并奪香山携歸之天然几，值五六百金。又至䂬書嚴某處，取董畫一。見所用茶盞美，盡數索之。并庭中自製醬數罈，亦携供帥府用。駐南四日，命兵打圍，實抄掠鄉民。後以鄭成功逼金陵，馬坐擁兵不救，褫職拿問。順治十八年六月，父子五人同棄市。誌此亦足爲貪殘武臣儆。

自鄭氏出没海上，遂嚴警，然漁者猶得易船而筏。至順治十八年，部臣蘇納海、宜理布巡海後，尺板不許出洋，寸鮮不准入市矣。康熙二年，撫道又委員，於護塘外鱗次立界牌，書"居民過限者死"。於是人愈惕息。而魚之隨潮漂入者亦大盛。青村人王福，偶於沙塗拾鰉魚數尾，售新場吴姓魚行。吴與涼帽鋪許良輔有親，贈一魚。許未及烹，爲人語，汛兵潛來搜去。守鎮之千總遂興大訟，閲三月，經提督、鹽臺、府、廳四衙門，費四百餘金，始改鰉作鱸，案始結，而家已傾矣。

順、康之際，江南奏銷案興，計蘇、松、常、鎮共革進士、舉人、貢監生員萬三千有奇。以明季錢糧，獨紳衿多積欠，在海濱猶然。國朝承前弊，至順治十六年，始嚴其例。十八年正月，康熙登極，四大臣當國，即嚴催十七年奏銷。巡撫朱治國於三月中造報，至七月，部文下，凡自二月後輸者，概行褫革，并擬解京議罪。繼奉温旨，必七月後完者始提解，餘得幸免。海濱被革數十人，仍有解京者。旋復追徵已赦錢糧，自順治十二年至十六年止，剋期奏銷。時以有田爲累，每畝值銀一兩，減至五六錢，尚無售者。於是新場儲鼎芳，田有三千畝，以拖欠監比，辱受鞭扑。陸方中田亦數千，父子棄家遠遁。凡此類不勝指，富家蹙蹙靡騁。然數百年相沿之弊，自此絶焉。以上皆參《閲世編》。

邑有《龍舟記》小説，紀大團豪民潘九舍讎殺三原人魏詔事。初，潘父士榮嘗遊維揚，狎妓九孃，即魏詔舊好。魏陝商，富而横，卒以妬潘踢斃妓，賄彌其事。後士榮居家，恍見妓入而子生，因以九名。少長，戒無與魏近。時魏已開鹽鋪於團鎮，距潘咫尺。九舍年十九，任俠好交遊。偶以睚眦，兩不遜，潘潛糾衆，乘競渡擒魏歸，捶斃之，并毁其屍。事在康熙初年。魏子庠生魏連城控憲鳴冤，卒正潘罪，同抵者至數十人。記即其黨所撰，實以宿愆釀禍，言爲周女起義者，固是托辭。而連城冤狀，指潘爲東海亂民吴聖階餘黨者，亦枉。

楊維忠，新場人，以邪教受誅，事在乾隆二十九年。先有杭人須天衡，習爲彌勒教，授經三卷誦習，不分男女。信從者拜師命名，升表給牒。亦分執事，有清書、班首諸名目。同教以卦叙尊卑，倡持齋不入輪迴之説。每月朔望，必集衆誦禮，曰上供。楊與須相得，度衆甚廣。純廟南巡，其徒康倫姐來蘇獻經，以猝未喻，遣以温語，繼知爲劉福通輩。明年，江蘇學臣李因培陛辭，命廉其事。比按松郡，彼教適爲人告發，即飭州縣提訊，株連頗衆。總督尹繼善因令在案結題，須、楊擬斬絞，此外軍流徒杖十餘人。須本杭屬廩生，楊亦新場名士，立念偶悮，遂至殺身。異端之當黜如此。

乾隆四十六年，邑城有接青龍之警。知縣成汝舟時駐漕倉，接青龍者，新建廟塑像既成，迎其靈於野外也。沿海護塘斥堠密布，有警舉烽，平時并禁馳馬。時有鄉民浦遇龍倡建一廟，觀瞻雜還。入夜，千百火把上塘迎神，聲光及二十里。城中疑有變，諜報又不實，居民滋惑，胥挈遁。總戎披褂坐城樓，分門遣守。三鼓後，復令腹校往探，始得實。令亦遄返，而事已解，亟出示安民。然以夜間呼舟，猝載子女，財物已失無數。遂拘浦等治罪，至各廢家。

航頭鎮彭永元，恃才妄作，貪進不知止。嘗客河帥幕，乾隆末回籍，年過六旬，并無子。嘉慶四年，詔開言路，許士民建白，當者不次擢用。彭希遇合，即摭河工、關税、教匪、洋匪事，具狀於岳撫軍。旋據部議，以彭幸進妄陳，著勘家産，核行止，遣戍邊徼，以防後患。彭性多憤，又年老，行高郵，病卒。當朝命未下時，州縣俱待以上賓禮，彭亦趾高氣揚，自詡得優賞。卒至顛蹶，亦是爲躁妄者戒。

閔望，字雅生，以舉人爲富陽令。鄉闈調充分校，自以荒廢久，恐屈真才，乃乞同里名諸生朱東村爲從者，入闈代閲。是科元卷亦出其房，稱得士。有進謁者，閔述其由，令與朱修士相見禮無少諱，人兩嘉之。

唐曾颺會試後留都候選，以永定河水發受驚，復迫衣食，致病，歿於旅。而於前年未捷時，嘗館嚴氏齋，獨坐，聞窗外問曰："汝知吕錡射月之事乎？"出視無人，訝爲鬼，而未解其旨。至是，人始悟數有前定。

新場舊稱石筍里，以受恩橋西石頭灣中，有石數笏卧此也。然無根脚。嘉慶二十年濬河時，人嘗驗之，此或豪家園石所遺，特年久無攷耳。至言地欲産山，觸污而止者，更謬妄不足信。

姑嫂墳，在下砂東南。姑姓金，以嫂某孀居，不忍舍，自願守貞，佐其嫂事親撫孤，有生同操作死同穴之誓。及歿，竟與兄嫂同葬。墓生銀杏二株，枝常連理，蓋貞魂節魄所感。乾隆間尚存。

孔某，周浦人。家小康，晚始得子，愛如珍，延師課讀。閲半年，子罕入塾，師恥素餐，有"學堂如破寺，來作住持僧"句。一日，某外出，子戲於庭，爲師見，攜入館，薄加嗔責。子號哭跳入，向母言："師責我，我必還責之，否惟死耳。"母方撫慰，而某歸已悉，不待子請，即謀於師。師怒，遽歸。某又浼師契友，以多金贈師，竟如子意。某卒，子終以浮蕩廢家，與丐爲伍。溺愛者亦可鑑矣。以上九則，參齊玉谿《見聞隨筆》。

華亭聶某，鬻身於會元朱岵思家。妻陸氏日侍孺人妝，忽泣然出涕，(誥)〔詰〕之，則曰："氏父與翁俱叨甲榜，曾祖亦會元。今氏與夫淪落至此，偶有所觸，故悲耳。"蓋吏部慎行子婦，進士衍慶女也。岵思聞，亟贈厚貲遣歸。《上海志》。

楊去疾，字豫中，爲葉忠節僕。而博學嗜古，著詩詞四千餘篇。其《圃餘雜説》數卷，尤多精語。年七十七，尚劇談善飲，終以貧賤老。黄之雋贈以詩，有"詩四千篇書數卷，不知誰與作桓譚”句。《上海志》。

秦裕伯墓，在邑之長壽里，子姓世居閘港，稱内外秦。而董宜陽《松(群)〔郡〕雜記》引陸文裕公《外集》，以裕伯爲不知所終，則似不應有墓。又言九團、閘港二秦，俱祖裕伯。九團地近海濱，以合明祖書辭爲證，閘港以書尚留家爲證。兹據秦氏譜，知柔弟知彰實居九團，其爲彰裔可知。知柔渡江即居滬，裕伯爲知柔孫，良顥子，似當以閘港爲嫡。但譜又言裕伯無出，弟亨伯僅一子，遂爲嗣，而又早卒，無後。據此，則不僅裕伯無嫡裔，今所傳皆顥兄良顯後矣。

沈維錡，明諸生。家沈莊，爲倭所踞。時總制胡忠憲方募人説倭，錡應募，且以策獻。乃儒服入倭巢，稱主人，説以屯田儲粟，即繞宅田數百畝行之，爲久遠計。倭從其説。錡患倭飄忽，蓋以此羈縻，俟兵集聚殲也。既有誤傳其漏謀者，胡怒，欲誅錡門，冠紳父老均以身保，疑始解。後卒殲倭，如錡本謀。見《平湖縣志》。

乾隆朝，海潮泛濫。一團外有物如車輪，隨潮進，非黿非鱉，雌雄叠結，以潮退被阻，閲五六日自若。祝以送歸海，有首肯狀，乃以鹽車擠之海濱，物向内連叩首而逝。識者謂即鱟魚。事在四十六年。

顧其行負膽略，勇著里閈。鄰有染坊，置靛缸於街廡，積水十餘石，以供洴澼。其行戲與力者李賓羽舁闌其户，旦起門，不得啓，撼莫動。傾水成渠，始舁空缸歸舊處，復汲滿，日晡未息。坊人且汲且詛，其行哂哂之。比夜而缸塞如故，詣謝乃已。對街鄰火勢已透屋廊，適有酒缸，盛水滿石，其行提擲之，飄如矢，缸水倒潑，燄遂息。姪昌允，雖爲諸生，亦多膂力。嘗以巨舟載米渡浦，因風淺擱，衆篙工莫能動。昌允揮使退，掄檣斜矗波心，舟陡退十餘步，見者咸錯愕。惜甫壯遽卒。

馬嚴自言前身爲蒲文偉，而忘其籍。後嘗泊京口，值生辰，夢入一室，若舊游，據案食肴酒。比醒，聞岸左人家有哭聲，起視，見哭者家婢方洗物。問誰哭，且以何事，曰：“是老主母也。”問主翁何姓，則蒲文偉久去世，今以忌日營奠，又以失票據事，故悲耳。嚴周視其家門徑，宛如夢所歷，所失票恍憶在書架某册内。其家檢視果得，始信蒲即馬前身。

朱某，松江人。爲人司錢穀會計，贅居南城，有異術。賊欲竊其家，初伏宅畔，起視宅失。繼伏梁上，墜地如入坎，天明始逸。賊憤，一日伺朱獨處，持刀直刺近身，朱忽隱，退則仍在座。賊始驚異，伏地請罪。適庭有母鷄哺羣雛，朱以烟管圈地，置母鷄於内，與雛即兩隔。謂賊：“今欲擒爾，亦如是。”賊駭極哀乞，始縱之。

袁大黄，里居名字莫攷。爲人治病輒用大黄，遂以名。來城，寓縣差沈姓家。嘗植數竿於河，取一瓦片削水，能隨竹曲折徧觸之。或乘袁俯首洗衣，戲以足圈其頂，袁若不知，而或袴下布已穿兩洞。時有江甯緊急公文，沈以失遞逾限，將獲咎，商諸袁。袁懷文入房，閉門囑弗啓，歷一日夜，出回文示沈，曰：“受君豢養，聊以爲報。”遂辭去。事在滑縣教匪敗事後。

蔡連《衡門草》詩卷，卓然可傳，他文録稱是。而前志人詩並佚，兹於叢殘故紙中，又得其《追遠詩序》曰：“我宗從南渡以來，閲五百餘年。我祖良三公，卜居石筍里之東偏。始伯祖良二公,《真見録》稱文聰公。考槃東海之濱。相去百里,遂分南北,至今十有二代。康熙癸亥,予傳經海上,始明宗譜大畧。”等云。據此,知其著籍浦東者蓋久。使今子姓猶存,或可本此以考索。

邑侯張昌運任内,有義犬捕賊事。犬産平湖,主人有牛,爲賊盗去,犬嘷而主不悟。旦起,牛犬俱逸。主方訝之,詎犬已尾賊,知所在。還向主作牽衣狀,跟緝至我邑一團鎮,遂得賊踪,牛亦在,乃訴縣懲賊。秀水汪大經、邑人張宏、姜位皆有詩,見徐鏞《府志餘(義)〔議〕》。

周浦於道光初年,北市失慎,延燒百餘家,皆成焦土。惟一小樓巍然獨存,傳爲昔時蔡節婦所居,舉人顧麟近以詩記其事。聞節婦於夫死後,食貧力紡,不下樓者三十年,以完節著。則樓之不焚,殆有陰相,亦以顯其節也。惜婦之族姓時代,已均失考,補傳無由,姑識此以俟知者。

儲海貞,北六竈人。暴横鄉里,動輒干禁。有忤者挾(及)〔刃〕尋仇,人咸側目。屢繩以法,未正厥辜。咸豐三年,會匪犯浦東,儲自獄中出,逞故智,益爲暴。匪聞亦怒,擒儲尸諸市。斬時(及)〔刃〕斜下,首無頷,死殊慘。匪退,家人取竿上首,欲合尸身,而風雷陡作,棺堅不可啓。明日發之,風雷如故。知干天(恕)〔怒〕,不僅假手於匪云。

光緒二年,邑中男辮女髻,雄鷄雙翅,有忽被翦去者。翦時鷄肆鳴撲,人覺有冷風吹面,驚迷間髮即失。觸穢,或見紙人。患延多省,有於黄紙上硃書簄籲籭籭四字,佩以解禳者。字出《道藏》,見《康熙字典》,并引明嘉靖三十七年,嘉湖間馬道人翦紙爲兵,焚掠當境,户亦榜此四字以厭事。又見《平湖縣志》,則非無本。是年五月,廬州府於張周鎮左近之孫家集,盤獲割辮妖匪魏仁誼四人。均供閩九龍山匪首,結連貴州黄巖洞齋頭,及哥老會匪首,佐以僧道妖術,煽聚游丁散弁,撥黨踬熟各處路徑,潛謀不軌,情甚叵測。割辮蓋供驅使紙人用。除奉督憲沈批,令就地正法,分咨飭拏外,並録供札司轉飭各屬邑。於六月初十日,奉到府正堂楊札,具悉事由。

滬城備考

褚　華　撰
何立民　點校

整理説明

《滬城備考》(簡稱“備考”,下同),卷首一卷,正文五卷,清褚華撰。華(1758～1804)①,字秋萼,又字秋鶴,號文洲,清諸生,松江府上海縣(今上海市)人。華少爲同里曹畏壘賞識,發奮讀書。長走金陵,以詩自薦於袁簡齋,簡齋以雄才許之。華個性疏放,性情孤傲,不修邊幅。恣酒好詩,學宗六朝,長於古風樂府,風格離奇,詞句恣肆,沉博絶麗,時人多譽之。

華雖縱情詩酒,性情粗放,但關注鄉邦,留心民謨,編纂輯撰有《海防輯要》、《木棉譜》一卷、《水蜜桃譜》一卷、《閩雜記》。其中,兩“譜”是古代農學經典專著②。其中,《木棉譜》二萬餘字,從前代《農桑輯要》、《王禎農書》、《農政全書》等作品中,輯録植棉内容,系統總結棉花種植、繁育、田間管理、種類等方面信息,全面介紹軋花、彈花、紡織、印染等棉紡織技術、工具,是古代棉花種植、紡織業可靠詳實之重要作品。現存道光十八年刻本,後著録於“藝海珠塵”、“昭代叢書”、“農學叢書”、“叢書集成”、“上海掌故叢書”等叢書作品中。《水蜜桃譜》作於嘉慶十八年,結合具體農學實踐田間觀察,詳細記載水蜜桃育苗、栽培、嫁接、管理等方面生産技術與實踐經驗。亦收録於“農學叢書”、“上海掌故叢書”中。

華逝後,其詩文始散佚,同邑李笏香、姜孺山輯有《寶樹堂詩鈔》③八卷,存詩五百八十二首,集中體現褚氏詩歌成就。現存嘉慶十六年刻本,上海圖書館、復旦大學圖書館皆有藏本。又,褚氏還曾點定楊鍾寶《練香詩草》等作品。華似有《澤國記聞》④一書⑤,與《備考》淵源較深,可能一書多名,亦或成書階段有異、書名不同。《上海縣續志》曰:“今見鈔本《滬城備考》三卷、《澤國紀聞》五卷,合訂一厚册,無序跋。《紀聞》卷首有圖二。”⑥

《備考》亦名《上海志備考》⑦。對上海區域行政變遷、隸屬關係、歷史發展、界域範圍及水道、古迹、社會、人物等,均有詳細記載和可靠辨析。清乾隆四十九年,范廷傑主修《上海

---

① 褚華生卒年,參上海科學技術志編纂委員會編:《上海科學技術志》第十一編“科技人物專略·褚華”,上海社會科學院出版社1996年。

② 參王永厚:《褚華的兩部農譜》,《圖書館雜誌》,1982年第3期。

③ 上海慈雲樓刊本,載清周中孚《鄭堂讀書記》卷七十一。或又名《寶書堂集》,存疑待考。《(嘉慶)松江府志》卷十二《藝文志》,清嘉慶松江府學刻本;見應寶時修、俞樾等纂《(同治)上海縣志》,卷二十七《藝文》,清同治十一年刊本。

④ 似又名《滬瀆紀聞》,待考。見《(嘉慶)松江府志》卷四十五《選舉表·明舉人》“孫元化”條,清嘉慶松江府學刻本。

⑤ 《(嘉慶)松江府志》卷六十《古今人傳》“褚華”條。

⑥ 詳見《(民國)上海縣續志·藝文》卷二十六,民國七年鉛印本。

⑦ 參熊月之主纂:《上海通志》卷四十五“專記”第二章《地方志編纂·宋至民國時期地方誌編纂》。

縣誌》成。華以其倉促草率,遂撰《范志補遺》二卷、《訂誤》一卷,以正其失。隨後,嘉慶年間,梅益徵得華書稿,依例修正,訂爲五門六卷,增"核實"、"策要"、"雜記"各一卷。卷首一卷爲輿圖,選載上海鎮市舶司水道圖、上海未築城前古迹圖,是志保存了大量宋元上海地理、人物、科技方面資料,價值極高。是書由於收録廣泛,考訂精審,論證扎實,成爲後代上海史、區域史、經濟史、制度史、藝術史、文化史、文獻學等相關研究的重要參考資料,例多此不再俱舉,讀者自可參而鑑之。

目前該書存世版本有清光緒四年巾箱本、民國二十四年"上海掌故叢書"鉛印本[①]等。此次校理,筆者以民國二十四年"上海掌故叢書"鉛印本爲底本,是本半頁十二行,行廿四字。白口,單黑魚尾。版心自上而下,分別排列書名、卷次、頁碼。鉛印字爲標準宋體,文字細密,字畫清晰,直行排列,不施句讀。

筆者底本直接添加標點,整理而成。部分文字,還參校《(同治)上海縣志》、《(民國)上海縣續志》;部分明顯文字訛誤、上下文有據可查者,皆徑改之,未加出校。雖盡力爲之,必有訛誤,請大方之家不吝正之。

長清何立民草於滬上,
時在二〇二一年四月八日春華時節。

① 《上海掌故叢書·第一集》,十四種三十卷,上海通社輯,民國二十四年上海通社排印本。

滬城備考目録

輿圖

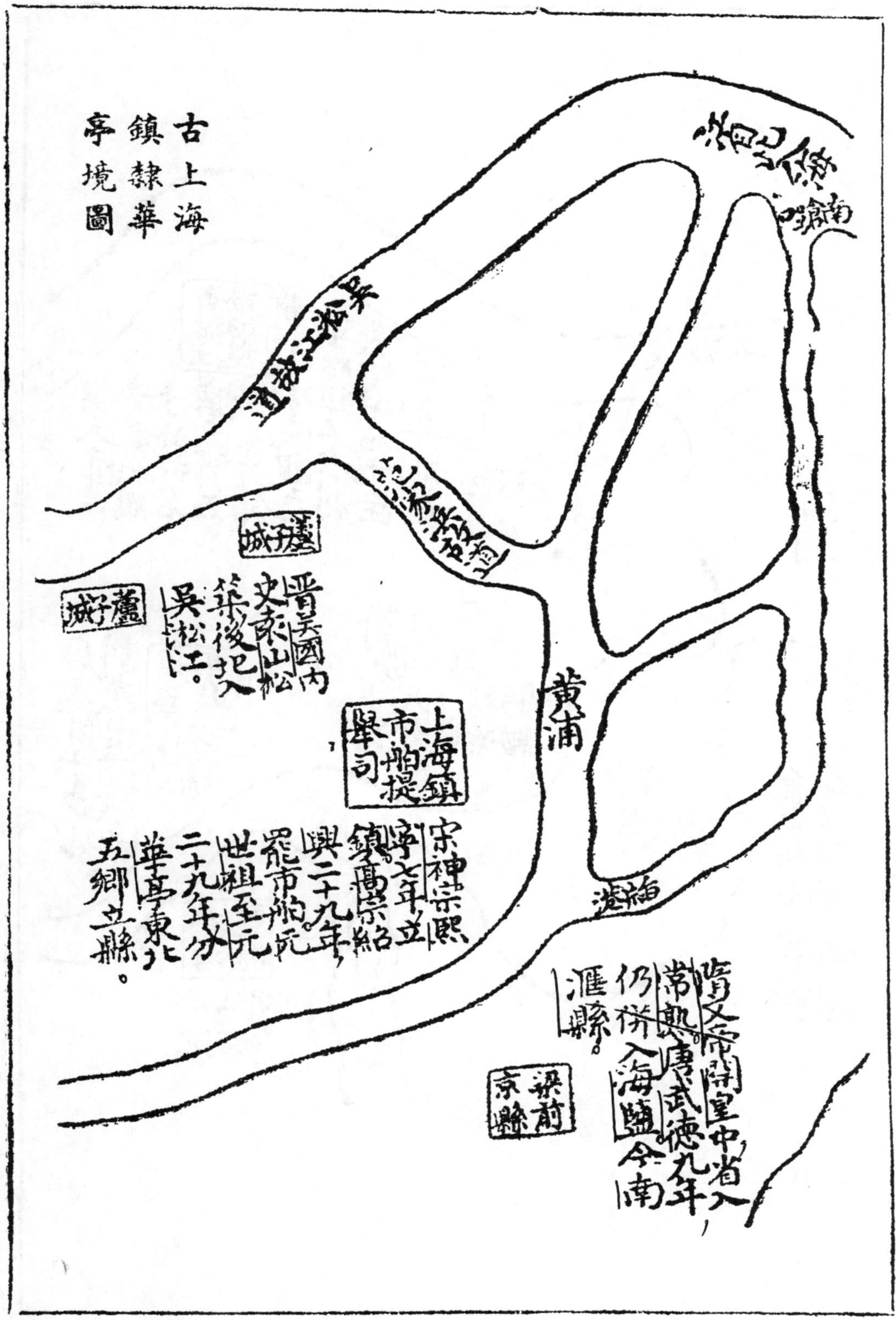
古上海鎮隸華亭境圖
吳淞江故道
蘆子城
蘆子城
晉吳國内史袁山松築後圯入吳淞江。
上海鎮市舶提舉司
宋神宗熙寧七年立鎮。高宗紹興二十九年，罷市舶。元世祖至元二十九年分華亭東北五鄉立縣。
黄浦
隋文帝開皇中省入常熟，唐武德九年仍併入海鹽，今南滙縣。
前梁京縣

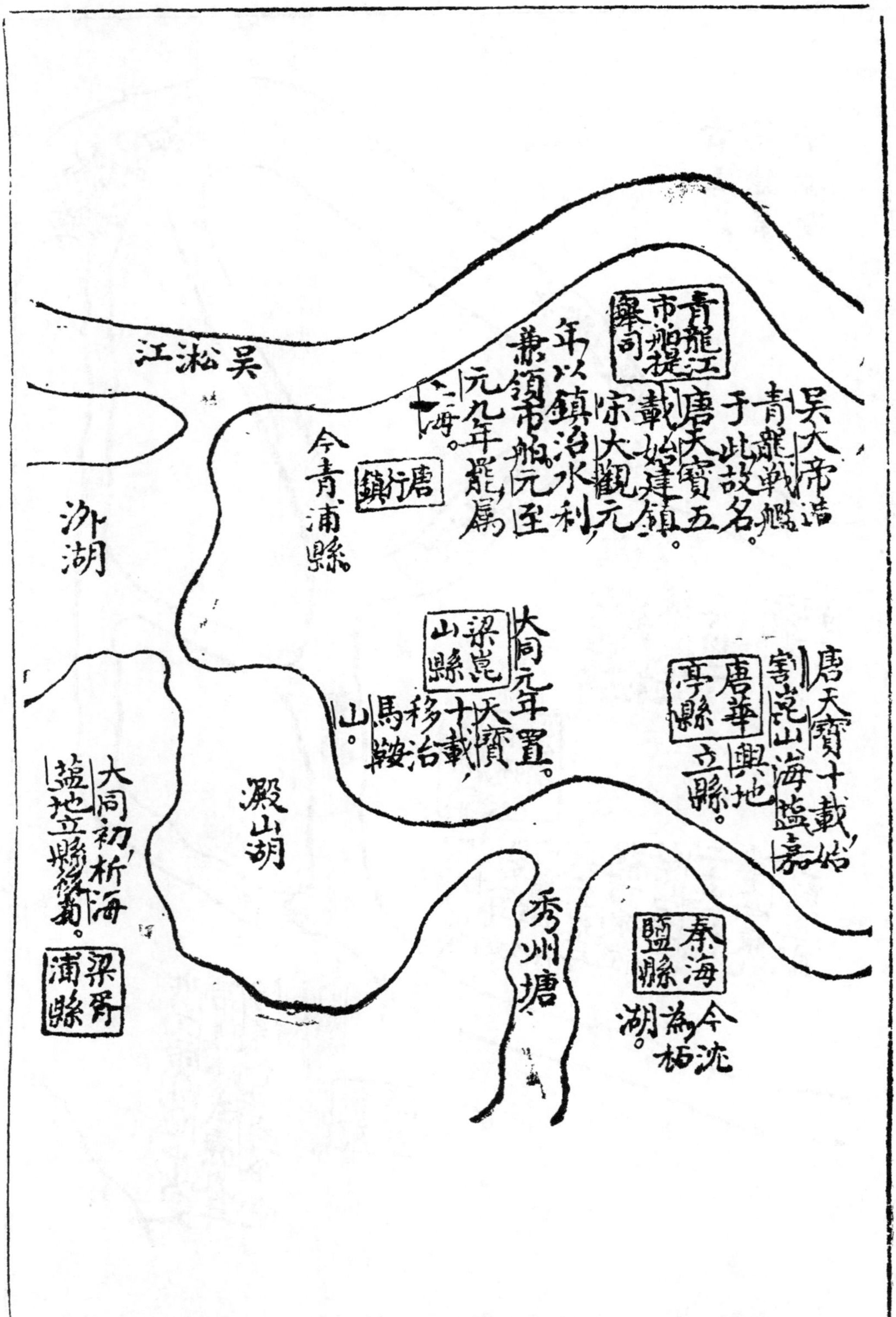
吴淞江
青龍江市舶提舉司
吴大帝造青龍戰艦于此故名。
唐天寶五載始建鎮。宋大觀元年以鎮治水利，兼領市舶。元至元九年罷，屬上海。
唐行鎮
今青浦縣
泖湖
梁崑山縣
大同元年置。天寶十載，移治馬鞍山。
唐華亭縣
唐天寶十載，始割崑山、海鹽、嘉興地立縣。
澱山湖
大同初析海鹽地立縣，後省。
梁胥浦縣
秀州塘
秦海鹽縣
今沈爲柘湖。

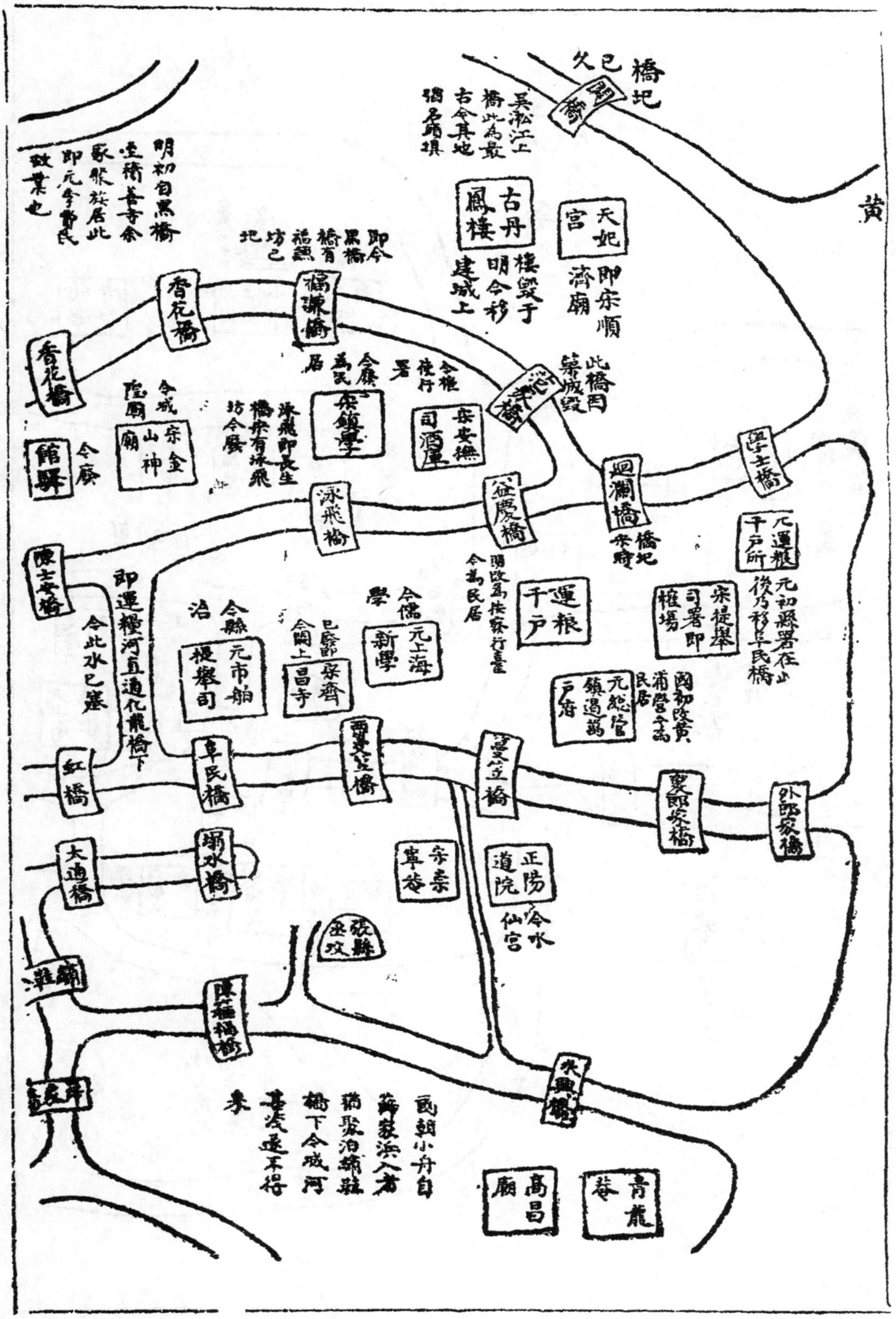
古丹鳳樓
樓毀于明今移建城上
天妃宮
即宋順濟廟
黃
香花橋
香花橋
館驛
今廢
宋鎮學
宋金山神廟
今城隍廟
安撫司酒庫
泳飛橋
迴瀾橋
學士橋
元運糧千戶所
運糧千戶
宋提舉司権場
陳士安橋
即運糧河直通化龍橋下
今此水已塞
元市舶提舉司
今縣治
元上海新學
今儒學
虹橋
阜民橋
東郎家橋
外郎家橋
大通橋
正陽道院
今水仙宮
高昌廟
青龍巷

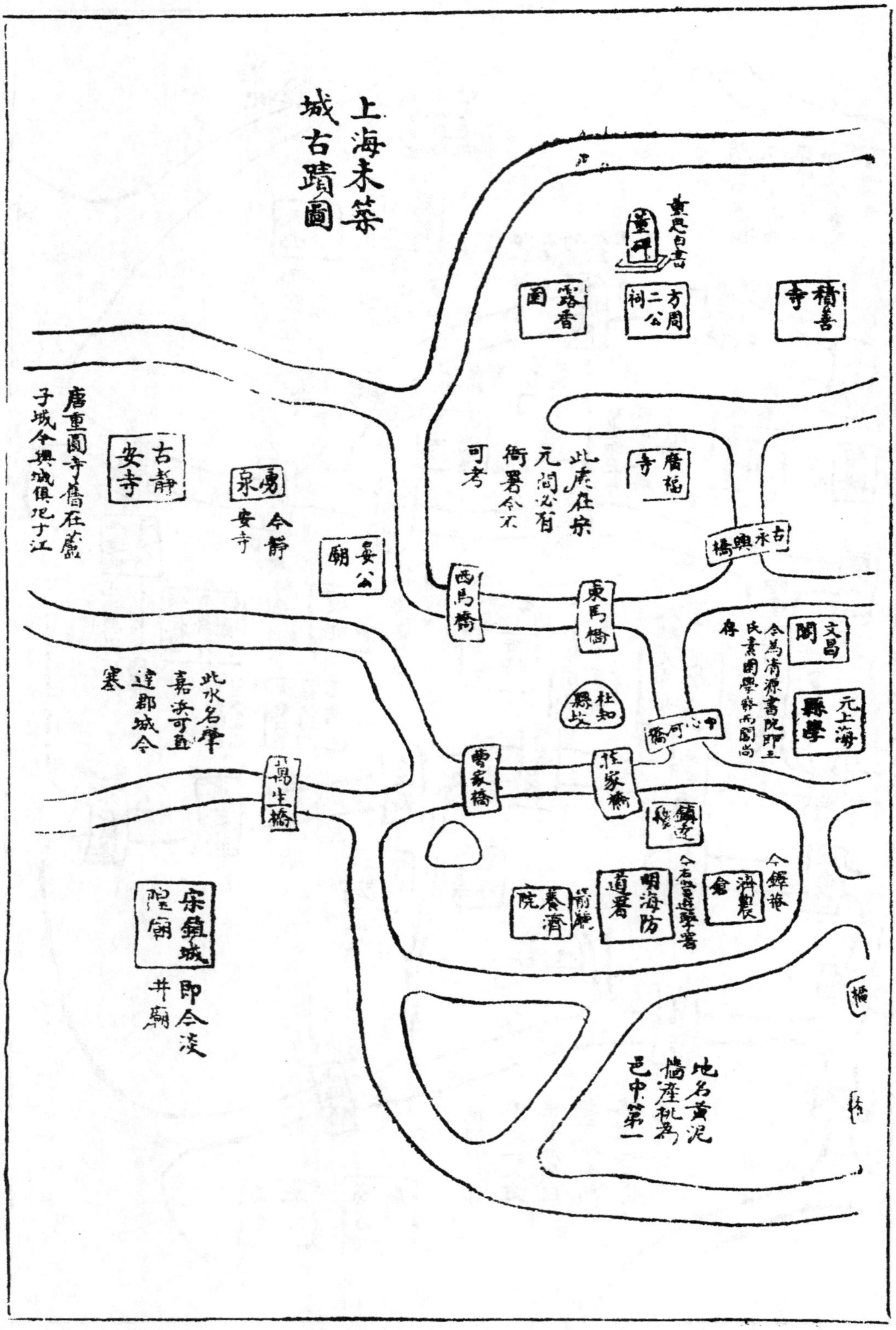
上海未築城古蹟圖
露香園
方周二公祠
積善寺
古靜安寺
唐重圓寺舊在蘆子城今與城俱圮于江
湧泉
今靜安寺
晏公廟
此處在宋元間必有衙署今不可考
唐福寺
古永興橋
西馬橋
東馬橋
文昌閣
今為清源書院即王氏素園學豫所關尚存
元上海縣學
杜知縣墳
中心河橋
此水名舉嘉浜可直達郡城今塞
萬生橋
曹家橋
陸家橋
明海防道署
今右營遊擊署
濟農倉
今鐸巷
養濟院
宋鎮城隍廟
即今淡井廟
地名黃泥牆產桃為邑中第一

滬城備考卷一

核　實

疆　域

秦并天下，以揚州瀕海地爲婁縣及海鹽縣，屬會稽郡。自漢至宋，或以爲荆國，又以爲吴國、吴郡，不常厥名。順帝分浙以西爲吴郡，以二縣隸吴。晉元帝改爲吴國。梁天監中，置信義郡，治常熟，獨省婁縣入焉。至大同初，析故婁地，立崑山縣，析海鹽東北境，立前京、胥浦二縣。尋省胥浦，入前京。唐武德九年，仍省前京，入海鹽。天寶十載，吴郡太守趙居貞奏割崑山南境、嘉興東境、海鹽北境，立華亭縣，崑山移治馬鞍山。按，古之華亭，即今松江一府之疆域也。吴越以後，屬秀州，即嘉興。元世祖至元十四年，陞華亭爲府。明年，改爲松江府，華亭縣附焉。二十九年，從知府僕散翰文議，割華亭東北五鄉，立上海縣，即今上海、南匯及青浦之半之疆域也。嘉靖二十一年，巡撫夏邦謨、巡按舒汀，奏割上海西北三鄉，立青浦縣於青龍鎮。至三十二年，廢。萬曆元年，從兵科給事中蔡汝賢議，復立縣于唐行鎮。國朝雍正三年，從總督查弼納議，割上海之半爲南匯縣，實長人鄉地，自是邑之所轄者高昌一鄉而已。按，今南匯縣治及邑治，即前京地。青浦即崑山地。立縣之初，析自華亭者，所謂崑山之南境、海鹽之北境是也。

滬　瀆

滬瀆，在縣西北十里，即古吴淞入海之水也。《吴郡記》曰：松江東瀉海口曰滬瀆。古文並作“扈”。考扈字訓義，皆與水不合。其加水旁者，《集韻》曰：滬，水名。似即指此水言。惟《輿地志》曰：插竹列於海中，以繩編之，向岸張兩翼，潮上即没，潮落即出，魚隨潮礙竹，不得去，名之曰扈。梁簡文帝《吴郡石像銘》曰：吴郡婁縣界松江之下，號曰扈瀆，居人以漁爲業。簡文與野王所説，猶爲近古，以此詁扈瀆，似較志所引陸龜蒙《漁具詠序》爲優。

吴　淞

吴淞，舊自蘆子城下，迤東北行，而復南出于虬江沙洪之間，以入海。闊一百五十丈，是名舊江。宋時，商舶自舊江直達青龍江，後因上流壅塞，遂設上海市舶提舉司，以榷其貨。由江以通榷場,蓋自宋家浜入泊,順濟廟下,不與黄浦相涉。今沿城一帶之浦,乃明初所浚范家浜故道。黄浦,在宋元時,從華亭東流入上海界,其勢悉折而東北,爲金匯、牐港、周浦等水,以趨于南蹌口,始與江合。至明初,緣吴淞舊江淤塞,黄浦東流之水亦不便利,遂自南廣福寺浚范家浜,以通浦。又引而東注于海,北注吴淞,新港乃反爲黄浦附庸焉。

老牐新牐

明永樂二年,夏原吉浚劉河、白茆港,掣太湖水以入海。浚范家浜,掣黄浦水以入海。而吴淞入浦之道七十餘里,尚未施工。迨正德十六年,李充嗣始自夏駕浦浚江,改入浦之道,建牐于頭壩之關橋。後牐圮入水。隆慶四年,海瑞更建于二壩。及國初,又廢,更建新牐,而二壩廢,牐猶名老牐。凡築牐必改道,則土堅而可下樁,下樁得地,則鞬石牢固。建二壩時,必改道與頭壩通。建新牐時,又必改道,與二壩通。其曲折之處,皆非故道矣。

黄　浦

舊説黄浦在至元、大德間,水面闊盡一矢力。後上流建牐,其勢稍緩,兩岸遂成沙塗,居民以蒔葭葦。按,浦雖狹,原未嘗兩面建牐。其所謂牐,即泰定間所作潘家浜、烏泥涇二牐也。二牐受吴淞之水,南注黄浦。其時浦小于江,故反謂之上流。元王逢《文鞏洲詩》曰:“我來初避地,黄浦漸生洲。”逢棲隱處正在烏泥涇上。此可爲黄浦至元季愈狹之證。

崇寧庵

崇寧庵,在縣治東南,即今鹺務公所西首小巷内。關帝廟,按《列仙傳》:宋徽宗時,禁中有妖爲祟,見有擐甲執刀神斬之。林靈素曰:“即陛下所封崇寧真君關某也。”則庵當在宋時,以帝之封號爲名。

武　廟

《帝京景物略》云:萬曆四十三年十月十一日,太監李恩齎九旒冠玉帶、龍袍金牌,牌書“勅封三界伏魔大帝、神威遠震天尊關聖帝君”,于正陽門祠,建醮三日,頒知天下。然太常祭祀則仍舊稱。史官焦竑曰:侯志也。天啓四年七月,禮部覆題。得旨,祭始稱帝。至本朝,于帝祠稱武廟,幾與尼山相亞不已,尊崇之至歟?

縣　學

元至大三年,廉訪僉事吴彦升即縣治西南,入官地十五畝,以建縣學。至延祐元年,縣丞王珪又改建于縣治之東。其棄地,即杜家灣王氏素園。今名清源書院。其文昌閣猶在東北隅,當日暴風所毁之。大成殿、廊房、亭舍,即凌氏屋也。

萬户府

元鎮遏總管萬户府,在舊市舶司之西,即今東姚家巷。歲於松江萬户府分官涖之,號曰達魯花赤。終元之世,可考者五人:費榕、也先不花、雅哈雅、脱脱、忠武兀奴。明初,衹以金山衛中後所千户分署上海之南匯守禦所。本朝順治十三年,乃設黄浦營参將于是。嗣後,或以副總兵,或以守備。至康熙五十八年,復有右營游擊之設,而署廢爲民居。

財賦提舉司

元大德中,籍没張瑄、朱清貲産,以賜椒宫,特設平江集慶嘉興財賦提舉司。又置江浙財賦都總管于杭,以統領之。後至元五年,没入朱國珍、管明家,則專賜丞相脱脱,立稻田提領所官,以掌其册籍。在浙西者駐府城。

黄道婆祠

黄道婆,烏泥涇人。少流落崖州海嶠間。元元貞間,攜踏車、椎弓歸,教人以捍彈紡織之法,而木棉之利始溥。道婆殁,閭里爲立祠焉。越三十年,趙愚軒又建之。建而屢毁。明天啓六年,張之象改祠之于甯國寺。今城中渡鶴樓西偏小巷,有黄婆庵,尼僧主其香火,而道婆像如二十餘好女子,群呼之曰“黄孃孃”。

田　賦

明洪武初,天下官田畝科五升三合五勺,民田少二升,惟蘇、松、嘉、湖怒其爲張士誠死守,乃籍諸豪族及富民田,以爲官田,按私租簿以爲税額。而司農卿楊憲又以浙西地畝膏腴,加二倍征其賦,故浙西官民田賦,視他方倍,蓰蘇爲最,松、嘉、湖次之,杭、常又次之。十三年,命户部裁其額,科七斗五升至四斗四升者減十之二,四斗三升至三斗六升者俱徵三斗五升,其以下者仍舊。計蘇州一府秋糧之額,實與浙江一省相當矣。建文二年,《均田江浙詔》曰:“國家有惟正之供,江浙賦獨重,而蘇、松官田,悉準私租起税。用懲一時,豈可爲定則,以重困一方?今悉予減免。畝毋踰一斗,有司違者罪之。蘇、松人仍得官户部。”按,自後言蘇、松賦重者,不一而足,想革除後,此詔實未奉行也。

增　賦

嘉靖初年,歲支不過二百萬。三十年,餉額過倍,用至五百九十五萬。户部尚書孫應奎蒿目無策,乃議于南畿、浙江州縣增賦一百二十萬。自是川貴以採木,江浙以備倭,宣大以兵荒,凡理財之策,益瑣碎,非國體,而江南提編額外銀至四十三萬矣。巡撫周如斗乞減,罷。給事中何煃亦具陳此事,且言募兵壯丁鄉兵,率爲民累,請禁革之。命如煃議,而提編不能減。隆、萬之世,民力不至大困者,行一條鞭法耳。

又

萬曆中年,三大征接踵,頗有加派,事畢旋已。至四十六年,驟增遼餉三百萬,内帑充積,靳不肯發,户部尚書李汝華乃援征倭、播例,畝加三厘五毫。天下之賦,增二百萬。明年,復加三厘五毫。明年,以兵、工二部請,復加二厘。通前後加九厘,增五百二十萬,遂爲歲額。所不加者,畿内八府而已。

賑　災

洪武賑米之法,大口六斗,小口三斗,五歲以下不與。永樂以後,少減之。賑荒以粥,自嘉靖始。凡報災,明初不拘限制。弘治中,始限夏災不得過五月終,秋災不得過九月終。明初,勘災既實,盡予蠲免。弘治始定全災免七分,自九分災以下遞減。又止免存留,不及起運,後遂爲定制云。

海　寇

志稱:順治十年九月,海寇張名振犯吴淞,總兵王璟戰于東溝,不利。十二月,江南提督張天禄敗之。十一年,自正月及七月、八月,聚衆屢犯,我兵禦之,互有勝負。逮十三年秋,海寇顧三麻來降,自後海烽稍息。按,明崇禎十三年,賊顧三麻入黄田港,江陰典史閻應元射殺三人,賊退,陞主簿。張名振者,本從魯王于舟山,嘗封定西侯。舟山一役,名振之弟名揚、其母、若妻、若子,與張肯堂、吴鍾巒、朱承佑諸臣,皆死。名振倉皇,奉王走臺灣,時爲沿海之患。

神國樹石

潘恭定豫園,今屬城隍神祠。園中舊物惟烏桹數株,及玉玲瓏石耳。石高二丈許,嵌空透漏,世不多有。其傍復立二小峰,附之若輔弼。然園之西北,更有林立水次如大士像,如奎宿,如寒山、拾得者,王氏素園物也。園近改爲清源書院,在淘沙場。乾隆辛卯秋,余親見其抉墻壞屋,移至神祠,爲費頗鉅。

唐　瑜

唐瑜,字廷美。九齡失恃,事繼母以孝聞。成景泰二年進士。由南京吏科給事中,出知衢州府。有惠政,民甚悦之。會歲旱,爲文禱諸神,輒應。相與勒石神祠,歸德於瑜。瑜又以俸贖孔子家祭田若干畝,孔氏子孫圖其像于家廟。尋改官湖廣參政。襄河爲患,作隄捍其衝。積穀倉廩,饑則發賑,民賴以濟。擢山西右布政使。丁母憂,《志略》云:以父喪歸。服闋,轉雲南左布政使。條陳備邊五事。雲南多土官,爲考宗派,定傳襲,蠻俗感服。未幾,授都察院右副都御史,巡撫甘肅。陳時政、兵備各五事,上之。詔使至,諷令織細罽充貢,瑜執不從,復有黜弁田廣等陰中之,遂被劾去。弘治五年,復故官,致仕。七年卒。瑜爲人豪爽,有才氣。所至並著聲譽。其守衢也,尤多雪寃獄,布嘉惠。既卒,衢人來弔者,累累不絶云。此傳參《實録》擬改。《志略》云:所著有《學吟稿》、《拙庵稿》、《楚海游録》、《滇南雜稿》。

談　倫

談倫,字本彝。天順丁丑進士。長身豐頤,瑩然玉立。觀政吏部時,王忠肅翱爲掌銓,意輕南士。及見倫,瞿然曰:"南中乃有此人耶?"授驗封主事,轉員外郎。翱召對,每以倫自隨。英宗問之,對曰:"臣老矣,於聖意恐有遺忘,此郎代臣志之,且其人可信也。"帝因即欲擢用,翱謂:"年少資淺,俟他日未晚。"及丁母憂,服闋,至京則掌銓者爲尹旻,亦善倫。即補爲虞衡司郎中,擢應天府丞。是年,鳳陽大水,衆皆不敢上聞,倫自署奏詔,免秋糧數萬。進府尹,改順天,遷工部右侍郎。會大學士萬安、方士李孜省謀逐旻。旻行,無敢送者,倫獨往餞。亦被逐。家居時,歲遣人起居旻于山東之歷城,而祀翱于别室,人稱其忠厚。及成化初,孜省誅,一時謫逐者胥召還,而倫竟以病不起。考邑志倫傳,猶稱萬安爲萬文康,尹旻爲某,當是采掇墓志行狀等文而成者。蓋弘治時,公是未明,故于稱謂多所忌諱也。旻在景泰中,立朝極有建白。晚節則交結中官,與劉珝、王越角立,爲黨不無可議,然與安較,猶彼善於此。

王　霽

王霽,字景明。天順四年進士。由南京刑部主事,遷員外郎,再遷郎中。累辨疑獄,有能聲。出爲黄州知府。府故多虎,霽至,禱於神,遂不爲害。又江水暴漲,及火焚民廬舍,攄誠祈祝,皆有應,世以是稱頌之。未幾,遷廣西僉事,又遷江西按察使,進太僕卿。時馬政廢弛,霽條陳十事奏上,宿弊爲之一革。尋以薦擢僉都御史,巡撫山東。值歲大饑,民多死,乃區畫銀五十餘萬兩、米二百餘萬石賑焉,存活者甚衆。召拜大理寺卿,用法平易。弘治九年卒,賜祭葬如例。霽性和厚,所與交無不得其歡心,雖輿隸亦鮮有怨之者,故歷官中外三十餘年,所至得美譽云。右傳参《實録》。

曹　閔

曹閔,字崇孝。弘治丙辰進士。初授沙縣知縣,有惠政。被徵爲南京監察御史,民號泣攀留,累日不得去。甫就職,偕同官以八黨竊柄,朝政日非,劾劉瑾諸閹。詔下錦衣獄,與里人張鳴鳳各杖三十,除名。瑾敗,久之,起廣西僉事。閔曰:"一瑾去而衆瑾尚存。"遂引退,年未五十也。又養母十年。母終廬墓,得寒疾卒。

張鳴鳳

張鳴鳳,字世祥。閔同榜進士。正德初,亦官南御史。劾大僚張元禎,方議有所譴。會又劾瑾,被杖削籍,事遂寢。瑾誅,凡爲瑾斥者悉復官,鳴鳳與閔以兼劾群閹,未得録。御史周期雍以爲言,乃召爲湖廣僉事,進副使。鳴鳳初令永康,有政績。在湖襄間,治復最。以内憂歸。世宗立,賜銀幣于家,將大用之,竟卒。二則参《明史》二人本傳。

陸　深

陸深，字子淵。弘治辛酉鄉試第一，乙丑進士。官編修。劉瑾惡之，改南京刑部主事。瑾敗，復故官，遷國子司業。丁父憂歸。嘉靖七年，召爲祭酒，充經筵講官。深以閣臣改其所進講章，遂奏請："自今，容講臣得各盡其愚，以廣啓沃。"帝可其請，而經筵面奏非故事，當路忌之。左遷延平府同知，擢山西提學副使。會陽曲諸生父爲縣令笞死，訴之御史趙鏜，鏜反抵生罪。深與鏜力辯，不合，兩訟于朝。鏜謫官，深逮問，得直。補浙江副使，歷四川左布政。徵拜光禄卿，預修玉牒。改太常，兼侍讀學士，簡宫僚，進詹事。致仕數年，帝問侍臣張邦奇："陸深才孰優？"以陸優於張對。帝曰："陸深曾爲祭酒，桂萼欲害之，今尚在否？"會卒，賜祭葬，贈禮部右侍郎，謚文裕。文裕公法書，思白欲下之，惜流傳絶少。

龔　愷

龔愷，字次元，號全山。嘉靖丁未進士，授慈谿令。入爲御史，咸甯侯仇鸞倡開馬市，愷與給事梓潼何光裕同疏諫，皆予杖。光裕不勝杖，卒。愷被八十餘杖，而奪俸視事如故。旋出視兩淮鹽政。又巡按粤西，屬吏不職者，輒望風解綬去。尋列靖江王驕恣狀，復疏止大征粤寇，爲當事所忌，遷山東參議。屬大蝗下，令捕得者即以易粟于官，於是蝗不爲害。遷湖廣副使。引疾歸，卒。

唐繼禄

唐繼禄，字子廉。嘉靖癸丑進士，官遂安知縣。善察疑獄，嘗預募勇壯數百，儲米數千石，以備倭。未幾，倭内訌，所至殘破，遂安獨全。召爲御史。歲大旱，疏修省十事。又奏行里甲法，著爲令。出按湖廣，值興山民鑿私鑛，聚衆三千餘人，漸出行刼。縣令貪其賄，不以聞。郡守徐學謨上狀，繼禄即檄縛縣令下獄，遣沙市巡簡趙某詣賊寨，諭以朝廷威德，苟早自解散，待以不死。月餘，事遂平。擢大理丞，晉少卿，遷南京操江僉都御史。會振武營兵譁，令督江防兵，駐孝陵。隆慶二年，入爲副都御史。朝議興九邊屯鹽，命與龐尚鵬、鄒應龍分理鹽政。俄引疾歸。繼禄天性嚴毅，家居儼如在官，無褻容。卒年五十一。

徐光啓

徐光啓，字子先。萬曆丁酉，舉順天鄉試第一。又七年甲辰，成進士，授檢討。光啓嘗學聲律，工楷隸。登第後悉棄去，遍習兵機、屯田、鹽筴、水利諸書，并講求泰西天文、火器，尤盡其要。遼東四路師敗，累疏請練兵自効。神宗壯之，擢少詹事，兼河南道御史。練兵通州，令監司、副將並受節制，官弁得自委任、辟召。尋列上十議，以時事方亟，不能給。熹宗即位，以志不盡展，引疾歸。遼陽破，召起之。力請修武備，多鑄炮，以資城守。帝善其言，會與兵部尚書崔景榮議不合，御史邱兆麟劾其練兵事。又以移疾歸。天啓三年，起故官，旋擢禮部右侍郎。魏忠賢素嫉光啓。五年，其黨智鋌劾之，落職閑住。崇禎元年召還，復申練兵之説。未幾,以左侍郎理部事。帝以國用不足,勑廷臣獻屯鹽良策,光啓言,屯政在墾荒,鹽政在禁私販。帝褒納之。已,擢本部尚書,掌詹事府。詔監督西洋人龍華民、鄧玉函、羅雅谷等推算曆法。五年五月,命以本官兼東閣大學士,入參機務。又進兼文淵閣大學士,加太子太保。光啓負經濟才,有志用世。及是年已老,值周延儒、温體仁先後專政,不能有所爲。明年九月,卒于位。訃聞,輟朝三日,賻錫如例,贈少保。御史上言:光啓蓋棺之日,囊無餘資,請優恤,以愧貪墨者。乃賜謚文定。至十四年,帝念之,索其家遺書。子中書舍人驥進《農政全書》六十卷,命有司刊布其書。贈太保。又録一孫爲中書舍人。

王　域

王域,字元壽。崇禎某科舉人,授宿州學正。流寇薄城,佐有司捍禦有功。遷工部主事,榷税蕪湖。都城陷,吏多以自入,域曰:"君父遭非常禍,臣子乃因以爲利耶?"悉歸之南京户部。福王授爲郎中,遷建昌知府。唐王立,擢江西按察副使,攝府事。及城破,械至武昌,與王養正、夏萬亨、劉允浩、夏隆一、失名同死。土人表其瘞骨處曰"六君子墓"。域于本朝得賜,謚烈愍。

朱永佑

朱永佑,字爰啓。崇禎七年進士,授刑部主事,改吏部文選郎中。南京破,從唐王于閩,擢吏部侍郎。順治三年,王敗死,復從魯王於舟山。有兵六千,民萬餘。八年,大兵乘霧集螺頭門,定西侯張名振奉王航海走。城中拒守十餘日,遂破,永佑與左都督張名揚、禮部尚書吴鍾巒、兵部尚書李向中、同里大學士張肯堂等,同被執死。乾隆四十年,賜謚烈愍。

李待問

李待問,字存我。崇禎癸未進士,官中書舍人。順治二年閏六月,吴淞總兵吴志葵自海入江,結水寨於泖湖。蘇州總兵黄蜚擁千艘,自無錫至與合。待問偕兩廣總督沈猶龍、知縣章曠,募壯士數千,守郡城,與二將相犄角。八月,大兵至,二將戰于黄浦,俱敗,城破,待問等死之。遂攻金山,金山衛指揮侯承祖猶固守,城破,父子巷戰。子世禄身中四十矢,與承祖俱被執,説之降,曰:"吾家食禄二百八十年,今日不當死以報國哉!"皆死。

莫秉清

莫秉清,字紫仙,號葭士。善書畫,工繆篆。明諸生。絶意仕進,常爲道士裝,往來江湖間。有郡城富人邀之飲,值驟雨,天寒甚,予以綺裘,忍冷弗服,其孤介如此。所著詩古文詞,名《采隱草》。常熟進士陳祖范修《江左志》,曹給諫一士遺之書曰,"敝郡莫紫仙先生,高行絶倫,勝國之義士,即本朝之逸民。與王玠右先生輩,並垂千古"云云。其節概足以想見矣。

周　銓

周銓，字緯蒼。書學大令，極秀潤，爲世所重。樂府與樓觀察儼齊名。儼致仕里中，倡和者惟銓與潘鍾皡西白而已。銓詩文皆清雋，拔俗可喜，而名以書掩。姪其大，字涵百，書酷類銓。早卒，其子其永，字涵千，書少變父法。亦能詩，畫山水、人物、花卉，都有逸致。其書畫不輕予人，嘗扃户以絶求者。而又令鄰嫗鎖之，仍自握其鑰。客來欲納者，從門隙出鑰，俾其人自啓，不則以司鑰者弗在辭。

强行健

强行健，字順之，號易窗。分隸高古絶倫，尤工繆篆。生平託業於醫，醫宗朱丹溪，偏于寒涼，世謂之“强石膏”。嘗著醫書若干卷，自繕寫極工，惜忘其名。畫山水，仿宋元諸家，都縝密有法。性好作巨幅，其實力有不逮也。繼行健者有倪廷對，字冠鵷。畫頗相類，蒼古似不及，而秀媚勝之。亦業醫。

滬城備考卷二

補　　遺

陳　遺

《世説》：吴郡陳遺，性至孝。母好食鐺底焦飯，遺作郡主簿，恒裝一囊。每煮食，輒貯焦飯，歸以遺母。後值賊出吴郡，袁府君即日便征，遺已聚斂得數斗焦飯，未展歸家，遂帶以從軍。戰於扈瀆，敗軍潰散山澤間，多餓死。遺獨以焦飯得活人，以爲純孝之報。

静安寺鐘銘

王逢《梧溪集》云：上海静安寺舊鐘入于官寺，僧覺曇募銅至六千斤，而梟氏冶範，成且有日。乃介前淨土住持元淨，乞梧溪山人王逢銘之。銘曰："金聲爲物鉅曰鏞，深徹泉府高達穹。谷傳海應流景風，頓息諸苦開羣蒙。耳塵空淨心觀通，六牎具圓佛性同，博哉功施垂無窮。"按，是鐘鑄於明洪武二年，上有"祝皇太子千秋"字。

陸夢發

《宋詩紀事》：陸夢發，字太初，歙人。寶祐四年進士，官太府寺丞。德祐乙亥，歿於上海。著有《烏衣集》。《梅花鼓吹》采其七律云："猶喜相逢那恨晚，故應更好半開時。"邑志《流寓傳》失載。

二烈婦

《梧溪集》：六磊周芙細家息，孔胥妻也。孔素無鄉曲譽。乙丑冬，舟過塘上，鄉人僞邀飲。醉奪舟，以民害愬于朝，孔自度不免，密書與妻，早尋仙遊，庶絶軍配。族黨難諭之，其妻覘得故，神色不亂，言笑如平常。且備盛酒饌，延親鄰。是夕，素服雉經死，時年二十九。孔聞之曰："予伏誅梟木，無遺憾矣。"又云："予門生張敍女諱貞，嫁海縣周曹，以復入公門，剌而瘐死。"先是，貞在徙籍，懼配軍，投秦淮。卒，及周屍舁過其所，貞湧浮水面，神色踰五日不變。認者曰："此吕學諭甥、張訓導女也。"殉夫藏聚寶坑，舅姑能無念乎？

瞿　信

《明詩綜》：瞿信，字實夫，崑山人。自幼嗜學，平居整暇，無卒聲辟貌，未嘗談人過惡。兄智，宦游四方。信養二親備至，家雖貧，恒忻忻焉。兄卒，孤兒女數人，皆爲婚姻教養。至正間，台寇作，信負母避青龍江上，築室曰閒野。南臺御史李烈舉信孝廉，不應。卒。此竹垞采明初人詩而及信也。然信既不仕明，當列入元人《流寓傳》。

青龍鎮將

《宏簡録》：宋劉晏，字平甫，嚴州人。遼進士，爲尚書郎。宣和四年，率衆來歸，授通直郎。建炎初，從劉正彦擊淮西賊，有功，遷朝請郎。正彦反，以衆歸韓世忠。金人犯建康，世忠退保江陰，晏領其騎，屯青龍鎮。金又犯常州，郡請援，世忠以精鋭七千益晏兵，出奇，大破之，進直龍圖閣。保馬蹟山，又以舟師降其衆千五百，郡人爲立生祠。後以招安戚方，爲賊所殺。贈待制官。其四子立廟，曰義烈。

白雲一隖

《梧溪集》：白雲一隖者，西域馬公文郁隨所寓之名也。公頎然蒼儼秀潤。嘗守潁州，著廉斷聲。拜南御史。會世亂，遂變名雲林子，黄冠野服，超然物外，蓋十餘年矣。又《贈馬季子序》云：居延馬季子，隨其父宣政都事禮，居淞之竹岡。季子，祖常之弟，其居有懷静軒。其先曰月哥、曰理术。自雍古部族，居静州之天山，一傳爲習禮吉思，仕金，死節。按，祖常爲元季名詩家，文郁即禮字也。

謝　毅

《梧溪集》：謝毅，字木仲。西域人。少喪母，繼母諱馬麻哈同，撫育如己出。及毅官員外，獲封宜人。毅性周謹，事上涖下，非禮法不陳。道中臺丞王公德謙書“循理”二大字褒之。以南省使，累遷長兵曹幕。今爲農于海上，與予篤交好云。按，逢詩有《北邱耕隱歌》，《贈榦山謝逸人》者，即毅也。

李　甲

《宋詩紀事》：李甲，字景元。華亭人。善爲填詞小令，有聞于時。畫翎毛，有意外之趣，米海岳嘗稱之。東坡題其畫竹云：“聞説神仙郭恕先，醉中狂筆勢瀾翻。百年寥落何人在，只有華亭李景元。”景元題畫云：“誰潑煙雲六尺綃，寒山秋樹晚蕭蕭。十年來往吴淞口，錯認溪南舊板橋。”按，王逢有《游龍江寺》、《尋李景元故基詩》。宋時，未縣上海，故以甲屬之華亭，其地實吾邑之海隅鄉。至明，始析爲青浦耳。

李行中

《府志》：李行中，字無悔。高尚不仕，治圃築亭于青龍江上，以寄傲。東坡名其居曰醉眠，歌以贈之。屬而和者，子由、少游、子野輩十五人，當日侈爲盛事。邑志《隱逸傳》未載。

水利志失載七條

宋元嘉二十二年，揚州刺史、始興王濬，以松江扈瀆壅噎不利，欲從武康紵溪開渠洽，直出海口，功竟不立。梁大通三年，吴郡水災，有言當漕大瀆以瀉松江者，詔遣前交州刺史王弈，假節發吴、吴興、信義三郡人丁就役。二條，邑志闕。宋乾道二年，轉運副使姜詵開通波、大港，入江。又置張涇堰牐。一條下，有前進士胡恪修三江五匯一條。府志、邑志並失載年月。明洪武六年，發松江、嘉興民夫二萬，開上海胡家港，自海口至漕涇，共千二百餘丈。此條見《明史》，府志、邑志並闕。他如嘉靖二年，工部郎中林文沛開舊江、走馬塘、周浦塘、站船浜、六磊塘。四年，水利僉事蔡乾浚上海張家浜、陳村塘、馬家浜、舊江、青龍江。萬曆十年，松江通判劉師召開浚百曲、新港、白蓮、三林諸塘。三條，皆府志所有，而邑志並闕。

唐時措

時措，宋末士人也。家饒于貲，而好善。當咸淳間，上海爲巨鎮，俗近商賈，學校未興。時措與弟時拱市韓氏屋，請于市舶提舉董楷，作古修堂，以祀先師，集諸生爲肄習之所。元至元二十八年，始縣上海，即授時措爲學官。今“名宦”有楷而不爲時措立傳，何也？

章　齊

《梧溪集》：章齊，字叔敬。少喪母，鄉貢進士子方陸公器其事父殊孝謹，妻以孫女。長善詩，尤好琴，有田宅以養父。至正十五年，守臣搆亂，遂謝吏禄，奉父隱淞上。亂定歸。踰年，城復陷，求父不得，乃哀毁致疾。七日，書《蓼莪》詩首四句而卒，年三十七。子一名庠，以鄉里道梗，葬上海之奥原。

苗　兵

元至正十六年丙申二月，張士誠破平江。元帥王與敬兵敗，趨嘉興，與苗軍参政楊完者不協，乃投松江，名曰守禦，實戀倡婦董賽兒也。未幾，浙省又命元帥帖古列思至，與與敬不相能。達魯花赤八都帖木兒、知府崔思誠皆無制變之術，與敬更通款士誠，説萬户戴列孫等叛，據郡邑以應平江。越四十日，完者遣部將蕭亮、員成等來援，與敬由通波塘遁。苗軍號稱收復郡邑，焚掠二十餘日，上海亦被其害，人民殆無噍類。越五十日，平江兵破澱湖栅，苗乃夜遁。秋，平江兵入杭，完者自嘉興來，築營得勝堰，貯其子女玉帛，周三四十里，爲郿塢計。左丞相李伯昇、行樞密同知史文炳以兵逼之，乃自縊而死。按，丙申之變，

《輟耕録》、《梧溪集》及《府志》皆言之甚詳，邑志惟一見于《列女・費元琇傳》，而兵燹獨不載，何與？

二獨行

《梧溪集》：瞿懿，字彦德，元故兩浙運使霆發之從曾孫也。幼孤，事叔猶父，同居三十年。一日以非罪在徒中，懿泣訴于官曰："罪合坐懿，叔無與。"官義而聽之。及事白歸，叔已病歿。復延師教其子，里士鍾景元謂余曰："運使公之子時習，仕至潯州路總管，妻張氏、鍾氏，前後並事姑盡孝敬，懿于家門無忝矣。"又，朱弦，字孟清。性孝誼，邑長九柱閭公見而器焉，求于其父，以爲義子。及閭公野處窶甚，而弦克敬養。歿，買山葬如禮。復營怡愉堂，母事公妻夫人三十年如一日。民有盡棄廬舍，償逋王者妻孥，皇皇無栖，弦爲贖還，以完其室。羈士趙謨廬墓，教授駝墩。被辟，發顛疾，走山澤中，遇弦，遂脱于難。弦，上海人。

署　縣

吴則，浙江宣平人。天順八年，由巡檢以平賊功，陞華亭主簿。明察善斷，人不能欺。巡撫滕詔遣署邑篆，清負租一萬八千石，設策賑飢民八千餘户。值海溢爲災，復陳請蠲其租六千石，士民德之，作《借賢育民詩》。劉本學，常州府通判。嘉靖三十五年，來攝邑令。是年五月，倭寇以船五十餘入吴淞口，犯邑治。時築城之初，守備單弱，本學募死士，固守十七日。會賊登城，爲守者所覺，發矢石擊賊。賊退，涉濠溺死數十人，邑賴以無虞。

駐防同知

明嘉靖三十六年，省前海防道，以府同知羅拱辰移駐縣治，建行署於城隍廟西。拱辰，廣西馬平人。三十二年，由舉人知松陽縣。時倭攻陷紹興臨山衛，轉掠至松陽。拱辰力禦，却之，賊浮海走。陞浙江按察僉事。奉檄來援，增築邑城敵樓三處，凡所施設，悉中窾要。事平，即授是職。未幾，敍功，擢鹽運同知去。按，拱辰涖任後，賊已不復至縣，故功績不少概見。然其規畫城守數千言，實有裨世用。使前此戮力行間，則其所建樹，豈不足與任環、董邦政諸人爭烈哉！

日涉園詩

明太僕卿陳所藴有《得報家園小山已成詩》云："小築堪招隱，新成曲水潯。此時頻夢寐，何日遂登臨。但有風塵色，空懸江海心。故人相問訊，應笑未抽簪。"邑志載孫致彌、董德其二詩，殊不如太僕自作爲能識其緣起也。

青山老隱圖

《梧溪集》云：《青山老隱圖》者，予友鄒君時昌追慕其先道鄉先生而作也。先生有墓、有祠，在毗陵青山門外。中書左丞吕公思誠爲浙憲時，嘗展拜祠下，命有司禁樵採。後毗陵失守，時昌避地海上。欲歸省，不可得，乃繪是圖，復自號曰青山老隱，以示不忘首邱之義。

朱文禮

朱文禮，字彦則。父道存，長江陰幕。文禮于兄弟間，風裁清邁，言往往如老成。會紅巾亂，舉家還上海。居無何，上海陷，苗帥復地大掠，祖妣縣君與母氏諸父季弟相枕兵死。文禮同兄被虜，得不菹醢以逃，重見父于吴中。父復旅死，兄弟相弔，人多念者不幸。文禮又短命死。先是，上海巨姓有女許字其弟，弟歿，欲遂倩文禮，重賂媒善説之。文禮不可，議遂寢。出朱氏墓志，與《梧溪集》合。

倭　寇

邑志于嘉靖三十二年閏三月十三日，倭三舸泊寶山，登岸殺掠下失載。十五日至二十二日，南匯所城被賊攻破者再一條。四月十九日，戰于連賓華橋下失載。通判劉本元沉菰蘆中一日夜，僅免句。及時邑未有城，賊自海口入泊北馬頭，知縣喻顯科遁走，焚掠縣治而去一條。五月十二日，西蔓笠橋之戰下失載。前鋒丁爵及指揮袁某皆死句。六月，知府方廉乘間築城下失載。賊自宋家橋焚掠縣治之西境，六合知縣董邦政追擊于小灣。未幾，賊首蕭顯自金山駕舟，至邑之天妃宫前，劫糧艘。指揮黎鵬舉、鎮撫胡賢禦之。鵬舉被創，賢死焉。都司韓璽力戰于四墩，與監生梁家東斬賊八十餘級，乃解去一條。三十三年二月六日，劉東陽死于太平寺下失載。兵備僉事任環統民兵三百，及少林僧八十八人，適至，與賊戰于葉謝，斬獲頗多。以援兵不繼，僧二十一人死焉。環整師復進，追敗之于五里橋。至習家墳，又敗之，顯走據史家浜一條。陳義詐降下失載。三月，賊劉三帥衆入吴淞江，總兵湯克寬帥耆民施大鯨等，出師擊之，斬首百七十餘級，賊悉就擒一條。賊船多覆，乃復登岸下失載。蕭顯據下沙、新場，陳東、徐海據柘林，葉麻三據周浦，相犄角，爲持久計。及南匯所城圮，賊襲之，哨官李府獨戰死，守將徐學夔以恇怯罷用，把總婁宇代之。與同官陳習屢挫賊鋒，軍勢稍振。二條，是年五月失載。詔以南京兵部尚書、總督直隸、浙江山東、福建、兩廣軍務調集援兵一條。六月失載。浙地賊千餘、大小舟五十七，自嘉興入泖涇，抵斜塘，出横潦涇，焚掠閔行、沙岡，入海一條。七月失載。賊攻南匯所，其屯川沙者，撤民房，作營柵。時初調河朔兵至，參將盧鏜率之進攻，中伏，力士丁千斤死焉。府志更有馬八百同被害。近閲嘐城人所著《吹影編》，有八百收葬丁千斤事，故闕其名。一條。八月失載。檄都司韓璽討南匯賊，會少林僧應募至，遂并統之，進焚其三艦于白沙灣，斬首百餘。僧了心、澈堂、一峰、真元乘勝深入，被害一條。九月失載。繼至之倭，登周公墩者千餘，進攻南匯所，亦入柘林巢，與新至者合一條。是年冬失載。賊敗官兵于青村、泖涇，總兵解明遇、參將李逢時、許國下詔獄，以浙江參將俞大猷爲南直隸副總兵，鎮金山衛。時董邦政、婁宇獨多斬獲，知府方廉常召募壯勇，分扼要害。又令沿海民募壯丁，自相團保。于是監生喬鏜、盛際時、潘元各集鹽丁數百,所向有功二條。三十四年春正月失載。川沙賊攻南匯所,僉事董邦政帥兵擣其巢,殺五百人。監生喬鏜復追敗之,賊斂衆自保。及總督張經至松江,議會師滅賊。二條,三月失載。徵廣西狼兵至,總督以田州瓦氏兵屬總兵俞大猷,守金山;以東蘭那地南丹兵屬游擊鄒繼芳,屯閔行;以歸順州及募至思州、東莞兵屬參將湯克寬,屯乍浦。一條又失載。賊五千餘屯新場、下沙,千餘屯犒港,數千屯川沙,初皆進逼縣城。聞調募兵大集,乃退入舊巢,完壘治械,爲拒守計。諸營聯絡,聲勢益盛。總督欲俟賊惰入海,擊其歸,故擣巢之策不行。一條又失載。夏四月,工部侍郎趙文華至松江祭海,時瓦氏兵最强,文華輕試之于漕涇,以不習地利致敗。又懼海濱多寇,爲壇於得勝港,望祭焉。既恃寵眷,爲分宜牙爪,黷貨恣横,東南苦之,不減海寇。一條又失載。保靖宣慰使彭藎臣、永順宣慰使彭翼南,以兵至,適川沙賊駕舟出海,官軍焚其巢。一條,五月失載。官兵嘉興、石塘灣之捷,及川沙賊八百餘,刧犒港、周浦、車溝,轉掠至唐行鎮,游擊周藩墮水死,殺傷我兵數百人。兩條又失載。趙文華劾總督張經、總兵湯克寬,逮繫詔獄,以應天巡撫周琉代經,以浙江按察使曹邦輔代琉。及六月,琉奪職,以兵部侍郎楊宜代之。二條,七月失載。曹邦輔敗賊於雙溝,及官軍攻周浦賊,知府方廉遣諜毒賊巢中井,死者千人。二條,八月失載。柘林賊徐海移屯陶宅。及九月,文華爲督察侍郎,與浙江巡撫胡宗憲合謀討海,大敗于磚橋,由是賊勢益熾。二條,冬十月失載。賊自陶宅移屯周浦永定寺,俞大猷率兵萬餘擊之,鄉兵潰,曹邦輔殿後獲全。山東兵遂竄去,督撫復調川兵六千、毛胡盧兵四百擊之。天忽昏黑,不戰而北,掩殺千人,散亡殆盡。是月,柘林賊移據川沙,總督楊宜、游擊曹克新統川兵攻賊,大敗之,焚其巢。副使任環督舟師襲擊,斬獲大半,餘黨走清水窪。一條,十一月失載。倭二千餘至川沙,其周浦賊乘雪夜,移營新場,食民家積粟,擄丁壯,剪髮充伍。一條,閏十一月失載。僉事焦希程、游擊曹克新破周浦賊。先是,總督楊宜遣武生胡亘、朱洸等潛入賊中,希程等率川兵雪夜襲之,亘、洸縱火焚寺,斬首一百三十有奇,餘賊潰走川沙。未幾,遁出吴淞江,總兵俞大猷、副使王崇古追擊于老鸛嘴,俘斬二百餘人,焚巨艦八餘。賊復奔浦東。一條,十二月失載。徵永安土兵六千至,趙文華稱寇息還朝,許之。三十五年春正月失載。徐海巢新場,土兵驟入賊巢,伏發,死者千人。一條,二月失載。總督楊宜罷,以兵部左侍郎王誥代之。尋奪宜職,逮巡撫曹邦輔論戍,以湖廣按察使張景賢爲巡撫,代邦輔。及徐海復巢柘林,新場賊往與之合。二條,三月失載。倭船四十餘,自乍浦流刧府境。一登漴闕,爲參將喬基等所敗;一犯七灶港,爲僉事董邦政所敗;一犯南匯,爲參政任環、參將婁宇所敗。其自界嘴登岸者,環與邦政會擊之,殺十之八九。其自金山流至西菴者,與犯青村者,邦政與把總王應麟又各殲其衆一條。及賊船十六,自寶山入吴淞江,俞大猷與把總楊尚英、劉堂設伏海口,沉其舟十三,斬首二百五十餘一條。又胡宗憲代王誥爲總督,復以趙文華爲督師,加兵部尚書、右副都御史。會浙直兵攻陶宅賊,賊走漴闕,出海,婁宇、王應麟追破之九團洋一條。夏四月失載。新場、漴闕賊合入乍浦,遍掠嘉湖一條。又是年秋,應載胡宗憲知盜權在徐海與汪直,既遣諸生蔣洲、陳可願説直,因間使詒海,令縛陳東、葉麻以獻。八月,定計誘殺之,餘賊亦盡。自是邑無内寇,寇即來,亦爲海上水師所擊,罕生還者一條。

黄　氏

《王梧溪》云：黄氏，松之莆溪何某繼室也。其家素饒裕。洪武初，罣名欺隱，當没産。既上官至，某貨殖他郡，黄獨與老弱居。官怒其帑藏，空匱掠徵，資抶累百，身無完膚，昏頓就斃者屢，言迄不紊次。掠其姑姒，姑號呼，婦黄方呻吟，即狼狽起，蔽翼之，且告“姑老不勝捶，力丐身代”。辭氣款惻，官愍釋焉。明日，黄復扶傷詣官泣請，某前室之子，及姒之子若婦，凡在繫者，少休私舍贏糧以俟遣。里士范公亮誌焉。余謂昔鄭休妻石、鄭義宗妻盧遺事，並著晉、唐史。今何婦兼類之，可稱述也已。

五行志

《董氏雜志》：順治十一年乙未七月初五日，地震。康熙四年乙巳，石米四錢。此二條邑志闕。廿二年癸亥十一月十一日，大寒，滴水成冰，黄浦舟楫不通。念三日，冰始開，人多凍死。十二月朔，復寒如前。越八日，臘才半，天忽熱如四五月。夜雷電大作，暴雨如注。念九年庚午十二月初四、五日，雪甚，牛馬蜷縮如蝟。旬有五日，寒威不解，往來路絶。又《梅菴雜記》：康熙三十九年庚辰七月二十七日，發暴風，三晝夜不息，禾豆、木棉俱偃仆。季秋，蒸熱甚，諸種俱壞。

藝文志

《明史・藝文志》所載陸深《儼山詩微》二卷，侯峒曾《易解》三卷，張之象《四聲韻補》五卷，陸深《平元録》一卷，黄標《平夏録》一卷，王圻《兩浙鹽志》三十四卷，董其昌《南京翰林院志》十二卷、《容臺集》十四卷、《别集》六卷，張鳴鳳《桂故》八卷，董傳策《奏議》一卷，邑志皆失載。張蒙川《院長貼簽》二條云：尚有張之象《韻經》五卷、《楚範》一卷，彭叔岩《詩稿》十六卷，志亦未載。今邑志本載之《象韻學統宗》一種而已，而《韻經》卷數又與《四聲韻補》相同。其叔岩《詩稿》亦未知其工拙，惜先生已捐館舍，無從問詢矣。

某烈婦

烈婦，諸生沈騏妻也。順治二年九月，浦東拜空邪教，孔貞伯聚衆數千人，攻川沙，總督李成棟提兵剿之。營卒收捕，餘黨者欲犯烈婦，烈婦攀一桃樹，赴水盡節。後有誤觸此樹者，輒死，人相戒弗近焉。此條唯見于邑志“兵燹”注内，應改入“列女”。

鄔景超

鄔景超，字曠思，邑之浦東人。幼有勇力，喜結交任俠，讀書恥爲經生言。康熙十七年，臺灣搆亂，全閩騷動，總督姚啓聖馳檄沿海。景超率所募敢死士百人詣漳州，行府陳方略，即授銜守備，隸副將蔣懋勳麾下，蔣未之異也。會賊列陣索戰，鄔即統所部繞出賊後，貫其陣,皆披靡,莫敢當。已而接戰,兩日復拔其砦,由是蔣與督府日益親任。海口之戰,連破數砦,奮槊擒其僞帥。又令移兵攻師子山諸砦,皆以次殲克,直抵海澄。時督府亦總大兵趨廈門,鄭錦倉皇奔潰。乃奏授景超左都督。壬戌夏,部議命提臣施琅渡海。明年秋,遂克臺灣,獲故明九王子及鄭錦子克塽、僞將劉國軒、馮錫範等。是年冬,姚疽發背死,無論景超前此功者,遂棄行伍歸。著有《從戎紀略》一卷、《光霽樓詞》四卷行世。

李延昰

延昰,字辰山,號寒村,原名彦貞,進士尚衮孫、大理評事中立子也。少學醫于叔中梓,中梓撰方書一十七部,延昰補撰《藥品化義》、《醫學口訣》、《脈訣彙辨》、《痘疹全書》四部,刊行之。少曾三娶,有子九人,悉殀。乃走桂林,任唐王某官。事敗後,遁迹平湖佑聖宫,爲道士,以醫自給,聚書至三十櫃。客至,留飲極豐。腆其生平事迹,不以告人,人亦不能知也。康熙辛丑,卒于廡舍,命其弟子用浮屠法,焚其骨而瘞之塔。塔在東湖之濱,檢討朱彝尊爲銘。

盧　金

明盧金與華亭王一鵬同受業于沈虚明。虚明,嬰醫之聖也。相傳金命奇蹇,貧窶者乞其藥,無不立愈。受人厚贈,即症候變易相反,以此貧困終身。

淨　孑

淨孑,不知何許人。有時稱空幻,有時稱寄癡,不知何者爲名、何者爲號也。國初,來寓浦濱。顧氏喜以左手運筆,作行草,極工。又臨米南宫書,作翻手字,紙背映日視之,更圓美,工緻倍于正面。人雖費數十年力,亦不能到,真絶技也。後卒于吾邑,竟不知其姓氏,人疑其所自稱謂者類乎?僧然嘗見之,又非僧也。或曰寄癡固毗陵諸生,而逃于僧者也。

鄒黄濤

鄒黄濤,字四表。以歲貢需次得虹縣訓導,未赴而卒。畫工細如趙千里。每幅成,輒作詩題其上,非風雅者靳弗予也。少時文名噪甚,邑中才士如諸生施光祖、教授施潤叔姪皆出其門。

姚　仁

姚仁,字幼常。善鼓琴,工詩,多奇句,從之學者頗衆。所居老屋數椽,常待友朋而舉火。然性耿介,其所佽助者,未嘗往干也。晚年目盲,不廢吟咏,尤邃于《易》理。不苟爲人占,占輒驗。年八十餘卒,無子。

朱　嶠

朱嶠，字赤城。山水學元人，出入叔明、子久間。淺絳渴墨，極沈鬱可愛。草蟲花卉，細膩不減馬扶曦。其寫生荷花一種，獨出新意，渲染既定，然後勒以穠脂數筆，跗萼向背，一一湧見。又善寫真，遺貌取神，近視幾不辨眉目，而其人之爲誰某，又無不望而知之。此二技，可謂前無古人矣。至以指墨爲巨松，及蘭竹、瓶盎、小景，頗欠雅馴，世亦購以重價，最不可解。

滕開基

滕開基，字晉師，邑諸生。善畫，亦能詩。性愛藝菊，多佳種。花時羅列一堂，縱客游賞，延接無倦色。其《自題山水》句云："緑樹陰濃接遠山，水聲雲影有無間。高人自得閑中趣，曳杖溪橋獨往還。"殊灑落可喜。

朱士炘

朱士炘，字式亭，邑諸生。最工行草。國初諸家，如張泌、周金然、釋興澈、周銓都法二王，而士炘獨好米南宫書。下筆恣縱，結體遒勁，足與傅廷彝抗行，真一時之翹楚也。志舍士炘而取金永孚，何足與論波磔哉？

水　龍

救火者，古惟水袋、唧筒而已。今水龍之法，縣橋南唐某，自國初得之倭人，久而他處漸傳其技，製巧而用捷，救火第一器也。用時，以水貯容數石木桶中，桶豎錫筒㮲，徑五寸許，下歧而二，上合爲一筩，有水門，以銅皮爲之。其機一翕一張，則水自外入筒之發水處，曰鶴頸，形如偏提嘴，而上聳。其水高可數丈餘。每數人持斗，汲水入桶，數人激桶水入筒，一人曳鶴頸者，自能使之。或東或西，或高或下，其殺火勢也百倍于他器。

復生公

五世從祖復生公，諱士寶。生而膂力絶人，家饒于貲，游學四方，無藝不習，尤長槍槊及手搏二技，與畢昆陽、武君卿齊名。福王南渡，以同里兵部員外何剛薦，授伏波營游擊將軍。未之官，而南都破，遂終老于家。所傳弟子有王聖蕃、池天榮二人，池又傳于浙江提督喬東齋照及小普陀某僧。公著有《握奇祕要》四卷，燬于火。今《槍譜》二種及《藥酒治傷方》，猶行于世。公幼，隨父兄游秦中。盜卒起林莽間，徒手格，其械盡落，驚拜而去。有欲試其技者，執數尺竹竿，立于廣塲，令萬矢齊發，以所執竹竿禦之，竟無一箭着體。

滬城備考卷三

補　　遺

王樹德

王樹德，字子萬，後改名景曦，別號悟山。自少好立功名以自見。父儒士某，挈之游京師，與陽明先生爲疎族。明制，勳戚子姪得就錦衣衛鄉試，遂中崇禎壬午武舉，選錦衣衛左所千户。時疆圉日促，所在呼"庚癸翁"。與兵科給事中時敏、總兵劉一愚計之，以海中有大瞿山，本元時熟區也。國初，徙其民實畿甸，因棄焉。宜往墾，歲可得穀十萬斛。因合疏以請，報可。遂以翁爲屯田都司，與時俱行，召募丁壯，伐山通道，建棟宇，立屯堡，相原隰之宜，芟夷榛莽，開田若干頃，給牛種、耒耜。將觀厥成，竟遭父喪去。會國家定鼎，其事遂廢，與諸弟奉母以居。康熙三十七年卒，年八十有八。子貞儒，上海縣學生。弟某，字子實。母病，曾割其乳旁肉，爲湯以療之。早卒。烈婦蘭之父暹，字子建，亦翁弟也。右嘉定張雲章《王翁墓誌》。

華　錦

張鼐《倭變志》云：華錦，上海人。徐太史子先云，幼時常識其人，自言受胡少保命，爲徐海諜事甚悉。當是時，有贊畫周述學者，爲胡公謀，遣間使説徐海歸順。而華錦往，陰結其兩侍女，令説海。後海尋悔，欲殺錦，而錦以談笑利辯得脱。

明餘兵燹

順治元年乙酉，大兵破明南京。報至，邑令彭長宜率吏民守城。六月初六，報有兵三千，由蘇州至邑。先是，邑人王世焯以貲爲中書，先降，因命安撫。上海吴淞守將吴志葵退保崇明。志葵，郡人。會明監軍荆本澈等，擁魯藩東走海上，吴亦航海往。大兵遂入吴淞屯守。時知府姚序之、同知趙元會聞世焯至，皆棄印走。長宜與丞趙某亦去。趙，貢生也。長宜封庫金，以印付主簿盧志璉。志璉自至郡，迎世焯。世焯旋病瘻，卒于蘇州，以府照磨陶涣署縣事。閏六月初二日，志葵由崇明入泊黄浦，執守口者二人。邑紳富厚者及典商，咸醵金餽志葵。志葵乃適郡。十五日，我兵二百餘騎自淞巡縣境，志葵復自郡至，傷我兵數人，領兵官一人，百姓亦有被殺者。志葵乃去。十七日，民間聞訛言，或聚衆焚兵丁屋，殺丁金二哨官。十八日，署縣陶渙捕得爲亂者，盡殺之，餘民懼罪者，並率妻孥走浦東。十九日，吴黨杭人沈虎臣率兵百人至邑，俱亡命游冶。時吴擁兵居郡界，勢張甚，陶亦未敢拒也。二十二日，荆本澈船入吴淞，僞檄言楚王即位武昌，改元神武。且急徵餉，令沈籍前宦之墨敗者，并掠閭里，揚帆入海。邑人潘復者，素游食四方，因亂歸里。自言曾爲河南監軍，荆令以監軍，督本縣兵。陶畏荆往來無定，亦以千金餽荆。潘復又結泰西人潘國光，爲助謀拒守。七月初四日，嘉定破，民復逃竄，冒雨渡浦。初六日，復遂殺渙于東城，自主縣事。民户被其恐喝，收括略盡。十八日，荆船再入吴淞，掠旁浦居民。二十一日，潘復聚衆演武場，名曰誓師，殺初爲世焯賫詔書者家奴二人。其實所謂左良玉尅復南京，援兵即至者，悉譌言耳。八月初三日，大兵破青浦。初四日，郡城失守，郡紳沈猶龍、李待問等死之。十一日，邑署教諭徐百瑜被殺。徐，邑貢生。十七日，破金山，守將侯承祖、子世禄皆死，潘遂遁入海，橐千金，進海寇顧三麻以自容。十八日，潘引顧掠龍華，居民仍留船浦中。二十五日，欲聚衆刼諸典庫，會大兵水陸並至，潘遁，顧與相失，走劉河。二十六日，我兵圍之急，要領兵者以三事遂降。

蘇兆人

蘇兆人，字寅侯。順治五年己丑，魯藩駐舟山，稱監國，兆人爲兵部職方司主事。嘗以一縑自佩，城破，即自縊死。初，辛卯九月，我吴淞守將沈豹率師伐舟山。其大學士張肯堂議欲邀擊，魯藩乃親統兵至羊山，以張名振爲前將軍，而令阮璀守隘口，設機弩。時我兵之別率在定海者，覘知守備單弱，以萬人乘霧破螺頭門。魯藩聞舟山失守，乃南遁。于是肯堂及吴鍾巒、名振、弟名揚等皆死。邑人死事者，一爲兆人，一爲朱永佑。永佑，邑志自有傳。

張在宥

張在宥，字虎侯，邑諸生。城破入閩，仕唐王爲某官，偕安昌王之日本，乞援兵。會倭王死，乃返。後爲魯藩中書舍人。城陷前一日，在宥以奉使往普陀，遂得歸，而家益貧，無以給。晨夕病既殆，猶日訊海中事。前居舟山時，有雜記數册，留其弟處。或云已爲忌在宥者燬之矣。

二喬被逮

喬景星，字廛茨；喬世忠，字願良，並以與郡紳陳子龍通謀被逮。先是，順治乙酉，郡城破，子龍復聚衆泖湖，提督吴勝兆陰懷兩端。丁亥四月，召府佐二人飲，遂害之，以兵二千披鎧列城上，約京口總兵黄斌卿爲外援。時子龍已舉兵侵旁縣。夜半，海風驟起，舟不能進。天已曙，而黄兵亦不至，吴窘甚。裨將詹世勳陽款吴，而飛檄告變。數日，械吴至江甯，伏誅。陳棄軍走嘉興。被執，躍入水，不死，乃戮之。初謀時，署知名士于册者凡千人，爲華亭知縣某所得，畀于火，然猶逮同謀者數百人。

張齊華

張齊華，字彦伯，號茨若，之象曾孫，雲輅子。幼穎慧能文，補邑諸生。次子斌臣，中崇禎癸酉武科。齊華當國變之際，悲憤無所發舒，一寓之吟詠郡邑殉難諸臣，各賦短章弔之。齊華故病疝，因謀脱蹝，更頻至邑，病劇卒。斌臣圖起兵，從魯藩，爲嘉定人所殺。長子亮臣，早卒，婦楊氏自經以殉。齊華兄齊冉，字文季，號連圻。張氏世居龍華之雁橋莊，齊冉晚更遷居青浦松子里。性好潔，一布袍三十年。闢小齋，曰薇庵，供夷齊、子陵、元亮及所南、玉潛諸像，時設酒果祭之，己亦侍飲其側。崇禎辛巳，饑困穀以食，戚黨人謂其貧而能施，尤不可及。壬寅歲，卒于外孫阮氏家。

周　規

周規，字象員，一字公履，邑人。後居澱水，復徙嘉定。妻死，無子無家，亦無兄弟。少年時有膂力，學擊劍騎射。戊午、己未間，曾上書數萬言，論邊事，不報。詩清疎壯邁，有名家劖削所未到者。舉止敦朴，如未嘗識字人。獨與華亭蔡樅友善，嘗謂人曰："規老矣，當堥父母梓。詩百廿首，招好友痛飲數日，然後瓢笠長往。爲我友者，即以是日爲予死日。"樅，字季直，死于難。

徐熙杲

徐熙杲，字唐運，一名照，字明遠，號讓泉。祖方伯用登高第。熙杲不工制藝而工詩，至于書，則于古無不學。性極迂僻，乞書者即素交亦辭之。興至，縱筆書數十幅不厭。又工籀篆及畫，特寄意而已。其書以穉爲老，以疎取姿，以亂趨勢，以脱示變，不必某筆出某人，而縱横披放，熟至法生，自有嶔崎磊落之致。世人每貴遠而忽近，貴名而忽實，貴貴而忽賤。二十年後，不識姓名氏者衆矣。嘗雨窗背臨逸少《告墓帖》，自謂奪真。其中子里刻之于石。里，字仁美，能畫。右七則，見《莫葭水集》中，稍改本文録之。

三　節

《龍江夢餘録》：洪武初，冀人李從吉爲上海簿，有活民之功。卒時，妻劉氏，才二十有八，生二女，長歸我高祖文祥，次適沈源仲。二壻亦早世，二婦以二十餘守節，母女更相依爲命，抗志不渝，壽皆八十一。時文士如黄瀼東輩，作《三節傳》及歌詩以紀之，惜有司不以聞，朝典未及耳。古稱忠節之後必大。唐氏自先伯中丞公以來，累沾國恩，而沈則落落矣。同其始，不同其終，此天意之不可知也。

王　逢

王逢，字止中。作《河清頌》，臺臣荐之，稱疾辭。明太祖欲辟之，堅臥不起。居海上之烏泥涇，歌詠自適。洪武十五年，以文學徵，有司敦迫上道。時子掖爲通事司令，以父年老泣請，乃命吏部符止之。又六年卒，年七十。所著有《梧溪集》七卷，自稱席帽山人。《居易録》云：王逢原吉《梧溪集》七卷，有元新安汪澤民、番陽周伯琦、明南康知府陳敏政三人序。又云：牧翁謂《梧溪集》述宋元末國事人才，多史家所未備。如宋高皇壽成殿汝瓷觶，引孟郡王忠厚《佩印歌》、《制置彭大雅瑪瑙酒椀歌》，尤令讀者一唱三歎。

儲　泳

宋詩人儲泳墓，在周浦鎮，俗呼木魚墳。泳號華谷，尤長于天官家言。所著《祛疑説》，《協紀辨方書》中多採擇之。

王太初

元王太初《古心筆録》内一則，有云：隆平寺主藏僧永光爲方外交，來訪余觀物齋云云。其居當去青龍江不遠。陶南村稱爲王古心先生，當時蓋甚重之，惜所著《簣土集》、《漁樵稿》，都未之見。

莊　肅

莊肅，號蓼塘。至正間，詔求遺書，有以書獻者予一官。江南藏書多者止三家，莊其一也。繼命危學士素來檢取，其家以兵遁、圖讖悉付祝融氏。肅孫群玉又以存者載之入都，覬領恩澤。久之，仍布衣而歸。

陶　振

明陶振，字子昌。受學于楊維禎，通《詩》、《書》、《春秋》。爲訓導時，以佃官房遣戍。上《紫金山》、《金水河》、《飛龍在天》三賦，去戍籍，得歸。《藝文志》所載《賦稿》一卷，其實止此三篇也。以上四人，俱列“文苑”，爲搜采以補傳之所闕。

蘭汀公

六世從祖蘭汀公，諱永祚，字爾昌。幼從兄之官西安。萬曆初，寄籍爲拔貢生。公工詩，尤善鑒别金石文字。秦中故多三代碑刻，故收藏倍于邑中潘、陸兩家。有家刻《淳化閣帖》，其補入周、秦二漢人舊跡，爲時所珍。碑版後歸同里徐蔭君，今不知落何所矣。公初補邑諸生，寄籍西安，乃以字行，官宛平縣知縣。兄諱永善，以薦舉授秦府長史。

小臣公

五世從祖小臣公，諱世遂，原名士廉。邑諸生。能文，工于詩詞，尤精考據。有别業在北墅。樹梧竹繞屋，後鼎彝圖史，充牣几席。客至，焚香瀹茗，談笑終日。或攜古物示之，必爲細述硯出某坑、瓶出某窑、琴出某某人手斲，歷歷不爽。他如書畫、玉石，亦望而知其真贋。著有《一畝居詩文稿》十二卷、《書畫臆斷》二卷、《介之隨筆》四卷。

潘雲龍

潘雲龍,字雲從,四川布政使允端子也。弱冠入成均,預選内閣。神宗將雩祭,見其名曰:"朕方祈甘澍,雲龍二字,佳讖也。"遂授武英殿中書舍人,著有《萬花樓集》。邑中《六體千字文》、《淳化閣帖》、趙子昂《蘭亭十八跋》,皆雲龍舊物也。跋尾字工緻,如文徵明。

孫致彌

孫致彌,字愷似,號松坪,明登萊巡撫元化孫也。國朝康熙中,以布衣賜二品服,采詩琉球諸國,累官翰林侍讀學士。以事下獄,旋得解。詩工巧,在石湖、放翁間,著有《杕左堂稿》四卷,門人樓儼爲序。致彌作字,天趣橫生,意出蘇、米。其所書便面聯額,人爭藏之。

張希賢

張希賢,字若愚。善吹洞簫、鼓琴,尤工古今體詩,排奡跌宕,自成一家。常游京師,以性不諧世俗,所親贈之斧資歸,坐是益困。同里羅九成,字南照。能吟詩,多蓄法書名畫,豪于貲而好客。希賢常主其家,雖老猶日評古人文多僻論,與他客亦齟齬不相合。年七十餘卒。

吴 磐

吴磐,字某叟。有隱者風,工吟詠,善繆篆,亦精于卜筮。少常幕游江南。北歸里後,罕與人接,人亦不知。有吴翁者,所居又在西城隅極幽僻處,一室僅蔽風雨,而洒掃極精潔,四望惟菜圃荒陂,絶無竹樹。翁俯仰其間,嘯傲自得而已。

徐 勛

徐勛,字紀常。少有膂力,入武庠,累試不第,乃棄去。作人物、折枝花卉極生動。間仿仇英爲山水,亦工細可愛,但界畫不及耳。性好度曲,或轟飲累月,人所與紙素,皆鼠跡塵封矣。其畫不輕與人,或不求而與,初未擇人也。

王繪徐智

王繪,字素如。畫學宋元人,小景饒有氣韻。間作詩,亦工。從之游者同里徐智,字周範。作山水,幾駸駸出藍矣。兼擅四體書,乞之者頗衆,惜以下壽卒。若繪,則又能鼓琴。向與布衣姚仁爲同調。仁卒,邑中知音者絶少。人雖常得聽之,其妙處弗能知也。逮繪卒,此響如廣陵散矣。繪,監生。

曹傑士

曹傑士,字電發,附貢生。小楷學趙文敏,得其神髓。葉舍人鳳毛固當世名書家也,極愛傑士書,雖寸紙尺幅,皆藏以珍玩。從子錫爵,字廷諫。兼擅題榜字,而小楷尤遒勁有法。年八十餘,日可得數紙,無倦色。今侍御錫寶《古雪齋集》梓行海内,皆其所謄繕。

曹錫璜

曹錫璜,字書圃,傑士子。邑諸生。能文工書,善談傾一座,雖老生宿儒莫能難。詩不畛域唐宋,而清思妙論,細入無間,識者頗罕。從兄侍御錫寶招之游京師,舉順天鄉試,不第。充四庫館校録。謁選得山東布政司經歷,暫假歸。及之官,舟方抵滸墅。屬微疾,即促返鄉里。蓋錫璜素精壬遁術,知疾之不可瘳也。抵家數日卒,年五十餘。無子,人共惜之。

黄烈毛肇烈

黄烈,字右方。毛肇烈,字宰揚。皆邑諸生,而邃于經術。學使者至,例以經義預試多士,訓詁確切,援引淵博,爲郡國冠,當事無不肅然加敬禮。烈所爲書尤富,當四庫纂修日,廣采海内圖籍,烈以著作進呈,得列中秘。稽古之榮,世無與比。而毛以倉卒無成書,不獲上。

金寶田

金寶田,字仲雲,邑諸生。山水無所師承,荒寒疎古,自成一家。彭雲楣大司徒視學江蘇,多士能書畫者,亦引試,以寶田爲第一,遂辟置幕下。屢就京兆試,卒於京邸。寶田畫雖不拘拘六法,然合作者絶似高房山。

陳青傳程紹南

陳青傳,名某,精岐黄術。孤介絶俗,書法極工緻,不減周緯蒼。其所製藥方,作尺牘式,紙墨鮮好,鈐以引首押尾印章,經數十年不薦,人多藏玩之。程紹南,名宗伊。尤有名,能畫梅,花幹疎古,不求形似,得意者皆題詠其上。

張　瑋

張瑋,字涑南,又號髯道人,河南某縣人。爲蘇松散官,奉檄監榷關税,來居海上者數年。善四體書,其行楷亦多雜篆隸法。時寫意作花卉、翎毛、蘭竹、窠石,草草塗抹,而神氣涌現,有青藤、白陽風味。其没骨牡丹,設色極穠艷,而枝葉殊不經意,尤擅名于時。

葉　氏

顧侍講成天《金管集》云:徐天福妻,新場鎮葉氏僕婦也。有謀奪其志者,知勢不可禦,從容祭其夫曰:"今日非葉忠節公殉難日耶?"遂闔户自經。事不上聞,旌表莫及,可慨也。

孫元化

孫元化,字初陽,嘉定人。寄籍吾邑,登鄉科。嘗從徐文定公游,得泰西火器法。天啟六年,會試入都,條上《備京》、《防邊》二策。給事中侯震暘薦之朝,孫承宗請令主建炮臺及教練法,贊畫經略軍前,奏授兵部司務。崇禎二年,以武選員外起用,擢右僉都御史,駐登州。孔有德兵變,中軍耿仲明等應之,元化自刎。不死,詔逮之,同其將張燾棄市。

祥 異

邑志《祥異》,元延祐七年後失載。文宗至順元年庚午閏七月,大水冒村郭,殍殣相望一事。又至正十七年丁酉,鶏伏七雛,一作大鶏狀,鼓翼長鳴,是城中李勝一家。二十二年壬寅,閹狗生小狗八,一爪,吻紅如血,是三十四保金壽一家。志皆失之。二十六年丙午,隕魚在浦東俞家橋南,長盈尺。有飯店婦鹽漬藏之,人多就觀焉。志亦不言其所隕處。

又

《明史·五行志》:洪武八年乙卯九月,大水,蘇、松、嘉、湖皆然。是年十二月賑。明年,免四府田租。又明年,賑四府被災者户米一石。十一年戊午,海溢,人多溺死,蘇、松、揚、台皆然。永樂元年癸未,上海饑。二年甲申六月,大水,蘇、松、嘉、湖並饑。三年乙酉春,大雨不止,賑免户口食鹽、鈔。秋,免水災田租。四年九月,復賑饑民復業者十二萬餘户。六年戊子四月,大水。大水,《五行志》不載。正統四年己未七月,大風,拔木殺稼。明年十一月,免秋糧。景泰五年甲戌正月,大雨不止,大水。三月,命王文巡視水災,凡蘇、松、淮、揚、廬、鳳六府。按,邑志,正月,大雨雪,四旬不止。夏又大水。而是冬,實免漕糧。明年九月,賑蘇、松饑民米麥一百萬餘石。天順五年辛巳,上海、嘉定、崇明、崑山,海潮衝決,死一萬二千餘人。免被災秋糧。成化十年甲午,免被水災者秋糧。志載:八年,海溢。十七年辛丑二月,地震。江西、河南、山東同日震,有聲。弘治六年癸丑冬,大寒。八年乙卯五月,大疫且饑。以上自成化八年起,《五行志》皆不載。十四年辛酉十一月,地震。志稱十月。按,是年正月,陜西最甚,震至半月。十月,溧陽亦震。十六年癸亥,旱。十八年乙丑,地震,七府、二州同日震。正德四年己巳,饑。五年庚午十一月,大水,復饑。六年辛未六月,大水。七年壬申,大旱。八年癸酉,饑。是年免秋糧。十二年丁丑夏,大雨,殺麥禾。十三年戊寅夏,大雨彌月,漂室廬、人畜無算。嘉靖元年壬午七月朔,大風自北來,飛屋瓦,樹盡拔。廿五日,海溢。二年癸未八月,大水。三年甲申正月,地震。九年庚寅夏,旱。十九年庚子,旱。明年,免秋糧。廿二年,又免税糧。四十年,賑被水災者。隆慶元年丁卯六月,大風海溢。是年大饑。二年戊辰元旦,大風揚沙,白晝晦冥,天下皆同。萬曆三年乙亥九月,大水。明年饑,蠲逋賦,詔明年秋糧收十之三。六年,南京户科給事中傅作舟奏連被傷災。七年己卯,大水。十年壬午七月,大雨潮溢,壞田禾,人畜無算。冬,蠲賑被災者有差。十一年,免秋糧。十四年丙戌冬,木冰。十五年丁亥,自五月至七月,恒雨,禾麥俱傷。十六年戊子春，旱，大疫，民死無算。十七年夏，大旱，發帑四十萬，命給事楊文舉賑之。十九年辛卯，大水，賑。廿九年辛丑春，霪雨傷麥，溝渠無故皆溢，盆盎亦然。崇禎十三年，蘇、松皆大饑，知府方岳貢與蘇州知府皆以逋賦削籍。

又

康熙廿九年庚午十二月，大雪，深二尺，居人閉户不出。三十年辛未元旦，雪未消。人日，雪穀日，雪愈劇。九日，雪。二十日夜，暴風復雪。三十二年癸酉五、六月，大旱傷禾。三十五年丙子六月朔，大風，暴雨如注。二更，海溢，衝壞寶山城，水高二丈，漂没海塘五千丈，淹死數萬人。七月二十三日，天未明，大風暴雨傾注。至午，天色昏黑，水没過膝，雨竟夕方止，居宇摧折無數。

又

《梅庵雜記》云：康熙七年戊申六月十七日戌時，地震，自西北至東南，隆隆有聲，浦水騰躍。三十九年庚辰七月二十七日，發暴風，三晝夜不息，禾豆、木棉俱偃仆。季秋，蒸熱甚，諸種皆壞。

任辰旦

任辰旦爲給事中，沆爽敢言。曾知邑令，上章請減浮糧，以均國課。曰，“蘇、松賦額獨重，乃故明之弊政。各直省全徵者多，而兩郡則數百年來必不能無欠者，非盡有司之拙、百姓之頑，蓋力不逮也。其風俗喜炫繁華，然僅在城市十餘里之間。此外啼飢號寒，與磽瘠之區，實無以異，故屢加重創，積逋如故，竟何補於國哉！今幸逢聖世，千載一時，請查嘉、湖、常、鎮之額，按其最重者定爲蘇、松之賦；即不然，亦從減省”云云。格于部議，竟不得行。

王　侹

王侹，字燕賞，曹州單縣生員。乾隆十年，保舉爲邑令。十二年，值水災，既奉朝命，給口糧，煮粥賑飢，又出私貲，掩殘骼甚衆。明年，雨雹害稼，躬勸士民平糶鄉鎮未舉者，借俸買米倡率之。甫蕆事，即以官房創立申江書院。課藝之暇，每與諸生談笑飲讌終日。其舉動都與俗吏異。凡涖任數年，百廢俱興。如浚城隍、浚六磊塘、馬屯涇、三林塘、李漎涇，脩海塘，置廢閘渡，悉整頓有法。繼以公事罷去。

黄渡河泊所

明洪武初，設黄渡河泊所，以管嘉、崑、華、上漁户。弘治三年，知府劉璟奏革，其漁課于秋糧項下帶徵。今漁户册籍，皆主簿統之。

魚鱗圖册

《古今原始》：明太祖遣監生武淳等往各處，隨其税糧之多寡，定爲幾區。區設糧長，四人使躬履田畝，以量度之圖其田之方圓。次以字號，悉書主名及田四至，編彙爲册。其法甚備，謂之“魚鱗圖册”。今南匯獨無，蓋分縣時未造。

劉　晏

宋劉晏，字平甫，嚴州人。遼進士，爲尚書郎。宣和四年，率衆來歸，授通直郎。建炎初，從劉正彦擊淮西賊，有功，遷朝請郎。正彦反，以衆歸韓世忠。金人犯建康，世忠退保江陰，晏領其騎，屯青龍鎮。金又犯常州，郡守請援，世忠以精鋭七千益晏兵，出奇大破之。進直龍圖閣，保馬蹟山。又以舟師降其衆千五百，郡人爲立生祠。後以招安戚方，爲賊所殺，贈待制官。其四子立廟曰義烈。按，此條與卷二“青龍鎮將”條同。

周如斗

周如斗，字允文，餘姚人。嘉靖二十六年進士。由知縣爲監察御史，巡按蘇、松。會倭寇訌海上，歲且大祲，如斗請捐常賦什五，已輸官者悉發倉廩還民。乃督率將士協力進討，屢有克捷。減客兵，選鄉勇，以備緩急。踰歲，當代去，士民乞留，章七上，得允。復奏設海防官。其年夏，寇復至松江，鄉民走避者萬計，巡撫欲弗納，如斗曰：“是驅民于死也，脱有不虞，我任之。”洞開諸門使入，予糜粥醫藥，然後城守。及賊去，度必西竄。馳至蘇州，破之婁門。又要柘林賊于吴江之□墓，俘馘甚衆。尋與督府合策，大捷於沈莊。訖賊平，先後擐甲無慮數十戰，皆格于視師趙文華，僅賜金綺，加一級而已。是歲大旱，復奏減田租之半，并留折布課銀以餉軍。未幾，督學南畿，累陞副都御史，巡撫江西。卒于官。

麥而炫

麥而炫，字章闇，四川順德人。崇禎辛未進士。爲上海令，坐事罷去，百姓乞留不得，至壘城門，以尼其行。志載之甚詳。後而炫復宰安肅，唐王聿鍵以爲御史，同東閣大學士、兵部尚書陳子壯守高明城。城破，俱被執，不降，戮于廣州。

陳箍桶橋

陳箍桶，相傳宋時仙也。能道徽、欽事甚悉。跣足蓬頭，冬夏一衲衣，破而不穢。鬚鬢斑白，雙瞳如碧玉。年常若五十許。忽來忽往，踪跡不常。弘治間，嘗至揚州官舍，觀牡丹。有浙人王元敬，以火銃戲擊其背，若不知者。邑之陳箍桶橋，俗以其名不雅，易爲陳顧同橋，謂當是二姓同造，實臆説耳。按，郎瑛所云，則自宋以來，實有此人，而游歷又遍于江浙間，安知橋不因仙蹟而著耶？姑存之，以備考證之一助。

顧振海

顧振海，造墨，自詡在方于魯、程君房上。家饒于貲，以松煙和油腦、金箔、珍珠、紫草、魚胞，擣二萬杵合成。贈人止一笏而不賣，文曰"海上顧振海墨"。或曰取倭墨重造者，俱作松皮，文圓樣而無款，尤妙。

談　箋

談箋有數種，玉版、玉蘭、鏡面、宫牋爲最。初，談彝庵侍郎得擣染秘法于内府，其孫梧又授其法于仲和，昔人謂其品在蜜香冰翼之上。今邑中所市談牋，皆自郡來，以他紙刷五色膏粉爲之，久久必盡脱落，非佳物也。

滬城備考卷四

訂　誤

齊昌寺

邑志云：齊昌寺故址，在縣治南。考宋咸淳五年，市舶提舉董楷《受福亭記》云：自市舶司右趨北，建拱辰坊。盡拱辰坊，創益慶橋。橋南鑿井築亭，名曰受福亭。前曠土悉繡以甎，爲一市闤闠之所。其東舊有橋，已圮，巨濤侵齧且迫，建橋對峙，曰迴瀾橋。又北爲上海酒庫，建福會坊。迤西爲文昌宫，建文昌坊。文昌本泥塗，槩施新甃。文昌坊又北建致民坊，盡致民坊，市民議徙神祠，爲改建橋曰福謙。由福謙趨齊昌寺，臣子于兹，頌祝萬壽，廣承滋液，施及群動，改建橋曰泳飛云云。今以益慶橋準之，則迴瀾橋在其東，橋直北爲酒庫，又迤西北建橋，曰福謙者，當與益慶南北相對，即舊志所稱范家橋，于築城時拆毁者也。由此橋而趨齊昌寺，又建橋曰泳飛者，必黑橋之舊名，而寺在橋之左右無疑矣。何得云在縣治南耶？

錢良臣

宋錢良臣，字友魏。紹興進士。淳熙五年，自給事中除端明殿學士，簽書樞密院，旋拜參知政事。德望端偉，爲時所重。孝宗褒之曰："如卿可謂通世務之儒。"手書"通儒"二字賜之。九年，罷，知鎮江。十五年，提舉洞霄宫。光宗即位，復手詔存問。卒謚文惠。邑志刊傳，載其事蹟甚略，特謂今縣學皆其所修，不知吾邑始有鎮學，在度宗咸淳中。事隔三朝，去錢公殁已數十載。迨元升鎮爲縣，又異世事矣。或者因公曾修華亭縣學，而遂誤引耳。

錢鶴皋之亂

邑志：吴元年，大將軍徐達攻松江府，知府王立中以城降。會達檄各府驗民田，徵磚甃城，上海民錢鶴皋不奉令，結張士誠故將韓復春、施仁濟，聚衆三萬餘人，自稱行省左丞，僞署官屬，以姚大章爲統兵大元帥，據上海。達遣驍騎指揮葛俊進討，攻下之，檻送鶴皋，伏誅。知縣祝挺出走，起義兵復邑治，斬大章，送俊故官兵不及境，詿連者皆得免。按，是年，達攻蘇州，松江知府王立中實送款于蘇，達未嘗親攻松江也。嗣以荀玉珍代立中，鶴皋兵攻府治，玉珍棄城走，追殺之，遂據有府城，自進位號。令子遵義率小舟數十走蘇州，圖與張士誠合，以求援兵。達已遣葛俊東下，破遵義于漣湖蕩。進攻鶴皋，破之，檻送京師。志略其顛末并漏書"據府城"句，遂使全文皆模糊難讀。

晏公廟

廟在西門外，有明思州府邑人蔡懋昭撰碑云：平浪侯晏公，數顯靈于江湖間。吴赤烏中，建廟于周涇左側。嘉靖間，島夷犯城，時僉憲董邦政署縣篆，計無所出。俄聞半夜兑隅，鼓礮震天，洶洶有喊殺聲，已而海潮汎溢，隤土隄，淹溺八十餘人，遂解圍去。吏民德之云云。按，《路史》：公名戍仔，元時爲文錦堂局長，登舟尸解。明洪武初，以其陰翊海運，封平浪侯。豈有赤烏中立廟之理？

海不内徙

舊説黄家灣界碑，去海二十里。今數武之外，即成巨浸，蓋海已内徙矣。不知潮汐衝激，隄岸硃圮，沿海皆然，無足爲怪。海固未嘗内徙也。凡水有彼岸者，乃謂之徙，如黄河故道北流，今已南徙是也。裨海之外，環以大瀛，海不知紀極，茫無津涯，安得云徙？

夢花樓

明嘉靖三十二年，倭患，亟以僉事董邦政領海防道，建署于縣治西南，作截蜃、鎮遠二樓，即今右營游擊署也。考樓名"鎮遠"者，在署北，已毁。惟截蜃猶存署東，俗呼夢花樓，蓋斥堠瞭望之處，統謂之望海樓。而吾邑土音望、夢二字，皆麻榜切，花、海二字，音又同母，則久而傳訛也亦宜。

張鶚翼

張鶚翼，字習之。嘉靖辛丑進士。授兵部職方主事，守山海關。創新令數條，時稱其便。改吏部，歷驗封、考功、文選郎中。酌選法以疏，淹滯鄉里無所借。擢太常少卿，轉右通政。尋以右僉都御史，巡撫貴州。便道假歸。時倭寇海上，鶚翼建築城、飭備、團兵三議，士民留以係人心者。踰月寇退，乃之官。區畫撫夷四事上之，曰茶苗、卬水苗、湄潭苗、賜金幣。會岑猛之黨阿項叛，公密檄宣撫楊，掎之挫其鋒。賓欲聽撫，公不許，率督兵入其巢，賊竟授首。此捷爲數十年所未有。時考察命下，督府欲俟上阿項功，需後命而公亟毁其疏。庚申，考察去留，吏部尚書阿相嵩意，以吴鵬、許倫、趙文華、嵩子世蕃爲最，而楊行中、葛守禮、鶚翼等皆註下考。罷黜歸。病亟，猶口占《答郡守論民瘼書》，引己疾爲喻云。按，考察在嘉靖三十九年，而倭變在三十四年。邑志列其建防寇三議於罷官後，誤。且郡邑志並言其以星變免，亦誤。公所居東偏妨城址，有司欲迂道避之，公即毁其室。

欽賜仰殿

金姑娘娘,驅蝗神也,其祀盛於崇禎庚辰、辛巳間,田家賽神多用之,或稱金四娘。吾邑浦東欽賜仰殿,命名最爲無理,殆因是而傳訛者歟?或云殿建於唐時,梁上猶刊信官秦叔寶字,荒謬更甚矣。

賞軍瓶

賞軍瓶,實瓦甀耳,形如筒而唇少劇,肩有耳以安系,土人往往墾地得之。瓶得土氣久,故供花經月不萎。邑志"缾山"註引項子通《府志》云:晉袁崧犒軍於長人鄉,聚瓶爲山。又引唐《文獻記》:吴越王常飲軍於此。二説皆誤。惟"吴會鎮"註一條云:淨土寺,地接瓶山,皆瓦礫。宋時酒庫所遺也。此説最爲近理。按,宋有酒庫,在坊浜福惠坊,其餘酒務分設青龍江、蘆子城諸處,則所謂賞軍瓶者,悉庫所賸棄,今人於土中得瓶完整者甚少,尤爲可驗。蓋古人沽酒無不用瓶,近日常、潤間猶有此風,人特略而不之考耳。

王光承

王光承,字玠右。明諸生。與同邑何剛、郡人夏允彝、陳子龍、徐孚遠輩,共立幾社,名重海内。崇禎末,從父之新昌訓導任。會莊烈殉國,就徵江南。上時務五策,當事不能用,佯墮驢傷足歸。與弟烈隱石筍里,著有《鎌山堂詩》二卷。光承無子,女名雙鳳,亦能詩,詩稿名《玉瑩草》。適中書舍人楊儋,遂依女夫以終,卒年七十二。見詹事黄之雋所作墓志。邑志稱啓手足於友人丙舍者,殊未深考。

余　瑾

元余瑾傳,邑志稱居干山,應改北干山,或簳山。干山爲九峰之一,即未分青浦以前,亦不在管内。又瑾所著有《史補斷》、《丹崖夜嘯》、《金聲録》、《玉露吟》諸書,志並失載。

水利紀年之訛

《明史・水利志》:弘治九年,工部侍郎徐貫偕御史何鑑經理浙西水利,開吴淞江大石、趙屯等浦,由吴淞以達于海。府志誤書七年,邑志載之正德十三年後,更爲舛謬。

費烈婦

邑志曰:費元琇歸江陰知事朱道存。至正間,江陰亂,因歸寧以避之。未幾,苗寇上海,城陷云。按,王逢《梧溪集》詩序云:朱夫人諱元琇,江陰知事朱道存之妻,都漕萬户費雄之女也。至正十六年,江陰亂,夫人依其父居松江之上海。未幾,上海縣陷,苗軍復縣大掠,將手刃入犯,夫人怒叱曰:"吾貴家婦,夫君見勤王,汝本官兵,奚爲犯我?"投釵珥于地,苗攫之去。既而苗沓至,夫人揆不免,乃攀堂楹大駡。比遇害,血沁于指爪,入楹木。是二年中，破江陰、上海者，皆淮兵也。苗帥楊完者遣其將蕭亮、員成等來復邑治，遂縱兵焚掠，誠無異于寇。然謂苗寇上海則失實矣。

淮兵苗兵

《梧溪集》于淮兵陷上海，苗帥復地大掠事，一再見于"費烈婦"、朱彦則詩中。《輟耕録》亦謂揚州守臣朱焕之戚管明、朱國珍居上海，皆死苗獠之難。蓋至正丙申，元帥王與敬以松江叛降士誠。苗帥楊完者遣部將來援，與敬遂走。則前之陷縣者，必與敬之黨；後此之復縣大掠者，即完者所遣之部將也。府志僅云火一月不絶，城邑殆無噍類。邑志并闕而不書，疎漏極矣。

秦璠王艮

璠，通州人。艮，常熟人。與其黨王祥、沈維良等，俱沙場土豪，世販私鹽于蘇、松、常、鎮四府，捕官莫敢誰何。嘉靖己亥九月，兵備副使王儀駐太倉，以圖之。凡賊可通往來之處，悉以兵船布其要害，賊遂走，據南沙。使知州萬敏諭降之，不聽。會巡江御史議以兵久遣散，賊勢益張。時上海無備，巨室多遷避府城。明年四月，命州判石巍率吴淞等衛千户六人、耆民十二人，分五營爲捕盜。巍，故平樂人。與猺獞習，視賊蔑如。六月，聞撫按檄備倭指揮李俊將至，遂渡海，徑抵賊巢。賊兵止數百，巍懼有伏，未即登岸。已而賊大集，縱火焚蘆葦，焚溺殆盡，得漁舟脱歸。賊朱書僞檄，徧徵都城，語多不遜。事聞，失事十九人悉提問，兵備戴罪殺賊。勅總兵湯慶率邳兵千人南渡，與巡撫夏邦謨、操江王學夔等集太倉，命四府各備銀穀萬。又借民糧數萬，統三省軍，相機進勦。先是，儀復命敏往諭降，獨維良有異志，許執璠、艮以自贖。更相疑貳。迨勢迫，璠、艮度不免，始出焚掠，南入吴淞江、横涇、七丫、劉家河等處。慶率千人往，獲三賊。十一月，賊復至，維良乘間出降。賊追之，乘勝直抵吴淞江，將指上海，未至而返。明日，賊率二十九艘抵劉河口，與我師相望。慶登八槳船環射賊，賊不能支。官軍悉出大艦爲横陣，砲石齊發，煙焰蔽天，斬首百三十七，獲舟廿一。璠死，艮以五舟遁。是月，其黨宋文盛復殺艮來奔，官軍登沙，擣其巢，斬馘無算，俘其生者二千。訊得真賊一百七十，餘悉縱釋。此事《府志》與《七修類稿》載之甚詳，邑志因其文有"南沙"二字，遽云璠、艮據南匯、川沙以叛，焚掠沿海富民家，一何憒憒可笑。

姚楷畫

姚楷，字正之。畫人物、花卉，設色頗穠厚。然落筆粗笨，滿紙皆襯以青色，俗不可耐。其畫上每好題詩，詩無佳句，字亦不工，真惡札也。世傳牡丹、鍾馗，當時皆以重價購之，不知何以動人珍惜如此？今邑志以强行健、張焕文與楷同傳，其體例最爲不合。行健山水仿宋元諸家，極縝密有法。分隸亦高古，尤工繆篆。焕文能詩，常見其松石便面，頗得王麓臺筆意。以二文士附庸史之後，彼載筆者無乃非賞鑒家。

吴惟信

《漁洋集》：宋吴惟信，字中孚。嘗之吴，吴人有麋先生于九經注疏，悉能成誦，見中孚絶句"白髪傷春又一年"云云，下拜曰："天才也。老夫每欲效顰，則漢高祖、唐太宗追逐筆下矣。"《邑志·流寓傳》曰："吴郡麋登，吟壇名宿也。"殊失實。

祥異紀年

元大德九年乙巳，旱，蝗。邑志誤書丙午。丙午當在成宗十年後。至元三年丁丑，邑志誤書二年。二年是丙子，非丁丑也。《輟耕録》云：丁丑夏六月，民間謡言朝廷將采童男女，授韃靼爲奴婢。凡庶民品官家十二三以上，便爲婚嫁。正與志所紀浦仲明子事合。

祭　海

邑志：嘉靖三十五年二月，趙文華移檄祭海，知府方廉請設壇壝于得勝港行禮。會集水陸官兵二十餘萬，軍聲大振，川沙、周浦賊皆遁入浙境云云。按，文華以東南倭患方亟，首言七事，如增賦税、募水軍、遣重臣督師及祭海神之類，帝即遣。文華遂以三十四年四月至海上，時瀕海多寇，故文華欲擇近地望而祭之，其非廉所請，明甚。所謂集水陸官兵二十萬，正總督張經所調永保、東那諸兵，以是年春夏，陸續俱集。故徐海懼官兵焚其巢，遂西掠浙境，以撓我師，安得即以文華影射，而無一語及經歟？文華既劾逮經，至冬，亦以寇息還朝，而東南敗報踵至，皆三十四年事也。若三十五年二月以後，賊巢川沙、新場者如故。至三月，賊又以四十艘，從乍浦流劫松府，如漴闕，如七灶港，如南匯，如界嘴、西菴、青村，不一而足。是賊方自浙東竄，何得云遁入浙境哉？惟此年五月，攻城被創，以後賊不再犯縣境。誠如邑志所云耳。是時文華復銜命海上，蓋以督察軍務至，而非祭海矣。豈可以兩事混爲一事乎？

海防廳

海防道署，建于嘉靖三十三年，即今右營游擊署地，以按察司僉事董邦政領之。三十六年，倭患少息，乃省海防道，以羅拱辰爲海防同知，其署在城隍廟西。《府志》云：海防廳，在縣治西。明嘉靖間，因倭亂，特設海防同知，羅拱辰建，僉事董邦政有記者。謬董之擢以壬子，羅之來以丁巳。當是時董已改官蘇州同知，安得云僉事作記耶？陳《府志》云：海防廳，有邑人張鶚翼撰《董僉憲碑記》者。亦謬。蓋此文當在道署，不應在同知署也。若舊邑志于"海防署"一條下所引之文，又是鶚翼《築城記》，更爲鹵莽。

喜雨施水受福三亭

喜雨亭，邑志云在城隍廟。按，亭近改爲獄神廳，旁有碑記尚存。施水、受福二亭，邑志並云在縣治西。予嘗徧求故址，乃知施水在虹橋南岸稍東。亭舊有五井，已爲居民蓋屋其上。受福今不可考。宋咸淳五年，市舶提舉董楷《受福亭記》，當在益慶橋南，而非縣治西矣。

祥異紀年又三則

弘治十一年海溢，志誤書戊戌十一年，乃戊午非戊戌也。萬曆五年丁丑六月，寒如冬令，連雨傷稼。志誤爲二年。廿三年乙未三月，有鹿高丈餘，自狼山渡海至邑境，志誤爲廿二年，不知二年乃甲戌，廿二年乃甲午也。

淡井廟

今城隍廟，即古金山神廟，其神爲吴主孫皓所祀漢博陸侯霍光，故他處神像皆用土木，而此獨石刻。若西門外淡井廟，乃宋時鎮人以祀華亭縣城隍者，志稱之曰鎮城隍廟，非也。

趙孟頫

孟頫兄孟僴，嘗参丞相文天祥幕府軍事。宋亡，爲黄冠，後入釋，皈依中峰和尚。郡城本一禪院，以故孟頫嘗往來南禪、普照及泖上，崇福寺最數，其所留手蹟，世爭貴重之，而《寶雲碑》爲尤著。吾邑未分南匯以前，新場報恩懺院掘地得鐵佛，瞿霆發、震發兄弟乞中峰爲銘，而孟頫書、方回所撰文以紀其事，相傳謂之鐵佛寺碑。按，院即永甯教寺也。《邑志・流寓傳》云：孟頫嘗居鶴沙鎮，凡寺院碑記、鐘銘，皆其真蹟。《前赤壁》石刻，向在永甯寺，郡守方岳貢移置和衷堂，不知何據。

潘　恩

《明史稿》本傳云：恩爲廣西提學僉事，嘗一署臬篆，勾捕王所匿大猾王銜之。會御史葉經以試録忤旨，王從而訐其事，遂并逮恩下獄，詔謫廣東河源典史。久之，遷浙江左参政。按部海鹽，倭寇猝至，恩與参將湯克寬、僉事姜頤禦之，城遂全。進雲南按察。邑志止云王上疏誣恩，上遣法曹會勘，得直。進四川左参議，歷浙江参政，按部海鹽。島寇猝至，圍之數十匝，時城無見兵，但鼓舞吏人，晝夜登陴不少懈，城卒以全而已。夫下詔獄，謫官典史，非細事也，何必爲賢者諱？禦寇亦載克寬本傳中，且信史具在，又何必居爲一人之功，始光志乘耶？

趙東曦

邑志稱，東曦劾奄人王坤，并乞罷中使監鎮之任。降旨切責，謫福建布政司都事，稍遷行人司司正、禮部郎中。奉使還里，卒于家。未幾，王坤治邊無狀，朝廷追思東曦之直，而不及用，識者惜之云云。按，東曦被譴，户科給事中馮元飈言其正詞讜論，不當奪言路。而坤亦治邊無狀，乃追思所言，稍遷行人、禮曹等官。非追思于既歿之後也。迨福王以原官召之，東曦已卒於數月前。

金獻民

獻民父爵，志稱爲邑人。由景泰丙子科，中式四川舉人。成化己丑成進士。官按察副使，遂占籍綿州。甲辰，獻民又聯捷於蜀，官兵部尚書。《明史》自有專傳，若於吾邑，則其父子事蹟毫無可考。志載爵名於《科貢表》，已屬影射。至修志時，又補獻民一傳，以矜該博，無怪其徵引愈繁，而體例愈壞也。

何　剛

剛，原名厚，字慤人。崇禎庚午舉人。與同學倡立幾社，每以文章節義自許，見海内大亂，乃日講求濟世學。甲申正月，疏陳選練、滅賊諸策，帝褒納之。又言："今日救生民，匡君國，莫急于治兵，願陛下請簡强壯英敏之士，命知兵大臣教習之。講韜鈐，練筋骨，拓胆智，俟實學既成，特優其秩，寄以兵柄，必果奇功當一面。臣讀戚繼光書，數言東陽義兵可用，誠得召募數千，加之訓練，準繼光遺法，分布河南，大寇可平。"帝壯其言，即擢職方主事，募兵金華。剛甫出都，城即陷。及福王立，剛友陳子龍入爲兵科給事中。首言防江莫如水師，請以先與夏允彝所募三千人，令剛統率，且廣行召募。從之。尋進本司員外郎，以兵隸督師大學士史可法。可法得剛大喜，剛亦遇知己，誓同生死。踰月，揚州被圍，佐可法拒守。城破，投井死。國朝乾隆四十年，賜謚忠節。今邑志第言其官兵部員外，而不及其曾受知崇禎朝，授官主事，殊爲失考。

報恩寺

乾隆四十三年，松太兵備道盛公保既修治静安寺之湧泉諸勝，欲改寺名，僉以爲不可。乃以東隅僧居爲報恩院，其實與静安舊址無所分别，亦無所增損也。乃邑志于"静安寺"後，又增"報恩寺"一條，仍註云："在静安寺東隅。"殊可發粲。

藝文志

《明史稿》載陸起龍《周易易簡編》三卷，邑志誤爲起鳳，且不詳卷數。餘如王圻《續定周禮全經集注》十四卷，潘恩《美芹録》二卷，王圻《續文獻通考》二百五十四卷，陸深《科場條貫》一卷，潘恩《祁州志》六卷，王圻《東吴水利考》十卷，徐光啓《農政全書》六十卷、《農遺雜疏》五卷，張所望《閱耕餘録》六卷，陸楫《説海》一百四十二卷，王圻《三才圖會》一百六十卷，徐光啓《崇禎曆書》一百二十六卷，王圻《鴻洲類稿》十卷，志亦不詳卷數。至若董其昌《萬曆事實纂要》一百卷，志誤爲三百卷。董傳策《采薇集》十四卷，志誤爲一卷。喬懋敬《廉鑑》八卷，志誤爲四卷。朱豹《福州集》八卷，志誤爲六卷。石英中《見山集》八卷，志誤爲四卷。張之象《史例》一百卷，志誤爲一百三十卷。李伯璵有《文翰類選大成》一百六十卷，志則無《文翰類選》，而有《文苑》。張之象有《韻經》五卷，志則無《韻經》，而有《韻學統宗》，且二書卷數亦未注明。至"續編"，濫收曹炳曾所輯《山中白雲詞》、《袁海叟詩集》、《雲間二韓詩》，曹培廉所輯《倪雲林集》、《趙文敏集》，其人並非邑産，詩詞又係專集，不可混入。其曹錫黼所著《桃花吟》、《四色石》二種，乃是傳奇耳志。又與《碧鮮齋詩集》、《連類誌》之更謬。

費榕傳爵謚

邑志云：榕遷懷遠大將軍，遥授浙東宣慰使，卒贈江夏郡公，謚榮敏。府志謂：榕卒，贈護軍鎮國上將軍、江夏郡公、福建宣慰使、都元帥，謚榮敏。邑志又云：子拱辰，武德將軍、平江等處運糧萬户。縣初建學，拱辰捐貲經理之。孫雄，亦知名，有祖父風。近閱《輟耕録》，謂榕鎮國上將軍、拱辰良顯侯、雄昭武大將軍，事皆具陵陽牟巘所撰墓誌中。陶九成實榕之曾孫女夫也。其言如此，知府志所稱非誤矣。

合　傳

邑志有應合傳而不合者，丁世武、世禄、世緒之于其祖遠，曹培琇之于其從兄培源是也。遠寫照，名滿一代，而厥孫能繼祖武。培源，畫師王麓臺得其神髓，而培琇則稍變其法。又有不應合傳而合傳者，强行健、張焕文之于姚楷，王紹廷之于曹培琇是也。强、張二人，不應與姚合傳，前已論及之。若培琇專畫山水，而紹廷惟以棧道中人物見長，豈宜比列？

潘鍾皡

鍾皡，字西白。樂府與樓西浦、周緯蒼齊名。且工書善詩，邑志列之"遺事"，其所稱亦大略如此。而又謂鍾皡不治生産，家無薪米，吟咏不輟，或舉其詩詞，某首曰："如此人，何以不列文苑？"予曰："不治生産，家無薪米，安得入文苑？"

藝文志添梧溪集

今邑志於《藝文・前編》，添王逢《梧溪集》一條，與體例不合，亦舊志所無也。集凡七卷，所載吾邑佚事甚多，錢氏謂其詩述宋元末國事人才，多史家所未備。則此集之不可磨滅者，豈必以"藝文"之載否爲輕重乎？

忠孝節義祠

"祠廟"載清源書院，所祀義士朱陳一，予徧閲邑志諸傳，並無其人。或袛舉朱、陳二姓，而失載其名，則"一"字當爲衍文矣。殉難王臣、盛萬年、李中孚三人，既祀於祠，不應無傳。

劉宇事實

劉宇，鈞州人。成化八年進士。十一年，爲邑令。志稱其沉毅有才斷，奸豪屏跡，一境肅然,民蒙實惠。及行取御史,又坐謫施秉縣,累遷山東按察。匿情市交,人不覺其險詐。弘治中,劉健薦爲大同巡撫,即市善馬,以賂權要。至正德初,已擢總督。劉瑾用事,入爲左都御史。瑾好摧折臺諫,宇緣其意,請勑鉗制御史。有小過,輒加撻辱。又譖許進,而代爲兵部尚書。贓賄狼籍,復轉吏部。失瑾歡,乞省墓去。瑾誅,削官,并奪其子仁編修。則所謂沉毅有才斷者,特小人之雄耳。志因楊文舉,幾欲删"萬曆賑災"之條,何嚴於律文舉而寬於録宇耶?

滬城備考卷五

策　　要

水　利

志稱，黄浦受杭州、嘉興諸水，自秀州塘經華亭縣界，又迤而東，以受南北兩涯之水。迨至南廣福寺，則折而北，趨以受東西兩涯之水。所謂至元、大德間，浦面闊盡一矢力者，今南黄浦水也。所謂建閘於旁，近上流勢緩，沙積兩湄，遂成沙塗，居民因蒔葭葦者，今傍城赴東北出口之水，古之范家浜也。自元明以前，江甚闊，故浦附江以入海。今吴淞置牐，而黄浦爲巨浸，江且附浦以入海矣。夫談水利者，蘇州一郡則專治江，松江一郡治浦而兼治江。若上海一邑，又必略江而專治浦，何也？觀《禹貢》一書，九州之水如黑水、如河、如洛、如渭、如濟，無不言入海者。今則不然，長江之水浩蕩東注，若莫可遏。而三沙横當其衝，一擊而返，更迴入内地，故三吴諸港反受潮汐之害。潮汐雖由于海，而江助之長也。海水味鹹，邇日灶户煎熬不成，鹾利已歸奉賢，斯爲明驗。蓋昔之築塘以禦海者，患什之一；今之築塘以禦海者，并禦三沙迴入内地之水，則患什之九。在浦口入海處，既欲驅浦以入海，勢不能作壩以斷浦，惟有于浦之兩岸，築土塘，以捍其奔突，疏汊港，以消其汹湧而已。然爲一邑計，宜統一邑傍浦之袤延，以築土塘。計一邑傍浦之遠近而疏汊港，而後彌患之策詳，民之受惠者亦徧。數年來，浦東皆築土塘，而汊港之堵塞者十不存一二。蓋居民貿然請之，而當事者竟瞶瞶而聽之，曾不思此塘之築所以禦水，而使之不向浦東也，水能偃然復歸于海乎？于是城中一遇朔望，大汛西門一帶，地最低窪，並有浮床沈灶之戚。而大、小南門兩處，往來輻輳，亦水没至骭，而病涉于平陸。是移股肱之災，而爲腹心之耗也。意惟舉浦西圩岸，盡增之使高，而于通渠之水口兩旁，亦障以土，自外至内，以漸而殺，約及二里許，則潮不爲患矣。蓋奔迴磅礴之氣，一晉阻隘，又行數百丈之外，其力便衰。雖漲溢之時，稍有湮没，爲患無幾也。至若浦東堵塞之所，亦酌量開其十之四五，水口兩旁亦用此法，則浦水之洩瀉不專在浦西，而浦東亦不受其害。然浦濱街市，逼近浦水，築塘頗難。法當去沿灘四五十步外，俟小汛時，排以木樁，堆以薪土，樹以欅柳，如鎮江夾洲制度。北距吴淞入浦處，南至土塘，透過數丈水，便不能王入繼受落潮之水。水力既衰，即不泛溢。至舟船登岸，小艇可以入薛家浜，一半可以仍入套内，只須拆斷水橋，通其往來巨舶，則駕木橋,壩上起駁,本無煩費,此治浦之中策也。

又

明永樂二年,户部尚書夏原吉疏治吴淞,用邑人葉宗行議,浚范家浜入海,而水利之局一變。其説謂水道既通,乃相地勢,各置石閘,以時啓閉。每水涸時,預修圩岸,以防暴流,則水患可息。宣德八年,巡撫工部侍郎周忱相視上海、嘉定間沿江生茂草多淤流,乃濬顧會浦諸水。水既迅駛,下流遂盡蕩滌。凡蘇、松民私築堤堰,盡毀之。至正統六年,又立表而疏濬焉。天順四年,巡撫都御史崔恭大治吴淞,起崑山夏駕口,至上海白鶴江。自白鶴江至嘉定卞家渡,訖莊家涇。又浚曹家港、蒲匯塘、新涇諸水,民賴其利。成化十四年,巡撫牟俸言婁、淞入海,故蹟具存,與福山、白茆二塘,俱能導太湖入江海。而濱湖豪家,盡將淤灘栽葑爲利,治水官不悉利害,率于泄處置石梁,壅水爲道。或慮盜船往來,則釘木爲栅,以致水道堙塞云云。即命俸兼領水利。弘治九年,工部侍郎徐貫經理浙西水利。凡修濬河港、涇瀆、湖塘,陡門堤岸百五十道,役夫二十餘萬,主事祝萃之功居多。嘉靖元年,蘇、松水道盡爲勢家所占,巡撫、工部尚書李充嗣畫水爲井地,示開鑿法。户占一區,計工刻日,造濬川爬,巨筏數百,曳木齒隨潮進退,擊汰泥沙。置小艇百餘,尾鐵帚以導之濬故道,穿新渠。巨浦支流,罔不灌注。隆慶三年,巡撫都御史海瑞疏言:吴淞下流上海,淤地一萬四千丈有奇,江面增開十五丈,自黄渡至宋家橋,長八十里。萬曆十五年,特設許應逵爲水利副使,濬吴淞八十餘里,築塘九十餘處,開新河百二十三道,濬内河百三十九道,築上海李家洪、老鸛嘴海岸十八里,發帑金二十萬。應逵以半訖工。三十七八年,淫雨浸溢,水患日熾,給事中歸子顧言水利事疏,留中。自是厥後,惟巡撫曹文衡、祁彪佳一再治之,而明隨以亡矣。以上皆《明史·河渠志》。

田　賦

周忱巡撫江南。永樂初,豪户不肯加耗,并徵之細民,民逃亡,而税額益缺。忱乃創爲平米法,令大小户出耗必均。舊例設糧長三人,收糧無團局,糧長即家貯之。忱曰:"此逋賦之由也。"遂令諸縣于水次置囤,收至六七萬石。始立糧長一人總之。民持帖赴囤,官爲監納。置撥運、綱運二簿,權其贏餘,以補其不足。民少甦息。時公侯禄米,蘇、松民轉輸南京者,石加費六斗。忱令就各府支給,給與船價米一斗,所餘米五斗,通計米四十萬石有奇,并官鈔所糴,共得米七十餘萬石,置濟農倉。賑貸之外,歲有羡餘。凡綱運風漂盜奪者,借給于此。秋成,抵數還官。尋勅兼理松江鹽課。時華亭、上海二縣,逋課至六十三萬餘引,灶丁逃亡,忱謂田賦宜養農夫,鹽課宜養灶丁。上便宜四事,節灶户運耗,得米三萬二千餘石,置贍鹽倉,益補逃亡缺額。由是鹽課大殖。又以吴淞有沙塗柴蕩一百五十頃,請募民開墾。帝悉從其議。

又

宣宗即位,廣西布政使周幹巡視民瘼,還言:吴江、崑山田畝舊税五升,小民佃種富室田畝，出私税一石。後因没入官，依私租減二斗，是十而取其八也。撥賜公侯、駙馬等田，每畝舊輸租一石。後因事故還官，又如私租例盡取之，且十取其八。民猶不堪，況盡取之乎？盡取，則無以給私家，而必至凍餒，雖欲不逃亡，不可得矣。宣德五年，令每田糧一斗至四斗者，減十之二；四斗一升至一石者，減十之三。至正統、天順間，又遞減之。然儒臣纂録，率誌其遞減者以爲美。其重科之本末，莫得而明，然其散見于故策者，可一二推也。

又

正統元年五月，户部言：浙江蘇、松荒田及舊額官租減除税糧二百七十萬餘石，請加覆核。帝曰：減除税糧，以蘇民困也。又令覈實必增額，爲民患，其已之。

又

嘉靖九年，顧鼎臣奏立均田、限田之制，詔下巡撫，十餘年不報。十八年，嘉興知府趙瀛議田不分官民，税不分等則，一例以三斗起徵，乃與蘇州知府王儀盡括官民田裒益之履畝清丈，定爲等則。所造經賦，以八事定税糧曰原額稽始，曰事故除虚，曰分項別異，曰歸總正實，曰坐派起運，曰運餘撥存，曰存餘考積，曰徵一定額。時豪右多梗其議，鼎臣獨曰："吾家益千石輸，貧民減千石矣。"顧其時，上不能捐賦額，長民者以意變通之，官田不至偏重，而民田之賦反加矣。

又

時又有綱銀、一條鞭、一串鈴諸法。綱銀者，舉民間應役歲費丁四糧六，總徵之易，知而不煩，猶網之有綱也。一條鞭者，以府州縣十歲中兩税運存之額，均徭里甲，土貢僱募，加銀之額，通爲一條，總徵而均支之。嘉、隆間，數行數止，既而盡行之。一串鈴，則夥收分解法也。自是民間止收本邑折色銀矣。

又

崇禎三年，兵興。本兵梁廷棟請增田賦，户部畢自嚴不能止，乃於舊加九厘外，復加三厘，共增一百六十五萬四千有奇。五年，概徵民糧，每兩一錢，名曰助餉。又二年，復行均輸法，因糧輸餉，畝計米六合，石折銀八錢，又畝加徵一分四厘九絲。又二年，畝加練餉銀一分。御史郝晉言："萬曆末年，合九邊餉止二百八十萬。今加派遼餉三百三十萬，業已停罷，旋加練餉七百三十餘萬。自古有一年而括二千萬，以輸京師；又括京師二千萬，以輸邊者乎？"語雖危切，而時事危急，不能從。至國變乃已。

又

明初，移蘇、松、嘉、湖、杭民之無田者四千餘户，往耕臨濠。給牛車、資糧，以遣之。三年，不徵其税。此策較漢武徙富户以實五陵者，爲善矣。然淮西之田，今日仍不治如故也。

蓋土本磽瘠而災旱頻仍,天時地利,二者交困,非人力可强者。

又

路振飛巡按蘇、松,請除輸布、收銀、白糧、折收四大患,民困以蘇。時崇禎八年也。按,十四年,白糧多收折色,緣歲祲乏米,似爲公私交便之舉。而前此則有司私取于民者。振飛,字見白,曲周人。天啓五年進士。唐王立爲吏部尚書、文淵閣大學士。後赴永明,王召,卒于途。

救荒

《救荒叢言》曰:救荒有二難:得人難,審户難。有三便:極貧民賑米,次貧民賑錢,稍貧民賑貨。有六急:垂死急粥飯,疾病急醫藥,病起急湯水,既死急葬瘞,遺嬰急收養,繫囚急寬恤。有三權:借官錢以糶糴,興工作以助賑,貸牛種以通變。袁宗道曰:幽遐蔀屋,悉仰内帑,其勢必窮,悉舉州邑之藏庫,賑州邑之窶者,則鮮不濟矣。州郡之内,豈無豪貲財、好施與者?故下令使,因所捐之多寡,而或旌或爵,勸之使賑,則易矣。鄉村去城遠,裹糧趨城,胥吏又持其短長,非賂之不能賑,往往得不償失。則宜移食就民,令耆老之廉平與里之富而好施者,給散也。糧米乏絶之處,人即操金資,轉運維艱,則官司轉貸而給之,尤易也。

又

《國憲家猷》曰:唐末,梁、岐爭長,東院主者,知其將亂,以菽粟和泥,整附而墁之,增其屋木,一院笑以爲狂。亂既作,食盡樵絶,民盡窖藏,爲李氏所奪,皆餓死。主沃塹爲糜,毁材爲薪,以免。閣皂山一僧,專力種芋,歲收極多。杵之如泥,造塹爲墻。後遇大飢,獨此寺四十餘僧,食芋塹以度歲。元末,先東山公逆知將絶食,遂種芋和粉,築成磚形,甃墻於東山。其後大飢,飢民望煙火而來,取芋磚一片,置沸湯中則成羹,皆賴以存活。

瀛壖雜志

王　韜　撰
趙　渭　點校

整理説明

《瀛壖雜志》,六卷,清王韜撰。

王韜(1828—1897),原名利賓,字蘭瀛。後改名瀚,字懶今。又改名韜,字紫詮、蘭卿,號仲弢、天南遁叟、甫里逸民等。蘇州人,晚清著名思想家。道光二十五年(1845)中秀才,二十九年赴上海,入職墨海書館。同治元年(1862)上書太平天國,遂被通緝,亡香港。後漫遊泰西諸國,九年(1870)庚午始還,編舊稿爲此書。次年,書成。光緒元年(1875)付梓印行。

《瀛壖雜志》六卷,卷下不分子目。而詳其内容,略按舊地理書如《華陽國志》《天下郡國利病書》例,分述疆域、山水、風俗、人物等,而尤以記述近代上海通商等事為詳明生動,價值頗大,洵可稱節本之上海志。

今即據上海圖書館所藏光緒元年刻本整理,他校訂正訛字處,以括弧標出,避諱字、手民誤字徑改,不出校勘記。標點多有參考上海古籍出版社"上海灘與上海人"叢書本,謹嚮先賢致謝。學識所限,疏失之處,亦就教於方家。

趙　渭

瀛壖雜志目録

序　一

今天下省、府、廳、州、縣咸有志，此官書也。又有一家言入於説部，猶之正史之外有裨乘云爾。其書冠以地，如《荊楚歲時記》、《益部耆舊》、《洛陽伽藍》諸記傳是已。要於人物利病、習尚醇漓，詳繹之不無少裨。吾友王仲弢，蘇産而僑於松之上海，居久之，乃著一書曰《瀛壖雜志》。既成，以示蔣子。蔣子讀未終卷，矍然起曰：仲弢思深哉！古有志之士，雖蕉萃伊鬱，其胸中固已包并靈彙，涕笑萬感，弗局於承睫間也。

上海夙稱壯縣，自開海禁，估舶直達，地益饒庶。西人從數萬里外通商而至，築室以居。官斯土者，輒豢肥鶴飛去。然殊州羣閧，獷悍猽疾，都市女閭，揖盜誨淫。水生蠹，石承霤，盛衰倚伏之理，有識者早憂之。憂之無如何，則作一書以示後，庶少裨乎！此仲弢之志也。

仲弢年甚富，媢學弗倦。充其養，精其識，其鄉人顧亭林貞士《郡國利病》一書，可坐言起行也。區區《瀛壖》云乎哉！咸豐三年，歲在癸丑，律中林鐘之月。寶山蔣敦復。

序　二

曩讀顧亭林所著書，愛其揚搉古今，羽翼經傳，輒爲心折，恨不同時，乃今得之王紫詮先生。爾乃東吴月旦，首屈横雲；西洛風流，神傾如海。講求在真經濟，憂樂先關；提倡在古文辭，閎深是尚。空疎陋習，誰復恣其雌黄；帖括末流，不敢驕其青紫。況以人中傑，爲海外游，奇氣亘標，大觀遥拓。疆域壯遠，藉擴襟期；波濤混茫，用開眼界。太史公行游而後，筆墨彌雄；楊升菴閲歷所經，著述日富。加之金戈鐵甲，四野當兵燹之餘；露布雲旂，十載搆烽煙之變。宜乎傑傑哀時之論，踸踔風雷；煌煌考道之篇，昭彰日月。劉蕡下第，新進爲之汗顔；杜牧談兵，名公殷其説項。先生獨杜門却聘，閉户著書，洋灑千言，牢籠萬態。所刻《弢園文集》、《普法戰紀》，凡夫天文輿地、國計民生，盛衰治忽之機，成敗利鈍之故，莫不洞如犀照，緯以鴻詞。擷班、馬之菁華；融劉、鄭之津液。譬猶青萍結緑，望氣識其寶光；濫脅號鐘，知音賓其勁響。繼組作者，掉鞅文壇，夫何間焉。

邇者出其《瀛壖雜志》見示，上探原委，旁逮見聞，萃一方闤闠之全，作百年人物之志。其中於奸民蹂躪，外國居停，備極周詳，間參唱嘆。以視宗懍《荆楚》、常璩《華陽》，匪特頡頏於古人，尤資考據於來哲。展卷静對，不啻卧游。固宜紙貴一時，書成萬本，浣薇敬誦，掞藻揚芬。羣皆比以孫樵，僕自慚夫玄晏。終年蝨簡，難尋珠海之源；永日螢編，未覺文瀾之岸。浮沉於揮毫弄翰，思爲陸賈鈔書；景仰於北斗泰山，願效君苗焚硯。猥承大匠，不棄小巫，寵許蛇依，鴻求雀應。領立説著書之意，識撫時感事之心。忠孝一生，文章千古。計謝公之出，當在中年；序洪氏之文，敢辭不佞。或者他時子部，名因繡梓而傳；難忘此日朋交，請溯識荆所自。時則鄒夢南觀察，具知人鑒，嚶求友聲。俾僕得識天下才，慰胸中願，知有與《郡國利病書》後先輝映者，不使亭林專美於前也。旹同治十三年甲戌，仲秋下澣。嶺南順德黄懷珍百拜謹序，具於羊城望古軒。

弁　語

自古勝地名區，每因文人學士足跡所經，詠歌之，紀載之，其地、其人、其事，爲之並傳。吴郡王紫詮廣文，博聞廣識，著書等身。玆以所撰《瀛壖雜志》六卷，屬爲弁語。讀其書，有張鷟陽《朝野僉載》之詳，而無東方曼倩《十洲記》之誕。凡山川之秀麗、文物之薈萃、寓公之往來、風俗之好尚，一一詳記，瞭如指掌。滬瀆爲天下闤闠之區，邇來奢侈日甚。此書著録，可補志書所未載，是可傳也。前讀廣文《弢園文録》，則《中興五論》之流亞也；讀《普法戰紀》，則《泊臺餘墨》之勁敵也；讀《甕牖餘談》，則《綏寇紀略》之餘緒也。世途險巇，浮華相尚，塵海滾滾，才人陸沈。識廣文者，當舉之於魚鹽版築間也。甲戌臘月上澣，侯官林慶銓拜識。

題　辭

大著於滬城風景、俗尚、古蹟、時事，約而能該，婉而多諷，俯仰低徊，如聽琴海上，令人之意也消。癸丑中元，江駕鵬識。

雜書所見，似寄閑情。却於風俗人心，微寓勸懲。可以備志乘采，亦可自成一家言，信著作才也。乙卯臘月，華亭弟筱峰張鴻卓呵凍識。

讀《瀛壖雜志》，滬之風土人情，瞭如指掌。即小以見大，真經濟才也。風塵中多奇士，洵哉！仲弢與蔣劍人、李壬叔倘佯海上，爲詩酒交。會當寫《海天三友圖》，以識欽佩。乙卯冬十二月，於申江之看山讀畫樓，秉燭讀畢，并附數言。横雲山民胡公壽志。

是書筆墨縟麗，海濱風土，略盡之矣。輶軒之采，以俟異時。邵陽魏彦讀志。

善乎哉是書！有心者所當留意。數十年中滬城掌故，賴以不墜，洵可與石湖《吴郡志》並傳。陽湖趙烈文拜讀。

此縮本上海志也，游客巾箱中得此，奚啻獲珙璧哉！亟命鈔胥繕録副本，以資談助。咸豐戊午冬日，檇李秦光第、李涵同讀於申江客次。

褚華《滬城備考》，世間刊本留傳甚少。此書則專記近來數十年中事，耳聞目見，爲得其真。每讀一過，輒作宗少文卧遊想，真覺貺我不盡也。咸豐己未冬日，金陵孫文川澂之讀於申浦寓齋。

仲弢爲人，英爽闊達。塵霾障海中遇之，彌足爲快。讀此書，於滬上土風之醇樸，俗尚之好異，物産之恢奇，人文之瑰偉，瞭然如掌上螺紋。而仲弢之隨事隨在力於學問，亦由此可知。自來海上，抗塵走俗，幾幾乎抑鬱莫語矣。覩此快士，益信吾道之不孤。薄識數語，欣幸何極！武進沐盦吴新銘。

安得千百仲弢，天下處處志之。一室之間，天下風土具焉，則吾不勞矣。辛酉正月，湘鄉左桂讀志。

愁憂茫茫來無端，摩挲老眼從頭看。陸離光怪是何物，珊瑚瑇瑁金琅玕。嗟哉王郎負奇氣，出門不知行路難。日給筆札坐揮霍，土風人物紛摭攔。職方輿地所未及，稗官小説亦不刊。結交況結天下士，玉筍挺立仙根蟠。所交蔣劍人、李壬叔皆奇士。鶯花絲竹互游讌，唐衢阮籍同汍瀾。浩然登樓念鄉里，吴淞水接海天寬。兵戈滿地流氛惡，旅人心膽寒不寒？春風桃李競嫵媚，娟娟獨秀懷芳蘭。我昔草玄鄙揚子，渠今饒舌成豐干。饑驅所謀惟菽水，家有弱弟能承歡。著書自信足傳後，便爲記室榮於官。墨諸卷尾待來雁，紞如街鼓燈

花殘。咸豐丙辰九月下旬,新陽滌龕顧惺題於甫里天風草堂

物土民風繪筆工,《瀛壖》一志記吴蒙。酒邊多少傷時淚,都在豪華綺靡中。秀水次公孫瀜

陸機曾入洛中來,地以人傳亦壯哉!經濟文章同管樂,風流詞賦比鄒枚。閑從浩劫談金革,著得奇書號《玉杯》。萬卷讀餘行萬里,英雄氣概大儒才。　　人物山川萃一編,轉移風俗寓微權。《華陽》著述談常璩,岳瀆遨遊重史遷。繡梓當途流譽遠,徙薪曲突見幾先。齒牙餘慧從君乞,恨不摳衣早十年。愚侄鄒五雲拜題

瀛壖雜志卷一

往余客居滬上，偶有見聞，隨筆記綴。歲月既積，篇帙遂多。閼跡炎陬，此事乃廢。然享帚知珍，懷璞自賞，庋藏敝篋，不忍棄捐。庚午春間，還自泰西，日長多暇，搜諸故簏，其稿猶存。稍加編輯，尚得盈四五卷。因擬分次録出，並益以近事，以公同好。噫！余自同治紀元至此，忽忽將十年矣，歲月不居，頭顱如許。邇來海上故人有招余作歸計者，覺胸次頓有中原氣象，回憶舊游，迥如隔世。則展覽斯編，淚不禁涔涔下也。辛未四月二十日，天南遯叟識。

上海，居南吴盡境。古爲《禹貢》揚州之域。春秋屬吴，後屬越，名不甚著。旋入於楚。戰國時，相傳爲楚春申君封邑。秦置嘐縣，領於會稽郡。漢改婁縣。後漢以來，屬吴郡。梁省爲信宜縣，繼又析置崑山縣，今縣當屬其南境。唐隸華亭縣，其東北華亭海，即今縣治也。宋末於其地設市舶提舉及榷貨場，百貨輻輳，稱爲雄鎮。元時遂成壯縣。郟亶《水利書》謂：松江之南，大浦十八，有上海、下海二浦，縣得名以此。城北十里滬瀆，有晉虞潭禦寇壘，故又名滬城。大海環其東南，閩、粵、瀋、遼估舶畢達，西人越七萬里而來，亦以通商爲利，誠澤國之要津，吴疆之險塹也。

上海土隘民稠，自一分於青浦，再分於南匯，三分於川沙，疆域所存，僅爲保十二，爲圖二百十四而已。四境所至，東西廣六十六里，南北袤八十四里。分縣以後，東至川沙界三十里，西至青浦界三十六里，南至南滙界七十二里，北至寶山界十二里。蓋視元代始立縣時，不逮三之一矣。自縣南至松江九十里，西至蘇州二百四十四里，北至江寧八百八十里，至京師二千八百九十九里。

上海雄峙一方，爲郡屏蔽。雖三面環水，足資控禦，而黄浦以西，所距嘉定、青浦，實爲通衢。設有寇警，卷甲束馬，疾趨半日可至。其自江、浙交界金山衛至者，沿塘捷走，迅於飛鳥。同治壬戌，粵賊疊陷金、奉、南、川四城，即由此入邑境，浦東一隅悉遭蹂躪。要之防海則重吴淞，防陸則西、北兩門以外爲法華、龍華、栅橋、虹橋，皆當扼要。而浦之南路，尤以金山衛爲門户，無事則設汛置官，有事則築堡屯兵，以爲邑保障焉。

上海城垣，建於明嘉靖三十二年。從邑人顧從禮之請也。時以數躪於倭寇，乃建此議。知府方廉任其事。自是屢有增葺。咸豐癸丑，閩、粵亂黨戕官據城，官軍穴地道轟攻，崩毁數處。事平，邑人郁松年捐資重脩，費約二十萬緡。十年，粵寇以數十萬衆犯境，乃借西兵爲駐守。法人以北門距其所居處遠，出入良紆，請於振武臺右闢小北門。吴觀察曉帆許之。同治五年，應公敏齋方攝道篆，添築月城，其上敵樓翼然，請命名於李節相，乃名其門曰“障川”。蓋取韓昌黎“挽狂瀾”“障百川”之語也。

上海雖瀕海，而國朝以來，海防未設專員。道光庚寅，與西人定約通商。沈司馬炳垣，以蘇州督糧同知，改官爲松江府海防同知，移駐上海，專管通商，於中西交涉事得受治焉。其署本爲李氏舊屋，鳩工改構，二十八年落成。咸豐癸丑，燬於寇。乃以小東門舊察院爲海防廳。舊察院者，前明都憲行臺，國朝康熙年間改榷使署，後爲巡道榷關署，尋廢，以官價購爲行轅。然邑人猶呼察院也。

上海城北，連甍接棟。昔日桑田，今爲廛市，皆從亂後所成者。孫次公《洋涇雜事詩》云：“地下不知誰氏冢，忍將白骨换黄金。”言之可涕。煙火數萬家，幾爲大聚落。其間琛貨山錯，靡一不備。其自城北至城東，逶迤相屬，幾亘十餘里許。自馬場街以至小鄉嬛里，皆新所命名者也。而以寶善街最爲熱鬧。燈火輝煌，自宵達旦。凡有所求，咄嗟立辦，誠滬上之銷金鍋也。

城南廿里爲龍華，浦多曲折。諺曰：“龍華十八灣，灣灣見龍華。”相傳松郡諸山，蜿蜒南來，至此而結脈。港口有百步橋，南北十丈，淩空亘卧，穹然如虹。兩岸甃石，衛以欄檻，爲滬邑鉅觀。梅花源老梅百株，花時游者頗盛。吴梅村詩序極言不減鄧尉，今日殊非昔比矣。浮圖七級，高矗雲漢，頗爲壯麗。每當風清日朗，天氣晴明，登其絶頂，遥望九峯山色，近在几案間，點黛凝煙，歷歷如繪。辛酉春初，自雲間還。維舟橋畔，登塔一覽，極數十里外，殊豁眼界。壁上多西書，蛇蚓盤曲，殆不可辨。

南門外多野桃花，亂紅墮水，風景不啻武陵。春時踏青者，多有不至大境而至城外。閒步於短牆曲巷間，尋花而語，别饒逸趣。桃熟時，任客入園飽啖，不瑣瑣較值也。離其地里許，有社公祠，松柏蕭森，即俗所呼迎春廟也。每三月間，演劇賽神，士女麕至。鈎玉衖東爲演武場，彌望空闊，有時決囚於其地。衰草愁殷，寒煙凝碧，令人悽愴於懷。人家三五，零星雜居於此，景頗蕭寂。

蘆子渡在北郭十里外。秋風一起，叢葦蕭疎，日落時洪瀾迴縈。舊有東西二城，盡蝕於江。其旁即滬瀆壘，袁山松築以禦孫恩者，今廢。鄭元祐詩云：“東吴内史晉長城，滬瀆千年壁壘平。莫向月明悲往事，即今滄海已塵生。”懷古傷時，二十八字中有五十六點淚。

吴會鎮在縣西南七十二里。本名吴滙，後人取“指吴會於雲間”語，易以今名。其地向稱繁盛，宋置酒庫於此。地中往往得鉼礫，頗樸陋有古致。土人用以作軍持供花。元曾置鄒城巡檢，久廢。有塔廟，即净土寺也。鎮今寥落已甚，僅茅舍四五家而已。

去北郭三十里，有漁姬墩。相傳以漁婦得名。俗訛爲野鷄墩。而沈夢塘孝廉則曰：“不如直呼爲虞姬墩，尤雅。”其《題虞姬墩》詩云：“漢殿秋風雌雉啼，江東坏土拜虞兮。項劉不是争墩客，誰把墩名誤野鷄。”固知文人之筆，無所不可。或以文暈洲當之，距浦較遠，未之敢信。今按野鷄墩畔本有虞姬廟，塑女神像，廟前有大銀杏二株。後江圮而廟毁。道光二十七年，里人張化麟捐貲重建。咸豐十一年，髮逆犯滬城，屢由是道，廟竟毁於火。是則夢塘之説，固非無因已。

滬自北簳、福泉分隸青浦，於是無山。一分南匯，再分川沙，於是無海。城外惟一黄浦。其餘港汊，潮退即涸。城中河渠甚狹，舟楫不通。秋潮盛至，水濫城闉，然濁不堪飲。

隨處狹溝積水，腥黑如墨。一至酷暑，穢惡上蒸，殊不可耐。邑人多鑿井而汲，每值潮漲，則取水於城外浦中。如飲城河中水，易生疾病。潮退水涸，猝遇鬱攸，無可取救。余常謂撤岸廣河，既嫌工繁而費鉅，何不日令小艇入城，壍載淤泥，疏通積滯，使潮可流行，是亦一法。講求水利，此賢有司之責也。近聞葉固之大令製造鐵機小船，專用以淘河運泥，往來疏濬積淤，民皆頌其德政。

陸彦章云："城中士民龐雜，苴礫雜投，岸日拓，河日狹，久且建屋其上。旱則涓滴無所容，潦則溝澮無所洩。穢則蒸癘，火則延爐。郡邑往來必由黄浦，潮退則一芥可膠，風横則萬斛可覆。"其言深切利病，亟當開濬淤塞，重復故道，使城内河渠可通舟楫，城外可以取道小港，則其利非淺。嗚呼！言之甚易，而行之甚難。何則？凡民皆可與樂成，難與圖始。濬河之説，貧富必以爲不便，沿岸之屋必少撤，則貧者有徙遷之慮，而富者有毁除之費。不知疏潮則水深而流惡，通舟則貨便運徙，人便出入。但計目前小損，而不顧百世之利，真愚者之見也。

近城諸水，則由分浜入城。然河道甚狹，逶迤曲折，不足以達流，僅潮至時一線相通，無異溝渠。小孃浜者，今盡爲民舍，而每值霖潦，街衢漲溢，至於病涉。城中舊有運糧河，蓋在未立縣時，築城後，舊跡斷續不可復識。夫積水全賴大溝爲宣洩，未可任民侵佔，以致填閼不通。凡河之通潮汐者，無不日淺，必疏濬勤而始不至淤。自咸豐五年至同治二年，屢加疏鑿，潮始暢流，去惡蕩垢，迥勝前時。癸酉冬間，葉固之大令疏浚邢竇、吴沖等支河，於是浦西諸流無壅塞之患。嗚呼，其利民豈淺鮮哉！

自來言水利者，每慮沙漲之日深，而不慮河面之日狹。蓋以沙漲則水不能暢流而沙益積，河狹則水必激湍而流益通。此唐、宋以來濬河束堤，其理有一定也。吴淞江口爲西人租界地，凡遇浦濱升漲，輒填以土，而以石築堤岸於上，栽植花木以爲園囿。浚河官董恐妨水道，因偕熟悉水利之西人周歷浦江，詳加勘驗。如南岸灣折處水勢紆回，沙積日多，若不填土築岸以窄河身，使水勢急流，則必時勞疏浚。西人之講求水利者，皆謂江口狹則水必受束而流急，水既急流則沙必受刷而不滯。填築功成，實足以省將來浚瀹之功，而各處得灌溉之利，有益於農田非淺。按此即"引淮刷黄"之法，原非西人創見，言水利者亦不可不知。

黄浦徑二百五十里，逶迤入海，相傳爲楚春申君所鑿。明夏忠靖、海忠介又從而濬之。於是吴淞江、東江之水，皆滙於浦。浦旁多植萑葦，沙因潮至，歲久而淤，遂成平壤，遷流靡定，故道漸更。然波濤浩渺時，多氾濫之虞。國朝雍正時，建石閘於旁，水勢漸殺，濁潮得以稍遏，有益於民非淺。

舊閘爲康熙十四年所建，即老閘市是也。距城北三里，今廢。人家櫛比，居然墟集。雍正時所建者，離舊閘二里許，以石築，頗稱堅整，即今之新閘也。水勢湍迅，舟過如激箭，必趁潮以出入。每舟過閘，輒輸數錢，司啓閉者，恃作利藪。原制中洪爲浮橋，船過拽之。咸豐間，西人易以板，用鐵索抽挽。

滬瀆去海七十里許，秋潮最猛，復多颶風。每歲八月，潮未退盡，風作而潮又至，謂之沓潮。己酉秋杪，泊舟黄浦，夜半潮聲喧訇枕角。時病小愈，孤篷坐聽，陡覺惝怳迷離，驚心不寐，淒然久之，有“輕去其鄉”之感矣。

洪北江云：“滬瀆城近海，土人爲言，曾有蛟幻作人夜叩門者，故相戒夜不啓扉。”北江《滬上紀事詩》有云：“一樓四面窗，面面臨曠野。老蛟能變人，夜夜嚇居者。”即指此也。余僑寓春申浦上幾十餘年，未聞有是。況余所居室在北關外，乃昔時最荒寂處，幾於門臨亂冢，屋繞叢林，並無一覩所謂詭異者。其説怪誕，恐不足信。

距吴淞西南十里，地號陰岡，煙户數十家，頗不冷落。其俗以夜中爲市，日間，各處多閉户高眠，茶寮酒肆，闃其無人，掉臂游行闤闠間，迄無一物。一至上燈時候，百事具舉，販瓜賣菜者麕集，擔頭各懸一燈，爲稱物數錢地。百工技藝，亦俱開肆交易。鄉人之抱布貿絲者，絡繹而來。貨畢則市酒肉而返，時已夜闌矣。每至秋初設盂蘭盆會時，市肆櫃中多雜紙錢灰，人以爲鬼市。地方官雖出示屢禁，終不能變也，斯其所以名陰岡歟？

滬自西人未至以前，北關最寥落，迤西亦荒涼，人跡罕至。張秋渚《滬城歲事衢歌》云：“底事炎涼總不齊，與君嗚咽話城西。如何冷竈塵生釜，好向何人訴惻淒。”注謂：“西、北半菜圃。不能食力者，幾不舉火。”予初至時，城中尚有曠土，可以植花木。今構造日興，絶無隙地。洋涇一帶，肩摩轂擊。城西屋價漸奢，僦居者月糜不貲，食物踊貴數倍昔時。物盛而衰，恐難久耳！

通商條約載北關外地任西人售之民間，建屋築園無禁。惟先農、邑厲二壇係官地不售。邑厲壇，建自明洪武初年，國朝屢經修葺。相傳神爲張睢陽。舊時決囚於此。自西人至後，乃遷於南門外演武場。先農壇，建於雍正時。每歲仲春，觀察躬率屬員致祭，親自籍田。癸丑，會匪據城，城外版築頻興，而二壇巋然並峙，其餘則桑田華屋，轉瞬已非。自余至粤後，二壇皆移建他處，先農壇移建小南門外陸家浜南，邑厲壇即以西門外社稷壇舊基改建。而其地盡成衢市矣。

東關外羊毛衖左右，閩、粤游民羣聚於此。賭館、煙舍，鱗次櫛比。一有睚眦小憾，輒興械鬭。鄰家盡閉户深匿，雖有官長彈壓，莫之能禁。如有死傷，則購一人以償，其輕死罔法如此。庚戌夏間，余從虹橋僦屋其地，目擊兇鋒，謂鄰右金姓曰：“此盜巢也，可久居乎？養癰之患，將不可治。”癸丑秋八月，小刀會事起，戕官劫庫，據邑作亂，皆此輩也。迨五年城復，誅殛竄逃，幾無噍類。

滬城潮至日凡進退者再，雖霪雨浹旬，亦無水潦之虞。以故户口易豐亦易絀。民貧商富，中不足而外若有餘。其爲商者，輒操奇贏致富，然亦不能持久也。苟能得保泰持盈之道，則可無患矣。

滬之巨商，不以積粟爲富，最豪者，一家有海舶大小數十艘，駛至關東，運販油、酒、豆餅等貨，每歲往返三、四次，偶失於風波，家可立匱。兵興以來，軍餉之捐輸，半賴船商接濟，故所沾之利較前甚薄。至民間食米，均資鄰邑運入。米色取白，若黄糙者便難下咽。故富家從未見有廩囷者。田主徵租，祇取折價。猝遇變端，不過一月而糧盡矣。吁，可危哉！

滬地百貨闐集，中外貿易，惟憑通事一言，半皆粵人爲之，頃刻間千金赤手可致。西人所購者，以絲茶爲大宗，其利最溥。其售於華者，呢、布、羽毛等物，消亦不細。近年惟以貨抵貨，而華民無所利益。其片岕一物，累箱捆載而來者，皆毒痛中原吸膏敲髓也。民生凋敝，財力耗蠹，此其一端。

滬城内外，近來設有絲、茶專棧，所以招徠遠客，使有如歸之樂。貨物到棧，即有通事往覓售主，貨售歸銀，不煩客慮。然有時棧主無錢，即藉客貲以供其揮霍，通事於中亦有首尾。逮客回時，遂至所虧無算。西商之精明强幹者，亦復狡計百出，往往有貨已出口，而銀尚未付，向彼取銀，則以貨低減價爲辭。商於滬者，不可不察。

閩、粵大商，多在東關外。粵則從汕頭，閩則從臺灣，運糖至滬，所售動以數百萬金。於滬則收買木棉載回其地。閩、粵會館六、七所，類多宏敞壯麗。最盛者，閩爲泉漳，粵爲惠潮。皆擇其地紳士董司其事。凡事曲直不定者，咸就決之，無不服焉。近年來，閩人生意大衰，久於滬者，且隸滬籍爲土著矣。粵人則多在北關外，較昔更盛，大半在西人處經紀通商事務。

黄浦之利，商賈主之。每歲番舶雲集，閩、粵之人居多。土著之遠涉重洋者，不過十之一二，皆於東城外列肆貯貨。利最溥者，爲花、糖行。當秋深時，木棉空野，碾去花核者曰花衣。行中代閩、粵諸商賤值售之，而運往外地。近來西人自爲采售，花市更爲繁盛。

滬城多游民。夏則提鶘啜茗，亭榭納涼，雕籠數十，懸於西園望月軒側，睍睆綿蠻，不絶於耳。田間多産鸜鴒，百十成羣，亦具慧性，解人言；滬人捕之以弋厚利。冬日蓄鵪鶉者，處以繡囊，鬬以百計，雖破産傾家弗惜也。嗟乎！一禽之微，傷財若此，風俗可知矣。陳金浩《衢歌》有二首極道滬城游民惡習："輕平蟋蟀重平銀，結伴登場秋興新。拋去花枝才歇手，提囊又約鬬鵪鶉。""不歸葱肆不租田，十市三鄉閒少年。朝弄畫眉呼鴿子，夜吹笛管撥箏絃。"

滬人喜梨園歌曲，有聚芳、集賢二局，皆富室子弟爲之，競以豪奢相尚。每當熏香剃面，鵠立氍毹，極斐惻纏綿之致，令觀者目炫神移。嘗演《思凡》、《斷橋》二劇，盡態極妍，合座爲之傾倒。某廣文惡其儇薄也，遂欲窮竟其事。倩人多方哀籲，僅而獲免。歌舞未終，憂患及之矣。噫！

滬人觀劇，不喜崑腔。而崑腔之在滬者，以鴻福爲領袖，其次若寶和新劇，亦高出一籌。榮桂年十五六，丰姿綽約，絶似好女子，聆其音，雖雛燕嬌鶯不啻也。有三多者，纖腰婀娜，態有餘妍。其他諸伶，皆擅絶技，每發詼諧，滿座爲之頭没杯案。予在滬偶觀之，聊抒幽緒。若見弋陽等腔，則掩耳走矣。

滬自西人未來之前，其禮已亡。較之辛有所見，殆有甚焉。牛僧漿家，倚博進錢爲餬口者，不可勝紀。片岕之毒，靡人不嗜。雖有一二守禮之儒，亦難救正。今欲使其俗一變，必先鋤外誘而後去内姦。蓋滬雖偏隅，久爲藏垢納污之所。蒞斯土者，當以擴清爲急務。

瀕海之民，弃鄙近利，尤好争鬬，久染閩、粵之風。比年陶於禮樂，風氣稍變。其俗喜夸詐，尚奢靡，與吴郡略同。僕隸輿臺，凌轢士類，尊卑之等已紊。自西人寄居於此，閩、粵之悍風愈熾，劫奪打降，擄人勒贖，靡事不爲，而滬人之威熸矣。海氛甚惡，非可久居，有識者當先幾以遠害焉。

范叔子以滬邑風俗鄙陋，故常倦游。蓋海濱之民，氣質剛勁，舉止率鹵。讀書子弟亦皆俗氛滿面，絶無深識遠慮可與談者，宜爲其所譏也。近時，文物更爾寂寂，杜門自大，不與四方賢流相接，甘囿於鄙，亦可慨已。

近來風俗日趨華靡，衣服僭侈，上下無别，而滬爲尤甚。洋涇浜負販之子，猝有厚獲，即御狐貉，炫耀過市，真所謂"彼其之子，不稱其服"也。厮養走卒，稍足自贍，即作横鄉曲。衙署隸役，不著黑衣，近直與縉紳交際，酒食游戲徵逐，恬不爲怪，此風不知何時可革。

滬城類聚之民，比屋雜處，時啓雀角之訟。悍俗刁風，不能遽化，蓋此習自昔已然。《雲間據目抄》云："上海健訟，視華、青尤甚。凡民間睚眦之仇，必誣告人命。"今訟師輩出，爲幻如神，要結蠹吏，呼吸相通。衙中隸役多至千餘人，魁其輩者則曰管班，出入裘馬，驕淫踰制。噫！是安得不病民？

滬城青樓之盛，不數揚州。二分明月，十里珠簾，舞榭歌臺，連甍接棟。每重城向夕，虹橋左側曲巷中，燈火輝耀，笙歌騰沸，無不争妍取憐，弄姿逞媚，門外鈿車駢溢，飛塵散香。裙屐少年，洋舶大賈，輒墜鞭留讌。黄金擲盡，裘敝思歸，苟悟及此，熱念自消。蛟川姚梅伯孝廉，著《苦海航樂府》百有八闋，唤醒一切，可作清夜鐘聲。嗚呼！迷香洞豈真能迷人哉，人自迷耳！

老婦傅粉謂之强媚，邨女簪花謂之俗艷。滬妓具此二者爲多，而登徒子趨之如水赴壑，豈愛醜果有癖耶？其間尤衆狂騖者，厥名爲堂。一堂中可三、四十雌，務爲眩惑，以竭其歡，惟恐毫髮態不盡也。自癸丑赭寇之亂，城中野鴨、鴛鴦一齊飛去。雖事定復集，而舊巢尚在，故客漸稀。久之，乃移於城外環馬場側。酒地花天，别一世界，女閭成市，脂夜爲妖，風俗淫靡，可謂極矣。有心世道者，其能力挽狂瀾乎？

自蕩溝橋至北門，迤邐半里許，連甍列屋而居者，皆江北流娼，動以千百計，每夜譙樓鼓動，門外皆綴一燈，從橋畔望之，叢密如繁星。每當夕陽西墜，紅裙翠袖，歷亂簾前，然率皆牛鬼蛇神，爲藥叉變相，求於顰眉齲齒中略可人意者，渺不可得，真所謂香粉地獄也。蓋其地處下流，鞭絲帽影，固不屑勾留，舞扇歌衫，尤不甘俯就。或有品評之者，謂："兩行紅粉，消魂盡類鳩盤；一百青銅，阿芙蓉膏一盒，須青蚨一百頭。喜色每深鴇母。"可云醜詆不遺餘力。而好事者作爲《品花賸語》言："曾見有翩若驚鴻、矯如游龍者，雖裙布荆釵，而天然嫵媚。"是則粗(亂)頭亂(粗)服中豈無佳麗？正如孔(九)方臯相馬，賞識於牝牡驪黄之外，不可遽以花妖木賊訶之也。嗚呼！屠販中亦有英雄，亦觀其遇不遇耳。

洋涇橋畔，多粤東女子。靚粧炫服，窄袖革履，大足皆徑尺，或赤而不韈，膚圓光緻，每曳繡花高屧，略似滿粧，挽椎髻，著羅襌，以錦帕裹首。其中妍媸不一，稍佳者膚白如雪，眼明於波。意即粤之蜑婦來滬牟利者，粤俗呼之爲"鹹水妹"。謂其棲宿海中，以船爲家也。滬人遂訛稱"鹹酸梅"，謂其别有風味，能領略於鹹酸之外。久之，滬中黠嫗購貧家女，效其粧束以媚遠商，猝莫能辨也。粤女多能謳，急琯(管)繁絃，聲多噍殺。或謂其靡靡之音，足以動心蕩魄者，則别一調耳。

滬人之音重唇，不逮吴趨柔脆，方言間有相同，第其聲濁耳。且五方雜處，音韻易淆，今井里恒譚，顧影少年漸作吴儂軟語。一羣啞啞白項烏，知免矣夫？

滬城風俗，元旦賀歲，各家皆食膩羹菜頭，小兒多擊鼓敲鉦以爲樂。俗以正月三日，送家堂霤神。五日，例接財神，必用鮮魚極活潑者爲元寶魚。先一日擔魚呼街巷，有以紅繩扣鬐踵門而來者，謂"送元寶"。十三日，家人即竈卜流年事，握秫、穀投焦釜中爆之，花而妍者吉，名"卜流花"，俗名"爆孛婁"。元夕，小户婦女，牽率夜游，有"走三橋"之語。王叔彝詩云："元宵踏月鬧春街，同走三橋笑墮釵。一路看燈歸去晚，却嫌露濕牡丹鞋。"

城隍廟内園以及萃秀、點春諸勝處，每於朔望拔關縱人游覽。正月初旬以來，重門洞啓。嬉春士女，鞭絲帽影，釧韻衣香，報往跋來，幾於踵趾相錯，肩背交摩。上元之夕，羅綺成羣，管絃如沸，火樹銀花，異常璀璨。園中茗寮重敞，游人畢集。斯時月明如晝，蹀躞街前，惟見往還者如織，塵隨馬去，影逐人來，未足喻也。遠近亭臺，燈火多於繁星。爆竹之聲，纍纍如貫珠不絶，藉以争奇角勝。若其稍作斷續聲者，輒以爲負。宵闌興劇，正不知漏箭之頻催也。春原富貴，國幾長春；夜亦風流，天真不夜。北門管鑰，亦爲竟夕不鍵，殆所謂金吾不禁歟？斯亦風月之餘情，承平之樂事。

滬人放燈，每在上元節前後。剪紙鏤花爲七寶蓋，中空可點燭，此惟滬邑有之。一燈之製，經歲始成。雖費數十金不惜。張秋渚春華《滬城歲事衢歌》注云："燈之盛於二月者，爲花神燈，又名涼傘燈，燈作傘形，六角，間有圓者。鏤人物、花卉、珍禽、異獸，細於繭絲。瓔絡鬚帶，無不精妙，皆以五色錦箋綴成，其工可謂精巧矣。"出燈多者，至二三百盞，間以五彩吴綾折枝花燈，偶綴禽魚蟬蝶，飛舞若生。又或紮彩爲亭，高可三四丈，間飾龍鳳，以雲母石爲鱗甲，上下通明，光照數丈。或有以孿童裝束作女子狀，名曰"臺閣"，與吴中採茶燈不同。至夜，簫鼓喧闐，緜亘數里，光耀若晝，真如燄摩天上。油頭半臂，遨游其間，迄無停趾。月明星稀，酒闌燈炧，棗花簾内，兒女聯觀。雖風俗喜奢，亦足見昇平氣象也。自癸丑之秋經赭寇之亂，久不見此樂矣。

滬人於每年清明日、七月望、十月朔，例以鼓樂奉城隍神出詣北郊，壇祭無祀鬼魂。儀仗輿從，駢闐街巷，馬至數百匹。妓女椎髻蓬髮，身著赭衣，鋃鐺桎梏，乘輿後從，謂之"償願"。間有徒步於市者，輕薄少年指視追逐以爲笑樂。是非敬神，直釀淫風矣。噫！

三月二十三日爲天后誕辰。燈綵輝煌，笙歌喧沸，大、小東門一帶爲尤盛。閩、粤富商，無不殫其財力以奉神。沿街店鋪，賭勝争奇，陳設彝鼎字畫，精雅絶倫。寶蠟光騰，金爐篆繞，所焚沈檀伽倆，氤氲馥郁，香徹數里。於時，航海帆檣，遠近畢集浦濱，金鐃聒耳，徹夜不絶。二十八日爲城隍夫人誕辰。城中熱鬧，無異於城外，幾於傾邑若狂。士女往觀者，駢肩纍踵。雖宵漏已深，而燈光如晝，滬人稱爲燈市。自後海疆多故，遂不及昔時之盛。

每歲四月下旬，西園有蘭花會。萃閩産之佳者數百本，羅列案頭，鬬奇争勝。清晨薄暮，滿屋芳馨，馞馞襲人。卓午來游者，絡繹不絶，溽暑蒸鬱，看花之興味索然矣。何如於紙窗竹屋中，位置數盆，風來月上，花氣熏簾，澹然相對之爲愈耶？

六月六日，城隍廟東園有曬袍會，合邑之衣工爲之。二十四日爲雷祖誕。進香者，多於丹鳳樓之小穹窿，蠟炬山堆，香煙霧噴，殿前宇下，袂雲而汗雨者，不可勝計。自朔日至誕日茹素者，謂之“雷齋”，邑人幾十之八九，屠門爲之罷市。按《道經》：六月初六日爲“清暑日”，宜修“清暑齋”。今人六月中多不御葷，或亦“清暑”之意歟？

七月二十日俗傳棉花生日，忌雨喜晴。《歲時瑣事》亦載此説。吴下諺語有云：“雨打七月念，棉花弗上店。”木棉結花時，怕經風雨。而滬城瀕海，七八月間大風陡起，一二晝夜不息，名曰“風潮”。萬竅怒號，揚沙走石，有時平地水深數尺。元人詩云：“排空疑有鬼神戰，對面不聞人語音。”摹繪酷肖。吾吴蔡鐵耕《吴歈》云：“裂殘火繖作羅紋，蕭颯聲來退暑氛。又恐風潮壞棉稻，東南莫起海沙雲。”

七月晦日，街衢間並炷香燃燈，以祝空王生日，狀如不夜之城。香篆繚繞，遊者塞途。有翦燈作蓮花布地，且有以茜草心編爲花籃及瓶盆之屬，名爲“地燈”。其前爲中元節，祭賽如清明。時新涼初届，餘暑猶酷，士女率以夜遊。從郭外繞西而北者，爲周涇，神入城，路必由此，謂之“看青苗”。護神輿者，亦更深始歸。每届節期，寺僧設盂蘭會。經數晝夜，登壇説法，廣開法筵。四明人多以紙箔爲亭及船狀，玻璃作窗，燃燭如臂，擁行市中，輝耀一街。是夕笙歌喧沸，不減上元時候。

中秋賞月，禮斗、燒斗香，向以南園爲盛。比户瓶花香蠟，望空頂禮，小兒女膜拜月下，嬉戲燈前，謂之“齋月宫”。夜間婦女盛粧出游，互相往還，或隨喜園亭，人静更闌，猶婆娑月下，謂之“踏月”。有門户者，往往以爲婦女戒。前邑侯曾禁夜游，邇來此風少息矣。蔡鐵耕《吴歈》云：“木犀球壓鬌絲香，兩兩三三姊妹行。行冷不嫌羅袖薄，路遥翻恨繡裙長。”

八月十八日俗傳爲潮生日。潮有江、海之異。海潮來時，每爲江水所截。蓋長江出焦山口，經福山，南而趨南滙之陽山，勢甚湍急，至此適與潮遇，於是江水隨潮爲長退。每年或有一二日鹹潮，是爲海潮盜入，邑民戒弗汲。八月間江潮最盛，多往浦口觀潮。

滬人都不好事，弗解蒔花，而藝菊者絶少。重九登高，滬人於是日多遨游寺閣，藉作登高。而至大境閣、丹鳳樓者，尤絡繹不絶。持螯對酒，醉後不能簪菊歸來，深爲恨事。余昔僑居北關潘舍時，每歲值菊船至，必購異種。花時環列几案間，涼燈欲灺，新月如珪，殊覺瘦影蕭疏，分外逸致，惜其近市地狹，不能自植。壬子秋，滬人葺緑蔭堂而新之，萃菊數百本爲菊花會。佳者殊鮮，所集之人，率皆市儈，羅腥膻，雜絲肉，以誇識賞。淵明有知，定當捧腹。

滬人於霜降後，多尚鬬鵪鶉。畜養之徒，彩繒作囊，籠於袖中，若捧珍寶。鬬時角勝，貼標頭，分籌馬，每鬬一次，謂之一圈。按：鵪鶉爲二，無斑者爲鵪，有斑者爲鶉，但形狀相似，俱黑色。今人總名之曰鵪鶉，多産於滬上田間。

菊花會多在九月中旬，近或設於萃秀堂門外，瘦石疏苔，曲廊小榭，已覺蕭然有秋意。繞湖石折而東北，境地開朗，遥見菊影婆娑，畢呈眼底。循迴欄而入，則萬卉齊花，高低疏密，羅列堂前，棐几湘簾，磁盆竹格，無不盡態極妍，争奇鬬勝。所有之花，先經識者品評，第其甲乙，凡區爲三種：一曰“新巧”，二曰“高貴”。三曰“珍異”，名目之繁，不可勝記。盆盎皆標列藝菊主人别字，殊令觀者神飛心醉。微風偶拂，清香徐來，如此盛集，亦足以點綴秋光矣。

滬俗於十月朔日，開鑪煮餅，獻於家祠，故亦稱“爐節”。至於祭厲壇、祀祖考，則各處所同也。於時檀火斯改，飄風欲來，使人預備禦寒之具，謂之“五風信”。按是月有風，每五日如期而至，故謂之“五風信”。土俗又以月旦之雨晴，占一冬寒暖。或云，十月旦晴和則少寒。賈人候此，知棉艱於售。

臘月八日，僧尼例以雜果煮雙弓米，遍餉檀越，謂之“臘八粥”，亦曰“佛粥”。此風由來舊矣。滬人往往有以湯餅、菜羹和入者，殊失古意。按“臘八粥”一名“七寶粥”，見於吴自牧《夢粱録》、孟元老《夢華録》，本僧家清供，今則居室者亦爲之矣。吴曼云《江鄉節物詞》云：“雙弓學得僧厨法，瓦鉢分盛和蔗胎。莫笑今年榛栗少，記曾畫粥斷齏來。”

歲事將闌，僧寮之乞布施者，不絶於道。僧衆數人，持錫托鉢，而令人擔盒隨其後，自街市遞及村巷，依户施以錢米。女尼以秫之圓綻者，熟而懸之風，爆之於釜，表裏皆透，大倍於粒，而潔白如雪，名“兜湊”，饋之檀施，有厚賚。

時逼殘年，居民皆爲度歲之需，入肆購置果實，謂之“年市”。家具殽蔌爲宿歲之儲，新年以餉戚友，謂之“年物”。滬人多劚取山筍作片，曝而乾之，嫩者爲“繡鞋底”。至此漸漬於水，縷切之，與肉同煮，味清而腴，此他處所無也。

歲晚祭竈迎神，各處皆同。庖厨既具，聚家庭之老幼男女，團坐宴樂，名曰“合家歡”。除夕或有達旦不寐者，曰“守歲”。燈明罣罻，帖寫平安，罔不自祝百事如願。樂施之家，登城觀萬家煙火，有不舉者，挈錢米扣扉投之，不告所自，窶人子賴以卒歲，此風俗之最厚者也。

滬之物産，遠不逮閩、浙，魚鹽之利，兩無所居，古所稱“窮海”也。然外至之貨，駢集市廛，亦足云富。水族則自遠而畢赴，植物則昔無而今有，加以西土奇珍，目所未睹，尤爲他地所無。惟煮井爲鹽，爲南邑所獨擅耳。

河豚狀如蝌蚪，即《吴都賦》所謂鯸鮐也。味美而有毒。滬人最尚此品。每當蘆芽短嫩，爛煮登槃，腹極甘腴，故名“西施乳”。惟子不可食。煮之非法，殺人立斃。紅目、紅翅者尤毒。中毒者，急以橄欖汁灌之可解。然近來食者殊衆，鮮中毒事。范叔子云：“近世人腸胃皆毒如蛇蝎，非河豚所能傷。”嘻！其言亦過激矣。

陳金浩《松江衢歌》云：“一部河豚典一袴，秋風低價四腮鱸。”蓋謂春時河豚入席，三頭爲一部。諺云：“得一部，典一袴。”甚言其值之昂也。人云其味百倍鱸魚。東坡酷嗜此，嘗曰：“也直得那一死。”予曾食於潘氏，未覺其佳，豈舌本木强乎？

石首魚，俗呼爲黄魚。每於楝花開時，結隊趁潮而至，一網可得數百頭。漁者多放船候於山礁間，截竹爲筩。每至則海風吹腥，江潮噴雪。網得者盛於淡水，沃以廠冰，可支數日，以最先得者爲關尹午饌。四五月間，漁艘市冰以往，滿載進浦，小船插三角粉紅旗，鳴鑼集市，曰“販冰鮮”。吴俗最尚此魚，每嘗新時，不惜重價，故有“典帳買黄魚”之諺。

鱸魚，李時珍曰：“鱸出吴中，松江尤盛。長僅數寸，狀微似鳜，而潔白過之。巨口細鱗,身有黑點。四五月方出。”然鱸發於秋,因秋風起,思及蓴羹、鱸鱠,張季鷹語可證也。白居易詩:“水鱠松江鱗。”韋應物詩:“松江獻白鱗。”皆指白鱸魚而言。一種黄碧色,身微扁,名鱖鱸魚,俗呼爲鬼鱸魚,味之鮮美勝於白鱸,蘇軾所謂“松江之鱸”正指此。另有一種名四腮鱸,體黑腮紅,其狀不甚雅馴,長僅三、四寸,頭大而尾細,肉肥膩無絲骨,冬月以肉汁作羹湯,味極美,其肺尤佳。

蟹之肥大者,出横沔鎮。産吴淞江者爲清水蟹。虱蟹較蟛蜞更小,每二三月間隨海潮而至,近清明即無,俗謂怕紙錢灰氣也。沃以鹽醯,密貯甕中,越宿即可食,味殊鮮,下酒最宜,堪供大嚼。陳金浩《松江衢歌》云:“西北諸鄉水繞廬,食單風物近何如?寒深甕醉金錢蟹,春淺盤供玉筋魚。”金錢蟹,即虱蟹也。玉筋魚,春時始多,亦爲水鄉佳品。

冬時,有一種蛤蜊,下酒甚佳。云産自浙東,浙慈人呼爲蚶子。種蚶有田,利倍禾稼。其地半皆斥鹵,不可耕植五穀。以生物血肉之品,能破土而出。固知回俗“種羊”,亦未足爲奇也。是物食之能補心血。以泥拌之,盛竹簍中,可以致遠。余率以之爲佐壺觴上品,每當擘食之際,幾忘酬應,輒曰:“不知許事,且食蛤蜊。”

蔬菜,與他地略同,惟稱名稍異耳。芥菜,一種細莖扁心者,名銀絲芥,亦名佛手芥。顧氏製爲菹,稱於世,味經年不變。制菹之法,寸切之,匀醯醬入煮,勿令熟,貯於甕内,越一二日,啓食之,味芳烈,於酸鹹之外得别趣,真江鄉佳品也。顧其種移植他處不榮。芥子可研爲膏,螫舌芳辛,古稱芥醬。陸佃云:“望梅生津,食芥墮淚。”即此也。

北郭外,多西人菜圃。有一種不識其名,形如油菜,而葉差巨,青翠可人,脆嫩異常。冬時以沸水漉之,入以醯醬,即可食,味頗甘美。海昌李君壬叔酷嗜之,曰:“此異方清品,非肉食者所能領略也。”蕹菜一種,亦來自異域,莖肥葉嫩,以肉縷拌食,别有風味。每歲發芽於夏,至秋則老。按蕹菜見晉嵇含《南方草木狀》,蓋嶺表物也。

白菜,爲蔬中上品。唐人所謂“闊葉吴菘”是也。陸佃《埤雅》云:“菘性凌冬不彫,四時常見,有松之操,故曰菘。”滬中冬月有一種塌地而生者,其形如盆,葉多縐紋,色深碧,名盤科菜,又名塌科菜。一經濃霜,則味甘如飴。烹食最佳,他處所無也。

羅漢菜,向惟嘉定鄉間有之。近日滬地園圃中叢生甚衆,市上亦復盈筐挑賣。其菜於冬末春初遍産田野間,細葉巨根,至百餘瓣,氣味辛芳,滬人醃之爲菹,雜以青果裝瓶,以貽遠客,味甚美。

桃實,爲吴鄉佳果。其名目不一,而尤以滬中水蜜桃爲天下冠。相傳係顧氏露香園遺種。花色較淡,實亦不甚大,皮薄漿甘,入口即化,無一點酸味。最佳者每過一雷雨,輒有紅暈。其樹以秋分時鏟枝接種,非老本也。五年後結實始美,惜易蠹蝕,七八年即萎。在城西一帶者爲真種,移植他處則味減。近年南門外數十里中,皆種桃爲業,一望霞明,如游武陵源裏,顧其味則遠不及。今遠商所買者,皆南門桃也。真種甚難得,且每逢垂熟,官票封園,胥吏從中漁利,高其價以售之民,一桃輒百錢。貧士老饕,頗難屬饜。西瓜産於周浦者,色白如玉,味鬆脆甜潔,暑中佳品也。然自分邑後,已不屬於滬矣。

藝菊家盛於石筍里,其“雪鶴”等佳種,秘不傳苗,若舊譜之“粉褒姒”等,反不甚惜。其於秋時盈船販售者，則金閶、虎阜種也，索值較賤，而間有佳品。朱門巨室，争相購置。菊之高大而瓣細者，皆洋種，花光飽滿，數日不減。其别種曰"堂春"，花小而光内斂，大抵滬地多有，而園丁率能辨焉。

法華牡丹甲四郡。相傳自宋以來，盛於吴下。而法華李氏漎溪園，尤多異種，爲雲間冠。所植尤蕃茂，有"紫金球"、"碧玉帶"二種，最爲名貴，色香俱勝，其他雜色亦有數十種。花時游賞者遠近畢至，園主人必張筵，宴請當道縉紳輩，爲雅集焉。今李園已成廢礫，藝花者亦少減。每讀昔人詩"買栽池館恐無地，看到子孫能幾家"之句，屑然欲涕。是處居人之業是者，類皆植之田間，花開貯諸盆盎，擔入城市售賣，價值亦甚賤，色惟淡紅、深紫二種爲多，黄、白即僅見，實皆芍藥所接，來歲放花，仍芍藥也。

邑西北向有梅源市，環植千百株，花時晴雪千村，暗香十里，游者謂不減蘇臺鄧尉。夏首春餘，結實繁盛，邑人取以販諸遠方。今園林已廢，梅實亦變，多屬尋常風味。惟浦東沈莊之蕭氏廢園有奇種，花開香艷異常，結子大逾常梅，其色淡如水翠，着物即碎，味殊鮮潔，入口立化，名曰"蕭梅"，所産不多，甚爲珍貴。雖鄰邑亦未識其味，每枚索錢六、七枚，真嘉品也。

筍種類甚多，皆生於春末夏初。惟"護居竹"者，爲筍中第一。"燕筍"燕來時所生，形長細而味稍遜。其在哺鷄時生者，名"哺鷄筍"，色淡黄，形短而肥。諸筍雖佳，細嚼則微苦。惟此筍味甘而清，質嫩無滓，爲邑中異品。然有一種形色近似而味殊惡劣者，名"黄金鐗"，恰能亂真。

華亭向以鶴稱。其地有鶴窠村，相傳爲華亭侯陸遜豢鶴處，旁有鶴坡。沈括曰："惟鶴窠村所出爲得地。"《瘞鶴銘》亦云"得之華亭鶴窠"。按其地即今之下沙也，已分隸南匯，鶴不至亦久矣。顧傳記所載鶴産華亭，亦非無故。晋時，曾有白鶴一雙自東海飛來，憩於鶴沙古柏，久乃生雛，相與冲霄而去。後百餘年，復來二鶴徘徊村落間，或棲樹杪，或宿墳園。村民聚觀，則延頸長鳴，游行自若，其聲嘹喨，遠聞二十餘里，羽毛似雪，朱頂黑尾，足高二尺餘。數日後，逸翮凌霄，渺然煙滅。疑即前之雛鶴也。自後常有鶴至，故傳爲雲間之産。不然，鶴窠一鄉村耳，無深林幽谷，安所棲集哉！

瀛壖雜志卷二

滬上數十里間無山，既少岡阜之蜿蜒，並乏培塿之登涉。以是無叢林積莽，陰翳蔽虧，附近亦罕藪澤，故鳥獸無所孳生棲息。雉兔之屬，猝求之無所得。其與川沙、青浦接境者，或間有之。每歲仲冬，西人出獵於外，逞其弋飛射走之豪。然多游於九峯、三泖間，扁舟往還，率以爲常，而滬地非其所樂也。

滬城濱海，浦水多濁，井水多鹹，不能釀酒，故絶少佳醞。其運自紹興者，率多贋品。城内外酒家鱗比，著犢鼻褌者，浙慈之人居其半。邑廟旁世公酒壚，著名已久。每游西園，必往飲三爵。主人則周姓也，自鎮江徙此已數十載，近已不親滌器。相傳周老以鬻花起家，有二女淑媚知書，一適喬氏，亦滬城望族。遂分爲南北酒爐(壚)，北則已非舊主。往在滬瀆時，偕二三良友，買醉黄公爐(壚)畔，酒券山積，不以爲累。今日雲散風流，思之輒爲腹痛。

館驛衖史國公酒肆及東門外郎氏惠生堂，皆善製藥酒，味殊郁烈，不減公瑾醇醪，飲之可以療病。南門外姜氏，以製造藥膏著名。其保珍膏尤善，洵能袪風遠濕。相傳姜賓遠得遇異人，授以秘方，至今子孫尚食其利。

滬人食水，多因潮至取汲。天雨時，絶不用缸蓄貯。故茶無真味，經宿即變黑色。若海潮盛至，鹹水雜入，多不可飲，而其年禾稼必損。所稱海邑名泉，如大成殿之張公井，緑雲洞之湧泉，瓶山道院之天移井，皆未得品賞。或云“六泉”在浦底，味極甘冽，特取之不易，未識可與江心“中泠泉”相埒否也？

滬上地僅彈丸，而南北異物、遠莫能致者皆備。麋鹿、金錢豹、白鸚鵡、鶴、鴛鴦、孔雀，無不籠諸市中，待價而售。四五月間，粤東荔枝入市，其紅如火。再後則北地葡萄，南中橙橘，無不鮮潤如新。此外草木魚鳥及外洋果品，奇形詭狀者殊多，目不能識，口不能名。偶詢之西人，其名輒至五六字，聱牙棘舌，亦不能以中國文字紀也。

滬肆諸物騰貴。談箋、濮刀，著名已久，今皆失其初製。闤闠間所陳西洋奇器，俱因天地自然之理，創立新法，巧不可階。如觀星鏡、顯微鏡、寒暑針、風雨針、電氣秘機、火輪機器、自鳴蟲、鳥能行、天地球之類。下至燈瓶盂碟一切玩具，製甚精巧，亦他地所無。

羊肆雖炎夏亦設，向惟白煮。戴九創爲小炒，近更以糟者爲佳，特麵色不甚潔白。徐三善煮梅霜猪脚。邇來肆中以鉢貯糟，入以猪耳、腦、舌及肝、腸、肺、胃等，曰“糟鉢頭”，稱爲美味，余見之攢眉不能下箸。

滬俗貯冥鏹多以草墁，其形如甕，圓、方、六角，大小不一，埽墓祀鬼皆用之。喪禮之異者，尸不停於堂前，任其傴曲於牀榻，至殮時始得著衣入棺，子孫必擇日易兇服。棺之前户，鏤刻花物極工。冥鏹堅緻，勝於他處。他如入殯停柩，出殯卜葬，皆必以僧道，七七皆建道場，士大夫葬事一聽諸地師，則又江、浙之所同也。

鮮荔支來自嶺南，從海舶携至，極速亦須四五日，故色香味俱變。販者養以火酒，盛之桶中，沿途呼售，肉色已白，味雜酸甜。近來粤人販鬻者，收藏頗有善法，或懸諸當風，有如新摘於樹，紅羅玉液，色味香猶冠他果。黄天河《詠荔支》云："自有雙輪來碧海，不煩一騎走紅塵。"其便速可喜也。他如甘蔗、波羅之屬，率皆應時而至。其有逾時者，多失真味，不適於口。邇日闤闠間粤品紛陳，幾無弗備，迥異向時矣。

滬上韈肆甚多，而製韈獨工。貧家女子，多以縫韈爲生活。敏者日可得百錢，每夕向肆中還籌取值，較之吾里擘纑，勞逸迥殊。女紅自紡織之外，專精刺繡，稱是顧氏露香園遺製。擘絲爲細縷，鍼細若毫，寫生如畫。所織之布，則有小布、稀布，以丈尺之短長爲別。其行遠者爲標布。關、陝、齊、魯諸地，設局邑中廣收之，販諸北方。

滬人素不戒食牛，無賴子遍地宰屠，莫之能禁。自西人來此，食牛者愈多，明目張膽，陳於市肆，不爲異也。酒家傭保，頗工烹煮之法，沽飲者無不嘗鼎一臠。按牛肉之禁，由來已久。《宣室志》載朱峴女戒食牛肉而免禍，則自唐已然。或曰所戒者蓋惟耕牛耳，至太牢固不在禁例。若其動言破戒，踏破菜園，則世將譏之爲迂儒。顧滬人既不惜物命，尤不惜物力，溝渠之間，粒米狼戾，恬不爲怪。吁！暴殄甚矣，豈所以致福而召和也哉？

滬土性宜木棉，若植禾稻，收成較歉。故播種者因地以制宜。郊原高曠，川澤沃衍，有潮汐之利，以資灌溉，事半而功倍。惟八月風濤浸齧，亦能爲害。相傳木棉一種，黄嫗得自崖州，從海舶携歸，始教之藝。被其德者數百年，可謂遠且溥矣，宜邑民之報賽無虚日也。

木棉本産南番，一名吉貝，利倍絲枲。流入江南，始自宋末。自黄姑歸後，織紝器具大備，機杼之聲，比户相聞。濒海百里，數十萬賦税，實半賴之。昔完正課之外，尚有餘布，是以人民稱殷實焉。近者俗尚奢華，物力漸耗，生計稍絀，他處種植亦不少。桐鄉沈曉滄司馬炳垣，有《謁先棉祠》詩，末云："北棉敩南工，生計一朝奪。蚩蚩抱布氓，將焉贍家室？是宜濟蠶桑，補救萬分一。"已爲滬民深慮而預籌之。徐文定公《農政全書》中言之亦綦詳，奈滬民不能從也。近日沈仲復觀察特爲滬民補種桑樹數萬株。十年以後，蠶事以興，定可必也。

滬人生計在木棉，販輸遠及數省，今則且至泰西各國矣。在滬業農者，罕見種稻。自散種以及成布，男播女織，其辛勤倍於禾稼，而利亦贏。鄉人稱木棉統謂之花。木棉有核，如梧子較大。每年登場後，取棉花之衣厚核重者藏之。至明歲春間，軋取花核。四月，便宜鋤地種花。種法有二：一曰"穴種"，墾地作穴，每穴下四五核，間尺許爲一穴，勾種之。一曰"漫種"，以手握核遍撒之。種後須得微雨。五月，苗如荷錢，漸有枝葉。六月乃驟長，其枝層累而上，高者有四五尺。黄梅雨後，根苗漸長，而草雜其間。既晴，必鋤去之，爲"脱花"。稍遲則草益盛，花必受害，謂之"草没花"。"脱花"多以女伴爲之。初苞者爲鮮花，色淡黄，間微紅。蒂生花實，謂"花盤"。有花無實者謂"雄花"。既開，其下之圓而有角者，謂

"花鈴子",每鈴作四房。生五六鈴、十餘鈴不等。花鈴喜晴。烘以烈日,則房坼而棉白如雪,迸溢鈴外。然初見每畝不過數朵耳。花有早、晚二種。早花於七月望時,已可采取。晚花則在九月初旬。自花開至結實,須時月餘。婦稚捉花,自朝迄暮。十月望後,花田中偶有一二晚鈴遺滯者,鄰近兒童拾之不禁,謂之"捉野花"。

花既登場,以木架展蘆簾於上,取木棉勻攤之,爲"曬花"。必經數日,以乾燥爲度,然後貯之以包,務使堅滿。每兩包爲一合,每合重百斤,兩口相承。其包用蒲,束以草索,藏於高燥之處,如粟之登庾焉。田事既畢,女紅既興。取所藏木棉,盛之於筐,曉起天寒,挈女伴就南榮揀其僵囊,去其不潔。囊之僵者,實而未坼,或傷於雨,其絮如氈。既揀,乃就軋車。蓋棉裹核外,必去其核而後可用也。既軋而彈,而搓,而紡,而織,乃成布。

軋車以木爲之,三足:二向内,一向外。高三尺許,上有板,厚約二寸。板左右有兩耳,空中納二軸,一木、一鐵,鐵軸長出左耳外尺許。鐵軸盡處,承以槌,狀如枕而較長。絡繩於鐵軸,絡板於繩之下垂處。以足踏之,則鐵軸内旋,而核墜於外。木軸長出右耳外二三寸,上綴以木。木長三寸餘,一端承軸,一端横綴一圓木爲之柄,亦長三寸許。以手運之,則木軸外轉而棉出。軋車咿啞如櫓聲。

彈弓,彈花之具也。棉必彈之,使如輕雲,謂"彈花衣"。彈弓以木作圓柱狀,長四五尺,粗盈握。弓上端鑲薄板,方而斜,縱横四寸許,其下端於圓柱之末刻使彎圓,而厚闊二寸餘,以弦施於兩端,絃之餘者,繞於柱上。擊其絃者,有木槌,長七八寸,高其兩端,極光潤。彈必坐。其所坐者,如椅而矮,幾及地,名"彈花凳"。凳之背貫以竹竿如釣魚者,而曲竿之極處懸繩,繩下著弓。以左手執弓,右手持槌坐擊之。棉着絃而起,輕如柳絮,宜於無風處彈之。絃聲清越,聞及鄰室,其弓絃以羊腸爲之。

既彈之後,分作綿繩,削竹籤捲其上,而納入器中搓之。其器如桶蓋,方而長,以左手按竹籤,右手執蓋向外推之,條條如玉蒜。於是乃用紡車,紡法各處不同。他邑用兩指撚一紗,名"手車"。滬邑一手三紗,以足運輪,名"脚車",人勞而工敏。其制以屈木之連屬者鋸之,下如二股,上如柱,約高二尺,竪二股於横木,長不及二尺。木兩端之向内者,又横卧二股,長二尺有餘。股之盡處,以厚方木合屬之,柱端中空而以紡車頭横貫其内,形如半月,内外各一,相懸寸許,脊有三齒,安小管於上。其所謂椗子者,即以横綴管中。柱下二股交合處,横圓木長半尺,木上着輪。另有一木,長四尺餘,鋭其一端,竅輪而受之,其一端於合屬卧股之處,作齒承之,以兩足運旋。先於椗上繞紗數尺,黏於條子,隨輪飛動,紬繹而出,名曰"紡紗"。

紗既紡成,乃繞之於筒。其筒以石葦作管,長六寸許。然後以經車條理之。經車,形如算盤,表裏透漏,取箒分左右勻列其中,於廣場植竹爲架,以紗繞竹止,徑數十丈,負經車往復數次,理其經綸,以交竹中分之,平如匹練。先以漿漬紗上,取竹帚刷之使勻,烘以晴日,俾紗燥而不粘,則機口滑潤,紗不中絶,省接續之工。於是層捲於滴花,滴花乃係桿軸,長二尺有餘,兩端有交木如十字。以便上機。布機與綢機大略相同,而布機頗省便,邊幅亦較狹。織者日可得布一端,亦有竭日夜力而得兩端者,殊所僅見。織時以紫色拈經紗之邊爲目,用以記數,交竹梗處爲頁,每六頁則爲一端。自種花至此,皆採取張春浦(華)《滬城歲事衢歌》註中語。

水龍之製,云自倭人傳入中國,遍及各處。近日西人創行機器新法,不煩人力。其水之及也,有如驟雨灑空,滂沱四注,頓使祝融爲之霽威。其有堅革蒙成者,輕而易舉,製亦精良。其皮管曰"虹吸",長數十丈不等,置諸江中,水自能來,無勞人汲,中有恒升車,起落殊便,且能及遠。

蘇、松田賦之重,一壞於賈似道之公田,再壞於明洪武之皇莊,三壞於吴門太守之以民田攤入官田,而民力竭矣。國朝雍正、乾隆時,恩綸疊沛,邑中賦額,較之崑、新減十之三。惟近年折價愈增,而歲又不登,民間逋負紛積。以法繩之,則聚衆羣鬨,挾制官吏。撫之則益玩,急之則生變。人心不靖,江河日下,此賈生所爲痛哭流涕者也。

我國家闓澤旁敷,覃恩廣被。自赭寇蹂躪後,皇上軫念民艱,迭加蠲緩,減賦輕徭,以甦民困。於是蘇郡之糧,較前大相懸絶。同治四年,劉松巖中丞奏准永遠減定漕額,著爲恒例,此從來未有之鴻施也。凡在食毛踐土之倫,皆當何如感激耶?今計上海縣屬,每畝原科白米一斗二升七合六勺零田,今爲每畝九升九合七勺零。原科每畝一斗二升五合三勺零田,今改爲九升九合二勺零。原科每畝九升八合二勺零下田,今改爲八升四合九勺零。原科每畝八升五合六勺零下田,今改爲七升四合四勺零。凡遞減漕米一萬四千八百八十八石五斗六升七勺。此一邑減賦之大畧也。特臚列之。

明代地廣於今三倍,而版籍殷繁,户口之數,不下五十餘萬。分縣以來,不逮其半,至我朝之初分南滙也,分縣在雍正四年。僅四萬八千人耳,幅員既狹,生齒又寡。迄乎嘉慶十五年,生聚教訓,驟增至五十二萬八千,已如舊數,自後孳生雖廣,亦不外是,統核男女,凡五十四萬而已。邑雖三經兵燹,而比户流亡無幾,是以元氣未傷,市廛益盛。至今遂爲天下重鎮,係於東南全局,此又地勢民風之一變也。

自本朝分設南滙以來,實存額田七千七百四十九頃六十六畝。乾隆八年,分設川沙,實存額田六千八百九十四頃五十一畝。道光十年,重訂《賦役全書》,凡計額田六千八百四十九頃七十二畝。咸豐五年,仍如前數。同治四年,額田四千八百五十二頃五十九畝,實徵米六萬四千四百四十五石八斗有奇,實徵銀七萬八千十六兩有奇。

我朝寬大爲懷,軫恤民隱,均田均役,立法至公而無弊,生民樂業,無事征徭。邑中向有漁課、酒税諸名目,自後悉爲裁免,惟牙行、典肆,領繳官帖,按帖徵銀而已。自興防鄉、濬河諸大役,一皆出於捐輸,因時制宜,而絶無横徵苛派之煩,盛德爲不可及也。

海運興於元代。自浙西至京師,不過旬日。明初因元之舊,終以風濤險惡,海陸兼運。永樂十三年,會通河成,遂罷。我朝曾於道光五年試行之,風帆穩利,上下稱便。自咸豐五年,江浙漕米,悉於上海交兑起運。蘇以海防同知主其事,浙則設局於小南門外,由浙撫派員來滬,遵守成規,商情踴躍。其運米之船有四:曰"沙船",曰"蜑船",曰"衛船",曰"閩船"。皆商爲承攬,均於仲冬集黄浦,裝米赴津。近年設立招商輪船局,所有糧米,半由輪船裝運北上。

邑中所以廣積儲備賑濟者,有常平倉、社倉、水次倉。循例存七糶三,出陳易新。常平倉建於康熙二十二年,歷來有穀一萬五千石有奇。壬寅海警,倉穀散失一空。同治八年,朱梧岡大令鳳梯,發帑重建,焕然一新,規模倍敞。社倉設於雍正二年,選舉社長經理。道光十六年,邑人徐紫珊上舍集衆捐資,建義倉於城西北隅九畝地,即露香園遺址也。擬訂章程,輸錢積穀。壬寅用兵,借設火藥局,旋燬於火。水次倉國初改建於小南門内。咸豐三年,赭寇據城毁焉,亂後重建。

江海大關,設於康熙年間。凡洋舶出入税規,悉於此譏察焉。向爲中丞所管,後歸觀察兼理。道光年間,又增北關,專司各國貿易事宜。比年税課愈盛,遠勝粵海,當爲五口之最。大關向在小東門外,東北面浦。咸豐十年,粵逆犯境,燬於火,乃暫移於大東門外救生公局。新關在北門外頭壩南,面浦。

舊關,例用杭人司其事,謂之“總庫”,最爲優缺,非糜萬金不能得也。一年税餉所入,不下數百萬,然半侵漁於書舍之手。至爲關吏者,家無不富。其次閱貨、檢艙,弊竇不可枚舉。苟得有力者一擴清之,亦於國課軍糈少有所助。

北關雖無侵漁之弊,而偷漏甚多。蓋中外言語不通,而西人又桀黠狡詐,往往以小艇運貨出口乘間揚帆而去,不及譏詰。即使及之,而貨之貴賤多寡已不可稽。華官又恂懦模餬,了事而已。故官此地者,非精明强幹弗辦。咸豐三年紅巾之亂,北關幾廢。英國駐劄香港公使包伶以爲例當輸納,於是復設如初,而延西人爲司税,正副各一人,關務頓有生色。凡屬通商口岸,悉一律辦理矣。

滬上善堂林立,而推同仁輔元爲巨擘。經費之裕也,章程之善也,而董理者尤能以實心行實事。凡恤嫠、贍老、施棺、舍藥、棲流、救生,以及孤幼、殘疾,無不有養。咸豐癸丑寇陷金陵,難民之南下者,養活無算。此外設有果育堂,一切悉仿同仁之例而行之,近與同仁分司稽察渡船之事。其有撫教丐童,留養老年殘廢男女,則曰“普育堂”。設於半段涇,其初爲應敏齋方伯所創。其專舍醫藥、施棺代葬者,則曰“保息局”,即設於縣治西北廣福寺。初爲蘇人公建,以濟蘇人之避難來滬者,厥後旁及他處,不區畛域。蘇垣既復而局分,顧滬局仍如其舊。其餘不及枚舉。

邑中學校,始於至元,而大備於延祐。顧如蕉石、雲影、酸窩、止庵,遺跡無存。歷朝以來,屢經葺建,皆仍舊址。其地在縣署東,殿廷規模宏敞,雲棱霧瓦,碧棁丹楹,稱於一時。庭中翠柏蒼松,森然鬱秀。咸豐癸丑八月,會匪陷縣城,粵逆劉麗川踞爲僞館。城復悉燬於火。乃移建於西門内,即右營署廢基也。經營一年而落成。庚申粵寇犯境,以屯協防之西兵,逮撤防而損毁大半。前後觀察蘇松者,如丁雨生中丞、應敏齋方伯,捐貲修理,内外一新。方伯並爲備祭器、置樂舞焉。

學中弟子員之著於籍者,歲、科兩試,所取定額,凡十有四名,蓋比之列於中縣。嗣後邑人郁泰峰别駕輸金修城,奏廣學額十名。同治四年,以集團守城,復加額四名。廪、增之缺各十有二,歲貢四年一人,拔貢則以南匯並考選拔。武生定額九名,後迭加廣十有三名。川沙民籍之隸於縣境者,亦就試於邑學,以地分而學未分也。

敬業書院,初名申江書院。本明潘恩故宅,後爲西人利瑪竇寓所,中有觀星臺,遺跡尚存。相傳康熙年間，嚴禁天主教，遂毁其堂，籍入官産，改爲書院。經地方官屢行集資修建，又倡捐以足經費，然後規制乃宏，諸生多來肄業。在滬掌教者素稱優缺，每歲上游所薦山長，不下十餘人。其實督課者不過一二人，餘皆糜地方官修脯而已。官課道、縣分主之。師課則山長專主之。惟課無定期，與省中書院小異。有時官長涖至，藉作居停，則與北路僻縣無行館者相似。以講藝之地，爲息賓之所，未免甚囂塵上矣。同治乙丑法人索還書院，以其本爲天主堂故址也。旋移建於縣東舊學宫基，仍名"敬業"。按邑志所載，觀星臺高不過二三丈，湖石疊成，極玲瓏嵌空之致。盤旋上之，彌迂遠，前鋪紫石爲階，刻黄、赤道及經、緯躔度。乾隆間修院廢之，今石砌猶有可識。

蕊珠宫即蕊珠書院，在縣治南。内設監院一人，司生童試卷及出納膏火。是院創於道光八年，時陳芝楣鑾方爲觀察，喜其水木清華，得山川之秀，遂葺爲書院。增建奎宿閣三層、方壺一角、海上釣鰲處諸勝。陸夢坡方伯繼之，增拓其規，曲廊高閣，蔚然可觀。當院之初設也，董其事者，爲邑中某孝廉，倡言係本城紳富捐貲，外邑人不得闌入，今著爲令甲。試於院者，悉滬城氏族，即選敬業書院諸生三十六人月課於此。取十八人爲登瀛上舍。夫書院之設，本爲切磋文藝，於功名得失無關。詢之他郡，從無外邑人不許與試之例。果爾，則某孝廉隘甚，宜其傳笑四方，流爲談柄也。

南園珠來閣，久不可考。自改書院以來，黄邑侯冕及陽金城、汪忠增二觀察，並捐俸千金，與紳士集成課試經費，並增課額七十二人。先後董其事而克成之，邑孝廉金君樹濤也。道光十八年，又售院旁民居，拓建芹香仙館、致道堂、育德堂，及左右兩廡爲學舍，而珠來閣得復其舊。南園每至盛夏，輒設茗肆。游者遝至，惟珠來閣則不許登。閣左爲山雨欲來風滿樓，西向，憑窗遠眺，煙樹蒼然，雉堞如畫，樓下高荷萬柄，納涼勝地，無過於此。

龍門書院，建自同治四年。丁雨生中丞在任時，捐廉倡設，而應敏齋方伯踵成之。其地即李氏吾園廢址。始設時，僅在南園之湛華堂，地狹，規制未備。院中肄業諸生，定額三十人。每歲仲冬，例由觀察甄别。其課程以經史、性理爲主，而輔以文辭，尤以躬行爲重。院中諸生，於行事讀書，俱有日記，各置一編，蓋士先器識而後文藝，固教育之正軌也。先後所延山長，皆品學素著者，如平湖顧訪谿明經、名廣譽，咸豐辛亥，薦舉孝廉方正。興國萬清泉徵君、名斛泉，咸豐丁巳，胡文忠公疏舉隱逸。興化劉融齋中允、名熙載，曾任廣東學政。皆其選也。

詁經精舍，創自同治十二年，爲沈仲復觀察所專設，自分廉俸，以給諸生膏火，其嘉惠於士林，實無窮也。課士不尚詩文，專講經史，與龍門書院實相表裏。滬自通商以來，當南北要衝，寄籍之士，雲臻霧沛，即欲肄業龍門，而額隘難容，故觀察乃有此舉也。精舍中廣儲書籍，無一弗備，俾士子得以枕葄其中。昔太傅阮文達公振興文教，提唱宗風，於粤設學海堂，於浙設詁經精舍，皆以史論、經解覘士之學識。觀察浙人，故以文達之惠浙者轉以惠滬，謂非滬士之所深幸哉！

淘沙場，在邑廟西，爲元時學宫舊址。王陛良構爲素園，旋改爲清源書院。院之西偏，壘石爲山，建文昌閣於巔，顧已巋然欲傾。餘皆叢篠頑荆，高壘亂礫而已。道光丁未，邑紳士割其址之東偏，捐建陳忠愍公專祠。每年五月初，富商大賈，鏗鏘歌舞以侑之。戊申春初，余從先君子游此，瞻仰其像，徘徊不忍去，慨然若有所感。堂廡三楹，中奉忠愍公像，右附殉難諸栗主，其配享於左側者，赫然一楊典史也。吾吴貝子木明經，嘗有《滬瀆謁陳忠愍公祠》詩云："一戰甬江口，督臣死，提臣走。再戰吴淞口，提臣死，督臣走。三戰乃及金陵城，江濤寂静噤不聲，陳將軍後誰敢兵。君不見走者棄諸市，死者長如生。長如生，尸祝遍我海徼氓。"

袁公祠，亦在淘沙場。咸豐五年奉敕建。有司歲祀，從邑紳士所請也。祠壁畫義犬四。當公被害後，邑人徐渭仁具棺斂之，停殯署中。舊畜犬四，守棺不去，皆餓死。

城隍廟據一城之勝。相傳神即邑人秦裕伯，元末避亂海濱，明祖嘗三聘之，詔曰："裕伯智謀之士，天下已定，伏處不出，意欲何爲？"乃懼而出爲行省参議。没後，屢顯奇跡，保障一方。堂下左右四石隸，傳聞自水浮來，亦一奇也。廟有東西二園，經營之費不貲。吏民商賈，各殫財力以奉神，神之靈爽亦遠矣哉！

先棉祠，亦曰黄道婆祠。相傳木棉一種，黄嫗得自崖州，從海舶携歸，始教之藝。道婆生元時，邑烏泥涇人。自幼淪落崖州。其地多種木棉，紡織爲布。道婆盡得其傳。元貞間歸，以是業授鄉里，衣被海濱，利及他省。被其德者數百年，邑民多私祭之，猶未列於祀典。道光五年，邑侯許榕皋大闢城西桃林數畝，創建特祠，遵部議從先棉例，春秋崇祀，規制廓增。經畫其事者，徐渭仁紫珊上舍也。按《通志》及《太常寺志》，先棉祠初在烏泥涇，天啓間張所望另建於寧國寺西。今在縣署西南梅谿衖者，蓋其别祠。顧或謂黄姑庵係祀織女。《澤國紀聞》云："所奉乃少年女子，非道婆也。"然則先棉與黄姑，當别爲二矣。

閩、粤海舶，多駛往南洋，較航日本者，利數倍之。舶中敬奉天妃甚至，一有觸忤，風濤立至，祈求輒應，捷若影響。閩人乃於東關外建立天妃宫，古稱順濟廟，頗巍焕。創自宋末，成於元初。海舶抵滬，例必斬牲演劇。香火之盛，甲於一方。三月二十三日，爲天妃誕。市人敬禮倍至，燈綵輝煌，笙歌喤聒，雖遠鄉僻處，咸結隊往觀。謂其地爲宫前，崇美飾華，極稱宏敞。咸豐三年寇亂廟燬。紳士郁泰峰、郭長祚捐貲重建。庚申秋七月，髮逆竄滬，土木之功，猶未畢也。法人假助守爲名，附郭之屋，盡付一炬，火光燭天，七晝夜不熄。於是東門外地，盡爲法人所據，與英畫界以居，而天妃之宫亦遷矣。相傳神爲莆田縣湄洲林氏女，幼時照井，有神出授銅符，遂著神異。性甚孝，嘗拯父脱於海，頗著靈爽。今各處海隅，無不爲之立廟。或曰：妃之爲言配也，天一生水，水爲天之妃，故曰天妃。而必欲求其人以實之，不亦慎乎！

三茅閣在北門外。其側向有春申侯祠，即邑志所謂延真觀也。土人呼爲長人司，司神無可考證，俗因以春申君當之。春秋致祭維虔，自楚至今，已二千餘年，而民奉之罔懈，豈其功德之及人者深耶？考黄歇仕楚，臣節不純，跡其生平事實，無善可紀，而世以四君並稱，竊所未慊。然其疏鑿黄浦，滬民萬世食其利，宜其血食弗替也。三茅閣建自明永樂時，重修於國朝乾隆時，内祀三茅真君。咸豐三年燬於兵，西人並租其地。邑人因移建於北門内，專奉春申，而三茅之祀遂廢。

自象教西來，招提蘭若遍天下，而江、浙爲尤盛。琳宫梵字，榱題相望，金碧交輝，緇流之輩，接跡於道。考其締造之初，或託於神異，或出自布施。結構峥嶸，麗雲焕日。記洛陽之伽藍，譯天竺之經典，亦足以點綴山川，輝煌名勝而生志乘光。庚、辛之間，獨免寇氛，不罹虐焰，則又斯一隅之幸已。

衲子所居曰寺，羽流所住曰觀，不知始自何時。或以白馬馱經入中國，命以鴻臚寺處之，後遂以僧居爲寺。方士言仙人好樓居，於是盛崇臺觀，而觀之名以昉。滬上寺觀，有時緇、黄迭居，而地屬於官者免租賦。或謂釋、道日盛，足爲聖教患。然釋、道在今日，其焰已微。粤賊蹂躪江、浙，古刹名祠，多付一炬，前朝遺跡，蕩然無存，此固由盛而衰之機也。顧天下有此衰而彼盛者，則今日士大夫之隱憂，又在彼而不在此歟！

静安寺，建自赤烏。僧寮數衆，苦行清修，香火梵唄，昔稱極盛。每逢四月八日浴佛大會，士女畢集，施舍無算。春時傳戒之期，遠近聚觀者，趾相錯也。寺前有一泉，晝夜騰沸，俗呼"沸井"，亦名"湧泉"，爲八景之一。或曰下有硫磺，或曰海眼也。誅茅作亭，亭圮井湮。入港無有過而問者，而泉之沸如故，港之興廢不一。明貢師泰詩中有云："亭荒鳥雀聚，水古虹霓腥。初疑蟹眼沸，復似冰花零。"可謂善狀景者矣。庚申夏秋間，余方奉上官檄督辦諸翟團事，往來必取道經此。寺外東西尚餘二井，圍以木欄，觀所謂"沸泉"者，僅如魚之噓沫而已。

余至城西南隅，訪蔽竹山房故址。父老有知者，指謂余曰："今鐸庵是矣。"庵本邑人張在簡讀書處。康熙初，曹緑巖明府始改爲庵。有僧犀照從江右來，卓錫於此，插槿編籬，屢加修葺。庵旁固多隙地，聚石鑿池，構亭藝樹，又無屋舍民居以遮游目。春時豁橘花隱，齋閣柳深，修篁叢篠間，清磬遥聞，殊覺城市而有山林之趣。陸子卿《游鐸庵》詩云："招提隱西郭，到此少塵氛。滿徑堆黄葉，開門對白雲。"住持者，自僧犀照以文字開山，繼之者爲鈍夫、慧遠、普澤、上晏、漏雲諸人，皆精戒行而工翰墨。漏雲圓寂後，更無名僧掛褡。今閱數十年，園林殿宇，漸就荒圮。寺僧將立願重構，但不知何日落成耳。

龍華教寺，在黄浦西村，離城十餘里，近水回環，遠山遥拱。寺建自赤烏十年，吴地梵刹，此爲最古。寺前浮圖七級，高插雲表，頗稱壯麗，昔人都有題詠。《雲間志》略云，塔爲文筆峰，修之則邑中有科第。相傳吴越忠懿王夜泊浦上，見草莽中祥光燭天，乃爲大興土木。宋治平間，賜額曰"空相"，嗣後屢圮屢修。山門外有二井曰"龍井"，一清一濁，大旱不涸。宋《空相寺碑》，僅存殘石，字跡不可辨識，惟篆額尚存。咸豐三年僧觀竺募資重建，十年爲賊燬。旋有檀越捨金葺修後殿及鐘樓，焕然改觀。每逢三月十五日，焚香賽願者自遠畢集。明時大内曾頒經賜敕，倍極隆重。今遠枕荒郊，香火之盛，遠不逮昔。春時而外，游跡甚稀，惟曉雲殘月與波光塔影相參差耳。甲戌夏間，寺中住持觀竺，由部領到藏經，備儀仗迎之入，護從僧約百餘人。兵燹之後，象教日昌，此其徵也。

東華道院，在虹橋南，内祀武聖，幾閱二百年。道院爲康熙間浙人徐本述建。壬子夏，青樓中人忽從茅山舁一木偶曰金將軍者，寄此院内。於是傾城粉黛，償願報賽，殆無虚日。近聞羽流創蓋殿字(宇)，綽楔一新。嘻！金將軍何神耶？並不載於祀典，何此邦人士趨之若鶩也？

滬多淫祀，如三茅真君祠及虹橋施廟，勾欄中敬奉倍至。凡妓患惡瘍，輒往施廟，斬牲設醴，侑以鼓樂而償之，云其靈如響。此外尚不下數十處。每歲楮帛費不貲，傷民財，耗物力，莫此爲甚。狄梁公蒞江南，凡不載祀典者悉汰之，有識哉！

一粟庵在縣署西南。本徐氏荒圃。康熙七年，僧超濬自浙東來，購地建庵爲卓錫所。乞額於曹君緑岩，因取"金鷄解銜一粒粟"義顔之。庵左右多隙地，竹石陰翳，古木參差。庵後有池，陳氏所鑿也，暗通潮汐。邑侯任待庵自解宦橐，買爲放生池。乾隆間，有僧大來住持是庵，不解文字，而戒行獨高。後有僧觀修繼其席，以殿宇凋落，募資重葺。嗣後來者，皆不墜宗風。近如僧懷德静業自修，僧普海辯才無礙，皆其矯矯者也。平時設齋祈度者不絶，輿蓋盈門，巾裘接席，凡法堂、方丈、齋廬、庫藏等，無不焕然一新。其蔬饌之精，庖厨之妙，真覺護世城中，别有風味。赭寇之亂，江、浙淪陷，四方難僧麕集，伊蒲之膳，悉爲供給，尤爲不可多得云。

青蓮庵，即顧氏露香園中青蓮座遺址也。僧啓峰建爲庵，駐錫其中，仍以是名。逮我朝乾隆時，僧法恒築樓曰"不染"。嘉慶時，陳元錦建堂曰"海印"，辟地疏泉，頗加修治。道、咸間，有僧自吴中來袿（掛）褡焉。壬子仲夏，余與張鴻卓嘯峰廣文、丁瀛步洲上舍往游，庭前方塘如鑒，藕花開矣。寺僧謂予曰："今歲苦無雨，荷半枯死。老衲手灌甚勤，得此數柄耳。"風送香來，鼻觀爲之頓清。自經兵燹之餘，損毁殆半。住持僧清華、見如重塑佛像，募貲繕葺居之。

海陬僻壤，異境無多，選勝探幽，輒乖夙願。然當春物尚餘，夏景初麗，百卉俱香，重陰疊翠，雖乏山林之趣，亦足以怡情愫，豁眉宇。杖策而往，載酒以游，裙屐雅流，提鶻挈鷺，洵一時之勝集已。

邑中游覽之地，以城隍廟東、西兩園爲冠。東園在廟中東偏，頗宏敞幽寂。西南隅一臺，高數仞，畫棟雕題，鉤心鬥角，俗所稱"小靈台"是也。堂左闢一沼，清泉圍繞，中蓄玳瑁魚數十頭，吹萍噴雪，生趣盎然。地僻境静，游蹤罕至，每值令節則啓之，餘則雙扉常鍵。幽草孤花，有心人益深遐想。

西園即潘方伯允端豫園故址，在廟西北，廣袤半頃許。風亭月榭，位置宜人。鑿池廣數畝，潮汐暗通。中有一亭翼然，名"湖心"，即允端記中所謂凫佚之亭也。左右盤折，平卧水面者，爲九曲橋。池植紅蓮，夏日盛開，曉起立橋上，面面皆花，絳霞暈目，水風送涼，真佳景也。自經壬寅西人之變，靡有遺莖。由九曲橋左旋而出，香雪堂在焉。奇石鼎峙，鎸曰"玉華"，宣和花石綱漏網之玉玲瓏是已。咸豐三年赭寇之亂，園中室廬，爲賊巢穴，凡閲十有八月。乙卯官軍入，遂燬於火。香雪堂爲廢礫，而奇石巋然獨存。後雖重葺，而規模布置，迥不如前矣，惜哉！

園中茗肆十餘所，蓮子、碧螺，芬芳欲醉。夏日卓午，飲者雜遝，或來蕩婦與輕薄少年雜坐。繡袂成雲，粉汗如雨。何物襶襶子，掉臂其間，目成而去。以敬神之地，而作桑間濮上，此整飭風紀者之責也。茶寮而外，設肆鬻物者又百餘家。隙地雖多，絶無一卉一木堪以怡情。園林幽趣，蕩然泯矣！庚申春間，兵事起，法國駐兵於此。後經丁觀察與法國清理，仍還舊觀。栽植花木，特標名勝，惟許設書畫、筆墨、骨董等鋪，以點綴景物，迥異向時之甚囂塵上矣。舉動風雅，自異俗吏，而經濟亦寓焉。

西園三穗堂，居園正面，巍然高聳，内極宏敞。紳士每於朔望宣講聖諭，令衆集聽。凡道、縣朝賀萬壽及有大事，皆以爲公所。堂後纍巨石作小山，奇峰攢峙，重巒錯疊，爲西園勝觀。其上繡以瑩瓦，平坦如砥。左右磴道紆折，盤旋曲赴。或石壁峭空，或石池下注，俄而洞口呛岈，俄而坡陀突兀。陟其巔，視及數里外。循徑而下，又轉一境，則垂柳千絲，平池十頃，横通略彴，斜露亭臺，取景清幽，恍似别有一天。於此覺城市而有山林之趣，塵障爲之一空。就池之東偏，則編籬插槿，疏沼栽蓮。近水構一小亭，中蓄一鶴，縞羽蹁躚，點綴於紅花緑水間，亦殊可觀。然所惜者少天然之致，無香草蒙茸，清泉滃鬱，地雖幽僻，石隱者無取焉，惟石細路曲，紆迴高下，差可喜耳。山旁本有精廬數楹，乙卯春盡付一炬。後經有力者集資重築，增拓舊規，而求如向時之蒼幽，不可得矣，胸具丘壑有幾人哉！

邑廟旁有點春堂，閩人所建，俗稱花糖公墅。閩人議事必集於此。園亭軒敞，花木陰翳，虚檻對引，泉水瀠洄，精廬數楹，流連不盡。循石磴曲折而上，有小榭頗堪延爽。長夏曲師咸集，按節教歌，以爲避暑之所，清謳檀板，聽者神移。其半設畫局，畫工下榻其間。亦有司茗者，非佳客至不烹也。癸丑之亂，賊目陳二，固閩人也，踞作僞館。乙卯城破，半燬於火。後雖重建，然殊遜舊觀，令人頓有昔是今非之感矣。

張家花園不知建自何人，今屢易主矣。清曠幽邃，花木蕭疏。惜爲伶人所居，半就毁圮。滬上雖稱繁華，然其時未有戲院，間於其中演劇。主席者設讌款客，任招歌者以侑觴，略如吴門之例。其外有樓三楹，殊低隘，階石間荒草不薙。每至夏夕，聚蚊成市，露坐納涼，頗不可耐。此由園丁治理不善，兼以居者非雅流耳。癸丑，將售於他姓，索價頗奢，竟無問者。後爲郁氏别業，游宦借居爲行館，略芟蕪穢。噫！余嘗有買山之願，滄浪亭主人真不易作，況不止四萬錢耶！

也是園在城南隅。明天啓時喬煒所建，即渡鶴樓遺址。國初曹緑岩居之。後爲李氏所得，遂改今名。繼又改建蕊珠宫，祀斗母、文帝諸神。外殿一扁，署曰“塵飛不到”，相傳爲吕仙降箕所書，飄飄然有凌雲之想。園中疊石鑿池，曲檻雕闌，蟬嫣相屬，行者忘其度水。池寬數畝，多植紅蕖。花時游賞者無虚日。風清月白，遠香四聞，團扇輕衫，迎涼鬥茗，洵不減銷夏灣也。池之前隆然而高，若一小阜，土多石少。其旁精廬邃室，别有洞天，爲邑士課藝之所，遊人不得輒入。有游宦至滬者，即憩此爲行館，勝地不冀得名賢而益彰哉！

也是園亦名南園。有古榆一株臨水，勢極夭矯，名“榆龍”。黄霽青太守有題壁詩，中云：“四壁竹三昧，六窗燈九華。樓高憑鶴渡，樹老作龍拏。”寶山蔣敦復劍人茂才，於壬子年獨游是園，有《南園題壁》詩云：“長風吹海上，而我釣鰲來。此地一彈指，高懷殊未開。危亭當澗立，仄徑忽峰回。石壁留題字，蒼然生古苔。”頗有磊落自負、感慨今昔之意。梅伯詩：“萬片玉鱗已蜕，千年鐵性成頑。”亦奇警。

吾園，李氏别業，在城西隅，本邢氏桃圃也。後得露香園桃種，添植百數十本，峰巒錯疊,水木明瑟,舊有紅雨樓、帶鋤山館、瀟灑臨谿屋、清氣軒、緑波池、上鶴巢諸勝。桃花開時,遊人如蟻。主人李筠嘉筍香光禄,蓄雙鶴蹁躚其間,於桃林中特構一亭居之。每歲生雛,蓄之可愛。當道多公讌於此,文酒流連,嘉賓輻輳,想見勝地名流遭逢之幸。道光初,割園之右偏,以爲黄道婆祠。沈炳垣曉滄司馬《獨游吾園》詩中云:“繁華真轉轂,風雅久扶輪。”感舊懷知,益愴然於昔時之盛。旋爲楊氏所得,改名托園。同治四年,就其廢址,創建龍門書院。

宜園在化龍橋東,本周金然别墅,後歸於喬光烈。有樂山堂、寒香閣、吟詩月滿樓、青玉舫、快雪時晴、琴臺、歸雲岫、宜亭諸勝。喬重禧鷺洲學博爲光烈四世孫,繪有《宜園讀書圖》,乞黄霽青太守題詞。時海疆有警,吴淞江口設兵增戍,王夢湘觀察方籌防禦之策,鷺洲以一書生入參戎幕,故霽青末句云:“貯看艈壑靖鯨波,方見讀書真有益。”今宜園無恙,花木依然,而游息其中者,已非故主,爲可慨也。聞歸郁氏,更名借園。鷺洲自歸道山後,珍藏書畫,後人不知愛護,久化煙雲,亦足惜已。

董園在城西南,即拄頰山房,思翁所築。木石最爲蒼古,有池一泓,思翁洗筆於此。亭榭布置,灑落可喜。墻上舊有石刻“溪山清賞”四字,明人祝允明所書也。今爲他氏所得,其地猶呼董家宅。惜其主人不識風雅,閉關拒客。問諸滬人,罕有知者。

日涉園在縣治南,爲明太僕卿陳所蘊别業,後歸陸氏起鳳。向有竹素堂、友石軒、五老堂、嘯臺諸勝。竹素堂爲吴門周天球題,三面臨流,最爲宏敞。其孫秉笏,增築傳經書屋。耳山先生既貴,多所葺建。以總纂《四庫》書成,蒙賜楊基《淞南小隱圖》,因以園中傳經書屋,改爲松南小隱以敬奉之,紀恩也。此園垂二百餘年爲陸氏世守,今惟五老堂僅存。

露香園在城西北隅。明顧氏别業也,今廢,青蓮庵即其故址之一。先是園建於明尚寶司丞顧應夫,辟地穿池,得舊石一方,有“露香池”字,爲趙文敏跡,園遂以名。内有碧漪堂、阜春山館、積翠岡。岡之陽有樓三楹,曰“露香閣”。閣之東爲獨莞軒,左偏有分鷗亭,突兀岸外,下瞰露香池。池可十畝,廣植紅蓮,開時池水欲赤。山盡有庵,曰“潮音”,供大士像。庵左爲青蓮座,斜榱曲構,皆依岸而成。園大數十畝,亭館嵱嵷,本擅一邑之勝。逮後臺榭既圮,園林就荒,青蓮座以改作青蓮禪院,僅存。庵東偏爲内演武場,俗呼“九畝地”。一望平遠,芳草芉綿,既暮則樹木陰翳,鬼燐上下,誦“青楓黑塞”之句,毛髮不覺森然。

園址廢後,尚有古石二三,池水畝許。道光丙申,大吏檄州、縣建置義倉。長沙黄冕南坡來攝是篆,舉邑人徐渭仁紫珊上舍董其事,擇演武場東隅,鳩工庀材,倉廒鱗列,規模大備。於倉西濬池爲巨浸,植菡萏其中,池上東嚮築亭,宏敞如廳事,得復舊觀。始爲秋波亭,後易名秋水亭,闌影池光,極爲幽敞,遊者彷彿在秣陵勝棋樓下。嘉善黄霽青太守掌教敬業書院時,曾讌游於此。郁松年泰峰别駕於雨中招同霽青小集此亭,即席有詩紀事。今録其首章云:“孤亭重結構,空闊枕秋波。爲惜芳春老,相看勝友多。昏鴉歸遠樹,雨燕集新荷。好事非公等,其如故跡何?”

由秋水亭後西折而東,曰萬竹山房。緑筠當户,碧水環流,爲滬中游地之絶勝者,亦係徐紫珊捐資葺成,補舊跡也。蓋明時顧氏世居城西,兄名儒爲道州守,弟名世爲尚寶司丞。

名儒嘗築萬竹山房於城北之黑橋，名世亦闢所居爲露香園。兩別墅相距不數武。徐君恢復前規，重加結構，石臺隆起，背竹面山，軒檻通敞。東有修廊，曲折而下，宜於新月初來，於此小憩。其旁尚有隙地，道光十九年海疆有警，即在彼設立火藥局。壬寅春間，英人兵瞰吴淞，徘徊未進。局中晝忽失火，天色陡晦，鄰屋多震圮，附近居民，焦頭爛額者無算，今被燬餘跡尚存。時假義倉作火藥局，積藥四萬五千餘斤。火發，局員庫大使張孔安死焉，都司芮永昇亦傷額。幾殞。局吏死者二人、兵役十餘人。倉穀未燼者尚數百斛，均作硫磺氣，不可食。噫！外寇未至，内變猝起，保無有奸民爲之先驅？計三月初八日局燬，五月十二日城陷，相去兩月餘。

大境在城西北隅。傑閣三層，附庸城堞，中供關帝像，其下槿籬茅屋，古樹叢篁。時於缺處望見危欄曲檻，而即之則小澗平橋，紆迴始達。曠土數畝，間植桃柳，暮春花開，朱碧相映，時當祓禊，士女如雲。比日夭桃零落，僅數十株着花矣，然踏青者猶接跡也。李善蘭壬叔從西泠來，下榻於此。余時往小憩。閣上四壁多爲游者惡詩所疥，因命春帆煉師呼堊者至，悉剷去之而後快。嘗登閣納涼玩月，煮酒縱談。壬叔砉然長嘯，松篁爲之答響。余謂壬叔是陳元龍一流人，允宜高卧此百尺樓上。

黄浦離城雖近，然登樓望之，只見帆檣林立而已，並不見水也。道光己丑濤生日，平疇種瑶貳尹，約同院長程邦憲竹庵太史、沈曉滄司馬，至大境閣觀潮。及登巔下視，則雉堞周遭，竹樹蓊鬱，遠眺之目都爲所翳，因茶話而返。當時沈樂庵補作《大境圖》，曉滄長歌以紀，有“心之所注目轉失，毋乃敗興嗤吾曹”之句，殊令人失笑。然我輩爲之，自是雅事。大境閣最宜於夏，北窗逭暑，真如羲皇上人。來往客吏，多有僑居其地者。曉滄有《范長頤鶴村上舍招集大境閣》詩，起句云：“飛樓壓城坳，雉堞屹環堵。下臨竹千竿，風來勢飛舞。”亦見是閣之勝概矣。

天官牌樓，凌氏故宅，本名非園。有四石古峭拔俗，繼得明張電書“五石山房”額，遂築室以顏其居。或謂以太湖石五攢峙得名者，非也。舊有彳亍厂、窈窕窗諸勝，後爲晴翠讀書樓，頗高聳，可以遠眺。咸豐初年，賃於校書愛寶，下寓優伶。以名流選勝之場，爲歌舞生涯所托足，不亦園林之厄歟！庚申、辛酉間，仁和湯衣谷、湘鄉左孟星先後僦居其地，時相過從，文酒流連。

瀛壖雜志卷三

蘇郡瀕海諸邑鎮，聚賈舶，通海市，始集於白茆，繼盛於劉河，後皆淤塞，乃總匯於上海。西人既來通商，南北轉輸，利溥中外。地勢既殊，情形迥異。庚、辛之間，賊陷江、浙，州縣數十爲墟，而滬以一彈丸地，獨得保全，維持大局，而後上游授師，得以截江而來，恢復樞機，既繫於是，以今視昔，亦何常哉！時艱甫定，庶事創興。於是密防禦，精器械，講藝術，一切西學，無不具舉。闢向來未有之成規，操百世自强之勝券，駸駸乎馳域外之觀。由前言之，則地爲之也；由後言之，則人爲之也。

製造局建於城南，基廣四百餘畝，四周繚以高垣。其一爲局房，置機器。左右夾室，皆置小輪，而以皮條聯於輪軸，大輪既動，而無數小輪從之旋轉，凡鋸木、截鐵、鑽礮、磨鑿之工，靡不賴此。局南爲聽事，頗宏敞，用備宴客議事，層樓聳峙，正面黄浦，可遠眺望。其東爲文案房、總庫房、畫圖房。西北爲洋鎗樓，樓後續建測望臺，拾級三層，高觚焕日。樓東隙地設露房，釘鍋爐、配機器悉於此焉。此外則有熟鐵廠、生鐵廠、捲槍廠、木工廠、鍋爐廠、大機器廠、大汽錘廠，攻治大炮、製造輪船、機器，皆於此取成焉。廠門外築直道以達黄浦，開治平坦，縱横七十餘丈。浦濱植木爲柱，高九丈，上置轆轤，西人名滑車。藉以起重。直道之東爲船塢，廣十餘丈，袤三十丈有奇。旁有屋設蒸釜，中置機捩，運之以放納塢水。又東爲船廠。塢西爲木棧，儲積材料。東南隅洋房，爲西匠所棲止。東北隅百餘楹，鱗次櫛比，則百工止息處也。日操作者以千計。總辦廠務者，爲馮觀察竹儒、陳比部荔秋、鄭太守玉軒，其下分司各事者數十人。誠以火器之制，雖非創自泰西，而泰西自今日而獨精。恢復江、浙之役，有資於西人火器之力居多。因是合肥相國李公，特購泰西機器，命在滬設局鼓鑄。初在浦北虹口，旋經丁中丞奏請擴充，乃移建今處，局制於以大備。蓋前後數公，所以經營而擘畫者，不既遠矣哉！

廣方言館，向設於舊學宫之西偏，樓閣房廊，制極宏敞。馮景亭中允擬定章程十二則，令凡肄業文童，以年十四歲以下，資禀穎悟，根器端静者充選。定額四十名。延西士之學問充裕者，爲之教習。而教以西國之文字語言，兼課以算學，以西人制器尚象之法，皆從此出。三閱月一行考覈，拔其優者充博士弟子員，或在通商衙門司理繙譯，承辦洋務，即可由此遴選。果其才能出衆，則督撫登諸薦牘，調京察驗，授以官職。同治己巳，應敏齋方伯，於南門外製造局大拓地基，自西南迤邐至東北，以建書院。門外植竹萬竿，緑陰夾道，入則重樓傑閣，丹檻迴環。庚午春間，廣方言館移附於此。其後爲繙譯館，人各一室，日事撰述。旁爲刻書處，乃剞劂者所居。口譯之西士，則有傅蘭雅、林樂知、金楷理諸人；筆受者則爲徐雪村、華若汀諸人。自象緯輿圖、格致器藝、兵法醫術，罔不搜羅畢備，誠爲集西學之大觀。其已鋟木者，約二十餘種，發蘊探微，將來盡長技而操勝券者，當以此爲嚆矢。

製造總局之外，則有火箭分廠建於陳家港，火藥局建於龍華。自製洋鎗細藥及銅冒礮引，亦延西人爲之指授。火箭多有向空反墜者，此獨直去不斜，則以製法有準也。繼又以西法造水雷，一用機器轟發，一用電綫引燃，並臻絶妙，講海防者當以此爲急務。嗚呼！惟能綢繆於先事，斯不至局促於臨時，謀國远猷，固迥出於尋常矣。

滬上自二十年中三經兵燹：道光壬寅也，咸豐癸丑也，同治壬戌也。壬寅海警，西兵無意踞城，僅作五日留，故不至過於蹂躪。惟城内外空屋多付一炬。癸丑粤閩會匪戕官作亂，與官軍相持十有八月，大、小東門城外，悉成一片瓦礫場。賊去城空，官軍遂入縱火焚燒，東南半城頓爲灰燼。咸豐庚申，金陵髮逆迭陷蘇常，猋馳東下。自是年秋七月至同治壬戌九月，松滬一帶，賊蹤遍地，附城村落爲墟。國家承平日久，文恬武嬉，遂使吴疆險塹，弱於藩籬。然而懷忠盡節者，不憚以身殉國，至今猶覺凛然有生氣。赭寇之亂，變自内作，備位監司形同木偶，其揭竿而起者即其所謂爪牙心腹也。藐兹陸梁，頓兵城下，至於閲歲一周有半。嗚呼，可謂難矣！江浙淪陷，惟滬以一隅僅存，上游濟師得以絶江而來，未及三年，東南底定，雖曰人事，蓋亦天也。

道光壬寅夏五月八日，海疆告警。總督以其師潰，吴淞陳忠愍公化成死之。武進士劉君國標負公尸，藏諸蘆葦中。越十二日事定，國標乃至蘆葦中負之出，膚體不敗，顔色如生。嘉定令練君廷璜殮公於嘉定城中，得繪公像，流傳甚廣。國標後易字再蘆。公既殉難，傳者異詞。或詰死狀於再蘆，則曰："噫，不忍言矣！"按公字蓮峰，同安人，少投行伍，本隸壯烈伯李忠毅公麾下，積勳至提督。公於二十年奏調江南，防禦三年，營壘嚴整，布置精密，撫馭嚴而有恩。終歲居帳中，有爲除館舍及設帳者，公弗入處，曰："卒伍皆露宿，吾何忍即安？"或餉酒食，曰："麾下衆多弗能給，獨享非所當也。"却不受。雖古名將弗過。是故士樂爲用，大小數十戰，未嘗挫衄。是役也，公守西礮臺，方指揮縱擊，而守東礮臺者已先遁去。左翼既虚，敵得承間而入，公遂及於難。或云敵由東礮臺施放火箭，帷幕甲盾俱焚。日加午，公右脅被槍，左秉旗督戰，曰："爾毋畏！爾施槍礮。"遂卒。雲間丁步洲上舍、雷約軒茂才，廣徵諸士詩，刊之於木，名曰《褒忠録》，亦儒者表章忠義之一端也。

陳忠愍授命後，寶山、上海相繼陷。上海典史楊君慶恩獨以殉節聞。君字尊庵，山陰上舍生，入資補是職。性正直，不以小官自薄。壬寅五月朔，敵艦麕集於吴淞口，距城八十里，監司、縣令各買一舟。君聞之，求見監司不得，見縣令諷以大義。令曰諾。洎吴淞失守，監司、縣令各乘舟去。君頓足浩嘆，作牘達上官竟，曰："吾亦從此逝矣！"有長隨高升者，潛從君所之，見君倉黄出小東門，扁舟渡春申浦，探懷百錢予舟子，至中流，君躍入水，舟子失聲。長隨遥指曰："此上海捕廳楊爺也。"時已未日辰加戌，敵人方率衆入城，癸亥乃去。高升偕君家人覓漁船溯流求之於周家渡蘆叢，見僕十餘，審視其一則君，衣履鑿鑿，斂之返柩其家。事聞，恤贈如制，附祀於忠愍祠中。敵陷浙寧、鎮、定，縣丞李向陽、典史全福，皆能殉難。上海城破，亦惟楊君一人。吾吴貝子木有詩云："唱徹臨江節士歌，歌聲流憤滿關河;如何爲國捐軀者,只是聾丞醉尉多。”

吴淞之役,從忠愍公死者,守備韋印福以下八十一人。或謂時和議已決,浙撫劉韻珂謂須與江蘇同辦,故敵遂入犯,顧此亦臆測之詞也。吴淞陣亡最著者爲殉難六忠:一、韋君印福,上元人。豐頤巨腹,痘斑滿面,君素以趫勇好謀,處總督標下有名,以獲匪人方榮升功,得奮武校尉,又以屢獲紅鬍教匪,纍升提標中營守備,忠愍公使領水師,專司防堵。及戰,君有死志。鬥方酣,君顧先没於礮。二、錢君金玉,字燮堂,江蘇華亭人。少入行伍,洊補外委千總。嘉慶中,劇賊林清糾黨騷擾三省,烏軍門叙君徐州防禦功,遷把總。又以緝私販,擢前營千總,勤慎歷署巡官。是役,君爲前衝監礮,而敵自船桅遥施炸彈,或勸君避,君叱之曰:“我年十六,便食國饟,我焉避害!”没年五十有七。君偉幹巨足,里人稱“錢大脚”,以對“范長頭”云。三、龔君齡垣,崇明人,官把總,行事未聞於時。四、許君林,字揚德,華亭人。少浮沉市井中,其鄰姜明經國駒偉其狀,贈衣屨,勸投提督標下。獲私梟罪人,授修武校尉,升左營外委千總。陳君察其忠勇,尤任焉。敢戰是其天性,故被創較酷,没年三十有二。五、許君攀桂,字瀛川,亦隸華亭籍,世多武功。君少投營,身豐而頎,以善運槍拔萃於營中,叙巡海勞績,擢修武校尉。防吴淞三載,不辭勞瘁,得補前營外委千總,殞於飛礮。年甫壯,不獲展所長,爲足傷也。六、徐君大華,與二許同邑,方面白晳。隸提督標下,以發槍必中得冠服。忠愍命守海塘西礮臺,司紅夷礮二十有四。及敵艦駛進海口,公令君施礮,多所中。俄而敵由東礮臺登岸,擁而西,君力戰,手刃十餘人,以折足殞礮臺北。年三十有三。事聞,贈恤如制,皆配享於忠愍祠。

袁明府又村,名祖悳,浙江錢塘人。祖枚,以詩文雄海内,即世所稱爲子才先生者也。君寄家金陵,以名祖父得遍交當世士大夫。家居好讀書,顧屢試場屋不得售,乃入資爲丞。曾丞寶山,不一歲去,既去而民思之。需次上海,當道知君才,輒委君以劇任。嘗攝巡檢,君弗辭,曰:“秩雖卑,苟盡吾力,足以報國。”咸豐三年春,前邑令姚君以漕事詿誤,遂以君代。履任甫五月,而會匪亂作,君遂及於難。先是,君慮閩、粤黨之横,與兵備商,思有以遣散之,顧未及行。八月初五日黎明,賊衆突入縣署,君聞變,出坐堂皇,開示禍福,衆少却。賊中有小禁子者,君嘗置之法,突前犯君,閩匪繼以刃進,君格以手,落一指,賊蜂進,遂遇害。事聞,詔加知府銜,入祀昭忠祠,恤蔭如例。旋以邑紳所請,准於死事地方敕建專祠崇祀。同時,有提標右營李大鈞,躍馬呼殺賊,手無械,之兵舍雉經死。

胡枚,字少文,寧波鄞縣人,候補同知。咸豐四年,募勇從軍,殺賊自效。駐兵虹口,設招撫局,解散逆黨,脅從之衆,頗有歸之者。圍城既久,賊勢漸蹙。時吉撫軍已與英領事商築圍墻,胡君移營進逼城下。時難民之縋而出者,日以千計。十一月十八日,法人以城匪傷其教士,故舉礮攻東北兩門,胡君偕西兵由北門外築堵登城,縱火焚積善寺賊巢。至香花橋,殺賊數十,後援不至,遂死於難。事聞,贈恤如例,附祀於吉公祠。

劉中丞松岩,名郇膏,河南太康人,丁未進士。咸豐四年,署海防同知,八年,任縣事。下車之始,即厲風裁,志在敦薄俗、黜浮收,而以實政惠民。滬糧之弊,尤在折價,動由豪户把持。君大爲平減,而諭小户自輸,貧民利賴焉。向遇命案檢驗,鄰右動以需索破家,君一切禁絶，且爲倡捐擬費，明定章程，著之令甲。剖斷訟獄，明決無私。咸豐十年，粤逆既陷蘇、松，州縣相繼淪没。賊騎四出，屢犯邊陲。滬以一彈丸，危於旦夕。君獨建堅守之策，内籌軍餉，外結鄉團，人皆樂爲之用。塘橋嚴炳潛通逆匪，聚黨數千人，私造旗幟，謀爲内應。君密遣人擒之，斬於署外。其黨洶洶圖報復，君日舞雙刀於堂上，陰爲備。衆畏其神武不敢犯，漸散去。粤西人余義政匿跡城中，謀啓關納賊。君清查保甲，得其通賊狀，立誅之。七月，賊麕至，逼城下。君援甲登陴，相持七晝夜，賊卒遯走，城賴以全。君時蹈賊隙，統兵出剿，往往身先士卒，衝冒矢石，屢有斬獲。辛酉冬，賊復大至，陷浦東。君率健兒數百，徑駐浦東，勢衆寡殊，轉戰浦濱，君慮爲賊獲，躍馬赴洪濤中，遇救獲免。明年，以剿賊全城功，特旨權江蘇臬篆，幫辦軍事。尋署蘇藩司，護理撫篆。五年，以丁母艱去官。母夙以賢明稱，嘗勖君曰："縣令造孽易，修福難。"當上海會匪戕官據城時，君權篆嘉定。母聞寇信，疾馳至署曰："吾不來，人心不固。"後獲賊，訊知以是夜謀襲城，以有備不敢發。嘉人士作歌詩以誦母。君奉毁歸里，旋卒。督師李宫保奏請照軍營立功後病故例賜恤。十二年，邑紳請爲建立專祠。

滬中人物，盛於乾隆時，如陸耳山、趙璞函、褚文淵、張策時、曹錫寶，皆名重當世。後稍凌替，然未嘗無人，但不能與先輩抗衡耳。江翼雲明經師嘗謂予曰："滬雖偏隅，耆碩素來不少。文章如陸公之校理秘書，節操如曹公之疏劾權豪，死事如趙公之臨難不避。以一邑人材，與海内並驅，可云盛矣。顧自嘉、道間，已云中弱，至今益不自振，可稱絶無僅有矣。盛極而衰，其勢然也。"

明董思白，生上海之沙岡，少好書，以米芾爲宗，後遂錯綜晉、唐諸帖而變化之，自成一家，名聞外國。其畫集宋、元諸家之長，行以己意，瀟灑生動，非人力所及。凡四方金石之刻，得其製作、手書以爲二絶。造請無虚日，尺素短札，流佈人間，争購寶之。尤精於品題，收藏家得片言只字爲重。性和易，通禪理，蕭閑吐納，終日無俗語，人擬之米南宫、趙松雪云。今邑中猶多其墨跡，四方來購者，以臨本應之，幾不可辨。余舊得一册於冷攤，係公晚年手筆。蓋紅巾之亂，故家所藏而流落市肆者。後爲人携至日本，詭云没於洪濤中。至今思之，猶爲惋惜。

張文敏照，生浦東三林塘，後遷郡郊，隸籍華亭。工書，片帖短緘，人皆奉爲墨寶。余從冷攤購得一幅，墨彩飛動，直造晉、唐堂奥。邑中故族，多有其墨跡。第贋本流傳，轉掩匡廬之面，殊可惜也。按董、張皆係邑人，而均以書名當世，没後同謚文敏，亦一奇也。

陸文裕公，著述最夥，約百餘卷。幼即具公輔器識，及仕於朝，疏劾不避權豪。屢主文柄，所甄拔多真才。賞鑒博雅，爲詞臣冠。然性頗倨傲，士論以此少之。少與徐禎卿相切劘，爲文章有聲於時。工書，仿李北海、趙松雪，今邑中石刻林立，然真跡不可多得矣。

嚴鳳樓，名文杰，字敬章，本烏程人，其祖日宣遷於滬。少負雋才，與兄丙章敦行力學。鄉先輩有嚴氏雙璧之目。垂髫入里塾讀書，善於求問。嘗以疑義質其師，師不能剖。長工詩，清麗如謝康樂，而沖和淡遠，則又陶靖節之遺也。每當燈窗月夕，分題拈韻，得一佳句，輒相欣賞。户外有竊聽者,往往詩未脱稿,而里中已傳誦矣,以故門多長者車轍。然鳳樓慎交游,未嘗一至貴介之室,砥節勵行,貧而益堅。體弱如不勝衣,而肝膽流露。性孝友,幼失恃,言及母即隕涕。兄没,哭之哀,竟鬱鬱成疾卒,年僅三十二。著有《鳳樓遺稿》。

徐書城兆魁,官行篤實。以諸生久困場屋,棄舉業不爲,托長桑術以自晦。嘗游嶺南,探幽縋險,窮極其勝。性情恬澹而好奇嗜古,所至有詩。掌槎江書院時,與諸子互相切劘,昏朝罔倦。將歸,以詩送行者千計。鄺海華裹糧擔囊,踰嶺來訪,偕遊虔州名勝,留題殆遍,亦風雅之流也。嘉慶辛酉,欽賜副榜。没後,門人李賡芸爲刊其《遄喜堂詩集》行世。

丁遠,字自邇,喬忠烈一琦門下士也。擅丹青。忠烈死滴水崖之難,自邇圖其像,携之行篋中,每日奉以瓣香,終身弗倦。主事張青翁爲之傳,一死一生,交情乃見,亦可覘其風節矣。

丁嶽峰,名駿,自邇之後人,已見邑志《文苑》。少孤,家貧,事母甚孝,訓蒙里社以奉甘旨。下筆洋洋數千言,張少華見而異之,結爲刎頸交,勉之就學。待友肝膽照人,讀書知人論世,若身處其間。常欲見用於世,而試輒不售,以歲貢入成均。爲人倜儻,士論韙之。嘗以酒後然諾,爲人走五千里,曰:"駟不及舌也。"斯可云尾生之信已。

喬檀園,名鍾沂,邑志附見其父光烈傳中,惜未甚詳。檀園肄業申江書院,敝衣如寒士。從宦陝西最久,語雜秦音。爲人慷慨無他腸,弟鷗村已成進士,而檀園猶滯諸生。每鄉試,文出人多傳誦。以官生限於額,輒見擯。發憤至北闈,亦佹得而失。弟官知州,贈以五品服,遂絶意取進。有幹濟才,家居自監司而下皆造其廬,問民間疾苦,檀園亦盡言無隱,閭閻賴以庇蔭。從叔父官提督,過家聞之,大怒曰:"讀書專爲科第耶?第不第,命耳!豈可舍讀書與長吏交,吾將杖之。"檀園聞而避去,亦可以覘喬氏家風矣。檀園自後閉户不敢交一人,鬱鬱以歿。歿後,里人多思之。所著有《道沖堂稿》。

李宗袁,字式凡,號柳溪,邑明經。由刑曹出守蒼梧,有惠政。嘗攝鬱林牧,鑿北流道中石筍,四十里成坦途,行旅稱便。强仕之年,即賦歸田。性喜恬退,不競名利。承其尊人鶴洲遺訓,樂善好施,終身不倦,鄉里交口譽之無間言。卒年八十有一,其子孫多登仕版,人以爲果報不爽。著有《南軒雜詠》。

朱凝臺,一字友梅,名霞,嘉慶邑志中已列《文苑傳》。本姓蔡氏,父喬,工畫,號朱荷葉。凝臺幼好書史。乙酉貢成均,考景山教習,期滿官威縣。丁外艱,再官獲嘉,勤敏有賢聲。病將死,其友潛山熊寶泰往詢之,出所愛七星硯爲贈,襟懷瀟灑,視生死洞然。且曰:"别三十年依然故我,所增者惟一七星硯耳。折腰長官,輒逢其怒,兩引疾而民留,留而不能盡其才者,此獲嘉知縣,非朱凝臺也。"所著有《星硯齋遺詩》,熊君序之,謂:"骨氣清拔,澹然而平,盎然而和。"觀其詩,可以知其治行矣。

朱期仲上舍,名文范。爲人方嚴,語不合則怒形於色。喜歌詩,學長吉,得其幽艷。師蔡紫岳,與潛山熊芸眉讀書一小樓中。嘗應試金陵,往訪芸眉寓,未至,有人謂熊曰:"適見一美男子,衆環觀之。"頃至,則期仲也。或謂期仲如女子,期仲怒。芸眉解之曰:"端木,大賢也。文成,漢之人傑也。即帶假面具之蘭陵王,號鐵面之李遵懿,亦不失爲名將,何傷乎?”期仲没,詩竟不傳,故人無知之者。

李心衡,字巽廷,號湘帆,府學諸生。納粟爲縣尉,就選四川西昌縣縣丞,後改昇湖北棗陽縣。著有《金川瑣記》。嘉慶邑志僅附見於監、貢表,而著録中未載是書,豈偶忘之耶?巽廷爲式凡令子,家門鼎盛,昆弟六、七人,咸登仕版。羽冠後,隨任楚南,繼又宦游西蜀,前後幾二十年,苗僮瑶邛之間,足跡殆徧。凡所謂弨頭之俗,漢髮之區,游屐無不至。自乾隆甲辰至己酉,攝篆綏靖者五載,督理屯務,熟於邊陲阨塞。地居徼外,本西南夷部落,此時新入版圖,習俗多異中土。積久漸稔夷情,政簡刑清,民多頌之。《金川瑣記》,蓋即其在官時筆墨也。

陳澤泰,字茹征,號雲村。工詩文,風骨秀邁,詞調清妍。間作小詞,亦復翩躚可愛,出入秦七、黄九間。意氣磊落倜儻,自負不凡,所交多四方知名士。爲高才生三十載,屢以詩受知學使者李鶴洲、曹地山,顧踏行省棘闈纍十次未售,後乃以貢入成均。其學旁通九流諸子,初習農家言,兼攻形家言,著有《農桑輯要》、《卜葬祛疑》、《陰陽宅鏡》等書。晚年萃其詩文曰《春柳堂集》,皆行於世。雲村尤精青烏之術,往來吴越間,廣與士大夫交,聲名藉甚,身後猶稱道弗衰。子昇,字旭初,乾隆己酉孝廉,就職布政司經歷。

王坤培,字玄宰,號梅嶼,諸生。性孝友,好施與。乾隆丙申春,米踊貴,獨平糶八百石,市價以平。坤培淹雅能文,秋試屢薦不售。於矮屋中賦詩云:“蓬鬢依然絶世姿,敢將新様畫蛾眉。鴛鴦欲繡偏難繡,腸斷迴針欲刺時。”用意深婉,較之唐人《貧女》一詩,更進一層。自是遂絶意進取。嘗往來於金陵、鐵甕間,以詩卷投隨園。隨園亟稱之,遍爲之揄揚,詩名滿大江南北。嘉慶邑志軼其人不載。又陳君龍岩,與沈歸愚宗伯交善,今《國朝詩别裁》中所選盧元昌詩,即龍岩所搜輯者也。二君在當時,均見重於名流如此,乃迄今並無知之者矣。每數滬上前輩之能詩者,從未屈指一及之,爲可慨已。滚滚黄塵,無非牟利,留心風雅者誰哉?

陸紀泰,字子卿,諸生。詩派雅近南宋,著有《笏齋吟詩》。時海上人才正盛,如曹霈人、顧春洲皆與往來贈答,以子卿厠其間,如驂之靳。遊屐所至,於金陵爲最久。録其《江城》一詩云:“久住江城已慣經,閑門兩板任常扃。流光似水愁無賴,好夢如雲悔易醒。細雨輕寒春料峭,孤燈薄醉客伶俜。吾曹自分無能爾,小草新詩滿畫屏。”頗稱清穩。常熟歸佩珊女史題其詩卷云:“風雅一家傳盛業。”蓋笏齋父子俱以詩名。

曹樹翹,字春林,詞章典麗,博學多才。少從萍鄉劉金門游,爲入室弟子。歷游司、道幕,由滇入都,復客豫章,所至輒有掌録,以殫洽稱於時。嘉慶戊寅,没於山左,年四十有四。生平著作極富,多未付剞劂。著有《味經堂全集》,藏於家。其他爲《滇南雜志》二十四卷,《續滇考》一卷,《滇小記》十二卷,於滇南掌故,博採旁搜,幾無或遺,其考榷古今,可補史乘之闕。復有《黔小記》四卷,《苗蠻合志》三卷。弟樹珊,字海林,亦負才學,聯鑣並起,時人號爲曹氏二妙。雙丁兩到,蓋不足多也。悼亡時,年未四十,誓不再娶。道光丁未,以明經司訓荆谿六載,乞養歸,侍奉歷十五載。於宗族中葺祠修譜,皆獨力任之。於邑中諸善舉,不憚勞怨。庚申總辦團練,積階至同知。丙寅,延理修志局,校勘詳審。丁卯,委署昭文訓導。逾年,以病卒。余藏《味經堂集》未刻本,中有《三十生朝自述》詩云:"抄書不惜千番紙,選勝常穿百尺嵐。室有遺經容我讀,胸無俗累向人談。""青骻十年悲夢影,白門三度聽秋聲。文章有價休言命,富貴無緣莫係情。"亦可覘其志趣矣。

吴銓,字繩其,以上舍生起家登仕版。嘗官廣西全州知州,旋調養利,内遷,繼出爲江西吉安府知府。政尚簡易,所至皆有稱,而任吉安時尤著,人皆稱吉安吴公云。初知全州,鋤去豪右數輩,大吏頗不善之。養利固在萬山中,俗務械鬥。大吏將中以吏法,繩其按境期年無罪辟者。會土結川土官不和,其屬徵兵於瑶,所過焚掠,將及養利。公諭百姓無動,自出諭瑶,瑶竟引去。其知吉安也,值水災後,民屢爲盜。公平反出獄者百人,皆感泣爲善。民貧,多溺女子,公諭所邑:凡生育者予官銀五錢,百日、二百日如之,滿週亦如之。時有謡曰:"生我者窮父母,育我者賢太守也!"其政績如此,真無媿循吏矣。邑志僅列其名於監貢表中,而没其事實,不爲表彰,殊惜其疏略也。

李筠嘉光禄,字修林,號筍香。工書媚學,豪邁喜客。家有慈雲樓,積書數萬卷,手自讎校,皆精審可傳。纂有藏書志,未及付手民。樓中吉金、貞石、碑帖、書畫無不備,不減倪迂清秘閣也。有别業在城西南隅曰"吾園"。當桃花最深處,架紅雨樓以收勝景。芳時令節,名流觴詠之盛,推海上冠。友朋投贈之什,刻爲一編,名曰《香雪集》。令嗣子木上舍、孫即卿少府,並工詩畫。即卿名鍾慶,於畫理深有悟入。喬鷺洲追輓筍香一律云:"卅載吹笙譜《白華》,仙源裙屐麗情賒。園編《香雪》詩人集,樓倚慈雲孝子家。金穴頻年傾郭況,瑯嬛何地讀張華。海天從此風流盡,高柳斜陽噪暮鴉。"鷺洲謂光禄身後,藏書盡已散佚。然其孫即卿所藏書畫多佳本,如小李將軍《春江圖》、山谷老人書《千文》、張擇端《清明上冢圖》諸卷,皆世所罕覯,似非不知風雅者,其殆光禄手校之本亡耶?

張文沼,字王在,號脊齋,本邑中望族。幼習舉子業,屈於有司,旋棄去。家不甚裕,而慷慨好施,周人緩急無德色,其度量固迥越流俗。性喜吟咏,不束縛於對偶聲律間,伸紙直書,纍纍數千百言。揚州明月、嚴陵釣臺,及鄧尉、莫釐、虎山、獅林諸名勝,罔不登陟留題,以寄其興趣。又好作字,游屐所及,醉墨淋漓。古錦一囊,貯大江南北水光山色,亦可謂徜徉肆志者矣。工書法,瓣香率更,兼參趙、王諸體。所著《耕心堂詩集》,身後散佚過半。其子静岩明經,蒐輯一二,付之剞劂。静岩精岐黄術,頗見稱於里人云。

曹洪梁,字雉山,秉承家學,秀出輩行。父錫黼,字菽圃,官員外郎。博覽羣書,淹通今古,曾著《碧蘚齋詩鈔》傳於世,惜年未三十,没於京師。雉山於時尚幼,隨母扶櫬南歸。母氏王太宜人,才而賢,躬自督課,丸熊畫荻,教誡綦嚴。雉山因是得以涉獵經史,肆力於古,尤工韻語,導流溯源,深造前賢堂奥。以諸生援例入北闈,旋筮仕粤西,需次桂林。其地多佳山水,所見雲垂水立,沙起雷行,凡瑰奇怪異之狀,一一達於詩歌,故能漱滌萬有,牢籠百態,而詩益工。久之,以州佐借補按察司經歷,攝天河縣事。嘉慶乙丑,通守桂林,分駐龍勝,萬山之中,僮瑶雜處,讞獄捕盜無片晷暇。地故多瘴,體又素羸,至任甫一年,竟以勞勩卒於官。所著有《宜雅堂集》。從弟洪志,字士心,號淡持,工帖括,以明經北遊京師,爲纂修館謄録，期滿，議敘縣丞。工畫山水，爲康孝廉起山高足。

雉山少即以詩文鳴，博學洽聞，爲先輩所推重，以爲紆綰青紫、刻畫金石在指顧間。比再試南闈不得志，乃入北雍就京兆試，復屢薦不售。會四庫館開，考取謄録，乃應召，以第一人録取。期滿，議敘州同，分發廣西。粤地多煙瘴，瑶僮雜處，夙稱難治。曹毅然身任不辭。於乾隆丙午，挈眷赴粤，需次桂林，應官聽鼓一紀有餘。嘉慶戊午，始借補桂林府經歷。明年，以母夫人憂歸里。辛酉服闋，重赴咨補按察司經歷兼桂林府龍勝通判。桂林故多佳山水，曹君宦游所至，於羅池、槎浦，閱歷尤多。案牘之暇，不廢筆墨，每藉登臨以陶寫其性情。客中吟咏，頗得江山之助。尤奇者，爲自紀夢游來賓館一事。記云："丙午初夏，自都門南旋，行二程，日晡迷道，車馳轣轆，肢體殊憊。夢至一所，有女郎容華絶代，雲鬟霓裳，非時世妝。邀之入室，明窗曲檻，甚幽致，几上設有文具諸玩器，非人間常用之物。方欲啓問，女郎即殷勤命坐，旁侍者以茗進，色緑味甘。爲訴往事頗繁，皆非近代語。並賦《索芍藥》詩，正吟哦間，忽爲馬嘶驚覺，彷彿猶記女郎所贈詩中有句云：'移栽芍藥來賓館，已隔紅塵四百春。'顧莫之能解，時往來於懷而不能去。暇考諸書，來賓館爲遼朝士大夫宴會賓客之所，則女郎殆當時所眷耶?"曹君以事涉荒唐，不敢述於人。後在桂林署中，偶爲同僚言之。是夕，復夢女郎來招曰："今將期子同歸。"曹丐以緩期，女郎立二指示之。越二年，果歸道山。然則言夢殆不祥歟！斯亦璚瑰之續矣。

張承熙字鳴谷。詩文浩瀚有奇氣，著有《幼霞初集》，晚年乃自訂爲《轂存草》。李學璜字復軒，上舍生，爲心耕子。學問淵博，爲名場耆宿，著有《筦測》及《枕善居詩賸》。娶婦於虞山歸氏，曰佩珊女史。夫婦俱工詩詞，閨中唱和，爲里閭所艷稱。

陸旦華孝廉，字焕虞，號曼卿，嘉慶癸酉舉於鄉。世居法華鎮，家有嘯園，結構頗雅，而所藝牡丹，尤多奇種。每至花時，折簡招呼近局作軟脚會，巡環勸酒，不醉無歸。與寶山沈學淵夢塘孝廉爲至契。沈在都門，贈以詩云："六年前赴看花約，載酒春江款竹扉。苦憶旗亭重握手，燕山二月雪花飛。"曼卿嗜學好古，考三江入海處，增訂《禹貢疏》中。性尤惇篤，於一切善事，無不力赴。如濬河、散賑諸舉，咸樂贊其成。平生著述甚夥，皆未付手民，僅自刻《墻東一笏吟廬詩鈔》行世。死後貧甚，所遺書籍，斥賣殆盡，後嗣不振，能無泫然。

喬重禧學博，字鷺洲，爲光烈後人，滬之賞鑒家也。周鼎漢磚、法書名畫，入其目真僞立辨。深沉淵博，學有根柢。往游京師，名公巨卿，折節與交，一時有才子之目。當塗尚書、新安太傅，先後延寫《御製集》六十萬字。嘗佐學使校文，兩出關門，往來燕、代，經古戰場，吊郅支單于之舊跡。於關塞阨要，搜剔講論，著有《灤水説》及《宣鎮二長城説》，前人未有也。徘徊輦下十餘年，不能博一第。久之無聊，念老母春秋高，脱然南歸養親。衡門家居日，所與投縞紵者，多海内名流。黄霽青太守每至海上，必與唱和。精書法，從顔入手，尤得平原風骨。霽翁求其書《來仙閣文會記》，以詩索之云："衰齡腕弱怯書丹，片石磨礲尚待刊。爲愛平原風骨好，要留名跡鎮仙壇。"其書法見重於前輩如此。鷺洲既精别金石，凡經其品題者争相寶貴，然卒以不遇憔悴死。死之日，室停九喪，徐君紫珊爲釀金埋之。其生平著述，隻文片紙，盡在他人篋笥。徐君爲之多方購覓，獲其叢殘十數册，删煩去復，僅得二卷。急付手民刊之，曰《陔南池館遺集》，鷺洲身後所存，賴有此耳，徐君可謂不負死友矣。按：鷺洲著述載諸邑志者，有《夢紅仙館集》、《陔南池館集》、《吟詩月滿樓集》，惜皆不可得而見。

鷺洲詞章之學，具有深造，少爲陳雲伯詩弟子，故其詩驚才絶艷，俯視凡流。及入都後，得山川友朋之助，發其鬱勃奇瑰之氣，一變而詩近少陵，文近昌黎。邑中自趙損之少卿後，可謂僅見。毗陵李申耆謂："鷺洲詩文，合昌黎、少陵、香山、眉山爲一手。"頤園侍郎初見其詩，即曰："時賢中多一作家，老夫讓出一頭地矣。"其爲通人所許如此。鷺洲没後，其字頗爲滬人所重，得其寸縑尺素，必付裝池，珍同珙璧。仁和錢學士東林贈以詩云："一壺雙笈費周旋，櫟塢茶山醉即眠。夢到竹西歌吹地，不禁腸斷杜樊川。""百回口念君平句，弟子重逢綴韻諳。正是落花時節到，樓臺金粉憶江南。"頤道居士著有《碧城仙館集》，故詩中及之耳。

王壽康，字保之，號二如。幼即篤學，性醇謹，稟其尊人輯庭先生家範，樂善好施，長益自奮。從吾鄉石琢堂殿撰游，詩文皆有矩度。尤工書，凡晋、唐及宋、元名跡，莫不心摹手追。晚年神似劉石庵相國，遍購遺墨而勒之石，爲《曙海樓帖》四卷，相國精藴萃焉。平生不沾沾於吟咏，而偶然興會所觸，風格清遒，雅近中唐，編所爲詩曰《自鳴稿》。略登一律以見其概：《陸家浜即景》云："鼓櫂返江城，風聲挾水聲。浪翻千騎疾，客坐一帆輕。小市漁燈閃，斜陽牧笛横。篷窗成獨賞，聊爾酌春醒。"二如行誼篤摯，亦復雅近古人。上海節孝向無專祠，二如承其先志，獨力創建，勇於爲善之風，可想見矣。晚年自號還獨老人。咸豐癸丑，避亂居南翔，卒年六十有五。二如長君慶勳，字叔彝，秉承家學，弱冠詩名已滿海上，所交多名流，觀察浙江，屢司海運事。

瞿應紹明經，字子冶，初號月壺，晚年自號瞿甫，又號老冶，循例爲司馬。少年即與郡中賢士大夫游，名噪吴淞。善鑒别金石文字，能畫竹，疏密濃淡，錯落偃仰，無不有致，可爲板橋别派。其畫蘭、柳，雖極工媚，然弗逮竹也。詩亦直入南宋之室。家藏骨董甚夥，所居有香雪山倉、二十六花品廬、玉罏三澗雪詞館，皆貯尊彝圖史及古今人墨妙。酷嗜菖蒲，羅列瓶盆，位置精嚴。雲間馮少眉《印識》謂其室中商彝周鼎、湘簾棐几，入者幾忘塵世。余於己酉杪秋至滬，子冶即於是年冬歸道山，未及一面，殊爲恨事。子冶尤好篆刻，精整入古。其刻茗壺，規摹曼生，製極精雅，甚爲滬人所重，寶之不啻珙璧。著有《月壺草》。其壺有粗細二種。粗沙者，製特工緻；細沙者，多畫竹，寥寥數筆，製更古樸。字畫多有楊彭年鐫刻者，底有彭年手製圖章。郭祥伯謂，宋時有周種者，亦工此技，擅名一時，但種非端人耳。子冶所藏書畫古玩，死後零落過半，雲煙過眼，真達者之言哉！

子冶故以寫生擅名，尤好爲墨戲，而於畫竹，工力最深，肆筆所至，縱逸自如。論者咸謂時下第一手。然常心折鐵舟、七薌兩家，蓋不忘所自。平生構思甚捷，然旋即棄捐，並無存稿。所鋟版者，僅《月壺題畫詩》而已。劉鴻甫爲之序，云"壬寅避亂，遺稿散佚"，想或然歟。昭文蔣寶齡《墨林今話》録其《題畫蘭》一絶云："春寒惻惻殢羅屏，小有風來夢未醒。唤起湘人看湘月，一聲流水隔琴聽。"遺貌取神，殊有言外風致。子兆鈺，字玉如。孫林，字牧蓀。並能畫。

徐渭仁上舍,字文臺,號紫珊。天資警敏,於學靡不探討,篆隸行楷,悉有法度。少時及見山舟學士,繼與曼生司馬、椒畦典簿、叔未解元暨沙君笠甫、韓君古香爲書畫金石友。佳搨古器,多所儲藏。嘗獲隋開皇時《董美人碑》,珍秘特甚,自號"隋軒"。繼又購得述庵少寇舊藏建昭雁足鐙,因顔其居曰"西漢金鐙之室"。邑宰黄君創建義倉,囑紫珊爲之佐理。得元時顧氏露香園遺址,有池一泓,營構之餘,復葺秋水亭、萬竹山房,以芑堂徵君所摹石鼓文貯之,滬上遂增一名勝。惜未幾即燬於火。紫珊既精於書,年三十八,忽學爲畫。初寫蘭竹,風條露葉,風致幽絶。旋去而作山水,閉關研求,夜以繼日,宋、元各家,無不窺其堂奥。後以索者坌集,不能遍應,遂輟而弗爲。詩近宋賢,不屑屑以字句求工。爲人勇於任事,交友有終始。初嘗學琴於韓古香。古香名桂,武進人。從錢唐李玉峰學琴,得其秘奥。偶鼓一曲,泠泠然有乘風之想。生平有所寶宋琴一,没後歸於湯雨生都督。古香客死滬城,君爲經紀其喪,其風義如此。徐君刻有《春暉堂叢書》,掇拾前賢詩文,得傳於世,其功亦不可没也。

紀大復,號半樵,世居邑西閔行鎮。工書法篆刻,善山水。生平耿介,不事上交。隸書遠過金陵鄭簠,時無漁洋、竹垞爲之延譽,窮老荒江,人無知者,可惜也。好吟咏,日手一編,然其詩不盡可傳,而好之不輟。死之日,以叢殘遺稿檢寄邑人徐君紫珊,若有所託。後徐君爲刻其《詠老十律》於《春暉堂叢書》中,其詩詼諧嬉笑,頗極形容,亦足見其一斑云。

劉樞字星旋,號鴻甫,孝友惇篤,稱於士林。生平枕經葄史,好學弗倦。嘉慶癸酉,登賢書,考取咸安宫官學教習,得知縣,任福建安谿縣。時積盜謝蘭爲行旅患,鴻甫立捕至置諸法,並焚其巢。改福安縣,瀕海少文,修書院,置號舍,課邑之秀者而資以膏火,民漸向學。時有海警,倡捐修復城垣、礮臺,加知州。道光癸卯、甲辰、丙午,三充同考官,舉卓異,尋引疾歸。首建宗祠,祭祀必敬,同堂兄弟之無後者,以子若孫分繼之,猶自教督,先後游庠者七人。所著有《西澗舊廬詩稿》,而以詩餘附焉。今藏於家。鴻甫手訂詩稿,分爲三卷:一曰《蟫餘草》,二曰《閩游草》,三曰《歸雲草》。

劉汲字際可,號書樵。登嘉慶戊辰副榜。九薦南、北闈不售。旅食京華十有三載,以獻賦行在,欽取二等,蒙錦綺之賜。旋赴山西學使幕,佐校曆十餘年,方歸里門。祖居浦西之華涇。歸後移家滬城,教授生徒,掩關却掃,以著述自娱。書樵才性高曠,於書無不涉覽,其學博而能約,殫見洽聞,一時有"劉書簏"之目。長於古文,癸甲亂後,遺稿無存。詩工近體,刻有《書樵詩鈔》。詩之僅存者,止正選、次選二卷,皆薛訪庵評定。性静訥,不涉外事。四方名流,罕見其面。與人辨論古今,口若懸河,皆有精義。晚年耳聾,不能對客清談,乃遯於禪,精究内典,焚香獨處,意致瀟灑。道光庚戌重游泮宫,部選授廣西鬱林州州判,已先卒。按吾吴葉調生《鷗波漁話》云:"書樵齒已八十外,神明不衰,所作古文,頗有經術氣。"逝後遺著盡失於滬城之變,古文亦爲人攫去,僅得《晉游詩》一卷,才筆俊爽,堪接武趙璞函、陸耳山諸公。今録數首,以見一斑。《蒲州道中》云:"天半奇峰合,排空萬笏朝。嶽雲開太華,嵐翠積中條。地劃河東闊,山連冀北遥。王官懷舊隱,指點不堪招。"《登代州城樓》云:"落日滿城頭,登臨又代州。風煙連大漠,春色上南樓。舊憶干戈地,平添關塞愁。由來出名馬,我亦訪驊騮。"《宿廣武陘》云:"客裏清明過,邊城不見花。輪蹄消日月,面目老風沙。古戍留殘堞,荒村有幾家。關山愁絶處,伏枕聽嗚笳。"《立秋日至京晤同鄉諸君夜話》云:"單車六月渡滹沱,旅宿愁聞子夜歌。殘夢不知朝日上,晚晴無奈好山何。人緣久客風流盡,詩入中年感慨多。爲問長安新舊雨,行藏幾個不蹉跎。""生涯鷄肋嘆棲遲,惟有年年恨别離。雙鬢近從三晉改,一燈遥作九峰思。簾櫳過雨雲尤好,庭院將秋樹已知。未到故鄉先握手,明珠仙露夜深時。"

江翼雲明經師,名駕鵬。風裁峻整,而和易近人,性嗜酒,彌見天真。生平喜談程朱之學,每持《陰隲》一編,諄諄勸人。著《苦口良藥》以儆世。其書已付手民,賈雲階明經爲之序。滬之士林中品方行直者,當首推及之。壬子春,嘗從之游。時予好爲綺語,傚冬郎、温、李之體,翼雲師常戒之勿作。今結習尚不能懺除,泥犁之獄,其殆爲吾輩設耶?猶憶甲寅春間,從圍城中寄詩問訊,今録其一。"《不寐有懷》云:"畫角聲殘夜向晨,愁腸無計可通神。近郊多礮難成寐,荒墅無花不像春。路絶危城空入夢,節驚寒食倍思親。祇憑經力慈航度,乞解申江一大因。"

郁泰峰都轉,名松年,字萬枝。家擁鉅資,而性同寒素,以博士弟子員貢於成均。生平惟好讀書,出十萬金購宋、元佳本,手自校讎,其中多係黄蕘圃舊藏。刻有《宜稼堂叢書》,而附以校勘記,類多精審可傳。癸丑赭寇據城,以守兄柩,兄名彭年,字堯封,號竹泉,才略優裕,有知人鑒。不忍獨去,而賊亦不加害。恢復後,捐輸二十萬金,修築墉堞。身後書多散佚,嗚呼!物多聚於所好,而散於所不好,造物者又從而厄之,則殊所不解已。

毛對山鹺尹,名祥麟,以名諸生有聞於時。性喜恬退,不樂仕進。工於六法,深得文待詔筆意。生平閉户著書,不妄交遊。與齊玉谿爲文字交,歷二十餘年如一日。所著有《史乘探》二十四卷,《墨餘録》十六卷,其紀述海疆、會匪、粤寇顛末者曰《三略類編》,蓋有心於時事者也。毛君又擅岐黄術,避兵所至,率行其技以自給。踵門求醫者如市,日活百人。以所見及者著一書曰《侍親一得》,蓋亦欲希蹤於張從正也。同邑侯君梅衫,名敞,亦諸生中之矯矯者,世居浦西褚朱鎮,家有負郭田,頗足自贍。門前流水,屋後叢花,殊有幽致。侯君專事耕讀,授經鄉塾。少即聰穎,舉業外兼工詩古文詞,九流之書無不涉歷,書畫並擅長,時人號爲"鄭虔三絶"。其他弦琴、彈棋、吹簫、品曲,無藝不工。然其爲人質樸誠篤,不尚浮華,今之隱君子也。

陳少逸,名常,諸生,諸翟鎮人。工於刀筆,恒爲人理訟事。顧有時排難解紛,亦有足多者。其鄉風俗尤健訟,鄉人入城以訟事請者,輒謂之曰:"訟則終凶,不可長也。"鄉閭物望,以此歸之。後緣事繫獄。庚申粤逆竄陷江、浙,屢犯邑境,諸翟最當其衝。義民結團自衛,禦賊於北簳山下,勝之。顧賊氛日逼,局事將散。沈心卿明經名葵,著有《紫隄村志》。謂予曰:"苟得少逸統團,人心可以不涣。"少逸亦從獄中貽書於余謂:"我儕讀書有年,值此潢池雲擾,蒼生鼎沸,正當出身報效之秋,弟雖不才,既蒙大君子援手,則馬革裹尸,固分内事,斷不敢鼠視禽顧,偷存延息於人間也。况刀鋸餘生,囹圄殘體,若得鼎力達之觀察,脱身圜扉,荷戈殺賊,定當爲鄉里諸君先。"余乃商之於吴匊青廣文、袁伯襄少尉,匊青,名汝渤,無錫人。

伯襄,名贊勛,陽湖人。時並客曉帆觀察幕中。並請之於曉帆吴觀察,乃令其擊賊自效,頗有斬獲。賊中有書其名招之者,謂"不來,旦夕殺汝",君不爲動。十二月四日嘉、青賊由黄渡、南翔分犯諸翟。兵勇禦之,賊稍退。俄抄盛巷小路建浮橋以渡,襲兵勇之背,死者枕藉。少逸方乘輿督隊,賊至,輿人棄之遁。賊問曰:"汝爲陳常乎?"曰:"然。"賊槊遽洞其腹,年五十四。

瀛壖雜志卷四

吾人束髮受書，無不重識字，而憂患即自此始。然爲之不工，反不如一材一藝之足傳也。丹青列於六法，醫卜視爲小道，技雖微而精者難，歷來所傳，固少矯絶，領袖之者或有馳譽於生前，而銷聲於没世，盛名難副，可不畏哉！邑志特設一門，以收專門名家之士。余謂事當舉其所重，古人不以文章掩勛業，此亦不得以藝術概詩詞，故所登較寡耳。

昔時滬上畫家，其著名藝苑者，屈指不過數人。今爲備録之。陸大木，原名培玉，字用成。畫《漁家樂圖》得其從祖桓乂衣鉢。間作花卉、禽蟲，亦復楚楚有致。周其永，字涵千。工真、草書，得自家學。然劍拔弩張，時墮惡習。畫好爲墨戲，竹石娟楚，小筆風流，尤足見長。俞宗禮，字人儀，號東帆，僑寓楓涇。工山水，尤工白描人物。嘗畫《耕織圖》廿四幅，筆墨精細，爲巨公所得，曾進御覽。生平古貌古心，索畫者不計酬，故伎雖工而家甚貧。陳和，字非同，一字不流。工畫山水，渲染迥異凡手，特蒼潤有餘，而變化不足。張焕文，字斐成。書得蘇、米二家意。山水師法黄鶴山樵，其臨摹墨井本尤佳。至於點綴微蟲，勾描小景，對客揮毫，隨意抒寫，剪伐町畦，天然朗秀，惜身後遺墨不多見云。董廷桂，字西酉。善水墨花卉。曹培源，字浩修，爲贅壻於婁東。工山水，得麓臺之真傳。其作畫之地曰“同蘭館”，結構幽雅，頗擅泉石竹木之勝。甥唐城，字建封。從之學畫，嘗游息其中，畫筆亦酷似其舅。吴階昇，字南吉，號芝田。工寫棧道。是數子者，皆一時之雋也。

顧昉，字若周，號晚皋。幼時讀書能文，性獨好畫，見人家壁間畫，輒求而學之。初師嚴滄醑，閲一二年，心甚不然其師。後從巢雲入都，見石谷子畫，喜曰：“此吾師也。”石谷亦以爲可造才，留之門下，與楊子鶴左右隨侍。時宋駿業集名手繪《南巡圖》，石谷總其事，昉遂盡得其秘，以藝稱於時。山水追蹤元代四家，得董、巨神髓。其畫有筆有墨，骨氣清雋高厚，洵爲畫學正宗嫡派。曾至粤東，當事大僚俱願折節與交，聲價日重。粤西陳文簡公，以客禮相待。王滋爲贛南道，重聘延之去，遂終於王署。論若周之畫者，各有短長，不若東村所評爲允。其言曰：“若周畫工矣，惜爲衣食之故而成之以速。使其十日一水，五日一山，寧不造石谷耶？”

滬上前輩畫家，以朱巨山、康起山爲巨擘。巨山畫山水、花鳥、人物無不工，尤以荷花擅名，四方陳幣求索者無虚日。幾如宋之於清言，獨步一郡。馮金伯《墨香居畫識》云：“巨山嘗貽以一幅，用赭墨染花瓣，而以淡緑襯葉背，氣韻與尋常酬應備極絢爛者不同。年至八十餘，而猶神完氣健，終日作畫無倦色，尤喜作徑丈大松。其花鳥用‘古淡’印，山水用‘長留天地間’印者，皆得意筆也。”

起山爲邑名孝廉。詩文夭矯清健，俯視時流。書法歐、虞。畫雖餘事，而尤工山水，自闢町畦，獨開門徑，揮毫落紙，便有雲騫霞蔚之觀。論者謂兼有思翁、檀園勝趣。蓋靈秀獨抒，不謀而合，初未嘗規規於橅仿也。寫真得自家傳，能以白描取肖。詩在坡、谷之間，時稱三絶，罕與抗手。爲人風骨崚嶒，不諧世俗。嗜酒善謔，與褚文洲明經俱爲隨園所賞，而亦偕文洲並客李味莊觀察幕下。所著有《三硯齋吟草》。今録其題畫一絶云："颯颯疎疎澹澹山，小橋流水渺煙鬟。幽人自有尋吟處，斜照灘頭亭子灣。"從子懋，號濂谿，亦善山水，工書。

平怪，精醫術，善用秘方，疑難雜症，治之無不應手愈，以故得名。其名則希豫也。當時與劉公原、沈介徵齊名，所著有《經驗良方》數卷。邑令李發枝極重之，爲刊行世。倪克尚，名世式，以字行。善弈，邑中無與敵者，言弈者必推爲一郡冠。所得即以布施乞丐，出行則羣丐隨其後。性甚介，有潔癖，聞人咳唾輒驚走，而衣垢不知澣。世號"倪癡"，比之羊曼踏伯之流。吴斐章，閔行鎮人。幼即以弈名，遜倪一籌，然舍倪則爲邑中巨擘矣。坦率無城府，不知人世有機械事。年垂半百，人尚以小兒呼之，故亦稱之曰"吴獃"，與"倪癡"並著云。

邇來滬上殊少名醫，足以遠繼時珍，近追希豫，惟張君玉書，以善治傷寒稱於一時。顧其投劑頗輕，故不能所至奏效。然求治者每日户外屨滿。左右鄰家，聞招即赴，弗索酬也。貧者往往捨藥給錢，人以此多之。高足弟子顧惠卿，余僚壻行也。審證辨色，剖決疑滯，與其師埒。同治癸亥上海疫癘流行，顧救治輒驗，而顧竟以傳染殞。張喜嗜河豚，一日飽啖而出，僵於輿中，斯包爾昌之續矣。

滬城女子，識字作詩者，諒有其人，余則未之見也。地産木棉，紡織亦非所習。世俗所重顧繡，相傳爲露香園遺制。相傳顧會海之姬人，刺繡極工。所繡人物、山水、花卉，大有生韻，字亦有法。得其手製者無不珍襲之。擘絨抽縷，肖物如生，針刺若毫，工緻罕有其匹。今肆中售者，男子所繡居多，索價殊奢，貧家仰給於十指者不少。然春秋佳日，不務遊觀，不似吴中陋俗，以聯袂曳裾、踏月尋芳爲樂事也。地故無河，無簫鼓畫船諸冶習，是則風猶近古歟！

偶閲邑志，自國朝至今，所載節婦三百餘人，才婦寥寥無幾。然曹氏三女，皆工詞翰，閨秀萃於一門，今則無聞矣。豈靈氣所鍾，猶有待歟？兹就余所知者，聊録一二，未始非藏鳳一毛，窺豹一斑也。

王紫霞，名毓曾，華亭人。邑中喬檀園室，爲香雪先生之女。名詒燕，華亭人。工寫蘭竹。出自名族，嫻於吟咏。熊藕頤夫人所著《浣香草》，皆其所評定。詩宗南宋，以神韻勝。詩詞之外，特工六法。本於家學，能畫竹，風條露葉，嫣媚有致；其畫蘭尤盡嬋娟之妙，澹宕饒韻致，瓊枝霞蕊，丰骨珊珊，人謂似明時王友雲。詩無專集，邑志遂佚之。洵哉懷才不如守節矣。按紫霞女史載於《墨香居畫識》，修邑志時殆未之見歟？同時有葉蘭錫者，亦以閨秀擅名。蘭錫字蕙芬，吴門人，邑中趙仙槎之室人。長於繪事，尤善花卉，傅色妍冶，風致嬋娟，畫荷尤極精雅雋妙，深得朱巨山傳染之法。

張筠如女史孋，松江人。且耕上舍女，邑中喬香岑室人也。工鈎染花鳥，殆合清於、江香爲一手,而兼擅其勝。嘗畫折枝牡丹小幀,露色風香,非凡手可擬,大見賞於昭文蔣子延,以是名噪一時。褚文洲明經題其畫册云:“絹素飛行五色霞,疎疎密密各成家。不題名字流傳本,認作甌香館裏花。”“水匳濃淡暈輕煙,帶露含風萬種鮮。記得冶春曾見過,虎山橋口馬塍邊。”即詩見畫,妍冶可知。

黄承藻,字玉華,李子木上舍之配也。伉儷並善寫蘭,玉華兼能花卉,下筆勁秀,尤擅巨幅竹石,蒼古突過前人。子木之父筍香光禄,築慈雲樓以養母,以孝稱於里中。子木夫婦亦能以翰墨娱親,人謂寒山趙氏不是過也。玉華畫不多作,中歲皈心浄業,梵誦不輟。郭傾伽明經題其畫竹一絶云:“閨閣同酬翰墨勛,好從趙館證前聞。因知不弄閑脂粉,自拓文紗寫墨君。”

趙婉卿名棻,字儀姑,秉沖女,劍侯伯姑也。嫁湖州汪氏,亦望族,參軍延澤之配也。伉儷間甚相得,每值花香茶熟,互抽架上書册,以疑義相詰難。顧未久,夫以急病殞。所生惟一子,即謝城也。時方在襁褓中,守志撫孤,操逾冰雪,丸熊畫荻,有歐母風。謝城卒爲名下士,負實學,馳聲於藝苑間,皆其力也。是固才婦,亦節母也。母工詩,能古文,博習經史,性敏達,無巾幗俗態。有客來訪謝城,即出與談,高談雄辯,輒爲折服,較之謝道藴施青紗步障爲小郎解圍者,更高一籌。著有《濾月軒初續集》四卷,文集附焉。集中佳句如“殘紅盡落啼鶯老,衆緑新生好雨多”,“五夜懷親空有夢,十年遣日只憑詩”。《春晚》云:“纔脱春衫换夾紗,東皇何事便思家。杜鵑聲裏斜陽暮,深閉幽窗避落花。”俱娟妙可喜。謝城名曰楨,歸安茂才,通疇人家言。

歸懋儀,字佩珊,李復軒上舍之室人也。工詩詞,著有《繡餘吟草》、《續草》、《三草》及《聽雪詞》。佩珊本出自李氏,其母名心敬,字一銘,宗袁女、心耕姊也。最耽吟咏,嫁歸氏後,早卒,著有《蠹魚草》。心耕嘗合刻其姊與子婦之詩曰《繡幕談遷》。其詩清婉綿麗,斐然可誦。與席佩蘭爲閨中畏友,互相唱和,傳播藝林。嘗題《虢國早朝圖》,有“馬馱香夢入宫門”之句,見賞於隨園。晚年卜居滬上,所居有“復軒”、“一燈雙管草堂”諸勝。王叔彝題其遺稿云:“難得佳人能享壽,相隨名士不妨貧。”亦可謂實録矣。

佩珊女史詩、畫、書法並擅三絶。曾在鶴沙爲人作《醉花圖》,題三絶句於上云:“休問黄粱夢短長,人生快意最難忘。等閑肯放青春過,月地花天醉幾場。”“衆香國裏任盤桓,酒壘詞壇境界寬。九十春光濃似錦,名花最好醉中看”。“花影朦朧月影凉,醉鄉滋味淺深嘗。紛紛桃李輕開落,好向春風種國香。”

崑山孫秋容女史,子香茂才之侄女也。嫁滬中曹氏。工韻語,所作輒隨手棄去,鮮有存稿。其弟吟秋,偶於字簏中得其《病起》一絶云:“消磨歲月藥罏中,繡幕慵開怯晚風。病起不知春已去,下階細數落花紅。”清脆嫻雅,出自天授,非學力所能至也。滬中不櫛才人,此亦可屈一指耳。

程味蔬,能畫山水,意致淡遠,一洗閨閣鉛華之習。縑素之投,一時麕集,顧非其人,不肯輕作也。亦工詩,惜無刊本行世。陸璞卿名惠,幼即明慧,並長詩畫,吴江張春水室也。距春水所居,僅一牛鳴地。時春水新喪偶,讀其《繡餘吟》而善之,遂倩冰人而委禽焉。由是巡檐索句,刻燭聯吟,殆無虚日。春水編其閨中倡和諸作,爲《雙聲合刻》,傳爲藝林韻事。春水晚年甚貧困,傭書滬上,無過而問者。璞卿乃教授女弟子,得修脯以佐家食,恒苦不得一飽,卒以憂死。璞卿幼年愛寫墨蘭,雖無師承,而娟秀中時露清挺之氣。既歸春水,出所藏名畫,一意規橅。時四方乞春水品題者,充軔左右。春水作山水,璞卿則致力寫生,不屑爲時俗側媚。習南田、南沙,一空依傍,輒思抗手古大家,屏脂粉而寫襟靈。畫成或詩或詞,或綴小跋,久之積如束筍,乃題曰《甦香畫録》。嘗見其《寒食日感成》一律云:"轉眼驚看歲序移,陌頭芳草又離離。插來楊柳憐春晚,落盡棠梨有夢知。漸覺弈更新局面,怕聽人道舊家基。禁煙時節寒猶峭,簾幙淒涼引步遲。"其所用小印曰"文章知己,患難夫妻,張春水、陸璞卿合印",亦詞場佳話也。

何佩姐,上海北門人。年十九,許字於同邑,婚有期矣,父早没,依寡母偕居。順治二年五月,避兵洋涇,游騎適至,匿蘆葦中,污之不從,遂見殺。里中好義者,糾金葬之。乾隆十二年,邑令王燕賞爲之立碑建亭於路旁,屢修復毁。陳君茹征更爲勒石於墓,且加誄詞焉。誄云:"完其節,殞其生,何佩姐,烈且貞,是巾幗中奇男子。心同月皎,行比霜清。"

吴縣布衣陸鼎子調,著有《上海薛烈婦詩》,甚沈痛警闢,急爲録之,以維風教。詩云:"君不見飛而食肉虎而冠,人亦有言齒且寒。爰徵厥詞諷鄉國,孤士一讀摧心肝。吁嗟倒置三尺律,冤獄夫沈婦飲血。一死人倫泰岱高,海色風霜無六月。塗人争頌上官賢,昭雪而夫再見天。蟣虱之餘脱三木,歸拜阿母撫兒哭。撫兒哭,烈婦笑,嗚呼殺身全其孝。"按烈婦印氏,文榮女,上海高家行薛泗川妻。爲里惡誣陷沉獄,烈婦痛夫冤罔伸,棄子背姑,夜經死讎家門。時當盛暑,曝烈日中,顔色不少變。鄉之士夫悲之,作詩刺有司,爲《闡幽集》,上吏風聞,覆勘得實,斥邑令,出夫於獄,旌表婦閭焉。時嘉慶丁巳夏六月也。詩見陸布衣所著《梅葉閣詩鈔》。

蕙芳,王氏女子。原籍蘭陵,父爲賣菜傭,遭亂挈家至滬,貧不能自給。時女年四歲,鬻於城北王某。王妻故隸樂籍,搔頭弄姿,頗非貞静。女至,甚加鍾愛。稍長,丰姿秀麗,嫺習女紅,秉性幽静,而靈敏異常,時得王某夫婦歡。未幾,王某病没,王妻再醮,携女偕往。女年已十餘歲,心頗非之而不敢言。所居近市,女斂門匿影,未嘗輕與外人通一語。然無賴子瞷女美,多垂涎者,假父素有登徒子稱,乘間輒挑之。女夙夜防維,守身如玉。惟摽梅之年,議聘無人。假父既居心不堪問,而其母亦弗以爲意,女自念弱身墮於孽網,倘一旦强暴横施,其何以堪?計不如早自裁决,庶得保全。一夕遂縊而死。嗚呼!生自小家而能以禮自持,難矣!矧居滬北淫泆之鄉,而母氏所爲又若此,獨能潔然自守,至以身殉,其志亦足悲已。如女者,殆所謂出淤泥而不染者歟!録之以俟采風者。

笏谿有農家婦,送饁田間。諸惡少見而艷之,挑以游詞不答,隨至僻處,將迫淫之。婦痛詈不從,力拒以死,顔色不少變,死後猶握少年辮髮不釋。待翁、夫至,始得擘之開,是婦可謂烈矣。然少年後卒逸於法外。噫!窮檐蔀屋中,志操如此,惜絶無表揚之者,亦可慨已。此咸豐癸丑春間事也。

邑中節孝貞烈婦女,悉歸上海學灑掃局紳士采訪事實,合例者書之於册。同治八年,由修志局詳請,奉旨旌表,自國初至今,凡百三十三人,送入總祠,春秋致祀。其有自請專旌,或逢學憲案臨紳士代爲呈請,皆得給匾旌閭,甚盛事也。貞孝婦趙氏,居城中魚行橋。及笄字於李大年,卜吉有期而夫亡。氏年僅二十一,矢志靡他,誓以身殉,奔喪抱木主成婦禮,侍奉翁姑,援立嗣息。無何,翁姑辭世,嗣息又殤。氏念夫家雖無可依,而母族猶不忍絶。爰以巴婦懷清之操,仍作嬰兒孝養之思。中間侍父疾而割股,送母終而泣血。篝燈五夜,以佐齏鹽,畚挶三冬,得安窀穸,此氏茹荼飲蘗之苦心也。同治癸酉,氏年七十,守節五十八年,誠有非尋常婦女所能及者矣。邑紳爲之請於江蘇學憲彭君,給以"孝竹貞松"之匾,亦足見闡揚之微旨矣。導迎之日,以儒學銜牌儀從送至其家。所可異者,導迎前一夕,氏忽見一人拱坐奥隅,笑顔可掬。氏初歸李時,不及見夫面,不知拱坐者誰,亟呼夫侄辨之,則曰:"噫!是大年叔也。"相與感泣下拜,而形旋隱。然則國家旌典,實足以感格幽明,舉報節孝者,觀於此而可勿倍慎哉!

閨閣、方外,能以詩著者,最易得名。近時方外工詩者,殊乏其人,而於滬尤罕。顧苦行清修,實爲梵旨之最先。文字禪特其末焉者耳。兹所載,誠欲不拘於一格也。

釋寄塵,衡麓湖南湘鄉人,與竺虚齊名。工書法,善蘭竹,敗荷殘菊,縱筆輒佳。出語諧媚,無蔬筍氣。海内名流,樂識其面。時滄州李味莊觀察任蘇松太道,寄塵與江夏鐵舟同至滬城。有《載將書畫到江南圖》,一時題者如雲。駐錫滬城者數閲月,今西園楹榜有"鶯鶯,燕燕,風風,雨雨"一聯,純以疊字集成者,即寄塵所撰,洵創格也。寄塵亦工詩,《游長壽寺》句云:"凈壇風掃地,清課月爲燈。"隨園太史極賞之。吴江郭靈芬秀才,嘗與詩筒往來,稱其詩不肯作一凡語,浴風月而澡冰雪,已臻最上一乘,亦近時方外之不可多得者。同時有鐵舟上人,初亦寓滬中,自號木石山人。本江夏名家子,善鼓琴,工書法,尤擅寫竹石、花卉。渡江而東,名噪吴越。自巨室富商,以至酒樓妓館,靡不乞其筆墨。潤筆既豐,得即以資揮霍,或贈寒素,弗惜也。後示寂於吴門寓庵。

了昱,卓錫龍華寺。潛修精進,不輕見人,形瘦骨立,類有道者。終日諷經枯坐,不妄言笑,亦不墮文字禪,以故人罕知名。曹君雉山贈以詩云:"雲房方十笏,香龕小一粟。中有苦行僧,終年一甌粥。"後年老化去,滿室作旃檀香,三日不散。

漏雲,號静峰,亦字明照,掛褡鐸庵。内典之外,兼工詩文,朗潔清超,了無俗韻。著有《漏雲詩稿》四卷行於世。亦善書畫,然不多作,寫梅尤佳。所與游皆一時名士,時往來石筍裏,與恒齋作世外賞音,與客談,詩畫外從未及時事。初畫禽魚、花卉,擅徐熙筆意。後從金分司宇春游,復工山水,清微淡遠,自成一家。尤愛藝花,秋來種菊成畦,掃榻煮茗,以供雅流賞玩。游屐追陪,殆無虚日。若遇俗子,則閉關寂坐,了不酬答。雉山曹君與之爲方外交,贈以詩云:"我愛禪關静,尋僧入遠林。板橋通徑曲,茅屋閉窗深。地僻人聲寂,庭閑草色陰。鐘魚消俗慮,出世見初心。"漏雲從浙西飛錫來此,居鐸庵四十餘年,戒律清苦。本世家子,避難爲僧者。或有識之者云,係年大將軍羹堯孫,此殆好事者之傳聞耳。按漏雲本吴江人。翰林陳沂震次子,當家難時逸出。侍文覺禪師爲僧,後住持鐸庵。其婿某持節浙中,邀之不往也。嘗自署於門曰:"往事已遥無可悔,此身猶在敢忘修?"亦足以覘其志矣。其前有曇上人普澤,曾卓錫鐸庵，工畫山水、花鳥。

湘煙，名聖，駐錫朱霞殿。殿在郭外稍東南，供真武像，故亦曰“小武當”。每歲三月三日，爲真武誕辰。里巷懸燈，廟前構臺演劇。湘煙畫工山水，意在法外。能彈琴，云得自異人所授。徐君紫珊嘗從之學，未得其精。獨處一室，翛然遠俗。有潔癖，至老彌甚。尤喜藝蘭，自闢一圃，畦畛間縱横數十丈，皆浙産也。室中時列花卉，怪石矮几，小盎巨盆，皆佈置入雅。禪寮深邃，緑蔭蕭疏，多購異種，雖出重金，亦所不惜，是有花癖者。

滬雖非孔道，而近來名流至者，聯鑣接軫，特一至即去，如海鷗天雁，往稻粱鄉謀食，飽即飛去。顧往時來者，輒如所欲，近因捐賑頻聞，又值兵革之後，稍爲減色，然猶較他處爲優。蓋此間爲人海，亦利藪耳。

賈於滬者，大抵皆無目者流耳。即欲攀附風雅，不惜重價購求書畫，亦徒震於其名，非有真賞也。故名士至此間者，輒以勢力爲事，得當道一名柬，無求不獲。噫！提綾文刺三百爲名利奴，清操何在？竊爲至滬之名士羞之。

沈曉滄司馬，名炳垣，浙江桐鄉人。嘉慶庚午登賢書。自幼即耽吟咏，於詩超心煉冶，不愧作家。以名孝廉需次省垣，脚靴手版，書史自娱，絶不作風塵俗吏態。其任縣事也，雍容鎮静，不務擾民，故人皆樂其寬簡。歷官蘇州府督糧水利同知。壬寅和議既定，海市遂通，奏改松江府海防同知，移駐上海。時庶務初建，一切皆躬任其勞，旋以丁艱去任，而宦橐如洗。後主敬業書院，獎掖後進，如恐弗及，是以簡拔皆真才，一時奉爲文章圭臬。所著有《八詠齋詩鈔》，今爲摘録斷句，如《鎮江》云：“岸高山比勢，地隘水爲門。”《天津》云：“關鎖東西鑰，河流大小沽。”《舟泊京口》云：“大觀窮日月，孤勢出樓臺。”《皂河》云：“鷗情隨水遠，柳意得春先。”《揚州》云：“明月隨人過淮浦，暗潮帶雨入江城。”《過畏壘河》云：“遠水帆飛林影外，高樓人在雁聲中。”皆可傳誦。

平种瑶貳尹名疇，字耕煙，山陰人。産於楚北，隨父宦遊湘、漢間。弱冠即爲人記室，元瑜摛藻，才調翩翩，稱於一時。所識多當代名公鉅卿，無不争相引重，羅而致之幕下。种瑶爲人外亢而不卑，中虚而能受，囊中雖不名一錢，而結客論交，意氣慷慨。工詩嗜畫，而於六法尤有神會，偶爾落筆，便自不凡。少在楚中，與黄穀原游，得其秘授，南還詣益精邃。以一官需次滬上，僑寓大境閣，應官聽鼓，無俗吏齷齪態。其詩氣骨清健，今録五律二首。《清娱閣》云：“開門湖一曲，湖上是亭山。涼翠霑詩鬢，秋林映酒顔。狎鷗心浩蕩，聽雁意蕭閑。坐憶劍南老，清風如可攀。”《月夜遊小雲棲》云：“夜色清於水，詩情澹入禪。樹空山轉月，波浄櫂飛煙。古佛偎塵榻，生柴煮石泉。年華未枯寂，冬翠積諸天。”

郭麐字祥伯，號頻伽，吴江明經。一眉瑩然如雪，人皆以“郭白眉”呼之。著有《靈芬館詩文集》。於丙子冬杪，曾遊滬瀆，小住吾園，與筍香光禄往還唱和，其題筍香《春渚曉吟圖》云：“徐幼文爲緑夢，虞伯生憶紅酣，何似先生不出，年年風雨江南。”《阻風黄浦三日》有二絶句云：“今日阻風黄歇浦，昨宵中酒闔閭城。人生何用生分别，不待潮平心已平。”“隨意滄洲坐渺然，惟愁百事逼殘年。不然便放扁舟去，自有人能遲水仙。”

沈夢塘孝廉學淵，寶山人。弱冠登賢書。房師潘公朗齋以國士期之，延纂《蕭縣志》，留署中者三年,與諸名士揚榷古今,研究經史。夢塘見人不作寒暄語,而雋永恬上,令接之者客氣自消。所交多奇士,而與陸萊臧尤莫逆。萊臧服官於閩,招之往。夢塘固好遊,萊臧築"來夢亭"居之。旋制軍孫平叔重修省志,聞夢塘名,亟延之纂修,列牘奏聞。前後游閩八年,傾其士夫。後林文忠持節三吴,貽書促之歸,所詢鄉邦諸事,無不爲之指陳利弊,而蓬蒿三徑,手自一編,絶不一詣公庭。小闢"止雨莊",頗有泉石之勝,所著有《桂留山房集》。於滬上游屐時至,輒有吟咏。今録其《滬瀆懷古》一律云:"海國蒼茫古壘空,春申遺跡换袁公。東南烽火三軍扼,日夜濤聲萬馬雄。笑看水仙沈畫鷁,誓爲厲鬼滅沙蟲。年來此地鯨鯢静,猶有江花血點紅。"

丁大椿,字小仙,山東諸生。落魄京口,效君平術以餬口。壬寅海警,牛制軍自金陵移鎮上洋,求奇才異能之士。有薦丁者,因延見問平戎之策。丁謂:"敵人所恃以凌轢我者,不過火輪戰艦耳。破之之術,當用水輪船、烏龜船,以水制火,以小攻大,彼技已窮,何難滅此朝食。"水輪船者,以人踏輪激浪而上,用以環攻敵船。烏龜船者。其體若龜,以八人蕩槳,爲四脚,蒙牛皮爲龜背,駛至輪船之旁,擬鑿其底。云其船式出自敵中參謀丁大年所授,其人固中國産也。制軍信之,乃以萬金設局造船。及成,試之於黄浦。是日濁浪排空,洪濤撼獄,水輪船竭五十人之力,莫克向前。烏龜船八艘,徐出江心,竟没於風浪中,船人盡死,無一生者。齊玉谿謂:"古名將破敵,如岳鄂王用腐草巨木以破楊么樓船,必有所藉以制勝,從無以船破船者。"不知以船破船法竟有之。近日米利堅製鐵甲戰艦,以撞沉輪舶是也。且敵船既入内地,水雷火攻,成法具在,皆可施行,獨奈何當軸者憒憒不知所用也。

張澹,字新之,號春水,居吴江盛澤鎮。幼孤力學,寒暑不輟,雖篷窗客邸,吟哦自若。嗜畫入骨,得錢西溪指授。中年妻死,塊獨無聊,遂橐筆游武林。一時才俊,傾襟攬佩,唱酬無虚日。馬秋藥、屠琴隖、魏春松諸君,咸與訂交。後入湯雨生都督幕,詩畫進而益上。生平篤於友誼,誠至悱惻,不後古人。與周浦計渤初未識面,見其詩慕之,寄贈云:"憐才陡發遺珠嘆,竟有傾城在苧蘿。"其傾倒如此。晚年往來於吴淞間,藉硯田以自給,顧所如輒不偶。嘗有輕薄子析其名號嘲之云:"其名則澹,其性實濃。雖呼春水,專打秋風。"後旅食滬城,卒以貧死。著有《風雨茅堂詩文集》,身後王叔彝爲之鋟木。《墨林今話》云:"春水志行肫篤,嘗手葬先世八棺,親死廬墓,内行如是,固不得僅以文人目之也。"續配陸璞卿女史,亦能詩畫,雖老而食貧,然頗得倡隨之樂云。

秀水周石香茂才,名文鼎。咸豐壬子冬從檇李來,下榻北闗。自以天下有事,日隱於酒,未嘗三日醒。醉後輒作灌夫罵座。聽其言,多憫時嫉俗,所遭其痛詈嚴斥者,皆當世士大夫也。余謂之曰:"君非謫去酒星,因於天獄,則此病不易瘳也。"石香曰:"如是不如其勿醒也。速營糟丘,吾將老矣。"余亦有麴糵之好,與石香遂爲醉鄉知己。旋石香以不得志而歸,音問遂絶。聞以他事株連,大吏索之急,罪且不測。石香乃變服走投王公雪軒,時方刺史杭垣,遂匿其署中。一夕夜半啓闗出,不知所之。或得其雙履於西湖濱,遂以爲死於水矣,然卒莫能詳也。自後一家零落殆盡,僅一仲子存,此亦可謂極文人之厄矣。

海昌李壬叔茂才,名善蘭,一字秋紉。精疇人家言,爲吴門陳碩甫先生高足弟子。咸豐壬子夏五月來滬，僑居大境傑閣。新涼之夕，珠露既零，桂月如晝，壬叔憑欄長嘯，林籟振蕩，行雲不流。余謂自嵇康死後，此音絶矣。雖讀《嘯旨》十五章，不得其要。近有嘯翁足以嗣响，壬叔儻亦其流亞歟！此皆不得志於時，聊一發聲以宣鬱結耳。壬叔於天算之外，出其餘技爲詩文，亦復卓然異人。在滬十年，著有《續幾何原本》、《談天》、《代數學》、《代微積拾級》、《重學》、《植物學》等書，皆與西士從泰西算術中紬繹而出之者也。其所自著者，爲《則古昔齋算學》各種。同治初元，曾滌生相國開府兩江，徵至幕中，自此蹤跡遂與闊絶矣。壬叔以同治戊辰入都，爲天文館總教習。

寶山蔣劍人茂才，名敦復，一字純甫。曾作《滬城感事詩》云："一城脂夜蕩花妖。""華屋春深燕雀居。"蓋憤時嫉俗、思深慮遠之意也。壬寅之變，避仇爲僧，號鐵岸，又慕寄塵之爲人，亦號妙塵。後還初服，爲張小坡先生所識拔，詩文自成一家。嘗偕予至西園啜茗，謂余曰："滬中可與語者，惟有玉華一片石耳。"被酒談兵，以經濟才自負，亦奇男子也。癸丑五月，亂黨將作難，劍人上書某觀察，言鄉勇、火器二事，切中時弊。其言鄉勇曰："閩、廣悍不畏法，本地懦而多詐，近已小有鬥狠，他日必有意外之虞。"後果如其説，惜當時觀察不能用也。所著《憤言》三篇、《戰守》二策，深明大略，留心時事者，當爲首肯。同治六年，卒於應敏齋廉訪幕中。所著有《歗古堂詩文集》、《芬陀利室詞集》，其餘未刻者藏於家。

蛟川姚梅伯孝廉，名燮，號野橋。登道光甲午賢書，於學無所不通，著作等身，風行海内。其足以抗手六朝、絶塵一代者，尤爲駢儷文。於本朝洪、胡、袁、彭四家外，别闢町畦。詩詞亦已登峰造極，近時所見詞章家，當推爲巨擘。時游滬上，工畫梅花，興酣落墨，媚態横生。人物花卉，無不奇特。字尤古峭拔俗。晚年耳稍聾，而性極瀟灑，好作狹邪游，所得潤筆資，揮霍立盡。於賣畫之外，絶無所求於人。所交多貴顯者，亦絶不干以私也。其和而介如此。移家寧波郡城，頗有園亭池石之勝。藏書數萬卷，皆精審可傳。所撰有《大梅山館詩詞》、《駢儷文榷》、玉樞金籥，兼精音律，著有《〈詞律〉勘誤》及《褪紅衫》、《梅沁雪》傳奇兩種，皆已登木。乙卯客海上最久，與余往還頗密。

華亭張嘯峰廣文，名鴻卓，工於詞。所著有《緑雪館詞鈔》，直闖花間之室。孫麟趾月波明經，廣選時人所作，爲入之於《絶妙近詞》中，一時膾炙人口。嘯峰好客善談，剪燈煮茗，可竟夕弗倦。自雲間至滬上，僅一水隔耳，游屐時至，輒作平原十日飲。每喜於荒園蕭寺中作冷淡生活。同郡如雷約軒茂才、丁步洲上舍，皆風雅士，每至必與之偕。約軒著有《詩窠筆記》。

秀水于辛伯茂才，名源，檇李詩人也。少受詩學於黄霽青太守。太守亟賞之，以爲自此有替人矣。詩派出入於南宋間，清而不流於薄，小而不入於纖，於近人中可以别樹一幟。喜作近游，有所得輒以供剞劂費。所鋟木者，有《一粟廬詩》一二三稿、《燈窗瑣語》、《柳隱叢談》，雖藉以通聲氣，廣游揚，然搜集之勤，亦不可没也。時來滬上，與王叔彝觀察交最善。辛酉冬間，藉一顯者札往謁縣令，時縣令先人蜚語，竟論賊諜，寘諸囹圄，幾罹不測。後有爲之辨者，乃得釋。同郡如秦次游孝廉以書著，孫次公明經以詩鳴，皆矯矯者也。秦君著有《行軍法戒録》，孫君著有《始有廬詩》、《同人詞選》，俱行於世。

曲阜孔宥涵司馬，名繼鑅。於咸豐乙卯，偕弢甫來滬上，傾襟談藝，捉塵論兵，流連浹旬，臨行以詩集見貽。宥涵耽於吟咏，積稿裒然盈尺，所刊僅得其半。其詩以超俊之才，運深沉之思，學力氣韻，直逼盛唐。録其五律二首，以見一班。《揚州雜詩》："廿載邗江路，行吟動值秋。客懷看月減，往夢與雲浮。野竹山光寺，清風文選樓。旅游復何事？飄泊問沙鷗。""藏用兩無補，聰明百不能。宦情曉岸月，詩境雪山僧。零落川光改，羈棲夜氣增。又停江上棹，來對驛樓燈。"是秋游武林，遍探西湖諸勝。屢過訪陸敬安廣文，贈以詩云："東山游釣暮雲邊，經典傳家媿汝賢。莫嘆無衣聊卒歲，共憐有母傍餘年。荒衙鮭菜新醯醁，上國鶯花舊管絃。廿載夢回江岸曉，鷗波萬里接烽煙。"宥涵生平事母甚孝，善武藝，有膂力，登山矯捷如飛鳥，人莫能及。自言目能見鬼神。後殉難於揚營，得邀恤典。

黄韻珊孝廉憲清，海鹽人，才氣倜儻，稱於一時。戊午春間，來游滬瀆。作《海上唇(蜃)樓詞》三十首。今僅記一絶云："牓題墨海起高樓，西人印書館。供奉神仙李鄴侯。謂壬叔。多恐秘書人未見，文章光燄借牽牛。謂印書車以牛曳。"時壬叔方刊所譯天算諸書，故詩中及此。韻珊工於小詞，獨饒神韻。曾見其《浪淘沙》一闋云："秋意入芭蕉，不雨瀟瀟，閑庭如此好涼宵。月自纏綿花自媚，人自無聊。别恨此時銷，認取紅綃，風筝音苦雁書遥。醒著欲眠眠著醒，燈也心焦。"清脆如哀梨并剪，圓滑如燕舌鶯簧，允稱能手。著有《茂陵絃》、《帝女花》、《凌波影》等院本，膾炙人口。

華翼綸，字遂秋，居金匱之蕩口，登甲辰賢書。山水師麓臺，收藏極多。其作畫也，運筆如飛，竟日可作大幅四五本，元氣淋漓，興會標舉，其得意處，直足上窺北苑。性嗜酒。交友處世，一以率真。子蘅芳，字若汀，通天算之學。同邑徐雪村有巧思，於泰西機器之術，能知其奥。同治初元，設立廣方言館、機器局，延通於西學者紬繹各書，若汀、雪村應聘而往。所譯者有《防海新論》、《汽機發軔》，皆有裨於實用者也。雪村名壽，有子建寅，字仲虎，能紹其學，亦在局譯書。三君著述，幾至等身云。

萬斛泉徵君，字清泉，湖北興國州人，今之隱君子也。生平研精程、朱之學，身體力行，未嘗稍懈。宋鼎、鄒金粟，其高足弟子也。偕至山中，臨流結茅，讀書講道，不求仕進。時賊擾湖湘，所居會當其衝。一日，賊大至。徵君正襟端坐，弦誦之聲，淵淵如出金石。賊爲引退。胡文忠公特爲薦舉於朝，奉旨賞七品頂帶，創格也。大吏贈以一聯云："絳帳一時培後輩，黄巾三舍避先生。"臨桂倪雲癯載之《桐陰清話》，謂此誠草野難副之盛名，亦國家非常之曠典，洵爲不可及已。同治六年，延主龍門書院，士流奉爲圭臬，此非山林中逸士哉？

何梅屋詠，上元人，工於詩詞，爲幕府上客，摛辭掞藻，名動諸侯。金陵既爲賊窟，避居吴門。湘鄉左青峙太守延之司筆札。主賓契合，比於苔岑。旋劉松岩大令聘之至滬上，賭酒論詩，與予無日不相見。梅屋不能勝杯杓，而自言獨知酒味。嘗有詩調予云："王郎三十好青春，家在吴東住滬濱。大隱愛招三島客，小文神似六朝人。崑山片玉休論價，滄海遺珠豈合貧。我亦江湖來泛宅，願傾十萬買比鄰。"余亦答以長歌："何郎才調古無敵，贈我新詩鮑謝匹，綰以錦繩發光怪，挑燈一讀一擊節。讀罷拔劍斫地歌，當今滿地流氛多。因鸞困鵠不得意，相逢海上悲如何？吁嗟厄運遘陽九，坎坷流離無不有。才人失職倍傷心，故土成煙黯回首。少時意氣輕風塵,胸中所有非詩人。今已無家嗟泛宅,約將傾槖買比鄰。東南一隅此樂土,挽輸千萬誠何補?誰説文臣不愛錢?到底將軍要好武。平生蹤跡溷屠沽,猶存吾舌真非夫。幾回投筆思殺賊,母老敢許以馳驅。書生獻策既不用,庸奴富貴何足重?誤國誰完墮地甑,救時孰是擎天棟?托身莽莽此乾坤,把袂樓頭與細論。休誇行篋詩千首,且盡當筵酒一樽。”同時旅滬者有凌竹泉,竹泉名志珪,與梅屋同里,亦詩人也。垂老頹唐,竟以貧殞,傷已!

孫澂之學博,名文川,上元人。詩古文詞無不工,而尤喜經濟實學。生平精於賞鑒,入其齋中,吉金貞石,皆非秦、漢以下物,多自爲考訂以張之。在滬關司文牘,甚爲當道所器重,與余往還頗密。余酒渴思飲,輒嬲之作東道主,蓋昔者元直訪水鏡而呼餐,固有古例可援也。嘗作二十八字向之索書逋云:“今朝又是花朝了,早起詩成酒未酟。偶憶孫郎多諾責,酒錢還肯送來無?”詩去金至,並媵以梨花春二甕。余亟作快語曰:“孫郎可兒!”金陵克復後,襄辦善後事,以勞績保舉知府。

祝桐君司馬鳳喈,浦城人,宦於浙中。家富於貲,以好結納中落。生平篤於昆弟,摯於友朋,誠至悱惻,有足多者。精音律,善彈琴,著有《與古齋琴譜》。罷官後,移家海上,有終焉之志。所寶有“秋聲琴”,其兄生前之所愛玩也。餘姚周白山爲之銘云:“太冥孤桐,厥聲動心。驚鴻翩逝,山川阻深。密親雲流,懷歸沈吟。清商振響,刁騷滿林。盛榮不常,繁霜墜襟。俯仰儔類,惕兹人琴。”長孫安甫,能世其琴學。

同邑江弢叔湜,出先君子門下。家貧,授徒江村,彌自刻厲,專肆力於古。先君子見其所作,嘆曰:“子他日當以詩文名海内,然帖括不可廢也。”顧自爲諸生後,三踏槐黄而三見斥,遂絶意進取。饑驅謀食,之燕、之齊、之閩、之浙,北轍南轅,徫徨道路,學日進而詩益工。嘗至京師,依其戚彭相國。相國贈以俸錢五十萬,乃循例納粟爲縣尉。需次杭垣,脚韗手版,聽鼓應官,棄詩人而爲俗吏,聞者奇之。杭垣陷賊,弢叔脱身還蘇鄉。俄而吴門亦陷,四出焚掠,一家中雙親弱妹,同日殉難。弢叔先十日挈弟穿賊營出,得達於浙。既遘奇慘,痛不欲生。旋復自浙至閩,友朋助以貲,刻其所著《伏敔堂詩》十三卷,而卒以憂憤殞其生。文人之厄,至弢叔而極矣。弢叔嘗偕嘯峰、步洲至滬,流連攬勝,其蹤跡多在九峰三泖間。嗚呼!弢叔以詩名,犇走天下,所交多通人名士,盛相推許,而弢叔亦矯然自負,思以經濟才自見,不僅托之空文也。值世之窮,晦塞不遇,作客諸侯,厠身下吏,乃其末路耳!而天又從而摧殘抑挫之,正未知造物者之意何居也?

楊引傳延緒,以字行,號醒逋,更難後,乃號甦補。少同里閈,初未相見,逮歸自蜀,始投縞紵。醒逋刻苦於學,無所不通,而尤篤嗜詞章。生平作詩,殆盈數千首,痛自芟薙,僅存十之二三,編爲《獨悟盦集》。叶丈調生采之入《同人詩略》中。余婦夢蘅,醒逋女弟也。病没滬寓,聞信趨視。越日偕遊西園,花落鳥啼,耳目淒惻。庚申賊陷吴門。君卜五月十九日里中當有大厄,乃竟不先徙去,自罹於災,妻投於水,屋焚於火,二子擄於賊,身亦被斫幾殞。余馳書招之,未果來。余至粵後,聞其挈眷避居洋涇。噫!文人奇禍如醒逋者其尤哉!

葉調生廷琯,吴縣人,宋石林後也。吴門爲人文淵藪,先生所交,皆一時俊彦,切磋既久,才譽籍甚。顧先生淡懷纓紱,肆志縹緗,鈎玄闡微,好爲樸遬之學,偶得一事,必窮其佐證。著有《吹網録》、《鷗波餘話》,没後,同人爲之醵貲刊行。吴門淪陷,避地滬上,年已七十,而勤學好問不衰。性情和易近人,人多樂與之遊。生平友誼篤摯,嘗裒採諸家未刻詩爲《同人詩略》,凡百六十人,分存、没二集,此亦近日之文獻、盛時之鼓吹也。

馮景亭中允桂芬,字林一,吴縣人。道光庚子榜眼,長於曆算鈎股之術。罷官後,究心西學。避兵至滬,當事延主敬業書院,士林奉爲矜式。廣方言館既建,中允總司厥事,一切章程,皆所擬定。嘗見余致周弢甫書,極爲嘆賞,以爲近來談西務者,當以此爲左券。蘇郡善後事宜,中允贊襄之力居多。學問文章,羣推爲巨擘,固巋然一靈光矣。晚年乃卜居木瀆。

周白山字雙庚,號四雪,餘姚人。詩文奇詭崛特,不作一凡語。工書法,善刻石。出姚梅伯門下,而不肯附弟子籍,時人目以爲狂。嘗偕同邑趙益甫刻其所作制藝,曰《誩》,恣肆軼乎繩墨,時人又目以爲怪。坐是奇窮,丐食滬濱。僦西園一弓地,效君平垂簾設卜肆,卒無顧而問者。余與壬叔偶與之談,嘆爲異才,招之下榻城外,供其饔飧,得以昕夕聚首。居半載,落落無所遇,乃謀歸計。後聞以冒試江南獲雋,爲士子攻訐被褫。因此抑鬱憤懣,夭其天年。嗚呼!科第倘來物耳,曾何足重?如雙庚者,有才而不善用其才者歟?雙庚同郡人任竹君,工臨十三行楷法,精妙絶倫。徐金罍精寫篆隸,刻畫金石,藝傾輩流。二君並名重一時,作滬上寓公者尤久。益甫名之謙,字撝叔,狂尤甚於雙庚,而獨服膺江弢叔,此足見其心折名流矣。

吴縣貝青喬,字子木。工於詩,跌宕有奇氣,忠義激發,溢於言表,蓋瓣香於老杜者。生平具幹濟才,遊食諸侯,足跡幾半天下。壯年嘗佐揚威奕將軍戎幕,不避艱險,冀有所樹立,顧卒無所成功。嘗於磨盾草檄之暇,著有《咄咄吟》二卷,具載當時軍中利病,識者以爲不媿少陵詩史。從軍既罷,往游京師,既復之浙、之黔、之滇、之蜀,然皆落寞無所遇,而憔悴婉篤,一發之於詩,固深得於江山之助,非徒窮而後工也。著有《半行盦詩存稿》。録其旅滬三詩,足覘其胸中所抱。《滬城旅感》云:"番市申江上,浮蹤滯十旬。壯心餘涕淚,蠻氣壓金銀。酒困牙郎夢,花明妓院春。輪囷猶有膽,撫劍獨逡巡。"《游西館歸憤而有作》云:"烽火光騰颶母愁,無端海蜃結成樓。地分鸚鵡棲無定,船走蜈蚣毒愈流。和約萬年頒鐵券,邊防列帥固金甌。鮫人蜑户休相煽,會見中朝斬黑婁。"《吴淞口》云:"江海此門户,今誰保障堅?島彝開互市,堠卒廢屯田。猿鶴當年淚,風濤獨夜船。何堪重憶舊,投筆學防邊。"

劉太史融齋,名熙載,江蘇興化人。道光甲辰進士,官至翰林院編修、詹事府中允。以廣東學政引疾歸里,爲經師,設帳授徒,安貧樂道,怡然自得。著有《昨非集》、《藝概》兩書,秘諸篋衍,不出示人。同治丁卯,應敏齋觀察蘇松,聘之主講上海龍門書院。時婺源齊玉谿方僑寓滬中,小駐於也是園湛華堂,屢相過從。嘗謂"士人胸次,不可一日無光明磊落氣象",洵哉是言,足以覘劉君學養矣。

薛時雨，字慰農，全椒人。早歲甲科，歷守雄郡，才思超邁，長於詩章，妙解音律。其守杭垣也，值灰燼之餘，壹意撫綏，閭閻被其惠者無窮。同治乙丑冬間，解組歸里，往來於大江南北，問水尋山，與漁樵相問答。丙寅泛秦淮，涉黄浦，偕滬上諸寓公流連詩酒，尊前花底，頗有所屬。有藹雲、蕊君兩校書，尤所賞識，俱作小詞贈之。今録其《洋涇宴集》一闋，調寄《高陽臺》："蒲柳傷秋，鶯花慰老，歐歌梅舞殷勤。黯黯閑愁，拚教付與真真。羊車慣引平康路，倩東風、暗掃輕塵。話前因，酒熟香温，誰主誰賓？　天涯淪落何須怨，對黎渦一笑，倦眼回春。海國江天，幾人似我閑身。看花但祝花長好，怕枝頭、新緑如雲。趁微醺，譜按紅牙，題上紅巾。"慰農觀察詞，亦有跌宕豪放者，純似辛稼軒一流。《舟泊黄浦》，調寄《望海潮》："浪擁江聲，雲浮海氣，奔流直下吴淞。巨鼇騰蛟，危樓結蜃，遥天萬里空濛。噴薄起魚龍。念蒼茫身世，寄與艨艟。濁酒孤斟，銅絃高唱大江東。八蠻重譯來同。算漢家長策，只是和戎。水驛馳輪，樓船激箭，海門百道能通。落日大旗紅。嘆藩籬久撤，誰靖邊烽。聊把黄金買醉，歌舞向西風。"慰農著有《籐香館詞》，《江天欸乃》其一種也。二十年前所作曰《西湖艣唱》，秀水孫灦次公，爲之刻於《同人詞選》中。

齊玉谿，名學裘，婺源人，梅麓太守長公子也。能詩，造北宋堂奥，書法尤工。性樂閑適，不求仕進。視極短，窮睫之力不及尋丈，出入一小童扶掖之以爲常。道光戊申，曾來滬上，與毛君對山結文字交。一日，偕游豫園。見石梁穹窿跨水上，因約毛君乘月夜游，以潭清鏡澄，境必勝於晝也。是夕，月白如水，漏三下，毛君已將就寢，忽聞扣門聲，啓視則齊子也。曰："見此月色，寢不成寐，能赴日間約乎？"毛曰："可。"遂並踏月北行，漫步至園，渡平橋九曲，登谿西一山，四望月皓如銀，上下明浄。山巔有小亭，於此少憩。繼至石梁，見有數丐偃卧欄邊。毛曰："此非先得我心者乎？"齊子、毛大並坐石上，誦所作《舊游明月山》詩，音響琅琅，若出金石。及歸，東方欲白矣。此亦一段佳話。

張子祥熊，秀水人，自號鴛湖外史。工花卉，生氣鬱勃，溢於毫端，縱逸如周服卿，古媚似王忘庵，屏山巨幅，以尋丈計者，愈見力量。兼作人物、山水，亦古雅絶俗。家有銀籐花館，位置精雅，四壁不著纖塵。喜填詞，尤擅長小令。並諳音律，嘗引喉度曲，抑揚宛轉，曲盡其妙，雖老樂工自嘆弗如。室人鍾氏，名惠珠，號心如，工寫梅，作設色花卉，娟秀有致。亂後挈家寄滬作寓公，有終焉之志。

林益扶外舅，名謙晉，祖居同安，而寄籍臺灣。嘉慶癸酉登賢書，槖筆於津門幕府者幾十有二年。試於禮部，屢薦不售，乃就挑爲邑令。署安徽建平縣事，興廢舉墜，惠民多實政。戊子充江南同考官。宦遊所及，北至燕、齊，南至桂管、衡湘，西至黔、蜀，足跡幾半天下。晚年僑寓滬上，宦槖蕭然，不名一錢。當己亥禁煙之令下，閩人在滬習貿遷術者，尤以此爲大宗，勢汹汹且抗官。觀察亦部署營伍從事，變幾不測，賴君一言而定。閩人至今德之。屢主泉漳會館董事。卒年七十。所著有《吴中宦游草》。先生無子，止生二女。長女泠泠，即余繼室也。歸余時，年十有六，字之曰懷蘅。

周弢甫比部，名騰虎，陽湖人。生平以經濟才自負。嘗署其門曰："有王來取法，無佛處稱尊。"亦可覘其概矣。咸豐癸丑，偕湯果卿來滬。與余投縞紵，恨相見晚。宗稷辰居諫垣時,疏薦於朝,目之爲"策議深沈,才識邁衆。"旋又見賞於湘鄉曾文正公,稱之爲奇士。顧浮沉幕府中,屢徵不就。吴門未陷,徐中丞委之以城守事,募勇未集而賊至,幾及於難。因走投曾營,乞師援滬。同治壬戌,奉上官檄,勾當公事。時滬上方興疫癘,君竟罹其災。命不副才,良可惜已。兄公執少尉,名巘,上舍生。熟於史事,對客清談,往往背誦如流。自言少時有志於功名,從其先人遍歷四方,中間之楚、之蜀、之秦、之燕趙,游屐所至,輒有吟咏。嘗三十歲作《暮春》詩云:"四季不堪三月暮,百年幾許少時身。"寄慨深矣。别後,聞其至粤補官,迄無所遇。弢甫長子世澄,字孟輿,媚學能文。金陵書局開,延司讎校。讀書頗能得間,亦後起之隽也。

凌子與,名霞,字塵遺,號病鶴,吴興人。明忠介公之裔孫。少有高尚之志,嘗偕七友結"苔社",專在淬勵學行。今社中人或佐籌幕府,或建牙方面,而子與布衣草食,蕭然物外。亂後避兵寓居滬瀆,杜門謝客,絶少往還。夙擅詩、書、畫三絶,下筆皆沖夷淡遠,迥異恒流,而尤嗜畫梅。顧子山方伯嘆其絶無煙火氣。嘗謂人曰:"世多狂,我寧狷耳。"其立品如此。所著有《天隱堂稿》,歲歲删之,十不存一。自云生平無一篇當意者,其於詩律可謂謹嚴矣。今爲録二律,《題定圃廣文庚申紀事後》:"將軍驢背志如何,匝地驚烽障眼過。忠義幾人成鐵漢,東南半壁尚金戈。河山劫火歸詩史,禾黍荒寒泣嘯歌。漫説廣文官獨冷,熱腸留貯淚痕多。""六橋花柳已成塵,回首鄉關更愴神。烏戍秋風悲牧馬,白頭春夢獨懷人。三年家室常流轉,百首歌吟太苦辛。此日天涯同作客,團萍深喜結詩鄰。"

胡公壽,雲間人,名遠,以字行,自號横雲山民。屢試於有司不售,乃棄而學畫。蕭疏淡遠,不名一家,而於山水所造尤深,顧不肯輕易爲人作也。書法逼真大家,後又肆力於詩,人因號爲"横雲三絶"。與胡鼻山交最善,山人名震,字不恐,富陽人。嗜金石,精篆刻,尤精究六書小學。入其室,屏幛、几榻皆漢碑、宋軍持等物。生平好立崖岸,酒後輒謾駡人。人因目之爲狂。同時客滬者,有錢君叔蓋,精於鑒别碑板,而尤工摹印,性狷潔自好,獨負盛名,以節著。叔蓋名松,一字耐青,家於杭垣。庚申城破,闔門死難,聞者傷之。近日吴江王秋言作畫,極灑落,山水得北宋人法,花卉又似南田,人謂與横雲山民異曲同工。

瀛壖雜志卷五

宋小坡希軾，太倉人，爲彭甘亭高足。垂老頹唐，賣字爲活。奇窮日甚，饘粥幾至不給。所識多知名士，往來滬上者，輒以潤筆錢資之。嘗作笠屐小像，題者如林。梅伯有句云："死能埋我何妨醉，生不如人未敢狂。"壬叔亦有句云："一百青錢一首詩。"小坡讀之淚下。余嘗在東園作消夏集，輒招之往，時有投贈之作。猶記一詩云："故人王仲宣，其才素傾倒。一别將月餘，足音何其杳。忽聞剥啄來，低頭向我道。咫尺便東園，逭暑少炎皞。況又花木多，清流四圍繞。携尊於其間，賦詩留鴻爪。"

汪燕山金陵人，以沈毅有武力稱於時。近有書燕山軼事寄粤中者，讀之淚不覺涔涔下也。燕山，余故友也。庚申之春，蘇垣陷賊，燕山避跡滬上，余一見如舊相識。時獲訂縞紵者，如湘鄉左孟辛、邵陽魏盤仲、陽湖趙惠甫，皆意氣激昂，高自期許，慨然以澄清天下爲己任。每當酒酣耳熱，擊劍談兵，精悍之色，現於眉間，惜以時無用之者，咸鬱鬱不得志。此兩年中，幾於無日不相見，見必轟飲達旦。孟辛酒膽輪囷，氣益豪邁，舉世無足以當其一盼者，而尤推重燕山。予亦謂以燕山之才，何難拔戟以成一隊，斬將搴旗，立功於疆埸間。方今髪逆披猖，生民塗炭，正大丈夫馬革裹屍時耳，何乃久困於此也。曾幾何時，風流雲散，蹤跡闊絶。余既竄廢遐裔，甘爲聖朝之棄物，而時懼以不祥名字掛人齒頰，故於諸君未嘗一字及之也。今覽其逸事，始知燕山赴蓉城之召者，殆十年矣。斯人不壽，天道何知？嗚呼！傷已。尚記在滬時，有贈燕山七古一篇，特追録之，以見梗概。詩云："汪生矯矯稱奇特，雙腕云有百鈞力。結髪從軍意氣豪，平生志早吞虜逆。倚馬草策獻軍門，欲使海内靖鋒鏑。一自從軍不得意，乃來滬地溷蹤跡。相逢忽在酒家樓，談兵酒半動顔色。吾謀不用氣沮喪，飄零市上無人識。東南一隅今重鎮，賢豪於此集裙屐。左家昆季俱好事，長者經濟尤無敵。一見汪倫盡傾倒，痛哭高歌傾一石。有時擊劍向伎堂，裸身大叫劍光擲。士女窺出娟可憐，强作腐儒弄筆墨。嗚呼，當今吴越苦烽煙，何不荷戈去殺賊！"

左孟辛，名樞。其弟仲敏，名樹。湘鄉人。尊人青峙太守補官震澤，隨宦吴中，僦居郡垣顧辟疆園。所藏史籍書畫甚夥，皆世所罕見本，稱爲賞鑒家。亂後挈家避兵滬上，與余往還最密。載酒看花，翦燈話雨，殆無日不相見也。孟辛才氣縱横，好談經濟，年僅二十餘，而詩文浩瀚卓厲，不可一世，洵天下才也。仲敏善畫，能刻石。辛酉冬初附輪舶至漢口，而由水道回湘南。余作詩三律送之云："君家好兄弟，與我最相親。離亂逢知己，艱難見性真。兵戈横南北，天地正風塵。同有飄零感，棲棲到海濱。""世尚攻文字，時方重將才。楚南兵可用，薊北釁誰開？報國廉頗老，陳書賈誼哀。撫時堪一慟，欲别更徘徊。""名父須承業，偏親尚在堂。蒼皇走吴越，豐稔念江鄉。何處無兵甲，當秋足稻粱。好爲天下重，且復罄離觴。”孟辛臨别，以端谿紫肝硯爲贈，並銘其上云：“與子游兮海之疆，子之文兮海洋洋。贈子硯兮吾將别，吾心與海水兮俱長。”别後，余又寄以詩云：“遘亂離憂百事灰，生平懷抱幾時開。萬言羞學縱横術，四海誰知經濟才？兄弟友朋皆至性，婦人醇酒有奇哀。湘雲吴樹參差裏，珍重江干報札來。”後聞其從勞制軍至粤中，傲睨公卿，俯視流輩，頗遭物忌。既鬱不得志，乃上書郭中丞，欲還山讀書十年，然後出而用世，拂袖竟歸。卒以從戎陜、甘，没於軍營。命不副才，惜哉！

毗陵之學，遠出吾吴上。吴門文士，競趨時習，空疎鮮實際。毗陵文士，則皆樸學媚古，彬彬述撰，登作者之堂。近所見趙君惠甫，其一也。惠甫，一字能静，名烈文，陽湖人。庚申春間避亂來滬，時以文字相切劘。謂余作偶爾落筆，文采便自斐然，特尚有欠追琢處，然正不必苛索耳。嘗讀《漢書》三過，均有札記，尤喜覽釋氏書。同治初元，從軍於金陵。書局既開，延主校勘。近聞服官燕北，蒞任易州，當道頗加器重，必能一展其抱負已。同邑吴沐畬茂才，名新銘，爲山子先生令孫，嗜酒，工詩詞，浮沈僚幕中，非其志也。

龔孝拱上舍，一字昌匏，名公襄，仁和人。始名袗，繼改名橙，字太息，又字刷剌，名字奇特，皆出人意表。著《元史》未刻，藏於家。孝拱先世藏書極富，甲於江、浙，五燬於火，遂無寸帙。隨宦居京師最久，能識滿洲、蒙古字，常角獵城外，彎弓射雲，試馬躡日，居然一健兒也。家傍西湖，湖山宛然在目。道光庚戌，林丈薌谿自京師回，道經杭垣往訪之。孝拱持酒一壺，呼舟子同載，歷覽湖山勝景，遥望六橋煙柳，濯濯依人，不覺身行畫裏。僑寓滬上幾二十年，性好揮霍，友朋投贈，到手輒盡。於經通小學，胸次淵博無際。詩詞特其餘事，然爲之輒工，書法直追晉、魏。邇來一切廢棄，專好天竺梵書，朝夕諷誦，亦當今之畸人哉。同邑湯少尉衣谷，名裕。至性肫篤，内行醇備。以一官需次申浦，落落寡合。後爲書局讎校，家於金陵，以樂善好施稱於時。

張嘯山茂才，名文虎，南匯人。於學無不精造，而詩、古文辭均無專集。生平喜爲校勘之學。金山錢氏刻有《守山閣叢書》、《小萬卷樓叢書》、《指海》、《藝海珠塵》、僅後二集，其前八集爲吴省蘭所刊。《珠叢别録》，皆嘯山爲之讎訂。與余初未謀面，神交十年，而以一札通縞紵。亂後避兵來滬，始見之。今録其來書，以志苔岑之契：“欽遲雅望，荏苒有年，帶水盈盈，祇深引領。上月承手教先施，並惠頒秘籍，盥薇三誦，如錫百朋，感愧之私，非可言喻。虎賦質庸下，性復迂疏，學不足以希榮，才不足以逢世。負鉏學圃，抱甕灌畦，匪曰養高，聊自藏拙。二三良友，不牖其志，加以美稱，乃蒙過聽，不察虚實，藻飾逾分，非所敢承，叩頭、叩頭。執事産於玄圃，璠璵之品，望氣可知。使值昇平，假以六翮，承明金馬，未足爲喻。何圖麐鳳之采，閟跡荒陬，來游來歌，楚材晉借。仲宣之依劉表，幼安之託公孫，其事可悲，其情可諒。來旨過自抑損，固見君子之用心。然如管、李、蔣、郭，皆負殊才，同兹羈旅，尺蠖之屈，庸復何傷。昔宇文留金，撰成《國志》；鄺露從雲艴娘，爰著《赤雅》，並貽來世，以爲不刊。執事藻采繽紛，鯨鏗日麗，率爾投簡，已睹一斑。記述所垂，詎讓前哲，尤願執事亟爲之也。虎鄙陋無聞，何足以益執事？盛意殷拳，敬誌襟佩，主臣、主臣。春已過中，凝寒未解,惟爲道珍攝,不宣。”歗山後至金陵書局讎校。管小異茂才,名嗣復,江寧人,異之先生哲嗣。異之先生爲姚氏惜抱高足弟子,著有《因寄軒文集》。赭寇踞金陵,小異陷身賊中,經歲始得脱。移家吴會,繼來滬上,主於英人合信。合信以刀圭擅名一時,小異亦雅好岐黄術,因譯成醫書三種,曰:《西醫略論》、《内科新説》、《婦嬰新説》,風行海内。庚申春,應懷午橋太守聘,往客山陰,未幾而吴門失守,蘇鄉風鶴頻驚,小異奔走道路,竟以憂殞其生。在滬時昕夕聚首,尚憶徐古春以《海上賣藥圖》求詩,余僅題二十八字云:“病足三年倒篋箱,甕中只剩宿舂糧。平生嘗遍人間藥,要乞先生辟穀方。”小異獨爲七古一篇,頗能琢抉醫學源流,今追録之,以見一斑。“《素》《靈》古經真僞參,軒岐秘奥誰共探?長沙太守傳湯液,百十七方珍玉函。《金匱要略》晚乃出,審察毫末稱奇術。六朝作者三四人,葛洪褚澄尤精實。李唐門逕始大開,《千金方》論媲《外臺》。漸舍康逵趨險怪,蘭茝未免淆蒿萊。此後卮言紛莫數,方書汗牛竟何補?朱張劉李逞臆説,披沙揀金終無取。我朝藝術超漢唐,吾所服膺喻徐黄。邇來略習泰西法,所論藏象殊精詳。吾聞醫師古有官,斟酌品味儲温寒。不知何代失職守,庸工操術爲民患。徐君嗜古隱方技,日活數輩門如市。探囊饒有《桐君録》,繪圖合與韓康比。此中源流吾所知,縱横辨論人稱奇。昨者輕寒襲營衛,几案狼藉陳刀圭。君臣配合頗自喜,一飲僵卧煩欲死。談兵説劍空爾爲,趙括陳亮真愚子。方今神州如沸羹,波濤掀翻迷蓬瀛。方壺圓嶠仙帝京,暴腮鼓鬣騰鯢鯨。藥籠中物珍莫輕,持獻真宰親調烹。二豎奔匿滄海清,從君逍遥歌昇平。”小異於古文亦具有家法。所作《張炳垣傳》,葉丈調生採入《鷗波漁話》,余亦登之《甕牖餘談》。

張南坪茂才,名福僖,歸安人,通天算之學。某學使觀風,拔冠一軍,名譽鵲起。卒以不工時文,不能列於前茅。生平布衣蔬食,居貧耐苦,泊如也。橐筆海上,時與西士紬繹疇人家言,然未有成書。徐君青中丞開府吴中,徵之至幕下。庚申城陷,僅以身免。同治初元,湖郡被圍危急,南坪老母弱婦俱困圍城中,乃冒險往省,卒爲賊所獲,疑爲間諜。南坪大駡不屈,備諸酷刑,遂遇害。賊懸其首於竿。凡賊過其下,仰而視之者,輒病寒熱。於是營中驚爲神明,以禮葬之。嗚呼!豈其忠義之氣,藴而不散,作厲鬼以殺賊歟?所著有《彗星考》、《日月交食考》。事定,郡中紳士爲之請恤典,贈國子監學正。或有詩吊之云:“男兒斷頭死,未必非考終。仲子九原下,魂魄毅且雄。平生性質直,頗有前賢風。廿年學天算,列宿横心胸。書成《彗星考》,西法皆開通。携來吴市上,傾倒撫部公。晚遊東海隅,回望烽煙紅。皤皤七十母,棄擲豺虎叢。思量間道入,迎自干戈中。親朋走相送,黯淡無歡容。千言蠟丸書,密密衣間縫。兹行勉將士,内外期交攻。峥嶸賊壘滿,顧望山城空。歧途誤投足,適與羣凶逢。羊牽更犬繫,試頸棱棱鋒。張目奮駡賊,吾血當成虹。誰能草間活,負此七尺躬。嗚呼惟仲子,不愧孝與忠!翹翹趙觀察,大節堪追蹤。羣思牖下盡,只與牛毛同。”

滬上近當南北要衝,爲人文淵藪。書畫名家,多星聚於此間。向或下榻西園,兵燹後僦居城外,並皆渲染丹青,刻畫金石,以争長於三絶,求者得其片紙尺幅以爲榮。至其軒輊所在,未能遽定以品評。風雅之士著有《論書》十二絶、《論滬江書畫》七絶,於滬上寓公,比諸管中窺豹，略見一班。《論書》云："家法蘭亭族望尊，難兄難弟並馳名。獨能一洗書林習，不重錢神重酒兵。"王竹鷗、王鐵史。"閑士清高號白雲，卅年《聖教》究心勤。滄桑以後談前輩，魯殿靈光只剩君。"張云士。"吴興壎伯軼羣材，用筆停匀世所推。閑説何郎曾賞識，至今清望冠書臺。"湯壎伯。"勁敵應輸吴鞠潭，揮毫直欲起波瀾。擘窠大字蠅頭楷，美女英雄一手灘。"吴鞠潭。"雪香狂草走龍蛇，孝拱真書自一家。三百年來論怪體，還之應並板橋夸。"王雪香、龔孝拱，陳還之。"横雲山民擅三絶，一縑倭國價連城。可憐書法空當代，竟被丹青掩盛名。"胡公壽。"佩父於今楊補之，畫專山水重當時。偶將余技酬知己，落紙雲煙自製詩。"楊佩甫。"小楷還推莫直夫，羊裙班扇得時譽。曉風楊柳原超絶，石板銅琶稱也無。"莫直夫。"金石名家刻畫工，臨池染翰興尤濃。性靈雖好清寒露，也似文章少正宗。"衛鑄生。"書到清凌洵有神，跳龍卧虎獨超倫。甬江近事君知否，曾解邪魔攝竊人。"郭少泉。"若論絶世好風姿，王海鷗同金少芝。正似少游吟芍藥，被人譏是女郎詩。"王海鷗、金吉石。"垂露懸針久失傳，却輸閨閣得真詮。紛紛流俗尊門户，誰識簪花格自然。"蘭生女史。《論滬江書畫》云："滬上曾來何太史，廿年前是大書家。子貞前輩。而今老氣頽唐甚，滿紙龍蛇信筆斜。""畫筆還推禮道人，王秋言。折枝人物盡超倫。此中若再分優劣，人物新羅繼後塵。""雙琯齊名金保翁，閨中風雅映江東。翁擅山水，夫人蘭生工書。平生賞鑒真成癖，豈獨區區壽世功。""筆情灑脱胡公壽，花葉規模張子祥。若待當頭施棒喝，自然鼻觀木樨香。""壎伯行書原活潑，鞠潭小楷亦精神。墨池尚欠三分黑，九轉丹成氣象新。""任家昆季老蓮派，偉長、阜長。何不兼師松雪翁。更有伯年真嫡子，並皆佳妙本相同。""直夫褚楷都循理，法度拘迂少獨能。若使此中有我在，定然妙合自神凝。"莫直夫。觀此，於滬上書畫家稱爲專門名家者，略具此矣。

吴淞口海灘，相傳有神鐘一，不知自何處飛來。鐘身甚巨，在天后廟門外，半陷沙際，潮長則没，潮落則見。聞諸故老言，道光二十四年，吴淞口海潮大漲，洶涌奔騰，異於往日。鐘爲潮疾捲而至，約重二千餘觔，銅質斑然，惜不識其款識，時聞風雨作吼。同治甲戌六月朔日，忽失所在，疑爲沙所埋，乃遍尋無跡。好事者輒謂鐘有神，仍挾風潮而去矣。其或然歟？

同治癸亥春，合肥爵相統軍抵滬，駐節城南。顧民夫掘塹爲營，於土中得銅鏡一，圍徑尺，爲土花侵蝕者半，青緑熒熒焉。背銘十字，楷法嚴整，頗似唐刻石經體。文曰："壽比廣成子，貴如郭令公。"掘得者懷之入城市，向骨董肆求售。肆翁以銅貴秦、漢，鏡爲元物卻之。今豫撫錢公轉運在滬，聞獲是鏡，欲購求以獻，爲爵相識，而其人已不知所往。桐華館主時亦爲滬上寓公，曾一見之，乃凡銅耳，不足貴。惟銘文適爲爵相今日識者，是不奇在鏡，而奇在銘。即不及呈爲珍玩，而適得於其立營之地。滬上之役，實爲合肥相國勛業始基。可知一物之微，亦非偶然。此亦滬上一段佳話也。

國初，三吴壇坫最盛。滬上亦風流相尚，美人名士，文酒流連，殆無日無雅會也。時滬有名校書玉煙者，雪膚花貌，慧麗非常。張君宏軒最所眷愛也。宏軒，名錫懌，字悦九，康熙乙未進士，官至刺史。玉煙善飲酒，凡飲席必來典觴，且能使意之所屬，密爲授意，令不苦飲。宏軒常舉以告人曰："如玉煙者，可稱傾城悦名士者矣。"玉煙亦號玉嫣，毛西河遯跡滬上時，曾於席間贈以小詞，譽之不容口。於是玉之聲價震於一時。同時滬妓倩扶，玉骨冰肌，娟妙無匹，亦爲宏軒所暱。一日，雲間諸乾一、董蒼水於重陽後作神山之會，時婁東吴梅村在坐，連覓女郎倩扶不能得。夜分宏軒從滬上來，投刺後，吴命以己車迎入。使者傳覆，需兩車，人頗訝之。及至，則挾一衣冠少年，光艷暗射，若薄雲籠月，人各却步立，不敢詢姓氏。及移燭燭之，則倩扶也，一座譁然。此亦風流之韻事，承平之佳話。

扶鸞之戲，在在有之。近日莫盛於滬間。月一舉，入壇者無不畢至。其始在小蓬萊，後有數處。箕仙與人談言微中，卜病決疑，亦頗有驗。然罕解休咎，惟勸人作善，述因果以寓勸懲耳。亦有贈以詩詞偈語者，格言彝訓，盈笥累牘。神道設教，未始非沉痼之藥石，不知在壇者果能齋心祓慮以相从耶？

楊淞湄於吴淞濱建有小滄浪亭，以爲玩月觀濤之所。騷人韻士，必於此勾留信宿，題詠詩篇，嘯傲景物。淞湄下世，亭亦就圮。遺址尚存，爲八景之一。當時陳茹征澤泰爲之作記，謂："楊子年尚富，可出而仕，乃伏處江濱，與琴師墨客刻燭聯吟，得一佳句，便欣然忘食，殆自全其天者耶？"

余在滬城，無山可登，無景可玩，闤闠囂塵，桎梏若楚囚。不得已輒與屠沽輩詣黄壚痛飲，醉後抵掌高歌。時與李君壬叔作蘇門長嘯，時人目爲狂生，不屑意也。海上豈有三神山乎？煙波浩淼，余將褰裳從之已。

余居北關者前後數年。秋高月朗，忽聞笛聲出於墻外，幽怨淒戾，鄉心爲碎，令人輒喚奈何。泰西女子琁瓓，年十三，善撫琴，嗚咽愴惻，若斷若續，聽之殊不勝愁。西鄰有秦娘者，綺年玉貌，爲西婦中翹楚。雅好操絃，而尤工歌曲。其聲清脆如裂帛，駐月停雲，未足方喻。歌闋，餘韻繞梁，猶若盈耳。嘗偕周公執、湯衣谷前往聽琴，秦娘爲撫數弄，其聲抑揚高下，頃刻數變。滑如盤走珠，朗如瓶瀉水，雄壯如鐵騎千羣，銀濤萬頃，悲怨幽咽如羈人戍客、嫠婦思女，有不可告人之哀，真可播蕩人神志也。時祝公子安甫桐君司馬之孫，時旅滬上。亦呼僮抱琴而至，爲奏《平沙落雁》一曲，音韻悠揚清越，真可爲俗耳針砭。秦娘亟稱善。

向所稱"滬城八景"者，名人多有題詠，曰：海天旭日、黄浦秋濤、龍華晚鐘、吴淞煙雨、石梁夜月、野渡蒼葭、鳳樓遠眺、江皋雪霽。後瞿君西塘亦創爲"吴淞八景"，曰：春江煙雨、斷岸潮聲、横橋秋月、野渡垂楊、滄浪遺址、古冢殘碑、茅庵遠火。遍徵士流題詠，積成卷帙。其所謂"滄浪遺址"者，楊淞湄曾築小滄浪亭於水濱，春秋佳日，招集賓朋，藉作勝游。人死亭圮，遺址僅存。其曰"古冢殘碑"者，里民楊春妻顧氏爲强暴所迫，氏與春共投江死，里人義之，爲建墓立碑於江上。其曰"茅庵遠火"者，净土庵在江口，立燈竿於此，俾揚帆者識認汊口。晦夜行舟，一燈熒然，光照數里。

余始游滬城，道光戊申春間也。其時，先君子授經北關外。留滬三宿，曾作《滬城感事詩》四章，頗謂不減唐衢痛哭也。其一："海上潮聲日夜流，浮雲廢壘古今愁。重洋門户關全局，萬頃風濤接上游。浩蕩東南開互市，轉輸西北供徵求。朝廷自爲蒼生計，竟出和戎第一籌。"其二："蒼茫水國滯春寒，鯨鰐消餘晏海瀾。閭里共欣兵氣静，江山始嘆霸才難。

殷憂漆室何時已，痛哭伊川此見端。遠近帆檣賈胡集，一城斗大枕奔湍。”其三：“烽火當年話劫灰，金銀氣溢便爲災。中朝魏絳紆謨畫，窮海樓蘭積忌猜。但出羈縻原下策，能肩憂患始真才。於今籌國詎容誤，爛額焦頭總可哀。”其四：“海疆患氣未全舒，此後疇能防守疎。應有重臣膺管鑰，早來絶域會舟車。土風誰補蠻夷志，波畢今登貨殖書。千萬漏卮何日塞，空談國計急邊儲。”

余少有高尚之志，以雲煙爲靈景，視榮貴若土苴，雖逐臭海浜，慕膻滬曲，究不易其初心。卜居北關，人跡罕至，老屋三椽，竹木蕭瑟。一日秋風已至，獨坐屏人，偶見一葉飄墮於地，静中有覺，記之以詩：“自憐早插紅塵脚，帶水拖泥骨未仙。陡覺静中微有悟，風吹一葉墮庭前。”

余僦屋北關外，庭中頗有隙地，因種梧桐數本，鴨脚桃十餘株。西風一起，便有蕭瑟意。離家已久，鄉思雜生，午夜讀書，燈影黯淡，坐愁不寐，寒月上窗，思及里中諸故人，往往傷心出涕，欲作唐衢之哭。而里中諸故人，亦無一字相及者，殊可喟也。因作二十八字寄逋道人云：“花開不見楊汝士，憶著家園興味孤。病裏去年强作别，今年書札一行無。”

梅伯繪《懺綺圖》成，囑茸城胡公壽題詩。思久未屬，乃倩壬叔捉刀。壬叔曰：“非得蔡韻卿捧硯不可。”韻卿者，滬之名妓，公壽所悦，不輕與人見也。壬叔既見韻卿，即與之弈。弈罷，進以冰桃、雪藕，曰：“聊以洗滌詩腸也”。韻卿因爲磨墨拂箋，顧壬叔曰：“請償詩債”。壬叔援筆立題二絶句云：“難了茫茫蘭絮因，劇憐清净女兒身。盡教紅粉歸香界，大向花叢展法輪。”“懺綺何如不懺便，綺情深處即真禪。阿難不入摩登席，那得《楞嚴》第一篇！”詩成，爲奏《塞鴻》之曲，聲調遒逸，是亦閨閣韻事也。

華亭雷約軒，於闤闠間購得鐵壺一柄，質甚古雅。梅伯繪圖，劍人題詩云：“鐵龍入海呼不起，跳向壺中鐵天地。日膏月汁造化爐，鐵骨錚錚任陶鑄。浪沙淘洗千百年，物以無用形質全。石鼎不作軒轅去，且折梅花供雪天。”約軒遂自號鐵壺外史。鐵壺一微物，當棄置市廛，誰加拂拭，偶得名流物色，而聲價頓增，光華遂著，物之遇不遇何如哉！

自元興海運之法，歷代間一行之。道光甲申河決高堰，朝議漕艘改由海運，彙集上海，用沙船、蜒船等諸海舶兑載開行。丙戌正月，各郡並集，自南及北五六里，密泊如林，幾無隙處。元夜，萬艘齊燈，尋丈桅檣，高出水面，恍如晴霄星斗，回映波心，上下一色，誠鉅觀也。

豫園爲前明潘充庵所建，時自四川布政罷官家居，出資營造，垂二十餘年而成。地約四十餘畝，極亭臺池沼之勝。逮我朝乾隆年間，潘氏子姓式微，園亦漸圮。徐書城有《過潘氏廢園》詩云：“空林微雨落花紅，昔日繁華似夢中。依舊玲瓏一片石，更無人倚笑春風。”“甲第今來車馬稀，斷橋流水淡斜暉。可憐芳草萋萋緑，玉燕堂前鴉亂飛。”亦足見其悲涼蒼莽矣。時申浦初通海船，商賈雲集，潘氏急於謀售，衆遂以賤值得之。歸邑廟爲西園，分地修葺爲各業公所，後遊人日盛，園中競設店鋪，竟成市集。凡四方之山人墨客，及江湖雜技，皆託足其中，迥非向時布置，固不必於亂後有滄桑之感矣。癸丑紅巾之變，踞爲賊館，幾付之一炬。庚申赭寇逼境，屯駐法國防兵。撤防後，蹂躪毁傷，幾不可復識。斯亦園林之一厄。

城隍廟後園，地最空曠。放生之羊，不下百數。其羊老者，毛拳垂地，角長摩天，時於山石間，三五成羣，相鬥爲戲，負者輒逸去。旁多茶寮，啜茗者每於晚間喜觀羊鬥。其羊日日出遊城外，或渡黄浦船至浦東，遊倦乃還。居民遊客，無敢害之者。有一三足羊甚奇，後二足，而前一足居中，亦彳亍能行，已十餘年無恙。當紅巾踞城時，賊人乏食，或有烹羊果腹者，皆猝死。粤寇逼境時，法國防兵屯駐園中，一法兵盜羊食之亦斃，殆物久而有毒歟？

豫園後門左，臨池五石，崚嶒錯峙，奇峭入古。相傳是王氏素園物。彷彿大士、奎宿、寒山、拾得等狀。兵燹之後，僅存其一。按東、西兩園，奇石非少。西園一笠亭旁，各石俯錯偃仰，自遠望之，略具人形，或亦以五老呼之。法國屯兵其中，遂爲所毁。湖心亭西，一峰獨踞，透漏玲瓏，高與玉華等，《西園記》中所謂"奎星石"是也。而今皆不可見矣。法兵既撤，園石荒凉，時多怪異。池中有一巨黿，嘗夜出嚙人門户，人有獨行遇之者，幾爲其所噬。傍晚入園納凉，竟有濯足澄波，躍入水深處者。拯而問之，則言所見殊非此處，亭榭樓臺，妝點絶勝，友人招之往遊耳。於是相傳園渠有祟，好事者議築短闌一周，以爲之閑。

癸丑閩、粤會匪戕官踞城，劍人避兵余家，首尾二年。棲遲斗室中，一榻孤燈，苦吟午夜，亦無有心人過而問者。曾作《草上餘生記》，述其陷賊得出事。先是，劍人以他事入城，官軍驟抵北關外，城閉。賊目素耳劍人名，欲强留之，以詭免。禱於神前卜籤："易僧衣冠吉。"昧爽，賊啓城，驅鄉人出，遂脱於險。劍人作《滿江紅》詞一闋，寄於圍城中徐君紫珊："海水浪浪，彈不出、古之懷抱。誰覊汝，行空天馬，三升芻料。天下豈非吾輩事，河山悵望風雲杳。莫閑鷗、心緒只閑愁，商量好。樵牧侶，徒相保。湖海士，空推倒。灑西風，男兒熱血，一腔難了。虎帳無人聞鬼哭，蜃樓有霧迷春曉。擲寶刀、四顧忽茫然，英雄老。"嗟乎！劍人自滬城亂後，避地無憀，礮火光中，浩歌此曲，不啻淵然出自金石中也。

余寓之南鄰美國婦秦娘者，國色也。家有西國縫衣奇器一具，運針之妙，巧捷罕倫。上有銅盤一，銜雙翅，針下置鐵輪，以足蹴木板，輪自轉旋，手持絹盈丈，細針密縷，頃刻而成。余偕孫次公往觀，次公口占二十八字貽之云："鵲口銜絲雙翅開，銅盤乍展鐵輪回。摻摻容易縫裳好，親見針神手製來。"近時此器盛行，縫人每購一具，可抵女紅十人。

吴漁山與王石谷同邑相友善，而畫亦相埒。惟漁山老年好用西洋法作畫，雲氣綿渺淩虚，迥異平日。或傳其晚年竟從西教，浮海不歸。張浦山《畫徵録》稱石谷因漁山借其所橅大癡畫不還，遂與絶交。人疑石谷友誼敦篤，未必因此細事遽爾割席。逮觀徐紫珊所跋，始知漁山於後果入西教，則石谷之絶交，非無由也。紫珊跋楊西亭所寫漁山小像云："余嘗於邑之大南門外，所謂天主墳者，見卧碑有'漁山'字，因剔叢莽視之，乃知即道人埋骨處。命工扶植之，碑中間大字云：'天學修士漁山吴公之墓。'兩旁小書云：'公諱歷，聖名西滿，常熟縣人。康熙二十一年入耶蘇教會。二十七年登鐸德，行教上海。疾卒於聖瑪第亞瞻禮日，壽八十有七。康熙戊戌季夏，同會修士孟由義立碑。'蓋道人入彼教久，嘗再至歐羅巴，故晚年作畫好用洋法。"西亭此像作於辛酉，其時猶未入教也。然則據此，漁山亦海上寓公之一耳，一入彼教，便爾齒冷，甚矣晚節末路之難也。

《唐書·藝文志》凡小説家書，無不采録，獨不及應制之賦、試帖之詩。《明史·藝文志》,不列名家時藝稿,蓋史例宜然也。今新修邑志,凡工於帖括者,亦得附録。雖曰創格,或於體例不無少乖,蓋邑乘固爲史之支流也。且此等豈得言文,恐不屑以之覆瓿糊窗耳!

邑志《藝文》,雖經校補,尚有漏遺。特就所知,摭拾如下:陳鋆,字掌平,著《片石山房集》。黄師愚,字維城,著有《酒香山農集》。蔡乙青,字明藻,著有《藜堂詩鈔》。沈瞻華,字鏡瀾,著有《攬秀堂集》。沈芝蘭,字安之,著有《海日樓集》。沈芝蓮,字晞之,著有《希雅堂集》,並足頡頏前哲,追逐時賢,而邑乘弗爲登,豈由未之見歟?

趙謙士,名秉沖。未達時,往遊京雒,羈旅中無曹丘生者,意將旋南,而遲滯未決。兄實君觀察,以蔭官中書。逢純廟避暑熱河,實君在扈從之列,因請與偕。一日,上坐碧紗幮,謂某相國曰:"此處需書、畫各四幀。"相國出,商諸實君,倉卒無以應。謙士請於兄,敬寫真、草、隸、篆,梅、蘭、竹、菊以進。上嘉問誰所作,相國以秉淵對。召見,將有賜。秉淵對以出自臣弟秉沖,名遂上聞。反自熱河,適懋勤殿人員缺出,詞臣罕克充其選,急欲得人。相國以趙名上,惴惴恐格於例。上曰:"即熱河作書畫之趙某耶?"立促召之,許以諸生掛朝珠入直,旋賜舉人。值上七旬萬壽,獻"古稀天子寶",後十年,獻"八臻耄念"玉印,俱悦聖心,自中書洊擢卿貳。嘉慶初年,進少司空。誠千載一時之遇合也。此爲前賢之軼事,海國之美談,而何以邑志遺之歟?

褚文洲明經,意致蕭疎,才情恣肆,不修邊幅,不事生産。婦家殷阜,外姑特爲周恤,欲飯飯之,欲錢錢之,若覆育子弟,誠無以加。外姑没,翁憎其貧,禮意寖薄。褚固傲骨嶙峋,恥寄丈人峰下,乃益貧困。後逢高宗皇帝南巡,爲人捉刀,獻賦行在,驟獲千金。因置錢肆中,收子金爲薪水資。未幾,店廢,褚力索之,店主人自縊,其子控之訟庭。後事雖白,而千金耗矣,書生福薄,其褚之謂哉!

説部載錢鶴皋女蓮仙事,傳者異詞。毛對山斥其荒誕不足據,固徵有識。然先後邑志都采之,則事非無因也。相傳錢女名蕖馨,姿容絶世。錢謀起事,生瘞女於黄歇浦旁,内造隧室,置三年糧,許以破賊即出。後鶴皋敗,香遂長埋。白楊衰草,無有過而問者。康熙壬辰,諸生陳佑經其地,見箭臺諸遺跡,訪之士人,知爲鶴皋故墟。西北百步許爲女墳。登覽憑眺,詩以吊之。徘徊間,昧色籠煙矣。瞥覩雕墻峻宇在林影中,有雙鬟携絳紗燈導麗姝姗姗至,妝束濃艷,環佩璆然。邀至其室。既而設饌,水陸備陳。陳叩氏族,春山微蹙曰:"頃蒙賜詩,潤及枯骨,使埋没幽魂,得復昭然於化日光天之下。是以久子一盃相敬,祈無我棄,莫認作山魈水魅貽禍生人者。"乃使彩衣女覓醆勸醻,又命紫衣女郎作回風舞,長袖翩躚,幾欲凌飆仙去。舞畢賦詩,有"難得天台是阮郎"句。陳意餒,次韻却之。潸然淚下曰:"妾非效桑間濮上也,特以郎君情重,不能相捨耳! 固知不可玷君子,況三生石上無一笑緣何!"陳遂起而辭别。携手相送,至橋邊,吟短絶句云:"整束簪環泣送君,依依難向小橋分。他年不斷情緣處,杯酒還澆隴上雲。"珍重而别。行數武外,偶一回頭,則荒草茫茫,月殘斗轉,身在墓門亭角邊也。此出自青浦諸晦香《明齋小識》,與邑志少異,烏得以盧充幽婚污巇貞魂? 録之以廣噩聞,豈好作東坡之説鬼哉!

海鹽祝君,掌教敬業書院,挈愛妾偕至。居相近,有待字之女,綺年玉貌,體態輕盈,能詩善繡，爲芳閨良友。未幾，女適人，倡隨不篤，有彩鳳隨鴉、文鴛逐鶩之嘆。願守空房、伴孤帳，謹持女箴，長齋禮佛。暇或詣祝，挑燈款語，恒至丙夜。一夕，忽於人定後，啓闢齊出，不知所之。偵騎四發，冥搜無跡。凌晨，屍浮於河，兩女猶緊相偎抱。瞿子冶明經爲之作傳，備載端委。語多奇麗，可新耳目。

羅靐字春淵，工填詞，裁花鏤玉，手奪春鮮，時有柳三變、張三影稱。尤好冶遊，每至章臺，流連忘返，正如西域賈胡，到處輒止。既而床頭金盡，移居千山之左，門逕幽深，與市廛遠隔。一夕盜至，母夫人趣婢，婢皆驚匿夾幙間。乃自起拒盜，暗中揮擊，一一仆地，盜盡辟易。此固巾幗而鬚眉也。武吃氏之技勇，恐亦遜諸。羅母平日怯弱如不勝衣，而臨變趫捷，雖白梃之徒，當之輒靡，談者以爲奇事。

余嘗與毗陵吴沐盦茂才觀荷南園，於時涼露初晞，清芬遠透，花光波影，摩蕩於熹微朝靄間，殊覺會心不遠。余於葉底覓得並頭蓮雙朵，囑沐盦填詞記之，庶幾無負此花。沐盦於一食頃，填《念奴嬌》二闋，詞旨佳妙，嘆其敏捷。當時，余謂之曰："古云愁音易好，其信然歟？此題作者宜是吉祥文字，乃四注旁射，觸緒紛來。詞人多感，斯言不我欺也。"沐盦亦爲失笑。今檢諸行篋，二詞尚在，具録左方："偎紅倚翠，算凌波、誰似棲香雙影。水珮風裳懽夢好，同領曲池清景。柳綰同心，荇牽長帶，鶴露何曾警？亭亭清蓋，眠香較護安穩。　映水絳靨重重，鯉魚風裏，聚散憐蓬梗。野宿鴛鴦知幾許？争擬花宫交頸。憑趁薰風，舞衣未落，爲祝團圞永。芙蓉江上，玉環芳約誰省？""綃裳翠珮，怪花工、何事生成佳耦。出水亭亭泥不染，生小紅粧相守。兩兩同心，盈盈並蒂，緑夢魂銷久。凌波雙影，芳塘一夜春透。　幾許等藕尋蓮，三生佳約，好事知酬否？照水鴛鴦三十六，芳思可能同剖。摇曳萍波，棲香夢穩。風信誰僝僽。鷺拳花底，應差孤影銷瘦。"

城中巨室園池，多與黄浦潮通，每以潮來獨高爲祥異。化龍橋爲喬氏世居。廳事前有小池。一夕潮忽至，直通堂上，高一二尺許。潮退，荇藻浮萍淋漓滿壁，莫不驚異。未幾，喬公光烈爲湖南巡撫，其弟照爲浙江提督。後三十年，陸氏竹素堂上小池，亦通潮，高於往日。陸耳山先生旋爲工部侍郎，著《四庫全書提要》，名震海内，一時皆以爲休徵，是亦海陬嘉話。

癸丑會黨之亂，徐紫珊上舍陷於圍城中。余寄書力勸之出。紫珊答書往復，深自剖晰。且言在閩人會館定計復城，已有成謀。不料事忽中變，喋血倒地。當難初作，蔣君劍人往諗之。紫珊屬作袁公傳，且令詳叙殉難本末。袁公蓄有四犬，皆不食死，更屬作義犬記，而爲袁公成殮如禮。劍人將别，啓篋贈金數笏，指其新居嘆曰："此將爲墟矣！"言極沈痛。惟裹足不出城，是大失著處。即使名重逼留，要可用計脱也，戀戀危地何爲哉！卒至蜚語相誣，無以自白。平素知交，將其昔日詩文贈答，悉行删薙，則殊可哂也。紫珊生平爲邑中籌辦公事，以能敏稱，惟功罪不相掩，故德怨亦時參半耳。紫珊來書，爲録二通，特語多過激，斯其所以取禍歟？第一通云："就衰之年，時有小疾。閉門日多，與通人才士應接日少，即劍人兄雖心儀有年，去歲始纔締交，非盡闒疎懶也。昨蒙惠書，見愛之真，相諒之切，雖未識面，可謂知己矣！渭仁以虚名老壽，爲地方祭酒，致遭覊縶。總之輕量而不智，夫復何言？當此人情向背，物議騰興，以有爲無，以無爲有，任人好惡也。切以區區朝不坐、宴不與之人，獨能守義不回，頻遭逼勒，雖殞身碎首、喋血當前而不顧，亦可謂不没初心矣！不意飛語流之自上。究其故，不過以此大題，壓兒輩傾家助餉，而不知無家可傾者矣！破巢之卵，奔走無告。渭仁曾有詩云：'潮頭空費三千弩，牘背虚傳第一人。'豈有逆以賄免？國是如此，尚可爲耶？一丸之地，使生民塗炭至於如此之極，天耶？人耶？皆緣功名之念重，忠愛之心輕。我家司寇云：'作官之日少，作人之日多。作人之日少，作鬼之日多。'惜乎此輩未聞斯語也。属書聯句附去，惡劣不足供一笑。臨書莫罄所言。"第二通書云："忍死苟活，槁枯一室。宋君來，奉到手書。慷慨讀之，想見酒酣耳熱、拔劍斫地時也。垂念之深，感入骨髓。時事何可言，我輩牛羊犬豕鷄，畢命於庖厨而已。且聞羣小罔人利己，設爲方略，以凌善類，東元南氣傷矣。當局者居此爲奇，非爲之不能。實能之而不爲，必有粲然入告之文。斐(裴)延齡掩有爲無、指無爲有。陸宣公謂其愚弄朝廷，甚於趙高。而況趙高比比耶！他日煙沈潮息，有心人必有著述，恐見者以爲僞書謗籍，蓋二千年史籍所未有也。國體官方、兵威士氣，掃地盡矣。當此家無餘糧、路有餓莩，雖欲保首領以没，未知天定何如耳！不能盡言，手此奉報。"紫珊於圍城中，寄其所作數詩，欲余傳之，以明其心。今爲具録左方。《寫恨》云："不信椎埋輩，能成彪虎癡。安危原有數，抱恨豈姜維。"自注：姜維通後主曰："陛下忍數日辱，臣使社稷危而復安，日月幽而復明。"癸丑八月五日，余見觀察亦云。至七日，事垂成，猝變。余在廣安會館，嘔血滿地。《癸丑十二月二十五日紅巾數十人擁余至僞署脅余出貲，取筆書二十八字示之》云："比户排門括蓋藏，天教浩劫歷紅羊。寒家所有惟書卷，難餉軍中半日糧。"《二十七日賊以脅貲不遂將斬余已脱衣矣忽釋之囚於花神樓因題壁上》云："死爲厲鬼助天兵，手縛狂犀戮駭鯨。可惜殺身非報國，自注：緣脅貲不與。他年圖史要分明。"《甲寅立春日花神樓獨酌》云："人日逢春不當春，拘樓空憶草堂人。昨宵入夢門多鬼，侵曉題詩筆有神。一路誰司深淺劫，三生誰識去來因。自注：時余絶粒。忽傳好語催歸去，剩得尊前未殺身。"《甲寅八月五日致祭袁明府埋處》云："披髪騎龍望旆旌，經年鼙鼓未休兵。人間我豈常存者，世上君留不死名。怒控寒潮猶撼郭，魂歸朱鳥已無城。可憐碧血余雙淚，家祭何年慰太平？"

平話始於柳敬亭，然皆鬚眉男子爲之。近時如曹春江、馬如飛，皆其矯矯傑出者。道、咸以來，始尚女子。珠喉玉貌，脆管么絃，能令聽者魂銷。向時多在城中土地堂、羅神殿，日午宵初，聊爲消遣。徐月娥、汪雪卿，皆以艷名噪一時。兵燹以後，都在城外。推爲此中翹楚者，則如袁雲仙、吴素卿、朱幼香、俞翠娥、吴麗琴，並皆佳妙。今時繼起者，則又有朱麗卿、陸琴仙、陳芝香、金玉珍、張翠霞，吐屬雅雋，頡頏前秀，每一登場，滿座傾倒。其聲如百囀春鶯，醉心蕩魄，曲終人遠，猶覺餘音繞梁。此又於裙釵中别開生面者矣。或爲集句贈之云："玉臺閑詠新詩句，金屋難藏没字碑。"是猶不失爲閨閣風雅歟！其有盲女彈詞，則所不取。雙瞳既失，而猶以聲藝售，此則地獄之變相也。

黄浦中，向有船妓，略如蜑户。日將暮，駛附海舶，分宿各幫。其海舶全身白堊，俗謂之白肚皮船，俱舶浦心。舶中所携紅毛酒，貯以玻璃瓶，色紅味甘，辣如丁香，功勝媚藥。楊徵男《淞南樂府》云："淞南好，海舶塞江皋。羅袖争春登白肚，琉瓶卜夜醉紅毛，身世總酕醄。"今此風稍息。近虹口處,間有西洋妓艘,歲一二至。華人或易西國裝束以往。其有江干僦屋,獨處無郎,號稱西域葡萄者,邇來亦殊盛。

向時,浦中賈舶停橈處,士人輒載衍院客溯洄其間。春風上下,其聲曰"唯"。泊舟者聲相應,即攏舟送至,衾裯笙笛咸備,晨鐘初動,便來引去。於萍水中作魚水歡,恬不爲怪。有某甲者,樂酒好内,不啻宜州山獺。一日泊舟浦濱,日入三商,呼聲盈耳,掀篷瞻眺,意渫魂摇,因喻舫人和聲招之。須臾,見彼姝由後梢揚衡含笑而來,乃學房宫對食。夜半風催解纜,招妓船弗得,竟作夷光之舸。幸布颿無恙,迅駛如飛,土人未審游墯家鄉,無從追索。自後有舟防察,不虞珠走,此亦可供笑譚。

教坊演劇,俗呼爲猫兒戲。相傳揚州某女子擅場此藝,教女徒,率韶年稚齒,嬰伊可憐,以小字猫兒,故得此名。滬上北里工此者數家。每當粧束登場,戲鑼初響,鶯喉變徵,蟬鬢加冠,撲朔迷離,雌雄莫辨,淋漓酣暢,合座傾倒。纏頭之費,動至不貲,是亦銷金之鍋也。噫!邗上繁華,慘遭兵燹;吴東士女,猶喜笙歌。撫昔感今,能無腹痛?

滬上遺跡,以袁山松爲最古。有崧澤村者,又曰崧宅。以袁山松故宅尚存,遂以名村。吴淞亘其北,襟以横泖,帶以大盈,地洼而土洳。明時市廛日闢,商販交通,文人韻士,多薈萃於斯。今久無人爲問酒旗花嶼矣。有訪古而過者,只見村煙數縷,布作里落間光景耳,足覘盛衰之無常已。或云山松有墓在周浦。按:崧宅屬於青浦,崧墓屬於南匯,自分邑後,皆非滬所有矣。

黄浦,渟泓浩瀚,直匯滄波,賈舶商艅,羽集鱗萃。向時沿浦而居者多漁家,蘆葉菱花,情致蕭瑟。今浦西爲西人通商總集,金碧樓臺,淩觚焕日。初至者從船中遥望之,彷彿在圖畫中。浦東一隅,則尚不失舊時點綴也。陳雲邨有《黄浦櫂歌》四絶,今録之,猶可想見往年風景也:"葉葉風帆逐浪頭,白雲低處有沙洲,人家半住魚蝦市,茅屋蘆花萬點秋。""小姑十五初上船,大姑十八蕩槳便。潮來打魚潮去睡,安樂生涯年復年。""牙檣旭日映曈曨,估舶新來日本東。血色荔枝椰子酒,賽神俱到聖妃宫。""吉貝花開白似綿,侏儰買得上樓船。沿江不種桑麻樹,處處春深蒔木棉。"徐淡涯亦有《滬城雜詠》,今録其四:"空濛海氣薄遥天,旭景分來若木巔。金碧爛然光四射,萬家樓閣裊晴煙。""吴淞江水水連空,東去滄溟萬派通。最是迷離煙雨夜,白沙兩岸滿漁翁。""結伴提壺坐石梁,夜寒零露濕衣裳。簫聲起處愁多少,一片江波白月涼。""秋波江上水滔滔,鼓浪江豚出地高。夜半何人還有恨,一時聲作子胥潮。"按:黄浦廣不三里,而潮勢胸(洶)涌,近海也。

向時滬上名妓,以鄭氏玉珍、玉齡爲翹楚。姊妹花來自吴門,僦屋於西城夭桃深處,弗與院中人等。楊柳樓臺,枇杷門巷,賓從如雲。而所與往來者,皆雅流名士也。紈袴鹺茵,不屑邀其一盼,以是聲價愈高。春林曹君,以風流藴藉稱於時,尤與之暱。嘗於席上贈以長歌,中有云:"仙子訝逢郭芍藥,教坊錯認鄭櫻桃。枇杷花下桃源路,家在金閶門外住。燕子銜將春色來,天涯又種相思樹。一笑相逢掌上珍,趙家姊妹盡青春。尋常腸斷銷魂句,未許當筵贈玉人。"曹君於桃花開時,輒作匝月流連。一日,往訪不遇,疊前詩韻寄之,中云:"行行已過城西路,聞道美人於此住。未許裴航乞玉漿,無言空對桃千樹。"是亦可謂深於情者已。

瀛壖雜志卷六

滬雖瀕海，而賈舶往來，多北至瀋、遼，於東南洋諸島國，皆所未悉。洋艦西航，道經吳淞口外，偵知民物之富庶、市廛之繁盛，輒生艷羨心。道光中葉，間歲一至，地方官外則饋物加禮，以示羈縻；内則嚴禁漁舟，不得導之入口，然終未能絶也。其於水道之深淺、形勢之險夷、防禦之疏密，早已瞭然。一旦發難，易若摧枯，干請要求，期於必得，履霜堅冰，蓋非一朝夕矣。既據香港一隅爲外府，而上海適介南北之中，最當衝要，故貿易之旺，非他處所能埒。雖由人事，亦地勢使然也。道光十六年，有洋舶名夏荷米（荷夏米），泊於吳淞口，三日而後行。粤人爲通事，聲言至滬通商。先一日，粤督、閩督皆有文移諭寶山縣勿令入口。然洋舶徑抵礮臺下，兵不敢擊；雖諭漁船當先報聞，毋許交通，亦不過具文耳。當時海防之疏，早已微窺之矣。噫！

和議既定，海禁大開，劫火重圓，游蹤更盛。顧文人學士之至此間者，登臨憑弔，每多感慨今昔，把酒問天，拔劍斫地，殊不自覺其欷歔不已也。寶山蔣劍人有《滬城感事詩》四首，秀水于辛伯有《滬上漫興詩》四首，並爲録之。蔣詩云："斜陽古壘草蕭蕭，惟見風帆天際遥。萬里螺桑沉鬼國，一城脂夜蕩花妖。横江組練青龍艦，大將旌旗白馬潮。辛苦當年袁内史，水仙遺跡未全消。""火宅都開枕上蓮，瓊膏日日費熬煎。黄金有價真成土，碧落無情欲化煙。遍檢神方難續命，愁看長夜竟如年。東山若問閑絲竹，總爲蒼生一惘然。""焦頭爛額竟何如，薪突於今計莫疎。貨殖已開循吏傳，安危誰上徙戎書。金波地涌龍蛇宅，華屋春深燕雀居。獨倚高城一長嘯，欲携霜鍔斬鯨魚。""汀鷗沙雁自相呼，倦眼模糊眺緑蕪。海上樓臺驚蜃蛤，眼中人物笑菰蘆。梅花不作銷魂賦，駿馬休描没骨圖。惆悵所思隔芳樹，長煙漠漠滿江湖。"于詩云："一指南針路不歧，樓船樓閣兩參差。中華禁已開鶯粟，外國風誰補竹枝。物象瑰奇神禹鼎，衣冠樸陋武梁祠。上洋城北番人市，那似天涯與海涯？""萬里戎王擅富强，獨將陰教治遐方。土風不數《吾妻鏡》，運會偏逢女主昌。""信有生男應勿喜，從知卿婿亦何妨？胡天胡帝威儀肅，任繪新圖壓賈裝。""浩蕩東南互市開，帆檣如織擁潮來。千箱鳳茗商初集，五月蛟絲汎又催。處處琉璃成世界，重重雲霧幻樓臺。似聞嶺海消烽火，氣短金銀付劫灰。""别創琳宫大地中，皈依頂禮制尊崇。尅期七日占來復，演説重天渺太空。甲子紀年翻夏曆，《癸辛雜識》著冬烘。尸毘救世如相證，可與流沙象教通？"

洋涇浜爲西人通商總集，其間巨橋峻闢，華樓彩輅，天魔睹艷，海馬揚塵，琪花弄妍，翠鳥啼暮，以及假手製造之具，悦耳蘂曼之音，淫思巧構，靡物不奇。雖窮極奢欲，暴殄已甚，而文人雅士來作勾留者，正可以之佐談屑、拾詩料。邇來《竹枝》、《柳枝》之詞，述者甚多。

秀水孫次公有《洋涇雜事詩》百絶,説者謂可與黄韻珊《蜃樓詞》並傳。今録數首,以見一斑:"花冠羽帔坐深宫,握手君臣禮數崇。自是女媧傳派遠,歌風不逞大王雄。""估帆葉葉卸諸蠻,傍海新添第一關。從此共球來萬國,波斯載寶不教還。""洪口濤聲浪打圍,横橋倒影卧斜暉。何來百尺沈江鎖,綰住長虹不敢飛。""四海同文歷有年,伊誰繙譯事丹鉛。才人擱筆增惆悵,未讀西方梵夾篇。""腰支瘦削貌如花,窄袖寬裳走鈿車。别有緆絺蒙素面,不教海國起風沙。""玉勒銀韉護雪駒,四輪車子駕雛姝。懷中添個琵琶抱,一幅《明妃出塞圖》""橐橐行來響革靴,錦裳八幅護雙跏。倘將貼地金蓮比,佛國原開一丈花。""頻年寶氣涌重洋,一餅銀成價倍昂。聞説近來新樣好,飛蚨多半化鷹揚。""拚將重值買新絲,鶯粟花開不算奇。中國財源如海大,要知潮去有來時。""琥珀濃浮酒滿巵,信陵沈辭(醉)復何辭。一瓶瘦聳渾如畫,留與晴窗供折枝。""邃閣重樓丹碧新,繡衣襲地絶纖塵。洞天似惜無人守,長使烏龍卧錦茵。"西人多以洋犬守門。"寶匣玲瓏嵌翠鈿,八音並奏韻鏘然。泠泠響逐天風起,月夜初鳴廿五弦""趨來名士總無雙,月旦偏留在異鄉。願棹米家書畫舫,拓開眼界住申江。"按滬地雖屬偏隅,而四方名士接踵而至,次公常欲撰《申江米舫録》,搜採羣賢,志一時之盛,故末首及之。

慈谿芷汀氏有《洋涇四詠》,録其二。《地火》云:"活火然千朵,明星炯萬家。樓臺春不夜,風月浩無涯。欲奪銀蟾彩,真開鐵樹花。登高遥縱目,疑散赤城霞。"《電綫》云:"電氣何由達?天機不易參。縱横萬里接,消息一時諳。竟竊雷霆力,誰將綫索探?從今通咫尺,不值鯉魚函。"苕雪忘機客亦有《海上小樂府》四首云:"歡愛碧桃花,儂歌《白團扇》。電綫蟄海底,往來誰得見?""琉璃莫作鏡,火油休爇燈。但照見郎面,不照見郎心。""明月不長明,好花不長好。怪殺輕氣球,隨風會顛倒。""昨夜錦上花,今朝途中棘。鐵廠生郎心,機械安可測?"此則隨作一事一物,寓意抒情,旨深詞淺,亦《子夜》、《讀曲》之遺也。

印江詞客撰《滬竹枝詞》五十首,今爲録十四絶:"吴淞口子犬牙排,防海當年築礮臺。一自通商都撤去,隨波輕送火輪來。""萬里通商海禁開,千年荒冢幻樓臺。可憐酒地花天裏,夜有青燐泣草萊。""連雲樓閣壓江頭,縹緲仙居接上游。十里洋涇開眼界,恍疑身作泰西遊。""賭賽争將上駟驅,當場攬轡各踟蹰。寄奴百萬成孤注,拚付驊騮一蹶輸。""中外無非率土臣,殷周損益本相因。""如何我亦忘正朔,禮拜隨人十指輪。""豫園花會更翻新,士女嬉遊到點春。行過湖山橋九曲,彎環恰遇意中人。""約伴燒香邑廟時,靈籤偷掣第三枝。暗將心事低頭訴,不怕神知怕姊知。""别有風光一洞天,好花香到舞樓前。笙歌夜譜霓裳曲,妬殺蟾宫女謫仙。""小閣烹茶莢選雷,宜興壺子碧磁杯。吴娘也有盧仝癖,狎坐何妨笑語陪。""唱説彈詞號女先,姑蘇新到小嬋娟。琵琶半抱佯遮面,含笑低頭學簸錢。""么二長三曲巷通,迷蜂醉蝶總花叢。茶園已散情難遣,弦管誰家樂正濃。""凌波微步渡虹橋,倒影春潭水亦嬌。生怕來舟打嬌影,隔篷人已唤停橈。""堆盤衢橘與樟柑,新會黄橙别帶酸。生受玉人親手剖,爲郎權耐指尖寒。""燈球火樹閙元宵,男女喧闐似涌潮。夜静人稀斜月冷,誰家畫閣正吹簫?"

近有創爲滬北十景者:一曰桂園觀劇,二曰新樓選饌,三曰雲閣嘗煙,四曰醉樂飲酒,五曰松風品茶,六曰桂馨訪美,七曰層臺聽書,八曰飛車擁麗,九曰夜市燃燈,十曰浦濱步月。古月山房薪翹氏作十詠以張之。今録於左方:"相傳鞠部最豪奢,不待登場萬口誇。一樣梨園名子弟,來從京國更風華。""酒侶吟朋任款邀,羊羮鴨臛好烹調。時新那厭更番喚,風味由來重六朝。""環房曲室客争趨,縹緲雲霞頗足娱。不是酒家來卓女,冶遊人總覷當壚。""煙寮酒户兩忘機,浪説銜杯興欲飛。酒可解煙煙解酒,今朝不醉不言歸。""鏤槅雕窗面面空,果堪消遣是松風。微聞薌澤來何處,隔座佳人笑語通。""燕瘦環肥任品評,脂香粉膩總温存。可憐幾曲章臺柳,不遇情人枉斷魂。""小拓晶窗近水樓,美人高座説風流。聽來不是生公法,頑石如何盡點頭?""妝成墮馬髻雲蟠,雜坐香車笑語歡,電掣雷轟驚一瞬,依稀花在霧中看。""電火千枝鐵管連,最宜舞館與歌筵。紫明供奉今休羡,徹夜渾如不夜天。""萬里長空一鏡磨,樓臺倒影入江波。此邦亦有清涼境,搔首何人發浩歌?"

滬上習尚奢華,儀文放廢,而洋涇尤不可問。禮法之士,至於不欲見聞。古淞梅花主人著有《洋涇七念勾》,痛快淋漓,道盡近來積習,真令讀之者可以永息此念矣。具録於下:"德重才優,桃李春風次第收。師道尊無右,忠敬宜深厚。嗏!修膳薄雲秋,防先慮後,呼馬呼牛,眉眼誰甘受?因此把教讀洋涇一念勾。""生計營求,術學陶朱雅誼留。真貨公平售,價弗欺童叟。嗏!虚僞日相投,鬼謀白晝,較盡錙銖,情面無親舊!因此把交易洋涇一念勾。""絲緞綾綢,錦繡章身盡上流。品重衣宜美,下賤人難比。嗏!仆隸偶盈餘,全忘法守,艷服華冠,紳宦同行走。因此把服御洋涇一念勾。""花底珠喉,緑鬢紅妝買笑樓。温柔嬌樣女,舊是消愁處。嗏!脂粉假風流,奴雙仆偶,財少情疎,白眼旋相負。因此把訪妓洋涇一念勾。""玉盌金甌,旨酒嘉肴逸興稠。醉月吟風地,一席酬豪友。嗏!滿漢炫珍羞,聲迷色誘,物價騰高,佳味何曾有?因此把飲酒洋涇一念勾。""色藝名優,選妓徵歌藉解愁。往事今重演,説法全身現。嗏!新樣鬧京徽,弦絲雜奏,盗賊姦淫裝盡當場醜!因此把觀劇洋涇一念勾。""覽勝尋幽,大道康莊得自由。尺土皆王有,矩步人咸守。嗏!匪種日操矛。妄施鞭詬,狐假虎威,反作逋逃藪!因此把閑步洋涇一念勾。"

香鷺生客滬十稔。有感於洋涇風俗之淫靡,人情之澆詐,特爲《海上十空曲》以警世,調寄《金絡索》,是亦渡迷之寶筏也。《青樓》云:"簾捲香風,著粉施朱夕照中。秋水雙波動,勾引多情種。咚!酒緑與燈紅,請君入甕。帳卧銷金,直把金銷送。君看露水夫妻恩情總是空。"《游客》云:"浪蝶狂蜂,問柳尋花意興濃。覿面情偏重,乾濕殷勤奉。咚!仔細度巫峰,將人斷送。擲盡黄金,驚覺癡兒夢。君看影裏情郎總是空。"《女煙館》云:"香霧漫空,折桂頻教到月中。臺上仙來鳳,一笑煙槍奉。咚!彷彿入花叢,瓊漿兼送。約度巫峰,奈肉屏風重。君看半截觀音總是空。"《女説書》云:"弦索錚鏦,作態登場顔轉紅。音韻悠揚弄,還恕無迎送。咚!堂唱興尤濃,相思拚種。無奈曇花,一現兜羅夢。君看一曲琵琶總是空。"《戲館》云:"鑼鼓聲中,鬼幟神旗氣象雄,奇幻《盤絲洞》,艷冶《描金鳳》。咚!異曲同工,京徽争哄。士女紛紜,錯坐幾無縫。君看優孟衣冠總是空。"《花鼓戲》云:"異曲求工,淫逞妖姬狂逞童。花鼓新腔送,賣眼春心動。咚!醜態一般同,猫兒虚弄。一樣排場,難把周郎哄。君看輕薄桃花總是空。"《酒館》云:"舜韭堯葱,下箸千錢未足供。樓説慶興重，肴饌依時奉。咚！處處一般同，嘉賓任共。行令猜枚，月影花梢動。君看饕餮成風總是空。"《茶館》云："閣敞松風，非陸非盧興也濃。嘈雜人聲閧，男女横肱共。咚！麗水混魚龍，天開一洞。龍井松蘿，只要兄方孔。君看調水分符總是空。"《花煙》云："妝亦稱紅，施本西家忽住東。草榻煙氛重，此腹真堪捧。咚！浪蝶游蜂衆，調情覓空。袖得千錢，十匣欣然奉。君看一陣殘花總是空。"《燒香》云："妝飾偏工，有女如雲廟入紅。一瓣心香奉，伴侶虔誠共。咚！邑廟憶城中，閣來丹鳳。稽首慈雲，早賜團圓夢。君看色相真如總是空。"

邇來洋涇一隅地，每值新年，尤爲熱鬧。游女如雲，備極妖艷，釧聲釵影，盡態極妍。其争償夙願，手爇瓣香，偕姊妹至紅廟者，絡繹不絶於道。名爲禮佛，實恣遊春。而秦樓楚館中人，此風尤盛。一時裙屐美少年，隨行逐隊於脂香粉澤之間，相與品花評柳，以資笑謔。間有唐突，了不爲怪。或有《洋涇新年竹枝詞》紀其盛。戲園中携妓觀劇者，紛如也。翠袖紅裙，環坐幾無隙地。顧一曲未終，玉人已杳，衣香人影，未免太覺匆匆耳。

庚辛之間，賊陷江、浙。東南半壁，無一片乾净土。而滬上繁華，遠逾昔日。諸名士避地至此，來作寓公。賭酒論詩，幾忘兵燹；而所見所聞，殊有不值一哭者。鉢池山農《滬城竹枝詞》，今録其四："滿天烽火照蘇州，獨有花枝不解愁。麗水臺高三十尺，隔窗清坐看梳頭。""吴淞樓櫓達西洋，廿載華彝共一堂。憑仗荷錢遮蓋好，横塘無數野鴛鴦。""連宵歌舞倒金樽，曉起飛輿競出門。士氣凌夷官氣減，銅山當道市兒尊。""錦衣公子性奢淫，一點金閨禮佛心。香火共傳紅廟盛，靚妝華僕拜觀音。"於時八郡難民，陸續麕集於城外。貧者官置草舍，以庇風雨。人因號洋涇浜爲"流離世界"。蓋租界中華堂大厦，茶室酒樓，無不以五色玻璃爲窗牖，而玻璃一名"流離"，出自西域。後乃熔石昉造，用者漸廣，故亦襲其名也。

洋涇一隅，别開人境，耳聞目見，迥異尋常。顧欲描摹於頤吻，講畫於口指，殊覺費於形容。昨見晉陵守真子由上海寄某翁書，可謂能狀一二矣。書云："昨偕某丈散步江濱。夕陽依山，暮色在樹，四顧風景，别有天地。鯨宫貝闕，異製而同巧；蜃樓海市，殊方而合居。樹緑全脱，雲黄欲飛。凌波萬頃，估檣電掣而來；騰地一聲，羽轂風馳而至。銅街縱横，繡壤交錯。游人衆多，恨少士類；列肆盛設，時見姬姜。妍京鍊都之筆，賦物爲難；模山範水之圖，寫形匪易。《山經》有所未詳，夏鼎尤多未鑄。輕裘霞舉，非列子而御風；電氣霄來，不長房而縮地。其制度之奇詭，服物之焜燿，恐離朱遇之而目眩，輸般當之而巧奪也。淵海莫測，寶山空回，藉廣見聞，頗亦欣慰。"

保安司徒廟，建於矸溝浦上。是廟未詳建於何時，已見於郟亶《水利志》。今名紅廟，内供關帝、觀音，紺宇紅墻，結構幽敞，向時極爲寥落。自會匪踞城後，香火日盛。然賽神酬願者，皆青樓中人。每至觀音入道、誕生之日，紗輿絡繹而至。或作《紅廟燒香竹枝詞》云："紛紛車馬往來忙，粉黛叢中别樣妝。自是燒香争早起，不教雲雨戀襄王。""秦樓楚館半嬌娃，也解皈依禮佛家。第一傾城顏色好，雲鬟斜畔插生花。""深深合掌拜蓮臺，願祝蓮花並蒂開。却笑青樓多薄幸，慈悲空自説如來。"

海市之設，由來已久。然海舶多在吴淞口外數十里，不敢直達黄浦。和局已定，海禁大开,各國設領事官正、副各一,繙譯官一,肄習繙譯官二,其中最著者,英、法、普、墺、美、俄、嗹、意、西、荷、葡等十餘國。小國不設領事官,有事隸英兼理。文移往來,皆用華字,稱謂與華官敵體。延華人爲幕友,司案牘、亦有門役及辦差者。華人有事禀白,例用柬帖。漸效華風,以巨木杆懸旗於上者,即其衙署也。

浦北爲虹口。近浦曰外虹口,較遠曰裏虹口。沿浦多以舢舨小艇渡人。操舵者皆閩、浙無賴子也。雖至深夜,唤渡無不應者。咸豐六年,西人建築鉅橋,以通往來,而招招者跡稍稀矣。米利堅人教士,皆於其地建講堂、構居屋,鱗次櫛比。庭前多曠土,橋梁修整,樹木葱茂,蔚然别一風景。米人見客多謙抑,亦奉耶穌,惟稱造物主曰真神,以别於儒家之上帝;而與英國教士之稱上帝者,各立門户,其争幾同水火。臆造名字,愈覺支離。其實道之真源,並不在此,適增談者嗤點耳。

吴淞口雖距滬數十里,而邇來水淺沙膠,巨舶艱於出入,非潮盛至,不敢迅駛雙輪也。設擱淺處,非運載輕舟,歷二三日不得脱,故航海者幾視以爲畏途。因請大憲開濬。或以爲此天所設之險塹也,斷不可加以疏鑿。其請幾不行。西商於是謀築輪車鐵路,由滬直達吴淞,以便貨物之轉輸、人客之往來。或謂若能成此,亦中國之創舉也。然疏河之説,朝議卒許之,則築路其將未果行歟?

泰西諸國行商、傳教於滬者,以英、法、美爲巨擘。彼疆此界,區别截然。北門外洋涇浜以北爲英國界。東門外自東至北爲法國界,凡三茅閣橋以南皆屬之。惟美國傳教士則多居虹口,行鋪則與英人錯處,統謂之租界。浦中估舶商艅,羽萃鱗集。英、法、美三國,歲中皆有兵艦駐泊,以資鎮守,藉爲行商、傳教之捍蔽。行商則英爲急,傳教則法爲重。諸國均於租界中建立會堂,以行瞻禮。七日禮拜爲安息期,凡月中逢房、虚、昴星者是也。是日,西國行鋪停止貿易。

滬自髮逆圍竄,乃於北門外設立會防局。單于效順,回紇助師,得收指臂之用,屢奏東南之捷。是局之設,實爲全局一轉機,創之者,吾鄉潘玉泉觀察也。髮逆既平,則有會審衙門之建。蓋以租界中事變繁賾,中外交參,非設專員不足以治之也。西人於是亦立巡丁,徵屋税,華民有選事者,率先拘縶之於室中,然後解官,名曰工部局。英、法各一,各理其界中事,無越畔焉。緝姦宄,平道路,皆其專責,西人别簡紳士爲之董理云。

洋涇之濱,蕩溝之側,西人構屋於此,居如櫛比。旭日初射,玻璃散彩,風景清絶。室外繚以短垣,華木珍果,列植庭下。甃地悉以花磚,雖泥雨不滑。入其内,則曲屏障風,圓門如月。氍毹薦地,不著纖塵。璚户重闥,悄然無聲。碧箔銀鈎,備極幽静。繫鈴於門内,每呼僮僕,則曳之。客至,則叩户上銅環。如有人在室,亦必輕擊其扉而入。第室止數椽,無曲折深邃之致爲可惜耳。

西人喜樓居,臺榭崇宏,可資遠眺。庭前小圃一畦,結豆棚,作花架,似籬落間風景。有園丁專治花卉,灌溉甚勤。惜上無數仞之石,足以登陟;下無半畝之池,足以溯洄,殊爲缺陷也。至於盆盎所列,皆泰西名種,異色奇香,莫能彷彿。秋深採子,亦可植於他處。

西人建講堂於城中,不下五六處,而聖會堂最高聳。登其巔,目極數十里外,江天風景,落我眼前,帆檣往來,歷歷可數;俯瞰井里,罫畫縱横,類水田衣然。嘗偕同里醒道人攬衣陟頂,塵襟灑然,眼界空闊。余曰:“滬城佳處,當以此境爲勝。惟是煙樹蒼茫,不識故鄉何處,頓覺魂散魄越,目極心傷矣。”

西人之教,明季已入中國。大旨以悔罪爲宗,而歸其本於事天敬主。斥釋教爲寂滅,鄙羽流爲虛誕,崇信耶穌,終身不變。謂人世之福,如石火電光,不能恒久,宜修身立命以躋明宫,則吾身之靈,庶幾常存不敝。顧同一奉耶穌也,而其教有新有舊。舊者曰:“加特力,”即天主教也。新者曰:“波羅特,”即耶穌教也。舊教盛事科儀,而教旨反昧。新教惟尚清修,而無一切拘攣陋習,尚近於儒。有《新》、《舊約》兩書,爲彼教中圭臬。《舊約》記載開闢以來遺聞往事,及古人訓世格言,然亦不過猶太一隅耳。《新約》純録耶穌生平言行及門弟子授受之詞。近日教士之來中土者,著書立説,出入儒經,大半華人爲之粉飾。或有言耶穌並無其人,大抵由於西士之鑿空無稽,是亦謬矣。夫西域遠處海隅。敦龐初變,悍厲成風,而耶穌一人,獨能使之遷善改過,以範圍而約束之,道垂於千百年,教訖於數萬里。嗚呼！謂非彼土之傑出者哉！

西人設有印書局數處。墨海,其最著者。以鐵製印書車床,長一丈數尺,廣三尺許,旁置有齒重輪二,一旁以二人司理印事,用牛旋轉,推送出入。懸大空軸二,以皮條爲之經,用以遞紙,每轉一過,則兩面皆印,甚簡而速,一日可印四萬餘紙。字用活板,以鉛澆製。墨用明膠、煤油合攪煎成。印床兩頭有墨槽,以鐵軸轉之,運墨於平板,旁則聯以數墨軸,相間排列,又揩平板之墨,運於字板,自無濃淡之異。墨匀則字跡清楚,乃非麻沙之本。印書車床,重約一牛之力。其所以用牛者,乃以代水火二氣之用耳。

印書車床,製作甚奇。華士之往來墨海者,無不喜觀,人(入)之吟咏。秀水孫次公《洋涇浜雜詩》云:“車翻墨海轉輪圓,百種奇編宇内傳。忙殺老牛渾未解,不耕禾隴種書田。”海鹽黄韻珊《海上蜃樓詞》云:“榜題墨海起高樓,供奉神仙李鄴侯。多恐秘書人未見,文章光焰借牽牛。”黄詩中所云李鄴侯者,蓋指壬叔,其時正排印天算諸書也。墨海後廢,而美士江君,别設美華書館於南門外,造字製板,悉以化學,實爲近今之新法。按西國印書之器,有大小二種:大以牛運,小以人挽。人挽者,亦殊便捷;不過百金可得一具云。

施醫院,即今仁濟醫館也。與墨海毗連,專治華人疾病。主其事者,爲西醫雒頡,稱刀圭精手。西人於醫學最嚴,必先於其國中考證無訛,然後出試其技,懼以疏庸殺人也。雒君尤精於眼科,藏有空青數枚,光滑如鵝卵,摇之中有水聲。他如癰疽惡瘍、跌折損傷,治之多立愈。雒君後往京師,繼之者不一人,而推合信氏爲巨擘。合氏前時行醫於粤東,著有《全體新編》,講論脈絡臟腑,殊爲精詳。其目擊多由於剖割,雖遜於仁者之用心,而審治較切,或鮮至悮。葉遂初封翁爲之刊入《海山仙館叢書》中,流傳最廣。第書中不載治療方藥,殊爲憾事。至滬後,延金陵管君小異爲師,專事著述,譯有《西醫略論》、《内科新説》、《婦嬰新説》三書,然後西國醫學,大明於中土。合氏自信其書必得享盛名於百年後,洵非虚也。

西人治疾,大半乞靈於器,精妙奇闢,不可思議,不僅如華醫之用針灸已也。即如治肺疾者,有聽肺木,亦曰審氣筒,以一端枕病者胸前聽之,隨聽隨移,審其呼吸,辨其部位,即知病之所在,而亦能察治妊婦各證。顧其治華人傷寒内證,往往不效,且轉增劇。其故因不講切脈,專用補、瀉二法,蓋實者瀉之,虚者補之,只就其人秉體强弱言之耳。至於病之所在,則有宜攻者,有宜散者;用藥又有寒涼温熱之異,原非一定;苟執此以治,鮮不蹶矣。若其治西人驗而華人或不驗者,究因臟腑厚薄之不同耳。

往見丘浩川傳海外牛痘種法,治小兒痘症如神。其術以割臂微破,見血敷藥,兩三日即出痘一二顆,結痂甚易,終身不再發,余甚惜其言之不詳。種痘並不用藥,所取不過牛痘之漿耳。牛痘之法,隨時可種,然究於春令爲宜。法用最薄犀利小刀,割開臂上外皮,將痘漿點入,須令自乾,且不可擦去。三四日後,即於所割處起泡發漿,並不延及他處,經數日即結靨脱落。小兒並無所苦,嬉笑如常,並不必避風忌口,真良法也。予嘗問醫士雒頡曰:"牛痘之法固佳,而聞近日西人至中國多有傳染時痘毒氣而再出者,則此法固不足恃也。"雒云:"漿必取新鮮,粒務取明綻,則後日可無此患。故漿不過十日,過十日則力薄不效。又小兒每過二三年,必再種一二次。"

嘗見《南史》祖沖之造千里船,不因風水,施機自運,此其巧妙與西國輪船無異。但純用機棙,不藉煤火,制度稍殊耳。其以千里命名,迅捷可知。又楊么之樓船,激水駛輪,其速莫比,此亦西國輪船之濫觴。由是觀之,可知器物之精,中國已先西人而爲之。惟異巧絶能,世不經見,人死即復失傳。世之人又不肯悉心講求,畏難自域,俾器與人同亡,殊可惜已!

西國所製火船,有明輪、暗輪之别。無論風浪順逆,俱可駛行。速者一時可行六七十里,遲亦約得五十餘里。最懼海底礁石,故以鉛砣測淺深必慎。顧輪船涉海雖迅利,而不可一日斷煤;煤極重滯,勢不能足兩月用。是以西人於瀕海各處,皆設埔頭;即海中小島,亦設官置兵,專司輪舶往來煤火、淡水之需,以備不虞。在滬有水營、煤炭局,倉卒解纜,取予無匱,慮誠周密矣。近有深究化學者,謂能别創新法,可以廢煤而用氣。是説也,余未之敢信。貨舶亦堅固異常,利於涉遠。其駕駛,無論風之順逆,俱可揚帆,桅上繩索,縱横無慮數百頭,舟子一一理之不少紊。緣繩上升,其捷如猱,能直上桅杪,以遠鏡瞭望。西船近亦賃於華商,或出重價購之。當事者似可如法製造爲戰艦,以之出洋搜盜,勝於他船多矣。

西人於近事,日必刊刻,傳播遐邇,謂之"新聞紙",有似京師按日頒行之《邸報》,特此官辦,彼則民自爲之耳。滬上設有專局,非止一家,亦聚鉛字成板,皆係英文,排印尤速。同治初年,字林印字館始設華文日報。嗣後繼起者,一曰《申報》,倡於同治十一年,英人美查主之。一曰《彙報》,倡於同治十三年,美人葛理主之。皆筆墨雅飭,識議宏通,而《字林》遂廢。每月有火輪郵舶二,自中土往來,刻期而至,雖甚風雨不爽時日。必携其國之日報、信札,按名給派。故雖隔數萬里之遥,而國中有事必知。軍國急要事,則由電綫傳遞。蓋視六合如一家、四海同衽席矣。滬之北關外銀肆、物鋪,皆視西舶出入爲低昂,賈者率以得價爲居奇,然不過數日間,其價即平。

西人游玩之所,曰環馬場。每至夕陽將落,男女聯鑣並乘而出,飆車怒馬,幾於聲轟雷而影閃電。素衣霓裳,風飄欲舉,見者殆疑天仙化人離碧落而來紅塵也。春秋佳日,則以賽馬爲樂。其法各選駿駟,立幟於數里外,環馳三匝,能先至幟下者,即得優賚。當賽時,往觀者若堵墻,士女如雲,嘖嘖稱美。又於環馬場中互賽健足,飛行絶跡,趫捷無倫,不減高敖曹爲地虎也。馬路有打球場一區,專以擊球之高下角力之優劣;蓋亦以練習筋骨,亦猶陶侃運甓之意。西人雖於游戲之中,不忘武備如此。

西人照像之法,蓋即光學之一端,而亦參以化學。其法先爲穴櫝,藉日之光,攝影入鏡中。所用之藥,大抵不外乎硝磺、强水而已。一照即可留影於玻璃,久不脱落。精於術者,不獨眉目分晢,即纖悉之處,無不畢現。更能仿照書畫,字跡逼真,宛成縮本。近時,能於玻璃移於紙上,印千百幅,悉從此取給。新法又能以玻璃作印板,用墨搨出,無殊印書。其便捷之法,殆無以復加。法人如李閣郎,華人如羅元祐,皆在滬最先著名者。或云,近來格致之學,漸悟攝影入鏡,可以不用日光,但聚空中電氣之光照之,更勝於日,故雖夜間亦可爲之。技至此疑其爲神矣!孫次公《洋涇雜事詩》云:"添毫栩栩妙傳神,藥物能靈影亦新。鏡裏蛾眉如解語,勝從壁上唤真真。"

西人以操舟爲能事,雖富商文士,亦喜習之。每於夏秋之交,擇黄浦空闊處,鬥舟爲樂。其舟皆取一葉小艇,或以帆,或以槳,亦以先至者爲勝,出注甚豐,或有驟至千金者。鬥時數十舟齊駕並驅,争先競進,乘風破浪,捷若飛鳧。中國篙工楫師,皆仰視愕眙(眙),驚爲絶技,自嘆弗如。其有八人共駕一舟者,旗角褰霞,槳牙激雨,尤爲奇變百出,視古之水嬉,過之無弗及也。歲一舉行,以爲常例。願入會者,必先期告衆。以是足見其視江水如平地,歷風濤而弗驚,故能縱横於汪洋巨浸中而鮮失事也。黄天河《金壺逸墨》云:"西人賽舟會,舟式以八人打槳者爲最大。五采備具,出没於洪濤白浪間,第見旌旆飛揚,戈矛閃爍,最足以駭悦心神。亦有小舟用三人者,馳鬥如飛,捷於鳧鶩。得勝者踴躍奔騰,波譎雲詭,以快其奪標之興。蓋賽舟有二種:蘇格蘭人以衆勝,英、法、美人以獨勝。"

西人工爲戲劇,如縱躍飛舞,皆以女子爲之。短裙窄袖,袒胸及肩,衣裾四周,悉綴寶珠,雪膚花貌,掩映於明燈之下,與燭光相激射。臺下奏樂者十餘人,抑揚嘹亮,皆西國樂器也。女子步武疾徐,悉中音節。别有女子,尤善馳馬,較北方之解馬更捷。演劇時,山河宫闕,悉以畫圖,遥望之幾於逼真。凡此戲術,皆從海外來。偶至一演,非時有也。特價甚昂,非如吴市之看西施,僅捨一金錢已也。其他尋常游戲,亦有可觀。如電氣之器,能令暗中發光,以數十人連環携手,執之無不震縮。又影戲皆以玻璃片畫成,而亦能變化無端。西人於宴客時,酒闌茶罷,率一爲之,以供笑樂。

西人頗喜爲善,其傳道講書者,謂之牧師,蓋即教士之尊稱也。刊印書籍饋人,立意亦勸人悔改。惜秉筆者未能爲之潤飾,意鄙詞晦,未甚雅馴;故有朝頒於人而夕捐字簏者。此外設施醫館,捨藥餌,至冬則有粥廠,施淖糜以拯病餓。或有言曰:"書館送書,人未必讀;醫院施藥,疾未能瘳;施粥者,苟善其章程,行之不倦,庶幾實惠耳。"

西邦女子,姿質明瑩,肌髮光細,遠望之殆若神仙。其服飾彷彿霓裳羽衣,疑非人間所有。出則以輕綃障面,如秋雲之籠月。胸乳間湘裙圍繞,長可垂地,步曳革履,足不迫襪,自覺纖柔多姿。雲鬢則青絲覆額，貫以玳瑁之簪，其色微黄，然笄年以下女子，間有黑如點漆者。清瞳秋水，纖指春荑，玉骨冰肌，清極無比。江南固多佳麗，如此者吾見亦罕，殊令人有西方美人之思矣。

西人好犬。大者高三尺許，項繫金環，出必以隨。呼猫曰“巴西”，毛色純白者出波斯國，善捕鼠，過於張摶之千金也。其富者羅致珍禽奇獸，畜於園囿，外以鐵絲爲籠，狀甚瑰偉，皆非中國所產，旅獒翟雉，未足相方，好奇者見之，可一擴眼界。即如前時荷蘭國所貢火鷄，能食火，投然炭於地，如啄粟米。今此種鷄，西人多畜之，不足爲異。

西人於學，有實證可據，然後筆諸書册。如天學必以遠鏡實測得此星。醫學必細剖骨絡、臟腑，以窮其病之所在。動、植之學，必先辨蟲魚草木之狀，而以顯微鏡察其底裏。苟有一毫未信，不敢告人。格致家新得一理，則白諸公局，有優賚焉。工匠創造新奇之器，亦必先告諸繁術院，許專其利。相效成風，羣以爲耻，故技藝之精甲天下。

西人務爲實學，如天文、算術、地理、水利等書，頗皆精思苦詣，窮極毫芒。其傳教於中華者，則皆著書立説以見長，然不免躐等而進。教中所尤重者曰“聖學”。他若六藝以及雜技，視爲小道，於會堂中尚無坐次。揚子雲曰：“通天地謂之‘伎’，通天地人謂之‘儒’。”與此意將毋同。

西人火器最稱精利，所以制勝威敵者皆恃此。礮身長短有定率，礮膛都以巨鑽鑽成，常用磨治，取其滑利，久而不銹。礮丸外以鉛裹，取其四周不能洩氣，而藥力全注於彈。鳥槍製法，亦寬窄得宜，而新法可以一杪許發數十響，絶不似内地鎗礮，易於炸裂，又難命中及遠。蓋其平時講求甚切，承辦得人，絶無草率偷減諸弊，故器具皆精，無窳敗之物也。我國果能延雇西匠，設局仿造，行之於各直省軍營，何至威令下移。嗚呼，難矣！此余於咸豐初元所言。

西人於衢市中設立燈火，遠近疏密相間。其燈悉以六角玻璃爲之，遥望之燦若明星。後則易之以煤氣，更爲皎徹。蓋藉煤礦之氣，聚而發焰，故光遠而有耀耳。煤氣有局。各家欲燃是燈，則告局爲之製造。其法掘地至深爲土窟，以鐵圍之，廣約畝許，高與樓齊，外以鐵柱爲架，内設機器，煙櫃高十丈有奇。旁屋數椽，中儲硫礦、煤其内，火門直透火窟。洪爐既燎，風輪迅鼓，煙皆貫入鐵管。管長丈餘；圍五六寸，斷處熔鉛彌隙，埋於土中，聯接綿亘數里不絶。其火皆由鐵管以達各家，雖隔河小巷，曲折上下皆可達。街衢間遍立鐵柱，柱空其中，上置燈火。至晚燃之，照耀如晝。富貴家或多至數十盞，以小鐵管暗砌堂壁，令火迴環從上而下，宛如懸燈。每家於鐵管總處設立燈表，可測所用煤氣多寡。局人按月驗表以徵費，其人工之巧，幾於不可思議矣！

西人製電以通音信，名曰“電報”。其法以玻璃作室，聚電氣於中，而以銅綫達之各處，雖數千里之程，頃刻可至。其電氣通標，水陸均可施用。於陸則排列木柱，相距三丈餘，而繫鐵練其上，以爲聯絡。於水則以鐵練攬成巨索，外裹樹膠，沈之洪濤巨浸中。至於遞報之法，各有不同。或以鐵筆鑿字於紙，以藥水顯明字跡，此意大利人戛氏所創。或以針盤指字，盤列二十八(六)字母，隨其針之所指。最便捷者，内設秘機，而以活字板印於紙上，此爲美國郝氏所造。滬上電報，創自連那士，自吴淞口、浦東以達洋涇。轉瞬可至，固勝於驛騎遠矣。

西人设有博物院，其中珍異書籍、鳥獸蟲魚無不備。格致之士，皆得入而覽觀。凡象爐、龍鼎、犀鏡、鮫綃，火齊、木難，赤紋、緑字，一切兼收並蓄，錦襲香熏，鏤錯紛陳，光華四射。間有不可指狀而名識者，詭怪陸離，莫能逼視。所藏典籍，尤多秘笈琅函，任人於架上抽閲，惟不得携出耳。近擬倡設宏文書院，專欲華士切磋於西學，先從格致入門。院中司其事者，衆推英儒偉烈亞力。偉烈君通天算之學，生平著述等身，而精勤惕厲，未嘗一日廢書不觀也。

西人多設義學，貧家子弟，願入學讀書者，衣食膏火，悉供自西人。後日學業有成，則函薦至通商口岸，量材任事。如虹口文氏、墨海慕氏，所收及門最盛，惜後皆半途中廢。旋以肄習西國之語言文字者多，倡設英華書院，然限額僅二十五人，窶人子不得入焉。説者謂滬上居海濱之中，扼長江之口，貿遷之盛，甲於中土，尤須明諳西學之人。當仿香港中環大書院之例，廣爲登收，宏加教育，俾有志之士，得以專心肄業其中。凡於時政之得失，民俗之貞淫、物産之精粗、輿圖之沿革、兵額民數之多寡、風尚政教之異同、格致星算之淵微、機器製造之成法，在在皆資其講求，復使誦讀各國之史乘，借鏡於存亡興廢，其所以益人神智豈淺哉？將見他日之儲材致用、折衝樽俎、輝耀敦槃者，無不由義塾中始。

近日崇尚西學，由廣方言館遴選幼童出洋肄業；而别設總局於租界，延師課以西國之語言文字，拔列前茅者得預焉。每次以三十人爲額，奬以頭銜，謂之官生。他日藝成而歸，量材擢用。其出洋肄業，則以美國爲發軔。蓋以始事者爲容純甫太守，向固讀書於美國學校者也。他日必當徧至英、法、普、俄，集其大成，而非徒專取一隅之學術已也。

西人馬戲，備諸變態，凌虚絶跡，一片神行，誠令觀者目不及瞬，口不能狀。桐華館主有《觀西國馬戲記》，序次明晰，歷歷如繪。記云："日落氣清，傍黄浦江行。明星萬點，與波上下；輿轎車輦，絡繹如織。渡浮橋而南，西國戲圃在焉。支大幕爲幄，高十丈許，廣蔽數畝。中爲馬埒，其形正圓；植柱其中，是爲支幕之極柱。懸煤氣燈數十，光明如晝。環埒設座以待客，客入之道在東；埒缺其南，爲馳道以通馬；馬之房則在幄外。馳道之左庋臺，奏西國樂，樂再作而馬至。男女四人，錦衣繡服，各策馬驟入，環埒交馳，以樂爲節。樂少止，八馬對立如雁翅，後有一人炫服驟馬入，立其中，左之則馳而左，右之則馳而右，銜尾焉，比翼焉，周規折矩，參伍錯綜。方目眩神駭，幾不及數馬之多寡。臺上樂戛然一鳴，馬皆立如植，男行女行犁然也。既罷，則間以雜戲。少頃，一人揚鞭導一白駒入，無銜轡，及埒則環走如飛，既數周，呵之立止；人以鞭擊，輒作胡旋舞，再擊，則再旋，卓鞭示之，輒人立以後足行。既又疾馳，使人張布當其道，馬輒躍過；初爲參角而三張之，既復聚而張之，如畫乾卦，馬皆一一躍過，無留礙。又横當以木欄，馬復連躍如前。忽有一人花面錦衣，狀如中國戲劇之丑者，手指口語，解者謂訾其馬；馬馳至闌所，果局促若不能過，其人怒，揮鞭連擊，馬輒蹄踢，竟不復躍，合座鼓掌。既復以一駒駕四輪車，入埒繞馳，中道忽不行，力肆騰蹴，當軾故爲漆板，蹴之有聲，與臺上樂節相應。車尾有若毾㲪者，駒忽以前足立其上，首與御者並,意若佐之推車,環埒再周而下。繼導一馬入,錦鞍無鐙,一女窄衣短裙,赤露臂足,躍登其上,馬疾馳如矢激,女在馬上蹴踏跳躑,有時翹一足爲商羊舞,或側身倒掛作欲傾跌狀。復使人張布當馬首,馬從布下馳過,女躍越之,仍立馬背,三躍三過,不爽分寸。觀者色奪,女自若也。又絡雙馬使並行,抱置一十歲許小兒其上,既上則兩足分踏兩馬,縱轡疾馳,馬蹄風入,小兒故作欲墮勢,又若怖極欲啼者。一人以鞭擊地;催馬益駛,臺上樂益繁急;少焉馬止,小兒翩然下矣。又有一人錦衣馳馬,其矯捷作勢,與前女子略同;使人手執巨圈當之,馬自下馳,人輒貫圈躍登,自貫一圈至六圈。又有黑女子,蓋阿非利加洲人,立無鞍馬背而馳。後有一兒,視前兒尤小,瑩白如玉,繡衣錦褲。人爲抱置馬項,女挈之起,兒即立馬背,揚手驅馬。女復當其腰横擎之,兒伸足張手,嬉笑作態;旋四掌相抵,兒倒植女頂如蜻蜓,馬行如電不少駐。既息,女抱兒下。人既奇女,彌復憐兒。又有兩馬,不施銜勒,入埒交馳,忽兩首相低,一馬前進,一馬倒行,既周則進退互易如前狀;有一人揚鞭叱之,則帖耳摇尾,踏踏然歸矣。此馬殆不僅知人意,且能通人語也。”桐華館主又作《馬戲歌》,亦具録之:“房星照夜海不波,騂騮蹴踏凌鼉鼉。巨艑西來幾萬里,足不著地驤雲過。時清不復事馳騁,駿骨妍媚工婆娑。虞廷昔稱百獸舞,馬亦獻技由人和。中原芻秣勝苜蓿,塞下饑倒單于騾。由來稱力乃下駟,況復鬥巧尤殊科。申江之濱訏且樂,大開馬埒形圓渦。高張廣幕延座客,冠釵履舄紛何多!中支極柱綴燈百,一一鐵穗開金荷。異方樂作任與昧,律吕和切音相摩。欻然突騎應聲出,錦服各控青絲絹。迴旋往復參伍變,如鳥穿葉龍騰梭。一駒躍入學胡旋,作止赴節無纖訛。有時崛强作人立,實聽人意憑撝訶。馬通人語人馬語,驕嘶矜寵知云何?凝脂點漆兩雛女,異姿同態垂鬟髿。短裙窄袖赤臂足,風吹葉葉輕明羅。奮勇躍登馬背立,細骨不用雕鞍馱。馬如矢激人木植,目未及瞬三周阿。商羊一足舞且蹈,忽若么鳳緣危柯。舒張作態半起幻,半空彷彿來天魔。更番巨躍復曲踴,分寸不得將防蹉。寧馨小兒出文葆,倒接女頂高巍峨。翩然一跌衆失色;乃躡馬頂呼囉囉。龍駒汗血尚未汗,人則含笑開雙蛾。六(亦)云勞矣且少憩,馬踠怒足人微酡。動色稱神嘆觀止,眼着北斗迴天河。刷燕秣越性雄直,似此驅使宜煩苛。豈知馬意亦殊得,何苦千里行逶迤。甘將材武作兒戲,不聽鼙鼓聽笙歌。豈無老驥久伏櫪,徒以就範成蹉跎。憮然太息拂衣起,歸途斜月明煙蘿。香車寶馬莫矜捷,轅中亦有連錢騾。”

西人戲術,若轉盤,若緣橦,若登梯,若假面具,迴巧獻技,不可殫名。而尤以術師瓦納所演爲冠場。戲院頂圓如球,樓岑明燈千點,密於蓮房,其光倒映,朗徹如晝。至時泰西士女,寶馬香車,絡繹奔赴。須臾座客已滿。西人而外,粵國裙釵、蠻姬粉黛居多。臺上障以絳簾,樂作簾開,中懸一八角圖,紙牌遍列其上。術人出,與客爲禮;以指彈之,如飛絮落花,隨風飄墮。取牌六葉置鎗中,機動鎗發,振地一聲,而牌仍在架。神斤鬼斧,不倚不偏。又借客之約指、手巾,以炫其奇。約指則倩客閉置盒中,手巾則紅白二幅,各剪一圍,略一指揮,則紅白互補,形如滿月,又如較射之鵠。頃刻還原,真如天衣無縫,略無補綴痕,約指已掛臺上花枝,其變幻不可思議。術人取盒一具,内扁而外方,内置一表,倩客鎖閉。臺供一器,形類銅鐘而有針旋轉。如臺上之針所指何方,則盒内亦然,屢演不爽累黍。最後取客一高冠,其中空無所有。術人手探之,則取出衣一、巾一、褲一、皮盒一,盒長五寸,盒中有盒,層出不窮,至十二具,纍纍推置案上。使復納入,則一盒都不能容。其巧妙實出言思擬議之外。又向冠中取出紙裹洋糖餉客,冠轉而糖出,有若連星貫珠,座客食之幾遍。旋將冠置臺表,忽冠中有聲如鎗,震冠爲裂,火焰熒然。術人踏火使熄,冠扁,作愧赧狀,乃疊冠入一鉛管中,忽鎗發如震霆,冠懸於梁。梁高不可攀,鎗再震而冠已落地,舉以還客。俄而西國女童,自幃際珊珊而出,年約十數齡,一種秀曼之氣,如初出芙蓉,光彩四射,能作廣寒仙子御風而立,又能作壽陽醉態横卧空中。其他略如中國搬演戲劇,第妙手空空,絶不藉助於寸巾尺袱,所以爲佳。其最驚心動魄者,則以匕首決人頭也。時絳簾驟下,樂聲烏烏,殊慘人耳。簾啓則術人短衣持鈴而立,旁一人與術人對峙。術人鏗然摇鈴作聲,其人即昏然如醉。術人引之挺卧桌上,出一劍,光鑒毫髮,甫下而頭落,血花直噴空際。術人盛首於盤,下臺遍示座客,頭猶温暖,面色灰敗,有啓其唇以視,犀齒宛然,仍登臺還首於頸,喃喃有詞,少頃手足能動,瞬而起坐,與客爲禮。恐偃師之技,未必有此神奇。泰西閨秀,至有不敢仰首正視者,此真可謂無跡象可尋者矣。

西人影戲,亦極變幻。五色絢爛,光怪陸離。深山大谷,密箐幽篁。變滅煙霞,繽紛雨雪。鳥獸蟲魚之飛鳴食宿,維妙維肖。人物則五官四體,運動如生,喜怒各形,描摹盡致。最奇者,水色山光,别開境界,於時上下一碧,萬象當空,水容蕩漾,月影娟娟,與波光相輝映。又有危樓半壁,倒映斜陽,宫殿參差,見於雲表。泰西各國名勝處,皆有畫圖,恍疑身游其地。最奇幻者,天地甫闢時各種羽毛鱗介,異形瑰狀,不可名識。其在陸者,爲洋房被火,初則星星,繼而大熾,終至燎原,煙從中出,蓬勃如釜上氣,倏焚倏燼,倏而重築,錯落離奇,不可思議。其在海者,爲帆船遇風,颱颶撼地,波濤掀天,浪涌船顛,駭人魂魄,兼以聲烏烏如萬竅怒號,忽一輪船自銀濤雪浪中疾駛而至,前來救援。最後如爛錦,如鮮花,又如天上朱霞,半空舒卷。影戲之妙,至此嘆爲觀止。

滬北近多東洋戲劇,大抵以緣繩、踏竿爲長技。小兒能躡足高梯,在百尺竿頭飛舞,奇險莫名,殊令觀者心眩(悸)目悸(眩)。有二少婦,圓領繡衣,風致翩翩。一善琵琶,雄壯悲涼,頃刻萬變。一碎紙作千百蝴蝶,上下飛翔,渾如身入花叢。他若於紙堆中出明燈數十盞、雨傘十餘具,變幻倏忽,要亦不過搬演之術耳。其有一人仰卧於臺,以兩足承巨鼓,盤旋如飛;或疊置數十箱,狀若纍棋,雖高而不墜。日本人呼之爲股技,此則具有真實本領者也。

浦濱月色,最可娱人。江中帆檣星火,銜尾相接,水氣迷濛,不可逼視。余常偕壬叔、小異,中宵散步,涼飆徐至,清興轉豪。壬叔臨浦望月,砉然長嘯,聲振迅湍。榜人驚起相問,余與壬叔大笑。有時祝司馬桐君,携琴踞石彈之,聲泠泠然有古意,而音殊不揚,桐君謂露下故耳。今小異、桐君墓草已宿;而壬叔遠宦京師,余亦飄零粤嶠,未知滬上諸寓公能於塵囂薅惱中,有此清涼境界否也?

跋

史家中之體製，以志爲難。邑乘外之簡編，可傳絶少。齒牙徒襲，則敷衍惜其紛繁；耳目未周，則紀載嫌其脱略。詳方輿而遺人物，既愧淹通；考士女而缺山川，亦譏固陋。專收著述，挦撦者纍牘連篇；務逞詼諧，猥瑣者矜華鬥靡。故知徵文考獻，成一家言；問俗觀風，作千秋業，非易事也。

吾師王紫詮先生，品高山斗，學究天人。誦曼倩二十萬言，知夷吾七十二代。孫可之史才自命，李德林偉器交推，使得桂月分香，木天翔步。百藥之成《晉史》，秀發鴻文；子京之修《唐書》，光燃龍燭。又何至青氈坐困，黄卷虚鑽；慨下第於劉蕡，悵不逢於羅隱。英雄未老，即事著書；慷慨遠行，只復橐筆。即不然，游窮朔漠，閲遍烽煙，衆共推羊，人思薦禰。墨磨盾鼻，亦收出塞之勛；矢縱弓腰，詎僅藏山之業。顧乃作客九州，寓公十載。才如王猛，不事苻堅；志擬魯連，獨尊周室。出其餘緒，作爲文章。寄意於醇酒美人，托跡於稗官野史。在滬日撰《瀛壖雜志》八卷。條分縷析，殫見洽聞，纂組九流，笙簧六籍。蓋名流小住，深有意於風俗人心；賢者既行，尚難忘乎名區勝地也。

滬自金陵兵燹，粤嶠戈鋋，蹂躪迭經，昌豐無恙。每當春秋佳日，風月良宵；蘭舟之錦繡漫天，梨園之笙歌市地。樓臺燈火，譯鞮寄象之居；院落綺羅，金碧丹青之境。先生詳爲鋪叙，廣輿搜羅。古意今情，都歸紀載；街談巷議，並入縹緗。凡一方中創造所存，百年來考證所在，罔不備陳端末，隱寓維持。殆所謂主文譎諫之流，切杜漸防微之意者歟？是故華陽九國，不足喻其精也；豫章三郡，不足擬其核也。況復石邦政之志豐潤，未免冗蕪；馬文煒之志安丘，尤多泛濫。偉兹作者，突過前人。願從手盥薔薇，讀將萬遍；早信鈔諸楮葉，貴比《三都》。只此豹斑，已足振聾發聵；若論鴻藻，請探史俎經腴。謹溯薪傳，用綴簡末。

光緒紀元孟秋之月，雙星渡河夕，受業番禺鄒五雲拜跋。

上海小志

胡祥翰　撰
趙　渭　點校

整理説明

《上海小志》,十卷,近人胡祥翰撰。

胡祥翰,安徽績溪人,居上海。爲胡適族叔。喜遊覽,擅詩文,著有《岁寒堂吟稿》、《西湖新志》、《金陵胜迹》、《上海小志》、《瞻園志》等。

《上海小志》十卷,每卷下分細目。其以"小"名志,一因其所志僅上海市區,地域狹小;二因其所志皆細務,而爲縣志所不收者。觀其細目,"市政"有警察、消防、水道、路燈、賽馬場,"交通"有鐵道、航業、車輛、電信、電話、郵政,乃至茶寮、酒肆等。胡適所作序則稱其尚未將"小"貫徹到底,很多事物仍嫌"大"。可見本書的史學意識較為超前。

本書有民國十九年鉛印本,今即據以校點整理,訂正若干訛誤。校改一般以括弧標出,但有些明顯誤字則徑改。水平所限,疏漏之處,敬請讀者指正。

趙　渭

上海小志序

“賢者識其大者，不賢者識其小者。”這兩句話真是中國史學的大讎敵。什麽是大的，什麽是小的，很少人能够正確回答這兩個問題。朝代的興亡，君主的廢立，經年的戰事，這些“大事”在我們的眼裏漸漸變成“小事”，或者一句女子“躡利屣”這種事實，在我們眼裏比楚漢戰争重要的多了。因爲從這些字句上可以引起許多有關係時代生活的問題，究竟漢朝的奴隸生活是什麽樣子的，究竟“利屣”是不是女子纏脚的起源，這種問題關係無數人民的生活狀態，關係整個時代的文明的性質，所以在人類文化史上是有重大意義的史料。然而古代文人往往不屑記載這種刮刮叫的大事，故一部二十四史的絶大部分只是廢話而已，將來的史家還得靠那“識小”的不賢者一時高興記下來的一點點材料。

方志是歷史的一個重要門類，正史不屑“識其小者”，故方志也不屑記載小事，各地的志書往往有的是不正確的輿圖、模糊的建置沿革、官樣文章的田賦户口、連篇纍牘的名宦列女，然而一地方的生活狀態、經濟來源、民族移徙、方音異態、風俗演變、教育狀况這些問題都不在尋常修志局的範圍之中，也都不是修志先生的眼光能力所能及，故汗牛充棟的省、府、縣志都不能供給我們一些真正可信的文化史料。

修史修志的先生們若不能打破“不賢者識其小者”的謬見，他們的史乘方志是不值得看的，試看古來最有史料價值的活志乘那一部不是發願記載纖細屑瑣的書？一部《洛陽伽藍記》所記只是一些佛寺的興廢，然而兩個世紀的北朝文物，一個大宗教的規模與權勢，一個時代的信仰與藝術，都借此留下一個極可信的紀録了。《東京夢華録》、《都城紀勝》、《夢粱録》、《武林舊事》所紀都極細碎，然而兩宋的兩京文化、人民生活、藝術演變都活現於這幾部書之中，將來的史家重寫宋史，必然把這幾部書看作絶可寶貴的史料。楊衒之、孟元老諸人他們自願居於“識小”之流，甘心摭拾大方家所忽略抛棄的細小事實，他們敢於爲“賢者”所不屑爲，只這一點精神便可使他們的書歷久遠而更貴重。

我的族叔胡寄凡先生喜歡遊覽，留心掌故，曾作西湖、金陵兩地的志，讀者稱爲便利。他現在又作了一部《上海小志》，因爲我和他都是生在上海的，所以他要我寫一篇小序。我在病榻上匆匆翻看他的書，覺得他的決心“識小”是很可佩服的，但他的初稿還不够“小”，其中關於沿革、交通等等門類，皆是“賢者”所優爲，大可不勞我們自甘不賢的人的手筆。凡此種識小的書，題目越小越好，同時功夫也得越精越好。俞理初記纏足與樂籍兩篇最可供我們取法。寄凡先生既决心作“識小”的大事業，不如擇定一些米米小的問題，遍考百年來的載籍作精密的歷史研究,如上海妓院的沿革,如上海戲園百年史,如城隍會的小史,皆是絶好的小題目。試舉戲園一題爲例,若用六十年的《申報》所登每日戲目作底子,更廣考同時人的記載,訪問生存的老優伶與老看戲者,遍考各時代的戲園歷史與戲子事實,更比較各時代最流行何種戲劇與何種戲子,如此做法,方可算是有意義的識小的著作,此種識小其實真是識大也。即使不能如此,即使有人能够出《申報》六十年的上海逐日戲目,也可成爲一部有意義的史料書。

狂妄之見如此,寄凡先生以爲何如?

十九,十一,十三,胡適。

自　序

或謂:“子志上海稱之曰小,其義何居?”曰:“上海一縣範圍亦廣,余則僅載城郊而不及四鄉,此區域之小也;上海爲我國第一商港,在在與國内國外息息相通,論其地位何其大也,而余則僅載縣志所不收之各項瑣屑之事,雖間有涉及内政外交,均非正文,此事物之小也。橫覽如此,縱觀如彼,雖曰不謂之小得乎?”客始恍然,若有所許,遂録此作爲余之小序。

胡祥翰

上海小志目録

上海小志卷一

上海開港事略

余昔在教會任譯務，據西教士慕維廉君（人稱“慕白頭”）述上海開埠情形云：上海開作通商口岸爲西曆一八四三年十一月十七日。其時黃浦灘英總領事館之舊址乃一營壘，半就荒圮，四周有溝圍繞。自該處至洋涇浜（即今之愛多亞路），沿浦之地，多舊式船廠、木行，其後面皆稻田、棉花田，更後稍遠處有一小村落。

其時英政府所委代表名培爾福，今圓明園路之旁有一小路，尚名培爾福路，而該處尚存一行老屋亦名“培爾福房屋”。培爾福初欲向上海購地一大段以便轉售於英商，上海道不允，謂須各商自向業主商買。其時黃浦灘之地售與外商，其價自較平日爲貴，然每畝亦只制錢三四十千，至多五六十千而已。業主亦有力持不售者，卒亦就範，獨一老婦人堅不肯售，向上海道當面責駡，直唾其面，謂決不將地皮賣給洋鬼子，然其地卒爲一洋行所購得。地面大都卑濕不可即居，雇工填高方合於用。租界面積從吴淞江（即蘇州河）起，至洋涇浜止，後面僅至江西路爲止（江西路爲一小浜），通至今之南京路，今四川路與南京路間之一段，曲折如何（河）道形，即因當日有此小浜故也。西曆一八四六年耶穌教主倫敦會租得地皮一段，後造仁濟醫院於此，其租契聲明該處距租界甚遠，須造中國式房屋以免動人疑怪。西人公墓亦在今之山東路，所謂“外國墳山”是也。當時皆遠在租界以外。開埠之明年，租界有外人五，十六年之後增至二百十。其先中國人准居租界者甚鮮，迨後爲經商而來者日衆，更值洪楊之亂，避難入租界者更衆，然一八六五年之中國居民亦只七萬七千五百而已。租界初屬英國，一八四六年法人在洋涇浜之南租借爲租界，一八四八年美國蓬教士在虹口租地而居，其地至今尚名蓬路，又稱文監師路，“文”爲閩、粵音“蓬”字，“監師”爲教會中一種職司。在一八六五年以前，虹口之事皆别有外人經管，非英租界所過問。是年十一月美租界方與英租界合併爲一。工部局之始，由英領事委派正當英商三人充任局中董事。一八五四年重訂各國商約，訂有《洋涇浜地皮章程》，方改爲九人，由殷實納税外人選舉，此制至今尚存。第一年所收經費二千兩，支用後尚有羡餘，後增至二萬兩。租界開辦以後之二十年，增至七十萬兩，當時已稱極鉅，無以復加。租界巡捕，初僅領事館有之，餘爲中國巡捕，後因中國人來居者多，歹人混入，始於一八五三年議添外國巡捕三十名。黃浦灘初爲一片沮洳，岸上有一牽船之土堤，外人先闢此路爲二十五英尺，後擴至五十英尺，近年又填浦爲路，益見開闊。洪楊作亂之時擾及上海，外人始闢路至静安寺。英兵駐於新閘，因圖炮隊輸送之便，始築小路通行新閘、曹家渡、徐家匯，馬路則造至静安寺，後亦展至徐家匯。一八四七年英國教士始立教堂，一八五三年美國美以美會別立救主堂於百老匯路。外人講學論文之所，有一文學科學會，後易爲皇家亞洲學會，今尚存。英商所開總會，俗名大英總會者，始於一八六四年。規矩堂最初設於廣東路。外人遊息運動之所，最初爲一彈子房，此非今日打檯球之彈子房，乃地上抛滚大球之彈子房，其地在河南路南京路間，故該處至今尚稱"抛球場"。跑馬廳初在老閘，每届賽馬，事屬苟簡，三小時即畢。博物院路之蘭心戲院造於一八六六年，專爲客串戲劇而設，非有常班演戲人材也。西商營業於上海至今尚存者，爲怡和洋行、仁記洋行、義記洋行、老沙遜四家，尚有一家名彙昌，數年前方收歇，其餘則不甚可考矣。

徐潤《上海雜記》節録："道光二十二年七月爲上海開埠之始，實行開埠在道光二十三年九月二十六日（光緒十八年，西人舉行上海開埠五十年紀念大會，則仍根據道光二十二年）。初畫租界四址：北面李家莊即今北京路；東面黄浦江；南面洋涇浜；西面即今福建路一帶長浜。此租界乃龔慕九觀察批准。其時各西人尚住城内或南市，後至道光二十八年林道與領事區魯角重訂租界，北放至蘇州河爲止。北之美租界，南之法租界，均於是年由林道訂約畫定。惟當時英租界尚無工部局，僅有一公會管理碼頭、街道等，迨咸豐四年六月二十九日工部局始成立，舉英商三人爲局董，法工部局則創立於同治元年云。"按是年上海分巡道爲麟桂，"林"恐"麟"誤。

《徐潤年譜》節録："鹹瓜街當時爲南北大道，西則襟帶縣城，大、小東門之所出入，東過兩街即黄浦，故市場最爲熱鬧，再南則帆檣輻輳，常泊沙船數千號。行棧林立，人煙稠密，由水路到者從浦江陸行，則必從此街也。"

上海小志卷二

市　　政警察　消防　水道　路燈　賽馬場

警　　察

本市警察　有上海縣志、市志在，茲可不贅，下皆準此。

法租界之警察　法人至滬畫地既定，興土木、布庶政，凡百設施，應有盡有，至其對於警察一事，則初議決計不用國人爲巡捕(按巡捕二字本不愜，當今滬上所以有此名者，係吾華人之俗稱耳，至西文原義實爲警察二字也)，既以與地方種種接觸全形隔閡，始稍稍雇用國人數名，藉爲站街之用。惟其所穿服式，有足令人發噱者：夏服則頭戴瓜皮小緞帽，頂大紅綫大結，身衣青竹布長衫；其冬服則易瓜皮爲膠州金邊氈帽，大紅結，衣服鞋襪雖從同，而內更襯以灰色布棉袍一襲，外又罩以外國大衣一襲，號數則綴於大衣左偏，手中則持洋傘一柄，此法人初用華捕之服式也。自上述服式厭棄之後，其第一變即爲天青羽毛對襟號衣，無領，左襟綴以號數，袖展二尺餘，如舊式之馬褂，又如緑營之戰褂，然尋常鞋襪而無號褲，任本人隨意著之，青、黄、赤、白、黑五色俱全，頗堪炫目。此種服裝四季相同，並不歧異，所異者冬冠滿式紅纓大帽，夏則紅纓籐胎耳。厥後逐漸改革，一變而易冠上紅纓爲三色纓以標其法國之特體矣；更變而去雜色褲爲天青羽毛褲以求一於上衣矣；三變而狹其袖儼具警裝之體裁矣。既又於上衣加以一色之淺領焉，既又易尋常鞋襪爲皮鞋焉，既又改手中所持爲檀木短棍焉，既又於天雨加以油布大披焉，於是而警燈、而警笛、而皮鞋、而袖章又一一賡續改變，始粲然而臻今日之形式。西捕、華捕之外，後又添招越南巡捕以輔不逮焉。

公共租界之警察　公共租界於咸豐三年因有難民到申，始創設巡捕隊。初祇西捕八名，後因不敷分派，添招華捕。華捕之號衣、號褲與今無甚差别，惟號帽仿照我國前清之禮冠式，夏秋之間用涼帽，上披紅纓，惟疏而短。春冬二季用暖帽，頂亦有結，帽上皆綴白銅之帽章，其形渾圓，較銀元略大，足穿黑布深梁鞋、白布長統襪，其服裝大致如此。後又恐華捕不能得力，續招印捕。民國以前華捕站崗或巡邏所持爲防身之具者，僅一警棍，不給槍械，蓋恐或有持械肇禍之患。嗣以持械行劫之案時有所聞，於是選擇精壯者授以槍械，教以射擊，即偵探等上差時亦一律給予手槍，一至旁晚，無不荷槍裝刺、戒備森嚴矣。至日捕之設,緣自民國五年五月二日,閘北華警無端開槍傷斃行人不少,内有日人三名亦遭槍傷,居留上海之日人即以巡警太少不敷保護爲請,是時工部局議董亦有日人在内,故命捕房添招日捕三十名,專派在虹口日人居留最多之處差遣,故中央及滬西一帶不常見其蹤跡也。捕房以河南路、福州路轉角爲最先設立,至今稱爲老行;繼復於南京路、勞合路口另設一捕房,所雇一般印捕悉駐其中,故當時人皆謂爲"紅頭巡捕房",亦稱新行。

附録 北四川路路綫極長,然租界範圍實以横浜橋爲止境,橋北即爲本市。前者工部局藉口於公園靶子場之故越界作路,幾經交涉,不得要領,其結果路權所及即主權所及,該路路政遂歸入租界管理。路之兩旁不動産仍爲華警轄境,至今警察站崗職權所及僅以各户之門首階石爲限,上差、落差須沿屋際之小弄出入,若涉足馬路則戎裝制服自身即屬違章也。静安寺西之極司非爾路亦然。因憶我國凡地涉兩縣,如甲縣所轄之土地有一部份伸出乙縣者,在甲方面名曰"插花",而乙方面則曰"斗入",若此類者其亦租界之"插花"歟?

消　防

南市救火會 南市初由每段各商號居户捐資設備、皮帶、車輛,各自分段救護,絶不統一。迨至光緒三十四年二月間起,始合舊有各社組織救火聯合會,建總會所及瞭望臺於小南門城根泥墩舊址。臺高一百零五尺八寸,中懸報警之銅質巨鐘。其區域初以成立先後畫爲第一、第二等六區,各就其區之中心建築龍所,今又改爲東、西、南、北四大區。在昔凡救火之器惟水袋、唧筒,至清順治間唐氏得水龍於日本,稱爲救火利器。鑼聲一鳴,即分傳各處。惟水龍以堅木爲桶,良錫作筒,重約百斤,荷之行殊感困難,嗣用輪車,然用人力拖行仍覺延遲,出水亦不甚高遠。近年購備新式馬達救火機及其他精良器械,日臻完美,而於國内各地之救火機關此可爲唯一之模範矣。

租界救火會 同治四年西人已設救火會,其中經多次改良,始有今日之完備。回憶四十年前,租界水道(即自來水)尚未開辦,救火器具僅恃洋龍,每因取水不便,於馬路中遍開大井,覆以鐵板,一遇火警便於吸取,因洋龍須人力抽吸,若逢大火,平常所雇之人每嫌不敷,巡捕即捉路中行人助同抽吸。迨光緒九年水道辦成,此種洋龍天然淘汰,即以現用之皮帶車代之,以馬曳之而行,雖稱迅速,然較之現用汽車則瞠乎後矣。如遇高大之洋房被焚,水道之力不能達極巔,又用火龍以助其力。火龍之製與洋龍同一原理,惟用蒸汽之力故,噴射較水道高而有力,昔年亦用馬曳,今則改裝於汽車矣。惟當時英、法租界如遇火警,彼此助同灌救,繼因界址日闢,有顧此失彼之虞,經兩界救火會之議定,各救各界,免多遺誤。公共租界瞭望臺計有四處:一在三馬路外國公墳,一在閔行路巡捕房,一在愛文義路巡捕房,一在愚園路西。惟今按段設立報警處,尤爲迅捷,而瞭望臺之警鐘,久已不鳴矣。

附録 租界向有水龍會,每年夏秋間舉行一次,是夜齊集江干,各龍排定次序,居前者爲火龍,另紮一紙龍置車上,中燭以火,旁懸五彩琉璃燈,其後十餘車裝如前式,間以花炮、火球、火鏡及西人樂隊,光怪陸離,耀人耳目,觀者甚衆,嗣以舉會後必有火警,故不復迎賽，近年曾於西藏路賽馬場畔架一甚高之板屋，舉火焚之，演習施救之技，或於浦濱操習放水之法云。

南市在昔則於每年五月二十日，俗稱分龍日。是日各龍社咸於龍上盛飾種種彩物，各駕以出，齊集南郊之演武場，比演出水之高下及會員技能之優劣，觀者大有萬人空巷之勢，亦一時之勝會也。演武場廢後，其地點曾移在南市浦濱或南車站，今已不復舉行矣。

水　道

上海租界之有水道（俗稱自來水），創設於光緒六年，至八年始出水。當時風氣未開，華人用者甚鮮，甚至謂水有毒質，飲之有害，相戒不用。其後水公司徧贈各水爐、茶館，於是用者漸衆。居户之不裝龍頭者，可囑水夫擔送，每擔取錢十文，至今租界路旁尚有公用龍頭，此亦歷史之可考者也。法租界則創於光緒二十七年。當光緒十餘年時，關道邵小村即議創辦，旋以紳商反對中止，嗣於光緒辛丑年始由商辦得以成立。

附録　嘯園主人云："滬城内河渠淺狹，比户皆乘潮來汲之而飲，潮退腥穢異常，故飲者易致疾病，初至之人尤覺不服，即鑿井而飲，水味亦不甘美。乙亥冬，上海道龔觀察籌款發善堂董事於新北門内外，仿西法開腰圓式陰溝一道，俾通潮汐，並挑挖河底污泥，使水清潔，以濟民食。"

又云："潮至，擔水者絡繹於道，横衝直撞，避讓稍緩，即受凌辱，横不可言。"

路　燈

滬上先有煤氣燈，俗稱自來火，或竟呼其爲地火（揣其命之由，係煤氣自鐵管中來，而其管曲折遠達埋於地下之故），故稱其公司爲地火行。創於同治四年，初在漢口路，次年遷往新閘。鐵管徧埋，銀花齊吐，當未設電燈時代，固足以傲不夜城也。電燈則始於光緒八年，創辦者爲西人德里，初設廠於乍浦路，十八年由工部局收回自辦，始遷於有恒路建造大廠。其初國人聞者以爲奇事，一時謡諑紛傳，謂爲將遭雷殛，人心汹汹，不可抑置。當道患其滋事，函請西官禁止，後以試辦無害，謡諑乃息。至電燈俗有"賽月亮"之稱，蓋公共租界初用五百枝燭光之瓷罩電燈，大過足球，去地三丈餘，較今日爲高，而白光四射，宛如滿月故也。

賽　馬　場

賽馬場初在今之興仁里、如意弄之間，後因地價驟增，乃移至南京路、西泥城橋之北，即今億興里等處，後又移至今處，蓋已三遷矣，計地四百八十餘畝云。

按《李氏家乘》稱：西人在滬北泥城橋外圈地作跑馬廳，我家田被圈者四十餘畝，以每畝銀二十五兩作價，觀此可知當日之地價矣。

上海小志卷三

交　　通鐵道　航業　車輛　電信　電話　郵局

鐵　道

中國之有鐵道，固當以上海淞滬一段爲起點，即清同治十三年英國實業公司(即怡和洋行)於上海至江灣築一鐵路，計華里十里。光緒二年更延長至吴淞，名淞滬鐵路。其時風氣未開，人民少見多怪，且路爲外人所辦，每多疵議，而該鐵路機車適以煙囱爆烈，死傷多人，羣起攻訐。旋由滬道劉瑞芬商承江督由政府收買拆毁，此路行駛火車，僅數閲月之命運。其滬站設於北河南路、文監師路轉角之南。北河南路所通之橋，俗稱鐵馬路橋，蓋由此得名也。後因當局諸公曉然於鐵道之功用，乃由清政府派員從事建築，仍從淞滬入手，其路綫一仍其舊。迨光緒二十三年九月始全綫開通，即今行駛者是也，於是而滬寧、滬杭亦繼起矣。

或謂光緒元年二月某日，舉行上海、江灣間試車，人民空巷往觀。當時人民已感覺火車之便利，故乘者極多。票價由上海至吴淞頭等一元、二等五角、三等二百文，並規定制錢一千二百文作銀一元，公司中每星期恒獲利二十七鎊。忽某日有我國兵士一名沿軌道行，爲火車撞斃，於是上海我國當局遂照會英領事轉令公司停車，並請清廷與英使交涉(今日視之，不免爲因噎廢食，小題大做，然當日之重視民命亦可想見)，結果由我國以二十八萬五千兩購該公司全部産業，迨光緒三年九月十五日該款付清時，即遭工人將鐵軌掘起，路基剗平，站房拆毁，而交通上之進步遂受一大打擊矣。按此與前段稍有出入，識以俟考。

按光緒六年劉銘傳曾有“請開鐵路以圖自疆(彊)”一疏，海内誦之，而北洋李鴻章覆奏亦深言其利。乃劉錫鴻參議方自出使日耳曼還朝，抗疏力争，有勢之不可行者八、無利者八、有害者九云云，而鐵路之議遂又作罷。甚矣！作始者之不易也。

航　業

沙船　本邑當商埠未闢之前，因地理上之關係，居民操航業者甚多，邑中富户多半由此起家者。其船名曰“沙船”，以其形似沙魚也。往來閩、廣、魯、直一帶，載南貨而北，又載北貨而南，一轉瞬間獲利倍蓰。尤以道光中葉改河運爲海運，百萬漕糧由滬至津，均以沙船承其乏,一時生涯鼎盛。迨海禁大開,汽船雲集,漕糧歸招商局承運,沙船生涯日形寥落,以今視昔,不及十之一二矣。

附録　按《癸巳存稿》稱:元至元間丞相巴延命上海總管羅壁等以平底船六十,運糧四萬六千石於直沽,此後專用海運。明永樂時會通河成,罷海運。清道光六年用殷明略道官雇沙船二,運抵天津百五十萬石。七年又行之。其後崇明海口淤小,凡船大者俱南由上海。崇明以南洋深,以北至天津多沙,故用沙船底平也,巴延用平底船六十是也。觀此則沙船之製始於元而直創行於上海,崇明口小又俱南由上海,此上海之所以獨專其利,而富户之由航業起家以上海爲獨多也。

汽船　我國汽船公司其最大而資格最老者,首推招商局。該局創於清同治十一年,初屬官辦以便運糧。彼時僅有輪船伊敦、永清、福星、利運四號,浦東船埠一處,繼由官商合辦而擴充之,督辦等職由官兼充,美其名曰"官督商辦"。及中法一役,乃以兵費問題牽及該局事業,結果竟以銀二百五十萬兩抵押於旗昌洋行,幸爲時未久即行贖回。光緒五年"和衆"一船曾放至太平洋之檀香山,六年又放至美國之舊金山。另"海琛"一船曾載送北洋水師員弁前往英國,並造"美富"一船開往南洋之新加坡、吕宋等埠,以拓海外之航綫,惜未幾即止。此外有外商之怡和、太古、日清、鴻安諸公司,開辦亦甚早,而寧紹公司之成立,則在前清末葉矣。

附録　竊考招商局雖由當時南、北洋通商大臣奏設,而其發議者實爲皖人朱雲甫,當時爲運漕起見經營航業,其意蓋欲收回外溢之權利也。朱没,李文忠挽以聯,中有"創中國數千年未有之局",即此一語,朱氏之功已可概見。繼起者有唐景星、徐雨之,唐藉徐之財力,徐藉唐之才力,互相輔助,遂使該局日漸發達,此數人不可謂非該局之功臣也。

車　輛

上海初闢租界時,僅有江北人所推獨輪羊角車,即今所稱爲二把手車,亦曰小車者。迨至同治十年間,始有英人某購得雙輪車數十乘,在租界中載客,以一人前曳之而行,故又稱"腕車"。或謂上海初開埠時此項車輛由日本人創製,故俗呼爲"東洋車";或云此車盛行於日本故名。拉車者亦均日人;後因言語不通,遂由華人繼辦,兹勿深考。惟當時車之形式,輪高身闊,可容二人,後因日久弊生,至有男女苟且等事,捕房以事關風化,即行取締,改小車身,只能容坐一人,相沿已久。後復有泥城橋堍日通公司發明鋼絲膠皮輪三灣式車出現,華人因價貴多不坐,所以專攬洋人生意,其餘各馬路中則不多見,故旋即閉歇。繼有鐵輪者競起,約有八九千輛之多,價亦低賤,至庚戌、辛亥間黄包車出現,其形式與現行者略似,惟用木輪外緣實心橡皮,行時較爲平穩,均漆黄色,執照亦不釘車後,故有黄包車之稱。繼又改爲膠皮空氣輪,較前更形妥善。捕房又因木輪損傷道路,逐漸取消,後遂無木輪車之蹤跡矣。

馬車　有雙輪、四輪者,有一馬、雙馬者,其式隨意構造,宜雨宜晴,各盡其妙。惟昔年租界章程,凡馬車之馳於道中,乘車者爲西人,始可超前行之車而過之,若爲華人,所乘固不能超西人之車,並不能超華人所乘之車,否則拘罰不貸。自民國後此禁已弛,當時華人於每日午後往往争雇馬車馳騁静安寺路中,各行車馬爲之一罄。間有挾妓同車,必繞道福州路二三次,以耀人目,招摇過市,以此爲榮,抑何可曬。又十六鋪至三茅閣橋又有所謂一種野鷄馬車者,每車乘坐四人,每人車資爲制錢二十文,先上車者常致枯坐,必待其招足四人然後開行,如有事不及待則給足其車資八十文,亦可即開。嗣三茅閣橋地方禁止停車,致招載諸多不便,於是漸歸淘汰矣。

汽車 光緒二十八年,柏醫生首先試用。前雖到過二輛,未見功效,至是始漸行矣。

電車 光緒三十三年創行,後又有無軌者。

電　信

同治九年,大北電報公司設立海綫通至上海,此爲上海通電信之始。中國電報於光緒初年李文忠駐節在滬,始行創辦,迄三年五月五日先成一段,僅由行轅通至製造局。及七年十一月而北通天津,九年三月又南達粤東,於是總局成立開始營業。惟西人亦有大北、大東、大德和諸電報公司次第興設,而電政主權遂亦不完全矣。

電　話

電話俗稱德律風,考其造端之始,實在光緒壬申之夏。時有英人名皮曉浦者設公共電話,自十六鋪達正豐街,兩端各設一局,凡通話者每次納制錢三十六文,即可邀人對談,惟滬人士視爲遊戲性質,不久遂廢。翌年春,天主教司鐸能慕谷復由徐家匯架綫以達英、法租界各洋行,爲預報風雨之用,人咸便之,自是以次推行,由架綫而改地綫,至今凡百商業之稍具規模者,及居户之稍有餘力者,幾無不家通户達,脈絡相貫矣。

郵　局

郵政於光緒三十四年開辦,初附設於江海北關。宣統三年設專局在北京路,並設分局,由税務司兼管。滬上中下等社會往往稱郵票曰"人頭",或曰"龍頭",初不知其取義,後問之年老者,始知其得名之由。蓋當中國未辦郵政以前,外國先有一種書信館,專爲彼邦人交通便利而設者也,其郵票上印其國之元首肖像,故人呼爲"人頭"。迄前清創行郵票上印一龍,故又呼爲"龍頭"云。各國書信館已於年前撤去,吾國郵政今始統一矣。

上海小志卷四

文　　化書業　日報

書　業

石印　中國之有石印書籍始於滬上之點石齋，爲辦《申報》之美人美查所創設。印造各書均用上等連史，蠅頭端楷，精雅絶倫，惟嫌字跡過於細小，殊耗精神。後又發明雙連大石影印名人書畫、墨跡、堂幅、屏聯等，專設申昌書畫室發行，生涯亦盛。繼起者爲拜石山房、積山書局、鴻寶齋等，而校刊印刷以粤商徐氏所創之同文爲最精美，今日得同文板者尚可求善價也。點石齋在三馬路紅禮拜堂對門，即當日申報館右，今工部局址。同文局址即今中虹橋東之元芳路師善里也。

鉛印　滬上之有鉛印書籍，始於同治初年西人創設之墨海書局，其地點在山東路，與仁濟醫館毗連。用鐵製印書車床，長一丈數尺，廣三尺，旁製有齒重輪二，以二人司理印事，用一牛旋轉機軸，其書版或爲活字或爲泥胎澆成之鉛版，墨汁膠棍大致與今相同，當時人士引爲大奇。曾記某名士《雜詠》云："車翻墨海轉輪圓，百種奇編宇内傳。忙煞老牛渾未解，不耕禾隴耕書田。"後墨海廢而美教士江君别設美華書館，初在南門外，造字製版，悉以科學。其後西人之續設者有别發，而轉運機軸之法，亦去牛而以引擎馬達代之矣。

譯著　吾國人士之著述在昔鮮有及於實業與科學者，試一閲《四庫全書》目録，關於是項書籍除《農政全書》、《幾何原本》二種外，餘未之見。當時三馬路點石齋左有格致書室，其所售者以製造局翻譯館所譯各科學書爲多云。

日　　報雜誌　畫報(小報附)

申報　吾國向無報紙，有之自上海之《申報》始。該報創始於同治十一年三月二十三日，是爲出報之第一號，館主爲西人美查，地點在三馬路紅禮拜堂對門。當其初日印數百份，每份僅一紙，售價八文，除洋行及有競賣與先令、鎊價關係之華商訂購長年外，剩餘之報逐日雇人挨户分送，受者亦不歡迎，甚有厲色峻拒者，故館事簡單。兼印書籍，所稱申報館聚珍版者是也。初逢星期日停止，嗣以風氣漸開，購閲之人日衆，增至十文，星期亦不停。彼時報中所載除地方瑣事及公庭案牘、官場之轅門抄、京報中之邸抄及奏摺外，兼刊詩古文詞,且首篇必爲論説,長至千有餘字,皆重視之。

民報(即白話報) 《申報》出版後數年,有所謂《民報》者,以淺顯之白話衍成,每紙售十文,以便中流以下社會購閲。無如風氣未開,購者絶鮮,以是不久即止。

字林滬報 爲字林西報館所創設之華字報,與《申報》相對峙,後於報中添設附張,刊《野叟曝言》小説,報紙之有小説,實始於此,時該小説坊間尚未出版也。後因營業不振,讓與日本同文會,改稱《同文滬報》,未數年即閉歇。

中西新報 由西人所創之林華書院發行,其中摘録京報及各國近事,逢星期六出報一册,此爲週刊之嚆矢,嗣改《益聞録》,兼談科學矣。

新聞報 創於光緒癸亥正月,定價廉而取材富,後來居上,幾奪《申報》之席而有之。

蘇報 創於光緒季年,實一革命機關報。館主爲陳夢坡,撰述者爲章炳麟、鄒容等,後以該報社論有"載湉小醜"等語,並有《革命軍》一書發行,大吏遂商諸上海領事,遭封禁且逮捕章、鄒,判禁西牢,鄒竟庾死獄中,世所稱"蘇報案"是也。

民立報 爲于右任等創辦,初名《民呼》、《民吁》,經二次風潮而聲譽益著,最後又改爲《民立》。民國元年以鼓吹革命有大功,銷數驟增,直駕《新》、《申》兩報而上之,癸丑民軍失敗後始停止。

時務報 創於光緒丙申七月,係一種旬報,發起者爲汪康年、梁啓超、黄遵憲、吴德潚、鄒凌翰等,均强學會會員,並推康年專主館務,啓超專主撰述。報中論列朝政,語多透澈且極痛快,故風行一時,不逾年銷數達一萬餘份,駸駸乎極一時之盛矣。是時德宗力行新政,許人民上書言事,萬幾餘暇,披覽各種報紙,見《時務報》大加褒揚,至戊戌六月,遂有改歸官辦之旨,並諭令康有爲馳往上海督辦報務,其時啓超已去滬,康年不主官辦,乃改爲《昌言報》,是年八月適逢政變,德宗被幽瀛臺,而康之辦報亦同作無形之取消,而《昌言報》不久亦即停刊云。

時報 光緒庚子,唐才常失敗後,以辦糧臺餘款創設之。梁啓超逋亡在外,曾以該報爲機關。近以銷數大減,不能支持,盤與黄姓。當時尚有《中外日報》、《輿論報》、《博聞報》、《南方日報》、《神州日報》、《天鐸報》及光復之《民權報》、《中華新報》、《太平洋報》、《民國日報》,無慮數十家,不勝記矣。

萬國公報 係廣學會所出之月報,多紀載歐美各國地理歷史及社會風俗等,我國人多讀而善之,每月行銷至四千餘册,總撰輯爲美人林樂知。林逝世,其子改辦《大同週報》,然销數無幾。至民國後又改爲《大同月報》,然亦不能風行。歐戰既興,會中經費無着,而報遂停止云。

畫報 始於滬上點石齋按旬發行之《時事畫》,爲吴友如等摹繪,每册售銀五分,今有《畫報彙編》印行。

小報 小報之創始爲《遊戲報》,主辦者爲李伯元,後又改稱《繁華報》,間多評花品葉,一時有"花國春秋"之譽。繼起者爲孫漱石主辦之《笑林報》、吴趼人主辦之《采風報》,彼時小報於社會别具一種勢力,妓院、戲園咸重視之,一字褒貶,幾若有華衮斧鉞之概。

上海小志卷五

舊　　跡

九畝地　相傳係露香園舊址，園址廢後尚有故石二三，池水畝許，後經邑人徐渭仁又浚池爲巨浸，植菡萏其中，池上築有秋水亭、萬竹山房，緑筠當户，碧水環流，爲滬中遊地之絶勝者。道光十九年海疆有事，即在彼設立火藥局，壬寅春間藥局轟炸，復成焦土，即作營兵校演之場。自振市公司即其地創建市場，今則康衢四達，商肆如林，昔日之雲煙谿壑，當不勝過墟之感矣。

丹鳳樓　在東城闉之萬軍臺上，樓有三層，最上爲魁星閣，可俯眺浦江，風帆沙鳥，歷歷在目，後城墮，樓乃毀。

觀音閣　在丹鳳樓迤北制勝臺上，亦巍然高聳，與丹鳳樓同時毀去。

振武臺　在障川門上（即新北門），係真武廟，登以縱眺，軟紅十里盡在目中，亦因城廢毀去。

三層樓碼頭　在商船會館與賴義碼頭之間，舊有三層樓因名。該處房産昔爲西人裴理所有，嗣因裴理返國，將房産售與國人，遂得收回主權。據邑中年老者云：同治末葉此地最爲盛繁，煙館、妓寮、茶樓、酒肆，無一不有，成爲極熱鬧之市場，因官廳保護不力，無賴百般騷擾，相率遷往他處，市面遂形冷落矣。

黄泥墻桃園　在聖廟南，園爲衛姓産，外有黄泥墻因名。拓地數畝，植桃百餘株，每届麥浪晴和，遊人納小銀餅一枚，即可飽餐無禁。枝頭碩果密如繁星，任客摘取，惟不得懷之出外耳。園中結茅爲廬，兼賣座供茗，爲憩息之所，今園址已數易其主，武陵舊境已無問津之途矣。

楊柳樓臺　在福州路丹桂第一臺對面，時有袁翔甫者，好吟咏，自號"倉山舊主"，結吟壇於此，賃小樓一角，顔其額曰"楊柳樓臺"，蓋其時門前遍植緑楊，翠陰如幄，故云。雖門外甚囂塵上，車馬紛馳，而入其室中，則湘簾斐（棐）几，幽雅絶倫，幾忘其結廬在人境也。嗣由張小樓借設書畫公會，今則柳既無存，名亦湮没，余經是地，有不勝今昔之感。

申園　在静安寺西隅，中構層樓，四圍花木，右偏亦有堂榭，並鑿方池，尚稱宏敞，四周築成道路，車馬可以直達園内，繞行一週而出。當時租界中尚無較勝之園林，得此已覺别開生面。自午後至日暮，紅男緑女結隊成羣，品茗看花，流連忘返，若炎暑之日，則澈夜燈火，遊人不斷。倉山舊主曾有聯語懸之樓上云："百尺曠襟懷，更饒他翠袖聯雲，香車流水；四時供嘯傲，最好是夕陽西墜，明月東昇"。祝聽桐曾於此集同調諸君作琴會，嗣爲愚園所並。

西園 静安寺之西偏向有珍珠泉，泉北有洋樓一所，題曰"品泉樓"。有人拓其地，略栽花木，小構亭臺，名之曰"西園"。遊人之盛，無異申園，歌姬輩尤樂就之，聖喬治西餐肆，亦其遺址也。（城南斜橋亦有西園，爲邑人張月槎建，園中結構以疏野勝，槿籬竹扉，板橋茅屋，饒有林泉逸趣，薄收園資作公共娛樂所，旋以費絀亦廢。）

未園 在淞水之北，俗稱港北花園，爲粵人徐雨之所構。地雖不廣，而一丘一壑，高下迴環，能於塵俗中别開生面。園中奇葩異卉、中外畢具，滬北士女，每於良辰暇日，輒往清遊云。

大花園 三十年前滬北楊樹浦有所謂大花園者，面臨浦江，占地頗廣，風景甚佳。其時尚無馬路直達園門，車馬不通，園主定備小汽船，泊於十六鋪專載遊客，往者頗衆，惜未幾即閉歇耳。

小蘭亭 在曹家渡對岸，爲徐棣山所建，占吴淞江天然勝概，茂林修竹，雅似蘭亭，每當上巳良辰，踵修禊故事者多觴詠於此，今廢。

味蒓園 俗呼張園，在静安寺路斜橋之西。園本西人格農所建，清光緒十年爲無錫張叔和所得，植西國花卉甚衆。初地二十餘畝，歷年展拓至七十畝，有廣厦曰"安塏地"，可容千人，爲遊園者瀹茗及進餐之所。西南隅有樓曰"海天勝處"，曾演崑劇及髦兒戲於此，皆十三年開放以後所築也。每當春秋西人賽馬及星期六、星期日、中西令節日，園中車水馬龍，頗極一時之盛，園外柴扉題曰"煙波小築"，門外古樹上榜曰"味蒓園"，皆倉山舊主筆也，今已改建住房，僅存門右所謂老洋房數楹矣。

愚園 在静安寺東，光緒十六年甬人張姓建。畫棟連雲，有四面廳、花神閣諸勝。且疊石爲山，疏泉作沼，迴廊曲折，傑閣參差，結構亦有佳致。每值春秋佳日，遊人紛如，而以夏日爲尤盛。午夜以後，好遊者喜乘馬車納涼，罔不麕集於此，雖格於捕房之禁令，十二時即須閉園，而園外之草地上猶輪蹄絡繹風馳電掣而來，涼露宵深，依依不去，此中以挾妓來遊者尤居多數。嗣以營業不振，易主者五，今已拆建住房，僅存愚園路之空名矣。

吾園 爲邑人李氏别樂（業），有帶鋤山館、紅雨樓、瀟灑臨谿屋、清氣軒、緑波池、上鶴巢諸勝，嗣改龍門書院，近爲省立第二師範學校，今已毁圮不可跡矣。

李筠嘉《吾園記》：城之西南隅有隙地數畝，流水環之，境頗幽邃，前之人業是地者以"宜園"名，大約取四時皆宜意也。余居鄰圜闠，少習静所，因於己未春購而有之，稍加修葺，養魚種竹其中，顔之曰"吾園"。客有笑於列者曰："甚矣！子之不達也！徐勉《戒子書》云：高門甲第，連闥洞房，猶傳舍耳，常恨時人謂是吾宅。且即以此園論，不百年間凡幾易主，而後及子，子乃從而吾之，甚矣！子之不達也。"余亦笑而應之曰："客之論誠高矣，以爲余知己則未也。淵明詩不云乎：'吾亦愛吾廬。'康樂山居詩不云乎：'昔爲天地物，今成鄙夫有。'蓋人惟得失之心勝，遂乃夷然一切，轉詡達觀。其又烏知古今來高人曠士，行樂及時,如摩詰之輞川,賀老之鑒湖,樂天之香山,天隨子之甫里、笠澤,一時欣於所遇,暫得於己,莫不沾沾然據而有之,即謹厚如司馬温公亦有獨樂園之構,之數君子者,豈不知盈虚消息之數者乎?其人吾不敢比,其義則吾竊取之爾。況吾園之所以名意更别有屬,蓋凡園之爲地必亭臺軒翥,樓閣參差,怪石嶙峋,喬木葱鬱,然後可以爲園。兹則菜畦一稜,老屋數椽而已,園於何有?雖然,人貴自適己意,何須泥此?吾欲園之,則園之已耳。於是疏通帶水爲吾池,安置略約爲吾橋,繚以曲廊爲吾廊,隱以邃室爲吾室。徵物産則有桃百株,有竹千竿,有魚數千頭,近又豢得雛鶴二。暇輒與二三朋友嘯詠其中,彼此忘形,不辨賓主,以爲吾之園也可,即以爲非吾之園也,亦無不可。"客意解而退,即書此以爲記。壬戌之秋七月既望,吾園主人李筠嘉擬。

方楷《吾園雅集記》:時觀察李味莊先生愛士憐才,著聲於江左,士以故多歸之。嘉慶八年十月,余來滬城盤桓匝月,四方因觀察至者亦數輩,皆一時知名士。滬城能詩詞文章、精書善畫者復不乏人,主賓款曲,歡極平生,自維揚、吴門以來,未之有也。吾友李筍香先生既擅才華,尤工吟咏,有别墅去觀察署約百步,曲徑紆徐,短籬圍繞。稍進則小橋流水,杖策而過;深入則重軒别室,循欄而轉。翠竹千竿、青菘十畝、奇花異草、怪石清泉,幾令人應接不暇。久坐則犬吠斜陽,鶴鳴新月,又不啻身在仙源,塵心頓釋。方春和時,桃花盛開,緑楊交映,先生晨興,披鶴氅,冠儒冠,燕坐其中,弄翰戲墨,嘯傲乎碧波紅雨間。自謂誦詩讀書於太平之日,而不見外事,是天錫之與吾,因名其園曰"吾",美哉!吾之爲言也。埃壒不侵,魚鳥共樂,形骸既適,性道以明,有獨悟之旨焉,人不得而有也。是時短至前五日,先生約同人賦詩園中,美人捧硯,名士揮毫,緑酒紅燈,留連竟夕,極風流之韻事,暢泉石之幽情,致足樂矣!昔王晉卿都尉集蘇東坡以下十六人於西園,李伯時爲圖,米元章記之,至今屏幛傳爲故事。我輩雖不敢擬古人,而良辰美景,賞心樂事,賢主嘉賓,六者兼之,當日有西園,何不可今日有吾園?古今人豈誠相遠哉!緣叙其略而記之,以告後之視今者。

胡祥翰《吾園》:行人但見吊龍門,李氏園名不復存。雅集幸留詩卷在,風流想見水雲村。

上海小志卷六

生　　活

上海爲水陸輻輳、工商集合之處，又因時局關係，各地人民皆視上海爲安全土、極樂國，紛然蝟集，遂使各種生活事項有求過於供之勢，而價格歷年之增進，致成必不可逃之公例，長此不已，一般平民生計豈不有來日大難之嘆。今試將食住二項逐年增高之情形分述如下：

食　食物蛹(踊)貴十倍昔時，米價昔日每石不過二元，嗣因奸商販米出洋，偶然增至四元，人民已怨聲載道，幾有暴動之舉。民國紀元後每石至貴亦僅五六元，今則有時竟漲至二十元外，其時雖有慈善機關開辦平糶，每石至少亦須十五元，一般苦力小民，難謀一飽矣。菜蔬昔日每斤不過制錢數文，今則每兩須數十文，初上市每兩甚或百餘文，昔人謂"人能咬得菜根，則百事可做"，視菜根爲人人可咬，必極賤者，今並咬菜根而不得矣。

住　地面有限，人口無限，房屋櫛比，賃價日增，僦居者月糜不資。交通稍便之處，租費尤昂，昔時每幢一二金者，今有增至數十金或百金矣，且須小租、挖費及開門錢種種。至房屋開間則愈造愈窄，天井小如一綫，竈披窄僅數尺，喻以"鴿籠"非過也。租昂不克擔負，一幢往往居有數家，叢積之物爲殘餘、爲排洩，炭氣之充塞、火災之危險、疾病之傳染，滬居皆然，此則尤甚。儗以地獄或且過之，佛家視世界爲穢土，此真穢土矣。

竊按國變以後，禍亂相尋，歲無寧月，徙滬者益衆，屋租之增，歲且至再，租界内外幾無隙地，而有欲僦不得願出重資使人讓屋者。此十餘年來滬患人滿之故有三：一、禁煙。内地吸煙輒爲在官人員所詐，乃遂麕集於此。二、兵事。兵戰也，兵變也。三、盜匪。今日洗劫此鄉也，明日洗劫彼鎮也，富貴者大懼，皆盡室而來矣。中有以暴富而至此謀安樂者，有以素封而至此避患難者，至者遂日夥，若内地之窶人尤以滬爲求食之地，鬻技者有之，爲盜者有之，行乞者有之，滬之人遂滿坑滿谷，土木雖日興，殆猶有欲庇一椽而不得者。辛酉秋冬間賃值暴騰尤甚於昔，則受交易所大盛之影響也。時新屋亦因之而盛，以地畝、屋材、匠役各費之昂而取盈於賃費，猶可言也，乃至數十年前之老屋亦然，一若骨董之愈久愈破而愈昂。爲富不仁，不得以經濟學之原理自文矣。久之而居者大恐，謀抗之，乞免乞減者相應而起。或曰蓄宅者有所有權，抗之背法律，是也，然何以有遏糶之明禁乎？誠以食住皆爲日常生活之必要，非此不足以救濟貧民也。且按照經濟學之原理，城市之房租常隨城市各種事業之發達而驟增,於是房主乃得不勞而獲之增產。蓋所增之高額,乃社會公共組織之效果,而並非由房主之私自經營而獲得者也。故經濟學家有以此增產由私人與公衆分潤之議,雖其説近於社會學者之主張,揆諸事理,亦未始無成立之價值。今房主既獨享此由社會羣策羣力而得之增産,復乘機而攫取重利,予取予求,視社會公衆爲其犧牲品,則公衆之加以取締,誰曰不宜?

附録 海上忘機客云:三十年前余家在城内賃屋二幢,月租僅二元,其時尚未通行機白米,米價最高每石二元餘,故三四口之家月入二十元盡可敷衍。時銀元兑制錢多不足一千二十元(文),無過十九千或十八千數百文耳。住屋食米爲居民最大問題,就余當日此問題例之,供給此二項僅須四千餘,餘則日用必需與必不可少之消耗,尚存十五、六千,生活自可勉强,苟非浪費,不至如俗所謂打饑荒也。其時雇坐人力車自十二、三文貴至四、五十文,過此必其道路甚遠,例如自福州路至滬西梵王渡,亦多至一角,西門至徐家匯不過六十文。啜茗最大茶肆爲華總會、萬華樓等,兩人入座,例進一碗爲二十八文,點心麵則十六文至二十八文,饅頭各式每件七文,無復再加,故偶與親友三、四人入肆茶點,不爲他用,大都用錢二百文已足,若在四角以上,則必連飲酒點菜在内。其時普通菜館不過京、徽、粤三種,夜入晚膳,兩人用銀五角,已大堪醉飽,一元之費可請客矣。食住二者如彼其易,消耗酬應如此其輕,而彼時尚多入不敷出、左支右絀之人,雖曰未知樽節,亦足見上海作客之難也。嗚呼!三十年來平民已有生衆食寡之苦,物價日昂,生計日絀,而益以銅元之濫,稻米之出洋,食力小民日得幾何,不足一飽。或曰是不啻在上者之擠之於溝壑也!

徐珂《可言》:滬以樂土著於域中久矣,市政修明,有客至如歸之樂。光緒庚子以前若是也。自是以往,則避地者衆,遂患人滿。近頃以來,久於滬者乃有焉能鬱鬱居此之嘆,則盜賊横行、物價騰踴故也。日在危疑震撼中者,上等社會也;日在支持竭蹶中者,中等社會也;日在飢寒交迫中者,下等社會也。

何天言《五十年前之物價》:予將五十年前之一般物價録出數項以供參閲,蓋一極有趣味之事也:米一千二百文一石,麵十四文一斤,柴五十文一百斤,炭荚三文一枚,肉五十六文一斤,鯽魚六寸長三十五文一尾,油三十六文一斤,燒餅三文兩個,鷄蛋四文一個,七文二個,鴨蛋六文一個,十一文兩個,粥三文一大碗,糖三文一包,約二兩,酒十八文一斤,餛飩六文起碼,茶七文一碗,剃頭八文,粗布十六文一尺及三百文一匹,醫生出診一百二十文,雨傘五十四文一柄,緞帽二百文一頂,布鞋八十文一雙,成衣六十文一工,供膳,夜工一百文,泥水木匠均七十文一工,自膳,廳屋每月租價七百文。以上所記僅其大概,讀者諸君試思,較之大商店大廉價時之價值爲何如?一笑。

竊謂上海生活程度既如是之高,已有長安不易之感,今社會不特不知崇尚儉樸,力矯其弊,反日趨於浮競,無論婚姻喪葬之費,動竭歲資以營日富,始以創出爲奇,後以過前爲麗。即以平居服用言,亦無不夸多鬥靡,窮奢極欲,無怪風俗日偷、生計日困,而人民之由富而貧、由貧而轉輾死乎溝壑者,以上海爲獨多也。習俗移人,賢者不免,時風如是,可勝懼哉!

上海小志卷七

梨　　園附坤班　男女合班　新劇　馬戲　西劇　影戲

上海當清道、咸時盛行崑班，俗稱文班，其時先後有大章、大雅、三雅諸茶園。同治初年徽人開滿庭芳於南靖遠街，開一桂於寶善街（即今江蘇旅館地址），於是昔之崇尚崑曲者一變而盛行徽調矣。

嗣京劇漸漸輸入，而徽調漸式微，當時如寶善街之丹桂，尚溶化崑、徽、京三班於一園，丹桂爲劉維忠開，角色較整齊，有夏奎章、景四寶、大奎官、王桂芬、王桂喜等。此外如寶善街之金桂軒，六馬路之宜春園，四馬路之滿春園，均專演京劇，若丹鳳園、同樂園則京、徽並演，至崑曲僅慶樂一所而已。

後丹桂更分設於小東門外曰南丹桂，周春奎、任七爲臺柱，更邀楊月樓、孫菊仙南下。小東門又有喜春園與孫菊仙所開之昇平軒，亦屬京班。光緒三年，楊月樓在一桂故址開設鶴鳴，不六月楊即犯案，鶴鳴遂閉。南北丹桂亦因劉不善經營而停鑼北歸；杜蝶雲接手，文角有孫春恒、吴鳳鳴、寧天吉等，武角有黄月山、田黑兒、李春來等，惜亦不長。

其時石路中復有金桂，角色有想九霄、水上飄、小叫天、達子紅等，因掌班翟善故世，遂散。吴蟾青又就鶴鳴原址創大觀，小叫天、周大升、黑兒、孫菊仙、常子和、德珺如、羊長喜、李棣香等隸之。王炳堃與之競争，開一天仙，有周松林、周來全、孟七等，未幾大觀即閉歇，天仙亦讓與趙錦，更添小桂壽、任七、陳彩林、沈韻秋、謝雲奎、周鳳林、周釗泉、蔡桂喜、三麻子、熊文通、趙嵩綬等，更於寶善街分設義錦，牛桂山、張桂雲、小連生等隸之，不久仍歸併天仙。

繼武永泰在六馬路開天福，以汪桂芬爲中堅，因汪常輟演，遂遭失敗。周大升在滿庭芳開詠霓，又特聘汪桂芬及劉永春、劉桂林、賽活猴等角，因演《殺子報》淫劇被封。

劉維忠因老丹桂讓人，心有不甘，後又在大新街創新丹桂，角色則有孫瑞堂、想九霄、穆瑞堂、小叫天、周鳳林、余玉琴、趙德虎、夏月恒、韓桂喜等。同時陳方水復於寶善街開留春，汪桂芬、蔡桂喜、萬盞燈、黄月山、李春來、沈韻秋、沈硯香、李長勝、羊長喜諸名角皆隸之。留春後因園主非個中人，由李春來等合股接手，易名天和。新丹桂因資本不足，亦由想九霄接盤，移寶善街，改名天成，不久仍回原處，次年想返京，亦歸李春來主持。厥後又有詠香、長春、天華、天儀諸園，除天儀遭回禄外，其餘角色雖不乏，亦皆曇花一現耳。

周鳳林承李春來之後開丹桂桐記，多吴下名伶，如周釗泉、姜善珍、小桂香、丘阿增、小脚籃父子等。旋爲何瑞福侵奪，改丹桂瑞記，有天娥旦、張燕芳、李春來、雲中燕諸名伶，復因春來鬧意見，歸何家聲、夏月珊接管，更增三盞燈、四盞燈、七盞燈、雲中仙等，當時丹桂多旦角、天仙多生角，有“雌丹桂、雄天仙”之諺。次年秋盤與邑人喬聘璠，改丹桂勝記，更添小桂芬、小子和等。

熊文通又在寶善街開天寶，孟鴻壽、孟鴻羣、小孟七等屬之，後被火，復在正豐街支持殘局，曰金桂。未幾天寶原址又開福仙，吸收天寶原班角色。未半年由李春來頂開春仙，除福仙原有角色外，更有謝雲奎、謝月亭、趙小廉、馬飛珠、王瑞雲、余玉琴、白文奎、賈洪林、周雙林、金剛鑽、孫菊仙、金秀山、德珺如等先後隸屬之，後仍歸熊。

李春來又與應桂馨合開桂仙於大新街，即今孟淵旅館地址，有小喜鳳、李勝奎諸伶。未幾歸某御者接開，改名三慶，劉永春、孫菊仙、朱素雲、路三寶先後屬之，嗣因財力不濟歸菊仙接開雲仙。未幾又爲三麻子攫去，易名玉仙。未幾又改玉成，時慧寶曾搭班，開僅年餘，以虧負閉。

李春來又於大新街桂仙原址開春桂，後又遷於對面，李爲黄案被逮，遂歸顧福参接手，聘劉鴻聲南下，時劉尚唱浄面，不久亦閉。

熊文通又頂春仙原址，有汪笑儂編名劇以資號召，仍難支持，未久即停。翌年重整旗鼓，夜來香等隸之，常演新劇，仍不振，遂已。

丹桂後移十六鋪稱新舞臺，爲海上改建舞臺之始。主持者爲潘月樵、夏月珊。劇中又創行山水樹木、殿閣亭臺等各種背景，各舞臺繼亦相率倣效之。而大新街丹桂舊址有李德奎接手，小如意、小桃紅、紫金仙等屬之，不久即倒閉焉。

童子卿於三馬路建大舞臺，吸收天仙原班，足與新舞臺抗。三麻子復於法租界建新劇場，復有人組織歌舞臺，皆未久。許少卿又於四馬路創丹桂第一臺，一時名伶若貴俊卿、劉壽峰、筱菊笙、九陣風等皆隸之，京伶如王鳳卿、梅蘭芳、劉鴻聲、吴彩霞、陳文啓、龔雲甫、朱幼芬又先後在該臺演唱，後以名伶雲散，京伶去後又難爲繼，許遂並歸尤鴻卿，已則就新新舞臺原址别開天蟾，營業亦頗發達。新新爲黄楚九所創，未一年即停業者。

王又宸先曾邀江夢花、麻穆子、俞振庭等就春仙原址築中華大戲園，未一年閉，後又就原址與江夢花、馮子和合組共舞臺，有劉永奎、郎德山、尚和玉、沈華軒諸伶，繼由常春恒接開亦舞臺，亦未久。

四盞燈初於天仙原址開迎仙，繼於新新原址開迎仙鳳舞臺，生涯皆不盛。後移入法租界，借男女合演以資號召，蓋其時公共租界尚未弛此禁例也。

新舞臺嗣因南市戒嚴，移迎仙原址開肇明，翌年遷入城内九畝地，不幸失火，暫借新新地址稱競舞臺，迨重建告竣再行遷回，因不時戒嚴或借開會，難以維持，終致歇業。

貴俊卿於民國六年就羣仙茶園（詳坤班）改設貴仙，因資本不充，未半年即歇，滬上劇界自此乃不復有茶園名稱矣。

按《越縵堂日記》稱同治初滬上有豐樂園昆班、四美園徽班歌簧腔，兹因漏列，附載於此：

附記 滬上自京劇盛行後，京中名伶始終未到滬上者，似僅陳德霖一人。名伶中汪桂芬未有留聲唱片，汪調當時滬上最盛行，一時勾欄中如李寶珠、金小桃、洪寓諸名妓皆以唱汪調著名，今雖有某某等角以汪調二字榜於世，然不過得其十之一二，此真有只應天上難得人間之慨。

吾國舊劇中盡多忠孝義烈、可歌可哭之類，可以感動觀衆，激勵薄俗。近年主持劇政者專以無意義之新劇爲號召，此風作俑於上海而影響遠及於燕京，恐優美之舊劇無人演習，他日必將失傳也。雖新劇中亦未始無一二可採者，如《瓜種蘭因》、《黨人碑》、《明末遺恨》、《黑籍冤魂》等，或關於歷史，或關於社會，演之亦足以鼓勵人心、喚醒迷夢，然亦久未排演，社會教育云乎哉！

今日選舉場之記票數，書若干正字，此襲用昔日戲園寫大水牌之法。蓋戲園昔日僅由案目領坐，並無戲票，故每日賣座各賬有專司繕寫之人，曰"大水牌"，樓上下各一人，寫時以大水牌一塊註明某檯某厢案目某人領座若干客，惟以時間忽促，恐有筆誤，且難稽覈總數，故每滿五客書一正字，緣正字五筆易於檢查之故。

昔日各戲園於臘月下旬將次封厢，諸伶每喜倒串各劇，如老生改串旦、丑，文角忽演武戲，見之令人絶倒，以是售座亦頗不弱。

上海昔有廣東戲園，余非粵人，罔敢評議，惟曾見《大香山》全本，臺中張有各種背景畫片，此足爲今日舞臺布景之先河也。

舊式戲園内部如戲臺、客座皆作方形，今日舞臺皆作圓形。

老生唱老旦戲始於汪桂芬之《斷太后》、《釣金龜》、《目蓮救母》，後凡老生之喉音帶沙者皆習老旦戲一二出。老生唱關公戲始於王鴻壽（即三麻子）之《水淹七軍》，汪桂芬亦有《華容道》一出，俱爲觀者所稱賞。（王三麻子有時演《雞中福》劇中之王三麻子，可謂姓名悉合，一笑。）

小生戲上海不甚重視，逮朱素雲到滬，始以《白門樓》、《轅門射戟》、《羅成叫關》等戲馳譽一時，然繼起乏人。

舊時禮拜日之開鑼戲必爲《富貴長春》，各家一律，今俱無此，又開場時曩必先"跳加官"，次"跳財神"，今堂會中或猶有"跳加官"之舉，而"跳加官"兼"跳財神"，則僅新戲園開幕之第一天與歲朝日有之，又完場時昔有背金榜，俗稱"老旦做親"，今亦無此矣。

從前所有本戲今夜演後明晚不敢連演，恐不能叫座，即極可賣座之劇亦不過連演二三夜爲止，今則一戲竟能連演至十數天甚或至數月之久，臺下天天滿座，此今昔風氣之不同也。

坤班 原名毛兒班，後多誤作"髦兒班"，蓋上海之有女戲始於京丑李毛兒，購貧家幼女之聰秀者教以歌曲臺步，凡紳宦家有喜慶等事恒演之，故名。或又謂揚州某女子擅長此藝，教女徒率韶年稚齒，嬰伊可憐，以小字猫兒，故得此名。嗣因演戲潦草，乏人顧問，迨後鴇婦銀珠創一女班，延京伶悉心教授，而女班始稍露頭角。至寶樹胡同之謝家班成立，謝湘娥乃名振一時。然彼時尚僅唱堂戲，猶無戲園也，戲園始自二馬路石路口之美仙。時花旦如林鳳仙，鬚生如吴新寶，青衣如王桂芳，聲容並茂，不讓鬚眉。惟武劇則自胡家宅羣仙開場，繼之者有王家武班、寧家武班，坤班至此始臻美備矣。統計上海昔日各女戲園以羣仙爲最久，人才亦最盛，如郭少娥、小蘭英、翁梅倩之老生，金月梅、馮月娥、林黛玉之花旦，郭鳳仙之武旦等，皆隸是園；其次爲寶善街之丹桂，歷時亦甚久，惟上海各舞臺之營業日難一日，此後坤班游戲場外恐無立足地矣。

男女合班　上海男女合演，工部局向懸爲厲禁。光緒末年大新街丹鳳茶園領得男女合班照會，即行開演，此實爲上海男女伶合演之濫觴。然其時男女伶名雖合班，實不合演，嗣因營業不佳，經理者竟以男女合演爲嘗試，事爲工部局查知，立將照會吊銷，遂致十餘年來無復繼起者。法租界鳳舞臺則援丹鳳成案接踵而起，始即男女合演，蓋法捕房禁令較寬，而滬人心理日趨淫靡，實非此不足以號召也。

新劇　上海之有新劇，其初始於各學校。光緒末年，甬人沈仲禮發起組織新劇團名曰陽春，入社者皆學校之學生，雖不數日即消滅，然上海新劇之萌芽，實自此始。宣統二年，任天知創辦進化團，廣收門徒，號"天知派"，今之汪優游、顧無爲、王無恐皆其弟子也。春柳則肇始於日本東京，主其事者爲李叔同（即今之弘一和尚）、陸鏡若，餘如吴我尊、馬絳士、歐陽予倩等皆最先之社員，曾開演於東京，頗受彼邦人士所推許，宣統辛亥，相率歸國，各社員多集於上海，復創新劇同志會，嗣租謀得利戲園開設春柳劇場，資本家爲南潯張静江，而陸鏡若爲之經理。時上海新劇社林立，春柳占地既僻，劇本亦較高尚，不能領會者皆屏足不入，未幾輟演。繼法租界之民興、大新街之民鳴、廣西路之笑舞臺，亦皆次第閉歇，海上新劇已絶跡。朱雙雲復言於笑舞臺主人金庚記，重行組織，有鄒劍魂、鄭正秋等加入開演，亦未久。正秋又就亦舞臺舊址創藥風新劇社，後以房租契約期滿，遂告終局。春閨弱女則有錢天吾、謝桐影、林如心等，轟動社會亦頗久，卒以新劇既無鑼鼓，又無唱詞，萬不及京劇熱鬧，遂一蹶而不易復振矣。

馬戲　馬戲來自歐美，以四十年前車利尼班爲最著名，全班有良馬數十匹，訓練純熟，更有男女伶能在馬背作舞蹈跳躑諸戲，輕捷異常，馬雖疾駛如飛，而忽上忽下，不爽分寸，誠絶技也。並有虎、豹、獅、象，亦能演劇，幾如虞庭之百獸舞。劇場在外虹口曠地，以大幕爲幄，高八九丈，廣蔽數畝，雖雨不漏，中闢戲場，鋪以沙土，其形如球，環列客座，觀者甚衆，獲利不貲。迨後雖有他班，不如車利尼遠甚，今此種大班馬戲久不來滬矣。

西劇　西劇分二種：一演各種故事；一演各種幻術。戲園以圓明園路工部局所築爲最古，中國近建各舞臺悉仿其式，座上編號，客憑券上號數入座，秩序井然，無争坐喧鬧之事。

影戲　上海之有影戲，自清光緒元年二月，爲穆宗殯天國喪期内，滬上租界各戲園例遵國制停演，於是有英、法、美三班乘時開演，此爲滬上第一次有影戲，亦影戲第一次至中國也。後十餘年，影片雖日有進步，並能活動，而滬人心理尚未十分心醉。民國以來，國民心理，隨歐化潮流爲之大變，影戲園之設立，幾遍滬上，且有電影學校之設，其營業之發達可知也。

上海小志卷八

妓　寮附書寓　書場　日本茶社　西妓院

滬上夙稱妓藪，章臺風月獨擅勝場。聞諸前輩云：道光前浦江多泊賈舶，土人每以舟載女應客，此爲滬妓之濫觴。道、咸之交，城中乃有妓院，虹橋爲城内之中心，橋左鱗次以居，粉黛雜陳，妍媸畢具。無不各分門户，以蘇、常産者爲上，土著次之，維揚江北又其次也。燈火連宵，笙歌撤（徹）夜，亦當時之銷金窟也。餘若唐家弄、梅家弄、鴛鴦廳、西倉橋等處，地頗幽僻，每有麗姝避喧趨寂，僦屋其中，咸豐癸丑以後漸移城外，闤闠日盛，又得花枝以點綴其間，於是趨之者如鶩。光緒初則上等勾欄皆集於四馬路、寶善街間之兆富、兆榮、兆貴、兆華、晝錦、薈芳、公和、同慶、桂馨各里及六馬路之寶樹胡同、松盛胡同，俗稱長三。後十餘年復由東而西，如福祥、民和、會樂各里，吉慶、精勤、同春諸坊皆是矣。至次於長三之幺二，初時亦居城中，然不甚多，其後漸移居小東門一帶，旋因大火，妓院亦遭殃及，化繁盛爲丘墟，於是再遷東棋盤街。幺二門首必署以堂名，如雙富堂、高陞堂等，堂子之稱實自幺二始。（長三稱堂僅見一家，即當時三馬路之胡寶玉家，門首標曰慶餘堂。）幺二每逢九月，必堆菊花山促客筵宴，燈紅酒緑，紙醉金迷，迄無虚日，亦極一時之盛，習俗成例已四十餘年矣。再麥家圈之萃秀里，其地點適東接幺二，西連長三，此中妓窟俗稱二三，言其身價高於幺二，次於長三也。既而貪廉者每趨幺二，好闊者皆喜長三，反至無以自存，不數年竟致淘汰。或又謂當時二洋涇橋有所謂四十四間者，皆妓院，稱二三云。

民國九年，公共租界工部局禁閉妓院之議起，凡被抽籤取消者又紛紛移幟於法租界，如東新橋、南陽橋等處，又悉成弦管樓臺、鶯花庭院，妓院至此遂化聚爲散矣。

申地僑民最雜，所好亦因之各别，故又有粤妓一派，初只散居公共租界蘇州河南，其上者多居老旗昌，即旗昌洋行舊址，在南京路東首五昌里。後因門前冷落，遂相繼遷徙或閉歇，殆無一存，距今已三十年矣。近時粤妓之根據地爲北四川路仁智里、青雲里等處，昔老旗昌每家俱有某某樓之稱，今仁智里僅存一彩鳳樓，然較前減色多矣。

書寓　滬上書寓同治初年最爲盛行，其身價高出長三上。長三諸妓則曰校書，此則稱之爲詞史，通呼曰先生。凡酒座有校書，先生則離席遠坐，所以示别也。蓋書寓之初例禁綦嚴，但能侑酒主觴政，爲都知録事，從不肯示以色身，後則濫矣。初詞場所演爲傳奇，自人才難得，傳奇學習非易，於是改易京調，京調高亢，以吴姬摹之，正如皮傅漁陽詩也，然自書寓冗濫，每歲會書一次，猶須各説傳奇一段，不能與不往者，皆不得稱先生，後此例亦廢不行，其諱出局曰“堂差”云。

書場　據《越縵堂日記》稱：同治間至滬上小廣寒聽翠娘歌云云，則書場由來久矣。然此猶演唱傳奇，至高歌京調之書場則實始也是樓。樓在四馬路中市，集諸妓歌於臺上，客則環座而聽，點戲者度一曲酬以一金。獲利既厚，仿之者接踵而起，環四馬路一帶如小廣寒（此别一小廣寒）、天樂窩、顔玉樓、滿庭春、桃源趣、四海論交樓、響遏行雲樓皆是，曲則京、昆、山、陜俱有，蓋人以其易於獵艷也，多就之，妓又以其易於獵客也，亦多就之。嗣因稔客往聽亦須點戲，至少四齣，需銀四枚；且有齋三王等硬打抽豐，勒客點戲十齣二十齣之舉，以是客多裹足，維持至民國初，始俱收歇矣。

日本茶社　俗稱東洋茶館，當光緒初在虹口及四馬路一帶有所謂三盛樓、開東樓、玉川品香社、登瀛閣諸名目，背（皆）日本茶社也。執役其中者均爲彼邦二八妖姬，高髻盤雲，粉妝替雪，亦覺别饒風韻。入其中者費茶資銀二角，春浮螺碧，板拍牙紅，索笑調情，了無愠意，故少年尋芳者趨之若騖，繼遍設法租界小東門等處。迨後彼邦不欲留此污點於上海，始由日領事宫川品君迫其停業回國云。

西妓院　昔時多在二洋涇橋一帶，華人之能操西語者亦可洞入迷香。其次則如虹口有恒路、密勒路等處，每當夕陽西下，燈火齊明，皆當門而坐，以實行其倚門買（賣）笑生涯，浦江中之水兵多趨之。

又有一種粤妓，俗所謂鹹水妹者，昔亦在二洋涇橋北首一帶，後遷往虹口鴨緑路、斐倫路諸處，此亦專招接西人者，兵艦中水兵咸樂問津。門口悉樹木栅，中開一孔便人通語，兩情既合，始啓扉納客。捕房雖准其營業，然取締綦嚴，每星期須經醫官驗視，如染有梅毒，即予施治，並勒令停止接客，其爲彼邦人何若是之周密也。返觀吾國則何如？據滬上各醫院治病統計，以花柳病爲獨多，其蔓延傳染之廣，可以想見，所望有衛生之責者，勿視租界爲化外，而與租界當局從速協商，採其章程，請其協助，將各類買（賣）淫者嚴爲檢驗，使勿再作梅毒之媒介，此亦禁娼難行而求其次之一道也。

上海小志卷九

酒　　肆附茶寮　煙館

滬上酒肆，初僅蘇館、寧館、徽館三種，繼則京館、粵館、南京館、揚州館、西餐館紛起焉。蘇館以帶鉤橋北德和館爲最，因翻建房屋停業。寧館則有法租界大馬路之益慶樓、鴻運樓，益慶當時在鴻運樓對面，早閉。鴻運幾亦不振，幸經理得人，遂復中興。徽館昔亦占一部分，顧客類多上流中人，後因牢守舊習，不知發展，今日幾不能列於酒肆之林。京館自同新、慶興二樓既閉，以中和園爲最著，初在四馬路，後遷入棋盤街之洋房，規模頗大。雅叙園開設亦早，繼四馬路有致美齋，生涯頗盛，因房屋被挖輟業。悦賓樓、會賓樓皆後起者。粵館四馬路之萬福樓、杏花樓，寶善街之奇珍，皆開設甚早，荔香園已在後，今僅存杏花樓營業甚盛。至北四川路、武昌路等處爲粵僑集居之地，其間有會元樓、西湖樓、探花樓，皆粵館中之甚大者。南京館初有春申樓、新申樓。春申初在寶善街，繼遷南京路，新申在四馬路尚仁里口，均早閉歇。今雖有順源樓、春華樓、金陵春諸家，然皆係清真，風味各别，順源開設亦早。揚州館昔有小花園之半醉居，四馬路之九華樓，純乎維揚派，勝今之鎮江館多多矣。西餐館昔惟四馬路之一品香、一家春、海天春三家，後因華人亦好嘗西味，故踵開不少，然皆不久即閉。今一家春仍在原處，一品香遷於西藏路，兼業旅館，生涯尚盛。餘若一枝香、醉和春亦較老，開設在後者則不談矣。當時若西棋盤街之泰和館、四馬路之聚豐園、寶善街之復新園則菜兼南北，屋亦宏敞，凡有大宴會多假座其中。泰和後受厨房之影響，營業日落，難以支持。聚豐生涯本盛，因股東常鬧意見，遂輟業。復新後建三層高大房屋於石路、四馬路口，即今大觀樓地址，不圖一遷即敗。繼起者有山東路之大慶樓（今之惠中旅館即其遺址），二馬路之燕慶園，然皆未久。酒館失敗，厨房代興，厨房以招商爲最先，其所以能盛極一時者，以其肴饌風味，酒館、家常兼而有之，不令人食而生厭也。厨房大都包辦酒席，無宴會之所，惟招商曾在望平街租房設肆（即今福興園後進）以便顧客，然未久即停，仍辦包菜。近則閩館、川館最爲時尚，閩館首倡者爲小有天，初在三馬路廣西路口，局面甚小，後因營業發達，遂移今處。繼之者爲别有天，在小花園，早閉。後有消閑别墅，雖不及小有天之大，然其肴饌之精、定價之廉，實非小有天所及也。川館以兆富里之式式軒、望平街之醉漚爲首創，（醉漚門之左右懸有聯語曰：“人我皆醉，天地一漚。”似李梅庵筆。）一時生涯大盛。繼起者遂亦不少，如古渝軒、錦江春等，今之都益處、陶樂春已皆在後。至西人之所謂飯店者,華樓傑閣。高大巍峨,滬上不下十餘所,而以外大橋之禮查、法大馬路之密采里、南京路口之匯中爲最早,其優點爲食品清潔,室無纖塵,又無喧嘩囂雜之聲,燈光爐火皆能適度,與中國館肆大相懸殊矣。

徐珂《可言》:滬之蜀、閩酒樓相踵而起,固有之京、津、粤、甬、揚、鎮諸館爲之減色,徽肴更無論矣。

茶寮　滬上茶肆最老爲南京路之一洞天,而當時麗水臺尤爲著名,高閣臨流,軒窗四敞,青樓環繞,笑語可通,蓋前臨洋涇浜,後即東棋盤街,不啻萬里橋邊、蝦蟆陵下,故某寓公有"繞樓四面花如海,倚遍欄干任品題"之句,其遺址在今之紗布交易所右。餘若四馬路之華衆會、閬苑第一樓、萬華樓等,履舄駢闐,皆稱繁盛。至廣東茶居自丙子春棋盤街開有同芳,粧飾富麗,金碧輝煌,兼售精點糖果,視他處别有風味,以故生意一時稱盛。繼又對面開一怡珍,煙酒兩便,顧客尤衆。於是同安、易安等次第開設,每日午後三時諸妓結伴偕往,花香粉氣,媚態勾人,故生意亦頗熱鬧也。邑廟豫園亦爲茶肆叢集之地,向推鶴亭、船舫廳、湖心亭、緑波廊諸家,地勢既各占優勝,而高閣迎風,疏窗映水,尤饒佳致,而湖心亭宛在中央,更稱一園之勝,較諸滬上各茶肆似有雅俗之分也。鶴亭因建勸業場毁去,"緑波廊"三字已爲傖夫改"樂圃閬",房屋亦已改建時式廳,船舫廳又翻建市房,風景減色不少矣。

煙館　昔日煙館之盛,尤過茶肆,計租界中所稱大煙館。鱗次櫛比,不勝枚舉。惟初以法租界之眠雲閣爲最,繼則互相争賽,復以南誠信爲首屈一指。規模宏敞,裝潢富麗,大而一榻,小而一盒,無不刻意講求,窮極工巧,故一般無癮者亦樂於卧游。入夜,雉妓紛集,粥粥羣雌,尤形熱鬧。男女相對,一榻横陳,不以爲怪,而野鴛鴦多成就其中,以是賈大夫一流趨之若鶩。後捕房以風化攸關,禁止婦女入煙室,於是頓形冷落,難以支持,未幾煙禁一頒,即告歇業矣。

上海小志卷十

雜　　記

上海有名之老店半已歇閉，兹將存者、廢者分列如左：

存者　吴肇泰茶葉店　汪裕泰茶葉店　程裕新茶葉店(亦百有餘年)　陳天一帽子店　吴良材眼鏡店　馬德茂染坊　李鼎和筆店　胡開文(廣和氏)墨店　千頃堂書坊　朱信隆香店　王順興紙店　高三益紙店　姜衍澤藥店　阜昌參店　王大生水旱煙店　邵萬生南貨店　鴻運樓酒館　王寶和酒店　王仁和茶食店　徐悦來糖果店　老悦生廣貨店　老介福綢緞店　浦五房醬肉店　北永泰鼻煙店　萬源昌珠寶店　一品香西菜館　一家春西菜館　陸永茂花草店。

廢者　老萬泰帽子店　陸翔熊鞋子店　老春和襪店　劉得利釘鞋店　戴日湧火腿店　俞天順漆店　六露軒麵館　祥泰布店　三牌樓圓子店(以菜圓子著名)　王家弄糟麵筋店　寶記照相館。

或述上海人之今昔

從前中等人家常食之品，以菜蔬爲正宗，魚肉則惟陰曆初二、十六、初八、廿三食之，謂之“當葷”。今則家家無葷不吃飯，有素者不過爲點綴品矣。

從前親友禮尚往來，所饋送者，以茶食肆中之鷄蛋糕、眉毛餃爲通常品，近則此等食品已不合時，而以外國糖果及罐頭食品爲主。

從前人家偶購時鮮食品，鄉里必詫爲奢侈，近則人人食之，其節儉而不購者，人必笑其吃不起矣。

廣肇山莊醮事

社會舊俗，無論大小各業，每年必於七月間舉行盂蘭盆會，俗稱“打醮”。或延僧人，或雇道流，少則一日，多則三日，誦經禮懺，並作種種法事，有公所或會館者即在公所會館中舉行。寓滬之廣幫客商，每年七月十四、十五、十六三日必在新閘路廣肇山莊内大建此會，遍處懸燈結彩，而陳設之古玩珍品、名人書畫，尤極繁富，並有粵中名手巧製之活動人物燈綵，詡詡如生，以資綴點。他若應有之事，亦必務極奢華，一會之費，動輒萬金，屆時不特百粵衣冠，座中畢集，而吴娃楚艷，亦莫不寶馬香車，絡繹而至，流連至東方既白，始行返旆言旋，如是者三日夜，頗極一時之盛。當道恐發生事端，故必派勇協同該山莊丁役分頭巡緝，以免滋擾。嗣該處圈入租界，遷在今址，而此熱鬧之勝會亦不復舉行矣。

藥業公所醮事

當時藥業中人借醮事以舉賽燈會，遊行於南市一帶，其盛況亦有可得言者。蓋醮事臨了之夕，各業中人例必提燈遊行，隨以鑼鼓，後復舁以無數紙錠，沿途焚化，云以賑濟乏祀孤魂，而藥業則於此夕更興高彩烈，踵事增華。滬上藥行共有數十家，每家必有一起，每一起中間必有龍舟臺閣、奇燈異綵，靡不夸富鬥麗，各逞奇巧，如是者長及數里，所經之處觀者塞途，亦一時之盛會也，李越縵云此亦足助太平之觀。

按迎神賽會，或斥之爲迷信，不知“神權”二字此中亦有絶大之神秘作用，足以濟政治法律之窮，且時代如果太平，人民亦尚殷富，此等事提倡固非政體，干涉亦殺風景，一任社會自生自滅可也。顧炎武云：蚩蚩之氓，其畏王鈇常不如其畏鬼責；惟明明棐常、鰥寡無蓋，則王政行於上而人自不復有求於神，故曰：“有道之世，其鬼不神。”且方俗所重，雖雷霆萬鈞之力不能止之；其勢當罷，亦莫能復之。民俗大抵如此，君子治民在無生事，無效之條教號令徒貽笑而長姦，甚無謂也。

吕宋票之盛行

四十年前美屬吕宋發行一種彩票，轉輾流傳，遂盛行於上海。其經售之店集中於棋盤街一帶，望衡對宇，鱗次櫛比，若“必得必發”、“連中月中”等店招觸目皆是，頭彩爲三萬元，當時人稱爲發財票，亦有謂之“白鴿票”者。吕宋人復揣摩華人心理，於年中十二月份之票加倍發行，其吸取人金錢之計，亦云狡矣。中經左文襄一度禁止，嗣因美有戰事發生，此票遂停，而其流毒至今貽留我國焉。

上海淘汰之物品

優勝劣敗，適者生存，而不適者則歸淘汰，此天演之公例也。不必徵諸遠，徵諸四十年來滬上淘汰之種種事物可矣，試略舉如下，事多不煩引也：如有輪船而沙船淘汰，有洋布而土布淘汰，有洋針而本針淘汰，有皮鞋、綫襪而釘鞋、布襪淘汰，有火柴而火石淘汰，有紙煙、雪茄而水煙、旱煙淘汰。吾爲此言，人必謂我頑固守舊，對於陳腐之物質，大有誤認國粹、亟思保存之意，實則非也，特懼夫自知拙劣而不能就原有者改進之、就未有者仿造之耳。

徐潤上海雜記

銀行 上海租界之銀行以麗如銀行爲開山老祖,創始於道光二十九年。至同治四年租界銀行共有十家,即一、阿加剌銀行在九江路一號,二、利中銀行在四川路十四號,三、利商銀行在黄浦灘二號,四、匯泉銀行在福州路十七號,五、麥加利銀行在江西路十號,六、匯隆銀行在江西路二十號,七、有利銀行在九江路二號,八、法蘭西銀行在南京路六號,九、匯豐銀行在黄浦灘十二號,十、麗如銀行在黄浦灘十一號。匯豐銀行初名香港上海銀行有限公司,翌年改名香港上海匯豐銀行,初設在黄浦灘南京路轉角,即今匯中西飯店原址。

洋行 上海洋行之開始者爲寶順、怡和、仁記、義記、播喊等五家。

醫院 租界設立醫院最早者爲仁濟醫院,道光二十三年由羅赫醫生創設,初在近城處,二十六年遷入租界,咸豐十年始遷至今處。其次則爲同仁醫院,設於西華德路,其始有銀壹百元,助於一美教士,即將此資開設小藥房一所,後經多方擴充,遂成醫院,李秋坪君及其友人又籌銀一萬兩以增廣之。

上海之藥房

上海各國僑民病劑之供給,初惟各國軍艦之衛生隊是賴,入後僑口日繁,需求愈多,始有大英醫院之設,專營藥品事業,繼起者乃有老德記藥房與屈臣氏藥房。彼時海禁初開,國人之視西藥,竟有甚於鴆毒者,相戒勿服,故在此時期之上海藥房營者買者純屬外人,國人無與焉。更有法人之良濟藥房、德人之科發藥房等,又皆在後矣。

小菜場小史

上海租界中,四十年前本無規定之小菜場,每晨集合各行販設攤於今之盆湯弄,在路之兩旁分類排設,如今之法租界菜市街者然。當時四馬路之老巡捕房尚在盆湯弄之絲業會館原址,各攤販並無捐照,所以時被巡捕拘罰。後有富人楊子京,人俱稱以"寶寶"者,見各攤販既受風雨之苦,復時遭拘罰之痛,惻然憫之,遂捐資建一小菜場於今之五福弄中。當時稱爲"東荒場",菜場用蘆蓆蓋成,固甚陋也。迨後市面興盛,工部局擬建一大規模之菜場,楊即舉今已拆建之鐵房子基地以贈之,當時人皆呼之爲"西荒場",工部局乃就其地以木板蓋成一菜場,每攤開收月捐一元,更五年擬改木爲鐵,乃命各攤就勞合路上營業。迨鐵廈造成則每攤增收月捐兩元,繼又增爲三元,後則從未增加。今鐵廈基地已售去,遷至福州路,中有冷氣間等,設備固然完全,而攤販之負擔則已增加多多矣。

滬上雖一逐利之場，熙熙攘攘，皆爲利來，然其間不乏騷人遷客、逸士遺民，或海濱高蹈，或澤畔行吟，或同王粲之離家，或似梁鴻之賃廡，或效晏嬰之近市。因聲氣相感而自然集合者：琴會則先有祝君聽桐舉行於申園，後有周君夢坡舉行於晨風廬，古音疏越，響入秋雲，令人有高山流水之思。書畫則昔有張君小樓假楊柳樓臺創一書畫公會，一時北闕南董，莫不畢集。厥後則有豫園之書畫善會、小花園之海上題襟館等接踵而起，不啻今之畫苑。棋則南有豫園之橘中樂、四美軒，北市則有西園、快閣、文明雅集，恒見東山一輩共集其間，消此長日，雖無定名，亦有常所。詩社前有盟鷗社、麗則吟社、希社，惜皆未久。繼起者有求聲詩社，旋改鳴社，外省知名士加入者亦不少，成立迄今二十年矣。惟一觴一詠，或在水在山，某年上巳羣集蘭亭，某歲新春共登梅嶼，某君承值邀往直瀆看五月榴花，某公主持招至棲霞賞一山楓葉，江浙勝地都有留題，歲月良辰，不使虚度，此則昔年他社所未有者也。鳴社社史鄭君質庵撰有小啓，閲之可以想見。小啓録後："古月茫茫，曾照雲間之鶴；勞人草草，且盟海上之鷗。吾鳴社詩酒論交，山林在抱，賦雙鳥則思韓孟，尋三徑則慕羊求。近市何妨，遯世無悶。杯浮大白，如過丁卯之橋；燭刻半紅，實始丙辰之歲。二十年寒來暑往，求聲之銅鉢猶存(初名求聲詩社，後易今名)；幾千里苔異岑同，言志之霞箋宛在。風雨如晦，托微尚於鷄鳴；江湖相忘，比浮生於魚樂。欲回天地入之扁舟，儘有羲皇納於角枕。尋梅屐底，不知十日春寒；聽月樓中，留得幾人夜話。鞭心入古，浪跡出塵。一髮青山，待掃題詩之石；半江紅樹，乍停載酒之船。顧憂從中來，非無花近高樓之感；逝者不作，尤有墓多宿草之悲。鬱幽抱則處處斜陽，酹詩魂則年年曲水(社中每逢春禊致祭亡友)。雲煙過眼，誰藏記事之珠；風月消愁，莫惜題襟之墨。更十年而成世，舉一杯以問天。所願舊雨皆來，期於初展重陽以後；前塵共話，人在仰邀明月之間。況笙磬同音，槐榆合抱。秋聲館裏，更招看竹之人；雁字風前，補詠題餻之句。庶幾希縱真率，嗣響耆英。坐嘯行歌，來者豈竹林之可限；忘形把臂，吾曹舍汐社其安歸？千里一堂，一時千載。笑看鷗鷺，幾忘今日之秋深；醉把茱萸，更看明年之誰健？是爲啓。"

上海爲各省人士、各國僑民叢集之地，其繁盛實勝當時之洛陽。洛陽有李格非《名園記》可以知時代之興衰，此志何不可别立《園林》一門，以表今日之盛況？曰私家墅園既屬寥寥，不克成卷，即有亦已載入縣志。所有公園又皆屬諸外人，類多一片廣場，無甚可記。(余謂西人經營太嫌直率，不過花圃林場而已，我人所構又往往亭臺樓閣占去大半，甚乏疏曠之致。惟日人誠得昔人所謂一分屋三分竹之意，折衷於中西二者之間，而疏密有致，規畫得宜，可以爲法。)豫園在城市之中心，當時若稍經修築，遍植花木，不啻現成之公園。無如爲一般殺風景者將原有之亭臺樓閣先後毁去，改建市房，以致今日商肆櫛比，貨攤林立，成爲百貨市場，尚何風景之可言！至文廟公園則拆除聖廟而爲之，大成殿改作陳列所，明倫堂成爲彈詞場，使諸大夫國人有所矜式油然起敬之地，一變而爲嬉遊雜沓之場，此中得失，又何忍言！兹將一二建築宏麗或小有結構者述如左：

愛儷園　在静安寺路、哈同路口(俗呼哈同花園)，爲英商歐司愛·哈同暨其夫人羅迦陵所築。夫人初名儷蕤，故曰"愛儷"。占地數百畝，水木清華，建築閎麗，非有人介紹不得入覽。園分内外，園門之牓高邕之書，左爲回事處，右爲招待室。第一處應接來賓之所曰海棠艇，艇右多修竹，有鵝羣戲其間，曰看竹籠鵝，前爲茝蘭室，而黄蘗山房在其西，又西曰接葉亭，亭外草地，護以竹扉，設垂花門，門對聽風亭，其南循路而至柳灣，灣前有橋曰絮舞橋，北立一坊曰森立坌來。蓋園景至此，正如山陰道上應接不暇也。臨海有亭曰觀魚亭，北有圃，周以徑，徑外有亭，石級層折，雲氣滃來，曰撥雲升巔，又有亭曰挹碧亭，其下長廊繚繞，曰蝀隱。沿廊有亭曰歲寒。諸亭皆誅茅爲之，樸而雅，質而潔。由歲寒亭西行，蕉陰蒙密，曰緑天澄抱。過此入冬桂軒，其前曰詩瓢、曰崑崙源，其西臨池，其北有假山，是爲蝀隱廊之尾閭。循冬桂軒而又西爲串月廊，廊盡處有橋曰引泉，過橋爲九思廎，其東亦臨池，復築花墻以障之，廎之南爲延秋小榭，循榭之裏廊至飛流界，界之東有挹翠亭，亭之東有水芝洞，其間曰方壺、曰小瀛洲，洲之北岸有石梁，是曰堆碧，前有石塔爲北洞天。循塔洞而行，一舟倚山而泊，鷁首西向，是曰載我，舟前石峰曰太華仙掌，其後爲雲林畫本。而山環東北，水臨於南，有橋曰迎仙橋，西有崖曰飲蕙崖。西有閣形似塔，署曰鈴語，登斯閣也，園景歷歷在目，近可遠眺龍華閣。西曰涵虚樓，乃遥對飛海界，四圍山色一碧幽濛，樓下一亭臨愛夏湖，有石徑可通，三面浮水，四望豁然，曰六鰲遠駕。迤邐而西，是爲平波廊，廊之西南，繞以花墻，有月洞門，額曰大好河山，門外有石峰，狀如壽星，有古松一株，是爲蒼髯上壽。折而東曰藏機洞，洞之上有石坪臺。蓋自鈴語閣迴環曲折而來，勝景不窮，其最勝處爲山外山，有流水一灣，沿岸遍植桃花，曰逃秦處，循堤而東爲倉聖明智大學，講堂、寢室咸備，中曰禮堂，祀倉聖，以周史籀，秦胡母敬、程邈，漢史游、許慎、蔡邕，魏鍾繇，唐李陽冰配。禮樂舞器，濟濟一堂，每歲肄習鄉飲、鄉射、投壺、冠昏各古禮，可謂盛矣。逃秦處之西南爲萬生圃，東爲賒月亭，亭之西有竹亭，額曰小蒼筤，亭東爲題扇亭，南爲肄蓺，有坊曰渭川百畝，蓋萬竹秀挺，毿毿而舞。東一橋曰横雲，過橋爲筍簾鄉，有方塔七級，矗立池中，層層噴水，下注於池，署曰千花結頂。塔之南石筍林立，曰石筍嶙峋，折而北則接卐字亭，亭額曰萬籟笙竽，其東曲徑通幽，花木蔚翳，繚於西南者爲松筠緑陰，其西有山，高下植梅，山頂築一小茅亭，曰梅塈。循塈而行至水心草廬，西曰蘭亭修禊，前互長堤，遍植垂柳，曰柳堤試馬。堤之西有沼曰阿耨池，池北有屋三間爲日本式，雜花繞砌，曰阿耨北舍，其北爲藏經閣，復折而北爲新闢之嫏垣，西爲倉聖明智女學，嫏垣凡五重，曰崇禮堂，曰燕譽堂，左曰肄成茅蓺，右曰芬若椒蘭，樓曰慈淑。其旁有塵談室，後爲跳舞處，餐室東爲迎旭亭，已與一帶春、澹池相接矣。阿耨北舍之東，松山而間以竹，山巔有思潛亭，其麓闢畦種菊，曰淡圃，圃之北臨河一亭曰瀉春潭，可於此棹舟至水心草廬。亭後爲萬花塢，其南有橋曰渡月，過此曰煙水灣，其北接梅園，中有絳雪海，後有長廊，以藤蘿爲之。沿廊循徑横隔一河，有小橋曰玉涑，可通頻伽精舍。舍之前爲養生池，池上有亭曰鑒泓，池後有春暉樓，其東有家祠在焉，至此園景爲一結束。而循海棠艇以入歐風東漸閣，即鐘樓也，閣下有海水與黄浦通，潮至時有聲泠泠，額曰聽濤。過此西行爲紅葉村，前爲廣倉學宭，爲名流著書講學之所，宭之上曰待雨樓，四面臨空，古樹森立，宭之南榜曰有者樂此，北有長廊，接茆亭二：一曰椒亭，一曰風來嘯。其南闢大路，竹柏棕櫚夾道蔽日，如行森林中，由此入月在亭，至仙藥河，前爲戩壽堂，堂五楹，有樓翼然，左右廊宇宏深，曰巢雲，曰送勝，迤西曰文海閣，閣上富藏書，皆《四庫》所未列者。再西曰西爽齋，與媥垣後樓相對峙，閣左有石峰，曰松脊，曰寒山片骨，皆嶙峋有奇致。南爲天演界，劇場也。天演界之東護以竹扉，有半面亭豢鶴於中，曰駕鶴，亭外假山石筍如羅致几案然。假山之上有亭曰環翠亭，亭外草地花圃參差相接，可通車馬，南有濱，舊稱湧泉，今襲其名，朱欄緑篠環其前後，中闢一洞門，署曰湧泉小築，誌古跡也。由此而南曰一帶春，曰滄浤，又與文海閣、西爽齋密邇，蓋昔以東西一水爲内外之界畫，至民國十年新屋成，並梅園、阿耨北舍均隸内園，而湧泉小築以外周帶歐風東漸，遂折爲外園。此民國十年十二月所記也。

案今日吾國人士或構一宅、或闢一園，均惟西式之是尚，而哈同以西方之人對於一切建築又惟華式之是宗，豈厭故喜新之習，抑中國經畫之善、製作之佳有以觀感之耶？惟此園逐漸開拓，有以富麗勝者，有以樸素勝者，有以幽美曲折勝者，故對於其全部之大體，不得以苛刻嚴密之論評之責之也。

昧園　昧園爲郁氏别業，經始者屏翰先生懷智，即鄉人私謚爲敦惠先生者也。園在法華鄉，其東南爲李文忠公祠堂。園中界一小谿，谿之南爲郁氏先壟，松柏蕭森。谿之北有樂穫樹，蓋敦惠先生夫婦每歲育蠶於斯，夏秋之交又逭暑於斯，以樂穫名其樹，志在桑麻可見矣。樹之前芳草一坪，環坪花木交蔭，竹石參差，樹之後有屋數楹，爲本立堂，其子葆青、孫元英復拓隙地，疊石疏泉，構縱谿草堂，通以竹徑，極出邃之致。堂之陰有小池栽美蕖，隔水種竹，雜以花柳，坐其間多野趣云。

夏敬觀《郁葆青約於昧園修禊余偕李拔可冒鶴亭後至陳鶴柴劉倡之諸君已先在座》："詩心收取好春光，猶賴微寒勒海棠。檐下新陰添幾尺，水東喬木聳千章。引杯華顔曾何語，開徑羊求有不忘。後至我今携二客，貪看花絮坐風廊。"

香山别業　在夢花街口，主人范香孫，世業眼醫，此園係其手闢，已有五十餘年，雖地僅數弓，而有水有石，有亭有臺，能於小中見長。范又癖嗜花木，不雇園役，躬親培植，業務而外不問他事，亦一隱君子也。

上海一隅，洵可謂一粒粟中藏世界。虹口如狄思威路、蓬路、吴淞路盡日僑，如在日本。如北四川路、武昌路、崇明路、天潼路盡粤人，如在廣東。霞飛路西首盡法人商肆，如在法國。小東門外洋行街多閩人行號，如在福建。南市内、外鹹瓜街盡甬人商號，如在寧波。國内各省市民，國外各國僑民類皆叢集於此，則謂上海爲一小世界亦無不可，若是則余所記載者對於上海誠所謂滄海一勺、太倉一粟耳。

同治上海縣志札記補
附：民國上海縣續志札記

胡懷琛　撰
趙　渭　點校

整理説明

《同治上海縣志札記補》,附《民國上海縣續志札記》,皆不分卷,近人胡懷琛撰。

此二種皆由民國時期上海通社整理,納入《上海研究資料續集》刊行。按胡懷琛在《同治上海縣志札記補》之開端所説,《同治上海縣志》係由著名學者俞樾所纂,在方志之中,頗負名譽。但俞曲園畢竟只是總纂,此志之中,疏漏錯誤,亦在所難免。而稍晚有秦榮光撰《同治上海縣志札記》六卷,即爲訂正其訛誤,已稱詳明。胡懷琛此著篇幅不多,自稱爲補秦氏《札記》所未及者,以附其尾。

《民國上海縣續志札記》,係爲訂正《民國上海縣續志》而作。《續志》乃姚文枬等纂,有民國七年刊本,胡懷琛僅訂其中訛誤十餘條。

今即以上海通社編《上海研究資料續集》所收《同治上海縣志札記補》、《附上海縣續志札記》加以整理,按新式標點,訂正少量訛誤。

趙　渭

目　　録

同治上海縣志札記補

《同治上海縣志》,俞曲園總纂,於方志中頗稱名著。然疎漏訛誤,亦所不免。秦炳如(榮光)《札記》六卷,訂之詳矣,今讀《俞志》及秦《札記》,偶有所得,爲秦《札記》所未及者,聊附於其尾云。

民國二十四年十二月,著者自記於上海通社。

柳枝詞

《同治志》卷十八,《人物一》,第十八頁:“顧彧……所傳《柳枝詞》,亦非全稿矣。”按,補遺第十頁,有顧彧《竹枝詞》十二首。一作“柳枝”,一作“竹枝”,前後不同。

山陰人

《同治卷》卷十八,《人物一》,第二十頁:“王掖,其先山陰人。父逢,元季避兵海上,遂於烏涇家焉。”按,山陰應作江陰。《明史》作江陰,本志《游寓傳》亦作江陰。

若守

《同治志》卷十八,《人物一》,第二十九頁:“郁文博,官居清介,……曰:予如貞婦若守垂白矣。”按,“若”字應是“苦”字之訛。

自鶴下來

《同治志》卷十八,《人物一》,第四十五頁:“易簀之先,自云自鶴下來,乃吾去時。果於庭中聞鶴唳三聲而逝。”按,“自鶴”之“自”字應是“白”字之誤,或“有”字之誤。

董華亭

《同治志》卷二十二,《藝術》,第十一頁:“賈淞,字右湄。……其山水得董華亭祕(據《川志》補)。”按,《同治志》曾辨明董其昌爲上海人,今似不得復稱爲“董華亭。”想係襲《川志》原文而未修正也。

徐熙杲

《同治志》卷二十二,《藝術》,第十二頁:“徐熙杲。”據目録,“杲”作“昶”字。

青龍雜志

《同治志》卷二十三,《遊寓》,第三頁:"梅堯臣,著有《青龍雜志》。"《光緒青浦縣志》序,作"《青龍鎮志》。"

浦上潮

《同治志》卷二十三,《游寓》,第三頁,李行中條註:"醒夢時聞浦上潮。"《嘉靖志》"浦上潮"作"夜半潮。"

石湖漁唱

《同治志》卷二十三,《游寓》,第四頁,陳允平條:"允平著《石湖漁唱》。"按,"石湖"應作"日湖。""《日湖漁唱》。"見阮元《四庫未收書目》。

元史有傳

《同治志》卷二十三,《遊寓》,第六頁。"王逢,字原吉。江陰人。"又云:"《元史》有傳。"按,王逢《元史》無傳,《明史》二百八十五《文苑傳·戴良傳》内附見。《明史》作"字元吉。"按以作"元吉"爲是,"元"字在明代多改作"原",以太祖諱故也。此因襲明時舊文故作"原。"

楊維楨

《同治志》卷二十三,《游寓》,第十一頁附註云:"按,前志《游寓》不載楊維楨,修例謂《明史》著其至上海,何反略之?查《明史稿》:'維楨,山陰人,嘗築元圃蓬台於松江之上,海内薦紳大夫,與東南材俊之士,造門納履無虚日。'並不言其至上海。豈以兩句連讀,故誤會耶?今仍不載。"按,《遊寓》既不載楊維楨,然《藝文》又載楊維楨《竹枝唱和集》,不免前後矛盾。

南吴舊話録

《同治志》卷二十七,《藝文》,第五頁:"《南吴舊話録》,李延昰撰。"按,本志卷三十二第九頁,顧廷評家刺繡條所引,作"《南吴舊話》,"無"録"字。《光緒南匯縣志》作"《南吴話舊録》。"

節孝闡幽釐正編

《同治志》卷二十七,《藝文》,第五頁:"《上海縣節孝闡幽釐正編》,倪福穰輯。"按,先有《旌表上海縣節孝貞烈闡幽録》四卷,徐渭仁、金樹濤同輯。倪氏《釐正編》,即爲釐正該録而作。今只載《釐正編》,而未載《闡幽録》,未免遺漏。《釐正編》係八卷,《同治志》失載卷數。

嘉靖志十卷

《同治志》卷二十七,《藝文》,第六頁:"《上海縣志》十卷,嘉靖三年知縣鄭洛書領修。"按,"十卷"應作"八卷。"《嘉靖志》原本不易見,今有影印本,固八卷也。

測量全義一卷

《同治志》卷二十七,《藝文》,第十一頁,《崇禎曆書》註:"《測量全義》一卷。"按,"一卷",《明史·藝文志》作"十卷"。應依《明史》訂正,方與《崇禎曆書》總數一百二十六卷相合。

二香四六

《同治志》卷二十七,《藝文》,第十四頁:"《二香四六》,曹樹杏撰。未梓。"按,此疑是四六文,應入"集部"。《同治志》列入"子部雜家類",似誤。

滄螺集八卷

《同治志》二十七卷,《藝文》,三十頁,《游宦著述》:"《滄螺集》八卷,孫作撰。"按,四庫全書作六卷。今見汲古閣元四家集本,栗香室叢書本,皆六卷。

楊維楨竹枝唱和集

《同治志》二十七卷,《藝文》,三十頁:"《竹枝唱和集》,楊維楨撰。"按,《同治志·遊寓門》不載維楨,並有附註,駁修例謂應載維楨。何以《宦遊著述》内又載維楨書?不免前後矛盾。

羸壯遲速

《同治志》卷二十八,《名蹟上》,第一頁,黃浦註引陸龜蒙《迎潮送潮辭序》:"且羸壯遲速,繫望晦盈虛也。"按,"羸"字係"贏"字之誤。"贏"字對"壯"字而言,與下文"遲"字對"速"字而言相同。又謂"繫望晦盈虛,"蓋望則壯,晦則羸,盈則速,虛則遲也。若作"羸"字,於全文不貫。《同治志札記》但云前志作"羸",而未言其詳。

濡餘澤稿

《同治卷》卷二十八,《名蹟上》,第一頁,黃浦引陸龜蒙迎潮送潮辭:"濡餘澤稿兮潮之恩。"按,"稿"應作"槁。""餘"字亦疑有誤。

碑在赤烏年

《同治志》,卷二十八,《名蹟上》,第二頁,王逢詩:"碑在赤烏年。"按,王逢《梧溪集》作

“碑存赤烏年。”以作“存”字爲是。《同治志》於“赤烏碑”一條附註云:“碑蓋宋時物,漶漫不可識,僅存赤烏字,遂名赤烏碑。”是逢詩所謂“存”者,是指碑文存“赤烏”二字也。若作“在”,則似確指碑爲赤烏時物矣。一字之訛,相差甚遠也。

水 客

《同治志》二十八卷,《名蹟上》,第二頁,赤烏碑條,成廷珪詩:“水客不知前代跡,月明涼夜漫歌詩。”按,《嘉靖志》卷七《文志》;“水客”作“木客”。

初 潤

《同治志》二十八卷,《名蹟上》,第二頁,赤烏碑條,唐奎詩:“河水初潤瓠子決,東吴滬瀆復漫泄。”按,《嘉靖志》卷七《文志》,“潤”作“閏”。

殿 前

《同治志》二十八卷,《名蹟上》,第五頁,陳朝檜條,成廷珪詩:“殿前風雨正蕭條。”按《嘉靖志》卷七《文志》,“殿前”作“殿頭”。

西 村

《同治志》二十八卷,《名蹟上》,第五頁,鰕子潭條,釋守仁詩:“回首西村鎖暮烟。”按《嘉靖志》卷七《文志》,“西村”作“胥村”。蓋智儼赴胥村會。胥村,爲村名,非泛指方位也。

華 之 岑

《同治志》二十八卷,《名蹟上》,第六頁,綠雲洞條,釋壽寧詩:“耶之溪兮華之岑。”按,《嘉靖志》卷七《文志》,“岑”作“峕”。

滬 城 八 景

《同治志》卷二十八,《名蹟上》,第七頁:“滬城八景:曰海天旭日,黄浦秋濤,華龍晚鐘,吴松烟雨,石梁夜月,野渡蒹葭,鳳樓遠眺,江皋雪霽。”註云:“八景曰黄浦,曰海,曰龍華,曰吴松,曰鳳樓,皆有蹟可指。惟石梁,野渡,江皋,不知所在。”今按,石梁,原註言之詳矣。野渡,江皋,原註仍未言所在。竊以爲野渡應是指蘆子渡,爲静安八景之一。自元釋壽寧以來,題詠者甚衆。渡在蘆浦上,故曰野渡蒹葭。江皋,應是指吴松江。因境内只有此水稱江也。若青龍江,似太遠矣。

竹 露 寫 清 韻

《同治志》卷二十八,《名蹟上》,第十八頁,露香園註引王世貞詩:“竹露寫清韻,荷飔來暗香。”按,“寫”似應作“瀉”。

帆檣比望

《同治志》卷二十八,《名蹟上》,第二十頁,日涉園註引陳所藴《日涉園記》:“中一峯,亭亭直上,小峯附之,磴道逶迤可登閣。南望,則浦中帆檣比望,則民間井邑一一呈眉睫間。”按,應作“南望,則浦中帆檣櫛比;北望,則民間井邑一一呈眉睫間。”

古址

《同治志》二十八卷,《名蹟上》,第三十頁,張大經《訪古址》詩:“古”應作“故”。

王樨登

《同治志》卷二十九,《名蹟下》,第九頁,處士陸哲墓註:“王樨登作傳。”按“樨”應作“穉”。

六月龍華兩度遊

《同治志》卷三十一,《雜記二》,第十八頁,陸深詩:“六月龍華兩度遊。”按,《萬曆志》作“六日龍華兩度遊。”以後諸志皆誤作“月”,《同治志》亦因襲其誤。

槷之爨下

《同治志》卷三十二,《雜記三》,第二十三頁:“負陸文裕公家奴田租,槷之爨下。”按,“槷”應作“縶”。

畫菊橈

《同治志》卷三十二,《雜記三》,第二十八頁:“司馬莊前碧玉橋,黄龍浦上畫菊橈。弱流此去知非遠,借我長竿釣巨鰲。”按,“畫菊橈”不成文,“菊”字係“蘭”字之誤,草書“蘭”字與“菊”字相似。

每於此岸

《同治志》卷二十二,《雜記三》,第三十頁:“後寇舟每於此岸,或北入劉家河,南至柘林。”按,“岸”字上脱去一字,疑是“泊”字。

彈九

《同治志》卷二十二,《雜記三》,第四十一頁:“海邑彈九。”按,“九”應作“丸”。

十餘人

《同治志·補遺》第十三頁:“城中兵男僅一十餘人。”按,“十”字疑是“千”字之誤。

民國上海縣續志札記

遂　安　人

《續志》卷九,《學校上》,十三頁:“孫鏘鳴,號渠田,浙江遂安人。”按,“遂安”應作“瑞安。”孫鏘鳴爲孫詒讓先人。“遂安”與“瑞安”因音近而誤也。

王　玉　英

《續志》卷二十五,《列女四》:“王氏,名玉英。興化朱椿年妻,涇縣長庚女。光緒三十四年,椿年歿於滬,氏即日手書訣父母,仰藥以殉。書中以所遺飾物變價助充學堂公益,得一萬三百五十元。”按,此述其父與夫之籍貫互誤。應作“涇縣朱椿年妻,興化王長庚女。”余,涇縣人也,此事又爲余所親聞,故知之悉。

孫氏十家志

《續志》卷二十六,《藝文》第三頁,子部,兵家類:“《孫氏十家志辨》,葛士達撰。”按,疑應作“《孫子十家註辨》。”“《孫子十家註》”甚通行,若“孫氏十家志”則未聞有此書。

南匯縣分目原稿

《續志》卷二十六,《藝文》,第十三頁:“《南匯縣分目原稿》一卷,顧成天撰。”按,“縣”下脱“志”字。《光緒南匯縣志・藝文》,載此書有“志”字。

天問略等四種

《續志》卷二十六,《藝文》,第十五頁:“《天問略》,《表度説》,《五緯表》,《圜容較義》,俱明徐光啓撰。據《法華鎮志》補。”按,“《天問略》”《明史》作“利瑪竇撰”,無徐光啓名。四庫全書作“陽瑪諾撰”。《表度説》《明史》作“利瑪竇撰”,無徐光啓名。四庫全書作“熊拔三撰”。《圜容較義》《明史》作“利瑪竇撰”,無徐光啓名。四庫全書作“利瑪竇、李之藻合撰”。未知孰是。《五緯表》一種,至《法華鄉志》已不載;蓋已歸入《崇禎曆書》中。《同治志》有《崇禎曆書》,此不必複出。

泰西水法

《續志》卷二十六,《藝文》,第十五頁:"《泰西水法》一卷,徐光啓撰。"《泰西水法》即《農政全書》中一部份。此不識爲重出,抑爲別本。

量書

《續志》卷二十六,《藝文》,第十六頁:"《量書》一卷,徐光啓撰。"按,《同治志》《藝文》,載《測量法義》、《測量異同》、《句股義》各一卷。註云:"舊志作《量書》,即此。"似《量書》不宜重出。

梟林小史

《續志》卷二十六,《藝文》,第十七頁:"《小家語》,《梟林小史》,俱黄本銓撰。"按,《小家語》係小説,《梟林小史》則係記咸豐三年小刀會劉麗川擾亂滬城事。兩書雖合刻,然性質不同。《梟林小史》應入史部雜史類,《續志》則與《小家語》同入子部小説家類,似誤。

石湖漁唱

《續志》卷二十六,《藝文》,第二十一頁:"《石湖漁唱》,陳允平撰。"按,"石湖"應作"日湖。"《續志》據前志本傳補,亦即沿前志本傳誤也。

安塏地

《續志》卷二十七,《名蹟》,味蒓園條:"有廣夏曰安塏地。"又云:"安塏地尤宏敞。"按,"地"皆應作"第"。

堂構也

《續志》卷二十七,《名蹟》第七頁,太初園條註引侯孔齡《八憶詩序》:"太初園森立江上,蓋始祖勝國時堂構也。"按,"堂"字爲衍文。因其右行有"堂"字而誤衍。

湘煙

《續志》卷二十九,《雜記二》第十九頁:"湘煙(僧名)駐錫朱霞殿,工山水,意在法外。善彈琴。"按,湘煙已附見於《同治志》"振錫"條云:"又有聖欣,號湘煙。出家小武當。亦善鼓琴,兼精山水。"未知爲二人或一人也?

躍龍鱗

《續志》卷三十,《雜記三》,第十八頁:"雨飄松節躍龍鱗。"按,上文言"雨",下文"躍"字應作"濯"字。

上海府縣舊志叢書

補遺卷

上 海 通 志 館　編

第四册

上海古籍出版社

本册書目

民國上海市自治志

〔民國〕楊　逸　等纂
任　瓊　點校

整理説明

上海的自治運動在清末五大臣出洋考察之前便已開展，可謂全國首倡。它發軔於光緒三十年(1905)，一直到民國三年(1914)，前後持續十年，可分三個階段：一、紳商自發組織自治，成立城廂内外總工程局時期，自1905年10月至1909年6月；二、遵旨籌辦城鎮鄉地方自治，總工程局改作城自治公所時期，自1909年6月至1911年11月；三、上海光復後，城自治公所改組爲市政廳時期，自1911年11月至1914年3月。沈恩孚在《上海市自治志》序言中説："上海之有市政，不始於民國。其正城廂内外之名曰市，則自民國始。計自前清光緒三十一年十月，官治易而自治，迄民國三年三月，復自治爲官治，首尾十年矣，實八周年六閱月。"

《上海市自治志》乃民國時期上海最早纂修的志書，以上述時期案牘爲主要材料匯成，總目有四：圖表、大事記、公牘、章程規約規則。該志分甲、乙、丙三編，由楊逸等纂修。楊逸(1864—1929)，字東山，號魯石，晚號無悶，自號盥雪翁，上海人，清末舉人。初與周佩笙友善，切磋技藝無虚日，後與汪仲山等出入高邕之門，參加豫園書畫慈善會，義賣救災。工詩擅書畫，精鑒賞，好交友。有《山水圖》《溪山雲靄圖》《雙梅圖》等作品傳世，輯有《海上墨林》(四卷)。民國期刊《滄海》第六期載秦硯畦所作之《楊東山先生六十壽序癸亥作》："前清光緒季年，吾邑厲行自治，先生被舉爲上海市董，兼任文牘，飛墨書翰，宣揚自治之精義，衆翕然服。未及十年，自治停頓，乃輯《市自治志》八卷。綱舉目張，詳明精確。今日自治回復，得以有所根據者，皆先生撰述之力也。"可謂言簡意賅，言明《上海市自治志》成書之經過及其價值所在。又云："民國三年吾邑續修縣志，先生纂列女傳，訂兵防志，實事求是，句梳字櫛，經歷三載，始得脱稿。"由此亦可見楊逸於上海當時志書纂修發揮的作用。

本次整理以民國四年鉛印本爲底本，參校以同時代其他文獻。該志共兩函八册，綫裝，保存較爲完好。在整理過程中，依照"上海府縣舊志叢書"體例，對明顯訛誤倒衍等問題予以徑改，不再出校。本志每編後原均附有"勘誤表"，整理時已據以徑改，不再附列。

整理者

2021年4月

目　　録

序

沈恩孚

人有負重而不自釋者，大力者挾之而趨曰："汝弗勝，吾爲汝代。"代者之重如故，向之人亦未嘗以得代爲慶，曰："吾不自知吾力之弗勝也，乃彼急欲釋吾負也。"而是人也向所耗之力固多矣，則未可没也。上海之有市政，不始於民國。其正城廂内外之名曰市，則自民國始。計自前清光緒三十一年十月，官治易而自治，迄民國三年三月，復自治爲官治，首尾十年矣，實八周年六閲月。此八周年六閲月中，予見市政之日進也，未見其止也，而何以復於官治？蓋呱呱墜地之嬰兒，忽焉丱兮而未弁也，而頭角嶄然，鄰兒叫囂於其旁，不辨其聲之誰何也，而家長以爲不祥，而姑禁其自由，曰將徐竢其老成也。此其操術之良否未可知，其拱璧此兒心如揭也，胡可誣也？夫自治而既復於官治矣，則自治其陳蹟耳，奚志爲？市之舊服務於市政者，以爲此區區之陳蹟，固嘗集合吾全市之人之精神，分入吾全市之人之財力，早夜以經營之。設無一人焉，摭其事實以告來者，毋乃與野馬塵埃並相吹於太空矣乎？則志之也宜。創其議者爲穆君湘瑶，且匄貲助成之；任編纂之勞者爲楊君逸，輔之者爲瞿君慶普。稿既就，屬弁言其耑。噫嘻！予之不能無情於社會也，日以將來爲希望，寧樂遡既往。自治而陳蹟矣，又奚言？然而予之衣食住於此市也逾三十年矣，予之家於此市也亦幾幾十年矣，於市之盛衰休戚而漠然無所動於胸，豈情也夫？則謂予之樂遡既往，猶夫人之情，予亦笑而承之。中華民國四年十二月。

凡　例

一、上海市之地方自治，始爲城廂内外總工程局，繼爲城自治公所。民國建立後，爲市政廳，先後名稱不同，本志就上三時期查案分編，名曰上海市自治志。

一、本志分門首圖説、區域及各種表册，次大事記，次公牘，次各項章程、規約、規則。除表册依年統編外，餘各按自治時期分甲、乙、丙三編。

一、表册分三種：職員表、成績表、會計表。

一、會計表第一至第四年度爲總工程局時期，其決算報告以銀兩計數；第五、第六年度爲城自治公所時期；第七至第九年度爲市政廳時期，其決算報告均以銀圓計數。此次編製各表，一仍其舊，惟於第一表設備註一欄，將前四行相抵盈絀之兩數，折成圓數，逐一註明，以與第六表核對。

一、大事記分期編次，就歷年成案，約舉大端，欲稔詳情，可稽公牘。

一、自治公牘卷宗浩繁，擇要選録，中有事實延長或適在交替過渡時，如總工程局之案至城自治公所續辦結束者，城自治公所之案至市政廳續辦結束者，或市政廳之案至停辦時尚未結束列入移交册内者，均分期採列。統檢各編，方知起訖。

一、議事會歷屆議決案，自宣統二年起，由議事會照章呈報，現仍分期附録於呈報公牘之後。

一、示文通告分期附録公牘之後，以年月之先後爲次。

一、修治道路、橋梁、河渠、駁岸及添闢城門、建築公用房屋，並常年修路通溝等項工作繁多，大事記不及盡載，分别詳列於工程成績表。其工程經費，分列於會計年表。惟各項工程中，亦有請官撥款，如撈濬河渠之類；亦有當地紳商集捐襄助，如闢門築路之類。凡非由自治會出資，不加入會計表之工程費内。

一、巡警事務以總工程局及城自治公所時期爲多，學校事務以市政廳時期爲多。凡巡警人員升降遷調及學校職員、學生人數，具詳於警務成績表、學務成績表。

一、善舉在自治範圍之内，民國建立後，以慈善團隸入市政廳，而一切善舉及款項收支仍自行經理。惟貧民習藝所及新普育堂爲自治會所規劃興辦籌款補助，除大事記已詳辦法外，不另編善舉成績表。

一、裁判所本不在自治範圍以内，惟總工程局接收前馬路工程局時，蘇松太道袁注重輿情，暫令地方公舉裁判員，以通民隱，改名裁判所。經費亦暫由地方擔任，於自治款内墊支。每年裁判民刑訴訟及違警事件，多至一千七百數十起。自審判廳成立後，即將一切卷宗移交接管。所有舉員裁判及歷任裁判官姓名附見於大事記，不另立表。

一、各項章程、規約、規則在總工程局時期係屬草創，至城自治公所修正增訂，乃臻完密。洎改組市政廳，沿用前章，稍有增損，大旨相同。本志概行録入，備前後異同之參考。

一、本志編輯在甲寅夏秋之間，溽暑鬱蒸，揮汗從事，四閲月而脱稿。時間無多，匆促記録，疏略遺漏，在所難免。然地方自治九年之大概，與董、議兩會經營之苦心具見於是。雪泥鴻爪，聊存陳蹟云爾。

一、本志既脱稿後，以印刷費絀，募捐不易，至乙卯夏初始獲付印。脱誤之字，雖經校對更正，未盡改排清楚，爰重加校勘，就所見及者，另列勘誤表，附録於各編之後。

捐資姓氏：

慈善團銀二百元。顧馨一君銀一百五十元。吴懷九君銀一百廿五元。

穆杼斋君银一百廿五年。朱壽臣君銀一百元。市經董辦事處銀一百元。

公款公産經理處銀一百元。黄涵之君銀一百元。郁屏翰君銀一百元。

蘇筠尚君銀一百元。莫子經君銀七十元。南商會銀五十元。

陸伯鴻君銀五十元。沈志賢君銀四十元。王一亭君銀三十元。

姚紫若君銀三十元。葉鴻英君銀二十元。金仰孫君銀二十元。

許松春君銀二十元。夏應堂君銀二十元。馬綬之君銀十元。

吴芹甫君銀十元。龔子範君銀十元。徐問秋君銀十元。

趙芹波君銀十元。范香孫君銀十元。姚伯鴻君銀十元。

程幼甫君銀十元。周采臣君銀十元。沈潤挹君銀十元。

臧蓮遜君銀十元。王星泉君銀十元。胡殿臣君銀五元。

楊亮甫君銀五元。姚幼安君銀五元。

以上共收捐款銀一千六百八十五元。

編輯所開支：

編輯、謄寫、繪圖、校對：銀四百九十九元。

茶水飯食、僕人工食、紙張筆墨、雜費：銀一百九十五元。

印刷工料一千部：銀一千元。

以上共支銀一千六百八十五元。

上海市自治志圖表

上海市區域保圖全圖

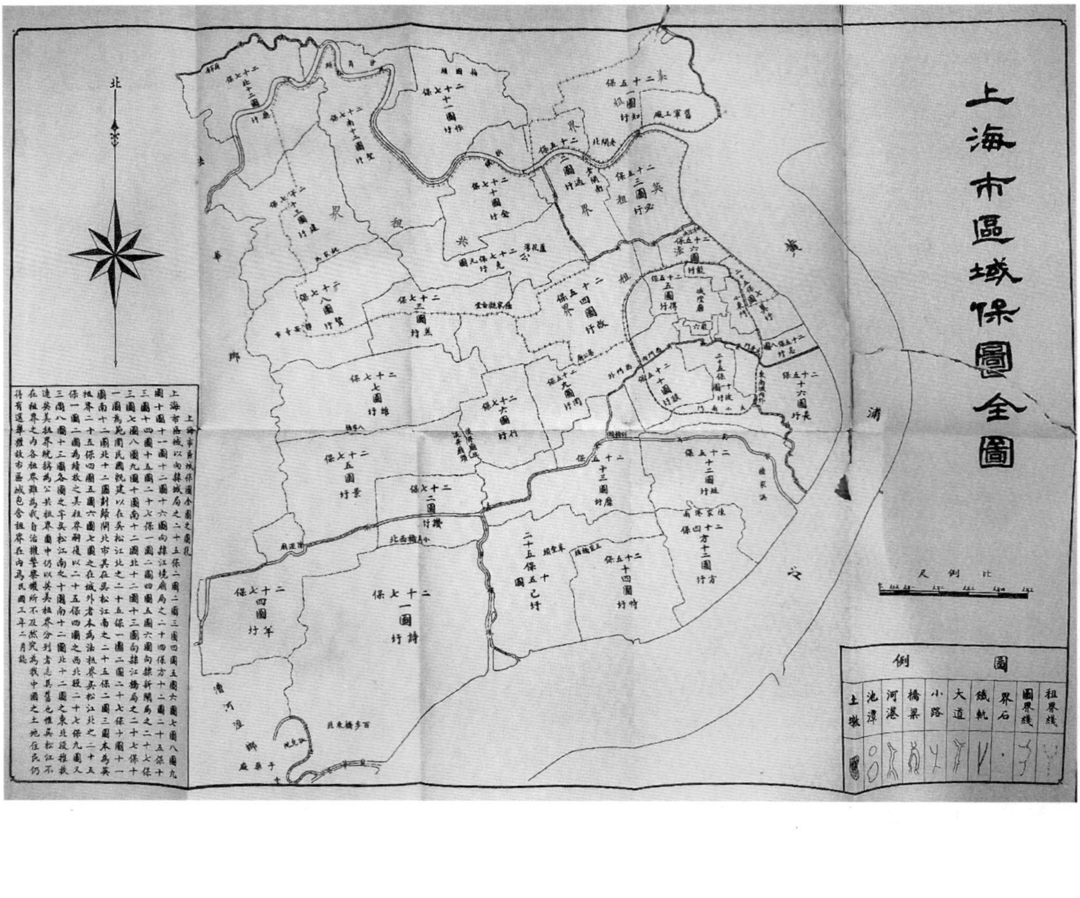

上海市區域南市圖

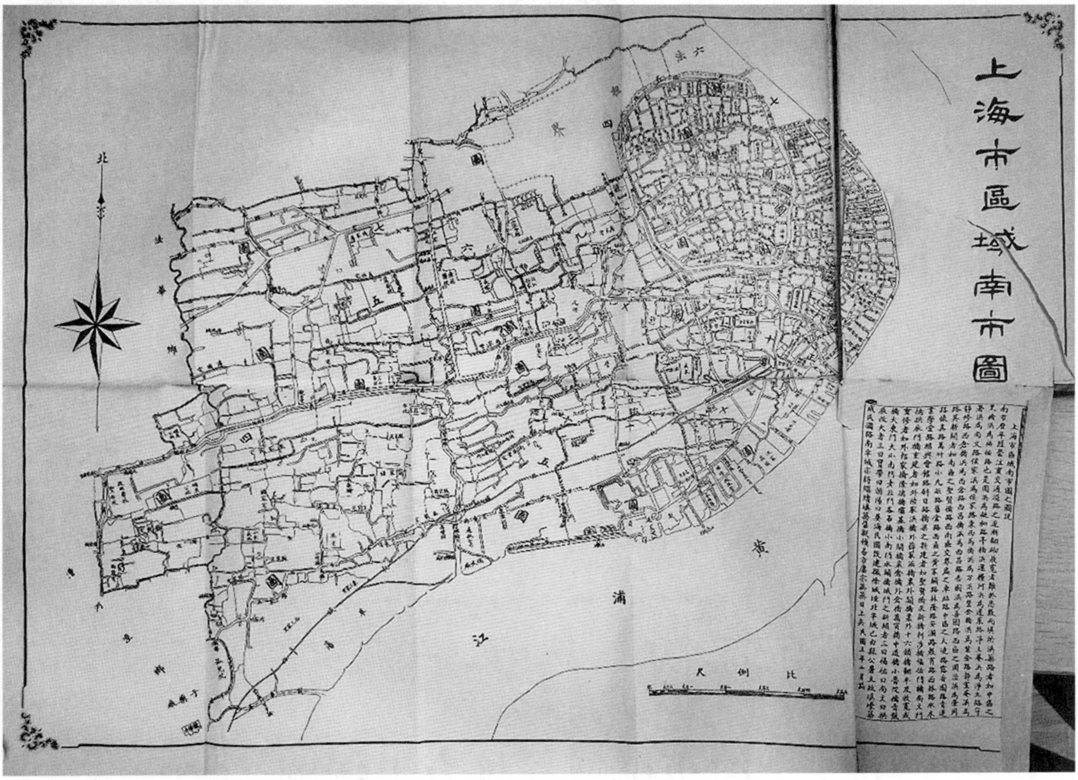

上海市區域北市圖

上海市區域界址方里保圖

區域

東區。在大小東門外。爲十六舖二十五保七圖、八圖、十六圖。

南區。在大小南門外。爲二十三七舖二十四保方十二圖、二十五保十一圖、十二圖、十三圖、十四圖、十六圖。

中區。在城内。爲頭舖、二舖、南三舖、北三舖、四舖、七舖、八舖、九舖、十舖、十二舖、十五舖、十九舖、二十舖、二十二舖、二十五保四圖五圖六圖七圖八圖十圖十一圖十六圖。

西區。在西門外。爲二十五保四圖、九圖、十圖、十三圖、十四圖、十五圖。二十七保一圖、二圖、四圖、五圖、六圖。

北區。在新老北門外至閘北。爲二十五保一圖、二圖、三圖、四圖、五圖、六圖、七圖，二十七保三圖、七圖、八圖、九圖、十圖、十一圖、南十二圖、北十二圖、十三圖。民國建立，以二十五保一圖、二圖，二十七保十圖、十一圖、南十二圖、北十二圖之在吴淞江以北者劃歸閘北市。

界址

東南距黄浦，浦東自南至北爲三林鄉、楊思鄉、塘橋鄉、洋涇市、高行鄉。西南至漕河涇鄉，西至法華鄉，北至寶山縣境，東北至引翔鄉。

方里

一百方里强。

保圖

二十四保：方十二圖。陳家港南。

二十五保：一圖，老閘北。二圖，老閘南北。三圖，舊軍工廠。四圖，大境内外。五圖，城隍廟北門外。六圖，侯家浜北門外插花。七圖，小東門内外。八圖，大東門内外。九圖，西門外。十圖，西門内外。十一圖，大小南門内外。十二圖，陸家浜。十三圖，斜橋頭。十四圖，五里橋頭。十五圖，草堂頭。十六圖。大東門内外。

二十七保：一圖，百步橋東北。二圖，小馬橋西北。三圖，陸家觀音堂。四圖，陳涇廟前後。五圖，淡井廟頭。六圖，淡井廟北。七圖，八字橋。八圖，静安寺市。九圖，蘆花蕩。十圖，新閘。十一圖，梅園頭。南十二圖，沙角頭。北十二圖，薛家厙。十三圖。姚家浜。

上海市自治董事會職員表

職務	城廂内外總工程局時期						城自治公所時期						市政廳時期									備註
	第一次選舉			第二次選舉			第一次選舉			第二次選舉			臨時			第一次選舉			第二次選舉			
	姓名	就職期	退職期	姓名	就職期	退職期	姓名	就職期	退職期	姓名	就職期	退職期	姓名	就職期	退職期	姓名	就職期	退職期	姓名	就職期	退職期	
總董	李鍾珏字平書。	光緒三十一年十月	光緒三十四年十月	李鍾珏	光緒三十四年十月	宣統元年十二月	李鍾珏	宣統二年正月	宣統三年九月				莫錫綸	辛亥九月	民國元年七月	陸文麓	民國元年八月	民國三年三月				總工程局時期，稱領袖總董，任期三年。城自治公所及市政廳時期，總董任期均二年，該時期内第二次選舉均未滿任，不改選。市政廳臨時期内稱市長。
董事	朱佩珍字葆三。	光緒三十一年十月	光緒三十三年十月籤退。	李厚祐字雲書。	光緒三十三年十月改選。	宣統元年十二月	莫錫綸	宣統二年正月	宣統三年九月				顧履桂	辛亥九月	民國元年七月	顧履桂	民國元年八月	民國三年三月				總工程局時期，稱辦事總董額定四人，任期四年，每二年改選半數。城自治公所時期，董事額定三人，任期二年，該時期内第二次選舉未滿任不改選。市政廳臨時期内，稱副市長，額一人。正式選舉後，董事定額及任期與城自治公所同。

續表

職務	城廂内外總工程局時期						城自治公所時期						市政廳時期									備註
	第一次選舉			第二次選舉			第一次選舉			第二次選舉			臨時			第一次選舉			第二次選舉			
總董事	曾鑄字少卿。	光緒三十一年十月	光緒三十三年十月籤退。	王震字一亭。	光緒三十三年十月改選。	宣統元年十二月	王震	宣統二年正月	宣統三年九月							蘇本炎	民國元年八月	民國三年三月				
總董事	郁懷智字屏翰。	光緒三十一年十月	宣統元年十二月				顧履桂	宣統二年正月	宣統三年九月							楊逸字東山。	民國元年八月	民國三年三月				
總董事	莫錫綸字子經。	光緒三十一年十月	宣統元年十二月																			
名譽董事				曾鑄	光緒三十三年十一月	光緒三十四年四月病故。	朱開甲字志堯。	宣統二年正月	宣統三年九月	蘇本炎	宣統二年正月籤留。	宣統三年九月	蘇本炎	辛亥九月	民國元年七月	郁懷智	民國元年八月	民國三年三月	郁懷智	民國元年八月籤留。	民國三年三月	總工程局時期，第一次選舉無名譽董事，第二次選舉七人。迨《自治章程》頒行後，歷次照章選舉。
名譽董事				朱佩珍	光緒三十三年十一月	宣統元年十二月	梅豫棖字問羹。	宣統二年正月	宣統三年九月	顧徵錫	宣統二年正月籤留。	宣統三年九月	顧徵錫	辛亥九月	民國元年七月	夏紹庭	民國元年八月	民國三年三月	夏紹庭	民國元年八月籤留。	民國三年三月	

續　表

職務	城廂内外總工程局時期						城自治公所時期						市政廳時期									備註
	第一次選舉			第二次選舉			第一次選舉			第二次選舉			臨時			第一次選舉			第二次選舉			
名譽董事				葉佳棠字棣華。	光緒三十三年十一月	宣統元年十二月	祁祖鑾字冕庭。	宣統二年正月	宣統三年正月籤退。	王行是	宣統二年正月籤留。	宣統三年九月	王行是	辛亥九月	民國元年七月	金祖壎	民國元年八月	民國三年三月	金祖壎	民國元年八月籤留。	民國三年三月	
				陸文麓字松侯。	光緒三十三年十一月	宣統元年十二月	姚曾榮字伯欣。	宣統二年正月	宣統二年五月病故。	梅豫棖	宣統二年正月籤留。	宣統三年九月	梅豫棖	辛亥九月	民國元年七月	朱得傳	民國元年八月	民國三年三月	朱得傳	民國元年八月籤留。	民國三年三月	
				顧徵錫字松泉。	光緒三十三年十一月	宣統元年十二月	施兆祥字善畦。	宣統二年正月	宣統三年正月籤退。	朱開甲字志堯。	宣統二年正月籤留。	宣統三年九月	朱開甲	辛亥九月	民國元年七月	王宗毅字鶴僧。	民國元年八月	民國三年三月	王宗毅	民國元年八月籤留。	民國三年三月	
				張嘉年字欒君。	光緒三十三年十一月	宣統元年十二月	葉逵字鴻英。	宣統二年正月	宣統三年九月	葉逵	宣統二年正月籤留。	宣統三年九月	葉逵	辛亥九月	民國元年七月	姚曾綬字紫若。	民國元年八月	民國三年三月	姚曾綬	民國元年八月籤留。	民國三年三月	
				趙增烜字松坪。	光緒三十三年十一月	宣統元年十二月	顧徵錫	宣統二年正月	宣統三年九月	金祖壎字仰孫。	宣統三年正月改選。	宣統三年九月	金祖壎	辛亥九月	民國元年七月	郭懷桐	民國元年八月	民國二年七月籤退。	嚴兆濂	民國二年八月改選。	民國三年三月	

續表

職務	城廂内外總工程局時期						城自治公所時期						市政廳時期									備註
	第一次選舉			第二次選舉			第一次選舉			第二次選舉			臨時			第一次選舉			第二次選舉			
							朱大經字子謙。	宣統二年正月	宣統三年正月籤退。	毛經疇	宣統三年正月改選。	宣統三年九月	毛經疇	辛亥九月	民國元年七月	嚴兆濂字味蓮。	民國元年八月	民國二年七月籤退。	林祖溍字康侯。	民國二年八月改選。	民國三年三月	
							毛經疇字子堅。	宣統二年正月	宣統三年正月籤退。	祁祖鋆	宣統三年正月改選。	宣統三年九月	祁祖鋆	辛亥九月	民國元年七月	沈惟燿字潤挹。	民國元年八月	民國二年七月籤退。	張在新	民國二年八月改選。	民國三年三月	
名譽董事							王行是字寶崙。	宣統二年正月	宣統三年九月	夏紹庭字應堂。	宣統三年正月改選。	宣統三年九月	夏紹庭	辛亥九月	民國元年七月	金毓孫字筱雲。	民國元年八月	民國二年七月籤退。	沈惟燿	民國二年八月改選。	民國三年三月	
							蘇本炎字筠尚。	宣統二年正月	宣統三年九月	郭懷桐字楚琴。	宣統三年正月改選。	宣統三年九月	郭懷桐	辛亥九月	民國元年七月	張在新字暘銘。	民國元年八月	民國二年七月籤退。	金毓孫	民國二年八月改選。	民國三年三月	
							朱得傳字吟江。	宣統二年正月	宣統三年正月籤退。	劉汝曾字景輿。	宣統三年正月改選。	宣統三年九月	劉汝曾	辛亥九月	民國元年七月	張國衡字士希。	民國元年八月	民國二年七月籤退。	朱開甲	民國二年八月改選。	民國三年三月	
西區區董	吳馨字畹九。	光緒三十二年五月	光緒三十三年十月	吳馨	光緒三十三年十月	宣統二年五月	梅豫棖	宣統二年五月	宣統三年五月	梅豫棖	宣統三年六月	宣統三年九月	梅豫棖	辛亥九月	民國元年七月	梅豫棖	民國元年八月	民國二年八月	梅豫棖	民國二年八月	民國三年三月	總工程局時期，稱區長，並設副區長一人，任期一年，任滿經議會續舉連任。迨《自治章程》頒行後，歷次照章選舉。

續　表

職務	城廂內外總工程局時期						城自治公所時期						市政廳時期									備註
	第一次選舉			第二次選舉			第一次選舉			第二次選舉			臨時			第一次選舉			第二次選舉			
副區董	周文彬字菊屏。	光緒三十二年五月	光緒三十三年十月	周文彬	光緒三十三年十月	宣統二年五月																
南區區董	穆湘瑤字杼齋。	光緒三十二年五月	光緒三十三年十月	穆湘瑤	光緒三十三年十月	光緒三十四年二月	穆湘瑤	宣統二年五月	宣統三年五月	朱開甲	宣統三年六月	宣統三年九月	朱開甲	辛亥九月	民國元年七月	朱開甲	民國元年八月	民國二年八月	朱開甲	民國二年八月	民國三年三月	光緒三十四年二月，穆君湘瑶就職蘇省鐵路渾江伐木公司總理告退，更舉顧履桂繼任。至宣統二年五月復被舉任。
				顧履桂字馨一。	光緒三十四年二月	宣統二年五月																
副區董	單慶銘字春雨。	光緒三十二年五月	光緒三十三年十月	單慶銘	光緒三十三年十月	宣統元年十二月																光緒三十四年十月，續被舉續任，宣統元年十二月病故，請王師曾暫行代理，至翌年五月交卸。
中區區董							毛經疇	宣統二年五月	宣統三年五月	毛經疇	宣統三年六月	宣統三年九月	毛經疇	辛亥九月	民國元年七月	楊煒字亮夫。	民國元年八月	民國二年八月	楊煒	民國二年八月	民國三年三月	城自治公所中區成立後，由總董董事直轄，委託名譽董事毛經疇主任本區事務。

上海市自治議事會職員表

職務	城廂内外總工程局時期						城自治公所時期						市政廳時期									備註
	第一次選舉			第二次選舉			第一次選舉			第二次選舉			臨時			第一次選舉			第二次選舉			
	姓名	就職期	退職期	姓名	就職期	退職期	姓名	就職期	退職期	姓名	就職期	退職期	姓名	就職期	退職期	姓名	就職期	退職期	姓名	就職期	退職期	
議長	姚文枏字子讓。	光緒三十一年十月	光緒三十三年十月	姚文枏	光緒三十三年十月	宣統元年十二月	沈恩孚	宣統二年正月	宣統三年九月				陸文麓	民國元年一月	民國元年七月	姚文枏	民國元年八月	民國二年三月	賈豐臻	民國二年八月	民國三年三月	
																王納善	民國二年三月	民國二年七月				
副議長				沈恩孚	光緒三十三年十月	宣統元年十二月	吴馨	宣統二年正月	宣統三年九月				王納善	民國元年一月	民國元年七月	王納善	民國元年八月	民國二年三月	吴寶地	民國二年九月	民國三年三月	總工程局時期無副議長，公推代理議長一人。
																賈豐臻字季英。	民國二年三月	民國二年八月				
議員	劉汝曾字景輿。	光緒三十一年十月	宣統元年十二月	程鼎	光緒三十一年十月籤留。	宣統元年十二月	陸文麓	宣統二年正月	宣統三年九月	瞿慶善	宣統二年正月籤留。	宣統三年九月	瞿慶善	民國元年一月	民國元年七月	王樹功	民國元年八月	民國三年三月	王樹功	民國元年八月籤留。	民國三年三月	總工程局時期稱議董。

續　表

職務	城廂內外總工程局時期						城自治公所時期						市政廳時期									備　　註
	第一次選舉			第二次選舉			第一次選舉			第二次選舉			臨時			第一次選舉			第二次選舉			
議員	林曾賚字景周。	光緒三十一年十月	光緒三十三年十月籤退。	王宗駿	光緒三十一年十月籤留。	宣統元年十二月	徐志淦字問秋。	宣統二年正月	宣統三年九月	徐志淦	宣統二年正月籤留。	宣統三年九月	徐志淦	民國元年一月	民國元年七月	陳仲舒字琴軒。	民國元年八月	民國三年三月	陳仲舒	民國元年八月籤留。	民國三年三月	
議員	嚴應鈞字殿卿。	光緒三十一年十月	光緒三十三年十月告退。	李厚垣	光緒三十一年十月籤留。	宣統元年十二月	郁懷智字屏翰。	宣統二年正月	宣統三年九月	楊嘉穀	宣統二年正月籤留。	宣統三年九月	楊嘉穀	民國元年一月	民國元年七月	錢福田	民國元年八月	民國三年三月	錢福田	民國元年八月籤留。	民國三年三月	
議員	郭懷珠字誦茗。	光緒三十一年十月	光緒三十三年十月籤退。	干城	光緒三十一年十月籤留。	宣統元年十二月	錢允利字貴三。	宣統二年正月	宣統三年九月	沈洪文	宣統二年正月籤留。	宣統三年九月	沈洪文	民國元年一月	民國元年七月	吴炳熊	民國元年八月	民國三年三月	吴炳熊	民國元年八月籤留。	民國三年三月	
議員	葉佳棠字棣華。	光緒三十一年十月	光緒三十三年十月籤退。	祁祖鎏字松侯。	光緒三十一年十月籤留。	宣統元年十二月	林曾賚	宣統二年正月	宣統三年正月籤退。	郭廷鈖	宣統二年正月籤留。	宣統三年九月	郭廷鈖	民國元年一月	民國元年七月	龔模字子範。	民國元年八月	民國三年三月	龔模	民國元年八月籤留。	民國三年三月	

續表

職務	城廂内外總工程局時期						城自治公所時期						市政廳時期									備註
	第一次選舉			第二次選舉			第一次選舉			第二次選舉			臨時			第一次選舉			第二次選舉			
議員	陸文麓字松侯。	光緒三十一年十月	光緒三十三年十月籤退。	劉汝曾	光緒三十一年十月籤留。	宣統元年十二月	宋國棟字少闕。	宣統二年正月	宣統三年正月籤退。	郁懷智	宣統二年正月籤留。	宣統三年九月	郁懷智	宣統元年一月	宣統元年七月	王燮功字慕詰。	民國元年八月	民國三年三月	王燮功	民國元年八月籤留。	民國三年三月	
	顧徵錫字松泉。	光緒三十一年十月	光緒三十三年十月籤退。	穆湘瑶	光緒三十一年十月籤留。	光緒三十四年二月告退。	奚慶良字静餘。	宣統二年正月	宣統三年正月籤退。	吴炳熊	宣統二年正月籤留。	宣統三年九月	吴炳熊	民國元年一月	民國元年七月	袁肇熚字祝三。	民國元年八月	民國三年三月	袁肇熚	民國元年八月籤留。	民國三年三月	
	曹驤字潤甫。	光緒三十一年十月	光緒三十三年十月籤留。	袁希濤	光緒三十一年十月籤留。	宣統元年十二月	錢福田字廣甫。	宣統二年正月	宣統三年九月	張嘉年	宣統二年正月籤留。	宣統三年九月	張嘉年	民國元年一月	民國元年七月	朱鳳章字鳴岡。	民國元年八月	民國三年三月	朱鳳章	民國元年八月籤留。	民國三年三月	
	王震字一亭。	光緒三十一年十月	光緒三十三年十月籤退。	沈熙	光緒三十一年十月籤留。	宣統元年十二月	蔡正蒙	宣統二年正月	宣統三年九月	潘如樑	宣統二年正月籤留。	宣統三年九月	潘如樑	民國元年一月	民國元年七月	蒯晉德字旭人。	民國元年八月	民國二年二月	瞿慶善	民國元年八月籤留。	民國三年三月	

續　表

職務	城廂內外總工程局時期						城自治公所時期						市政廳時期									備　　註
	第一次選舉			第二次選舉			第一次選舉			第二次選舉			臨時			第一次選舉			第二次選舉			
議員	蘇本炎字筠尚。	光緒三十一年十月	光緒三十三年十月籤退。	吳馨	光緒三十一年十月籤留。	宣統元年十二月	顧鴻逵字賓秋。	宣統二年正月	宣統三年九月	蔡正蒙	宣統二年正月籤留。	宣統三年九月	李厚祐	民國元年一月	民國元年七月	瞿慶善	民國元年八月	民國三年三月	朱雲望	民國元年八月籤留。	民國三年三月	
	干城字蘭屏。	光緒三十一年十月	宣統元年十二月	沈功章	光緒三十一年十月籤留。	宣統元年十二月	沈洪文字又銘。	宣統二年正月	宣統三年九月	李厚祐	宣統二年正月籤留。	宣統三年九月	孔昭立	民國元年一月	民國元年七月	朱雲望字賁三。	民國元年八月	民國三年三月	江確生	民國元年八月籤留。	民國三年三月	
	穆湘瑶字杼齋。	光緒三十一年十月	光緒三十四年十二月告退。	施兆祥	光緒三十一年十月籤留。	宣統元年十二月	楊辰字伯龍。	宣統二年正月	宣統三年正月籤退。	孔昭立	宣統二年正月籤留。	宣統三年九月	沈照	民國元年一月	民國元年七月	江確生	民國元年八月	民國三年三月	臧潔	民國元年八月籤留。	民國三年三月	
	王豐玉字訪漁。	光緒三十一年十月	光緒三十三年十月籤退。	黃慶瀾	光緒三十一年十月籤留。	宣統元年十二月	王納善	宣統二年正月	宣統三年九月	陸文麓	宣統二年正月籤留。	宣統三年九月	金祖圻	民國元年一月	民國元年七月	臧潔原名清揚。	民國元年八月	民國三年三月	吳寶地	民國元年八月籤留。	民國二年九月	

續表

職務	城廂内外總工程局時期						城自治公所時期						市政廳時期									備註
	第一次選舉			第二次選舉			第一次選舉			第二次選舉			臨時			第一次選舉			第二次選舉			
議員	祁祖鎏字冕廷。	光緒三十一年十月	宣統元年十二月	陳瑞邦字鏡華。	光緒三十三年十月	宣統元年十二月	潘如樑字友梅。	宣統二年正月	宣統三年九月	沈照	宣統二年正月籤留。	宣統三年九月	顧鴻逵	民國元年一月	民國元年七月	吴寶地	民國元年八月	民國二年九月	汪茂培	民國元年八月籤留。	民國三年三月	
	吴馨字畹九。	光緒三十一年十月	宣統元年十二月	張焕斗	光緒三十三年十月	宣統元年十二月	沈懋昭	宣統二年正月	宣統三年九月	金祖圻	宣統二年正月籤留。	宣統三年九月	李浩	民國元年一月	民國元年七月	沈照	民國元年八月	民國二年七月	葛黼恩	民國元年八月籤留。	民國三年三月	
	王納善字引才。	光緒三十一年十月	光緒三十三年十月籤退。	梅豫棖字問羹。	光緒三十三年十月改選。	宣統元年十二月	郭廷鈐	宣統二年正月	宣統三年九月	顧鴻逵	宣統二年正月籤留。	宣統三年九月	張焕斗	民國元年一月	民國元年七月	葉銘德字頌君。	民國元年八月	民國二年七月	趙鴻藻	民國元年八月籤留。	民國三年三月	
	張焕斗字逸槎。	光緒三十一年十月	光緒三十三年十月籤退。	曹驤	光緒三十三年十月	宣統元年十二月	金祖圻字蘭孚。	宣統二年正月	宣統三年九月	李浩	宣統二年正月籤留。	宣統三年九月	吴寶地	民國元年一月	民國元年七月	朱樹恒	民國元年八月	民國二年七月	童鎮海	民國元年八月籤留。	民國三年三月	

續　表

職務	城廂内外總工程局時期						城自治公所時期						市政廳時期									備　　註
	第一次選舉			第二次選舉			第一次選舉			第二次選舉			臨時			第一次選舉			第二次選舉			
議員	王宗駿字沽生。	光緒三十一年十月	宣統元年十二月	王納善	光緒三十三年十月改選。	宣統元年十二月	姚文棟	宣統二年正月	宣統三年九月	張煥斗	宣統二年正月籤留。	宣統三年九月	錢允利	民國元年一月	民國元年七月	王沛麟	民國元年八月	民國二年七月	胡方鍔	民國元年八月籤留。	民國三年三月	
	黃慶瀾字涵之。	光緒三十一年十月	宣統元年十二月	姚文棟字子樑。	光緒三十三年十月改選。	宣統元年十二月	周文熾字采臣。	宣統二年正月	宣統三年正月籤退。	吳寶地	宣統二年正月籤留。	宣統三年九月	姚文棟	民國元年一月	民國元年七月	朱開元字季琳。	民國元年八月	民國二年七月	蔣調元	民國元年八月籤留。	民國三年三月	
	程鼎字凝國。	光緒三十一年十月	宣統元年十二月	朱開甲	光緒三十三年十月改選。	宣統元年十二月	沈照字志賢。	宣統二年正月	宣統三年九月	錢允利	宣統二年正月籤留。	宣統三年九月	沈懋昭	民國元年一月	民國元年七月	徐志淦	民國元年八月	民國二年七月	錢崇德	民國元年八月籤留。	民國三年三月	
	李厚垣字詠裳。	光緒三十一年十月	宣統元年十二月	蘇本炎	光緒三十三年十月改選。	宣統元年十二月	干城	宣統二年正月	宣統三年正月籤退。	姚文棟	宣統二年正月籤留。	宣統三年九月	王沛麟	民國元年一月	民國元年七月	諸翔字青來。	民國元年八月	民國二年二月	江巽	民國元年八月籤留。	民國三年三月	

續 表

職務	城廂內外總工程局時期						城自治公所時期						市政廳時期									備註
	第一次選舉			第二次選舉			第一次選舉			第二次選舉			臨時			第一次選舉			第二次選舉			
議員	沈功章字枚伯。	光緒三十一年十月	宣統元年十二月	沈恩孚	光緒三十三年十月改選。	宣統元年十二月	李浩字穰君。	宣統二年正月	宣統三年九月	王納善	宣統二年正月籤留。	宣統三年九月	李厚垣	民國元年一月	民國元年七月	林祖溍	民國元年八月	民國二年七月	干城	民國元年八月籤留。	民國三年三月	
	劉桂馨字一山。	光緒三十一年十月	宣統元年十二月	顧履桂字馨一。	光緒三十三年十月改選。	宣統元年十二月	沈功章	宣統二年正月	宣統三年正月籤退。	沈懋昭	宣統二年正月籤留。	宣統三年九月	林世傑	民國元年一月	民國元年七月	奚維塤字嘏純。	民國元年八月	民國二年七月	葉逵	民國元年八月籤留。	民國三年三月	
	施兆祥字善畦。	光緒三十一年十月	宣統元年十二月	葉逵字鴻英。	光緒三十三年十月改選。	宣統元年十二月	張嘉年	宣統二年正月	宣統三年九月	王沛麟	宣統二年正月籤留。	宣統三年九月	錢福田	民國元年一月	民國元年七月	曹榡字幹臣。	民國元年八月	民國二年七月	顧學謙	民國元年八月籤留。	民國三年三月	
	楊高存字丹霞。	光緒三十一年十月	光緒三十三年十月籤退。	蔡正蒙字山泉。	光緒三十三年十月改選。	宣統元年十二月	瞿慶善字仲餘。	宣統二年正月	宣統三年九月	李厚垣	宣統二年正月籤留。	宣統三年九月	臧清揚	民國元年一月	民國元年七月	賈豐臻	民國元年八月	民國二年七月	許模	民國元年八月籤留。	民國三年三月	

續　表

職務	城廂内外總工程局時期						城自治公所時期						市政廳時期									備註
	第一次選舉			第二次選舉			第一次選舉			第二次選舉			臨時			第一次選舉			第二次選舉			
議員	趙增烜字松坪。	光緒三十一年十月	光緒三十三年十月籤退。	沈懋昭字縵雲。	光緒三十三年十月改選。	宣統元年十二月	王沛麟字星泉。	宣統二年正月	宣統三年九月	林世傑	宣統二年正月籤留。	宣統三年九月	葉增銘	民國元年一月	民國元年七月	張承綬字翰蓀。	民國元年八月	民國二年七月	姚鴻	民國元年八月籤留。	民國三年三月	
	張嘉年字樂君。	光緒三十一年十月	光緒三十三年十月籤退。	林增賚	光緒三十三年十月改選。	宣統元年十二月	李厚垣	宣統二年正月	宣統三年九月	錢福田	宣統二年正月籤留。	宣統三年九月	奚慶良	民國元年一月	民國元年七月	張良試	民國元年八月	民國二年五月病故。	朱炯	民國元年八月籤留。	民國三年三月	
	朱開甲字志堯。	光緒三十一年十月	光緒三十三年十月籤退。	鍾浩志字禄卿。	光緒三十三年十月改選。	宣統元年十二月	吴炳熊字芹甫。	宣統二年正月	宣統三年九月	臧清揚	宣統二年正月籤留。	宣統三年九月	江巽	民國元年一月	民國元年七月	汪茂培字安山。	民國元年八月	民國三年三月	沈錫齡	民國元年八月籤留。	民國三年三月	
	沈照字慶賢。	光緒三十一年十月	宣統元年十二月	張在新字愓銘。	光緒三十三年十月改選。	宣統元年十二月	楊家穀字春屏。	宣統二年正月	宣統三年九月	葉增銘	宣統三年正月改選。	宣統三年九月	王樹功	民國元年一月	民國元年七月	葛黼恩字吉卿。	民國元年八月	民國三年三月	陳一桂字慕周。	民國二年七月改選。	民國三年三月	

續表

職務	城廂内外總工程局時期						城自治公所時期						市政廳時期									備註
	第一次選舉			第二次選舉			第一次選舉			第二次選舉			臨時			第一次選舉			第二次選舉			
議員	張美翊字讓三。	光緒三十一年十月	宣統元年十二月	黄炎培字紉之。	光緒三十三年十月改選。	宣統元年十二月	林世傑字蓮蓀。	宣統二年正月	宣統三年九月	奚慶良	宣統三年正月改選。	宣統三年九月	吴維卿	民國元年一月	民國元年七月	趙鴻藻	民國元年八月	民國三年三月	陳嘉典字子屏。	民國二年七月改選。	民國三年三月	
議員	袁希濤字觀瀾。	光緒三十一年十月	宣統元年十二月	郭廷鈐字聘之。	光緒三十三年十月改選。	宣統元年十二月	姚曾綬字紫若。	宣統二年正月	宣統三年正月籤退。	江巽字榮儕。	宣統三年正月改選。	宣統三年九月	居古	民國元年一月	民國元年七月	童鎮海字茂芳。	民國元年八月	民國三年三月	馬煦字綏之。	民國二年七月改選。	民國三年三月	
議員	沈恩孚字信卿。	光緒三十一年十月	光緒三十三年十月籤退。	姚曾榮字伯欣。	光緒三十三年十月改選。	宣統元年十二月	姚洪淦字絛源。	宣統二年正月	宣統三年正月籤退。	王樹功字稚眉。	宣統三年正月改選。	宣統三年九月	周文熾	民國元年一月	民國元年七月	胡方鍔字訪鶴。	民國元年八月	民國三年三月	陳明善字新之。	民國二年七月改選。	民國三年三月	
議員	本届選舉議長一人、議員三十二人，均奉蘇松太道袁選任。						孔昭立字鯉庭。	宣統二年正月	宣統三年九月	吴維卿字雲祥。	宣統三年正月改選。	宣統三年九月	鍾景泰	民國元年一月	民國元年七月	蔣調元	民國元年八月	民國三年三月	高壽田字硯耘。	民國二年七月改選。	民國三年三月	

續　表

職務	城廂內外總工程局時期						城自治公所時期						市政廳時期									備註
	第一次選舉			第二次選舉			第一次選舉			第二次選舉			臨時			第一次選舉			第二次選舉			
議員							周文彬字菊屏。	宣統二年正月	宣統三年正月籤退。	居古字谷生。	宣統三年正月改選。	宣統三年九月	趙秉圭	民國元年一月	民國元年七月	錢崇德字裕基。	民國元年八月	民國三年三月	張國傑字庭桂。	民國二年七月改選。	民國三年三月	
							葉增銘字惠鈞。	宣統二年正月	宣統三年正月籤退。	周文熾	宣統三年正月改選。	宣統三年九月	張國衡	民國元年一月	民國元年七月	江異	民國元年八月	民國三年三月	崔寶錡字奇峰。	民國二年七月改選。	民國三年三月	
							李厚祐字雲書。	宣統二年正月	宣統三年九月	鍾景泰字靄亭。	宣統三年正月改選。	宣統三年九月	凌紀椿	民國元年一月	民國元年七月	干城	民國元年八月	民國三年三月	曹棟	民國二年七月改選。	民國三年三月	
							臧清揚字廉遜。	宣統二年正月	宣統三年九月	趙秉圭字輪秋。	宣統三年正月改選。	宣統三年九月	朱樹恒	民國元年一月	民國元年七月	葉逵	民國元年八月	民國三年三月	曹鍾珏字式如。	民國二年七月改選。	民國三年三月	
							吴寶地字叔田。	宣統二年正月	宣統三年九月	張國衡字士希。	宣統三年正月改選。	宣統三年九月	金潤章	民國元年一月	民國元年七月	顧學謙字益之。	民國元年八月	民國三年三月	王沛麟	民國二年七月改選。	民國三年三月	

續 表

職務	城廂内外總工程局時期						城自治公所時期						市政廳時期									備註
	第一次選舉			第二次選舉			第一次選舉			第二次選舉			臨時			第一次選舉			第二次選舉			
議員							葉佳棠	宣統二年正月	宣統三年正月籤退。	凌紀椿字伯華。	宣統三年正月改選。	宣統三年九月	張良試	民國元年一月	民國元年七月	姚鴻字伯鴻。	民國元年八月	民國三年三月	趙葆焜字二孫。	民國二年七月改選。	民國三年三月	
							陳瑞邦	宣統二年正月	宣統三年正月籤退。	朱樹恒字久餘。	宣統三年正月改選。	宣統三年九月	趙光第	民國元年一月	民國元年七月	許模	民國元年八月	民國三年三月	胡宗禧字殿臣。	民國二年七月改選。	民國三年三月	
							張煥斗	宣統二年正月	宣統三年九月	金潤章字松大。	宣統三年正月改選。	宣統三年九月	林祖溍	民國元年一月	民國元年七月	朱炯字鑑塘。	民國元年八月	民國三年三月	胡祥字益甫。	民國二年七月改選。	民國三年三月	
							本屆選舉,當選人六十名,除告退十七人外,計當選議員四十三人。			張良試字譽先。	宣統三年正月改選。	宣統三年九月	陸熙順	民國元年一月	民國元年七月	沈錫齡字健侯。	民國元年八月	民國三年三月	衛文熙字芝山。	民國二年七月改選。	民國三年三月	
										趙光第字鏡芙。	宣統三年正月改選。	宣統三年九月	張在新	民國元年一月	民國元年七月	朱澄曉字次孫。	民國元年八月	民國二年七月	顧藩字霖周。	民國二年七月改選。	民國三年三月	

續表

職務	城廂內外總工程局時期						城自治公所時期						市政廳時期									備註
	第一次選舉			第二次選舉			第一次選舉			第二次選舉			臨時			第一次選舉			第二次選舉			
議員										林祖濬字康侯。	宣統三年正月改選。	宣統三年九月	干城	民國元年一月	民國元年七月	楊士煇字菊生。	民國元年八月	民國二年七月	陸熙順	民國二年七月改選。	民國三年三月	
										陸熙順字伯鴻。	宣統三年正月改選。	宣統三年九月	姚曾綬	民國元年一月	民國元年七月	陳鉉勳字鑑臣。	民國元年八月	民國二年七月	程兆魁字詠梅。	民國二年七月改選。	民國三年三月	
										張在新	宣統三年正月改選。	宣統三年九月	趙鴻藻	民國元年一月	民國元年七月	陸熙順	民國元年八月	民國二年七月	郁惠培字燕孫。	民國二年七月改選。	民國三年三月	
										干城	宣統三年正月改選。	宣統三年九月	宋國棟	民國元年一月	民國元年七月	瞿慶同字仲戌。	民國元年八月	民國二年七月	徐宸	民國二年七月改選。	民國三年三月	
										姚曾綬	宣統三年正月改選。	宣統三年九月	許模	民國元年一月	民國元年七月	徐宸字炳輝。	民國元年八月	民國二年七月	穆蔚林字子蘭。	民國二年七月改選。	民國三年三月	

續 表

職務	城廂內外總工程局時期						城自治公所時期						市政廳時期									備註
	第一次選舉			第二次選舉			第一次選舉			第二次選舉			臨時			第一次選舉			第二次選舉			
議員										趙鴻藻字芹波。	宣統三年正月改選。	宣統三年九月	艾恒鎮	民國元年一月	民國元年七月	郁頤培	民國元年八月	民國二年七月	王南坤字立賢。	民國二年七月改選。	民國三年三月	
										宋國棟	宣統三年正月改選。	宣統三年九月	郁頤培	民國元年一月	民國元年七月	鍾椿淦字新甫。	民國元年八月	民國二年七月	胡光熏字芸軒。	民國二年七月改選。	民國三年三月	
										許模字松春。	宣統三年正月改選。	宣統三年九月	蔣調元	民國元年一月	民國元年七月	鄭增基字也孫。	民國元年八月	民國二年七月	陳鋐勳	民國二年七月改選。	民國三年三月	
										艾恒鎮字北屏。	宣統三年正月改選。	宣統三年九月	鍾浩志	民國元年一月	民國元年七月	宋國傑字惠蓀。	民國元年八月	民國二年七月	鄭增基	民國二年七月改選。	民國三年三月	
										郁頤培字誦芬。	宣統三年正月改選。	宣統三年九月	曹驤	民國元年一月	民國元年七月	張嘉年	民國元年八月	民國二年七月	曹庸騝字龍田。	民國二年七月改選。	民國三年三月	

續　表

職務	城廂內外總工程局時期		城自治公所時期				市政廳時期							備　　註
	第一次選舉	第二次選舉	第一次選舉	第二次選舉			臨時	第一次選舉			第二次選舉			
議員				蔣調元字德春。	宣統三年正月改選。	宣統三年九月	上海光復後,前城自治議長、副議長辭職,更選臨時議長、副議長、議員,均繼續城自公所之舊,除先後告退者五人外,議員五十五人。	金祖圻	民國元年八月	民國二年七月	謝宣字惠塘。	民國二年七月改選。	民國三年三月	
				鍾浩志	宣統三年正月改選。	宣統三年九月		郭廷贊字襄士。	民國元年八月	民國二年七月	宋國傑	民國二年七月改選。	民國三年三月	
				曹驤	宣統三年正月改選。	宣統三年九月		本屆選舉,當選人六十名,除告退三人外,計當選議員五十七人。			吴倫堡字蘭生。	民國二年七月改選。	民國三年三月	

續 表

職務	城廂內外總工程局時期		城自治公所時期		市政廳時期			備註
	第一次選舉	第二次選舉	第一次選舉	第二次選舉	臨時	第一次選舉	第二次選舉	
議員				本屆改選,除籤留半數外,當選人三十名內謝絕者二人,合共議員五十八人。			朱家駒字岐崗。 民國二年七月改選。 民國三年三月	
							本屆改選,除籤留半數外,當選人三十名內告退未就職者一人,合共議員五十九人。	

上海市自治各科辦事主任表

職務	城廂內外總工程局時期			城自治公所時期			市政廳時期			備註
	姓名	就職期	退職期	姓名	就職期	退職期	姓名	就職期	退職期	
文牘科員	楊逸字東山。	光緒三十一年十月	宣統元年十二月	楊逸	宣統二年正月	宣統三年十一月	楊逸	民國元年一月	民國三年三月	總工程局時期稱書記,宣統二年起兼城議事會文牘員,民國元年八月起被舉爲董事,仍兼董事會文牘員不兼俸。
	單慶銘字春雨。	光緒三十一年十月	宣統元年十二月							

續　表

職務	城廂内外總工程局時期			城自治公所時期			市政廳時期			備註
	姓名	就職期	退職期	姓名	就職期	退職期	姓名	就職期	退職期	
議事會文牘科員				楊逸	宣統二年正月	民國元年八月	瞿慶普字伯申。	民國元年八月	民國三年三月	民國元年八月起特設議事會文牘員。
庶務科員	葛士麒字似耕。	光緒三十一年十月	宣統元年十二月	葛士麒	宣統二年正月	宣統三年十一月	葛士麒	民國元年一月	民國三年三月	總工程局時期稱採辦員。
會計科員	閔文達字蓉程。	光緒三十一年十月	宣統元年十二月	楊士煇	宣統二年正月	宣統三年十一月	邱長齡字笠山。	民國元年一月	民國三年三月	總工程局時期稱會計員。
學務專員				楊保恒字月如。	宣統二年正月	宣統三年十月	丁熙咸字賡堯。 民國元年一月	民國三年三月 賈豐芸字叔香。	民國二年三月 民國三年三月	
衛生科員	范熙瑞字麟書。	光緒三十一年十月	宣統元年十二月	范熙瑞	宣統二年正月	宣統三年十一月	范熙瑞	民國元年一月	民國三年三月	總工程局時期稱路政處主任員,城自治公所時期稱衛生科主任員。
工程專員	王維亮字睦生。	光緒三十一年十月	宣統元年十二月	王維亮	宣統二年正月	宣統三年十一月	王維亮	民國元年一月	民國三年三月	總工程局時期稱工程處主任員,城自治公所時期稱工程科主任員。
税務專員	范熙庸字通甫。	光緒三十一年十月	宣統元年十二月	范熙庸	宣統二年正月	宣統三年十一月	范熙庸	民國元年一月	民國三年三月	總工程局時期稱捐務處主任員,城自治公所時期稱捐務科主任員。
户籍科員				顧祥和字翕周。			謝啟迪			本科係臨時添設,專辦選舉事宜。

上海市巡警職員表 巡警人員升降遷調參觀警務成績表

職務	姓名	就職期	退職期	姓名	就職期	退職期	姓名	就職期	退職期	姓名	就職期	退職期	姓名	就職期	退職期	姓名	就職期	退職期	姓名	就職期	退職期	
警務長	穆湘瑤字杼齋。	光緒三十二年五月	光緒三十三年六月	邵雲保字馥初。	光緒三十三年六月	宣統元年八月	總董兼轄	宣統元年八月	宣統二年五月	穆湘瑤	宣統二年五月	宣統三年十一月										
東區巡長	龔祖培字颶生。	光緒三十二年五月	光緒三十三年五月	程乃衡字平若。	光緒三十三年五月	光緒三十四年九月	張言倫字惠連。	光緒三十年九月	宣統元年二月	龔祖培	宣統元年二月	宣統元年九月	朱大文	宣統元年九月	宣統二年四月	張言倫	宣統二年四月	宣統二年六月	龔祖培	宣統二年六月	宣統三年十一月	
				金大均	光緒三十三年五月	光緒三十四年九月																
副巡長	張興元字欣源。	光緒三十二年五月	光緒三十三年五月	李鴻勳	光緒三十三年五月	光緒三十四年十二月																
				王崇善	光緒三十三年五月	光緒三十四年二月																

續　表

職務	姓名	就職期	退職期	姓名	就職期	退職期	姓名	就職期	退職期	姓名	就職期	退職期	姓名	就職期	退職期	姓名	就職期	退職期	姓名	就職期	退職期
調查員	張言倫字惠達。	光緒三十四年二月	光緒三十四年九月	張言倫	宣統元年八月	宣統二年六月															
東區分巡處巡長	程乃衡字平若。	光緒三十二年五月	光緒三十三年五月																		
副巡長	汪志達字裕如。	光緒三十二年五月	光緒三十二年九月	蔣宗魯字稺威。	光緒三十二年九月	光緒三十二年十二月	李鴻勳	光緒三十二年十二月	光緒三十三年五月												
南區巡長	汪志達	光緒三十二年九月	光緒三十三年五月	龔祖培	光緒三十三年五月	宣統元年二月	張言倫	宣統元年二月	宣統元年八月	張興元	宣統元年八月	宣統二年六月	張言倫	宣統二年六月	宣統二年十一月	張興元	宣統二年十一月	宣統三年十一月			
副巡長	王崇善	光緒三十二年九月	光緒三十三年五月	張興元	光緒三十三年五月	光緒三十四年二月	張應良字彬甫。	光緒三十四年二月	光緒三十四年五月	陳學詩	光緒三十四年五月	宣統元年三月									

續 表

職務	姓名	就職期	退職期	姓名	就職期	退職期	姓名	就職期	退職期	姓名	就職期	退職期	姓名	就職期	退職期	姓名	就職期	退職期	姓名	就職期	退職期	
稽查員	張興元	宣統二年六月	宣統二年十一月																			
水巡隊員	譚漢城	宣統二年十一月	宣統三年十一月																			
西區巡長	金大均	光緒三十二年五月	光緒三十三年五月	汪志達	光緒三十三年五月	光緒三十四年九月	章梁彪	光緒三十四年九月	光緒三十四年十二月													
副巡長	姚明燦字幼蓮。	光緒三十二年五月	宣統元年四月	陳學詩	宣統元年四月	宣統三年十一月																
巡邏隊隊長	張興元	光緒三十四年十月	宣統元年七月																			

續表

職務	姓名	就職期	退職期	姓名	就職期	退職期	姓名	就職期	退職期	姓名	就職期	退職期	姓名	就職期	退職期	姓名	就職期	退職期	姓名	就職期	退職期	
警務處稽核員	王師曾字敬常。	宣統三年正月	宣統三年十一月																			
東區警法理事員	顧遵儒字賡五。	宣統三年五月	宣統三年十一月																			
	王師曾	宣統三年五月	宣統三年十一月																			
	蔡爾同字養平。	宣統三年五月	宣統三年十一月																			
	錢海字嘯滄。	宣統三年五月	宣統三年十一月																			
南區警法理事員	吴家振字恪生。	宣統三年五月	宣統三年十一月																			
	楊文清	宣統三年五月	宣統三年十一月																			

續表

職務	姓名	就職期	退職期	姓名	就職期	退職期	姓名	就職期	退職期	姓名	就職期	退職期	姓名	就職期	退職期	姓名	就職期	退職期	姓名	就職期	退職期	
西區警法理事員	姚元焌字幼安。	宣統三年五月	宣統三年十一月																			
	江通甫	宣統三年五月	宣統三年十一月																			
警務學堂教習	龔祖培	光緒三十二年二月	光緒三十二年九月	陳學詩	宣統元年三月	宣統元年四月	張應飛	宣統元年四月	宣統元年五月	朱大文	宣統元年八月	宣統元年九月										
城內東區區長	張桂榮	宣統三年九月	宣統三年十一月																			
城內南區區長	張應良	宣統三年九月	宣統三年十一月																			
城內西區區長	秦德星	宣統三年九月	宣統三年十一月																			

續　表

職務	姓名	就職期	退職期	姓名	就職期	退職期	姓名	就職期	退職期	姓名	就職期	退職期	姓名	就職期	退職期	姓名	就職期	退職期	姓名	就職期	退職期	姓名	就職期	退職期
城内北區區長	汪碩	宣統三年九月	宣統三年十一月																					
浦東一區區長	王詔	宣統三年九月	宣統三年十一月																					
浦東二區區長	王國楨	宣統三年九月	宣統三年十一月																					
浦東三區區長	許壽青	宣統三年九月	宣統三年十一月																					

上海城廂内外總工程局、城自治公所、市政廳三時期設立及補助各學校成績表

校　名	地　點	總工程局時期	城自治公所時期	市政廳時期	備　考
北區小學校	二十七保十圖新閘橋北同善粥廠中		宣統二年七月設立	民國元年二月起歸閘北市立	
時化小學校	二十五保五圖淘沙場	光緒三十二年春邑紳祁祖鎏設立	宣統三年春祁紳故,歸公所補助	民國元年改爲市立	

續　表

校　　名	地　　點	總工程局時期	城自治公所時期	市政廳時期	備　　考
萬竹小學校	二十五保四圖九畝地萬竹路		宣統三年七月設立		
江境小學校	二十七保頭圖江境廟殷家宅		宣統三年八月設立		
肇周小學校	二十六保九圖肇周路		同前		
貧民半日小學校	二十五保十二圖中道橋南		宣統元年九月，穆湘瑶等設立	宣統三年起補助至民國二年二月改私立，停撥	斯校現雖改爲私立，校舍仍借用市公産
比德小學校	二十七保五圖法華路小桃園			民國元年設立	
萬竹女子小學校	二十五保四圖九畝地萬竹路			同前	
巽與小學校	二十五保十二圖茅山殿舊址	光緒十一年巡道邵友濂設立，名崇正東南官塾	官立	民國元年二月歸市立，改今名	
崇正小學校	二十五保十二圖送子庵舊址	光緒十一年巡道邵友濂設立，名崇正西南官塾	官立	同前	
農壇小學校	二十五保十二圖先農壇舊址			民國元年二月設立	
養正小學校	二十五保六圖縣西北張家弄	光緒二十七年知縣汪懋琨設立	上海縣官立	民國元年二月歸市立	
梅溪小學校	二十五保十圖蓬萊路	原係正蒙書院，光緒四年張焕綸等設立，八年改名梅溪書院，二十八年知縣汪懋琨改爲學堂，歸官立	同前	同前	
西成小學校	二十五保十圖蓬萊路	光緒三十二年姚明煇等設立	私立	同前	
倉基小學校	二十五保十一圖小南門内城根	光緒三十一年三月群學會設立，名群學會附屬義務小學堂	公立	民國元年二月歸市立，改今名	

續　表

校　名	地　點	總工程局時期	城自治公所時期	市政廳時期	備　考
東華小學校	二十五保十六圖孫家弄蘇袋公所	光緒三十年十一月徐文彬等設立,名義務小學堂	私立	民國元年二月歸市立	該校歸市立後,改名東華,以地處弄内,於二年一月遷入地藏庵舊址,與朝宗合併
朝宗小學校	二十五保十六圖地藏庵	同治六年巡道應寶時設立,名崇正東官塾	官立	民國元年十五舖商團改立	
隆德小學校	二十五保八圖老白渡街	光緒三十二年七月東區紳商設立,名東區第一小學校	私立	民國元年二月歸市立,改今名	
和安小學校	二十七保十圖新閘棲流公所隔壁	光緒三十二年七月保安堂棲流公所合立	公立	民國元年該校經費支絀,由市廳補助,二年一月起歸市立	
南塾小學校	二十五保十圖銀河路桀珠宫	同治六年巡道應寶時設立,名崇正南官塾	官立	民國元年改爲私立,代用小學,由市廳按季補助,二年停撥	
北區小學校	二十五保六圖振武臺			民國元年二月沈亮棨設立,本年由市廳補助,二年起停撥	
高昌小學校	二十四保方十二圖製造局礮廠後			民國二年一月設立	民國二年假老君廟設立,下半年因戰事停課,三年一月起遷地開課
東明小學校	二十五保五圖雷祖殿	光緒三十二年正月鍾浩志、毛經疇設立	私立	民國三年一月歸市立	
先春小學校	二十五保八圖孫家弄先春公所	光緒三十三年正月茶業設立	私立	民國二年三月起因徵收茶捐按月由廳補助該校經費	

上海城自治公所市政廳市立各學校級數學生數成績表

校名	歷年級數								歷年學生數								歷年畢業生數
	宣統二年下半年	宣統三年		民國元年		民國二年		民國三年一月至二月	宣統二年下半年	宣統三年		民國元年		民國二年		民國三年一月至二月	
		上半年	下半年	上半年	下半年	上半年	下半年			上半年	下半年	上半年	下半年	上半年	下半年		
北區小學校	一	一	一						初三二	三八	三四						
時化小學校		三	三	五	五	五	五	五		初一二八	一二八	商二二、初一九七	一八、二〇八	三〇、二二九	三三、二二八	二九、二二六	初三四
萬竹小學校			二	四	四	八	八	八			初一〇六	二三三	商七五、初三五八	六〇、四一一	六五、三九七	七一、四一三	商一五、初九〇
江境小學校			一	一	一	二	二	四			初四	五一	商一七、初三九	一四、一〇七	一二、九二	一七、一六八	初一二
肇周小學校			一	一	一	二	三	三			初七	五三	八一	九七	一一九	一二	
比德小學校				一	一	二	一	二				初五五	五七	九三	六一	一三一	初九
萬竹女子小學校				四	四	六	六	六				初一三八	三四九	三七六	三五〇	三六一	初二六

續　表

校　名	歷年級數								歷年學生數								歷年畢業生數
	宣統二年下半年	宣統三年		民國元年		民國二年		民國三年一月至二月	宣統二年下半年	宣統三年		民國元年		民國二年		民國三年一月至二月	
		上半年	下半年	上半年	下半年	上半年	下半年			上半年	下半年	上半年	下半年	上半年	下半年		
巽與小學校				四	四	九	九	九				商一八、初一九三	二一、二七七	九三、四六九	九三、四〇七	九六、四八七	初八四
崇正小學校				三	三	四	四	五				初一五〇	二二一	二五九	二四七	三一二	初四四
農壇小學校				二	二	三	三	三				初八五	一四一	一五五	一三八	一四九	初五
養正小學校				八	八	九	九	九				高一七六、初一八二	一二九、一九八	一六七、三四六	一五六、三三六	一四一、三七一	高六二、初六七
梅溪小學校				四	四	五	四	五				高四四、初三八	三六、三〇	九〇、一一一	七三、一一三	七六、一七二	高一九、初二四
西成小學校				六	六	九	九	九				初四八〇	四〇〇	五五八	五〇一	六〇五	初八二
倉基小學校				四	四	四	四	四				初一五八	一六六	二二四	二〇六	二二三	初四二
朝宗小學校				二	二	三	三	三				初七六	七六	一五一	一二五	一五三	初四六

續表

校名	歷年級數								歷年學生數								歷年畢業生數
	宣統二年下半年	宣統三年		民國元年		民國二年		民國三年一月至二月	宣統二年下半年	宣統三年		民國元年		民國二年		民國三年一月至二月	
		上半年	下半年	上半年	下半年	上半年	下半年			上半年	下半年	上半年	下半年	上半年	下半年		
隆德小學校				三	三	五	四	四				初一四六	一六七	二四〇	一六〇	二〇〇	初三一
和安小學校						八	九	九						高一三六、初三八三	一一二、三八六	一三八、四五二	高四八
高昌小學校						二		三						初九四		一四八	
東明小學校						三	三	三						初一七九	一五〇	一八五	初二三

上海城自治公所市政廳市立各學校及補助私立各學校等經費收支一覽表

名目	宣統二年		宣統三年		民國元年		民國二年		民國三年一月至二月	
	收入學費	支出數	收入學費	支出數	收入學費	支出數	收入學費	支出數	收入學費	支出數
北區		三四〇・六二		四七七・三一六						
簡易識字夜塾六處		六三三・五八四								

續　表

名目	宣統二年		宣統三年		民國元年		民國二年		民國三年一月至二月	
	收入學費	支出數	收入學費	支出數	收入學費	支出數	收入學費	支出數	收入學費	支出數
萬竹				六六〇〇・一一	一一二四	一四三七二・四七四	一六〇九	五一五一・九二二		九五〇
時化				二一〇四・六二九		二五二六・三三一		二六二九・六		四七〇
江境				一八八八・六一三	一〇・七八九	六五五・七〇二		一〇〇一・三二八		四三二・五三四
肇周				八八六・九二九	六五・八八一	七五一・五八七	八八・八三	一二四三・三一一	八	三一〇
貧民半日				二〇三		三三四・二一		補助三二		
比德				建築一四六六・七九		七二七・〇八四		七五一・八四三		二三四・一二
萬竹女子部					五一六	四一一六・一〇一	一〇〇八	三一一七・九八四		五八九・六四五
巽與					四七	一〇五二三・五七二	一〇二七	六〇四〇・五一一	一四〇	一一七四・四四
崇正						三八四八・八二二		二〇二四・四九六		四七七
農壇					二七二	四九八三・一六三	三五五	一九〇九		三四二
養正					三一五〇	七三八六・九七八	二七二六	八三二一・六〇二	二三〇・四四	一七五二・一二八
梅溪					七一六	九三二一・一五八	一二五〇	三九〇九・七九三	一〇九	五〇七

續 表

名目	宣統二年		宣統三年		民國元年		民國二年		民國三年一月至二月	
	收入學費	支出數	收入學費	支出數	收入學費	支出數	收入學費	支出數	收入學費	支出數
西成					七〇七	六二四一·九一四	一五一二	五四一四·七七一	二三四	一一七四·六七四
倉基						二六〇四·一〇三		二〇八三·一〇三		五四二
朝宗						七九〇·四五九	二六五	一五九二·七二七		三七一·七〇五
隆德					四二四	一六九七·五二五	六三〇	二五〇三·三二五	一五	四五六
和安						補助九〇九·八〇五	二四四〇	六四七一·五六九	二九二	一七六九·四三七
南塾						補助二〇〇				
北區						補助二〇〇				
資送哈佛醫學堂學生二人						三五〇				
高昌							一三〇	九二八·二一八		五九〇·五二九
東明							四一九	一四八五·七一	二九	二九九·二四九
先春								補助三六〇		補助七二
通俗宣講社								補助一二〇		補助二〇
資送同文堂費德醫學學生二人								三五九		一八二

上海城自治公所城廂内外總工程局、市政廳工程成績表

工程成績表一道路

區別	路别	起點	終點	瓦筒溝	舊溝	舊形式	新路面	拆屋購地	築造年份
中	福佑路	福佑門	穿心街	三尺圓徑		黑橋浜淤塞臭穢，浜北岸有磚石雜砌路	石片	黑橋北堍西首沿浜拆平屋數間購地放闊，計拆黑橋、安仁橋、北香花橋	光緒三十二年，當地人集款，築至黑橋止。宣統二年，闢福佑門時，溝路均接至城外，造吊橋，通法租界。民國二年，填築城壕，成民國路，橋拆去
中	羅家弄	福佑路	城根（今民國路）	舊磚溝		石條	石片		民國元年火災，後改砌路面
中	穿心街	福佑路	老北門内大街	十二寸圓徑	磚溝	石條	石片		宣統三年翻東段，民國元年翻西段
中	老北門内大街	老北門民國路	紫荆路	穿心街口北至民國路一段二尺圓徑	磚溝	石條	石片		宣統二年，當地人集款築溝，改砌路面
中	老北門内西首南北路			十二寸圓徑		淤浜	石片		宣統三年，填浜築路
中	潘家弄	穿心街	城根	穿心街北至轉灣處半段九寸圓徑	磚溝	磚街	半段石片		光緒三十三年
中	侯家路	穿心街	方浜	北段十二寸圓徑，南段九寸圓徑		淤浜	石片		光緒三十三年，填浜築路
中	丹鳳路	福佑路	丹鳳樓		磚溝		石片		民國元年

續　表

區別	路别	起點	終點	瓦筒溝	舊溝	舊形式	新路面	拆屋購地	築造年份
中	旦華路北街				磚溝	磚街	石片		宣統二年
中	白衣庵後街			舊磚溝	磚溝		石片		民國元年翻砌
中	新北門老街	福佑路	城根			石條	石片		民國元年翻砌
中	老北門西首城根路	老北門	露香園路	老北門至清盈里無溝,清盈里西九寸圓徑,轉北三尺圓徑,出城轉南至蛋業公所前六號頭,轉東至白衣庵,後接舊倉路十二寸圓徑三尺圓溝,以西至胡家路十二寸圓徑,再西至露香園路九寸圓徑	裏城壕淤塞臭穢	城根泥路	石片		光緒三十四年,築清盈里東一段,宣統元年築西段
中	大境路	拱辰門民國路	營房橋	三尺圓徑		東段泥磚路,西段田地	石片	大境廟、青蓮庵讓地拆營房橋	宣統二年闢
中	露香園路	大境路	老北門西城根路	十二寸圓徑		九畝地小泥路	石片	九畝地劃出公地	宣統二年闢
中	舊倉路	大境路	白衣庵後街	十二寸圓徑		營房橋淤塞穢浜	石片		宣統二年填築
中	泥墩路	露香園路	舊倉路	十二寸圓徑		磚石泥路	石片		宣統三年闢
中	胡家路	泥墩路	城根路	十二寸圓徑		臭水浜南段浜邊磚泥小路	石片	南口　姓讓地放闊	宣統三年
中	東青蓮路	露香園路	舊倉路	九寸圓徑		九畝地垃圾堆硝磺局	石片	九畝地劃出公地	民國二年闢
中	西青蓮路	露香園路	青蓮庵大門	九寸圓徑		磚路	石片	九畝地劃地放闊	宣統三年闢

續　表

區別	路別	起點	終點	瓦筒溝	舊溝	舊形式	新路面	拆屋購地	築造年份
中	拱辰門南城根路	大境路	方浜路	北半段萬竹路口至大境路，十二寸圓徑		裏城河邊泥小路填浜放闊	石片	城根裏城河	宣統三年填築
中	福田路	大境路	方浜路	十二寸圓徑		臭穢浜浜邊小路	石片	福田庵墻外收讓竹笆	民國二年填築，集捐助費
中	福田庵後横路	福田路	城根路	九寸圓徑		臭穢小浜	石片		民國二年填築
中	懷真路	大境路	萬竹路	十二寸圓徑		臭穢浜	石片	九畝地地并姓讓地築	宣統二年填築
中	小九畝路	大境路	方浜路	十二寸圓徑		北段小浜，南段小九畝塚地	石片	九畝地地并興市公司讓地築	宣統二年填築
中	萬竹路	小九畝路	民國路	十二寸圓徑		東段臭水浜，西段小九畝塚地	石片	東段九畝地地西段華嚴庵劉姓墳等讓地	東段宣統二年、西段民國二年填築
中	阜春路	大境路	方浜路	十二寸圓徑		北段九畝地公地，南段臭水浜	石片		宣統二年填築
中	西馬橋路	方浜路	金家牌樓街	九寸圓徑	小磚溝	磚路	石片		民國二年改築
中	小石橋街	方浜路	金家牌樓街	十二寸圓徑	小磚溝	磚路	石片		民國二年改築
中	小九畝南路	方浜路	金家牌樓街	十二寸圓徑		穢池叢葬地	石片	宋君良材及磚灰公所等讓地	宣統三年闢
中	宋家後弄	小九畝南路	東至轉南處止	九寸圓徑		小泥路	石片	宋姓、吴姓等讓地	宣統三年闢
中	金家牌樓街	穿心河橋直街	民國路	磚灰公所東首起，西至民國路，十二寸圓徑	十二寸溝之東小磚溝	磚石雜砌	石片東段仍磚石雜路	拆金家石橋	民國元年改築，其金家橋西轉彎處至城根路，光緒三十四年改建

續 表

區別	路別	起點	終點	瓦筒溝	舊溝	舊形式	新路面	拆屋購地	築造年份
中	紫金路	方浜路	老北門直街	磚溝，郁君屏翰集款造		紫金橋浜	石片		光緒三十四年填築
中	方浜路	西民國路	東小東門吊橋	民國路至福田路二尺圓徑，福田路至紫金路十二寸徑，郁君屏翰集款造，紫金路至館驛橋二尺徑，館驛橋至長生橋三尺徑，長生橋至小東門水關橋十二寸徑		紫金橋西淤浜浜北小路，紫金橋東至陳市安橋淤浜無路，陳市安橋至傅家弄口浜南小路，傅家弄至花草弄口淤浜無路，再東淤浜浜南小路	紫金路西石片以東未砌路面	拆小石橋、西馬橋、東馬橋、紫金橋、廣福寺橋、陳市安橋、館驛橋、小木橋、如意橋、奚家橋、長生橋、益慶橋、小東門南城墻、水關橋	西段民國元年填築，東段民國二年填築
中	土地堂後街	穿心河直街	廣福市南路	舊小磚溝		磚石雜砌	石片		宣統三年改砌
中	古驛路	廟前街	城隍廟内星宿殿	九寸圓徑		不通小弄	石片	拆舊屋讓地	民國元年闢
中	廟前街			十二寸圓徑	磚溝	石條	石片		宣統三年
中	舊教場街	廟西街	福佑路	十二寸圓徑	磚溝	石條	石片		宣統三年
中	豫園内各路			北園門福佑路南至萃秀堂墻角，六號頭瓦筒溝自此分兩條，東至東園門止，西轉折至懷迫樓止，均十二寸圓徑。再東北至寢宫後寢宫東墻角至東園門，均九寸。布業公所前轉折至四美軒東接入十二寸内		磚石雜砌	石片		光緒三十三年各業集款改築

續　表

區別	路別	起點	終點	瓦筒溝	舊溝	舊形式	新路面	拆屋購地	築造年份
中	天官牌樓街	福佑路	長生橋	十二寸圓徑	磚溝坍壞	石條石片磚雜砌	石片		宣統三年，大生弄南地方上人集款，大生弄北自治公所改築
中	大生弄	天官牌樓街	城根民國路	九寸圓徑	小磚溝	磚石雜砌	石片		宣統三年改築
中	小東門大街	小東門口	馬姚弄	十二寸圓徑	磚溝	石條	石片		宣統三年改築
中	東街	方浜路益橋	蔓笠橋	十二寸圓徑	磚溝	石條	石片		民國二年改築
中	大東門城根路	大東門口	孫家弄口	十二寸圓徑	磚溝	石條	石片		光緒三十三年，當地人助款築溝
中	東姚家弄	大東門北城根	東街	里口至城根十二寸圓徑	里口西舊磚溝	磚石雜砌	石片		宣統二年改築
中	孫家弄	大東門北城根	東街		磚溝	磚街	石片		宣統三年
中	大東門大街	大東門吊橋	東街口	十二寸圓徑	磚溝	石條	石片		民國二年改築
中	彩衣街	東街	魚行橋北堍	東半段十二寸圓徑，西半段舊磚溝	磚溝	石條	石片		民國二年改築東半段，其西半段光緒年當地人改砌
中	四牌樓街	方浜路長生橋	曲尺灣		磚溝	石條	石片		光緒三十二年，當地人集款改砌
中	縣前直街	縣公署前	縣橋北堍	十二寸圓徑	磚溝	石條	石片		宣統元年改築
中	縣前橫街	四牌樓街	三牌樓街		磚溝	石條	石片		光緒三十四年翻砌
中	傅家弄	方浜路	縣西街	十二寸圓徑，北段民國二年築，南段宣統二年造監獄時築	磚溝	磚石雜砌	南段已砌石片	北段傅姓私弄讓地闢南段，係造監獄時放闊	民國三年開通

續 表

區別	路别	起點	終點	瓦筒溝	舊溝	舊形式	新路面	拆屋購地	築造年份
中	縣西監獄前後路	傅家弄	盛家弄			磚石泥路	石片		民國元年築
中	四牌樓街	縣東街	方浜路長生橋	舊磚溝		石條	石片		宣統元年，地方上人集款改築
中	曲尺灣	果子巷	縣東街四牌樓口	舊磚溝		磚石缸片雜砌	石片		宣統元年，地方上人集款改築
中	西姚家弄	東街	曲尺灣	舊磚溝		磚石缸片雜砌	石片		民國二年東口放闊
中	蔓笠橋街	蔓笠橋南堍	火神廟前	十二寸圓徑	磚溝	石條	石片		民國二年改築
中	火神廟前街	道前街	竹素堂街	廟西十二寸圓徑，廟東舊磚溝	磚溝	石條	石片		民國二年
中	道前街	火神廟街	永興橋	談家弄口起，南至永興橋十二寸圓徑，北舊磚溝	磚溝	石條磚石缸片雜砌	石片		北段光緒三十二年地方上人集款改路面，南段民國元年地方上人貼款改築
中	舊道署前街	道前街	東至城根	十二寸圓徑	磚溝	磚石石條雜砌	石片		光緒三十二年改築
中	城根路	道署前街	大東門	舊磚溝		石條磚石雜砌	石片		光緒三十二年改路面
中	永興街	永興橋	東王家弄	九寸圓徑	小磚溝	磚石缸片雜砌	石片		民國元年，地方上人貼款築
中	東王家弄	大南門内大街	東至小南門外	十二寸圓徑	磚溝	磚石缸片雜砌	石片		宣統三年，地方上人集款築
中	西王家弄	大南門内大街	西至尚文路東口	舊磚溝		磚石缸片雜砌	石片		宣統三年改路面
中	尚文路	薛家橋	西出尚文門	十二寸圓徑至城根迤西，二尺圓徑至城壕		浜邊磚石雜砌小路	石片	舊浜浜邊小路	宣統元年填築

續　表

區別	路別	起點	終點	瓦筒溝	舊溝	舊形式	新路面	拆屋購地	築造年份
中	西白漾弄	尚文路	南至城根	十二寸圓徑	小溝或有或無	磚路	石片		民國二年，當地人貼款築
中	龍門書院南路	尚文路	北至龍門書院操場止不通	九寸圓徑			石片	小浜	民國二年龍門書院築
中	南石駁岸	胡家弄	西至龍門書院	九寸圓徑			石片	南邊臭水浜浜邊小路	宣統　年，當地人集款築
中		南石駁岸	北至楊家橋	舊小磚溝			南段石片		當地人改路面
中	凝和路	尚文路	北至蓬萊路，舊名小橋頭	小橋頭蓬萊路南至喬家浜三號溝迤西至尚文路，十二寸圓徑			石片	舊浜浜邊小路，拆凝和橋小橋	光緒三十二年填築
中	蓬萊路	楊家橋	東至西唐家弄轉南橫街	凝和路東三號溝西，十二寸圓徑			石片	舊浜浜邊小路	光緒三十二年填築
中	亭橋路	蓬萊路	净土路	十二寸圓徑			石片	舊淤塞穢浜	光緒　年填築
中	也是園墻外西南邊路			九寸圓徑		磚石缸片雜砌	石片		民國元年
中	净土路	虹橋街	西倉橋路	舊磚溝東段小磚溝			亭橋路西中間石片、兩邊磚砌，亭橋路東石片	舊浜浜北路	宣統　年輔元堂改
中	虹橋街	虹橋	蓬萊路	十二寸圓徑	磚溝	石條缸磚片石雜砌	石片		光緒三十三年翻砌，民國三年改築
中	東梅家弄	火神廟西街口	轉南至梅家弄		磚溝	缸片磚雜砌	石片		民國元年翻砌

續　表

區別	路别	起點	終點	瓦筒溝	舊溝	舊形式	新路面	拆屋購地	築造年份
中	魚行橋南街	老鹽公堂	唐家弄口	十二寸圓徑	磚溝	磚石雜砌	石片		民國元年翻砌
中	盛家弄	縣署西		九寸圓徑		磚石雜砌	石片		民國元年翻闊
中	新北門老街	福佑路	城根	十二寸圓徑	磚溝	石條	石片		民國元年翻砌
中	夢花樓北街	鐸庵場	近聖坊西首		磚溝	轉石雜砌	石片		民國元年翻砌
中	石皮弄	東馬橋南	北石駁岸		磚溝	磚石雜砌	石片		民國元年翻砌
中	西倉路	楊家橋	北至康家弄肇嘉浜邊				石片	净土路北舊浜浜東路拆南北兩倉橋	民國二年填築
中	小桃園路	西倉路	西轉南至肇嘉浜邊	九寸圓徑			石片	臭水浜其覆浜邊路	民國二年填築
中	西倉橋街	西倉路	西至莊家橋路	十二寸圓徑	磚溝	磚石缸片雜砌	石片		民國二年填築
中	莊家橋路	莊家橋	南至楊家方場西倉橋街	十二寸圓徑	磚溝	磚石缸片雜砌	石片		民國二年改築
中	净室庵路	曹家橋直街	東至莊家橋街楊家方場	净室庵橋以東，十二寸圓徑，西首狹處舊溝		中段小浜，浜北磚路東西兩頭浜已由輔元堂填築	石片		民國　年填築
中	西昌路	學宫西北吉慶橋	西至西昌橋北曲折至净土路出肇嘉浜	十二寸圓徑		西昌橋北穢浜橋南浜東小路	石片	拆西昌橋吉慶橋	南段宣統年當地人貼款築，北段民國二年填築
中	吉慶路	吉慶橋	西至城根	十二寸圓徑		臭水浜浜北小路	泥路	在城腳下挖溝排溝至城壕	宣統　年填築
中	道前街	吉慶橋	南至學宫路	南半段九寸圓徑		磚石雜砌	石片		北半段宣統　年當地人改砌石片，南半段民國三年排溝改砌路面

續　表

區別	路别	起點	終點	瓦筒溝	舊溝	舊形式	新路面	拆屋購地	築造年份
中	學宫路	半涇園	西至城根	學宫前東南角石平橋止，十二寸圓徑，其東無溝		半涇園浜北磚石雜砌路，道前街西泥路	石片		半徑園至奎星閣石橋，宣統　年改砌路面，石橋西民國三年築溝路
中	城内肇浜路	肇嘉浜口	南至净土路口	十二寸圓徑		臭水浜	石片		民國二年填築
東	外馬路	外十六舖橋接法界	南至南碼頭，南碼頭轉西轉南再轉西至裏馬路止	泉漳會館碼頭起，北至十六舖浜一段，二尺圓徑。南碼頭湯罐弄口起，南至裏馬路一段，九寸圓徑	湯罐弄口南首起，東出黄埔	浦灘	石砂馬路		光緒三十二年，官辦工程局造。宣統元、二、三年，民國元、二年均按年翻修增高
東	裏馬路	裏十六舖橋接法界	南碼頭滬軍營前	行仁弄口起，北至十六舖浜一段，十二寸圓徑	自北至南各段小陰溝，或有或無，不能一律	同治年浦灘，光緒年南段磚路	石片	光緒　年南段放闊時，拆去兩邊竹笆	光緒三十一年造，光緒三十二年放闊陸家浜以南一段路面，民國二年翻修十六舖至裏陸家浜橋一段
東	集水街	裏馬路	小東門小吊橋	十二寸圓徑	小磚溝	石條或石片	石片		舊路，民國二年改築
東	裏行仁弄	金家弄	裏馬路	九寸圓徑	小磚溝		石片		舊路，民國二年改築
東	泉漳會館街	外馬路	會館前	十二寸圓徑，當地人集款築造		南半條臭水河上蓋石條，北半條石條街	石片	西段會館場北首拆去木棚	舊路，光緒　年改築
東	鹽碼頭街	外馬路	裏鹹瓜街	十二寸圓徑	磚溝	石條或磚砌	石片		舊路，民國二年改築
東	大碼頭大街	外馬路	大東門大吊橋	十二寸圓徑	磚溝	石條	石片		舊路，光緒三十四年改築

續 表

區别	路别	起點	終點	瓦筒溝	舊溝	舊形式	新路面	拆屋購地	築造年份
東	老白渡街	外馬路	如意街	外裏馬路間,十二寸圓徑;永盛和街口至龍德橋,九寸徑;龍德橋西至如意街,十二寸徑	磚溝	石條,磚石雜砌	石片		舊路,宣統三年改築
東	新碼頭街	外馬路	外郎家橋小橋頭迤西開紫霞殿	十二寸圓徑	磚溝,花衣街口朝西小河上蓋石條	石條	石片	小橋堍東南角鹹貨店拆去,佔出處又拆去小石橋	舊路,光緒三十二年改築
東	沙場街	紫霞殿	城壕	十二寸圓徑	磚溝	石條鑲砌磚石	石片		舊路,光緒三十二年改築
東	裏馬路	十六舖	行仁弄	二尺圓徑			石片		宣統三年翻砌
東	外鹹瓜街如意街	集水街	外郎家橋	十二寸圓徑	磚溝	石條	石片	大王廟並左右屋均收進,廟北東首披屋一架拆去	舊路,民國二年改築
東	金家弄	外鹹瓜街東	泉漳會館後横街	六寸圓徑	小磚溝	磚砌	石片		
東	沙布弄	外鹹瓜街西	不通	六寸圓徑,湯姓捐款造	小磚溝	磚砌	石片		民國三年湯姓捐款築
東	大王廟街	外鹹瓜街	東轉南接鹽碼頭街	九寸圓徑	磚溝	石條	石片		舊路,民國二年改築
東	老新街	如意街	永盛和街	九寸圓徑	磚溝	石條	石片		舊路,民國二年改築
東	永盛和街	大碼頭大街	老白渡街	九寸圓徑,永盛和集款造	磚溝	石條	石片		舊路,光緒　年改築
東	外郎家橋街	外郎家橋南堍	外倉橋北堍	十二寸圓徑	磚溝	石條	石片		舊路
東	南篾竹街	紫霞殿	小九華街	九寸圓徑	小磚溝	石條	石片		舊路,宣統三年翻砌

續　表

區別	路別	起點	終點	瓦筒溝	舊溝	舊形式	新路面	拆屋購地	築造年份
東	大東門外大街	吊橋東	大碼頭外馬路止				石片		光緒三十四年翻砌
東	南大王廟街	裏馬路	西至萬寧橋南街	九寸圓徑	磚溝	石條	石片		宣統元年翻砌
東	壩基橋南路	沿城河浜	高巷頭				石片		宣統元年築
東	寧紹碼頭横街	外馬路	東至浦灘				石片		宣統元年築
東南	裏馬路	十六舖橋	裏陸家浜橋	十二寸圓徑			石片		民國二年修
東南	高巷頭	小九華西首	西轉北至沙場街	小九華街西至轉北處，六寸圓徑；沙場街南至馬天興弄，九寸圓徑	小磚溝，或有或無	磚石雜砌	石片		舊路
南	外城根路	大南門	西門			泥路	石片		光緒三十四年築
南	積穀倉前街	外馬路	積穀倉前	裏馬路以東，十二寸圓徑；以西，九寸圓徑		磚石泥路	石片		宣統元年翻砌
南	機廠街	外馬路	南至法自來水公司	十二寸圓徑，申大麵粉公司捐款造	磚溝，或有或無	磚泥路	石砂馬路		宣統二年修
南	小九華街	王家嘴角	高巷口	九寸圓徑	小磚溝	磚石石條不等	石片		舊路
南	小南門外大街	吊橋東塊	聖賢橋西塊	十二寸圓徑	磚溝	石條	石片	光緒三十一年拆去水神閣東首房屋	舊路，至水神閣東首止，光緒三十二年開通，建聖賢橋
南	董家渡街	聖賢橋東塊	外馬路	聖賢橋東至天主堂場，十二寸圓徑	天主堂場東至外灘舊磚溝	石條	天主堂場仍石條，餘均石片		舊路

續 表

區別	路別	起點	終點	瓦筒溝	舊溝	舊形式	新路面	拆屋購地	築造年份
南	王家牌坊弄北段名蔡陽弄	聖賢橋東首	北至王家碼頭	巽與小學校前止，一每九寸圓徑	小磚，溝或有或無	磚石雜砌	南半段石片		舊弄
南	南倉街	小南門大街	南至萬寧橋	南段染坊弄至萬寧橋，九寸圓徑	磚溝	石條石片磚雜砌	石片		舊路
南	小普陀街	小普陀橋	北至大街				石		光緒三十三年翻砌
南	後場梢街	南倉街	佛閣街口	九寸圓徑	磚石雜砌	校場北段小具路形	石片		光緒三十年築
南	海潮寺旁路	校場梢街	陸家浜	校場西至圖書公司墻角，九寸圓徑；再南出，浜磚溝，海潮寺造		校場邊泥路，中間有地潭	石片		光緒三十四年築
南	大佛廠東街	大南門外大街東首起	陸家浜	十二寸圓徑		臭水浜	石片		光緒三十三年當地人築
南	大佛廠前街	大佛廠東街	大南門外大街轉灣處	十二寸圓徑		送子庵臭水浜浜邊泥磚小路	泥路		光緒三十三年築
南	大佛廠西街	大佛廠前街	陸家浜	十二寸圓徑		送子庵臭水浜	泥路		光緒三十三年築
南	董家渡街	天主堂	東至裏馬路口				石片		光緒三十三年翻砌
南	外倉橋街	王家嘴角	南至外倉橋	十二寸圓徑			石片		光緒三十四年翻砌
南	海潮寺橋南街	海潮寺南塊	滬軍營旁裏馬路				石片		光緒三十四年翻砌
南	陸家浜路	三角街	西至斜橋				石片		宣統元年翻砌
南	南碼頭至滬軍營馬路	湯罐弄口	轉南至裏馬路	九寸圓徑			石砂		宣統二年築
南	中道橋南街	中道橋	貧民小學校				石片		宣統三年翻砌

續　表

區別	路別	起點	終點	瓦筒溝	舊溝	舊形式	新路面	拆屋購地	築造年份
南	裹倉橋沿浜路	裹倉橋北堍	西轉北至小閘橋街				石片		宣統三年翻闢
南	裹馬路至滬軍營前路	陸家浜橋南南薰里	滬軍營前	十二寸圓徑			石片		民國元年修砌
南	沿陸家浜路	斜橋東	東至利涉橋				石片		民國元年修
南	裹陸家浜路	裹陸家浜橋	東至安平橋				石片		民國元年修
西	大通路	大吉路中	南至趙家牌樓北首	九寸圓徑			石片		宣統三年
西	車站路	利涉橋北堍黄家闕路	南至滬杭火車站	利涉橋南堍至南石街止，路西邊十二寸圓徑		田地浜	石砂馬路	購民地並輔元堂義塚地遷讓築	宣統元年闢，宣統二年、民國元年修，民國二年燬於兵燹重修
西	黄家闕路	利涉橋南堍車站路	北至安瀾路	十二寸圓徑		田地	石砂馬路	吴君懷疚等捐地並集款購地拆屋築	光緒三十四年闢，民國元年、二年修
西	尚文路西段	尚文路吊橋	黄家闕路	十二寸圓徑		田地浜	石砂馬路	當地人讓地築	宣統元年闢
西	大吉路	黄家闕路	林蔭路	十二寸圓徑		田地浜	石片	楊君聲甫並魏姓、蔡姓等讓地築	宣統年闢
西	安瀾路	城壕安瀾橋西堍	西至林蔭路	城壕至寧康里口，三尺圓徑，趙姓捐造；寧康里西至林蔭路三號頭			石片	豐裕公司讓地築	光緒三十四年闢
西	横路	大吉路	安瀾路	九寸圓徑		臭水浜邊小路	石片		宣統　年闢
西	林蔭路	方斜路	南至榆木涇	安瀾路口北至方斜路六號頭，安瀾路口南至榆木涇，三尺圓徑		十圖、十三圖界浜田地	石片	楊君、魏君等讓地集款築	光緒三十四年闢

續 表

區別	路别	起點	終點	瓦筒溝	舊溝	舊形式	新路面	拆屋購地	築造年份
西	教育路	方斜路南接林蔭路	北至肇周路	十二寸圓徑		田地臭浜	石片	馬姓、濮姓、邵姓等讓地造	光緒三十四年闢，民國二年修
西	西林路	方斜路	北轉西至教育路	九寸圓徑		教育會後浜池南段石片泥路	石片		北段光緒三十四年闢，民國二年接通南段
西	斜日路	斜橋南堍	沿浜至日暉港口止			田地浜	泥路	遷墳拆屋	宣統二年闢
西	廠間路	方斜路	西轉南至教育路	教育路東至轉北處一段，九寸圓徑		教育路西轉北一段小浜	石片		光緒　年闢
西	肇周路	打鐵浜接法租界	肇嘉浜徐家匯路	北段接法租界，南至肇嘉浜井亭橋，三尺圓徑；中段教育路頭至井亭橋，三尺徑；吴家石橋肇嘉浜起，至小浜六號頭，南段吴家石橋轉灣處起，南至戲子墳邊肇嘉浜，十二寸圓徑		井亭以北，接法租界第三號界碑，周涇浜井亭橋南，沿肇嘉浜小泥路、吴家石橋浜小泥路，吴家石橋轉灣處，南至戲子墳田，戲子墳南肇嘉浜沿小泥路	石砂馬路	拆羊尾橋、井亭橋、吴家石橋，購田造	光緒三十四年填浜築路，宣統元年放寬填平，宣統二年翻高
西	萬生路	方斜路	肇周路			萬生橋至井亭橋肇嘉浜北邊小路	石片	舊橋北堍西首遷屋六七間，至西首輔元堂讓地放闊	光緒三十四年闢
西	羊尾橋路	肇周路	法人築吕班路	中間一段三尺圓徑，莊姓捐造		羊尾橋浜	浜邊石磚雜，路中間一段石片		舊路

續　表

區別	路別	起點	終點	瓦筒溝	舊溝	舊形式	新路面	拆屋購地	築造年份
西	紹興會館路	肇周路	西至紹興會館	十二寸圓徑			石片		宣統二年填築
西	四德公司	肇周路	南通羊尾橋西晏公橋	肇周路西轉南至羊尾橋路，九寸圓徑			石片	四德公司自闢	光緒　年，四德公司捐建溝路
西	打鐵浜太平橋路	太平橋	集義路	九寸圓徑，至集義公所前止		臭水浜	舊浜邊石片	民國元年，太平橋爲法人拆去	民國二年，集義公所築半段
西	集義公所西首路	太平橋路	水木業學堂路	南首十二寸圓徑一段，路西水溝		田地	石片		光緒　年闢
西	斜橋南首路	斜橋	南至西栅門			磚泥路	泥路		宣統二年修，民國二年兵燹後重修
西	水木業學堂路	集義路	西轉北又轉西北至法人吕班路	路邊水溝通水處十二寸圓徑		田地	石片		宣統元年闢
西	商業學堂後路	水木業學堂路	法人築白爾路	北半段至打鐵浜，十二寸圓徑，即法人築白爾路		泥路	石片		光緒　年闢
西	明德路	打鐵浜白爾路		南至轉灣，迤東至公司墻角，十二寸圓徑		臭水浜	石片砌至轉灣處		民國　年公司闢
西	寶隆醫院路	金神父路	西至醫院	十二寸圓徑			石片		宣統元年闢
西	西門外城根路	鎮南橋	南至安瀾橋				石片		光緒三十三年築成泥路光緒三十四年加砌石片路
西	蒲肇河南岸路			排出水瓦筒溝			泥路		宣統三年填築
西	方斜路	方浜	斜橋						宣統三年翻修，民國元年重修，民國二年修方板橋，南至教育路口一段

續　表

區別	路别	起點	終點	瓦筒溝	舊溝	舊形式	新路面	拆屋購地	築造年份
西	肇周路南段	井亭橋	斜橋				泥路		民國二年修
西	淡井廟東首路	金神父路	西至廟前				石片		民國二年修
西	填肇嘉浜路	教育路	萬生橋	三尺圓徑		臭水浜	石片		民國二年填

工程成績表二橋梁

區别	橋梁别	舊形式	新橋面	築造年份
	福佑門吊橋		石片面、木梁	宣統二年建,民國二年填濠築路拆去
	老北門西吊橋	板面木梁		宣統元年放闊,民國二年填濠築路拆去
	新北門吊橋	板面木梁		宣統元年修,民國二年拆去
	老北門吊橋	板面木梁		宣統元年修,民國二年拆去
	西門吊橋	板面木梁	硬木橋梁、橋板	宣統元年修,民國元年填濠築路拆去
	拱辰門吊橋		石片面、木梁	宣統元年建
	尚文門吊橋		磚墩木梁、石片	宣統元年建
	大南門吊橋	板面木梁	石片面、木梁	光緒三十四年修换橋梁橋面
	小南門吊橋	板面木梁	石片面、木梁	宣統二年翻闊
	大東門吊橋	板面木梁	石片面、木梁	宣統元年修橋梁橋面
	小東門吊橋	板面木梁	石片面、木梁	光緒三十三年修
	小東門小吊橋		石片面、石墩木梁	民國二年築方浜路拆去
西	振南橋		石片面、石墩木梁	光緒三十一年當地人建
西	安瀾橋		板面、磚墩木梁	光緒三十三年趙姓建
中	黑橋	木橋		光緒三十二年填築福佑路拆去
中	安仁橋	木橋		光緒三十二年填築福佑路拆去
中	廟園後園門橋	木橋		光緒三十二年填築福佑路拆去
中	北香花橋	平石橋		光緒三十二年填築福佑路拆去
中	營房橋	平石橋		宣統元年建築大境路拆去
中	益慶橋	環洞石橋	水門汀面、平橋	宣統二年當地人集款改建
中	長生橋	環洞石橋		民國二年填築花草浜拆去
中	奚家橋	平石橋		民國二年填築花草浜拆去

續　表

區别	橋梁别	舊形式	新橋面	築造年份
中	如意橋	平石橋		民國二年填築花草浜拆去
中	小木橋	木橋		民國二年拆去
中	館驛橋	環洞石橋		民國二年拆去
中	陳市安橋	平石橋		民國二年拆去
中	廣福寺橋	平石橋		民國二年拆去
中	紫荆橋	平石橋		光緒三十四年當地人集捐填築紫荆路拆去
中	東馬橋	木橋		宣統二年當地人集款填築方浜路拆去
中	西馬橋	木橋		宣統三年填築阜春路拆去
中	金家牌樓北橋	平石橋		民國元年填築方浜路拆去
中	永興橋	石級環洞路	石片、平橋	宣統元年改砌
中	化龍橋	環洞石橋	排十二寸圓徑瓦筒	民國二年因損壞拆去，砌石片路
中	陳籮桶橋	環洞石橋	石片、平橋	宣統元年改砌
中	凝和橋	平石橋		光緒三十三年築凝和路拆去
中	小橋	平石橋		光緒三十三年築凝和路拆去
中	亭橋	平石橋		光緒三十三年築蓬萊路拆去
中	楊家橋	平石橋		光緒三十三年築蓬萊路拆去
中	西倉橋南橋	平石橋		民國二年填築西倉路拆去
中	西倉橋北橋	平石橋兩塊，有石級		民國二年填築西倉路拆去
中	净室庵橋	平石橋		民國二年填築净土路拆去
中	西昌橋	平石橋		光緒三十四年填築西昌路拆去
中	吉慶橋	平石橋		光緒三十四年填築西昌路拆去
東	外十六舖橋	平木橋		光緒三十四年建，宣統元年修
東	裏十六舖橋	平木橋		光緒三十三年建，宣統二年修
東	外關橋	平木橋	水門汀橋	宣統元年改建
東	裏關橋	平木橋	石片面	
東	龍德橋	石級	石片面、平橋	宣統二年改建
東	外郎家橋	環洞石橋	石墩木梁、板面、鐵欄	光緒三十二年翻平
東	壩基橋	石級	石片、平橋	宣統二年改建
東	外水關橋			宣統元年修

續　表

區别	橋梁别	舊形式	新橋面	築造年份
東	裏水關橋			宣統元年修
南	青龍橋	石級高環洞橋	鐵梁、石片面、平橋	宣統三年改建
南	外薛家浜橋		磚墩、鐵梁、石片面、平橋	宣統元年重建
南	求新橋		石墩、鐵梁、石片面	民國元年建
南	南區橋	石級環洞橋	鐵梁、石片面、平橋	宣統二年改建
南	聖賢橋		鐵梁、板面	光緒三十二年建，光緒三十四年改平
南	外倉橋	環洞石橋	鐵梁板面平橋	光緒三十四年改建
南	裏倉橋	環洞石橋	木梁石片面平橋	宣統三年改建
南	小閘橋	石墩木橋	木梁板面鐵欄	光緒三十二年放寬，民國二年因坍毁拆去，排三尺圓徑瓦筒溝通水，填築石片路
南	水關橋			宣統二年修退低橋面
南	外陸家浜橋	木梁板面	水門汀磚墩鐵梁板面	光緒三十二年築外馬路時建，宣統二年改造，民國二年易鐵板，加砌石片
南	海潮寺前橋		石墩木梁板面	民國二年修
南	萬寧橋	環洞石橋	石墩鐵梁板面	光緒三十三年集捐翻平
南	中道橋		木樁木梁板面	宣統元年修
南	大南門馬路橋	平石橋兩塊，有石級		民國二年抬高路面，拆平石級
南	利涉橋		磚墩木梁石片面	宣統元年築車站時建
南	三官堂橋	平木橋		宣統元年修
西	淩浦橋			宣統元年放闊
西	斜橋	平石橋		光緒三十四年修，换橋欄
西	萬生橋	環洞石橋，東有木橋	石墩木案板面	光緒三十四年法人造電車軌道時，總工程局加造橋梁，並將環洞石橋拆去，拼闊木橋
西	井亭橋	三洞平石橋		光緒三十四年填築肇周路拆去
西	羊尾橋	平石橋		光緒三十四年填築肇周路拆去
西	吴家石橋	平石橋		光緒三十四年築肇周路拆去
西	小木橋			民國元年修
西	外日暉橋	木樁木梁板面		民國二年燬於兵災，善後事務所請款重修

續　表

區別	橋梁別	舊形式	新橋面	築造年份
西	潘家木橋			民國二年修
北	新閘橋			議請官款改建，宣統三年先搭厚橋

工程成績表三闢門

區別	城門別	闢築年分
西	尚文門(新西門)	宣統元年新闢
北	宴海門(老北門)	宣統元年改建
西北	拱宸門(小北門)	宣統元年新闢
東北	福佑門(新東門)	宣統二年新闢
東	寶帶門(小東門)	宣統二年改建
南	朝陽門(小南門)	宣統三年改建

工程成績表四濬河

區別	河別	起點	終點	開濬年分
東	大東門外肇嘉浜	浦口大關橋	大東門水關	光緒三十一年
中	城内肇嘉浜	大東門水關橋	迤西至縣橋，又西至莊家橋	光緒三十二年
西	方浜	西門外		光緒三十二年
南半城	護城河	小東門外	迤西轉西至西門	光緒三十二年
西	西門外肇嘉浜	斜橋	西至帶浦橋	光緒三十三年
中	城内肇嘉浜	大東門水關	迤西直達西門水關	光緒三十四年
西	西門外肇嘉浜	萬生橋	斜橋	光緒三十四年
西	西門外周涇浜	即斜橋裏口一段之肇嘉浜		光緒三十四年
北半城	護城河	西門外	迤北轉東至小東門	光緒三十四年
東	方浜	小東門外城河	外十六舖橋出浦	宣統三年

工程成績表五房屋

區別	房屋別	坐落地點	修建年分	備註
東	總工程局房屋第一進	沿浦灘毛家弄口	光緒三十二年建	
東	總工程局房屋第二、三進	沿浦灘毛家弄	光緒三十四年添建	

續 表

區别	房 屋 别	坐落地點	修建年分	備 註
東	總工程局三層樓房屋	毛家弄	宣統元年添建	董議兩會辦公用
中	萬竹小學校舍	九畝地萬竹路	宣統三年建	
西	江境小學校舍	江境廟殷家宅	宣統三年建	
西	比德小學校舍	法華路小桃園	宣統三年建	
南	崇正小學校舍	送子庵舊址	宣統三年修	
西	肇周小學校舍	肇周路	宣統三年修	
中	時化小學校	淘沙場	宣統三年建	
南	貧民習藝所	利涉橋南車站路	宣統三年建	
中	萬竹小學校舍	九畝地萬竹路	民國元年添建	
中	西成小學校舍	蓬萊路	民國元年修	
中	半涇園房屋	學宫路	民國元年修	
中	梅溪小學校舍	蓬萊路	民國元年建	内有購地添建者
中	時化小學校舍	淘沙場	民國元年添建	
南	農壇小學校舍	先農壇舊址	民國元年建	
東	隆德小學校舍	老白渡街風神廟舊址	宣統年集捐改建,民國元年修	
北	和安小學校舍	新閘棲流公所隔壁	民國元年修	
南	貯料處	利涉橋南首	民國元年建	
南	水神閣	小南門外大街	民國元年修	
南	巽與小學校舍	茅山殿舊址	民國元年建	
南	出租市房	利涉橋堍	民國二年建	

工程成績表六駁岸

區别	灘 岸 别	起 點	終 點	築造年分
西	西門外城河木駁	振南橋	南至安瀾橋	光緒三十二年修築
東	大東門外南城根木駁			光緒三十二年修築
南	井亭橋木駁	井亭橋南邊		光緒三十二年拆築
南	陸家浜路木駁	萬寧橋北堍	東至葉姓門前	光緒三十四年築
南	清心堂前木駁			光緒三十四年修築
東	大達公司木駁			宣統元年築
西	西門外南城根木駁	振南橋	安瀾橋	宣統元年築
東	壩基橋南堍沿浜木駁			宣統三年築

續　表

區别	灘　岸　别	起　　點	終　　點	築造年分
東	沿浦填灘水門汀蓋樁	南碼頭	董家渡	宣統三年築
東	小東門外城根石駁	小東門	福佑門	宣統三年修築
東南	外灘填泥拔灘	大碼頭	董家渡	民國元年築
西	淡井廟東首木駁			民國二年築

工程成績表七碼頭

區别	碼　頭　别	修　築　年　分	備　　註
東	大達公司碼頭	光緒三十四年築	自十六舖起，南至大碼頭止
東	太平碼頭	光緒三十四年修	
南	積穀倉碼頭	光緒三十四年造	自外馬路至積穀倉前
南	永盛碼頭	宣統元年修	
東	新碼頭	宣統二年修	
東	大碼頭	宣統三年修	

上海城廂内外總工程局及城自治公所時期警務成績表

光緒三十一年警務設置	警　員　數	巡　警　數	備　　註
總局	教習二人	巡目、巡士一六〇人	各分巡共數
十六舖駐防所			
南舍分巡處			
北舍分巡處			

光緒三十一年十月，總工程局開辦，接收前馬路工程局舊有巡男八十人，並十六舖三局原有壯丁，汰弱留强，兼行招選，得八十人，一律改稱巡士。函請上海縣汪委城内警察長汪志達、程乃衡兩人來局，派充教習，按日分班訓練，於十一月分派上差，推廣十六舖裏街警察，設十六舖駐防所於小武當、又設南舍於小九華、北舍於三官堂，爲分巡處，計本年巡警教習二人，巡目巡士一百六十人，共巡警人員一百六十二人。

光緒三十二年警務設置	警　員　數	巡　警　數	備　　註
總局	警務長一人	巡目、巡士三一一人	各區共數
東區	巡長一人、副巡長一人		

續 表

光緒三十二年警務設置	警 員 數	巡 警 數	備 註
東區分巡處	巡長二人		
南區	巡長一人、副巡長一人		
西區	巡長一人、副巡長一人		
警務學堂	教習一人	巡警生二四〇人	内初招生一二〇人、續招生一二〇人

光緒三十二年正月,以龔祖培、金大均爲總工程局巡警教習,程乃衡、汪志達調派分巡處。二月,開辦警務學堂,招生一百二十名,以龔祖培爲教習兼監學。五月,定十六舖地方爲東區,南門外二十三七舖爲南區,西門外爲西區。警察學生畢業,先放西區警察,改教習名稱爲巡長,每區各設巡長、副巡長。以龔祖培爲東區巡長,張興元爲副巡長,程乃衡、汪志達爲東區分巡處巡長;金大均爲西區巡長,姚明燦爲副巡長。由總工程局董議兩會公舉穆湘瑶爲警務長,以資統率。警務學堂續招學生一百二十名,於九月畢業,推放南區警察。調東區分巡處巡長汪志達爲南區巡長,王崇善爲副巡長;以蔣宗魯補汪志達缺。十二月,蔣宗魯辭退,以警務處書記李鴻勳調補。計本年東、西、南三區警務長一人,正、副巡長八人,巡記、巡目、巡士三十一人,共巡警人員三百二十人。

光緒三十三年警務設置	警 員 數	巡 警 數	備 註
總局	警務長一人	巡記、巡目、巡士三七三人	各區共數
東區	正巡長二人、副巡長二人		
南區	正巡長一人、副巡長一人		
西區	正巡長一人、副巡長一人		

光緒三十三年五月,撤東區分巡處,以前巡長程乃衡、李鴻勳及西區巡長金大均、南區副巡長王崇善四人調東區巡長,而以龔祖培、張興元調補南區巡長,以汪志達調補西區巡長。六月,警務長穆湘瑶有事北行,交卸警務,另舉邵雲保接辦。九月,東區巡長金大均告退。計本年東、西、南三區警務長一人,正、副巡長八人,巡記、巡目、巡士三百七十三人,共巡警人員三百八十二人。

光緒三十四年警務設置	警 員 數	巡 警 數	備 註
總局	警務長一人	巡記、巡目、巡士、巡邏隊三九〇人	各區及巡邏隊共數
東區	正巡員一人、副巡員一人		
南區	正巡員一人、副巡員一人		

續 表

光緒三十四年警務設置	警　員　數	巡　警　數	備　　註
西區	正巡員一人、副巡員一人		
巡邏隊	巡員一人		

光緒三十四年,改各區巡長名稱爲巡員。二月,東區副巡員王崇善告退,添設調查員一人,以留學日本警監畢業生張言倫充之。南區副巡員張興元告退,以南京警官學堂畢業生張應良補充。五月,張應良告退,以南京警官學堂畢業生陳學詩補充。九月,東區巡員程乃衡告退,以張言倫補充裁調查員缺。西區巡員汪志達告退,以北洋巡警學堂畢業生章梁彪補充。十月,添設巡邏隊,召回前副巡員張興元充巡邏隊巡員。十二月,西區巡員章梁彪、東區副巡員李鴻勳告退,裁東、西、南三區副巡員缺。計本年東、西、南三區警務長一人,正、副巡員六人,巡邏隊巡員一人,巡記、巡目、巡士及巡邏隊三百九十人,共巡警人員三百九十八人。

宣統元年警務設置	警　員　數	巡　警　數	備　　註
總局	警務長一人	巡長五五人,巡記、巡士三五八人	各區共數
東區	巡員一人、稽查員一人		
南區	巡員一人		
西區	巡員一人		
巡警肄習所	教習一人		

宣統元年二月,以南區巡員龔祖培調爲東區巡員,以東區巡員張言倫調爲南區巡員。三月,添設巡警肄習所,以前南區副巡員陳學詩派充教習,去巡目名稱,改爲一、二、三級巡長。四月,西區巡員姚明燦告退,調肄習所教習陳學詩接充,以蘇省警官學堂畢業生張應飛補充肄習所教習。五月撤肄習所,七月撤巡邏隊。八月,裁警務長缺,邵雲保交卸職務,三區巡警人員歸總董及區長、副區長節制。調前巡邏隊巡員張興元爲南區巡員,以張言倫調回東區爲稽查員。是月,續設巡警肄習所,以朱大文爲教習。九月,預備班學生畢業,撤肄習所。東區巡員龔祖培應廣西督練所之招辭職,以朱大文補充東區巡員。計本年東、西、南三區警務長一人,巡員三人,稽查員一人,巡長五十五人,巡記、巡士三百五十八人,共巡警人員四百十八人。

宣統二年警務長設置	警　員　數	巡　警　數	備　　註
警務處	警務長一人	巡長五一人,巡記、巡士、水巡三八五人	各區及水上巡警共數

續 表

宣統二年警務長設置	警 員 數	巡 警 數	備 註
東區	巡員一人		
西區	巡員一人		
南區	巡員一人		
水巡隊	水巡員一人		

宣統二年,改總工程局爲城自治公所。四月,東區巡員朱大文赴汴辭職,以稽查員張言倫調補,兼任稽查。五月,前警務長穆湘瑶回南,由董、議兩會公決,仍舉任爲警務長。六月,召回龔祖培於桂林,仍任東區巡員,以張言倫調南區巡員,以張興元調任稽查。十一月,南區巡員張言倫因病辭職,仍以稽查員張興元調補。裁稽查員缺。開辦水巡,以東區巡記譚漢城爲副巡員。計本年東、西、南三區警務長一人,巡員四人,巡長五十一人,巡記、巡士及水上巡警三百八十五人,共巡警人員四百四十一人。

宣統三年至九月十三日光復警務設置	警 員 數	巡 警 數	備 註
警務長	警務長一人、稽查員一人	巡長、巡記、巡士四四六人	各區共數
東區	巡員一人、警法理事員四人		
西區	巡員一人、警法理事員二人		
南區	巡員一人、警法理事員二人		

宣統三年正月,警務處添設稽核員一人,以當值員王師曾兼任。五月,改當值處爲警法理事處(當值處原隸裁判所,今改隸警務處),以原任當值員顧遵儒、王師曾、蔡爾同、錢海爲東區理事員,吴家振、楊文清爲南區理事員,姚元焌、江通甫爲西區理事員,歸警務長節制。本年至九月十三日光復止,東、西、南三區警務長一人,警法理事員八人,巡員四人,巡長、巡記、巡士四百四十六人,共巡警人員四百五十五人。

光復後兩個月警務設置	警 員 數	巡 警 數	備 註
警務長處	警務長一人、稽查員一人	巡長、巡記、巡士一三五〇人,民團二〇〇人	各區共數
城外東區	區長一人、警法理事員四人		
城外南區	區長一人、警法理事員二人		
城外西區	區長一人、警法理事員二人		
城内東區	區長一人		
城内南區	區長一人		

續　表

光復後兩個月警務設置	警　員　數	巡　警　數	備　　註
城内西區	區長一人		
城内北區	區長一人		
浦東一區	區長一人		
浦東二區	區長一人		
浦東三區	區長一人		
浦東四區	區長一人		
浦東五區	區長一人		
水巡隊	隊員一人		
騎巡隊	隊長一人		
民團	團員四人		

光復後，併城内及浦東之官辦巡警，歸穆警務長統轄，裁去正巡官，另派警員分管。改城内爲東、南、西、北四區，原有城門兵弁一律資遣，改派巡警管守。時城外三區暫就原有人員，以龔祖培爲城外東區區長，張興元爲城外南區區長，陳學詩爲城外西區區長；張桂榮爲城内東區區長，張應良爲城内南區區長，秦德星爲城内西區區長，汪碩爲城内北區區長；王詔爲浦東一區區長，王國楨爲浦東二區區長，許壽青爲浦東三區區長，宋國瑞爲浦東四區區長，郭文元爲浦東五區區長；譚漢城爲水巡隊隊員，馬長連爲騎巡隊隊長。每區隊設書記一人，添招民團二百人，分爲四隊，駐扎城廂内外，以輔巡警之不逮，以湯潮海、秦仲熙、張言倫、董躍龍爲團員。統計區長十二人，理事員八人，隊長團員六人，書記十六人，長警一千三百五十人，民團二百人。至民國元年一月一號，由縣民政長委任穆湘瑶爲警務課長，爲縣佐治職，城外巡警並脱離自治而屬於縣。

上海市自治會計表

收支總表

年　度	時　間	收入兩或圓	支出兩或圓	相抵盈絀兩或圓	備　　註
第一年度光緒三十一年十月至三十二年九月	全年無閏	九三六八八・四四三	一二〇一八一・六八二	絀二六四九三・二三九	本年度收支以兩計，每圓以七錢三分折算，應絀洋三六二九二・一〇八
第二年度光緒三十二年十月至三十三年九月	全年有閏	一四四二一七・二二四	一四九〇六六・九四九	絀四八四九・七一五	本年度收支以兩計，每圓以七錢三分折算，應絀洋六六四三・四四五

續 表

年 度	時 間	收入兩或圓	支出兩或圓	相抵盈絀兩或圓	備 註
第三年度光緒三十三年十月至三十四年九月	全年無閏	一二〇一四〇・二一五	一四四一七八・一一〇	絀二四〇三七・八九五	本年度收支以兩計,每圓以七錢三分折算,應絀洋三二九二八・六二三
第四年度光緒三十四年十月至宣統元年十二月	連閏十五個月	一八〇〇七〇・五一六	二五七七六一・五九六	絀七七六九一・〇八〇	本年度收支以兩計,每圓以七錢三分折算,應絀洋一〇六四二六・一三八
第五年度宣統二年正月至同年十二月	全年無閏	二〇九九二二・七六九	二一五二七〇・二四七	絀五二四七・四七八	本年度以下收支統以圓計
第六年度宣統三年正月至民國元年二月	全年有閏	二五五六九六・〇二二	二三二一六二・〇二一	盈二三五三四・〇〇一	
第七年度民國元年三月至同年十二月	新曆十個月	二一三五三〇・八七〇	二六六五三三・〇三九	絀五三〇〇二・一六九	
第八年度民國二年正月至同年六月	六個月	一七五五三四・九三九	一七〇七七〇・七九五	盈四七六四・一四四	
第九年度民國二年七月至三年三月	九個月	一六四四一八・二三九	一八四四三八・〇四九	絀二〇〇一九・八一〇	

收入總表一

類別數別	第一年度	第二年度	第三年度	第四年度
公産收入			五〇・七七二	一五八九九・〇〇〇
地方捐	二二六八三・八六〇	四二一六三・九二四	四一七二五・二五七	五九九五四・七四八
車捐	一〇五三一・一七三	一二四五七・八一七	一二三六一・七四九	一八七九〇・二四三
船捐	一九九〇六・一二九	二〇一二〇・五九〇	二一四五三・三四三	三二三四三・九四五
執照卷				二六五四・八〇〇
工程捐	二六一三・五二四	六八二七・一九八	一三八八五・九六一	二一〇〇〇・〇〇〇
董事辦事員捐薪				四七〇二・〇五三
補助費	三五二二・二八八	四八二〇・四〇一	三〇一五・二九〇	四七七四・〇一〇
公物變價			一五六・八九〇	七〇八・〇三九

續　表

類別數別	第一年度	第二年度	第三年度	第四年度
公地變價		二九九七八・九八〇	六七三五・〇〇〇	六五七七・〇〇〇
莊息	一五六八・八六九	二七八・三五〇	二五八・一四四	一八〇・七六九
雜收入			二二九・八七二	六三五・九〇九
債款	三〇〇〇〇・〇〇〇	二四五一〇・〇〇〇	一九七七〇・〇〇〇	一一八五〇・〇〇〇
電燈費	二八六二・六二〇	三〇五九・九七四	四八七・九三七	

收入總表二

類別數別	第五年度	第六年度	第七年度	第八年度	第九年度
公款收入	一〇六〇・七二六	一八五五・六七九			一九四・二一七
公產收入	二一一七六・九七二	二三五八四・六五五	一八八六五・三七四	一二一四九・八八二	一八七〇八・九〇二
地方捐	六二六八五・七六〇	七一九五〇・七九九	五一三八八・三二四	三一四九五・九〇六	三一五六二・〇八〇
車捐	四一六九三・九四六	四八六〇三・四六一	三九二九三・五七七	二七一一七・五六二	三二二四八・二〇八
船捐	二八四四五・七四〇	三〇二〇五・二三〇	二四七二五・〇三〇	一三九一五・二四〇	一九〇三七・八九〇
商船船契掛號		一〇二八・〇〇〇	四九一八・四〇〇	四四八二・七九五	五〇五七・四〇〇
執照費	二五二二・五五一	四七四七・一七三	三六二二・〇二二	二二〇三・五八〇	二九四三・〇五〇
田房契學費		一七八七・〇〇〇	一〇〇二四・六二一	七五七〇・四〇八	五三八五・四二八
學務捐		四八二・二七七		二〇五・三二三	五一・六四六
工程捐	四三六九・一二二	一二六一七・三九六	四四一三・七四五	五一三三・四三五	一二九六八・六一一
善舉捐	三五三・〇〇〇	一三二三・〇〇〇		三九七八六・四八三	
廣告税		二八六・八七五	五三九・九七六	二五五・五〇九	五五五・六九九
各商業捐助		九七五・七九〇	六六〇・〇〇〇	三八〇・〇〇〇	四〇四・〇〇〇

續　表

類別數別	第五年度	第六年度	第七年度	第八年度	第九年度
董事辦事員捐薪	一九九九・七九四	一五四三〇・四六一	二八〇・〇〇〇		
附加税			八二三・二四三	三四七六・六三三	三八一九・四一五
清潔捐			四〇〇〇・〇〇〇	六四〇〇・〇〇〇	九四〇〇・〇〇〇
補助費	四三六三・五二八	一六〇〇二・七〇二	一七三四〇・五五九	一〇四三・九三一	六六・一〇二
酒茶煙店捐				一四一三・〇七一	二七三一・一二六
小艙船掛號					七〇一・〇一五
公物變價	五二四・七八三	九〇八・九五三	三五三・二六〇		六一・七〇四
公地變價		一九〇九七・〇六二		六八四二・一七八	七四三二・〇六七
莊息	五二九・九三四	二九六・六七七	三六・六六〇	八七・一二〇	四七・六五九
雜收入	二三五八・七二四	二二九一・九三一	六八〇・五一六	一五二・〇三〇	三一〇・九四五
學務收入			一六八四五・〇三二	八六〇二・八七七	八八八七・三一〇
民團捐		三一九〇・九〇一			
債款	三八一八九・一八九		一三三九七・五三一		
慈善團籌墊				二八二〇・九七六	
收退購置公地價					六〇〇・〇〇〇

支出總表一

類別數別	第一年度	第二年度	第三年度	第四年度
衛生費	二八七五・九九二	五二七五・四五〇	六六一〇・九七九	一三一八九・四九〇
工程費	四三二六五・六八四	二四七七八・五七一	三四三九〇・〇五五	一一四五二一・六七六

續　表

類別數別	第一年度	第二年度	第三年度	第四年度
路燈費	二七六八・四九〇	五二一〇・一六五	六〇五〇・七六〇	一三六五三・八四七
警務費	二六八六四・二四九	四一二九七・二二三	四〇六八五・七三一	五一五〇四・二五五
總工程局費	一六五一八・六九九	一四三七一・五九〇	一二二二四・三七四	一五六四〇・五四五
南區費	三一五八・〇三九	四一〇五・三〇二	五一〇四・一七三	六〇一四・七五九
西區費	四七九六・七七〇	四八二一・三四六	四〇六四・〇二五	五九八九・九七四
墊支裁判所費	七八九七・五六四	六〇九二・三八七	七〇二四・二三五	八九八七・八六七
債款		三四九六五・七二六	一九七七八・三二八	二二五〇四・四八四
債息			六五三・二三二	四八八八・四〇四
電廠費	七七八〇・九八六	七六〇三・七五五	六七五〇・七三五	
特别費		五四五・四三四	八四一・四八三	八六六・二九五
南區開辦費	二一七三・〇六一			
西區開辦費	二〇八二・一四八			

支出總表二

類別數別	第五年度	第六年度	第七年度	第八年度	第九年度
學務費	七二四・六二〇	一五二九四・一八〇	七四三二二・一五八	三四二二〇・二一七	三八二七一・四〇四
衛生費	一三二六一・六二五	二四六一一・〇二四	一七〇〇六・〇九二	一〇四一六・〇二〇	一三四二二・一六六
工程費	四二四九六・二九〇	四一五五二・四二五	三三七七七・八九二	四二四八九・四九五	五九八四二・三六四
路燈費	一三七三三・八三七	二二三四〇・五一〇	二〇〇二二・三六二	一二二九九・七二五	一六二七二・六二〇
善舉費	二四四五・五一一	四九九一・六八二	五二四一八・二四五	五二四五八・四五九	一三〇四三・〇三八
警務費	六二七〇七・二一〇	五一九九六・二八八			
議事會費	七七五・二八八	六一〇・七五三	七一四・七八八	八三七・〇三二	八九〇・六七〇

續 表

類別數别	第五年度	第六年度	第七年度	第八年度	第九年度
	二一四五一·三三二	二〇六五〇·四六二	一四八〇二·〇四九	九五二四·四〇三	一五九〇八·六九七
南區費	五四八五·二三一	六〇五九·八五一	四五四八·三一七	二五四八·五五〇	三二一七·一六一
西區費	四五八五·六一〇	五六三二·八六〇	四九五三·五五〇	二〇一九·一一〇	三九一二·五一〇
中區費	六二九·二八四	四九三·四二二	二一九三·四〇五	一九七四·一六三	二八七九·七六〇
選舉費	一二五·二五〇	七二〇·二二一	四〇九·九九二	五五三·二四五	四三二·七一九
墊支裁判所費	六三六三·九二二	七八七四·五〇六	五八一五·四七〇		
債款	三一八六三·八八五				
債息	七〇九一·三三八	一〇四二〇·一〇一	一〇四八二·九七八	三一〇·三七六	一一八五三·六一〇
購置公産		三九六〇·〇〇〇	二四五〇八·〇〇〇		二三〇〇·〇〇〇
特别費	三一九·〇六七	一四一八·三五七	五五四·七四〇		一一六七·四九五
元源莊倒欠無著	一二一〇·九四七				
民團費		一四五二四·三七九			
西區兵災遺失					六九五·三七〇
移交巡捐總局					五八九·〇六五

債款表

説明：本表編製，所有自光緒三十一年十月起，至民國三年三月停辦自治止，欠人(該款)人欠(存款)之數分别爲債權者、債務者兩項其兩項相抵之餘數即爲總負之債額，適符收支總表相抵之絀。

債權者	圓角分釐	債務者	圓角分釐	相抵餘數
大達公司	四〇八一六・三二六	各莊	二〇三八・八二九	
大達公司頂首	一八四七八・五〇〇	光復後收繳鎗價	九九一・八〇二	
華成公司	三四〇一三・六〇五	閘北裁判所	四四〇・四四五	
蘇路公司	八一八一・六五一	前清李縣令	一二五〇・〇〇〇	
興市公司	四六〇〇九・〇六二	商團公司	一〇〇〇・〇〇〇	
保泰會	四一一九・一八四	頂首	五〇・〇〇〇	
内地自來水公司	一五一五七・〇〇〇	錢業	一二・〇〇〇	
庚平記	一八七八七・三九七	存現	四三〇八・五〇一	
積穀總局	一三六九・二二五			
公債	四一三五一・六〇七			
内地電燈公司	二〇〇〇・〇〇〇			
華商電車公司	六八〇二・七二一			
西成學校頂首	一一〇〇・〇〇〇			
市房頂首	九二五・五〇〇			
顧馨記	一三四一・三三一			
蘇筠記	一六三四・〇〇〇			
洋水	一〇五・四九四			
	共銀圓二四二一九二・六〇三		共銀圓一〇〇九一・五七七	共銀圓二三二一〇一・〇二六

上海市自治志大事記

甲編　上海城廂内外總工程局大事記

光緒三十一年歲乙巳，蘇松太道袁照會邑紳郭懷珠、李鍾珏、葉佳棠、姚文枏、莫錫綸，議辦上海城廂内外總工程局，試行地方自治。

中國之舉辦地方自治以上海爲最早。時當戊戌政變、庚子拳亂之後，朝議方謀變法、策自强，識時之彦，聞風興起。上海東南大埠，士紳之開通者多惕於外權日張、主權寖落，道路不治，溝渠積汙，爰議創設總工程局，整頓地方，以立自治之基礎。就商於蘇松太道袁樹勛，深韙其議，照會各紳開會集議，擬章送核。爰於七月十二日在學宫明倫堂開會宣佈袁道宗旨，申説自治關係。即集議舉董章程，詢諸曾經遊歷外洋之政法學家，知東西各國自治規制，本非猝辦。其普通選舉之法，按之目前地方情形，尚多格礙。惟有先就向來辦事諸紳商中，公同選舉，爰訂善堂、書院、警務各董暨各舖段董於十九日仍在明倫堂第二次開會，投票公舉，得及格者三十人。又訂各商業各舉代表一人，於二十六日仍在明倫堂第三次開會，投票公舉，得及格者二十八人。復公同採訪兩次投票未與而衆論交推者得十八人。共七十六人，開摺送道，請酌定員數，分别選派。

九月，蘇松太道袁照會抄發選定總工程局總董、議董員額姓名。

本月十八日，奉袁道照會，就摺開七十六人中選定李鍾珏爲總工程局領袖總董、莫錫綸、郁懷智、曾鑄、朱佩珍爲辦事總董。莫董、郁董常川駐局，曾董、朱董常川到局。姚文枏、劉汝曾、林曾賚、嚴應鈞、郭懷珠、葉佳棠、陸文麓、顧徵錫、曹驤、王震、蘇本炎、干城、穆湘瑶、王豐玉、祁祖鎏、吴馨、王納善、張焕斗、王宗駿、黄慶瀾、程鼎、李厚垣、沈功章、劉桂馨、施兆祥、楊高存、趙增炟、張嘉年、朱開甲、沈熙、張美翊、袁希濤、沈恩孚等三十三人爲議董。分别通知，經即公訂辦理總工程局簡明章程二十條，呈請上詳立案。

十月十五日，總工程局開辦，啟用鈐記。

總工程局之設定，以十六舖外灘之馬路工程局歸併辦理，先於外施家弄暫借民房爲局所。十月初七日，開局佈置一切。十五日，遷入馬路工程局，點收前局員翁守移交各項，接辦視事。奉蘇松太道頒發鈐記，文曰：上海城廂内外總工程局鈐記，即日開用。

設文牘、會計、工程、捐務各處，由總紳遴派職員，分司其事。

議事會成立，公舉姚文枏爲議長，擬訂總工程局總章及議會章程。

附設裁判所，公推正、副裁判官。

查照原定章程辦事條件於局中附置裁判所，稟設正、副裁判官，當由董、議兩會公推。江蘇候補知縣、現辦英公廨幫審委員孫乃洛爲正裁判官，江蘇候補府照磨、前十六鋪保甲局委員陳仁琅爲副裁判官。稟請蘇松太道札委，駐局裁判違警事件及一切民刑訴訟，如有命盜重案，送縣辦理，並設當值處，派員輪值，凡有違警細故，隨時理結。

接收電燈廠機器、房屋及裏外馬路之電燈。

改前工程局舊有之巡勇名稱爲巡士，裁印捕，撤水巡。

前馬路工程局向僱印捕六名，警務既歸紳辦，於地方情形殊不相宜，因給各印捕以三月辛糧，即行遣撤。前局舊有水巡若干名，本爲巡緝浦江匪類、查察駁船偷貨而設，乃因緣爲奸，視爲利藪。自改辦後，謀充水巡者紛至沓來，乃將水巡名目撤除，以清積弊。諭飭埠頭管幫及各渡夫頭各船人等聯絡一氣，互相保衛。

十一月，接收十六舖南、北、中三局，開放警察。

各局向係分段管理，僱用壯丁，以備巡防。今統歸總工程局經辦，將原有壯丁汰溺留强，另由紳商店舖保送年力精壯者數十名，以備選充。計開放警察八十六名，設十六舖駐防所於小武當，又設南舍於小北華，北舍於三官堂，爲巡士分駐處。由上海縣汪委派警察巡長汪志達、程乃衡爲教習，於勤務之暇，按日分班授課，以資補習。

買浦東六里橋東二十四保副十五圖，堆積垃圾，地十一畝有奇。

南市浦江船捐，准歸姚慶裕認包，試辦一年。

南市浦江船捐，前馬路工程局向係招人認包。自總工程局開辦前，認包人吴姓屢傳不到，嗣據船商姚慶裕稟請承包，情願加認，每月預繳捐銀一千六百元。即經核准，取具認包各結，給諭著充試辦一年，稟道備案。

十二月，釘立各街道舖户居家編號門牌。

呈准蘇松太道袁，撥借規銀一萬兩，以濟工程用款。

三十二年歲丙午一月，開收十六舖地方月捐。

十六舖裏街各處於上年十一月起推放警察，整頓道路，添設電燈。曾議酌收地方月捐，藉以濟用，於本月起開收。凡屬店舖行棧，每月照房租酌收五釐，居户各照五釐核減,貧户免收,呈報道縣備案。

二月,稟准蘇松太道瑞,以水利局房屋併歸總工程局應用,由總工程局另租房屋爲水利局辦公之所。

添設清道處、路燈處、工程採辦處,派員分辦。

城内清道路燈,於上年十一月接收,舉蔡正蒙、朱日宣暫行經理。嗣蔡、朱二董以事繁不克兼顧告辭。爰就局中設路燈清道處,派員接管,駐局辦事。公推曹成達、王寶崙、黄炳辰、凌紀椿爲贊助員,專助工程採辦事宜。

借城内求志書院設警務學堂,招收學生一百二十名,開學授課。

稟請蘇松太道瑞,咨送胡憲章赴日本考察監獄工藝。

稟准蘇松太道瑞,撥借公款銀三萬兩,爲各項工程之用。

三月,稟請蘇松太道瑞,咨送張言倫赴日本肄習警察學。

四月,大達輪步公司租用沿浦岸綫。

大達公司議自十六鋪橋起至大關止,建築馬頭,停泊輪船。由總工程局擔任建築,堅固木駁,將沿浦浮泥撈挖填實,計岸綫約二百丈。租與該公司應用,訂立合同,每年租銀一萬兩,預付押租銀五千兩。呈道詳奉督撫院批准。(後因格於水利所築木駁至大碼頭止,未足二百丈之數,公司以該岸綫照量見丈尺約一百六十丈,應照除租金每年納銀八千兩。)

設路政處,派員管理店舖、居户翻建房屋,勘明收讓尺寸,核給執照事宜。

自城内開放警察,於光緒三十一年秋間,由上海縣汪會同紳董,規定城内店舖、居户翻建房屋、收讓尺寸,責成各警局員勘視辦理。其城外之裏馬路,則由前馬路工程局勘視,給照限收。洎總工程局開辦,參照舊章,先於十六舖地方勸諭收讓,特設路政處,派員專管。本月呈請上海縣出示曉諭,凡城廂内外各處翻建房屋,均由總工程局發給執照。城内警權不屬,則由業主赴本區警局報請,勘明應收尺寸,由巡官知會到局,再由路政員復丈無異,始行給照。其修理房屋,亦必憑警局知會單填給。

電燈廠改爲股份公司,就小武當起造房屋,建設新廠。

城廂内外衙署局所及城外各街道並各舖户裝用共約放十六枝光電燈原有一千十餘盞,電燈廠每月費用約銀六百三十四兩五錢,所收舖户燈費銀每月祇九十七兩有奇,每月約須貼銀四百十餘兩。城廂推廣警察,亦應將電燈逐漸推放。經議會核議,添購電機,移設燈廠,約計放燈四千盞,須基本銀六萬兩。款巨難籌,爰擬仿照外洋各國並上海英法租界辦法,將電燈廠事宜歸商家承辦,改作股份公司。當經招集股本銀六萬兩,一面訂購電機鍋爐,一面即在十六舖小武當即紫霞殿警察駐防處改建電廠,爲上海内地電燈有限公司。經總董稟請蘇松太道立案。

小武當即紫霞殿前面房屋向設十六鋪巡防總局，光緒三十一年十月中局裁撤後，歸總工程局經管，設警察駐防所。其東首空地爲巡士操練之所，後面房屋僅有住持僧奇緣居住。當議改電燈廠時，奇緣僧情願得價遷讓。嗣有反對之人出阻，不允建造電燈廠，以火燭堪虞等詞，聯控道縣，並上控督院，並有僧人奇量等幫同訴訟。經上海縣查明，電燈有益地方，並無火患。由電燈公司繳還地價，丈見該地二畝五分七釐，估計每畝值銀一千七百兩，應繳地價銀四千二百六十九兩；房屋十一間，估計每間值銀元一百五十元，應繳房價銀元一千六百五十元。於地價内提出銀一千兩，撥充龍門師範學校經費，其餘地價銀及房價銀由公司送繳總工程局，呈送縣署轉發，並由該公司修葺空廢之海音庵，奉移紫霞殿神像，俾住持居住，仍司香火。

稟請蘇松太道瑞，咨送警官學生陳學詩、龐錦、張應良、皇甫杰赴金陵警官學堂學習警務。

閏四月，呈請上海縣汪申送葛尚沖赴蘇，考取法政紳班學生，入法政學堂歸紳班肄習。

五月，劃定自治區域，以十六舖地段爲東區，推放西區、南區，設立分辦處，公舉區長、副區長，駐區辦事。

先奉上海縣汪照會，據二十三七鋪及西門外各紳商來稟，以查西門外地段毗連法租界，關係重要，二十三七鋪區域包舉十二圖，地勢遼闊，宵小視爲逋藪，均應推廣警察，合力保衛焉。此照會希即設法推廣等因。當查警察學堂訓練警生將次畢業，即經議會決議，規定十六鋪地段爲東區，西門外地段爲西區，二十三七鋪地段爲南區，將西、南二區保甲局撤除，一律推放警察，公舉吴馨爲西區區長、周文彬爲副區長，穆湘瑶爲南區區長、單慶銘爲副區長。五月初十日，開辦西區，就該區内社稷壇餘屋修葺應用，並由本地紳董集捐添建平屋三間，爲西區分辦處辦事之所。除區長及辦事員外，設巡長一人，巡目、巡士共六十人。十二日，開辦南區，暫借該區内商船會館之北廳，爲南區分辦處辦事之所。除區長及辦事員外，設巡長一人，巡目、巡士共五十七人。

六月，蘇松太道瑞、上海縣汪照會辦理平糶。

本年楚、鄂等省沿江濱湖，均被水患，大江南北搶米肇事暴動頗烈。上海南、北市存米無多，米價日見昂貴，人心惶惶。迭奉道縣函飭，及早會商籌款購米，速辦平糶，以濟民食。當由總董邀集邑紳，會議平糶辦法。由總工程局會同商務總會，向香港、暹羅等處購米來滬，減價平售。呈奉蘇松太道電稟督撫兩院，准予動支上年所存出口米捐，貼補虧耗，計本邑城廂設立平糶局十處（南市七處、北市三處），於六月二十日開辦，至八月二十日止，共糶米二萬九千三百十二石有奇。各鄉分設平糶局，共二十處，七月初一日開辦，八月二十五日止，共糶米二萬七十九石有奇（平糶收支及動用米捐貼補虧耗數目詳見《公牘》）。

稟請蘇松太道瑞,咨送陳昌鼎赴蘇,入警官學堂學習警務。

七月,正裁判官孫乃洛奉蘇松太道諭,英會審公廨事繁,無庸兼差,爰由議、董兩會公推孫令調鼎暫行代理總工程局裁判事宜,稟道札委。

南區開收地方月捐,照東區捐章辦理。

八月,西區開收地方月捐,照東、南兩區捐章辦理。

九月,公舉穆湘瑶爲警務長。

自置設西、南兩區,推廣警察,迭次招考畢業,統計新舊巡警,共有四百餘人,向祇按區派設巡長一人,尚嫌散漫。爰集議公舉南區區長穆湘瑶兼警務長,東、西、南三區巡警概歸督率。

公推各區贊助員,東區陸元麟、朱大經、沈汝達、胡謨琳、顧履桂、林世傑、朱以仁、童開玉,西區楊鶴吉、陳瑞邦、郁錫朋、魏庭楨,南區陸熙順、葛士洵、姜讓、胡光甫、穆湘玥。隨時分行開會,討論各區應辦事宜。

正裁判官孫乃洛、副裁判官陳仁琅一年任滿,由議會公議,擬均留任一年,稟道加札。其正裁判官事務,仍由孫調鼎代理。

十月,議長姚文枬一年任滿,由議會投票,公舉仍當選續任。

籌貸地方公債銀三萬元。

由總董、議董認數募借,分作六期,於三年內本利還清,以大達公司租銀作抵。

清釐南門外校場公地,由圖書公司繳價承買,以地價銀歸總工程局,抵還道署工程借款。

初聞南門外校場地將由營中變售,歸圖書公司承買收價,以充設立水陸學堂經費。經總工程局議會開議,以此項教場於康熙五十九年以舊倉基重闢,載明縣志,實爲上海公地,非營中所能主張出售,當由總董函請蘇松太道阻止。嗣奉函復,以變售此項操場,出自江南提督徐軍門之意,並抄示江督札文,飭另具公呈,檢示志書,以便核辦。當即查志具呈,陳明該地實爲上海公地,未便由營中作主。如需變售該地,以地價設立水陸小學堂,照原估另行購地。約計地價千元左右,應由總工程局繳洋壹千元。該地無論畝分、價值多少,統由總工程局清釐變售,以歸公用。經瑞道電稟督院照行,並議該地仍由圖書公司承買,計地二十八畝,每畝價銀壹千四百元,收得價銀三萬九千二百元,作爲地方工程要需。因先在道庫內借銀三萬兩,即以前項價洋抵還,以洋合銀,尚不敷銀六百九十八兩。由局補湊足數,並另籌洋一千元,移送提右營,另購場地。

十二月,城內清道、路燈事宜歸城內巡警局辦理。

蘇松太道瑞來函,以城內警務較前起色,惟路燈、清道未能一氣相承,頗多窒礙,商將城內路燈、清道事宜歸城內警局辦理,即經照允,於年底移交。

認包船捐姚慶裕一年期滿，改由朱坤承包接辦。

姚慶裕認包期滿，有顧炳和情願認包，按月繳洋二千二百六十元。未及一月，即有勒捐毆打之事，即行撤退。由船埠頭總管幫朱坤稟准認包，按月繳洋一千九百元。

三十三年歲丁未正月，代理正裁判官孫調鼎代理期滿，由議會決議，稟道札委，蟬聯辦理。

奉蘇松太道瑞函開，孫令乃洛公廨幫審，因案撤差，所有總工程局正裁判一員，應另行公舉等因。當經議會決議，稟道札委代理是職之孫令調鼎蟬聯代辦，俟九月一年屆滿，再行公舉。

呈請上海縣王申送太倉師範生張應飛入蘇省警官學堂學習警務。

二月，置買斜橋派遣所基地，計六分三釐二毫。

濬浦局測量南市沿浦界綫，擬將馬路實地開去横二十餘丈、縱二百餘丈，損礙南市馬路房屋，由總董稟請蘇松太道與濬浦局總營造司奈格磋商。據稱，綫雖如此勾畫，萬無開去實地之辦法，並允立據，送道存案。

三月，領辦平價官米。

江蘇各屬入春以來，米缺價貴，搶米之案層見疊出。奉督撫院飭，設官米平價局，准各州縣領米平售。本邑城廂内外，平價售米事宜，由總工程局領辦。先後分設平價處，城内一處，南市六處，北市四處。自三月起，至九月止，各平價處共領售平米三萬七千一百三十石。

設法政講習所，訂請演講員，分期演講。

由議會決議請人演講，法政開通社會知識，設講習所，城内設二處，城外一處，分期演講，以三個月爲期。

添招巡警學生，另借積穀倉房屋，設警察學堂。

東、西、南三區巡警，共四百餘名，或有因事革除，隨時淘汰，並以區域遼闊，尚須添派站崗。因議續招巡警學生八十名，設學授課。時金陵警官學生陳學詩、皇甫杰、龐錦、張應良已畢業回滬，即訂爲警察學堂教習。

四月，翻建總工程局沿馬路第一進房屋落成。

五月，西區區長吴馨、副區長周文彬，南區區長穆湘瑶、副區長單慶銘，均一年任滿由議會決議，俟届本年十月選舉之期，舉定總董後，再行更舉。

限制城内外煙館，勒照限期一律閉歇。

上年十一月，稟蘇松太道瑞以禁煙一事已奉詔行，惟禁煙先從禁閉煙館入手。悉租界各國領事亦樂贊成，但須俟内地實行禁絶，而後租界煙館亦即禁除。請先行出示，勒令城廂内外大小煙館，自出示日起，限六個月内閉歇改業。並請照會值年領事，將租界煙館一律禁閉。當奉批准出示曉諭，一面照會租界領袖查照辦理。届本年五月十二日限滿，先經總工程局出示勸諭，務於限前歇閉。並奉省示，得將煙館改爲膏店，規定領照挑膏辦法，分佈周知。並籌款設立臨時工藝所五處，以備煙館幫傭報名習藝，免致失業。計東、西、南三區煙館共三百三十六家，城内煙館一百九十六家，均於限前歇閉净盡。

蘇松太道瑞照會，奉兩江總督端札准提督軍門劉咨復，城濠公地應仍歸營管，無庸歸併總工程局辦理。

本年正月間，奉蘇松太道函，以城濠站巡曾於上年議及清道、築路等事，係地方自治政界上應辦之事。城外巡警及路政各事，統由工程局主政，切實整頓，以專責成，希將歸併辦理情形議章復核。經邀議董會議，擬具城濠歸併辦法簡章八條稟復，由道詳奉江督、蘇撫批准。本月復稟道照會，以奉督院札准提督軍門咨，據上海提右營稟復，上海城垣極關重要，弁兵薪糧微末，全恃城根地租以爲津貼，應仍照舊章歸緑營專管，毋庸撥歸工程局，以各專責成等情核准轉行到道，照會到局。

蘇松太道瑞照會，奉江督端、蘇撫陳批准道詳上海縣紳士呈請添闢城門、修築馬路一案，飭即補送圖説，詳請奏咨立案。

邑紳姚文枬等於光緒三十二年正月間聯呈蘇松太道袁，以城垣阻礙、商埠難興，懇援天津成案，詳請具奏准行，拆廢上海城垣，修造馬路，以利交通。經袁道批准，分詳督、撫兩院。三十二年瑞道履任，奉江督周札開，據上海紳董公電案稟，紛請禁阻拆除上海城垣，經分别批復，仰上海瑞道會商紳董從長妥議等因，由道照會總工程局議復核辦。其時，地方輿論主張不一，主拆城之請者，謂撤除障礙以興商務；主不拆之説者，謂保全地方以彌隱患；復有於二者之中作調停之策者，謂宜添闢城門四處，以通馬路入城，並將舊有城門放寬，以便車輛出入。至本年四月，復奉瑞道照會，録奉督、撫兩院批道，詳上海縣紳士曹驤等請添闢城門、築造馬路，係爲地方公益、利便交通起見，應准照行。仰即設法籌款，核實估計，詳候核辦等因。照會總工程局，補取圖説，送道轉詳咨部立案。

六月，警務長穆湘瑶辭職，另舉邵雲保接辦。

穆警務長以有事北行，堅請辭職。由議會決議，請南商會更舉熟悉警務者來局接辦。嗣准薦舉金陵將弁學堂畢業生、浙江仁和縣人邵雲保堪任警務。即經議決，警務事宜以邵雲保接辦。

議撤除施粥廠，改建勤生院。

勤生院爲教養貧民之所，久議建設。經議會決議，將南門外施粥廠改建，並將廠旁同仁輔元堂義塜遷去若干。所需建築之費約四五萬金，除袁前升道捐款外，擬以保安堂所管寶山結一圖地價餘款撥充，再有不敷，以九畝地公地變價充用。稟請蘇松太道備案。

設立選舉局,籌備選舉事宜。

查照定章,辦事總董及議事經董均任期四年,每二年改選其半。現屆改選期近,先設選舉局,預備選舉一切事宜。

七月,議會開特別會,籤留議董十六人,舉留總董二人。

議董、總董每屆二年,應改選其半,由議事會於選舉期前先開特別會,籤留議董十六人,計籤留者嚴應鈞、程鼎、王宗駿、李厚垣、干城、祁祖鍌、劉汝曾、劉桂馨、穆湘瑶、張美翊、袁希濤、沈熙、吴馨、沈功章、施兆祥、黄慶瀾;舉留總董二人,舉留者莫錫綸、郁懷智。其籤退及未留各董歸入選舉册,俟選舉時統選。

八月,蘇松太道瑞照會飭議復西門外紳商稟請,就西南門之間相度地勢開闢馬路。奉文後,由總董邀集同仁輔元堂董事暨本局議董等,議決開築支路。惟築路事關公衆,應請撥官款,如萬不得已,照紳商原稟遷塚變價辦法,復道核詳。

九月,奉文議設諮議局,採集意見,由總工程局邀集各團體,擬訂咨議局章程草案,松道核詳。

六月間,奉道照會,奉文預備立憲,飭邀董集議諮議局章程。經復請瑞道分别照會預備立憲公會、憲政研究會、江蘇教育總會、上海勸學所、商務總會、商會分所、商學公會、地方公益研究會、東南城地方會、西北城地方會及總工程局董、議兩會,共十二團體,各舉代表五人,於八月初八日在總工程局開會。公舉起草員七人,以地方自治研究會爲事務所,公議諮議局章程草案。十四日開會,將草案通過,復道核詳。

城内建造修理房屋讓寬道路核給執照事宜,改歸北市巡警總局辦理。

巡警局總辦汪瑞闓來函,城内巡警已併歸北市總局管轄,所有城内各區業主翻建房屋,應改報北市總局,由局知會總工程局派員會勘應收尺寸,聽候北市總局核發執照。當經函復照允,聲明城外東、西、南三區及周圍城根各地段仍由總工程局核給執照,以清界限。

法國電車公司在西門外馬路接設電車軌道,由總工程局董稟商蘇松太道,竭力堅持,設法阻止。

五月間,據西區區長函報,法國電車公司在西門外方浜橋至斜橋馬路堆積電軌材料,勢將接築電車軌道,即經總董函請蘇松太道瑞迅予阻止。奉到復函,徐匯一帶馬路,早歸法人修築,縱使争執,徒托空言,不如中法合辦,或尚得有半權,飭速籌議。嗣復奉函,以接法總領事巨來函,西門至斜橋鐵軌,限西曆十月初一日動工,兩禮拜告竣等語。當邀各議董開會集議,僉謂此事應由地方紳董竭力與争,決議分别電呈外務部、王大臣暨兩江總督,並函達駐法欽使,設法阻止。而法電車公司仍在預備進行,復請蘇松太道與法總領事商訂合同,將方斜馬路收回自築。磋議未定,法電車公司已於八月二十四日動工興築。事機迫切,本月間,兩次邀董開議,將法人所擬合同詳細酌改,務期爭回路權,仍請蘇松太道力爭。

各區巡警不敷分派,添招巡警學生六十九名,仍借積穀倉房屋開學教練。

十月,選舉議董半數,在明倫堂開票。

本屆改選議董半數,一切選舉事宜悉由選舉局備辦。十月初一日初選舉開票,當選者八十五人。初五日複選舉,當選議董十七人:姚文枬、王震、梅豫振、曹驤、王納善、姚文棟、李厚祐、朱開甲、蘇本炎、沈恩孚、顧履桂、范熙瑞、周文彬、葉逵、蔡正蒙、沈懋昭、林曾賚,並以得票次多數者十人爲候補當選人。

開特別會,公舉總董二人,公決解除舊議董三人、新議董二人,所缺之額,以複選舉得票次多數者推補。

新、舊各董開特別會,投票公舉總董二人,舉得姚文棟爲常川到局總董,王震爲常川駐局總董,而姚董堅辭,願就議董職。爰投票另舉,舉定李厚祐爲常川到局總董。

舊議董内嚴應鈞、劉桂馨、張美翊三人援章自請辭職,新議董内范熙瑞留辦路政,周文彬留任西區副區長,公決均解除議董職,共缺額七人,以複選舉得票次多數之鍾浩志、張在新、黄炎培、郭廷鈞、姚曾榮、陳瑞邦、張煥斗七人推補。

新議會成立,開會公舉議長一人,姚文枬當選續任。

時議會公決,照議會章程,議長但舉一人,如開會時或有事故不及到會,應有代理之人,爰推定沈恩孚爲代理議長。

西區區長吴馨、副區長周文彬,南區區長穆湘瑶、副區長單慶銘任滿,由議會續舉連任。

上海縣李照會,設立拒煙分會,發給本局轄内東、西、南三區膏户執照。

十一月,議會推舉名譽董事七人。

於退職總董、議董内推舉曾鑄、朱佩珍、陸文麓、葉佳棠、顧徵錫、張嘉年、趙增炬七人爲名譽董事,遇有地方重要事件,一體邀集協議。

外馬路老電燈廠所放電燈,歸内地電燈公司推放,由總工程局月貼燈費銀三百五十兩。

十二月,稟請蘇松太道梁,札行會丈局暨上海縣,凡在西門外二十五保内四圖、九圖、十圖、十三圖等處,禁止託名洋商轉換道契。

正裁判官孫調鼎、副裁判官陳仁琅視事期滿,由議會公決續任,稟道加札。

上年五月間,推放南區警察時,本定以舊設二十三七鋪巡防局之小普陀廟舊址設立南區分辦處。嗣以房屋破壞,必須改建,爰暫借商船會館之北廳爲辦公之所。其小普陀舊址基地三畝有零，由總工程局收管，租與業成公司。即由該公司出資，就該地建造南區分辦處房屋，租與總工程局。並由該公司於該地東面及北面建造房屋，出租與人。本年四月間，議定租地年期，以二十五年爲限。業成公司每年認繳地租銀四百八十兩，總工程局每年認繳南區分辦處房租八百四十兩，訂立合同，各執存照。

小普陀原係破廟，向設二十三七鋪巡防局，自撤除後，議行改建南區分辦處房屋。於上年十一月間動工拆卸舊屋時，有僧人永清招集僧徒前來抗阻，由巡警勸導不服，拘解裁判所訊問。後復有僧人永定等以局董仗勢强佔寺産，警長糾衆毁佛，毆打僧人等詞，赴道署控告。並有爲該僧等助力者若干人，聯控道署及督撫衙門，請予嚴禁拆毁該廟，勒令賠修。當奉批飭上海道確查。奉道批，查明小普陀係無人接管之廢寺，改爲巡警辦公，實係化無用爲有用，不得謂之强佔。起畔根由業已訪查明確，行縣提究，並即札縣履勘查明具復，詳奉督院批案，既查無强佔情事，應照前詳辦理。

認包浦江船捐朱坤承辦期滿，稟准續辦，加認月捐。

朱坤認包船捐期滿，稟請續辦。核自承辦以來，尚屬妥善，著加認捐數，續辦一年，按月繳銀一千九百二十元。

三十四年歲戊申，議請江蘇候補知縣孫鼎接任正裁判官。

正裁判官孫調鼎於上年十二月下旬丁憂，卸事回籍，暫請副裁判官兼攝。本月由議會公議，擬請前棉花驗水局委員、江蘇候補知縣孫鼎接辦，稟道札委。

二月，南區區長穆湘瑶北行辭職，更舉顧履桂接辦。

南區區長穆湘瑶由蘇浙鐵路兩公司訂請總理渾江伐木公司事宜，函請辭職。經議會集議，更舉顧履桂爲南區區長，到區接辦。

三月，蘇松太道蔡照會，准濬浦總局函請遷移沿浦木植。經總工程局董與濬浦總營造司商准沿浦堆放木植，須在距江岸一百英尺之内，即知照工程科量準，豎立木樁，以爲標準。

四月，西門外馬路法電車公司電車開行，經總工程局擬就《電車司機人注意辦法》三條，函請蘇松太道照會法總領事，轉飭法電車公司遵照辦理，並擬《預防電車危害章程》五條，飭知西區巡警執守。

初訪悉西門外電車開駛在即，由總董函陳蘇松太道，以方浜橋至斜橋馬路狹窄，人車擁擠，電車開行最易肇事，請轉致法總領事飭知法電車公司，將西門外電車從緩開駛。候總工程局所築之周涇浜、肇嘉浜等處馬路工竣，然後開車，俾車輛、貨物、行人得以繞避他道，免生危害。嗣奉道函，復據法總領事函開，定四禮拜内電車開行祇抵西門外地方，四禮拜後再行開至斜橋等因。電車開行既不允從緩，即由總董與西區區長商訂《電車司機人注意辦法》三條，函送蔡道轉致，並擬《預防電車危害章程》五條，飭西區巡警查照遵行。

函准巡警總局將小東門外迤北至老北門城根一帶巡警、路燈、清道事宜，於四月起歸總工程局辦理。其小東門、新老北門吊橋左右店舖原有之清道、路燈捐統改爲地方捐,由總工程局徵收。

上年九月間,巡警總局收辦城内路政,曾由總工程局聲明,城外東、西、南三區及周圍城根各地段,仍由總工程局核給執照。此係專指造屋給照,爲路政之一端。嗣查自小東門至老北門城根一帶,道路欹仄,垃圾壅積,城河污穢,亟宜整頓。當經商准巡警總局,將該處城根一帶路燈、清道、巡警事宜,於本月起歸總工程局辦理,惟修路、浚河及燈道、巡警各項月費不資,當請將新、老北門左右店鋪之清道、路燈捐改名爲地方捐,歸總工程局收取,以資貼補。

各區巡警不敷分派,函請巡警總局撥派新班畢業生三十人到局,勻派站崗。

五月,城内橋路、河溝等工程,暫由總工程局委託同仁輔元堂經理,隨時會勘察辦。

自上年以來,城内各處修路、通溝等事,或由當地人自行籌款僱工,或由同仁輔元堂照舊經辦。情形既覺紛歧,工程又無從限制,經議會議決,城内工程現在既不一律,不若由總工程局委託同仁輔元堂經理。凡有修路、通溝等事,由當地人報知同仁輔元堂,由堂知照總工程局會勘察辦。

六月,奉文編查東、西、南三區户口完竣。

本年三月間,上海縣李奉文照會,清釐户口,爲實行憲政之預備等因。經於同仁輔元堂設立編查户籍總局,爲城鄉總彙之處,城外東、西、南三區由總工程局辦理等因。並由同仁輔元堂函送表册到局,即於三月初六日開辦。至本月編查完竣,計東區六千七百三十九户,男三萬六百六十一丁,女一萬七百四十二口;西區二千八百三十八户,男一萬一千零二丁,女六千四百十一口;南區六千二百十九户,男二萬一千三百三十一丁,女一萬二千七百八十口。繕造清册,送由同仁輔元堂彙報。

議遷沿浦艒艒船及本地划子各嗊船,由總工程局租借蘇路公司日暉港南空地三十畝,示諭各該船户遷往該地,起岸居住。

七月,建築大達公司碼頭木駁,自大碼頭起,至十六舖橋止,於本月開工。

翻建總工程局第二、第三進房屋,於本月開工。

八月,上海縣李奉文照會,會同勸學所暨同仁輔元堂調查上海縣境地理頒到表式,經即調查,填表呈復。

續借地方公債銀三萬兩。

本年舉辦工程較多,經費支絀。由議會決議,續借地方公債銀三萬兩,常年八釐起息,分三年還清,仍以大達公司租銀作抵。

九月,更舉總工程局領袖總董,李鍾珏當選續任。

領袖總董照章任期三年,期滿更舉,由議會議決選舉之法,以現任總董、現任議董及上年初選舉當選人爲有被選舉權，由議董記名投票。選舉於九月三十日舉行，請蘇松太道監視投票開筒。李鍾珏得票多數當選，由議董稟請蘇松太道照會續任。

西區區長吴馨、副區長周文彬、南區副區長單慶銘又届一年任滿，由議會續舉連任。

上海縣李奉文照會，清查吸食鴉片煙人數。當就總工程局及西、南二區分辦處設立吸煙報名處，分段清查，預備將來給發吸煙牌照，均於本月開辦，以一個月爲期。

填築西區周涇浜路，其北段之東岸爲京江公所後面餘地。照《路政章程》，該公所應將界石移讓。迭商不允，經稟請蘇松太道勘斷。

周涇浜路綫與京江公所界址交涉，迭次函商未允將界石收讓。嗣請蘇松太道蔡派員會勘，由官斷定，南首照公所舊界放出六尺，北首以舊石爲址。復經稟道備案。嗣後，城内外業户造屋及該公所遷塚造屋，仍須照章收進。

西區肇嘉浜一帶於本月起開收船捐。

西區斜橋崗位，由西區分辦處與盧家灣法捕房交涉商明。嗣後，法捕崗位距離斜橋三丈，以便肇周路巡警與斜橋聯貫。

西區築肇周路，圈用法商麥四格來羅租地，由總工程局另購貼連馬路之地一方，與法商調换。

十月，副裁判官陳仁琅續任一年期滿，由議會議留連任，稟請蘇松太道加札。

外馬路沿浦新填泥地，由大達公司承租。

自十六舖橋以南、楊家渡以北沿浦新填泥地，由大達公司承租，訂立合同，每畝租銀一千兩，先收押租銀六千兩。

十二月，認包浦江船捐，朱坤續辦期滿，稟准仍予續辦一年。

本年屢據朱坤稟訴收捐困難，請予減繳認數未准，届期時復求減捐續辦。察其辦事尚妥，而船捐收數確比往年爲少，當經核明酌減，仍予續辦一年，每月繳捐銀一千九百元。

宣統元年歲己酉正月，正裁判官孫鼎任事期滿，由議會更舉前正裁判官孫調鼎接辦，稟道札委。

蘇松太道蔡莅局，議決收回上海内地自來水公司。

上海内地自來水公司由粤商經辦，積虧甚巨，勢將售與洋商。地方紳商以主權攸關爲言，經總工程局總董稟請蘇松太道蔡，主持收歸地方自辦。適兩江總督端聞悉情形，亦札飭蔡道籌議收回。本月間，蔡道莅局，邀集議董及各紳商會議。群以成本太重，必須大加減折。蔡道謂數少不敷償欠，時日迫促，遲恐生變，遂酌斷規銀一百二十五萬兩，由道保借大清銀行、交通銀行、義善源號銀八十萬兩，復撥借商部生息款銀二十萬兩，益之以存借各款，以符定數。收回後，由官經理三個月後，再歸地方自辦。一面照會紳商籌集股分，以冀分期歸還。均詳兩院，奏咨立案。

二月，南區區長顧履桂一年任滿，由議會投票，公舉仍行續任。

蘇松太道蔡函飭修築金神父路迤西德文醫學堂前公路，奉撥工費銀一千兩。

先奉蔡道函詢，准德總領事函請，修理德文醫學堂前石板路一條。該路是否在租界之外，從前歸何處修理等因。當查該路於道光以前，由該地紳民集捐所築，日久未修。距離西區警察路綫約可三里，鞭長莫及。但爲主權起見，應須修築。估計工料需銀一千一百兩有零，請撥款興修。當奉允准，發給工費銀一千兩。

三月，蘇松太道蔡、上海縣田奉文照會，頒布奏定《城鎮鄉地方自治章程》，並發原奏清單票式，飭分致各鎮鄉紳董一體遵辦。

添設巡警肄習所，裁去巡目，名稱改爲一、二、三級巡長。

各區巡警不敷分派，爰添招巡警預備班學生三十名，於南區分辦處設警察肄習所，開課訓練。

四月，蘇松太道蔡照會，會勘添闢各城門地址，定添闢三門。

上海紳商呈請闢門築路一事，已奉蘇松太道詳奉督撫部院奏准，迭次照會，轉致籌辦在案，迄未定有辦法。三十四年五月，奉蔡道照會，以拆城之利所以便交通，不拆城之利所以重防守，何去何從，理無中立，請特開會議詳確討論候核舉辦等因。正在邀議間，即有城垣保存會之設。及會議時，大起衝突，情勢洶洶，而闢門之事亦遂擱不舉行。嗣奉蔡道照會，有不修路則無庸築城，不籌款則不能修路，必俟路款籌定然後闢門等語。並詳奉核准。是以本年二月間，總工程局將西路闢門築路之款籌定，先行填築凝和路迤南，轉西直至城根各段馬路，並丈勘九畝地地畝，規劃路綫經界，爲添闢小西、小北兩門之預備。其北路工費，曾議於九畝地變價歸公款内提出若干，爲闢門築路之用。先經稟道核示。本月奉道照會，飭會同營縣勘定闢門界址，妥速興工。即由總董會同營縣暨城鄉各董偕往勘視，勘定擬闢之小西門，在勸學所西城根，由凝和路直達；擬闢之小北門，在九畝地北城根，大千勝境牌坊直達；擬闢之新東門，在廟園後東城根，由福佑路直達。擬先闢小西、小北兩門，其新東門俟籌款再闢。分别稟呈道縣，請酌定門名。嗣奉道函，擇定小西門用“尚文”二字，小北門用“拱辰”二字，新東門用“福佑”二字，分别動工興辦。

蘇松太道蔡、上海縣田奉文照會，奉上諭籌辦城鎮鄉地方自治。經稟呈道縣，本年更選局董，遵照《城鎮鄉地方自治章程》辦理，並擬將上海總工程局改爲上海城自治公所。

本年總工程局又值改選局董之年，適奉詔頒《地方自治章程》，並奉蘇省自治籌備處規定籌備自治期限，督催進行。經各議董會議，以總工程局之設，已歷四年，本爲地方自治之基礎，現奉頒定自治新章，而蘇省會議廳籌備自治限期，城廂設立自治公所，以五月初一日至六月初一爲限，爲期至促。我總工程局擬自宣統元年五月初一起，即以原有之局作爲上海城自治公所，俟奉發圖記，再行更定名稱。所有本年應辦選舉事宜，即遵詔頒新章辦理。由總董稟呈道縣，並請分別上詳，一體立案。

五月，開辦自治選舉事宜，設城廂内外選舉調查事務所。

查照新章，議事會選舉事宜由董事會辦理，爰先規定自治區域，以便從事調查。城内及城外東、西、南三區在本自治範圍之内，惟城外北區租界爲我行政權所不能達，而選舉區實不可不連租界在内，爰議將閘北地方統合爲城廂區域，以包含租界在内。又，江境廟區與城外西、南兩區接壤，而斜橋以西之路權亦有不我屬者，亦宜將該區合作城廂區，以期聯絡。擇借城内同仁輔元堂，設城廂内外選舉調查事務所，於五月初一日開辦，舉定主任員、分任員。城内分舖，城外分區，各就地段分别調查。

寧紹商輪公司租定大達公司北首第一碼頭，停泊輪船，函請認繳月捐，通行租界北來車輛。

翻建總工程局第四進房屋。

六月，貸借蘇路公司銀一萬四千兩。

開築陸家浜南至蘇路車站一段之馬路，俾西門外路可以直接車站。商允蘇路公司借銀一萬四千兩，以應工需，議明不計息，分七年歸還。

七月，上海縣田照會，奉蘇屬自治籌辦處札飭選送自治研究所聽講學員。經選定正班學員周文熾、楊洪釗，附班學員吴寶地、潘鎬，報縣備文申送。

法人在新閘區善鐘路界外建築捕房，有礙主權，函請蘇松太道照會法總領事，飭令停工。

八月，議將各區巡警人員統歸總董督率，警務長一缺暫行裁撤。

九月，上海縣田奉文照會，清查户口頒到表册式，飭依限調查填報。城外東、西、南三區由巡警部擔任，分行調查。

法自來水公司在内地機廠街等處借埋水管，請蘇松太道商阻未允，訂期會勘。經總工程局擬定辦法條文，與法領事署、法公董局訂立合同。

法自來水公司因所有出水總管取水不敷，擬自南市白藻泰路即機廠街起，迤西至斜橋，由徐家匯路添設水管，直至法電燈公司。請由法總領事函致蘇松太道，援光緒二十七年成案，函商總工程局，允予添設總水管，以足取水。當經總董函復蘇松太道，請檢發舊卷，邀集議董檢查會議，僉以舊案係前任道台特别通融，未便援例，即函請蔡道駁復。嗣奉復函，法總領事仍商請轉圜變通辦理，以昭敦睦，並願與局董面商會勘。爰於本月十七日會同勘視，復由法水公司副總理來局面商，當場擬定辦法五條，立中法文合同四分，由蘇松太道、法總領事蓋用印信，一存法領事署，一存法公董局，一存蘇松太道署，一存總工程局。

十月,城自治選舉名册造竣,定期宣示大衆。如本人以爲錯誤遺漏,得照章聲請更正補遺。

十一月,宣示選舉人名册,更正限滿,公佈投票區、開票區,並投票、開票日期。

選舉人名册更正補遺限滿,截數計合格者三千六百四十四人,以捐税數核分甲、乙兩級,甲級三百三十四人,乙級三千三百十人,定十二月初六日乙級投票,初七日開票,初九日甲級投票,初十日開票。設投票區三所:一在東區總工程局,爲第一區投票所;一在城内同仁輔元堂,爲第二區投票所;一在西區官契局,爲第三區投票所。其開票所在總工程局,經呈請上海縣出示並印選舉傳單、投票方法一同公佈。

呈報調查城廂户口總數。

先奉上海縣田照會,以奉蘇屬自治籌辦處札行詳准分年籌備自治一案。第一年調查城廂户口總數,飭依限查填復縣轉報等因。當照表格所列名目,分别查填,計城廂區户口正户、附户總數共四萬八百五十四户,男女口總數共二十萬四千三百八十八口,内學童總數五千七百七十六,壯丁總數七萬五千八百六十五,填表復縣。

十二月,呈報配定議員名額,辦理投票事宜。

查照《自治選舉章程》,應以現有人口數若干核配議員額數。除城廂正户、附户、男女口數業已查明外,再查租界,計公共租界四十五萬二千七百十六口,法租界八萬四千七百九十二口,共核城廂人口數實得七十四萬一千八百九十六口。照章,城自治議員應以六十名爲定額。經呈請上海縣轉報蘇屬自治籌辦處核准。

甲、乙兩級選舉人如期投票,先後開匭,甲級、乙級各當選三十人,分别榜示。内除當選無效者三人、謝絶告退者八人外,共計當選議員四十九人。乙級:蘇本炎、李鍾珏、莫錫綸、陸文麓、徐志淦、郁懷智、錢允利、王震、林曾賚、宋國棟、奚慶良、吴馨、穆湘瑶、錢福田、蔡正蒙、顧鴻逵、沈洪文、楊辰、王納善、潘如樑、沈懋昭、郭廷鈐、金祖圻、姚文棟;甲級:顧履桂、周文熾、沈照、干城、李浩、沈功章、張嘉年、沈恩孚、瞿慶善、王沛麟、李厚垣、吴炳熊、楊嘉穀、林世傑、姚曾綬、姚洪淦、孔昭立、周文彬、葉增銘、李厚祐、臧清揚、吴寶地、葉佳棠、陳瑞邦、張焕斗。由董事會開具姓名、年籍、票數,呈縣請發執照。

南區副區長單慶銘病故,公決暫請王師曾代理。

承包浦江船捐,朱坤一年期滿,易連錦堂承包,每月認繳捐銀一千九百六十元。

朱坤承包船捐期滿,各商船户具稟認包,核得連錦堂認繳捐數較多,即經批准,於二年正月初一日接辦承包。

九畝地公地變價歸公,由興市公司承買。

老北門内九畝地公地一區約計五十餘畝(尚待清釐勘丈),曾由前上海縣李稟奉前蘇松太道蔡詳准變價歸公，將該地價銀分作勤生院、改良監獄、學務經費，及九畝地地方闢門築路工費之用。興市公司情願將該公地繳價承買，即經議定，每畝地價銀二千五百五十元，交到定銀一萬元，由總工程局暫收。

乙編　上海城自治公所大事記

宣統二年歲庚戌正月，城自治公所議事會成立，開會互選議長、副議長，並公舉董事會總董、董事、名譽董事。

城自治公所係沿總工程局之舊。元年三月，前局董奉蘇松太道暨上海縣照會，奉詔頒自治新章，籌辦城鎮鄉地方自治。經即呈明道縣，將上海總工程局改爲上海城自治公所，俟奉發圖記，再行更定名稱，本屆更選局董，即照新章辦理。並遵蘇屬自治籌辦處籌備日期表依限提前進行，分請詳准立案。應辦城自治選舉一切事宜，於元年冬季次第辦竣。當選議員名數呈奉詳准，以六十名爲定額。開票後，除無效及謝絶告退者十一名外，計四十九名（當選議員各姓名已載前編）。

正月初六日，議事會成立開會，按照選舉細則，由各議員投票，互選議長、副議長，舉定議長沈恩孚、副議長吴馨，由前總董備文呈報。

十一日，議事會開會，按照選舉細則，選舉總董、董事、名譽董事。選總董正、陪各一名，李鍾玨當選爲正，莫錫綸當選爲陪；次選董事三名，除擬定總董正、陪二名，内有一名即爲當選之董事外，應選二名，當選者王震、顧履桂；繼選名譽董事十二名，當選者朱開甲、梅豫棖、祁祖鎏、姚曾榮、施兆祥、葉逵、顧徵錫、朱大經、毛經疇、王寶崙、蘇本炎、朱得傳。由議長呈報上海縣，請將擬定總董正、陪二名，申請督撫院遴選一名，加札任用，其董事、名譽董事請分别發給執照。

二十五日，議事會開臨時會，公決議事規則及旁聽規則，呈請上海縣核明備案。

蘇松太道蔡照會，准法總領事函開，法電燈公司擬於肇周路一帶設粗電綫，飭即議復核轉。經列入議案，交春季議會決議。

二月，上海縣田照會，奉文飭設巡警教練所，煩協力贊助等因。當查此項教練所，係爲推廣鎮鄉巡警之用。鎮鄉與城廂區域劃分，各謀自治，不相統屬，應由縣申請，巡警總局於巡警學堂内加設百名，以備推廣鎮鄉之用，即經呈復。

上海縣田照會，奉蘇松太道蔡札准江南提督照會，據上海城根房屋業主何琛等稟，設城根保産公會，轉請飭阻紳商股設公司，飭妥籌詳復。再，該處城河淤墊，法領藉口污穢，有礙租界衛生，亟應設法早濬，即一併議復等因。經列入議案，交春季議會決議。

議事會春季常會開議，議決呈報案二十六件。

本屆春季常會於本月十五日開會，至二十三日議畢閉會，計董事會交議案十八件，内奉縣照會交議者二件，奉道照會交議者二件，各議員提議案六十五件。除議事會否決及議歸董事會實行事件外,計議決案二十六件,由議長、副議長呈報上海縣查核後,移交董事會執行,並呈蘇松太道備案。

三月,上海縣田照會,頒發上海城議事會圖記,於本月十二日開用呈報。

執行議事會春季議決整理城根公地案。照案稟呈蘇松太道、上海縣,請即上詳。

奉道批,已札縣議復詳核。

執行議事會春季議決法人擬於肇周路設粗電綫案。照案稟請蘇松太道,駁復。

奉批,已據情函復法總領事查照飭知。

執行議事會春季議決學務事宜案。照案知會勸學所,會同籌辦,所有應辦各學堂列入宣統三年學務預算。

執行議事會春季議決處置艒艒船案。照案稟呈蘇松太道、上海縣,請設法驅逐。

奉縣文,已出示限遷。

執行議事會春季議決城内清道、路燈及造屋給照案。照案稟呈蘇松太道、上海縣,請移會巡警局,照章交城自治公所接辦。

奉道批,已移請議復。

執行議事會春季議決裁判位置案。照案稟請蘇松太道核准,並發上海南市裁判官圖記。

前總工程局裁判所原設正、副裁判官各一員,往來公文間用總工程局圖記。現總工程局改爲自治公所,司法一部,未便附設所中。惟審判廳未成立以前,勢難遽行裁撤。爰經議會決議呈道,請另發南市裁判官圖記,以清權限。其日行事宜,仍暫照總工程局向章辦理。

現任正裁判官孫調鼎奉蘇松太道札委公共公廨幫審差事。南市訴訟事繁,僅副裁判陳仁琅一人,案牘旁午,事難獨任。爰由董事會公議,將來審判聽成立,南市裁判所即應裁撤。目前不另舉正裁判官,請以裁判所書記、江蘇試用從九、蘇省法政學堂最優等畢業生湯應嵩暫爲幫審員。

執行議事會春季議決新闢道路請免房捐案。照案稟呈蘇松太道、上海縣,請移詳飭遵。

奉縣文,已詳奉道批,移會巡警總局查照辦理。

執行議事會春季議決城門關閉應歸一律案。照案稟呈蘇松太道、上海縣,請移營飭遵。

執行議事會春季議決道路橋樑禁止停棺案。照案呈准上海縣出示禁止。

執行議事會春季議決阻止居民沿街焚燒死者衣服及草庫、草髭等物案。照案呈准上海縣出示禁止。

執行議事會春季議決請接收地丁漕糧帶徵錢文案。照案呈請上海縣配數撥收。

執行議事會春季議決維持和安學堂案。

此案議歸董事會實行事件。經分别函致商務分會、廟園各業領袖暨勸學所設法維持。

執行議事會春季議決崇儉禁賭案。

此兩案議歸董事會實行事件。經將原案録送勸學所,請編入宣講書。

蘇松太道蔡札委上海縣田會同總工程局總董李,辦理蘇松太三屬官米平價事宜,就本公所借設官米平價局。

上海縣田照會,奉蘇屬自治籌辦處札行,籌設自治研究所。經列入議案,交夏季議會決議。

上海縣田照會,縣設調查統計處,奉調查總局札准予指撥公費,惟應以何項公費指撥,希即會商具復。經列入議案,交夏季議會決議。

四月,上海縣田照會,頒發城董事會圖記,於本年二十日開用呈報。

執行議事會春季議決請撥南市碼頭捐案。照案稟請蘇松太道,移會税司查照劃撥。

奉批,此項捐款,税務司係照原訂成約與租界工部局匀分。如欲全數留作南市地方之用,恐與原派租界碼頭捐有礙。倘議事會祇請撥用本關應得半捐,本道自可照准。惟本道衙門外銷一項,向有藥王廟施醫及棲流所放粥兩端,本屬城鎮鄉自治範圍以内,既議提撥南市捐款,自應將施醫、放粥亦劃歸自治公所籌款擔任,以符定章,希即議復等因。經復列議案,交夏季議會決議。

執行議事會春季議決大達公司租價案。照案函致大達公司,請照原訂合同付租,未允。

執行議事會春季議決撈挖城内肇嘉浜案。照案稟請蘇松太道撥款,未復。

蘇松太道蔡照會,議復奉督院札飭查議上海中等農業學堂請款維持案,經列入議案,交夏季議會決議。

蘇松太道蔡照會,議復各圖地保舞弊,圖董從而庇縱,應責成原保圖董嚴定懲罰保人辦法,以資整頓。經列入議案,交夏季議會決議。

蘇松太道蔡、上海縣田照會,准蘇屬自治籌辦處來文,將上年指定各城鎮鄉議事會董事辦理成績,隨時咨報,轉行查照。奉文後,即照案辦理,按月開報。

上海縣田照會,奉蘇松太道札知,設立官米平價局,准蘇松太三屬廳州縣備價領米平售,惟本城區各平價處一切支銷公費從何籌撥,應即議復。經列議案,交夏季議會決議。

籌設城廂平價售米處,南區在商船會館,西區在小菜場相近,城内在老北門穿心街先後開辦。

派警駐防裏日暉橋及徽寧會館。

巡警總局來函以准蘇松太道函開，因淞滬巡防第四營奉調赴寧，所遺防地，請撥警填駐防。營本部及裏日暉橋、徽寧會館三處，除防營本部由巡防第三營填紮外，計裏日暉橋由東區派駐十名，徽寧會館由西區派駐六名。

擴張小東門城門開工，稟呈蘇松太道、上海縣備案。

群學會請管白糧倉基餘地。

群學會來函以校舍後白糧倉基餘地種種污點，查照本公所議事會決議，凡本城公地應歸自治會經理管業，如該地公所中一時尚無用法，群學會願擔任照管。並聲明該公地爲他姓佔去一方，此非敝會所能干涉等語。即經復准，該公地現既空閒，允予暫管。

蒲肇河開浚。工竣，自斜橋南堍迤西，沿肇嘉浜闢築泥路一條，暫通至日暉港與徐家匯馬路，作並行綫，以便行人。

五月，上海縣田奉文照會，仿照寶應縣辦法，籌設保牛、保船公會。經列入議案，交夏季議事會決議。

議事會夏季常會開議，議決呈報案是三件。

本屆夏季常會於本月十一日開會，至二十日議畢閉會。計董事會交議案十三件，内奉縣照會交議者三件，奉道照會及批復交議者三件，議員建議案四十二件。除議事會否決及議歸董事會實行事件外，計議決案十三件，由議長、副議長呈報上海縣查核後，移交董事會執行，並呈蘇松太道備案。

執行議事會夏季議決籌設自治研究所案。照案呈復上海縣。

執行議事會夏季議決籌撥統計調查處公費案。照案函請調查事務所議復。

執行議事會夏季議決整頓圖董庇縱地保案。照案稟復蘇松太道。

執行議事會夏季議決籌議中等農業學堂經費案。照案稟復蘇松太道，並抄原文，函請勸學所議復。

執行議事會夏季議決蘇松太道准撥南市碼頭捐委辦藥王廟施醫、棲流所放粥案。照案稟復蘇松太道。

奉批，查施醫、放粥向係由道墊款辦理，現在辦公經費較前竭蹶，無可籌墊。自治公所既請將南市碼頭捐撥，充地方經費。所有施醫、放粥兩項由來已久，既難中止，又在自治應辦之列，是以擬歸自治公所籌款擔任。今請將原支款項發交經理，與交議之意不符。既據查明南市捐數無多，不敷甚巨。此件議案，應從緩再決辦法。

執行議事會夏季議決指撥城廂平價處虧耗費案。照案呈請上海縣備案。

執行議事會夏季議決議設保牛、保船公會案。照案呈復上海縣。

執行議事會夏季議決請示禁兒童吸捲煙案。照案呈請上海縣出示禁止並移請警局查照。

執行議事會夏季議決城門關閉未歸一律請催照辦案。

此案議歸董事會實行事件。照案稟呈蘇松太道、上海縣請行催照辦。嗣奉道照會，准提右營移復，已諭飭新北、小東兩門，限定每夜十二時關閉，其大東、老北、西、大南、小南五門以十時扃閉。

執行議事會夏季議決整頓風俗案。

此案所議，係請示禁三巡會男婦扮作罪犯等項，歸入董事會實行事件。照案呈請上海縣出示禁止。

執行議事會夏季議決禁售賭具案。

此案議歸董事會實行事件。照案函致商務分會，請分别勸導。

執行議事會夏季議決勸除婚喪奢侈習尚案。

此案議歸董事會實行事件。照案分函勸學所、教育會設法勸導。

稟請蘇松太道蔡飭定實行憑照購煙辦法，並請照會租界領袖領事及英法領事仿照辦理。

公舉梅豫樅爲西區區董，穆湘瑶爲南區區董。

城外西、南兩區，前總工程局向設區長、副區長，駐區辦事。本公所接辦後，查照《城鎮鄉自治章程》，分區各設區董，並由議事會訂定分區辦事規約，呈請核定。即遵章辦理，取消向來區長名目，每區各舉區董一人，先於四月間開董事會，公舉梅豫樅爲西區區董、穆湘瑶爲南區區董。於夏季議會開會時，報請公認。兩區區董均於本月接辦。

議以穆湘瑶兼任警務長，統轄東、西、南三區巡警。

前總工程局向設警務長，嗣復公決暫裁。本公所接辦後，按照《城鎮鄉自治章程》第五條第八款事宜，並以巡警一項保衛地方至爲重要，自應繼續辦理。爰經議事會議決，由董事會遴選專員，沿用舊時警務長名目，統轄各區巡警事宜。警務長不限以選民，任用時，須經議事會公認等語。即經董事會開會公決，推選南區區董穆湘瑶兼任警務長。報告議事會公認，於本月接辦。

六月，推舉城自治西區、南區贊助員。

查照分區辦事規約，每區得設贊助員六人以上、十八人以下，以本城區域選民由本區區董得董事會之同意推舉任之，任期一年。經知會各區區董照章推舉，西區具報推舉十人：郁錫朋、魏庭楨、潘鴻傑、陳瑞邦、龔傑、曾澤霖、沈慶鴻、張桂華、尤敬陶、俞慶恩；南區具報推舉八人：姜瀼、葛士洵、胡光甫、陸熙順、張躍、王維耀、張毅、朱開元。

當由董事會宣佈公認。

上海縣田奉文照會,江蘇通志局編纂《江蘇通志》,通飭府廳州縣採訪事實,依限申送。經列議案,交秋季議會決議。

春季議會決議送子庵僧售地一案。前經董事會照案呈請上海縣,飭逐庵僧。因該地有毛姓佔造房屋於上,復呈請押遷拆屋還地。

春季議會議決新闢道路請免房捐一案。業經董事會執行,現核定肇周路、王家厰路、安瀾路、車站路、斜徐路、林蔭路等處,均應免捐,稟請蘇松太道移會巡警總局,飭房捐委員遵辦。

執行夏季議會議決招設清潔所辦法案。

此案歸入董事會實行事件,於本月間出示,招人承辦。具稟願充者十餘人,核得商人沈昌記所陳辦法較有條理,批准承充。稟呈蘇松太道、上海縣備案,預備開辦。嗣以舊糞户控縣羈阻,未克進行。

城自治中區事務所成立。

查照春季議會議決境内分區案。城内設中區,由總董董事直轄。經董事會規劃,先設中區事務所,暫時借設同仁輔元堂。其中區衛生事宜,暫請醫學研究所總理顧鴻逵擔任辦理。

典商公稟限制添開小押店。經稟呈蘇松太道、上海縣,奉批照准。

查禁自治界内西園、新園夜間影戲攤簧。

七月,籌設單級小學。

借新閘同善粥廠略加修繕,設北區小學堂,本月開學。

蘇松太道蔡照會,奉江督札准,江南提督咨開道詳及唐錫瑞等節略,請將城濠基地仍歸營管,並檄飭自治公所將議案撤銷,轉飭議復。經列入議案,交秋季議會決議。

八月,上海縣田奉文照會,填報自治經費表,遵文填寫,呈縣轉報。

上海縣田奉文照會,呈報地方自治事宜,遵照來文,按月呈縣轉報。

上海縣田奉文照會,查填巡警分類事項月表,即知照警務處,按月查填,由董事會呈縣轉報。

上海縣田奉文照會,仿照浙省辦法,設立禁煙分公所,選舉紳董相助爲理。

籌辦禁煙分公所事宜,奉縣文後,經擬舉周文彬爲正董事,姚元焌爲副董事,借官契局設禁煙分公所,請縣核給正、副董事照會。嗣姚元焌有事赴鄂,薦舉郭廷銓爲副董事,呈縣核准。

設水上巡警。

南市浦江時有偷竊、勒索、行兇之事,裁判所案牘繁多,且編查船户爲當今亟務,而救護行船、拯救失足落水、投浦自盡等類，均關緊要，非有水上巡警不能爲力。爰會商警務長，擬定辦法簡章，置汽油小輪一艘、六槳大舢板一艘、麻雀舢板二艘，遴派熟諳行船之巡警，設二級巡長一名、三級巡長四名、巡士八名。於本月開放，北自十六舖橋起，南至龍華嘴止。按日分段巡行，以密稽查。並擬水巡上差職務四十九條，稟呈蘇松太道、上海縣備案。

議事會秋季常會開議，議決呈報案十二件。

本届秋季常會於本月初二日開議，至初十日議畢閉會，計董事會交議案十件，内奉道縣照會交議者一件，議員建議案五十七件，除議事會否決及議歸董事會實行事件外，計議決案十二件，由議長、副議長呈報上海縣查核後，移交董事會執行，並呈蘇松太道備案。

執行議事會秋季議決道縣録示整理城根公地案，詳批札文等件照會議復案。照案稟呈蘇松太道、上海縣上詳。

執行議事會秋季議決限制殯房案。照案呈准上海縣出示曉諭。

執行議事會秋季議決開濬城濠以洩穢水案。照案稟呈蘇松太道上詳。

執行議事會秋季議決墓地應有限制案。照案稟呈蘇松太道、上海縣請出示曉諭。

執行議事會秋季議決實行關於自治事宜之新法令案。

此案原議案所開新法令之關於自治事宜者，一爲畫一度量權衡、圖説總表及推行章程；一爲禁煙條例；一爲國幣則例：均應以自治爲官治之輔助。經董事會查照議決案，函致商務分會，請查照《度量權衡推行章程》，議定辦法，並稟呈蘇松太道、上海縣另開禁煙條例，請出示曉諭。

執行議事會秋季議決改良行車辦法案。照案知會路政處先行規畫停車場。

執行議事會秋季議決勸戒婦女觀劇閒遊案。

此案議歸董事會實行事件，經將原議抄送勸學所，請編入宣講書。

執行議事會秋季議決禁售賭具嚴速進行案。

此案歸入董事會實行事件。照案函致城内警局，請嚴行查禁。旋准函復，已出示禁售，飭巡警隨時查究。

執行議事會秋季議決禁絶巫師案。

此案歸入董事會實行事件。照案呈請上海縣並移警局，請一體查禁。准警局函復，已出示申禁，並飭巡警隨時拘懲。

執行秋季議會議決案禁止城内馳馬案。

此案歸入董事會實行事件。照案函請警局查禁，准復除示禁外，並飭崗巡照章禁止。

執行議事會秋季議決禁止隨路溲溺案。

此案歸入董事會實行事件。照案函請警局查禁,准復除示禁外,並飭崗巡隨時拘罰。

執行議事會秋季議決編纂《江蘇通志》採訪事實案。此案歸入董事會實行事件。照案函請勸學所趕辦。

執行議事會秋季議決嚴禁售賣彩票案。

此案歸入董事會實行事件。照案出示禁止,並知照警務所飭知巡警隨時查察。

執行議事會秋季議決移營拆除老北門月城内竹棚案。

此案歸入董事會實行事件。照案函請提右營飭令拆除。

執行議事會秋季議決調查户口死亡疾病案。

此案歸入董事會實行事件。照案知照警務處,並移城内警局一體查照准復,已分行各區查照辦理。

執行議事會秋季議決籌劃圖書館基地及建築費案。

此案歸入董事會實行事件。照案函請上海教育會詳擬章程,預算經費。

春季議會議決募集公債一案,經勸告,紳商認數貸借,共募集得公債銀三萬八千一百八十九元。

九月,接收城内清道、路燈。

稟呈蘇松太道、上海縣移行警局,請將城内清道、路燈及造屋給照事宜,照章歸城自治公所接收辦理。嗣奉照復,准歸清道、路燈,其造屋給照仍由警局經辦。本月初一日,准一路一區警局將城内燈道事宜,移歸本公所接辦,由路燈清道處暫行兼管。

委託名譽董事毛經疇主任中區事務。

城内設中區,前經議決,由總董董事直轄。先於六月間設立中區事務所,城内清道、路燈移歸後,經董事會決議,由總董董事委託名譽董事毛經疇擔任中區事宜,隨時商告辦理。借救火聯合會餘屋,設中區辦事處。其清道、路燈定十月初接辦,將醫學研究所暫管之衛生事項先行移交。

上海縣田奉文照會調查租界户口。

本公所規定城廂區域原係包舉租界地段在内,惟事權不屬。本年三月間,工部局出有示諭。拒絶華人調查之意甚深。此次奉到縣文後,即經呈復,並抄工部局示文,請上詳轉咨外務部,與英、法公使交涉,請分飭上海英、法總領事,轉飭工部局弗得阻止調查。

添闢新東門開工，稟呈蘇松太道、上海縣出示曉諭。

新東門即福佑門，係在原稟詳請奏准添闢各門之内。城内馬路早經總工程局築就。本月據紳商蔡正蒙等函報，闢門經費工料銀三千五百餘兩，向福佑路一帶店鋪居户及各房主勸募。先由各公所各紳商籌墊，歸果育堂收支。即於本月動工，由本公所稟呈道縣出示曉諭。

西區分辦處報告，在本區七圖地方，劃分七路，編釘門牌。

二十七保七圖内須塘涇被德商填塞，稟呈蘇松太道、上海縣行文交涉。

迭據二十七保七圖董錢福田等報告，德商倍高將毗連德册三百六十五號契地之須塘涇填塞，矇請升科等情。經一再函請蘇松太道照請德領，飭知該商將該浜開復原式。本月間奉上海縣照會，詢問該浜能否由該商築直填平，抑仍須開還原式，飭即議復。復經函據七圖紳董議復，此河不在租界之内，又在道契之外，務即開復原式等語。即據情呈復，請轉詳駁阻。

查勘法公董局修理北門外城河駁岸，阻止佔出。

法公董局派人在新北門外迤西一帶修理駁岸，先經函請蘇松太道照會法領，飭知法公董局勿得佔出。嗣查修駁處十餘丈地段，佔出四尺有餘。復即函道，請即照轉飭令收讓。

清查九畝地公地。

九畝地公地前經議決變售，以充公用，所得地價，以五份分派。該公地已由興市公司承買，亟須清理丈准。兹奉上海縣田照會邑紳吴馨，詳細清釐，當借大境關廟爲事務所，於本月開辦。添舉姚元焌、瞿慶同協同辦理，並定清釐辦法八條，報由本公所呈縣鑒定。

執行秋季議會議決法電燈公司商設粗電綫案。照案稟復蘇松太道，並繪送綫圖，請予核轉。

寧紹商輪公司商請在浦灘棧房後通行車輛加繳月捐。

寧紹商輪公司迭次函商，在棧房後通行客貨車輛，經董事會決議，原定外馬路通車地段至寧紹棧房止，按月繳銀三十元。如至鴻生碼頭大鴻路爲界，每月加繳銀六十元。函復後，復商請酌減，議定每月加繳銀三十元，共月繳捐銀六十元。

十月，米價低平，撤除城内外平價售米處三所。

查報城區域户口。

前奉上海縣田奉文照會，調查户口，經就各分區按段派員調查辦理。本月奉縣函催，從速查報。嗣據各區先後查竣報告，統核城區域正户、附户及男丁女口各總數。除租界尚在調查外，計正户二萬八千七十二户，附户一萬一千八百户，共三萬九千八百七十二户；男十三萬六千七百十四口，女七萬七千八百六十二口，統共二十一萬四千五百七十六口。

上海縣田照會,奉蘇屬自治籌辦處札奉蘇撫札開,披閱各屬自治選舉文牘,其僅足額三分之一者比比而是,並訪聞有當選者相率謝絶,而犯消極資格之人亦在濫竽充數者。若不早爲籌防,則自治前途之危險極爲可怖。嗣後,凡當選人無《城鎮鄉自治章程》第二十一條之理由而謝絶者,亟應設法挽留。其有以消極資格充數者,亦應稽查取消。札縣轉飭一體遵照。

勸學所函送城區學董會議決案。

勸學所來函,附送本月初五日城區域學董開會議決案三件:一、動用穀息存款,趕辦簡易識字學塾;一、動用江境廟穀息存款,購小學基地,並議於肇嘉浜左右購地數畝;一、城自治區域官契,歸城自治公所辦理。其總局房屋截清款項,歸自治公所設立小學。以上三條,請城自治公所會同勸學所辦理。

承辦免裝垃圾船照費事宜,併歸認包船捐人統辦。

承辦垃圾船及免裝垃圾照費人張幼山辦期屆滿,投票承充者十五人,由董事會公決,以十五人中之連錦堂本辦船捐人尚穩妥,所有承辦垃圾船及免裝垃圾照費,於十一月起併歸承辦,以節經費,稟呈道縣備案。

蘇松太道劉函開,准法總領事來函,法電燈公司商設粗電綫事。公司另繪圖樣,須照圖另覓路綫,以便安設粗電綫之用。飭轉行核議復奪,經再列議案,交冬季議會決議。

上海縣田奉文照會,催設農務分會。經列入議案,交冬季議會決議。

上海縣田照會,推廣簡易識字學塾。經列入宣統三年學務預算,交冬季議會決議。

十一月,推舉中區贊助員。

中區辦事處設立,一切區務次第規劃進行。查照分區辦事規約,應即推舉贊助員。當由董事會邀同中區主任開會,公推中區贊助員十八人:林祖溍、鍾浩志、姚文枬、趙鴻藻、沈希椿、葛尚沖、王紀昌、李鴻遇、王永堃、鍾景泰、葉承壎、顧學謙、嚴國磐、諸翔、許模、范鏞、楊德棟、艾恒鎮。

添舉西區贊助員二人:吴維卿、陳聯章。

上海縣田奉文照會,遵章改選議員半數。

《城鎮鄉自治章程》:議員任期二年,每年改選半數,於應屆任滿三個月前舉行。本公所於本年正月成立,已將届改選議員半數之期,所有改選事宜,已由董事會照章預備。即經呈復。

上海縣田奉文照會,請開國會。業經降旨,准如所請,縮改於宣統五年開設議院。期限至迫,其地方應行籌備事宜,應即查照欽遵,提前趕辦。

上海縣田照會,奉蘇撫院札飭轉行選定上海城董事會總董李鍾珏,諭知遵照任事。

上海縣田奉文照會,議復境内有無淤塞應浚河道。

此係全縣之事，奉文後，經函請縣自治籌備公所，邀請各鄉董議復，未准復到。嗣訪悉各鄉幹支各河目前尚不至淤塞，惟穿城之肇嘉浜及方浜、薛家浜、陸家浜，均須浚治。護城河之北半面毗連租界，污穢尤甚，外人時有違言，宜趕行疏浚。即經呈復，並懇詳請撥款以濟工需。

議事會冬季常會開議。

本届冬季常會於本月十一日開議，至二十日第二次會討論後，以董事會交議城自治宣統三年預算案至爲繁重，應詳細審查，公推審查員，於二十二日起逐日開會，分股審查。俟審查會完畢，再開第三次會。

十二月，議事會冬季常會議竣議決案十四件。

本届第二次會因審查預算、釐訂款目，費時過多。迨至竣事，照章已届限滿，爰定本月初十日開臨時會，即補行前會期之内第三次會，於十一日議畢閉會。計董事會交議案二十一件，議員建議案三十一件。除議事會否決及議歸董事會實行事件外，計議決案十四件，由議長、副議長呈報上海縣查核後，移交董事會執行，並呈蘇松太道備案。

集議中區收捐之進行方法。

查照議事會春季議決案，城内捐務應比照城外，一律辦理。並以城自治中區成立以來，規劃區務，在在需費，亟應整頓捐務，以便抵支。經總董董事會同中區主任，邀集各贊助員開會討論公決，請各段董、各業户分别勸告出捐。惟城内與城外情形略有不同，衹能逐漸進行，並由董事會呈請上海縣出示曉諭。

認包南市浦江船捐連錦堂一年期滿，稟請續辦，按月預繳捐銀一千九百六十元。

籤留董事會名譽董事半數。

名譽董事照章任期二年，每年改選半數。現將届改選之期，由議事會先行籤留半數，計籤留者六人：蘇本炎、顧徵錫、王寶崙、梅豫棖、朱開甲、葉逵。

執行議事會冬季議決徵收廣告税章程案。照案呈請上海縣出示曉諭，並詳請蘇松太道照會各國領事查照。

執行議事會冬季議決城門關閉時刻、未歸一律再請核議案。照案稟呈蘇松太道、上海縣詳請督撫院飭比照省城辦法，一律改歸巡警管理。

奉道批寧蘇省城各門是否一律統歸巡警管理，如上海詳請援照辦理。目下巡士是否足數分撥，候分移查復核辦。

執行議事會冬季議決奉文催設農務分會案。業經董事會組織，借求新廠之會所，定宣統三年正月開會，公舉總理及董事。

冬季議事會議決設學務辦事員案。並公推楊保恒爲學務辦事員，經董事會公認，呈請上海縣核給照會。

執行議事會冬季議決城門外沿濠宜設停車場案。照案稟呈蘇松太道、上海縣，請移營會勘。

奉道批，候移行營縣勘復。

上海縣田奉文照會，憲政提前趕辦四大綱：一、自治，二、審判廳，三、教育，四、巡警。又有應行注意之一事，曰實業。轉飭查照，一體提前趕辦。

勸學所移復籌設中等農業學堂經費一案，議決將九畝地地價勸學所應得五分之一之半數内三分之一充作中等農業學堂開辦試驗場之用。

九畝地地價以五份分派，學務費一份。勸學所應得該地價内學務費一份之半數，現經議決函報，該費分作三份：以一份充中等農業學堂開辦試驗場之用；以一份交教育會存典生息，以息款抵充常費，勸學所原貼之款應即截止；仍留一份爲本所辦學之用。

上海縣田照會，奉蘇松太道札奉督撫院札，據蔡道詳上海城濠公地争執一案，咨准江南提督復開，此項城根基地係軍用地，爲國有産，請札上海道檄行田令，仍歸營中經管，由營照議酌撥，切實整頓改良，不必再行照會核議，免致案懸未決。當以提台咨文所開各節，自治團體未便承認，應交宣統三年春季議事會再行決議。

九畝地公地清釐事竣，呈請上海縣給發印諭，轉催興市公司繳價。

清釐九畝地事，前奉縣照會邑紳吴馨等辦理。兹據報查丈告竣，並繪圖開摺到本公所。該地共丈見實地六十五畝九分八釐一毫，内除三十二號五分六釐、三十三號六畝一分九釐作公立小學之用，八十三號二畝作小菜場之用，净應變價之地共五十七畝二釐四毫，火藥局、硝磺庫、改過局三地均在其内。經本公所據報呈縣，請發印諭，並請轉催興市公司速繳地價。

籌備改選議員，調查合格選民人數，分設投票各區，呈報上海縣備案。

城董事會遵章辦理改選議員半數，經將城區域内人口數按區調查編册。計城内中區、城外東西南三區、江境區、新閘區、老閘區正户、附户，總數共三萬九千八百七十二户，男女口總數共二十一萬四千五百七十六口，又公共租界四十八萬二千二百零五口，法租界十三萬三千四百四十六口，統計城區域人口數共八十三萬二百二十七口，内學童總數一萬三千八百三十人，壯丁總數六萬六千七百九十五人。

調查合格選民，繕造選舉人名册，遵章定期宣示、聲請更正補遺，限滿截數，計合選舉資格者四千二百六十九人。以税捐數核分甲、乙兩級，甲級五百一人，乙級三千七百六十八人。查照定限，宣統三年正月初六日乙級投票，翌日開票；初九日甲級投票，翌日開票。分設投票所三區：第一區在城自治公所，第二區在城自治中區，第三區在城自治西區。其開票所均在城自治公所，先經分别榜示，並呈縣備案。

籤留議事會議員半數。

本届改選議事會議員半數，照章由董事會開會籤留議員半數。除議長沈恩孚、副議長吴馨任期未滿外，計籤留二十八人：瞿慶善、徐志淦、楊嘉穀、沈洪文、郭廷鈖、郁懷智、吴炳熊、張嘉年、潘如樑、蔡正蒙、李厚祐、孔昭立、陸文麓、沈照、金祖圻、顧鴻逵、李浩、張焕斗、吴寶地、錢允利、姚文棟、王納善、沈懋昭、王沛麟、李厚垣、林世傑、錢福田、臧清揚。

三年歲辛亥正月，選定自治議員半數，呈請上海縣發給執照。

本届遵章改選城自治議員半數，一切選舉應辦事宜，於上年冬季次第籌備。本月甲、乙兩級選舉人依期投票，先後開匭，甲級、乙級各當選十五人，分別榜示，並分行知會。除援章謝絶者二人外，計當選議員二十八人，乙級：葉增銘、奚慶良、江巽、王樹功、吴維卿、居古、周文熾、鍾景泰、趙秉圭、張國衡、凌紀椿、朱樹恒、金潤章、張良試；甲級：趙光第、林祖溍、陸熙順、張在新、干城、姚曾綬、趙鴻藻、宋國棟、許模、艾恒鎮、郁頤培、蔣調元、鍾浩志、曹驤。由董事會開具姓名、年籍、票數，呈縣請給執照。

改選名譽董事半數。

議事會於二十四日開臨時會，照章改選名譽董事半數，當選者六人：金祖壎、毛經疇、祁祖鎏、夏紹庭、郭懷桐、劉汝曾，由議長呈請縣署分發執照。

議事會上年秋季議決争回華人在租界體面案一件，復經冬季議會議催執行，經照案稟請蘇松太道核轉。

執行議事會上年冬季議決設負販團案。照案出示曉諭。

執行議事會上年冬季議決設學務辦事員案。經呈請上海縣照會，公舉之學務辦事員楊保恒到所任事。

農務分會成立，公舉朱開甲爲總理，並舉董事三十人，城區域及鎮鄉區域各舉十五人。

二月，補舉中區贊助員。

中區贊助員上年舉定十八人，内有六人被選爲議事會議員，爰補舉六人：富家祥、徐祖瑛、沈宗約、曹堅、胡恩錫、劉兆安。

執行議事會上年冬季議決，奉文推廣簡易識字學塾案。照案知會學務辦事員籌辦。

經學務辦事員規劃報告，董事會決定，先設六處：一、小南門内白糧倉基群學會義務小學堂，一、大東門内北城根義務小學堂，一、拱辰門大境關廟小學堂，一、老白渡横街東區第一小學堂，一、裏倉橋北東區第二小學堂，一、馬家廠順德里城南小學校。

呈上海縣准勸學所移，於留存穀息項下支款購地，備建校舍。

勸學所來文，購得本邑二七保一圖建字圩殷姓田一畝六毫，計繳田單半張，領價狀一紙,由本公所呈請上海縣飭將該地畝分過立城自治公所户名,以憑管業建築校舍,並即移復勸學所查照。

提右營参將周來文,整頓上海城根租地,加徵年租,將增出之款移送城自治公所,充作公益之用。附交城根租地造屋草章,經列入議案,交春季議會決議。

議事會春季常會開議,議決呈報案十一件。

本屆春季常會於本月十三日開議,至二十日議畢閉會。計董事會交議案六件,議員建議案三十件,除議事會否決及議歸董事會實行事件外,計議決案十一件。由議長、副議長呈報上海縣查核後,移交董事會執行,並呈蘇松太道備案。

執行議事會春季議決請催開復須塘涇案。

此案議歸董事會實行事件。照案呈請上海縣轉禀蘇松太道,照會德領事,轉飭洋商將填塞之須塘涇迅即開還原式。

執行議事會春季議決新閘浮橋落成請撤除渡船將渡船經費撥助工用案。

此案議歸董事會實行事件。照案禀請蘇松太道移請巡警總局撤除渡船,將渡船經費核發以應工需。

執行議事會春季議決出口捐局將土産高步徵收落地捐案。

此案議歸董事會實行事件。照案禀請蘇松太道咨請免捐。奉批,候咨請蘇藩司核辦。

執行議事會春季議決請催結束補助和安學堂經費案。

此案議歸董事會實行事件。照案函致豆米業董,請將前允酌助和安經費,從速勸集,以了前案。

執行議事會春季議決整頓街道案。

此案議歸董事會實行事件。照案知照路政處、警務處分别執行。

執行議事會春季議決改良警察及查禁彩票案。

此案議歸董事會實行事件。照案知照警務長查照辦理。

三月,執行議事會春季議決上海縣録札照會城濠公地事宜案。照案將城根租地造屋草章逐條駁復,禀呈蘇松太道、上海縣請移復提右營,並詳請督撫院立案。

執行議事會春季議決棲流所奉撥罰款無着、應行質問案。照案禀請蘇松太道飭知新廨會審官將前款從速發給。

執行議事會春季議決豆業在廟園圈圍基地案。照案函致豆業董事,勸請將三穗堂前新建圍墻拆除。

擴張小南門城門籌款開工。

本城老北門、小東門城門已擴張加大，惟小南門城門最爲低小，城内通行車輛後，更形不便。爰議加高放闊，改外城圈直對城外吊橋，以利交通，並城内東黄家弄設溝築路，一併籌募工款開辦。

四月，建築中區第一多級小學、西區第二單級小學、北區第二單級小學各校舍。

中區第一多級小學，設在拱辰門内萬竹路。就清釐九畝地内留存之學堂公地地形，繪成男、女十二學級校圖，先建樓平房五幢、平房四間，足供四學級之用。

西區第二單級小學，因校地不敷，撥用江境區積存穀息銀三百十四元，向敬業學堂劃購二十七保一圖八十六號申江書院田一畝，建造平房六間，足供兩學級之用。

北區第二單級小學，設在五圖内同濟德文醫學堂左近。就該圖原有公地建造平房七間，足供兩學級之用。

上海縣田照會准德領事函，德文醫學堂商請調换學堂基地。

縣照會准德領事函開，德文醫學堂毗連之地，現由城自治公所建造小學堂。惟醫學堂現正擴充，擬用該地請轉商自治公所，將擬造小學堂之地讓與醫學堂，由堂另給地畝相换。又有民田一方，並無業户，希併允予該學堂暫用。並送地圖一紙到縣，能否通融，將他地調换，希即議復等因。當即知照學務辦事員察勘，並列議案，交夏季議會決議。

上海縣田照會，起徵蒲肇河船捐，以充河工善後經費。

縣照會，據河工董事呈報，本邑開浚蒲肇河，擬開收船捐，充作辦理河工善後經費，而保南岸主權。即就西門外肇嘉浜北、金神父路西原辦河工總局開辦。由縣出示曉諭，歸城自治公所派員監督局務，並起收船捐。

蘇松太道劉照會接管義渡船。

道照會，以上海縣義渡局局費向在道庫支給，將此款列入地方行政經費。兹准咨議局以此係在自治範圍之内，議決裁撤，將經費另行支配。呈奉撫院公佈，應即遵照，即日裁撤。所有義渡船應歸自治公所接管，煩妥籌接辦等因。當查八長渡渡船均收渡資，實非義渡性質，道署月賞之款，既由咨議局議決裁撤，本公所無庸照給。惟義渡船既奉文接管，應訂管理規則，特擬具條文，交夏季議會決議。

上海縣田照會咨議局議決興辦貧民勸工所以工代賑案。北方官紳就地籌款，先行興辦。南方官紳籌撥協助，由縣轉告各城鎮鄉自治會議復。經列入議案，交夏季議會決議。

五月，查得二十七保八圖英工部局越界築路填浜。經本公所勘繪地圖，稟呈蘇松太道、上海縣，請照會英領事迅飭復還浜式，拔去界石。

上海縣田奉文照會，查得上海二十八保五圖、六圖馬路時有印捕梭巡，並有英工部局界碑。飭及時稽察，以杜侵佔。經即函致法華區鄉董，妥籌函復。

蘇松太道劉奉文照會,查緝匪黨,私買軍器,偷運内地。經知照警務長,通諭嚴查。

上海縣奉文照會,冬令已過,各屬鎮鄉團防應即停止,如有鄉愚私製團防旗幟,勒令一律繳銷。經即函轉縣自治籌備公所,轉知各鄉董查照。

上海縣田奉文照會,禁售賭具,予限一月,違干勒閉罰辦。經即函致商務分會,傳知骨器業,依限停售。

收管印花業控案發封房屋。

印花業勞文榮呈縣控告謝有福私立公所案内發封房屋一所,由本公所呈准,撥作貧民半日學堂之用。奉縣照會,已飭册書過户,並吊到該房屋單契封送查收。

議事會夏季常會議決呈報案二十件。

本届夏季常會於本月十一日開議,至二十二日議畢閉會。計董事會交議案二十件,議員建議案二十三件,奉縣照會咨詢臨時交議者一件。除議事會否決及議歸董事會實行事件外,計議決案二十件,由議長、副議長呈報上海縣查核後,移交董事會執行。

六月,執行議事會夏季議決縣照會德文醫學堂請調换設學基地案。照案呈復上海縣,附送地圖,請轉復德領事查照。

執行議事會夏季議決各項章程規約案。

計九種:一、《道路工程辦事規約案》,一、《改正道路規約案》,一、《徵收公益特捐辦事規約案》,一、《修正徵收城内外各區地方捐簡章案》,一、《修正徵收船捐章程案》,一、《修正徵收免裝垃圾照費章程案》,一、《取締影戲園、戲場、灘簧、書場、彈子房等各項規則案》,一、《取締中區廟園設攤規則案》,一、《訂定管理渡船規則案》。由董事會分别發交辦事各科照章辦理。

執行議事會夏季議決築肇嘉浜路劃用地畝應給地價案。照案稟呈蘇松太道、上海縣,出示曉諭。

執行議事會夏季議決歸辦城區域官契事宜,並移遷西區,改設小學案。分函勸學所、官契局會商照辦。

執行議事會夏季議決縣照會咨議局,議決南方協助北方籌辦貧民勸工所以工代賑案。照案呈請上海縣轉復。

執行議事會夏季議決業户翻造房屋、收讓尺寸、一律給予憑證案。照案知照路政員照辦。

執行議事會夏季議決廟園湖亭推廣水閣案。照案轉告將水閣所佔尺寸即行收進。

執行議事會夏季議決城門關閉仍未一律案。照案稟呈蘇松太道、上海縣移營查照前議決案辦理。

奉道批,已移會提右營參府轉飭遵辦。

執行議事會夏季議決限制城内登雲橋至虹橋一段行車時刻案。照案知照道路工程員,將登雲橋沿河而東一段能否行車,先行察勘規劃。

執行議事會夏季議決縣照會咨詢龍華寺能否拆除案。照案呈復。

執行議事會夏季議決婚嫁宜從儉案、喪葬宜改良案、改良慶吊禮物案。

上三案均歸入董事會實行事件。經照案抄送教育會,請編入宣講書。

執行議事會夏季議決巡警總局擬收閘北警捐案。照案函復暫從緩議。

執行議事會夏季議決與豆米業商議開啟萃秀堂大假山花園,准人遊覽案。

此案議歸董事會實行事件。照案函商未允。

執行議事會夏季議決請將業盛里圍墻拆除,以成寬闊之路案。

此案議歸董事會實行事件。照案函商業成公司未允。

執行議事會夏季議決縣署後泥墩公地案。

此案議歸董事會實行事件。照案備價繳縣,請收回該地,歸本公所管理。

執行議事會夏季議決補助福佑門建築經費案。

此案議歸議事會實行事件。集議後,公决補助銀三百兩。

執行議事會夏季議決處理善堂事宜案。

此案議歸入董事會實行事件。照案先將原議第三條函致堂董實行。按,原議第三條,係議堂中婦女擇配,應明定繳費之數,不准司事向娶婦者多索取盈。

城自治西區、南區區董任滿,西區區董梅豫棖續被舉連任,南區區董更舉朱開甲。

西、南兩區區董一年期滿,應行更舉。經董事會照章預選,兩區合格人員開單送交議事會,議長開會,投票公舉。舉定西區區董梅豫棖,係屬連任,南區區董朱開甲,由董事會分别知會接辦。

中區更補贊助員。

中區贊助員諸翔,赴京就職,未能兼任上海中區職務,由中區主任函報本公所請補舉一人,經董事會推舉顧學鵬接補。

上海縣田奉文照會,蘇城缺米,通飭各屬籌辦平價。

查悉二十七保七圖顧家宅馬義涇浜被法工部局填塞築路,侵礙主權,函請蘇松太道交涉。

閏六月,接築楊家渡至萬裕碼頭沿浦木駁碼頭,稟請蘇松太道照會稅司填發執照。

上海縣田照會,奉督撫院批,本公所駁復提右營整頓城根案略云,本年三月間,准陸軍部電,各處緑營所屬之田地産業及台壘、營房、馬廠各項基地,均屬軍費範圍,應即清查報部,分别變價,通籌辦理,業經咨明提台飭辦在案。上海城濠公地,係由前督撫院批定歸城自治公所經理，自應歸入此次部電通盤籌劃酌辦。

上海縣田照會官契局事宜，即會協各董通盤籌劃。經董事會公决，歸辦城區域官契事宜，議事會議决之件，應交秋季議會再議。

遵章辦理縣自治城區域選舉。

縣自治城區域選舉事宜，照章應由城自治公所辦理。先經復查本城區域選民，刷印名單，宣示公衆，分設投票區三所、開票區一所。遵章本月二十一日投票，二十五日開票。縣自治議員額數應有六十名，查照縣自治公所呈准辦法，以三十名歸城區域内選出。（按，本届縣自治選舉，雖經選出議員，而縣議事會未經成立，故當選人姓名不載）

七月，中區第一多級小學堂建築工竣，訂請校長教員招收學生，暫設初等科兩級，定名萬竹學堂。

西區江境小學校成立。

暫設初等科，招考生一百人，校舍在江境廟後殷家宅。

領辦城區域平價售米。

夏秋以來，雨多水大，内地米船不能到埠，米缺價騰，人心惶急。蘇松太道劉奉蘇撫院飭司撥款購米接濟，設官米平價局，向無錫、鎮江、姜堰、高郵、三河、湖南湘潭等處分别採購備領。南市由城自治公所領辦，設平價售米處二所，一在南區商船會館，一在西門内關廟。北市由商務總會領辦，分設二處，一在仁濟堂，一在元濟堂。

蘇松太道劉照會准法總領事函詰問修築西門外方斜路。

西門外之方斜路失修損壞，此路前經法公董局估築，久未興修。本公所即行逐段修理。奉道照會，准法總領事來函詰問，當即據實稟復。奉照轉法領函復，争論修路主權，指爲違背從前白總領事與余前道所議徐家匯路歸法公董局修理之言。

上海縣田奉文照會，龍華寺被控穢跡。該寺應否拆毁，徵集意見，議復經再列議案，交秋季議會決議。

上海縣田照會，上海城濠自由督放租，道路污穢，護河淤塞，整頓無日。萬一外人以有礙衛生，致啟交涉，後悔已遲。應照前督憲批定，歸城自治公所管理整頓。所收租息，以一半繳解新軍之用，以一半留作修路浚河經費，即迅籌議復。經再列議案，交秋季議會決議。

八月，議事會秋季常會開議，議決呈報案十二件，臨時會交議公決續報案二件。

本届秋季常會於本月初一日開議，至十一日議畢閉會。計董事會交議案九件，内奉縣照會交議者二件，議員建議案三十件。除議事會否決及議歸董事會實行事件外，計議決案十二件，由議長、副議長呈請上海縣查核後，移交董事會執行，並呈蘇松太道備案。内有廟園案二件，董事會執行無效，於二十六日開臨時議會，公決辦法，再呈道縣存案。

執行議事會秋季議決龍華寺案。照案呈復上海縣核行。

執行議事會秋季議決請議城濠公地案。照案呈復上海縣,詳請蘇松太道核轉。

執行議事會秋季議決速辦貧民習藝所案。就西南門外相擇空曠之地,並飭擬繪工場形式。

執行議事會秋季議決購米平價善後辦法案。平價售米處業已分設,一切辦法照案進行。

執行議事會秋季議決壞車實行取締案。照案知照警務處派人查驗,並分函城内警局照辦。

執行議事會秋季議決規定廟園路綫案。

執行議事會秋季議決廟園桂花廳造屋佔地案。

上兩案,董事會執行無效,請開臨時會公決辦法,知照路政員查照辦理。

肇周小學校成立。

初等科學生一百人,校舍在西區肇周路。

蘇松太道劉照會,川鄂變起,飭轉知巡警嚴密防範。

旅滬川人因川省事時在租界或内地,聚衆開會演説。奉道照會,援引結社集會律,量加限禁,並飭轉知警務長,飭巡隨時稽查解散。

又奉道照會,以奉蘇撫院電,武昌兵變城失,沿江各埠伏莽甚多,應嚴密防範,不動聲色,妥爲佈置,以保治安。照飭本公所轉知警務長,督率巡士,於所管區域内格外嚴防,並保護官儲軍火及各處教堂。

九月,滬市因鄂事震動,停用鈔票,由本公所通告照常流通。

自鄂省事起,滬地市面震動,錢莊兑换及店鋪貿易均不收鈔票,致挾有鈔票之人紛向各銀行换現,而銀行以大多數之兑現有不敷應給之勢。經本公所通告南市各錢莊、各店鋪一律照常收受,並勿得抑短銀圓價,以釋群疑。

本月初五日,奉蘇松太道劉照會,上海五方雜處,良莠不齊。當此風鶴頻驚,人心惶惑,自治公所有保全治安之責,允宜設法籌防,迅速佈置,以保無虞。

鄂變以來,滬地謡言四起,迭奉蘇松太道照會,以城區域户口繁多,教堂林立,亟宜設法防衛。爰即知會警務處,加派巡警,嚴密梭巡,南市商團會員亦一律出防。

自本月初以來,迭聞警報,長江上游各省府廳州縣次第光復。滬地消息最靈,並各報登載電文訪稿,事屬確實。體察學商各界及一般社會人民之心理,類多欣忭贊成,而各處傳來消息亦日益騰熾。因之里巷居民恐慌,遷避者至多,衙署城門兵衛零星,無力防禦,至十三日晚全城光復。

丙編　上海市政廳大事記

宣統三年九月，上海光復(臨時通用皇帝紀元)，改城自治公所爲市政廳，由上海民政總長李照會，委任前城自治公所董事莫錫綸爲市長、顧履桂爲副市長。

上海於九月十三日光復，前城自治公所總董李鍾珏由滬軍軍政府推任爲上海民政總長，並由蘇都督委任民政司長，城董事會職員當然改組。爰議以城自治公所改爲市政廳，暫設市長一人、副市長一人，接續辦理自治事務。當由民政總長分别委任前城自治董事莫錫綸爲市長、顧履桂爲副市長，刊發上海市政廳市長圖記。

城内及浦東巡警歸南市警務長兼轄。

城内及閘北、浦東各警區向不由自治公所兼管。十三日後，主持無人，除閘北另設警長外，城内及浦東巡警議歸南市警務長穆湘瑶統轄，分别號令，照常站崗，認真巡察。

城外西南僻静之處，時有匪徒匿跡，有乘間肆劫之謠言。除巡警梭巡外，並由商團會員晝夜出防，與巡警分行巡緝，是以地方安謐，秩序如常。

前城議事會議長辭職，由縣民政長召集城自治議員開會，公決改組市行政機關暫行辦法。

前議長沈恩孚來函，以現任蘇都督府民政司事務未能兼任上海城議事會議長，即宣告退職。報縣後，由縣民政長召集前城自治議員於本月二十六日開臨時會，公議改組市政廳事宜。議決市政廳應設議事機關、執行機關，即以城自治公所議事會、董事會改設，隨時開臨時會。由議事機關、執行機關共同協議，並表決爲此係暫行辦法，候改定新章，重行組織。

通告市區域商鋪居户及浦江船户一切自治行政，由市政廳繼續進行。凡前城自治公所月徵各項捐款，由市政廳繼續徵收，以充地方公用。

十月，民政總長李照會，歸辦沙東閩浙商船出口掛號、繳費領照事宜。

沙東閩浙各商船停泊浦江，至出口時，向須赴營縣各衙門掛號驗照，繳納費用。現奉民政總長來文，以嗣後該各商船出口時，徑赴市政廳掛號，以資利便。並查照前章，分等酌收公費，藉充地方公用，飭廳妥慎辦理。經即出示公通告，並分函各船號商，接洽照辦。並照舊章另徵善舉捐，隨時撥交善堂應用。

十一月，縣民政長吴奉文照會，改用陽曆。

縣照會，以奉代理江蘇都督莊通令，奉大總統孫電開，中華民國改用陽曆，以皇帝紀元四千六百九年十一月十三日爲中華民國元年，元旦定於陽曆正月十五日，補祝新年等因。惟正朔雖改，而地方習慣一時礙難遽更，所有公家財政之出入、學堂功課之支配、商業帳款之出入，本届暫照舊曆，仍以辛亥年歲除爲歸束。轉行到廳，當即繕文通告。

前學務員楊保恒以另有他務辭職，經遴舉丁熙咸接辦。

民國元年一月，縣民政長吴函發省頒田房州場契税三聯印契，飭廳籌辦。經通告本市區域業户，凡田房州場、地産買賣，各應查照來廳領契，並即知照税務員辦理。（前清時，城區域田房買賣領契，由官契局帶辦，至是始歸本廳辦理。）

民政總長李照會，將市區域房捐改作地方税，歸市政廳管理經收，充本地方公用，並照省議會議決案先儘抵補巡警經費。

房捐一項，向由行棧、莊號、店鋪繳納。光復後，由商務分會會議將此項房捐改作地方税，充本地方公用，由市政廳管理經收，請由民政總長令飭照辦。嗣奉縣民政長函送臨時省議會議決徵收雜税案條文，房捐一項載明暫行照舊徵收，留充本地方之用。惟本地巡警經費不敷，應以此款先儘抵補，經即通告，並知會警務長查照。

南市警務長穆湘瑶奉縣民政長遴委爲警務課長，城外巡警始離自治而隸於縣。

本邑市鄉巡警官治、自治向係劃分。光復後，城内外及浦東警權歸一，自應在縣治範圍之内。因由縣民政長特任穆湘瑶爲警務課長，爲縣佐治職。各區警費由縣籌撥，除房捐抵充外，稟省以貨物税款抵支。

縣民政長吴函發省頒《江蘇暫行市鄉制》。

民政總長李照會，上海公民呈請拆除上海城垣、改築馬路一案。已奉蘇滬都督批准，飭轉知民政長、市長會同妥辦。

定議一月十九日即舊曆十二月初一日，將東城舊道署東首及南城救火聯合會前面兩處城基即行拆卸，使行政上先得交通之便，再將西北城垣迤邐拆除，一面規劃填濠、築路事宜，次第興辦。

開辦東、南兩區清潔事宜。

辦理清潔爲衛生行政要圖。前城議事會早經議決，交董事會執行。曾核准沈昌記承包，嗣被糞行稟控縣官，竭力撓阻，致未實行。現沈昌記復稟請開辦。經呈民政總長、民政長核准，批飭從速辦理，爰定一月十九日即陰曆十二月初一日開辦。先從城外東區自十六鋪橋迤南至薛家浜辦起，其薛家浜再南及中區、西區各地段稍緩時期繼續辦理。

縣民政長吴召集臨時議會議員開會，選舉臨時議長、副議長，公議市政進行事宜。

縣民政長吴以民國市鄉制已奉省頒，應開臨時正式議會，討論市區行政範圍各事，以爲進行之根據。召集議員，於本月二十四日開會聲明。查照市鄉制，現任本地方官吏者,不得選舉職員及被選舉爲職員,應解除前副議長名義,更選臨時議長、副議長。當由各議員投票互選,陸文麓當選爲議長,王納善當選爲副議長,即以新議長主席繼續會議董事會交議及議員建議各案,仍照前章,分第一次、第二次、第三次三會逐日開議。三十日,第二次討論完畢,推員審查新紀元預算大綱。

二月,臨時議會議畢,議決呈報案六件。

本月三日,接續第三次會,決議全案,計董事會交議案三件,議員建議案十件,除否決及議歸董事會實行事件外,計議決案六件,由議長、副議長呈報縣民政長查核,發交董事會執行。

執行臨時議會議決聯合各鄉組織臨時縣會案。照案呈請縣民政長核辦。
執行臨時議會議決查禁彩票案。照案出示禁售。
臨時議會議決市政廳直隸省會官廳案。由議長、副議長咨呈省議會請議。
内地電燈公司總理擬辦南市電車公司,呈送辦法簡章。

南市應辦華商電車,前經城議事會議決有案。内地電燈公司總理陸熙順以内地電燈公司現儲有直流電機多座,極合行駛電車之用,擬設華商電車公司,集股開辦。呈送辦法八條,請予核准。當查試行電車,原係市鄉公共管業之事,應予准行。並奉民政總長據呈照會,以外人覬覦南市,欲辦電車蓄念已久。憶當總工程局成立時,有美商古納之函請,及東方萬國公司之要求,均經議事會決議拒復。此次華商自行籌辦,正以杜絶外人之覬覦,故經本總長特許興辦。惟外間議論頗不一致,應由市長於開臨時議會時,將此事列入議案,請各議員公決追認,以息浮言。

呈民政總長李請撥借拆城填濠工費。

拆城填濠事宜,已奉行知會縣籌辦,約估工程需費銀三十萬元,巨款難集。查閘北水電公司有擬還前清道署之借款,經呈准民政總長於此款内撥借規銀五萬兩,以濟工需。

組織城濠事務所,推員分任辦理。

拆城案呈准後,依縣市會同籌辦之指令,集議於市政廳組織城濠事務所,公推臨時職員,以縣民政長吴馨任所長,市長莫錫綸任副所長,梅豫棖任總務科,潘克恭任工程科,郁懷智任地畝科,陸熙順任交涉科,並推舉評議員若干員。議決北半城臨近法租界,關係較重,先行開築大溝,繼籌築路。南半城亦須進行,推定王維亮任南半城工程兼清理濠地。

歸辦高昌廟地段路政工程,徵收地方月捐。

高昌廟地段,毘連西、南兩區。奉民政總長諭,應隸入市區域内,規定以車站路路南至西柵門止,歸南區管理;西柵門之外歸西區管理。清道路燈道路工程及業户建築，由市政廳各分區派員經管。將舊有之清道路燈捐改爲地方月捐，照各區捐章一律徵收。

縣民政長吴奉文函飭調查上海商團、保安團之名稱、團長、人數、駐所各項。經即分别調查填表，送縣轉報。

呈民政總長李請撥貧民習藝所建築經費。

前總工程局議設勤生院，地點未定，未經開辦。嗣城自治公所議以勤生院改名爲貧民習藝所，正在度地籌款，即届光復。現擇定尚文門外車站路同仁輔元堂公地，建造廠所。建築費一時難集，經呈准民政總長，於閘北水電公司擬還前清道署官款内借撥銀一萬兩，以資興築。

規辦市立各小學校，曰養正，曰梅溪，曰時化，曰西成，曰倉基，曰隆德，曰東華，曰崇正，曰巽與，曰農壇，曰比德，並前城自治公所舊設之萬竹、肇周、江境，共十四校，由學務專員規劃整頓，繼續開辦，分别支配經費，俟新議會成立，報請追認。

萬竹小學校在中區萬竹路。前城自治公所以北城學齡兒童衆多，無相當之小學，於宣統三年四月就九畝地留存之學堂公地内，劃地六畝八分零七毫，建築校舍，分男子、女子二部。光復後，由市政廳繼續辦理。時男子部初等生二百三十三人，女子部初等生一百三十八人。

養正小學校在中區縣西張家弄，原係小天竺寺産。前清光緒二十八年，知縣汪懋琨撥充校舍。光復後，校長葉景澐以養正財産全屬於市，函致市政廳商歸市立，公決接收歸辦。時高等生一百七十六人，初等生一百八十二人。

梅溪小學校在中區蓬萊路，原係邑人張焕綸所辦之正蒙書院。前清光緒八年，蘇松太道邵友濂捐購，改名梅溪書院。光復後，校長張焕符以官款津貼驟乏，恐難持久，函商市政廳，公決接收爲市立小學歸辦。時高等生四十四人，初等生三十八人。議擴充校舍，添招學生。

時化小學校在中區淘沙場。前清光緒三十二年，邑人祁祖鑾就陳忠愍公祠，獨力籌辦此校。祁君於宣統三年二月病故，經費無着，由城自治公所議長、總董協議維持。是年，時化學校不敷之款，由公所補助。光復後，收歸市立。時商業科生二十二人，初等生一百九十七人。添建新校舍，預備擴充。

西成小學校在中區蓬萊路萬壽宫舊屋。是校於前清光緒三十二年由邑人姚明煇集合同志，組織而成。光復後，校董葛尚質、葛尚沖、賈豐芸等以辦理困難，函商市政廳收歸市立，公決接收歸辦。時初等生四百八十人。

倉基小學校在中區羣學會，是校即係羣學會附屬小學。前清光緒三十一年，羣學會同人組織成立。光復後，以募款爲難，函商市政廳收歸市立，就原校舍續辦，償還租金。時初等生一百五十八人。

隆德小學校在東區老白渡街，原係風神廟址。光緒三十二年，邑人葛尚遠、顧祥和等創辦。小學初名東區第一小學,光復後,經費拮据,商允市政廳歸爲市立,由廳撥還建築費銀二百元,接收歸辦。時初等生一百四十六人。

東華小學校在東區,原名義務小學堂。前清光緒三十二年,邑人王寶崙、徐文彬、周宗頤等集捐創辦,借蘇袋公所房屋爲校舍。光復後,以經費不敷,商允市政廳歸爲市立,改易名稱。時初等生七十六人。校舍暫仍其舊,再議移遷。

崇正小學校在南區,係送子庵舊址。前清時,設立官塾於内。宣統二年,庵僧私押廟産,由城自治公所備價贖回。光復後,官塾經費無着,改爲市立小學。時初等生一百五十人。議添建新校舍。

巽與小學校在南區,原係華陽道院。前清宣統三年,蘇松太道劉燕翼照會城自治公所發封,以是處兒童失學者多,就原址改建小學。光復後,由市政廳續辦。因校舍建築未竣,暫賃氈帽公所房屋,先行開課。時商業生十八人,初等生一百九十三人。

農壇小學校在南區滬軍營東,係先農壇舊址。該處附近兒童亦多失學,由市政廳規定於原址建築校舍,設立小學。先賃民房,招生開課。時初等生八十五人。

肇周小學校在西區肇周路。前城自治公所以該處附近貧兒大都失學,於宣統三年八月租賃民房,特設此校。光復後,由市政廳續辦。時初等生五十三人。

江境小學校在西區江境廟後。前城自治公所以江境廟附近兒童失學者多,於宣統三年四月購敬業學堂地産,建築校舍,招生開學。光復後,由市政廳續辦。時初等生五十一人。

比德小學校在西區法華路。前城自治公所以該處附近多失學兒童,於宣統三年就原有公地建築校舍。市政廳成立時,校舍業已落成,遂即開辦。時初等生五十五人。

三月,縣民政長吴奉省令,照發縣市鄉選舉事宜期限表,飭分别辦理,依限進行。

縣民政長吴照會,革除船埠頭、船甲等名目,由市政廳設立市舶課,派人專管。

内河船埠頭、攤船埠頭、櫓划埠頭,向例每年换充提船甲,三年换充,須納衙署上下使費甚巨。而埠頭則取之於各船管幫,各管幫取之於各渡夫頭,各渡夫頭取之於各船户,層層徵斂,層層剝削,積弊相沿,久爲行政之污點。經縣民政長出示,將埠頭、船甲等名目一概永遠革除。照會市政廳,設立市舶課,派人專司其事,不得收受私毫費用,並毋任助辦之人稍有舞弊。經即擬訂《市舶課簡章》,呈縣核定。由廳遴選正船目一人、副船目二人,整理浦江船隻,將整理事宜隨時呈報。

縣民政長吴照會,法電燈公司擬在徐家匯路設粗電綫,應開臨時市議會公決。

縣民政長吴接准駐滬通商交涉使照會,准法總領事函,要求於徐家匯路由法電燈公司接設粗電綫,即於四月一號立桿裝綫等因。當以徐家匯路坐落租界之外,其中自方浜橋至斜橋一段情形,更屬不同,未便承認,照會市政廳議復。經於本月二十四日開臨時議會,公決此案。前城議事會議決有案,應由市長查案,呈請民政長據理答復。

四月，縣民政長吴函送法電燈公司商設粗電綫案，縣擬辦法四條，續開臨時議會公决後，呈由民政長轉呈交涉使與法總領事切商，允照第二條條文辦理。

法電燈公司商設粗電綫一案。查案呈復後，由縣民政長擬具辦法四條，函請交涉使與法領事磋磨，並函復市政廳。當於本月十三日續開臨時會公决，應照第一條地下埋綫條文辦理。備文呈復，奉縣函轉交涉使復文法總領事，已認定第二條粗電綫外包堅固橡皮，如有危險，由法公董局擔其責任，商允定期會勘。

呈縣民政長吴擬在肇嘉浜南及蒲肇河西至徐家匯土山灣等處，分築幹支馬路，以保固有之路權，請呈交涉使轉請政府照撥經費。奉縣照復，已奉交涉使復文，咨呈國務院核辦。

組織市區域各善堂統一辦法，定名慈善團，隸入市自治範圍，由市長呈縣備案。

本市區域各善堂，如同仁、輔元、果育、普育，向均各自爲政。前城議事會曾以善舉在自治範圍之内，提議統一之法，尚未規定。光復後，善堂輔助之款驟缺，因議合各堂爲一團體，統一辦理，以資持久。擬訂暫行辦法大綱，將各堂所辦善舉事宜，移入同仁輔元堂合辦，以同仁輔元堂爲慈善團事務所，公推監理一人、經理一人、副經理一人。各堂各舉經理一人，統轄於慈善團，而隸入市自治範圍之内，由市長呈報縣民政長備案。

五月三日，市議事會奉縣民政長吴照發省頒上海市議事會圖記，即日開用呈報。

市立各小學校聯合開學藝會，先由市議員開臨時會，舉定評判員五人。

調查縣選舉及市選舉公民資格名册告成。

六月，民政總長李於市區域開辦平米，縣民政長吴籌辦市鄉平糶。

滬地自光復以來，人多米缺，自春徂夏，米價騰漲。奉民政總長照會，呈准江蘇都督，暫免米税，派員赴湘購米來滬。於市區域内分設平價處，發售平米。並由縣民政長籌議動支穀息，開辦市鄉平糶，以濟民食。

市議事會開臨時會，議决呈報案六件。

本届臨時議會均係市長交議之件，於本月二十四日開議，二十五日議畢，議决案六件。經議長、副議長呈報，民政長查核，移交董事會執行。

七月，貧民習藝所落成，預備開辦。呈請縣民政長，轉呈江蘇都督，請撥省定上海應設貧民工場經費。

貧民習藝所之建築法，係扇式樓房三十八幢，上層分七十六間，備作宿舍，下係統間，作爲工場，足容藝徒五百人。又樓房十一幢，作辦公室及辦事員宿舍，並細材料儲積所。又樓房十幢，爲小大廚房及粗材料堆儲處。又湢室三間，靠馬路門面樓房五幢，爲發行所。實需清釐基地及建築費銀二萬七千八百七十餘元，預計開辦器具材料等費約需九千元。顧房屋雖已落成，而建築費、開辦費缺數尚多，至經常費亦須預籌的款。因查《江蘇省公報》載,本省出款預算,江寧、吴縣、上海、丹徒、丹陽、江都、清河、銅山等處,各設貧民工場,開辦費、經常費均由省撥一節。當呈縣民政長,請轉呈蘇都督,上海無須另設工場,將已有之貧民習藝所作爲貧民工場,請撥省費,以資開辦。嗣奉縣照會,奉到省令,候籌有的款,再行派員勘視,設法開辦。

呈民政總長李請撥新普育堂建築經費。

城内原設有普育善堂,官款之外,並募商捐,收養無告窮民,分老民、老婦、男女、殘廢、貧病、撫教爲六所,兼設義塾,並留養因案發堂之婦女孩稚。光復後,官款無着,商捐式微,且屋窄人多,未能潔净。經慈善團集議,必須另行擇地建造寬大之屋,分設院所,設法改良。因擇同仁輔元堂普安亭東首,妥遷義塚,度地八十餘畝,起建堂屋、洋式樓房六十餘幢,平房八十餘間。取用城磚以築墻垣,房舍寬敞,足收男女大小、殘廢、貧民、老民一千二百人。工料費銀約需三萬八千兩,地方公款無可借撥。經市長呈明民政總長,請將宣統三年辦理平價米石餘款,本年續辦竣事後,以所餘之款,儘數撥充新普育堂建築經費。奉批,俟平價辦竣後,如有餘款,酌量撥給。

開辦中區、西區清潔事宜。

中區、西區清潔事宜,五月間,先據宋如玉請願承辦。當查中區、西區地方糞夫係園地幫居多。東、南兩區情形稍異,不得不參照原章,略予變通,顧全鄉民生計,並不使失灌園之用。乃宋如玉尚在布置,即起風潮,有聚衆搗毁清潔所之事,自不便再由宋如玉辦理。嗣據滬西商團介紹,莊泉生具送切結,情願承辦,決無衝突之事,並擬具辦法簡章,察屬可行,准予試辦。

歸還業成公司南區造屋價銀,收回基地房産,注銷合同。

業成公司租地造屋,年期原定二十五年(詳《總工程局大事記》)。現經各董與業成公司磋議,由市政廳歸還公司造屋價銀一萬八千兩,將該地及房屋收回,雙方允洽還清款項,注銷前訂合同。

市議事會開臨時會,議決呈報案三件。

本届臨時會均市長交議之件中,以南市電車草合同及辛亥年決算尤爲重要。於本月二十一日開議,分别推員審查,逐條討論。二十四日,公決全案,共議決案三件。由議長、副議長呈報民政長查核,移交董事會執行。

查報市區域户口數。

前奉縣民政長吴函,奉文通飭調查户口。本市政廳籌備選舉,已從事調查,計市區域中區、東區、西區、南區及江境區、吴淞浜南之新閘區、老閘區正户、附户,共三萬九千八百九十四户,正户、附户之男、女口數共二十一萬五千五百二十四口;公共租界、法租界正户、附户共八萬户,男、女口數共五十九萬五千六百五十一口。總共市區域户數得十一萬九千八百九十四户，口數得八十萬一千一百十七口。備文復縣。

宣示確定選舉人名册。

調查市區域合格公民，以税捐數，核分甲、乙兩級。宣示後，照章聲明，更正遺漏，限滿截數，計甲級選舉人五百五人，乙級選舉人四千八十九人。

遵章依限辦理市區域内縣選舉事宜，投票、開票，呈送當選人名册。

市區域之縣選舉事宜，由市政廳依限籌備，分設投票所三區，以市政廳爲第一區投票所，市政廳中區爲第二區投票所，市政廳西區爲第三區投票所。本月五日投票，請縣民政長分區派員監督。七日在市政廳開票，檢得有效票數共一千一百五十一紙。縣議會議員市區域應選出十名，計得票多數當選者：王焕功、奚慶良、周文熾、陸文麓、韓孝先、宋國棟、莫錫綸、王積、張葆辰、曹驤。

遵章依限辦理市選舉事宜，投票、開票，呈送甲、乙級當選人名册。

市選舉事宜，亦經依限籌備，分設投票所三區，地點與縣選舉同。以本市區域人口數核計，照章應有自治議員六十名，甲、乙兩級各選三十人。本月十二日，乙級投票，十三日開票，檢得有效票數一千紙，計得票多數當選者：王樹功、陳仲舒、錢福田、吴炳熊、龔楧、王引才、王變功、袁肇燡、朱鳳章、蒯晉德、瞿慶善、朱雲望、江確生、臧潔、吴寶地、沈照、葉銘德、朱樹恒、王沛麟、朱開元、徐志淦、諸翔、艾恒鎮、林祖揩、奚維塤、曹棣、賈豐臻、顧翕周、顧履桂、張承綬。十四日，甲級投票，十五日開票，檢得有效票數一百六十七紙，計得票多數當選者：汪茂培、葛鼐恩、趙鴻藻、童鎮海、胡方鍔、蔣調元、錢崇德、江異、閔𤀹、干城、葉逵、顧學謙、許模、姚鴻、朱炯、沈錫齡、楊士煇、朱澄曉、陸熙順、陳鋐勳、瞿慶同、徐宸、郁頤培、王震、鍾椿淦、鄭增基、宋國傑、張嘉年、金祖圻、郭廷贊。即經榜示，繕發知會書，依期答復應選。惟乙級當選人内，艾恒鎮、顧翕周援章謝絶。爰以本級内得票次多數之姚文枬、張良試推補缺額。開摺呈請縣民政長核明，分發執照，並轉報都督府存案。

八月，市議事會新議員開會，互選議長、副議長，並選舉總董、董事、名譽董事。

本月一日，由市長召集新議員開會，辦理議事會選舉，互選議長、副議長。通過選舉細則，即行投票，舉定議長姚文枬、副議長王引才。議事會選舉完畢後，由議長主席辦理董事會選舉，公舉總董、董事、名譽董事。通過選舉細則，即分次投票選舉。先選總董一人，當選者：陸文麓；次選董事三人，當選者：蘇本炎、顧履桂、楊逸；再選名譽董事十二人，當選者：郁懷智、夏紹庭、金祖壎、朱得傳、王宗毅、姚曾綬、郭懷桐、嚴兆濂、沈維曜、金毓孫、張在新、張國衡。除由市長將當選議長、副議長姓名、票數呈報縣民政長備案外，並由議長將當選總董、董事、名譽董事姓名、票數呈報縣民政長，請將總董一名申請都督府任用，其董事、名譽董事請分給執照，並申請都督府存案。

奉縣民政長吴照發市董事會圖記。

總董、董事於本月四日接辦，備文呈縣，奉縣照發市董事會圖記到廳，於七日啟用呈報。

議事會議長呈縣民政長吴，自治區域變更，請行知閘北市議事會擬案會議，移交縣議事會公決。

市政廳係繼續前清城自治而立，自應以城自治區域爲本市固有區域。惟城自治區域内閘北一區，上年光復後，即宣佈自治成立。本市區域變更，應表示變更理由，明定經界。爰由議長呈請縣民政長行令閘北市議事會，擬具草案，會同本議事會定稿，移交縣議事會議決。奉批，閘北區域問題尚未解決，應俟該市組織議會成立後，再行照會查照辦理。

九月，市議事會秋季常會議畢，議決呈報案四十件。

本届秋季常會於八月二十七日開議，至本月十九日議畢，計董事會交議案三十件，議員提議及質問案二十二件，公民請議案二件。除未議決及否決外，共議決案四十件。由議長、副議長呈報縣民政長查核，移交董事會執行，並聲明公認爲緊急者，先抄送董事會提前辦理。

地方審判廳咨會各初級廳組織成立，撤銷南市裁判分所。

南市裁判所，前總工程局開辦時，附設局内，以便處理商民訴訟及違警事件。至城自治公所成立，曾議司法一部未便附設所中，但審判廳未成立以前，亦不宜遽行裁撤。請滬道另發南市裁判官圖記。其日行事宜，仍照向章辦理。光復後，隸審判廳，仍附設於市政廳内，爲南市裁判分所。現届初級審檢廳組織就緒，來文咨會撤銷，即於本月將裁判分所撤除。所存卷宗文件，由裁判官移送初級廳接辦。

德文醫學堂商讓馬路公地一分四釐二毫，推廣校舍，願永留義務學額一名，由市政廳録送肄業。經縣民政長主持，雙方允洽。

執行秋季議會議決市公報簡章案。照案知照文牘科預備辦理，從本年九月起，按月出報。

執行秋季議會議決資派哈佛醫學生案。照案先送二人。

由本廳通告招生，經學務員考驗録取，一爲上海南洋中學畢業生、合肥縣人耿勵，一爲蘇省東吴大學畢業生、華亭縣人謝維熊，函送入校肄業。每年學費、膳宿費每人二百五十元，由本廳擔任。

執行秋季議會議決上海商船公會函商接辦浦江船捐及垃圾船免照費案。照案呈請縣民政長備案，並函復商船公會查照。

執行秋季議會議決閘北同善粥廠公産主權案。照案檢齊全卷，移請縣議事會公決。

執行秋季議會議決改各鋪地甲爲户籍警察案。照案移請縣議事會公決。

執行秋季議會議決開闢龍華西北馬路案。照案移請縣議事會公決。

執行秋季議會議決新閘橋設法改建案。照案呈請縣民政長轉呈江蘇都督核准施行。

執行秋季議會議決貨物税妨礙市場,請將稽查機關推設市外案。照案呈請縣民政長轉呈江蘇都督核行。

此案奉縣民政長批復,來牘爲均平負擔、振興商市起見,如果於税務、商情兩有裨益,則地點問題當易解決。即據情呈請蘇都督指令飭遵,一面先行函商税務公所,請先妥爲擬議,以便接洽。

執行秋季議會議決改良學塾集益社案。照案呈請縣民政長歸入全縣範圍主持辦理。

執行秋季議會議決舊都督府改審檢廳,以其餘地建造市房案。照案呈請縣民政長核行。

縣民政長吴函發衆議院議員初選舉市區域調查細則及選舉調查單,由本廳按區分請調查員擔任辦理。

萬竹小學男子部校舍落成,增設商業科,添招新生二百人。

萬竹小學女子部由新獅子弄遷入懷真路校舍,添招新生二百人。

巽與小學校舍建築未竣,本學期先行添招商業科學生,賃屋開課。

農壇小學由大穰里遷入新校舍,添招第三年生。

十月,執行秋季議會議決城濠路工案。照案呈請縣民政長核行。

案奉縣民政長批復,填濠築路,關係公衆衛生,振興市面。事既著手,無論工費較巨,籌款爲難,總期志在必成,早日工竣。至地畝如何管理,租息如何歸償,猶爲第二問題。應請貴董事會協力通籌,方易集事。至所稱息借公款、以城濠作抵一節,揆諸名義事實均難照辦,統俟訂期會商,妥議進行方法可也。嗣經民政長訂期集議公決,以後城濠工程款項由縣設法籌措。

執行秋季議會議決禁絶巫師案。照案呈請縣民政長核行,奉批復候出示嚴禁。

執行秋季議會議決籌備貧民習藝所經費案。照案繼續聲請縣民政長轉呈蘇都督撥領省費,未奉批復。

貧民習藝所業已開辦,先招模範班一百人,訂請藝師教授工藝,試辦出品。惟材料費、經常費尚無的款,除設法籌募外,由本市政廳向内地自來水公司商借,每月九百五十元,轉撥貧民習藝所應用。

執行秋季議會議決慈善團辦法大綱案。照章推舉經理一人、協理一人、六科主任各一人。

推定經理郭廷鈐、協理凌紀椿,第一科主任艾恒鎮,第二科主任劉汝曾,第三科主任胡繼松,第四科主任陸熙順,第五科主任張焕斗,第六科主任葉佳棠。

執行募借地方公債案。原案募借銀四萬兩,募不足數,實募得銀二萬二千餘兩。

舉行國慶紀念禮。

本月陽曆十月十日即去年陰曆八月十九日,民軍起義之日,奉大總統命令,是日爲國慶日,一律懸掛燈旗,休息宴會。當即通告本市區商鋪居民,一體遵行,以光盛典。

市議事會開臨時會,續議秋季議會未議決各案。

秋季議會未議決各案,原定開臨時會再議,並董事會編造元年八月至十二月五個月預算册等件,列案交議,當於本月二十六日起,開臨時會,逐日討論,月終未竣。

呈縣民政長吴具報,公舉中、西、南三區區董。

光復以來,市政廳各分區,暫以城自治區董循舊管理。現届市董事會成立,應即更舉。先由董事會按照分區辦事規約,於本月九日開會,每區預選五人,即日送交議事會開會公舉,舉得中區區董楊煒、西區區董梅豫根、南區區董臧清揚。楊區董於九月接辦,梅區董係連任續辦,惟臧君來函,以現辦税務事宜,不克兼顧,請辭退南區區董之職。經董事會復函敦勸,一面請前區董朱開甲暫緩交卸,嗣又准臧君復函堅請辭退區董,仍願列席會議。當於本月二十六日臨時議會開議,時據函報告,准議事會函復公決允許。此後,南區區董暫留前區董朱開甲繼任辦理。當將舉董情形呈報縣民政長。奉批,既據按照規約,分别舉定東、南、西三區區董,自應照准備案。惟朱董開甲現擔任本署實業課長,照章應解除區董之職。當貴議會未經補舉以前,祇能作爲暫緩交卸,希即分别知照。

十一月,市議事會臨時會議畢,議決呈報案十一件。

本届臨時會於上月二十日開議,至本月十一日議畢,計董事會交議案十件,公民請議案一件。議決後,由議長、副議長呈報縣民政長查核,移交董事會執行。

執行臨時會議決内地自來水公司貸款撥濟地方慈善費請願案。照案由議長總董會呈江蘇都督核轉。

執行臨時會議決援舊議案處置公産例外辦法,變售大境公地以充填浜經費案。照案預備擬俟過年通告,招人投標。

執行臨時會議決衛生事宜案。照案函復紅十字分會得自由辦理。

執行臨時會議決改良公厠案。照案知照工程科度地籌設。

推舉各分區贊助員。

查照分區辦事規約,每區得設贊助員六人以上、十八人以下,由區董得董事會之同意推舉任之。經照章分知各區區董,各推贊助員開送名單,交董事會宣佈公同推舉。舉定中區十八人:汪馨洪、葉承壎、李鴻遇、毛經疇、曹堅、沈宗約、富家祥、王子畬、徐祖瑛、范香孫、劉子謙、鄭雲舫、鍾景泰、胡宗禧、袁仲蔚、徐寶成、袁慶生、吕潤之；西區十五人：沈嵩、郁錫明、魏庭楨、朱江、陳洪斌、王坤緯、陳一桂、陳嘉典、潘世義、陳聯章、吴忠沂、經亨沐、周元齡、曾澤民、陳麗華；南區十二人：張躍、姜讓、張毅、胡光甫、高壽基、王維耀、周士宏、沈英標、沈寶善、劉竹溪、任殿卿、朱曾疇。

附設濟渡社，籌款資送客民。

上海自光復後，地方秩序漸復，惟流寓上海欲歸不得之人至多。經各界同志集議，發起設上海濟渡社，專爲無資回籍者資助船票。擬訂章程，分認捐款，借本市政廳設上海濟渡社事務所。推定社長、副社長及辦事各職員，分擔義務，於本月開辦，以三個月爲期。

縣民政長吴照會奉頒部定編製預算會計年度。

縣文奉蘇都督通令，准財政部電，會計年度以每年七月一日開始，次年六月三十日終止，所有二年七月以前、元年十二月以後之預算，並應早爲辦理，以清界限。行縣轉行照會查照辦理。

市議事會冬季常會開會。

本届冬季常會於本月二十六日開始，逐日議事，月終未竣。

十二月，市議事會冬季常會議畢，議决呈報案二十七件。

本月一日起，接續冬季常會，至二十六日議畢。除國會、省會選舉休會一星期外，適於限内竣議。計董事會交議案十八件，議員提議案十一件，公民請議案二件。除否决及不成立各案外，共議决案二十七件，由議長、副議長呈報縣民政長查核後，移交董事會執行。

縣民政長委任辦理省議會議員初選舉及衆議院議員初選舉第一區、第二區投票所事宜。

按照通令，省議會議員初選舉，元年十二月六日投票，衆議院議員初選舉，元年十二月十日投票。先經縣民政長照會，以市政廳爲第一區投票所，中區、東區、南區公民赴此投票。市政廳西區分辦處爲第二區投票所，西區、江境區及老閘、新閘區之吴松江南地段公民赴此投票。分别派定管理監察各員，並示定選舉方法，遵則布置，依期辦理。

二年一月，縣知事吴奉文照會，調查本地工商實業並發統計表册，限期查填復報，遵即派員照辦。

縣知事吴奉文照發公文書程式條例。

執行元年冬季議會議决修正董事會各科辦事規約及各項取締章程案。照案分交各科辦事處查照辦理。

執行元年冬季議會議決收回縣署後公地價銀案。照案呈縣,奉批,本署收回署後高泥墩籌還市政廳前繳地價銀一千四百元,既經上年冬季議事會議決,應即照辦,希候另文解還。

執行元年冬季議會議決徵收茶館、酒店及紙捲煙店攤月捐,以充地方經費案。照案通告並派員分別調查,與各業董接洽。

執行元年冬季議會議決市立小學徵收學費案。照案知照學務科辦理。

執行元年冬季議會議決和安小學歸市立案。照案知照學務科辦理。

執行元年冬季議會議決籌設高昌、福佑兩學區初等小學案。照案規劃進行。

據學務科報告,高昌區小學商借製造局所管轄之老君廟房屋三間,先行開辦。福佑區即以私立東明小學改歸市立。至該兩校應行追加經費,另單報告。

執行元年冬季議會議決停止補助小學經費案。照案知照學務科辦理。

執行元年冬季議會議決縣長照會蘇督訓令議復部行商船公會呈請事宜案。照案呈縣核轉。

此案提前於元年十二月下旬,呈縣核轉。嗣奉照會,已據情呈請省長核示去後,奉到指令,仰候咨部核辦。

執行元年冬季議會議決徵收地方捐款,擬聯合巡警,免致抗欠案。照案移請商埠巡警局協助辦理。

執行元年冬季議會議決援照租界治犬章程,咨會巡警局實行,以衛人命案。照案移請商埠巡警局諭飭崗巡照辦。

執行元年冬季議會議決整頓路政,請警區注意輔助案。照案移請商埠巡警局查照輔助。

關係警政須資協助之案三件移會去後,准巡警局函復,路政關係交通,至爲重要,業已規定辦法,次第施行。瘋犬一層,自應隨時飭警取締。至徵收地方税一層,所請協理干涉之語,應適用如何方法,請商榷見復。

執行元年冬季議會議決收管大境地畝公産案。由董事會公決,照前屆臨時會議決案辦法,於全地内劃出二十分之三變售收價,以充地方公用。

執行元年冬季議會議決推廣借本負販實行濟貧案。照案函致慈善團辦理。

執行元年冬季議會議決定浜路兩旁捐款案。照案知照工程、路政兩科擬章送核。

執行元年冬季議會議決填築肇嘉浜應注重疏通陰溝衡平瓦筒案。照案知照工程科注意辦理。

東明小學校、和安小學校歸市立,並籌設高昌小學校,遷東華小學校於中區,改名朝宗。

東明小學校在中區丹鳳樓，此校原係邑人鍾浩志、毛經疇於前清光緒三十二年借曲尺灣裘業公所設立。民國元年遷設丹鳳樓之雷祖殿。本年議歸市立，時初等生一百七十九人。

和安小學校在北市，與棲流公所毘連。前清光緒三十二年，所董陸文麓因擴張英美租界教育權，特設此校。民國元年，由市政廳補助經費。本年議歸市立，時高等生二百三十六人，初等生三百八十人。

高昌小學校在南區製造局礮廠後，邑人錢崇德、任重、劉世昌等以高昌廟地段子弟失學者多，請設小學，決議本年開辦，初等生九十四人。

東華小學校原設東區麻袋公所。本年遷入中區地藏庵崇正官塾舊屋，改名朝宗。

執行元年冬季議會議決實行户籍法案。呈請縣知事規定暫行辦法。

此案經董事會詳議，以户籍法尚未奉頒，無從懸擬。即呈請縣知事規定暫行辦法，以便執行。當奉批答，在户籍法未頒行以前，調查户籍，應以何種法令爲依據，候據情呈請省長核示飭遵。二月二日復奉照會，奉省長指令，該知事轉據上海市總董呈准議事會移稱，議決實行户籍法案等情。查調查選舉、搜緝罪犯，均與户籍有關，該議事會注重及此，不爲無見。惟在户籍法未經政府公佈施行以前，地方未便自爲風氣。除調查選舉等情應由該知事負有專責、認真辦理外，所請暫無庸議。

承包浦江船隻税續辦期滿，准由原辦人增款續辦。

本市浦江船隻税，自前總工程局城自治公所以來，由連錦堂承包收繳，歷今數年。光復後，由前市長核將免裝垃圾船照費歸併兼辦，原定按月統繳銀二千六百四十元。因光復之初，商業疲滯，船隻稀少，呈准自元年三月起，減繳税款銀二百元。至本年二月承包期滿，連錦堂復呈請續辦，並以市面漸望復元，願力顧公益，加增二百元，仍按月統繳銀二千六百四十元。當經批准給諭，通告續辦。其垃圾船照費，即併入船捐之内，不另征收。

東南區清潔所被糞徒滋擾，呈請縣知事移行警局彈壓。

東南區清潔所，自元年三月起開辦以來，舊糞户等迭次滋擾，或煽惑鄉民合籌抵抗，或僱令婦女捏詞纏訴，或運動會黨危言恫喝，或糾集多人聯名上控。迭奉省令行縣飭查。經市政廳歷敘整頓衛生改良清潔情形，呈縣復報，並聲明原辦之沈昌記，本係試辦一年，屆期滿時，投標取決。沈昌記辦期將滿，先經市政廳通告，定期投標。詎舊糞户等又徧發傳單，與沈昌記之挑夫大起衝突，聚衆毆奪，無從理諭，擾攘三日，實與治安有妨。經呈縣知事移行警局，派警彈壓，拘獲爲首滋事之人，暫行羈禁，風潮始平。

縣知事吴令奉文飭知選舉事宜。分別半數辦法。

縣文奉省令據縣呈上海市鄉職成立,准予備案。至該縣此次選舉,既援改選兼行補選之例,所有當選議員應分别甲級、乙級,各以得票較多之半數爲本屆改選當選,得票較少之半數爲本屆補選當選。並仰知照執行查照辦理。

二月,東南區清潔投標揭曉,朱新記多數得標。

東南區清潔事宜,沈昌記承辦期滿,於本月十四日投標揭曉,朱新記按月認繳銀一千四百元,多數得標。並照投標條約,預繳六個月捐銀八千四百元,加具保狀到廳。諭令遵照定章,於三月一日接辦。

縣知事吴會同法工部局總辦及工程司,至市政廳集議民國路界碑陰溝訂定辦法草議八條。

市議事會春季常會開議。

本屆春季常會於本月十三日開始,逐日議事,推員審查元年八月至十二月決算,並二年一月至六月預算,頗費時日,月終未竣。

三月,市議事會春季常會議畢,議決呈報案十三件。

本月一日起,接續春季常會至五日議畢,計董事會交議案七件,議員提議案六件,公民請議案一件。除否決並取銷外,共議決案十三件。由議長、副議長呈報縣知事查核,移交董事會執行。

呈縣知事吴,市議事會議長因事宣告退職,照章以副議長推補,並互選副議長。

議長姚文枬當選爲衆議院議員,本届春季議會會議事竣,宣告退職。公決查照市鄉制之規定,應以副議長王引才推補爲議長,所遺副議長一缺,照章互選,當選副議長賈豐臻,由董事會呈報縣知事備案。

慈善團函報果育堂房屋出租被燬。

慈善團報告果育堂房屋樓平房十五幢、平屋三間,元年四月,由張崇義堂央中向慈善團租作住宅,立有契約。詎遷入後,忽改爲尚俠學校,至八月後,不付租金。本月七日上午,不知如何起火,所租房屋全數焚燬,計價值銀在一萬二千元以上。業請律師起訴,請求責令賠償損失,並追欠租金。

執行春季議會議決市政廳關於救火會員之撫邮辦法案。照案致送名譽贈品,並贈百元之邮金,子女入市立學校者,免繳學費。

案緣九鋪衆安救火社會員黄海林因舊校場地方失火,登高施救,顛墜亡身。由救火聯合會函致本市政廳,以事關保衛人民之義舉,本會財力有限,此後人民道德日高,捨生就死之事日多,即後死之責愈重。請提交議會公決善後之策議決後,由董事會照案執行。

執行春季議會議決新閘橋速行籌款建築以維主權案。照案商請縣知事電請省民政長墊撥工費，並繕備議案，呈請省議會決議。

執行春季議會議決拆除披水板、改裝水落以防火災案。照案出示通告，並知會路政員勸導。

執行釐訂市立小學校章程案。照案知照學務科擬訂章程草案，預備交議。

執行議建高昌校舍案。照案知照學務科規畫籌辦。

執行處置拱宸門内劉氏古墳翁仲石碑案。照案調查核辦。

學務委員丁熙咸奉縣知事委任縣視學之職，辭退市學務委員職任，薦舉賈豐芸自代，經董事會宣佈公認。

四月，呈縣知事吴籌備市選舉、改選市議員半數事宜，請核定辦理選舉期限。

呈縣知事吴查照議決案。劃售大境公地，請繕給承買業户印諭。

大境公地共十畝九分有奇，劃出大境前面公地一畝九分四釐九毫，變售收價，以充填築花草浜經費。由周志成、吴禮門二户合繳地價銀八千兩承買。當經市政廳呈請縣知事，將劃售之地於原單上批銷，並分繕印諭給周、吴兩業户執管。

起徵茶店、酒肆、紙捲煙店攤月捐。

照原議案徵收捐數通告後，各業代表以生計艱難，一再要求酌減。當予通融，酌減半數徵收。茶館捐樓上每桌月徵捐銀一角，樓下每桌月徵捐銀五分。廟園養正學校向有之茶捐即行停止。茶業所辦之先春學校，由廳按月補助銀三十元。酒店捐，雙間者月徵捐銀一元，單間者月徵捐銀五角。紙捲煙店，月徵捐銀一元。各店舖帶售者，月徵捐銀五角。

新普育堂建築工竣，接收舊堂貧老病民，並分設院所，推廣留養。

新普育堂於上月落成，本月内將舊堂所養貧老病民男婦悉行遷入。是堂院所寬敞，即推廣收留，以宏惠養。由市政廳按月補助經費銀一千五百元。

五月，開辦小艙船掛號徵費。

小艙船停泊浦江，前清時，各船出口亦向營廳掛號。光復後，廢弛至今。應查照沙東閩浙商船出口辦法，令赴市政廳掛號，以便有所稽查，分等略收照費，以充公用，於本月一日開辦。

奉蘇都督程省長應函以地方審判廳因宋案要犯引渡，請轉借市政廳房屋備用，以便開庭提訊。

本月二日，奉到都督省長來函，並縣知事吴、審判廳長黄函，商借市政廳大廳爲審訊應犯法庭地點，並借餘屋應用。當以本廳房屋本不寬敞，且届夏季議會開會之期，似未便同時借設審訊要犯之地。正在答復間，而應犯已由都督指令解到收押，由巡警廳傳命將市政廳正門暫時關閉，以昭鄭重。市政廳辦公人員改由南面之門出入。董、議兩會以受羈要犯，既加派巡警守衛，無須閉門。迭由董事會商請巡警廳長開啟，未允。

市議事會夏季議會開議，以門禁交涉，停止議期。

本屆夏季議會於本月一日開始議事，適有審判廳借開法庭巡警廳押犯閉門之事。各議員以出入不便，商啟無效，遂有全體辭職之舉。嗣奉省長專電，調停慰留，並電巡警廳長，無庸固執，或擇遷押所。當由縣知事召集董、議兩會職員，和商解決，將應犯送押監獄。即商允巡警廳啟門至二十日。議事會繼續開議。本屆議案較多，並有元年七月至三年六月之預算案，審查費時，月終未竣。

六月，市議事會夏季常會議畢，議決呈報案二十件。

本月一日起，接續夏季常會，至十六日議畢，計董事會交議案八件，議員提議案十四件，質問案一件，公民請議案一件。除不成立外，共議決案二十件。由議長、副議長呈報縣知事查核，移交董事會執行。

呈縣知事吴遵令辦理，改選市議員半數，開送留任議員半數名摺。

前奉縣文改選市議員事宜，應照擬定期限表，將籌辦情形呈報，並分別半數辦法，將上屆得票較多數應行留任議員姓名開單送閱。按，本屆選舉調查已於五月内開辦，遴派調查員，分區按段挨户發單詳查。因人數較多，清理審查，核捐分級，極費手續，致稽時日。所有公民聲請更正補遺，通告於本月底截止。並遵縣文將應行留任半數議員三十人開摺呈送。計開甲級十五人：汪茂培、葛黼恩、趙鴻藻、童鎮海、胡方鍔、蔣調元、錢崇德、江畀、干城、葉逵、顧學謙、許模、姚鴻、朱炯、沈錫齡；乙級十五人，除議長貫豐臻、副議長王引才任期未滿外，計留十三人：王樹功、陳仲舒、錢福田、吴炳熊、龔楧、王燮功、袁肇熚、朱鳳章、瞿慶善、朱雲望、江確生、臧潔、吴寶地。

縣知事吴奉文頒發印花税法施行細則。

執行夏季議會議決復議馬路兩旁造屋捐章案。照案循照舊章辦理。

執行夏季議會議決龍華地方設立紫花工廠案。照案函請南商會核辦。

執行夏季議會議決開闢外日暉橋西出灘處沿隄馬路，以利交通而興市廛案。照案知照工程科勘估復核。

執行夏季議會議決取締海船停泊地點案。照案呈請縣知事，移行警廳取締。

執行夏季議會議決將殘廢乞丐拘送新普育堂醫治以重人道案。照案呈請縣知事，移行警廳查照辦理。

執行夏季議會議決禁止夜花園案。照案呈請縣知事，移行警廳，並照會英法總領事，各就該管區域一體嚴禁。

執行夏季議會議決整頓中區地方税案。照案與中區區董籌商勸導方法。

中區地段，前城自治公所設區開辦，後竭籌徵收地方捐，卒以困難，未克實行。市政廳接辦以來，迭次邀董會議請各就本地段開誠勸導。除大街商舖一致納捐外，其餘居户大都約略寫認不照定章，且有措不認捐者，或玩延積欠數月不繳者。本届議會議決後，經與區董籌商，派人勸導，其延欠措納之户，請縣知事飭派催徵吏嚴行追繳。

執行夏季議會議決江境小學添設校舍案。照案知照學務員辦理。

執行夏季議會議決東明小學建築校舍案。照案知照學務員與東明校長籌商核辦。

執行夏季議會議決縣教育會要求繼續補助案。照案查照舊時契約履行。

執行夏季議會議決質問南市電車公司築軌違約案。照案與電車公司交涉磋商，改正方法。

執行夏季議會議決填築喬家浜案。照案知照工程科，先行勘估工費，並探詢當地居户，能否籌款協助。

夏季議會議決梅溪專辦初小學併撤换辦事不力人員案。董事會公決，梅溪已辦高等小學，中途裁撤，於事實上恐有礙難，應請議會再決辦法。

執行夏季議會議決消防取水善後案。照案函致内地自來水公司籌商善後。

執行夏季議會議決上海商團公會請願補助案。照案由市政廳按月預備撥助百元，並注銷前貸之款，作爲補助。

執行夏季議會議決本市政廳施行事宜，應與警察合力進行者，當協定施行條例案。照案呈請縣知事，移行警廳，請協定施行條例，以期聯絡。

執行夏季議會議決築闢沿浦岸綫以興商業案。照案與南市商董籌商，俟規定辦法再行交議。

執行夏季議會議決以舊道署基改作公園案。由議事會呈請縣知事核辦。

七月，宣示確定選舉人名册。

編造選舉人名册，以税捐數核分甲、乙兩級，更正補遺，於六月底限滿載數，甲級選舉人六百九十三人，乙級選舉人八千一百六十五人。

辦理選舉投票、開票事宜，呈送當選人名册。

循照元年市選舉辦法，於本市政廳及中區、西區分設投票所三處。本月十二日乙級投票，十三日開票，檢得有效票數三千二百八十三紙，計得票多數當選者十五人：陳一桂、陳嘉典、馬煦、陳明善、高壽田、張國傑、崔寶錡、曹棟、曹鍾鈺、王沛麟、趙葆焜、胡宗禧、胡祥、衛文熙、顧藩。十四日甲級投票，十五日開票，檢得有效票數三百九十七紙，計得票多數當選者十五人：陸熙順、程兆魁、郁惠培、徐宸、穆蔚林、王南坤、胡光薰、聞漢章、陳鋐勳、鄭增基、曹庸驥、謝宣、宋國傑、吴倫堡、朱家駒。經照章知會答復應選，呈請縣知事分給執照，並轉報省民政長存案。

滬南發生戰事，市區域兵災受損。

本埠自宋案發生，横議劇烈，屢有黨人圖攻製造局。迭由軍警執捕，依律懲治。

中央政府特遣鄭中將汝成督兵南下，屯駐製造局，嚴密防守。本月中旬，寧垣獨立之警信傳來，而亂黨之圖攻製造局益亟，既且鎮軍驟至，松軍續來，戰機已成，危在眉睫。淞滬警察廳長以無力抵抗稟准省長辭職。及至亂黨設司令部於滬南，風鶴之警一日數起。土匪分播謠言，將肆焚劫。南市人民紛遷租界，以避危機。並臨時集設保衛團，以防劫擾。學商各界以弭兵主義屢議，分别勸阻無效。至二十二日晚而兵端開，南市距離戰綫至近，礮火易達。老弱婦孺宵中聞警，倉皇出走，衢路爲塞。日晝停戰，入夕交鋒，連續數夜，燬屋傷人，流離載道，電燈機水均受擊損。是時各辦公機關盡失維持之力，巡警商團無從防衛，潰兵滿路，巷無居人。匪徒乘間肆劫，無夕無有。由縣議會議長莫錫綸、市總董陸文麓會電北京衆議院議員姚文枬，請速商陸軍部迅令鄭中將維持，救闔邑生命。一面會函鄭中將，歷陳兵燹慘狀，懇速設法維持，並請酌派兵隊，分途保衛，以維秩序。(各函文電文詳《公牘》)亂黨既敗，司令部他遁。二十八日後，敗軍竄走吴淞，滬南戰争停止。

市立各學校因礮彈而受損者，以農壇小學爲鉅，大門、圍墻均被彈擊損壞，並折校舍屋樑。其次崇正小學校舍亦受彈擊損傷。至高昌小學附近製造局校舍未損，而校具被竊無遺。倉基小學亦並被竊，損失尚少。

本市慈善團之貧民習藝所，坐落西區車站路，適處戰綫劇烈之地。敗兵向東北隅逃避者，率以所中之墻爲遮護物。是以所中西南隅受彈尤多，墻壁倒塌，並焚燬沿馬路陳列所樓房五幢，中儲成績品物及藏書數千箱盡付一炬。

二十二日之夜，製造局地段開戰，時西區萬生橋一帶槍彈如雨。本廳西區分辦處人員勢難留守，閉門暫避。翌日，到區查看，辦公房屋受流彈擊壞數處，收税處門窗則被竊賊用刀撬開，竊去大小銀洋及銅元合共銀圓六百九十餘元，並辦事員衣服、臥具及區内什物合共銀元一百四十餘元。

奉縣知事吴、淞滬警察廳長穆先後來函，江蘇都督程省長應駐滬辦公，令飭縣知事、警廳長照常任職，維持地方秩序。

滬南戰事雖停，而土匪焚刦之焰尚熾。居民之徙避者不遽遷回。都督省長駐滬組織行署分别出示安民。縣知事吴、警廳長穆同時奉令復職，即由警廳長行令嚴緝搶匪，捕獲十餘人，訊實槍斃，焚刦焰熄，人心稍安。

議事會、董事會開會，籌商兵災善後事宜。

由總董召集議事會議員、董事會職員開會，報告南市兵災受損情形，並籌商善後之法。議以諄勸商民遷回開市爲首要，餘事俟市議會開會公議。

八月，縣知事吴令奉上海鎮守使兼上海警備總司令官鄭發佈戒嚴法令十七條。

本市區域在警備地域之内頒佈戒嚴法後，官軍巡行，清查私有槍械，並商團會員公備槍械一律繳收。

通告商民，遷回開市，應徵各項地方税捐款免徵兩月。

本月五日後，商民之徙避租界者，陸續遷回，照常開市。惟戰期以内同受損失，經董事會議定，免徵各項地方捐兩個月。高昌廟地段受損尤甚，免徵地方捐三個月。

中國紅十字會函報，於滬南分設平糶所三處，並臨時婦孺留養院一所，臨時防疫醫院二所，由市政廳函請淞滬警察廳派警保護。

南市華商電車公司開行電車。

南市華商電車原定本月一日開駛，因兵事後休整壞路，展期於十一日開行。

修築西區斜橋至製造局馬路，奉上海鎮守使鄭撥助工費。

斜橋至製造局一帶馬路，經此次兵事損壞不平，奉鎮守使函飭趕修。由工程科估計工料銀四千二百八十餘元。適在本市兵災受損免徵捐款之時，工費支絀，函請鎮守使撥助工費。奉准撥助銀二千元。

中西區清潔承辦期滿，核准由原辦人續辦一年，按月繳款。

中西區清潔事宜，上年七月核准，由莊泉生試辦一年。現届期滿，復請續辦，經董事會公決准予續辦一年。惟中西區内新闢道路增多，店鋪居户興盛，今昔情形不同，應按月照繳捐銀二百元，以補公用，於本月一號起，繳款續辦。

九月，呈縣知事吴，請於兵災恤款内撥費修建西區外日暉橋。

外日暉橋西通龍華，東通製造局路。滬南戰起時，官軍將是橋焚斷，橋面全燬，僅剩橋樁半截，必須重建。由工程科估計建築費銀三千三百餘元。呈由縣知事報請鎮守使於兵災恤款内撥費重修。

縣知事吴令酌減行政不急費用，並減學務開支。

縣文以上海自經兵災以來，雖不及浹旬，旋即平定，而地方收入首受影響。忙銀附税收數若干尚無把握，現在各項機關均持減費主義。以學校論，省立各校業奉省令薪水減半支給。即本公署直轄之縣立小學一切開支，亦已按照本年預算以減十分之二爲標準，姑以一學期爲限。市鄉經濟爲難情事相同，應酌量情形，按照本年預算預爲籌畫。先將其他不急之費分别減停，次及學務，量入爲出，是亦補救維持之一道。即經董事會開會宣佈，並知照學務員查照辦理。

兵災善後事務所發給慈善團棺葬施捨及新普育堂留養難民費。

此次滬南戰禍，紅十字會收拾遺骸，由慈善團添辦板棺，僱匠增資，晝夜工作。受災貧民，或由慈善團放賑，或由新普育堂收養。臨時增出之費，急切難籌，由縣知事吴呈奉鎮守使於兵災善後撫恤款内撥給津貼慈善團棺木埋葬費銀二千元，又經辦施捨災民費銀三千元，並新普育堂留養難民費銀三千元，發交市政廳分别轉發具領。

市議事會秋季常會開會。

秋季常會照章應於八月開會，因戰事甫定，尚未解嚴，因展緩議期，定於本月二十二日開會，逐日議事。

呈縣知事吴，市議事會議長因事辭職，照章以副議長推補，並互選副議長。

議長王引才函致董事會，援市鄉制確有職業不能常居境内條文，請宣告辭職。即於秋季議會第一日開會時，報告公決。照市鄉制之規定，以副議長賈豐臻推補議長，所遺副議長一缺，照章互選。當選副議長吴寶地，由董事會呈報縣知事備案。

改選名譽董事半數。

名譽董事半數任滿，應行改選。先經縣知事行文市議會，查照本届改選議員半數辦法，以上届得票較多之半數爲留任，得票較少之半數爲任滿。本日選舉，先查上届當選名譽董事十二人内，郁懷智、夏紹庭、金祖壎、朱得傳、王宗毅、姚曾綬六名得票多數，應行留任；改選半數六人，照章投票，當選者嚴兆濂、林祖溍、張在新、沈維曜、金毓孫、朱開甲，由議事會呈報縣知事給發執照，轉報省民政長存案。

十月，市議事會秋季常會議畢，議決呈報案六件。

本月一日起，接續秋季常會，至十三日議畢，計董事會交議案四件，議員提議案八件。除否決及不成立外，共議決案六件，由議長、副議長呈報縣知事查核後，移交董事會執行。

執行秋季議會議決上海貧民習藝所被災仍擬勸捐請款續辦案。照案調查災後損失暫行結束，知會貧民習藝所主任，擬具勸捐續辦章程，送核交議。

執行秋季議會議決挑浚各要河以利水道案。照案知照工程科，調查淤河，酌量辦理。

執行秋季議會議決交復議梅溪專辦初等小學案。照案知照學務科，俟本届高等四年生畢業後，再行改辦。

執行秋季議會議決酌加車輛税案。照案知照税務科，於十一月一日照酌加税數徵收。

執行秋季議會議決本市行政經費酌量緩急、力求樽節案。照議決支配就本年度預算應減支或緩辦事項，知照各科辦事員實行。

慈善團函報法工部局，商讓同仁輔元分堂基地收價，改建分堂，並添造驗屍所。

同仁輔元分堂在法租界寧波路，法工部局擬欲推廣路綫，向慈善團商讓基地六分三釐七毫。於本年六月間經慈善團参議會議決，由經理協理接洽。除照收地價銀四千七百八十二兩外，並收到償還拆屋費銀二千七十五兩。該分堂辦理善舉，以收埋路斃及客棧中抬送病重待盡者居多，並擔任法租界安當、愛仁兩醫院發來病故之人。所收遺骸，應報官請驗者不少，堂屋狹窄，向無驗屍所，露置庭心，以待檢驗。現就原址改建分堂，並即添設驗屍所一處，以補法界之未逮，兼保中國檢驗主權。由慈善團將該處義塚遷葬浦東，騰出地基，建造房屋。

十一月，縣知事吴令奉省令，新閘橋工險要，於上海縣正税項下借支銀五千元，先濟工用，並即就地設法籌集歸還。

新閘橋工程緊要，迭經呈縣轉呈省長，請以江海關土貨碼頭捐撥充工費，尚未奉准。現准江海關税司以舊橋坍損情形日就危險，催促趕修。復經呈縣請呈省長，先行墊撥工費，以便開工。奉縣文轉奉省令，准在上海縣正税項下先行動撥銀五千元，作爲借支。該橋修建完好，有裨航業，仍就地籌款歸還，並奉飭知剋日興辦。

商定北城基英兵義塚讓地築路調换地基辦法，由縣知事會同交涉使與英領事議訂條文，簽字認可。

北城九畝地僅有大境路一條通拱辰門，交通尚形不便。拆城後，北首仍有長六十丈之英兵義塚阻隔，必須將該義塚東邊之地讓出若干，方可將支路接通外達。迭與英領事磋商，未遽應允。嗣英工部局規劃租界馬路，欲使大通路與新閘路接通。因大通路路綫上有中國善堂義塚地阻隔，要求商讓。磋議數四，議定華界内北城基之英兵義塚，讓出塚地東邊之地一分七釐四毫，歸華人築造公路之用，即露香園路；其公共租界内大通路路綫上之中國善堂義塚，亦讓出一分七釐四毫，歸工部局。俾得將大通路接通新閘路，互相調换。商定後，由總董報請縣知事吴，會同交涉使與英領事商訂辦法四條，於本月簽字認可。應讓大通路路綫上之墳地，係慈善團義塚，奉縣函知轉告慈善團查照將塚地遷移。

西區河工善後局讓屋移遷。

西區河工善後局坐落金神父路南口，房屋四間，隨屋基地一分六釐八毫。前由董事顧履桂資買，捐助公用。本年九月間，法工部局來函，因加闊馬路，商將該處房屋基地讓售，願繳價銀一千五百兩，由董事會公決照允。於本月遷讓，河工善後局另行租屋辦公。

附設兵災善後濟渡社，資送客民。

滬地自兵災而後客籍人民無資回籍者多不勝計。由縣知事吴會商市政廳，照上年辦法，本月一日起，續設濟渡社，分别資送。於兵災善後款内酌撥經費二千元，並上年濟渡社餘款一千元有奇，一併助充，儘數資送，以辦至款罄爲止。推舉職員，分擔義務。

市議事會冬季常會開會。

本届冬季常會於本月二十八日開始議事。

十二月，市議事會冬季常會議畢，議決呈報案十六件。

本月一日起，接續冬季常會，於十二日議畢，計董事會交議案十二件，議員提議案二十二件，除否決及歸併取銷外，共議決案十六件。由議長、副議長呈報縣知事查核，移交董事會執行。

呈縣知事吴，中區、西區、南區區董任滿，由議事會公決留任。

市分區各區董一年任滿，應於九月内公舉。先奉縣知事吴函，上海市各區區董已屆改選之期，惟滬地尚未平靖，似宜不遽變更，於事實上較爲便利。經商請議事會，暫緩改選，俟至冬季舉行，以維現狀。本届冬季常會改選區董一事，先由董事會照章，每區預選五人，送請議事會公舉。經各議員公議，留任舊區董，多數贊成，逐區表决，由董事會分知各區區董，繼續辦理，並呈報縣知事備案。

執行秋季議會議決十六舖橋、水關橋淤浜追加工費借款興辦案。照案與華商電車公司商訂借款填浜辦法。

拆除十六舖橋，將自外十六舖橋至小東門水關橋一段淤浜填平築路，由華商電車公司設軌行車，實爲便利交通之舉。經工程科估計，拆橋填浜築路，工費銀八千兩。議決後，與華商電車公司磋議，允由公司貼助工費銀三分之一，其三分之二並允借墊，由市政廳分年償還。

執行冬季議會議決路工注重圖樣及設標燈案。照案知照工程科查照辦理。

執行冬季議會議決車輛通行道路案。照案函請警察廳查照聯絡進行。

執行冬季議會議決年租餘款應收回充作市行政經費案。照案呈請縣知事酌核提撥，奉批復：年租餘款已由縣議會議決，列入預算，將來如有剩餘，當以之規畫全縣路政。

執行冬季議會議決規畫城根區域案。照案分知各區區董查照劃定區域，主管整頓。

城濠拆填後，城根地段形勢變更，各區分管之路燈、清道各項事宜，亟應劃定區域，以專責成。議定：自拱辰門迤北而東至小東門止，歸入中區；小東門迤南至小南門止，歸入東區；小南門至尚文門止，歸入南區；尚文門至拱辰門止，歸入西區：以上均以民國路爲界。

執行冬季議會議決縣文知照速浚西門外盧家灣一段之肇嘉浜案。照案知照工程科勘估復核。

執行冬季議會議決金家浜北段浜基變價以充公用案。照案知照工程科查照辦理。

執行冬季議會議決同仁輔元分堂改建堂屋礙及塚地案。照案知照慈善團，開報各處義塚地點，繪圖存廳備考。

執行冬季議會議決水爐茶館一律增捐案。照案呈請縣知事出示曉諭。

執行冬季議會議決整頓人力車及車照案。照案知照税務科辦理。

執行冬季議會議決街道堆置物件阻礙交通案。照案呈請縣知事，函知警察廳查照協同取締。

縣知事吴令奉省令轉知市董事會,總董董事、鄉董鄉佐應以本地方官吏論,停止其縣議事會議員及本市鄉議事會議員之選舉權及被選舉權。

縣知事吴令准撥北城基丹鳳樓前泥墩公地,備變價抵充築路之用。

前議開築日暉港三叉口起至徐家匯水門汀橋三叉口止一帶道路,估計工費銀二萬四千九百餘元。自兵災以來,税收短絀,無款興辦。曾奉縣知事吴允貼工費,經呈請,以北城丹鳳樓前泥墩公地二畝四分餘撥給市政廳,變價以充築路費用。奉令復開日暉港起至徐家匯之路,勢在必闢,未便因築費難籌,致誤主權。准予撥給丹鳳樓前公地一方,召變得價,專備開闢此路之用,不得移作他項用途。附發印諭一紙、圖一紙。

縣知事吴令縣署後泥墩公地仍由市政廳繳價收管。

先是縣署後泥墩公地,前清時,由城自治公所議決,呈縣繳價銀一千四百元收管,未經給諭。光復後,縣知事吴以民政、司法同署,將來不敷推廣,償還地價,將該地收回。嗣因縣署另有地點,不再需用該地。由市政廳復申,前清奉縣照准繳還原價銀一千四百元,奉發一畝一分五釐五毫基地印諭一紙,又二分六釐七毫基地印諭一紙。嗣據縣後張姓呈願繳價銀六百元,請將二分六釐七毫之地,發給執管。當查該地由張姓結籬,圈用多年,並蓋有房屋在上,姑准所請,繳價給諭。

三年一月,呈復縣知事洪奉文辦理上海市清鄉調查辦法。

本届辦理清鄉調查,先奉前縣知事吴令頒調查册籍,飭依限造送。惟上海市區域寥闊,户口繁多,未能急切辦竣。經董事會擬定辦法十二條,臨時添設辦事員,趕行開辦,當將辦法簡章呈縣查核。

承包浦江船隻税易人承辦。

浦江船隻税,歷由連錦堂承收包繳。現又期滿,請求續辦,並減繳税數。當以本年船税收數早經列入預算,礙難照准。爰即通告投標,以金志益按月認繳税銀二千六百五十元,較連錦堂爲多,應歸金志益承辦。據加具保狀,並預繳一個月税款到廳,即行給諭。於二月一日交替,並呈縣知事備案。

二月,上海鎮守使鄭派員會縣,清查市政廳款産。

本月十一日,上海鎮守使特派外交員楊南珊,會同縣知事洪臨市政廳,以奉令停止自治,上海在戒嚴期内,鎮守使有指揮地方行政之權,飭將市政廳自治款産先由縣知事接收保管。即日起,由楊委員駐廳,逐項清查,當將市政廳公産契據、卷宗文件、銀錢册籍逐一開摺,繳送呈明。俟奉到停辦自治明文,繕造清册,再行正式呈請接收。

縣知事洪奉省民政長電,轉知各級自治機關,奉令停止,其地方教育仍積極進行。

縣知事洪奉上海鎮守使令，轉知改上海市政廳爲工巡捐局，委員接收試辦。

本月二十八日，奉縣文，轉奉鎮守使令，上海市政廳經辦之件，除學務一項，應劃歸縣知事接辦外，其餘參仿天津辦法，將上海市政廳改爲工巡捐局，令外交員楊南珊先行接收試辦。

三月，縣知事洪奉省民政長電，轉知自治機關停辦期限。

本月二日，奉縣文，轉奉省電，各級自治機關遵令停辦，限自三月三十日以前完全結束，並發省定停辦自治執行細則九條、接收辦法五條，飭照所開各項分造清册三份，於限前送縣預備接收。

呈縣知事洪依限造送市政廳清册，繳銷市議事會、市董事會圖記。

查照省定《停辦自治執行細則》，分別繕造市政廳暨各分區各項清册三份，於本月二十日呈縣檢查，並將議事會、董事會圖記隨文繳送，聲明市政廳擔負歷年債務巨款未克清了，請呈鎮守使檢查册開公産估單，指定某項公産出示通告，招人買受，俾償債負。二十三日，縣知事派員接收繳餘物件，當即照册點交。市政廳董、議兩會職員即日解除職務。

（附記）市政廳款産簿據，於本年二月鎮守使派員清查時繳送縣署。三月一日，工巡捐局開辦，出示佈告，聲明工巡捐局繼續市政廳辦理，所有市政廳債款，當由工巡捐局擔任償還。市董事會交卸時，各債權人紛函詰問，雖公務卸肩，而債款事宜須有接洽之地，爰借南商會餘屋，臨時設立市政廳債款清理處，以便隨時接洽。

上海市自治志公牘

甲編　上海城廂内外總工程局公牘

總工程局開辦案附西區南區開辦及公舉區長各案

蘇松太道袁照會邑紳議辦總工程局試行地方自治文光緒三十一年七月初六日

爲照會事。人人有自治之能力,然後可保公共之安寧;人人有競争之熱心,然後可求和平之幸福。此天然之公理、世界之通例也。我國教育未昌,民智未進,羣志渙散,故步自封,内政不修,外侮斯亟。朝廷迭下明詔,力圖自强,而官吏懷操執威福之心,紳民無擔任義務之想,非所以仰體朝廷孜孜求治之盛心也。本道不學無術,巡守是道,怱怱無稔,卅幅共轂,百務旁午,才短力絀,日苦不給。於地方應辦之事,如學校、警察,亦已次第舉行,然但有形式之可觀,終不能盡合乎規則。忝兹重寄,深用疚心。究其原因,雖由於庫帑之空虚,人才之消乏,而尤在於官民之情之不通。不通故不信,不信故才傑之士觀望而不前,捐輸之款勸導而無效。朝圖夕維,至再至三。欲求改良之策,莫如以地方之人興地方之利,即以地方之款行地方之政。有休戚相關之誼,無上下隔閡之虞。衆志所成,收效自易。前貴紳等有創辦總工程處之議,本道極願贊成。擬即將南市工程局撤除,所有馬路、電燈,以及城廂内外警察一切事宜,均歸地方紳商公舉董事承辦。十室之邑,必有忠信。況上海爲通商大埠,最得風氣之先。外患之激刺日深,紳民之感情自異。本道知奮然興起解除私意,合羣策羣力以謀公益,以副朝廷求治之心者,必不乏人。貴紳等閎識熱忱,久爲鄉里所推重。希即日開會集議,宣佈本道宗旨,妥訂簡明章程送核,以便剋期舉行,本道不勝厚望。爲此照會,即煩查照辦理,須至照會者。右照會上海縣紳士郭懷珠、李鍾珏、葉佳棠、姚文枬、莫錫綸。

邑紳呈復開會選舉繕送名摺文光緒三十一年八月二十二日

上海縣紳士郭懷珠、李鍾珏、葉佳棠、姚文枬、莫錫綸爲呈復事。竊職等同奉憲台照會内開,人人有自治之能力,云云。即煩查照辦理等因。奉此,伏查總工程局之議,前因面奉獎勵。業經草擬章程,正在脱稿,送呈鈞閲。兹奉憲諭,以自治義務諄切勗勉,訓詞深遠,事體重大。承命之下,悚惕彌深。遵於本月十二日,在學宫明倫堂開會,宣佈憲台宗旨,申説自治關係。並即集議舉董章程。職等訪諸曾經遊歷外洋之法政學家,知東西各國自治規制,本非猝辦。其普通選舉之法,按之目下地方情形尚多格礙,惟有先就向來辦事諸紳商中公同選舉,送請核派,以爲組織自治之基礎。爰訂善堂、書院、警務各董暨各舖段董,於十九日仍在明倫堂第二次開會,投票公舉,得及格者三十人。又訂各商業各舉代表一人,於二十六日仍在明倫堂第三次開會,投票公舉,得及格者二十八人。再,由職等公同採訪兩次投票未與而衆論交推者得十八人。共計七十六人,合行開具清摺,恭呈鈞覽。伏乞於中遴派城廂内外總工程局總董一人、幫董二人、議董若干人,開單札縣,並分别照會,以定責成。其議董員數曾議以至少三十人、至多五十人爲斷,仍候憲定。至日前呈送總工程局草章係屬急就,應俟派出總幫董公商盡善,呈請核定,次第舉辦。所有職等遵諭開會集議舉董請派各情,合行呈復,伏祈俯賜察核施行,地方幸甚。謹呈。計呈清摺一扣,不備録。

蘇松太道袁照會選派總工程局總董議董文光緒三十一年九月十八日

爲照會事。照得上海地方紳士前有創辦工程處之議,曾經照會郭紳懷珠、李紳鍾珏、葉紳佳棠、姚紳文枬、莫紳錫綸等開會集議在案。兹據貴紳等呈開就向來辦事諸紳商中一再開會,投票公舉,得及格者五十八人。復公同採訪兩次投票未與而衆論交推者得十八人。共計七十六人,開摺呈請遴派,以定責成等情前來。本道復詳加採訪,於公舉各人中選定李紳鍾珏爲領袖總董,莫紳錫綸、郁紳懷智、曾紳鑄、朱紳佩珍四人爲辦事總董,莫紳錫綸常川駐局,曾紳、朱紳常川到局,姚紳文枬等三十二人爲議事經董。除分别照會行知外,合亟抄單備文照會。爲此照會貴總董,請煩查照,即將應辦事宜會商酌議,妥訂簡明章程送核,以便剋期舉辦,望切施行。須至照會者。計抄名單。不附録,詳見職員表。

蘇松太道袁照會據前馬路工程局委員翁守稟定移交日期文光緒三十一年十月初七日

爲照會事。本年九月初三日,據馬路工程局翁守稟,奉道札照得上海創設總工程處,應將南市馬路工程局歸併辦理一事。兹據各董事議送章程,並接李紳鍾珏函稱,擇於十月初一日開辦、初七日開局等情到道。飭將卑局一切事宜刻日移交,並將局用經費截至月底爲止等因。奉此,伏查卑局所收舖捐,零星小户難免遲延,九月分舖捐須於十月初十日後方能收齊造報,而十月分車捐已於初一日開收,礙難驟然停止。且前月修理大碼頭工程尚未完竣,又不能半途而廢。兹奉憲札,自當督飭員司將一切未完事宜趕緊分别料理,擬於十月十五日一律截止,以清界限而免糾葛。除將餘存銀兩新舊案卷等項另文繳呈憲庫驗收外,稟祈察核等情到道。查該局未完事宜准於十月十五日截止,其餘各大段可以先行移交。除批示外,合亟照會,爲此照會貴總董,請煩查照辦理施行。須至照會者。

致上海縣汪函陳明巡防各局暫緩移交文光緒三十一年十月十三日

敬肅者。前奉道憲照會,以馬路、電燈及城廂内外警察等事,均歸總工程局承辦等因。當經遵奉憲諭,定本月十五日接辦馬路工程局。惟十六舖南、北、中三局原有之壯丁人數太少,不敷分撥,須另行招募選充,約計本月底方能選定開放,故呈請道憲飭知十六舖三局委員於十一月初一日移交敝局接辦。至城内警察四局,因須公舉警董,亦擬請道憲留辦冬防,暫緩交卸。兹將呈稿另摺呈送,用備垂覽。專泐。

計抄摺一扣。

致上海縣汪函請飭知各警局尋常案件解送總工程局裁判文光緒三十一年十月十四日

敬肅者。總工程局已定十五日接辦,所有正裁判官本擬駐紮城内警察總局,副裁判官駐紮城外工程局。兹查十六舖地方拆稍打降等事,時有所聞。且浦江來往船隻水手人等,尤易滋生事端,違章之案實較城内爲多。因與董等一再會商,擬請正裁判官暫駐城外舊有之馬路工程局,以便訊判案件,副裁判官暫駐十六舖中局。俟三局撤除後,再定常駐之所。除將情形函陳道憲外,懇請飭知四警局員,嗣後一切尋常案件,暫解總工程局訊判。至重要案件,仍解送鈞案辦理。專肅。

又請派巡長二人訓練新招巡警附函

再十六舖三局已定本月底裁撤,擬添招巡勇,與外馬路工程局巡捕一氣貫輸,以嚴巡緝而期聯絡。惟新招之勇,須訓練約束,請於四警局中遴派巡長二人來局,以資臂助。此係暫攝之事,其月薪仍祈照常撥給爲幸。再,歷次鈞定之警察章程及收進櫃檯欄杆造屋收讓示諭,乞飭承即行抄録一分送局,是所至禱。再肅。

呈蘇松太道袁具報接辦局務開用鈐記日期文光緒三十一年十月十五日

爲呈報開用鈐記日期事。竊奉照會,以創辦上海城廂内外總工程局一事,業經詳報分行在案。所需鈐記一顆,已據刊成,呈送驗明,相應備文照送。爲此照會,請煩查收應用,仍將開用日期見復,望即施行等因。計照送鈐記一顆到局。兹遵於本月十五日接辦馬路工程局,將鈐記開用。所有開用日期,合行呈報,並呈送鈐模一紙,伏祈鑒核備案,實爲公便。謹呈。

呈上海縣汪具報接辦局務開用鈐記日期文光緒三十一年十月十五日

爲呈報開用鈐記日期事。竊前奉道憲照會,云云,同道呈。望切施行等因。並遵奉憲諭,於本月十五日接辦馬路工程局,將鈐記開用。所有開用日期,合行呈報,並將鈐模呈送,伏祈俯賜鑒核備案,實爲公便。除呈道憲外,謹呈。

呈蘇松太道袁陳復接收局務備送清册文光緒三十一年十月二十四日

爲陳復事。竊奉照會,以據馬路工程局翁守稟稱,一切局務,須於本月十五日方能截清移交,其餘存銀兩、新舊案卷等項繳存憲庫驗收等情。查該局未定事宜,准於十月十五日截止,照會查照辦理等因。兹蒙札委松海防秦丞蒞局,按照册開房屋器具、巡捕號衣、清道什物、洋龍巡船、馬匹以及電燈廠機器房屋、裏外馬路電燈等項,逐一點驗,移交董等接收,大致尚無錯誤。惟局内及電燈項下各物件,核與原册稍有不符,另行開單呈覽。其未列册之杪木杉板亦已點收無誤,列入接收册内。所有馬路工程局餘存銀兩及新舊案卷,業經翁守申明解存憲庫,應否仍行發交敝局接收,以備應用而資查考之處,伏候鈞裁。至局中所收捐項以船捐、車捐爲大宗。十月分船捐及本月車捐、各季車捐,均已由馬路工程局收去,想已造報。再,董等於接收之後,查得局房前面兩進本係廠屋,破舊不堪,後面樓屋前簷柱木低陷,西面圍墻裂縫數寸。其新馬路均凹凸不平,沿浦木駁均已窳朽,鐵欄大半傾倒。老馬路本係石子砌成,缺陷甚多,欲加修葺,非費四五萬金不辦。而統核局中收數,每月僅有二千數百兩,現在尚須推廣馬路、電燈,十六舖里街並須添招巡警,爲費益鉅。此後能否支持,尚無把握。所有接收情形,合行呈復,除備清册兩本呈由秦丞申送外,伏祈俯賜施行。謹呈。

呈蘇松太道袁陳報開辦情形請予備案文光緒三十一年十月二十四日

爲呈報事。竊董等於十月十五日接辦馬路、電燈事宜,業將接收情形呈報在案。現在開辦伊始,自應將辦理情形縷析分陳。一、局中之捕頭張澄川,向係當權用事,外間嘖有煩言。兹將向有之寫字房撤去,照裁判章程,訂延公正紳士爲當值員,日夜輪值。如有扭送來局及違章之人,先由當值員詢問情節。應行解訊者,歸裁判官訊問;其因細故應釋應罰者,即由當值員議結,毫不假手於人,以杜弊竇。一、局中向用印捕六名,現在局務既歸紳董辦理,於地方自治體制似不相宜,自應以撤去爲是。因給各印捕以三月辛糧,即行遣撤。一、局中水巡有頭目一名、巡勇四名,本爲巡緝浦江匪類、查察駁船偷貨而設,如果廉潔辦公,無所爲利,乃外間久以水巡爲利藪,故此次之謀充水巡者,紛至沓來。董等以除弊務盡,當將水巡名目撤除。即擬諭飭埠頭、管幫及各渡夫頭、各船人等,聯絡一氣,相互保衛。一、局中巡勇,向照租界捕房款式稱爲巡捕,今擬改稱巡士,其三畫頭擬稱爲巡長,原有之副捕頭擬暫稱三等教習,並另延幫教一人。緣局中巡勇久不習操,其於移交時,募補者尤屬毫無規模。嗣後,擬由幫教按日於巡士落差時分班訓練。至十六舖三局應放之巡士,現已挑選得八十人,在警察南局學習,定十一月初一日上差,以嚴巡緝。一、新馬路自十六舖橋迤南至護軍營止,馬路均凹凸不平,沿浦木駁尤多損壞,邊岸蟄陷,鐵欄大半傾倒。如須重築木駁,爲費過鉅。兹擬擇窳朽過甚之處,换釘樁木閘板,以保駁岸。應修之新馬路,擬添買石塊石屑,從十六舖橋南首起,逐漸修築至老馬路。本砌石塊,高低塌陷之處甚多,兹擬一律改作石屑路。惟須俟新馬路修竣後,再行换築。一、電燈每月需費銀五百兩左右,前曾蒙於江南義賑彩票餘利項下撥款應用,少此一款,局用益形支絀。擬請於南洋籌捐局繳款項下仍行撥濟,是所至禱。以上各節,係現在開辦情形,如有應興應革事宜,當隨時請示。竊維總工程局創辦之後,應行之事既條目繁多,而所需經費尤難以數計考核。從前局中收數每月僅二千數百金,以收抵放,不敷甚鉅。雖以後可徐議籌捐,而現在修築駁路、推廣警察,需用正繁,能否支持,尚無把握。兹將開辦情形瀆陳鈞鑒,伏祈察核,備案施行,實爲公便。謹呈。

呈上海縣汪陳報開辦情形請予備案文光緒三十一年十月二十四日

爲呈報開辦情形求賜察核事。云云,同道呈。一、電燈每月需費銀五百兩左右,曾蒙道憲於江南彩票,云云。擬請道憲於南洋籌捐。云云。除呈道憲外,謹呈。

蘇松太道袁照會奉督撫兩院批准上海設立總工程局文光緒三十二年正月十八日

爲録批照會事。奉蘇撫憲陸批本道詳上海設立總工程處、公舉紳董辦理警察等事,録章呈請立案由。奉批詳及章程,並悉仰即照會各董遵照辦理,仍將未盡事宜隨時妥議舉行,稟報並候南洋大臣批示,繳摺存等因。並奉兩江督憲周批,同前由。奉批據詳上海地方創辦總工程處,公舉紳董,以地方之人辦地方之事。並舉警察裁判委員,官民一體,以免隔閡之弊,重要事件仍由道主持。所議章程亦尚周妥,應准立案。仰即轉飭認真經理,仍候撫部院批示,繳摺存等因到道。合行録批照會,爲此照會查照辦理施行。須至照會者。

呈上海縣汪陳報西門外及二十三七鋪推放警察日期文光緒三十二年閏四月二十日

爲推廣警察陳明請核事。竊董等前奉照會,以據二十三七鋪及西門外紳董張士來等稟稱,西門外毗連法界二十三七鋪區域,包舉十二圖,地勢沉寥,宵小視爲逋藪。揆之情勢,均應推廣警察,合力保衛。爲特合詞懇請照會,敝局迅將警察推廣西門外二十三七鋪,以衛地方等情。爲此照會煩照來文,希即設法推廣等因。奉此,董等遵經設立警務學堂,訓練巡警,已將次畢業。定於五月初十日一律開放,業已具稟道憲,請示遵行。除開辦章程另行呈送外,合將推廣二十三七鋪及西門外警察情形先行具陳,伏祈鑒核施行,實爲公便。除呈道憲外,謹呈。

稟蘇松太道瑞西門外及二十三七鋪推放警察請撤除巡局文光緒三十二年閏四月二十日

敬稟者。竊董等自上年接辦總工程局後即於十六鋪地方一律改設巡警,其西門外及廿三七鋪因須俟警務學堂訓練後再行開放,以致時日稍稽。查西門外雖設有保甲局,而方浜橋迤南至斜橋一帶修理道路、掃除垃圾等事,向任法公董局爲之。方浜橋與法界毗連,法人立有界碑。並將方浜填平築路,路北爲法租界,路南爲我中國界,而修路歸法人主政,界限已不甚清。若斜橋以西至徐家匯之馬路本非租界,因歷年修路之費出自法人,久思佔我路權。庚子年,要求派捕收捐,遂復添築馬路,致十餘里間路權盡歸法人掌握。是西門外關繫極爲重要,交涉又極繁難,非速放警察,先將方浜橋至斜橋一帶修路清道等事歸我自行管理,恐以後益不可問。今巡警學生已將次畢業,擬於五月初十日開放。現在將舊設保甲局之社稷壇房屋修理,以作局所。至廿三七鋪包舉十二圖,居西門外十六鋪之間,地勢沉寥。痞棍流氓勢必以此爲逋逃之藪,自應一律推放巡警,以期聯絡一氣。因擬與西門外同時並放,即就舊設保甲局之小普陀設立局所。惟須將神像移置别廟,房屋始足敷用。現已在次第佈置,其西門外二十三七鋪兩巡局應請屆時一併撤除。除商訂開辦章程另行稟呈外,所有西門外二十三七鋪開放巡警緣由,理合先行稟陳,爲特備由呈乞迅賜核示施行,地方幸甚。肅稟。

批:來牘閱悉。推廣西門外及廿三七鋪警察,係爲目前扼要辦法。所擬定於五月初十日開放,事屬可行。已函致法總領事轉飭公董局知照,函稿抄發,希即查照,仍俟屆時將該處巡局裁撤可也。此復。閏四月二十一日。

致法總領事巨函

啓者。上海地方華洋雜處,户口紛繁,良莠不齊,時有匪徒擾害滋事。保衛之道,總宜實行警察、整理路政,以爲久安長治之基。上海城廂警務早經開辦,其南市一帶馬路,亦經改歸地方紳董設立總工程局經管,居民安堵樂業,成效尚有可觀。惟西門外南城根一帶尚係由巡防局員辦理,彈壓不能得力,以致折稍搶劫之案時有所聞,勢非實行警察不爲功。現經商准總工程局,挑選巡警學堂畢業生,派往西門一帶站巡。一面將方浜橋至斜橋一帶關涉路政諸事宜,妥爲籌款興辦。據稟定於五月初十日與廿三七鋪同時開放,已在舊設保甲局之社稷壇及小普陀等處次第佈置,設立局所等情具報前來。除屆時將各該處巡局裁撤、併歸地方紳董辦理外,查方浜橋與貴國租界毗連，開辦警察之後，自必時有交涉。應請貴總領事轉飭公董局，嗣後遇有查拿匪徒等事務，必飭捕隨時協助，互相聯絡，以期共保乂安，是爲至要。此頌日祉。

稟蘇松太道瑞陳報西區南區推放警察人數文光緒三十二年五月十四日

敬稟者。竊董等前稟西區、南區亟宜設立警察，以衛地方，擬於五月初十日同時推放等情。並經擬具分辦處章程，送請察核。疊奉憲批准行，並蒙出示曉諭在案。兹於五月初十日開放西區警察，以該區内社稷壇爲西區分辦處；其南區警察於十二日開放，暫借該區内商船會館之北廳爲南區分辦處。計西區除區長、辦事員外，設巡長一人，巡目、巡士六十人；南區除區長、辦事員外，設巡長一人，巡目、巡士五十七人。所有開辦日期合行呈報，爲特備由，稟祈俯賜鑒核，備案施行，實爲公便。再，南區分辦處仍擬在舊設二十三七舖局之小普陀辦事，因局房尚須大加修理，暫假商船會館之北廳爲辦公之所。合併聲明，肅稟。

批：來牘閱悉。此復。五月二十三日。

稟蘇松太道瑞陳報公舉西區南區正副區長文光緒三十二年九月十四日

敬稟者。竊董等於本年五月間稟陳憲台，將西門外及二十三七舖十二圖地方改爲西區、南區，一律推放警察，分設分辦處。每區各舉區長一人、副區長一人，以資統率。並繕呈分辦處試辦簡章，求請給示曉諭等因。荷蒙憲台核准給示在案。查《董局分辦處簡章》第六條載，設區長一員、副區長一員均以操守廉潔、識見明通而熟悉本區情形者任之，由總局公舉等語。當時即由董等開會集議，公舉同知銜、附貢生、董局議董吴馨爲西區區長，五品銜、安徽補用知縣周文彬爲西區副長，癸卯恩科舉人、董局議董穆湘瑶爲南區區長，選授安東縣教諭單慶銘爲南區副區長，暫行試辦。計自五月開區以來，已逾三月，所有西、南兩區應行興辦及整頓事宜，均由該區長等悉心籌畫，措置裕如，於地方實有裨益。自應將先經公舉西、南二區區長、副區長姓氏及辦理得力緣由陳報，爲特備由呈祈俯賜亮察，並求札飭上海縣轉行城内各警局員知照，實爲公便。肅稟。

批：來牘閱悉。已分行上海縣暨警察總局轉飭知照矣。此復。九月十六日。

並呈上海縣。

稟蘇松太道梁西南兩區正副區長任滿續舉連任文光緒三十三年十一月十三日

敬稟者。竊董局於上年五月間稟准前升憲瑞將西門外改爲西區，二十三七舖十二圖地方改爲南區，一律推放警察，分設分辦處。由董局議會公舉吴紳馨爲西區區長，周紳文彬爲西區副區長，穆紳湘瑶爲南區區長，單紳慶銘爲南區副區長，以專責成。查董局各區分辦處章程，區長係名譽職，由議董一人兼任，副區長係有給職，由總局公舉，任期一年，連舉者連任。至本年五月一年期滿，本應更舉，嗣由議事會決議，以本年十月爲更舉總董、議董之期。所有西、南兩區正、副區長應請留任半年，俟舉定局董後再行更舉等情，並經稟報在案。現在董局總董、議董均已更舉，爰於本月十八日開會，議行更舉西、南兩區正、副區長。當經各議董決議，以前任西區正、副區長吴紳馨、周紳文彬，南區正、副區長穆紳湘瑶、單紳慶銘任事年餘，辦理一切均屬妥慎，應請連任，以資熟手等語。查各議董所議，按諸董局定章相符，西、南兩區正、副區長既經續舉連任，自應陳報，爲特備由，稟祈俯賜察核，備案施行，實爲公便。肅稟。

批：如稟備案。繳。十二月初五日。

並呈上海縣。

稟蘇松太道梁更舉南區正區長文光緒三十四年二月初八日

敬稟者。竊董局南區區長於上年十月間期滿更舉，由議會議決，以前任區長穆紳湘瑶任事。年餘，辦公妥慎，應請連任。當由董等具稟陳報，奉批在案。現穆紳湘瑶由蘇浙鐵路兩公司聘請總理混江伐木公司事宜，於上月間辭退南區區長。當經董等邀董開會集議，更舉仍照董局各區分辦處章程遴舉，議董兼任。隨即舉定議董花翎五品銜候選同知顧紳履桂爲南區區長，業於本月初五日到局任事。合行稟報，爲特備由，稟祈俯賜察核，備案施行，實爲公便。肅稟。

批：如稟備案。繳。二月十九日。並呈上海縣。

稟蘇松太道蔡西區區長副區長南區副區長任滿續舉連任文光緒三十四年十一月初四日

敬稟者。竊董局西、南兩區區長、副區長照章任期一年。上年十月任滿時，由議會議得西區區長吴紳馨、副區長周紳文彬，南區區長穆紳湘瑶、副區長單紳慶銘辦公妥慎，均請連任。本年二月，南區區長穆紳湘瑶辭退後，由議會另舉顧紳履桂接辦。迭經董等具稟陳報，奉批在案。現屆十月，西區區長、副區長，南區副區長均復一年期滿，應行更舉。爰於九月十六日邀集議董開會議舉，僉以西區區長吴馨、副區長周文彬、南區副區長單慶銘等辦事二年，謹慎從公，仍請連任，以資熟手。至南區區長顧紳履桂應俟明年期滿再舉等語。查各議董所議，按諸董局稟定章程，均屬相符。既經續舉連任，自應陳報，爲特備由，稟祈俯賜察核，備案施行，實爲公便。肅稟。

批：如稟備案。繳。

並呈上海縣。

稟蘇松太道蔡南區正區長任滿公舉續任文宣統元年二月初十日

敬稟者。竊董局南區區長於上年二月間更舉顧紳履桂接辦，至本年二月任期屆滿，照章應行更舉。經董等邀集議董開會議舉，僉以顧區董任事以來，謹慎從公，於區務深資整頓，應仍請連任等語。核與定章相符，爲特稟祈俯察，備案施行，實爲公便。肅稟。

批：如稟備案。繳。

並呈上海縣。

董議兩會選舉案

稟蘇松太道瑞設選舉局預備選舉辦法改選總董議董半數文光緒三十三年四月二十三日

敬稟者。竊董局於光緒三十一年七月奉前升憲袁照會，妥訂章程，舉董興辦。當在學宫明倫堂邀集紳商開會三次，投票公舉，又公同採訪兩次投票未與而衆論交推者，共得七十六人，開摺呈請遴派。嗣復奉文於公舉各人中，選定領袖總董一人、辦事總董四人、議事經董三十三人，飭遵前來。當即公同會議，擬訂簡章，送請詳准立案在案。查原定章程，領袖總董任期三年,期滿另舉,辦事總董、議事經董任期各四年,惟每二年改選其半。現計總工程局自開辦迄今二年之期將次届滿,所有辦事總董、議事經董自應照章改易其半,預備選舉。董等於本月二十一日會期邀集各董公商酌議,僉以選舉一事關係地方全體,至爲重要,必須先定辦法,妥擬章程,方能行之有序。擬先由總工程局聯絡紳商學界各種團體,如城内外各善堂、勸學所、南北市商會、地方自治研究會、公益研究會、東南城聯合會、西北城地方會等類,各舉職員爲代表,其各段董各照學區公舉代表,其商業董事之不入商會者亦由商會議舉代表,合共組織一選舉局。稟奉批准後,定期開會,公舉選舉局局長一人、副局長二人、起草員八人。將選舉局章程先行擬定,俟選舉局成立後,再舉評議員若干人,詳議選舉辦法。研究既妥,然後稟請核示遵行等語。按諸董所議各節,條理秩然,自係切要辦法。惟設立局所詳擬章程,一切組織頗爲繁密,而更舉之期轉瞬易届,擬將組織選舉局一事即日舉行,庶次第備辦,不至局促。爲特備由具稟,是否有當,伏祈迅賜核准批示遵行,無任企禱。再,選舉局第一次開會,擬仍在明倫堂舉行。俟舉定選舉局局長及各職員後,公商再定居所。合併聲明,肅稟。

批:察閲來牘,具見慎重。選舉取古人詢謀僉同之意,所議辦法甚爲周妥,希即知照。此復。十月二十七日。

稟蘇松太道瑞請更改原章將辦事總董全行更舉文光緒三十三年五月初七日

敬稟者。竊董等前以本年值更舉局董之期,稟請設立選舉局,公議選舉法,改選總董、議董緣由。奉批,察閲來牘,具見慎重。選舉取古人詢謀僉同之意,所議辦法甚爲周妥,希即知照。此復等因。奉此,遵即分别函致紳商學界各團體職員,將姓名篆字、年歲籍貫、職業住址開示,以便備柬邀請,定期開會,公舉選舉局局長及各職員,擇定局所,詳議選舉之法,以備實行。惟是董局之設,諸凡草創,董等既未敢以東西各國之制强合時宜,復不能以和洽鄉里之情上紓憲慮。雖心力交瘁,而地方自治之道迄無進步,撫衷自問,慚恧實深。現在局中規制固宜切實改良,而尤以全行更舉辦事總董爲第一要義。查原定章程,雖有領袖總董任期三年、辦事總董任期四年、每二年改選其半之語,而前升憲袁上詳時曾聲明此係試辦簡章,則設有未宜,自可隨時改易。並查當時具呈,本請遴派總董一人、幫董二人,嗣奉派總董五人,是試辦原不拘定人數,此次選舉後,或派五人,或派三人,悉憑核定,惟董局總董必須全行更舉。董等五人實不能再盡義務,合行預先稟明。爲特備由,稟乞俯賜核准立案施行。董等無任迫切屏營之至,肅稟。

批:上海地當衝要,華洋雜處,治理本極繁雜。庚子而後,棘手益多。光緒三十一年十月間,袁升道心憂時局,與諸君組織總工程局,立自治之基礎,爲立憲之預備。諸君慘淡經營,不辭勞怨。時未兩年,凡填河築路、電燈水廠及南市警察均已次第舉辦,卓有可觀。果能官紳同志於教育、保護實業諸要政推行盡利,則上海地方之自治發起最早,收效亦必最先。此本道極所忻佩而又旦夕期望者也。惟諸君爲地方公益之舉啓處不遑,心力交瘁,悠悠衆口,毁比譽多。固由於民志未齊,而識時之士則謂警政尚未盡善之過。夫警政之在城内北市者,以官權行之,尚不免與民齟齬。南市乃歸紳辦,權力較弱,反對尤多。平心而論,諸君動輒招尤,能勿代爲扼腕?然本道對於諸君遇有困難,無不主持,遇有不合,亦無不勸勉,一秉大公,毫無成見。此亦諸君當能共見共諒者也。本年十月間,爲選舉董事之期,照章應改選其半。惟試辦甫及兩年,不得其人,從權暫不改選,亦無不可。乃諸君預先具稟,率請總董五人全體辭退,既非社會所願聞,尤負本道之期望。所請應毋庸議,仍俟屆期另行酌奪。此復。五月十一日。

稟代理蘇松太道王陳報改選局董先行舉留總董議董半數辦法文光緒三十三年十月初六日

敬稟者。竊總工程局自開辦以來至本年十月兩年期滿,查照原定章程,除領袖總董任期三年期滿另舉外,其辦事總董、議事經董均改選其半。曾由總董鍾珏等於四月間稟准憲台,組織選舉局,預備一切選舉辦法,定立章程及辦事期限,次第執行。所有總工程局總董、議董例須改選一半,自宜先定去留。曾於九月初五日開特別會,議定辦法。先由各議董當場投票,於辦事總董四人中舉留二人,次就議董三十二人中籤留十六人。所缺之額,候此次選舉補充。其未留之總董、議董,即編入選舉局之選舉册,再行公舉。所有選舉新議董一切辦法,除由選舉局另行稟報外,合將舉留總董、籤留議董情形備由稟報,並開呈被留總董、議董名單一紙,仰祈俯賜鑒核備案。再,郁董懷智、莫董錫綸雖被舉留,尚在力辭,應俟新議董到局會合舊議董、公同舉定總董後,再行稟陳,合併聲明。肅稟。計抄名單,不附録,詳見職員表。

批:來牘閲悉,此復摺存。十月初八日。

稟代理蘇松太道王陳明公舉總董推補議董請分别照會文光緒三十三年十月十二日

敬稟者。竊董局遵章改選局董,於本月初六日將籤留之總董、議董開摺稟報。並由選舉局將本月初五日復選舉當選議董十七人、候補議董十人開呈憲鑒。均經奉批,並將新舉議董十七人分别照會在案。董局於十一日邀集新舊各議董開會,議舉總董二人,以補前次籤退之缺。查董局總董五人,除領袖總董一人外,其辦事總董常川到局者二人,常川駐局者二人。前次籤留之郁董懷智、莫董錫綸本係駐局辦事總董,自舉留之後,屢次力辭。此次開會,新舊各議董僉謂原請詳定章程,總董四人中每二年改選其半,郁董、莫董既經舉留,自未便任令告退,遂議以郁董改爲常川到局總董、莫董仍爲常川駐局總董。其應更舉之總董二人,經新舊各議董用投票法舉定二品銜、直隸存記道姚文楝爲常川到局總董,花翎知府銜、候選同知王震爲常川駐局總董。所有董局議董定額三十三人,現除姚董、王董被舉爲總董外,其前次籤留之十六人中,嚴董應鈞因年邁力辭、張董美翊、劉董桂馨均以就幕外省函請辭退。再,新舉議董中,范紳熙瑞向任董局路政及路燈清道事宜,係有給職人員,照章未便兼任議董,經議會決議,當場辭退。共計議董缺額六人,應以候補議董鍾浩志、張在新、黄炎培、郭廷鈐、姚會榮、陳瑞邦等六人挨次補充。兹將新舉總董二人、挨補議董六人開具名摺,懇請迅賜分别照會發交董局轉送,以便十五日到局任事。爲特備由,稟祈俯賜察核備案施行,實爲公便。肅稟。

批:來牘閲悉,已分别照會矣。兹將照會八分隨批附發,希即查收,分别轉送。此復。

摺存。十月十三日。

稟蘇松太道梁陳明另舉總董挨補議董請分别照會文光緒三十三年十一月十九日

敬稟者。竊董局於十月十二日具稟代理前憲王以董局遵章改舉辦事總董,除舊董郁懷智、莫錫綸二人早經籤留外,應再舉總董二人。當由議會於議董中投票,公舉姚董文楝爲常川到局總董、王董震爲常川駐局總董,請核給照會等情。經奉批准,分别照會在案。嗣迭據姚董文楝函稱,總董一職未能擔承,願就議董等語。經董局議會集議,公允姚董仍就議董之職,應另舉總董一人,以補缺額。當於本月十七日開特别會,仍於議董中投票公舉,以浙江鎮海縣人、農工商部四等議員、分部郎中李董厚祐得票最多,應即補爲常川到局總董。再,當選議董中,周紳文彬向任董局西區分辦處副區長,本年十月任期届滿,又經議會續舉連任副區長。係有給職人員,未便兼任議董,由議會提議解除。所遺議董一額,應以候補議董、上海縣人、花翎四品銜、分省補用通判張紳焕斗挨補。所有另舉總董、挨補議董情形合行陳報,懇請迅賜分别照會,發交董局轉送,以便到局任事。爲特備由稟祈俯賜察核施行,實爲公便。肅稟。

批:來牘閲悉。兹繕就照會兩分,隨批附發查收轉致。此復。十一月念二日。

稟蘇松太道梁推舉名譽董事文光緒三十三年十一月二十一日

敬稟者。竊本年十月董局遵章更舉局董,先於九月間開會,將總董、議董籤留一半,其未留各董即編入選舉局之選舉册内,再行公舉。所有被留及新舉各董姓名,曾於代理王前憲任内先後稟報在案。查上次籤退各董中,仍由衆公舉爲董局議董者,已居多數。其餘初選舉當選而複選舉未與者,計有七人。現經董局議會公議,將籤退後未經被選之七人推爲董局名譽董事,遇有地方重大事件,得一體邀集協議。此係爲輔助地方自治集思廣益起見,是否有當,合行備由稟報。並開呈名摺一扣,仰祈俯賜查核,分别照會發交董局轉送,實爲公便。肅稟。計抄名單,不附録,詳見職員表。

批:來牘閲悉。兹繕就照會七分,隨批附發,希即查收轉致。此復。摺存。十二月二十二日。

稟蘇松太道蔡定期更舉領袖總董請届期監督選舉文光緒三十四年九月十七日

敬稟者。竊本年十月爲董局領袖總董任滿之期,照章應行更舉。迭經董等邀請各議董會議選舉之法,經議會議得。本局前奉詳定章程内開,領袖總董任期三年,期滿照章應由議會更舉。自當先期舉定,届期交替。業經議會於八月初十日決議,以現任總董五人、現任議董三十三人、上年初選舉當選者五十八人,共九十六人,爲有被選舉權。又於本月十六日覆議無異,定於二十三日開會,投票選舉,應請稟報憲台届期蒞會監督選舉,以符定章等語。合行據情陳報,並附呈選舉名摺一扣及原詳章程一紙,敬請憲駕於本月二十三日午後準三時蒞臨董局監督選舉。爲特備由,稟祈迅賜察核示遵,無任企禱。肅稟。

復函:敬復者。昨誦環章,以貴局領袖總董定章三年一任。本届十月任滿,定本月二十三日更舉屬届期蒞局監視等因,並具公牘到道。查貴局爲地方自治權輿,總董一席關係尤爲鄭重,必須官紳商議妥洽,方無隔膜。應請查照前函,務從緩辦,仍俟晤商後再議更舉,否則衆人之所謂可者,恐敝道考察未週,不便隨衆符和,到時反有窒礙也。專復。九月十九日。

稟蘇松太道蔡更舉領袖總董重定日期文光緒三十四年九月二十五日

敬稟者。本月十九日接奉鈞函,以董局選舉領袖總董一事,關係鄭重,請查照前函,務從緩辦,仍俟晤商後,再議更舉等因,遵將鈞函宣佈旋於二十三日常會之期。經各議董決議並致公函内開,選舉領袖總董之期,既必須展緩,應改於三十日舉行。距十月十五日任滿之日僅有半月,礙難再緩,仍請稟報。至選舉投票人,照章以議董三十三人爲限。議董等與地方有密切關係,當場投票,昭示大公。前請道憲蒞會監視,正爲慎重起見,並請代爲稟達。再,穆議董湘瑶告假北行未歸,曹議董驤在停止到會期内,故投票僅有三十一人,合併聲明等因。查此次選舉領袖總董照章,惟議會議董三十三人有選舉權,除穆董、曹董外,共三十一人。兹特抄呈名摺一扣,敬請憲台於本月三十日蒞臨董局,監視選舉。合行備由,稟祈俯察,迅示遵行,無任企禱。肅稟。

批:來牘閱悉。本道准於是月三十日下午三點鐘到局監視,希即轉知各議董查照。此復。摺存。九月二十七日。

議會議長致蘇松太道蔡函陳報更舉領袖總董係屬連任請予照會文十月初五日

敬肅者。總工程局領袖總董任期届滿,照章更舉。先經定期報告總董,稟奉批示,九月十三日仰蒙憲駕蒞會監視選舉。是日,到會議董二十一人,記名投票,當衆開筒。李紳鍾珏得十八票,多數當選,應請俯賜備文照會李紳連任續辦,無任企禱。專肅。

稟蘇松太道蔡本年更選局董遵照新章辦理並陳報劃定選舉區域文宣統元年四月二十九日

敬稟者。竊董局於光緒三十一年蒙前升憲袁詳准督撫憲開辦後,本定二年一選舉。三十三年更選時,曾設立選舉局,稟奉前升憲瑞出示曉諭在案。本年又值改選之年,適奉照請辦理地方自治,當經邀董集議,僉以《城鎮鄉地方自治章程》業奉頒發,總工程局本已具城廂自治之模範,所有此次選舉事宜,應即照城廂選舉定章,由董事會籌辦,不必另設選舉局,致涉紛歧。因擬即自五月初一日起開辦選舉,仍先從調查入手。其閘北及江境廟各區統合爲城廂選舉區域。除將辦理情形陸續呈報外,敬求准予照案出示曉諭,俾衆周知,實深德便。用特附呈地圖備由稟祈察核施行。肅稟。

附稟:

敬再稟者。辦理城廂自治,必先劃定區域。上海城北即是租界,若但以城爲限而置租界於不顧,是棄我之土地人民也;而欲連合租界則非我權力之所能及,且尚有界外路權之不我屬者。此惟上海獨有之困難。董等曾邀集地方各董,公同集議,咸以我之行政權雖不能達於租界,而選舉區域實不可不連租界在内。今閘北爲租界所間隔,宜以閘北地方合作城鄉區域,以爲包含租界之計。又,江境廟區與城外西、南兩區接壤,而斜橋以西之路權,亦有不我屬者。該區各董亦願與城廂相合,以期聯絡。此次選舉,即以閘北、江境廟各區合爲城廂區域。如蒙准行,應懇憲台申明以上理由,連同正稟移請巡警總局查照,實深感禱。肅稟。

批：來牘及地圖均悉。已出示曉諭，並照另單所敘，移會巡警總局查照矣，希即查照。此復。五月十四日。

呈上海縣田陳報選舉區域文宣統元年八月十四日

爲呈復事。接奉照會，以本年七月二十三日奉本府憲戚札開，云云。至依限存送等因。奉此，查敝局於四月三十日具呈，曾將遵照新章辦理城廂自治事宜大畧情形陳請備案。惟劃定區域一節，上邑地方與他邑不同。上海城北即是租界，若但以城爲限而置租界於不顧，是棄我之土地人民也；而欲連合租界，則非我權力之所能及，且尚有界外路權之不我屬者。此惟上海獨有之困難。董等曾邀集地方各董，公同集議，咸以我之行政權雖不能達於租界，而選舉實不可不連租界在内。今閘北爲租界所間隔，宜以閘北地方合作城廂區域，以爲包含租界之計。又，江境廟區與城外西、南兩區接壤，而斜橋以西之路權，亦有不我屬者。該區各董亦願與城廂相合，以期聯絡。故此次選舉，即以閘北、江境廟各區合爲城廂區域。計城内分頭舖、二舖、南三舖、北三舖、四舖、七舖、八舖、九舖、十舖、十二舖、十五舖、十九舖、二十舖、廿二舖，城外分東區、南區、西區、北區、新閘、老閘、江境，共二十一區。茲奉前因，合將劃定城廂自治區域情形詳細陳明，並呈送上海縣境全圖三紙，即祈俯賜察核，分别報送備案施行，實爲公便。謹呈。

稟蘇松太道蔡陳報宣示選舉人名册期限並投票開票日期文宣統元年十月廿五日

敬稟者。竊董局本年更選局董，遵照《城廂自治章程》辦理，將總工程局作爲城廂自治公所，曾經稟報奉批在案。查本届選舉照章由董事會辦理，假城内同仁輔元堂爲選舉調查事務所，於五月初一日開辦。現在調查選舉名册業已造竣，定於十月二十五日起至十一月十五日止，爲宣示人名册之期。在此二十日期内，如本人以爲錯誤遺漏，得按照《章程》第三節第十一條取具憑證，聲明更正。所有選舉合格者，計共三千五百六十五人。以税捐核分甲、乙兩級，計甲級三百十七人、乙級三千二百四十八人。定於十二月初六日乙級投票，初七乙級開票；初九日甲級投票，初十日甲級開票。其投票處即設在同仁輔元堂内，選舉調查事務所開票處在總工程局。除呈請上海縣出示曉諭外，合行備由稟祈俯賜察核，備案施行。肅稟。

呈上海縣田陳報宣示選舉人名册期限並投票開票日期文宣統元年十月廿五日

爲呈請事。敝局本年更選局董，遵照《城廂自治章程》辦理，將總工程局作爲城廂自治公所，曾經呈報在案。云云，與道稟同。至開票處設在總工程局，應請迅賜出示曉諭，俾衆周知，爲特肅呈，仰祈俯察施行。除稟道憲外，謹呈。

稟蘇松太道蔡城自治選舉遵章區劃地段分設投票所文宣統元年十一月初二日

敬稟者。竊董局本年更選局董，曾將宣示選舉人名册期限及甲、乙級投票、開票日期呈請示諭在案。惟原定投票處所僅同仁輔元堂内選舉事務所一處。查照《章程》第四節第十六條，投票所設於自治公所，其自治區域較廣、人口較多者，得區劃地段分設若干所等語。以本邑城廂區域人口計之，自以分設爲宜。現遵章於總工程局設投票所一所，城外東區、南區投票即在總工程局，其城内各區投票在同仁輔元堂選舉事務所。城外西區、北區、新閘、老閘、江境廟投票在官契局。除經呈縣請再出示曉諭外，合行稟祈俯察備案施行。肅稟。

呈上海縣田城自治選舉遵章區劃地段分設投票所文宣統元年十一月初二日

爲呈請事。敝局本年更選局董，云云，與道稟同。至投票在官契局，懇請再行迅飭繕發示諭，俾衆周知。爲特呈祈俯察賜行，實爲公便。謹呈。

呈上海縣田陳報甲乙級選民人數並核定議員名額文宣統元年十一月廿九日

爲呈請事。竊本邑遵章辦理城廂自治選舉，曾將城廂區域呈蒙申請核定所有奉發表列調查户口即選民資格，編造選舉人名册、宣示人名册，並發選舉傳單。選舉人聲明錯誤遺漏及監督更正各條，均經依限提前進行。此次調查選舉資格，先計三千五百六十五人，以税捐核分甲、乙兩級，計甲級三百十七人、乙級三千二百四十八人。嗣經聲請更正後，仍以税捐核分甲乙兩級。計甲級三百三十四人，乙級三千三百十人，共計合格者三千六百四十四人。定於本年十二月初六日乙級投票，初七日乙級開票；初九日甲級投票，初十日甲級開票。檢票應行刊印之選舉傳單，業將選舉日期、投票所及開票所地址、投票方法一同公佈。均蒙出示曉諭在案。現在選舉期近，議員名額應預行核定。查《自治章程》第二十三條内載，城鎮議事會議員以二十名爲定額，城鎮人口滿五萬五千者，得於前項定額外增設議員一名。自此，以上每加人口五千得增議員一名，至多以六十名爲限等因。本邑調查城廂户口，除租界外，户數計四萬八百五十四，口數計二十萬四千三百八十八人。復計租界人口不止五萬，城廂區域既蒙核准包含租界在内，住居租界内之年納正税者亦已調查入册，則城廂人口總數自應連租界併計，總核實在二十五萬以上。所有上海城廂議事會議員，應請以六十名爲定額。是否有當，懇祈迅賜申請蘇屬自治籌辦處憲核准施行，實爲公便。須至呈者。

呈上海縣田查報租界人口確數議會議員應以六十名爲定額文宣統元年十二月二十日

爲呈請事。竊本邑城廂自治選舉，前經開報人口總數連租界合計實在二十五萬以上。議事會議員請以六十名爲定額，呈懇迅賜申請蘇屬自治籌辦處憲核定等情，已蒙核轉在案。惟當時呈報城廂人口係二十萬四千三百八十八人，而租界人口但以不止五萬爲言，未有確實數目，恐遭駁詰。兹查公共租界人口計四十五萬二千七百十六，法租界人口計八萬四千七百九十二，共核城廂人口實有七十四萬一千八百九十六，所有議會議員應請仍以六十名爲定額。爲特補行呈報，懇祈迅賜轉報蘇屬自治籌辦處憲鑒核施行，實爲公便。須至呈者。

呈上海縣田陳報當選議員姓名請給執照文宣統元年十二月廿三日

爲呈請事。竊本届辦理城廂自治選舉，所有分設投票所及投票、開票日期，並請定議員額數爲六十名，續報租界人口總數等項，歷經呈懇，分别示諭核轉在案。兹於本月初六日乙級投票，計投票者九百五十七人，初七日乙級開票，檢得選舉票九百五十七紙，除寫不依式、字跡不可認及選出之人不在名册内者六十七紙外，實得選舉票八百九十紙，計以多數當選者三十人。初九日甲級投票,計投票者一百四十七人,初十日甲級開票,檢得選舉票一百四十七紙,除寫不依式、選出之人不在名册内者五紙外,實得選舉票一百四十二紙,計以多數當選者三十人。甲、乙兩級共當選者六十人,内除當選無效者三人、謝絶告退者八人外,共當選議員四十九人。合行開具清摺,呈請給發執照,以便轉送。再,照章當選人應由地方官呈報督撫院,並祈察照施行。須至呈者。計抄名摺,不附録,詳見職員表。

稟蘇松太道蔡陳報自治議員名額並甲乙級當選議員名摺文宣統元年十二月廿四日

敬稟者。竊本屆城廂自治選舉,所有分設投票所及投票、開票日期,迭經稟報奉批在案。其應定議員名額,查照《自治章程》第二十三條内載,城鎮議員以二十名爲定額,城鎮人口滿五萬五千者,得於前項定額外增設議員一名。自此,以上每加人口五千,得增設議員一名,至多以六十名爲限等語。查本邑城廂户口户數計四萬八百五十四,口數計二十萬四千三百八十八。並查租界人口,公共租界計四十五萬二千七百十六,法租界計八萬四千七百九十二,共核城廂人口實有七十四萬一千八百九十六。所有議會議員應以六十名爲定額,並經呈請上海縣轉報蘇屬自治籌辦處察核在案。兹於本月初六日乙級投票,計投票者九百五十七人,初七日乙級開票,檢得選舉票九百五十七紙,除寫不依式、字跡不可認及選出之人不在名册内者六十七紙外,實得選舉票八百九十紙,計以多數當選者三十人。初九日甲級投票,計投票者一百四十七人,初十日甲級開票,檢得選舉票一百四十七紙,除寫不依式、選出之人不在名册内者五紙外,實得選舉票一百四十二紙,計以多數當選者三十人。甲、乙兩級共當選者六十人,内除當選無效者三人、謝絶告退者八人外,共當選議員四十九人。除呈上海縣請給執照外,合行開摺稟報,伏祈察核備案施行。肅稟。

上海縣田照會奉文核准城自治議員名額文宣統二年二月廿二日

爲照會事。奉蘇屬自治籌辦處批本縣申上邑議員仍請以六十名爲額,據情請示由。奉批:據申已悉。既據該縣將租界人數核實補報,照章議員應有六十名,自應照准。至城廂選舉各節及册開姓名、票數均准備案。此批。摺存等因到縣。奉此,合行照會,爲此照會貴所,煩爲查照,希將選舉人名册及議員名册剋日分别造册三份送縣核轉。望速須至照會者。

大達公司承租沿浦岸綫案附填築駁岸案

稟蘇松太道瑞大達公司起造輪步碼頭願承租浦灘岸綫文光緒三十二年閏四月二十四日

敬稟者。竊上海南市十六舖橋迤南沿浦馬路計長一千餘丈,築於光緒二十三年。其馬路向内之地,除各碼頭公路外,改升科爲承租,歸各業户管業。馬路及浦灘係屬公地,歸工程局管理,界限秩然。上年大達輪步公司呈明商部,請自十六舖橋起迤南至大關止,起造輪步碼頭。業奉奏明立案。董等接辦局務後,大達公司以浦灘向歸總工程局管理,情願每年繳納租銀一萬兩。董等以修築馬路、填砌淤浜等項事關緊要,需款浩繁,正在奉稟請撥借公款銀五萬兩,以應工需。當即聲明,以大達輪步公司承租碼頭,租費分五年攤還等情。業蒙詳奉督撫憲批准在案。現在董局已與大達公司訂立合同,合將合同抄列呈請立案,並求轉詳督撫一體立案,以昭鄭重。再,大達公司建築輪步處所,係從十六舖橋起迤南至大關止，本係奏定准辦處所。其自關橋起迤南至南碼頭止沿浦一帶灘岸，應准南市商業分段認租，以期廣設輪步，挽回利權。是否有當，伏祈察核施行，實爲公便。肅稟。

附抄合同

立合同。上海城廂內外總工程局、上海大達輪步股分有限公司。今因上海大達輪步股分有限公司於光緒三十一年八月呈蒙商部奏准開辦，就上海十六鋪至大關建築輪船碼頭，並呈請南洋大臣、江蘇撫院在案。茲向上海城廂內外總工程局租借沿浦岸綫自十六鋪橋起迤南至大關碼頭止，以備建築大小輪船碼頭之用。議定每年租價規銀一萬兩，按四季支付，預付押租規銀五千兩。一切辦法公同商議，互相允洽。爰特訂立合同，彼此各執一紙，以資信守。所有議定各節，具列於左：

計開

一、議租期。查大達輪步公司呈准商部營業以五十年爲限。今向總工程局先行租定三十年，期滿仍可接租二十年，以符奏案。惟須於三十年期滿前六個月彼此互相關照，如願接租，即另訂合同，否則大達公司應將碼頭自行拆去或另行售出。

一、議租價。每年規銀一萬兩，另立租摺，按四季支付。公司開辦十年內不得加租，十年之外如輪步逐漸發達，租價應酌添。自第十一年起至第三十年止，每五年議加租一次，於每期三個月前提議，每次所加之數至多均不得過規銀二千兩。

一、議訂立合同之日，先付押租規銀五千兩，即於總工程局建築木駁開工之日起租。

一、議沿浦填寬馬路、重築木駁一切工料用項並歲修經費，統由總工程局開支。倘大達公司欲使此項木駁格外堅固，屆時公同估計。除總工程局原估價值外，應加工料若干，由大達公司照數貼還總工程局。

一、議展寬馬路、填出沿浦若干丈尺，應由總工程局催請濬浦總局繪定圖綫，以便趕緊開工。倘日後除馬路外尚有餘地可用，應酌量另議租金，不在此項碼頭租地之內。

一、議自十六鋪橋起大關碼頭止，除大達公司建築大小輪船碼頭外，宜有小碼頭，以便民船停泊上落客貨。應俟大達公司繪定輪步圖樣後，與總工程局酌議擬定小碼頭地段式樣，由總工程局備款建築，自行管理，不得有礙輪船碼頭灣泊起卸，以昭公益而免爭論。

光緒三十二年四月　日立合同總工程局、大達公司。

批：來牘閱悉。候據情轉詳兩院憲立案可也。此復。摺存。六月十三日。

大達公司移送輪船碼頭圖樣請估定駁岸辦法文光緒三十二年五月初四日

爲移會事。案照上海大達輪步股分有限公司招集華商股分，先就上海南市十六舖起至大關止建築輪步，購定基地，起造棧房。業蒙商部奏准開辦，頒給關防。歷奉南洋大臣、江蘇撫院批准施行,並咨明袁升道台查照。嗣於本年四月承貴總工程局租借沿浦岸綫自十六舖起至大關碼頭止,以備建築大小輪船碼頭之用。議定每年租價規銀一萬兩,按四季支付,先行租定三十年,期滿仍可接租。聲明展寬馬路、填出沿浦若干丈尺,應由總工程局催請濬浦總局繪定圖綫,以便趕緊開工。並由大達公司繪定輪步圖樣等因,訂立合同各在案。現聞濬浦總局洋工程司奈格合同業經訂定,開濬黄浦動工在即。敝公司承奉商部奏准開辦,爲日已久,專候濬浦總局勘定沿浦岸綫,展出若干丈尺,繪圖附説明示規程。貴總工程局建築駁岸,或用木駁,或用石駁,即日開工,俾敝公司碼頭工程得以限期竣事。爲此繪成敝公司碼頭圖樣一紙,計自十六舖起大關止,擬造新碼頭六座,各長二百英尺、闊三十英尺,連橋十二座,各長四十英尺、闊十四英尺。其碼頭外紅綫係照繪理船廳所定水綫界,似於南市水道碼頭圖樣尚無不合,應請貴總工程局呈請江海關監督,並面商濬浦總局知會洋工程司奈格暨海關税務司理船廳洋員勘定沿浦岸綫展出若干丈尺,即由貴總工程局估定駁岸辦法,即將敝公司繪呈圖樣,公同核定,詳晰照復,以興要工而裨實業。相應移會貴總工程局,請煩查照辦理,見復施行。須至移者。

稟蘇松太道瑞展寬沿浦灘地填築駁岸請移濬浦總局劃定沿浦界綫文光緒三十二年五月廿一日

敬稟者。竊南市新馬路不甚寬闊,人貨車馬往來絡繹,殊形擁擠,必須設法展寬,庶足以便行人而利商業。上年董局開辦時,擬訂章程。於辦事條件内有推廣埠地一條,載明南市浦灘日漲,擬將埠地酌填加寬等情,呈請前升憲袁詳奉督撫憲准行在案。嗣於上年十二月初八日函致前升憲袁,擬自十六舖橋起迤南至南碼頭止,填寬一丈五尺,請爲轉達新關税務司查照准行等情。旋於十二月十五日接前升憲袁復函,以十二月十二日接好税務司函復,須俟河工司奈格來滬稟議等因。上年八月大達輪步公司呈明商部,請自十六舖橋起迤南至大關止起造輪步。於本年四月向董局租借該處舖岸綫一條,議定租價、年期,訂立合同。董等曾經具稟憲台,並請轉詳督撫憲立案等因各在案。現聞河工司奈格業已來滬,濬浦事宜動工在即。並據大達公司移詢敝局,沿浦馬路究竟填出若干尺,建築駁岸如何辦法,並請轉催濬浦總局劃定界綫,明示規程等因到局。董等現擬自十六舖橋起至大關碼頭止,先行填出一丈五尺,其自大關起至南碼頭止,俟續行接辦。所有填築之法,用黄石斜式填砌,其外即建築輪船碼頭,於輪船碼頭空隙處仍建築小碼頭,以便渡船來往、人貨上落。查理船廳所定紅界綫,計離駁岸十五丈,現僅填出一丈五尺,將來建築碼頭停泊輪船,均當在界綫之内。照此辦理,似於南市水道尚無不合。除移會濬浦總局並移復大達公司,爲特備由,稟請移會濬浦總局,將沿浦界綫迅行畫定,俾便照辦而速工程。至應否照會新關税司之處,併請裁酌施行,無任企禱。肅稟。

批:來牘閲悉。查此事前准大達輪步公司來咨,詢准新關税務司函復面商奈總營造司,據稱刻下尚在高昌廟製造局前沿浦一帶起手測量。際此炎夏趕工,非易一時,未能測至該處。是以原圖之地段水勢若何,尚難底悉,該處之岸綫亦即不能遽先酌定,應俟測量既及,再行詳細覆勘等語。現已移復大達輪步公司查照矣,希即知照。此復。六月初二日。

稟蘇松太道瑞大達公司建造輪步由總工巡局填築駁岸呈送圖式請給照會文光緒三十三年二月十二日

敬稟者。竊董局前因大達輪步公司經商部奏准，於十六舖橋起至鬬橋前一帶起造輪步碼頭，向董局租借岸綫一條，訂立合同。曾由董局於上年閏四月間抄摺稟蒙憲台，詳奉前督撫憲批准咨明户部立案在案。嗣因大達公司移請劃定界綫，明定規程等情，復經董局具稟。於六月初二日奉批，詢准新關税司函復面商奈總營造司，以該處之岸綫不能遽先酌定，應候測量既及，再行詳細復勘，希即知照等因亦在案。兹悉濬浦界綫業已繪有詳圖，自十六舖橋迤南至洪昇碼頭，均須填出其界綫，畧帶斜形，北闊而南狹，闊處如十六舖橋，直出浦灘紅綫，離原駁岸約有十八丈，狹處洪昇碼頭僅有尺許。惟照此紅綫界内是否可以全行填作實地，抑碼頭及泊輪船處所，均在紅綫之内。如果碼頭停船均在紅綫内，則究竟可填出實地若干丈尺，均乞明晰指示，俾便遵辦。至此項填築工程，擬即由董局自行勘估興工，以期迅速，緣大達輪步公司待築碼頭盼候已久。兹復迭據詢催，事關中國輪步商業，未便再稽。爲特繪呈界綫圖及碼頭式樣圖各一紙，備由稟求迅賜填給照會一紙，俾得剋日動工，實爲公便。肅稟。

批：來牘並繪圖均悉。濬浦圖紅綫界内是否全填實地，實填若干丈尺，候函致税務司轉飭河工師查復再行知照。至由局自行填築一節，核與太古洋行請在洋涇港迤西沿岸填築辦法相符，應有另定條款。已飭浚浦工師核議太古行遵辦法三條，照抄附發。此復。二月十六日。

譯理船廳復太古洋行函

日昨濬浦總局接到貴行本月六號來函，懇請准其在洋涇港之西沿岸建築木栅一排，去河岸一百零五英尺，並在木栅外以至河道界綫爲止建築碼頭等情。兹奉濬浦總局訓諭，如能遵照以下條款辦理，即可准如來函所請建築木栅。

一、浦東岸自引翔港廠至耶松新廠所有業主，務須公衆議定，同時在河道界綫内五十英尺建築接連木栅，或三合土堤壁，以爲江岸之保障。由此至河道界綫爲止，准其建築碼頭，或願用躉船亦聽其便。且在所築木栅之内所有地段，儘可聽其如何設施一切，但木栅以外，或在碼頭，或在躉船，不得蓋造房屋。

二、如欲填滿木栅以内地段，所用泥土務須遵照濬浦總局總營造司指示地段挖取。

三、所有在江岸填滿之地，均應按照濬浦改訂條款第八款，由專派之員定價。各業主自當如數繳價，呈交濬浦總局。

如以上各條經各該業主議定遵辦，並具函聲明濬浦總局，則本理船廳自當遵照濬浦總局訓示，發給執照，准予照辦。

蘇松太道瑞照會抄送理船廳復稟税務司節畧譯函文光緒三十三年二月三十日

爲照會事。案准貴局文開濬浦界綫已繪詳圖，紅綫界内是否全可填作實地，抑碼頭及泊輪船處所均在紅綫之内,如果在内則究可填出實地若干丈尺。此項填築工程,擬由局自行勘估興工,請給照會等情,並繪成界綫圖及碼頭式樣圖兩紙到道。當以所詢各節應飭奈總營造司核復,至請由局自行填築。核與太古洋行請在洋涇港西沿岸填築辦法相同,亦應由濬浦工師另定合式條款,俾憑飭遵即經録稟,並檢原圖函送轉飭議復去後。兹於二月二十四日接到税務司復函,飭由理船廳按照原來稟圖所有情形查明,酌議具復。據該廳遵飭議決稟復前來,合將該稟譯漢送祈查照核轉等因,附還原圖兩幅到道。合就照録譯件備文照會。爲此照會貴紳董,請煩查照核辦施行。須至照會者。計抄黏。

譯理船廳復稟税務司節畧

兹據總工程局來稟擬在河道界綫内填地一事。查濬浦總局前已議定凡上海沿岸業户如欲在沿岸填地,必分照地段,凡在一地段内之業户須同時舉辦,方可照准。現總工程局稟請擬填之地段,係在十六舖之北段起至祥記碼頭止。查此地與租界沿岸毗連,直至蘇州河口,同爲一段之地。凡在此一段内所有業户,自應同時舉辦方可照准。兹濬浦總局勸諭該工程局會商招商局及英法工部局,公同議定辦法,如經議定,再呈濬浦總局核奪辦理。

稟蘇松太道瑞南市填築浦灘請商濬浦工師允許先行動工文光緒三十三年六月十八日

敬稟者。竊董等於上年閏四月間具稟憲台,以大達公司呈明商部奏准於南市十六舖起至大關止沿浦一帶起造輪步碼頭,向董局租借浦岸綫一條,議定租價、年期,訂立合同等情,業蒙詳奉前督撫憲批准,咨明户部立案在案。嗣因大達公司移請劃定界綫、明示規程等情,復經董局具稟,於六月初二日奉批,詢准新關税司函復面商奈總營造司,以該處之岸綫不能遽先酌定,應候測量既及,再行詳細勘復,希即知照等因。本年二月間,得悉濬浦界綫業已繪有詳圖,當即具稟憲台,並繪呈界綫圖及碼頭式樣圖,請將此項填築工程由董局自行勘估興辦,懇填給照會一紙,俾得剋日興工等情。經奉批示並照會以自行填築一節,核與太古洋行請在洋涇浜西沿岸填築辦法相同,亦應由濬浦工師另定合式條規,俾憑飭遵函准新關税司飭據理船廳議決稟復,凡上海沿岸業户如欲在沿岸填地,若在一地段内者須同時興辦,總工程局擬填之地段與租界毗連,直至蘇州河口同爲一段之地,凡在此一段内所有業户,自應同時舉辦,方可照准等情,函復到道。照録譯件,請煩查照等因到局。查蘇州河即吴松江,與南市相距甚遠。若以蘇州河至南市爲一段而須同時並舉,勢所不能。照此情形,是填地築駁一事,尚無定期,在大達公司待築碼頭,盼望綦切,於南市商業大有關係。且與董局早經訂立合同,時日耽延,殊覺愧對。現擬懇請憲台函商税司會商濬浦工師,請將南市填築浦灘一事通融辦理,准許先行動工,俾大達公司得以早日建築輪埠,庶商業可期發達,裨益良多。爲特備由,稟祈俯賜察核施行,無任企禱。肅稟。

批:來牘及另函均悉。南市填築浦灘、建設輪步,關繫振興商業,自應酌量變通,及時先辦,免致坐失利源。已函商税務司飭令總營造司迅速核議,俟復到再行轉告。惟日前據沿江各業主代表西商總會函詢填灘事宜,經本道與税務司會議決定,令浚浦局參贊答復。

其中與南市亦有干涉，可資參酌。合抄譯函附發，并希查照辦理。此復。六月二十日。

譯查參贊復西商總會函

敬復者。前接西七月九號來示，得悉貴會董事邀集沿江岸各業主會議，並囑閣下轉詢各節。兹奉浚浦總局之諭，特將來示所詢逐一答復於左。

一、沿江各業主填修地段，應照《修濬黄浦專約》第八條定價究竟如何辦理？

答：沿江各業主應將該原管業地段及現擬填修之地繪爲詳圖，繳呈浚浦總局，業已測量填修後，應將地契一併繳局驗視，然後由浚浦總局按照《修浚黄浦專約》第八條會商各國領事，派員定價。惟填修之地，須經浚浦總局總營造司允准，方可施行。

一、南市十六舖沿江一帶，貴局應如何令中國各業主遵守規定河道界綫？

答：現已與關道商酌，擬將沿江所有一切小划船户及大小木廠一併移開。關道已將此節商之華商總會，頗注重其事。又聞中國上憲在縣城一帶有填滿濠溝及另闢城門四處等舉，大抵此即遵守現定河道界綫之先聲。

一、如業主自出資本築修木栅，其所耗之費，是否由貴局償還？

答：浚浦總局無此款項。

一、各業主填修地段所需泥土，貴局能否將開河挖出之泥給予應用，不取泥價？

答：開河挖出之泥，應爲浚浦總局修堤之用，不能給予各業主填修地段。

一、現定河道界綫能保其以後永無更改否？

答：河道界綫一經訂定，自永無更改。

一、當填修地段完工後，貴局能否將上海泊船兩岸河底挖泥濬深至現定河道界綫爲止？

答：浚浦總局不能預先允准。

稟蘇松太道蔡南市大碼頭迤北至十六舖橋止沿浦一帶填泥築駁將次開工文光緒三十四年六月十一日

敬稟者。竊沿浦自大碼頭起迤北至十六舖橋止，查照濬浦總局測繪總圖，應行填出若干丈尺。此項工程據總營造司稱應歸董局自辦等因，而大達公司起造輪步碼頭，租用岸綫一條，適在是處，曾迭據大達公司函催填築。本年三月間，濬浦總營造司奈格君來局，言及應行填築之處，即可動工。惟此項填築工程，須合符濬浦界綫程式，又須便於起造碼頭，不得不詳細研求。因倩洋工程司繪呈圖樣，經新關税司核定，由董局招工投標。除填泥工程外，計需築駁工料銀四萬八百兩。除俟訂定合同定有開工日期再行稟陳外，合先陳報，爲特備由稟祈俯賜察核，備案施行。肅稟。

批：來牘閱悉。俟訂立合同，定期開工，報道查核可也。此復。六月二十一日。

稟蘇松太道蔡陳報大碼頭迤北至十六舖橋止沿浦一帶填泥築駁開工日期文光緒三十四年七月十九日

敬稟者。竊南市大碼頭迤北至十六舖橋止沿浦一帶，填泥築駁，將次開工，曾將招工投標所需工料價銀數目於六月間具稟呈報。奉批，俟訂立合同，定期開工，報道查核可也等因在案。此項工程現有朱森泰承包建築，業經訂立承攬，並由順泰木行出立保單，一律簽字。當於本月十八日開工填築。除將所訂承攬另摺繕呈外，合行備由，稟祈俯賜察核備案施行，實爲公便。肅稟。

批：來牘閱悉。送到承攬清摺存案備查。此復。七月二十六日。

稟蘇松太道蔡南市大碼頭迤北至十六浦橋浦灘外面積泥請移行濬浦總局開挖文宣統元年閏二月十七日

敬稟者。南市大碼頭迤北至十六舖橋止沿浦一帶填泥築駁、定期開工一事，曾於上年七月間稟報奉批在案。現在該處填築工程將次告竣，所有沿駁一帶積泥，亦經董局包工挖去，計費銀一萬四百兩。惟外面積泥尤高闊，有二十丈左右，不但輪船往來或慮淺擱，即民船出入亦多不便，且逐日潮水沖刷，高處之泥流入低窪，必至已挖之處又復積泥，前功盡棄。查此項積泥應在濬浦工程之内，懇求憲台移請濬浦局從速勘明，將此段積泥先行挖去，以保董局已施工之工程而免商輪行駛之阻礙。合行備由，稟祈俯賜察核施行，實爲公便。肅稟。

批：此案現經函准濬浦總局，復稱所指該段填泥築駁工程處所一帶浦面將來應如何施工修浚，現奈總營造司尚未籌定辦法。兼之老鼠沙工程刻下正關緊要之際，詎容中止？現在該沙之挖泥船隻不惟不便遽赴該段，率爾開挖，亦不能不審緩急而先彼後此，致誤要工。與奈總營造司會商意見相同，復請核轉，請自行設法辦理等因前來，希即查照核辦可也。此復。閏二月二十八日。

稟蘇松太道蔡南市大碼頭迤北至十六舖橋浦灘外面積泥由總工程局墊款開挖文宣統元年三月初三日

敬稟者。竊董局具稟南市大碼頭迤北至十六舖橋浦灘外面積泥，請移行濬浦局開挖一事。奉批，云云。全敘等因，奉此，惟該處積泥不即開挖，非特裏面已挖之處將復受淤，且外面積泥甚速，愈稽時日，堆積愈多，工費愈鉅。現在浚浦局既未便先赴該段工程，復請核轉，自行設法辦理。遵由董局先行設法墊款開挖，所有經費若干，俟工竣時，仍當稟報憲台，移請在浚浦工程項下開支歸墊，合行備由，稟祈俯賜察核示遵，實爲公便。肅稟。

批：來牘閱悉。此案現經由道函准浚浦總局核復前來，特將原函照抄一紙隨批附送，希即查照核辦可也。此復。三月十六日。

好税務司來函

敬啓者。南市總工程局請挖大碼頭迤北至十六舖橋浦灘外面積泥一事，本月初九日又復接展函開致准貴局復函，當經轉致核辦去後。兹據總工程局稟稱，該處積泥不即開挖，非特裏面已挖之處將復受淤，且外面積泥甚速，愈稽時日，堆積愈多，工費愈鉅。現在浚浦局既未便先赴該段工程，復請自行設法辦理。遵由董局先行設法墊款開挖，所有經費若干，俟工竣時，仍報道移請在浚浦工程項下開支歸墊。稟乞核示前來。查所稱墊款開挖仍在浚浦項下開支經費一節,既與浚浦有關,似應照准,合亟函詢,即希貴局會商見復,以憑飭遵等因到局。准此,查南市浦江開浚之事,刻下既未訂立合同,亦未議定辦法,而總工程局遽欲以自行開挖積泥之經費,即在濬浦工程項下開支,以歸其墊。雖曰與浚浦有關,然而此外之類如該局者猶有日本郵船會社、招商局、公和祥、太古、美最時、江南製造局等,無一不自先後設法在各該碼頭開挖積泥,以圖其自泊船隻之便,並未有向浚浦局索償經費之事。此端一開,恐不旋踵而援例以請者,勢必紛至沓來矣。是以鄙意現在浚浦工程尚未辦至老鼠沙以上之時,凡在內浦無論何段,不拘誰家,或有在各碼頭浦灘自行設法開挖積泥之工作等情,縱與浚浦有關,概與浚浦局無涉,斷不能以此項自挖之費,轉求代償,以昭劃一而免公虧。茲准前因,相應函復,即祈貴道查照飭知爲荷。此頌日祉。宣統元年三月十二日。

大達公司來函擬在祥記碼頭外馬路口公地搭蓋門樓願年繳工程經費文宣統元年五月初六日

敬啓者。祥記碼頭外馬路口本係公地,現在敝公司在該碼頭起造朝東樓房,擬就該碼頭東口建築門樓一間,以爲南北房屋聯絡起見。情願每年認繳工程經費若干。可否允准之處,尚希公議見復爲荷。

復大達公司函允准在祥記碼頭路口搭蓋門樓酌定繳費數目文宣統元年五月初九日

敬復者。接展函示,以祥記碼頭外馬路口公地現由公司起造朝東樓房,擬就該碼頭東口建築門樓一間,情願每年認繳工程經費若干,希公議見復等因。當經核議,並由路政處察勘情形。本難應允,惟建造之處路政尚無妨礙,姑行通融,照准所詢。認繳工程經費之數,亦經酌定,計每年三十元。合行奉復,即祈朗照爲荷。附抄合同。

立合同議據。總工程局、大達公司。茲因大達公司在祥記衖南北兩方建造市房,經工程局派路政處勘明,准於朝東衖口二丈寬之公地行路上面搭造門樓一座,以聯絡南北。議定由大達公司每年預繳工程局經費洋三十元,於八月内繳楚。將來改造房屋,仍當將門樓撤除,讓出二丈寬之公地。恐後無憑,立此合同議據,各執一紙存照。

計開祥記衖西口門樓一座及衖中過街樓兩座,均在大達公司己地之上,與此合同無涉併照。

宣統元年　月　日立合同議據　押

致大達公司函允租南市沿浦新填泥地換立正合同文宣統元年九月廿一日

敬啓者。十六舖橋迤南沿浦新填泥地六畝,由貴公司承租,議定每年租價規銀六千兩。曾於上年十月間訂立草合同兩份,並收押租銀六千兩在案。查草合同第二條載明起租之期,俟填泥工竣三月内訂立正合同起租等語。現在該地上建造棧房,於六月廿七日領照開工,應即以開工之日起爲起租之期,並換立正合同,以符前議。至該地量見實共有七畝有奇,應另核算。爲特奉達,即祈察照施行爲荷。專泐。

正合同稿

立租地合同。總工程局、大達公司。今因大達輪步公司須建造棧房,向總工程局租借新馬路外沿浦自鴻寧路起迤南至石砌爲止,計地四畝五分九釐七毫正。議定每年每畝租價規銀一千兩正,計常年租價規銀四千五百九十七兩正,先交頂首規銀四千五百九十七兩。一切辦法,公同商議,互相允洽,特立合同,彼此各執一紙。所有議定各節,具列於左。

計開附交地圖一紙

一議此項地畝,除去南北支路,東至木駁,西至馬路側石上行人路,丈見淨地,計四畝五分九釐七毫正。

一議租價,每年規銀四千五百九十七兩正。

一議先交頂首規銀四千五百九十七兩正。

一議自本年八月初一日起租,另立租摺計數。

一議每三個月付租銀一次,另掣收條。

一議租期,以三十年爲限。期滿時,於六個月前互相關照。如總工程局仍願出租,先儘大達,租價另議。如大達不願續租,拆屋還地,總工程局即將頂首劃還。

一議木駁損壞,歸總工程局修理;碼頭上木板損壞,歸大達公司修理。

宣統元年十二月廿五日立合同

立租地合同。總工程局、大達公司。今因大達輪步公司須建造棧房,向總工程局租借新馬路外十六鋪橋南堍沿浦路南至鴻寧路爲止,計地三畝二分零一毫正。議定每年每畝租價規銀一千兩正,計常年租價規銀三千二百零一兩正,先交頂首規銀三千二百零一兩正。一切辦法,公同商議,互相允洽,特立合同,彼此各執一紙。所有議定各節,具列於左。

計開附交地圖一紙

一議此項地畝,除去南北支路,東至木駁,西至馬路側石上行人路,丈見淨地,計三畝二分零一毫正。

一議租價,每年規銀三千二百零一兩正。

一議先交頂首規銀三千二百零一兩正。

一議自本年八月初一日起租,另立租摺計數。

一議每三個月付租銀一次,另掣收條。

一議租期,以三十年爲限。期滿時,於六個月前互相關照。如總工程局仍願出租,先儘大達,租價另議。如大達不願續租,拆屋還地,總工程局即將頂首劃還。

一議木駁損壞,歸總工程局修理;碼頭上木板損壞,歸大達公司修理。

宣統元年十二月廿五日立合同

稟蘇松太道蔡南市大碼頭迤北至十六舖橋沿浦新填泥地擬請發給華商道契文宣統元年九月三十日

敬稟者。竊南市大碼頭迤北至十六舖橋止沿浦一帶填泥築駁工程,迭經稟報奉批在案。現在該處填築工程業已完竣,所有沿浦新填泥地共計七畝一分八釐。由大達公司承租,爲建造棧房之用,擬請將該地立華商道契,以憑執守。敬希迅賜飭知繪丈局定期勘丈,分填華商道契二紙給執,俾資信守。爲特備由肅稟,並附呈地圖一紙,伏祈俯賜察核施行,實爲公便。肅稟。

批:查大達公司租借輪步碼頭合同,載有工程局填出沿浦若干丈尺,除馬路外餘地可用,酌量另議租金,不在碼頭租地之内等語。所有新填泥地七畝一分八釐,該公司既願租作棧房之用,自當照准。惟道契一項,爲管業産地確憑,必須真正地主方能填印給執。此項沿浦新填泥地,雖在該局管理範圍之内,究屬公家之地。大達公司既未繳價承買,未便准予給契,仰即知照。一面由局酌定租用年限,以及應繳租金,議訂合同,稟請立案可也。此繳。十月初四日。

稟蘇松太道蔡南市沿浦新填泥地仍請核給華商道契文宣統元年十月初九日

敬稟者。竊董等於上月間稟南市大碼頭迤北至十六舖橋沿浦新填泥地,擬立華商道契,懇賜迅飭會丈局勘丈,填契給執由。兹奉憲批,查大達公司,云云。稟請立案可也等因。奉此,查南市沿浦外馬路本歸董局管理,此項新填泥地即在外馬路之外,爲董局新填築,自應以董局爲地主。前懇分立華商道契,本請填給總工程局户名,以資執守,前稟漏未聲敘,合再陳明。至於大達公司租借此項新填泥地,董局已在磋訂合同。一俟訂立,後當另行稟請立案,合行備由稟祈俯賜察核,迅飭會丈局勘准,將新填泥地七畝一分八釐分立華商道契,填明總工程局户名,蓋印給執,以憑管業,實爲公便。肅稟。

批:稟悉。查華道契係中國商民執業之憑,非爲公家管理産業而設。此項填築之地,既係公産,自毋須另行填契。如該地必欲給契,仍須照章升科,以免歧異。仰即查照辦理。此繳。十月二十五日。

稟蘇松太道蔡南市沿浦新填泥地請飭縣分給印諭文宣統二年二月初七日

敬稟者。竊南市大碼頭迤北至十六舖橋止沿浦一帶新填泥地,業已工竣,丈見地八畝六分七釐八毫,擬懇飭縣繕給印諭,將該地畝分勻寫四紙,一紙計地三畝二分一毫,一紙計地一分七釐二毫,一紙計地三畝,一紙計地二畝三分五毫,均填總工程局户名,以憑執守管業。兹將繪呈地圖二紙,以一紙存鈞署備案,一紙發交縣署。爲特備由稟祈俯察施行,實爲公便。

批:查灘地係國家所有,印諭爲執業之憑,此時價款未繳,礙難遽予填給。況江蘇會議廳第三次議決清查荒地案内,已議明土地爲國有産業,若借一團體之名義,不出代價,以爲地方自治之公産,是國有與公有界限未免相混,應照陳前撫院稟案,分等繳價等因。該局事同一律,應將此項新填泥地備價繳道,以憑核辦,希即查照辦理。此復。二月十二日。

致大達公司函請查照合同每年付足岸綫租銀文宣統二年四月初一日

敬啓者。上年曾奉惠函,以岸綫未足,租價應核減二成等因。當以原訂合同係由議事會核定,因於本年開議時,仍交議會核議。當提議時,僉以原訂合同固有至大關碼頭止一語,然並未載明岸綫不足應行議減之説。且駁岸爲濬浦界綫所限,並非停工不築,如須議減租價,則前合同即爲無效,應另訂合同,租價亦應另議。旋經城議事會議決,將議案移交前來内開,既立合同,兩方均有履行之義務,未便議改等因。查議事會既經決議未便議改,則每年租價自應照一萬兩計算,除上年已收外,應請照數核交,是所至禱。專此。

大達公司函復岸綫不足仍應減付租銀文四月二十七日

敬復者。敝公司前以岸綫不足請減租價。旋奉環示,以議事會提議,僉以原訂合同固有至大關碼頭止一語,然並未載明岸綫不足應行議減之説。且駁岸爲濬浦界綫所限,並非停工不築,如須議減,則前合同即爲無效。旋將議案移交内開,既立合同,均有履行之義務,未便議改等因。敝公司當邀各董會議,僉謂原訂合同雖未載明岸綫不足應議減租之説,然駁岸築至大關碼頭止一語,明明載實,若謂限於浚浦界綫即駁岸未足亦可收全租,倘該岸綫再行縮短,僅築一二輪步,豈貴局亦必照合同歲收萬金以爲履行之義務乎?岸綫未照合同,而租價必欲憑合同,試問該合同果爲有效無效?且原訂合同亦並未載明岸綫不足亦不准議減租價之説,應請諸公察核,再交議事會量行議減,以昭公允。至應付租金,俟議定後,如數奉繳可也。此復。

再,該岸綫如將來築至大關碼頭止,敝公司準當遵照原合同,每歲付租價銀一萬兩,即請從速開工是荷。又及。

濬浦界綫關係案

蘇松太道瑞照會南市沿浦木料有礙濬浦工程飭轉知移讓文光緒三十二年十一月初九日

爲照會事。本年十一月初二日,接好税務司來函,前次面談濬浦局務,述及南市新碼路自來水臺左右一帶各竹木行家門前沿灘水面堆積木植等料,頗有礙於濬浦工程,請飭遷讓一案。兹悉該自來水公司近因木行復記、久記等刻下又有大宗洋木在彼加堆,礙及吸水之管,故欲將管伸出八十尺之長。總營造司以照此辦法大有窒礙,萬不能行,惟有飭令該木行等將所堆木料從速移去爲是。函請札縣,飭令各木行遵照移讓,毋稍延緩,以免貽誤等因到道。查該木行等在沿灘水面堆積木料,既礙濬浦大工,自應趕速勒令遷讓。除行縣局飭傳遵辦,合函照會,爲此照會貴紳董,請煩查照飭知各該木行,妥爲開導,從速移讓,勿任觀望遲延,望切施行。須至照會者。

稟蘇松太道瑞陳復各木行遷讓沿浦木植集議辦法文光緒三十二年十二月十四日

敬稟者。竊奉照會内開,接好税務司來函云云。等因,奉此,查復記、久記係洋植木業,與專售建木之各木行另是一業。董等正在邀同復記、久記商董會議間,復接上海縣照會,事同前由。嗣復經王令來局,述及沿浦堆積木植須令遷讓,不僅專指洋植木業。並據王令函稱,議濬黄浦大工案内有南市樹木各行佔礙河道。疊奉憲台札飭,諭令預爲遷讓等因。請就近邀集各業通盤籌議,刻日賜復核辦等因。當再邀同樹木各行商董一再集議。據木業干董稱,各木行之木時有上落,並不常堆浦灘,如開濬之際,自當將木排移開,斷不致礙工程等情。又據洋植木業朱董稱，自來水臺左右並未多積木植，現在濬浦要工自應移讓。惟按照繪圖地段，均係有主之地，未便遷往，擬請就各木行門前浦灘示以限制，不使佔越，庶浦工、生計兩無妨礙等情。董等以濬浦工程關係重要，不如遷地爲良，於浦東白蓮涇一帶相擇地段較爲相宜等情，切實開導。僉稱白蓮涇南北浦灘碼頭棧房業已林立，大半係洋商之地，無可插足，且各木行營業宜於浦西而不宜於浦東，即使可遷，於貿易亦多窒礙。計惟有請爲轉求憲台轉復好税務司，請濬浦工程司測量浦灘離駁岸若干丈尺准予暫堆，此外不得佔出。庶顧全濬浦要工，亦不至有礙商家生計等情。董等體察木商各董所陳，自係實情，惟能否於近駁岸處示以限制，准予暫堆之處，仍候察核施行，實爲公便。肅稟。

批：來牘閲悉。查此案已據洋植木業久記等來稟，函商税務司核辦，尚未復到，候再函催，會商總營造司酌核妥辦，見復飭遵可也。此復。十二月二十一日。

稟蘇松太道瑞濬浦界綫損礙南市馬路房屋請設法保全文光緒三十三年二月初四日

敬稟者。竊上海南市十六舖橋迤南沿浦馬路，於光緒二十二年經前升憲黄詳奉前署督憲張奏准開築，極費經營。十年以來，歲修之費，亦爲數不貲。其馬路以内餘地，當時由毘連業户繳納鉅價承買，起造房屋。其迤内之地，早於光緒八年升科，市面興盛，久成世守之業。今查閲濬浦總局所定濬浦界綫，自十六舖橋沿浦起至洪昇碼頭止，固有填出之處，而自洪昇碼頭起迤南至久大碼頭止，須將馬路開去數尺至一丈十四五尺不等；致江海大關前至大關橋及馬路均須開去一半；又自久大碼頭起迤南至萬裕碼頭止，亦有填出；而自萬裕碼頭再南至南碼頭一帶，則須開去十餘丈、二十餘丈之多。如果照此辦理，不特所築馬路前功盡棄，而業户之房地各産損失尤鉅。竊維濬浦大工，關係固屬重要，惟馬路及已成市面之處，自必以免其破壞爲主。查濬浦界綫，期於南北闊狹一律，萬裕碼頭迤南董家渡一帶浦面固較狹然，浦東岸綫可以放寬。如以爲須裁灣取直，則浦江本有灣形，似不妨就其灣勢爲亟，繪呈地圖，備由稟陳，伏求察核，竭力保全，以慰輿望，地方幸甚。肅稟。

蘇松太道瑞照會抄送奈總營造司所定上海縣沿城之河道界綫譯函文光緒三十三年二月三十日

爲照會事。查濬浦界圖紅綫礙及馬路實地一事，前經函致税務司飭查，本道到局又經議及，河工師謂綫雖如此勾畫，萬無將實地開除辦法，允立一據，呈由税司送道存案，以釋疑慮，業經函致在案。兹於二月二十四日接好税務司來函，據奈總營造司函送所具上海縣沿城一帶現定河道界綫節畧一紙，業經辜部郎連函一併譯漢，送請查核等因到道。查漢文譯函所云，確係浦江左岸越過上海縣之河道界綫，實僅爲標識之綫，並非按照界綫開河。除再函請税務司將洋文原函録送過道詳譯另佈外，相應照録譯出漢文，備文照會，爲此照會貴紳董，請煩查照核辦施行。須至照會者。計抄送譯漢一件。

譯奈格來函

局憲大人台前，敬稟者。沿上海縣城一帶現定河道界綫，兹備有節畧一紙，送呈鈞覽。其中所論係解明浦江左岸越過上海縣城之河道界綫，實僅爲標識之綫，並非按照界綫開河也。

上海縣城一帶之河道界綫。

圖中所繪上海以上江灣(其右岸爲董家渡船廠所在之處)之河道界綫,計兩綫相距寬一千二百七十五英尺,此兩綫相距係按照江灣以下、上海縣以上(或法租界自來水廠以上)河道之寬狹而定。右岸河道界綫與原岸緊逼,該處河岸甚陡,河水甚深,頗當流水之衝。由此而上,河道漸窄,實爲浦江最壞之處。自董家渡船廠至相對縣城河岸僅寬一千零四十英尺,沿縣城河岸一帶地勢作凸形,近來仍日漸溢出。推原其故,不獨因河道自行淤積,而其爲各種堤岸碼頭及小划、鹽船、木排充塞其間,以致淤積者居其大半。其充塞最密者,莫如小划(俗稱乞丐船)及木排,當潮水退後,即停陷泥中,實爲淤積之由。日昨奈格與福柏士同往重復察勘其地時,其情景猶歷歷在目。前次測量水道,測得自董家渡船廠河岸至對岸退潮水淺之間祇寬八百四十五英尺,而在浦東嘴二英里以下之河道,現在仍寬一千一百九十英尺,即較寬三百四十五英尺,今在浦嘴所定河道界綫相距一千四百一十八英尺,由此而上漸窄,約每千英尺窄十一英尺,故推算至董家渡應得河道之寬一千二百七十五英尺。有如上文所云然,如此則左岸界綫必須深入上海縣城河岸一帶二百英尺,改寬河道至該綫爲止,若須開掘沿岸所有地段七萬二千二百八十方碼,並拆毁無數房屋木廠,此必勢所不能,故圖中所載河道界綫實僅爲標識之綫,非真欲照界綫開河也。但在溢出河岸至原岸之間,不可不清理水道、開濬泥灘,是亦濬浦工程之要務,與濬深浦東嘴及北江嘴工程有過之無不及也。據奈格等所見,該處河岸悉爲渣滓壅塞,一由城中傾出,一由船上抛入,將來挖泥濬深頗非易易,現在挖泥工程猶可稍遲,務請先將各種碼頭、小划、木排等類横列河岸者,一併移開,是爲至要。現在測量水道已至製造局以上二英里,該處將來必可成一泊船河灣,蓋因上海縣城河岸一帶泥灘均須移去也。

稟蘇松太道瑞所定南市濬浦界綫無礙實地曾否立據呈案文光緒三十三年六月十七日

敬稟者。竊董等於二月間具稟憲台,以濬浦總局所定濬浦界綫,自十六舖橋起至洪昇碼頭止,固有填出之處;而自洪昇碼頭起迤南至久大碼頭止,須將馬路開去數尺至一丈四五尺不等;自久大碼頭起迤南至萬裕碼頭止,亦有填出;而自萬裕碼頭再南至南碼頭一帶,則須開去十餘丈、二十餘丈之多。照此辦理,礙及馬路房屋損失甚鉅,爲特繪呈地圖,求爲竭力保全等情。嗣奉照會,以查濬浦界圖紅綫礙及馬路實地一事,前經函致税司飭查,又復到局商議,河工師謂綫雖如此勾劃,萬無將實地開除辦法,允立一據,呈由税司送道呈案,以釋疑慮。兹接好税務司來函,據奈總營造司函送所具上海縣沿城一帶現定河道界綫節畧一紙,經辜部郎連函譯漢,送請查核到道。查譯函所云,應係浦江左岸越過上海縣城之河道界綫,實僅爲標識之綫,並非按照界綫開河。除再函請税務司將洋文原函録送過道詳譯另佈外,合行照會,煩爲查照核辦,計抄譯漢一件等因。查奈格來函,雖確有現定河道界綫,並非按照界綫開河之語。惟洋文原函,未知曾由税司録送鈞署否?前允立據呈案,未知此函即爲正式信據確實作憑否?如果作爲信據,董局擬將濬浦界圖及奈格函件一併刊印分送,聲明圖中紅綫僅爲標識之綫,並非按照開河之綫,以慰輿望而定人心。爲特備由，稟祈俯賜察核示遵，無任企禱。肅稟。

批：俟函詢好税務司查復到日，另文飭知。至洋文原函，已准税務司録送到道，當經譯漢，查核相符。兹將本署譯出漢文照抄一紙附送，希查核辦理可也。此復。六月二十一日。

此譯函與二月三十日照會抄送者同，不再附録。

蘇松太道瑞照會南市濬浦界綫無礙實地曾否立據事俟奈總營造司回滬詳勘核復文 光緒三十三年七月初三日

爲照會事。本年六月二十九日，接好税務司來函，接准道函，以濬浦界圖紅綫礙及馬路實地一事，前接税務司函送奈總營造司函具上海縣沿城一帶現定河道界綫節畧譯漢一紙到道。查浦江左岸越過上海縣城之河道界綫，實僅爲標識之綫，並非照綫開河，當經轉告在案。兹接總工程局來文，查奈格函雖確有現定河道界綫並非照綫開河之語，惟未知此函即爲正式信據確實作憑否？如果作爲信據，擬將濬浦界圖及奈格函件一併刊印分送，以慰輿望而定人心等情，詢希查復。本税務司查此事，現在奈總營造司避暑東洋，未能遽予核定。除俟回滬到局後，即囑訂期前往詳加查勘明白，再行核奪復請飭遵外，合先函復查照飭知等因到道，相應備文照會，爲此照會貴局董，請煩查照施行。須至照會者。

蘇松太道梁照會商定距江岸一百英尺之外不得堆放木料文光緒三十四年二月十七日

爲照會事。本年二月初十日，接濬浦總局來函，去年三月據總營造司奈格聲稱，沿上海縣城江岸一帶地勢作凸形，近來仍日漸溢出。推原其故，不獨因河道自行淤積，其爲各種堤岸碼頭及小划、鹽船、木排充塞其間，以致淤積者居其大半。其充塞最密者，莫如乞丐船及木排，當潮水退後，即停陷泥中，實爲淤積之由。務請先將各種碼頭、小划、木排等類横列河岸者，一併移開，是亦濬浦工程要務等語。業經瑞升道飭令城廂内外總工程局商酌辦法在案。兹復據總營造司聲稱日前會同工程局紳董面商一切，紳董允設法暫予限定距江岸一百英尺之外所有木料不准堆放。一俟接奉道示，即當遵辦函請飭局出示，限定距江岸一百英尺之外所有木料不准堆放，以免有礙浦工等因到道。查南市沿浦一帶有江北艒艒船停泊，沿灘一帶有各木行堆放木植，阻塞水利，有礙濬浦要工。迭經瑞升道分行縣局飭令從速遷讓在案。兹接前因，除札水利局員查明核辦外，合行照會，爲此照會貴局董請煩查照所有限定距江岸一百英尺之外不准堆放木植一節，既經商定應即照辦，仍希見復施行。須至照會者。

致蘇松太道蔡函陳復沿浦堆放木排界限於距岸一百英尺豎立木樁以爲標準文光緒三十四年五月廿二日

肅復者。頃奉鈞示以濬浦案内，南市沿浦木排商定距江岸一百英尺之外不准堆放。兹據奈工師聲稱，木排迄未移動，請轉催實行等情，即祈刻日分催各木行迅速移開，仍希見復等因。查沿浦木排，董局業飭工程處於距岸一百英尺豎立木樁，以爲標準。兹奉前因，當即知照各木行將木排一律移進，合亟奉復，希即察核爲荷。肅復。

稟蘇松太道蔡沿浦艒艒船有礙濬浦工程特租蘇路公司地安頓艒艒船户文光緒三十四年六月初十日

敬稟者。竊南市沿浦停泊艒艒船,堆放木排,有礙濬浦工程。迭奉前升憲瑞、梁照會,據濬浦總局函請飭局定限飭遷。前月間並奉鈞示,以沿浦木排前經商定距一百英尺之外不准堆放。兹據奈工程師催請實行,祈分催各木行迅速移開等因。當以沿浦木排業由董局飭工程處於距岸一百英尺豎立木樁,以爲標準,並即知照各木行將木排一律遷進等情,備函陳復在案。其艒艒船一項,停泊在沿浦,污穢齷齪,極不雅觀,即無濬浦工程,亦應限令移泊,以昭潔净。現值築駁在即,關礙工程,自應從速限遷。惟此種艒艒船爲數不少,必先籌定安頓之地,方能飭令遷移。且該船户等都係食力貧民,在近段營生,若遷地較遠,於彼輩生計又有窒礙。董等籌商再四,查蘇路公司有地數十畝,坐落二十五保十五圖日暉港北首,現尚空閒,以之安頓艒艒船户最爲相宜。業由董局向該公司租用三十畝,議定每年租價銀三百元,訂立合同,擬即出示,限令各艒艒船剋日遷移。惟各該船户等人類不齊,到彼之後,恐有滋擾情事,擬請憲台酌派滬軍營勇或巡防隊勇一棚駐守該地,飭隊長哨官等隨時督率彈壓。合將租借蘇路公司地畝安頓艒艒船户情形備由稟陳並附呈租地界綫圖一紙,統祈俯賜察核施行,實爲公便。肅稟。

批:擇地安頓艒艒船户,既顧貧民生計,復全濬浦要工,所籌極妥,候札飭滬軍營酌派勇丁往駐彈壓可也。此復。圖存。六月十二日。

致蘇松太道蔡函聞悉艒艒船户赴縣求請免遷請示辦理文六月二十四日

肅啓者。南市沿浦艒艒船及本地划子各項船有礙濬浦要工,經董局租借日暉港蘇路公司地畝爲安頓各該船隻之所,曾經稟報奉批在案。現在自大碼頭迤北一帶建築木駁,動工在即,董局早經出示曉諭,並諭飭各該船埠頭、幫頭等傳知剋日遷往該處。惟悉昨日有各該船户之婦女羣赴縣署,求請免遷等情,並聞今日又有相率進城之説。查此次另遷各該船隻,董局爲之租地安頓,業已格外體恤,事關濬浦要工,實難再行延緩。惟照此情形,恐滋事端,爲此奉函應如何辦理之處,伏乞迅賜示遵,無任企禱。專肅。

蘇松太道蔡復函限遷艒艒船户事與營縣接洽辦理文六月念五日

敬復者。頃展公函,以艒艒船及本地划子各船户有令婦女赴縣求請免遷等事,恐滋事端,屬爲辦理迅復等因。查此事昨據水利局具稟,業已批飭移縣派差押同遷避,一面札行滬軍營派兵,前往指定安頓之處,妥爲駐守在案。現在動工在即,自應由貴局傳知,剋日遷往,免礙要工。如有阻抗,即由台端與營縣接洽辦理可也。專復。

致蘇路公司函艒艒船户以路遠不遷請將租地收回合同作廢文十一月二十八日

敬啓者。前以敝局奉道憲照會,飭移滬南沿浦艒艒船,特向貴公司租借日暉港地三十畝,爲安頓該船户之用,曾經訂立合同。惟該船户等以地段較遠,不願遷往,是以該地迄今空閒,自應查照合同第三條辦理,將此地歸還,合同作廢。爲特奉函,即祈察照,將該地收回,所有前訂合同並請註銷作廢,是所至荷。專泐。

道路橋樑工程案

稟蘇松太道瑞城内填河築路修街各項已辦工程開摺陳請察核備案文光緒三十三年九月十一日

敬稟者。竊董等自光緒三十一年十月奉文開辦以來,城内填河築路各項工程及造屋給照等事,曾由董局經理。今改建房屋、給發執照,既歸巡警總局核辦,所有城内已辦工程自應開摺呈報,以備考核。查自上年二月起至本年八月止,先後僱工興辦。其工程較鉅者,如北門内黑橋浜、侯家浜,南門内運糧河浜、小橋浜、亭橋浜,均已一律填平築成馬路;其次,鈞署前及大東門南城根至小南門水關橋,又北城根至孫家弄口,又虹橋至小橋,又果子巷等處街道,亦已翻砌改築;又次,穿心河橋沿北石駁岸至東馬橋及南香花橋至舊教場嘴角等各街路,亦經修治平坦;再次,縣署前東西横街三牌樓南段及北香花橋朝南轉西至沉香閣止,安仁橋朝南轉東至天主堂止,各路陰溝亦一律疏通。以上各項工程,統計用過工料銀二萬二千五百十七兩三錢三分。除收各該處店舖居户捐繳銀七千六百六十兩零五錢七分二釐外,計共墊用銀一萬四千八百五十六兩七錢五分八釐。合將城内先後經辦工程開摺陳報,爲特備由,稟祈俯賜察核備案施行,實爲公便。肅稟。計抄清摺,不附録,詳見《工程表》。

敬再稟者。城内黑橋浜、侯家浜、運糧河浜、亭橋浜、小橋浜等各處淤浜均已填平,築成大路。當填築之時,有附近居户先集捐款若干者,有認繳若干而尚須從緩者,有於翻建房屋時始行補繳者,均賴熱心紳董隨時勸助。董局各從其便,並不勉强。如黑橋浜費八千八百數十兩,捐數約已逾十分之五。侯家浜費四千八百兩,捐數約已得十分之四。運糧河浜、小橋浜、亭橋浜費六千餘兩,捐數約已得二十分之一,其中尚多已認未繳及尚須勸集之户。惟於各該處翻建房屋而尚未繳捐者,曾經董局議會議定章程,凡沿路造屋滿營造尺一丈者,捐洋三十元内進不計。行之年餘,在改建房屋之業户以填築淤浜之處,房租陡增數倍,是以均甚樂輸。現在建屋給照,既歸巡警總局辦理。嗣後,各該處改建房屋者,可否於給照之前仍由董局照舊勸捐雖,雖爲數無多,而於董局墊用之巨款,亦得稍資彌補。是否有當,伏祈核示施行,並請據情移知巡警總局札飭城内第一路各區巡官一體查照。肅稟。

敬再稟者。城内填築淤浜之處如福佑路、侯家路、蓬萊路、凝和路等各街道,均已較别處爲寬,前曾由紳商等詢及,已寬之處應寬至若干,須先酌定丈尺。當經董局議會議定,以城内外街道窄者居多,現應定幹路以寬至營造尺三丈爲度,支路以寬至營造尺二丈爲度。至城内填浜之處街道既寬,應即以三丈爲度,如兩面房屋相距已滿營造尺三丈者可無須收讓,惟凸出之處仍須酌收,以期房屋整齊。董局路政處業已照辦。現在城内建屋給照,既歸巡警總局核辦,則董局已辦情形自應聲明,請即據情移知巡警總局查照。至以後如何辦理,應請巡警總局訂定章程,明白示諭,俾衆周知而資遵守。是否有當,統祈察核施行。即稟。

批:如稟備案。另單所陳填築黑橋浜、侯家浜、運糧河浜、亭橋浜、小橋浜等處墊用鉅款,議定沿路造屋滿營造尺一丈者捐洋三十元。嗣後,仍請由局勸捐一節,係爲彌補墊款起見,應准照行。候移請巡警總局轉飭城内第一路各區巡官查照,並將城内路政現辦情形一體移知可也。此復。摺存。九月十二日。

稟蘇松太道蔡改建浦東嚴家橋請撥捐款文光緒三十四年三月十三日

敬稟者。竊上邑浦東跨白蓮涇之嚴家橋,距浦口約九里,爲由縣入川南水陸交通之要道,平時經行斯橋者甚衆。該橋本係木質,自同治十二年修建後,迄今已閲三十五年,樑柱窳朽,勢將傾圮,而每日擔負而過者尚絡繹如織,危險殊甚。鄉人屢謀重建,而深苦經費難籌。因商之楊董斯盛,楊董以橋工用木則易朽,用石則款鉅,莫若仿新法,用塞門德土爲最。其法以鋼條作骨,外以塞門德土塗附黏合,立堍及平面均用斯土融結而成,不羼入寸土片甓而堅剛耐久,較石製者尤勝。察勘是河,廣十丈有奇,橋身稱是橋距水平綫二丈,建橋墩四,橋面寬一丈二尺,視舊制已加闊。核實估計共需工料銀四千餘兩,擬即於本月内經始,約十月間可以竣工。楊董本精建築術,願經理此項工程,並以分籌捐款之意來局會商。查楊董熱心公益,曾以十餘萬金創立浦東中學校,極著成效。此外,於有益地方之事,尤靡役不從,即如現在南市創立醫院,需款三萬金,楊董願擔其半,其好義急公之情實不數覯。惟此項橋工情形急迫,似未便重累楊董,自應分别勸籌,以濟工用。董等不揣冒昧,擬求憲台捐廉撥助,以爲之倡。其不敷之數,當由楊董及董等分行籌募,期底於成。並查是處本有嚴家橋釐卡,從前修橋時,曾由總局撥助捐款。此次擬懇移知淞滬捐釐總局憲照案捐撥,其釐卡座船及護卡砲船應請略爲移東十餘丈,以便工作。一面並希札飭上海縣出示曉諭,俾附近居户及過往人等一體知悉。建橋之際,備有渡船一艘,以渡行人,其來往之船仍通行無阻,並諭知該處地保隨時到工照料,以免有妨害工作及偷竊料物等情事。所有改建浦東嚴家橋請撥捐款,並求分别移札情由,合肅稟陳,伏祈俯賜察核施行,實爲公便。肅稟。

批:嚴家橋既爲上川南往來要道,亟應籌款重建,以利行人。楊董擬以鋼條作骨,外以塞門德土塗附黏合,橋堍及平面均以此土融結而成,較爲堅固耐久,自可照辦。所需工料,准由本道撥助洋五百元,仍候移商淞滬總局照案捐撥,並令卡船砲艇略爲遷移,俾便工作。一面行縣出示曉諭,並諭保妥爲照料可也。此復。三月十五日。

稟蘇松太道蔡改建浦東嚴家橋奉准捐助備狀領款文光緒三十四年四月二十六日

敬稟者。竊董等於三月間具稟改建浦東嚴家橋,懇賜創捐,並求分别移知札飭等情,經奉批示云云。等因,查浦東嚴家橋業已動工,由縣出示曉諭,並經縣發淞滬釐捐總局捐撥橋工錢八十千文到局。惟該橋工料費用所需正殷,蒙允撥助洋五百元,懇請迅賜撥發,以濟工需。除備具鈐領外,合行備由,稟祈核准施行,實爲公便。肅稟。

批:來牘閲悉。所請改建嚴家橋捐洋五百元,兹開票隨批飭發,希即查收濟用。此復。領存。四月二十八日。

稟蘇松太道蔡估工重修小南門老北門西門外吊橋文宣統元年二月初九日

敬稟者。竊查小南門外吊橋、老北門外西吊橋、西門外吊橋均已朽壞,亟須重修。當飭工程處察勘約估，旋據復稱三處吊橋均須重修，橋堍之路亦須填平翻砌，底下加設陰溝，並據開呈估價銀兩。計小南門外吊橋放寬橋門橋面、重砌橋墩、换裝鐵欄、翻砌橋堍、接通陰溝等項工料銀五百七十三兩六錢，老北門外西吊橋换建橋面橋樁、裝設鐵欄、翻砌橋堍等項工料銀四百四十二兩，西門外吊橋换做橋面橋墩、砌路裝欄等項工料銀一百九十六兩四錢，三處共約估工料等項銀一千二百十二兩。此項工程較爲堅固耐久，期省歲修之費。伏查城外各吊橋向係由營移縣詳請憲署派員勘估，撥款興修。惟上年改建大南門外吊橋，計共用銀二百七十六兩二錢三分四釐。本年新北門外吊橋换裝鐵欄，除油漆外，計共用銀七十四元七角二分，均因朽壞已極，不及具報，業由董局墊發款項。今三處吊橋均須重修，董局經費支絀，艱於籌墊。而三處之中，老北門外之西吊橋情形尤急，應否即由董局承修，抑或俟派員勘估後再行興修之處，伏祈察核施行。所有小南門外等處應修吊橋估價銀兩及大南門、新北門已修吊橋橋欄等項銀兩，合行分别開摺備由稟陳。肅稟。

估價清摺不附録。

批：來牘閲悉。近來公款萬分支絀，惟老北門外西吊橋既經查明情形尤急，應由局核實，先行開工修理，希即查照。此復。摺存。二月二十一日。

稟蘇松太道蔡填築南城凝和路迤南轉西直至城根各段馬路定期開工文宣統元年二月十一日

敬稟者。接上海縣紳士葉佳棠、姚天來、姚文枬、劉汝曾、郭廷鈖、梅豫根、薄德明、葉永孚、沈元福、王樹功、徐志淦、朱日宣、沈周、蔡正蒙、臧清揚等函稱，竊維地方之發達，首在道路之交通。本邑城内如北城之福佑路、侯家路等，南城之蓬萊路、凝和路等，均由總工程局就原有之淤穢小浜設溝築路，街道寬平，居者行者咸稱便利。所有南城凝和路迤南轉西直至城根各段，前曾議築未果。上年冬間，邀集就近各業户在同仁輔元堂會議填築，並丈見工長一百六十八丈。當經飭匠估計工料備具承攬，計凝和路迤南至薛家橋一段長四十八丈，用六號瓦筒溝排列。又自薛家橋迤西至城根一段長一百二十丈，用十二寸瓦筒溝排列，底用三和土，中砌大小天窗十一隻，底用紅石板，内粉塞門德土，面蓋石條，邊接八腳溝，四寸瓦筒陰溝，頭做小陰井，面蓋三眼紅石版，共五十八條。其街口弄口及居户出水老陰溝統用瓦筒接通築就瓦筒溝後，加土填實，面砌金山石片，計全路寬二丈至二丈七八尺不等。舊有之橋駁階石統作側石之用，共實估工料規銀三千二百三十六兩。此外，如有加添工作，應另行核計。此項路費，即勸兩面業户每丈各出銀十五元，有力者另加特别捐。所有款項，由同仁輔元堂收付，工程一切由總工程局監督考核，均經公商僉允。現定本月十三日開工。除呈請上海縣出示曉諭外，應請據情轉稟憲台察核備案。該路築成，即爲闢門之預備，俟工程及半時，再行函請轉稟等情到局。除知照工程處將此項工程監督考核外，合行備由轉稟，爲特稟祈俯賜察核施行，實爲公便。肅稟。

蘇松太道蔡來函准德總領事函請修理德文醫學堂前公路文宣統元年二月十五日

逕啓者。接德總領事卜來函，同濟醫院添設德文醫學堂，前在派克路暫賃房屋，該處地方狹小，故至法界另行租地造屋，列德册三百八十五、四百二十六號。校前有石板路一條,係屬公路,東通沙由斯馬路,必須行走。惟該路崎嶇不平,僅可行人往來,請飭修平坦,俾便車輪往來而利行人。該公路寬狹足可敷用,衹須修平,不必另租民地等因。查德文醫學堂坐落寶昌路之南,東通沙由斯馬路,西通寶建路。該處馬路似均係法人所築。其校前公路一條,是否在租界之外,係屬中國公地,從前歸何處修理,寬長若干丈尺,如須修平,以便馬車往來,約計工料若干。用特奉詢,即祈執事迅速查勘見示,以憑核辦爲荷。

復蘇松太道蔡函勘估修築德文醫學堂前公路工價文二月廿四日

肅復者。前奉鈞示,以接德領事函開,同濟醫院添設德文醫學堂在法界租地造屋,列德册三百八十五、四百二十六號。校前有石板公路一條,請飭修平坦等語。飭將校前公路是否在租界之外,從前歸何處修理,寬長若干,如須修平,約計工料若干,查勘見復等因。奉此,遵經飭派董局工程處會同西區分辦處前往查勘,勘得此項石板路即羊尾橋迤西與法華交通之老路,係道光年間邑紳王壽康集資興築,日久未曾修理。該醫學堂坐落畢勛路與沙由斯路之間。該處並非租界,其校前石板路確在租界之外,係屬中國舊有之公路,其沙由斯路至畢勛路一段約長二百數十丈。照德領來函,但從該學堂門前東通沙由斯路一段,計之路綫較短,該路不在董局區域之内,距離西區警察路綫約有三里,中間尚隔寶昌路、沙由斯路,幾有鞭長莫及之勢。惟既經德領函請修築奉示飭查,爲主權關係起見,自應趕行修築。兹復經工程處量準丈尺,擬定辦法,估計工料,共需銀一千一百六十八兩四錢五分。此項工費,懇請憲台籌撥發下,俾便興工。兹將築路辦法另紙開呈,並附地圖一紙,統祈察核示遵,是所至荷。肅復。

築路辦法不附録。

復蘇松太道蔡函西區羊尾橋係由紳民建造確爲中國官浜文二月廿九日

敬復者。接奉鈞示,以修理德文醫學校前石板公路一事,所需工料費,當由署籌撥規銀一千兩。至羊尾橋是否地方建造,其浜是否爲中國官浜,並望查視等因。奉此,遵即飭令董局工程處核實估計,剋期修築,用慰憲廑。至羊尾橋即在董局西區分辦處北首,前由地方紳民集資建造,該處河浜迤西直達法華,確爲中國官浜,並非租界,惟現在業已淤淺。兹奉飭查,合亟陳復。專肅。

致蘇松太道蔡函德文醫學堂前路工告竣請撥工費文閏月二十日

敬肅者。飭修德醫學堂前公路一事,前經函陳一切辦法,並估計工價,開單送呈,奉示飭早日興工。所需工料費,由署籌撥規銀一千兩等因。遵經飭知董局工程處,剋期興辦。現在該處橋路工程大半告成,旬日之間可以一律工竣。所有鈞署撥助之款,尚乞迅賜發給,俾應工需。兹先呈領狀一紙,即祈察收爲荷。專肅。

又函

再肅者。接據會丈局來函,以德醫學堂前築路劃用潘生橋東塊日商三井租户王錦庭地五釐三毫,由局將該地劃用之處扣除,函送日領簽字據復。劃地築路,事屬公益,自可通融,請爲轉致備價給領等語。該地有無給價,請示轉復等情。董局以該處築路劃用地畝甚少，故議概不給償地價，如果給價，亦祇能照前此斜橋築路辦法，每畝給價洋一百元。該地較之斜橋地方尤爲荒僻，而劃用之地又祇五釐三毫，即使給價，爲數甚微。當即函復會丈局，請轉復日領飭知該商顧念公益，不必較此區區。合再陳明。

蘇松太道蔡函送德文醫學堂前築路工費文閏二月二十二日

敬復者。興修德醫學堂前公路一事，昨展公函，並另牋備悉種切。除檢領狀備案外，兹籌規銀一千兩，開票送上，即祈查收備用。工竣後，仍希函知爲荷。

致蘇松太道蔡函老北門吊橋修理工竣請撥工費文宣統元年四月十六日

敬肅者。董局前以老北門外西吊橋及小南門外、西門外等處吊橋年久朽壞，應行重修，估計工料，開具清單，稟請核示遵辦。奉批，老北門外西吊橋既經查明情形尤急，應由局核實，先行開工修理，希即查照等因，遵即僱匠興辦。現老北門外吊橋業已工竣，前估工費銀四百四十二兩。兹經格外撙節，實需工費銀三百八十八兩六分二釐。謹呈領狀一紙，請飭將此項工費撥給到局，俾便應付。其西門及小南門外之吊橋擬接續興修，尚有大東門吊橋亦已朽壞，並須重行修理。特此奉達。

致蘇松太道蔡函估工先修大東門外吊橋文宣統元年四月二十一日

敬肅者。前日董局函陳老北門外吊橋工竣，請撥工費，並西門、小南門、大東門外各吊橋亦須重修一事，兹查大東門外之吊橋其橋樑已經中斷，兩旁板木亦極脆薄，必須趕先修整。業飭董局工程處估工配料，約需工料銀百兩光景，擬即動工興修。惟在修橋之際，憲駕出城，必須暫行繞道，橋工趕速，當不過費時日也。專肅。

蘇松太道蔡照會撥給修理老北門外吊橋工費文宣統元年四月　日

爲照送事。接貴局函開，老北門外西吊橋及小南門、西門等處吊橋年久朽壞，應行重修，估計工料，開單請示。奉批，老北門外西吊橋既經查明情形尤急，應由局核實，先行開工修理，希即查照等因，遵即僱匠興辦。現老北門外吊橋業已工竣，前估工費銀四百四十二兩。兹經格外撙節，實需工費銀三百八十八兩六分二釐，謹呈領狀一紙，請將此項工費撥給到局，俾便應付等因到道。除將送到鈐領備案外，兹如數動支銀三百八十八兩六分二釐，開票備文照送，爲此照會貴局，請煩查收，應付施行。須至照會者。

稟蘇松太道蔡大東門及西門吊橋修理工竣請撥工費文宣統元年十月初三日

敬稟者。董局前以各城門外吊橋均已朽壞，亟須重修，於二月間具稟陳報，並將小南門、老北門、西門外吊橋一併估計工料銀兩，開單呈送。遵批先修老北門外吊橋，於四月間工竣。其時適大東門外吊橋朽壞，必須趕先修理，當經函報並估工料，約須百兩光景，於六月間工竣。所有該橋工費，曾函請俟續修西門外吊橋工竣後，一併具領等情在案。現在西門外吊橋亦已完竣，由董局工程處開具清單前來。當查西門外吊橋前估工費計銀一百九十六兩四錢，現計實銀一百六十六兩二錢八分九釐，照前估之數較少。其大東門吊橋前估工費百兩光景，現計實銀一百五十三兩九錢七分，照前估之數較多。統計兩項工費，實銀三百二十兩二錢五分九釐，應請照撥到局，俾便應付。除將西門、大東門外吊橋工料銀兩開具清摺，並繕呈領狀外，爲特備由，稟祈俯賜察核施行，實爲公便。肅稟。

清摺不附録。

批：據稟請領修理西門、大東門吊橋工料銀三百二十兩二錢五分九釐，兹如數核發，希即查收轉給，此復。領摺均存。十月十三日。

稟蘇松太道蔡小南門吊橋修理工竣請撥工費文宣統二年七月二十六日

敬稟者。竊上年二月間稟請修理小南門外吊橋、老北門外小吊橋、西門外吊橋，並開摺報明工料價銀，荷蒙核准後，分别緩急，先重建老北門外小吊橋，復修大東門外吊橋，接續改建西門外吊橋。工竣後，均蒙撥款具領在案。小南門外吊橋上年尚可敷衍，是以未經動工，至本年四月間，橋木朽落，勢難再緩。因由董局工程處僱工興修，當經備函呈報開工亦在案。現該橋業已修竣。查原估工料銀五百七十三兩六錢，經極力撙節，計共用銀四百九十二兩八錢一分六釐，特繕呈領狀一紙，應請照撥，以便給付，爲特備由稟祈俯賜察核施行。肅稟。

批：來牘請領修理小南門外吊橋工料銀四百九十二兩八錢一分六釐，兹如數核發，希即查收轉給。此復。領存。七月三十日。

稟蘇松太道蔡遵復蘇路公司函請開築馬路並陳築路遷塚情形文宣統元年六月二十日

敬稟者。竊奉鈞函内開，昨接蘇省鐵路公司函開，公司上海車站在南市滬軍營舊址，距北市窵遠，行旅往來不便，前商總工程局從西門陸家浜起築一馬路直達滬軍營，以期搭客便利。總工程局當時深表同情，迄今日久未聞興工。因何遲滯，屬爲轉致從速開築，以實前言等因。奉此，查此案於光緒三十三年六月十七日奉前升憲瑞照會，以准蘇省鐵路公司移開，由總車站接展支綫至西門城脚設分車站，請煩查照等因到局。並准蘇路公司移會前因董局正在核議間，即據地方上人紛來申説，以公司接展支綫經由黄家闕一帶，應拆房屋太多，請爲會商改築馬路，以便行旅而興市面，於公司、地方兩有裨益等語。經董局議事會復核無異，旋與公司會商亦表同情。是以上年將黄家闕直抵陸家浜之馬路興築，並分築支路，其自陸家浜南至車站一段，因款絀而止。兹蘇路公司既重申前議，復重以憲諭，自當借款興築，以利交通。該處路綫本已規畫，應對黄家闕路跨陸家浜建設橋樑迤南直至總車站後面公司地爲界。現在復加勘視，擬即動工，惟陸家浜南首有同仁輔元堂塚地應行遷除，其遷費當由董局貼償。除由董局函請同仁輔元堂董迅予妥慎遷移外，合行稟復，爲特備由，稟祈俯賜察核備案施行，實爲公便。肅稟。

批：來牘閲悉。已據情移復蘇路公司查照，希即知照，此復。六月二十六日。

呈上海縣田開築車站馬路劃用地畝請飭書過立户名文宣統二年七月十九日

爲呈請事。竊敝局上年開築西門外車站馬路，曾經稟報道憲備案在案。此路業已竣工。所有築路劃用二十四保二區方十二圖方字圩地畝，計共九分二釐九毫；又二十五保一區十二圖短字圩地畝，計共五畝二分九釐九毫，應行過户。兹特開呈清單兩紙，分别填明號户畝分，請飭各該圖册書各過立總工程局車站路户名，合行呈祈俯察施行，實爲公便。須至呈者。

開濬城河及撈挖城内肇嘉浜案

稟蘇松太道瑞陳報辦理河工情形並城根污穢亟應整頓文光緒三十二年九月十四日

敬稟者。竊開濬城河事宜，議歸董局經理。曾函請轉達滬軍、留防兩營官將勇丁酌量撤回挑河等情。旋奉復示，已分别轉致去後。據滬軍營龍管帶復稱，分防各處勇隊均係緊要地方，擬每日抽撥一半挑河，一半仍駐防所，於防務、河工兩無妨礙等語，特以奉聞等因。防務、河工均關緊要，龍管帶兩面兼顧，所議極是，自應遵照。查上海城廂内外各河淤墊已久，上年春間起，至本年夏間止，城外之方浜、肇嘉浜、薛家浜及小東門外迤南轉西至西門外護城河，已由滬軍、留防兩營官督飭勇丁逐漸開濬。現在應將自西門外起，迤北轉東，至小東門外護城河，及大東門内自水關起，直達西門之肇嘉浜，次第續濬。惟西門外方浜橋起，至小東門外止，均毗連法租界，是以請上海縣王令函致法公董局查照。旋據王令抄示法公董局復函，擬派工程司會同董局察看。董局以城河爲中國地界，與租界不涉，當復以歷次開濬城河從無會同察看之事，且上年開濬小東門外之方浜，亦係毗連租界，並未會同察看。此次仍循曩例，無庸會看等情，請王令轉復。本月十一日，董等會同西區區長吴馨、議董王納善，暨留防營各隊官、滬軍營幫帶哨官等，沿西門外城根至小東門一帶察視。城河之淤穢臭惡不可嚮邇，而城根公地佔滿房屋，路狹人雜，齷齪萬狀。木植雜物堆積河岸，非酌令居户暫行搬遷，實無儲泥之處。且查租界靠河之木駁，有數處均已朽壞。若開濬之際因而坍卸，必起交涉，非預先聲明不能施工。現挑河器具已在修整添置，如俟遷居修駁後，始行興工，必稽時日。爰擬將大東門内至西門之肇嘉浜，先行興挑。第城中均係市河，無處起泥，擬不築欄壩，用船攔開。已呈請王令照會林紳曾賚爲河工董事，與向辦河務之秦紳本幹常川在工，照料佈置。並請王令會營出示曉諭，酌令城根居户暫遷，以便堆泥。一面再行函致法公董局，趕緊修駁，以便動工。惟城根公地如此污穢，不特爲外人所恥笑，辦事者亦覺蒙羞。究應如何清理整頓之處，伏候察勘示遵。所有辦理河工城根污穢情形，合行陳報，爲特備由，稟祈鑒核施行。肅稟。

批：西門外至小東門外一帶，城河毗連法國租界，既擬開挑，應先知照本道，照會法總領事飭知。乃請由上海縣逕函公董局，致令藉詞會同察看，未免失於斟酌。現已由道函致法總領事查照，並請飭令趕將木駁修理，以便河工早日開辦，能否不致仍執會看爲言，希俟復到另文行知。惟城根所住各户，均係無力貧民，宜如何酌給搬費，望即查明核議。並以後城根公地應如何設法清理，一併酌擬妥章示復，以便移商提右營飭遵可也。此復。九月十八日。

稟蘇松太道瑞陳報續濬城河開工日期文光緒三十二年十月初三日

敬稟者。竊續濬城内外各河，議歸董局經辦。曾將河工情形稟陳，已奉批示，並蒙函致法總領事，飭修租界木駁在案。惟法界修駁需時，自應先將城内肇嘉浜開濬。兹於上月二十七日由滬軍、留防兩營飭派勇丁，先在西門水關及吊橋一帶挑挖。二十九日起，從大東門水關迤内興挑。該河兩面均係市房居户，其南岸雖可行走，而岸路甚窄，無處堆泥，是以並不築壩,用船擱裝。所僱之船,於潮來時進城,潮退時由勇丁挑挖裝載,再俟潮來後出城。雖略費時日,而既無起泥卸泥之煩,往來之人亦不至稍沾泥污,莫不同聲稱便。惟裝泥各船,向係由各碼頭輪派,計共十三渡,每渡按日輪間匀裝,周而復始。其承裝者爲各渡駁船及灘船、埠灘船、本幫划船、淮揚幫划船共四種,均責成管幫埠頭喚僱。所發工貲,計上駁船每隻給錢三百文,中駁船每隻給錢二百五十文,次駁船每隻給錢二百文,櫓划船每隻給錢一百五十文,槳划船每隻給錢一百文。於裝泥時給予船票,由各船户來局領取,不假埠頭之手,以免剋扣。此原係照歷届章程辦理,惟此次於上月二十九日正在第一次僱船之際,各船户均不願承裝。詢以何故,則稱鎮江商船公會在上海設立商船分會,令伊等領取旗牌船照,謂以後可以免當差使,不但河工,即衙署差使亦可不當等語。當經曉諭以此係地方公益之事,河道數年一開,並非常有之工程。且輪間匀裝亦極公道,並不多費時日,致礙貿易。開導再三,始各允洽,得以無誤河工。第難保以後不再有藉口。所有續濬城河開工日期,及僱船情形,合行陳報,爲特備由,稟祈俯賜察核施行,實爲公便。肅稟。

批:查創立商船公會,重在杜掛洋旗,維持航業。至於關係地方公益,凡有應盡義務,豈可轉爲趨避之計?況開河以通水利,既與舟行有裨,又令輪流匀裝,酌給僱價,尤於生計毫無損失,詎容有所藉口?上海擬設分會,奉文飭查有無窒礙。正在詳辦之際,應將此等情形,隨案聲敘,俾以後有所遵循。希先轉告上海商船分會妥商辦理。此復。十月初五日。

稟蘇松太道瑞開濬城内肇家浜請撥河工經費文光緒三十二年十二月初九日

敬稟者。竊濬河工程前因法租界修駁需時,先將城内肇嘉浜開濬等因,業經稟明在案。計自本年九月二十七日起,先將西門外水關橋至吊橋南一段挑濬,嗣即由大東門水關迤内興挑。該河一帶兩面均係市房,無從起泥,是以不築攔壩,僱用船隻,於潮來時進水關停泊,潮退後由勇丁挑挖即起泥在船,再俟潮退時乘潮而出。惟每月遇兩大潮汛,船隻始可通行。本年自九月後,天氣亢旱,即大汛,潮水亦較往年爲小。河身既窄,船隻每易滯擱。緣是施工不多,計東水關起至縣橋止,業已挑濬;而迤西莊家橋一帶,亦已挑挖三十丈;縣橋以西河道愈窄,船不易通。上月初十日以後,天氣又寒,因即停止,以俟明年續濬。查肇嘉浜貫通東西兩水關,爲本城穿心之河,賴以洩瀉溝水、駁運貨物糞穢,自以開濬深通爲是。惟河形窄隘,市房均臨河建造,居户又不知愛惜,容易淤墊。如欲濬深,則駁岸房屋勢將塌陷;不濬深,則旋開旋淤,勞而無功。且又毫無起泥之處,體察情形,頗覺爲難。當再詳籌辦法,另行稟陳。所有此次添置修理河具、埠頭駁船、工食等項,共支錢五百四十六千二百十四文,已由董局墊付,另開清摺呈報。從前同仁輔元堂經理河工時,係呈由上海縣轉詳請發。現既由董局經辦,應請憲台將支用錢款,於城河經費息款項下逕發董局歸墊,以省周折。至滬軍、巡防兩營勇丁於本年上半年挑濬護城河,自小東門起迤南至大東門、小南門,轉西至大南門,轉北至西門止,下半年挑濬城内之肇嘉浜,不無微勞。所有應給賞號,擬請憲台逕發,以資鼓勵。兹將開濬城内肇家浜情形陳報,並開呈河工用款清摺,備具領狀。伏祈察核施行,實爲公便。再西門外方浜橋起,至小東門外護城河,均毗連法租界。前因法租界木駁有損壞處,恐開濬之際,或致坍陷,必起交涉。曾由董等稟奉批示,已函致法總領事查照,請飭趕緊修理等因在案。迄今並未修理,未知法總領事曾否照復,並求示知爲感。肅稟。

批:來牘並摺領均閱悉。玆於城河息款項下如數撥錢五百四十五千二百十四文,填票隨批飭發,希即查收歸墊。營勇賞號已分飭查開名數,以憑核賞。法租界木駁一事,法總領事迄今未復到。現已據情函催,飭令趕修見復矣,並即知照。此復。摺領存。十二月二十一日。

稟蘇松太道梁請領借撥開濬西門外萬生橋起至斜橋之肇嘉浜工費文光緒三十三年十二月初六日

敬稟者。竊董等前因西門外萬生橋起至斜橋一帶之肇嘉浜河道淤穢,而沿河適需開築馬路,因擬濬河築路兼籌並顧,稟請於城河息款項下撥借銀二千兩,將來仍於浦肇河工攤徵款内歸墊,並繪呈地圖,懇求核示等情。奉批,查城河生息一項,瑞升道任内透支銀七百餘兩,尚待續後提息歸還,本屬無可借支。惟查斜橋迤北直達西門之肇家浜,淤塞污穢,有礙衛生。現接美總領事來函,西門外基督教女公會亦以開濬爲請,自應及時舉辦。所需工資銀二千兩,自當另爲設法騰挪,希即具領送候籌撥,仍候詳報兩院憲立案,將來統在蒲肇河工攤徵項下歸墊可也,此復,圖存等因。奉此,查萬生橋起至斜橋止一段河道,共長四百餘丈,實屬淤穢過甚。現在業已僱工開挑,即以所起之泥填築沿河馬路。惟自斜橋迤内一段及吴家石橋迤内一段,均須分别加築木駁,庶泥土不致坍卸,河道亦不致易於淤墊。統計濬河之費,加以築駁築路之費,共約需銀二萬兩。荷蒙撥墊河工經費銀二千兩,此外當由董局設法籌墊。玆特肅稟,備由具領呈送,伏候隨批飭發,俾便應用。仍求詳報兩院憲立案,統希察核施行。

批:據稟請領開濬肇家浜河工墊款銀二千兩,玆如數填票,隨批飭發,仰即查收撥用。此繳。領存。十二月十四日。

蘇松太道梁照會據滬軍營管帶稟陳周涇浜河工每日抽勇一百名工作輪流替换文光緒三十四年二月二十五日

爲照會事。據滬軍營管帶吴保恕稟稱,總工程局函商西門外周涇浜一帶路工,請派勇丁挑濬。昨經履勘,該處路工綿長四十餘丈,六尺餘高,共千餘方土。是非合羣力以爲之,恐未易告厥成功。惟卑營各隊出防在外,按每日抽勇一百名往該處做工,各哨輪流替换,庶於防務無礙,稟祈核辦等情到道。據此,除批示外,合亟據情照會。爲此照會,請煩查照施行。須至照會者。

稟蘇松太道蔡陳明開濬西門外斜橋口一段之肇嘉浜情形文光緒三十四年三月初一日

敬稟者。竊奉照會内開,云云。請煩查照施行等因。奉此,查現在開濬之河,係斜橋裡口一段之肇嘉浜,因祇四十餘丈,且所挑泥土,即以填築道路。若請多派勇丁,於施工之際轉行不便。是以董局函商滬軍營吴管帶,請專歸一營挑濬。此段竣工後,尚須續挑迤内之河,容再稟請憲台,分飭巡防營管帶會同興挑,以期一律深通。所有現在濬河情形,合行稟復,伏祈察核施行。肅稟。

批：據稟已悉。繳。三月十六日。

稟蘇松太道蔡開濬斜橋裡口一段之肇嘉浜河工告竣文光緒三十四年四月初八日

敬稟者。本年二月，奉前升憲梁照會，以據滬軍營管帶吴保恕稟稱，云云。查照施行等因。當以現在開濬之河，係斜橋裡口一段之肇嘉浜，祇四十餘丈，且所挑泥土，即以填築道路。若請多派勇丁，施工之際，轉行不便。是以董局函商滬軍營吴管帶，請專歸一營挑濬等情，具稟陳復，奉批在案。現據滬軍營吴管帶函報，該處挑濬工程，當飭各哨勇丁趕辦，兹已一律工竣等因。業由董局工程處前往察看，該段河身四十餘丈，計挑土七百餘方，均已如式開濬深通。所有應給該營勇丁賞號洋二百元，已由董局備送。合將濬河工竣情形，備由稟復，仰祈察核施行。專肅。

稟蘇松太道蔡陳明城内撈河情形請酌籌工費文光緒三十四年六月十八日

敬稟者。竊城内之肇嘉浜貫通大東門、西門水關，爲洩瀉溝水、通行船隻之要道。積年以來，沿河業户造屋築駁，愈佔愈狹，而住居臨河之鋪户居民又不知愛惜，輒以穢物垃圾任意傾棄於河，故最易淤塞。溯查光緒十九年暨二十五年曾各大濬一次，均不及一年，仍形淤穢。誠以是河或兩岸均有房屋，或一面房屋、一面駁岸，濬深則慮其傾坍，不濬深則易於淤塞。且有駁岸處亦極窄狹，無從起卸，而挑除淤泥之數不能敵傾棄垃圾之數，是以旋濬旋淤。又自小東門迤北正西門之外城河，久不開濬，亦極淤穢。城濠基地既建滿房屋，北岸又係法租界，無處起泥。董局開辦後，曾稟准前升憲瑞，飭勇開濬西門迤東至小東門止之外城河。後本擬接開北段之護城河，嗣因察勘法租界駁岸失修，恐開濬時，或致坍陷，稟請函致法領飭修，迄未復到。因於光緒三十二年十月間，即接濬城内之肇嘉浜，當時體察兩岸毫無隙地，不能起泥，因不築欄壩，僱用船隻，乘潮而進，即以所起之泥傾入於船，乘潮而出。惟河道窄溢，泊船處既不易施工，而潮小時船隻每致擱淺，節節爲難。計自東水關起至虹橋及西門内莊家橋一帶，均經濬治。詎一年以來，淤穢如故，察視水泥，均作黑色，大抵係傾棄穢物所致，非盡關潮泥之淤積。而城外北段之護城河，淤穢尤甚。董局以臭穢之氣有礙衛生，爰於本年四月起僱用人夫，先將北段之護城河撈去浮穢淤泥，復將城内東水關迤西段撈挖。起泥之法，或用船裝，或用小車裝載，總以隨起隨運，不致存積爲主。惟查肇嘉浜從大東門外大關橋浦口起，入大東門水關，直出西門水關。今城内既經撈挖，則東、西門外之肇嘉浜淤積處，亦應一併疏治，以冀貫通。現在城内橋道河溝工程已奉憲台批准，由同仁輔元堂會同董局察辦。此項撈河工程尚係董局於四月内開工，且有城外河工在内。現自當會同同仁輔元堂經理，俟工竣時，開摺呈報，懇請憲台，於城河經費息款項下開支。再查城内外河道，除大東門外迤南至西門之護城河尚有空地，可以堆泥。此外之護城河及薛家浜、方浜等處沿河大都均有房屋，其易致淤墊，艱於起卸，情形大略相同。從前挑濬各河，大率借資營勇之力。第須值操防稍暇之時，且必有堆泥之處，始易從事。今堆泥之處既少，則無論倩勇僱夫，均覺爲難。此後擬除可以堆泥處所仍請飭勇開挑外，其餘各河似宜援照二十五年分開濬城内肇嘉浜辦法，仍僱夫興挑，在開挑時酌量地段之寬窄、出泥之遠近，以定人夫之多寡，逐段濬治，庶工不延曠、泥不存積，而尤以大濬之後，規復從前撈泥之法爲最善。光緒初年，曾置有撈泥船隻，隨潮出入，嗣因經理不善，遂致廢撤。今擬師撈泥之意，稍爲變通，船隻不必自製，以省修費、造費。於應僱船數，視潮汎大小、泥土多少爲準，而僱用撈泥人夫亦不必太多，以便照料。誠能照此次辦法切實經理，統年撈挖，週而復始，不致間斷，或可免大濬之勞。惟常年撈泥爲費未免稍鉅，而城河息款每月祇一百七十五千，斷不敷用。查原有之城河經費，係蒙前升憲應創籌生息。董等不揣冒昧，擬懇憲台酌籌款項，作撈河經費專款，以爲經久之計。此後河道清潔，則滬人士飲水思源，均感盛德於靡既矣。所有現在城內外撈河情形及擬陳以後辦法、請籌經費緣由，合肅稟陳，爲特備由，稟祈俯賜察核施行，實爲公便。肅稟。

批：來牘閱悉。查城河生息一項，梁任移交墊用四千一百餘兩，尚無籌補之法。此次開挑北段護城河暨東水關迤西各段，一切工程究需幾何，望飭令核實估計，以免工鉅籌撥爲難，希即查照。此復。六月二十六日。

稟蘇松太道蔡撈挖城內外河道工竣請飭發河工經費文光緒三十四年九月十六日

敬稟者。竊董局前因城內大東門至西門河道城外北段之護城河均極淤塞，稟陳撈河情形，聲明俟工竣時開摺呈報，懇請於城河經費息款項下開支等情。曾奉憲批，來牘閱悉。云云。全敘至此復等因。奉此，查此次撈河，係屬試辦。而夫價、船價均較從前爲貴。且所挖之泥，或用船裝，或用車運，均須臨時酌定工費，實難預計。因飭工程處認真督率，極力樽節。董等亦隨時到工察視。計自大東門外水關起，迤西至西門外水關止，逐段撈挖，所有淤泥隨起隨運。遇大汎則用船駁載遇，小汎則用車運卸，不使存積。是河兩岸或建有房屋，或駁岸窄隘，出泥頗難。近西門一段淤塞已久，尤費周折。現已一律撈竣，船隻可以通行，計共支撈河人夫、運泥船車工價及司事辛工河具等項錢一千六百九十五千三百七文，又小東門外迤北至西門護城河，僅撈浮泥垃圾共支僱夫工錢三百十七千二百五十文，兩共支錢二千千零十二千五百五十七文，業由董局墊付，用特肅稟備由，伏祈俯賜鑒核，其河費仰懇承批飭發，俾資歸墊，實深公便。肅稟。

批：來牘所稱城內大東門至西門及城外小東門迤北至西門護城河撈挖竣工，共墊用錢二千千零十二千五百五十七文，請動支河工公費息款歸墊等情。查城河息款一項，入不敷出。前任懸墊不少，必須另行設法。惟此項河工，既須動撥公款，候先派員會同前往一帶河工勘明稟復，再行核發可也。此繳。九月十九日。

稟蘇松太道蔡函發撈挖城內外河道工費文宣統元年二月初三日

敬啓者。展誦惠函，以上年撈挖城內大東門至西門及城外小東門迤北至西門護城河，墊付辛工等錢二千千零十二千五百五十七文，囑撥還歸墊等因。此項用款，前因河工經費懸墊不少，無可動支，批飭景令轉致在案。前承諄囑，自當設法另籌。查有吳淞釣船局兩次拏獲私運米石、變價充公一款，除提撥開濬大蒸塘河工用款外，尚存洋一千八百五十六元有零，即在此款內動支錢二千千零十二千五百五十七文，開票函送，即祈查收歸墊，並望示復爲荷。

議請拆城及改辦闢門築路案

蘇松太道瑞照會奉文飭議拆城詳案文光緒三十二年四月二十八日

爲照會事。照得貴紳董等議拆上海城垣以興商務一事，前經袁前升道詳請督撫憲核示。本道抵任於本年三月初六日，奉兩江督憲周批開查此事。昨據上海紳董公電，羣情惶急，請飭禁阻，當經明晰電飭瑞道傳諭在案。玆據前情，仰上海瑞道查照前電辦理，會商紳董從長妥議，稟候核辦，仍候撫部院批示録報，繳，摺存。又於三月初九日奉護撫憲濮批，希候督部堂核示遵行録報，此復，摺存各等因。查此案，先奉督憲電諭，當即由電稟復。旋據本邑曹董驤等前赴督轅及本道衙門具稟，請阻先後牌示在案，合抄原案備文照會，爲此照會貴紳董，請煩查照會商，妥議見復，核辦施行。須至照會者。

附抄件

光緒三十二年二月初一日詳南洋大臣蘇撫憲

爲據情轉詳事。本年正月二十六日，據上海縣紳士姚文枬、李鍾珏、葉佳棠、顧言、王宗駿、郁懷智、莫錫綸、陸文麓、王震、顧徵錫、吴馨、穆湘瑶、蘇本炎、干城、祁祖鎣、王納善、施兆祥、李厚垣、張焕斗、程鼎、劉桂馨、楊高存、張美翊、沈熙、趙增烜、沈功章、張嘉年、袁希濤、沈恩孚、楊逸、單慶銘等三十一人聯名呈稱，上海一隅，商務爲各埠之冠，而租界日盛，南市日衰。推原其故，租界扼淞滬咽喉，地勢寬而展布易；南市則外瀕黄浦，内逼城垣，地窄人稠，行棧無從廣設；城中空地尚多，而形勢梗塞，以致稍挾資本之商，皆舍而弗顧。紳等朝夕籌思，舍自拓商市，無由抵劇烈之競争；舍亟拆城垣，無由期商業之自立。竊維城垣之設，所以防盗賊而限戎馬，表治所而衛倉獄。歐洲古制，亦復相同。近數十年，策軍事海防者，多注重礮臺而不尚城守。埃及、羅馬之名城，視同古器；柏靈、巴黎之都會，即藉市場，参互而觀，可爲明證。且天津拆城而商市驟盛，漢口拆城而鐵路交通，是即以中國設城之本意言之，亦正可仍其意而不必泥其法。恭逢聖明，推行新政，復值詳准設立城廂内外總工程局，以爲地方自治之基礎。乘此機會，拆去城垣，環築馬路，商民合力，次第整頓，則不特南市展拓商務大興，即國民開化之氣象亦可徵諸實驗，有利無弊。合詞呈懇，詳請督撫憲核准具奏，以興商埠，無任悚惶，待命之至等情到道。據此，職道伏查城垣之設，本古人重門擊柝禦暴之意，原無輕議拆除之理。惟上海爲通商總匯，城廂、租界同在此二三十里之中，而租界則商務日盛，地段則日推日廣；南市則以城垣阻隔，地窄人稠，無可展布。非惟有礙商務之進步，且益外人以輕視之心。蓋所賴於城垣者，無非謂藉此可以保衛人民、衙署、倉庫、監獄起見。今租界洋行林立，人民、公署、銀庫、監獄較華界倍形吃重，彼祇倚巡捕團兵爲之戒備，而我顧專恃城垣以爲防守，使外人見我並無防禦土匪之實力，殊爲非計。且滬城本不高厚，磚多剝落，修費難籌。西門一帶日久傾頽，以言保衛，亦屬有名無實，徒形其陋而已。況考查租界商務之所以興盛，則以有馬路交通之故。今我自治之地，僅城廂南市一隅，馬路僅祇兩條，中間復有城垣間隔，車馬既不通行，行旅苦不方便。仕商鉅富固無城關居往者，即自租界覓食，小本經紀亦都不吝租金，以寄居於租界之中，以致城内租界地價、房價相去數十百倍。一盛一衰之故，内輕外重之情，其顯著逼切如此。若不及時變通，與民更始，日後市情彫敝之象，將更不可勝言。竊思蘇州河北新闢之華界，尚係荒涼寂寞之區，寓滬紳商尚知籌款經營，以爲華人商埠之基礎；南市既爲華界精華薈萃之處，城内又爲紳民世守之業，於各該紳尤有密切之關繫。今既周諮博考發之公言，實足以壯民氣而改舊觀。職道詳加察核紳等所陳，拆城築路，非惟無弊，且有四益：就城基改築馬路東西南北環轉流通，外而南市沿浦，内而西門外一帶馬路，可以聯絡照應，一也；清理城内河浜，填築馬路數條，徐圖擴充，收效甚易，二也；填河應築大陰溝，可將城磚代用，有餘更可修沿河破岸，三也；房地市價增漲，民情振奮，收捐以辦善後，事能持久，四也。目前籌計已有此四益，日後利賴自更無窮，是拆城築路一事，即屬創舉，亦應毅然爲之。況天津業有成案，商務興旺，民情安謐，尤爲明證。事關因時制宜，力開風氣，理合録摺據情轉詳，仰祈憲台鑒察核辦示遵。除詳督撫憲外，爲此備由，呈乞照詳施行。

二月二十三日南京來電

上海瑞道台接上海城鄉職董曹驤、王增禧、顧炳辰、江文耀、秦本幹、蔡爾康、劉鈐珊、曹基鏡、王增祺、楊鴻藻、瞿開煜、周樹蓮，舉貢生員劉志濤、楊振禄、李邦紱、曹鍾堯、朱澄保、郁周、周樹藩、曹浩等聯名電稟，内稱：上海拆城一事，上年倡議於總工程局，旋以輿論不洽而止。今外間喧傳，謂已稟請憲示將實行矣。衆情惶急，以爲有不便拆者五、不必拆者一，懇電飭滬道，督同諸局董另行切實妥議，改籌善策，以安衆心等語。查本署現未有人稟拆城之事，將來如有稟到，亦必批飭官紳從長妥議。即議定仍須請旨，交部議准，然後定案。望傳諭各董等不必妄生疑慮爲要。馥。漾印。

二月二十四日復南京電

督憲鈞鑒。漾電敬悉。拆城事，職道亦接該紳公稟，檢查原卷，係發起於本地諸紳聯名者三十一人，實在辦事而力主開通最有聲望，如姚文枏、李鍾珏等均在其内。援天津成案，拆滬城就基地築馬路，融城廂爲一氣，擴充南市，華界振興商務，以與租界争衡，並有密切關係。條陳以爲拆城實所以杜患，業由袁升道核議具詳，帶寧面呈，想蒙鑒核。此次各職董所稟亦有見地，惟馬路既可築通入城，則防維亦失，拆與不拆，所去無幾。且南市一帶，光緒廿四年，法人爲四明公所塚地，與甬人交鬨，時曾索此地。彼時事機所逼，尚經拒絶，刻下相安無事，工程局復將南市認真整頓，規模大爲改觀，外人未萌此歸併之心，而我先發此畏沮之議，萬一彼人窺我隱微，無論拆否，均多不妙。應如何批行籌議之處，仍乞裁奪施行。除照録憲諭批示曉諭外，謹復。

三月初十日曹驤等稟督憲稿

稟爲熟察利害力保城垣事。竊照上海拆城一事，上年倡議於總工程局，旋以輿論不洽而止。今外間喧傳，謂已稟請憲示將實行矣。西人聞之，咸有喜色，謂將便於展拓，可遂其膨脹主義矣。衆情惶急，咸相走告。職等以事關重大，亟亟聚謀。竊以爲有不便拆者五、不必拆者一，請爲憲台陳之。十六鋪南市馬路緊鄰法界，市面較盛，法人垂涎已久。城内東北及西北隅亦與法界接壤，繁盛又與南市馬路相埒，城垣一拆，則菁華貫萃於一帶，愈足啓法人覬覦，此不便拆者一；法界果因而擴入，非特城内均屬難保，而貫連之南馬路，亦必併爲所奪，闢一利而失兩地，此不便拆者二；法界緊接之處，華商百貨所萃，躉局林立，其間倘爲法併，勢必免躉，洋債從何撥補？此不便拆者三；職等聚族而居，與斯城相依爲命，毁棄之後，如被法佔，則生息於外人卵翼之下，國權益消，民氣益衰，恐全埠爲香港之續，此不便拆者四；城内地方遼闊，警察既未大備，又無租界之團練兵艦嚴密保衛，如無城垣庇護，盗賊更易生心，後患何可勝言，此不便拆者五。果欲振興商務，祇須仿照寧垣，將城門放大，或添開數門，並築馬路通入城中，城廂内外開濬水道，以通舟楫；一面籌足的款，多設警察，清潔街道，無不願受，一廛市面之旺可立而待，此不必拆者一。倡議拆城者，果能保既拆之後永不爲外人侵越，職等亦何必起而妄爭？然而興商務保利權，全在講求根本。今内治尚未修明，而藩籬先撤，是舍本而逐末，徒以公衆之身家爲孤注之一擲，恐固有之權利將爲外人所奪，更何足與之抗衡？工程局諸董僅有興商之思想，而職等則兼以保土爲宗旨，彼此同以公益爲心，似應權其輕重。職等默觀大勢，熟察利害，各表同情，伏懇憲台大人俯採芻言，迅賜札飭滬道，督同工程局諸董，另行切實妥議，改籌善策，以安衆心，大局幸甚。職等無任迫切待命之至，合邑戴德。上稟。

南洋大臣批：

此案前據該職董等來電，業經明晰電飭滬道，傳諭知照。昨據袁升道來詳，又經批飭會商紳董從長妥議，稟候核辦，各在案。據稟前情，仰上海道速遵批電辦理，會商妥辦，稟復核奪。並諭知該董等遵照。繳。稟抄發，

南洋大臣批袁升道詳批：

查此事，昨據上海紳董公電，羣情惶急，請飭禁阻。當經明晰電飭瑞道，傳諭在案。兹據前情，仰上海瑞道查照前電辦理，會商紳董，從長妥議，稟候核辦。一面録報袁升道知照，仍候撫部院批示録報。繳。摺存。

三月初七日，上海縣職員蔡爾康、蘇紹良、張韋承、吴文濤、李鴻遇、胡恩錫、趙恩甲、郁鍾棠、黄文照、樊葆深、胡文煒、李維清、潘如樑、華堯封、葉承壎、沈希椿、毛恒遇、曹煒、康鼎、黄秉坤、王霆煦、衛家瑞、金士林、劉世傑、徐維孝、淩紀椿、程桂清、錢允中、金齊聲、程宗浩公稟。

爲上海城垣萬不可拆，懇速詳請保全事。竊維治安之道，首重保障，所以自古迄今，由中及外，凡有國家者，莫不築城建壘，以衛民生。千百年來，時勢變遷，無用之城，間或可廢，而獨於上海之城，則萬不可拆。乃近聞有少數董事爲總工程局籌經費起見，上拆城之策，合邑居民爲之駭聽。蓋上海華洋雜處，僅以一城爲界限，洋人從未顧問城内之事者，爲有此界限也。今若撤去界限，則華界與洋界毗連，此後處處可慮，請爲我憲台陳之。人生不能無疾病，外人心存叵測，藉端生事，一見華界有病，必曰

"此疫症也恐傳染至彼界",乃請於有司曰"我請醫生來治",有司以其善舉也允之,而彼遂實行其查疫之權。不但陽博美名,而陰收治權。即此查疫一端,人民已無寧日矣。查香港從前亦分洋界、廣東街,後洋人因治權不能及廣東街,遂借查疫爲名,無論夜半闢門而入,直達臥室,雖男女同臥,彼必揭被驗之,廣東人至今言之,猶切齒也。盜賊亦地方所恒有,若無界限,則彼界一有盜賊,必以華界爲逋逃藪,久而彼界巡捕公然入華界,是又侵我治權也。治權既侵,擴界有日矣,此猶患之小者也。上海城垣之北即爲法界,東界小東門外陸家石橋,西界西門外方浜橋,是法界已環繞我上海北半城矣。髮逆之亂,當道曾借洋兵守城。其時豫園内悉駐法兵。事平之後,久踞不去,蓋法人已有擴黑橋浜以北地爲法界之意,故於園之北面别闢一城門,以遂其出入之便,即今之新北門也。後因不能啓齒索城,其謀始寢,而花園亦遂得備價收回,蓋洋人雖狡而自命文明,深知國家土地尺寸不可以與人,故通商以來六十餘年中,索地者不知凡幾而皆曰租,並知地可租而城不可租,故從未索及城垣。稍知詳情者,正宜留此敝城以利用其文明,若竟拆去,則法人必先自小東門引一直綫至方浜橋,不曰擴地而曰劃清界限,我將何詞以對?洋人之垂涎我製造局也,非伊旦夕矣。其所以未堅決者,因洋界雖包括我上海城東、西、北三面,而製造局在其南,上海城實居垓心,諸多爲難故也。今若將城拆去,無論自北而南逐漸擴充,將來必至製造局爲止,或竟從製造局下手,則公共租界現已闢至徐家匯。洋人既得製造局,即據有龍華一隅。龍華距徐家匯甚近,四面包鈔,不但垓心之華界不爲他有,至此,則上海無有矣,可不懼哉?即以尋常禦盜賊而論髮逆直抵西門,沿城根而至小東門,見有備而去,否則不但城内居民悉遭浩劫,即江南半壁恢復更不知何日矣。四明公所之役,法界之亂也,而累及英界;哄鬧公堂之役,英界之亂也,而累及法界。獨未累及城内者,有城以限之也,此皆城之功也。紅巾之亂,踞城十有八月者,無人以守城之故也,非城之過也。若援外洋拆城之例,以爲彼可拆我亦可拆,似於因地因時因人之説,未嘗計及之耳。查外洋各國犬牙相錯,强鄰逼處,不得不加意防禦,乃於城之外周擇險設防,密益加密,因於内周之城轉若無用,然僅僅無用而亦無害者,亦未嘗盡拆之也。巴黎之城,普法之役爲礮火所毁,法人平其燼餘而昌言拆城者,諱其爲敵所燬也。然巴黎之城雖拆,而其四境有山險,有水險,礮臺林立,處處設防,因無藉乎此城也。紹良自博一衿後,即棄八股,而從事於西學,亦嘗隨使歐洲,遊歷東西洋各國,綜覽他邦風氣,並荷各大憲調赴吉林、臺灣等處,充當洋務差使。爾康會同西國通儒,翻譯各國時務書籍,垂二十年。雖不敢謂於洋務深有所得,要亦自信窺見一二,於外人之一切舉動意志,當可得其大概,故敢縷析上陳,倘荷保全,實爲公德。敬請鈞安。

三月初九日批:

此案現奉督憲批飭會商紳董,從長妥議,稟候核辦等因,應候妥商議辦。着即知照。

四月十八日,上海縣職員孫文詒、郁頤培、張世鏞、曾鈺、沈維鎬、謝紹樑、奚慶良、沈元福、周文治、艾選青、沈悦祥、江紹昌、奚元良、曾澤霖、朱樹恒、陸耀庠、馮文蔚、艾棠青、徐熙秀、葉承澤、張慶寅、周文熾、朱昌熾、郁鍾圻等公稟。

稟爲議拆城垣，輿情不洽，環求免拆事。竊職等近悉總工程局有拆毁城垣之議，不勝駭異。竊維該局董係由地方各善堂及客籍商董中舉充，並非闔邑紳民公認選舉。此次議及拆城，關係重大，而乃不使地方人民聞知，亦不邀請闔邑士紳公議，遽請袁升憲上詳，恐與地方自治章程有所未合也。伏念國家設城以衛民，從無拆城以殃民者。水火、盜賊，殃民者也，無城則害難縷述。方今内地及浦東一帶梟匪出没，賊盜横行，即租界之内，亦復劫案時聞，白晝搶奪，獨上海城内安静如常者，謂非城垣之力乎？嘗考秦世有隳名城之舉，後世無效之者，即東西洋各國亦未聞有無端毁城者，何我國之人引炮火利害之説，以爲城垣無用，獨不知有城而兵尚可守，無城則惟有逃竄而已，豈計之得乎？咸豐初年，上海以無兵守城，被紅巾賊竊據年餘，即被官兵克復。斯時租界已有，倘大憲下令拆城，以興商市，何嘗不可，而乃憂深慮遠，勸令紳董籌款修城。職頤培之先祖松年，遂獨捐二十餘萬金以修之。上海學額因之加廣，國家獎勵修城之功若此其鉅，其用意深矣。職等方期海疆要邑垂之永久，常爲國家保障。誰料數十年後，竟有人倡議拆毁，然則職頤培之先祖何必當時獨捐鉅款以修之乎？如謂拆之可興商市，不知興未必見而民情震動、擾攘遷居之事將立見，何言之？租界警察、團練、兵艦，無一不精，三者相輔而行，故居民有恃無恐。若城内，則警察一事尚未見效。去歲街巷木栅拆後，竊案更多，且難破獲。一旦拆城，則居民勢必紛紛遷居租界，以爲樂土，而地方從此多事矣。萬一拆城之後，匪人猝發，國家之倉庫錢糧，百姓之身家性命，均屬可危。我之兵力警察單弱，而欲假租界之力以爲保護，則後患不可設想矣。職等以爲興市之道，不在城之拆不拆，而在民之便不便。緣衆人所厭惡者，一在門禁綦嚴，一在道路污穢，是以易動拆城之念。今若能弛城門之禁，徹夜不閉，使城内外居民便於出入。又能築造馬路，通入城中，使城内外居民覩此清潔，便於往來，則城内之興可以立見。此不拆城而勝於拆城，所謂事半功倍者。爰敢不揣冒昧，謹獻芻蕘，環求憲台大人俯鑒輿情，力阻毁城之議，使海疆要邑弗撤藩籬，黎庶安居，不驚寇盜，迅賜諭令總工程局另籌别法辦理，以安衆心而顧大局，則闔邑人民當感激憲恩靡既矣。職等曷勝迫切，待命之至。戴德上稟。

四月二十一日批：

此案前據蘇紹良等公稟，業已批：候妥商議辦。據稟前情，候一併會商議妥，再行稟辦。著即知照。

蘇松太道瑞照會議復上海紳士王增禧稟請添闢城門開築馬路文光緒三十二年十二月二十九日

爲照會事。據海州學正王增禧稟，竊教職前兩次於《新聞報》上見有拆城問題，曾經據實臚陳拆城之害，均未蒙批示。但教職固非浪使筆墨，實因熱心桑梓，不敢不竭盡芻蕘，以冀採擇。兹於九月杪，因病請假，回籍就醫。拆城之事，日前又見報章。教職伏查上海一隅，南北市面，均極繁盛，惟城廂之内，總覺平常。推原其故，由各城門不通馬車以及東洋車等類。蓋不通車輛，商貨疲滯。凡城廂内外居民，亦以城門阻隔，有礙車行，未免抱撼。故拆城之事，萬萬不可行，而開大城門之舉，尤萬萬不容已。惟開大城門，固難行諸各門，緣各門外不皆通馬路也。再四思維，惟有就内城腳周圍築一幹路，其餘支路再行相機逐漸興築。計開城門，可就新填之福佑橋浜直東出去，添造一橋，即達小東門外馬路；西則在大境左右直開出去，即達西門馬路。馬車等進城即到幹路，欲南則南，欲北則北，四面皆通。似此開通西門，如畫龍家點睛，全城皆活，商貨進出利便，市面之興，地價之漲，可立而待。況上海原本六門，咸同間添開一門，爲七門，即今新北門也。添開城門有案可稽，有例可援，即使通詳出奏，然後動工，亦屬無妨。抑或不欲添開，即就小東門及西門改築高大，使通車輛，亦是因陋就簡之法。城外可省造橋梁，惟城内幹路必須預築。息拆城之横議，建開門之功勳，一轉移間，紳民無不交口稱頌矣。爲特擬就利益章程八條，開具清摺，呈請示遵等情到道。查該職等前次阻止拆城，稟内本有仿照寧垣將城門放大，或添開數門，並築馬路通入城中之議。當經照會貴局，會商妥議在案。據稟前情，除批示外，合行抄摺照會。爲此照會貴局，煩爲查照，會商各紳董彙案核議，仍希見復施行。須至照會者。

蘇松太道瑞抄發上海紳士曹驤等稟請闢門築路以興商市原稟及批復文光緒三十三年二月十六日

具稟上海紳耆士商曹驤等稟，爲添闢城門、修築馬路，以興商市，籲叩轉詳事。竊維城垣之設，原所以衛民；道路之修，原所以便民。然僅有衛民之具，而不求便民之方，則地方終嫌閉滯，此主開通者所以有拆城之説也。紳等世居上海，目擊時艱，欲陳富庶之模，愧乏救時之策。伏查西人互市以前，城廂街道窄狹，居民安於儉樸，以步當車，原無所謂馬路也。及至互市以後，洋人經營租界，開築馬路，數十里内，車馬馳驟，四通八達，商市日見繁盛，始覺毗連之城，相形見絀。於是數年前有馬路工程局之設，而築沿浦馬路一條。然城内街道未改，尚未能車馬入城，是以城之西南、北兩隅尚不少荒僻之區。去歲總工程局築福佑路於北，凝和及蓬萊路於南，而城内遂眼界一新。然紳等以爲城内馬路雖築，而不與城外交通，則車馬尚不能往來，雖築而仍歸閉滯。若欲與城外交通，則非添闢城門，並將現有之城門放大不可。伏思添闢城門，及放大城門二者，均與國家之制度禁令或不無酌改之處。紳等何敢妄議其事，惟是緘默不言，坐失地方之利權，不謀地方之發達，亦非紳等之本心。紳等伏查上海本只六門，同治初年添闢新北一門。迄於今，該門以内市面日盛，此爲闢門有效之明證。又寧垣之已通馬路入城，民咸稱便。援斯二例，以請添開及放大城門，似尚不至蹈妄議更張之咎。所有闢門修路、冀興公益緣由，紳等詢謀僉同都人士，亦無異議，爲敢附呈圖説，伏祈大公祖大人俯念上海一邑係中國商務極盛之中心點，與别口不同，進化發達，尤爲各國之人所注視，可否據情恩准上詳。如蒙准行，紳等即當籌措經費，陸續興辦，以期地方益增繁盛，實於國計民生均有裨益。紳等無任屏營待命之至。謹稟。

上海城廂馬路圖説

主拆城者，爲開通道路以興商業主；不拆者，爲保全地方以弭後患。二者均有所見,於二者之中作調停之策,擬添開城門四處,以通馬路入城。庶商業可興,而後患亦弭矣。因作馬路圖説,以備採用。

圖内着紅色者,以外城根爲馬路一周濠内之地,自二三丈至四五丈不等,雖窄處不過丈餘,然濠旁築駁,尚可放寬丈餘,且箭臺亦可拆讓,則三丈餘矣。

圖内着黄色者,擬自小東門水關起,經花草浜邑廟、廣福寺達東西馬橋,是謂方浜。自城外方浜橋被法人填塞後,此河遂成不通之淤河,可以填築馬路。其東頭原有之小東門,可以加寬、加高。其西頭應在大境下特闢一門,可爲城北段之東西一大幹路。

圖内着藍色者,擬自新築之福佑路迤西北香花橋穿心街至侯家浜口,折而南至南香花橋,此河填塞,亦是極好路基。南則交通於幹路,東則福佑橋以東可闢一門,北則新北門可以加寬、加高。

圖内着緑色者,擬自小南門水關起,迤西喬家浜,出也是園浜,分兩路。一折而南至薛家橋,折而西,由守府署一粟庵直抵城根;一折而北至新築之凝和路,折而西,由新築之蓬萊路迤西参府署亦抵城根。此皆淤塞不通之河填塞後,可爲城南段之東西一大幹路。守府署西首闢一門,沿内城根向北築路一條,爲各路之交通。

圖内着赭色者,擬就城内原有之大街,如新老北門街、天官牌坊、舊校場、東街四牌坊、三牌坊、道前街、縣南大街、太卿坊、虹橋大街、南門大街等處,改築馬路。此項窄路,衹可一車行走,不容兩車往來,自當分别何路由北而南、何路由南而北,以分道揚鑣,爲目前將就之計。數年以後,民間盡知馬路利便,自願將房屋讓進。數十年後,悉變爲寬闊之路矣。

馬路既勉强交通,水利亦不容偏廢。圖内著淡紅色者,係自大東門至西門之肇嘉浜,東西俱通黄浦,應大加疏濬,使舟楫暢行,商務之盛衰於此有大關係焉。因附誌之。

謹將擬開四城門界址開呈憲鑒。

道署東轅門東首城根開闢一門,名曰新東門;守府署西首城根開闢一門,名曰新西門;九畝地大境北首城根開闢一門,名曰小西門;福佑路東首城根開闢一門,名曰小北門。

上海縣闔邑紳耆士商名單

曹驤、蘇紹良、蔡爾康、姚文棟、蔡正蒙、郭廷鈖、周文彬、葉逵、朱日宣、葉佳棠、郁懷智、劉汝曾、姚天來、張韋承、林曾賚、陸文麓、項文瑞、王增禧、王增祺、陸桂棠、郁頤培、曹基境、艾恒鎮、吴文濤、王宗駿、王樹功、賈豐臻、賈豐芸、郭懷桐、顧學謙、顧學鵬、張焕斗、王納善、吴馨、汪錫增、葉景澐、劉至信、李鴻遇、陳錦春、楊逸、李維清、王維亮、沈希椿、王豐曾、奚元良、楊辰、蕭彤勳、蔡爾同、曹堅、趙光燾、姚明煇、姚元焌、吴寶地、潘如樑、毛經疇、王釗、薄德明、張汝炳、胡繼松、陳鈺、顧鏡清、瞿鉞、凌紀椿、胡恩錫、葛士鑑、葛士麒、金潤章、倪光榕、金祖壎、金祖圻、丁烈、黄廷獻、范文彬、徐寶宗、陸紹基、許模、蔣樹堃、王文鍵、范鏞、沈兆涵、沈元福、周錫鉞、朱啓澄、楊煒、袁家徵、楊承基、韓濟康、吴國珍、趙鴻藻、吴炳熊、江文燿、張鍾順、劉鑄。

批：此案上冬據王學正增禧來稟，請就東、西兩路添開二門，或就小東門、西門改築高大，使通車輛，擬章送核。當以從前各職董阻止拆城稟内本有仿照寧垣，將城門放大，或添開數門，並築馬路，通入城中之議。抄摺照會工程總局，彙案核議在案。查拆城原主開通商務，若添門而不拆城，則僅便行人車馬之往來，而於城南商界未能擴充發達，不無尚有遺憾。惟留城以保衛居民，亦係目前治安之要義，不妨變通酌辦，再作後圖。察核此次該紳耆士商等所議填河築路闢門各層辦法，因勢利導，秩然有條，繪圖亦極斟酌。既爲地方公益，又屬詢謀僉同，候抄摺據情詳請南洋大臣、蘇撫部院核示。俟奉批准再行飭籌經費，定期開辦，原圖不敷呈送，望補給兩分。希城廂内外工程總局轉致知照。此繳，稟摺抄發。圖摺存。二月十六日。

蘇松太道瑞照會奉督撫院批道詳上海紳士曹驤等稟請闢門築路飭補取圖説文光緒三十三年四月十二日

爲照會。事本年三月二十四日，奉南洋通商大臣、兩江督憲端批，本道詳上海紳士請闢城門修築馬路，請批示由。奉批：據詳已悉。上海爲商務會萃之區，城内地限一隅，勢多隔閡。今擬填河築路，並添開四門，以通城外馬路，聲氣既能聯絡，則商務自可逐漸擴充。且參核圖説，亦復具有條理。既據稱詢謀僉同，自應照准。惟添闢城門，必須奏明辦理。仰即敘具妥詳候核明稟咨立案再行轉飭籌辦，以昭慎重。仍候撫部院批示，繳，圖摺存。並於三月二十六日奉撫憲陳批，同前由。奉批，據詳該紳曹驤等請將上海縣城添開城門，並築馬路，係爲地方公益起見，應准照行。仰即遵照，設法籌款，並飭匠核實估計，詳候核辦。仍候督部院批示，繳摺圖存，各等因。奉此，合亟照會。爲此照會貴局，請煩查照轉致，並希補取圖説一分送道，以便詳請咨部立案。濡筆以待，幸勿稽延，望速施行。須至照會者。

蘇松太道瑞照會奉督院端札會奏上海紳士稟請闢門築路奉到硃批轉飭欽遵查照文光緒三十三年七月初八日

爲照會事。本年六月二十七日，奉南洋大臣、兩江督憲端札開，照得本大臣於光緒三十三年五月十六日會同江蘇巡撫部院陳專差附奏上海紳商請填淤河、築造馬路、開闢城門，以期地方益增繁盛一案。當經抄稿飭遵在案。兹於光緒三十三年六月十八日，差弁賫回原片，奉硃批：該部知道，欽此。合行恭録札道，即便轉飭欽遵，查照毋違，等因到道。奉此，查此案前奉商督憲札飭，業經抄奏照會在案。兹奉前因，合亟備文照會。爲此照會貴局，請煩查照，轉致曹紳等一體查照施行。須至照會者。

蘇松太道蔡照會將拆城闢門兩事熟權利害重加妥議再行核辦文光緒三十四年五月初八日

爲照會事。據上海紳耆士商曹驤等稟，去年稟准添闢四門、填築馬路，詳奉督撫憲會奏，奉旨允准，轉飭欽遵在案。兹由紳董籌墊款項，飭匠估工，插立標記，詳繪城門馬路圖説，擬從西南隅之新西門首先開築，其餘三門次第興工。特呈圖説，環求查案，移營札縣，會同復勘，以憑擇吉開工聲明。經辦此項工程，係地方公益研究會職員，並呈圖説名單各一紙到道。查此案前於瑞升道任内,據紳士王宗駿等以城垣阻礙、商埠難興,呈懇詳請具稟。旋據該紳等一再稟阻,創爲添闢城門之議。查閲該紳等原呈圖説稱,爲調停之策,夫凡事有益則興,無益則止。事關行政,安所用其調停?拆城之利,所以便交通;不拆城之利,所以重防守。孰去孰從,理無中立。今不拆城而議闢門,抑知重闉既隔交通之障礙,仍屬未除,何能返積重之勢,以與租界争衡?而平時查禁奸宄,多一門即須添一重之查詰,萬一有事,尤屬防不勝防。揆之事實,究何所取。至議修築馬路,通入城中,微論不拆城而修路工事必多窒礙,試思城内外馬路既已一氣銜接,則藩籬已撤,與拆城相去又復幾何?自避坦途,别尋仄徑,利害所在,豈未深籌?且凡舉一事,貴謀定後動。拆城需款雖鉅,而城磚可移爲他用,城基可修造市房。若辦理得人,或可餘出巨資,用以興辦地方公益。至添闢城門,則但耗工役之資,更無增進之款,而築路一端,需費尤鉅。款從何出,該紳等自應先具成算,庶可徐觀厥成。乃具稟幾及一年而籌款一層,尚未有切實正當辦法來稟。云由該紳等籌墊款項,飭匠估工。夫既曰籌墊,則尚無的款,可知乃據急於興工,倘一旦款絀工廢,何以善後,此尤不得不先事計劃者也。總之,此舉既鮮便民興商之效,徒失設險守國之宜。況經費久而未集,即輿情不甚贊成之明徵。本道身任地方,熟權利害,不敢立異,亦不敢從同此事,非重加妥議,不足以定趨向而決從違。除批示外,相應備文照會,爲此照會貴紳商,請煩查照,訂期特開會議,詳確討論,再行呈由本道核擬辦法。詳請督撫憲示遵舉辦,以昭慎重,望速施行。須至照會者。

蘇松太道蔡照會奉督撫院批發上海紳士楊德鑅稟陳拆城利害緣由應飭緩議文光緒三十四年七月二十三日

爲録批照會事。本年六月二十九日,奉督憲端批,發上海縣紳楊德鑅等稟陳拆城利害、懇飭停議,仍遵前旨興辦緣由。奉批:查上海填河築路添闢城門,以期地方繁盛,前已會同撫部院,奏明有案。至拆城之議,原不過爲交通利便起見,若衆議未能僉同,自不容輕於從事。玆閲來稟,所陳五害,亦復持之有故,果能添闢寬大城門,使内外馬路銜接,無礙交通,則拆城一節,自應緩議,以期於商務輿情並籌兼顧。仰蘇松太道轉飭知照,仍候撫部院批示繳等因。同日,並奉撫憲陳批:同前由。奉批:察閲所稟各節,皆確有見地。上海添闢城門,早經奏明有案,自應遵照辦理。拆城之説,毋庸再議,以順輿情。仰蘇松太道核飭知照,仍候督部堂批示,繳,稟抄發等因各到道。奉此,查此案前據曹驤等稟情,移營札縣復勘,擇吉興工。當經明晰批示,並照會全體紳商,開會集議討論,呈道核擬辦法,詳請示遵,再行舉辦在案。玆奉前因,查曹紳等三十三年所稟,添闢城門,原爲修築馬路,以興商市而設。當時呈有圖説,工程何等浩大,籌畫尚屬周詳,乃由道詳請奏准。事閲一年有餘,該紳等並未籌有的款,遽求移營札縣,會同復勘,擇吉興工。而款項一層,自稱由該紳董籌墊,且需費若干,籌墊若干,亦未聲明。夫以滬城之廣,路費之多,斷非三五人可能獨籌獨墊,盡人而知矣。若不通盤籌定,勢必枝枝節節,有始無終。本道照會全體紳商,無非鄭重其事,期於款易籌而工易舉。蓋主闢主拆,皆出自紳董之議。本道未參成見,原批俱在,可以復按。不料該紳等意氣用事,互相争辯,舍事理而各引黨援,若以本道爲有左袒者，殊可怪詫。總之，闢門爲馬路交通起見，不修路則無庸闢城，不籌款則不能修路，應俟該紳等籌足闢門、築路、養路之需，再予復勘。倘果無礙，方准興工，以符原議而重奏案，除查案詳復兩院憲示遵外，相應録批照會。爲此照會貴紳商，請煩查照辦理施行。須至照會者。

蘇松太道蔡照會奉督撫院批准道詳上海拆城事遵批停議闢門事俟款足勘辦文光緒三十四年八月十九日

爲録批照會事。本年八月初六日，奉督憲端批，本道詳會議上海縣拆城一事，遵批停議查案，詳請核示由。奉批：據詳已悉。查上海紳商請闢城門，添築馬路，現在尚未籌定的款，何能遽令督縣會同復勘。該道擬俟籌足闢門、築路、養路之需，再予復勘。倘果無礙，方准興工。所籌甚有見地，應准照辦。仰即遵照，仍候撫部院批示，繳等因。並於初八日奉撫憲陳批同前由。奉批：據詳已悉。仰即照會上海各紳商，籌定款項，再行稟辦，仍候督部堂批示，繳等因各到道。奉此，查此案前奉兩院憲批，發楊紳德鑅等稟，業經録批照會，並查案詳復兩院憲示遵在案。奉批前因，合再録批照會。爲此照會貴紳商，請煩查照施行。須至照會者。

稟蘇松太道蔡款集路成籲請闢門懇飭縣會勘文宣統元年二月二十日

敬稟者。竊董局於上年七月二十三日奉録批照會内開，云云。查照辦理施行等因。又於上年八月十九日奉録批照會内開，云云。請煩查照施行等因。奉此，循繹憲諭，以闢門必先築路，築路必先籌款。爲扼要辦法，而督撫憲批示，亦以籌定的款爲宗旨，自是不刊之論。迄今時逾半載，拆城之事，既爲反對者阻撓；闢門之舉，又以無款而延擱。揆諸振興商業交通道路之義，日見其遠。董等每與地方明白紳士言及，良用扼腕。現在公同商議，先闢勸學所西首之小西門及九畝地北首之小北門。今西門外馬路，業由董局築至護城河，而城内路工，亦已由葉紳佳棠等籌款興築，一經闢門，即可銜接。其九畝地之道路，亦經董局規畫興辦，並據葉紳佳棠函稱，西門城内路工指日可成，請由董局主持，從速轉稟，求准闢門等情。董等體察情形，闢門之舉，勢難再緩。既據葉紳等請爲主持工程，一切自當由董局擔任，擬懇憲台迅賜核轉。一面即札飭上海縣移營訂期，先將小西、小北兩門會同勘視，俾得早日興工，以利交通，而慰羣望。再，公牘往返需時，擬求憲台恩准先行電稟督撫憲示遵，以期迅速，尤深感禱。爲特備由稟陳，統祈察核施行。肅稟。

批：查闢門必先築路，早經本道詳明院憲。如果馬路已成，闢門亦可接辦，無須再行轉稟請示。今西門内外路工既已同時並舉，其九畝地之路亦經規畫籌辦，具見心精力果，無任慰佩。希再將修路的款切實具報核明，移行營縣，會同勘復，以憑核辦可也。此復。二月二十二日。

稟蘇松太道蔡陳復西路城内外及北路九畝地路工的款實在情形文宣統元年二月二十八日

敬稟者。竊董等前因西路城内外路工將次告成，北路九畝地路工亦已在規畫興辦，稟請准予闢門，並求核轉等情。奉批，查闢門必先築路，早經本道詳明院憲。如果馬路已成，闢門亦可接辦,無須再行轉稟請示。今西門内外路工既已同時並舉,其九畝地之路亦經規畫籌辦,具見心精力果,無任慰佩,希再將修路的款切實具報核明,移行營縣,會同勘復,以憑核辦可也等因。奉此,查西路城外自安瀾橋起,至大小南門一帶城根之路,由董局先經築成。其護城河外直接者爲王家厍路,間接者爲林蔭路,安瀾路亦已由董局築成。統計各路工費共銀八千餘兩,均經董局籌有的款,陸續付出。其城内凝和路迤南至薛家橋轉西,直抵城根之路,共工費銀三千二百餘兩,業由葉紳佳棠等籌足,由同仁輔元堂支付。至闢門之費,約需千兩,亦已預籌,此係確實可靠,斷不慮其支絀。此西路已有的款之實在情形也。至北路九畝地之路費,原議於該地變價款内提出,曾經上海縣於改良監獄、創設勤生院案内申復奉憲台批示:監獄先奉特飭,改良工程尤爲緊要,自應儘先撥用,如有餘款,再行提充别項費用,以期兼籌並顧等因在案。日前會同上海縣李令至九畝地勘視,見該處地形卑下,積水不消,垃圾遍佈,異常穢臭。如欲將該地變價,自以預籌闢門築路之費爲最要。查該地可售者約有五十餘畝,以每畝值銀二千五百兩,計之除改良監獄、勤生院兩項經費共約銀八萬兩外,提充築路之費計尚有盈無絀。現在雖經董局在該處規畫興辦,而闢門築路之費,自應照原案,以該地變價之款爲的款,惟此時須行籌墊。查有上年憲台發交普育堂葉董佳棠經管之勤生院存款一萬三千兩,擬請借撥應用,將來本息歸還。庶路工可以速成,而改良監獄、勤生院亦可期早日成立。此北路指定的款之實在情形也。所有遵飭將修路的款切實具報,合行據實陳明,爲特備由稟陳,伏祈察核示遵。肅稟。

批:來牘閱悉,已轉報兩院憲核示,希俟奉批後移行勘復核辦可也。此復。閏二月初十日。

蘇松太道蔡照會奉撫院批准道詳上海闢門事已籌定路款文宣統元年四月十二日

爲録批照會事。奉蘇撫憲陳批:本道詳報上海縣闢門一事,縣紳已籌有修路款項,呈請核示由。奉批:據詳已悉。該紳等既經籌有款項,築路業已先辦,闢門自不可緩。仰即移行營縣,勘定繪圖,通送查考。並照會各紳遵照,仍候督部堂批示,繳。正核轉間,又奉督憲庚電開:闢城門事已據詳批准,即日發行各等因到道。奉此,除俟奉到督憲批示另行知照外,合行照會,請煩查照憲批辦理施行。須至照會者。

蘇松太道蔡照會奉督院批准道詳上海闢門事已籌定路款文宣統元年四月二十八日

爲録批照會事。本年四月十四日,奉兩江督憲端批:本道詳報上海縣闢門一事,縣紳已籌有修路款項,呈請核示由。奉批:據詳已悉。查上海紳商請填河築路添闢城門一事,前已奏准有案。嗣因款未籌定,未准勘辦。今既據籌有的款,路亦次第興築,所請先開小西門、小北門兩處,核與奏案尚屬相符,自應照准。仰即移行營縣一體會紳勘定闢門界址,妥速興工,以期交通利便,仍俟闢門築路各項工程辦竣,再行據實通詳,以憑察核稟報,俾昭慎重,仍候撫部院批示繳等因到道。奉此,查此案前奉撫憲批示即經分别移行在案。兹奉前因,合再録批照會,請煩查照憲批辦理施行。須至照會者。

稟蘇松太道蔡陳復會勘擬闢各城門先後辦法文宣統元年四月三十日

敬稟者。竊奉録批照會内開奉蘇撫憲陳批本道詳報上海縣闢門一事,縣紳已籌有修路款項，呈請核示由。云云。辦理施行正在遵辦間，復奉録批照會内開奉兩江督憲端批本道詳報上海縣闢門一事，縣紳已籌有修路款項呈請核示由，云云。辦理施行。奉此，並准上海縣照請會勘前來。當於四月二十八日會同營縣暨城鄉各董齊集勸學所，偕往勘視。勘得擬闢之小西門在勸學所西首，城内馬路業已築成，闢門時應先接通陰溝，以利洩瀉。城外沿城根亦已築路，門右有箭台一座，應行撤除，與城墻砌平，俾免障礙。城濠外爲新築之黄家闕路，一建吊橋，即利交通。嗣至九畝地勘視擬闢之小北門，是門在大境之右城内，本係曲折小路，應從大千、勝境牌坊直對城門開築大路。此路中間有殯房、花棚，應令遷讓。其營房橋直至牌坊一段，又折南至西馬橋浜，折北至城根兩段，均係開築大路。城外闢門處，倚城之小屋，應飭拆讓。城濠淤穢，應籌疏濬，並須於沿濠築駁築路，以便往來。其跨城河應建吊橋處，適對四明公所南首之横路，係法租界，應與商明建築。此會勘請闢小西門小北門之情形也。此次本請先闢小西、小北兩門，因據福佑路，各公所紳商請將擬闢新東門之處，同日勘視，以便籌備。爰順道往勘，是門在廟園後，福佑路之直東。該路係填浜所築，尚覺寬闊。而至闢門處，則甚窄隘，且房屋逼近城垣，必須先令拆讓，始可從事。而城外倚城房屋亦須拆除，城濠亦宜濬治，並須築駁築路應建吊橋處適對法租界之舟山路，此順道會勘擬闢新東門之情形也。統閲請闢各門形勢，利便道路交通，均屬相宜。並查本邑原有之各城門，高不過八尺至一丈一尺，寬亦稱是。現定新闢城門高一丈五尺，寬一丈八尺，並擬不設月城，以取徑直而便車馬。特呈城門圖式及上海城圖各一紙，敬請察閲。兹定於五月初八日開工，先闢小西門，續闢小北門，其新東門仍俟籌備再闢。所有酌擬門名各開單呈請憲定，除由縣另行稟復外，合將會勘情形及圖式名單備由稟祈察核施行。肅稟。

呈上海縣田陳明籌辦闢門築路隨同會勘擬定闢門先後辦法文宣統元年五月初一日

爲呈送事。憲奉照請定期會勘開闢城門處所，遵於四月二十八日隨同勘視，請闢之小西、小北兩門，均屬形勢利便道路交通。其新東門一處，因該處各公所紳商請予同日勘視，以便籌備，亦經順道會勘，一切情形均邀洞矚查。本邑於光緒三十二年正月間，諸紳士以城垣阻礙商埠難興請予拆城等詞，稟經前升道憲袁詳奉前督憲周批行集議，其時反對之人竭力阻撓，嗣爲調停之説者，遂有請闢城門之舉。敝局於三十三年夏秋間迭奉前升道憲瑞照會，以上海紳士稟請填河築路開闢城門一案，由道詳奉督憲端會同撫憲陳於五月十六日會片具奏，五月二十七日奉硃批，該部知道，欽此欽遵。轉行到道，照請轉致籌辦等因到局。節經由局備函轉致去後，迄未定有辦法。至三十四年五月，奉道憲蔡照會以拆城之利所以便交通、不拆城之利所以重防守，何去何從，理無中立，請煩特開會議詳確討論，呈候核議詳請舉辦等因，方在邀議間，即有城垣保存會之設。及會議時，大起衝突，情勢洶洶，幾有野蠻手段，而闢門之事亦遂擱不舉行。嗣後奉道憲蔡照會有不修路則無庸闢城，不籌款則不能修路，必俟籌款築路然後闢門等語，詳奉核准，是以本年春間先經籌款修路始請闢門。今既蒙蒞勘詳晰，自應趕緊從事。兹定於五月初八日開工，先闢小西門，續闢小北門，其新東門俟籌備再闢。兹特呈上海城圖及城門圖式，並節敘前此情由，呈祈俯賜鑒核施行。除將會勘情由並呈圖式及酌擬門名稟復道憲外，謹呈。

致蘇松太道蔡函更正移改開闢小北門地點文宣統元年六月十四日

敬肅者。竊闢門築路一案，前經董局將會勘擬闢各城門情形稟報在案。查開闢小北門處原定在大境北首城内，路線從大境牌坊向西北斜出，城外則斜對四明公所，南首之横路此原係照從前所定而言。兹經工程處再四復勘，原定路線太覺偏斜，中間且有房屋阻礙，而城外尚有建橋交涉，其四明公所南首之横路亦太窄隘。體察形勢，是門實宜改闢在大境南首城内，從大境牌坊朝西以取直徑，中有草房三四間，拆讓較易。城外本有木橋一座，改建亦便。統籌全局，較之原定闢門處便利實多，而城内外氣勢亦覺空闊軒爽。其四明公所南首俟將來再議建橋，以省目前交涉。業將移改情形函請各紳董公决，多數讚成，擬即開工。合行陳報，爲特奉達，即祈查照爲荷。專肅。

蘇松太道蔡來函擇定新闢各城門名字文宣統元年六月二十六日

敬復者。接展公函，小北一門接續興辦，該處路線業已規定，料物已在定購，即日興築。此項工料的款屬照會普育堂葉董將勤生院存款銀一萬三千兩，連同本息借撥應用，將來在該處地價内歸還。並函送新闢各門名字，每門兩名擇定一名，或另錫嘉名各等因。除將借款一事諭行普育堂董照辦外，至新闢各門名字，鄙意小西門擬擇尚文二字，小北門擬擇拱辰二字，新東門擬擇福佑二字。相應泐復，即祈諸公查照爲荷。謹啓。

稟蘇松太道蔡接地方公益研究會函請轉稟加高老北門城門請移營札縣出示曉諭文宣統元年八月二十八日

敬稟者。據地方公益研究會會長會員蔡正蒙、郭廷鈴、郁懷智、葉承壎、陸文麓、蔡爾康、葉景檉、薄德明、葉逵、郁頤培、曹堅、張樹森、吴炳熊、沈宗約、胡恩錫、周文治、潘如樑、蔡爾同、顧學謙、趙鴻藻、徐蔭桐、范鏞、劉鑄、臧清揚、蔣斯來、王肇基、張宗望等函稱，老北門城門内外地最低窪，一遇天雨，積水成渠。若逢八月潮汛，潮水上岸，高至數尺，行人不能來往。彼處逼近租界，市面繁盛，行人較别門爲多。每以雨水阻隔，有礙交通。兹由同人集資翻砌築高，老北門大街、穿心街、吴家弄等處並疏通陰溝，以利泄水。惟以街道既高，而城門更形低小，窒礙難行。是以公同集議，照敝會前稟，前升道憲瑞詳奉前督撫憲端陳奏准舊有城門放闊加高之成案辦理，仍僱承闢尚文門之匠頭金桂生拆卸改造，以資熟手。計城門高英尺一丈五尺、闊英尺一丈八尺，所需經費概由敝同人自行籌集，不必請支公款。擇於九月十二日開工，所有來往轎馬以及扛挑貨物，須繞道新北門出入。城牆上裝以浮橋，空身人暫從城牆上出入。其浮橋上設以木栅，晨啓暮閉，藉防匪類混跡。一俟老北門工竣，接續改築小東門。衆情允洽，詢謀僉同，請轉稟憲台，移營札縣，一體出示曉諭等情。據此，查前奉升憲瑞照會，以上海縣紳士曹驤等稟請添闢城門，並將現有之城門加寬加高，以通車馬等情一案，經詳請督撫憲會同奏准，奉札轉飭欽遵等因在案。現在公益會會長、會員等函請轉稟前來，係與前案相符，自應據情轉稟。惟現距開工期近，懇請迅賜移營札縣，一併出示曉諭，俾衆周知。爲特備由稟陳，仰祈俯察施行，實爲公便。肅稟。

批：來牘閲悉。候移行營縣，速即出示曉諭可也。此復。八月三十日。

稟蘇松太道蔡接地方公益研究會函請轉稟擴張小東門懇請移營札縣出示曉諭文宣統元年十二月廿六日

敬稟者。竊董局前據地方公益研究會蔡紳正蒙等函請轉稟加高老北門城門，懇請移營札縣，出示曉諭，並聲明俟老北門工程告竣，接續擴張小東門等情。當經稟奉批准旅行在案。兹復據蔡紳正蒙、顧紳學謙、林紳曾賚、鍾紳浩志、何紳琛、王紳承業、龔紳模、屠紳鏞、毛紳經疇等公函述稱，加高老北門工程，業已告竣。現擬接續擴張小東門城門，爰特邀集小東門内左近各紳商，公同會議，集款興築。察勘舊有小東門月城，地勢方形，東西相距僅一丈八尺。若外城仍前向南開門，則不敷擴充，是以議決，改爲向東南斜角開門，方能寬闊。其内城則仍前向東開門，惟以是門一帶商務繁盛，扛運貨物甚多。一經興工，交通不便，擬於南首城根先闢便門，暫通出入。擇於明年三月初開工，所有便門内外及月城内，並吊橋堍公地上，均有小屋，必須先爲限日拆除，方可開辦。所需擴張城門暨翻砌街道一應工料經費，均由就近各紳商籌集，並不請支公款，即於會議時各自承認。甚屬踴躍，一日之間已有端倪。各紳商意見相同，衆情允洽，請轉稟憲台，迅賜移營札縣，一體出示曉諭。所有扛運貨物、來往行人，均暫從南城根便門出入。其限遷阻礙工作之房屋，並酌給拆屋小費，以示體恤等情到局。合行據情轉稟，爲特備由，稟祈俯賜察核，迅予飭營札縣，一體出示曉諭施行，實爲公便。肅稟。

批：來牘閱悉。已移行營縣，出示曉諭矣，希即查照。此復。十二月三十日。

開濬羅家灣迤西河道案

蘇松太道瑞來函籌濬羅家灣迤西沿徐家匯一帶河道以保主權文光緒三十三年三月十九日

敬啓者。十八日，接法總領事巨來函，以羅家灣巡捕房迤西至金神父路沿徐家匯馬路一段河道，淤塞污穢，水流不潔，擬自行備費開濬深通，請照准等因。查該處河道果已淤塞，應由地方官紳自行籌款興修，無須法領代謀。除函復外，用特奉布，即祈查照勘明，籌辦見示。再。西門外至徐家匯一帶馬路，因由法公董局籌款興築，據爲已有，在我幾無自治法權。此次又擬備費開濬該處河道，無非逆料地方官籌款維艱，甘言誘我，以爲得步進步之計。然前車可鑒，礙難再予通融，務祈諸君設法籌謀，早日興挑，以杜藉口而保權限，是爲至荷。專肅。

復蘇松太道瑞函陳明蒲肇兩河向來開濬情形現先籌濬羅家灣迤西一段河道文光緒三十三年三月廿二日

肅復者。二十日奉鈞函，以接法總領事來函稱，羅家灣巡捕房迤西至金神父路沿徐家匯馬路一段河道，淤塞污穢，擬自行備費開濬，請照准等因。查該處河道果已淤塞，應由地方官紳自行籌款興修，無須法領代謀。除函復外，用特奉布，即祈查照勘明籌辦，早日興挑，以杜藉口而保權限等因。奉此，查所稱羅家灣至金神父路沿徐家匯馬路一段河道，即係西門外斜橋迤西之肇嘉浜。該浜從西門外水關起，曲折至斜橋迤西，至徐家匯劉涇橋止，再西至七寶、泗涇一帶，爲蒲匯塘。定章蒲、肇兩河五年一大濬，比年一小濬。其工費按畝派徵，從前爲休息民力起見，率十餘年一濬。溯自光緒二十二年開濬後，迄今已十有餘年，潮泥日積，淤淺處不一而足，亟應通盤籌畫，設法濬深。惟蒲匯塘爲婁、上、青交界之處，須三縣會詳，始克興辦。公牘往還，尚稽時日。今羅家灣迤西一段，既防外人交涉，自應趕緊設法興挑，以保主權。該處一段河道，東接陸家浜，西南通日暉港。潮來時係屬鬬水渾泥，尤易淤積。開濬時，應格外加深爲是。奉函後，當即勘視河綫，約五百餘丈。其河面寬處約十丈，狹處約不及七丈。現須開深約一丈，其沿馬路處應擇要酌加樁木，以免坍卸。此項開河工程，擬請憲台照會滬軍、巡防兩營官，多派勇丁，剋日興挑。其河具賞號等項，擬請憲台於城河息款項下暫行墊借。城河息款，係專作開濬城河之用，别項河工本不能挪借，惟蒲、肇兩河本以額田六千頃按畝帶徵，從前每畝徵錢六十六文，光緒二十二年每畝徵錢六十文。現在既須統開，一面即由董局詳查舊案，呈由上海縣會同鄰縣通詳，於本年秋冬間當可開工，即於冬漕内帶徵畝捐歸還。此次墊借之款，庶於城河之用，不致有礙。以上各節，是否有當，統祈察核賜示祗遵。

致同仁輔元堂函請邀集各堂董會議濬河事宜文光緒三十三年三月二十六日

敬啓者。本月二十日接道憲瑞函開，十八日接法總領事來函，以斜橋迤西沿徐家匯馬路河道淤塞，云云。以杜藉口，而保權限，是爲至荷，等因到局。竊維外人於我道路河渠無時無處不思干涉，我必預求自治之道，庶彼無所藉口。當查該處河道，爲西門外之肇嘉浜。定章蒲、肇兩河五年一大濬，比年一小濬，從前大率十餘年一濬。溯同治九年、光緒六年開濬後，到二十二年復行開濬，迄今又閲十有一年，淤淺之處業已不少，而西門外至日暉港一帶尤甚，亟應設法疏濬。惟除三林塘、楊淄涄兩河頂濬外，案關通邑攤徵，必須邀集各鄉局董會議，由縣通詳，方可興辦。公牘往還，必稽時日，而外人既已有詞，勢難從緩。當經函復道憲，請從斜橋西堍起，至日暉港裏口止一段，先飭營勇開挑。其所需開河器具、築壩戽水、賞號等項，暫爲墊借，一面即集董會議備呈，由縣通詳，於本年秋冬間續開迤西之河，即於冬漕内帶徵歸墊等情。旋接道憲復函，以該處一段河道既經外人藉口穢淤、有備費代濬之説。在我設法開辦，更不可再有延緩。趁此天時，尚未炎熱，應即及早興工。河具賞項，不妨先由敝處借支，除分行滬軍營、巡防隊管帶會商貴局辦理外，其蒲、肇河應行挑濬之河道工程，並請尊處查案另辦可也等因。除將現在應挑之處先行商辦外，合亟備函奉佈，即希迅賜邀集各堂紳董、各鄉局董會議示復。此事關係交涉要工，務祈尅日施行爲盼。專肅。

復蘇松太道瑞請將墊款濬河俟帶徵歸款情形電稟督撫院立案文

敬肅者。昨奉鈞復，以羅家灣迤西一段河道應及早興工，已分行滬軍營、巡防隊管帶與董局會商等因。奉此，查西人所稱羅家灣，係統括斜橋一帶而言，自斜橋西堍起迤西折南轉西至帶浦橋南三叉口，即日暉港裏口止河道，均已穢淤，自應統行開濬。考之舊册，蒲、肇兩河，共長五千二百餘丈，而自斜橋西堍起至帶浦橋南三叉口止，計長五百六十九丈五尺，歷届均係僱工具攬，分段承挑。現在變通辦法，飭令營勇挑濬，所有耙鋤、繩槓、挑籃、草鞋等一切挑河器具，及勇丁賞號等項，既蒙准予借支，將來於蒲、肇河工經費内歸墊。事關按畝帶徵，應請憲台敘明。因外人交涉，先行墊款開濬，俟帶徵歸款情由電稟督撫憲立案，以便興辦。董等一面當與各管帶會商，一面即函臻同仁輔元堂，轉邀各堂紳董、各鄉局董公同妥議，呈縣通詳，庶秋冬間即能接續興濬，以竟全功。是否有當，統祈察核施行。

致上海縣李函陳明奉飭籌濬羅家灣迤西一段河道辦法文光緒三十三年三月廿七日

敬肅者。目前奉道憲函示，以法總領事函請備費開濬羅家灣迤西沿徐家匯馬路一段河道等因。當以該處河道淤穢應由地方官紳自行籌款興辦，請設法籌謀，早日興挑，以杜藉口而保權限等因到局。當查羅家灣迤西一段河道，即係西門外斜橋以西之肇嘉浜。該浜至徐家匯劉涇橋止，再西爲蒲匯塘，至七寶鎮與婁、青交界。蒲、肇兩河定章，五年一大濬，比年一小濬。惟爲休息民力起見，大率十餘年一濬。同治九年、光緒六年兩次開濬，後至二十二年復行濬治，迄今已十有一年，淤淺處不一而足。本已值應行開濬之期，惟此項河費除三林塘、楊淄漊兩河頂濬外，須通邑按畝攤徵，會議通詳，非可倉猝立辦。因擬將斜橋西堍起至帶浦橋南三叉口一段河道先行濬治，共計工長五百五十餘丈，照全河丈數，約計六分之一。業奉道憲照會滬軍營、巡防隊各管帶，飭派營勇開挑，已由敝局會同各管帶察勘河綫，擬即僱工築壩。一面置備河具，以便興挑。兹因丈勘需人，擬請飭派工書一名來局，並懇諭飭沿河二十五保九、十三等各圖地保，隨時照料。至蒲肇大工，已函致同仁輔元堂邀集城鄉各董會議矣。專泐。

復蘇松太道瑞函詳陳蒲肇河水道情形並現在開濬辦法文光緒三十三年四月初一日

肅復者。昨奉鈞復，以西門外肇嘉浜河道甫於上年正月間派勇開挑，何以謂十餘年未經續濬，究竟上年所挑之肇嘉浜與此次擬濬之肇嘉浜是一是二，如何區别，肇嘉浜、蒲匯塘兩河往年是否同時並濬，所需工費如何攤派，尚祈查明惠復，以憑核辦等因奉此，查肇嘉浜一河，爲上海貫通城内外直達郡治之大幹河，東從大東門外闗橋浦口起，迤邐入大東門水闗，直出西門水闗，曲折至斜橋迤西，經羅家灣、陳涇廟西南，出劉涇橋，入蒲匯塘止，計長十八里，統名曰肇嘉浜。其濬河經費則分作兩項，自闗橋起，至西門外城河止，爲附城之肇嘉浜，由城河息款項下開支；自西門外起，至斜橋，達劉涇橋，入蒲匯塘止，爲西門外直達郡治之肇嘉浜，由蒲肇河工按畝攤徵項下開支。前年所濬者，爲大東門外之肇嘉浜，上年所濬者爲城内之肇嘉浜。城内因無處起泥，僅開至縣橋浜止，未竟全工。此次擬濬西門外斜橋迤西之肇嘉浜，實應歸入蒲肇河工辦理。查蒲、肇兩河，共長二千一百餘丈，向均同時並濬。同治九年、光緒六年兩次開濬，後至光緒二十二年復行開濬，迄今已十有一年，淤淺處不一而足，本已值應濬之期。此項河工經費，向係通邑按畝攤徵，通邑額田計共六千八百七頃有奇，除三林塘、楊淄漊兩河頂濬、永免攤費，應除額田六百七十七頃餘畝外，李縱涇、新涇兩河亦應同時並濬，共應攤徵額田六千一百三十頃有奇。光緒六年每畝攤徵錢六十六文，光緒二十二年每畝攤徵錢六十文，歷届僱夫承攬開挑。土方夫價每方錢一百七十文。近來百物昂貴，舊價恐尚不敷。並查從前開濬，均係稟請憲庫墊借銀兩。現在因急於開濬，已蒙檄飭滬軍營、巡防隊勇丁尅日興挑，將來給予賞號，無須再計方價。董等前奉函示，後於三月二十七日會同滬軍營沈幫帶、巡防隊各隊官沿河察勘，見河身淤穢，實應開濬，而法領函中所稱羅家灣至金神父路沿徐家匯馬路一段河道，應自斜橋西堍起迤西折南轉西至帶浦橋南三叉口，即日暉港之裏口止，共長五百五十餘丈，急應統行開濬，擬從斜橋南首、西首各築攔壩一道，帶浦橋出口處築攔壩一道。又沿河小溝築小壩十餘道，已在僱夫承辦。一面趕辦鐵鍬、鐵鋤、釘耙、挑籃、扁擔、泥桶、水瓢、排跳等一切河具，又勇丁草鞋等項，一俟攔壩築成，河具備齊，即可興挑。一面函致同仁輔元堂，轉邀城鄉各董合議開濬全河事宜，以便呈縣通詳。專肅。

蘇松太道瑞來函抄送濬河電稿文光緒三十三年四月初五日

敬啓者。西門外斜橋迤西羅家灣一帶河道，應先派勇開挑，疊次與尊處會商辦法，並由電稟請兩院憲示遵在案。茲先後奉督撫憲復電照准，特抄敝處沃電並兩憲江支來電，送祈查照辦理爲荷。謹肅。

附抄電

督撫憲鈞鑒。查西門外斜橋迤西，經羅家灣達劉涇橋一帶河道，向係併入肇嘉浜、蒲匯塘。兩河合濬，由婁、青、上三縣會議詳辦，而斜橋羅家灣河道緊接徐家匯路。法領事藉口淤穢，竟欲干預。經職道駁阻，應由地方官紳自行籌辦。惟歸縣會詳，緩不濟急。查此項河工，從斜橋西堍起，至日暉港裏口止，計長五百六十九丈有奇。擬請提前撥勇開挑，較爲工速而費省，所需器具、犒賞等資，暫由職道籌墊，將來仍在挑濬蒲、肇兩河工費内，由縣照案按畝攤徵提還。伏祈行司飭遵，並乞憲示，以便督董開辦。徵沃。

蘇撫憲電

上海瑞觀察沃電悉濬河事，請即照辦，已行司飭遵。龍江　印

督憲電

上海瑞道台江電悉。斜橋西至日暉港一帶河道，應即提前撥款開挑，一切照議辦理，候行蘇藩司飭縣遵照。方支　印

呈上海縣李陳述議濬蒲肇河工情形按畝攤徵辦法文光緒三十三年四月十八日

爲議濬蒲肇兩河呈請通詳事。本年三月二十日，奉道憲瑞函開，接法總領事來函，以羅家灣一段河道淤穢，擬自行備費開濬等因。查該處河道淤塞，應由地方官紳自行籌款興修，無須法領代謀，除函復外，祈設法籌謀，早日興挑，以杜藉口而保權限等因到局。奉此，當以羅家灣一段河道，即係邑治西門外斜橋迤西至日暉港裏口之一段肇嘉浜，應歸入蒲肇河工，按畝攤徵。今既急待開濬，請飭營勇先將該段興挑，所需器具、犒賞請爲墊撥。俟城鄉各董會議，呈請通詳核准後，於冬間再開迤西之河，並以攤徵之款歸墊等因函復。旋於四月初五日，奉道憲函開，以西門外斜橋迤西羅家灣一帶河道，應先派勇開挑，疊次會商辦法，並由電稟請兩院憲示遵在案。先後奉督撫憲復電照准，特將沃電並兩憲江支來電送祈查照辦理，並抄電等因到局。敝局遵於四月初七日開工築壩，於斜橋西首暨日暉港裏口、帶浦橋東首各築攔潮大壩一道，又築沿河支溝小壩六道。其濬河器具如鐵鍬、鐵鋤、釘耙、

莞箕、繩索、扁挑、水桶、水瓢、草鞋、排跳等項，亦已備就，定於四月二十日動工興挑，所有辦理情形，先經敝局函陳鈞案，已蒙出示曉諭，並諭飭沿河地保照料在案。惟此段河道開濬後，必須於本年秋後將蒲肇全河統行開濬，一律深通，方足以利農田而便舟楫。查蒲、肇兩河自邑治西門外起，至劉涇橋止，爲肇嘉浜；又自劉涇橋西起，至七寶鎮分工壩止，爲蒲匯塘：共長五千一百二十丈有奇。定章五年一大濬，比年一小濬，從前爲休息民力起見，大率十餘年一濬。溯同治九年、光緒六年兩次開濬，後至光緒二十二年復行開濬，迄今已越十有一年。計同治九年挑土十二萬二千方，光緒六年挑土九萬九千三百數十方，光緒二十二年挑土十二萬一千九百三十餘方，每方工價錢一百七十文。其市河盤灣陷沙，荻梗高岸，洋房圍牆竹笆，工作爲難之處，均加給繁工。所需經費，除浦東楊淄漊、三林塘兩河頂濬外，向係通邑按畝攤徵，計本邑額田六千八百七頃餘畝。除浦東二十四保内二十五保圖分六百七十七頃有奇免攤外，約攤徵額田六千一百三十頃有奇。同治九年、光緒六年均每畝攤徵錢六十六文，光緒二十二年每畝攤徵錢六十文。另有新涇、李漎涇兩支河，計工長三千六百餘丈，皆係宣洩蒲肇渾潮，向來同時並濬。方價等項，係在蒲肇畝捐内撥貼，責成鄉董承辦。又西門外周涇一河，本係直達洋涇浜，共三百七十餘丈，今除法租界填去外，尚存一百餘丈，向來河費亦在此項畝捐内開支。此次敝局轉知同仁輔元堂，邀集城鄉各董，公同會議，僉稱蒲、肇兩河淤淺處不一而足，實應開濬。今自斜橋起，至帶浦橋日暉港裏口止，既先飭勇開挑，則迤西之河自應於秋後按續興挑，以竟全功。惟從前方價每方錢一百七十文，近來日用翔貴，每方約須錢二百四五十文，故畝捐擬照同治九年、光緒六年成案，每畝攤徵錢六十六文。惟請分作兩年帶徵，以舒民力。凡有漕各圖額田，於光緒三十三、三十四兩年冬漕内各徵錢三十三文；其無漕各圖額田，於光緒三十四、三十五兩年上忙内各徵錢三十三文。所需河費，仍應援照前案，先請關道憲借撥，俟以攤徵錢文歸墊。均希轉呈詳准立案等語。董等查方價應行加增，自係目前真實情形，而徐家匯一帶沿河房屋圍牆笆圈等項較前更多，出土愈遠，繁工亦必增益。深慮所收畝捐不敷支放，將來惟有删除浮費，極力撙節，以期款不虛糜，功歸實在。再，查蒲匯塘至七寶鎮爲本邑與婁、青交界之處，必須三邑同時並舉，方能通行無阻。惟本邑工程最大，可以無須會銜，所有議濬蒲肇河工情形，並道憲抄示電文，一並呈求俯賜鑒核通詳，俟奉准後，再行擬章請核。謹呈。

稟蘇松太道瑞開濬西門外肇家浜墊用河費請借支歸墊文光緒三十三年六月十四日

敬稟者。竊斜橋迤西至日暉港裏口之肇嘉浜，前因外人藉口淤穢，有備費代濬之説。仰蒙電稟督撫憲復准，自行籌辦，飭勇開挑。董局迭奉函飭，業將辦理情形及開工日期節次備函陳報在案。計自開工至今，上月因禁閉煙館巡防緊要，本月又天雨過多，是以施工難期迅速。所有需用河費，曾蒙准予借撥。現計築攔潮大壩兩道、小壩六道，逐日戽水等工，及製備鐵鍬、鐵鋤、釘耙、莞箕、水桶、水瓢、扁擔、排挑、勇丁草鞋、茶水等項，已墊用錢千有餘千。董局經費支絀，擬請先行借支錢一千千文，以便歸墊。除另行呈請上海縣通詳，秋後續濬蒲、肇兩河，並以攤徵歸款外，玆特備具鈐領，備由稟祈俯准施行，曷勝感禱。肅稟。

批：來牘閱悉。所需開濬肇嘉浜河工經費錢一千千文，如數借給，填票附發，希即查收支用，造册送查。此復。領存。

同仁輔元堂總工程局紳董會呈上海縣李公議展緩開濬蒲肇兩河並遞緩攤徵文光緒三十三年十月初四日

爲會同呈復事。竊前請開濬蒲、肇兩河，已奉通詳各憲批准，並蒙駕蒞七寶鎮會勘在案。當蒞勘時，曾據婁、青紳董稱，兩邑未籌經費，趕辦不及，能緩至明年，自可會同開濬，否則請上邑先辦等情。當以此河爲由縣入郡要道，工段綿長，關係甚重。因復由敝堂一再邀集城鄉各董公同會議，僉稱上境肇嘉浜迤西至劉涇橋，再西爲蒲匯塘，實受蟠龍、泗涇、横泖之水，引清敵渾。自以七寶鎮界浜以西至九里亭之婁、青境河道，一律開濬深通爲扼要辦法。若上邑先開，則水勢緩弱，易於淤澱，恐致徒勞無功。今婁、青兩邑既必須緩至明年，則上邑亦惟有俟至明年，與婁、青會同興挑，庶不致有旋濬旋淤之患。惟求詳請上憲札飭婁、青兩邑，預爲佈置，務於明年九月間築壩，十一月内竣工，切勿爽約，以利農田舟楫。至本邑攤徵之款，原定有漕各圖於光緒三十三、三十四兩年冬漕内，每畝各徵錢三十三文；無漕各圖於光緒三十四、三十五兩年上忙内，每畝各徵錢三十三文。兹濬河既已展緩，適值本年秋收不足布貨滯銷所有攤徵之款，亦應一併遞緩，以舒民力。擬請凡有漕各圖，除浦東二十四保二十五個圖分免攤外，於光緒三十四年下忙及冬漕内，每畝各徵錢二十二文；三十五年下忙内，每畝再徵錢二十二文。其無漕各圖則請於三十四、三十五兩年下忙内，每畝各徵錢三十三文。如此分攤遞緩，輿情均屬允洽，應請再行通詳立案等情。所有公議展緩濬河，並遞緩攤徵情形，合行陳復，伏乞俯賜鑒核通詳立案。一面即移知婁、青兩邑，爲明年之預備，並希將展緩濬河情形迅賜繕發簡明條告，曉示沿河居民，俾共知悉，公恩兩便。再，此呈係總工程局主稿，合併聲明。謹呈。

稟蘇松太道梁肇嘉浜開濬竣工續請借支河費並請優給勇丁賞號文光緒三十三年十一月二十六日

敬稟者。竊本邑西門外肇嘉浜自斜橋迤西帶浦橋一段河道，前因外人藉口淤穢，有備費代濬之説。蒙前升憲瑞電稟督撫憲復准，自行籌辦，飭勇開挑。董局迭奉函飭，經辦河工事宜。當經函復，請知會滬軍營、巡防隊飭派勇丁開濬。業將辦理情形，節次備函呈報在案。惟是四月二十六日開工後，五月間因禁閉煙館巡防緊要，六月間因天雨過多，是以均行停輟。七月起復由董局函請滬軍營、巡防隊飭令各勇分段興挑，認真赴工，以期迅速。至本月初五日全功告竣，計自斜橋起，迤西至帶浦橋止，又帶浦橋西轉角一段，計共長五百七十八丈二尺，共挑土一萬一千一百八十二方九分六釐，實已一律開濬深通。曾蒙憲台飭縣會勘驗收，具報在案。此次濬河，工段綿長，滬軍營、巡防隊各勇丁霑體塗足，均屬異常辛苦，而滬軍營勇丁尤爲出力，應懇憲恩，分别優給賞號，以恤其勞。至滬軍營管帶、幫帶，巡防隊官均按日赴工，親臨督率，極爲認真，應如何奬勵之處，並候憲裁。所有河工各項開支，如築壩、戽水等工，及製備濬河一切器具，共計支錢一千九百六千八百八文。自動工後，由董局陸續墊付，嗣於六月間稟請前升憲瑞先行借支錢一千千文，聲明俟續蒲、肇兩河，以攤徵錢文歸款。經奉批准，如數撥借，由董局具領，送呈鈞署備案在案。現在此項工款，除前次具領錢一千千文外，尚需錢九百六千八百八文，業由董局墊付，仍懇憲台一併借支給發到局，以便歸款。此項河費及賞號由憲署墊發，後統俟續濬蒲、肇兩河，以攤徵錢文歸墊。除將河工各項開支開摺呈報外，爲特備由，稟祈俯賜核准施行，實爲公便。肅稟。

批：來牘及摺均閲悉。此次挑河勇丁，既屬異常出力，應俟函詢各營隊官，開送勇數，照案給賞。應找墊款錢九百六千八百八文，兹照數借撥，隨批飭發歸款。所稟先後借撥工費，及應給賞項，擬俟攤徵歸墊。已據情稟明兩院憲備案，並請行司知照。至吴管帶等獎敘一節，亦已隨案聲請核給，均希知照，仍將購置器具，妥爲留存備用，並補具領狀送道備查。此復。十二月二十日。

蘇松太道梁照會奉督撫院批道詳開濬肇嘉浜工竣在事出力弁兵請予分别獎賞文光緒三十四年二月二十五日

爲録批照會事。本年二月初七日，准蘇藩司瑞移奉撫憲陳批，本道稟開，濬肇嘉浜工竣，在事出力弁兵，請予分别獎賞由。奉批，據稟肇嘉浜河道現已開濬深通，所有由道借撥工費，應飭縣照數按畝攤徵，解道歸款。其滬軍各營監挑出力員弁，並准由道分别獎賞，以示鼓勵。仰蘇藩司轉移遵照，仍候督部堂批示，繳，摺存等因。又於二月十四日奉督憲端批同前由。奉批，據稟已悉，所有彈壓河工，在事出力之弁兵，應如何酌予獎勵之處。仰即擇尤酌擬獎敘請示辦理，並候行知蘇藩司查照，暨候撫部院批示，繳，摺存等因各到道。奉准此，除各營派出勇丁，業已由道照章給賞外，所有彈壓河工，在事出力各營弁，應如何酌予獎勵之處，相應録批照會，爲此照會貴總局，請煩查照，酌擬獎敘，開單見復，以憑轉稟請示，望速施行。須至照會者。

西門外築路案

蘇松太道瑞照會飭議紳商稟請西門外添築馬路召變義塚文光緒三十三年八月廿六日

爲照會事。據西門外紳商陳瑞邦、顧徵錫、楊鶴吉、魏庭楨、郁錫朋、龔傑、祁祖振、沈慶鴻等稟稱，上海自開埠通商以來，垂六十年，外人之勢力日張，内地之防閑益亟，仰賴力顧大局，遇事維持，南北兩處市場始漸有起色，闔邑紳商同聲感頌。伏查西門外馬路向來衹有一條，南達徐家匯，旁通製造局。平時車馬擁擠，别無支路，堪以繞避。該路之東南隅沿城河一帶，至陸家浜等處，及該路之西周涇浜等處，揆度情勢，本應早在開闢之例。邇來法人越界築軌，該處更屬吃緊。推厥原因，實由從前之路權未經劃清，致貽今日之患。若不於該路之東、西兩面趕築馬路數條，以便行旅而保主權，萬一外人得步進步，於該處左近再闢一段，則東西交通之機關從此中斷，全局皆非，一切路政、警政，更何從措手。興言及此，可爲寒心。瑞邦等目擊情形，隱憂倍切，亡羊補牢，似亦目前急要之圖。擬請於西門、南門之間，相度地勢，廣闢馬路，務使南達製造局、日暉港等處，東至西區、南區一帶，西至法界，脈絡貫通，無隔閡紆曲之患，則地方大局尚留一綫之生機。惟是地方公款支絀，籌措維艱。瑞邦等一再籌商，查有同仁輔元堂義塚地一方，坐落西門外斜橋轉角與陸家浜馬路之間，計地三十畝有奇。該處人煙漸密，屍氣薰蒸，於地方衛生本不相宜。且適將西門外馬路與陸家浜路隔斷，不便交通，似不妨另擇僻静之地，妥爲遷葬，將該地召變。除酌提遷葬之費外，充作築路之需。以該處市價計，每畝統扯銀二千兩，約可值銀六萬兩，約計購地遷葬之費在二萬兩左右。以該地所餘之款，築本地之路，於名義上，尚屬相符。即遷移墓地論，上海風氣，夙號開通。邇年寧滬鐵路、蘇嘉鐵路所經公私墳塋遷徙者，指不勝屈，民情安謐，未聞有所窒礙。今爲開拓市場、力保主權起見，關係尤重。一轉移間而大局之裨益非細，當亦公論所贊成。爲此合詞籲懇，俯念路權重要，迅賜批示，並分别照會同仁輔元堂、總工程局各董核議具復，剋日施行等情到道。查西門外馬路東、西兩面是否必須添築支路，所請在於西南門之間度地闢路，以期脈絡貫通，並召變斜橋轉角義塚地畝。除酌提遷築費外，餘充築路之用，能否照行，有無窒礙。除批示外，合亟備文照會。爲此照會貴總董，請煩查照，邀同同仁輔元堂董事查明核議，見復施行。須至照會者。

稟蘇松太道瑞具復集議西門外築路遷塚應即籌辦文光緒三十三年九月十五日

敬稟者。接奉照會，以據西門外紳商，云云。查明核議，見復施行等因。奉此，遵即邀同同仁輔元堂董事姚紳文枬、姚紳天來等會同董局各議董，公同集議，僉以西門外本祇馬路一條，且寬不過二丈有餘，早應添築支路。現該馬路既加築電車鐵軌，則人貨往來尤極擁擠，亟應於馬路東、西兩面各築支路數條，以利行走。馬路之西，如羊尾橋路、井亭橋路，以及填寬周涇浜迤南至斜橋之路，均屬緊要，而尤以馬路之東添築各支路，貫通西、南門，並南達火車站之路，又自西門北城根接通南城根路，最爲目前急要之圖。惟事關開拓市場，力保主權，自應請發官款，以資興築。如官款無可措撥，萬不得已，則請以斜橋轉角義塚遷埋，即以該地變價，除提另購塚地遷葬費用外，餘充築路之用，亦屬可行。並查該塚地，本係田蕩，因西、南兩面已成高路，益覺低窪積水。若遷葬高原，甚屬妥善，請爲轉稟等情。董等伏查西門外馬路，現已加築電軌，則添築支路之舉，情勢急迫，斷難再緩。惟築路之費甚鉅，如能指撥公款，以資興築，最爲感幸。萬不得已，則惟有遷葬變價之一法。同仁輔元堂紳董暨董局各議董既衆議僉同，自應轉稟。伏乞核示，如蒙准行，即希詳請督撫憲立案示遵，實爲公便。肅稟。

稟蘇松太道梁西門外築路濬河應兼籌並顧文光緒三十三年十一月十三日

敬稟者。竊本邑西門外馬路祇有自方浜橋至斜橋一條，爲行人往來要道，南達製造局，北接法租界，西通徐家匯，東至陸家浜等處。路狹人稠，平時車馬往來，時虞阻塞，别無支路，堪以繞避。今又爲法人越界開築電車軌道，人貨往來，益形不便，不得不預爲之計，以利遄行而弭隱患。董局於八月間，奉前升憲瑞照會，以據西門外紳商陳瑞邦等稟請，在西、南門之間度地闢路，召變義塚地畝。除酌提遷葬費，餘充築路之用等情，飭核具復前來。遵經邀集同仁輔元堂董及董局議董公同集議，將西門外毗連法界，情形吃緊，亟應開築羊尾橋路、井亭橋路、周涇浜迤南至斜橋之路，及馬路之東貫通西、南門各支路，並南達火車站之路，又自西門北城根接通南城根之路，以期力保主權。各情稟請上詳立案在案。其中以周涇浜路、肇嘉浜路爲目前尤要之圖。查周涇浜路自周涇浜北首界碑起，至井亭橋止；又肇嘉浜路自萬生橋起，至斜橋與西門外馬路交點之處止。沿浜岸綫約長四百餘丈，河面寬五六丈不等，河身淤塞，臭穢日積，有礙衛生。擬就原有浜岸之路，寬約四丈左右，一面將河身開濬，宣洩污水，期於路政、衛生兩有裨益。惟中有吴家石橋至梨園義塚一段，岸狹而曲，勢難悉照河形，衹得繞道而南以達斜橋，計長九十丈有奇，以開闊四丈，計約需用民地五畝有奇。比照蘇省鐵路公司購地之例，酌給地價，分爲三等。每畝平價八十元，中等一百元，上等一百五十元。當按地段之繁簡，用地之多寡，分別給償，以示體恤。其自萬生橋起，至井亭橋一段沿岸，尚有房屋，應行酌給地價拆費，業由董等另函呈報，請予出示曉諭在案。照此開築，庶交通便利、車馬行人不至與電車軌道相接觸，估計工料各項約需銀二萬兩左右。董局公款支絀，而此項工程又未便展緩。除由製造局總辦創捐銀五千兩，並由董局分投募捐外，不敷尚多。查自萬生橋起，至斜橋止一段河道，爲肇嘉浜。濬河經費，歸入蒲肇河工攤徵款内開支。本年自斜橋起，迤西至帶浦橋止一帶，業已先行開濬。所有河費，於憲署城河經費息款項下墊發。而自萬生橋起至斜橋河道，淤穢尤甚，於路政、衛生均有關礙。今董局濬河築路，兼籌並顧，需費甚多。擬請憲台於城河息款項下借墊銀二千兩，發交董局應用，將來亦於蒲肇河工經費内歸墊。所有西門外濬河築路、捐借款項各緣由，合行稟陳，爲特繪呈地圖備由，仰祈俯賜察核施行，並給示曉諭該處居民地保人等一體知悉。一面札縣一體給示，以裨公益而便行人，實爲德便。肅稟。

批：查城河生息一項，瑞升道任内透支銀七百餘兩，尚待續後提息歸還，本屬無可借支。惟查斜橋迤北直達西門之肇嘉浜，淤塞污穢，有礙衛生。現接美總領事來函，西門外基督教女公會亦以開濬爲請。自應及時舉辦，所需工資銀二千兩，自當另爲設法騰挪。希即具領送候籌撥，仍候詳報兩院憲立案，將來統在蒲肇河工攤徵項下歸墊可也。此復。圖存。十二月初四日。

蘇松太道梁來函准美總領事函請驅逐西門外浜内污穢船隻並遷臭穢官塚文十一月十八日

敬啓者。十五日接美總領事田來函，據本埠西門外基督教女公會暨安息日浸會男女教士等稟稱，該兩會房屋坐落之處中有河浜一條淤塞。近有難民船傾棄污穢垃圾，並時有偷竊事，將河浜填平或開濬，難民船驅而之他。又，距婦女醫院不遠，有官墳地若干畝，棺木叢集，屍骸狼藉，臭濁之氣，尤與衛生有礙，請設法遷移等因到道。查該處河浜究與水利農田有無關係，應否填平或須疏濬，擬先諭令該難民船移泊他處，方可施工。至所指官墳地，現歸何處善堂管理。其各處停放暴露之棺，經前升道迭飭查明，分別有主、無主，趕爲辦理，早日埋葬。何以西門外仍有屍骸狼藉情事，應請轉致善堂從速收埋，或催令有主之户即日安埋，勿任遷延。統祈貴總董查勘明確，妥爲籌辦見復爲荷。美領事來函抄附青覽。

附抄件

啓者。據本埠西門外基督教女公會暨安息日浸會男女教士等稟稱，在該處兩會房屋坐落之處中，有河浜一條。前時通潮，現多淤塞。加以近有難民船在彼停泊，既隨便傾棄污穢垃圾於瀉水之區,並時有偷竊情事,致與衛生、安居兩有妨礙。所急應籌畫者,莫妙於將該河浜填平,抑或從事開濬。至於難民船隻,則驅而移之寂寞之鄉。此辦法之最善,教士等朝夕所仰望者也。抑又請者其距婦女醫院不遠約有官墳地若干畝,當夫棺木叢集,屍骸狼藉,其污穢臭濁之氣幾於到處刺鼻,尤與衛生有礙,教士等心竊憂之。爲今之計,亦莫如將該墳地設法遷移,即於其上建造百工學堂一所,以招致各無業之少年子弟入内學習,將來即鮮遊惰之民。不寧惟是,常見有輕年子弟因犯事而羈押監禁,致與盜賊相習,遂不覺默化潛移。迨一旦開釋,其氣質終難於變易。使移而置之此等學堂之中,責令肄習各種技藝,異日學成致用,既可藉以生活,又不致流爲匪徒。此教士等所願爲將伯之助者也。懇爲籲訴,可否准如所稟,以待指示等情。據此,合行奉致,並將該會坐落處圖様一紙,送請貴道察閲。倘蒙俯如所請,一則衛生命,即以靖盜源;一則除疫癘,即以資教養。計誠無有善於此矣。即祈貴道核奪見復爲荷。十一月十五日。

復蘇松太道梁函查復美總領事函請各節均與前稟築路濬河遷塚相關請求批示文十一月二十六日

肅復者。接奉鈞示以接美總領事來函,云云。統祈查明,妥辦見復,附抄函等因。奉此,查該兩會房屋坐落之處,中有河浜,即係斜橋迤北直達西門之肇嘉浜。董局於本月十三日具稟,請將西門外濬河築路兼籌,並顧及捐借款項各情,仰請憲台給示曉諭,並請撥借河款,尚未奉到批示。至所指婦孺醫院相近之官墳地,屍骸狼藉,應設法遷移一節。查董局曾於八月間奉前升憲瑞照會,議復西門外紳商陳瑞邦等稟内,聲請西門外添築馬路,以利交通而保主權,實係當今急務,擬求撥給官款。如無款可撥,萬不得已,惟有變價遷塚之一法,懇賜詳准立案等情,稟復在案。現在斜橋迤北之肇家浜,已在腹内一段,濬治並填寬岸路。醫院相近之墳地,應請查案批示祇遵。爲特耑函陳復,即祈轉復美領,是所至荷。

稟蘇松太道梁西門外開築馬路召變義塚地請上詳立案文光緒三十四年正月二十二日

敬稟者。竊董局於上年八月間,奉前升憲瑞照會,以據西門外紳商陳瑞邦等稟請,在西南門之間度地闢路,召變義塚地畝。除酌提遷葬費,餘充築路之用等情,飭核議具復前來。遵經邀集同仁輔元堂董及董局議董公同集議,將西門外毗連法界情形吃緊,亟應開築羊肥橋路、井亭橋路、周涇浜迤南至斜橋之路,及馬路之東貫通西南門各支路,並南達火車站之路,又自西門北城根接通南城根之路,以期力保主權。自應請撥官款,以資興築。如官款無可指撥,萬不得已,則請以斜橋轉角義塚遷埋,即以該地變價,除提另購塚地遷葬費用外,餘充築路之用等情。曾由董等於九月間具稟陳復,並請核准上詳立案在案。嗣以瑞升憲升任交卸,此案至今未奉批示。惟查西門外馬路法人加築電軌,則添築支路之舉,情勢急迫,斷難再緩。此項築路之費,爲數甚鉅,如能指撥公款,最爲感幸。萬不得已,則惟有遷葬變價,以資興築。爲特備由具稟,懇請迅賜飭承查案,詳請督撫憲立案示遵,一面照會同仁輔元堂董查照辦理,實爲公便。肅稟。

批:西門外添築支路,誠屬因時制宜,爲目前不可緩之工程。惟本署外銷不敷,實無可籌之項。來牘請以斜橋轉角義塚另行遷埋，騰出該地變價充費，誠屬萬不得已之舉。惟前據保安堂陸董函稱，亦在議董之例提議時，適往結一圖監工，未曾赴會。嗣聞到者約近十人，並非多數。祇據二三人之偏見，遂作決議。此外未到未與議者，且二倍焉，烏知其可等語。事關遷埋義塚，縱不能詢謀僉同，亦須占三從二，不致阻礙，方可據以上詳。希再會同集議具復，以憑核辦。陸董來函抄發，並即查照。此復。二月初三日。

照録保安堂陸董來函

敬稟者。保安堂結一圖義塚，爲滬寧鐵路圈用，迭奉大部暨督撫憲電飭遷讓。因事關公益，治晚未便回執成見，是以承認辦理。惟該義塚地實係公司圈用，萬不得已而議遷，非尋常擅遷者可比。治晚前擬辦法八則，其第七條曾有此外他處義塚地無論大小，仍應一體保護，不得援以爲例，應請憲台立案，札縣施行等情。並蒙批示，分別移行核辦在案。乃自該義塚一動，而王家碼頭之義塚遂請召變矣，水爐公益之義塚即起交涉矣，近聞輔元堂西門外義塚又議開闢矣。見知見仁，一似義塚不敝屣。若治晚早慮及此，是以遷移結一圖義塚在前，不敢輕易擔任。迨奉憲台諄諄之諭在後，又不敢不擔承而急急於保護。此外大小義塚之第七條所由立也。初六日，總工程局提議遷移輔元堂西門外義塚一節，治晚亦在議董之列。適往結一圖監工，未曾赴會。嗣聞彼日到者約近十人，並非多數。而此事祇據二三人之偏見，遂作決議，則此外之未到未與議者且二倍焉，烏知其可也？竊謂義塚一節，係慈善事業，似非總工程局分内之事。且輔元堂又係城鄉各處公共之慈善事業，亦非工程局議董一議決即可施行之事。況議董在議又僅少數耶？治晚非敢以迂拘之見，冒昧瀆陳，第恐此風一開，上邑數十處之義塚、骨殖不下數萬，悉在翻掘之列，將來洋商據爲口實，糾葛伊於何底矣？若總工程局遽稟前來，敢請憲台審慎周詳以出之。或諭飭城鄉合邑人士再開明倫堂公議，俟衆議僉同而後施行，庶幾公而非私也哉？憲台蒞任是邦以來，所好好之，所惡惡之，凡我子民方幸瞻依兹母，永被仁風。今乃奪我使君以去，無計攀留，曷勝憮然？惟求此事得能設法禁阻，保全一切，則高厚之恩，當與浦水長流矣。臨穎不勝迫切屏營之至。專肅。

致製造局總辦張函蒙允創捐西門外路工經費銀五千兩請先撥二千兩文光緒三十三年十一月十五日

敬肅者。法人於西門外馬路加築電車軌道，此後由斜橋而北，車馬幾不能通行。因擬從斜橋起，曲折至井亭橋，復自井亭橋起，迤北接法租界止，均就沿河駁寬浜岸，砌築馬路，以便車馬通行，兼避電車之危險。當將擬辦情形，及敝局經費支絀緣由，面陳鈞聽，荷蒙極力贊成，並創捐銀五千兩爲填築之費。復諭以從速工作等因。仰惟熱心公益，曷勝欣感？當飭工程處勘繪草圖，一面分別招工投標。計勘得自斜橋起至周涇浜之法租界，共長四百餘丈、河面寬五六七丈不等。河邊舊有之路，寬處約丈餘，窄處僅四五尺，且高下懸殊，不能行走，而河身之淤穢臭惡，尤屬有礙衛生。現擬將沿岸之路均築寬至四丈披灘五尺仍留出河身三四丈,即以淤泥挑挖填寬河岸作路,仍參壓乾土。俟其堅實,路面再砌石子。惟吴家石橋至梨園義塚一段,岸狹而曲,勢難悉照河形,擬於斜橋迤内曳直,添買民地,以達吴家石橋。計長九十餘丈,以開闊四丈,計約需購地五畝有奇。又自井亭橋起至萬生橋沿河舊有房屋,亦須給價購買,加寬道路。統計此項填寬河岸、築造路駁、購地遷費等項,共約需銀二萬兩。已蒙捐銀五千兩,此外當再籌勸。現在先從井亭橋起填築,定於本月十五日開工。擬請先行撥銀二千兩,以資應用。伏祈察照施行,除陳明道憲外。專肅。

製造局總辦張函復允先撥工款銀二千兩文光緒三十三年十一月二十日

敬復者。昨承函示,法人於西門外馬路加築電車軌道,由斜橋而北,車馬幾不通行。擬從斜橋起,曲折至井亭橋迤北接法界止,沿河另築馬路,以便車馬通行,兼避電車危險。籌定築路、挑河、購地、砌石各辦法,估需銀二萬兩,定期開工。囑於認捐五千兩,内先撥二千兩應用等因誦悉。一是查斜橋至西門入法租界馬路,本不甚寬,平時往來行人極多,又爲敝局出入運道。現爲法人加築電車鐵軌,行人車馬、敝局運道均稱不便。貴局現擬自斜橋起至周涇濱之法租界止,沿河築路一條,以避電車危險,洵屬利民善政。目前開辦有期,用款尚未籌足,辱承商及,雖敝局經費奇絀,籌助爲難,然此事既係地方公益,且與敝局運道有關,敢弗勉力贊成,以襄盛舉。所囑先撥二千兩應用,已飭支應處如數籌備開票函送到,請查收示復爲幸。專復。

製造局移送西門外築路工費餘款文光緒三十四年十二月二十五日

爲移解事。本年九月十九日,准貴局文開,前因填築斜橋至周涇浜一帶馬路,以避電車危險,荷蒙慨捐銀五千兩,以濟工用,裨益地方,實非淺鮮。此項准捐之款,於上年十一月先奉撥銀二千兩,本年四月復奉撥銀二千兩,均經先後祗領具復在案。現在此路工程業已告竣,所有准捐款内,除已收外,尚存銀一千兩,擬請照撥,俾資應付,爲特呈祈俯察施行等因。准此,查此項馬路工程,貴局前以工費竭蹶,商由敝局捐助五千兩,業於上年十一月本年四月先後籌撥第一、二批共銀四千兩在案。現准來文,此路既經竣工,需款應付。敝局雖值經費奇絀,自應勉籌,以清捐款。除再飭支應處籌撥規銀一千兩外,相應備文移解。爲此合移貴局,請煩查照兑收,見復施行。再,查此項工費,本局認捐銀五千兩,現已悉數解清,合併聲明。須至移者。

議濬小東門至西門城河案

蘇松太道蔡來函法公董局擬填城河請議復駁拒文宣統元年十一月初十日

敬啓者。案准法代總領事惠來函,以據公董局函稱上海城河一事,數年前城河内可行大號船隻,是以住居沿城河浜各店鋪生意頗形興旺,現在淤泥充塞,即極小之船,亦已不能行駛,衆華商怨之。經公董局議事處派令總工程師查看情形,能否如前可行船隻。據稱,現在城河形勢斷不能如前行船,因有城腳多處地方,現被華人居住,侵佔城河河岸。查與中國定制相背,且另有許多泥土宜去,乃任彼居住,以作基址,使彼得此不應有之利益,此河已成釀疾之河。似此情形往後,適以待瘟疫之來。一至夏令,實與法界城廂各居民大有害處。議事處以中國警察局不能禁阻城脚居民隨便越過城河不由橋梁行走，殊與整頓地方有礙，不能再聽其相沿日久。故議事處議請總領事出而，與聞其事，趕緊乘此可以興工之時，與中國官憲商飭總工程局，與公董局議事處商妥辦理。如工程局不肯開濬城河，如前一樣深闊，祇有出公費開築大陰溝一條，上面填鋪平坦，直至法租界界限爲止。易於興辦之法，公董局議事處情願墊款開築，隨後由工程局隨時歸還。一半分界之處，照現在長浜地方英法分界辦法，中立石柱，貫以鐵鍊爲欄。公董局裝用大號電燈，使各地方照耀光明，俾中國巡士、法界巡捕易於巡察防護等情。查公董局來函各節，經本代總領事詳細查閱，係爲法界城廂居民利益起見，自應准如所請辦理。所有工程或開城河如前一式深寬，或開築大陰溝，填平成路。查填滿城河，開築大陰溝，其法最善，與住居城脚地方之人最有利，並與衛生有裨，且與防護地方亦易爲力。函請查照，詳部核辦。一如貴道前與巨升總領事暨李總董當面允許填河之議照詳等因。查法公董局前於光緒三十年間因修理租界駁岸，將新北門外至小東門外一帶城河占至三四五尺或十尺不等，阻礙船隻通行。曾經袁前升道迭次照請拆讓，祇因工已告成，改毁爲難，僅請將佔出地畝照市繳價法領，迄未置答。今乃以城河不能如前行船，諉之城脚居户侵佔河岸，若自忘其前事，並謂如不肯開濬如前一樣深闊，擬由法局墊款填河築溝，半分河界，實屬有意覬覦。此事關係甚鉅，弟前與平書兄面晤，巨領亦並無允許之事。本年法局擅在新開河浜撈泥案内，曾經詰據法領，函復表明該局並無撈挖城河之意。由貴局於西十月至明年二月動工有案。現忽突來干預，其心正不可問，究竟此項河工，貴局現擬何時興辦，並應如何駁拒，藉杜狡謀，尚祈迅速查酌見示，以憑核覆爲荷。

復蘇松太道蔡函城河淤墊應籌疏濬趕速興工文十一月十五日

肅復者。竊奉鈞函，以准法代總領事惠函稱，上海城河或開或填各節，究竟此項工程現擬何時興辦，並應如何駁拒，祈速查酌見示，以憑核復等因。奉此，查小東門外至西門外界碑止之護城河，雖與法界毗連，而全河均歸中國管理。新北門外一帶，從前固有駁貨船隻可以運出。自新開河被法公董局填塞後，不特船隻不能通行，即城河内之穢水亦不能由浦水沖刷，隨潮洩瀉。是以城内城根及法界居民莫不深怨新開河之填塞。城脚地方居户前因有以穢物拋棄入河者，近來已由總工程局限制。而河道佔狹之故，實因法公董局於光緒三十年重築新北門外、小東門外各段木駁，佔出四五尺或十尺不等，以致愈形狹隘。總工程局於光緒三十三年曾以河道淤塞，亟宜濬治，節次稟陳，蒙前升憲瑞兩次函致法升總領事巨，請將法界木駁損壞處修理，以便開濬。迄未復到，遂致延擱。本年法公董局在已填新開處之城河撈泥。經憲台詰據法領，函復表明，並無撈挖城河之意，且甚喜我之興辦此工。惟須於西曆十月至明年二月此四月間動工，木駁工程正在議辦等因。是開河之舉，法公董局業已贊成。總工程局本久願開濬，豈有不肯之理，乃總工程局方在籌議開辦，法局忽又生一填築問題，並謂憲台與鍾珏曾經面許。此説實係前於會晤時出之於巨升總領事之口，鍾珏謂城河關係合邑，非一二人所能專主，從無允許之事，何得以此爲言。至其函中謂開河須與從前一式深寬，此固總工程局所甚願，而亦地方上人所甚願，惟深則慮駁岸之坍卸,寬則須將駁岸收進。法界占出之駁岸能否拆讓,已填之新開河能否復開,此則在法局之籌度。總之,河道淤墊,亟應疏濬。現在惟有承認濬河一語,趕速籌議興工。若如函中所稱填築大陰溝一半分界等語,則請憲台極力駁拒,以保主權而戢狡謀,實爲至幸。再,開濬之際,法界一面如有駁岸坍卸,應由法局自行修理。此節應預行聲明,俾免後言。所起河泥,並須於法界岸邊堆積,亦應請法領飭捕照料。除將濬河籌款事宜另陳外,伏祈察核施行。

又函開濬城河費絀請電兩院准撥庫款銀二萬兩以濟工用文

敬再肅者。毗連法界之城河淤墊已極,亟應開濬。現外人既來干涉,若再遲延,深恐有關礙主權之事茲,已由董局飭人丈見。自小東門起至西門止,計工長八百四十丈。惟小東門外至十六鋪橋出浦爲水之下流,亦與法界毗連,必須同時並濬,計工長九十五丈,兩共計工長九百三十五丈,須開深四五尺不等。此項河道兩岸均不能起泥,必須分僱船車隨起隨運,工費未免較鉅,約計每丈需銀十兩,共需銀九千三百五十兩。又,開寬後,城根駁岸坍卸處約須加築木駁三百四十丈,以每丈銀三十五兩計之,共需銀一萬一千九百兩,兩共需銀二萬一千二百五十兩。地方上實無處籌畫,惟外人將侵我主權,情勢急迫,關係甚鉅。惟有仰懇憲台迅賜電稟兩院憲,准撥庫銀二萬兩,以濟工用而保主權。董等專候示下遵行。

致蘇松太道蔡函請示開濬城河辦法文十二月初五日

敬肅者。擬開濬毗連法界之城河一事,曾於上月十五日函復一切辦法,並懇電稟兩院憲准撥庫款銀二萬兩以濟工用等情,計邀鑒察。惟此項工程,前據憲台詰據法領,函復須於西曆十月至明年二月此四月間動工等語。現在已届西曆正月,若遲緩至二月以後,恐法人又將以關礙衛生未便動工爲言。現在究應如何辦理之處,伏候迅賜示下遵行。專肅。

蘇松太道蔡復函河工費鉅庫儲無餘另籌妥善辦法文十二月初八日

敬復者。昨展惠函,拜悉一一。毗連法租界之城河,前經法總領事請爲填塞,並以允許照辦爲詞,業已查照貴局,前此查復各層,切實駁回。嗣接喇總領事來函,仍請詳請外務部核辦,又即堅拒泐復在案。此項工程誠不宜再緩,惟需費甚鉅,照敝處庫儲情形,不特正税有墊無餘,即外銷亦入不敷出,均屬無可撥借,財政困難至斯而極,能否從簡便入手,或俟春融酌派勇丁開挑。抑另有妥善辦法,統祈酌核籌議見示,早日妥定開工,是爲至盼。

蘇松太道蔡來函開濬城河法界岸邊不允堆泥文十二月十三日

逕啓者。上海城河積淤,應行疏濬,將來挑起之泥,就法租界岸邊稍爲堆放。如北面木駁或有坍卸,應由法公董局承認修理。前此曾照貴局函指各節,轉致飭知,茲於十二月十一日接法總領事函復,未便允許。如因開河工程致法租界駁岸損壞,修理都歸中國開河官員擔任,河泥堆積法界岸邊,萬難照准等因。特將來函抄附,即祈諸公查酌辦理爲荷。

附抄法領事來函

啓者。十一月十九日暨十二月初二日,兩接來函,以自小東門至西門外開濬城河一事各等因。查此案貴道不以照本總領事最好填河之議，照詳北京本總領事，亦不必與爭。來函謂上海紳民僉以開濬爲宜，斷不能由本道一人反對等語。本總領事現有幾層情節，預爲貴道詳告聲明，以免日後爲難。先以木駁而論，查十一月十九日來函，以據總董所稱法租界一面駁岸如有坍卸，應由公董局自行修理。現將此節預爲聲明，以免後言等語。如此措詞，本總領事未便允許，應先明言，如興辦開河工程致法租界駁岸坍卸，所有損壞及修理之費，都歸中國開河官員擔任。查城河淤塞污穢，積聚日久，一經開挑起運，風氣所吹，穢氣即隨之而至，最易傳釀瘟疫。並先提論開辦河工，應照衛生之法辦理。衛生之法，不論何者，外國醫生均可指示明告。如不照衛生法辦理，實有可慮，而於沿城河居民人等更易沾染致疾，甚至死亡。至所起河泥，於法界岸邊略爲堆積一事，萬難照准。查中國官員在中國地界開辦河工，應將河泥堆積别處及城脚一帶地方，除出法界。誠以法界一面車馬往來，甚爲擁擠，恐有肇禍情事。以上所言各節，本總領事未能照辦，甚爲抱歉。除諭令開河所起河泥全不准堆積法界外，合泐奉復，即希貴道查照爲荷。

復蘇松太道蔡函再陳開濬城河樽節辦法文宣統二年正月十九日

肅復者。上年十二月間，兩奉鈞函，以籌濬毗連法界護城河，能否從簡便入手，或俟春融酌派勇丁開挑，並抄示法領復函飭爲查酌辦理各等因。奉此，查外人意在填河，故我爲開濬之計，彼必多方阻難，然河身淤墊若此，斷不能因其阻難而不行開濬。第籌款維艱，自當力求樽節，因擬將築駁一層，除去復將河身詳細勘估核之前估銀九千三百五十兩之數反有溢出。緣是河淤積已甚，開深四五尺不等，核須挑土一萬二千餘方。浦口至小東門一段兩岸，均係市房不能起泥，亦不能築壩，須僱船停泊河中，於潮退時，挑泥入船，仍俟乘潮而出。小東門至西門擬分六段，逐段築壩，以便所起之泥可以用船則由船運，餘則用車運。法界既不容堆泥，城根又房屋櫛比，必須船車並僱，隨起隨運。此項土方，曾飭工估計，每方挑工銀三角，船車運費銀八角，合計需銀一萬三千二百餘元。另加築壩戽水等費銀一千三百餘元，較前估之數爲多，即極力節省，實亦不能再少於前估之數。如用營兵挑濬，必須有堆泥之處方可，且須備鐵鍬、鐵鋤、竹箕、草鞋、泥桶、跳板、礱糠、茶水等項，尚須另給賞號，爲費未必見省。現在運費爲重，挑費爲輕，以挑運費併計，每方銀一元一角，如分計，恐每方運費銀八角，尚屬不敷，是以用營兵不如僱夫之便利。惟稔知財政困難，不易籌措，頗覺躊躇，而此項河工又難於展緩，究應如何辦理之處，仍候憲示遵行。肅復。

蘇松太道蔡復函擬在九畝地地價内撥應濬河工費文三月二十六日

敬復者。開濬城河一事，本年正月十九日接展環章，估計土方以及船車運費並築壩戽水，共需一萬四千五百餘元，所費較鉅。敝處月餘以來，多方設法，委屬無可騰挪。惟前項工程至爲緊要，未便因循坐誤。因思九畝地早經周紳等議價承買，計可得價十餘萬元，已將定銀送交貴局收存。所有前項河工費，擬即在所收地價内撥應，庶可從速赴工，應請諸公妥籌辦理爲荷。

復蘇松太道蔡函九畝地地價業已支配派分公用請移提臺將城濠租款移送以濟要工文宣統二年四月初一日

肅復者。上月二十六日，接奉鈞函，以城河濬費較鉅，九畝地官地已收定銀。所有河工經費，擬即在地價内撥應，請妥籌辦理等因。奉此，查城河淤穢已極，自應亟籌濬治。惟九畝地地價稟准分作五份，一份爲改良監獄，一份爲彌補李故令公虧，一份爲勤生院，一份爲學務項，一份爲工程項，即以作該處闢門築路經費，曾經城議事會立有議決案，已呈報憲台在案。上年董局所收興市公司定銀一萬元，已抵支該處築路之費。本年收地價二萬五千五百元，已抵繳李故令虧款。現改良監獄款亦待應用，須商令該公司再交地價若干。第該處地畝尚須詳細清釐，其改過局、硝磺庫局、火藥局均在公地五十畝之内，亦必俟遷移後，始可收全地價。現無論該地價已作五份分定，即有盈餘，亦屬緩不濟急。再四思維，實難籌措。竊維辦地方之事，無非取資於地方之財，斷不能但享權利而不盡義務。城河之致穢，若此實由營中租地使然，所以董局前經稟懇轉請營中，將歷年租款交出，以備工需。今劉提臺既力争城根公地，則其於城河之淤穢必更關懷，擬請憲台先行籌墊若干發下，以便動工。一面即懇移請劉提台將自光緒元年起每年三千元之租款一併移送，或先移送一二萬元，以濟要工，餘仍請陸續移交，俾全工克竟。是否有當，統祈察核施行。議事會議決案，另單録呈。肅泐。

挑除萬裕碼頭泥墩案

蘇松太道瑞照會據南市職商稟請挑除萬裕碼頭裏街王家壇泥墩文光緒三十三年六月初三日

爲照會事。案據上海南市職商朱開甲、沈熙、沈照、朱大經、李厚垣、干城等稟稱，竊商等身家財産，均在南市。凡地方利弊所在，自應瀆請憲裁，以普公益。兹查萬裕碼頭與王家碼頭裏街交界處，有泥墩一座，從前本係浦灘之荒塚，沿浦逐漸升漲，遂居腹裏。四圍均係居户，該地約計二畝有奇。因歷年堆儲垃圾，積成高墩。有人復將棺木拋棄其上，以致愈積愈高。天晴則塵沙飛布於几榻食物之中，天雨則積穢成渠，溝水無從洩瀉。臭惡之氣，行人掩鼻，而附近居户受害尤深，於衛生一道，實大有關礙，且如此污穢，尤不足以安骸骨。聞該塚地向爲城内同仁輔元堂經管，擬請照會同仁輔元堂趕緊設法遷除，所需經費，當由商等籌墊。該地空出後，可以變價，除歸墊外，即交總工程局作修路築溝之用。如此一轉移間，於地方實有裨益，稟祈察核等情。當經諭飭同仁輔元堂董查議復奪去後。兹據復稱，該處泥墩向係荒塚，祇以逼近民房，所有垃圾遂各任意傾棄，加之年久失挑，漸如山積，乃於光緒二十九年曾經前董籌資圍築籬牆。詎近年來，竹籬坍損，常有貧乏居民舁棺其上，遂致暴露愈多，塵土愈厚。職董正思遷除之計，苦於經費不充，今據該職商朱開甲等籌墊款項，創此善舉，惠及存亡，但僱工挑運泥土一事，可否諭飭該商一手承任，以匡不逮。至墩内骨殖，職董義不容辭，自當督同司事檢驗，分别掩埋義塚，以專責成。届時應請先期札縣出示曉諭，俾有主棺木可以各自認遷，其無主者一律由敝堂遷葬。似此辦法，庶期妥善，是否有當，伏乞核示等情前來。合亟備文照會，爲此照會貴總董請煩轉致該商等知照，仍希見復，以便核辦，望切施行。須至照會者。

稟蘇松太道瑞陳復遷除萬裕碼頭裏街泥墩辦法文光緒三十三年七月初五日

敬稟者。接奉照會，以案據上海南市職商朱開甲、沈熙、沈照、朱大經、李厚垣、干城等稟稱，竊職商等，云云。以便核辦等因。奉此，查該處泥土高積，骸骨暴露，穢臭四溢，夏秋尤甚，亟應設法遷除，以免有礙衛生。董等奉到照會後，即轉致朱紳開甲等知照。旋據朱紳等復稱，挑除泥土後，尚須修砌街道，均係工程事宜，請由董局擔任所需經費，暫由開甲等籌墊，俟該地變價後歸還。其檢埋骨殖一節，則請由同仁輔元堂派令司事堂夫妥爲收埋，請爲轉稟等語。此事朱紳等實爲力求地方潔净起見，董局自應擔任。除與同仁輔元堂接洽外，爲特備由稟復，伏乞俯賜鑒核，並札縣出示曉諭，實爲德便。肅稟。

批：已據稟飭縣出示曉諭，並照會同仁輔元堂董遵照矣，希即查照。此復。七月十三日。

稟蘇松太道蔡萬裕碼頭裏街泥墩業已遷清請札縣過户繕給印諭文宣統元月閏二月二十日

敬稟者。竊南市職商朱開甲等稟請挑除萬裕碼頭裏街王家壇泥墩一案，董局曾於光緒三十三年六月間奉到前升憲瑞照會飭轉致該商等知照辦理。董局曾於是年七月間將該地挑除泥土、遷埋骨殖、籌墊經費、擔任工程各節具稟奉批在案。查該地坐落二十五保十六圖長字圩五十一號，縣册所載免科地祇一畝四分五釐，其地實不止此。今丈見該地共四畝二分二釐六毫，當經投標變價，以長安公司認數最多，計每畝價銀二千八百兩，共計銀一萬一千八百三十二兩八錢。上年收過銀八千兩，已充作遷費及修路工程之用。現在該處泥土業已挑除盡淨。據該公司懇爲轉請立户承糧，發給印諭，以便執業等情前來。應請札飭新任上海縣迅即飭承過立長安公司户名，按照畝分繕給印諭一紙到局，以憑轉給，特繪呈地圖兩紙，用備存發。爲此備由，稟祈俯賜察核施行，實爲公便。肅稟。

批：已據情行縣查明辦理矣，希即查照。此復。三月初四日。

總工程局照會長安公司備送萬裕碼頭泥墩地印諭單串文宣統元年十二月二十七日

爲照送事。照得萬裕碼頭泥墩基地，前由貴公司承買，議定每畝價銀二千八百兩，丈見該地四畝二分二釐六毫，當由本局稟請道憲札縣過立貴公司户名，按照畝分繕給印諭一紙到局。其毗連該處顧、張兩姓基地五分九釐，由本局給價收買，兩共計地四畝八分一釐六毫。貴公司以該地讓去二分六釐五毫爲出路之用，並不作價，淨計地四畝五分五釐一毫，淨收到價銀一萬二千七百四十二兩八錢正。茲將縣發印諭一紙，張秀榮、吴順昌户名田單各一紙，以張秀榮、吴順昌上年漕糧串各一紙，本年上、下忙條銀串各二紙，又地圖一紙，一併照送，爲此照會，請煩貴公司查照核收，見復施行。須至照會者。

籌議城濠公地案

稟蘇松太道袁擬開築大南門至西門城根馬路並整頓城濠公地文光緒三十一年十月三十日

呈爲開築馬路請賜核移事。竊查大南門外至西門一帶城根，向係泥地，並未砌以磚石,且時有匪徒在彼伺隙强劫。因擬開築馬路,並於近西門處建橋一座,以通車馬。曾由葉紳佳棠等具呈,仰蒙飭縣移營會勘,並荷創捐洋四百元,當經具領送縣,並聲明先行造橋,俟開河後,再行築路等因在案。今橋梁早經告成,護城河亦將次開濬。築路一節,據葉紳等請由總工程局辦理前來。查此項城濠公地,向係空僻,匪徒强劫之案時有所聞。築路之後,必須酌蓋房屋,庶居民既多,行人自不虞意外。擬請准將自大南門起至西門一帶城根之地,築路築駁,如何出租,統歸總工程局經理承辦。其歲收租息,即作養路之費。至此,外城濠公地均擬接築馬路。惟營中出租造屋之處,均不合式,且極污穢,擬請統歸總工程局清理營中,向得租息若干,可由局認繳。於營中毫無妨礙,即請提右營照察,俾便逐漸興辦。是否有當,伏祈俯賜鑒核施行,實爲公便。肅稟。

蘇松太道瑞照會准提右營移復整頓城濠辦法分清營局界限文光緒三十二年三月初六日

爲照會事。本年二月二十六日,准上海提右營參鎮周移案准前升道袁移,據上海城廂内外總工程局總董曾鑄、朱佩珍、郁懷智、莫錫綸等呈稱,竊查大南門至西門一帶城根泥地,云云。即請移知提右營察照,俾便逐漸興辦等情到道。據此,合亟備文移會,請煩查照核辦見復等因到營,准經轉飭查復去後。兹據敝營陸防中軍守備葛鳳齡呈,據城汛千總周思傑呈稱,溯查各省郡邑建立城垣,外築濠河,以遶護之,原爲鞏固金湯之計。邑有倉庫、監獄,雖文職所司,然武營備守之責,殆尤重焉。營有操場基址以及城濠沿邊餘地,良以有事之秋,兵則戍守之。世際承平,營中官兵俸餉例得實微,而差操實繁,計滬上開闢馬路通商以來,中外交涉日盛。凡一切過境要差,日有不遑,伺應浩繁,加之提憲操軍犒賞辦公經費、營中差兵盤費各項,在在需資,上無以請款,下無敢朋扣。爰籌權宜辦法,用恤兵艱。營地由營管轄,責有攸歸,權限所在,乃得賃收租息。既免伺應之竭蹶,不致轉成貽悮。歷辦已久,此本營因公變通之實在情形也。今總工程局擬將城濠統歸經理出租,由局認繳租息,自無不可。伏查大南門至西門外沿濠泥路以内餘地,久由鄉民租種菜蔬,且多塚墓。各租户墾熟其地,亦殊不易,咸以養家有賴,一旦勒退,生計頓失,並須遷墓,尤深憫惻。此外城濠公地擬築馬路,營中出租造房之處,均不合式,且極污穢。曾經由營查察,極意改良。俾污積之區,狹窄之處,一律清除而寬讓之。所需工費,應由各租户輸資助成。前曾辦過有案,仍即仿照辦理,正在力籌辦法。當與工程局莫董議及意見僉同。至如推廣馬路工程局,果願興辦,營中並當幫籌經費,力襄其成。常年養路之費,由營於租息項下設法撥充。其城濠空僻之處,亦即酌蓋房屋,賃租居住,接續市面,使無空曠,不致他虞。如此辦法,所議尚屬相符,而營局權根亦不牽制,實於路政、衛生、營務、地方均有裨益。惟須條議章程,稟請上憲定案。一面出示通曉,俾衆周知,是否有當,緣奉飭查理合呈復,仰祈俯賜鑒轉等情,呈由葛守備轉呈前來。據此,敝參府復查,所陳大略,而與營局界限既分,整頓地方且又和衷共濟。據呈前情相應備文移復查照,希賜迅飭工程局董一體遵照辦理。除呈報提憲外,望切等因到道。查此案前據貴總董等具呈經袁升道移請上海提右營參鎮周查照核辦見復在案。兹准前因,合亟備文照會,爲此照會貴總董,請煩查照核辦施行。須至照會者。

蘇松太道瑞來函飭議城濠事宜歸併辦法文光緒三十三年正月二十一日

敬啓者。城濠一帶，上年九月間，提右營擬派營兵站巡，詢准貴局函復，環城九里之遙，如須按段派站，約計每里三人，每班需二十七人，每日夜三班，共需八十一人。今緑營制兵僅存八十名，參備汎署及七城門勻派，實已無餘，以後站濠巡士請於城内各警局勻派，或由董局派人等因。當以營兵既未派出，即由貴局抽派，俾與南市城外各巡警聯絡一氣。函商周參府，迄未得復。兹據職董薄德明、林曾賚、沈元福、奚元良等條陳劃分水陸汎地、請將陸營歸道並練巡警案内聲稱，近來匪黨横行，劫案迭出，參府曾有改練巡警城濠派巡之議，欲行未果。而工程局又因地歸營轄，亦未敢遽行派巡等語。當此匪徒充斥，搶劫頻聞，城濠地段尤廣，允宜早爲之所，認真巡防。薄董等所陳，未嘗無見。惟既稱陸兵八十名，除派防及分巡五十名外，僅存三十名，既不敷用，即難免有名無實，且清道築路等事，係地方自治政界上應辦之事。若將城濠剔除歸營守督兵承辦，亦未免致令紛歧。鄙見不如劃清權限，城外巡警及路政各事，統由貴局主政設巡，切實整頓，毋庸營兵過問。至營兵向以守城爲專責，現在各紳董提議將滬城添開數門，一經議定，詳准施行，即以參備各署留用之兵，酌量騰出駐門守護，似此分清界限，各專責成，與薄董等原議治匪安民、保全公益之意，均屬相符。仍希貴局迅將歸併辦理情形，妥議章程，備文呈復，俾便復核轉詳爲荷。

稟蘇松太道瑞議復城濠歸併辦理事宜文光緒三十三年二月十七日

敬稟者。竊本年正月二十一日接奉鈞函，以城濠站巡曾於上年議及清道築路等事，係地方自治政界上應辦之事，城外巡警及路政各事，統由總工程局主政，切實整頓，以專責成。特抄薄董等稟摺及督憲札文，希將歸併辦理情形，議章呈復，俾便核轉等因。奉此，董等遵於本月十二日邀集議董公同會議，僉稱城濠地多空曠，搶刦之案時有所聞，自應按段派巡，以資防衛。其東北城濠道路污穢欹仄，西南隅尚係泥地，均須修砌石子路。至添設路燈、培築堤岸，尤宜次第興辦。惟核計用款爲數甚鉅，應稟請以城濠建屋租息撥充公用。設有不敷，由局籌補。城外警政、路政既統歸總工程局經辦，則城濠公地何能置之不顧，公理所在，責無旁貸，亟應遵照憲諭議章，請予核轉等語。董等用照諸議董所議擬具簡章八則，備由稟祈察核詳請核示祇遵，實爲公便。肅稟。

城濠歸併辦理情形擬具簡章八條

一、城濠周圍九里，擬派巡士六十人，以二十人爲一班，按照警章，輪流站巡，歸東、西、南三區劃段管轄。

一、大南門至西門城濠，向係泥地。西門至新老北門、小東門一帶道路，均欹仄不平。擬籌款統行翻砌石子路。

一、城河計一千五百餘丈，向不築駁。上年曾由總工程局於西門大東門兩處各築過一段，如築木駁，每丈約需銀三十兩，石駁倍之。雖爲費甚鉅，擬由局籌款，次第興築，以固堤岸。

一、西門至小東門城河淤穢已極，擬即設法疏濬。

一、東北城濠已設路燈，其西南城濠亦擬添設，以利巡緝。

一、周圍城濠公地擬統歸總工程局管理，所有破舊之房屋，應令重造並讓寬道路。其向有之租户情願接租者，應由局量見畝分，分别地段，月繳租息。

一、城濠設巡及清道路燈等項，每月至少需銀元一千元。修路築駁等費，尚不在内。除以所收租息抵支外，不敷之款，悉由總工程局擔任。

一、擬由總工程局先籌銀一萬兩，以備興築路駁等用。

批：來牘並清摺均悉。候詳請兩院憲核示，並咨呈江南提督察酌。俟奉憲批行文遵照可也。此復。摺存。二月二十四日。

蘇松太道瑞照會詳准督撫院上海城濠事宜歸併總工程局辦理文光緒三十三年三月廿七日

爲録批照會事。光緒三十三年三月初十日，奉蘇撫部院陳批，本道詳遵飭議復城濠歸併工程局辦理並呈簡章祈察核由。奉批，據詳並簡章八則俱悉。上海周圍城濠公地巡警及衛生修築等事，統歸總工程局認款籌辦，毋庸緑營兼管，以一事權。所擬極爲妥協，自應照辦，仰即督飭局董及早開辦，切實經理，務保治安而維公益。並候督部堂批示繳等因。正擬録報移行間，三月十四日，奉兩江督部堂端批，同前由。奉批，詳摺均悉。所擬尚屬妥洽，應准照辦。仰即督飭認真經理，並分别移行遵照，仍候撫部院批示繳摺存等因各到道。奉此，除呈報兩院憲既咨呈江南提督軍門並抄録詳摺移會提右營參府外，合行録批，並抄詳摺備文照會。爲此照會貴總董，請煩查照施行。須至移者。

計抄詳摺

爲詳請事。本年正月初五日，奉憲台、督憲端札准江蘇巡撫部院咨，據上海縣職董薄德明等稟請，劃分汛地水陸權限、明定責成，敬陳管見等情。所陳不無可採，咨請核定見復等因。並據職董薄德明等稟同前情，上海爲通商大埠，租界以外地段，一切路政、警政亟宜切實整頓，方能共保治安，究竟水陸汛地能否分劃，陸軍、警軍能否歸併滬道節制，巡警、衛生各事宜應如何切實改良，飭即妥議詳辦等因。並奉撫憲陳憲台札同前由各到道。奉此，遵查上年九月間先接提右營周參將明清來函，上海城濠地面遼闊，擬照警察章程，加撥巡兵，分班站濠，另募年力强壯、略識字義者四五十人，送堂學習警務，以備推廣調充。此外，修理濠路、清除垃圾，均當及時改良，並送到會銜告示聲明，就巡警軍中挑選强壯多名，於本月初五日派令站濠認真巡邏等因，當將告示加印，送還發貼。嗣周參將聞工程局總董亦復派有巡士，分班站立，政出兩歧，兵警互立，轉易生嫌肇事，函請飭令撤回，如不允撤，不妨退讓。即經詢據局董查復，日間祇派巡士在吊橋邊站立，夜間换班照站。上冬小南門至大東門城脚，屢有匪徒行劫，由局添派巡士，按夜梭巡。嗣復由小南門迤北至小東門，又自西門迤北至大境止，各派巡士站立。惟城脚下董局並未派站，斷無見有會銜示諭反貿然派站之理。周參將謂董局已派有巡士，分段站立，究係何時站立、站在何處，應請確切指明。營中站濠之令既下，迄今尚未派出，以後站濠巡士，擬請城内警局匀派。如須董局派人，亦當遵辦，不敢擅専，亦不敢推諉等情。職道查城根僻静之處，既有搶劫之事，徵前毖後，分派巡士，輪班站濠，藉以保衛行旅，未可緩行。如站濠之兵營中難以照派，擬令工程局抽派，俾與南市城外各巡警聯絡一氣，以專責成。函商周參將未復，旋據職董薄德明開摺並稟到道。正擬核辦間，奉飭前因，職道伏查派巡城濠以防匪類、清理道路以益衛生，二者均屬要圖，詳加察酌。城濠地段綿長，當此匪徒充斥，尤宜扼要佈置。惟前據工程局查明環城九里之遥，如須按段派站，約計每里三人，每班需廿七人，每日夜三班，共需八十一人。今緑營制兵僅存八十名，除派防及分巡五十名外，僅存三十名，既不敷用，即難免有名無實。且清道築路，係地方自治政界上應辦之事。若將城濠剔除歸營守督兵承辦，未免政令紛歧，不如劃清權限。城外巡警及路政各事，統由董局主政設巡，切實整頓，毋庸營兵過問。該營兵仍照舊章，專司守門之責。現在各紳董議將滬城從東、西、北三面添開四門，以通馬路而便商務。如蒙允准，經費由董設籌。現由職道據情另詳請示，所有添開各門，即以參備各署留用之兵酌量騰出駐門守護，似此分清界限，各專責成，與該董等條陳治匪安民、保全公益之意，均屬相符，隨即函屬妥議去後。兹據工程局總董復稱，邀集議董，公同會議僉稱，城濠地多空曠，自應按段派巡，以資防衛。其東北城濠道路污穢欹仄，西南隅尚係泥地，均須修砌石子路。至添設路燈、培築堤岸，尤宜次第興辦。惟核計用款爲數甚鉅，應請以城濠建屋租息撥充公用。設有不敷，由局籌補。城外警政、路政，既歸總工程局經辦，城濠公地何能置之不顧，公理所在，責無旁貸。議擬簡章八則，送請核轉前來。職道查核擬章，尚屬簡賅。城濠站巡固宜及早開辦，而新北門外垃圾堆積，每逢炎夏，穢氣薰蒸。該處近接法租界，領事每每藉爲口實，則清除道路，亦宜切實舉行。當此經濟困難之時，該紳董毅然籌認，具見任事熱忱，所請周圍城濠公地統歸管理，藉收房屋租息，撥充常年一切用資事屬以公濟公，擬懇准如所請，仍由職道隨時察酌，督飭辦理。是否有當，理合照録清摺具文詳復，仰祈憲台俯賜察核批示。除詳督撫憲並咨呈江南提督軍門外，爲此備由呈乞照詳施行。

蘇松太道瑞奉文照會籌議上海城濠事宜應否仍照舊章由營專管文光緒三十三年四月二十八日

爲照會事。本年四月初九日，奉兩江督憲端札准江南提督軍門劉咨，據上海提右營參將萬國棠稟稱，竊奉札開，准蘇松太道咨呈本年正月初五日奉督憲端札准江蘇巡撫部院咨，據上海縣職董薄德明等稟請城濠設巡警、清道、路燈各節，並據工程局開具簡章八則，以城濠公地統歸該局管理等情一案，咨呈察照，並抄單准此札仰知照等因，卑職奉經轉札去後。兹據中軍守備葛鳳齡稟，據城汛千總周思傑稟稱，蒞任以來，嚴加巡緝，幸無盗竊各案。溯查上海縣城周圍九里濠内公地，寬處四五丈，狹者二三丈不等。租蓋房屋，賃與車夫、扛役等貧民營生居住，每年每間由守署收租銀五錢。現有民房約計千餘間，每年約收租銀六百兩。又租户月繳地租錢，每月約共一百千文。又在隙地由營捐置坑廁十所，每月約收洋八十元。以一年統收銀錢，合洋計三千元之譜。本營緑汛一百四十二里有奇。所有春冬，江浙漕、白兩糧，經過水陸兼防，並有解省命盗案犯人、護解各省京餉、銅鉛、綢緞、絲麻等件，事事撥派弁兵，分別護送，均發川資。宵小偷越城牆，時有所聞。城上弁兵日夜巡查,亦發津貼飯食,又各衙門辦公油燭等需。今一旦改章,城濠公地就歸工程局經管。竊恐本營地租等項,亦歸該局收去,則本營所給各項經費,均屬無著,不免偏枯。再本營之挹注,除此城濠以外,一無所有,況賃居濠地者,居民約有千户。現值米珠薪桂之際,若由工程局一律拆讓,尤恐滋事生端。即如另築石路,亦無空地可築。所有爲難下情,不敢壅於上聞,乞思核轉等情轉稟前來。據此,卑職察核所稟各節,係屬實在情形。爲敢據情轉稟,伏乞恩施逾格,俯念卑營差多費絀,轉商督憲矜全批示,以城濠公地仍照舊章等情。據此,查上海城垣極關重要,加以水陸兼防,及護解命盗案犯、各省餉項,皆係要公。弁兵平日薪糧本極微末,全恃此項地租,以爲津貼。倘各處效尤,藉公争執。該弁兵等辦公無資,勢難責備,幾成虚設。該參將所稟,自係實情。所有城濠地租,應請仍照舊章,由營承收,俾資辦公。且各屬城垣,歷歸緑營專管,城濠公地自應仍歸該營管理,毋庸撥歸工程局,以各專責成而免效尤。除咨明蘇撫部院外,相應咨請查照,轉飭滬道遵照辦理等因到本部堂。准此,查此案前據該道詳請以城濠站巡等事統歸工程局辦理,當經批准照辦,並飭分别移行遵照在案。准咨前因,所有城濠地租應否仍照舊章,由營管理,合就札行,札道遵照籌議詳復核奪等因。並奉蘇撫憲陳抄咨札同前由各到道。查上海城濠應辦巡警及路政各事,前准貴總董議復,並將酌擬簡章八則送請核轉。當經由道詳蒙兩院憲批准照辦,録批,分别呈報移會。一面咨呈江南提督軍門察照並照會貴總董查照辦理在案。奉行前因,合亟備文照會。爲此照會貴總董,請煩查照妥議見復,以憑核轉施行。須至照會者。

警 政 案

呈蘇松太道袁陳報招選壯丁備充警察文光緒三十一年十月十二日

爲呈請飭知事。竊董等疊奉照會,以馬路電燈及城廂内外警事宜尅期承辦等因,業將開局日期呈報在案。查各局向係分界管理,今統歸總工程局經辦,自應次第承接,方無貽誤。今馬路工程局已定本月十五日接辦,其十六鋪南、北、中三局向用壯丁,以備巡防,惟人數太少,不敷分撥。兹擬將壯丁汰弱留强,另由當地紳商店鋪保送年力精壯者數十名,以備選充,期與馬路工程局向有之巡勇一氣相生。惟須俟選足巡勇後,始將三局撤除,庶巡緝不至間斷,約計本月底當可選定開放,擬請飭下十六鋪南、北、中三局委員,於本月底截止,十一月初一日起即由總工程局接辦。至城内警察,向分南、北、東、西四局,總巡則兼當清道路燈事宜。今清道路燈,亦定十一月初一日接辦。其四局警員及幫巡員,擬請留辦冬防,暫緩交卸。俟公舉警董,再行接辦。爲特呈求俯賜鑒核施行,實爲公便。謹呈。

呈蘇松太道袁陳報推廣十六鋪警察文光緒三十一年十月二十四日

爲推廣警察陳明請核事。竊董等奉文辦理馬路、電燈及城廂内外警察一切事宜。曾將接辦馬路工程局後即添招巡警,分佈十六鋪裏街,以嚴巡緝等因,呈明在案。兹於本月十六日就十六鋪三局原有之壯丁及紳商保送各人内,挑選得五十六名,復於十八日挑選得二十四名,共選得八十名。由上海縣委派警察巡長汪志達、程乃衡兩人爲教習,並派四局巡士各一人爲領班,即就南局於十九日起,分班授課,屈指十一月初一日即須上差練習,未必能純熟。因擬於開放後勤務之暇，仍由汪、程兩教習按月分班督課，以期熟練。惟查城内警察已於上年開辦，而十六鋪三局向稱壯丁，外馬路之工程局則稱巡捕，稱謂各殊，於體制不甚相宜。兹擬一律改稱警察，以副名稱。是否有當，伏祈核示施行，實爲公便。謹呈。

致蘇松瑞太道函請以求志書院房屋設巡警學堂文光緒三十二年二月二十七日

敬肅者。日前接奉照會，以淞北與美租界接壤，亟應早爲籌備，趕設警察等因，業由職董鍾珏前往察看情形。現在自應以設立警察學堂、訓練巡警爲先。查從前學堂，本在求志書院，現設警察南局在内。應請飭知南局委員，將局所移至水仙宫或地藏庵駐紮。所有新招巡警，擬即於三月初十日開學，期以三個月畢業開放。專肅。

蘇松太道瑞復函允將求志書院設立警察學堂文二月二十九日

敬啓者。接展公函具悉。一是查警察學堂設立求志書院，南局暫移地藏庵駐紮，經袁升道行縣遵照在案。兹又催令趕速遷移，騰出求志書院，以爲警察學堂之用。惟貴局既定三月初十日開學，其章程必已定妥，即請照録，先送敝處，以便考核爲荷。專復。

蘇松太道瑞來函商讓求志書院改設北市警察學堂文九月初六日

敬啓者。敝處所設之北市巡警學堂，地方狹窄，屋宇無多，本已不敷棲止。現因城内站崗巡士不時開除，擬再選募學生一二十名入堂肄業，以備將來開補之用。所慮屋小人多，擁擠爲患，不得不將堂屋設法遷移。聞求志書院所住之南市警察生，均已畢業，應請閣下飭令設法他遷，讓出院屋，俾資應用，仍望求復爲荷。

稟蘇松太道瑞公舉警務長請札縣轉行各警局知照文光緒三十二年九月十四日

敬稟者。竊董於上年奉前升憲袁照會，接辦總工程局所有城外警察事宜，歸併辦理。查前馬路工程局所設警察，僅就沿鋪新馬路及大東門外裏馬路一帶，分段站巡。自董局接辦後，將十六鋪裏街一律推放。嗣於本年二月間開辦警務學堂，招選學生，訓練警務，於閏四月底畢業。稟准憲台，設立南區、西區分辦處，推放警察。復因西、南兩區地方遼闊，所有警務畢業生不敷分派，爰於五月中旬續行考選，於八月初畢業，勻撥各區，上差巡察。統計董局新舊巡警，共有四百餘人。惟向祇按區派設巡長一人，分行管率，尚覺散漫。現由董局開會，集議公舉議董、南區區長、癸卯恩科舉人穆湘瑶爲警務長，即於本月初一日到局任事。所有董局及各區巡長，巡目、巡士概歸統率，以期畫一。合將董局公舉警務長情形，備由呈祈俯賜亮察，並求札飭上海縣轉行城内各警局員知照，實爲公便。肅稟。

批：來牘閱悉，已分行上海縣暨警察總局轉飭知照矣。此復。九月十六日。

稟蘇松太道瑞就南區積穀倉房屋續辦警務學堂文光緒三十三年二月初一日

敬稟者。竊董局於上年二月間開辦警務學堂，招選學生，訓練警務，於閏四月底畢業。稟准憲台，設立南區、西區分辦處，推放警察。復因西、南兩區地方遼闊，所有警務畢業生不敷分派，爰於五月中旬續行考選，於八月初畢業，勻撥各區，上差巡察，統計董局新舊巡士共有四百餘人，將警務學堂暫行停辦。嗣於九月間由議會公舉議董、南區區長穆紳湘瑶爲警務長，迭經具稟陳明在案。查董局巡士其舊者，係前馬路工程局所招充，未經警務教育；其新者，雖由學堂畢業，僅祇三月，係屬速成，於警務教育亦殊淺薄。自穆紳擔任警務以來,竭力整頓,不稍寬假,新舊巡士時有因事斥革者,殊未便以未經訓練之人任意補充。董等與穆紳再四籌商,妥籌善法,擬借南區積穀倉房屋續辦警務學堂,添招學生八十名,肄習警學,以三個月畢業。除補舊時缺額,並分撥上差外,將舊有之巡士四百餘人分作六班,每班約六十餘人,調入學堂重行補習。其補習之期,亦以三個月爲限,輪流調換,計以十八個月,周而復始。照此辦理,庶巡士因事斥革,可無缺額之虞。又得以時受教育,冀有進步。現定於本月内即行開辦,是否有當,理合備由,稟祈俯賜核示遵行,實爲公便。再,上年由董局稟請咨送金陵警官學堂學生陳學詩、龐錦、皇甫杰、張應良等四人,現已畢業回滬,當即訂定爲警務學堂教習,合併聲明。肅稟。

批:本埠近來匪徒充斥,搶劫時有所聞,非巡警得力無以清其源,尤非隨時改良整頓不能收其效。來牘擬就南區倉屋爲學堂,添招新生,入内肄習,定期畢業。並將舊有各巡士分班輪調,重行補習警務,不致曠疏教育,可期進步。具見實事求是,馴至匪除民安,地方均受保護之益,曷勝忻望之至。此復。二月初三日。

稟蘇松太道瑞陳明警務長穆湘瑶告辭更舉邵雲保接辦文光緒三十三年六月初一日

敬稟者。竊董等於上月十一日稟陳憲台,以董局警務長穆紳湘瑶告辭,由議會決議,函請南市商會更舉一人來局接辦等情,懇請鑒核在案。嗣於十七日接南市商會復函,稱有浙江仁和縣附貢生、金陵將弁、學堂畢業生邵雲保,由文事而嫻武略,近由本邑各體操會聘任教習,資望才學卓然可觀,請爲擇從等情。董等仍邀議會諸董決議,訂請月致薪水洋八十元。業經函致商會,請爲轉訂邵君,試辦三月。現穆紳湘瑶於五月二十九日交卸警務,即於本月初一日起,由浙紳邵雲保接辦,業已到局任事。合將更舉警務長接辦日期,備由稟報,仰祈俯賜亮察。並請札行上海縣暨各警局員一體知照,實爲公便。肅稟。

批:已據稟移會巡警總局分飭各巡官,並行上海縣一體知照矣。此復。六月初六日。

稟蘇松太道瑞續辦警務學堂抽調巡士添招學生文光緒三十三年七月十九日

敬稟者。竊董局於本年二月間借南區積穀倉房屋續辦警務學堂,添招學生六十六人,於三月初十日開學,期以三個月畢業。原擬此次學生畢業之後,除補舊時缺額分撥上差外,將董局舊有之巡士四百餘人分作六班,每班約六十人,調入學堂重行補習。其補習之期,亦以三個月爲限,輪流調换,計以十八個月,周而復始。俾巡士得以時受教育,漸有進步。迭將辦理情形稟陳在案。兹於七月初二日警察學生三個月期滿畢業,計優等六名,尋常四十八名,統共五十四名,一律給憑,分撥東、西、南三區上差站崗。而學堂之内,自應將各區舊有之巡士抽調肄業,無如東、西、南三區巡士因事斥革告退者業已不少,除將畢業學生分别補充外,舊有巡士僅得抽調十四名。於是商由警務長邵紳雲保另行續招學生五十名,於七月十五日開學,仍以三個月畢業。合將續辦警察學堂、抽調巡士、添招學生情形以及開學日期,備由稟祈察核備案施行,實爲公便。肅稟。

批:來牘閲悉,此復。七月二十八日。

舉員裁判案

呈蘇松太道袁爲舉定正裁判官孫乃洛副裁判官陳仁琅請予札委文光緒三十一年十月初六日

爲呈請事。前奉照會飭辦上海城廂内外總工程局事宜，業經擬具簡章，呈請核詳在案。查擬章内第十九條載，公舉正、副裁判官各一員，裁判警察案件等因。總工程局及警察各局事務殷繁，一經接辦，即有裁判案件，自應預行舉定，以資讞鞫。爰於本月初一日會同議董，公同遴舉，公舉得現辦英公堂幫審委員孫令乃洛爲正裁判官，現辦十六鋪中局保甲委員陳從九仁琅爲副裁判官。應請迅賜分别札委，於總工程局接辦日到差視事，伏祈鑒核施行，實爲公便。謹呈。

稟蘇松太道瑞正裁判官孫乃洛奉飭留駐英廨辦公更舉孫調鼎代理正裁判官文光緒三十二年六月二十二日

敬稟者。日前董等函陳以據正裁判官孫令轉述憲諭，飭令專任英公廨幫審事宜，無庸兼差等情。惟董局所設裁判官，上年開辦時，由各議董公舉，呈請前升憲袁札委來局視事。現在仍須開會集議，俟議定後，再行奉復等情在案。董等即於本月二十一日下午邀集各議董到局會議，僉以孫令乃洛勤慎從公，鞫案明決，地方治理正慶得人，且任期未滿，自應竭力挽留，以資熟手。惟念英廨事繁，清理案牘亦關緊要，既奉憲飭會商，亟應遵照辦理。爰擬公舉製造局巡防委員孫令調鼎暫行代理正裁判官之事，以三月爲期。三月後，仍由孫令乃洛到局視事。是否有當，仍祈察核札委，實爲公便。肅稟。

批：來牘閲悉。公廨交涉事繁，日前領袖來文，請准幫審委員常川駐廨，不兼别差，並再添派一員。現已照復，允其添員，另行選派。惟目下尚未選定，所有工程局正裁判官可調孫令調鼎前往暫代。一俟公廨添員選定有人，仍令孫令乃洛回局兼辦可也，希即知照。此復。六月二十八日。

稟蘇松太道瑞正裁判官孫乃洛副裁判官陳仁琅任期届滿更舉續任文光緒三十二年九月十四日

敬稟者。竊董等於上年十月十五日接辦總工程局事宜，先經會同議董公舉孫令乃洛爲正裁判官，陳照磨仁琅爲副裁判官，呈請前升憲袁分别札委在案。查董局開辦簡章第十九條載，公舉正、副裁判官各一員，任期一年等語。正、副裁判官自上年十月十六日視事起，至本年十月十五日止，共扣足一年，期滿自應預行續舉，稟請札委。因於本月初十日邀集各議董公同選舉，僉以正裁判官孫令乃洛判斷明決，副裁判官陳照磨仁琅勤慎從公，且均係操守廉潔，應行稟請續任一年，以資熟手等情。爲特懇求迅賜札委，仍委孫令乃洛等正裁判官，陳照磨仁琅爲副裁判官，以理案牘。再，前奉憲諭，以英公廨交涉事繁，須令孫令乃洛常川駐辦。曾由董等稟請調委製造局巡防委員孫令調鼎代理三月，蒙批一俟公廨添員選定有人，仍令孫令乃洛回局兼辦等因在案。孫令調鼎於七月初五日到局，扣至十月初四日，已滿三月，應請飭令孫令乃洛届期回局，尤深感禱。爲此備由呈求察核施行。

肅稟。

批：來牘閱悉。查會審公廨幫審尚未選有委員，所有工程局正裁判官事宜，孫令乃洛勢難兼顧，應令孫委員調鼎再接辦兩三月。除分别行知外，希即查照。此復。九月十八日。

稟蘇松太道瑞公舉正裁判官孫令調鼎蟬聯代辦文光緒三十三年正月廿九日

敬稟者。竊董局正裁判官孫令乃洛於上年六月間奉諭，飭令專任英公廨幫審事宜，無庸兼差，並飭董局另行公舉。遵飭議舉製造局巡防委員孫令調鼎暫代三月，稟奉憲台札委到局。嗣於九月間以正、副裁判任期一年已滿，由董局議會續舉連任，並以孫令調鼎代理期滿，稟請飭令孫令乃洛回局視事。奉批，會審公廨幫審尚未選有妥員，應令孫令調鼎再行接辦兩三月等因各在案。兹於本年正月十五日接奉鈞函，以孫令乃洛公廨幫審因案撤差，所有正裁判一員，應另行公舉，稟候核委等因。奉此，遵於本月二十五日邀集各議董開會集議，僉以董局定章，公舉裁判係在每年九月内舉行。現届選舉之期，尚有數月，應請憲台札委現代斯職之孫令調鼎蟬聯代辦，俟届選舉之期，再行公舉，稟請核委等情。是否有當，伏乞俯賜察核施行，實爲公便。肅稟。

批：來牘閱悉。已行知孫令照常代理矣，希即查照。此復。二月念二日。

稟代理蘇松太道王陳明正裁判官孫調鼎副裁判官陳仁琅視事期滿著有成績請上詳注册文光緒三十三年九月廿四日

敬稟者。竊董局正裁判官、江蘇候補知縣孫令調鼎，副裁判官、江蘇候補府照磨陳仁琅，先後奉前升憲袁瑞札委來局視事，操守廉潔，聽斷公平，商民悦服。本年五月間，禁閉煙館，謡傳有暴動之事。孫令、陳照磨先期按户親往勸諭，曉以利害，並嚴加防範，及期各煙館果一律遵諭歇業，安静如常。嗣復嚴密稽查，遇有私售燈吃之户即拘案懲治，並將煙具銷毁，實屬異常出力。伏查候補人員著有勞績者，向有敘功之典。今孫令、陳照磨讞鞫明允，勤於職事，未便没其微勞。現值董局更舉總董、議董之期，正、副裁判官於十月十五日期滿，亦須由新董另行更舉，稟請札派。則孫令、陳照磨之成績，自應由董等據實陳明，可否仰懇憲台俯准，據情詳請撫憲分飭蘇、寧兩藩憲分别注册，儘先酌委署事一次，以昭激勸之處，出自逾格恩施。董等實因公起見，並非阿私臨稟，不勝惶悚，待命之至。肅稟。

批：來牘閱悉。孫令等裁判案件，著有微勞，候據情詳請兩院憲行司注册，以示鼓勵，希即知照。此復。九月念七日。

稟蘇松太道梁正裁判官孫調鼎副裁判官陳仁琅期滿連任文光緒三十三年十二月十一日

敬稟者。竊董局正、副裁判官前奉詳定章程，由辦事總董、議事經董公舉，稟請札委，任期各一年等因。兹正裁判官、江蘇候補知縣孫令調鼎，副裁判官、江蘇候補府照磨陳仁琅，先後稟奉前升憲袁瑞札委來局視事。至本年十月輪值更舉之期，經董等會同議董，公同集議，僉以正裁判官孫令調鼎、副裁判官陳照磨仁琅操守廉潔，聽斷公平，讞鞫各案，商民悦服，應均請留任，以順輿情而資熟手。董等正在具稟間，適奉憲台加札到局。董等合將請留正、副裁判情形專案稟陳，爲特備由具稟，伏祈察核備案施行，實爲公便。肅稟。

稟蘇松太道梁正裁判官孫調鼎丁艱卸事回籍更舉孫鼎接辦文光緒三十三年十二月二十三日

敬稟者。竊董局正裁判官孫令調鼎於本月十二日聞訃丁艱,交卸回籍,所遺正裁判一缺,應俟邀董開會,另行公舉,業由董等具稟呈報在案。兹於二十二日邀集各董開特别會,公同議舉,僉以江蘇候補知縣、前棉花驗水局委員孫令鼎熟習吏治,聽斷公明,堪勝裁判之任。爲言查孫令鼎前辦驗水局事,歷有二年,商民信服。現舉董局裁判,實屬相宜,應請札知孫令於明正開印時到局視事。爲特備由,稟祈察核施行,實爲公便。肅稟。

批:已據情札委孫令鼎遵照矣,仰即知照。此復。正月初三日。

稟蘇松太道蔡副裁判官陳仁琅期滿留任文光緒三十四年十一月初四日

敬稟者。竊董局正、副裁判官前奉詳定章程,由辦事總董、議事經董公舉,稟請札委,任期各一年等因。上年十月,正裁判官、江蘇候補知縣孫令調鼎,副裁判官、候補府照磨陳仁琅任事期滿,由董等會同各議董,公同集議,公舉連任,稟請前升憲梁分别札委在案。嗣於十二月間,正裁判官孫令調鼎聞訃丁艱,交卸回籍。復由董等開會,公舉江蘇候補知縣孫令鼎接辦裁判事宜。稟請札委,於本年正月到局視事。現届十月,副裁判官陳照磨仁琅又復一年期滿,應行更舉。爰於十月十四日邀集議董開會議舉,僉以副裁判官陳照磨仁琅任事三年,辦公勤慎,操守廉潔,應請連任,以資熟手。其正裁判官孫令鼎應俟明年期滿再舉。合將請留副裁判官情形專案稟陳,爲特備由,稟祈察核加札,實爲公便。肅稟。

批:來牘閱悉,候加札飭遵。此復。十二月初八日。

稟蘇松太道蔡正裁判官孫鼎任事期滿公舉前正裁判官孫調鼎仍任裁判事宜文宣統元年正月二十四日

敬稟者。竊董局正、副裁判官前奉詳定章程,由總董、議董公舉,稟請札委,任期各一年等因。前因孫令調鼎聞訃丁艱,交卸回籍。由各董公舉江蘇候補知縣孫令鼎接辦,於上年正月稟奉札委到局視事。届本年正月,扣足一年期滿,應行更舉。爰於本月二十三日邀集議董開會議舉。當經舉定前董局正裁判官孫令調鼎仍任裁判事宜,應請札知縣令到局更替。爲特備由,稟祈俯賜察核施行,實爲公便。肅稟。

批:已據情札委孫令調鼎到局視事矣,仰即知照。此復。二月初四日。

路　政　案

致上海縣汪函請示諭城内外居民建造房屋須報局勘丈給照文光緒三十二年二月初七日

敬肅者。竊城内各段街道,本極狹窄。自開辦警察以後,曾由憲台一再出示,凡店鋪居户房屋嗣後翻造,務須讓進,不得再照舊址建造,更不准稍有外佔,隨時報告,勘明定界,給照開工等因在案。惟城内翻造房屋處,雖由巡士地甲稟報,各警局飭令收讓,並未給予執照。敝局接辦總工程局後,仍照馬路工程局舊章,凡造屋者,於未動工時,先行來局呈報,由局派人丈明應讓若干,填給執照,始准圍笆建造。而城外廿三七鋪等處尚未照章辦理。玆擬請迅賜出示，遍行曉諭。嗣後凡城内各鋪及十六鋪、廿三七鋪西門外等處店鋪居户翻造房屋，須先向總工程局報明，領有執照，方准動工。並懇飭知各警局，轉飭巡長、巡士，於巡街時格外留心，如並未領有執照者，即以違章論。各鋪地甲應請傳案，切實諭知，見有將次造屋者，務須來局呈報，不得含糊。庶道路得以逐漸展寬，而市面因之興盛。是否有當，尚祈察核施行。專肅。

稟蘇松太道瑞爲整頓路政請給示曉諭文光緒三十二年二月二十日

敬稟者。竊董局等前擬舉辦築路、濬河、填浜、建閘各項工程，業經詳晰稟呈，並請借款以資興辦，荷蒙憲台批示在案。現擬將新老馬路工程同時並舉。惟欲興路工，必先清除礙路之物。查南市鋪户行棧往往將各項貨物沿街堆積，並將櫃檯欄干裝出門限以外，或於沿街階石外圍築竹笆。至店鋪居户傾倒垃圾，亦無一定時刻。既背警章，尤礙路政。董等迭次勸諭，終未能一律遵行。玆擬懇請憲台出示愷切曉諭，各鋪户行棧所有樹木磚石缸甏以及一切雜物，均不准沿路堆積；各鋪之櫃檯欄干，亦應一律收進門限以内，其沿街階石外圍築之竹笆均須拆去；店鋪居户傾倒垃圾，定限時刻，自三月初一日起至八月三十日止，每日須在九點鐘以前，九月初一日起至二月三十日止，每日須在十點鐘前，不得過時傾倒。以上三項，皆整頓路政之要端，務須家喻户曉，遵守定章，庶道路有清潔之觀，市面有振興之望。伏祈俯賜察核給示施行，實爲公便。肅稟。

批：來牘閱悉。清理街道，不特利便行人，亦即振興商務，所籌甚是，已出示曉諭矣，希即知照。此復。二月二十二日。

蘇松太道梁函詢西區推廣馬路諭遷商民房屋如何酌量給價文光緒三十三年十月二十六日

敬啓者。頃據商民張順經等以安土重遷、環求保全情詞來敝處具稟。查西門外萬生橋西首房屋，現由何人管業，是否因推廣馬路諭令遷讓，如何酌量給價。該商民所請，將兩面房屋收進，免予拆遷，能否照行，特抄來稟奉詢，即祈貴總董查明見示，以便核辦爲荷。順請鈞安。

附抄稟

呈爲安土重遷、環求保全事。切商等住居西門外萬生橋西首，共有房屋十餘間，分五户納税承糧，相安無異。詎於本年九月間，忽奉總工程局示諭，以現在推廣馬路著令附近居民一律拆讓等因。商等聞信之下，不勝駭異。伏思商等各業户向居西城吊橋至萬生橋一帶，前於光緒四年間奉前道憲褚以馬路狹窄、車馬往來不便，飭縣購作停車之地，並勒石曉諭，永爲車場。商等迫於功令，遵諭遷至今地。閲時未久，其地即被普育堂據爲堂産，仍舊造屋出租。雖經稟請給還原主，迄未批准。此次又爲推廣馬路起見，再令拆屋他遷。商等均係赤貧，何堪一再受累。況萬生橋西首本有馬路，北即法界之馬路，南與工程局推廣之馬路接壤，直至斜橋馬路爲止。南北交通，往來利便，此路又不甚狹，西區即欲加闊，儘可將南面房屋收進數尺，已屬綽乎有餘，亦何必迫令拆屋他遷。商等爲身家性命所關係，自願出資，將屋收進，並敢籲求恩鑒，俯念商等數家老幼祇靠區區屋産爲活命根源，曲賜矜全，並祈飭知總工程局諭令萬生橋一帶居民刻日將屋悉數取進，免予拆毁，則路政從此可興而民産賴以永保矣。毋任激切，待命之至。戴德上呈。

復蘇松太道梁函推廣萬生橋路拆讓房屋給價辦法文光緒三十三年十一月初六日

肅復者。日前接奉鈞示，以據商民張順經等以安土重遷、環求保全情詞具稟到道。查西門外萬生橋西首房屋，現由何人管業，是否因推廣馬路諭令遷讓，如何酌量給價。該商民所請將兩面房屋收進，免予拆遷，能否照行。特抄來稟奉詢，即祈查明見示，以便核辦等因。遵經抄録鈞函，並原稟交董局西區分辦處查復。兹據復稱，查萬生橋迤西至井亭橋止，舊有之街路，僅寬八九尺，沿浜岸地一條，計長三十三丈。中間同仁輔元堂經管之公地一方，長十一丈，内有平房三間，係馬讓耕，吴天其二人租建。另民房十四間，半空地一方，係馬讓耕、姚和海、徐廷秀、黄士元等管業。前擬加寬周涇浜、肇嘉浜路，均以四丈爲度，原爲西門外祇有方斜馬路一條，平時已極擁擠。此項萬生橋横路爲西門馬路與周涇浜路、肇嘉浜路交通之樞紐，係行人出入之咽喉。自八月中法人越界築軌，萬生橋堍並築停車之雙軌，來往行人均由萬生橋横路出入，以八九尺開闊之路，豈能容車馬人貨來往，以故争持滋鬧日有數起。若不將沿岸民房十餘間拆讓，連同仁輔元堂經管沿浜餘地一併築路，何以免危險而便交通。是以本年九月由總局示諭該處地保業户拆讓。一面呈驗單契，以便酌給地價拆費在案。今同仁輔元堂已願讓地築路，而張順經等爲安土重遷、環求免拆，但將該民屋收讓數尺一節，措詞自屬近理。惟該處舊路僅八九尺，即拆去房屋，量至浜岸，尚不及三丈，察酌情形，實多窒礙，萬難照行。現擬設法勸諭該商民等，先將房客催遷，聽候給價。爲亟奉復，並擬分别公地、民地拆費地價清單一紙、繪圖一幅，送請轉呈憲台給示，開導該商民等，毋得固執致礙要公等情。董等覆查萬生橋迤西之路，南通斜橋，北達周涇，實爲咽喉要地。今法人於西門馬路加築電車軌道，則此路尤關緊要。西區所陳各節，係爲公衆利益起見，實出萬不得已，務求准賜出示曉諭，飭即呈驗單契，以憑給價，實爲至幸。附呈清單一紙，萬生橋横路圖一幅，北市馬路工巡局諭單一紙，並祈察核施行。肅復。

附抄辦法二條

西門外萬生橋路拆讓民房辦法二條

一、查《上海北市馬路工巡總局章程》，馬路開闊，以五丈爲度。其有房屋適當築路之衝，萬難通融繞避者，應拆房屋，分别上、中、下三等，照給拆費，計上等樓房每間五十元，中等平房每間三十元，下等草房每間十元。南市市面不逮北市遠甚，而萬生橋西首亦無上等之屋，擬樓房每幢拆費洋三十元，平房每間給拆費洋二十元，係仿照《北市馬路工巡總局章程》酌量辦理。

一、北市章程以馬路中心爲定，左右兩面各須劃出二丈五尺之地基，不准建造房屋，並無酌給地價明文。兹擬格外體恤，仿照《蘇省鐵路公司購地章程》，作上等地價例,每畝給洋二百元,以丈見實地核付。

致蘇松太道蔡函西門外周涇浜路綫與京江公所後面餘地交涉請派員勘定文光緒三十四年八月初六日

敬肅者。竊西門外填築周涇浜路一事,於上年九月間在西門外添築馬路案内,稟奉前升憲瑞批准開辦。查周涇浜北起租界,迤南沿肇嘉浜接通斜橋,約四百餘丈,内有三百丈左右沿浜築路。其北段之東岸,即在京江公所後面。該公所於南、北兩面各有界石。南面之界石,本靠笆脚,自毋庸議;其北面之界石,距笆八尺,適居路中,行人不便。因即商請該公所將界石移至笆脚。嗣該公所董事來函,謂笆外餘地必須寬留,爲保全義塚地步,不允所請。董局以周涇浜路東、西兩面均就沿浜舊路砌築,西岸葉姓房屋門前照章留出馬路,則東岸向有之公路,自應一律辦理,方無歧異。且移進界石,無非爲利便行人起見,而於該公所笆内義塚毫無妨害之處。迭次函商會勘之下,迄未見允。日前董局議會提議此事,各議董僉云事關路綫,應照路政章程,不便退讓,請兩造各舉代表,定期會議,和衷商洽。即經董局函請該公所董事,訂定會議日期,各舉代表集議。嗣接復函,會議一節,未獲允許,仍以公所後須留地八尺,預備挑溝砌牆,顧全義塚。並以下等社會之人,難保不遽起風潮爲詞,堅執不允。董等察核該處路綫,該公所後面之界石,必須移進。現在路工緊要,萬難久待。爲特據實陳明,懇請派員會勘,俾定界綫而竣路工。除再將周涇浜路圖説送呈外。專肅。

蘇松太道蔡復函派員查視周涇浜路綫勘定界限文光緒三十四年八月初七日

敬啓者。展誦惠函,以西門外填築周涇浜路,京江公所後面餘地不允移讓,請派員會勘定界等因。築路一事,攸關公益,凡路綫所經之民地,自應一律照讓,以便工作而利行人。惟京江公所後面餘地,是否路綫所必需,於義塚有無關礙,現已札委景令崧會同貴紳董前往查勘復奪矣。專泐奉復。

稟蘇松太道蔡遵斷留讓京江公所義塚外餘地並陳明嗣後城内外業户造屋及該公所遷塚造屋仍須照章收進文光緒三十四年八月二十六日

敬稟者。京江公所一案,昨奉鈞斷,南首照公所舊界石放出六尺,北首以舊有之三塊界石爲址。在該公所,固已如願以償,懽忭遵斷;在董局,一切仰賴主持,敢有異議?但爲日後辦事起見,有不得不爲陳明者。上海城廂内外街道,偪仄不便,行路久爲外人訕笑。前年總工程局開辦後,查照向章,凡沿路翻造房屋,一律收進二尺。數年以來,破除情面,極力奉行,路政漸有改觀之望。然恒情顧公者少,便私者多,欲其收進,誰肯慨諾?祇以定章難違,勉强遵守,而工程局之叢怨集怒,誹謗時興,實由於此。此次京江公所爲保護義塚,力争此數尺之地,在明理者,固知憲台公斷,實爲義塚築牆開溝地步,與尋常讓地不同;但恐無知之徒,見該公所得此便宜,藉爲口實,則城廂内外辦理路政,從此棘手矣。且閘北地方正在闢路興市,影響恐亦難免。董等思慮所及,應請立案聲明,京江公所一案,係爲保全義塚,他處不得援以爲例,將來該公所遷塚造屋,該地仍須照章收進,庶杜藉口而保定章。可否出示曉諭之處,合行備由,稟祈俯賜察核施行,實爲公便。肅稟。

附夾單

敬再肅者。董局開築周涇浜馬路，原爲西門外方浜橋至斜橋一帶，路狹人稠，車輛繁盛。近來行駛電車，最易傷人肇事，因議將周涇浜填築馬路，以便馬車、塌車、小車改由此路，直達斜橋。在車輛，既避電車之險；在行人，亦免碰撞之虞。但全路袤長二里餘，工程浩大。董局既無餘款，勸捐亦難集鉅資。且路之北盡頭，法人所築陰溝，口徑丈餘。若亦築陰溝，與之啣接，爲費甚巨。不得已，議於交界處仍留河身，以便法界陰溝洩水，而就河之兩旁築路，則西岸原有之路中隔界浜，不能與租界直接。不若東路可直接租界，且東路爲向來通行之官路。爰就東岸填築，此不得不用京江公所笆外舊路之原因也。當董局規畫此路，在上年三四月間，即將工程局馬路界石豎立。其時，該公所並無一言阻止。及十月開工，曾函請該公所捐資相助。該公所但以無款可助爲言，亦未論及地界。直至本年六月路工築至該公所笆腳以外，石子鋪平，始出而阻撓。在該公所，以保護義塚爲詞，重在枯骨；在董局，因避電車危險而築路，重在生命。生命之與枯骨，輕重姑勿論。總之，董局不能就河心築路而就東岸填築者，實出於萬不得已，且只就該公所舊有之笆外鋪路，並未損笆内義塚一草一木，於該公所有便利而無妨礙。該公所保護義塚，築牆開溝，誠屬慈善義舉，但何以數十年沿塚築笆絕無開溝築牆之議，今因築路而忽鄭重其事，必欲争此八尺之地，其意固不問可知。現在既奉公斷，董局自當改畫路形，不得不就河心填築，但陰溝不能不砌，且不能較法界陰溝過窄。惟此項工費浩大，董局實無從籌畫，應請責成該公所擔任砌此一段陰溝。其鋪路工程，仍由董局勉力設法。是否有當，伏乞卓奪施行。再肅。

批：來牘閱悉。該局開築周涇馬路，仍就河心填築，留還京江公所餘地六尺，保護義塚，俱見洞明事理，以讓息争，深堪嘉尚。此外沿路造屋，仍應照章收進，免妨路政，准即立案，毋庸另行出示。另單請飭京江公所擔任陰溝工費，候妥籌另覆，希即知照。此復。九月初一日。

蘇松太道蔡照會據京江公所職董願助工程局路費銀一千兩並道撥銀二千兩照送查收文光緒三十四年十一月十五日

爲照會事。據京江公所職董倪思九等稟稱，周涇浜填築馬路，須用京江公所餘地。因妨害義塚，稟蒙詣勘，劃留界址，由公所自行開溝築牆，保全義塚。已奉給示勒石遵守，感激何可言喻。職等前奉鈞諭，工程局路費不足，提倡勸捐。職等營業在滬，凡屬地方公益，理應稍盡義務。矧公所義塚毗連馬路，此後永受保護之益，更難漠視。爰集同人公捐規銀一千兩，藉助路費，將銀票呈祈察收等情。查貴局興築馬路，地段遼廣。際兹經濟困難，得此不無小補。今本道再籌撥規銀二千兩，連同京江公所捐款，共銀三千兩，相應一併照送貴局，請煩查收濟用，見復施行。須至照會者。

清道路燈案

致上海縣汪函陳報舉董試辦城内外清道路燈請出示曉諭文光緒三十一年十二月十二日

敬瀆者。清道路燈事宜，已舉蔡董、朱董竭力整頓。惟清道一事頗難見效，緣挑夫雖認真掃除,而店鋪居户仍任意傾倒,致街巷終不能清潔。兹擬懇請鈞署出示曉諭,限定時刻,俾店鋪居户及挑夫人等均知所遵守。自九月初一日起,至二月三十日止,每晨於九點鐘前傾倒,十點鐘前掃盡;自三月初一日起,至八月三十日止,每晨於八點鐘前傾倒,九點鐘前掃盡。如店鋪居户故意過時傾倒,即由巡士拘局議罰。如挑夫過時尚未掃盡,即呈請責革。如此明定章程,或可稍期清淨。伏祈飭繕示諭,發貼各鋪,俾衆周知。並祈函知警察各局,轉飭各巡士知照爲荷。專泐。

致上海縣汪函陳報城内外清道路燈易董接辦文光緒三十二年正月二十九日

敬啓者。城内外清道路燈事宜,於上年十一月初一日起,曾舉蔡董正蒙、朱董日宣暫行承接試辦。今蔡、朱兩董以試辦三月期滿,屢請另行舉董接辦前來。因復公舉向爲頭鋪董事之范廪生熙瑞接辦,定於二月初七日交接。合行陳報,伏祈俯准爲幸。專泐。

上海縣汪照會再定清除垃圾時刻文光緒三十二年四月十二日

爲照會事。照得清道事宜,前因店鋪居户傾倒垃圾,不遵定限,屢經本縣示諭申禁,並由紳董竭力整頓,僱夫依限清除。乃各鋪户日久玩生,傾棄無時,致街巷不能終日清潔,實屬不顧大公。合再明定章程,限令自三月至八月每晨七點鐘前傾倒垃圾,挑夫八點鐘前一律掃盡;九月至二月每晨八點鐘前傾倒,九點鐘前一律掃盡。如鋪户過時傾倒,即由巡士拘局議罰;挑夫過時尚未掃盡,隨時報局革除;倘巡士查察不力,並准鋪户報局斥革。除出示曉諭外,合行照會,爲此照會貴局煩照來文,希即轉飭巡士遵照辦理。須至照會者。

蘇松太道瑞來函商將城内清道路燈歸城内警局併辦文十二月十三日

敬啓者。據城内巡警總局程明理稟請,推廣巡務,勸令各户酌繳統捐,清道路燈歸併辦理。俟公司裝設電燈,由警局直接付資等情。查清道路燈兩事,本與巡警相輔而行。袁前升道原擬統歸貴局接辦,其時正值冬防緊要,暫緩交接。迨後,袁前升道及弟先後函催,卒以經費難籌,未能踐約。自敝處隨時整頓,並改派程委員認真訓練以來,一載於兹,巡務較前起色,然以路燈、清道與巡警未能一氣相承,窒礙頗多。今查核程委員摺開各節,尚屬可採。鄙人之意,目前城内巡警自可暫由程委員等妥爲籌辦。一俟經費足用,辦有成效,再行統歸貴局接收經理。庶幾城廂内外警務如指臂之相聯,事權可以歸一。相應抄摺奉商,即祈諸公查核辦理。並將勸捐一節,轉致蔡、朱兩紳,能否相助爲理,有無把握,酌核見復,無任盼荷之至。專泐。

稟蘇松太道瑞陳復移交城内清道路燈日期文光緒三十二年十二月十五日

敬稟者。竊本月十三日奉鈞函内開,據城内巡警總局程委員稟請,推廣警務,酌繳統捐,清道路燈歸併辦理。俟公司裝設電燈,由警局直接付資等情。查清道、路燈本與巡警相輔而行,原擬統歸總工程局接辦,卒以經費難籌,未能踐約。今城内警務日有起色,清道、路燈未能一氣相承,窒礙頗多。查核程委員摺開各節,尚屬可採。目前城内巡警自可暫由程委員等妥爲籌辦。一俟經費足用,辦有成效,統歸總工程局接收經理。庶城廂内外警務如指臂相聯,事權可以歸一。相應抄摺奉商,即祈查核辦理。並將勸捐一節,轉致蔡、朱兩紳,能否相助爲理,有無把握,酌核見復,並抄摺等因。奉此,具徵憲台惠顧地方佈置周詳之至意，莫名欣感。伏查清道、路燈兩事，一日不可間斷，一刻不容鬆懈，任事者雖認真查察，尚賴巡警輔其所不及。范董熙瑞自經辦以來，勤勉從事，已改舊觀。今城内巡警既日有起色，且須開辦統捐，擬將清道、路燈歸巡警總局併辦，則此後巡警與清道、路燈一氣相承，自必較前更有起色。董等奉函，當即邀集議董會議，僉稱爲辦事上便利起見，自應遵照憲飭，將城内清道、路燈歸併警局辦理。董等業已轉知范董，擬即定於本年年底移交，仍候批示遵行。至勸捐一節，已分別備函轉致蔡、朱二紳矣。爲此備由稟復，伏祈俯賜察核施行。肅稟。

批：來牘閱悉。此事續准來函，以勸捐一節，蔡、朱二紳實能相助爲理，所陳辦法，亦甚近情，已行知上海縣照會各紳董妥議具報。一面札行巡警局長程令，届期前往接收矣，希即查照。此復。十二月二十三日。

推廣電燈案

稟蘇松太道瑞推廣電燈並改電廠爲股份公司文光緒三十二年四月二十二日

敬稟者。董等上年接辦總工程局所有南市電燈事宜，並奉前升憲袁照會，併歸敝局辦理在案。伏查電廠原有之電機，本可發十六枝光燈一千餘盞。現在沿浦大燈四十盞，每盞約抵十六枝光燈十二盞，又老馬路二十七盞，大東門直街十二盞，裏鹹瓜街十三盞，外鹹瓜街十二盞，集水街七盞，均係三十二枝光。至鈞署三十一盞，亦係三十二枝光。又總局十二盞，電燈廠十三盞，鋪户二百二十五盞。共約放十六枝光燈一千十餘盞。計每月用費煤約四十五噸，每噸約銀八兩，計銀三百六十兩，煤精一千二百副，計銀九十六兩。薪水銀八十六兩，油扛、油茶、油火、油松、香沙、皮攀根、洋鹹、棉紗等項，約銀四十五兩，自來水銀七兩五錢，修理約銀二十兩，電燈换料約銀二十兩，每月統約用銀六百三十四兩五錢。其鋪户裝十八枝光者，每盞每月收洋一元二角，其不收裝費者，每月每盞暫收一元八角，統計每月約可收銀九十七兩有奇。除收外，每月約須貼銀四百十餘兩。現在城内外既推廣警察，自應將電燈逐漸推廣，庶足以照行人而防宵小。且店鋪居户願裝電燈者，亦復不少。惟添購電機、移設燈廠，約計放燈四千盞，須貲貨本銀六萬兩。敝局所借公款，興辦一切工程，尚屬不敷。此項鉅款，籌畫爲難。董等一再公同集議，以東、西各國凡電燈、自來水等項，均歸商界承辦，上海英、法租界亦然。因擬將電燈一項，仿内地自來水辦法，改作股份公司。原有之電燈、機器並汽機、鍋爐、電桿、電綫、燈件各器具，核實折估價值銀數，作爲公司老股，另行添招新股六百股，每股規銀一百兩，合成銀六萬兩。現已集得三份之一，擬先訂購電機鍋爐。一面即在十六鋪小武當即紫霞殿警察駐防處改建電廠，名爲上海内地電燈有限公司。除印章程分派招股外，合將電廠改作公司情形詳陳鈞鑒，並呈新訂電燈公司章程一册，伏祈俯賜察核備案施行，無任企禱之至。肅稟。

批：據稟，擬將南市電廠改爲公司，招股辦理，係爲推廣電燈集款迅速起見。所訂章程，亦屬有條不紊，應准立案照行。希俟新股添招足數，即將舊廠折銀作股。及新購機爐、改建電廠各項數目，分别造册送道備案，仍照章呈，請商部核准注册。此繳。章程存。四月二十四日。

蘇松太道瑞照會提還老電燈廠房屋機價工費文光緒三十二年七月初八日

爲照會事。本年六月二十一日,准前升道袁移查蔡前道任内因南市開闢馬路、振興市面,設立電燈廠,曾經用過電燈機器價規銀八千八百九十五兩一分。本道任内推廣十六鋪裏街馬路,於二十九年分又添購大號電燈機器,付價規銀一萬三千兩,又完關税規銀四百五十五兩七錢四分,又建造新廠費規銀四千三百五十六兩三錢八分,又由工程局轉放裝設裏街電燈電綫費規銀四千八百兩,五共銀三萬一千五百餘兩。原設電燈、電桿、電綫尚不在内,均在庫款項下挪用。現在電燈廠改歸總工程局紳董接管,招股擴充,此項房屋、機器、料物等銀應否飭紳董提還現銀,或即照數作爲電燈廠股本,取息歸墊。移請核定轉飭等因到道。准此,查蔡、袁兩前升道墊用電燈機價工費銀兩,均係列抵交款,爲數較鉅,未便久懸,究應如何歸還,合亟備文照會,爲此照會,請煩查照核議,見復施行。須至照會者。

蘇松太道瑞照會催復提還老電燈廠房屋機料辦法文光緒三十三年七月十一日

爲照會事。案准前升道袁移知庫款項下挪用電燈、機器等費,共銀三萬一千五百餘兩。現在電燈廠改歸總工程局接管,招股擴充,應否飭紳董提還現銀,或照數作爲電燈廠股本,取息歸墊等因。當查此項用款,均係列抵交款,爲數較鉅,未便久懸,應如何歸還之處,業於上年七月間備文照會貴總董議復,迄今未荷復到。合再備文照催,爲此照會貴總董,請煩查照核議,迅賜見復,望切施行。須至照會者。

稟蘇松太道瑞遵飭照催將老電燈廠機料速行估復文光緒三十三年八月二十八日

敬稟者。竊奉本年七月十一日照會内開,案准前升道袁移知庫款項下挪用電燈機器等費,云云。合再備文照催,請煩查照核議,迅賜見復等因。奉此,查此案於上年奉到照會後,曾轉致電燈公司。當時公司以訟事方殷,未及核復。兹奉前因,復轉致公司並經函催。曾據復稱,已倩洋人估過,所估之價,爲數無多,恐未能確實,尚在另倩洋人覆估。俟估定,即當函請轉復,或請派人另估。並所稱,舊時電燈須全行撤换,庶與新機電力相符。至現在電綫尚未接齊,舊燈亦未换去,雖於本月十六日在廠試燈。此外路上及鋪户人家一時尚難推放,應請先行稟明等情。董等正在據情轉稟間,復奉照催内開,南市電燈廠改歸貴局接管,所有由道挪用庫款銀兩,前以貴董久不議復。又於本年七月間備文照催在案。現查該電廠業已試車開辦,究竟前項墊款銀三萬一千五百餘兩,是否提還現銀,抑擬作爲股本,如作股本,應於何日起息,亦宜囑令該廠經理人填送股票存案。事關庫款,實屬未便久懸。合再備文照催,請煩查照,妥速核議見復等因。奉此,當再函催公司速行核估,將估單交局,以便轉復。惟查董局自光緒三十一年十月十五日接辦電燈以來,所有煤油、燈料、辛工等項,至本年七月底止,已墊用銀八千九百八十餘兩。此項應歸何處支銷,此後路上電燈應如何計算,亦尚未議有眉目,合併陳明。肅稟。

批:來牘閲悉,希即催令估復具報查核。此復。九月初六日。

稟蘇松太道瑞估復老電燈廠機料價值文光緒三十三年九月十七日

敬稟者。竊董等前奉照會,飭催電燈公司將外馬路電燈、機料速行估復等因。當經遵前諭照催並將董局接辦電燈後工料墊款情形，據情陳復，業奉批示在案。兹據電燈公司稟稱，敝公司前由貴總董諭令招股創辦内地電燈公司，以廣南市商業而保治安，實爲當今要計。自招股購機、擇地建廠，以至目前試燈成立，其中備嘗艱苦。而敝公司得以力顧大局終始不移者，賴道憲維持保護之力居多，敝公司實深感激。日前蒙諭現奉道憲諭開十六鋪電燈老廠亟須歸併新廠前，由道墊付各款有三萬餘兩之多，公款未便久懸，應如何設法歸還，或即將此款作爲股本，應令剋日稟復等因。查敝公司前聞貴總董曾有將來新廠成立必將老廠歸併以節糜費之議，故公司早將老廠電機鍋爐及一切所有核實估計，約至多值銀七八千兩。而貴總董以爲老廠開辦時用款甚鉅，斷不能以無根之言作數，必須確估方可歸併等語。敝公司因請英、德兩國電燈工程師細爲估計，俾有實在把握。兹據英電工師挖生估計，實值英金七百二十八磅，德工師馬勒估計，實值德銀一萬七千三百三十馬克。兹將兩處西文估單呈候台察。其廠外電桿已年久枯脆，不能持久，馬路所用炭精大燈法已極舊，糜費極多，粗細電綫用久質硬，阻電力大，故擬歸併之後一律换新。惟目前敝公司開辦商本未充，可否請貴總董再行經理數月，俟敝公司成效稍著，商本漸充，再議歸併等情，合亟據情備由稟復。並附呈英、德兩工師估單兩件，仰祈俯賜察核施行，實爲公便。肅稟。

致蘇松太道蔡函請將老電燈廠機器鍋爐撥歸公司修理應用文光緒三十三年四月二十八日

敬肅者。西門外馬路電燈，業於本年三月間由南市内地電燈公司裝設開放。其斜橋迤南桂墅里一帶，相距過遠，地多荒僻，本不在預算推放之列。兹悉該處日本人新設之同文書院，向法電燈公司商接燈綫。董局以此事關係主權甚重，亟應由内地電燈公司立竿設綫，以免交涉。惟路隔甚遙，必須設立分廠，方能推放。查南市老電燈廠機器鍋爐本停歇不用日久，尤恐銹壞，擬請將此項機爐撥歸該公司修理應用。鍾珏曾將以上情形面陳鈞聽，荷蒙台准。其在内地電燈公司雖已設立分廠，耗費甚多，不免虧累爲言。然事關保守主權，不得不勉爲其難。兹該公司已在斜橋附近陸家浜南岸租定基址，擬即日規畫分廠事宜，合肅陳明，仍祈賜示遵行。

蘇松太道蔡來函飭邀著名工師復估老電燈廠機料價值文四月三十日

敬復者。昨接公函，以桂墅里一帶必須設立電燈分廠，請將老廠機器、鍋爐撥歸公司修理應用等因。查官置電燈、機器、汽機、鍋爐、廠屋、電桿、電綫、燈件各種器具，墊用公款至三萬餘金，迄今尚未歸還。三十二年間，改爲公司招股辦理，訂定章程，於第三條内聲明，原有各件核實折估價值銀數，作爲公司老股，經貴局稟報瑞升任批准在案。兹以機爐撥交公司分廠，核與定章原案相符，自可照辦。惟鍋爐、引擎、機器，雖據公司曾倩英、德工師估看折價，未免太少，且其餘電桿、電綫、燈件各項，均未計及，應請尊處再邀著名工師迅將各件統盤逐一切實復估，開具清單，送交敝處核定，再請轉取股票送存備案。至老廠空屋基地，如公司無需歸併，不妨剔除，候敝處另行召變歸墊，統祈復示爲荷。專佈。

復蘇松太道蔡函遵飭再邀著名工師將老電燈廠通盤重復估計文七月初九日

敬復者。四月杪，接奉鈞示，以董局函陳桂墅里一帶必須設立電燈分廠，云云。統祈復示等因。奉此,查南市浦灘馬路老電燈廠董局於光緒三十一年十月十五日接辦,至三十三年十一月將所放之燈歸南市電燈公司承辦,計董局經辦二年另一個月,共墊用銀九千四百七十餘兩,匀計每月墊用銀三百七十八兩有奇。自三十三年十二月起,由局每月貼與電燈公司銀三百五十兩,而該公司承接之後修换物件等項,亦已用去銀四千八百四十五兩有奇。該老廠機器桿綫等件,前經電燈公司資聘英、德著名電燈工師核實,估計值銀五千兩光景。兹奉鈞示,飭再切實復估。遵經再邀著名工師重復估計,格外加增,最多值銀六千五百兩。其餘電桿、電綫等件,亦再估計,以物多朽壞,不堪應用,祇值銀一千一兩。至老廠房屋以拆去舊料計,估值銀三百五十兩。其基地五分,估值銀一萬兩。合共估計價值銀一萬七千八百五十一兩。兹將估計老電燈廠機器、桿綫、廠屋、基地價值,繕具清册,及修换桿綫等件工料墊款清單,並老電燈廠基地圖,一併送呈察閲。所有機器、鍋爐等項估值銀七千五百一兩,應否即改作鈞署股份,其廠基地估值銀一萬三百五十兩,儘可另行召變歸墊。如以現在重估之數尚未相當,擬請憲台派員再行估看,以昭核實,是所至荷。

蘇松太道蔡照會委員復估老電燈廠飭照現估價目填具股票送道文宣統元年四月二十七日

爲照會事。照得官置南市電燈、機器、汽機、鍋爐、廠屋、電綫、燈件各種器具估價拆銀,作爲官股一案,前准來函。老廠鍋爐、引擎、機器等件,前經公司資聘英、德著名電燈工師估值銀五千兩。兹切實復估,格外加增,最多值銀六千五百兩。其餘電桿、電綫等項物多朽壞,不堪應用,祇值銀一千兩。老廠房屋拆去舊料,估值銀三百五十兩。基地五分,值估銀一萬兩等因。即經札委陳縣丞世光前往勘驗,逐一復估稟復察奪去後。兹據該縣丞稟復,邀同南市電燈公司總理張逸槎前往復勘基地廠屋,兼帶同熟悉電燈及機器工師至内地電燈公司及斜橋西園内詳細逐一復估。查該廠各件朽爛損壞殘缺無用者居多,原估價值似尚平允。惟查有原估外馬路炭精大電燈四十盞,已屬無用。又舊大電燈四十隻内有燈泡者十二隻,餘均無泡,且殘缺無用,已成廢鐵。復估此項電燈雖已殘缺,然尚有可用之件。除殘缺無用外,計估值銀五十兩。又原估舊鐵燈架七十九只,均已朽壞,估銀二十兩。復估此項燈架,每只估銀七錢五分,計共估值銀五十九兩二錢五分。除原估二十兩外,應加銀三十九兩二錢五分。兩共應加銀八十九兩二錢五分等情稟復前來。本道復加查核無異,除老廠房屋及基地五分,應由縣另行召變外,所有電燈、機器、汽機、鍋爐、電綫、燈件各種器具,仍由電燈公司收用,應照現估價目填具股票送道,作爲公家之股。除行上海縣遵辦外,合亟備文照會,爲此照會貴總局,請煩查照辦理,見復施行。須至照會者。

請撥借公款案

稟蘇松太道瑞爲興辦各項工程請借撥公款文光緒三十二年二月十一日

敬稟者。竊上海總工程局之設,自奉前升憲袁委令試辦以來,已逾三月,徒以經費無著,未能實力舉行,不足以饜屬望者之心,適足以滋嫉忌者之口。董等肩斯重任,日夜彷徨,幸我憲台下車伊始,極意關垂斯局,庶有成立之望。惟是非常之原,黎民所懼,未能施信公益之事,以爲厲己,亦無怪蚩蚩之氓耳。董等再四籌思,非集巨款,不能大舉利民之政;不興利民之政,不能致民之財。目前應辦之事,如改良道路、整治溝渠,爲入手第一要務,必使内地與租界一律坦平,一律清潔,祛外人鄙夷之見,動愚民觀感之情。夫而後籌款勸捐可期集事,謹臚舉各端,爲我憲台陳之。一、沿浦新馬路宜剋期修畢也。此路北自十六鋪新橋,南至南碼頭,綿亙數里。上年冬間已購石片四千餘噸,因款絀未能多招工匠,剋期蕆事。今正一雨兼旬,停工以待行人,殊形不便。玆擬分南、北、中三段並作,限一月竣工,而濱浦之木駁鐵欄亦須同時趕修齊整。一、老馬路宜翻陳出新改良造作也。此路北自十六鋪老橋,南至海運局,舊皆石子砌成,年久失修,高低凹凸,行人苦之,亟宜設法改良,與新馬路一律修造。以上二條,係南市幹路之大者。其支路如王家碼頭大街、董家渡大街,均須改作加闊,以便車輛往來。此城外路政之亟宜先辦者也。一、護城河亟宜開深,其出浦水口,如十六鋪橋、大關外橋、薛家浜橋、陸家浜橋、陸家浜橋四處,均須建閘啓閉,以蓄水也。查上海城中之地,與浦灘高低相去及丈。護城河底與黄浦江面相等,内高而外低,是以潮汎之來其勢甚緩,而其退也一瀉無餘。每至小汛,護城河中竟無一尺之水,故城中街巷掃除之垃圾,不得不堆積城外,俟大汛僱船運出。清道之難見成效,半由於此。若將護城河開深而出浦水口建閘四道,潮來啓閘進水,潮平下閘蓄水,則不但護城河船隻常可停泊,即城中河道亦可流通。其駁運垃圾之船,以及糞船、柴船,皆可隨時啓閘出入,則垃圾不至堆積如山,而糞擔亦可依時挑出矣。一、城中年久淤塞污穢不堪之小河,亟宜下砌陰溝,上填平地也。查城中小河甚多,而尤宜速填者,如新北門内之黑橋浜,其河自東至西一里有奇,潮水不通,污穢日積,每逢春夏之交,穢氣薰蒸,往往釀爲疫癘,行人莫不掩鼻而過。且其地爲租界入城要道,適在城隍廟花園之後,洋人禮拜日來城遊玩,必經斯地,譏笑之詞,常騰於西報。上年該處紳士創議填平,集捐三千餘元,估計工料捐數尚不及半,因是未辦,此則刻不容緩之舉。他如南門内之運糧河浜、也是園浜、亭橋浜,老北門内之和尚浜、侯家浜,或宜填平,或宜撩深,亦皆關係衛生,斷難置爲緩圖者。以上四項工程,必須同時並舉,而以修路建閘三條爲費最巨,填河較輕,統計約需銀六萬兩。日前工程局常捐月收銀三千餘兩,除開支城外警察及局用外,所存無多,若待積款興工,則河清難俟。若欲籌捐舉辦,則集腋難成。惟有仰懇憲台借撥公款銀,先行興辦,以後設法籌還。董等集議多次,舍此别無辦法。爲此據實詳陳,伏祈卓奪,迅賜批示祗遵,臨稟不勝待命之至。

批:查南市工程局本係就地籌捐辦理。前此袁升道改歸紳辦,良以紳商誠信相孚,勸捐辦事較爲得力起見。聞貴紳董接辦以來,涓滴歸公,實事求是,深以爲佩。察閲來牘,所擬修路、建閘、開河、砌溝、填地各節,或振興市面,或利便民生,原屬切要之圖。惟本道衙門别無閑款,祗此外銷一項,尚屬收不敷放。此外常洋兩税有關正項,非先奏咨不便擅動,否則袁升道熱心任事,關懷民瘼,應先本道而爲之。即貴紳董亦何待今日,始向本道陳請耶?此中爲難,已可概見。然事苟利民利國,當仁不讓。本道斷不稍存畏難推諉之心。擬即稟請兩院憲,暫借關税五萬金,以應此次工程要需。事後責成貴紳董分作五年,收捐歸補。第此時必須指定確有可靠之款、可還之期,庶可切實措詞,能望院憲邀准,以免日後久懸,致干户部究詰,此則不能不兼籌並顧者。貴紳董諒能體諒及此,究竟有何款可以提還,何年得能歸清。本道甫經到任,未悉情形,希再會商,切實查議具復,以憑核辦,是爲至要。此復。二月十四日。

稟蘇松太道瑞爲懇請借撥公款議定以大達公司租項按年歸還文光緒三十二年二月廿六日

敬稟者。竊董等前以興辦工程、稟求借撥公款、事後設法歸還等情。業奉憲批,擬即稟請兩院憲暫借關税五萬金,以應此次工程要需,事後分作五年歸補。第此時必須指定確有可靠之款,可還之期,庶可切實措詞,能望院憲允准,希再會商,切實查議具復,以憑核辦等因。奉此,遵即邀集各議董公同會議。查有上海大達輪步公司現向總工程局租借南市十六鋪迤南至大關碼頭止沿浦灘地一條,建築輪步,該公司每年願繳總工程局地租銀一萬兩,已在商訂合同,協議妥定。董等擬將該項租銀藉抵借款,遵作五年歸補。自明年爲始,每年繳銀一萬兩,分作五年歸清。此係的實可靠之款,按期分繳,斷無貽誤。伏祈俯准所請,迅即具詳督撫憲察核,准予暫借關税銀五萬兩,以應工程要需,實爲公便,臨稟無任待命之至。肅稟。

批:來牘閱悉。候據情轉詳兩院憲核示,俟奉批再行知照可也。此復。二月二十七日。

稟蘇松太道瑞爲興辦工程仍請借撥公款以濟工用文光緒三十二年七月二十五日

敬稟者。前奉鈞函,以奉督憲行准户部咨開,上海修治道路,擬借撥官款。工程局既有歸還准期,應由江海關外銷款内暫爲挪移,至正項税銀絲毫皆關國帑,未便率行挪用。所請於庫儲項下措撥銀五萬兩,本部礙難照准,咨飭遵照等因,自應遵辦。惟是外銷一項,年來款絀用宏,貴局已借三萬金,按部文更當提還正税,而貴局一切工程需費甚巨,亦難遽還公帑。惟有暫由鄙人擔代,設法借墊,其餘二萬兩請另行籌借,以顧工需等因。奉此,查城内外迭次興辦填河築路工程,或已告成,或未蕆事,統計工料銀數已有三萬三千餘金。其餘應需填築改良者,尚屬不少。而董家渡大街爲南門外第一幹路,現在急須改築。前蒙俯允詳准撥借公款銀五萬兩。董等以工需有著,業將此項工程佈告大衆,現在或止或辦,進退兩難,不得已,惟有懇請憲台仍行設法撥借銀二萬兩,以竟要工。莫名跂禱,爲特備由,稟祈察核恩准,實爲公便。肅稟。

批:來牘閱悉。此項工費,原因外銷入不敷出,無可挪移,遂請暫在庫儲借支。不意未蒙大部照准,先後已撥之三萬兩,急切不能提還,委屬無可再籌,應否暫時停工,另籌的款,再行開辦,希妥酌爲要。此復。七月二十七日。

稟蘇松太道瑞興辦工程籌借公債並酌改歸還道署借款辦法文光緒三十二年八月十八日

敬稟者。竊董等前以興辦工程正在需款,稟請恩准續借銀二萬兩,以資接濟。奉批,以此項工費,原因外銷入不敷出,無可挪移,遂請暫在庫儲借支,不意未蒙大部照准。先後已撥之三萬兩,急切不能提還,委屬無可再籌,應否暫時停工,另籌的款,再行開辦,希妥酌爲要。此復。並先蒙函示各等因。奉此,自當遵照,另行酌籌,實緣城内外各項工程已辦者,將次竣工待辦者,業經宣告,似未便半途中輟。當復邀集各議董,一再籌議熟商辦法,僉以不若籌借地方公債銀二萬兩，以濟工程要需。此項公債分兩期募集，匀作六期歸還，期於三年内本利清訖。惟抵還公債，董局除大達租金外，並無的款可以取信於人。春間，董等議辦工程時以實估各項工費，需銀六萬兩，故即以六萬兩之數，稟請借撥公款，嗣奉批准允撥借五萬兩。爰議以大達租金每年繳還一萬兩，至第五年還訖。現奉鈞示祇准借撥三萬兩，不得不另籌公債辦法，又不得不匀出大達租金作抵，以資信用。董等再四籌商，惟有請將憲署歸款之期改長，作爲每年繳還銀五千兩，而以五千兩抵還地方公債，庶工需無缺，事克兩全。除將籌借地方公債辦法擬定草章，另摺開呈外，爲特備由具稟，是否有當，伏祈俯賜察核批准遵行，實爲公便。再，現定公債章程以二萬兩爲限，如果衆情踴躍，再議擴充，合併聲明。肅稟。

批：來牘閲悉。募借公債以濟工程要需，具見籌畫周詳，顧全要政，深爲嘉慰。所擬草章，亦尚妥洽，應准照行。至前借庫款三萬兩，擬分年歸償。今既奉大部核駁，飭令提還，自應遵辦，希查照前函，多借三萬兩，儘先彌補，以重帑項，是爲至要。此復。摺存。九月初八日。

稟蘇松太道瑞爲遵飭清還公款呈送找銀請給還三次領狀文光緒三十二年十月二十六日

敬稟者。竊董等前以興辦工程、稟求借撥公款，蒙詳奉督撫憲批准，在關税項下動支撥借，於本年四月二十九日奉發第一次撥借規銀一萬兩正，又於閏四月二十九日奉發第二次撥借規銀一萬兩正，復於六月二十七日奉發第三次撥借規銀一萬兩正，共領到規銀三萬兩正。由董局先後備具領狀呈送在案。查此項借款，董等前經稟請，以大達公司租金按年歸還，嗣以南門外校場公地由圖書公司承買，計洋三萬九千二百元，繳價到局。當即備函，將該價洋悉數送呈鈞署，歸抵借款，以洋作銀本尚不敷。兹於本月二十四日接奉鈞函，以校場地價票洋三萬九千二百元到期交莊，兑易到規元二萬九千三百零二兩。除歸還庫款銀三萬兩，尚短銀六百九十八兩，請籌找還等因。奉此，遵即籌備規銀六百九十八兩銀票一紙，備由呈請察收。所有前次董局具呈領狀三紙，懇飭檢還，實爲公便。肅稟。

批：來牘並呈公款尾找銀六百九十八兩，已如數兑收。兹將前具領三紙檢出，隨批發還，希即查收。此復。十一月初四日。

捐　務　案

呈蘇松太道袁徵收南市浦江船捐易人承辦文光緒三十一年十月

爲船捐易人呈請備案事。竊查前馬路工程局船捐，向由吴炳衡認包收繳，未久嘖有煩言。及總工程局開辦，吴炳衡屢次抗傳不到，當即撤退。現據船商姚慶裕稟稱，查吴炳衡所認船捐，每月繳洋一千三百元，今商等潔己奉公，情願加認，每月預繳捐洋一千六百元，試辦一年等情前來。當以該商既願加認捐款，自應批准，取具認保各結，給諭著充。姑令試辦一年，自本年十一月初一日起。此項船捐即行改歸姚慶裕承認，照章抽收，不得苛派抑勒。並示知浦南大小各幫船照章完納，不得抗違。除分别給諭曉示外，所有船捐易人給諭承辦情形，理合陳明，伏祈俯賜鑒核備案施行，實爲公便。謹呈。

呈蘇松太道袁酌收十六鋪地方月捐文光緒三十二年正月十二日

爲酌收捐款呈請備案事。竊十六鋪裏街於上年十一月起，推放警察，所有挑除垃圾、修理道路、添設電燈等項，需款浩繁，自應就地籌捐，藉以濟用。茲定於本年正月份起，凡屬店鋪行棧每月按照房租酌收五釐，其居家各户照五釐核減，如係貧苦小户概予免捐，以示體恤。除出示曉諭外，合行呈報，伏祈俯賜察核，備案施行，實爲公便。謹呈。

呈上海縣文同。

呈上海縣汪浦南運卸垃圾船隻改章辦理文光緒三十二年閏四月

呈爲運卸垃圾改章辦理懇賜備案事。竊城内外垃圾，向係責成渡船管幫灘船埠頭僱船裝運，計每日僱常船七隻，停泊沿浦各碼頭受儎，間或不敷，隨時添僱。每逢初二、十六兩潮汛，則每汛僱用四五十只，在東南門外各城根裝運。前清道局馬路工程局發給常船工價，每隻二百文。兩潮汛僱用之船，分大、小兩等，大船每隻工價二百文，小船每隻工價一百文。此係明定之官價。其實所僱常船，每隻每日須洋元五六角，不敷之數，由管幫埠頭貼補，而管幫埠頭仍取之於各船，名曰貼費。各船之不願承裝者，每年貼費自兩三元至七八元不等。其兩潮汛之船，則係未出貼費，迫令承裝，名曰捉差。此歷來辦法之實在情形也。董局接辦後，亟思改良，而又恐從中有人阻撓。裝運垃圾，一日不可間斷，若一經堆積，轉無以對地方，是以頗費躊躇。兹迭據各船户來局稟稱，情願繳納公費，由局另僱船隻裝運，以後求免垃圾差使等因。董局本擬如此辦法，輿情既屬允洽，自應照辦。現已僱定常船十五隻，定於五月初六日開辦。惟僱船工價及照料人夫工食等項經費，不免稍鉅。然爲地方公益、免除差累起見，不得不改弦更張。除由董局出示曉諭外，特抄呈示稿各一紙，伏祈俯賜察核備案，實爲公便。謹呈。

稟蘇松太道瑞南市浦江船捐及垃圾照費易人認包文光緒三十二年十二月初一日

敬稟者。竊滬南浦江船捐，上年冬間由船商姚慶裕具稟承包，每月預繳捐洋一千六百元，准令試辦一年，曾經呈請前升憲袁核准在案。該船商認包船捐，自上年十一月初一日起，至本年十月底止，扣足一年，期滿自應另行招充。董局爰仿投標之法，以示大公。於十月初九日將認包船捐各稟當衆開揭，以顧炳和認數爲最多，計願每月認繳洋二千二百六十元，仍照向章，按月預繳，不敢蒂欠。及中途停認，並據備具認結，並加具順元錢莊保單保結前來。當以該商既願加認捐款，自應批准給諭著充，仍令試辦一年，自本年十一月初一日起。此項船捐即歸顧炳和承認，照章抽收，不准苛派抑勒。並示知浦南大、小各幫船户照章完納，以充公用。至浦南垃圾船照費，於本年五月初六日開辦。緣本邑城内外垃圾，向係責成渡船管幫、灘船埠頭僱船裝運。計每月僱常船七隻，停泊沿浦各碼頭受儎，每逢初二、十六兩潮汛則每汛差僱四五十隻，在東南門外各城根駁運。前清道局馬路工程局發給常船工價，每隻錢二百文。兩潮汛僱用之船，分大、小兩等，大船每隻工價錢二百文，小船每隻工價錢一百文，此係明定之官價。其實所僱常船，每隻每日須銀元五六角，不敷之數，由管幫埠頭貼補，而所藉以貼補者，仍取之於各船，名曰貼費。不願承裝之船，每年貼費，自兩三元至七八元不等。其兩潮汎之船，則係未出貼費，迫令承裝，名曰捉差，此係從前辦法。董局接辦後，亟圖改良，而各船復來局稟稱，情願繳納公費，以後求免派裝垃圾。董局以化私爲公，免除差累，自當俯順輿情。因自五月起，僱定常船十六隻，每隻每月銀元十六元，間或不敷裝載，則隨時添僱。清道部分，亦復添僱人夫，以期街衢潔淨。其向有貼費，各船則給予免裝垃圾執照，酌收照費。一百擔以内者，收費二角；過小者，收費一角；一百擔以外、二百擔以内者，收費三角；二百擔以外者，收費四角；其向無貼費者，免收。開辦後，由謝金榮承攬僱船，經發執照，包收照費，每月認繳銀元四百五十元。本年十一月初一日起，由喻恩榮承包，每月認繳銀元六百五十元。業經取具認保各結，給諭著充。所有浦南船捐及垃圾照費易人接辦，認數繳納情形，合行分别陳明備由，稟祈俯賜察核，備案賜行，實爲公便。肅稟。

稟蘇松太道瑞徵收南市浦江船捐易人接辦應減繳捐數文光緒三十二年十二月二十五日

敬稟者。竊董局船捐一項，本年十月間用投標法招人接充，以顧炳和認數較多，准予試辦，曾經稟明憲案。查此項船捐，上年由姚慶裕承包，每月認繳洋一千六百元，至本年十月一年期滿。董局爲杜絶請托起見，乃用投標之法，當衆開揭，歸認數最多者接辦，以示大公。當以顧炳和願認月繳捐洋二千二百六十元，認數獨多，並由順元錢莊加具保結前來，遂准令承包。詎經收未及一月，辦理欠妥，屢滋事端。旋據具稟，以收數不足，求請核減。本月初，接順元莊函，以顧炳和承辦船捐動輒浮勒，懇准退保等情。董等查當時顧炳和任意加認，祇圖邀准，一經短收，勢必轉向各船取償，抑勒浮收，在所不免，自應弔諭撤除，另籌辦法。董等竊維捐數固以多爲貴，然徵收之時，必當意存寬厚，設欲取盈則竭澤而漁，易滋怨讟。體察情形，既未便再用投標之法，並須減去認捐之數，方足以示體恤。因查船埠頭總管幫朱坤人尚老成，熟習船務，惟有責成該總管幫接替，減數試辦，以期妥洽，兹據該總管幫具稟到局，願認月繳洋一千九百元，並加具王大昌布莊保結前來。照現在情勢，祇能以此數爲準。因即批示，姑令接替試辦，如果穩妥，准令承包一年，自明年正月初一日起。此項船捐，即歸朱坤承收包繳，不准苛派抑勒，並示知浦南大、小船户照章完納，以充公益。所有浦南船捐易人接辦，並減繳捐數情形，合行陳明備由，稟祈俯賜察核，備案施行，實爲公便。再，所收垃圾照費，亦須減繳，當另行稟陳。肅稟。

稟蘇松太道梁徵收南市浦江船捐核准續辦及垃圾照費易人承辦文光緒三十三年十二月廿四日

敬稟者。竊董局浦江船捐，歷年由本地熟悉船務之人承收包繳，定期一年，易人接辦。上年十月間，前辦船捐之人期限屆滿，董局用投標法易人承包。嗣以辦理欠妥，滋生事端，即行撤除。由船埠總管幫朱坤稟准承包，按月預繳捐洋一千九百元，至本年十二月一年期滿，應照章易人。兹復經朱坤稟稱，自承辦船捐以來，並無延欠，從未滋事，請再予接辦一年，月繳捐洋照前認之數加繳洋二十元，計共月繳捐洋一千九百二十元。如將來捐務起色，再行酌加等情，並加具求新廠保狀前來。當查朱坤承辦船捐一年以來，尚屬妥慎，因即批准再予承辦一年，認真收繳，以充公用。再，浦南承裝垃圾包收照費，於上年十一月由商人喻恩榮認辦，每月統繳洋五百元，准予承辦一年。至本年十月一年期滿，改歸孫桂林、徐順榮二人合辦承包，每月認繳洋五百二十元，業於十一月初一日接辦。合將承收浦江船捐續辦一年及垃圾照費易人承辦情形備由，稟祈俯賜察核，備案施行，實爲公便。肅稟。

稟蘇松太道蔡徵收浦江船捐及承收垃圾照費蟬聯續辦文光緒三十四年十二月二十八日

敬稟者。竊董局浦江船捐於上年十二月間由駁船總管幫朱坤稟准續辦，承收包繳，按月預繳洋一千九百二十元，曾經稟報前升憲梁奉批在案。本年七月間，據該總管幫稟稱，捐收清淡，請予核減等情。察係實情，當予通融，著自七月分起，每月緩繳洋五十元。俟屆收數暢旺，即行照數補繳。現屆十二月，又復一年期滿，本應易人承包。兹據該總管幫稟稱，自續辦以來，照章收捐，從未抑勒生事，仍請蟬聯續辦。惟收數短絀，請照前認之數，再行核減等情。當經批示，核減捐數，本屬未便，既據歷陳收捐困難情形，姑准酌減，著按月准繳捐洋一千九百元，不得短繳，仍行接辦一年。所有本年七月分起，每月緩繳捐洋五十元。一俟捐務起色，仍須補繳等情。即由該總管幫加具求新廠保狀前來。由局給諭，再行續辦一年，認真收繳，以充公用。再，浦南承裝垃圾及包收照費，亦以一年爲期。上年十一月間，由孫桂林、徐順榮二人合辦承包，每月認繳洋五百二十元。本年十一月一年期滿，據孫桂林稟請，照上年原額續辦一年。其原案合辦之徐順榮不願再充，歸伊獨辦等情。業經批准，於十一月初一日起，接續承辦，合將承收浦江船捐及承收垃圾照費，蟬聯續辦情形備由，稟祈俯賜察核，備案施行，實爲公便。肅稟。

稟蘇松太道蔡徵收船捐及承收垃圾照費易人接辦文宣統二年正月初七日

敬稟者。竊董局浦江船捐於前年十二月底，仍由駁船總管幫朱坤稟准續辦，承收包繳，按月准繳捐洋一千九百元，曾經稟報在案。届上年十二月，又值一年期滿，自應易人承包。據張松林、連錦堂、姚慶裕、龔鳳山、徐順榮、孫桂林、馬景良等具稟認包，並據朱坤稟請續辦前來。察閲各稟，連錦堂願每月認繳捐銀一千九百六十元，認數較多，應行准予試辦三月，如屬妥善，即准承辦一年。復據連錦堂立具認捐切結，並加具懋昌紗號保狀到局。由局給諭試辦，自本年正月初一日起，歸連錦堂承包，認真收繳，以充公用。再，浦南承裝垃圾及包收照費，亦以一年爲期。前年十一月，由孫桂林稟准續辦，仍照原額，每月認繳洋五百二十元，並經稟報在案。上年十一月一年期滿，據船商張幼山具稟承包，願每月認繳洋六百元。當經傳詢，於承辦運卸垃圾及包收照費各節，尚屬合宜，應准所請。並據立具認捐切結，加具黄鉅林保狀到局。即行給諭，自上年十一月初一日起，歸張幼山承辦。合將承收浦江船捐及承收垃圾照費易人、承辦情形備由，稟祈俯賜察核，備案施行。肅稟。

稟蘇松太道蔡陳明南市外馬路市房向無房捐文宣統元年正月十五日

敬稟者。上年十二月二十五日，准上海縣房捐局委員陳令移開十六鋪至二十三七鋪沿浦一帶市房，應收捐款，從何年月辦起，請詳查示復等因。查南市沿浦外馬路市房，於光緒二十四年由前馬路工程善後局興辦鋪捐，按照房租抽收一成，以充修理馬路經費。洎光緒二十八年正月起，擬收房捐，由前局員翁守以外馬路已有鋪捐稟准前升憲袁，將房捐剔除，以示體恤。董局接辦後，改鋪捐爲地方月捐，仍照向章抽收。所收之款，充作馬路養路費用,不敷尚巨。兹准房捐局移查,合將外馬路市房向無房捐情形備由陳明,稟祈俯賜察核,札飭房捐局委員陳令知照,實爲公便。肅稟。

批：已據情札飭上海縣轉移陳令查照矣,仰即知照。繳。正月二十二日。

醫院案

稟蘇松太道瑞醫學研究所擴充辦理請移撥藥局經費文光緒三十二年二月二十七日

敬稟者。竊據醫學研究所董事、試用訓導顧紳鴻逵函稱,鴻逵創設醫學研究所,會聚中西醫生,彙集羣書,講求醫理,常年在所送診,以覘實驗。前經呈請升憲袁暨上海縣立案,並蒙升憲捐助給藥經費各在案。竊念衛生爲養育根本,古今中外,醫學與政界有密切之關係。東西各國皆有病院,實於警察相爲表裏。吾國醫術陵替,仍然仰求外人,似於地方自治之道,尚有遺憾。緣即設法租沉香閣餘地,由殷實工匠起造病院一所,按月租用,仿照租界仁濟醫館辦法,收養病民。並聘仁濟醫館醫生暨選中醫内外各科醫士,駐所診治。每日仍送門診,隨方給藥,以濟貧病。中設醫學堂,聘請教習,教授中外醫學。一俟經費有餘,選派學生,出洋學習。其開辦經費,除造屋外,一切圖書、儀器、橖凳、床鋪各項器用物件,需五千餘金,應勸善姓捐助,能否提倡之處,出自逾格仁施。常年經費需萬餘金,除勸在滬各醫生、各藥行藥鋪暨各業酌助月捐外,不敷尚鉅,伏念歷任升憲每年夏秋之間,在藥王廟設局施醫給藥,需款三千餘元,擬請憲台將此款撥入歸併辦理。查藥局每年自五月至八月,除給藥外,尚有委員醫生司事,夫役薪水、工食、火食一切經費,一經撥入所中,經費不必另外開支,而可常年施給,得以推廣憲仁。前經擬章函致總工程局轉呈升憲核示,當奉照會,以藥王廟設局施醫給藥,係屬捐廉。現在交卸在即,應呈請憲台核辦等因在案。爲此,另繕章程清摺函懇轉請核准立案,出示通諭,俾衆周知等因到局。據此,除代呈章程清摺外,仰祈俯賜察核批示祗遵,實爲公便。肅稟。

批：醫有調理陰陽之功,並爲病人爲性命所倚托,關係至鉅。顧紳彙集中西醫生,研求考究,並於城内沉香閣創建醫院,收養病民。另設學堂,傳習教授。如果辦理得法,裨益地方,殊非淺鮮。兹先照案捐洋一百元,聊資湊用。至藥王廟夏秋之間施醫散藥,本爲貧病窮民無力延醫而設,向係派員經理。每届約需洋三千元左右,能否撥入歸併,候隨時察看情形,另行核辦可也。此復。摺存。二月二十八日。

蘇松太道瑞照會據醫學研究所職董稟請照會李紳督同商辦文光緒三十二年四月十九日

爲照會事。據醫學研究所職董顧鴻逵稟稱,竊董於上年春間奉准設立醫學研究所,會集中西醫生,講求醫理,送診給藥,一年以來,已著成效。兹以醫藥與政界有密切之關係,東西各國皆有病院,實於警察相爲表裏。吾國醫學陵替,仍然仰求外人,似於自治之道,尚有遺憾。爰在城内沉香閣西旁建造病院一所,按照仁濟醫館辦法,收養病民。並設醫學堂,振興實學。曾經擬章函致總工程局轉呈立案。兹事體大,現届開工在即,非有才長望重之正紳爲之督率,恐不足以資辦理。查總工程局領袖董事李紳鍾珏,醫學淵源,位望兼著,以之督同商辦,實於醫界有裨。爲特備由,稟請核准,照會李紳,隨時到所督理。俾有遵循而資表率等情到道。李紳醫學精良,據請到所督理,可謂得人。除稟批示外,合行照會。爲此照會貴紳煩照來文隨時到所,督理施行。須至照會者。

稟蘇松太道瑞議設中西醫院就各省彩票加價籌費文光緒三十二年五月十八日

敬稟者。竊維生人之苦,莫苦於患病,而養病之便,莫便於醫院。各國醫院之設,無地無之。上海租界醫院林立,然皆創自西人。院中但有西醫,而無中醫。夫中西醫藥各有所長,雖中國醫道每爲外人訾議,然古籍名言,先師良法,苟通其理,治病未嘗無效。故比年以來,信西醫者未嘗乏人,而民間習慣多尚中醫。民病之生,究屬就中醫者多,就西醫者少。惟中醫向無特設之病院,地方善堂及官設醫局之送診給藥,皆無病房留養。且所延醫生,多不學之徒,少有道之士;就診者,皆貧苦之人,並非重要之症。若西國之醫院,其醫生皆學堂畢業,極有名望之人。其病房則男、女區分,傳染與不傳染,異室服事病人,謂之看護,亦從學問而來,故養病者,不論貧富,皆以入院爲便。中國未嘗有此,故每逢疫癘之作,一人患病,往往傳遍一家。且並探病之親友,左右之鄰居,無不傳染,此事最屬可危、可懼。設有醫院,凡遇傳染病,皆入院醫治,則必不至於蔓延一方,傷害無數生命。鍾珏夙好研究醫學,往年遊歷新嘉坡及香港、澳門、廣州各處醫院,近地如蘇州之天賜莊、上海之仁濟、公濟、同仁、廣仁、婦孺各院,無不參觀。雖未到歐美二洲從觀博大,而考其建築、治療、管理之法,大略相同。每欲在上海内地設一中西醫院,惟建築及常年經費需款浩大。近來各處災荒,上海歷辦賑捐,羅掘殆盡。醫院雖同爲慈善要務,然比之賑災,有緩急之殊,是以遷延未辦。本年入春以來,喉症盛行,傳染極烈,如高等實業學堂因一二人患喉而遍博同學。及至學生抱病回家,又傳及家人。至今此症未罷,且以年少好學之高材生接踵夭殤,殊爲可惜。倘内地設有醫院,一有此病,即送院醫治,何至成斯慘厄。興言及此,上海醫院之設,誠有急於賑災者,商之董局諸議董,僉謂事誠至要,而目前勸捐實難,惟有就上海銷售之湖北籤捐彩票、江南公益彩票、安徽鐵路票、廣東票各項,每期每張加價一角,則事不難而款易集。且每張一角,加之買票之人,並不見多,於彩票銷行決無妨礙,而各票之在上海銷售者,有三萬餘張,每月即可集洋三千餘元。以第一年所收爲造屋開辦費,以後所收,即作常費。較之勸募月捐、年捐,事易而款鉅。想承辦彩票者,人人有公德心,決不輕視生命、阻格善舉。爲此,謹議辦法,懇請憲台詳請督撫憲批准立案,並咨行湖廣、廣東、安徽督撫院,札飭各該局遵照辦理,以成善舉而保生命,感德無量。肅稟。

擬設上海中西醫院辦法

一、擇地。醫院之設,必在車馬通行、往來便宜之處。查上海十六鋪以南,市廛櫛比,無一隙之地。其南門、西門附郭一帶,雖有空地,而路非交通。惟沿浦有積穀倉餘地一方,坐落上海適中,且在老馬路、新馬路之間,又近浦埠,地雖不大,目前先就應用之屋建立基礎,將來尚可擴充。此地原有十餘畝,本爲新漲浦灘,光緒二十九年出租與人,填土成地,十年爲期。現擬劃出三畝,餘向原租之户轉租,俟期滿一律收回。

二、建築。現在地位不多,計丈見東至西一百六十六英尺,南至北一百三十五英尺,擬建男、女病院,並附設男、女醫學堂。第一進洋房九幢,其樓下中間爲藥房,左、右各一大間，俱合二間爲一，左一大間爲男病人候診室，右一大間爲女病人候診室。其後半隔爲二小室，一爲西醫休憩室，一爲診病處。左之左一間爲中醫診治男病室，一間隔爲二，前爲男教員預備室，後爲學生膳堂。右之右一間爲中醫診治女病室，一間隔爲二，前爲女教員預備室，後爲學生膳堂。樓上中間爲辦公處，其左四間，附設男醫學堂，右四間，附設女醫學堂。學生各以二十名爲額(學堂章程另詳)。第二進中爲甬道，上蓋玻璃篷，左一行七幢，爲男病房，樓上下可容八十人住。右一行三幢，爲女病房，樓上下可容三十人住。第三進平房五間，中一間隔爲二，前爲割症室，後置割病器具。左右各二間，與中間各相離五尺地，左爲男割症病房，右爲女割症病房。此二進男、女病房，俱以牆分隔，不相往來。第三進之左右另建兩院，左一院稍大，爲男傳染病房。右一院稍小，爲女傳染病房。周圍俱築高牆，牆外種植樹木。其兩旁餘地建小屋，爲廚房、廁所等用。此建築之大略情形也。

三、估計。造屋費，第一進洋房九幢，約估銀八千兩；第二進樓房十幢，約估銀六千兩；第三進平房五間，約估銀一千五百兩；左一院傳染男病房，計樓房十幢，約估銀四千兩；右一院傳染女病房，計樓房五幢，約估銀二千兩；其餘房屋、圍牆，約估銀二千五百兩：共造屋銀二萬四千兩。置備檯凳床鋪，約銀二千兩；割症器具約銀四千兩。以上共約銀三萬兩。

四、常費。西醫男、女各一人，兼充教員。每人每月二百元，每年共四千八百元。中醫内外科四人，兼充教員，每人每月一百元，每年共四千八百元。帳房及茶房司事各項男女傭工，每年約共一千二百元。男、女看護約十人，每人每月十元，共一百元，每年一千二百元(此項看護辛工第二年後酌加)。火食雜用，每年約一千元。貧病送藥，每年以五千元爲限。地租每年一千元。以上共一萬九千元。

五、診病。每日十點鐘開診，一點鐘停診。凡來診者，男從左角門入，女從右角門入。先在掛號處掛號，至候診室。願就中醫者，坐中醫候診處；願就西醫者，坐西醫候診處。中醫處方，院中不售藥；西醫處方，即赴藥房平價購藥。男、女仍各從左、右角門出。其住院養病者，中西醫生早晚視病二次，早八點至九點、晚六點至七點，飲食各就中西所宜。

六、收費。掛號每人收錢三十文，住院分二等，甲等每日房飯五角，乙等二角，極貧者免。

七、保單。凡住院養病者，須覓保人具保單存院，無保人者不留，不治之症不留。設有不測，立傳保人同親屬到院，領回成殮。如在院殮者，殮畢即移柩出院，不過宿。

八、籌款。查上海銷行彩票，以湖北籤捐票爲大宗，計分局每期售七千張，嚴少記分銷處八千張，楊柑記分售處三千張，另户約二千張，共二萬張。江南公益票在本埠銷售者，以一萬張爲度。安徽鐵路票、廣東票俟查明實銷張數酌定。計每票一張加洋一角，蓋戳票上不論市面漲落，概由票行於領票時先繳。湖北票由分局及分銷處、分售處彙繳總工程局，江南票由總公司彙繳，安徽、廣東各由承辦處彙繳，均於開彩後一日繳足,不得短少拖欠。

批:上海爲各國雜居之地,西人病院林立,然華洋體氣不同,若非另設一中西醫院,斟酌損益,施治難期合宜,祗以經費浩繁,尚未議及,誠爲缺點。今察核來牘,此事更未可視爲緩圖。且就滬上各彩票每張加價一角,湊充一切用款,輕而易行,事關善舉,各票店諒亦樂從。候即轉詳兩院憲核示,並請咨商鄂、粤省督撫院飭遵,希即知照。此復。摺存。四月十八日。

蘇松太道瑞照會奉督撫院批道詳上海設立中西醫院請就各省彩票加價籌費文光緒三十三年六月十七日

爲照會事。本年五月二十九日,奉南洋通商大臣端批道詳工程局李紳等稟,議設中西醫院,就各省彩票加價籌費,擬呈辦法,請轉咨由。奉批,據詳總工程局總董等請設中西醫院,議由上海銷售之各項彩票每張加價一角,作爲經費等情。醫院洵爲惠民要政,彩票加價,亦尚輕而易行。惟事關善舉,須出樂輸,應由該局先與各票店商明允洽,議有成規,再行詳候咨明湖廣、廣東、安徽督撫院查照,繳摺存等因。又於六月初二日奉蘇撫憲陳批同前因。奉批,詳及章程均悉。李紳等擬在滬地建立中西醫院,使患病之人得以赴院就診,不致蔓延爲患,足徵關心民命,殊堪嘉尚。惟一切開辦常年經費,悉由上海銷售各彩票內加價抽提,輿情是否允協,銷場有無窒礙,應令李紳等先行會商妥協,再行詳候核咨。所請咨商之處,暫從緩辦,仰即遵照,仍候督部堂批示,繳摺存等因各到道。查此案前據貴總董來牘,業經據情抄摺,轉詳在案。奉批前因,合亟録批備文照會。爲此照會貴總董,請煩查照施行。須至照會者。

西門外方斜馬路交涉案

稟蘇松太道瑞西門外推放警察請照會法總領事截止掃除垃圾文光緒三十二年閏四月二十五日

敬稟者。竊西門外警察定於五月初十日開放,業經專稟陳明。查方浜橋至斜橋一帶馬路,法公董局向在該處掃除垃圾。今既推放警察、整頓路政,應請照會法總領事,轉飭公董局,於五月初九日即西曆六月三十號截止,以清界限。爲特繕稟,仰祈俯賜察核施行,實爲公便。肅稟。

批:來牘閲悉。已函致法總領事查照飭遵矣。此復。閏四月二十七日。

致蘇松太道瑞函請争回西門外方浜橋至斜橋一帶路權文閏四月二十六日

敬肅者。西門外推放警察、整頓路政,歸紳董接辦,業蒙函致法總領事查照在案。查方浜橋至斜橋一帶馬路,損壞難行。昨由敝局飭匠前往修築,經法公董局阻止。今日法公董局竟派人在彼工作。爲特奉函,懇請迅賜函知法公董局,務將修路工匠撤回,是所至禱。專肅。

又函閏四月二十七日

敬肅者。昨日奉函,以西門外方浜橋馬路飭匠往修,經法公董局阻止,即由法公董局派人工作,請爲函知法公董局,將該匠飭回等因,計荷准行在案。查方浜橋迤南,本我中國地界。五月初十日,須開放警察,自應將道路修平。本月廿五日,飭匠往修,從界碑南首開工。是日下午四句鐘後，經法公董局飭人阻止，二十六日法公董局即僱工修理，董局亦飭人阻止。據法公董局經管馬路之人云，至西門外至方浜橋一帶，曾於西曆一千九百年由法總領事與前道憲簽字，准由法公董局修築等情。董等查光緒二十九年因法人添築馬路，由邑紳李曾珂等稟請阻止。案内曾奉前升道憲袁札上海縣文内，敘述法總領事白於西曆一千九百年有西門外至斜橋一帶馬路仍歸華官管理等語，並無准其修路明文。所謂西門外者，實係指自界碑起迤南而言。現在總工程局既已成立，則修路自應從方浜橋界碑毗連租界之處開手，而今日法公董局仍在工作，難以理喻，應請查核前案，據理力争，免釀交涉事端，地方幸甚。專肅。

蘇松太道瑞函復西門外徐家匯馬路舊案文五月初十日

逕啓者。西門外方浜橋至斜橋一帶推行警察一事，業於本月初五日將先備照會，繼派繙譯與法巨總領事晤商大略情形，並囑萬直牧與公面達一切，具函奉佈在案。查此事前接來函，以貴局派人修路，法公董局阻止，並先工作，請即據理力争等因。當經函復尊處，開放警察，既已定期，屆時自應舉辦。至修路等事，俟理辯明白，法工停作，再行動工。一面查案，又以光緒二十六年法白前總領事請將租界外之徐家匯馬路一道歸公董局經理，其釐卡巡丁、中國行路兵勇及民間婚喪等事，照常在此路應用。經余前升道通融照准。惟方浜橋至斜橋一帶馬路，仍應剔除，故又議定改由新法界路接通羅家灣支路，以達徐家匯。是年十一月十一日，准法白前總領事照會，余前升道出示曉諭有案。今中國在該處舉辦警察，平治道路，保衛地方治安，係屬自有之權。公董局何能出而阻撓，恐其未悉原委，致有争執。即祈轉飭公董局，切勿仍前争阻等語，函致法巨總領事去後。兹准法巨總領事，以西曆一千九百一年正月七號該國白前總領事照會余前升道文内聲明，方浜橋一帶馬路，嗣後仍須公董局照常修築及興工動作等語，詞句甚爲明晰，仍請轉致貴局毋再經理此路事宜，以遵前議而免争執等情，函復前來。弟復調查檔案，詳加細閲，始知西門外至徐家匯沿途地方馬路，於咸豐四、五兩年由法國僱用兵丁造成。既稱僱用，即費款項。同治二年設立法公董局。自是年至光緒二十六年，鋪築馬路所用土石各工，共銀四萬五千兩，此數並不爲多。法白前總領事以賠款太多，擬將此路歸法公董局抽收車捐，以充經費，並派捕查車等語，具函交由洋員福開森持向余前升道商允，准其抽捐。惟該處馬路自西門至斜橋一段，仍應剔除。法白前總領事以西門至斜橋一段剔去，則於徐家匯馬路隔斷不通，擬改由新法界西南角顧家宅起，由法公董局自行購地造築馬路，擬通羅家灣支路以至徐家匯等語相商。又由洋員福開森前往履勘改由之路，約計三里，余前升道又通融照准。其方浜橋至斜橋一段，雖當時議定剔除，歸我經理，而該處馬路仍聲明照舊辦理，路爲法築，所云照舊者，即仍歸修理之意。但不派巡捕而已。兹將原卷抄呈台閲悉其原委當必頓足也。鄙意此路在二十六年分法前白總領事既稱修路之費，自同治二年至光緒二十六年不過四萬五千金，加以咸豐四、五兩年僱兵修路費用，爲數亦不致過多。當時余前升道既未籌款贖回，其方浜橋至斜橋一段雖允剔除，而馬路仍照舊辦理，是剔與未剔相同。現在該處路工，默度情勢，若争回由我修治，殊非易易。所幸警察一事，仍由我設，可以自佔地步，相機行事，以待將來。務祈諸公少安勿躁，仍暫擔任保護法路之責。前函未盡，再佈區區，望垂察焉。肅復。

附抄件

前滬道余聯沅照會法前總領事白光緒二十六年九月初九日

爲照復事。前准貴總領事致南洋大臣委員福開森函稱，上海西門外至徐家匯沿途馬路，自咸豐四、五二年由貴衙門派兵修造。至同治二年，由貴公董局鋪築土石，各工歷年至今，用銀四萬五千兩。現在以賠修太多，擬歸貴公董局抽收車捐，以充修費，並派捕查車等情在案。本道正在查核辦理。兹於九月初二日復准貴總領事照會前因並請出示曉諭。查上海西門外至徐家匯之馬路，本係官路，既經貴公董局歷年修築，所擬抽取車捐，充作修費，自未便過事拒絶。惟該地每年應繳中國地租銀一百五十兩，此路巡丁及沿途貨卡民産並遇調兵及民間婚喪等事，仍歸地方官主問。貴公董局查車巡捕，除查漏捐車輛壞路損樹違章等情外，其餘一切民情仍由中國巡局查核究辦，相應備文照復，請煩查照，仍希見復施行。

前滬道余照會法前總領事白光緒二十六年十月初九日

爲照會事。九月三十日，准貴總領事來函譯稱，徐家匯馬路一道准貴道九月廿三日照復等因。查本總領事認明此路歸公董局經管者，實照以下辦法，即釐卡巡丁、中國行路兵勇及民間婚喪事件，仍照常在此路應用。公董局巡捕只管車輛並公董局章程載明各事，若該巡捕在此路忽見有民間犯法者，即送交中國巡局究辦。其違背公董局章程，應送法會審公堂問理。爲此函致貴道查明，如蒙稱便，公董局擬於西曆十二月初一日即十月初十日始行辦理等因。復准南洋大臣委派拓界委員福述知貴總領事，認將新拓法南界丁家橋即方浜橋至斜橋一帶馬路，仍然照舊辦理，不派巡捕，改由新界西南角另造馬路，通羅家灣等情，本道正在核辦。嗣准十月初八日貴總領事來文，擬於十月初十日將該馬路交由公董局派捕經管，催請出示曉諭等因。准此，查徐家匯沿途馬路，係由貴公董局築造，允爲派捕、抽收車捐，業經核准備文在案。現在貴總領事情願騰出斜橋至方浜橋一帶馬路，改由新界西南角至羅家灣另造馬路。查尚便於行人，應可照准。既經催請出示，准俟該新路造成，由貴總領事照會，當即飭縣出示曉諭大衆，以便貴公董局查照辦理。相應照會，請煩查照，須至照會者。

前法總領事白照會前滬道余光緒二十六年十一月十八日

爲照會事。案照本租界至徐家匯馬路一道，十月初九日准貴道照會内開，俟新界西南角至羅家灣新路造成，由貴總領事照會，當即飭縣出示曉諭大衆，以便公董局查照辦理等因。惟西門外方浜橋至羅家灣一帶馬路，嗣後仍須由公董局照常修築及興動工作，如設燈、通水各工程，中國巡局勿稍阻止。所有本租界捐照各車經過此路，中國巡局勿再收捐，應請貴道查照，飭知巡防局遵照，勿阻工程、勿收車捐爲要。再，本總領事查該新馬路現已將次造成，定自光緒二十七年正月初一日爲始，即由公董局查照前議，派捕巡查、抽收車捐，相應照會，請查照札飭上海縣，出示曉諭，俾衆咸知，以便公董局照議派捕經管此路也。

前滬道余稟南洋大臣劉光緒二十六年十一月二十五日

敬稟者。竊查上海西門外由斜橋而至徐家匯一帶馬路，上年擴充法界時，法國白總領事原欲一併圈入，經李前升道查明，該處爲製造局出入要道，居民繁盛，未便照允。督同福洋員開森、余丞貞詳，竭力磋磨，許以若照英、美界外築路章程辦理，尚屬可行。緣英界未拓以前，其由泥城橋、黄家庫分二支路，以達静安寺西北，再由萬航渡西南而至徐家匯一帶，均在租界之外。二十年來，工部局購地築路，派捕經管，然地方民情仍不過問，以示與租界有别。故李前升道援以爲轉圜之計，界務始獲就範。本年夏間，白總領事復申前議，以徐家匯沿途馬路自咸豐五、六年由法兵興造，同治二年移歸公董局籌款修築，所費不貲，擬酌收該處馬路車捐，以充修費。先與原議之福開森函商，並備文照會到道。當復以馬路所派之捕，只能稽查漏捐車輛，所有沿途巡丁、貨卡、民産及吉凶、軍兵一切民情，應仍歸中國地方官照舊管理。其西門外至斜橋一段，仍應剔除。白總領事謂如將西門至斜橋一段剔去，則於徐家匯馬路隔斷不通，擬改由新法界西南角顧家宅起，由公董局自行購買民産築造馬路，接通羅家灣支路，以至徐家匯等語。隨由福洋員前往履勘改由之路，約計三里，核與西門斜橋繁盛之區不同。法局在彼派捕抽收車捐與由西門經斜橋達製造局一帶車輛無涉，亦與製造局南北出入要道無礙。並准法總領事文開此路先於十月初十日飭捕察勘，請飭縣示諭各項車夫等知悉等由。職道伏思徐家匯馬路歷年由法公董局出資修理，頗便行人。該路坐落沿河，各項車輛任意馳逐，易於壞路。該局以修款無著，派捕酌收車捐充費。李前升道既有成議在先，職道未便拒絶於後。且白總領事允不干預中國照舊辦理各項事宜。察度目下情形，似可權宜允照。除飭縣示諭外，理合將商辦緣由繪圖簽明稟報，仰祈俯賜察核備查。謹稟。

法總領事照會前升道憲袁復文光緒二十九年三月初三日

爲照復事。准貴道二月初六日照會内開，據紳士李曾珂稟稱，上海西鄉長浜以南法租界，以關帝廟爲止，自廟以西並非租界。近有多人在該地方插竿丈測，行將開築馬路，環求核辦等情。據上海縣汪令稟，據地保稟，此項樣竿實係法工董局所插，均在租界以外，請照會轉飭停止，以符約章等情，照請飭阻見復等因。准此，查公董局在新租界外開築馬路一事，貴道應憶前西曆一千九百年年底經前總領事白欲使城内界内人等共相和睦，議定自西門外至斜橋一帶馬路，由華官派人經管，任憑官商軍民人等隨便前往製造局以及防營龍華等處，本國巡捕可不過問，故中國地方官亦允公董局於租界外購地開築馬路，一通徐家匯，一通静安寺英大馬路。公董局隨即開築寶昌等各馬路，均承華官助理而成。現在公董局議定，自公館馬路迤西，由長浜開築馬路一道，直達徐家匯北英馬路相近擔文住宅地方爲止，是以於該處地方插竿丈測，亦係查照所議辦理，並非與約章不符。且查貴道既准於公共租界開出戈登及白賴南等馬路，揆諸情理，亦不致准彼禁此。查此路計長二千五百碼，寬三十尺，需地約三十五畝，此路一開，則兩旁地畝價值自必飛騰，路旁地主當亦知感。相應照復，請煩查照，札飭地方官相助公董局購地開築一面飭令縣局隨帶亭耆會同勘丈。至於應遷墳墓無多。公董局亦願給還遷墳之費，即祈見復施行。須至照會者。

又前升道袁札上海縣汪文光緒二十九年三月初十日

爲札查事。案照紳士李曾珂等稟，法租界外關帝廟以西有人在該處插竿丈測，將築馬路，環求核辦等情。飭據該縣查復，此項樣竿，實係法工董局所插，均在租界以外。當經備文照會法總領事飭阻去後。兹於三月初三日准法總領事巨復文，以公董局在新租界外開築馬路一事，貴道應憶前西曆一千九百年年底，經前總領事白欲使城内人等共相和睦，云云。全敍見復施行等因。准此，查白總領事請將租界外之徐家匯馬路一道歸公董局經管，祇派捕收取車捐，所有釐卡、巡丁、中國行路兵勇及民間婚喪事件照常在此路應用，當經余升道通融照准。惟西門至斜橋一段，仍應剔除，故又議定改由新法界西南角顧家宅起，公董局自行購買民産，築造馬路，接通羅家灣支路，以達徐家匯。嗣於是年十一月十八日准白總領事照會，新馬路將次造成，自光緒二十七年正月初一日爲始，由公董局查照前議收捐，請飭縣出示曉諭等因，即經余升道轉行照辦在案。此外，有無議准公董局開築馬路直達徐家匯之事，合亟飭查札到該縣，即便遵照確查具復，以憑核辦。毋違。

前滬道袁稟江督魏、蘇撫恩

敬稟者。竊查法公董局擬於租界之外，自關帝廟西長浜路直至静安寺英馬路近擔文之宅爲止，添築馬路一案，稟奉憲台、南洋大臣魏。批開，英法界外築路，互相援引，伊於胡底，應商定以後，不可推廣，並繪圖注明各該圖已擴新路及法國現請添築之路，並商明派捕，亦祇能專查車輛捐項，餘事未便干預，再行稟候核奪。並蒙憲台、南洋大臣魏。批示，照約妥商，以順輿情，仍候通商大臣批示各等因到道。遵查，英美工部局從公共租界外戈登路起，迤西至北新涇鎮東首，轉南至鄭家橋，計長十六里之譜；又南洋公學前起，迤西直至上青交界之處，計長十五里半之譜。約共地二百五十餘畝，係私向民間購用，並未派捕，亦未收捐。其法公董局從新擴租界外打鐵浜迤西至徐家匯路名寶昌路，寬六丈，計長七里之譜；又羅家灣計長二里半；又聖母院路計長三里半；又比松路計長三里；又巴吉路連善鐘路計長二里半；又杜美路計長一里。約共地二百六十畝零，亦係自向民間購用，或已派捕而收車捐，或未派捕併車捐亦未抽收，此外别無干預地方情事。兹飭據縣局詳細查明，繪圖貼説，並開具清摺前來，理合稟送，仰祈俯賜察核。再，查英工部局與法公董局雖同在租界之外購地築路，然英則擅自興工，法尚先行商辦，較爲彼善。於此且密探法局之意，勢在必行。若拒之過堅，轉恐難以轉圜，不如迎機而導，與之議明，以後不得再行推廣，以免漫無限制。至其籌款築路，雖爲便利中外行人、振興市面起見，第究在新擴租界之外，未便衡以租界辦法，應仿照比松等路，勿准派捕收捐，即或派捕，亦祇能稽查車捐，其餘一概不應過問。似於通融中仍予限制，以期仰副憲台篤邦交而衛地方，兼籌並顧之至意。仍求批示遵行，實爲公便。謹稟。

計呈地圖一幅、清摺一扣。

蘇撫憲批：據稟並圖摺均悉，仰即遵照。所擬辦法，切實商定以示限制爲要，仍候通商大臣批示。繳。七月十六日。

南洋大臣批：據稟已悉，仰即妥爲商辦。總以不再推廣、不侵地主之權爲要，仍將商辦情形報明。查繳，圖摺存。十七日。

又前升道憲袁札上海縣及會丈局文光緒二十九年九月初一日

爲録批札飭事。本年七月二十四日，奉南洋大臣魏批本道稟擬定限制，各國以後不再推築馬路商辦緣由。奉批，據稟已悉，云云。全敘等因。又於八月初八日奉蘇撫憲批本道稟同前由。奉批，據稟並圖摺均悉，云云。各等因到道。奉此，合抄稟稿札飭札到該縣、局，即便查照。毋違。

蘇松太道瑞函復西門外修路事俟辯明再辦文光緒三十二年閏四月廿八日

敬啓者。迭奉惠函拜悉種切，方浜橋至斜橋一帶舉行警察一事，前接來牘，業經兩次函致法總領事，轉飭公董局知照，尚未復到。是以裁撤巡局一節，尚未札行。今讀兩次來示，並據西門外巡防局員將廿六日彼此争執情形具報前來。除再查案函達法領據理力争應俟復到另佈外，惟開放警察其期既定，届期自應舉辦。至修路等事，應俟理辯明白，法工停作，再行動工，併以奉聞。專復。

蘇松太道瑞來函抄送復法領事函稿文五月初六日

敬啓者。西門外方浜橋至斜橋一帶改設警察，修平道路，先經備文照會，繼派繙譯晤商。法巨總領事執定余任前案，不能照行，旋又理論再三，始允將警察歸我派往。此事前任既有定議在先，一時難以挽回，未可操之過急。目前惟有先派警察自佔地步，其餘隨時察看情形，相機辦理。除囑萬直牧將晤商細情面達台端外，兹將函復法巨領之稿抄送存查。此請。均安。

附抄件

上海道瑞復法總領事巨函五月初五日

啓者。西門外方浜橋至斜橋一帶因前設巡防不能得力，擬改辦警察，並修平道路兩事，當派萬繙譯委員趨詣晤商。昨據該員回署面述尊意，藉悉一一。本道已囑工程總局酌撥得力警察巡士，即於月之初十日派往，分班輪巡，尚祈貴總領事轉飭公董局知照爲荷。至修路一事，另行商辦可也。謹復。

蘇松太道瑞來函抄送與法領事往來稿件文五月十四日

敬啓者。西門外方浜橋至斜橋一帶舉行警察一事，業將辦理情形先後函致在案。所有敝處與法總領事往來函件，除閏四月廿一日及五月初五日兩致法領函稿先已抄送台閲不復重録外，其餘各件兹一併抄送，即祈檢入備查爲荷。

附抄件

上海道瑞致法總領事巨函閏四月二十六日

啓者。前因西門外及南城根一帶流氓衆多，商由南市總工程局挑選巡警學生派往站巡,並將方浜橋至斜橋一帶關涉路政諸事宜,妥爲籌款董理,定於五月初十日開辦,業經致明在案。兹據總工程局稟稱,方浜橋至斜橋一帶馬路,公董局向在該處掃除垃圾,今既推廣警察,整頓路政,應請轉致公董局於五月初九日即西曆六月三十號截止,以清界限等情,用再函佈,即希查照飭遵爲荷。

又函閏四月二十八日

啓者。西門外方浜橋至斜橋一帶舉行警察一事,業經兩次函致在案。惟既定華五月初十日開放警察,自應先將道路修平。當由工程局於本月二十五日飭匠往修,從界碑南首開工。是日下午四句鐘後,經法公董局飭人阻止。據法公董局經管馬路之人云,西門外至方浜橋一帶,曾於西曆一千九百年由法總領事與前道憲簽字,准由法公董局修築等情。本道吊查原案,光緒二十六年,貴前白總領事請將租界外之徐家匯馬路一道歸公董局經理,其巡卡巡丁、中國行路兵勇及民間婚喪事件照常在此路應用,經余前升道通融照准。惟方浜橋至斜橋一帶馬路,仍應剔除,故又議定改由新法界西南角顧家宅起,公董局自行購買民産,築造馬路,接通羅家灣支路,以達徐家匯。是年十一月十一日,准白前總領事照會余前升道出示曉諭在案。今中國在該處舉辦警察,平治道路,保衛地方治安,係屬自有之權。公董局何能出爲阻撓,誠恐其未悉原委,致有争執。合再查案奉佈,尚祈貴總領事轉飭公董局知照,切勿仍前争阻,仍望惠復爲荷。

法總領事巨復上海道瑞函閏四月二十八日

啓者。昨展來函,據總工程局稟,方浜橋至斜橋一帶馬路,公董局在該處掃除垃圾。今既推廣警察,整頓路政,請轉致公董局於五月初九日即西曆六月三十號截止,以清界限等情,函請查照飭遵等因。查此事曾經白前總領事與余前道商議定案,現在無可更異。有白前總領事致南洋大臣委員福開森函,並有光緒二十六年九月初二日白前總領事照會,九月二十二日余前升道復函,九月三十日白前總領事照會,十月初九日余前升道復函,十一月十七日白前總領事照會,十一月二十一日余前升道復文。彼此往來文件可稽,應請貴道查明。以上各文函,必貴道未知有此文函在案。本總領事想貴道如知有此項文件,未必有此次之函致,足啓彼此疑竇也。用特函請貴道迅飭工程局停止起作各工程爲要。順頌日祉。

又函閏四月二十九日

啓者。工程局修治西門外方浜橋至斜橋一帶馬路一案,昨已函復在案。頃接來函,請飭公董局勿再争阻等因。本總領事想貴道繕發此函時尚未接閱昨日復函。查西曆一千九百一年正月七號白前總領事照會余前升道文内,叙明方浜橋一帶馬路嗣後仍須公董局照常修築及興工動作等語,詞句甚爲明晰。來函謂吊查案卷,恐貴道公事紛繁,未暇詳閲此案原卷。合再查案奉佈,仍請貴道轉飭工程局毋再經理此路事宜,以遵前議而免争執爲荷。

又函五月初七日

啓者。西門外方浜橋至斜橋一帶馬路改辦警察一事,本總領事業已備案,並備諭捕房，凡該處匪徒竄逃本界，當協助中國巡士拿緝，以表彼此和好之情。至修路一事，雖屢准函商，並萬繙譯官來署面商，本總領事萬難復行商議此事。惟有按照白前總領事與余前升道所擬辦理也。合泐奉復，順頌日祉。

上海道瑞復法總領事巨函五月初八日

啓者。昨展來函，以西門外方浜橋至斜橋一帶馬路改辦警察一事，已備案，並傳諭捕房，凡該處匪徒竄逃本界，當即協助中國巡士拿緝。修路一事，按照白前總領事與余前升道所議辦理等因。查西門外方浜橋至斜橋一帶，在貴國租界之外，該處流氓衆多，巡防局員辦理未能得力，以致折梢搶劫之案時有所聞。是經商由總工程局，改辦警察，然該處既與貴國租界接壤，此拿彼竄，自在意中。承示匪徒竄逃本界，由捕房協助拿緝，是除暴安良。貴總領事具有同情，本道深爲感佩。除修路一事仍從緩商辦外，相應函復，即希查照可也。

法總領事巨復上海道瑞函五月十二日

啓者。前日接展復函，以西門外方浜橋至斜橋一帶馬路改辦警察，由捕房協助拿緝，是除暴安良，具有同情。至修路一事，仍從緩商辦外，復請查照等因。查此事本總領事雖深願見好從事，而於此段路政管理之權決不能承允再議，業經屢次敘明在案。誠以此事曾由白前總領事與余前升道商議定妥，照此辦理，六載有餘，何得驟行更改，置前次議約辦法於不顧。是以應請貴道勿再争執，因於此事貴道若有所請，本總領事雖深抱慊，亦終須拒絶也。貴道如再函及此事，本總領事惟有轉詳駐京大臣達諸外部，想貴國外部與本國駐京大臣亦惟有囑令按照前議辦理，到此辦法，而於本總領事與貴道反多不愜矣。合泐奉復，即希查照可也。

蘇松太道瑞函復方斜路權法領事堅執成案文五月十九日

敬啓者。西門外方浜橋至斜橋馬路一事，法總領事堅執從前余升任所訂成案照舊辦理，歸其修築，如再争論，當詳請駐京大臣與外務部交涉等因。以上情形，節經照録新舊文函送呈，諒邀均鑒。竊思自治之權，固不可稍有放棄，然至今日而言交涉，實有難易之不同。凡事總須相機審勢，不發則已，發則必期達其目的，事乃有濟。此事既已失之於前，更宜善持於後，如無善策，不如暫置不提，相時而動。江西教案、上海閔閣公堂，車鑒匪遙，前此抄案奉商，實非得已，日久未蒙賜復，殊切懸懸。昨聞洋員福開森揚言有挽回之策。查從前讓地失權，皆出福謀，何以今忽有愛於我而出此言？果能繫鈴解鈴，則事關諸君子桑梓公益，鄙人不惟樂於贊成，亦且甘拜下風者。惟法總領事所持"照舊辦理"四字，檢查原案，確有可徵未審，諸君子曾否與之商及此事，究竟能否辦到，能否不再別生枝節？尚祈詳籌見示爲感。弟於此事苦心孤詣，晝夜焦勞，亦祇我盡我心，無俟瑣陳也。專佈。

復蘇松太道瑞函請檢查前案再與法領事申説文五月二十日

肅復者。前奉鈞函，並抄示先後文件，具徵憲台争回主權、交涉爲難之至意，莫名感頌。而統閱從前來往文函，則又深爲扼腕。此事實失誤於前，現若力與之争，則彼必執持前説；若竟存而不論，則我將永失路權。因是躊躇致稽答復，兹復奉函示，益見憲台慮周藻密,晝夜焦勞,屬在紳商,同深感戴。竊惟方浜橋至斜橋,斜橋至徐家匯,本非租界。法人因歷年修路,遂至設立捕房,抽收車捐,而中間復横亙新築之馬路三條。照大局而論,自應議償修築之費,將各馬路一律收回,始爲完全辦法。然法人佔築已久,無論如何力争,如何婉商,終恐未必能允。惟尋譯文函,法白前總領事雖於光緒二十六年十一月十八日照會内有“西門外方浜橋至羅家灣一帶馬路,嗣後仍須由公董局照常修築”之語,而前升道憲實未有照准明文,且查是年九月三十日前升道憲照會法總領事文内有“貴總領事情願騰出方浜橋至斜橋一帶馬路,改由新界西南角至羅家灣另造馬路,應可照准”等語。而當時稟南洋大臣文内有“西門外至斜橋一段,仍應剔除。白總領事謂如將西門至斜橋一段剔去,則於徐家匯馬路隔斷不通,擬改由新法界西南角顧家宅起,由公董局自行購買民産,築造馬路,接通羅家灣支路,以至徐家匯”等語。曰“改由”,曰“另行築路”,是羅家灣路實因剔除方浜橋至斜橋一段始准其築造。文義極爲明顯,雖“照舊辦理”四字似屬含糊,而細繹上下文語氣,謂新拓法南界丁家橋即方浜橋至斜橋一帶馬路,仍然照舊辦理,不派巡捕,改由新界西南角另造馬路,通徐家匯等情,是改由之説,出自法總領事,實已將方浜橋至斜橋一段剔除。所謂照舊辦理者,係指此路照舊歸華官辦理而言,並非指照舊修築而言。今法巨總領事執謂“照舊辦理”四字,係指修路而言,實不甘服。承示洋員福開森揚言有挽回之策,曾否與之商及等因。前日曾托與福熟識者略詢大概,福第言此事本可商量,惟現在法領詞意甚堅,轉覺爲難等語。福之爲人豈真愛我,當再與商,如果確有把握,自不妨相機而動。惟“照舊辦理”四字,能否直破其扃,從前文卷有無間隙可以申説,愚昧之見,未敢遽決,尚祈裁察施行。此事關係至重,必須從長計議。地方上人静待挽回,決不至有粗暴舉動。知荷憲廑,用敢縷復。至二十六年九月初九日照會中有每年須繳地租銀一百五十兩,現在是否尚在繳納,並乞示知。肅復。

附函

再,查光緒二十九年三月初三日法總領事照復前升道憲袁文内,有西曆一千九百年年底經前總領事白欲使城内界内人等共相和睦,議定自西門外至斜橋一帶馬路,由華官派人經管,任憑官商軍民人等隨便前往製造局以及防營、龍華等處,本國巡捕可不過問。故中國地方官亦允公董局於租界外購地,開築馬路,一通徐家匯,一通静安寺。現在公董局議定自公館馬路迤西,由長浜開築馬路一道,的達徐家匯北英馬路相近擔文住宅地方爲止等因。曰馬路由華官經管,是馬路應歸我管理者也。曰巡捕可不過問,是此路内永無巡捕涉跡者也。今法人既執照舊辦理爲言,而必欲修路,復日有馬巡經行二三次,顯係違背約言。若姑且隱忍,將來干涉之處,更不止此。究應如何查核前案,再與申説之處,並候鈞裁。再肅。

蘇松太道瑞復函檢查前卷無可力争當從緩設法文五月二十六日

敬啓者。昨展惠函,誦悉種切。尊論推勘極爲精審,紉佩良深。方浜橋至斜橋一路,弊在當時辦理過於模棱,積重遂致難返。誠如來牘争之不能,置之不甘,實所疚心。既承誣諉，屬爲查核前案，再與申説，敢不竭盡我心，以冀挽回大局。兹復紬繹全卷，爲尋瑕抵隙之謀，乃實有無可據以力争之苦。蓋光緒廿六年九月三十日余前升道照會法總領事，文内雖有貴總領事情願騰出斜橋至方浜橋一帶馬路，改由新界西南角至羅家灣另造馬路之語，稟報南洋大臣文内亦有西門至斜橋一段仍應剔除字樣，然法總領事並無認可復文。僅是年十月初九日福開森來函，有法總領事擬將丁家橋即方浜橋至斜橋一段讓出，改由新界通徐家匯支路之語。迨是年十一月十七日，法領照會又稱西門外方浜橋至羅家灣一帶馬路，嗣後仍須由公董局照常修築及興動工作，如設燈、通水各工程，中國巡局勿稍阻止。所有本租界捐照各車經過此路，中國巡局勿再收捐。又，廿七年正月廿八日法領來函，亦謂西門外方浜橋至羅家灣一帶馬路仍由公董局照常修築各等語。均經余、袁二前升道先後札縣出示曉諭，並照復法領各在案。各前任均未與深辯，致有今日之困難。且廿九年三月法領照復文内止有西門外至斜橋一帶馬路由華官經管，彼不派捕之語，並無歸中國修築之説。是以袁前升道稟報南洋大臣，亦衹將以後不再推廣，自畢其議。今法領不允歸我修路，衹認設巡，此正彼所謂照舊辦理也。諸公以爲何如？總之，鄙人有地方之責，如有可以收回已失主權，誠不惜摩頂放踵而爲之，決不稍存退讓。第此事實已再三籌度，無理可以折服，强聒不舍，徒費唇舌，惟有從緩設法，既得諸公再與福謀相機而動。俟有間隙，弟再據以辯論，事或有濟，亡羊補牢。惟賴羣力，無任禱蘄。至每年地租銀一百五十兩，曾否照繳，現已飭查，復到再行奉佈可也。

蘇松太道瑞函復徐家匯馬路年租事宜文六月初七日

敬啓者。西門外至徐家匯一帶馬路，每年應繳地租銀一百五十兩，飭據上海縣汪令稟復，歷年以來，未據公董局交納該地應完錢糧，係由原地主按年完繳等情到道。除函詢法總領事飭查按年補繳仍俟復到另佈外，合先函達，即希查照爲荷。

致蘇松太道梁函請阻法人擅修西門外斜橋文宣統元年正月廿五日

敬肅者。竊西門外斜橋上年曾由董局修换橋欄，嗣因橋樁被船隻撞斷，用木支撑。本年正在配料，估勘往修，兹據西區分辦處報稱，現有工匠數名修理該橋，詢係法公董局派來等情。查斜橋在西區轄内，應由董局修理，用特奉函，懇祈函致法總領事轉致法公董局停止修橋工程，仍由董局派匠修理，是所至荷。

蘇松太道梁復函争阻法人修理斜橋文二月初七日

逕啓者。西門外斜橋樁斷，應由貴局派匠修理，公董局不應干預一案。前接來函，當即轉致法總領事轉飭停工。昨據函復，援引聶前升道舊案，仍歸公董局修理。除駁復外，特抄往來各函送祈台閲。其已修之工程，應否由貴局償還，抑如何辦理，並望核復，以便轉致爲荷。

附抄件

照抄正月廿七日致法總領事函

啓者。昨據城廂内外總工程局總董李鍾珏等函稱，西門外斜橋，上年曾由局修换橋欄，嗣因橋樁被船隻撞斷，用木支撑。本年正在配料，估工往修，乃現有工匠數名修理該橋,詢係法公董局所派。請致函台端,飭令公董局停修,仍由局派匠修理等情。用特函致,即祈貴總領事查照飭遵,並望速復爲荷。

法總領事復函

啓者。正月二十七日,接展來函,以據總工程局總董李鍾珏等函稱,西門外斜橋樁斷,現有工匠修理,詢係法公董局所派,請致函飭停,由局修理等情,函請查照飭遵,速復等因。卷查光緒十七年十二月十一日准聶前道來函内開,照本道平心商擬該路由公董局籌款興修,亦係便民之舉,如與原路工程及居民並無窒礙,似不致有閑人阻撓之事,應請轉飭公董局此後工程遇有改橋改河及改此路原式等工,務須遵照貴總領事所定辦法,先由該局董報明情形,與地方官商議妥當,然後舉辦等因在案。是公董局因橋樁損壞,不過派匠修理而已,現已興修其一,尚有一樁亦即次第修理,係屬照函辦事,並無不合,用特函致,即希貴道查照飭知爲荷,順頌日祉。

抄駁復法領函二月初七日

啓者。西門外斜橋樁斷,應由總工程局修理一事,日昨接展來函,援引光緒十七年聶前升道復信,並以該處橋樁已修其一,尚有一樁亦次第興修等因到道。查核聶前升道致貴國華前總領事之函,係專指徐家匯馬路而言,函内改橋字樣不過帶敘及之,且仍須與地方官妥商。自是以來,並無逕准公董局修橋之事,是以該處橋工歷由本國地方籌款興修,有案可稽。現在自應仍由中國總工程局辦理,以符原案。應請貴總領事查照前函,仍諭公董局停修,以便總工程局自辦。其已修之工程,作何辦理,容俟總工程局核議到日,再行奉佈可也。相應奉復,即祈查照飭遵,見復爲荷。順頌日祉。

致蘇松太道梁函請詢法人已修斜橋工費預備償還文二月初十日

肅復者。昨奉鈞示,以西門外斜橋樁斷,法公董局不應干預修理一案,已函致法領轉令停工。據復,援引聶前升道舊案,仍歸公董局修理。除駁復外,特抄往來各函送閲。其已修之工程,應否由董局償還,抑如何辦理,並望核復,附抄件等因。仰見憲台保全主權之至意,無任欽佩。所有該橋已修之工程,請再函詢法領,計費若干,即由董局償還可也。專肅奉復,敬請鈞安。

致蘇松太道蔡函請阻法人越界建造捕房文宣統元年七月十六日

敬肅者。七月十二日,接署理上海吴淞江巡政廳嚴照會内開,近日傳聞法公董局在善鐘路即敝廳轄境二十七保七圖新閘區俗名劉家宅地方建造捕房,親往察勘,確有甫經插標興工之房屋。詢之工人,據云即係建造捕房之基礎。查警察爲地方行政機關之一,主權所在,界限不可不清。倘果任令法公董局在華界劉家宅建造捕房,則以後必致以管理地面爲詞,爲節節進取之計,後患何堪設想。自宜先事籌畫,力挽主權,相應照會等因。董局於此事先有所聞,因即派人往勘,見該處確在動工興作,事關越界建築,侵礙主權,亟應阻止。兹特繪呈圖樣一紙,其標明劉家宅地方有紅色記認者,即係法人興作之處,懇求察閲,迅賜照會法總領事傳諭停工,勿再建造捕房,以挽主權而清界限。無任跂禱,耑肅。

蘇松太道蔡復函法人越界建造捕房事已照會法領飭阻文宣統元年七月十八日

敬啓者。展誦惠函,以法公董局在善鐘路即劉家宅地方建造捕房,越界侵權,囑照會停工等因。查警察爲地方行政之機關,該處係在租界以外。其警察權,惟地方官有之,斷非公董局所能侵越,乃竟建造捕房,實屬不顧公理,有違約章。除照會法總領事迅飭停工,勿任興作,俾清界限俟復到另佈外,用特奉復。

西門外法電車公司交涉案

致蘇松太道瑞函請阻止法電車公司在西門外馬路安放電軌材料文光緒三十三年五月初三日

敬肅者。頃據西區區長報告,法國電車公司已在羅家灣路即呂班路安設鐵軌,今日有工人運鐵軌,在西門外方浜橋界碑處安放路旁。據該工人云,明日須將鐵軌運至界碑南沿西門馬路一帶,至斜橋迤西直達徐家匯等語。查租界外行駛電車,已奉憲台竭力阻止在案。西門外一帶,本非租界,且方浜橋至斜橋一段道路狹窄,僅寬二丈,車馬殷繁,電車斷不能行。今電車公司竟貿然從事,應求憲台設法阻止,曷勝感禱。

致蘇松太道瑞函查報法電車公司接築電軌地段文五月初四日

敬肅者。日昨奉函,法國電車公司在西門外方浜橋界碑旁堆積鐵軌,請設法阻止等情。頃又接西區區長函告,以今日午後五點鐘據巡目報告,所有界碑處鐵軌又陸續運往北首寧波路工作。當即派人向管工頭目密探情由,據稱該鐵軌係同和祥號包辦,共長五千丈。自東新橋與英租界接軌起,過寧波路,接寶昌路,是爲直綫之幹路。後由寧波路擬接西門外馬路至徐家匯,復由徐家匯而北接通英大馬路,是爲外圈之路。其呂班路、善鐘路、寶建路爲裏圈之支路。現在呂班路業已築完,趕築寧波路及寶建路,其西門外路須略緩工作。云云。傳説如是,尚容續探。惟界碑處鐵軌今日午後五點鐘確係陸續移往北首寧波路旁,合亟專函奉告等語。查閲函開各節,是今日情形又與昨日不同。爲特馳函奉達,即祈察閲核辦,是所至荷。

蘇松太道瑞函復西門外接設電軌期限請議復轉商文六月初四日

敬啓者。前承貴局函告羅家灣路安設鐵軌,將由方浜橋至斜橋達徐家匯一事。當即函商法總領事巨,轉飭停工商辦,並以此事恐難争持到底,不如中法合辦,藉可保此主權,函請貴局籌議。旋又面催,未荷福音。兹查巨總領事復信,仍有西門至斜橋鐵軌限西十月初一日動工、兩禮拜告竣之説,抄函附奉台閲。並聞巨總領事日内即須回國,敝處前請籌議一節,如有頭緒,即希示復,以便轉商,是爲至荷。

抄件附後

法巨總領事復上海道函三十二年五月初九日

啓者。五月初五日,接展來函,以據總工程局報告羅家灣路已安設鐵軌,將由方浜橋界碑南沿西門馬路至斜橋迤西直達徐家匯,請設法阻止等情,查與前次晤商面允緩辦之語不符,函請查照,轉飭暫停,候商見復等因。查函内有與前次晤商面允緩辦之語不符一語,本總領事殊覺難受。念自駐滬以來,從未有人出此不符一語。此語而出自素所友好之貴道,更覺心有難受。查本總領事前與貴道晤商面允者,不過謂俟安設各路鐵軌工完,其西門馬路至斜橋鐵軌末後安設耳。自接貴道來函,本總領事恐有誤會,即親往查看。該電車公司並不在彼工作,確與前言相符。貴道輕信人言,遽謂不符,殊難爲情。兹再相告貴道,前言已盡,如無本國政府命下,不再更改。且查承攬電車工程之人,與電車公司所立合同載明,安設鐵軌,限西曆本年十月十五日完工,其西門至斜橋鐵軌,限十月初一日動工,兩禮拜告竣。函准前因合亟奉復,即希查照爲荷。

致蘇松太道瑞函抄送電請外部江督商阻法人在上海西門外接設電軌文六月初九日

敬肅者。頃間進謁,商及西站外電車事。回局後,即由董局議會提議,僉謂此事應由地方紳董與法人一争。現已分别電達外務部及南洋督憲,請由外部迅商法使即飭阻止,藉爲我憲台争挽主權之助。合亟抄録電文,附呈鈞鑒。除將議會提議詳情另行稟復外,專肅。

附抄電稿

北、南京外務部王爺中堂、督院鈞鑒。上海西門外浜橋界碑起,迤西至徐家匯馬路,並非洋商租地。斜橋以東地方,已自辦警察。今法公董局越界,擅設電車軌道,定西曆十月一號動工,請大部電外部迅商法公使,即飭阻止。上海總工程局總董李鍾珏、曾鑄、朱佩珍、郁懷智、莫錫綸叩。青。

蘇松太道瑞來函抄送江督復電文六月十三日

敬啓者。西門外安設電車軌道一事,昨承函示,當經泐復,諒邀鑒及。兹奉督憲電諭,照録一紙,送奉台閲。事關收回路政,自應盡此心力設法商阻,惟能否辦到,殊無把握。諸君有何善策,尚祈妥籌見示,以匡不逮爲荷。

抄件附後

兩江總督端電蘇松太道瑞六月十一日

上海瑞道台據工程局董李鍾珏等電稟,上海西門外方浜橋界碑起,迤西至徐家匯,此路並非洋商租地,斜橋以東地方已自辦警察。今法公董局越界,擅設電車軌道,定西曆十月一號動工。請電外部,迅商法公使,即飭阻止等語。查此案迭經商阻,迄未就範。近又據尊處來稟,咨部切商各使飭速停工在案。今法公董局既擬訂期動工,望速查明,設法商阻稟辦。方。蒸。印。

致蘇松太道瑞函抄送總工程局議會議案請争回西門外路權文六月十七日

敬復者。電車事,疊奉鈞函,並照會及抄件軌綫圖等,一一敬悉。此事仰蒙憲慮周詳,轉輾籌畫,凡在紳商同深欽感。前日董局議會諸君集議,僉稱函諭所及,無不洞達。在憲台明知方浜橋、斜橋、徐家匯一路不易收回,欲借合辦爲默挽路權之計,真是煞費苦心。今法人得步進步，閲軌綫及合同，竟以方浜橋、斜橋、徐家匯一路爲應設之軌，而從十六鋪橋沿浦迤南至龍華，斜橋迤南至製造局爲合辦之軌，是上海城外東、西、南三隅均被包抄，路權全失，萬難允許。憲慮早已見及，於此自能駁拒，無待贅陳。惟查方浜橋至斜橋再西至徐家匯之路，實誤於光緒二十六年之辦法，從前准公董局另築吕班路時，雖曾聲明將方浜橋至斜橋一段剔除，而法領照會中仍有勿阻工程之語。細閲舊時文牘，法人初僅以償還修費爲辭，我無以應，遂有斜橋以西設捕房收車捐之事。而上年開辦西區警察，仍得安然位置者，皆出自憲台維持之力。今法人欲於此路上安設電車軌道，欲籌抵制固覺爲難，但此路自方浜橋起至斜橋再西至徐家匯一帶，係我上海地方之公路，並非洋商租地，與吕班路之由公董局價買填築者不同。歷年雖經法人經修，不過修費未償，其主權當仍在我中國。且電車係營業之事，尤不能與修路工程相提並論。既未經我中國官紳認可，法人自不應擅自興築。現在當以償還公董局歷年修費、收回路權爲上。著設或不能，則請此項電車築至方浜橋法界界碑爲止，應即轉請憲台婉商力阻，以順輿情，實爲至幸等情。董等覆核諸議董所議不無可採，惟能否以並非洋商租地商阻，抑或另行措詞，俾免觸背。並應若何轉請督憲大部力争之處，統祈察酌施行。奉發之軌綫地圖及合同，一併呈繳。再，北四川路與此路極有影響，伏乞統籌全局，力爲主持，倘能争回主權，則地方人民世世皆戴盛德。專肅。

致蘇松太道瑞函陳復法人代修徐家匯馬路歷史並界外築路地點文六月十九日

敬復者。昨奉鈞函，以西門外中國官路歷由法公董局代修者，自方浜橋至斜橋計若干里，又自斜橋至羅家灣止計若干里，羅家灣是否在法租界之内，一併賜悉等因。奉此，查方浜橋起至斜橋止計二里四分二毫，斜橋起迤西至羅家灣約一里，羅家灣起再西至徐家匯約六里半，計自方浜橋起至徐家匯共約九里九分二毫，法人統名之曰徐家匯路。至羅家灣並不在租界之内，計斜橋迤西至羅家灣，羅家灣再西至徐家匯，均係中國官路。因歷年法人代修，未償修費，遂於庚子年要求在羅家灣設捕房收車捐，均有舊案可稽。法人又於當時在羅家灣捕房旁邊直北開築一路，名曰吕班路，亦曰羅家灣路。再西至帶浦橋直北開築一路，名曰金神父路，接聖母院路。再西至陳涇廟相近直北開築一路，名曰畢勳路，接寶建路。此三路均直接東西横亙之寶昌路，均在租界之外。其吕班路即所謂調換方浜橋至斜橋一段而終未果行者，惟吕班路、金神父路、畢勳路及寶昌路雖均不在租界之内，尚係由公董局出價購地填築。若方浜橋至斜橋迤西至徐家匯一帶，全係我中國官地，祇因法人加以修費，路權遂歸伊掌握，致辦事諸多棘手。言念當時實鑄大錯，兹特檢呈地圖，敬求察閲。其紅點略大者爲法租界之碑，紅點細者爲法租界之綫，其長浜之紅細點爲公共租界界外之界綫。向西南一望，均是我中國地界，而法人所築之馬路，縱横皆是，較向有之租界，幾加數倍，致使我中國之土地盡在其勢力範圍之内。按圖而稽，能無痛心？界外築路，本爲通商條約所不載。今英租界有北四川路，公共租界有静安寺西之路，均係築在界外，而法人尤有無厭之欲。究應如何統籌全局，詳陳大部與彼力争之處，惟賴憲台力爲主持，以福我上海地方人民，此則董等所馨香禱祀而没世不忘者也。專復。

蘇松太道瑞來函抄送致法領事查案商阻西門外馬路行駛電車函件文六月二十二日

敬啓者。西門外馬路安設電車軌道一事，日前奉南洋大臣電飭查明，設法商阻。當經抄電送閲，並以有何良策函請妥籌見示在案。日昨又奉外務部咸電，飭即查明情形，迅速照商法總領事，實力阻止電復等因。除再查案照會法總領事飭令停工或改道接築外，兹特抄稿送祈察存。再，查方浜橋至斜橋馬路一帶，中有萬生木橋一座，曾於光緒二十五年間准法前總領事蓋函請，由公董局籌款興修，經余前升道駁回，自行修理有案，事在推廣法界以前。按之二十六年法領所稱照舊辦理一語，該橋應由中國修築，公董局不能藉修路强行電車，據此立論較爲理足。但該橋前係由西門外巡防委員稟請修理，現經多年從未據續請興修，不識法人有無私下攬修情事。擬請台端密飭行查，果其法人並未上手，現計應須大加修整，即行估計興工，實爲趁勢挽回之一助。尚祈酌行速復，以便核辦爲荷。

抄件附後

照會法總領事喇

爲照會事。照得西門外方浜橋至斜橋以達徐家匯馬路，法人擬鋪鐵軌，預備行駛電車一事。節經本道查案函請阻止，並稟奉南洋大臣批示，照會飭停工作在案。現據總工程局董及西門外衆商萬和等二十八户，以法人行將動工，諸多窒礙，稟請主持前來。查西門外方浜橋至徐家匯，本係中國公路。其應如何興修，自有公家承認法，公董局原可無須干預。雖光緒二十六年白前總領事九月三十日來函，在將徐家匯馬路認歸公董局經營之議，然情願騰出斜橋至方浜橋一帶馬路，改由新界西南角至羅家灣另造馬路。其斜橋方浜橋之路，應由中國收回，自行管理明矣。縱謂是年十一月十八日白前總領事來文聲明，馬路仍須公董局修築，及興動工作，如設燈、通水各工程，中國巡局勿稍阻止。第所稱修築者馬路而已，所稱工作者設燈、通水而已，並無提及將來安設電車鐵軌之語。如當時果有此語，前道必予據理駁回，不待今日商阻也。可見安設電軌，更與修路不同。修路爲舊時所有，安設電軌爲舊時所無，豈有該處馬路業已騰出，再聽公董局任意造作之理？况徐家匯馬路公董局仍須先請地方官示准，方能收取車捐。蓋路雖公董局經管，猶是中國公家之地也。今方浜橋、斜橋早經白前總領事騰出，剔除情形，尤屬不同。現本道先後奉到南洋大臣並外務部電諭，迅速照商法總領事，實力阻止等因。合亟備文照會，請煩查照，轉飭或令改道接築，無礙方浜橋斜橋一帶馬路，以順輿情，足紉公誼，仍望見復施行。

致蘇松太道瑞函復修理西門外萬生木橋歷史文六月二十三日

敬復者。接奉鈞函，以西門外馬路安設電車軌道一事，迭奉南洋督憲暨外務部電飭商阻等因。除查案照會法總領事飭令停工或改道接築外，查方浜橋至斜橋馬路一帶，中有萬生木橋一座，曾於光緒二十五年間准法前總領事蓋請由公董局籌款興修。經余前升道駁回，自行修理有案。事在推廣法界以前，按之二十六年法領所稱照舊辦理一語，該橋應由中國修築，公董局不能藉修路强行電車。據此立論，較爲理足。但該橋前係由西門外巡防委員稟請修理，現閱多年，從未據續請興修，不識法人有無私下攬修情事。擬請台端密飭行查，果其法人並未上手。現應大加修整，即以估計興工，實爲趁勢挽回之一助，祈速復核辦等因。奉此，遵即函詢西區分辦處去後，玆據復稱，萬生橋旁之木橋，前曾由法公董局修過。上年四月間由楊紳鶴吉以該橋危險，獨力捐修，圍以欄杆，並裝設天燈。自五月間，推放西區後，由區内陸續修理，約有五六次。惟十一月十六日法人在橋旁豎立路名界石，後曾在該橋修换橋板一塊等語前來，玆奉函詢，合亟奉復，究應如何立論與争之處，仍候鈞裁。專泐。

蘇松太道瑞來函飭趕修萬生木橋爲牽制安設電軌之一助文六月二十五日

敬密啓者。商阻西門外電車安軌一事，昨誦環章備悉。一是萬生木橋既由我陸續修理，不失爲完全之主權。路由公董局歷年代修，在彼有詞可藉，而橋爲中國所造，電車距可飛渡？雖法人間有私自修换之事，然並未知照，豈能執此强爲承認？惟若由我先行詰問，則反爲彼坐實其事，似莫如作爲不知，由尊處派人勘估。無論應得大修小修，迅即從事，彼如相安無言，或可爲牽制安設電軌之一助。如或出而阻止，則我亦無難照案駁回，既奉上憲電飭，切實商阻，凡有可以設法之處，自應殫竭心力而事之，有無把握不復顧也。用特密商，即祈執事查酌辦理，並望隨時見示爲荷。

致蘇松太道瑞函陳復趕修萬生木橋開工日期文六月三十日

敬復者。接奉密示，以西門外萬生木橋既由我修理，飭迅勘辦等因。當即轉知西區分辦處去後，旋據復稱，萬生木橋前經分辦處陸續修整五六次，現在大致均尚完好，惟橋板向係白木，極易碾損，橋欄油漆亦已剝落。玆擬將橋板損壞之處，抽换數根，加抹黑油，上蓋黄沙，並將橋欄油以藍色，以期焕然一新，請爲勘估轉報等因前來。當由董局工程處詳細勘估，辦法極合，定於七月初動工，合行陳報，伏乞俯賜察照施行。肅復。

蘇松太道瑞來函抄示商阻法人接設電軌與法領事往來公件文七月初九日

敬啓者。西門外馬路，法人擬築電車鐵軌，迭經敝處商阻，所有第三次照會前已抄送在案。日前法領事回文，藉口余前升道准其照常修路，興動工作，安設鐵軌，即是路工牢不可破。除再駁復外，仍將往來各文照録一通，送請存查。再，方浜橋至斜橋一帶往來小車、東洋車，聞從前曾經巡防局酌收捐款，以供該處路燈等項之用。現在是否照收，如何章程，尚祈示知爲荷。

抄件列後

法領事照會上海道瑞文六月三十日

爲照會事。六月二十三日，准貴道照會内開，西門外方浜橋至斜橋以達徐家匯馬路，法人擬鋪鐵軌、預備行駛電車一事。節經查案，函請阻止，並稟奉南洋大臣批示，照會飭停工作在案。現據總工程局董云云。以順輿情等因。本總領事查此案，貴道應知現在尚未動工，按照巨總領前函，須俟西曆十月初一日爲動工之始。惟至彼時，此路必定動工，安設電車鐵軌，緣本國政府以興辦此事爲在理，諭令興工開辦。雖然如此，本總領事亦甚願與貴道説明阻止電車之事，來文提引白前總領事文函，本總領事亦即提及白前總領事文函，可知本總領事必定在理。如光緒二十六年九月三十日白前總領事函，内有任中國巡丁等照常應用此路之語，猶恐未甚明晰。復於是年十一月十八日經白前總領事照會聲明，西門外方浜橋至羅家灣一帶馬路，仍須公董局照常修築，可於此路興工、安設水管等事，中國巡局勿阻工程等語，是明證此路仍歸公董局經管，公董局仍得經管此路。但任中國可派巡丁巡查，並無别事，何以並未提及電車，實因當時尚未料到。惟細閲白前總領事文函，除中國派巡外，仍是公董局經管此路。查安設鐵軌即是路工，俾電車易於行駛，並無别情。來文謂此路公董局不收車捐，因此處既無巡捕，何能令繳車捐，不收車捐，職是之故，此路歸公董局經管。一經認明，此段路旁豎有丈量石標三塊，標上刊有法文 CME 三字。本總領事親自目覩，即爲公董局路之證。接准前因，所以遲未照復者，因欲細查此案案卷，極其明白。以上所復，本總領事想已甚明。再，來文抄送總工程局董及西門外衆商之稟，前與貴道面晤時謂，具稟各人欲來本署陳説。本總領事當以甚願接談奉告。現在仍作是想，然此非本總領事之意，欲與彼等商量。因上海地方衹推貴道爲長官，此事亦不過與貴道會商辦理。本總領事之願與彼等接談者，正可借此以表心跡，解散疑慮誤會耳。蓋彼等以爲興設電車有害，實係誤會。查興設電車，不惟並無損害，且亦與彼有益。西門外馬路狹窄，誠有其事，然電車當可行駛。具稟衆商大半未睹電車，以爲有險，彼殆以電車爲兇猛，容易壓倒行人。貴道應信本總領事之言，電車非比汽車、馬車更有危險，因電車行走有一定軌道，易免危險。另於人多擁擠之處，必照公董局定章，從緩行駛，如有相碰相壓之事，惟駕車人是問，責令電車公司賠償。且電車碰人，未必壓倒，因電車之前，設有鐵網，能使相碰之人撥開兩旁。本總領事聞總工程局欲將城河填平，築一寬大馬路，以及馬車及各項車輛多由此路。總之，工程局不應有此理外成見。本總領事想彼等具有明智之人，必知公益所在，自易解此疑慮。現本總領事惟有據理而行，礙難退讓，應仍照前定西曆十月初一日動工，如竟因此致有齟齬，未免可惜。蓋此路係在四十八年前爲本國官兵助剿匪亂時所開築故也。相應照復。云云。

上海道瑞復法總領事文

爲照復事。本年六月三十日，准來文内開，西門外方浜橋至斜橋以達徐家匯馬路，光緒二十六年九月三十日及是年十一月十八日，白前總領事函文明證，此路仍歸公董局經管，安設鐵軌即是路工。來文謂公董局不收車捐，因無巡捕，何能繳捐？此段路旁豎有石標三塊，刻有法文三字 CME，即爲公董局路之證等因。准此，查西門外馬路派捕經管，專指徐家匯一帶而言，有光緒二十六年十月初八日白前總領事來函可憑。雖初意經管之處，不止徐家匯馬路，而余前升道深以室礙難行，屬由洋員福開森商允，將丁家橋即方浜橋至斜橋一段讓出，改由新界内通徐家匯支路。更有是年十月初九日福開森復函爲證。其函内又有白前總領事稱，斜橋至方浜橋馬路照舊辦理之語。今電車鐵軌爲向來所無，一經興工，頓改舊觀，實與原案不符。兹抄案送閲便知本道所言爲不虚也。至該處所豎石標法文 CME，係由公董局私自刊鐫，未與地方官商定，豈能作證？蓋以該處馬路乃中國官地，公董局不過出資代爲興築，中隔離生橋。

又歷由官紳自行修葺，物各有主，中外一理。貴國正大光明，貴總領事亦和衷共濟，地方紳董頗以本道商辦不力，嘖有煩言。且上、寶接壤之區，往年別國商人購地築路，此次亦擬安軌道行電車。本道以該處已在界外，諸多不便，照會飭阻。現尚停工聽候商辦，而方浜橋至斜橋法人未經領契租用。較之業已出價管業者，情形又屬不同。若届期決意開工，徒爲別商先路之導輿，情實有不平。中法邦交迥非恒泛，應請貴總領事熟思審處，率由舊章，以免滋事生端，或另擬彼此利益均沾之法，不致損礙我國之主權。本道亦願開導地方紳董，據以稟陳上憲，變通辦理，相應備文照復貴總領事，請煩查酌見示。再，本道前文並無提及方浜橋斜橋車捐之語，來文所云諒係誤會，合併聲明。

致駐法星使劉函請商法政府飭阻法電車公司越界接軌文七月十三日

敬肅者。竊鍾珏等於光緒三十一年七月奉前蘇松太道憲袁創設上海城廂内外總工程局，試行地方自治，所有城外内地馬路警察事宜，一律歸併辦理。並奉詳准江督蘇撫憲批准立案在案。鍾珏等於是年十月開局辦事，上海城外東、西、南、北四區，北區係屬租界，其東、西、南三區均係自治區域。敝局開辦時，先就東區地方悉心佈置。光緒三十二年，添設城外西、南兩區分辦處，一律推放巡警。惟西門外馬路與法租界毗連，以方浜橋爲限，方浜橋已填平築路。法人立有界碑，路北爲法租界，路南至斜橋一帶直達徐家匯爲我中國界。因此路爲法人出資開築，是以歷年修路，歸法人主政，界限不清，主權全失。當經稟奉現任蘇松太道憲瑞函致法總領事轉飭公董局知照，嗣以方浜橋至斜橋一帶馬路損壞，敝局飭匠往修。經法公董局阻止，仍由法公董局派人工作，敝局亦飭人阻止。又復函稟道憲瑞查核前案，據理力争，再四磋商，法人仍堅執不允。查西門外方浜橋至徐家匯一帶馬路，於咸豐四、五二年由法國僱用兵丁造成。同治二年設立法公董局，自是年至光緒二十六年鋪築馬路，所用土石各工共銀四萬五千兩。法白前總領事以賠款太多，擬將此路歸法公董局抽收車捐，以充經費，並派捕查車等語，具函交由洋員福開森持向前道憲余商，允准其抽捐。惟該處馬路自西門至斜橋一段仍應剔除，法白前總領事以西門至斜橋一段剔去，則於徐家匯馬路隔斷不通，擬改由新法界西南角顧家宅起，由法公董局自行購地造築馬路，接通羅家灣支路，以至徐家匯等語相商。又由洋員福開森前往履勘，改由之路，約計三里，前道憲余又通融照准。其方浜橋至斜橋一段，雖當時曾議剔除歸我經理，而法領文中仍聲明該處馬路照舊辦理，但不派巡捕而已。現在該處巡警雖由我派，但不收回此路，則主權終不完全。乃本年法人在法租界築造電車軌道，擬由租界接過方浜橋沿西門馬路一帶，至斜橋迤西，直達徐家匯。五月間，即有電車公司工人將鐵軌陸續運來，敝局以西門外一帶本非租界，未便准其接設，當即函請道憲瑞設法阻止。先後奉到函復，以此事已函商法總領事巨，轉飭停工商辦。惟恐難争持到底，不如中法合辦。並據巨總領事復信，有西門至斜橋鐵軌，限西十月初一日動工，兩禮拜告竣之説等因。嗣復函送合同稿並電車軌綫圖前來。鍾珏等即就總工程局開特別大會，邀集地方紳董，公同商議，僉以法公董局越界，擅設電車軌道，實與主權有礙，必須力争。當由鍾珏等電達外務部及南洋督憲，請由外部迅商法公使即飭阻止。復稟請道憲瑞照會法部領事喇，實力阻止，或令改道接築，無礙方浜橋斜橋一帶馬路,以順輿情。嗣奉函復,並抄示法總領事復文,仍膠執前説,不允所請。竊查西門外一帶馬路,確係中國官地,不過由法公董局出資代爲興築。中隔萬生橋,又歷由中國官紳自行修葺,物各有主,中外一理,況築造鐵軌、行駛電車,實係營業性質。凡外國人在中國内地營業,未經地方官民認可,而擅自興作,考諸通商約章,實無此例。今法人屢用强權對付,於國際交涉上幾不知有公理。並查五月初九日法巨總領事復瑞道憲函,内有兹再相告貴道前言已盡,如無本國政府命下,不再更改等語。鍾珏等以地方自治,責任所在,法總領事既以此爲言,必須向法政府協商,庶有挽回之策。爲特專函肅達,並將西門外馬路交涉新舊各公牘及法人在西門外馬路接築電車軌道交涉各公牘,彙録二册,並電車軌綫圖一紙,一併呈送,仰祈俯賜鑒核,竭力主持商請法政府迅行電飭阻止,以慰輿望而保主權,無任迫切盼禱之至。專肅。

致蘇松太道瑞請面稟江督願由地方備款償還法人修路價值電文七月二十九日

南京中西旅館瑞道憲鈞鑒。西門外電車事,法人力持不讓。現距開工期近,事機日迫。紳等再四集議,僉謂庚子年法領曾有修路價值,當時不備款償還,致遺今日之患。現擬請向法人詢明修費,備價償清,收回建築之權。如全路不能,先擬償方浜橋至斜橋一段,修費款由紳等籌備,請面稟督憲迅賜辦理爲禱。

蘇松太道瑞復電文七月二十九日

沁電悉。此事迭向法領理論,實已筆秃唇焦,即償費修路一層,亦早經商及。今非昔比,勢有爲難。現勉照尊指面懇午帥,再電部切商法使。一俟旅滬再與法領晤商,雖强弱異勢,能否就範,尚不可知。然心力能到之處,不敢靳惜也。澂。艶。印。

蘇松太道瑞來函抄示江督致外務部請切商法使償還修路價值收回路權文八月初七日

敬啓者。法人擬在西門外馬路興築電車軌道一事,弟前在寧垣,接到公電,擬償費修路之一法。當即面懇午帥,轉電外部,切商法使,並將情形電復台端在案。兹奉南洋大臣寄示致外務部艶電,照抄送上,即祈存查。

抄件附後

江督端致外務部電稿七月二十九日發

北京外務部鈞鑒。上海西門外法公董局越界擅設電車軌道一案,前於六月艶電,請鈞部切商法使,或囑駐法大臣向法外部切實理論,商令飭阻,諒蒙鑒及。該局定西曆十月一號動工。兹據上海工程局總董等電稱,開工期近,事機日迫,紳等再四集議,僉謂庚子年法使曾有修路價值,當時不備款償還,致遺今日之患。現擬請向法人詢明修費,備價償清,收回建築之權。如全路不能,先擬償方浜橋至斜橋一段,修費款由紳等籌備等語。查租界内外界限,爲主權所繫,若聽其電軌設至界外,我國即坐失主權,不可不争,務懇鈞部切商法使,由我償還修費,將路權歸我收回,自行辦理,以清界限而保國權,是爲至幸。印。艶。

蘇松太道瑞函復與法領事磋商華法合辦電車公司文八月十五日

敬啓者。西門外馬路法人擬築電車軌道一事,弟因公在寧,接諸公沁電,議將法修華界全路償價收回，不能則先償方浜橋至斜橋一段修費等因。當經面懇督憲，電請外部主持切商法使，奉准照辦。於本月初八日抄録電稿，函送貴局在案。弟自公回後，與法領磋商三次，舌敝唇焦。第一次分作辦法四層，一、西門外全路備資贖回；二、將貼近西門之方浜橋斜橋一段馬路收歸自築；三、方浜橋至斜橋中法合辦；四、方浜橋、斜橋中國自行修築，租與法國行駛，按年酌付租金。法領俱不允從。弟反覆力争，法領答云訂期續議。第二次會商堅拒軟磨，法領甫允酌用初議第二層辦法。惟另須增訂辦法四條，一、軌道由中國紳士出資修築；二、該軌道爲中國産業；三、中國電車可在法國軌道行駛，法國電車亦可在中國軌道往來；四、上海地方官擔保法國公司永遠可以在該軌道行駛無阻。此四端如允其請，彼始能稟請公使核示。弟當以法領增訂各條，雖與贖回該段馬路一層未達目的，然電軌既歸我築，將來即歸我修，與馬路還我無異。不特路權從此可望收回，該處巡警亦不虞有更變，當允其請，法領亦允稟商公使核示。於初七日電請督憲切電外部堅持，詎初八日夜奉督憲齊電，謂接那中堂、袁宫保電，上海汽車事迭經派員與法使磋議。該使以工部局有築此路之權，法政府已允公司承辦，無可挽回。且以方浜橋、斜橋之路適可接續租界徐家匯各軌。有此一段，不必中軌折回，利益甚大，斷難輕棄。與議贖回其費太鉅，再三駁辯，始允華人出資，與該公司合辦全路，可派人干預路事。惟將來中國在上海地方設立汽車公司，亦准法公司合辦。其資本權限均照此次華人與法公司合辦之例，一律辦理。該處工程兩禮拜後即須開工，務必從速定議等語。此事既經外部與法使議定，弟本不敢再議。惟念法使之允汽車公司現在中法合辦者，衹指華界被法人佔築馬路而言，非法租界亦合辦也。其所言將來中國自設公司亦准法公使合辦者，乃凡屬華界汽車公司均須中法合辦。所言至不平允，法領前曾面談，弟已駁之。今外部若允照此辦理，是已失之權尚未争回，而未失者與之俱去，無此情理。且第二次會議已有端倪，衹得不避擅專之嫌。迭次催同議決，十二日三次會議，法領甫云已奉公使之命，如華界准設電車公司，方浜橋至斜橋軌道歸我自築，仍西曆十月一號即中曆八月二十四日興工，惟要求我立公司年限。弟答以廿年不允，乃縮去五年。法領猶以爲遠，隨又答以俟與紳董察度情形，從長計議而散。法領送有洋文章程，其中如何措詞，除譯漢詳核如何再訂細章另抄送請諸公商酌辦理外，兹先具函，交由萬翰香直刺奉商，統祈諸公查照。方浜橋至斜橋軌道爲期已迫，自辦萬趕不及，應由諸公先舉代表，與法公使晤商包辦之法，訂立合同，計值付款。當與自築無異，舉定何人，並祈酌定示知，俾早與法領接洽，以免後言。至華界自設電車公司，若論財力，萬難舉辦，特慮我不自辦，終必爲外人干涉，應於無可如何之中勉籌對付之法。惟有寬以年期，依限設立，以免外人藉口。諸公以爲何如，其期限一節，至遲需若干年甫能設立，並祈酌示。不盡之言，統由萬直刺面達，鵠盼回玉。

致蘇松太道瑞函陳復華法合辦電車之意見文八月十八日

肅復者。十六日接奉鈞示，以西門外馬路法人擬築電車軌道一事，與法領迭次磋商。至第二次會議，於方浜橋、斜橋一段馬路收歸自築一層，得有端倪。嗣因奉到督憲電轉外部與法使議定上海汽車中法合辦之電，所言至不平允，遂迭次催同議決。十二日第三次會議,法領甫允方浜橋至斜橋軌道歸我自築,仍西曆十月一號即中曆八月二十四日興工。末後要求我立公司年限當以此事須與紳董從長計議,未經商允而散。惟方浜橋至斜橋軌道於八月二十四日興工,爲期已迫,自辦萬趕不及。兹特具函,希先舉代表,與法公使晤商包辦之法,舉定何人,並祈示知,俾與法領接洽等因。仰見藎籌碩畫,力挽主權,屬在紳商同深感戴。董等以此事關係重要,時復迫促,即於十七日開特别議會,並邀東、南、西三區贊助員公同核議。擬就意見五條,並舉定職董鍾珏、議董吴紳馨二人爲代表,議董朱紳開甲、贊助員陸紳熙順二人爲繙譯。所有議會所擬意見五條,抄呈鑒核酌辦。其與法公使晤商包辦一節,尚乞示定日期,俾便往商,是所至荷。肅復。

附呈意見五條

一、方浜橋至斜橋之電車軌道,由中國地方紳商集資自造。

二、方浜橋至斜橋之軌道,爲中國産業,允准法租界電車在該軌道經過,不納租金。

三、方浜橋至斜橋之馬路上一切工程,概由中國自行辦理,與法公董局無涉。

四、如法公董局承認第三條辦法,則中國地方紳商稟官招股,設立上海南市電車公司。

五、南市電車公司成立後,與法租界電車公司一切交通章程,由兩公司各舉代表詳細訂定。

蘇松太道瑞來函抄示商辦西門外馬路軌道辦法照會及電稟各稿文八月二十三日

敬啓者。西門外方浜橋至斜橋馬路軌道商辦情形,現已由電稟報午帥,並又照會法總領事,飭令勿遽開工。兹將照會電稟各稿件抄送,即祈存查。

抄件附後

上海道瑞上督憲端電稟八月二十三日

南京督憲鈞鑒。方浜橋至斜橋電車軌道事,自文電稟陳後,與紳董籌商。該紳董等於十七開特别會議,僉以華界電車公司無論年限遠近,均願勉爲設立。惟以該處馬路余前升道未經備價贖回,已屬失著,若不趁法人求華界設立電車公司之時,將方浜橋一段馬路修築之權全行收回,此段電軌雖爲我産而馬路係法所築,嗣後不免糾葛。擬就意見五條,内有最要之第三條云,方浜橋至斜橋馬路上一切工程,自後由中國自行辦理,與法公董局無涉。第四條云,如法公董局承認第三條辦法,則中國地方紳商稟官招股,設立上海南市電車公司各等語。澂代表連日磋商,始終相持未定。惟距開工日迫,祇得照會法領,未經商定以前,切勿開工,否則設有不虞,决不承認云。合先稟聞。澂。養。

上海道瑞照會法總領事喇文

爲照會事。照得西門外方浜橋至斜橋馬路安軌行駛電車一事,業經本道連日會商,現再切實申明。滬上衆紳民之意,須將馬路收回自修,軌道亦歸自辦。果能達其目的，方可設立華界電車公司。現在未經商妥之前，應請貴總領事轉飭勿遽開工，否則設有意外之虞，本道不能承認。相應照會，請煩查照核辦見復，望切施行。

致蘇松太道蔡函請商法使西門外電車從緩開駛俟肇周路周涇浜路築成然後開車文
光緒三十四年四月十四日

敬肅者。悉西門外電車開駛在即，惟西門外祇此馬路一條，平時車馬、貨物、行人極形擁擠，是以董局填築周涇浜、肇嘉浜等處馬路，以便繞避電車，免生危害。現此馬路尚未完工，應請憲台函知法領事，知照該電車公司將西門外電車從緩開駛，須俟周涇浜、肇嘉浜馬路填築工竣後開車。爲亟奉函，即祈迅賜施行，毋任迫切之至。

蘇松太道蔡來函抄示法領事復函定四星期開行西門外電車文四月二十二日

敬啓者。所有貴局興築周涇浜、肇嘉浜馬路以便行人屬法公司西門外電車緩開一節，當經轉致在案。兹於四月廿一日接法總領事惠函復，定四禮拜内電車開行，祇抵西門外地方，俟四禮拜後，再行開至斜橋。工程局儘可於此時將該馬路趕築完工。明日試行電車，係空車緩行，查看一路電軌等因。合抄來函，送祈諸公查照爲荷。

附抄函

法總領事來函四月二十一日

啓者。四月十六日，接展來函。據總工程局總董函稱，西門外馬路車馬、貨物、行人擁擠，因是築周涇浜、肇嘉浜馬路，以便繞避電車，免生危險。此路尚未完工，請函致知照電車公司將西門外電車從緩開駛等情，函請查照飭遵等因。經本總領事飭據電車公司復稱，西門外電車定於明日即西曆五月二十一日試行此路電軌，甚有利益，頗關緊要，未便久緩開駛，致多虧耗，應請函致飭令總工程局速將周涇浜、肇嘉浜兩馬路剋日築成，滿望迅速完工。民情喜行電車，甚願即日開駛。故時有人來向公司詢問開行之期。現定四禮拜内電車開行，祇抵西門外地方，俟四禮拜後，再行開至斜橋。工程局儘可於此時將該兩馬路趕築完工，即無危險。明日試行電車，係空車緩行，藉以查看一路電軌等情，具復前來。合泐奉復，即希貴道查照飭知爲荷。順頌日祉。

致蘇松太道蔡函擬訂行駛電車預防危害辦法請予核轉文五月初一日

敬啓者。月前接奉鈞函，以四月廿一日接法總領事函復，定四禮拜内電車開行，祇抵西門外地方，俟四禮拜後，再行開至斜橋等因。並抄法總領事來函到局。當以法電車不日開行，即行知西區分辦處，飭知巡警所有沿途車輛行人妥爲照料，以免疏虞。上月二十七日，據西區區長報稱，法電車業於是日上午試行，僅至萬生橋止等情。查西門外馬路狹窄，人車擁擠，行駛電車最易肇事。巡士站崗，往來照顧，責任匪輕，設有不周，每致釀成交涉。董局爲思患預防起見，擬就簡要辦法三條，另紙録呈，懇請照會法領事，轉飭法電車公司遵照辦理。即祈察核示遵，是所至荷。

電車司機人應注意在方斜馬路行車之辦法三條

一、方浜橋至斜橋一段馬路狹窄，人車擁擠，且路多曲折，電車行至該處務須格外緩行。

一、方浜橋至斜橋一帶，電車行至此處，前面或有重笨各車，或有行人，勢將不及避讓時，電車司機人應即停車，或站崗巡士見前途有將蹈危險之處，一經舉手知照，電車司機人亦應立即停車，以免肇禍。

一、電車行駛時，設有車輛與電車互相碰撞，或電車撞傷行人等，該司機人應聽該處巡警之指示，秉公辦理。其情節較重者，稟明道憲核辦。

清釐版荒公地案

呈上海縣王查明西區界内二十五保九圖罔字圩版荒公地請由局保守文光緒三十二年十二月初二日

爲查明版荒呈請核復事。竊據敝局西區分辦處函稱，西區界内打鐵浜地方有二十五保九圖罔字圩一百十八號版荒公地六分七釐一毫，一百十九號版荒公地四分八釐一毫，兩共公地一畝一分五釐二毫。當查該地已不足數，因飭繪圖處丈繪，計南至小路長七十五尺，北至浜長七十八尺七寸，東至梅地長四十八尺四寸，西至王地長六十七尺七寸，共計實存地僅五分七釐四毫，計照原額少去五分七釐八毫。而查四圍之地，均係有糧，似非侵佔。若再不收管，恐致湮没。請爲轉請呈明鈞案，以資保守等情前來。據此，查二十五保九圖之地缺數者多，從前已故地保王顯章、王成章大都移東補西，張冠李戴，幾致莫可究詰。如果以毗連之地擠軋，未免滋擾。惟現存之地必須由局保守，以免再有隱佔。當傳現年地保莫世明詢問，據稱，此項版荒公地實祇僅存此數，歷年亦無人收管。除飭令具結外，爲特繪呈地圖，伏祈鑒核賜復，俾資信守，實爲公便。謹呈。

批：來牘閱悉。無主荒田，例應勘丈升科，歸公召變。惟此項罔字圩一百十八、九號地一畝一分零，既經編有號數，似已列在區册之中。究竟是否確係無主，應徵錢糧是否向在老荒項下彙案蠲豁，有無造串未完。應候諭飭册書確查簽册復到，再行核辦，希即知照。此復。

上海縣李照會丈明二十五保九圖罔字圩版荒公地畝分實數文光緒三十三年四月十七日

爲照會事。案准貴紳董呈稱，據西區分辦處函稱，西區界内打鐵浜地方有二十五保九圖罔字圩一百十八號版荒公地六分七釐一毫，又一百十九號版荒公地四分八釐一毫，兩共公地一畝一分五釐二毫。當查該地已不足數，因飭繪圖處丈，計實存地僅五分七釐四毫，照原額少去五分七釐八毫。當傳現年地保莫世明詢問，據稱，此項版荒公地實祇僅存此數，歷久無人收管。除飭令具結外，繪呈地圖呈請核復，俾資信守等情。據經前縣諭飭册書簽册稟復去後，兹據該管册書以遵諭查明前項號數畝分實係絶墳，免科簽册，稟復前來。除批示外，合行照會，爲此照會貴紳董，請煩查照，須至照會者。

稟蘇松太道梁請飭禁止託名洋商將内地地畝轉换道契文光緒三十三年十二月初七日

敬稟者。據董局西區分辦處函稱，西門外二十五保十圖、二十五保十三圖及二十五保十一圖等處現在正在規畫馬路，凡路綫所經，均分别給價。兹聞二十五保十三圖内梨園義塚左近靡字圩第六百四十號至六百八十號内，有人託名洋商轉做道契，希圖霸阻馬路工程。查以上各圖，均係内地，本宜禁止轉换道契。現值興築馬路，經過之處尤關緊要，未便聽其朦轉，致生枝節。相因函請迅即轉稟憲台飭知會丈局，所有以上所指各圖，不准給轉道契，以保主權而便路工等因。查租界之外本不准轉立道契，前升憲瑞屢經飭禁在案。西門外開築馬路，原爲大衆公益之事，若因築路之故，託名洋商，轉立道契，實屬違背公理，應請札知會丈局如以上所指各圖概不准轉立洋商道契，若轉立華商道契，亦必俟此次路綫劃定後，始可准給。並希飭知上海縣李令嚴諭各該圖地保一體遵照，如朦混請轉，應將地保業户提案究懲，以儆其餘。董等爲關係路政、保守主權起見，合肅稟陳，爲特備由稟祈迅賜察核，地方幸甚，實爲公便。肅稟。

批：來牘閱悉。已分飭上海縣會丈局遵照，所有西區馬路，未經築定以前，無論華洋商人均不准將該處田地轉立道契，免礙路工。並嚴諭各該圖地保知悉，凡遇華洋商人租買該處田地、請轉道契之事，不得擅行蓋戳，致干究辦。希即知照，此復。十二月十一日。

呈上海縣李請飭查西區界内二十五保十圖談字圩荒地又四圖改字圩陳任義塚荒地變充公用文光緒三十四年九月十五日

爲呈請事。竊查西門外黄家闕地方有荒地一方，爲江北艒艒船搭棚之所。去冬，因驅逐此項船隻，傳詢地主，久無下落。詢據十圖地保葉遇春稱，該地係談字圩第一百九十號王國華户則田五分八釐三毫，同號楊和尚户則田四分，該兩户糧串存積圖内已有三十餘年無人收管承糧，洵係荒墳絶户，當由敝局西區分辦處陳報到局。當經復查無誤，勘明四址，計東至褚地，南至竹笆，西至沈地，北至陳張二姓地，豎立公地界石四塊，飭該圖地保隨時照料。本年，又據西鄉學董沈鴻文函稱，四圖内有荒塚一處，地約二畝，聞國初時有陳、任兩姓争地涉訟，判作義地，現有人將盗賣與洋商，請飭查等語。當傳該圖地保林少卿訊稱，係改字圩第五百六十八號荒塚圖册載明免科陳任義塚字樣，計則田二畝零一釐九毫。節經派人勘明，該地坐落聖母院路，依四址設立公地石界，計南至七圖界，西至三圖界浜及小路，北至道契地，東至道契地。現值鈞署清查各項公地，爲建造改良監獄起見，理合將該兩處版荒地畝飭保澈查。如果堪以召變，除酌提改良監獄經費外，所有敝局西門外開闢馬路經費，亦異常竭蹶，擬請酌撥數成，分别充用。伏候俯賜核准上詳，實爲公便。再，十圖王國華户内有章姓墓一座，應行扣出。合併聲明，謹呈。

上海縣李照會批復飭查談字圩改字圩荒地核明變價文光緒三十四年十月十四日

爲録批照會事。准貴局董呈請澈查無主荒地、出示召變、酌撥改良監獄及馬路經費緣由。當批來牘具悉，談字圩荒地兩號，既據該圖地保聲稱，舊係王、楊兩户之産，現已三十餘年，無人管業承糧。上年經貴局往立公地界石，亦無人出而顧問，其爲絶産無疑，洵堪變充公用。兹已飭據亭耆查丈繪圖前來，計地一畝一分九釐八毫，除留出章姓墳墓一座外，所有餘地應飭再行丈明確數，出示召變。其改字圩陳、任兩姓荒塚本係免科公地，現既有人覬覦盗賣，尤屬不容不查。惟該兩姓是否實無後裔，遷徙墳墓有無窒礙，希再確查聲復。一面姑飭一併查丈繪圖呈案，並諭飭册書將前兩項基地查册簽復，再行核辦。至變繳地價所請於提充改良監獄外，並即酌撥數成以爲西門外馬路經費一節，應俟召變後再行商酌分撥可也。此復。清單附等因，除飭亭耆復丈並諭册書簽册查復外，合行録批照會。爲此照會貴局董，希即查照辦理，須至照會者。

呈上海縣田催請將陳任荒塚及談字圩荒地出示變價文宣統元年五月初一日

爲呈請出示召變公地事。竊西門外二十五保四圖第五百六十八號陳任義塚免科地二畝一釐二毫，上年於原署任廉李清查公地案内，由局呈明。旋奉録批照會，以該兩姓是否實無後裔、遷徙墳墓有無窒礙，希再確查聲復等因。正在遵批訪查，尚未具復。本年閏二月間，忽有朱月卿僱人遷墳，敝局恐有私掘盜賣情事，函請前代理廉李查提澈究，已蒙提朱訊究在案。嗣有吴念堂、慶堂具稟來局，稱該地爲祖塋，因洋商押遷，備棺收殮，懇爲轉請給諭，情願繳價等情。復經調查，此項陳任義塚圖册載明免科，確係公地，徧訪陳、任兩姓，實無後裔。去冬，吴姓曾以白契請驗，稱係己産。惟既無田單，又無糧串，以二百餘年未經完糧之地，尚可認爲己産，斷無是理，當經駁復。今吴慶堂既稱墳墓業已遷去，情願繳價，姑無論所遷者是否係其祖墳，而該地之確爲公地，則已毫無疑義。勘得該地四周，均係洋商道契地，僅留出路尺許，勢難永遠保管，應請迅賜出示召變，繳價歸公。但使價值相當，吴姓仍准承買。又二十五保十圖談字圩内一百九十號王國華户則田五分八釐三毫，同號楊和尚户則田四分，該兩户均係荒絶，無人收管。上年已稟案核准召變，亦請另行出示變價歸公。惟兩處地價各值若干，擬請詢明熟悉該兩圖情形之公正紳耆，秉公估計，以昭核實。至變繳地價，除提充建造待質、自新兩所經費外，仍希酌撥數成，以充西門外馬路經費。是所至禱，爲特具呈，並抄吴念堂來稟，敬祈俯賜鑑核施行，實爲公便。謹呈。

法自來水公司借埋水管交涉案

蘇松太道蔡來函接法總領事函法自來水公司擬在南市白藻泰路等處添設水管文宣統元年三月初二日

啓者。上月十九日，接法總領事巨函開，法自來水公司所有出水總管，向爲本國租界居民便於隨時取水之用。現因界内之水取用不敷，迭遇火災，灌救水龍水力不足，不能噴射自如，此爲最關緊要。現在該自來水公司擬定自南市白藻泰路起一路迤邐至斜橋，添設出水總管，即圖内繪有紅綫處便是。過斜橋再由徐家匯路安設總管，直至法電燈公司。此項工程與貴前道所准董家渡浦灘一帶馬路安設總管工程無異。合將繪圖一紙送請貴道查閲核准法自來水公司照圖安設總水管，以足取水應用等因，計送繪圖一紙到道。准此，查法界自來水公司在南市馬路借設自來水管，光緒二十三、七兩年間曾經商辦有案。此次添設總管所經各路，有無窒礙，亟應確實調查，以免損失。合將送到圖樣泐函附送，即祈貴總董察閲，按圖勘驗，妥議見復，以便核轉，並希從速爲荷，此請。均安。

復蘇松太道蔡函議會決議駁復法水公司擬在南市地方添設水管文三月十四日

肅復者。本月初二日，接奉鈞示，以接法總領事巨函開，法自來水公司所有出水總管不敷，擬自南市白藻泰路起迤邐至斜橋由徐家匯路添設水管，直至法電燈公司，合行繪圖送閲等因。查法界自來水公司在南市馬路借設水管，光緒二十三、七兩年曾經商辦在案。此次添設總管所經各路，有無窒礙，應確實調查，以免損失。按圖勘驗議復附圖一紙，仍繳還等因。當經函請飭發光緒二十三、七兩年商辦原卷下局,並奉示飭,迅速妥議見復,以憑核轉等因。遵於十二日邀集各董檢查前卷,開會公議,僉云南市浦灘一帶馬路借設總水管,原係前道憲特別通融,未便援例。況法公司在浦灘借埋水管以來,地方種種設施已多窒礙,方擬稟請轉商將該水廠遷回租界,豈能再任添設水管,應請駁復等語。董等察核各董所言,深以爲是,合行據情奉復,即祈轉復法領,勿再添設水管,以順輿情,是所至荷。肅復。

蘇松太道蔡復函法總領事仍請將添設水管事復議轉圜文四月二十日

敬啓者。法自來水公司擬添設水管一事,上月十四日接展復函,即經轉致法總領事飭知去後。兹准巨總領事復稱,詳核之餘,甚惜華界紳董對於本國未能如本國之對於紳董一體睦誼行事,近又准總工程局之請,允辦接通中法交界陰溝之舉,即此可見相待中國官紳友好實情。乃彼竟不知本總領事之友好實情,甚爲憂慮。應請飭將前議所定復議轉圜毫無阻礙。至論擬將自來水廠遷回租界一節,工程資本甚爲浩大,非得津貼鉅款實在不能照辦。且非本總領事一人所能專主,必須中法兩國争論辦理,函希查照等因到道。應如何變通辦理,藉示敦睦之處,合泐奉佈,即祈再行覆議見復,以憑核轉爲荷。

復蘇松太道蔡函遵飭議復添設水管交涉文五月十一日

敬肅者。四月二十日,接奉鈞示,以法自來水公司,云云。以便核轉等因。遵於本月初九日邀集議董公同核議,僉云法總領事函中提及接通陰溝一事,此乃各就本界辦理、兩有裨益之事,未可即爲交好之證。查法租界交界處所除中國公築橋梁外,凡民間自築橋樑之地,法公董局每勒繳地捐、房捐,且有越界擅釘門牌之處,種種侵佔吾國主權。是法總領事所謂相待中國官紳友好,云云。頗與實情不符,深爲可惜。應俟法領將友好實情確見施行,再行會議,稟候核奪。再,議會責任惟有根據法理保守主權,彼此各守權限,不相侵佔。正所以保存永遠之睦誼,想憲台熟諳交涉,早見及此,所有復議,仍難照允之處,合請轉復等語。合將遵飭議復情形,備函奉復,即祈俯賜察核施行,是所至荷。專肅。

法總領事巨來函法水公司擬在南市添設水管事請訂期面商會勘文九月初十日

啓者。法自來水廠擬在南市安埋水管一事,本總領事現擬面商會勘,用特函請貴總董,酌定於下禮拜内何日何時何處可以聚會,最與貴總董便適相宜之地,即希復示,以便本總領事偕同公董局總董及總工程師前赴會勘埋管地位爲荷。順頌日祉。

復法總領事巨函酌定會勘日期文

逕復者。九月初十日,接奉大函,以法自來水廠擬在南市安埋水管一事,現擬面商會勘,請酌定於下禮拜何日何何時何處可以聚會,即希示復,以便偕同公董局總董及總工程師前赴會勘等因祗悉。現經酌定,準於本月十七日星期六下午二時,會同往勘。由本領袖總董偕同辦事總董及西、南兩區區長在白藻泰路同昌榨油廠恭候。爲此先行函達,即請大駕届時涖臨該處會齊,一同往勘爲荷,專復。順頌日祉。

復蘇松太道蔡函陳明會勘法水公司擬在内地添設水管並擬定辦法五條文九月二十日

敬肅者。法自來水公司擬在内地借埋水管一事,本月初五日由鍾珏隨同憲駕面晤法領,磋商一切,後於初十日接法總領事巨函請,定期會勘埋管綫路。當經函訂於十七日下午二時會勘。是日董等偕同西、南兩區區長在機廠街即白藻泰路同昌榨油廠候法總領事及公董局總董、總工程司等到後，偕往勘視。十九日，復由法公董局總工程司挨而那君及法自來水公司副總理謔多君來局面商一是，當場擬定辦法五條，均已允洽。現將合同稿開摺送請察核，應如何與法領接洽辦理之處，尚祈卓奪施行，是所至荷。專肅。

附合同稿摺一件

立合同上海總工程、法公董局爲法商自來水公司在華界地下借設水管，訂立合同如左：

一、法商自來水公司前有水管一條，借設在華界地下，經十六鋪接通法租界。現因水力不敷，商由上海總工程局核准，另設水管一條，自機廠街即白藻泰路起，經陸家浜北岸，過斜橋至羅家灣。此外並不另設支管，亦不於經過之處接管售水。

二、此次借設水管，工程局爲顧全公益、敦睦友誼起見，並不收取捐費。惟將來如查有水管與他項工程窒礙之處，由工程局知照法商自來水公司，酌量移動，該公司應即照辦。

三、依第一條指定路線，於地下借設水管，不得於地皮面上有他項之工作。

四、埋管之後，損壞路面，由工程局修理，公司認償費用。

五、將來水管如有炸裂損壞，須修理時，應先報告工程局核准，其修路辦法仍照前條。

以上合同並水管經過路綫圖用中、法文各四分，以一分存上海道台署，一分存法領事署，一分存工程局，一分存法公董局。中、法文解釋如有疑義，以中文爲憑。

宣統元年

西曆一千九百九年　　月　日　立合同

上海總工程局

法公董局

蘇松太兵備道蔡

法總領事巨

蘇松太道蔡復函准法領函復所送辦法五條已飭公董局遵照訂期會同簽印文十月初七日

敬啓者。法自來水公司擬在南市借埋水管一事，前由執事擬定辦法五條，經敝處轉送法領。現接函復，公道有理，已飭公董局遵照，擬即照繕中、法文合同會同簽印照行，已與訂定本月初十日下午三句鐘在洋務局會齊簽印。用特奉佈，即祈查照，屆時蒞局會簽爲荷。專肅。

變售校場公地案

稟蘇松太道瑞南門外校場公地請由總工程局清釐變價歸公文光緒三十二年九月初八日

敬稟者。竊前據各議董來局，以南門外校場公地將由營中出售，應請轉求阻止等因，業已函陳在案。嗣悉此案係憲台奉督憲周札准江南提督軍門徐札開，案准江南提督軍門徐開來清摺内稱，查上海小南門外有提右營所管轄操場一區，從前約計地三十餘畝。該處逼近城闉，目前地方繁庶，左右前後皆屬民居，斷難在此操演。昨經詳細查勘，除年久被佔不計外，尚存地二十八九畝，空存無用，且爲學界紳界所覬覦。竊恐日久全行被佔，倘及時變價，每畝可值洋六百元，若得善價，即千元左右，亦在意中。脱售之後，另於西門外空曠之區，另購場地七八畝，即可敷用，所需地價，約計千元左右。似此一爲轉移，約可餘洋一萬四五千元，存典存莊生息，每年可得息錢八九百千文。擬於上海設立水陸小學堂一處，每年約計各項經費亦在八九百千之數，以便撥充公用，是否可行，候示等因。准此，查所請係爲化無用爲有用起見，自應照辦。惟此事關係更改舊章，又經手款項，應會商上海道妥議辦法，稟候核奪。除咨復照辦外，合行札飭札到該道，即便遵照辦理，毋違此札等因。董等伏查《同治上海縣志》兵防一門，内載大演武場康熙五十九年以南門外舊倉基重闢，今仍之，俗稱校場等語。提右營兵於未改水師之前，常在此操練，而科舉未廢時，習武者亦於此爲騎射考試之所。是該地實爲上海公地，本未便獨由營中主張出售。惟設立水陸小學堂爲培植武勇人才起見，且地本空廢，化無用爲有用，亦尚可行。董等查原摺内稱，另行購地七八畝，所需地價約計千元左右，准由董局繳洋一千元。該地無論畝分價值多少，統歸董局清釐變售，以歸公用。其水陸小學堂常年經費，原摺内稱在八九百千之數，亦准由董局按年繳錢八百千文。俟學堂開辦後，即由董局照數認繳，似此一轉移間，於學堂地方兩有裨益。如蒙准行，即求迅賜批示，以便派人清查地畝，並繳呈洋一千元，一面懇賜詳請督憲立案施行。肅稟。

批：候據情稟請兩院憲立案，並咨呈江南提督查照。俟奉到憲批，再行知會可也。希即知照。此復。九月十六日。

蘇松太道瑞函復校場公地准由總工程局變價充公歸圖書公司承買文九月十六日

敬復者。日前展誦惠書，拜悉一一。南門外校場地畝，尊意擬照時價每畝二千元之數，歸圖書公司承買。值此百度維新、經費困難之時，自宜留歸地方一切公用，能多一分售價，即多一分要需。敝處墊款並可早還外人，悠悠之口亦藉以杜絶。一舉而數善，備具徵蓋籌，應請即照尊意辦理，並望執事與張季翁商酌，隨時見示爲荷。惟此案先經署理江南提督徐軍門擬將變價之款另購操場，並以餘項存典生息，撥充水陸小學堂經費。商奉前督憲周札飭會商議奪，正在核辦間，接貴局公牘。校場實爲上海公地，並非營產，應歸尊處清釐經售，以歸公用。其操場購價及水陸學堂常年經費，亦照數認繳，似此轉移，學費、地方兩有裨益，自當據以稟請兩院憲批示立案。現在每畝若能變價二千元，計三十畝，可得洋六萬元。除以三萬兩提還敝處墊款，約存洋一萬八千元。以之存典生息，抵付操場購價，暨水陸小學堂常費，尚可有餘。湊作别項公用之費，自應統歸貴局經理，較爲妥協。仍俟稟奉憲批備牘知會外，專復。

總工程局照會圖書公司變售校場公地收到價銀文光緒三十二年十二月初三日

爲照復事。案奉道憲瑞奉督憲端面諭，准以上邑二十五保十二圖校場公地歸公司承買等因。當經議定,該地每畝銀元一千四百元,暫以二十八畝計算。先由貴公司交到地價銀元三萬九千二百元,業已照收送繳道署,歸還本局借款在案。惟查貴公司交來之地圖,連營門前民地,核計共二十九畝八分七釐七毫。而上海縣飭令亭耆丈見,除去營門前民地,實計地二十九畝九分二釐九毫。畝分略有未符,自應以亭耆丈見之地爲准。除俟貴公司將民地買進後再行核算外,所有收到貴公司地價情由,合行照復。爲此照會貴公司,請煩查照施行。須至照會者。

蘇松太道瑞照會奉督撫院批准道詳變售校場公地文光緒三十三年二月初二日

爲照會事。案奉兩江督憲端批發本道,詳南門外校場公地由總工程局出售,請批示立案由。奉批,據詳已悉。查此案前准江南提督咨稱,擬將提標各營改編巡警,設立學堂。若非預籌經費,斷難舉辦,故議將此項操場變價歸公,另購場地,約計千元。餘洋一萬四五千元,存莊生息,每年可得子金八九百千,抵作學堂經費,以垂久遠等因。當經周前署部堂咨復照辦在案。據詳前項地畝,查照縣志,係上海公地,未便獨由營中主張出售。現由工程局董售歸圖書公司承買,計得價洋三萬九千二百元,作爲地方工程要需。復因先在該道庫内借銀三萬兩,即以前項價洋抵還,由局另籌洋一千元,交營中另購場地,以資操練。應即照准,仰即分别移飭遵照,仍候撫部院批示繳等因到道。奉此,除分别移行外,爲此照會,請煩查照辦理施行。須至照會者。

稟蘇松太道瑞移送提右營另購操場地價文光緒三十三年五月初二日

敬稟者。前奉照會,以奉兩江督憲端批發道,詳南門外校場公地,歸總工程局出售,由局另籌洋一千元,交營另購場地,以資操練。仰即分别移飭遵照,爲此照會查照辦理施行等因。兹復接提右營參鎮萬移請將是項英洋一千元,迅移過營,以便另購操場應用等因。董局業將該地價洋一千元,備票移送提右營查收。合行陳報,爲特備由,稟祈察核,轉詳督憲,以備考查,實爲公便。肅稟。

改良地保官戳案

上海縣李照會奉文籌議改良地保官戳文光緒三十四年六月初四日

爲照會事。案奉道憲札開,照得洋商在通商口岸租用民地,雖爲約章所准行,然必須查明,毫無窒礙,方准印契給執。其窒礙與否,耆保人等不能諉爲不知。是以各業户出租契紙,向以地保官戳爲憑,責成何等鄭重。乃地販人等希圖地利,往往串通不肖地保,將來歷不明之地轉掛洋商户名,請立道契。迨經查有糾葛,函請領事轉飭退銷,又以地保蓋戳藉口。而各圖地保但知漁利不顧害人,每於更换之際,將各項契據倒填年月,私自成交。一經澈究,接充者因戳記係由前手所蓋,遇事推諉。間有出租契據於蓋戳地保身後發現者,以致因此涉訟累年未結之案不知凡幾,其流弊實不可勝言。欲杜其弊,似應將各圖官戳一律吊銷。然此項官戳爲地保辦公之確憑,設有弊混,尚可澈底根究,若予吊銷,似亦不足以昭信守。應如何設法改良,以期有利無弊,札縣妥爲籌議,稟候察奪毋違等因到縣。奉此,除分别照請外,合行照會。爲此照會貴紳董煩爲查照,希即知會各鄉董妥爲籌議,設法改良，務祈有利無弊，剋日詳細復縣，以憑核復。此件係奉道憲特札飭辦，幸勿有稽，望切須至照會者。

總工程局、同仁輔元堂、勸學所職董會呈上海縣李集議祛除地保舞弊應以官契局爲關鍵文光緒三十四年七月初七日

爲呈復事。竊董等同奉照會内開，案奉道憲札開，云云。稟候察奪毋違等因到縣。奉此，除分别照會外，合行照會，煩爲查照，希即知會各鄉董妥爲籌議，設法改良，務祈有利無弊，剋日詳細復縣，以憑核復。此件係奉道憲特札飭辦，幸勿有稽，望切等因。奉此，遵經知會各鄉董公同集議，僉以發給官戳原使地保有辦公之憑證，乃地販奸徒視爲生利之計，串謀朋充，因緣爲奸，盜賣盜升，移花接木，莫可究詰，以致訟牘繁興，釀成交涉，其弊不可勝言。查從前給戳之圖尚少，今已有五十餘圖，幾及上海全境四分之一。如西門外、如閘北、如虬翔、如浦東沿浦各圖，凡上海扼要之地，均已給有官戳。各地保即公牘中間亦稱之爲洋商地保，故地保一經領有官戳，咸以多蓋洋商租契爲得計。循此以往，凡給戳各圖勢不至盡售與洋商，不止土地主權日益朘削，於現在之築路、將來之自治均有窒礙。興言及此，甚覺寒心。今欲杜其弊，自以租界之外不准再立洋商租契爲上策。若勢難遽止，則莫如以官契局爲關鍵，擬請先由鈞署刊刻洋商租契式樣，稟呈道憲，轉知值年領袖領事，聲明此後必須用此項租契，以免轇葛。其契即交官契局發賣，由官契局另行組織稽核辦法，以昭周密。其該圖應否給予官戳，亦由官契局呈請核辦。至清丈局或給升科單，或給華商道契，亦須知會官契局查明復到然後核發，則地保自無朦報之弊。所議各節，是否有當，統祈核請道憲示遵。抑董等更有請者，聞給戳各圖地保於更換時運動之費甚鉅，無非取償於該圖之地，以致百弊叢生。應請嚴行諭禁，一經查出，與受同科從嚴懲罰。一面慎選妥當之人承充，以期挽回積弊。所有遵議緣由，並擬呈租契式樣一紙，伏祈俯賜察核施行，實爲公便。謹呈。

批：地販價賣來歷不明之地，請立道契，百弊叢生。來牘所擬另刊租契，以官契局爲關鍵，自屬扼要辦法。至應給官戳圖分亟應明示限制，希即會商官契局查明開單呈復核辦，仍候據情詳請道憲示遵。一面並即如呈嚴禁，以祛積弊。租契式一紙附。

上海縣李照會奉文再議洋商地保官戳改良妥善辦法文光緒三十四年十二月十四日

爲照會事。案奉道憲蔡札開，案據該縣稟陳，李紳鍾珏議復，洋商地保官戳改良祛弊情形。當經本道詳加查酌，照會領袖比總領事轉致各國總領事查照飭遵。詎領事公會未能共表同情，自應另籌妥善辦法，以期有利無弊。合抄來往照會札飭札到該縣立即遵照，悉心查議，稟候察奪，毋稍違延等因，並抄粘到縣。奉此，此案前奉道憲札飭，當經照會貴董等議復。並准擬具契式，呈請核轉等情。即經抄録契式，稟呈道憲察核。嗣又奉道憲札，以上海洋商租地，照章須查無糾葛，方准印契執業。乃地販人等往往串通不肖地保，私將他人有單地産盜賣與各國商民。或另造僞單，移花接木，弊端百出，貽害無窮，亟應整頓改良。現擬另備縣印永遠出租文契，由道派一專員駐紮會丈局，妥爲經理。如有出租西商地畝，原業户先將田單糧串呈由委員驗明，查對縣署糧册無訛，即予發給永遠租契，令原業

主自行照單填注,交與得主洋商,稟請該管領事官照章送道發局,會丈立界,不必再事調查,一經丈明,立即報道印給道契。凡無縣印出租文契者,概不發勘。既清查於原業主出租立契之始,可免後來一切交涉。且勘丈時間甚速,於西商亦殊便益。除札委候補縣丞陳世光,會同上海官契總局董事暨會丈局員妥爲經理。一面照會租界領袖比總領事,分致各國領事曉諭寓滬西商一體知照。仍候復到另行飭遵外,合先札知札縣轉致官契總局知照等因。又經照會官契總局查照在案。奉札前因合行抄粘照會,爲此照會貴紳董煩爲查照,希即知會各鄉董悉心籌議,剋日詳細復縣,以便核復。

附抄件

照會領袖比總領事薛三十四年七月二十三日發

爲照會事。照得上海洋商租地,照章經查無糾葛,方准印契給執。乃地販人等往往串通不肖地保,私將他人有單地産盜賣與各國商民。或另造僞單,移花接木,弊端百出。迨經真正業主發覺控追,在得主固不獲立時領契,管業失主亦受累無窮年來訟案之繁。半由於此,本道有興利革弊之責,亟應整頓改良,以爲息事寧人之計。現擬另備縣印永遠出租文契,由道派一專員駐紮會丈局,妥爲經理。如有西商租用地畝,先由原業主將田單糧串呈請委員驗明,查對縣署糧册無訛,即予發給永遠租契,令原業主自行照單填注,交與得主洋商。再由該管領事官照例送道發局,會丈立界,不必再事調查。一經丈明,立即報道印給道契。凡無縣印出租文契者,概不發勘。既清查於原業主出租立契之始,可免後來一切交涉,且丈勘之時間甚速,於西商亦甚便益。相應備文照會貴領袖總領事,請煩查照,分致各國領事曉諭寓滬西商一體知照,仍希見復施行。

照會租界領袖比總領事薛八月二十四日發

爲照會事。照得上海洋商租地擬另有縣印出租文契,派一專員駐紮會丈局,隨時查明發交原業户填註,轉交洋商,再由該管領事照章送道發局會丈,印給道契一事,已於七月二十三日照會貴領袖總領事,分致各國領事曉諭寓滬西商一體知照在案。本道係爲預杜糾葛,以免事後争執起見。各國領事定表同情,除派員駐紮會丈局妥爲經理外,合再備文照會。爲此照會貴領袖總領事,請煩查照,仍希見復施行。

領袖比總領事來文九月二十六日到

爲照復事。西八月十九號及西九月十九號兩次接展來文,以洋商租地擬另備縣印出租文契,派專員經理,請查照示復等因。兹領事公會查得前項所擬一切未能允准,殊多阻礙。凡華人與洋人爲買賣地産等情,倘非由官商允,礙難直接交易也。查此節核與所載約章不符,若照所擬辦理,則遇有地皮出進,當未便私相賣買矣。至於租地一項,原係爲得主及失主兩造自相交易之事,官長不能在約據未做之前從中作主。倘地保之行爲不能可保無虞,領事公會擬照貴道應即力救其弊,選派誠實可靠之人充當地保職司可也。相應照復,請煩貴道查照施行爲荷。須至照復者。

照復租界領袖比總領事薛九月二十九日發

爲照會事。九月二十六日准復文内開，洋商租地另備文契，專員經理，與約不符。租地一項，得主及失主自相交易，官長不能在約據未做之前作主，應選派誠實可靠之人充當地保等因到道。准此，查《天津通商條款法約》第十款内載明地租多寡，按照地方價值宣議，中國官阻止民人高擡，領事官亦謹防本國人經壓迫受。又美約第十二款亦載有如無礙民居不關方向照例給契各等語。是華洋租地，彼此雖可自相交易，仍須由官主持。本道所擬辦法，核與條約並無不符。向來洋商在口岸租地，失主立契，地保蓋戳之後，照章應由會丈局查勘。倘無糾葛，方准稟道印給道契執管，否則不予會丈，仍令退銷然退銷於成交之後，洋商價洋已付，不免喫虧，不如於未經成交之時查明有無弊混，取捨可以立定。此等簡捷辦法，洋商甚爲相宜。地保惟利是圖，往往串同地販舞弊，從前因地涉訟受累者不一而足。本道有鑒於兹，未便再令地保經手，是以改派陳繙譯委員駐紮會丈局，責成經理，彼此言語易通，情形不致隔膜。又，同一查勘先審慎於交易之初，較之事後查出轇轕追價爲難者，孰得孰失，實係鄭重租地體恤洋商。而本道一再奉商，亦無非和衷共濟起見。合再照會貴領袖總領事，務將此意轉致各總領事官一體飭遵見復，望切施行。

領袖比總領事來文十一月十七日到

爲照復事。西十月二十四號接展來文，以洋商租地仍擬將單契免交會丈局查勘，方准核辦，係爲鄭重租地起見，請飭遵見復等因。聆悉種切，本領袖查此事礙難照辦，理由當在西十月六號照復在案。兹據來文内按法約及美約各款，查此款當可指駁。照法約第十款，係僅爲議定租地價值而言，並非聲明賣買地産應由官作主等情。又，美約第十二款按照各領事意見所申説者，即係指官長不能在約據未經簽字之前出而主持。查該款内載彼此可議定價值，兩相允洽，並昭公道各等語。又載明地方官可不干預，除居民並不有所争論關礙地皮方向等情。合再照復貴道，請煩查照爲荷。須至照復者。

照復租界領袖比總領事薛十一月二十一日發

爲照會事。昨准來文，以洋商租地擬將單契先交會丈局查勘礙難照辦等因。查此等辦法實爲預防洋商租地糾葛涉訟，以免有所虧損，不意貴領袖領事暨各國領事官未能共表同情，深爲悵悵。除轉行查議外，相應照復貴領袖總領事，務煩查照施行。

上海縣李照會地販地保因緣爲奸將華界地畝私售洋商妥議查禁文宣統元年正月二十五日

爲照會事。照得上邑沿近租界各保圖，本係華界，該處地主往往貪得重價，又爲地販所誘，因而私售洋商，轉立道契，不知凡幾。甚有地非己户，朦混移抵，地保因緣爲奸，勾串盗賣，詭弊百出，訟案日滋。近來各洋商欲添築馬路，每打租界外購地插標，四出分築，皆由地保地販串通爲之購地，或以重價誘騙成交，或竟强行揑買。雖經一再諭禁，而各地保時有更換，幾於防不勝防。若不設法永禁，何以示限制而杜流弊。合行照會，爲此照會貴董煩爲查照,希即會同妥議,設法永遠查禁。凡遇地保更换,必須嚴明約束,毋使或蹈故轍,以免流弊。望切須至照會者。

總工程局、教育會、同仁輔元堂、勸學所會呈上海縣李議復袪除地保舞弊應即以發契爲稽查關鍵文宣統元年二月十一日

呈爲集議具復事。竊於上年十二月十四日奉照會内開,案奉道憲札開,云云。剋日詳細復縣,以便核復等因。奉此,伏思道憲原議另備縣印永遠租契,原係仿照官契新章辦理。查官契新章,但限令失主領用此項官板契紙,並不干涉民間賣買。現已另備縣印永遠租契,亦祇令原業户領用此項契紙,並不干涉華洋交易,仍由原業户與西商照常直接兩造自相交易,毫無阻止,乃領事公會因先交會丈局查勘,疑爲在契約未做之前從中作主,以致誤會,未能共表同情,奉飭另籌妥善辦法。董等遵於本月初十日邀集各鄉董再四籌商,擬請將前項縣印永遠租契紙改歸官契局經發,以表明與民間自相貿易一律辦理之用意。至地保舞弊一節,擬即以發契爲稽查關鍵,另行組織辦法,實力嚴防,以仰副道憲興利革弊整頓改良之至意。所有遵議緣由,合行呈祈核轉施行,實爲公便。再,領用官契、約束地保,均係地方行政,似無須由外人承認,應否隨文聲明之處,並候鈞裁。謹呈。

總工程局、教育會、同仁輔元堂、勸學所會呈上海縣李議復約束地保辦法文宣統元年三月初五日

爲議復事。竊於本年正月二十五日奉照會内開,照得上邑沿近租界各保圖,云云。毋使或蹈故轍,以免流弊,望切等因。奉此,查洋商轉立道契,必憑地保戳記,乃不肖地保往往溝通地販,惟利是圖,以致叢生百弊。現在扼要辦法重在約束地保,苟地保得人則諸弊自可杜絶。董等再四籌商,擬請嗣後凡遇地保更换之際,必須由圖董出具保結,復加切實調查。果係誠實可靠,浦西由官契局加結,浦東由塘工局加結,送請鈞案傳驗着充。兹擬具辦法六條,並開呈洋商各圖清單,仰祈仁台先行批准立案。一面飭承查册,其已滿年各圖即行换充,未滿年者俟滿年换充,似此正本清源,庶不致再蹈故轍。爲此議復,呈乞俯賜察核施行。須至呈者。

附抄件

洋商各地保給過戳記各圖

二十二保:四十三圖、五十圖、五十一圖、五十三圖。

二十三保:頭圖、二圖、五圖、十圖、十一圖、十二圖、東十三圖、西十三圖、十四圖、十五圖、上十六圖、下十六圖、正十九圖、分十九圖。

二十四保:四區十六圖、二十一圖、二十四圖、正十五圖、二十三圖。

二十五保:頭圖、二圖、三圖、四圖、九圖、十圖、十二圖、十三圖。

二十七保:二圖、三圖、四圖、五圖、六圖、七圖、八圖、九圖、十圖、十一圖、南十二圖、北十二圖上圖、北十二圖下圖、十三圖。

二十八保:五圖、六圖、八九圖、十併十一圖、南十二圖、北十二上圖、北十二下圖。

擬具辦法六條

一、永遠租契已由官契局擬式呈核，如蒙准行，即由官契局刊刷，加蓋戳記發售。華洋地皮交涉，遵用此契，方准地保蓋戳。若非局售契紙濫戳圖利，提保重懲。

一、地保赴局購契，報明得失主姓名、住址，須將印單印契印串呈驗，由局檢查糧册相符，方准發售。

一、華洋交涉之區各地保，向給官戳，應請吊齊浦西發交官契局收管，浦東發交塘工局收管。凡遇地皮交易，蓋用此戳，由董監察並取並無僞單冒升盜賣等弊，切結存局，按季彙送備案查考。

一、給戳各保每逢接替充費不貲，各地保湊資應付，無非取償於地皮，百弊由是而滋。嗣後諭令書差不得仍舊需索，以清弊源。

一、租界以外，洋人購地築路，官契局不得發售契紙，各地保不准擅蓋官戳，並通諭各局董、各圖董隨時報局，由局稟請禁止，以保主權。

一、以上各條規則，應由官契局刊刷呈案，凡遇新保給諭着充，即將此規則黏附，以昭信守。

代理上海縣李照會奉道批縣詳李紳等議復洋商地保官戳改良祛弊一案准照所擬試辦文宣統元年四月十五日

爲録批照會事。案奉道憲批發，李前故縣詳復李紳鍾珏等議復洋商地保官戳改良祛弊一案。復據呈請示遵由。奉批：據詳已悉，准照所擬暫行試辦，仍應責成各圖地保傳諭各業户一體遵行爲要。仰代理縣轉飭照辦，此繳等因到縣。奉此，查此案前奉道憲札飭，當經敝前縣抄黏照會會董議復。旋准貴紳等呈以事關地方行政，毋須外人承認等情呈復，又經據情詳復在案。奉批前因合行照會，爲此照會，貴紳董煩爲查照。須至照會者。

籌議滬寧鐵路車站圈用保安堂義塚地辦法案

蘇松太道瑞照會議復滬寧鐵路車站圈用保案堂坐落寶山縣結一圖義塚地變通辦法文光緒三十二年十月二十日

爲照會事。照得上海同仁保安堂有坐落寶山縣結一外育字圩義塚地，前准隨辦滬寧鐵路事宜、分省補用道鍾來咨，該義塚地適當上海車站東北之衝，不但爲推廣車站貨廠所必需，實爲叉道匯車必由之路。再三體察，並與總工程司詳加籌酌，委係萬難改讓。現在鐵路圈用，非盜賣盜買可比，似不能滋爲口實等因，業經行縣轉諭知照在案。現在路工孔急，究竟如何籌議，作何變通辦法，除行上海縣並照會商務總會查詢見復外，合亟備文照會，請煩查照，一體查詢見復，望速施行。須至照會者。

稟蘇松太道瑞據保安堂董復稱鐵路推廣車站不難避讓寶邑義塚文光緒三十二年十月廿八日

敬稟者。竊奉照會内開，照得上海同仁保安堂，云云。全敘至一體查詢，見復望速施行等因。奉此，遵即詢據同仁保安堂董陸紳文麓復稱，鐵路推廣，車站移西、移南，均有地址可以恢擴。寶山結一圖義塚，並非難於避讓，請據實轉復等因，合行稟復。伏祈俯賜察核施行，實爲公便。肅稟。

批：此案現奉撫憲電諭，准唐大臣電稱，滬寧推廣上海車站圈用保安、仁濟兩善堂義塚地，專員履勘，勢難繞避。堂董屢議未決，請電道知照堂董領價遷讓，以免停工糜款等語，飭即勸諭議結等因。此事業經公司鍾總辦暨總管處查復，國家自用公地，非外人所能藉口。如再彼此堅持，徒煩文牘，於事無裨，亟應設法變通，以期兩得其宜。本道查前次調換工部局所買塚地，尚有虧墊，不如及時籌商，將育字圩塚基遷讓，由公司照章撥給官價另購新地外，再請公司酌加特別貼款襄助善舉，俾該堂彌補舊墊之需，較爲一舉兩便。本道不拘成見，但按時勢酌度，求彼此有益於公。貴董暨保安堂諸紳董均係熱心公益，深明義理，當能權宜達變，希再秉公集議，切實定妥，從速具呈，以便轉商鐵路總管理處核辦可也。此復。十一月初二日。

稟蘇松太道瑞遵飭議復保安堂義塚地奉諭遷讓擬送辦法文光緒三十二年十一月十一日

敬稟者。竊上海同仁保安堂有坐落寶山結一圖義塚地，經滬寧鐵路圈用一案，曾奉照會作何變通辦法等因。遵經查詢稟復，旋奉憲批：此案現奉撫憲電諭，云云。此復等因。正在邀董集商間，復奉函催，迅速決議見復等因。奉此，遵經邀集保安堂及各善堂紳董等於本月初十日至總工程局公同集議。據保安堂董陸文麓、曹驤等稱，此項塚地經前寶山縣金令詳奉前升憲袁批准立案義主保全。文麓等惟有凜遵前案，極力保守，請爲轉求免讓等因，詞頗激切。在陸董等經理堂務，以保守塚地爲宗旨，堅忍不移，實屬難能可貴。惟念鐵路爲國家自强要政，該處又爲叉道匯車所必需，且憲台既奉有撫憲勸諭議結之電諭，復示以但按時勢酌度，求彼此有益於公等語。自未便膠執成見，徒滋筆舌之勞。董局諸議董僉謂此事莫如遵奉憲台批示各節由總工程局主持，以期達權通變，並擬辦法三條：一、讓地照時價，期有益於公；二、遷費須優給，備購地運埋；三、遷時須延長，免草率從事。如鐵路購地局承認此三條辦法，可逕向總工程局會商等因。董等伏思掩骼埋胔，善舉所重，如果可以永安，亦何敢輕言移動。今萬不得已而妥議遷埋，仍所以慰幽魂而安白骨。惟該塚地從前既經稟奉立案，現因鐵路需用而議遷，應請憲台先將前案註銷，以免口實。至諸議董所議辦法三條，亦切中竅要，將來所收地價若干，作何公用，當憑衆公議。所有遵批會議情形，合行稟復，是否有當，伏祈察核施行，實爲公便。肅稟。

批：來牘閱悉。候移商鐵路總管理處核復，再行佈告，並先酌行寶山縣查復可也。此復。十一月十三日。

蘇松太道瑞照會滬寧鐵路圈用保安堂義塚案應與寶邑紳董會同商辦文光緒三十三年正月十九日

爲照會事。照得上海保安堂有坐落寶山結一圖義塚，經滬寧鐵路圈用一案，前據貴總董來牘，業經分別移行，並批復在案。兹據寶山縣王令稟據寶邑紳士李維勳等稟稱，該塚地坐落寶境，未便由上海紳董越權擔任遷讓，藉爲口實，請派本邑紳士會同商辦，以期融洽等情。正在核辦間，奉督撫憲端、陳電諭飭董遵照，趕緊領價遷讓，勿任再延等因。又准總辦滬寧鐵路總管理處施、王咨復各議董所議辦法三條，第一條讓地照時價，第二條遷費須優給等云，查本路購地遷墳，歷照向章辦理，尚無異詞。該堂董等自不能别爲之説，致礙大局。第三條遷時須延長，免草率從事，云云。查本路需地甚殷，公牘往還閱日亦屬不少，停工待地，糜費滋多。工程司疊次催詢，勢難再事延緩，務祈申諭保安、仁濟兩善堂堂董等，即日來處領價遷讓，以重要公而維路政。除電稟郵傳部外，咨請查照轉飭等因。查保安堂義塚已由貴總董擔任遷讓在前，未便再有異議。惟事關寶邑善舉，應再派寶邑紳董會同商辦，以期彼此融洽，迅速領價遷讓。除批示並行寶山縣飭遵一面由電稟復督撫憲察核外，合亟抄黏備文照會，須至照會者。

稟蘇松太道瑞議復保安堂遷讓義塚情形並議定地價遷費文光緒三十三年二月初一日

敬稟者。接奉照會，以上海保安堂坐落寶山結一圖義塚，云云。全敘計抄黏等因。奉此，查上海保安堂義塚一案，上年迭奉憲台照會函諭，以鐵路公司停工待地，飭由董局籌議變通辦法，刻日議決等因。董等以事關上海公益，重以憲命敦切，不避越俎之嫌，邀集保安堂及同仁、輔元、果育、普育等各善堂紳董公同集議。當因保安堂董堅持保安宗旨，始終不任遷移。各善堂紳董僉以爲事機迫切，非由總工程局主持，達權通變，勢難轉圜，爰議辦法三條，稟請核辦在案。是董局對於此事先以憲台迭次諭飭，不敢不籌畫圖全，繼以各董公議主持，不得不擔任義務。今寶邑紳士斥爲越權，殊堪詫異。竊思事之權限，當根據名義而定，名義有主客之殊，權限即有重輕之判。今試問保安堂爲何邑之事業，即寶紳亦必曰上邑之事業。又試問此義塚爲何人所管理，即寶紳亦必曰保安堂管理，則雖坐落寶邑境内，而地爲上邑之公産，即權爲上邑之公權。例如，上海地面各省義塚纍纍，皆各省會館所置之産，時而購入，時而售出，時而遷移，時而發掘，皆各省會館主之，上海人無從干預也。若如寶紳之説，各省義塚之地坐落上邑者，何止數千畝。當其變賣遷讓，上海紳士皆可干預，或思分潤其地價，以濟公用，則上海公用可不患困難，豈非莫大之利益。然而不能者，權爲之也。蓋論地面，則我爲主，各省爲客；論産業，則各省爲主，我爲客。客不能侵主權，夫人當知矣。寶紳原稟，謂四年前寶山縣金令曾照會盛董等前往勘明設笆定界，並責成該圖地保隨時保護在案，以爲寶邑官紳自有主持保護之責。夫言保護則可，言主持則不可。保護云者，凡在此地面上之公物，及各項慈善事業，地方官紳皆當隨時保護。例如，上海地面各省義塚，無不由地方官出示禁止作踐，一律保護。間有事故，亦往往諭紳董幫同調護。若主持，則必如四明公所之事。關於交涉，官不能不任主持，其他各會館地之或賣或遷，未聞官爲之主更，無論紳董。即如近來廣肇山莊義塚悉數遷移，不聞由官主持也。此爲通例，豈寶邑别有主持之私例，則不得而知矣。至寶山縣稟中謂同仁保安堂管業義塚，其地坐落寶邑境内，其所葬骨殖，自以寶邑爲多，此説恐涉臆度。查結一圖爲上寶交界之地，距上海縣城不過三四里，距寶山縣城則數十里。夫義塚所葬，必城埠繁盛、人煙稠密之地，遠方孤客、旅櫬難歸，或無告窮民卑田乞丐死無葬身之地，借此尺土，以瘞遺骸。若土著鄉民各有祖墳，雖至苦不肯葬此。寶山縣未詳該塚源流，並未悉此鄉人情風俗，以爲坐落寶邑者,所葬骨殖必寶邑爲多。竊恐寶邑良民共有志氣,斷不肯冒認此千百無主之骸爲若祖若父也。至謂以隔邑士紳議遷本邑墳塋,誠恐感情未洽,鄉民易於疑阻,尤爲失詞,無煩駁詰。總之,寶邑紳士欲在此義塚地價内稍分餘潤,以助寶邑公益之用事無不可。方今時局阽危,所賴衆志成城,消融畛域省界且不可分,何況區區一邑之界。寶紳熱心公益,願襄善舉,董局方且忻幸之不暇,豈有不表同情。但以董局此舉爲越權,是隱指憲台不先諭飭寶紳,獨諭上紳爲失當矣。故不得不以權限名義之説,縷晰言之。至此項地價遷費,已於正月二十五日議會公議每畝價銀二千五百兩,至少亦須二千兩遷費,每畝洋一千元,已由職董鑄經與鐵路公司妥商,當可定議。查董局議董中曹紳驤、陸紳文麓即係保安堂董事,而袁紳希濤即爲寶邑紳董,當時公同定價,可謂寶紳亦在場矣。至於董局所主持者,不過前此奉諭,權宜通變,不得已擔任,議遷爲大局轉圜之計。董局經費誠見困難,然未嘗有分此地價餘滴之心。現已遷讓議決價值議決,董局即可息肩。以後領價遷墳,或仍責成保安堂董或添派上邑之同仁輔元堂董及寶邑紳士襄同辦理。伏乞察核施行,實爲公便。肅稟。

批:來牘閲悉。已抄稟行知寶山縣轉諭紳董查照矣,希即知照。此復。二月十四日。

收管南區水神閣井亭廊房案

致上海縣李函請將水神閣及井亭廊房改撥南區管理文光緒三十三年九月二十一日

敬啓者。前據敝局南區分辦處區長穆紳湘瑶等函稱,南區水神閣及井亭廊屋爲地方公共建築物,比悉二十三鋪段董顧銘照之子顧藩假利濟學堂姚董文枬之名,具稟鈞署,率請撥入該學堂,以作校産。湘瑶等特邀南區贊助員開會集議,僉不謂然。爰擬具稟鈞署,請將原案撤銷,改撥南區管理。爲特附呈稟詞一件、地圖一紙,希即轉送等情到局。查水神閣及井亭廊屋既爲備儲洋龍與小菜場之所,自於地方行政上極有關係。姚紳文枬爲敝局議董,鍾珏等曾經面詢及此。姚紳答稱,顧藩前經商及,首列具稟,並未知悉是顧藩之稟請,撥産並未謀及公衆,全係捏誣,實屬顢頇。既據南區區長穆紳等具稟前來,合行代爲送呈,仰祈俯賜察核,准將原案撤銷批示遵行,實爲公便。專泐。

附抄件光緒三十三年九月二十一日

上海總工程局南區區長穆湘瑶,副區長單慶銘,贊助員陸熙順、葛士洵、姜瀼、胡光甫等稟,爲捏朦具稟,改撥公産,據實陳明,懇請銷案事。竊治下小南門外外倉橋南堍有水神閣一所、井亭一座,於光緒十四年係由裴前憲捐款,購地建閣,上供水神,下儲洋龍。復於神閣之南跨小南門大街另鑿公井,井之四圍建造廊屋,出賃小販,分擺菜攤。歷由二十三鋪段董顧紳銘照、姜紳澄公同經管,挨年輪值。自上年總工程局稟准道憲將二十三七鋪十二圖地方推放警察,改爲南區於外倉橋堍野貓弄底購買民房,將屋拆去,另築聖賢橋一座,俾小南門大街與董家渡大街直接貫通,以便車馬。而水神閣適當中衢,井亭廊屋遂爲南區絶好小菜場。本年四月,瀼於南區贊助員會内提議水神閣及廊屋爲地方公共建築物,應歸入南區,將小菜場大加整頓,以維市面而重路政。其時全體贊成,當由湘瑶、慶銘備函致瀼,囑瀼轉與顧紳銘照商量。顧紳年邁,諸事俱由伊子藩經理。詎藩接函之後，並無回復。比悉水神閣及廊屋忽於六月間由利濟學堂姚董文枬稟請歸入該學堂經管，旋蒙憲批，利濟中學堂經費不敷，擬將水神閣廊屋租金酌增撥濟，彼此既經商允，應准照辦，候即諭飭顧董等遵照等因。本年水神閣事務適輪值姜董澄管理，姜董奉諭之後，業將簿摺契據一併移交利濟學堂收執。惟水神閣儲備洋龍，其井亭廊屋設立小菜場，於地方行政均有密切之關係，詎宜率請撥入利濟學堂，以作校產。利濟學堂原爲顧藩一人主持，顧藩與利濟是一是二，原無彼此之分。其具稟之前，顧董並未謀及，姜董亦未謀及。公衆則所謂商允者，直顧董自商自允耳。況湘瑶於本月十一日緣總工程局會議西門外電車事，會晤姚董文枬，詢及此事。姚董答稱，顧藩前經商及，當以此事應與諸董公商而首列具名，並不知悉熙順亦利濟學堂校董，稟内列名事前亦並未知悉。是利濟之率請改撥，直出於顧藩一人之私見，湘瑶等會商之下，僉以該項房屋係地方公共建築物，應由地方自治團體監督而管理之。應請鈞署將利濟學堂原案撤銷，並懇照會顧董銘照將水神閣一切簿據、賬目、租摺等件一併檢交南區收管執守。嗣後修理房屋及神閣歲祭概由南區正、副區長循章辦理，以行政之法團司地方之公産，俾符名實而資整理。爲此合詞具稟，並將神閣、井亭及該地段形勢繪圖一紙附呈，仰祈俯賜察核批示遵行。實爲公便。

呈上海縣李陳復顧董移交水神閣餘款及摺據賬目文光緒三十四年三月二十日

爲呈復事。竊據敝局南區分辦處報稱，上年十二月間，接奉照會，以據職董顧銘照稟以奉諭將水神閣所餘款項及摺據賬目一併檢交總工程局南區分辦處收管，開具清摺呈核前來。合行照會，爲此照會貴董煩爲查照，此項餘款及摺據等物如已交收清楚，即行復縣備查，望切計抄粘等因。查顧董於上年奉尊諭飭將水神閣及井亭廊屋移歸南區分辦處後，計交賬簿兩本，水神閣餘屋胡姓租摺一扣、租契一紙、井亭廊屋張姓租摺一扣、租契一紙，其餘存錢八千二十六文，現已一併交楚。茲將顧董移交水神閣餘款及摺據賬目情形，詳細報明，請爲呈復等情，合行據情呈復，伏祈俯賜察核施行。實爲公便。

送子庵售地修庵築路案

致上海縣田函抄送子庵僧恩榮來稟變賣庵地充修庵築路經費文宣統元年六月初十日

敬啓者。大南門外送子庵僧人恩榮擬售僧遺田産爲修庵築路等需一事。敝局南區區長先據二十七鋪段董奚慶良面謁函致，謂該地爲公産，應不准其私賣等情。嗣奚董復兩次來局，稱該僧已收受定洋，如不能止售，請由工程局作主，將售價除修庵外儘作築路之用等情。正擬飭傳該僧詢問間，即據該僧具稟前來。察核稟詞，尚無捏飾。其所粘呈之糧串，一份係送子庵户名，一係慧月僧户名。復經轉詢十二圖圖董顧繼鍾、廟董郁頤培，同稱庵屋破爛欹側，亟應修建。庵前淤浜，實應填平築路。所售之地，係在浜南與浜北之庵基，各是一地，以售價爲修築之需，自屬正辦等情。除由顧董另稟外，合將該僧稟批抄呈察核，俾便遵行。專肅。

計抄件

爲地價歸公請予修築事。竊僧庵門面房屋破爛不堪,裏進廂房欹側,勢將傾倒。欲圖修築,則從前繕葺正屋之費正在逼迫歸償,何從借貸,而又萬無任其頹廢之理。且僧庵奉道憲設立崇正西南小學堂在内,設或學生出入,倒壓磕傷,則僧人益滋罪戾。至於庵前小浜淤穢已極,亟應填平築路。近處屢遭火患,必須添設太平龍頭,地方上亦在籌款。因思庵之對浜有師祖慧月僧户名所傳二十五保十二圖短字圩四百十號則田二畝一分六釐四毫,係慧月僧自置之地,與庵基各别。慧月僧在日,曾以該地七分餘租與毛姓,造屋十間,收錢六十千文,錢不起利,屋不起租,迄今租期久滿。又陳姓權厝葬地一分,收錢五千文,並未承糧。若將該兩户備價收回,即以該地變價爲修庵築路等用,則庵屋不致傾頹,而地方公益之事亦可稍資貼補。適有張姓願出價洋三千元購買該地,僧先將應用各款稟明廟董、段董、圖董,然後收受定洋三百元。在僧,無非因公用而起,並無自私自利之心,惟總不如歸公得價之爲穩當。爲特粘呈糧串兩紙,即以該地歸公,將來張姓繳價到局,修庵築路等費即由局開支。其租户、墳户應行給價之處,亦由局給領,以昭公道。是否有當,仰祈俯賜核准施行。謹稟。

批:據稟已悉。候轉詢各董,如果共表同情,自可照辦。糧串兩紙附。此批。

呈上海縣田詳陳送子庵售地修庵築路案情文宣統元年十二月二十八日

爲呈復事。竊奉鈞函,以送子庵售地一案現奉道憲批發奚董等稟到縣,應否永遠嚴禁,抑或出示召賣,將價撥充路費,或應如何辦理,請察核逕稟道憲核示,抑詳細核議移縣轉稟,統祈酌奪示復等因。奉此,查此案於本年五月間曾據庵僧恩榮具稟來局,以該庵門面及廂房破爛將傾,内有道憲設立之崇正官塾,深恐倒壓傷人,修費無從籌募,願以浜南之地出售,除修庵外,充作庵前填浜築路之用等情。嗣復據具稟,裁判所以該地上有毛開基借造房屋,轉輾抵押,霸賴不讓,請爲飭遷等情,業由裁判所飭理在案。而二十七鋪段董奚董慶良先曾以庵僧私賣公産,請爲阻止等情,函致南區分辦處。奚董復兩次來局,謂該僧已收受定洋,如不能阻止,請由工程局作主出售,即以此款充作路工經費等情。此次奚董偕徐董自明等具稟,後南區區長顧紳履桂曾與奚董面晤,奚董謂售地築路固所贊成,第該僧不應私賣,且難保其不得價花銷,如能由工程局作主最善等語。敝局因於參事會期公同商酌,僉以奚董於售地築路一層並非反對,其所慮者在該僧之得價花銷,亦不爲無見。察勘該庵廂屋欹側,門面破爛,實須修理。庵前及左右小浜淤穢已極,亦實應填築。既無處籌款,而該地上毛姓借造之屋轉輾抵押,非出售亦不能了此葛藤。受主張姓定據業已查過,實係出價三千元,並無五千元之鉅。核諸該處地價,尚屬相當。現在不如准由該庵具名出售與張姓,其地價應令儘數歸公,由南區飭勘,究須修庵費若干、償屋價若干、遷墳費若干。除去上項外,尚餘若干,即充作填浜築路之用,不准該僧私自花銷。佛教公會林紳曾賚適值來局,告以此情,亦無異詞。至十二圖圖董顧董繼錘前稟,請以餘款助賑。其時適甘賑孔亟之故,現賑所已撤,該款於修庵築路待用正殷,顧董亦已願從衆議。惟能否照以上所議辦理，請轉陳候核等情，除遵將所議情形逕稟道憲請予核示外，呈祈俯賜察核轉稟施行。謹呈。

上海縣田移會奉道批飭保全送子庵公地文宣統元年十二月二十五日

爲録批轉移事。十二月初五日，奉道憲蔡批，貴局董稟會議送子庵售地修庵築路情形，懇賜核示遵行由。奉批：遷墳讓地，本係不得已之舉，今送子庵公地既葬有古墓，又無緊要迫切工程，自應禁止出售，設法保全爲是。所收定洋，勒令住持僧退還，如違提案究追。至該庵附設崇正官塾，能否遷地爲良，如擇要興修，究需工料若干，並即傳匠核實估報，仰上海縣遵照辦理，並轉移總工程局查照，此繳，稟抄發。又奉批發職董顧繼鍾等原稟，奉批稟悉，查此案前據總工程局來稟，當以遷墳讓地，本係不得已之舉，今送子庵公地既葬有古墓，又無緊要迫切工程，自應禁止出售，設法保全爲是。所收定洋，勒令住持僧退還，如違提案追究。至該庵附設崇正官塾，能否遷地爲良，如擇要興修，究需工料若干，並即傳匠核實估報，批飭該縣遵辦在案。據稟前情，仰上海縣遵照前批辦理，仍傳諭該董等知照，原稟並發各等因到縣。奉此，除遵辦外，合行録批轉移，爲此合移貴局董煩爲查照，並希傳諭顧董等知照。望切須移。

上海縣田移會查照道批飭僧趕還定洋文宣統二年四月初十日

爲移請事。案奉道憲蔡批，貴局董稟會議送子庵售地修庵築路情形，懇賜核示遵行一案。奉批：禁止出售，所收定洋，勒令住持僧退還等因。奉經遵照辦理，並録批轉移查照在案。兹據職董徐自明等稟奉道憲批飭，查明定洋已否退還具復等因。並據原差以據該僧恩榮聲稱修庵築路係由自治所莫董經理，所收定洋因置買葬地無從退還等情，稟復前來。除批示外，合行備文移請，爲此合移貴局董煩爲查照憲批，飭僧趕速退還定洋，復縣核轉。望切須移。

移復上海縣田諭飭庵僧速還定洋復請查照文宣統二年四月十四日

爲移復事。案准大移内開案奉道憲蔡，云云。望切等因。准此，查原文，内據該僧恩榮聲稱修庵築路係由自治所莫董經理等語，道路工程係公共之事，敝局向由工程處經管。總董但綜其大成，從無以個人名義經理者。至修庵並非自治範圍内之事，局中從未有人議及。即此次城議事會議決案内，有收管保存字様，亦無修庵之説。該僧之謬妄糊塗，一至於此。除嚴諭該僧將所收定洋從速退還外，相應移復，爲此合移貴縣，請煩查照施行。須至移者。

同仁輔元堂承買救生局毗連公地案

同仁輔元堂董函請將老白渡救生局毗連公地繳價承買文十月二十七日

敬啓者。敝堂之救生局，向設在老白渡。光緒二十三年，沿浦開築馬路，凡馬路以内、界樁以外公地，仍仿子母相生之意，先儘毗連業户繳價承買。救生局毗連應買之地，因前馬路工程局在此建設電燈廠，致未繳價。嗣電燈廠移建行人碼頭，敝堂董於光緒二十九年起，節次具稟前升道憲袁，請將該地歸還。奉批：此項官地本應留作工程局公用，惟念該堂擬建救生局之需,亦係地方善舉,應准由官撥借,無須由堂繳價,仍不得改作别用,仰上海縣移會查照等因在案。今移建救生局房實難再緩,惟敝堂情願照繳地價,永遠執業,應請貴局迅賜丈准,應繳地價若干,祈爲示悉,以便繳奉,並希給予印憑,俾資信守。專泐。

總工程局照會同仁輔元堂董復允救生局毗連公地照繳地價文光緒三十二年十一月廿六日

爲照會事。接准來函内開,敝堂之救生局全敘至俾資信守等因。准此,查老白渡救生局毗連之公地,當光緒二十三年沿浦開築馬路時,未經繳價。至二十五年,經前馬路工程局建設電燈廠於此,嗣電燈廠移建行人碼頭,該處爲巡士住宿及堆儲料物之所。是以節經貴堂董稟請前升道憲袁批准撥借前馬路工程局,迄未還讓。本局接辦後,巡士增額,工程日多,該處亦屬要用之所。惟念救生局爲地方公益事宜,且經前升道憲批准有案。而貴堂又情願照繳地價,自應通融照辦,當經飭亭耆丈見。除東、南兩面統長各除二尺外,丈得該地東至馬路長三十五尺,南至老白渡路長五十六尺六寸,西至輔元堂地長三十五尺十寸,北至鮑姓地長五十尺九寸,積一千八百九十九尺,合計地二分六釐一毫。照每方尺規銀八錢,合銀一千五百十九兩二錢,又屋料銀二百兩,統計規銀一千七百十九兩二錢。請即照數繳局,以備公用。此項地畝,除俟彙案稟請升糧外,合行給圖照會,爲此照會貴堂董事,請煩查照施行。須至照料者。

總工程局照會同仁輔元堂董收到救生局毗連公地價銀文光緒三十二年十二月初九日

爲照復事。案准貴堂救生局毗連之地情願繳價承買,計丈見四址積一千八百九十九尺,合地二分六釐一毫。照每方尺規銀八錢,共計規銀一千五百十九兩二錢,又屋料銀二百兩,共計規銀一千七百十九兩二錢。前曾照會貴堂,請將地價屋料銀如數繳局,以備公用等因,並送地圖一幅。即經貴堂先繳銀一千五百七兩三錢九分四釐來局。兹復准來函,找繳銀二百十一兩八錢六釐,合符銀一千七百十九兩二錢之數。除將來銀留局備用外,合行照復。爲此照會貴堂董,請煩查照施行。須至照會者。

議建勤生院案

蘇松太道瑞照會准提右營參鎮移復邑紳等擬在九畝地建設勤生院所請遷移火藥局礙難照辦文光緒三十二年三月初六日

爲照會事。本年二月二十六日准上海提右營參鎮府周移開,案准前升道袁移開,據上海縣紳士郭懷珠、葉佳棠、姚文枬、莫錫綸等呈稱,竊紳等前擬創設勤生院,教養貧民,懇求籌款撥地,議章請核等因。奉批:教養貧民,資其生計,近則可期地方清淨,久亦不難馴致富强,法至善也。本道履任之始,即經籌辦及此,祗以經理未得其人,縻費中輟,至今惜之。今來牘擬設勤生院,正與本道初意相同,如果辦理得法,所裨甚大,本道極願力贊其成。此時擇地爲先,函商借撥去後。兹接周參戎查復,所指之處西北隅小橋,内係提右營及副中營設有藥局,存儲各項軍火。外建院場,人類不齊,必須善籌防禦之方,或築圍牆阻隔,以防不虞。囑爲轉致畝分若干，勘定界限，佈聞等因。除俟勘復另行核辦外，仰上海縣轉致郭紳等知照，此繳，稟摺抄發等因。並據上海縣録批照會前來。奉此，遵經會同護理提右營参府陸防守備葛、城守千總周，傳同亭耆地甲，前往丈勘。見該地在護軍營北首，迤北直至城根，以之建設院所工場，極爲相宜。惟中間横亙羅、高二姓之地，稍北有火藥局，實覺窒礙。紳等初意僅爲教養乞丐窮民而設，今總工程局既已成立，則罰作苦工之所，亦應兼籌並顧，自宜擴充地址，多建房屋，以便分别督教。擬請將火藥局移建龍華，其羅、高兩姓之地向係租種花草，並請由官價買歸公，庶院所工場不虞窄隘。第如此辦理，所需經費較前估之數不免稍鉅。現開辦之費，業蒙倡捐廉銀五千兩。聞風興起者，鍾紳浩志願捐洋一千元，張紳韋承願捐洋五百元，此外如王紳震、郁紳懷智、林紳曾賚均願力任籌款。羣情踴躍，當不難於集事。羅、高兩姓之地已在飭甲查明，備價購買。其藥局請即設法遷移，俾得早日興工。至營中欲留地若干，以備出租。兹通盤籌畫，尚須添買民地，實無餘地可留，應請移復營中黏圖呈祈鑒核等情到道。查創設勤生院，係爲教養窮民而設，法良意美，所裨於地方者甚大，應准照辦，移煩查照施行等因。准經轉行去後，兹據陸防守備葛鳳齡呈據城汛千總周思傑呈稱，查本邑各紳董所指擬建勤生院及工程局罰作苦工之所，事尚善政，莫不欽仰落成。惟該處本營中操兵打靶之區，並建有硝磺藥局，殊有窒礙，但以公地公用，似無不可。伏思前經建設改過局，其基地向營租用有案，擬請循案辦理，酌資津貼，以示平允。院所工場需用之外餘地，仍應歸營管理，以之賃收租息，庶營中動支公費不致掣肘，非敢計及租資，實緣滬地衝要差繁，武職俸薄廉微，本營歲修衙署局庫等處，並添置軍裝供應、犒賞差費，一切全賴地租，以資挹注。舍此而外，不獨無款可籌，抑且無從請領。以營務之困敝情形，而比諸局務之收支裕如，殊相懸絶。至議及遷移火藥局，然龍華似有未便。該局所儲係陸防軍火、水師軍火，尚有副中營軍火，亦借儲於内，以備緩急之需。況水師軍火既不能多存船内，更不准稍存兵處。以二十船月往局内領藥十餘次，若遷移曠遠，設遇猝發之事，則緩不濟急，臨時措手，且兵少餉微，差巡殷繁，多則不敷分派。若近夫市廛，則慮火患，藥力轟動，爲禍甚烈，正有不堪言喻者。遠則荒僻，尤慮匪徒覬覦，引類刦竊，又非一二目兵所能抵禦。一遭無妄，所關實大，咎誰任之？是以一再會商，乃據水師中哨王千總太和等衆論，僉同咸以軍火爲至重，以遷建爲至難。該處地尚寛廣，苟仍其舊，實與院所不相窒礙，果非遷建不可，但須購取附近僻静民地乃爲至當而昭妥慎。再，查有啓秀學堂現於改過局西側擅自圍成體操場一區，當此滬上學堂林立，一任該堂圍佔，將必一一自圖，營中固無此餘地以應接也。惟傍有滬軍營操場故址，亦係營基，地實平坦，足備學堂體操之用，無煩另闢，似亦妥洽。合併申請移道飭遵，深爲公便。卑職愚昧之見，是否有當，理合具文呈乞核轉等情，由該備葛鳳齡轉呈前來。據此，敝参府復查藥局移建鄉僻，實有可虞。其啓秀學堂學生准在滬軍營操場故址教練體操，洵屬妥洽。據呈前情，相應備文移請查照，希賜飭董善籌辦理等因到道。查此案前據貴總董具呈，當經袁升道移會上海提右營查照，並批示在案。兹准前因，合亟備文照會，爲此照會貴總董請煩查照妥籌辦理，望切施行，須至照會者。

稟蘇松太道瑞擬建之勤生院請以南門外施粥廠改建並請將原勘九畝地營基變價以充經費文光緒三十三年六月二十三日

敬稟者。竊葉紳佳棠等前擬創設勤生院,收集乞人,教以工藝,曾擬章稟蒙前升憲袁批准,並創捐銀五千兩,其九畝地基址亦經會營丈勘繪圖呈復各在案。查葉紳等原議辦法,係專指乞人而言。第上海地方無業遊民到處皆是,禁閉煙間而後失業者必多,自應推廣額數,大開工場,以宏造就。原勘九畝地基址按圖計十二畝九分八釐三毫,其中間所謂羅、高兩姓之地,曾吊閱二十五保四圖魚鱗細册,均係營地,並無羅、高二姓户名,自是隱佔無疑。統核地盤,以之建屋闢場,約足敷用。惟有火藥局在彼,殊慮危害。董局曾一再籌議,以設立院所,教養窮民,宜於城外而不宜於城内,且各項工藝均有料物出入,尤必擇水陸交通之處。兹查大南門外二十五保十二圖地方之施粥廠,本同仁輔元堂地,爲蒙恩施發粥米、贍養窮民之所,凡有乞丐,平時則棲息其中。若就粥廠改建勤生院,極爲相宜,惟地址尚屬不敷,擬將廠旁同仁輔元堂義塚遷去若干畝以敷用。爲度其所需建築及開辦之費,約須四五萬金,除袁前升憲捐款外,請以保安堂地價餘款撥充。再有不敷,擬請以九畝地基址變價充用。現在該處將開闢城門,地價必貴,變通辦理極爲有益。如蒙准行,請一面照會同仁輔元堂紳董,會同董等察勘地址。一面即查核葉紳等原呈及章程摘敘情由,詳請督撫憲立案,以便興辦。用特備由開摺,稟祈察核施行。再,九畝地除原勘勤生院基址外,尚有營盤基及操場基地現均空廢,頃悉上海縣改良監獄已奉督憲札發銀一萬五千兩,尚須籌備銀一萬五千兩。不若以原勘勤生院基址及營盤基操場基地一併變價充公,以一半充勤生院經費,以一半充改良監獄經費。庶兩事可同時並舉,其火藥局自應移遷城外,可即於此項地價内提撥,以備另建。是否有當,統乞憲裁。肅稟。

稟蘇松太道梁擬建勤生院請照會同仁輔元堂遷移南門外普安亭義塚文光緒三十四年正月十九日

敬稟者。竊邑紳葉佳棠等前因滬上乞丐甚多,擬設勤生院,教以工藝,俾得自食其力。相度城内九畝地基址勘丈繪圖擬章,稟經前升憲袁批准,並蒙創捐銀五千兩。因一時鉅款難集,迄未成立。嗣經董等公同集議,以上海地方無業遊民到處皆是,不獨乞丐一流,自應大開工場,推廣額數,以宏造就,並勘得九畝地基址係長方形,實嫌窄狹,因復察勘南門外二十五保十二圖憲設之施粥廠地方,最爲相宜。廠旁爲同仁輔元堂普安亭義塚,若將義塚遷移,適足敷用。因於本年六月間以變通勤生院辦法擬章録摺,稟經前升憲瑞,請將九畝地舊址變價,並照會同仁輔元堂董會同察勘南門外地址等情。當奉批發上海縣飭迅察勘九畝地,據實稟奪,仍移總工程局知照等因。旋由縣録批移會到局。其時適督委來申,會議改良監獄,亦擬在九畝地建罪犯習藝所。嗣由縣照會勸學所、同仁輔元堂、公益研究所會暨董局公同察勘,會議僉以該處將開闢城門,不宜建設院所,自以將該地全行變價充作公用爲是。當經會同呈縣,請予通詳立案。至從前提右營所稱各節,如護軍親兵營早於光緒三十年遣撤,改歸巡警,已存空壘。改過局在街南,與變價之地無關。城内設火藥局,危險異常,亟應遷移。若正法罪犯,董局已接提右營來移,在南門城外壕地另建操場,即爲行刑之所，業經工竣，則九畝地實已空存無用。今提右營參府萬深明公益，亦以變通辦法移建藥局爲宜。惟九畝地之變價，業已決議，而勤生院之地址尚未勘定。邇來遊手好閑之徒日益衆多，若不趕緊設法教養窮民，爲患奚堪設想。爲特懇求憲台查案，迅賜照會同仁輔元堂董，速將南門外普安亭粥廠旁邊義塚遷移，俾便趕緊興造院所，以惠窮民而靖地方，曷勝感幸。一面即希詳請督撫憲立案施行，實爲公便。除呈縣詳復外，爲特備由。肅稟。

批：候行文同仁輔元堂查議具復，以憑核辦。至南門外施粥廠之地，除義塚外，計若干畝是否公家之産，一併查復可也。二月初三日。

呈上海縣李擇定建設勤生院地點請遷普安亭粥廠旁邊義塚並請將原勘九畝地舊址變價充公文光緒三十四年正月十九日

爲呈復事。案准大移内開，奉道憲瑞批，貴局稟變通勤生院辦法，擬具簡章，懇賜核詳由。奉批：查九畝地基址前准提右營查復，該地向以九畝地爲名。其中有護軍親兵營築土城，並改過局及本營水陸火藥局，尚有空地。今在該處正法罪犯等因，究竟該處公地共有若干畝分，何處必須仍舊留用，何處可以變價充公，並每畝可得時價若干，仰上海縣迅即詳加履勘查明，據實稟奪，摺抄發，仍移總工程局知照，繳等因到縣。奉此，合行録批移知，爲此合移貴局煩爲查照憲批辦理等因。准此，查邑紳葉佳棠等前經稟准設立勤生院之基址，係九畝地之西北隅，本與營壘無關。迨經董等察勘，該地係長方形，不適於用，而勤生院急待建造，以便教養窮民，是以稟請前升憲瑞，擬將該地變價，移建院所於南門外。嗣勸學所、同仁輔元堂、公益研究會暨敝局同奉照會，復擬在九畝地建造改良監獄等因。當經公同勘議，以九畝地全地實宜變價等情呈復，計已通詳在案。至提右營所稱各節之如護軍親兵營早於光緒三十年冬間遣撤，改歸巡警，久存空壘。改過局係在街南，與變價之地無關。火藥局在彼，殊甚危險，亟應遷移。正法罪犯，現已接到提右營移文，在南城根另闢操場，爲行刑之所，業經工竣。則九畝地實可全行變價，撥充勤生院、改良監獄等公用。今提右營參府萬深明公益，亦以變通辦法移建藥局爲宜。惟變價之案，已奉上詳，而此案尚未呈請詳復，致院所迄未成立，董等實深負疚。竊查本邑地方遊手好閑乞丐窮民到處皆是，勤生院之設施以教養、俾得自食其力，實爲當今切要之圖，斷難再行延緩。伏乞將擬建勤生院九畝地舊址實宜變價，並移建院所情形，迅賜專案稟復道憲，並請道憲迅即照會同仁輔元堂董，將南門外普安亭粥廠旁邊義塚遷移，俾免稽延。事關裨益地方要政，時機迫切，爲特呈請俯准迅賜施行，地方幸甚。上呈。

議收回上海内地自來水公司案

蘇松太道蔡照會奉文籌議將上海内地自來水公司收歸官辦並議加增水價文光緒三十四年十一月十三日

爲照會事。本年十一月十二日，奉督憲端札開，風聞上海内地自來水公司因資本不敷周轉，有添招洋股合辦之説，飭籌擬收回自辦等因。奉此，查上海設立内地自來水公司，本爲内地商民便於吸飲起見，前因公司借有洋債，經前升道設法調集公款，代爲撥還，所以清界限而保利權。若仍添招洋股,核與前案不符,自應遵照憲飭收歸官辦。惟該公司實用工本以及所該債款暨原招股份各有若干,已做工程估值實銀幾何,固須逐一調查。而水價一項,目前可以歲收若干,以之抵支各項用款,不敷若干,如力加整頓究能增入若干,尤應預爲籌度辦理,方有把握,相應備文照會。爲此照會貴紳請煩查照,速將加增水價一項妥爲詳籌,藉保地方主權,免生别項枝節,從速見復,以憑核辦,望切施行。須至照會者。

稟蘇松太道蔡内地自來水公司議由地方備價收回請籌借款文光緒三十四年十一月二十九日

敬稟者。竊查内地自來水公司欲將廠屋、機器、水池、水塔、水管及大碼頭房屋一應出售,規銀一百二十萬兩,風聞有售與洋商之説。地方紳商深爲驚駭,相約於未經出售之先,即行停止用水。經董等再三勸阻,議將該公司由總工程局備價收回。惟一時鉅款難集,擬請憲台設法籌借銀一百萬兩,由董局擔承,分期歸還。一面趕緊招股,事關地方公益,公司既歸地方自辦,將來集股必有把握,即商定水價亦必酌理衡情,不至如前齟齬,積成嫌釁。伏維憲台關懷久切,此舉事屬兩全,諒邀允准。惟聞該公司急欲出售,有迫不及待之勢,是否可行,求迅賜批示,以安人心。臨稟不勝迫切,待命之至。肅稟。

批:來牘閱悉。本年百貨滯銷,税收大短,兼之鎊價奇貴,洋款入不敷出,庫儲艱窘,有岌岌不可終日之勢。惟自來水攸關公益,贖回自辦,保全主權,誠不容緩。本道忝任地方,自應竭盡義務,然贖款數鉅,斷難咄嗟立辦,容俟籌有的款,再行核議。此復。十一月二十九日。

致蘇松太道蔡函陳明内地自來水公司現狀並陳借款還款辦法文

敬肅者。日前爲議收回内地自來水公司事,曾肅寸稟,諒邀鈞鑒。兹查内地自來水所以不能應救火之用者,由於抽水機力量太小。每日夜兩機併力開足,只有二百二十萬加倫,而每日午前居民用水較多,常逾此數,以致水力平緩,不能推送上至水塔。水塔無水,則壓力不足,水勢不能高射,故歷届失慎在於午前,皮帶套上龍頭,水不遠注,每致誤事。目前議由地方收回,亟須添購機器,並須將清水池加闊,將三寸口徑小管改大,統計亦須銀十萬兩左右,當另設法籌措。前稟擬懇憲台籌借銀一百萬兩,議請匀作五年分還,每年歸還二十萬兩,應息若干,伏候鈞示。惟目前市情艱困,招股一時難集,可否仰懇憲恩,由憲署認股二十萬兩,爲紳商之倡,將來填送股單,即爲劃歸第一年應還之款。倘蒙俯允,不特明年第一期歸款有著,且紳商觀感集股可期踴躍,憲台委曲成全地方,飲和食德,感戴實無既極,合再肅呈,統祈賜示。謹肅。

蘇松太道蔡照會抄送收回内地自來水公司詳稿認可稟復文宣統元年二月十一日

爲照會事。照得上海内地自來水公司擬由官擔認借款從權收回經理三個月,改爲地方自辦,現將會議情形備文照會,爲此照會,請煩查核。如荷認可,即希見復,以便詳情兩院憲核示,望切須至照會者。

照抄詳督撫憲爲詳請事。光緒三十四年十一月十二日,奉憲台札開,風聞上海内地自來水公司因資本不敷周轉,有添招洋股合辦之説,飭籌議收回自辦等因。奉此,伏查上海内地自來水公司創始於光緒二十三年，由唐道榮俊、楊道文駿集股承辦。嗣因風氣未開，招股不易，復邀劉道學詢設法籌墊。光緒二十八年九月工竣，開機售水，每月祇得水價千數百元，不敷甚鉅。光緒三十年正月，唐道病故，公司負欠華洋債項九十餘萬兩，互相牽動，勢將以全廠作抵。楊道因公駐京，不能兼顧，稟舉劉道出而肩任，並請札委李紳鍾珏會同辦理，妥爲籌畫，移地方公款十萬兩先還瑞記，收回代理之權，是年三月接辦。另借華款，清還洋債，推廣工程，送裝龍管，貶價售水，日漸起色。至光緒三十三年，每月收入水價已在萬元以上。上年五月，李紳事冗，稟准銷差。十月，楊道在皖南道任，因病出缺，劉道獨力難支，擬招洋股接辦。經職道力爲商阻，並將情形稟明憲台，蒙諭由官籌款，收回自辦。職道以商辦既多齟齬，官辦亦虞隔閡，於本年正月下旬邀集劉道、李紳，並親詣工程局，與各紳面訂，擬先由官擔任借款，從權收回，暫爲經理三個月，以便清釐水價，並將招股、添機、還款各事次第籌商。俟三月期滿，即將公司全盤由工程局紳董接收，改爲地方自辦，以本地之人辦本地之事，不惟衆擎易舉，且亦不致枝節横生。但三月限期太促，公司所欠各款恐未能如數清還，則公司一切財政應如何調度，仍由職道督率各紳設法料理。俟至欠款清還之日，即將官督名義裁去，以清界限而一事權。經將此議當衆宣佈，共見共聞，同聲認可。惟此事責任重大，未便擅專。合將議定章程十三條録摺具文，詳請仰祈憲台俯賜察核，批示祇遵。至應否據詳分别奏咨立案之處，並候鈞裁。爲此備由，呈乞照詳施行。

謹將議定上海内地自來水公司由官從權收回改歸地方自辦章程，録摺恭呈憲鑒。二月十一日。

計開

一、據公司摺開，自開辦起至現在止十二年内，先後購置地基，建造房屋、水池、水塔、水井、水渠、橋梁、機器、鍋爐、大小水管、明暗龍頭各項物業，及歷年添改一切工程費用，除收回水價津貼外，實計本息共元一百五十八萬餘兩。惟現查每月所收水價不過一萬二千餘元，不得不減輕成本，由道酌斷，擬給規元一百二十五萬兩。

二、公司原借大清銀行規元六十萬兩，以産業作抵，又借義善源號規元二十萬兩，二共八十萬兩。某月某日到期，由道承認，另换户名，仍以原抵之産業作押，月息七釐。

三、公司前領善堂書院存款，即日儘數畫歸道署承認，其領狀給還公司塗銷。俟地方接辦後，另具領狀息摺由道分别存發。

四、公司原日經收各户存項股本各款，除以上兩款劃撥外，其餘銀數交由公司自行清理。其李東來堂本銀十萬先劃存道署，俟得復電，再行撥歸公司，以作股本，由公司給付股票與東來堂。

五、公司賬目一律結至宣統元年　月止，以前歸公司清理以後歸官承接。

六、公司放出水價，正月以前仍用舊票帶收，如欠户以公司更换有意圖賴，由官嚴追官未接辦之前。追到水價，統交舊公司收領。

七、製造局、火藥局、船塢、電燈公司及西門八鋪二十二鋪救火會各户所欠公司代裝龍管工料及水價尾數，由官代收撥還公司。

八、公司舊存未用之大小生熟鐵水管、灣頭，凡而水表、水刺、龍頭等件開單移交，不另作價。

九、接辦時，由道派上海縣知縣、工程局總董查點一切，造具清册二分，一存辦事處，一存道署。

十、接辦後三個月内，由道派人查明用水户口，清釐水價，整頓改良。一面由紳議章招股，以便地方接收自辦。其官辦之三個月恐水價未能驟增，入不敷出，所虧之數，併入將來紳辦結算。

十一、從官接辦後，總工程局邀集地方各團體分認招股，按照商律、公司章程，公舉總理協理一人、董事若干人，立定公司基礎。一面認真分頭招股，以清借項，一面推廣食水，清釐水價，以顧成本。此係工程局各紳擔任之事，到時不得推諉其清釐水價，期於進款日增，足敷成本一百二十五萬七釐之息。各紳務於本年四月前辦妥，不得延宕。

十二、此次收回全局共銀一百二十五萬兩，除押款八十萬、地方公款約銀十萬兩，及東來堂十萬兩，尚該二十五萬兩，恐一時集股不易。先由道稟請，在公款内籌撥二十萬兩，借作公司基本，與紳股一律付息。惟目下鎊價奇貴，道庫存款無多，擬由官擔借商款二十萬，歸公司認息七釐。俟道庫稍裕，再將此二十萬撥還商借，作爲股分。或商股踴躍，無須官股，亦准陸續歸還。

十三、改歸地方自辦後，所有大清銀行義善源抵押之款，如到期不能如數歸楚，應另訂展期辦法，仍由道擔保，陸續招股清償。

稟蘇松太道蔡奉發收回内地自來水公司詳章共同認可文宣統元年二月十二日

敬稟者。接奉照會，照得上海内地自來水公司擬由官擔認借款，從權收回，經理三個月，改爲地方自辦。現將會議情形備文照會，爲此照會，請煩查核，如荷認可，即希見復，以便詳請兩院憲核示，望切，計抄稿等因。伏誦詳章，妥善周密，仰見憲台顧念地方維持公益之至意，董等共同認可，合亟備由稟復，即祈俯察上詳兩院憲核准施行，實爲公便。肅稟。

蘇松太道蔡照會奉督撫院批准道詳收回上海内地自來水公司辦法文宣統元年二月十九日

爲照會事。本年二月十五日，奉南洋大臣、兩江督憲端批，本道詳上海内地自來水公司由官收回，改歸地方自辦，録摺請示由。奉批，據詳上海内地自來水因資本不敷，劉道獨力難支，議由該道擔任借款，從權收回，暫爲經理，以三個月爲期。俟將應行清釐及籌辦各事次第商定，即由工程局紳董接收，改爲地方自辦，係爲保全權利、免招洋股起見，應准照擬辦理。仰即督率各紳將水價及招股添機各事，迅速籌辦妥協，依限交接，勿稍諉延。一面將該内地自來水現定銷水區域地段查明具報，以憑會核、奏咨立案。並候撫部院批示，繳摺存。同日，又奉撫憲陳批：同前由，據詳已悉，仰候督部堂核示遵行，録報繳章程存各等因。奉此，查此案前於具詳時，業經分别照會札行在案。兹奉前因，合亟備文照會，爲此照會，請煩查照施行。須至照會者。

蘇松太道蔡照會内地自來水公司收歸紳辦應切實招股籌加水價文宣統元年二月三十日

爲照會事。照得内地自來水公司收歸紳辦，原爲地方公益起見，以本地之人辦本地之事，度必能各竭心力，成兹偉舉，但恐紳情觀望，於此次所定章程中最要之招股一層，尚無切實辦法，則將來還款必無着落，且廠地及一應物件前公司雖已點交，尚未上稟辭退。故借款一節，本道尚不敢遽爾畫諾，究竟招股問題，各團體紳董曾否研究，有無眉目，兹事款目固鉅，關繫亦大。如招股及籌議水價實無把握，則押款全係落空，萬不可勉强從事，轉致將來難以收拾。聞初二日開特别會議，合亟照會，請煩查照。將來文宣諸大衆，期於切實認招。至水價爲股息命源，亦希妥爲籌加，不可延宕，是爲至要，仍希見復施行。須至照會者。

蘇松太道蔡照會内地自來水公司認招股份應勸殷實之户分認多股文宣統元年八月十六日

爲照會事。前因上海内地自來水公司擬將全廠售歸外人辦理，本道恐失主權，且日後與地方交涉諸多未便，會商貴紳等售歸地方自辦，詳請督撫憲奏准在案。原議價銀一百二十五萬兩，招股抵償。因一時集股不及，先由本道擔保，向大清銀行等借銀八十萬兩，以六個月爲期。此項借款不過暫時挪用，現已逾期。該銀行催索再三，刻不容緩。昨據貴紳函稱，目下收股無多，未能應付。查公司接辦以來，已逾半年，而所認股份僅二十萬，收到股銀僅四萬餘兩，所差甚遠，後顧茫茫，應籌善法。誠如貴紳來函，集股爲難，萬分焦急。本道亦代爲焦灼，訪聞南市殷户嚴同春、沈萬裕、劉聽泉等均世居上海，産業甚多，於地方有密切關係，且聞積有現銀，存莊生息。此項自來水股份有常年七釐官利，將來推廣銷水，定有餘利可分，較存莊本穩利厚，況事關地方公益，凡我商民豈容膜視。未識貴紳等曾否切實勸導，該三户曾否承認股分。目前欠款逼迫，與其枝枝節節勸千百之零股，不如專勸殷實之户分認多股，以足全數，還清欠款而固基本。爲此照會貴紳查照，刻日見復核辦，望切施行。須至照會者。

請取消上海商船分會案

鎮江商船公會移知在上海設立分會舉董籌辦文宣統元年八月十六日

爲移請事。案照敝會復於宣統元年正月開特别大會，公議南、北兩河各埠仍當設立會所，舉派妥員，廣爲籌辦。查上海一埠，華洋交涉，商船河輪來往聚泊之區，亟應照章設立分會，庶航商借資保護。兹據航商領袖、本總會總議董楊長標等公同集議，惟總會坐辦員、藍翎五品頂戴、補用刑部司獄解董昉才具優長，熟悉航務，堪以選舉該分會籌辦員，先行籌辦一切，以昭慎重。敝會查核所舉，係爲擴充航路起見，自應認可。除分别呈移外，相應備文移請，爲此合移貴局，請煩查照備案，轉飭各分局妥爲保護，具紉公誼，望切須移。

蘇松太道蔡照會奉農工商部電知取銷上海設立鎮江商船分會文宣統元年十二月十八日

爲照會事。本年十二月十四日,奉農工商部電開,前據鎮江船會稟派解昉到滬,籌設分會。本部尚未批准,玆據駐滬接待商會處電稱,該員來滬,到處招摇,應飭令即日撤銷詳復等因。查解昉來滬開辦商船分會,前奉督憲札飭給示保護,當經遵辦,並分行在案。玆奉前因,除分行縣廨取銷示諭外,合亟照會貴局,請煩查照施行。須至照會者。

上海商務總會移會奉文查詢上海商船情形應否設立商船分會文宣統二年二月初四日

爲移請事。案奉農工商部札開,案查鎮江商船公會在上海設立商船分會一節,前因所派員董解昉據上海道查明有跡近招摇等情,業經札飭鎮江船會將解昉撤回。現據該商船公會稟請另行派員赴滬,設立商船分會。究竟上海近來商船情形若何,懸掛洋旗之事能否減少,設立分會能否接洽,分會經費能否敷用,合行札飭札到該總協理,將上開各節據實呈復,以憑核奪可也等因。奉此,查設立船會原爲保護商船而設,前該分會員董解昉由滬關道查明有招摇情事,稟部撤回。究竟滬埠應否設立船會,設立後利權能否收回,船户是否有益,所籌經費能否敷用、不致苛派,貴局近在咫尺,調查較易,奉札前因相應備文移請,爲此合移貴局,請煩按照部文所詢,並以上各節詳查見示,以憑稟復,望速施行。須至移者。

移復商務總會上海商船情形無須分立船會文宣統二年二月十三日

爲移復事。案准移開案奉農工商部札開,云云。望速施行等情,准此,查上海南市浦江中,除行海各船向納常關税、素不懸掛洋旗外,凡往來蘇杭運貨各船均逢卡徵釐,其專在浦江駁貨各船向納公益捐,均無懸掛洋旗之事,並歷由蘇松太道稟准設立之水利局,爲之保護。至於北市浦江各船在外人勢力範圍之内,除輪船外,均納工部局捐,無從顧問體察情形。上海南市商船既不致懸掛洋旗,復有局所爲之保護,實無須設立船會,致滋紛擾。並查稟定《商船公會章程》第二、第三、第四各條,均有照商會章程辦理之語。各埠之商務分會總理,均由本地各商投票公舉。今鎮江商船公會派員四出,儼同官制,實與商會辦法不符,亦無怪其屢有衝突。現在地方自治日漸發達,必以本地之人辦本地之事,始可無虞扞格。擬請貴總會隨案陳明大部,嗣後各埠如有願設商船分會者,務由本地航業公正商人中公舉熟悉航務、衆望素孚者充當,總理一切,悉照定章辦理,庶幾與地方可期接洽,不至多所窒礙。其不願設立者,仍無庸勉强,以順輿情。管見所及,並以附陳所有承詢,應否設立船會情由,相應移復,爲此合移貴總會察照施行。須至移者。

縣文籌議建造改良監獄案

總工程局、同仁輔元堂、勸學所、公益研究會職董會同呈復上海縣李籌辦本縣改良監獄文三十三年十月初　日

爲呈復事。竊奉照會内開,照得本縣改良監獄一事,前將籌辦情形通稟各憲核示,一面照會貴紳董集議各在案。玆於本月十三日奉道憲函發籌辦。寧滬監獄委員王吏目兆甲繪送《上海監獄建築圖説》及《暫定簡章》原摺,飭即迅速妥籌核議,通詳察辦等因。奉此,除稟復並分别照會外,合亟抄黏函摺並摹繪圖樣,照會貴紳董煩照先今來文,究應如何籌

措，希即會同速議，刻日復縣，以便核明詳辦，幸勿稍稽，望切須至照會者，計抄黏函摺並圖一幅等因。奉此，詳閱王委員兆甲所擬《改良監獄建築圖説》第一條第三則、《簡章》第二條内欲以九畝地計地二十餘畝建築監獄一節，尚須商確。查各省州縣監獄設在衙署左近者居多，一以有獄官就近易於防範，吏目、典史附在州縣署，管獄官亦可隨時稽察；一以未曾審實之命盜重犯解案鞫訊近在咫尺，則無疏忽之虞。九畝地僻處城之西北隅，離署甚遠，況該處開闢小西門，奉旨允准，將次興工。一俟城門開竣，逼近法界，市面必盛，昔日荒涼之地，轉瞬即爲熱鬧之場，以之建造監獄，似非所宜。職等公同商議，不如就憲署西偏舊有之監獄添併毗連之常平倉以及典史署，即建在監獄之外，則管理尤爲切近。又查九畝地向有提右營火藥局，人煙稠密之中亦甚危險。請將九畝地公地一併召賣，充作改良監獄，創設勤生院、流氓習藝所，開闢城門、填河築路、勸學所公費等用，又提出若干，呈請轉送提右營，以作移建火藥局之用。俟呈奉詳准，照時值召賣，得價再行公議如何分派，請示遵行。職等會商允洽，詢謀僉同，爲特合詞呈復，伏乞鑒核俯賜通詳各大憲批准立案，實爲公便。再，改良監獄如舊監獄添並常平倉、典史署，倘或地址尚屬不敷，因思憲署暨縣丞、主簿各衙舍均年久朽壞，破舊不堪，不妨一併規畫重建。其縣丞、主簿兩署或附在一署，或另移駐，悉候憲裁，合併聲明。謹呈。

上海縣李照會催速估復改良監獄工費並查九畝地畝分時值文光緒三十四年九月初六日

爲録批照催事。奉道憲蔡批，敝縣申復局董李紳鍾珏等呈請籌款建設勤生院案由。奉批：據申已悉。九畝地基址變價，充作改良監獄，並創設勤生院、習藝所等各項經費，雖於本年春間由縣稟奉督憲端批道行知，然監獄先奉特飭改良工程尤爲緊要，自應儘先撥用，如有餘款，再行提充別項費用，以期兼籌並顧。惟此項基址可以變價者，究有若干畝分，每畝時值若干，仍未據勘明估復，仰再剋日勘明，切實估計，繪圖具復，以憑核辦。仍轉諭李紳等知照，此批等因到縣。奉此，查改良監獄一事，前已迭次照會。旋接貴紳董函復，已交魯班公所董事派人估計在案，迄未復到。奉批前因，合再照催，爲此照會，煩照先今文批，希速選舉熟悉工程之人核實估計工料，並將九畝地基址可以變價者，究有若干畝分，每畝時值若干，一併勘估繪圖貼説送縣，以憑核明轉稟，幸勿再稽。望速須至照會者。

呈上海縣李陳明改良監獄工料應候核定圖樣再行估計文光緒三十四年九月十三日

爲呈復事。竊奉本年九月初六日照會内開，云云。望速等因。奉此，查此案前曾由敝局照請魯班公所楊董斯盛繪圖估計，旋因楊董病故，乏人承辦，當請蔡紳正蒙、衛紳文熙親至鈞署察勘地址，就署西繪有建造監獄圖樣一紙。業經先後函復呈送在案。至估計工料一節，必須先將圖式核准，始可按圖確估。現在所繪之圖，未知是否合宜，應俟核定後，再行估計。其九畝地基址共有若干畝，每畝時值若干，仍俟勸學所、公益會、同仁輔元堂等會商勘估後，另行呈復。爲特呈祈俯賜察核施行。謹呈。

上海縣李照會奉文催詢估復改良監獄工程飭將九畝地地畝即行召變繳價文光緒三十四年十一月初六日

爲照會事。奉寧藩憲樊札奉督憲端札開，光緒三十四年九月十九日，准度支部咨制用司案，呈准江蘇巡撫咨據蘇州布政使瑞徵詳稱，案奉院飭以上海縣修改監獄工費銀一萬五千兩，寧蘇各半認籌，札司將應撥銀七千五百兩解寧，歸墊具報等因。查蘇省庫儲支絀，實無閒款可撥，可否動用清賦一款作正開銷。即經詳奉督院批准，應即如數照解，於清賦款内動支銀七千五百兩，飭令號商裕源領匯，寧藩司衙門投收，詳候鑒核咨部作正開銷等情，相應咨部查照核復等因前來。查蘇藩司派認上海改良監獄經費一半銀七千五百兩，既據該撫據情咨部。本部應准其於清賦項下如數動撥，仍飭該縣將監獄認真改良，領過款項核實，樽節動用，毋得虚糜。一俟工竣，即將用過銀兩實數造册報銷。並將建築圖説保單印結，分送本部及民政部、法部查核，毋得遲延。其寧藩司認籌一半，經費動用何款，亦即查明報部。嗣後該省用款，無論辦理何項工程，一經估有數目，務即先行專案報部核定，方准動用。如查有未經報部，擅自動撥，一概不准作正開銷，以便統計而重庫款。相應咨行兩江總督、江蘇巡撫，轉飭遵照可也等因到本部堂。准此，札司遵照併報明撫部院查考等因到司。奉此，查寧屬認籌前項工費銀七千五百兩，當時係經前司於屬解湖灘地價銀款内提存。現在蘇屬認籌之款，既奉准予作正開銷，寧屬自當援請除俟該縣具領後再行詳咨，並先報明撫憲外，合行轉飭札縣，即便遵照。再，此項工程曾否確切勘估，約需工費若干，除以准撥銀一萬五千兩抵用外，其餘不敷之款已否籌備有着，前已札飭該縣查明稟復，尚未復到。並即遵照前札，查明稟候核奪毋違，此札等因到縣。奉此，合行照會，爲此照會貴紳董希將九畝地地畝若干即行召賣變價繳縣，以爲開工之需。望切望切須至照會者。

總工程局、同仁輔元堂、勸學所、公益研究會職董會同呈請上海縣李會勘九畝地地畝文宣統元年二月初八日

爲呈請事。上年十一月初六日，同奉照會，以奉憲行上海縣修改監獄工費銀一萬五千兩，寧蘇各半認籌。此項工程曾否確切勘估，約需工費若干，除以准撥銀一萬五千兩抵用外，其餘不敷之款已否籌備，着即查明稟候核奪等因到縣。爲此照會，希將九畝地地畝若干，即行召賣變價繳縣，以爲開工之需等因。查此案先奉照會，將九畝地基址可以變價者究有若干畝分，每畝時值若干，一併勘估繪圖貼説送縣，以憑核轉等因。現經會同商議，擬定於二月十七日下午二時將九畝地地畝先行丈勘，請飭傳亭耆及二十五保四圖地保、九鋪地甲人等到地丈量，並乞駕臨會勘。爲特合詞呈請，即祈俯察施行，實爲公便。謹呈。

上海縣田函請核准所估改良監獄工價文

敬啓者。改良監獄工程一事，前據水木業董顧紳蘭洲開呈估計價值清單，即經函商察酌辦理。兹復據顧紳以工程已照繪圖酌改，復行估算，開單函送，計須工價規銀三萬五千九百七十餘兩。並稱如用蘇州石鐵絲綱等則經費更鉅，就現估工料建築工程亦已堅固等語。特將原單函送，即祈察核，如准照此起造，並希速賜示復，俾可訂立合同，擇日開工興建，足紉公誼。

致上海縣李函呈送改良監獄之建築法文宣統二年五月十二日

敬復者。本月初四日奉惠函以改良監獄一事，疊經函商。現據魯班殿董顧君蘭洲送來繪圖一幅、清單一紙，云已將圖樣更正，用特函送，即祈察核，應否照式建造，並希示復等

因，並送圖一幅、清單一紙到局。奉此，查改良監獄一事，迭奉鈞函並圖已交工程處開送辦法。嗣悉地址略有改動，是以未經奉復。兹奉前因，當仍交工程處復核。兹據復稱，建造監獄，非但求其堅牢，以防獄犯之逃逸，尤貴有精密便利之制，非經參觀有得及邃於監獄學者未易言其制度，該圖樣是否合式，未敢妄加擬議，故所擬造法悉照來圖開呈。惟查該圖樣監屋無出簷，遇雨未免有水沿入。至來摺所開價目，洋松每方廿四，價極廉，鋪板每副十兩，似太貴，未識係何等物，若何做法。其餘各價，尚屬近情。兹將原圖及做品單奉繳，並另開改良監獄建築法一紙，請爲轉陳等因。查敝局工程處雖諳建築工程而於監獄建築法實無經驗，兹既按照原圖原單開呈辦法，合亟轉呈，仍希察核施行。專復。

上海縣田來函改良監獄興工請提撥九畝地變公款文六月十七日

敬啓者。改良監獄工程，前據魯班殿董顧蘭洲兄開呈估料清單及繪圖即經函送察核。蒙示，照價尚須核減二千金，當邀顧君面談。據稱，所估各數均已核實，若再須從減，未始不可，惟工料須從簡便，將來恐不堅固，攸關監獄，實不敢見好一時致傷牌面。云云。語甚懇切，無可較量。此事疊奉大憲嚴催興工，日期業已擇定，爲時尤迫。所有前次公決之九畝地變價五分之一充作監獄經費，一俟開工，即須發用。昨日曾達一械想邀察入，尚望查照前函，迅賜飭令繳呈，俾得有款濟用，即與顧董訂立合同，如期開工建造，幸弗稍稽，是所至禱。

復上海縣田函九畝地變價公款提充建造改良監獄工費請逐節支用文六月十八日

敬復者。兩奉鈞函，以改良監獄一事，疊奉憲催速辦，其工料價銀據顧蘭洲兄面稱，估數均已核實，若須再減，則工料必須從簡等語現距開工期迫，所有公決九畝地變價五分之一，望飭令繳呈濟用各等因。奉此，查監獄工料自以堅固爲主，既顧君以前估各數均已核實爲言，自未便令其再減，以致工料簡薄。即請照前估數訂定，令即繕具承攬據繳呈鈞案如期開工。至九畝地變價五分之一，應充監獄經費，業與興市公司説妥可以逐節支用。合亟奉復，即祈察照施行。敬請勛安。

宰牲公司案

南市商會分所函送肉莊同業節略請阻創設宰豬公司並願自設公共宰豬坊作改良宰法文光緒三十四年三月二十六日

敬啓者。鮮肉莊同業自聞南市創設宰豬公司，迭經稟奉道縣憲批示在案。兹又具略到所，懇爲轉請議阻等因。查宰豬一事，既與該肉莊有密切關係，似應彼此聯絡，方足以昭公允而資利便。爲特照録原略，函送台端，尚希核議飭遵，至以爲荷。

照録鮮肉莊同業來略

謹略者。竊商等鮮肉莊同業分設城廂内外有一百餘家，每日行銷之貨，向豬行選購正路鮮豬，發交作房屠洗乾淨，然後分售。歷來相安並無異議。近有牟利之徒，勾煽屠夫，巧立名目，創設公司。數年前，有曹毛毛等在租界假託洋商，創設宰牲公司，蓋造場所，經工部局董查悉，拘曹禁押。後有朱鼎臣等擬在南市創立衛生宰豬公司，經同業稟奉道縣憲批飭究禁。而朱等心有不甘，復串出楊、劉諸人，擬定章程，開具節略，陳明總工程局，租定勸學所公地，許以重租，聯合學界，勢在必成。經南城紳士公函阻止，朱等無法可施，復敢煽惑屠夫，以提資興學爲名稟縣，朦混有工程局議准開設之語。幸經道縣憲嚴詞批駁，照會勸學所飭令退租，並照會工程局會議復奪。惟案經屢次查禁，豈能准其開設？且屠作素稱蠻横，一立公司，把持壟斷，任其所爲，商等受其擾累，何堪設想。聞工程局兩次會議，凡屬商界稍知利害，均未允許，中有一二未能決定者，不免爲利所誘。總之，彼等意在牟利，創設公司，居心奸險，不可叵測。其始勾煽屠夫入其籠絡，其後强迫莊店受其壓制，毛血肝腸，惟意所取，板油頸肉，隨便偷割。如果公司成立，坊作店家必起衝突。欲謀補救，噬臍何及？此次唆使坊作具稟，仍是朱鼎臣一人主張其事，代刊圖記，揑名簽允。經坊家查出已具退呈。查朱鼎臣即朱廷奎素係無賴，且爲奉飭查辦之人，迺復不知斂跡，猶敢更易姓名，煽惑屠夫，巧立名目，運動學界，欲以改良二字含糊朦混，冀得招股吞没，以遂其一己之私，罔顧衆人之害。故於南門外租地上填泥興作，仍未住手，深恐將來與股人多藉此挾制，未能阻止。商等素業於此，剔選瘟病，不敢稍有混雜。現經同業公議，擬在南市沿浦一帶及西門離市稍遠之處租地蓋屋，以爲公共坊作。凡屬屠業中人悉令入行簽名，每日所宰之豬即照人數分派。平時所得利益，分毫不減。商等輪落監視，凡有改良之處，均照新法辦理，與衛生決無妨礙。此皆商等分内應盡之責任，毋庸朱等另設公司。爲特開具節略，務請諸位議董公議決定，移請總工程局遵照憲批，永遠不准再設公司名目，並請縣憲照會勸學所，將南門外公地趕緊收回，飭令退租，毋致再起風潮。感切盼切，合具節略是實。上海滬寧蘇肉莊同業代表崇品山、方鎮樑謹具。

附抄道縣憲批詞：上海滬寧蘇肉莊同業張正隆等稟梁道憲批：所稟是否屬實，仰上海縣查明究禁。並照會勸學所飭令退租具報抄粘並發。又稟：上海縣批候照會查禁復奪宰豬公司稟，上海縣批，設立宰豬公司，業經張正隆等稟奉前道憲飭禁有案，閱時未久，該商等何以仍請設立宰豬公司，藉提捐興學之名，以陰行其壟斷把持之伎，未便照准。粘單發還。屠業公立小學校稟：上海縣批該業所請興學，誠爲善舉，然宰豬之徒動肆蠻悍。去歲曾互相控制，幾釀事端。此舉是否衆情允洽，未便率准。

上海縣李照會奉道批肉莊業香雪堂衆商稟請禁阻設立改良宰豬公司文光緒三十四年三月二十八日

爲録批照會事。奉道憲批發肉莊業香雪堂衆商張正隆等聯名稟稱，竊商等鮮肉莊闔業向來宰豬，極其潔净，乃有貿易之徒妄思勾煽各宰作屠夫創設宰豬公司，壟斷把持。節經稟蒙前升憲函致領事，飭廨查禁，案卷成帙，不啻三令五申。詎有不肖之徒潛至内地南市，巧立名目，欲遂其嘗試窺探之謀。當經商等稟陳查禁，揭破奸謀，當蒙批縣查明禁止，出示曉諭在案。自後宜如何知難而退，乃猶不知斂跡，定欲違禁踵設，破壞商等同業團體，不釀成覬覦交涉不止，其設心之險，一至於此。玆雖告示煌煌，而彼等鑽營實甚。現向勸學所承租大南門外敬業學堂公地，兩方建造場屋，設立公司，名曰改良宰豬場。依恃學界公産名義，私立基礎，以爲將來違禁建設地步，勢必暗唆無知屠夫互相勾煽，挾制商等。若不請求重申禁約，照會退租，彼處居民亦必羣起請禁。況際此交涉日艱，此端一開，前此公共租界駁禁之案必將死灰復燃，重滋隱憂，則爲患豈非更大？抄粘環求查案檄縣，照會勸學所將租與必良宰豬場之敬業公地速即收回，另租妥户，蓋造市房。並請轉商工程局一體嚴禁，勿任嗜利之徒違禁再設此種公司，以免租界藉口轉滋交涉，一面嚴飭各屠夫等不得聽人勾煽，聚衆肇禍，以除民害等情。奉批，所稟是否屬實，仰縣查明究禁並照會勸學所，飭令退租具報，抄粘並發等因到縣。奉此查此案，昨據張正隆等具稟到縣，即經照會在案。奉批前因，除查禁外，相應録批照會，煩爲查照，希即一體查禁，免滋事端，是爲至要，仍希見復，以憑轉報。望切須至照會者。

復商會分所函肉業節略指摘議會請飭傳代表究詰文光緒三十四年三月二十九日

敬啓者。本月二十六日，接奉惠函，以宰豬一事似應彼此聯絡以昭公允而資便利等因，並抄示肉業節略又印件等一一敬悉。此事並據改良宰豬場楊承溥等來稟，以宰豬仍照舊章，並不加收分文等情。敝局自當兩面兼顧，公同核辦。惟查肉業節略内有“聞總工程局兩次會議，凡屬商界稍知利害，均未允許中有一二未能決定者，不免爲利所誘”等語，夫曰商界稍知利害，是商界僅能稍知而非商界則並稍知而亦不能也；曰中有一二爲利所誘，則明明有一二人貪其賄賂者也。敝局議會議事素彰公道，今崇品山等既有爲利所誘之言，自應切實究詰，敬希貴會迅即飭傳肉業代表崇品山、方鎮樑兩人到所，務令將若何利誘及爲利所誘者，究係何人，確切指明，勿稍含糊，尅日見復，以便再請議會核議。專泐奉瀆，不勝迫切待命之至。

商會分所復函附抄肉業代表復函文光緒三十四年四月初五日

敬啓者。前奉來函，囑敝會飭傳肉業代表崇品山、方鎮樑二人到所究詰，節略内述。云云。當即傳知該業，玆據復函，爲特抄録照轉，希即查核爲荷。

照録肉業代表崇品山、方鎮樑來函。敬復者。頃奉傳諭並抄示總工程局復函，嚴詞駁詰，惶悚莫名。商等執業微末，文詞淺陋，所呈節略或有詞不達意之處。至爲利所誘一語，專指創立公司者而言。彼等以改良爲名，且謂仍照舊章，並不加收分文等語，試問彼等創設此舉，所租基地重頂之外許以重租，苟非貪圖私便，恐無似此急公好義之人。至總工程局議董素彰公道，衆所共知。賄賂二字，外人所不敢言，何待業等聲辯。但望於此宰豬一事，將上年道縣憲批語示諭及此次稟奉批駁牌查各案，詳加會議，體恤商情，秉公移復，則此後得安生業，永絶壟斷把持之害。商等非特感商會之賜，並受總工程局議董之恩亦不少也。商等不敢含糊，據實稟復，懇祈轉移諸祈原宥，不勝感禱之至。

稟蘇松太道蔡肉莊同業願自設公共宰豬作坊改良辦法請飭縣嚴諭趕辦文光緒三十四年八月初五日

敬稟者。本年三月間，接上海縣照會，以奉憲批發肉莊業香雪堂衆商張正隆等聯名稟請禁止南市設立宰豬公司一案。奉批，所稟是否屬實，仰上海縣查明究竟，並照會勸學所，飭令退租具報等因到縣。奉此，查此案，昨據張正隆等具稟到縣，即經照會在案。奉批前因，相應録批照會，煩爲查照，一體查禁等因到局。查東西各國行政衛生部於食物一項最爲注重，嚴定取締規則，故所設宰牲公司均極清潔，一切伐毛洗髓之法研究極精，是以日用飲食不爲口腹之害。今上海城外之宰豬作場，散佈各處，污穢齷齪，達於極點。所宰之豬，向用穢水澆灌，且間有瘟斃豬隻攙雜混售，居民購食即易致病。夏秋之際，疫癘發生，未始不由於此。今有人擬設改良宰豬場，各肉莊即紛籌抵制，致奉查禁，幾似此舉爲有干禁令之事，亦孰敢再行置喙。惟改良宰牲實爲衛生要政，亟應提倡成立，以期肉食潔淨，嗣各肉莊亦知宰豬應行改良。曾請商會分所函送節略到局，内稱現經同業公議擬在南市沿浦一帶及西門離市稍遠之處租地蓋屋，以爲公共坊作，凡屬屠業中人，悉令入行簽名。每日所宰之豬，即照人數分派，所得利益分毫不減。商等輪流監視，凡有改良之處，均照新法辦理，與衛生決無妨礙。此皆商等分内應盡之責任，毋庸他人另設公司等語。董局第以衛生爲重，改良宰豬場應由何人辦理，本無成見，如果由肉莊業自行切實改良，正所欣望，乃事懸數月毫無端倪，是該肉莊業但有破壞主義並無自設改良公共宰豬作之意，顯而易見。今一切腐敗穢惡依然如故，安得有實行改良之一日，應請憲台札縣，嚴諭鮮肉莊業趕將自願開辦之改良公共宰豬作定限舉行，如再遲延，即請由縣出示招人辦理，以免稽遲而重衛生。合行備由具稟，仰祈俯賜察核施行，實爲公便。肅稟。

上海縣李照會奉道批准肉業自設改良公共宰豬坊飭即趕辦文光緒三十四年九月十五日

爲照會事。奉道憲蔡批，上海城廂内外總工程局總董李鍾珏等稟陳明改良宰豬場爲衛生要政，肉莊業曾願自行舉辦，請札縣嚴諭該業，定限趕辦，懇賜察核由。奉批：稟悉，仰上海縣迅即諭限各肉莊，趕將改良公共宰豬作切實舉行，如再逾延，准即由縣出示招商承辦，仍具復察奪，並照會工程局查照，此繳，原稟抄發等因到縣。奉此，查此案前奉道憲批發張正隆等原稟，飭即查禁等因，業經遵辦在案。玆奉前因，除諭飭外，相應照會貴局煩爲查照，希即勸諭肉業張正隆等趕速自行集議興辦，望切須至照會者。

上海縣李移會據肉業衆商稟報建設公共宰豬坊已在租地建築文光緒三十四年十二月三十日

爲移知事。案奉道憲批發貴局總董李鍾珏等稟陳明改良宰豬場爲衛生要政，肉莊業會願自行舉辦，請札縣嚴諭該業定限趕辦，懇賜察核由。奉批：稟悉，仰上海縣迅即諭限各肉莊趕將公共宰豬作切實舉行，如再逾延，即由縣出示招商承辦，仍具復察奪，並照會工程局查照，此繳，原稟抄發等因。奉經分别照會諭限切實舉行去後，玆據肉莊業香雪堂滬寧蘇闔業全體衆商張正隆等聯名稟稱，奉諭飭速籌議興辦宰豬所等因。商等一再集議，間於十月中承總工程局議董、本商會館董事干城衣提莊公所董事林曾賚指示，得悉總工程局南區區長顧履桂有地一大區，坐落南市沿浦，南碼頭、薛家浜相近，甚合建築公作宰所之用，遂向顧紳訂租，歸商等建築，業已就緒。該處地勢尚嫌其低，當僱鈔泥囤夫頭蘇福秀給價，令其填好方基，計需填高三尺九寸以上，業於十二月初十日開工，復請精於測繪者繪成建築圖様，招匠承估，即將起建。雖事屬創始，同業極爲贊助，轉瞬即可觀成。所有一應章程，均須詳加討論，擬俟斟酌妥洽，再行稟陳外，環求分别轉報移局照料，並示諭禁約等情。

據此，除申報並示諭禁約外，合行移知，爲此合移貴局煩爲查照，知會南區一體飭派捕探常川照料，幸勿有稽，望切須移。

移上海縣田肉業香雪堂全體稟孫源來等另議建設宰豬場陳請核辦文宣統元年五月初六日

爲移請事。竊敝局據肉業香雪堂全體張正隆、森泰陸稿薦等稟稱，商等前奉飭自行籌辦改良宰作，於上冬租地開工遷建於薛家浜，以期有益衛生，並免沿途趕豬擾礙馬路行人。業已竣工，將欲一律遷入，忽有美租界肉業孫源來一再稟縣，現竟朦准欲於西門沿城脚將原有小豬作粉飭充數，名爲分辦，實則有意破壞。查商等奉諭籌辦之初，爲講求衛生起見，故擬章改良，實力整頓。今孫等遠在虹口，南北挑運，向不通行。租界章程嚴密，不能紊亂，且孫等分設之處，在大境外面，適與新開之小西門相近，將來此處振興市面，豬作先設此地，人將望而卻步。且既名爲分辦，應與商等接洽，不必另行具稟。此等作爲，必有人主使，其爲攙奪可知爲迫。抄黏孫等歷奉批示，並呈商等自辦之現已竣工公作草章稟求保護，俯察輿情，移請上海縣查案，傳令孫源來等速即停止等情。查該肉莊業前因有人欲在大南門外陸家浜馬路建設宰牲公司，與各肉莊諸多妨礙，稟請禁阻。敝局一再籌議，以改良屠宰有益衛生，既不容業外之人設立宰作，應着自行籌辦，以免人言。旋因該業租借南碼頭薛家浜相近基地，建造宰豬所，遲延不辦，復稟由道憲行縣傳催。嗣准録批照復，該業所建宰豬所業已開工等因。兹據該肉莊業具稟前情，敝局即批示該肉莊業於上年籌辦改良宰作，聲稱凡屬同業中人悉令入行簽名，並有事屬創始同業，極爲贊助等語。是當時同業團體似甚堅固，何以今忽有孫源來等另議分設，其中必别有原因。惟孫等所擬分設之處，在小西門相近之城根。該處現正闢門清理，實亦未便。既據稟請移查，候即移請核辦，相應移請，爲此合移貴縣，請煩查照察核施行。須移。

上海縣田移會奉道批發肉業孫源來等稟議另設宰豬場已稟奉蘇撫院批示飭再密查詳議復奪文宣統元年八月初八日

爲移會事。奉道憲批發肉業公所職董孫源來等稟稱，竊照上海城廂内外滬寧蘇三幫肉業創設宰豬公作一案。前因張正隆等獨攬厚利，罔顧公益。職等僻處西門，多不便利，是以另行建設宰作，以便各營其業曾經稟奉田縣尊給示有案。詎張正隆等意存壟斷，定欲强人所難，把持不允另建。職等迫不得已，赴院具稟。當奉撫憲批示抄粘縣批，至爲明晰。該業分建公作，何適何從，應聽商人自便，彼此均不准壟斷罔利。既已稟縣給示，不必再請立案，仰上海道行縣傳諭遵照等因，遵經照辦在案。竊念職等在西門外另建宰作，實出於萬不得已之苦衷，並非與張正隆有意背道分馳，破壞團體。夫上海城廂内外範圍甚廣，道里甚長。張正隆等僅小南門外薛家浜相近地方造一公所，地既偏僻，又不於東西各門分設支所，驅各宰作聚之一隅，已屬不妥，而肉鋪散處四方，與薛家浜鄰近各鋪尚無不便。而職等各鋪僻在西門一帶，距離㝵遠，鮮肉全仗早市，長途挑送難免過時失市，況鮮肉最易腐敗。道遠日曬，在冬令已屬可憂，炎天烈日定致臭壞。創建宰作，原爲購求衛生起見，今若此是未建宰作尚於衛生無礙，既建宰作反致有損衛生矣。有此種種不便，職等生業所關，故不得不别樹一幟也。況張正隆等創建公所,不過藉口衛生,初非出自心裁認繳公款,何得暗援專利之條,輒思壟斷,不允他人另建,是其罔利營私,已屬顯而易見。今既奉憲示,聽商自便。職等邀集同行,公同酌議。職等既建有宰作西門一帶肉鋪,應劃歸西門公作,其餘城廂内外仍歸薛家浜公作,界限分清,各營各業不相越奪,上以副撫憲之鈞諭,下以順肉業之輿情,求迅賜立案等情。奉批:此案前以全體早已議決,若准少數之家另行分設,難免援請紛擾,是以未便照行,疊經批縣遵飭在案。今據稱西南相距甚遠,長途挑送,難免過時失市。鮮肉日曬,冬令可憂,炎天定致臭壞等語。查公作本爲衛生而設,若果如所稟,是轉於衛生有礙,究竟如何變通,或仍如縣擬各營各業之處,本道但期有益地方,並無絲毫成見。仰上海縣速再會商總工程局查察,飭遵具報,悦生等公稟粘發。再,奉撫憲批發該職董呈詞到道,已另文轉飭,並即知照等因到縣。奉此,相應移會,爲此合移貴局煩爲查照,希即密加查察,該公作等究竟如何變通,或仍令各營各業之處詳晰定議,迅予見復,以憑飭遵具報,案奉憲飭,幸勿有稽。望切須移。

致商會分所函准縣移孫源來等另設宰豬場請詳查議復文宣統元年八月二十二日

敬啓者。接准縣移,爲奉道憲批發肉業公所職董孫源來等仍擬在西門外另設宰作事,希密查詳議迅復等因。兹將來文抄呈,即請貴所查照原文,究應如何辦理之處,尚須迅賜核議示復,以便移復。

弛禁上海出口米石案

蘇松太道袁照會奉文弛禁上海出口米石文光緒三十一年十一月初九日

爲照會事。奉督撫憲會札内開,蘇屬内地本年秋收中稔,出米不少,上海一口應暫予開禁。即經會銜電奏,旋准户部電知米糧暫令出口,截至年底爲止。奏奉硃批:依議,欽此。自應欽遵辦理。惟查二十八年所訂中英新約,米穀開禁以後,若再行禁止,須另行出示,自示之後以四十二日爲限。現部議既截至年底爲止,則有日期可計,不必再以四十二日爲限,亦無須另行出示,應先於開禁示内切實聲明,以昭大信等因,並奉發告示護照到道。除將告示發貼曉諭,暨照會領袖總領事轉致各國領事分飭洋商知照,並函致税務司照章辦理外,合亟抄黏備文照會,爲此照會貴局董請煩查照,傳諭米業華商一體遵照。再,各米商運米出口,或報洋關,或報常關,應由貴局於請照時預先聲明,以便加記而示區别。合併致明施行,須至照會者。

照録督撫憲札:

爲札飭事。據蘇藩司會同臬司詳稱,蘇屬内地存米甚多,本年秋收中稔,出米亦復不少,銷滯價落,農民工本不敷,無以自贍,商賈營運不通。因而坐困,勢甚岌岌,請暫予開禁三個月,以資疏通。惟出口祇准接濟鄰省,此口運至彼口,不得偷運出洋,致滋流弊等情。當經本部院與本部堂往返電商,意見相同,並查得江南之米以上海爲出口大宗,江北之米以鎮江爲出口大宗。本年二月間,鎮江一口及仙濠兩處業經本部堂會奏,暫准弛禁在案。所有上海一口,自應查照。該司等原詳暫予開禁,仍嚴防偷運出洋,一律由上海關道飭取保結填給三聯印照，分輪船、釣船，加蓋關防，限期繳銷，逾限不繳照結罰辦，藉杜流弊。即經會銜電奏，奉旨：着户部議奏，欽此。旋准户部電知米糧暫令出口，截至年底爲止等因。奏奉硃批：依議，欽此。自應欽遵辦理。惟查二十八年所訂中英新約，米穀開禁以後，若再行禁止，須另行出示，自示之後以四十二日爲限，方可照辦。現部議既截至年底爲止，則有日期可計，不必再以四十二日爲限，亦無須另行出示，應先於開禁示内切實聲明，以昭大信。除示諭外，合行告示札發，札到該道即便照會各國領事知照，並將三聯印照擬式刊刻編號呈送。照前定運米章程，加本部堂衙門關防，聽候給發填用，並將照内明定石數、限期飭取保結議章詳辦，仍將出口米麥數目按旬開摺報查，毋違。此札。

致蘇松太道袁函呈送米石出口辦法及運赴地方文十一月十三日

敬復者。頃奉鈞示，並印照兩册，業經收到，應即遵照辦理。所有米石出口辦法及運赴地方已由米業公司議定，另單開呈，懇請函知税務司查照。除單開各口外，不准放行爲要。至米商赴局請照時，或報常關，或報洋關，敝局已刊就木戳，分别加記，以免混淆。肅復。

議定米石出口辦法八條

一、米價定至六元爲度，如逾此價，稟請重禁。

二、米捐按照漢鎮執中收取，每石收關平元一錢正。

三、不准私託洋人請照，責成米董稽查。如有託洋人請照情事，米行不得將米售與，如不聽從，稟請重禁。

四、照由工程局請，即捐由工程局收。

五、道署房費、工程局公費，每石均提銀三釐。

六、設三聯單以便稽查，凡報裝出口，應至米業董事處掣取聯單。

七、責成米業董事力勸衆人不可任意囤積，以防米價驟漲，重干諭禁。

八、蘇杭各省應請關道一律咨照，以杜取巧。

米石出口運赴地方：

天津、煙臺、膠州、牛莊、廣東、汕頭、廈門、温州、福州、寧波。

致蘇松太道袁函陳報米石出口起裝日期文十一月十七日

敬肅者。出口米石業於本月十五日起裝，誠恐有私運情事，因另備運單填給米商，由敝局僱備巡船大小各一艘，遴派司事二人、水巡二名，在十六鋪橋南浦江中晝夜稽查，以防私運。並飭該司巡等巡緝匪類及駁船偷貨等弊，以保衛船商。其新閘一帶來米不少，亦已分派司事前往查察矣。謹肅。

致蘇松太道袁函詢問米石出口展限事宜文十一月廿五日

敬肅者。米石出口展限一節，由米商具稟後，業蒙電稟，未識曾否邀准。現在各路來米甚旺，本埠米價亦平。前兩次奉發運米印照共八百張，現填發五百數十張，年内儘足敷用。日前奉諭飭即印刷若干本，以便呈請印發等因。惟查護照内載明米糧出口截至年底爲止,此項印照祇准在弛禁期内持用。一俟年底截止續禁,無論已未運足,一概不憑等因,則明年展限後不能再將今年餘存之照填給應用。如果准予展限,自應另頒照式,以便趕緊排印。伏祈迅賜裁奪示遵,曷勝盼禱。專肅。

蘇松太道袁函復米石出口展限預備事宜文十二月廿七日

逕啓者。滬米出口展限一節,業經稟蒙電奏,奉旨:着户部議奏,欽此。轉行欽遵。部中如何議復,應俟奉文再佈左右。既准展限聯照,自須另備。惟擬式發刊、送寧蓋印,往返需時,商人未免守候,不妨將舊照暫由敝處加蓋紅戳,俟新照稟定印發到日,再行换用。至此項捐款每石收關平銀一錢,早已達部,似未便再開報庫平。此後如須僱用巡船、巡丁、司事,擬在另收六厘項下彼此分提若干,作爲開支之用,想執事亦必爲然也。專復。

又函十二月三十日

敬啓者。滬米展限出口一事,現奉督憲電諭,接户部感電,本部議復江南暨江北米禁限期一律展至明年三月底止,並清查各處米捐。所有上海中牢修費准動用米捐一摺,本月二十四日具奏。奉旨:依議,欽此。飭即出示展禁等因,除即日示諭外,合亟飛佈即希檢交舊照,以便加戳備用可也。

蘇松太道袁移會上海出口米石奉文展限文光緒三十二年正月初五日

爲移送事。案奉督憲周電諭,准户部電,本部議復江南米禁限期展至明年三月底止,上年十二月二十四日具奏,奉旨:依議,欽此。飭速出示展禁等因。除由道先行出示曉諭外,惟運米憑照更换不及,現擬先就用剩之照加蓋展限紅戳暫行持用,仍俟另刊新照,呈請督憲蓋印發給填用,以昭慎重。除分别函致外,合將用剩之照一律加戳移送,爲此合移貴局,請煩查收核辦施行。須至移者。

蘇松太道瑞函詢出口米數捐數文四月初八日

逕啓者。兩展惠函,並副照新舊各照清摺暨本署辦公費規平銀,拜悉一一。查常、洋兩關出口米數,自上冬開禁以至本年三月底止,疊據税務司分别華洋商人開單,送由敝處詳報院憲分達外務部及户部備考。所收出口米捐計在關平銀十萬兩以外,弟擬令先將米數捐數詳加查對,尚祈尊處查明捐收確數,迅爲示知,以便核準詳咨。仍請將捐款解交敝署,以備撥用,是爲盼禱。

復蘇松太道瑞函陳出口米石數目及所收米捐銀數文四月初十日

肅復者。接奉鈞函,以查常、洋兩關出口米數,自上冬開禁以至本年三月底止,疊據税務司分别華洋商人開單,送請詳報所收出口米捐,計在關平銀十萬兩以外,擬令先將米數捐數詳加查對,尚祈查明捐收確數,迅行函復,以便核准詳咨,仍將捐款解交,以備撥用等因。奉此,查米石開禁,自上年十一月十五日起,至本年三月三十日止,共出口米一百零三萬六千另七十石,計共收關平銀十萬零三千六百零七兩,申合九八規銀十一萬五千四百十八兩一錢九分八釐。此項捐收數目,業於上次開報米捐收支摺内一併陳明,均係確實。至經收米捐款項暫存敝局,將來修理中牢動用之時,俟奉鈞諭,即行繳呈。專肅。

平　糶　案

稟蘇松太道瑞購米平糶陳報開辦日期並設局處所文光緒三十二年六月十三日

敬稟者。竊本邑紳士前以上海米價日漲，民食維艱，擬向香港、暹羅等處購辦米石，運滬平糶。所有虧耗貼費，即於出口米捐項下動支。業經稟請憲台電稟兩江督憲電咨户、商兩部核准，以便即日開辦等因。奉批以米價增昂地方民食均關緊要，今據請購洋米接濟，洵爲因時制宜，如有虧耗，即在出口米捐撥還，亦屬名正言順。現已電准兩院憲批縣照會商務總會，會同董局，妥籌辦理，擬章送核，希即相助爲理等因。董等遵即與本邑紳士一再會商，議將購米平糶事宜歸董局妥籌辦理。現擬先向香港購辦米石，陸續運滬，於城内外分設平糶局七處，定於本月二十日開辦。惟米價昂貴，墊款頗巨，倘有不敷周轉之處，擬請在憲庫項下暫行撥借，當即提先歸還。除平糶簡章俟擬定後再行呈核外，爲特備由稟祈俯賜察核，備案施行，實爲德便。肅稟。

批：來牘、清單均悉。購辦洋米平糶、暫時撥借庫項事屬可行，惟洋債還期需款甚急，正在悉索之際，恐多借亦有爲難。查院憲復電，動用米捐湊購，應儘貴局解剩之出口米釐先行採買。一面勸諭好義各商號通力合作，庶可轆轤周轉，辦法最爲緊要。希酌看情形，籌擬簡章送核至盼。此復。單存。六月十五日。

上海縣照會抄送道詳及督撫復電核准動支米捐購米平糶文光緒三十二年六月十七日

爲録批照會事。奉道憲批敝縣稟滬市米源日竭，事機危迫，迅賜電請動款購米平糶，恤貧民，保治安由。奉批，籌款平糶，防患未然，誠爲目前要圖，業已電稟兩院憲核准。兹將往來電稿隨批抄發，仰即照會商務總會、總工程局，會同妥籌辦理，並擬章程送候察核毋遲，此繳等因，並奉抄發電稿到縣。奉此，合行抄録電稿照會，爲此照會貴總局，請煩查照籌款購米。一面擬章送道並縣察核，一面設局平糶。幸勿遲誤，須至照會者。

上海瑞道台上江督蘇撫電文

督撫憲鈞鑒。上海素不出米，其源來自内地，五方雜處。平時食用尤繁，前每石漲六元零，稟請截漕不及。雖諭令平價，不准居奇，無如來源不多，繼長增高，現又漲至七元七八角，核錢串須八千五六百文，較二十八年每石八元合錢七千二百文爲尤貴值。兹青黄不接，各處搶米之案層見疊出，滬上爲各國通商總匯，租界内地流氓衆多，若不未雨綢繆，情形岌岌可虞。職道連日督縣，與地方各紳董籌議，舍平糶别無良策。第米少價貴，各處相同，採辦爲難。不如由商務總會工程總局集款向香港、暹羅先購洋米數萬擔來滬，設局平糶，不敷續購接濟，俟價平停止。惟今年洋米價亦不輕，加以水脚一切費用，每石約耗銀洋一元。查有出口米釐一款，除撥建公廨、押所工費，約尚存七萬兩左右，從前議收此捐本爲義賑備荒之用，以之湊辦平糶名實尚屬相符。據上海縣汪令並紳董稟請轉電請示前來，合無仰懇憲台俯念滬上民食艱難，較他處更爲緊要，迅賜電商大部，移緩就急，准將撥剩米釐留濟平糶要需，嘉惠窮黎，弭患無形，地方幸甚。除囑紳董另擬章程核辦外,㵾稟陽。六月初七日申刻發。

南京周玉帥復上海瑞道台電文

虞陽電悉。動用米捐,湊購暹米平糶,所籌甚是。請飭紳商速辦,不必先電商户部,可具詳以便彙入查捐案咨部。馥齊印,南京電。六月初八日戌刻到。

蘇州陳筱帥復上海瑞道台電文

陽電悉。撥用米捐、湊購洋米平糶事屬可行,希飭紳商速辦,彙案咨部。龍庚印,蘇州電。六月初八日亥刻到。

致蘇松太道瑞函復允寶邑紳士請於所採洋米項下提撥四千石由縣承領平糶繳還平價文六月十八日

肅復者。接奉鈞函,以據寶邑紳士王福塘等稟,滬上米貴,撥捐採辦平糶,寶邑困乏情形相同,請於所採洋米項下提撥四千石,由縣承領平糶濟急,繳還平價,照上海一律辦理等語,希查照見復等因。奉此,查上海辦米平糶,係由商集款,易價歸還。其平價耗費,曾稟請憲台詳准於出口米捐項下動支。此項米捐,無論平糶與否,總應歸上海地方公用。且上海城廂内外分設平糶七處,北市設五處,鄉局設二十一處,以米捐抵虧耗,恐尚不敷。今寶邑請於所採洋米項下提撥四千石,以資平糶一節,揆諸情勢,礙難遵允。惟今晨面奉鈞論,有變通辦理之言。午後復據寶山縣王令及寶邑紳士來局,以上、寶兩邑地界毗連,休戚相關,與别縣情形不同。況米石出口,必經由吴淞,即向來米捐亦在該處抽收。是以此次平糶,務請提撥數千石,以濟眉急等語。董等籌議之下,以寶邑情形,自非别縣可比。因擬遵照憲諭,酌量提撥,以賙鄰急。其米數以四千石爲限,由寶邑官紳照本繳價領取。耗費一節,亦即以提貼洋銀四千元爲度。是否有當,及如何函復之處,統候鈞裁。專肅。

稟蘇松太道瑞送核平糶簡章文光緒三十二年六月十九日

敬稟者。前奉憲諭商務總會會同董局籌議平糶事宜,業於本月十三日將購米平糶開辦日期及設局處所情形具稟在案。旋奉批飭購辦洋米平糶,應儘出口米躉先行採買,希酌看情形籌擬簡章送核等因。董等遵即先向香港、暹羅等處購定洋米一萬餘石,陸續運滬,減價平糶,准於二十日開辦。現在北市亦擬分設五處,於本月二十五日開辦,東鄉各局亦擬於七月初一日開辦。照此分行辦理,貧民粒食諒可無虞。兹將董局經辦平糶簡章另摺録呈,爲特備由,仰祈察核備案施行,實爲公便。再,南區大王廟平糶處、西區京江公所平糶處,均因房屋不甚相宜,是以南區改設在馬家廠積穀倉,西區改設在西門外寧康里,其北市新閘等處俟擇定局所後再行開呈,合併聲明。肅稟。

計呈摺一扣

謹將總工程局經辦平糶簡章開呈鈞覽:

一、定分設平糶局七處,以城内同仁輔元堂爲第一平糶處,果育堂爲第二平糶處,十六鋪龍王廟爲第三平糶處,南區積穀倉、迎春高昌廟爲第四、第五平糶處,西區寧康里爲第六平糶處，製造局高昌廟爲第七平糶處。

一、每局設會計二人，量米司事二人，局使一人，薪水工食臨時酌定。

一、每日糶米，上午八點鐘起至十一點鐘止，午後二點鐘起至五點鐘止。

一、貧户來糶米者，以一升起至五升止。

一、另設糶米小票，糶米者先行持錢買票，然後持票領米。

一、米價按照時值減少，現在定以每升錢五十五文。

稟蘇松太道瑞陳明平糶貼補虧耗爲數不敷並城鄉辦理平糶文光緒三十二年七月初五日

敬稟者。竊董等前奉憲諭籌辦平糶事宜，業將開辦日期、設局處所以及動支米盬、貼補虧耗情形迭次稟陳，荷蒙批示，祗遵在案。查南市設平糶局七處，業經呈報；北市原議設五處，旋經商議改爲三處，一設仁濟堂，一設新閘大王廟，一設錫金公所：計南、北市共設十處所。有平糶米價，原定每升錢六十文，嗣於六月二十三日起，每升減去五文，俾貧民均沾實惠。惟原擬平糶虧耗每石約貼洋一元之譜，現在所購洋米價值已貴，每石合海斛需洋六元六角，以錢串核算計錢七千二百六十文，是每石米價虧耗已須錢一千七百六十文，加以駁運斛力及人夫薪水每石亦須錢一百數十文。况自糶米減價以後，貧户糶米者紛至沓來。南北十處每日統售七八百石光景，銷米愈多，耗數愈大。照此情形，原擬貼耗一元，實在不敷，不得不據實陳明。再，上邑四鄉共有二十一局，每局有分設平糶二三處，均於本月初陸續開辦。董等誠恐米捐爲數有限，不敷貼補，曾於開辦之先，與鄉董議定二十一局中，每局以一千石爲限。各鄉局總數以二萬石爲限，如各鄉糶至二萬石即行停止。其米色擇稍次者購買，每石貼補耗費至多以一千五百文爲度，以示限制。各鄉董均已允洽，所有原定貼補平糶虧耗爲數不敷，及現在辦理城鄉糶米情形，合行稟陳，爲特備由，呈祈察核示遵，毋任跂禱。肅稟。

批：來牘閱悉。查各鄉局額定平糶二萬石，每石貼耗錢一千五百文，共需三萬千文。城局十處，日糶七八百石，每石約耗錢一千九百文。應定一月爲期，亦以二萬石爲度，共需貼耗錢三萬八千千文。兩共六萬八千千文，約合規銀五萬兩，加寶山平糶貼耗洋四千元，約合銀三千兩。統共規銀五萬三千兩，現米捐一項除酌備建牢五萬兩外，所餘不過六萬餘兩。當此百端待理，公用浩繁，籌款殊非易易，米捐縱係現成，究不能不通盤籌劃，可省即省。本道之意，城局出糶之米，祇須與鄉局同一成色，貧苦小民當不至因米色欠佳勿來求糶，正不必顯分軒輊，藉示大公。以二萬石計之，可節省錢八千千文。且各鄉既設二十一局之多，則鄉董秦錫田等何必另起爐灶，徒增虧耗。所有上海縣領去米本規銀一萬兩，應即截留追還，以重公項。其各鄉平糶事宜，歸并工程局經辦，以免兩歧。除函致汪令外，希查照會商各鄉董，妥爲辦理。此復。七月初七日。

稟蘇松太道瑞米價增漲續購洋秈陳明現辦平糶情形文光緒三十二年八月初四日

敬稟者。竊董等前奉憲諭籌辦平糶事宜，業將先後辦理情形，迭次稟報在案。查自六月二十日開辦起，至七月底止，共買秈米二萬一千六百六十八石六斗六升八合九勺，内除撥寶山縣平糶米三千一百四十石五斗四升一合四勺，計城局十處，共糶出米一萬八千五百二十八石一斗二升七合五勺。此次開辦平糶,原擬米價一平即行停止,無如雨水過多,來源日少,價值愈長,貧苦小户謀食維艱。各平糶處每日人數衆多,擠軋不堪,幾至難於彈壓。且有不法之徒,意圖乘機搶米,以至謡言四起。照此情形,平糶之舉勢難遽止。現董等因復集議續購香港秈米七千包、蕪湖糶米一千包,仍行發糶,以城局十處每日銷七八百石計之,可敷衍至八月初十日爲止。如須接辦,尚當續購。惟是米價不減,平糶難停,而虧耗之數亦必有加無已。每一念及,日夜焦憂。目前情勢,自宜以速平米價爲要圖。業奉出示曉諭並照會商會轉諭米商知照,價值或可期稍減。兹特將現辦平糶情形備由瀆陳鈞聽,仰祈俯賜核示施行,實爲公便。肅稟。

稟蘇松太道瑞遵復辦理平糶動支米捐虧耗確數造具清册呈請轉詳文光緒三十二年十二月十二日

敬稟者。竊上海因本年夏間雨水過多,米價翔貴,仰蒙電稟督撫憲電復准予動用米捐,湊購秈米平糶。嗣奉抄詳録批照會,飭將動用米捐、貼補虧耗確數核明見復,以憑詳咨等因。奉此,伏查此次辦理平糶,計城局十處、鄉局二十處,城局於六月二十日開糶,鄉局於七月初一日開糶。原定均以一月爲期,並各以二萬石爲限。嗣因七月二十日以後米價愈漲,勢難停糶,是以城局展至八月二十日截止,鄉局展至八月二十五日截止。計城局共糶米二萬九千三百十一石二斗,鄉局共糶米二萬七十九石三斗九升,城鄉各局共糶米四萬九千三百九十六石五斗九升,共收糶價規銀十八萬一千一百五十兩五錢五分八釐六毫三絲,共支糶價規銀二十三萬二千三百九十九兩三錢七分三釐八毫五絲,共支運費等項規銀六千二百七十四兩五錢九分一釐五毫。又提貼寶山平糶耗價,每石銀元一元,計貼耗規銀二千九百四十六兩六錢八分。計共支平糶耗價規銀六萬四百七十兩八分六釐七毫二絲。總工程局收存米捐銀六萬五千四百十八兩一錢九分八釐,除支外實存規銀四千九百四十八兩一錢一分一釐二毫八絲。此項平糶貼耗,均係實用實銷,並無絲毫浮費。且自辦糶之後,地方安靖,足以上慰憲廑。所有辦理平糶收支各款,合行造具清册呈報,伏祈察核施行,實爲公便。肅稟。

批:來牘閱悉。已據情録册詳請核資。所有此項存銀四千九百餘兩,應即繳道備作公廨修建押所之用,希即查照辦理。此復。清册存。十二月二十七日。

領售平米案

蘇松太道瑞照會奉督撫院電諭嚴防匪徒搶米並勸諭行店不得囤積居奇文光緒三十三年二月初七日

爲照會事。本年正月二十五日奉兩江督部堂端、江蘇撫部院陳電諭,上年江南北水災,久經奏明籌辦振糶。惟現距麥秋甚遠,糧價增昂,深恐有匪徒藉端煽惑愚民搶米滋事,擾害地方,應即責成該道府嚴飭所屬各州縣,一體認真查緝防範,並出示嚴禁,如有匪徒假米貴爲名,糾衆搶劫,立即會營嚴拿到案審明,就地懲辦,以懾匪膽而定人心。一面諭勸行店及囤積米糧之家,不得擡價居奇,俾昭平允。該州縣等倘敢漫不經心,以致地方出有重案,定即撤参不貸,仍各就遵辦情形稟復查核等因到道。奉此,除分别移行一體遵照辦理,並出示嚴禁,一面稟復督撫憲察核外,合亟備文照會,爲此照會貴總董,請煩查照。希飭各巡士嚴密梭巡,以靖地方,望切施行。須至照會者。

上海縣王來函趕籌購米平價文光緒三十三年二月十二日

飛啓者。頃奉總辦蘇省水陸巡防營務處憲四百里排單札開,轉奉撫憲札,二月初六日,據松江府戚守微電稟稱,七寶、泗涇、蟠龍等處係上、青、華、婁交界地方,有上海匪徒突入青界搶米,即函致上海王令並飛飭青浦張令前往彈壓。已據張令稟稱,會同飛划營,趕到當場,拿獲兩名,匪徒解散。惟善後事宜函囑商會勸各米行仿照去年合開公米店專糶貧民,以三四升爲限,平價出售。現稟滬道請飭上海諸紳爲各鄉籌款,設法以濟貧民等情到院,除札飛划營郎統領並陸師巡防隊林代統迅速撥隊前往外,到司行縣妥密防範,並將平糶趕速籌辦,以濟貧民,毋稍玩忽違延等因到縣。奉此,查設局購米平價,業於初八日會同貴紳董等開會議決辦法,刊刻章程、廣告,宣佈並將積穀息錢擬章呈請提用在案。奉飭前因,亟應趕緊購米發運,以定人心。除將辦理情形先行抄同章程通稟並會同奉撥水陸防營妥密防範外,合先飛佈,即祈迅賜查照辦理,是所拜禱。

稟蘇松太道瑞城廂内外開辦平價售米處文光緒三十三年二月二十七日

敬稟者。竊本年米價昂貴,民食維艱,仰蒙設立駐滬官米平價總局,准各州縣領米,發交各該地方紳士,各就本地公款内提發轉運津貼等費,將此項米石平價出售,以惠貧民。查本邑地方遼闊,食户繁多,自應分别經理。除各鄉局歸同仁輔元堂領辦、北市租界歸商務總會領辦外,所有城廂内外平價售米事宜,由董局彙總領辦。城内外各設平價處一所,城内借設蓬萊路公益研究會,城外借設南區商船會館。現在城外平價處定於三月初一日開辦,先將蒙發充公米石平價發售。城内一處亦在布置,不日開辦。除將售米章程另單開呈外,所有城内外平價售米處開辦情形,合行呈報,爲特備由稟祈俯賜察核備案施行,實爲公便。肅稟。

計章程單

本邑城鄉各局辦理平價米石章程

一、本邑城廂内外各局經售平價米石,由總工程局彙總領辦。

一、北市租界歸商會彙總領辦。

一、鄉局二十二處歸同仁輔元堂彙總領辦,另有專章。

一、新閘局、江境廟局仍歸鄉局辦理。

一、領米石數,每次以一百石爲率。

一、領米若干,應先繳價銀,由各領辦處代收彙解。

一、米價銀兩如一時未及預繳,歸各領辦處籌墊,惟下次領米時須將前次價銀交清。

一、每米一石貼費洋二角,歸各平價處自行籌貼。

一、平價售米處,城内、外設立兩處,城内一處設蓬萊路公益研究會,城外一處設南區商船會館;北市租界設立兩處,一設英大馬路保安堂,一設六馬路仁濟堂。

批:來牘閲悉。所擬售米章程妥洽可行,此復。二月二十九日。

呈上海縣李陳復領售平米米數糶價及各處開辦日期文光緒三十三年三月二十九日

爲呈復事。接奉函示,以松屬辦理平糶一案,現奉上憲派委壽大令來縣,會同縣紳妥慎籌辦等因。查本邑平糶事宜,現由貴紳等經理。所有目前辦理情形,自應先行稟陳憲鑒,用特專函奉佈,務祈執事查照,迅將邑境現辦平糶章程暨需用米數並糶價若干以及起訖月日,刻日備具文牘,詳細見復到縣,以憑會委稟復等因。查本邑平價事宜,前以地方遼闊,食户繁多,一再籌議,必須分别經理,方臻妥洽。當經議定城内、外平價歸總工程局領辦,北市歸商務總會領辦,各鄉局歸同仁輔元堂領辦。城局分設二處,城外一處,借設南區商船會館,於三月初一日開辦;城内一處借設蓬萊路公益研究會,於三月十一日開辦;北市二處,借設仁濟堂及公益堂,均於三月十五日開辦;鄉局共計二十二局,其業已開辦者,現祇江境廟一局。所有平米價值每升一律售錢七十文,當初辦時城内每日售米約十石左右。城外除道憲發交充公米石四百二十八包售罄外,約二十石左右,北市約六七石左右。現在城内售至四十餘石,城外售至五十餘石,北市約售十餘石。各處領米數目,自開辦日起至二十七日止,城外共領六百五十石,城内四百石,北市三百五十石,鄉局江境廟二百石,統計領米一千六百石。至平價章程,曾於二月二十七日呈報開辦平糶情形時,一併附送在案。兹奉前因,合將米數、糶價及各處開辦日期,詳細呈復,並附呈章程一紙,伏祈俯賜察核施行,實爲公便。謹呈。

稟蘇松太道瑞城内外添設平價售米處文光緒三十三年五月二十二日

敬稟者。本年米價昂貴,董局於二月間具稟憲台,設立平價售米處,在駐滬官米平價局備價領米平售。除各鄉局由積穀總局領辦、北市由商務總會領辦外,所有城内外平價處由董局領辦,曾於三月上旬先設兩處,一設城内蓬萊路公益研究會,一設城外南區商船會館,業將先後開辦情形稟明奉批准行在案。查現在市價愈昂,糴食平米者紛至沓來,擁擠殊甚,深恐滋生事端。爰再添設平價處五處,一在龍德橋龍王廟,一在萬裕碼頭老公茂花行,一在西門外萬生橋南首,一在製造局,以上四處均於本月十八九日二十二日先後開辦;城内一處在大東門内火神廟,亦擬即日開辦。惟前呈購米章程,雖定每升錢七十文,實收錢六十九文。緣當時銀元價每元僅换錢一千另六十文,嗣銀元價逐漸增漲,須以錢一千一百文换銀元一元,貧民之來糴者錢串居多,以錢易銀,耗費甚巨。兹復添設五處,爲日尚長,虧耗尤難以數計,深慮無從彌補。現查積穀總局領辦之各鄉局,每石以海斛計算,加以運費,合銀元七元。業經由縣出示曉諭,則城局自應照現市洋價核計,庶得其平,故於本月十八日起每升改爲售錢七十二文,城内、外各平價處一律辦理。其原定以一升起至一斗止者,改爲一升起至五升止。所有添設平米處及酌改章程情形,合行備由,稟祈俯賜察核施行,實爲公便。再,北市除原設兩處外,現復添設兩處,一在錫金公所,一在四明公所,合併聲明。肅稟。

批:來牘閲悉,此復。七月初一日。

致蘇松太道瑞函陳復上年米捐餘款作爲本年辦理平價之用請上詳核准文光緒三十三年八月十六日

肅復者。接奉鈞示以米捐一項，上臘接展來牘，除支貼補平糶耗價規銀六萬四百七十餘兩外，實存規銀四千九百四十八兩一錢一分一釐二毫八絲等因，當以此項存銀應作公廨修建押所之用批答在案。迄今日久，未將此項餘款繳到。現因公廨開辦女押所需款孔亟用，特查案奉佈，即祈將前款掃數擲下，俾資湊用等因。查上年辦理平糶其米捐一項，除貼耗外，餘存銀四千九百四十八兩一錢一分一釐二毫八絲，自應照繳。惟本年二月間米價翔貴，奉准於城内、外南、北市分設平價售米處，由董局領辦，向官米平價局備價領米平售。當開辦之始，曾蒙發下充公米石四百二十八包，計售見銀元二千九百八十六元二角三分，除提賞銀二成五百九十七元二角四分六釐外，實計銀二千三百八十八元九角八分四釐。初尚足資敷衍，嗣復添設平價售米處所而各平價處運費貼耗及薪水工食一切雜費等項，均須逐月開支。董局無款籌墊，不得不以米捐餘銀移用。惟查歷届辦理平糶，多則兩月，少則一月，從未有如本年之甚者。董等經辦之處，於三月初即行開辦如至本月底截止，須辦理至六個月，爲日甚久，耗費實多。董局經濟已萬分困難，如須籌補此款，實覺力不能支。伏思米捐一項，本以備平糶之用，本年辦理平價情形較上年爲急，而董局分設平價處所最多，歷時又最久，將來事竣之後，實在無從彌補。再四躊躇，惟有仰懇憲台詳請督撫院咨部准以米捐餘銀作爲本年辦理平價之用，如此數不敷，當另行籌補，亦不敢再請官款。除另文稟懇外，肅復。

蘇松太道瑞復函米捐餘款作爲本年平價經費候上詳立案文光緒三十三年八月二十二日

敬啓者。十七日展誦環章，拜悉一一。前存貴局米捐四千九百餘兩，上年開報貼補平糶耗費案内，曾經敝處聲明照案，湊充修廨工費，並將此節批答尊處。今年開辦平價售米一切雜費，誠所必需，既擬動支前項餘款，惜未先商弟處，稟明兩院憲轉達度支部立案。近來部中於一應用款無不絲絲入扣，日後册報能否不致挑剔，殊未可知。惟款關地方正用，爲數無多，自應切實聲敘，尚祈貴局查明開支細數交下，以便彙轉爲荷。

呈上海縣李陳報停辦平價售米文光緒三十三年九月十六日

爲平米停辦開摺呈核事。竊本年二月間米價昂貴，民食維艱，荷蒙升撫憲陳設立駐滬官米平價總局，准各州縣備款領米發交各該地方紳士，各就本地公款内提發轉運津貼等費，將此次米石平價出售，以惠貧民。本邑城廂内外平價事宜，由敝局領辦。三月初一日起，先設兩處，一設城内公益研究會，一設城外商船會館；北市兩處，一設仁濟堂，一設廣益堂。五月間米價又昂，遂於城外增設四處，一設龍王廟，一設西門外萬生橋，一設製造局，一設老公茂花行；城内一處，擬設火神廟，嗣未舉辦；北市增設二處，一設錫金公所，一設四明公所，曾經先後呈報在案。所有運米護照聯單，均由鈞署發交同仁輔元堂轉交敝局頒給，計先後交到護照二百三十張、聯單二百張，由各平價處隨時到局填給領運。自三月初一日起，至九月十五日截止，城内外各平價處共領米三萬七千一百三十石，計繳洋二十三萬五千另四十元。此項平價歷時至六個半月之久，分設售米處至十餘所之多。其貼耗及薪水工食一切雜費等項,爲數甚鉅。除俟開具清摺再行陳報外,合將敝局領辦城内外各平價處停辦情形呈請俯賜察核備案施行。再,領存護照三十張、聯單二張,並存根副單各一百九十八張,業已繳呈同仁輔元堂彙齊轉繳,合併聲明。謹呈。

禁閉煙館案

稟蘇松太道瑞限禁城内外煙館請出示勒閉並請照會值年領事將租界煙館一律禁閉文光緒三十二年十一月初二日

敬稟者。竊維鴉片之害垂六十年,食此者或以疾病而難除,或以遊戲而成癮,非真樂此無涯也。近奉明詔立限禁煙,有志之士争自振拔,亟圖戒除。一月以來,就上海一隅之地,董等耳聞而目見者已不下百人,厄運將回,人心向化,其機至捷,其效至順。然竊以爲因其勢而利導之數十年之沉痾不難立起,苟一鬆動,則積懈成疲,誠恐日久無功。日前英國戒煙會書記員亞列山德來滬,與職董鑄痛論此事。聽其言詞,極願助吾中國禁除此害。察其意指,必欲中國實行禁煙之令方克玉成。董等聞直隸已立限六個月,勒令煙館閉歇,此誠釜底抽薪之法,爲目前禁煙至要之圖。蓋有煙館而吸煙者便於過癮,不吸煙者亦易於成癮。若煙館禁盡,則失其方便,而思戒者必多,去其腥羶而沾染者自絶。查上海爲中外通商第一大埠,董等承憲台委託辦理地方自治,目擊境内煙館林立,比之米鋪尤多,常引爲切膚大患。祇以禁令未申,付之無可如何而已。今幸奉旨禁煙,若不乘此立限,將煙館禁除,爲堅壁清野之計,恐外人將笑我因循以爲未能實行也。昨星期六日爲董局常會之期,經諸議董集議,懇請憲台出示勒令城廂内外大小煙館,自出示日起,限六個月内閉歇改業。一面照會值年領事,商令英、法、美三租界各煙館一律立限禁盡。藉雷厲風行之勢,成驅霾掃霧之功,使東南一隅與畿輔響應,然後推行内地,速於郵傳,天地清明復見。今日仰惟憲台求治心殷,除惡務盡,董等承流宣化,敢不殫竭愚誠,爲此迫切稟陳,伏祈迅賜察核施行,地方幸甚,國家幸甚。再,日前譯員亞列山德曾與職董鑄言當面商各國領事,禁閉租界煙館,諒各領事深明公理,必樂贊成。抑董等更有言者禁煙爲我國主權,即使領事不允、租界不禁,而我内地萬無因此不禁之理,不得以爲淵敺魚、爲叢敺爵爲言也。我誠力行禁除,即租界中比屋皆開煙館,不得謂利源外溢也。況各國自稱文明,苟見我内地實行禁絶,豈甘蒙不韙之名?總之,租界能禁固,可一旦肅清;租界不禁,内地自禁,並無妨礙。想憲台明析秋毫,必不爲浮言所惑,臨稟不勝待命之至。肅稟。

批:來牘閲悉。鴉片流毒,實爲吾國致貧致弱之由。現值庶政維新、力求富强之際,豈可令我國民長此陷溺如病廢然。但吸食之人遊戲成癮者,實居多數,不有煙館以爲之引集供其應求,不至今日有此現象,故禁煙必從煙館始,誠爲一定不易之理。前奉明詔立限禁煙,本道亟圖施之實行,以期挽回厄運。兹閲稟敘各節,具見洞中竅要,甚表同情,已出示勒限閉歇,並分行縣委遵照。一面照會租界領袖暨法總領事轉飭捕房,將租界内各煙館一律予限勒歇矣。希即知照。此復。十一月初四日。

蘇松太道瑞照會發貼限禁煙館告示文光緒三十二年十一月十二日

爲照會事。照得鴉片一物流毒無窮，業奉上諭立限嚴禁，自應欽遵辦理。現已出示曉諭城廂内外各煙館勒限六個月内閉歇限满不閉及私行開燈售賣者，分别查提罰辦，仍應責成上海縣暨各段巡警局長、保甲委員隨時實力查禁，限内衹准閉歇，不准添開。一面即將閉歇之户按月開摺呈報，以憑查核。除分行外，合亟備文照會，爲此照會貴總董請煩查照，並將送去告示分别發貼施行。須至照會者。

蘇松太道瑞照會發省定禁煙現行章程文光緒三十三年二月初四日

爲照會事。案准蘇臬司朱移奉巡撫部院陳批，本司會同蘇藩提學司詳酌擬戒煙現行辦法，請示衹遵由。奉批：據詳省城内外禁煙事宜，請選用公正紳董，分别城鄉，酌量設局官督紳辦，以期實行而杜擾累，洵爲扼要之論。所擬章程十條，亦屬切實可行，應准照辦。仰按察司轉移藩學兩司徐州土藥局並通飭各地方一體遵照辦理，仍候督部堂批示。繳，摺存等因。奉此，除俟奉到督憲批示另行移知，並先分别移行遵辦外，合亟咨請查照一體飭屬遵辦等因，並附章程到道。准此，除分行外，合將現行辦法章程備文照送。爲此照會貴總董，請煩查照會商辦理，望切施行。須至照會者。

蘇松太道瑞照會奉上諭定限禁煙飭即會縣妥辦文光緒三十三年三月十三日

爲照會事。奉兩江督部堂端札開，光緒三十三年正月二十日，准民政部咨本部議復御史趙啓霖奏請實行戒煙一摺，於光緒三十二年十二月二十五日具奏。本日奉上諭，民政部奏通籌禁煙事宜一摺，鴉片煙爲生民之害，前已有旨諭令各省定限嚴禁。兹據該部奏稱“推行戒煙分會將各省煙館按照新章一律封禁”等語，著各該將軍督撫督飭所屬認真辦理，惟嚴禁吸食必以禁種罌粟爲清源辦法，著責成各將軍督撫務照奏章遞年減種，統限十年以内將洋土藥盡絶根株，不得因循欺飾，用副朝廷保惠民生力除沈痼之至意。欽此。相應抄録原奏，行知兩江總督欽遵辦理可也等因，並抄奏到本部堂。准此，查禁煙政策前准政務處咨行議奏章程並飭據蘇臬司等會議現行辦法，均經通行遵照。嗣據蘇臬司等會詳，請自三十三年正月初一日起，爲江蘇通省戒煙起限之日，又經批飭通行各在案。兹准前因，應將省城地面責成巡警局、省外城鄉鎮市責成各該地方官一體督飭紳董切實調查，開册詳報。京師現既設立禁煙總局，應即在上海設立禁煙總會，由上海道遴選正紳數員經理，以期聯絡通省多設分會。所有通省總、分各會，均應將調查情形隨時報告京師禁煙總局。各處煙館應按照起限日期，扣至本年六月底，一律封閉，不得抗違干究。至限種罌粟，實爲清源之計，應責成徐州府屬地方官認真會紳調查，照章實力限種，以期逐年遞減。倘敢因循欺飾，定當照案嚴懲。此外各屬如有栽種罌粟地畝，亦即照此辦理，以清痼疾而絶根株。除通行外，合行札道即便轉飭遵照辦理，仍將遵辦情形隨時開册，詳細具報，以憑查核，毋得視爲具文，致干未便等因。奉此，除行上海縣外，相應照會，爲此照會貴總董，請煩查照，會同上海縣妥籌辦理，隨時見復，俾憑轉報，望切施行。須至照會者。

上海縣田照會調查本邑城鄉膏店煙户牌號造送清册文光緒三十三年三月二十五日

爲照會事。案奉府憲戚札開，光緒三十三年三月十一日，奉淞滬捐釐總局憲排單札准江蘇禁煙兼稽徵官膏局咨開,案奉憲飭開辦禁煙,起徵加價,自係寓禁於徵辦法。現在省城三首縣城鄉膏店歸併本局稽徵,定於三月初一日起停收膏捐,開辦加價,以爲之倡。其省外各屬道路遠近不一,公文遞到先後懸殊,概從四月初一日起徵加價,以歸一律而泯參差。所有省外各屬膏店應發牌照,飭即刊就移送貴局轉發等因到局。奉此,惟敝局開辦伊始,所有各屬膏店煙户數目清册現尚未據造送來局,一時無從稽核,統需牌照若干,貴局諒必有案可稽。除將三首縣城廂及各鄉鎮膏店牌照按户給發外,相應備文咨詢,咨煩查照,希將松、太兩府州屬各膏店應需牌照若干數目,祈即查案飭抄總數見復,以憑照送等因到局。准此,查松、太兩府州所屬膏店煙户數目間有隨同月解捐款附造册摺送核者,或有僅按額定捐數籠統繳解,並不造册併送者,辦理既不一律,以致膏店煙户究有若干均屬無案可稽。現在禁煙局既須按户發給牌照收捐,自應將該屬境内膏店煙户牌號、住址、姓名逐一查造清册,先以一分刻日逕送禁煙局查核,一面照造一分,務於四月份以前並送本局備核。一俟前項牌照移送到局以憑照發,准咨前因合行轉飭等因到府札縣遵照辦理。此係特飭要件,毋得視爲具文等因到縣。奉此,合行照會,爲此照會貴總局,請煩查照,即將本邑境内城鄉膏店煙户牌號、住址、姓名分别查造清册送縣核辦,以便轉報,此係奉憲特飭要件,幸勿有稽,望切須至照會者。

致上海縣李函陳明遵奉道示限定上海禁閉煙館日期文三月二十六日

敬肅者。疊奉照會以奉督憲端並道憲瑞札行,奉民政部咨行禁煙一案,照飭敝局妥籌辦理,隨時見復等因。查此案敝局先經奉到道憲照會按照通飭禁煙期限,應自三十三年正月初一日起,扣至六月底,一律封閉。惟本邑城内外各煙館曾奉道憲瑞於上年十一月十二日出示諭禁,内有“自出示日起勒限六個月内停閉”等語。敝局以期限兩歧,昨曾函請道憲示遵。兹奉函復查禁煙一事,上峯以各屬相去遠近不一,故爲寬以時日。惟上海一口,敝處既於上年十一月十二日出示,予以半年限期。又經照會租界領袖一律照辦,領袖復文將視地方官紳能否如限實禁,以定從速,似宜扣至五月十二日將城廂内外煙館概行停歇。庶與前示相符,免爲外人藉口。設屆時領袖食言,更可查案詰催,即祈查照辦理等因。敝局既迭奉照會函知,自應出示曉諭遵照道憲所定期限勒令禁閉,以歸一律。爲特奉函,希即察照施行,實爲公便。專泐。

致上海縣李函復陳調查東西南三區膏店煙户由總工程局辦理文三月二十六日

敬啓者。接奉照會以奉上台稽核膏捐,飭將本邑境内城鄉膏店煙户牌號、住址、姓名分别查造清册送縣核辦,以便轉報等因。查本城各煙膏店捐項,向由三廳飭差保經收,應請轉知造册。至城外東、西、南三區當由敝局分别調查詳細造册,一俟查明即行呈送。敬肅。

致蘇松太道瑞函送核禁閉煙館條告文四月初五日

敬啓者。前奉復示以禁煙期限既於上年十一月十二日出示,似宜扣至五月十二日將城廂内外煙館概行停歇,庶與前示相符等因。董局業經遵照憲定期限出示曉諭,現在復擬刊印條告,按户給發,俾衆周知。兹將條告抄呈,是否有當,即祈察核示遵爲荷。專泐。

總工程局奉道憲核准禁閉煙館條告

一、遵奉上年十一月十二日道憲告示，扣至本年五月十二日止，爲六個月限滿之期。

一、本局於外馬路各煙館燈捐已早經停止，所有各煙館地方月捐於四月份起亦一律停收。

一、本年五月十二日示禁限滿各煙館務於是日一律閉歇，有售賣煙膏之店，務須領有執照方准開設，仍不准影射開燈私售。

一、各煙館在限期未滿之前務各改營別業。

一、各煙館房主在期限未滿之前，務各囑令各該煙店於禁限期内非閉則遷，不得遲緩。

一、限滿之後，如敢故違仍舊設榻開燈者，定將該店勒閉，貨物充公。

一、限滿之後，如有陽奉陰違私行設榻開燈者，除勒閉充公外，將館主拘案，移縣嚴辦。

蘇松太道瑞來函禁煙限滿飭預防煙館幫抵抗生事文四月十九日

飛啓者。頃聞南市一帶各煙館發出傳單，因禁止開燈一事五月十二日限期將屆，今日午後約在龍德橋德興樓茶館自二點鐘起至五點鐘止，聚有一千餘人，紛紛擾攘，尚未定議。明日，潮州幫又欲開會館再議。特恐不安本分之徒從中生事，亟應預爲防範。查此次禁止煙館開燈限以半年爲期，不可謂不寬。現又奉文如改爲售膏而不開燈者仍可領照，照常安業，惟將膏捐分成遞加，期以十年，一律禁絶，無非使彼業中人漸圖別業，不至促其生機，實於禁煙之中隱寓體恤之意，倘敢藉端肇衅，定提館主從嚴究辦。除由敝處立撰簡明告示，發貼曉諭，並致上海縣外用特飛佈，即祈貴局轉致巡警區督率巡士地甲，相機勸導，妥爲彈壓，切勿急切從事。一面查案一體示諭，以定人心，仍望將情形隨時示知，附上簡明告示十道，並希從速發貼爲荷。

致蘇松太道瑞函復陳預防煙館幫抵抗辦法文四月十九日

敬密陳者。頃奉鈞示，以南市各煙館因限期將滿，聚衆會議，恐滋事端，應預爲防範，希飭相機勸導，妥爲彈壓等因，並奉發六言告示十張到局，遵即分飭張貼。查昨日午後，潮惠會館内有廣幫煙館業多人在彼集議，有云“如限期屆滿，南市煙館被逼停閉，則我廣幫同業之在租界開張者當約令一律停歇，其本地人在租界内所開之煙館亦勒令俱停，如仍舊開燈，即將該煙館擊毁”等語。又查龍德橋德興樓茶館亦有多人麕聚計議，略云“如果屆時必令閉歇，吾等生計頓絶，祇得回鄉，所有一切煙具生財關係資本當送至道署候示”等語。照此情形，將來屆滿勒停時，該業中聚衆抵抗之事深恐不免，業已轉飭巡警地甲人等妥爲勸導，並嚴加防範矣。肅復。

蘇松太道瑞來函贊成收留煙傭習藝並收買煙具文四月廿四日

敬啓者。昨日面承大教，並示預防辦法，深中肯綮，慰甚慰甚。李君平書所議收留店夥入廠習藝，俾其日後有可謀生，亦屬美事。且期以半年，需費輕而易舉，自可照行開辦。

經費如一時捐集爲難,敝處亦可措借。惟敝處庫款除外銷一項不敷甚鉅、無可挪用,此外均係正項,難以久懸,將來如何歸還,應請執事設法籌定,以便稟請立案。抑再有進者,此項習藝廠專爲失業之煙館店夥而設。煙館既經關閉,其原主或仍在滬營業,或遷徙他處,均未可知,由其作保,殊不可靠。且慮非煙業中人亦串托保送,僅此區區數廠、區區經費,必不足以濟事,應先查明煙館若干家,店夥幾人、姓名、年籍一律登簿,庶可憑實在人數以定設廠需費之多寡,仍於報名之時查核某家是否果有其人。另取切實店鋪保結,甫准收録,以免弊混。至煙館器具僅備價收買槍枝,其煙燈、煙扦、煙盤等類置之不理,亦未妥洽。除煙槍每支給洋二角外,其煙扦按照鐵價過秤收買,煙燈過秤按照銅價收買,煙盤係銅者收如煙燈之例,係木者,紅木每斤定價若干、雜木每斤定價若干,亦請酌定見示,以便彙入前議。分别出示札行辦理,是爲至荷。所有設廠及收買煙具各有項款,弟擬捐助一千金,以資湊用,並以奉聞。

蘇松太道瑞來函有在限前閉歇先將煙具繳局者賞給銀牌以示鼓勵文四月二十六日

逕啓者。禁止煙館備價收買煙具一節,昨復寸函,諒邀察及。倘以鄙意爲然,擬俟設局開辦。後如各煙館有在限期以前閉歇先將煙具繳局者,即賞給銀牌一面,以示激勸。除俟商定復到後另行出示曉諭外,用再奉佈,即祈執事查照,迅賜酌定見復,至爲盼荷。

各商業體操會來函抄送禁閉煙館防匪徒肇事辦法文四月廿八日

謹啓者。前日接奉惠書祇承種切禁煙事,外間傳言不一,或恐匪徒乘機肇事,不得不預爲之防,以冀弭患無形。因於昨日集議,所有議定辦法,兹特鈔單奉塵,至祈台鑒,並望轉稟道憲爲盼。

各會公議預防匪徒肇事辦法

一、地段。各會分認地段,俾易保護。十六鋪至關橋浜,商學補習會;關橋浜至南碼頭,滬學會、商業體操會;西門至斜橋,商餘學會、滬西體操會。

一、駐所。商學補習會,泉漳會館;滬學會,豆業公所;商業體操會、商務分會、商餘學會,本操場;滬西體操會、西方庵。

一、職員。司令員正、副二人,參謀員二人,庶務員二人,通信員四人,小隊長四人,隊伍視會友之多寡而定。

一、辦法。甲、每會派兩小隊梭巡各認之地段,凡兩句鐘更换一班,自早晨六句鐘至晚十句鐘止。乙、晚間如有要事,各會另議一集會之處,臨時擇定咨照。丙、口號及警笛,由各會代表人約定,每日發布。丁、初六日起,每晨各會會操一次,以資聯絡。十一日實行。

一、界限。保護商業,彈壓匪徒。

請總工程局預備各事如後:

一、預備消防隊咨照各救火會。

一、代購子藥,以備不虞。

一、通飭巡士,凡有要事通報各會。

一、轉稟道憲，以昭鄭重。

蘇松太道瑞函復各體操會防護禁煙應連絡巡防隊嚴密梭巡文四月三十日

敬復者。前日接展惠函，以禁煙限滿，恐有匪徒滋事，由各體操會出隊巡防，抄示辦法規約，囑爲核復等因，謹悉一一。體操會諸君子熱心公益，竭盡義務，實深忻慰。惟查滬上煙館林立，藉此爲生計者粵人尤多。既經責成各幫董事明白開導，或另圖别業，或妥爲遣回。一經定妥，别幫即易就範，原不必以强力壓制，所慮者租界内外流氓從中搆煽，滋事生端，不能不預爲綢繆。子藥一項，准由硝磺庫發給，並祈轉達爲荷。除由敝處諭飭巡防營隊官連絡各體操會，並於毗連租界往來要道督飭弁勇，嚴密梭巡外，專復。

稟蘇松太道瑞設臨時習藝所收留煙傭習藝文光緒三十三年五月初二日

敬稟者。竊董局前以禁煙期限將滿，城内外煙館店夥人等同時歇業，情亦可憫，擬設臨時習藝所五處，一在北門内青蓮庵，一在東門内地藏庵，一在大南門大佛廠，一在小南門外小九華，一在東門外龍王廟，分别開設，以爲善後之計，函請核准等情。嗣奉復示，以收留店夥、設廠習藝，亦屬美事，自可照行。如開辦經費一時捐集爲難，敝處亦可措借，惟須將煙館及店夥預先查明，可憑實在人數以定設廠需費之多寡。所有設廠及收買煙具各項用款，擬捐助一千金，以資湊用等因。奉此，查城外東、西、南三區煙館計共有三百餘家，城内亦約有三百餘家，城外各煙館店夥業經遵諭調查。其不願入廠習藝者實居多數，其願習藝者苟有别項營業，尚思另謀生計。照此情形，似習藝人數當不甚多。現擬遴請董局議董祁紳祖鑾主任其事，屆期就城外先行開辦，如將來人數增多，再行推廣分設，以省經費。除將調查城外東、西、南三區煙館店夥造具清册再行呈報外，所有擬設臨時習藝所章程及所中規則，合行開摺呈送，爲特備由，稟祈俯賜核示遵行，實爲公便。肅稟。

批：來牘閲悉。希即轉致祁紳妥爲辦理，並將發出告示三道，分貼曉諭可也。此復。摺存。五月初八日。

稟蘇松太道瑞設收買煙具處舉董開辦文光緒三十三年五月初三日

敬稟者。竊禁煙善後事宜，所有收買煙具，請各善堂擔任一節，嗣以函復未允。由董局函請，飭縣經辦。昨接上海縣李令移會，以收買煙具一事，希遵飭籌定的款，議舉經辦之人，仍將籌辦情形見復等情。查此事現由本局議董林紳曾賚情願擔任，擇城内火神廟爲收買處所，定於本月初九日開辦，其經費尚待籌集。兹特抄呈簡章備由稟祈察核施行，實爲公便。肅稟。

批：來牘閲悉。所擬收買煙具章程尚屬可行，希即轉致林紳妥爲辦理，並將發去告示數道，分貼曉諭可也。此復。摺存。五月初八日。

蘇松太道瑞照會煙館停歇照章改爲膏店奉發膏店執照文光緒三十三年五月初九日

爲照會事。本年五月初四日，准江蘇禁煙兼稽徵官膏總局咨開，四月二十六日奉撫憲札，以道稟上海城廂内外煙館定限五月十二日停歇，照章改爲膏店，應給膏店、吸户各照，請即寄滬轉發等情到院，飭局妥擬移送等因到局。奉此，查此項膏店執照業經遵照定章會商，刊印已就。省城三首縣境内先行填給在案，省外各屬正擬一體分發。奉札前因，除將吸户憑照會商續刊另文咨送並呈復撫憲外，相應檢同執照一千張，備文咨送。惟照内係有六月以後字樣，與上邑提前限期不符，請核奪加戳改正，並希飭承將騎縫局字上蓋一滬字，編次號數發縣，按户填給，截存照根逕繳敝局，以備查考。咨煩查收轉發。如或不敷，即祈飭縣申請，以憑續送等因。並送膏店執照一千張到道除。札發上海縣加戳蓋字，編號按户填給，一面分移各巡防局並出示曉諭，俾各膏店遵照並分行外，合亟照會，爲此照會貴紳董，請煩查照施行。須至照會者。

上海縣李照會抄發道頒膏店辦法文光緒三十三年五月十三日

爲照會事。案奉道憲札開，照得城廂内外各煙館，業經限期閉歇。如有情願遵章具結，聽候查明給照，改作膏店者，自應明訂章程，俾資遵守。兹將酌定辦法四條，開單札縣，即便遵照辦理。一面出示曉諭，並照會總工程局暨分移巡警巡防各局一體查照毋違等因到縣。奉此，除出示曉諭外，合行照會，爲此照會貴紳董煩爲查照辦理。須至照會者。

附抄件

一、鴉片無論洋藥、土藥，均屬最毒之物，久爲中國大害。民窮財盡，身體憊弱，類皆由此。人人所知之事，現奉旨嚴禁，限以十年禁絶。其外洋入口内地種植均逐年遞減。又有先定限期將煙館一概閉歇，不准復開之諭，早經頒發示諭在案。近因體恤民隱，於禁煙館後，准令領照賣膏，本屬一時權宜之舉，將來仍須查禁，則目前少一家膏店即少誤百姓一家正業。此理甚明，雖愚民亦知得失之所在。現擬城廂鄉鎮分鋪分圖核計，飭由紳董會議每一鋪一圖宜設膏店幾家，便敷挑膏，總以愈少愈妙爲準，免誤吾民。

一、各鋪各圖各鎮議定膏店若干家後，其願領照認捐開設者，須覓妥保二家出具保結。本人亦認明銷數，每兩遵章捐錢四十文。只能挑賣，不得開燈賣吃，違干罰辦，切結送交坐落本鋪本圖地保造具清册，仍由該保加結一同送縣，聽候填註存根，裁給執照收領。半月繳捐一次，不准延欠，否則著保催繳。仍候隨時抽查，如有一照兩開、轉頂朦混等弊，除撤銷外，並予提究不貸。

一、出示之後，膏店即遵章取保具結，領照認捐，方准開設。其無保未經領照者，概不准私行挑賣，違即准領照之家指拿稟究，膏即充賞，人即照白拉治罪。其人家自用之膏并未出售者，亦不得挾私妄拿，致干懲坐。

一、應造膏店清册及保結領狀，現均飭由縣擬式印刷，捐廉製備，各地保自行赴縣領回填寫，不費分文。册既造齊，連同保狀呈送到縣，立予核明，填發捐照，亦無分文需索。如有差保人等巧立名目，冒索使費，即係圖詐，准由該膏店保人等喊控嚴予懲治，決不姑寬。

上海縣李照會奉道飭示煙館房租酌讓三月文光緒三十三年五月十六日

爲照會事。照得本年五月十二日實行禁止煙館，業奉道憲飭令，將煙館房捐及清道、路燈、膏捐等項於四月份起一律停止。如有已收，概行發還。其所以體恤商艱者，實已無微不至。惟煙館從前賃屋開張,租價本比別業爲優,一朝閉歇,營業匪易,搬運另遷耗費不貲,不得不曲予優恤。前據紳董議請將煙館房租酌讓三個月,業經稟奉道憲批飭,由縣出示勸諭照辦在案。在房主惠而不費,在該煙館等省此租金,亦可藉作謀生資本。想彼此有賓主之誼,自應勉盡義務。矧禁止煙館爲掃除煙毒之大原因,該房主等共樂贊成,自不吝此區區。除出示勸諭外,合行照會,爲此照會貴紳董請煩查照,一體勸諭煙業各房主等遵照。所有租設煙館房屋,除茶館、膏店兩項帶設煙燈,房租理應循舊照收無庸減讓外,其專售燈吃煙館應即遵照一體酌讓房租三個月,以示矜邺,頂首押租一律清還。其房内裝修仍循俗例辦理,各煙館亦不得於酌讓限外妄存希冀,藉詞拖欠,致干押究,仍希將勸諭遵辦情形覆縣查考。望切須至照會者。

上海縣李照會稟道批准設立戒煙官局文光緒三十三年五月二十三日

爲照會事。案奉道憲批敝縣稟禁止煙燈,遵限閉歇,擬設戒煙官局,請撥公款示遵由。奉批,查城廂内外各煙館既遵禁令收歇,凡東夥之向有煙癖者,自宜設法戒除,俾可另行謀生。本道亦已籌議及此,然多設局所、分地收養,費大難籌,不如配製藥丸交存工程局,專派司事經理。一面出示曉諭,概准煙累之人前往報名,聽候發給服用,不取分文,酌定章程,限令定期戒絶,較爲省便易行。所需經費,查有滬寧鐵路公司核給保安堂地價遷費銀三萬兩。除動支、購地、遷葬各費外,餘款尚多,可以分派上海作爲地方戒煙善舉之需。設有不敷,再由本道捐廉,藉資湊濟,仰即會商工程局、保安堂各紳董妥籌辦理具報等因到縣。奉此,除照會保安堂董一體籌議外,合行抄稟照會,爲此照會貴局董煩爲查照,希即籌議妥法參酌定章具復過縣,以便轉報,望切須至照會者。

呈上海縣李陳明設局戒煙已由各善堂分任現應亟設勤生院請以保安堂地價餘款撥充經費文光緒三十三年六月十一日

爲呈復事。接奉照會以案奉道憲批縣稟,云云。至以便轉報等因,計黏稟稿到局。奉此,查戒煙之法,固以設局收戒爲易獲效果,然需費甚鉅,誠不如配製藥丸,預備施給,俾有癮者覓保立證,按日領服之爲愈。然上海嗜煙之人難以數計,若索藥者衆,則爲費亦屬不貲。敝局於上月限禁煙館之前,曾分别函致城内外各善堂,請予合藥施送,以拯痼疾。嗣各善堂復奉道憲函諭,飭爲配藥施給等因。城内如同仁輔元堂、果育堂及東南城地方會,城外如復善堂、北市如保安堂、棲流所、仁濟堂、廣益堂,均已製藥施送。其辦法或照林文忠公原方,或配製鵝郎草,或用中興草,令願戒者覓保領服,限日戒除,而復善堂及棲流所復定額收養限戒。是設局留養合施給兩項,已由各善堂分任其事,而體察目前情形,領藥願戒者尚不見多,誠以城内外雖已禁閉煙館而租界尚有燈吃之所,畏難者尚不免存苟安之見,若租界一律限禁,則希望之心既絶,人人必樂於戒除而索藥者自眾,如各善堂擁擠過甚,敝局當設法籌款,並請道憲捐廉,添設施藥處所,期收實效。至滬寧鐵路公司核給保安堂地價遷費銀三萬兩,除購地、遷葬等費外,所餘尚多,誠可分派作爲地方戒煙善舉之需。惟念煙傭習藝所雖人數未多,尚待舉辦,而邑紳葉佳棠等前議創設之勤生院,爲窮民習藝之所,曾蒙前升道憲袁創捐銀五千兩,因年來賑務稠疊,勸捐不易,迄未興辦。竊觀滬上無業遊民不知凡幾，將來租界亦禁煙館則失業之人必多，習藝所之設自不可再緩。擬請以保安堂地價所餘作爲勤生院專款，不得以他項善舉移用，庶幾可期成立。蓋既有勤生院，無論何項貧民，均可羅諸院中，授以工藝，不特窮困之民得資生計，而於禁煙善後尤有裨益。董等與保安堂董一再會商，意見相同，除將辦理勤生院事宜另行陳報並稟道憲外，所有戒煙藥丸業由各善堂施送緣由，合行呈請俯賜鑒核轉復，實爲公便。謹呈。

批：據請以保安堂地價餘款作爲勤生院之需，他項善舉不得移用，而於禁煙善後尤有裨益。既據會商允洽，似可照准，仍俟道憲核示遵行。

呈上海縣李請設拒煙總會舉董辦理文光緒三十三年七月廿八日

爲呈復事。接奉六月二十四日照會，以據陸行局董謝源深、朱日宣呈送膏店給照辦法到縣，合行照會，希將該董等所擬章程議復核奪等因。奉此，查原議章程第一條，分等領照，限定數目，所議似近於苛。惟督憲札飭煙館改設膏店，應照原數酌准十分之一則改設膏店，自應示以限制。若過於寬，恐原開煙館者將盡人而改設膏店，且每日售膏一二兩，獲利幾何，迫無以爲生，勢必至暗售燈吃。若以四等爲限，在不及三兩者，應令無庸開設，不特可杜匿報之弊，並可以達十分之一之目的，此條似屬可行。第二條令繳押櫃照給利息，違章則充公，閉歇則發還，原欲使其顧惜存銀，不至違禁。惟憲示既有不取分文之語，則欲收取存銀，易起浮言，且經理易極煩瑣，於政體似不相宜。此條與第八條均可無庸置議。第三條嚴杜浮費，第四條定期開辦，均可照行。第五條舉員調查辦法極善，南邑設禁煙會，就各學區各舉調查員，此區之調查員查彼區有無陽奉陰違之事，互相稽察，無虞徇庇。本邑如須倣行，應先設拒煙總會，遴舉正紳專辦，擬請照會勸學所於各學區中選舉調查員若干員，即於調查員中推舉總理協理，定期開辦。各調查員各盡義務，輪間稽查。如查得實有私售燈吃情事，即報告總會，由總會轉請拘提懲辦。蓋禁煙期以十年，現僅一年，爲日方長，必官紳協力，持以恒久，庶可湔除沉痾。且售煙者知已設有拒煙總會，耳目衆多，難於欺飾，必不敢輕於嘗試。第六條造送煙籍，誠爲要策，惟現在官膏局尚未成立，且本邑有租界可以買取，即使限令認定膏店彼若至租界私自買存，何從稽考？陸行一區得以辦成，或鄉間易於考查所致，若行之城廂，恐無效力。第七條嚴具保結，同業互保，固慮扶同徇隱然，一家有犯，四家連坐，正可藉此廓清，擬請於同業連環保結外，加具附近店鋪保結，有犯則議罰，似較周密。以上就交議各條參以管見，是否有當仍祈核奪。至原呈稱請以膏照送交拒煙總會，以便給領造册呈報，呈乞詳准照會輔元堂董查照辦理等情，係爲杜絶蒙混、嚴密稽查起見，自屬扼要辦法。惟調查員既就學區遴舉，應請迅賜照會勸學所總董趕緊組織拒煙總會，舉董辦理，以專責成。所有遵議情形，合行呈復，伏乞俯賜察核施行，實爲公便。謹呈。

稟蘇松太道瑞繳還給領餘存限前停閉煙館銀牌文光緒三十三年八月廿六日

敬稟者。六月間接奉照會，以城廂内外各煙館定限五月十二日閉歇。如於定限以前停歇，並將煙具繳縣者，即予發給價資，特賞銀牌一面，以昭激勸。曾經示諭，並分行遵辦在案。兹查貴局先後開單報告城外東、西、南三區先期停歇之煙户，共計三百二十七户，自應照案給賞,合將製就銀牌三百二十七面,備文照送,請煩查收,轉給見復,計照送銀牌三百二十七面等因。奉此,董局遵經出示曉諭城外東西、南、三區,所有限前停閉各煙館,協同地甲來局領賞,當場繕具領紙,並着三鋪地甲認明該店的係限前停閉,於領紙上簽押,以杜混冒。現計東區各煙户具領銀牌七十八面,南區八十四面,西區三十三面。其餘各户或人回原籍,或店遷北市,或限滿後違禁犯案不復來局具領,故所發銀牌尚餘一百三十二面,合行照數奉繳。除將各煙户領牌清摺一扣暨領狀一百九十五紙一併附呈外,爲特備由稟祈俯賜察核施行,實爲公便。肅稟。

批:據繳餘存煙館銀牌一百三十二面,已如數照收。清摺領狀存查,此復。九月十三日。

呈上海縣李繳還給領餘存限前停閉煙館銀牌文光緒三十三年八月廿六日

爲呈繳銀牌懇賜察核事。竊敝局於六月間接奉照會,以奉道憲札飭本邑禁停煙館,扣至本年五月十二日限滿一律閉歇。如能於限前先期閉歇,准予分别給獎,飭縣會同各局切實辦理等因。嗣准貴局先後將遵限閉歇各煙館牌號日期清單開送到縣,合將此項限前閉歇各户應賞銀牌,分初七日以前爲上等、初十日以前爲中等、十二日以前爲下等,以示區别。大小銀牌共計三百六十一塊,備文照送,請煩查收,分别轉給等因。奉此,敝局遵經曉諭城外東、西、南三區所有限前停閉各煙户,協同地甲來局領賞,繕具領紙,並着各鋪地甲認明該店的係限前停閉,於領紙上簽押,以杜混冒。現計東區各煙户具領銀牌七十八面,南區八十四面,西區三十三面,共計銀牌一百九十五面。其餘各户或人回原籍,或店遷北市,或限滿後違禁犯案不復來局具領,故所發銀牌尚餘上等銀牌二十二面、中等銀牌三十四面、下等銀牌一百十面,合行照數奉繳。兹將各煙户領牌清摺一扣暨領狀一百九十五紙,一併附呈,伏祈俯賜察核,實爲公便。謹呈。

上海縣李照會會商勸學所組織拒煙總會文光緒三十三年八月二十五日

爲照會事。准貴董局呈稱,准敝縣照會,以據陸行局董呈,云云。應請照會勸學所總董趕緊組織拒煙總會,舉董辦理,以專責成,呈復察核施行等情。查貴董等所呈各節,均屬允協,應即照辦。惟膏捐亟待收繳,自應將拒煙會即日成立,以便給照開辦。除照會同仁輔元堂暨勸學所分别籌議舉辦外,合行照會,爲此照會貴董等煩爲查照,希即會商勸學所趕緊組織拒煙總會,仍將籌辦情形隨時復縣查考。望切須至照會者。

上海縣李照會清查吸煙人數給發牌照文光緒三十四年七月十七日

爲照會事。奉江蘇禁煙兼稽徵官膏總局憲左沈札,照得鴉片流毒已久,自上年迭奉明詔嚴禁吸食,有志之士戒除已不乏人,而因循沉溺者仍居多數。近又欽奉上諭,飭將減少吃食辦法,督飭切實舉行,自應欽遵辦理。查減少吃食,以分給牌照、勒限減癮爲最要辦法。上年政務處頒發章程暨蘇省詳定禁煙章程,内載民間吸食均應報明地方官頒給牌照,以爲購膏之據,均經前後通飭遵辦在案。迄今日久,未據各屬清查册報,自應再行飭催。除分别呈咨通行外,抄粘札縣,體察地方情形,吃煙人數多寡,查照定章商會地方紳董,酌設局所,出示曉諭,無論紳商士庶凡有煙癮者,統限三個月内遵章赴局呈明。一俟限滿,即行由縣將甲、乙兩種分造清册呈候填照發縣轉給,以便實行。限減事關禁煙要政,慎勿視爲具文等因到縣。奉此,除分別照會議復外,合行抄黏照會,爲此照會貴紳董煩爲查照,希遵憲飭章程參酌地方情形,妥速籌議辦理,詳細復縣,以便核奪。事關要政,幸勿有稽。望切須至照會者。

復上海縣李函公决清查吸煙給照辦法文八月十二日

敬啓者。接奉照會,以奉憲行清查吸煙人數頒給牌照一事,煩即查照議辦見復等因。遵經邀請議董開會集議,公决辦法六條,函請拒煙會領袖辦理,兹將條議另單開呈察閲。惟城内外各報名處定九月初一日開辦,爲期甚近,所有鈞署出示期限,應請示悉,俾便遵辦。爲特奉達,即祈察核示復,是所至荷。除函致拒煙會外,專肅。

附抄議會公决清查辦法

一、設立吸煙報名處,城内五區,城外三區。

二、預備報名册用兩聯單,一存根,一發報名之人,爲將來領照之據。

三、印發布單。

四、鳴鑼廣告。

五、請由拒煙會函詢縣署出示期限。

六、報名期限以九月初一日爲始,九月底截止。

防務案

稟蘇松太道蔡巡警商團出隊巡邏防範匪類文光緒三十四年三月初八日

敬稟者。竊近來北市英法租界有等失業流氓往往三五成羣,於黄昏時候闖入人家,持械逼索,嚇禁聲張,任意搜劫,名爲採燈花。此等搶案,業已層見疊出,南市初尚安静,詎料本月初四日傍晚七點鐘時,大東門外大碼頭外馬路長泰土行突有匪徒四五人,攜帶手鎗,推門而入,希圖搶劫。該店夥等驚駭異常,向内奔避,聲言呼唤。巡士遂從後門走出,該匪徒等見勢不佳,當即逃逸。此次搶劫幸尚未成,照此情形,不得不嚴密防範。董局東、西、南三區業於本月初五日起添派巡目巡士,分班輪流,按夜梭巡。南市商團公會各會員亦於初五日開會,議定辦法,出隊巡邏。從初九日起,於東、南兩區每夜集二十人,分三班,以一班在事務所守望,一班向北巡邏,一班向南巡邏。各帶槍械,遇有盜賊,即行捕拿,分別嚴巡,以冀安静。其西門外一帶,由西區各會員一律照辦,業經董局示諭居民鋪户如聞巡士及體操會員追捕盜賊,開放洋槍,各須入户,切勿出外觀望,免有不測,並懇憲台照案出示曉諭,以昭鄭重。所有董局及商團公會巡防辦法,合行陳明,爲特備由,稟祈俯賜察核施行,實爲公便。肅稟。

批:大碼頭爲行旅上落商賈往來之區,該匪徒膽敢聚衆攜槍圖劫,不法已極,自非嚴密查拿不足以儆兇暴而安閭閻。滬上近年來搶案頻聞,本道正擬設法整頓。今查核來牘辦法自爲懲前毖後、除暴安良之計,所請巡士會員追捕盜賊,開放洋槍,禁止各户出外觀看,以免不測,亦係防患未然起見。應即由道出示曉諭,仍希分致各區巡長並商團會員小心從事，切勿任意施放。如拿獲盜賊，隨時送縣，以便從嚴究擬詳辦，是爲至要。惟此拿彼竄，往往視租界爲逋藪，並候分行公共租界、法租界會審官切商工部局、公董局，多派巡捕認真巡緝，一面飭縣知照可也。此復。三月十一日。

蘇松太道蔡嚴防搶匪整頓警察文光緒三十四年三月二十三日

爲照會事。本年三月十六日奉督憲端札開，本部堂查上海華界市廛增擴，流民日多，非將警政切實辦理，無以安良除莠。上年五月，業經會同升任蘇撫院陳札委汪道瑞闓專辦巡警，設總局於北市，其南市巡警仍照向章，由工程局紳董兼辦，佈置殊不周密。邇來各處生計艱難，遊民麕集滬瀆，以致搶劫之案層見迭出，南市尤甚。居民幾難安枕，深恐承辦員紳不無始勤終怠。上海道身任地方，責無旁貸。前督部堂周於紳辦南市巡警一案，批明重要事件仍由道主持。本部堂會委汪道時，亦聲明會商關道和衷共濟。現在該道甫經蒞任，詰姦除暴，不可稍疎。所有南北市華界辦理巡警，各員紳董應責成該道會同汪道照案隨時督飭認真整頓，力圖改良，勿任懈弛，有礙治安。除札行汪道外，札道遵照辦理並移行，一體知照等因到道。奉此，除移巡警總局外，相應備文照會，爲此照會貴總局請煩查照施行。須至照會者。

稟蘇松太道蔡陳明南市搶案稀少當益加整頓巡緝文光緒三十四年三月二十六日

敬稟者。接奉照會以本年三月十六日云云。請煩查照施行等因。奉此，查上海南市地痞流氓素本充斥，董局於光緒三十一年十月接辦，試行地方自治，於東、西、南三區次第推放警察，逐加整頓，地方漸覺安静。惟上年八月二十七日黄昏時，東區十六鋪老馬路和昌小押店門尚未閉，忽有三人入内，形似押物光景，詎進店後即擲破在櫃檯上之玻璃寶籠，攫取銀表等物而逸，迨巡士聞信趕往，追捕無蹤。當經嚴飭偵探巡警人等限緝並移縣，暨分别函致租界各捕房，通力協緝在案。董局自開辦以來，所轄區界内搶劫之案只此一起。至上年二月二十四日夜間，西門外唐家灣瞿姓被盜，地方係董局西區未經放到巡警之處，此案夥犯陳海寬、吕金才等已由該區巡士獲解裁判所移縣解省，訊辦在案。邇來因北市租界搶案迭出，故南市防範加嚴。上月大碼頭長泰土行有匪徒入内，即聞聲驚逸，並未失物。董局於原派巡警外，復於各區内添派巡邏隊，按夜梭巡，並商請商團公會會員分班巡查，將嚴防匪類辦法具稟陳明，業蒙批示在案。惟是上海五方雜處，莠民衆多，年來米價昂貴，生計艱難，此後南市誠難保無外來匪徒行强劫奪之事。兹奉前因，董局自當仰體憲意，於巡警一部分格外認真，竭力整頓，期戢奸宄而保治安。所有董局接辦南市巡警後地方尚屬安静，嗣後當益加整頓情形，合行陳復，爲特備由稟祈俯賜察核施行。肅稟。

稟蘇松太道蔡遵飭各區巡警鄭重冬防認真巡緝文光緒三十四年十月十一日

敬稟者。接奉照會内開，上海爲通商總匯之區，五方雜處，良莠不齊。現屆冬令，宵小最易竊發，亟應認真巡防，以杜混跡。除分别移行巡緝外，相應備文照會，請煩查照，轉飭各區一體嚴密巡緝，毋稍疏懈，致貽隱患等因。奉此，遵經知照董局警務處分飭東、西、南三區巡員，督率巡目、巡士等，嚴密巡緝，以重冬防。合行稟復，爲特備由稟祈俯賜察核施行。肅稟。

蘇松太道蔡來函嚴防租界匪徒竄入華界文光緒三十四年十一月初一日

巡啓者。頃接巡警總局汪來函,昨夜亥刻,據三四等路正副巡官稟報,租界商團會因連日人心不靖,特出全隊四處巡邏,以致流氓地痞一概竄入華界,尤以三路之二區、四區最爲吃重。虬江橋、胡家木橋等處遊手好閒之輩,攘臂往來,深恐乘機滋事,請示辦理各等語。當即密派親信員弁、暗捕人等,分投前往查察,所報情形均屬實在。一面飛飭騎巡、巡邏兩隊澈夜梭巡,分段彈壓,並派參事官親往督率正副巡官以下人等,認真防範,故示聲威。直至三鼓後,街道始稍清净,謡言亦漸平息等因。並將工部局團練司令官所致商團移文譯送到道。上海五方雜處,匪類眾多,租界商團既出全力,四處巡邏,誠難保無竄入華界滋擾情事。值此人心不靖,防範未可稍疏,除分致外,用特抄單飛佈,即祈閣下查照,嚴飭各區巡士無分晝夜,按段梭巡,認真查察。遇有形跡可疑之人,立即拘拿訊究,以期有備無患,仍望示覆爲荷。

上海工部局團練司令官嚇爲移知事。照得現遭大清國大行皇帝龍馭上賓,又遭大行太皇太后仙輅升遐,國喪疊疊,恐有匪徒乘機作亂。並據本月二十號哈爾濱捕房稟稱,昨日巡警局捉賭,竟有匪徒膽敢放槍對敵。且本日本局接得無名姓一信,其信云即日有匪徒數千人約於目下數日舉事云云。此信不足爲憑。伏念各國商人在滬置産者不計其數,所有産業不可限量,是以此信所云之事寧可信其有,不可信其無。本司令官特煩在會諸公,即晚持槍巡邏,至天明爲止。或候本司令官之令,其最要者租界疆域及各碼頭須嚴爲查問,以免不測之禍。此乃本司令所厚望焉、須至移知者。西曆一千九百另八年十一月二十三號。

復蘇松太道蔡函巡警商團日夜巡邏以防匪徒竄越文光緒三十四年十一月初三日

肅復者。初一日接奉均示並抄示巡警總局譯送工部局團練司令官移知北市商團文件,飭查照嚴飭各區巡士晝夜梭巡,以期有備無患等因,遵即分飭董局東、西、南三區巡警加意防範,日間夜分,均派巡邏隊,按段梭巡,並諭偵探嚴密查緝。復經知會南市商團工會會員,於初一夜起持槍出隊,相助巡防,以備不虞。合行奉復,即祈察照爲荷。肅復。

蘇松太道蔡照會安慶兵變嚴防逆匪蠢動文光緒三十四年十一月二十二日

爲照會事。本年十一月初五日,奉蘇撫部院陳札開,光緒三十四年十月二十九日,承准軍機大臣艷電開,奉旨:端方、朱家寶電奏安慶兵變,現經剿平。但孫汶有來華之説,難保非孫逆暗中主使,沿江沿海各省恐有逆徒響應。請旨電飭各省認真防備等語。昨據朱家寶電奏,業經降旨,飭沿江各省嚴加防範。國家新遭大故,逆匪正思乘隙蠢動,著各省督撫嚴密設法一體認真防範查拿,萬勿疏懈,貽誤地方。但仍需慎密鎮静,亦不可稍形張皇,致滋紛擾。欽此等因到本院。承准此除分行外,合行札飭札到該道,即便通飭各屬一體欽遵,嚴密防範查拿,仍不可張皇滋擾,致干重咎等因到道。奉此,除分别移行外,合亟備文照會,爲此照會貴局,請煩查照,轉飭巡士人等一體嚴密防範,望速施行。須至照會者。

奉文調查各項事宜案

上海縣李照會調查沿用之度量權衡與部定營造尺漕斛庫平列數比較文光緒三十三年九月十一日

爲照會事。本月初十日奉道憲函開，頃奉督憲電諭，飭即查明沿用之度量權衡長短大小輕重奚若，比較部定之營造尺、漕斛、庫平相去幾何，以及某種何處通用，係何名目，定於半月之内具復到院等因。合抄原電，奉佈即祈查照憲電指詢各節，確切查明迅速示復，以憑核轉等因。合行照會，爲此照會貴總董，請煩查照，希即確查指飭各節，迅速詳細復縣，以便轉送，幸勿稍稽。須至照會者。

呈上海縣李查復上海沿用之度量權衡與部定營造尺漕斛庫平列數比較文光緒三十三年九月二十一日

爲呈復事。接奉照會，以奉道憲函開，云云。幸勿稍稽，計抄粘等因。奉此，遵即查明上海沿用之度量權衡，比較部定營造尺漕斛庫平長短大小輕重之數，開摺呈送，伏候覆核轉送，實爲公便。

上海沿用之度量權衡與部定營造尺、漕斛、庫平列數比較單

計開

度類：

營造尺

官尺：即海尺爲上海成衣布疋等項通用之尺，每官尺九寸一分三釐，合營造尺一尺。

木匠尺：又名魯班尺，以官尺八寸爲一尺，每木匠尺一尺一寸四分一釐二毫半，合營造尺一尺。

木行尺：以官尺九寸六分爲一尺，每木行尺九寸五分一釐强，合營造尺一尺。

石匠尺：以官尺七寸六分爲一尺，每石匠尺一尺二寸一釐三毫强，合營造尺一尺。

綢莊尺：以官尺九寸七分爲一尺，每綢莊尺九寸四分一釐二毫强，合營造尺一尺。

步弓：以魯班尺六尺爲一弓，合營造尺五尺二寸五分七釐三毫。

英尺：洋貨市通用，以八分爲寸十二寸爲尺，每英尺一尺三分半(即九十九分半)，合營造尺一尺。

量類：

漕斛

海斛：上海米業通用，每海斛八斗八升，合漕斛一石。

廟斛：上海邑廟内豆業公所較準之斛，豆業通用，每廟斛八斗九升八合强，合漕斛一石。

權衡類：

庫平

漕平：每漕平一百一兩八錢，合庫平銀一百兩。

湘平：餉銀用每湘平一百三兩六錢三分强，合庫平銀一百兩。

荳規平：又名九八銀，係上海通用之平，每荳規銀一百九兩六錢，合庫平銀一百兩。

關平：每關平九十八兩三錢八分四釐，合庫平銀一百兩。

以上平之類。

天平稱：豆油用，以漕平十六兩爲一斤。

會館稱：上海通用，以漕平十四兩四錢爲一斤。

司碼稱：洋棧貨棉花業通用，以漕平十六兩八錢爲一斤。

萊陽稱：豆餅用，以漕平十六兩三錢爲一斤。

部稱：牛籽蘇油用，以漕平十五兩六錢爲一斤。

以上稱之類。

上海縣李照會奉文填送縣境地里報告表文光緒三十四年五月十一日

爲照會事。奉府憲戚札奉藩憲瑞札奉撫憲陳札開，光緒三十三年十二月二十一日准民政部咨，本年九月十九日本部具稟，酌擬各直省土地報告表式一摺。本日奉旨：依議，欽此。相應恭録諭旨，刷印原稟暨表式，咨行貴撫欽遵辦理，計表式七十三分等因到院，抄稟並表式札發札司查收，照式刊印，一同頒發，仍分別移送江藩司通飭遵照辦理等因到司。奉此，查此項表式方今欽奉明詔，預備立憲，百端新政，次第待舉，地方區域自必時有變更。嗣後增析裁併之處，務須隨時按照表式詳晰填報。每届年終，無論有無變更，俱應詳報一次。既奉部飭，自應遵辦，即經飭令本司理問刊刷空白表式。兹據該理問呈送前來，除咨移外，合亟將部頒式樣及空白表式抄粘札發，札府立即轉飭所屬遵照部式，查明照填明白，呈候詳咨。此係特辦之件，毋任延緩，切切。並發部頒式樣空白表式及抄粘等因到府。奉此，合就轉飭札縣立即遵照憲飭辦理，毋任延緩，切切，特札等因到縣。奉此，查奉發前項地里表式，事關預備立憲，爲將來地方自治之始基，應由本邑紳董詳查報告，測量填表送縣轉報，合將表式照送。爲此照會，請煩查照，希即會同勸學所、輔元堂暨城鄉各董分投調查測量，按表填註詳晰，幸毋稍涉遺漏，刻日送縣轉報。嗣後每届年終，仍填表送縣，以憑轉報。望速須至照會者。

呈上海縣李詳查縣境地里填表送核文光緒三十四年八月初七日

爲呈復事。接奉照會，以奉府憲戚札，云云。以憑轉報，計抄粘並表式等因。奉此，遵經會同勸學所、同仁輔元堂暨城鄉各董將上海縣境地里按照表開各項，分别詳查填註表内，合行呈復，並將地里報告表送呈，敬祈俯賜察核轉詳，實爲公便。謹呈。

計呈地里報告表一紙

地名。上海縣。

藩屬。無。

沿革。宋熙寧七年，設市舶提舉司及榷貨場，名爲上海鎮。元至元二十九年，析華亭縣之長人、高昌、北亭、新江、海隅五鄉，置上海縣。明嘉靖二十一年，以縣西北之北亭、新江、海隅三鄉析置青浦縣。國朝雍正二年，劃縣西南之長人鄉三保隸南匯縣。嘉慶十年，又以縣東高昌鄉濱海地分隸川沙廳。舊有滬城八景，曰海天旭日、黄浦秋濤、龍華晚鐘、吴淞煙雨、石梁夜月、野渡蒹葭、鳳樓遠眺、江皋霽雪。今頗有變遷，其静安寺之湧泉、龍華寺之古塔尤爲著名。至《一統志》所載滬瀆壘、露香園、日涉園等均已無存。

治所。屬松江府，係煩疲難要缺，城周圍九里，分七門，外郭無。東門、北門商民最爲繁盛。在府東北方。距京師二千八百九十九里，距蘇州省城二百四十四里，距江寧省城八百八十里，距府城九十里。分巡蘇松太兵備道，駐紥；黄浦司巡檢，駐閔行鎮，在城西南六十三里；吴淞司巡檢，駐法華鎮，在城西十二里：均無城堡。

疆界。東至川沙廳界三十里，西至青浦縣界三十六里，南至南匯縣界七十二里，北至寶山縣界十二里，東南至南匯縣界近者十里、遠者四十里，東北至寶山縣界三十六里，西南至華亭縣界近者二十四里、遠者八十里，西北至寶山縣界二十里。鳥道縱七十里有奇，横五十九里有奇。東北至西南斜四十五里，西北至東南斜八十五里有奇，周圍三百二十里有奇，面積約千六百方里。道光二十三年，五口通商，是爲上海闢埠之始，交通最早，商業最盛。城北爲法租界，洋涇浜以北爲各國公共租界，無甌脱地。

經緯度。治所北極出地三十一度十五分，京師偏東五度，偏南八度四十分。

土壤。田地蕩漊共六千九百三頃二十三畝有奇，又贍運屯田七千八十五畝有奇，又蘆洲田一萬二千九百六十七畝有奇。除公佔及義塚免科外，並無未懇田畝。贍運屯田爲官産，餘皆民産。原有上鄉田、下鄉田。護塘外田凡分三等，至同治年減漕案内又分上鄉爲四則，下鄉爲兩則。連護塘外共爲七則。又有準折不等田，在七則之外。西鄉折糧田别爲則，森林、山澤、斥鹵俱無土産，最宜木棉，出數亦最多，别無珍貴之物。

鄉鎮。凡二百十四圖，分隸十二保。塘橋鎮，縣東南五里；洋涇市，縣東十里；楊思橋市，縣東南十四里；三林塘鎮，縣東南十八里；李家宅市，縣東十六里；新木橋市，縣東十八里；永寧橋市、楊家弄市，縣東二十里；東溝市，縣東北二十二里；陸家行市，縣東二十四里；高行市，縣東北三十里；高橋鎮，縣東北三十六里；塘口市，縣東南三十六里；橋頭市，塘口東三里；陳家行鎮，橋頭市東三里；法華鎮，縣西十二里；徐家匯市，法華南三里；虹橋市，縣西南二十里；北新涇市，縣西二十一里；杠柵橋市，縣西北二十二里；華漕市，縣西三十里；諸翟鎮，縣西四十里；龍華鎮，縣西南十四里；漕河涇鎮，縣西十八里；張家塘市，縣西南二十二里；梅家弄市，張家塘西二里；朱家行市，縣西南二十四里；長橋市，縣西南三十四里；塘灣市，縣西南四十里；顓橋市，縣西南四十四里；北橋鎮，縣西南四十八里；馬橋鎮，縣西南五十四里；閔行鎮，縣西南六十三里；吴會鎮,縣西南七十二里;荷港橋市,縣西南八十里;語兒涇橋市,縣西南七十八里;老閘市,城北三里;新閘市,城西北五里;静安寺市,縣西北八里内外;虹口市,縣東北五里;虹安鎮,縣東北九里;引翔港市,縣東北二十里;沈家行市,引翔港東北九里。

山川。礦山無。吴淞江,自嘉定縣界東流入境,至城東北,會於黄浦,共長三十九里。黄浦,自華亭縣界東流入境,至鄔家嘴,折北流至城東北,會吴淞,東流至引翔港口,折北流至寶山縣界出境,共長百里。縣城當吴淞江、黄浦合流處,小輪船由吴淞達太倉、蘇州、常州,由黄浦達嘉興、杭州,由合流處達崇明、通州、海門。大輪船由合流處出口,泝江則西達皖鄂,浮海則北達燕齊,南達閩粤,東達日本。其分達歐美各州之公司,船皆泊口外,非邑境。並無著名湖泉、津梁、渠堤。分南匯、川沙以後,邑境無海岸綫。

道路。滬嘉鐵路,車頭在城南,西南入華亭界,計長二十八里。滬寧鐵路,車頭在城北寶山縣境。電綫,一自本境至蘇州吴淞綫内有地綫兩條,一十二心、一十六心,均由四馬路電局接出,至寶山境滬寧火車站東電局地綫房止,各長約一萬尺。一自本境至蘇州陸綫,經過本境者自二十七保十一圖入境,至十二圖出境,綫長計三里半。一自本境至松江陸綫,即由四馬路電局接出,至二十八保三圖出境,綫長計四十里。驛站,在嘉定縣境本境但有鋪遞郵政,在寶山縣境本境但有分局。商民大路,南市沿浦馬路城西南斜橋馬路均通製造局龍華鎮,租界馬路西出者二,一沿吴淞江,一直向佘山,均通青浦境。

區域。警察,城内第一路五區,浦東第二路五區,閘北東南第三路五區、西北第四路五區,城外總工程局三區,餘未遍設。裁判區同城外三區,用地方自治制。學區城廂内外九四鄉二十有三。提標右營参將守備城汛千總均駐城内,北浦汛駐引翔港,北汛駐北新涇,皆額外外委。又城南之滬軍營、城西南之巡防隊、製造局之礮隊營、閔行之鹽捕營、浦東之留防營,均非經制。駐防旗署無。

關隘。常關設東門外,距城約二里;新關設城北租界,距城四里。釐卡,淞滬捐釐總局,在城内;貨捐局專收落地捐,在東門外東區,距城二里。南卡在南門外,距城三里;北卡在吴淞江,距城九里:兩卡均歸常關統轄。閔行鎮釐卡,距城六十三里。浦東嚴家橋釐卡距城九里。險要無。砲台無。按原表格式係屬横列,兹因限於紙幅,改作直行。

呈上海縣田查復上海習用之度量權衡各器填表送核文宣統元年九月二十七日

爲呈復事。接奉照會,以奉憲行奉農工商部札開,籌辦畫一度量權衡事宜。現在購機設廠,開工伊邇,所有各省商會商埠向來民間習用之度量權衡各器,均應調查,以資參考,刊定調查表式,分别轉發,各照上開各節詳查填註,送部考核,並發表式等因到縣。合將表式照送,煩爲查照,調查詳確,逐一填註復縣轉報等因。奉此,遵經飭向各業詳細調查,按照表式所開各節,逐一填明,合行呈復,並將調查表一紙送呈。惟權衡器每年製數、售數兩項,迭向各店鋪調查,其製數多少無定,其售數每年二數百元、二千餘元不等,以平均址算,每家約年售一千元左右，是以表内據實填註。合併聲明，仰祈俯察轉報，實爲公便。謹呈。

<table>
<tr><th>器　名</th><th>店號鋪數</th><th>每年製數</th><th>每年售數</th><th>製造材料</th><th>售賣價值</th></tr>
<tr><td>銀星大號稱</td><td rowspan="7">南北市共有三十家</td><td rowspan="7">無定準</td><td rowspan="7">平均數每家約一千元左右</td><td>暹邏硬木鋼鈕銀絲</td><td>高六元、次五元</td></tr>
<tr><td>銀星中號稱</td><td>仝上</td><td>高四元五角、次三元五角</td></tr>
<tr><td>銀星小號稱</td><td>仝上</td><td>高一元八角、次一元四角</td></tr>
<tr><td>戥子</td><td>駝骨梗黃銅盤木殼</td><td>高四角、次三角</td></tr>
<tr><td>釐戥</td><td>仝上</td><td>高四角</td></tr>
<tr><td>官尺</td><td>烏木銅絲、毛竹銅絲</td><td>高一角五分、次一角、竹五分</td></tr>
<tr><td>銀星菜稱</td><td>麻鈕木、硬銅絲</td><td>高三角、次二角</td></tr>
<tr><td>海斛</td><td>一家</td><td>拾餘只</td><td>拾餘只</td><td>五面獨幅，香椿木四角及口均用鐵皮包釘堅固</td><td>拾二元</td></tr>
<tr><td>廟斛</td><td>仝上</td><td>仝上</td><td>仝上</td><td>仝上</td><td>拾元</td></tr>
<tr><td>海斗一套三只</td><td>仝上</td><td>無定數</td><td>仝上</td><td>三年陳之椐木，底口包銅堅固</td><td>五元五角</td></tr>
<tr><td>廟斗同上</td><td>仝上</td><td>仝上</td><td>仝上</td><td>仝上</td><td>仝上</td></tr>
<tr><td>撳升小一只</td><td>仝上</td><td>仝上</td><td>仝上</td><td>紅木，用錫汘，角口均包銅釘，椐木亦用</td><td>五角</td></tr>
<tr><td>撳升中一只</td><td>仝上</td><td>仝上</td><td>仝上</td><td>仝上</td><td>七角</td></tr>
<tr><td>撳升大一只</td><td>仝上</td><td>仝上</td><td>仝上</td><td>仝上</td><td>八角</td></tr>
</table>

奉文籌辦地方自治案

蘇松太道蔡照會奉文遵旨籌辦城鎮鄉地方自治文宣統元年三月初三日

爲照會事。本年閏二月二十一日，奉兩江總督部堂端札開，宣統元年二月初六日承准憲政編查館咨本館核議民政部奏城鎮鄉地方自治並另擬選舉章程一摺，業於光緒三十四年十二月二十七日具奏，奉上諭：憲政編查館奏核議民政部奏城鎮鄉地方自治並另擬選舉章程一摺，地方自治爲立憲之根本，城鎮鄉又爲自治之初基，誠非前先開辦不可。著民政部及各省督撫督飭所屬地方官選擇正紳，按照此次所定章程，將城鎮鄉自治各事宜，迅即籌辦，實力奉行，不准稍有延誤。尤須將朝廷惠愛閭閻、官民共濟之意剴切曉諭，使知地方自治乃輔官治之所不及，仍統於官治之内，並非離官治而獨立之詞。周之比閭族黨，漢之三老嗇夫，其來自古。惟選舉自治之職員責在州縣，而選擇州縣責在督撫，官紳皆得其人，方能有實效而無流弊。此外,憲政館奏定各衙門應歸第一年籌辦之事,現已據陸續具奏。至明年以後,所有分年應行籌辦各事,並著内外各衙門按限妥籌,次第舉辦,毋得始勤終怠,疲緩延擱,以致貽誤實行立憲之期,用昭大信而慰民望,欽此。查地方自治爲民政部本管事務,創辦之始,各省於該章程如有疑義,應隨時咨詢民政部決定,其民政部不能解決者,再由民政部咨詢本館辦理。相應刷印原奏,咨行貴督欽遵查照辦理可也等因。計刷印原奏清單一本、選舉票等式一套到本部堂,承准此合就刷印原奏清單票式札發,札到該道,即便移行一體欽遵查照辦理等因。並發原奏清單五本、票式五套到道。奉此,除飭縣遵照外,合亟備文照會貴局,請煩查照辦理施行。須至照會者。

代理上海縣李照會奉文遵旨籌辦城鎮鄉地方自治文宣統元年三月初八日

爲照會事。本年三月初四日,奉道憲蔡札開,本年閏二月二十一日奉兩江總督部堂端札開,宣統元年二月初六日承准憲政編查館咨本館核議民政部奏城鎮鄉地方自治並另擬選舉章程一摺,業於光緒三十四年十二月二十七日具奏奉上諭,云云。(與道照會同),一體欽遵查照辦理等因,並發原奏清單五本、票式五套到道。奉此,除照會總工程局查照外,合將刷印原奏清單票式札縣,即便遵照辦理毋違,此札等因到縣。奉此,合行照會,爲此照會貴紳董煩爲查照,希即分致各鄉鎮紳董一體遵辦。須至照會者。

稟蘇松太道蔡奉文籌辦城鎮鄉地方自治並擬將總工程局作爲城自治公所文宣統元年四月廿九日

敬稟者。本年閏二月初三日、三月初三日先後奉到照會,以奉兩江督憲札,承准民政部暨憲政編查館咨奉上諭,云云。並發刷印原奏清單、選舉票式,飭移行一體欽遵查照辦理等因到道。除飭縣查照外,照請轉致一體遵辦等因,並送原奏清單一本票式一套到局。奉此,遵經分别轉致鎮鄉各董一體遵辦。並集董局議事、辦事諸董公同會議,僉以總工程局之設本爲地方自治之基礎。計自開辦至今,已届四年,歷辦地方各事,均經稟明有案。兹奉前因,自應欽遵詔頒新章,並仰體憲台暨列憲督促進行之至意,認真經辦。並悉蘇省會議廳限期籌備自治清單内開城廂地方設立自治公所,以五月初一日至六月初一日爲限。董局因擬即自宣統元年五月初一日起,以原有之總工程局作爲上海城廂内外自治公所。俟奉發圖記,再行易定名稱。所有董局本年調查選舉及議事會、董事會一切事宜,均遵照《城廂自治章程》辦理。是否有當,伏祈核示遵行。如蒙俯准,董等除將應辦各事陸續呈報外,敬希憲台先行立案,並申報督撫憲暨咨蘇屬自治籌辦處一體立案,曷勝感禱。肅稟。

批:來牘閲悉。已轉詳兩院憲核示,並咨蘇屬自治籌辦處查照矣,希即查照。此復。五月初二日。

呈上海縣田奉文籌辦城鎮鄉地方自治並擬將總工程局作爲城自治公所文宣統元年四月三十日

爲呈復事。竊敝局於本年三月初八日接奉代理前縣李照會,以奉道憲蔡札開,云云。合將刷印原奏清單、票式札縣,即便遵照辦理等因到縣。奉此,合行照會,請煩查照,希即分致各鄉鎮董一體遵辦等因。並兩奉道憲照會,事同前由,遵經分别轉致鎮鄉各董一體遵辦。並集敝局議事、辦事諸董公同會議,僉以總工程局之設,本爲地方自治之基礎。計自開辦至今,已届四年,歷辦地方各事,均經稟報道憲有案。兹奉前因,自應欽遵詔頒新章,並仰體列憲督促進行之至意,認真經辦。並悉蘇省會議廳限期籌備自治清單内開城廂地方設立自治公所,以五月初一日至六月初一日爲限。敝局因擬即自宣統元年五月初一日起,以原有之總工程局作爲上海城廂内外自治公所。俟奉准道憲頒發圖記,再行易定名稱。所有敝局本年調查選舉及議事會、董事會一切事宜,均遵《城廂自治章程》辦理。除稟請道憲備案,並請申報督撫憲暨咨蘇屬自治籌辦處一體立案外,合行呈復,敬祈俯賜備案施行,實爲公便。謹呈。

蘇松太道蔡照會奉督批道詳上海總工程局作爲城自治公所准予立案文宣統元年六月初五日

爲照會事。本年五月二十七日,奉兩江督憲端批,本道詳復籌備地方自治事宜,擬將工程局作爲自治公所,詳祈立案由。奉批來詳,轉據上海縣紳李鍾珏等呈請將該縣總工程局改爲自治公所,自係憲政内應行籌備之事,應准如詳立案。仰即轉飭遵照,仍候撫部院批示繳等因到道。奉此,查此案前准貴總董等來牘,業經據情轉詳兩院憲核示在案。奉批前因,合亟録批照會,請煩查照施行。

稟蘇松太道擬改自治公所名稱俟奉發圖記再行更定文宣統元年六月初六日

敬稟者。接奉照會,以奉兩江督憲端批詳復籌備地方自治事宜,云云。查照施行等因。奉此,查董局於四月杪稟復籌備城鎮鄉地方自治事宜。陳明擬自本年五月初一日起,以原有之總工程局作爲上海城廂内外自治公所。俟奉發圖記,再行易定名稱等情。現在自治事宜,如調查選舉及議事會、董事會一切辦法,已在籌備。所有自治公所名稱,應仍俟奉發圖記,再行更定。合行備由稟陳,仰祈俯賜察核施行。肅稟。

批:來牘閲悉。查南市馬路工程改歸地方紳董接辦時,所有鈐記係貴局自行刊就,送道驗發啓用。此次改名自治公所,自應仍由貴局自行刊備,届時將易名開用鈐記日期報道查考,希即查照。再,此案現奉瑞撫憲批道詳工程局改爲自治公所,祈立案由。奉批如詳辦理,仰即轉飭遵照,仍俟督部堂批示繳等因,並希查照。此復。六月二十八日。

上海縣田照會奉文籌辦自治城廂以固有之區域爲准飭繪送城廂界址簡圖文宣統元年七月二十九日

爲照會事。本年七月二十三日,奉本府憲戚札開,宣統元年七月二十一日,奉蘇省地方自治籌辦處憲號電内開,查籌辦自治城廂以固有之區域爲准照會議廳案,限七月初一以前劃定。兹已逾期,未定呈報,請轉飭各屬速將城廂界址,繪具簡圖,限八月初五以前報處查核,幸勿延誤等因到府。奉此,合就轉飭札到核縣,立即遵照憲電迅速劃定城廂界址,繪具簡圖,依限經報處憲並報府查考,切切勿違,特札等因到縣。奉此,合行照會,爲此照會貴所煩爲查照,希將劃定城廂自治界址繪具簡圖三份,尅日送縣,以憑依限存送,幸勿有稽。望速須至照會者。

上海縣田照會奉文規定城議事會城董事會成立期限文宣統元年八月

爲照會事。案奉蘇省籌辦處札開,奉前撫憲陳札發會議廳議案内開期限表,通飭迅速照辦在案。惟查期限表内備舉大綱未列細目,則條理不盡周密,斯舉措或致紛歧。現經公同詳細議定各屬城廂自治籌備日期表一紙,雖就所限日期略有變通而城議事會、董事會仍於宣統二年五月三十日以前開辦,於議案既相符合,於各屬較便進行。除呈報撫憲並通飭照辦外,合亟將表札發札縣,即便遵照,迅速辦理等因,並奉發各屬城廂自治籌備日期表到縣。奉此,合行照會,即希貴公所查照一體遵照迅速辦理。須至照會者。

上海縣田照會奉文繕繪自治區域表圖送核文宣統元年八月

爲照會事。案奉蘇省籌辦處札開,照得籌辦城鎮鄉地方自治,首以確定區域爲入手辦法。查各屬舊有區域曰鄉,曰甲,曰都圖、區保、廠扇、團段,名目紛歧,雖由於地方上向來之習慣,然必有一定之界限。執彼以例此,而後可以確定其範圍。該縣所轄地方,究分若干鄉,鄉若干都,都若干圖,圖若干區,區若干方里,即使名稱歧異,各屬不必盡同,而劃界分疆,要必有遞相管攝之法,必須各屬詳細查報,方足以資考證而憑核辦。合亟札飭札縣,即按照上開各節,逐一詳細繪圖列表,限文到十五日,具文聲復等因。奉此,合行照會,即希貴公所按照上開各節,逐一詳細繪圖列表,於文到十日内呈復到縣,以憑核轉。望切須至照會者。

呈上海縣田遵飭備送自治區域圖表文宣統元年九月十二日　附表

爲呈復事。接奉照會,以奉蘇省籌辦處札開,云云。以憑核辦,望切等因。奉此,遵經備就印成之上海全境圖,將原有之城鄉二十三局界以紅綫。其某保領若干區圖,某圖在某處,現在辦事之某局轄圖若干,係何保何圖,均已載明圖下,並另列簡明表兩紙,一表列鄉保區圖,一表列城廂區及所轄圖數、面積、方里數。兹將圖一紙、表二紙備文送呈,仰祈核轉施行。謹呈。

上海縣城鄉區轄圖面積方里表

城鄉别	區　别	轄圖數	面積方里
城　廂	分九區	十三	三十
南　鄉	江境廟區	九	三十四
	漕河涇區	十	七十七
	塘灣區	八	六十
	曹行區	九	六十一
北　鄉	新閘區	八	二十九
	引翔港區	十五	八十六
西　鄉	虹橋區	七	七十
	新涇區	八	六十

續　表

城鄉別	區　別	轄圖數	面積方里
西　鄉	諸翟區	七	四十七
	江橋區	七	四十八
東　鄉	塘橋區	八	三十五
	洋涇區	十三	六十一
	高行區	十三	七十三
	陸行區	十	六十九
東南鄉	三林塘區	十	六十一
	陳行區	七	四十七
	楊師橋區	九	四十四
西南鄉	閔行區	十七	一百零七
	北橋區	八	四十三
	顓橋區	五	二十六
	馬橋區	十	五十九

說略

上海自咸豐年間舉辦團練，立城總局一、鄉局二十二，故各鄉區均以局名。嗣後，即以各鄉局爲地方行政區域。表列城廂六鄉，易局名爲區，則自近年來興辦學務始。城廂區域本甚寬廣，而二十五保之一、二、三圖全爲英租界，四、五、七、八等圖大半爲法租界。城之北有城而無廂，現在籌畫地方自治，因公議聯合新閘及江境廟區爲城廂區域，以爲包含租界之計。新閘區二十七保之三、七、八、九、十等圖大半爲公共租界，全在外人勢力範圍之内。江境廟區本係負郭，二十七保之二、四、五、六等圖並未全入租界，而法人縱横築路主權已不我屬，辦理城廂自治頗覺困難焉。上海縣境本二百十四圖，而以表内各區所轄之圖計之，有二百十七圖緣法華區，二十八保之東七圖、東十八圖與新涇區之西七圖、西十八圖各有其半圖，又江橋區三十保之北六圖與諸翟區之南六圖亦各有其半圖，合之，仍二百十四圖。

上海縣鄉保區圖表

鄉　別	保　別	區　數	圖　數
長人鄉	十六保	三	十四
	十八保	四	三十二
	二十一保	三	十六

續 表

鄉　別	保　別	區　數	圖　數
高昌鄉	二十二保	二	二十四
	二十三保	二	十五
	二十四保	四	四十一
	二十五保	一	十六
	二十六保	二	十一
	二十七保	一	十四
	二十八保	二	十四
	二十九保	二	六
	三十保	二	十一

説略

上海縣舊有鄉五,析置青浦,存長人、高昌二鄉。又長人鄉析置南匯,後領保三。高昌鄉分隸川沙,後領保九。共爲保十二,爲區二十八,爲圖二百一十四。

各種示文

示諭添招巡警由紳商保送定期挑選文光緒三十一年十月十五日

爲示期挑選事。照得十六鋪南、北、中三局已奉道憲札飭,於本月底撤除,歸本局併辦。查三局原有之壯丁人數太少,不敷分派。兹擬汰溺留强,再由當地紳商保送年力精壯者數十名,以備選充,期與工程局原有之巡勇聯絡一氣,以嚴巡察。兹於本月十六日午後二點鐘在本局考驗所有三局壯丁及由紳商保送之人,届時齊集本局,聽候挑選録用,切勿遲延自誤。特示。

示諭商民凡裁判案件除堂判罰款外並無絲毫規費文光緒三十一年十月十六日

爲曉諭事。照得本局裁判案件隨審隨結,除堂判罰款外,並無别項規費。倘有巡警、包探、捕役局使人等在外巧立名目、藉事勒索等情,准即來局告發,以憑嚴辦。合行曉諭,俾衆周知。特示。

佈告車輛徵捐文光緒三十一年十月十六日

爲佈告事。照得本局奉道憲照會創辦馬路電燈警察一切事宜,需費浩繁。凡馬車、東洋車、小車、塌車、貨車過十六鋪橋經行本局所轄界址,無論官紳商民、各國洋人自用、僱用各車,均須預先一律來局納捐,領取捐照。如無捐照,即屬違章,應將車輛拘留,照章議罰,並行補捐。恐未周知,特此佈告。

示諭撤除水巡如有人冒充騙詐許即送辦文光緒三十一年十月十七日

爲示知事。照得本局於舊有之水巡現已一律撤除,如有人冒充水巡在外招摇向各船户騙詐等事,許即扭送來局,從嚴懲辦。合行曉諭,特示。

示諭浦江船户徵收船捐易人承辦文光緒三十一年十一月初一日

爲曉諭事。照得浦南船捐前由吴炳衡向馬路工程局承包,每月認繳洋一千三百元。收繳未久,嘖有煩言,諒不免有藉公濟私等事。本局開辦後,吴炳衡屢次抗傳不到,尤屬藐玩,應即撤退。現據船商姚慶裕具稟來局,情願照吴炳衡所認之數,每月加認捐洋三百元,計共每月認繳捐洋一千六百元,仍照章按月預繳。當即批准,並據加具認保各結前來。除給諭着充外,自本年十一月初一日起,此項船捐應即改歸姚慶裕承收。爲此示仰浦南大小各幫船户知悉,自示之後,均應照章完納,不得抗違,有礙捐項。該船商亦當照章抽收,不得加派抑勒,致干未便。恐未周知,特行曉諭,此示。

示禁拉行破敗車輛文光緒三十一年十二月廿八日

爲曉諭事。照得東洋車一項,載坐行人,自應整潔完固。查近來馬路一帶往來之東洋車,類皆破敗不堪,以致坐者傾跌受傷,屢有來局控訴之事。若不亟行整頓,殊於路政有礙。爲此示仰車户、車夫人等一體知悉,限於年底修造完固。如明歲春正再有前項破敗情形,一經巡士拘局,除照章重罰外,定將該車鋸截。其各懔遵毋違,切切特示。

示禁賭博文光緒三十二年正月初十日

爲嚴禁事。照得擺攤誘賭例禁綦嚴,南市一帶遊手無賴往往於正月内麕聚賭博,動輒肇釁,迭經本局重辦在案。兹查寧波會館後門仍有賭博數十成羣,明目張膽,任意賭博,殊屬不成事體。爲此示諭嚴行禁止,立將賭檯撤除,如敢不遵,即行拘局,從嚴懲辦不貸,切切特示。

佈告十六鋪地方鋪户酌收月捐文光緒三十二年正月十二日

爲佈告事。本局奉道憲照會接辦總工程局舉行地方自治,所有十六鋪地段推廣警察歸併、清道修理、街路添設電燈一切事宜,需款浩繁,自應就地籌捐,藉以濟用。兹定於本年正月份起,凡屬店鋪行棧概照房租酌收五釐,其各街居户照五釐核減,如係貧苦小户概予免捐,以示體恤。須知此項捐資無非以地方之財辦地方之事,務各遵章繳捐,勿存觀望。恐未周知,預行佈告。

示禁年未成丁推拉車輛文光緒三十二年正月二十日

爲示禁事。照得馬路一帶東洋車夫往往年未成丁,勉强推拉,不獨該車夫筋力未足,有傷身體,且時有翻車傾跌,以致坐客受傷等事。合行出示諭禁,爲此出示。嗣後,東洋車夫須年在十八歲以上、身材長大者方准推拉,如再有前項情事,定行拘局究罰,並將該車照吊銷。其各懔遵毋違,切切特示。

淮揚幫划船公舉總夫頭給示曉諭文光緒三十二年正月廿九日

爲示諭事。據划船散夫頭周純劉等稟稱,竊身等籍隸淮、揚二府,來申各碼頭以盪槳划船謀食。前經周華等議舉王德旺充當總夫頭,聯稟前馬路工程局賞准示諭在案。今王德旺有事告退,幫中漫無頭緒,身等籌思同幫人多性雜,品類不齊,非有誠實可靠之人專司約束,難保其永久相安,遂邀集同幫會議。查有淮揚公所首事徐德貴年逢六旬,老誠樸實,素能服眾，議舉該首事徐德貴充當總管幫頭，承辦一切事務，以專責成而資熟手等情到局。並據王德旺將諭單繳銷前來。據此，查淮揚幫各划船品類不齊，性情兇悍，往往與各碼頭渡船及本幫划船争奪生意，喧鬧毆打，兼有勒索渡資等情，本局正在查禁。今徐德貴既爲同幫所信服，公舉爲淮揚划船幫總夫頭，自應准予承充。至沿浦停泊之艒艒船逼近木駁，跨越鐵欄，阻塞陰溝，實屬不成事體，業經本局限令遷移在案。查此項艒艒船户亦淮揚人居多，嗣後即着令徐德貴一併管束，務飭遷移至南黄浦一帶停泊。即或偶至浦江暫停，亦必離木駁十五丈以外。如或不遵，即由該夫頭拘局究罰。除批准給諭外，合行出示曉諭，爲此示仰各划船、各艒艒船等知悉。自示之後，均應安分營生，聽候該夫頭管束。該夫頭亦不得有勒索留難及袒護包庇情事，致干咎戾。其各懔遵毋違，切切。特示。

示諭招考巡警學生文光緒三十二年二月初二日

爲招考事。照得現須添招巡警，設立警察學堂，訓練警務，如有願學巡警合後開資格者，可由紳商保送來局。所有前經報名之人亦可到局静候，排日考驗，挑選入學肄習，毋自延誤招考。簡章列後，特此曉示。

計開招考簡章

一、警察爲保衛地方、防患未然、排難解紛而設，必須性質馴良、樸實耐勞者方准報名。

一、警察日與地方上人交接，必須言語相通，非本地口音言語清楚者概不取録。

一、考驗之格式如左：

粗知文字者，年在二十以上、三十以下者，身材合工部營造尺四尺八寸以上者，五官四肢端正者，身體强壯、無殘廢暗疾者，不吸鴉片煙者。

一、考取後由紳商具保證書方准入學。

一、畢業後察其學問高下，以補充巡長、巡士。

一、凡充當巡警，以三年爲期，非滿期時不准無故告退。

一、報名處即在本局隨到隨考，不拘時刻，以三月初五日截止。

一、學生共招正取一百名，備取二十名，額滿不録。

烏山百官船移泊碼頭並設同業公所給示曉諭文光緒三十二年二月

爲出示曉諭事。據烏山百官船同業鄭友根等稟稱，竊商等向業烏山百官船，專走杭湖等處採運柴炭，來申銷售，向在太平、祥記兩碼頭停泊。現奉縣諭該處設立大達輪步公司碼頭，飭令各船户移泊等因。商等業經相度迤南之南碼頭，浦江寬闊，無礙水利，尚可停泊。惟是處水勢湍急，必須釘立木樁，庶可免走錨之虞。商等船隻共有百數十號，統扯常川停泊浦江，約有四五十號常年裝運柴炭，向各行家兜客消售。除核扣行用外，行家夥友復巧立提艙名目，折扣錢文。今商等集議，既須遷埠移泊，擬設公所，以辦一切善後事宜，於本年正月爲始，將向來浮耗之提艙錢一律革除。另收義務捐，以歸公所正用。而船艙之貨即令船夥自提，應須行用照常折扣。深恐遷移船隻，兼之初設公所，或有藉端阻撓，横生枝節。爲特稟求恩准給示曉諭等情，並附抄烏山百官船同業公所章程到局。據此，查該船等移泊南碼頭浦江寬闊處所，果於水利毫無窒礙。所請釘立木樁，事尚可行，至擬設同業公所，察核章程，亦尚周妥。除批准外，合行出示曉諭。爲此示仰各色人等一體知悉，所有該船等移泊南碼頭浦江並設同業公所，均經赴縣暨本局稟准立案。爾等務須各安各業，毋得争執阻撓，滋生事端，致干未便。其各懔遵毋違，切切特示。

示諭浦江船户船尾標記改用洋文明碼文光緒三十二年二月初八日

爲曉諭禁止事。據船商姚慶裕稟稱，船捐向章每捐一船給發聯票一紙，一面於船尾用洋漆標寫記號，以便分别而杜弊混。近有狡黠船户每乘洋漆未乾，將暗碼塗改。甚至移借捐數較小之票指爲勒加，種種作僞，無非爲避重就輕之計。現擬設法改良，除捐數若干填給聯票外，另刊洋文號模刷印船尾，如該船捐洋二角則用 2 字刷印，捐洋三角則用 3 字刷印，其餘以此類推，照此辦理，以免各船户弊混取巧。且船隻捐數是否公允，有此明碼，憲局飭查一覽便知，似於徵收、查考兩有裨益。稟請核准示禁各船户，此後不得再將船尾號碼塗改，以杜取巧而備調查等情，並抄黏新舊收捐記號各一分，及滬南浦江各幫船隻捐數章程前來。合行出示曉諭，爲此示仰各船户等知悉，所有船尾記號候該船局一律换用洋文明碼，自换之後，不得如前塗抹，有意矇混，致干咎戾。其各懔遵毋違，切切特示。

新舊收捐記號

舊記號："·二角"、"—三角"、"。四角"、"·—五角"、"—·六角"、"·—·七角"、"—·—八角"。

新記號："2 二角"、"3 三角"、"4 四角"、"5 五角"、"6 六角"、"7 七角"、"8 八角"。

示禁施放風箏免致有礙電綫文光緒三十二年二月十二日

爲示禁事。照得沿浦一帶及裡街各處電燈桿綫林立，現届春令，兒童施放風箏，殊有關礙。日前王家碼頭地方有附近人家牽放風箏，將箏綫兜纏電燈綫上，阻礙電力，以致燈光不明，業經酌罰在案。兹特出示曉諭居户人等知悉，嗣後務各嚴誡子弟，不得施放風箏，致礙燈綫。如不遵照，即傳該父兄到局懲罰。切切特示。

示禁小販設攤誘賭文光緒三十二年二月廿三日

爲出示嚴禁事。照得潮惠會館前向有無賴之徒設攤誘賭，迭經出示禁止在案。兹查該處地方仍有小販擺設水果等攤，誘人賭博，誑騙錢財，動輒肇釁，殊屬不成事體。合再出示嚴禁，爲此示仰各小販等知悉，自示之後，務各安分營生，毋再設賭騙錢。如敢不遵，定即拘局，從嚴懲辦。其各懔遵毋違，切切特示。

佈告翻築裏馬路改砌階沿文光緒三十二年三月十五日

爲佈告事。照得市面之振興在乎道路之寬闊，查裏馬路築於同治初年，計寬二丈四五尺不等。本局擬將此路翻築，寬至英尺三丈爲度。現自十六鋪橋起，至陸家浜橋止，逐一清丈，距兩面房屋最寬處計英尺二丈四尺，最狹處計英尺一丈五六尺，勢難概令收讓。爰定就原有之路以及階沿如在英尺二丈以内者，統砌石子，兩旁砌側平石，其在英尺二丈以外則酌砌旁路,所有各户階沿石仍砌各處簷下。惟街道較狹之處,須改平砌爲側砌,庶幾地位較寬。恐未周知,合行佈告。

佈告填築黑橋浜文光緒三十二年四月二十八日

爲佈告事。照得城内黑橋浜淤塞污穢,易釀疫癘。前由本局呈准道憲,將該浜填平築路,以重衛生。並函請縣憲出示曉諭該浜東西兩頭佔出房屋一律拆去,庶於工程無礙等因在案。本局經一再勘丈,並詳核做法,計自黑橋起至北香花橋止,共長一百三十六丈。中用塞門德三尺圓瓦筒,陰溝並砌天窗、陰溝、八脚溝等。旁砌側石,上鋪金山石片,統合兩旁舊街改築馬路,將該浜原有之石駁、石橋、木橋、亭子概行拆去。核計此項工料,共需銀七千八百兩。已定於閏四月初一日開工。爲此佈告附近店鋪居户業主人等知悉,凡該浜兩頭佔出之房屋、廊柱等務須趕緊拆去,無礙路工。至前由當地紳董向業户勸認之捐費,務各照繳到局。其未經認捐者,亦希顧全公益,一律認繳,以湊工需。幸毋延滯,用特佈告。

示諭城廂内外業户翻造房屋須報局勘明給照文光緒三十二年四月二十八日

爲出示曉諭事。照得城廂内外街道狹窄,凡翻造房屋均須收讓。業於上年由上海縣汪一再示諭,本年三月十二日復經縣憲出示曉諭,凡店鋪居户翻造房屋,須赴總工程局報明領照開工;如不領照先行開工,即照違章提案究罰。日前又奉道憲面諭,自後城内外業户翻造房屋,務令收讓,切勿徇情各等因。兹恐城廂内外店鋪居户未盡周知,合行出示曉諭,爲此示仰各業户並匠頭人等知悉。自示之後,凡城外各處翻造房屋者,可開具節略徑報本局,俟丈准後,給予執照。其城内各鋪須先向各警局報明,由警局會同本局丈准,再行給照。倘仍有匿不呈報,或讓不足數情事,定將該匠頭提案究罰不貸。其各懔遵毋違,切切特示。

佈告外郎家橋改建平橋文光緒三十二年四月二十八日

爲佈告事。照得十六鋪外郎家橋向係石級,年久失修,每逢天雨滑澾難行,殊多不便。現有人籌助捐款,請爲改建平橋。其改建之法:橋面長二丈四尺,南堍放長二丈,北堍放長三丈,以取平勢。橋下擱栅五根,東西中用十二寸方硬木三根,中間用十二寸厚、六寸闊硬木二根。橋面用三寸厚硬木,板面砌金山石片,中砌十二寸闊、四寸厚路心石一條。業已飭匠估計工料,共需規銀五百兩,不日拆卸改築。惟該處地當孔道,來往人車須暫行繞越,無礙路工。爲此佈告該處附近鋪户及過往人等知悉,改建橋樑,原爲便利行人起見,事關公益,無得阻礙。其各遵照,特此佈告。

示諭浦南運裝垃圾船隻免予派裝繳納公費文光緒三十二年閏四月

爲示諭事。照得本邑城内外垃圾向由各馬頭渡船及灘船並外來各船按月輪流受僱,承裝運卸,其不願承裝之船,向有貼費名目。本局開辦後,迭據各船户來局具稟,情願繳納公費,由局另僱船隻裝運垃圾等情。本局自應俯順輿情,掃除積弊。今自本年五月初六日起,本局另行僱船裝運垃圾。凡浦江各船可以永免垃圾差使,惟必須向本局領取執照,以爲憑證。本局仍分等酌收照費,以備僱船、給發工食等用。爲此示仰渡船管幫、灘船埠頭及各碼頭渡船、駁船、頂行船、柴糞灘船、外來各船人等一體知悉，須知此事係化私爲公辦法，且出於各船之情願，務於本月内先行赴局領取夏季執照，自五月初六日起，一律免裝垃圾。如查無執照，以違章論，除究罰外，仍派裝垃圾一次，以示懲儆。至歷年承辦僱船裝卸垃圾之渡船管幫、灘船埠頭，由局按月給予工食，專供照料之役，不准其以垃圾爲名，再收貼費。如果仍有需索情事，准各船來局控告，以憑究辦。各船亦不得私出規費，不來領照，通同舞弊，致干究罰。其各懍遵毋違，切切特示。

計照費一百擔以内者，每季六角；一百擔以上、二百擔以内者，每季九角；二百擔以上者，每季一元二角。

示禁煙館僱用女堂文光緒三十二年閏四月十六日

爲出示嚴禁事。照得十六鋪内老白渡及洪昇碼頭地方有等不法之徒開設煙館，專用婦女赴堂，招引煙客，藏垢納污，動輒滋事。一經逮案訊究，往往託言家眷，有意糊混，殊爲可惡。現經縣憲出示諭禁，照會本局督飭圖保地甲實行查禁，務須驅逐盡絶等因。合行出示，爲此示仰各該煙館等一體知悉，自示之後，不准僱用女堂，並不得攜帶家眷混雜其間。如敢故違，定行提案嚴辦，並將該煙間房屋封閉充公，不稍寬貸。其各懍遵毋違，切切特示。

示諭開放南區警察停收壯丁捐另定捐章文光緒三十二年五月十四日

爲佈告事。照得本局奉道憲示諭，以二十三七鋪及十二圖地方改爲南區，歸總工程局統率等因，業於本月十二日開辦，一律推放警察。惟查二十三七鋪巡防局向有壯丁捐，現在巡局既已裁撤，此項壯丁捐擬即停止，本局當另訂新章，佈告大衆，再行分别收捐。爲此佈告南區各鋪户知悉，所有壯丁捐自五月分起已停止不收，其二十三七鋪十二圖清道捐係由城内清道處管理，仍暫行照納。俟南區地方月捐書定後，再行定期歸併。日内倘有人冒收前項壯丁捐，務即扭交分辦處轉送本局，從嚴懲辦。恐未周知，特此佈告。

示禁售賣瘟豬文光緒三十二年五月十八日

爲示禁事。照得售賣瘟豬素干例禁，近日到滬豬隻時有瘟斃，豬販仍朦混出售，業由本局查獲，分别懲罰，並將瘟豬送交放生局掩埋。在各豬行明理者多尚不至代爲稱售，而豬販但惜資本，不顧害人，仍復混行售賣，殊不知此種豬肉一入臟腑，即致疾病，貽患非淺。本局爲鄭重衛生起見，合行出示諭禁，爲此示仰各豬行豬客、豬作肉莊人等一體知悉，以後如遇此項瘟豬，不得稱售屠宰，亦不得攙雜混賣。如敢故違，一經查獲，除將瘟豬發埋外，定行分别拘局究罰。其各懍遵毋違，切切特示。

示諭禁止居民迷信禳解設壇建醮文光緒三十六年六月十一日

爲出示諭禁事。照得本局接奉道憲照會，滬上夏秋之交，居民惑於禳解之説，往往設壇建醮，舉國若狂，靡費不貲，最爲地方惡習。夫一人吉凶悔吝，隨心術之邪正爲轉移，詎祈禳所能見功？況聰明正直之謂神，更無徇私偏向之理。如其作奸犯法，雖多禳未必消災，苟能守德行仁，即不禳亦邀呵護。物力艱難，何苦以有用之財作無益之事。兹届夏盡秋來,難免復有醵資設醮情事,殊不知禍福無門,惟人自召,媚神事鬼,荒誕不經。有等刁狡之徒藉此打醮名目,到處斂錢,而居民甘受其愚,擲資於無何有之鄉邀福於不可知之數,尤爲可歎可恨。除出示曉諭諸色人等一體懔遵,如敢故違,即行查拿會首之人,以及受僱之僧道一併究懲,並分行縣廨一體查禁外,合亟備文照會,請煩查照,一體查禁施行等因。查設壇建醮,果爲祈禳起見,已屬庸愚可笑,況好事之徒往往借此爲名,斂錢肥己,聚衆生端,殊非文明社會所宜有。合行出示諭禁,爲此示仰諸色人等知悉,自示之後,不准再有醵資建醮情事。即在居民安分謀生,與其輕棄資財,受愚於僧道,不若圖謀公益,積福於子孫。如敢陽奉陰違,執迷不悟,惟有遵照憲諭查拿懲罰,勿謂言之不預也。切切特示。

示諭開辦平糶分設減價平糶處文光緒三十二年六月十八日

爲出示曉諭事。照得滬地米石缺少,價值昂貴,貧苦小户粒食維艱。前經本邑紳董稟請道縣憲開辦平糶,以惠窮黎。嗣奉照會,飭由商務總會會同本局籌議墊款購米平糶事宜,現由本局向香港等處購辦米石,陸續運滬。先就南市城内外分設七處,減價平糶,定於六月二十日開辦。合行出示曉諭,爲此諭仰居民人等一律知悉。自示之後,所有貧苦小户各就附近平糶處,按照章程,持錢購買,毋得爭奪擁擠,滋擾生事。如敢故違,定當拘局嚴懲不貸。除將章程開列於後外,切切特示。

計開

一、每日糶米,上午八點鐘起,至十一點鐘止,午後二點鐘起,至五點鐘止。

一、糶米以一升起,至五升止。

一、糶米者先赴賣票處付錢買票,再行持票領米。

一、米價按照時值減少,現定每升錢六十文。

示諭免裝垃圾船隻應繳公費由船夫頭包收包解文光緒三十二年六月二十七日

爲示諭事。照得城内外垃圾於本年五月分起,由本局另僱船隻裝運,所有滬南浦江各船概免裝運垃圾差使,惟須向本局領取免裝垃圾執照,分等繳納照費等因,曾經出示曉諭在案。查前定章程,係按季繳費領照,而至五月至今船數無多,是規避者諒或不少。兹據承攬僱裝垃圾船夫頭謝金榮具稟來局,情願代發免裝垃圾執照,其照費亦願包解,並請將按季領照者改爲按月領照,庶各船輕而易舉等情。本局以事屬可行,業已准予試辦,嗣後本局免裝垃圾執照即由謝金榮經發,其照費亦即由該夫頭經收繳局。合行出示曉諭,爲此示仰滬南浦江各船户一體知悉。自七月初一日起,所有應繳照費,每季一元二角者,每月繳洋四角;每季九角者,每月三角;每季六角者,每月二角。此係變通辦法,俾各船輕而易舉,以示體恤。各船務各遵章照繳,如敢抗違避匿,以及以大報小等情弊,定當提究。如該夫頭於照費外別有需索,亦准來局控訴,以憑究辦。其各懔遵,切切特示。

示禁茶館賭博講茶文光緒三十二年六月三十日

爲出示嚴禁事。照得茶館之内聚賭講茶,混雜婦女,最爲風俗之害,迭經懸憲示諭嚴禁有案。現查各茶肆中仍有無賴之徒,或賭錢文,或吃講茶,無恥婦女混亂入座,藐玩禁令，實堪痛恨。本局爲整頓地方、維持風化起見，此等惡習亟應嚴行禁止。合行出示曉諭，爲此諭仰各茶館及各該地方人等一體知悉。自示之後，各茶館内如再有賭博，及吃講茶男女雜坐等情事，定當分别拘局，從嚴懲罰，決不姑寬。其各懔遵毋違，切切特示。

示諭限遷煤油棧房文光緒三十二年七月初四日

爲出示嚴禁事。照得火油一物性最猛烈，偶或不慎即兆焚，如若以多數之火油積儲一處爲害更不堪設想。此次永泰火油棧失慎一事，火勢勃發，幾至不可收拾，業經該棧主拘局究罰在案。兹據南市衆商迭次具稟前來，以南市鋪户毗連，人煙稠密，開設火油棧房實屬危險，請飭示諭遷往浦東，擇地設棧，不得在鬧市之中任意屯積等情。合行出示諭禁，爲此諭仰十六鋪及西、南兩區各商一體知悉。自示之後，南市地方不准再設火油棧房。其現有之火油棧，限於本月一律遷往浦東，如逾限不遷，定當查封罰辦。至各洋廣貨店、零售之火油店内儲藏至多以十箱爲限。如逾十箱，以違章論，一經查出，定行從重究罰。其各懔遵毋違，切切特示。

示諭徵收南區地方月捐文光緒三十二年七月初五日

爲佈告事。照得本局呈准道憲將二十三七鋪及十二圖地方改爲南區，裁撤巡局，設立分辦處。所有前項巡防局壯丁捐，自五月份起停止不收，其清道捐係由城内清道處管理，仍暫行照納，俟地方月捐書定後，再行定期歸併等情，業經佈告在案。屆計南區分辦處自五月十二日開辦以來，推放警察，掃除垃圾，修理街道，燃點路燈，各項事宜業已次第興辦。惟事繁費鉅，不得不酌收地方月捐，藉資補助。現在鋪户門牌均經編訂，地方月捐亦已分别寫定，自本月份起，即須分派司事，照寫定之數掣給捐票，按户收取。爲此佈告南區各店鋪居户一體知悉。此項地方月捐，無非以地方之財補助地方之用，前項清道捐亦已歸併在内，事關公益，務各遵寫定之數照票繳納，切勿抗延，是所至幸。特此佈告。

示諭徵收西區地方月捐文光緒三十二年八月十八日

爲示諭西區開辦地方捐事。照得本年五月由本局稟准道憲於城外設立西、南兩區分辦處，分辦各區内本局應辦事宜，業經迭次佈告，並奉道憲出示曉諭在案。查本局之設，原爲維持地方治安起見，凡警察、清道、路燈及整頓路政一切需款浩繁，自應就地籌捐，藉資補助。除南區地方業於七月内起捐外，所有西區地方捐，亦應尅日一律開辦。除由西區分辦處於宣告單内載明章程一體宣告外，合行出示，仰區内店鋪居家人等一體知悉，務各照章捐納，共圖公益，毋稍觀望。切切特示。

佈告南區鋪户整頓路政文光緒三十二年八月二十三日

爲佈告事。照得南區分辦處自開辦以來，所有清道路燈以及巡警事宜，業已次第興辦。現復整頓路政，將小南門外直街及董家渡大街先行翻築馬路，以通車馬。惟南區地方各店鋪凡開設在馬路大街以及裏街等處所有櫃檯欄桿，往往裝設在門限以外。又有在店門之外堆積物料，安放器具，實屬侵佔官道，阻礙行人，於路政殊有關係。爲特佈告南區地方各店鋪居户人等一體知悉，自佈告之日起，格外寬限，以九月底爲止，所有櫃檯欄桿均須一律收進在門限以内。至門外之物件器具，亦須概行搬除。本局爲按照局章整頓路政起見,幸勿逾限有意抗違,是所至望。特此佈告。

示諭淮揚幫豬酒船幫公舉領袖文光緒三十二年九月

爲示諭事。據淮揚幫豬酒船業石錦章等稟稱,竊身等原藉淮、揚二府同業豬酒生理,由江北裝運來申,共計大小船三十六隻,向歸淮揚公所約束。前因所董不孚衆望,由船埠頭招攬,代爲照料月貼規費。嗣因埠夥貪索無厭,各船被累不堪,集議再四,各願將月貼私費一概删除,另行公舉年老守正、衆望素孚之包順發爲淮揚豬酒船隻領袖,即由包順發經收。每船來申一次,收洋二角,每年繳呈憲局洋六十元,均已允洽,取具的實保結,環求恩賜立案,出示給諭,俾專責成等情到局。查删除貼費,改繳公費,係屬化私爲公,事尚可行。包順發既爲同業所信服,公舉爲淮揚豬酒船隻領袖,自應照准。除給諭外,合行出示曉諭,爲此示仰淮揚豬酒業各船户一體知悉。自示之後,凡爾同業各船户均歸該領袖督率,所有按月應繳公費既已允洽,於先自應按月照繳,不得抗撓。其各遵照毋違,切切特示。

醫學研究所建造病房給示曉諭文光緒三十二年九月二十八日

爲示諭事。據醫學研究所董事顧紳鴻逵函開,本所前由貴局稟奉道憲暨上海縣批准,在沉香閣西旁警察北局操場地建造病房,照常送診給藥,並蒙道憲捐廉資助在案。嗣因該地前面圈作填河築路工場,未經開辦,現已工竣。爰定於十月初一日破土開工,先造樓房五幢,作爲研究醫理送診給藥之處。一俟經費有餘,再行佈置病房。爲特備函請示曉諭,俾衆周知等因到局。准此合行出示曉諭,爲此示仰該處附近人等知悉。該地起造房屋施醫給藥,事關衛生義舉,毋得藉端阻撓,妨礙工作,致干咎戾。切切特示。

示諭浦江船户徵收船捐辦期屆滿易人承辦文光緒三十二年十一月初一日

爲出示曉諭事。照得浦南船捐前由姚慶裕承包,扣至本年十月底試辦一年期滿,自應另行招充。本局特仿投標之法,以示大公。於本月初九日將認包船捐各稟當衆開揭,以顧炳和認數爲最多。計願每月認繳洋二千二百六十元,仍照向章,按月預繳,不敢蒂欠及中途停認,並據備具認結,並加具順元錢莊保單保結前來。除批示給諭准予試辦一年外,自本年十一月初一日起,此項船捐即歸顧炳和承收包繳。合行示諭,爲此示仰浦南大小各幫船户知悉。自示之後,均應照章完納,不得抗違,有礙捐項。該商民亦當照章抽收,不得加派抑勒,致干未便。恐未周知,特行曉諭,切切特示。

示諭收繳免裝垃圾照費易人承辦文光緒三十二年十一月初一日

爲出示曉諭事。照得浦南垃圾船照費前由謝金榮承包,每月認繳洋四百五十元。兹據船商喻恩榮稟稱,此項照費情願每月認繳洋六百五十元。所有僱船之費,仍照向章按月領取洋二百八十八元,計淨月繳洋三百六十二元,按月預繳,稟請核准承包一年,並具德泰恒花行保結等情前來。准此,該船商認繳之數,較前加增,自應照准,着予承包一年。除批准給諭外,合行出示曉諭,爲此諭仰渡船管幫、灘船埠頭及各碼頭渡船、駁船、頂行船、柴糞灘船、外來各船一體知悉。本局垃圾船照費於十一月初一日起改歸喻恩榮承包收取,此係爲掃除積弊、化私爲公起見,務各遵照向章,照數繳納。如有抗違避匿及以大報小等情弊,定當提究。如該船商於照費外別有需索,亦准來局控告,從嚴究辦。其各懔遵,切切特示。

示諭包收垃圾船照費如有浮收准即來局控告文光緒三十二年十一月二十六日

爲示諭事。照得本局所收垃圾照費,原係化私爲公,就向有垃圾貼費者收取,其向無貼費者本不收取。乃日來訪聞有人藉口浮收於來往各船,勒令停歇,以致運貨各船來局稟控,請爲諭令放行等情。查向無垃圾貼費之船,本局並不收取照費,如包收之人實有浮收情事,爾等儘可來局控告,無得聚衆挾制,致干查究。爲特示諭各船知悉,爾等趕即開行,各安生業。爾等爲何等之船,著即來局具稟申明,分別辦理毋違,切切特示。

示禁永裕碼頭挑夫强挑客商行李文光緒三十二年十二月

爲示諭嚴禁事。照得永裕公司一帶碼頭爲小輪抵埠停泊之處,歷來有野雞挑夫數十成羣,硬將客商行李强挑勒索,並有毆打客商,將物件抛落水中等情,久爲行旅之害。今此風仍未稍息,實屬横行不法,亟應嚴行禁革。爲此示諭該處碼頭挑夫等知悉,以後客商抵埠,僱車僱挑,悉聽其便。如再有硬挑行李、勒索重資等事,即由該處巡士拘拿到局,從嚴懲辦。除諭巡士隨時巡察拘拿外,合行出示嚴禁。其各懍遵毋違,切切特示。

示諭浦江船户徵收船捐辦理不善責成船埠頭總管幫接替試辦文光緒三十二年十二月二十九日

爲出示曉諭事。照得本局船捐於本年十月間用投標法以顧炳和認數較多,准予承充。乃經收甫及月餘,屢滋事端,辦理未能妥善,自應另行易人。本局體察情形,惟有責成船埠頭總管幫朱坤接替試辦。如果穩妥,准予承辦一年。兹據備具稟結前來,應准試辦。除批示給諭外,自明年正月初一日起,此項船捐即歸朱坤承收包繳。合行示諭,爲此示仰浦南大小各幫船户知悉。自示之後,均應遵章完納,不得抗違,有礙捐項。該埠頭亦當照章抽收,不得加派抑勒,致干未便。恐未周知,特行曉諭,切切特示。

示禁陸家浜兩旁停放無主棺木骨箱文光緒三十三年二月十二日

爲示禁事。照得陸家浜馬路兩旁往往有人將棺木骨箱等任意停放,聽其暴露,以待善堂之掩埋,貪圖省便,幾成習慣。既不足以安妥幽魂,復於道路衛生大有關礙,不得不切實禁止。自本年三月初一日爲始,凡馬路左近不得再將棺木骨箱等露天停放。除知照同仁輔元堂將從前停放無主之棺木骨箱一律掩埋外,合行出示曉諭,爲此示仰各該圖地保及附近居民等一體知悉。自示之後,不論棺木骨箱有主、無主,均不得再於馬路兩旁露天停放。如敢故違,察出定行究罰。毋違,切切特示。

示諭限閉煙館停止抽收燈捐文光緒三十三年二月二十六日

爲出示曉諭事。照得外馬路大小各煙館向由本局按月抽收燈捐,惟前奉道憲示諭,限令城廂内外大小各煙館於六個月内一律停歇在案。現在限期已近,所有外馬路煙燈捐自應預行停收。爲特出示曉諭外馬路大小各煙館知悉,自示之後,除地方月捐照常收取外,於二月份起,所有燈捐,本局概不收取。恐未周知,特此示谕。

示諭領辦官米平價分設平價售米處文光緒三十三年二月二十七日

爲出示曉諭事。照得本年米價昂貴,蒙撫憲陳札飭設立駐滬官米平價總局,准各州縣領米平價發售,以惠貧民。本邑地方遼闊,食户繁多,自應分别經理。除各鄉局歸同仁輔元堂領辦、北市租界歸商務總會領辦外,所有城廂内外平價售米事宜,由本局彙總領辦,城内外各設平價處一處,城内設蓬萊路公益研究會,城外設南區商船會館。現在城外平價處定於三月初一日先行開辦發售。合行出示曉諭,爲此示諭凡在食力之人生計艱難、願食此項米石者,可向城外平價處遵章購米,勿得擁擠喧鬧,滋生事端。如有力能自贍之户混冒買取,或一人買至數斗,或一日買至數次,查明後,定當究罰。其各懔遵毋違,章程開具於後,特示。

計開

一、售米時刻,午前自九點鐘起,至十二點鐘止,午後自一點鐘起,至四點鐘止。

一、售米之數,以一升起至一斗止。

一、此項洋秈米,每斗以司馬秤十五斤爲率。

一、售出之米,暫照現在市價核減,每斗計合大洋六角五分。

一、以後米價或漲或落,悉候平價局示知。

一、大小洋價若干,按照衣牌逐日寫明,懸掛門前,俾衆周知。

示禁端節浦江龍船文光緒三十三年三月廿一日

爲示禁事。照得滬南黄浦江中每逢端午節前後數天有等遊手好閑之徒,裝紮龍船,往來沿浦一帶,費有用之錢爲無益之事,哄動遊人麕聚觀看,易滋事端,實爲惡習。合先出示曉諭,預行禁止,爲此示仰諸色人等一體知悉。自本年起,所有端午節浦江龍船嚴行禁絶。如敢故違,定當拘辦,勿謂言之不早也。其各懔遵,切切特示。

佈告填築侯家浜説明瓦筒作用文光緒三十三年三月廿九日

爲佈告事。據侯家浜居户人等來函稱,現在所做瓦筒太小、陰井太淺,欲將瓦筒調大十數寸,陰井放大放深等語。本局凡填河築路,經工程師相度形勢,繪圖貼説,再四議商,方始開工。查瓦筒體圓裏光,水易流洩,非舊時磚溝可比。且水乃流動之物,落水較准,自必一瀉而盡,無關瓦筒之大小。若調换大號,溝底須深路長百餘丈。在出水一頭,勢必陷於浜底,水從何出?進水一頭,勢將高於路面,兩旁小溝之水從何而泄?如兩頭均平,則水不易流,泥必易積,此不待言而自明。至於陰井,非積水之池,備以積泥時常打撈,亦無取深大。本局經營填築,煞費躊躇,居户人等當亦共諒。特此佈告。

示諭禁閉煙館期限將届速改圖生計文光緒三十三年四月初五日

爲出示曉諭事。照得鴉片一物流毒中國數十餘年,實爲生民之大害。上年欽奉上諭,命各省定限嚴禁,認真辦理,仰見朝廷保衛民生、力除沈痼之至意。嗣經道憲瑞於上年十一月十二日示諭本邑城鄉各煙館,自出示日起,勒限六個月内一律閉歇在案。本年迭奉道憲瑞暨上海縣李照會,請將禁煙事宜妥籌辦理等因,兹復奉道憲函飭到局。奉此,查禁閉煙館期限自應懔遵道憲迭次示諭,扣至本年五月十二日爲六個月限滿之期,一律閉歇。合行出示曉諭,爲此諭仰東、西、南三區各煙館知悉。現在限期已近,所有煙館一業務宜從速改圖,另謀生計。至各煙館房主,亦應囑令各該店於禁限期内非閉則遷,勿得遲緩。如敢故違，惟有遵照憲飭，除將該店封閉充公外，並行拘究嚴懲。其各懍遵毋違，切切特示。

示禁無賴嚇詐婦女蓄養短髮文光緒三十三年四月初九日

爲示諭事。照得滬地青年子弟往往蓄養短髮、俗所稱爲劉海頭者，形狀詭奇，殊爲惡習。本年三月二十四日，曾經上海縣李出示禁止，原爲整頓風俗起見，不意近有無賴之徒，見有婦女蓄養前髮者，即藉端恐嚇，多方訛詐，轉以擾亂治安。查照縣示文内有"婦人女子原不必論，乃堂堂男子而亦争相仿效，實堪詫嘆"等語。是示禁前流海本係專指浮滑男子而言，與婦女無干，何得藉堂皇之示諭，以施其敲詐之伎倆。除諭飭本局巡士偵探一體嚴查外，爲此出示曉諭，自示之後，如有無賴之徒向蓄養前髮之婦女恐嚇訛詐者，定當拘局究辦。其各懍遵毋違，切切特示。

示諭限閉煙館停收地方捐文光緒三十三年四月初十日

爲出示曉諭事。照得禁閉煙館一事，業奉道憲示定日期，自上年十一月十二日起，扣至本年五月十二日爲六個月限滿之期，曾經出示曉諭在案。查本局於外馬路各煙館燈捐早經停收，現既出示限禁，所有東、南、西三區各煙館向來按月繳納之地方捐，亦一律停止，以示體恤。合行出示曉諭，爲此諭仰東、西、南三區各煙館主知悉。自本年四月初一日起，該各煙館地方捐無庸再繳。該各煙館仍當遵限閉歇毋違，切切特示。

示諭煙館傭夥設立臨時習藝所文光緒三十三年五月初九日

爲示諭事。照得城廂内外各煙館定期閉歇，本局以各館歇夥一時失業，情亦可憫，特行稟准道憲，設立臨時習藝所，授以生計，早經登報廣告，並由道憲出示曉諭在案。現在報名者尚屬寥寥，爲特示諭，仰各煙館傭夥人等知悉。如願入所習藝者，務於本月十六日以前速赴就近報名處將姓名、店號、年籍、住址一一詳開，並取具的保，静候定期入所。自十六日以後，即行截止報名，毋各觀望自誤，切切特示。

計開　報名處

一、城内同仁輔元堂。

一、城内果育堂。

一、城外總工程局。

一、城外南區分辦處。

一、城外西區分辦處。

示諭已歇煙館拆除煙榻文光緒三十三年五月十九日

爲出示曉諭事。照得本局東、西、南三區内大小各煙館業遵禁煙期限，於本月十二日以前一律先後閉歇，由本局彙報道憲核奬在案。惟各煙館既已停止燈吃，所有燈榻自應一律拆除，以免混淆。兹查各煙館煙榻固有業已拆盡者，其或拆而未盡，或全未拆去者，顯係爲容留煙客開燈私售地步，實屬不知自愛。合行出示曉諭，爲此示仰東、西、南三區内大小各煙館知悉。自示之後，務將煙榻悉數拆去，不得存留。如敢故違，仍有容留煙客情事，本局當派人密查，一經察出，定當嚴懲不貸。其各懍遵，切切特示。

示諭已歇煙館房主酌讓房租文光緒三十三年五月二十一日

爲示諭事。案准上海縣李照會,以本年五月十二日實行禁止煙館。前據紳董議請將煙館房租酌讓三個月,業經稟奉道憲批飭,由縣出示勸諭照辦在案。合行照會,請煩查照,一體勸諭煙業各房主等遵照。所有租設煙館房屋,除茶館、膏店兩項帶設煙燈,房租理應循舊照收,無容減讓外,其專售燈吃煙館應即遵照,一體酌讓房租三個月,以示矜恤,頂首押租一律清還,其房内裝修仍循俗例辦理。各煙館亦不得於酌讓限外,妄存希冀,藉詞拖欠,致干押究等因到局。爲特示仰煙業各房主等知悉,該煙館業一朝閉歇,改圖別業,搬運遷徙,不無耗費。現在酌讓三個月房租,在該煙館等省此租金,可藉作謀生資本。在房主惠而不費,當亦樂與贊成。務各仰副道縣憲體恤煙户之至意,遵照讓租。各煙館既得讓租,應即趕速遷移,並不得於讓租外别生枝節。其各懔遵,切切特示。

示諭已歇煙館報領獎牌文光緒三十三年六月二十三日

爲出示曉諭事。照得本局接奉道憲暨上海縣李照會,以城廂内外各煙館定限五月十二日閉歇。如能於定限以前先期停歇,特賞銀牌一面,以昭激勸,曾經示諭在案。兹查總工程局先後將城外東、西、南三區遵限閉歇各煙館牌號、日期開單呈送,自應照案給賞。合將製就銀牌,備文照送,請煩查收轉給。仍隨時嚴察,如有陽奉陰違者,立即提究,並將銀牌吊回繳還各等因。奉此,查本局東、西、南三區内各煙館於五月十二日以前先後遵限閉歇,曾經榜示,並分别呈報在案。兹奉道憲頒發銀牌三百二十七面,暨上海縣頒發銀牌三百六十面到局。合行出示曉諭,爲此諭仰本局東、西、南三區已閉各煙館人等知悉。本局現定於本月二十八日將此項銀牌分別給發。除報閉後私售燈吃查封提究各煙户不得與獎外,所有東區各煙户應赴本局填寫領紙,加蓋該店圖章,並由地甲簽字,西、南兩區各煙户應各赴該區分辦處給領銀牌。惟各煙館赴領銀牌,須將舊時煙間執照呈繳。嗣後如有陽奉陰違情事,一經查出,立即提究,並將銀牌吊還,不稍寬貸。其各懔遵,切切特示。

示諭馬路橋菜攤限定時刻文光緒三十三年六月二十六日

爲出示曉諭事。照得南區裡馬路馬路橋迤南一帶,原爲馬路交通孔道,乃有各種小販於馬路兩旁擺設菜蔬食物各攤,紛亂錯雜,漫無限制,車馬來往,易滋事端,殊於路政大有關礙。合先出示曉諭,爲此諭仰馬路橋迤南一帶各種攤販人等知悉。自示之後,定於七月初一日起,所有爾等擺設菜蔬食物各攤,仿照北市法租界小東門外沿路小菜攤辦法,而限制時候,當自黎明時起至上午十一句鐘止,凡過十句鐘以後,不得再行設攤買賣。照此辦理,不過使鋪户居家應用菜蔬及早購買,既於爾等生意毫無關礙,復於本局路政得以整頓,届期務各遵照,如敢故違,定行拘究懲罰,不稍寬貸。切切特示。

示禁車夫攔路攬載文光緒三十三年七月十三日

爲示禁事。照得十六鋪裡外橋堍爲南北往來孔道,近悉該處東洋車停歇甚多,各車夫等成羣兜攬生意,縱横錯亂,有礙行人。並見年輕婦女僱唤坐車,紛紛圍聚,信口討價,語多戲狎,甚至牽裾拉衣,舉動無理,殊屬不成事體。合行示禁,爲此示仰東洋車夫知悉。凡在本局界内停車，各處嗣後爾等兜攬坐車，不得争先礙路。遇有婦女喚車，更不得雜以戲言，動手牽拉。如敢故違，定當拘局，嚴懲不貸。其各懍遵，切切特示。

示禁售賣有礙衛生寒冷食物文光緒三十三年七月十四日

爲示禁事。照得近日天氣炎熱，秋行夏令，凡在居民亟宜講究衛生，以防疫癘。諺謂病從口入，飲食尤應謹慎。有若檸檬水、冰其淋、涼粉、冰塊、分片西瓜等，每見肩挑食力之徒，烈日奔走，喜於購食，以取涼快，不知此種冷物食之最易致疾。日來疫氣流行，未始不由於此。而售賣之人沿路設攤，肩挑喚賣，但知圖利，不顧害人，殊爲可惡。合行出示諭禁，爲此示仰小販人等知悉。自示之後，凡在本局東、西、南三區界内所有檸檬水、冰其淋、涼粉、冰塊、分片西瓜，以及一切寒冷之物，均不得設攤肩挑，沿路兜售。是爲嚴防疫癘起見，如敢故違，定當拘局究辦不貸。其各懍遵，切切特示。

示禁裏外馬路練習脚踏車以免危害文光緒三十三年八月二十一日

爲示諭事。照得近有青年子弟以及遊手好閑之輩，向脚踏車行租乘脚踏車，於裏外馬路等處成羣結隊，練習飛跑，或且車不裝鈴，夜不點燈，以致車輛行人不及避讓，危害生事，日有數起，殊爲可惡。合亟出示曉諭，爲此諭仰租乘脚踏車人及各該車行主等一體知悉。須知練習脚踏車，應擇空曠之地，庶無妨礙。若裏外馬路等處，爲車馬行人往來孔道，毋得遊行任意，致肇事端。自示之後，如有無鈴、無燈以及前項損物傷人情事，定行拘罰懲辦，並將車輛充公不貸。其各懍遵，切切特示。

示諭各區膏户給發膏照文光緒三十三年十月初八日

爲示諭事。照得本局接拒煙會函送上海縣轉發蘇省官膏總局膏照八十九張，並城外東區十六鋪、南區廿三七鋪膏户清單，請爲分别轉給核實加認等因。查膏捐認數現定膏户至少須滿三兩，如不滿三兩者，概不給照，曾經上海縣示諭在案。現據拒煙總會發交本局東、南兩區膏户清單，其所認之數以一二兩爲多，自應重行加認核給膏照。合行出示曉諭，爲特示仰本局東、南兩區各膏户知悉。定於本月初九日起，發給膏照，所有東區各膏户著同十六鋪地甲前來本局加認具領，南區各膏户著同二十三七鋪地甲前赴南區分辦處加認具領。其認不滿三兩者，不妨另行改業，以謀生計。惟各户領照之後，不准設榻私賣燈吃，既經報定膏店開設處所，倘或遷移，亦須將膏照繳銷，不准遷往别處開設。如敢故違，定行吊照押閉。除由上海縣另行出示曉諭外，切切特示。

示諭包收垃圾船照費易人承辦文光緒三十三年十一月初一日

爲出示曉諭事。照得浦東承裝垃圾及包收照費，於上年十一月由喻恩榮認辦。現屆一年期滿，自應照章更易。兹據船商孫桂林、徐順榮稟稱，情願二人合辦，妥慎運卸垃圾，並每月認繳照費洋五百二十元，仍按月預繳，稟請核准承辦一年等情前來。據此，當經本局兩次傳詢所稱，承辦運卸垃圾及包收照費各節，尚屬合法，應准承辦。除批准給諭外，合行出示曉諭，爲此示仰渡船管幫、灘船埠頭、各碼頭渡船夫頭及渡船灘船、柴糞船人等一體知悉。本局運卸垃圾及給照收費於十一月初一日起，改歸孫桂林、徐順榮二人合辦承包。此係爲掃除積弊、化私爲公起見，務各遵照向章領照納費。如有抗違避匿，及以大報小等情弊，定當提究。如該船商於照費外，别有需索，亦准來局控告，以憑究辦。其各懔遵，切切特示。

示諭浦江船户徵收船捐核准前人續辦一年文光緒三十三年十二月二十六日

爲出示曉諭事。照得本局船捐於上年十二月間由船埠頭總管幫朱坤稟准承收包繳，按月預繳捐洋一千九百元。今届一年期滿，本應易人承充。兹據朱坤稟稱，自承辦以來，並無延欠，從未滋事，請再予接辦一年，月繳捐洋照前認之數加繳洋二十元，計共月繳捐洋一千九百二十元。如將來捐務起色，再行酌加等情，並加具求新廠保狀前來。查該船埠頭承辦船捐一年以來，尚屬妥慎，應准再予承辦一年。除批示給諭外，合行示諭，爲此示仰浦南大小各幫船户知悉。所有各色船捐自明年正月初一日起，仍歸朱坤承收包繳，爾等均應遵章完納，不得抗違，有礙捐項。該埠頭亦當照章抽收，不得加派抑勒，致干未便。恐未周知，特行曉諭，切切特示。

示禁包車執照頂替取巧文光緒三十四年二月二十六日

爲出示曉諭事。照得本局東洋車執照有包車、野雞車之别，不得頂替借用。乃近有人攜帶本局包車執照，由北市唤僱英法執照之東洋車乘坐來南。及經巡士查照，以執有包車執照爲詞，似此取巧混用，實屬不合，應行示禁，爲此示仰諸色人等知悉。嗣後，僱坐野雞東洋車自北來南，須該車後面釘有本局執照者，方准推行，不得將包車執照取巧混用。如或不遵，一經巡士查出，定行拘罰，並將包車照取銷。其各遵照，切領特示。

給示曉諭淮揚幫划船總夫頭退差另舉文光緒三十四年三月初八日

爲示諭事。據淮揚幫划船總幫頭徐德貴稟稱，竊身奉諭充當淮揚幫划船總幫頭，向由裝柴炭之船户華正文幫同照料，承接辦公。今身因公跌傷腿足，不便行走，兼之年老耳閉眼昏，萬難應差，誠恐誤公，特行繳諭陳明，乞除卯退差，另諭接辦等情。並據淮揚划船幫船户喬學文等稟稱悉總幫頭徐德貴以年老繳諭、退差幫頭一職，未便久懸。兹有裝炭之船户華正文素來協同徐德貴照料一切，並未誤差。今身等會議，擬舉華正文接充總幫頭，大關朝北楊春榮副幫頭，大關朝南徐萬福副幫頭，分段管理，求准給諭，並出示曉諭等情，並有華正文備具認結，加具大生雞鴨行保結前來。據此，查徐德貴既因年老求請退差，華正文既爲同幫所信服，公舉接充淮揚划船幫總幫頭，自應准予接充，以資約束。至沿浦停泊之艒艒船逼近木駁，污穢糟蹋，實屬不成事體，曾經出示限令遷移在案。該船户亦淮揚人居多，嗣後即著華正文一併管束，飭令遷移。除批准給諭外，合行出示曉諭，爲此示仰淮揚幫各划船户知悉。嗣後，該划船幫總幫頭由華正文接充，爾等均須安分營生，聽候該幫頭約束，不得有争毆勒索情事。其各艒艒船亦歸該幫頭約束，遷泊别處。該幫頭亦不得勒索留難，及袒護包庇，致干咎戾。其各懔遵，切切特示。

示諭收管南區水神閣井亭廊屋租設菜攤文光緒三十四年三月十二日

爲出示曉諭事。照得本局於上年奉准上海縣照會，將小南門外水神閣井亭廊屋撥歸本局南區分辦處管理。本年正月，曾經諭飭原租户限自正月起至三月止讓租三個月，將該廊屋原租各菜攤於三月底一律撤清，自四月份起，由南區分辦處收回，直接出租，改作南倉小菜場。現届三月限期將滿，除將井亭廊屋八間編釘號數分別市面、明定租價粘貼廊柱外，合行出示曉諭，爲此諭仰擺設菜攤人等知悉。爾等如願租借該處廊屋、擺設菜攤，自三月十六日起至二十日止，於此五日内，速赴南區分辦處指明號數承租擺設，其原租各攤如願接續承租，自應儘先，以仍其舊，須於三月十五日先赴分辦處報明。若從前之鐵店、粥店等類，概不准予租設。恐未周知，切切特示。

示諭整頓路政規條文光緒三十四年四月初一日

爲示諭事。照得清理街道爲振興市面之基礎，本局自開辦以來，曾將路政事宜佈告大衆，冀共遵行，無如屢加頓整，迄未能達完善之目的。本局爰就現在情形，亟應重加整頓者，規定若干條，再行出示曉諭各區店鋪居户攤販人等一體知悉。須知整頓路政，係爲地方公益起見，自示之後，務各按照後開各條，實力遵守。如或仍前玩忽，是即有意違章，定行究罰，切切特示。

計開

一、各店鋪户櫃檯欄桿門窗，均須裝設在門限以内。

一、各店鋪各種貨物不得堆放在門限以外。

一、各店鋪户懸掛招牌離地面須在八尺以上，距門面須在三尺以内，其跨街招牌均須一律除去。

一、裡外馬路等處沿路擺設貨攤，及停歇食物攤擔，無論晝夜，均須緊靠路邊，在二尺以内。至沿路地段其能准予設擔與否，應受巡警及路政處之指示。

一、沿路擺設菜攤，自上午十句鐘以後，均須一律收去。

一、店鋪居户曬晾衣物，均須横晾詹下，不得跨街直晾。

示諭城根鋪户鄭重路政不得躔踐街道文光緒三十四年四月十二日

爲出示曉諭事。照得小東門外迤北至老北門城根一帶道路欹仄，垃圾壅積，城河淤穢，臭氣薰蒸，於路政、衛生均有關礙。現自本月分起，將該處一帶城根道路逐漸清釐，挑除垃圾，添點路燈，編訂門牌，清查户籍，推放巡警，次第佈置。業經商准巡警總局，將新北門外吊橋邊城内警局派出之巡士，撤回其小東門、新老北門吊橋左右店鋪，原有之清道路燈捐，統改爲地方月捐，歸本局收取，以資補助。合行出示曉諭，爲此示仰該處店鋪居户人等知悉。此次清釐之後，各宜鄭重路政，顧全公益，不得仍前躔踐，以及沿浜堆積木植、缸甏、料物等件。其應繳之地方捐，亦須按月繳納。恐未周知，切切特示。

示諭嚴禁私售燈吃文光緒三十四年四月十七日

爲示禁事。照得東、西、南三區轄内大小各煙館，於上年五月十二日一律禁閉。其有改爲膏店者，由上海縣頒發膏照，具結繳捐，領照改設。曾奉前升道憲瑞剴切示諭，各煙館自限滿閉歇後，領照售膏，不准開燈私售。如敢抗違，定予提究查明，生財、房屋分別入官等因在案。查近來東、西、南各區膏店往往暗置密室，私售燈吃，並有車寓及工匠下處小店鋪户等設榻開燈，容留煙客，實屬不成事體。除嚴密查緝並請商團公會會員協助暗探外，合行出示曉諭,爲此諭仰東、西、南三區各膏店車寓及工匠下處小店鋪户人等一體知悉。自示之後,如有暗置密室私售燈吃等情事,一經查出拘獲,定行從嚴懲辦,並將房屋、生財發封充公,不稍寬貸。其各懍遵,切切特示。

示諭限定小車裝載米糧及各項貨物重量文光緒三十四年六月二十六日

爲出示曉諭事。照得人力小車獨輪無輔,最易傾倒。該小車夫等又往往裝載貨物,不顧分量之輕重,貪利多載,致肇事端。此次賈合隆米店僱車載米四石,路經西鈎玉弄,該車夫以分量過重,手無握力,致將路側餛飩擔撞翻,燙斃張姓幼孩,殊爲可慘。若非貪多重載,何至如此?自應予以限制,預防危害。合行出示曉諭,爲此諭仰各該小車夫等知悉。自示之後,裝載米糧至多以三石爲限。如裝運别項貨物,其分量之輕重,亦不得過於米糧三石之數。至裝載傢伙什物,分量雖輕,亦不准過高、過闊,致多關礙。如敢有違,定當拘罰不貸。其各懍遵,切切特示。

示諭西區酌加地方月捐文光緒三十四年七月初一日

爲示諭事。照得本局西區分辦處自開辦以來,二年有餘,除建築工程、推廣馬路另行集款籌捐,不在地方捐内開支外,其平常警察、路燈、清道等費,所收月捐,不及出款之半,公款竭蹶,自不得不酌讓加捐。按西區鋪户居家向收月捐,估計地段,除典質押、木行、竹行、花園、染坊、木作場、醬園、糟坊、牛奶棚、地貨行、彩票店、各項工廠、宰豬作、宰牛作、牛羊行、銷皮作等係特别鋪户,另行認捐外,不過地房租百分之五,比之租界,相去遠甚。現經公議重行酌定,平常鋪户、居户約照百分之七半計算。譬如向來按月繳洋五角者,改繳洋七角半,其他照此推算。至上所稱各項特别鋪户,亦照此推加,從本年七月分起一律照加。爲此示諭西區店鋪居户一體知悉,務各顧全公益,遵照繳捐。除由西區分辦處先行宣告外,切切特示。

示諭清查吸煙人數飭吸户投報姓名煙量預備給照購膏文光緒三十四年八月廿九日

爲出示曉諭事。迭奉上海縣李照會,以奉江蘇禁煙兼稽徵官膏總局憲暨蘇省禁煙公所憲札飭,清查吸煙人數,於三個月内依限照章造册,以便頒給牌照等因到縣。除出示外,合行照會,希遵憲飭章程,參酌地方情形,分段派人清查等因。復准上海拒煙總會轉發六言縣示到局。查此次奉憲飭查吸煙人數,係爲將來填給牌照之預備,無論紳商、士庶、婦女凡有煙癮者,均須將姓名、年歲、籍貫、每日吸煙數目分别呈明,以便造册彙送,請給牌照。所有報名日期,以九月初一日起至九月三十日止,凡至本局轄内者各赴本區報名處報名註册。倘於限内匿不報名,將來牌照無著,即無吸煙購膏之據。爲此示諭通知,毋各隱匿自誤,切切特示。

示諭集水街擺設菜攤須遵定限時刻文光緒三十四年九月廿一日

爲示諭事。據號商萬通、湧利、萬全、新大、合裕、同和、晉昶、萬昌、順興、源生、順源、長順等稟稱,商等均在十六鋪集水街一帶開設雜糧、油酒、南北貨、醃鮮各店。近因陸家石橋所設菜果腥素各攤,貴局以有礙道路,一律驅除。集水街一帶全仗早市,攤擔被逐,而影響及於商業,市面日漸清淡。除稟道縣憲外,環懇仿照租界章程起取攤捐,酌予時限,以上午十小時爲度，違則罰辦等情。除經明晰批示候知照路政、警務兩處察酌情形再定辦法，仍候道憲暨上海縣批示外，兹奉道憲照會，以據該號商萬通等具稟前來。查驅逐菜攤以肅道路，固屬利便行人，然市面攸關，亦須兼籌並顧。究竟集水街一帶有無設立菜場處所，能否仍准設攤，仿照法租界酌定時刻以示限制而保商市。除批示外，請煩核復等因。查集水街一帶路窄人稠，本局前次示遷各菜攤原爲便利行人整頓路政起見。據稟遷除菜攤後市面清淡，自是實情。至所請變通章程起捐定限各節，應順商情，准各販攤擔每日上午十時以前得在集水街及陸家石橋南堍等處攤設，過時拘罰。其攤捐暫勿收取，以示體恤，合行示諭周知。切切特示。

示禁售賣煙具文光緒三十四年九月廿九日

爲出示曉諭事。照得《蘇省詳定禁煙章程》内載，售賣煙具、煙燈、煙斗等物，應限令一律停製售賣等因，曾經上海縣奉文出示禁止在案。查本局轄境東、西、南三區界内如有專製、帶製煙具之户，均即停止製造。其别項店鋪及各攤擔販亦不得帶售煙具，以重功令。合行出示禁止，爲此示仰製賣煙具店鋪及攤擔販户人等知悉，自示之後，如敢故違，私行製售定予勒閉嚴辦。其各懍遵，切切特示。

示諭南市創設戲園禁止在官人役索擾文光緒三十四年十月

爲出示曉諭事。據振市公司職商徐芝庭稟稱，竊啓導愚民莫易於戲劇，上海戲園多設租界，儘多傷風敗俗之事，絶少勸忠教孝之功。擬在南市開設戲園，改良劇本，以正人心而興商市。曾由職商糾集股份，設立振市公司，將城廂内外振興市面之事次第舉辦，而以贊助戲園爲入手。爰就南市太平碼頭租建戲園，命名新舞臺。一面訪察，上海伶人之最開通、最熱心者，莫如夏月珊即夏志臯，小連生即潘萬勝。爰商令其全班遷至南市。夏、潘慨然允諾，並稱託庇租界，本非得已。第以租界外常有蠹差劣役假勢欺淩，地痞流氓藉端騷擾，以致戲園都設租界，風氣所趨，已成積重之勢。現遷南市，誠恐虧折，但伶等素慕大義，苟以戲文改良風俗，凡我同志，俱願南徙，爲地方公益事宜稍資臂助等語。竊以爲南市商情久已安寧，無虞騷擾，即警察亦足資彈壓。惟創設戲園成本甚鉅，如差傳堂戲等項，實屬受虧不起。爲特稟請准予立案，給示保護，轉稟道憲縣尊永禁差傳堂戲等名目。並懇俯念創始艱難，一時生意未必生色，凡城廂内外於十年内不准仿設戲園，以維商本等情前來。除批准備案暨轉稟道憲奉批准予立案，並候行縣查照辦理等因外，合行出示曉諭，爲此示仰諸色人等知悉。須知南市創設戲園，係爲振興市面起見，自該戲園開演之後，不得前往滋擾需索，及硬闖進園，不給戲資，强行入座等情事。倘有在官人役勒索規費，痞棍流氓借端騷擾，准該戲園拘局嚴辦。其各懍遵，切切特示。

示諭南市戲園認繳北來車輛總捐定章取締文光緒三十四年十月初一日

爲出示曉諭事。照得南市新舞臺戲園定期開演，凡北市紳商乘坐車輛來南觀劇，業由該戲園認繳總捐，暫行免查執照。合將北來各項車輛免查車照地段時刻及一切章程出示曉諭，爲此示仰各馬夫車夫等知悉，務各遵照。後開章程，不得違背。如敢不遵，定將各該馬夫車夫等拘罰。切切特示。

計開

一、凡自乘馬車、行家馬車，自乘車洋車，僱坐車洋車，均准過外十六鋪橋之南。

一、凡前項車輛其過外十六鋪橋迤南至太平碼頭止，此一段内，准予免查車照。如過太平碼頭，仍須照章查照。

一、免查車照時刻，每日自午刻十二點鐘起至晚間十二點鐘止，非在時限内，仍須照章查照。

一、北來車輛，只准從外十六鋪橋朝南，不得從裡十六鋪橋朝南。

一、僱坐東洋車至戲園前，一俟坐客給資下車，即行拉往外十六鋪北，不得在橋南停歇，或在路兜攬生意。

一、馬車過外十六鋪橋而南，只准緩行，不得争先疾馳。一俟坐客下車，須認定本局牌示停車處挨次停歇，不得任意亂停，並不得停過太平碼頭。

示諭包收垃圾船照費核准前人續辦一年文光緒三十四年十月十七日

爲示諭事。據商民孫桂林稟稱，竊總工程局浦江船隻免裝垃圾照費，前由商人稟懇認辦，月繳洋五百二十元，仰蒙准諭，與徐順榮合充一年爲期等因在案。溯自上年十一月初一日起承辦以來，恪遵定章，按月預繳，從無貽誤。現值承辦期滿，理合稟請核示，乞仍照上年原額俯准續辦一年。再，原案合辦之徐順榮現已不願再充，故由民一人具稟，合併聲明等情到局。查承辦免裝垃圾船照費原定一年爲期，期滿更替。該商民辦理一年，尚屬妥慎，自應准予續辦一年，以資熟手，當經批示照准。並據該商民取具聚和生記保狀前來。除給諭外，合行出示曉諭，爲此示仰渡船管幫、灘船埠頭、各碼頭渡船夫頭及渡船、灘船、柴糞船人等一體知悉。本局運卸垃圾及給照收費，於十一月初一日起，仍歸孫桂林一人承包。爾等務各遵照向章，領照納費。如有抗違避匿及以大報小等情弊，定當提究。如該商民於照費外别有需索，亦准來局控告，以憑究辦。其各懔遵，切切特示。

示諭十六鋪橋迤南沿浦填築木駁移讓泊船文光緒三十四年十月二十日

爲示諭事。照得本局准照濬浦總局所定浦岸界綫自十六鋪橋起至大碼頭一帶填築木駁，業已動工。現在挖泥釘樁工程正值緊要，所有停泊該處船隻，均應挨次移南，以免有妨工作。本局除築駁外，並籌款另建小碼頭，亦所以便人貨上落。合行出示曉諭，爲此示仰沿浦各船户人等一體知悉。此項填築工程現在吃緊之際，務各將船迅即挨次移南，勿稍延緩，致誤要工，切切特示。

示諭國喪應行持服輟樂停止嫁娶文光緒三十四年十月廿四日

爲示諭事。接奉道憲照會内開，本道祗奉電傳上諭，驚悉大行皇帝龍馭上賓，曷勝哀痛，應即先行摘纓素服，俟遺詔頒到之日，再行舉哀成禮等因，並奉上海縣移開。現奉京電行知，哀悉大行皇帝於十月二十一日酉刻龍馭上賓，應俟恭頒遺詔，謹查定例内載應，由禮部恭鐫謄黄頒發各部院、八旗衙門暨順天府等處，其盛京所屬各衙門，及新疆等處，並城守尉等衙門，具交陸軍部，轉發至各直省督撫等衙門，向例派員賫送詔書。至日直省文武各官率紳士耆老摘纓素服出郊，跪迎至公署安設，行三跪九叩頭禮，跪聽宣讀，畢立舉哀，復行三跪九叩頭禮。文武官均成服二十七日，三日内率紳士人等朝夕舉哀，命婦等亦穿素服二十七日。直省官員百日内不作樂，官員軍民人等以宫中大事之日爲始，均百日不薙髮，轉行遵照等因。奉此，除先行出示曉諭並照會法、英、美三領事查照。俟恭候詔書到日，另行移知外，合先移明，爲此合移煩爲查照，希即一體出示。於十月二十三日起先摘冠纓易素服，不薙髮，不作樂，停止嫁娶，聽候遺詔到日，再行移知，並祈諭禁各戲館停止演唱等因。合行出示曉諭，爲此示仰諸色人等一體知悉。務各懔遵毋違，切切特示。

示諭浦江船户徵收船捐核准前人再辦一年文光緒三十四年十二月二十八日

爲出示曉諭事。照得本局船捐於上年十二月間由駁船總管幫朱坤稟准續辦，承收包繳，按月預繳捐洋一千九百二十元。今又一年期滿，本應易人承包。兹據朱坤稟稱，自認辦以來，照章收捐，並未抑勒生事，仍願蟬聯續辦。惟收數短絀，請照前認之數再行核減等情。當經批示，核減捐數，本屬未便，既據歷陳收捐困難情形，姑准酌減，著按月准繳捐洋一千九百元，不得短繳，仍行接辦一年等情。即由該總管幫加具求新廠保狀前來。除給示外，合行示諭，爲此示仰浦南大小各幫船户知悉，所有各色船捐自明年正月初一日起，仍歸朱坤承收包繳。爾等均應遵章完納，不得抗違，有礙捐項。該埠頭亦當照章抽收，不得加派抑勒，致干未便。恐未周知，合行曉諭，切切特示。

通告預防鼠疫文宣統元年正月十九日

爲通告事。照得衛生之術，總宜先事防。維有種鼠瘟病，由鼠身傳染及人，最爲兇險，向惟廣東等處有之。近由英工部局查知，已延及上海，業在籌謀捕鼠之法，以遏其原。法工部局亦復通告預防，而我内地鋪户居家尤宜早爲預備。其預防之法，莫如家置一捕鼠機（豫園中向有出賣，可以購置），並家蓄一貓，以期殄滅鼠類，瘟病不致發生，實爲至幸。事爲軀命所關，本局不憚諄諄告我同人幸勿漠視。此外如房屋、廚竈等處，及一切飲食之物，務宜清潔，以免疫癘。若病至而始謀補救，悔之晚矣。特此通告。

示禁售賣有礙衛生寒冷食物文宣統元年四月廿一日

爲出示諭禁事。照得時届夏令，凡有礙衛生食物，業經本局示禁售賣在案。兹復據醫學研究所函稱，現届夏令，伏陰在内，民間飲食偶不小心，易致三陰直中之病，吐瀉交作，傳染即成疫癘。查嗬囒冰凍等水，西人用汽水，内地攤户均以生水灌入。鄉愚無知，乘熱貪飲，爲害滋大。且有涼粉等物盃盤羅列，日曬蠅集，尤爲感暑釀疫之厲階，殊於衛生大有妨礙。敝所考察衛生事宜，責任所在，爲此函請出示嚴禁，不准出售嗬囒冰凍等水及沿途賣冰，一切梅漿等水亦不准攙入冰塊生水。請飭巡查禁等情，合再出示曉諭，爲此示諭所有荷蘭水、檸檬水、涼粉、冰塊、冰忌廉等各物，均不准售賣。其各懔遵，切切特示。

示諭外倉橋行走車輛時刻並取締菜蔬攤擔文宣統元年五月十六日

爲出示曉諭事。照得南區外倉橋晨間菜市極爲熱鬧，街道既形狹窄，車輛又復紛馳，時有碰撞行人、污損衣物等事。合行妥訂新章，出示曉諭，爲此諭仰各項車夫及菜攤人等知悉。兹定於五月二十一日起，凡在早晨六點鐘至十點鐘時候，無論塌車、東洋車、包車、小車，其由小南門往東者，祇准直東過聖賢橋，不得灣北過外倉橋。其由東區新碼頭裏街往南者,只准到王家嘴角,或往東,或往西繞越,不得直南過外倉橋街。自十點鐘後,該處各項菜攤、菜擔,均應一律收進門内,而往來車輛即可照常行走。須知此次改訂新章,本局實爲整頓路政、保護行人起見,其各懔遵,如敢故違,定行拘罰。除由本局警務處通飭東南區該處站巡一律照辦外,切切特示。

總工程局廣告外倉橋街行車新章

一、每日早晨六點鐘起,至十點鐘止,所有塌車、東洋車、包車、小車均不得行走外倉橋街。

一、在上開時候内其有車輛從小南門往東者,只准直東過聖賢橋,不得灣北過外倉橋。

一、在上開時候内有車輛從新碼頭裡街往南者,只准推至王家嘴角,或往東,或往西繞越,不得過王家嘴角南行。

一、過十點鐘各項車輛均准照常行走。

一、過十點鐘所有外倉橋各種攤擔,均須收進門檻以内,不得仍放門外,有礙車輛。

一、此項新章自五月二十一日起照行,如違拘罰。

示諭寧紹商輪碼頭行車規條文宣統元年五月十八日

爲出示曉諭事。照得寧紹商輪公司輪船定期開駛,租定大達公司北首第一碼頭停泊。所有貨客上卸、喚僱各項車輛,其由英法租界直抵該碼頭接送者,業由該公司認繳車捐,暫行免查執照。合將北來各項車輛免查執照一切章程,出示曉諭,爲此示仰各車夫等知悉,務各遵照後開規條,不得違背。如敢不遵,定行拘罰,切切特示。

計開

一、凡英法租界馬車、人力車、貨車、小車往寧紹商輪碼頭接送貨客者,准予免查執照。

一、凡前項車輛南來,只准在大達公司第一碼頭即寧紹輪船碼頭爲止,不得越限往南。

一、凡前項車輛在該碼頭招接貨客時,不得争先攬奪及敲索車資。

示諭寧紹商輪碼頭飭派偵探專在碼頭照料禁止喧鬧滋擾文宣統元年五月廿三日

爲出示曉諭事。照得寧紹商輪公司輪船定期開駛,租定大達公司北首第一碼頭停泊,業經函請本局飭派偵探,專在碼頭照料一切。凡該公司輪船抵埠及開駛之時,所有閒雜人等不得喧鬧滋擾,如違定行拘辦。合行示諭,其各懔遵毋違,切切特示。

示諭吸户購煙牌照分甲乙兩種遵章報名領照文宣統元年六月初五日

爲出示曉諭事。接准拒煙總會轉録上海縣照會,奉蘇省禁煙公所憲札發吸户購煙牌照,分别甲、乙兩種編號,填給牌照,造具名册,定限六月三十日截止,連同照根照費一併繳所等因到縣。合將奉發牌照備文照送,希即按照憲飭各節,查明填給,隨收照費造具名册,於限前截止連同照根照費一併送縣核繳等因。查禁除煙害功令綦嚴,此次頒給牌照時日急迫,亟應趕辦合行示諭,爲此諭仰本局轄内東、南、西三區各吸户人等知悉,務各按照後開摘録憲定章程,於日内各赴本區報名給領牌照,勿得遲延自誤。其各懔遵,切切特示。

計開

一、填給此項吸户牌照,只有一次,以後永不再給。

一、牌照分甲、乙兩種,年在六十以外者,給予甲號牌照,在六十以内者,給予乙號牌照。

一、凡吸煙者,無論紳民男女婢僕,均須將姓名、年歲、住址、營業、吸食若干報領牌照。

一、吸户來領牌照,無論甲號、乙號,凡每日吸煙一錢以内者,須納照費銅元一枚,二錢以内者銅元兩枚,由此遞加,即於領照時隨繳。

一、吸户不領牌照而吸煙者,准人告發,屬實即照所買膏土之價加五十倍擬罰。以五成充公,以五成賞予首告之人,無力任罰者,罰作苦工。

一、給領執照後,應隨身攜帶,以便檢查時作爲證據。

示禁無賴之徒因闢門造謡售賣兜肚符籙文宣統元年六月二十日

爲出示曉諭事。照得近有無賴之徒捏造謡言,謊稱開闢小西門於人家小孩有所不利,於是製造兜肚、印刷符籙,沿途售賣,哄動鄉愚,藉以牟利,殊爲可惡。當經本局密查,拘獲出賣之人,起出兜肚、符籙等件,訊明黄全榮係爲首造謡製賣兜肚,趙培才係爲首製賣符録,各據供稱:因近來生意清淡,想法騙錢,並無别故。其秦壽生、蔡桂生、季桂生均係代爲兜售之人。除分别儆誡並鎖示遊行外,合行示諭,爲此諭仰本局各區居户人等知悉。須知此等謡言,無非無賴之徒爲誑騙錢財起見,切勿輕信。本局業飭巡警偵探,將該無賴等隨時訪拿嚴辦。至居户人家小孩胸帶此項兜肚,原係迷信受愚,本局並不干涉。如有借此爲名,索詐生事,准予扭局懲辦。切切特示。

示諭包收垃圾船照費易人承辦文宣統元年十月初一日

爲出示曉諭事。照得浦南承裝垃圾及包收照費,於上年十一月由孫桂林稟准續辦。現又一年期滿,自應照章更易,兹據船商張幼山稟稱,身向業船捐現悉憲局垃圾一項已屆滿限,爲敢具情承包,每月認繳捐洋六百元,伏祈批示遵行等情前來。據此,當經本局傳詢,所稱承辦運卸垃圾及包收照費各節,尚屬合宜,應准承辦一年。除批准給諭外,合行出示曉諭,爲此示仰渡船管幫、灘船埠頭、各碼頭渡船夫頭及渡船、灘船人等知悉。本局運卸垃圾及給照收費,於十一月初一日起,改歸張幼山承辦包收,務各遵照向章納費領照。如有抗違避匿及以大報小等情弊,定當提究。如該船商於照費外,别有需索,亦准來局控告,以憑究辦。其各懔遵,切切特示。

示諭稽查客棧並發循環簿照章登記文宣統元年十月二十日

爲出示曉諭事。照得南市大小客棧時有窩頓匪類、私賣鴉片、任人燈吃,以及容留婦女夜宿,作出不端情事,干法違禁,壞俗傷風,殊爲可惡。現在本局嚴密稽查,除發給循環簿、著令照章登記外,並飭巡警帶同偵探,按日查察,不得阻撓。倘查有前項情事,定當從嚴懲辦。爲特出示,諭仰大小客棧東夥人等一體知悉。其各懔遵,切切特示。

示諭浦江船户徵收船捐易人接辦文宣統元年十二月二十九日

爲出示曉諭事。照得本局船捐上年仍由駁船總管幫朱坤稟准續辦,現又一年期滿,自應易人承包。兹據商人連錦堂稟稱周知各幫船户情形,情願認包船捐,每月認繳捐洋一千九百六十元,遵章收捐,決不中途求減,懇予核准承辦一年等情前來。查閲認包船捐各稟,以連錦堂認數較多,應行准予試辦三月。如屬妥善,即准承辦一年。復據該商立具認捐切結,並加具懋昌紗號保狀,預繳一個月捐洋一千九百六十元到局。除給諭外,合行示諭,爲此示仰浦南大小各幫船户知悉。所有各項船捐,自明年正月初一日起,改歸連錦堂承收包繳。爾等均應遵章完納,不得抗違,有礙捐項。該商人亦當照章抽收,不得加派抑勒,致干未便。其各遵照,切切特示。

附各控案公牘　小普陀控案

稟蘇松太道瑞翻造舊設二十三七鋪巡防局之小普陀房屋改爲南區分辦處文光緒三十二年十一月廿一日

敬稟者。竊董局於閏四月間稟准憲台,設立南區分辦處,推放警察,即就舊設二十三七鋪巡防局之小普陀設立局所。嗣以局房尚須大加修理,暫借商船會館之北廳作爲辦公之所,均於五月間具稟陳明在案。查小普陀係破落舊廟,向無僧人在内,自巡防局撤除後,該廟房屋破壞不堪,非重行翻造不可居住。當於本月二十日將佛像遷移,僱工拆卸。詎忽有僧人永清招集僧徒五六人任情阻擾,經南區區長親往勸諭,該僧等出言無理,動蠻逞兇,當即拘解到局。該僧永清身繫妃色縐紗腰帶,此等服色,斷非僧人所宜,其爲不守清規可想而知。業經裁判官審訊責押,以儆兇頑。現在小普陀房屋業已動工翻造,當於明年春間完工,即爲南區分辦處辦公局所。爲特備由,稟祈察核,備案施行。實爲公便,肅稟。

蘇松太道瑞來函據小普陀寺僧稟控糾衆毁佛飭查明具復文十一月二十二日

敬啓者。頃據小普陀寺僧人永定等以糾衆毁佛、濫用非刑、仗勢欺壓等情來署稟控。查欽奉諭旨,各省祠廟不載祀典者,苟非淫祀者仍其舊,毋庸改爲學堂等因。又奉學部咨行,凡僧徒有願將寺産興學者,一律稟明提學使立案,酌提幾成充學堂經費,酌留幾成充該寺香火。自立案之後,優予保護,無論何人,不得勒捐等因遵照在案。寺産興辦學堂,尚須出自僧徒情願,不得稍有强佔,其他更無論矣。本年閏四月間,貴局推放西門巡警,來文雖有就舊設保甲局之小普陀設立局所,並有將神像移置别廟之議。然該寺既有僧人承糧管業,果欲實行,以全地方公益,總應商議妥洽,庶免藉口。若如所稟,仗勢欺壓、搶毁佛像各節,未免有失文明,且非所以息事寧人之道。惟詞出一面,是否屬實,穆湘瑶平日辦事究竟如何,既據並稟督憲,自必行文查辦。特將來稟抄佈,即祈諸公從速查明,秉公妥理見復,切勿稍有虚飾,爲人受過,是爲至要。

附抄稟

具稟小普陀寺僧人永定、光参、學庵、奎愚等稟，爲糾衆毁佛、濫用非刑、仗勢欺壓、迫求伸冤事。竊僧等歷代承糧管業之小普陀寺，被工程局莫董以租借駐防所爲名，勾串革命黨，現爲警長之穆湘瑶私與業盛公司訂約，毁改民房作産等情。曾由僧等具稟在案。未奉批示，自應静候。乃該董等玩弄官長是其長技，非惟强佔，突於昨日糾領江北流氓百餘人及通班探捕等來廟，强將佛像搶去。僧師弟永清等見此情形，竊思凡事須遵國法憲示，今小普陀未奉明諭，自當敬遵明詔暨學部新章一律由官保護，上前理問。乃該董等蠻不講理，不待言語，竟喝令探捕等强將永清及寺僧驥良、寬如、廣川、道高等五人强拖硬扯，辱駡毆打，並將永清頭面打破，血流如注，扭至工程局受押。旋由裁判官提訊，不問是非，亦不驗傷，横將永清戒責二百五十下，手指俱血，判令收押，驥良、寬如各責五十下釋放，廣川、道高斥釋。及至出來，五人身畔所有之銀洋表物均被搶去，屢向索還，置諸不睬。似此仗勢欺壓，既奪寺産，又責僧衆，實屬暗無天日。際此立憲預備時代，豈勢惡之權宜若此者？僧等佛事外出，未與斯難，驚悉奔回，已遭奇禍。因此情急萬分，除詳稟督憲外，爲敢迫求大憲大人俯賜恩准立飭局董，將僧人釋放，寺産交還，俾雪奇冤而遵部章，不勝迫切，惶恐之至。沾仁上呈。

稟蘇松太道瑞陳復小普陀房屋改建南區局舍緣由請懲僧徒誣控文光緒三十二年十一月二十四日

敬稟者。竊奉鈞函，以小普陀寺僧稟控一案，飭查明妥理先復等因。奉此，查小普陀前面房屋向設廿三七鋪巡防保甲局，歷年已久。其後面房屋爲滬學會，並附設義務小學堂。當南區開辦時，初擬將房屋大加修葺，爲南區辦公處及巡士住宿之所。嗣經察勘，見房屋窳朽已極，且南區辦事及巡警人等共有百數十人，斷不敷住。並須設立選舉廳，爲選舉之所。而滬學會及附設之學堂，亦必爲之位置，通盤籌畫，必須重行翻造。因商明滬學會及小學堂統行遷出，而南區暫借之商船會館北廳於明年亦須開設學堂。董局款項支絀，萬不得已，因向業盛公司商借銀萬餘兩，爲改建之需。該屋椽柱欹側，勢將倒坍，佛像亦大半脱落，向無僧人居住，亦無香火，人所共知。從前曾當二十三七鋪保甲委員者尚有其人，一問便知。且紫霞殿僧人奇緣於本年六月十七日曾於電燈公司案内具稟憲轅内稱，僧在紫霞殿出家，繼因廿三鋪内之小普陀禪院乏人照管，兼當住持兩寺，均係枯廟，寺屋之外，别無恒産，亦無香火之資。本年四月，因南區開辦警察，僧以警察爲當今要政，事關公益，當時全廟清讓，交董收管，並未議租，亦未提及銀錢二字等情在案。其稟中曰乏人照管，則小普陀本無住持可知，曰均係枯廟則破舊可知，曰亦無香火則無人進香可知，曰全廟清讓交董收管則全數歸總工程局收管可知。此皆出於兼管該廟之僧人奇緣自己申明，自己情願具稟在前，已成鐵案。董局且未有抑勒情事，安得而云强佔，且事隔半年從無以此舉爲非者，乃於本月二十日拆卸該屋時，忽有僧人永清糾集無賴僧人七人，聚衆阻撓。經南區區長兼警務長穆紳湘瑶理説，該僧等竟將穆紳圍繞揪毆，經巡士瞥見解圍，始將五僧拘送到局解。經裁判官審訊，驗得該僧永清身繫楊妃色縐紗腰帶，足穿挖嵌緞面鑲鞋，顯係不守清規，並敢聚衆滋鬧，阻撓公益，尤屬不安本分，當判責手心二百五十下管押，其餘釋放。此小普陀先由奇緣僧情願清讓，復經永清僧無理滋擾之實在情形也。至於穆紳湘瑶心地光明，識見超卓，樸實勤幹，剛正不阿，爲辦事界中不可多得之人。此次南區改建房舍，由董局公商議定，非穆紳一人所能專主。今僧永定等稟中控砌情節，並指穆紳爲革命黨，是目董局辦事諸人皆爲革命黨也。以大辟之罪平空栽陷，務請迅賜將該僧等發縣嚴訊，務令指出確據。如無確據，例應反坐，應請照例辦理，以彰公道。總之，小普陀全廟清讓，交董收管，早經兼管該廟之奇緣稟明憲案，無可改易。而改建局舍爲地方自治必不可少之需，且係照案而行，並無不合。今永清等不知係何處流僧，輒敢出頭硬霸，若不嚴行懲儆，則地方公事從此不可爲矣。兹奉垂詢，用敢據實直陳，伏祈察核，迅賜施行。董等不勝惶悚迫切之至，肅稟。

蘇松太道瑞復函勸慰穆紳照常任事文十一月二十六日

敬啓者。頃展大牘，拜悉種切。查穆紳不避勞怨，辦事實心，鄙人敬佩久深。而前函必須逐一查詢者，因該僧既已並稟，督轅難免行文飭查，欲藉公論切實申復耳。凡此下情，諸公定能鑒及。且若輩肆口雌黄，在穆紳初無損於毫末，務祈轉致俯念地方爲重，照常任事，以副大衆之望，切勿以此介懷，是爲至禱。尊處前此來牘，以小普陀寺破落，舊廟向無僧人。即該僧等續稟稱，寺旁民房及本寺田單抵押在外二十餘年，本利未償，無恒產而又乏香火，棄之勿顧，無人接管，不啻自發其覆，則永清等僧顯係代管之紫霞殿住持劣僧奇緣設法招來，從中唆使，殊堪痛恨。昨已行查，並飭提該僧等質訊，澈究辦理矣。除俟復到即將詳細情形稟報兩院憲外，專佈。

呈上海縣王陳復小普陀房屋改建局舍誣控案情文光緒三十二年十二月二十四日

爲呈復事。竊奉照會内開，奉道憲批發，李鴻進等具控一案，飭查勘究報等因。除遵辦訂期本月二十一日詣勘，相應抄稟照會，即希届期隨縣查勘。一面查明具稟之李鴻進等有無其人，是否實係列名，抑係被人捏冒，並望按照控情一併復縣核奪，幸勿稍稽等因。奉此，查小普陀雖有紫霞殿僧奇緣兼管，向無住持，亦無僧人居住，平時並無香火。其前面房屋向設二十三七鋪巡防保甲局，歷年已久。後進之淨業堂，原係花業舊産，嗣後設滬學會，並附屬小學堂，從無僧人干預。本年五月初十日開放南區警察，曾由董等先於閏四月二十日稟明道憲，即就舊設保甲局之小普陀設立局所。惟須將神像移置别廟，房屋始足敷用等因在案。而兼管該廟之僧奇緣，於本年六月二十七日具稟道憲内稱，僧在紫霞殿出家，繼因二十三鋪之小普陀禪院乏人照管，兼當住持。兩寺均係枯廟，寺房之外，别無恒產，亦無香火之資，本年四月間，因南區開辦警察，僧以警察爲當今之要政，事關公益，當將全廟清讓，交董收管，並未議租，亦未提及銀錢二字等情亦在案。是全廟清讓實出於僧奇緣之情願，並未有所抑勒。董等自收管後，初擬將房屋修葺，爲南區辦公及巡警人等住宿之所。嗣經察勘，見房屋窳朽已極，勢將倒坍。前面兩進門牕俱無，兩面廂樓椽柱欹側，將次坍下；第三進尤其破爛，屋上瓦花盈咫滲漏不堪，神像亦大半脱落。且南區辦事及巡警人等共百數十人，斷不敷住。並須設立選舉廳爲選舉之所，而滬學會及附屬小學堂亦必爲之位置。通盤籌畫，必須重行翻建，深苦經費難籌，因向業盛公司商借銀萬餘兩，爲改建之需。此實爲南區地方經營佈置萬不得已之苦衷。乃十一月二十日正在移置神像時，忽有僧人永清糾無賴僧人七人，聚衆阻撓。經南區區長兼警務長穆紳湘瑶親往理説。該僧等竟將穆紳圍繞揪毆，經南區巡士瞥見，趕即解圍，拘獲五僧，解送總局裁判官審訊，驗得該僧永清身繫楊妃色縐紗腰帶，足穿挖嵌緞面鑲鞋，顯係不守清規，並敢聚衆滋鬧，阻撓公益，尤屬不安本分。當判責手心二百五十下，其餘二僧責釋，兩僧釋放，此小普陀先由僧奇緣情願清讓，復經僧永清等無理滋擾之實在情形也。今李鴻進等稟中所稱，永定、朝山未回，永清年幼無知，託奇緣代管一節。查小普陀久無住持，由奇緣兼管，業經奇緣自己稟明道憲在案。永清爲奇緣之徒，永定本無其人，因唆訟者先代奇緣繕稟有全廟清讓交董收管之語，無可斡旋，便串出無賴僧人冒充永定爲奇緣之徒，出而争訟。又稟中所稱，本年四月間由莫董誘奇緣至局，因團防裁撤，以租借修改駐防所爲名，逼令遷併小武當一節。查巡防局改爲南區局舍，曾稟明道憲有案，何待借以爲名？奇緣向住小武當，何用誘來，亦何用逼令遷併？事理顯然，豈容憑空捏造。又稟中所稱莫董挾公稟之嫌，函請汪升憲驅逐一節。查奇緣之不守清規，永林、永清之素行無賴，人所共知。即如私押廟産一事，歷有案據可稽。該職等稟中亦復敘及，豈尚不以爲非耶？又稟中所稱改建駐防所數間，餘造市房，期滿收回即爲恒産一節。查改建局舍，無款可籌，因向業盛公司商借萬餘金，本息按年匀計歸還，局中尚須按月籌貼租息，滿二十年後收回，仍以地方公産作地方公用。現在無非爲後之辦事者計，並無一毫私意存於其間。若謂爲恒産，試問誰人可得，而有之何足以此爲詬病？又稟中所稱十一月二十日莫董偕穆紳戎服佩刀，開館轟毀佛像，敬供之萬歲牌亦被劈燬無遺一節。查是日職董錫綸隨同職董鍾珏在總局辦公，並未離局。至午膳時始知有南區解送僧人滋擾一案，請裁判官審訊之事。穆紳於是日晨間本在南區辦公，聞有僧衆滋擾，即徒步而往，善言開導。詎永清竟將穆紳揪毆，謂須同見道憲。僧衆即圍繞而上，固結不解，後由巡士見之，始拘獲五僧，當即同至局中，安有開鎗轟燬佛像之事？寺中並無萬歲牌，安有劈燬之事？在該職等不知挾何讐恨，以爲如此措詞，必足以致人於死地，殊不知誣告人罪，例應反坐，斷不能任其肆意栽陷。道憲批語謂其平空添砌，以圖嚇制，實已洞燭其奸。又稟中所稱永清頭面打破一節。永清到局時，頭上並無傷痕，及解送鈞案，頭上亦毫無傷痕可指。統核該職等所稟各節，均係平空捏造，羅織成文，難逃明鑒。總之，此案小普陀改爲南區局舍，移置神像於别廟，由董等稟明道憲在案。而全廟清讓交董收管，亦有奇緣稟案可憑，事屬因公，並無不合。僧永清實係無理滋擾，僧永定又係串令出場，應請分别從嚴懲治。至李鴻進等既捏控職董錫綸各節，又指穆紳爲革命餘黨，直欲陷人以大闢之罪，應如何究報之處，並候鈞裁。所有遵復情形，合行呈祈俯賜察核施行，實爲公便。再，李鴻進等稟内列名之人有無捏冒一節，敝局未便飭查，合併陳明。謹呈。

稟蘇松太道瑞小普陀基地改建南區分辦處局舍請過立總工程局户名文光緒三十三年三月二十一日

敬稟者。竊小普陀房屋改建董局南區分辦處，業奉照會，以奉督憲批示以案既查無强佔情事,應照前詳辦理等因。現在小普陀改建局舍,不日動工。所有該廟地基原户名梅元一,計地四畝四釐七毫,應請飭縣過立總工程局户名,以憑承糧管業。爲特備由,稟祈俯賜察核,轉飭施行。實爲公便,肅稟。

移建電燈廠控案

稟蘇松太道瑞陳復移建電燈廠並無煤煙火患之妨礙文光緒三十二年六月初三日

敬稟者。竊董局電燈廠改爲股份公司,添購電機,移建廠屋於小武當,即十六鋪駐防所之紫霞殿,所有辦理情形,曾於本年四月二十二日稟奉鈞署批准立案。五月二十四日接奉憲批,大東門外十六圖職員楊禮仁等五月十三日公稟,以據稟電燈公司機廠改設十六鋪小武當種種不便情形,是否屬實,當兹未經改設之前,自應詳加審度。既爲振興商務,亦須體貼輿情,究以何處爲宜,希總工程局查明,籌度辦理具復爲要等因。連同原稟,發交前來。董等當即會閱原稟,如稱電廠機器動力聲嚮如雷,晝夜不息,鋪户居民通宵達旦,勢難安枕一節。查電燈機器現有新製照舊製者約小數倍,雖略有聲響,而將機房關閉之後,外面可不聞其聲,斷不至擾人清睡。又原稟稱煙通高聳,煤煙星火隨風飄颺,設遇風高物燥,致兆燎原,爲禍奚堪設想一節。查各機廠砌設之煙通本須高十餘丈。董等再四考求,得外洋新式鐵製煙通約高四丈有餘,位置時令與屋齊,並不高聳,且煙通中另有機器,能將上衝之熱氣迴旋而下,反覆用盡,餘熱且無,安有煤煙星火隨風飄灑?又原稟稱英法租界電燈廠均設在偏僻處所一節。查英界之穿虹浜法界之打狗橋附近左右均有店鋪居户,並非在偏僻之處,且租界機廠林立,如繅絲、紡紗、織布、打米、磨麵等廠,大半貼近民居。其機器馬力,較此項電廠大逾數倍,亦未聞星火貽患之事。又原稟稱電廠設此可省費用專計私利不顧治安一節。查此項電燈原爲公益起見,燈多則費鉅,燈少則費省,豈有設廠在小武當即可省煤斤費用之理?總之,電廠之設,燈綫四散,斷不宜於偏僻之地。至於火燭隨處宜防,電燈廠之決不至貽火患,當爲人所易曉。董局於未奉批示之先,曾據該處紳商鋪户分别函稟,業將以上情節剴切佈告。兹奉前因,理應具復,並將原稟申繳。至該電廠業已動工,合併陳明。肅此,稟復。

批:來牘閲悉。惟現據居民鋪户張忠安、洪彬文、老聚興、恒生茂等一百零四户,以電燈廠設在紫霞殿即小武當有五不便情形來道具稟。是否屬實,抑爲寺僧暗中嘱托,有意阻撓,候派員覆加查勘,再行核辦。此復。六月十二日。

呈上海縣王請詣勘移建電燈廠並提究捏詞妄控文光緒三十二年七月初七日

爲阻撓公益,捏詞妄控,呈請澈究事。竊電燈一項,照耀通明,既便行人,復免火患,而又利於夜間巡緝與警察尤極有關係。此實新政之要圖,地方之公益。本邑電廠向設在小東門外之行仁碼頭,偏在浦灘,諸形不便而機力又甚小,是以街衢之燈僅設新老馬路及大東門外大街裏鹹瓜街而止。董等於上年十月十五日接辦總工程局後,亟圖將電燈推廣至城内及西南門外,因於本年四月間招集股份向外洋定購機器,並擬將電廠移建於大東門外十六鋪,向爲警察駐防之紫霞殿,曾經稟奉道憲瑞批准並呈蒙前廉汪出示禁約在案。詎動工之後，住附近之楊峙屏、沈上之等恐有煤灰飛入伊家，極力阻撓，因倩趙積卿爲刀筆，捏砌多名屢赴道轅架詞妄控。其所謂不便之處，均屬子虛。試觀租界機廠林立，從未聞煙通火星飛出、致兆焚如。即敝局舊電燈廠設立多年，亦從未有遺火之事。如果電廠爲害人之物，則此處不可設，别處亦不可設。而舊廠之三面有民居者，勢必亦行停止，以免貽害於人。蓋電廠燈綫四散，必須近市，斷不宜於空曠之地。該處紫霞殿地勢適中，燈綫引入城内亦較便利，實無别處可以移易。此案既奉道憲札發鈞署，自應静候諭勘。惟楊、沈等及爲首具名之人，歷陳不便，是否確有見地，應請先行飭提到案，詳詢情形，並令指出上海機廠煙通火星遺火之事究有幾起、究在何處，如實屬有害，則以後或止或辦，庶幾較有把握。是否有當，伏祈俯賜察核施行。再，紫霞殿住持僧奇緣及其徒永林向素不守清規，已奉前廉汪限令三日驅逐出廟。現該僧等尚盤踞在廟，應請迅賜飭逐，實爲公便。謹呈。

呈上海縣王具送内地電燈公司節略文光緒三十二年八月初五日

爲遵飭具復呈請核轉事。竊董等接奉照會，以據十六鋪中段紳商汪茂培條陳十六鋪小武當改建電燈公司種種不便情形，開摺呈鑒，計送清摺節略三件，請爲俯念輿情，仍請遷地前來。查前據該紳商等聯名具稟，業經照請轉告公司妥議復核在案。兹據前情，合行檢同原呈清摺節略，一併照送，爲此照會，請煩查照，希將送來摺件迅交公司按條妥復，以憑核明，轉請道憲示遵。計照送請摺節略三件，仍即隨文送還等因。奉此，遵即將原呈清摺節略等件轉交電燈公司，詳細核議條復。惟董等披閲發下稟件，其中雷同複雜之處甚多，而大旨不外設電燈公司强佔廟産、事多危險、旁無溝池、擾人夜睡等四端。該紳商等似於事理尚欠明白，於電學更無門徑，遽以此無根之談形諸稟牘，實屬有意纏訟，阻撓公益。兹據電燈公司開具節略，逐條駁復前來。合亟送呈，伏祈俯賜察核，轉請道憲批示祇遵。實爲公便，謹呈。

計送節略

謹將十六鋪紳商汪茂培等環訴小武當建設電廠不便情形逐條辨正，開具清摺，呈請鈞覽。

一、電燈公司自開設創辦至今，從未存謀佔廟産之心，故議會公決之後，屢次與住持僧奇緣商定，或租借或移建，彼此允洽。乃稟奉道憲批准，並奉前廉出示曉諭，然後興工拆卸。詎該僧於拆卸後，忽改初議，意存挾制，甚至奪器毁廠，揭帖毆匠，種種無理取鬧，實出情理之外。公司之意，祇在租公地以謀公益。廟地爲僧産可租，爲公産亦可租，並不據廟産爲己有，何嘗有背商律，而商律亦未載不准租借廟産之條。且以總工程局全體董事謀南市商業之發達，始議及擴充電燈，乃爲一淫昏無賴之劣僧運動紳商出而阻撓。又復自行迭次稟控總工程局，局董不予深究，而尚以爲專制，殊爲不解。豈該紳商等意中一行立憲即可不守法度，任性妄爲耶？

一、創設電燈廠無不在極繁盛極富有之區，以免各種油燈之危險，正所以保地方之治安而助商務之發皇。稍明事理者無不知之，乃忝爲紳商，反捏砌種種之詞，以聳聽聞，不知其命意何在？查英國新法蔭苴司忒機括煙通能將煤火餘熱反覆用盡，又能使進爐空氣收其餘熱,既省糜費,又免危險,其法甚秘。故一煙通之價需銀六七千金,上海訂購此等煙通者祗有三家,現均未到。亦何怪該紳商之詫爲飾詞,若"無空器勢必肇禍"等語,尤爲杜撰,查此種電氣全恃金類磨擦而生,一接一斷,一推一吸,正負互易,即生附電,愈積愈濃,以至飽足。數之多寡,以盎批耶計之,電之濃淡以話而次名之。電遇其空毫無阻力,光更明顯,實無必需空氣之理。且空氣無處不有,人無空氣即難生活。假使因屋宇鱗櫛便無空氣,則鬧市將無人類,豈非笑談?惟在廠料理電機及廠外修整桿綫之人,若不謹慎從事,必以身體觸電斃命,然亦從無害及路人者。或遇疾風迅雷,外電與内電相激,電機立壞,是名亂流。近來避雷之法日見精密,故害亦絶無。至謂"街名篾竹,竹木縱横,即易焚燒"等語,查該處店鋪户有煙通,煙通有大小,火星無大小也。甚至該處嘗將竹頭、竹花隨地生火,以烘灣竹器者,豈不危險更甚?英租界穿虹浜之燈廠,西面與民居店鋪密切,北面大煙通與有恒里居民店鋪相距甚近,亦從無失慎之事。

一、大凡機廠用汽爐引擎者,必藉水化汽以生力,故有水櫃或水池以儲水,備爐中之缺乏,開溝渠以洩汽機之餘水。其池櫃、溝渠之大小,視汽爐每小時化水之加侖數而定。本公司燈汽洋匠所繪之圖,本有預備水池之式,須將汽機裝好,然後因地開挖,斷無有强拆民房、以鄰爲壑之理。且英界燈廠可燃燈五六萬盞,較之本公司燈廠有十餘倍之多。其但立麼係用方嘐之交流電,較之法界用直流電,其猛烈之性子加十倍,所用之水自然更多,約計日需數十萬加侖,用自來水不上算,因挖地埋大鐵管以引河中之水,使其曲折緩流,以待澄清而用之。目前尚未工竣,水溝益覺其多。本公司燈廠機輕燈少,用水不多,一切辦法自不相同。

一、燈廠轉動生電之機名但立麼,每分時轉三百餘轉,在初開未快時稍有臬兀之聲,迨九點以後機行快利,在廠之人祗聞敷敷之聲,至廠外其聲更微,何至擾人清睡?且老電燈廠設立已久,左右鄰居亦從未聞以機聲震動致有擾睡之言。

一、燈廠既用自來水以免汽爐積垢,再於街中做一大水溝,以洩汽機餘水,並無不便,無須臨河。其煤炭運費所省甚微,若離市太遠而多糜電料則得不償失。至擴充一層,試問該紳商能預計以何數爲足額,目前如何方能一勞永逸,此事關係經濟問題,斷不能徒托空言。至謂"將來恐無人肯用電燈,勢必虧折"等語,更爲過慮。董等逆料開辦以後,居民見其有利無害,必能樂用,即今日之反對者,亦必翻然改計。

一、電燈公司資本甚鉅,辦事員役亦有數十人,設有危險,必先受其害。經理者創辦燈廠今已五次,熟知利害,斷不爲損人利己之事。

上海縣王照會飭核估小武當寺屋基地價值文光緒三十一年十月初三日

爲照會事。奉道憲批本縣稟委勘小武當廟改設電燈公司情形由。奉批:來稟、圖均悉,電燈公司擬設機廠之處,既據勘明,四面俱有空地,並不緊接民居。工程局董答復各節,引證辦法,亦復確實詳明,自無所用其瞻顧。惟該縣既謂輿情尚未悉洽,應即查照局董辨明各條,妥擬告示,剴切曉諭,以期盡釋羣疑。至寺屋基地擬分二層核估分撥,事屬可行。汪紳等稱該寺重建造價不敷，另將市屋抵銀一節，核與寺僧所稟將單抵押修造不符。即前此職員楊崇禮所稟抵受廟産賣據計洋八百元，亦與僧人奇量所稟借債四千金相差遠甚。應查明契據，認真清理，如應購回者，即就應給寺僧之款動支贖回，連同餘銀交還寺僧收領管業，毋任隱匿花銷。其歸公之地價，仍照前函解道，作充龍門學校經費。仰即遵照，公平核估，以示矜恤，仍將辦理情形報查。此繳，圖摺存等因到縣。奉此，除出示曉諭外，相應抄稟，照會貴紳董查照憲批辦理復縣核轉，望切須至照會者。

計抄稟

敬稟者。竊查接管卷内奉憲札開，據居民鋪户張忠安等一百四户以十六鋪紫霞殿即小武當改建招股電燈公司大拂輿情，歷舉五大不便情形，環求諭飭另遷，札委遵照前往復加查勘，據實稟復察奪等因到縣。奉經汪前令先行訪查，旋據總工程局以該地小武當寺僧奇緣有意阻撓公益，並以該僧等向不安分，函求飭提該僧師徒奇緣、永林到案認明，勒令驅逐出廟。嗣值交卸，未及往勘。知縣抵任之後，即據工程局紳董李鍾珏等以楊峙屏等極力阻撓，遂使居民捏詞妄控，呈求察核勘辦，並蒙憲台批發僧人奇量原稟，仰即核案秉公詣勘，查明情形，並據實復奪等因。遵經傳集亭耆册書及附近原控鋪商居民，訂期於七月二十日會同詣勘，得該小武當廟坐北朝南，前有山門大殿兩埭，現已拆卸，改建電燈公司屋宇，後埭尚存後殿三間，均有樓房，後有披屋、廚灶、坑廁等小屋，現尚居住僧人。查詢該寺基地，據該僧面稟，共有四畝八分有零，單名定一，完糧有串。先被前住持僧於同治初年劃賣九分與郁姓，尚存餘地三畝九分六釐六毫。嗣因該寺失慎焚燬，復由前住持僧將單抵押在外，藉資修造等語。飭據亭耆查丈，僅計地二畝五分七釐，與應存地數短少一畝三分有零，當場飭繪細圖，並飭册書地保督同逐細查軋。隨接見附近紳商人等查問，羣以地狹人稠、禍患難測等詞，請飭移建。知縣詳察地勢，證以各紳商所指陳，雖公事公言，要不無過慮之處。惟既羣疑不釋，即諭令該領袖紳商各將不便設立情形逐細開呈，以便照送總工程局轉致該公司逐條答復，再行定議。旋據該紳商汪茂培等開具清摺呈送，即經照請工程局轉致去後。兹工程局總董李鍾珏等以該紳商具呈大旨不外强佔廟産、事多危險、旁無溝池、擾人夜睡等四端，似於事理尚欠明白，於電學更無門徑，開具辨正清摺呈請轉詳前來。知縣細核工程局答復各節，闡説甚明。各紳商所慮電機危險各條，似亦無庸多辨。第就該公司而論，以十數萬金之資本合數十人之生命，萃於一廠，成毀必先自受，決無輕於嘗試之理。況現擬建之引擎機廠，四間俱有空地，並不緊接民居，更無過事推求。惟既立公司，自應查照公司章程，購地繳價，庶免局外者以佔用公地藉口。知縣前於蒞勘時已揭明斯義，現在輿情尚未悉洽，究應作何辦理，擬繪具細圖，照繕原摺，呈請鈞裁判定。一面大張勸諭，務使盡釋羣疑，以免再起衝突。正在稟復間，適據李紳鍾珏等以該公司願將廟基繳價承買，函請丈明估價照繳等情。知縣管見所及，基地、房屋應分兩層核估，基地價值請撥作地方公用。至廟屋係由僧人建募，似宜酌量估計，撥回該僧等收領，俾昭公允。除飭催册書地保趕將廟基查軋清楚稟復核辦外，合將遵飭詣勘情形,並照繕工程局等具呈清摺,繪具細圖,分别貼説暨估價充公撥領緣由,一併肅泐稟陳,仰祈鑒核俯賜批示祗遵。再,現奉密諭飭即妥爲防範,勿任暴動,並密訪正經商民究竟有無不平之鳴等因。遵又密加查訪,似係不逞之徒冀以危詞聳聽,各紳商習尚文明,似不至有暴動情事,合併聲明,虔敬崇安,伏維垂察。知縣念祖謹稟。

上海縣王函商加增小武當地價保全後殿文十一月初五日

敬啓者。頃奉道憲函諭,以紫霞殿改設電廠,曾囑酌留餘地,俾資僧衆守度,云云。已拆之屋價若干,迅速秉公核估,飭令廠董照繳,勿徇情面核減。時值一面務將後殿妥爲保護,勿任稍爲拆動,仍將辦理情形從速具復,以便彙稟督憲等因。奉此,查此案前准貴紳會同同仁輔元堂紳董分别估價具復,其地價一層核與該處,目前每畝價值二三千元之數,相去懸殊,照轉恐干憲詰,似應按畝酌加,至寺屋僅估後殿披廂而未及已拆之大殿、頭門,亦恐貽人口實,亦應請補估。正擬照會間,接奉憲諭,前因所有未拆之後殿,即請仍舊保全,留爲僧衆守度。本勿稍任拆動,惟將前殿房屋基地分别劃出計算,刻日復候轉詳。除函致同仁輔元堂紳董外,專泐奉佈,即希查照示復爲盼。

致上海縣王函陳復加增小武當地價保全後殿事宜文十一月初八日

敬復者。昨奉台函誦悉一切,謹分條具復如左:

一、已拆之屋價。查該廟山門前殿拆下之木料、磚料,俱由該僧取回變賣,償還宿債。該僧尚在,可以查問。

一、後殿勿拆。查電燈廠機器房現已落成,尚少鍋爐房,必須將後殿拆去改造。若後殿一日不拆,則鍋爐房一日不造,雖有機器亦屬無用,故後殿不得不拆者,實出於萬不得已也。

一、地價原估每畝銀一千五百兩,合之洋元已逾二千之數。來函云該處目前每畝價值二三千元,亦不相懸,應酌加若干,候卓裁核示,電廠無有不遵也。

一、僧衆守度。查該廟僧奇緣夙拚婦人,生下子女,街坊無人不知。其他僧徒無一非煙酒昏娭,此種僧人佛若有靈,亦當怒逐。惟念廟貌雖改,佛像不可廢棄,故特將南門外無主之海音庵爲之修葺,電廠費銀四百餘兩,焕然一新。該僧已於上月初奉諸佛移住海音庵,所有僧人一切之物搬徙已空,並將後殿西首小樓之樓板拆至海音庵,是非但僧衆有守度之處,佛像亦已移設妥貼矣。至現在紫霞殿誦經之僧人,係該僧因後殿屋價未收,轉在他處雇來借誦經爲名、守候屋價者,並無在此守度之志也。

總之,此事繳地價償後殿屋價,係前奉道憲批准,至價值多少,悉候台端核定,電廠無有不遵。惟此次電燈公司之設,實因從前官辦電燈,每月賠銀二百餘兩,機器太少,推廣無從。總工程局自上年接手以來,至九月底止,共支電燈款二千八百餘兩。因此諸董等商議不如改歸商辦,加本添機,乃一有此議。即有洋商用華人出名來説,弟等恐爲洋商隱佔,是以由局董擔認集股興辦,故目前電燈公司之股東皆工程局總董、議董所招集,而承辦此事,亦皆工程局諸人。在諸董擔任之意,實爲地方公益起見。今如此爲難,實可令任事者寒心。現已將此案前後情節開具節略佈告當道,務望我公遵守道憲原批,估定地價並後殿屋價具復銷案。日前弟珏晉謁道憲未見，後晤幕中陳仲舟先生，已將細情詳陳，並懇其轉陳道憲，當可邀准。特此具復。

呈上海縣王議復電燈公司房地價值文光緒三十二年十二月十二日

爲呈復事。案奉照會内開，奉道憲瑞批發小武當寺僧人奇量、樂安等稟，奉批查該寺僧人奇緣及永林劣跡多端，致奉汪前縣驅逐。電廠公司初無强佔寺產之事，現在該公司既在南門外無主之海音庵代爲籌款，修葺一新，則其餘僧衆已得安居之所，務各安分守度，毋得聽人唆使來轅率瀆干咎。至該寺地畝應行估價飭繳歸公，房價姑准償還，已批行分别核議辦理，仰上海縣諭令知之，此批等因。又於初三日奉道憲批發請示原稟，奉批已詳復兩江督憲並報撫憲察核，所有應繳地價及償給之屋價，應即轉商李紳等切實核議，分别加增。本道但期允協，並無成見，仰即遵照等因到縣。奉此，合併照會，爲此照會請煩查照，奉批切實核議，分别加增，刻日將應繳地價、房價一併送縣，以憑轉解給領，幸勿有稽，望速望切等因。奉此，查原估地價每畝銀一千五百兩，合銀元二千元有奇；房價每間銀元一百二十元，其廂樓已作全間計算，合之時價，本不甚相懸。兹奉前因，自應遵照憲批，切實核議，分别加增。爰經會同電燈公司公商，議定地價每畝再加銀二百兩，合成每畝銀一千七百兩。房價每間再加銀元三十元，合成每間銀元一百五十元，係按照時值有盈無絀，無可再加。該地前奉照會，復奉函復，現造工程電燈房並紫霞殿連半街，共計地二畝三分五釐九毫，又南首照墻市房計地二分一釐一毫，共計地二畝五分七釐，共應繳地價銀四千二百六十九兩。該房計十一間，共應繳房價銀元一千六百五十元。除地價先已付交龍門師範學校銀一千兩外，實應再繳銀三千二百六十九兩。據電燈公司分别填票，請爲轉送前來。合將交到銀票，銀元票各一紙轉送，希即察核轉解爲幸。該公司既已繳清地價，應請迅即飭差將後殿盤踞之流僧剋日驅逐，俾該公司全行收管。並查小武當住持本只奇緣一人，具名之奇量、樂安不知爲何處僧棍，竟敢插身多事，列名控告，顯有訟棍唆使，冀圖分肥。惟扛幫插訟，律有明條，應請稟明道憲，將奇量、樂安等僧提案，嚴行懲治，以遏刁風，地方幸甚。所有遵議電燈公司房地價值並轉送票銀等項情由，合行陳復，伏祈俯賜察核施行，實爲公便。再，該地畝分既已復丈準確，乞賜地圖一紙，並希飭承過立電燈公司户名爲幸。謹呈。

稟蘇松太道瑞據電燈公司陳請轉稟飭縣將紫霞殿基地過立户名文光緒三十三年三月廿一日

敬稟者。竊董局據電燈公司報稱，紫霞殿地價銀兩業已照繳，所有該廟基地原户定一僧名下，計地三畝九分六釐六毫，洽修僧名下計地三分。經前上海縣王令飭令亭耆丈見該地現造工程電燈房並紫霞後殿連半街，共計地二畝三分五釐九毫。南首照墻市房計地二分一釐一毫，東首馬姓祠堂基地八分五釐二毫。除馬姓祠堂基八分零係不在應購之列外，兩共計地二畝五分七釐，由縣照會議繳地價在案。兹地價早已繳楚，請轉稟飭縣過立電燈公司户名等情。查紫霞殿地價銀兩該公司既已照繳清楚，自應過立電燈公司户名，俾便承糧管業。爲特備由稟祈俯賜察核，轉飭施行。實爲公便，肅稟。

唐松蟾等控案

蘇松太道瑞照會奉督院札爲查明唐松蟾等控案飭整頓局務文光緒三十三年三月初五日

爲照會事。本年二月十九日,奉南洋大臣端札開,據上海商民唐松蟾、邵廉、黄本鈞、蔡昌盛、張忠安、沈汝福、吴本鍾等稟爲局董怙勢,大吏受朦,激犯衆怒,貽害地方事。竊上海總工程局自去冬設立以來,所辦地方公事有益於商民者十不得一二,不便於商民者十竟有八九。究其所以不便之故,無非以勒捐苛罰、偏袒强佔、非刑責押爲宗旨。在所收鋪民捐,不論大小鋪户,較房捐加至四五倍,且月無定數。民間翻造房屋,讓地不定尺寸,每至落成之際,拘匠頭管押,視罰金之多寡,定讓地之多少。若巡警差探則大半流氓有事爲榮,偶有扭毆等事,不論是非曲直,一味偏袒,動輒苛罰。即誤拘局中,亦須罰洋一二元始釋放。甚有極細之事罰極鉅之款。近如裕泰當罰銀五百兩,秦長順雞鴨行店司罰洋二百元,皆口角細故,而勒罰鉅款。餘如擅拘鄉民、私造刑具、擅封民屋、枉責無辜、活破人婚、庾斃商人、巡捕誘姦反爲成婚。種種紕繆,筆難盡述,稽諸日報,盈篇累牘,而辦事之莫錫綸毫無顧忌,地方官長柔懦畏葸,久被挾制,幾同虚設。自南區招致倡言革命之穆湘瑶爲警務長後,更如虎添翼,欺壓鄉里,魚肉良懦,以致怨聲載道,咒詛紛如。而尤爲人心所不服者,莫如强奪寺産、魚肉懦僧,尼庵私廟姑不具論,南門外之小普陀,香火已千有餘年,東門外之紫霞殿即小武當,香火亦四五百年,部咨所謂地方古跡、鄉民報賽之所,均當酌予留存者。伏讀前年諭旨,各省廟宇不入祀典者,苟非淫祀,無庸改爲學堂等因。去年三月初八日,又奉上諭,凡大小寺院一律由官保護,不准刁紳蠹役藉端滋擾等因。如二寺者,工程局既爲地方代表,當如何遵旨保護,乃不惟不保護,反强奪之;强奪不已,將寺僧誣陷之;誣陷不已,又驅逐之;驅逐不已,又擒至局中,非刑挫辱之。乃其稟道憲文有流僧永清,是否由劣僧奇緣串出阻擾。觀其身束妃色絲帶、足穿挖嵌緞鞋,其爲不守清規、不安本分可知。嗚呼!以服式罪人,則穆湘瑶之割辮西裝、演説革命,其罪孰輕孰重,莫董何以不爲懲治之,而反招致之也?永清是否流僧,只須驗伊度牒,何必欺朦大吏?紳耆據實公稟,道憲反批平空添砌,以圖嚇制爲不合,豈知自受董局之嚇制矣。紳等年半老邁,地方事素不預聞,惟近觀莫董等與紫霞殿小普陀有誓不兩立之勢,豈知地方人民見局董如此横行,大動公憤,與局董亦有不兩立之勢。斯時道縣苟能持平理斷,自可弭患無形。乃積威之下,事事偏袒局董,别人無一是處,將來必致激成大禍,恐崇明之案復見於上海。如有虚言,則可執途人而問之,公論俱在,無難查訪。紳等爰先取道縣詳文,逐條指駁,恭呈鈞鑒,籲懇憲恩提省激究,或簡放兼明公正賢員赴滬密查,秉公辦理。蓋本處道縣久被局董以告退不辦挾制,大人雖嚴札督催,斷不能破除情面。況上海爲通商首埠,當此預備立憲之世,一切新政最得風氣之先,地方自治尤爲各處所觀瞻。今工程局托立憲之名,行專制之實,强權用事,仗勢欺人,不獨貽地方之禍,抑且阻立憲之機。冒昧直陳,罔知忌諱,不勝惶悚迫切之至等情。當以據稟上海南市總工程局種種辦事謬妄情形,如果屬實,尚復成何事體。惟核閲該商民等來稟,語意專注重於紫霞殿改設電燈廠一案。此案前據上海道來詳,業經批令督飭公平核議,妥爲辦結在案。今該商民等竟將道縣詳文逐條駁議,其大意無非爲該僧奇緣等辯訴。此事即使總工程局辦理操切,既經道縣復查,又何至扶同徇飾。且所稟局董勒捐苛罰、非刑責押等事,道縣近在同城,豈竟一無聞見? 難保非羅織多款,意存聳聽。惟控關朦蔽官長、擾害地方,情節較重,若不派員澈查,斷不足以究虚實而昭折服。明晰批示,並札委江守紹杰遵照前往,按照稟控各款,逐一明查暗訪,務期水落石出,據實明白稟復核辦去後。兹據該守稟稱,奉札前因,遵於正月十八日起程前往上海南市,密訪確查。一面調核縣卷,並赴總工程局紫霞殿、小普陀、海寧庵各處察看情形,稍有端緒。今將以上所查所訪各節,謹爲我憲台縷晰陳之。如原稟稱“所收鋪民捐不論大小鋪户,較房捐加重四五倍,月無定數”一節。查總工程局所收捐款,係按鋪户之大小定捐款之多寡,尚屬月有定數,並無加倍勒捐情事。又,原稟“稱裕泰典罰銀五百兩、秦長順雞鴨行行司罰洋二百元,皆口角細故,而勒罰鉅款”一節。查裕泰典一案,因典夥楊景林、范釗與東洋車夫王阿二口角,經巡士排解,互相扭毆,巡士受傷,由工程局罰令裕泰典捐銀五百兩,助徐海義賑了案。又“秦長順雞鴨行一案,因行司驅鴨上岸,致違警章,與巡士口角互扭,罰令行司出洋二百元,助賑結案,亦爲維警政而敬效尤起見。且總工程局原卷内附有籌勸淮北工賑事務所收條兩紙,亦非私罰無據可比。又原稟稱私造刑具、枉責無辜”一節,查總工程局初拆殿屋時,因僧人阻抗滋鬧,經局中裁判員笞責手心事屬有之。稟内所稱“活破人婚、庾斃商人、巡捕誘姦”各節更屬查無實據。惟念總工程局開辦宗旨,創地方自治之先聲。局董率由紳士選充,原不乏熱心辦事之才,祇以局董握有警察、裁判之權,勢力範圍未免過廣,加以所招巡士人類不齊,故與市民衝突時有所聞,以致屢招物議,未始不由於此也。至原稟稱“强奪紫霞殿改設電燈廠”一節,統稟專注重於此,自應研究其始末情由,試進陳之。知府查勘得紫霞殿坐落小武當殿基,南面臨空,北接民居,前東係馬姓祠屋,後東隔升吉里,係泉漳會館,西隔半街。該殿係僧奇緣住持,因總工程局設立電燈股份公司,稟請將紫霞殿拆改爲電燈廠。前殿業經改造,後殿尚未拆動。據該局董稟稱,後面須安設爐房,非拆後殿不可。該廠地價每畝作價銀一千七百兩。每屋一間價洋一百五十元,經上海縣王令飭據亭耆孫熊飛查丈,僅計地二畝五分七釐,應繳地價銀四千三百九十六兩,房屋十一間,計繳屋價洋一千六百五十元。以地價充作公用,半歸龍門學校,撥作經費,半歸師範傳習所建造樓房之用。以屋價一千六百五十元歸僧奇緣自行具領,迄今未經領去。現在唐松蟾等每以所估地價與時價不符,且電燈雖爲有益地方而設,然公司究屬股東私利,未便將僧人自置寺產減價作公司股東產業藉口。是以迭次上控,知府密訪該處地價,以去冬時值計之,每畝得值洋三千餘元之譜,較之所估每畝銀一千七百兩,亦不甚大相懸殊。總之,以地方公產爲地方公益之用,事屬以公濟公,並不爲過。惟此事局董操之過急,衆情未洽,在所不免。而唐松蟾等雖稱係激動公憤,究屬事不干己,插詞上控,亦有不合之處。至小普陀拆毁一節,查該僧奇緣於紫霞殿控案至道稟控,其稟内曾有“光緒三十二年四月工程局因南區開辦警察,將普陀禪院遷讓。僧以警察爲當今要政,事關公益,不敢稍違,當將全廟清讓交董取管”云云。觀此事小普陀係該僧奇緣自願讓與工程局拆毁充公,似與强佔者有别。知府才識短淺,秉性素直,不得不就查訪所及據實稟陳,伏乞鑒核。再,勘得海寧庵前後兩進,每進係小五間,所有佛像均移存該庵。總工程局董且因紫霞殿、小普陀拆毁後,僧人無處托足,擬令僧奇緣等移居海寧庵,以示體恤,合併聲明等情前來。除批上海總工程局之設,原爲官民一體力除隔閡起見,舉凡警察裁判各事宜,均歸經理,自應遇事持平,不稍壓制,以聯合輿情、開通民智爲主義,方可立地方自治之基礎。前據唐松蟾等來稟,頗疑其羅織聳聽,因控關朦蔽擾害,自應澈查虛實,以昭折服。今據查明該局以口角細故,遽罰款至數百兩及數百元之多,未免太過。且所設正副裁判官,係仿照各國文明法律辦理,以期提倡風氣,與有司衙門審訊案件情形不同,亦不應動用笞責,人言嘖嘖,未始不由於此。並據稱該局原定章程,其勢力範圍過廣,加以所招巡士人類不齊,故與市民衝突,以致屢招物議等情。查創設該局原案一切條目,雖歸該局分理,其大綱仍應由道主持。究竟局中規制宜如何設法改良,招用巡士宜如何從嚴約束,仰候札飭上海道體察情形,妥籌整頓,據實核議復奪,以清流弊而符民望。至紫霞殿、小普陀兩案,既係查無强佔情事,應由道將紫霞殿屋價飭發該僧奇緣具領,餘仍照該道前詳辦理。候一併札飭遵照繳印發外,合行札道遵照批飭各節分别辦理具復等因到道。奉此,合亟備文照會貴總董,請煩查照,妥籌見復,以憑查核轉稟,望切施行須至照會者。

稟蘇松太道瑞遵奉照會籌議局務並查明揑控復文光緒三十三年三月十九日

敬稟者。接奉照會以奉南洋大臣端札開,查明上海商民唐松蟾等稟控總工程局一案,飭爲妥籌見復,以憑查核轉稟等因。奉此,伏查總工程局之設,雖以立地方自治之基礎,而董等經辦各事,無一不稟承憲示而行局中規制本分、議事辦事兩綱。遇有應辦事宜,如整理街道河渠、推廣電燈馬路,及有關公益等事,必先經諸議董公議,然後由總董稟明遵辦,毫不能參以私見。裁判一部並不在局董範圍之内,故正、副裁判官稟奉憲台札派,專理訟牘,與辦事經董各分權限。裁判官於案情較輕訊明實有不合者,間或責以手心,從未别用笞刑。而遇稍重之案情,向均移縣辦理。今議改良,惟有請再飭下正、副裁官,嗣後如遇稍有關係之案,即移送上海縣訊辦,以免人言。至警察一科,本有干涉主義,而地方上人自由習慣輒難遵守。董局於巡長、巡目、巡士有警務長以嚴行約束,遇有違犯輕則記過,重則革辦,不稍寬假。而商民人等將巡士閉紥毆辱,實難再袒商民而壓巡士。惟巡警程度未高,自不能不力求整頓。現在續設學堂,業已稟明憲案,嗣後擬將巡士輪班訓練,期於日有進步。以上各節,均係諸議董公同會議,擬請憲台鑒核轉稟等語。諸議董又以議會有監察辦事部,並代表輿論之責任。此次具稟之唐松蟾等既有糾繩之意,深願切實研求。惟察閲姓名僅識沈紳汝福一人,因即致函,請爲轉邀唐松蟾等至城内公益會面晤。旋接沈汝福復函有事屬茫然之語。及本月十三日晤見沈時,據稱具稟之事毫未得知,且伊亦係電燈公司股東。當時因鄰右慮煤煙爲患,確曾列名具稟。嗣悉並無妨害,當向鄰右開導,即不復有言。此次上控諸人,均不相識,惟悉蔡昌盛係十餘齡之童子等語。董等覆加查訪,除沈實不知情、蔡係童子外,唐松蟾等實無其人。是此次具控之人,均係揑冒,顯有挾嫌傾陷情事。伏思總工程局以地方之人辦地方之事,原以聯合輿情、開通民智爲宗旨,且董等喜聞已過,脱有不韙，正賴父老賢豪匡所不逮，乃具控者捏冒姓名，任意羅織，實違願望，擬請明白示諭，嗣後如有控訴，務以真實姓名具稟，庶事可表白，而董等亦獲切磋之益。是否有當，統祈察核施行，實爲公便。肅稟。

平糶控案

稟蘇松太道瑞蘅被誣控呈送甘結懇求札飭縣委提集原告令先具結再行審訊治罪文

光緒三十二年七月十八日

上海城廂内外總工程局駐辦總董、庚子恩貢生、候選直隸州州判莫錫綸敬稟者。竊商民勞春鑅等蘅越控告，錫綸由米董張嘉年串同包買積穀，運至無錫、上礱轉販等情，業奉撫憲批發憲台派委會縣確查在案。伏查積穀一項，由紳董葉佳棠、姚文枬、姚天來等經管，與錫綸毫不相干。此次榮春鑅等越控張嘉年包買常平倉穀等情，一經查明，自能水落石出。至所控錫綸串同包買，不知何所據而云然。如果實有串同包買積穀情弊，錫綸情願立請詳革，照常人盗倉庫錢糧滿貫例治罪，甘受絞候罪名，決不反悔。伏求札飭縣委秉公研訊，如原告所控不實，例應坐誣，應請飭提原告勞春鑅等列名諸人，令其先行分别具。結如果誣告錫綸串同包買積穀，情願反坐於被告甘認絞罪名上照例加三等治罪，切結存案。然後再行訊鞫，以成信讞。並求飭傳經理積穀諸紳董三面質證，期無遁飾，此案務求切實辦理，不勝迫切惶恐待罪之至。除備具甘結外，伏祈察核施行。謹稟。

批：案經行縣，並派委密查，是非自有公論，詎容任意捏誣，應俟復到核明稟辦，仰即知照。此繳。七月二十日。

呈縣文同。

稟蘇松太道瑞捏詞誣控懇求札飭縣委澈查嚴辦文光緒三十二年七月十八日

上海城廂内外總工程局總董李鍾珏、曾鑄、朱佩珍、郁懷智等敬稟者。竊查商民勞春鑅等誣砌越控米董張嘉年先期轉買秈米，把持壟斷。又串同董事莫錫綸包買常平倉穀，運至無錫、上礱轉販等情，已奉撫憲批飭藩憲轉移憲台派委會縣確查在案。查此次辦理平糶，係迭奉上海縣函照，並經紳士稟請議歸總工程局經辦。其時各處搶米之案已層見迭出，因一面託米董張嘉年定購洋米，一面定於六月二十日開辦。當開辦時，洋米尚未到滬，因買棧房秈米先行出糶。上海城廂内外及北市共設平糶局十處。開局後，洋米雖到而糶者甚衆，不敷應糶，復購機廠秈米，以資接濟，而各局仍間有停輟一日、二日以待米者。是平糶之米接濟尚屬不敷，則把持壟斷之説，可不辯而自明。至積穀一項，自有積穀紳董經管，與莫董錫綸毫無干涉。今勞春鑅等無端捏控，任意誣衊，不獨使辦事者人人自危，而於地方自治前途亦大有關礙。董等實爲大局起見，不得不合詞稟懇札飭縣委認真提集勞春鑅等到案，澈查嚴辦，以成信讞而儆刁風。實爲公便，肅稟。

批：案已行縣，並派委會查，應俟復到核明稟辦。此復。七月二十日。

有櫓船户徐初雲控案

上海縣王照會飭查船户徐初雲呈控例外勒索垃圾船免照公費案情文光緒三十二年十一月二十六日

爲照會事。據船户徐初雲等聯名呈稱,身等所駕之出門船,向裝客貨,運往外埠,出外日多,在滬日少,而且船身重大,均有蓬櫓梢棚,不能駛入内河小港,所以垃圾差使例不與役,向歸各碼頭之大小各渡船及柴灘船等挨次輪裝。故自今歲五月間改歸工程總局辦理,之後所出告示,除柴灘船及大小各渡船向有垃圾貼費者按月應繳捐費外,其餘身等之出門船及沙船、航船、窯貨船、木頭船等大號各船,向無垃圾貼費者,並未有分别議加字樣。嗣經夫頭謝金榮認包捐費,亦不向身等各船額外徵收。不料本月十三日有自稱包收垃圾捐之范三毛遍向身等各船例外勒捐。身等因向無此捐名目,均不承認,以致互相争論,扭赴工程總局,着出外理處婉商多日,勒索如故。苦身等各船今歲生意大爲減色,而又米薪昂貴,夥友工食及門户需用尚難支撑,豈堪再加例外之捐,不得已聯名具情同赴工程局求免。誰知静候數日,未奉批示,反將列名之徐上卿、楊福昌拘局管押,具保暫釋,以致身等各船户情急萬分,一律停泊,以待後命。重船不能交卸,空船不得開駛。伏念工程總局之設,原爲便商利民起見,規法租界章程,試問租界船隻水巡捕捐之外,曾有别項捐名否?况局中紳董凡事講求公益,素明公理,决不自違定章,例外誅求,意必被范三毛朦溷所致,若非環求移禁,身等棉力無幾,豈堪當比例外之苛求,永貽無窮之後害?現在朝夜追呼,急如星火,爲此情急聯名,號叩電鑒,訊明迅賜,詳請道憲札飭工程總局,禁止范三毛不得於向無垃圾貼費之身等各船例外加捐,以恤民艱而維航業等情到縣。據此,查此項垃圾捐費從前如何議章抽收,該船户等是否向來免捐,現在范三毛何以向該船户等例外勒索。縣中無案可稽,據稱已赴貴局求免,究竟有無其事,除訊供堂諭外,合行照會,爲此照會貴局,請煩查明案情,照章免予捐繳,刻日議復過縣,以便飭遵,幸毋有稽。望切須移。

呈上海縣王查復抽收垃圾船照費情形並請提究聚衆挾制文光緒三十二年十一月二十七日

爲呈復事。本日奉照會,以船户徐初雲等呈求免繳垃圾捐費一案,飭查明案情,照章免予捐繳,刻日議復等因。奉此,查本邑城内垃圾向係責成渡船管幫、灘船埠頭差雇裝運,每船官價僅一二百文。其不敷之數,由埠頭管幫取之於各船,名曰貼費,每年貼費自兩三元至七八元不等。敝局接辦後,迭據碼頭各船户來局具稟,情願繳納公費,由局另雇船隻,以後求免差使等情。敝局以輿情既屬允洽,且係化私爲公辦法,因於本年五月初六日起另僱船隻裝運垃圾,並分給免裝垃圾執照,於各船分等酌收照費,以作僱船等用。曾於本年閏四月間具呈,並抄船照章程,陳請前升廉汪備案在案。敝局初辦照費時由謝金榮包收包繳。本月初一日起,易令喻恩榮承包。喻僱夥范三毛向南碼頭一帶窯船收取照費。據窯船户稱,已由謝金榮收洋二十元,給發長票,至年底爲止。范以現已易人承辦,仍須照繳,以致南碼頭一帶各船户連日在彼,見有來往各船阻攔不放,謂須會同屏去垃圾捐始罷。其被阻之船，復紛紛來局訴稱，與伊等無關，請爲諭令放行。當飭偵探，勸諭不依，並知徐等已赴釣署稟控。敝局定章，本但收各渡船及灘船向有貼費之船，於出門船、沙船、衛船、航船、窯貨船、木頭船等本不收取照費。此次范三毛向窯船收取，原係仍謝金榮之舊。惟謝既出長票，范即不應向收，致滋事端。已諭令承包之喻恩榮將范斥退，另僱妥人接辦。惟徐等聚衆挾制，凡來往之船一併勒停，勸諭不依，目無法紀，其具稟列名之外，尚有棍徒唆使，即謝金榮、徐坤發、楊毛毛等均在其内，應請一併提案究辦，以儆刁風。至徐等所稱先赴總工程局具稟求免，静俟數日，未奉批示等情。敝局並未收有稟詞，何從批示？合將收取垃圾照費情形，據實陳復，伏乞俯賜察核施行。謹呈。

稟蘇松太道瑞陳明裝運垃圾情形並請示照費應否停收抑仍續辦文光緒三十二年十二月二十六日

敬稟者。竊垃圾照費一項，曾於上年稟陳船捐案内一併稟明憲案。查上海城内外垃圾，除僱夫掃除挑運外，須用船裝載，從前官辦時定章由各碼頭渡船及柴灘船輪值供差，均責成船埠頭總管幫及灘船埠頭按時差唤。其不願供差者，則年出貼費，由渡夫頭另行僱船承值。厥後，各船一因垃圾污穢，一因耽誤生意，大半願出貼費。惟向來城内外垃圾挑除後均堆積各城根，逢每月初二十六日兩大潮汛始可裝運。届時由管幫埠頭責成渡夫頭四出捉船，擇未出貼費之船迫令承裝。有賄免者，有終不能免者，名曰捉差。其捉差之船，每裝垃圾一次，給工食錢二百文，小船給工食錢一百文。前馬路工程局所僱常船一隻，亦責成管幫埠頭差僱，每日每隻亦給工食錢二百文，均須九五核扣。而管幫埠頭因承值差使，尚須於每百文内抽用二文。其所僱常船，每日每隻實需洋銀五六角，不敷之數，即以貼費彌補。此歷來辦法之實在情形也。董局接辦後，凡裝垃圾之船，給竹籌一枝，憑籌發錢，毫不核扣。其管幫埠頭於每百文内應得之二文，另外給發，弊竇稍清。繼思差僱終非所宜，且訪聞貼費每年每船出至五六元、七八元不等。而偶遇捉差而賄免者，亦出至三四元、五六元不等。弊日滋深，自不得不設法改良。正在詢訪察議間，迭據各船户來局稟稱，情願繳納公費，由局另僱船隻，以後請免垃圾差使等情。董局以此項貼費既可化私爲公，免除差累，又屬俯順輿情，自可照辦。復訪之僱裝貨物之各行家，僉稱各船一裝垃圾，臭穢殊甚，且貼費較從前爲鉅，改章辦理，均所樂從等情。因自本年五月初六日起，給發免裝垃圾執照，分三等酌收，照費計一百擔以内者每月二角，一百擔以外、二百擔以内者每月三角，二百擔以外者每月四角。凡向有貼費者均須納費領照，其向無貼費者則並不收取。一面即由局另行僱定船隻，常川裝運，各城根亦毫不堆積。七月初一日起，由夫頭謝金榮承攬僱船，包收照費，每月認繳洋四百元，除僱船費二百八十八元，每月淨繳洋一百十二元至十月份加繳洋五十元嗣於十一月後有喻恩榮具稟承包情願每月認繳洋六百五十元除去每月僱船費洋二百八十八元，每月可淨繳洋三百六十二元。董局正在經費支絀，如果實可多收，自應准予承辦。詎經收一月有餘，虧折不支，而外間尚謂爲苛勒，致上月有窯船聚衆霸勒涉訟縣署一案。本月復奉憲台函示好税務司來函，飭查浦東同和公駁船取去艙板一案，是此項照費實不易收。兹據承包之喻恩榮稟稱，上月因窯船滋事，停收十餘日,而徙薪公所之柴船、浦東裝運洋貨之駁船,均不能收,則爲數無多,勢難再辦,請示遵行等情。查董局本有船捐一項,復收照費,似近重徵。因當時各船户均所情願,姑行試辦,原不足爲持久之計。惟若少此一宗,則僱船之費必須另籌。值此局用奇窘之時,似又不能不藉資貼補。且城内外清道事宜,既需分辦,則裝運垃圾之船,亦須分僱,需用甚股,頗費躊躇。現在應否將此項照費即行停收,抑或准其減繳,仍暫行續辦。如准其續辦,則此後城内垃圾由巡警總局另行僱船。董局即於照費内提貼若干,以備僱船之用。是否有當,伏候批示遵行。肅稟。

批:此項照費先由夫頭謝金榮按月認繳洋四百元,除僱船費外,淨繳洋一百十二元。辦理四月之久,尚稱妥順。嗣由喻恩榮承包,加至六百五十元,除僱船費外,淨繳洋三百六十二元,較前已逾一倍。甫辦月餘,涉訟滋事,實係包捐過多,難免從中苛勒,以致如此。惟城内垃圾僱船裝載,既無别款可籌,似難遽行停止,以後應准其減繳,暫行續辦,仍須月提百元,津貼城内巡警總局僱船之用。希即查照辦理。此復。十二月二十九日。

上海縣李移會奉文船户徐初雲控案飭查明所呈捐票三紙是否應捐或勒派文光緒三十三年五月十二日

爲移查事。案奉府憲戚批,據浦江有檣船户徐初雲等續控工程局包認垃圾捐費之范三毛等仍敢額外勒派,粘呈捐票,環求檄縣澈查等情。奉批,前據該縣以照會工程局,查明此項照費就向有垃圾貼費者收取,其向無貼費者本不收取。當經出示曉諭,該船户等既不在應捐之列,照章免予派捐等情。查案申復到府,如范三毛等仍敢額外勒派,何致工程局置之不究。該船户等來府續控,究有何故?仰上海縣將該船户所呈三月初九、三月二十八、四月初十捐票三紙驗明此項是否照例應捐,抑係額外勒派,據實詳復察奪,捐票三紙發仍繳等因,並發原呈捐票到縣。奉此,查此案前奉府憲批飭澈究,即經敝縣將前縣研訊此案情形並貴局函復緣由申復在案。兹奉批查,理合備文移查,爲此合移貴局煩爲查明該船户所呈三月初九、三月二十八、四月初十捐票三紙是否照例應捐,抑係范三毛額外勒派,據實復縣,以憑詳復。須移。

呈上海縣李查復徐初雲所呈捐票並非額外勒派文光緒三十三年六月初七日

爲呈復事。竊董等接奉大移以案奉府憲戚批,據浦江有檣船户云云,將前縣研訊此案情形並敝局函復緣由申復在案。兹奉批查,理合備文移查,煩爲查明所呈捐票三紙是否照例應捐,抑係范三毛額外勒派,據實復縣,以憑詳復等因,並函發捐票三紙。准此,遵即飭傳承包垃圾照費之喻恩榮,詳加詢詰,並吊三月、四月份捐票票根,詳細核查。兹據喻恩榮稟稱,前日奉傳到局,並發閲縣憲照會飭繳捐票票根,以備查核在案。竊徐初雲等粘呈之三票,均係渡船向有貼費,照例收取照費,並非取之額外。所有范三毛於上年十一月間停歇,早經稟陳洞鑒。恩榮於浦江各船照章收費,何敢額外勒派,自取咎戾,合亟稟復,祈爲察核轉復等情。查范三毛曾爲經理照費人僱用,於上年十一月間早由敝局斥退,而徐初雲等所呈捐票三紙核對票根,亦確係渡船並非額外勒派。合亟奉復,並將原票三紙呈繳,仰祈俯賜察核轉復爲荷。謹呈。

上海縣李照會奉文詳查徐初雲控案謝金榮究竟有無浮收勒派情事文光緒三十四年四月十九日

爲照會事。案奉府憲戚札,奉臬憲陸批發該縣,浦江有檣船户徐初雲、徐上卿等呈控承包垃圾之謝金榮復向勒派額外之捐,粘呈捐票,求賜檄飭歸縣主持等情。奉批,察閱粘抄,案經該船户等控府飭縣,將所呈上年三、四月間捐票三紙驗明,此項是否照例應捐,抑係額外勒派,據實詳復。究竟已否查復,何以復又來司呈控?如果該船户等不在照章應捐之列,何得一再額外勒派?仰松江府即飭上海縣查案,先行具復。一面照會總工程局查明,謝金榮有無浮收勒派情事。遵定章分别核辦復縣詳奪,詞粘並發仍繳等因到府。奉此,查前據徐初雲等兩次來府具控,即經札飭該縣查復在案。兹奉前因,合發詞粘札縣,即便查案,先行具復。一面照會總工程局查明謝金榮有無浮收勒派情事,遵照定章,分别核辦復縣詳奪。並將發來詞粘,逕繳臬憲備案毋延。計發原詞抄粘,並捐票四紙到縣。奉此,查此案前據該船户徐初雲等赴府呈控范三毛等額外勒索包捐等情,業經照准局董查復提究,一面出示曉諭,並申復府憲在案。兹奉前因,除先查案申復外,合行照會,煩爲查明謝金榮究竟有無浮收勒派情事,徐初雲等何以復赴上控,希即確切查明,照復過縣,以憑詳奪,望速施行。須至照會者。

呈上海縣李查明徐初雲控案實係捏名誣控文光緒三十四年七月初十日

爲呈復事。竊敝局於四月間接奉照會以案奉,云云。望速施行等因。奉此,當以此案非面詢徐初雲不能得其實在,即經飭傳船埠頭朱坤唤同徐初雲來局,詳詢各節。據稱,並無赴省上控之事。徐上卿係伊之姪,向來出外貿易,亦不與聞。即上次赴府控告亦係他人捏控,並不知悉等語。是此次控案其爲捏名誣告,顯然可見。且敝局所收垃圾照費,均給有收條,自無浮勒情事。兹奉前因,合亟呈復,伏祈俯賜察核轉詳,並懇澈查捏名誣控之人,從嚴懲辦,以儆刁風,實爲公便。謹呈。

上海縣李照會奉文飭查包認垃圾捐相繼效尤動輒毆搶據實申復文光緒三十四年十二月十九日

爲再行照會事。奉府憲戚札奉臬憲左批縣詳徐初雲上控謝金榮勒派捐款一案,現准總工程局查復據情詳銷由。奉批,此案續據徐初雲等以謝金榮已故,復有沈桂林、葉三嶽等包認垃圾捐項,動輒搶物肆毆等情,並粘呈拔櫓抵押票據來司呈控,已批府飭縣照會工程局秉公查究,據實復縣詳奪。一面由縣嚴切示禁在案。兹核來詳,徐初雲經局面詢,並未來省上控,係被人捏冒,前項捐費該局亦無浮勒情事。如果所控子虚,何以此次上控詞内復呈有拔櫓抵票?其中顯有不實,仰松江府速飭遵照前批,秉公辦理具復,毋任捏飾滋訟等因到縣。奉此,正在核辦間,旋又奉到府憲轉奉臬憲批發浦江有檣船户徐初雲、徐上鄉、徐坤發、孫雲南、俞毛毛等原詞呈稱,切身等於三月十三日親自赴縣控謝金榮認包垃圾捐,步范高頭羽黨范三毛後塵,浮收中飽,迭次控縣控府,因仗工程局之勢,巧立名目,朦混勒派。現謝金榮病故,復有沈桂林、葉三嶽等相繼效尤,僱有無賴,動輒搶物行兇,叩求檄縣嚴究等情。奉批,查此案前據上海縣申復已照會總工程局查明遵辦,另文詳復,迄今尚未復到。惟察核該縣申文所敘工程局訪查請究一節,語多含混,其中顯有不實不盡。玆據稱復有沈桂林、葉三嶽等包認垃圾捐項,動輒搶物肆毆等情,呈有拔櫓抵押票據,自非子虛,殊爲船户之害。仰松江府速飭上海縣遵照先令批示,照會總工程局秉公查究,據實復縣詳奪。一面再由縣嚴切出示諭禁,分別照章辦理,詞粘並發仍繳等因,將原詞發縣遵辦等因。奉此,除出示嚴禁外,合行照會,爲此照會貴局煩照來文,希即遵照憲批查明,據實復縣核辦。望切須至照會者。

蘇松太道蔡照會奉文批飭有檣船户呈控勒派垃圾船照費案確查具報文宣統元年四月初八日

爲録批照會事。本年四月初二日,奉督憲端批發浦江有檣船户孫雲南等稟勒索擾害叩恩出示革免由。奉批,察閱抄粘,此案迭據該船户等層遞稟控,經臬司一再批府飭縣照會工程局澈底查究,嚴禁額外勒派,妥定章程,據實復縣詳奪,何以經年累月並不遵批辦理?且據呈閲,免裝執照載明此項垃圾向由渡船及柴船、灘船、寧波駁船輪流承裝,否則照章貼費是除去上項各船名目,即不在貼費之列,若無論何項船隻一概勒收貼費,顯有不實不盡,仰蘇松太道分飭上海縣及總工程局分別確查,嚴諭包收之人務須照章收取,無任勒索苛派,致滋弊混。仍飭將查辦情形報查,此批。稟抄發抄粘存等因到道。奉此,除行縣遵辦外,合亟録批抄粘照會,爲此照會貴總局請煩遵照憲批辦理,覆道核轉,望速施行。須至照會者。

稟蘇松太道蔡詳復浦江有檣船户捏控勒派垃圾船照費情形文宣統元年四月十四日

敬稟者。竊奉縣批照會内開,云云。施行等因,並抄粘到局。奉此,查垃圾照費一項,凡隸於渡船管幫、灘船埠頭名下各船,均應照繳,計一百擔以内者納照費銀二角,一百擔以外、二百擔以内者納照費銀三角,二百擔以上者納照費銀四角。歷經照數收取,素無浮勒。此項船隻形式,係無棚開梢,向在沿浦各碼頭營業歸各碼頭夫頭管束,均隸於渡船管幫名下,並在水利局編號造册,的係應納照費之船,且定章但以隸於渡船管幫名下爲界限,並無有檣、無檣之分,斷不能以有檣爲藉口。此外,如專裝王家灘窯貨各船及封梢有棚之出門船,均別有管幫經理,則無須納費領照。三年以來,歷經照章辦理,各船户均無異言,獨有素不安分之船户孫文泉、孫裕卿二人極力抵抗。曾於光緒三十二年冬間捏稱徐初雲爲首,在南碼頭勒阻各船聚衆挾制,聲言如有人納此項照費,定行將伊致死等情,經上海縣解散訊懲有案。嗣各船户明知此項照費實應繳納,故仍捐納至今,而孫文泉、孫裕卿二人受訟棍蔣孟和主唆,於三十三年捏具徐初雲、徐上卿、徐坤發、孫雲南、俞毛毛五人名字,赴松江府上控,行縣移查到局。傳詢徐初雲稱,係被人捏名,即據情復縣詳銷。三十四年分仍係徐初雲等五人具名,兩次赴臬轅上控,復行移查到局。經裁判官飭傳集訊徐初雲稱,實未上控,徐上卿即徐坤發,係伊之姪,亦未與聞此事等情。孫雲南、俞毛毛亦不到案。但有案内無名之孫文泉、孫裕卿二人頂替到堂,同稱有檣之船向不承裝垃圾等情。嗣後傳各埠頭質訊,僉稱收費人尚無違章勒索情事,各船一律樂輸,僅孫姓數人聽人唆使,有意阻撓,並據具稟到局。裁判官以向章既無有檣字樣而此項船隻又隸渡船管幫名下,且在水利局編號造册,無可邀免,所收數目亦與定章相符,當將各埠頭原稟及供詞於本年閏二月間移復上海縣核奪施行在案。今孫等二人復以孫雲南首列上控列憲，蓋係仍由聽信訟棍蔣孟和之言，以爲迭控不已，必可准免。惟是此項照費辦理已及三年，城内外垃圾船支用均取給於是，如以爲不應收取，何以孫等同幫之船歷經照繳，並無異詞，獨孫等數人嘵嘵不已？惟是孫文泉、孫裕卿二人素性兇横，同幫皆畏其氣焰。且有主唆之人，竊恐訟端尚未有已時，究應如何量加懲儆，以戢刁健之處，伏候憲裁，除嚴諭包收之人認明船隻不准勒索苛派外，合將詳細情形稟復。爲此備由肅稟，仰祈核轉施行。

上海縣李移會照録藩臬兩司暨松江府批示文宣統元年六月初七日

爲録批移知事。照得船户徐初雲等上控包收垃圾捐一案，業經李前縣具詳在案。所有先後奉到藩臬兩憲暨本府憲批示，合再照録粘抄移知。爲此合移貴局煩爲查照，希將抽收垃圾捐原定章程及現辦情形尅日詳細覆縣，以憑詳復。望切須移。

附抄稿

藩憲批：據詳已悉。此項垃圾捐，取諸船户。既有稟定章程，仰再照會工程局録送察核，仍候臬司批示。繳。

臬憲批：查此案績據船户孫雲南等以勒費擾害等情控，奉撫憲批司轉飭該縣遵照出示嚴禁，並照會工程局一體查明禁止，以免累及無辜。至垃圾貼費，向來如何包收，沈桂林既兇横不法，屢被指控，應即斥革，並由縣照會工程局遵辦。一面將辦法章程抄送該縣轉詳察核在案。兹核來詳，工程局既不將原定章程詳細復縣，又不傳訊率謂並未浮收所收捐數，與章相符，明係含糊掩飾。據該船户迭次上控，事關本局捐項，局員未便斷結，自應由縣移提集訊明確，秉公核斷，以免飾護。仰松江府立遵先今批檄，速飭上海縣趕緊移提包捐沈桂林等、船户徐初雲等復訊明確，查核原定章程有無勒派兇横不法，務將確情據實通詳察核。一面由縣示禁，並照會工程局一體查明禁止，毋任徇延滋訟。切切，此繳。

府批：既據並詳仰候藩臬批示遵行，録報。繳。

上海縣李照會奉藩司批縣稟船户徐初雲上控案工程局並無違章需索應諭該船户照繳捐費文宣統元年八月三十日

爲録批照會事。八月十六日，奉藩憲批敝縣稟復船户徐初雲等上控工程局收垃圾照費一案，現經確查，並無違章需索，乞賜示遵由。奉批，據稟各船户應納照費之定章，均以隸於渡船管幫名下爲界限，並無有檣、無檣之分，既經確查，亦無違章需索情事，自應諭令該船户查照各船繳納，勿再抵抗。一面照會工程局嚴飭收費巡船不得再有兇横情事，仰即遵照辦理毋違，此繳等因到縣。奉此，合行録批照會，爲此照會貴局董煩即遵照憲批辦理。望切須至照會者。

上海縣李照會奉道札奉督批船户控案工程局委無違章勒索仰飭循舊辦理文宣統元年九月十七日

爲録批照會事。九月初八日，奉道憲蔡札，本年八月二十四日奉兩江總督部堂張批本道呈復,據上海縣查明工程局委無違章勒索情弊由。奉批,據申已悉。既據該縣查無勒索情事,仰即轉飭循舊辦理,毋滋弊混爲要等因到道。札縣遵照,轉致總工程局查照辦理毋違等因到縣。奉此,合行録批照會,爲此照會貴局,煩爲查照辦理。望切須至照會者。

外馬路業户地産争訟案

蘇松太道瑞照會議復招商局暨沿浦業户呈請報買灘地文光緒三十二年八月初七日

爲照會事。奉南洋通商大臣周批發上海商民公呈灘地請歸原業領價由。奉批,據呈上海城廂内外總工程局將十六鋪迤南駁岸外增填淤灘,租與大達公司獨建輪步,礙商病民,衆情不服,懇准各按子母相生例,遵照定價,繳銀承買,大達公司需用地段,儘可問各業户訂租等情。查大達公司議就上海十六鋪最近地方購地建設碼頭船步,先經商部奏准有案。旋據上海道詳據總工程局總董李鍾珏等稟稱,十六鋪迤南馬路及浦灘係屬公地,歸工程局管理。大達公司情願承租,與大達公司訂立合同,請轉詳立案等情,當經批准在案。兹據該業户等呈稱,此項灘地,應按子母相生之例歸該業户等承買,與上海道原詳不符,究竟應如何辦理,以期妥協之處,仰上海道確切查明復行,秉公核議詳奪。至子母相生,原有此例,惟查光緒二十三年上海縣稟定給照章程,凡原有基地與此項餘地連界者,准照原地緊接界址,於二十日限内報明給租,逾延另行招領,是子母相生又有限内、限外辦法。現已隔越多年,能否仍按子母相生辦理,仰該道一併查明議復等因。又,於本年七月十三日奉蘇撫憲陳批同前由。奉批,查前稟蘇松太道詳總工程局稟借公款五萬兩,興辦路政,議定由大達輪步公司租借十六鋪至大關碼頭沿浦灘地一條,每年繳銀一萬兩,分五年歸款等情,當經前護院批候通商大臣核示。嗣據該道申報已奉南洋大臣批准,咨明户部立案各在案。兹據該業户等稟稱,十六鋪迤南淤灘照例應先儘沿灘地主報買,大達公司需用地段,儘可向各業户訂租等語。究竟此項淤灘應否先儘各户報買,大達公司承租灘地,是否與例章相符?仰蘇松太道持平核議,通詳察辦,仍候督部堂批示呈發仍繳等因各到道。伏查此案先據沿浦業户輪船招商局等三十八户來道公呈,竊業等近悉本邑城廂内外總工程局以填河修路興辦工程,既已就地派捐,並稟借關庫銀五萬兩,將十六鋪迤南至大關碼頭止所有駁岸外增填淤灘一條,租與大達公司獨建輪步,每年租銀一萬兩,分五年抵還借款。嗣復稟請將關南至南碼頭一帶淤灘招人投標承租各等情。溯查黄浦東、西兩岸新舊漲灘,歷届升科召變,均照《户部則例》,准沿浦各業户按子母相生例繳價管業,迄今未聞奉有諭旨删除改章。又,查上年新訂《濬浦約章》第八條載明,如因改善河道之工,增加淤灘,應先儘河岸之華洋地主買受承租,是此後新章,亦有儘業户報買灘地之據。本邑設立工程局,所議辦事章程,並無代業户擅自經租灘地之權,乃既未請示於地方官,亦未就商於各業户,經行擅專,將十六鋪至大關一帶灘地籠統出租。姑不問凡關重要,如俟至某年以後,應增租銀若干,不准輾轉租用,以杜洋商羼入各節,均未聲明,已屬疏率。而以大達公司原呈,就十六鋪最近地方購定地基之案,改爲自十六鋪橋起迤南至大關止租借字樣,殊屬恣意取巧。又,以業等繳價承買、領照營業之地,改爲承租字樣,尤屬有心朦稟。業等衆情不服,曾向函詢該局復稱，本局辦事並不全據憲典，惟以公益爲主義。又謂此項淤灘，有馬路間隔，與業户無干等語。當經業等據理詰問，該局遂置之不復。因思大達公司欲購此項灘地，理應請由地方官先行示諭，並飭由工程局董知會沿灘各業户自當先儘河岸地主遵章買受，不應由工程局擅自放租。況沿浦馬路，由黄前道憲稟請前署督憲張奏准，借出使經費築造該路工竣，又奉前督憲劉奏明，將路内餘地召變，歸抵借款，定價每英方尺計規銀八錢。業等遵諭繳價，領照管業，並稟奉黄前縣批候彙案核辦承糧在案。查馬路工費，僅用銀十餘萬兩，而業等共繳地價銀二十萬兩有奇。國家體恤民隱，以馬路工費無非業户脂膏，所繳地價復大於升科百倍，不忍再以路基及碼頭公路責民承買，誠爲寬大之處。並爲保全商市起見，而非以馬路限業户之接買明甚。況傍浦向有留步之則，隔水舊有撥補之例，馬路既係公地，安得謂爲間隔？至該局所謂公益當指公衆有益而言，自十六鋪迤南碼頭林立，除官建碼頭有二三所外，餘皆業户獨造獨修，各省商船停泊貨物上下，素稱公便，南市商務因此繁盛。今工程局將灘地放租，是向由業等動費數千金建一碼頭者，勢必拆讓，以供輪步一家之用，礙商病民，莫此爲甚。即關南之地一經豪商援例租借，害亦相同。推而内地設關，各埠行輪處所倘有洋商藉口壟斷争租，將何以籌抵禦之策？該局陽稱公益，陰便私圖，以憲典爲具文，以官灘爲利藪，妄言自治，不洽衆情，爲此籲懇憲恩准援例案將十六鋪迤南淤灘先儘沿灘地主報買，並照二十三年召變馬路餘地成案，由業等各按子母相生之例，遵照定價繳銀承買，則工程局所借之庫款仍可抵還，而各業户相連之浦灘亦無隔閡。業等既爲地主，極願商務日興，大達公司需用地段，儘可向各業户訂租，庶原有之碼頭，亦可相度地勢，設法保全，總期帆舶、輪船兩得其便，商民幸甚。用敢合詞環求鑒核批示遵行等情前來。職道查南市馬路工程局上年九月間袁升道諭舉紳董經理，固欲爲地方立一自治基礎，亦以官辦難得其人，經費甚不易集，不得不藉資羣策羣力起見。各董事接辦以來，於地方一應公務，不辭勞瘁，悉心規畫，煞費經營，允宜見諒。若如所呈，任情指斥，未免寒任事者之心，且其中誤會既多援據亦復失當，本道不能不爲諸紳明晰以告焉：

一、工程局接辦之初，所議辦事章程，即有推廣埠地一條，載明南市浦灘日漲，應將埠地酌填加寬，由袁升道詳准立案，早經宣佈。如以此案爲有礙業户原有利益，何以先無一言？

二、大達公司奉准在十六鋪南建築碼頭，袁升道亦於上年九月示諭周知，浦灘果爲業户應升之地，則何在而非與業户干涉，既欲争此轉租之利益，何以爾時不趕緊設法報升？

三、工程局因推廣路政各事，經費無出，商借庫款，議以大達輪步租費抵還。函牘具在，節經登入報章，是工程局事先言定，並未擅專。如果辦法不愜各户之意，當時立即聲辯斡旋，亦非難事。

四、按現在地段形勢，馬路在各户業地之外，漲灘又在馬路之外，論子母相生，應以馬路爲母，漲灘爲子，各業户僅買馬路以裏之地，未將馬路一併價買，捐助公家，則母且未能子，於何有工程局馬路間隔之説尚無不合。

五、《户部則例》載明，江南各屬新漲洲地，無論子母相生，江心突漲，一概歸公。從前上海清查案内沿浦灘地，准各業户按子母相生繳價管業，係屬變通辦理，不能視爲定例。來文所言，照例准子母相生，實屬誤會。

六、查《户部則例》坍漲撥補項下載明，江南省瀕臨江海，沙地報坍後，如有新漲，但在舊坍界内准其查明報坍撥補。其江心突漲及小港之内新漲沙地，不在坍户界内者，應歸公召變等語。各業户十六鋪地段之内並無報坍案據所引撥補之例，亦屬不符。

七、開濬黄浦工程，大致主於裁灣取直。凡有民地阻礙之處，既須購買取用，則改善後所增淤灘，自不得不先儘毗連業户承買，期得公理之平。南市馬路官灘開濬與否，與各業户無涉。新章第八條亦屬無從援辦。

八、南市開築馬路原奏路之兩頭尚須購買民地備用，路中建造兵輪、官輪碼頭隨後估計等語。二十八年就行人衖出浦官灘招永裕商人墊款，代造國家公共碼頭，實係遵照奏案辦理。馬路所用民地，既須出資，或給地調换，則碼頭官地官用，更非業户所能争論。

九、沿浦各碼頭所用之地，係屬官地，各業户縱有自造碼頭，既未稟明本道衙門批准管業有案，即係私佔公地，在公家既未追繳租費，已屬格外從寬，豈能因已造碼頭遂可據爲己有？

況乎大達輪步指用馬路地段，原呈自十六鋪起至南大關止，續呈又自大關南起至董家渡止，均經南洋大臣批准有案。來牘所稱大達公司原呈就十六鋪最近地方購定基地一節，尚未知此案之詳情。兹工程局議令租至南關前爲止其關南一段，已經收回，具見顧全地方公益，辦事認真，詎宜再有訾議。總之，沿浦實公家之地，既無母子相生之例，又無憑空撥補之條，與各業户舊升地基毫不相涉。工程局主張出租，自有義務權利相因之公理，本非各户所能過問，但各户已築碼頭費，亦不資本道體察輿情，深願調護，維持使謀公利。所有十六鋪迤南至大關一帶，除大達准築輪船大碼頭六座外，其餘停泊民船起下貨物之小碼頭尚須建設多座。本歸工程局自造，擬即改令各業户並力集款合築，仍將佔用之地照章繳價升科，永遠管業，以示體恤，兩得其平。候行知工程局核議復奪，除批答並詳復兩院憲察核外，合亟備文照會，爲此照會貴總董請煩查照核議見復施行。須至照會者。

蘇松太道瑞來函催議招商局等公呈續請價買馬路地基文八月二十一日

敬啓者。招商局各業户等訟争十六鋪迤南灘地一案，前經明晰批示，照會貴局核議，計早察及。兹又據衆户稟，呈請價買沿浦埠地及馬路地基願繳規銀六萬九千五百九十餘兩，爲貴局填寬埠地經費，倘大達購定口岸尚不敷用，可自向各業户訂租等情，並承商部楊丞堂函囑排解，秉公判斷，自應速籌妥定，早息争端。當此公款竭蹶、經濟困難之時，驟得六萬九千餘金，濟路埠之工需，償公家之債項，爲救目前之急，計亦良得，且察核來稟，詞意似袁升道示諭所指之太平碼頭、祥記碼頭仍作大達購定口岸，毫無異議。雖在各户資買地段之内，亦肯捐助公家，尚可由貴局與大達另議租價。不過所買此外官灘填寬成埠之後，歸各業户主張出租。按之情理，似尚可予變通。但大達原訂合同，既輸三十萬鉅資，仍於三十年還作公家之産。今各户僅繳此一款，轉可永遠管業，相形之下，太佔便宜。應否准納現認之價作爲押租墊築埠地外，再令每歲另認租金若干，不定年限，公家亦許永不收回。

用特照録原文,送呈察閲,祈貴局迅賜籌議,妥洽見復,以便轉詳請示。再,貴局原議填出一丈五尺,築成埠地,是否祗充大達造輪步,並由局自築小碼頭之用,抑尚有餘地可築貨棧,統乞示知爲荷。

附抄招商局及各業户等原稟

呈爲遵批併力集款,分别價買報陞捐助公家備作經費填造駁岸埠地,以全地方公益事。竊業等前呈公稟,蒙憲台明晰批示,並蒙體察情形,深願調護維持使謀公利,以示兩得其平。旋奉督憲批示,究應如何辦理,以期妥協由。鈞處確切查明,復行秉公核議詳奪,能否仍按子母相生辦理,一併查明議復。又奉撫憲批示,究竟此項沿浦灘地應否先儘各業户報買,大達公司承租灘地,是否與例相符,亦由鈞處秉公核議通詳察辦。業等鈔閲之下,同深感戴。溯查上年九月間,袁道憲示諭大達輪步公司,購定十六鋪迤南太平碼頭及祥記碼頭地方劃定地段,建築碼頭,飭該處大小民船移泊他處等因。既已購地即屬業户,既劃地段無礙别户,是以業等不出一言。紳董經理工程局一應公務。爲地方自治基礎,理應藉資羣策羣力、悉心規畫,以盡代表義務。乃於本年四月間籠統出租沿浦岸綫,自十六鋪迤南至大關碼頭止。事前既未集商,又不宣佈,何能愜各户之意?業等聞知即於閏四月函詢工程局其復函語多不合,續又致函聲辯日久,置諸不答。覆按商部奏案所敘大達公司就十六鋪最近地方購定地基,建築碼頭。袁道憲示諭則指明購定太平碼頭及詳記碼頭地方,劃定地段,建築碼頭,以圖考之,祥記之北即憲批所稱永裕商人代造國家公共碼頭,亦即原名行仁碼頭之地。又北即向稱集水碼頭,久爲招商局購置之地,直接十六鋪橋。是祥記以北本已無地可購,以示諭按之奏案雖覺兩歧,按之地段尚相合焉。而工程局與大達所立合同,則稱自十六鋪橋起大關碼頭止,計其南北增長一千數百尺。按之示諭,多四五倍,事太徑庭,無從設法斡旋。咸以錢業、匯業於商部頒發奏定之律中多窒礙,尚能聲請逐條指出,曾荷商部准予採納。是以於七月初遞具公呈,聲請更正。至永裕代造碼頭,指用行仁碼頭徐姓地段,由於光緒二十三年有留作起造巡防局及兵輪碼頭公用之議,遂作爲官地官用,應有一定界址。若左右伸出,即侵及民地,地主不能不顧問争論,亦出於公理之不得不然。至《户部則例》載明江南各屬新漲洲地無論子母相生、江心突漲,一概歸公,責成沙總呈報,由地方官勘明,定課議租,召佃承種,免其交價,例由沙總呈報,所以未由各業户具報坍漲。又縣志載明,咸豐八年奉部覆准勘丈,接漲沙洲變通成例,准民承買繳價濟餉,熟田每畝課銀一錢五分一釐,地價銀一兩二錢,另捐餉銀一兩,給照承業,名爲接漲,適符子母相生意義。既奉部文變通,所以視同定例。至《奏定濬浦條款》第八條載明,凡改善保全黄浦河道各工所應用外國租界以外之地,須買地段,如係華人産業由海關比照酌定遵行。如因改善河道,增加淤灘,應先儘該河岸之華洋地主買受承租,係包括上下遊浦東、西兩岸而言,何處須買民地,應俟勘測,方知地段如須買用,必先買口岸之地,是沿浦之有民地可知。所增淤灘先儘河岸地主,亦本子母相生意義,不能不與各業户相涉,是以援引及之。至沿浦大小各碼頭所用之地,或係船渡所立,或係善堂會館公所所立,抑或行棧自立。乙卯以前案據俱無志書不載,相沿至今。凡郭外此等碼頭從未究其原委,但憑司照契尾載明,出浦則亦非私佔矣。至自大關南起至董家渡止地段,已經收回。在各業户無不稱道,工程局盡其代表義務。惟經費難集,已不免衆怨所歸,而非常之原尤不免千人所指,果爲地方公益,亦何恤乎人言?尋繹批示,上年袁升道示諭因知浦灘果爲業户應升之地,則何在而非與業户干涉,並以各業户未將馬路一併價買,捐助公家,則毋且未能子,於何有仰荷指導及微德意所含。業等能不感奮?因憶光緒二十一年日本於蘇州、杭州均訂租界,上海爲中外商務總匯之區,北門、東門附郭已分畫英法租界。西門外向無市面,惟自小東門迤邐而南稱爲南市,爲我華商根腳之地。不僅日本欲闢租界,此外亦難保無覬覦者。招商局爲華商領袖,商諸各董,擬自十六鋪而南測量水陸地段,集議稟請,擬立華商工程局,興開馬路,以固華商根腳,曾商請黄前道憲派弁偕所延洋人測量彈壓。旋因事滋疑慮,遂爾中止。二十二年夏間,開築馬路,時十六鋪首段係招商局之地曾請將應築寬廣丈尺及磚石砂土底面尺寸悉照馬路工程局所定做法,由招商局出資照做,聊伸助公之意。既爲領袖故爲之倡,而黄前道憲咨復無須出資幫做,乃不復與各業户議及原奏馬路内餘地定價出租,嗣後改爲繳價承買。至馬路所用之地,未奉一併繳價之諭,非由各業户請免,誠爲寬大之政,前呈業已陳明。聞工程局以南市浦灘日漲,議酌填加寬一丈五尺,以爲埠地借用庫款,分年歸還。近聞庫款未能多借,尚須借用公債。業等公同集議,願借箸代籌。查得十六鋪沿浦至南碼頭計長八百零四丈,均寬三丈五尺,係按英尺積方七千二百六十尺爲畝,計用漲灘地三十八畝八分五釐六毫七五,擬援照馬路工程局買入滬軍營前張姓民地四畝一分三釐,給價銀一千二百八十兩。近已賣出作爲吴姓所得,交價洋合銀二千九百二十兩。買賣牽算,每畝作價五百零八兩四錢七分五釐。如上所計,已成馬路所用地畝,願由業等補繳價銀一萬九千七百五十七兩六錢八分五釐九毫五絲,捐助公家,勉盡各業户義務。又,查得工程局議酌填漲灘加寬一丈五尺,成爲埠地自十六鋪至大關碼頭二百零三丈,聞約估銀一萬五千兩,應請自關南至南碼頭亦一律填寬,計成沿浦埠地十六畝六分一釐一毫五六。擬援照本年正月首善堂天主堂及美教士補繳馬路内地價,曾經袁道憲准其減價,每畝收銀三千兩,繕給印憑,飭縣註册。如上所計,一律填寬,所成地畝,願由業等預繳價銀四萬九千八百三十四兩六錢八分,兩共措繳規銀六萬九千五百九十二兩三錢六分五釐六毫五絲,如外灘略似弓形,或因改善河道,增長丈尺,届時加繳此内。除各官地又除各洋户仍照領事飭繳外,餘均分期呈繳憲台核收,發交工程局,候濬浦局、總營造司勘定岸綫,由憲台飭局分投舉辦。似此統籌兼顧,在憲庫無須籌撥借款;在工程局,無須東挪西湊,並免逐年籌還之難。而工程局爲地方自治基礎,即是爲地方一應公務之代表,以沿浦各業户所繳之銀,爲沿浦各業户經理填寬埠地,尤應遵照前署督憲張宫保奏案,參以租界章程,從寬酌定辦法。工程局與各業户自各有應得權利,倘大達購定口岸尚不敷用,可自向各業户訂租,並可闔舉公正人議定租價,乃全地方公益。此爲業等仰體憲台調護維持、使謀公利，兩得其平之德意，並副督撫所批歸各業户報買，以期妥協之至意。業等現議價買馬路地基，雖屬補繳，並非命令。且等石田既不能資生莊息，復不能藉資抵借，而仍拉和官家買賣價值作爲比例，竭蹶奉公，出於業等微忱，藉以轉資經費。又，預繳填埠灘價，按本年允准洋户所繳之數，作爲比例，以泯抑華揚外之見，期得事理之平。業等屢次會集公商，願盡此義務者實居多數，應即三占從二。爲此合詞懇求憲台俯賜採核，允予批示施行，實爲德便。再，理應伏候鈞處詳奉兩院憲批示，因奉憲批，是以詳晰續呈。謹呈。

蘇松太道瑞照會議復招商局咨查折讓十六鋪房地歸官開築馬路另行擇地撥補文光緒三十二年八月初十日

爲照會事。本年七月十七日准招商總局咨，案查光緒二十二年敝局拆讓南市十六鋪房地，歸官開築馬路，迄今尚未另擇撥補。又馬路内餘係子母相連灘地，應准原户繳價領單，至今敝局户下亦未照辦，前項產地出浦界址載明稅契有案。事隔多年，未准覆局而枝節叢生，未便再事懸宕。現擬議清理各節辦法，除備文咨呈南洋大臣核復外，相應抄稿咨請查照等因到道。准此，合亟抄粘照會，爲此照會貴總董，請煩查照核議，見復施行。須至照會者。

附抄件

爲咨呈事。案查光緒二十二年江海關黄前道稟奉前署南洋大臣張奏准興築上海南市沿浦馬路，勘察路綫，以集水街抵十六鋪橋出路狹窄，相距甚遠，取徑殊多不便。迭經商准敝局，允將十六鋪橋南堍靠左沿河由東轉南一帶市房業產拆屋讓地，歸作路用，並未領過地價，亦未給還拆費。當經縣委稟道，擬以集水街路基暨二十三保二十四圖内公地，兩共合地一畝二釐四毫，堪以撥補爲以地易地之計，咨局管收。當查該圖地畝坐落浦東楊家渡，係荒瘠無市之區，礙難與十六鋪繁盛市廛產業相抵，復請另擇撥還。又准道咨，擬以集水街東首北面老樣椿外漲灘計地七分一釐五毫，又集水老街自東至西路基三分八釐八毫，兩共地一畝一分三毫。以之對换，僅缺地四釐八毫，絀數甚微等因。查老樣椿外灘地係新生淤漲，與局產子母相連例，應歸原業報升，仍未便以此撥抵。惟老街路基擬俟會丈明晰，議定界址，先行交接。其不敷之地，仍請另撥，節次復道有案。迄今事閲多年，官易數任，未准將如何歸結辦法復局，業產糧額攸關，實未便再事懸宕，此係當初讓地築路復地以易地輾轉咨商，以致於今尚未辦結之實在情形也。二十三年六月，本局咨請劉前道分别辦理撥還地產及照例報升給單文内，聲明拆讓集水街局產市房基地，計長二百另九尺，闊扯四丈，計方合八十三方六。除擬劃還集水老街路基，計長二百另九尺、闊一丈三尺五寸内，除兩邊沿石二尺外，實一丈一尺五寸，計方合二十八方二一，尚少撥地五十五方三九，應請飭勘公地，内有可與前項拆讓地產相當者，撥補足數，按明畝分，給單執業。又，現經丈見老樣椿之外局產漲灘應得子母相連之地，計長一百九十九尺、闊北五十八尺南八十六尺，計方合一百四十三方二八，内除修馬路佔用地址長一百九十九尺、闊四丈，計方合七十九方六，情願讓歸公用，又議定地價，仍認完糧，其餘地址六三方六八，並連河灘利益請飭縣局按照畝分詳辦升科，填給單據，交局執業等情，咨明在案。此又係續請撥還相當地畝，以補本局額産，並請給領路工用剩之地，俾清界址而歸原業，先後聲請核辦之原委也。南市自十六鋪起沿浦迤南一帶，多係華商産業，兼有教堂之地，本局列在首段，即係集水街出至集水灣地方舊置房産地基，於光緒九年投司印税載明界址，東至出浦，已在五年分劃升道勘界釘樁之後，尤爲管業確據。該地産内既至出浦，迄未建設碼頭橋船者，實緣留寬岸綫，以觀溜勢，並非置諸不用。黄前道於修馬路時，並擬於路中建築官兵輪碼頭，繪定圖樣，即指本局集水灣置産留寬未建碼頭處所，當經咨道反覆詳陳，請另改綫，以冀望官商兩益。而事隔五六年，官中既未實行，敝局遂懸而未斷。嗣於二十八年據敝局各商董聲稱，現聞有用集水灣灘地建築官輪碼頭之説等情。又經將前案稟請前督辦局務盛宫保檄道查照並奉批示，應由該局籌款興築等因。竊以爲官中即有興築該地既係商産，或租或購，或另會商通融之處，必當明示辦法，咨行過局，乃並未准道縣咨移片牘。另由華商墊款承造，謂爲官家公共碼頭，而名稱又係永裕公司碼頭，究未知與官是一是二。就公共名義而論，固可不限本省、外省，再推之官界、商界並包在内，然必不能兼國外商民而言。況該處既非租界碼頭，係代官造，在洋商亦決知無公共應享之權利，即該公司職商稟道亦云當時爲振興南市商務、杜絶外人覬覦起見，何以雜有東西洋、老公茂、信安、大阪各行走江海之小輪常川停泊，此項出海小輪與行駛内河小輪不同，是以貨捐局以有礙釐務稟請收回自辦。大達輪步公司亦以於華洋界限不分，擬將該碼頭歸併辦理。其實皆未審知爲本局原有産業，概視爲公共之物。甚至如總工程局更託於自治權，擅將各業地産籠統放租，衆情不服，業經另具公呈，不再復敘。此係集水灣碼頭官商界限未明，先後叢生枝節，敝局迭經聲明保全己業之大略也。以上各端，事本相因，既已層累曲折，不得不分晰辦法，以期持平理結。現據敝局各總董及衆股商集議，擬請以原議撥還之集水老街路基飭由縣局會同覆勘，丈尺核准畝分若干，按糧給單，以憑管業。其少撥之地五十五方三九，除原擬指撥老樣樁外漲灘仍係局産毋庸置議外，應請另擇相當地産撥補。如公産内實無同等之地可撥，擬請比照英界讓購各業地産章程，均按現時實值給價，並將舊有糧額剔除，似亦平允辦法。商等祗求無少觖望，又曷敢膠執成見？至馬路餘地應准給還原業一節。查子母相連舊例，並現勘漲灘丈尺，除路工佔用外，實有餘地若干，自當照章辦理。又查該路工竣，曾奉前南洋大臣劉奏明，將馬路内餘地召變歸抵築路借款，定價每英方尺計規銀八錢，各業户多已繳價收地，並執有光緒二十四年縣給印單爲憑。本局亦係業户，事同一律，何以遷延未辦？委因俟前項讓産撥地互换一層辦結後，即應接辦。現擬請如將前案，按值給價。此案遵章繳價，雖屋基與灘地價則不同，時值與官定亦異，以繳抵領，仍當各按本款數目科算盈絀，都不難較若畫一。如此通融辦理，在官可省籌撥之煩，在商亦有推劃之益，應請由縣補給召變印單，以憑承糧管業。一面仍將上項讓産給價地糧分别豁除，庶昭清晰而伸公理。又據總董等聲稱，集水灣碼頭原係局産，永裕公司代官墊造。其用銀一萬八千三百三十兩，按年議給息銀一千八百兩。該公司認繳，每年租銀一千八百兩，以收抵付，作爲歸還造費本息，原定租期以二十年爲限。兹聞貨捐局稟奉南洋大臣周批飭滬道會同淞滬局，查明該公司墊造工料銀數自承租之日起，按年除應繳租費作抵外，核算本息若干，如數給還，將該碼頭收回，由公家經理等因。竊思該公司代造代辦，雖係奉准在先，揆諸事理，究屬攙越，有違泊章。袁升道前因公款支絀難籌，是以稟准歸該公司承租代辦。纔閱數年，遽令籌贖，公款未必裕如，或不免設爲以商代商之策。即今大達公司擬請歸併辦理未始非權利思想之一證。本局同係華商，同爲國家效用，同受商部保護，同隸南洋大臣轄治區内，又係該碼頭原業主，不復據公理以争。竊願援現例，以請所有收回永裕碼頭，核算應給歷年本息銀若干，擬由局照數籌付，即將該碼頭歸本局代辦，一切泊船修費收租等事，另訂妥善章程，咨呈備案，再請示碼頭名目，必應名實相符，以杜覬覦而期振興。至大達公司原呈在十六鋪最近地方購擇建築，有商部之奏案可據，並非直接十六鋪。查本局地産，係接連十六鋪橋，原未包括在内。嗣又改稱迤南一帶至大關止逐漸興築等語。約計此段岸綫延袤有三數千尺之長，北段劃出集水灣即永裕碼頭地步不過十分之一，於其展拓設施不致猶嫌短絀。而本局藉此爲公家補助爲己業，保全亦尚屬應盡之義務，亟應准照呈請等情。本京堂察核所稱，均關切要，所擬以上各項辦法，尚能兼籌並顧，頗爲持平。況係清釐業産糧額，爲本局權利、華商公益之所在，即無該商董等責言，亦當力爲懇請。素仰公溥爲懷，維持商業，罔不感戴，理合據情備文呈懇，謹請鑒核，俯賜檄道飭縣查照，分别辦理，實爲公便。除抄咨滬關外，爲此呈請照詳施行。須至咨呈者。

稟蘇松太道瑞議復招商局等公呈價買馬路地基礙難遵允文 光緒三十二年九月初四日

敬稟者。竊奉本年八月初七日照會，以招商局等三十八户公呈請買淤灘等情，除批答詳復兩院憲外，照請核議見復等因。奉此，伏誦批答各條，明晰公平，無任欽佩。所商沿浦小碼頭由業户繳價承造一節，當集議董會議，僉以爲此項小碼頭仍應歸工程局建造。正在繕稟具復間，復奉二十一日鈞函，以各户又請價買馬路地基，抄示原呈，飭即籌議見復等因。奉此，遵於二十六日復邀集諸議董公同會議，僉謂南市沿浦馬路，經前升憲黄詳李前督憲張奏明辦理，所准業户承買之地，限制在馬路以内，馬路既歸公家，則馬路外浦灘之歸於公家，亦已鑄成鐵案。所謂子母相生之例，斷難援引。乃招商局等兩次公呈，始則曰報買灘地，經憲台逐層辨駁，無可置喙。乃又變一策曰價買馬路，非但與原案顯相刺謬，且以公家數拾萬建築修治之路爲合埠人民十餘年熙來攘往之途，竟欲以少數商民糾集一萬數千金買爲己業，證諸寰球，恐無此公理。伏查中國年來注重路政，凡鐵路、馬路所經，無論民産、洋産、教産，一即給官價購用，曾經南洋大臣與領事主教商妥簽字，通飭有案。是未築之路尚須給價歸公，何況已成之路？且使此路可售，將來外人垂延内地，欲援此例，以購我内地之路，將何詞以對？又查填築此路時，招商局情願助貲興造，黄前憲固拒不允，具有深識。總工程局受前升憲袁暨憲台之委託,維持公益,以立地方自治之基礎,自當仰體列憲艱難締造之苦衷,以垂諸久遠,斷不敢見好於馬路以内少數之業户,致隳歷年保守之工程而負鄉閭責望之重。總之,辦理地方事宜,但有化私爲公之法,斷無破公爲私之理。此項馬路浦灘,早已成爲公有物,歸總工程局代表管理,凡世居於上海、經商於上海者,斷不容工程局得價出售,亦斷不准少數商民出價得售。方今明詔下頒,講求立憲,列於社會中人當先以明公理爲主義。馬路以内各業户明達者,多曉然於公理之所在自不至再生争競之詞。所請繳價購買一節,萬難允遵,情由業經各議董全體簽名否決。董等復查招商局等第一次公呈憲批已極詳晰,第二次公呈懇再剴切批答,始終堅持,以符前案。合將遵飭議復情形,備由呈求俯賜察核施行。再擬填埠地一丈五尺,係加寬馬路,不能建造棧房,合併聲明。肅稟。

批:已據情批答。招商局等各業户知照矣。此復。九月初十日。

稟蘇松太道瑞陳復招商局咨請償還地價應請札縣會同丈勘核償文光緒三十二年九月十二日

敬稟者。竊奉照會内開,本年七月十七日准招商總局咨,案查光緒二十二年敝局拆讓南市十六鋪房地歸官開築馬路,迄今尚未另擇撥補。又馬路内餘係子母相連灘地,應准原户繳價領單,至今敝局户下亦未照辦,前項産地出浦界址載明稅契有案。事隔多年,未准覆局面枝節叢生,未便再事懸宕。現擬議清理各節辦法,除備文咨呈南洋大臣核復外,相應抄稿咨請查照等因到道。准此,合亟抄粘照會,爲此照會,請煩查照核議見復施行,計抄粘等因。奉此,董等查原咨内稱,擬請以原議撥還之集水老街路基飭由縣局會同覆勘丈尺核准畝分若干,按糧給單,以憑管業。其少撥之地五十五方三九,如無同等之地可撥,請按現時實值給價,並將舊有糧額剔除,似亦平允辦法等説。竊思地址讓作公路,本無所謂撥還,且亦無同等之地可撥,況事隔多年,工程局事已改官辦爲董辦,似可無庸再議。惟當時既有案據,而招商局又請按時值給價,董局自當顧全公益,以了前案,應給價值若干。查此次招商局等請買馬路地基公呈内援張、吴二姓買賣牽算地價,每畝作價銀五百另八兩四錢七分五釐,此係招商局自定之價,董局准即照此數償還。惟畝分究有若干,原咨所稱少撥地五十五方三九,未知是否合符,應俟札飭上海縣王令,會同招商局董局偕往丈勘,核計地畝,以便給償。至原咨内所稱老樣椿外漲地七分一釐五毫,迄今尚未辦結等語。查此地在馬路以内,此項地畝尚未繳價領照,自應與集水老街路基一併查明辦理,是否有當,伏祈察核施行,至應否先行移復招商局之處,並候鈞裁,爲特備由肅稟陳復。

批:已移復招商總局並行飭查案會同復勘矣。希即知照。此復。九月二十二日。

上海縣李照會催查十六鋪橋堍行仁衖房屋基地應歸何人管業文光緒三十四年七月初五日

爲照催事。案奉藩憲瑞札奉督憲端批發上海監生徐寶成稟爲驗契無期迅飭斷結一案。奉批:此案前於上年十一月間據該監生之父徐毓奇控,經批縣驗契斷結,迄今已越年半,尚未訊斷,未免遲延,仰蘇藩司即催上海縣迅速傳集人證,調驗契據,秉公訊明,斷結具報等因,並抄發原稟到縣。奉此,查接管卷内此案前奉藩憲札飭,當經王前縣抄粘,照會貴局查明議復,一面飭吊單據在案。兹奉前因,除催吊契據外,合行抄粘照催,爲此照會貴總局煩爲查照,希即將此項基地究應歸何人管業,剋速詳細查明議復,以便核奪。案關上控要件,幸勿稽延,望速切速。須至照會者。

附抄件

具稟監生徐寶成稟爲驗契無期,懇恩迅賜斷結,繳價承領,以安生業事。切生家有祖遺上海小東門外十六鋪橋南堍行仁衖房屋出浦基地,户名徐樹業,曾奉勘丈明白,量定界址,給有聯單,當即遵章繳價,未准照收給照。嗣經查悉,係商設永裕輪船公司冒頂繳價管業,生父毓奇將被久佔各緣由。不得已,於三十二年十一月十三日上稟大憲批,來稟所稱之基地,究應歸何人管業,仰蘇藩司迅飭上海縣調驗賣據,秉公斷結具報,稟抄發等因。仰見大憲洞悉下情之至意,所苦生父痛於三十二年十二月二十六日因病身故,臨終遺命,我家祖遺基地輒被違章私佔,實出情理之外,一俟縣憲分傳,遵將原給印單即行赴案呈驗,一面備價具繳領管原業等語。迄今一年有餘,未奉縣憲飭傳,爲亟具情陳明,伏乞大帥大人電鑒恩賜,批司行縣,迅速驗契,繳價承領,以安生業而杜冒頂,實爲德便。上稟。

呈上海縣李查復行仁衖房屋即舊電燈廠基地應歸道署主持文光緒三十四年七月初八日

爲呈復事。按奉照會,以案奉藩憲瑞札奉督憲端批發上海監生徐寶成稟爲驗契無期迅飭斷結一案,云云。合行抄粘照會,煩爲查照,希即將此項基地究應歸何人管業,剋速詳細查明議復,以便核奪等因。奉此,查該處有舊電燈廠基地,向歸道憲主持。該生所指之地,未知是否即該廠基地。至永裕公司有無冒頂繳價情事,敝局更不得而知。擬請逕稟道憲核奪,合行呈復,即祈察核施行,實爲公便。謹呈。

御史徐定超參案

御史徐定超列款奏參上海總工程局董藉端苛斂、病害商民一摺。奉旨:著兩江總督端方查明具奏。當奉江督委派蘇松太道瑞澂、江蘇巡警局總辦汪瑞闓按款查明詳復。當奉據詳復奏,兹將會詳文、復奏文分録於後。

蘇松太道瑞江蘇巡警局總辦汪會銜詳復飭查上海工程局董被參苛斂病民各節按款查明呈請鑒核文

爲遵飭查明會銜詳復事。案奉憲札准軍機大臣字寄,光緒三十三年七月初四日奉上諭,有人奏局董藉端苛斂、病害商民列款糾參一摺,著端方按照所參各節,確切查明,據實具奏。原摺著抄供閲看。欽此。遵旨寄信前來。上海總工程局究於何時改歸紳辦,莫錫綸係於何時接辦局事,所加房捐是否悉照間架捐法逐間計算,曾否將居民拘局押繳捐款,另收船捐、車捐、雜捐是否稟定有案,抽捐章程曾否由官核定。此外有無另立名目、勒收捐款之事,一年以來共收過捐數若干,有無濫收苛罰之弊。事關苛捐擾民,自應詳細查究。又上年請開米禁,是否由張嘉年發起。其賄托莫錫綸之款計有若干,係何人爲之過付,所收照捐計數當在廿餘萬,是否涓滴歸公,並應澈究。又原奏内稱上海城廂街道寬狹不等,該局不論房屋翻造與否,稍動工作,即勒令收進丈尺,或讓進二三尺,或讓進七八尺,以賄之輕重爲斷。其稍有聲勢者,即不敢過問。又沿浦一帶灘塗自十六鋪以南,工程局與大達公司私訂合同,歲收租銀一萬兩。莫錫綸以爲沿浦灘地大達既肯出租,遂將大達以南之地議訂洋尺一丈,每年收租銀五十兩,如不出租,靠浦各業不得起落貨物。各業户議掛洋商牌號,以圖抵制工程局,則擬於馬路以外填地二丈,借爲取租地步,掩人耳目。該董等又串通洋人,以濬浦爲名,移請上海道欲樹業、竹業、木業驅逐他往。查浦工期限,約在光緒四十六、七年分,何至遽行驅禁。且十六鋪橋北亦係各業户管業,何以並不向洋人收租,並不令其將輪船碼頭他遷等語。查工程局本爲地方謀公益之地,如以上所指各節,其擾累商民,假公肥己,不獨與設局本意大相逕庭。商民人等痛等切膚,衆怨所叢,且將激成巨釁,亟應派委大員前往該處確切查明,以憑復奏。查有蘇松太道瑞澂奏調江南差委辦理上海警局汪道瑞闓堪以派委查辦。案關奉旨交查之件,該道等務當認真調查,逐一詳細具復,不得瞻徇致干未便等因。奉此,遵查上海總工程局總董莫錫綸被參各款,其中有道署檔案可稽者,亦有必須派員密訪者,現已逐一調查明確,敬爲憲台分晰陳之。

如原奏莫錫綸等接辦工程局後勒捐苛罰、民不聊生一節。查上海工程局係於光緒三十一年七月間由袁升道照會縣紳開會公舉。旋於公舉紳商中,經紳士等於八月間在明倫堂兩次開會,投票公舉,共得及格者七十六人。復由道就公舉中派定辦事總董李鍾珏、曾鑄、朱佩珍、郁懷智、莫錫綸等五人,議事經董姚文枬等三十三人。十月十五日改歸紳辦,莫董等即於是時接辦局事,將從前官辦時向有之工程、巡警、清道、路燈各項雜捐歸併爲一,統名之曰地方捐。無論自産、租賃店鋪,居民一律按月收取。外馬路因向無房捐,照房租酌收一成,其餘約收五釐,仍係按市面之繁簡定捐數之多寡,自洋一二角以至一二元不等,悉充清道、路燈、路工、巡警等用。貧苦之户向皆一律免捐。至房捐係由縣收取,解交藩司備發賠款,與工程局無涉。所有船站各捐,均在工程局未經改歸紳辦以前,設立者自改歸紳辦以來,一切悉仍其舊。車捐係仿租界章程,船捐歸人包捐,按年更换。此外,各種雜捐現均歸併地方捐項下,尚無另立名目,勒收捐款。現在一年以來,約收各項捐款五萬餘金,較之租界,不及百分之一。而局中所需警察薪餉、修築道路、燃點電燈及裁判所各項用款,每年約需銀七八萬兩。兩年以來,已虧五萬餘兩,皆由公債及紳商錢莊借墊,均有年月表可查,似無濫收情弊。又,原奏賄托莫錫綸請開米禁,由德發洋行運至日本海參崴五百數十萬石一節。查米糧一項,由此口運到彼口,本屬約章准行,前因内地連年欠收,市價貴而米源少,民食艱難,當經前升道稟奉暫禁出口。迨三十一年冬間,内地存米較多,銷滯價落,農商交困,先由藩臬兩司據常昭紳士力請弛禁,稟蒙陸前憲會同周前憲奏准施行。既係奉商部咨行核議,自無由張嘉年賄送莫錫綸等鉅款之事。況自弛禁起至展期屆滿,復行禁止,先後六個月中,華洋商人報運通商别口之米,共只一百餘萬石,均有印照給令報關,限期回繳,不准運出外洋。海關税司稽查嚴密,亦斷無予德法洋行運往日本海參崴五百數十萬石之理。至米捐一項,奉准仿照蕪鎮辦法,每石收關平銀一錢,留充地方公用。

自開禁起，至封禁止，除洋商報運出口之米不捐外，共收華商捐銀十萬三千六百餘兩。旋於三十一年十二月間奉行户部感電，上海中牢修費奏准動用米捐，袁升道遵即酌提四萬兩，充作會審公廨中牢修費，餘款撥補上海平糶局虧耗之需，曾經具文報明有案，委係涓滴歸公，所稱半充工程局費用，云云。殆係傳聞之誤。又，原奏工程局於民間翻造房屋勒索苛罰各節。查上海城廂内外街道既寬狹不等，房屋亦參差不齊，自光緒三十一年間馬路工程局及汪前縣令先後示諭屋主興動工作，城外馬路一帶須將該屋收讓三尺，城内則收讓二尺。及工程局改歸紳辦後，復經明定章程，由汪前令曉示遵章辦理。嗣凡新建翻改均須於未動工前，赴局報明，勘驗給照，方准建修。間有不先報勘擅動工作者，照章拘局究罰。事或有之，然罰款原有定章，載明執照，至多不過五十兩，亦無數百金之鉅。其收進尺寸，城内外一律改爲二尺，隨時登報，俾供衆覽，並無工程將竣拘匠苛罰之事。北門城根楊姓屋基，係屬城壕公地，因屋被焚燬，時值議濬城河，預備堆泥之用，曾令緩造。旋因濬河暫緩，楊姓仍行起造，並未抑勒。新碼頭查無戴姓造屋罰金之事，小普渡橋並無劉姓房産，或係外倉橋劉姓之誤。該處因闢路造橋，屋主自願得價折讓。當時契價兩交，亦無硬拆强佔情事。又，原奏工程局與大達公司私租十六鋪迤南灘地一節。查十六鋪南一帶岸綫，光緒六年曾經稟定設立界樁，不准業户居民將界外漲灘私填佔用。嗣因振興南市商務，始於二十三年間稟准將界綫開拓，就界樁外積漲淤灘，填築馬路。馬路以裏寬留餘地，以興市廛，並於路中建設官兵輪船馬頭，曾蒙奏咨在案。此項路工，先由出使經費借墊，後由馬路餘地變價歸款。既非由沿浦業户捐築，則岸綫以外權利自應由公家主持。其各業原産，應以馬路爲止，不得援子母相生之例再圖管業。馬路以外岸綫，毫無疑義，惟路工告竣後，别無餘款，以致官兵輪船碼頭遲久未能建築。迨至二十八年内港行輪載諸條約，洋商紛紛索租南市岸綫，以築馬路。袁升道以允之則南市商務蠹損利權盡失，不允又違條約，事有爲難，始議將原留建築官兵輪船碼頭之處，由華商墊款興築，作爲公共碼頭，准華洋各小輪公用，以免各洋商另設碼頭，接踵援例，漫無限制，亦經稟准有案。光緒三十一年，商部顧問官、翰林院修撰張謇等創設大達公司，呈蒙商部奏准在十六鋪南建築輪步碼頭。工程局將該處岸綫租給大達公司，原係照奏案而行，歲收租銀，係抵還工程局推廣路政息借用款，亦經袁升道轉詳周前憲批准，並非私自租借。且大達公司指用岸綫，先後呈請袁升道轉詳奉准，由十六鋪起至董家渡爲止。今工程局祇議准租至滬南海關前爲止，其關南至董家渡一段已經收回，准衆商議租興建碼頭，復於大達輪步所租岸綫内議明沿留隙地，歸工程局築造小碼頭，以備各商家照常起卸貨物。於民船商業生計，實已兼籌並顧。惟招商局以原議官建，現歸永裕墊築之公共碼頭，適在局産前面。曾於上年秋間聯合該處衆業户，以岸綫與業地子母相生，請令工程局交與收回，由其自行轉租大達，意得歲入租金係屬破公爲私，不合公理，曾經職道瑞澂詳晰批駁，並經稟復周前憲鑒核。此外，未聞有懸掛洋商牌號抵制之事。又，原奏遷移木植一節。查前年冬間，上海濬浦開辦須先清理水道事宜，曾准税司查開南市竹木等行在沿浦堆積竹木，有礙濬浦工程，疊經示諭勸令遷移。續又指定相宜地段，劃定界綫，俾各木行自行開挖水池，堆積木植，藉示體恤，迄未遵辦。此項浦工，據工程師奈格意見,須將上下游河道闊狹之處收束一律,以暢河流。工程則約期開工,四年内告竣,經費則須先行借足應用,以約載二十年額撥之數抵還,並無遲至光緒四十六、七年完工之事,業經職道瑞澂將工程辦法情形繪圖詳報在案。十六鋪河道固較從前稍狹,然按之現定收束界綫,有須設法開闊處,亦有再須收狹處,總須與租界各段浦面收齊,不能參差。工程局現擬租給與大達輪步之岸綫填寬駁岸二丈,係就工程師劃定收束界限内之漲灘興築,本係化無用爲有用,較之木行在沿浦任意停放木植有礙水利者,實迥不同。至於十六鋪橋北係各國租界洋商産業,既非工程局應管,自不能向洋人收租。既在約准通商,地方更無令將輪船碼頭遷讓之理。所有遵飭分別確查緣由,理合會銜具文詳復,仰祈憲台察核復奏,爲此備由呈乞照詳施行。

敬附稟者。竊查上海總工程局之組織法,乃以上海道爲監督,局中分議事、辦事兩大綱。凡興革一事,必集議董姚文枬等三十三人開會議決,稟道批准,而後由總董行之。其總董五人,以李鍾珏爲領袖,曾鑄、郁懷智、朱佩珍三人輪流到局辦事。莫錫綸一人常川駐局辦事,李鍾珏既爲領袖,局中固無一日不到,而莫錫綸雖爲駐局之董,亦無一事不與李鍾珏商而後辦。此職道瑞澂自任滬道、瑞闓自辦巡警所共見共聞者也。迨至奉委查辦,訪諸輿論,該董等所行諸事,雖愛憎各别,毁譽不齊,而質之公正紳士,實在並無異辭。原參各節,大都摭拾浮言,毫無左證。至該董等所以被參之由,則因收捐科罰而起,其實該局捐罰章程,本沿昔日官辦馬路工程之舊制,馬路工程局實效法於租界之工部局,何以行之租界而人莫不遵,行之内地而人稱不便?官辦之時而人無間言,紳辦之時而人多怨語,豈真辦理不善?誠以上海風氣雖較他處開通,而民智尚未大啓,顧私利者多、知公益者少。該董等以地方之人辦地方之事,非取地方之財不可。而日相晉接者,無非親戚故舊,事有不便徇情勢必因之招忌。紳與紳感情既惡,民與紳怨望斯生,藉人之口洩己之忿,而參案而由此而興矣。現當屢奉朝旨,預備立憲,各省州縣逐漸講求自治,將來似此參案恐不一而足。職道等竊以該董等所辦事件,均爲公益,非爲私利。輿情雖不融洽,官長必須主持,即此後再遇似此參案,但查係事屬因公,並非爲私,亦應略跡原心,曲爲調護,免灰辦事者之心。管見所及,是否有當,理合據實附陳,伏候憲裁。肅此附稟。

南洋通商大臣兩江總督端奏復查明上海總工程局參案文

奏爲查明上海總工程局董被參各節,遵旨復陳恭摺,仰祈聖鑒事。竊臣於光緒三十三年七月十五日准軍機大臣字寄,光緒三十三年七月初四日奉上諭,有人奏局董藉端苛斂、病商害民列款糾參一摺。著端方按照所參各節,確切查明,據實具奏。原摺著抄給閲看。欽此。遵旨寄信前來,當即派委江南蘇松太道瑞澂奏調江南差委辦理上海巡警局候補道汪瑞闓按照原參各節,逐一查明詳細具復。兹據該道等按款查明,具文詳復前來。查原奏内稱,上海總工程局自升任蘇松太道袁樹勛開會舉董,貢生莫錫綸等私相勾結,得居首列。自接辦後,勒捐苛罰,在原有房捐外另加重捐,照明季間架捐法逐間計算,雖貧户亦不能免。偶與理論，即拘局押繳，下及船捐、車捐、雜捐無一不捐。接辦甫及一年，怨咨交作，民不聊生等語。查上海工程局係於光緒三十一年七月間由升任上海道袁樹勛改歸紳辦，照會縣紳開會公舉，經紳士等兩次投票，舉得及格者七十六人，復由該升道就公舉中派定辦事總董李鍾珏、曾鑄、朱佩珍、郁懷智、莫錫綸等五人，議事經董姚文枬等三十三人。該紳董等於十月十五日接辦局事，將從前官辦時原有之工程、巡警、清道、路燈各項雜捐歸併爲一，名曰地方捐。無論自産、租賃店鋪，居民一律按月收取，因馬路向無房捐，約照房租抽收一成，其餘約收五釐，仍按市面之繁簡定捐數之多寡，自銀元一二元至一二角不等，悉充清道、路燈、路工、巡警等項之用，

貧苦之户向皆免捐。至房捐係由上海縣收取，解交藩司備撥賠款，與工程局無涉。所有車船各捐，均在未經改歸紳辦以前由官核定，紳辦以後悉仍其舊。車捐係仿照租界章程，船捐係屬包認，按年更换。此外，各種雜捐現均歸併地方捐項下，尚無另立名目，勒收捐款之事。現在所收各捐每年約五萬餘金。而局中所需警察薪餉、修築道路、燃點電燈及裁判所各項用款，每年需約銀七八萬兩。兩年以來，已虧五萬餘兩，皆由公債及紳商錢莊借墊，均有年月表簿可查，似無濫收情弊。又，原奏謂米販張嘉年請開米禁，運動商會，由商部咨南洋大臣札諭商務、工程兩局會議。張嘉年賄莫錫綸鉅款遂得議准，並議由該局發給護照，每石抽捐一錢，半充英租界公廳費用，半充工程局費。嗣是米禁大開，由德發洋行運至日本海参崴者五百數十萬石，内地積穀一空等語。查米糧一項，由此口運到彼口，本屬約章准行，前因内地欠收，市價貴而來源少，民食艱難，當經上海道稟定暫禁出口。迨三十一年冬間，内地存米較多，常昭紳士力請弛禁，由藩臬兩司稟經前江蘇撫臣陸元鼎會同前署督臣周馥奏准施行，既非由商部咨行核議，自無由張嘉年賄送莫錫綸等鉅款之事。且弛禁六個月内，華洋商人報運通商别口之米，共祇一百餘萬石，均有印照給令報關，限期回繳，不准運出外洋。海關税司稽查嚴密，斷無准予德發洋行運往日本海参崴至五百數十萬石之理。至米捐一項，係仿照蕪鎮辦法，每石收關平銀一錢，留充地方公用。自開禁以至封禁，除洋商報運出口之米不捐外，共收華商捐銀十萬三千六百餘兩。三十一年十二月，准户部感電上海中牢修費奏准動用米捐，升任上海道袁樹勛遵即酌提四萬兩，充作會審公廨中牢修費，餘款撥補上海平糶局虧耗，曾據報明有案。委係涓滴歸公，所稱半充工程局費用，殆係傳聞之誤。又，原奏内稱上海城廂街道寬狹不等，欲令畫一，自應先事丈量，預定丈尺，乃該局於業主動工時，擅自酌定，得以上下其手，爲勒索地步。新碼頭戴姓之屋藉口與照會不同，勒罰鉅款，北門城根楊姓之屋未行賄被勒半年，小普渡橋劉姓之屋謂礙路工硬令拆去。其餘新造之屋或讓進二三尺，或讓進七八尺，以賄之重輕爲斷其苛罰之法，在動工時佯作不知，俟工程將竣，突遣探捕將匠頭拘押房主，因工敗垂成，不得已認罰數百金了事等語。查上海城廂内外街道既寬狹不等，房屋亦參差不齊。自光緒三十一年間，馬路工程局及上海縣先核示諭屋主興動工作，城外馬路一帶須收讓三尺，城内則收讓二尺，工程局改歸紳辦後，經復明定章程，由上海縣曉示遵辦。嗣凡新建翻改，均須於未動工前赴局報明，勘驗給照，方准建修。間有不先報勘者，照章拘罰，然罰款定章載明執照，至多

不過五十兩,亦無數百金之鉅。其收進尺寸,城内外一律改爲二尺,並無工程將竣拘匠苛罰之事。北門城根楊姓屋産係屬城濠公地,因屋被焚,時值議濬城河,預備堆泥之用,曾令緩造。旋因濬河展緩,楊姓仍行起造,並未抑勒。新馬頭查無戴姓造屋罰金之事,小普渡橋並無劉姓房屋,或係外倉橋劉姓之誤。該處闢路造橋,屋主自願得價拆讓。當時契價兩交,亦無硬拆强佔情事。又,原奏内稱黄浦河道向爲萬商起運貨物口岸,沿捕灘塗自十六鋪由南爲華商起落各貨碼頭,完糧升科由來已久,乃工程局與大達公司私立合同,租與灘塗,歲收租銀一萬兩。大達以外迤南一帶議定洋尺一丈,每年收租銀五十兩,如不出租,各業不得起落貨物。擬馬路以外填地二丈,由局出資,借爲取租地步,各業户紛議懸掛洋商牌號,以圖抑制。黄浦比同治年間已填小十之七,近來潮水時時溢上馬路,若再填築,沿浦必成澤國。現因各業控告,該董等又以濬浦爲名,稟請上海道欲將樹業、木業、竹業驅逐他往,以爲有礙浦工。按工程限期開到南市樹、木、竹三業之處,約在光緒四十六、七年分,何至遽行驅禁。且十六鋪橋北亦各業户管業,何以並不向洋人收租,亦不令其輪船碼頭他遷等語。查十六鋪南一帶岸綫,光緒六年曾經設立界樁,不准業户居民將界外漲灘私填佔用。嗣因振興南市商務,於二十二年將界綫開拓,就界樁外積漲淤灘填築馬路。馬路以内寬留餘地,以興市廛,並於路中建設官輪、兵輪碼頭,前經奏咨在案。此項路工,係由出使經費借墊,將馬路餘地變價歸款,既非沿浦業户捐築,則岸綫以外權利自應由公家主持,不得再圖管業。惟路工竣後别無餘款,以故碼頭遲久未建。迨至二十八年内港行輪載諸條約,洋商紛紛索租南市岸綫以築碼頭。升任上海道袁樹勛議將原留建築官輪、兵輪碼頭之處,由華商墊款興築,作爲公共碼頭,准華洋各小輪公用,以免洋商另設。三十一年,商部顧問官、修撰張謇等創設大達公司,呈由商部奏准在十六鋪南建築輪步碼頭,工程局將該處岸綫租給大達公司,係屬遵照奏案,其歲收租銀係抵還工程局推廣路政息借用款,亦經袁樹勛詳由前署督臣周馥批准,並非私自租借。且大達公司指用岸綫,工程局祇議准租至滬南海關前爲止,其關南至董家渡一段已經收回,准衆商租建碼頭,復於大達所租岸綫内議明酌留餘地,歸局築造小碼頭,以備各商家照常起卸貨物,於民船商業生計實已兼籌並顧。惟招商局以原議官建現歸永裕墊築之公共碼頭,適在局産前面。上年秋間,聯合該處業户,以岸綫與業地子母相生,請令工程局交與收回,由其自行轉租,冀得歲入租金,經上海道瑞澂詳細批駁。此外,未聞有懸掛洋商牌號抵制之事。三十一年冬間,上海濬浦開辦准税司查開南市竹木等行,沿浦堆積竹木,有礙浦工。迭經諭令遷移,並指定地段劃明界綫,俾各行自行開挖水池,堆積木植。迄未遵辦工程師奈格意見,須將河道寬狹收束一律,工程則約期四年告竣,經費則先行借足應用,以約載二十年額撥之數抵還,並無遲至光緒四十六、七年完工之事。其工程辦法情形,經上海道瑞澂繪圖詳報在案。十六鋪河道雖較前稍狹,然按之現定界綫,有須設法開闊者,亦有須再收束者,工程局現擬填寬駁岸二丈,係就工程師劃定收束界限内之漲灘興築,係化無用爲有用,較之各行任意停放木植有礙水利者不同。至橋北係各國租界,既非工程局所應管,自不能向其收租。既在約准通商,地方更無令將輪船碼頭遷移之理。臣查上海工程局之設,誠如原奏,所謂開自治之權輿,爲立憲之基礎，責大任重，當以得人爲先。其局中紳董分議事、辦事兩層。凡有興革之事，先集議董姚文枬等三十三人開會議決，稟經上海道批准後由總董行之。其總董五人以李鍾珏爲領袖，曾鑄、郁懷智、朱佩珍輪流到局，莫錫綸常川駐局。李鍾珏既爲領袖，莫錫綸無事不與李鍾珏商而後辦，訪諸輿論，尚稱得人。現在屢奉明綸，預備立憲，各省州縣逐漸講求自治，以地方之人辦地方之事，不能不取資於地方之財。至有不便徇情者，勢必因之招怨，但使事屬因公，自應量予維持，俾辦事者不致爲浮言所中。該董等所辦事件，均爲公益，並非私計，質之公正紳士，實無間言。原奏所參各節，大都得諸傳聞，略無左證，應請毋庸置議。所有查明上海工程局董被參各款，遵旨覆陳緣由，謹恭摺具奏，伏乞皇太后、皇上聖鑒訓示。謹奏。

乙編　上海城自治公所公牘

城自治公所接辦案附呈報公舉各區區董案

城議事會呈上海縣田具報開用圖記日期文宣統二年三月十二日

爲呈報事。前奉照會，奉蘇屬自治籌辦處札發議事會圖記式樣，核明應用圖記幾種篆樣，送縣復核等因。當由董事會將上海城議事會、城董事會兩項圖記篆樣送呈鑒核在案。嗣奉照送城議事會圖記一顆前來。兹於本月十二日將城議事會圖記開用，合將開用日期備文呈報。須至呈者。

呈上海縣田具報開用城董事會圖記日期文宣統二年四月二十六日

爲呈報事。前奉照會，奉蘇屬自治籌辦處札發議事會、董事會圖記式樣核明應用圖記幾種篆樣，送縣復核等因，經將兩項圖記篆樣送呈鑒核在案。嗣奉照送城董事會圖記一顆前來。兹於本月二十五日將城董事會圖記開用，合將開用日期備文呈報。須至呈者。

呈蘇松太道蔡文同上。

議事會呈上海縣田繕送董事會辦事規約及分區辦事規約文宣統二年三月十二日

爲呈送事。竊上海城自治公所議事會遵章辦理董事會選舉事宜，業由恩孚將分次選舉總董董事、名譽董事姓名、履歷、票數先後備文呈報在案。查《城鎮鄉自治章程》第三十六條載應行議決事件，其第二款爲本城鎮鄉自治規約；又第六十六條載城鎮董事會因執行各事有應設各項辦事員時，由總董遴選派充，不限以選民，但須經董事會之公認，其細則以規約定之。又第十一條載，城鎮有區域過廣、其人口滿十萬以上者，得就境内劃分爲若干區，各設區董，辦理區内自治事宜。其細則以規約定之等語。現城董事會成立在即，各項辦事員自應照章分設。而本城區域較廣，計應分設五區。其境内分區一案，業經議事會議決，將該議案録送在案。所有上海城自治公所董事會各項辦事員規約及分區辦事規約，並應及早訂定，以資遵守。該規約已均經議事會議決，理合分別繕摺，呈請察核，備案施行。須至呈者。

呈蘇松太道蔡文同。

呈上海縣田具報西南二區各設區董並接辦日期文宣統二年五月廿四日

爲呈報事。竊查《城鎮鄉自治章程》第十一條内載,城鎮有區域過廣、其人口滿十萬以上者,得就境内劃分爲若干區,各設區董,辦理區内自治事宜等語。查上海城區域人口連租界達七十萬以上,應得分區,各設區董。惟城外西區、南區向設有區長。現在自治公所成立,自應遵照定章辦理,撤除向來區長名目,另設區董。業於上月間選任同知銜選用知縣舉人梅紳豫棖爲西區區董,運同銜揀選知縣舉人穆紳湘瑶爲南區區董。梅董於五月十八日到區接辦,穆董於五月二十三日到區接辦。合行呈報,爲特呈祈俯察,備案施行。須至呈者。

稟蘇松太道蔡文同。

稟蘇松太道蔡陳報城内中區事務所成立日期文宣統二年六月十四日

敬稟者。竊本年春季城議事會議決各案内一件境内分區案董事會交議事件,按照《城鎮鄉自治章程》第十一條議決,分本區域爲中、東、西、南、北五區。城内設中區,由總董董事直轄;東區爲公所坐落之地,亦歸直轄;西區、南區毗連之江境廟地段,應暫以製造局西柵門爲西、南兩區分界處之中心點,履勘劃清,以專責成。其新閘地段之未入租界毗連西區者,由西區管理。閘北稱爲北區,即設區董等因,業經議長、副議長呈報在案。董會准城議事會移交此件議決案前來,業將城外西、南兩區遴舉區董、接辦日期稟報在案。其北區應設區董,尚在籌議。惟城内中區既歸總董董事直轄,自應設立辦事之所,以資便利。此次復准城議事會移交夏季議決執行事件内,請董事會從速開辦等因。因借同仁輔元堂設立中區事務所,於本月十三日成立,總董董事仍駐城自治公所辦事,輪流至中區事務所處理一切事宜,以期接洽而免疏漏。所有中區事務所成立日期,合行稟報,爲特備由稟祈俯察,備案施行。

批:如稟備案。此復。六月二十日。

呈上海縣田文同。

稟蘇松太道劉公推名譽董事擔任中區事宜並移設中區事務所接辦清道路燈文宣統二年十月初九日

敬稟者。竊准城議事會本年春季議決境内分區案,城内設中區,由總董董事直轄。六月間,中區事務所成立,曾經稟報前憲蔡奉批在案。所有城内清道、路燈准一路中區德正巡官於九月初一日移交,業將接辦情形,並請核給城内清道、路燈貼款各情,先後稟陳憲台在案。查上月初接收城内燈道事宜,係暫由本公所路政兼管。惟路政處現辦城外三區燈道暨城廂内外路政,無暇再兼城内燈道,當由董事會開會議決,公推本公所名譽董事毛紳經疇擔任中區一切事宜,以原設同仁輔元堂之中區事務所移設在救火聯合會,以資便利。其清道、路燈即於十月初一日接辦等語。業經知會毛紳准期接辦。合行稟報,爲特備由稟祈俯察,備案施行。肅稟。

呈上海縣田文同。

呈上海縣田更舉城自治西南二區區董接辦日期文宣統三年六月二十六日

爲呈報事。查照《城自治公所分區辦事規約》第二條,區董每區一員,以本城區域選民由董事會於議事會公舉各該區區董前,預選合格人員二人以上、五人以下,由議事會投票公舉一人,任期一年。查本公所南區、西區區董於上年五月間選任接辦,均經呈報在案。現屆一年期滿,應行更舉。當由董事會於本月初八日開會,預選兩區合格人員各四人,開單送交議事會公舉。兹准移交本月十四日臨時議會,舉定區董名單前來。單開朱開甲得二十票,當選爲南區區董;梅豫棖得十九票,當選爲西區區董,係屬連任,即經董事會備文知會;南區區董朱紳於閏六月初一日接辦。其西區區董梅紳先經知會接辦。合將更舉南區、西區區董接辦日期,備文呈報,爲特呈祈俯察,備案施行。須至呈者。

稟蘇松太道劉文同。

董議兩會選舉案

呈上海縣田陳報議事會選舉議長副議長文宣統二年正月初七日

爲呈請事。竊本屆辦理城廂自治選舉,業將當選議員執照分别轉送。所有互選議長、副議長日期及互選細則草案,亦於上年底呈報在案。兹於宣統二年正月初六日互選期屆,是日到會計四十五人,照章用無名單記法,分次互選,先選議長,次選副議長,以得票滿議員總數三分之一爲當選。第一次投票,開票計沈恩孚得二十五票,當選爲議長。二次投票,開票計吴馨得十八票,當選爲副議長。合將當選議長、副議長名號、籍貫、職銜開單,呈請察核,備案施行。須至呈者。

稟蘇松太道文同。

城議事會呈上海縣田具報選舉總董文宣統二年正月十二日

爲呈報事。竊本邑城自治選舉,照章董事會選舉事宜,由議事會辦理。曾將選舉總董董事、名譽董事日期並請鈞駕蒞會監督等情,備文呈報在案。兹於十一日開會選舉,蒙親臨監督。查《城鎮鄉地方自治章程》第五十五條,總董以本城鎮選民由該城鎮議事會選舉正、陪各一名,呈由該管地方官申請督撫遴選任用之。又《選舉章程》第六十條,總董用無名單記法選舉,以得票滿議員總數三分之一者爲當選。又第六十一條,總董選舉完畢後,由議長將得票當選者,擬定正、陪各一名,開列姓名、履歷及得票數目造具清册,呈由地方官申請督撫遴選一名,加札任用,咨報民政部存案各等語。上海城自治議員額數本係六十名,除謝絶告退無效外,實計四十九人。此次選舉,應以滿十七票爲當選。當由各議員用無名單記法選舉總董,李鍾珏得三十一票當選。照章總董應擬定正、陪各一名,因得票當選者僅有一名,重行投票,莫錫綸得二十二票當選。謹將李鍾珏擬正、莫錫綸擬陪開列姓名、履歷及得票數目造具清册,呈懇迅賜備文申請督撫部堂院遴選一名,加札任用,並咨報民政部存案。除選舉董事及名譽董事當選人姓名、履歷、票數另文呈報外,合行具呈,惟祈察核施行。再,城自治公所圖記尚未刊行,現仍用總工程局鈐記,合併聲明。須至呈者。

城議事會呈上海縣田具報選舉董事名譽董事文宣統二年正月十九日

爲呈報事。竊本邑城自治議事會遵章辦理董事會選舉事宜,業將本月十一日選舉總董擬定正、陪各一名開具姓名、履歷、票數呈懇備文申請督撫部堂院遴選一名,加札任用,並咨報民政部存案。所有同時選舉之董事及名譽董事另文呈報,並經隨文聲明在案。查《城鎮鄉自治章程》第五十四條内載,董事以該城鎮鄉議事會議員二十分之一爲額,名譽董事以十分之二爲額。又第五十六條,董事以本城鎮選民由該城鎮議事會選舉,呈請該管地方官核准任用之。又第五十七條,名譽董事以本城鎮選民由該城鎮議事會選任之。又《選舉章程》第六十條第二項,董事及名譽董事用無名連記法分次選舉,以得票滿議員總數三分之一者爲當選。又第六十二條,董事及名譽董事選舉完畢後,由議長開列姓名、履歷及得票數目造具清册,呈請地方官核准任用,並由地方官申請督撫咨報民政部存案。又第六十三條,董事及名譽董事均由地方官給予執照各等語。本邑城自治議員額定六十名,照章應選董事三名、名譽董事十二名。所有應選之董事三名,查照呈請核准之《董事會選舉細則》第四條辦理。除擬定總董正、陪二名,内有一名即爲當選之董事外,應選二名,以足三名之數。本届議員,除謝絶告退無效者十一人外,總數係四十九人,應以滿十七票爲當選。是日,選舉總董完畢後,即用無名連記法選舉董事,王震得二十八票,顧履桂得二十二票,均屬當選;次選名譽董事,計朱開甲得二十八票,梅豫棖得二十七票,祁祖鎏得二十一票,姚曾榮得二十票,施兆祥得十七票。當選者衹有五人,其餘票不足額,因即投票再選,計葉逵得二十九票,顧徵錫得二十七票,朱大經得二十五票,毛經疇得二十四票,王寶崙得二十三票,蘇本炎得二十二票,朱得傳得二十一票,亦均當選。合將舉定董事及名譽董事姓名、履歷及得票數目開具清單,呈懇核准,並希將名譽董事執照十二張迅賜蓋印,先行發下,以憑轉給。至總董董事各執照,應俟選定總董奉到札文後,另行呈請給發。一面再行彙造總董董事及名譽董事姓名、履歷、票數清册送案,以便備文申報督撫部堂院咨報民政部存案,實爲公便。再,城自治公所圖記尚未刊行,仍用總工程局鈐記,合併聲明。須至呈者。

上海縣田照會選定總董先行存記文宣統二年三月廿二日

爲照會事。本年三月十九日,奉蘇屬自治籌辦處札,以奉督憲張批該縣申自治公所總董正陪姓名,請遴選一名,加札任用由。奉批:據申及清册均悉,候蘇部院核辦,仰蘇屬自治籌辦處轉飭遵照,此批,册存。又於宣統二年三月初五日奉撫憲寶批該縣申,擬定城自治董事會總董正陪姓名,請賜選定加札任用由。奉批:據申已悉,該縣城自治董事會總董應即以擬正之李鍾珏任用,仰蘇屬自治籌辦處先行存記,俟各屬一律舉齊,再行詳請加札咨報,並先轉飭遵照,此批,册併發,仍繳各等因。奉此,查此案前據報處當經核飭在案。兹奉前因,除將奉發清册呈繳撫憲,並俟彙詳外,合就轉飭札到該縣,即便遵照,此札等因。奉此,合行照會,爲此照會貴公所,煩爲遵照。望切須至照會者。

上海縣田奉文照會自治區董歸議事會選舉文宣統二年五月初六日

爲照會事。奉蘇屬自治籌辦處札開,宣統二年四月初四日,奉撫憲寶札開,宣統二年三月二十八日准民政部感電内開,現准山東巡撫電詢選舉區董事宜。本部業經電復,准以本城鎮選民由該城鎮議事會選舉,以歸一律。其分區及辦理區内自治事宜,仍按照規約所定細則行之,應行通電各省,免致兩歧,希即查照等因到本部院。准此,合就札行札到該處,即便轉行各屬一體遵照辦理毋違等因。奉此,合亟通飭札到該縣,即便遵照辦理等因到縣。奉此,合行照會,爲此照會貴所煩爲查照。須至照會者。

呈上海縣田租界户口外人不容調查録送英法工部局示諭請予上詳文宣統二年九月十六日

爲呈復事。接奉照會内開,案奉巡警道憲汪札,以上海爲商埠地方,上年曾經該縣稟以英、美、法等國租界户數事權不及,調查極爲繁難,僅敘華籍、洋籍,未分正户、附户。當由藩司核與定章未符,批查未復。本年必須按照定章,將租界正户、附户一律報齊,業已節飭遵辦,並函致該縣及上海城自治公所協同辦理。如租界調查間有爲難,即會商廨員,設法辦理等因,並委員催辦到縣。遵查,敝縣上年開報商埠户數,城廂正户三萬一千五百九十二、附户九千二百六十二。其英美公共租界則敘本籍三萬七千五十户、客籍四萬六千三百五十八户、洋籍二千五百三十户,法租界華籍一萬三千三百三十户、洋籍一百四十户,並聲明租界户數係向英捕房設法抄到等情,具稟在案。旋奉藩憲批示,核與部章不符,飭再另查,填表詳咨。即經敝縣詳奉道憲照會領袖領事照復,調查員未便在租界調查,一切由道飭縣轉致調查員知照。又,經敝縣將爲難情形稟請藩府憲轉詳請咨。嗣奉撫憲批示,所稟雖屬實情,惟與部章不符,未便照轉,飭再會商紳董,設法查明,另行填表詳送請咨更正,以符定章等因。伏思租界調查既奉巡警道憲指示辦法,除遵飭分移外,合行照會貴紳,務希設法協同調查正附户,刻日見復,以便填表交委帶回等因。奉此,查調查租界户口一事,本年正月間曾奉照會,以奉前道憲蔡札奉前護撫憲陸札准民政部電准憲政編查館文稱,查租界内士民本有普通國民應得權利,所有調查居民選民自可一律辦理等語,抄電札道,轉飭辦理,札縣遵辦,照請遵照憲飭一律辦理等因。七月間,並奉巡警道憲函飭,本年必須按照定章,將租界正户、附户一律報齊,會縣早日趕辦等因。當經函復,容設法辦理等情在案。惟工部局本年三月間出有示諭,拒絶調查之意甚深,即便設法往詢,祇能得户口總數,其正户、附户仍不能分别,權不我屬,事極爲難。現催報户數期限甚迫,惟有懇乞詳請巡警道憲轉詳撫憲,迅電民政部憲,咨請外務部憲,與英、法公使交涉,聲明調查户口爲有選舉之關係,於租界政權並無窒礙之處,請分别電飭上海英、法總領事轉飭工部局,勿得阻止調查,以敦睦誼。兹將工部局不容調查租界户口之示諭,及英、法工部局九月分查户單,分别抄呈兩分,每分三紙,請於詳文内附送,合行呈請,爲特呈祈俯察施行。須至呈者。

附抄英工部局諭

居民鋪户人等知悉。現在本局欲知租界以内華民之數,故特將此單於中國九月初八日起,飭捕照本局門牌按號各給一紙。各該家主須於九月十三日晚將此單按款即行填寫明白,不得任意增減。俟本局於九月十五日早前來收取,應即呈交,切勿延擱。此次丁册之事,本局實欲知其大數,照五年前一律僅查居民人口數目,並同時註明何省出身。至於其産業及生平事概不過問,無論别項何等事務,不准絲毫調查探諭。辦理一切惟本局人員特權，並無他人所有，切勿聽信差人衙役等，或輕信謠傳，以免錯誤。並無丁捐等意，亦不需索錢文。爲此諭仰居民人等一體知悉。此諭。

附抄法工部局諭

居民鋪户人等知悉。本局欲知法租界内華民丁數，故特將此印款空單於中國九月份起，飭捕照本局門牌按號各給一紙。該家主必須於九月十三日晚將此單按款即行填寫明白，不得任意增減。俟本局於九月十五日早到來收取，應即呈交，勿致耽擱。此次丁册之事，本局欲知其大數，照五年之前詳查，並無陰探及丁捐之意，亦不需索錢文。爲此俾衆周知。

上海縣田照會鄭重選舉無令當選者無端謝絶及不合格者濫竽充數文宣統二年十月初三日

爲照會事。奉蘇屬自治籌辦處札開，宣統二年八月二十七日奉撫憲程札開，照得地方自治爲一國行政之基礎，故議事會、董事會及鄉董、鄉佐均得其人，則基礎完固。然鄉黨自好之士不肯問事，已爲中國社會上心理之習慣，故《城鎮鄉地方自治章程》有第二十一條、第二十二條之限制，蓋深慮夫當選人之謝絶也。本部院披閲各屬自治選舉文牘，其僅足定額三分之一者比比而是，並訪聞有當選者相率謝絶而犯消極資格之人亦濫竽充數者。以今日之社會情形言，則謝絶者之心理未必盡由於放棄主義，此不待言而決者也。要之，資格優者既皆謝絶，則應選者之資格轉不如業經謝絶之人，自治之基礎已極可危。若遵章程而懲謝絶者，停其選權，則資格優者遂久於屏棄，自治之將來更不堪問。總之，法理者準乎心理而生謝絶者之心理，既别有其原因，則章程所規定宜熟審其權變。現在議事會率都成立，董事會員及鄉佐即由議事會而發生，若不早爲籌防，則自治前途之危險極爲可怖。除札交諮議局並通飭外，合行札知，札到該處即便遵照。嗣後，凡當選人無第二十一條理由而謝絶者，亟應設法挽留。其有以消極資格充數者，亦應稽查取消，是爲至要等因。奉此，合通飭札到該縣即便遵照，此札等因到縣。奉此，除遵辦外，合併照會，爲此照會貴所煩即一體遵照。須至照會者。

上海縣田照會飭遵章改選議員半數文宣統二年十一月初十日

爲照會事。本年十一月初六日，奉府憲札，宣統二年十一月初四日戌刻，奉江蘇蘇屬自治籌辦處憲支電開，照章每年議事會應改選議員半數，凡自治公所已成立者，曾否遵照《選舉章程》第十條、第十一條一律辦理，盼即分知各董事會及鄉董，並速復等因到府，轉飭到縣，立即遵照分知各董事會及鄉董並速申復籌辦處憲察核。一面報府查考毋違，此札等因。奉此，合行照會，爲此照會貴所希即查照，刻日見復，以憑轉報，幸勿稍延。望切須至照會者。

呈上海縣田遵復改選議員半數已照章預備文宣統二年十一月十二日

爲呈復事。接奉照會，以奉府憲札，奉蘇屬自治籌辦處憲電開，云云。以憑轉報等因。奉此，查本邑城自治公所成立後，已將屆議事會改選議員半數之期。所有改選事宜，已由董事會遵章預備。合先呈復，爲特呈祈核轉施行。須至呈者。

上海縣田奉文照會選定總董知照任事文宣統二年十一月十六日

爲照會事。奉蘇部院程札開，案准民政部咨開，查城鎮鄉自治會文書程式，前經憲政編查館電復蘇撫，聲明《城鎮鄉自治章程》條文與府廳州縣自治章程歧異之處，業經該館奏准，由本部酌量情形另案更正，奏明辦理。現在文書程式，業經酌改，尚未具奏，相應咨明等因。准此，查城鎮董事會總董照章由地方官申請督撫遴選一名，加札任用。蘇屬各廳州縣城廂董事會已一律成立，均經本部院將總董分別選定，並飭自治籌辦處逐一轉行遵照在案。兹據該處將總董名册彙造呈報前來。除批示外，合行開單札縣，即便先行分別轉諭該總董等遵照任事，一俟部改文書程式奏定後，再行查照辦理可也，切切特札等因到縣。奉此，合行抄單照會，爲此照會貴總董煩爲查照。須至照會者。

城議事會呈上海縣田豫定改選名譽董事文宣統二年十二月初二日

爲呈報事。按照《城鎮鄉自治章程》第五十九條，名譽董事以二年爲任期，每年改選半數。若同時就任者，其半數即以一年爲任滿。並按《城鎮鄉地方自治選舉章程》第五十九條，選舉名譽董事每年一次，於各該員應屆任滿三個月前，由城鎮議事會議長豫定選舉日期，招集議員舉行，並呈請地方官親臨或派員監督之各等語。查城董事會名譽董事於本年正月間由城議事會選舉，呈請發給執照在案。總董董事執照於本年四月初五日奉發到會，應以四月初五日爲董事會職員就任之期，即應以宣統三年四月初五日爲名譽董事半數任滿之期，理合將豫定選舉事宜先行呈報。一俟議事會選舉完畢，當再確定改選名譽董事日期，招集議員舉行，呈請蒞會監督。爲此呈報，即祈察核施行。須至呈者。

呈上海縣田遵章改選城自治議員半數調查人口及選民人數並投票開票日期地址文宣統二年十二月二十八日

爲呈報事。竊按照《城鎮鄉自治章程》，議員以二年爲任期，每年改選半數，如議員全數同時就任者，其半數即以一年爲任滿。又，前項一年任滿之半數以抽籤定之等語。查上海城議事會於本年二月間成立，將屆一年，應行改選議員半數，照章議事會選舉由董事會辦理。先經董會開會籤留議員半數計三十人，一面按照蘇屬自治籌辦處詳定自治籌備日期表，依限進行，業將城區内人口數及合格選民按區調查編册。計城内中區，城外東、西、南三區，江境區、老閘區、新閘區，共二十一萬四千五百七十六口。又，公共租界四十八萬二千二百五口，法租界十萬三千四百四十六口。統計城區域人口數共八十萬二百二十七口，内合選舉資格者，先計四千一百四十六人。以税捐核分甲、乙兩級，計甲級四百九十三人，乙級三千六百五十三人。照章宣示聲請更正後，仍以税捐核分甲、乙兩級，計甲級五百一人，乙級三千七百六十八人，共計合格者四千二百六十九人。遵照定限，宣統三年正月初六日乙級投票，初七日開票，初九日甲級投票，初十日開票。計設投票所三區，第一區在城自治公所，第二區在城自治中區，第三區在城自治西區，其開票所統在城自治公所。除發選舉傳單將選舉日期、投票所、開票所地址，並投票方法一同公佈外，合行呈報，爲特呈祈俯察備案施行。所有選民名册應繕副本，當另行呈送，合併聲明。須至呈者。

呈蘇松太道劉文同。

呈上海縣田具報改選議員半數甲乙級當選人姓名請給執照文宣統三年正月十七日

爲呈請事。竊本届遵章改選城自治議員半數,業將調查城區域人口及選民各數,並甲、乙級投票、開票日期、地址備文呈請察核備案在案。兹於本月初六日乙級投票,計投票者七百二十一人,初七日乙級開票,檢得選舉票七百二十一紙,除寫不依式、字跡不可辨認者八紙外,實得選舉票七百十三紙,計以多數當選者十五人;初九日甲級投票,計投票者一百三十五人,初十日甲級開票,檢得選舉票一百三十五紙,除字跡不可辨認者一紙外,實得選舉票一百三十四紙,計以多數當選者十五人。甲、乙兩級當選者共三十人,内除謝絶者二人外,共當選議員五十八人。合將上届籤留議員半數姓名,及本届改選議員半數甲、乙級當選人姓名、年籍、票數分别開摺呈請察核。所有新選議員二十八人,應請迅賜給發執照,以便轉送,並祈呈報督撫部院備案,合行呈請,爲特呈祈俯察施行。須至呈者。

籤留議員半數姓名及當選新議員姓名詳職員表,不附録。

呈蘇松太道劉文同。

城議事會呈上海縣田改選名譽董事文宣統三年正月二十九日

爲呈報事。竊城議事會遵章改選名譽董事,曾將選舉日期並請鈞駕莅會監督等情,備文呈報在案。兹於二十四日開會選舉,當奉派員監督。查照《城鎮鄉自治選舉章程》,選舉名譽董事用無名連記法,以得票滿議員總數三分之一者爲當選。若得票無滿議員總數三分之一者,即如法再選。公舉完畢後,由議長開列姓名、履歷及得票數目,造具清册,呈請地方官核准任用,並申請督撫咨報民政部存案,由地方官給予執照各等語。董事會名譽董事原額十二名,除照章籤留半數外,應選六名,以議員額數六十名核計,應以滿二十票爲當選。當由各議員用無名連記法選舉,第一次得票者均不足數,即投票再選,計當選者金祖壎、祁祖鋆、毛經疇、夏紹庭、郭懷桐、劉汝曾等六名。合將選定名譽董事姓名、履歷及得票數目開摺,呈懇核准,給予執照,並申請督、撫部堂、院咨報民政部存案。其籤留名譽董事半數姓名另摺開呈,並祈備案,合行呈請俯察施行。須至呈者。

籤留名譽董事半數姓名詳職員表,不附録。

呈蘇松太道劉文同。

上海縣田照會奉批改選名譽董事文宣統三年四月二十日

爲照會事。奉籌辦處憲札開,宣統三年三月二十二日奉撫憲程批,該縣申城議事會改選籤留名譽董事姓名、票數摺由。奉批,據申已悉,仰蘇屬自治籌辦處核明彙案詳咨,並行該縣知照,仍候督院批示,此批,摺存等因。奉此,查此案前據報處,當經核飭在案。兹奉前因,除彙詳外,合亟札飭札到該縣即便遵照,此札等因到縣。奉此,合行照會,爲此照會貴所煩即轉致一體查照。須至照會者。

呈上海縣田城自治選舉凡救火會員商團會之無税捐者應否照章以勞力論核計相當價值作爲合格請上詳示遵文宣統三年六月二十日

爲呈請事。竊查《城鎮鄉自治章程》第九十二條第四項,凡以勞力或物品供給自治事宜之需用者，得計其相當價值，以特捐論。又查《自治公報章程解釋》，有預算、決算，皆以金錢計，故非計其相當價值不可等語。是以勞力供給自治事宜之需用者，必計其相當價值始合選舉資格。上海救火會員及商團會員人數眾多，除本有税捐資格者外，其本無税捐者應否以勞力論。如以勞力論，應若何核計價值，並應否以入會後服務滿若干年限爲斷，應懇迅賜詳請撫院暨蘇屬自治籌辦處批示祗遵。爲此呈懇察核施行。須至呈者。

上海縣田照會奉批復縣詳救火會員商團會員之選舉資格文宣統三年八月十六日

爲照會事。奉籌辦處憲批縣，詳城自治公所董事會呈救火會員及商團會員如無税捐資格，應否以勞力論，若何核計請示由。奉批，據詳已悉，救火會本在自治範圍以内義務，會員之本無税捐者，自不妨以勞力供給自治事宜之需用論，予以選民資格。惟必須以備具《章程》第十六條第一項一、二、三款資格，並不犯第十七條各款者爲限。但是項勞力既屬義務，本無相當價值，應否比照巡警、消防隊薪餉核計。及明定以勞力服務者爲限之處，仰即諭行該縣城自治公所議事會詳細條議，呈候核奪。至商團並不在自治範圍之内，自難相提並論。並仰知照，仍候撫憲批示，繳等因到縣。奉此，合行照會，爲此照會貴議事會查照詳細條議，復縣核轉。須至照會者。

道路工程案

呈上海縣田徐家匯路浜南沿浜開築土路請遷果育堂貼近浜口之義塜文宣統二年八月十九日

爲呈請事。竊本邑西門外斜橋迤西沿肇嘉浜直達徐家匯之馬路，前法人藉口於曾經修築，設立捕房，派捕管理，而該路之北因墳塜纍纍，居民逐漸遷徙，土著日少，法人遂復築成吕班路、金神父路、畢勛路、寶建路、寶昌路、善鐘路、杜美路、巨籟達路、福開森路等各馬路。地非租界，而路如棋局，已悉入外人勢力圈内，致我之官長行政權、地方自治權均有所窒礙，引領西瞻，堪勝扼腕。法捕房之管理馬路也，本聲明但收車捐，而本年竟在該處肇嘉浜内追收船捐，船户均被其毆辱。雖經總董函請道憲駁拒而止，然彼有警權，我無警權，後此之事尚難逆料。言念及此，可爲寒心。爲目前補救計，非於浜南特闢一路酌設巡警實不足以資抵制。查斜橋南塊迤西尚爲我完全之地，體察形勢，須於沿岸開築一路，與徐家匯路作一並行綫，俾我之警權可達，庶能杜彼覬覦。且岸邊有路，巡警通行，不特可保我浜南之土地，並可保我航路之利權，而岸坭不致坍卸，於此後浚河工程尤有裨益。前鈞駕察勘肇嘉浜河工時，曾以此情面陳，極蒙許可。復經董事會決議興辦，報告於議事會。雖經費竭蹶萬分，而值此時局，不敢不勉爲其難。今該路已築成泥路五百餘丈，達日暉港裡口之三叉口祗百有餘丈，而中間適有果育堂貼近浜口之義塜阻住，義塜如能不遷豈不甚願。然爲保守土地主權計，關係至鉅，我同辦自治範圍中慈善事業之父老兄弟諒必樂爲贊成，即地下之枯骼有知，亦必樂於遷讓。況應遷之處寬約祗二丈二尺、長約祗五六十丈，爲數並不甚多。如果育堂慮費絀難籌，自當由本公所籌款代遷，以安朽骨而保主權。爲特呈祈迅賜照會果育堂紳董從速議復，仍求賜復施行，地方幸甚。須至呈者。

上海縣田照會據果育堂董呈復自治公所興築馬路議遷義塚應請轉知慎重妥遷文宣統二年九月二十一日

爲照復事。據果育堂職董姚文枏、姚天來、郁懷智、陸增、劉汝曾、郭廷鈐呈稱，九月初八日奉照會，據城自治公所總董李鍾珏呈稱，本邑西門外斜橋迤西沿肇嘉浜直達徐家匯之馬路，云云。自當由本公所籌款代遷，以安朽骨而保主權等情到縣。據此，查李紳籌建馬路，爲地方主權起見，議遷義塚，係屬不得已之舉。合行照會核明，從速議復，以便轉知辦理等因。奉此，查以上議遷義塚各節，城自公所注重在保主權，敝堂注重在安朽骨。既據呈稱籌款代遷，自應由城自治公所獨擔其任，敝堂一切得置弗慮。惟塚地掩埋棺木不盡出於無主，時有年深月久突然遷葬者，敝堂例有號碼編定，登載簿記，備柩屬隨時認領，應請照會查照，慎重妥遷，勿將原有號數編次紊亂，俾有考查，以維義舉，合行呈復前來。查該處義塚姚紳等呈復，既稱非盡無主，其有主之柩應否飭知柩屬限日自行遷葬，逾限再由貴公所編號代遷，以昭周密之處。合行據情照復，爲此照會貴總董煩爲查照，妥議見復。望切須至照會者。

稟蘇松太道劉徐家匯路浜南沿浜開築土路文宣統二年十二月十七日

敬稟者。竊本邑西門外斜橋迤西至徐家匯之馬路，自同治二年後，法公董局屢經修築。前法總領事白因未償歷年修費，於光緒二十六年照准前升憲余於羅家灣設立捕房，派捕管理馬路，抽收車捐。自是而後，不特我之巡警權不能達，即長官行政權、地方自治權均有所窒礙。上年辦理蒲肇河工斜橋迤西至徐家匯之肇嘉浜，適在開浚之列。體察形勢，浜北馬路既有法捕管理，自宜於浜南沿浜開築一路，與徐家匯路作一並行綫，庶可保我主權而岸泥不至坍卸，於河工尤有裨益。並擬於沿日暉港迤南、潘家橋迤南、東廟橋迤南、天鑰橋迤南逐漸開築馬路，均接通龍華路，以冀地面興盛。計自斜橋南岸沿浜迤西至日暉港裡口止之土路業已築成，其自日暉港裡口迤西沿浜至徐家匯之土路，現亦在開築。至迤南各路，仍期接續進行，以利交通。所有徐家匯路浜南沿浜開築土路情形，合行稟報，爲特備由稟祈察核備案施行。肅稟。

批：來牘閱悉。此復。

呈上海縣田文同。

稟蘇松太道劉議事會夏季議決築肇嘉浜路劃用地畝應給地價案請出示曉諭文宣統三年六月二十三日

敬稟者。竊准城議事會夏季議決築肇嘉浜路劃用地畝應給地價案内開，董事會交議事件，按照《城鎮鄉自治章程》第五條第三款事宜議決，本公所於上年開築西門外斜橋南塊沿肇嘉浜迤西至徐家匯之泥路，即肇嘉浜路劃用有主地畝。該處但爲交通便利起見，於市面興盛尚無關係，與其他各路情形不同，自須丈明給價，劃單承糧。現定每畝給價銀五十元，應由董事會呈請蘇松太道、上海縣出示曉諭等因，移交執行前來。合行照案稟請，爲特備由,稟祈俯賜察核出示曉諭施行。肅稟。

呈上海縣田文同。

蘇松太道劉照會准法總領事來函詰問工程局修理方斜路事飭即查復文宣統三年閏六月初四日

爲照會事。本年六月二十七日,准法總領事喇函開,近悉中國工程局在徐家匯馬路自租界起至斜橋一帶興工修路,工程局即係違背光緒二十六年法前總領事與余前道定議。本總領事亟應争論,請即停工。一、查光緒二十六年九月二十二日余前道照復白前總領事,應允公董局查車,巡捕查漏捐車輛、壞路損樹、阻工違章等情。二、查是年十一月十七日白前總領事致余前道函,西門外一帶馬路嗣後仍須由公董局照常修築及興工動作,如設燈、通水各工程,請查照札飭上海縣出示曉諭,俾眾咸知,以便公董局照議派捕,經管此路等因。三、查是年十一月二十一日余前道照復白前總領事,除札飭上海縣並行西門外巡防局員一體遵照外,復請查照可也等因各在案。本總領事查余前道議認公董局有經管徐家匯路權力,合亟函請貴道查照從前定議辦理。前此工程局在該路裝設電桿已違前議,雖與法電燈公司有礙,未置言論。兹工程局又在彼處動工修路,本領事不得不函請趕飭停工等因到道。查西門外方浜橋至羅家灣一帶馬路,由法公董局照常修築,前經余前升道行縣曉諭在案。今貴公所在徐家匯路浜南沿浜開築土路,究與余前升道定議之案有無窒礙,合抄原案照會,爲此照會貴公所請煩查勘明確,妥議見復,以便核轉,望切施行。須至照會者。

附抄件

光緒二十六年九月二十二日照復法領稿

爲照復事。前准貴總領事致南洋大臣委員福開森函稱,上海西門外至徐家匯沿途馬路,自咸豐四、五兩年由貴衙門派兵修造。至同治二年,由貴公董局鋪築土石各工,歷年至今用銀四萬五千兩。現在以賠修太多,擬歸貴公董局抽收車捐,以充修費,並派巡捕查車等情在案,本道正在查核辦理。兹於九月初二日復准貴總領事照會前因,並請出示曉諭。查上海西門外至徐家匯之馬路,本係官路,既經貴公董局歷年修築,所擬抽收車捐充修費,自未便過事拒絶。惟該地每年應繳中國地租銀一百五十兩。此路巡丁及沿途貨卡民産並經過兵勇及民間婚喪等事,仍歸中國照常管理行走應用,貴公董局查車巡捕,除查漏捐車輛、壞路損樹違章等情隨時拘送公堂究辦外,其餘一切民情,仍由中國巡局查究核辦,相應備文照復。爲此照復貴總領事請煩查照,仍希見復施行。須至照會者。

又十一月十七日法領來文

爲照會事。案照本租界至徐家匯馬路一道,十月初九日准貴道照會内開,俟新界西南角至羅家灣新路造成,由貴總領事照會,當即飭縣出示曉諭大眾,以便公董局查照辦理等因。惟西門外方浜橋至羅家灣一帶馬路,嗣後仍須由公董局照常修築。及興工動作,如設燈、通水各工程,中國巡局勿稍阻止。所有本租界捐照各車經過此路,中國巡局勿再收捐,應請貴道查照飭至巡防局遵照勿阻工程、勿收車捐爲要。再,本總領事查核新馬路現已將次造成，自光緒二十七年正月初一日爲始，由公董局查照前議派捕巡查、抽收車捐。相應照會，爲此照會貴道請煩查照，札飭上海縣出示曉諭，俾衆咸知，以便公董局照議派捕經管此路也。須至照會者。

又十一月二十一日照復法領稿

爲照復事。十一月十八日准貴總領事照會，以徐家匯一帶新馬路現已將次造成，定自光緒二十七年正月初一日爲始，由公董局查照前議，派捕巡查，抽收車捐，請飭縣出示曉諭，以便公董局照議派捕經管此路等因到道。准此，除抄案札飭上海縣並飭西門外巡防局員一體遵照外，相應照復貴總領事請煩查照可也。須至照會者。

稟蘇松太道劉陳復修理方斜路緣由文宣統三年閏六月初八日

敬稟者。竊奉照會内開，本年六月二十七日准法總領事喇函開，云云。請煩查勘明確，妥議見復，以便核轉等因，並抄粘。奉此，查法總領事函中所稱徐家匯馬路自租界起至斜橋一帶，係指西門外方浜橋法租界界碑起迤東折南至斜橋一帶之路而言，法公董局統稱爲徐家匯路，本地方則稱爲方斜路，蓋以方浜橋斜橋得名。此路本係中國地界，並非租界。從前因曾由法公董局修過，本年該路一帶居民鋪户以道路攲側不平，車輛行人均多不便，紛來報告，請爲修理。遲之又久，法公董局迄未來修。是以本公所於本年三月二十八日即西曆一千九百十一年四月二十八號起，從方浜橋至斜橋一帶逐段興修，迄今已三月有餘，現在已將次修竣矣。緣奉前因，合亟稟復，爲特備由，稟祈察核施行。再，徐家匯路浜南開築土路，係另是一路，純係中國地界，與此路毫無干涉，合併聲明。肅稟。

批：來牘閱悉，已據情函復法總領事查照，希即知照。此復。閏六月十三日。

蘇松太道劉照會准法總領事函復修理方斜路須照前議文宣統三年七月初四日

爲照會事。照得法人阻止城自治公所修理方斜路一案，本年閏六月初八日接貴總董復稟，當經轉致去後。兹於閏六月二十二日接法總領事喇來函，查工程局如此辦法修路，亟應與貴道切實争論。該處馬路如有居民鋪户報告請修，工程局即應報告情形，徑交公董局辦理，或請貴道轉致本總領事轉飭公董局興修，方爲正辦，總不能違背從前白總領事與貴前道所議徐家匯路歸公董局修理定論。合再函請查照，勿忘本總領事所言，轉飭工程局以後勿再如此興修該路等因。准此，合行備文照會，爲此照會貴總董請煩查照施行。須至照會者。

橋梁工程案

稟蘇松太道劉改建新閘橋先搭浮橋請移會警局先發八個月渡船經費文宣統二年十二月廿三日

敬稟者。竊據北區新閘鎮各商業來所聲稱，新閘橋現經巡警總局翻建，於九月間築笆攔阻行人。一面設有官渡船四號，周流擺渡，不收分文，用意亦極周到。惟該橋係南北往來要道，自朝至晚，人多於鲫，僅此四號渡船萬不敷用。設遇北風怒號，雨雪交迫，其危險更不堪設想。兼之橋工計非一年不辦，爲日方長，兩岸居户商民諸多不便，務須搭造浮橋一座，以資方便等因，當即交議會調查。據本議員陸文麓、瞿慶善、錢允利等報告，該鎮情形確實不誣。日前，該議員曾將此一節面商姚總務科長，懇將巡警總局渡船費如數津貼，搭造浮橋一座。其不足之數，由該議員等分頭勸募，以成其事，姚總務科長極爲贊成。嗣以公幹赴京，無從就商，一切因此中止。查新閘鎮南北兩岸廠家林立，熙來攘往，實較他處爲多。且和安學堂學生三百數十人，十之三四均居閘北一面，朝暮均須經渡，確爲衝要處所。現經翻建新橋，工程浩大，決非數月所能竣工，長此擺渡，於居户商民實多窒礙，且已有失足落水情事，後此殊爲可慮。是以敝所議決，托久記木行於新閘舊橋東首搭造浮橋一座。該浮橋現在趕速搭建，已可請即日竣工。惟悉新閘橋工程以八個月爲限，是以該浮橋亦限八個月撤除。所有此項浮橋經費，經函請巡警總局先以八個月之渡船經費提前彙總飭發，俾應工需。如八個月之後，略須延長，仍求以每月渡船經費飭發轉付，俾免包工人有所藉口。應請憲台移請巡警總局准將該項經費飭發，以便轉付，爲特備由稟祈俯察施行。肅稟。

批：來牘閲悉。候移商巡警總局核飭照辦，俟復到再行知會可也。十二月二十六日。

稟蘇松太道劉新閘浮橋落成請移會巡警總局撤除渡船給發八個月渡船經費文宣統三年二月二十二日

敬稟者。竊總董前稟改建新閘橋，先行搭造浮橋，請移會巡警局先發八個月渡船經費，以便轉付，懇賜核轉緣由。上年十二月二十六日奉批，來牘閲悉。候移商巡警總局核飭照辦，俟復到再行知會可也等因在案。兹准城議事會移交本年春季第一次會議案，以新閘浮橋落成，應由董事會稟請撤除渡船，照原議將渡船經費撥助，以補捐款不足等因。查新閘浮橋已於上年十二月下旬落成，原設之渡船自可一律撤除。所有八個月之渡船經費，應懇迅賜移請巡警總局先行照數核發，以應工需。至新閘橋亦請迅飭建造，俾資利濟而慰輿望。爲特備由，稟祈察核施行。肅稟。

批：來牘閲悉。已移催巡警總局核飭照辦，仍俟復到知照希即查照。此復。三月初一日。

稟蘇松太道劉改建外關橋與法水公司妥商改裝水管情形文宣統三年三月十三日

敬稟者。本月初八日，奉鈞函内開，本月初一日接法總領事喇來函，以據法自來水公司稟，南市路政處現將南市第二河道木橋改造水門汀橋，欲移動本公司所埋自來水總管。甫於西三月二十八號知照，即已動工。如此辦法，大有危險，最易肇禍，勢必三禮拜法界無水可用。此項水管如有其二，即易移動辦理，現在並無别設水管。而前議借埋水管之處，該公司本擬穿過車站易於動工，嗣因議改繞道過長，躭延至今。有人言滬杭鐵路公司原可允如所請，衹須由道作主，法公司即能照前請埋設水管，請迅飭路政處停止工作，須與法自來水公司商妥後再行動工，以免危險肇禍，阻水流通等因。並准另函聲明，一、此次移動水管工程，其所費應責任路政處擔任。二、無論如何，路政處總不能擅動自來水總管，一切工程悉由法公司自行動作，其辦法照彼此商定動工等語。當以法公司阻止移動水管牽涉上年向鐵路公司借埋水管一事，遂先備函轉商蘇路公司，一面照案答復去後。兹又接法總領事來函，以此事著緊在請飭路政處停止工作，與法公司商妥後再行動工，以免水管爆裂危險等事，函請轉飭停工前來。除再先行函復外，合抄往來函稿並蘇路公司復函，奉布即祈貴公所查照迅與法自來水公司商妥再行動工等因。奉此，查法領來函所稱南市第二河道木橋即係江海大關前之外關橋，從前本係木質，現定改建水門汀橋，以資經久。其所謂甫於西三月二十八號知照即已動工者，係撤去橋面之工，毫與水管無關。本公所工程員以此次須放寬橋門，改建橋墩時内地自來水管及法自來水管均須讓寬支柱，是以一面函致兩公司，請派人勘視；一面撤去橋面，停工以待，以備兩公司易於工作。固明知水管關係水源之流通，固未嘗貿然從事，致有危險之虞也。法自來水公司接函後，本已派人來觀，當即將情形詳陳，業先會商辦法。奉函日，陳翻譯偕同法副領事至本公所晤談，復詳述一切，並申明本來停工以待，惟須從速辦理。法副領事允於明日飭公司辦事人來所會商定奪。初九日午前，法水公司代總經理及工程司兩西人帶同譯員來所偕往勘視，詳細商酌。在法水公司之意有兩種辦法，一以水管吊在橋梁上，一以三角式水門汀大料絡住水管。惟用吊法恐橋之重量不勝，用絡法則比橋梁低十四寸，有礙舟行，且均不易於修理，因請其仿租界式以水管灣至橋外架空過河，將來修理亦便。法水公司代總經理及工程司均深以爲然，惟謂總經理現適回國，可以電告照辦，惟未能即時動工。今橋工既屬緊要，莫如另建木架在舊橋脚之外支撑，則水管可以無害，橋墩亦可建築，將來俟灣管到時接通，即可將木架拆去，此係兩便之道。並囑即行繕函交彼，以便與總經理接洽，當經本公所工程處備函面交，而現在暫用木架支撑之辦法遂定。頃據該橋包工人云法水公司雇伊在橋墩外暫建新架，即日動工。本公所一俟木架建就，即接辦橋墩工程。此本公所與法水公司商妥辦法之實在情形也。惟接通灣管一節，法水公司代總經理及工程司已允許電告總經理，隨後續辦，應請憲台轉致法總領事轉飭該公司預爲籌備。蓋現在於橋下支建新架水管，固可無礙。惟此後船隻進出，潮急水溜，時難保無碰撞之事，是以籌設灣管未能過於從緩。爲特備由，稟祈察核施行。肅稟。

批：來牘閲悉。已據情函復法總領事查照飭遵，希即知照。此復。三月二十日。

蘇松太道劉照會重建外關橋改裝水管事准法領事來函須照法工程師擬定辦法文宣統三年三月廿七日

爲照會事。法自來水公司因南市路政處改造關橋，移動自來水總管，請飭停工，俟彼此商妥辦法再行工作一案。三月十三日接准來牘，即經據情函復法總領事查照飭遵在案。兹於三月十七日接法總領事喇來函，以據法自來水公司派法工程師羅福來及樂爾東二人與路政處王一亭、蘇子和在該處商議良久。首先商定另做架椿，暫托水管，惟此係暫時支托水管之法，不過半月之時，尚未商定如何移管過水。業據法工程師擬定二法辦理告知路政處工程師。一法將水管吊掛橋下，而路政處以橋宜輕靈，不能擔任重力；一法用水門汀做成大料，緊靠兩頭橋堍承托水管，而路政處則嫌太低，有礙船隻。該路政處並以水管移置，或左或右，均屬未便。一因有佔地人之地，一因有礙船隻河岸爲辭。若照法工程師擬定之法辦理，最爲妥善有理，祇須該橋工堅料實。以上二法約僅需費銀三千兩，則法界無虞斷水矣。如用别法，則諸多不便，其費更大，尚須斷水，即於法界有礙，路政處急應擇允其一,並請將橋工再加堅,所費銀兩應歸路政處擔任,實亦公道。此事甚爲緊要,函請轉飭路政處妥商實在辦法等因。合就備文照會,爲此照會貴總董,請煩查照,迅與法公司妥商辦理,望切施行。須至照會者。

稟蘇松太道劉改建外關橋原有法水公司水管仍請轉飭改設灣管文宣統三年四月二十二日

敬稟者。竊改建外關橋請法自來水公司移裝水管一案,於三月二十七日奉照會内開,三月十七日接法總領事喇來函,以據法自來水公司派法工程司羅福來及樂爾東二人與路政處商議。首先商定另做架樁暫托水管,尚未商定如何移管過水。據法工程司擬定二法,一法將水管吊掛橋下,而路政處以橋宜輕靈,不能擔任重力;一法用水門汀做成大料,緊靠兩頭橋堍,承托水管,而路政處則嫌太低,有礙船隻。照法工程司擬定之法最爲妥善,請轉路政處妥商實在辦法等因。合就照會查照與法公司妥商辦理等因。奉此,查此案已於三月十三日具稟陳明,並請憲台轉致法總領事轉飭法水公司改建灣管等情。奉批,已據情函復法總領事查照飭遵等因在案。嗣於四月初二日奉鈞函内開,三月三十日接法總領事喇來函,據該公司以水管灣至橋外架空過河一節,本公司代經理及工程司均未深以爲然。誠以如此辦法諸多不便,一佔他人之地;二造價多費,路政處必須出銀一萬五千兩;三租界須斷水三禮拜。此法本公司未能承認爲可,亦從未有電告法國之想。其最便之法,莫若以水門汀大料絡住水管,實屬工易而費省,於往來小船亦無大礙,否則路政處務須築造格外堅固橋梁,方有擔任水管之力等情稟復前來,函請轉飭路政處定擇妥速辦理等因。用特奉佈,即祈查核辦理,仍希見復,以憑轉致等因。奉此,當飭工程處詳細研究。據稱吊掛橋下一法,於橋梁有損,斷難允行。即用水門汀太料絡住一法,量見須低至十四寸,實與船隻進出有礙,且恐有碰撞水管情事,反爲不美。再四體察,惟有用灣管接通靠橋之東首架空過河最爲一勞永逸之計,即隨時修理,亦極便利。查外十六鋪橋水管過河,本用灣管,於修理橋梁時,或修理水管時,均稱便易,此爲法水公司所素悉。惟外十六鋪橋之水管靠橋之西,此則須靠橋之東,略有不同,而其做法則甚可仿照,約計做灣管工料價值當無須至一萬五千之多,亦無須斷水至三禮拜。蓋將外面過河之直管佈置齊備,隨將灣管併工銜接即可通水等情,總董復核無異,應懇憲台再行轉致法總領事轉飭法水公司詳加考核,仍用灣管做法,以爲經久之計。爲特備由稟復,伏祈察核施行。肅稟。

蘇松太道劉來函外關橋法水公司水管改裝灣管仍未允許文五月十二日

敬啟者。南市路政處改建外大橋移裝法自來水公司水管一事,四月二十一日接准來牘,當即轉致去後。兹於五月初十日接法總領事喇來函,所議仍用灣管一法,礙難照准。查用灣管靠橋之東,銜接過河,勢必佔出地位,即使工程局購給其地,尚有二難在焉。一、法界至少須兩禮拜斷水,何況當此夏令;二、須費銀一萬五千兩。輾轉思維,祇能照本總領事三月十七日函致辦法辦理,或將水管吊掛橋上,或用水門汀做成大料,緊靠兩頭橋堍,承托水管,請擇於斯二者實屬易於商辦,且亦省費等因。日昨復晤喇總領事將辦法一切面商妥洽,除已屬陳翻譯面告外,用特奉佈,即祈貴董查照辦理,仍希見復,以便轉致爲荷。

稟蘇松太道劉改建西門外斜橋請撥官款文宣統三年八月十二日

敬稟者。竊本年八月初五日奉照會内開,本年七月二十八日接法總領事喇來函,據法公董局稟稱,徐家匯路之斜橋現因法自來水公司定於該橋處安設水管,另擬於該橋上安設電軌,直通至羅家灣地方,故急須將此橋修理格外堅固,加重載力。兹工程師正在繪備圖樣,以便興修。惟該處岔角通徐家匯,河上另有往製造局一橋,亦須中國工程局同時修理堅固,稟請核奪等情,函致查照飭修等因到道。爲此照會,請煩查明見復核辦等因。奉此,查西門外之斜橋跨於肇嘉浜上,自應由中國修理。惟法自來水公司既須安設水管,法電車公司復須安設電軌,自宜格外堅固。約計改建之費多則七八千兩,少則五六千兩。惟有援照新閘橋之例,請撥官款,以資興築。法自來水公司、法電車公司均係營業性質,似不妨令其貼補若干。法工程司既在繪備圖樣,應請其將圖樣交來,以便核實估計。是否有當,理合備由,稟祈察核施行。肅稟。

浚河築駁工程案

稟蘇松太道蔡撈挖城内肇嘉浜請撥河工經費文宣統二年四月初四日

敬稟者。竊准城議事會移交議決撈挖城内肇嘉浜案一件内開,議事會提議事件按照《城鎮鄉自治章程》第五條第二、第三款事宜議決如左:定半年撈挖一次,由董事會呈請蘇松太道於城河經費息款項下隨時撥用等語前來。查肇嘉浜東自關橋浦口起,入東水關,出西水關,兩岸均有房屋店鋪,居户均不知愛惜,日以穢物垃圾傾棄於河,故最易淤積。所有城内肇嘉浜董局於光緒三十二年九月間曾稟准撈挖一次,嗣因天寒潮縮,未竟全功。當時請支河款錢五百四十五千二百十四文,至光緒三十四年四月起,復行撈挖。除城外撈費錢三百十七千二百五十文外,計請支河款錢一千六百九十五千三百七文。因河工經費懸墊不少,蒙憲台於米石充公案内支發。兩年以來,河道復見淤穢,半年撈挖一次,固屬扼要之論。董局於光緒三十四年六月二十八日稟陳辦法,並請寬籌經費,即是此意。惟計河工經費息款每月錢一百七十五千文,每年衹二千一百千文,挑河人工及運泥雇用船車爲費較鉅。以上届比例河費息款衹敷每年一次撈挖之用,即匀作兩次,亦衹敷撈挖城内肇嘉浜之用。其餘如城外肇嘉浜、城内外方浜、城内外薛家浜及城外陸家浜河費均取之於此項息款,於何籌措,第既經議事會議請將城内肇嘉浜半年撈挖一次,自應稟請核准施行。至城河息款懸墊之數其歸入蒲肇河工經費項下者,尚可由縣帶徵歸還。所有歷年動支河工之款,擬懇憲台飭承抄示,或將原卷發交到局,以便報告議事會,俾共知歷年虧墊情形,即以後河費不敷之處,亦可共同籌議。是否有當,伏候察核示遵,爲特備由。肅稟。

稟蘇松太道蔡議事會秋季議決開浚城濠以洩穢水案請派員履勘懇予詳請將上海緑營兵先行裁撤文宣統二年八月廿八日

敬稟者。竊准城議事會移交秋季議決開浚城濠以洩穢水案内開,小東門迤北至西門一帶城濠之水無洩瀉處，城内陰溝污水匯於其間，以致穢氣薰蒸，過者掩鼻。徒以城根公地緑營既私自出租造屋，尚藉口軍用，城自治公所無完全整理之權，致積穢日多一日，行路憤歎，外人干涉。胥此之由，應由董事會呈請蘇松太道詳請督撫憲派員履勘，指撥的款，以爲開浚城濠之用。至緑營現奉部文全裁，上海城内外均有巡警，且駐防營保衛治安，斷不恃緑營兵數十人之力，應請一併詳請將上海緑營先行裁撤，俾城自治公所得盡其範圍以内之責任，免致代人受過等因。准此，查小東門外迤北至西門外界碑一帶城濠，均與法租界毗連，確極淤穢，曾屢擬浚治。上年十一月間奉憲台函開，准法代總領事來函，以城脚居户侵佔城河，船不通行，釀成瘟疫。居民隨便越過城河，均與衛生防護有礙。如不開浚深寬，祇有填築成路，一半分界，情願墊款開築，隨後歸還，請爲核辦等因。查法公董局於光緒三十年因修理租界駁岸佔去三四五尺或十尺不等，今乃以城河不能如前行船，諉之城脚居户侵佔河岸。並謂如不肯開浚如前一樣，擬由法局墊款填河築溝，半分河界，實屬有意覬覦此事關係甚鉅，應如何駁拒，藉杜狡謀，飭爲查酌見復等因。當經總董函請承認浚河一語，其填河築路一節，則請極力駁拒等情在案。嗣復奉憲台函示法領來函，以開河工程法租界駁岸坍卸，須歸中國官員擔任修理；城河污穢日久，最易釀疫，應照衛生之法辦理，外國醫生均可指示；所起河泥全不准堆積法租界等因。是欲圖開浚城濠既如是其爲難，而又不能因其爲難而不籌議開浚，計曾約估浚濠工費需銀元一萬四千五百餘元。緣從前城根公地尚有空隙可以堆泥，故爲費較省。近年來，被營中盡行出租造屋，空地毫無，所起之泥必須隨起隨運，運泥之費較挑泥之費須佔四分之三，而所以易於積穢之故，則均係城根租户所致。今營中但知出租造屋，而於城濠之污穢、外人之干涉毫不顧問。唐錫瑞等復僅爲營中争租息之利，捏詞誣稟，並廣發保濠案略，以填濠之議冤誣城自治公所。稱城自治公所爲地販團，指之爲漢奸，詈之爲媚洋，誣之以通款牟利。一似城濠並不淤穢，亦無須浚治。而憲台之前函、法領之前函，及總董之函請駁拒，均屬虚誣，似此辯言亂政，實足以淆惑衆聽，妨害治安。惟有仰懇憲台詳請督撫憲派員履勘，上海城濠是否淤穢，是否應行開浚如實，應行開浚應請指撥的款，以濟要工而免交涉，並以間執讒慝之口。至城議事會請將上海緑營先行裁撤一節，緣各省緑營已奉部文分别裁減，上海緑營兵向祗八十名，本已不成營制，而城内外巡警現有七百名，且駐有防營，足資守衛。議事會請將上海緑營先行遵照部文裁撤，俾城自治公所得盡其範圍以内之責任，係屬體察時勢立論。爲特查照議案，一併懇請憲台詳請督撫憲將上海緑營兵先行裁撤，俾修治城濠不至再有阻梗，大局幸甚，地方幸甚。合行具稟，爲特備由稟祈察核施行。肅稟。

呈上海縣田文同。

稟蘇松太道蔡催請撥給撈挖城内肇嘉浜河工經費文宣統二年九月初六日

敬稟者。竊總董前稟撈挖城内肇嘉浜，請撥河工經費，懇賜察核示遵緣由。於本年四月初四日具稟，尚未奉有批示。查此案係由上海城議事會議決定城内肇嘉浜半年撈挖一次，請於城河經費息款項下隨時撥用等情。總董以現在浚河運費爲數較鉅，且稔知憲庫懸墊不少，懇請將歷年動支河工之款飭承抄示，或將原卷發交到局，以便報告議事會，俾共知歷年虧墊情形。即以後河費不敷之處,亦可共同籌議等情,稟請核示在案。玆懇檢查原稟核示,以便遵行,爲特備由,稟祈察核施行。肅稟。

稟蘇松太道劉開浚小東門外方浜請撥城河息款並請提撥防疫經費銀一萬兩以浚毗連租界城濠文宣統三年三月十四日

敬稟者。竊本邑城内外河道潮汐所經泥沙層積,而臨河居户又時以穢物傾棄,是以最易淤墊。如統籌開浚,約需五萬餘金。曾由上海縣田令據情通稟,斷非現在財力所及,而又不能任其淤墊而不加浚治。玆查自小東門外迤西毗連法租界之護城河最爲淤穢,法公董局恒有所藉口,而提右營但争城根租息,一任居民之狼藉污穢而不一置問。方今防疫之法逐漸進行,設外人以有礙衛生爲詞,或恐另生交涉,是浚治之舉實難再緩。惟浚河必先浚下流,今小東門外直達十六鋪橋浦口之方浜亦極淤墊,自以先浚方浜爲入手辦法。當經飭工勘估,計自浦口迤内至小吊橋木橋脚止,長一百五丈三尺;又轉北至大吊橋止,長九丈九尺;又轉西至水關橋止,長三丈一尺:共長一百十八丈三尺。河面扯寬三丈,河底扯寬十尺,開深扯四尺,應挑土九百四十六方四分;又外十六鋪橋東出口長十五丈,河面寬五丈,底寬二丈,開深四尺,應挑土一百八十方。兩共挑土一千一百二十六方四分,每方連挑泥裝運船隻卸泥工價銀一元二分,共工價銀一千一百四十八元九角二分八釐。此浜亦毗連法租界,兩面浜岸均係市房,無從起泥,惟有潮漲進船、潮落挖泥之一法。現已定於本月十五日開工,此項經費應請憲台於城河經費息款項下撥給。至毗連法租界之護城河,約估浚費共需一萬四千五百餘元,曾於上年城議事會秋季議決開浚城濠以洩穢水案内經董會稟陳在案。因無從籌此巨款,以致延擱至今。現防疫問題既極重要,城濠如此淤穢,實於防疫有關,且與法租界毗連,尤恐别生枝節。現聞閘北巡警總局擬濬河渠,稟准撥款五萬兩,可否懇請憲台於該項經費内酌提一萬兩,以爲開浚城濠之用。一俟方浜開浚,即繼續辦理。爲特備由,稟祈迅察核施行。肅稟。

上海縣田照會奉文查議境内有無淤塞應浚河道文宣統二年九月廿七日

爲照會事。本月二十日奉蘇藩憲陸札開,照得本司所轄四府一州,地不越五百里,而賦重甲中國者,以擅水利故也。綜全勢言,西南有太湖,東有海,北有江,自西北而東南,界境内者有運河,其縱浦横塘,交互錯綜,於江海湖河間者,又不可勝計,皆億兆農田所倚爲命脈者也。然水能爲利,即能爲害,蓋通則利普,不通則害生。言水利者,誠莫要於除水害。本司去秋蒞任,適值常屬之宜荆、鎮屬之檀溧等縣,同苦水潦。推原其故,固由於上年雨水過多,而其實河道不治、堤岸不修,亦有以致之。當時趕籌賑撫,本年春夏又因接辦平糶,以致未遑兼顧。且時方耕作,亦恐有妨農事,衹得暫從緩議。今則新穀將屆登場,未雨綢繆,時機萬不可失。撫憲重念水利,亦諄諄以此爲言,自應預爲籌劃。所有各州廳縣境内何處幹河宜開,何處支河宜浚,計里若干長,土方若干多,估計經費幾何。幹河如由官浚,值此庫儲奇絀、地方有無公款可墊,將來能否由得沾利益田畝分年攤還,支河借資民力,是否即照業食佃力辦法,抑尚須就地籌捐,均應由該州縣等親歷全境,逐一勘明,詳細繪具圖説,擬定辦法,於半個月内通稟察核。此事有關小民生計、國家課賦,撫憲及本司最爲注意,務須認真籌辦,不得狃於積習,以一復了事。倘有勘估不實,一經查出,定惟該縣是問。如有無須挑濬之處,亦即據實稟復。除分飭暨報明撫憲外,合檢《水利圖説》一部,札發札縣立即遵照來札,指飭事理。一面參考《圖説》,從速妥辦。本司即以此次勘報之虚實,覘各該員辦事之惰勤,其各實力從事,勿稍懈忽干咎,切切。再,《江蘇水利全案》現正飭匠排印,容俟工竣續發,並即知照特札等因到縣。奉此,查本邑蒲肇幹河現在補浚,其浦東三林塘一河前據該處職董朱孔文等聯名請浚,業經敝縣詳奉各憲批准,於本年上忙起隨忙帶徵,得沾水利之二十五個圖分,每畝帶收捐錢,計上、下兩忙及隨漕共九十文,並據情稟請道憲借撥銀一萬兩。尚未奉到批示,該河因限於經費,一時未及興工,現正籌議催浚。奉札前因,未知此外有無淤塞應浚河道,合行照會,爲此照會貴紳董,煩即遵照憲札事理,迅速妥籌議復,並希將賫上《水利圖説》閱後送還。望切須至照會者。

呈上海縣田查復近城應浚各河里數土方工費文宣統二年十二月初五日

爲呈復事。竊奉照會内開,奉蘇藩憲陸札開,云云。望切等因,計照送《水利圖説》一部計二册。奉此,遵即函致縣自治籌備公所轉函各鎮鄉,請爲查明具報,迄無一處見復。嗣復奉照會内開,奉府憲札奉藩憲札同前因,照催妥籌議復等因。復經函催,仍無見復之處。查本邑河道,除吴松江外,以蒲、肇兩河爲大幹河。蒲、肇河於本年補浚,甫經竣工,浦東之都台浦、馬家浜已於前年開浚,其三林塘一河,亦已定期待浚。此外,各鄉幹支各河目前當尚不至淤墊,是以迄未接有復函。惟查近城各河傍河有房屋者居多,居民復不知愛惜,遂致隨浚隨淤。即如穿城之肇嘉浜及方浜、薛家浜、陸家浜,均須籌議浚治,而護城河之北半面毗連租界,淤穢尤甚,外人時有違言,若再不浚治,外人一經干涉,深恐有礙主權。前經城議事會議決,整理城根城濠而城根佔造房屋者輒出而反對,以致無從下手。今統核近城各河挑泥工費已近一萬七千元,若運坭之費須加兩倍,共約需五萬一千元。城河經費歲息祇二千一百元,自治經費虧絀尚鉅。將從何籌畫,應懇廉台酌籌款項,或詳請上憲指撥若干,以濟工需。蓋其餘河道尚可從容籌浚,至毗連租界之護城河關係主權,不能再事延緩。爲特備具圖摺兩份,呈祈詳請核示施行。須至呈者。

調查近城應浚各河里數土方工費清單

護城河周圍九里六分有奇,計一千九百丈零八尺,寬三四丈等,開深四五尺不等。每丈約開十五方,計二萬六千零十方,每方工銀三角,共約計工銀七千八百三元。

方浜在小東門外,長一里之六分,計一百零八丈,寬三四丈不等,開深四五尺不等。每丈約開十二方,共一千二百九十六方,每方工銀四角,共約計工銀五百十八元四角。

肇家浜自浦口起,進東水關,直出西水關,長三里七分有奇,計七百三十八丈,寬三四丈不等,開深四五尺不等。每丈約開十二方,共八千八百五十六方,每方工銀四角,共約工銀三千五百四十二元四角。

薛家浜長二里三分有奇,計四百六十九丈,寬三四丈不等,開深四五尺不等。每丈約開十二方,共計五千六百二十八方,每方工銀約三角半,共約工銀一千九百六十九元八角。

陸家浜長四里四分有奇,計八百七十三丈,寬三四丈不等,開深四五尺不等。每丈約開十二方,計一萬四百七十六方,每方工銀約三角,共約計工銀三千一百四十二元八角。

共計工銀一萬六千九百七十六元四角。運泥費不在内。

上海縣田照會録奉蘇藩司批縣稟請款開浚近城河道文宣統三年二月初四日

爲録批照會事。宣統三年正月二十日,奉蘇藩憲陸批敝縣稟奉札飭查境内應浚河道,並據自治總董李紳鍾珏呈復請撥款開浚城河,據情乞轉示遵由。奉批,據稟上邑近城河道肇嘉等四浜淤塞較甚,又以護城河爲最。既係毗連租界,自應設法浚治,藉通水利,並以保守主權爲切要之圖。兹處爲通商巨埠,不乏富商鉅賈,就地籌捐想易集事,仰即會商紳董妥爲辦理。至司庫預算且有不敷,此等河工各屬皆有,何從撥此鉅款?並即知照,仍候撫憲暨巡道批示,繳,圖摺存等因。又,本月二十四日奉道憲劉批,稟同前由。奉批,稟及圖摺均悉,庫款同一,支絀無從酌撥。既據並稟,仰候撫憲暨藩憲批示,遵行録批照會。爲此照會貴總董,煩爲查照。須至照會者。

稟蘇松太道劉小東門外方浜浚治工竣請於城河經費息款項下撥給歸墊具領文宣統三年閏六月二十四日

敬稟者。竊總董於本年三月十四日具稟開浚小東門外方浜請撥城河息款,並請提撥防疫經費一萬兩,以浚毗連租界城濠,懇賜核准緣由,未經奉有批示。查小東門外方浜淤墊已極,垃圾糞穢船隻不能進出,是以不得不即行開浚。原估船隻土方工價銀一千一百四十八元九角二分八釐。此浜自外十六鋪橋浦口起迤内至城河止,兩岸均係市房,無從起泥,用潮漲進船、潮落挖泥之法,頗費周折。兹自三月十五日起至閏六月二十日止,已一律工竣,共實支船隻土方工價銀一千七十六元六角,較原估之數略爲減少。業由本公所墊發,應懇憲台於城河經費息款項下撥給,以便歸款。爲特具領備由,稟祈批發施行。再,毗連租界之城濠,污穢達於極點。現在防疫方殷,究應如何籌款浚治之處,仍候核示祇遵。肅稟。

批:來牘請領開浚小東門外方浜實支船隻土方工價規銀一千七十六元六角,兹在城河息款項下如數動支開票,隨批飭發,希即查收歸墊。此復。領存。七月初三日。

呈上海縣田秋季議會議決請催撈浚通潮河以通水利文宣統三年八月十八日

爲呈請事。竊本年春季議事會議決撈浚通潮河以通水利案一件,以查二十七保頭二、三、四、五、六、七、八圖内之各通潮河,久經淤塞,不但農田水利攸關,且與衛生有礙,應由董事會呈請上海縣傳諭該處各圖董保集議辦法,勸令各通潮河兩面之業户各照自己地段,將淺塞之淤泥均行撈浚,以通水利,並將議定辦法復縣,出示勸諭,以昭鄭重等因,經呈報在案。本届秋季議會復准議決請催撈浚通潮河以通水利案,以今秋雨多水大,各通潮河淤塞不通,所有低田皆爲水没。事關水利衛生,請由董事會呈請上海縣迅即傳諭該處各圖董保集議辦法復縣,出示勸諭,俾通水利而益衛生等因,移交執行前來。合行呈請迅飭傳諭該處各圖董保集議辦法,勸令各通潮河兩面之業户,各照自己地段將淺塞之污泥均行撈浚,以期潮水流通。並飭將議定辦法具復,即行出示曉諭。實爲公便,爲特呈祈俯察施行。須至呈者。

稟蘇松太道劉接築楊家渡至萬裕碼頭止木駁請照會税司填發執照文 宣統三年閏六月二十二日

敬稟者。竊自十六鋪橋沿浦迤南大達輪步公司租借岸綫建造碼頭,歷經稟陳有案。大達公司建築輪步,本奏准自十六橋迤南至大關碼頭止,而總工程局於前年建築木駁,僅至楊家渡止,自楊家渡至關碼頭一段尚未建造。又自關碼頭迤南至南碼頭一帶亦因費鉅,未能建築。年來沿浦木駁日漸損壞,浦灘淤泥亦日漸壅積,不得不設法籌款,逐漸興修,以冀整理浦江、振興市面。惟建築木駁及碼頭必須循照濬浦界綫,現擬先自楊家渡起,築至萬裕碼頭止,因繪就圖樣,於本年五月二十一日即西曆六月十七號函送新關。兹接河泊司復函開有辦法四條,並謂一經工程局備文知會新關税務司或河泊司,並將憲台批准字樣交來,即行發給執照各等因。用特照繪碼頭圖樣一紙,並譯抄河泊司復函,呈請鑒核,仰懇憲台照會新關税務司發執照,俾便興工,實爲公便,爲特備由稟祈察核施行。肅稟。

附録河泊司復函

敬啓者。接奉關税務司及浚浦善後局董事美立而君來函,並附到尊處六月十七號函,請推放南段内地碼頭及浦岸,並附圖説明建築碼頭浦岸之事。自奉函圖後,敝處已於浦江測量繪圖,言明推放碼頭及浦岸情形,送交馬海洋行。馬海君用機器挖浦江淤泥,照原泥低十五尺深。現在此圖業於本月十三號由馬海洋行來函繳還,兹將原函要語録呈。據云,敝處另函送還原圖,係王君一亭所規畫,故王君業已嘉許,即可知敝處於圖上紅綫處註明挖泥十五尺深。王君已允敝處所請,畫押於加註之旁等因。此函圖及造法已蒙總工程司、浚浦善後局欽佩嘉許。今特知照尊處要知非浚浦善後局及本寫字間所能阻止,前項工程擬就大要辦法如左:

一、照六月十七號尊處圖上所指紅綫之外不得推放碼頭、浦岸浮橋。

二、總工程局應擔任浦江前面用機器挖泥十五尺深,照本月十三號馬海洋行來函圖上紅綫辦理。此圖已由李君平書、王君一亭畫押,擔任挖泥十五尺深。第一次開建碼頭,浦岸應即完全如此深量。

三、總工程局擔任從浦江挖起之泥填築後面浦岸之用,不得使泥淤沖入浦江中流。

四、凡挖河時填築後面工程所多之泥,應堆積於岸上,仍不得使泥流入浦中。

倘允照前説辦理,及有上海道台允准如此辦法之憑據,由工程局函知關税務司或本寫字間,即可出給執照,開工進行。

蘇松太道劉函復建築楊家渡至萬裕碼頭木駁已函准税司給發執照文宣統三年七月十五日

逕復者。閏六月二十二日接到來牘,以大達公司建築輪步,稟准自十六鋪橋迤南至大關碼頭止,總工程局前年建築木駁,僅至楊家渡止,自楊家渡至關碼頭一段尚未建造。又自關碼頭迤南至南碼頭一帶,亦因費鉅,未能建築。現擬先自楊家渡起至萬裕碼頭止,繪就圖樣函送新關。兹接河泊司復函,開有辦法四條,並謂一經工程局備文知會新關税務司或河泊司,並將批准字樣交來,即行發給執照各等因。特繪碼頭圖樣,並譯抄河泊司復函,呈請照會新關税務司填發執照,俾便興工等情到道。查所築輪步既係稟定工程,自應籌款接續開辦。當經將呈到碼頭圖樣,並譯函各一紙,一併函送新關税務司核辦去後。兹據復稱,查該公所之碼頭圖樣,業經閲悉妥貼,惟所有理船廳原復開送前項之辦法四條,必得如法照辦,方可與該處水利無所關礙。除將原來碼頭圖樣發交理船廳存案稽考,並飭即繕發執照,按照該廳訂定四條辦法尅期開工外,函祈查核飭遵等因。用特佈復。專肅。

添闢城門及擴張舊城門案

稟蘇松太道蔡請撤回九畝地駐兵其舊營房屋應否由總工程局拆卸收管文宣統二年三月初四日

敬稟者。竊九畝地地方闢門築路事宜,迭經稟陳在案。兹新闢之拱辰門業已竣工,所有築路工程亦已將次就緒。惟查該處舊護軍親兵營基内尚有營房數間,前於光緒三十三年三月二十一日曾奉前升憲瑞照會,以據龍副將鎮國稟稱,三十一年正月底城内九畝地親兵營改編警察,所存營房奉升憲袁諭飭卑營撥勇一隊,常川駐守。原建瓦房數間,已經朽側,點驗後,將柳木支撐,暫免傾坍。至今二載有餘,日形不支之勢,若遇風雨,房屋輒爲動摇。倘不趁早拆卸,將來寸木片瓦殊難收拾。且看守勇丁日處危垣壞宇之下,尤屬可慮。再四思維,未敢緘默,應如何未雨綢繆,抑點交總工程局收管,拆卸材木尚可勝用,不致盡歸廢棄,統希裁奪示遵等情到道。據此,此項營房如果朽側不支,應將瓦木等料趁早拆卸,即由貴局收管,俾資應用。合亟備文照會,爲此照會貴局,請煩查照辦理施行等因。當以察勘,舊營房尚可支持,該處地本空僻,請暫留兵駐守等情,面稟前升憲瑞准行在案。現在該處已有巡警站崗,應請憲台知會滬軍營管帶,將駐兵撤回。其舊營房數間,應否仍由董局拆卸收管,伏候憲示遵辦,爲特備由稟祈察核施行。肅稟。

批:九畝地駐防既改巡警站崗,候行文撫標滬軍營即將駐兵撤回。至該處舊營房,自係由道撥款興建,希即拆卸,代爲變價歸款可也。此復。三月二十六日。

稟蘇松太道蔡請將各城門一律歸巡警駐守以除宿弊文宣統二年三月初六日

敬稟者。竊董局於上年九月間據公益研究會來函,以各城門閉門時刻向無定準,商民均形不便,請爲轉稟飭令各門均於每夜十二時閉門,以昭畫一等情。當經稟蒙憲台札縣議復,由縣議以新北門、小東門、新西門往來尤眾,均於每夜十二時閉門,其餘仍照從前時刻,以昭慎重等因，稟復憲台批准，由縣分移在案。查新西門本由巡警駐守，每夜均準十二時閉門，小東、新北兩門雖經由縣移營知照，迄未照辦，地方上人本已嘖有煩言。兹准議事會移交城門關閉時刻應歸一律議決案一件內開，決議由董事會查案，呈請將新舊各門一律改歸巡警管理，以免閉門時刻遲早參差之弊等因。准此，自應由董事會移請核示，並查新闢之拱辰門亦由巡警駐守，每夜準於十二時閉門，其餘各門或八時或九時，極遲至十時而閉，而於既閉之後，則又屢啟屢閉，不嫌煩瑣。是其對於憲示既視若弁髦，而對於地方又毫無羞愧，腐敗情形至斯而極。現在營中既不能遵守時刻，惟有懇請憲台力爲主持，將各城門一律改歸巡警駐守，以除宿弊而利行人，地方幸甚。爲特備由稟祈迅賜察核施行。肅稟。

上海縣田照會奉道批發總工程局稟請各城門歸巡警駐守未便由道擅主文宣統二年三月廿六日

爲録批照會事。本月十六日奉道憲蔡批發貴局董等稟，據城議事會議決新舊各城門一律改歸巡警駐守，以免閉門時刻遲早參差之弊，懇賜察核施行由。奉批：稟悉。查城門關閉時刻前已飭據上海縣議復新北、小東、新西三門每夜十二時關閉。當即札飭咨會提右營飭遵在案。何以新北、小東兩門迄未照辦，仰上海縣再行照案移營飭遵勿遲。至新北、小東等門向係奉派營兵管理，與新添之門情形微有不同。現請一律改歸巡警管理，未便由道擅主，並即照會李總董等查照此復等因到縣。奉此，除移營飭遵外，合行照會，爲此照會貴總董請煩查照。須至照會者。

致蘇松太道蔡函估復九畝地舊營房廢料價值文宣統二年四月初二日

敬肅者。竊董局前稟九畝地駐兵，請賜撤回其舊營房，應否仍由董局拆卸收管請示遵緣由。奉批：九畝地駐防既改巡警站崗，候行文撫標滬軍營即將駐兵撤回。至該處舊營房自係由道撥款興建，希即拆卸，代爲變價歸款可也，此復等因。奉此，遵即督飭工匠估計該營房衹有廳式一大間，木料均已窳朽，但能柝作柴薪，磚瓦約有三千餘塊，長窗、短窗數扇，僅有木格，玻璃破碎無存，兩面壁磚但能作三和土之用。又，外面營門兩扇磚瓦約一千餘塊，兩面壁磚亦不能作正用。估得廳料作價洋廿二元，營門料作價洋八元，兩共計舊木、磚瓦料洋三十元。如須搬運別處，即費工力，故一時尚無人承買。擬請憲台另行飭估變售，抑或即照估數售價歸款，候示遵行。專肅。

稟蘇松太道蔡擴張小東門城門定期開工文宣統二年四月十八日

敬稟者。竊董局前以紳商蔡正蒙等函請轉稟擴張小東門城門，懇請移營札縣出示曉諭，並聲明扛運貨物、往來行人均從南城根所闢便門暫行出入。其限遷阻礙工作之房屋並酌給拆屋小費，以示體恤等情。當經稟奉批示：已移行營縣出示曉諭等因在案。現在該處擴張城門，定於本月二十一日動工興作，所有阻礙工作房屋業已給費遷除，並於城門南首先闢便門，以便貨物行人暫行出入。合將動工日期具稟陳報，爲特備由稟祈俯察備案施行。肅稟。

批：如稟備案。此復。四月二十二日。

稟蘇松太道蔡請遷九畝地硝磺庫火藥局以免危害文宣統二年五月初六日

敬稟者。竊本月初二日接地方公益研究會會員蔡正蒙、胡繼松、臧清揚、吴炳熊、趙鴻藻、潘如樑、蔡爾同、馬鳴福、馬枬、黄寶圻、甘吉錩、崇樹森等來函内稱,九畝地向有軍械所、火藥局兩處。兹該處既添闢拱辰門,興築馬路,新造房屋,鱗次櫛比,昔日荒煙蔓草,一變爲熱鬧之場,危險情形日甚一日。本月初二日,敝會開常會時,各會員提議此事,函請轉稟道憲,將該處所存軍械併入江南機器製造局,火藥併入龍華火藥廠,預防危害,地方幸福,曷勝盼切之至等情。查來函所稱之軍械所,即係憲設之硝磺庫,該處於道光十六年上海人捐資所建之積穀倉,旋借設火藥局,道光二十二年轟燬,同治年後始改設硝磺庫。至火藥局在硝磺庫之直西,爲提標右營存儲火藥之所。考之邑乘,亦於道光二十二年被焚,同治六年經前升憲應重修。現在該處人煙日漸稠密,硝磺庫、火藥局仍設於此,殊極危險。蔡紳等所言係爲慎重生命、思患預防起見,自應據情轉懇憲台設法遷移,以免危害而資保衛,實深感幸,爲特備由稟祈察核施行。肅稟。

蘇松太道蔡允借撥勤生院經費以應闢門築路之用文七月十四日

敬啟者。借撥勤生院經費以應闢門築路之用一事,前接來函,當諭普育堂董遵照。兹據葉董佳棠稟稱,遵將上年發交勤生院存款銀一萬三千兩如數撥交工程局收用。惟此項息銀因上年堂費不敷,計虧錢五千餘串,一時無從挪借,業經支取墊用。本年收款仍不敷出,已歸入堂中,作爲經費,以公濟公,且與原本無所出入,請免交還,以全善舉等語。除批准免交外,用特致明,即希查照爲荷。專肅。

稟蘇松太道蔡據上海紳商函請轉陳添闢新東門札縣出示曉諭文宣統二年九月初三日

敬稟者。據本邑紳商蔡正蒙等函開,上海添闢四門,並將舊有城門放闊加高,以便交通而興商市。蒙等前曾稟奉前升道憲瑞詳奉前督憲端奏准咨行,轉飭欽遵在案。所有尚文門即俗名新西門、拱辰門即俗名小北門,早經開闢;舊有之晏海門即俗名老北門,業已放闊加高;寶帶門即俗名小東門,亦已改築擴張,將次竣事。原奏四門内有新東一門,即福佑路之底,外通法界,城内馬路早經總工程局築就。此門一闢,車馬可以直達。兹由同人集議,此門最爲繁盛,亟須開闢,城上建屋三間,爲巡警守門之所,城外建平橋一座。共需工料銀三千五百餘兩,由匠頭金桂生承造。其經費先由各公所各紳商認墊,歸果育堂收支,並向福佑路一帶店鋪居户各房主勸募,並不請支公款。擬於九月中旬開工,至該門城墻内外公地上向有人租地造屋,仰祈貴公所迅飭限日拆讓,並祈稟請道憲札縣出示曉諭,並呈縣示諭施行等情。查添闢城門一案,上年開闢尚文、拱辰兩門,均由總工程局職董稟奉奏准咨行,欽遵在案。現在蔡紳等議闢新東一門,亦係遵照奏案辦理。現距開工期近,合行稟請迅賜札縣出示曉諭,爲特備稟祈俯察施行。肅稟。

批:來牘閲悉。已行上海縣出示曉諭矣,希即查照。此復。九月初八日。

呈上海縣田文同上。

呈上海縣田擴張小南門城門籌款開工文宣統三年二月初六日

爲呈請事。竊本城老北、小東兩城門業已擴張加大,行人咸稱便利。兹查小南門城門最爲低小,闊僅五尺,人車往來時有擁擠碰撞之虞。地方上人均以爲亟應加高放闊,以利交通。當由工程處勘估,擬改外城圈朝東,對吊橋高十五尺、闊十八尺,城門一道,四扇折蝶式。舊裏城圈拆去，放闊結齊，上砌攔頭墻二道，外圈砌攔頭墻一道，舊外城門鑲砌如城墻。官廳移建朝北，門面路面墊高，裡外匀平，下設瓦筒溝，加砌天窗。計共需工料銀元一千七八百元，此項經費並未列入本年預算案，本公所無從開支。惟淘沙場俞德磬遵繳地價銀元五百元，請撥充開闢小南門城門之用，已蒙核准。此外不敷之數，當另行籌募。至小南門内城門裏口迤西至東黄家弄西口止，又石牌坊折南一帶街道築路設溝，需工料費一千一二百元。本公所已認籌九百元，不敷之數，亦待籌募。所有擴張小南門城門，定於三月中旬動工，應請先行出示曉諭，並稟報蘇松太道備案，一面移請提右營一體出示。實爲公便，爲特呈祈察核施行。須至呈者。

稟蘇松太道劉夏季議會議決城門關閉時刻仍未一律查照前案請飭比照省城辦法改歸巡警辦理文宣統三年六月十四日

敬稟者。竊准城議事會移交本年夏季議決城門關閉仍未一律案一件内開，議事會提議事件按照《城鎮鄉自治章程》第三十六條第一款之權限議決，由董事會查照前案再行呈催等因。查城門關閉時刻應歸一律，曾由宣統二年春季議會議決，各城門一律改管巡警管理移交，董事會照案呈請前道憲蔡力爲主持，以除宿弊。嗣以各城門依然啟閉不時，復准冬季議事會議決以城門關閉時刻參差，城門弁兵藉啟閉勒索如故，居民大爲不平。現省城各門已統歸巡警管理，上海爲中外交通大埠，豈宜任該弁兵常演此腐敗之景象，應由董事會呈請蘇松太道、上海縣詳請督部堂撫部院飭比照省城辦理等因。即經董事會稟請憲台詳請施行，當奉批示在案。現在城門關閉時刻仍未一律，城門弁兵勒索如故，大爲居民詬病。兹復准議事會議決前因，應請憲台詳請督部堂撫部院飭將上海各城門一律改歸巡警管理，以除宿弊而利行人，地方幸甚。爲特備由，稟祈俯察施行。肅稟。

呈上海縣田文同上。

城濠公地争議案

蘇松太道蔡照會據城根業户何琛等稟組織保産公會飭自治各董議復文宣統二年二月初十日

爲照會事。據上海城根房産業户職商何琛、邵仁恭、邵炎之、薄德明、陳林、陳鳳翎、長生、善會、徐敬熙、陸連生、衛三餘、陳如林、高德寶、陳連貴、周鶴林、陳基昌、張洪槐等稟稱，上海沿城護河之内，自駁岸以達城根四周之地，向係提右營主政，昔以蕪穢不治，往往任流丐遊民集居其地。自咸同以來，法國闢租界於東北城之外，市面日盛，巡警日多，益將宵小驅而至此。蓋華洋之界僅一衣帶水耳，雷池一步越之甚易。歷任右營僉爲地方治安計，乃將其地招租建屋，藉以興市面而除匪類，於是聞風嚮應，相率偕來。或爲慈善計，建屋設賒材會者有之，或爲公益計，建屋立公所者有之，或以棲身無地蓋矮屋以蔽風霜者亦有之。舍此之外，大半挾巨資而來，建屋招租，以權子母，其中在三年内承租者十居七八。但當時格於禁例，不准建高大樓房，故外觀不甚壯麗，近幸稍稍變通，各業户已漸改建，藉與租界抗衡，惟不能一律同時並建耳。溯自各業户承租以來，歷年憑串繳租，相安無事。

詎料獲利尚未可必而攘奪者已踵其後，風聞有奸商勾串洋人，暗中入款，借河身淤塞、道路污穢，爲外人訕笑爲詞，朦稟各憲，藉設公司之名目，作一網打盡之計。若不據實揭陳，何以保主權而全血本？爰集承租各業户，組織公會，名曰上海城根保産公會，公舉正紳爲會董，總理會務，互相規畫，以期改良而保權利。至道路之崎嶇、城河之污穢，雖係地方行政上之事業，然與該處房屋亦關利害。業户等有應盡之義務，擬由公會酌提房租，專款存儲，以備浚河修路經費之補助，庶幾公私兩無遺憾。除俟公會擬章呈請備案外，曾將擬辦情形暨奸商攘奪狡謀已於上年十二月二十四日會稟右營易署備，未蒙轉稟批示，理合聯名稟陳公乞鑒賜保全迅予飭縣遵照，無須另立公司，以免騷擾而順輿情等情，並呈抄摺到道。查此案前據上海縣具稟並呈簡章到道。當經批飭該縣查明議復，旋准江南提督軍門移請仍照向章辦理。又經行縣妥籌在案，據稟前情，除批查呈簡章、擬招股設立公司、改建城根房屋及築岸鋪路浚河造橋，無非爲振興市面、求合衛生起見。玆各租户組織保産公會，願提房租儲備浚河修路之補助，一因一創，尚無不合，所稟有無别情，候照會總工程局會同自治各董秉公妥議稟復察奪牌示外，合行照會，爲此照會貴總局請煩查照，希即趕速會同自治各董尅日秉公妥議稟復，以憑察奪，幸勿有稽，望切施行。須至照會者。

上海縣田照會爲城根各户積穢不治有礙衛生勒限督同將沿街破棚雜物搬除文宣統二年二月廿七日

爲照會事。照得城根沿河一帶房屋則破舊不堪，街道則齷齪過甚，加以門前搭蓋席棚，當街曬晾，穢物垃圾堆積，穢氣熏蒸。外觀既屬不雅，衛生尤不相宜。且隔河即屬租界，彼何整肅潔淨。人非草木，當同具羞惡之良，豈得視爲固然，不加振作？轉瞬夏令將届，臭氣必致更重，既不便於行人，亦有捐於住户，自應迅速搬除，打掃潔净。除示諭並諭知各地甲勒限十日，將沿街破棚雜物一律搬除外，合行照會，爲此照會貴局煩爲查照，希即派人督同辦理，加派巡警查視督催，免致延宕。望切須至照會者。

稟蘇松太道蔡遵飭議復城根公地事宜録送議案文宣統二年三月初八日

敬稟者。竊奉照會，以據上海城根房産業户何琛等稟求保全等情到道。查此案前據上海縣具稟並呈簡章到道，當經批飭該縣查明議復，旋准江南提督軍門移請仍照向章辦理。又經行縣妥籌在案。據稟前情，除批牌示外，照請妥議稟復，以憑察奪等因，並抄摺到局。奉此，並准上海縣先後致函照會到局。當經一併移交城議事會公議，旋准城議事會移交議決案前來。查整理城根公地事宜，前於光緒三十三年三月間經前升憲瑞以周圍城濠公地統歸總工程局管理，藉收租息，撥充常年費用，事屬以公濟公等情由。詳奉前蘇撫部院陳批，上海周圍城濠公地巡警及衛生修築等事，統歸總工程局認款籌辦，毋庸緑營兼管，以一事權等因。又，奉兩江督部堂批，所擬尚屬妥治，應准照辦等因各在案。嗣以提督劉咨請仍歸營管，復稟督部堂，以城濠站巡等事統歸工程局辦理，當經批准照辦，並飭分别移行遵照在案。准咨前因，所有城濠地租應否仍照舊章，由營管理，札飭籌議詳復核奪等因。復經前升憲瑞照請妥議見復等因到局，未經議决稟復。玆奉前因，遵由議事會議決，董事會自應照章執行。惟查議決案理由申説軍政與民事不應界限混淆，地可出租，即與防守無關,自在自治範圍之内,其言已極明顯。乃閲營中文牘,初則謂差重事繁,恃租挹注,繼則謂徵調兵勇駐足無所,何其自相矛盾。若此試觀環城,九里之遙,房屋櫛比,兵勇安所得駐足之所?既營中以軍用爲言,即當將城根房屋一律撤除,庶足用資防禦,不然每年坐耗數千元之款,一任城根之污穢齷齪,致外人來填河之要求,即如上年職董鍾珏隨憲台會晤法前領事巨,主張填塞城河。經竭力辯駁而事後仍有煩言,萬一於土地主權有所損失,誰任其咎?蓋城根不有租户造屋,城河及城根道路斷不至污穢若此,致啟外人交涉。現在濬河築路、築駁造橋等需,非得十萬金不辦。檢閲營中三十三年文牘,謂每年合計租息三千元。如果爲私,則目今憲政漸行,斷不容緑營有此一宗私項;如果爲公,非但以後不能再任私收,即自光緒元年起,年收租費若干,應令儘數交出,以備工需。總之,營中實爲防守起見,不應任人佔造房屋、私收租費。若以地出租,則純係地方性質,應歸地方公用。用特將議事會議決案録摺呈送,備由稟祈憲台察核轉稟憲核示施行。肅稟。

批:來牘均閲悉。已札飭上海縣查明擬議具復,以憑核轉矣。此復。摺存。三月二十五日。

上海縣田録批照會城濠公地争執案文宣統二年五月二十三日

爲録批照會事。奉督憲張批縣稟貴董等呈復城濠撥歸自治公所一案,周鎬請查揑名朦稟由。奉批:稟悉。此案現據上海道詳復,業經咨商江南提督酌辦見復,應俟咨復到日再行飭遵,繳。又奉憲批:縣稟貴董轉據城議事會議決城濠公地,應由自治公所管理,録摺請示由。奉批:稟摺均悉。此案現據上海道詳復,業經咨商江南提督酌辦見復,應俟咨復到日再行飭遵,繳摺存等因。並奉府憲札,本年四月十八日奉臬憲左批:該縣稟總工程局董轉據城議事會議決城濠公地應由自治公所管理録摺請示由。奉批:稟摺均悉。仰松江府飭候兩院憲暨藩司巡道批示繳。同日,又奉臬憲批該縣稟總工程局董李鍾珏等呈復城濠撥歸自治公所一案,周鎬請查揑名朦稟由。奉批:當此預備立憲時代,人尚各懷其私,庶政安有進步?既據通稟,仰松江府飭候兩院憲藩司巡道批示繳,並先奉府憲批縣稟貴董轉據城議事會議決城濠公地應由自治公所管理録摺請示由。奉批:識時務者爲俊傑,營且將裁,反對城濠何爲?據稟已悉,仰候各憲批示繳摺存。又奉府憲批縣稟貴董等煩爲呈復城濠撥歸自治公所一案,周鎬請查揑名朦稟由。奉批:據稟已悉,仰候各憲批示繳,並奉道憲批同前由。奉批:據稟並另稟均悉,已轉詳兩院憲核咨辦理,詳稿抄發,仰即查照,仍候兩院憲暨兩司批示繳摺存,另稟粘發等因,各下縣。奉此,合行録批照會,爲此照會貴董等請煩查照,希即核議具復。望切須至照會者。

又照會事由同前宣統二年五月三十日

爲照會事。奉道憲札,本年五月十三日奉撫憲程批道詳城濠基地紳董與營中争執,請核咨由。奉批:察核來詳,以安不忘危,古有明訓,爲地方計,宜預爲之地。又以各處外銷公用無着,另籌挹註,所在多有。營中藉城根租息以資辦公,遽行裁革,似有爲難。請照上海縣前擬簡章,以本有地租由公司分季照付,日後萬一有事,仍將承租營地歸還公家,以期並籌兼顧,所議尚屬平允。惟查上海縣所擬簡章辦事項下第一條有歲繳地租約一千元之語，而江南提督來咨，謂地租銀洋錢合計每年約收三千元，多寡懸殊，仰再詳查明確，復候咨商總督部堂、江南提督酌核辦理，仍候督部堂批示，並先於五月初四日奉督憲張批同前由。奉批：仰候咨商江南提督酌辦見復飭遵，仍候撫部院批示等因到道。奉此，查此項地租提督文内歲收洋三千元，自以此數爲準。該縣前稟所稱約一千元，當係傳聞之誤。如歸該縣前擬辦理，能否仍將地租三千元全數貼還，抑係如何提成分貼，合行札飭札縣即便遵照復查籌議具復，以便核轉毋違，此札等因到縣。奉此，查此項地租歲收洋一千元，前次敝縣擬章具稟，係據參付暨守府面稱，今提憲文内歲收洋三千元，多寡懸殊，惟既奉札籌議，合行照會，爲此照會貴董等請煩查照，希即遵照憲飭妥籌議復，以憑核轉。望切須至照會者。

蘇松太道蔡録札照會上海城濠公地争執案非折衷至當難期妥洽飭集議見復文宣統二年七月十七日

爲照會事。本年七月初六日，奉督憲張札准江南提督軍門劉咨准咨開，據道詳奉行上海城濠公地准江南提督咨據職商何琛及紳士唐錫瑞等先後稟揭，宜嚴權限軍用重地請賜保全等情一案，飭道遵照，先後批行辦理等因。奉此，當即催縣分别查議。兹據上海縣田令稟據總工程局李鍾珏等呈稱，奉憲發下兩江督憲准江南劉提督憲文，内有據上海紳士周鎬、唐錫瑞、楊家善來轅面稱之語，既云來轅，自係當面接見，確知其爲周鎬、唐錫瑞、楊家善等三人無疑。乃董等先據楊家善即慶餘親身來局，稱伊向來宣講鄉約，兼行善舉，此外素不干預，城根事毫未得知，亦未到過松江。復准城議事會移交周鎬即周月溪函開，鎬見三月初六日新聞報刊有上海紳士周鎬、唐錫瑞、楊家善三人以上海城濠問題面謁提憲，請主張歸營受理，以重軍政，毋任撥歸自治公所各等語，殊深駭異。鎬素性耿介，從不干預外事，亦不涉足公庭，而於軍界中人尤絶然不通聞問，豈有輕於干謁？楊某與鎬素不相識，焉有加行赴松之理？其爲揑名陷害，均宜澈底根究，務請提追揑名之人，照章懲治等情。查周鎬、楊家善均係城區域選民，其籙號、年歲、住址均有册在可稽，册内查無周鎬、楊家善同姓名之人，是三人中已有兩人並未到松。既據函請澈究，未便壅於上聞，懇詳請院憲咨詢劉提督，所謂來轅面謁者究係何人，請將籙號、年歲、籍貫、住址詳細切實宣告大衆，俾同爲上海紳士者一識其人，以徵實在而免虚揑。再，電文列名第二之唐錫瑞，係漕河涇鄉區人，於城區事不干己，亦恐揑名等情，稟請核轉各等情。職道伏查本年上海城自治公所議事會議決事件，前據總工程局開送二十六款，因現奉頒行欽定府廳州縣地方自治章程暨選舉章程，辦事權限與前不同。上海縣自治執行機關應由上海縣代表，所有前項議決各條應由上海縣復核辦理。惟其中第一款即議整理城根公地辦法，核與光緒三十三年瑞前升道詳奉前憲台端暨前撫憲陳批准之案，尚屬相符。顧念安不忘危，古有明訓，爲地方計，似宜預爲之地。即各處外銷公用無從動支正項，不能不另籌，挹注者所在多有。營中藉城根租息以資辦公，既歷有年，所遽行裁革，亦似有爲難。查上海縣前擬改良簡章辦事項下第一條本有營地租洋由公司分季照付，預備項下第一條亦有承租營地萬一日後有特别事須歸還公家者，公司願遵照辦理各等語。如能參酌而行，並顧兼籌，自屬較爲周密，理合遵議具文詳復，究應如何辦理，仰祈俯賜察核，轉咨飭遵等情到本部堂。據此，當批：仰候咨商江南提督酌辦見復，飭遵仍候撫部院批示，繳。除印發外，咨請查照酌辦見復，飭遵等因到提督。准此，查城濠基地一案，前據上海紳士唐錫瑞等十人開具節略，由唐錫瑞、陸文進、周鎬三人來松面謁。其楊家善等數人雖俱列名，確未到松。今核大咨，以總工程局據楊家善、周鎬赴局聲稱，並不干預此事。究竟當時該紳等是否冒名，抑係另有名姓相同之人，殊不可解。當即札飭提右營參將周明清詳細確查，並將該紳等篆號、年歲、住址一併開明，以便咨復去後。兹於六月初十日復據唐錫瑞等三人開具十人住居、名姓節略面呈内開，竊職等於二月二十九日由錫瑞領袖共計十人，聯名繕具節略，由職錫瑞、文進、鎬三人親詣鈐轅，開呈姓名、住址，由號房呈遞，當蒙傳見面呈節略。回滬後，即於三月初六日仍由錫瑞等十人合詞公稟，並稟兩院憲各在案。旋於三月初十日見《新聞》等報載，住尚文門内之周月溪告白因與職鎬姓名相同，指爲冒揑，並以武營爲虎，指職等爲倀，任情謗毁，當由職鎬於十一日登《新聞報》聲明。今據工程局董招致周月溪之稟請查究，可見自知理屈，有意糾纏，不知鎬别號子京，久居城區二鋪艾家弄，早經陳明憲轅號房，曾於光緒三十三年在四川賑捐案内報捐監生，並加同知職銜。原籍浙江，久遷上海，註明部照，至不列自治選册者係調查者之漏。鎬經營商業，不欲争此無價值之選權，故不自陳。且上海合格公民漏列選册，與不合格而濫入選册者甚多。即如周月溪原籍浙江，流寓上海未久，並無財産資格而亦濫入選册概可知矣。今工程局一若選册無名即無具稟言事之權，不知據何法理？職家善確曾列名具稟，本約到松，臨行獲病，致未親到。電文錯列，係發電時匆忙所致。又以錫瑞住漕河涇鄉區，於城區事不干己，疑爲冒揑，不知城濠官地係屬全縣範圍，城鄉各區共同關係，況該局原稟内列名之李厚祐、王震均係浙籍，則是隔省之人可以干涉，而於本邑之人反指爲無干，此不知其據何法理也？總之，工程局設立以來，雖自命爲公法團，假託文明，論其實則放利而行已耳，濫用其權已耳，何嘗稍顧公理？又，全與法律相違。即如此次議案，欲創立公司，自任發起，明是與民争利，侵奪民權。觀其稟詳章程，跡近壟斷，此豈自治所宜哉？且既以濠地出租造屋爲非，何以公司亦主張造屋？豈於彼則可，於此則不可矛盾之情，概可見矣。職等不忍坐視，爲之引申公理，以盡國民監察之責，乃誣以冒揑，固屬遁詞，抑何譸張？兹悉憲檄參府詳查，理合據實陳明，仰祈鑒核，據情咨復聲剖，仍請將該局議案飭令撤銷，俾保主權而清界限，藉安民業而免騷擾，大局幸甚，合邑幸甚等情。據此，是自治公所有意將周子京與周月溪名姓相同，牽纏糾轕，希圖聳聽而遂私謀。況上海營地前被剝奪淨盡，其垂涎城壕營基，處心積慮，已非一日。誠如該紳等所云，既以壕地出租造屋爲非，何以該公司亦主張造屋，豈於彼則可，於此則不可，似此譎詐情形自相矛盾，想貴部堂明察秋毫，諒亦難逃燭照。相應將上海紳士唐錫瑞等十人姓名、住址開具清摺，備文咨請查照俯准將此項城壕營基仍歸營中辦理，並檄飭將自治會議案撤銷，以重營地，並祈示復足紉雲誼，望切施行等因，並摺到本部堂。准此，查此案既據上海紳商分立兩派，各持一説，自非折衷至當，難期妥辦。除咨復外，札道妥籌集議復辦等因。奉此，合就備文照會，爲此照會貴總董，請煩查照，集議見復，以憑轉報，望速施行。須至照會者。

稟蘇松太道蔡陳復整理城根公地案議事會議決遵奉憲批仍照春季議決案決定目前折衷辦法先行整理懇請核轉文宣統二年八月十九日

敬稟者。竊整理城根公地一案,本年七月十七日奉照會内開,本年七月初六日奉督憲張札准江南提督軍門劉咨並摺到本部堂。准此,查此案既據上海紳商分立兩派,各持一説,自非折衷至當,難期妥辦。除咨復外,札道妥籌集議復辦等因。合就備文照會,爲此照會,請煩查照,集議見復,以憑轉報,望速施行等因。奉此,遵經移請城議事會公議,兹准城議事會移交此件議決案前來内開,此案有應聲明者二條:一、此案係城議事會查照前督部堂端批定之案議決,即由議事會全體議員同負其責任。唐錫瑞等指摘總工程局之處,應請上海縣提究,以明是非,俾此後自治團體免爲個人私意所牽掣。一、此案前議該公地由本公所接管,原爲顧全租户利益,俾造屋之費,不至全歸無著起見,如云安不忘危,藉資防守,應將私造之屋一律拆平,方爲正當辦法。至唐錫瑞等所指創立公司稟詳章程係混縣詳與議事會議決案爲一,更屬有意朦混。本公所由地方衛生事宜,既未便聽城根公地之污穢,又處華洋交涉之重地,豈能見好緑營、致捐主權?現既奉蘇松太道照會議復,應由董事會呈請蘇松太道遵督部堂批示折衷至當之意,查照春季議事會議決案決定,目前折衷辦法先行整理等因。准此,查此案原爲整理城根公地而起,而籌議整理之原因,一則因奉憲台函准法總領事函,以城濠淤穢,要求填塞;一則因奉憲台照會,據上海縣稟請創立公司,以資整頓。並奉上海縣照會議復城議事會復查照前督部堂端批准之案公同議決。今唐錫瑞等甘爲營中爪牙,肆意詆諆,扶同抵抗,而提督衙門因每年於城根造屋租息内得受規費,遂托詞軍用重地,以濟其私,而於整理兩字始終毫未提及。既云軍用重地,則不應出租造屋,既已出租造屋,即不得謂之軍用重地,此理爲人所易曉。乃如唐錫瑞等所言,一似由營中經管則不妨出租,由地方經管則即須軍用,豈不可怪?且營中所稱收租取息作爲公用者,歷年有無報銷案據。現值清理財政之際,亦未便朦混其詞,應懇憲台詳請督部堂澈查,俾款有着落。上海城自治公所於城區地方實有密切之關係,前既奉憲台照會,復奉上海縣照會,飭爲妥籌議復。城議事會見城根城濠種種污點,實不堪言狀,不得不議及於整理。今污點較前益甚,若不即整理,不特有礙衛生,且恐再啟外人干涉。惟有仰懇憲台查照總董前稟,及城議事會春季議決案,詳請督部堂核准施行。至督部堂批示折衷至當一語,應如何決定折衷辦法,仍求憲台籌議轉詳,地方幸甚。除將唐錫瑞等指摘總工程局之處,另文稟請札飭上海縣提究外,合行備由稟復,爲特稟祈察核施行。肅稟。

批:來牘閲悉。此案現據上海縣轉詳前來,已一併據情詳請督撫憲批示遵辦。至另牘請飭縣查提唐錫瑞等嚴究一節,亦已批縣照辦矣,希即查照。此復。九月初十日。

稟蘇松太道蔡城議事會議決整理城根公地案唐錫瑞等指摘總工程局各節請札縣提案嚴究以明是非文宣統二年八月十九日

敬稟者。竊前奉照會,以整理城根公地一案,奉督憲張札飭妥籌議復等因,照會集議見復等因。業經查照秋季議決案,稟請核轉並聲明,唐錫瑞等指摘總工程局之處,另文稟請札飭上海縣提究等情各在案。查督憲札准江南提督軍門劉咨復據上海紳士唐錫瑞等十人開具節略内稱，由唐錫瑞、陸文進、周鎬三人來松面謁。其楊家善等數人雖俱列名，確未到松，電文錯列，諒係發電時忽忙所致等語。是唐錫瑞等鬼蜮伎俩，業已自畫供招。惟唐錫瑞等略内指摘總工程局有自命爲公法團，假託文明，論其實則放利而行，濫用其權，何嘗稍顧公理，又全與法律相違。即如此次議案欲創立公司，自任發起，明是與民争利，侵奪民權，觀其稟詳章程，跡近壟斷等語。查總工程局奉准改爲自治公所，係欽奉諭旨，遵章辦理。唐錫瑞等何以謂之自命爲公法團，何以謂之假托文明？所謂放利而行者，所放何利？所謂濫用其權者，濫用何權？所謂不顧公理者，背何項之公理？所謂全與法律相違者，違何項之法律？所謂創立公司自任發起者，公司名目是否由議事會發起？所謂與民争利者，争何民利？謂侵奪民權者，奪何民權？其所謂稟詳章程跡近壟斷者，則直指憲台於此案存壟斷之意。跡其所言，無非受營中嗾使，盡力詆諆，爲破壞地方自治之計。唐錫瑞等鄉區敗類，既誣訐自治公所多端，並敢請撤銷城議事會之議案，違法背理，真堪駭詫。自治甫在萌芽，若任其狂吠而不一置究，不特損失城議事會、城董事會之名譽，並且有累監督之盛德。城自治公所之事，無一不秉承於監督。如果城議事會、城董事會實有違背法律章程情事，則監督得照章糾正之。若其語屬虚誣，律應反坐。應懇憲台飭下上海縣迅提唐錫瑞等到案，令其將以上指摘各節，當堂逐節指實，勿令含糊遁飾，以明是非而彰公道。至唐錫瑞等稱周鎬號子京，住城内艾家弄，於光緒三十三年四川賑捐案内報捐監生，並加同知職銜，原籍浙江、久遷上海，註明部照等語，並請飭縣吊照驗明，以昭實在。爲特備由，稟祈察核施行。肅稟。

呈上海縣田文同。

上海縣田録札照會城濠公地仍歸營管由營照議酌撥切實整頓改良不必再行照會核議文宣統二年十二月二十五日

爲録札照會事。奉道憲札奉督憲張札開，前據蔡道詳上海城壕公地争執一案，當經咨商江南提督查照核復去後，兹准咨稱接准江蘇撫部院咨同前因以查上海蔡道所詳，雖屬顧全大局，折衷至當，而免紛争起見，但軍用重地不能由局外人所干預，且核自治會所議各情，全存私見，欲以强硬手段謀奪城濠已可概見。至於濠内餘地由營出租，載在志書，並非私相授受，何得謂之見好緑營？殊不可解。況城濠爲合邑人民保障，即使將來緑營全數裁撤，改練新軍，而軍用重地終難廢棄。查江蘇會議廳第三次議決清查荒地案，聲明土地爲國有産業，若借一團體之名義，不出代價，以爲地方自治之公産，是國有與公有界限相混，此僅指荒地而言。若城濠等地係屬軍用地，爲國有産，非荒地可比。本年三月間，蔡道稟詳九畝地案内已奉貴部堂批准，聲明以後國有産土地仍歸行政官主持，不歸紳董經管，以清權限。默窺蔡道之意，因見紳權勢力範圍，深謀遠慮，不得不示以限制，以免蠶食之虞。其所稟不爲無見，應請貴部堂主政此項上海城根基地，係軍用地，爲國有産，札飭上海道檄行由令仍歸營中經管，由營照議酌撥，切實整頓，認真改良，以保營權而免紛争。竊維貴部堂爲行政長官俯賜照辦立案，飭道不必再行照會核議，免致案懸未決。准咨前因，相應咨請查照，轉飭遵辦，足紉雲誼，並祈示復等因到本部堂。准此，除咨復外，札道遵照等因。

正核辦間,又於十一月二十六日准上海提右營参府周移同前由各到道。奉准此合行札飭札縣,即便遵照毋違此札等因。奉此查此案,前貴總董以秋季議決案開浚城濠事,當經敝縣據呈轉詳,業奉撫藩道府憲批示飭知到縣。合併録批照會,爲此照會貴總董,請煩查照。須至照會者。

稟蘇松太道劉上海城濠公地案提台咨文自治團體不能承認請予詳復立案文宣統三年二月初六日

敬稟者。竊上年十二月二十六日接奉上海縣照會内開,奉憲台札奉督憲張札開,前據蔡道詳上海城濠公地争執一案,云云。請煩查照等因。奉此,查整理城根公地一案,城議事會於上年春季議決原係遵照前督部堂端、前撫院陳批准之案,交由董事會呈請核准。自治團體爲國家特定之公法人,整理道路河渠,均在自治範圍之内。城根、城濠積穢已深,實爲城自治公所應行管理之處,豈能視爲局外人而不容干預?況比年來總工程局、城自治公所相繼於城根、城濠修路修駁、設立巡警、清道路燈,已所費不資。今謀公衆之衛生,杜外人之藉口,復將竭全力以整理之,何私見之有?何謀奪之有?由營出租一語,邑志於城地條下確注有此,然志乘筆法春秋,其所以不列正文而列於注語者,實係貶抑之詞,援引轉覺可醜。城濠地本有六畝,准熟田一畝之科則,實應由縣徵糧,此爲不應由營經管之確證,例以官荒照繳代價可矣。普天之下莫非王土,安在非國有産者?若軍用地係指軍港而言,立憲國之組織軍隊以禦外、警察以治内,近今改定章程,即根據於此。上海城内外警察遍佈,固斷不需緑營之補助,而城濠之決非軍港可比,則言軍政者皆知之。提台既不明立憲之原理,又不明新軍之作用,第借口於軍用地,以爲保全租息規費計。竊恐改良整頓之説,皆徒託空言耳。總之,自治團體係遵前督部堂端、前撫部院陳批准之案辦理,實係遵奉行政官廳之命令。今憑提台假飾之詞,自治團體實難承認。爲特將不能承認之緣由稟祈,迅賜詳復立案,地方幸甚。肅稟。

批:來牘閲悉。已據情轉詳兩院憲察核,仍俟奉批知照,希即查照。此復。二月二十三日。

呈上海縣田文同。

稟蘇松太道劉城議事會議決城濠公地事宜案提右營参將照送城根租地造屋草章礙難承認應行駁復文宣統三年二月初七日

敬稟者。竊本公所整理城根公地一案,前以江南提督劉藉口於軍用地以遂其歲收租息規費之私,自治團體萬難承認,曾以不能承認緣由稟懇詳復立案在案。嗣接提右營參將照會内開,案照上海城根營地業奉提憲核復督憲仍歸營中管理,由營籌議酌撥,切實整頓,認真改良。當奉督憲檄飭上海道遵照,一面咨復提憲行營遵辦在案。兹據中軍伍守備會同營地委員王外委呈稱,奉行籌議酌撥一層,本可於向收地租内酌量提撥,但此項租息係抵支常年公用,似難提撥,請於年租上酌量加征將增出之款移送城自治公所,充作公益之用。似此辦理,庶營中與地方兩有裨益。現經守備等會議整頓城根租地,加征年租,撥給地方公用,草章十八條開摺呈請核奪等情。據此,查核所議章程尚屬妥洽,除移會蘇松太道並上海縣暨飭中軍守備督同城汛及營地委員認真妥辦外，合將章程照送，爲此照會，請煩查照見復施行等因，並章程摺一扣到本公所。當經檢同前案，一併移請城議事會公議，旋准移交議決案前來内開，此文已由董事會據案呈駁，近復據提右營參將來文附到整頓城根租地造屋草章，竟以租地造屋爲振頓城根之惟一方法，與號稱軍用地之意顯相矛盾。且謂向收地租常年公用尚有不敷，藉口撥充公用，意欲加征地租。查該營所稱公用，歷年從未宣示用途。今如該營所擬草章，一若地租未加以前，即無振頓之法，而本公所整理城根之議，專爲争款起見，礙難承認。其所列各條妨礙地方行政之處甚多，應再由董事會逐條駁復等因。准此，查城根公地向有科則，每六畝准熟田一畝，自應由縣徵收，丁漕由公共團體照章完納，方是至當不易之辦法。今閲提右營參將來文，竟稱城根爲營地，是直以城區之公地爲緑營之私産。察核章程，全係置産營業性質，一如上海各公司經租賬房之辦法。而於整理一方面則云俟額外加租，備充公益，純係欺詭之詞，何嘗爲整頓起見？上海城内外巡警遍佈緑營，本無所事事，徒專心於收取地租，以阻礙自治範圍之衛生及道路工程事宜，流弊何窮？既准城議事會移交議案前來，合將駁復條文開摺，稟懇移復提右營查照，並懇詳請督撫部堂院立案，爲特備由稟祈察核施行。肅稟。

批：來牘閲悉，已據情轉詳督撫憲察核，仍俟奉批知照，希即查照。此復。摺存。三月三十日。

呈上海縣田文同。

移提右營參將周文同。

駁復城根租地造屋章程條文

第一條原文“間數宜清查也”。查城根地租向計間數徵收，在公正之户尚無以多報少冀減租銀之弊，而刁狡者每有將間數少報情事。近年來，房屋日增而租銀並不見多，難免有隱匿不報之弊，自非逐一清查不足以昭核實。擬由守備督同城汛千總將沿城周圍承租營地建造之屋查明，確有若干間是否平屋，抑係樓房，造册立案，以免弊混而便徵租。經理營地委員亦應幫同辦理，以資襄助而均勞逸。

按：提台咨文中以城根地爲軍用地，則應廓清四址，以備軍人駐札，何得有房屋在上？守備城汛千總均有職守，何得干預民間之房屋？經理營地委員，緑營官制中無此名目。

第二條原文“房屋宜編號也”。查租户建造之屋，得以匿而少報者，以無細號編册所致。現擬將各租户所造之屋按門面編列號數清册。如有内進房屋者，即於册内其號名下注明後進房屋幾間，以資查考而免遺漏。

按：編訂號數門牌歸自治公所辦理，係奏定章程，緑營何得有編號之舉？

第三條原文“地段宜劃分也”。查沿城周圍之地市面清繁不一，現在繁盛之區與清淡之地房屋租金大相懸殊，徵收地租自應將數目分段酌定。擬俟清查後，將城根周圍之地察看，何處係繁盛，何處係清淡，劃分段落，酌定等數，以昭公允。

按：提右營如遵提臺之命令而視爲軍用地，自宜規劃地段，何處宜屯兵，何處宜置砲，若分别繁簡徵收地租，則純係營業之事，斷非營官之職守。

第四條原文"地租宜一律也"。查徵收地租銀數向不一律，有同在一處之屋，在左則徵收銀三兩，在右則衹徵五錢，殊非劃一之道。擬嗣後將地租銀兩按市面清繁分段而定，同在一段地面者，應徵同一之數，以昭公允而免參差。

按：此條最爲近理，惜非陸營權限以内之事。

第五條原文"堆料宜徵租也"。查城根空地，每有近處店鋪自由堆料，並不來營報明。在堆料者，以爲並未建屋，似可免完租息，然佔用地面，則一旦查堆積物料之地，每多在市面繁盛之區，擬令按門面計算。自本年起，一律繳納月租，否則照私佔官地論，送請有司究罰。

按：沿濠堆積缸甏、木器、料物，到處皆是，屢次飭遷，輒恃營中爲護符，實有礙自治範圍之行政。若再任意徵租，則道路益將阻塞。

第六條原文"租銀宜分等也"。查城根地面既以市面之清繁劃分段落，則地租銀兩應分三等徵收。擬將市面最盛之區爲上等，次盛爲中等，再次爲下等。至每等徵銀若干，應俟清查劃定地段後，察看市面，再行酌議。其應徵租銀，擬仍查照向章，以每間計算，惟樓房與偏屋可照每平屋全間之數減半徵收。

按：此條與第三、四條重複，總是營業之事，非緑營之職守。

第七條原文"濠費宜撥助也"。查上海城濠已形淤塞，自應逐段開挑，以除穢氣而保衛生。所需經費，本可由營在於向收地租内酌提。惟營中每年所收租息，係抵支常年公用尚有不敷，似難提撥。擬俟此次清查後，將原額之外增出之租息數撥作開濠經費。此項撥款，由營於年終備文解交城自治公所收存，備充支用，以顧地方公益。

按：所稱公用有無報銷案據，乃藉口於備充公益以遂其加租之計，利則歸己，怨則歸人，大非城自治公所原議整頓之意。

第八條原文"出租宜勘丈也"。查城根現有之空地，如有來營承租者，仍准照舊租給，以資徵租充費。擬嗣後如有承租者，應令該租户邀同保租人赴營呈請，聲明租地若干，造屋間數，是否樓房抑係平屋，出具認租切結，由營查明實無洋人倩令出名情事，方准勘地丈給。所需造屋照會，由營移請城自治公所備送過營轉給該租户，方可興工，不准由租户自行逕請，以杜未准租給者朦請之弊。所有應繳自治公所之路駁等費，應由該租户於請領造屋照會時照章呈繳，由營轉送。

按：造屋給照，係自治範圍改正道路之事，公益特捐之應繳與否，亦係地方自治規定之辦法，由營移請給照轉送公益捐，是緑營握有地方自治之權，顯背奏定章程，更爲不合。

第九條原文"租地宜給照也"。查城根租出之地，從前衹由守署每年冬間徵租時給一收銀之據，並無准其承租地面若干之印照，致有多佔地面而營中茫然不知、無從稽攷之事。擬嗣後有承租者來營稟請租給，一經勘丈照准後，即由營給予准租印照，將房屋間數註明照内，既便營中查攷而資租户執守。所有以前租出之地，亦於清查後一律補給，此後租户轉租與人，即將印照繳銷，由營另給印照與新租之户，不准將舊據頂認。此項印照，如有遺失燬爛，即由該租户覓保，報明呈請補換。

按：此條按語併列第十條下。

第十條原文“轉租宜註册也”。查租户所造之屋，每有轉售與人之事，從前更易户名，祗憑百總口報，弊端百出，訟患堪虞。擬嗣後令得業之人將契據呈驗，查明實在，方可過户。如不將契據呈請查驗、祗由百總來報者，一概不准，以免朦弊而杜訟端。俟查驗實在後，即於承租册上註明何年月日過户字樣，以憑查考。

按城根爲城區域之公地，並非緑營之私産，所有租地給照及轉租註册，均非緑營應有之權限。

第十一條原文“翻造宜報明也”。查城根一帶道路不甚開闊，每有租户於翻造房屋之時，任意將門屋放出，殊屬有礙交通。至翻造房屋，每有將間數增減情事，自應另换印照給執。擬嗣後如有將房屋翻造或改造者，應由該租户先行繪圖來營報明，以便委勘。如無放出妨礙交通情事，由營换給租照，註明間數，方准翻造。所需造屋照會，由營移請自治公所給予興工。

按：能否准其翻造及限制收讓，均於自治範圍改正道路之職權極有關係，豈有由營委勘移請給照之理？

第十二條原文“月租宜照舊也”。查各租户完納地租，向有年租、節租、月租之分。完年租者，每至冬間繳租一次；完節租者，每至端午、中秋、年終三節每節完租一次；完月租者，每月徵租一次。現在所擬籌撥開濠經費，應於年租上察看地段，酌量加增，蓋以年租每年祗徵一次，爲數甚微，自應酌加。所有向完節租、月租各户，應令悉照舊章完納，毋庸議加。

按：此條尤與第四條、第六條矛盾。

第十三條原文“破屋宜修葺也”。查城根四周房屋因年久失修，破舊不堪居住，或勢將傾圮者亦屬不少。此等房屋不特污穢不堪，且有坍塌傷命之虞，即應查明，催令該租户趕緊修葺，或即翻造，以期清潔而保生命。

按：此條按語併列第十四條下。

第十四條原文“道路宜清潔也”。查沿濠街道狹窄居多，若稍有垃圾，即難保不穢氣薰蒸，應由該租户各將門前逐日打掃一次，以除疫癘而保衛生。

按：整理清潔爲自治範圍之事，亦非緑營應有之權限。

第十五條原文“城濠宜通利也”。查樹木竹排停頓濠内，最爲淤積之媒，且船隻往來亦多不便，擬曉諭鋪户居民嗣後務須隨到隨起，如逾三日不起者，即令兵目押令起運，有不遵者移請有司拘罰開濠經費，以通水利而示儆戒。

按：此條與上兩條均爲緑營承認腐敗之確據，設非緑營霸阻，何致腐敗若此？

第十六條原文“議事宜定期也”。查此次整頓城根基地，係遵提憲檄飭辦理。開辦之後，事務甚多，而辦事人員散居各處，每有不能接洽之虞，自應擇定地方，定期會集,擬就守署花廳作爲議事之所。開辦之後,每逢星期三、六,各辦事人員會集守署,庶遇有事,務得以會同集議,隨時進行,而地方紳董如有與辦事人員會商城根事件,亦可於是日到所會商矣。

按:提台限制自治團體應有議事權,而守署自訂不應有之議事章程,未知根據何項法律?

第十七條原文"欠租宜示罰也"。查地租銀兩係抵支營中常年一切公用及城自治公所開濠要需,冬初啟徵之後,應限一月内完清。如延逾十一月者,由營飭令兵目催繳。延至次年正月者,移請自治公所派令巡警會同兵目前往守催。至次年三月而仍敢抗欠者,會同自治公所將地收回另召,以示儆戒而免延欠。

按:巡警可幫同緑營催租,是何警章?如有抗欠地租,則利用自治公所,公所豈能爲營私之營弁盡此義務?

第十八條原文"租地宜限制也"。查城根基地係國家之産,不准租與外國籍之人。如有洋人請本國人出名而來營承租,及租户轉租與外人者,一經查出,即會同自治公所將房屋發封充公,地則歸營另召,以示限制。

按:城根地既爲國有産,則尚有守土之縣官,在緑營何得據爲私有、自居業主?

呈上海縣田城濠公地事宜仍請上詳照前督撫部院批定歸城自治公所經理文宣統三年七月初三日

爲呈請核詳事。竊本年閏六月初七日,奉録批照會並抄黏内開,敝縣稟上海城自治總董李鍾珏駁復右營整理城根一案,照録清摺乞核示由。奉江蘇撫院程批:稟摺均悉。查此案前據該縣通詳到院,業經按照陸軍部來電,凡屬緑營産業,均應清查變價,專充新軍之用,批飭蘇松太道另行妥議辦法矣。仰即移行該自治總董一體遵照,仍候督院批示,摺存。此繳。又奉道憲劉札,本年四月初十日奉撫院程批發該縣詳上海城自治總董呈復城濠公地争執一案通詳立稟由。奉批:查此案自治會與緑營辯論已久,兩不相讓,積牘盈寸,迄無確定辦法。本年三月間,本撫院接准陸軍部號電,有各處緑營所屬之田地産業及臺壘、營房、馬廠各項基地,均屬軍費範圍,亟應清查報部,分别變價,以撥充新軍,不得挪作他用等語,業經咨明提台轉飭遵辦在案。兹據該總董呈稱,壕内餘地由營出租一語,《邑志·城池條》下確有此註,是此項壕地自屬緑營産業。既准部飭清查變價、專充新軍之用,其情勢與前迥異,其辦法亦當另籌。應如何辨釋紛争,又復不背部指之處,仰蘇松太道再行妥議具復,以憑核轉,仍候督院批示並飭該縣知照,此繳等因。奉此,查此案先據李董鍾珏兩次來稟,均經據情轉詳。嗣據該縣通詳到道,又經批飭轉致知照在案。兹奉前因,合行録批札飭札到該縣,即便遵照,迅與自治公所總董會同妥議,稟候詳奪核轉毋違,此札。又奉道憲劉札,本年五月十一日奉督憲張批發該縣稟城自治總董駁復右營整理城根一案録摺請示由。奉批:稟摺均悉。仰上海道飭候撫院批示録報,繳摺存。五月十六日奉撫憲程批本道詳據李總董稟城壕公地提右營所送章程仍難承認轉詳請示由。奉批:據詳已悉。案前由上海縣具詳到院,業經按照陸軍部來電,批飭該道另議辦法矣。仰即知照,繳清摺存。又於六月初二日奉督憲批同前由：奉批據詳及清摺均悉。查宣統三年三月二十一日准陸軍部電開營地産業及臺壘、營房、馬廠各項基地均屬軍費範圍，應即清查，分别變價通籌辦理，業已行知各鎮協詳細造册，並取具並無私租盜賣匿押切結，呈核並咨明江南提督各在案。上海城壕公地係由前督部堂端、撫部院陳批定歸城自治公所經理，自應歸入此次部電通盤等畫酌辦，仰候並録全案會同蘇撫院，咨請度支部、憲政編查館、民政部會核，復飭遵照，仍候撫院批示，繳等因到道。合行録批札縣，查照辦理，此札各等因。奉此，合併照録，粘抄備文照會，爲此照會查照等因。奉此，查此案原爲整理城根公地而起，上海城濠污穢已達極點，北半城毘連租界，外人曾屢有違言。近今防疫問題時復發生，深恐外人藉此干涉，是以整理之舉難於再緩。伏讀陸軍部電，以緑營所屬之田地産業及臺壘營房馬廠各項基地爲軍費範圍，並未涉及城濠。竊意各省會府廳州縣城濠均爲保障而設，辨其性質，當是城區域之公地，斷不在軍費範圍之列。聞此次浙江省變售營産，亦並不連同城濠計算。《上海縣志》注文内雖有由營出租字樣，實不能以城濠爲緑營産業之確證。況上海城濠毗連租界，當籌久長抵制之計。所有設巡浚河、修路修駁、清道路燈等項，爲費不貲，尤與别處情形迥不相同。現在既奉飭妥議，詳候核奪，擬聲明上海城濠毗連租界，與别處情形不同，現在亟待整理，以杜外人口實。請仍照前督部堂端、撫部院陳批定歸城自治公所經理，俾可從速整理，於地方實有裨益。爲特呈祈詳請蘇松太道核詳督撫院核示祇遵，實爲公便。須至呈者。

呈上海縣田議事會秋季議決城濠公地案應照前督撫部院批定歸城自治公所管理請照案上詳文宣統三年八月廿三日

爲呈復事。竊整理城根公地一案，前經呈請核詳，嗣奉照會内開，查此案前奉撫憲批准陸軍部號電，緑營産地均屬軍費範圍，亟應清查變價，撥充新軍，批道委議具復。督憲批示亦以陸軍部電查營地産業應通盤籌畫，咨部會核等因。蓋城濠爲保障而設，本屬國有性質，軍用重地，非可變價者，想浙省變售營産不連城濠計算，未始不見及此，而上海城濠逾河即屬租界，自由營放租，一任腐敗。租户等茅屋破棚東歪西倚，道路污穢，護河淤塞，不特租界衡宇相望，彼此相形，貽外人訾議訕笑，而且勢力膨脹，時思干涉。我不整頓，彼圖侵越，與各省内地情形迥然不同。竊思國家爲地方之根本，地方即爲國家之血脈，同條共貫，理無二致。若上海城濠仍歸營租，則整頓無方，第專充新軍一語，徒託空言，萬一外人以有礙衛生，致啟交涉，則後悔已遲。鄙意平時城濠請照前督憲批定歸城自治公所管理整頓，所收租息，以一半繳解新軍之用，一半留歸修路浚河經費。有事之時，仍歸軍用。如此庶與部電不背，而前督憲批定之案亦屬相符。是否有當，除批答外，合再備文照會，爲此照會貴紳煩爲查照，迅籌示復以憑稟請憲示遵行等因。奉此，遵即交秋季議事會公決。兹據移交議決案内開，董事會奉上海縣照會交議事件，按照《城鎮鄉自治章程》第五條第二、第三款事宜及第三十六條第一、第六款之權限議決此案，業由董事會呈復，以整頓城濠難於再緩，請照前督撫院批定歸城自治公所經理，並聲明城濠公地非緑營産業，不在軍費範圍之列等情，核與本議事會歷屆議決案相符。旋奉縣照會，擬以租息各半平分，充整頓經費及繳解新軍之用,飭即籌議等因,自是調停之一法。惟查城濠公地本不在部電變價之列,而整頓一切經費,如浚河、築路、打駁等需款甚巨,尤非區區租息所能濟用。爲通盤籌畫起見,擬請以城濠公地歸本公所經理後,常年租息儘數充整頓之費,不敷則由所籌墊。如一旦有事,該地仍可暫歸軍用,以符國家地方爲一體之義。即由董事會呈復上海縣核詳蘇松太道核轉等因前來。准此,查此案自以不背部電而與前督撫部堂陳、院端批定之案爲歸宿,惟整理城根如設巡築駁、浚河修路、清道路燈等項常年經費爲數不貲,即以租息相抵,亦所虧尚鉅。如以租息抵支外,再有不敷,爲保守土地計,爲抵制外人計,誠不得不勉爲其難。若先去其租息之半,則益形竭蹶,必致難收效果。今城議事會擬請遵照前督撫部堂院批定歸城自治公所辦理之案,以城濠公地歸本公所經理,一旦有事,仍歸軍用。既與部電不背而與批定之案亦屬相符,似不妨據情上達。並查上海向所稱營地者,均係免科城濠地,每六畝准熟田一畝,載明縣志,係屬有糧之地,實與營地之無糧者有别。此項糧賦自應由城自治公所承完,以定名份。是否有當,懇求察核此次議案及上次總董所上呈詞敘述情由,迅賜詳請蘇松太道轉詳督撫院察核示遵。此案自上年春季起至本年秋季已閱年半,迄無一定辦法,而整理實難再緩,爲特呈祈核奪施行。謹呈。

警政案

呈上海縣田具報推選警務長接辦日期文宣統二年五月二十五日

爲呈報事。竊准城議事會議定《董事會各項辦事員規約》第四條内載《城鎮鄉地方自治章程》第五條第八款,因本地方習慣向歸紳董辦理素無弊端之各事,以巡警一項,占本城區域出款之大宗,應由董事會遴選專員,沿用舊時警務長名目,統轄巡警事宜。警務長不限以選民,任用時須經議事會之公認等語。查城外東、西、南三區巡警需人統轄整頓,經董事會公決,推選南區區董穆紳湘瑶兼任爲警務長,以資得力。業於夏季議事會報告各議員公同認可,即經知會穆紳,於本月二十四日到所接辦警務。合行呈報,爲特呈祈俯察備案施行。須至呈者。

稟蘇松太道蔡文同上。

稟蘇松太道蔡設立南市浦江水巡呈送辦法文宣統二年六月初五日

敬稟者。竊南市浦江中時有偷竊、勒索、打架等情事,致裁判所案牘繁多,而尤以槳划船載客渡至中流勒索渡資,最爲行旅之害。至於私傾垃圾、艒艒船任意佔據曬晾穢物,亦應嚴禁,非設立水上巡警實不足以資整頓。且編查船户爲當今急務,而救護行船、拯救失足落水、自盡投浦等類,均關緊要,尤非得水上巡警不爲功。總董屢與諸董及警長籌商辦法,特置備火油小輪一艘、巡船二艘,懸旗曰上海總工程局水巡船,遴派熟諳行船之巡警,北自十六鋪橋起,南至龍華嘴止,按日分段巡行,以密稽查而資保衛。惟查閘北創設水巡,本連南市浦江規劃,而董局於浦江商號船隻均有密切之關係,不得不設立水巡,以期接洽,仍與閘北所設兩不相妨。除開辦日期另行呈報外,爲特抄呈辦法,備由稟祈察核立案施行。肅稟。

附抄設立上海總工程局水巡船辦法

一、定名。巡船旗幟曰上海總工程局水巡船。

二、界限。北自十六鋪橋起,南至龍華嘴止。

三、駐所。東區大碼頭,南區董家渡碼頭。

四、巡船。暫設火油小輪一艘,巡船兩艘,如有不敷,再行添設。

五、巡額。火油小輪設巡長一名,巡士六名,巡船設巡長一名,巡士四名。

六、職務。拘解事件如竊盜、往來勒索、打架等類,救護事件如行船失事、失足落水、自盡投河等類,查禁事件如私倒垃圾、艒艒船任意佔礙曬晾穢物等類,尤以編查船户人口爲應盡之責。

稟蘇松太道蔡南市浦江水上巡警開放日期文宣統二年八月十九日

敬稟者。竊總工程局前以南市浦江中時有偷竊、勒索、打架及槳划船載客渡至中流强索渡資爲行旅之害等事,因擬設立水上巡置備巡船,遴派熟諳行船之巡警,按日分段稽查等情,並經擬具辦法簡章,稟請察核備案在案。現在水巡需用火油巡船及各項巡船,均已置備,定本月二十日開辦。並擬水上巡警上差職務各條,俾資遵守,合行稟報,並將水巡上差職務規條開呈鑒核。爲特備由稟祈俯察備案施行。再,原呈水巡辦法第三條駐所現改爲本局碼頭,第四條巡船現改爲火油小輪船一艘、六槳大杉板船一艘、麻雀杉板船二艘,第五條巡額現改爲共設二級巡長一名、三級巡長四名、巡士八名。合併聲明。肅稟。

批:來牘閱悉。查上海水陸巡警統在巡警道管轄之中,所有浦江設巡一事,早經巡警總局函道會商税務司,擬定偷漏歸關辦理,盜竊歸局辦理,遇事仍彼此聯絡在案。今南市浦面另由總工程局辦理,未免事權不一。税務司來函,詢及該段所設水巡是否由道核准,界限何在,以及若何查緝,屬爲查復前來,候彙同前牘移商巡警總局核復到日再行知照。此復。八月二十七日。

呈上海縣田設立南市浦江水上巡警文宣統二年八月十九日

爲呈報事。竊南市浦江中時有偷竊、勒索、打架等情事,致裁判所案牘繁多,而尤以槳划船載客渡至中流勒索渡貲最爲行旅之害。至於私傾垃圾、艒艒船任意佔據曬晾穢物,亦應嚴禁。非設立水上巡警實不足以資整頓,且編查船户爲當今急務,而救護行船、拯救失足落水、自盡投浦等類,均關緊要,尤非得水上巡警不爲功。總董屢與諸董及警務長籌商辦法,特置備火油小輪船一艘、巡船四艘,懸旗曰上海總工程局水巡船,遴派熟諳行船之巡警。北自十六鋪橋起,南至龍華嘴止,按日分段巡行,以密稽查而資保衛。惟查閘北創設水巡,本連南市浦江規畫,而董局於浦江商號船隻均有密切之關係,不得不設立水巡,以期接洽,仍與閘北所設兩不相妨。經擬定辦法簡章,稟報道憲備案在案。現在水巡需用之火油小輪船及各項巡船,均已置備,定本月二十日開辦。並擬水上巡警上差職務各條,俾資遵守,合行呈報,並將水巡辦法簡章及水巡上差職務規條分別開送,爲特呈祈俯察備案施行。須至呈者。

呈上海縣田奉文具報現辦警務人員文宣統二年九月初九日

爲呈復事。本年八月二十日奉照會内開,奉巡警道憲汪札開,案照各州廳縣城鎮鄉巡警章程,業經本道擬訂,詳奉兩院憲批准刊刷釘本,通飭各屬遵辦在案。查前發城鎮鄉章程第一章第六條載明區官以下各設巡官若干員,歸本州廳縣官調度,稟明本道委撤及警務長並該管區官之指揮監督,承辦本區巡警事務等因。各該州廳縣自應將現辦警務人員逐一開具銜名,稟候加札委充,以符定章。合亟通飭札到該縣,立即遵照,刻日照章開摺,稟候核辦毋違,切速速此札等因到縣。奉此,合行照會,爲此照會貴紳煩將現辦警務人員逐一開具銜名送縣,以便轉報等因。正在具復間,復奉照會内開,奉府憲札同前因。總工程局開辦後,於光緒三十二年分起設警務長一員,東、西、南三區各設正、副巡員各一員。嗣除去副巡員名目,三區各設巡員一員。本年城自治公所接辦後,經城議事會議決,仍設警務長一員,東、西、南三區巡員各一員。兹查巡警章程警務長係管理全縣警務之名稱,惟上海南市係商埠繁盛地方,警務歷由董辦,與别處情形不同,擬暫仍沿用舊時警務長及巡員名目。用特開具銜名,呈祈核轉示遵施行。須至呈者。

稟蘇松太道劉請飭滬軍營撤回三官堂北營兵仍留卡房填駐長警以資巡緝文宣統三年四月初四日

敬稟者。竊查西門外斜橋東三官堂北靠陸家浜,向設有卡房一所,歷由滬軍營派兵一棚,駐守該處。地素空僻,自蘇路車站通行後,往來者較前爲多。據警務處報告,去冬至本年三月,出有攔刦剝衣之案數起。行路者每歸咎於警務之疏。惟該處與警區相隔較遠,非撤除營兵調駐巡警,勢難更番出巡,以期得力,請爲酌核轉稟等情。查陸家浜一帶,地本荒僻,因中段駐有營兵,是以巡警未經派到。現在體察情勢,非巡守兼施實不足以防宵小,而巡警駐守之所,以該卡房爲適中之地,最屬相宜。謹援光緒三十二年開放西、南二區巡警請撤巡防局成案,懇請憲臺飭知滬軍營管帶將斜橋東、三官堂北陸家浜中段營兵一棚定期撤回,其卡房請勿毀捐,以便填駐長警,俾資巡緝。是否有當,備由稟祈察核施行。肅稟。

批:來牘閲悉。候行滬軍營王管帶照辦可也。此繳。四月初八日。

請核發南市裁判官圖記案

稟蘇松太道蔡請核發南市裁判官圖記並上詳立案文宣統二年三月初六日

敬稟者。竊總工程局於開辦時以從前馬路工程局向有裁判員訊理訴訟事件,是經稟奉前升憲袁詳准設立裁判官,由議事會公舉,交由董事會稟請札派,現總工程局改爲自治公所。司法一部未便附設所中,惟審判廳未成立以前,勢難遽行裁撤。因交議事會公議,旋准議事會移交議案前來,業經録呈憲核。兹查照議案篆刊圖記一顆,文曰上海南市裁判官圖記,謹呈鈞鑒。如蒙准行,即希發交董局,以便移送應用。並求憲臺詳請督撫憲立案,並聲明一俟審判廳成立,即將原有之裁判所裁撤,以一事權。爲特録呈議案,備由稟祈察核施行。計呈圖記一顆,議案一紙。

批：來稟閱悉。所議審判廳未成立以前，南市裁判官日行事件，仍照向章辦理，應暫由道立案。兹將圖記發還，希即轉交裁判官孫令開用，並將開用日期報查可也。此復。議案存。三月十三日。

稟蘇松太道蔡正裁判官孫調鼎另奉差委暫以湯從九應嵩爲幫審員文宣統二年三月十二日

敬稟者。竊董局正裁判官孫令調鼎現奉憲委公共公廨幫審差事，南市訴訟事繁，僅副裁判陳令一人，案牘旁午，勢難獨任。現由董事會公議將來審判廳成立，本局裁判即應裁撤。目前不另舉正裁判官，即以裁判所書記五品頂戴、江蘇試用從九湯應嵩暫爲幫審員。查湯從九應嵩係前江蘇法政學堂最優等畢業員，在董局裁判所辦理書記有年，事理明白，品行端純，堪任裁判幫審之職。懇請迅賜札知湯從九到差視事，爲特備由稟祈鑒核發交，並祈迅賜發下，合併聲明。肅稟。

批：已據情札委湯從九應嵩暫爲幫審矣，希即查照。至裁判官圖記亦已於本月十四日先行核發。此復。三月十八日。

接收城内清道路燈案

稟蘇松太道蔡城内清道路燈及造屋給照議歸城自治公所接辦文宣統二年三月十八日

敬稟者。竊城内清道路燈於光緒三十一年十月十五日起歸董局辦理。至三十二年十二月十三日奉前升道憲瑞函商，以清道路燈本與巡警相輔而行，袁前升道原議統歸董局接辦。迨後復先後函催，卒以經費難籌，未能踐約。今派程委員經理以來，警務較前起色，然路燈清道未能一氣相存，窒礙頗多。目前城内巡警自可暫由程委員等妥爲籌辦，一俟經費足用，辦有成效，再行統歸董局接收經理等因到局。當經公議遵照憲示，即於是年十二月底將城内清道路燈事宜移交巡警局接收辦理在案。又，城内造屋給照，本由董局辦理，光緒三十三年八、九月間，迭奉前升憲瑞、巡警總局憲汪一再函商，以城内巡警既已歸併北市總局管轄，以後各區巡官遇有此項工程，應即轉報本總局。隨由本總局知會城廂内外總工程局派員，會同各區巡官勘明應收尺寸，聽候本總局核給執照，仍交由該區巡官轉給業主收執興工等因，亦經遵照辦理在案。今董局已奉准改爲上海城自治公所，所有城内清道路燈及造屋給照事宜，由城議事會移交議决案一件，内開城内清道路燈及造屋給照事宜。查照《城鎮鄉地方自治章程》第五條第二第三款之範圍，由董事會呈請憲臺移巡警總局照章交城自治公所接辦等因前來。查《城鎮鄉自治章程》第五條第二款内之清潔道路即爲清道之事，又第三款内之改正道路及路燈即爲路燈及造屋給照之事，均在自治範圍之内。既准城議事會議决，自應稟請憲臺察核，移請巡警總局憲飭下城内第一路中區正巡官將路燈清道事宜移交城自治公所接辦。其造屋給照事宜，亦請歸城自治公所經理，以符定章。統俟核准後，另請示期交接。再，清道路燈及造屋給照事，實與巡警互相維繫。目前城内外巡警雖有官辦、紳辦之分，然同爲地方治安，實無分於彼此。此項清道路燈及造屋給照歸城自治公所辦理後，仍須由巡警隨時關切，庶於地方日有色。應懇憲臺一併移請巡警總局憲察照施行,爲特備由肅。稟批。

批:來牘閱悉。並據上海縣田令轉稟,已一併移請巡警總局議復,希俟復到,再行檄縣轉致可也。此復。四月初五日。

呈上海縣文同。

稟蘇松太道蔡城内清道路燈及造屋給照議歸城自治公所接辦請移催巡警總局轉飭定期移交文宣統二年五月二十六日

敬稟者。竊本年三月十七日總工程局稟城内清道路燈及造屋給照事宜,議歸城自治公所接辦,懇賜核轉緣由。奉批:來牘閱悉。並據上海縣田令轉稟,已一併移請巡警總局議復,希候復到再行檄縣轉致可也,此復等因。奉此,遵即報告城議事會。兹城議事會於本月開夏季議事會,以城内清道路燈及造屋給照事宜,請歸城自治公所接辦。奉批後,尚未准巡警總局復到,應由董事會再行呈催等因。查清道爲衛生事項,路燈及造屋給照爲道路工程事項均,在自治範圍之内,應請憲臺迅賜移催巡警總局飭下一路一區正巡官定期移交,以便接辦。爲特備由稟祈察核施行。肅稟。

批:已移催巡警總局從速議復,希候復到,另行檄縣轉致可也。此復。六月初三日。

呈上海縣田請移催巡警總局將城内清道路燈及造屋給照事宜移交城自治公所接辦文宣統三年五月二十六日

爲呈催事。竊本年三月十七日總工程局呈城内清道路燈及造屋給照事宜,應歸城自治公所接辦,請爲轉稟等情,已蒙轉稟道憲在案。此案由局並稟道憲,奉批:來牘閱悉。並據上海縣田令轉稟,已一併移請巡警總局議復,希候復到,再行檄縣轉致可也,此復等因。奉此,遵即報告城議事會。兹城議事會於本月開夏季議事會,以城内清道路燈及造屋給照事宜,請歸城自治公所接辦。奉批後,尚未准巡警總局復到,應由董事會再行呈催等因。查清道爲衛生事項,路燈及造屋給照爲道路工程事項,均在自治範圍之内,應請廉台迅賜稟催道憲移催巡警總局飭下一路一區正巡官定期移交,以便接辦。除稟催道憲外,呈祈察核施行。須至呈者。

上海縣田照會奉道札准巡警總局函復預商移歸城内清道路燈辦法文宣統二年七月二十一日

爲照會事。本年七月初五日奉道憲蔡札開,照得上海城内清道路燈議事會請歸自治公所接辦一案,前據該縣暨總工程局李董來稟,即經移請查核議復飭遵在案。兹於六月二十八日准巡警總局移復,查光緒三十一年云云。妥籌核議見復,再行辦理等因到道。准此,合行札飭,札到該縣,即便查照,轉致城自治公所議復報道核轉毋違,此札。又先於六月二十七日奉道憲批縣稟據李紳鍾珏請將城内清道路燈及造屋給照,歸城自治公所辦理,據情轉稟由。奉批:稟悉。此案前據該縣暨總工程局李董等來稟,即經據情移請巡警總局查核議復,飭遵分別批示。嗣據李董續稟,又經移催核復,並批復在案。兹據前情,仰俟復到再行飭知可也。此繳各等因到縣。奉此,合併照會,爲此照會貴紳,煩即查照遵辦。須至照會者。

蘇松太道蔡照會准巡警總局函復預商移歸城内清道路燈辦法文宣統二年七月廿四日

爲照會事。本年七月二十日接貴總董來函，請催巡警總局迅將城内清道路燈造屋給照事宜，移交城自治公所接辦等因。准此，查此案業於六月二十八日准巡警總局移復。查光緒三十一年前升道袁裁撤滬軍親兵營，改辦巡警，先就城内站崗，是爲上海城内開辦巡警之始。次年，前升道瑞以清道路燈與巡警本相聯屬，商請總工程局將路燈清道事宜移交警局辦理。旋於是年十二月准移接收，是爲警局兼辦上海城内路燈清道之始。自敝總局移駐閘北，城内改爲上海巡警第一路。路燈清道照舊辦理，按月所收之捐，以之開銷路燈清道各項費用。不敷之數多者數十串，少亦十餘串，接辦僅止三載，賠累已近數千，欲另定辦法，則嫌徒事紛更，欲增益捐章，又恐重滋民困。現當敝局奉文清理財政，於此項賠累正在爲難之際，而城内自治公所必欲請歸接辦，爲敝局去此漏卮，豈非敝局所深願？接辦之後，必須一切照舊，仍責成一路正、副巡官隨時稽察保護，將來如須擴充，或有改章加捐等事，必須預先呈明貴道衙門及本總局核明照准，方可執行。自治公所如能照此辦理，即請預爲聲明，敝局當飭一路分局尅日移交，並出示曉諭各户，俾知官辦、紳辦總歸一致。此路燈清道可以發交而不能不聲明於未交之前者也。至於造屋給照，爲警政要務，光緒三十三年五月經前升道瑞議定，將此項章程由總工程局會勘，歸敝局給照。官紳合辦，意美法良，民間不取分文。路政日就清理，始則行之於一路，繼則二、三、四路亦均陸續仿辦。當開辦之初，華界洋商地契造屋往往抗不遵領，各國領事一再交涉，敝局持京津各處辦法與之抗議，幾經磋磨，始克就緒。且請照發交，向由各區巡官呈報轉給，於調查户口及營業、建築、交通、保安各項警察事宜，均有密切之關係。較之紳辦，尤有裨益。此造屋給照，仍應照舊辦理，無庸議及改章者也。准移前因，移復主持查核，並照會妥籌核議見復，再行辦理等因。即經行縣轉致貴總董議復報道核轉在案。准函前因，合行備文照復，爲此照會貴總董，請煩查照，核議見復，以憑核轉，望切施行。須至照會者。

稟蘇松太道蔡陳復城内清道路燈造屋給照應歸城自治公所辦理懇即移請將清道路燈先行移交文宣統二年七月廿八日

敬稟者。本年七月二十四日接奉照會云云。等因。奉此，伏查《欽定城鎮鄉地方自治章程》第五條第二款本城鎮鄉之衛生曰清潔道路，第三款本城鎮鄉之道路工程曰改正道路、曰路燈夫、曰清潔道路、曰路燈，即係現辦清道路燈之事曰改正道路，即係現辦造屋給照之事，是清道路燈、造屋給照，均在自治範圍之内。本邑城内清道路燈，總工程局奉前升道憲袁照會，於光緒三十一年十月十五日接辦，力加整頓，一掃從前積弊，城中人皆翕然稱之。至光緒三十二年十二月十三日，奉前升道憲瑞商請，以城内清道路燈歸警局辦理等因。其時尚無地方自治章程之規定，總工程局即於是年年底移交警局接辦。惟自警局接辦之後，所需運卸垃圾船隻九號歷由總工程局供給，此項船隻每號每月需工食雇資銀元十六圓，每月需銀元一百四十四圓。計自三十三年正月分起，至本年七月分止，連閏四十五個月，已墊用銀元六千四百八十圓。另加司事薪水每月以十六元計算，實已共墊用銀元七千二百圓。總工程局但以地方公事爲重，即歷年賠累，固未嘗視爲漏卮。至接辦之後，或有改章加捐等事，自當由城議事會欽遵《欽定城鎮鄉地方自治章程》第九十條、第九十一條、第九十二條、第九十三條辦理可無庸鰓鰓過慮。況城内之捐已由城議事會議長呈請憲台核准，以後遵照自治章程明定之公益特捐，統作一捐，名曰地方捐，其清道路燈捐名目行將永遠消滅。至於造屋給照，總工程局本已辦有成效，光緒三十三年五月起奉前升道憲瑞議歸巡警總局給照，仍由總工程局會勘辦理，固未嘗不善，然改正道路，總係自治範圍以内之事，前議事會以城内居户領照轉折需時，是以議請歸城自治公所給照。今巡警總局既擬照舊辦理，如嗣後給照迅速，自可無須更張，應請憲台迅賜移請巡警總局將清道路燈事宜尅日移交，以便接辦。巡警本有輔助地方自治行政之責，此後如道路之是否潔净、路燈之有無明暗，以及建屋修理之有無取巧佔礙，均賴巡警隨時留意。荷蒙警局允爲稽察保護，此則辦理自治者之幸福，亦即地方人民公共之幸福也。合行稟復，爲特備由稟祈俯察轉移，實爲公便。肅稟。

批：已據情移會巡警總局查照辦理，俟復到知照可也。此復。八月初三日。

呈上海縣田文同。

上海第一路巡警分局移交城内清道路燈文宣統二年九月初一日

爲移送事。本月初一日奉上海巡警總局憲札開，本年八月初六日准蘇松太道移開，照得上海城内清道路燈議事會請歸自治公所接辦一案。六月二十八日准貴總局移復，即經札飭上海縣轉致城自治公所議復報道核轉在案。兹於七月二十八日據城自治公所總董李鍾珏稟稱，伏查《欽定城鎮鄉自治章》，云云。此則辦理自治者之幸福，亦即地方人民公共之幸福也等情到道。據此合亟備文移會，請煩查照辦理見復，以憑飭遵等因。正擬移復間，於二十三日又准蘇松太道移開，照得上海城内清道路燈事議歸自治公所接辦一事，七月二十八日據城自治公所總董稟稱，請將清道路燈先行移交接辦等情。當經移請貴總局飭遵在案。兹復據上海縣田令轉據李總董呈同前情稟乞核轉等情前來，合亟移催，請煩查照，迅速核辦見復飭遵等因。准此，查本局管理上海城内清道路燈，歷年賠累不少。既經蘇松太道據情移請交由城自治公所接管辦理，自應照准。除移復蘇松太道轉飭城自治公所遵照外，合行札飭，札到該分局，迅將清道路燈花户底册檢點齊全，定於九月初一日移送城自治公所接管。其八月底以前捐欠，仍責成該分局催收還墊，以清界限。嗣後道路是否清潔，路燈有無明暗，該巡官務當隨時稽察保護，不得以事歸紳辦致改前模，仍將遵辦前由具報備查等因。奉此，查城内清道路燈事宜，前由敝分局奉飭接辦，月收捐款，核實支銷，歷年賠累不少。並經按月造册，稟呈總局憲鑒核在案。兹奉前因，所有城内清道路燈事宜，應於本年九月初一日移交貴公所接管辦理。其八月底以前各户捐欠仍由敝分局催收還墊，以清界限。至此後城内道路是否清潔、路燈有無明暗，敝分局自當隨時稽察保護。除將司事夫役號衣、燈盞、箕箒等項造具清册，連同捐户底册移交外，合就備文移送，爲此合移貴公所請煩查照，接管辦理，仍希見復施行至盼。須至移者。

稟蘇松太道劉接收城内清道路燈並廟園攤捐文宣統二年九月十六日

敬稟者。竊城内清道路燈經城議事會於本年春季議會議決，按照《城鎮鄉地方自治章程》以清潔道路及路燈均係自治範圍之事，交由董事會呈懇上海縣詳請前蘇松太道移請巡警總局轉飭移交，並經總董稟請前蘇松太道移請飭交在案。嗣奉前蘇松太道照會，並上海縣照會，又經分别稟呈復催在案。兹於九月初一日准一路正巡官德來文，將清道路燈夫役花名、器具清册及各鋪捐户廟園攤户各捐册一併移送前來。城董事會即於是日接收，由路政處兼辦，仍須於城内設立清道路燈辦事處，以昭利便。現在嚴飭夫役，將道路認真掃除。其電燈泡之渾闇者、火油燈之損壞者，已在逐漸更换。所有清道路燈月捐一項，自九月分起，仍暫照舊有之數收取。俟前經城議事會呈請前蘇松太道暨上海縣核准之地方捐開收後，再行併作一捐。其廟園貨攤向係給照收捐者，仍照舊辦理。所有接辦城内清道路燈及收捐情形，除呈復上海縣請出示曉諭外，合行稟復，爲特備由稟祈察核施行。肅稟。

批：來牘閲悉，此復。十月二十日。

呈上海縣田接辦城内清道路燈並廟園攤捐文宣統二年九月十六日

爲呈請事。竊城内清道路燈經城議事會於本年春季議會議決，按照《城鎮鄉地方自治章程》，以清潔道路及路燈均係自治範圍之事，交由董事會呈懇詳請前蘇松太道請巡警總局轉飭移交，並經總董稟請前蘇松太道請飭交在案。嗣奉照會，並奉前蘇松太道照會，又經分别稟呈復請轉催在案。兹於九月初一日准一路正巡官德來文，將清道路燈夫役花名、器具清册及各鋪捐户廟園攤户各捐册一併移送前來。城董事會即於是日接收，由路政處兼辦，仍須於城内設立清道路燈辦事處，以昭利便。現在嚴飭夫役將道路認真掃除，其電燈泡之渾闇者、火油燈之損壞者，已在逐漸更换。所有清道路燈月捐一項，自九月分起，仍暫照舊有之數收取。俟前經城議事會呈請核准之地方捐開收後，再行併作一捐。其廟園貨攤向係給照收捐者，仍照舊辦理。所有接辦城内清道路燈及收捐情形，除稟復蘇松太道備案外，合行呈請出示曉諭，俾衆周知，爲特呈祈察核施行。須至呈者。

稟蘇松太道劉請撥九月份城内清道路燈貼款文宣統二年九月三十日

敬稟者。竊城内清道路燈事宜，於本月初一日准一路正巡官德來文，移歸城自治公所接辦，業將接辦情形備文稟報在案。查城内清道路燈月收鋪户捐錢七百九十一千二百九十六文，合銀元六百元，又廟園貨攤捐約洋一百三十元，共計月收洋七百三十元。其支出之款，除修换添置什物不計外，其餘司事薪水、飯食、夫役、茶房等工食及煤油電燈等項，每月約需洋一千一百元。收支相抵，約不敷洋三百七十元左右。前巡警局辦理燈道時，由鈞署月撥洋一百元，以資貼補。目前自治費絀，籌款爲難，仍懇憲台照案每月貼給洋一百元，俾濟公用。其餘不敷之款，當由董事會籌墊。兹將九月分清道路燈貼款領狀先行繕呈，合行稟請，爲特備由稟祈核准給發施行，實爲公便。肅稟。

批：來牘閲悉。兹將九月份清道路燈貼費洋一百元，合規銀七十四兩，開票隨批附發，希即查收濟用，此復。領存。十月二十八日。

呈上海縣田請示諭限遷小東門内城門口起迤西大街至馬姚弄口止各項貨攤文宣統三年閏六月二十四日

爲呈請事。竊據小東門内衆商正豐永等函稱，小東門城内商業較巨，市面號稱繁盛，城門窄小,街道狹隘,來往行人異常擁擠。每見老叟婦女傾跌苦狀,以故籌集巨款,擴張門制,修整街道。原爲利便行旅、振興商鋪起見,乃近來一班小販沿街擺設貨攤,高聲號叫,甚且不顧各鋪門面,任意排列,愈設愈多,窒塞情形反較昔時更甚。不特妨礙路政,且於各鋪店面頗形嘈雜,大受厥害。爲特懇請貴公所據情分别轉請縣局示禁,限日飭遷,如違究罰,以重路政而利交通,以清嘈雜而安店業等情前來。查小東門城内市面繁盛,街道狹隘,各貨攤任意擺設,實屬有妨路政,應請迅賜出示曉諭,自小東門内城門口起迤西大街至馬姚弄口止,所有各種貨攤勒限至七月初十日止,著一律遷移别處。如違限不遷,即由巡警拘區懲究,以重路政。除函致警局外,合行呈請,爲特呈祈俯察賜行。須至呈者。

捐務案

呈上海縣田新闢道路援照南市外馬路例免收房捐文宣統二年三月廿八日

爲呈請事。竊准城議事會移交議決新闢道路請免房捐案一件内開,議事會提議事件,按照《城鎮鄉自治章程》第五條第三、第四款事宜議決如左:由董事會呈請道憲縣移詳,凡本區域内新闢之路,援南市外馬路例,免收房捐,以興市面等語。准此,查南市外馬路於開辦房捐時,曾奉前道憲准予免收房捐,俾局中得向收月捐,以爲補助馬路工程歲修經費。比年以來,城内外開闢之道路,敝局實費鉅貲,所有新開店鋪自應寬免房捐,俾人民負擔稍輕,以冀市廛興盛。乃如尚文門外極小之店房捐,亦不能免,致地方不能發達。竊維上海房捐已於通省之冠,明知現在已有定額,如獲盈餘,即可作南北巡警之用。然南市教堂房産並不徵捐,平日已多訾議,而於新闢道路之小店鋪則不獲及於寬政,恐淵叢之毆,非折而入於租界,即易作教堂之産耳。現悉房捐收數並不短絀,與其竭澤而漁,毋寧留其有餘,爲地方造福。既准城議事會移交議決案前來,合行呈懇監督,詳請道憲移請巡警總局憲飭下房捐委員,於敝局新闢之道路上開有店鋪,援照外馬路之例,免收房捐,以興市面。實爲德便,爲特具呈,即祈察核施行。須至呈者。

上海縣田照會奉道批縣詳新闢道路請免房捐事已移會巡警總局查照文宣統二年五月初三日

爲照會事。四月二十三日,奉道憲批敝縣詳,貴總董等呈以新闢道路請免房捐、振興市面,據情轉詳示遵。奉批:詳悉。此事先據李董等並稟,已一併移會巡警總局查照辦理,仰候復到,再行飭知,仍照會李董等查照,此繳等因到縣。奉此,合行録批照會,爲此照會貴董等煩爲查照。須至照會者。

稟蘇松太道蔡新闢道路免收房捐案請移催巡警總局飭遵辦理文宣統二年六月初八日

敬稟者。竊城議事會移交春季議決新闢道路請免房捐一案,經於三月二十八日具稟陳懇,移請巡警總局憲飭下房捐委員遵照辦理等情。嗣准上海縣照會録奉憲批縣詳前由。奉批:詳悉。此事先據李董等並稟,已一併移會巡警總局查照辦理,仰侯復到,再行飭知,仍照會李董等查照等因。日前董事會會議核定新闢各路,如肇周路、王家闕路、安瀾路、文斜路、車站路、斜日路、林蔭路等,均應援照南市外馬路例,免收房捐,續闢再行續報。經全體表決，現在巡警總局憲尚未復到，應請憲台再行移催，迅飭房捐委員於上開新闢各該路上所有店鋪援照南市外馬路之例，免收房捐，以興市面。以上指定各路，均係西門外荒僻處所新闢之道路，與他處原有房捐並無關礙。合行備由，稟祈迅賜察核施行。肅稟。

批：已移催巡警總局核復，希俟復到，另行照知。此復。六月十二日。

呈上海縣田文同。

呈上海縣田議定城内收捐辦法請出示曉諭文宣統二年十二月廿二日

爲呈請事。竊城議事會於本年夏季議會議決城内收捐比照城外辦法案，曾由議事會議長、副議長開摺，呈請核准，移知董會執行，遵於城内設立中區事務所。九月起，接辦清道路燈，均經將辦理情形先後備文呈報各在案。上月由董會推舉中區贊助員十八人，本月初一日開中區贊助員會，集議徵收城内公益特捐進行方法，公議應請監督先行出示曉諭，一面由董會函請各鋪段董擔任，敦勸店鋪居户一律納捐。其公所各業户亦應函請提倡勸導，以免隔閡等情。嗣各段董、各業董等會議，以城内收捐開辦伊始，應暫照舊時清道路燈捐數目收取，逐漸進行，由各段董、各業董分勸店鋪居户，定明年二月起，按月徵收，其向未出捐各户並應一律繳納等語。經於本月十五日董事會公決照行。查此項公益特捐，即地方捐，係按照《城鎮鄉地方自治章程》之規定，備充自治範圍以内各款之需用，定現於宣統三年二月初一日起，所有城内店鋪居户一律徵收此項捐款。其原有之清道路燈捐，概行歸併在内。懇請先行出示曉諭，俾衆周知。合行呈請，爲特呈祈俯賜核准施行。須至呈者。

呈上海縣田停收蒲肇河工捐開辦西區内港船捐文宣統三年六月二十六日

爲呈請事。前奉照會，以據河工職董莫錫綸等呈稱，竊照本邑開浚蒲肇河，擬抽船捐，辦理河工善後經費而保南岸主權一案，業蒙詳奉層憲批示，董等遵經集議，妥爲佈置，定於四月初一日就西門外肇嘉浜北岸金神父路西首原辦河工局開辦，應請示諭，一面照會城自治公所監督局務，即日派人照現行章程起收船捐，並照會沈董周、顧董孝清刻日蒞局主任，並札法華司隨時彈壓照料。附呈三聯捐票樣紙一張，請分别核辦前來。除出示曉諭並照會沈、顧二董札飭法華司遵照外，合將呈到票式備文照送，爲此照會貴所煩即照式核刊發給填用，並祈監理局務，計送三聯捐票等因。奉此，經即遵照辦理並知會西區分辦處代收捐款，於五月初一日開辦。兹據西區分辦處函稱，現收之捐爲數甚微，而於向收之船捐多所捐礙。河工局及收捐處每月開支入不敷出，殊非持久之道。擬請將河工捐停止，照章只收船捐。所有河工局按月繳用，即由船捐項下如數開支。是否有當，請察核等情。查河工局原呈，本係聲明試辦，前次定章既有窒礙，自應酌量變通。當經董事會議決，蒲肇河工捐即行停止，仍收船捐。合將蒲肇河工捐變通辦法呈請俯察施行。須至呈者。

請劃撥南市碼頭捐案

稟蘇松太道蔡請劃撥南市碼頭捐交城自治公所充地方公用文宣統二年四月初三日

敬稟者。竊准城議事會移交議決請撥南市碼頭捐案一件内開，董事會交議事件，按照《城鎮鄉自治章程》第三十六條第六款權限及第九十二條第一款、又第二項並九十六條之規定,議決如左:北新關碼頭捐一項,係於正税外帶收,充工部局築路等用。今南市大達碼頭停泊各輪報北關税者,其碼頭捐一律照繳。查此項碼頭捐即係《地方自治章程》公益捐内之附捐,應呈明蘇松太道移請税司將南市碼頭捐劃撥城自治公所之用等語前來。查大達碼頭停泊各輪,如通甯、泰甯、大和、大利、大安、平安、新甯、新泰、仁和、瑞隆、朝陽、大生、可貴、永利、新長和等十五艘則報南關税。其甯紹、永興、德興、長安、立裕等五艘則報北關税。凡報北關税者,向須於正税外帶繳碼頭捐,以充工部局築路等用。此項碼頭捐,即是附加税,與《自治章程》内公益附捐相合。惟既在北關帶征,擬懇憲台移請税司將南市停泊各輪所征之碼頭捐劃出,移送憲署發交城自治公所,以充地方公用,實深德便,伏祈察核施行。肅稟。

批:查南市各輪船報完新關碼頭捐,函准税務司查復,係於上年西七月開征,截至本年西三月止,九個月共征關平銀八百七十餘兩。按年統計,不過一千二百兩。此項捐款,税務司係照原訂成約與租界工部局均分。如欲全數留作南市地方之用,恐與原派租界碼頭捐案有礙,事屬爲難,倘議事會衹請撥用,本關應得南市半捐,本道自可照准。惟本道衙門外銷一項,向有藥王廟施醫及棲流所放粥兩端,本屬城鎮鄉自治範圍以内,既議提撥南市捐款,自應將施醫放粥亦劃歸自治公所籌款擔任,以符定章。希即復議稟辦,仍録批報明上海縣備考。所有碼頭捐案與税司往來各函,一并抄發,此復。四月初八日。

附抄函

函致墨税務司三月初三日

啟者。碼頭捐一項,前因收數日少,用費加增,曾經瑞升道稟明南洋大臣,擬將大關、吴淞兩處進出各貨亦照新關酌收碼頭捐,於光緒三十二年閏四月間商准好前税務司,函復南市,可以照辦,吴淞應暫作罷等因在案。迨後如何辦理,本署無案可稽。現在南市商務漸興,民輪各船起下貨物,亦逐見增多,未知曾否援照新關辦法酌收碼頭捐,抑報新關者收捐,報常關者均未照收。究係如何情形,用特函詢,即希貴税務司查明見復爲荷。

接税務司來函三月初九日

啟者。初四日接准來函,碼頭捐一事,前因收少用增,經瑞升道稟擬將大關、吴淞兩處各貲亦照新關酌收碼頭捐,商准好前税務司,函復南市可以照辦在案。現在南市商務漸興,未知曾否援照新關辦法收捐,抑報常關者,均未照收。如何情形,詢希查復等因。查大關擬徵碼頭捐,至今尚未開收。按新關辦法,貨税銀每百兩收捐二兩,即照近年常關税收而論,每年約銀十九萬兩。上下計所捐之數,亦年衹三千八百兩。今若援照開辦,徒爲商民怨府,故以鄙見窺之,度不值因此些微碼頭捐而令船商起與抵抗也。合亟函復,即祈貴道查核是荷。

復新關税務司墨三月初十日

啟者。昨准復示大關碼頭捐,至今尚未開收等因,具悉一一。兹本道更有詢者停泊南市,各項貨船常關雖未抽收碼頭捐,然聞内有在新關報税之小輪,新關仍按定章一律徵取捐款，是同在南市起下貨物而有捐、有不捐，辦法未免兩歧。究竟此項捐款每年共有若干，其中有無洋商在内，抑全係華商所納，以及是否照章攤撥工部局收用。特再函詢，即祈貴稅務司迅賜詳查見示爲荷。

接税務司來函

啟者。大關碼頭捐一事，本月十二日又准來函，以停泊南市各項貨船常關雖未抽收，然聞内有在新關報税之小輪，新關仍按定章一律徵取捐款，是同在南市起下貨物而有捐、有不捐，辦法兩歧。究竟此項捐款每年共有若干，有無洋商在内，抑全係華商所納，以及是否照章攤撥工部局收用。特再函祈查示等因。查此事本税務司現已詳加查考，所有新關徵取南市起下貨物各輪之碼頭捐，起於西曆去年七月間，分別登册，迄今已有九閲月，共徵關平銀八百七十九兩。另一分所收各輪如鴻安公司行駛長江一帶之長安與德興兩船，並寗紹公司行駛寗波之寗紹與永興兩船。又有中國商業輪船公司行駛青島、福州兩埠之一名新利、一名立裕，其中除長安與德興兩輪懸掛英旗外，其餘悉係華旗。至所收南市捐款，按租界抽收碼頭捐章一律攤撥，並無區別。以南市起下之貨，皆由中國通商口岸運來，或即運往中國通商口岸而去者，故歸尊署暨工部局合得其半，而在租界徵收之一半捐款歸尊署所得者，亦即徵自中國通商各口，照章應撥之數，倘以南市本非租界所收碼頭捐，盡歸貴道提撥，竊恐工部局必將租界收得之一半藉口不允攤分，豈非得不償失？本税務司熟思審慮，特爲聊貢一言，深望貴道詳加斟酌，以免受虧，是爲至禱。

復税務司函三月十六日

啟者。南市輪船報納新關碼頭捐一事，本月十四日續准復示誦悉。一是尊意如將此捐盡歸本署，恐工部局不允攤分租界徵收一半，卓見殊可欽佩。日前上海城自治公所議會援照租界辦法，請將南市各輪船報完新關之碼頭捐，撥充自治經費，尚未悉此中情形。惟查租界碼頭捐款向分華商、洋商兩項。洋商之捐，全歸工部局，作充築路等用；華商之捐，工部局與本署均分。今南市各輪既有掛洋旗、華旗之分别，所完碼頭捐資，尊處自必照章將洋商、華商分别登記，故本道意見以華商所捐者全歸本署，以洋商所捐者歸本署與工部局各得其半，與租界辦法一律，以昭平允，諒工部局亦表同情也。至南市常關報税貨物，前經函准貴税務司查復，以開辦碼頭捐每年可得三千八百兩，爲數雖微。爲此地方自治起見，似宜及時仿辦，俾得藉資費用，將來商貨繁興，捐款加增，於公不無小補。合再奉商，即祈貴税務司詳籌酌核見復爲荷。

接税務司來函四月初一日

啟者。南市徵收碼頭捐項一事，三月十八日又准來函誦悉。一是查租界碼頭捐辦法，凡來往外洋進口各貨之捐，全歸英、法兩工部局分得。凡來往通商各埠進出口各貨之捐，則一半歸諸尊署，其餘一半則歸英、法兩工部局分得。今如函示所擬，南市碼頭以華商所捐者全歸貴署，以洋商所捐者歸貴署與工部局各得其半，云云。似非率由舊章之道，如果照此辦理，則英、法兩工部局勢必分文無着，蓋以南市捐款皆係徵自華商土貨故也。況現在租界碼頭捐項所歸尊處之一分,爲數已屬不少,以故鄙見自不必以南市區區小利,别創一議而反被工部局有所藉口,徒費唇舌。至於欲在南市仿照開辦民船,此項捐款在本税務司亦甚願轉飭常關幫辦,代爲征收。惟應請由貴道先行出示曉諭,俾衆咸知,方爲正辦。再,本税務司更須聊貢一言,此項民船碼頭捐一經訂定開辦,最好莫如凡定税一百兩者,應收碼頭捐銀五兩,是因南市報完之税,均係另星小數,若亦仿諸租界衹收二兩,則纖毫之微,實屬難以稽核也。續准前因,合再函復,即祈貴道查照核奪爲荷。

呈上海縣田請劃撥南市碼頭捐交城自治公所充地方公用文宣統二年四月十一日

爲呈請事。竊准城議事會移交議決,云云。與《自治章程》内公益附捐相合,當由敝局稟懇道憲移請税司將南市停泊各輪所征之碼頭捐劃出,移送發交城自治公所,以充地方公用。兹奉批示,並抄粘前來,合行録批呈報,爲特抄單呈祈俯察備案施行。須至者呈。

稟蘇松太道蔡遵批交議劃撥南市碼頭捐委辦藥王廟施醫棲流所放粥據案陳復文宣統二年五月廿八日

敬稟者。竊總董前稟云云。緣由奉批,云云。等因,奉此,遵經報告城議事會。兹城議事會開夏季議會後,移交議決案前來,内開一件蘇松太道准撥南市碼頭捐委辦藥王廟施醫、棲流所放粥案。董事會奉道批交議事件,按照《城鎮鄉自治章程》第五條第五、第七款事宜議決施醫、放粥兩事,確在自治範圍之内。查《城鎮鄉自治章程》第六十八條城鎮董事會應辦事件第三款爲以律例章程,或地方官示諭委任辦理各事之執行。今蘇松太道查照章程委任辦理,議事會同深敬佩。原批所指歲支外銷款項,應由董事會呈請將該款宣示的數,與准撥之南市碼頭捐一併發交城自治公所,妥慎經理,照章執行等因。查南市碼頭捐爲數無多,以之抵支施醫、放粥兩款,不敷甚鉅。如蒙准照歷年應支款項,按年照撥,自當妥慎經理,以期仰副憲意,爲此備由稟祈察核施行。肅稟。

批:來牘閱悉。查施醫、施粥向係由道設法墊款辦理。現在清理財政,一切和盤托出,關道辦公經費較前竭蹶,無可籌墊。自治公所既請將南市碼頭捐撥充地方公費,所有施醫、施粥兩項由來已久,既難中止,又在自治應辦之列,是以擬歸自治公所辦理,所需經費由自治會籌款擔任。今請仍將原支外銷款項發交經理,與交議之意不符。既據查明南市捐數無多,不敷甚鉅,此件議案應從緩再決辦法,希即查照。此復。六月初四日。

西區界内地産交涉案

致蘇松太道蔡函據西區紳董報告德商倍高填塞華界内之須塘涇請照會德領飭即開還原式文宣統二年三月二十日

敬肅者。據董局西區分辦處報告,頃接吴維卿等公函云:二十七保七圖維字圩二百八十號單户吴建山土名劉家宅則田一畝三分,由蕊記租與德商,已在道署繳價升科。該德商竟將該地西址之浜填塞,民情惶急等語。合行報告,即祈察奪等情,並抄原函前來。查該處係西區轄境,在自治區域之内,並非租界。況河浜民間水利所關,該德商何得擅行填塞。

爲特據情奉達，懇請憲台照會德領，飭令該商速將填塞之浜開去，照復原樣，以符公論而順輿情，並請函達會丈局一併知照。玆將原函録呈，即祈察閲施行是禱。專肅。

蘇松太道蔡函德商填塞須塘涇案已分飭縣局會勘文宣統二年四月初九日

敬復者。四月初二日接展來函，以德商倍高將毗連德册三百五十六號契地之須塘涇填塞，朦請升科一案。玆又據錢紳福田持圖至西區分辦處面稱，須塘涇係通潮之河，萬難填塞，將來沿河業户相率援例，流弊無窮，況此河本不在道契之内，不難駁阻。請照飭該商務將填塞之浜開去，以順輿情等因。查此案前准貴總董來函，當經函請德總領事，飭令該洋商尅日開還，一面函囑會丈局於會勘時務將該浜界限劃清，以免混淆去後。玆據該局稟稱，德册三百五十六號契劃租德册一百五十四號地，曾往會勘。該德、法兩契地居中有不入契内水浜一段，土名沙塘涇，即工程局總董所稱之浜。早經該商填平，於該地西首馬路地内紆道砌造陰溝，丈見浜地一分七釐八毫。德領事請將該浜地准其繳價入契。查與水利攸關，應否繳縣查明，分繪圖説，呈乞核示，並准德總領事復函此事。詢據倍高稟稱，並未侵佔該地，如不見信，可請派員查勘。希即派員訂期會勘等因。洋商租地，祇能照契載畝址管業，契外水浜豈容任意填塞？惟該商既稱並未侵佔，自應分飭縣局再行訂期會勘，以昭核實。如果此項水浜確被填平，仍應責成該商尅日開通，復還原式，俾通水利而順輿情。除函復並分行縣局遵照外，合先泐復，即希貴總董查照爲荷。專肅。

致蘇松太道蔡函德商未遵縣諭開復須塘涇請催飭遵辦文七月十六日

敬肅者。德商倍高將二十七保七圖内毗連德册三百五十六號之須塘涇填塞，朦請升科一案。董局前據西區分辦處報告，曾兩次函請照會德領，飭知該商務將填塞之浜開去，仍復原樣等情。嗣奉示復，飭據會丈局稟復各節，並德領事函復各情，應分飭縣局再行訂期會勘等因，當經抄交西區分辦處遵照。昨復據西區分辦處函開，又接吴維卿等公函，以奉縣會勘後，該德商不遵縣諭，反在該地砌築石笆，爲久遠之計，民情惶恐。懇再轉請憲台照會德領，飭令該商將所填之須塘涇即行開還等情，並抄函前來。爲再奉函，乞再照會德領事，迅飭該商速將所填之須塘涇開復原樣，以順輿情。專肅。

上海縣田照會德商填塞須塘涇案會勘後之辦法文宣統二年九月初三日

爲照會事。案奉道憲札以接貴局函，德商倍高將毗連德册三百五十六號契地之須塘涇填塞，朦請升科一案。玆又據錢紳福田持圖至西區分辦處面稱，云云，與道復函同。俾通水利而順輿情。除函復並批飭會丈局再行訂期會勘外，合就札飭即會同前往查勘具復等因。奉經訂期於四月二十六日會同會丈局黎委員，並德署巴翻譯官，前往該處勘明，飭令填直。惟以辦法兩持，尚未定議。嗣奉道憲札催，並准會丈局移以該處紳董又迭稟道憲，催飭該商開還原樣等情，録札移請詳復等因。當以契地事宜向由會丈局主政，即經函請詳復在案。玆准會丈局函以查當日會勘時，該浜業已填平，於西首馬路之下裝砌溝管，形如弓背。詢係德商出資，經法公董局代造。惟當地紳董以溝管灣曲，雖可通潮，難保不無阻塞，與水利大有關礙。前日在地曾與德署巴翻譯官一再磋商，該商始允將溝管築直，裝在浜之中心，上面鋪平作地，並請繳價歸入契内。而紳董等之意，僅允築直溝管，繳價入契一層不允,洋商業已認可。惟現奉道憲札飭,又據紳董等稟請飭令該洋商將所填之浜開復原樣等情,是與在地原議相背。且該洋商雖允將溝築直,亦迄未動工。事關地方水利交涉,究竟該浜可否准其築溝改直填平,及能否開還原式,未便擅擬,請爲主裁等因函復前來。查該浜既關水利交涉,能否由洋商築直填平,抑仍須開還原式之處,兹准前因,合行照會,爲此照會貴紳董煩爲查照,希即會議定妥,尅日復縣,以便核復。望切須至照會者。

呈上海縣田德商填塞須塘涇案築直填平辦法衆議未允仍須開復原式文宣統二年九月十一日

爲呈復事。接奉照會,以奉前道憲蔡札,據敝局函開,德商倍高將毗連德册三百五十六號之須塘涇填塞,朦請升科。據錢紳福田等轉請駁阻,照飭該商將填塞之浜開還原樣等情一案。經函請德總領事飭令開還,一面函囑會丈局會勘稟復,並准德總領事復函,詢據倍高稟稱,並未侵佔,轉請派員查勘前來,合行分飭縣局再行會勘等因。奉經訂期會同會丈局黎委員並德署翻譯官往勘,飭令填直,云云,與縣照會同。以便核復等因到局。奉此,當經抄文函致西區七圖紳董錢紳福田、吴紳維卿等會商答復。兹據復稱,業經邀集當地耆民會商,僉云須塘涇係通潮之公河,民食水利攸關,萬不能築直填平,將來沿河業户相率援例,貽害無窮,况此河既不在租界之内,又在道契之外,該洋商恃蠻侵佔,不難駁阻,務希轉請飭令該洋商將填塞之須塘涇即行開通,復還原式,以通水利而安民心等情。查錢紳等所復,確係實情,衆議僉同,自應飭令開通,復還原式,合行據情陳復,爲特呈祈俯賜察核轉復施行。須至呈者。

呈上海縣田議事會議决德商填塞須塘涇案催令開復原式文宣統三年二月廿三日

爲呈請事。竊德商培高前將德册三百五十六號道契地毗連之須塘涇即沙塘涇填塞,曾蒙會勘,以該浜既關水利交涉,能否由洋商築直填平,抑仍須開還原式,照會查照議復等因。當於上年九月間以該處耆民僉以沙塘涇係通潮之公河,萬不能築直填平,况此河既不在租界之内,又在道契之外,水利攸關,應請即行開通,復還原式等情,呈請核轉在案。兹准城議事會移交本年春季第一次會議案,以此案迄今日久,該洋商非但不將所填之沙塘涇開通,而又加砌磚石,鋪種青草,周圍起築木欄,爲永遠侵佔之計,民心惶恐。此涇係通潮之公河,南通蒲肇河,北達吴淞江,兩面之溝池,皆恃該涇爲挹注。農田數十畝,人民數百家,水利攸關,萬不能任該洋商填塞侵佔,將來沿河相率效尤,貽害不堪設想,應由董事會查案催請等因。查此案於上年三月間即據情函稟前道憲蔡照請轉飭該洋商,將沙塘涇復還原式,迄今已將届一年,該洋商並不遵辦,仍復興築自由,亦何怪民心之惶急?既准議事會移交議案前來,應懇迅賜稟請道憲照會德總領事轉飭該洋商培高將填塞之沙塘涇一段,迅即開還原式,以通水利而慰輿情,實爲公便,爲特呈祈察核施行。謹呈。

致蘇松太道蔡函法捕房擅收内港船捐請照會法領飭令止收文宣統二年六月初六日

敬啟者。頃據西區分辦處報告,西鄉各船隻凡停泊在日暉港内者,法捕房於昨日起徵收船捐,每隻需洋六角。又有松江船户數十人來區,聲稱伊等停泊日暉港,昨日法捕房每船迫收去捐洋六角等語。事關侵礙主權,合亟報告等情前來。查日暉港係内地支河,並非租界可比。法人何得擅收内港船隻船捐,況此港歷屆由地方紳民開濬,所費甚鉅。今春開挑方竣,船隻暢行無滯,法人坐享其利,擅創船捐,無此公理。爲特據情奉達,懇請迅賜照會法領飭知法捕房止收船捐,以重主權,是所至幸。專肅。

又函事同前六月初十日

敬肅者。法捕房派人在日暉港擅收船捐一事,曾由總董備函陳懇照會法領轉飭停收等情在案。兹復據西區分辦處詳報情形,據稱調查得本月初五日法人在日暉港内向停泊各船徵收船捐,自新橋起、潘家木橋止,共約收船捐十六七隻。其捐數有六角者,有一元二角者,有二元四角者。船户付洋後,法人即給捐票。有窰貨船一隻,法人擬向收洋兩元四角,該船户不允,被法人掌頰兩下,不敢與抗,即如數照繳等情。並查取柴船户顧阿滿、周阿貴捐票兩紙,又顧阿滿等稟詞,一併附送前來。查光緒二十六年余前憲任内西門外馬路交涉案,九月三十日准法白總領事來函,譯稱徐家匯馬路一道,查本總領事認明此路歸公董局經管者實照以下辦法,即鳌卡巡丁、中國行路兵勇及民間婚喪事件仍照常在此路應用,公董局巡捕只管車輛等語。是法捕房但能管及車輛,此外均不應與聞,何得涉及港内船捐?且該處肇嘉浜於蒲肇河工内曾費巨資,甫經開浚,應收船捐,實爲城自治公所之權利。此次法人在該處收捐,實出情理之外。爲再奉達,並將船户顧阿滿等稟詞附呈鑒閲,應懇憲台切實詰問,請飭停止收捐,是所至荷。專肅。

蘇松太道蔡函復法人擅收内港船捐事照抄照會法領事稿文宣統二年六月十二日

敬啟者。法捕房派人擅收日暉港船捐一事,前今兩奉憲函並抄件。經切實照會法領轉飭停捐,除俟復到另佈外,兹將去稿抄送一通,即祈查閲是荷。專肅。

附抄件

照會法領事稿

爲照會事。照得法捕房擅在日暉港派人抽收船捐一事,前據上海城自治公所函告,當經備文照請貴總領事轉飭停收,並將已收之捐送道給還在案。現又接該公所總董函稱,據西區分辦處報告詳情,查得本月初五日,法人在日暉港内徵收船捐,自新橋起、潘家木橋止,共約收船捐十六七隻,捐數有六角者,有一元二角者,有二元四角者。船户付捐後,由法人給予捐票。内有窰貨船一隻,法人向收洋二元四角,船户不允,被法人掌頰兩下,即不敢與抗,如數照捐。該處一帶馬路,照光緒二十六年交涉成案,法捕房但能管及車輛,何得干涉港内船捐?且該處肇嘉浜於蒲肇河工内曾費巨資,甫經開浚,應收船捐,實爲自治公所之權利,法捕房此次派人擅自收捐,實出情理之外,請再切實飭令停收等情,並抄送船户顧阿滿等十二人訴陳法捕房勒收船捐情形原稟到道。查光緒二十六年余前道任内因西門外馬路交涉一案,曾於是年九月三十日准貴國白前總領事函復,認明此路歸公董局經管者實照以下辦法,即鳌卡巡丁、中國行路兵勇及民間婚喪事件仍照常在此路應用,公董局巡捕只管車輛等語。所謂只管車輛者,自係指路上所經車輛,應准由公董局派捕收捐而言。此外即不應干預,且該路上中國鳌卡巡丁、行路兵勇、民間婚喪等事仍行照常應用,豈有路外内地港河中國人民行停船隻法巡捕房轉可干預？此次擅抽船捐，實屬有違成案，不顧公理。合再備文照會貴總領事，請煩迅即轉飭停收此項船捐，並將已抽捐洋如數送道給還，幸勿再稽。望切施行。

蘇松太道蔡照會法人擅收内港船捐事已准法領事復到飭令停收文宣統二年六月二十六日

爲照會事。照得法捕房擅在日暉港抽收船捐一事，日前兩接貴總董來函，節經照請法總領事轉飭停收，並將已收捐洋如數繳還，並抄稿函復在案。兹於六月二十日准法總領事喇照復，此事前與面晤時業經談及，公董局在日暉港抽收船捐，由於誤會所致。除已飭令停收，將已收各船户捐洋如數給還，並將掌頰船户之人從重懲辦外，復請查照飭知等因到道。合就備文照會，爲此照會貴公所，請煩查照施行。須至照會者。

蘇松太道劉照會准義總領事函詰問有無填塞徐家匯水浜情事文宣統二年十月初九日

爲照會事。本年十月初四日，接義總領事馬來函，據義商挨得利格里稟稱，本商經理瑞成絲廠，坐臨徐家匯水浜，挑浚甫經數月，現聞有擬填塞之説，深堪驚詫。查廠中工人千餘，恃爲生計，倘迫致停歇，則非特全廠資本須有取償，且恐多啟事端。應請查飭，務即罷議，俾安商業，否則一切損失應令地方官擔認等語。前來函請札飭查明填浜妨礙廠務情形，迅即停議，以恤商情而免事端等因到道。准此，查徐家匯水浜有無擬填塞之説，是何情形，除行上海縣飭查並先函復外，合亟備文照會，爲此照會貴總董，請煩查明，迅即見復施行。須至照會者。

稟蘇松太道劉陳復徐家匯水浜並無填塞情事應請駁復文宣統二年十月初十日

敬稟者。竊奉本年十月初九日照會内開云云。等因，奉此，察核地段當是補浚蒲肇河築壩之事，隨即轉知蒲肇河工總局。兹准復稱，查蒲肇河工因今春東段未及完竣，呈准上海縣秋後補浚，早經出示曉諭，准於本月初九日堵築大壩，並蒙上海縣親臨工次，即日合龍興作。如果天氣暢晴，兩月光景即可竣事，實於農田水運兩有裨益。乃該洋商以開挑河段萬目共睹之事，指爲填塞河道，造語太奇，不值置辯。至謂瑞成絲廠坐臨該河，今被填塞，將迫致停歇等語。敝局所築大壩，尚在絲廠西首，此河東通陸家浜，船隻向可往來，取水亦無虞不給，一水漣漪，門外即是該洋商，殆未之見耶？且法人電燈電車公司與該廠同一路綫，行人絡繹，居户林立。去年及此次築壩從無異言，從未歇業，何獨該廠有迫致停歇之事？既無停歇之理由，即無損失之理由。該洋商所云，均係無理取鬧，應請轉稟道憲切實駁覆，以免横生枝節，至爲公便等情。准此，查補浚蒲肇河工關係農田水利，爲大眾公益之事。瑞成廠所設之處，係屬華界，例以内地不設行棧之約，不應有洋商出場。且日暉港裏口築壩，陸家浜迤内仍有水可通，該廠何得有所藉口？應懇憲台極力駁復，地方幸甚。緣奉前因，合行稟復，爲特備由稟祈察核施行。肅稟。

批：來牘閱悉。已據情函復義總領事飭知。再，法電車公司亦以該處築壩斷水，稟由法總領事致函到道，並已據情酌復矣。此繳。十月十四日。

上海縣田奉文照會查詢法華鄉二十八保五六圖馬路有印捕梭巡並有英工部局界碑飭會鄉妥籌議復文宣統三年五月初六日

爲照會事。奉道憲札開,本年四月初四日奉撫憲程函諭内開,昨據訪查上海郵部高等實業學堂坐落法華鄉二十八保五圖,沿馬路民家門首皆有調查户口標記,校門外馬路工部局時有印捕梭巡不絶。又以工部局徐家匯路十八號門牌釘諸校門,沿路皆有工部局界碑,沿學校南首横亙一路名虹橋路,亦屬我國。然該路亦有工部局界碑,印捕梭巡甚衆。法華鄉向設有法華司巡檢一員,由徐家匯路過虹橋路東口外向南行轉西則通徐家匯鎮,是路屬二十八保六圖。民家門首皆有調查户口標記,居民因事興訟者,若事在户内則向法華司署控訴,若事在馬路則到捕房理論。至徐家匯鎮有巡防局一所,是地現在尚無洋捕前來,正可早爲籌備,免被侵佔。由徐家匯路向南過橋爲天主堂路,是路乃今年新題路名者,天主堂路直達土山灣,是路有啟明女學、天文臺、天主堂、博物院、藏書樓、徐家匯公學之屬居民甚少,地甚荒涼,似宜及早整理,以杜覬覦也。再,徐家匯鎮向東爲四達之衢,西有巡丁一,東有安南巡捕,北有印度巡捕,互相對立,惟是路無我國界碑。復從是路向東達姚主教路,是路民家門首皆有洋文門牌,沿路有洋文界碑,然亦有二十八保六圖調查户口標記等情。查旅滬外人昨有推廣租界風説,若不早爲籌備,將來更形棘手。以上訪查各節,望及時稽察,預爲妥籌,是爲至要等因。奉此,合行札飭札縣隨時稽察妥籌,以杜侵佔,並查明詳細情形具復核奪毋違等因到縣。奉此,合行照會,爲此照會貴公所煩爲查照,希即會商該鄉公所紳董隨時稽察,妥籌整理,以杜侵佔,並希將查明妥籌情形詳細復縣,以便核轉。事關地方主權,並奉憲飭整理要件,幸勿有稽,望切須至照會者。

致法華區董函奉縣照會查詢二十八保五六圖有印捕梭巡並有工部局界碑應即妥籌議復文宣統三年五月初七日

敬啟者。接奉上海縣照會,以奉道憲札奉撫憲函諭,查得上海二十八保五圖、六圖沿馬路民家門首皆有調查户口標記,而馬路時有印捕梭巡,並有工部局界碑,望及時稽察,預爲妥籌等因。飭道札縣,照會本公所會商該鄉公所紳董稽察妥籌,以杜侵佔,並復縣核轉等因前來。合抄原文送閲,即祈查照,將妥籌情形示復敝公所,以便轉復。專肅。

呈上海縣田英商牛門填塞二十七保八圖湧泉浜請稟道照會復還浜式文宣統三年五月初二日

爲呈請事。竊二十七保八圖圖董職員姚元增等稟,華通公司洋人牛門擅行填浜築路,請爲阻止等情,曾蒙鈞駕訂期於上月二十一日會同勘視在案。查該處在公共租界之外,從前隸新閘局,今隸城自治公所城區境内。當察勘時,見縱横馬路業已築至七八成,路旁均插有英工部局馬路界石,湧泉浜之中段已填築瓦筒溝,其未填之處馬路界石均跨浜而立,即北首之殿基浜亦復跨浜立界,是未填之浜均尚有必填之勢。該處鄉民向恃湧泉殿基兩浜爲蓄洩之區,豈容任令填塞?英工部局於界外貿然築路,已違約章,尤不應填塞原有之浜,致妨水利。訪聞該處大半係華通公司之産,該公司欲期地價增漲,遂令洋商牛門出面貼費,於英工部局引之築路,以致有此違犯約章之舉。夫路權關係已屢起交涉,該公司何不顧利害一至於此？總董等爲保持主權起見，應懇迅賜轉稟道憲照會英總領事飭知英工部局，務將已填之浜復還原式，其所立馬路界石應一併拔去，以清界限而符約章，實爲公便。爲特繪呈地圖一紙，除稟道憲外，呈祈察核施行。須至呈者。

上海縣田照會英商填塞湧泉浜事録道批及與比領袖領事往來稿文宣統三年六月初八日

爲照會事。案奉道憲批敝縣稟會委復勘静安寺永泉浜被洋人越界築路填塞並豎立有工部局界石，迅賜照會，照舊開通拔除由。奉批：此案現據自治公所李總董稟同前情，並准領袖比總領事來文謂與民田水利無礙等因，已由道切實駁復，仍請飭禁，俟復到另文行知。兹先將來往文稿隨批抄發，仰即查照，仍傳諭李總董一體知照，此繳，圖存等因到縣。奉此，查此案前據該處董保並耆民等具稟，當以輿情主權所關，節經稟請道憲照會禁阻。嗣經會同勘明，並准貴董以該處現歸城自治公所區境。又經一再稟請照會，嚴飭將該浜照舊開通，並拔除界石在案。奉批：前因合就抄粘照會，爲此照會貴紳董煩爲查照。須至照會者。

附抄照會領袖總領事五月十二日

爲照會事。照得華通公司英商牛門在二十七八圖湧泉浜處填浜築路，該處紳耆請飭禁阻一案。本年四月十三、十七等日，據上海縣田令來稟，並四月十六日接准來文，當經照請貴領袖總領事速飭禁阻，以符約章而免生事。一面飭令陳譯員將來文所云移調河浜一節，查明稟復，再行札縣核辦在案。兹於五月初七日，據上海縣城自治公所總董李鍾珏稟稱，二十七保八圖圖董姚元增等以華通公司洋人牛門擅行填浜築路，請爲阻止等情，稟經上海縣田令會同總董等於上月二十一日，會同勘得該處在公共租界之外從前隸新閘局，今隸城自治公所城區境内，云云。以致有此違犯約章之舉，應懇迅賜照會英總領事，飭知工部局務將已填之浜復還原式，其所立馬路界石一併拔去，以清界限而符約章等情。並先據上海縣會同陳譯員暨李董等勘明稟同前情，並稱虹口章程凡租界以内河道如欲填塞，尚須與中國地方官商允，云云。以昭公允等情。正擬續行照請飭遵間，適准來文，大致以該處築造馬路，於民田水利實無妨礙。況該浜所置瓦筒，大半僅止在於兩面擬造房屋三間，所有以外鄉野農田之水道藉此疏浚，定能得灌溉之通利，請諭該處鄉耆切勿過慮等因。准此，本道查核田令暨李董所稟，湧泉浜等處係屬内地，在上海自治範圍之内，約章於填塞租界内河道，尚須與華員商允，是租界内河道工部局且不得擅專填塞，豈内地之浜反可任意擅填，有是理耶？應請貴領袖總領事速飭工部局將已填之浜復還原式，其所立馬路界石一律拔除，以清界限而符定章。合再備文照會，爲此照會貴領袖總領事請煩查照，迅速嚴行飭遵，仍希見復，望速施行。

領袖總領事來文五月初七日

爲照復事。四月二十日接准來文，以工部局在静安寺之西南築造馬路一事等。因此事現續據工部局復稱，該處馬路姚董等謂，築造出於不料，其實不然。是處所有農田原户概經售出，其地亦經領事换得道契，因何置買，自係爲造西式房屋之故。

可見此項馬路之築造，該董等不得謂爲不知，非所及料。至民田水利一層，實無妨礙。況該浜所置瓦筒大半僅止在於兩面擬造房屋三間，所有以外鄉野農田之水道藉此疏浚，定能愈得灌溉之通利。但此節本總領事五月十三號照會已經詳達，現在惟有仍請貴道查照前情，諭令該處鄉耆切勿過慮，安常工作，至爲禱盼。須至照會者。

蘇松太道劉照會抄録英商牛門填塞湧泉浜與比領事往來函稿文宣統三年閏六月初四日

爲照會事。照得華通公司英商牛門在二十七保八圖湧泉浜等處填浜築路一案，前准貴公所來牘，業經照會租界領袖比總領事轉飭工部局，將已填之浜復還原式。兹准領袖照復，仍以無礙水利爲詞。除再照章駁復，並行上海縣查照外，合抄來往文稿照會，爲此照會貴總董請煩查照施行。須至照會者。

附抄件

本年六月廿六日領袖來文

爲照復事。租界以西工部局開築馬路一事，西六月十八號接到來文一事具悉。查此事當以水利一層爲最關緊要，此則工部局業已陳明者。其於水利並無妨礙，且浜内潮水仍與從前相同一説，此又本領袖前據工部局所云，亦已照致矣。兹惟有再將實無妨害一説一決言之。至租界外築造馬路一層，已載在《地皮章程》第六條，此等馬路定爲工部局所可開築。現在應請貴道將該章程查交上海縣暨李紳鍾珏等閲悉。此項馬路既屬工部局之地産，工部局自應於其上豎有界石，相應照復貴道，請煩查照可也。須至照會者。

照復領袖領事文

爲照復事。照得華通公司英商牛門在廿七保八圖湧泉浜等處填浜築路，有礙水利，應令復還原式一案。六月二十七日，接准來文，以租界外築造馬路一層已載在《地皮章程》第六條，此等馬路定爲工部局所可開築，請將該章程查交上海縣暨李紳鍾珏等閲悉。此項馬路既屬工部局之地産，工部局自應於其上豎有界石等因到道。查《虹口租界章程》第五條内載，不論何條通潮之港或河道，向來所有者工部局願不填塞，如欲填塞，須先與地方官商議方可等語。租界内如此，豈有租界外浜河轉可任意填塞之理？至來文内稱《地皮章程》似即係《上海洋涇浜北首西國租界田地章程》。此章第六條係專指租界内一切大小之溝，無論公私均要做。蓋而言，今湧泉等浜係屬内地官河，豈能與租界内各溝相提並論？應請貴領袖總領事查照前文，速飭工部局將已填之浜復還原式，其所立馬路界石一律拔除，以清界限而符定章。合亟備文照復，爲此照會貴領袖總領事請煩查照，從速飭遵見復，望切施行。須至照會者。

致蘇松太道劉函請阻止法人越界填塞馬義涇浜文宣統三年六月初八日

敬肅者。據本公所西區分辦處函轉二十七保七圖紳董錢紳福田、陳紳聯章函開，顧家宅馬義涇浜現被法工部局擅打樣樁，填塞築路。該浜農田水利賴以挹注，且與主權有關，懇即轉達憲台照會飭阻等情,並附草圖前來。當查該浜不在租界之内,未便由法人填塞築路。合行據情奉達,並附草圖一紙,應請迅賜照會法領飭知法工部局即行停止,以保主權,曷勝盼禱。

蘇松太道劉復函法人填塞馬義涇浜事已照會飭阻文宣統三年六月十一日

敬啟者。昨展惠函,法工部局將顧家宅馬義涇浜打樁,填塞築路,攸關農田水利,請照會轉飭停止等因,並附繪圖一紙到道。除立即備文照會法總領事轉飭停工,俟復到另佈外,合行奉復,即祈查照。

呈上海縣田法人填塞馬義涇浜業經履勘請稟道飭阻文宣統三年六月廿九日

爲呈復事。竊奉本年六月十三日照會内開,據二十七保七圖捆保吴揚甫稟稱,伊圖内有東西馬義涇河一條,素通潮水,而該河兩岸農田係達二十五保四圖、二十七保七圖地,界河之西面一段在伊圖界内,靠北約四百尺,南約一百五十尺。今有法工部局洋人僱工,在河兩旁釘立木樁,不知是否藏做瓦筒,填平開築馬路,並未知照圖中,無從查悉。切念馬義涇河通潮往來,殊與兩圖農田水利大有關礙,即行訴知圖董看明情形,繪具草圖,呈乞察核等情到縣。據此,查馬義涇河素通潮水,既關兩岸農田水利,工部局豈能任意釘樁,希圖填築馬路,該處是否在自治公所範圍之内?合就繪圖備文照會,煩爲查照,希即唤同該處董保前往查勘,設法禁阻,仍希將查勘情形復縣核奪,事關路政主權,幸勿稍稽等因。奉此,查此案先於六月初七日接錢董福田、陳董聯章來函及圖,即於初八日函請道憲照會法總領事轉飭公董局停止。旋於十一日奉道憲函,知已立即備文照會法總領事轉飭停工,俟復到另佈等因在案。兹奉前因,先經西區分辦處傳同地保於十八日勘視復,訂期於二十八日傳同董保復勘。勘得該浜兩岸均已釘有樣樁,約寬五丈。不特該浜勢將全行填塞,並有須拆除房屋、割讓田岸之處,且兩岸農田灌溉、居民食飲均恃此浜爲挹注,斷難填塞。該處係在城區域之内,並非租界,法公董局實不應有築路之權。爲特將查勘情形呈復,仍懇稟明道憲,如法總領事尚未復到,仍請照催,切勿工作,以順輿情而保主權,實爲德便,惟祈察核施行。須至呈者。

法電燈公司擬設粗電綫交涉案

蘇松太道蔡照會法電燈公司議在肇周路一帶設粗電綫飭妥議具復文宣統二年正月十四日

爲照會事。本年正月初九日,接法總領事喇來函,據上海法電燈公司擬定整頓租界及新租界馬路電力新法,經公董局議事處議定准行。查電力新法者,即係加重電力,擬在中國新築馬路一帶毗連斜橋及敏體尼蔭路等處劃定地段,設粗電綫一條。因該處並無曲折,較之設在徐家匯路更爲省費。據該公司稟懇轉請允准在該路安設粗電綫前來。本總領事甚願據情轉請,以徵交好睦鄰之誼,彼此相助公益。近查徐家匯路之麋鹿路至斜橋一帶,總工程局設立電燈杆木,未經本總領事核准。此事照一千九百零一年余前道與白前總領事所議,本可反對。因當時議明,法國徐家匯路自西門至斜橋即往製造局之岔路處任中國設立巡防局,其裝燈、通水、修築馬路各工程仍歸法公董局有權管理,故請貴道飭勿阻止法電燈公司於中國新築馬路上安設粗電綫,否則不得不將總工程局所豎未經本總領事允准之電燈杆等撤去。再,據法公董局以法電燈公司據南市白藻泰路一帶相近居民人家欲請設電,又爲中國官員反對等情。查白藻泰路雖非公董局業産,並無地契。惟當時係據兩旁業主情願讓送作路,通至自來水廠,立有憑據,不收地價,定議未改,是中國工程局之權力,遜于法公董局之權力。且公董局於一千九百七年將此路砌成石街,又於一千九百八年費銀修整該處過白藻泰路之木橋。現在工程局在該處設立警察局,阻撓各工。貴道應知此二事,俱關緊要,故與貴道以友誼妥商辦理,一經查明,定能允准。用特函希查照,一飭准法電燈公司設粗電綫於新築馬路一帶,二飭准南市白藻泰路一帶爲相近居民設電等因到道。准此,合亟備文照會,爲此照會貴總董,請煩查照妥議見復,以憑核轉,望速施行。須至照會者。

稟蘇松太道蔡議復法人在肇周路設粗電綫未便允許請予駁復改設他路文宣統二年三月初四日

敬稟者。竊奉照會内開,正月初九日接法總領事喇來函,云云。望速施行等因。嗣復奉函催,當以此事已交議事會,俟議決即行奉復等情函復在案。玆准議事會移交議案内開,由董事會陳明原委,切實陳請憲台駁復等情。查法總領事函中所稱,中國新築馬路即西門外新築之肇周路。該路北接法界之敏體尼蔭路,南達斜橋,實爲中國完全主權之路。法電燈公司設在斜橋西羅家灣路南口,如須設粗電綫,大可由羅家灣直達寶昌路,蓋彼處之路甚形寬闊正直,較之取道斜橋一帶,尤形便利,何必别生枝節?乃來函意謂如不允設綫,則須將總工程局所設之電燈桿撤去。此項電燈桿成立已久,關係公眾,法總領事喇素極文明,不宜有此不情之論。至白藻泰路設電之説,上年前法總領事巨會商法自來水公司設管時,曾言關係營業之事,決不相妨,今何以忽又牽涉?法電燈與法自來水本合辦之公司,上年法自來水公司添設水管一事,曾奉憲台飭議,與彼訂立合同,實已極盡交好睦鄰之誼。玆復欲於我之完全主權之路上加設電綫,無厭之求,實難允許。既准議事會移請駁復前來,合行稟復,爲特備由稟祈憲台察核駁復施行。

批:已據情函復法總領事查照飭知矣。此復。

蘇松太道蔡來函法領函請仍准法電燈公司在肇周路設粗電綫文四月十九日

敬啟者。法電燈自來水公司欲與貴總董晤商應辦事件一案,詢准函復,可照合同辦理,無庸訂期晤商等因。當經轉達去後,玆接法總領事來函,以前函衹提借設水管一事,而於法電燈公司擬在中國新築馬路設粗電綫並未復及。此事甚爲緊要,因徐家匯路已被工程局裝設電桿,電綫殆遍,無可再設。如允法公司之綫由斜橋經肇周路而達法界之周涇浜路,可無種種損礙。並聲明經此次函致後,如有重大壞損禍患等事,不能責備法電燈公司。本總領事亦即可卸仔肩等因。玆將原函抄閲,究應如何辦理之處,務祈妥速查明酌示,以憑核復。

附抄函

照録法總領事來函四月十七日

啟者。四月初十日接展貴道復本總領事初四日函請法電燈自來水公司有應辦事宜一函,函内祇提借設水管一事,而於法電燈公司擬在中國新築馬路設粗電綫請准一事,並未復及。此事甚關緊要,查徐家匯路自租界方浜橋至斜橋一帶讓歸中國,有權設立巡局,公董局仍有經管路工之權,即設電綫電桿等事曾經貴前道與白前總領事會商議定在案。雖如此定議,而中國工程局於徐家匯路一帶裝設電綫一事,從未知照本總領事,亦並未與争,以顧睦鄰之誼。現在法電燈公司擬自電燈廠至相近西門之法租界急於裝設粗號電綫,因查徐家匯路已被工程局裝設電桿,電綫殆遍,故法電燈公司無可再設粗綫,且非拚有大礙之事,實不能再設粗電綫於此路。是以函請貴道准於中國新築馬路,設粗電綫,誠以該新馬路尚無電桿,以之裝設粗電,毫無害處,且保電綫經過之處並不分設電力,所請甚屬有理。可異者工程局於此事絶不一復,既已如此,法電燈公司不得不設粗電綫於徐家匯路。現悉該公司已經有意擬設,如有損害之處,本總領事與法電燈公司均不任其咎。兹將法電燈公司擬設之粗電綫,如由斜橋經法人新築之徐家匯路而達北城外之西城河浜至法界,於華人損礙甚大,特審度情形詳解於後。

一、如從徐家匯路而過,惟左邊可設(指由斜橋往北而言)。該處已經設有法公司電車綫,此綫之上更有華公司之電燈綫。查華公司之綫高低不一,必須先由該公司將綫改平,庶法公司之綫可以裝設。其故,因法公司綫與華公司綫相離太近,若遇大風,必至碰著。而綫之電力大小相差既甚,則華公司之燈必遭全數燒壞,所有發動機及别種機器亦必因此受損。除此之外,更有裝在房屋内之包皮綫亦遭焚及,且在屋内其禍更烈,恐有擊傷或斃人口之虞。

二、該處馬路極狹,如欲裝設此綫,須將左近民房屋簷截去,此係緊要之舉,萬不能免。更須損及門前設有電車綫桿之G字第83、77、64、69、71、68、65、61、58、54、49、42等號之房屋,約共十七八間。且該處法公司與華公司綫相離最近,極易惹引。以上所言之禍端,兼之嗣後是處房屋及華綫之修理,亦必爲其所阻。因法公司之綫有五千磅電力,人若與綫相近,必致焚傷或擊斃。

三、如遇火警噴水施救,其水射在此五千磅電力之綫上,能惹出極烈之電火,恐施救之人或爲此火擊斃。

如工程局能允法公司之綫由斜橋經肇周路而達法界之周涇浜路,可無以上詳言之種種損礙。

一、因該路上尚未有别種電綫,即無危險之機。

一、該處馬路廣闊寬空,房屋亦較徐家匯路希少。

一、此綫不設在房屋之上,遇火警施救,亦無危險之虞。

所有一切危險之事,均已詳明知照。嗣後如出有重火損壞禍患等事,不能責備法電燈公司。且經此次函致之後,本總領事亦即卸卻仔肩矣。用特函佈,即請貴道查照爲荷。

復蘇松太道蔡函法領要求接設粗電綫事仍宜改設他路文四月二十五日

肅復者。接奉鈞函,以法電燈公司云云。以憑核復等因,並抄件到局。奉此,查法電燈公司擬在肇周路設粗電綫一案，前奉照飭議復，當由議事會决議。業於三月初四日依據議案稟請憲台駁復，並陳明法電燈公司如須設粗電綫，大可由羅家灣直達寶昌路，較之取道斜橋，尤形便利等情，懇請照復在案。至本月初六日奉憲台函述法總領事初四日來函，但云有應辦之事會商，並未提及粗電綫隻字。董局以爲粗電綫一事業經稟復，此次自係專爲水管事宜，爰特以請照合同辦理等詞陳復。乃法總領事以爲於粗電綫事並未復及，且聲明設綫於西門外徐家匯路之種種禍患，既明知其危險，而必設於此，致有傷害人民之事，想法總領事亦有所不安。現在如須設綫，仍以設於羅家灣路即吕班路爲宜，蓋彼處道路寬平正直，並無曲折，不致有所妨礙也。專此肅復，即祈察核轉復施行。

稟蘇松太道劉法電燈公司借設粗電綫議事會議决暫准照圖繪路綫借設文宣統二年九月十六日

敬稟者。竊本年正月間，奉前蘇松太道照會，以准法總領事函，法電燈公司擬在西門外肇周路安設粗電綫，請飭允准，轉飭議復等因。當交城議事會，於春季議會議决，按照《城鎮鄉自治章程》，由董事會陳明原委，切實呈請蘇松太道駁復等因，即經照案稟請駁復在案。嗣法總領事屢請指定地段，並奉前蘇松太道函轉飭訂期會勘等因。當查肇周路地方斷不能借設粗電綫，至西門外方斜路内地電燈公司設有電綫，若再任設粗綫，日後非常危險，不堪設想。但此路勢不能力阻弗設，事處爲難，惟有在肇周路西首由董局另闢一路，通至太平橋，妥訂合同，准其借設粗電綫，或尚可行。當即建立議案，交秋季議事會議决。照圖繪黄色之綫，暫准法電燈公司借設粗電線一條，須由本公所取締所訂合同，交議事會議决等因。所有綫圖已由城議事會議長、副議長於呈送秋季議决案内附呈前蘇松太道察核在案。兹復飭繪圖處再繪以黄色爲準之綫圖一紙送呈察核，應請轉送法總領事飭交法電燈公司閲看。如以爲相宜，當另行訂期會同勘視，然後酌擬合同草稿，呈請察核。兹特稟送綫圖一紙，備由稟祈俯察施行。肅稟。

批：來牘閲悉。已檢繪圖函送法總領事轉交法電燈公司查議，希俟復到，另行轉致可也。此復。十月初七日。

蘇松太道劉來函法電燈公司要求另覓相近新築馬路旁路安設粗電綫文宣統二年十月廿九日

敬啟者。法電燈公司擬在中國新築馬路安設粗綫一事，九月十七日接准來牘，並呈繪圖，當經函送法總領事轉交法電燈公司查閲議復去後。兹准函復，飭據該公司復稱，總工程局所繪之圖，與前説大不相符。本公司擬設粗電綫，係自斜橋起，接通敏體尼蔭路爲止，以免設電徐家匯路諸多危險。兹將繪就圖樣一紙呈閲，可否請總工程局准照本公司所繪之路綫改近等情，合將來圖函送轉致總工程局另覓相近新築馬路旁路綫一條，以便安設粗電綫之用等因。特檢送到繪圖並抄來函致送，即祈查閲見示，以便轉復爲荷。

附抄函十月二十四日

啟者。法電燈公司擬在中國新馬路安設粗電綫一案，十月初七日准貴道函送總工程局所呈路綫繪圖到本總領事，請轉交法電燈公司查閲議復，以便轉致，訂期會勘等因。當經本總領事飭知法電燈公司,並將繪圖交閲去後。業由該公司照圖繪路綫到地勘明。據稱,總工程局所繪之路綫圖,與前次所説大不相符。本公司擬設粗電路綫係自斜橋起,接通敏體尼蔭路爲止,以免設電徐家匯路諸多危險。轉請總工程局設一善法,使本公司粗電接通西頭,有裨公益。現查總工程局所劃路綫逼近吕班路旁,只差法尺二百尺地步,並非本公司所請之路。兹將本公司所繪路綫圖呈閲,圖内紅色係本公司初次所請安設粗電之路綫,藍色係總工程現在所定之路綫,請總工程局准照本公司所繪紅點之路綫改近等情。本總領事查閲稟圖之後,亦知總工程局所繪路綫並非法電燈公司所擬請之路綫。查粗電綫必須經由新路,已經法電燈公司、總工程司與李總董説明其故,並告以初次所請路綫,如不可行,須另覓相近新路之旁安設粗電,不便過遠。當時李董亦許設法勘覓鄰近之路。現就總工程局所繪路綫以觀,不但遠距新築馬路,且已逼近吕班路處,似此法電燈公司亦何所取而允就?用特將法電燈公司所繪路綫圖一紙,送請貴道察閲,轉交總工程局查閲。一經詳閲,即知本總領事之言爲不謬,並希貴道轉飭總工程局另覓相近新築馬路旁路綫一條,以便安設粗電綫之用爲荷。

蘇松太道劉照會准法領事函阻止中國電燈公司在徐家匯路裝設粗電綫文宣統三年八月十七日

爲照會事。本年八月初九日接法總領事喇來函,以前在洋務局晤商中國電燈公司,在法國徐家匯路自斜橋起至麋鹿路换裝比前極粗且長之電桿木一事。查一千九百七年中國初次裝設電桿時,業已争論及此。衹以彼此友好,遂置不議。前日在局,本總領事已將粗繪圖稿交與貴道查看,擬於日内另繪詳細一圖送閲。惟中國電燈公司如此辦法,實屬有違前議。本總領事未便默不與争,應請轉飭停工。所有電桿悉仍其舊,無須换裝粗長之桿,以致大有危險。因法電燈公司亦擬於該路裝設粗電綫,業於六月二十七日致貴道函中論及,工程局迭次佔地違議,迄未接復。本總領事亦甚詫異,想貴道公冗忘憶,非出有意,用特函致,即請貴道查閲余前道與白前總領事來往各文函,即知從前定議等因。查此案閏六月二十二日接法總領事來函,業經照會在案。兹准前因,除函復外,合就備文照會,爲此照會貴總董請煩查照,妥速核議見復,以憑轉復,是所至盼。須至照會者。

致蘇松太道劉函請駁阻法電燈公司在西門外馬路裝設粗電綫以免危險文宣統三年八月二十二日

敬肅者。本年八月十七日奉照會内開,八月初九日接法總領事喇來函,以中國電燈公司换裝粗長之桿,應請轉飭停工。因法電燈公司亦擬於該路裝設粗電綫等因,飭爲查照,妥速核議見復,以憑轉復等因。奉此,查西門外至斜橋一帶之馬路,本係中國地界,並非租界,因前曾由法公董局修過,是以屢有違言。但今年本公所亦曾將此路全行修過,中國電燈公司之電桿已豎立多年。此次因桿木朽壞,不得不重行换豎,與法電燈公司之電桿本不妨礙,而法領事之所以爲此言者,實緣法電燈公司欲設粗電綫於該路上。查此項粗電綫係用交流電,有五千磅火力,如因火警噴水,遇此五千磅之電力,必爲擊斃,危險殊甚。聞該公司欲設此粗電綫於法大馬路，法公董局因其危險，不肯允許，是以法電燈公司專注意於西門外馬路，不然法電燈廠在斜橋西吕班路口，若從吕班路往北至寶昌路接公館馬路，路綫較近，且道路均寬五六丈，何以不設而獨欲迂路，從西門外人煙稠密、僅寬二三丈之馬路繞轉？性命財産，中外同重。若自己避其危險，而以危險與人，恐法總領事及法電燈公司必不忍出此。惟現在法電燈公司已於西門外馬路林蔭路口立一五丈高之水門汀電桿，以綫分作十道，兩旁垂下，穿插於中國電燈綫之中，是欲故意使燈綫相碰，生出危險，以實其言。中外電燈公司同爲營業起見，何至惡作劇若斯？且本公所對於法租界感情素好，即如此次借埋水管，蒙憲台諭飭後，會同上海縣勘視勸導，煞費苦心，亦無非爲敦崇睦誼起見。法自來水與法電燈本係合資公司，今法電燈公司並不顧念交誼，亦不顧及危險，竟於西門外馬路任意建立高大電桿，致地方人民同生恐懼。倘因此而地方人民於借埋水管之事亦起而反對，則本公所將無法開導矣。爲此懇求憲台轉復法總領事飭知法電燈公司，仍從吕班路往北設綫，不必從西門外繞道，以免危險，地方幸甚。如法總領事仍須會商時，應請其訂期約同法電燈公司總理，至洋務局會晤總董奉示後，當徑偕上海電燈公司經理同蒞也。專復。

法自來水公司借埋水管交涉案

蘇松太道蔡來函法水公司擬勘設軌地段並提論合同第二條酌量移動一語解釋文正月十三日

敬啟者。法自來水公司在南市借埋水管一事，前經議訂合同，繪具圖説，分别執存在案。兹准法總領事喇來函，以該公司擬即勘定設管地段，請准照辦勿阻。並提論合同第二條所載酌量移動一語，解作移埋鄰近之處，似與原訂合同尚無出入。特抄原函奉佈，即祈查核見復，以憑作答爲荷。專肅。

附抄函

照抄法領事喇來函正月初十日

啟者。查一千九百九年十一月二十二號法公董局與上海總工程局訂立合同，載明法商自來水公司在華界地下借設水管，自機廠街即白藻泰路起，經陸家浜北岸，過斜橋至羅家灣止。現在法自來水公司擬即勘定安設水管地段，應請就此照准興辦，飭知勿阻。本總領事另有提論者，合同第二條第二行所載，惟將來如查有水管與他項工程窒礙之處，由工程局知照法商自來水公司酌量移動，該公司應即照辦等語。查合同内所訂移動水管一節，明係將該水管移埋鄰近之處，毫無疑義。兹特準此函致申明，以免後論，俾簽訂合同外之後人不致爲難。合亟函請貴道查照本總領事之意見復爲荷。順頌日祉。

又函二月十三日

敬啟者。頃接法總領事喇來函，以法自來水公司訂在華界地下借設水管一案。正月初十日致函内提論合同第二條第二行所載酌量移動一節，迄未見復，此層即作已經允准辦理等因。查合同内所載酌量移動字樣,法總領事作爲移埋鄰近之處解釋,似無出入。曾於正月十三日函請執事核復,以憑作答在案,迄今未荷示復。兹接前因,除先函復外,用再抄函奉佈,即祈執事迅速核明見示,以便轉復爲荷。專肅。

附抄函

照抄法領事來函二月十二日

啟者。法自來水公司訂在華界地下借設水管一案,正月初十日本總領事致貴道函内提論一千九百九年十一月二十二號所訂合同第二條第二行所載,惟將來如查有與他項工程窒礙之處,由工程局知照法商自來水公司酌量移動,該公司應即照辦等語。查合同内所訂移動水管一節,明係將該水管移埋鄰近之處,毫無疑義。兹特準此函致申明,以免後論,俾簽訂合同外之後人不至爲難等語,函請見復在案。至今未見一復,合再函致,此層即作貴道已經允准辦理,即希查照爲荷。順頌日祉。

復蘇松太道蔡函解釋合同第二條酌量移動一語請核復申明文二月十四日

肅復者。正月十三日奉鈞函内開法自來水公司,云云。以憑作答等因,並抄法總領事喇來函到局。奉此,查原訂合同第二條内載如查有水管與他項工程窒礙之處,由工程局知照法商自來水公司酌量移動,該公司應即照辦等語。所謂酌量移動者,係指原路綫偏左、偏右而言,並非鄰近之處別一路綫,語意與第一條指定之路綫承接。如鄰近之處四字指爲别一路綫,則與原訂合同第一條不符,應請查核合同,聲明其意,轉復法領爲荷。董局董事會於上、今兩月適在辦理城自治選舉,並預備議案,以致答復稽遲。正在具復間,復奉本月十三日鈞函並抄件均敬悉。法總領事喇欲以前説作爲默許,並求憲台申説董局答復稽遲之故,轉達歉忱,尤深感禱。專復。

蘇松太道蔡復函解釋合同第二條一節已准法領表明意見相符並催會勘埋管路綫文

宣統二年三月初六日

敬啟者。法自來水公司在南市借埋水管解釋合同第二條一節,日前詢准台復,當經轉致去後。兹准法總領事表明意見相符,並以該公司急於勘明路綫、趕辦埋管工程,請即訂期會勘前來。合抄原函奉佈,即祈查照,並酌定會勘日期見示,以便轉復爲荷。專肅。

附抄函

法總領事來函三月初五日

啟者。法自來水公司在南市借埋水管一事,二月十六日接展來函,以准總工程局復稱原訂合同第二條内載如查有水管與他項工程窒礙之處,由工程局知照法商自來水公司酌量移動,該公司應即興辦等語。所謂酌量移動者,係指原路綫偏左、偏右而言,非鄰近之處别一路綫,語意與第一條指定之路綫承接等語,函請查照等因。查總工程局所復各語,核與本總領事之意相符,前函所云鄰近之處者,亦恐移遠不便,並非别一路綫。現在法自來水公司總經理顧西賢急於勘明路綫、趕辦埋管工程,合亟函請貴道查照飭局訂期會勘,以便指定地位,即希見復爲荷。順頌日祉。

復蘇松太道蔡函會勘埋管路綫俟西南兩區復到再達文三月十三日

敬復者。本月初六日接奉鈞示，法自來水公司在南市借埋水管解釋合同第二條一節，業准法總領事函復表明意見相符，並以該公司急於勘明路綫、趕辦埋管工程，請即訂期會勘前來。合抄原函奉佈，即祈酌定會勘日期見復等因。現經轉致董局西、南二處分辦處定期會勘，一俟復到，即行奉達。專肅。

蘇松太道蔡來函催定與法水公司晤商辦法日期文四月初六日

逕啟者。初四日接法總領事喇來函，法電燈自來水公司有應辦之事，總工程局未與該公司妥議舉辦，業經本總領事屢次函致，迄未議定如何辦法。惟期迅速辦竣，函牘往來，徒延時日，擬請轉致執事，就與顧西賢總經理定期晤商。即由本總領事與貴道一同在場商議妥洽，希飭知迅復等因。所請係爲便於商辦起見，用特奉佈，即祈執事查照何日晤商，俟與顧經理訂定，即望示知，以便轉復爲荷。專肅。

復蘇松太道蔡函借埋水管事可按照合同辦理無須再行晤商文宣統二年四月初八日

肅復者。三月初六日奉鈞函，以初四日接法總領事喇函請與顧總經理商辦法自來水公司之事，飭將晤商日期訂定見復，以便轉復等因。奉此，查此事前奉函飭，曾將轉達西、南兩區，俟復到再行奉復等情函復在案。兹奉前因，當經會議以法自來水借設水管一事，既經訂立合同，自可按照合同辦理，無須再行晤商。該公司定於何日動工，但須報請憲台示知董局，容即飭派巡警隨時照料，乞轉復法總領事爲荷。專復。

蘇松太道蔡來函法自來水公司借埋水管勘定路綫函請轉致助成文宣統二年七月廿三日

敬啟者。七月十五日接法總領事喇來函，法自來水公司借埋水管一事，七月十一日會晤總工程局李總董暨西區長梅董、南區長穆董，與法自來水公司工程師辣福來商議，自工程局新築馬路至斜橋即自杭滬鐵路車站起至斜橋一路，已經允定借埋水管。惟查法自來水廠至新築馬路，有一段係屬杭滬鐵路公司所築之路，應由法公司自向鐵路公司商請借埋水管。除函請鐵路公司准辦外，函請轉致竭力助成所有埋設水管工程，務必趕速動作，決不有礙火車行駛等因。除函致蘇路公司酌辦外，用特奉佈，即祈閣下查照爲荷。謹肅。

致蘇松太道劉函法自來水公司要求會商改綫請飭縣會勘文宣統三年閏六月初三日

敬肅者。竊前因法自來水公司借埋水管一事，奉前憲蔡電稟督憲核准，由總工程局與法公董局於宣統元年十月初十日即西曆一千九百九年十一月二十二號訂立合同，奉前憲蔡簽字，並蓋用關防，法總領事巨亦簽字蓋印。合同共計四分，一分存憲署，一分存法領事署，一分存工程局，一分存法公董局。查合同第一條内，本載明自機廠街即白藻泰路起，經陸家浜北岸過斜橋至羅家灣，此外並不另設支管等語。嗣於宣統二年二、三月間迭奉前憲蔡函示，以法總領事喇一再要求會商改綫。當由總工程局函請轉復，既訂合同，無須再行晤商等情。嗣又奉前憲蔡面諭，須與法領晤商等因。洎晤商後，始知改設水管，須從蘇路公司車站穿過，因面復以俟蘇路公司允許後再行會商等情。兹據法自來水公司交來改設水管綫圖一紙，並抄示上年十一月初一日憲台據蘇路公司函復各情致法總領事函一紙，云蘇路公司業已商定由水廠迤西一段借用民田，亦已商妥請定期勘視，以便動工等因。查圖内紅綫由水廠迤西須先經過民田,然後折而入車站馬路,再入總工程局所築之車站路,經陸家浜北岸迤西至斜橋。較之原綫,尚無大礙,惟蘇路公司及民田是否均已允洽,請憲台函致法總領事轉飭該公司訂期會勘,一面札飭上海縣會同勘視,俟勘視後,再將前合同第一條修改更正。是否有當,統祈察核施行。專肅。

蘇松太道劉照會法自來水公司借埋水管請出示曉諭文宣統三年八月廿八日

爲照會事。照得法自來水公司借埋水管一事,本年閏六月初十日接法總領事函告,公司定期赴局會同勘視,請轉知等因,即經分致貴局暨上海縣接洽在案。兹據田令申稱,閏六月十五日會同李紳前赴二十五保十二圖地方察勘,法自來水公司在於該處借埋水管,係在地下,與地面似無妨礙。兹准李紳來函,以法自來水公司僱工興作時恐該處鄉愚無知或生疑慮,請出示曉諭農業人等切勿阻撓生事前來。除出示曉諭並諭該處地保如法自來水僱工興作之時,實力傳諭鄉民勿生疑慮生事等情,並准法總領事函請查照,定議實行,免後爲難,並將埋管綫及上築公路各節詳細函復等因到道。除先函復並札縣知照外,合抄法領來函備文照會,爲此照會貴總董請查核見復,以憑轉致施行。須至照會者。

附抄法領事來函八月十八日

啟者。法自來水公司借埋水管一事,閏六月初六日准貴道函請轉飭訂期會勘等因。本總領事當經飭據訂勘,即於是月初十日函復,已經田大令與白副領事會同勘明,議定開築公路下埋水管並承貴道轉飭縣局,出示曉諭居民,切勿疑阻等因在案。本總領事殊深感謝。查此案如此定議辦理,諸臻完善。一俟貴道函致到署,即可動工。用特函請貴道查照,定議實行,免後爲難。並將借埋水管路綫以及上築公路各節,詳細函復爲荷。順頌日祉。

歸管公産案

呈上海縣田請撥給印花業控案發封充公房屋設立小學文宣統二年十二月廿四日

爲呈請事。竊維地方自治以教育爲先,本邑城區域雖學堂林立,而貧民之無力就學者觸目皆是,非多設初等單級教授小學及貧民半日學堂教育斷難於普及。總董曾迭奉照會,以奉憲行城自治公所應擔任設立小學及簡易識字學塾等因,業經將設學之費列入預算册,由城議事會呈明鈞案。惟是公所擔認巡警工程等費,已屬不支,雖於總經費内提出學費勉力籌辦,既苦無設學之地,又苦無建築之費。兹閲示諭印花業勞文榮等控小行謝有福等一案,將新公所發封充公,有不准另立新公所之諭。是新公所既不准設立,則此項房屋實應歸公。查得該房屋在南門外,該處貧民衆多,適合設立小學之用,擬請准予將該屋撥交公所,以便明春即可開學。爲特呈祈迅賜察核施行。須至呈者。

呈上海縣田奉撥印花業控案房屋啟封請過立户名文宣統三年正月廿七日

爲呈請事。竊上年呈請撥給印花業勞文榮等控案内發封房屋,作小學堂之用。本年復以貧民半日學堂學生衆多,函請以此項房屋專作貧民半日學堂之用等情。旋奉函復,以此項房屋發封以來，初擬撥作改良監獄，案内置備各犯鴛鴦衣及略購工藝器具，因屋地尚未估價，是以暫緩。兹承尊命，又係改作學堂事關教育，敢不遵照？當已飭役啟封，請即轉致照收開學可也等因。奉此，具徵關懷教育，俾貧民學堂得有校舍，實深欽感。該學堂本定正月二十一日開學，啟封後即於是日遷入。此項房屋，係面南三開間兩進，北首西偏廚屋一間，共房屋九間，東、南兩面圍墻一道，西首竹笆一道，從北首木橋内出入。地近荒僻，設立學堂甚屬相宜。該地係二十五保十二圖短字圩第一百八十一號業户李金元則田，原額一畝三分，劃賣八分六釐六毫，裁割田單半紙，立一千五百三十一號官契，過立印花永義堂户名。上項官契田單並未繳案，難保無在外抵押情事，應請立案註銷，並請飭承將該户則田八分六釐六毫過立城自治公所户名。此後按年忙漕，即由本公所承完，以清界限而垂永久，實深德便，爲特呈祈察核施行。須至呈者。

呈上海縣田具復領到印花業控案房屋單契文宣統三年六月初一日

爲呈復事。本年五月十四日接奉照會内開，案照印花業勞文榮等呈控謝有福私立公所案内發封房屋一所，撥歸貧民半日學堂之用，旋准貴紳來呈，業經諭飭册書過户，並查吊單契在案。兹據周少山將此項單契呈繳前來，相應備文照送，請煩查收具復。計送二十五保十二圖短字圩第一百八十一號業户李金元則田原額一畝三分，劃出八分六釐七毫，田單半紙，印花永義堂，所立第一千五百三十一號官契一紙等因。遵即檢收，合行呈復，爲特呈祈俯察施行。須至呈者。

呈上海縣田勸學所移送購定江境區建築校舍地畝田單請過立户名文宣統三年二月十六日

爲呈請事。准上海勸學所移開，照得上年十二月江境區擬建築校舍，於留存穀息項下支領洋三百三十元，購得殷姓祖遺上邑二十七保頭圖建字圩八十五號内曹懷民户名下殷邦基應收田一畝陸毫。當據繳到田單半張、領狀一紙，存儲敝所在案。查江境區係隸貴所管轄，相應將存儲之田單、領狀一併備文移送。爲此移請貴所煩即查收，備案見復。一面請即呈縣諭飭册書過户承糧等因。准此，查城自治公所宣統三年預算册歲出臨時門第一類學務第一款第三項設西區第二單級小學按語内，聲明購地費由勸學所於江境區積存穀息項下撥用。兹准勸學所移開前因，並送到上邑二十七保頭圖建字圩八十五號曹懷民户名下殷邦基應收田一畝六毫田單半張，及殷邦基收領地價領狀一紙到本公所。合行呈請飭承將該地畝分過立上海城自治公所户名，以憑承糧管業、建築校舍。爲此呈祈俯察施行。須至呈者。

興市公司承買九畝地公地案

致興市公司收到定買九畝地定銀據文宣統元年十二月三十日

今收到興市公司周舜卿定買九畝地公地銀一萬元，正合給收條並立預約如下：

一、本局奉督憲批准，將拱辰門内九畝地地方清出公地，變價公用。現清出之地，約計五十餘畝，盡歸興市公司購買，將來在該處左近查有民佔公地如不願繳價者，仍可由該公司照原價購進。如該公司不願再進,方可别售。

一、該地以上海縣發給印諭爲憑。

一、該地每畝定價二千五百五十元,並無别項費用。

一、現在清出之地繪圖,先交興市公司。凡圖内紅色處,均歸該公司購買。

一、本局自收到定銀後,不得他售。該公司亦不得反悔。

一、圖内紅色處有改過局、火藥局、硝磺庫等,均定於一年内拆讓,以淨地交該公司管業。

一、圖内紅色處緊要之地,如改過局等,日後不肯拆讓,所有原定每畝二千五百五十元本局願每畝減讓十分之一收價,惟圖内僻静處該公司如不願購買,其餘之地亦須每畝加價十成之一,以昭公允。

一、訂立合同之後,限一年内將該地逐段交該公司執管,交地若干,收價若干。

一、定於宣統二年正月内訂立合同,合同未立以前以預約作准。

宣統元年臘月三十日立收條,並預約總工程局。

清查九畝地事務所函送呈縣稿及清查辦法文宣統二年九月十七日

敬啟者。前奉縣照會,准貴董等函請委查九畝地一案。兹已借定大境關帝廟爲清查九畝地事務所,於本月十一日開辦,並擬添舉姚君元焌、瞿君慶同協同清理。除將擬具辦法八條呈請縣尊核示外,合將開辦日期專函報告,所有呈稿清摺一併抄呈台覽,是否有當,尚祈裁奪施行。專肅。

抄録呈縣底稿

職董吴馨爲呈復事。案奉照會,准上海城自治公所李董等函,以九畝地究竟畝分若干,雖奉飭查,尚無確實之數。其民地毗連處有無隱佔,亦未清晰。兹請照會吴紳馨切實清釐等因到縣。准此,除諭飭亭耆及二十五保四圖地保、九鋪地甲隨同貴紳查丈外,合行照會等因,奉經於八月内往該處一再勘視。查得此項公地强半荒蕪,與民地毗連處,華離交錯,誠難保無隱佔情事,自非逐户調驗單據,切實查丈不足以昭公允而清界限。惟是情形複雜,一己之耳目難周,既不便操切圖功,致滋煩擾,亦不能顢頇了事,有負委託。查有救生局職董姚紳元焌、本城學董瞿紳慶同均屬熱心公益,處事精詳,擬請分别照會,協同清釐,於事必有裨益。並擬具辦法八條,另摺開呈鈞鑒,仍候核示祇遵。再,現已借定大境關帝廟設立清查九畝地事務所,於本月十一日開辦,合併陳明。須至呈者。

酌擬清釐九畝地辦法清摺

計開

一、清釐此項公地,一面調查,一面丈量,均須脚踏實地,方易清楚。擬即於九畝地附近大境關帝廟内設事務所一處,以便隨時接洽,俟查丈事竣即行裁撤。

一、調查毗連民地有無侵佔,應逐户調驗田單契據,逕交事務所與圖册糧册核對號分、畝數後,即行發還,以期簡捷而示體諒。

一、請將鈞署所有清查九畝地卷宗全份，並各業户前經繳驗之單據若干，一併飭書檢出交閱，以憑核對後仍行繳還。

一、鈞署向有各圖底册即魚鱗册，請飭書將二十五保四圖魚鱗册發閱。

一、請吊取二十五保四圖糧册發交事務所查閲後即行繳還。

一、民地建屋侵及公地者，及從前由營將公地出租建屋者，一經查實，自應勒令分别拆讓。如該屋主實有爲難情形自願繳價者，應將所佔面積究有若干畝分，查丈繪圖，呈請核覆，補給印諭。一面按照地段繁簡、市價多少飭令照繳，歸入九畝地變價案内會總造報。

一、事務所開辦後，所有辦公人員應如何開支公費，及地甲、圖保、亭耆等應如何優給工食，以期事歸實在之處，應俟查丈事竣酌量勞逸核實報銷，作正開支。目前暫向城自治公所借墊經費，以資開辦。

一、所有清查丈量各事宜，仍當隨時呈請鈞案主持，並會商城自治公所協同清理。

清查九畝地事務所函送查丈清摺文宣統二年十二月十八日

敬啟者。清理九畝地一案，業經查丈事竣，兹送上地圖清摺各一件請察核，計丈見實地六十五畝九分八釐一毫，内除三十二號五分六釐、三十三號六畝一分九釐七毫、八十三號二畝，前經商由尊處議留作公立小學校基及小菜場基地，應請另行函縣聲明公用外，淨應召變繳價之地，共五十七畝二分二釐四毫。另，八十三號内查圖册載有葉浩川户名則田二分五毫，核對糧册原根，從無葉浩川户名。詢諸圖甲，僉稱該地歷年無人承糧管業，是實係荒坟絶户可知，亦應由尊處附請併案，召變歸公。除將圖摺及查丈情形另文呈縣外，專肅。

再啟者。送上代辦九畝地諭單五十紙，另荒地召變號外一紙。又，豫備縣署存根空白諭稿三紙，請查照諭單所開案由，即日加函轉送蓋印。又啟。

清查九畝地二十五保一區四圖改字圩號數、畝分、四至，及請給諭單、各業户清單。

計開

二十五號原額一畝四分七釐，丈見七分八釐二毫，應請給諭一紙。

一業户興市公司則田七分八釐二毫。東至小九畝路，南至方浜，西至二十六号，北至三十二号。九畝地第一號。

三十二號原額八分八毫，丈見五分陸釐，應請給諭一紙。

一業户城自治公所公立小學則田五分六釐。東至小九畝路，南至二十五號，西至三十三號，北至十三號。九畝地第二號。

三十三號原額七畝一分二釐，丈見陸畝一分九釐七毫，應請給諭二紙。

一業户城自治公所公立小學則田畝一分三釐八毫。東至三十二號，南至二十六、七、八、九號，西至五十八號，北至三十三、四、五號。九畝地第三號。

一業户城自治公所公立小學則田二畝五釐九毫。東至十二、三號，南至三十三號，西至三十

五、六號，北至萬竹路。九畝地第四號。

三十六號原額二畝六分三釐五毫，丈見二畝一分九釐八毫，應請給諭二紙。

一業户興市公司則田三分三釐。東至三十三號，南至三十五號，西至三十七號，北至萬竹路。九畝地第五號。梁姓交割未了。

一業户興市公司則田一畝八分六釐八毫。東至懷真路，南至萬竹路，西至三十七號，北至三十九、四十號。九畝地第六號。

三十七號原額三畝二分陸釐二毫，丈見二畝三分九毫，應請給諭三紙。

一業户興市公司則田三分一釐五毫。東至三十六號，南至三十四號，西至三十七號，北至萬竹路。九畝地第七號。梁姓交割未了。

一業户興市公司則田五分三毫。東至三十七號，南至六十一號，西至小浜，北至萬竹路。九畝地第八號。

一業户興市公司則田一畝四分九釐一毫。東至三十六號，南至萬竹路，西至小浜，北至四十三號。九畝地第九號。

八十號原額二畝三分三毫，丈見二畝八釐三毫，應請給諭二紙。

一業户興市公司則田八分九釐四毫。東至八十一號，南至大境路，西至七十九號，北至八十號。九畝地第十號。

一業户興市公司則田一畝一分八釐九毫。東至八十五號，南至八十號，西至七十九號，北至七十八號。九畝地第十一號。

八十二號原額十一畝三釐，丈見八畝九釐八毫，應請給諭三紙。

一業户興市公司則田一畝七分三釐八毫。東至小九畝路，南至三十七、八號，西至懷真路，北至大境路。九畝地第十二號。

一業户興市公司則田四畝一分二釐一毫。東至八十二號，南至半浜，西至小九畝路，北至大境路。九畝地第十三號。改過局。

一業户興市公司則田二畝二分三釐九毫。東至阜春路，南至阜春路，西至八十二號，北至大境路。九畝地第十四號。改過局。

八十三號原額十七畝五分三釐，丈見十七畝二釐陸毫，應請給諭九紙。

一業户城自治公所菜場則田二畝正。東至舊倉路，南至大境路，西至八十三號，北至八十三號。九畝地第十五號。

一業户興市公司則田二畝五分三釐一毫。東至八十三號，南至大境路，西至八十三號，北至八十三號。九畝地第十六號。

一業户興市公司則田三畝五分七釐九毫。東至八十三號，南至大境路，西至八十四號，北至八十三號。九畝地第十七號。

一業户興市公司則田三畝二分四釐五毫。東至舊倉路，南至八十三號，西至八十三號，北至八十三號。九畝地第十八號。硝磺局。

一業户興市公司則田五分二釐四毫。東至八十三號，南至八十三號，西至八十四號，北至青蓮路。九畝地第十九號。

一業户興市公司則田二畝三分五釐八毫。東至舊倉路，南至八十三號，西至八十三號，北至八十三、九十二號。九畝地第二十號。硝磺局。

一業户興市公司則田一畝六分三釐五毫。東至舊倉路，南至八十三號，西至九十二、三號，北至九十四、五號。九畝地第廿一號。

一業户興市公司則田一畝正。東至八十三號，南至青蓮路，西至八十四號，北至八十三號。九畝地第廿二號。

一業户何子鈁則田一分五釐四毫。東至八十三號，南至八十三號，西至八十四號，北至九十七號。九畝地第廿三號。

八十四號原額九畝八分四毫，丈見八畝二分五釐七毫，應請給諭七紙。

一業户興市公司則田三分八釐三毫。東至八十三號，南至大境路，西至露香園路，北至八十四號。九畝地第廿四號。

一業户興市公司則田四分四毫。東至八十三號，南至八十四號，西至露香園路。北至青蓮路。九畝地第廿五號。

一業户興市公司則田五分三釐八毫。東至八十三號，南至青蓮路，西至露香園路，北至八十四號。九畝地第廿六號。

一業户何子鈁則田一分七釐。東至八十三號，南至八十四號，西至露香園路，北至八十九號。九畝地第廿七號。

一業户興市公司則田一畝六分二釐八毫。東至露香園路，南至大境路，西至八十一號，北至八十四號。九畝地第廿八號。龔屋。

一業户興市公司則田三畝一分二釐五毫。東至露香園路，南至八十四號，西至八十五、六號，北至青蓮路。九畝地第廿九號。

一業户興市公司則田二畝九毫。東至露香園路，南至青蓮路，西至八十六號，北至八十八號。九畝地第三十號。

八十五號原額一畝八分，丈見一畝三分九釐一毫，應請給諭一紙。

一業户興市公司則田一畝三分九釐一毫。東至八十四號，南至八十一號，西至八十號，北至八十六號。九畝地第三十一號。

八十六號原額四畝六釐九毫，丈見四畝四釐七毫，應請給諭三紙。

一業户興市公司則田四分四釐三毫。東至八十四號，南至八十六號，西至青蓮路，北至八十六號。九畝地第三十二號。

一業户興市公司則田一畝九分一釐四毫。東至八十四號，南至八十六號，西至青蓮路，北至八十六號。九畝地第三十三號。

一業户興市公司則田一畝陸分九釐。東至八十八號，南至八十六號，西至青蓮路，北至八十七號。九畝地第三十四號。

八十七號原額二畝一分六毫，丈見二畝七釐，應請給諭二紙。

一業户興市公司則田一畝二釐八毫。東至八十八號,南至八十六號,西至青蓮路,北至八十七號。九畝地第三十五號。

一業户興市公司則田一畝四釐二毫。東至九十號,南至八十七號,西至青蓮路,北至九十一號。九畝地第三十六號。

八十八號原額二畝六分五釐八毫,丈見二畝六分五釐八毫,應請給諭一紙。

一業户興市公司則田二畝六分五釐八毫。東至八十九號,南至八十四號,西至八十六、七號,北至九十號。九畝地第三十七號。

八十九號原額二畝二分九釐四毫,丈見一畝九分四釐七毫,應請給諭三紙。

一業户興市公司則田四分陸釐七毫。東至露香園路,南至八十四號,西至八十八號,北至九十號。九畝地第三十八號。

一業户何子鈁則田七分五釐七毫。東至九十七號,南至八十四號,西至露香園路,北至八十九號。九畝地第三十九號。

一業户興市公司則田七分二釐三毫。東至九十七號,南至八十九號,西至露香園路,北至路。九畝地第四十號。

九十號原額八畝四分七釐五毫,丈見三畝九分二釐五毫,應請給諭五紙。火藥局九十號。

一業户興市公司則田二畝二釐一毫。東至露香園路,南至八十八、九號,西至九十號,北至九十號。九畝地第四十一號。

一業户興市公司則田二分八毫。東至九十號,南至八十八、九號,西至八十七號,北至九十一號。九畝地第四十二號。

一業户興市公司則田二分六釐八毫。東至一百號,南至九十八號,西至露香園路,北至一百號。九畝地第四十三號。

一業户興市公司則田一畝一分一釐七毫。東至露香園路,南至九十號,西至九十、九十一號,北至城根路。九畝地第四十四號。

一業户興市公司則田三分一釐一毫。東至九十號,南至九十號,西至九十一號,北至九十一號。九畝地第四十五號。

九十一號原額二畝六分六釐三毫,丈見一畝五分五釐七毫,應請給諭二紙。

一業户興市公司則田七分三釐三毫。東至九十號,南至九十號,西至九十一號,北至城根路。九畝地第四十六號。

一業户興市公司則田八分二釐四毫。東至九十一號,南至八十七、九十號,西至青蓮路,北至城根路。九畝地第四十七號。

九十二號原額一畝三分七釐三毫,丈見五分七釐六毫,應請給諭二紙。

一業户興市公司則田二分七釐八毫。東至八十三號,南至八十三號,西至九十二號,北至九十三號。九畝地第四十八號。

一業户興市公司則田二分九釐八毫。東至九十二號,南至八十三號,西至九十七號,北至九十三號。九畝地第四十九號。

九十三號原額三分，丈見三分，應請給諭一紙。

一業户馬杏春書屋則田三分正。東至八十三號，南至九十二號，西至九十三號，北至九十六號。九畝地第五十號。

以上共計原額則田八十一畝七分，實見丈地六十五畝九分八釐一毫，應請給諭五十紙。

另，八十三號無糧荒地葉浩川户名則田二分五毫。東至八十三號，南至八十三號，西至八十三號，北至九十二號。九畝地號外。

呈上海縣田陳明九畝地公地變價分派公用情形請發印諭文宣統二年十二月十九日

爲呈請事。竊九畝地公地前經原任署廉李暨本邑紳士先後稟准前督憲端，變價歸公，統以五十畝計價五份，派計改良監獄建築費一份，彌補原任署廉李虧款一份，該處闢門築路費一份，學務費一份，貧民習藝所建築費一份。該地一時苦無售主，嗣據興市公司願統行承買，由敝公所先後函請給發印諭兩紙。所有彌補虧款一份，先經呈送轉解敝局收過工程費銀一萬元，收解監獄建築費銀一萬元。惟以該地年久荒廢，不無隱佔，因函請舉董清釐。當奉照會吴紳馨並諭飭亭耆、地保、地甲詳細查丈。嗣准吴紳函復清釐事竣，並繪開圖摺前來。查該公地共丈見實地六十五畝九分八釐一毫，内除三十二號五分六釐三十三號六畝一分九釐七毫，作公立小學之用，八十三號二畝作小菜場之用，淨應變價之地共五十七畝二釐四毫。火藥局、硝磺庫、改過局之地均在其内。又五十三號内圖册載有葉浩川户名則田二分五毫，而糧册則從無此户。詢諸圖甲，僉稱係荒絶無糧之地，自應併案變價。吴紳於該地詳細勘丈，煞費苦心，實無遺漏隱匿。既經呈送圖摺，應請迅賜分别給發印諭五十一紙，發交敝局，以便轉催興市公司繳價。現在不特監獄建築費待款應付，即如學務工程習藝所亦無不需款籌辦，而營中火藥局尤待有款移建。惟該地原派五份，各以十畝爲限，今除五份及公立小學、菜場基地外，僅存七畝有奇，而原有之硝磺庫、火藥局、改過局尚佔地在十畝以外。且據該公司稱，該三處又即遷移，尚未能造屋，興市則付價一節尚待磋商，除由吴紳另呈外，合行呈請察核迅發印諭，實爲公便。再，先前給予興市公司印諭兩紙，當俟此次印諭發交後，即行繳案注銷，以清界限。合併聲明。

計呈代繕九畝地公地變價諭單五十紙，又民荒變價諭單一紙，共計諭單五十一紙，應請迅賜標硃蓋印發下，以便轉催繳價。又預備存報空白諭稿三紙，敬希備案。其圖摺已由清查九畝地事務所呈送矣。

上海縣田移送九畝地公地印諭文宣統二年十二月二十日

爲移送事。准貴紳以九畝地公地稟准變價充公一案，業由吴紳將各地逐細清釐完竣，繕就諭單五十一紙並稿三紙，字號、户名、畝分清摺一扣，繪圖一紙，請賜印發，轉催繳價等因。准此，除將繪圖清摺暨諭稿附卷備查外，合將印諭四十六紙備文移送。爲此合移貴紳煩爲查收，發給繳價。所有前次給發興市公司印諭兩紙，即希送縣註銷，仍請將派撥改建監獄經費催繳齊全，送下濟用。望速須至照會者。

移興市公司送交九畝地印諭三十紙文宣統二年十二月廿一日

爲移送事。照得九畝地公地變價,經原任上海縣李暨本邑紳士稟奉前督部堂端核准後,貴公司願繳價承買,當經公估核定地價,每畝銀元二千五百五十元,由本局函請上海縣田發給印諭兩紙,先後轉送。貴公司先後交來地價銀元計一萬元,係作該處工程之用;又二萬五千五百元,係解縣作賠繳原任上海縣李虧款之用;又銀一萬一千兩,以七錢三分八釐計,合銀元一萬四千九百五元一角四分九釐,又銀元一萬五百九十四元八角五分一釐,以上兩項合銀元二萬五千五百元,係解縣作改良監獄建築費之用;又四千元,又二千元,係移送勸學所作學務之用。計先後收到共銀元六萬七千元。兹該地業已清釐就緒,合先將奉發印諭三十紙,計地三十七畝六分八釐二毫,備文照送,應請貴公司先行按照前開畝分管業,並將上項地價如數交來。此外,各地尚有硝磺庫、火藥局、改過局在上,應俟遷移後指交。其前送之印諭兩紙,即希貴公司檢還,以便呈縣核銷。所有現發印諭,合行移送,爲此移請貴公司查照,見復施行。須至移者。

計送諭單三十紙,計地三十七畝六分八釐二毫。

移上海縣田繳送九畝地公地價銀内改良監獄經費文宣統二年十二月二十五日

爲移復事。案准移開,准貴紳以九畝地公地云云。等因,准此,遵即轉致興市公司。兹據該公司續繳銀元一萬五百九十四元八角五分一釐前來。查該公司前於本年七月十五日繳過規銀一萬一千兩,每元合銀七錢三分八釐,計合銀元一萬四千九百五元一角四分九釐,加以現繳之數,合成銀元二萬五千五百元;改建監獄經費業已催繳齊全。合行將交來鈔票銀元一萬五百九十四元八角五分一釐移送。其前次給發興市公司印諭兩紙,容俟繳到,另行呈送。爲此移復,即祈察核,並候示復施行。須至移者。

致上海縣田函陳明九畝地公地清丈畝分歸興市公司承買文宣統三年正月二十九日

敬啟者。昨奉惠函,以九畝地變價銀兩改爲五分,提一分彌補李前邑尊欠解正款一案。本署奉到藩憲公文,囑將公地變價銀五分之一能否抵解李前邑尊欠解正款,酌復其餘不敷,轉致李前邑尊家屬趕緊籌解等因。查九畝地公産上年曾經清查繪圖,計共五十七畝有零。惟内有改過局一方,擬俟習藝所、勤生院造成後分别遷移外,又有硝磺局、火藥庫兩項,均須另覔相當之地,設法遷移。此兩項建築遷費,均須在變價内提出。現擬以查出之五十七畝零,除去七畝零爲兩項建築遷費外,以五十畝爲五分公用。去臘有興市公司願每畝出洋二千五百五十元,全數承領,曾於道署晤教時請示,蒙面許照辦。然與該公司商訂草約,時值歲底,該處馬路工程墊款急需歸還,當由總工程局收到興市公司定洋一萬元,先歸九畝地馬路工程墊款。開正正擬報明冰案,適奉函示,兹將興市公司訂立草合同一紙呈請察閲。至李前邑尊未解正款,尚欠庫銀二萬四千兩零。此地五分之一可得價洋二萬五千餘元,約合庫平銀一萬六七千兩,其餘不敷,已由該家屬四出告貸,弟仍幫同設法。誠如藩憲鈞諭,爲塔者必合其尖,掘井者蕲及其泉,斷不使遺此缺憾,致隳前功。伏祈察核轉報,不勝感荷。再,現在九畝地已有人承領,來函出示曉諭一節,似可不必,是否仍候卓裁。此復。

移興市公司續送九畝地印諭八紙文宣統三年三月十六日

爲移送事。照得九畝地公地由貴公司繳價承買，業將縣諭三十紙計地三十七畝六分八釐二毫移送，取有收單。貴公司先後交來地價銀六萬七千元正，亦已分別轉送動支在案。茲復移送印諭八紙，計地十五畝六分二釐，祈照後開數目查收見復，並將應繳之地價如數核交。其舊時印諭兩紙，即希檢還，以便呈縣核銷。爲此移請貴公司查照施行，須至移者。

計開

第十三號四畝一分二釐一毫	即改過局地
第十四號二畝二分三釐九毫	即改過局地
第十八號三畝二分四釐五毫	即硝磺庫地
第二十號二畝三分五釐八毫	即硝磺庫地
第四十一號二畝二釐一毫	即火藥局地
第四十二號二分八毫	即火藥局地
第四十四號一畝一分一釐七毫	即火藥局地
第四十五號三分一釐一毫	即火藥局地

以上共印諭八紙，計地十五畝六分二釐，連前共移送印諭三十八紙，共計地五十三畝三分二毫。

清查九畝地事務所函報續行清理事竣開送清摺文宣統三年四月十六日

敬啟者。清釐九畝地一節，業將辦理情形先後函報貴董事會在案。本年自正月二十五日起，續行清理，截至四月十五日止，所有在地民房、墳墓一律遷拆完竣。理合將各項開支及公地、民地分界情形，分別繕具清摺二扣，並領狀五紙，送請備案核銷，並即日將事務所裁撤。除於報縣文内聲明，所有在地硝磺庫、火藥局及改過局三處如何遷建，辦法應由貴公所隨時會縣稟承道憲另行商辦外，合將清釐事竣、裁撤事務所日期一併報告，統祈察核施行。專肅。

清釐九畝地公地與民地毗連處分清界址清單

計開

三十二號、三十三號公地之間查有十三號周姓民地一分零，扣除歸周姓執業。

三十三號公地與十二號丁姓民地西邊綫毗連，眼同劃清公私界址。

三十三號公地與五十八號丁姓並地毗連，清出被佔公地一方，眼同業主將界石收進。

三十三號公地與二十六號徐姓民地毗連，飭將東首笆角收至屋簷齊。

三十三、六、七號公地與三十四、五號梁姓民地毗連，查該民地北首木駁、南首竹笆，均佔及公地，業經眼同地甲、地保、亭耆丈明公私界址。

三十六號公地與三十九號、四十號陳姓民地毗連，飭將南首竹笆收進六尺，至屋簷齊。

八十號公地與清蓮菴前院七十九號菴地毗連，業將菴地照圖册丈足，餘地歸公償還，打笆費二十一元。

八十號公地與八十一號陳王姓民地毗連，飭將東北首笆角收進七尺。

八十三號公地内查有趙姓租建平屋九間、墳一座及浮厝等，給與拆屋遷墳費三百六十五元，收回地基。

八十三號公地查與同號之葉大成、葉浩川民地毗連，除葉浩川地丈見查無業主另行聲明請示外，將葉大成墳地眼同業主劃清並留出公路一條。

八十三、四、九號公地與九十七號何姓民地毗連，被佔實地一畝零九釐二毫，繳價三千三百元。

八十四號公地内有由營出租與龔姓建屋之地，計丈見公地一畝七分零八毫，據稱情願繳價，尚未來所。

八十四號内菜地一方，詢據租户楊虎雲稱，緑營地出租，查明確在公地之内，丈見一畝五分五釐五毫，業已勒令停種。

八十六號公地内查有康姓向營租建舊平房六間，給與拆費錢一百九十千文，收回地基。

八十七號公地無着，查與羅姓所佔墳地四址相符，酌貼羅姓遷墳拆屋費六百五十元，計收回公地丈見一畝五分零。

八十八號公地内查有高王氏以九十九號單據二分零誤佔公地一畝二分，坐落不符，畝分不合，在地有樓房四幢、墳一座、浮厝二具，業經稟縣勒拆歸公。旋據高王氏稟縣，請查軋九十九號地。以便管業，飭保查丈無着。當念高王氏孀居孤苦，將九十號公地諭單劃出地二分零，交伊執業，以便遷屋，並將查丈無着之九十九號田單收回批銷。當給以遷墳拆屋費二百九十八元，覆縣銷案。

八十九號公地與九十七號施姓民地毗連，飭將竹笆凸出處收進作齊，眼同立石，劃清界址。

九十三號公地被佔，現已清出，計丈見地三分，由馬姓繳價九百元。

清釐九畝地各項開支清單

計開

遷墳拆屋等費項下：

一支羅肇瀾拆屋費銀三百五十元正。

一支羅肇瀾遷墳費銀三百元正。

一支康悦祥拆屋費錢一百九十千，合銀一百五十元零七分正。

一支償青蓮庵打笆費銀十八元正。

一支傅銀福拆笆費銀三元正。

一支高王氏拆屋費銀二百五十元正。

一支高王氏遷墳費銀四十八元正。

一支趙梅祥拆屋費銀二百八十五元正。

一支趙梅祥遷墳費銀八十元正。

一支遷荒壙費銀六百三十四元六角三分正(由輔元堂代遷,計六百餘具)。

一支遷壙雜費銀十元正。

以上共支銀二千一百二十八元七角正。

填浜劃界等工程項下:

一支界石(七十三塊)銀七十三元正。

一支立石丈地小工銀三十八元五角四分正。

一支填浜泥工銀一百十元零三角正。

一支砌築青蓮路銀六十元正。

以上共支銀二百八十一元八角四分正。

事務所公費項下:

一支房租飯食銀五十元正。

一支夫馬銀一百四十元正(協董二人)。

一支僕人工食(一名每月五元,六個月)銀三十元正。

一支亭耆飯食酬勞銀四十元正。

一支四圖地保工食(每月三元,六個月)銀十八元正。

一支九鋪地甲工食(每月三元,六個月)銀十八元正。

一支十二鋪地甲賞銀三元正。

一支縣差犒賞銀十四元正。

一支兵房紙筆費銀十二元正。

一支石印地圖(五百張)銀十五元正。

一支茶水紙筆等雜項銀十三元三角五分正。

以上共支銀三百五十三元三角五分正。

三共揭支銀二千七百六十三元八角九分正。

龍華寺案

上海縣田照會龍華寺被控穢跡應否折毁公議復縣文宣統三年五月十一日

爲照會事。奉道憲劉批張秀峯等稟龍華寺窩藏婦女,請飭查究由。奉批:據稟,龍華寺僧窩藏女尼鄉婦,殊爲不法。既經局員親在鎖閉室内查獲,何以發交地保看管,並不送縣究辦?既據並稟府縣,仰上海縣立即確查嚴辦具報。再查光緒二十六年余前升道曾准製造局函,飭縣諭令該寺撤去經壇關鎖寺塔,以杜釁端。此外,何時另有不守清規,經前道發封之案,及稟内列名之人是否均係城鄉公正紳士,並由該縣查明聲復,以憑核辦,毋稍縱延切切。原稟抄發等因到縣。奉此,查此事先據張秀峯等稟同前由。當以龍華香汎,男女混雜,舉國若狂,爲本邑社會之污點。僧人不守清規,本無待言,惟積習相沿,神通廣大。且近來民權日張,輿論不一,地方利弊,有多數人議決而偏有一二人反對者,有少數人發議而激動全體者,有暗分黨派而各自争執者。紛紜錯雜,地方官幾幾立於被動地位,不能先發一言,即言之,亦歸於無效,甚且不能免詆毁之叢來意者,立憲真諦,自治精神固在是耶?所有龍華寺搜獲女尼各節,並未據巡防局具報,此中已有曲折,如僅照該紳等所稟,飭差發封,或且昌言整頓,如告示也,稽查也,彈壓也,提辦也,驅逐也,皆轉輾入於金錢主義,陽奉陰違,不過爲各衙門各局所奸蠹大開需索包庇之門,而仍不能免反對者之醜詆與運動復舊之舉,徒貽笑柄,於社會毫無裨益。此固勢所必至,無庸諱言者。總之,此等穢區,惟有全數拆毁,盡逐僧人,或者尚有廓清之望。惟能否辦到,該紳等既逕稟道府各憲,應俟奉到批示,再行照會自治公所,定期開會,徵集意見,議決施行等語,批示在案。嗣據漕河涇鄉自治公所議長唐祖瀛等稟稱,本鄉界内龍華寺僧人窩藏尼婦,經龍華鎮巡防局查獲,及朱贇與祖瀛等稟達憲案。蒙批:有此等穢區,惟有全數拆毁,或有廓清之望等因,仰見疾惡如仇之至意。祖瀛、秀峯住居既近,見聞較確,事發後更復切實訪查,始悉該寺本年三月香汛藏有尼婦,外間嘖有煩言。龍華鎮巡防局員吴於三月十九夜率領巡勇入寺,在方丈樓内查獲台州府甯海縣静雲庵女尼常妙一人,年約三十左右,又鄉婦吴吴氏等四人,飭二十六保十並十三圖地保宣廉夫協同巡勇看管。正擬送縣究辦,而住持機福向局員懇求從輕發落,未經允准。適值鎮民吴紹基在同仁輔元堂驗煙遣歸,出爲調停,令機福出洋一百四十元,當場付銀五十元,由紹基出收條存局員處。旋以朱贇等已具公稟,機福情急,遂續繳銀九十元,連前五十元,由紹基一併移交龍華蒙養學堂經理吴士英,囑出學堂收條,存局員處,遽將常妙、吴吴氏等釋放。此僧人窩藏尼婦經局員揭發而未即送案之實在情形也夫。該寺僧人平日操守若無虧損,則臨時何所恐懼,何必倩紹基調停,又何必出銀一百四十元以助學堂?其爲多金運動冀息人言,概可想見。第事關地方風化,祖瀛、秀峯等又忝列議會職員,不敢緘默,爰照《城鎮鄉自治章程》第四十條,於本月十六日開本鄉臨時議事會,議員十一人,到者祖瀛、秀峯外,又有張宗福、秦頌平、沈文豹、王紹裘、陶福嘉、胡文達、吴紹基等七人。當先佈告案由,研究辦法,僉謂龍華寺有此行爲,實爲漕區穢地,一日不發封則瑕垢一日不能滌蕩,决議呈請從嚴懲辦,永遠發封。此次議案,惟吴紹基、胡文達否決外,餘均簽名贊成,實爲多數議決。除稟陳道憲外,合行照章呈報,伏乞恩准發封提究,以順輿情。並據江蘇僧教育會松屬事務所所長應乾申稱,接准江蘇全省僧教育會照會内開,本會今見各報登載上海龍華寺住持僧機福劣聲喧播,物議沸騰,並經巡防局前往搜查,攸關本會僧界名譽,何以並不查明報告,豈將該寺置之度外耶?抑該寺僧頑硬,不就範圍,亦當報會從嚴處治,應即遴派調查員前往澈底清查,據實報告,以憑移會地方官澈究等因。敝所准經函致龍華鎮董查詢情形。現據該鎮董吴紹基、胡文達以報上所登於鎖閉室内查獲之説,董等耳目較近,實未見聞。况當時有巡警二十名駐宿寺内,均知實在情形等情,函復到所。兹據上海各寺廟僧交來聯名公稟,並附清摺,凂爲轉呈敝所。因事在僧界範圍之内,宗教攸關,理合據情具文申送,仰祈憲台鑒核,俯賜照會江蘇僧教育會,另選戒僧來滬接充龍華寺住持,俾得保全古蹟,維持宗教各等情,暨附送僧耀三等公稟一扣前來。查龍華香市除每年奉道憲札飭並由縣示禁外,有光緒二十六年十月奉余升道憲諭龍華寺左近洋兵駐紮,訪聞寺僧立會諷經,招引男婦燒香,恐生事端,飭縣暫將山門封閉、撤去塔梯等因一案。二十八年十月奉袁升道憲以寺僧巧立會名，引誘婦女復股開煙館茶店，札縣查明驅逐一案。二十九年閏五月唐祖瀛等以寺僧創立佛會，貼招傳戒等情，稟奉袁升道憲批縣照案查禁一案。其餘各士紳之稟揭寺僧之互控不一而足。除將現稟批示外，相應備文照會，爲此照會貴紳，請煩查照，訂期開會，應否拆毀，徵集意見，公同議決，復縣會同辦理，以便轉復。望切須至照會者。

呈上海縣田陳復諮詢龍華寺應否拆除議決案文宣統三年六月十二日

爲呈復事。本年五月十二日接奉照會，録示道憲批張秀峯等稟龍華寺僧窩藏婦女一案，並鈞署批示。又録漕河涇自治議長唐祖瀛等公稟，及江蘇僧教育會松屬事務所所長應乾申文等件，飭即訂期開會，該寺應否拆毀，徵集意見，公同議決復縣轉復等因。奉文時適在夏季議事會會議期内，遵即臨時交議。兹准移交此件議決案前來，内開一件縣照會諮詢龍華寺應否拆除案。董事會奉文臨時交議事件，按照《城鎮鄉自治章程》第三十九條之規定，議決龍華寺不在本城區域之内，應由本縣長官據案核斷，或俟縣自治成立後議決等因，合行照案呈復，爲特呈祈俯察施行。須至呈者。

上海縣田照會龍華寺案籌議妥善辦法文宣統三年八月二十一日

爲照會事。八月初五日奉道憲劉札，本年七月初二日奉撫憲程批發上海縣南鄉自治聯合會三區議事會議長姜渭漁等稟請發封龍華寺由。奉批：查此案前據僧立教育會呈請保護，並查究寺僧機福由該會選派住持等情前來。當經明晰批示：以察核該會附呈縣批有“男女混雜，舉國若狂，及僧人不守清規”等語，是該寺僧確有劣跡，即該會亦無從辯護，托名宗教，敗壞風化，既爲國法所不容，即爲佛門所痛疾。至如廟産作何處置，應俟地方官訪查輿論，不得藉故覬覦，把持壟斷，飭由上海道轉飭該縣秉公辦理在案。兹據稟稱此事始末，均經調查確實，開會議決，請將寺僧驅逐、寺産發封，惟未據該道等詳報到院。究應如何妥善辦理，仍仰上海道轉飭該縣迅即將查核議案情形具復候核，毋稍偏延切切，並候督院批示稟發仍繳等因。奉此，查此案前據江蘇僧立教育會呈奉撫憲批道飭縣秉公辦理等因，業經行縣遵辦。旋奉督憲批示到道，又經照會自治公所暨轉行該縣會同妥籌辦法復道核轉在案。奉批前因，除將奉發原稟録存呈繳外，合再録批抄稟札飭札縣，即便遵照，迅將查核議案情形並會同籌議妥善辦法，刻日具復，以憑轉報，毋再遲延等因到縣。奉此，查此案前奉札飭，節經照會在案。兹奉前因，合再抄粘照會，爲此照會貴所，煩照先今來文查明，籌議妥善辦法，復候核轉。須至照會者。

稟蘇松太道劉龍華寺應由地方官秉公查辦如鄉區核議不便執行即提交縣會議決文宣統三年八月廿三日

敬稟者。竊本年七月十二日奉照會内開，本年六月十七日奉督院張批發江蘇僧立教育會呈上海龍華寺傳戒期内巡委藉故搜查乞保全寺産由。奉批：呈及稟摺均悉。龍華寺雖係著名古刹，佛門要以清淨爲宗。若如摺呈上海縣田令所批尚復成何事體。該令爲此痛心疾首之言，自非絶無聞見。果使爲該邑社會之污點，自未可執保護寺産一語，以保護此穢區，仰上海道確實查明，酌擬辦法，飭縣辦理具復。此批。呈及稟摺均抄發等因。奉此,除札飭上海縣詳細查明,會同貴公所妥擬具復外,合就備文照會,爲此照會貴公所,請煩確切查明,會縣妥擬辦法,復道核辦等因。奉此,查此案先後經上海縣轉奉憲台札奉督撫院批示照會,妥擬辦法前來。當經併交城議事會公決。兹准城議事會移交議決案内開,該寺如實有穢跡,應由地方官秉公查辦。今欲取決衆論,該寺坐落鄉區,應由該鄉區先行核議,如不便執行時,應提交縣議事會議決。若僅由本議事會議決,於法理事實兩有窒礙。雖奉縣批,有事關闔邑風化,似不必拘於區域等因。而本議事會仍應恪守權限,應由董事會查照夏季議決案,分别呈復等因。合行稟復,爲特備由稟祈察核施行。專肅。

呈上海縣田議復龍華寺應由地方官秉公查辦或提交縣會議決文宣統三年八月二十三日

爲呈復事。竊本年六月三十日奉照會内開,奉道憲劉札,本年五月初七日奉撫憲程批發云云。等因,並抄批答一紙。七月二十七日又奉照會内開,七月十三日奉道憲劉札,本年六月十七日奉督院張批發云云。等因。奉此,查此案於本年七月十二日並奉蘇松太道照會,事同前因,當經併交城議事會於秋季議會公決。兹准城議事會移交議決案内開,該寺如實有穢跡,應由地方官秉公查辦。今欲取決衆論,該寺坐落鄉區,應由該鄉區先行核議,如不便執行時,應提交縣議事會議決。若僅由本議事會議決,於法理事實兩有窒礙。雖奉縣批有事關闔邑風化,似不必拘於區域等因。而本議事會仍應恪守權限,應由董事會查照夏季議決案,分别呈復等因前來。合行呈復,爲特呈祈察核施行。須至呈者。

廟園建築争論案

致豆米業董函據廟園店鋪環請拆除三穗堂前新築圍牆文宣統二年十月十八日

敬啟者。據廟園店鋪古香閣等十五家合詞稟稱,廟園三穗堂前現有豆業董事在該處添築圍墻,阻礙交通。查照光緒二十三、四年成案,並勒石碑文,三穗堂前應留隙地,不能擅行興築,請爲轉致豆業,飭將竹笆趕行拆去,並飭肉業公所將香雪堂前木棚一併拆除等情,並附碑文一紙前來。據此,查閲碑文確有桂花廳及隔湖三穗堂正廳前都留隙地,該隙地備恭逢萬壽支搭彩棚點綴景物之所等語。現該各店鋪等既援案具稟,請將竹笆拆除,合亟備函奉達,並將來稟抄呈台閲。此事衆論以爲不便,應請俯順輿情,停止此項工作,以顧成案而息人言,是所至幸。

致豆米業函抄録議案請拆除廟園三穗堂前新建圍墻文宣統三年三月二十一日

敬啟者。准城議事會春季議決豆業在廟園圍基地案一件内開,議事會提議事件按照《城鎮鄉自治章程》第五條第三款事宜議決廟園三穗堂前空地關係行人通行之處,豆業應顧念公益,應由董事會勸令將新建圍墻拆除等因,爲特奉達,尚希顧念公益,嘉惠行人,即將新建之圍墻拆除。曷勝企盼。

上海縣田照會集議廟園古香閣等環控豆米業董在三穗堂前佔築圍牆文宣統二年十一月廿一日

爲照會事。奉道憲劉批古香閣等稟侵佔公地,藐玩成案,環求飭阻,俯順輿情由。奉批:來稟並碑文均悉。廟園公地豈能任意蓋造房屋?既有禁令在先,仰上海縣會同總工程局核明禁阻具復，碑文並發等因。並據古香閣等十五户聯名稟稱，切商等均在邑廟後園營業，歷久相安。伏查所有廟園公地，前於光緒二十三年夏間有花業蔡長福擅在清芬堂前隙地起造岑樓，經本處耆民二班會首王錫、三班會首王景等以該處隙地原爲邑廟庫基、三節焚化冥鏹之所，公稟環求禁阻。蒙前縣憲黄據詳前道憲劉飭董會議，旋經邑紳范鳳藻、汪濤、曹基善等查議，具復以遵。查清芬堂即桂花廳及隔湖三穗堂正廳前都留隙地，以備恭逢萬壽支搭彩棚點綴景物之所。雖各業分承經管，仍係廟園公地，豈得視爲私産、任其蓋造房屋，致毁園景等情，稟求飭差禁阻在案。嗣於光緒二十四年二月間前縣憲黄以花業蔡長福既經遵飭停工，木料尚未移去，深恐日久玩生，將來難免死灰復燃，除飭遷外，給示勒石永禁，以杜後患各等因在案。詎有豆業董忽在三穗堂廳前添築圍牆，僅留仄徑通行。竊思後園素饒風景，該處尤爲公眾出入之孔道，遊人麕集，遍地陳列貨攤，每届星期佳節，更爲繁盛各業賴以成立。設一旦阻礙交通，不特商鋪將大受影響，即設攤之小販亦勢必生機頓絶。種種窒礙，眾論僉同。尚有老四美軒西偏香雪堂前隙地近爲肉業公所在東西兩端欄以木栅，早已商民交怨，眾論譁然。而豆業接踵效尤，環求飭令拆除等情。暨豆業萃秀堂公所職董張嘉年、司月泰潤等稟稱，竊邑廟豫園敝業萃秀堂公所界内三穗堂前基地瀕臨池岸，時有江湖流丐弄棍賣技，演唱花鼓，或張淫畫，引人聚觀，争地開場，禍端百出。遊人擁擠，每有無知兒童登立池岸石欄，企足引觀，頻遭傾跌，池水既經撈深，尤多不測。園囿清幽之地，竟爲江湖混跡之場，人民遊玩之方，轉爲老稚危險之境，不爲防閑，問心何忍？因量度地勢，公議將池岸石欄修固，建築二丈闊之通行大路，路以内圈以磚底鐵欄，於景則補綴益佳，於害則剔除，可盡詢之地鄰，莫不歡迎。當經報由警局知會自治公所，勘定丈明，南首放築路闊二丈，西首放築路闊一丈七尺，路以内圈以磚底鐵欄，遵領執照，於九月二十四日開工。詎忽有廟園店鋪古香閣等稟，該處添築圍牆，阻礙交通，殊爲駭異。查三穗堂前基地均係敝公所萃秀堂一户承糧，界内業已放出大路，且公所亦非私産，何得指爲侵佔繪圖，環請批示等情各到縣。查古香閣等稟呈碑摹光緒二十四年黄前升縣示諭，載有桂花廳及隔湖相對三穗堂兩廳之前都留隙地，爲萬壽支搭彩棚、點綴景物之處，想該地多年不從事建築，未始不由於此。每逢佳節城隍廟内遊人甚眾，道路狹小，時有擁擠之慮。該職董等將三穗堂之地用鐵欄圈築，雖係南首築路二丈，西首築路一丈七尺，其餘既須圈去，則寬敞必不及從前。地係公産，自應詢諸公論，究應如何議決，自應照會邀集各業秉公議復察奪。除分别批示外，相應照會，爲此照會貴公所煩爲查照，希即邀集各業秉公妥議見復，以憑核轉，幸勿有稽。望切須至照會者。

呈上海縣田遵復集議桂花廳前沿池添築鐵欄事已妥商允洽文 宣統三年閏六月初三日

爲呈復事。竊奉照會内開，據清芬堂舊花業公所商民曹協興等稟稱，竊業等公所即桂花廳前向有隙地一方，爲公所承量管業，曾於同治七年、光緒十六年歷蒙朱、陸二前憲先後給示勒石，註明畝分各在案。嗣於光緒二十三年公所擬在隙地起造岑樓，被二班會指爲焚化冥錠之庫基，出而干預。當蒙前憲查明此項隙地實係敝公所之産，惟建造岑樓，既據指爲焚錠之所，且礙園景故，有禁止建造之令。然樓雖不建，産仍舊主，因去年二十一行商見廟園荷池淤塞，街道敗壞，公議集資濬修，稟蒙仁憲給示保護在案。當時該同議決於沿河一帶添築磚欄，庶免垃圾傾倒荷池，以垂久遠。今各業磚欄均已工竣，敝公所事同一律，亦應開工添築，而二班會首希圖歸伊築造，意在謀奪公産。查添築磚欄非岑樓可比，藉案出阻，目無法紀，當經公稟憲案，蒙批發自治公所查議，迄今仍無定斷。現下敝公所之房屋僱工修葺外，亟擬於荷池畔添築磚欄，環求嚴諭二班會首，毋得阻撓等情。並據廟園各業公所、豆業萃秀堂等聯名稟稱，竊上年廟園荷池淤塞，街道欹側，由園内二十一行業户集資濬修，稟蒙仁憲給示保護在案。此項工程當時公議於沿河一帶添築磚欄，均已照議竣工。惟舊花業公所即清芬堂獨付闕如，深慮長此因循，荷池仍被蹧蹋，則商等集資濬修之費，原歸無效，屢詰舊花業不築之故，據云被二班會首藉詞光緒二十三年禁止起造岑樓一案出而阻撓。查該地向係舊花業公所承量管業，於同治七年、光緒十六年歷蒙前邑尊先後給示勒石，有案可稽。今舊花業於沿池築造磚欄不過三尺，既照公議保護荷池，又非起造房屋，與光緒二十三年一案無稍違背，二班會首藉詞阻撓，有礙公益，環求批飭舊花業公所清芬堂照議築造，以竣全工而保荷池等情各到縣。據此，查前據豫園各池户、勸學所等呈集資開浚河池、園中周圍設置瓦筒溝、翻砌園中街道、集款定期開工等情，當經出示諭禁移會警局在案。嗣據古香閣等聯名上控豆業萃秀堂前圍佔鐵欄等情，當經照會自治公所會勘收進詳復在案。兹據前情，除分别批示外，合行照會，爲此照會貴所董煩爲查照，希即速邀集議定妥，見復核奪，幸勿有稽，望速等因。奉此，並據清芬堂舊花業公所代表張詠棣、徐國成等開具節略，抄呈前廉朱所給印諭並糧串、地圖、碑摹等件前來。當於本月初二日邀同舊花業各商二班會首暨廟園領袖張紳嘉年等集議，舊花業各商意在建築磚欄，免致穢物遺棄入池，情願永遠不建岑樓，仍准二班會首於空地上焚化錠庫。二班會首池文施、晉陸松等均願照此辦理，惟請添入，亦不建設亭榭一語，兩造均已允洽，合行呈復，爲特呈祈俯賜察核施行。須至呈者。

李總董平書規畫廟園意見書宣統三年八月　日

竊維地方自治之原理，貴乎地方上人心理之大同，全係共和性質，斷不容一毫專制於其間也。乃因教育未經普及，人民程度不齊，辦自治者又急欲求效，過於討好，以致美意疑爲虐政，仁術指爲暴行。近如川沙，遠如鎮海，釀成焚殺，非無因也。鄙人自開辦總工程局以來，存一"己所不欲，勿施於人"之宗旨，六年來幸獲平安，明知事近敷衍，斷不能饜一般望法者之盛心。然自顧才力薄弱，寧受才力不及之誚，決不敢負辦理不善之咎。蓋才力不及，猶可辭職讓賢，徐圖後效；辦理不善，則必釀禍肇亂，盡隳前功。斯則鄙人斤斤之見，幸諸公見亮焉。前繹此次規定廟園路綫案，竊有所疑，謹爲諸公言之。第一，語云"廟園爲城廂公園"，夫兵燹以前尚無"公園"二字名詞，詢之父老，兵燹前廟園究歸何人管理，云歸東西房道士管理。又聞道士是否地方公舉，云爲裕伯題橋秦氏，係城隍神後裔所舉，而由地方官准允者也。信若是，兵燹前之廟園地方人民未盡義務、未擔責任，何得謂之公園？（當時修葺費多半出於香金及道士四出募捐，不得謂地方盡義務也。）第二，語云"兵燹後由各業分管，向爲公眾集議及遊憩之所"。夫既由各業分管，則地由各業承糧，屋由各業承造承修，譬如人家老產分析各房，各房承受後，所入所出悉歸各房，尚得云老房公産乎？既爲各業分管，則集議也、遊憩也、營建出租也，各業自有主權，他人何得攘奪？即如現在内園歸錢業，萃秀堂歸豆米業，點春堂歸花糖業，得月樓歸布業，平常深閉不准人入。有欲讌會及議事者，必向經管之人商借。夫用而曰借，則明明物其所主矣。否則以地方公民用地方公地，何借之有？愚故以爲廟園性質屬於公有者四成，屬於私有者六成，今若欲規復昔時風景，惟有籌集巨款，酌償各業初領時一切費用及建築經費。至其歷年修理費，則應分年限，其未成市廛以前，爲應償修費之年限。既成市廛以後，有房租收入，不得再償修費，應請議會調查考察，歸入冬季常會議決。其次，則以廟園爲二十一業之廟園，由董事會邀集二十一業，令其組織團體，選舉議長、董事，以後關於廟園建築、修理道路橋梁一切之事，自治公所與該團體商議，共圖改良。公議定廟園與人家一般，何須官設之巡警干涉。廟園有事，需用巡警，由團體請派。此議若行，較之前議簡易，請諸公度之，鄙人所以不敢遵從議案者，誠恐執行有阻，失董事會之價值小，失議會自之價值大。如諸公以議案爲不可改，疑鄙人之不肯執行，則請另簡賢能，鄙人寧受才力不及之責，遜位讓賢也。謹白。

河　泊　案

稟蘇松太道劉遵奉照會接管八長渡渡船事宜文宣統二年五月初四日

敬稟者。竊本年四月二十五日奉照會内開，照得上海設立義渡局，並在江海大關前增設官渡船兩號，原爲利濟行人起見，應需員役薪賞工食等費，向在道庫按月支給。上年試辦，宣統三年預算當將此款列入地方行政經費。兹准諮議局以此係在自治範圍之内議決裁撤，將經費另行支配，呈奉撫憲批准公佈，自應遵照即日裁撤，將所裁之款照案另行支配别用。惟另有義渡船僅由本道衙門酌給賞犒者，現應改歸貴公所接管。除行義渡局委員遵照銷差並將官渡船退租，一面出示曉諭外，合行備文照會，爲此照會貴公所，請煩查照，妥籌辦理，望切施行等因。奉此，遵即飭傳八長渡各渡夫頭於本月初二日至本公所諭話，飭其遵照舊章，認真摇渡，本公所即於是日接辦渡船事宜。除另擬管理渡船規則若干條，交夏季城議事會公決後，另行呈報外，合將接管渡船情形稟復，爲特備由稟祈察核施行。肅稟。

截止報買沙灘案

江蘇諮議局知會議決截止報買沙灘案請公議辦法文宣統三年八月初七日

爲知會事。案查本局議決截止報買沙灘一案，本年三月初三日奉撫憲札，以案關約章部款，其中不無窒礙，自應諮詢，以期周妥等因，行知到局。現經常駐員協議，以札開各節關繫約章部款，至爲重要，究竟有何善全之策，始可無礙推行，非灼知本地方向來情形礙難懸斷，相應將諮詢原文及關於是案之文牘擇要抄送貴所，詳細查明，妥議辦法，並請轉知寶山縣有漲灘公地之各區自治公所，公同籌議，以免意見兩歧。爲此知會貴所，請煩迅賜公議見復施行，俾於九月常會期内提交大會公決。望切須至知會者。

附抄件

撫院札交諮詢文一件

爲札行事。據江海關道詳稱,案據上海縣申稱,奉藩憲札,宣統二年十月初七日奉撫憲札開,據諮議局呈報,案查《稟定諮議局章程》第二十四條内開,凡議決事件,除議長、副議長同意,認爲應行秘密者外,均公佈之,並應隨時報告督撫、資政院等語。兹於第三屆第二年度常會期内九月十八日會議議決截止報買沙灘案一件。案查上屆常會,本局呈經督部堂撫部院公佈施行籌定自治經費一案,内載有凡自治區域内新漲洲地,得由自治公所查報承領作爲公産等語。是凡屬新漲之灘地,均應由各鄉自治公所承領,已無疑義,應請督部堂撫部院札飭寧、蘇兩藩司聲明議決舊案,凡沿海、沿江漲沙及湖河各灘除自治公所外,一律截止報買,並札行各該地方官遵照辦理。一面出示曉諭,俾衆周知,不得援道光年間已廢之子母相生舊例,希圖朦混,以期保全自治區域之公産。所有議決案由,理合備文呈報,除呈資政院暨督部堂及本局自行公佈外,呈請核奪施行等情到本部院。據此札司轉飭各府廳州縣一體遵照,並出示曉諭等因到司,轉行到縣。除移局查照並出示曉諭外,報道備考等情到道。查新漲灘地改歸自治公所查報承領,既奉憲飭,自應遵照辦理。惟上海爲通商口岸,與各處内地情形不同,請爲憲台陳之。洋商租地,載明約款,向由領事會同關道派員商辦。其已租之地,如有新增漲灘,毗連左右前後,查與水利無礙,准其援照子母相生之例,添入道契,一併租用數十年於兹。且河岸地段增改淤灘,應先儘該河岸之華洋地主買受承租,價由關道與領事税司會議酌定奉行。《改訂浚浦章程》又列有專條,蓋以沿浦興築碼頭,停泊商輪,洋商視爲固有之利益。母地之外積淤成灘,斷不肯讓之他人,杜其出路,歷年援例接租,已成牢不可破之勢。所繳灘價,由領事送交關道,歸入外銷湊付會審委員經費等項要需,登列預算報告在案。倘廢去子母相生舊例,統歸地方紳董經手,既與約章不符,領事必起抗争,難免枝節。又上海、寶山兩縣漲灘公地於前南洋大臣張特派大員清理,迨後節省經費,復經瑞升道稟准,改由關道督同縣委經理。其清出各官灘畝數有册可稽,除已陸續召變報銷外,其餘未經變價之地奉前南洋大臣先後稟咨,撥爲閘北開拓商埠、巡警築路之用。嗣因閘北一帶與租界接壤,工部局時時侵佔,惟有多築馬路,以爲攔截之計,若待上、寶兩處漲灘報升,再行撥款興工,緩不濟急。蔡前道擬於商部生息款内暫時借支,以濟路工,俟收有漲灘升科銀兩,本息陸續歸還。稟蒙前南洋大臣督憲咨明農工商部復准在案。現計此項借款約有十萬兩左右,尚未清償,如該灘地亦須作爲自治公所公産,則前此商部撥借築路之款本利兩項均屬虚懸無著,於奉行稟咨原案亦有不符。擬請憲台俯念上海一口與别處情形不同,所有各國洋商租用漲灘以及上、寶兩邑從前指歸閘北巡警公用各灘地,仍照約章成案辦理,庶期辦公不致掣肘等情到本撫院。據此案關約章部款,其中不無窒礙,自應諮詢,以期周妥,爲此札行諮議局。須至札者。

呈諮議局議復截止報買沙灘案辦法文宣統三年八月二十四日

爲呈復事。本年八月初七日奉知會内開，案查本局議決截止報買沙灘一案，云云。請煩迅賜公議，見復施行。俾於九月常會期内提交大會公決，望切等因。奉此，當即備具議案，移交城議事會公決。一面即知會寶山有沿浦漲灘公地之殷行鄉議長、鄉董各表意見。旋准本公所議事會移交議案前來，内開議決由本公所承認借款，所有漲灘須董事會隨同地方官丈勘，其灘價儘數發交本公所承領，先儘歸還閘北築路借款。如此變通辦理，即與約章部款無礙，而與承領漲地之案亦屬相符，應由董事會據復諮議局查照等因。准此，查新漲灘地由自治公所承領，作爲公産，業奉公佈施行。則凡蘇省自治公所之有漲灘地者，自當遵照辦理，以昭一律。第上海租界之内及寶山殷行鄉已轉道契之沿浦漲地，誠如道詳所謂洋商視爲固有之利，斷不肯讓之他人。然若准其繳價，彼必無所抗争，但所收地價已抵還閘北築路借款，似不能移作他用。兹援據本公所議案，此項借款銀十萬兩左右，擬由本公所承認所有沿浦照浚浦界綫新舊漲灘及轉立道契，溢出地價請均發交本公所承領，先儘歸還借款，似此變通辦理與約章部款實無妨礙而與承領漲地之案亦不相背。惟原借之款共有若干、年息若干、三年來收得地價若干、已還若干，應請貴局咨請蘇松太道開列清單，俾得確數。至會審公廨用款，似應列入行政經費，無須再於地價内劃撥，以清界限。寶山縣有漲灘公地之殷行鄉自治職員亦表同情，並以嗣後如閘北再有應築之路，當由上、寶兩邑自治職員會同勘估，興辦道路工程本在自治範圍之内，但得官爲維持，斷不稍存諉卸。至閘北新築之路，寶境多而上境少，借款及所收地價均併合計算。以後借款應如何分承，地價應如何劃分，應俟此案公決，呈請督撫院公佈施行後，再由上、寶兩邑自治職員會商妥洽，呈請立案。抑總董更有請者，從前外人於租界外任意築路，動滋交涉，皆因我未先事綢繆，遂致損失主權。不少閘北之路爲攔截公共租界計，而南面法租界外如徐家匯路、寶昌路、吕班路、金神父路、碧勛路、巨籟達路、寶建路、杜美路、善鐘路等均係外人所築，縱横交錯，舉步皆是。若再不思攔截，將駸駸乎延及肇嘉浜之南。本公所曾於上年開浚蒲肇河工之際，自西門外斜橋迤西直達徐家匯沿河築一土路，尚未加以磚石，而日暉港路、潘家橋路、陳涇廟路、天鑰橋路等雖經規畫，均因無力興築，延擱至今。以上各路均爲攔截法人租界外築路計，與閘北同關緊要，擬請以後得有地價餘款或援案借款，陸續開築，以保地土主權，爲亡羊補牢之計。是否有當，應請貴局併案公決，呈請督撫院公佈分别稟咨立案施行，地方幸甚。謹呈。

歸辦城區域官契案

勸學所函抄送城廂學董會議決案文宣統二年十月初七日

敬啟者。本月初五日城廂學董會決議議案三件，照録送奉至祈台閲。其第一、二條理由完足，敝所自可執行。惟第三條事關全邑，當縣自治公所未經成立以前似未便驟議更張。除轉知官契總局將城廂學費分别造册備查外，合行奉布，並希貴所隨時會同勸學員磋商辦理爲荷。

附抄十月初五日城自治區域學董會提議事三件：

一件動用穀息存款趕辦簡易識字學塾案，公議贊成。

一件動用江境廟穀息存款備購小學基地案，公議贊成，於肇嘉浜左右購地數畝。

一件城自治區域官契歸自治公所辦理，其總局房屋截清款項歸自治公所設立公立小學，公議贊成。

致官契局函城議事會議決歸辦城區域官契文宣統三年六月廿五日

敬啟者。宣統二年十月初七日接勸學所來函内開，本月初五日城廂學董會決議議案三件，照録送奉至祈台閲。其第一、二條理由完足，敝所自可執行。惟第三條事關全邑，當縣自治未經成立以前，似未便驟議更張。除轉知官契總局將城廂學費分别造册備查外，合行奉布，並希貴所隨時會同勸學員磋商辦理等因，計呈抄件到本公所。查縣自治業已成立有期，當以勸學所交來議案第三條於本年夏季抄交城議事會公決。旋准城議事會移交議決案，請予執行前來内開，查上年十月間勸學所函送城自治區域學董會議決案到所，第三條議案城自治區域官契歸自治公所辦理，其總局房屋截清款項歸自治公所設立小學，公議贊成等因。按各鄉領用官契均由各鎮鄉辦理，則城區域之官契自應由本公所辦理，無須另行設局。所有官契局房屋設立小學，本無不可，惟該局屋適靠馬路，車輛行人頗形嘈雜，設學似非所宜，應將原有之官契局屋改作西區辦公之所，而以舊時西區房屋改設小學。該處地段較静，一轉移間，兩得其宜。應由董事會知會勸學所、官契局商定辦理等因。合行照案知會，應請貴局訂期會商，仍希先行示復爲幸。專泐。

致勸學所函文同。

上海縣田照會議復官契局董來呈質問官契局改辦理由文宣統三年六月三十日

爲照會事。准上海官契總局周董文彬呈，以官契總局始於光緒三十三年鄉董朱承鼎等以税書經手諸多弊竇，公稟於邑侯王公改歸紳辦，允准仿照陽湖成案，抽提二成學費，經監督稟准藩憲立案。上海各紳董公舉職董經理此事，而勸學所前總協董姚文枏、顧言、項文瑞等復殷殷勸駕，僉曰勉爲其難，再三辭不獲已，乃於是年十二月初十日接收縣照會，借西門外萬生橋雅字第二十號開辦。初時月支款項由勸學所商准借來，未嘗有人顧問，繼後信用大昭，咸皆樂就。範圍四鄉亦漸劃一，租屋極小，集議改建新屋，造款無著，蒙勸學所前總協董等設法籌墊，議定於學費項下陸續儘先歸還所有總董夫馬以下若書計、若會計、若領契、若管契、若稽核、若調查等一應薪工雜項伙食開支，議定以四鄉所收之學費三分之一、城廂所收之學費三分之二作爲經費，向無異言。至去年屋款撥清，經濟稍裕，本年學費亦可多撥。職董明知事無風潮，款有把握，默察社會近狀，必將有垂涎此局之人，且以功成告退例之亦非意外。原擬俟縣自治成立後，會議取決。今城自治夏季會提議裁併，急不可待，此由職董才短識淺，遂致取憎於人。惟數年來經營之辛苦，與現在被撤之原因，則不得不求共白於大眾。如歸併以後，凡董事以下一應職務，均由西區人員兼辦，力盡義務，各項開支分文不費，則涓滴歸公，職董自然心悦誠服，拱手讓人。若開支照舊，而或以職董歷年有侵呑濫用等弊，則咎在一人，止須將罪狀昭布，斥退一職董足矣，何必消滅總局，多此一舉？且目前禁煙分所公議附於官契局内，此局一撤，是否將職禁煙正董一併斥退，分所亦一併裁撤？總之，職董無所貪戀，更不敢把持，現在局中賬册清楚，亦無不可收拾之事，惟求諸君將職董前説逐一議復，俾服人心而昭公理，無任盼望等情到縣。准此，查官契局係於光緒三十三年因仿照陽湖成案抽提二成學費，經各紳董公請設立。當時勸學所總協董、貴所總協董均經承認，由李前縣稟奉憲准設立。嗣後，城鄉請領官契暨繳納税銀，均由官契局彙總承辦。上年遵章籌設禁煙分公所，亦經貴公所開會議決附設官契局内，亦經敝縣稟報省憲有案。今查城自治議事會本年夏季議決事件内有歸辦城區域官契事宜，並移遷西區改建小學堂案，由董事會知會勸學所、官契局商妥辦理字樣。惟此局攸關税課，城鄉合設究應如何通盤籌畫議決之處，據呈前情，除照會勸學所外，擬合備文照會，爲此照會貴所董煩爲查照，希將周董所呈各節會協各董通盤籌議見復，望速施行。須至照會者。

呈上海縣田陳復官契局董質問歸辦城區官契緣由並請反詰官契局董文宣統三年七月初三日

爲呈復事。接奉照會，以上海官契總局周董文彬呈爲城自治夏季議會議歸辦城區域官契一案，應如何通盤籌畫之處，希將周董所呈各節，會協各董籌議見復望速等因。准此，查此案實發生於勸學所，本公所於上年十月初七日接勸學所來函，並抄城區域學董會議案三件。其第三件云城自治區域官契歸自治公所辦理，其總局房屋截清款項歸自治公所設立公立小學等因，董事會於本年夏季列入議案，原係遵照勸學所學董會所議之件，交議事會公決，俾便預爲籌備。乃議案發布後，董事會尚未函致周董，而周董已先來函詰責。嗣奉照會知周董，復以憤懣不平之氣上陳清聽察核。周董呈詞大都以勞苦功高，今將改弦更張，遂不覺其發言之過激。惟思各鎮鄉官契均可由各鎮鄉分辦，而城區域官契獨不容城區域自辦，恐無此情理。復核學董會原議，謂總局房屋截清款項，蓋謂房屋造價若干，除以城廂學費抵支外，尚缺若干，即截清款項，歸城自治核算，承認以後，即以此項房屋設公立小學。文義本極明顯，至城議事會議案但言歸辦城區域官契，而不言總局者，蓋歸辦城區域官契爲本公所應辦之事，而總局之應設與否，非城議事會權限之事。即禁煙分公所現附設在官契局，以後應移設何處，亦非城議事會權限所及，是以均不復置辭。此正城議事會確守章程，不越權限，至當不易之議案，乃周董一則曰裁併，再則曰斥退，三則曰消滅，四則曰裁撤，不知何所據而云然？周董謂須將前説逐一議復，俾服人心而昭公理。兹有反詰周董者數節，應請周董先行答復。一、周董謂四鄉學費三分之一、城廂學費三分之二爲官契局經費一節。查官契局之設，原爲上顧國課，下籌學費，乃名之曰學費，而以三分之二爲經費，學費僅得三分之一，於心安否？此猶曰原議使然，稟准有案，但歷年所收城廂學費三分之二共有若干，四鄉所收學費三分之一共有若干，究竟城廂得百分之幾、四鄉得百分之幾，其比例若何，應請周董詳細列表，佈告大衆。二、周董謂去年屋款撥清、經濟稍裕、本年學費亦可多撥一節。原定以城廂所收三分之一爲學費，歷年所收三分之一之學費究竟撥在何處，共撥過若干，所謂本年可以多撥者，今時閲半年更未知撥於何處、撥過若干，應請周董分别明白宣佈。三、周董謂默察社會近狀必將有垂涎此局之人一節。經辦官契，係公共之事,並非私産,周董經辦官契有年,究有若何利益,致啟人垂涎?所謂垂涎此局者,究指何人,應請周董指實。四、周董謂城自治夏季會提議裁併急不可待一節。檢查議案,並無裁併字樣,且議會明謂應由董事會知會勸學所、官契局商定辦理。夫曰商定辦理者,原是從容斟酌之意,乃董事會尚未發函,而周董詰責控訴之詞,業已四出。則所謂急不可待者,究指何種手續而言,應請周董切實指示。五、周董謂歸併以後開支不費分文、職董自然悦服拱手讓人一節。責人責己,務得其平。如果周董經辦以來收入之數儘歸學費,從未支銷局用分文,其言自屬允當,乃周董於所收學費三分之二作爲局費,既振振有詞,而於城區歸辦以後,必使其不支分文,未知是何見解,應請周董明示意旨,俾此後辦事者有所遵循。以上各節,均請迅賜照會周董詳晰見復,俾眾咸知。兹抄呈上年勸學所來函及學董會議案三件,伏祈察核施行。再,勸學所於上年函請周董將城廂學費分别造册備查,未知曾否照辦,應請周董一併答復。謹呈。

勸學所來函及學董會議決案另抄,兹不附録。

上海縣田照會據官契局董答復城自治公所反詰各節文宣統三年八月十八日

爲照會事。准官契總局周董文彬呈復,以奉照會以城自治公所呈復職董詰問歸併官契局一案,現有反詰者數端,請轉飭答復,俾眾咸知等語,飭即查照具復等因。查此事曾有"勸學所議俟縣自治成立後議決"之説,此時本可不辦,且其中已有已經彼此明白解釋者,惟既有公牘,自應將反詰各節逐一答復。一、所收學費城鄉共得若干比例若何一節。查局中所收學費,歷年具有報告書刷印,派人分送城鄉各紳,並發布大眾,並呈送縣署轉詳層憲有案,比例分數一覽可知。第一次報告截至光緒三十四年九月爲止,第二次報告截止宣統元年底爲止。其時自治公所雖未成立,但既由總工程局改辦,則總工程局所收報告不難檢查。至宣統二年全年報告刷印已竣,即日分送,無須重出。二、本年學費撥在何處一節。官契旺於冬令,城鄉通例如此。若專以上半年而論,收不敷支。至董局所經收學費不分城鄉,均隨時送由勸學所查收,有卷宗、收函可稽,董局並無分撥之權,故撥在何處,應向勸學所查詢,董局無從答復。三、經管官契有何利益、垂涎何人必須指實一節。經管之人,除例薪水,豈能别有利益?但艱難圖始則畏避,安樂現成則争趨,人情類然,豈能指定何人?四、急不可待指何種手續一節。查此項議案一經公佈,眾人心目中即已視董局爲已經議定撤消之局,經辦之人豈能忍受?加以西區司事公然來局丈量地位,布置遷移,尤令全局辦事人深受激刺。雖事後經公所招呼接洽,已知此事非出於公所,並非出於西區區長之意,全係該司事等無意識之舉動,儘可釋然,而在當時則確有急不可待之形狀,眾目共睹,並非虚疑。五、開支不費分文,應明示意旨一節。查此語本爲董詰問裁併之理而來,故上文有"如爲節省經費"一語,若曰果因節省是否不支經費云而文理可尋,不必斷章指摘,以相問難。以上五端,均係答復反詰,應請轉行完案。抑更有言者,公所原呈有"一則曰裁併,再則曰斥退,三則曰消滅,四則曰裁撤,不知何所據而云然"等語。查議案原文,但言官契歸自治局、屋爲小學堂,讀之者,人人以爲裁併總局,撤退局董。觀西區司事尚且誤會,則當時之情形可知。而公所呈内尚謂文義本極明顯,竊謂議案發布,觀聽一傾,影響於辦事者極速而極有關係，故深願議會斟酌字句，務以局外人共喻爲明顯，勿以局中人相喻爲明顯也。仁台監督自治，故敢貢其愚冀垂採焉，謹呈等情到縣。准此，合行照會，爲此照會貴所煩爲查照。須至照會者。

截漕領辦官米平價案

稟蘇松太道蔡米價增漲請電稟援案電奏截留漕米並辦官米平價文宣統二年三月初七日

敬稟者。竊本年入春以來，米價日漲，民食維艱，迭奉憲台示禁囤積居奇、私運出洋，奸販當稍知斂跡，乃價值迄未平減，民情日見恐慌。體察蘇省五屬情形，大率類是。現在甫及春季，米價已如是加昂，若至青黄不接之時，更何堪設想？食爲民天，誠宜未雨綢繆，藉彌隱患。查光緒三十四年春間因米價踴貴，迭起搶米之案。蒙列憲俯念民艱，奏請截留漕米，並辦官米平價，五屬民情遂臻安謐。本年米價每石七元數角，合計錢串已在十千以外。較之三十三年份，業已過之，若不設法維持，恐紛擾風潮較從前爲尤甚。董局迭據紳商報告，請爲轉稟憲台，迅賜電稟督撫憲，准予電奏，援照三十三年成案，截留漕米二十萬石。一面遴舉公正殷實紳商，向南洋各島採辦洋米三四十萬石，以作平價之用。平價與平糶不同，仍可收回成本。公帑之消耗有限，窮民之受惠實多。董等爲事關民食起見，合亟稟陳，倘荷准行，地方幸甚，合行備由稟祈俯察施行。肅稟。

批：糧價步漲，民食堪虞。上海地廣人稠，尤宜及早預備。諸董關顧桑梓，援請截漕並辦官米，以作平價之用。所籌殊堪嘉尚，已據情電懇兩院憲核稟，希即知照。此復。

蘇松太道蔡照會電准飭撥滬關庫款購米平價抄示詳章文宣統二年三月十六日

爲照會事。照得上海米價昂貴，小民粒食維艱，先經本道電奉兩院憲飭撥滬關庫款八萬兩，購米運滬平價。現又酌擬辦法，稟請核奏在案。兹查滬上各棧存米無多，購濟不容稍緩。除札飭上海縣並照會李董鍾珏、顧董履桂、蘇董本炎、葉董增銘會議妥章，領款購米，設局發銷平價外，合抄稟稿簡章，照會貴局，請煩查照，迅速會商上海縣暨董事妥籌辦理，望切施行。須至照會者。

附抄蘇松太道詳督撫憲文

敬稟者。竊職道前因滬市米價日昂，小民粒食維艱，總工程局李紳鍾珏等公稟，請予援案奏留漕米二十萬石，並舉紳向南洋各島辦洋米三四十萬，以作平糶之用。荷蒙憲台一再電諭，上年新漕已截留二十萬石，萬難再請。現飭司庫撥款赴蕪湖採辦米石平糶，指派司庫四萬、滬關八萬，並派委王道仁東會辦此事，飭即會商籌辦，多集商款，彙購分撥等因。仰見憲台上顧天儲，下顧民食至意。惟上年蘇浙歉收，上冬今春江北、海州等處又辦春賑，幾無處不以缺米爲虞。今又值湘省米貴風潮，影響所及，關繫尤大，必須多集巨款，轆轤轉購，藉定人心，方足以解目前之急。滬市年來生意蕭索，銀根緊急萬分，商款無從勸集，僅恃官款十二萬萬，不濟事急，則治標之計仍非截漕不可。倘以二十萬爲數太巨，或留十五萬，或十萬，但使市面得此現成大宗米石，不難使囤户膽慴，市價可望逐漸減平。又，經由電稟請憲台察核酌示在案。至平糶一層，昨日會商王道仁東，以官款過少，各路緩急不同，難期一致，自以畫清界限爲是。業已議明常鎮等處歸王道領司款採米經放，蘇松太三屬領滬關庫款採米，由職道責成縣紳經理。惟查光緒三十三年分上海辦理洋米平價事宜，由各州縣會同紳董備價，赴上海平價總局承領，其價照原購每石減去五角。另有截留平糶漕米十五萬石，由有災各屬酌定米數，赴海運滬局領回平糶，每石照時價減洋一元。所有減價蝕耗銀兩，當時曾奉奏准作正開銷，在折漕項下動放。目下滬市米價尚未至八元以外，情形稍有不同，且庫款艱窘，尤未便遽作發棠之請。現擬採購運滬之米，照本出售，不必減價，衹須籌貼運駁、保險、繩索、麻袋等費。倘米到時，滬米價跌，則照時價出售，如米價再昂，或酌量略爲減售，臨時由職道妥酌，飭縣紳遵照發售。所有虧耗以及前項費用，均由領米之處官認一半，積穀息款酌貼一半，官民共擔義務，以期平允。正具稟間，奉憲台電示，以蕪米皖省僅允放購一萬石，南洋米上屆民不願購，飭探川米價值。職道遵即探詢川米運費較巨，並不便宜。惟有諭令滬紳就米價較平及未禁出口之處採運，不必預定地方。現經會同上海紳董商議妥洽，理合酌議簡明辦法，開摺稟陳，仰祈俯賜察核，奏咨辦理，仍乞批示衹遵。除稟督撫憲外，謹稟。

計呈清摺一扣

謹將籌議平價事宜簡明辦法開摺恭呈鈞鑑：

一、奉撥司庫公款四萬，歸王道領購米石，專辦常鎮等處平價事宜。

一、奉撥滬關公款八萬兩，由滬道發交上海縣會同紳士購米，專辦蘇松太三屬及上海縣境平價事宜。

一、上海縣紳所購米石，儘此八萬兩爲度，陸續轉輸採運，總在八萬之内騰挪。

一、向米價較平及未禁出口之處採購，由縣紳隨時稟道請給護照，不必預定購米地方。

一、縣紳購運之米，照本出售，由蘇松太三屬印官備文備價來滬領取。如米石運到時，滬價已跌，即照時價出售。所有米價虧耗，連同運駁、保險、棧租、繩索、麻袋各費，均由領銷之處官認一半，積穀息款酌貼一半。

一、上海應設平價米局及蘇松太三屬來滬領米一切事宜，另由上海縣紳公議章程，呈請核定，轉詳立案。

一、如有臨時應須變通之處，由職道核定，飭縣紳遵辦，隨時電稟立案。

上海縣田録批移知奉道批發購米平價庫款銀兩文宣統二年三月二十九日

爲録批移知事案。奉道憲抄申批發敝縣申請購米平價案，内奉撥道庫銀兩備領核發由。奉批：據申請領購米平價規平銀八萬兩，玆如數開票，隨批飭發，仰即查收撥用，此批，領存等因。並奉發票規銀八萬兩到縣。奉此，合行録批移知，爲此合移貴局，煩爲查照。須移。

稟蘇松太道蔡據米董稟米石來源稀少請援案寬免米釐文宣統二年四月初九日

敬稟者。據豆米業董事張嘉年稟稱，竊前因米價踴貴，貧民粒食維艱，荷蒙稟奉上憲奏准發款購米，辦理平價，人心爲之一定而米價亦爲之一平。詎日來價復驟增，推原其故，實因來源稀少，而來源所以稀少之故，則因出米處各自爲謀。兼之捐釐依舊，成本較重，是以商賈裹足。竊維上海本非産米之區，專賴内地運輸，以濟民食。今價日益增，米日益少，即平價米亦受其影響。若不設法招徠，恐青黄不接，時必有乏食之虞。伏查光緒三十三年辦理平糶，曾免米糧捐釐三個月。現在情形迫切，懇即稟請道憲准予電稟督撫憲恩准援照成案，飭下蘇牙釐、松滬捐釐兩總局，將内地運至上海米糧暫免釐金及落地捐三個月，以冀流通而維民食等情。據此，查光緒三十三年蘇屬各境米缺價昂，曾據蘇紳尤先甲稟准督撫憲寬免米釐三個月有案。現據張董來稟，米石來源稀少，情形迫切，自係實情，應懇憲台迅賜電稟兩院憲援照成案，准予免釐，實爲德便。合行備由，稟祈俯察施行。肅稟。

批：此案先據縣稟，已據情詳請兩院憲示遵。嗣據米業董事來道逕稟，又經批縣傳諭知照在案。兹又據情轉電，應俟奉到復電，再行飭知，希即查照。此繳。四月十一日。

上海縣田照會備款領米平價發售文宣統二年四月初九日

爲照會事。案奉道憲蔡札開，照得近來米價昂貴，小民粒食維艱，本道電奉兩院憲飭撥滬關庫款八萬兩購米，運滬平價。並經酌擬辦法，稟請核奏在案。所有平價事宜，業經札飭上海縣並照會李董鍾珏，於上海總工程局内設立官米平價局，即日開辦。據報，各路採購之米石將次到滬，於四月十五日起發給各屬備價承領等情。所有蘇松太三屬各廳州縣應需平價米石，着即會商該縣紳董備價赴局承領，並先於四月初十日以前將應領米數先行報局，札縣遵照辦理等因。奉此，查此案前奉道憲札飭，節經照請貴董等籌議領款購辦在案。兹奉前因，合行照會，爲此照會貴董煩爲查照，希將本邑應領米數先行報局，以符定章而資稽核。並希轉致各董備價赴領平價發糶，幸勿有稽。望切須至照會者。

呈上海縣田奉派緩運漕米四千石遵電在昭文未兑米四千石内就近購領文宣統二年四月十六日

爲呈請事。竊本邑奉派緩運漕米四千石，原擬向招商局透兑數内領購。嗣奉函開，以奉護院憲庚電開來電派定米四千石，擬向招商局透兑數内領發。現查昭文，有未兑米四千石，正可就近核數購領，事屬兩便。至招商局透兑米，應留備他邑領購等因。用特録電飛佈，即希查照辦理等因。奉此，遵經傳知昭文縣解米丁書，將運米各駁船從浦東招商局碼頭風篩斛收，放至浦西南碼頭信昌米棧收上。計收漕斛糙粳三千九百五十五石。此項米石，原議備本邑各鄉平售之用，而細察米質，大半受潮發熱，各鄉亦尚無領售消息，倘存儲多日，既恐黴變，且須耗費棧租。擬即托信昌米棧碾白，如各鄉尚不來領，先就城廂平價處發售，將來各鄉需米時，或即以内地之米及洋米發領。如此變通辦理，庶免多所虧耗。是否有當，呈祈迅賜批示施行。須至呈者。

呈上海縣田呈送購領截漕米石款銀請核收轉繳文宣統二年五月　日

爲呈送事。竊本邑奉派緩運漕米四千石，遵奉憲飭有昭文未兑米四千石，可就近核數購領。經風篩斛收，計收漕斛糙粳三千九百五十五石，呈奉照復。查昭文運到米石既已受潮發熱，各鄉尚無領售消息。據呈，擬先就城廂平價處發售，將來各鄉需米，即以内地之米或洋米發領,免致虧耗,自是正辦。除轉報藩道憲外,相應照復等因在案。所有承領截漕米石,計收到昭文米三千九百五十五石,應繳款銀計一萬九千三百七十九元五角。兹特備通泰莊、乾元莊五月底期票兩紙呈繳,合行呈請核收轉繳,仍希示復施行。須至呈者。

稟蘇松太道蔡陳報分設城廂平價售米處文宣統二年七月初一日

敬稟者。竊本年自春以來米缺價昂,奉憲台稟准兩院憲,飭設官米平價局,准蘇松太三屬各廳州縣領米平售。本邑城廂領售平米,照光緒三十三年平價成案辦理。體察情形,次第分設,先就城外南區商船會館設立一處,於四月初十日開售。復借老北門内穿心街志成堂續設一處,於五月二十日開售。現因米價仍未平減,再在城外西區小菜場附近添設一處,於本月初一日開售。節經示諭各該平價處,並開列購米章程,照章購糴,其各鄉區亦在陸續領售。所有城廂分設平價售米處情形,合行稟報,爲特備由稟祈俯察備案施行。肅稟。

致上海縣田函陳報分設城廂平價售米處文宣統二年七月初一日

敬啟者。本邑領售平米事宜,先於城外南區商船會館設立一處,四月初十日開售。嗣於老北門内志成堂續設一處,五月二十日開售。節經函報在案。現因米價仍未平減,再於西門外小菜場附近添設一處,本月初一日開售。合行奉達,祈察照備案爲荷。專肅。

呈上海縣田陳報領到截漕米石分别派售文宣統二年七月初四日

爲呈報事。竊本年緩運漕米,辦理平價,本邑奉派米四千石,先領到昭文縣在滬未定之漕斛糙米三千九百五十五石。嗣奉海運滬局發下本邑截漕數内漕斛糙米四十五石,連前合計共領米四千石。又奉發華婁兩縣不領截漕漕斛糙米五百石,金山縣不領截漕漕斛糙米一千石,青浦縣不領截漕漕斛糙米一千石,計共米二千五百石,統歸本邑出售,已由海運滬局詳報。所有應繳米款,除前領昭文縣名下之米三千九百五十五石該款業於五月間呈請核收轉繳外,其餘已直接繳由海運滬局收楚。查所領之米,前領四千石歸入積穀董事分撥各鄉區平售,續領華婁、金山、青浦之米二千五百石,歸入南區商船會館、城内志成堂、西區小菜場等各平價處出售。今將領到截漕米石分别派售情形備文呈報,爲特呈祈俯察備案施行。須至呈者。

呈上海縣田平糶米價早經清繳海運局收楚並無蒂欠文宣統二年八月初六日

爲呈復事。竊奉照會内開,本年七月二十三日奉藩憲陸排單札開,以上海平價漕米共領六千五百石,尚欠繳洋一萬二千四百七十元五角,札催速解等因。奉此,本邑先後領發平糶米價,究竟已未清繳海運局收楚,如未繳局,請速如數送縣,以便逕解。若已繳清,亦即示復,以憑轉報等因。奉此,查本邑派領漕米四千石,先經遵飭收到昭文劃撥漕米三千九百五十五石,應繳米價銀一萬九千三百七十九元五角,早已呈請轉解海運滬局彙解在案。嗣續收到昭文劃撥米四十五石,補足應領四千石之數。又續收到華婁、青浦、金山改撥漕米二千五百石,以四千石歸各鄉區發糶,以二千五百石歸城區發糶,計續領之米二千五百四十五石。於六月、七月間先後領到,合共米價銀一萬二千四百七十元五角。此項米價,於六月十二日付六月二十九日期通泰錢莊票銀七千三百五十元,七月初三日付七月十五日期乾元錢莊票銀五千一百二十元五角，共合銀一萬二千四百七十元五角，均由城自治公所董事顧紳履桂面交海運滬局總辦程提調沈收楚，並無蒂欠。合行呈復，爲特呈祈察核施行。須至呈者。

奉文籌辦購米平價案

蘇松太道劉照會上海米缺價昂籌議購米接濟文宣統三年七月十二日

爲照會事。照得上秋收成歉薄，今夏糧價騰昂，先經本道詳蒙兩院憲電商江西撫憲准購贛米運滬，免完税釐，由道填照，發交滬南商務分會轉給米商辦運。乃近以狂風大雨，内河水漲，内地米船不能來滬。來源既少，米價遽又增高。據米業董事調查，滬祇存米萬餘石，僅敷三四日之需，民情惶迫，竟有搶米之謡。亦經本道電稟督撫憲轉飭内地産米各屬，改由火車裝運。一面切商滬甯鐵路總局，減輕運米車脚，以期迅速接濟。並分行海關釐卡，嚴密稽查，不准米船出運外埠，藉顧本地民食。更飭縣會商南北商會，籌議購運香港洋米，與邑紳議開倉穀平糶。凡此種種籌畫，無非圖保地方公安起見。惟上海華洋雜處，良莠不齊，浦東西南北市工廠林立，小工人數尤眾，不能不先事預防。除分行外，合亟備文照會，爲此照會貴所，請煩查照，迅速轉知警務長督率巡士認真協力巡防，嚴禁匪徒造謡生事，並令隨時會商上海縣相機因應，以安地面而靖人心，望切施行。須至照會者。

上海縣田照會迅籌採購米石運回平售以濟民食文宣統三年七月十三日

爲照會事。七月十二日奉道憲札准商務總會函開，連日據諸議董會員紛紛報告，滬上米價騰貴，居民惶迫，恐釀事端。昨今兩日米價已漲至十元零三角五分，且尚有繼漲增高之勢。並由會董祝蘭舫調查南北兩市存米，合各米廠、米行、米鋪統計，祇實存三四萬石，不足十日之糧。常、錫等處米船被水阻滯，不能來滬，以致各米鋪均有不能應糴之懼。上海華洋雜處，居户人數不下一二百萬，各米鋪每日銷數合上、中、次三等統計共需四五千石之譜。設或來源不繼，則鬧米風潮勢必立至。況南北工人爲數尤眾，皆屬下流社會，如此米價奇昂，已覺不堪設想，若再不圖接濟，於民食、商市均有阻礙。事關治安大局，祈迅電撫憲飭令常、錫各縣趕速運濟，並飭縣出示嚴禁囤積，並將備荒積穀先行開倉平糶，以安民心等因。查前因上海米缺價昂，徑本道詳蒙兩院憲電商江西撫憲准購贛米二萬石，運滬接濟，免完税釐，由道於本年五月間填印護照，發交滬南商務分會轉給各米商備資辦運。其鎮江退購贛米萬餘石，亦議准歸滬商併購，並有皖撫憲許購蕪米五萬石運滬在案。兹准前因，本道詳加察酌，滬不産米，全恃内地源源運濟，内河米船既因水大阻滯，自非改裝車運難期迅速。除電稟兩院憲迅飭常、錫各縣傳諭米商趕速將米運滬，並由道函商鐵路總管理處鍾道台酌議減輕運費數角外，合亟札飭札縣立即籌照出示嚴禁囤積，如有違犯，查獲悉數充公。一面會商邑紳開倉平糶，以顧民食。至滬南商務分會領照辦運之贛米已運到若干，係分幾批，何日報裝，何船進口，何家米行承辦，是否悉數平價銷售，本埠迄未報告，並即會同商務總會分會詳晰查明，據實開報。如贛米二萬石已經運竣，即限令將照繳銷，换領新照，併購鎮江、退購贛米一萬餘石，其皖撫憲准採購之蕪米五萬石，亦應迅速籌集商本,前往辦運,務期減平糧價,安靖衆心,是爲至要,仍將遵辦情形具復察奪毋遲,此札等因到縣。奉此,查滬上近日米缺價昂,民情惶恐,經敝縣於前昨兩日飛函商會,迅速籌議購運外埠之米,接濟本地民食,並先示諭嚴禁棍徒造謡生事。一面稟請道憲轉致洋關税務司,並札飭釐局暫行禁止米船出口,以安人心而保糧食。惟查米價漲至十元以外,實爲從前所未有。據查,上海居民人數一二百萬,每日米店銷數需四五千石,現存之米不足十日之糧,則購運接濟,固屬刻不容緩,而米價如此之昂,貧民日食維艱,則籌辦平糶亦爲目前切要之務。奉札前因,除照會縣自治籌備公所並商務總分會及積穀紳董、米業董事外,合亟備文照會,爲此照會貴公所煩爲查照,會同商務總分會迅速籌集米本,照原議採運贛米、蕪米,並接續採辦外埠之米,運回平價出售。一面邀集各紳詳查城廂情形,通盤籌畫,應如何動用積穀開辦平糶,務希即日會同妥議辦理,以安人心而濟民食。仍將籌議情形示復,以憑轉稟,望速切速。須至照會者。

稟蘇松太道劉奉飭籌辦平米陳報平價售米處開辦日期文宣統三年七月二十一日

敬稟者。竊本年夏秋以來,天雨水漲,内地米船不能到滬,米價增高,人心惶急。迭奉照會,暨上海縣照會飭即開辦平糶,以資接濟。復奉撫憲關念民瘼,飭司撥款購米平價。並蒙札委孫令赴湘採購,運滬平售各等因,自應將平價事宜趕速開辦。當向無錫、鎮江、江北等處採辦米石,已在陸續來申。現定先就城外南區商船會館設平價處一所,於本月二十二日開售,暫定米價每升大洋八分五釐。其北市平價事宜,由商務總會領辦,於仁濟堂設平價處一所,同日開售。所有奉飭開辦平價情形,合行稟報,爲特備由,稟祈俯察備案施行。肅稟。

呈上海縣田文同。

稟蘇松太道劉添設平價售米處並售米減價文宣統三年七月二十九日

敬稟者。竊近因本埠米缺價昂,奉照會籌辦平價事宜,業將請款購米,先於城外南北市開辦平售處情形稟報在案。兹議於城内添設平價售米處一所,借關帝廟房屋於八月初二日開售,現米價略見平減。所有平售之米,原定每升錢一百十文,自七月二十六日起減爲每升錢一百文,自八月初一日起再減爲每升錢九十五文。城内外及各鎮鄉一律辦理,合將添設城内平價處日期暨售米減價情形,備文稟報,爲特備由稟祈俯察備案施行。肅稟。

呈上海縣田文同。

蘇松太道劉照會奉蘇藩司匯發購米平價款銀文宣統三年七月二十七日

爲照會事。本年七月二十五日准蘇藩司左移奉撫憲程札准上海李紳鍾珏銑電姜堰穀二萬擔、高郵米五千石,均購定待運,價合八元。到滬即開辦平價,求迅撥款,並發免釐護照兩張。除電復外,抄電札司遵照撥交滬道收領,轉給具報等因到司。奉此,自應遵飭撥放,除在庫儲緩運項下動支庫平銀四萬兩,於七月二十日堂期放交號商裕甯等領匯彙報外,移請查收,轉撥掣照交商回銷等因到道。查此項米穀價銀先准貴董來函,當以待用孔急,擬在關庫先行墊撥,由電知照蘇藩司。一面備文撥送間,接准前因,合將解到庫平銀四萬兩備文照送。爲此照會貴董,請煩查收撥用,並希見復施行。須至照會者。

陳報江蘇撫部院、籌賑公所上海平價官米開始辦理情形節略文宣統三年八月初二日

竊鍾珏於七月中旬奉諭採辦外洋及内地米穀，預備蘇屬各州縣承領平價出糶等因。時值陰雨連綿，各路來源絶少，米價奇昂，洋米如安南、暹羅等處，電報價值合之滬上升斗約在拾元以外，斷不合算。因與向業米行、現充上海城自治公所董事顧紳履桂設法四處採辦。當於七月二十日以前購定計蕪錫白秈五千石，價扯八元四角；鎮江白秈五百十四石，價八元七角；蕪湖糙秈七百石，打白合價八元六角；姜堰秈穀二萬擔，打出白秈約價八元。以上米穀均從七月二十日起陸續運到，當於七月二十二日開辦平價。南北市先設兩處，浦東三處。其時價白秈每石九元二角，故平價局定價每升錢一百十文，合洋每石八元五角，較市價已減七角，而適合購進之價，但每日南北兩處售出不及百石。至二十四日洋價陡漲，錢價驟落，原擬五日後改價者不能不通融酌減每升錢一百零五文。二十五日市上白秈跌價至每石八元六七角，故平價局於二十六日起又減五文，每升一百文合洋每石八元，較市價仍減六七角。至二十九日市價又跌，故定八月初一日起再減五文。此七月二十一至二十九開辦第一旬之大略情形也。至七月二十後蕪湖購定之米價在八元以内，惟因封禁尚未運出。現在上海尚存白秈四千石、穀二萬擔，逐日打出，約可得白秈九千餘石。如各州縣欲領此項存米，照市價不得不酌減，擬從八月初一日至初五日每石定洋七元五角，理合開摺呈請察核。

致施子英君函解釋平糶與平價性質不同請勿歧辦文宣統三年八月初三日

敬啟者。聞悉閣下辦有秈米六百餘石，擬在廣益堂糶賣，每升大錢八十文，與市上米便宜一元有餘，足見急公好義，闔邑貧民同深感戴。惟與目前平價局有礙者，不得不商酌辦法。此次米價漸平，一幸天時多日暢晴，二則平價局有定成洋米數萬，湖南米五萬，江北米數萬，日間均可到滬。有米者均不敢積存，情願虧本趕售，因此價目日落。半月之間，秈米價跌兩元，平價局誠大有益於地方也。蓋平價與平糶不同，平糶者賤售以濟貧民被災之急困，平價者貶價以抑米商居奇之奸謀，故平價之米價不必與市價太懸，但較市價每石減四五角，而市價即不能不低，市價低落，平價亦與之低，總在相懸四五角之間。俟市價低至不能再低之日，平價即可撤局。此平價之性質功用，爲近數年新創之法。一研究其功效，益服曾少卿先生用意之神奇(此法始於曾少卿)。今閣下欲以每升八十文出售，是平糶性質，但平糶一行，購者紛至沓來，不識此六百餘石外，尚有若干繼其後也。閣下亦聞邇日吴江、震澤鬧荒情形乎？吴、震爲閣下桑梓之地，何不將此六百餘石之米移至吴、震平糶，亦可濟一時之急而平兩邑之亂。至滬上目前情形，似亦無須平糶，高明以爲然否？如必欲照尊旨辦理，則敝處惟有聲明平價、平糶性質不同之理。既有平糶，暫停平價，免致兩歧。一俟尊處糶完，如市價尚高，仍如前辦理。特此奉商，彼此均爲公益，想必有以教我也。此佈。

上海縣田照會現因武漢不靖滬地避難人多應多辦外米寬爲儲蓄文宣統三年九月初一日

爲照會事。照得上海本非産米之區，居民糧食全恃外來之米接濟。本年七月間因各處風潮陰雨，米船停阻，食米缺乏，民情惶恐，鄉間如浦東一帶並有搶米情事。當經紳商電

稟撫憲給照，採辦蕪湖、江堰等處外米，米價藉以平減。今因武漢不靖，長江上遊一帶逃難人民紛紛來滬，旅館、客棧皆爲住滿，而本埠外來客米向恃湘省接濟。現因兵事交通阻絶，則湘省之米勢難運輸到滬。夫來滬之人既多，則食米必倍於往日，而運米交通有阻，來源反減於平時，入少出多，若不未雨綢繆，設一旦缺乏，價復增昂，則情事何堪設想？滬地近日民情皇皇，鈔票兑現，市面已受絶大之影響，更何堪加以米貴之風潮。或者謂晚禾收成在即，轉瞬新穀登場，當可無虞缺食。不知今歲春夏以來，底米本缺，米常價昂。而沿江、沿海各處自被七月間風潮陰雨，多成災歉，收成必大減色，且鄰近各省多被水災。以大局論，米價必形短缺。以滬埠論，食户又日增多。應如何預爲籌畫，以期有儲無患，擬合備文照會，爲此照會貴公所煩爲查照，希即會同商務總分會，邀同米業董事，妥爲籌議，應如何多辦外米，寬爲儲蓄，仍剴勸米商禁止出口，以裕民食而固治安。一面調查現在南北市存米若干，每日銷數若干，一併見復，以憑察酌稟報。嗣後存數、銷數，請米業董事轉致米業各行棧，按五日一次開由米董彙總轉報，以憑察核。事關民食，務請迅速議決示知，幸勿稍稽。望切須至照會者。

禁煙案

稟蘇松太道蔡請飭定實行憑照購煙辦法並出示曉諭照會租界領袖領事及法總領事仿照辦理文宣統二年五月二十四日

敬稟者。竊禁煙之令，迭奉明詔，所有《禁煙辦法》十條、《禁煙章程》九章二十三條、《禁煙查驗章程》十條、《禁煙條例》十二條，亦奉先後頒行，各省一律遵辦。蘇省並定《禁煙現行辦法》十條，膏店有照、吸户有照，如果切實遵行，自可湔除沈痼。惟查限吸一事，最關緊要。上海地方雖於上年給發吸户購煙牌照，而於憑照購煙辦法迄未實行，吸户既可任意購取，煙店亦可任意出售。於《禁煙辦法》第三條之勒限減癮應令吸煙者每年遞減二三成；第五條之清查煙店，應令各店每年遞減銷數若干。毫無考核，長此因循，恐於煙禁前途難收實效。説者謂上海與别處情形不同，即使查察綦嚴，若吸户向租界挑膏，仍屬漫無限制。竊以爲此次禁煙非得英國及各國贊成，我亦不易行此政令。即如光緒三十三年禁閉煙館一事，前升憲瑞以雷厲風行之政策，照會租界領袖領事及法總領事，彼見我實力舉行，遂亦分期禁絶。外人恒視我辦事勤懈爲轉移，特患我辦事之不勤，不患彼相助之不力。並查英人於洋藥進口，曾聲明試行三年，視中國於栽種及吸食實行減少，限滿再行遞減等語。方今於吸食一層，能否實行減少，自以憑照購煙爲扼要關鍵，擬懇憲台查照《禁煙章程》，飭下縣局實行憑照購煙辦法。如有無照購煙吸煙者，應如何按照條例明示罰則之處，亦乞憲裁。一面出示曉諭，一面即抄章程示稿照會租界領袖領事及法總領事，仿辦租界或另有辦法，我内地自當切實稽查，以符定章而除舊染。爲特備由，稟乞察核施行。肅稟。

稟蘇松太道蔡遵行禁煙條例仍以實行憑照購煙爲扼要辦法開呈禁煙條例清摺懇賜核轉文宣統二年八月二十一日

敬稟者。竊總董於本年五月二十四日稟飭定實行憑照購煙辦法，並出示曉諭，照會租界領袖領事、法總領事仿辦，懇賜核行緣由，尚未奉有批示。兹准城議事會移交秋季議決案，以禁煙條例至爲嚴厲，非以自治爲官治之輔助，則耳目難周，易滋流弊，應由董事會呈請上海縣將禁煙條例出示曉諭。一面知會警局並由警務處切實稽查，有犯必懲等因。准此，查遵行禁煙條例仍以實行憑照購煙爲扼要辦法。除呈請上海縣出示移會外，爲特備由稟祈憲台查照前稟施行，並求移會巡警總局一體照辦，地方幸甚。肅稟。

批：來牘閱悉。已連同前牘一併據情照會領袖英法總領事暨移行巡警總局、上海縣一體照辦，並由道出示曉諭矣，希即查照。此復。九月十一日。

呈上海縣田繕送禁煙條例請出示曉諭文宣統二年八月二十一日

爲呈請事。竊准城議事會移交秋季議決案一件，實行關於自治事宜之新法令案内開，新法令之關於自治事宜者，如畫一度量權衡圖説總表及推行章程，如《國幣則例》、如《禁煙條例》均所以驅除積弊、增進文明而行之，至爲繁重，且於居民之身家利害有直接之關係。查《禁煙條例》至爲嚴厲，非以自治爲官詒之輔助，則耳目難周，易滋流弊，應由董事會呈請上海縣將《禁煙條例》出示曉諭。一面知會巡警局並由警務處切實稽查，有犯必懲等因。准此，查本邑雖於上年給發吸户購煙牌照，而於憑照購煙辦法迄未實行，吸户既可任意購取，煙店亦可任意出售。於《禁煙辦法》第三條之勒限減癮，應令吸煙者每年遞減二三成；第五條之清查煙店，應令各店每年遞減銷數若干，毫無考核。如長此因循，實於禁煙前途難收效果。兹准城議事會移交前因，合行呈請廉台查照《禁煙條例》十二條，出示曉諭，切實申儆，有犯必懲。並請移會中區警局一體按照《禁煙條例》施行，地方幸甚。須至呈者。

上海縣田照會組織禁煙分公所舉董辦理文宣統二年十月初五日

爲再行照會議決事。准華亭、婁縣移以案奉憲飭設立禁煙分公所並《辦事規則》到縣。奉經會紳集議，在郡城普照寺後明静堂内會設禁煙分公所，遴派董事，尅期成立。並查《規則》第二十二條内載，闔府應設聯合會，會即設於府城首邑分公所内，每月由分公所派員到會會議，庶足以破除畛域，畫一辦法，以促闔府禁煙之進步。其如何組織之法，另訂聯合會專章等語。當就分公所照章附設松屬禁煙聯合會，業已會詳報明成立在案。所有開辦聯合會情形，移請遴派妥員將辦理法則抄帶到會，互相研究，庶幾辦法不致參差，擇善而從，冀收實效而袪痼害等因，並抄粘單到縣。准此，查設立分公所一案，前奉禁煙公所憲札發《章程規則》，即經照請籌辦。嗣奉札催，又經一再照催，趕緊組織在案。兹准前因，除仍分别照會外，合就抄單照會，爲此照會貴紳董煩爲查照，希即會商趕緊組織，並希將選舉會董姓名及辦理情形刻速詳細復縣，以憑核轉。事關禁煙必辦要件，華婁業已開辦，上邑未便再延，致干憲詰，望速須至照會者。

致上海縣田函舉定禁煙分公所正副董事請照會開辦文宣統二年十月初八日

敬啟者。迭奉照會來函，以禁煙分公所亟待成立，須舉董籌辦等因。兹擬舉四品銜、安徽補用知縣周紳文彬爲正董事，五品銜、候選州同姚紳元竣爲副董事，即借官契局爲禁煙分公所。是否有當，仍祈察核，如蒙允行，即希照會周、姚兩紳，俾便開辦。專復。

上海縣田照會抄示禁煙分公所董呈報議決辦法文宣統二年十一月初八日

爲照會事。案奉蘇省禁煙公所憲札,以禁煙要政,頭緒紛繁,設施禁制首重調查。若事事專恃官力,深恐收效難速,自應仿照浙省辦法,專設禁煙分公所,選舉公正紳董相助爲理,庶得群策群力,事半功倍。業經詳奉兩院憲批准照辦,應即刊章通飭依限成立。除分期咨會通飭外,合發刊本札縣會同紳董妥議籌辦,務於定限以内成立開辦等因,並奉發《章程規則》,當經照會地方紳董會商籌辦。嗣據自治公所李紳鍾珏函以舉周紳文彬爲正董,姚紳元竣爲副董。借官契局内爲禁煙分公所,即經照會周、姚兩董趕緊開辦,並先申報禁煙公所憲在案。兹據禁煙分公所正董周文彬、副董姚元竣呈稱,查上邑禁煙事宜,向係由拒煙總會辦理。兹奉前因,遵即借官契局内爲上海禁煙分公所,已於本月二十三日成立。惟禁煙頭緒紛繁,必須公議辦法,並先於二十二日下午一時邀集城鄉各董開會,籌議一切。當經議決議案四條,開摺呈請轉報查考等情呈報前來。查該董等所呈議決案四條,於入手辦法,似尚周妥。第一、第二兩條應由敝縣分别照會示諭。其第三、第四兩條並候轉詳禁煙公所憲批示遵行。除批復並分别照會,一面示諭吸户自赴分公所報告外,合行抄摺照會,爲此照會貴董煩爲查照,希即認真辦理,望切須至照會者。

計開辦法

一議由總理出示曉諭各煙民速至本分所報名,限十一月底截止。

一議各鋪各鄉均由各段董、局董擔任助理調查,由總理照會辦理。其城外東、南、西三區及城廂各團體亦由總理照會辦理調查。

一議呈請頒發煙户册式及小票。

一議具呈總公所聲明,城關調查限二十日造册呈報,爲時太促,擬請寬限。

郭紳函報接辦禁煙分公所副董文八月十八日

敬啟者。八月十四日接奉縣尊照會禁煙分公所姚董元竣呈稱,竊職董於宣統二年十月初九日奉照會,准城自治公所公舉職董爲禁煙分所副董事,會同正董辦理禁煙事宜,並轉奉蘇省禁煙公所憲加札委辦,遵經會同正董組織成立,並將辦理及一切進行情形據實呈報在案。兹者職董因有要事赴鄂,歸期約須一載,禁煙事宜勢難兼顧,自應告退,另舉賢能接辦,以免曠誤,呈乞察核准予告退。再,前拒煙總會董事運同銜、候選鹽大使郭紳廷鈴才具幹練,熟悉禁煙情形,俾承斯乏必能勝任愉快,敢援薦賢自代之例,仰祈察奪等情到縣。據此,查該董襄辦禁煙分所事宜,正資臂助。今因事赴鄂,請舉郭紳廷鈴接辦,並准城自公所函請,自未便强留。所有禁煙分公所副董應候照會郭紳接辦,並報禁煙公所憲查考。除批復外,合就照會,爲此照會貴紳董煩爲查照,希即會同正董周紳文彬認真辦理等因。奉此,遵於八月十七日接手襄辦,除呈報縣尊外,理合備函奉達,即祈察核。耑此。

蘇松太道劉照會准領袖總領事轉據工部局函復願襄助斷絶租界吸煙之習文宣統二年十二月初九日

爲照會事。案照禁煙限吸無照不准賣買一事,八月間接准來牘,經前道照會領袖英法總領事，暨移行巡警總局、上海縣一體照辦，並由道出示曉諭在案。兹於十一月二十日准領袖英總領事霍照稱，此事由領事公會飭據工部局函復之意以爲深願，以各項合理辦法襄助，斷絶租界内吸煙之習。因欲將租界内膏店執照年年逐漸取銷，又將執照經費逐年加至幾於斷絶之價值，以期於數年之内可將租界内售煙之事全爲了結。惟吸食之人捐取執照辦法礙難辦理等情，今將工部局覆函譯送貴道查照，俾可明晰工部局辦理之理，請查照等因，並附譯函一紙到道。准此，合抄譯函備文照會，爲此照會貴公所請煩查照施行。須至照會者。

附抄工部局復領袖總領事函

前日，接到西曆十一月十五日來函，内有道台來文，爲將禁煙辦法在租界内居住之人施行等因。現本局請爲轉致道署，本局有意在此可譽之中國禁煙事件襄助爲理，但工部局所能行者，祇係不違西國政治之原理，其照光緒三十二年十月初五日諭旨設立章程内所行之抑勒個人及限制個人之自由辦法在内地施行，或有效驗，或其内有意保持個人自有之權力。但查自治局總董所遞稟詞此章之要點，城内尚未施行，是以似無以上所云之效驗，及保持個人自有權力之意。此章内所云之辦法於租界内確難施行，雖有工部局之檢查，亦難免在租界生出平素未見無窮之弊。再，本局於租界内無權發行吸煙之執照，祇可有發給膏店及售膏人執照之權。至於中國政府欲在租界或界外設立發此執照之局，實與洋涇浜租界章程暨五十年來之辦法，均不相符。若華官查閲一千九百零九年本局報告第二百七十六頁所載西曆正月初四日本局致領事公會之信，便知本局對此方針之意。現請轉移華官，本局諒華官與領事公會均悉本局於向來禁煙辦法接續施行，無所顧慮。其辦法即欲將租界内所有吸煙之機會漸次限制，至於末尾全行消除，此三年來，除將吸煙之店封閉外，其膏店執照經費有從前一元五角現加至十兩者，有從前十元現加至四十兩者，刻下執此膏店執照之家共三百十家，此等膏店本局亦願發封。但既准煙入租界，其分賣之處亦應考查。既領本局執照，即應受本局之管轄。本局再有陳者，深願以各項合宜之法，將租界内吸煙之事全行消滅。現欲將減行煙館之法施行於膏店，即係將膏店執照年年照定額逐漸減少，又將執照經費逐年加至幾於斷絶之價值，以期於數年之内可將租界内吸煙之事全行了結。如領事公會另有以爲可行之辦法，本局深願詳細查核，與洋涇浜設官章程内之意理相符。又至法國租界施行者，則領事公會不必慮本局躭延施行。

整頓風俗案

呈上海縣田請禁道路橋樑不准暫停棺柩及沿街焚燒死者衣服草庫草甏文宣統二年三月十八日

爲呈請事。竊准城議事會移交議決案兩件：一、道路橋樑禁止停棺案内開議事會提議事件，按照《城鎮鄉自治章程》第五條第二款事宜議決如左，道路橋樑一概不准暫停棺柩,以重衛生,先行呈請出示曉諭,並飭巡警阻止。如無力營葬者,應報明同仁輔元堂或果育堂即行代理等語。一、阻止居户沿街焚燒死者衣服及草庫、草髭等物案内開議事會提議事件,按照《城鎮鄉自治章程》第五條第二、第三款事宜議決如左,由董事會與前條一併呈請諭禁等語。准此,查道路橋樑抛停棺柩最是有礙衛生。至居户沿街焚燒死者衣服及草庫、草髭等物,既阻礙行人,復損壞道路,均應禁阻,應請監督,一併出示諭禁。一面移請第一路第一區正巡官諭知長警人等,隨時禁阻,實深德便。須至呈者。

呈上海縣田請示禁三巡會男婦裝扮罪犯等項之怪狀文宣統二年六月初一日

爲呈請事。竊准城議事會移交實行事件内整頓風俗案,請董事會實行等因。當閱原議案,以三巡會男婦扮作罪犯等項,應請出示嚴禁等情。查三巡會男女扮犯,以及逍遥傘、十景牌、陰皂隸、串客班、大肚皮之劊子手等項,歷奉示禁。若輩於城隍神會、高昌司會輒敢嘗試,既戲弄夫神明,復弁髦夫禁令,實屬不成事體。轉瞬七月中元,又將現種種之怪狀,應請預行嚴切示禁,申明此次實行禁止,決不寬假,如再有犯以上各項情事者,定行提案懲罰。俾若輩知所儆懼,早息此心,誠屬整頓風俗之一端。一面並希移會中區警局一體示禁,實爲公便。須至呈者。

呈上海縣田請禁止巫師惑衆騙錢文宣統二年八月十六日

爲呈請事。竊准城議事會秋季議決禁絶巫師案,由董事會呈請上海縣,並移城内警局一體查禁等因。查巫師俗稱之爲仙人,爲此者以婦女爲多,且有表門招貼,能禳災愈疾,種種不經,無非爲惑衆騙錢起見,而迷信之家,往往招致此等巫師升堂入室,捏鬼裝神,浪耗錢財,無所吝惜。夫左道惑人,向干例禁,巫師一流,宜在禁律,應請愷切示諭各居户勿得延致巫師入門,即遇有疾病,宜注重醫藥,不必請仙禱鬼,墮其術中。並請札知陰陽學,將此項巫師一律禁絶,飭知各區圖保隨時查察,如有違犯,即行拘案重辦,以正人心而維風俗。合行呈請,爲特呈祈俯察施行。除移知一路中區警局外,須至呈者。

移巡警局文同。

呈上海縣田議事會秋季議決墓地應有限制案陳請出示曉諭文宣統二年八月十九日

爲呈請事。竊准城議事會移交秋季議決墓地應有限制案内開,查本公所區域内西南一帶道路漸闢,交通日繁,而墓地有加無已,若不預籌限制,將來市面日興,必多窒礙。應由董事會呈請上海縣給示曉諭,凡本公所區域内不論公私土客,自本年九月起,不得再行添置墓地,以示限制等因。准此,查上邑西南門外墳塚纍纍,觸目皆是,以致埠地不能開拓,市廛不能興起,實阻塞固有之利源,不啻爲淵叢之毆,讓租界以逐漸發達。並且有爲塚墓所阻梗而漸失土地主權者,如斜橋迤西、肇嘉浜以北二十五保之九圖,二十七保之二、五、六等圖。前因塚墓日多,居民不願與鬼爲鄰,相率遷徙,而外人則人棄我取,遂得築成吕班路、金神父路等馬路。蓋有人斯有土,既已無人,土地於何能保?今該處肇嘉浜以南尚有購置塚地建築墳塋者,體察地勢,實不相宜。惟有仰懇廉台愷切示諭,凡城自治區域内不論公私土客,自本年九月起不得再行添置墓地,以示限制。實爲公便,爲特呈祈察核施行。須至呈者。

稟蘇松太道蔡文同。

呈上海縣田議事會秋季議決限制殯房案陳請出示曉諭文宣統二年八月十九日

爲呈請事。竊准城議事會移交秋季議決限制殯房案内開，凡城自治區域内所有寄頓靈柩、收取寄費之殯房，不論會館公所，一律收取地方捐，並定存柩之額數，實行取締，以重衛生，且限制本區域内不得再行添建殯房，由董事會呈請上海縣示諭遵行等因。准此，查本邑西南門外會館公所建有殯房、受寄靈柩者甚多，凡不收寄費，或收費有作爲善舉公用者，自可無庸議捐。其專收寄費，同於營業者，實應徵收地方捐款，而存柩之額數，則當一體查明，實行取締。蓋停棺不葬，本干例禁。其中誠不無找尋墓地、遷柩還鄉、不得不暫行寄停者，然因有殯房爲寄柩之所，以致遷延不葬者，尤比比皆是。幽陰之氣，足釀疫癘。城區域内人煙日盛，實不得再建殯房，致與衛生有礙。應請廉台出示曉諭，凡會館公所寄存靈柩，應嚴定限期，令其速葬。其藉殯房爲營業者，應繳納地方捐，嗣後，城區域内不得再建殯房，以示限制而重衛生。爲特呈祈察核，並求示復施行。須至呈者。

議事會按季呈報議決事件案

城議事會呈上海縣田繕送宣統二年春季議決事件文宣統二年三月初一日

爲呈送事。竊城自治公所議事會開會議事，業將開會日期備文呈報，並請鈞駕臨席監督在案。查《城鎮鄉自治章程》第三十七條内載，議事會議決事件，由議長、副議長呈報該管地方官查核後，移交城鎮董事會按章執行等語。本屆議事會於二月十五日開會，至二十三日議畢閉會。所有各議案，計董事會交議者十八件，内奉照會交議者二件，各議員提議者六十五件，除否決及議歸董事會實行事件外，現計議決之案共二十六件。合將各議案抄呈鑒核，爲特備文呈送，即祈俯察施行。除各項預算表另行呈送外，須至吾者。

呈蘇松太道蔡文同。

上海城自治公所議事會宣統二年春季議決事件

一件整理城根公地案

董事會奉蘇松太道上海縣照會交議議事會提議事件，按照《城鎮鄉自治章程》第三十六條第一、第五款之權限，議決如左：

一、城根公地，巡警及衛生修築等事，光緒三十三年三月已由前撫部院陳批歸總工程局認款籌辦，無庸緑營兼管，以一事權。前督部堂端亦批准照辦在案。嗣以提督劉咨請督部堂仍歸營管，由前升道瑞照會議復，久未議決呈復。查《城鎮鄉地方自治章程》第九十一條第二項載，關係自治事宜之款項産業，由議事會呈請地方官核准撥充。現城自治公所即以總工程局改設，此項公地，係前升道瑞詳奉督部堂、撫部院批准撥歸管理之地，應由董事會呈請道縣轉詳督部堂、撫部院札飭該營，即行移交，由公所實行管理。一面請道縣出示曉諭舊租户無庸再向該營繳租，所有租款即繳公所作爲自治經費。

理由如左：

（甲）軍政與民事不應界限混淆，地可出租造屋，即與防守無關，自在自治範圍之内。

（乙）城内外既各設巡警，保衛治安，舊營存額無多，即新闢各門亦歸巡警管理。營中所管各門啟閉不時，大爲居民詬病。以此類推，該公地如不即由自治公所實行管理，萬無整理之望，觀城根之積穢可知。

（丙）該公地在自治區域之中，徒以舊由營管，事權不一，阻礙甚多。且毗連租界，時滋外人之口實。現值自治費絀之時，應急正其名，由自治公所實行管理，於内政外交兩有裨益。

一、現在擬辦之公司，應按照《城鎮鄉地方自治章程》第五條第六項之規定，以公共營業論，或即由自治公所任發起之責，或另有發起人向自治公所承租公地，設立公司，應由董事會另擬辦法，交議事會議決。

一、舊租户在由營出租時代誤認爲置產，曾向營中納費者，亦應由議事會另議辦法，使不至大受損失。

一件法人擬於肇周路設粗電綫案

董事會奉蘇松太道照會交議事件，按照《城鎮鄉自治章程》第五條第三款事宜，議決如左：

由董事會陳明源委，切實呈請蘇松太道駁復。

一件各善堂統一辦法案

董事會交議議事會提議事件，按照《城鎮鄉自治章程》議決如左：

應由董事會按照《城鎮鄉地方自治章程》第五條第五款第九十條、第一款第九十一條全文，並本議事會議決《董事會各項辦事員規約》第六條第二項，妥籌統一之法，交夏季議事會。

一件境内分區案

董事會交議事件，按照《城鎮鄉自治章程》第十一條議決如左：

分本區域爲中、東、西、南、北五區。城内設中區，由總董董事直轄；東區爲公所坐落之地，亦歸直轄；西區、南區毗連之江境廟地段，應暫以製造局西栅門爲西、南兩區分界處之中點，履勘劃清，以專責成；其新闢地段之未入租界毗連西區者，由西區管理；閘北稱爲北區，即設區董。

一件學務事宜案

董事會交議議事會提議事件，按照《城鎮鄉自治章程》第五條第一款事宜，議決如左：

學務爲自治範圍最重之一部分，有應與勸學所聯合辦理者，有應本公所獨任辦理者，兹定辦法如左：

一、就城廂區域重畫學區，與勸學所聯合辦理。

每區域須小於區董管轄之地，按面積方里繪城廂區域總圖、各學區分圖各二分，一存本公所，一存勸學所。

一、就畫定之學區内調查學齡兒童，由本公所辦理。

查《調查户口章程》第二十四條，户數册應每兩個月編訂一次，口數册應半年編訂一次，於年終彙報民政部。又第二十條，口數册造齊後，應將册内年届七歲之學童及年届十六歲之壯丁另記總數，附記該册之後。調查時，應按照此二條章程辦理。

一、每學區内至少須有公立小學一所，酌量緩急，分年與勸學所聯合辦理。

調查學齡兒童完畢後，就該學區情形先行酌設公立之單級小學，每小學建築費以六百元爲度（不備教員住宅者三百元，已足就公用；房屋改建者，改建費一二百元已足），置備校具費以百元爲度，常年費以三百元爲度。教室以能容學生六十名至八十名爲度。其經費由本公所任之，其建設之規畫由勸學所任之。本年下學期先就東區北段及江境廟、閘北設公立單級小學三所。

一、酌設宣講所與勸學所聯合辦理。

以流通宣講爲主，不設常所。編輯宣講書，物色宣講員。勸學所任之宣講員公費，城區域以内由本公所酌量津貼。

一、於各小學内酌設工商業生徒夜課，請勸學所辦理。

就工商業生徒較多之地，於舊有之學堂内勸設夜課，即比照現時簡易識字學塾辦法。

一件改正道路案

董事會交議議事會提議事件，按照《城鎮鄉自治章程》第五條第三款事宜，議决如左：

由董事會先繪詳圖，交下期議决。

一件設貧民習藝所案

董事會交議議事會提議事件，按照《城鎮鄉自治章程》第五條第五款事宜，議决如左：

遷南門外普安亭塚地，設貧民習藝所。遷築費除舊有之勤生院款項外，如有不敷，由九畝地地價五分之一内支給；經常費應由董事會議定辦法，交議事會議决，建築圖一併交議。

一件處置艒艒船案

董事會交議事件，按照《城鎮鄉自治章程》第五條第二款事宜，議决如左：

由董事會呈請道縣設法驅逐。

一件城内清道路燈及造屋給照案

董事會交議議事會提議事件，按照《城鎮鄉自治章程》議决如左：

城内清道路燈及造屋給照事，查照《城鎮鄉地方自治章程》第五條第二、第三款之範圍，由董事會呈請蘇松太道移巡警局照章交城自治公所接辦。

一件城内捐務比照城外辦法案

董事會交議議事會提議事件，按照《城鎮鄉自治章程》第五條第七款事宜及第三十

六條第五款之權限,議決如左:

城内鋪户居户應比照城外地方捐辦法,一律起捐,於捐票上指明用款,查照情形,分等辦理。由董事會擬具章程,交議事會議決。從前清道路燈捐歸併在内。

一件裁判位置案

董事會交議議事會提議事件,按照《城鎮鄉自治章程》第三十六條第一款之權限,議決如左:

總工程局原有之裁判官向理南市商民訴訟,審判廳未成立以前,未便即行裁撤,應由董事會呈請蘇松太道暫行刊給圖記,文曰“上海南市裁判官圖記”。其日行事宜,仍照總工程局向章辦理。

一件分配九畝地應得之地價案

董事會交議議事會提議事件,按照《城鎮鄉自治章程》第三十六條第六款之權限,議決如左:

九畝地地價以五分計,除二分歸官外,其地方應得之三分内,一貧民習藝所經費,二九畝地地方闢門築路經費,三學務經費。前二項辦法早經確定,無庸再行支配。惟學務一分,原案雖有充作勸學所公費名目,現值城自治區域推廣教育之際,自應先其所急,以一半專爲城自治區域内籌設公立小學之基本金,將逐年息銀爲推廣初等教育之用。其一半交勸學所,作爲社會教育之用(如酌辦宣講所、如編輯宣講書之類)。

一件請撥南市碼頭捐案

董事會交議事件,按照《城鎮鄉自治章程》第三十六條第六款之權限及第九十二條第一款,又第二項並第九十六條之規定,議決如左:

北新關碼頭捐一項,係於正税外帶收,充工部局築路等用。今南市大達碼頭停泊各輪報北關税者,其碼頭捐一律照繳。查此項碼頭捐即係地方自治章程公益捐内之附捐,應呈明蘇松太道移請税司,將南市碼頭捐劃撥城自治公所之用。

一件大達公司租價案

董事會交議事件,按照《城鎮鄉自治章程》第三十六條第六款之權限,議決如左:

既立合同兩方均有履行之義務,未便議改。

一件各項預算案

董事會交議事件,按照《城鎮鄉自治章程》第九十八、九十九條之規定,分項議決,另具總分各表。

另有表。

一件請借公債案

董事會交議事件,按照《城鎮鄉自治章程》第三十六條第五款之權限,議決如左:

借公債銀十萬兩,分八年歸還,以大達租息作抵。

籌集方法由董事會職員、議事會議員共擔責任。

一件新闢道路請免房捐案

議事會提議事件，按照《城鎮鄉自治章程》第五條第三、第四款事宜，議決如左：

由董事會呈請道縣移詳，凡本區域内新闢之路，援南市外馬路例，免收房捐，以興市面。

一件撈挖城内肇嘉浜案

議事會提議事件，按照《城鎮鄉自治章程》第五條第二、第三款事宜，議決如左：

定半年撈挖一次，由董事會呈請蘇松太道，於城河經費息款項下隨時撥用。

一件城門關閉應歸一律案

議事會提議事件，按照《城鎮鄉自治章程》第三十六條第一款之權限，議決如左：

由董事會查案呈請將新舊各門一律改歸巡警管理，以免閉門時刻遲早參差之弊。

一件道路橋樑禁止停棺案

議事會提議事件，按照《城鎮鄉自治章程》第五條第二款事宜，議決如左：

道路橋樑一概不准暫停棺柩，以重衛生。先行呈請出示曉諭，立飭巡警隨時阻止。如無力營葬者，應報明同仁輔元堂或果育堂即行代理。

一件阻止居户沿街焚燒死者衣服及草庫草髡等物案

議事會提議事件，按照《城鎮鄉自治章程》第五條第二、第三款事宜，議決如左：

由董事會與前條一併呈請諭禁。

一件處置公産案

議事會提議事件，按照《城鎮鄉自治章程》第三十六條第六款權限及第九十條第一款之規定，議決如左：

地方公産應以保存爲原則，變賣爲例外，將來處置公産之方法，應以出租爲董事會權限以内之事。如有必須變賣之理由，須經議事會之議決。

一件清查吸鴉片煙案

議事會提議事件，按照《城鎮鄉自治章程》第五條第二款事宜，議決如左：

清查吸煙之人，由董事會交户籍科辦理。如有託名會所相聚私吸等情，應處以相當之罰。

一件請接收地丁漕糧帶徵錢文案

議事會提議事件，按照《城鎮鄉自治章程》第三十六條第六款權限，及第九十二條第一款又第二項並第九十六條之規定，議決如左：

附捐之新由諮議局議決，經撫部院公佈施行者，如地丁一兩帶徵二十文，漕米一石帶徵四十文。漕米已自去年帶徵地丁亦自本年上忙起帶徵，應由董事會呈請上海縣將每屆帶徵實數，按照城鎮鄉區域分配確定。凡在城廂區域範圍者，即隨時交本公所接收動用，在鄉區域範圍者另行組織籌備鎮鄉自治公所代爲接收。鎮鄉自治公所未成立以前，即作爲籌備自治之經費，俟該公所成立後，即按照該區域應得之數，逕由該公所接收。

一件酌定特捐名目案

議事會提議事件,按照《城鎮鄉自治章程》第九十二條第二款及第二項之規定,議決如左:

特捐類别新由諮議局議決,經撫部院公佈施行者,如煙酒捐、茶捐、戲捐、經懺捐之類,應由董事會酌量情形,先行擬具章程,交下屆議事會開會期議決。

一件送子庵僧售地案

議事會提議事件,按照《城鎮鄉自治章程》第三十六條第六、第九款之權限,議決如左:

該庵僧並非嫡派庵地,應以絶産論,歸本公所收管保存。

城議事會呈上海縣田送核宣統二年收支預算表文宣統二年三月十六日

爲呈送事。竊城自治公所議事會春季會議曾將議決各案開呈鑒核,並聲明各項預算表另行呈送在案。查《城鎮鄉地方自治章程》第三十六條第三款爲本城鎮鄉自治經費歲出入預算及預算正額外預備之支出,又第九十八條城鎮董事會或鄉董每年應預計明年經費出入製成預算表,於每年十一月議事會會議期内移交該會議決。議決後,除照第三十七條辦理外,應由地方官申報督撫存案,並於本地方榜示公衆。第九十九條預算内,除正額外,得設預備費,以備預算不敷及預算各款外臨時之支出。若預備不敷支出者,非經議事會之議決,不得提用他款等語。現城董事會開辦伊始,所有本年經費出入預算,由董事會列表交春季議事會議決,計出入相抵不敷甚鉅,實已無可核減,正在設法籌集。兹送呈上海城自治公所暨分設各區庚戌年收支款項預算表三紙,請以一紙存鈞署備案,其餘二紙並請分别申報督撫部堂院存案。合行備文呈送,維祈察照施行。須至呈者。

呈蘇松太道蔡文同。

預算册不附録。

城議事會呈上海縣田繕送宣統二年夏季議決事件文宣統二年五月二十三日

爲呈送事。竊城議事會遵照《城鎮鄉自治章程》每季開會一次,所有本年春季會議各項議決事件,經照章呈報,業奉移交城董事會執行,本届夏季會議會經呈報開會日期並請鈞駕涖臨監督在案。查夏季議事會於本月十一日開會,至二十日議畢。所有各議案,計董事會交議者十三件,内奉照會交議者三件,奉蘇松太道照會及批復交議者三件,議員建議者四十二件。除議事會否決未經提議及議歸董事會實行事件外,計議決案十三件。除城内收捐辦法案章程另行呈核外,合將各議案照章開呈鑒核,爲特備文呈送,即祈俯察施行。須至呈者。

呈蘇松太道蔡文同。

上海城自治公所議事會宣統二年夏季議決事件

一件籌設自治研究所案

董事會奉上海縣照會交議事件,按照《城鎮鄉自治章程》第三十九條之權限,議決如左:

此係全縣範圍之事現值組織縣自治籌備公所之期省城籌辦處通行各屬文此項籌備公所以鎮鄉自治公所一律成立爲第一期成績自治研究所本爲養成城鎮鄉自治人才而設現城自治公所業經成立且先經於去年夏間就城廂區域設立地方自治講習所今欲養成全縣自治人才應俟縣自治籌備公所成立後商定。

一件籌撥調查統計處公費案

董事會奉上海縣照會交議事件，按照《城鎮鄉自治章程》第三十九條之權限，議決如左：

此亦係全縣範圍之事，請董事會會商調查事務所議復。

一件籌議中等農業學堂經費案

董事會奉蘇松太道照會交議事件，按照《城鎮鄉自治章程》第三十九條之權限，議決如左：

此係全縣實業教育之關係，應由董事會將原文抄交勸學所妥議，並先復蘇松太道。

一件整頓圖董庇縱地保案

董事會奉蘇松太道照會交議事件，按照《城鎮鄉自治章程》第三十九條之權限，議決如左：

地方圖董如實有庇縱地保情事，應由官法懲治，由董事會呈復蘇松太道。

一件蘇松太道准撥南市碼頭捐委辦藥王廟施醫棲流所放粥案

董事會奉道批交議事件，按照《城鎮鄉自治章程》第五條第五、第七款事宜，議決如左：

施醫、放粥兩事，確在自治範圍之内。查《城鎮鄉自治章程》第六十八條城鎮董事會應辦事件第三款爲以律例章程或地方官示諭委任辦理各事之執行。今蘇松太道查照章程，委任辦理，議事會同深敬佩。原批所指歲支外銷款，應由董事會呈請，將該款宣示的數與准撥之南市碼頭捐一併發交城自治公所妥慎經理，照章執行。

一件指撥城廂平價虧耗費案

董事會交議事件，按照《城鎮鄉自治章程》第五條第七款事宜，議決如左：

平價虧耗費，按蘇松太道本年詳定籌議《平價事宜簡明辦法》第二條，官認一半，積穀息款酌貼一半，應遵照辦理，將歷年積穀息款城廂區域應得之數撥充城廂平價虧耗費之半數。

一件議設保牛保船公會案

董事會奉上海縣照會交議事件，按照《城鎮鄉自治章程》第三十九條之權限，議決如左：

本區域已設巡警，自有保護治安之責，與寶應情形不同，無須仿照辦理。

一件城内收捐辦法案

董事會執行春季議決事件之報告議事會提議事件，按照《城鎮鄉自治章程》第五條第七款事宜及第九十三條之規定，擬具章程，另行呈請核准。

第一條　此項徵收之地方公益捐與城外一律統名曰地方捐。

第二條　向有之清道路燈捐併入地方捐。

第三條　居户均按照房租五釐向租户徵收。自屋則估計。

第四條　店鋪均照房租七釐向租户徵收。自屋則估計。

第五條　凡捐數滿元收元、滿角收角，角銀不加貼水。

第六條　貧户給予免照，不向收捐。

一件訂定地方公債章程案

董事會執行春季議決事件之報告議事會提議事件，按照《城鎮鄉自治章程》第五條第七款事宜，逐條議決如左：

第一條　城自治公所因籌辦地方自治事宜各款之需用，共募集地方公債規銀十萬兩，於宣統二年七月底一律交齊起息。

第二條　此項地方公債銀十萬兩，常年八釐行息，勻分五年，按期連本帶息償還，共息銀二萬四千兩，連本十二萬四千兩。

第三條　此項地方公債票分爲兩種，每票一百兩爲一種，每票一十兩爲一種，均分爲五條，各注還款期限及應還本息銀兩之數，到期持票到所當面裁割一條然後付銀。

第四條　公債票上蓋用上海城董事會圖記，由總董董事簽字。

第五條　貸還公債銀兩由城自治公所會計科匯總收發。

第六條　凡本公所所收之捐款，均可以到期之票交納。如有留難折扣等情，許即指控懲辦。

第七條　此項地方公債票准其轉用或抵押，到期均得向本公所收取。

第八條　應還此項地方公債本息銀每年二萬四千八百兩，以大達租息及船捐、車捐作抵。

一件佈置菜場案

議事會提議事件，按照《城鎮鄉自治章程》第五條第三、第四款事宜，議決如左：

應由董事會先行規畫地段，預算經費，交冬季議事會議決。

一件請示禁兒童吸煙卷案

議事會提議事件，按照《城鎮鄉自治章程》第五條第二款事宜，議決如左：

由董事會呈請上海縣出示，凡未成年之兒童概不准吸煙卷，違者由巡警隨時勸導，並移會城内警局。

一件改築小南門城門案

議事會提議事件，按照《城鎮鄉自治章程》第五條第三款事宜，議決如左：

由董事會就地籌款，以便改築。

一件自治區域宜設官立或公立女學案

議事會提議事件，按照《城鎮鄉自治章程》第五條第一款事宜，議決如左：

官立女學固照章應辦之事，應由勸學所呈請施行。至公立女學，亦學務範圍應辦之事，應會商勸學所，預爲規畫。如須本公所擔任經費，應於冬季議事會議決，列入明年預算案。

城議事會呈上海縣田縉送宣統二年秋季議決事件文宣統二年八月十六日

爲呈送事。竊城議事會遵照《城鎮鄉地方自治章程》每季開會一次，所有本年春季、夏季會議各項議決事件，經照章先後呈報查核後，移交城董事會執行。本届秋季會議先經呈報開會日期，並請鈞駕蒞臨監督各在案。查秋季議事會於本月初二日開議，至初十日議畢。所有各議案，計董事會交議者十件，内奉照會及蘇松太道照會交議者一件，議員建議者五十七件。除議事會否決未經提議及議歸董事會實行事件，計議決案十二件。合將各議案照章開呈鑒核，爲特備文，呈祈俯察施行。須至呈者。

呈蘇松太道蔡文同。

上海城自治公所議事會宣統二年秋季議決事件

一件道縣録示整理城根公地案詳批札文等件照會議復案

董事會交議事件，按照《城鎮鄉自治章程》第三十六條第一款之權限，議決如左：

此案有應聲明者二條：（一）此案係城議事會查照前督部堂端、前撫部院陳批定之案議決，即由議事會全體議員同負其責任。唐錫瑞等指摘總工程局之處，應請上海縣提究，以明是非，俾此後自治團體免爲個人私意所牽掣。（一）此案前議該公地由本公所接管，原爲顧全租户利益，俾造屋之費不至全歸無着起見。如云安不忘危、藉資防守，應將私造之屋一律拆平，方爲正當辦法。至唐錫瑞等所指創立公司稟詳章程係混縣詳與議事會議決案爲一，更屬有意蒙混。本公所爲地方衛生事宜，既未便聽城根公地之污穢，又處華洋交涉之重地，豈能見好綠營，致損主權？現既復奉蘇松太道照會議復，應由董事會呈請蘇松太道上海縣遵督部堂批示，折衷至當之意，查照春季議事會議決案，決定目前折衷辦法先行整理。

一件限制殯房案

董事會交議議事會提議事件，按照《城鎮鄉自治章程》第五條第二、第三款事宜，議決如左：

凡城自治區域内所有寄頓靈柩收取寄費之殯房，不論會館公所，一律收取地方捐，並定存柩之額數，實行取締，以重衛生。且限制本區域内不得再行添建殯房，由董事會呈請上海縣示諭遵行。

一件修築外關橋案

董事會交議事件，按照《城鎮鄉自治章程》第五條第三款事宜及第九十九條之規定，議決如左：

於工程費項下移緩就急，如有不敷，再於預備費項下支給。

一件開濬城濠以洩穢水案

董事會交議事件，按照《城鎮鄉自治章程》第五條第二、第三款事宜及第四十條之規定，議決如左：

小東門迤北至西門一帶城濠之水無洩瀉處，城内陰溝污水匯於其間，以致穢氣薰蒸，過者掩鼻，徒以城根公地緑營既私自出租造屋，尚藉口軍用，城自治公所無完全整理之權。致積穢日多一日，行路憤歎，外人干涉。胥此之由，應由董事會呈請蘇松太道上海縣詳請督部堂、撫部院派員履勘，指撥的款，以爲開濬城濠之用。至緑營現奉部文全裁，上海城内外均有巡警，且駐防營保衛治安，斷不恃緑營兵數十人之力，應請一併詳請將上海緑營先行裁撤，俾城自治公所得盡其範圍以内之責任，免致代人受過。

一件改正分區辦事規約案

議事會提議事件，按照《城鎮鄉自治章程》第十一條之規定及第三十六條第二款之權限，議決如左：

第二條第一項改正如下：

區董每區一員，各駐分辦處辦事，以本城區域選民由董事會於議事會公舉各該區區董前，預選合格人員二人以上、五人以下，由議事會投票，公舉一人，任期一年。

第六條第一項改正如下：

每區得設贊助員六人以上、十八人以下，以本城區域選民由本區區董得董事會之同意，推舉任之，任期一年。

一件争回華人在租界體面案

議事會提議事件，按照《城鎮鄉自治章程》第五條第二款事宜及第四十條之規定，議決如左：

就後開租界禁止華人遊息各地，由董事會呈請蘇松太道照會領袖領事、法總領事分别轉知公共工部局、法公董局對於華人一律優待。

計　開：

公共租界

二馬路北沿浦草地、外大橋公園、虹口、乍浦路、蓬路。公園、跑馬場。

法租界

華龍路公園。

一件墓地應有限制案

議事會提議事件，按照《城鎮鄉自治章程》第五條第二、第三款事宜及第三十六條第一款之權限，議決如左：

查本公所區域内西南一帶道路漸闢，交通日繁，而墓地有加無已。若不預籌限制，將來市面日興，必多窒礙，應由董事會呈請蘇松太道上海縣給示曉諭。凡本公所區域内不論公私土客，自本年九月起，不得再行添置墓地，以示限制。

一件推廣初等教育案

議事會提議事件，按照《城鎮鄉自治章程》第五條第一款事宜及第三十六條第一款之權限，議決如左：

文明國自治團體應負設置小學之義務，故設立初等小學，當定爲城鎮鄉自治公所之義務，應於入款項下歲提若干，成爲本城區域推廣初等小學之用，由董事會列入明年預算案，交冬季議事會議決。

一件改良行車辦法案

議事會提議事件，按照《城鎮鄉自治章程》第五條第三款事宜，議決如左：

城内外車輛既經通行，應定適當辦法，一從速規畫停車場，一行車之街道，逐漸翻砌石片路，由董事會列入明年預算案，交冬季議事會議決。

一件實行關於自治事宜之新法令案

議事會提議事件，按照《城鎮鄉自治章程》第五條第二、第四款事宜及第三十六條第一款之權限，議決如左：

新法令之關於自治事宜者，如《畫一度量權衡圖説總表》及《推行章程》（光緒三十四年三月二十八日，農工商部奏，擬同年八月初三日會議政務處奏定）、《禁煙條例》（宣統元年十二月二十日憲政編查館奏定）、《國幣則例》（宣統二年四月十六日度支部奏定），均所以驅除積弊、增進文明，而行之至爲繁重，且於居民之身家利害有直接之關係。查《禁煙條例》至爲嚴厲，非以自治爲官治之輔助，則耳目難周，易滋流弊。至度量權衡之推行章程，原奏謂商會有定章檢察之公權。《國幣則例》諭旨且責成商會宣講大意，苟全無預備，一旦實行期至，恐商民未知畫一之利益，徒覺改制之不便。雖有良法，適滋詬病，自治團體亦不能不負其責。兹定辦法如左：

一、上開章程一種、條例一種、則例一種，由本公所各印單行本，廣爲傳布，使本區域内之居民各能心知其意。

一、由董事會呈請上海縣將《禁煙條例》出示曉諭，一面知會巡警局，並由警務處切實稽查，有犯必懲。

一、由董事會知會上海商務總會及南市商務分會查照《度量權衡推行章程》議定辦法，一面按照奏案實行檢察並將《國幣則例》大意欽遵諭旨實行宣講。

一件法電燈公司商設粗電綫案

董事會交議事件，按照《城鎮鄉自治章程》第五條第三款事宜，議決如左：

照圖繪黄色之路綫暫准法電燈公司借設粗電綫一條，須由本公所取締所訂合同，交議事會議決。

一件洋商租地分别辦法案

議事會提議事件，按照《城鎮鄉自治章程》第三十六條第一款之權限及第四十條之規定，議決如左：

由董事會呈請蘇松太道飭知、上海縣移會會丈局，凡本公所區域内各圖向無洋商租地者，一律不得租與洋商。其已有洋商租地之各圖，應聲明前案，如再有洋商租地情事，一律由會丈局與本公所會勘。

城議事會呈上海縣田送核收捐辦法章程文宣統二年五月二十三日

爲呈送事。竊城議事會夏季開會曾將議決各案開呈鑒核，並聲明城内收捐辦法章程另行呈請核准在案。查此項章程係由董事會查照春季議決案内城内捐務比照城外辦法案擬訂報告前來，經按照《城鎮鄉自治章程》第五條第七款事宜及第九十三條之規定條議公決，合將擬具城内收捐辦法章程開摺，呈請核准備案，以便遵行。須至呈者。

呈蘇松太道蔡文同。

章程另册彙載，不附録。

城議事會呈上海縣田繕送宣統二年冬季議決事件文宣統二年十二月十九日

爲呈送事。竊城議事會遵照《城鎮鄉地方自治章程》每季開會一次，所有本年春季、夏季、秋季會議各項議決事件，經照章先後呈請查核後，移交城董事會執行。本屆冬季會議先經呈報開會日期，並請鈞駕蒞臨監督。嗣以本届會議審查預算，費時過多，至竣事時，已滿會議期限。復經呈報續開臨時會日期各在案。查此期所開臨時會，即係補行前會期内之第三次會決議全案。當於本月十一日議畢閉會，所有各議案計董事會交議者二十一件，各議員提議者三十一件，除否決及議歸董事會實行外，現計議決案共十四件。除預算案另册呈送外，合將各議案另摺開呈鑒核。爲特備文呈送，即祈俯察施行。須至呈者。

呈蘇松太道劉文同。

上海城自治公所議事會宣統二年冬季議決事件

一件徵收廣告税章程案

董事會交議事件，按照《城鎮鄉自治章程》第九十二條第二款及第二項又第九十三條之規定，議決如左：

廣告税爲地方税之一種，外國多有行之者，即比於中國之公益特捐。本公所於城區域内有維持治安之責，即應有查驗廣告及酌收税費之權。兹經擬訂章程十一條，定於宣統三年二月初一日實行。無論中外商民，均應按照辦理，應由董事會呈請上海縣移會警局，分别出示曉諭，並詳請蘇松太道照會各領事查照（章程録下）。

上海城自治公所徵收廣告税章程

第一條　廣告税爲地方税之一，本公所於城區域内有徵收此項廣告税之權。

第二條　凡越出自己地位、使人注目而感覺者，無論爲紙、爲板、爲標記，或活動、或不活動，向所稱招紙及告白、佈告等類，均作爲廣告（其商家之招牌陳列，或張布於自己地位者，不以廣告論）。

第三條　凡欲張貼廣告於城區域内者，須赴本公所購領税票。

第四條　凡廣告紙長營造尺二尺以内、寬營造尺以内者，每百張納税銀五角。其長至二尺外三尺内寬至一尺外一尺五寸内者，每百張納税銀一元（按營造尺，一尺合英尺一尺四分弱）。

第五條　凡特别之廣告，如用木板、鉛皮等類長寬尺寸不逾第四條之限者，每月每張每方尺納税銀一角，其尺寸逾第四條之限者，每方尺納税銀二角，仍以五十方尺爲限。

第六條　凡欲張貼廣告者，須先將廣告樣張呈驗，得本公所之允可。

第七條　凡廣告税票須粘附於廣告上。

第八條　凡張貼廣告，本公所祇向收廣告税，其張貼處屋主允許與否，應自行交涉（如屋主釘有不許招貼字樣者，即爲不允之證據）。

第九條　凡不遵以上各條所規定，擅行張貼廣告者，當視該廣告應納之税額加倍科罰；凡學堂、善堂以及事關公益各項張貼廣告於城區域内者，免納税銀。

第十條　凡廣告之有礙治安或風化者，均禁止其張貼。

第十一條　凡未盡事宜，由本公所隨時增訂。

附件　廣告場納税法另有專章。

一件設學務辦事員案

董事會交議事件，按照《城鎮鄉自治章程》第五條第一款事宜及第七條之規定，議決如左：

查照資政院學部奏定地方學務章程，學務專員之職掌及江蘇各屬勸學所教育會聯合會議決案，本公所自應特設學務專員，以資辦理。兹訂《學務辦事員辦事細則》如下：

上海城自治公所學務辦事員辦事細則

第一條　上海城自治公所因本城區域教育事宜，特設學務辦事員，凡本縣勸學所在本自治區域内應設之勸學員，即由學務辦事員任之。

第二條　學務辦事員佐理總董及區董在本區域内應行掌管之教育事宜，並督察本區域内之公立小學堂。

第三條　學務辦事員應定每分區一人，以本城區域選民明於教育、曾任教員三年以上者，由議事會公推，經董事會公認後任之，任期一年。學務未甚繁劇時，得暫行酌減學務辦事員員數，兼任二區以上學務事宜。

第四條　學務辦事員每年應於十月二十日以前，定明年學務之規畫，由董事會交冬季議事會議決。其第一次選任學務辦事員時，不在此限。

第五條　學務辦事員每年應調查本分區内學齡兒童，於十月初一日以前編定本分區學齡兒童簿，分男童、女童，已就學、未就學，各爲一册。定明年應添初等小學堂若干所之規畫，及其教育費之預算。學齡兒童簿所記兒童數有變更時，每年應儘於十二月以内更正。

第六條　學務辦事員於本分區内公立小學堂之不能照章辦理者，有糾正之責。

其堂長、教員之不稱職者，應報告於總董及區董。

第七條 學務辦事員於本分區内學齡兒童之未就學者，應實行勸其就學。本分區内如有關係學務應行宣講事宜，由學務辦事員隨時宣講。

第八條 學務辦事員於本分區内應行添設初等小學堂時，得指定原有之小學堂，陳述意見於總董及區董；商改爲公立初等小學堂，亦得指定本分區内之私立初等小學堂，或適當之私塾，陳述意見於總董及區董，暫認爲代用初等小學堂。

第九條 學務辦事員於本分區内所有之私立初等小學堂及私塾，應調查其是否合於初等小學堂之辦法。其合於初等小學堂之辦法者，於調查學齡兒童時，其兒童得以已就學論；其不合於初等小學堂之辦法者，調查時但註明識字字様，以未就學論。

第十條 學務辦事員爲有給職，其俸給量職務之繁簡，由董事會定之。

第十一條 此細則於地方學務有變更時，應由董事會修訂，交議事會議決。

一件蘇松太道照會九畝地變價充公案内留地八畝爲硝磺庫火藥局遷費案

董事會交議事件，按照《城鎮鄉自治章程》第三十六條第六款及三十九條之規定，議決如左：

查九畝地變價充公一案，前經上海紳士稟准前督部堂端，以五份分攤在案。現在查丈未竣，並無留地八畝之議，惟遷建火藥局、硝磺庫，以防危險，究係地方有益之舉，應俟清丈事竣，如有餘地，由董事會酌量劃撥。

一件設負販團案

董事會交議事件，按照《城鎮鄉自治章程》第五條第四、第五款事宜，議決如左：

城區域内貧民固多而小學畢業之學生一時無業可就，輒成遊蕩者，亦復不少。兹仿日本負販團之意，籌款二千元，試辦一團。凡貧生願作負販需貸資本者，自一元起至五元止，分作五等貸給，覓保具領，分期歸還，以資周轉。附簡章如下：

負販團簡章

第一條 負販團貸款處即設立城自治公所内。

第二條 本公所先行備銀二千圓，專款存儲，爲負販團第一團之用。

第三條 地界以城區域爲限，貸款者暫以初等小學以上畢業生爲限。

第四條 具報時，須先呈驗文憑，將姓名、年歲、籍貫、住址、何學堂畢業、父母存歿、願貸若干元、作何負販填明貸據，並妥覓保證人。俟查明准貸，即偕保證人來所簽字領款。

第五條 貸款自一元起，至五元止，准貸後，給予憑單一紙，按期還款，由本公所蓋用圖章於上。

第六條 貸款時，察其生業之大小，需本之多寡，酌量貸與，不得任意多貸，並不得作不正當之營業。

第七條 還款分作十期，以每月初十、二十、晦日爲期。如貸一元者，每期還足銀元一角；貸五元者，每期還足銀元五角，概不取息。

第八條　貸款還清後，仍准續借，倘延遲拖欠，向保證人追賠。

一件規定小弄内翻造房屋收進尺寸案

董事會交議事件，按照《城鎮鄉自治章程》第五條第三款事宜，議決如左：

一、弄之爲一家出入而兩端朝夕有開閉者，既已通行，即不得阻塞，其造屋收進尺寸，免予限制。

一、通弄爲兩家以上出入者，一律照章收進二尺。

一、不通之弄有兩家以上出入者，一律照章收進一尺。

一件清潔所中阻緩延再請核議案

董事會交議事件，按照《城鎮鄉自治章程》第五條第二款事宜，議決如左：

此案早由監督官查核後，移交辦理，董事會照章有完全執行之權，應行趕辦。

一件城門關閉時刻未歸一律再請核議案

董事會交議事件，按照《城鎮鄉自治章程》第三十六條第一款之權限及第四十條之規定，議決如左：

城門關閉時刻參差，居民咸稱不便，已由春季議事會議決，由董事會呈請，一律改歸巡警管理。半年以來，城門弁兵藉啟閉勒索如故，居民大爲不平。現省城各門已統歸巡警管理，上海爲中外交通大埠，豈宜任該弁兵常演此腐敗之景象，應由董事會呈請蘇松太道上海縣詳請督部堂、撫部院飭比照省城辦理。

一件上海縣照請推廣簡易識字學塾案

董事會交議事件，按照《城鎮鄉自治章程》第五條第一款事宜及第三十九條之規定，議決如左：

此案應由本公所學務辦事員查照現行章程酌辦。

一件取締押店並收捐章程案

董事會交議事件，按照《城鎮鄉自治章程》第五條第四款事宜、第九十二條第二款及第二項又第九十三條之規定，議決如左：

取締押店並收捐章程

第一條　凡押店均須報領執照。

第二條　執照須填明店主姓名、年歲、籍貫、住址，並資本若干、月息若干。

第三條　押店受押各物押票上所記載須與帳簿相符，如有察出不符之處，按照押票所載數目加倍科罰。

第四條　押店值查驗失贓及吊取贓物時，店中人不得隱瞞。

第五條　押店如覺押物之人有可疑情節時，應一面留住其人，一面報告於巡警。

第六條　押店每日至早於上午七時開門，至遲於晚間九時閉門。

第七條　押店應按照月息分等納捐，計定四元、六元、八元、十元爲四等。

第八條　押店所領執照不准別人頂替執用。

一件奉文催設農務分會案

董事會交議事件，按照《城鎮鄉自治章程》第五條第四款事宜，議決如左：

由本公所會同縣自治籌備公所發起組織。

一件規定本城區域内幹路案

董事會交議事件，按照《城鎮鄉自治章程》第五條第三款事宜，議決如左：

上海城自治公所規定本區域内幹路章程

第一條　本區域内分幹路爲四等，每等分級如左：

（甲）頭等路，寬五十尺以上（不限級數）。

（乙）二等路，寬四十尺以上（内分四十尺、四十二尺、四十四尺、四十六尺、四十八尺爲五級）。

（丙）三等路，寬三十尺以上（内分三十尺、三十二尺、三十四尺、三十六尺、三十八尺爲五級）。

（丁）四等路，寬二十尺以上（内分二十尺、二十二尺、二十四尺、二十六尺、二十八尺爲五級）。

第二條　各等幹路均就圖劃定中綫，中綫之兩旁預繪界綫，兩界綫之距離即以該路規定之等級爲標準。

第三條　劃定中綫之標準，視原路兩旁房屋多數之形勢以定直綫或弧綫，不得用折角形。

第四條　路旁房屋翻造時，每次收進二尺，以收至規定之界綫爲止。如一次未及界綫，自願即收至界綫者，由本公所贈以名譽證券，以示優異。

第五條　如同一業主之舊屋，一面凸出，一面凹進，同時翻造者，得於每次收進之二尺範圍以内，匀扯計算，將凸處多收、凹處少收。

第六條　現定各等幹路之界綫，自公佈之日起，以三十年爲期。

附開城區域内業經測定各幹路清單

南北幹路：

第一綫　自外十六鋪橋外馬路起，沿浦至南碼頭止，應寬四十尺。

第二綫　自裏十六鋪橋裏馬路起，迤南經海運局、馬路橋、滬軍營，至製造局止，應寬四十尺。

第三綫　自外鹹瓜街北口起，經大王廟、如意街，過外郎街橋、小橋街、王家嘴角，過外倉橋、南倉街、陸家浜橋、南京街，至滬軍營止，應寬二十尺。

第四綫　自老北門起，至老北門大街南口止（接紫金路），應寬二十尺。

第五綫　（甲）自天官牌樓北口（接福佑路）起，經四牌樓，轉西至縣署前止，應寬二十尺。

（乙）自新北門起，經新北門、老街、舊校場、陳市安橋南街、畫錦牌樓、三牌樓，轉東至縣署前止，應寬二十尺。

（丙）自縣署南起，經縣橋、埸水橋、太卿坊、陳顧同橋、大南門大街，至大南門口止，應寬二十尺。

第六綫　（甲）自三牌樓縣西大街口起，經虹橋南大街，至小橋街止（接凝和路），應寬二十尺。

（乙）自小橋街南口起，至凝和路南口止（接尚文路），應寬三十尺。

第七綫　自北石駁岸（接廣福路）起，經西石皮弄，至穿心河橋止（接西門大街），應寬二十尺。

第八綫　自拱辰門内起，沿城根迤南，至尚文門止，應寬二十尺。

東西幹路

第一綫　（甲）自福佑門内起，經福佑路，至北香花橋堍止，應寬三十尺。

（乙）自福佑路西口起，至穿心街東口止（接白衣庵西街口），應寬二十尺。

第二綫　（甲）自外十六鋪橋外馬路口起，至裏十六鋪橋裏馬路口止，應寬四十尺。

（乙）自裏馬路口起，至小東門止（即集水街），應寬二十尺。

（丙）自小東門内起，經小東門大街、廟前街，至廣福寺街西口止，應寬二十尺。

第三綫　（甲）自大關碼頭外馬路口起，至裏馬路口止，應寬二十八尺。

（乙）自裏馬路口起，至大東門止，應寬二十尺。

（丙）自大東門内起，經大東門大街、彩衣街、果子巷、太平街、杜家灣、穿心河橋、西門大街，至西門止，應寬二十尺。

第四綫　（甲）自董家渡碼頭外馬路口起，至裏馬路口止，應寬二十六尺。

（乙）自裏馬路口起，至小南門止，應寬二十尺。

（丙）自小南門内起，經小南門大街、東王家弄，至西王家弄西口止（接尚文門路），應寬二十尺。

（丁）自西王家弄西口起，至尚文門止，應寬三十尺。

其西、南、北三區未經測定之各幹路，由董事會從速測繪，交明年春季議事會議決。

一件宣統三年歲出入預算案

董事會交議事件，按照《城鎮鄉自治章程》第三十六條第三款之權限，及第九十八條、第九十九條之規定，特任審查員分類審查，逐款議決，另備清册呈報。

清册另刊。

一件建設公園案

議事會提議事件，按照《城鎮鄉自治章程》第五條第二款事宜，議決如左：

請董事會先行擇地籌擬辦法，交春季議事會議決。

一件城門外沿濠宜設停車場案

議事會提議事件，按照《城鎮鄉自治章程》第五條第三款事宜，議決如左：

自城内車輛通行後，各城門外停車甚夥，無適當停車處所，時多擠軋。如舊有之新老北門、大東門暨放大之小東門最爲行人熱鬧之區，而此數處道路尤狹，沿河房屋尤多，人力車、小車、貨車一時擁擠，行人幾無容足地。即乘車者亦屬非常危險，應由董事會呈請蘇松太道上海縣移營會勘，將近門處沿濠佔礙之房屋酌量拆除，騰出空地，以便停車。

城議事會呈上海縣田送核宣統三年收支預算表文宣統二年十二月十九日

爲呈送事。竊城議事會冬季會議曾將議決各案開呈鑒核，並聲明預算册，另行呈送在案。查《城鎮鄉地方自治章程》第三十六條第三款爲本城鎮鄉自治經費歲出入預算及預算正額外預備之支出。又第九十八條城鎮董事會或鄉董每年應預計明年經費出入，製成預算表，於每年十一月議事會會議期内移交該會議決。議決後，除照第三十七條辦理外，應由地方官申報督撫存案，並於本地方榜示公衆。第九十九條預算内除正額外，得設預備費，以備預算不敷及預算各款外臨時之支出。若預算不敷支出者，非經議事會之議決，不得提用他款等語。所有上海城自治公所宣統三年歲出入預算，照章由董事會列表交議，經冬季議事會特任審查員，分類審查，逐款議決。玆送呈上海城自治公所宣統三年預算册三份，請以一份存鈞署備案，其餘二份並請分别申報督撫部院存案。合行備文呈送，即祈俯察施行。須至呈者。

呈蘇松太道劉文同。

預算册不附録。

上海縣田照會抄示蘇屬自治籌備處規定議事會議決案方法文宣統二年十月二十七日

爲照會事。奉蘇屬自治籌辦處札開，照得現在蘇屬三十七州廳城廂自治公所一律成立，開議已經三季，鎮鄉自治公所陸續成立者亦已有十處。所有議決各案，往往有未經董事會鄉董施行者，殊非慎重議會之道，於自治進行阻礙非淺。現經本處會議擬定施行議事會議決案方法四條。又奉另札，宣統二年十一月十八日奉撫憲程批本處詳送會議擬定實行城鎮鄉自治議事會議決案方法四條由，奉批：詳摺均悉，所擬實行議事會議決案方法四條自係爲督促進行起見，應准照辦，仰即通飭各屬遵照辦理，此繳，摺存等因。奉此，查方法四條，業經通飭札發遵照在案。玆奉前因，合就通飭到該縣即便遵照，並轉行各該自治公所，凡議事會議決案，董事會鄉董務須一律切實執行，毋稍玩誤，切切，此札，各到縣。奉此，合抄方法照會，爲此照會貴所煩爲查照，一體切實奉行。望切須至照會者。

計抄方法四條

一、議事會議決案呈報監督後，應限於五日内查核完畢，如逾五日限期，尚不查核發交議事會者，該議事會得即移交董事會或鄉董先行執行。如此項議決案按照自治章程有違背之處，該監督應負失於糾正之責任。

一、董事會或鄉董接到議事會議決案後，定有實行限期者，應如限實行，其未定實行期限者，以下季開會前爲限。

一、董事會或鄉董除援照《城鎮鄉自治章程》第六十九條聲明緣由，交議事會發議外，不得以從緩舉辦、尚待調查等籠統含混之詞擱置議決案於不問。

一、董事會或鄉董違背以上各條，得由議事會援舉《城鎮鄉自治章程》第四十一條辦理，以盡議事會監察之權。

城議事會呈上海縣田緡送宣統三年春季議决事件文宣統三年二月二十八日

爲呈報事。竊城議事會遵照《城鎮鄉地方自治章程》，每季開會一次，上年按季開會議決各項事件，歷經呈請查核後，移交城董事會執行。本届春季會議先經呈報開會日期，並請鈞駕蒞臨監督各在案。查春季議事會於本月十三日開議，至二十日議畢，所有各議案，計董事會交議者六件，議員建議者三十件，除議事會否決、未經提議及議歸董事會實行事件外，現計議決案十一件，合將各議案開摺呈請鑒核。爲特備文，呈請俯察施行。所有宣統二年歲出入決算案，另行呈送，合併聲明，須至呈者。

呈蘇松太道劉文同上。

上海城自治公所議事會宣統三年春季議決事件

一件上海縣録札照會城濠公地事宜案

董事會交議事件，按照《城鎮鄉自治章程》第三十六條第一款之權限，議決如左：

此文已由董事會據案呈駁。近復據提右營參將來文，附到整頓城根租地造屋草章，竟以租地造屋爲振頓城根之惟一方法，與號稱軍用地之意，顯相矛盾。且謂向收地租，常年公用，尚有不敷，藉口撥充公益，意欲加徵地租。查該營所稱公用歷年從未宣示用途，今如該營所擬草章，一若地租未加，以前即無振頓之法。而本公所整理城根之議，專爲争款起見，礙難承認。其所列各條，妨礙地方行政之處甚多，應再由董事會逐條駁復。

一件修正城區域行車章程案

董事會交議事件，按照《城鎮鄉自治章程》第五條第三款事宜及第九十二條第二款之規定，議決如左：

本城區域經行各項車輛沿用總工程局舊有章程。現在道路漸闢，車輛增多，特將前項章程重行釐訂修正，以便執行(章程另印)。

一件修正道路工程各項執照案

董事會交議事件，按照《城鎮鄉自治章程》第五條第三款事宜，議決如左：

本公所工程、路政兩處所有營造、修理、搭棚、築駁、築笆及修路、通溝各項執照，係照總工程局原訂章程執行，兹將各項照式重行修正，以便推行(照式另印)。

一件修正清道路燈規約案

董事會交議事件，按照《城鎮鄉自治章程》第五條第二、第三款事宜，議決如左：

本城區清道路燈事宜，係照前總工程局辦法，派員專管。惟舊有規章尚嫌簡略，兹再分别釐訂規約，以便推行(規約另印)。

一件規定公立簡易識字夜塾簡章案

董事會交議事件，按照《城鎮鄉自治章程》第五條第一款事宜，議決如左：

本城區貧寒之户以及藝徒負販年長失學者多，特設簡易識字夜塾，俾令入塾肄習，增進生活智能，並以輔小學教育之不逮，訂定簡章，以資執守(簡章另印)。

一件上海城自治公所宣統二年預算案

董事會交議事件，按照《城鎮鄉自治章程》第三十六條第四款及九十八條第一、二項並第一百條之規定，議決如左：

此案經特任審查員分類審查，逐款議決，另備清册呈報。惟查歲入經常門第二類第一款第一項忙漕帶徵自治費迄未收到。除俟收到後補列清册外，應由董事會查案催請上海縣將城區域内應領之數迅即補發，以清款目。

一件預防鼠疫案

議事會提議事件，按照《城鎮鄉自治章程》第五條第二款事宜，議決如左：

北方鼠疫流行，蔓延數省，上海爲各埠商輪會集之處，自應思患預防。除由董事會另行規劃防疫方法、以期妥密外，兹訂辦法二則如左：

一、由董事會勸諭城區域各鋪户居户搜捕穴鼠，並由本公所收買，每鼠一頭給銅元一枚，以資提倡。其收買處所由董事會指定之。

一、由董事會勸諭城區域各鋪户居户每家應畜一貓，並由本公所收買小貓，每頭給銀一角。其收買處所由董事會指定之。凡無貓之家有確實住址者，可向領取，不收分文。

以上二條，應需經費，於衛生預備費内支給。

一件撈浚通潮河以通水利案

議事會提議事件，按照《城鎮鄉自治章程》第五條第三款事宜，議決如左：

查二十七保頭、二、三、四、五、六、七、八各圖内之各通潮河久經淤塞，不但農田水利攸關，且與衛生有礙，應由董事會呈請上海縣傳諭該處各圖董保集議辦法。勸令各通潮河兩面之業户各照自己地段，將淺塞之淤泥均行撈浚，以通水利。並將議定辦法復縣，出示勸諭，以昭鄭重。

一件棲流所罰款無著應行質問案

議事會提議事件，按照《城鎮鄉自治章程》第五條第五款範圍，議決如左：

棲流所兩次奉撥罰款，計銀二千元，又估計充公物件銀一萬兩。既經前蘇松太道蔡批准撥充有案，何以新廨會審官延不發給，應由董事會據該所陸董等抄件查案，稟請蘇松太道轉飭新廨會審官剋日發給該所，以昭大信而維善舉。

一件審查城自治範圍内之機廠案

議事會提議事件，按照《城鎮鄉自治章程》第五條第四款事宜，議決如左：

應由董事會採訪技師，查驗各廠鍋爐是否合宜，有無危險，以維治安。

一件豆業在廟園圈圍基地案

議事會提議事件，按照《城鎮鄉自治章程》第五條第三款事宜，議決如左：

廟園三穗堂前空地向係行人通行之處，豆業應顧念公益，應由董事會勸令將新建圍墻拆除。

城議事會呈上海縣田繕送宣統二年歲出入決算册並請分别申報文宣統三年二月廿七日

爲呈送事。竊城議事會春季會議所有議決各案，經備文呈請鑒核並聲明宣統二年歲出入決算案另文呈送在案。查《城鎮鄉自治章程》第三十六條城鎮鄉議事會應行議決事件第四款爲本城鎮鄉自治經費歲出入決算報告，又第一百條城鎮董事會或鄉董每年應將上年經費出入製成決算表，連同收支細賬，於每年二月議事會會議期内移送該會議決，議決後，照第九十八條辦理等語。所有城自治公所宣統二年歲出入決算，由董事會照章列册交議，經春季議事會特任審查員分類審查，逐款議決，比較宣統二年收支預算之數，但有節省，並無溢出。兹送呈上海城自治公所宣統二年決算册三份，請以一份存鈞署備案，其餘二份並請分别申報督撫院存案，合行備文呈送，即祈俯察施行。須至呈者。

呈蘇松太道劉文同。

決算册不附録。

城議事會呈上海縣田繕送宣統三年夏季議決事件文宣統三年五月廿七日

爲呈送事。竊城議事會遵照《城鎮鄉自治章程》，每季開會一次，所有歷届會議各項議決事件，經照章呈請查核，本届夏季會議先經呈報開會日期，並請鈞駕涖臨監督在案。查夏季議事會於本月十一日開議，至二十一日議畢。所有各議案計董事會交議者二十件，議員建議者二十三件，奉照會咨詢臨時交議者一件。除議事會否決、未經提議及議歸董事會實行事件外，現計議決案二十件，除《修正徵收城内外各區地方捐簡章》《修正徵收船捐章程》《修正徵收免裝垃圾照費章程》另行呈核外，合將各議案照章開呈鑒核，爲特備文呈請俯察施行。須至呈者。

呈蘇松太道劉文同。

上海城自治公所議事會宣統三年夏季議決事件

一件道路工程項辦事規約案

董事會交議事件，按照《城鎮鄉自治章程》第五條第三款事宜，議決如左：

道路工程爲本公所最重要之事，前總工程局所定草章尚嫌簡略，兹特詳訂規約二十七條，以便執行（規約另印）。

一件改正道路規約案

董事會交議事件，按照《城鎮鄉自治章程》第五條第三款事宜，議決如左：

改正道路由路政員專辦，前已核定營造、修理、築駁、築笆、搭棚等執照三紙，兹特詳訂規約十一條，以便執行（規約另印）。

一件徵收公益特捐辦事規約案

董事會交議事件，按照《城鎮鄉自治章程》第九十二條第二款之規定，議決如左：

徵收公益特捐已備具章程，兹特訂辦事規約二十二條，以便執行（規約另印）。

一件修正徵收城内外各區地方捐簡章案

董事會交議事件，按照《城鎮鄉自治章程》第五條第七款事宜及九十一條第二款並第九十三條之規定，議決如左：

城内地方捐於光緒三十二年由總工程局呈奉蘇松太道上海縣核准開辦，東區於正月起收，南區於七月起收，西區於八月起收。本公所接辦後，仍照舊捐數收取。並於宣統二年夏季議決城内收捐辦法六條，呈奉核准在案。兹就原章修正併訂城外各區收捐辦法簡章九條以公佈施行（辦法簡章另印）。

一件修正徵收船捐章程案

董事會交議事件，按照《城鎮鄉自治章程》第五條第七款事宜及第九十二條第二款並第二項之規定，議決如左：

船捐創行已久，總工程局歸董辦後，仍奉蘇松太道核准照辦。承包船捐人更换時，歷經稟請備案，並由局出示曉諭所有捐章悉仍其舊。本公所復踵而行之。兹修正現行章程十四條公佈施行（章程另印）。

一件修正徵收免裝垃圾照費章程案

董事會交議事件，按照《城鎮鄉自治章程》第五條第二款事宜及第九十二條第二款之規定，議決如左：

城外垃圾闢係責成駁船管幫、灘船埠頭差僱駁船、灘船、農船、龍華嘴船、寧波駁船等按月輪流承裝，其不願承裝之船，各出貼費，每年三四元至七八元不等。總工程局開辦後，迭據各船户陳訴困難情形，情願繳納公費，由局另行僱船承裝。因於光緒三十二年閏四月呈縣核准，由承辦人發給免裝垃圾執照，酌收照費，以備清道事宜之用。其捐數及承辦人更换時，經呈報蘇松太道有案，本公所循舊辦理。兹修正現行章程十三條公佈施行（章程另印）。

一件取締戲園影戲場灘簧書場彈子房等各項規則案

董事會交議事件，按照《城鎮鄉自治章程》第五條第四款事宜及第九十二條第二款之規定，議決如左：

本城區域内向有開設戲園及電光影戲場、灘簧書場、彈子房等類，均先報請核准納捐領照，所有取締規則，係執用總工程局舊章。兹另訂現行各項取締規則，分别執行（取締規則另印）。

一件取締中區廟園設攤規則案

董事會交議事件，按照《城鎮鄉自治章程》第五條第三款事宜及第九十二條第二款之規定，議決如左：

中區廟園各處空地擺列貨攤，由各攤户承認月捐，按期照繳到區，領取執照。兹訂取締廟園設攤規則十二條，公佈施行（取締規則另印）。

一件縣照會查復廟産應行清查案

董事會交議事件，按照《城鎮鄉自治章程》第三十九條之權限，議決如左：

按，清查公款公産，本爲分别公私、劃清界限起見。該僧應乾藉口抗查，誠爲誤會，應由董事會遵照蘇屬自治籌辦處批示各節擬具簡明表式，呈復上海縣轉飭該僧，明白開導，詳細填表，毋得隱匿、含混自悮。並由董事會切實清查，分别公私性質，交由秋季議事會復查備核。

一件築肇嘉浜路劃用地畝應給地價案

董事會交議事件，按照《城鎮鄉自治章程》第五條第三款事宜，議決如左：

本公所於上年開築西門外斜橋南堍沿肇嘉浜迤西至徐家匯之泥路，即肇嘉浜路劃用有主地畝。該處但爲交通便利起見，於市面興盛尚無關係，與其他各路情形不同，自須丈明給價，劃單承糧。現定每畝給價銀五十元，應由董事會呈請蘇松太道上海縣出示曉諭。

一件縣照會德文醫學堂請調换設學基地案

董事會交議事件，按照《城鎮鄉自治章程》第五條第一、第四款事宜，議決如左：

德文醫學堂欲以該堂地畝與本公所小學堂基地商换，同係公益，本無不可商量。雖小學堂堂舍現已雇匠開工，限期完竣。若如該學堂交來之圖地段不甚合宜，且無出路，一經移建，造屋圖樣及材料又須改换，損失必多。如果該堂必欲商换，應於中曆五月内依本公所所繪地圖調换，並酌償損失，以免停工久待，有悮開學之期。應由董事會即日函復上海縣轉復德領事知照。又來文所指另有無主民地一塊，應由董事會先行勘明，一併酌辦。

一件歸辦城區域官契事宜並移遷西區改設小學案

董事會交議事件，按照《城鎮鄉自治章程》第五條第一、第三款事宜，議決如左：

查上年十月間勸學所函送城自治區域學董會議決案到所，第三條議案城自治區域官契歸自治公所辦理，其總局房屋截清款項歸自治公所設立小學公議贊成等因。按，各鄉領用官契，均由各鎮鄉辦理，則城區域之官契自應由本公所辦理，無須另行設局。所有官契局房屋設立小學，本無不可，惟該局屋適靠馬路，車輛行人頗形嘈雜，設學似非所宜。應將原有之官契局屋改作西區辦公之所，而以舊時西區房屋改設小學。該處地段較静，一轉移間，兩得其宜，應由董事會知照勸學所官契局商定辦理。

一件縣照會諮議局議決南方協助北方籌辦貧民勸工所及以工代賑案

董事會交議事件，按照《城鎮鄉自治章程》第三十九條之權限，議決如左：

濟貧事業爲當今急要之圖；救災恤鄰，亦地方應有之義。惟當此自治萌芽，經濟竭蹶，各地情形大致相同，本公所預算不敷甚鉅。本城貧民習藝所亦尚未成立，雖欲勉襄義舉，苦無專款，應由董事會據情呈報。

一件業户翻造房屋收讓尺寸一律給予憑證案

議事會提議事件，按照《城鎮鄉自治章程》第五條第三款第一項事宜，議決如左：

凡業户翻造房屋，應行收讓尺寸，已載明營造執照，幹路闊狭丈尺亦經規定。惟收讓暫以二尺爲率，而亦有願收至數尺者，其顧全公益之心，足資風勸。現定嗣後翻建房屋者,除按照規定路綫一次收足照章給名譽證券外,凡收讓尺寸若干,由本公所給予憑證一紙,以顯明某户業已收讓若干,並以見該路原寬若干,其憑證式另訂。

一件北區擬聯合寶邑辦理案

議事會提議事件,按照《城鎮鄉自治章程》議決如左:

應由董事會查照《城鎮鄉自治章程》第十三條與寶山之江灣、真如鄉董籌商聯合會事宜,以便辦理彼此相關之事。

一件廟園湖亭推廣水閣案

議事會提議事件,按照《城鎮鄉自治章程》第五條第二、第三款事宜,議決如左:

查造屋定章事關公衆,應由董事會轉告將水閣所佔尺寸即行收進,以洽輿情。此外,各業如另有佔出之處,凡在本公所成立以後者,亦應查明,一律拆除。至廟園本係公園性質,而現已大半成爲市場,所有道路河渠應與他處一律看待,並由董事會測繪廟園詳圖,規劃全局。如道路之如何改正,河渠之或填或浚等,分别擬訂辦法,交秋季議事會議決。

一件蘇松太道照會接管義渡船案

董事會交議事件,按照《城鎮鄉自治章程》第六十八條第三款事宜,議決如左:

查八長渡均收渡資,實非義渡性質。道署向來月賞之款,既由諮議局議決裁撤,本公所無庸照給。兹訂管理規則二十規以資執守(規則另印)。

一件城門關閉時刻仍未一律案

議事會提議事件,按照《城鎮鄉自治章程》第三十六條第一款之權限,議決如左:

由董事會查照前案再行呈催。

一件限制城内登雲橋至虹橋一段行車時刻案

議事會提議事件,按照《城鎮鄉自治章程》第五條第三款事宜,議決如左:

登雲橋至虹橋一段菜市林立,每日午前至爲擁擠,應立標揭示每晨八時至十二時車輛祇准由東而西,倘有由西往東者,過登雲橋南沿河而東,並由董事會函致巡警局飭令巡士隨時知照,庶免菜場擁塞,肇生事端。

一件縣照會諮詢龍華寺能否拆除案

董事會交議事件,按照《城鎮鄉自治章程》第三十九條之權限,議決如左:

龍華寺不在本城區域之内,應由本縣長官據案核斷,或俟縣自治成立後議決。

城議事會呈上海縣田繕送收捐辦法簡章徵收船捐章程徵收免裝垃圾照費章程文宣統三年五月二十八日

爲呈送事。竊城議事會夏季開會,曾將議決各案開呈鑒核,並聲明修正各項收捐章程另行呈核在案。查《城鎮鄉自治章程》第九十三條公益捐之創辦,由議事會擬具章程,呈請地方官核准遵行。嗣後,如有應行變更廢止之處,亦由議事會條議,呈請地方官核准。本公所徵收地方捐,先於上年夏季由議會規定城内收捐辦法六條,呈請核准備案。本届議會由董事會以總工程局原定城外收捐簡章交議,核與城内收捐辦法大致相同,因就原章修正，併訂城内外各區收捐辦法簡章，條議公決。其徵收船捐章程及徵收免裝垃圾照費章程，亦係董事會以總工程局原章交議。經分别修正，條議公決，此三項章程於歷來收捐辦法並無變更，而條文既經修正，理合照章呈請查核備案。爲此將修正徵收城内外各區地方捐簡章、修正徵收船捐章程、修正徵收免裝垃圾照費章程開摺呈請核准施行。須至呈者。

呈蘇松太道劉文同。

章程另册彙載，不附録。

城議事會呈上海縣田繕送宣統三年秋季議決事件文宣統三年八月十八日

爲呈送事。竊城議事會遵照《城鎮鄉自治章程》每季開會一次，所有本年春季、夏季各項議決事件，歷經照章呈請查核，並遵照撫院程批准蘇屬自治籌辦處所擬實行議事會議決案方法之第一條，於呈報五日後，移交董事會執行。本届秋季會議先經呈報開會日期，並請鈞駕涖臨監督在案。查秋季議事會於本月初一日開議，至十一日議畢。所有各議案，計董事會交議者九件，議員建議者三十件。除議事會否決未經提議及議歸董事會實行事件外，計議決案十二件。合將各議案照章開呈鑒核，爲特備文呈請俯察施行。須至呈者。

呈蘇松太道劉文同。

上海城自治公所宣統三年秋季議決事件

一件龍華寺案

董事會奉上海縣照會交議事件，按照《城鎮鄉自治章程》第三十九條之規定，議決申復如左：

該寺如實有穢跡，應由地方官秉公查辦。今欲取決衆論，該寺坐落鄉區，應由該鄉區先行核議，如不便執行時，應提交縣議事會議決。若僅由本議事會議決，於法理、事實兩有窒礙。雖奉縣批有事關闔邑風化似不必拘於區域等因，而本議事會仍應恪守權限，應由董事會查照夏季議決案分别呈復。

一件城濠公地案

董事會奉上海縣照會交議事件，按照《城鎮鄉自治章程》第五條第二、第三款事宜及第三十六條第一、第六款之權限，議決如左：

此案業由董事會呈復，以整頓城濠難於再緩，請照前督撫院批定，歸城自治公所經理，並聲明城濠公地並非緑營産業，不在軍費範圍之列等情。核與本議事會歷届議決案相符。旋奉縣照會，擬以租息各半平分，充整頓經費及繳解新軍之用，飭即籌議等因。自是調停之一法。惟查城濠公地本不在部電變價範圍之列，而整頓一切經費，如浚河、築路、打駁等需款甚巨，尤非區區租息所能濟用。爲通盤籌畫起見，擬請以城濠公地歸本公所經理後，常年租息儘數充整頓之費，不敷則由所籌墊。如一旦有事，該地仍可暫歸軍用，以符國家地方本爲一體之義。即由董事會呈復上海縣核詳蘇松太道核轉。

一件上海醫院案

董事會交議事件，按照《城鎮鄉自治章程》第五條第二款事宜及第三十六條第五

款之權限,議決如左:

上海五方雜處,户口之多,甲於蘇省。且與租界毗連,衛生及防疫問題至爲重要,醫院規模勢不能過於苟簡。就李總董現所規畫,已非城自治公所所能擔負,應援據省城官立醫院案,請改官立,或請官款補助,以資持久。由董事會呈請監督轉詳督撫院,交諮議局議決。

一件歸辦城區域官契事宜案

董事會交議事件,按照《城鎮鄉自治章程》第五條第一款事宜及第三十六條第六款之權限,議決如左:

此案夏季議事會係查照勸學所議決案劃清權限,議決辦法,於官契總局應否設置並未提及。周紳函詢各節,殊有誤會。兹准勸學所函復,應否俟縣會成立後妥議等因。查縣自治成立後,官契總局如何處置,自應由縣自治會解決。至城廂分辦官契係照各鎮鄉一律辦理,本無疑義,應由董事會先行會商勸學所訂期接收。至歷年所收學費,城廂應得若干,不難按册核計,以清權限,仍將議決案移會縣自治會查照。

一件速辦貧民習藝所案

董事會交議、議事會提議事件,按照《城鎮鄉自治章程》第五條第四、第五款事宜,議決如左:

由董事會就寬廣之地規定全局,量本公所之財力,先辦一部分房舍,宜簡單穩固,務合工場形式,繪具全體平面圖及一部分構造圖各一分,並物色主任之人,交冬季議事會議決。

一件購米平價善後辦法案

董事會交議、議事會提議事件,按照《城鎮鄉自治章程》第五條第五款事宜,議決如左:

平價爲治標之計,不過維持目前定善後之法三則:(一)平價處應將領到撥借之款,隨時酌量市面盈虚定購米之多少,辦至明年夏秋之間,再行議定辦法;(二)每日由本公所調查現市存米,並將米價大市登載各報,以杜私漲之弊,如查有弊端隨時呈由官廳處罰;(三)如查有私運出洋情事,即呈報官廳從嚴懲辦。

一件規定廟園路綫案

董事會交議、議事會提議事件,按照《城鎮鄉自治章程》第五條第三款事宜,議決如左:

廟園爲城廂公園,兵燹後,由各業分管,向爲公衆集議及遊憩之所。園林屈曲,本不宜於市場。自各户營建出租,肆廛林立,行人日多,若不通盤籌畫,規定路綫,殊不足以示標準而全公益。現經測繪詳圖,察度形勢,定爲幹綫、支綫二種,以出入廟園行人較多之處爲幹綫,其餘爲支綫。應由董事會按照路由於圖上劃定紅綫,註明丈尺,並加説明,呈請監督核轉閘北巡警總局轉知城内各分局查照辦理。並由本公所自行公佈，俾衆咸知。嗣後，廟園各户翻建房屋，即以此圖爲標準。路綫辦法二條如下：

一、幹綫。自福佑路口入後園門向南轉東，經萃秀堂沿河轉南至東園門轉西過橋，經布業公所過橋，經緑波廊帽業公所懷迴樓甬道出園至邑廟西廊門口止。再由懷迴樓甬道入園朝西，經桂花廳、董事廳轉北過凝輝閣、松鶴樓，接至後園門止。

凡幹綫所經原路在二十尺以上者，祇將凸處收齊，凹處仍不得放出。其不滿二十尺者，止少應收至二十尺，一次收足。

一、支綫。幹線以外之路均爲支綫。

凡支綫所經原路在十八尺以上者，須將凸處收齊，凹處仍不得放出。其不滿十八尺者，止少應收至十八尺，一次收足。

一件廟園桂花廳造屋佔地案

議事會提議事件，按照《城鎮鄉自治章程》第五條第三款事宜，議決如左：

桂花廳於内進起造三層樓，外進平廳，僅剩廳柱間梁，外砌高大厚墻。照此情形，無異翻造。現請修理執照，已屬取巧，即以修理論，門面改墻，照章祇可齊柱起築，萬無可以佔出之理。現在砌築二十寸，墻脚柱子嵌入墻内不及一半，雖經路政處會同城内警局勘明佔出實情，飭令將東首凸處收齊，而輿情仍未允洽。經本議事會推員審查，查得收進面積尚不足以抵佔出之數，且西南角另行起造磚墻，又爲執照所無，尤屬不合。應由董事會函知巡警局，先行吊銷執照，勒令停工，一面會同復勘將佔出處收進。

一件修正分區辦事規約案

議事會提議事件，按照《城鎮鄉自治章程》第三十六條第二款之權限，議決如左：

第二條第一項改正如下：

區董每區一員，各駐分辦處辦事，以本城區域選民，由議事會投票公舉，任期一年。

第二條第二項改正如下：

選舉區董時，用無名單記法，以得票滿議員總數三分之一者爲當選。

原文第二、三、四項均删。

第五條第一、二項均删“或副董”三字。

一件修正董事會各項辦事員規約案

議事會提議事件，按照《城鎮鄉自治章程》第三十六條第二款之權限，議決如左：

第四條第一項改正如下：

《城鎮鄉地方自治章程》第五條第八款因本地方習慣向歸紳董辦理，素無弊端之各事，以巡警一項占本區域自治經費出款之大宗。應由董事會遴選專員，沿用舊時警務長名目，統轄巡警事件。警務長不限以選民任期一年，任用時，須經議事會之公認。

一件壞車急宜實行取締以免危險案

議事會提議事件，按照《城鎮鄉自治章程》第五條第二款事宜及第三十六條第一款之權限，議決如左：

由董事會知會警務長酌派查驗車輛人員,每星期查驗兩次,明定責任,以防流弊,並先期兩個月通告各車主,以便修整。並知會城内警局,如查有破壞之車,隨時送局究罰。

一件諮議局録札知會籌議截止報買沙灘案

董事會臨時交議事件,按照《城鎮鄉自治章程》第三十六條第一、第六款之權限,議決如左:

由本公所承認借款,所有漲灘須董事會員隨同地方官丈勘其灘價,儘數發交本公所承領,先儘歸還閘北築路借款。如此變通辦理,既與約章部款無礙,而與承領漲地之案亦屬相符,應由董事會據復諮議局查照。

城議事會呈上海縣田呈報臨時會公決廟園路綫案及桂花廳造屋佔地案文宣統三年八月廿九日

爲呈報事。本屆秋季議會照章開議,所有議決各項事宜,經開摺呈請查核,並查照上兩屆辦法,於呈報五日後,移交董事會執行在案。嗣准董事會函開此次移交議決各事件内,規畫廟園路綫案及廟園桂花廳造屋佔地案各一件,經董事會執行無效,請開臨時會公決辦法等因前來。經按照《城鎮鄉自治章程》第四十三條之規定,於本月二十六日開臨時會,將上兩案公同討論決定辦法,所有議決案兩件録摺開送,合行呈請俯察施行。須至呈者。

八月二十六日臨時會議決事件

准董事會來函,因秋季議決規定廟園路綫案及廟園桂花廳造屋佔地案執行無效,請公決辦法,逐件議決如左:

一件處置桂花廳造屋佔地案

此案由巡警局所發執照與本公所知會單不符,致生困難。查巡警職權,祇有稽核道路工程字樣,發給營造執照,無規定之明文。以性質論,應在自治範圍,以租界爲比例。執照由工部局工程處發給,不由捕房發給,此其明證。應由董事會呈請蘇松太道轉行巡警總局將發給執照事件,歸本公所辦理,以清權限而免牽掣。至桂花廳佔地情形,與巡警局所發執照亦復不符,應由董事會責成路政處從速料理,以了前案。

一件廟園路綫續訂辦法案

廟園公地非私産可比,故秋季議決規定廟園路綫案定爲一次收足。現既據董事會陳述爲難情形,應將原文删去"一次收足"字樣,仍查照上年冬季議決規定本城區域幹路案第四條辦理。

各種示文佈告文

示諭年未成丁者不准拉車文宣統二年三月二十三日

爲示諭事。照得東洋車夫須年在十八歲以上、身材長大者,方准拖拉。其年未成丁者,向本禁阻拉車在案。兹准上海縣田函開,目擊拖拉東洋車小孩甚多,察看年紀不過十四五歲,不徒有傷身體,且恐坐客危險,請飭巡長暗查,如遇此等小孩拖車,務令更换壯丁,以重生命等因。准此，查近來年未成丁之拉東洋車者，日見其多。不但拉車者筋力未足，有傷身體，且慮有翻車傾跌坐客受傷情事。除諭飭巡長巡士隨時查察拘解外，合再出示曉諭。爲此示仰各車行各車夫人等一體知悉，嗣後務須年在十八歲以上、身材長大者，方准拉車。如身材矮小、年僅成童者一概不准拖拉，如違定干拘罰不貸。切切特示。

示諭領售官米設立購米平價處文宣統二年四月初八日

爲示諭事。照得近來米價昂貴，奉道憲電准兩院憲飭設上海官米平價局，准蘇松太三屬各廳州縣領米平價發售。本邑平價售米，先就城外南區商船會館設立一處，於四月初十日開售，其餘續行添設。合行出示曉諭，爲此示諭，凡在食力之人生計艱難、願食此項米石者，可向平價處遵章購米，勿得擁擠喧鬧，滋生事端。如有力能自贍之户，混冒買取，或一人買至數斗，或一日買至數次，查明後，定當究罰。其各遵照所有售米章程開具於後，特示。

計開

一、售米時刻，午前九時起、十二時止，午後一時起、四時止。

一、售米分二等，上等每斗售大洋六角八分，次等每斗售大洋六角二分。

一、售米之數，每人以一升起、五升止。

一、售洋秈每斗以司馬秤十五斤爲率，如大米、秈米以海斛爲準。

一、售米概照大洋核算，大小洋價若干，按照衣牌逐日寫明牌上，懸掛門前，俾衆周知。

一、米價或漲或落，悉候平價局示知。

示禁頑童滾錢丁錢文宣統二年四月二十一日

爲示禁事。照得滾錢丁錢之戲即是賭博，往往有學童藝徒以及遊手好閑之徒於街頭擔下各以銅元一枚，當街滾去，視其遠近，擯之以中否博勝負。又有所謂丁銅錢者，情形大率類是。輸贏雖不甚鉅，而察其形狀，大都窮苦頑童。或不免向家中、店中竊取錢文，恣其浪擲。以年輕之人即養成賭博性質，並養成竊盜性質，實爲風俗人心之害，亟應特申禁令，以革惡俗。除諭飭長警見有作滾錢丁錢之戲者，隨時驅散拘解外，合行示禁，爲此示仰年輕子弟各勤其業，勿再蹈此惡習，如敢故違，定行拘解示懲並當傳其父兄議罰，以爲管教不嚴者儆，勿謂言之不預也，切切。特示。

示禁添開押店免礙典鋪營業文宣統二年五月二十七日

爲示諭事。據典商裕泰等稟稱，典商等在本埠開設典鋪，係遵照部章納稅領帖。今有私設押鋪，其營業與典鋪相同，既不領帖，又不納稅。此風一開，日後孰願領帖納稅，以開典鋪。近迭奉憲批，以私押奪典鋪之營業，顯違部章，一再申禁，奈禁令雖嚴而置若罔聞，且日增一日，靡有底止，勢將盡奪典鋪之生計，以致典鋪生意日小，所集資本具領公款，均皆虛懸，無從生息。典商等揆度私押之多，已十倍於典鋪，假使援例禁閉，則失業太多，更非人情。然已往者不可追，未來者猶可禁止，環請出示限止諭飭查明押店實在數目，明定章程。自此以後，不准添設，以杜傚尤等情前來。查多開押店確與典鋪營業有礙，除批示外,合行出示曉諭,爲此示仰各區人等知悉。自示之後,不得添開押鋪,以示限止。如仍違禁私開,定行勒閉,其各遵照,切切。特示。

示諭垃圾夫遵章押卸指定地段文宣統二年六月初六日

爲示諭事。照得本局所有垃圾駁船前經諭令,逐日運至龍華嘴角姚姓空地上卸堆,不准沿路私卸在案。乃現在日久玩生,往往不遵定章,仍復傾棄浦心浜邊,或託名糞田運往浦東傾脱,被人目睹控告者已非一次。在該船夫貪懶性成,不顧公益,誠爲可恨。而經理垃圾夫頭圖尅扣工食之私利,用此種偷懶之工人隨時尤絶不管束,實屬不成事體。爲特再行曉諭,以後務將垃圾逐日押卸指定地段,倘敢仍前作弊,不遵定章,一經查出,或被控實,除立傳夫頭究辦外,定將該船充公,以儆效尤,決不姑寬,勿謂言之不預也。其各懍遵,切切。特示。

示禁暑天開設夜花園文宣統二年六月二十二日

爲示禁事。照得城董事會議決,凡暑天之夜花園深宵風露,有礙衛生,影戲攤簧,男女雜坐,並關風化,應即查明禁止等因。業經知照該各園主從十九夜起,停止攤簧、影戲、戲法,並吊銷執照,發還捐款在案。查西園業已遵辦,惟該園復稱攤簧、戲法遵即收歇,其影戲一項改爲電光寫真等情。查電光寫真即是影戲,現已飭禁,斷難准行。除知照警務長飭知警探查禁外,合行出示諭禁,爲此示仰該園主知悉,其影戲一項務即停止,如再不遵,定行拘罰,切切。特示。

佈告城内清道路燈歸城自治公所接辦文宣統二年九月十六日

爲佈告事。照得城内清道路燈,經城議事曾於本年春季議會議決,按照《城鎮鄉地方自治章程》,以清潔道路及路燈均係自治範圍之事,交由董事會呈請上海縣詳請前蘇松太道移請巡警總局轉飭移交,並經稟請前蘇松太道移請飭交在案。嗣奉前蘇松太道暨上海縣照會,又經分别稟呈,復請轉催在案。兹於九月初一日准一路正巡官德來文,將清道路燈夫役花名器具清册及各鋪捐户廟園攤户各捐册一併移送前來。城董事會即於是日接收,由路政處兼辦,仍須城内設立清道路燈辦事處,以昭利便。現在嚴飭夫役,將道路認真掃除。其電燈泡之渾闇者、火油燈之損壞者,已在逐漸更换。所有清道路燈月捐一項自九月分起,仍暫照舊有之數收取。俟前經城議事會呈請上海縣核准之地方捐開收後,再行併作一捐。其廟園貨攤向係給照收捐者,仍照舊辦理。除稟明蘇松太道備案,並呈請上海縣出示曉諭外,特此佈告。

示諭重定甯紹商輪公司碼頭通行客貨車輛地段文宣統二年十月初四日

爲示諭事。照得甯紹商輪公司開駛輪船後,凡北來貨客車輛過外十六鋪橋即轉東直抵甯紹第一碼頭接送者,由該公司認繳車捐,准予免查執照,曾訂定行車章程,出示曉諭在案。兹復據該公司迭次函商,以車輛專從沿浦行走,頗極擁擠,請從外十六鋪橋直南至大鴻路,環至甯紹碼頭通行客貨車輛,以便行旅,情願加繳總車捐等情。當由本局董事會議決,顧念航務商情,暫准通融辦理。除另定總認車捐數目外,合將行車章程重行核定,出示曉諭,爲此示仰各車夫等知悉,自本月即日起,各項車輛經行,務各遵照後開章程不得違背，如敢不遵定行拘罰，切切，特示。

計開

一、凡馬車、人力車、貨車、小車由北來南，過外十六鋪橋，至甯紹商輪公司碼頭接送貨客者，暫准至福美里對過大鴻路爲止。

一、凡前項車輛來南，或過外十六鋪橋轉東至甯紹碼頭，或過外十六鋪橋直南至大鴻路轉東至甯紹碼頭，均以福美里口對過之大鴻路爲限，不得越限往南。

一、凡前項車輛不得過裏十六鋪橋及經行裡馬路，並不得至裡外馬路之各横街。

一、凡前項車輛在該碼頭招接貨客時，不得爭先攬奪及敲索車資。

佈告廟園各攤户承認月捐按月自赴中區事務所繳納掣給執照文宣統二年十月二十八日

爲佈告事。照得本公所查照議事會議決案，於城内設中區，所有城内清道路燈捐及廟園攤捐事宜。前准一路一區正巡官移交接辦，借救火聯合會地方爲中區事務所，業經呈報道憲暨上海縣備案在案。查廟園設攤營業，各户月繳地捐，每多觀望，不即遵繳到區，殊屬違玩，應行酌定期限，一律按期繳捐領照，以昭鄭重。爲此出示佈告，仰廟園各攤户一體知悉，所有承認月捐，按月自初六日起，至初十日止，一律自赴中區事務所如數繳納，掣給執照，如有玩延逾限，以及匿報設攤，一經查實，定即分别究罰。其各遵照毋違，切切，特示。

佈告各區煙户换領挑膏執照文宣統二年十一月十五日

爲佈告事。案奉上海縣田照會内開，奉蘇省禁煙公所憲札，以禁煙要政，首重調查，各縣設禁煙分公所，選舉公正紳董相助爲理等因，並奉發章程規則。當經遴舉正副董事，借官契局爲禁煙分公所，並分别照會，一面示諭吸户速自赴所報告，照會認真辦理等因，並抄粘到本公所。正在核辦間，復准禁煙分公所來函並小票，請爲轉發各區，以各吸户領有舊照者，可於領照時將舊照倒换新照，從前未經領照者，概行填給小票，儘十一月底查竣交下，以憑轉報等因。准此，查此次調查必須領有執照，始可挑膏吸煙。如各吸户自量一時未能戒盡，從前未經領有吸煙牌照者，城内赴中區，城外赴東、西、南區報名領取小票，以便彙送禁煙分公所换領新照。儘十一月底爲限，過期不再補給，各吸户切勿自誤。特此佈告。

示禁私發匿名傳單以請減房租爲名唆衆停市文宣統二年十二月初十日

爲出示曉諭事。本公所接奉道憲函示内開請減房租一事，今日有人分發匿名傳單，唆使停市，致南市及城内鋪户輕信謡言，紛紛閉門。在各鋪户恐流氓滋擾，故有此舉動，原非爲要求減租起見。現敝處已一再出示曉諭，令其照常開門貿易，並聲明多派巡士勇兵捕役巡邏彈壓，竭力保護，以安衆心。用特飛布，即祈尊處添派巡士分布店業繁盛之處，認真巡護照料，務保無虞。一面仍分投勸導各鋪，立即開市，免自損失營業之利。其爲首匿名擅發傳單之人，應即設法拘案懲治，倘沿街有喊聳鋪户關門者，亦即由巡士隨時拘究，總期消弭事端，保全地面等因。奉此，查南市十六鋪南首一帶昨日清晨有人私發匿名傳單，喊使各店鋪閉門停市，業於午後經上海縣會同本公所董事暨商董諄切勸告，一律照常開張，並由本公所知照警務長加派巡警保護。兹奉前因，除再知照警務長派巡巡察外，合亟出示曉諭,如再有私發匿名傳單喊聳店鋪關門之人,立即拘拿,送縣懲治。其各懔遵,切切,特示。

示諭廟園各貨攤須遵取締設攤規則營業文宣統三年三月初四日

爲示諭事。照得中區廟園各處空地擺列各種貨攤,由各攤户承認月捐,曾經本公所示諭,按期照繳,領取執照在案。查近年廟園内遊人較多,各貨攤往往任意擺設,佔礙行路,並有用擲骰抽籤售賣物件、設玩鏡淫畫引人聚觀,而有種無業之人,每於路旁擔下演説新聞,信口胡言,語雜淫穢。凡此種種,均非營業之正,且於風化有關。現經本公所訂定《取締廟園設攤規則》十二條,嚴予防範。合行出示曉諭,爲此示仰各攤户人等知悉。自示之後,務各遵照後列規即營業,如有違犯,定行照章送究,切切,特示。

計開

取締廟園設攤規則

一、設攤須遵本公所指定之地位。

二、設攤地位,闊不得過營造尺三尺,長不得過六尺,道路過狹之處,闊不得過二尺。

三、各貨攤對於購客不得有强横非理之行爲。

四、説書及説新聞者,不得以有害風化之語任意演説。

五、各書攤不得售賣淫書。

六、賣西洋鏡者不得有春片淫畫等類。

七、各貨攤不得用擲骰抽籤售賣物件食品。

八、各貨攤不得售賣有害衛生之食品。

九、各貨攤須遵章,分等納捐領照。

十、領照每月自初六日起至初十日爲止,逾限照原捐數罰半。

十一、執照不准頂替執用,如違查出吊銷。

十二、各貨攤如違犯三、四、五、六、七、八各條者,輕則吊銷執照,重則送案懲儆。

佈告各城門限定每夜十二點鐘關閉文宣統三年閏六月十一日

爲公佈事。本年閏六月初九日奉蘇松太道劉照會内開,本年六月二十九日准提標右營楊移開,上海爲商埠之冠,地極繁華,夜市尤盛。城門與租界鄰近,關閉須遲早相宜。查敝營管轄之七門,每夜關閉之時,從前向照上海縣議定,除繁盛之小東、新北兩門每夜於十二點鐘關閉外,其偏僻之大東、大南、小南、老西、老北等五門於十點鐘關閉,歷經轉飭遵辦在案。兹敝参府莅任後,查得現在城内各處商務日見興盛,各城門關閉時刻自應一律以十二點鐘爲限,以裨商務而利遄行。除飭中軍守備轉飭各門弁兵自閏六月初一日夜起,每夜關閉城門,以十二點鐘爲限,不得過早過遲,以免参差,仍照前年上海縣議會議定自關之後,如遇衙門局所緊要公事及地方紳董因公出入、有對牌可憑者,暨民間延醫接穩等事,方准查明開放,登簿送查。其餘概不准私行啟放,倘有得錢私放情事,弁則行撤差,兵則從嚴責革,並由敝参府派弁前赴各門密查,有無陽奉陰違,稟候察辦。一面示諭諸色人等一體知悉,如該門弁有不遵定章限前早閉及閉後得錢私放情事,准予來營報告,以憑查明澈究。自閉之後,如實有延醫接穩等事,應將姓名、住址告明,方准啟放。倘敢捏朦而要求開放者,一經查出,亦干移究外,移請一體出示曉諭等因。准此,查此案前接貴公所來牘,即經移營飭遵在案。兹准前因,除出示曉諭外,合行備文照會,爲此照會貴公所請煩查照施行等因。奉此,合行公佈,爲此公佈本城地方公同知照。特此公佈。

佈告翻建房屋照章收讓分别給予名譽證券及憑證文宣統三年七月初二日

爲公佈事。照得城區域内各業户翻建房屋,應報領執照,久已照行。嗣議事會議決,規定幹路章程,以路旁房屋翻造時,每次收進二尺,以收至規定之界綫爲止。如一次未及界綫、自願即收至界綫者,由本公所贈以名譽證券,以示優異。又議決,嗣後翻建房屋收讓暫以二尺爲率,或有自願收至數尺者,均給予憑證一紙,以顯明某户業已收讓若干各等因,均經呈請監督上海縣核准移交董事會執行。兹名譽證券及憑證兩式均已備齊,凡本城區域翻建房屋自本年七月初一日起報領造屋執照者,俟竣工後,即持原領執照至本公所路政處報明,候再復丈,如一次即收至幹路界綫者,贈給名譽證券。其僅收二尺或收至數尺者,填給憑證,以爲收讓之據。合行公佈,爲此公佈本城地方公同知照。特此公佈。

示禁三節會及高昌司會扮作罪犯陰皂隸等項種種怪狀文宣統二年七月初六日

爲示禁事。准城議事會移交夏季議決歸董事會實行事件内整頓風俗案,原議以三巡會男婦扮作罪犯等項,應請出示嚴禁等因。查三巡會男婦扮犯以及逍遙傘、十景牌、陰皂隸、串客班、大肚皮之劊子手等項種種怪狀,戲瀆神明,歷奉示禁在案。兹准城議事會議決前因,即經呈請上海縣出示並移城内一路警局切實示禁,所有城外高昌司會亦應遵照禁令。除知會警務處飭巡警干涉外,合行出示曉諭,爲此示仰該會中人等知悉,自本届中元節會起,不得再有以上情事,如敢違犯,定由巡警拘送懲辦。其各懔遵,切切,特示。

佈告店鋪居民勿聽謡言應照常行用鈔票以維市面文宣統三年八月二十七日

爲佈告事。自鄂省事起,滬地市面不無震動。近日謡傳錢莊兑换及店鋪貿易均不收鈔票,以致挾有鈔票之人紛向各銀行换取現洋,而銀行以大多數之兑現乃有一時不敷應給之勢,上海爲通商大埠,向來店鋪交易行用銷票者居多。現雖他省有事,而此間仍屬安静,況經道憲迭次示諭殷殷以維持市面爲己任,何用驚疑?若使鈔票止而不通,必反爲市面大局之累。爲特佈告各錢莊、各店鋪等知悉,凡以票零兑及以票購物,應一律照常收受,不宜諉拒及抑短洋價,以釋群疑而止謡諑,是所至幸。此佈。

丙編　上海市政廳公牘

市政廳改組接辦案附呈報公舉各區區董案

上海民政總長李照會委任莫錫綸顧履桂爲上海市政廳市長副市長文宣統三年九月十八日

爲照會事。民軍起義,上海全境光復,庶政浩繁,應推員分别擔任辦理。兹經推舉貴紳爲上海市政廳市、副市長，即日視事，將市政事宜妥爲佈置，並發上海市政廳市長印信一顆，以資執守。合行照會，爲此照會，請煩查照，望切施行。須至照會者。

市議事會議長副議長咨呈江蘇省議會議以上海市政廳直隸於省會官廳請交議公決文民國元年二月二十日

爲咨呈事。竊本會承上海城自治議會之遺，自上海光復以來，先經副議長吴馨召集全體議員，於舊曆九月二十六日開全體議會，公決即以上海城自治議會改爲上海市議會。玆復於新曆正月二十四日經副議長吴馨即今上海民政長，以正副議長辭職，召集全體議員開臨時會，更選正副議長。當如法舉定陸文麓爲議長、王納善爲副議長。即繼續開冬季議會，公決預算及各議案，以便董事會之執行。所有議決各案，經呈報民政長查核在案。查議決案内市政廳直隸省會官廳案一件原文，查上海市當長江八省之尾閭，沿海七省之中心，太平洋航線之焦點，内治外交較天津、漢口尤煩難，市民之負擔尤艱鉅。當舊政府時代，既嘗直接稟承上海道，今自光復以來，艱鉅之事，直接稟承蘇都督、滬都督辦理者益夥。此後軍務平定，而地居衝要，事情之應與高級官廳直接亦自然之趨勢。故本議會之衡情酌理本市之政權統係應仿歐美各國自由都市之辦法，直隸於省會官廳，一面仍與上海民政長接洽。如此則機關緊捷辦事，必更得宜正，不獨一地方市民之幸，於民國全體之進步必大有益也。所有上海市長莫錫綸、副市長顧履桂應由本會專案呈請民政長轉呈蘇都督加發委任狀，以專責任，其餘仍照省議會公決。現行章程辦理此案呈報後，已奉民政長批答文開，市政廳直隸省會官廳案仿歐美自由都市辦法特别規定，理無不可，惟事關變更法律，應由貴議會備具理由，向省議會請議等因，合行咨請。爲此咨呈貴議會，請將此案交議公決，宣示遵行，實爲公便。須至呈者。

市議事會議長呈縣民政長吴具報開用圖記日期文民國元年五月初三日

爲呈報事。接奉照會，以奉代理江蘇都督莊第四十四號府令，頒發市鄉議事會、市董事會鄉董圖記式樣到署。奉此，合亟刊就照送。爲此照會貴議長請煩查收，並希將啟用日期及舊用圖記尅日呈報繳銷，核轉施行等因，並附發市議會圖記一顆前來。准此，即於五月初三日將奉發圖記開用，合行呈報，爲此呈祈察照施行。再，自光復以來，市議會之圖記並未刊行，歷次公文行用，係借蓋市政廳市長印信。合併聲明，須至呈者。

批：呈悉。舊時城自治公所議事會圖記曾否銷毀，希即查報。此復。五月五日。

附録復函

敬復者。接奉批答，以舊時城自治公所議事會圖記曾否銷毀，希即查報等因。遵即查詢該圖記自光復以後，由市政廳收存未毀。玆將原圖記繳呈，即祈檢收銷毀爲荷。專肅。

呈縣民政長吴陳報總董董事接任日期請發圖記文民國元年八月五日

爲呈報事。竊奉照會内開，准上海市議事會議長姚文枬呈報貴董被選舉爲上海市董事會總董，開列名册，呈墾申請都督府任用給照前來。查執行機關未便稍有停滯，除一面申請都督任用並批答外，相應先行照會貴總董，請煩查照，即日任事。俟呈奉都督委任，再行知會給照等因。當選董事蘇本炎、顧履桂、楊逸並已奉到執照，均於八月初四日到廳，由前市政廳市長、副市長將文卷印信、房地各産、書籍地圖、器具雜物、存欠各款分别立册移交，即日會同點收，接任視事。查本月初一日市議會第一次開會，公決市政廳名稱仍暫時沿用，候省示辦理。其市長、副市長名稱即改用總董董事等語。現在董事會業以成立，應請迅賜刊發上海市政廳董事會總董圖記，以資執用。現仍暫用市政廳市長印信，俟圖記頒到，再將舊印繳銷外，合將總董董事接任視事日期，並請刊發圖記緣由，備文呈報，爲此呈祈察核施行。須至呈者。

批：來牘閲悉。董事會圖記已另文照送矣。此復。八月六日。

呈縣民政長吴陳報開用圖記日期文民國元年八月七日

爲呈報事。八月初六日，奉照會内開，准貴總董呈稱云云，合行照送查收，並將啟用日期呈報，以便存轉。計照送圖記一顆等因。奉此，即於八月初七日將圖記開用所有市政廳市長舊印合即繳銷，特行呈報，爲此呈報，爲此呈祈察核備案施行。須至呈者。計繳舊印一顆。

上海地方審判廳咨會南市第二初級廳成立撤銷南市裁判分所文民國元年九月二十七日

爲咨會事。案照本廳籌設各初級廳業經組織就緒，不日次第成立。其南市第二初級廳現定十月初一日開辦，所有原設之南市裁判分所，自應遵照江蘇都督指令，即日撤銷，以符司法統一之義。除令知外，合行備文咨會貴市政廳，希即查照爲荷。須咨者。

呈縣民政長吴呈報公舉中西南三區區董文民國元年十月二十七日

爲呈報事。查照《市鄉制》第十一條之規定，置設分區，舉董辦事，所有分區辦事規約業於秋季議會期提請修正在案。查中、西、南三區舊區長均屆任滿，經按照此次修正規約，於九月九日開董事會，每區預選五人，即日開選議事會投票公舉，嗣准復開，中區區董楊焯得二十四票當選，西區區董梅豫棖得二十六票當選，南區區董臧清揚得二十四票當選，即經分别知會到區接任視事。楊區董於九月十八日接辦，梅區董係屬連任，即繼續辦理。惟臧區董來函，以現辦税務事宜，不克兼顧，請辭退南區區董之職。經董事會復函敦勸，一面請前區董朱君開甲暫緩交卸。嗣又准臧君復函堅請辭退區董，仍願列席議會。當於本月二十六日臨時議會開議時，據函報告，兹准議事會函復，經公決允許，此後南區區董請暫留前區董朱君開甲繼任等因前來。除知會朱董外，合行呈報，爲此呈祈察照備案施行。須至呈者。

批：來牘具悉。既據按照規約，分别舉定東、南、西三區區董，自應照准備案。惟朱董開甲現擔任本署實業課長，照章應解區董之職。當貴議會未經補舉以前，祇能作爲暫緩交卸，希即分别知照。此復。十一月五日。

呈縣知事吴議事會公決留任中西南三區區董文民國二年十二月十二日

爲呈報事。查照本市政廳《分區辦事規約》，區董任期一年。本年九月間，本市中、西、南三區區董任滿，應行更選。先經董事會開會，每區預選五人，備送議事會公舉。嗣奉函示,維持地方現狀,須資熟手,各區董暫行留任三月。現在又屆期滿,復經董事會開會,多數議決,以上次預選之名單爲準,請議事會照章公舉。兹准市議長函開,十二月八日開會,改選各區區董,多數贊成留任舊區董。逐區表决,並議將《分區辦事規約》於任期選舉條文提出修正等因附單前來。除分别知照各區董外,合行呈報,爲此呈祈察核備案施行。謹呈。

計抄單:

中區區董楊煒、西區區董梅豫棖、南區區董朱開甲。

批:據呈該市中、南、西三區董由議會公决留任等情已悉。此復。十二月十三日。

董議兩會選舉案

縣民政長吴函發縣制市鄉制並選舉期限表文民國元年三月二十六日

敬啟者。本月十九日,奉到江蘇都督莊第八十號通令内開,各縣應設市鄉職,及縣議事會、參事會速籌成立,並刊發期限表,以期尅日辦理等因。遵即比照表列提前籌備,於本月二十四日開選舉籌備所參議員會。兹將選舉期限表兩紙及縣制、市鄉制各一本奉上,即希台覽,並祈按照表列迅即籌辦。一面先將舊時底册整理,擬定調查方法。至告示及調查單,俟印成後,即日送上可也。先此奉聞。

呈縣民政長吴陳報分設市選舉投票區文民國元年七月七日

爲呈報事。竊本屆市議會選舉所有應辦選舉事宜,均經遵照新頒市鄉制選舉章程次第備辦。查市選舉期限,定以七月十二日即陰曆五月二十八日爲乙級選民投票之期,七月十四日即陰曆六月初一日爲甲級選民投票之期。其投票所分設三區,以市政廳爲第一區投票所,東區、南區選民在此投票;市政廳中區爲第二區投票所,中區各舖選民在此投票;市政廳西區爲第三區投票所,西區、江境區、吴淞、浜南、新老閘區及北市選民在此投票。其投票時間自上午八時起,至下午六時止,除遵章預備一切分交各投票所並通告周知外,合行呈報,爲此呈祈察照施行。謹呈。

呈縣民政長吴具報市選舉甲乙級當選人姓名票數文民國元年七月十五日

爲呈報事。竊本屆市選舉所有應辦選舉事宜及分區設投票所情形,迭經呈報在案。查十二日乙級投票,各區投票所共實列投票者一千另七十一人,十三日開票,檢得選舉票共一千另七十一紙,除字跡模糊、寫不依式及選舉册上無名,並縣選舉已當選無須再舉應行作廢者七十一紙外,實得選舉票一千紙,計以多數當選者三十人。十四日甲級投票,各區投票所共實到投票者一百七十人,十五日開票,檢得選舉票共一百七十紙,除選舉册上無名及縣選舉已當選無須再舉應行作廢者三紙外,實得選舉票一百六十七紙,計以多數當選者三十人。甲、乙兩級當選者,計共六十人,除遵章榜示外,合將各當選人姓名、票數先行開摺呈報,俟分别知會答復應選後,再行呈請民政長給予執照,並呈報都督府存案,爲此呈祈察核備案施行。須至呈者。

當選人姓名詳《職員表》,不附録。

批：呈摺均悉。俟當選人答復應選，即行呈請，給予執照可也。七月十六日。

呈縣民政長吴乙級當選人内援章謝絶者二人以得票次多數二人推補文民國元年七月二十二日

爲呈請事。竊本届市議會選舉所有甲、乙級當選人姓名、票數，業經開摺呈報，並遵章分别知會依限答復前來。惟乙級當選人内艾恒鎮復稱年近七旬，援照《市鄉制》第二十條第三項事由，謝絶當選。又，顧翕周復稱，現在本市政廳辦事，未便應選各等情。查乙級當選三十人内，既有不應選者二人，擬即以得票次多數之姚文枬、張良試二人推補。除補送名單外，應懇查照前送名册，將乙級當選人内艾恒鎮、顧翕周二名注銷，以姚文枬、張良試二名補列入册，並請飭備甲、乙級當選人六十名執照，交由本廳分别發送。一面請呈報都督府存案，合行呈請，爲此呈祈迅賜察照施行。須至呈者。

批：呈單均悉。即予注銷補列，並填發執照六十紙，希即察收，分别轉給，仍候呈報都督府存案可也。執照六十紙隨發。此復。七月二十三日。

呈縣民政長吴具報議事會互選議長副議長文民國元年八月一日

爲呈報事。竊市議會互選議長、副議長，業將開會日期並選舉細則草案呈報在案。兹於八月初一日互選期届，計議員總數六十人，實到五十三人，通過選舉細則草案，即行選舉。照章用記名單記法，分次互選，先選議長，次選副議長，以得票滿議員總數三分之一者爲當選。第一次投票，姚文枬得四十八票，當選爲議長；第二次投票，王引才得四十一票，當選爲副議長。合將當選議長、副議長姓名、票數開單呈請察核備案施行。謹呈。

批：呈單均悉。准予備案轉報可也。此復。八月初二日。

市議事會呈縣民政長吴陳報選舉總董董事名譽董事文民國元年八月初一日

爲呈報事。竊本届市選舉由市政廳市長按照《暫行市鄉制選舉章程》，並市選舉期限表，依限進行。所有議事會選舉事宜，業由董事會照章辦理。本議事會於本月初一日成立，即日遵章辦理董事會選舉。查市議會議員總數六十人，本日到會者五十三人，通過選舉細則後，即分次選舉總董董事、名譽董事，均以得票滿議員總數三分之一爲當選。第一次投票選總董一人，用記名單記法，陸文麓得四十八票當選。第二次選董事三人，用記名連記法，蘇本炎得四十九票、顧履桂得四十八票，均屬當選，尚有一人因票不足數，以次多數，兩人開列投票再選，楊逸得三十票當選。第三次投票選名譽董事十二人，用記名連記法，郁懷智得四十一票、夏紹庭得三十八票、金祖壎得三十三票、朱得傳得三十票、王宗毅得二十五票、姚曾綬得二十五票、郭懷桐得二十一票、嚴兆濂得二十一票、沈維曜得二十一票，當選者祇有九人，其餘票不足額，因開列次多數六人投票再選，金毓孫得三十一票、張在新得二十五票、張國衡得二十五票，亦均當選。查照《選舉章程》第六十一條，總董選舉完畢後，由議長將得票當選者開列姓名、履歷及得票數目造具清册，呈由民政長申請都督府任用。第六十二條董事及名譽董事選舉完畢後，由議長開列姓名、履歷及得票數目造具清册，呈請民政長核准任用，並由民政長申請都督府存案。第六十三條總董董事及名譽董事均由民政長給予執照等語。合將當選總董一名及董事三名、名譽董事十二名開列姓名、履歷、票數，呈懇民政長，將總董一名申請都督府任用，其董事三名、名譽董事十二名，請民政長核准任用，申請都督府存案。並希將總董董事、名譽董事執照十六張迅賜發下，以憑轉給，爲此呈祈察照施行。須至呈者。

批：呈册均悉。董事及名譽董事准予任用給照，並彙案申請都督府存案。總董俟彙案申請都督任用後，再行給發執照。惟執行機關未便稍有停滯，一面由本民政長先行照會，以便任事可也。執照十五紙隨發。此復。八月初二日。

市長呈縣民政長吴陳報交卸日期文民國元年八月初二日

爲呈報事。竊錫綸於前清光緒三十一年被選舉爲總工程局總董，兩年期滿，仍被選舉爲總董。嗣總工程局改爲城自治公所，被選舉爲議員，復被選舉爲董事。上年光復後，經衆公推，奉民政總長委任爲臨時市長。當時大局未定，不得不勉任其難。嗣即一再固辭，經議事會公議議慰留，謂須俟諸選舉。竊維數年以來，均在建設時代，隨諸董事後執行議事會議決事件，兢業自持，不敢稍懈，而屢遭摧折，艱苦備嘗。日惟奉"和平中正，廉潔勤慎"八字爲圭臬，祇愧才力薄弱，雖竭誠佐理，未能使市政廳範圍各款完全發達，深以爲疚。今市長、副市長均已選定，所有市政廳文卷印信、房地各産、書籍地圖、器具雜物、存欠各款均經列册，於八月四日移交新市長、副市長接收，錫綸即於是日交卸。錫綸於財政一部分素不經管，另由副市長清算交代。合併聲明，所有錫綸交卸市長緣由，合行呈報，爲此呈請察核備施行。謹呈。

批：來牘閱悉。貴市長主持公益事業，宣力七年，勤勞備至。光復之初，維持秩序，夙夜不息，地方得以平安，尤爲公衆所佩仰。兹者功成身退，暫息仔肩，本民政長實深健羡，所幸更選得人，規隨有自，造福地方，當無既極。所呈定期交卸各節，亟應照准備案。此復。八月五號

副市長呈縣民政長吴陳報交卸日期文民國元年八月二日

爲呈報事。竊履桂於前清宣統元年被選爲城自治公所議員，復被選爲董事。上年光復後，經衆公推，奉民政長委任爲市政廳臨時副市長，未能稱職，内愧滋深。本届市選舉，履桂被選爲議員，復被選爲董事，一再固辭，未獲允許，祇能勉力就任。所有市政廳副市長之職即於八月初三日交卸，合行呈報，爲此呈請察核施行。謹呈。

批：來牘閱悉。貴副市長維持地方財政，熱心毅力，勞怨不辭，夙所佩仰。兹復被舉連任，足見衆望所歸，輿論尚有價值，此後駕輕就熟，與新選諸董和衷共濟，勉爲其難，公衆之福，地方之幸也。此復。八月五號。

縣知事吴令奉文飭知選舉事宜分别半數辦法文民國二年一月二十七日

案奉民政長第五百六十八號指令開，内務司案呈該縣呈報市鄉職成立請予備案委任由已悉，准予分别任用存案。至該縣此次選舉，既援改選兼行補選之例，所有當選議員應分别甲級、乙級各以得票較多之半數爲本届改選當選，得票較少之半數爲本届補選當選，並仰知照等因。奉此，查前據貴市議長呈報舉定總董請予給照轉呈，當經批復，俟彙案申請民政長任用後，再行發給執照。一面照會貴總董任事在案。兹奉前因，合行抄録原呈，

並將總董執照一紙照送，請煩收執，並希查照辦理，計抄粘並附執照一紙。特此照會。

縣知事吴照會奉文批復縣呈市議會議決實行户籍法案文民國二年二月二日

爲照會事。案奉民政長指令第一千七十一號内開，上海縣呈市政廳稱准議事會議決實行户籍法案請指令遵行由，奉令内務司案呈據該知事轉據上海市總董呈准議事會移稱議決實行户籍法案等情，調查選舉、搜緝罪犯，均與户籍有關。該議事會注重及此，不爲無見。惟在户籍法未經政府公佈施行以前，地方未便自爲風氣。除調查選舉等情應由該知事負有專責認真辦理外，所請暫毋庸議，仰即轉知遵照，此令等因。奉此，合行抄文轉達，希即查照辦理。呈稿抄發。特此照會。

呈縣知事吴市議會議長被選爲衆議院議員辭市議長職照章以副議長推補並互選副議長文民國二年三月八日

爲呈報事。本市政廳議事會議長姚文枬上年被選爲衆議院議員，於本月内北行，本届春季市議會會議事竣，宣告退職。當查《江蘇暫行市鄉制》第三十條，議長因事出缺，以副議長補之，副議長因事出缺，應即互選。並查《選舉章程》第二條，議事會選舉由董事會辦理。此次市議長桃文枬出缺，即以副議長王引才推補，所遺副議長一缺，照章互選。本月五日，春季議會第三讀會事竣，即行互選副議長。是日，共到議員三十六人，查照議事會互選議長、副議長細則，用記名單記法，以得票滿議員總數三分之一爲當選，由總董察視，當場投票選舉，賈豐臻得二十七票，係最多數，當選爲副議長。合將市議長退職，以副議長推補並投票互選副議長情形，備文呈報，爲此呈請備案施行。

批：如呈備案。此復。三月十一日。

呈縣知事吴請定選舉調查辦法文民國二年三月二十八日

爲呈請事。查照《江蘇暫行市鄉制》第二十六條，議員以一年爲任期，每年改選半數。上海市議會届本年七月爲半數議員任滿之期，應行改選。查本年二月二日奉録令照會，以奉省民政長指令，上海市議會議決，實行户籍法案，調查選舉，由縣知事負有專責，認真辦理等因，飭即查照前來。所有本届改選市議員半數應有預備選舉之調查方法及辦理期限，應請鈞署規定示下，俾便遵行。合行呈請，爲此呈祈察核施行。謹呈。

批：呈悉。改選議員一切調查方法及辦理期限等，自應先事擬定所請規定一節。現在户籍法尚未奉頒行，則選舉調查惟有仍照從前辦法。如有疏漏之處，妥爲酌改，以期周密，應由董事會照章擬訂調查細則，呈候核定。至辦理期限，應查明《市鄉制選舉章程》第四條辦理可也。此復。三月三十一日。

縣知事吴訓令籌辦改選議員半數文民國二年三月三十一日

案查《江蘇暫行市鄉制》第二十六條，議員以二年爲任期，每年改選半數。若議員全數同時選任者，其半數即以一年爲任滿。又，《選舉章程》第四條，凡選舉議員，每年一次，於議員應届任滿三個月前由市董事會總董或鄉董預定日期舉行等語。本邑各市鄉去年選舉議員時期，畧有先後。其中早選之市鄉，距改選之期業已不遠，調查公民、編造名册等手續甚繁，應即按照章程，將一切改選事宜先行籌備，隨時呈報，預擬辦理選舉期限表，呈候核定。並查照本年第二十一號照會,分别半數辦理。至議員任期,以議會成立之日起算,其後選之各市鄉一經届期,亦因照此籌辦。爲此訓令各市鄉總董鄉董一體知照。此令。

呈縣知事吴規定改選市議員半數調查方法及選舉期限文民國二年四月一日

爲呈復事。竊總董呈請規定改選市議員半數調查方法及期限等情,業奉批復在案。並於四月一日奉訓令,以市議員半數任滿改選之期,業已不遠,調查公民云云,呈候核定等因。奉此,查上海市議會於上年八月初一日成立,所有改選議員半數事宜自應查照《市鄉制選舉章程》第四條,於議員應届任滿三個月前預定日期,舉行其選舉調查。即遵批,仍照從前辦法,妥慎進行。玆將上年辦理選舉之調查須知單一紙,並本届擬訂辦理選舉期限表一紙,呈請迅賜核定示遵,合行呈復,爲此呈請察核施行。謹呈。

批:來呈並單表均悉。調查單已由本知事規定通行照辦,期限表内調查或補查公民資格,以半月爲期,未免太促,應改爲四月三十日止。選舉人名册告成,應改爲五月二十五日止。宣示人名册及請求更正,應改五月二十六日起至六月十四日止。其餘均照來表所擬辦理。希即分别改正。此復。中華民國二年四月三日

附表一紙

縣定辦理改選市議員半數選舉事宜期限表

調查或補查公民資格	四月三十日、陰曆三月廿四日止
選舉人名册告成	五月廿五日、陰曆四月廿日止
宣示人名册	五月廿六日、陰曆四月廿一日
本人聲明錯誤請求更正	六月十四日、陰曆五月初十日止
確定選舉人名册	七月初一日、陰曆五月廿七日止
發選舉傳單	七月初十日、陰曆六月初七日止
乙級投票	七月十二日、陰曆六月初九日
乙級開票檢票	七月十三日、陰曆六月初十日
甲級投票	七月十四日、陰曆六月十一日
甲級開票檢票	七月十五日、陰曆六月十二日
榜示當選人姓名及發知會書	七月十七日、陰曆六月十四日
當選人呈明情願應選或答復應何級之選	七月廿二日、陰曆六月十九日止
縣知事給當選執照並呈報省長	七月廿七日、陰曆六月廿四日止
議事會開會	八月　　日、陰曆七月　　日

呈縣知事吴改選市自治議員半數遵將留任退任議員姓名分别開送文民國二年六月十一日

爲呈復事。奉一百八十八號訓令,以各市鄉改選議員事宜,應照擬定期限表將籌辦情形呈報。再,本届分别半數辦法,所有議員孰爲任滿、孰爲留任,應即分别開呈,並查照《市鄉制選舉章程》,選舉人名册確定後,分繕副本,申報存案等因。奉此,查本届遵章改選市

議員半數，業將擬訂辦理期限表，呈請核定批答遵行在案。所有調查選民事宜，於五月間開辦，委任調查員，分區按段挨户發單調查，陸續交到。因本届人數較多，清理審查，核數分級，署稽時日。現即發刊，俟刷印完竣，即行宣示。至分别半數辦法，即遵照鈞署第二十一號照會辦理。兹將任滿議員並留任議員分别開摺，呈請稽核。爲此呈祈察施行。謹呈。

本年改選市議員半數應行留任者三十人姓名票數

甲級十五人

汪茂培	二十三票	葛黼恩	十票
趙鴻藻	八票	童鎮海	七票
胡方鍔	六票	蔣調元	六票
錢崇德	六票	江　異	五票
干　城	四票	葉　逵	四票
顧學謙	四票	許　模	四票
姚　鴻	四票	朱　炯	四票
沈錫齡	四票		

乙級十五人

王引才　二十七票（議長任期二年，未滿任）

賈豐臻　十三票（副議長任期二年，未滿任）

王樹功	五十五票	陳仲舒	四十一票
錢福田	三十八票	吴炳熊	三十六票
龔　模	三十四票	王燮功	二十五票
袁肇燀	二十四票	朱鳳章	二十四票
翟慶善	二十二票	朱雲望	二十二票
江確生	二十一票	臧清揚	二十票
吴寶地	二十票		

本年改選市議員半數應届任滿者三十人姓名票數

甲級十五人（除閔瓛金祖圻因事辭職外計十三人）

楊士煇	四票	朱澄曉	四票
陸熙順	四票	陳鋐勳	四票
瞿慶同	四票	徐　宸	三票
郁頣培	三票	王　震	三票
鐘椿淦	三票	鄭增基	三票
宋國傑	三票	張嘉年	二票
郭廷贊	二票		

乙級十五人（除蒯晋德赴京就學、顧履桂被舉爲董事、姚文枬被舉爲國會議員、張良試病故外，計十一人）

沈　照	十九票	葉銘德	十九票
朱樹恒	十八票	王沛麟	十八票
朱開元	十八票	徐志淦	十六票
諸　翔	十六票	林祖溍	十四票
奚維塤	十四票	曹　棅	十三票
張承綬	十一票		

批：呈摺均悉。議員任期查核相符，即予存卷可也。摺兩扣存。此復。六月十三日。

市議事會呈縣知事吴陳報改選名譽董事文民國二年六月十二日

爲呈報事。接奉四月三十日鈞函内開，查《江蘇暫行市鄉制》第五十六條載，名譽董事以二年爲任期，每年改選半數，若同時就任者，其半數即以一年爲任滿。又，《選舉章程》第五十九條内載，選舉名譽董事，每年一次，於該員應屆任滿三個月前，由市議會長豫定改選日期，照章辦理，並希將日期呈報，以備存查等因。奉此，查本議會夏季常會業將竣事，定六月十三日開三讀會。現擬即於是日改選半數名譽董事，爲此呈請駕臨監督是荷。謹呈。

批：呈悉。查董事會成立在議事會之後，改選順序似應先議會而後董會。《市鄉制選舉章程》第五十九條云云，於三個月前豫定日期，似與第四條改選議員於三個月前籌備之意正復相同，並不限於任滿三個月前改選完畢，應請貴議長查照。名譽董事本日暫緩改選，惟條文簡章解釋不無疑義，事關選政通案，不得不慎重研究，已專文聲請省長核示矣。此復。中華民國二年六月十三日。

縣知事吴訓令改選名譽董事與改選市議員如何分别先後呈請省長核示文民國二年六月三十日

案照本邑市議事會議員及董事會名譽董事將屆改選半數，其辦理改選手續，適在同時，應如何分别先後，《選舉章程》無明文規定，由本知事呈奉江蘇省行政公署第八千六百四十三號指令内開，内務司案呈據呈市議員及名譽董事同時改選半數如何分别先後，請解釋示遵等情已悉。查議、董兩會同時成立者，屆改選之時，究應先辦何項改選，及議事會之辦理、董事會之改選，應由改選後之議員舉行，抑應由未經改選之議員舉行，條文均無規定。惟來呈雖稱議、董兩會同時成立，而董會職員須由議會選出，則議事會之成立，究在董事會之先，改選之時，自應先由董事會辦理議事會改選，再由議事會辦理董事會改選。至辦理董事會改選之議事會議員，應以辦理改選時之在職議員爲斷，仰即遵照，此令等因。奉此，自應遵照辦理，爲特抄録原呈訓令該市總董查照，並轉致議事會一體知照。此令。計抄原呈。

縣知事呈省長文

爲市議員及名譽董事同時改選半數，應如何分别先後，呈請解釋條文疑義，指令遵行事。按《江蘇暫行市鄉制選舉章程》第五十九條，凡選舉總董董事，二年一次，選舉名譽董事，每年一次。於各該員應届任滿三個月前，由市議事會議長豫定選舉日期，招集議員舉行等語。但就本條解釋，是名譽董事衹有任滿三個月以前由議長定期改選之規定所云，招集議員舉行，是否改選半數後之議會舉行，抑未經改選半數後之議會舉行，均無明文。惟參照《選舉章程》第四條，凡選舉議員，每年一次，於議員應届任滿三個月前由市董事會總董或鄉董豫定日期舉行等語，亦於任滿三個月以前豫定改選之期，則五十九條之規定不過豫爲籌備，不必於議會未改選以前舉行改選名譽董事，合諸董會成立之手續，居議會之後，亦尚相符。究竟第五十九條所載任滿三個月前豫定改選日期，與招集議員舉行一語，應否分别解釋，事關選政通案，不敢不詳慎研究。爲特備文呈請省長指令遵行，實爲公便。謹呈。上海縣知事吴。

呈縣知事吴陳報分設市選舉投票區文民國二年七月九日

爲呈報事。本届改選市議員半數，所有應辦選舉事宜，均經遵照《市鄉制選舉章程》次第備辦，並將市公民聲請更正錯誤遺漏各姓名，照章移請議事會公斷。現計確定選舉人名數，甲級六百九十三人，乙級八千一百六十五人。查選舉期限，七月十四日即陰曆六月初九日乙級選舉人投票、翌日開票，七月十四日即陰曆六月十一日甲級選舉人投票，翌日開票。其投票所分設三區，以市政廳爲一區投票所，東區、南區、高昌區選舉人在此投票；市政廳中區分辦處爲第二區投票所，中區各地段選舉人在此投票；市政廳西區分辦處爲第三區投票所，西區、江境區、新老閘區及北市選舉人在此投票。其投票時間，自上午八時起，至下午六時止。除遵章預備一切分交各投票所照辦並通告外，合行呈報，爲此呈請察核施行。再，選舉人名册本現正發繕，容俟續送，合併聲明。謹呈。

呈縣知事吴改選議員半數陳報當選人姓名文民國二年七月十五日

董事會呈縣文三

爲呈報事。本届辦理改選市議員半數所有應辦選舉事宜，及分區設立投票所情形，迭經呈報在案。查本月十二日乙級投票各區投票所實到投票者共三千四百一人，十三日開票，檢得選舉票共三千四百一紙，除字跡模糊、寫不依式及選舉册上無名均應作廢者一百十八票外，實得選舉票三千二百八十三紙，計以名數當選者十五人。十四日甲級投票各區投票所實到投票者共四百二人，十五日開票，檢得選舉票共四百二紙，除字跡模糊、筆畫錯誤、寫不依式均應作廢者五票外，實得選舉票三百九十七紙，以多數當選者十五人。甲級、乙級共當選者三十人，除照章榜示並分别知會外，合將各當選人姓名、别篆、票數先行開摺呈報，俟各當選人荅復應選，再行呈請給予執照，並呈報省長呈案，爲此呈祈察核施行。謹呈。

當選人姓名詳《職員表》，不附録。

市議事會呈縣知事吴陳報名譽董事改選半數及留任半數姓名文民國二年九月二十五日

爲呈報事。竊查《市鄉制選舉章程》第五十六條，名譽董事以二年爲任，期每年改選半數，若同時就任者，其半數即以一年爲任滿。前項一年任滿前項一年任滿之半數，向例以抽籤定之。但查本届議員改選半數，奉省令以上届得票較多之半數爲留任，得票較少之半數爲任滿。查本市名譽董事十二人,係同時就任,計郁懷智、夏紹庭、金祖壎、朱得傳、王宗毅、姚曾綬六名得票較多,應得留任;郭懷桐、嚴兆濂、沈維耀、金毓孫、張在新、張國衡六人得票較少,應作任滿。照章,本屆應改選半數名譽董事六人,業於九月二十四日舉行投票。當經呈請駕臨監察在案。是日,共到議員四十三人,即如法投票選舉,以得票滿議員總數三分之一爲當選。用記名連記法,嚴兆濂得三十二票,林祖溍得三十票,張在新得二十四票,沈維耀得二十一票,當選四人,其餘票不足額,因開列次多數四人投票再選,金毓孫得二十七票,朱開甲得二十三票,亦均當選。查照《市鄉制選舉章程》第六十二條及第六十三條之規定,理合將選舉名譽董事姓名、票數開列清册,呈請核准任用,申請省長存案。並請迅賜給予執照,以便任事,爲此呈祈察照施行。謹呈。

改選半數名譽董事六人,及應留得票較多之半數名譽董事六人姓名詳《職員表》,不附録。

批:呈册均悉。即給予執照,並申請省長存案可也。此復。執照六紙隨發册存。九月二十七日。

呈縣知事吴市議會議長以另有職業函請辭退照章以副議長推補並互選副議長文民國二年九月二十七日

爲呈報事。竊本年七月間准市議會議長王引才函開,南翔尚有事務,於議會不能兼顧,特援《江蘇暫行市鄉制》第二十條確有職業不能常居境内一項,辭退議員之職。除呈縣外,特此佈達等情,即經函復,俟交議事會核奪。嗣悉王議長之辭職,業已呈蒙縣長核准在案。爰於本屆秋季議會開會時報告,當經公決,查照《市鄉制》第三十條,議長因事出缺,以副議長補之,副議長因事出缺,應即選更。本市議會議長王引才因事出缺,自應以副議長賈豐臻推補,其副議長一缺,即行互選。照章議事會選舉,由董事會辦理。是日,共到議員四十六人,查照議事會互選議長副議長細則,用記名單記法,以得票滿議員總數三分之一者爲當選。由總董察視投票,第一次票不足數,如法再選,吴寶地得二十八票,係最多數,當選爲副議長。合將市議長辭職、照章以副議長推補,並投票互選副議長情形,備文呈報,爲此呈請備案施行。謹呈。

批:如呈備案。此復。九月二十七日。

路工規劃案

呈縣民政長吴擬在斜橋西南開築幹支馬路以保路權請政府照撥工費文民國元年四月十六日

爲呈請事。竊本邑西門外斜橋迤西,沿肇嘉浜直達徐家匯之馬路,自前清同治二年後,法公董局屢經修築,藉口於未償修費,因之設立捕房,派捕管理,抽收車捐。復於該路之北開築成吕班路、金神父路、畢勳路、寶建路、寶昌路、善鐘路、杜美路、巨籟達路、福開森路等,各馬路地非租界,而路如棋局,已悉入外人勢力圈内,致我之行政權、自治權均有所窒礙。上年,城自治公所曾於浜南開築泥路一條,與徐家匯路作並行線,以保主權。並議於日暉港三叉口,沿蒲肇河,西至徐家匯鎮天鑰橋,再由裏日暉橋迤西,至徐家匯鎮南首土山灣等處,均開築馬路,並於此兩幹路之外,築支路十條,以便兩路交通。均經呈縣有案。查斜橋迤西至日暉港三叉口之泥路早已築成,今需加鋪石沙,並造橋一座。其由日暉港三叉口至天鑰橋之路,曾經開築,尚未完工。其由徽州會館至土山灣之路及支路十條,均擬接續興築。惟估計工程經費及遷墳、拆屋、地價各費,總共需洋十三萬元有奇。以上路工,均關緊要,本廳經費數絀,未能尅期開築,擬請核呈温交涉使核准,轉請政府照撥經費,以便接續開辦。合行呈請,並附開工程估費清摺一扣、路線圖二紙,呈祈察核施行。須至呈者。

縣民政長吴照會擬築斜橋西南馬路案奉交涉使照復已呈國務院察辦文民國元年四月二十八日

爲照復事。案准貴市長呈稱,於肇嘉浜南濱及蒲肇河西首,至徐家匯土山灣等處,分別開築馬路幹支若干條。惟估計工程經費及遷墳、拆屋、地價各費總共需洋十三萬元有奇,請核呈温交涉使核准,轉請政府照撥經費,以便接續開辦等情,並附摺圖到署。准此,當將來呈及原摺圖咨呈駐滬通商交涉使温查核,轉請政府照撥經費在案。兹准駐滬通商交涉使温照會内開,頃接大咨,爲請撥款築路,並附圖摺等因。准此,除咨呈國務總理察辦外,合就照復貴民政長查照施行等因。准此,合行抄録呈稿照復貴市長,請煩查照施行。須至照會者。

計抄咨呈稿

爲咨呈事。竊本邑自上年光復以後,外人在界外擴充馬路之案,業已數起。其既築之路,固已無可挽回,未築之路,不得不嚴加防範,似非急籌挽救於鄰近租界之地段自行建築馬路,不足以保衛我固有之利權。前經晉謁貴使,業將以上情形面陳一切,仰荷贊同,實深感佩,當經面屬市政廳籌議辦法去後。兹准市長莫錫綸、副市長顧履桂呈稱,竊木邑西門外斜橋迤西,沿肇嘉浜直達徐家匯之馬路云云,以便接續開辦,合行呈請察核等情。並送呈工程估價清摺一扣、路線圖二紙到署。准此,查肇嘉浜沿長十餘里,自西門至徐家匯浜之兩岸,本係均屬華界,自法人於北岸興築徐家匯路之後,南北支路歷年興築,至十餘條之多。雖地屬華人,而路爲外人所築。凡法公董局巡捕派到之處,華官幾難顧問。惟浜南一帶,南通製造局,西達徐家匯,東與南市相接,尚屬我華人固有完全之地。照南北對待,相形見絀,且地當交通緊要,尤應趕先興築,以固利權而杜隱患。查修築道路,本屬地方自治團體之責任,第工大款鉅,上海情形特别,實寓有國防之性質,斷非地方之力所能擔荷。兹准前因,相應據情將呈到工程估值清摺一扣、路線圖二紙,備文咨送,爲此咨呈貴使,請煩查核,轉請政府照撥經費,以便接續開辦,足紉公誼。須至呈者。

小東門内商號來函填浜築路案請願易路爲地歸商號承租文民國二年五月　日

敬啟者。竊上海地方填浜闢路,早經貴議會議決施行在案。然推其原因,良以内地營業不振，由於商場逼仄，非開拓馬路不足以資發達，足徵洞察商情，實堪紉佩。惟是商號等所設之肆，乃在小東門大街益慶橋起，至長生橋止，坐南朝北，一帶門面屋背正臨河浜，將來此處淤河一經填砌，闢成馬路，而對於交通固見利便以視，商店翻受逼隘。商號等久居是處，爲形勢所限，已嫌不能展放，門前街道闊度約僅二十尺，門以内距離河浜又止五十餘尺之間。現今河平作路，則商號等所居之屋，已經逼仄不堪，一遇改造，勢須前後收進，則外部容積當然縮小。至此，而營業稍廣之家勢不至遷徙不可，斯則欲盛反衰，豈是我創議諸公之初意哉？商號等思維及此，不如淤河填實之後通融議案，易路爲地，地歸商號出金承租，庶幾於公家商店兩有裨益。竊仰執事從善如流，有聞必察，務懇俯准提議，以期一反掌而諸善畢備，豈徒振興商業之足云哉？用敢披瀝上書，伏惟公鑒，倘荷俯如所請，望即示覆，俾得趨前聆教，不勝引企之至。專肅。慶雲、高三益、鼎豐祥、生泰、同興祥、王大有同具。

復小東門商號函填築花草浜案商請易路爲地未便承允文民國二年六月三日

敬復者。接展台函，誦悉一是。查填築花草浜一案，前經敝廳議會議決之公佈，該商號並無異議，良以事關公益，均樂贊成。兹准函商各情，敝廳未便率允，尚請邀集該段各商號並各房主等多數討論，再行示復，以憑核辦。專復。

小東門商號復函填築花草浜案業已邀議一致贊成文民國二年六月

敬啟者。昨准惠復承示填築花草浜一案，經貴廳公佈時，附近商號均樂贊成，誠以事關公益，蒙貴廳議會關懷鉅細，感已不暇，豈有稍事反對？兹以請求易路爲地，知貴廳未便即允，當於昨晚八時遵示，邀集此段各商號並各房主，假十舖洋龍事務所悉心討論，咸謂利益所在，莫不一致贊成，並感執事俯採輿論，不厭詳備，用特恭復台端，務希照准爲荷。專肅。周益大、慶雲、祥生泰、高三益、同興祥、鼎豐、王大有、寶源祥、天成源、楨祥裕、陳源豐、乾泰源、朱興隆、永裕祥、協順祥、董恒昌、純泰、同德泰、張興記、晉泰、周宏來仝具。

呈縣知事吴填築花草浜東西段道路請出示曉諭拆除水閣木橋文民國二年四月十二日

爲呈請事。竊查填築花草浜東西段道路工程，曾經上年冬季議會議決，列入本年上半年預算。現擬即日興工，排溝填築，所有小東門内自益慶橋起西至長生橋止各店舖居户，在該浜上搭出水閣，及通行隔河之闌橋，均須定期拆去，俾免有礙工作。除通告外，應請鈞署出示曉諭，限令於十日内一律拆除，俾克興工，實爲公便。謹呈。

批：據呈填築花草浜請出示限令各舖户，將該浜上搭出之水閣等一律拆除，俾便興工等情。應即照准，佈告十張，隨批給發，希即查照分貼可也。此復。中華民國二年四月十六日。

呈縣知事洪斜橋迤北沿浜添築木駁加圍鐵欄文民國三年一月十八日

爲呈請事。奉上海鎮守使公函内開，查斜橋迤北一帶沿浜馬路爲出入必經之地，來往車輛稍或不慎，必致墜淵。前月已兩次發見，實爲奇險，似宜添設鐵欄或木欄，以利行人而防意外。本署爲慎重生命起見，用特函商，尚希查照辦理等因。查此事前奉面諭，業已知照工程科從速辦理，尅日進行。據繪送圖樣，須於斜橋迤北一帶添築木駁，並於浜口加圍鐵欄，以期堅固穩妥，費約在千元以外。現届陰曆歲除，經費支絀，俟過年關，當即籌款趕辦。合行呈送圖樣,懇請轉呈上海鎮守使察照施行。謹呈。

批:據呈斜橋迤北一帶添設木駁,並於浜口加圍鐵欄,以期堅固等情,並附圖一紙均悉。仰即趕緊籌款修築,以利交通,並候據情轉呈鎮守使察核備查。此令。一月二十日。

拆城填濠案

上海民政總長李照會公民呈請拆城案由縣長市長會同籌辦文民國元年一月十四日

爲照會事。據上海公民姚文枬等呈稱,竊查前清光緒三十一年間,上海縣紳士姚文枬等爲城垣阻礙商埠難興,集議會決拆去城垣,修築馬路,使城廂内外蕩平正直,爲振興商埠之基礎,公同具呈蘇松太道袁詳請核准。旋因守舊紳民不無反對,僅於舊有七城門外先行添闢尚文、福佑、拱辰三門,以便行人出入。較諸盡拆城垣之便利,相去固不啻霄壤也。夫揣當時反對拆城者之意,豈不以城垣之設賴以限戎馬而衛民居,乃何以此次大漢光復九月十三日以前,城内居民負笈擔囊,紛紛遷出,以城中爲險地,而争集於無城之所?此又文枬等所大惑不解者也。比奉行知省議會議決城改爲市,固將使城内外地方聯絡貫通,一切便利則城垣實爲障礙之物。而上海縣城外東、西、北三面均爲租界,十六舖迤南馬路外濱黄浦、内逼城陘,展拓既難,迴翔無地,欲使商埠興盛,非亟拆城垣不可。方今組織共和,力圖進化。文枬等開會公議,仍擬將上海城垣拆除,改築寬闊馬路,竭力整頓,俾全市街衢一律修治,非特内地商務可以振興,即租界人民亦必樂歸吾土。幸當此世界光復,百度維新,地方人民對於拆城之舉當多數贊成。爲此備文呈請核准示遵,人民幸甚等情。並奉滬軍都督照會,據姚文枬等具呈前情,除批拆城爲振興商業之基礎,所見極真,應即照准,仰候飭下民政總長轉飭民政長及市長妥辦外,相應照會查照,妥商辦理等因前來。奉此,查前奉蘇都督行知省議會議決辦法,城改爲市,爲商業一方面論,固須拆除城垣,使交通便利。即以地方風氣、人民衛生兩項論,尤當及早拆除,以便整理劃一。此次諸君提議拆城,誠爲當務之急。既奉滬軍都督府批准,應即照行,除批准外,希貴市長會同民政長妥議辦法,即日動工拆除,並將城濠改設大陰溝,填築馬路,以便交通。合行照會,爲此照會貴市政長,請煩查照,望切施行。須至照會者。

上海民政總長李照會定期拆卸東南城墻文民國元年一月十七日

爲照會事。據上海公民姚文枬等公呈拆除上海城垣、改築馬路,以興商務一案。曾奉滬軍都督據呈批准,照會本總長,轉飭民政長及市長妥商辦理。當經照會貴市長,會同民政長妥議辦法,即日動工拆除,並將城濠改設大陰溝,填築馬路,以便交通在案。此案既經核准,應即照行。玆定於正月十九日即陰曆十二月初一日,將東城舊道署東首及南城救火聯合會前面兩處墻將即行拆卸,使行政上先得交通之便。再將西北城垣迤邐拆除。一面規劃填濠築路事宜,切實興辦。除飭知民政長外,合行照會,爲此照會貴市長,請煩查照施行。須至照會者。

呈縣民政長吴奉民政總長行知上海公民呈准拆城填濠案將東南城墻先行拆卸文民國元年一月十七日

爲呈請事。奉民政總長照會,據上海公民姚文枬等公呈拆除上海城垣、改築馬路,以興商務一案。曾奉滬軍都督據稟批准,照會本總長,轉飭民政長及市長妥商辦理。當經照會貴市長,會同民政長妥議辦法,即日動工拆除,並將城濠改設大陰溝,填築馬路,以便交通在案。此案既經核准,應即照行。茲定於正月十九日即陰曆十二月初一日,先將東城舊道署東首及救火聯合會門前兩處城基即行拆卸,使行政上早得交通之便。再將西北城垣迤邐拆除。一面規劃填濠築路事宜,切實興辦。合行照請,迅移民政長查照等因。奉此,自應遵辦,相應呈請察照施行。須至呈者。

呈民政總長李請於閘北水電公司已還前清道署借款内撥借銀五萬兩以濟拆城填濠工用文民國元年二月十五日

爲呈請事。竊拆城填濠事宜,已奉蘇滬都督核准,自應趕速興辦,以利交通。惟此項工程約估需銀三十萬元,鉅款一時難集,兹查閘北水電公司有已還前清道署之款,擬請於此款内撥借規銀五萬兩,以濟工需。除具領外,伏乞民政總長俯准施行,地方幸甚。謹呈。

呈縣民政長吴議會決議請借撥公款以濟拆城填濠工用文民國元年十月三日

爲呈請事。准市議事會移交秋季議會議決城濠路工案一件内開,城濠路工尚缺款九萬三千三百元,連路面工料併計,約需銀十萬兩,請董事會商請民政長撥借公款,認還拆息,即以城濠作抵。其一切圖樣暨工料之預算及地畝出租之規畫,於開臨時會時一併交議等因。查拆城填濠事宜,自開始以來,已逾半載,祇以經費竭蹶,未能敏活進行,早在工案一件内開云云等因。查拆城填濠事宜,自開始以來已逾半載,祇以經費竭蹶,未能敏活進行,早在洞鑒之内。現計缺款銀十萬兩,尚是約估之數,如使得有借款足資挹注,集事非難。兹准議事會議決前因,自應照案奉商懇請撥借公款銀十萬兩,爲城濠路工經費,由本廳認還拆息。此項借款即以城濠作抵,務祈准予撥借,以濟工用,俾得早日觀成。合行呈請,爲此呈祈察照施行。須至呈者。

批:來牘閱悉。填濠築路,關係公衆衛生、振興市面事,既著手,無論工費較巨,籌款爲難,總期志在必成,早日工竣。至地畝如何管理,租息如何歸償,猶爲第二問題。應請貴董事會協力通籌,方易集事。至所稱息借公款,以城濠作抵一節,揆諸名義事實均難照辦,統俟訂期會商、妥議進行方法可也。此復。十月初六日。

縣知事吴録送與法總領事喇訂定南市市政廳與法公董局管理華法馬路聯絡辦法條件文民國元年十二月一日

上海南市市政廳爲公衆衛生、交通利便起見,將城河填平,並築馬路,自小東門迤西至西門外一號界牌止一段地方,因與法公董局馬路毗連,所有現在及將來一切聯合辦法應行商訂者,開列如下:

一、上海南市市政廳所築之新馬路,約寬四丈,下面用磚砌成高大陰溝,並代法公董局將原有之大小陰溝接通。其費全歸市政廳擔任,無須法公董局貼還。

二、法公董局沿城河浜原有之馬路,與南市市政廳新築之路,爲彼此便利起見,合成一路,務使平坦寬大,以便兩界居民往來,毫無阻礙。

三、南市市政廳新築之路，與法公董局原有之路分界處以舊時界線爲準，於地下埋界石，上面以鐵板蓋之，以備隨時查考，另附地圖爲憑。

四、在此公共路内，無論地面、地下一切工程建築之事，如設燈通水等，法公董局與市政廳各就界限辦理，不相侵越。

五、在此公共路線内，華、法兩界巡警各守界限辦公，如遇追捕匪類，不及知照時，得彼此協拿，不以越界論。惟拿到匪類，須交各該界内警局備文移提。

六、在此公共路線内，凡攜有法公董局捐照之車輛，得經由華界；攜有南市市政廳捐照之車輛，亦得經由法租界。

七、此公共馬路築成後，常年零星修理，各就本界自行辦理。如全路大修時，得因便利起見，彼此協商合辦之法。

上海縣民政長吴
上海法總領事喇
中華民國元年十一月十八日
西曆一千九百十二年十一月十八日

附件説明第五條辦法

法界巡捕祇能在公路法界一面即由麋鹿路起至小東門止梭巡，凡有匪類（如搶物、竊賊、强盜、血案）犯事逃入華界，准由法界巡捕追拿拘送華界該管警局。如無別種案情，所獲之犯，華警局即交原捕帶回，並派警送出華界。如有别種案情，稟明警務長核奪。

如有華界巡警追拿匪類逃入法界，即由華界巡警追拿拘送法界該管捕房。如無别種案情，法捕房即將該犯交令華界巡警帶回，並派捕送出法界。如有别種案情，稟明總巡核奪。凡華界巡警，如有排解及拘拿事件，遇有危急之時一時不及吹號求助者，准由法界巡捕前來扶助。如法界巡捕遇有危急之時，亦由華界巡警前赴法界扶助。

總之，巡警事宜，華警局、法捕房各就本界辦理，遇有如後三種特别事故者，兩面巡警放准越界辦事：

一、爲追拿匪類事。

一、爲彼此巡警遇有危急事故前往扶助事。

一、爲彼此巡警遇血案、搶案，此處如無巡警在場，即當前往拿捕事。

上海縣民政長吴
上海法總領事喇
中華民國元年十一月十八日
西曆一千九百十二年十一月十八日

縣知事吴函送續訂華法馬路聯絡辦法條件文民國二年七月一日

敬啟者。沿城填濠築路聯合辦法，前經照送在案。兹續訂附件四條，將原文抄送，即希察照。查此事因法租界一面爲電事軌道計畫，商請均勻鋪設，敝署體察情形，彼此既各設單軌，於事實並無出入。除提清界線外，即商明將方浜橋即法租界麋鹿路起至斜橋肇周路口止一段路權收回，於昨日簽字，請報告議會並行西區及工程處知照。

抄續訂附件

一、華界與法租界合成之路即民國路，計共寬二十一邁當，内法租界九邁當，華界十二邁當，於分界處地下分段埋設界石，悉照《聯合辦法》第三條辦理。

二、民國路上如設電車，法租界與華界兩電車公司各設單軌一條，應如何彼此交通便利之法，將來由兩公司另行商訂，由法公董局、南市市政廳轉呈上官核准辦理。

三、南市市政廳爲顧全公益、敦崇睦誼起見，允准法電車公司埋設電軌時，得與華電車公司均勻鋪設於民國路之中，將來兩電車公司應擔任修路之費，亦由兩公司分任。

四、法公董局爲顧全公益、敦崇睦誼起見，允准將徐家匯路之一段即自法租界麋鹿路起至斜橋華界肇周路止馬路工程之權，讓與南市市政廳辦理，以作酬報。其原有之電車軌及電桿，仍照舊通過。如南市市政廳修理此一段路工時，必須無礙電車行駛及車馬往來等事最關緊要。

縣知事吴來函抄示英領事開送英兵義塚條件文民國二年六月十三日

逕啟者。昨接交涉使來函，以接英領函稱，案查英兵義塚一案，曾經雙方酌議，本總領事今將本署費領事所擬之條款開列清單，並附圖樣二紙專函送請查照，轉致管理此案官員查酌示復，俾此宿案早日清結，是爲至要等因。相應將圖樣二紙條款清單一紙，附函送上。尊處意見如何，即祈示悉，以憑照轉等因。玆將圖樣二紙，並抄條款送請台覽，並希酌奪見復爲荷。

英兵義塚案

英總領事署與上海本城官員議訂英兵義塚案之辦法條款開列如下：

一、義塚地東邊應將一分七釐四毫一段地皮讓與上海本城官員，以便包括於築造公路之用。其現存之東墻，即應按照附送之圖樣所繪者收進。此項工程必須由上海工部局工程處監督考查。若有必須遷移墳墓及石碣之舉動，應專由上海工部局工程處承辦。

二、俟將南面墻中所嵌之紀念石碑加意完全取出之後，即可將南墻拆除。其新造之南墻，應由上海本城官員出費，按照上海工部局工程處所繪之圖樣修造。該墻高厚之度，應預合足容各紀念石碑嵌入之地位。上海本城官員對於南墻一切工程，均應由上海工部局工程處監督考查。

三、上海本城官員應將此次附送地圖上繪出之大通路路線上之中國墳地地皮一分七釐四毫讓與上海工部局，俾可將大通路接聯通於新闢路，以爲酬報英國官員以上通融允讓之誼。

四、此案所有各項工程，非經英總領事接到駐滬交涉使正式公函聲明，上海本城官員承認以上辦法，並認附送二地圖爲正當確據之後，該義塚地上無論何項工程，均不得先行動工。

縣知事吴來函英兵義塚案調换基地業照前商條件認承簽字文民國二年十一月二十八日

逕啟者。查英兵義塚一事，前准交涉員陳函，接英領函送圖樣二紙又條款四條，業於本年六月間函送在案。嗣以改造南墻一切工程尚需磋商，由敝署黄翻譯與英費領事面商妥洽，將議妥改建之正式墻圖一式二紙分别簽字。其從前開送議訂之辦法條款四條，敝署一概承認，以了此案。所有第一、第三條載義塚地東邊地皮一分七釐四毫與大通路路線上之中國墳地地皮一分七釐四毫互相調换一節，亦經商妥，於圖樣内一併簽字認可，以便動工。用特函達，即祈貴總董察照，並希通知慈善團查照，即日籌備，按照圖樣將塚地遷移，是爲至要。

致慈善團函英兵義塚换地案請接洽辦理文民國三年二月四日

敬啟者。奉縣知事洪函開，案照英兵義塚一案，前與英領議訂辦法條款四則，業經吴前知事分别簽字認可在案。兹查條款第一則，所有掉换義塚東邊地皮一分七釐四毫已經收歸修築公路。其第三則，大通路路線上之中國墳地讓歸工部局之地皮一分七釐四毫，現據本署黄翻譯員面稱，英工部局亟須收回修築動工在即等語。用特函達貴總董，請煩轉知慈善團查照，以便接洽等因。合行函達，即祈察照爲荷。

中區區董來函規劃民國路路政事宜文民國三年二月四日

敬啟者。竊自民國路規入本區管轄，區董因其毗連租界，易釀交涉，業將應行籌備各節呈明鈞鑒。兹查該路灑水一役，因無自來水龍頭，不得不繞道擔挑。惟東西道長，往復需時，往往後擔甫至，而前灑之水早乾，故縱終日無停亦難遍及。原僱夫役兩名，固屬不敷挑灑，即使續加添僱，亦恐觀瞻不雅，貽笑外人，勢非置備馬車不爲功。此該路灑水不得不請予趕備馬車者一也。又該路電燈凡法租界所轄者現已一律裝齊，計吾華界全路亦需電燈一百數十盞。若再遲延不裝，非特相形見絀，亦且交涉堪虞。他如九畝地一帶，市廛漸盛，户口日繁。其左近各路均屬往來孔道，似亦不能不普設電燈，約略計之，亦需二百盞之譜。此該路及九畝地一帶電燈不得不請予裝設者二也。至於該路西段及九畝地垃圾均須挑至大達碼頭卸運，距離較遠，核計每一夫役上午時間往復不過兩次，頗費人工。且九畝地市面初興，其茶樓、酒肆、劇場、吃食店等垃圾尤多，需人更夥。前因原僱夫役不敷，業經一再添僱，已溢出預算定額十有餘人，尚難濟事，自不得不繼續添僱，以裨清道。此該路及九畝地一帶不得不添僱垃圾夫役者三也。再，該路清道所需車馬器具等件，自宜有一定處所，以便堆放。前請照會城濠事務所指撥地點，未識有無照允擬請，重申前議，期達目的。此該路清道器具不得不請撥公地安放者四也。以上四端，皆係本區切要之圖，萬難延緩，區董爲慎辦公、杜交涉起見，用敢縷晰陳請，可否之處仰祈察核示遵，無任跂禱之至。爲此肅泐。

按，此函到日，適在奉文停辦自治之時，民國路之善後事宜未及規劃，當將原函移交續辦機關核辦。

修建新閘橋案

呈縣民政長吴請撥新關土貨碼頭捐充新閘橋建築經費文民國元年九月二十六日

爲呈請事。准市議事會移交秋季議會決議新閘橋設法改建案一件内開,新閘橋建築經費銀三萬二千兩,爲前清閘北巡警局長姚繼之捲逃,應由董事會呈請民政長轉呈蘇都督行文通緝,務獲勒繳,以重公款。惟該閘橋處南北交通要道,且毗連租界,關係綦重,萬難視爲緩圖。近聞英工部局更將越俎代謀,非特釀成交涉,且恐損失權利,尤不得不刻日興工,預籌抵制。查有江海關土貨碼頭捐一項,係於正税外由税務司帶收,除以一半歸英、法、美工部局經費外,尚有一半歸前清上海道收存,備充地方公用,爲數頗鉅。前清蘇省編製宣統四年預算册案受協册内有江海關碼頭捐三萬六千六百四兩,聞實收數尚不止此。按《市鄉制暫行章程》第三十五條第五款權限及第八十九條第一款又第一項並九十五條之規定,此項土貨碼頭捐即係地方公益捐内之附捐,以之撥充本廳地方公用,極爲正當。應請董事會呈請民政長,轉呈蘇都督迅賜核准照撥,即於該款内先行墊付建築新閘橋費,將來俟追款有著,再行歸墊,俾濟要工而免遲誤。事關緊急,請董事會提前執行等因。查前清宣統二年春間,閘北巡警總局提議改建新閘大橋,將舊橋築笆,阻止行人,設渡船四號以待濟。詎英工部局出而反對,不允發給照會,延至一個月之久未有頭緒。彼時文龍受南北兩岸各商家之委任,會同瞿慶善、錢允利,公同籌款,暫設一浮橋於大順公店後面,以便交通,訂期八個月爲滿,意謂正橋至此可望有成也。乃巡警局局長姚繼之一味玩延,至上年光復時並未興工,竟將所領橋工經費三萬二千兩捲逃而去,匿跡租界。即經文龍會同瞿慶善、錢允利呈請會審公廨飭提在案。一面並倩律師赴會審公廨起訴,請將因他案羈押在廨之馬範九,即在總局充當庫員,爲姚繼之心腹人員,移解審判廳,勒將姚繼之交出質對。先將寄頓馬處之公款産業一併典賣充償,以清公項。詎知馬範九運動手段甚多,詞未訊畢,交保而出,隱忍至今,無可如何。但新閘橋阻止以來,及今已有二十個月,長此無人顧問,恐英工部局起而代謀,又開交涉之端,於主權殊有關礙,居民之交通不便猶其小焉者矣。應請民政長轉呈蘇都督,俯賜核准照市議事會議決案,將查出之碼頭捐一項撥充本地方公用,即於該款内先行墊付建築新閘橋經費。一面行文通緝姚繼之,務獲到案,勒令將新閘橋建築經費銀三萬二千兩如數繳還,以重公款。合行呈請,爲此呈祈察核施行。須至呈者。

市議長總董會呈蘇都督程請撥江海關土貨碼頭捐充新閘橋建築經費文民國元年十一月一日

爲呈請事。竊秋季議會議決滬北新閘橋設法改建一案,業於九月二十六日由董事會照案呈請民政長,轉呈都督,將江海關土貨碼頭捐一項撥充本廳地方公用,即於該款内先行墊付新閘橋建築經費等情在案。此案迄未奉批,殊深懸跂。緣新閘橋毗連租界,南北交通。其橋圖建築處所前曾與英工部局磋商辦法,即擬迅速開工,誠恐遷延時日。該工部局越俎代謀，致起交涉，辦理必極困難。查前清蔡滬道擬將此款撥歸地方建築公用，已與墨税務司商訂辦法。又，原議案所開示擬請以江海關土貨碼頭捐撥充地方公用，緣該款係地方公益捐内之附捐，以之墊付建橋經費，實爲正當。自上年光復後，此款由海關税務司暫時收存，致未擬用，計積銀四萬兩之譜。應請都督迅賜核准，行知滬海關税務司，將所存碼頭捐一項照撥到廳，以充公用，俾新閘橋建築工程得以從速開辦，合行呈祈察核施行。須至呈者。

縣知事吴令上海土貨碼頭捐請撥歸新閘橋工費一案已奉省令候部復飭遵文民國二年七月四日

本月二日，奉江蘇省行政公署指令第八千八百七十六號内開，内務司案呈據轉上海市政廳總董陸文麓等呈，新閘橋工緊要，需款甚鉅，請借撥墊款興修等情，並附抄黏各件已悉。查此案疊經電請財政部，將上海碼頭捐款劃歸蘇省，分撥上海新閘橋工及上海公立醫院經費在案。嗣准國税廳籌備處轉財政部文電内開，江電悉，前據總税務司申以滬關欠解船鈔甚鉅，請將碼頭捐款扣撥，業經本部核准照辦，公立醫院等項用款請其自行另籌等因。復經電復，查碼頭捐款純係地方税性質，前經一再詳陳，諒荷鑒察。船鈔一項，係屬國税範圍，應在國税内籌還，似未便以地方税款扣撥，致乖兩税劃分之義。上海公立醫院、新閘橋工需用均極迫切，迭據該處醫院及市政廳瀝陳待款情形，本省財力艱窘，無從籌付，而醫院、橋工與主權民命均有切要關係，尤未能視爲緩圖。用再電請大部查照歷次電咨，將碼頭捐餘款全數撥歸蘇省地方濟用。其欠解船鈔仍於國家税項下另行籌撥，俾清界限，並盼電復在案。應候部復到日，再行令遵，仰即轉行知照，此令等因。奉此，合行訓令，希即查照，此令。呈抄發。

呈縣知事吴令新閘橋日就傾圮擬即興修請迅呈省長墊撥工款文民國二年十一月十四日

爲呈請事。本月七日，奉三百二十二號訓令内開，本月五日接准江海關税務司函稱，本埠蘇州河新閘橋坍損情形日益危險，請速會勘修建一事。頃接台復承示，迭經呈奉省長指令各節敬悉。查該坍橋目前險象實已不堪言喻，萬一猝然倒下，其於來往經過船隻固屬禍不可測，抑且全河水道一經阻塞，驟難開挖，船路必因此不通，商務、軍務均有關礙。現在該項橋工經費既屬急切難籌，應請從速僱匠，先將該坍橋刻日動工拆卸，冀免貽害。一俟橋工經費有著，再行勘估興修可也。即祈查照核辦，仍希見示等因。准此，查此案前准税司來函，請速會勘修建等語，業已邀集上海、閘北兩市總董會商籌款辦法，函復在案。兹准前因，該項橋工可否先行拆除，以免危險。除令閘北市市長外，合亟抄黏前次來往函件訓令上海市總董希即查照，事關重要，立即會同錢市長妥議具復，以憑核辦，幸勿稍稽等因。奉此，查新閘橋工關係主權，迭經總董呈請撥款興修。本年六月間，復經商同閘北市政廳市長錢允利、副市長沈鏞等會銜呈請陳明，新閘正橋決議仍歸久記包造，共工料銀五萬四千元，附送久記承攬並該公司與工部局往來函稿等件，懇予呈請前省長。除已奉先行借妥撥銀一千五百元外，尚需銀五萬二千五百元，准於司庫項下不論何款如數借墊，俾將橋工趕竣等情。嗣奉訓令，轉奉省令内開，准國税廳籌備處轉財政部電，據總税務司申以滬關欠解船鈔甚鉅，請將碼頭捐款扣撥，業經奉部核准照辦，橋工等欵請另籌等因。復經電復查，碼頭捐純係地方税性質，船鈔係屬國税範圍，應在國税内籌還，似未便以地方税款扣抵，致乖兩税劃分之義。新閘橋工需用極迫，與主權有關，未能視爲緩圖。用再電請大部查照前電，仍將碼頭捐撥歸濟用等因到廳。迄今已及四閱月，未奉續命，而該橋日就損壞，傾圮堪虞。兹奉訓令録示關税司函文，並以該橋可否先行拆除，以免危險。伏思是項橋工經費，既奉前省長迭電財政部撥款濟用，現在橋工緊要，不可終日，外人交涉已著端倪。除僱匠估看該橋擬行拆動外，應懇迅呈省長查閲前案，先行墊款撥給，俾即動工而弭交涉，曷勝迫切之至，爲此呈請。謹呈。

縣知事吴令修建新閘橋事飭會同閘北市長妥商辦理文民國二年十一月二十八日

本年十一月二十三日，奉江蘇省行政公署訓令内開，内務司案呈稱，閘北市政廳呈稱橋工險要迫切，續陳祈分别核示等情，並附舊橋影片一張前來。卷查前據該廳呈稱，新閘橋工建築費實需現銀四萬三千四百五十三兩，迭經電咨財政部，請撥碼頭捐款應用，業准財政部咨復。查新閘橋工需款孔亟，關係國家主權者，亦至重要。本部苟有可以補助之方，自當量予補助，以應急需。奈現在財政困難，國庫異常支絀，應付各項政費已屬竭蹶萬分，實無補助之餘力。前項橋工款項，仍請貴公署設法另籌，俾便早日興修，以免外人交涉等因。復經咨請財政部仍予補助，並令行該知事會同該廳妥擬就地籌款方法，以期早日興工在案。現在省庫奇絀，善後須款孔殷，實無餘力兼顧。惟念該橋適跨華洋兩界，其影響及於國家土地主權，且民國締造伊始，行政官廳於此等地方重要工程自應督促進行，以新中外之耳目。據呈前情，准在上海縣正税項下先行動撥銀五千元濟用，作爲借支，仍再由該知事遵照前令，會同該廳迅行就地籌集，以便歸還前項借款。俟開工定期，並應呈報派專員前往履勘。再，前據該廳呈送新閘橋施工正圖兩幅前來，經亂散佚。查前項橋工經費既須請求國家補助，應由該廳將前圖補繪四份呈送，以憑存案，並咨送内務、外交、財政三部察核。爲此令行該知事，仰即遵照辦理，仍將遵辦情形具復，此令。同日，又奉江蘇省行政公署訓令内開，内務司案呈，據閘北市政廳呈，坍橋危險，税司函催拆卸，請示遵等情已悉。查此項橋工經費業據該廳來呈，訓令該知事在縣正税項下先行動撥五千元，作爲借支在案。查該橋重建完好後，有裨航業，嗣後來往船隻能否酌量籌捐歸還之處，合行令仰該知事轉行該廳併案辦理具復，此令，各等因。奉此，查此案迭准江海關税務司來函，以該項坍橋擬先從速僱匠動工拆卸，並將動工日期即日見復，各等因。業已分行貴廳暨閘北市市長迅即會商，派匠前往估看，限一星期内將該項坍橋先行動工拆卸。一面趕速籌款興修，並將動工日期即行見復，以憑核轉在案。兹奉前因，除訓令閘北市市長查照外，合行訓令，希即遵照前後省令，會同錢市長妥商核議辦理具復。此令。

上海市政廳閘北市政廳會呈省長上海縣知事會議修建新閘橋籌款三策呈請核奪文

民國二年二月八日

爲會議歸還橋工墊款呈請核奪事。竊新閘橋工前日奉上海縣知事、縣長三百五十七號訓令内開，本年十一月二十三日，兩奉省令，先由上海縣正税項下撥洋五千元，業將該坍橋先行動工拆卸，一面趕速籌款興修，並將動工日期即行見復。暨遵照先後省令，會同妥商核議，辦理具復，此令等因。當即囑令久記公司於十一月二十八日動工拆卸在案。惟是項工款應如何籌捐歸墊，由文麓、允利等連日會議，謹爲省長詳晰陳之。閘北開辦商場，本爲抵制外人開廣租界線漫無限制，並遵求前清部議，於滬甯車站左右自設商場，免被外人攔入租界，以後之運兵、運械受人牽制而設。迨至民國成立，以辦理商場無經常辦公之費，始行改組市政廳，徵收房捐。考諸歷來成案，純係國防性質，無論橋樑道路向由國家接濟。此時民國已擔承市行政經費，如幼稚之年，力量單薄，而再責令負荷國防鉅款，勢實不逮。現在閘北區域甫經劃定，上、寶兩縣恒常已極爲難，斷無餘力兼顧及。此爲兩縣議會所稔知，不煩允利等再爲陳説。上海市政廳既爲議會所組織，凡地土主權莫不關心，無如預算、決算各有常度，所以該橋阻擱至五年之久，屢議而不能決。兹奉省長訓示，一再飭令籌議，自應會同磋商，期有成效而便歸還。伏念蘇省年度表册此時已不及追補，可否仰懇省長繼續咨商財政部，實以該橋坍損多年，前經電部往返籌商，爲滬上領事團所習聞，仍應由部支配，以示國人共保地土之主權。目今緩不濟急，先由省庫暫墊，再於國税項下撥選，實踐國防義務。萬一竟不果行，或列入本省明年年度册者半，由國税廳内劃抵者半。此第一策也。又，查姚捷勳於前清庚戌年十月二十一日領到滬道銀二萬二千兩，辛亥六月二十二日又領到銀一萬兩。無論該局長辦理閘北警務若何支絀，致有挪盈濟虛，總不得將橋工一款納入融銷之内，況係主權所關，外人又莫不知其原委。即使别項官款不予深究，未便將民間工程之款置諸度外，致貽外人口實而於宦跡前途大受影響。現聞姚捷勳供差順天府署，應否請省長咨商順天府府尹，轉飭該員速將所領橋工銀三萬二千兩迅速解蘇，即以歸還奉撥之款，亦係籌還之一端。此第二策也。又，查前清同治初年外人建築外白大橋，經過橋面，每人納錢四文，未及兩年而全行歸楚。此時仿而行之，是橋跨及租界，似須商明租界工部局而後施行。惟跡近苛斂，非請省長令行交涉司轉商妥洽，文麓、允利等不敢擅與開議。至謂便於航路，嗣後往來船隻能否酌量籌捐。查橋之東首，接近租界，本無捐之可言。橋之西首，地屬華界，其過往船隻均由橋東而來，外人已在蘇州河下派有水巡抽收船捐。而一過是橋，再令完納橋捐，深慮所納者微而交涉必多。不如商通外人，於橋面徵納，亦應請縣長轉呈省長函知税務司派員經管，較無間言。此第三策也。文麓、允利等一再籌商，務期盡善而杜流弊。惟此三端尚屬可行，理合會同具文呈覆，是否有當，仍祈省長、縣長鑒核，迅賜示遵，實爲公便。謹呈。

上海市政廳閘北市政廳會呈省長陳復新閘橋工款情形請再撥款濟用文

爲會同呈復橋工事。竊奉上海縣令開，案奉省令内開，云云。並案辦理等因到廳。文麓等奉此，查新閘橋工爲中外交涉、華洋交界之最重問題。前清堵塞多年，屢與英工部局往返磋商，議定另請洋人穆拉繪圖監工，爲工部局認可。其造橋經費因保主權，由中國國家承認，曾於宣統三年由上海道劉撥交前閘北總局局長姚捷勳規銀三萬二千兩，不即開工，旋於光復時攜款而遁。因此橋工阻擱，屢爲外人越租侵權。市長等對外則嚴詞杜絶，對内則籌款維艱，困難情形，毋庸贅述。本年三月間，租界自來水公司以從前在橋之中面砌設極大水管，橋圯而水管下墜，藉修管爲詞，引動工部局干涉，並將暫設之浮橋擅築竹籬，禁阻行人。當經市長等一面將浮橋大加修葺，一面將水管支以木撑，一面呈請前省長應籌款興工。當蒙給發洋工師穆拉費洋一千五百元，取來圖樣二幅，並由穆拉招僱之久記號，按照原圖開具承攬一紙，訂定實價規銀三萬四千五百兩。較諸前清姚捷勳原估之價實已減少銀七千四百五十三兩，無可再減。又備橋堍收進店房貼償地價並浮橋費等約計銀四千餘兩，更增監工費銀一千五百兩，總合規銀四萬兩。抄録久記與工部局承認許可之往來函件，由市長等於本年六月初七日會同呈報，並於六月初八日由上海縣知事吴呈復各在案。嗣後，蒙前省長應迭次咨商財政部，由關撥款函電交馳，迄未解決而下之商民喁喁待望，已五易寒暑。橋既阻塞，商業可知。即如外人之水管暫搭之浮橋，均須待橋工之興築而事事可以結束。現奉省長訓令，准在上海縣正税項下先行撥助洋五千元濟用。市長立即與承造之久記議定，該款領到後，如數交付，即於十一月二十八日即陰曆十一月初一日起逐日僱工，先將勢極危險之木石各料從速卸清，並知照自來水公司洋人立將水管自行護持。惟據久記聲稱，該橋純用鋼鐵建造，計長英尺一百八十尺、寬三十五尺、高三十三尺，距離河面潮漲十一尺、潮退二十六尺，下樁二十八尺。英工部局之意，鋼鐵等件須向美國橋公司購買，此料應即訂購，必先請發現銀二萬兩，須自行籌墊等語。市長等前呈聲請極少，先撥銀二萬兩，其餘候明年四月、六月兩期交付。因知省庫奇絀，不能不分期撥現，較易爲力，而所請預先核准訂期，無非使承造者得以安心，辦事實在。閘北負債困難，無可諱飾。前造浮橋，文麓、允利尚墊洋六百餘元。原訂八個月之後，木料歸還承造之家，過限則每月貼洋一百五十元，不料延擱至五年之久，積欠甚鉅。今年浮橋亦壞，修理費洋一千八百餘元，僅交五百元，其餘即無以交付。雖係因公受累，而商界則漸失信用。除將籌還歸墊一層另行呈明外，所有是項橋款，惟有仰懇省長察核始終成全，設法籌撥規銀二萬兩。除已由上海縣先撥洋銀五千元外，其餘請再撥銀一萬六千五百兩，俾由久記訂購外國橋廠鋼鐵各料，尚有明年四月、六月兩期之款，伏祈俯准預先訓令上海縣仍於正税項下動撥，免致久記藉詞延誤，再啟外人干涉之漸。彼時鋼鐵各料運抵上海，再行呈請派員履勘。至於前呈圖樣兩幅，係由洋工師穆拉所繪，現既因亂散失，業經知照穆拉遵繪四分，候到立即賫送，合併聲明。謹呈。

附録省長批示

内務司案呈，據呈橋工險要，請令上海縣於正税項下撥款興造，免致延誤。又，據呈議歸還墊款辦法三策請核奪等情均悉。查此項橋工經費，前經飭令上海縣先撥正税五千元，以濟公用，兹據續請撥款前來。目前財政奇絀，實無餘力兼顧。惟念新閘橋工關係國家土地主權，前次曾准財政部咨，由本公署設法另籌，俾便早日興修，以免外人交涉等因，自應督促進行。現在橋已拆卸，若因款絀中止，仍啟外人干涉之漸，亦殊非計。准於上海、寶山兩縣正税項下再行陸續撥付銀元一萬五千元，以顧要工，仍應作爲借支。一面速由該市長等設籌歸還，以重正税。至所議歸還辦法，第一策國税劃抵，恐難辦到。即列入預算能否經議會通過，亦尚未能懸定。第二策追繳姚捷勳擕逃之公款，事屬可行，應俟據情咨請順天府府尹查辦。第三策橋面納徵，實近苛斂，辦理不善，流弊滋多。前據呈稱，該河通達内地之黄渡、安定、太倉、常熟、無錫等處，食米運船大半由此河運出，各貨運至内地，亦由此河而入，過往船隻晝夜不絶等語，似宜仍就船捐著手，不妨酌量減輕，或可有集腋成裘之望。仰再妥慎籌商。至前令補繪橋工圖四分，務即日呈送，以便咨部催撥的款，俾免延誤。切切此令。

閘北區界案

縣民政長吴來函議定南市與閘北分劃區域文民國元年四月初八日

敬啟者。初二日，台端與錢、沈諸君在敝署商議分劃調查選舉區域問題，當經議定二十五保一圖、二十七保十一圖兩個圖分係閘北完全所有，其二十五保二圖、三圖、二十七保十圖、南十二圖、北十二圖五個圖分，均以吴淞江爲界，浜南歸南市，浜北歸閘北等因。除知會閘北市政廳查照外，合行備函知會，請即察照辦理爲荷。專肅。

市議會呈縣民政長吴閘北區域另辦自治本市區域變更應令閘北市擬具草案會同定稿移交縣議會決議文民國元年八月三十一日

爲呈請事。市會成立，首應審查區域，查《江蘇暫行市鄉制》第三條，市鄉之區域，各以本地方固有之境界爲準。如有應行變更或彼此争議之處，由各該市鄉議事會擬具草案，移交縣議事會議決之，此項條文自應遵守。查本市係繼續前清城自治而成立，自應以前清蘇省核定之上海城自治區域爲本市固有區域，但城自治區域内有閘北一區，已於上年九月二十二日宣佈自治成立。本年辦理選舉調查，本市僅以吴淞南岸爲止，是本市固有區域已有變更，雖彼此相安，並無争議，而補具草案，移交議決，此種手續似必不可少。原係閘北主動，仍應由閘北主稿，則敘述理由方能親切周到。爲此呈請民政長令閘北市議會會擬具草案，會同本議會定稿，移交縣議會議決，再由民政長申請都督府核定，以符定章。此呈。

批：來牘閲悉。查閘北區域問題迄今尚未解決，市議會亦未成立。兹准呈請行令該市議會擬具草案，會同定稿，移縣議會議決平等情，應俟該市組織議會成立後，再行照會查照辦理可也。此復。九月二日。

縣知事吴來函奉省令閘北區跨上寶兩縣争隸其地飭即詳繪地圖呈候核奪文民國二年一月十五日

逕啟者。案奉江蘇民政長第一百二十五號訓令内開，案查都督移交案内准内務咨開，據上海閘北市政廳市長錢允利等呈稱，閘北地方上寶交錯，毗連租界，於上年光復時，沿前清工巡總局之舊，設立市區及正副市長。現上海縣議會議案欲以閘北之在上海境者隸入城自治北區，在閘北之寶山境者隸入江灣鄉。寶山縣江灣鄉議案議將各區劃歸本鄉或江灣鄉，鄉公所併入閘北市公所。兩縣議會意見不同，二縣公民又與議會意見不合，致使閘北市公所不能成立。惟有請大部更其名稱，脱離兩縣之紛争，抑或沿前總局所轄之處，特設市區等因到部。查閘北地屬上、寶兩縣，接近租界。前清之工巡總局原爲建築商場與租界競争而設,光復後,改設市區,一切仍舊。刻下上、寶争隸其地,擬將市公所取消,而該市長錢允利等復呈請特立。據所呈各節,雖亦不爲無見,但該地究應如何劃分,本部無從懸揣,且省制尚未公佈,所有行政及自治各區域俱暫沿舊制。更名立區,一時亦無根據。應請貴都督勘酌情形,暫定一維持現狀辦法,以免該市政廳與上、寶議會互相衝突,庶於内政外交均無妨礙。一俟省制頒行後,再行籌劃至當,俾相久遠。除批該市政廳長等外,相應抄粘原呈,請貴都督查核辦理,並祈迅速見復,不勝盼切等因。准此,查此案迭經都督程指令該市政廳長錢允利等查照《市鄉制》辦理,選舉組成正式市議事會、董事會。復於閘北警務公所前所長蔣國祥呈内指令閘北自治爲一事,交涉爲一事,警務又爲一事,是以彼此範圍廣狹可以不同而辦事自可並行不背各等因在案。兹准部咨前因,合亟訓令上海縣知事仰即會同寶山縣知事、閘北巡警局長暨閘北市政廳正副長繪具上、寶兩縣界線及租界線圖、上海城市地方自治區域圖、上海巡警區域圖、寶山巡警區域圖、閘北警務公所所管巡警區域圖各一紙,並繪總圖一紙。如各分圖界線複雜,未能與總圖湊合,儘可於總圖内染色説明,一併呈候核奪,此令等因。奉查閘北自治區域前經屢次籌劃,迄未解決。兹奉前因,亟應遵照,除分知外,相應函達貴廳請煩查照,將上海城自治地方自治區域圖迅速繪送三份,以便分别存照,幸勿稽延,是爲盼要。此致。

縣知事吴令奉文劃定閘北區域界址文民國二年十一月四日

案查閘北自治區域自從光復變更以來,屢次籌議未能解決。經本知事交縣議會核議,亦以無從議決,應由縣知事按照《市鄉制》核辦移復前來。即經會同寶山縣知事,呈奉省長派委勘劃,會同呈復在案。兹奉指令開内務司案呈,查接管卷内據呈會勘閘北自治區域陳述意見,請示遵行等情,並附意見書一件、圖一紙均悉。查閘北地方銜接租界,此次勘定區域,自以對外不至紛岐,而又無礙於其他自治區域内行政規劃爲主。察閲該印委等陳述甲、乙、丙三説,其丙説從寶境起,以滬甯鐵路爲天然界線,鐵路以東劃歸閘北,迤北至靶子場馬路極端止;鐵路以西則擬自閘北現劃路線上寶交界處起,迤邐至長生北公所折至海家橋貫寶山路口至鐵路止,以便與龔家宅馬路接通。自此線以北、鐵路以西,劃歸江灣等語。既將北四川路兩旁及靶子場一段華洋交涉較繁地方一律歸入閘北,自於對外不至紛歧。車站東西有路可通,亦不至絶然兩概,而於江灣鄉自治區域亦極整齊,應即准照辦理。至上境之杉板廠、新閘路兩處地方並應按照舊時工巡局所轄第八、第一兩巡警區域,歸閘北管理。其胡家木橋、北新涇兩區既與距離閘北較遠,自應無庸置議,自經此次定案以後,該知事等即便查照本届公佈省議會《修正暫行市鄉制》,會同組織閘北正式自治機關,督促進行,毋任延誤,仍將遵辦情形具報備查。此令。意見書及圖存等因。奉此,除分行外,合行抄録原呈訓令上海市總董並轉議事會一體知照。此令。

學　務　案

縣民政長吴奉文照會推廣初等小學文民國元年正月十八日

爲照會事。奉代理江蘇都督莊第十五號府令内開,據民政司稱,立國之本,首在教育,而施行教育,以普設小學爲至要。玆值中華光復,改建民國,所有各小學校亟應按照初等教育宗旨,留意兒童身體之發育,授以共和國民道德之基礎,並其生活所必須之智識、技能,方能使國民之程度日高,而國本於以鞏固。查前江蘇諮議局議決推廣初等教育方法案,限期進行,至爲切實。現謀教育普及,合將前案畧加修改,著爲推廣初等教育方法令,暫不規定限期,惟望各地方按照方法迅速進行,冀收成效。爲此通令該民政長即便轉行該縣各市鄉公所遵照趕辦,勿稍遲延,此令等因。並發《推廣初等教育方法令》到縣。奉此,除通告外,合行照會貴廳,請煩查照,趕辦施行。須至照會者。

推廣初等教育方法令

一、市鄉公所應各負有設置初等小學之義務,其進行方法如左:

甲、調查本區域内學齡兒童數。

乙、視本區域内學齡兒童之多寡,與兒童就學之利便,規定應設初等小學之數及其位置。

丙、依前項所規定,酌量財力,定分年推廣之次序。

丁、以上三項均分別繪造圖表,呈報縣民政長。嗣後,逐年調查規畫,於該市鄉編製預算案以前行之。

二、市鄉經常費内教育費應佔之分數,各按該市鄉事務之繁簡而規定之。事務最簡者教育費不得少於十分之八,事務最繁者教育費不得少於十分之二。由各該市鄉公所自行認定應佔之分數,每年列入預算表,呈報縣民政長。

三、凡本令所規定各縣民政長應負協助督促進行之責。

縣民政長吴奉文照會頒布學務專員資格文民國元年七月十三日

爲照會事。奉江蘇都督第十四期公報頒布,據民政司稱,准江蘇教育總會咨開,接准敝會會員洪鶚遞到意見書略稱民國建立,胥賴教育,欲教育之完全,首在市鄉學務專員之得人。查新頒小學校令,此項學務專員得由市董、鄉董遴選派充,而資格之限定,但以明於學務一語括之,未有界説,應由本會研求資格,詳加詮釋,呈請都督通令等語。當經全體職員會同討論,議決規定,設置學務專員之辦法三條,擬請迅賜通令各縣民政長,轉行市鄉公所一體遵照辦理,相應抄録粘呈,仰候察核施行等因,並抄粘到府。准此,除咨復外,合行通令,仰該民政長即便轉行該縣各市鄉一體遵照辦理,此令等因到署。奉此,除通告外,合行照會貴市長煩即查照施行。須至照會者。

計開學務專員資格三條

一、學務專員以具有下列資格之一者爲合格:

甲、畢業於師範學校者。

乙、曾任小學校校長或教員者。

二、學務專員得以本區内小學校校長或教員兼任之。

三、兩市鄉以上得合設學務專員。

縣民政長吴奉文照會學務專員改稱學務委員文民國元年十二月十八日

爲照會事。奉江蘇都督頒到第七十八期《江蘇省公報》載通令内開,民政司教育科案呈查市鄉學務專員節經規定資格暨服務規程通令轉行遵辦在案。惟現准《部頒小學校令》第四條第四項,城鎮鄉鄉學校聯合得設事務委員辦理教育事宜,云云。前經規定,設置之學務專員,與部令規定之學務委員性質相同。除資格應仍遵第十四期公報所載通令辦理外,其名稱自應改從部令,以昭劃一。前頒《江蘇暫行市鄉學務專員服務規程》應即改稱《江蘇市鄉學務委員服務規程》其條文並應分别修正,訂爲五條。合行通令各縣民政長即便轉行,所屬各市鄉一體知照。其有未經設立學務委員之各市鄉,並應由該民政長督促市鄉公所迅遵前令通令辦理,此令等因。奉此,除通告外,合行照會貴總董煩即查照施行。須至照會者。

附録改正江蘇市鄉學務委員服務規程

一、市鄉學務委員按照《部頒小學校令》第四條第四項,受市長或鄉長即市鄉總董或鄉董之委任辦理本市鄉教育事宜,其得受委任之事項如左:

甲、規畫本市鄉教育事務。

乙、調查本市鄉學齡兒童數。

丙、擬具本市鄉應設小學校之數及其位置,並酌擬分年推廣之次序。

丁、擬具本市鄉經常費内教育費應佔之分數。

戊、每年度調製本鄉教育費概算書,並彙編決算。

己、核定本市鄉學齡兒童之就學及出席狀況。

庚、考核本市鄉各學校編制學級,又配教員釐訂學科課程事宜。

辛、考核本市鄉各學校教授管理訓育事宜。

壬、規畫本市鄉社會教育事宜。

癸、其他經法令規定市長或鄉長職權以内關於教育事宜。

二、市鄉學務委員,除前條規定外,不得用學務委員名義。

三、每市或每鄉設有學務委員二人以上者,得由市長或鄉長就其職務或區域畫分委任之。

四、市鄉學務委員每年應將本市鄉教育進行之狀況具報告書於市長或鄉長,轉報縣民政長。

五、鄉學校聯合設置學務委員時,比照上列各條辦理。

縣知事吴令兵災後市鄉經費支絀應減停不急之費專重學務文民國二年九月五日

照得教育爲今日急務,無論經費支絀,自應設法維持。惟上海自經兵災以來,雖不及浹旬,旋即平定,而地方收入首受影響。忙銀附税一項收數若干,尚無把握,不得不通盤籌劃,俾教育事業繼續進行而於地方應辦事宜亦不致半途中輟。現在各項機關均持減費主義,以學校論,省立各校業奉省令薪水減半支給。即本公署直轄之縣立小學一切開支,亦已按照本年預算以減十分之二爲標準，姑以一學期爲限。市鄉經濟爲難情事相同，合行訓令上海市總董酌量情形，按照本年預算，預爲籌畫，先將其他不急之費分别減停，次及學務，於敬教勸學之中爲量入爲出之計，是亦補救維持之一道也。此令。

縣知事吴轉行省令學校款産及基本積聚各金不得移充他用文民國二年十一月十八日

案奉第一百七十六期《江蘇省公報》載，江蘇省行政公署訓令内開，教育司案呈廣教育爲正亂之大本，興學校以籌款爲要圖。本省光復以來，歷經前都督暨前民政長規定縣市鄉教育費籌畫支配方法，通行各縣。元年十月十日，都督公佈《籌畫縣市鄉教育費令》，第三條復聲明縣市鄉教育費依各該議事會議決預算額開支，有餘賸時，應盡數提存爲本縣市鄉教育積聚金，不得移充他用等語。是縣市鄉教育款産及基本積聚各金概不得移充他用，業已明確規定在案。近聞各縣仍有藉詞要需、將先經立案撥充教育用之公款公産及其基本積聚等金輕率動用者，不明經費之性質，有礙教育之進行。此風不戢，隱憂滋大。合亟重申前令，嚴行禁止，各該知事有監督地方教育之責，務須共體斯意，劃清界限，切實進行，是爲至要。其有先經借撥他用者，須責成從速料理，如數歸還，務使教育款産不得絲毫短蝕，令到仰即轉知各市鄉一體知照，此令等因。奉此，除通告外，合行訓令上海市總董知照。此令。

縣知事吴轉行省令切實維持教育經費文民國二年十一月二十三日

案奉第一百七十八期《江蘇省公報》載江蘇省行政公署訓令内開，教育局案呈政府公報第五百四十二號載教育部通咨内開，民國成立，教育最爲當務之急。現時各省多受兵事影響，財政益形支絀，學務不能遽期推廣。但查地方小學經費以就地籌集爲一定辦法，在自治已成立之處，所籌地方經費，應以教育用款爲大宗。即自治未成立之地方，亦應由縣知事督率城鄉各董籌劃經費。凡已設之校力爲維持，未設者力謀增設，俾學齡兒童就學有所，不致均成無教育之愚民。前據部視學報告，吉林雙城等地方因籌定學款爲自治會挪用，致學校不能維持等語。此外，各省地方團體暨士民等對於學校經費或挪爲他用，或陰圖破壞者，亦復時有所聞，竟爲教育進行之障害。合亟咨請查照轉飭所屬各縣將教育經費切實維持籌劃，務令學校日以推廣，一面將挪用學款等弊嚴加禁止，是爲至要等因。准此，查教育經費不得移作他用，本公署節經訓令飭遵在案。兹准部咨前因，合亟訓令各該縣知事並轉飭所屬各市鄉一體遵照，此令等因到署。奉此，除通告外，合行訓令上海市總董即便遵照。此令。

縣知事吴令奉文奬勵萬竹初等小學校文民國二年十一月二十一日

案奉江蘇省行政公署訓令内開，教育司案呈卷查省視學第二届視察報告，據稱上海市立小學之最優者當推萬竹初等小學校。兹將該校内容分述如下：（一）編制。全校生徒八百五十餘人，分男、女二部，男子部凡八學級，内附設商業科二級；女子部凡六學級，内附設補習科一級。全校共十四學級，各級生徒數最多者達七十人以上，年齡學力類能整齊。（二）教授。男子部男教員任課，女子部女教員任課，俱用級任制。男子部修身注重實踐，不用課本，爲法甚合。視察之日，天雨，王、顧二教員課二年級修身，即以安置雨具等爲教材,頗覺親切有味。趙教員授一年級國文,亦能注重應用。商業科、普通各科按照高小程度關於商業者,現授廣告術、簿記及應用尺牘。所見陸教員授一年級國文,態度安詳,講解明晰。女子部葛教員一年級國文,教態活潑,且注意於直觀指示。補習科李教員授算術課,演式講解均能純熟。(三)訓練。各級管理監護,由主任教員分任。每日輪值三員,與生徒共同遊息訓練,宗旨注重實際的陶冶,不用具文之規則。生徒於教室内能整肅遊息時頗活潑,進退動作均有秩序。訓育有素,可見一班。(四)設備。校舍係特建,面積寬廣,光氣合宜,男女分爲二部,以竹籬隔之,亦各異其方向等語。查是校生徒發達,編制整齊,教授管理均能合法,足見該校校長李廷翰深明教育,富有經驗,處理校務井井有條,延聘教員均能稱職,亟應特予獎勵,以示勸勉。合行訓令該知事,傳令嘉獎,並徵取該校校舍平面圖及李校長攝影,呈候登入《省教育行政月報》,俾各地方之辦學者得以聞風觀感焉,此令等因到署。奉此,合行訓令上海市總董轉致萬竹初等小學校校長查照辦理。此令。

縣知事吴函發省視學第二届視察報告文民國二年十二月十九日

敬啟者。案奉江蘇省行政公署訓令省視學第二届視察上海教育狀況,附爲視察評語單到署。兹特照刊每校各發一份,俾資參考。貴市區内所有公私立學校按校標明送上,即希察明,分別留存轉發爲荷。

摘録省視學視察上海市立各小學校評語

上海市立西成初等小學校。是校設在城内半涇園,校長淩樹燾,先由姚明輝等發起,民國元年改爲市立。依多級編制,現設九學級,男六女三,男生四百十人,女生一百五十人,較去歲爲發達。每級設主任教員一人,專科教員女二人、男一人。經費由上海市政廳擔任,預算支出四千元。教室内桌凳用階級式,恰如兒童身量。有植物園一所。武教員授國文,反復開導。王教員授算術,用開發式,教態活潑。葉教員授女生算術,宜再求純熟。管理由級任教員分任,在校監護遊息。認定地點任之(有遊息教育佈置圖),出校散歸後,分配五路任之(有道路教育佈置圖及道路交通輪值表)。教室内有生徒當番表,共同訓話,即在修身教授時行之。全校男、女分爲二部,秩序甚整,知其訓練有素矣。

上海市立養正初等高等小學校。是校生徒頗發達,所見吴教員授初四年級國文,精神充足。瞿教員授初一年級國文、算術,教態誠懇,發問從容,頗合初級教法。袁教員課初二年級國文,讀法亦有次序。各級管理由主任教員分任,校風尚覺整飭,惟訓練上宜注意用積極的方法。有苦學生一名,校中免其學費、書籍,並有好義者投金資助之。是種學生固宜獎勵,惟不宜衷失其苦學之本意。

上海市立梅溪初等高等小學校。是校自改建校舍後,學生驟增。所見各科教授,潘教員講高二年級地理雲南省一課,敘述地勢上利害如數家珍,並能摘要發問。張教員授高一年級國文課,講解娓娓動聽。生徒成積,以新入學者多,殊覺參差,理由各教員輪番擔任值宿者,並兼宿舍管理。現擬組織學生自治會,教員當協助提倡之。

上海市立農壇初等小學校。是校校舍特建操場,教室位置適宜。現有生徒一百五十三人，分三學級。校長於訓練上頗注意，到校時見指導學生在操場旁栽種植物。有學校園兩方，填成花紋，頗足以引起美感。生徒在遊息時，爲跳繩之戲，活潑自然。各教員能與生徒共同遊戲，爲法甚善。所見各教員授課，大致亦合，惟發問時，宜一律用舉手法，習字範本宜隨時採取適當教材，勿用映寫爲善。（以上二端，各校均不甚注意宜提倡而研究之。）

上海市立比德小學校。是校生徒九十三人，編分二學級，以一年生爲一級，二、三年生爲一級，内三年生程度較優，遂加授高小課程數種（歷史、地理、論説入門、國文讀本）。雖由於學生家庭期望之切，權爲變通。然按之定章，究有未合，應斟酌改編，一年級課本亦應訂定。周校長授二、三年級國文、算術，教態自然，令生徒於黑板上演習算式，指講國文，大致亦合。操場内設有鐵槓、秋千，知於體育頗能提倡，惟當按兒童身體發育之程度以指導之。

上海市立和安初等高等小學校。是校學生有五百餘人，教授多合法。施教員授算術，講解詳明。范教員授算術課，命題演草，學生演算甚捷，誤者亦少。張教員授英文，講解有精神。惟何教員授一年級生課未能注意教室内之管理。在本教及分教之教員於放午課時均至校外照料，足徵管理之勤。學生成積均合，惟高等一年級之國文、算術程度較爲不齊，俟届學年考試，應將不及格者留級。

上海市立隆德初等小學校。是校限於地址，教室多在樓上。趙教員授珠算，取材切實，教法用啟發式，能令全班注意。沈教員授合級修身，同時間異德目教授，難免偏枯。四年級生用紙片抄課殊非善法。校舍逼近市廛，宜注意校外管理。

上海市立朝宗初等小學校。是校教授管理，均尚勤懇。孫校長授修身，不用課本，取偶發事項爲教材，説明校訓"勤樸耐勞"四字，旨趣甚合。張教員授算術，宜再求活潑。每月開教員研究會一次，備有教授案、訓練日程，足徵辦理認真。

上海市立巽與初等小學校。是校去歲開辦，生徒發達，規模整齊。課餘由教員輪值監護。關於教授訓練等事，均由教員集會研究，取決於校長，辦法甚善。

市立西區肇周初等小學校。高教員授習字課尚爲合法。顧教員上體操課，説明動作之理由尚合，惟學生步法宜注意令其整齊。

縣知事洪令自治機關奉令停止地方教育仍積極進行文民國三年二月十一日

案奉民政長韓佳電開各縣知事，覽自治機關現奉令停止，地方教育仍應積極進行，維持擴張。縣知事負有完全責任，該縣縣市鄉立各學校務照地方行政預算支撥經費，毋稍停滯，並飭縣視學及市鄉學務委員知照。除訓令外，合先電飭等因。奉此，除分行外，合行訓令該總董轉致學務委員知照。此令。

捐　務　案

呈縣知事吴承辦浦江船隻税一年期滿准由前商續辦一年文民國二年一月二十七日

爲呈報事。照得滬南浦江船隻税向由商人承收包繳，上年光復後，由前市長核准，仍歸連錦堂承辦,按月應繳税銀二千六百四十元。其向有之免裝垃圾船照費歸併在内,不另徵收。嗣據該商稟陳,光復之初,商業疲滯,船隻稀少,收數短絀,請予減繳税數。經前市長察係實情,暫准每月減繳税銀二百元批復在案。現在瓜期届滿,據該商稟請續辦,並願力顧公益,仍照前數按月預繳税銀二千六百四十元等情。當查該商承辦船隻税,歷今數年,尚無過悮,既願加增税額,照原數承包預繳,應准續辦,即經批復並據繕具切結,加具鼎泰德記商號保結前來。除給諭承充並出示通告外,合行呈報,爲此呈請察核備案施行。須至呈者。

批:如呈備案。此復。一月二十三日。

呈縣知事吴議事會議決徵收茶館酒店及紙捲煙店攤月捐定期開收請出示曉諭文民國二年四月十七日

爲呈請事。元年冬季議會議決徵收茶館、酒館及紙捲煙店攤月捐以充地方經費案一件,交由董事執行。查原案所定茶捐,按桌徵收,每一茶桌月收捐銀一角,點明桌數,按月統收。其廟園向有之茶捐,即行歸併統一辦理。其酒肆以大小計,雙間門面者月收捐銀二元,單間門面者月收捐銀一元。水爐茶店生業甚微,菜席館不專售酒,應各免捐。至紙捲煙本在勸戒之列,凡紙捲煙店每開間月收捐銀一元,設攤售賣者月收捐銀二角各在案。經董事會派員分别調查,通告定三月一號一律給照起捐。嗣有茶酒業各董及紙捲煙店代表迭次具稟來廳,以生計艱難要求酌減。當與茶館董事磋商再四,定爲各茶館樓上每桌月收捐銀一角,樓下每桌月收捐銀五分。廟園養正學校向有之茶捐即行停止。茶業所辦之先春學校,由廳按月補助銀三十六元。其徵收紙捲煙店如實係專售紙煙者,即照議決數徵收。其店舖之帶售紙煙者,不得不畧予通融,每一開間月收捐銀五角,已與該業代表議定。惟酒店一業一味抗延,屢次函邀該董,迄未到廳面議。查徵收上三項各捐係地方特税之一種,經議事會議決,已列入本年上半年預算,何能任令玩延?現在三月份捐款已在徵收,應請鈞署出示曉諭,凡酒店及紙捲煙店攤之未領執照者,即行來廳報領,按月繳捐,並請行知商埠巡警局分知市區域内各警區查照。嗣後,本廳徵收各該捐款,如有未領執照滯納捐銀者,即行送區補捐加罰,以免抗延,實爲公便,爲此呈請察核施行。謹呈。

呈縣知事吴中區地方捐疲玩難收請飭傳抗捐各户到案催繳文民國二年十一月一日

爲呈請事。竊據本市中區區董楊焯函稱,本區徵收地方税一項,其進行困難,早在洞鑒之中。此次戰禍損害地方,市面益形凋敝,業經決議,公佈豁免七、八二月地方税捐,以資體卹。竊維自兹以還,地方人民對於此項納税自必深明大義,踴躍樂輸。詎查本區九月份應收税款各捐户咸以瘡痍未復、無力照納爲詞,延抗不繳者已居多數。至十月份之捐各捐户頑抗尤甚,即如豫園遊廊最爲鬧市之區,已繳九月份税捐者亦多引爲藉口。雖經税務員百端勸喻,唇焦舌敝,依然觀望不前,以致收數愈形短絀,每況愈下。至於如此,倘長此姑容,勢必效尤日衆,税務前途何堪設想。區董再四籌維,實無善策,因念開徵之初,曾蒙總董呈請縣知事奉有懲辦抗捐命令在案。際此收税維艱,不得不擇尤開具抗捐各户清單,陳請鑒核,請迅賜呈送縣知事飭吏傳案究懲,以資儆戒而裨税務,仰祈電鑒施行等情,附抗捐各户清單前來。查本年春季市議會議决收税處分辦法案一件，曾由總董呈請移行巡警局查照。嗣奉批復，貴市政廳徵收地方税，應仍查照向來辦法進行，開誠勸誡，務令照繳，如果實有刁玩疲户頻催罔應、有意抗違，希即擇其尤者指提數户，開單送由本署飭吏傳案押繳，予以相當處分，以儆其餘而懲玩忽，此復等因在案。兹據中區區董開具抗捐各户前來，合行抄稿呈請察核，飭吏傳案押繳，予以相當處分，以重税務，爲此呈請。謹呈。

批：呈摺均悉。查地方税係補助地方公益之用，爲人民應盡之義務。前因戰事發生，市面凋敝，已准將七、八兩月捐税全行豁免，體恤不爲不周。兹據呈稱中區德源興等各户竟有全數不繳，或積欠至四個月以上者，頻催罔應，殊屬有意違抗，本應指提押繳，姑再先行通告寬限十日，如逾限再抗不遵繳，呈候提案押追可也。通告二百份隨批印發，希即轉交中區收捐人，按户分送，以便周知。此批。十一月八日。

呈縣知事洪滬南浦江船税易人承辦文民國三年一月三十一日

爲呈報事。竊上海市滬南浦江船隻税向由商人承收包繳，以一年爲期，期滿易人接替，歷屆循章辦理，呈報在案。兹屆認包船隻税人連錦堂承辦期滿，由本廳於上年十二月間出示通告，招人投標，當場揭示，以商人金志益按月認繳税銀二千六百五十元爲多數得標，應歸接辦。旋據預繳一個月船隻税銀，立具認包切結，並加具義興昌商號張文傑保狀前來。除給諭承充，並通告滬南浦江各船幫所有浦江船隻税於民國三年二月一日起歸金志益承收包繳遵照向章繳税外，合行呈報，爲此呈請察核備案施行。謹呈。

批：據呈滬南浦江船隻税自本年二月一日起由商人金志益接辦等情已悉，應准如呈備案。此令。

慈善團案

同仁輔元堂呈擬遷埋坐落法租界義塚叢骸文宣統三年十月二十日

爲呈請備案事。竊敝堂管業之二十五保四圖改字圩内義塚地三十六畝五分九釐八毫，係於嘉慶五年由前上海縣知縣湯燾暨邑紳朱文煜、徐思德捐購。至咸豐五年，該地業已葬滿。通商以後，地入法國租界，歷久並無地捐，嗣於光緒三年由法公董局議抽地捐洋十元，合錢十一千五百文。當時不知如何，未經駁拒。四年加捐銀十二兩，五年即加捐銀二十四兩，自此逐年加捐，本年份已增至捐銀一千四百七十二兩七錢，合錢二千五百餘千文，較諸第一年期所付地捐之數，計達二百二十餘倍。據收捐人知照，此後尚須格外加增。云云。查堂中近年進款日微，出款日鉅，東移西補，已極爲難，更何堪擲此巨金於無用之地，且來日方長，似此情形，何所底止？若不早籌變通辦法，日後必致無從對付。文枬等再四籌商，擬請法公董局豁免地捐或量加減少無如，事閱三十餘載，在勢有所不能。伏念該塚所葬棺柩已歷七八十年但餘骨骼，又經法人一再開拓馬路，近旁建築房舍，翻騰淺踏，已失塚形。四面馬路既高，雨後便成澤國。兼之鄰近居户垃圾蹧蹋，尤防不勝防。似此名爲保存，毫無實際，計不如將該處叢骸就敝堂浦東新購地内一律遷埋，即將騰出之地分别出租，俾逐年有以抵付捐款。一面呈請地方長官立案，永遠不准變賣，以杜流弊。一轉移間，别營高廠,既足以妥幽魂,漸改荒涼,又足以裕善費,似較年擲巨金、徒供外人朘削而無裨於事實者大有間焉。文枬等詳細熟商,意見相同,除呈民政長備案外,爲此述明理由,備文呈請市長俯賜察核備案施行,無任公感。再,查敝堂尚有二十五保四圖改字圩白家墳義塚地五畝六分九釐二毫,亦在法租界内,光緒二十七年份始起地捐,計銀十九兩零,合錢二十七千六百文,本年份增至銀七十八兩二錢六分,亦已加增四倍,與上項塚地事同一律,擬即一併遷埋,合併呈明。須至呈者。

呈縣民政長吴聯合各善堂爲慈善團統一辦理文民國元年四月三十日

爲呈報事。竊市區域各善堂,如普育,如果育,如同仁輔元,向均各自爲政。前城議事會曾議及統一之法,尚未規定。光復後,補助之款驟缺,非合爲一慈善團統合辦理不足以資持久。因公議辦法大綱,將果育所辦善舉移入同仁輔元合辦,暫以同仁輔元堂爲慈善團事務所,公推監理一人、經理一人、副經理一人;其普育堂舉經理一人、副經理一人;育嬰堂及清節保節堂各舉經理一人:均統轄於兹善團,有事則公商辦理。於本年三月一日起,組織現已稍有頭緒。合將《慈善團辦法大綱》及經理人姓名開摺呈報,爲此呈祈察核備案施行。須至呈者。

批:呈摺均悉。查閲所擬《慈善團辦法大綱》尚屬周妥,舉定監理、經理等職,亦見得人,應准備案,此復。摺存。五月初一日。

《慈善團辦法大綱》印入各項章程册,兹不附列。

致慈善團函推舉經理協理各科主任請接任視事文民國元年十月十八日

敬啟者。查照本屆秋季議事會議決《慈善團辦法大綱》第二、第三、第七等條之規定,所有慈善團經理一人、協理一人、六科主任各一人,均由董事會推舉任之。兹於本月十六日開董事會,分別推舉,合行奉達,即祈察照接任視事爲荷。專肅。

推定上海慈善團事務所職員名單

經理郭廷鈐	協理淩紀椿
恤贍主任艾恒鎮	棺塚主任劉汝曾
清保節堂主任葉佳棠	育嬰堂主任胡繼松
新普育堂主任陸熙順	貧民習藝所主任張焕斗

慈善團來函報告果育堂房屋出租被燬文民國二年三月八日

敬啟者。敝團果育堂名下有第一進樓房五幢、第二進樓房三幢、第三進樓房七幢,共計樓房十五幢又平房三間。於元年四月間由張崇義堂央中,姚勇忱、王一亭二君並保租仁裕竹行向敝團立有租借契約,作爲住宅,按月租金五十元。及五月杪向收租金,則已改設私立尚俠學校,並未知照。而自租以後,僅付四個月房金,計洋二百元。元年八月以後,分文未付,屢次延約。敝團以經濟所關,迭向中保催索,仍復置之不理。正在交涉間,而該學校忽於三月七日上午三時不知如何起火,將該堂前後房屋全數焚燬,計價值銀當在一萬二千元以上,損失甚鉅。敝團當此時局正在經濟困難之際,何堪遭此虧累?業經延請狄梁孫律師，提起公訴，請求責令賠償，並追所欠租金，以重公款。除呈報縣知事外，相應據實報告。專此。

慈善團函報改造同仁輔元分堂並以餘地添造出租房屋文民國二年十月十三日

敬啟者。竊敝團以前由法工部局讓輔元分堂基地六分三釐七毫，當擬改造分堂，並在餘地添造出租市房，曾於八月十七日開臨時參議會，議決籌款建築在案。兹查法工部局繳到地價銀四千七百八十二兩，又償還拆屋損失費銀二千零七十五兩。惟案查該分堂向辦善舉，以收埋路斃及客棧中扛來病重待盡者居多，並擔任法租界安當、愛仁兩醫院發來病故之人而所收遺骸。其應行報請檢驗者，亦復不少。曩者堂屋狹隘，遇有應驗各屍，即在天井中露置，以待日炙雨淋，情形可慘。而法租界向無驗屍專所，是以敝團趁此改建之際，即在辦公室西首畧仿英界斐倫路格式，特造驗屍所一處，以補法界之未建，似亦可畧保中國檢驗主權。當由徐源記立有包造承攬。共計辦公室洋房三幢及平屋七間、門房一間，計銀二千八百兩；驗屍所一處，計銀八百兩；又三間兩廂市房三宅，計銀四千八百兩。業於十月十八日動工建築，限四個月告竣。所有輔元分堂改建情形，理合專函報告，惟希察照爲荷。肅泐。

呈縣知事吴慈善團擬售輔元堂名下基地以地價彌補建築分堂經費文民國二年十一月二十二日

爲呈請事。據慈善團經協理函開，案查敝團輔元堂名下，前於光緒二十八年購有上邑二十三保正十九圖黎字圩四百二十號田地四畝五分六釐，計每畝洋八十元。目下時局變遷，該處地價已值每畝四百元。而近適有人來團，意欲照值商讓。查善堂不動産本宜永遠保存，未便轉讓。奈刻當兵燹以來，經費異常竭蹶，而建築分堂亦尚不敷佈置，倘以所增地價彌補挹注，似於慈善範圍稍有裨益。惟檢查該田購進時，該失主並無方單，僅有原售主屈姓所立代單一紙。今若轉讓執業，恐有他項情弊，不足以昭信守。爲此專函奉達，敢請聲明緣由，轉呈縣知事署改給印諭，即日頒發到團，俾可從速交接而便進行。所有原存代單一紙合即附呈等情，合行據情呈請附送原單一紙，懇祈察核該代單註銷换給二十三保正十九圖黎字圩四百二十號田地四畝五分六釐慈善團名印諭一紙，發廳轉發慈善團，以便交接，爲此呈請察核施行。謹呈。

批：來牘閲悉。查善堂對於不動産，誠如呈稱，本宜永遠保存，斷無讓出之理。今因該處地價較昂，經費竭蹶，希得善價，彌補挹注，係屬權宜之計。惟須讓後買地，抵補餘價，再充經費，庶幾經權悉當於事實定章均無抵觸，希候先令册書地保查明户號、畝分，簽册復辦。此復。代單據附。十一月二十九日。

貧民習藝所案

呈民政總長李請借撥建築貧民習藝所經費文民國元年二月十五日

爲呈請事。竊本邑貧民習藝所久擬建設，而養老院又亟待改良。查遷除普安亭塚地，從前早經議決，現擬即日舉行，惟需費甚鉅，一時無從籌措，應請總長於閘北水電公司已還前清道署款内先行撥借銀一萬兩,以資興辦。除具領外,爲特呈請核准施行。謹呈。

呈縣民政長吴貧民習藝所落成請撥省定上海應設貧民工場經費以資開辦文民國元年七月三十一日

爲呈請事。竊上海前議創設勤生院,嗣改稱曰貧民習藝所,期失業之人各習一藝,俾咸得自謀其生。上年光復後,百業疲滯,流離失所者益衆,習藝所之設,實不可再緩。因呈民政總長借款興築,擇尚文門外車站路慈善團公地仿建扇式樓房三十八幢,上層分七十六間以作宿舍,下係統間作工場,又樓房十一幢作辦公室及辦事員宿舍並細材料儲積處,又樓房十幢爲大小廚房及粗材料堆儲處,又湢室三間,又樓房五幢,在門前爲發行所。實需清釐基地及建築費銀二萬七千八百七十五元七角一分八釐,開辦器具材料等費約計九千元。如收足五百人,以每人五十元計,每年經常費銀二萬五千元。兹暫以三百人爲度,現房屋已建築完竣,所需建築費、開辦費缺數尚多,至經常費更無的款。查《江蘇省公報》載,本省出款預算册於江甯、吴縣、上海、丹徒、江都、清河、銅山七處各設貧民工場,以成立先就爲次,開辦費五千元,常年費一萬五千元。上海爲各處觀瞻所繫,規模自不能過隘,若省立之貧民工場須於上海另設一處,則開辦及經常費均屬不敷,不如就已有之成局,將預算之開辦費、經常費一併請領,以便從速開辦。爲此開摺呈請,迅賜轉呈江蘇都督派員勘視,一面將上海應行設立之貧民工場開辦費、經常費一併發下,以惠窮黎。其定名並請示遵,惟祈察核施行。須至呈者。

批:如呈先行照轉,希將此項工場用地若干、建築形式丈繪圖説送查。此復。摺存。八月四號。

呈民政總長李文同。

呈縣民政長吴請呈催給發上海貧民工場經費文民國元年九月二日

爲呈請事。八月二十四日,奉照會以奉都督指令民政長呈請將勤生院改辦貧民工場,請撥開辦經常費,並派員勘視由。奉指令呈悉,查勤生院房屋告竣,改辦省立貧民工場,用意甚善,候籌有的款,再行派員勘視,設法開辦,以利民生,仰即知照,此令,摺存等因。奉此,合行抄令照會,爲此照會,請煩查照等因。奉此,惟查《江蘇公報》所載,省立各縣貧民工場開辦費各五千元,經常費各一萬五千元,此係蘇省議會議決本年之出款預算。現既奉都督核准,應請迅予撥款,以便從速開辦。爲此合呈民政長,請呈催都督迅賜派員勘視,將上海應設之貧民工場開辦費、經常費一併惠發施行,無任企禱。須至呈者。

批:已據情呈請矣,希即知照。此復。九月十號。

呈縣民政長吴請革除丐規撥助貧民習藝所經費文民國元年十二月初三日

爲呈請事。竊上海創設貧民習藝所,曾將建築地點工場屋舍情形備文呈報在案。查貧民習藝所於本年秋間落成,先收一百人爲模範班,試辦出品,頗承買客贊成,衹以經費缺乏,無力擴充。本年内開辦後之經常費用,係向内地自來水公司商借,暫濟眉急,不可爲常。該所工場地位足容五百人,足額後年需經常費銀二萬五千元。明年起必須陸續招工,推廣出品,非有的款何能支持?查前清光緒三十一年間,上海縣紳李鍾珏等曾議創設勤生院，收養窮民流丐，授以工藝，俾得自食其力，不至爲累地方。當時輿論均樂贊成，店舖居户並願俟該院成立後，將常年所出丐規移充經費。經呈奉前滬道袁核准，並蒙捐廉銀五千兩在案。嗣以地點未定，遂致遷延現在。所辦之貧民習藝所，即是勤生院之改名，同一性質，試辦以來，已有成效，亟待寬籌經費，以便續收。查市區域内各商舖常年所出丐規，爲費甚鉅。滬地自設立巡警後，乞丐本已稀少，丐規一項徒爲供給丐頭及江湖流丐之需，甚屬無謂，自應將此項規費永遠革除，勸諭各商舖改助貧民習藝所經費。革此有名無實之陋規，作爲教養貧民之的款，在各商舖當亦贊同。如有丐食之流願習一藝者，儘可送至該所習藝。其丐頭等即可由該所僱用執役，不令失其生計。似此一轉移間，一足以維持善舉，俾不至爲無米之炊，一足以安插窮民，使皆有一藝之就。且貧民習藝所經費稍裕，必當添招技師，推廣出品，於振興工藝前途亦大有裨益。應請民政長核准永遠革除丐頭名目，照會各商業將月出丐規悉數捐充貧民習藝所費用，以足善款，合行呈請，爲此呈祈迅賜核准施行，並懇呈請蘇都督備案，實爲德便。須至呈者。

批：來牘閱悉。查丐費係舊時陋規之一，自應革除，即本民政長亦早爲計。及至移充貧民習藝所經費一節，事屬可行，候據情先行照知南商會妥議，以資接洽，俟復到再行核奪可也。此復。十二月十四日。

市議事會呈縣知事吴請將舖户向出丐規移充貧民習藝所經費文民國二年六月二十八日

爲呈請事。竊本市政廳遵照《江蘇暫行市鄉制》第五條五項之規定，設置貧民習藝所，於民國元年八月開辦。該所工場地位足容五百人，常年經費約二萬五千元。一年以來，借貸支持，竭蹶萬狀。本屆編製預算，貧民習藝一項，計銀一萬一千四百元。本市行政收入更無餘款可撥，地方募捐亦同弩末。查習藝所之設，關係全市治安，辦理萬難中輟。而按之社會情形，亦不容狹縮組織，苟非籌有的款，何以爲久遠之圖？伏查本市舖户向有丐規一項，由丐頭收取，在出資者免惡丐之擾累，而收資者無非飽其私囊。現在巡警遍設，强索訛詐，無一不干警律，是舖户已無恃乎丐頭。而貧民習藝正爲收留此種流丐而設，是舖户已無患於惡丐之擾。乃聞丐頭名稱迄未消滅，丐規陋例依舊收取。此在行政官廳亟應明白宣示，立予革除。至舖户原出之丐規所費有限而集少成多，苟以之辦理慈善事業，裨益非淺，地方人民自必樂於贊成。擬請鈞署出示曉諭，一面咨會商會轉知各舖户，將向給丐頭規費，改由本市政廳附設之慈善團收取，永久撥充貧民習藝所經費，殊於公私兩便。當經夏季議會議決，理合專案呈請迅賜批示施行，實爲公便。謹呈。

批：查丐規一項，係屬舊時陋規，自應革除。前據市總董呈請將此項陋規移充貧民習藝所經費等情，業已照知南商會妥議，以資接洽，迄未復到。兹據前情，既經議會表決，應即照准。除公佈並函知南商會查照外，希即移交董事會照章執行可也。此復。民國二年七月三日。

呈縣知事洪聲明貧民習藝所建築時奉撥款項專案呈請備案文民國三年三月九日

爲聲明款項專案呈請事。竊查市政廳卷内，當辛亥年光復後，因拆城填濠工程緊要，急須填築，又因無業窮民流離載道，急須設貧民習藝所。經前民政總長李於閘北水電公司應還官款内提規銀六萬兩,發交前市長具領,以五萬兩撥借作拆城填濠之用,以一萬兩撥借作建築貧民習藝所之用。嗣城濠工程歸前縣知事吴經辦,經前市長將銀款移交縣知事接收。現在市政廳奉令結束此項原借銀五萬兩,應由城濠地價款内歸還;其原借建築貧民習藝所之一萬兩,由市政廳列入交代册内該款項下。合行呈請縣知事俯准備案,並懇轉呈省長、鎮守使備案,實爲公便。謹呈。

批:據呈聲明款項專案呈請轉呈備案等情已悉。查閘北水電公司應還官款,城濠事務所提借銀五萬兩、貧民習藝所提借銀一萬兩,均由前民政總長李核准,據呈各情查卷相符,應准如呈備案,轉請民政長、上海鎮守使備案可也。此令。三月十三日。

新普育堂案

呈民政總長李建築新普育堂請以平價米石餘款撥充工費文民國元年五月十日

爲呈請事。竊上海普育堂收養窮民,分設六所,曰老民,曰老婦,曰男殘廢,曰女殘廢,曰養病,曰撫教,已兼養老院、殘廢院、貧病院、兒童感化所而有之,而又擔負看守因案羈留婦女之責任,留養至二百餘人之多。房屋逼窄,未能潔净,恒引以爲憾。是堂於前清時本係官爲主持而委託紳董辦理者,所需經費,官款之外,兼募商捐,歲輒不足。滬地光復後,費益支絀,幸荷總長維持,而貧老病廢之民無所依賴、踵門乞養者日益衆,欲留之則無地可容,欲卻之則於心不忍。慈善團同人集議,以爲非另行擇地建造分設院所不足以敷惠養之方而獲整齊之效,因就同仁輔元堂普安亭東首妥遷義塚度地三十餘畝以爲基礎,取用城磚,以築垣墻,約計建築房舍費非得銀三萬兩不足敷用。地方公款無可借撥,一時實無從籌措。因思上年省撥平價米石之款尚有餘存,此款本係爲惠濟貧民之用,惟一經購米則消耗於無形。若以此移作興建養老、殘廢、貧病等院之需,則同是濟貧,可以垂諸永久。爲此懇求總長准於此項平價餘存款内撥給銀二萬五千兩,以資建築,其不敷銀五千兩當另行籌募。惟祈迅賜批示祗遵,不勝迫切禱祀之至。謹呈。

呈民政總長李新普育堂建築費絀請撥辦理平價米石餘款以充工用文民國元年七月二十八日

爲呈請事。竊維大同之世,必使老有所終、壯有所長、鰥寡廢疾者皆有所養。上海普育堂之設,畧師其意,而房舍湫溢,無可改良,不得不重行建築。爰相度陸家浜普安亭空地數十畝,建新屋六十餘幢,四周繚以短垣,除取用城磚外,約須工料銀二萬八千兩。現在墻垣業已築成,房屋即將興建,苦於經費難籌,因思上年辦理平價米石餘款,本年仍在繼續舉辦,擬請俟辦竣後,以此項餘款盡數准予發下,充作新普育堂建築之費,以賑貧之需仍作濟貧之用,於名義亦極相符,爲特呈祈迅賜核准施行。謹呈。

批:呈悉。建築新普育堂以養貧民,本總長極所贊成。平價辦竣後,如有餘款,候酌量撥給可也。此復。七月二十九日。

呈縣民政長吴新普育堂建築費絀請以招商局備賑撥餘及南漕米餘款劃撥半數以充工用文民國元年七月二十八日

爲呈請事。竊維大同之世,必使老有所終、壯有所長、鰥寡廢疾者皆有所養。上海普育堂之設，畧師其意，而房舍湫隘，無可改良，不得不重行建築。爰相度陸家浜普安亭空地數十畝，建新屋六十餘幢，四周繚以短垣，除取用城磚外，約須工料銀二萬八千兩。現在墻垣業已築成，房屋即將興建，苦於經費難籌，因思招商局備賑撥餘及南漕米餘款項下尚存銀一萬數千兩，向由縣署發典生息，擬即以此項内准予劃撥半數，充作新普育堂建築之費，以賑貧之需仍作濟貧之用，於名義亦極相符，爲特呈祈迅賜核准施行。謹呈。

新普育堂主任函請以九畝地公地七畝變價餘款充新普育堂經費文民國二年一月十五日

敬啟者。去年陰曆十二月，經地方行政研究會議定，新普育堂建築經費不敷之款，先將九畝地之地二畝變價撥用。嗣以年修需款孔急，將此地暫行押銀六千兩，以資支付。至開辦費約需銀二萬兩，當時公議將市政廳名下售與振市公司之九畝地餘地七畝餘，計價銀一萬七千餘元，除内五千元撥充搬遷改過局經費外，其餘一萬二千餘元盡數充作新普育堂開辦經費，尚有不敷，再行設法等語。現在新普育堂房屋業已告成，開辦經費毫無著落，爲此敬請貴廳查照議定辦法，函致興市公司迅將該地餘款陸續付下，以應急需，是所至禱。專泐。

呈縣知事吴議事會議決請將市區殘廢乞丐拘送新普育堂醫治文民國二年六月二十七日

爲呈請事。准市議事會移交夏季議決請將殘廢乞丐拘送新普育堂醫治以重人道案一件，請董事會核辦等因，附録原提議案前來内開，竊嘗見夫五都之市往往有殘疾乞丐嗷嗷待哺，或則四肢全無，或則兩目失明，或則遍體腐潰，或則滿面瘡痍，種種慘狀，目不忍覩。探厥原由，並非天然殘疾，乃有兇惡老丐，取買貧兒及被拐小孩，捆縛剖割，施用腐藥，種種狠毒手段，令人聞之酸鼻，摧殘人道莫甚於此。今聞陸君組織新普育堂，聘有中西醫生，專收殘疾貧民其中，規模尚稱完善。今可請警務長飭令站崗巡警，如有殘疾丐兒乞憐於市者，拘送該堂。至如何醫治及善後事宜，想該堂自有妥章。一面追究老丐處以懲罰，以爲兇獰者戒，亦未始非維持人道之一也。上海爲中外所注目，不啻爲中國模範，苟能創行於前，使各省從而效之，則人道之幸，亦國體之光也等語。查殘廢乞丐街衢呌號往往而見，新普育堂現設有貧病、殘廢等院，自應將殘廢之丐拘送醫治，或收養，弗令現此慘狀。合行呈請，移行淞滬警察廳長分飭署員諭令崗巡隨時拘送該堂，以資醫養，爲此呈請察核施行。謹呈。

批：查收養殘廢乞丐本爲慈善事業之一，據稱經議會議決，將此項丐廢移請警廳，飭令崗巡隨時拘送新善育堂醫養等情，自屬維持人道，應即照准，函致淞滬警察廳長查照辦理可也。此復。七月二十三日。

市議事會呈縣知事吴請以新普育堂作爲縣立文民國二年七月三日

爲呈請事。竊本市政廳設立新普育堂，留養貧病殘廢，業將規劃情形於民國元年秋季議會議決，呈報在案。該堂編制複雜，需費特鉅，本廳可以指撥之的款，僅有前普育堂經費銀二千四百元。創辦之初，原冀設法籌募，逐漸擴張，不意甫經成立，收養已達八百人之多。本届編制預算，計需費六萬餘元之鉅。本市財政艱窘，債臺百級，實屬無可支持。現在該堂辦理甫有頭緒，内部組織頗爲邦人士所推許，使本市財力稍可維持，敢不勉爲其難？

無奈預算收入衹此區區，擔負日增，炊難無米，再四思維，惟有將新普育堂事宜送懇鈞署繼續辦理，正名縣立，庶本市財力得以稍紓而慈善行政不至中輟。誠以本市現辦教育道路衛生事項需款已極不敷，惟賴隨事隨地設法捐募。該堂需費獨鉅，尤非隨時勸募不可，而樂善紳商所在多有，苟限於市立名義，則勸募爲難。登高之呼，響應加捷，此新普育堂之應歸縣立者一也。慈善一項，雖爲市政要端，而規劃進行，要貴權其緩急。本市慈善團有同仁輔元堂，則《市鄉制》第五條五項之救貧事業已具矣；有清保節堂、育嬰堂，則《市鄉制》之恤嫠育嬰已具矣；有貧民習藝所，則《市鄉制》之貧民工藝已具矣。是本市辦理慈善亦已粗備，此新普育堂之應歸縣立者二也。合上海全邑貧病殘廢無告之人，遍地皆是，該堂於上海市之窮民收養之，即其他市鄉之窮民亦莫不收養之；流落上海市之窮民收養之，即流落其他市鄉之窮民亦莫不收養之。不特此也，該堂沿舊例，兼留疾病罪犯不下數十人，是於行政、司法各部均有關係。本市僅一自治機關，何能負此重任？此新善育堂之應歸縣立者三。綜此數因，用敢呈請俯准收管永久作爲縣立。至本市原案議決指撥該堂經費銀一千五百元，仍當如數撥給，作爲補助。謹將本届該堂造送預算原案並職員册、辦事章程各一份，一併送呈，伏希鑒核批示衹遵，實爲公便。謹呈。

批：據呈，新普育堂常年需費甚鉅，除仍補助按月一千五百元外，請歸縣立等情。查本年七月起至明年六月止，縣地方預算業已成立，該堂按月貼費銀五百元，此外恐難溢支。兹據聲明支配爲難各情，亦屬實在。姑候知照該堂經理一面撙節開支，一面具案交縣議會公議。可否於三年度預算酌量支配增加之處，候議決再行知照可也。此復。

呈縣知事吴九畝地公地第八十三號則田二畝議撥新普育堂變售補助建築經費文民國二年九月十五日

爲呈請事。竊九畝地公地，前清時由縣及紳士稟准上台變價歸公、舉紳查丈，後經前縣田分別填給印諭。該公地内二十五保一區四圖改字圩第八十三號則田二畝，擬爲建築小菜場之用。上年十一月間，經地方行政研究會會議，以現查該處情形無建築小菜場之必要。目前新普育堂建築經費不敷甚巨，即以該公地二畝移撥新普育堂變價，藉補建築工需等情，爰將九畝地第十五號印諭一紙交該堂主任陸君收執。該地由堂售與開明公司，計得價銀八千兩。惟原發印諭尚註有"公立小菜場"字樣，現經該公司持諭來廳，請予註銷調换。爲將二十五保一區四圖改字圩第八十三號則田二畝印諭一紙送呈，懇請核明，飭承將"公立小菜場"字樣註銷，换繕一紙，發廳轉交收執，合行呈請，爲此呈祈察核施行。謹呈。

批：呈悉。卷查九畝地變價案内分號給諭，與執業田單同一效力。兹貴市廳認爲該處無設置菜場之必要，召變以充善堂公用，與尋常買賣無甚區别，勿庸更换印諭，統俟清丈案内换給田單可也。希即知照，印諭仍發還轉給執業。此復。十月一日。

法電車接軌至羅家灣交涉案

呈民政總長李法電車公司擬接設電軌至羅家灣請交涉阻止文民國元年六月二十一日

爲呈請事。竊查法電車公司在西門外設軌行車，於前清光緒三十三年創行，由法租界接軌，通至斜橋爲止。當時曾由總工程局總董稟請滬道瑞澂，再四争阻無效，至今引以爲疚。現悉法電車公司復欲從斜橋迤西至盧家灣接設軌道，通行電車。查閱原卷，雖有設軌至羅家灣之説，而當時所定衹以斜橋爲止。此次法公司接設電軌至羅家灣，未審貴署曾否接有法領事照會，地方輿論對於此事以路權損失，頗有責言。惟本廳素未與法領事直接交涉，應請迅行飭查照會法領事阻止該段路工，地方幸甚，爲此呈請察核施行。須至呈者。

批：來牘閱悉。查前清光緒三十三年法電車公司設軌至斜橋，當時官紳力争雖未能阻止，然究未嘗有准其設軌明文。此次欲從斜橋迤西展至盧家灣，尤與原案不符，候咨通商交涉使嚴行阻止，以重主權，仰即知照。此令。

呈縣民政長吴文同上。

批：來牘閱悉。正在核辦間，又准市議事會呈送議決案，並另文呈請前來。查法電車公司擬由斜橋接通電軌至羅家灣一事，敝署並未接法領事照會。現在地方輿論對於此事既有責言，又經市議事會議決，殊難承認，事關土地主權，自應鄭重交涉，業已併案。據情咨呈駐滬通商交涉使，向法領事交涉矣。此復。六月二十九日。

市議事會呈縣民政長吴請阻止法電車公司接設羅家灣一段電軌文民國元年六月二十七日

爲呈請事。竊本月二十四日市議會臨時會准市長交議法電車公司擬由斜橋接通電軌至羅家灣案一件，請籌對付之策等因。當經議決法電車公司現欲接軌，由斜橋通至羅家灣路，已由董事會呈請民政總長、民政長照會法領事阻止在案。查斜橋以西新闢各路，種種權限猶未分明，今法人由斜橋徐家匯路達羅家灣路接軌行車，本議會殊難承認。況本市現正在興辦電車，凡本市政權可及之處，皆擬分設電軌，不得不預爲地步，應請民政長照會法領事鄭重交涉等語。全體表決在案，合行照案呈請，爲此呈祈察照施行。須至呈者。

批：呈悉。已據情轉咨交涉使鄭重交涉矣。此復。六月二十八日。

縣民政長吴函飭查報法電車公司接設電軌動工日期文民國元年七月三日

敬啟者。前准貴市長呈以法電車公司擬由斜橋接通電軌至羅家灣一案，應請迅行飭查照會法領事阻止該段路工等因，並准市議事會呈同前由，並送議案各到署。准此，當查法電車公司擬由斜橋接通電軌至羅家灣一事，敝署並未接法領事照會，現在地方輿論對於此事既有責言，又經市議事會議決，殊難承認，事關土地主權，自應鄭重交涉。除分别批答外，即經據情咨請駐滬通商交涉使查核來文並從前原案事理，向法領事交涉去後。兹准交涉使函稱，查此案前者台端來商運米護照時已經提及，並承將尊意所見指示一一。嗣准民政總長李來咨，並檢送此案卷宗，此事關係甚大，自當採取輿論，與法領争執。現法電車展築之説，既已喧傳，想已動工。其動工日期以及動工地點即請查明見示，以便交涉。惟細繹貴民政長文中所開，准市政廳長文稱查閱原卷，雖有設軌至羅家灣之説各語，似設軌至羅家灣一事，已經前人許可，若是今即百喙争執，恐亦難生效力。惟有藉輿情二字盡心力爲之而已等因函復前來。相應函達，敬希查照，並請迅將法電車公司展築電軌動工日期以及動工地點，尅日查明見復，以便函轉爲荷。

復縣民政長吴函查報法電車公司展築電軌動工日期文民國元年七月八日

敬復者。奉七月三日惠函，以准交涉使函囑，將法電車公司展築電軌動工日期以及動工地點，尅日查明見復，以便函轉等因。查法電車公司係於六月十三號動工，其地點係從吕班路展築至斜橋接軌，圖中原有之黑線係舊時軌道，新加之紅虚線即新築軌道處，計新軌線共約長三百丈。現在工程已有三分之一，用特送呈地圖，即希核轉爲荷。

縣民政長吴函送法電車接軌案交涉使函稿文民國元年七月十三日

敬啟者。昨准駐滬通商交涉使陳函，以法電車公司展築軌道一案，已函致法總領事，録稿送請察閲等因，計抄件到署。准此，相應抄稿，送請台覽，並希將近日情形隨時見示，以便轉達爲荷。

附抄通商交涉使陳函稿七月十號

敬復者。頃接台函備悉。法界電車公司展築軌道，已於六月十三日動工，亟應駁阻。除函致法總領事外，相應録稿送請察閲，尚祈將近日情形隨時見示爲荷。

抄録交涉使陳致法總領事函稿七月十號

敬啟者。頃據上海縣民政長吴函，據莫市長稱，法界電車公司從吕班路展至斜橋接軌，擬新築路，共約三百丈，於六月十三日動工。該處並非租界，應請阻止前來。查該處於前清光緒二十六年間經余滬道允准，法公董局由新法界西南角顧家宅起築造馬路，接通羅家灣支路，以至徐家匯。並由白前總領事允定，不得干預中國照舊辦理各項事宜各節。但此事衹能認爲前清官員私議通融之案，民國爲敦重邦交起見，其已行之路仍各相安無異。法公董局現欲任意擴張，增辦路工，實於民國轄地主權多所妨礙。本使以爲吴民政長等據請阻止之理由甚爲充足，深盼貴總領事主持公理，即飭法界電車公司將擬從吕班路展築至斜橋接軌之路工停止，至紉睦誼，並祈見復爲荷。

縣民政長吴函送法電車接軌案交涉使來函並部頒抄件文民國元年十月二十一日

敬啟者。接准交涉使陳函開，頃接外交部函開法電車公司增辦路工一事，云云。合即照録部頒抄件，函請酌辦等因到署。准此，查此案於前清光緒時對於法電車公司彼此争論，籌商辦法，前城自治公所具有成案，准函前因，相應照録來函全文，並部頒抄件，一併賫送，即希察照查明此案顛末，條具意見，刻日見復，以憑核轉，至爲盼荷。

附抄交涉使來函十月十五日

敬啟者。頃接外交部函開法電車公司增辦路工一事，所有本部與法使交涉情形，業於本月初四日函達在案。兹復接法使節畧稱，已轉飭領事，與交涉使和衷商辦，設法維持。該路設軌諸事，以不礙中國主權爲目的，望將此意轉囑交涉使等因，並將白總領事與余道往返照會各一件抄送前來。查界外築路本屬通融辦法，執事歷與法領交涉，不予承認，具徵苦心維持，良深佩慰。惟余道當日既有允許明文，若將此案絶對拒而不認，彼此必不甘心作罷，勢必徒滋争論，結束無期。查余道於前清光緒二十六年九月初九日致白領事照會，曾經聲明，公董局查車巡捕，除查漏捐車輛，壞路、損樹、違章等情其餘一切民情，仍由中國巡局查核究辦等語。是法公董局祇可抽收車捐，以備修路之費，其餘一切事項不能任便設施，固已毫無疑義。本部照會法使，即本此意與之駁辯。現法使復文，既聲明以不礙中國主權爲目的，應由貴交涉使酌量情形，與法領和平商辦。如有可以轉圜之處，即爲相機議結。再，法使所送白總領事前致余道照會，查與本年七月間來文所送徐家匯馬路舊案相符。惟余道復文爲舊案所無，兹特連同法使節畧一併抄寄備核，統希查照辦理爲要等因。是前清余滬道與法前白領事往來文件已決在承認之列，現在祇在不礙主權爲目的一語，亟應有詳密條款，以冀相維於不敝事關地方官治自治各範圍，應請尊處參證部函所指及前此成案，懲前毖後，草創議案，會商核準咨部鑒定，以憑與法領妥慎交涉辦理。租界商場應否協商，總分各商會並希酌辦爲荷。合即照録部頒抄件，專函奉佈。

抄録法康使節略

上海徐家匯路間敷設電車一事，於本月二號又接貴部節略，當即閱悉。兹本館特將一千九百零一年正月初七日上海白總領事致余道照會及該道照復各一件，抄送貴部一閲。查該項公文在本國總領事所請者係維持法國公董局修路、設燈、通水各等工作之權，此事余道毫未表示異意，而領事照内所指工程不過述陳一二耳。本館爲免去再有誤會起見，已轉飭領事與交涉(司)和衷商辦，設法維持，該路設軌諸事以不礙中國主權爲目的，更望貴部亦一面將此意轉囑交涉使可也。

録白總領事照會余道台公文

爲照會事。案照本租界至徐家匯馬路一道，十月初九日准貴道照會内開，俟新界西南角至羅家灣新路造成，由貴總領事照會，當即飭縣出示曉諭大衆，以便公董局查照辦理等因。惟西門外方浜橋至羅家灣一帶馬路，嗣後仍須由法公董局照常修築及興動工作，如設燈、通水各工程，中國巡局勿稍阻止。所有本租界捐照各車經過，中國巡局勿再收捐，應請貴道查照，飭知巡防局遵照勿阻工程、勿收車捐爲要。再，本總領事查該新馬路現已將次造成，定自光緒二十七年正月初一日爲始，即由公董局查照前議，派捕巡查，抽收車捐。相宜應照會，爲此照會貴道請煩查照，札飭上海縣出示曉諭，俾衆咸知，以便公董局照議派捕經管此路也。須至照會者。

録余道台照會白總領事公文

爲照復事。十一月十八日，准貴總領事照會，以徐家匯一帶新馬路現已將次造成，定自光緒二十七年正月初一日爲始，由公董局查照前議，派捕巡查，抽收車捐，請飭縣出示曉諭，以便公董局照議派捕經管此路等因到道。准此，除抄案札飭上海縣並行西門外巡防局員一體遵照外，相應照復貴總領事請煩查照可也。須至照會者。

法電燈公司設粗電線交涉案

縣民政長吴照會法電燈公司擬在徐家匯路裝設粗電線未便承認請開市議會公議具復文民國元年三月十八日

爲照會事。准駐滬通商交涉使温照會内開,頃接法總領事函稱,昨日晤談爲法電燈公司在徐家匯路裝設粗電線一事,本署副領事李繙譯官准照尊意,已赴吴民政長處面晤。本總領事再爲執事,實徵所言。查吴君深悉此事舊案,所有法電燈公司之權力應承認,無可推辭。其爲難之處,只在中國電燈公司恐慮法電燈公司争攘其電燈生意,係屬誤會。本總領事明知法電燈公司並不争其主顧,亦不願在該處沿路一帶房屋裝設電燈,不過於此路裝設粗線,爲通連法界電燈之用。本總領事斷不能准留作法電燈公司本來有權專裝電燈之路讓於中國裝燈,之後反向中國轉問讓裝。本總領事萬難應允更改。白前總領事與余前道於一千九百年十一月定議辦理,在法國一面未便常行退讓,法電燈公司所有之權力,固亦不待與争。兹該公司定於四月一號再擬動工裝設桿線。用特函請執事查照,飭令便於工人工作,如有中國警局爲難,或任别人爲難,或不善保護,倘該公司或因停工致有虧損索償,須惟中國工程局擔其責任也等語,照請核復施行等因到署。准此,查徐家匯路坐落租界之外,雖從前由法董局修築,而地皮完糧仍爲中國人民所負擔,其中自方浜橋至斜橋一段情形,更屬不同。光緒二十六年,前白總領事欲於徐家匯路派捕查驗車捐時,由前清余道台聲明,將該段馬路剔除,另行改築一路,通至羅家灣,即今之寶昌路,俾法公董局得交通之便。是該路之開築,即以代方浜橋至斜橋一段馬路通過之利益理由甚爲明白。今法電燈公司已由寶昌路接通羅家灣電線,而仍欲於方浜橋至斜橋一段設立電桿,本民政長斷不能承認公司有此權力,乃該公司事前並未商量,豎電桿時亦不咨照,是將以對待前清官場之方法對待我民國,殊爲可惜。如果該公司再有此種舉動,不顧公益,不避危險,擅自工作,於中國電燈公司有所損失,應由法公董局擔負賠償之責任。除咨呈駐滬通商交涉使照復法總領事察照外,相應照會貴市長,請煩轉告議長邀集議員妥議施行。須至照會者。

呈縣民政長吴復陳議事會議決粗電線交涉案並送調查摺文民國元年三月二十七日

爲呈復事。接奉照會,以准駐滬通商交涉使温照轉法總領事函開法電燈公司在徐家匯路裝設粗電線一事。該公司定於四月一號再擬動工裝設桿線等語,照請核復施行等因到署。經查案聲復,本民政長不能承認,除咨呈交涉使請照請法領事外,相應照會煩轉告議長邀集議員妥議等因。奉此,經即函請議長於本月二十四日開臨時會,集議公決。旋據移交議決案前來内開,查此案前經城議事會議決有案,應由市長查案,呈請民政長與法領事據理交涉等因。准此,案查前清宣統二年正月間由蘇松太道蔡據法總領事來函,法電燈公司擬在中國新築馬路一帶毗連斜橋及敏體尼蔭路等處劃定地段設粗電線一條等語,照會總工程局總董議復等因。當准議事會議決,由董事會陳明源委,切實駁復。即經照案執行後,嗣以法總領事屢請指定地段,由蔡道函轉訂期會勘。當查肇周路地方斷不能借設粗電線,惟有在肇周路西首由總工程局另闢一路,通至太平橋,妥訂合同,准其借設,或尚可行。即建立議案,交秋季議事會議決,照圖繪黄色之線,暫准法電燈公司借設粗電線一條,由本公所取締,所訂合同交議事會議決等因。經照案繪圖呈復去後,准道函復轉法總領事函,以總工程局所繪之圖與前説不符,法電燈公司擬設粗電線,係自斜橋起接通敏體尼蔭路爲止等因。復交冬季議會決議,由董事會呈請照原案駁復各在案。兹奉前因,除函請議長開會決議外,並即調查法租界電燈路線情形,另摺開送察核,並請查照此次議決案與法領事據理交涉,合行呈復,爲此呈祈察奪施行。須至呈者。

附調查摺一扣

一、法電燈公司向有之電線,一從羅家灣通至法租界大馬路直達十六舖橋,一通寶昌路直至徐家匯路。現用之直流電電線重量未悉,至擬裝之交流粗電線電力重五千五百磅,將來是否用橡皮包或赤膊線,須問法公司。

一、内地電燈公司所豎電桿之處,如果法公司再豎電桿,大有妨礙。

一、方斜路兩公司電桿各設一面,不插花,於内地電燈公司可無窒礙,而於德律風電線及居民將來有無危險,均不可知。

查歐州各國定例,粗重電線不准在通衢大道、人煙稠密之區豎桿裝設。如巴黎、柏林、倫敦等處,皆設線於地下,誠恐有礙交通而滋危險。即就上海英租界而論,現在擬設之粗電線電力有六千磅線亦設於地下,何以法公司不從向來通電之公館路、寶昌路設線,偏欲在方斜路豎桿設線,未知是何居心。如果必欲舉辦,惟有照英租界辦法,將電線設在地下,庶保無虞。

縣民政長吴函抄示粗電線交涉案辦法四條文民國元年四月十日

敬啟者。法電燈公司欲於方浜橋迤南至斜橋一帶馬路裝設粗電線一事,前奉温交涉使照敘法領事來函,業經具復聲明,該路特别情形咨復轉復法領事,並照會貴廳邀集議董妥議。旋准貴廳復稱,據議會多數之意見,以此事前經屢次提議,議決肇周路地方及方浜橋一段馬路均不應設粗電線,惟有肇周路西首由總工程局另闢一路,妥議借設方法。前經蔡道台與法總領事協商,已屬格外通融,萬不能再有改易等語。查此項粗電線重量聞有五千五百磅,電力甚强,無論房屋、電線及行人等如有觸礙,非常危險。遠徵諸各國都城,近徵諸英租界,凡設粗電線均埋於地下,亦以預防危險之故。今西門外方浜橋至斜橋一段及肇周路兩處人煙稠密,行人衆多,況均設有中國電燈公司電線及中外各項電話線,易生阻礙。該議會執持前議,實爲保護人民公安用意,極爲正當。敝民政長體察情形,法電燈公司豎桿設線,但欲通連法界電燈之用,並不於沿路一帶房屋裝設電燈,法總領事來文既經聲明,我等爲敦崇睦誼起見,自應妥爲設法,俾粗電線得以於西門外方浜橋至斜橋即西門外徐家匯路一段地下通過,惟預防危險。爲此事極要之問題,兹擬具辦法四條,除函請交涉使函致法領事查照見復,俟商妥後,再交市政廳核議外,兹將辦法四條抄送,敬希查照爲荷。

抄録辦法四條

一、粗電線埋於西門外方浜橋至斜橋即西門徐家匯路地下通過。

二、粗電線外包堅固橡皮,立桿通過,如有危險,由法公董局擔其責任。以上第一條辦法最爲妥善,否則用第二條辦法,如允照辦,可實行以下兩條。

三、粗電線由斜橋至方浜橋馬路通過,與中國電燈公司之電桿各分一面,不相違礙。

四、先由法電燈公司將粗電線樣式交由市政廳閲看,並會同勘明裝置方法,以便佈告附近居民,然後動工。

縣民政長吴函送法領事交來粗電線式樣飭再開會議復文民國元年四月十一日

敬啟者。法電燈公司於方浜橋迤南裝設粗電線一事,前經擬具辦法四條,函請交涉使函致法領事查照見復,並抄函送請查照在案。兹准交涉使函開,接函當經照會法總領事去後,兹准復稱飭據法電燈公司以埋設電線外國固有是法,然必須另樣機器方可埋設,而在上海並無此項機器。該公司亦不能將全副機器改换,是以萬難照辦。莫若第二法粗電線外包堅固橡皮、立桿通過最爲有理,自可照辦。即與中國電燈公司各分一面立桿,並設法預防,以免危險等情。此事極承執事與民政長籌設善法,俾法電燈公司得以裝設粗線,足紉公誼,即希查照迅復爲盼等因,並准法總領事函送粗電線一段,請速交議示復各到署。准此,除將線樣交内地電燈公司驗過外,兹另抄録法領事及内地電燈公司復函各一件,送請察閲,務希查照,迅即交送議長召集臨時議會,最好於十三號以前傍晚時開會議決,以便核復。事關地方主權,手續必須完全交議一層,已面告法領事專候解決。

法領事喇致縣函四月九號

啟者。法電燈公司在徐家匯路自方浜橋至斜橋一帶裝粗電線一事,兹送上粗電線一段,此係作樣之線,所有自法國購運之線或粗於此,或細於此,尚非一定,即希執事查收,俾便交議所議一節,並祈於三日内迅爲示復,以了此案爲荷。

内地電燈公司復縣函四月十號

敬復者。頃接大示並粗電線一段,當經考驗其内有橡皮兩層包裹者,或粗或細,均屬可用,否則皆不適用,將來法電燈公司新線運到佈放時,務請執事約同敝處派人查驗後,方可開工。兹將來線奉還,祈察收是荷。

呈縣民政長吴議事會續議粗電線交涉案應照前開辦法第一條辦理文民國元年四月十三日

爲呈請事。四月十一日,接奉函示,以法電燈公司,云云。務希查照,迅交送議長召集臨時議會議決,以便核復等因,業將請定開會日期,專函陳復,並請莅會監察在案。兹於本月十三日開議續議法電燈公司商議粗電線案一件,議決據法電燈公司所稱埋設電線,必須另樣機器,萬難照辦,莫若照第二條辦法,將粗電線外包橡皮立桿通過等語。查埋設地下電線凡屬電機皆可照辦,惟地下電線價值較昂,該公司爲惜費起見耳,應由市長呈復民政長聲明地下埋線一層,事屬可行,請照復交涉使照會法領事飭知該公司仍照第一條辦理,以免危險而重人命等因。合亟呈復,爲特呈祈察核照轉施行。須至呈者。

縣民政長吴函粗電線交涉案法總領事認定第二條辦法已磋商就緒文民國元年四月十六日

敬復者。接准來牘，以法電燈公司於方浜橋迤南裝設粗電線一事，經臨時議會議決，查埋設地下電線，凡電機皆可照辦，惟地下電線價值較昂，該公司爲惜費起見耳，請聲明地下埋設一事，事屬可行，請照復交涉使照會法領事飭知該公司仍照第一條辦理，以免危險等因。准次，查法電燈公司欲在方浜橋迤南一段馬路通過粗電線一事，前具辦法四條，既由法總領事認定第二條辦法，其條文内本載有如有危險，由法公董局擔其責任等語，法領來文並未指駁，自是默認其實行第三條辦法，與中國電燈公司各分一面，不相違礙，似於公衆安寧自可無慮。此事往返磋商，始就範圍於地方主權自無妨礙。現在若仍堅執第一條辦法，與法領交涉，更恐徒費周章，難見實效。兹將復交涉使函稿一紙送請查閲，即希查照函定時間，准期蒞集西門外西區辦事處地方會勘立桿之地位爲盼。再，在未經會勘之先，最好先由貴廳長約同中國電燈公司總理陸伯鴻君，於法電燈公司粗電線一面通過之地段，預爲勘明有無窒礙之處，先行預備，以便屆會勘時便於措詞。專泐。

計抄送函稿一紙

復駐滬通商交涉使温函

敬復者。前奉台函，准法總領事復稱飭據法電燈公司以埋設電線，外國固有是法，云云。以免危險等情，並准法總領事函送粗電線一段内開，此係作樣之線，所有自法國購運之線，或粗於此，或細於此，尚非一定，即希執事查收，俾便交議。所議一節，迅爲示復等因。當交市政廳開會復議去後，兹據復稱埋設地下電線，凡電機皆可照辦，惟價值較昂。該公司如顧全公衆安寧，似不應爲惜費起見，仍主張第一條辦法等語到署。當以地方公益與該公司營業不得不兼籌並顧，以期兩不相妨，已函致市政廳，囑仍照來文通融辦理各在案。查法電燈公司欲在方浜橋至斜橋一段馬路通過粗電線一事，既由法總領事認定前開第二條辦法，自應協商辦理實行。第三、四兩條辦法，除俟該公司購運粗電線到時由辦理工作之人知照市政廳派員閲看外，合先佈復，請煩照會法總領事，知照該公司，訂期於四月二十二號下午三點鐘集西門外西區辦事處地方，與市政廳會勘立桿之地位，以謀公安而敦睦誼，是爲至盼。專肅。

德文醫學堂調地交涉案

縣民政長來函查詢德文醫學堂調地前案文民國元年九月十七日

敬啟者。頃准德領事巴克樂君函，以德文醫學堂與城自治公所調地一案，八月二十八日會丈商定德文醫學堂餘地五分三釐八毫内劃出一分四釐二毫，歸德文醫學堂自用管業。其餘三分九釐六毫歸於公産，作爲公路之用。所有從前公路地一分一釐二毫，亦歸該學堂之産。但一分一釐二毫及劃出之一分四釐二毫，均應發給該學堂管業執照，以便换立德册新契。至三分九釐六毫之地，歸入公家産業，該學堂自當繕發憑據等因。准此，查劃出之一分四釐二毫是否即在前交單契之内，應如何裁給執業，能否准轉新契，從前之公路一分一釐二毫應否給發執照，與會勘時所議是否相符，合亟泐函奉佈，即祈查照，希即核復照辦爲盼。

復縣民政長函陳明德文醫學堂調地允留學額一人由廳録送肄業文民國元年九月三十日

敬復者。本月十七日，奉函示，以准德領事巴克樂君函，云云。希即核復照辦等因。查德文醫學堂前以二畝餘之地調换城自治公所擬造學校之公地一畝三分三釐三毫，原爲德文醫學堂視該公地爲要用之地，所以情願以多换少。是所云餘地五分三釐八毫者原已在調换之内，衹以該醫學堂當時爲鄰近笆外之舊路一條，計地一分一釐二毫。伊爲築直竹笆起見，商請劃歸該醫學堂所用。曾經格外通融，許伊劃去。是該學堂所餘之地衹四分二釐六毫，並訂定此所餘之地本廳充作公路之用，以便行人。雙方允洽，各調换建築。今路已築成，該學以添建校舍，欲再劃一分四釐二毫，此與原議不符。證諸輿論，萬難應允，惟念睦誼攸關，不得不爲救濟方法。曾由總董與德領事當面磋商，本廳允將已築之石片路五尺闊一條，計地一分四釐二毫，借與該學堂濟用。該學堂願定一永久學額，由本廳録送一人肄業，不收學費。經雙方承認，俟正式公文到後，再行雙方訂約，爲借用地與留學額之實據。但此次借地一分四釐二毫，係與尋常租借慣例不同，矧已在調换之内，衹須訂立契約，不需另給憑照。至舊路之一分一釐二毫，早經劃歸該醫學堂，自應歸入德册新契，應請鈞署發給管業執照可也。

致德領事函德文醫學堂調地商留學額已否與醫學堂接洽文民國元年十月十四日

啟者。貴德文醫學堂與市政廳即城自治公所調地一案，前經敝總董面懇貴副領事，商請該學堂定一學額，由敝廳録送一人到堂肄業，免收學費，其膳宿費仍應照繳。敝廳允將已築成之石片路五尺闊一條，計地一分四釐二毫，借與貴醫學堂濟用等情。現今已否與德文醫學堂董事接洽，合亟泐函奉詢，即祈查照示復，以便宣佈而憑核報，無任跂禱。

德領事復函醫學堂調地案商留學額業已允許文民國元年十月三十日

啟者。德文醫學堂與城自治公所調地一案，十月十四日接准來函，均已閲悉，當經轉致去後。兹據德文醫學堂董事會復稱，所請録送一人來堂肄業免收學費一節，董事會已經議定，必須言明只可送學生一名至畢業爲止。惟該生到堂之始，必須入德文科，嗣德文科畢業，或肄習醫科，或肄習工程科，皆從自便，請爲轉致前來。據此合即函請貴總董查照，希即詳細見復，以便轉達訂立合同可也。

呈縣知事吴德文醫學堂擅填比德學校浜基請照會交涉文民國二年十一月二十二日

爲呈請事。據西區公民錢福田、陳聯章、吴宗沂等函稱，西區域内市立比德小學校南首之浜屬於比德學校基地之内，是市政廳之産也。乃有德文學堂經理營造之洋人將素有之公路佔爲已有，竟擅將比德學校基浜南邊僱工填泥築路。該洋人不顧公理，强佔學校基産，爲此仰懇維持以杜侵佔公産。又有德文學堂北首之方門涇公浜即法華路南之河，被德文學堂洋人僱工埋管填平，計地有畝許之多。現被德文學堂築笆，將填平之浜地佔爲已有，該處地方人民咸抱不平。竊思洋人購地，應照畝分丈尺管業，萬無格外侵佔之理。乃方門涇係地方公共之浜，該德文學堂既經填平圈進，永遠作用，應以相當之利益，交换與地方。爲此仰懇迅即轉請縣知事，速行照會德領事，令德文學堂答允市政廳永遠聯送學生二名，至該學堂肄業，免繳學費，以順輿情而敦睦誼等情。查比德學校南首之浜，係在校地之内，爲市有之産。德文學堂營造洋人何得侵佔校基，擅將該浜填築，至方門涇公浜亦被該洋人填築圍笆，均屬不應。合行呈請迅賜照會總領事，飭知德文學堂將比德學校浜基停止填泥，復還原式。其方門涇公浜既經填平圈進，應順地方公民之請，由市政廳永遠聯送學生二名至德文學堂肄業，免繳學費，交换利益，以昭公允，爲此呈請察核施行。謹呈。

批：據呈轉據西區公民錢福田等函稱，德文學堂擅將比德學校南首之浜僱匠填築，並將方門涇公浜埋管填平、築笆圈進等請，呈請照會德領事，轉飭該學堂將浜基復還原式，並由市政廳永遠聯送學生二名至德文學堂肄業，免繳學費，交换利益，以昭公允等情均悉。查此案前准貴廳呈報該堂將方門涇圍築半浜，請即轉致令即拆進等語，業已函致江蘇交涉員。旋准復函内開，准德領事復函，查此事於一千九百十一年填溝築笆之時，經從前上海縣田寶榮親往履勘，曾允准該堂竹笆築至現在地址等語，函請查明所稱各節，究竟前清上海縣是否辦理有案，以憑酌辦等因。又經以地産界址必有丈尺載明租契爲憑，即稱前田令允准該堂築笆至半浜，檢閲案卷並無隻字，應請該學堂將允許之證據交出，以憑核辦，函復照轉查復，仍令拆進在案。兹據前情，察核理由殊不正當，未便照轉，應仍候德領事函復，再行核辦，希即知照。此復。十一月二十九日。

西區界内道路河浜交涉案

呈駐滬交涉使温法人於徐家匯路等處越界收捐請交涉阻止文民國元年一月二十日

爲呈請事。據西門外二十七保五、六、七圖鄉民報稱，法公董局分發傳單，於徐家匯路、寶昌路、聖母院路、金神父路、接長公館路等處，徵收靠馬路邊居民房屋之四季捐，定於二月一號起捐。民等均係住居租界之外，不應納捐，請爲阻止等情。查以上各路，均係在租界之外，庚子辛丑年間，前清道准其築路，原係格外通融之事，法公董局實不應於界外徵收四季捐。兹將傳單一紙附送察閲，懇迅賜照會法總領事，轉告公董局，分明界限，勿收此捐，以免衝突而敦睦誼，爲此呈請察核施行。須至呈者。

駐滬交涉使温函復法人越界收捐已照請法領飭阻文民國元年一月二十七日

啟者。頃接來文，以法公董局擅向租界外居民業户收四季捐一節，此事不合公理，現已具文照會法總領事争駁。除將去文抄送查存辦理外，希即轉知該處居户静候交涉，務以取消法公董局通告爲目的，勿庸聽其核算、向其繳納捐項爲要。

抄録照會法總領事文

爲照會事。現准上海市政廳市長呈稱，據西門外二十七保五、六、七圖鄉民報稱，法公董局分發傳單，於徐家匯路、寶昌路、聖母院路、金神父路、接長公館路等處，徵收靠馬路邊居民房屋之四季捐，定於二月一號起捐。民等均係住居租界之外，不應納捐，請爲阻止。並附繳到法公董局總辦辣斐理通告内載，本局董事會於西曆一千九百十一年十二月二十八號議定，爲租界外邊居民華房之四季捐於西曆一千九百十二年二月一號起一律照外人洋房八釐核算。惟納捐時，本局須向該業主收取，勿認房客支付，恐未周知，特此預聞等語前來。查以上各路，既在租界以外，法公董局不應於界外徵收四季捐，請照會貴總領事，轉告公董局，分明界限，勿向收捐，以免衝突而敦睦誼等由。查徐家匯等路均屬華界轄地，主權所在，法公董局豈可越界收捐，致滋紛擾，素仰貴總領事官主持公理，必不容法公董局越權辦事，相應照請台端，希即查照速飭該公董局迅將通告取消，以便居民安業，至紉睦誼。須至照會者。

呈駐滬交涉使温法人越界擅釘門牌請照會飭阻文民國元年二月十六日

爲呈請事。竊西門外寶昌路、金神父路、聖母院路、接長公館路均在租界之外，現查法公董局派人在該各處擅釘門牌，實屬侵礙主權。兹據本廳西區分辦處報告，二十七保七圖盛家宅金神父路地方本已釘有西區門牌，近日法工部局亦來加釘，特將法人所釘門牌四張撬下呈繳等情前來。查中、法兩國睦誼素敦，法人不應有越界擅釘門牌之事。兹將撬下門牌四張送請轉致發還，並懇迅賜照會法總領事，轉飭法公董局勿再在該處編釘門牌，以清界限。合行呈請，爲此呈祈察核施行。須至呈者。

駐滬交涉使温來函准法公領函復界外釘牌及界外收捐均經飭止文民國元年三月一日

逕啟者。頃准法總領事喇函開，准執事照送，據上海市政廳呈繳分辦處撬呈界外門牌四張，請飭法公董局勿再在該處編釘等因。查門牌釘在界外房屋一事，係公董局屬下人所爲，並未受令而釘，業已申斥其非，以後如果再有前事，定即罰辦。再，前准來文，請飭取銷界外收捐通告等因，本總領事已飭公董局不應在租界之外收取華人捐款，公董局亦從無前往界外收過捐款之事。合泐奉復，即希執事飭知該市政廳所稱尚屬相符，本總領事自應准照所請也等因。用特專函奉達，即希查照。

呈駐滬交涉使温法公董局越界填築馬義涇浜請照會飭停文民國元年三月二十五日

爲呈請事。照得本邑二十七保七圖内有馬義涇浜一條，係在華界之内。現悉法公董局又將越界填築，並在該處豎立界石多塊。查此案於上年六月間曾據該處紳董錢福田、陳聯章等函報城自治公所，以顧家宅馬義涇浜現被法工部局擅打樣樁，填塞築路，與主權有關，應行阻止等情。當由總董李函請前清滬道劉，照會法總領事，轉飭停工。九月間，復准前上海縣田照會，據二十七保七圖捆保吴揚甫稟稱，伊圖内有東西馬義涇河一條，今彼法工部局洋人僱工，在該河兩傍釘立木樁，意在填平開築馬路，關礙主權，即行訴知圖董勘明情形，繪具草圖，呈乞察核等情到縣。該處是否在自治公所範圍之内，合就繪圖備文照會，煩爲查照，希即唤同該處董保前往查勘，設法禁阻，仍希將查勘情形復縣核奪，事關路政主權，幸勿稍稽等因。當經西區分辦處傳同地保一再往勘，勘得該浜兩岸均已釘有樣樁，約寬五丈。不特該浜勢將全行填塞，並有須拆除房屋、割讓田岸之處。該區並非租界法公董局，實不應有築路之權，當由李總董復縣請稟道照催法領飭令停工各在案。現在法人意猶未息，仍欲將此浜填平築路。迭據該處人民報告，請爲阻止，事關妨礙主權，合行呈請，爲此呈祈迅賜照會法總領事轉飭工部局停止工作，並將所豎界石拔除，以順輿情，地方幸甚。

須至呈者。

縣民政長吴來函抄送法人填築馬義涇浜案交涉使與法總領事往來函稿文民國元年五月十二日

敬啟者。前准函開本邑二十七保七圖内有馬義涇浜一條,坐落華界,近法公董局欲將該浜填平築路,並豎立界石。由廳函呈温交涉使,與法領事交涉,尚未得復等因,報告到署。即經飭據該圖地保查明,馬義涇浜爲該處向有河道,既屬華界,並非租界,何以法公董局近欲將此浜填築成路?並未預先商辦等情,函詢法總領事查照示復。並另文咨請駐滬通商交涉使陳,照催法總領事速飭法公董局知照查復在案。兹准法總領事喇函稱,以法公董局填平馬義浜之舉,因該浜流水污濁,穢氣逼人,殊於衛生有礙。且下置瓦筒,水仍可通,無非爲地方公益起見,函請查照等因。准此,查馬義涇浜係屬華界,法公董局自不應於界外該浜有任意填築之權。惟法總領事函復,以公董局填平該浜,有益衛生公益爲詞,是否可以通融辦理,抑或實有窒礙,尚須商明辦法之處。用將此案來往文函抄録附呈,即希貴市長查照事理,核議見復,以憑核轉。盼切盼切。

附抄呈交涉使陳函稿

爲咨呈事。案照上邑轄境二十五保四圖並二十七保六、七兩圖内有馬義涇浜一條,坐落華界,向爲河浜故道。前因法公董局越界立石,並擬填浜築路。經南市市政廳轉據該處鄉民等環稟,請迅阻止等情,呈請前交涉使温,照會法總領事,飭知法公董局停止,一面由廳報告到署,並聲明准温交涉使函復馬義涇浜交涉一案尚未得復等因在案。敝民政長正飭查間,又據各該圖地保稟稱,圖内馬義港向係公浜,今法公董局忽爾填浜築路,乞請核奪等情。據此,查馬義涇浜既屬華界,又爲向來河道,應否填平築路,須由主轄之地方官勘度情形,方免窒礙。况租界通穿河道向來所有者如有堵塞情事,須先與地方官商議方可。租界以内如此,租界以外可知,執彼例此,法公董局實不因於界外該浜有任意填築之權。據稟前情,除函詢法領事外,合亟咨呈貴交涉使請煩查照催法總領事速飭法公董局知照查復,並希核示施行。須知咨呈者。

交涉使致法總領函

啟者。據上海市政廳函稱,上邑轄境二十五保四圖並二十七保六、七圖内有馬義涇浜一條,坐落華界,向爲河浜故道。現在法公董局忽欲將此浜填築成路,並在該處豎立界石等語報告到署。查馬義涇浜爲該圖内向有河道,既屬華界,並非租界,何以法公董局近欲將此浜填築成路?並未預先商辦,未知此事究竟如何。公董局曾否具報尊處,如未報明,則公董局不應於界外該浜任意填築。倘已報明,何以貴總領事迄未函告理由辦法,用特專函奉詢,即希查明示復爲盼。

法總領事復函

啟者。日前接展來函,以馬義涇浜被公董局填平築路,請查明示復等因。查公董局填平馬義浜之舉,因該浜流水污濁,穢氣逼人,殊於衛生有礙。且下置瓦筒,水仍可通,無非爲地方公益起見。函准前因,合亟奉復,即希執事查照爲荷。

復縣民政長吴函法人擅填馬義涇浜藉詞有益衛生地方人民不能承認文民國元年五月十三日

敬復者。奉函示以法公董局越界填築二十七保七圖内馬義涇浜一案,由廳函告後,飭據該圖地保查明擅築情形,即咨請陳交涉使照催法總領事,飭公董局查復,並函准法總領事復稱,法公董局填平該浜,有益衛生公益等語,是否可以通融辦理,抑或實有窒礙,尚須商明辦理之處,希查照事理核復,以憑轉復,附抄函等因。准此,查馬義涇浜分明坐落華界,衛生公益之事如何規劃,自有市會主持,法公董局何得越界填築?法總領事函復之詞,敝廳萬難承認,應仍請照催法總領事速飭公董局停止工作,將該浜復還原式,以清界限而重主權,是所至幸。

縣民政長吴來函法人填築馬義涇浜案訂期會勘文民國元年五月二十三日

敬啟者。馬義涇浜被法公董局填平築路一案,前准法領來函,即經抄案,函請貴廳長查照事理,核議見復在案。嗣以馬義涇浜係屬華界,又爲向有河道,法公董局即爲衛生公益起見,亦應先與地方官相商,會同勘度情形,方免窒礙,不應有任意填築之事。又經函請法領速飭法公董局知照,將該浜暫停工作,並於本星期内酌定日期,知會偕往勘視,再行商明辦理去後。兹准法總領事函稱,馬義涇浜一事,本總領事酌定本月二十八號禮拜二三點鐘時,請台駕過署,偕往勘視。合先佈訂,即希查照見復等因前來,除函復准時往勘並飭知各該圖地保外,合行知照,請煩轉知工程處屆時逕往該處指示一切爲荷。專泐。

縣民政長吴來函法領事答復填築馬義涇浜辦法文民國元年七月十六日

敬啟者。法公董局填築馬義涇浜一事,遲延月餘,毫無結束,業經函致法領事詢問去後。兹准復稱,應照前議辦理,非公董局商肯各地主將地租定、函致執事後決不動工等因,並送路圖一幅前來。兹將來去函稿及路圖一幅抄送,即希查照爲荷。

再者,前由敝署飭據各該圖地保協同丈繪生繪就路線及兩面業户草圖一紙併發,以便參照。推測法公董局之意,似願與業户直接,而不甚贊成間接。如果各業户之意不願築路,則直接回絶,此事亦可擱起。如其多數願築此路而要求地價從豐者,應由各業户補稟敝署,將畝分單户開明以憑代爲交涉。又及。

附抄函

致法領事喇

啟者。貴署與敝署向來商辦各事,彼此均極主公平敏速,惟於填築馬義涇浜一事遲延月餘,毫無結束,似與從前辦過各事手續不同。憶前於五月二十八號承貴總領事函約,偕往勘視後,允於三日内令公董局繪圖送閲,再行商議。嗣囑黄繙譯員詣詢,據云稍緩,即可交下。今閲時月餘,圖未見交,是否公董局於馬義涇浜地方不再有填築馬路之意,如果貴總領事對於此事再無確實辦法見示,敝民政長應認爲已將前議取銷。再者,據鄉人報告馬義涇浜迤南田渡地方即法國營盤外地皮上,公董局又有添創路線、欲填河浜之事。查田渡與馬義涇浜相近,前日會勘時並未提及該處路線,況馬義涇浜事尚未妥商,何以又於迤南另劃路線,究竟如何原因,相應一併函詢,統希察照見復爲荷。專肅。

法領事復函

啟者。法公董局擬就馬義涇浜築路一事，本總領事按照前所允許，兹將路圖一幅送請執事察閲，即知該浜兩旁之地計有四分之三已經絶租與洋商管業。現在擬租華人之地，爲數無幾。應照前議辦理，非公董局商肯各地主將地租定，經本總領事函知執事後决不動工，合亟函請查照爲荷。

縣知事吴來函法公董局劃用馬義涇浜築路案抄送往來函稿文民國二年一月二十一日

逕啟者。法公董局劃用馬義涇浜築路一案，前接法副領事函稱，該處業户地價已由公董局補付清楚，並抄送該業户收據前來。當經函復，該浜中間一段未完路工，應准通融接築，藉便開通，並聲明嗣後無論何處不得援以爲例在案。用將敝處及法領來往函稿抄呈，即希察照備查可也。

法總領事致縣函

啟者。一月二十一日，接展來函，爲公董局劃用馬義涇浜孫廷貴、賈懷新之地尚未付價等因，本副領事當即飭查，得悉來函所言屬實。此事實係本副領事憑信公董局一面之詞，致有此悞。現已飭據公董局將劃用該二户地價銀兩付訖，抄呈孫國昌即孫廷貴、賈季英即賈懷新收據前來，查驗無悞。前項地價，既已付清，事已妥善，合將抄據二紙，送請貴知事查閲，迅爲見復，以便公董局興工築路爲荷。順頌日祺。一月二十五日。

縣復法總領事甘函

啟者。日前接准貴副領事李君來函，並附抄據二紙，均經察悉。法公董局劃用馬義涇浜孫廷貴、賈懷新業户地皮，既承查明，已由公董局補付地價，接洽清楚。所有該浜東至華龍路、西至金神父路中間一段未完路工，應准通融接築，藉便交通。惟地在租界以外，此係顧全睦誼，變通辦理，嗣後無論何處，不得援以爲例。用特切實聲明，即希貴總領事查明，轉飭公董局知照爲荷。此致。法總領事甘。一月二十七日。

會丈局來函須塘涇案德商倍高願繳價添租中間水浜歸入契内文民國元年五月三十日

啟者。接准德領事來函，以德商倍高劃租法册一百五十四號契併入德册三百五十六號契内，並繳價添租中間水浜歸入契内，將新舊契送局轉請蓋印等因。准此，查該水浜即二十七保七圖内之須塘涇本不入德、法兩契之内，由該商填平，另在馬路下砌造溝管。經錢紳福田等因水利攸關具稟前滬道止契奉飭會縣往勘。錢紳等必須飭令開還原式，而洋商則堅請繳價。至今三年，迄未解決。該處歸貴廳管轄，用特照録德領事來函，送請察閲。此案全卷均存舊道署，即祈調卷查核，並會商錢紳福田等如何辦理，希見復以便轉達。

附抄德領事函稿

啟者。德商倍高劃租法册一百五十四號契地併入德册三百五十六號及填平水浜一事，現在已延三年之久，迄未辦結。而此事之最要關鍵，即該浜是否可入契内。據德商倍高稟稱,此地西半浜係向法公董局購買,有法文出租契爲據,故必將該半浜入於契内等情。而劉前道函敘,該處紳董謂須塘涇水浜係通潮公河,關係民食水利,不能填塞,亦不能另做水管,請飭令德商倍高仍照原式,將浜開通。云云。本繙譯官前者屢次與劉前道商酌辦理,嗣因倍高與該處紳董彼此均不允准,以致迄今未能了結。但此事必應從速辦結,故特函致貴局辦理。查該處紳董謂水管雖可通潮,難保不無阻塞一節,恐無此事。緣該水管之水,實較前暢行無阻,刻已三年,該處民人並無一人謂該水管築做不善,且經前上海縣暨貴局與本繙譯官曾往查勘。該水管確按極好式樣做成,與該處與情並無不順。況該水管係由法公董局築做,縱將來或有阻礙之處,亦應向法工董局辦理,與德商倍高並無干涉。查須塘涇水浜之一半,係由倍高向法工董局購買,倍高即係業户,應有權索將該地入契。現該浜業經填平水管、安於馬路之下,水甚通行無阻。刻下該浜已經無有,則其餘半浜有何用處?況該半浜無人能用,不過倍高因在兩租地之中,惟伊可以使用。現在最妙之法,莫若令倍高將其餘半浜升科,應酌定一價,即將該升科之款暫存貴局。似此辦理,則此事即可從速完結。查按一千九百十年四月十二日會丈數目,該地共二畝二分六毫。兹將此項租地歸入德册三百五十六號契内,仍列德册三百五十六號。另立上中下新契一套,備函送請查照,希即轉請蓋印,並附送法文出租契一紙、法册下契一紙、德册第三百五十六號舊契二紙,望即見復可也。

復會丈局函須塘涇案鄉民意見仍照前議將溝管先行築直文民國元年六月五日

敬復者。接奉惠函,准德領事來函,云云。以便轉達等因,並抄件。查須塘涇並不在租界之内,當時先未商明,本不應貿焉填塞。前清道於宣統二年間檄縣會勘,該處鄉民堅請開還原式,以通水利。雖德署巴繙譯官商將溝管築直,裝在浜之中心,上面鋪平作地,並請繳價歸入契内。鄉民迄未允許。此次奉函後,即請錢福田君勸導鄉民,以從前該洋商即請將溝管築直,現在不如仍令其照前議而行。至所餘之地,應否升科,俟溝管築直工竣後再議。錢君已力任勸導,應請尊處轉復德領事,轉致該洋商,務將溝管先行築直,俟工竣勘明後,所餘之地應若何辦理,再行核議。專復。

致縣民政長吴函營業公司價買方門涇西首基地即以地價銀充砌築比德學校北首石路工費文民國元年七月三十日

敬啟者。據公民錢福田、吴忠沂、陳聯章函開,二十七保七、五兩圖中間之界浜名方門涇,有兩處於四五年前被五圖早經填斷,轉立道契。西首一處已有洋房一所。查方門涇一浜,東有東漊浦達蒲肇河,西有西漊浦達蘇州河,中間又有須塘涇。該方門涇雖被填斷,於水利無大關礙。兹有營業公司於該處洋房東隔間購地一方,其地跨七、五兩圖中間,是方門涇公浜兼有公路。因函致該公司將該浜路之價照數扣留,現丈見四分六釐五毫,計價銀四百六十五兩正,呈上察收,請飭工程處將市立比德小學校朝北至寶昌路之泥路築砌石片,以便學生人等往來。所有工費請即將繳上之款開支,倘有不敷,再行籌措等情,並附圖前來。查方門涇有兩處早經填斷,錢君等請以營業公司所繳地價爲築路之用,誠屬以公濟公，價銀業已收到，合行奉達，請察核備案施行。專肅。

法電車公司顧西業來函修理西門外斜橋工竣要求主權文民國元年九月十六日

敬啟者。按查一千九百十一年十一月二十八號民國駐滬民政總長李君鍾珏與法國總領事官拉巴第君議妥，由董家渡法自來水廠至法界之中安置新水管等工程。查此項工程業經告竣，兹又函達者其斜橋一分之水門汀橋工亦已告竣，此次係全由敝公司出資修建並係敝公司之主産也。專此。

復法電車公司顧西業函駁正西門外斜橋主權文九月二十一日

啟復者。接本月十六號來函，藉悉一切貴公司安置新水管，經過斜橋一部份，用水門汀砌就。此項工程係專爲安埋新水管，其費用自應由貴公司擔任。該橋在市區域界内，爲本廳所有權。如來函云出資修理，即以爲貴公司之主産，本廳不能承認，特此奉復。

縣知事吴來函法商奥乃爾租地籌商辦法文元年十二月二十四日

逕啟者。法商奥乃爾租地一案，日前函達台端，請將該法商願讓劃築馬路一條，貴市廳能否承認，承認後該段路工何時可竣等情，諒已具邀省覽。並以該租地上前由該法商裝置電燈水管，有礙華界水電公司營業權限，函致法總領事飭令奥乃爾先行拆除，再商辦法去後。兹接喇總領事復函所商各端，尚稱公道，似可照允。鄙意擬即答復，並再切實聲明，將來中國水電公司如通到該地，該法商應將原裝水電各管拆除，取用中國水電公司水電，不得藉詞推諉。此外，無論何人，不能援照辦理，以示限制。用將此次法領及敝處來往函稿抄送，即祈察核。如此商辦，是否允當，並希查照前函所商築路各節，一併速賜示復，以便轉復法總領事可將此案辦結也。專佈。

附抄函稿兩件

致法總領事函

啟者。日前李副領事來署面談，法商奥乃爾前租二十七保四圖徐聖友地一案，現擬轉契，並云該地原劃有馬路一條，奥乃爾亦願送與中國，聽憑築路等因。查原業主徐聖友購地時，本知該處須築馬路，故購地後，情願劃出馬路一條，預備將來市政廳築路之用。又查該處造橋及建屋均經由徐聖友業主具名請給照會，照會上註明劃出馬路地皮是築路之地，早經徐聖友承認劃送。至轉契一層，當時具名購地，係屬華商，是以田前縣迭據前上海城自治公所函致貴總領事阻止該法商轉契在案。兹李副領事重申前議，敝民政長爲敦崇睦誼起見，允爲變通辦理。惟查該地上前由該法商裝置電燈及自來水管，此與中國水電公司營業權限甚有妨礙，應由貴總領事飭令該法商奥乃爾先將電燈水管拆除，再行商辦一切可也。特此奉達，即希查照見復爲荷，順頌日祉。名正具。十二月十九日。

法總領事復函

啟者。十二月十九日接展來函，以日前李副領事來署面談法商奥乃爾租徐聖友地一案。該地原劃有馬路一條，奥乃爾亦願送與中國，聽憑築路等因。敝民政長爲敦崇睦誼起見，允爲變通辦理。惟該地上前由該法商裝置電燈及自來水管，此與中國水電公司營業權限有礙,函請飭令先將電燈水管拆除,再行商辦,函達見復等因。查來函所言各節,與李副領事前在貴署所議各節均屬相符。嗣貴民政長來署所議各條如下:一、法商奥乃爾情願讓出租地北邊之地,送與中國,爲築路之用;二、中國應許此地將來定築馬路,隨時修治平坦;三、該商轉立地契,此地不入地契之内。至電燈水管,本總領事亦知與中國水電公司營業有礙,惟中國水電公司此時均未通到此地,該商祇得將電燈水管仍留應用,將來無論何人斷不能如此通融辦理。因華界既設有中國公司,自應取用中國公司水電。以上各條,即貴民政長與李副領事當面議定之事。查此案如此辦理,亦甚公道。本總領事爲敦睦誼起見,所以亦願照此辦理,合亟函復貴民政長,請煩查照,是否彼此意見相同,即希示復,以便將此案妥速辦結爲荷,順頌日祉。名正具。十二月二十三日。

復縣知事吴函法商奥乃爾租地辦法請主持商定文元年十二月二十三日

敬復者。本月二十四日,奉大函録示法商奥乃爾租地一案,與法總領事往來函稿祇悉。此案既承縣長面晤法總領事磋商辦法,當悉聽鈞署主裁。惟該地上前由法商裝置電燈及自來水管,此與中國内地自來水公司及電燈公司營業均有妨礙。目下中國公司水電尚未通到,法商所設電燈、自來水可以暫不拆除,將來中國自來水及電燈兩公司如通到該地,該法商應將原裝水電各管一律拆除,取用中國水電,不得藉詞推諉。此外,無論何人不能援照辦理,以示限制。至承詢該段路工何時可竣一節,該路現擬先築泥路,當於明年春間動工,合併奉達。專復。

法總領事來函法公董局擬在徐家匯路北購地築路請訂期會勘文民國二年二月十八日

敬啟者。法公董局爲公衆利便起見,往往不惜巨款,興辦各種工程,以期租界住民安居得所。然振興地方,當以辦理交通事宜爲急務,法公董局知其然也,業已開闢多數馬路,便利居民,推廣營業,然拘守成法,終難得完備之效果,因此不得不想懇貴市政廳出爲相助。查在徐家匯路、金神父路、畢填路,計全路及寶昌路之間空曠之地甚多,但污穢不潔,毫無出路,實於衛生有礙,宜在該處多闢馬路以便交通。法公董局業已預備巨款,擬照時價購買該處曠地,惟恐該處居民誤會,罔生蜚語,出面反對,因請貴市政廳預防一切,以安衆情。法公董局將恃其應有之名分,向該處地主購買築路應用之田畝,惟均主和平交易,決不以勢力從事,且該地主等即可得善價以出售。因將以上情形報告貴總董,並祈轉告各議董,敝董事局甚願貴董事會訂定日期,至該處會同勘驗。想所請之事,貴董事會决不推辭,且樂爲贊助也。日後如有相等之機會,敝處可效勞者,亦當有以報命。專此順頌日祉。

縣知事吴來函法公董局擬在徐家匯路北購地築路請定期會勘抄送復函文二月二十八日

敬啟者。前接法總領事洋文公函譯悉。公董局擬將徐家匯路、金神父路、畢填路、奇齊路、寶昌路之中荒地照市價買就,建築支路,以便交通,請訂定日期,會同勘驗等因。當經查核函復,合將函稿抄送台閲,以備查考。專此順頌日祺。

逕復者。昨接貴總領事法文公函譯稱,徐家匯路、金神父路、畢填路、奇齊路、寶昌路之中荒地頗多，公董局擬將其地照市價買就，建築支路，以便交通與市面，此爲公益起見，擬約一日期會同往勘等因均悉。查開馬路與市面可使荒地附近業主行人同受公益，本知事亦有此意，與貴總領事所見正同。惟徐家匯路及寶昌路中間荒地甚多，未知係指何處。來函過於簡畧，尚祈指明地段坐落方向，以便與市政廳妥商規畫。如果毫無窒礙，可由市政廳勘度開築，藉便交通。俟商定後，再行約訂日期面談一切可也。先此佈復，即希查照爲荷。順頌日祉。民國二年二月二十五日。

致縣知事吴函法公董局僱人在潘家木橋西首公共義塚上掘泥抛露屍骨請照會飭阻文民國二年一月三十日

敬啟者。准本廳西區區董函開，據市西區鄉民代表錢福田、陳聯章、吴忠沂等函稱，據二十七保二圖地保康桂堂及鄉民康子英、錢文岐、何雲祥、毛凌雲、黄殿英等來述，伊圖内有公共義塚一方，坐落該二圖讚字圩第一百八十九號内，即在潘家木橋西首徐家滙路北邊，計免科地四分八釐三毫。現忽有法工部局洋人僱小工，於該義塚上掘泥，將尸骨抛露，不忍目覩，請爲保全等情。竊思該義塚地即係免科，是市有之公共義塚，且在租界以外，該工部局何得任意竊掘塚泥，抛露尸骨，實屬毫無人道主義。爲此特請台端函轉市總董，轉請縣知事迅速照會法領事，即飭該工部局立即遏止掘塚，並將抛露之尸骨復泥埋葬。一面並飭工程處協同該二圖地保勘明該義塚四址，立石禁止侵掘等情轉函到廳，請察核等因。除飭工程處即傳地保協同履勘陳明核辦外，爲特函達，應請察照，准予照會法領事即飭該工部局諭止掘泥，復還原塚，以示保全，實爲公便。

縣知事吴復函法人擅掘塚泥事抄送與法領事往來函稿文民國二年二月四日

徑啟者。前接來函，以接西區區董函據二十七保二圖地保等稱，圖内有公共義塚忽被法公董局洋人僱小工在該議塚地上掘泥，請爲察核阻止等情。當經函致法總領事查照，迅飭法公董局立即停止掘泥，復還原式去後。兹得復稱，業已飭局遵照，相應將來往函稿抄送，即希察閱，轉飭該圖地保人等知照可也。

致法總領事公函第五十六號

啟者。頃據上海市政廳函稱，接西區區董函轉據二十七保二圖鄉民地保等稱，圖内有公共義塚地一方，坐落潘家木橋西首徐家匯路北邊。現忽有法公董局洋人僱小工在該義塚地上掘泥，致將屍骨抛露，不忍目覩，懇爲保全，復還原式，爲此函請察核阻止等情到縣。據此，查該處義塚地自有主管之人，法公董局何得任意僱工掘泥，侵害地主權柄，而且暴露屍骸大乖慈善。合亟據情函達，即希貴總領事查照，迅飭法公董局立即停止掘挖該處塚泥，其抛露屍骨，應即妥埋完好，將泥復還原式，是所切盼，事關善舉，並望迅查見爲荷。此致。法總領事甘。

法總領事復縣函

啟者。昨展來函，以接西區區董函據二十七保二圖地保等稱，圖内有公共義塚坐落潘家木橋西首路北。忽有公董局洋人僱小工在該義塚地上掘泥，請察核阻止等情，函請迅飭法公董局立即停止掘泥，復還原式等因。准此，當經本總領事飭局遵照，慎重義塚善舉，不得再有前項掘泥情事矣。合亟奉復，即希貴知事查照爲荷。順頌日祉。甘司東片。二月四日。

致縣知事吴函英商僱人擅挖淡井廟路邊河泥請交涉阻止文民國二年一月二十四日

敬啟者。據本市政廳西區分辦處區董函開，據西區鄉民代表錢福田函稱，兹有二十七保六圖地保張其祥、五圖地保沈韓嘉、淡井廟僧慧德及鄉民十余人來述，十二月十九日十句鐘有英商小馬立師僱一不識姓名之洋人，率領小工多人，將金神父路毗連之淡井廟路邊河泥挖挑，以填小馬立師之花園基地，若此河挖深，路必坍陷。二、五、六等圖數百家人民礙於出入等情，爰由陳雲堂先生即從該地保等同往該處向該洋人説明理由，勸其路邊河泥不可挖去。該洋人非但不聽，竟極恃蠻聲稱嗚捕拘至捕房管押等語。衆情憤恨，勢將沖突，幸陳雲堂先生和平説解得免。竊思淡井廟路河在二十七保六圖内，在法租界以外，又不在該英商租地之内，若任其竊挖路，勢必坍陷，鄉民出入爲之窒礙。爲此特請台端，即將此節轉請縣知事照會領事，迅飭該洋人小馬立師立即停止挖挑淡井廟路邊河泥，並將挑去之泥復還原處，以維路政而安民心。並飭知該洋人自不得恃蠻妄爲，以保治安等情，合行函請照轉等因。查淡井廟路在租界以外，該洋商擅挖河泥，非特坍陷堪虞，且與主權有礙，大拂輿情，恐生沖突，合行據情奉達，並附地圖一紙，懇請迅賜照會英領事迅飭停挑，並將已挑之泥復還原處，以安衆心，是所企禱。專泐。

縣知事吴復函英商擅挖河泥事業已照轉即查明該處河道情形酌定辦法復縣核轉文二年二月十日

逕啓者。前接來函，以西區二十七保六圖以内淡井廟邊河泥現爲英商小馬立師僱工挑挖，妨礙該處公路，鄉民等阻止不聽，恐啟沖突，函請察核禁阻等情。當經轉致交涉使，請即照會英領，迅飭該洋商不得越界擅挖該處河泥，並將已挖之泥填復原處，以慎交涉而保治安去後。兹准交涉使函開，頃接英領函稱，接上月三十一日來函，以英商小馬立師在淡井廟側小河挑挖河泥，囑爲阻止，並附地圖一紙，當經轉知該商去後。兹據小馬立師面稟，是日挖泥僅有二句鐘時，即有該處董事出頭攔阻，本商不欲相争，是以即時停工，至今並未工作。此事蓋因該處小河向來可行小船，乃因日久未挖，河泥淤塞。前數年，本商曾與法國神父商同將河内泥土挑挖，動工有十余日，未見有一言干預者。現在此河又淤，小船不能行至其處，故本商又欲將其挖深，須知此河切近本商，地産應歸本商開挖。至於相連之小路自應照舊保存等情前來。本總領事查鄉間小河向來均歸地産鄰近之主修挖，以便開通水路。此河靠近馬立師地産，若該商不挖，河更淤填，是馬立師此舉不惟有理，亦且應爲應請轉上海市政廳傳諭該處人等勿得攔阻，且相維持，並祈示復，以便轉告馬立師再行挑挖而便公益等因。查此案前接上字第四十八號公函，當即函致英領轉飭該商停挑河泥，並囑函復。兹接復函，前因究竟該處河道淤塞，應否挑挖，或由鄉人自挖，免令外人藉口，實在是何情形，仍盼查明速復爲荷等因。准此，查該處河道是否淤塞，應須挑挖，以便開通。英領函稱各端是否屬實，交涉使函云或由鄉人自挖，免令外人藉口之處。應否照行，用特函佈，即祈察照查明該處河道情形酌定辦法，刻日見復，以憑轉致爲荷。

復縣知事吴函英商擅挖河泥案已查明淤浜飭工修治文民國二年二月二十二日

敬復者。二月十號函示,以本廳函開西區二十七保六圖以内淡井廟邊河泥現爲英商小馬立師僱工挑挖,妨礙該處公路,鄉民阻止不聽,請察核禁阻一案。當經轉請交涉使照會英領飭阻,旋准復述英領函復各節到縣。查該處河道是否淤塞,應須挑挖,以便開通。英領函稱各端是否屬實,交涉使函云或曰鄉人自挖,免令外人藉口之處。應否照行,即祈查明該處河道情形辦法見復等因。當查該河南通肇嘉浜之帶浦橋,東接金神父路,業已填塞改築瓦溝,溝盡處即係小馬立師地産,平時轉運花木雜物,全賴此河之便利。因近溝一段淤塞頗甚,遂自僱工挑挖。惟河旁小路鄉人恐其挖深坍卸,以此嘖有煩言。河自金神父路以東悉已填塞,所餘一半兩邊盡係農田,果能一律開通,頗於公衆有益。查淤塞者祇小馬立師門前一段,本廳已知照工程科飭工往治,不令淤填,如有岸泥塌卸之處,亦即一併修治完固,合行奉復,即祈察照核轉施行。

呈縣知事吴法公董局開闢徐家匯路商將陳涇廟拆屋讓地並在陳涇廟公共義塚掘泥請繳償拆造費及泥價文民國二年七月十四日

爲呈請事。據市西區公民代表錢福田函稱,接法工部局來函内開,已與陳雲堂、吴正甫、康子雲諸圖董商允開會,商議將陳涇廟基地劃去一角,讓與法工部局開闢馬路之用,已將情由同工程師商准,拆牆改造費約洋一百五十元,其地價每畝作二千兩算,計地四釐二毫合元八十四兩。如或不願領價,其拆牆改造費由工部局償還。今將寄上樣子一張,祈交諸圖董查收等因。竊思陳涇廟係二、四、五、七各圖公産,非二三人所得擅專,爰邀同七圖陳聯章、吴忠沂、五圖韓裕坤、夏維則、四圖趙秉圭、二圖康文鈺等邀集各該圖民人,於陳涇廟内由公衆議得法工部局開闢徐家匯路係公益之事,准將陳涇廟讓進。查陳涇廟前之徐家匯路基地均係廟産,從前並不領價,而今允准劃去一角廟基,計地四釐二毫,照前不領地價。惟陳涇廟拆讓改造,計舉動廟屋七間,其拆造費實需銀四百二十兩。又有陳涇廟公共義塚地一方,坐落廿七保二圖讚字圩第一百八十九號,計免科地四分八釐三毫,即在潘家木橋西首徐家匯路邊北,於今年元月間被法工部局僱工在該義塚上掘泥,曾由福田等代請貴總董轉請縣知事照會法領事飭工部局停止掘塚等情在案。無如該義塚地之泥已被法工部局掘去計三百五十一方有零,每泥一方時值價銀洋九角,共計合銀洋三百十六元。若法工部局得能先將以上兩項如數交於市公所收存,然後僱工將陳涇廟屋七間拆讓改造,否則不允將廟拆讓等情。爲此函請轉請縣知事照會法領事,飭令該工部局務將陳涇廟拆造費銀四百二十兩,又掘去義塚泥價洋三百十六元,一併交於市公所收存,即通知該諸圖董擇日僱工,將陳涇廟屋七間改造,以便公益而順輿情等情,並附草圖前來。查法工部局因欲開闢徐家匯路,商將陳涇廟拆讓劃地四釐二毫,既經該圖董等公議,顧全公益,不領地價,惟拆造廟屋費銀四百二十兩自應償還,又法工部局前在陳涇廟公共義塚上掘去塚泥,該泥價洋三百十六元,並在應償之列。合行據情呈請照會法總領事飭知法工部局查照,將上兩項應償之費繳送鈞署,轉發到廳,即行轉知該圖董將陳涇廟屋拆讓改造,爲此呈請察核施行。謹呈。

縣知事吴函送法領事交到陳涇廟拆屋掘泥及同仁輔元堂遷塚等費轉知分别給發文
民國二年九月十日

敬啟者。案查西區陳涇廟拆造廟屋及公共義塚上掘去塚泥等事,應償費價函致法領飭局繳署轉發一案,當經去函抄送查照在案。嗣據唐姓族人唐仲霞等呈復,業經邀集族人,議得唐家廟房屋拆改讓進,非需費銀三百兩不辦等情,又經函轉去後。兹准法副領事德函開准函,當經本副領事轉飭知照。兹據法公董局送到唐家廟拆房費銀三百兩及陳涇廟拆屋費銀三百兩,又同仁輔元堂義塚遷費銀三百兩,共銀九百兩。又潘家木橋西首挖取泥土,照從前議,定價費洋三百十六元,一併照送,請爲轉交等情前來。合將送到東方匯理銀行銀票一紙,計銀九百兩,又鈔票洋三百十六元,一併函送,即希查收,分别給領見復等因。計送銀票一紙銀九百兩,又鈔票洋三百十六元到署。准此,除貼償唐姓家廟拆屋費銀三百兩,已由本公署飭傳該族人唐仲霞等來署具領給發外,其陳涇廟拆房費銀三百兩,同仁輔元堂義塚遷費銀三百兩,又潘家木橋西首挖取泥土價費洋三百十六元,一併送請貴廳查收分别給領,並希分别知照速即動工,以昭信實,仍取具領紙復備查考。專肅。

致縣知事吴函法公董局續遷果育殯舍西面義塚請予交涉文民國二年十二月十三日

敬啟者。頃據慈善團經協理函開,敝團徐家匯路果育殯舍西面之義塚前於九月十一日准貴廳奉縣知事准法副領事飭據法公董局送到,遷去棺柩一百五十具,計遷費銀三百兩,即經照辦在案。兹於昨夜七時據司友葉倫五君報告,該處義塚現由法公董局因有礙路線再須遷去五尺,並無函商,硬欲動工等情。當於今晨六時趕速遣派葉君到彼查勘,擬告以事關規約,必得由團報告市廳交議公決等情。不意該西董恃蠻不理,無可分訴,聲稱該塚須立時遷動,若不照辦,由彼自行飭遷。云云。敝團以交涉重大,未便過於激烈,只得允予遷動。合亟報告,希即轉請縣知事速予據理力争等情。查法工董局商遷徐家匯路義塚一事,當時曾有圖樣,由黄輯虞先生交來閲過後,即送還未審。前次所遷義塚,是否照圖樣内應遷之範圍遷去,現在法人又欲再遷五尺,是否軼出範圍之外,請迅飭查明察奪辦理,是所至荷。

至縣知事洪函查復法公董局續遷果育殯舍西面義塚畝分請補償遷費文民國三年一月四日

敬啟者。徐家匯路果育殯舍西面之義塚,由法公董局續行侵佔一案,經前縣知事函准法總領事飭據公董局復稱,此次放路佔用塚地,未照原議,實被工頭所誤,業已申斥。應償遷費若干,由局照數補償等因,函復到廳,即經函轉慈善團查復。兹據復稱,該處塚地前經遷去四分九釐一毫二,曾由貴廳轉發該局交來遷費銀三百兩。此次續又遷動,丈見長形地基,合計四分四釐四毫。核與前次所遷相去無幾,應請轉復縣知事查照前案,再由該公董局補償遷費銀三百兩等情。合行奉達,即祈飭檢原卷,照會法總領事,所有法公董局此次續遷該處義塚應補償遷費銀三百兩,即飭該局備款送縣發廳轉交慈善團收入,是所至荷。專肅。

縣知事洪令法公董局續遷果育殯舍西面義塚案允償遷費文民國三年一月十六日

案查法公董局遷築果育殯舍西面之義塚一案，前據來函，業由本公署函達法總領事在案。茲准法總領事甘函開，接展來函，以公董局放路佔用塚地四分四釐四毫，經函致上海市總董轉知慈善團查復，請再由公董局查照前案，再由公董局補償遷費銀三百兩等語，函請查照飭知等因。業經本總領事飭據公董局遵照償費，合亟函復，即希查照，飭知市總董前赴公董局收取可也等因。准此，合行令知該總董，轉知慈善團前赴公董局收取償費，以結前案，盼切。此令。

呈縣知事洪法人越界翻築法華路擅豎界石文民國三年二月十一日

爲呈請事。據二十七保七圖地保陳介堂呈稱，竊身圖内法華官路一條，前被法工部局僱工翻砌，當經身於元月六號具呈聲明在案。現今工部局洋人又將法華官路東至潘生橋六圖，西至八字橋五圖界，放闊築路約有五六丈之譜，並在新築寶隆路口豎立界石數塊。身事關圖内，除呈明縣知事外，陳請鑒核等情。查前據核地保呈報法工部局越界翻砌新築寶隆路東法華官路，當以路權有礙，呈請照會法總領事諭止在案。茲又據呈報，東築至潘生橋六圖，西築至八字橋五圖，約有五六丈，並在寶隆路口豎立界石數塊等情。得步進步，侵越無已，應如何嚴重交涉之處，合行呈報，即祈察核施行。

批：據呈法工部局翻築官路等情已悉。查此案前據該圖地保呈報前來，業經派員履勘屬實，候彙案函請外交部特派江蘇交涉員設法交涉可也。此令。一月十三日。

南市華商電車案

内地電燈公司籌辦南市電車稟送辦法文民國元年二月二日

敬稟者。竊查内地電燈公司開辦時正城自治公所議會提議於南市創行電車之時，故訂購電機，爲合於電燈、電車適用之直流電，燈少路近，以直流爲省費，將來線遠燈多，改用交流電。此種直流電機即以專行電車，實爲雙方並籌之計。目前電燈營業日漸發達，世界氣象日新，改用交流電期已不遠，似宜先於電車，一面預爲籌畫，況法界電車已獲大利，英界成效尤爲卓著。本埠實業家及公司股東無不躍躍欲試，誠以大利所在，急起直追。原屬營業家分内之事，倘長此不謀，或啟外人覬覦之心，時不可緩。故亟擬辦法八條，列摺呈請鈞鑒，是否有當，仰候批示祗遵。實爲公便。

擬籌兼辦電車事宜

計開

一、内地電燈公司新舊兩廠，共有大小直流電機四座，大者兩座，在自來水廠，專發電燈。現計祗用全力五分之三，餘力尚多。小者兩座，在紫霞殿舊廠，現停不用，其力可勝電車八乘，適合南市試行電車之用，機器房屋均屬現成，無庸另行建造，股本藉此可省。

一、擬先招電車資本洋十五萬元，開辦時，先置電車八乘、拖車四乘，鐵質電桿、横擔等一百五十副，鐵軌十里。另覓近浦空地一方，建造停車場一所，並改建橋樑道路。

一、股本一半儘老股，一半招新股。

一、電車軌道由滬杭車站分兩路，一往西，通斜橋之法電車路；一往東，經滬軍營至黄浦灘往北至十六舖橋外灘，亦通法界電車路。此兩路爲發軔之始，將來達到拆城目的，浦江建造鐵橋，則軌道棊布星羅，其利未可限量也。

一、電燈、電車均爲公共營業，其資本大半寄於道路，故必需稟准予以專利年限，庶免别人攙奪。擬請於電燈、電車兩項一律得五十年之專利，則招股既易，而經理者又可放膽做事矣。

一、敷設軌道所經道路橋樑之寬窄任重必有改動之處，所需經費由電車公司擔任，將來辦有成效，尚擬在盈餘項下酌量報効公家，届時再行請示辦理。

一、電車與電燈同源異流，必須將界限劃清，庶新舊股東不致互有訾議，由董事局熟籌妥議，以昭公允。

一、自十六舖橋起至斜橋止，共分五站，每站收銅元兩枚。每日晨七時起晚十時止，每一點鐘每車來回一次，計每車每日來回十五次，每次坐車、拖車各一扯計至少二十人，每車每一來回可得銅元四百枚，十五次來回計得銅元六千枚。每日衹用坐車六乘，約可得銅元三萬六千枚，每日約合洋三百元，每月計合洋九千元，此電車進款之預算也。至各項出款，計日需煤十二噸左右，每噸以七元計每月需洋二千五百二十元。官利每月八釐計洋一千二百元，薪水、人工、物料、雜項等共約計二千元，約可月得盈餘三千元有奇，將來車多路廣，尚不止此。

答復：來牘並摺開辦法均悉。查電車軌道本在市鄉制公共營業範圍以内，英法租界創行於前，已著成效。該公司擬在南市試辦，事屬可行，既據具稟民政總長應候核示遵辦。此復。

内地電燈公司籌辦南市電車續稟請予專利文民國元年二月十五日

敬稟者。竊查内地電燈公司前因兼籌電車營業，曾將辦法清摺具稟呈請批准在案。兹因批示内未有專利字樣，恐於籌款前途或生阻礙，不得不將縷縷下情再瀆鈞聽。查電燈、電車與自來水等均屬地方公共營業，其資本大半寄於道路，自非得有專利文憑不足以杜他人之覬覦而顧公司之血本。且此種公共營業係有階級性質，電燈開辦有年，資格已深，獲利在即，稟請專利，尤爲亟亟。電車胎於電燈，英法各界成效昭著，自當急起直追，以速南市之發達，並非專爲公司獲利計也。乃人不加諒，竭力詆毁。因電力有餘而思籌款兼辦電車，則以爲嫁禍於人；營業發達而思擴充，則以爲開辦時即宜寬籌預備，不應臨渴掘井；電車應用直流，則以爲須用交流以變直流；籌添股款十五萬元，則以爲言之太少，能包辦否等語。種種危言聳聽，務達其破壞之目的而後已。公司雖不暇逐條辯駁，即就以上四條言之，以餘力行電車，事半功倍，便宜不少。欲另起爐灶之人聞之，自覺爽然若失，而對於新舊股東實有益無損。公司股本若能預計十年、二十年後發達情形而將擴充之款一次招足，固屬萬全。其如市面蕭條，何且逐步進行，亦屬營業公理。至電車所用之電，向爲直流，英法各界無不皆然，外洋電車有數百里遠者間用交流，此外皆用直流。可以就近調查，市景艱難，不得不切實撙節。因與著名有經驗之洋工師反覆討論，以定籌辦電車之款，實係省之無可再省之數目，與别開生面者不同。值此時艱款絀時代，不得不激發天良，但知與公有裨，罔顧其他，是即籌款添設電車之宗旨。惟此十五萬元之資本全係寄於道路，若不請予專利年限，不特招股維艱，恐有意破壞之人益肆其簧惑之言，使經理其事者岌岌不可終日矣。用敢冒瀆千請批准專利，不勝迫切待命之至。肅稟。

批：來牘閱悉。南市設立電車，前經核准在案。兹據稟請准予專利，自應酌定年限，以安營業。惟既據並稟，仍候民政總長核示祇遵。此復。二月二十四日。

呈縣民政長吴五族少年保國會誣指市長損失路權事妨礙名譽請確查證據核實辦理文民國元年六月十一日

爲呈請事。竊奉抄示五族少年保國會函，正在備復間，復接有誤會傳單，大致以法人將推廣電車，責市長之專擅允許，詈之爲民賊，稱之曰賣脫，閱之殊深駭異。查來函中本指羅家灣之徐家匯路，而傳單中則云南市未知究指何處而言，莫名其所以然，如係指羅家灣之徐家匯路，則實斷送於前清光緒二十六年余道聯沅之手。法人即於是年設巡捕房於羅家灣，路權、警權盡爲法人所占有，修路修橋無從顧問。總工程局於前清光緒三十一年冬成立，三十二年開放西區巡警。經總董等竭力與争，案牘累寸，前清道瑞澂抄送舊卷有悉其原委，當必頓足。並有如果可以收回已失之權，不惜摩頂放踵之語，亦可見往返函牘之苦心孤詣矣。嗣後，法人設電軌於方斜路，復竭力與争，函電紛馳。經前清外務部與法公使磋議，有中法合辦之説，幾至並未失之主權而亦失之。總董等堅持不可，此均有案可稽者。此次並未知有法人添設電軌之事，市長安得有允許之言。如法人於久已管有之路權而尚待我之允許而行，此真莫大之幸。乃該會言之鑿鑿，自必確有可憑，應請民政長調查證據，以昭核實。如以南市而言，則設立電車，前有美商不分畛域之請求，後有法領華滬公司之合議。經總工程局議事會决議，以購備電車、安設軌道，將來自行規畫函復在案。現在承辦集股者的係南市華商，並無洋商入股在内，此正爲杜絶外人覬覦起見，何得誣指爲外國人因利乘便之法？則統核來函及傳單，無非藉以聳動多人排斥市長爲快，而於事實毫不講求，非因挾嫌忌嫉何至於此？上海於光復之初，秩序頗極整肅。邇來浮言不靖，似此顛造黑白，摇惑人心，恐將擾害治安，演成慘劇，轉以增漲外人之權力。民政長有保護人民、維持地方之責，且於從前案據夙所深諳。如果於路權、警權不及之處，可以設法挽回，則錫綸甘拜下風，並當絶跡於人世。如其不然，則請民政長責令該會賠償損失之名譽。錫綸既未知該會之住址，並未悉主名者何人，用敢復陳，除呈滬軍都督、民政總長並請求議事會特開臨時會公議外，惟祈迅賜核察施行，以彰公道。謹呈。

縣民政長吴照會據五旅少年保國會復函指摘市長各節係屬誤會消釋嫌疑文民國元年六月十五日

爲照會事。案准貴市長呈以奉抄示五族少年保國會函，並接該會傳單，大致誣指市長擅許外人在南市及羅家灣之徐家匯路等處推廣電車等語，類多顛造黑白，摇惑人心，非因挾嫌忌嫉，恐將擾害治安，演成慘劇，轉以增漲外人之權力，呈請責令該會賠償損失之名譽等情,准即照録來文,函致該會查照,並令將發起人及職員姓名、章程會所如何何時成立各節開報去後。兹據五族少年保國會臨時會長周壽田函復稱,六月十一日奉到大札,載市長答復貴民政長雲南市並無允許法人開修電車之事。又稱徐家匯羅家灣路由前清上海道余聯沅所斷送。該市長曾同總董李鍾珏等竭力與争,無法挽回各情。據此,則敝會亦信該市長非賣路之人,尚有何嫌何疑不能解釋? 惟敝會前見《民立報》《新聞報》《民權報》均載南市電車該市長私許法人修築失地損權各等語。敝會見該市長許久並不函請各報更正,遂誤以爲真,故倉猝發佈傳單,係據該市長未經更正各報所發生,並非憑空揑毁、摇惑人心也。敝會發起者二百餘人,皆公正殷實諸家子弟,無一市井無賴廁足其中。謹將所擬會章送呈核閲,轉致該市長並請呈報滬軍都督、民政總長彼此因公並無私隙,以免誤會,實爲公便等情前來,並送該會章程到署。據此,合行照會貴市長,請煩查照施行。須至照會者。

上海民政總長李照會核准華商興辦南市電車文民國元年六月二十一日

爲照會事。前據内地電燈公司總理陸熙順稟送籌辦南市電車節畧,以英法各界電車均獲大利,本埠實業家及公司股東無不躍躍欲試,倘長此不謀,或啓外人覬覦之心,擬送辦法候批示等情。當查試行電車,原係市鄉制公共營業之事,且外人覬覦南市,欲辦電車蓄念已久。憶當總工程局成立時,有美商古納之函請及東方萬國公司之要求,均經議事會決議,復以南市電車日後當自行規畫,未便允許。此次華商自行籌辦,正以杜絶外人覬覦,故經本總長特許興辦批准立案。近聞外間議論頗不一致,應請貴市長於開臨時議會時將此事列入議案,請各議員公決追認,以息浮言而重實業。合行照會,爲此照會貴市長請煩查照,望切施行。須至照會者。

請以内地自來水公司貸款撥作地方慈善費案

市議長、總董會呈蘇都督請將自來水貸款撥濟地方慈善費文民國元年十一月五日

爲呈請事。竊上海内地自來水公司係在本市區域以内,前因原辦之劉學詢意圖售與洋商,經前清滬道蔡乃煌詳准籌還劉學詢成本銀一百二十五萬兩,收歸官辦。其中有劉學詢原欠大清交通等銀行之八十萬兩,又道庫直接交付劉學詢之二十萬兩,均令公司承認,公司遂有百萬之債務。但劉學詢交出地基、建築、機器等物價值僅四十余萬兩,以核蔡乃煌所斷成本,浮出約八十萬兩,以浮抵債,債僅二折,豈能責令五倍付息? 且遠近商民知該公司債臺高築,望而卻步,致該公司無法招股,勢成坐困,岌岌可危。自來水爲地方衛生第一重要事項,與本區域人民生命有密切之關係,斷無可以放任之理。而軍興以後,悉索之餘,商市既枯,民力亦竭,即此二折之價,亦尚未能擔負。此目前困難之實在情形也。上海光復之際,工商停滯,又舊腐敗機關同時取消,失業之人驟增無數,遠來流離者亦復不少,不得已就空地建築,急謀安插,弭患無形。嗣經因勢組織,分别支配丁壯習藝病發留養,漸改臨時爲經常。方事之初急,何能擇暫指公司所收水價撥濟,以安衆心。原係權宜濟急,豈知易發難收,竟成欲罷不能之勢。緣上海善舉向極浩繁,全賴官款補助,商捐接濟,善願樂輸。光復以後,官款無着,商捐鋭減,善願稀有,各善堂統計驟短數萬元之歲入,致舊有

善舉竭蹶萬分不可終日，何能更謀推廣？倘竟截止水價撥濟，使貧民一時失哺，即不爲慈善計，獨不爲治安計乎此，又目前極困難之實在情形也。枬等因本年市會更選，被舉承乏，目覩營業、善舉兩方面日日作恐慌之現狀，實爲地方莫大之隱憂。夙夜籌思，旁皇無措，惟有據實上陳，籲懇咨明財政、交通兩部俯准，將放存水公司之款撥作補助地方慈善之用，以安人心而維大局。在政府蠲一有名無實之債權，而地方得以自行支配，實於衛生有益，於善舉有益，於公共營業有益，於商埠保護治安尤有益，真所謂損上益下，民悦無疆者矣。此案經全體會議公决請願。查中國公學於本年七月間以經費困難，請飭營口、上海中國兩分銀行取消前清貸券，呈由教育部咨財政部覆准，抵作補助學款。又，該公學先經請撥滬道庫款，亦蒙孫大總統、袁大總統迭次批准，載在公報，均係先例可援。況本市處中外要衝，其慈善事業本非止一隅之關係，請願補助理由似更充分，當可仰邀允准，爲此呈請都督俯准核轉施行。謹呈。

縣民政長吴録令照會上海市呈請將自來水公司貸款撥作善費候分咨核復文民國元年十二月初九日

爲録令照會事。本月二十九日奉江蘇都督程指令，上海市議董事會呈請轉咨財政、交通部，將自來水公司貸款撥助由，奉指令來呈閲悉。應候分咨核復飭遵，仰上海民政長轉致遵照，此令等因到縣。奉此，除録令分别照會外，合行録令備文照會，爲此照會貴總董請煩遵照。須至照會者。

縣知事吴奉文照會上海内地自來水公司貸款未便改爲補助文民國二年一月二十八日

爲照會事。案奉第一百九十五號江蘇省訓令財政司案呈准財政部咨開准都督咨財政民政司會稱，據上海市議會議長姚文枬、董事會總董陸文麓呈稱，上海内地自來水公司前因劉學詢意圖售與洋商，籌還成本一百二十五萬兩，收歸官辦。查其中有劉學詢原欠大清交通等銀行之八十萬兩等項，均歸公司承認。當上海光復時，生業之人驟增，即暫指公司所收水價撥濟，竟成欲罷不能之勢。擬請財政、交通兩部准將放存自來水公司之款，撥作補助地方慈善之用等情前來。查上海自來水公司本係商業性質，不能牽入地方善舉。該公司借欠大清銀行之款確係借款，何能改爲補助？現在銀行清理正在急切進行，各處實業公司之與該行有往來者不一而足，此端一開，皆可紛紛援引。該清理處更恃何法催債？且銀行商存商股均歸中國銀行引受換給存單，數目甚鉅，所恃以爲抵補者全在收回各處欠款，多收一分，即公家少受一分損失。所有上海内地自來水公司欠借上海大清銀行銀兩請予蠲免一節，礙難照准。除該公司欠借交通銀行一節，應由交通部核辦外，相應咨覆貴都督即希轉飭上海市議會議長姚文枬等知照可也等因。准此，合行訓令該知事轉知市議事會、董事會遵照辦理，此令等因到署。奉此，合行照請查照辦理。特此照會。

縣知事吴奉文照會上海内地自來水公司款項請願補助未便照准文民國二年二月一日

爲照會事。案奉二百六十四號江蘇省訓令内開，財政司呈准都督轉交准交通部咨開准咨據民政財政司會稱，據上海市議會議長姚文枬、董事會總董陸文麓呈稱，竊上海内地自來水公司，云云。爲此呈請俯准核轉施行等情前來。除指令並咨財政部核復外，合併咨請貴部請煩核復飭遵等因,當經飭令交通銀行查復。兹據復稱,奉初六日函開准蘇督咨開,據上海市議、董事兩會呈請將存放自來水公司之款撥作補助,請部核復各節。查前滬道署印保自來水欠款結至本年十月份止,本息併計規銀二十三萬零五百二十兩,又規銀二十三萬五千六百三十三兩四錢九分,兩共規銀四十六萬六千一百五十三兩四錢九分,此兩款均係憑前滬道印信擔保,並非直接借與自來水公司。現因交通滬行有上海道署存款,已將此兩項指抵,業經呈部轉咨財政部飭知駐滬交涉使在案,未便再作補助該公司之款,應請據情咨復蘇督,轉飭該兩會知照等因到部,相應據情咨復查照轉知等因前來。查此案前准財政部咨復,即經訓令該縣轉致遵照在案。兹准前因,合再訓令該縣轉致該市議事會、董事會知照,此令等因到縣。奉此,查此案前奉一百九十五號訓令,即經照會在案。兹奉前因,合再照轉,希即遵照。特此照會。

議事會呈縣知事吴内地自來水公司款項請願補助案再將前呈内緊要節目提出呈請省長核示並請縣備案文民國二年三月九日

案奉二十四號、三十一號兩次照會,轉奉第一百九十五號、第二百六十四號江蘇省訓令各等因,循誦之下,敬諗本議會前以内地自來水款項議決請願呈報咨部一案,已經得有財政部、交通部之咨覆。當查本議會議决呈請原案,其中緊要節目約有四端。第一,自來水爲地方衛生最重要事項,與本區域人民生命有密切之關係,本會斷無可以放任之理。第二,自來水收歸官辦時,前清滬道蔡乃煌所斷成本浮出八十萬兩之數,全氏人民斷不承認。第三,應承認之二折債務,因軍興悉索、商民力竭,未能擔負清償。第四,此後水價盈餘,已經盡數指撥教養貧民善舉之用,關係商埠治安,斷難停撥。以上四端,已於前呈内切實詳細聲敘,呈蒙咨明財政、交通兩部自可仰邀公鑒。至請願補助一節,係爲無可如何之事所迫,又有巧相符合之先例可援,是以議決呈請。兹按交通部之咨覆,專指交通銀行之款謂,並非直接是銀行對於公司本不認有債權,即公司對於銀行業已免除債務,自可無庸再議。又,按財政部之咨覆專指大清銀行之款,雖云借款,何能改作補助?而對於事實之困迫並無方法解決,對於先例之援引並無理由駁辨,覆猶未覆,亦殊無從再議。本議會再四商榷,惟有將前呈内緊要節目再行提出,切實聲明,伏乞備案施行,除呈省民政長外,謹呈。

批:如呈備案,希候省民政長指令祗遵。此復。三月十三日。

市議事會呈縣知事吴駁復大清銀行清理處拒絶請願補助文民國二年七月五日

爲呈復事。案奉函開,案奉第一千八百三十五號省令,財政司案呈准財政部咨開准咨據上海市議會議長姚文枬呈稱,上海内地自來水款項議決請願呈部一案,財政部之咨復專指大清銀行之款,雖云借款,何能改作補助?而對於事實之困迫並無解決方法,對於先例之援引並無理由駁辯,無從再議,應聲敘原案緊要節目,並善舉未能停撥各緣由,請部備案等情到部。查此事關係商款,本部未便取決,前已令大清銀行總清理處核復專咨在案。兹准函開各節,自應仍由該總清理處核議,當即轉飭該處議復。兹據復稱,查上海自來水公司借款,本處急待籌還,無可蠲免理由,業於上年十二月初七日縷晰呈復在案。乃江蘇民政長咨據上海市議會呈稱,本處對於事實之困迫並無方法解決,對於先例之援引亦無理由駁辯,復猶未復,無從再議等語。在該議會所援之例,無非指中國公學呈請蠲免本行借款而言,殊不知自來水係營業之事性質本不相同,安可强爲比例?是該議會所援之例先無理由,何待置辯?況中國公學所請免予還款,本處並未照准,該議會所援之例,先無根據,更何待辯?若論扶持實業,出於政府捐款則可,銀行則向無此種章程,倘以借欠之款事後改爲補助,此例一開,無論有礙本處清理之進行,即此後之辦銀行者於此種之實業公司且相率而不敢放款,將爲中國實業前途之障礙。至謂水價盈餘,已撥作貧民善舉,試問該公司置債務於不問,而硬將盈餘改撥,世界寗有如是行善之人乎?總之,該公司事實無論如何困難,所借大清滬行銀四十萬兩無從豁免,且此項借款係前上海關道擔保,與交通銀行借款情事相同。交通欠款既以滬道存款抵撥,大清銀行借款豈能獨聽延欠?今該公司既無現款可撥,該經手人又無設法清了之意,應請大部查照前函,行咨江督,切實嚴催,飭令該公司將賬目宣佈,由股東並債權者雙方監督營業,期於鉅欠有着,相應函復大部查照核辦等情前來。查該處所復各節,均是實情,相應咨行查照,轉知該議會長知照等因。准此,合行訓令該知事即便轉致上海市議會查知,此令等因到署。奉此,合行備函轉致,即祈查照等因。奉此,查此案銀行雖有四十萬兩之債權,公司但有八萬兩之債務,因債款實收但有二成之故,此爲前呈聲明原案緊要節目之第二端,早經詳晰敘述,自可無庸複贅。所請擬作補助,即指此二成八萬兩而言。原案議決請願,本係對於政府,並非對於銀行。此次清理處駁辯之詞,未免隔膜。該銀行股本,官款、商款各居其半,此次部文交處核議,專指商款,明僅二成折半四萬兩之關係。此四萬兩之債務,清理處既表示不能免除之意思,本議會自無强硬請求之理,何用斷斷?但前呈援引中國公學先例,本議會自以爲理由充分,清理處亦無判爲無理由之權,況該公學呈請取消前清貸券,部復准作補助,案牘昭昭,非可强辨。清理處若非於事實上收回原款,豈能於名義上消滅部案,空言争辯,詞費無謂。至自來水爲地方衛生重要事項,關係全區域人民生命,自治機關應負責任,不能認爲商業性質,此爲前呈聲明原案緊要節目之第一端者。若清理處藉口債權不依法律,横加干涉,侵犯衛生要政,破壞地方自治,全市人民絶對不受,合再切實聲明。總之,彼此辦事應以誠實信用爲主,否則徒勞無益。此本議會所願爲清理處忠告者也。爲此呈請核轉覆知,實爲公便。此呈。

批:如呈核轉,希即知照。此復。七月七日。

公産處置案

縣民政長吴奉文照會分别屬省屬縣屬市鄉之公産之性質及租借規則文民國元年六月十一日

爲照會事。案奉江蘇都督程第一百六十九號府令内開,據民政司稱各地方公有房屋土地,其性質有屬省、屬縣、屬市鄉之區别,亟應編訂詳章,明白規定,以資遵守。兹將編成《省縣市鄉所有房屋土地租借規則》十三條,印發各縣,合行通令該民政長按照定則,查明境内各該項房屋土地,呈報備核,此令等因,計發《省縣市鄉所有房屋土地租借規則》十三條到縣。奉此，合行抄粘照會貴市長，請煩查照。並希將該區域境内所有省有、縣有、市鄉有房屋土地刻日查明坐落、間數、畝分以及曾否租借與人、每日收入年租若干，繕具清册呈報，以便核轉，望切施行。須至照會者。

附省縣市鄉所有房屋土地租借規則

第一條　凡左列房屋土地屬省所有：

一、舊以全省經費購置者；

二、舊以全省名義募捐購置者；

三、舊係個人捐入，指定供作全省公共之用者。

第二條　凡左列房屋土地在未經國家法律規定以前暫屬省所有：

一、舊有之官署官地；

二、舊經收没入官者；

三、現在無主承管者。

第三條　凡左列房屋土地屬縣所有：

一、舊以全縣經費購置者；

二、舊以全縣名義募捐購置者；

三、舊係個人捐入，指定供作全縣公共之用者。

第四條　凡左列房屋土地屬市鄉所有：

一、舊以市鄉經費購置者；

二、舊以市鄉名義募捐購置者；

三、舊係個人捐入，指定供作市鄉公共之用者。

第五條　省縣市鄉所有房屋土地，其所有權之行使，以省行政長官、縣行政長官、市總董、鄉董代表之；省有房屋土地得委託縣或市鄉，縣有房屋土地得委託市鄉，代行使其所有權，但受委託之縣或市鄉以房屋土地所在爲限。

第六條　個人或團體代表租借省縣市鄉房屋土地向所有權者協訂租據，其要件如左：

甲、租借年期；

乙、租金；

丙、保證金；

丁、保存及修繕等費之負擔。

第七條　省縣市鄉互相租用房屋土地，以省行政長官、縣行政長官、市總董、鄉董爲團體代表，向所有權者協訂租據，其要件如左：

甲、租借年期；

乙、租金；

丙、保存及修繕等費之負擔。

第八條　依第五條第二項受委托而行使租借權者所訂租據條件，須得原所有權者之同意。

第九條　租借省縣市鄉房屋土地者，不得轉行租借。

第十條　省縣市鄉收入之房屋土地年租列入歲入預算表，充省縣市鄉地方行政經費。

第十一條　租借兩縣或兩市鄉以上所有房屋土地向各關係所有權者照第六條或第七條協訂合同租據，所得租金按照購置房屋土地時各關係縣市鄉所出金額之成數比例分配之，但無可比例分配者，協議分配之。

各關係所有權者得以共同意思依第五條第二項委托市鄉代行使其所有權。

第十二條　凡本章程所載所有權之行使以允許租借爲止。

第十三條　租借第二條所列房屋土地，如將來國家法律規定爲國有而所訂租據期限未滿時，其效力以法律施行之日爲止。

南市裁判分所移送查封小天台廟産文民國元年六月二十六日

爲移交事。案據南區警法理事處單解小天台僧人道明及佛婆張福壽、女尼功耀、女子高鶯兒等到所，訊得該廟僧尼混雜，且有聚衆賭博情事。除將該僧等按律懲罰外，查該廟本一廢廟，向無住持，游僧出入，聚散無定，以致窩賭藏奸，遂爲傷風敗俗之所。除查封外，應請貴廳收管，充作公用。兹特將該廟屋一所，並屋内物件單一紙一併移交，爲此合移貴廳請煩驗收，查照辦理施行。再，該屋方單俟查繳到案，再行移送。其屋内所存壽材三具，尚須飭領核辦，合併敘明，須至移者。

南市裁判分所照會發還小天台廟産文民國元年八月十四日

爲照會事。奉地方審判廳令開，案據同級檢察廳片稱，據僧人諦行不服南市裁判決，提出上訴，具狀前來。當批，候調卷核辦。兹准南市裁判所將原卷移送過廳。查核原判，將廟産發對，令諦行以自己所有權請求追還。查南市裁判所並無檢察廳，向歸貴廳直接管轄，將卷送請核辦等因。准此，復據僧人諦行委任代理人狄梁孫狀訴到廳。當經本廳長指派庭員審訊，據該代人呈出印契糧串，請求追還産業，暨發封各物。查核所呈各證據尚非虚造，自應依據《刑律》第四十條及《刑事訴訟律》第四百九十九條之規定，將没收之小天台廟産暨發封各物發還。除命令該僧人前往該廳呈領外，合就令行令到該所，即便遵照，迅即移會市政廳將廟産及查封各物，照單移交該所發還該僧諦行收領，仍將遵辦情形、發還日期呈覆備查等因到所。相應備文移會，爲此合移貴廳，請煩查照辦理。須至移者。

呈縣民政長吴請以求志書院房屋改作市立倉基校舍文民國元年十二月十五日

爲呈請事。竊本市政廳按照《市鄉制》第五條第五項之規定，設立慈善團爲市區域内各善堂之統一機關。經議事會訂定《辦法大綱》，其第十條載慈善團所有財産，責成該團經理協理分别清查，交董事會管理。查小南門内求志書院係白糧倉舊基，前清光緒三十四年十月間由李縣令照會同仁輔元堂董，以邑厲壇基址變價，充作改良自新、待質兩所經費。另撥公地抵還，即將小南門内白糧倉舊有基址，除已撥羣學會操場及救火聯合會建造鐘樓外，所有餘地盡數收管等因在案。求志書院房屋既爲慈善團所有産，本市政廳有管理之權,市立之倉基小學本擬以求志書院房屋爲校舍。因光復後有滬防營軍隊借駐在内,一時未便請遷,爰暫租羣學會餘屋爲上課之地。現在軍隊業已遷出此項房屋,應即由市政廳收回,改作倉基校舍,未便移作他用。合行呈請,爲此呈祈核准示復遵行。須至呈者。

批:披閲來呈,詳稽檔案,查二十五保十六圖長字圩一百號册立倉署公所一分二釐、一百四十二號漕倉公佔十四畝七分五釐,又十一圖彼字圩五十一號册列五厫漕倉基地二畝五分八釐一毫,三共免科地十七畝四分五釐一毫。前因改建待質、自新兩所,以邑厲壇變價抵用,即將白糧倉基址除去已經撥用計餘地三畝四分八釐八毫調換應歸市區慈善團收管。嗣准同仁輔元堂紳董呈復,以倉基地址多有遺漏,請將已撥未撥儘數查明勘丈,重繪圖説,分劃清楚等情到縣。又,經復飭亨耆將求志書院連操場五畝六分七釐五毫、羣學會連操場三畝八分五釐六毫、道署花園九分八釐九毫、房基地一畝七分八釐一毫,四共丈見地十二畝三分一釐,聲明救火聯合會用地係在浜南並未丈入等語在案。核與册載畝分大相逕庭,且求志書院是否全係民房改造,仰有佔用倉基在内尤須調核道署原建案卷,方可得見真相。救火聯合會用地更應丈入,以便核對册列各數。前次初丈、復丈兩圖均屬含糊,仍未分劃清楚,希候諭飭書保丈繪生按册通丈,究竟已撥若干,實在餘地若干,繪具正圖,再行照送收管。此復。十二月二十九日。

縣知事吴訓令收管白糧倉基餘地文民國二年四月八日

案據呈稱,前清光緒三十四年十月間,由李縣令照會同仁輔元堂董,以邑厲壇基址變價,充作改良自新、待質兩所經費,另撥公地抵還,即將小南門白糧倉舊有基址除已撥用外,所有餘地盡數收管等因。查求志書院房屋應即收回,改作倉基校舍,未便移作他用,呈請示遵等情到署。即先批復,一面諭飭書保暨丈繪生按照册列畝分通丈繪圖呈核。檢閲舊道署案卷,當時建造求志書院,係由馮故道捐款建設,基址雖有倉基,因不敷用,復購民地在内。考其性質,係屬縣有,調换厲壇原案聲明此項倉基除已佔用外,餘地盡數收管各在案。據呈前情,相應查案訓令查照,希將白糧倉基餘地照案盡數收管。切切此令。

呈縣民政長吴女醫張吴氏以婦稚醫院所收清淨庵餘屋捐作本市公産請過立户名文

民國元年七月二十日

爲呈請事。據女醫張吴氏稟稱,竊氏於前清光緒三十二年發起組織婦稚醫院,其時適有清静庵尼崇清同徒順蓮,慮學界之侵入,情願將該庵殿東餘屋兩進計八間兩披連同基地八分八釐七毫捐歸醫院,充作善舉,以保餘産。氏以該尼言之有理,深願贊成,當由尼稟請道縣核示,復由縣照會同仁輔元堂紳董,傳尼詢問,確係自願,由尼當場出立願助庵産據,覆縣核准,並由縣詳道批示備案,過户完糧,以垂永久。乃事甫過割,而該尼聽人唆使,乘氏立石動工,頓食前言,指東爲西,恃蠻霸阻。其無端翻悔種種不法行爲,氏念該庵地屬城區域,曾經控訴於南市裁判所有案,公牘具在,可爲覆按。總之,自此案發生,氏消耗幾許歲月,抛擲幾許心血,糜費千餘金鉅款。撫今思昔,良用慨然。與其受公産而不能達公益之目的,何如將公産交諸公家,而得公衆之心許。爲此,檢齊該地單據一紙、糧串三紙、道縣及南市裁判所批示兩紙、願助據一紙,呈請市政長核示,即將該産收管所有。氏孑然一身，所費不貲，早邀洞鑒，併懇逾格矜垂，酌償若干，藉資彌補。計呈田單一紙、糧串三紙、願助據一紙、批示二紙等情前來。查該女醫願以婦稚醫院户承糧管業之房地助充本市政廳作爲公産，力顧公益，深堪嘉許。至所請酌償從前費用，本難照准，惟念該氏從前所費甚多，當准酌償銀元五百元，以示體恤。除批示外，合行呈報，爲此呈請察核備案，並請飭承將該房屋基地過立市政廳户名，以便承糧管業。須至呈者。

批：來牘閲悉。前據該尼順蓮來案具訴，當經批飭，並照請查復在案。兹核該尼捐助稟詞懇切異常，嗣由同仁輔元堂紳董傳詢，又立情愿捐筆據。其爲出自本心可知，何能事後食言，希候如呈立案遇户承糧。此復。抄稿存。七月二十四日。

呈縣知事吴清淨庵殿東餘屋發回庵尼收管文民國二年五月二十七日

爲呈請事。竊女醫張吴氏於上年七月間來呈，願將清静庵殿東餘屋兩進計八間兩披連同基地八分八釐七毫捐入本廳，聲明該屋係該庵尼崇清從前捐歸婦稚醫院之屋，現願捐助公家，檢呈單據，請爲收管等情。經前市長核明，酌給該氏洋五百元，貼償耗費。並呈請鈞署，將該房屋基地過立市政廳户名在案。本月二十一日，沈君縵雲來廳，要求將該産仍發還庵尼收管，並偕前市長莫君前來接洽，請注銷前案。二十二日，並據沈函，謂該地爲菴中自産，非個人所能擅專，特爲籌墊洋五百元，以作賠償損失，請將單據發還等情。此案既經前市長來廳作證註銷，當將張吴氏原繳單據發回，合行呈報，爲此呈請察核銷案施行。謹呈。

批：如呈，將清静庵基地八分八釐七毫過立市政廳户名之案註銷，希即知照。此復。

西北城地方會來函保存拱宸門南城根翁仲石碑文民國二年二月　日

敬啟者。拱宸門内南城根向有劉氏古墳，墳前原有翁仲碑石等物，顯係前代鄉宦之墓。前因有人盜賣盜挖，經前清田令查禁，永遠不准變賣在案。兹據西北城公民函告，又有盜賣情事，囑爲澈底調查。云云。查該墓既有案可稽，似無庸再行調查，用將原函抄呈縣署，請即查案辦理外，理合陳請提交議案議決施行。專泐。

附原函

敬啟者。拱宸門内南城根前明劉氏有古墓一塚，係載明縣志，墳前勒有碑石尚存，前清時被土棍幾欲盜賣，一經劉氏後裔得悉，會商地方具稟前清上海縣汪，備案批准永遠不准變賣等情，有案可稽。今又有不肖陸某，冒認祖墳，膽敢運動得善價，私行出賣，從中有臂助之人未便筆述。得主洋商掮客常州劉某將欲成交，情實可惡。事關地方古墓，極應維持保存古蹟焉。能任人盜賣，似乎不忍坐視，吾儕小民爲特合具公函，伏乞執事澈底調查明白，轉請縣議會核奪，不勝盼禱之至，敬頌公安。西北城地方公民洪玉書、瞿顯廷、符秉剛、顧慶一、江楚生、徐子卿、夏秋堂、陳雲濤。

律師周積芹來函請另行安置拱宸門内舊設碑趺等物文民國二年二月十一日

敬啟者。民人陸秀榮有祖遺，坐落本邑廿五保四圖改字圩管業地一區，計五畝五分三釐三毫。現因生計艱窘，將該地出售，以該地上有舊設之碑趺等物未經遷移，就商於敝律師。當經敝律師察核，此項碑跌等物，既設置於該地，即爲該地之從物。陸秀榮爲該地之所有權人，對於該地之從物，本可自由處分，惟此項從物並非現世設置，查《自治章程》，市政廳有保存古蹟之責，因曾於正月三十號由陸秀榮具情函達貴廳，求將該從物妥爲收儲，諒已早蒙覽及。迄今已越旬日，未奉示復，而該地出售已有成議，究竟貴廳能否將此項從物收儲，抑須由設置此項從物者之後人自行搬遷保存。如必須由該後人自行遷存者，務求貴廳查傳該後人飭令尅日搬遷，萬一該後人竟不願搬遷，亦希明以賜悉，以便另籌正當辦法。但凡事以化除争執、和平解決爲妙。此固地方之幸福，亦敝律師所深爲贊成者也。是否有當，尚祈鑒核賜復爲荷。專肅。

復周積芹律師函拱宸門内古墓物權應俟審判廳以法律判斷文民國二年二月十九日

逕復者。接尊處二月十一號來函讀悉，天地之間，物各有主，該古墓地内之翁仲石馬碑誌陸秀榮果得自祖遺，來歷分明，當能自信。閣下且主張陸有自由處分之物權，是法律具在，又何必藉移置古蹟之名，求本廳認爲公物代任搬遷之責？古蹟之謂何？長久存在不變，謂之古；名物勝地不移，謂之蹟。一經地换物移，則古蹟湮滅，尚何保存之？有元明有清前代遺留古墓纍纍，無論其有無後人，是否古蹟，苟物非我有，紛紛侵佔，必至擾亂治安。正疑訝間，本廳接民人劉文兆等公稟，指該地内葬前明鄉宦劉春泉等六代靈柩，載入邑志，係該民等公共祖墓，被墳丁陸姓擅佔，將墓地種蔬處五畝有餘，乘前清咸豐五年清丈時朦做陸秀榮户名方單爲業。該地原共八畝有餘，除被佔外，餘地二畝八分，係劉三多户名確據，曾由田前縣察勘，奉批准予保存。今駭聞陸秀榮盜賣，請予禁阻等情前來。查《上海縣志》第二十九卷《名蹟門・明代冢墓》載，建寧知府劉璵墓在大境下，是該墓確爲前明鄉宦古墓可考可查，且經前縣察勘批准保存在案。所有地單一紙，如果係朦領執管，則一經查明，即失物權成立之效力。此係由法律解決問題，既據代陳各情，除批飭劉文兆等遵照本廳復文，逕赴地方審判廳控告陸秀榮以憑按律判斷外，爲此函復，務希知照陸秀榮未經審判斷結以前，不得將該地變賣，不得將墓内碑誌及自認應行保存各古蹟擅自毁失搬遷是荷。專復。

上海救火聯合會來函陸姓絶賣祖産捐助火政經費由救火會代遷翁仲石碑文民國二年四月四日

敬啟者。據陸景遷等函稱，有自己所有之祖業産地一區，坐落本邑二十五保四圖改字圩計則田五畝五分三釐三毫，向係祖産，執有田單糧串，至今已逾六十餘年。兹因家貧，由先父於上年陰曆十一月初絶賣於周、劉二姓管業。未及竣事，先父棄世，臨終奉有遺命，此項地價，除其身後用度及還清債務外，餘款悉充公益之用。惟地上石碑翁仲等件須先行遷徙，但勿拋棄。今景遷等恪遵先志，將所得地價，除去各項正用外，餘存銀八千元，情願遵承遺命捐入貴會。因火政爲地方要舉，上海面積素廣，非設備完善無以達救護之目的。爲此協商妥洽，願將地價餘銀八千元捐入貴會，以作擴充火政之用。至地上所存石碑翁仲等件，並請貴會代爲搬遷，俾得將地産早日交付。如此辦理，於公益、私益兩有裨補，且能不負先人之遺志也。專肅布告，順請公鑒等情，並附呈票銀八千元前來。查陸景遷等祖遺田畝,有真名的户之田單糧串爲憑。今既正式立約絶賣,願遵其先人秀榮遺命,將正項地價除正用外,餘存銀八千元捐入本會,顧全公益,甚屬可嘉。當查本會上年議決案,擬向外洋添購大號火龍兩部,並建築龍所,置備零星器具,共需銀一萬二千兩,因費絀未辦。兹既助有專款,自應照案進行。其不敷之數,仍當公同籌募。惟該地上尚有石碑翁仲,當由本會即日派員,並僱工遷移北首安置,以期兩不相妨。備辦火龍,爲火政中必不可少之舉。今陸景遷等以私人名義捐助巨款,好義急公,殊屬難得,想貴廳亦定必樂予讚許也。除函致縣知事外,專泐。

上海救火聯合會來函事同上四月七日

敬啟者。前因陸景遷等遵其先人遺命,於售與周、劉兩姓地價内助銀八千元於本會,作爲擴充火政之用,並請代遷地上石碑翁仲等情。當經本會擔任代遷,曾經函告貴廳在案。兹該地上石碑翁仲業已遷移北首,妥爲安置。所有陸姓售地應領草契印契,務請知照税務處照章給發,以全公益,是所至禱。專泐。

縣知事吴令准撥北城丹鳳樓前泥墩公地變價以充築路工費文民國二年十二月二十一日

案據函稱,日暉港三叉口起至徐家匯水門汀橋三叉口止一帶道路,前議開築,曾囑工程科估計需銀二萬四千九百餘元,業於上月間函送估單在案。惟本廳經費向來收不抵支,加之此次兵災以後,税收更絀,一切應辦工程經議事會公决緩辦。上項築路之費,爲數匪輕,籌措不易,前蒙允有貼補工費之用。兹查北城丹鳳樓前有高泥墩一方,係屬公地,可否懇將該地給發本廳變價歸公,以充築路費之用,函請核准示復等情到署。據此,查日暉港斜橋起至徐家匯止馬路,勢在必闢,未便放棄。該處已有洋商租地,上次法商在該處路線範圍内租地,業經本知事力争交涉,已允如果闢路,許即留出路線。地址既經該市議會議決,估價開闢,未便因築費難籌,致誤主權。所請丹鳳樓旁公地變價抵用,事屬地方要工急需,以公濟公,尚可照准。惟此項公地召變得價,指定專備開闢此路之用,不得移撥他項之需。查該泥墩公地共丈見地二畝七分三釐五毫,内應劃除八十六號單户王耕心則田八釐八毫、八十九號單户張炎增則田二分四釐三毫外,實存公地二畝四分四毫,除給諭執業並令飭該圖册書立户承報外,合將繕就印諭一紙、繪圖一幅,令發查收,希即召變得價開闢日暉港斜橋起至徐家匯止馬路築費之用,不得移作他項用需,是爲至要。切切此令。

縣知事吴令縣後泥墩公地仍准由市政廳繳價收管以符原議文民國二年十二月二十九日

案准貴董函,以日前函陳縣後泥墩公地備足原價繳呈,仍請將公地發交本廳收管,以符前議一節。兹奉復示,此項高泥墩,既據重申前請,應即照准將本署墊還之地價銀元一千四百元即日繳案歸墊。一面繪圖給諭,以資執守等因。兹遵繳該公地價銀一千四百元莊票一紙,即祈察入,並核明畝數,飭將印諭地圖發給到廳,以便接收等因,並呈票銀一千四百元到署。准此,除另飭該圖册書立户承糧並分圖繕給印諭外,合將繕就印諭二紙令發查照,希即分别查收,執守承糧。切切此令。

計發

二十五保十六圖長字圩一百四十一號縣署基餘地,丈見實地一畝一分五釐五毫,印諭一紙,圖一幅。

二十五保六圖能字圩五十八號縣署基餘地,丈見實地二分六釐七毫,印諭一紙,圖一幅。

縣署後張姓呈請於泥墩公地内繳價劃用地二分餘批准分給縣諭文民國三年二月二十一日

爲繳價聲明請予給領事。竊民家住縣後街住屋西旁,毗連無主高泥墩。昔時該處地極荒僻,深虞宵小之侵入,復恐高墩鬆潰,覆壓堪虞。故常將該墩脚修葺培護,即於是墩東偏結籬屏蔽,將崩潰墩泥逐加清除,懇闢一角,上蓋柴披,堆儲雜物,歷年已久。前此迭蒙縣公署一再飭丈,除居中高墩爲二十五保十六圖地丈見一畝一分餘外,東偏爲民家結籬圈用者,係二十五保五圖地,量見衹二分六釐七毫。際兹挑運清釐之時,民情愿呈繳洋六百元,請將二分六釐七毫之地發給執管爲亟繳洋,呈乞市政廳長鑒核,准予發給印諭,以便立界,承糧管業。沾感。

批:來呈閲悉。查該地二分六釐七毫向爲該姓佔用,自應清出歸公。姑念該姓業已結籬圈用多年,並蓋有房屋在上,據呈情願繳價銀六百元承買,應予照准。兹將縣發印諭一紙、圖一紙給交收執,希即補具領文存案。此復。

呈縣民政長吴大境公地未便由關廟住持擅售呈請備案文民國元年六月二十三日

爲呈請事。查拱辰門之大境佔地十畝一毫,均係公産。從前因住持不慎被人將田單捲逃,經同仁輔元堂董事設法追還,於田單上註明不准售賣字様,仍將田單交住持收執,責成保守。自拱辰門開闢後,地價驟漲,豔羡其地者不少。近聞該住持欲將該地出售,有願以半數充作公用之説。查該地係市區域之公産,未便由該住持擅尋作主,且難保其不得價花銷。此項田畝,究竟應否售賣,應移交市議會公議。除移請南市裁判所飭傳該住持蔣慶榮將田單繳案轉交外,合行呈報,爲此呈祈察核備案施行。謹呈。

批:來牘閲悉。大境公地未便由該住持擅行出售,自是正當辦法,應即如呈備案,希即查照。此復。抄單存。六月二十四日。

呈縣知事吴查照議案劃售大境公地請核給印諭文民國二年四月十日

爲呈請事。竊上年十月臨時議會公議,擬援舊議案處置公産例外辦法,變售大境地畝公産,以充填浜經費案一件,議決私法人公産公家應負監督保管之責。惟大境關廟拆城後必須修葺,花草浜關係交通,必須填築。公家既無款可籌,衹得以公濟公。且現擬變售者衹大境全地二十分之三,其餘仍由本市政廳監督保存,與原議案並不觸背,應請照辦等語,移交董事會執行前來。查大境地坐二十五保四圖改字圩,共佔地十畝九分三毫,均係市區域公産。其田單計有七紙。今遵照議決案,劃出大境前面公地一畝九分四釐九毫,變售收價,以充地方公用。當有周志成、吴禮門二户,情願承買此地,願繳地價銀八千兩,業經議明,雙方允洽。此係變售公地,無須另立官契,除繳地價外,並無絲毫費用。惟該地係周、吴兩姓合資承買,據送圖様劃分地畝,多少有差。計周姓管地一畝三分二釐三毫,吴姓管地六分二釐六毫,應請鈞署分别給發印諭,以憑執守。兹將大境公地十畝九分三毫田單七紙，一併送呈，請爲察閲，即飭丈繪生查單，到地勘明。所售一畝九分四釐九毫之公地，應在第幾號單内劃出，即於原單上批銷，餘單地畝仍發還本廳收管。一面請飭分繕印諭兩紙，周志成户名計地一畝三分二釐三毫，吴禮門户名計地六分二釐六毫，發交本廳分别轉給，附送地圖二紙，並祈查核，合將變售大境公地請查單註銷、分給印諭緣由備文呈請，爲此呈祈察核施行。謹呈。

批：來牘並附田單地圖均悉。據呈，周志成、吴禮門二户情願承買大境公地一畝九分四釐九毫，繳價銀八千兩，業經議明，雙方允洽。兹按圖飭據該圖地保復稱，地在七十四號單内，原額二畝七分一釐三毫，現丈劃出一畝九分四釐九毫。如果售外别無餘地，自是築路佔用如呈，於單内批明另繕印諭隨批核發，希即分别存給田單七紙、圖二紙，並印諭二紙發。四月二十五日。

批大境關廟主持蔣慶榮呈請發還大境地單契文民國二年十二月二十八日

來呈閲悉。查元年十一月市議會議決變售大境公地二十分之三，以充填築花草浜經費，約估售價銀八千元，列入預算，由董事會執行。該地共十畝九分三毫，計單七紙。嗣有周、吴兩姓情願承買該地，於全地内劃出一畝九分四釐九毫，繳價銀八千兩，由本廳呈准前縣知事吴，於七十四號原單内劃分，另給印諭在案。兹據呈請將原單各件發還執管等情，自可照准。查議決變售之地價八千元，業已撥作填浜之用。惟售得地價實銀八千兩，合洋一萬八百四十七元二角一分七釐，除撥工費八千元外，餘洋二千八百四十七元二角一分七釐，再除補助紫金學校經費已支領七百元及給還花房遷拆費已支領二百元外，實存洋一千九百四十七元二角一分七釐。准予發給該住持，爲修葺關廟等之用。並將大境地原單七紙合同、租契兩紙一併發還，即希補具領狀來廳具領可也。此批。十二月二十八日。

九畝地公地案

縣知事吴函送留存九畝地公地縣諭四紙文民國元年十二月三十日

敬啟者。兹查舊卷，檢得九畝地清釐卷内有城自治公所户名縣諭四紙，計則田五分六毫公立小學堂基地一方，則田四畝一分三釐八毫公立小學堂基地一方，則田二畝五釐九毫公立小學堂基地一方，則田二畝公立小菜場基地一方。謹開單送呈，即請察收是荷。專肅。

致書業商團函商請遷讓拔除界石以便交割文民國二年二月三日

敬啟者。據興市公司函開，敝公司前購之九畝地地畝，其硝磺局四周有書業商團界石在内，前已迭次函請貴廳轉飭將界石遷移，至今未蒙照辦。兹届年關迫促，此地早經敝公司出售，急須於年内交割清楚，務乞迅將此項界石遷出，硝磺局房屋出清，以免得主責言等情。查該地前由興市公司承買，兹又轉售，合行奉達，即祈察照，尅期遷讓，以便交割清楚。專肅。

縣知事吴來函囑商興市公司劃出築通青蓮路路線文民國二年一月五日

敬啟者。案查九畝地清釐卷，從前規畫該地馬路側石内有青蓮路一條，直達舊倉路。

當時因迤東一段有火藥庫及民房等之障礙,未能劃通,殊屬缺憾。現在自應預爲佈置,庶臻完善,用將九畝地地圖標籤附送,敬希貴董轉商興市公司,將該處路線必須預爲留出築通,於該處全局路線方爲有益。謹布臆見。

復縣知事吴函商劃築用青蓮路路線畝分請就原諭批銷文民國二年十一月二十二日

敬啟者。本年春間奉函示,案查九畝地清釐卷,云云。於該路全局路線方爲有益等因。當查圖標簽處,應劃出之地約有三分,當即函致興市公司,商將前送第八十三號則田二畝三分五釐八毫之印諭交回,以便劃分批銷。現查該地上築去青蓮路,計地二分九釐九毫,應行劃出。特將原諭一紙送呈,並附圖一紙,即祈察核,將築路劃用之畝分批銷,仍將該印諭發回,以便交去,是所至荷。專肅。

縣知事吴復函批銷築用青蓮路路線發還原諭文民國二年十一月二十七日

敬復者。頃准函示,以前請轉商興市公司將留築青蓮路直達舊倉路一段路線佔用八十三號内地照圖上標籤劃出。兹已函致興市公司,將八十三號則田二畝三分五釐八毫印諭交回,以便批銷該地上築去青蓮路計地二分九釐九毫,囑即核辦,並送印諭一紙,附還地圖一紙到署。准將印諭批註蓋印具函送還,即祈檢收轉發爲荷。

致興市公司函催繳九畝地地價餘款文民國二年十月初四日

敬啟者。查接管卷内九畝地公地變價歸公,由貴公司承買。經前總工程局董接洽,議定每畝價銀二千五百五十元,先後移送印諭三十八紙,共計地五十三畝三分零二毫。應繳地價銀共十三萬五千九百二十元一角,前後收過價銀共六萬七千元。敝董等接辦後,於上年十二月間,又收價銀一萬元。再據陸君伯鴻報告,因建築新普育堂需付工費,向貴公司陸續支領共洋一萬三千元,又支領銀一千,兩合洋一千三百五十一元三角五分,亦於九畝地價銀内劃支,計共收過價銀九萬一千三百五十一元三角五分。除收外,尚欠價銀四萬四千五百六十八元七角五分。現查該地上硝磺庫屋業已拆除,所有前送印諭,變價地畝,均可由貴公司執管。尚存未付價銀四萬四千五百六十八元七角五分,翹待已久,現因公需孔迫,請將該款迅賜掃數發下,以清價款,是所企盼。專肅。

商船掛號案

呈縣民政長吴接辦商船掛號文宣統三年十月二十二日

爲呈報事。奉上海民政總長李令開,照得沙東閩浙各商船至上海泊南市浦江者,向須由船商持其本籍之執照,赴營縣各衙門掛號,聽候查驗,蓋印發還,頗費周折。兹定一簡便辦法,嗣後沙東閩浙各商船停泊浦江者,逕赴市政廳掛號,俾資利便。其公費分等酌定,以充地方之用,仍列入歲出入預算決算册,佈告公衆,均宜妥慎辦理。此令,等因。奉此,遵即於本廳内設立商船掛號辦事處,除函致各船號商並分別佈告外,兹定於十一月初一日開辦,其上字船照,亦即由本廳填給,合行呈請察照施行。謹呈。

呈縣知事吴擬開辦小艙船掛號請照會新關税司查照文民國二年二月二十八日

爲呈請備案核轉事。竊上海商船出口,前清舊例,向在營縣衙門掛號納費。自前年光復後,奉前上海民政總長李訓令,凡沙東閩浙各商船在上海南市浦江貿易出口者,逕赴上海市政廳持照掛號,以資利便,並分等酌收公費,以充地方公用,妥慎辦理等因。當就本廳設立商船掛號辦事處,遵諭開辦,並呈報鈞署在案。此項商船掛號開辦以來,已有年餘,各商船均以爲便。惟查浦江各小艙船亦係由上海裝貨出口,從前並在營廳掛號,光復後廢弛至今。此項船隻大小不一,散漫紛紜,自應併向本市政廳掛號統一辦理,以便有所稽考。並核計該船大小,畧收公費,大號納銀圓二元,小號納銀圓一元,似於本市地方公需不無裨益。除擇期開辦通告外,合行呈請備案,並請照會新關税司暨江海關監督照准計單給關,俾免隱漏,伏祈迅賜核准施行。謹呈。

致縣知事吴函陳報小艙船掛號開辦日期文民國二年四月廿二日

敬啟者。本月十八日,奉訓令内開,案據本廳呈小艙船掛號一事,飭將開辦之期剋日具復,以憑核轉爲要等因。查小艙船掛號事宜,敝廳業經部署,現定於五月一號開辦,合行函請轉復施監督轉復税務司察照飭遵。附送通告一紙,並請附轉發貼常關,俾衆知悉。專復。

致縣知事吴函陳明小艙船掛號徵費照前定數減半徵收文民國二年五月五日

敬啟者。小艙船掛號徵費一事,業於本月初一日開辦,原定往山東之大號船收掛號費二元,往通崇海、寧波、紹興等處之小號船收掛號費一元。嗣據通崇海三境商船户呈請酌減,並據通崇海商船事務所所長茅君一再來廳,代請減繳,姑暫通融,減半收取,定爲大號船收費一元,小號船收費半元,均經允洽。惟掛號單及戳式均須列改。兹將重定單式兩份送呈,以一份留鈞署備案,以一份照轉海關監督轉致税務司備查。其前次呈送之單式應請取銷。特此奉達,即祈察照施行。謹肅。

商船公會要求船捐案

縣民政長吴照會上海商船公會請將市舶科所收船捐及免裝垃圾照費移交接辦文民國元年十二月十四日

爲照會事。本年十二月七日,奉江蘇都督程訓令内開,案准交通部咨開,據江蘇商船公會呈稱,商船公會之設,關係於全省航商,本非屬於個人權利,亦非個人私意所得而利用也。善聲世營航業,於航務之利弊得失,粗知梗概,乃承全體航商公舉爲上海商船公會總理,辭不獲命,勉任其難。前奉鈞部通令内開,新章未頒以前,商船公會舊章仍應繼續有效。又奉江蘇都督指令,准暫照舊時公會辦理,並通令各民政長一體出示保護各等因。是公會屢奉明文,並非私立機關可比,開辦以來,業經呈報在案。查上海船隻大小計有數十幫,其最大者以關山東沙衛一幫爲巨擘,餘則以駁船、灘船、網船、龍華嘴船爲最多,南北共五六千號。善聲世業沙船,關懷航務,每見各船幫散漫無收,有藉掛洋旗託外人保護者,利權外溢,殊爲可憂。是商船公會之設,大有裨於中國航政,將建設之不暇,更何破壞之足言? 上海自開辦以來,各船户大衆歡迎,以爲有統一之機關可資保護,則凡關於航務事宜自應竭力維持,方是正辦。查上海自前清光緒末季開辦馬路工程局時,派差捉船,裝載垃圾,船户不勝其擾,始由人請託,乃免差改收船捐。自去秋光復之後,概行豁免。今春三月,市政廳復議加收,特設市舶課,各船幫捐款,由市舶課總認包徵。當其催征時,船户完納稍遲,篷櫓器具隨意攜取爲質,否則維縶其人。查其捐款,皆取之於小船,而大船反得免徵,辦事殊不平允。該小船困苦經營,按月抽收,殊堪憫惻。且捐項較之租界水巡捐,有過之無不及。以故華船轉徙於租界者實居大半,其不能徙者,以礙於裝卸貨儎耳,爲叢敺爵,爲淵敺魚,可爲深歎。雖市政廳諸公以地方公款辦地方公益,理所當然,惟稍宜曲予寬假,方不失政體。今敝公會既經成立,保護航商,是爲專責。特商市政廳,將市舶課移交敝公會接管,其應收捐款照章清繳,蓋所以有此請者,是營政性質,非營業性質。不意市政廳誤會宗旨,絶端反對,多方指駁,並據復函,以此項照費關係經常歲入款項,經請議事會公決。兹據送復議決案内上開商船公會如何組織,無案可稽。現在所接來文移會,以江蘇第二十七期公報所載通令爲根據,但此項通令係嚴禁騷擾航業,其對於該公會所請接續辦理之處指令言明俟部定新章頒發後再行飭遵,是新章未頒以前,並未准行。况上海創所未有,更不在接續二字範圍之内,此種機關斷難承認。應由董事會陳明民政長立案,以免枝節。並查本市政廳市舶課成立未久,正在規畫進行,未便輕議更改,其船捐事宜,應由董事會規定劃一辦法,從速擬具條文交議。除照案呈請民政長立案外,合行録案奉復等因。度彼之所以力拒者,恐與市舶課有抵觸耳。敝公會得其議決復函之後,遂將此問題束閣。惟自問迄今開辦已有兩月,悉遵部章,率循辦事所發船旗船牌六百餘號,並不收費分文。現因各船户居處散漫,恐有未能一體周知,故咨請民政長出示曉諭。乃民政長有市舶課之關礙,不便照准,並有請示江蘇都督然後施行。此雖民政長不得已之苦衷,而敝公會亦實有爲難之景况。敢求鈞部鼎力維持,始終成全,應如何辦理之處,伏候俯賜鑒核批示祗遵等情前來。查本年九月十四日本部通令,新章未頒以前,凡各省已經設立之船會暫准繼續進行。該會成立係在部令之先,爲維持現狀計,應暫准循照舊章接續辦理。惟市舶課一節,應如何辦理,期於本市政航商兩有裨益之處,應請貴督酌覈見復,以便飭遵等因。准此,查商船公會成立在交通部新章未頒以前,按照部章,應准繼續辦理。惟該公會所請將上海南市市政廳設立之市舶課交該公會接管一節,揆諸情事,有無窒礙,市舶課係何種性質,已否開辦,均未據呈報。爲此令行該民政長,即行詳細查明呈報,以憑咨覆毋延,切切此令等因。奉此,查此案本署先後准鎮江商船總公會來咨及上海商船公會咨呈,稱奉江蘇都督指令,准照舊時商船公會章程辦理,請爲出示保護,並以上海市政廳設立市舶課,經收浦江大小船隻每年應納之馬路工程船捐及垃圾船免照費兩項,移請交由該公會接管。每年應繳公費,該公會當照章完納。又以查部章第六條所載商船公會有直接保護商船之責,應製備船旗、船牌,交各船户收執。兹調查滬南各碼頭一帶船隻有數十幫之多,現在各船户到會請領此項旗牌,已屬不少,而遠在洋涇之船幫尚有未來請領者,爲此咨請頒發示諭二十道,交由上海公會轉發各碼頭實貼,俾各船户一體咸知等由。正在核辦間,旋據貴市政廳總董呈稱,准江蘇全省商船公會咨奉江蘇都督通令等因,並另函商請將市政廳市舶課所收船捐及免裝垃圾船照費兩項移交接辦各等因。當查此項通令係嚴禁騷擾航業,其對於該公會所請接續辦理之理指令明言俟部定新章頒發再行飭遵，是新章示頒發以前，並未准行。況上海創所未有，更不在接續二字範圍之内，此種機關斷難承認。並查本市政廳市舶課成立未久，正在規畫進行，未便輕議更改，爲此呈請察核備案施行等情前來。即經本民政長批答如呈備案在案。當以該商船公會咨請給發曉諭船户具領旗牌告示，既與貴市廳設立之市舶課有礙進行，尚未解決辦法，以故此項告示本署迄今尚未給發。兹奉訓令，前因合亟備文照會貴總董請煩查照，令飭該公會所請，將上海南市市政廳設立之市舶課交該公會接管一節，揆諸情事，有無窒礙，市舶課係何種性質，及該公會前文所稱滬南各碼頭船幫請領該項旗牌之處查明事實情形，再行詳晰聲覆，以憑核轉，是爲盼荷。須至照會者。

呈縣民政長吴議事會議決駁阻上海商船公會請詳省咨部查詢文民國元年十二月二十五日

爲呈請事。本年十二月十四日，奉照會内開，本年十二月七日奉江蘇都督程訓令内開，案准交通部咨開，據江蘇商船公會呈稱，云云。查明事實詳復等因。奉此，查此案前據上海商船公會函請，將上海浦江船捐移交接辦，經秋季市議事會公議否決，由董事會呈請備案在案。兹奉前因，自應仍請議事會決議。文到時，適在冬季議會開議期内，即行列案送議。兹准復送議決案前來内開，查本市經收浦江船隻税，係沿前總工程局之舊，在前清時由城自治公所繼續辦理。經議事會通過税則，呈縣核准申報有案。光復以後，悉仍舊貫。旋經縣民政長將前清縣署向有之埠頭船甲名目及規費埠捐等項一律革除。本市奉到照會，添設市舶課，希妥議辦法，並送示諭一道等因。當經前市長擬訂簡章，以管理船隻擔任保護爲宗旨，呈請核准執行。又經本年秋季議會修正，改市舶課爲市舶科，船税即由科員經理。市舶爲市政廳辦事之一科，船税爲自治特捐之一種，辦理多年，若將徵收機關無端變更，實於市政大有窒礙。至上海商船向來但有會館，並無公會名目。本年九月間，本市忽接上海商船公會移文一件内開，敝公會前經各航商公舉總理，呈由鎮江總公會委任，擇陽曆九月一號開辦，啟用圖記。云云。並接來函，要求經收船税。突如其來，殊堪駭詫。究經該公會如何組織，所稱航商公舉係何人具名，非但本市無案可稽，并縣民政署亦從無片紙隻字。詢之商船會館各董及各幫船隻，亦皆茫然。且係向所未有，並非繼續進行，實屬違背部令，私擅創設。雖詳細訪查，尚無詐取錢財情事，但不候行政官允許給示，竟敢私發船旗船牌至六百餘號之多，未免目無法紀，若不呈請查辦，實於民政統一大有妨礙。且細繹部咨内開，據江蘇商船公會呈稱，云云。而所敘呈文，全係上海總理個人之口氣，張冠李戴，深可怪詫。其中有無部吏舞弊情事，應請都督咨部質問。至江蘇商船總公會係鎮江商船公會之化名，曾經省議會議決撤銷，奉都督核准公佈有案，應請都督查案咨部，以免再生枝節。又，查本市接管總工程局卷内有前清宣統元年十二月蘇松太道印文照會一件，係奉農工商部電飭撤銷私設船會等因。又有移覆商務總會文稿一件，呈覆上海縣文稿一件，均係聲明上海無須設立船會，輿情不願，無庸勉强等語。應將全文抄録送請咨部備查。以上各節，應請董事會呈覆縣長核明照轉施行，並准函知，以此案業經於二讀會全體表決，請董事會提前執行等因。合行照案呈復，並附抄舊案文稿三件，呈請察核照轉施行。須至呈者。

縣知事吴照會駁阻上海商船公會案已奉省令咨部核辦文民國二年一月二十五日

爲照會事。案照前據貴總董呈轉市議事會駁阻江蘇商船公會設立上海商船公會,並以市政廳所設之市舶科,礙難移交接辦等情一案到縣。當經據情呈請省長核示去後。兹於本年一月十八日奉到第五百九十六號指令内開,實業司案呈據該知事呈復市政廳所設之市舶科礙難移交商船公會接辦並抄件均悉,仰候咨部核辦可也,此令等因。奉此,相應抄録原呈備文照會,即希貴總董查照爲荷。特此照會。

縣知事吴奉文照會上海浦江船捐仍暫歸市政廳辦理文民國二年二月二十日

爲照會事。案奉省民政長第六百二十二號訓令内開,實業司案呈准交通部咨開接准函開,據上海縣知事查復上海市政廳所設市舶課經收浦江船捐未便移交商船公會一案,函請核復等因。查舊定商船公會章程,本無徵收船税之明文,且船會性質未便侵越行政權限。本部現正釐定規程,通令各船會另行改組,並以交通係屬中央行政,擬設直轄機關。凡關於管理船隻及徵收船捐等事,自應分别性質,詳細規定,以謀統一。在本部未設管理機關以前,所有上海浦江船捐,應仍暫歸市廳辦理,藉維現狀。相應咨行貴民政長查照飭遵,此咨等因。准此,合行訓令該知事轉飭市政廳知照,此令等因。奉此,查此案前奉都督訓令,以據江蘇商船公會呈請將上海南市市政廳設立之市舶課交該公會接管一節,揆諸情事,有無窒礙,飭令詳細查明呈報等因。本知事遵經飭查呈復嗣奉省長指令,仰候咨部核辦等因。業經抄稿轉行知照在案。兹奉令前因,除照會江蘇商船公會、上海公會查照外,合行訓令該市廳知照。此令。

河泊案

縣民政長吴照會革除船埠頭等名目由市政廳設立市舶課派人專管文民國元年三月十三日

爲照會事。照得内河船埠,每年换充,向納縣署私費及兵科雜費,約須千餘元。此項私費,埠頭取之於各管幫,各管幫取之於各渡夫頭,各渡夫頭取之於各船户。名曰埠頭捐,層層徵斂,層層剥削,因以爲利者,均船業中之蠹,固不徒供給貪污官吏之需也。又,灘船埠頭常年换充提船甲三年一充,每次接充,亦須納費三百元之譜。其辦法與内河船埠相同。此種私費,久爲行政之污點,亟應永遠革除。嗣後,凡船埠埠頭船甲等名目應由市政廳更定名稱,僱人承辦,並無絲毫費用。該承辦人亦不得在外向各船户私索分文,以祛舊習而暢新機。應由市政廳設立市舶課,派員專司其事,並妥議辦法,復候核奪施行。除先行出示通諭永遠禁革外,相應照送示諭一道,備文照會貴市長,請煩查照,添設市舶課,派員轉司其事,並希妥議辦法具復核奪施行。望切須至照會者。

呈縣民政長吴送核市舶課簡章文民國元年三月二十七日

爲呈復事。接奉照會内開,内河船埠,云云。具復核奪等因,自應遵辦。於本廳添設市舶課,並擬訂暫行簡章,是否可行,合行抄章,呈請察核示遵。須至呈者。

批：呈及簡章均悉，應准備案。仍希悉心規畫，隨時整理，務期停泊船隻漸有秩序，稽查良莠，明定責成，毋任船目人等稍有舞弊，是爲至要。此復。簡章存。三月二十九日。

呈縣知事吴請移行警局驅除浦江䑳䑳船文民國二年八月十九日

爲呈請事。南市浦灘碼頭向多江北䑳䑳船，聚族而居，嘈雜污穢，屢議驅除不果。自製造局戰事發生，浦面船隻紛紛遷徙，即該䑳䑳船等亦多散泊他處。本廳以外馬路，安設電軌，路線狹窄，爰議將浦岸填寬。該䑳䑳船遲早終須移讓。經總董於本月四日函請淞滬警察廳，諭飭水巡調查未遷者，諭令速遷，已遷者切實禁止，勿令再來屯泊，免致日後驅除，再添一番手續等情在案。未准示復。現在戰事既定，各䑳䑳船又分集各浦灘屯泊，不早驅除，繼此恐難爲力。合行呈請迅賜函知淞滬警察廳，迅飭水巡查照，將南市浦灘屯泊之䑳䑳船一律驅除，悉令散泊他處，不准再來停泊。實爲公便，爲此呈請察核施行。謹呈。

呈縣知事吴查復䑳䑳船營業地點及船隻數目文民國二年九月六日

爲呈復事。本月二十二日奉批，總董呈請函知警廳驅除䑳䑳船由内開，據呈已悉䑳䑳船先後終須移遷，萬不能常泊南市，滋爲地方衛生之害。惟執行手續須待研究妥善，方爲著手。希貴總董飭知市舶課查明情形，復候核辦問題數條附發等因。遵將調查䑳䑳船問題五條，抄發市舶課總船目連錦堂詳細查復。兹據呈稱，遵即分别詳查。惟此項船隻經年常泊在滬者半數，隨時往返故里者，亦有半數，甚有朝東暮西，行止無定，雖逐一編查，終難清澈。署將所查梗概呈復等情，並查復單前來。合行呈報復，並將查復各條繕單附送，爲此呈請察核施行。謹呈。

調查䑳䑳船情形

一、種類。約分兩種，一種本幫即蕩船，一種江北幫即䑳䑳船。數目至多不逾四千之數，至尠尚有一千數百有零。此數係南市一帶，西門及日暉港不在其中。

二、每船容納人數。大船約容十餘人，小船約容三四人，每船約大口男女三四人，未成年者實難揣度。

三、船户職業。本幫以摇櫓划船及駁船、渡船等營生，江北幫以摇盪槳划船、撑木排、拉人力車、作苦工、挑皮匠擔及修洋傘等爲業。其就業地點，自大碼頭至萬聚碼頭均摇雙槳划船，自萬聚碼頭至董家渡撑木排爲最多數，由董家渡至南碼頭雜沓不一。以上皆就地謀生，惟蕩船沿浦散泊。

四、固定者。除蕩船四百餘艘外，常泊約一千有零，往來亦二千有零。此項船隻，自秋收蕆事來申謀食，至仲春即返故里耕種。

五、自大碼頭起，至南碼頭迤南止，關稿至王家碼頭爲最多，董家渡至三泰碼頭畧稀，陸家浜至南碼頭亦不少。

東南區清潔案

呈民政總長李開辦清潔所請飭軍警彈壓保護文民國元年一月二日

爲呈請事。竊據前經承辦清潔所之沈昌記稟稱，竊商前經稟請承辦城廂内外清潔事宜,當奉諭先從東、南兩區辦起,逐漸推廣。自去年六月奉諭核准後,因前清縣令一再阻止,以致久延,糜費甚鉅。今地方光復,百度維新,清潔之事即無官長阻力,鄉民亦俱肯順從,應請示期,將城内外清潔事宜一體歸商承辦等情。據此,查清潔事宜,係上年城議事會公決後執行之件,曾給諭沈昌記承辦。因前清官場故意留難,而鄉民亦乘此抵抗,以致延擱至今。現在亟應及時舉辦,以昭清潔。查從前滋事者,係西門外之無知鄉民。今據趙輪秋君報告,該處一帶鄉民亦情願包辦,決不至再生事端。至各糞行向恃行帖爲護符,既辦清潔,應不准其再領行帖,以免霸持。此次辦理清潔,志在必行,一俟核准,擬既即定期於陽曆正月十九日即陰曆十二月初一日開辦。除呈請上海縣民政長出示佈告,移請警務長於開辦時飭警嚴防並出示外,爲特呈請總長迅賜核准出示,並分别飭知民政長、警務長一體出示,嚴防保護,並於開辦時飭派軍隊彈壓,實爲公便。謹呈。

批:設立清潔所,爲城議事會議決、交城董事會執行之件。既爲前清官場所掯阻,光復以後,何以不從速辦理?據呈,擬於陽曆正月十九日即陰曆十二月初一日開辦,應准照行。候本總長出示佈告,並令上海縣民政長、警務長分别出示保護。其糞行應不准再行領帖,以杜把持。開辦時,當派軍隊彈壓,一面呈報蘇滬軍都督備案可也。

呈縣民政長吴鄉民聚衆希圖滋鬧清潔請知會警長防護文民國元年一月十五日

爲呈請事。竊清潔所事宜定於陰曆十二月初一日即陽曆正月十九日開辦,業經呈請出示曉諭在案。兹查有沈良才、趙文殿二人擅聚鄉民一百餘人,於陰曆十一月十八日在大南門外淮揚公所聚議。又有童福壽、楊紀生、曹阿祥、宣阿二等四人糾集鄉民二百餘人,於二十四日在二十七保六圖淡井廟聚衆演説。大致係反對清潔所,煽惑鄉民合籌抵抗。查聚衆開會,未經稟報,有違法律。而其唆使抵抗,希圖破壞地方行政事宜,尤屬干犯法紀,應請飭提爲首聚衆之沈、趙、童、楊、曹、宣等六人,送交司法署嚴行訊究。如清潔所開辦時實有滋鬧情事,即將爲首之人從衆懲辦。除呈請民政總長届時派兵彈壓外,合行呈請,爲特呈祈迅賜察核施行,一面即知會警務長派警嚴防,實爲公便。須至呈者。

呈縣民政長吴糞户反抗清潔唆衆生事請飭警保護文民國元年七月二十七日

爲呈請事。據承辦清潔事宜沈昌記稟稱,竊清潔事宜東、南兩區自開辦以來,兹已數月,未敢稍有疎懈。對於挑夫坑主均極優待,不滿意者惟牙户白拉,在外揚言,不日糾衆搗毁,並欲置商於死地而後已,雖屬謡諑,事非無因,查有農圃會巧立名目,唆使鄉民,聚衆反對,若不求恩懲儆,來日方長,何以善其後?爲此具情乞裁奪等情。據此,查東、南兩區清潔事宜歸沈昌記承辦以來,已有成效,農圃會但爲研究種植而設,斷不能干涉行政之事。據稟,舊時牙户白拉假農圃會之名,揚言與清潔爲難。此種瀾言原不足信,惟既據聲請預防前來,應予呈請保護,除批着認真辦理外,合行呈請民政總長察核,知會警務長查照,飭警保護施行。須至呈者。

批:呈悉。候如呈知會警務課長飭警保護可也。此復。七月二十九日。

縣知事吴照會奉省令飭查糞業與沈昌記争執案具復核辦文民國二年一月八日

爲照會事。案奉江蘇省訓令第五十九號内開,查都督移交卷内呈悉此案,該糞業等與沈昌記争執已久。據稱市政廳允許沈昌記承辦年限已滿,仍復把持不讓。該農民等願照沈昌記承納清道捐款收回執業等情。仰該縣知事察核情形,秉公辦理,此令,呈抄發等因。奉此,相應照會貴總董,請煩查照,體察情形,妥議具復,以憑核辦。抄呈附送,特此照會。

縣知事吴照會奉省令糞業農民稟控沈昌記佔奪祖業案即妥議具復文民國二年一月九日

爲照會事。案奉江蘇省訓令第一百三十四號内開,案據上海東、南區糞業農民胡漢濤等稟,擔糞灌田祖業被奪,求飭追還等情。除批據稟稱上海各區糞業均歸祖傳農民,獨東、南區爲沈昌記所侵奪等情。同是上海市清潔事宜,各區自應一律辦理。如果各區均由市公所專設機關掌管,該農民等自不得藉口,據稟前情,難保非沈昌記間接斂錢,致滋争執。既據前經稟奉滬軍都督批示有案,並聲明願遵清潔辦法照繳捐款,果能顧全公益,情有可原,仰候訓令上海縣知事體察習慣情形,轉行該市公所知照此批揭示外,合行訓令該知事仰即查照,此令,等因。奉此,查此案前奉江蘇省訓令第五十九號業已轉行在案。兹奉前因,合行照會貴總董請煩查照,併案妥議具復,以憑核辦。特此照會。

呈縣知事吴陳明東南兩區辦理清潔舊糞户纏訴不休俟届投標當衆取決文民國二年一月二十一日

爲呈復事。本年一月八日奉照會内開,案奉江蘇省訓令,云云。以憑核辦,附抄粘等因。一月九日復奉照會復奉,云云。以憑核辦等因。奉此,查接管卷内前清宣統二年上海城自治公所成立,由議事會議決招設清潔所辦法簡章,交由董事會執行。經照案開示招人承辦,定期考驗。嗣傳詢各投稟人,以沈昌記所陳最有條理,當經核准承包,並即示諭,從城外東、南兩區先行開辦。凡向有之糞行及挑糞夫仍准掛號報名承挑,不令失其利益。該沈昌記置備一切,將次開辦,詎舊糞户等聚議造謡,煽惑挑夫,朦稟縣官,竭力抗阻,遂致延擱。辛亥九月間,上海光復,百度維新,前市政廳長莫呈奉前上海民政總長李批飭將清潔事宜從速開辦。當經通告,仍照前定章程,從城外東、南兩區辦起。該糞户等聞悉之下,又復煽聚鄉民數百人,一再會議,合籌抵抗,其勢洶洶。經呈奉鈞署,知會警務長派警嚴防,得未肇事,而各糞户等又以生計被奪爲詞,迭向前滬軍都督府稟訴。奉陳都督照會李民政總長查復,當以辦理清潔爲衛生行政要圖,事在必辦,該糞行人等壟斷把持,積惡已久。南市素爲糞牙所窟穴,唆衆滋擾,危言聳聽,是其慣技。若再優容,必至肆無忌憚,以垂成之局而任其破壞,此總長所不敢出此者也,等語呈復。一面諭由莫市長批飭沈昌記妥慎辦理,自元年三月份起,准予試辦一年,俟期滿時再行察核等因在案。上年秋間,市議事會、董事會重行選舉總董,等接辦後,復有具稱六門七牙户衆園挑夫等迭次來廳,呈控沈昌記奪伊生計,並糾聚鄉民數十人纏訴不已。當經飭查沈昌記所辦清潔,確照前議事會議定章程辦理。本市東、南兩區舖户居民並無違言,獨該糞户等嘵嘵瀆訴,明是有意攻訐,希圖破壞成局。總董等仍以婉言勸導,告以沈昌記承辦清潔,係前市長核准,本有期限,届限滿時,自須通告,重行投票,不論何人可以照章承辦。而彼等仍不安心静候,又運動農圃公會及大同民黨俠義團等各團體投函到廳,謂本廳意存迴護,惟有實行俠義手續,以激烈之手段爲最後之解決等語，嚴詞恫喝。今又聯名上控，奉文查復，查閲抄粘内列名呈控諸人，即是上年反對清潔之各糞户。清潔爲衛生要政，方在整頓進行，而彼等乃以糞業爲世傳，竟欲破壞市議會定章，復回舊時壟斷惡俗，萬不可行。現查沈昌記承辦期限，於二年二月底屆滿，本市政廳當於期前預行通告，招人投標，照章承辦。董事會對於清潔之事，但圖辦理得宜，至承辦何人並無成見，屆開標時，自即當衆取決。合行呈復，爲此呈請核復施行。須至呈者。

批：來牘已悉。候據情呈復可也。此復。一月二十三日。

縣知事吴照會奉省令縣呈牙户俞東昇請繼續辦理案應删去糞草字樣以重市政文民國二年一月三十日

爲照會事。案奉民政長第一千五號指令内開，上海縣知事呈復牙户俞東昇請繼續辦理一案由奉令據呈已悉。查復牙户俞東昇等呈請繼續舊業一案，已悉俞東昇等所領牙帖既逾三十年之限，照章本應繳换，仰即速飭該牙户俞東昇遵章捐换登録憑證，删去糞草字樣。如再逾限不换，即行吊銷故帖，飭令停止營業，以重市政，此令。等因。奉此，相應粘抄照會貴總董，請煩查照，計抄指令呈稿各一件。特此照會。

縣知事吴照會奉省令糞業稟控一案據查俟投標取決應飭妥慎照辦文民國二年二月十日

爲照會事。本月九日案奉民政長應指令第一千六百三十七號内開，上海縣知事呈復農民胡漢濤等稟糞業被奪一案由，奉令内務司案呈。據該知事呈復農民胡漢濤等稟糞業被奪一案，既據查明，沈昌記本年二月底承辦期滿，應俟屆滿之前，預期由市政廳通告，招人投標，當衆取決，照章承辦。該董事會對於清潔之事但圖辦理得宜，至承辦何人，並無成見。仰即轉行市廳屆期妥慎照辦可也，此令。等因。奉此，相應抄粘照會貴總董，請煩查照。計抄呈稿。特此照會。

呈縣知事洪陳復舊糞户飾詞妄控希圖破壞清潔定章文民國三年一月十日

爲呈復事。上年十二月二十六日奉前縣知事訓令内開，案奉江蘇國税廳籌備處第三百九十八號訓令内開，據該縣牙户俞東昇等呈稱，向業糞柴被東南區清潔所脅迫歇業，請查辦等情前來。據此，除批據呈已悉，該牙户等與清潔所互相争執，其中是何實情，既稱前已呈訴有案，仰候訓令上海縣知事查案，秉公議復飭遵此批揭示外，合行訓令該知事遵照辦理，此令，原呈抄發等因到署。奉此，查清潔所有無迫脅該牙行等歇業情事，應即令行總董詳行調查，刻日具復，以憑呈復，毋稍遲延，是爲至要，此令，原呈抄發，等因。本月六日復奉訓令，以奉江蘇國税廳籌備處令催查，復希即查照前令查明，尅日具復，以憑核辦等因。奉此，等遵閲前令黏附原呈所控各節，實以誕謬之言欺飾上瀆。查舉辦清潔、蠲除污穢，係衛生行政之一端。在前清時，上海城自治公所早議興辦，有商人沈昌記情願承包辦理。詎各糞户聚議造謡，朦稟縣官，竭力抗阻，遂致延擱。前年市政廳成立，經前市長呈准前縣知事，將本市東、南區清潔事宜先行開辦。自元年三月分起，准沈昌記承辦一年，按月繳捐，以充市行政經費。曾經通告，凡從前之糞户及挑糞夫，仍准報名承挑，不令失其生計。元年八月,總董等接辦市政,復有具稱六門七牙户衆園挑夫等迭次來廳,纏訴沈昌記奪伊生計,甚至分發傳單,糾聚人衆,希圖抵抗。嗣復運動農圃公會及大同民黨俠義團等投函恫喝,謂本廳意存迴護,惟有實行俠義手續,以激烈手段解決等語。並又聯名上控,瀆訴不休。奉省令行縣飭查,經於二年一月二十一日由總董將辦理清潔情形呈請前縣知事,轉復奉省長指令該董事會對於清潔之事但圖辦理得當,至承辦何人並無成見,仰即轉行市政廳妥慎照辦可也等因在案。二年二月,沈昌記辦期屆滿,由本廳通告招人投標,商人朱新記以認捐多數得標,於三月分起歸伊承辦,仍以一年爲期。自接近租界之十六舖橋迤南一帶,均在東南區清潔範圍之内。至中、西區之清潔,於元年八月起由商人莊泉生承辦,亦以一年爲期。該兩區出糞,尚有鄉間灌園之用,與東、南區情形不同。莊泉生承辦期滿無誤,准續辦一年,亦經認繳捐款,藉補公用。此本廳辦理東、南區清潔及中、西區清潔之情形也。南市向爲糞牙所窟穴,唆擾纏訟,架詞聳聽,是其慣技。本廳自設東南區、中西區各清潔所以來,訂定章程,遵時挑倒。又顧全糞户生計,仍准承挑,已屬體貼周至。查俞東昇等曾於前年冬間投上海縣朦訴,經前縣知事批斥該牙等領帖,開設糞行,祇圖收費,罔知公益,不能取締糞夫挑倒時間,於地方衛生實有妨害。此等牙行,早應吊帖取銷。現在清潔事宜,經市政廳開辦成立,更無糞行名目,何得飾詞砌瀆,藉稱奪業,殊屬不明事理等語,明晰批示在案。是糞牙名目早已消滅,何脅迫之有?該户等如願承辦清潔之事,何不於上年沈昌記交替時來廳投標?今之嘵嘵瀆訴,無非欲破壞定章,回復其舊時壟斷之惡習,意存窺探,萬不可行。兹奉前因,合亟呈復,爲此呈請察核轉復施行。謹呈。

批:據呈查復牙户俞東昇等控清潔所脅迫歇業一案,請察核轉復等情已悉。希候據情呈復江蘇國税廳籌備處核辦可也。此複。一月十三日。

中西區清潔案

呈縣民政長吴擬辦中西區清潔文民國元年五月十九日

爲呈請事。照得清潔一事,關係衛生,經議事會議決移交執行後,東、南兩區業已諭令沈昌記承辦。其西區及中區地方仍復於上午、下午任意挑倒,漫無限制。現在天時日漸炎熱,亟應繼續進行,以昭潔淨。兹據商人宋如玉稟稱,願承辦中區、西區清潔事宜,能使衆情和協,利益同沾,保無衝突等情,並粘呈辦法前來。查中區及西區地方糞夫係園地幫居多,其每日挑數擔者以一擔挑歸,作灌溉之用。現在應須招集原有之糞夫遵章挑倒,俾不失其生計。其以一擔挑歸自用者,應仍准其挑回,庶不至再生異議。除批飭該商人宋如玉先將西區、中區原有之各糞夫妥爲招集,呈送糞夫姓名、住址、挑倒地段清册,以憑核奪,另行定期開辦外,合行呈報,爲此呈請民政總長俯賜備案施行。須至呈者。

批:據呈,中區及西區地方清潔事宜,現由商人宋如玉承辦。因念該兩區糞夫係園地幫居多,誠恐一旦更章,致滋異議,現令該商招集原有之挑夫,遵章挑倒,並准其挑回一擔,俾不失其生計等情。自係爲體恤民情起見,惟該商原稟粘呈辦法,來呈未據粘附,應俟將規定辦法補報到日,再予備案可也。希即知照。此復。五月二十日。

呈民政總長文同。

移警務課長文同。

呈民政總長李舊糞户唆使鄉民搗毁中西區清潔所兇毆肇事請飭拿辦文民國元年六月二十日

爲呈請事。竊中區、西區清潔事宜,前據宋如玉稟稱,願和平聯絡舊有糞夫,俾資生計,並便灌園等情。當經分别示諭,令其妥慎辦理,並諭令舊有糞夫從速報名等因在案。宋如玉尚在規畫,並未開辦。乃本月二十日西區萬年樓茶肆已有鄉人多數聚集會議,復將勸導之胡祥根拖扭毆打,至四點鐘之久。又至無辜之沈仲銘家,將伊子打傷。二十一日上午,有三四十人復在萬年樓茶肆將王子香捆綁毆打,巡警勸導不散。午後,聚集至四五百人,將王子香拖至尚文門内隨路毆打,身受重傷,復將清潔事務所打毁物件,搶掠一空。警備周隊長及二十舖地甲、副甲均受重傷。並據清潔所宋如玉稟報,該所人數未齊,生死未卜,請爲澈究前來。查現在清潔所尚未開辦,胡祥根、王子香勸伊等報名,領用鉛桶,係爲該糞夫等生計起見,極是和平辦法,何至聚衆兇毆,將勸解之人蠻打受傷。訪查此次唆衆鬧事,仍係舊糞行吴耀琪、童福壽、沈阿根、趙阿四等數人,萬年樓聚衆之茶資即係吴耀琪所出。而打毁清潔事務所、打傷周隊長等數人者,係二十七保頭二圖中之鄉人居多。似此兇横蠻悍,實屬有害治安。爲此呈請迅賜飭人將肇事之人按名拿獲,嚴行懲誡,以儆兇横而保公安地方。幸甚,謹呈。

呈縣民政長吴陳報中西區清潔事宜易人承辦文民國元年七月九日

爲呈報事。竊中區、西區清潔事宜,前經諭飭宋如玉聯絡鄉民,不使失其生計,並不失灌園之用,業將諭辦各情呈報在案。乃宋如玉尚未開辦,遽起風潮,自未便再由宋如玉承辦。兹據莊泉生具送切結,情願承辦中區、西區清潔,呈明編查糞夫,發給號牌,倘糞夫不遵上午十時以前挑倒章程及糞桶無蓋,由巡警干涉,吊消號牌。如有滋鬧聚衆等事,惟承辦人是問等情前來。查舉辦清潔,原爲鄭重衛生起見,本市政廳於地方潔淨、鄉民灌溉本屬兩面兼顧,今莊泉生所擬辦章大致無異,尚可照准。除給諭承辦並出示曉諭中區、西區園地幫各糞夫編查時,務將的姓真名具報入册,領取銅號牌懸掛,各按地段承挑,作灌園之用,並須遵章於上午十時以前挑净,所有糞桶一律加蓋,仍逐漸改良,不准向居户任意需索留難,如不遵照,即由巡警干涉,吊消號牌,易人承挑,一面移請警務長查照外,合行呈報,爲此呈請察核備案施行。須至呈者。

批:如呈備案。此復。七月十一日。

呈民政總長文同。

呈縣知事吴舊糞户造謡聚議圖壞東南區清潔並攻訐中西區清潔請提案嚴懲文民國元年九月五日

爲呈請事。竊本市區域舉辦清潔,係由前議事會議決,照行所有東區、南區清潔事宜由沈昌記承辦,中區、西區清潔歸莊泉生承辦,均經前市長呈奉批准在案。查各區清潔所自開辦以來,從前牙户白拉等屢起風潮,迭奉飭警保護。上月間,又據農圃公會函,莊瑞卿等呈詞，指攻沈昌記種種不善，請予撤銷。並指莊泉生違章苛罰，應阻其開辦等情。並另開辦法八條前來。當即飭查沈昌記辦理東、南兩區清潔情形，自開辦以來，謹慎從事，尚無不合。又函致滬西商團，查詢莊泉生所辦中區、西區清潔。據復，業於初一日在白雲觀邀集各鄉代表暨各鄉民會議，僉以莊泉生承辦中、西兩區清潔並無違章苛罰情事，莊瑞卿憑空造謡上訴，實屬有意破壞公益，勿令幸逃法網等情。查莊瑞卿等反對清潔所，屢屢興事，有案可稽。近又假托農圃公會之名，揑詞妄控，希圖破壞成局。復唆使鄉愚及老嫗婦女等數十人，以生計被奪爲詞，迭至本廳纏訴，殊屬不安本分，應請民政長迅賜飭提到案嚴懲，以儆不法。再，據沈昌記報告，本月初四日晨有張長明、樓葆三、童福壽、張毛毛、俞澄壽、戚瑞生等在小南門水神閣萬祥樓茶館議事，欲搗毁清潔所，請爲防範等語，應請飭知警務長飭警保護。合併聲明，即祈察核施行。須至呈者。

呈縣知事吴中西區清潔承辦期滿核准續辦一年繳納捐費文民國二年八月三十一日

爲呈報事。竊本市中區、西區清潔事宜，上年七月間由莊泉生擬送辦法簡章，並承辦切結，願先行試辦三個月。經前市長核准給諭經辦，並呈移縣長、警長察照備案。一面由廳出示曉諭鄉民遵章挑倒各在案。查莊泉生承辦以來，已届一年。現經本廳董事會議定中、西區清潔事宜仍准莊泉生承辦，一年爲期。惟查中、西區内新闢道路增多，店舖居户亦漸增盛，今昔情形不同，應由承辦人按月繳納捐費銀二百元，藉補公需，並應預繳二個月捐費到廳。其挑糞章程暫行照舊，徐議改良。定陽曆九月一號起爲接續辦理之期。兹據莊泉生立具認結保單、預繳二個月捐費前來。除通告中、西區鄉民仍照前章由該清潔處按名發領銅牌，各按地段承挑。遵章於上午十時以前挑倒，所有糞桶一律加蓋，各挑夫不得向店舖居户任意需索留難。如違定章，即由區巡干涉，吊銷銅牌，並行懲罰外，合行呈請備案，並請移行淞滬警察廳分知中區、西區各警局查照，諭知巡士。如該兩區挑糞夫有不掛銅牌或糞桶無蓋，並過時挑倒等事，應即干涉懲究，以重衛生。爲此呈請察核施行。謹呈。

批：據呈報，中區、西區清潔事宜，本年九月一號起，仍由莊泉生接續辦理，並預繳二個月捐費等情已悉。應准備案，並候函致淞滬警察廳，轉行中區、西區各專分署一體查照可也。此批。九月三日。

呈縣知事洪中西區清潔辦理困難情形文民國三年一月十七日

爲呈復事。本年一月十二日奉訓令内開，案據具呈人殷景園等呈稱中西區清潔所所長莊泉生勒索牌費，懇求撤换，仍照舊章，以紓民力等情。據此，除批示外，合行抄呈訓令該總董希即查明具復，以憑核辦，此令，計抄呈並單等因到廳。查本市中區、西區之清潔事宜，於元年秋間諭准莊泉生試辦一年，訂立章程，由各鄉民領掛銅牌，准時挑倒。至二年八月辦期届滿，由董事會決議，准令莊泉生續辦，仍以一年爲期。惟區内新闢之路增多，居户日漸興盛，應由承辦人按月酌繳捐款銀二百元，藉補公用。曾將開辦中、西區清潔情形，迭次呈報前縣知事在案。查莊泉生既經承辦清潔，亦有辦事之費用，所收牌費爲數式微，每人每日不滿八文，何至紛相訐訴。奉文後，經即飭查，嗣據莊泉生函訴一切，辦理困難，確係實情，合行抄單呈復，爲此呈請察核批復施行。謹呈。

批：呈及抄粘均悉。既據復稱莊泉生函訴一切，辦理困難，確係實情。所有牌費應准如數收繳，殷景園所呈各節，均毋庸議。希即轉知莊泉生認真辦理，以重衛生，此令。黏件存。一月二十日。

整頓風俗案

呈縣民政長吴議會議決禁絶巫師案請出示嚴禁文民國元年十月三日

爲呈請事。准議事會移交秋季議決禁絶巫師案一件内開，請董事會查照宣統二年秋季議案呈請民政長嚴禁等因。當查前城自治公所宣統二年秋季議會議決禁絶巫師案，歸入董事會實行事件，曾由前總董呈請上海縣並移知警局一體查禁在案。自光復以來，故態復萌，並益增盛，殊爲地方風俗之害。應請民政長出示嚴行禁止，並移警局無論市鄉一體禁絶，以維風化而正人心。合行呈請，爲此呈祈察核施行。須至呈者。

批：來牘已悉。候出示嚴禁可也。此復。十月初六日。

呈縣知事吴議事會議決請嚴禁開設夜花園文民國二年六月二十七日

爲呈請事。准市議事會移交本年夏季議會議決禁止建設夜花園案一件，請董事會切實核辦等因，並附録原議案前來。内開：夫夜花園者，傷風敗俗，有害衛生之製造場也。譬如機械戕人，彼設械而導人以趨之者，得無罪乎？然而設械之人祗知貿利之熱，不知戕人之酷。創夜園者，即設械之人也。誠有人曉之以道德，繩之以法律，彼貿利者當無不憬然變計者。查本邑每年夏季必有人創園於僻野，影戲攤簧，引人入勝，髦兒焰火，達旦通宵，野田草露，撲朔迷離。既無男女之防閑，遂致傷風而敗俗。或有冒暑衝風，感受成病，甚至罹災染疫，立見傷身，衛生前途危險實甚。其設園地點終在英、法、華三界之間，此禁彼弛，利營三窟，歷年以來，中外有司非不禁止也。無如前清之官樣文章，因循輾轉。迨至准予禁止，亦必時已深秋，不待禁而彼亦止矣。現當民國肇始，弊政宜除，與其追究於既往，曷不請禁於事前？且現值夏令之始，正夜園發起之時，際兹風俗澆漓，人心浮動，退兵竊盗出没，時虞市政前途安危所繫。議員等以關心時勢衛生起見，爲此緊急動議，應請議決呈請縣知事函請淞滬警察廳，並照會英、法總領事轉飭各該管區域先行立案，止給照會，一體嚴禁，以敦風俗、保治安、益衛生，共相維繫，地方幸甚等語。合行照案，呈請移行淞滬警察廳並照會英、法總領事，於所管地段内從嚴申禁，不准人民開設夜花園，以維風俗而重衛生，爲此呈請察照施行。謹呈。

批：來牘閲悉。事關社會風俗、地方治安，自應實行禁止。候函請淞滬警察廳立案查禁，一面並請江蘇交涉員函致領袖領事一體申禁可也。此復。七月三日。

奉文調查各項事宜案

縣民政長吴奉文函飭調查商團保安團文民國元年二月八日

敬啓者。奉民政總長李照會，奉滬軍都督陳照會，案准内務部總長程電開，關於内務行政事項第四節省内外之商團、保安團、自治圖等，或已成立，或未成立，從速確查示復。

照請轉知列表送縣核復呈報等因。准此,合亟備表送呈,敬祈貴廳查照,希即填就送縣,以便轉報,濡筆以待,幸勿稽遲爲荷。

復縣民政長吴函查報商團保安團填表送核文民國元年二月二十八日

敬啓者。前奉函示,以奉文調查商團、保安團、自治團送縣轉報等因,兹將業已查明各團填表送呈,即祈核轉爲荷。

商團保安團一覽表

名稱	團長	人數	駐所
商團公會	李平書	六百人	陸家浜
商餘學會	郁屏翰	三百人	青蓮庵
商學補習會	蘇筠尚	三百二十人	浙江海運局
救火聯合會體育部	毛子堅	八十人	小南門
閘北商團	錢貴三	一百二十人	閘北
清真商團	沙善餘	七十人	和尚浜
韞懷商團	楊棟生	八十人	侯家路
洋布商團	郁葆青	一百人	大境
水果商團	江榮儕	四十人	集水街
豆米業商團	張樂君	一百二十人	江蘇海運局
商務印書館體育部	張廷桂	八十人	北河南路
滬西商團	朱鑑堂	一百人	西門外
書業商團	陳潤夫	一百人	九畝地
參藥業商團	蘇筠尚	一百人	外鹹瓜街
中區商團	莫子經	六十人	邑廟
志成商團	葉惠鈞	四十人	穿心街
集益商團	張樂君	六十人	丹鳳樓
四舖商團	毛子堅	四十人	廟東
十舖商團	龔子範	四十人	小東門
十五舖商團	凌伯華	四十人	大東門城根
十九、二十舖保安團	莫子經	五十人	也是園
二十二舖保安團	姚子粱	未詳	關帝廟
二七舖保安團	楊味吟	四十人	蓬萊路
北三、十舖保安團	楊味吟	二十人	丹鳳樓
九舖保安團	顧益之	四十人	廣福路

續 表

名　稱	團　長	人　數	駐　所
西區保安團	張筱園	二十人	金家坊
城南保安團	張	二十人	青龍庵

縣知事吴奉文照會調查本地工商實業發送統計表册文民國二年一月十七日

爲照會事。案奉都督程通令民政司呈准工商部令該司文開，國基甫定，傷痍未復，養氣培元，端資實業。顧實業以工商爲前提，而工商以統計爲務。中國統計之法，由來最古。《禹貢》《周官》實爲嚆矢，三代以降，主計肇自張蒼，表體仿自周譜，漢武受郡國上計於甘泉，唐宗令州縣報最於樞府，徵之歷史，班班可考。厥後，自有宋以迄明清，每届歲終，内外衙門皆有彙奏户口、城隍、錢糧、倉穀之事，古今典章，未嘗不合。特以日久相沿，假手書役府吏，胥隸短於學識，簿書期會，習爲故常，徒循報政之虚文，致失統計之實際。興言及此，良用扼腕。近數年來，吾國統計思想益覺駸駸發達，政體由專制而一變共和，朝野上下，咸以周知國力爲至要，而於工商一端關係尤鉅。苟非編訂表式，切實舉行，斯上無以知立法之效果，即下無以資改善之取材，實業前途，又將焉賴？查日本明治維新至今，每歲農商務省所刊農商務統計表已達二十七次之數。考之歐美各國，亦何獨不然？本部總攬工商要政，有鑒於此，特編統計表式計共六十一種，並附章程説明，隨文寄去，文到仰該司道等即便遵照表式，分别飭屬逐細填報，勿吝金錢，勿稽時日，勿蹈前清舊習，勿擾閭閻治安。一俟報告彙齊，本部核訂成書，當即頒行全國，藉供參考而資比較。此令等因，呈請通令前來。除將統計表一册先行交郵頒發外，合行通令南京府知事、各縣民政長查照《調查報告通則》依限呈報。每種填送兩份，分别存府報部，幸勿愆期等因。奉此，查照部頒《市鎮鄉工産物調查章程》，應由貴總董會警按户照章調查，限二月二十八號一律完竣，報告敝署，以便造報。爲此照送工商統計表式八册、市鎮鄉工産特調查簿二十册、公函二百分調查須知八份，請派熟悉本地工商業務情形人員，先將部頒之工商統計表式及敝署印發之調查須知，加意研究，隨即著手調查，務於限内完竣報告，幸勿逾延，是所盼禱。特此照會。

呈縣知事吴調查本地工商實業填册呈復文民國二年四月二十四日

爲呈復事。一月十七日奉照會，案奉都督通令民政司呈准工商部，令實業以工商爲前提，工商以統計爲急務，特編統計表式，並附章程説明，飭屬逐細填報，頒發各縣查照《調查報告通則》，依限呈報每種填送兩份，分别存府報部等因。飭會警照章調查，限期完竣報告等因，附送部頒工商統計表式及署發調查須知等件到廳。奉此，當經遴派熟悉工商人員分投本市區域照章分别調查，已一律查竣，計填造市區域工産物調查簿第一類一册、第二類二册、第三類一册、第四類三册、第五類二册，共九册，又工廠調查單五十二張，每種各填造二份，合行備文，呈送彙轉。所有此項調查費，計銀一百六十八元，暫由本廳墊支，並祈照數發下，以便歸墊，爲此呈祈察核施行。謹呈。

縣知事吴令委任辦理清鄉調查文民國二年十一月二十九日

案准蘇省清鄉公所公函内開，照得清鄉宗旨，首宜辨別匪類。當以編查户口爲入手辦法，凡關於土著客民、庵觀寺院以及酒肆、飯舖、旅館並船隻、鎗枝等項，均應分類逐細編查，方能取其效果。所有大綱條例及編查規則，業經本公所妥擬訂定，由各縣清鄉長委各市鄉公所就自治區域内分段遴選當地公正士民，按照規則，仿製各式牌册，協同切實辦理，統限兩個月，編查完竣造册，呈由清鄉長彙造總册送本公所，以便派員抽查。兹將各種章程及册式牌式發交清鄉員程榆賫往商同酌辦，相應函佈，即希查照辦理，時期迫促，幸勿稽延等因，並由程委員面交各種章程及册式牌式等件到署。准此，查此案前准蘇省清鄉公所公函並密電碼本及佈告等件，業經分行各市鄉公所查照在案。兹准前函，除商同程委員酌辦，並訂十二月十一日開市鄉行政會議，籌商一切，另函佈達外，合將各種章程及册式牌式等件，令發上海市總董，希即查收察照辦理。此令。

呈縣知事洪陳報擬定清鄉調查辦法文民國三年一月十四日

爲呈復事。本年一月七日奉訓令内開，案奉蘇省清鄉公所函催，督促趕辦清鄉調查，造送册籍，呈請省長查核，咨報期限甚促，幸勿稽延等因。准此，查此項編查册籍，業經吴前知事依照省頒各式，函致各市鄉公所自行購用，並由市鄉行政會議決定調查册報期限，以舊曆年終爲度在案。爲期本甚急迫，兹准前函，除函復清鄉公所外，合亟令催該市總董，希即查照前案，趕速調查，務將此項册籍，依限造送本公署，以憑彙報，幸勿稽延，切切此令等因，自應遵照趕辦。惟上海市區域遼闊，户口繁多，較之他市鄉，相差甚遠，恐難急切查竣。經擬定辦法，所有本市區内各户分飭各圖地保、各舖地甲按户調查，填寫草册，陸續報送。其船隻一項，即飭本廳市舶科清查填册，業已分別開辦。一面另僱寫生，俟調查草册交到，趕即填寫正册。此項編查費用，現由本市政廳暫墊，事竣後，再行核數，呈請照章開支歸墊。兹將所擬調查户口籍法開單附送，合行呈復，爲此呈請察閲施行。謹呈。

計抄單

上海市區域清鄉調查辦法

一、依清鄉公所發下册式分别印就，飭本市區域轄境之舊有各圖地保、各舖地甲，各就本圖、本舖按户調查，以資情形熟悉。

二、調查者依本地方路線分别幹路、支路，按照門牌號數挨户調查，〔詐〕細詢明，照册填寫。（如遇空屋，照門牌號數亦列一户，註明空户。）

三、調查時，須於户主格上分别註明住户、舖户，其有住舖合户，亦應分填，切勿漏畧含混。

四、如遇一户而住居兩姓以上者，應分别調查列册。（倘有同姓而各立門户者，即照各户論。）

五、調查時，務須注意該户狀況，即於調查册上備註内註明。

六、調查册上所有男女各項以年在十六歲以上者爲大，不及十六歲者爲小，務須分註人數。

七、調查時,每入一户,務須婉言詢問,依册填寫。如遇問而不答及卻以户主不在者,即詢諸鄰右,惟遇此等情事,尤須格外留意,必使不漏一户爲主。

八、調查之後,將調查證填就發給該户主,囑勿遺失,以爲已受調查之證。

九、調查册應照已定路線、門牌彙訂成册,限十五日交到本廳覆核造報。現在限期已促,應陸續調查填送,以便一面填寫正册。

十、本廳照調查册抄録全份,以備報核。

附則

一、凡遇公所、學校、社會及庵觀、寺院等項照章以主持人爲户主,須詳細調查填册,並於備註格内註明其一切名稱性質。

二、流民乞丐無户可編者,照章責成地保地甲切實查報,勿得遺漏。

批:來牘閱悉。所擬辦法十條暨附則兩項均尚妥協,應准照辦。至所稱此項編查費用,早經吴前知事按照市鄉行政會議決定,以省撥總數銀一千一百四十元按田支配,移交接管。昨已將各市鄉應領此項細數列表刷印分送矣,希即知照。此批。單附。一月十六日。

呈縣知事洪陳復調查祠廟及住守人數文民國三年二月十六日

爲呈復事。前奉訓令,以奉省令轉奉内務部頒發統計表式,分别查填,限日呈報等因。查奉發表式内,有祠廟地方别表、祠廟住守人數表二種,散在各該市鄉區域以内,飭即就近調查,照表填列,呈復到縣,以憑彙報等因。奉此,遵就本市區派員分别調查,照格填寫。兹送呈上海市祠廟地方别表十七紙、祠廟住守人數表十六紙,合行呈復,統祈察閲,轉復施行。謹呈。

表册冗長不備載。

改定陽曆後紀念及慶祝期案

縣民政長吴奉文照會改用陽曆文民國元年一月五日

爲照會事。奉代理江蘇都督莊通令内開,奉大總統孫冬電開,中華民國改用陽曆,以黄帝紀元四千六百九年十一月十三日爲中華民國元年元旦,經由各省代表團議決,由本總統頒行,並定於陽曆正月十五日補祝新年,請佈告等因。遵此,合行通令各該民政長知照,遵以黄帝紀元四千六百九年十一月十三日爲中華民國元年元旦,並於新曆正月十五日即舊曆十一月二十七日補祝新年。所有各衙署局所、學堂商店以及各項團體,是日一律懸旗,衙署局所停止辦公、學堂停止上課各一天,藉伸慶祝。惟正朔雖改,而地方習慣一時礙難遽更,所有公家財政之出入、學堂功課之支配,在未奉有通行辦法以前,應准暫照舊時辦法,以舊曆年終爲歸束。其商業帳款之出入,關係尤鉅,向例以歲除爲一大結束,本届仍應以舊曆歲除爲辛亥年之結束。庶共和之日月一新,而庶政之推行無阻,將此出示曉諭人民,並照會農工商學各團體遵行,此令等因。奉此,查改用陽曆爲目前急要之圖。其地方習慣,如公家財政出入、學校功課及商業帳款等,仍准暫以舊曆歲除爲結束之期,期於名義、事實兩不相妨，尋繹府令，至爲明晰。現遵於新曆正月十五日即舊曆十一月二十七日補祝新年，所有各衙署局所、學校商店以及各團體於是日一律懸旗，衙署局所停止辦公、學校停止上課一天，藉伸慶祝。除出示曉諭並通告各團體外，合行照會貴廳，請煩查照施行。須至照會者。

縣民政長吴奉文照會孔子誕日以陰曆就陽曆核定日期文民國元年十月五日

爲照會事。奉江蘇都督程江電内開，准教育部電開，孔子誕日應以陰曆就陽曆，核算本年陰曆八月二十七日即陽曆十月七日，自民國元年爲始，即永以十月七日爲舉行紀念會之期等因。除通令外，合先電飭轉行所屬學校一體遵照等因。奉此，除通告外，合行照會貴總董，請煩轉致本區域内學校一體遵照施行。須至照會者。

縣知事吴訓令奉文定期舉行國會開會典禮一體慶祝文民國二年四月七日

案奉江蘇民政長應魚電内開，奉國務總理、内務總長微電開，民國第一次國會前奉大總統發佈召集令，並定於中華民國二年四月八日行全國國會開會禮，均經先後通電在案。此次開會典禮，爲吾國有史以來之創局，亦漢、滿、蒙、回、藏五大民族無上之榮光。凡吾國民自應一體慶祝，以昭盛典。所有居民人等届期務令一律懸旗結彩，其各公署局所爲中外觀瞻所繫，尤當量爲設備，結彩懸旗，以彰慶祝之忱而表歡欣之意，希即通飭所屬一體遵照，此達等因。奉此，合亟通電遵照辦理，並轉知境内各官公署局所一體遵辦等因。奉此，合行令仰上海市總董即便遵照。此令。

門禁交涉案

呈縣知事吴議事會因警廳押犯閉門交涉公議辭職文民國二年五月九日

爲呈報事。本月八日晚九時准市議會議長王引才函開，本議事會今日議決淞滬警察廳長以寄押普通罪犯，擅將本市政廳大門關閉，既礙辦公，又妨主權，屢商無效，議員全體辭職。除電省會報縣知事請縣議事會接管案卷外，特此咨會貴董事會查照等因，合行呈報總董等，即定於今日下午三時開董事會集議，公決一切，俟議決後，續行呈報，先此呈請察照施行。謹呈。

縣知事復函

敬啓者。頃接上海市議長王引才函稱，本議事會今晚議決淞滬警察廳長以寄押普通罪犯，擅將本市政廳大門關閉，既礙辦公，又妨主權，屢商無效，議員全體辭職。除請縣議會派人接管案卷外，合行呈報等語。查門禁一事，衹關手續之磋商，並無辭職之必要，且遍閲《市鄉制》，亦無確當之條文，所請礙難承認，希即轉致市議會知照。專佈。

呈縣知事吴議事會辭職機關停滯董事會並應辭職文民國二年五月十日

爲呈報事。准市議事會議長函報議員全體辭職緣由，業經備文呈報，並聲明董事會亦即開會，俟集議公決後，續行呈報在案。本月九日午後三時，董事會開會公議，以淞滬警察廳長受寄罪犯擅閉本市政廳大門，全市譁駭。經議、董兩會屢商無效，議事會已全體辭職，議事機關停滯,董事會辦理諸事,無從進行,應一體辭職,呈請縣知事,按照《市鄉制》第一百二條第二項之規定,速行改選,以便交替。當經全體表决,除電達省民政長、議事會外,特行呈報,即請查照《江蘇暫行市鄉制》第一百二條第二項之規定,迅行改選,俾使交替,無任待命之至,爲此呈請鑒照准核示復施行。謹呈。

批:來牘閱悉。此案昨據市議事會來文,呈請全體辭職。當經函請縣議長,堅致慰留在案。市董事會爲市政執行機關,貴總董維持公益,羣佩熱忱,尚望力爲其難,顧全大局,並即轉致董事會諸君一體照常辦事,候商解決方法,所請辭職改選之處,應毋庸議,希即知照。此復。五月十日。

縣知事吴令奉省電轉知自治會職員照常任職文民國二年五月十一日

本日接奉民政長應真電内開,市公所争議警廳閉門事,致激爲全體辭職之舉,有公職者以維持地方治安爲重。上海自治成立較早,尤爲中外觀瞻所繫,消極作用殊非所望。除電穆廳長毋庸固執或擇遷押所外,仰轉文該自治職照常任職,以圖公益等因。奉此,合亟訓令,仰即查照轉致議會照常任職,静候解決。此令。

縣知事吴致議董兩會函訂期開會和解閉門案文民國二年五月十七日

敬啟者。上海市議會、董事會先後辭職,經已答復慰留。嗣奉省長真電,用意正同。又經照轉通知,並函請縣議長將門禁一事妥爲調停在案。兹接復函,已商定解決辦法,並悉十七午後三時先行啟門。爲此通告市董事會、議事會諸君查照,一面照常任事,並訂於十九日星期一午後五時在市政廳開談話會,希即準時涖會爲盼。除函致議長、總董並分致外,專此。

滬南兵災善後案

中國紅十字會來函組織救護隊臨時聞警出發文民國二年七月十八日

敬啟者。日來,贛垣宣戰,寧省獨立,滬上人心皇皇,風鶴皆驚。敝會天職所在,不得不預爲之備。現已組織救護隊,一以人道爲宗旨,畛域無分。如本埠萬一有警,敝會及滬城敝分會各該隊立即出發,均佩有紅十字旗幟徽章,用特預行知照,即請通飭各屬,如遇敝會及敝分會救護隊,務加優待,是爲至荷。專此佈達。

縣議長莫錫綸市總董陸文麓會函鄭中將陳告兵災慘狀籲請維持文民國二年七月二十四日

敬啟者。滬民不幸,忽遭兵禍,自前、昨兩日以來,居民逃難,里巷爲空,商店停滯,負販絶跡,電燈機水均受損壞。南市商業受此影響,復元不知何期,深堪痛苦。現陳其美所設之司令部已經解散,崗巡缺少,巡衛無人,商團本在出防,因昨日被劉福彪之兵在途中槍斃二人,以致不肯出防。目前遷徙者尚未復歸,居守者慄慄危懼。凡如敗兵之流竄、宵小之竊發,皆足以爲害地方。現象如斯,急不待緩,爲特奉函,懇請俯念地方慘遭兵燹,設法維持,於城廂、南市各處酌派兵隊,分途保護,以維持秩序,地方幸甚,臨穎不勝迫切之至。專肅。

縣議長莫錫綸市總董陸文麓會電衆議院議員姚文枬請速商陸軍援救滬地兵災文民國二年七月二十五日

亂黨攻製造局已三日，防營星散，巡警稀少，商團又不出防，城廂遷空，機關停滯，請速商陸軍部，迅令鄭中將，維持救闔邑生命。綸、麓有。

衆議院議員姚文枬復縣議長莫錫綸電得陸軍部段總理函復維持上海秩序囑轉通知文民國二年八月一日

昨段總理復函，囑轉告公等，隨時與鄭鎮守使接洽，籌商防衛，已另函詳，並請轉告松侯涵之暨張梅範諸君。枬東。

附録姚文枬致段總理函此函稿由朱炎之自京回滬交來

總理鈞鑒：敬啟者。文枬籍隸江蘇上海縣，今日接到上海縣議會議長莫錫綸、上海市政廳總董陸文麓電稱云云。等情。查上海軍警商團組織完備，地方治安足敷保衛。此次因奉到程都督、應省長咸電通令，宣告獨立，以致宗旨紛歧，勢成渙散。縣市自治機關無法維持，不得不仰賴駐滬官軍，兼顧地方治安，應懇俯如所請，合行鄭中將辦理，並懇電令程、應取銷前發通電，以免紛歧，地方幸甚，大局幸甚。衆議院議員姚文枬謹啟。七月二十六日。

附録段總理復姚文枬函此函稿由姚君寄來

子讓先生執事：昨承惠書，具悉眷念桑梓之盛意。程都督、應省長現均在滬，並未獨立。已飭暫就上海組織機關，以維持秩序。鄭中將現爲滬鎮守使，自應協力維持，請轉電縣議會議長等，隨時接洽，籌商保衛之法，並聯絡商團巡警，勿受亂黨煽惑，免致地方糜爛可也。此復。段祺瑞啟。八月三十日。

淞滬警察廳長來函奉省令照舊任職挑編警備隊以維秩序文七月二十七日

敬啟者。本月二十七日奉江蘇民政長行署訓令内開，本月十五日寧垣之變，本民政長偕都督離寧赴滬，力圖挽救。玆遵奉中央命令，在上海先行組織行署辦理一切，業經另電通知在案。該廳長應即照舊任職，勉維秩序，以綏地方，合行訓令遵照，此令。同日，又奉江蘇都督行署、江蘇民政長行署命令内開，該廳長舊轄警察，夙經訓練。玆值軍興之時，應將該廳警察改爲軍隊組織，維持地方，較有實力，仰該廳長在舊部中挑選精壯，編製爲臨時警備隊，令到即便遵照辦理，此令各等因。奉此，敝廳長遵於本月二十八日照舊任職，以南市司法科即從前中華銀行爲辦公機關，並遵命令挑編警隊，藉維秩序。惟軍事倥傯，瞬息萬變，素佩藎籌，伏希時賜指教，俾便遵循爲荷。

縣知事吴來函奉省令就任維持地方秩序文七月二十八日

敬啟者。馨服務梓桑二十閱月，竭蹶從事，幸免愆尤。前以精力不支，觸發胃疾，夜不成寐，一再陳請，電請辭職，並照章暫委第一科科長保管印信卷宗，静候接替。一面知會縣議事會召集議員，速推替人，以便點交等因通佈在案。嗣承諸君子堅意挽留，勗勉備至，實深感愧。現奉省令，飭維秩序，以綏地方。自維公民一分子，值此事故多端，不敢不勉爲其難,力疾視事,稍盡天職。惟是時艱責重,擔荷無能,揣分撫衷,行政機關實難勝任,業經呈復省長,謹以一月爲期,仍請遴員速替,俾得早卸仔肩,藉安愚拙,掬誠通告,諸希鑒諒。

縣知事吴令奉文行知中央任命鄭中將爲上海鎮守使文民國二年八月三日

本月一日,奉江蘇都督、民政長行署訓令内開,據准上海鎮守使鄭咨開,本年七月二十六日,奉大總統電開,鄭中將汝成已任命爲上海鎮守使,地方軍事交涉均可料理。七月二十九日,又准參謀、陸軍兩部電,奉大總統令,上海軍事外交均由鄭鎮守使辦理,並商明應德閎選派上海知事,由鄭使指揮。一切事宜均按《戒嚴法》辦理,交通各機關如電報、輪船等項,交由鄭使指揮。程督、應長如在上海,務須隨時接洽,和衷商辦各等因。奉此,查現在上海軍事未平,地方秩序未復,本使既奉命鎮守,自應遵照大總統指飭事宜,切實經理,以期早平匪亂而安地方。現擬先在海籌旗艦,即日辦公,將來軍事稍平,再行指定在製造局大廳行政公署遷徙,並先刊刻木質印信一顆,文曰"上海鎮守使印"六字,即日啟用,以昭信守。除報大總統及分電各省都督、省長外,相應備文咨會,爲此合咨貴都督、民政長請煩查照,迅賜轉飭所屬及分行上海交涉使及地方軍警行政各署暨電報、輪船等局,凡應屬在本使辦理指揮各官長一體知照,具紉公誼等因。准此,除函復外,合亟訓令該知事知照,此令等因。奉此,合行訓令,希即查照,此令。

縣知事吴令奉文行知上海鎮守使奉任命兼上海警備地域司令官文民國二年八月八日

本月七日,奉上海鎮守使兼上海警備總司令官鄭函開,本年八月初六日奉國務院電開,上海鄭鎮守使本日奉大總統令,任命鄭汝成爲上海警備地域總司令官,此令等因,望即遵照法律第九號《戒嚴法》十七條,辦理在該地域内地方行政及司法事務,俱受司令官指揮,並分文知照中外官查照可也,國務院等因。承准此自應即日遵照辦理,相應專函奉佈,請煩查照等因。奉此,合行訓令,希即查照。此令。

戒嚴法

第一條　遇有戰争或其他非常事變,對於全國或一切須用兵備警戒時,大總統得依本法宣告戒嚴或使宣告之。

第二條　戒嚴之地域,分爲二種:

一、警備地域。

二、接戰地域。

第三條　警備地域爲遇戰争或其他非常事變之際,應警戒之地域。

接戰地域爲因敵之攻擊或包圍應攻守之地域。

前兩項之地域,應時機之必要區劃佈告之。

第四條　戰争之際,要塞、海軍港、海軍造船所及其他鎮守地方遽受包圍或攻擊時,該地司令官得臨時宣告戒嚴出征,司令官因戰略上須臨機處分時亦同。

第五條　遇有非常事變須戒嚴時,由該地司令官呈請大總統行之。若時機切迫,且通信斷絶無由呈請時,該地司令官得臨時宣告戒嚴。

第六條　依第四條、第五條規定,得臨時宣告戒嚴之司令官以軍長、師長、旅長、要塞司令官、警備隊司令官、分遣隊隊長或艦隊司令長官、艦隊司令官、軍港鎮守長官或特命司令官爲限。

第七條　依第四條、第五條之規定，臨時宣告戒嚴時，須將戒嚴之情狀及事由迅速呈報大總統及其所隸屬之長官。

第八條　戒嚴宣告之地域，應時機之必要得改定之。

第四條至第七條之規定於戒嚴區域之改定准用之。

第九條　在警備地域内，該地方行政及司法事務限於與軍事有關係者，以其管轄權移屬於該地之司令官。

於前項情形地方行政官及司法官須受該地司令官之指揮。

第十條　在接戰地域内，該地方行政及司法事務之管轄權移屬於該地之司令官。

前條第二項之規定於接戰地域准用之。

第十一條　於接戰地域内與軍事有關係之民事及刑事案件，由軍政執法處審判之。

第十二條　接戰地域内無法院或與其管轄法院交通斷絶時，雖與軍事無關係之民事及刑事案件，亦由軍政執法處審判之。

第十三條　對於第十一條之審判，不得控訴及上告。

第十四條　戒嚴地域内司令官有執行左列各款事件之權，因其執行所生之損害，不得請求賠償。

一、停止集會結社或新聞雜誌、圖書告白等之認爲與時機有妨害者。

二、凡民有物品可供軍需之用者或因時機之必要禁止其輸出。

三、檢查私有槍炮彈藥、兵器火具及其他危險物品因時機之必要得押收或沒收之。

四、拆閲郵信電報。

五、檢查出入船舶及其他物品，或停止陸海之交通。

六、因交戰不得已之時，得破壞燬燒人民之動産、不動産。

七、接戰地域内不論晝夜得侵入家宅、建造物、船舶中檢查之。

八、寄宿於接戰地域内者，因時機之必要得令其退出。

對於前項第六款之被害人應酌量撫卹之。

第十五條　戒嚴之情事終止時，應即爲解嚴之宣告。

第十六條　戒嚴於解嚴宣告後失其效力。

第十七條　本法自公佈日施行。

慈善團來函兵燹以後捐款艱收請墊款接濟文民國二年八月十二日

敬啟者。吾滬不幸，慘罹兵燹，近日秩序稍復，敝團各司友早經循舊供職，並勉隨諸君子後，力顧善後事宜。奈敝團進款全賴房租、業捐二項，按月接濟，此刻商市罷輟，元氣剝喪，渠且自顧不遑，善堂月捐無怪其相率觀望。至於房租一層，除大南門直街顧君住宅於廿五夜燬於炮火，該屋係屬堂産，業已僅存瓦礫，損失在數千金外。而其他各處租户可稱十室九空，即間有放膽搬回者，當此兵刼餘生，喘息甫定，滿目瘡痍，不得不暫緩催繳。顧來源驟絀而開支則反增，查輔元名下核計木料、藥材欠付之款數在二千左右，而現又添備棺木，需用甚急，蓋不獨收埋遺骸，及新普育病故之人向在夏秋之交，本有應接不暇之勢。而紅會中函索板棺，每係萬數，只得添雇匠作，晝夜趕辦，又須酌加工資，此則暗蝕於無形者。又鎮潯漢各屬難民，兩次由紅會會員商囑分任其責，購備船票，資遣回籍。敝團慨念時艱，兼以職分所在，義不容辭，當經設法挹注，陸續借墊銀一千六百兩，而清節育嬰並救生局、輔元分堂各機關紛紛來團領款，無米之炊，將何應付？鈔等濟變乏術，又未便將應辦各舉停滯貽誚，爲此縷訴下情，伏望貴廳俯念辦理爲難，誼屬隸轄，先行籌撥銀二千兩，即日交付到團，以濟急用。敢代合市窮黎，叩乞仁施，並即示復爲幸。專肅。

復慈善團函酌撥善舉經費文民國二年八月十九日

敬啟者。接誦函示祇悉。惟滬南自遭兵燹，本市政廳向有之各項税捐，一時無從收取，經濟奇窘，支配爲難。所有貴團請撥之款，未能照數籌付，兹勉籌洋五百，由廳出具支單一紙，附函送上，即祈察入即付收條爲荷。

慈善團復函八月十九日

敬復者。接誦台函，並撥款洋五百元，計支單一紙。祇領之下，想見貴董事會樂善爲懷，於經濟奇窘之時，仍行勉籌協濟，無任感荷。時局如斯，彼此力任其難，諸君子諒有同情也。專復。

呈縣知吴滬事市兵災受損減繳兩個月地方捐款文民國二年八月二十日

爲呈請事。竊自上月間製造局地方發生戰事，市區域地段迫近，商民遷避，市面蕭條，罹此兵災，同深憫惻。旋幸滬南戰事即停，淞台亦並收復，奉鎮守使鄭派兵保衛地方，並奉示諭通告商民遷復故居，照常開市營業等因在案。查本市政廳辦理地方公益，惟恃各項税捐之收入爲市區行政之開支，在開戰期内困難同遭，一切無從整頓。現在滬市敉平，地方秩序漸復，所有各區店舖居户應納之地方税及茶館酒肆、紙捲煙店攤等月捐，陽曆七、八月兩個月應行豁免，以示體恤。自九月分起，即照舊徵收，藉補公用。除出示通告外，合行呈報，並請移行淞滬警察廳長行知各警區查照，爲此呈請察奪施行。謹呈。

呈縣知事吴外日暉橋燬於兵燹請於被災撫卹款内撥款修復文民國二年九月十七日

爲呈請事。竊本市西區外日暉橋西通龍華，東通製造局路，直達斜橋。此次滬南發生戰事，該橋由官軍焚斷，阻絶匪兵。事後調查，橋面盡行燬落，僅賸橋樁下半截。該橋爲地方人民出入所必經，亟應修復。當飭工程科估計建築費，實需銀三千三百餘元，曾經報告上海兵災善後事務所調查損失股在案。查外日暉橋建於前清嘉慶年間，近年由製造局捐資修過。此次實因戰事被燬，此項修建費爲市議會本年度工程預算所不列，並以兵燹之後，税收奇絀，無從請議追加，應懇轉呈上海鎮守使核准撥給工費，俾資重建而便行人。爲此呈請核轉施行，謹呈。縣知事吴、上海市總董陸文麓。

批：呈悉。查外日暉橋爲鐵路附近交通要道，亟應重建，以便行人。候即轉呈鎮守使，請於撫卹款内先行撥濟，以重要工，仍候奉到指令，再行知照飭遵。此復。九月十八日。

縣知事吴令請款修建外日暉橋呈准照辦文民國二年九月二十九日

案查前據呈稱，外日暉橋燬於兵火，亟須修建，應請轉呈上海鎮守使撥給工費一案，當經批答，候即據情轉呈，請於兵災撫卹款内撥濟在案。兹奉上海鎮守使批示内開，據呈已悉。所請修復日暉橋工用款擬歸入兵災善後一案，於被災撫卹款内先行撥濟，以利交通等語，事屬可行，仰即遵照可也，此批等因。奉此，合行録批飭遵仰即正式備具領狀，呈候轉請照撥，一面即照原估工程先行興工修建，速圖規復而利交通，仰即遵照辦理。此令。

縣知事吴令兵災後市鄉經濟爲難學校經費應酌量核減文民國二年九月五日

照得教育爲今日急務，無論經費支絀，自應設法維持。惟上海自經兵災以來，雖不及浹旬旋即平定，而地方收入首受影響，忙銀附税一項收數若干尚無把握，不得不通盤籌劃，俾教育事業繼續進行，而於地方應辦事宜，亦不致半途中輟。現在各項機關均持減費主義，以學校論，省立各校業奉省令薪水減半支給，即本公署直轄之縣立小學一切開支，亦已按照本年預算以減十分之二爲標準。姑以一學期爲限，市鄉經濟爲難，情事相同，合行訓令上海市總董酌量情形，按照本年預算，預爲籌畫，先將其他不急之費分别減停，次及學務，於敬教勸學之中爲量入爲出之計，是亦補救維持之一道也。此令。

致兵災善後事務所函奉頒臨時恤款由慈善團新普育堂分别具領文民國二年九月十七日

敬啟者。前准函發轉奉上海鎮守使頒到大總統臨時撫恤款内，津貼慈善團棺木及埋葬費龍洋二千元，又慈善團經辦施捨災民費三千元，又新普育堂留養難民費三千元，當即分别轉送去後。兹據該團及新普育堂具送領狀前來，合行函送，即祈察收附卷，敬頌公安，專肅。

慈善團函復收到上海兵災善後事務所奉頒恤款文民國二年九月十四日

敬復者。接奉貴廳函准上海兵災善後事務所函，奉上海鎮守使鄭轉奉大總統頒發臨時撫卹款，暫以四萬元爲率。前經造具概算，已蒙核准照辦在案，兹先領到二萬元。查概算内開，津貼慈善團棺木及埋葬費二千元了結等語。現款已領到半數，合即提前如數發給，請查收轉給，即由該團掣具領狀送所備查等因，計發龍洋二千元前來。又准函發即期龍洋六千元，三千元爲留養費，囑轉發新普育堂收存，又三千元轉發慈善團施捨棺木之用，辦法容再妥商。中秋後，即須實行等因。除將三千元送交新普育堂外，所有津貼棺木及埋葬費二千元及施捨災民費三千元，統行送上，即祈察收，即具領狀送廳，以便轉送存查。計送龍洋五千元等因。除將津貼費及施捨費分别歸賬存用外，合具領狀兩紙，即祈察核轉送，是所盼荷。

呈縣知事吴請發修建外日暉橋工費文民國二年十月二十日

爲呈請事。九月二十九日奉訓令内開，案查前據呈稱外日暉橋燬於兵火，亟須修建，應請轉呈上海鎮守使撥給工費一案。當經批答，候即據情轉呈，請於兵災撫卹款内撥濟在案。兹奉上海鎮守使批示内開，據呈已悉，所請修復日暉橋工用款擬歸入兵災善後一案，於被災撫卹款内先行撥濟，以利交通等語。事屬可行，仰即遵照可也，此批等因。奉此，合行録批通飭仰即正式備具領狀，呈候轉請照撥。一面即照原估工程先行興工修建，速圖規復而利交通，仰即遵照辦理等因。當即知照工程科，從速動工。據復，實估修建該橋工料銀三千五百元，待款興作等語。合行具呈，並附送領狀一紙，懇將鄭鎮守使核准擬給修建外日暉橋工料銀三千五百元迅賜發下，以便開工。爲此呈請察照施行。謹呈。

批：呈及領狀均悉。此項橋工卷查前呈轉報鄭鎮守使原文，係實需工料銀三千三百餘元，自應照案辦理。兹發江蘇銀行支票銀元三千三百元，希查收領狀，併發更正補送勿延。此復。二十三日。

議事會按季呈報議決事件案

上海城自治公所辛亥年九月二十六日臨時會議決案

由縣民政長吴召集全體議員開議。

一、於上海市設立市政廳，即以原有之城自治公所改設。

二、市政廳應設議事機關、執行機關，即以城自治公所議事會、董事會改設。

三、隨時開臨時會，由議事機關、執行機關共同協議。

四、前三條係暫行辦法，應候改定新章重行組織。

五、由市長函請民政長邀集四鄉自治職，組織市鄉聯合會。

市議事會呈縣民政長吴繕送新紀元正月臨時會議決事件文民國元年二月初十日

爲呈報事。竊上海光復後，城自治公所曾於舊曆九月二十六日，經貴民政長以副議長名義，召集全體議員開臨時議會公決辦法。一、於上海設市政廳，即以原有之城自治公所改設。二、市政廳應設議事機關、執行機關，即以城自治公所議事會、董事會改設。三、隨時開臨時會，由議事機關、執行機關共同協議。此係暫行辦法，候頒定新章，重行組織等情，全體表決在案。現在《市鄉制章程》已奉省頒，自應正式開臨時會討論市區行政範圍各事，並審定預算，以爲進行之根據。原任議長、副議長，以查照《章程》第十九條現任本地方官吏者不得選舉職員及被選舉爲職員，自應照章辭職，仍由貴民政長以副議長名義，於新曆正月二十四日召集全體議員開臨時會，更選正、副議長。當經如法投票公舉，計陸文麓得二十票當選爲議長，王納善得十二票當選爲副議長，即繼續會議董事會交議及議員建議各事件，仍照向章，分第一次、第二次、第三次三會決議全案，並於第二次會期内推定審查員，審查預算。查本届會議於正月二十四日開始，至二月初三日議畢所有各議案，計董事會交議者三件、議員建議者十件，除否決及議歸董事會實行外，計議決案六件，合將各議案及預算案另摺開呈鑒核。惟自光復以來，局面一新，本届預算自難正確，除學務、工程兩類外，其餘一切收支款項僅定大綱，應俟董事會重行釐定款項，開列詳册，交新議會議行，合併聲明。須至呈者。

批：來牘並摺均悉。本届預算案本難完善，以審查員會公決辦法三條爲標準，足補預算案之缺。《巡警辦法》現正呈請都督核示，應候奉批，再行知照。《市政廳直隸省會官廳案》，仿歐美自由都市辦法特别規定，現無不可。惟事關變更法律，應由貴議會備具理由，直接向省議會請議。至臨時縣會，本民政長現正在預備組織中也。《查禁彩票案》前奉省令，業經出示曉諭，候再出示，並知會警務課長嚴禁，此復。摺存。二月十二日。

上海市政廳議事會新紀元正月臨時議決事件

一件新紀元預算案

新紀元全年度本市政廳各區預算收支僅列大綱，計歲入經常、臨時兩門，共銀十七萬二千二百八十八元。歲出經常、臨時兩門，共銀十八萬八千四百十四元二角。緣自光復以來，局面變更，各項事宜尚無確定之規劃，是以本届預算收支之數未能適符。

一件審查員會公決三條

甲、現應將急須辦理之事件不及待至新議會議決者先行規定。

乙、巡警費如何應分清市鄉界限，待新議會成立再決。

丙、上海、閘北界之自治向在本市會區域之中，其巡警則由官辦。今自光復以來，事權多所紛更，應統歸本市會辦理，抑分列一區，請董事會規劃，俟新議會成立再議。

一件改選議董董事案

市長、副市長無庸辭職，俟新議會成立後再行公舉。

一件市政廳直隸省會官廳案

查上海市當長江八省之尾閭、沿海七省之中心、太平洋航線之焦點，内治外交，較天津、漢口尤煩難，市民之擔負尤艱鉅。當舊政府時代，既嘗直接稟承上海道。今自光復以來，艱鉅之事，直接稟承蘇都督、滬都督辦理者益多。此後軍務平定，而地居衝要，事情之應與高級官廳直接，亦自然之趨勢。故本議會之衡情酌理，本市之政權統系，應仿歐美各國自由都市之辦法，直隸於省會官廳。一面仍與上海民政長接洽，如此則機關緊捷，辦事必更得宜正，不獨一地方市民之幸，於民國全體之進步必大有益也。所有上海市長莫錫綸、副市長顧履桂，應由本會專案呈請民政長，轉呈蘇都督加發委任狀，以專責任。其餘仍照省議會公決現行章程辦理。

一件聯合各鄉組織臨時縣會案

查上海縣議會前此以上海縣田令之頑延迄未成立，今欲重新選舉，則舊章程既不適用，新章程又未定，是以擬由本議會聯合各鄉，各推代表二人，組織一臨時縣會，一以維持全縣之立法機關，一以公定選舉辦法，督促進行，由是而省而國，務期確定立法之機關，以鞏民國之基礎。蓋專制國之主體在人君，而共和國之主體在人民，故議會之代表爲最亟應專案呈請民政長先行核准施行，並請呈報蘇都督備案。

一件查禁彩票案

查今市面所行之籌餉獎勵券，其名目雖非彩票，而性質實與彩票無異。其掀動人冀得非分之心，與總統理財必合學理之宣言不相符合，且外人禁止租界發售彩票，早已弊絶風清。今反效尤外人禁絶之弊政，相形之下，自辱太甚。況自軍興以來，軍政府之在我滬上籌款，亦幾鉅細靡遺，吾滬人殆無不相助爲理曾無間言，而必留此敗壞政俗之污點，想政府必不出此，此必僉壬矇蔽之所爲。應請民政長、市長查照省令，知會警務部嚴行查禁,一面出示曉諭,永遠禁絶,不准化名嘗試。

市議事會呈縣民政長吴繕送民國元年三月臨時會議決事件文民國元年三月二十六日

爲呈報事。竊本月二十四日即舊曆二月初六日本市議會開臨時會,業將開會日期備文呈報,並請駕臨監督在案。查是日開議市長交議案一件、議員建議案二件,經逐案議決,合行開摺呈報,爲此呈祈察核施行。須至呈者。

市議事會元年三月臨時會議決事件

一件法電燈公司擬在徐家匯路設粗電線案

查此案前經城議事會議決有案,應由市長查案,呈請民政長與法領事據理交涉。

一件滬軍都督函轉財政總長函擬轉押自來水公司案

事關公司股東權利及存有地方公款,應由董事會邀集各該有權者開會公議。

一件籌議保護地方案

以議事會名義呈請護軍都督並中央政府調開駐滬兵隊。

市議事會呈縣民政長吴繕送民國元年四月臨時會議議決事件文民國元年四月十四日

爲呈報事。准市長報請續議法電燈公司商設粗電線案,以事屬緊要,即行召集議員,於本月十三日開臨時會,公商辦法,時日迫促,未及先行呈報。是日除市長交議一件外,另有議員建議案一件、臨時報告提議案一件,逐案議決,合行開摺呈報,爲此呈祈察核施行。須至呈者。

市議事會元年四月臨時會議決事件

一件續議法電燈公司商設粗電線辦法案

據法電燈公司所稱,埋設電線必須另樣機器,萬難照辦,莫若照第二條辦法,將粗電線外包橡皮,立桿通過等語。查埋設地下電線,凡屬電機,皆可照辦。惟地下電線價值較昂,該公司但爲惜費起見耳。應由市長呈復民政長聲明,地下埋線一層,事屬可行,即照復該公司仍照第一條辦理,以免危險而重人命。

一件法水兵整隊持械經行内地應行交涉案

據王議員納善臨時提議,四月十二日下午五時一刻,有法水師一隊約五六十人,自龍華向外日暉橋掌號,過南洋中學,有徒手者、有持鎗者。是否行政部所允許,該區巡警曾否報告,應行查詢等語。應由市長呈請民政長查明,如並無照會,即咨行交涉使嚴重交涉。

一件城廂區域名稱案

上海市政廳即前此上海城自治公所之改設,其區域之名稱今確定曰上海市,與上海縣全邑名稱已有區别。在各市鄉亦各自有名稱,不致混淆,應由市長照復民政長查照。

市議事會呈縣民政長吴繕送民國元年六月臨時會議決事件文民國元年六月廿七日

爲呈報事。竊本月二十六日市議會開臨時會,業經照章呈報,並請大駕蒞會監督在案。查本届臨時議會於二十四日開議,至二十五日議畢。此次所議各案,均係市長交議,特將議決案六件開摺呈送,即祈察照施行。須至呈者。

批:來呈並議案六件閲悉。除法電車事另案批復外,此復。六月二十八日。

市議事會元年六月臨時會議決事件

一件處置中區西區清潔事宜案

由董事會函復滬西商團介紹該鄉民等舉定一人,照議會議定清潔所辦法簡章,承辦本市中區、西區清潔事宜,如該鄉民等仍不遵照,即另行招人照章辦理。

一件南市華商籌辦電車案

南市應辦電車,經前總工程局議會議決,自行規劃在案。現在南市華商發起興辦南市電車,正以合符前案,並可杜絶外人覬覦,亟宜從速舉行。應由董事會與該公司訂立草合同,並知照該公司將所定辦法及設軌行車一切章程連草合同擬送到廳,交下次議事會議決。

一件取締鎔銅爐坊案

銅器店鋪原准開設,惟鎔銅爐坊煙火有害四鄰,應令遷移荒僻處所,由董事會照復警務長可也。

一件紹興旅滬同鄉會請發還印花公所房屋案

印花公所房屋在前清時代因案充公,由田縣令撥歸城自治公所,設立貧民半日學堂,現在仍應歸市政廳執管,繼續辦理。所請將該房屋給還,未便照允,即由董事會函復紹興旅滬同鄉會查照。

一件市長副市長辭職請另行選舉接任案

查自光復以來,市長、副市長竭力任事,勞瘁不辭,固爲議會同人所深悉。本年正月間,臨時會曾以辭職爲請,當經議決,市長、副市長無庸辭職,俟新議會成立再行公決在案。現届選舉期近,應請勉任其難,俟新議會成立重行公舉。

一件法電車公司擬由斜橋接通電軌至羅家灣案

法電車公司現欲接軌,由斜橋通至羅家灣路,已由董事會呈請民政總長、民政長照會法領事阻止在案。查斜橋以西新闢各路種種權限,猶未分明。今法人由斜橋徐家匯路達羅家灣路接軌行車,本議會殊難承認,況本市現正在興辦電車,凡本市政權可及之處,皆擬分設電軌,不得不預爲地步,應請民政長照會法領事鄭重交涉。

市議事會呈縣民政長吴繕送民國元年七月臨時會議決事件文民國元年七月三十一日

爲呈報事。竊本届市議會臨時會先經呈報開會日期,並請蒞會監督在案。本議會於二十一日開議所有交議之南市電車草合同案及市政廳辛亥年決算案兩件,經分别推員審查，於二十七日開會公決。除南市電車草合同議由董事會與南市電車公司照議執行外，其辛亥年決算案應查照暫行《市鄉制》第三十五條第四款及九十九條之規定辦理。合將上海市政廳繼續城自治公所宣統三年正月起至民國元年二月底止歲出入決算開摺呈報，爲此呈祈查核備案並轉報施行。須至呈者。

批：呈摺均悉，准予備案，並候申請都督存案可也。摺存。此復。八月初二日。

市議事會元年七月臨時會議決事件

一件南市電車公司草合同案

南市華商籌辦電車，前次議決有案。兹准電車公司送閲草合同，經推員審查逐條規定，應由董事會兩方接洽，照議執行。

一件辛亥年決算案

案經推員審查，復經公決，除墊借李改令虧款銀一千二百五十元另行提出外，應由董事會另繕清册，呈縣查核備案。

一件縣民政長請議縣後泥墩公地案

縣民政長來函，擬發還前交地價，將該泥墩公地收回，事屬可行。日後規劃路線，如有餘地，仍照前案辦理，由董事會照案函復。

市議事會呈縣民政長吴繕送民國元年秋季議決事件文民國元年十月初三日

爲呈報事。竊市議事會開秋季議會，於八月二十七日開會，至九月十九日閉會。查《市鄉制》第三十六條内載議事會議決事件由議長呈報該管民政長查核後，移交市董事會或鄉董，按章執行等語。本届議事會所有各議案，計董事會交議二十三件、續交議兩件、臨時交議五件、議員提議十九件、臨時動議一件、臨時質問兩件、公民請議兩件，共五十四件。除未議決三件、不成立六件、歸併五件外，現計議決之案共四十件。合將各議案抄呈鑒核，爲特備文，呈送即祈察照施行。再，此次議決之案有公認爲緊急者，業先抄送董事會提前執行，合併聲明。謹呈。

批：來牘並議案四十件均悉。修正董事會各項辦事規約，自爲力求完備起見。查《市鄉制》第五條第四款、第六款，既不另設專科，似應歸總務兼辦。又第五款，既另行組織慈善團總規約内亦應提及。此名義上之應行補苴者也。市政範圍，工程項最爲複雜，於常年出款所佔分際亦較多。向例工程、路政二部並列，組織尚嫌苟簡，名義亦欠統一。現當改組之際，似應參照租界辦法，於工程科内分拆部分，劃清權限，以專員總其成。或竟以董事一人領之，俾收整齊劃一之效，庶足與租界相抗衡。又，凡各科所不能盡舉之事，通例應歸總務。所定員額是否敷用，應否稍參以活筆。此事實上之擬行商榷者也。即煩移交董事會，按照本規約第九條酌擬辦理。此爲規約等五件大致妥適，一併移交執行。三月至七月決算前經貴議事會通過，呈報核案相符，現再移交通遵，自爲鄭重公款起見。准預備案，候照章彙報都督府察核。會計年度案，先辦半年預算，係爲尊重法令起見，事屬可行。學務經費請求增撥案，附表均甚明晰，半年以來，地方學務進步甚速，規畫開拓，要在得人，實堪爲市民稱慶。惟既謀發達，需費自必較增，爲各校計，應有分期增進之觀；爲全區域計，又不能無匀配地點之關係。應如何斟酌緩急，非身親其境末由置議，是在董事會之督率專員竭力維持而已。填河築路案，甲項開浚肇嘉浜，鄙見稍有出入。察核情形，該浜僅能撈挖通水，作明溝之用，以云水利交通，非加寬不能開深，非拆屋無從入手，不如埋溝築路，俟城壕工竣，形勢便利，不至有外通内塞之慮，比較利益之大小，奚啻倍蓰，尚賴諸君子熟籌而審計之。其餘各案，除另文呈報答復及送縣議會各件外，均屬理由正當。查照《市鄉制》三十六條，併移董事會按章執行，希即分別知照。此復。十月十四日。

上海市政廳議事會民國元年秋季議決事件

一件董事會辦事規約案（另印）

一件分區辦事規約案（另印）

一件慈善團辦法大綱案（另印）

一件市公報簡章案（另印）

一件地方公債貸還章程案（另印）

一件民國元年三月至七月決算案（已編入財政表，不另印）

一件會計年度案

請董事會補具八月起十二月止五個月預算交議，會計年度未定，應辦明年預算，先辦半年，正月起六月止，於本年冬季交議。

一件學務經費請求增撥案

請董事會歸入本年五個月預算辦理，其臨時費，應注意撙（等）〔節〕鄭重編列。

一件籌備貧民習藝所經費案

貧民習藝所建築合宜，試辦亦略有成蹟，現先招模範班百人，斷無中止之理。常費亟須籌濟，既經董事會呈請，轉懇撥領省費，應再繼續聲請，一面仍照董事會來函，向水公司商借月撥七百元，以應眉急。並於編製預算時統籌規畫，求持久之計。

一件城濠路工案

城濠路工尚缺款九萬三千三百元，連路面工料併計約需銀十萬兩，請董事會商請民政長撥借公款，認還拆息，即以城濠作抵。其一切圖樣暨工料之預算及地畝出租之規畫，於開臨時會時一併交議。

一件清保節堂改建節婦工藝院案

節婦留養，非慈善事業之必要，應先截止續收。至婦女工藝院，可另行籌畫建設，但不必以節婦爲限。

一件禁止裸體案

請董事會酌擬簡易辦法，一面出示曉諭，一面移知警務處定期實行。

一件大境地畝公産案

查大境地畝共有田單七紙，總計則田十畝九分三毫。其單户名係大境，核與版册用符，現時承糧户名亦係大境，自屬公産，應請董事會負監督保管之責，不應以之出售。

一件資送哈佛醫學生案

美國哈佛大學來華特設醫學校,其本國本州對於此事之議案第二條,以養成公共衛生之醫官爲言,吾政界實無學有本原可當醫官之人才,似宜及早資派合格學生前往肄業(該校章程另譯),每生費二百元,派五人不過一千元而已。而此後之所省得益必有數倍於此者,若能連派五年,則所費不過二萬五千元,而衛生、行政、外交、教育其爲益必有無量倍數者。此校九月九日招考,爲期甚迫,議先派二人,請董事會即辦。

一件禁止年未成丁者拉車案

請董事會咨照警務課飭知巡士,如遇年未成丁之車夫,應吊銷捐照並先出示曉諭,限自十一月一號起實行。

一件禁絶巫師案

請董事會查照宣統二年秋季議案,呈請民政長嚴禁。

一件閘北公産主權案

請董事會檢齊全卷,移送縣議事會,依縣制第十八條第四項辦理。

一件改各舖地甲爲户籍警察案

查稽查户籍爲警察職務之一端,故東西各國往往於行政警察之中别設户籍警察焉。吾國户籍自前清雍正間以地丁攤賦田畝以來久已,漫無稽考。即因選舉,調查不過爲一時之計。現值肇國之初,亟宜著手編查之舉,固無論矣。至其執行此舉者,則責任警察具有先例,惟吾邑警察雖云創辦有年,然而多非土著,欲責以稽查户籍,非特情勢隔閡,並且語言梗格,是反足以障礙進行者也。竊維本城各舖地甲悉係住居本舖,凡舖内居户之遷徙,人民之生死,不動産所有權之移轉(即賣買購與相續是),營業之邪正,類能知之,其利一也。查城廂内外有舖十六,每舖以一正兩副平均計算,可得四十八人。即不敷分佈,再以尋常警察輔之,庶地甲不致徒食而有專責,其利二也。光復以後,一切胥役類已革除,獨舖甲一項尚未裁撤,誠恐一旦裁撤,若輩生計頓絶而於社會反無實益。諒遲遲我行者,職是故耳。查舖甲在前清時代隸於衙吏之下,接充有陋規,年節有陋規,而反無相當之工食。因之對於店舖居户年節有費(節費二角至數元不等),賣買有費(賣買費照實在賣價十份之四),租借有費(租借費照全年租價千份之十),此外尚有生日費、門攤費(門攤費畧繳經承,生日費正副甲均有之)等,今衙吏之對於舖甲索費已一律禁革,而店舖居户歷來所出之費仍未革除,應改爲地方税,抵作户籍警察之工食,化私爲公,一舉兩得,其利三也。舖甲爲市區域特有,而警察爲縣行政範圍,且另有關於全縣之牙甲、漁甲,亦與舖甲事同一律,應請董事會移送縣議會議決。

一件開闢龍華西北馬路以利南北之交通案

查本年正月臨時議會已有議案,臨時費預算,計斜日路至土山灣路,南至龍華,北至徐家匯。當時因此項工程費鉅,決議從緩。現在北四川路之交涉非常棘手,損失主權不少。推原厥由，皆我華人不自築馬路、放棄主權所致。故今當爲前車之鑒，速照原案，由土山灣朝北穿虹橋路至法華路，北至曹家渡，暫建一木橋，直達閘北，將租界包涵於中。該處河道較狹，建費可較新閘路橋爲省。此橋一建，此路一通，於主權及各處市面其裨益當非淺鮮。惟地屬兩區以上，非上海市廳所能獨斷，且工大費鉅，非一市所能任，應請董事會移送縣議會議決。

一件修新閘橋設法改建案

新閘橋建築經費銀三萬二千兩，爲前清閘北巡警局長姚繼之捲逃，應由董事會呈請民政長轉呈蘇都督行文通緝，務獲勒繳，以重公款。惟該閘橋處南北交通要道，且毗連租界，關係綦重，萬難視爲緩圖。近聞英工部局更將越俎代謀，非特釀成交涉，且恐損失權利，尤不得不刻日興工，預籌抵制。查有江海關土貨碼頭捐一項，係於正稅外由稅務司帶收。除以一半歸英法美工部局經費外，尚有一半歸前清上海道收存，備充地方公用，爲數頗鉅。（前清蘇省編製宣統四年預算草案受協册内有江海關碼頭捐三萬六千六百四兩，聞實收數尚不止此。）按，《市鄉制暫行章程》第三十五條第五款權限及第八十九條第一款又第一項並第九十五條之規定，此項土貨碼頭捐，即係附稅，以之撥充本廳地方公用，極爲正當，應請董事會呈請民政長轉呈蘇都督，迅賜核准照撥，即於該款内先行墊付建築新閘橋費，將來俟追款有着，再行歸墊，俾濟要工而免遲誤，事關緊急，請董事會提前執行。

一件貨物税妨礙市場應請將稽查機關推設市外案

上海貨物稅總公所巡船泊於南市，近日又有閔行巡船泊於油車碼頭，争攬貨稅，喧賓奪主，損害市場。查租界凡百無捐，南市則房捐部帖、貨物坐賈等莫不有捐，人民何堪擔負。上海名爲商務繁盛之區，然繁盛者租界而已。此皆前清之爲淵毆魚，若不亟思挽回，不特南市永無振興之日，且啟外人推廣租界之心。擬將貨物稅稽查機關推之於市場之外，南設於龍華及滬嘉車站，北設於曹家渡及滬寧車站，外港設於吴淞，貨物稅胥於界外收之，使租界與華市之稅率相等。按，稽查機關設於市外，其稅項仍不致減少，蓋於市外徵收，則運至租界之貨亦得徵稅，租界之貨千倍於南市也。應呈請省行政機關，准於照辦，以袪市場障礙。

一件補助改良學塾集益社案

改良學塾集益社，附設單級教授講習科，爲私塾教員補習師範之地，預算常年費四百六十三元，要求補助。查單級教員宜於四鄉，此案請董事會説明理由，呈民政長核辦。

一件舊都督府改審檢廳以其餘地建市房案

由董事會條陳於民政署。

一件商民稟設衛生公廁案

復董事會改良公廁，應由公家設立，商民稟設，應無庸議。

一件保護營業嚴懲無賴以興市場案

請董事會另議辦法，再行交議。

一件遷移礙路各攤案

請董事會查照舊章察酌整頓豫園遷攤一節緩議。

一件學校負販團案

請董事會查照舊議案酌辦。

一件填河築路案

（甲）開濬肇嘉浜。

（乙）填築西門内浄室庵浜迤東至西倉橋浜。

（丙）彩衣街、東街、大東門街。

交董事會甲條查明原有公款察核辦理，乙、丙兩條規畫列入預算再議。

一件大東門至西門外井亭橋止之肇嘉浜應濬應填案

肇嘉浜已經決議開濬，無庸議填。

十六舖橋至小東門之河道亦以開濬爲便，請董事會將開濬經費列入預算案。

一件遷樹木竹行以興商業案

請董事會擬具辦法交議。

一件沿浦外馬路宜種樹木案

請董事會籌辦。

一件小南門外水神閣前井亭擬改建菜場案

請董事會察酌規畫。

一件畫一中區地方捐案

請董事會照辦。

一件預防上海公産抵押案

公款公産簿記編造法，請董事會擬具草案交議。

在市區域内公産何論市有、非市有一律調查。

市區域外之市有公産另簿編造。

一件建屋收進畫一規定案

請董事會查明庚戌冬季規定圖稿發佈並將未規定之處再行規定，交本年冬季議會議決。

一件設立食物衛生化驗所案

請董事會規畫衛生事宜，擬具規約交議，一面先將清道事宜整頓。

一件上海商船公會函商接辦浦江船捐案

上海商船公會如何組織，無案可稽。現在所接來文移會，以江蘇第二十七期公報所載通令爲根據，但此次通令係嚴禁騷擾航業，其對於該公會所請接續辦理之處，指令明言俟部定新章頒發再行飭遵。是新章未頒以前，並未准行，況上海創所未有，更不在接續二字範圍之内，此種機關斷難承認，應由董事會陳明民政長立案，以免枝節。

查本市市舶科成立未久,正在規畫進行,未便輕議更改。

船捐事宜應請董事會規定畫一妥善辦法,從速擬具條文交議。

一件報告建築新普育堂案

原案係報告非交議,應俟董事會支配預算交到再議。惟原案所稱平價餘款是何來歷,是否有着,應請董事會查明再報告。

一件同仁輔元分局遷塚造屋案

請董事會將遷塚理由及辦法(新地何在、遷費何出)一切詳細情形開具條款,並編製預算,再行交議公決。

市議事會呈縣民政長吴呈送民國元年十月臨時會議決事件文民國元年十一月八日

上海市議事會議長姚文枏、副議長王引才爲呈報本届市議事會秋季議會閉會尚有未議決各案,應開臨時會再議,先經分别繕摺呈請鑒核在案。嗣經董事會函知將元年八月至十二月五個月預算等列案交議。當遵《市鄉制》第四十條之規定,於十月二十六日起開臨時議會,至十一月初五日議畢閉會,所有各議案計董事會交議者十件、公民請議者一件,現計議決之案共十一件,合將各議案抄呈鑒核,爲特備文呈報,即祈查照施行,除各項預算表另行呈送外,須至呈者。

批:據呈本年臨時會議決各案並附送清摺一扣均悉。查内地自來水公司貸款撥濟地方慈善費一案,經貴議長總董聯名請願,應俟都督批示遵行外,其餘各案如呈備案,希即移交董事會分别查照執行可也。此答。清摺存。十一月十五日。

上海市政廳議事會民國元年十月臨時會議決事件

一件董事會辦事規約修正案(另印)

一件元年八月至十二月五個月豫算案

經常門收入共銀七萬七千三百二十七元,臨時門收入共銀五萬八千四百六十九元,經常門支出共銀七萬二千七百二十八元,臨時門支出共銀六萬三千六十八元,收支適合(綱目不備載)。

一件内地自來水公司貸款撥濟地方慈善費請願案

此案審查依據丁未年劉學詢刊印本自開各種價目並自認折舊應減數,核得自來水全局成本規元四十七萬兩,是蔡乃煌斷定之數浮出七十八萬兩,所有債負百萬兩,減去浮數,應折作二十二萬兩。軍興以後,逐月所收水價,除公司支用外,因事勢之緊急,全撥地方善舉。體察現在情形,斷斷不能中止,原交議案擬呈請咨部,將款撥歸地方,係爲安人心而維大局起見,應即照辦,由議長總董聯名具呈請願,呈稿通過即繕發。

一件撥援舊議案處置公産例外辦法變售大境地畝公産以充填浜經費案

私法人公産公家應負監督保管之責,惟大境關廟拆城後必須修葺花草浜,關係交通,必須填築。公家既無款可籌,祇得以公濟公,且現擬變售者祇大境全地二十分之三,其餘仍由本市政廳監督保存,與原議案並不觸背,應請照辦。

一件擬填築横貫城中之肇嘉浜案

查四周城濠俱已築溝,僅留此浜,似害多利少,決議填築。

第一讀書公決辦法,不交第二讀書會各案。

一件臧君蓮生辭南區區董案

臧君以辦税務事,冗不克兼,顧迭次函辭南區區董之職,仍願列席議會盡職,詞旨堅決,衹得允准辭職。此後南區區董應請董事會暫留舊區董朱志堯君繼任。

一件衛生事宜八條請擇要採録案

化驗藥品、查驗食物、調查宰牲,應由本廳自行規畫辦理。清潔街衢,應令本廳清道員注意查察。監獄係司法範圍,未便干涉。施種牛痘、籌防時疫、推廣施醫,紅十字分會得自由辦理,請董事會照此函覆。

一件請示定改良公厠辦法案

應由董事會酌量辦理。

一件擬請法律外交顧問員案

請董事會便宜辦理。

一件請審定董事會總務科辦事規約案

可由董事會自行規定,無庸本議會通過。

一件商團公會請議凡已借之事務所即撥爲商團永遠辦事處案

公地廟宇,商團借作事務所,便宜應用,自可公認。來文提議義永撥則尚有先決問題,一爲全市商團統一根本法,一爲清查市有公産,應俟兩問題解決再議。

市議事會呈縣民政長吴緒送民國元年冬季議決事件文

爲呈報事。本議事會元年冬季常會開會日期,前經備文呈報,並請大駕蒞席,監督在案。查此次議事會於元年十一月二十六日開會,至十二月二十六日閉會,其中除國會、省會選舉休會一星期外,適於限期内竣議所有各議案,計董事會交議者十八件、議員提議者十一件、公民請議者二件,除否決四件外,現計議決之案共二十七件。兹准《江蘇暫行市鄉制》第三十六條之規定,合將各議案抄呈鑒核,爲特備文呈送,即祈察照施行。再,本屆議決案中有公認爲緊急者,業先抄送董事會提前執行,合併聲明。此呈。

批:來牘並議案三册均悉。此復。册存。民國二年一月十日。

上海市政廳議事會民國元年冬季議決事件

一件修正本市政廳董事會各科辦事規約及各項取締章程規則案(規約章程共十七件,另印)

一件本市政廳民國二年正月起六月止預算案

經常門收入銀共十四萬七千五百九元,臨時門收入共銀五萬八千七百二十八元,經常門支出共銀十三萬一千九百五十七元,臨時門支出共銀七萬四千二百八十元,收支適合(細目不備載)。

一件收回縣後泥墩公地價銀案

應收回以充本廳他項公用。

附録董事會交議原案：

本年七月間，奉民政長函開，縣後泥墩本係署基餘地，未便變賣。前清田令准張希九繳價承買，致城議事會議決，由貴市長交洋一千四百元發還張希九，乃田令款收未發。光復後，奉派清算員，查算欠款。甫經算清册報，此案張希九繳存地價，由審判廳列入存案，附儲贓罰各款清理。至尊處之一千四百元，即由敝署籌還，款容續送。以現在規畫建築必須通盤籌算，未便缺去一角，致有窒礙也等因。查此案係前議會議決，該公地備價收回。現在應否收還該款，應再列案交議，請公決。

一件徵收茶館酒館及紙捲煙店攤月捐以充地方經費

照原交議案徵收。

附録董事會交議原案：

滬地人煙稠密，茶館酒肆隨處皆有。查租界於各茶館、各酒店均各收捐，以充公費。南市除廟園茶館月收茶捐、備充學務經費外，其餘各茶酒肆尚未徵收，現擬調查市區域内茶肆酒肆一律收捐。其茶捐按桌徵收，每一茶桌每月收捐銀一角，點明桌數，按月統收，廟園向有之茶捐即統一辦理。其酒肆以大小，計雙間門面者月收捐銀二元，單間門面者月收捐銀一元，水爐茶店生業甚微（俗稱老虎灶），大菜館不得專售酒，應各免捐。至紙捲煙本在勸戒之列，凡發售紙煙之店鋪，每開間每月收捐銀一元，設攤售賣者每月收捐銀二角。茶酒煙三項本屬消耗品，各國皆徵重稅。本市政廳酌量收取捐資，補助地方經費，似屬應得，請公議。

一件市立小學校徵收學費案

高等小學校學費每年加二元餘悉照原交議案辦理。

附録董事會交議原案：

按照《市鄉制》第九十三條第九十七條之規定，各學校徵收學費章程應行列入議案，陳請核議，以昭統一。曾於十月間邀各學校校長集議方法，以冀不背部令而於市政廳經費有裨。計得議案四條：（甲）高等小學每學年徵收學費十元，兒童用品歸生徒自備。（乙）初等小學每學年徵收學費四元，一家有二人以上入學者，第二人得商請減半，多者照此類推。兒童用品由校發給。（丙）乙種實業學校及補習科每學年徵收學費六元，兒童用品歸生徒自備。（丁）初等小學向來不收費者，仍免徵收。惟兒童用品分兩種辦法，一係生徒自備，一係由校發給。以上各條是否可行，請公決。

一件和安小學歸市立案

照原交議案執行。

附録董事會交議原案：

和安小學請歸市立摺開，新聞和安小學校創於前清光緒三十二年下學期，以保安、棲流兩善堂義塾合併而成，經費則兩善堂擔任之。初設初等一班，祇租棲流所出租住屋三上三下兩廂房，以作校舍，逐漸推廣，增至五班，學生達二百餘人，屋少人多，實不能容。爰租棲流所外面餘地一畝五分餘，建造洋式教室五上五下、宿舍辦事室六上六下，用去建築費銀七千餘兩。乃於前清宣統元年加設高等科，改爲兩等小學。現在學生四百二十四人，高等分三班，二三年合級，初等分四班。本年預算約用洋六千餘元，除貴廳補助洋八百元及收入學膳費外，不敷尚鉅。然地處租界，爲中外所觀瞻，形色、精神兩不可缺，工部局育才學堂即在鄰近，非處處争勝，何能收回教育權？再四籌畫，終非久計，且本校擔任經費之棲流所，近年來捐款日減，自顧不暇，無暇兼顧。查貴廳北區均係租界，一切行政權爲外人據奪浄盡。惟教育尚未干涉，倘不及時設法則該權又將喪失，因地制宜，似本校應歸市立，況校舍新建，校具完備，較之另行組織者費輕而效速。貴廳爲全市規畫學務，爲租界推廣教育，實有不能不收之勢。兹將顛末録呈，伏求俯允等語。查和安隸屬北區，向賴公廨官款挹註。自光復後，廨權全爲外人所據，未便直接領款，致與主權有礙。是以上年冬季議會有該校預算驟然不符，應與董事會熟籌妥善之法，俟交新議會再決，一面仍暫由董事會設法維持之語。今歲曾由本廳補助八百元，生徒達四百餘人，地狹人稠，所賴以保障租界教育權，厥功甚偉。現因經費日絀，請歸市立，自是深明大勢，曷敢云緩？而嗣後身任校長者，允須洞曉現時教育原理，確定對外方針，乃克砥柱中流，長此不墜，是否有當，請公決。

一件貧民半日小學歸市立案

見預算案説明。

一件西成小學建校舍案

見預算案説明。

一件半涇園改設圖書館以輔教育進行案

見預算案説明。

一件籌設高昌福佑兩學區初等小學案

高昌、福佑兩區皆有設學之必要，高昌尤不容緩，應請董事會從速規畫交議，臨時追加經費。

一件停止補助小學經費案

見預算案説明。

附録董事會交議原案：

查本廳本年度補助私立小學經費，計銀一千五百二十元：和安小學八百元，貧民半日小學三百二十元，南塾代用小學二百元，北區小學二百元。現在和安請歸市立，貧民收歸市立，此兩校補助金當然取消。北區係教育寔進會附屬小學，其校舍借設於振武臺，自城壕開工，即經議決，將該振武臺撤毁築路，斯校無所隸屬，理應停止。南塾代用小學生徒逐漸減少，查斯校與梅溪距離甚近，按諸設學地點，似嫌太密，擬將原有生徒歸併梅溪，甚屬合宜，其補助金應亦在停止之列。查《江蘇暫行縣市鄉補助私立小學校規程》，業奉省公報公佈在案。嗣後應行補助之處，自應遵照通令辦理，今將停止補助緣由，請公議。

一件辦理預算期限表案

分送預算册式刷印品於各科各分機關　正月初三日

通告各科各分機關造送概算報告　正月初四日

各分機關送齊概算報告之最後期限　正月三十一日

董事會督同各科整理各分機關概算報告　二月十一日起十八日止（二月上旬陰曆過年恐仍不能辦事）

董事會開支配概算大會　二月二十一日（徵求意見、確定歲入數、商畧概算草案）

董事會發表概算草案於各科　三月初一日

各科招集各分機關磋商概算　三月初三日

各科送概算書於董事會　三月初十日

董事會開議決概算大會　三月十一日（確定各類歲出數）

宣佈概算書於各科各分機關　三月十三日

各分機關開始編造預算報告細册　三月十六日

各分機關送報告細册於各該科　三月二十五日

各科開始編製預算分册　三月二十六日

各科交分册於董事會　四月初五日

董事會開始編製預算正册　四月初六日

編製完竣　四月十五日

全案交議　四月二十日

分送印刷件於各議員　四月二十五日

開議交審查　五月初一日

審查報告　五月十二日

議決全案　五月二十日

移送董事會　五月二十五日

交復議　六月初五日

復議議決　六月十五日

公佈於各機關　六月二十日（如不交復議，則六月初一日可以公佈）

一件二年七月起三年六月止全年度預算册式

上海縣上海市二年七月起三年六月止全年度預算册式。

編製預算册時，門、類、款三者須依定式排列。至款分爲項，項分爲目，得由編製者隨宜酌定其端緒，煩複者一目之中可再分爲若干子目，或再加説明。

數以圓爲單位，不及一圓者四捨五入。

册式所有事實所無者闕之（全類闕者於標題類别之次行用“無款”二字，全款闕者於標題類别之次行用“無項”二字），册式所無事實所有者按款補入。

收入之款向係指定用途者須説明。

支出之款俸給薪工須敘明職務、人數及每人月支數,物料購備須敘明品件、價率。

收支預算有定額者依定額開載,無定額者以近三年折中比例開載,或估計開載。

計開:

歲入經常門

第一類　公款收入

第一款　發典生息

此款以原有款目爲項别,以每典爲目别,逐目註明存本數及息率,如全項息率齊同者,則於項下註明不必逐目再註。

○所謂原有款目,如某學校、某善堂,或指某同基金之類。

第二款　發存水公司生息

同上,惟有項無目。

第三款　銀行生息

同第一款,惟活存者别歸臨時門。

第四款　莊號生息

同上。

第五款　商股生息

同第一款。

第二類　公産收入

第一款　岸綫

以地段爲項别,以租户爲目别,每目註明某河某岸(如云黄浦東岸)起訖、丈尺及租款。

第二款　地租

亦以地段爲項别,惟一地段内原係指定用途不同者,仍須分項别之(如云某段某學堂地租或某善堂地租),以租户爲目别,每目註明畝分、弓尺、租額,每項註明坐落圖保、圩號。

第三款　房租

同上,惟每日加註樓平、間數。

第四款　田租

此款以同仁輔元堂之後岡倉房經收、清保節堂之方泰倉房經收者爲大宗,其租額有米石錢文之不同,應以地段與征色分項(如某地段米額折合若干,某地段額租若干),仍用租户分目。

第三類　附税

第一款　地税附加

第一項　上忙

第二項　下忙

第三項　漕折

第二款　雜税附加

第一項　契税

第二項　牙税

第四類　特税

第一款　公益税

向以分區爲項，姑仍之。

第二款　交通税

第一項　車輛

第二項　船隻

應以車船種類分目。

第三款　商業税

第一項　典捐

每月三十千者若干典，廿千者若干典，十千者若干典及支配原案，均須説明，仍以指定用途列目。

第二項　煙茶酒捐

第三項　某業提捐

以用途分目。

第四項　舊册所列，按貨抽收，含有强制性質之學捐、善捐，皆應剔歸此款之下。

第五類　徵費

第一款　行政徵費

第一項　戲園書場照費

以出費户名分目。

第二項　菜攤貨攤照費

以地段分目，仍註明若干户。

第三項　商船出口掛號　加説明

第四項　船契掛號　加説明

第五項　田房印契紙價　加説明

第六項　廣告税

第七項　清潔捐

第二款　學務徵費

第一項　學生納費

以學堂分目，須註明學生定額及學費定額。

第二項　入覽券費　如圖書館、展覽會、遊藝會等倘有收費，皆列此項下。

第三項　公家出版之圖書製造之教育品收價

第三款　衛生事業徵費

第一項　醫院收費

第二項　藥品收價

第三項　自來水收價

第四款　慈善事業徵費

第一項　棺葬賠價

第二項　殯房收費

第三項　讓棺收費

第四項　貧民工藝品物變價

第六類　常捐

第一款　認捐　凡認定常年或按月學捐、善捐等捐者，列此款之下，以指定用途分項，以捐户分目。

第七類　公共營業收入

第八類　上級補助

第一款　縣費補助

第二款　省費補助

第三款　國費補助

以上經常歲入共。

歲入臨時門

第一類　臨時收入

第一款　活存生息

第二款　公款歸還

第三款　公物變價

第四款　罰款

第二類　臨時籌集

第一款　募捐

第二款　公債

以上臨時歲入共。

以上經常、臨時兩門歲入大共。

歲出經常門

第一類　學務經費

第一款　學校經費

第一項　某校經費　説明學額班級。

第一目　校長俸

第二目　教員俸
第三目　校役工食
第四目　日用消耗
第五目　教科消耗
第六目　課業用品
第七目　校舍修理
第八目　校具修理
第九目　校具添置
第十目　特別費
第十一目　衛生費
第二項　某校經費　同上,第三項以下倣此。
第二款　社會教育經費
第一項　宣講經費
第二項　圖書館經費
第三項　閲報社經費
第三款　補助經費　各説明補助理由。
第一項　補助代用小學經費　每一校爲一目。
第二項　補助私立小學經費　同上。
第三項　補助教育會經費
第四款　學務提存餘款
第二類　衛生費經費
第一款　清潔經費
第一項　清道經費
第一目　夫役工食
第二目　車馬費
第三目　船隻費
第四目　器具費
第二項　改良公廁經費
第二款　醫藥經費
第一項　施醫費
第二項　施藥費
第三項　醫院費
第四項　醫學費　如資送哈佛醫學校之類,均列此項下。
第五項　防疫費
第三款　自來水經費

第四款　公園經費

第三類　道路工程經費

第一款　道路工程橋樑經費

第一項　填浜築路費

分段列目，工料可詳估分列子目。

第二項　通溝修路費

同上。

第三項　翻砌道路費

同上。

第四項　修築橋樑費

同上。

第五項　修築駁岸費

同上。

第六項　浚河鑿井費

同上。

第七項　路燈費

同上。

第八項　測繪費

第二款　修葺建築經費

第一項　常工工食　以一所爲一項，按所之多少以定項之。

第二項　某所修葺　以下倣此，如有建築可改修葺爲建築，以一所爲一項，按所之多少以定項之多少，工料可詳估分目。

第四類　善舉經費

第一款　救貧經費

第一項　給糧

第一目　恤嫠糧　每説明額定人數，每人月給若干。

第二目　贍老及殘廢糧　同上。

第三目　矜孤糧　同上

第二項　施衣米

第一目　陰曆年終隨糧施衣

第二目　陰曆年終隨糧施米

第三目　普通施衣

第四目　普通施米

第三項　借錢

第二款　棺塚經費

第一項　施賒棺費　工料可詳估分目，棧租及收殮亦入此項下。

第二項　賒葬費

第三項　義塚費

第三款　育嬰經費

第一項　育嬰堂經費

第二項　保嬰費

第四款　設院留養經費

第一項　養老院費

第二項　貧病院費

第三項　殘廢院費

第五款　貧民工藝經費

第一項　貧民習藝所經費

第六款　婦女工藝經費

第七款　救生經費

第八款　救火經費

第五類　市會總費

第一款　議事會經費

第一項　公費薪工

第一目　議長公費

第二目　文牘員薪水

第三目　庶務員薪水

第四目　僕役工食

第二項　開會費

第一目　書記薪水

第二目　膳點車飯

第三項　日用

第一目　茶水炭火

第二目　電燈

第三目　筆墨印紅

第四目　紙張刷印

第二款　董事會經費

第一項　薪工

第一目　總董

第二目　董事

第三目　總務科

第四目　學務科

第五目　衛生科

第六目　工程科

第七目　税務科

第八目　市舶科

第九目　僕役工食

第二項　日用

第一目　自來水

第二目　電燈

第三目　郵電交通

第四目　閲報　説明若干種，每月若干。

第五目　茶水炭火

第六目　筆墨印紅

第七目　紙張刷印

第八目　器具修理添置

第三項　公報經費

第三款　各區經費

一區爲一項，每項逐細列目。

第四款　各堂局所經費

除各學校及辦留養之各堂院所其員薪日用列入各本類外，其餘均列此款之下，如慈善團事務所、同仁輔元分堂、救生局之類，以一處爲一項，每項逐細列目。

第五款　各收租機關經費

第一項　後岡倉房

第二項　方泰倉房

第六類　各項預備費

以經常一類之預備費爲款，一款之預備費爲項，一項之預備費爲目。

以上經常歲出共。

歲出臨時門

第一類　各種開辦費

以經常門之類别爲款别，以某學堂、某醫院、某工廠爲項别，以基地購價、建築工料、品物購價等列爲目。

第二類　選舉調查經費

市會、縣會、省會、國會分列四項，如一年度内但辦一項則但列一項。

第三類　債息

第四類　墊支

以上臨時歲出共。

以上經常、臨時兩門歲出大共。

一件本市資送沈羽補同濟德文醫校學額費省而效速案

見預算第一類第二款第二項。

附録姚文枬君提議原案：

前龍門師範畢業生沈羽現適在德文醫校肄業，查該生入校之年爲前清光緒三十四年七月，中經該校更改學章，已入校者得減少修業期半年，故該生畢業之期應在民國四年舊曆十二月，而自明年舊曆正月起，尚須完全修業三年。又，該生學費按舊章繳納（舊章年百元，新章年百五十元），故以後所需學費合共三百元。惟連膳宿、書籍等費計之（膳月五元，房月二元，書籍年約五十元），則共需六百六十元。本市現既資送，似可即以沈君補此學額，則費省而效速，可收事半功倍之利。

一件郁懷智等二十人公函要求將金家牌坊大街西自金家橋起東至王家老虎灶止翻砌石片街案

見預算支出臨時門第三類第三款。

一件徵收地方捐款擬聯合巡警免致違抗積欠等弊案

請董事會移商埠巡警局照辦。

一件縣長照轉蘇督訓令議復部行商船公會呈請事宜案

查本市經收浦江船隻税，係沿前總工程局之舊，在前清時由城自治公所繼續辦理。經議事會通過税則，呈縣核准，申報有案。光復以後，悉仍舊貫。旋經縣民政長將前清縣署向有之埠頭、船甲名目及規費、埠捐等項一律革除。本市奉到照會，添設市舶課，希妥議辦法，並送示諭一道等因。當經前市長擬訂簡章，以管理船隻、擔任保護爲宗旨，呈請核准執行。又，經本年秋季議會修正，改市舶課爲市舶科，船税即由科員經理。市舶爲市政廳辦事之一科，船税爲自治特捐之一種，辦理多年，若將征收機關無端變更，實於市政大有窒礙。至上海商船向來但有會館，並無公會名目。本年九月間，本市忽接上海商船公會移文一件内開，敝公會前經各航商公舉總理，呈由鎮江總公會委任，擇陽曆九月一號開辦，啓用圖記。云云。並接來函，要求經收船税，突如其來，殊堪駭詫。究經該公會如何組織，所稱航商公舉係何人具名，非但本市無案可稽，並縣民政署亦從無片紙隻字。詢之商船會館各董及各幫船隻，亦皆茫然。且係向所未有，並非繼續進行，實屬違背部令，私擅創設。雖詳細訪查，尚無詐取錢財情事，但不候行政官允許給示，竟敢私發船旗、船牌至六百餘號之多，未免目無法紀，若不呈請查辦，實於民政統一大有妨礙。且細繹部咨内開，據江蘇商船公會呈稱，云云。而所敘呈文，全係上海總理個人之口氣，張冠李戴，深可怪詫。其中有無部吏舞弊情事，應請都督咨部質問。至江蘇商船總公會係鎮江商船公會之化名，曾經省議會議決撤銷，奉都督核准公佈有案。應請都督查案咨部，以免再生枝節。又，查本市接管總工程局卷内有前清宣統元年十二月蘇松太道印文照會一件，係奉農工商部電飭撤銷私設船會等因。又有移覆商務總會文稿一件，呈覆上海縣文稿一件，均係聲明上海無須設立船會，輿情不願，無庸勉强等語。應將全文抄録，送請咨部備查。以上各節，應請董事會呈覆縣長核明照轉施行。

一件請照租界治犬章程咨會警務長實行以衛人生命案

請董事會移交商埠巡警局長照辦。

一件整頓路政應請警區注意輔助案

請董事會移商埠巡警局照辦。

附録張翰蓀君提議原案：

查自治精神首在路政，路政良效，尤賴警區之輔助。前總工程局整頓清道路政後，店鋪招牌已一律收進，而礙路各攤亦不准擺設，取締有案，自治之效漸見進行。現自光復後，各處之店鋪櫃臺招牌逐漸佔出，而礙路各攤亦嘗數見。設互相效尤，自治前途尚堪問乎？應請董事會呈請民政長，移請商埠巡警局相助爲理，飭警注意違者報告令罰之。

一件遵照省公報公佈市鄉教育費令請求籌畫支配案

省公佈教育費令款産以原有爲斷，積聚金以預算額爲斷，本議會已於預算式内規定。至加增附税、特税，應由董事會籌畫交議。

一件募借公債尚未足數應再設法以符原議案

請董事會自由行使其募集之手段。

一件定浜路兩旁捐款案

請董事會擬章交議。

一件實行户籍法案

請董事會擬章交議。

一件收管大境地畝公産永遠保守案

請董事會歸入清理公産辦理。

一件建設改良坑廁案

請董事會慎重規畫，確定地點，便宜辦理。

一件填築肇嘉浜應注重疏通陰溝衡平瓦筒案

請董事會歸案，通盤籌畫，切實辦理。

一件推廣借本負販實行濟貧案

請董事會交慈善團酌量辦理。

一件龔子範君報告法水電公司擬加接地下組電線案

請董事會查察報告。

一件錢裕基君提議高昌廟一帶警務及自治事宜案

請董事會規畫。

市議事會呈縣知事吴縉送民國二年春季議決事件文民國二年三月五日

爲呈報事。本年市議事會春季常會當遵《市鄉制》第四十條之規定，會期舉行前，經備文呈報開會日期,並請大駕蒞會監督在案。查此屆議事會於二年二月十三日開會,至三月初五日閉會,所有各議案計董事會交議七件、議員提議六件、公民請議二件,除否決一件、取消一件外,現計議決之案共十三件。合將各議案抄訂呈報,即請察核備案施行。謹呈。

批:來牘並春季常會議決案十三件均經核悉。即移送董事會知照。此復。

上海市政廳議事會民國二年春季議決事件

一件上海市政廳對於救火會員舍生者之撫恤辦法案

(一)致送名譽贈品;

(二)贈百元之恤金;

(三)子女入市立小學者全免學費。

一件上海市政廳民國元年八月至十二月決算案

辦理決算,凡溢出於原預算之支款,均應詳細說明理由。此次事同草創,自未便過於苛細。但如東區雜費溢支過原數之倍,中區電燈溢支過原數之半,南區路燈添換燈件溢支過原數之大半,護丁工食、貧民習藝所溢支幾及原數之倍,均須補加說明。至員薪溢支不論數之多寡,均應詳細補加說明,以免嫌疑。其預算未經議決之新普育堂支款,應與溢支較巨之貧民習藝所,一併令其補具詳細項目再核。至本市對於商團固應提議補助,以爲協力出防之酬答,但應查照上年秋季議案,俟各商團統一根本法交到方可決議。此次動借,仍應列入另單存款數内,無庸添出特別費名目,餘均通過。(原案不另印,已編入會計表)

一件上海市政廳民國二年一月至六月預算交復議及追加案

交復議之預算,應以原交議之數爲限。此次交復議案内有增出於原交議數之外者,均應無效。如萬不得已,則另提追加案。

學生當番服勞,養成勤動習慣,最爲有益,故校役但宜漸減,不宜加增。

寄宿收費不列預算而校役及雜費乃有因寄宿而增多者,最宜注意劃清,不應濫列(若從根本解決寄宿,宜停辦或遷出校外)。

因學生增減而增減班級,因班級增減而增減收入、增減支出,此自是事實問題,應歸入決算,辦理用品代價小有出入者亦然。今預先報告,固無不可,但不必牽動預算案。

養正無操場,確有困難,應令將原案所指之地掃除治平,不必築雨中操場,以通空氣而節經費,遇雨仍可操於庭中。

第二類第二款第二項、第六類第三款第二項要求增減,毫無理由,應令照原議決案辦理。

除否決外,可決增支共數一千一百三十六元,追加共數七千一百八十四元(内有減收數三百四十元)。

一件收税處分辦法案

請董事會照辦。

附原交議案:

奉函發春季議會第一讀會公決徵收地方税款,由巡警協助干涉,應適用如何方法一案,請董事會體察收税情形,擬具處分辦法交議等因。此係由法律解决問題,當經諮詢法律顧問員許君,請擬辦法。據復以查,巡警職務在保護治安,關於刑事,有協助干涉之權。徵税關於債務,係民事範圍,不屬警務。查税項係一定金額之支付,債務人不能有異議之處,盡可按照民事訴訟法律督促程序條例處分,無須向法庭起訴,徑行請求有土地管轄權之初級審判廳,對於債務人發支付命令,令其於一定期間清繳,逾期不繳,按律聲請該廳强制執行。上海審判廳内均備有支付命令書,印成格式,衹須將欠税人姓名、住址及欠完税額妥爲謄寫(書狀發令各費,應否加入追繳,隨時酌定),尚不甚費事也等情。爲再交議,請公决。

一件新閘橋速籌款建築以維主權案

新閘橋關係主權,情形極亟,若非本市擔任,更難急起直追,應請董事會設法籌墊動工,一面商同縣知事電省告急,要求撥濟。

一件徐葆芬君請議勸拆披水板改裝水落預防火災案

請董事會照辦。

附原請議案:

查城中近來火災往往延燒對街,均由披水板之累及,不如先將大街要道勸諭各户,將披水板盡行拆去,改裝水落。凡遇天雨,行人亦便,店鋪招牌亦可掛高,似無阻窒。一舉數便,公益無旣,且核算鉛皮水落每丈價約七角餘,每間門面約需洋一元左右,所費不多,人皆樂從。但業主往往有藉口以租金度日、無此閑款推諉者,然不妨勸導租户先行暫墊,然後於房租内逐月扣除,爲數究屬無幾。鄙人近處歷經往勸改裝,故悉此中情形。再,有公家及各善堂之房産可由市政廳函勸改裝水落,率先提倡事關火政預防,爲敢請議公决。

一件請董事會將調查户口單行章程擬訂交議案

案調查户口於市政設施至有關係,本員前此建議,目的在地方自治之根本。措詞失檢,至董事會泥於"户籍法"三字,請示上級官長,夫曰法則,民主國非國會莫定。誠如省長所云,地方未便自爲風氣,然因地制宜,如特税之制配、學齡兒童之多少、貧民生計之預籌,皆當有調查之單行章程,應請董事會擬訂交議。

一件請董事會將市立小學校章程分别章節條款釐訂草案交議案

請董事會照辦。

節録原提議案:

查學務專員服務規程,係董事會内部分之關係,固無交議之必要。惟關於學校設置及教授管理方法暨校長教員一應規程,雖有部令、省令可據,而未經本議會議有專章,似不足以昭鄭重。況教育爲市政要端,常年需費獨鉅。現在部令、省令先後紛更,與其勉强遵依,削足就履,何如特别規定,以利實行。特别法優於普通法,本法學上之恒言也。擬請董事會將市立小學校章程分别章節條款釐訂草案交議，乞公決。

一件邊繼孝等請議建築高昌校舍案

請董事會規畫籌辦。

一件處置拱宸門劉氏古墳翁仲石碑案

請董事會查明酌辦。

一件請知照自來水公司聞警速加水力以維火政案

請董事會轉知水公司妥籌善後辦法。

一件改良路工案

前兩條交路工審查員實地考察報告，再議改良。後一條請董事會照辦。

附原提議案：

城廂修築各路時形凹凸，其所以致此之原因亟宜研究：（一）地質不堅，宜仿照租界，用大碌碡壓平，庶泥土無堅鬆不均之患。（一）石片過於粗大，車輪所經易受震動，試觀租界石路耐久不壞者，皆由石片薄小擠軋緊密，故不勞時常修理。（一）工程遲延，居民受累，或遇陰雨，尤爲不便，後宜嚴飭工頭限日迅速竣事。事關路政，請公議。

一件催辦市有款産册籍案

上年秋季議決清查市有公款公産編製册籍亟應催辦。

市議事會呈縣知事吴繕送民國二年夏季議決事件文民國二年六月廿六日

爲呈報事。竊本議事會照章開民國二年夏季常會，前經備文呈請駕蒞監督在案。查本届議會自五月一日開會，至六月十六日議畢閉會，中間以押犯閉門交涉之延閣，致議會中止，稍稽議期。所有提議各案，計董事會交議六件、臨時交議兩件、議員提議六件、臨時動議八件、臨時質問一件、公民請議兩件，共二十五件。除第一、二讀會公決辦法不交第三讀會十四件，歸併四件，毋庸提議四件，業先抄粘知會董事會分别規畫實行外，現計三讀會議決之案共三件。兹遵《市鄉制》第三十六條之規定，相應呈報鈞署查核，爲特備文呈報，仰祈查照施行。謹呈。

批：來牘並議決案三件閱悉。梅溪改辦初等，未具專案，諒有不獲已之理由。惟在校高等生悉令轉校，事實上恐有窒礙，應否酌予維持，仰董事會討論辦法呈復核奪。餘案查核無異，一併移交董事會妥議執行方法可也。此復。七月八日。

上海市政廳議事會民國二年夏季議決事件

一件交議請復議馬路兩旁業户造屋捐章案

請董事會仍暫照舊章執行。

附録原案：

敬啓者。接公民邵榮春、吕景穆、朱馥棠、沈松茂、尤葛民、經德堂、三和堂、趙馥疇、魏蓮魁等公函内開，凡在西區境内空地建造房屋，照章報明貴廳納捐給照。其沿馬路之地起造房屋，應照納馬路捐，每丈計捐洋十五元。此項捐費，爲償還公家建築馬路之款,此乃利便居民公益起見,自應竭誠照章捐納,而往往有每丈既捐十五元外復欲加捐等因。竊所不解,推求其故,始知有規定,以沿馬路丈尺之外加納若干、又幾丈之外再加納若干者。但查沿馬路之地規定每丈納捐十五元,自與地方公益捐名實相符。若以深進之地址丈尺並非在馬路範圍之内,亦要納捐,未知係屬何種租税性質。榮春等同爲西區住民,同爲公益所在,權利義務但求適當,以冀地面興旺,建築繁盛,庶與公家開闢馬路、抵制租界之原理相合,納捐自無不樂從。否則地價工程本已較前昂貴,更加公家規畫路線地基之外,層疊抽捐,豈非使人裹足不前,擔負因而亦弛,殊與貴廳振興市面之初意頗有關礙。爲此不揣公同具函,陳明理由,務請提出議會復議,准照沿馬路之地按業主建造基址,每丈捐洋十五元,其深進之地本與馬路不相聯屬,免再納捐,以示均平。榮春等將來享受權利,負擔義務,亦皆有規則可循,不勝迫切待命之至等因。爲特提交議會,即請公決執行。

附前總工程局規定西區沿馬路兩旁造屋捐通告(宣統元年二月):

查西區新闢之靈隱路、安瀾路、王家闕路等處由本局分别集捐墊款,次第興築。原爲交通道路、振興市面起見,前經決議,馬路兩旁業户報造房屋,須照章納捐,每門面一丈納捐洋三十元,充作築路養路之費。現以該處地方荒僻,市面未興,暫定里外進分攤辦法,以期輕而易舉。計每一門面滿營造尺一丈納路費洋十五元,第二進十元,第三進五元,三進以上每進均照五元核算(每四丈作一進)。該款均於造屋之先照丈尺繳清,然後給照興工。此係變通辦法,較别處新闢馬路格外減輕,其他市面興盛之處,不得援以爲例。特此通告。

一件交議漕河涇鄉議事會請議龍華地方設立紫花工廠案

轉請商會核辦。

附録原案:

據漕河涇鄉議事會函開,敝鄉江蘇第二師範附屬肄業生唐敬泰函稱,擬在龍華地方設立紫花工廠,發行軍學工商各界,庶幾振興實業,獨擅利權,於國計民生兩有裨益。惟此項工産資本較鉅,非本區窮困鄉民所能集事,應請列入議案,轉行移知上海市議會切實討論,公同提倡,集股定章,先行試辦等情到所。查該生所陳確係振興實業、挽回利權之要素,除列入春季議案外,合應函請提交議會討論提倡等因。合行列案,請公議。

一件提議開闢外日暉橋西出灘處沿堤馬路以利交通而興市廛案

請董事會先行規畫路線,與蘇路公司接洽,簽定樣樁,擬具概算,交秋季議會再議。

附録原案:

開闢地方,振興市面,全賴交通利便爲轉移。竊觀北市租界未放以前,大塊荒蕪,無非田澤。及馬路既築,地價飛漲,一變而爲人煙稠密之區,此闢路興市之明證也。今南市沿浦一帶,轂擊肩摩,市廛繁盛。況此後電車將駛,於木行一業,尤宜擇地遷移。市面既逐漸推廣，則開闢新路以利交通，更不容緩。查製造局西自外日暉橋，至龍華百步橋，其間沿浦空地何止數百畝。臨江一望，地利甚優，惜無道路交通，以致年年蘆葦，涉足無人。本廳負規畫全市市政之責，交通尤爲市政要端，亟宜於外日暉橋西之姚鴻路（此路在金業壽輝園西旁，於丁酉年由鴻親自開闢成路，遂名之，以留紀念）出灘處，沿堤接築寬大馬路一條，以達百步橋。先成泥路，再籌舖砂，費亦不鉅，或先由本議會規定路線，逐漸進行。如是則木行等以有路可通，將來遷移，不致觀望，而一片荒郊庶幾漸成市集。查該處地産半爲蘇路公司之業，此路倘能設法使路公司開築，則本廳或可省却築路之款。事關全市市政進行，是否，請公議。

一件提議取締海船停泊地點案

浦江停泊大小船隻，應由董事會呈請縣知事交警廳妥爲取締。

附録原案：

查浦江一帶木質海船向仍舊習，擇衝要馬頭之浦面三五六七成幫寄碇，貪一己之便利，不顧航路之阻礙。歷年渡船之衝船檣、觸錨纜而傾覆者，筆不勝書。一遇北風潮漲、南風潮退，如無大幫船舶阻塞，浦心已有急湍逆流之可懼，而況巨舶縱横，毫無秩序。因之增濤怒助波威，小船過渡，其間舟子偶一不慎，霎時即見傾覆，雖不致全船之人俱遭没頂之禍，而少數之人難免與魚鼈爲伍矣。每一念及，毛骨悚然。試觀租界浦面由海關河泊司擇空曠處佈置浮筩，凡外來之戰艦、江海之汽船皆遵章停泊，不敢越雷池一步。北浦渡船之少失事者，職是之故，成績昭著，何難步塵。湖自創辦水上巡警以來，成績非無可觀，獨於海船成幫寄泊衝要，浦面漫不取締，設長此不顧，大違創辦水上巡警、保護航路之宗旨，亟應知會商埠巡警廳長飭知水巡，擇定南浦偏僻之所傳諭海船，一律移泊，以重民命而保治安。請公議。

一件提議請將殘廢乞丐拘送新普育堂醫治以重人道案

請董事會核辦。

附録原案：

竊嘗見夫五都之市往往有殘疾乞丐嗷嗷待哺，或則四肢全無，或則兩目失明，或則遍體腐潰，或則滿面瘡痍，種種慘狀，目不忍覩。探厥原由，並非天然殘疾，乃有兇惡老丐收買貧兒及被拐小孩，捆縛剖割，施用腐藥，種種狠毒手段，令人聞之酸鼻，摧殘人道，莫甚於此。今聞陸君組織新普育堂，聘有中西醫生，專收殘疾貧民其中，規模尚稱完善。今可請警務長飭令站岡巡警，如有殘疾丐兒乞憐於市者，拘送該堂。至如何醫治及善後事宜，想該堂自有妥章。一面追究老丐，處以懲罰，以爲兇獰者戒，亦未始非維持人道之一也。上海爲中外所注目，不啻爲中國模範，苟能創行於前，使各省從而效之，則人道之幸，亦國體之光也。是否有當，尚乞公議。

一件提議禁止建設夜花園案

請董事會切實核辦。

附録原案：

夫夜花園者,傷風敗俗,有害衛生之製造場也。譬如機械戕人,彼設械而導人以趨之者,得無罪乎?然彼設械之人祇知貿利之熱,不知戕人之酷。創夜園者,即設械之人也。誠有人曉之以道德,繩之以法律,彼貿利者當無不憬然變計者。查本邑每年夏季必有人創園於僻野,影戲攤簧,引人入勝,髦兒燄火,達旦通宵,野田草露,撲朔迷離。既無男女之防閑,遂致傷風而敗俗。或有冒暑衝風,感受成病,甚至罹災染疫,立見傷身,衛生前途危險實甚。其設園地點終在英、法、華三界之間,此禁彼弛,利營三窟,歷年以來,中外有司非不禁止也。無如前清之官樣文章,因循輾轉。迨至准予禁止,亦必時已深秋,不待禁而彼亦止矣。現當民國肇始,弊政宜除,與其追究於既往,曷不請禁於事前?且現值夏令之始,正夜園發起之時,際兹風俗澆漓,人心浮動,退兵竊盜出没,時虞市政前途安危所繫。議員等以關心時勢衛生起見,爲此緊急動議,應請議決呈請縣知事函請淞滬警察廳,並照會英、法總領事轉飭各該管區域先行立案,止給照會,一體嚴禁,以敦風俗、保治安、益衛生,共相維繫,地方幸甚,尚祈公決。

一件提議請整頓中區地方税案

請董事會核辦。

附録原案:

中區地方税自開辦以來,名爲整頓,實甚因循,貌雖溢出,於前辦之清道等捐,實則縮減,何也?清道路燈並非逐户有捐,現在溢出大半小户人家爲前之未捐者而捐之,凡地方富紳大厦畧照前捐之數認定,核與改辦地方税後小户所認之數相差無幾,似非公允。如八舖段董有捐五角或二角者,孫紳向捐六百文,而今則捐五角。此非有意少捐,以辦捐者照前數約寫,故必須實行整頓,方昭平允。應請區董首先提倡,則段董不致推諉,富户亦肯以地方爲重,共體艱難矣。

一件交議江境小學校添建校舍案

江境小學准其添建校舍兩間,其舊校舍應於墻脚加水泥保護,窗户宜加修葺。

附録原案:

斯校校舍四間,除校役用去一間外,餘三間均作教室。今歲學生已達一百二十一人,明歲勢必倍之。現擬添建校舍二間,以供教室及教員卧室之用。該校僻近鄉間,來學者皆貧寒子弟,故概不收學費,以廣教育。所擬添建,實不容緩,是否可行,請公議。

一件交議東明小學校建築校舍案

請董事會照原交議案辦理。

附録原案:

東明小學校設於丹鳳樓下、雷祖殿内,向係私立,今歲始歸市立。學生已達一百八十人,尚有陸續來者,預料暑假以後人必更多。惟現在該校教室祇有三級坐位,容積甚爲狹隘,光線空氣諸多阻礙。而揆之該校地址,適當中區東北之衝,拆城以來,吸收租界學齡兒童已成必然之勢。若不籌畫建築，長此因陋就簡，未免有宰兒童向學之忱。兹擬將該校房屋翻建樓房二大幢、平屋三間，預算建築費約二千五百元，除由該校舊發起人毛子堅先生允擔負三分之一外，尚缺之數，似應由市政廳擔負，以竟其成。是否可行，請公議。

一件交議縣教育會要求繼續補助案

查有契約，應照約履行。

一件五號王議員質問南市電車公司違背合同擅築雙軌案

電車公司自董家渡以北埋設雙軌，有背合同，應請董事會按照合同，令該公司即將軌道改正。

一件提議填築喬家浜案

請董事會規畫，如當地能籌款至該路填築費三分之二以上者，交秋季議會決行。

附録原案：

查喬家浜至小南門水關橋淤塞已久，每當夏令，臭穢薰蒸，與衛生上大有關係，急宜設法填築。擬請董事會籌畫款項，交秋季議會表決，是否有當，還請公決。

一件提議梅溪專辦初小併撤换辦事不力人員案

梅溪小學費鉅而效少，此屬辦事上整頓問題，且市教育之負擔本不必辦高等小學，應由董事會飭學務員將該校自下學期起專辦初等小學。其辦事不力之校員從嚴撤换。

一件提議消防取水善後案

請董事會酌邀北半城地方人士商辦急救水塔事宜，其與水公司如何接洽，應再籌定各種條件，交本會議決。

水公司準備消防水力，應即日起實事調查，如有苟且，立與嚴重交涉。

附録原案：

此次盧家弄火災，以自來水無力致成巨害，具詳各報，兹不贅述。善後之策如左：

自來水公司係一種獨佔之公益營業，市政廳當然有監督之責。今由救火社私團體少數人向水廠管事人交涉，乃我市政廳失職之所致也，故宜正名，由市政廳與該公司訂明關係之條件。

一、遇警時，各處龍頭之啟閉，應明定因應之辦法。

一、水公司對於地方應如何盡義務，遇警耗費應如何報償，須明訂條件。

一、户口日多，用水日繁，況水廠地點在東南水塔，亦偏東面，恐西北一帶地方水力實有不逮，應於西北角擇地建一防險水塔，由公家創募款項，趕速興辦，以安衆心。

以上皆治標辦法，根本至計總須想法撥歸市有，以公法人管公共營業，庶爲正辦，諸請公決。

一件上海商團公會請議補助案

上海商團公會既由各團舉定職員，組織統一機關，應准特别補助，擬自本年六月份起至明年二月底止,每月撥助洋一百元。

一件交議請審定市立小學校章程案(另印)

一件交議上海市政廳民國二年七月至三年六月全年度預算案

第五類第一款第一、第二項以習慣暫照舊章撙節施行(有減無增),再議整頓之手續。

賒棺應實收半價,育嬰須切實整頓。

果育堂救火事宜併入仁元救火會辦理。

貧民習藝所費鉅效少,須加整頓,應由董事會切實規畫,擬具辦法,交會核議。

新普育堂應補交詳細預算案。

東區、南區之電燈等費,應與他機關畫清界限。

下届編製預算,應由董事會查照各機關收支情形,一一擬定預算分册式,飭令照填存查。

本届預算成立後,應擬具各機關逐月報銷册式,按月報告,於下一月十五日前繕寫兩份,分送董、議兩會。

經常門歲入共銀二十八萬一千二十二元,臨時門歲入共銀十七萬三千一百八十六元,經常門歲出共銀三十一萬二千五百二十元,臨時門歲出共銀十四萬一千六百八十八元,收支適合(細目不備載)。

一件提議本市政廳施行事宜應與警察合力進行者當協定施行條例案

本市治安衛生一切事宜,按之國家設置警察原理,當與本市政廳同負完全責任,應由董事會呈請縣知事轉知淞滬警察廳長飭本市各署長,凡本市政廳施行事宜應與警察合力進行者,當協定施行條例,以圖聯絡。

一件臨時交議南商會來函請議築闊沿浦岸線以興商業案

請董事會查照大達碼頭岸線辦法規畫,交議決行。

附録原案:

據南商會函開,接本會郁議董屏翰函開,南市自十六舖起、南碼頭止浦江沿岸,日形淤墊,而電車一興,目擊馬路太狹,未免有顧此失彼之慮。雙方並籌,曷勿將沿岸築闊十丈,木行等遷至沿浦貿易?於是乎,單面街可成爲對面街,於南北商業益可大爲發展,而於衛生一方面亦不無影響。而或者謂,設岸線八九百丈,一旦工作,所費不資,計何從出?殊不知沿浦頓增地一百二三十畝,其價值當十倍於所費,枉尺直尋,豈但宜若可爲而已耶?或者又謂,浦面恐其見狹,潮流激湍可虞。獨不思浦面最狹處五六百丈,少此十丈,有何關係?且也沿岸淤墊日高,即不填築,已於潮汎水線無關。如其慎外加慎,不妨先請熟悉水利人員測量研究。一番熟權利害,公衆議決行之可也。此舉得行,頓增二三百萬之財力,以之整頓路政而城廂路政可興,以之濬深西岸而輪埠之利可獲。他如立銀行則市面之金融可濟,設市警則商業之場面可齊。抑以其所得之歲入,爲貨物捐税之抵補,統免南市常年貨物税,使與租界自由等,則南市商業歷年向隅之缺憾悉平，而此後生意之興盛可卜，尤爲奢願者也。凡此種種，一泓活水，百脈皆通，又何憚而不爲耶？其間稍或阻礙者，其海關之河泊司乎？然此中消息亦可設法疏通，毅力爲之，亦奚虞其不達而先事畏葸也耶？芻蕘之見，是否有當，伏希採擇等因到會。查添築岸線，誠於路政、商業兩有裨益，惟兹事體大，應屬市政範圍。據函前因，相應轉達，請煩提交議會核議施行等情。查沿浦馬路本不甚寬，宣統辛亥夏季議會王引才先生曾經提議，請築大關以南岸線、推廣航業案，公決交董事會酌量籌畫，是此案本在應行規畫之列。現在原路添築電軌，兩旁路線更狹，郁君請議添闊浦岸，非獨顧全車軌旁路，並與興商有益，自屬要圖，但工程浩大，應否進行及如何籌辦，請核議公決。

一件臨時提議請以舊道署基改作公園案

議即日擬稿，由本議會呈請縣知事照辦。

附録原案：

前閲第一百五十二期江蘇省公報行政公署第二千二百八十三號訓令，勸諭各地方切實提倡籌辦各縣市鄉公園等語。現聞李旅長於六月底交卸出署後，該署即不駐紮兵隊，僕等擬從速呈請縣知事，將舊道署基撥歸市有，改作公園。是否，請公決。

市議事會呈縣知事吴繕送民國二年秋季議決事件文民國二年十月三十一日

爲呈報事。竊本市會遵章舉行本年秋季常會，當以戰事甫定，尚未解嚴，開議較遲。迭經將開會改期等情備文呈報，並請鈞駕蒞會監督在案。查本議會於九月二十二日起開會，至十月十三日議畢閉會。所有應議各案，計董事會交議四件、交復議一件、議員提議八件，除否決一件、不成立四件、取消兩件外，現計議決之案共六件。查照《市鄉制》第三十六條之規定，相應將議決案列册呈報鈞署查核，用特備文呈報，即祈查照施行。再，本屆常會閉會較遲，議決案中有亟須結束或實行者，業先抄送董事會執行，合併聲明。謹呈。

上海市政廳議事會民國二年秋季議決事件

一件董事會交議上海貧民習藝所被災仍擬勸捐請款續辦案

該所甫經戰禍，損失不少，應從速結束。至以後如何進行，請董事會察核戰後本廳經濟狀況，參照夏季議決案辦理。

一件提議請挑濬各要河以利水道案

請董事會飭工程科調查薛家浜實在情形，酌量辦理。

附録原提議案：

河道所以便交通，雖内地小河所利有限，而舟楫來往所濟無窮，況水利流通可以補水廠之不逮，水源活潑，又以挽火政之艱危。惟河身淤塞足以病民，而水道填完又足害事。加以近日忽遭兵燹，民不聊生，君子愛民，亟思賑濟。然濟民之法，莫善於以工助賑之謨，宜速勸導紳富將賑濟災黎之款，移作開河之資，善心與德政交修，災黎與工程並濟。潘生長滬南，目擊薛家浜、肇嘉浜爲南市要河，而近則日漸淤塞，臭穢難堪,宜及時設法招集失業貧民從事挑濬,由市政廳遴派一二熟悉河工之人,隨宜指導,並輪委幹員臨時監督,則既救貧民目前之急,又生後日利益之基,便孰甚焉。

一件董事會交復議梅溪專辦初小案

梅溪停辦高等,已由夏季議會議決。惟既歷陳困難情形,且俟本届四年生畢業後,再行停辦。

一件董事會交議南市電車開行人力車應行減少並擬酌加大貨車捐税案經審查公決改爲酌加車輛税案

議決酌加車輛税。

營業汽車	每月二元	加一元	三元
自備汽車	每月一元五角	加五角	二元
營業馬車	每月一元	加一元	二元
自備馬車	每月八角	加四角	一元二角
營業人力車	每月八角	不加	八角
自備人力車	每季二元	不加	二元
大貨車	每月二元	加五角	二元五角
馬貨車	每月二元	加五角	二元五角
小貨車	每月一元	不加	一元
小車	每月三角	加二角	五角

請董事會自十一月一號起照議決案施行。

一件提議本市行政費宜酌量緩急力求撙節案

本市經費受戰事影響,致形支絀,一切行政勢不能不酌量緩急,力求撙節,擬就本年夏季常會決議之預算案,删重就輕,量入爲出。查本年十月至十二月底能收之款約計四萬五千元,歲出經常名下除第一類業已另有辦法實行撙節外,第二類關於衛生清道萬難核減;第三類道路工程,權其緩急,或暫停舉辦,或酌量裁減,約可省元三萬五千餘元;第五類善舉經費,收款若干,未據董事會開送,無從核算;第六類市會經費,照預算撙節給發;第七類預備費,擬減半數。至歲出臨時門,除第四類債息銀應准期照付、第二類仍應照舊外,其第一類中惟第一款第二項必須舉辦,餘可從緩;第三類亦擬暫行從緩。上擬各節,即請董事會照議執行。

一件董事會交議本市政廳民國二年一月至六月決算案

第一類決算案與預算案出入之處,下届印刷時,請董事會再加説明。第三類道路工程決算案不甚明晰,此後請董事會按月列表,載入市公報(原案不另印,已編入會計表)。

市議事會呈縣知事吴繕送民國二年冬季議決事件文民國二年十二月廿三日

爲呈報事。竊本議事會開民國二年冬季常會,業照章呈報,並請大駕涖會監督在案。查本届市議會自十一月二十八日開會,至十二月十二日議畢閉會。所有提議各案,計董事會交議十二件，議員提議二十一件、臨時提議一件，共三十四件。除否決四件、歸併十件、自請取消一件、毋庸提議三件外，現計議決之案共十六件。遵照《市鄉制》第三十六條之規定，特將議決案册訂呈送，即祈察照施行。謹呈。

批：來牘並冬季議決案十六件均悉。内拆除阻礙房屋以利交通案，爲三年度工程之要點，蓋車馬已通，城垣已拆，凡幹支各路往往因一節之阻障，礙及全路之交通，殊爲可惜。應先擇要調查，於預備費内酌留餘步，俾便磋商業主，節節疏解。同仁輔元分堂改建堂屋、礙及塚地案，該堂因讓出路線而改建堂屋，因改建堂屋而遷塚，誠非得已，此外義塚分别查明備考，亦屬必要，均應照准。至參議會係由慈善團自行組織，其性質畧如社團總會，自得於市制範圍以内決議進行事宜，尤願推誠相與，和衷共濟，俾慈善事業常有發展之餘地，於市政似亦大有裨益也。修正分區辦事規約案，爲改良選政、慎防流弊起見，應可照辦。除由董會另文呈報各案已另行批答外，餘案復核無異，希即分别移交董會妥擬執行方法可也。此復。二年十二月十三日。

上海市政廳議事會民國二年冬季議決事件

一件董事會交議增修上海華商電車公司合同案

請董事會與電車公司增修妥洽，再取本會同意。

此案曾經函請電車公司總理陸君來廳，商訂修改合同，未據復到。

一件董事會交議請規定中區堆積垃圾處所案

垃圾堆積，不如流通，請仍逐日撤清，不使堆積爲妙。

一件董事會交議添員調查小店攤頭一律給照取締俾有限制案

請董事會擬定辦法，與警察廳聯絡進行。

附録原委：

准函示冬季議會第一讀會公決交議一切攤頭小店擬令一律向本廳領照，俾有限制一案。囑由董事擬定詳細辦法，再交議決等因。查前交議案所云小店攤頭等以有關道路衛生爲率，如十六舖南首之雞鴨行，籠籃雜列，外人一至華境，即云臭味難聞，雖不能禁之不開，要必有限制之法。城内各路小販貨攤鱗次櫛比，有礙行人，或應限以地位，或應誡以清潔，諸如此類之店攤，必須向本廳領照，無照不准開設，或只准移遷某處。惟事須從調查入手，查明何種營業，如何性質，定以相當之限制，擬定詳章，續行請議。是以調查員必須添設，俾得相輔進行，特此陳明，再請公決。

一件董事會交議填十六舖橋至水關橋淤濱追加工費借款興辦案

請董事會從速執行。

附録原案：

查該浜積淤已久，或填或濬，不出兩途而外。十六舖橋自今春以來，每月小修必二三次或四五次，屢屢損壞，須全橋换板，橋梁亦有二三根須换者，需費不貲。並查北城城濠所砌之磚溝底，在小東門外吊橋盡頭處者較深，於現在之河欲使溝水向南或向東，由此處流入黄浦，必須將十六舖至小東門之浜開深三尺，方可流通。即城内花草浜之溝水,亦以此河淤淺,致不通暢。開濬該段河道約需銀三千元,且河窄易淤,每三年約須開濬一次,糜費無已,若將該淤浜填平,則橋可不修,河可免濬,而城濠溝及城内陰溝均可不致淤塞,乃一勞永逸之計。目前雖填費較鉅,然曾與華商電車公司經理商議,允貼本廳填浜工費三分之一,其餘亦允借墊,分年撥還。雖填平該浜,於電車公司築軌行車誠有利益,而在市政廳一方面,可以省橋工、省濬費,並有現成濠泥足以應用。至工費一層,電車公司既允貼補,復允借墊,於事實上似無窒礙。爲特備陳理由,送請察核公決。

一件提議年租餘款應收回充作市行政經費案

請呈縣知事年提若干以充市行政經費。

附録原案:

竊思法治之國,租税所入,應審明所有權,屬於何種機關,於法理方不抵觸。考年租一項,由出租人收取,以完納國税,其餘利應出租人享有。人民昧於原理,自行放棄,遂爲官署所奪,充作縣行政經費,於理於法兩有不安。查縣有性質必各市鄉所同有者,方爲的當。而年租惟毗連租界之市鄉始有租地發生,此種租款,其非縣有公款,此理甚明,不待智者而後決也。本市接近租界,凡額田之被洋商租用者爲數甚夥,其餘利亦甚鉅。本市因毗連租界而發生特别費用者,爲數亦甚鉅,自應將此款取回,充作本市行政之用。法理庶兩得其平,況本市經濟困難,達於極點以後,督促進行,正慮無從挹注。年租一項,既屬市有之大宗的款,安忍坐視損失,自棄權利,應請董事會詳細查明本市區應得年租之餘利,每歲若干,分列表册,交由本議事會推員審查,與縣行政機關商榷收回,撥充市費。是否有當,請公議。

一件提議路工注重圖樣及設標燈案

市政工程路工爲最,顧租界各項建築莫不以圖樣爲標準,或包工,或投標,估計價值,手續不紊。苟有繪畫精細、丈量明晰之圖樣,既免臨時之含混,復資後日之考查。再於築路停工時,往往將餘泥賸石堆置當途,陷阱深溝,不設遮攔,並於晚間不插紅燈標記,行人每致傾跌,是市民未受坦途之益,先歌行路之難。此後工程務須注重圖樣,修路時,尤須多備標燈,責成工匠妥爲燃點,違者處罰,請董事會知照工程科遵照議決案切實辦理。

右案係提議請取締路工注重圖樣案及提議修路笨屋、晚間須設標燈案兩件合併議決。

一件提議車輛通行道路案

請董事會查照前案,與警察廳聯絡進行。

右案係提議規定小貨車通行道路案、提議規定貨車之闊狹往來之路線案及提議整頓車路案其三件合併議決。

附録原案:

(甲)請規定小車貨車通行道路案

損壞道路，阻礙交通，以小車、貨車爲甚。本廳前經取締，凡繁盛之街（如紅橋大街之類）、狹隘之巷（如東西唐家弄之類）向不准行。自此次戰事發生，争相遷避，貨車、小車隨意駛行，絶無限止，變起倉猝，禁止爲難。今變故已平，而駛行如故，於路有損，於人有礙，應案照前事，切實取締，以輕路費而利行人。是否有當，請公議。

（乙）請規定貨車之闊狹及往來之路線案

南市街道狹窄，地方曲折，貨車往來或因阻滯而起衝突，或因相撞而受損傷，種種危險，不獨窒礙交通而已。故取締貨車、規定載重而外，更當規定其闊狹，以免有礙路相撞之事。已成之貨車，向分大、小兩種規定，限制大貨車不再製造，至往來路線，除内外馬路外，尤當從嚴規定，以維路政而利行人。是否，應請公議。

（丙）請整頓車路案

城廂内外，街衢狹隘，而人煙稠密，來往如織。乃自通車以來，行人轉多不便，車夫横衝直撞，車輪時相軋住，勢甚可危。擬請諸公分别某路逕規定劃一章程，其路衹許自南而北，某路衹須自北而南，某路衹許自西而東，某路衹須自東而西。議決以後，由市政廳按路榜示，委警察執行，庶車行、人行各得其所。

一件提議街道堆置物件阻礙交通案

請董事會查照前案，與警察廳聯絡進行。

右案係提議派員勸導通衢街道兩旁擺置有礙行人案、提議取締沿街工作及堆積雜物阻礙交通案、提議取締馬路兩旁堆積貨物案、提議整頓菜市案，共四件合併議決。

一件提議整頓人力車及車照案

請董事會參照議案執行。

右案係提議仿照租界改良人力車照會案、提議嚴查車號案、提議整頓車輛案，共三件合併議決。

附録原案：

（甲）請仿照租界改良人力車照會案

照租界章程，凡領東洋車照，有保單方給照會，東洋車行給予執照一紙，以便查考，故租界辦事照南市周密。其新車行有保銀，每部五元。舊車行向來號碼，按月不差，保戳可靠，無須保銀，名曰通融。其實取締新車行、故老行一概無有者。查南市西門外人力車行甚多，東、南兩區未有所聞，皆一二人合買一車、自由營業者，而本廳照會月换一號，不詢地址。西、南兩區亦可捐照。混亂若是，以至弊端百出，常有失物，車去無蹤，或不待回轉之類，不一而足，殊與地方有礙。目下電車盛行，僱車漸少，假使任令流民容足，則安分車夫亦不能自食其力矣。若不改良，妨害胡底，嗣後必須加蓋店舖戳記，或將地方捐票存入，註明地址，以備查考。其照會必須逐月號碼，訂定某車，並用全銅號碼戳鑿打在車上（如租界鐵輪車打在車後、黄包車打在坐身之下），以記永遠，不得更换號碼，一旦被竊，照會可報明，由捕找獲重辦。倘有車夫疏忽竊物等事，可傳到領照人，追究拉車者送辦，庶於行旅有裨。至西、南兩區分捐照會，固屬不妥,當歸一處辦理。若新關後三馬路設立統一總捐務處之類,不論遠近,皆到該處繳捐。其收捐亦論遠近,按段派出,始無歧路可乘,則警察亦容易清查。是否可行,請公議。

(乙)請嚴查車號案

東洋車捐照號碼漫不劃一,弊竇叢生,上月甲號,下月乙號,究竟此車是何號數,無從稽考。倘坐客偶不經心遺忘零物,即萬不能查緝。加以年未成丁之小兒,亦推車度日,此種現象殊屬可危。敬請諸公議定劃一章程,每車必定以一定號數,如上月捐照爲一號,下月捐照仍爲一號,並即嚴核推車之人何地人氏、何處車寓、何等年齡,填明照上。且嚴查有無頂替,若或易人,即須另捐車照,換填名氏、寓所、年齡,庶幾事有頭緒而可稍清其弊。

(丙)請整頓車輛案

租界之車破車不得行駛,停車不得任意,所以出入便而坐車之人無鉤破衣服之患。南市一味放任,漫無節制,來往之東洋車大半破舊,釘頭銅角,漫不整理,以致坐客無端鉤破衣服,並無端劃傷皮膚。且路上之車任意停駐,此皆腐敗之情形也。請本會提議,由市政廳轉由警察大加淘汰過於破舊之車,不准推行。稍見完善之車,隨時查察釘頭銅角是否整齊,違則究罰,而路上非停車之所,不准任意妄停,以肅車章。

一件提議拆除阻礙房屋以利交通案

請董事會調查明確,參照議案規畫進行。

附録原案:

竊自拆城填浜以來,城内市況頗見起色,足徵利便交通,即所以興商之策也。惟尚有各處路口,房屋佔據,咽喉要塞,如侯家路之北口轉角處等,實爲交通之障礙物。城内類此者,正復不鮮。所以各大路之不能一氣貫通者,皆緣於此。是宜速行拆除,以利交通。其拆除之法,或以公家價值相等之産,與該業主互掉,或則公家照給其租金,或以其原租金推算其基本金而公家購買之。是皆無損於業主而有濟於公益者也。然乎?否乎?還請質諸公議。

第二讀會議決各案　凡四案

一件董事會交議將金家濱北段濱基變價以充公用案

查金家浜北至方浜,南通虹欄桿橋浜,此河久已淤塞,而兩邊各姓居户佔出不少,如欲變價,請董事會先將地面清理然後召賣。

一件董事會交議規畫城根區域案

查城濠拆填後,城根地段大爲變遷,所有由各區分行管理之路燈、清道各項事宜,自當先行畫定區域,俾得各專責成,應請照董事會議決畫定之區域辦理,其中區税務員暫緩添任,垃圾夫酌量添僱。

節録原案:

案董事會畫定之區域,係自拱宸門迤北而東至小東門止歸入中區,小東門迤南至小南門止歸入東區，小南門至尚文門止歸入南區，尚文門至拱宸門止歸入西區。以上均以民國路爲界。

一件董事會交議縣文知照從速開濬西門外盧家灣一段之肇嘉濱案

查肇嘉浜爲水運要道，西鄉舟楫賴以交通。自斜橋迤西達三叉口一段，水不及脛，每逢冬令潮汐，更不易至。民船停滯，勢成束手。就交通論，宜速濬者一也。該浜與法人所佔徐匯大路毗連，而西在在接壤，外人整理路工，晝夜不遑，而邑人對於重要水利任其淤塞，情勢見絀即卻。電公司開濬之商請，難杜法工局越俎之隱謀。及今開濬，權自我操。就交涉論，宜速濬者二也。水線所經，市場必盛。斜日路繞浜並行，規畫之初，擬與法人隔岸相競。若該浜阻塞，則該路亦難藉以振興。況兩岸地勢較高，北岸更被法人密佈綫樹，行駛電車，岸崖險峻。若該浜淤塞愈久，則開濬愈難，而所費愈鉅。就規劃論，宜速濬者三也。縱今日市政經費甚形窘迫，而道路工程方在節省，本廳似無餘力及此，但移緩就急，辦事似可從權，而爲小失大，利害須先熟審。況就上述第一説言，似可根據前案，呈請縣知事撥款襄辦。就第二説言，開浚後，法電公司機船兩便，所利者大，亦當商請捐助成數，以平利義之衡。一面將工程圖帳切實審查，從速辦理。一舉之後，效及數年，庶於内治、外交兩有濟乎？應請董事會執行。

一件董事會交議同仁輔元分堂改建堂屋礙及塚地案

據董事會報告，遷塚事係根據慈善團參議會。查該會性質，與正式議事機關不同，擅行議決，不應發生效力。此後如有再挾此項名義進行者，本議會萬難承認。一面請董事會調查各處義塚地點，詳細繪圖，存廳備考，宣登公報。

右案與提議請嚴辦同仁輔元分堂違法擅遷義塚案合併議決。

附録原案：

查同仁輔元分堂向在法租界寧波路與四明公所鄰近，先經哈華托君函稱，法工部局擬欲推廣路線，商讓六分三釐七毫土地一方。當於二月十六日由參議會議決，地屬公産，未便商議，應函詢前途。該處鄰近各地是否均經商妥退讓，應俟復到，再行提議等因。嗣於五月四日又經法工部局函稱，該處一百七十八號四明公所管業基地一方，業已商妥讓歸敝局。貴堂一百七十七號地基六分三釐六毫因在修改路線之内，特再具函奉商。當於六月十四日由參議會議決，應由本團經協理前往接洽。除地價照收外，應商請酌償拆屋損失費等因。查該分堂在法租界内獨免四季捐項，並有驗屍一事，向在該堂料理，可見遇有交涉，尚能不失主權。是以若許讓地，必得籌及改建，而若議改建，必得仍在原址。無如堂後餘地雖可佈置，而平時施棺作場，塔蓋平房其上，僅止工作。此刻拆卸改建，勢必添設樁址，礙及塚地。竊念慈善規約，原有保守義塚之明文，目下事出兩難，實緣該地有不得不讓之勢，即該塚有不得不遷之理。因思該處義塚，與其時有震驚，不若遷葬歸束，較可永安窀穸。蓋以義塚遷義塚，並將慈善團義塚遷後之地，仍建慈善團之分機關，似與他處議遷之塚情形有間。是否有當，請公決。

第三讀會議決案

一件董事會交議水爐茶館一律徵捐案

請董事會照原交議案徵收。

附録原案：

據税務科專員報告，徵收茶館月捐，上年宣示議決案後，曾與該業董事磋商再四，均以營業艱難，未能照繳。嗣經商定，照議決之數減半徵收，乃自本年三月實行以來，徵收尚形困難。緣茶館有扳爐水、爐之分，扳爐歸先春公所，水爐另有水爐公所。上年議決案茶館捐一項，有水爐茶店生業甚微、應免收捐之語，由董事會呈縣出示曉諭，於是水爐茶館有所藉口。查水爐茶館之營業，或與扳爐相等，或較勝於扳爐。小茶館今以縣告示爲藉口，於事實殊欠平允。可否請將前議案重行磋議，水爐茶館一律收捐，檯不滿四者，方予免捐。是否有當，請察核等情。查市區内水爐茶館實屬不少，其營業既與扳爐相等，或較勝於扳爐，似應一律收捐，庶昭平允。爲此列案，請公議。

一件臨時提出上海市政廳分區辦事規約修正案（另印）

奉文停辦自治案

縣知事吴令奉文行知市董事會及鄉董鄉佐停止選舉權文民國二年十二月九日

案奉江蘇省第一百八十五期公報公佈訓令内開，内務司案呈，奉内務部訓令開，市董事會總董董事及鄉董、鄉佐皆支領薪水，性質近於官吏，即屬各該章程所稱之本地方官吏等因。奉此，查市董事會總董董事及鄉董、鄉佐應以本地方官吏論。既經内務部解釋確定，自應停止其縣議事會議員及本市鄉議事會議員之選舉權及被選舉權。合行訓令各該知事嗣後辦理縣市鄉選舉一體查照辦理，仰並轉知所屬市鄉，此令等因。奉此，合行訓令各該市鄉總董、鄉董並轉致議事會一體知照。此令。

呈縣知事洪遵文開送市董事會職員薪水數目文民國三年一月十三日

爲呈復事。本年一月六日奉訓令内開，案查接管卷内上年十二月三十日奉江蘇省行政公署訓令開，案奉内務部養電開，查地方自治之性質，以本地人辦本地事，利害休戚，息息相關，祇應視爲義務，不得借圖利益。東西各國法制對於自治職員，原則皆採用無給主義者，其理由亦不外此。現在吾國財政異常困難，各省皆同，而借辦理自治之名侵吞款項、攘奪權利者，仍復所在多有。長此不改，於地方財力暨自治前途俱爲莫大之障礙。本部責任所在，既應監督自治，尤當休養民生。用特電知該民政長，務將各級自治職員即行停給薪水及夫馬等費，庶争競息、財力紓而自治亦可期發達矣。一舉數善，勿涉瞻徇等因。奉此，當查本省縣市鄉制，除文牘、庶務等員不在自治職員之列，照章應支領薪水並縣議事會議員、參事會參事員、臨時委員及市鄉議員、議長、副議長或僅給公費，或爲名譽職，均不支領薪水外，惟市總董董事爲章制規定應行支領薪水之員，且公費一項，是否概括夫馬而言，尚待研究。自治職員責任綦重，定制酌給薪水公費，原期人得其用。從前各縣自治機關所有薪水公費大率以規約，或議決案定之。地方經費贏絀不同，數目自難一致。且未經呈報，本公署無案可稽。奉電前因，能否遵照辦理之處，應查明各該縣所支自治職員薪水公費數目，以憑核辦。爲此令仰該知事，限文到十日内，迅將該縣各級自治職員所支薪水公費數目，造册呈報，毋稍稽延，切切此令等因。奉此，合亟令行上海市總董，限文到五日内，迅將各該市自治職員，除文牘、庶務等員外，所支薪水公費及夫馬等費確實數目，詳細造册，復候彙案呈報。限期至迫，幸勿稽延，盼切，此令等因。奉此，查上海市政廳之建置，係沿前總工程局暨城自治公所之舊，於民國元年遵章辦理市選舉。是年八月，議事會、董事會先後成立，由議事會查照《市鄉制》規定，總董董事暨分區區董薪水數目俾重職務而資辦公，除薪水外，並無别項公費及夫馬等費。兹奉前因，合將董事會職員薪水數目開單呈復，爲此呈請察核轉報。謹呈。

計抄單不附録。

縣知事洪令奉文行知自治機關奉令停止其地方教育仍應積極進行文民國三年二月十一日

案奉民政長韓佳電開，各縣知事覽自治機關現奉令停止，地方教育仍應積極進行，維持擴張，縣知事負有完全責任。該縣縣、市、鄉立各學校務照地方行政預算支撥經費，毋稍停滯，並飭縣視學及市鄉學務委員知照。除訓令外，合先電飭等因。奉此，除分行外，合行訓令該總董，轉致學務委員知照。此令。

縣知事洪令奉文行知自治機關結束期限文民國三年二月十八日

案奉民政長韓銑電開，各級自治機關遵令停辦，業經通限至遲三月三十一日以前完全結束在案。所有結束限期以前，改選、補選一律停止。其有選舉争議尚未解決及訴訟尚未提起各案，一併免議，統由現任職員辦理。一應結束事項，不得藉端卸責，仰即分行遵照等因。奉此，除函縣議、參事會外，合行照轉該市總董，希即遵照。此令。

縣知事洪令奉上海鎮守使派員清查市政廳改爲工巡捐局文民國三年二月二十八日

本年二月九日，奉上海鎮守使兼淞滬警備地域總司令官鄭指令内開，案查去年八月初六日奉國務院電開，奉大總統令，任命鄭汝成爲上海警備地域總司令官，此令等因，望即遵照法律第九條辦理，在該地域内，地方行政及司法事務，俱受司令官指揮，並分文知照中外官查照可也等因。又，去年七月二十九日奉參、陸兩部電開，奉大總統令，岸上軍務、外交均由鄭鎮守使辦理，並商明應德閎，選派上海知事，由鄭使指揮一切事宜，均按《戒嚴法》辦理等因。又，去年九月十日奉大總統電開，已飭部指定常款，但恃部撥恐緩不濟急。上海原有警費，出自何項，該使察看情形，能否設法挹注。鈔關税如何，望飭查主奪各等因。承准此，查去夏滬上倡亂，人民流離，元氣凋敝，彼時恢復秩序，善後設施百廢待舉，籌款無從。本知地方自治機關尚籌有少數款項，可資挹注，姑念此舉關係地方，權限甚重，不得不予以昌明，市政之路聽其自行辦理。乃數月以來，成效毫無，殊失自治本意。今大總統既有解散地方各自治團體命令，上海尚在戒嚴期内，本使原有指揮地方行政之權，所有上海各自治機關一切財産、賬簿、卷宗，仰該知事即日先行接收保管，聽候本使派員監理，澈底清查有無侵蝕，並選公正士紳委任助理，務期事不偏廢、錢無虚糜，使地方出一分之款，即爲地方辦一分之事，藉以維繫人心而遏亂萌，令即遵照辦理等因。遵即會同鎮守使署委派外交委員楊南珊君，前往該市檢查各項案卷簿籍，逐項清理保管在案。本日，又奉鄭鎮守使指令内開，照得上海地方各自治機關前曾奉照大總統命令，一律解散，遵即指令該知事先將所有財産、卷宗、賬簿接收保管，聽候本使派員澈底清查，切實整頓各在案。嗣據外交員楊南珊呈復各情，應即將上海市政廳經辦之件，除學務一項應劃歸縣知事接辦，即以縣署提回之房舖兩捐補助學務用途外，其餘參仿天津辦法，改市政廳爲工巡捐局。當即電由軍事處轉呈大總統，並令行該外交員先行接收試辦，認真經理在案。合行指令，即日將保管一切卷宗、財産、賬簿交由該外交員逐件點收，以憑接辦，令到即便遵照辦理，此令等因。奉此，遵即查照將關於學務一項各種財産、卷宗、簿籍收歸本署接辦外，應將其餘關於該市自治機關一切財産、賬簿、卷宗遵令，即日移交楊委員逐件點收接辦。除呈復鎮守使外，合行訓令該總董即便查照。此令。

上海工巡捐局函告開辦日期文民國三年三月一日

逕啟者。頃奉鎮守使指令内開，照得上海地方各自治機關所有財産、卷宗、賬簿前曾遵奉大總統命令，經本使指令上海縣知事先行接收保管，並委外交委員楊南珊前往澈底清查，切實整頓各在案。嗣據該外交員呈復，請將上海市政廳經辦之件，除學務一項劃歸縣辦外，其餘參仿天津辦法，改市政廳爲工巡捐局。所擬尚屬可行，除據情電由軍事處轉呈大總統外，合行指令該外交委員，即日前往接收，市政廳試辦工巡捐局，認真辦理，仍隨時將辦理情形呈候核奪，毋負委任，此令等因。奉此，兹於本月一日先行開辦工巡捐局，所有貴廳交代未盡各件，仍由上海縣知事接收，轉交本局，以符手續，此佈。敬煩查照辦理，實爲公便。

縣知事洪令奉文領發省定停辦自治執行細則文民國三年三月二日

案照前奉民政長韓銑電，飭將各級自治機關遵令停辦，並限至三月三十一日以前完全結束等因，業經令行遵照在案。本月十八日，又奉江蘇省行政公署訓令第八百九十八號内開，内務司案呈，查自治機關奉令停辦。本民政長所訂執行細則九條，刊登第二百十四期省公報在案。惟條文訛字過多，除已飭公報處更正外，合再録印一份訓令查照等因，計發細則一紙。奉此，兹經本知事遵照執行細則規定接收辦法五條，合亟印發，令到該總董即便查照所開各項，分别造具清册三份，儘本月十五日以前送署，以便定期派員接收，幸勿稍稽，是爲至要，切切。計發辦法五條，計三紙，又另抄細則一份。

呈縣知事洪自治債款擬變售公産清償文民國三年二月二十八日

爲呈復事。按奉訓令内開，本年二月九日，奉上海鎮守使兼淞滬警備地域總司令官鄭指令，云云。見來文等因。奉此，查本市自治款産，業奉會同鎮守使署委派外交委員楊君蒞廳檢查，曾將各項案卷簿籍分别開單，送請查閲。祇以未經奉到明文，無從正式造報。現奉轉到上海鎮守使鄭指令，所有上海市政廳經辦之件，除學校財産卷宗劃歸縣署接辦外，其餘自治財産、賬簿、卷宗由縣移交楊委員接收，則敝市應繳縣公署之清册，自須趕造正式備文呈報，以符法定手續。一俟造竣，當即另文具報。按，市立小學十七處既蒙省民政長韓、上海鎮守使鄭暨縣知事設法維持，則學生六千餘人均無失學之慮，謹代全市人民感謝盛德。惟上海市所負債務十四萬四千餘元，全恃向有之公産爲信用。並由董事會擔負完全責任，若不一律償清，董等何從卸責？自停止自治會之命令下頒，債權人已紛紛索款。現在惟有宣告破産、變價歸償之一法，應請縣知事會同清查款産之監理員楊君，出示宣告，監同市董等，招人投標競買，俾得將所負債户早日清了，方得完全交卸，合行呈請鑒察施行。謹呈。

批：呈悉。候據情分呈請示，再行飭遵。一面仍將各項清册趕速造送勿延，希即知照。此令。三月三日。

呈上海鎮守使鄭自治債款擬變售公産清償文民國三年三月十二日

爲呈請事。竊各地方自治機關奉大總統命令一律解散，本市政廳於二月十日奉鎮守使委派外交委員楊南珊君，會同上海縣知事，按日蒞廳清查，當將自治款産及各項案卷簿籍分别開單送閲。二十八日，奉上海縣知事轉到鎮守使指令，停止自治，所有市政廳經辦之件，除學校財産案卷劃歸縣署接辦外，其餘自治財産、賬簿、卷宗移交楊委員接收。仿照天津辦法，改設工巡捐局等因。並准楊委員來文，於三月一日開辦，則市政廳應繳縣公署之清册，自須趕行繕寫，正式呈報，以符法定手續。一俟繕竣，當即另行呈縣。惟上海市積負債務十四萬四千餘元，全恃向有之公産爲信用，並由董事會擔負完全責任。若不一律償清，董等何從卸責？自停止自治會命令下頒，債權人已紛紛索款，工巡捐局雖已通告承認繼續有效，而自治會之欠款債權人祇認向自治經董責償。董等亦無强債權人以移轉債權之根據。再四思維，惟有將市有公産變價清還之一法。兹開呈存款，該款清單各一紙、公産估價單一紙，應請鎮守使察閲，指令上海縣知事暨工巡捐局長出示通告，監同董等按照債款，指定某項公産，招人投標競買，俾將所負債務早日清了，方得完全卸責，曷勝迫切之至，合行呈請迅賜核准施行。謹呈。

附存該款清單一册，清單見下丙一號。清册兹不附列。

市議事會議長致董事會函詢問自治停辦改組情形文民國三年三月四日

逕啟者。讀二月三日大總統命令各省民政長，通令各屬將地方自治會停辦，所有各該會經管財産、文牘等，由各該縣知事接收保管，並令内務部迅將自治制度重行釐訂。其自治制未頒定以前，各該地方官尤宜慎選公正士紳，委任助理，不得誤會操切各等因。又讀省民政長公佈各縣知事接收自治之執行細則九條，諄諄以尊重教育、維持現狀爲務，並明定接收結束期限，不得逾三月三十一號等因，乃見報載。上海市政廳已由鎮守使委外交員楊南珊君接收，改爲工巡捐局，先於本月一號開辦。查本市議會既未奉縣知事訓令停止職務，又未見貴董會公函，照述一切。其間蟬蜕情形，究屬如何，苦於無從知悉，乞貴董會函復，俾便轉知議會全體，以符法定手續。尤有請者，本市政廳歷辦地方自治，所有迭次勸募之地方公債甚鉅，其一切募借章程手續，均係本市議會議決，由貴董執行。多數債權者鑒於今日接收之手續，嘖有煩言，覺大總統之命令幾等無效。縣知事亦屬無權,羣相質問,以本市議會與貴董會當共負責任,不容恝置。所有市政廳未取銷以前之公債,應如何籌還,斷非空言所能濟事,乞即悉數歸清,以全信用,庶不負地方人民熱忱、贊助公益之盛意,而貴董事會方稱不負厥職,即本市議會亦可告無罪於市民矣。

復市議會議長貫函述明停止自治趕辦結束文民國三年三月二十日

敬復者。日前奉函示,以地方自治會奉令停辦,報載上海市政廳由鎮守使派員接收,改爲工巡捐局,其間蟬蛻情形若何,無從知悉。並以市政廳歷辦地方公益所募工債,應即悉數歸清,以全信用,請函復等因。查本市政廳於上月十一日奉上海鎮守使派員會同縣知事,按日蒞廳清查,二十八日奉縣知事訓令轉奉上海鎮守使指令,停止自治,將市政廳改設工巡捐局,飭將關於自治機關一切財産、賬簿、卷宗即日移交楊委員接收等因。遵將所有市公産契據及各項簿籍、卷宗、銀錢送縣轉交,並經呈復,俟繕造清册竣後,再行正式移交呈報。惟上海市所負債務十數萬金,須將市公産變價歸償,方得完全交卸,請出示通告,招人投標競買等情在案。工巡捐局業於三月一日開辦,本董事會惟趕辦結束事宜,現在各項清册均已繕造完竣,呈送在即,應俟點收交代後即日解除職務。惟所負債款尚未清了,曾奉縣知事函轉鎮守使指令内開,市政廳前欠各債由工巡捐局設法維持,從速清理等因。本董事會擬於交卸後,另擇地點爲料理市政廳債款之處。承詢前因,合行奉復,即祈察照爲荷。

呈縣知事洪奉文停辦自治呈送市政廳各項清册文民國三年三月二十日

爲呈送事。本年二月二十八日,奉訓令轉奉上海鎮守使指令,停止自治,將市政廳改設工巡捐局,飭將關於自治機關一切財産、賬簿、卷宗即日移交楊委員接收等因。即經呈復,一俟趕造清册完竣,正式呈送。惟上海市擔負債務十四萬四千餘元,須變售公産歸償,方得完全卸責等語在案。本月十八日復奉訓令,轉發省訂停辦自治機關執行細則九條,並由鈞署規定接收辦法五條,飭即分别造具清册三份送署,以便派員接收等因。奉此,現在各項清册均已繕造完全,合即呈送,並繕清册總目單一紙,請照單檢閱,派員點收。各項清册共繕三份,正册二份,即呈鈞署備案,副册一份,請加蓋縣公署印信,仍行發還執管所有上海市董事會圖記一顆,並小圖戳一方,一併呈繳。董等應俟册開各項點收交代後,即日解除職務。衹以擔負債務十數萬金之巨未克清了,無以應債權人之紛紛詰問,惶愧難安,尚擬另行擇地,設市政廳債務清理處,以便料理。一面懇請出示通告,並檢查册開公産估價單内指定某項公産,監同董等招人投標競買,俾將所負債務早日清了,完全卸責,曷勝跂禱迫切之至? 爲此,呈請察核施行。再,准市議會議長交到文牘、卷宗、圖記等件,一併列入清册,並將圖記一顆隨文呈送,合併聲明,謹呈上海縣知事洪、上海市總董陸文麓。計繳送董事會圖記一顆,小圖戳一方,議事會圖記一顆,清册目録單一紙,清册三份,每份十二册,又辦事人姓名二册,共三十八册。

上海市政廳隨文繳送圖記及各項清册總目清單

甲册　上海市政廳董議事會文牘案卷清册(正二册、副一册)

乙册一　上海市政廳公産清册(正二册、副一册)

乙册二　上海市政廳公産合同契據圖摺清册(正二册、副一册)

乙册三　上海市政廳學校公産契據單摺清册(正二册、副一册)

丙册一　上海市政廳存款該款及公産估價單清册(正二册、副一册)

丙册二　上海市政廳二月份收支結束清册(正二册、副一册)

丁册一　上海市政廳各科簿籍雜物清册(正二册、副一册)

丁册二　上海市政廳書籍圖畫清册(正二册、副一册)

丁册三　上海市政廳各科辦事器具物件清册(正二册、副一册)

丁册四　上海市政廳學務科卷宗書籍清册(正二册、副一册)

附册一　上海市政廳中區分辦處册籍銀洋器具清册(正二册、副一册)

附册二　上海市政廳西區分辦處册籍銀洋器具清册(正二册、副一册)

附册三　上海市政廳南區分辦處册籍銀洋器具清册(正二册、副一册)

附册四　上海市政廳及各區辦事員姓名及僕役花名清册二册

呈縣清册細目繁多,不及備載。兹擇乙、丙各册所開市有公産及市政廳存該款項造册,詳列如左:

乙册一

上海市政廳公産清册

本市政廳辦公房屋基地二畝二分七釐二毫

朝南三層樓　　五幢

朝東第一進　　五幢

朝東第二進　　五幢

朝東第三進　　五幢

朝東内進舊屋　　五幢

廚房老虎灶　　八間

内進東首租地造披屋一間

馬棚(在毛家弄口)　四間

本市政廳東區地産

十六舖橋南首沿浦地八畝四分九釐。

現租與大達輪步公司,每畝每年租銀一千兩。岸線一條,約二百丈,原訂每年租銀一萬兩,因丈尺衹及八成,是以大達輪步公司每年衹繳銀八千兩。

本市政廳南區辦公房屋

正廳　　五幢

兩邊屋　　幢

門埭　　四幢

過弄　　一間

二十五保十六圖長字圩十九號業户梅元一則田四畝四釐七毫,坐落南區街。

共房屋六十六間,南區辦公各部分用十六間,巡警部用五十間。

本市政廳南區經管之房屋

水神閣	三幢
小菜場	一所
碑停(在南碼頭)	三間

二十五保十一圖彼字圩業户水神閣則田四分一毫。

共樓房六間,内學商公會借用三間,水橋間一間,洋龍所一間,又雜糧店租用一間,面前廊房八間(即小菜場)。

二十五保十二圖蘆課第三號係升漲地,坐落南碼頭即碑亭,有瓦平房共三間,從前由同仁輔元堂管理,今歸南區收租。

本市政廳南區收管之公産基地畝分,在南區辦公房屋基地内

朝南樓房	四幢
朝東石庫門(三間兩廂)	三宅
朝北樓房雙進	十幢

本市政廳南區暫行經管之地房

求新橋堍舊平屋	四間(原係慈善團水池義塚地)
又	二間

本市政廳西區辦公房屋四畝三分一釐五毫(係慈善團基地)

洋式房屋	三幢
平房	三間
披房	二間
坑厠	一間

本市政廳西區舊時辦公房屋基地畝分在西區辦公房屋基地内

樓房	三幢
平房	三間
舊平屋	四間
門埭	三間
平屋	四間
新竹屋	三間
木棚	一間

本市政廳西區原設巡警派遣所房屋

一斜橋派遣所

平屋	三間
竹屋	二間

斜橋派遣所之單契

張阿四同子張小毛賣與總工程局絶契一帋，又拆屋遷坟據一紙。

二十五保十三圖靡字圩二百四十四號業户張大順則田六分三釐二毫，田單一帋，價洋六百二十八元。

本市政廳西區移建之房屋

移造舊屋　　　　　　七間

係慈善團同仁輔元堂，地在利涉橋堍，收還造價後，可歸與慈善團。

又添造　　　　　　　十四間(六間已租出)

本市政廳南區收管舊送子庵餘地公産(應提歸學務)

二十五保十二圖短字圩四百十號業户慧月僧則田二畝六分二釐七毫。

學校房屋係送子庵户計則田二畝一分六釐四毫，另列學校公産册(門面平屋九間，由南區出租)。

本市政廳中區價購縣後泥墩地之公産

計地一畝四分餘，繳價銀一千四百元。

居中高墩爲二十五保十六圖地，丈見一畝一分餘。東偏爲張姓結籬圈用者，係二十五保五圖地，量見二分六釐七毫。劃分印諭兩紙。嗣張姓來呈，情願繳價六百元，承買圈用之地二分六釐七毫，當經核准照繳價銀，給與印諭一紙。

本市政廳之改良公廁

中區警務處北首一所。

中區和尚浜路南首一所。

浦灘四所：大碼頭、毛家弄口、董家渡、南碼頭。

西區三所：斜橋南、肇周路井亭橋堍、羊尾橋西(租地)。

本市政廳收管之公産

丹鳳樓前泥墩共丈見地二畝七分三釐五毫，内應劃除八十六號單户王耕心則田八釐八毫、八十九號單户張炎增則田二分四釐三毫，外實存公地二畝四分四毫，給諭執業，印諭一紙，圖一紙。

本市政廳經管南碼頭公地一方約五畝

由昌記公司承租。

本市政廳收進單契之公産

二十三保四七圖黎字圩六百八十八號張德寶户田單一紙，計則田一畝二分二釐五毫。

孫榮發賣與厚仁堂絶契一紙。

前清提右營各官將原有之營地賣去，以此田作抵。

此單契於光復時有人拾得交來，當經獎銀十元。

本市政廳收管福佑路買地築路之單契

袁德甫領價據一紙，上首契五紙。

二十五保六圖能字圩八十號業户張德林則田四釐，方單一紙。

金宏鈺領價據一紙。

顧永昌領價據一紙。

蒯張氏領價據一紙。

二十五保六圖能字圩八十號業户蒯少榆則田四釐,方單一紙。

本市政廳浦東之地産(在白蓮涇内六里橋東,原備堆積垃圾之用,現已坍没不少)

鄭良裕賣與總工程局絶契一紙。

二十四保副十五圖常字圩田單則田十一畝一分八釐二毫。

七十八號陳國敘户	二畝
同號陳維明户	一畝七分二釐七毫
同號陳維巖户	一畝七分二釐七毫
同號陳維鶴户	一畝七分二釐七毫
七十九號陳維松户	二畝
同號張坤發户	二畝一毫
附交陳順發賣與鄭良	裕絶契一紙。

糧串十五紙。

草圖一帋。

本市政廳收管聖賢橋開闢橋路買進房屋地之單契

劉問經堂讓地據一紙。

張其泉、顧阿囡賣與總工程局房地絶契一帋。

附交鄭土根賣與張其泉上首契一帋。

二十五保十一圖彼字圩十一號業户奚三和則田一分七毫,田單一帋。

高曹氏賣與總工程局絶契一帋,上首契一帋。

二十五保十一圖彼字圩十一號業户王福全則田一分五釐,田單一帋。

馮慶堂糧串三帋。

魏承揚賣與總工程局絶契一帋,上首契五帋,税尾一帋。

本市政廳西區肇周路公産(均係馬路)

二十五保十三圖靡字圩給償地價拆屋遷墳,共銀八百四十二元九角三分。

地價領契十三帋。

領限狀十七帋。

清摺一扣,清册三本。

乙册二

上海市政廳公産合同契據圖摺清册

大達公司租借沿浦岸線合同一帋。

開築車棧馬路與蘇路公司借款合同一帋。

大達公司祥記弄築門樓合同一紙。

九畝地印諭六紙(三紙係公立學校,三紙係興市公司)。

發對印花業控案李金元房屋田單一紙,絶契一紙。

陳金楚租西區斜橋地合同據一紙。

三益公司租西區地合同據一紙(係慈善團基地,應發還慈善團)。

昌記公司南碼頭租地合同一紙,又張、阮二姓兩合同。

縣後泥墩印諭一紙。

丹鳳樓前泥墩印諭一紙,圖一紙。

浦東白蓮涇内備堆垃圾地之單契一包。

福佑路讓作道路之單契一包。

斜橋派遣所官契等據一包。

二十三保七圖張德寶單契一包。

聖賢橋買地築路單契一包。

西區築肇周路購進地畝册及領價契一包。

東、南、西三區巡警租借本廳房屋租摺三個。

南區市房租摺十個,租契八張。

利涉橋堍房屋租摺三個,租契三張(該地係慈善團之産)。

乙册三

上海市政廳學校公産契據單摺清册

江境小學校産,敬業學校讓地據一紙,圖一紙。

江境小學校産,殷邦基田單半紙,領狀一紙。

養正小學校産,田單一紙,移送物件函一封,茶捐租户清摺一扣,租契十三紙,頂首摺一扣。

又養正購地産,田單一紙,印契一紙,草契一紙,舊契二紙,學費收條一紙。

崇正小學校産,送子庵寶山地舊契一紙,毛開基領狀一紙。

西成小學校産,田單半紙,官契一紙,可樂軒印諭一紙,圖一紙,絶契一紙,舊串三十紙,發票收條七紙,移交物件目録一紙,報告一册,函四件,草契一紙。

又西成小學校産,三益公司租豫園可樂軒合同一紙,舊合同一紙。

梅溪小學校産,田單一紙,官契一紙,草契一紙,舊契三紙,舊串二紙,印契處收條一紙。

異與小學校産,茅山殿租田契一紙,領狀一紙,田單二紙,舊契二紙,舊串七紙。

比德小學校與德文醫學堂調换地産,田單三紙,串五紙,舊契一紙。

蘇路公司股單六十九股,係於穀息項下派出。

張義興租摺一扣。

施德興租摺一扣。

謝源生租摺一扣。

王榮成租摺一扣。

華昌晉租摺一扣。

吴伯襄租摺一扣。

謝坤茂租摺一扣。

永春堂租摺一扣。

項清德租摺一扣。

黄義泰租摺一扣。

鄒福泰租摺一扣。

徐廣勝租摺一扣。

三益公司地租租摺一扣。

仁康典捐册一本。

丙册一

上海市政廳存款項下各款細數清單

一、存乾元莊規銀一千二百兩八錢四分一釐。

一、存義昌莊規銀二百八十七兩五錢四釐。

一、存莊票規銀一千二百三十兩三錢九分九釐。

一、存現銀圓六百四十九元,内有廢票次洋四百七十三元,係歷年積存。

一、存小銀圓四千四百十一角,内有次小銀圓一千九百八十八角五分,係歷年積存。(一一五)合銀圓三百八十三元五角六分。

一、存銅圓二百四十七千八百七十二支,(一三)合銀圓一百九十元零六角七分一釐。

説明:以上六款,已由工巡捐局收去。

一、存慎泰木行押租銀圓五十元。

説明:本廳後面租木行餘地爲小工住所,年租銀圓一百元,存押租如前數。

一、存中西區清潔所欠繳一二月捐銀圓四百元。

一、存船捐欠繳銀圓一千三百十元。

説明:承辦人連錦堂於本年一月底交替,先因兵災,准免一月。嗣據該承辦人一再聲請,以浦江戒嚴,七、八兩月礙無船捐可收,援地方税例,求免兩個月。雖未正式核准,而浦江船隻禁止交通,期内無捐可收,尚係實情,故以上欠數,係剔除免捐兩個月,數目以實欠核計如前數。

一、存興市公司九畝地地價欠繳銀圓一萬五千七百九十七元二角三分八釐。

説明:查九畝地欠繳總數,共銀圓一萬八千五百五十九元六角八分八釐,尚未清結,内應剔除築路劃用地二分九釐九毫計地價銀圓七百六十二元四角五分,又興市公司代付貼看守所遷銀圓五百元,又代付新普育堂開辦費銀圓一千五百元外,實存欠繳地價銀圓淨計一萬五千七百九十七元二角三分八釐。

一、存西區繳款銀圓六百五十五元八角。

一、存南區繳款銀圓五百八十七元九角六分五釐。

以上各款,共存銀圓二萬二十四元二角三分四釐,規銀二千七百十八兩七錢四分四釐,合銀元三千七百二十四元三角一分。

兩共合銀元二萬三千七百四十八元五角四分四釐。

上海市政廳該款項下各款細數清單

一、該内地電燈公司燈費銀圓二千元。

一、該内地自來水公司銀圓一萬五千一百五十七元(有借據)。

説明前款係借墊支付貧民習藝所按月經費。

一、該庚平記銀圓一萬八千七百八十七元三角九分七釐。

説明:光復後失業者多,建築新普育堂及貧民習藝所收養老弱無業貧民,教之習藝,建築經費不敷,借墊庚平記銀圓如前數。

一、該保泰會規銀三千二十七兩六錢。

説明:此款係郁董屏翰經手借墊。

一、該蘇路公司借款規銀六千兩(有借據)。

説明:築車站路,由西門接通車站,該公司借款興築,共一萬四千兩,不計息、分期歸還外,實該如前數。

一、該大達公司借款規銀三萬兩(有借據,以沿浦地四畝餘作抵)。

説明:查十六舖迤南至大碼頭由本廳挖泥填岸築駁,計工費銀圓十萬元左右。除籌墊外,計借大達公司規銀如前數,月息八兩七錢五分。

一、該華成公司借款規銀二萬五千兩(有借據,以沿浦地三畝餘作抵)。

説明:修築沿浦馬路,借款如前數,月息八兩。

一、該公債第一批銀圓五十七元六角五釐。

一、該公債第二批規銀九十三兩六錢。

一、該公債第三批規銀八百十五兩六錢四分。

一、該公債第四批規銀六百三十二兩八錢。

説明:以上四款,係過期未領之款,連息在内。

一、該公債第三批第四、五期規銀一萬一千三百四十四兩。

一、該公債第四批第二、三、四、五期規銀一萬七千六百九十六兩。

説明:以上二款未到期,息亦未計。

各批公債券均載明以大達公司租息作抵。

一、該華商電車公司規銀五千兩(有借據)。

説明:此項借款,由該公司請求填築方浜,由十六舖橋填至小東門,接通城濠路,以便舖設電軌,月息七兩。

一、該大達公司押租規銀一萬三千四百九十兩。

説明:前款係租借沿浦岸線及租用填寬餘地押租,立有合同。

一、該各租户押租銀圓九百二十五元五角。

説明：立有租摺據。

一、該應撥貧民習藝所建築費規銀一萬兩。

説明：按九畝地地價分配原案作五股派撥，内貧民習藝所應得一股，計銀圓二萬二千五百元，除續陸撥付外，該所建築費仍借墊款銀一萬兩，應如數撥還。

一、該應撥前勸學所地價找款銀圓二千六百五十元。

説明：九畝地地價内前勸學所應得學費半股，計銀圓一萬二千七百五十元，付過一萬一百元，應找銀圓如前數。

一、該大境廟住持蔣慶榮銀圓一千九百四十七元二角一分七釐。

説明：查大境公地一畝九分餘，變價規銀八千兩，合銀圓一萬八百四十七元二角一分七釐，除以八千元提撥填築花草浜工費外，於餘款内補助紫金學堂經費七百元，又給該地上花房遷費二百元，餘存一千九百四十七元二角一分七釐，應給還該住持修葺大境關廟之用。

一、該新普育堂二月分未領補助費銀圓一千五百元。

一、該中區電燈費銀圓二百六十六元六角。

一、該顧馨記暫存銀圓一千三百四十一元三角三分一釐。

一、該蘇筠記暫存銀圓一千六百三十四元。

以上各款，共該銀圓四萬六千二百六十六元五分，規銀十二萬三千九十九兩六錢四分，合銀圓十六萬八千六百二十九元六角四分三釐。

兩共合銀圓二十一萬四千八百九十六元二角九分三釐。

總説明：查存款共銀圓二萬三千七百四十八元五角四分四釐，該款共二十一萬四千八百九十六元二角九分三釐，存該相抵，實該十九萬一千一百四十七元七角四分九釐，内有大達押租一萬八千四百七十九元四角五分。該公司租期未滿，似可緩還。又，貧民習藝所建築款一萬兩。合一萬三千六百九十八元六角三分，庚平記經借一萬八千七百八十七元三角九分九釐。以上兩款，由前民政總長李任内特别借撥公款，應另案提還外，由董會等經手急須還楚之款，淨約十四萬一百八十二元二角七分。

公産估價單

市政廳房屋連基地約估銀三萬兩。

大達碼頭地連岸線約估銀二十二萬兩。

市政廳南區房屋連基地約估銀二萬兩。

市政廳西區房屋約估銀二千兩(基地係向慈善團借用)。

斜橋房屋地約估銀七百兩。

縣後泥墩地約估銀四千三百兩。

丹鳳樓前泥墩地約估銀一萬四千兩。

南碼頭沿浦地約估銀一萬五千兩。

九畝地約九分餘，約估銀三千兩。

共約估銀三十萬九千兩，合洋四十二萬三千餘元。

各種通告文

通告城區各項捐款照舊徵收文宣統三年九月二十九日

爲公佈事。照得城自治公所現改爲市政廳，所有向收各項捐款充地方公用者，照舊徵收，業奉民政總長示諭在案。查城内清道、路燈兩捐，向由中區分辦處經收，自應循舊徵收。合行佈告城内店舖居户知悉，所有清道、路燈兩捐一律照常收繳，未繳者一律補繳。特此佈告。

通告接辦商船掛號文宣統三年十月二十三日

爲佈告事。奉民政總長訓令内開，照得沙東閩浙各商船至上海泊南市浦江者，向須由船商持其本籍之執照，赴縣營各衙門掛號，聽候查驗，蓋印發還，頗費周折。兹定一簡便辦法，嗣後沙東閩浙各商船停泊浦江者，逕赴市政廳掛號，俾資利便。其公費分等酌定，以充地方之用，仍列入歲出入預算決算册，佈告公衆，均宜妥慎辦理，此令等因。奉此，遵即於本廳内設立商船掛號辦事處，除照請民政長查照並分别函致各船號商及佈告外，兹定於十一月初一日開辦。合行佈告，凡沙東閩浙各商船於十一月初一日起出口者，務由船户至本廳報明掛號，以資稽考。其持有上字船照者，亦須赴本廳换給新照，均勿延漏遲誤。特此佈告。

通告開辦清潔所文民國元年一月二日

爲通告事。照得清潔所之設，爲鄭重衛生起見。上年經城議事會議決，交董事會執行，當經諭飭沈昌記承辦。嗣因前清官場故意留難，以致延擱至今。兹據沈昌記稟請開辦前來。本廳呈奉民政總長批示，設立清潔所，爲城議事會議決交城董事會執行之件。既爲前清官場所掯阻，光復以後，何以不從速辦理？據呈，擬於陽曆正月十九日即陰曆十二月初一日開辦，應准照行。候本總長出示通告，並令上海縣民政長、警務長分别出示保護，其糞行應不准再行領貼，以杜把持。開辦時，當派軍隊彈壓，一面呈報蘇滬軍都督備案可也等因。奉此，合行出示通告城内外清潔事宜，現由本廳諭歸沈昌記承辦，於陰曆十二月初一日開辦。所有城内外各糞夫速向新碼頭浦灘清潔所掛號報名，各按地段承挑，仍不失其生計，勿得藉端生事，致干咎戾，其各遵照。特此佈告。

通告業户買賣田房洲場納税領契文民國元年一月五日

爲通告事。照得省議會議決徵收雜税案内田房洲場税契條文，業經江蘇都督示諭，並由上海民政長公佈實行辦法在案。現在省頒田房洲場税契三聯印契，已奉轉發到廳，自應遵照辦理。合行佈告，凡屬市區域内各保圖業户買賣田房洲場，各應查照蘇都督頒示省議會議決案内田房洲場契税條文及本縣民政長公佈實行辦法各條，即至本廳領契，其各知照。此佈。

臨時省議會議決徵收雜税案

田房洲場契税

一、由都督速辦三聯印契，通飭各縣領用。

二、每契價一元，徵稅五分，以三分爲正稅，儘數解省；以二分爲附稅，留充本地方之用。

三、每契一紙，收費一角，以一半解省，歸還紙張印刷之費，以一半留充經徵費。

四、此係暫行辦法，以印花稅法頒佈實行之日爲止。

上海縣民政長公佈實行辦法

田房洲場契稅

一、領契

（甲）省頒三聯印契，爲業户買賣時必須領用之契，由本署轉發各市鄉分辦，每紙收大洋一角。

（乙）向例領用官契抽提中費二成，以充學費，仍應照舊辦理，由各該市鄉核實經收，撥充本地方學務之用。本署無庸提撥分毫，惟支用是否得當，應由本署核銷。

二、投稅

（甲）每契價一元，徵稅五分。復又電請省示民間原立契據，係庫銀制錢者，每兩作一元四角，每千作八角，核計徵稅，以歸劃一。以後立契，概以元計，投納稅項，別無浮費。

（乙）契稅照章由本署徵收解省。現於本署大堂後設立稅契處，凡投稅者，先掣收據，限五日内用印發還，憑收據領契。

通告辦理清潔先從東南兩區開辦文民國元年一月六日

爲通告事。查清潔事宜，定於陽曆正月十九日即陰曆十二月初一日開辦，業經佈告，並分别呈准民政總長、民政長出示佈告在案。前據承辦商人沈昌記稟稱，陰曆十二月初一日起，先從城外東區自十六舖迤南至薛家浜止開辦。其薛家浜朝南，轉西至西區及城内各地段，展緩十日，俟糞夫名字報齊，即行繼續辦理等情。查此次辦理清潔，准舊有糞夫報名，認明地段承挑，各糞夫仍不失其生計，自可毋庸觀望。今沈昌記先從東、南兩區辦起，逐漸進行，極合辦法。凡東、南兩區内糞夫漏未報名者，應速向清潔所報名承挑。其城内及城外西區薛家浜迤南各地段糞夫，儘於陰曆十二月初十以前報名，仍可照舊挑倒，切勿遷延自誤。特此佈告。

通告省議會議決徵收房捐先儘巡警經費之用文民國元年一月六日

爲公佈事。奉上海縣民政長函送江蘇都督示諭臨時省議會議決徵收雜稅案，並縣佈本邑實行辦法前來。查省示議決條文房捐一項載明，暫行照舊徵收，留充本地方之用。惟本地巡警經費不敷，應以此款先儘抵補。縣示實行辦法條文内載，房捐由各市鄉分收捐數，暫行照舊，先儘巡警經費之用各等因。查房捐一項，前經商務分會集議，宣佈係地方稅性質，應作地方之用，知照本廳照舊收取。當曾公佈，先將陰曆閏六、七、八月捐款收束，九、十兩月另行徵收在案。有人謂此項房捐可與地方捐併作一捐，以省周折。惟房捐係房主、房客各半出資，與地方捐之全出自住户者不同，似難併合爲一。核計城内外巡警經費，月需十數萬元，即以此捐儘數抵充巡警之用，不敷尚鉅。兹既奉蘇都督公佈省議會議案，以房捐先儘抵補巡警經費，自應遵照辦理。現在徵收陰曆九、十兩月之捐，尚望我市區域中莊號、店舖、行棧諸父老暫照舊數勉力輸將，以裨地方，仍俟財政統一時，再行公佈。其市區域中二十七保十圖、十一圖之房捐暫歸閘北徵收，歸閘北巡警之用。特此公佈。

通告徵收高昌廟一帶地方捐文民國元年一月二十八日

爲通告事。奉民政總長李諭，高昌廟一帶所有清道、路燈捐向稱三義捐，現改爲地方捐，歸市政廳經收。其清道、路燈事宜，即由該廳派員辦理。車站路南至西栅門止歸南區經辦，西栅門之外歸西區經辦等因，合行出示通告該處店舖居户知悉。所有地方月捐，務各按月繳納，以顧公益。特此佈告。

通告南北囤鈔泥夫頭分別承接運裝文民國元年二月六日

爲通告事。查各商船需用鈔泥，向歸南、北兩囤夫頭承接運裝。另有小囤附於南囤名下，以毛家弄直出之碼頭爲分界處，南歸南囤，北歸北囤。前曾立有合同，各無間言。年來，商船日少，需泥鋭減，而木船又儘數移南。經商船會館、木商會館各董公同集議，量予變通，以木船一項，無論在北、在南，嗣後鈔泥生意，南囤得七成半、北囤得二成半，此外各船仍照舊合同所議辦理，其南囤夫頭以蘇福秀、蔣妙發承充，北囤夫頭以朱錦春承充。兹據該兩夫頭備具遵結前來，除給諭外，合行通告該夫頭等，務須約束散夫，勤於職務，不得有滋鬧需索情事，致干究罰。特此佈告。

通告舖户居家凡焚化大批紙庫錠帛應先向警區報明轉告以免瞭望人誤會文民國元年二月九日

爲通告事。據救火聯合會函開，上海爲東南各省巨埠，華洋錯處，輻湊繁區，户口既多，易滋危險。現屆冬令，夜長風燥，火政尤宜加意防維，共安自治。查租界章程，凡居家舖户焚化大批紙庫錠帛等件，應先報告捕房，然後從事，務使火會望警者不致誤會。滬南一帶地面遼闊，煙户繁多，亟應援照辦理，以昭慎重。嗣後，無論居家舖户焚化大批紙庫錠帛等件，應先具報警務處轉告本會，免致望警人登高遠眺，深夜誤會，函請核辦等情前來。除照會警務長外，合行出示，通告各區店舖居户一體知悉。凡焚化大批紙庫錠帛等件，先向該區警局報明，以便轉告而免誤會，其各遵照。特此通告。

通告高昌廟地方路政工程歸本市政廳管理文民國元年二月十二日

爲通告事。照得高昌廟一帶地方現歸市政廳西、南兩區範圍之内，該處舖户居民如欲舉動工作關係道路、河渠、橋梁、駁岸等事，應遵照路政章程，先赴本廳路政處報明工程，領取執照，然後動工。爲此通告，於新曆三月初一日起照章辦理。如有未領執照，擅自興工，定干究罰。特此通告。

通告奉縣照會革除船埠頭等名目由市政廳設立市舶課派員專辦文民國元年四月廿五日

爲通告事。奉民政長吴照會，以從前内河船埠、灘船埠、提船甲等名目應一律撤銷，由市政廳設立市舶課，派員承辦。其向收之埠頭捐及規費永遠革除等因到廳，當經擬訂《市舶課暫行簡章》呈准在案。現在埠頭、船甲等名目及規費已奉革除，所有市舶事宜亟應僱人管理。查有現辦船捐之連錦堂，於市舶情形尚能熟悉，即諭着連錦堂爲總船目，於本年五月一日開辦。即查照市舶課簡章，將南市浦江船隻隨時編查，認真約束。除照章應收船捐之外，不得向各船户需索分毫規費。所有應僱副船目二人，即由該總船目妥選，報請驗用。除給諭並附發簡章外，合行出示曉諭，爲此示仰各船户人等知悉，本廳現派連錦堂爲總船目，爾等務各聽受約束，勿得違拗，致干咎戾。所有從前大埠灘船、埠船甲及各管幫向各船户收取之埠頭捐，均一律革除，有人私自向收，准予控訴，以憑送究，其各遵照。特此佈告。

通告西門外路權歷史並華商發起籌辦南市電車情形文民國元年六月十三日

爲通告事。查五族少年保國會廣發傳單，大致以南市地方裝置電車軌道爲分割與外國人，以冀激動衆怒。查前清光緒三十一年總工程局成立後，即接滬道袁樹勛轉美商古納函及章程，又接東方萬國公司函，均以南市設立電車爲請，當交議會核議公决。復以將來購備電車、安設軌道，由本局自行規畫，所請未便允許爲詞。至前清光緒三十三年，法人於方斜路開築電車軌道，總董等再四商請前清滬道瑞澂，力争因電請前清江督端方電達前清外務部那、袁二大臣，與法公使磋商，毫無效果。瑞道台來函，曾有我不自辦必爲外人干涉之語。此次創辦電車公司之發起人，爲孫藹人、郁屏翰、朱季琳、沈志賢、王一亭、葉惠鈞、朱志堯、陸伯鴻、沈縵雲、張逸槎、陸崧侯、沈耕莘、朱子謙、金仰孫、朱魯異、張樂君、朱孔嘉、陳成章等諸君，其經理係陸伯鴻君。該公司具呈於民政總長，奉准後，始由市政廳核准。此正所以嚴杜外人之干涉、尊重從前總工程局議事會之議案，且查發起人十八人中，市議會之議員、市董事會之董事居三分之二，諒不至有他虞，不圖曰分割，曰賣脱。本市長、本副市長竟蒙宵小民賊之惡名，世界之黑暗至此，而極日來外間謡傳甚盛，咸謂勢將大起風潮，誠恐我伯叔父老、兄弟姊妹未明底藴，誤會謡言，杯蛇市虎，以訛傳訛，致相驚擾，本市長殊抱不安。如果查出該公司發起人並非此十八人，本市長實有將祖地分割賣脱與外國人之事，則刀鋸斧鉞、手槍炸彈即加本市長之身，决不畏避。倘因此傳單發生效力，以致擾害治安，地方不靖，當自有五族少年保國會擔其責任也。特此通告。

通告中西區清潔事宜易人承辦文民國元年七月八日

爲通告事。照得中區、西區清潔事宜，前經諭飭宋如玉聯絡鄉民，不使失其生計，並不失灌園之用等因在案。乃尚未開辦，遽起風潮，自未便再由宋如玉承辦。兹據莊泉生具送切結，情願承辦中區、西區清潔，呈明編查，糞夫發給號牌。倘糞夫不遵上午十時以前挑倒章程及糞桶無蓋，由巡警干涉，吊銷號牌。如有滋鬧聚衆等事，惟承辦人是問等情前來。查舉辦清潔，原爲鄭重衛生起見，本市政廳於地方潔淨、鄉民灌溉，本屬兩面兼顧。今莊泉生所擬辦章大致無異，尚可照准。除給諭並呈請民政總長、民政長備案，咨請警務長查照外，合行出示曉諭，爲此示仰中區、西區園地幫各糞夫知悉，現在該兩區清潔事宜歸莊泉生經辦，爾等於編查時，務將的姓真名具報入册，領取銅號牌懸掛，各按地段承挑，作灌園之用，並須遵章於上午十時以前挑淨，所有糞桶一律加蓋，仍逐漸改良，不准向居户任意需索留難。如有不遵，即由巡警干涉，吊銷號牌，易人承挑，其各知照。特此通告。

通告開辦中西區清潔文民國元年九月二十九日

爲通告事。照得中區、西區清潔事宜,前經諭准莊泉生承辦,以聯絡鄉民,不使失其生計,並不失灌園之用,曾經出示曉諭。嗣有莊瑞聊等稟訴莊泉生違章苛罰等情,經函知滬西商團。據覆,在白雲觀邀集各鄉代表開會,證明實無其事,由本廳呈報民政長飭提懲辦各在案。兹據莊泉生稟稱,自莊瑞卿等擾亂以來,鄉民無知,每有破壞定章、秩序紊亂之事,雖經敝處一再告知,總屬罔效。現定於陽曆九月廿九號爲始,照前定章程切實進行,懇請迅賜出示曉諭,俾衆周知。一面即祈轉達警務長,傳諭各巡士,遇有鄉民不守定章者,立即拘局議罰,以儆效尤等情。據此,合行通告,仰中、西區園地幫各糞夫知悉,自九月二十九號爲始,凡中區、西區以内糞夫務各報領銅牌,遵照定章六條辦理,違干巡警干涉,毋得自誤。特此通告。

定章六條

第一條　各圖各舉公正代表出面,以擔責任。

第二條　挑糞限定上午十點鐘爲止,過時不得再挑。

第三條　糞夫必須身掛銅牌爲憑。

第四條　挑糞夫不能向居户店鋪需索重費,其代爲洗淨者,須隨鋪户酌給。

第五條　糞桶必須有合縫之蓋,以後仍逐漸改良。

第六條　如違二、三、四、五條定章,由巡警干涉,由本處將銅牌吊回議罰。

附則兩條

一、如初次違章罰洋二角,第二次罰洋四角,第三次罰洋八角,第四次罰洋一元六角,第五次吊銷銅牌,另招鄉人承挑。

一、出門時,如忽忽未帶銅牌者,須至本所領照,方可挑倒。

通告廟園星宿殿前勿得任意設攤佔路文民國元年九月四日

爲通告事。據救火聯合會函稱,邑廟西首古驛路驛地由本會租賃造屋,收租充費。查該地毗連廟園,非開闢道路實不足以興市面而利交通,業經呈請規定路線,給照開工在案。現在房屋次第落成,道路亦已工竣,惟北首路口即星宿殿前爲東、南、北三路往來要路,是以寬留空地,以利行人,誠恐園内各攤户未盡周知,紛紛設攤,未免妨礙交通。除函致警務長外,爲此函請出示禁止,俾衆周知等情。據此,合行通告,爲此通告攤户人等一體知悉,爾等須知廟園星宿殿前向爲衝繁要道,該會造屋寬留餘地,係爲利便行人起見,自通告之後,毋許任意設攤,致礙交通,違干巡警干涉。特此通告。

通告民國成立國慶日期文民國元年十月六日

爲通告事。照得本年陽曆十月十號即去年陰曆八月十九日民軍起義之日,民國成立歲届一周,奉大總統命令,定是日爲國慶日,應一律懸掛燈旗,休息宴會等因。奉此,合行通告,本市區各商舖居户知悉,應於是日一體照行,以光盛典。此佈。

通告縣議會議決地方紀念日期文民國元年十月廿六日

爲通告事。奉縣民政長照會,以准縣議事會議決本地方紀念日期案一件。自本年爲始,改從陽曆,規定十月二十二日爲上海地方紀念日,永著爲例。其應行紀念儀式爲時已促,由本民政長按照議決案事理酌量展期,於十一月三日舉行。除通行外,相應抄録議案及補行紀念儀式,備文照會查照等因。查補行紀念儀式,一爲擇定地點開紀念會,一爲各學校放假一天,一爲官署暨各公團體停止辦公一天,一爲公私各團體暨合境商民一律懸旗結彩。以上各條,除分别照行外,爲此通告本市政區域商民知悉,届陽曆十一月三號一律懸旗結彩,以申紀念。此佈。

通告浦江外來各航船及各鄉鮮船繳費領照文民國元年十二月十三日

爲通告事。前奉民政長照會,於本市政廳添設市舶科,管理本市浦江船隻,所有停泊浦江各船應分别給領船照、船牌,以備稽查,經擬章程,呈請核准在案。查近時外來各航船及各鄉鮮船停泊浦江爲數甚多,應飭總船目認真稽查,分别給發船照、船牌,註明某處航船、船户姓名及大號、中號、次號等字樣,以資執守,並應分等徵收照費,備充公用。兹定大號航船照費十六元,中號航船鮮船照費十元,次號航船鮮船照費六元。此係地方公益特税,應行徵收。爲此,通告外來各航船及各鄉鮮船户等知悉,於陽曆十二月十五號起各向總船目處報明應納照費若干元,由該總船目查明照繳,分别給予牌照。除照費外,並無絲毫費用,其各知照。此佈。

通告八長渡渡船换領船牌文民國元年十二月十三日

爲通告事。照得滬南八長渡渡船,於前清宣統三年六月間,由滬道照會歸城自治公所接管,所有各渡船船牌照章發給在案。光復後,奉民政長照會,於本廳添設市舶科,管理浦江各種船隻。八長渡之渡船事宜,自應隸歸市舶科管理。經將《管理渡船規則》提交市議會修正規則第十八條,本市政廳按年發給各渡船船牌一次,編列號數,註明渡名、渡夫姓名及大號、次號等字樣,以備稽查等因。查八長渡各渡船,自上年發給船牌後已届一年,應行换給。爲此,通告各渡船船户知悉,於陽曆十二月十五號起至月底爲止,各攜帶上年所領之船牌,至本廳市舶科總目處報明真名的姓,填换新牌,隨到隨給,並無絲毫費用及領牌錢文,其各知照,切勿觀望自誤。此佈。

通告禁煙調查憑發購藥執照文民國元年十二月廿一日

爲通告事。准上海禁煙局函開,前奉民政長照會辦理上海禁煙事宜,業經遵照開辦呈報在案。惟查《蘇省禁煙通令》,限於本年年底即陰曆十一月二十三日禁絶,限期將至,再難延緩。除諭飭各土膏店遵照辦理並取締戒煙藥店外,復派調查員十四人,於本月二十號起,分段清查吸煙人民,以憑給發購藥執照,限期戒絶。此爲防止煙民延過年底、陷身刑網之舉,尚祈隨時勸導,免起誤會,以便進行等因。查蘇省禁煙期限,前奉都督通令,並特奉十月二十八日臨時大總統令,嚴禁吸食鴉片,販運種植,飭由民政各機關分别出示曉諭國民,力除痼疾,吸者立即戒除、販者分别停歇等因,均奉民政長遵照先後出示曉諭在案。現距禁煙期限爲日甚近,爲此通告,諄勸本市區域人民,須知禁煙局此次取締戒煙藥店及派員分段調查吸户,憑發購藥執照,係爲防止煙民陷身刑網之舉,務各遵照,聽憑調查,依限戒絶,勿稍驚皇,致起誤會。即各土膏店亦須共體此意,遵限早日停歇,另謀生業,免於罪戾有厚望焉。特此通告。

通告中區地方一律徵收公益税文民國元年十二月二十九日

爲通告事。照得本市政廳所轄即從前城自治區域，於各區設立分辦處，辦理區内事宜，按月徵收地方公益税，以充市區行政經費。所有應徵税數，即照前城自治公所舊章，並無增益。東、西、南三區照舊執行，中區地方向未徵收，並應一律辦理。經於本月二十五日在中區開會集議，請各紳董擔任，敦勸店舖居户一律納税，於民國二年三月起實行徵收，所有舊時清道、路燈捐概行歸併在内。合先通告中區舖户居民知悉，須知徵收此項公益税，即爲地方公益之用，務各照章按月繳納，勿靳勿延，是所切盼。此佈。

通告東南兩區清潔投標揭曉易人接辦文民國二年二月二十六日

爲通告事。照得本市政廳東、南兩區清潔事宜，沈昌記承辦期滿，先於本月十四日投標揭曉，朱新記以按月認捐銀一千四百元多數得標，應准承辦。遵照條約，預繳清潔銀六個月，計銀八千四百元，立具認包清潔據，陳明悉照定章辦理，按月繳款，決不延誤，並無中途停認及求減情事。並據呈稱，一切手續部署妥貼，仍用舊有之挑夫，不失其生計。現屆交替期近，請先行通告等情，附繳源發商號保狀一紙前來。查沈昌記辦期於陽曆二月底爲滿，自三月一號起歸朱新記接辦，一切派夫挑倒事宜，仍照向章辦理。所有向在東、南兩區挑糞人夫即往清潔所報名，與朱新記接洽，以憑按段承挑。除諭朱新記照章接辦並呈縣備案外，爲此預行通告，俾衆知悉。此佈。

通告外馬路商舖南市華商安設電軌收進礙路物件文民國二年三月二十七日

爲通告事。照得南市華商興辦電車所有鋼軌材料，業已運到，由該電車公司僱工裝設。惟查南市外馬路十六舖橋迤南，雞鴨行之籠籃等件沿路堆積甚多。自大碼頭迤南，則各樹木竹行之物料亦隨處堆放。不特違背警章，抑且有妨路政。況電車設軌已在開工，若不將礙路各物一律收進，則兩旁餘地不寬，將來電車開行時，他項車輛及步行之人必至無從避讓，危險堪虞。爲此先行通告各商號知悉，所有沿路堆儲之樹木竹料及雞鴨籠籃等件，務須趕緊收除，另行擇地存放，俾得展寬道路，以便行人而免危害，是爲切要。此佈。

通告南市浦江小艙船裝貨出口向本廳掛號領照文民國二年四月十九日

爲通告事。照得南市浦江各小艙船裝貨出口，前清舊例，須向營廳掛號，光復後廢弛至今。此項船隻大小不一，散漫紛紜，應照沙東閩浙商船出口辦法，向本市政廳掛號，以便有所稽查，並核計該船大小，分等畧收照費，大號船隻納銀元二元，小號船隻納銀元一元，藉補地方公用，此外並無分文使費。前經出示通告，並呈縣核轉海關監督轉致税務使，以後此項船隻報關出口，如無市政廳掛號單呈驗，即行扣留各在案。兹奉縣知事訓令，以准施監督來函。此案現准税務使函復，已發交常關幫辦遵照。惟定何日爲開辦之期，屬轉致聲復，以便飭知，爲此函請見示等因到署。合行抄函訓令，希即查照，將開辦之期尅日具復，以憑核轉等因到廳。現本廳定五月一號開辦，除函復縣知事照復海關監督轉復税務司察照飭遵外，合行通告各小艙船，凡於五月一號起裝貨出口者，由該船户逕赴本廳商船掛號辦事處掛號,納費領照,勿得延漏。此佈。

通告稽查浦江划船夜行一律燃燈文民國二年七月五日

爲通告事。據本市政廳市舶科總船目連錦堂呈稱,南市浦江雙槳划船及摇櫓划子兩種船隻停泊浦東、浦西各碼頭,均皆摇人渡浦。惟此等船户頑惡異常,争奪渡客,往往駛至中流停船敲詐,種種惡習,時有所聞。自光復後改組市舶科管理以來,雖屬稍事斂跡,難以盡絶,而划船停泊各碼頭,散漫無稽,亦無取締規定,一經受害,無從認識指究。且於夜行並不燃燈,尤爲危險,前奉鈞廳迭次示禁在案。惟該船户等陽奉陰違,疲玩如故,迄未實行。目責司所在,未敢放棄,暫擬取締辦法,凡各碼頭雙槳划船及摇櫓划船等船户姓名、年籍分别編造船册呈核,以資稽查。各船艙板之上挨次刷印號碼資料,由目經備,不取分文。如有敲詐情事,易於認識。日没後,一律燃燈,俾免碰撞。合行呈請出示通告,並移請淞滬警察廳長令知水巡區飭警隨時查察,如將所刷之號碼揩去,及不遵章燃燈拘罰不貸,以靖地方而保治安等情。據此,查划船渡客中流敲詐,此等惡習,跡同强暴,殊堪痛恨,自應嚴加取締,以儆將來。除批准並移請水巡警長飭警查察外,合行通告,嗣後各碼頭雙槳划船及摇櫓划船由市舶科總船目稽查造册,並於各船上刷印號碼,並不收取分文。各划船户務各安分營業,夜行之船一律燃燈,如有中流敲詐情事,即由水巡警拘送,從嚴懲辦,其各凛知。特此通告。

通告商民兵事平靖照常開市文民國二年八月三日

爲通告事。照得滬南市區域地方夙稱繁盛,此次戰事發生,礙及公安,並罹兵燹。本市政廳維持無術,深用疚心。現在潰軍已散,禍亂漸平,迭奉都督程省長應示諭商民,以綏靖地方、保衛公安爲首要。並令行淞滬警察廳長,將該廳警察改爲軍隊,即在舊部中挑選精壯者千人,編製臨時警備隊,藉維秩序。並奉程都督指定陸軍步兵第七團保衛城廂一帶,已由縣知事吴與梁團長接洽,一營駐關市廟,一營駐舊道署。於八月一號爲始,酌派軍隊,分段巡邏。並製徽章,以便識别。至各商團及守望隊一律出防,凡有匪徒焚劫,一經拿獲,即按軍法懲治,不稍寬貸。合行通告本市區商舖居户,其各照常開市,勿再恐慌,以復市政,是所至幸。特此通告。

通告商民南市兵災受損減繳各項捐款兩個月文民國二年八月二十日

爲通告事。照得上月間製造局方面戰事發生,市區域以地段迫近,商民遷避,市面蕭條,罹此兵災,同深憫惻。旋幸滬南戰事即停,淞台亦並收復。奉鎮守使鄭派兵保衛地方,並經都督程省長應、縣知事吴、警察廳長穆暨本市政廳分别出示佈告,商民遷復故居,照常開市營業。其人民被災損害,並奉大總統命令,撥款酌恤,行縣妥籌善後各在案。查本市政廳辦理地方公益,全賴各項税捐之收入爲市區行政之開支。在開戰期内,困難同遭,一切無從整頓。現在滬市敉平,地方秩序漸復,所有各區店舖居户應納之地方税及茶館酒肆、紙捲煙店攤等月捐,除陽曆七、八兩個月應行豁免,以示體恤外,自九月起,應即循照舊章,按月徵收,以補公用。合行通告,爲此通告本市區商民一律知悉,凡向有之各項税捐,從陽曆九月起,照舊繳納,幸勿逾延。除呈縣外,特此通告。

通告中西區清潔准莊泉生續辦一年遵章挑倒文民國二年八月三十一日

爲通告事。照得中區、西區清潔事宜，上年七月間由莊泉生擬送辦法簡章，並承辦切結，願先行試辦三個月，經前市長核准給諭經辦，並呈移縣長、警長察照備案。一面由廳出示曉諭鄉民遵章挑倒各在案。查莊泉生承辦以來，已屆一年，現經本廳董事會議定中、西區清潔事宜仍准莊泉生承辦，以一年爲期。惟查中、西區内新闢道路增多，店舖居户亦漸增盛。今昔情形不同，應由承辦人按月酌繳捐款，藉補公需。其挑糞章程仍行照舊，徐議改良。兹據莊泉生立具，認結保單前來。除呈縣備案，並請移行淞滬警察廳查照外，合行出示，通告中區、西區園地幫各糞夫等知悉。現在該兩區清潔事宜，仍歸莊泉生經辦，自陽曆九月一號起爲接續辦理之期，由該清潔處按名發領銅牌，各按地段，遵章於上午十時以前挑倒。所有糞桶一律加蓋，各挑夫不得向店舖居户任意需索留難。如違定章，即由區巡干涉，吊銷銅牌，並行懲罰，其各知照，切切。特此通告。

通告高昌廟地方兵災受損免繳地方捐三個月文民國二年十月九日

爲通告事。照得此次滬南戰事發生，商民遷避，市面蕭條。凡在本市區域影響所及，同受損失，高昌廟地段逼近，被災尤鉅。現幸兵禍敉平，商民逐漸遷回，安居營業。所有兵災損失，業奉大總統命令撥款酌卹，行縣妥籌善後在案。惟查地方公益税爲市區行政團開支，應予酌量分别徵收，以資挹注。除東、西、南、中各區業經通告，准予豁免七、八兩個月月捐照常徵收外，特念高昌廟一段情形不同，應予豁免七、八、九三個月月捐，以示格外體恤。合行通告該處店舖居户，自陽曆十月起，所有應納之地方税及茶館酒肆、紙捲烟店攤捐等月捐，務各照常繳納，幸勿逾延。特此通告。

上海市自治志規則規約章程

甲編　上海城廂内外總工程局各項章程

上海城廂内外總工程局簡明章程(於開辦時呈報備案)

第一章　設局總綱

第一條　本局遵奉蘇松太道照會設立,爲整頓地方一切之事,助官司之不及,興民生之大利,分議事、辦事兩大綱,以立地方自治之基礎。

第二條　本局奉蘇松太道照會,接辦南市馬路電燈以及城廂内外警察一切事宜,所有應行興辦各事,見後開辦事條件。

第三條　本局設辦事總董五人,内一人爲領袖;設議事經董三十三人,内一人爲議長:均由地方公舉,呈請蘇松太道核准。

第四條　本局由蘇松太道詳准,頒發鈐記,以昭信用,文曰:上海城廂内外總工程局鈐記。

第二章　選舉董事

第五條　辦事總董必須聲望素著、操守可信、識見明通、才具開展;議事經董必須通達事務、居心公正:均由本地紳士及城廂内外各業商董秉公選舉。

第六條　領袖總董任期三年,期滿另舉;辦事總董、議事經董任期各四年,惟每二年改選其半。

第七條　辦事總董及議事經董任期内,如有妨害公德及才不勝任,或意外事故,由各董事會議辭退。

第三章　任事權限

第八條　本局應辦各事,經議事經董議決後,即由辦事總董施行。其應關白上海縣知縣者,由領袖總董隨時關白。倘遇重要事務應陳明蘇松太道者,亦由領袖總董陳明施行。

第九條　本局需設辦事員,由辦事總董遴舉,惟必經議事經董之認可。

第十條　議事經董一律不支薪水及夫馬費,辦事總董每月各支夫馬費規銀四十兩,其常川駐局總董,除支夫馬費外,每月各支薪水規銀八十兩,辦事員薪水隨時議定。

第四章　辦事條件

第十一條　調查户口。按户編號,釘立門牌,另刊户口單,按號分給,由各户照單填註,彙造總册。

第十二條　測繪地圖。凡城廂内外各街道長短寬窄及本局應轄之地址,一律測繪詳圖。

第十三條　推廣埠地。南市浦灘日漲,擬酌填加寬。埠地其迤南馬路未通之處,亦擬接展,以興商埠。

第十四條　開拓馬路。城廂内外,均擬逐漸改築馬路,以通車馬。凡翻造房屋處,明定章程,一律收進使道路加寬。

第十五條　整理河渠。城内外支幹各河應疏濬者,量加疏濬。其淤淺穢臭有礙衛生者,即填平作路,並築大陰溝,以通積水。

第十六條　清潔街道。先於南市浦灘設垃圾碼頭,置備船隻,將城内外垃圾逐日車運至船。其店鋪之櫃檯、欄杆應一律收進,街上亦概不准堆積木植雜物。

第十七條　添設電燈。城内外用煤油路燈之處,次第改設電燈。

第十八條　推廣警察。城内已設警察,城外尚沿舊制,擬即設立警察學堂,切實訓練。城内外統設警察,以歸一律。

第十九條　舉員裁判。由辦事總董、議事經董公舉正、副裁判官各一員。請蘇松太道札委,裁判警察案件,案情重大者送縣。正裁判官每月支薪水規銀八十兩,火食及夫馬費銀七十兩;副裁判官每月支薪水規銀四十兩,火食及夫馬費銀三十五兩。任期各一年。

第二十條　所有未盡事宜,隨時議辦。

上海城廂内外總工程局總章

第一章　設局總綱

第一節　本局於光緒三十一年七月遵奉蘇松太道袁照會設立,酌收地方税,以辦理地方公共事務,助官司之不及,興民生之大利,以立地方自治之基礎。

第二節　本局遵奉蘇松太道照會,接辦城廂内外一切事宜,所有應行興辦各事,由議會及參事會議決施行。議會及參事會權限各詳專章。

第三節　本局奉蘇松太道核准,以滬南浦灘毛家弄碼頭舊有之工程局及後進水利局舊址作爲局所。

第四節　本局由蘇松太道詳准,頒給鈐記,以昭信守,文曰:上海城廂内外總工程局。

第二章　區域規畫

第五節　本局因辦事便利起見,擬將上海城廂内外分爲七區,其區域如左:

城内:一東城區、二西城區、三南城區、四北城區。

城外:五東區,東門外;六西區,西門外;七南區,南門外。

第六節　前列各區,係照現今情勢而定,將來除政府特頒地方自治制度,明定區域,自應恪遵。若本局擬將現定各區變更及併合或廢置者,臨時再議。

第三章　兩部組織

第七節　本局共分兩大部,以議會爲代議機關,以參事會爲執行機關。

第八節　本局設辦事總董五員,内領袖總董一員(即參事會之議長),常川駐局;辦事總董二員,常川到局;辦事總董二員。議董三十三員,内議長一員。

第九節　本局因辦事上之便宜得以議會及參事會之同意,於各區設立分辦處,置區長、副區長各一員,另有專章。

第十節　本局依議會之議決,得置臨時或常設之贊助員,而以參事會員之一人爲贊助員長,另有專章。

第十一節　本局設户政、警政、工政三科,每科置科長一員,由常川駐局之總董分任監督之責。

第十二節　户政科下暫設户籍處、地産登記處、收捐處;警政科下暫設巡警處、消防處、衛生處;工政科下暫設測繪處、路工處、路燈處。各處應設人員,另詳專章。

第十三節　本局除户政、警政、工政三科外,另設書記處、會計處、翻譯處、採辦處,其員數視事之繁簡而定。

第十四節　各區内得設相當之職員,其員數亦以事之繁簡定之。

第十五節　議會、參事會、各區分辦處及贊助員,各有專章,以資遵守。

第四章　預算及決算

第十六節　參事會預算,每年出入之費,於每年九月初一日起,至議會年會十日前,作明歲出入預算表,以備交付議會決議。

第十七節　預算表經議會議決後,由領袖總董交付會計處,作爲收入支出之依據。

第十八節　定額預算外,倘有特别費用,得經議會之認可而支出之。

第十九節　會計處支出款項,或應總董簽字,或應科長簽字,或應區長簽字,均按定章辦理。

第二十節　局中出入賬目,每月須定一檢查日期,每年至少須行臨時檢查一次。其每月之檢查,由常川到局辦事總董任之,臨時檢查由領袖總董會同議長任之。

第二十一節　會計處於每年二月初一日以前,應將上年收付款項列表,送由參事會核准,附以意見,交議會審查認可。

第二十二節　未盡事宜,隨時酌定。

總工程局議會章程

第一章　組織及選舉

第一節　本會以議董三十三人組織成之。

第二節　議董由本地紳士及城廂内外各業商董秉公選舉,呈請蘇松太道核准。

第三節　於議董中互舉議長一人,每年一舉議董,任期四年,每二年改選定額之半,續被舉者仍得續任。

第四節　凡議董如有闕額,得俟改選時補選。若闕額至定員三分之一以上,多數議董認爲必須臨時選補者,雖在改選期前,即須補選。

第五節　選舉人資格如左:

(一) 年在二十五歲以上者;

(二) 本地人及住居本地五年以上者;

(三) 年納地方捐税十元以上滿三年者。

凡具以上資格而有左開各項之一者,不得有選舉權:

(甲) 喫鴉片者;

(乙) 無業者;

(丙) 受破産律之處分而未過五年者;

(丁) 曾以違犯法律而受官刑者;

(戊) 開煙間賭場妓院者。

第六節　被選舉人資格加左:

(一) 年在三十歲以上者;

(二) 本地人及住居本地五年以上者;

(三) 年納地方捐税二十元以上滿三年者。

凡具以上資格而有左開各項之一者,不得有被選舉權:

(甲) 無選舉權者;

(乙) 有廢疾者;

(丙) 受破産律之處分而未過十年者。

第七節　凡開會選舉時除選舉人及執行選舉事務之職員外,無論何人均不得入選舉會場。

第八節　選舉用記名投票法,並須選舉人自投,但如左開各項其票作廢:

(一) 所舉之人不合被選舉資格者;

(二) 於被選舉人姓名外記入他事者;

(三) 字跡模糊不能辨認者。

第九節　議董於任期内如有傷害公德及喪失被選舉之資格者,由議會會議辭退。

第十節　議會之書記員,由議長選任之。

第二章　職務及權限

第十一節　議會爲地方全體之代表,議決關於本局一切事件,其事件之概目如左:

(一) 創立並改正本局各項章程及規則;

(二) 關於動用局費興辦局務者;

(三) 決議每歲出入豫算,認定豫算外之支出,及超過豫算之支出;

(四) 審查認可決算之報告;

（五）關於本局不動産之賣買、交换等事；

（六）關於本局基本財産之處置；

（七）定本局財産及建置各物之管理方法。

第十二節　凡議會於參事會現行之事務及議決事件之曾否實行、收支之是否正當、裁判之是否公允，均有監督及質問之權。

第十三節　凡議會權限内應議決之事，參事會不待議決獨斷行之者，議會有詰問之權。

第十四節　關於地方公益事件，須藉地方官權力者，議會得具意見書，交由領袖總董，呈請地方官鑒核。

第十五節　凡議董均有提議決議之權，但不得受他人之指示及委囑而濫用其議決權。

第十六節　議董察知辦事員役有違背章程者，應報告於參事會。

第三章　會期

第十七節　月會一次，定每月第二、第四星期之第六日。

第十八節　年會一次，定每年十一月。據領袖總董報告本年内已辦之事，由議董豫決明年應辦各事。其會期在第二期之第六日午前十時集、午後四時散，議有未決者得延長之。

第十九節　會前五日，議長會同書記，將應議各事印分各董。

第二十節　除前兩項常會外，如遇緊要事件，議長可隨時邀集會議。若因議董三分之一以上或參事會之請願，亦得開臨時會。

第四章　會議細則

第二十一節　議長有主持開會、閉會、延長會議時期及保持議場秩序之權。

第二十二節　議場座位以議長爲主席，議董依年齒編號入座，不得紊亂。

第二十三節　議長如有疾病及特别事故不克臨席者，可先期通知，或不及通知而開會時刻已屆，當以年長之議董一人代理其職權。

第二十四節　入座後，由議長宣告到會人數。

第二十五節　議會非有議董過半數臨席，不得議決事件。但同一事件曾邀集兩次而議董臨席猶不滿半數者，不在此限。

第二十六節　會議分第一節、第二節、第三節三次。

第二十七節　第一節由議長宣告本日應議各案之大體，問全體議董各該議案應否提議。若經多數否决，即將該議案抽去。

第二十八節　第二節將第一節决定應行提議之各議案，逐條議論。由議長問全體議董各該議案應否决議，若經多數否決，即將該議案抽去。

第二十九節　第三節就第二節决定應行决議之各議案議定可否。

第三十節　議事時，得依議長之意見，或議董二人以上之請求，並合議案之數項，或分割一項以决之。

第三十一節　凡議董如有意見,一律向議長發言。發言時,須先起立,若同時有二人以上起立者,則由議長定其發言先後之次。

第三十二節　一議案未經議決,不得涉他議案。

第三十三節　決議可否之法,分簽字、投票、舉手三種,由議長便宜用之。

第三十四節　與議之議董不得不入可否之數。

第三十五節　可否之數,命書記檢查之,由議長陳告。

第三十六節　凡議董辦論有牽涉議案以外者,議長得停止其議論。

第三十七節　關於議董個人私事,不得向議會提議。

第三十八節　議董不得互相私語及爲各種有妨會議之舉動。

第三十九節　提議案無論已決、未決,凡未經正式之宣布者,不得傳播於議會以外。

第四十節　議事時,議董非得議長之許可,不得退出議場。又遲到之議董,非得議長許可,不得與議。

第四十一節　議董臨會不到者,應報告其事由於議長。

第四十二節　議長於議董中選任糾儀員若干人,如有違犯會場規則者,得糾正之。

第四十三節　如有議董二人以上請求改正會議細則,照通常之會議規則議決之。

總工程局參事會章程

第一章　組織及選任

第一節　本局以執行代議兩機關權限各殊,爰立此會,集思廣益,以謀辦事上便利。俾局務無阻滯之慮,名曰總工程局參事會。

第二節　參事會以左列各員組織之:

(一)領袖總董;

(二)辦事總董;

(三)各區長;

(四)各科長。

第三節　總董、各區長、各科長於所任職務或被解除,或自辭退,同時須解除參事會員之職。

第二章　會期及會議

第四節　參事會每一星期須開常會一次,每一年内須開年會一次,但年會須開在議會年會之後。會議如何執行之法,及有未經執行如何赶辦之法,均以本局議事處爲議場。

第五節　凡會議時,以領袖總董爲議長。若因疾病或特別事故不克臨席者,公推辦事總董一人代之。

第六節　參事會開會,有議長、辦事總董及參事會員三分之一以上臨席者,得行議決。其議決之法,以可否之多數決之,若可否同數,則依議長之可否定之。決議後,即由書記登諸議事簿,由議長署名捺印其上,以資考核。

第七節　參事會當由議長召集,但有三人以上之同意,得聯名具請願書,呈請議長開臨時會。

第三章　會議事務

第八節　參事會會議議會議決事件如何執行之法。

第九節　凡議會所議決之事件,若參事會審量事實未能立即施行者,得以參事會之同意,暫緩執行,一面陳明理由,務請議會再議,以便執行。

第十節　參事會各員除議會所議決外,倘認爲某項事務應辦者,得於會議時發表意見,經多數議決,即以參事會名義,令書記記録其事,而由議長移交議會。

第十一節　凡本局各部分之事務,均應研究其如何監督及檢查之方法。

第十二節　依議會所决議之每歲出入預算表,執行收入支出,及稽查會計、出納之事。

第十三節　處理地方官有時委任參事會之事務。

第四章　職權

第十四節　凡在本局辦事員役,參事會皆有調查及監督之權。

第十五節　凡議會未經議決之事,參事會當謹守權限,無擅自興辦之權。

第十六節　凡控訴案件,如裁判官有施行失當之處,應由參事會議長交議會開議。經議會議決而應行糾正者,則由參事會議長執行之。

第十七節　如議會調查參事會一切事務,及查看出入各賬暨裁判供斷等事,參事會各員有竭誠報告之責。

第十八節　凡遇急要事務不及開會者,議長可即時處置,惟必於下次開會時報告。

第十九節　參事會會員以議會之同意,分掌本局行政事務之一部。

第二十節　參事會會員分任之職權,另訂專章。

第五章　附則

第二十一節　本章如有不洽,或須增改,經三人以上同意,可開特別會議,以全體會員之同意,交議會議決施行,但新章未經宣布以前,仍依本章辦理。

總工程局各區分辦處章程

第一章　設立趣旨

總工程局因各區地方遼闊、户口繁庶,興辦事件時虞疎畧,乃爲便利起見,立分辦處,以專責成而歸簡捷。

第二章　定名

分辦處係從總局分設,掌辦總局權限内事之屬本區者,即名上海城廂内外總工程局某區分辦處。

第三章　區域

(甲)東;

（乙）西；

（丙）南；

（丁）北。

暫以警察放到之處爲限。

第四章　組織方法

分辦處以區長爲辦事上總機關，以副區長以下爲輔助機關，分掌區内應辦之事，而隸屬於總局。

第五章　選舉職員

分辦處設區長一員（名譽職），副區長一員（有給職），均以操守廉潔、識見明通而熟悉本區内情形者任之。由總局公舉，任期一年，連舉者連任。惟區長可由總局議會公舉議董一人兼任之；各區贊助員由總局公推任之；巡長一員，會計員一員，庶務員一員，當值兼書記員二員，由總董會同區長、副區長遴舉，惟必經議董之認可。

第六章　職務及權限

甲、通則：

（一）分辦處所用圖記，概由總局刊發；

（二）分辦處各項員役於職權及辦事章程除本章特定外，一切悉遵總局定章；

（三）分辦處有重大事件之佈告須用總局鈐記者，報告總局核定施行；

（四）分辦處聘員及員役薪水工食等項，均由總局核定遵行。

乙、分則：

（一）區長職權如左：

（甲）區長、副區長均受總董之監督。

（乙）總章辦事條件，除公議不設裁判員外，凡事隸本區内者，有次第興辦之責。

（丙）區長每日到處一次，有稽察一切事務及監督或指導副區長辦事之責。其因職務上詢問副區長者，副區長有竭誠報告之責。

（丁）副區長須駐宿本處，常川任事。如有疾病或特別事故，非得總董或區長之承諾，不得擅離職守。即已經承諾者，其曠職期限亦不得過三日以上。

（戊）副區長於前項曠職期内，一切職務暫由區長兼任。若區長同時因疾病或特别事故不能每日到處，而得領袖總董之承諾者，當由領袖總董於贊助員中委托一人，暫代其職。

（己）區長、副區長有隨時與贊助員會商辦事之責，若事涉重要，應由區長報明總董（或面陳或呈意見書），由參事會或議會議決施行。

（庚）除總局辦事條件外，或地方官有特別事故委任總局，而總局爲便利計，轉囑分辦處代辦，或總局對於分辦處有特別委任者，不論區副長、副區長均不得推諉。

（辛）副區長於本處各項員役職務及是否遵章辦事，除區長外，有隨時指揮監督及調查之權。

(二) 贊助員：有隨時贊助區長、副區長辦理各務之責，另有專章。

(三) 巡長：專管巡警事宜，另有專章。

(四) 會計員：有掌管本處收支款項、保存各項賬簿、造册報銷，兼收車捐之責。

(五) 庶務員：專管清道路燈及一切庶務，另有專章。

(六) 當值員，職權如左：

(甲) 本區内遇違警應罰者，即由該員照章辦理，另有專章。其他細故，均有排解勸散之責。

(乙) 凡投呈訴詞者，由該員收受，呈區長閲看，固封轉送總局。

(丙) 每晨八時，將前一日本區案件擇要録出，所收罰款數目開單，經區長簽字，飭送總局備案。

(丁) 每日以一人輪值。

(戊) 兼管往來信札。

(七) 書記員：

專司文牘及往來信札(由當值員兼辦)。

總工程局贊助員章程

第一章　趣旨

第一節　本局依總章第十節之規定，於各區公舉贊助員，協理該區應辦事件，屬於本局權限内者，因將該項職員處務條例另行規定，以資遵守。

第二章　選舉

第二節　本局議會會同辦事各董，就各該區地方紳董及各業商董中有相當之資格堪充贊助員者，得公舉選任，俟舉定後，即以總局名義或以領袖總董專函訂請。

第三節　各議董及總董如灼知其人有被選舉資格者，可各舉所知，俟全體認可，得有與前條同一之效力。

第三章　資格

第四節　贊助員須在各該區内合於左開各項之資格，但祇合(一)、(二)、(四)、(六)、(八)諸項者，亦得被舉爲贊助員。

(一) 年在三十歲以上者；

(二) 不吸鴉片烟者；

(三) 身健無常病者；

(四) 品行篤誠而才具開展者；

(五) 有産業者；

(六) 有普通學識者；

(七) 不因他項職業之故常離上海者；

(八) 輿望素孚者。

第四章　員額

第五節　員額多寡，視事務之繁簡爲定。玆擬據總局現定之辦事條件，每科設二員或四員。除有特別事故得設臨時贊助員不定員額外，如合格者少，任缺毋濫。

第五章　職權

第六節　領袖總董視各該贊助員才力或歷練所長堪資何科贊助者，擇宜囑托該贊助員即有協助該科業務之責。

（一）凡分任户政科者，有贊助編查户口、測繪地圖、田産出入及收捐等事之責；

（二）凡分任工政科者，有贊助道路、河渠、橋樑及採辦材料、稽查翻造房屋等事之責；

（三）凡分任警政科者，有贊助巡警、衛生等事之責。

第七節　贊助員應協助辦事人依領袖總董所囑托之職務，使得執行之簡便。若於執行職務時，與區長及辦事人意見相歧，或權限抵觸時，當取決於領袖總董以定從違而清界限。

第八節　贊助員當隨時與領袖總董接洽，若領袖總董於各該員職務上有所詢問，該員即當竭誠報告，俾合贊助之義。

第九節　贊助員有宣通地方及總局各部分之情意之責。

第十節　贊助員係名譽職，但於執行職務上所需實費，可向總局支領。其有特别勤勞，得因議會之議決，給與勤務上相當之酬謝。

第十一節　贊助員若得總董之囑託，請其調查或監督及管理事務之一部，例如地方公共財産及工人等事，得依總董所囑託，行其調查或監督及管理之權。

第十二節　贊助員如遇必須贊助之事由總局知照外，每星期至少須至各該區辦事處一次。

第十三節　贊助員任期暫定一年，但連舉連任者聽（參照第五條）。

第六章　贊助員會

第十四節　各該區各該科之贊助員得各别開會，例如分任户政科者，各該區户政科贊助員每月開會一次，集合各區户政贊助員而研究之，餘可準此。其會長以領袖總董任之。但各該會會期須由會長酌定，依次邀集，不宜同時並舉。俾會長得臨席之便利，其會場即設在總局。

第十五節　於本區内各科贊助員每月亦須開會一次，會議本區各該科間連屬事務之辦法，即以本區贊助員會議所爲會場，而以本區區長充會長之席，其會期即由該會長定之。

第十六節　各科贊助員如於該項職務上有所獻議，得於開各該會時發表意見，依多數議決，而由會長提付議會再議，以資採擇。

第十七節　於前兩種開會外，會長或總局認定或因各該贊助員多數之陳請，得開贊助員臨時會，其會場、會期均於臨時酌定。

第十八節　一切未盡事宜，參照本局總章。

總工程局違警章程

一、攜帶刀槍及一切兇器者。

一、勒索財物及强賒硬賣者。

一、揪扭歐打人者。

一、酗酒滋事者。

一、吃講茶者。

一、聚眾抽頭賭博者。

一、小販以賭賣物者。

一、沿路調戲婦女者。

一、口唱淫歌者。

一、亂吹叫鞭者。

一、平人無故在人叢中騎馬疾馳者。

一、深夜在路高歌者。

一、夜間過十二時作諸般喧鬧礙人安眠者。

一、茶坊、酒館、煙間夜間過十二時而未曾收歇者。

一、店鋪堆積火油在十五箱之外者。

一、於人煙稠密之處任意焚火或玩弄各種火器者

一、客棧窩留來歷不明之人及孤男寡女者。

一、潛伏他人家内或破廟舊庵及一切空屋内者。

一、造謡惑眾及散播匿名揭帖者。

一、違背各處榜示之例禁者。

一、毁壞公物如電桿路燈之類者。

一、毁壞門牌招牌及一切標記者。

一、坐沿浦鐵欄及橋欄上者。

一、沿路擺攤有礙車馬行人者。

一、櫃檯欄桿裝設在門限以外者。

一、堆放礙路物件在門限以外者。

一、横街招牌遮掩電燈、路燈光線者。

一、四月、五月、六月、七月、八月早晨八點鐘後,其餘月份早晨九點鐘後,傾倒垃圾者。

一、抛棄棺材於街道者。

一、抛棄磚瓦磁石撒潑污穢物件者。

一、投棄塵垢瓦礫及已死之牲畜與一切污穢物於河中者。

一、夏天抛棄瓜皮及蘆粟、茭白等殼於道路及河中者。

一、河中船隻及竹排、木排有遮攔水路阻礙通航者。

一、在各街道隨意大小便者。

一、糞擔隨路停歇及糞桶無蓋者。

一、當街晒晾婦女褻衣及小孩尿布者。

一、翻造或修理房屋而不領照會者。

一、翻造房屋不遵照會所填尺寸收讓者。

一、翻造房屋或圍竹笆而侵佔公地公路者。

一、在馬路疏通陰溝而不到局知會者。

一、在門外搭蓋涼棚或綵牌而不領照會者。

一、售賣淫書者。

一、售賣春宫及一切淫畫者。

一、販賣瘟斃牲畜禽魚者。

一、牽牛往北販賣宰殺者。

一、倒提生禽者。

一、縱放牲畜作踐道路者。

一、三月、四月、五月、六月、七月、八月八點鐘以後、四點鐘以前，其餘月份九點鐘以後、三點鐘以前，驅趕豬羣者。

一、牛馬無人看管者。

一、各項車子無人看管者。

一、各項車子不捐照或不帶照者(馬車不在其内)。

一、各項車子攔路者。

一、各項車子日入後不點燈者。

一、各項車子在馬路大街不分左右行或轉灣不依定章者。

一、各項車子争先疾馳不顧碰撞者。

一、年未滿十六歲而拖拉東洋車者。

一、破壞之車不堪乘坐者。

以上計共五十七條，凡爲警章所漏載而有妨礙治安之情事者，輕則禁止，重則拘罰。

總工程局巡士上差職務

(甲) 應行馳報之事件(兼報當值處)：

一、有盜劫者。

一、有火起者。

一、有塌屋者。

一、有殺斃者。

一、有路斃者。

一、有流氓結盟者。

一、有僧尼佛會者。
一、有台基勾引婦女者。
一、有强買妻女爲娼者。
一、有外國人對本國人,或本國人對外國人,横暴無禮,將釀成禍端者。
一、天主教堂或耶蘇教會有聚眾滋擾者。
(乙)應行救護之事件:
一、婦女小孩之迷路者。
一、癡癲瘋狂者。
一、酒醉顛仆者。
一、男女投河或自縊者。
一、男女或小孩失足落水者。
一、被車馬撞跌者。
一、馬車溜繮者。
一、有遺失物件、金銀珠寶、莊票鈔票及公文函件等類者。
(丙)應行拘解之事件:
一、强搶婦女者。
一、强搶物件者。
一、拆稍及勒索財物者。
一、强賒硬買及行兇撒潑者。
一、携帶刀槍兇器者。
一、偷竊及剪綹物件者。
一、酗酒滋事者。
一、吃講茶者。
一、在路揪扭毆打不聽勸解者。
一、擺攤誘賭者。
一、沿路調戲婦女者。
一、口唱淫歌者。
一、售賣春宫及一切淫畫者。
一、售賣淫書者。
一、彈唱淫詞或扮演花鼓戲等之類者。
一、符咒圓光及女巫等類哄騙人錢者。
一、造謡惑眾及散播匿名揭帖者。
一、游僧惡道一應江湖流犯恃强硬索者。
一、深夜街頭露宿者。
一、亂吹叫鞭者。

一、平人無故在人叢中騎馬疾馳者。

一、毁壞公物如電桿路燈之類是者。

一、毁壞告示門牌及一切標記者。

一、在街道隨意大小便者。

一、四月、五月、六月、七月、八月早晨八點鐘後，其餘月份早晨九點鐘後，傾倒垃圾者。

一、抛棄磚瓦、磁石、撒潑污穢物件者。

一、投棄塵垢瓦礫及已死之牲畜與一切穢物於街道或河中者。

一、夏天抛棄瓜皮及蘆粟、茭白等殼於街道或河中者。

一、糞桶無蓋者。

一、販買瘟斃牲畜禽魚者。

一、縱放牲畜作踐街道者。

一、三月、四月、五月、六月、七月、八月八點鐘以後、四點鐘以前，其餘月份在九點鐘以後、三點鐘以前，驅趕豬羣者。

一、牽牛往北販賣宰殺者。

一、倒提生禽者。

一、牛馬無人看管者。

一、各項車子無人看管者。

一、各項車子不捐照或不帶照者。

一、各項車子争先疾馳不顧碰撞者。

一、年未滿十六歲而拖拉東洋車者。

一、破壞之車不堪乘坐者。

（丁）應行禁止之事件（禁止不從即行拘解）：

一、各項車子攔路者。

一、各項車子日入後不點燈者。

一、各項車子不分左右行或轉灣不依定章者。

一、當街晒晾婦女褻衣及小孩子尿布者（横晾在簷下者不論）。

一、坐沿浦鐵欄或橋欄上者。

一、糞擔隨路停歇者。

一、於人烟稠密之處任意焚火或玩弄各種火器者。

一、茶坊、酒館、煙間夜間過十二時而未曾收歇者。

一、夜間過十二時作諸般喧鬧礙人安眠者。

（戊）應行詰問之事件（詰問有可疑之處應即拘解）：

一、孤男寡女深夜在道路行走而形跡可疑者。

一、攜帶物件倉皇奔走或在深夜或在不應出入之地出入者。

一、在道路追逃者。

一、潛伏他人家内或破廟舊庵及空屋内者。
一、夜間竊窺人家門户及潛伏墻隅暗處者。
(巳) 應行留心之事件(或應詰問,或應禁止,或應拘解,或應筆記,由巡士臨時定奪):
一、攜帶刀槍或衣有血跡、身有傷痕者。
一、遮掩面部形跡可疑者。
一、俯首疾走狀類瘋癲者。
一、婦女亂髮疾走、形狀異常者。
一、乞丐及江湖術士、僧道巫尼一切裝束異常者。
一、客棧窩留來歷不明之人及孤男寡女者。
一、陰誘行人行淫及類是者。
一、本國人或外國人於步行休息時,有羣聚觀望或作諸般揶揄者。
一、夜間煙氣猝起,或氣味異常,將有起火之虞者。
一、深夜有門户未閉,或外面晒晾服物遺忘未收者。
一、手携肩負及車馬運載物件墜落道途,或勢將墜落而不自知覺者。
(庚) 應行筆記之事件:
一、翻造修理房屋及圍築竹笆者。
一、在門外搭蓋涼棚及綵牌等類者。
一、在馬路疏通陰溝者。
一、橋梁道路有損壞,或路上陰溝有淤塞者。
一、堆積火油在十五箱之外者。
一、櫃檯欄杆有裝設在門限以外者。
一、堆積礙路之物在門限以外者。
一、橫街招牌遮掩電燈、路燈光線者。
一、河中有船隻及竹排、木排遮擱水路、阻礙通航者。
一、路上有堆積瓦礫及垃圾未掃除者。
一、有棺材抛棄於道路者。
一、夜間路燈有昏暗或早熄滅者。
一、店鋪有開張或閉歇者。
一、居户有搬去遷入者。
一、人家有死亡者。
一、居户有婚嫁之事者。
以上共計七類都分一百條,凡有漏載之事件,或致妨礙治安者,輕則禁止,重則拘解。

總工程局巡士賞罰簡章

賞功(巡記巡目同)

(甲) 大功(賞銀一元):

一、恪守警章及辦公和氣謹慎者(按季考查)。
一、拘獲强搶婦女者。
一、拘獲强搶物件者。
一、拘獲一切逃犯及要犯者。
一、拘獲流氓人等、手執兇器者。
一、拘獲拐逃婦女及小孩者。
一、拘獲流氓搶物拆稍已成在拾圓以上者。
一、拘獲冒充包探地甲人等私向鋪户索詐者。
一、拘獲包探差役人等並無信票私到本局及各區轄界内拘人者。
一、大小男女失足落水或男女自盡而力救者。
一、遇本國人對外國人,或外國人對本國人,持械行兇,勢將釀禍而能即時解散者。
一、查悉本局及各分辦處辦公人等在外得賄而實有證據者。
一、查悉搶孀偪醮者。
一、查悉强賣妻婦爲娼者。
一、查得失落金銀物件及一切文札重要者。
(乙) 中功(賞銀六角):
一、拘獲拆稍及竊賊扒手者。
一、帶進迷路年輕婦女者。
一、遇火災水患及一切危險能實力保衛者。
(丙) 小功(賞銀三角):
一、帶進迷路小孩及瘋癲人者。
一、拘獲馬匹脱逃而未及傷人者。

罰過

(甲) 革辦(除斥革外,解送裁判並弔銷卒業證):
一、搶奪財物者。
一、誘姦及强姦婦女者。
一、犯事私逃者。
一、詐贓偪命者。
一、假公濟私、訛詐錢物及私受賄賂者。
一、口出穢言及動手調戲婦女者。
(乙) 斥革:
一、洩漏密諭者。
一、故犯規則者。
一、吸食鴉片者。
一、上差時往酒店吃酒者。

一、落差後在局賭博者。
一、向店鋪攤擔强賒硬買者(責償外)。
一、縱容家屬倚勢作威、索詐錢物及强賒硬買者。
一、典押警裝及所給衣物者(責償外)
(丙) 大過(罰銀一元):
一、辦公粗暴者。
一、上差不到者。
一、不從命令者。
一、着警裝至租界者。
一、無故着警裝走入店鋪居户者。
一、落差後穿戴警帽、警衣、警褲而外出者。
一、派守門差或管監而擅離者。
一、上差時與婦女戲言謔笑者。
一、上差時擅用警棒歐人者。
一、落差後出外賭博者。
(丁) 中過(罰銀六角):
一、上差磕睡者。
一、上差私出線路外者。
一、上差時遲到在五分鐘以外者。
一、上差時沿路食物買物及吸紙煙者。
一、上差時與沿街居户婦女談話者。
一、上差時私自回局(處)者。
一、托故請假者。
(戊) 小過(罰銀三角):
一、上差時偷坐者。
一、上差時與店鋪或居户人等談話者。
一、上差時不穿號衣及缺少應帶物件者。
一、上差時遲到在五分鐘以外者。
一、星期内無報告並無公事者。
一、遇有違警情事,不按照上差職務辦理,或故意疏懈者。
一、沿路長談者。
一、駐局時私自外出者。
一、夜差不點燈者。
一、遇見應行敬禮之員不盡禮式者。
一、侮慢同級者。

以上共計八類都分六十二條，凡爲此項章程所漏載者，由警務長分别功過之大小輕重酌予賞罰。

總工程局水上巡警上差職務

（甲）應行馳報之件（兼報當值處）：

一、船户被人殺斃船中無主者。

一、病斃船中久不收殮者。

一、在船勾引婦女借作台基者。

一、鹽梟光蛋在船聚盟將釀大患者。

一、各國船隻有越界停泊者。

一、各國船隻與中國船隻有互相碰撞而致損壞或沉没者。

一、廣艇沙船有累月經旬聚賭者。

一、廣艇沙船有容留外客開燈吸煙漁利者。

一、窩頓盜賊及一切形跡可疑者。

（乙）應行救獲之事件：

一、男女投河自盡者。

一、男女或小孩失足落水者。

一、酒醉顛僕將入危險者。

一、被來往船隻碰撞致跌入浦中者。

一、行船遭風失事勢在危迫者。

一、浦中船隻或有失慎及將延燒者。

一、貨船失事貨物漂流水上者。

（丙）應行拘解之事件：

一、搶拔婦女到船强姦者。

一、拔人勒贖者。

一、强搶貨物者。

一、拔櫓敲詐者。

一、非應備防之具出洋船隻而藏帶刀槍兇器者。

一、中流勒索渡客船資者。

一、偷竊船貨船具者。

一、酗酒滋事者。

一、婦女揪扭毆打、不聽解勸者。

一、在船設局誘賭者。

一、窩贓有據者。

一、擕贓深夜渡浦者。

一、向大小商船强乞錢米者。

一、在船亂吹吗鞭者。

一、垃圾船在浦中貪懶傾倒者。

一、冒名收捐嚇詐鄉人財物者。

一、毁壞警木浮樁及一切標記者。

一、裝載耕牛到浦西販宰者。

(丁) 應行禁止之事件(禁止不從即行拘解):

一、各項船隻任意停泊致礙通航者。

一、各項木排、竹排停塞河道者。

一、各項船隻繫纜於沿浦鐵欄上者。

一、糞船不依指定泊所任意停歇挑糞者。

一、内河停船夜間過十二時作諸般喧閙、礙人安眠者。

(戊) 應行詰問之事件(如有可疑即行拘解):

一、深液將零星物件起岸者。

一、攜帶包裹物件、深夜倉皇上船者。

一、被人追趕躲避入船者。

一、停船荒僻處所多人聚議晝出夜歸者。

(己) 應行留心之事件(或應詰問,或應禁止,或應拘解,或應筆記,由巡士臨時定奪):

一、攜帶刀槍或衣有血跡、身有傷痕者。

一、外國人唤船渡浦或上兵船有酒醉者。

一、夜間貨船煙氣猝起或氣味異常將有起火之慮者。

一、築造碼頭及打樁堆積木植者。

一、築造木駁、石駁有佔河道者。

一、停柩於船久不回鄉安葬者。

以上共計六類都四十九條,凡有漏載之事件,或致妨礙治安者,輕則禁止,重則拘解,其餘賞功記過悉照岸上警章辦理,以免紛歧而歸一律。

乙編　上海城自治公所規則規約章程

上海城自治公所議員互選議長副議長細則

第一條　議員互選議長、副議長時,按照《城鎮鄉地方自治選舉章程》第二條,由董事會辦理。

第二條　議長、副議長分兩次互選,先選議長,次選副議長。

第三條　互選時,按照《城鎮鄉地方自治章程》第二十六條,用無名單記法。

第四條　互選時,援照《城鎮鄉地方自治章程》第四十五條,須有議員半數以上到會。

第五條　議長、副議長均以得票滿議員總數三分之一爲當選,若票數相同,以年長之人當選;年同者,由董事會總董抽籤定之。若得票無滿議員總數三分之一者,應即如法再選,以選出爲止。

第六條　議長、副議長選定後,由董事會總董呈報地方官備案。

上海城自治公所選舉董事會細則

第一條　選舉總董董事及名譽董事,按照《城鎮鄉地方自治章程》第五十五至五十七條及《選舉章程》第二條,由議事會辦理,並按照《選舉章程》第五十九至六十四條辦理。

第二條　選舉時,援照《城鎮鄉地方自治章程》第四十五條,須有議員半數以上到會。

第三條　選舉總董時,正陪各一名,均以得票滿議員總數三分之一爲當選,如得票當選者不及二名,應如法再選,以選出爲止。

第四條　選舉董事時,除擬定總董正陪二名,内有一名,即爲當選之董事外,應如額選足董事之數。

第五條　選舉總董董事及名譽董事,如因票不足額,須再選時,以得票較多者,照應選之額加倍開列,就開列各名中投票再選。

第六條　選舉時,各項職務(如發票、開票、唱名、記數、檢票等事)除由文牘、庶務等員分任外,議長得臨時指定議員二人以上管理之。

上海城自治公所議事會議事規則

第一條　議事會會議查照《城鎮鄉地方自治章程》第四十三條至第五十二條辦理(條文另録揭示議場)。

第二條　議員之坐位編定號數,預以抽籤定之,惟議長於編定號數外,特設一席。其補缺之議員,依前任者之號數。

第三條　每届會議期,每日以午後五時至八時爲會議時間。各議員均須先一刻到會,其時間如有伸縮,由議長定之。

第四條　每届會議期,議員有建議事件,須於開會十日前備具理由書,送交議長。由文牘員承議長之指揮,並董事會交議事件,分别摘敘事由,於三日前分送議員,惟臨時會不在此限。

第五條　議事時,到會人數,由議長宣告之。

第六條　議長或副議長如有疾病及特别事故不克臨席者,可先期通知,或不及通知而開會時刻已届者,即照《城鎮鄉地方自治章程》第四十四條辦理。

第七條　每届會議期分第一次、第二次、第三次三會。

第八條　第一次會由議長宣告本期各議案之大體,問全體議員各該議案應否在第二次會提議。若經多數否決,該議案即置不議。

第九條　第二次會將第一次决定應行提議之各議案,逐條討論,由議長問全體議員各該議案應否在第三次會决議。若經多數否决,該議案即置不議。

第十條　第三次會就各議案决議之已决之議案,經文牘員朗讀後,由議長簽字或蓋印爲憑。

第十一條　議事時,得依議長之意見,或議員二人以上之請求,並合議案之數項,或分割一項,以議决之。

第十二條　議事時,欲修正議案者,經議員二人以上之贊成,得提議修正,於第二次會或第三次會行之修正案。已經議决者,不得再行提議。一案中在後之條項已經修正者,不得再修正在前之條項。

第十三條　凡議員如有意見,一律向議長發言。發言時,須先起立,若同時有二人以上起立者,則由議長定其發言先後之次。

第十四條　一議案未經議决,不得涉他議案。

第十五條　决議可否之法,分簽字、投票、起立三種,由議長便宜用之。

第十六條　與議之議員,不得不入可否之數。

第十七條　可否之數,命文牘員檢查之,由議長宣告。

第十八條　凡臨時會議倉卒通知而議員以會不及半數以上者,如議長到會,亦得决議事件,但仍須報告全體議員。

第十九條　凡議員辯論,有牽涉議案以外者,議長得停止其議論。

第二十條　關於議員個人私事,不得向議事會提議。

第二十一條　議員在議事時,不得互相私語及有各種妨礙會議之舉動。

第二十二條　提議案如須停止旁聽者,無論已未决議,凡未經正式之宣布,不得傳播於議事會以外。

第二十三條　凡已决之議案,議員如挾持私見於議事會以外,有反對之舉動,經議事會認爲妨礙自治之進行者,得公議其罰則。

第二十四條　議事時,議員非得議長之許可,不得退出議場。又,遲到之議員,非得議長許可,不得與議。

第二十五條　議員臨會不到者,應報告其事由於議長。繼續三次不到而未經報告者,由議長宣告議事會,公議其罰則。

第二十六條　凡已决之議案,未到會之議員同負其責任。

第二十七條　如有議員五人以上請求改正本規則者,照通常之會議規則議决之。

上海城自治公所議事會旁聽規則

第一條　旁聽席分官員席、公眾席及報館記者席三種。

第二條　凡官員旁聽應由各官廳知會本議事會,由文牘員承議長之指揮,酌定員數,照送旁聽券。

第三條　公衆旁聽，由議員介紹之，每員以一人爲限。

第四條　凡開設本埠之華報館，應由文牘員承議長之指揮，分送報館記者旁聽券，每報館以一人爲限。

第五條　凡議事時，設議場守衛，旁聽人應以旁聽券交守衛驗明，依守衛指示之所入席。

第六條　凡入旁聽席者，應守左列各項之規定：

（一）不得攜帶雨具、洋傘或風帽斗篷、水旱煙具等物入席；

（二）不得在旁聽席飲食吸煙及涕唾於地；

（三）不得對於議員之言論表示可否；

（四）不得談笑妨礙議事。

第七條　凡攜帶兇器或酒醉者不得入旁聽席。

第八條　凡旁聽人無論何等事由，不得闌入議場。

第九條　旁聽人已經入席以後，如經議長、副議長按照《城鎮鄉地方自治章程》第四十八條視爲應行秘密時，得即宣告，令全體旁聽人退出。

第十條　凡旁聽人有妨害議場秩序者，議長得按照《城鎮鄉地方自治章程》第五十一條，令其退出旁聽席。如有騷擾情由，守衛不能禁止時，議長得令全體旁聽人一律退出旁聽席。

上海城自治公所議事會文牘庶務等員辦事規約

第一條　議事會文牘、庶務等員，照章不限以選民，由議長、副議長遴選派充。

第二條　文牘員之職務如左：

（一）記録開會時之議案；

（二）收發各項文牘，按日編號，分類登記；

（三）保存案卷，分别編號備查；

（四）開會前承議長之指揮，排定議事日表，分送各議員；

（五）擬稿繕稿，均須經議長之簽字或檢定而行；

（六）開會期内收發旁聽券，照數按日登記；

（七）以餘力協助庶務員之職務。

第三條　庶務員之職務如左：

（一）準備開會事宜；

（二）注意議場及辦事室之整潔；

（三）以餘力協助文牘員之職務。

第四條　文牘、庶務員之員額、薪水，由議長量事之繁簡，隨宜酌定，報告於全體議員。

第五條　文牘、庶務員均須常駐會所，除開會期外，每日以午前九時至午後五時爲辦事時間,不得同時假出。

第六條　此規約得由議會按照事實隨時酌議修訂。

上海城自治公所董事會議事規則

第一條　董事會會議查照《城鎮鄉地方自治章程》第七十三條至第七十八條辦理(條文另録揭示議場)。

第二條　董事會議員之坐位編定號數,預以抽籤定之,惟議長特設一席。

第三條　董事會會議以每月十六日爲常會期,每届會議期,每日以午後三時至六時爲會議時間。各職員均須先一刻到會,其時間如有伸縮,由議長定之。

第四條　每届會議期,董事會職員有建議事件,須於開會十日前備具理由書,送交議長。由文牘員承議長之指揮,並議事會移交執行事件及地方官委任辦理事件,分别摘敘事由,於五日前分送各職員,惟臨時會不在此限。

第五條　董事會到會人數,由議長宣告之。

第六條　議長如有疾病及特别事故不克臨席者,可先期通知,或不及通知而開會時刻已届者,照《城鎮鄉地方自治章程》第六十三條辦理。

第七條　每届會議期,由議長將議事會移交執行事件、地方官委任辦理事件及董事會職員建議事件宣告大眾,逐條討論,按照《城鎮鄉地方自治章程》第六十八條第二、第三、第四款之規定辦理。

地方官委任辦理事件及董事會職員建議事件,如關係重大而未經議事會議決者,以應否移交議事會爲討論之範圍。其執行方法之議決,仍於議事會議決後行之。

第八條　會議時,董事會職員於議事會議決事件,有經全體表決,必須交議事會復議者,即照《城鎮鄉地方自治章程》第六十九條辦理。

第九條　已決之議案,由議長簽字或蓋印爲憑。

第十條　凡董事會職員如有意見,一律向議長發言。發言時,須先起立,若同時有二人以上起立者,則由議長定其發言先後之次。

第十一條　一議案未經議決,不得涉他議案。

第十二條　決議可否之法,分簽字、投票、起立三種,由議長便宜用之。

第十三條　與議之職員,不得不入可否之數。

第十四條　可否之數,命文牘員檢查之,由議長宣告。

第十五條　凡臨時會議倉卒通知而職員到會不及三分之二以上者,如議長到會,亦得決議事件,但仍須報告全體職員。

第十六條　凡職員辯論有牽涉議案以外者,議長得停止其議論。

第十七條　關於職員個人私事,不得向董事會提議。

第十八條　在議事時,不得互相私語及有各種妨礙會議之舉動。

第十九條　凡已決之議案,董事會職員如挾持私見於董事會以外有反對之舉動,經董事會認爲妨礙自治之進行者,得公議其罰則。

第二十條　職員臨會不到者,應報告其事由於議長。繼續三次不到而未經報告者,由議長宣告董事會公議其罰則。

第二十一條　凡已决之議案,未到會之職員同負其責任。

第二十二條　如有職員三人以上請求改正本規則者,照通常之會議規則議决之。

上海城自治公所董事會各項辦事員規約

第一條　董事會各項辦事員,按照《城鎮鄉地方自治章程》第六十六條,由總董遴選派充,不限以選民,但須經董事會之公認。

第二條　董事會按照《城鎮鄉地方自治章程》第五條自治事宜一、二、三、四、五、六各款,特設辦事員,分項辦事:

(一) 學務項;

(二) 衛生項;

(三) 道路工程項;

(四) 農工商務項;

(五) 善舉項;

(六) 公共營業項。

右列六項,得酌量歸併,以一員兼辦二項以上之事。就地方現在情形,以其事項之較繁者爲主務,由董事會分配之。

第三條　《城鎮鄉地方自治章程》第五條第七款籌集款項事,董事會不設專員,必經議事會之議决,由董事會隨時派員管理之。

第四條　《城鎮鄉地方自治章程》第五條第八款,因本地方習慣向歸紳董辦理,素無弊端之各事。以巡警一項,佔本區域自治經費出款之大宗,應由董事會遴選專員,沿用舊時警務長名目,統轄巡警事宜。警務長不限以選民,任用時,須經議事會之公認。

警務長應另訂《巡警辦事細則》,由董事會交議事會議决。

第五條　董事會按照《調查户口章程》,辦理本區域調查户口事務。依據該章程第六、七條,以總董爲調查長,地方巡警官長協助調查。其調查細則,由董事會查照章程擬訂施行。

每年於議事會選舉三個月前,董事會按照《城鎮鄉地方自治選舉章程》第八條,由總董派定調查員,查取合格人員,應以編訂之户數册、口數册爲根據。

第六條　董事會管理本區域自治經費,查照《城鎮鄉地方自治章程》第九十條至一百另一條辦理。凡本區域公款公産,或公益捐,或按照規約所科之罰金,均得遴選專員管理之。

凡本區域公款公産,向歸紳董管理,素無弊端者,但經董事會之委託,並得議事會之公認即照舊管理,不必另選專員。其管理規則,應由董事會擬訂施行,並隨時檢查其賬目。

每年歸入預算決算案,交議事會議決。

第七條　董事會文牘、庶務等員,查照《城鎮鄉地方自治章程》第六十七條辦理。

第八條　董事會會議時,按照《城鎮鄉地方自治章程》第七十五條第三項,辦事員就該管事務,亦得到會與議。本公所分設之區董應比照辦理。

第九條　各項辦事員一律受董事會之監督,所辦各事隨時受董事會之檢查。

第十條　各項辦事員除議事會議決事件外,倘認爲某項事務應辦者,得於董事會會議時,陳請核議。如經多數議決,即以董事會名義,移交議事會。但未經議事會之議決,無擅自興辦之權。本公所分設之區董應比照辦理。

第十一條　各項辦事員每日辦事時間,由董事會分别規定之。

第十二條　董事會除月定總董薪水三百二十元、董事三名各一百六十元外,各項辦事員員額及薪水數目,均由董事會擬定,報告議事會,得其認可。其薪水最大之數,不得過於董事薪水之半數。

第十三條　各項辦事員,由議事會按照《城鎮鄉地方自治章程》第三十六條第八款,定辦事過失之懲戒細則,交董事會執行,其别如左:

(一) 記過(分大過、小過二項,積三小過併爲一大過);

(二) 罰薪(凡記大過至三次以上者,量情節之輕重,扣除其月薪十分之一以上、十分之五以下);

(三) 黜退(凡罰薪至三次以上者,即應黜退)。

若有犯贓私及侵吞挪借款項者,除立即黜退外,查照《城鎮鄉地方自治章程》第一百零四條辦理。

第十四條　此細則如董事會按照事實有視爲應行修訂之處,得移交議事會修正。

上海城自治公所分區辦事規約

第一條　依據《城鎮鄉地方自治章程》第十一條之規定,就上海城自治區域分劃五區,各設區董,辦理各該區自治事宜。其辦公處所名曰上海城自治公所某區分辦處,仍隸屬於本自治公所。

第二條　區董每區一員,各駐分辦處辦事。以本城區域選民,由董事會於議事會公舉各該區區董前,預選合格人員二人以上、五人以下,由議事會投票公舉一人,任期一年。視地方情形之必要,得增設副區董一員,佐區董駐處辦事。

區董仍須每日到處一次,任指導及稽核之責。

副區董選任方法及任期與區董同。

第三條　各區分辦處得就董事會各項辦事員規約之範圍,量本區自治事宜之繁簡,酌設各項職員。

第四條　各區分辦處自區董以下各項職員,均受董事會之監督,分理本區内各項自治事宜。其職務及薪水另以規約定之。

第五條　董事會開會時區董或副區董得到會與議。如所議僅關本區之事，亦得列入議决之數。

區董或副區董在董事會與議時，位在各項辦事員之上。

第六條　每區得設贊助員六人以上、十八人以下，以本城區域選民由本區區董得董事會之同意推舉任之，任期一年。

各區贊助員隨時贊助本區自治事宜，遇有重要事件，得由董事會或本區區董訂期招集特開贊助員會。

第七條　各區分辦處應開職員會，每月至少一次，由區董訂期招集各項職員行之。

第八條　各區分辦處得酌量本區情形，擬訂各項辦事細則，經董事會議决後實行，但不得與本規約及本公所董事會議事會所訂各項規約有所抵觸。

上海城自治公所學務辦事員辦事規則

第一條　上海城自治公所因本城區域教育事宜，特設學務辦事員。凡本縣勸學所在本自治區域内應設之勸學員，即由學務辦事員任之。

第二條　學務辦事員佐理總董及區董在本區域内應行掌管之教育事宜，並督察本區域内之公立小學堂。

第三條　學務辦事員應定每分區一人，以本城區域選民明於教育、曾任教育三年以上者，由議事會公推，經董事會公認後任之，任期一年。

學務未甚繁劇時，得暫行酌減學務辦事員員數，兼任二區以上學務事宜。

第四條　學務辦事員每年應於十月二十日以前定明年學務之規畫，由董事會交冬季議事會議决。

其第一次選任學務辦事員時，不在此限。

第五條　學務辦事員每年應調查本分區内學齡兒童，於十月初一日以前編定本分區學齡兒童簿，分男童、女童、已就學、未就學各爲一册，定明年應添初等小學堂若干所之規畫，及其教育費之預算。

學齡兒童簿所記兒童數有變更時，每年應儘於十二月以内更正。

第六條　學務辦事員於本分區内公立小學堂之不能照章辦理者，有糾正之責。其堂長、教員之不稱職者，應報告於總董及區董。

第七條　學務辦事員於本分區内學齡兒童之未就學者，應實行勸其就學。

本分區内如有關係學務應行宣講事宜，由學務辦事員隨時宣講。

第八條　學務辦事員於本分區内應行添設初等小學堂時，得指定原有之小學堂陳述意見於總董及區董。商改爲公立初等小學堂，亦得指定本分區内之私立初等小學堂或適當之私塾，陳述意見於總董及區董，暫認爲代用初等小學堂。

第九條　學務辦事員於本分區内所有之私立初等小學堂及私塾，應調查其是否合於初等小學堂之辦法。

其合於初等小學堂之辦法者,於調查學齡兒童時,其兒童得以已就學論。

其不合於初等小學堂之辦法者,調查時,但註明識字字樣,以未就學論。

第十條　學務辦事員爲有給職、其俸給量、職務之繁簡,由董事會定之。

第十一條　此細則於地方學務有變更時,應由董事會修訂,交議事會議決。

上海城自治公所衛生項辦理清道規約

第一條　本公所於衛生項分設清道辦事員,辦理各區清道事宜。

第二條　本公所各區各就本區界址編列街名,僱用夫頭、常工及清道夫,派定地段,限時打掃。由領辦員督同分辦員逐日周查,如某區某街有污穢不治者,詳記於課勤簿,飭夫頭押同掃除。

第三條　各區街道居户傾倒垃圾以上午九點鐘前爲限,逾時不准再倒,違者罰銀二角。

第四條　清道夫每日上工,三月至八月六點鐘始,九月至二月七點鐘始,限定午前將該地段打掃潔淨。不論大街私巷及木桶石槽内,均須於午前掃除一次。玩延偷懶者輕則記過酌罰,重則斥革。其格外勤務者記功酌賞。

第五條　按月僱用駁船二十隻,每晨准六點鐘前,停泊沿浦灘及沿城濠候裝垃圾,裝滿後,運至浦東起卸曠地。不准貪便,將垃圾傾入浦心及灘邊。

第六條　各區垃圾由該清道夫挑倒駁船上,不得掃入浜邊河内或移倒他人地段。

第七條　沿路遺積之泥屑磚塊等類,另派常工逐日剷除。

第八條　各居户造屋修理積存之泥灰磚瓦等,應報明本區,由區即日派夫挑除。量路之遠近,酌定每擔挑費,至多不得過銀一角。

第九條　常工每日七點鐘上工,五點鐘停工。午後由分辦員查勘一次,以考勤惰。

第十條　清道需用挑籃、繩索、掃帚、畚箕、扁担、鐵鍬、鐵鈀等件,定期給换,不得濫用蹧蹋。

第十一條　各區小便處,另派清潔夫。每日擔桶汲取自來水,分早、晚二次沖掃。暑天加洒藥水,如有污塞不通及墻角坍毁之處,隨時報修。

第十二條　清道夫、清潔夫及常工等定有常額,各有專責。有事停工,須先期告假,自行僱替。

第十三條　城外東、西、南三區備洒水馬車,僱夫逐日於上午七點鐘起駕車澆洒,馬路以洒遍爲度,雨天免洒。洒水夫沿途取用自來水,須將皮帶緊接龍頭,以免水溢。

第十四條　水車須逐日揩拭,馬棚須逐日打掃,馬身須逐日洗刷,皮帶須臨時攤晒。馬料月有定數,不准浪費,並不准偷減。

第十五條　各夫役工食每月分兩期,按名給發。

第十六條　各夫役均給號衣一件,編列地段號數,以便識認,每年更换一次。

第十七條　如有未盡事宜,隨時修正。

上海城自治公所道路工程項辦事規約

第一條　本公所於自治範圍道路工程項分設辦事員，專辦道路工程一切事宜。

第二條　本公所道路工程辦事員分職如左：

（一）總工程員；

（二）測繪員；

（三）工記員；

（四）監工員；

（五）路政員；

（六）路燈員。

第三條　前條所列各員，除總工程員專設一員外，其餘以事之繁簡定之。

第四條　凡應行修築之道路工程，先由總工程員會同測繪員詳細勘丈核估，開送程式價格清單，由董事會核准，移交議事會公决，列入預算。

第五條　凡修築道路工程，先由總工程員將程式單宣示，任憑各匠頭開具價格投標，擇合符程式價廉而人妥者，令其覓取保證，備具承攬，立限工作。

第六條　凡修築道路工程，除工料並包者外，如有必須自行購料包工或點工者，得陳明董事會察酌行之。

第七條　凡修築道路工程，必須自行購料者，須詳細比較其物料價格，如實係價廉物美，始購用之。

第八條　凡料物到日，量見丈尺、噸數、擔數、件數相符，即登記收發簿。工竣後，餘料若干，收入料廠，列册備用。

第九條　凡修繕道路，或鋪石沙，或砌石片，須將該路濶狹長短、尺寸若干及用三和土若干、大小拷子石若干、瓜子片石若干、黄砂若干，用石片若干、煤屑若干、路底用若干尺寸瓦筒溝或係舊有磚溝、路中有天窗若干、路邊有陰井若干、係鐵蓋或係石蓋、該路共計工料價格若干，詳記於簿籍。

第十條　凡建築橋梁，橋墩用磚或用石或用塞門德，橋梁用木或用鐵或用塞門德，橋面用木或加用石砌，橋旁用鐵欄或木欄，以及該橋之濶狹長短尺寸、共計工料價格若干，詳記於簿籍。

第十一條　凡疏通溝渠，在開浚通潮之河道，須丈見該河長若干丈、河面及河底各寬若干丈、開深若干尺、挑土若干方、每方工價若干，詳記於簿籍。其在道路之陰溝，須按時疏浚，亦詳記之。

第十二條　凡建築公用房屋，須將坐落處所基地若干畝分、房屋間數、寬深各若干丈尺、用何等材料、共用建築費若干，詳記於簿籍。

第十三條　凡道路工程修築完竣後，除詳記簿籍外，由總工程員另立程式工料丈尺價格簡明表，以備查考。

第十四條　凡道路工程，自修築之日起至竣工後止，須由總工程員隨時報告於總董董事。

第十五條　凡道路工程應領工料銀，由總工程員出立支單，送交總董或董事簽字後，向會計處支領。

第十六條　凡僱用長工及短工，上工、散工時間三月至八月上午七時起、十二時止，下午一時起、六時止；九月至二月上午八時起、十二時止，下午一時起、五時止。

第十七條　凡短僱工匠，每日於上工時到工程處領籌，散工後繳籌登記，以便核發工食。

第十八條　凡長僱、短僱工匠之工食，按上下半月核發。

第十九條　凡監工員或測繪員察有工程不合程式，應立即報告，由總工程員糾正之。

第二十條　凡道路工程簿籍表册支單等件，由工記員掌之。

第二十一條　凡道路工程之應行繪圖者，以及幹路、支路之濶狹丈尺，公産公地之坵形畝分，城區域之總圖、分圖，均由測繪員分別測繪。

第二十二條　凡業户於路旁建屋應行收讓尺寸，由路政員管理之，另有規約。

第二十三條　路燈事宜，由路燈員管理之，另有規約。

第二十四條　凡石砂路每日應用洒水馬車洒水兩次，由衛生項清道員兼管之。

第二十五條　凡業户須通溝至門外，或翻動路面者，應向工程處報領執照。

第二十六條　凡修築道路料物須車運進城者，由工程處給予憑照。

第二十七條　如有未盡事宜，隨時修改。

上海城自治公所道路工程項辦理路燈規約

第一條　本公所於道路工程項分設路燈辦事員，專辦各區路燈事宜。

第二條　本公所於各區馬路街巷分設電燈及煤油燈。

第三條　各區馬路街巷如須添設路燈或須改設電燈之處，由路燈領辦員察酌辦理。

第四條　各區電燈每夜派員查察，如有昏黑不明及斷線碎泡、脱落遺失等情，立即開單，報明路燈辦事處，以便轉報電燈公司，派工修理。

第五條　各區煤油燈，每夜六點鐘起，派員帶同燈夫頭，攜帶燈叉、量瓶、漏斗等具，按段抽查，如有減油不點及燈罩玻璃破碎不换、污穢不揩、火光低暗者，查出究罰，勤務者酌賞。

第六條　各燈夫點燈，派定地段，每日午前須先將燈罩玻璃揩清，煤油加足。其上火時刻逢十一、十二、正月，二、三、四、八、九、十月，五、六、七月准下午五點二十分鐘、五點四十分鐘、六點鐘不得遲延。

第七條　各燈夫承值點燈，每名以四十盞爲限。燈罩約計每三盞月换一隻，多少準此類推；燈心每根四寸五分，月换一次；另給揩燈洋布一方：均於每月十五日照發。

第八條　路燈火光七成爲度，每一小時約需煤油三錢，按夜時之長短，開火之遲早定油數之多寡。以三兩至三兩六錢迭爲加減,逢五、十期各按燈數發油。

第九條　路燈及玻璃燈架等件,倘有破爛折斷者,由該燈夫報明,臨時修換。

第十條　燈夫工食,每月分兩期,按名給發。

第十一條　各燈夫均給號衣一件,編列地段號數,以便識認,每年更換一次。

第十二條　如有未盡事宜,隨時修正。

上海城自治公所道路工程項路政規約

第一條　本公所於道路工程項之改正道路,專設路政員,照章辦理勘定造屋收讓尺寸、填給執照一切事宜。

第二條　凡執照分三種如左:

(一) 營造執照;

(二) 修理執照;

(三) 築駁、築笆、搭棚執照。

第三條　凡業户欲翻建房屋,或修理,或築駁、築笆、搭棚等須,先由匠頭就業地隸屬之警區詳細具報,路政員接到各警區知會單後,應即定期往勘。

第四條　路政員於往勘時,須傳同匠頭詳詢工程其於翻建房屋或築駁、築笆實應收讓者,丈量準確,先明示以應行收讓尺寸。

第五條　路政員於勘丈後,將應行收讓尺寸、對距若干尺寸,詳細填明執照,交該匠頭懸掛於工作處。

第六條　凡報領修理執照者,須詳察其是否實係修理,以免取巧改造等弊。

第七條　路政員應分派助理員於已領執照之工作處,隨時察看,如見有不依勘明尺寸或造作違式者,應立即報告。

第八條　路政助理員如見有已動工作未經領有執照者,應立即報告。

第九條　凡造作者各應遵守之章程,均載明執照。

第十條　本公所於幹路、支路另定有路線丈尺。

第十一條　如有未盡事宜,隨時修改。

上海城自治公所徵收公益持捐辦事規約

第一條　本公所按照《城鎮鄉自治章程》徵收公益特捐,專設辦事員,辦理一切捐務事宜。

第二條　徵收公益特捐,均按照《呈請監督官核准章程》辦理。

第三條　徵收公益特捐之種類如左:

(一) 地方捐,附廣告税及貨攤、菜市、劇場、書場、影戲、灘簧等照費;

(二) 船捐,附免裝垃圾船照費;

(三) 車捐。

第四條　前條所列各種公益特捐,均按月徵收。

第五條　本公所設總捐務員一員,按日收發捐票、捐照,稽核捐數,整理簿籍,凡關於捐務者皆屬之。

第六條　各分區各設捐務員一員,凡本區之按日收發捐票、捐照,稽核捐數,整理簿籍及關於捐務者皆屬之。

第七條　本公所及各分區得分設捐務助理員,其員數以事之繁簡定之。

第八條　凡捐務助理員派定地段,各收本地段之地方捐。

第九條　凡地方捐之捐票,由各該地段之捐務助理員填寫,交總捐務員或捐務員核准。

第十條　總捐務員或捐務員於核准之捐票,按日截發於各助理員,仍核記其票數捐數。

第十一條　凡捐務助理員按日領取捐票、往收。如本日收到捐數若干、發出捐票若干,須結算清楚,其餘存之捐票,仍交存於總捐務員或捐務員。

第十二條　凡捐務助理員每日上午九時至十二時、下午一時至五時,均向各該地段各住户徵收,不得懈怠。

第十三條　凡捐務助理員如見本地段内有移來徙去之户,應立即報告於總捐務員或捐務員。

第十四條　總捐務員於各助理員每日交到捐數若干、餘存票數若干,核算相符,即令助理員於當日填明交單,將捐款交會計處收存。

第十五條　本公所及各分區均設立總捐户簿,由總捐務員或捐務員填明街巷、户名、門牌號數,按月於該户下填註已未收到,以便稽查。

第十六條　凡廣告税及貨攤、菜市、劇場、書場、影戲、灘簧等照費,由總捐務員或捐務員指派助理員兼理之。

第十七條　凡船捐及免裝垃圾照費,招人承辦,包收包解,仍由總捐務員督理之。

第十八條　凡車捐另設助理員一員,經收其車照若干,每日捐數若干,由總捐務員核數相符,即由該助理員將捐款填明交單,彙交會計處收存。

第十九條　凡車捐亦得由各分區分收其各種車照,仍由本公所備辦,以歸一律。

第二十條　凡各種捐款,由總捐務員另立按月比較簡明表,以備查考。

第二十一條　凡各種捐票執照,均蓋用城董事會圖記。

第二十二條　如有未盡事宜,隨時修改。

上海城區域公立簡易識字夜塾簡章

一、宗旨。謹遵部章,專收年長失學之人民入塾肄習,使得識字明理,增進生活智能,以輔小學教育之不逮。

二、課程。第一學期授課四種:(一)談話,(二)識字,(三)寫字,(四)珠算。

第二學期加課三種:(一) 讀書,(二) 記帳,(三) 寫信。

三、時間。每日晚間授課兩小時。

四、年齡。十五歲以上。

五、資格。入學資格從寬,無論藝徒、負販、苦力,但有保人均可入學。

六、學額。不限額數,以教室能容爲度。

七、學費。一概不收。

八、書籍。概由塾中發給,不取分文。

九、學業。暫定一年畢業,屆時考驗合格,給予憑單。

十、地址。附於本城區域學堂内,其地點由本公所商定。

上海城自治公所設負販團簡章

第一條　負販團貸款處即設立城自治公所内。

第二條　本公所先行備銀二千圓,專款存儲,爲負販團第一團之用。

第三條　地界以城區域爲限,貸款者暫以初等小學以上畢業生爲限。

第四條　具報時,須先呈驗文憑,將姓名、年歲、籍貫、住址、何學堂畢業、父母存歿、願貸若干元、作何負販填明貸據,並妥覓保證人。俟查明准貸,即偕保證人來所簽字領款。

第五條　貸款自一元起至五元止,准貸後,給予憑單一紙,按期還款,由本公所蓋用圖章於上。

第六條　貸款時,察其生業之大小、需本之多寡,酌量貸與,不得任意多貸,並不得作不正當之營業。

第七條　還款分作十期,以每月初十、二十、晦日爲期。如貸一元者,每期還足銀元一角;貸五元者,每期還足銀元五角,概不取息。

第八條　貸款還清後,仍准續借,尚延遲拖欠,向保證人追賠。

上海城自治公所徵收城内外各區地方捐辦法簡章

第一條　本公所就城内中區、城外東、南、西三區按月徵收地方公益特捐,以充自治經費,統名曰地方捐。

第二條　此項地方捐包括清道捐、路燈捐在内。

第三條　居户捐數均按照房租五釐徵收。

第四條　鋪户及貨棧捐數均按照房租七釐徵收。

第五條　東區外馬路市房貨棧因向無房捐,所有地方捐數,均按照房租一成二釐徵收,由前總工程局奉准蘇松太道立案,本公所循舊收取。

第六條　凡居户鋪户貨棧房屋爲自己產業者,應納之捐,估計租價照五釐七釐一成二釐分別徵收。

第七條　凡居户鋪户貨棧應納捐款,均向現住之户徵收。

第八條　凡捐數滿元收元、滿角收角，角銀不加貼水。

第九條　貧户給予免照，不向收捐。

上海城自治公所徵收車捐現行章程

第一條　本公所沿總工程局之舊徵收各種車捐，以充自治經費。

第二條　徵收各種車捐，由捐務員管理之。

第三條　左列各種車輛，無論自備營業，均須捐領執照。

（一）汽車；

（二）馬車；

（三）人力車；

（四）大貨車；

（五）馬貨車；

（六）小貨車；

（七）小車。

第四條　凡各種車輛納捐之數如左：

（一）營業汽車，按月捐二元；

（二）自備汽車，按月捐一元五角；

（三）營業馬車，按月捐一元；

（四）自備馬車，按月捐八角；

（五）營業人力車，按月捐八角；

（六）自備人力車，按季捐二元；

（七）大貨車，按月捐二元；

（八）馬貨車，按月捐二元；

（九）小貨車，按月捐一元；

（十）小車，按月捐三角。

第五條　凡各種車輛繳納月捐者，須於每月初一日起至初十日止，到本公所納捐領照。

第六條　凡各種車輛繳納季捐者，須於每季之第一月初一日至初十日止，到本公所納捐領照。

第七條　凡各種車輛於每月十一日起查無執照者，照章議罰，仍令補捐領照。

第八條　以上各條係現行章程，如有未盡事宜，隨時修改。

上海城自治公所徵收各種船捐現行章程

第一條　本公所沿總工程局之舊，於浦江及各河道徵收各種船捐，以充自治經費。

第二條　本公所徵收各種船捐，准承辦人包收包繳，仍由總捐務員監督之。

第三條　凡各種船隻停泊於浦江或各河道者，均須照章納捐。

第四條　凡各種船隻納捐之數如左：

(一) 本幫駁船、福建舢板船，各分兩等，月捐銀二角、三角。

(二) 柴灘船，月捐銀三角。

(三) 農船即鄉下船，分兩等，月捐銀三角、四角。

(四) 蘇州船、常昭船、魚船、薑船，各分三等，月捐銀三角、四角、五角。

(五) 有檣駁船，分四等，捐銀三角、四角、五角、六角。

(六) 洞庭山船、棚頭船、蜆子船、江北竹坊船、腳划船，各分兩等，月捐銀四角、五角。

(七) 無錫快船、航船、灘船、菱湖船、長安船、號頭船即寧波駁船、海監船、烏山船、石灰船、闢外江北船、紗河船，各分三等，月捐銀四角、五角、六角。

(八) 錫金船，分四等，月捐銀四角、五角、六角、七角。

(九) 大駁船、烏山百官船、小紹興船，月捐銀五角。

(十) 龍華嘴船、海寧船、提船、醬螳船、窑貨船、蘆墟船，各分兩等，月捐銀五角、六角。

(十一) 巢河船、絲網船、長江船、太湖船，各分四等，月捐銀五角、六角、七角、八角。

(十二) 淮揚百官船，月捐銀六角。

(十三) 蘇州石頭船、瀏河鹽灘船，各分兩等，月捐銀六角、七角。

(十四) 揀螳船、常州船，各分三等，月捐銀六角、七角、八角。

(十五) 嘉興航船，月捐銀七角。

(十六) 崇明船、猪船、江北酒船，各分三等，月捐銀七角、八角、一元。

(十七) 大號紹興船即蘆潭船、釣船，月捐銀一元。

(十八) 山東船、鹽城船、青口船、掘港船、梁薌船、外海沙船、江西碗船，每次捐銀一元。

(十九) 木植船，每次捐銀二元。

第五條　前條所列各船，照章收捐外，或有不隸各幫及外來之船，均比較大小，一律收捐。

第六條　凡各船户納銀角者，均合大銀元計算。

第七條　凡各船户納捐後，即由收捐人填給捐票。

第八條　凡各船户納捐後，即由收捐人用油漆描捐數明碼於該船尾之左，按月易换顔色，以便稽查。

第九條　凡各船户如有仿描或塗改明碼者，察出後，罰銀四元以上、十元以下，仍令補捐。

第十條　凡抗繳船捐者，證明後，罰銀一元以上、三元以下，仍令補捐。

第十一條　凡八長渡摇渡之船，均免捐。

第十二條　凡承裝海運漕白二糧之船，無論外來及短駁，如有米在船中則免捐，卸空後仍舊照捐。

第十三條　收捐人如有額外需索情事，准該船户控訴，以憑究治。

第十四條　以上各條,係現行章程,如有未盡事宜,隨時修改。

上海城自治公所徵收免裝垃圾照費現行章程

第一條　本公所沿總工程局之舊,徵收免裝垃圾照費,以備衛生項清道事宜之用。

第二條　本公所徵收免裝垃圾照費,准承辦人包收包繳,仍由總捐務員及衛生項清道辦事員會同監督之。

第三條　凡應領免裝垃圾執照之各船,均須繳納照費。

第四條　凡應納免裝垃圾照之各船如左:

(一) 駁船,以隸於駁船管幫名下者爲限。

(二) 灘船,以隸於灘船管幫名下者爲限。

(三) 農船,好俗稱鄉下船。

(四) 龍華嘴船。

(五) 寧波駁船,即寧波船中之駁貨各船。

第五條　凡上條所列各船,應納照費如左:

(一) 每船載重一百擔以内者,每月納照費銀兩角。

(二) 每船載重一百擔以外、二百擔以内者,每月納照費銀三角。

(三) 每船載重二百擔以外者,每月納照費銀四角。

第六條　凡各船户納銀角者,均合大銀元計算。

第七條　凡各船户納照費後,即由經收照費人填給執照。

第八條　凡各船户納照費後,即由經收照費人用油漆描照費數目於船尾之右,按月易換顏色以便稽查。

第九條　凡各船如有仿描或塗改油漆數目者,察出後,罰銀二元以上、五元以下,仍令補繳照費。

第十條　凡抗繳照費者,證明後,罰銀一元至兩元,仍補繳照費。

第十一條　除第四條所列各船外,均無須納費領照。

第十二條　經收照費人如有額外需索情事,准該船户控訴,以憑究治。

第十三條　以上各條,係現行章程,如有未盡事宜,隨時修改。

上海城自治公所徵收廣告税章程

第一條　廣告税爲地方税之一,本公所於城區域内有徵收此項廣告税之權。

第二條　凡越出自己地位使人注目而感覺者,無論爲紙、爲板、爲標記,或活動、或不活動,向所稱招紙及告白、佈告等類,均作爲廣告(其商家之招牌陳列,或張佈於自己地位者,不以廣告論)。

第三條　凡欲張貼廣告於城區域内者,須赴本公所購領税票。

第四條　凡廣告紙長營造尺二尺以内、寬營造尺一尺以内者,每百張納税銀五角;其長至二尺外三尺内、寬至一尺外、一尺五寸内者，每百張納税銀一元(按營造尺一尺合英尺一尺四分弱)。

第五條　凡特别之廣告，如用木板、鉛皮等類，長寬尺寸不逾第四條之限者，每月每張每方尺納税銀一角；其尺寸逾第四條之限者，每月每張每方尺納税銀二角，仍以五十方尺爲限。

第六條　凡欲張貼廣告者，須先將廣告樣張呈驗，得本公所之允可。

第七條　凡廣告税票須粘附於廣告上。

第八條　凡張貼廣告，本公所衹向收廣告税。其張貼處屋主允許與否，應自行交涉(如屋主釘有不許招貼字樣者，即爲不允之證據)。

第九條　凡不遵以上各條所規定、擅行張貼廣告者，當視該廣告應納之税額加倍科罰，凡學堂、善堂以及事關公益各項張貼廣告於城區域内者，免納税銀。

第十條　凡廣告之有礙治安或風化者，均禁止其張貼。

第十一條　凡未盡事宜，由本公所隨時增訂。

附條　廣告場納税法，另有專章。

上海城自治公所貸還地方公債章程

第一條　城自治公所因籌辦地方自治事宜各款之需用，共募集地方公債規銀十萬兩，於宣統二年八月二十九日一律交齊起息。

第二條　此項地方公債銀十萬兩，常年八釐行息，匀分五年，按期連本帶息償還，共息銀二萬四千兩，連本十二萬四千兩。

第三條　此項地方公債票分爲兩種，每票一百兩爲一種，每票一十兩爲一種，均分爲五條，各注還款期限及應還本息銀兩之數。到期持票到所，當面裁割一條，然後付銀。

第四條　公債票上蓋用上海城董事會圖記，由總董董事簽字。

第五條　貸還公債銀兩，由城自治公所會計科匯總收發。

第六條　凡本公所所收之捐款，均可以到期之票交納。如有留難、折扣等情，許即指控懲辦。

第七條　此項地方公債票，准其轉用，或抵押，到期均得向本公所收取。

第八條　應還此項地方公債本息銀每年二萬四千八百兩，以大達租息及船捐、車捐作抵。

上海城自治公所取締各種車輛規則

總則

第一條　凡行車者，須靠馬路左邊前行。

第二條　凡行車過橋，或至十字路口，或轉灣之時，應格外緩行。向左轉灣，應依近左邊而轉；如向右邊轉灣，則須從寬處大轉灣。

第三條　凡行車左轉灣，則先舉左手；右轉灣，則先舉右手。行車將停，應先舉手，以免衝撞。

第四條　凡載重之車，須依路之左邊緩行，其速率不得較速於步行之人。

第五條　凡載人各車，如見有坐客遺物，應即送交本公所或各分區，以待認領。

第六條　凡各車輛朦未領照者，查出後，營業汽車及自備汽車均罰二元，營業馬車及自備馬車均罰一元，營業人力車及自備人力車罰五角，大貨車、小貨車均罰一元，小貨車罰三角，小車二角，仍各令補捐領照。

第七條　凡各車輛忘帶車照者，查出後，汽車罰一元，馬車罰五角，大貨車、馬貨車罰三角，小貨車、人力車罰二角，小車罰一角。

第八條　凡各車輛無人看管，或攔路，或行路違章者，汽車、馬車、大貨車、馬貨車罰二角，小貨車、人力車罰一角，小車罰五分。

第九條　凡汽車與汽車、馬車與馬車争先超越者，各罰十元以上。

第十條　凡載貨各車載重逾量者，查出後，大貨車、馬貨車罰二角，小貨車罰一角，小車罰五分。

分則：

一、汽車

（甲）輪軸汽機須堅固完好。

（乙）車内外須整理潔净。

（丙）自日入至日出時，須燃燈於車之前後。

（丁）不准與他汽車争先疾馳，以致碰撞。

（戊）如遇上橋、下橋及轉灣，或人車擁擠時，均須緩行。

（己）車上須標明號數。

二、馬車：

（甲）輪軸門牕等件，均須堅固完好。

（乙）車内外須整理潔净。

（丙）兩輪車至多載四人，四輪至多載五人，均連馬夫在内。

（丁）自日入至日出時，須點兩燈於車之左右。

（戊）不准與他馬車争先疾馳，以致碰撞。

（己）如遇上橋、下橋，或人車擁擠時，須有馬夫一人下車牽韁緩行。

（庚）營業車須於車上標明號數。

三、人力車（即俗稱車洋車）：

（甲）輪軸等件須堅固完好，油篷油帘須不至滲漏，並須整理潔净。

（乙）營業車所領執照，應釘於車後人所易見之處。

（丙）日入至日出時，須攜帶明燈或裝在車上。

（丁）笨重之物不准裝載。

(戊) 車夫須强壯有力,凡年老或未成丁及衣服不潔净者,不准充當。

(己) 不准以破舊之車攬人乘坐。

(庚) 自備車遇查照時,須交出閲看。

四、大貨車(即板車):

(甲) 輪軸須堅固完好。

(乙) 載重不得過二千斤。

(丙) 所載貨物寬不得過輪軸。

(乙) 街道窄狹處均不准行。

(戊) 每車至少須有四人管理。

(己) 日入至日出時,須有點明之燈。

五、馬貨車:

(甲) 軸輪須堅固完好。

(乙) 載重不得過二千斤。

(丙) 街道窄狹處均不准行。

(丁) 日入至日出時,須有點明之燈。

六、小貨車:

(甲) 輪軸須堅固完好。

(乙) 載重不得過六百斤。

(丙) 日入至日出時,須有點明之燈。

七、小車(即二把手車):

(甲) 輪軸須堅固完好。

(乙) 載重不得過五百斤。

(丙) 所載貨物不准過高,致蔽車夫之眼,亦不准過寬、過長,致妨礙行人。

(丁) 日入至日出時,須有點明之燈。

上海城自治公所規定食物店鋪衛生規約

第一條　牛、羊、豬、雞、鴨等店不得以有病之牛、羊、豬、雞、鴨等及熟肉之臭腐者出售。

第二條　燻臘店、飯店、麵店、熱酒店及各項點心店不得以隔宿之物出售,其糟雞、糟鴨及一切食物,須用紗罩,以免蠅蟲貽毒。

第三條　魚攤不得以臭壞之魚蝦、鱔鯉等物出售。

第四條　糕餅、糖食等店及各項點心攤一律須用紗罩。

第五條　水果攤店不得以腐爛之物出售,西瓜不准切塊。如不得已,須將已切之西瓜用紙遮蓋。

第六條　各項食物攤店屋舍、器具務須清潔,不得污穢。

第七條　嗬囒水不得以假者出售,不得杯盤羅列,招集蠅蟲。

第八條　冰忌令冰凍檸檬等水及涼粉冰塊一律禁售。

第九條　各項食物攤店不得用無罩洋油燈火,以免煙煤狼藉,毒入咽喉腸胃。

第十條　零星攤擔一律照行。

第十一條　以上各條,由衛生處隨時查驗,如有違犯,分別懲處。

上海城自治公所取締押店並收捐章程

第一條　凡押店均須報領執照。

第二條　執照須填明店主姓名、年歲、籍貫、住址,並資本若干、月息若干。

第三條　押店受押各物,押票上所記載,須與賬簿相符。如有察出不符之處,按照押票所載數目加倍科罰。

第四條　押店值查驗失贓及吊取贓物時,店中人不得隱瞞。

第五條　押店如覺押物之人有可疑情節時,應一面留住其人,一面報告於巡警。

第六條　押店每日至早於上午七時開門,至遲於晚間九時閉門。

第七條　押店應按照月息分等納捐,計定四元、六元、八元、十元爲四等。

第八條　押店所領執照,不准別人頂替執用。

上海城自治公所取締戲園規則

第一條　開設戲園,須報領執照。

第二條　不准演唱淫褻之戲。

第三條　停場時刻,以夜間十二點鐘爲限。

第四條　由巡士常川巡察。

第五條　如有違犯本規則者,即將執照吊銷。

第六條　所領執照,不准別人頂替執用。

上海城自治公所取締影戲場規則

第一條　開設電光影戲場,須報領執照。

第二條　男女必須分座。

第三條　不得有淫褻之影片。

第四條　停場時刻,至遲以夜間十二點鐘爲限。

第五條　如犯第二、三、四條,經查察屬實者,將執照吊銷,分別懲罰。

第六條　巡警得隨時查察。

第七條　執照不准頂替執用。

上海城自治公所取締灘簧書場規則

第一條　開設灘簧、書場,須報領執照。

第二條　男女必須分座。

第三條　不准彈唱淫詞,並有淫穢之評話。

第四條　停場時刻,以夜間十二點鐘爲限。

第五條　責成場東查照第三條隨時告誡。

第六條　如犯第二、三、四條,經查察屬實者,場東及説書人分别懲罰,並吊銷執照。

第七條　巡警得隨時查察。

第八條　執照不准頂替執用。

上海城自治公所取締彈子房規則

第一條　開設彈子房,須報領執照。

第二條　打彈子人除付彈資外,不准以銀錢作輸贏。

第三條　每夜閉門,至遲以十二點鐘爲限。

第四條　不准有牌骰賭博及酗酒滋鬧等情事。

第五條　如有違犯以上各條規則,巡警得隨時干涉。

第六條　所領執照,不准别人頂替執用。

上海城自治公所取締中區廟園設攤規則

第一條　設攤須遵本公所指定之地位。

第二條　設攤地位濶不得過營造尺三尺,長不得過六尺,道路過狹之處,不准設攤。

第三條　各貨攤對於購客不得有强横非理之行爲。

第四條　説書及説新聞者,不得以有害風化之語任意演説。

第五條　各書攤不得售賣淫書淫畫。

第六條　賣西洋鏡者,不得有春片淫畫等類。

第七條　各貨攤不得用擲骰、抽籤售賣物件食品。

第八條　各貨攤不得售賣有害衛生之食品。

第九條　各貨攤須遵章分等納捐領照。

第十條　領照每月自初六日起至初十日止,不得逾限。

第十一條　執照不准頂替執用。

第十二條　各貨攤如違以上各條規則者,輕則吊銷執照,重則送案懲儆。

上海城自治公所管理渡船規則

第一條　本公所奉蘇松太道照會,因裁撤義渡局,以八長渡之渡船事宜歸本公所管理。

第二條　八長渡之濟渡處如左:

(一) 周家渡,由浦西南碼頭爲長渡,江邊碼頭爲短渡。

（二）南碼頭，由浦西南碼頭過渡。

（三）姜家渡，由浦西油車碼頭過渡。

（四）董家渡，由浦西董家渡過渡。

（五）老白渡，由浦西老白渡碼頭過渡。

（六）楊家渡，由浦西楊家渡過渡。

（七）陸家渡，由浦西大達碼頭過渡。

（八）爛泥渡，由浦西金方東碼頭過渡。

第三條　八長渡之渡船額數如左：

（一）周家渡，共渡船十二隻，揺渡者九隻。

（二）南碼頭，共渡船十五隻，揺渡者七隻。

（三）姜家渡，共渡船十四隻，揺渡者七隻。

（四）董家渡，共渡船十八隻，揺渡者十一隻。

（五）老白渡，共渡船四十八隻，揺渡者六隻。

（六）楊家渡，共渡船三十四隻，揺渡者十隻，預備者十隻。

（七）陸家渡，共渡船三十六隻，揺渡者十二隻。

（八）爛泥渡，共渡船三十七隻，揺渡者十九隻。

第四條　凡大號次號渡船准載之人數限制如左：

（一）大號渡船，准載渡客二十人，渡夫在外。

（二）次號渡船，准載渡客十五人，渡夫在外。

第五條　凡渡夫以勤揺爲主，如大號准載二十人者，不必待至二十人始開，以免渡客守候，且免自礙其生業。

第六條　凡渡船開行大號渡船，至少須有渡夫三人，次號渡船至少須有渡夫二人或三人，不得減少，以免危險。

第七條　各渡船須挨次輪揺，不得争先攙奪。

第八條　八長渡雖統稱義渡，各渡船向均收取渡資，應准悉仍其舊。

第九條　渡客帶行李或貨物者，滿百觔作一人，滿二百觔作二人，船中即應少坐一二人。

第十條　過渡之轎作五人，船中即應少坐五人。其牲口過渡，除管理牲口人外，不得另載他人。

第十一條　各渡夫照第四條一、二等款，准載之人數如逾額，多載一人者，查出後，初次罰銀一元，多載二人以上者，按數遞加二次倍罰，三次應不准其再充渡夫。

第十二條　凡渡船如有渡客遺忘物件，應由該渡夫交存本公所，以待認領。

第十三條　凡遇烈風猛雨、波浪過大時，應行止渡。

第十四條　凡風浪交作、見有别種船隻傾覆時，附近該碼頭之渡船應齊出施救。

第十五條　八長渡向均有渡夫頭一人，由渡夫按年輪值，應仍其習慣。但更换夫頭時,須由新舊夫頭呈報於本公所。

第十六條　各渡夫頭如有不遵命令,或别有不規則情事,由本公所撤换。

第十七條　各渡夫頭每年應編造渡夫名册一次,未及造册期限、渡夫或有更换時,應即由夫頭呈報。

第十八條　本公所按年發給渡船船牌一次,編列號數,註明渡名、渡夫姓名及大號次號等字樣,以便稽查。

第十九條　凡渡船由水巡隨時稽查之,如有不遵定章情事,分别究罰。

第二十條　如有未盡事宜,隨時修改。

丙編　上海市政廳規則規約章程

上海市政廳暫行章程(上海光復後議以城自治公所改組市政廳,此項章程臨時擬訂)

第一條　本市政廳遵奉《江蘇暫行市鄉制》記原有之城自治公所按照市公所之設置,呈准縣民政長呈報蘇滬都督,定名曰上海市政廳,以辦理本市區域一切事宜。

第二條　本市政廳設職員如左:

一、議事會;一、董事會。

第三條　本市政廳依《市鄉制》第二十二條之規定,設議員六十名。

第四條　本市政廳之議事會設議長一名、副議長一名。

第五條　本市政廳選舉議員,均依《市鄉制》及《選舉章程》行之。

第六條　本市政廳議員互選議長、副議長,另有細則。

第七條　本市政廳議長、副議長、議員之任期及職任權限,會議期間均依《市鄉制》行之。

第八條　本市政廳議事會開會議事,另有規則。

第九條　本市政廳議事會設文牘、庶務等員,以辦理議事會事宜。其職務另有規約。

第十條　本市政廳依《市鄉制》董事會之規定,暫設市長一名、副市長一名、名譽董事十二名。

第十一條　本市政廳議事會選舉市長、副市長、名譽董事,均依《市鄉制》行之,另有細則。

第十二條　本市政廳市長、副市長、名譽董事之任期及職任權限,會議期間均依《市鄉制》行之。

第十三條　本市政廳董事會開會議事,另有規則。

第十四條　本市政廳行政範圍設科如左:

(一) 學務科,(二) 衛生科,(三) 工程科,(四) 農工商務科,(五) 善舉科,(六) 公共營業科。

第十五條　本市政廳分科辦事,另有規約。

第十六條　本市政廳應設文牘、庶務等員,特分設文牘科、捐務科、户籍科、會計科,其員額各以事之繁簡定之。

第十七條　本市政廳特設市舶課,以管理各種船隻一切事宜。

第十八條　本市政廳依《市鄉制》第十一條之規定,於中區、南區、西區各設分辦處,各設區長一人,另有規約。

第十九條　本市政廳中區、南區、西區分辦處,應設辦事員,均以事之繁簡定之。

第二十條　如有未盡事宜,隨時修改。

上海市政廳議事會選舉議長副議長細則

第一條　議員互選議長、副議長時,按照《江蘇暫行市鄉制選舉章程》第二條,由董事會辦理。

第二條　議長、副議長分兩次互選,先選議長,次選副議長。

第三條　互選時,按照《江蘇暫行市鄉制》第二十五條,用記名單記法。

第四條　互選時,須有議員全數三分之二以上到會。

第五條　議長、副議長均以得票滿議員總數三分之一爲當選。若票數相同,以年長之人當選;年同者,由董事會總董抽籤定之。若得票無滿議員總數三分之一者,應即如法再選,以選出爲止。

第六條　議長、副議長選定後,由董事會總董呈報民政長。

上海市政廳議事會選舉董事會細則

第一條　選舉總董董事及名譽董事,按照《江蘇暫行市鄉制選舉章程》第二條,由議事會辦理。

第二條　選舉總董董事、名譽董事分三次選舉,第一次選總董一人,第二次選董事三人,第三次選名譽董事十二人。

第三條　按照《江蘇暫行市鄉制選舉章程》第六十條,選舉總董用記名單記法,選舉董事及名譽董事用記名連記法,均以得票滿議員總數三分之一者爲當選;票數同者,以年長之人列前;年同者,由議長抽籤定之。

第四條　選舉總董董事及名譽董事,如因票不足額須再選時,以得票較多者,照應選之額加倍開列,就開列各名中投票再選,以選出爲止。

第五條　選舉時,各項職務,如發票、開票、唱名、記數、檢票等事,除由文牘、庶務等員分任外,議長得臨時指定議員二人以上管理之。

第六條　總董董事、名譽董事選定後,由議長按照《江蘇暫行市鄉制選舉章程》第六十一、六十二、六十三條辦理。

摘録市鄉制選舉章程

第六十一條　總董選舉完畢後,由議長將得票當選者開列姓名、履歷及得票數目造具清册,呈由民政長申請都督府任用。

第六十二條　董事及名譽董事選舉完畢後,由議長開列姓名、履歷及得票數目造具清册,呈請民政長核准任用,並由民政長申請都督府存案。

第六十三條　總董董事及名譽董事均由民政長給予執照。

上海市政廳議事會議事細則

第一章　通則

第一條　本議事會依據《江蘇暫行市鄉制》第三十五條之規定,爲議員職任暨議事特權。

第二條　本議事會會議查照《市鄉制》第四十條並四十七條之規定而履行之。

第二章　議案

第三條　會議事件區爲三種如左:

(一)董事會交議案;

(二)議員提議案;

(三)公民或私法人請議案。

第四條　凡交議、提議、請議各案,均由議長收受,督飭文牘員分别編定次序,每案摘敘事由,於開會三日前分送議員。

第五條　公民請議事件,其議案由議員二人以上之介紹並開具姓名、年歲、職業、住所。其以私法人資格請議者,並由代理人署名。

前項條件不完備者,其請議爲無效。

第六條　收受議案以開會十日前截止,其逾期收到之案,除臨時發生緊急事件外,概歸入下屆會議。

第七條　凡同一事件之議案或兩議案互有關係,或議案中之一項與他議案有關係者,得依議長之意見,或議員二人以上之請求,將該議案合併或分割而議決之。

第八條　關於議員個人私事,不得在議事會提議。

第三章　會議及決議

第九條　會議事件須按照編定次序以次議決,惟臨時發生之緊急事件不在此限。

第十條　會議分初讀、再讀、三讀。初讀時,討論議案大體,決定本案成立與否;再讀時,還條評議;三讀時,修正字句,完成全案。但再讀、三讀得因事宜,由議員公決而省略之。

第十一條　已決之議案,經文牘員朗讀後,由議長簽字或蓋印爲憑。

第十二條　凡會議及決議各案,未到會之議員同負其責任。

第十三條　凡禁止旁聽之會議案,無論已未決議,非經正式宣布,不得傳布於議事會以外。

第四章　審查

第十四條　凡第一讀會決定應議各案，認爲應特別審查者，得由議長指定議員二人以上爲審查員。

第十五條　審查期間由議長酌定。

第十六條　審查員應於審查完畢後，將審查情形附以意見，報告全體議員。

前項報告，由審查員中公推一人任之。

第五章　表決

第十七條　表決方法，分起立、簽字、投票三種，由議長臨時定之。

第十八條　表決可否之數，由文牘員檢查、議長宣告之。

第十九條　與議之議員，不得不入可否之數。

第二十條　按照《市鄉制》第四十條規定，月份以是月第四星期一爲開會之期。

第二十一條　會議期内，每日以下午五時開會、八時閉會，如遇開審查會時，得間日開會。

前項時間如有伸縮，由議長定之。

第六章　會場秩序

第二十二條　議員之坐位號數，以抽簽定之，補缺議員之坐位，依前任者之號數。

第二十三條　議事時，到會人數，由議長宣告之。

第二十四條　議長或副議長如有疾病及特別事故不克臨席者，應先期通知或不及通知而開會時刻已屆者，即照《市鄉制》第四十一條辦理。

第二十五條　凡議員發表意見，須先起立報告號數，若同時有二人以上起立者，由議長定其先後發言之次。

第二十六條　凡議員辯論有牽涉議案以外者，議長得停止其議論。

第二十七條　議員在議事時，不得互相私語及有各種妨礙會議之舉動。

第七章　罰則

第二十八條　凡已決之議案，議員如挾持私見於議事會以外有反對之舉動，經議事會認爲妨礙決議案之進行者，得公議其罰則。

第二十九條　議員臨會不到者，應報告其事由於議長，繼續三次不到而未經報告者，由議長宣告議事會，公議其罰則。

第八章　附則

第三十條　如議員六人以上之同意請求改正本細則者，照通常之會議規則議決之。

上海市政廳議事會旁聽規則

第一章　旁聽席之類别

第一條　旁聽席分行政員席、公衆席及報館記者席三種。

第二條　凡行政員旁聽，應由行政官廳知會本議事會，由文牘員承議長之指揮，酌定員數，照送旁聽券。

第三條　公衆席由議員介紹，每員以一人爲限。

第四條　凡開設本埠之各華報館，應由文牘員承議長之指揮，分送報館記者旁聽券，每報館以一人爲限。

第二章　旁聽者應注意之條件

第五條　凡議事時設有議場守衛，旁聽人應以旁聽券交驗，依守衛指示之所入席。

第六條　凡入旁聽席者，均應守左列各項之規定：

（一）不得攜帶雨具、洋傘、水旱煙具等妨礙坐位之物件。

（二）不得在旁聽席飲食、吸烟及涕唾於地。

（三）不得對於議員之言論表示可否。

（四）不得談笑妨礙議事。

（五）不得携帶兇器及一切危險物件。

（六）不得闖入議場。

（七）酒醉及有精神病者，不得入席。

第三章　旁聽之停止

第七條　旁聽人已入席後，如所議事件經議長視爲應行秘密者，得按照《江蘇暫行市鄉制》第四十五條之規定，宣告停止旁聽。

第八條　凡旁聽人有妨害議場秩序及違背本《細則》第六條各項之規定者，議長得按照《江蘇暫行市鄉制》第四十八條之規定，令其退出。如有騷擾情由、守衛不能禁止時，議長得令全體旁聽人一律退出。

上海市政廳議事會文牘庶務等員辦事規約

第一章　委任

第一條　議事會文牘、庶務等員，按照《江蘇暫行市鄉制》第三十三條，由議長遴選委任。

第二章　文牘員之職務

第二條　文牘員掌開會時登載議事録、議決録及各種應行之職務。

第三條　議事簿應載各項：

（一）開會、閉會之年月日時；

（二）會議中止、展會、散會時；

（三）議員姓名；

（四）每日到會人數；

（五）交議、提議、請議事件；

（六）議決事件；

(七) 表決可否之數目。

第四條　議決録應載各項:

(一) 議決月日;

(二) 議決案全文;

(三) 原案全文;

(四) 呈報月日。

第五條　各項文牘收發,均按日編號,分類登記,各種案卷亦分別編號,保存備查。

第六條　開會前,承議長之指揮,排定議事日表,分送各議員。

第七條　擬稿繕稿,均須經議長簽字或檢定而後行。

第三章　庶務員之職務

第八條　準備開會一切事宜,開會期内兼任會場守衛。

第九條　注意議場及辦事室之整潔。

第十條　兼辦本會會計事務。

第四章　員額薪水及服務時間

第十一條　文牘、庶務員之員額薪水,由議長量事之繁簡,隨時酌定,報告於全體議員。

上海市政廳董事會議事規則

第一條　董事會會議,查照《江蘇暫行市鄉制》第七十條至第七十五條辦理。

第二條　董事會議員之坐位,編定號數,預以抽籤定之,惟議長特設一席。

第三條　董事會會議,以每月十六日爲常會期,每届會議期,每日以午後三時至六時爲會議時間。各職員均須先一刻到會,其時間如有伸縮,由議長定之。

第四條　每届會議期,董事會職員有建議事件,須於開會十日前備具理由書,送交議長。由文牘員承議長之指揮,並議事會移交執行事件及地方官委任辦理事件,分別摘敘事由,於五日前分送各職員。惟臨時會不在此限。

第五條　董事會到會人數,由議長宣告之。

第六條　議長如有疾病及特別事故不克臨席者,可先期通知,或不及通知而開會時刻已届者,照《市鄉制》第六十條辦理。

第七條　每届會議期,由議長將議事會移交執行事件、縣民政長委任辦理事件及董事會職員建議事件宣告大眾,逐條討論,按照《市鄉制》第六十五條第二、第三、第四款之規定辦理。縣民政長委任辦理事件及董事會職員建議事件,如關係重大而未經議事會議決者,以應否移交議事會爲討論之範圍。其執行方法之議決,仍於議事會議決後行之。

第八條　凡董事會各科辦事員,除議事會議決事件外,倘認爲某項事務應辦者,得於董事會會議時,陳請核議。如經多數議決,即以董事會名義移交議事會決議,各分區區董應比照辦理。

第九條　會議時,董事會職員於議事會議决事件有經全體表决必須交議事會復議者,即照《市鄉制》第六十六條辦理。

第十條　已决之議案,由議長簽字蓋印爲憑。

第十一條　凡董事會職員如有意見,一律向議長發言。發言時,須先起立,若同時有二人以上起立者,則由議長定其發言先後之次。

第十二條　一議案未經議决,不得涉他議案。

第十三條　决議可否之法,分簽字、投票、起立三種,由議長便宜用之。

第十四條　與議之職員,不得不入可否之數。

第十五條　可否之數,命文牘員檢查之,由議長宣告。

第十六條　凡臨時會議倉卒通知而職員到會不及三分之二以上者,如議長到會,亦得决議事件,但仍須報告全體職員。

第十七條　凡職員辯論有牽涉議案以外者,議長得停止其議論。

第十八條　關於職員個人私事,不得向董事會提議。

第十九條　在議事時,不得互相私語及有各種妨礙會議之舉動。

第二十條　凡已决之議案,董事會職員如挾持私見,於董事會以外有反對之舉動,經董事會認爲妨礙自治之進行者,得公議其罰則。

第二十一條　職員臨會不到者,應報告其事由於議長,繼續三次不到而未經報告者,由議長宣告董事會公議其罰則。

第二十二條　凡已决之議案,未到會之職員同負其責任。

第二十三條　如有職員三人以上請求改正本規則者,照通常之會議規則議决之。

上海市政廳董事會辦事規約

第一條　董事會應設各項辦事員,按照《市鄉制》第六十三條之規定,由總董遴選派充。

第二條　董事會參照《市鄉制》第五條所載各款,除因特別情形另設辦事機關外,暫定分科及職員名稱如左:

一、總務科:科長一員,由董事中互推一員兼任之。

文牘員一員,助理員二員。

會計員一員,助理員一員。

二、學務科:專員一員,助理員二員。

三、衛生科:專員暫闕,清道員一員,助理員每區一員。

四、工程科:專員一員,助理員四員,路燈助理員每區一員。

五、税務科:專員一員,助理員二員,各區助理員每區不得過六員。

六、市舶科:科長暫闕,由總董董事兼攝之。

第三條　《市鄉制》第五條第七款籌集款項等事,由董事中互推一員,督同會計員管理。

第四條　各科職員辦事時間,以上午九時起、至十二時止,下午二時起、至五時止(其有外勤事務者,不在此限)。

第五條　各科職員俸給定爲六十元以下、十六元以上,由董事會開單,交議事會公決。

第六條　各科職員得按事務之繁簡及執行之便利兼任職務,惟不得兼俸。

第七條　各科職員因故請假,須得總董之許可。其請假逾三日者,由總董酌派代理。

第八條　各科職員辦事過失之懲戒,由總董按照《懲戒章程》執行之。

第九條　本規約如按照事實應行變更時,得移送議事會修正。

上海市政廳分區辦事規約

第一條　依據《市鄉制》第十一條之規定,就上海市區域分劃五區,各設區董辦理各該區内事宜。其辦公處名曰上海市政廳某區分辦處,仍隸屬於本市政廳。

第二條　區董每區一員,分駐分辦處辦事。以本市公民由董事會預選五人,交由議事會投票公舉,以得票滿議員總數三分之一者爲當選。

區董一年一任。

第三條　區董輔佐董事會規劃本區行政事宜而執行之。

第四條　各區分辦處得就董事會各項辦事員規約之範圍,量本區内事宜之繁簡酌設各項職員。

第五條　各區分辦處職員,均受董事會之監督,分理本區内各項事宜。其職務及薪水另訂之。

第六條　董事會開會時,區董得到會與議。如所議僅關本區之事,亦得列入議決之數。

第七條　每區得設贊助員六人以上、十八人以下,以本區公民由區董得董事會之同意推舉任之,任期一年。

各區贊助員隨時贊助本區内事宜,遇有重要事件,得由董事會或本區區董訂期召集,特開贊助員會。

第八條　各區分辦處應開職員會每月至少一次。

第九條　各區分辦處得酌量本區情形,擬訂各項辦事細則,經董事會議決後實行,但不得與本規約及董事會議事會所訂各項規約有所抵觸。

修正上海市政廳董事會辦事規約民國元年冬季議會修正

第一條　董事會應設各項辦事員,按照《市鄉制》第六十三條之規定,由總董遴選派充。

第二條　董事會參照《市鄉制》第五條所載各款除因特别情形另設辦事機關外,暫定分科及職員名稱如左：

一、總務科：科長一員，由董事中互推一員兼任之。

文牘員一員，助理員二員。

庶務員一員。

會計員一員，助理員一員。

二、學務科：專員一員，助理員三員。

三、衛生科：專員暫闕，清道員一員，助理員每區一員。

四、工程科：專員一員，助理員五員，路燈助理員，中區二員，餘每區一員。

五、税務科：專員一員，助理員二員，各區助理員每區不得過六員。

六、市舶科：科長暫闕，由總董董事兼攝之，助理員二員。

第三條　《市鄉制》第五條第七款籌集款項等事，由董事中互推一員，督同會計員管理。

第四條　各科職員辦事時間，以上午九時起、至十二時止，下午二時起、至五時止（其有外勤事務者，不在此限）。除定時外，至少每科須有一員輪駐。

第五條　各科職員俸給，定爲六十元以下、十六元以上，由董事會開單，交議事會公決。

第六條　各科職員得按事務之繁簡及執行之便利兼任職務，惟不得兼俸。

第七條　各科職員因故請假，須得總董之許可。其請假逾三日者，由總董酌派代理。

第八條　各科職員辦事過失之懲戒，由總董按照《懲戒章程》執行之。

第九條　本規約如按照事實應行變更時，得移送議事會修正。

修正上海市政廳分區辦事規約

原案第二條前項　以本市公民由董事會預選五人，交由議事會投票公舉，以得票滿議員總數三分之一者爲當選。

修正案　以本市公民由董事會於議事會公舉日預選五人，揭交議事會投票公舉，以得票滿議員總數三分之一者爲當選。

原案第二條後項　區董一年一任。

修正案　區董一年一任，連選者連任。

上海市立小學校暫行章程

第一章　設置

第一條　本市政廳遵照部令，設立小學校，名爲市立小學校。

第二條　市立小學校以市政廳經費設置者爲限。

第二章　學科及編制

第三條　市立初等小學校修業年限四年，高等小學校修業年限三年。

第四條　初等小學校之學科目:(一) 修身,(二) 國文,(三) 算術,(四) 體操,女子加課縫紉。視地方之情形,得加設手工、圖畫、唱歌之一科目或數科目。

第五條　高等小學校之學科目:(一) 修身,(二) 國文,(三) 算術,(四) 本國歷史,(五) 地理,(六) 理科,(七) 圖畫,(八) 手工,(九) 體操,(十) 英文,(十一) 唱歌,男子加課商業,女子加課縫紉,視地方之情形得設商業班。

第六條　初等小學課程表、高等小學課程表,由各校參酌部定小學校教則及課程表而定之。

第七條　市立小學校學級之編制,不過於十四級。

第八條　市立小學校每一學級兒童額數以六十人爲限。

第九條　市立初等小學校得合男女兒童爲一級,惟一級中女生之人數過三十人以上者,即分别另編。

第十條　市立小學校得設補習科,惟不得與正科合編。

第十一條　市立初等小學校設有左開各項之一,得將全部或一部分之兒童分前、後二部教授。

(一) 不能每學級置一本科正教員之時;

(二) 校舍無多不能同時容就學之兒童時;

(三) 於兒童之就學上、教授上有特别要務時。

第十二條　市立小學校不得一學級置一本科正教員時,得於二學級置本科正教員一人及助教員一人,助教員即承正教員指示從事教授。

第十三條　市立高等小學校得酌置專科正教員。

第十四條　市立本科正教員不得兼他校職務。

第十五條　市立小學校所用教科圖書,由本省圖書審查會擇定之。

第十六條　市立小學校之休業日除日曜日外,其限如左:

國慶日	(十月十日)
南京政府成立紀念日	(一月一日)
南北統一紀念日	(三月十日)
孔子誕日	(十月七日)
上海光復紀念日	(十一月三日)
本校紀念日	
夏季休業日	(七月十四日至八月三十一日)
冬季休業日	(十二月廿五日至一月七日)
春季休業日	(四月一日至七日)

第三章　設備

第十七條　校地以選無害於道德、衛生且便於兒童之通學爲適宜。

第十八條　校舍宜與教授管理衛生上爲適當之規畫且須樸實堅固。

第十九條　校地、校舍、體操場及校具均宜與學校規模相副。

第二十條　市立小學校不設寄宿舍，如有不得已事故得在外組織，惟與市經費無涉。

第四章　職員

第二十一條　市立小學校校長、教員之任免，遵照《市鄉公所管轄市立鄉立學校通則》第二條辦理。

第二十二條　校長除整理校務統轄教員以外，於學期始終開出預算決算案（遵照《市鄉公所管轄市立學校通則》第三條辦理）。

第二十三條　本科正教員擔任兒童教育事務，其教授時間每周不得少於二十四時。

第二十四條　助教員照十二條之規定，其教授時間與正教員同。

第五章　俸額

第二十五條　教員月俸額可照左表規定，惟市政廳經費不敷時，得依次遞減。

俸級 / 職員	一　級	二　級	三　級	四　級	五　級	六　級
校長	三十五元	三十元	二十五元	二十元		
本科正教員	三十元	二十五元	二十元	十五元	十二元	十元
助教員	十八元	十六元	十四元	十二元	十元	八元
專科正教員	以時計，初等每時三角，高等四角。					

第六章　優待

第二十六條　市立小學校校長、教員在本校滿四年以上而成績佳良者，得酌加二十元以下之年俸，惟最多增至四次爲止。

第二十七條　市立小學校長、教員在本校滿四年以上者，得免其子弟一人學費，惟就學於市立學校以外者不在此例。

第二十八條　市立小學校長、教員在本校滿四年以上因病身故者，無論其在職與休職中，均以在職之末日應領月俸額爲率，致送恤金三個月，令其遺族領取。

第二十九條　市立小學校長、教員在本校滿十六年身故者，得致送恤金。其額以年俸三分之一爲率，令其遺族領取，以二年爲限。

第七章　納費

第三十條　市立初等小學校每一學年内納費四元，兄弟同在一校者第二人得減半。

第三十一條　市立高等小學校每生一學年内納費十二元，入商業科者每生一學年内納費六元。

第三十二條　市立初等小學校生如有志向學而貧困無力者，經市長調查明確，得免其學費。其尤甚者，許給以書籍、紙墨等課業用品。

第三十三條　市立小學校管理細則，由校長酌定；單級小學校，由教員酌定。

第八章　附則

第三十四條　本章程現已施行,如有未盡事宜,得以隨時修改。

上海市政廳慈善團辦法大綱

第一條　慈善團係合併市區域内各善堂,隸屬市政廳,統一辦理慈善事業,名曰上海市政廳慈善團。

第二條　慈善團之統一機關,以同仁輔元堂爲事務所,設經理、協理各一人。

第三條　慈善團之事業分爲六科,各設主任一人。

第一科:恤嫠、贍老、矜孤、濟貧。

第二科:施棺、賒棺、賒葬、義塚。

第三科:育嬰、保赤。

第四科:養老院、殘廢院、貧病院。

第五科:貧民習藝所。

第六科:婦女工藝院。

以上六科施行細則另訂。

第四條　養老、殘廢、貧病等院未成立以前,原有之普育堂照舊辦理;婦女、工藝院未成立以前,原有之清保節堂照舊辦理。

第五條　各善堂之不辦留養者,除有特别情形外,一律併歸事務所統一辦理。

第六條　各善堂向辦之浦江救生,移交警務水巡;向辦之義塾學堂,移交學務科;向辦之救火水龍,改隸救火聯合會;向辦之施醫施藥,改隸衛生科:均不由慈善團辦理,惟衛生科未完全成立以前,醫藥事宜暫由事務所照辦。

第七條　經理、協理及各科主任,均由董事會推舉任之。

第八條　慈善團事務所設文牘、庶務、會計等員,由經理遴選委任。其分科事業之助理員,各由該科主任遴選委任。

第九條　慈善團所有財産應責成經理、協理分别清查,彙造總册,交董事會管理。

第十條　慈善團歲入、歲出,由事務所按照會計年度編製預算,送由市政廳彙入總册,交議事會决議支配。

以上各條,如有應行修改之處,得由董事會隨時提出於議事會。

慈善團各種條約

(甲)給糧條約

一、總綱。查向章,月糧名目,如同仁輔元有恤嫠、贍老、保節、恤流,如果育有恤嫠、贍老、殘廢,如全節有恤嫠,如仁濟有矜孤,額數、錢數均各不同,現歸統一辦理(恤嫠不限年例,故保節可併入;贍老不分籍貫,故恤流可併入)。

二、辦法。凡嫠老、孤兒、殘廢實屬貧苦無依者,開明姓氏、年歲、住址,先由經報人報明,俟主管員查訪確實,分别登簿。挨補補額者,填給糧牌,年終調换。

三、名額。暫定恤嫠三百名,贍老及殘廢統計三百名,贍老額占十分之九,殘廢額十分之一,矜孤四十名。

四、年例。贍老男以六十歲爲始,女以五十歲爲始,矜孤以十四歲爲止,殘廢及嫠婦不限年例。

五、糧額。恤嫠、贍老、殘廢每月五角,矜孤每月四角,均照大銀元計算。

六、定期。每月初一日發恤嫠糧,十一日發贍老及殘廢糧,二十一日發矜孤糧。

七、加給。嫠老、孤兒、殘廢每年終各給白米八升,每兩年發棉衣一件,嫠老、殘廢、病故無殮費者,酌給棺木一具,月糧一次。

附則。右七條以中華民國元年七月一日爲始實行。

(乙) 施棺及收殮條約

一、施棺分等。施棺分三等,曰號棺,曰板棺,曰小棺。號棺分水、陸兩種,板棺分紅字、黑字兩種,小棺分五尺、四尺、三尺、二尺四等。號棺、板棺均用擿筍,不用拼釘,號棺並揩黑油。凡貧户病亡來報者,施以陸號棺。凡收殮病斃及路斃,施以板棺。流丐用黑字,非丐類則用紅字,特别者亦施以陸號棺。凡收殮浮屍施以水號棺,其童孩均施以小棺。

二、收殮辦法。凡路斃浮屍及在醫院或客寓下處病斃者,本慈善團得報後,即派夫擡棺前往收殮。每大棺一具脚費一角四分,每小棺一具脚費七分,均由所給發。如屍身有傷,應由市政廳報請檢察廳檢驗,然後收殮。

(丙) 賒棺條約

一、分等。賒棺分三等,一曰正號,成本銀十五元;二曰副號,成本銀十元;三曰統號,成本銀八元。其漆木工料以及高闊厚尺寸,均經分别詳細規定議決列表,按照辦理專員主管監驗,不得草率偷減。

二、賒價。賒價以成本半數爲原則,多繳者聽,如有特别情形,亦得酌減。其欠繳之數,由喪主立票存所,聽其隨時自繳,並不向收。

三、扛力。凡輕肩脚費,不論遠近,正號計銀三角,副號計銀二角五分,統號計銀二角,如用擱凳,計銀五角。其銀均照大銀元核算,由喪主交本事務所轉給,不得另索。上凳酒資等費,其棺自扛者聽。

四、地界。本團隸屬上海市政廳,故以本市區域爲限。

五、嚴格。賒棺本爲寒門舊族而設,凡犯《市鄉制》消極資格者,不肖子弟被逐在外者,均照舊章一概不賒。

(丁) 賒葬條約

第一條　是舉專爲寒門舊族本有墓田無力營葬者而設。凡子孫或親族來所報明姓氏、住址、須葬幾棺、墓地在某保某圖,即派葬夫隨往看視,定期妥爲安葬。

第二條　每葬一棺,例用拔秤灰一擔,葬夫四工,每工給大銀元二角,均由所備給。另立賒票,填明石灰人工費若干,任其隨時來繳,不向索償。

第三條　如喪主加灰,每灰一擔加人工兩工,每工亦給大銀元二角,其灰均由喪主付給。

(戊)義塚條約

一、塚地。查同仁輔元堂及果育堂浦東西各有塚地,今已埋遍,白蓮涇一處尚在收埋。

嗣後添置塚地,務擇鄉僻之地遠於村市者,方爲合宜。至本市區域以內,居户日漸繁盛,不得再置塚地。新舊塚地本慈善團負有保守之責任,非經市議會以正確之理由議決,亦不得擅行遷動。

二、收埋。收埋各棺,分男、女、小三種,編號立簿登記,每號用號磚埋於棺前,以備日後棺屬對號領遷。

凡空房、隙地、寺院、庵堂久停無主者,隣近人等會同保甲報明,每年於清明冬至兩次收埋。

三、運送。置備船隻,泊南碼頭,每日潮來時,運送各棺。如棺數較多,則日度兩次。如遇狂風暴雨,則暫緩運送。

四、傭夫。傭定船夫正、副兩人,浦東壇夫六人,正船夫兼充壇夫頭目,渡棺、埋棺一手經理。浦西傭定扛夫六人,逐日抬送各棺至南碼頭南浦灘待渡。如有領棺遷動,仍由傭定各夫承值,不費棺屬分文。

上海市政廳衛生科辦理清道規約

第一條　本市政廳依《董事會辦事規約》第二條第三項之規定,於衛生科分設清道辦事員一員,每區分設助理員一員,辦理各區清道事宜。

第二條　本市政廳各區各就本區界址編列街名,傭用夫頭、常工及清道夫,派定地段限時打掃,由清道員督同助理員逐日調查。如某區某街有污穢不治者,詳見於課勤簿,飭夫頭押同掃除。

第三條　各區街道凡居家鋪户傾倒垃圾,均以上午九點鐘前爲限,逾時不准再倒,違者罰銀二角。

第四條　清道夫每日上工,四月至九月六點鐘始、十月至三月七點鐘始,限定午前將派所地段打掃潔净,不論大街私巷及木桶石槽内均須於午前掃除一次,如玩延偷懶者,輕則記過酌罰,重則斥革。其格外勤務者,記功酌賞。

第五條　按月傭用駁船二十隻,每晨准六點鐘前停泊沿浦灘及陸家浜候裝垃圾。裝滿後運至浦南起卸曠地,不准貪便,將垃圾傾入浦心及灘邊。

第六條　各區垃圾,由該清道夫挑倒駁船上,不得掃入浜邊河内或移倒他人地段。

第七條　沿路遺積之泥屑磚塊等類,另派常工逐日剷除。

第八條　各居户造屋修理積存之泥灰磚瓦等,應報明本區,由區即日派夫挑除。量路之遠近酌定,每擔挑費至多不得過銀一角。

第九條　常工每日七點鐘上工、五點鐘停工,午後由各區助理員查勘一次,以考勤惰。

第十條　清道需用挑籃、繩索、掃帚、畚箕、扁擔、鐵鍪、鐵鈀等件，定期給換，不得濫用蹧踏。

第十一條　各區小便處，另派清潔夫每日擔桶汲水，取自來水，分早晚二次沖掃。暑天加灑藥水，如有污塞不通及墻角坍毁之處，隨時報修。

第十二條　清道夫、清潔夫及常工等定有常額，各有專責。如因事不能上工，須先期告假，自行僱替。

第十三條　東、西、南三區備灑水馬車，僱夫逐日於上午七點鐘起駕車澆灑馬路，以灑遍爲度，雨天免灑。灑水夫沿途取用自來水，須將皮帶緊接龍頭，以免水溢。

第十四條　水車須逐日揩拭，馬棚須逐日打掃，馬身須逐日洗刷，皮帶須隨時攤曬。馬料月有定數，不准浪費，並不准偷減。

第十五條　各夫役工食，每月分兩期，按名給發。

第十六條　各夫役均給號衣一件，編列地段號數，以便識認，每年更換一次。

第十七條　如有未盡事宜，隨時修正。

上海市政廳工程科辦事規約

第一條　本市政廳依《董事會辦事規約》第二條第四項之規定，於工程科得設專員及助理員，分辦道路工程一切事宜。

第二條　工程科助理員分職如左：

(一) 測繪員；

(二) 工記員；

(三) 監工員；

(四) 路政員；

(五) 路燈員。

第三條　前條所列各員，按照《董事會辦事規約》，以工程科員額之規定及事務之繁簡酌量分派。

第四條　凡應行修築之道路工程，先由工程專員會同測繪員詳細勘丈核估，開送程式價格清單，由董事會核准，移交議事會公決，列入預算。

第五條　凡修築道路工程先由工程專員將程式單宣示，任憑各匠頭開具價格投標，擇合符程式價廉而人妥者，令其覓取保證，備具承攬，立限工作。

第六條　凡修築道路工程，除工料並包者外，如有必須自行購料包工或點工者，得陳明董事會察酌行之。

第七條　凡修築道路工程必須自行購料者，須詳細比較其物料價格，如實係價廉物美始購用之。

第八條　凡料物到日，量見丈尺、噸數、擔數、件數相符即登記收發簿。工竣後餘料若干，收入料廠，列册備用。

第九條　凡修繕道路或鋪石沙或砌石片，須將該路濶狹長短尺寸若干及用三和土若干，大小拷子石若干，瓜子片石若干，黄砂若干，用石片若干，煤屑若干，路底用若干尺寸瓦筒溝，或係舊有磚溝。路中有天窗若干，路邊有陰井若干，係鐵蓋或係石蓋該路共計工料價格若干，詳記於簿籍。

第十條　凡建築橋樑，橋墩用磚或用石或用塞門德，橋梁用木或用鐵或用塞門德，橋面用木或加用石砌，橋旁用鐵欄或木欄，以及該橋之濶狹、長短、尺寸，共計工料價格若干，詳記於簿籍。

第十一條　凡疏通溝渠，在開浚通潮之河道，須丈見該河長若干丈、河面及河底各寬若干丈、開深若干尺、挑土若干方、每方工價若干，詳記於簿籍。其在道路之陰溝，須按時疏浚，亦詳記之。

第十二條　凡建築公用房屋，須將坐落處所、基地若干畝分，房屋間數、寬深各若干丈尺、用何等材料、共用建築費若干，詳記於簿籍。

第十三條　凡道路工程修築完竣後，除詳記簿籍外，由工程專員另立程式工料丈尺價格簡明表，以備查考。

第十四條　凡道路工程，自修築之日起至竣工後止，須由工程專員隨時報告於總董董事。

第十五條　凡道路工程應領工料銀，由工程專員出立支單，送交總董或董事簽字後，向會計處支領。

第十六條　凡僱用長工及短工上工、散工時間，四月至九月上午七時起十二時止，下午一時起六時止；十月至三月上午八時起十二時止，下午一時起五時止。

第十七條　凡短僱工匠，每日於上工時，到工程處領籌，散工後繳籌登記，以便核發工食。

第十八條　凡長僱、短僱工匠之工食，按上、下半月核發。

第十九條　凡監工員或測繪員察有工程不合程式，應立即報告，由工程專員糾正之。

第二十條　凡道路工程簿籍、表册、支單等件，由工記員掌之。

第二十一條　凡道路工程之應行繪圖者，以及幹路、支路之濶狹丈尺，公産公地之坵形畝分，市區域之總圖分圖，均由測繪員分别測繪。

第二十二條　凡業户於路旁建屋，應行收讓尺寸，由路政員管理之，另有規約。

第二十三條　路燈事宜由路燈員管理之，另有規約。

第二十四條　凡石砂路每日應用灑水馬車灑水兩次，由衛生科清道員兼管之。

第二十五條　凡業户須通溝至門外或翻動路面者，應向工程處報領執照。

第二十六條　凡修築道路，如須車運料物，經由小街僻巷向不通行車輛之處，工程科應給予憑照。

第二十七條　如有未盡事宜，隨時修正。

上海市政廳工程科辦理路燈規約

第一條　本市政廳依《董事會辦事規約》第二條第四項之規定，於工程科分設路燈助理員，中區二員，東、西、南各一員，專辦各區路燈事宜。

第二條　本市政廳於各區馬路街巷分設電燈及煤油燈。

第三條　各區馬路街巷如須添設路燈或須改設電燈之處，由路燈員察酌辦理。

第四條　各區電燈由路燈員逐夜分段查察，如有昏黑不明及斷線碎泡、脱落遺失等情，立即報告電燈公司，派工修理並詳記於簿，報明本區。

第五條　各區煤油燈，春、冬每夜六點鐘起，夏、秋每夜七點鐘起，路燈員帶同燈夫頭攜帶燈叉、量瓶、漏斗等具，按段抽查，如有減油不點及燈罩玻璃破碎不换、污穢不揩、火光低暗者，查出究罰，勤務者酌賞。

第六條　各燈夫點燈派定地段，每日午前須先將燈罩玻璃揩清、煤油加足。其上火時刻，逢十一、十二、正月准下午四點三十分鐘，二、三、四、八、九、十月准下午五點三十分鐘，五、六、七月准下午六點三十分鐘，不得遲延。

第七條　各燈夫承值點燈，每名以四十盞爲限，燈罩約計每三盞月换一隻，多少依此類推。燈心每根四寸五分，月换一次。另給揩燈洋布一方，均於每月十五日照發。

第八條　路燈火光七成爲度，每一小時約需燈油三錢。按夜時之長短、開火之遲早定油數之多寡，以三兩至三兩六錢迭爲加減，逢五、十期各按燈數發油，逢小建月照除、大建月照添。

第九條　路燈及玻璃燈架等件，倘有破爛折斷者，由該燈夫報明，隨時修换。

第十條　燈夫工食每月分兩期，按名給發。

第十一條　各燈夫均給號衣一件，編列地段、號數，以便識認，每年更换一次。

第十二條　如有未盡事宜，隨時修正。

上海市政廳工程科路政規約

第一條　本市政廳依《工程科辦事規約》第二條第四項之規定，得設路政員，專辦勘定造屋、收讓尺寸、填給執照一切事宜。

第二條　凡執照分三種如左：

(一) 營造執照；

(二) 修理執照；

(三) 築駁、築笆、搭棚執照。

第三條　凡業户欲翻建房屋或修理或築駁、築笆、搭棚等，須先由匠頭詳細具報工程科，由路政員即行定期往勘。

第四條　路政員於往勘時，須傳同匠頭，詳詢工程其於翻建房屋或築駁築笆實應收讓者，丈量準確，先明示以應行收讓尺寸。

第五條　路政員於勘丈後，將應行收讓尺寸、對距若干尺寸詳細填明執照，交該匠頭懸掛於工作處。

第六條　凡報領修理執照者，須詳察其是否實係修理，以免取巧改造等弊。

第七條　路政員於已領執照之工作處，須隨時察看，如見有不依勘明尺寸收讓或造作違式者，應立即報告。

第八條　路政員如見有已動工作未經領有執照者，應立即報告。

第九條　凡造築修理各應遵守之章程，均載明執照。

第十條　本市政廳於幹路、支路另定有路線丈尺。

第十一條　如有未盡事宜，隨時修正。

上海市政廳税務科徵收各項特税公費辦事規約

第一條　本市政廳依《董事會辦事規約》第二條第五項之規定，於税務科得設專員及助理員，專辦徵收各項特税公費。

第二條　徵收本市區内各項特税公費，按照《江蘇暫行市鄉制》第八十七條第二、第三款並八十九條第二款及九十、九十一、九十二條之規定，類別如左：

（一）公益税；

（二）交通税：（甲）車輛，（乙）船隻；

（三）商業税：（甲）紙煙店，（乙）酒肆，（丙）茶館；

（四）行政徵費：（甲）戲園書場，（乙）菜攤貨攤，（丙）船契掛號，（丁）田房印契學費，（戊）廣告。

第三條　前條所列各種特税公費，均按月徵收。其徵收章程，分别另訂。

第四條　税務科設專員一員，承董事會之指揮，執掌税票執照、稽核數目、整理簿籍，凡關於税務者，皆屬之。

第五條　税務科設助理員二員，助理徵收車輛税、船契掛號、田房印契學費及廣告税事務。

第六條　税務專員應按照《董事會辦事規約》酌量各區税務之繁簡，分委助理員。

第七條　各區之助理員，得由税務專員委任一人，按日收發税票、執照，仍由專員隨時稽核。

第八條　徵收公益税，由税務專員委任助理員，指定地段徵收，所需税票即由該員填寫，交專員核准。

第九條　助理員按日領取税票收税，凡本日收到税數若干、發出税票若干，須結算清楚，當日填明交單，將税款彙送會計處收存，取具回單，與本日餘存之票一併交專員或專員委任之收發助理員稽核。

第十條　助理員每日應遵照《董事會辦事規約》時間，向各該地段税户實力徵收。如見本地段内有移來徙去之户，當立即報告於專員或專員委任之收發助理員查考。

第十一条　各區均設立總税務簿，由本區收發助理員填明街巷、户名、門牌、號數，按月於該户下註明已未收到，以便稽查。

第十二條　各種車輛税，應由專員遴委助理員或各區助理員查照定章分别徵收，每日發出車照若干、收入税數若干，須結算清楚，交由專員核數相符，將税款填明交單，彙送會計科收存，取具回單備核。

第十三條　各種船隻税，准招人承辦，查照定章，包收包解，由税務專員督理之。

第十四條　徵收煙酒茶税、戲園書場、菜攤貨攤各照費及船契掛號費，均由專員遴委助理員兼理之。

第十五條　各種印契税，應由專員遴委助理員管理徵收。凡本市區内田地房屋抵押賣買，須先由各該圖保向本科報領草契，填寫實價，分别簽字。帶同代筆人來廳，謄寫印契，照章徵收紙價及二成學費，交由專員核明，將紙價、學費填明交單，彙送會計科收存，取具回單。並按月填表，送縣知事署稽核。如查有匿寫實價、希圖少繳學費等情，應立即報告專員，呈報董事會核辦。

第十六條　各種廣告税，應由專員遴委助理員查照定章徵收。凡每日收入之數，交由專員核明，填明交單，彙送會計科收存，取具回單備核。

第十七條　收入各種税款照費，由税務專員另立按月比較簡明表備查。

第十八條　發出各種税票執照，均由本市政廳備辦，以歸一律，並蓋用本市政廳圖記爲證。

第十九條　如有未盡事宜，隨時修正。

上海市政廳市舶科管理各項船隻辦事規約

第一條　本市政廳依《董事會辦事規約》第二條第六項之規定，特設市舶科以管理浦江各種船隻並保護之。

第二條　市舶科科長不設專員，由總董董事兼攝之。

第三條　市舶科得設助理員二員，專辦商船繳費、掛號事宜。

第四條　市舶科應隨時督派總船目會同水巡警，編查各船之户籍，審查各船之良窳。如查有冒掛洋旗之船，須力勸改懸中華民國國旗。

第五條　沙船、渡船以及各種船隻，應給船照、船牌，以便稽查。

第六條　八長渡之渡船事宜，均歸市舶科管理，其管理規則另訂之。

第七條　本市浦江及各河道所泊各種船隻，均應分别收税，其收税章程另訂之。

第八條　如有未盡事宜，隨時修正。

上海市政廳徵收各區公益税辦法簡章

第一條　本市政廳就中區及東、南、西三區按月徵收公益税，充市區行政經費，統名曰公益税。

第二條　此項公益税包括清道捐、路燈捐在内。

第三條　居户税數均照房租五釐徵收。

第四條　鋪户及貨棧税數，均按照房租七釐徵收。

第五條　東區外馬路市房貨棧因向無房捐，所有公益税數均按照房租一成二釐徵收。

第六條　凡居户鋪户貨棧房屋爲自己産業者，應納之税，估計租價照五釐、七釐、一成二釐分别徵收。

第七條　凡居户鋪户貨棧應納税款，均向現住之户徵收。

第八條　凡税數滿元收元、滿角收角，角銀不加貼水。

第九條　貧户給予免照，不向收税。

上海市政廳徵收車輛税章程

第一條　本市政廳依《税務科徵收各項特税公費辦事規約》第二條第二款第一項及第五條、第十二條之規定，得於市區域内徵收各種車輛税。

第二條　左列各種車輛無論自備、營業，均須納税領照：

（一）汽車；

（二）馬車；

（三）人力車；

（四）大貨車；

（五）馬貨車；

（六）小貨車；

（七）小車。

第三條　各種車輛納税之數如左：

（一）營業汽車，按月納税銀二元；

（二）自備汽車，按月納税銀一元五角；

（三）營業馬車，按月納税銀一元；

（四）自備馬車，按月納税銀八角；

（五）營業人力車，按月納税銀八角；

（六）自備人力車，按季納税銀二元；

（七）大貨車，按月納税銀二元；

（八）馬貨車，按月納税銀二元；

（九）小貨車，按月納税銀一元；

（十）小車，按月納税銀三角。

第四條　各種車輛按月納税者，須於每月初一日起至初五日止，到本市政廳或各區納税領照。

第五條　各種車輛按季納税者，須於每季之第一月初一日至初五日止，到本市政廳或各區納税領照。

第六條　各種車輛於每月初六日起查無執照者，照章議罰，仍令補税領照。

第七條　如有未盡事宜，隨時修正。

上海市政廳徵收船隻税章程

第一條　本市政廳依《税務科徵收各項特税公費辦事規約》第二條第二類第二項之規定，於本市浦江或各河道所舶船隻徵收各種船隻税。

第二條　本市政廳徵收各種船隻税，按照《税務科徵收税費辦事規約》第十三條，准承辦人包收包繳，仍由税務專員督理之。

第三條　各種船隻停泊於浦江或各河道者，均須照章納税。

第四條　各種船隻納税之數如左：

（一）本幫駁船分兩等，月納税銀五角、六角，福建舢板船分兩等，月納税銀二角、三角。

（二）柴灘船分兩等，月納税銀五角、七角。

（三）農船（即鄉下船）、醬渣船各分兩等，月納税銀七角、八角。

（四）蘇州灘船分兩等，月納税銀七角、八角。常昭船、魚船、薑船，各分三等，月納税銀三角、四角、五角。

（五）有櫓駁船，分五等，月納税銀八角、九角、一元、一元一角、一元二角。

（六）洞庭山船、棚頭船、蜆子船、江北竹坊船、腳划船、道登船、南潯船各分兩等，月納税銀四角、五角。

（七）無錫快船、航船、灘船、菱湖船、長安船、海鹽船、烏山船、石灰船、關外江北船、紗河船，各分三等，月納税銀四角、五角、六角。

（八）錫金船，各分四等，月納税銀四角、五角、六角、七角。

（九）大駁船、烏山百官船、小紹興船，月納税銀五角。

（十）龍華嘴船、子花駁船、石灰駁船，各分兩等，月納税銀八角、九角。

（十一）號頭船，分兩等，月納税銀八角、九角。

（十二）海寧船、提船、醬鯉船、窰貨船、蘆墟船，各分四等，月納税銀五角、六角、九角、一元。

（十三）巢河船、絲網船、長江船、太湖船、雞鴨船，各分四等，月納税銀八角、九角、一元、一元一角。

（十四）淮揚百官船，月納税銀六角。

（十五）蘇州石頭船、瀏河鹽灘船、斗子船，各分五等，月納税銀六角、七角、八角、九角、一元。

（十六）揀鯉船、常州船，各分三等，月納税銀六角、七角、八角。

（十七）嘉興航船，月納税銀七角。

（十八）崇明船、豬船、江北酒船，各分五等，月納税銀七角、八角、一元、一元一角、一元二角。

（十九）大號紹興船(即蘆潭船)、釣船、大號紅頭舢板船,月納税銀一元。

（二十）金山嘴船、八團舢板船,各分兩等,月納税銀八角、一元二角。

（廿一）山東船、鹽城船、青口船、掘港船、梁薌船、外海沙船、江西碗船、白銅船、木植船,每次納税銀一元。

第五條　除第四條所列各船照章收税外,或有不隸各幫及外來之船,均比較大小,一律收税。

第六條　各船户納税後,收税員即應填給税票,並用油漆描寫税數明碼於該船尾之左,按月易换顏色,以便稽查。如查有仿行描寫或塗改明碼者,察出後,罰銀四元以上、十元以下,仍令補繳税銀。

第七條　第四條或第五條所列應行繳税各船户抗不遵繳者,證明後,罰銀一元以上、三元以下,仍令補繳税銀。

第八條　八長渡摇渡之船概免納税。

第九條　收税人如有額外需索情事,准該船户控訴,以憑究罰。

第十條　如有未盡事宜,隨時修正。

上海市政廳徵收廣告税章程

第一條　本市政廳依《税務科徵收各項特税公費辦事規約》第二條第四類第五項及第五條第十六條之規定,得於市區域内徵收各種廣告税。

第二條　凡越出自己地位、使人注目而感覺者,無論爲紙、爲板、爲標記,或活動、或不活動,向所稱招紙及告白佈告等類,均作爲廣告(其商家之招牌陳列或張布於自己地位者,不以廣告論)。

第三條　凡欲張貼廣告於市區域内者,須赴本市政廳税務科納税蓋戳。

第四條　凡廣告紙長營造尺二尺以内、寬營造尺一尺以内者,每百張納税銀五角。其長至二尺外三尺内、寬至一尺外一尺五寸内者,每百張納税銀一元(按營造尺一尺合英尺一尺四分弱)。

第五條　凡特别之廣告如用木板、鉛皮等類長寬尺寸不逾第四條之限者,每月每張每方納税銀一角。其尺寸逾第四條之限者,每月每張每方尺納税銀二角,仍以五十方尺爲限。

第六條　凡欲張貼廣告者,須先將廣告樣張呈驗,得本市政廳税務科員之允可。

第七條　凡張貼廣告,本市政廳税務科祇向收廣告税。其張貼處屋主允許與否,應自行交涉(如屋主釘有不許招貼字樣者,即爲不允許之證據)。

第八條　凡不遵以上各條所規定,擅行張貼廣告者,當視該廣告應納之税額加倍科罰。

第九條　凡學堂、善堂以及事關公益各項張貼廣告於市區域内者,免納税銀,惟須送由税務科蓋用免税戳記。

第十條　凡廣告之有礙治安或風化者，均禁止其張貼。

第十一條　如有未盡事宜，隨時修正。

上海市政廳取締各種車輛規則

總則

第一條　凡行車者，須靠馬路左邊前行。

第二條　凡行車過橋或至十字路口或轉灣之時，應格外緩行；向左轉灣，應依近左邊而轉；如向右邊轉灣，則須從寬處大轉灣。

第三條　凡行車左轉灣則先舉左手，右轉灣則先舉右手。行車將停，應先舉手，以免衝撞。

第四條　凡載重之車須依路之左邊緩行，其速率不得較速於步行之人。

第五條　凡載人各車，如見有坐客遺物，應即送交本市政廳或各分區，以待認領。設有藏匿不報者，查出究罰。

第六條　凡各車輛朦未領照者，查出後，營業汽車及自備汽車均罰二元，營業馬車及自備馬車均罰一元，營業人力車及自備人力車均罰五角，大貨車、小貨車均罰一元，小貨車罰三角，小車罰二角，仍各令補捐領照。

第七條　凡各車輛忘帶車照者，查出後，汽車罰一元，馬車罰五角，大貨車、馬貨車罰三角，小貨車、人力車罰二角，小車罰一角。

第八條　凡各車輛無人看管或攔路或行路違章者，汽車、馬車、大貨車、馬貨車罰二角，小貨車、人力車罰一角，小車罰五分。

第九條　凡汽車與汽車、馬車與馬車争先超越者，各罰十元以上。

第十條　凡載貨各車載重逾量者，查出後，大貨車、馬貨車罰二角，小貨車罰一角，小車罰五分。

分則

一、汽車

（甲）輪軸汽機須堅固完好；

（乙）車内外須整理潔净；

（丙）自日入至日出時，須燃燈於車之前後；

（丁）不准與他汽車争先疾馳，以致碰撞；

（戊）如遇上橋、下橋及轉灣或人車擁擠時，均須緩行；

（己）車上須標明號數。

二、馬車

（甲）輪軸門牌等件均須堅固完好；

（乙）車内外須整理潔净；

（丙）兩輪車至多載四人，四輪車至多載五人，均連馬夫在内；

(丁) 自日入至日出時,須點兩燈於車之左右;
(戊) 不准與他馬車争先疾馳,以致碰撞;
(己) 營業車須於車上標明號數。
三、人力車(即俗稱東洋車)
(甲) 輪軸等件須堅固完好,油篷、油簾須不至滲漏,並須整理潔净;
(乙) 營業車所領執照,應釘於車後人所易見之處;
(丙) 日入至日出時,須攜帶明燈或裝在車上;
(丁) 笨重之物不准裝載;
(戊) 車夫須强壯有力者,老弱幼童不准充當;
(己) 不准以破舊之車攬人乘坐;
(庚) 自備車遇查照時,須交出閲看。
四、大貨車(即板車)
(甲) 輪軸須堅固完好;
(乙) 載重不得過二千斤;
(丙) 所載貨物寬不得過輪軸;
(丁) 街道窄狹處均不准行;
(戊) 每車至少須有四人管理;
(己) 日入至日出時,須有點明之燈。
五、馬貨車
(甲) 輪軸須堅固完好;
(乙) 載重不得過二千斤;
(丙) 街道窄狹處均不准行;
(丁) 日入至日出時,須有點明之燈。
六、小貨車
(甲) 輪軸須堅固完好;
(乙) 載重不得過六百斤;
(丙) 日入至日出時,須有點明之燈。
七、小車(即二把手車)
(甲) 輪軸須堅固完好;
(乙) 載重不得過五百斤;
(丙) 所載貨物不准過高,致蔽車夫之眼,亦不准過寬、過長,致妨礙行人;
(丁) 日入至日出時,須有點明之燈。

上海市政廳取締戲園規則

第一條　開設戲園須報領執照。

第二條　不准演唱淫虐之戲。
第三條　停場時刻以夜間十二點鐘爲限。
第四條　由巡士常川巡察。
第五條　如有違犯本規則者，即將執照吊銷。
第六條　所領執照不准别人頂替執用。

上海市政廳取締影戲場規則

第一條　開設電光影戲場須報領執照。
第二條　男女必須分座。
第三條　不得有淫褻之影片。
第四條　停場時刻至遲以夜間十二點鐘爲限。
第五條　如犯第二、三、四條經查察屬實者，將執照吊銷，分别懲罰。
第六條　巡士及本廳調查員得隨時查察。
第七條　執照不准頂替執用。

上海市政廳取締灘簧書場規則

第一條　開設灘簧、書場須報領執照。
第二條　男女必須分座。
第三條　不准彈唱淫詞並有淫穢之評話。
第四條　停場時刻以夜間十二點鐘爲限。
第五條　責成場東查照第三條隨時告誡。
第六條　如犯第二、三、四條經查察屬實者，場東及説書人分别懲罰，並吊銷執照。
第七條　巡士及本廳調查員得隨時查察。
第八條　執照不准頂替執用。

上海市政廳取締彈子房規則

第一條　開設彈子房須報領執照。
第二條　打彈子人除付彈資外，不准以銀錢作輸贏。
第三條　每夜閉門至遲以十二點鐘爲限。
第四條　不准有牌骰賭博及酗酒滋鬧等情事。
第五條　如有違犯以上各條規則，巡士得隨時干涉。
第六條　所領執照不准别人頂替執用。

上海市政廳取締中區廟園設攤規則

第一條　設攤須遵市政廳指定之地位。

第二條　設攤地位濶不得過營造尺三尺、長不得過六尺，道路過狹之處不准設攤。

第三條　各貨攤對於購客不得有强横非理之行爲。

第四條　説書及説新聞者，不得以有害風化之語任意演説。

第五條　各書攤不得售賣淫書淫畫。

第六條　賣西洋鏡者，不得有春片淫畫等類。

第七條　各貨攤不得用擲骰抽籤售賣物件食品。

第八條　各貨攤不得售賣有害衛生之食品。

第九條　各貨攤須遵章分等納捐領照。

第十條　領照每月自初六日起、至初十日止，不得逾限。

第十一條　執照不准頂替執用。

第十二條　各貨攤如違以上各條規則者，輕則吊銷執照，重則送案懲儆。

上海市政廳管理渡船規則

第一條　本市政廳已設市舶科，所有八長渡船事宜，歸本市政廳市舶科管理。

第二條　八長渡之濟渡處如左：

(一) 周家渡，由浦西南碼頭爲長渡，江邊碼頭爲短渡。

(二) 南碼頭，由浦西南碼頭過渡。

(三) 姜家渡，由浦西油車碼頭過渡。

(四) 董家渡，由浦西董家渡過渡。

(五) 老白渡，由浦西老白渡碼頭過渡。

(六) 楊家渡，由浦西楊家渡過渡。

(七) 陸家渡，由浦西大達碼頭過渡。

(八) 爛泥渡，由浦西金方東碼頭過渡。

第三條　八長渡之渡船額數如左：

(一) 周家渡，共渡船十二隻，摇渡者九隻。

(二) 南碼頭，共渡船十五隻，摇渡者七隻。

(三) 姜家渡，共渡船十四隻，摇渡者七隻。

(四) 董家渡，共渡船十八隻，摇渡者十一隻。

(五) 老白渡，共渡船四十八隻，摇渡者六隻。

(六) 楊家渡，共渡船三十四隻，摇渡者十隻、預備者十隻。

(七) 陸家渡，共渡船三十六隻，摇渡者十二隻。

(八) 爛泥渡，共渡船三十七隻，摇渡者十九隻。

第四條　凡大號、次號渡船准載之人數限制如左：

(一) 大號渡船，准載渡客二十人，渡夫在外。

(二) 次號渡船，准載渡客十五人，渡夫在外。

第五條　凡渡夫以勤摇爲主，如大號准載二十人者，不必待至二十人始開，以免渡客守候，且免自礙其生業。

第六條　凡渡船開行大號渡船，至少須有渡夫三人；次號渡船至少須有渡夫二人或三人，不得減少，以免危險。設少一渡夫，違者究罰。

第七條　各渡船須挨次輪摇，不得争先攙奪。

第八條　八長渡雖統稱義渡，各渡船向均收取渡資，應准悉仍其舊。每日潮水漲落水急之時，毋得藉詞加增渡資，如違究罰。

第九條　渡客帶行李或貨物者，滿百觔作一人，滿二百觔作二人，船中即應少坐此人數。

第十條　過渡之轎作五人，船中即應少坐五人。其牲口過渡，除管理牲口人外，不得另載他人。

第十一條　各渡夫照第四條一、二等款准載之人數，如逾額多載一人者，查出後，初次罰銀一元；多載二人以上者，按數遞加二次倍罰；三次應不准其再充渡夫。

第十二條　凡渡船如有渡客遺忘物件，應由該渡夫交存本市政廳，以待認領。設有藏匿不報者，查出究罰。

第十三條　凡遇烈風猛雨波浪過大時，應行止渡。

第十四條　凡風浪交作見有别種船隻傾覆時，附近該碼頭之渡船應齊出施救。

第十五條　八長渡渡船事宜，責成市舶科總船目妥慎管理。

第十六條　各渡夫如有不遵命令或别有不規則情事，由總船目呈請懲究。

第十七條　八長渡之渡夫名册，每年由總船目編造一次。未及造册期限，渡夫或有更换時，應即由總船目呈報。

第十八條　本市政廳按年發給各渡船船牌一次，編列號數，註明船名、渡夫姓名及大號、次號等字樣，以便稽查。

第十九條　凡渡船由水巡隨時稽查之，如有不遵定章情事，分别究罰。

第二十條　如有未盡事宜，隨時修改。

上海市政廳招設清潔所辦法簡章

第一條　承辦清潔，由本市政廳示期投標，當場揭示，以標數最多者承辦。

第二條　承辦清潔之人，務須熟悉此事，勿過操切，以逐漸進行爲主。

第三條　界内真名的户領有牙帖之糞行，應不使失其利益。

第四條　向有之挑夫應令入所報名，照舊承挑，惟須受清潔所之節制。

第五條　園地幫向在城内及南市挑糞者，令其先行報名，註定灌園需用、擔數，以後逐日挑糞。向所指定之處挑取，惟不得轉賣與他人。

第六條　受僱之挑夫，應由所給予工食。

第七條　挑糞均用有蓋鉛桶，不得污壞破漏。

第八條　挑倒時刻,三月至九月以上午九時止、十月至二月以上午十時止。

第九條　僱用之挑夫,應各給號背心一件,以爲識别。

第十條　糞船須泊指定處所。

第十一條　居户屋内之坑廁,由所給價承包。

上海市政廳地方公債貸還章程

第一條　市政廳因籌辦地方自治事宜各款之需用,共募集地方公債規銀四萬兩,於民國元年十月十五日一律交齊起息。

第二條　此項地方公債銀四萬兩,常年八釐行息,以五年爲期,按期連本帶息償還,共息銀九千六百兩,連本四萬九千六百兩。

還款期列左:

第一期,還本息銀一萬一千二百兩;

第二期,還本息銀一萬五百六十兩;

第三期,還本息銀九千九百二十兩;

第四期,還本息銀九千二百八十兩;

第五期,還本息銀八千六百四十兩。

第三條　此項地方公債票分爲兩種,每票一百兩爲一種,每票一十兩爲一種,均分爲五條,各注還款期限及應還本息銀兩之數,到期持票到廳,當面裁割一條,然後付銀。

第四條　公債票上蓋用上海市董事會圖記,由總董董事簽字。

第五條　貸還公債銀兩,由市政廳會計科匯總收發。

第六條　凡本市政廳所收之捐款,均可以到期之票交納。如有留難折扣等情,許即指控懲辦。

第七條　此項地方公債票設有轉用或抵押到期,均得向本市政廳取收。

第八條　應還此項地方公債本息銀四萬九千六百兩,按期付還,以大達公司岸線租息作抵。

上海市公報簡章

一、定名。本報專記與上海市有關係之事故,定名曰上海市公報。

二、宗旨。上海居民住民日多一日,每届選舉,不足百分之一,是上海人對於公民之義務權利淡然漠然,故本報之組織,以發達公民義務權利思想爲宗旨。

三、編次。公報之内容,分爲三門如左:

(甲)公布事件;

(乙)記載;

(丙)圖表。

四、任務。凡每次刊登之件,由議事會文牘員、董事會文牘員兼任編緝,呈由議長及總董鑒定,然後刊行。

五、分送。凡議事會、董事會、各公署、各學校、各報館及各團體與本市有關係者,均酌量分送。

六、經費。每月刷印一千份,印刷費以三十元爲度。

七、售價。每册不論厚薄,售銅元三枚。

八、附則。試辦兩月。